NomosKommentar

Prof. Dr. Lars Böttcher | Dr. Oliver Habighorst
Dr. Dr. Christian Schulte [Hrsg.]

Umwandlungsrecht

Gesellschaftsrecht | Steuerrecht | Verfahrensrecht

3. Auflage

Dr. Markus Althoff, Rechtsanwalt und Syndikusrechtsanwalt, Ahrensburg/Hamburg | **Dr. Rudolf Graf von Ballestrem**, Dipl.-Kfm., Steuerberater, Gröbenzell | **Dr. Bodo Bender**, Rechtsanwalt, Frankfurt/Main | **Prof. Dr. Lars Böttcher**, Rechtsanwalt, München | **Dr. Tim Bracksiek**, Rechtsanwalt, Frankfurt/Main | **Dr. Andreas Bürger**, Notar, Köln | **Dr. Michael Burg**, Rechtsanwalt, Köln | **Dr. Thomas Diehn**, LL.M. (Harvard), Notar, Hamburg | **Johannes Fein**, Rechtsanwalt und Fachanwalt für Steuerrecht, Frankfurt/Main | **Henning Fischer**, Rechtsanwalt, Oftersheim | **Dr. Marcus Geschwandtner**, Rechtsanwalt, Bonn | **Dr. Christoph Götz**, Dipl.-Kfm., Steuerberater, München | **Sebastian Goslar**, Rechtsanwalt, Düsseldorf | **Dr. Oliver Habighorst**, Rechtsanwalt und Notar, Fachanwalt für Steuerrecht, Frankfurt/Main | **Dr. Thomas Helck**, Rechtsanwalt, München | **Dr. Jörg Herwig**, Rechtsanwalt und Notar, Frankfurt/Main | **Dr. Dino Höppner**, M.Sc., Steuerberater, Berlin | **Roland Hummel**, LL.M., Rechtsanwalt und Steuerberater, Erlangen | **Dr. Philipp Jaspers**, M.A., Dipl.-Vw., Rechtsanwalt, Frankfurt/Main | **Dr. Gunbritt Kammerer-Galahn**, Rechtsanwältin, Fachanwältin für Versicherungsrecht, Düsseldorf | **Prof. Dr. Detlef Kleindiek**, Universität Bielefeld | **Dr. Gunnar Knorr**, Rechtsanwalt und Steuerberater, Köln | **Dr. Jan-Felix Kumkar**, Rechtsanwalt, Frankfurt/Main | **Jun.-Prof. Dr. Lea Katharina Kumkar**, Universität Trier | **Prof. Dr. Sebastian Leitsch**, Technische Hochschule Würzburg-Schweinfurt | **Patrick Narr**, Rechtsanwalt, Fachanwalt für Handels- und Gesellschaftsrecht, Hamburg | **Dr. Patrick Nordhues**, Rechtsanwalt und Notar, Essen | **Prof. Dr. Peter N. Posch**, TU Dortmund | **Hendrik Röger**, Rechtsanwalt, Fachanwalt für Arbeitsrecht, Hamburg | **Dr. Uwe Scholz**, Rechtsanwalt und Steuerberater, Bonn | **Jörg Schrade**, Steuerberater, München | **Dr. Dr. Christian Schulte**, M.A., Richter am Amtsgericht, Berlin | **Markus Sellmann**, Dipl.-Kfm., Steuerberater und Wirtschaftsprüfer, Köln | **Dr. Julia Sitter**, Rechtsanwältin und Notarin, Frankfurt/Main | **Prof. Dr. Sascha Stiegler**, LL.M., Berlin | **Dr. Astrid Wagner**, Rechtsanwältin, Münster | **Dr. Gerhard Widmayer**, Dipl.-Kfm., Steuerberater, München | **Prof. Dr. Hans-Ulrich Wilsing**, Rechtsanwalt, Düsseldorf

Zitiervorschlag: NK-UmwR/Bearbeiter UmwG § … Rn. …

Die Deutsche Nationalbibliothek verzeichnet diese Publikation in der Deutschen Nationalbibliografie; detaillierte bibliografische Daten sind im Internet über http://dnb.d-nb.de abrufbar.

ISBN 978-3-7560-1110-0

3. Auflage 2024
© Nomos Verlagsgesellschaft, Baden-Baden 2024. Gesamtverantwortung für Druck und Herstellung bei der Nomos Verlagsgesellschaft mbH & Co. KG. Alle Rechte, auch die des Nachdrucks von Auszügen, der fotomechanischen Wiedergabe und der Übersetzung, vorbehalten.

Vorwort

Die rechtliche Begleitung von Umwandlungsvorgängen stellt höchste Ansprüche an die beteiligten Unternehmen und deren rechtliche sowie steuerliche Berater. Umwandlungen beruhen zumeist auf betriebswirtschaftlichen Vorgaben, die im Unternehmensinteresse liegen, jedoch nicht stets rechtlich unverändert umgesetzt werden können. Insbesondere sind dabei die bestehenden Schutzvorschriften für Minderheitsgesellschafter, Arbeitnehmer sowie Gläubiger zu beachten. Bei grenzüberschreitenden Umwandlungsakten sind zudem die einschlägigen Rechtsordnungen der beteiligten Unternehmen in Einklang zu bringen.

Von der ersten Planung der Umwandlung über deren Konzeption und Durchführung bis zur Anmeldung beim Registergericht erfordern Verschmelzung, Spaltung, Vermögensübertragung sowie Formwechsel sowohl die Beachtung der juristischen als auch der steuerlichen Aspekte in allen Phasen der Umwandlung im weiteren Sinne. Hierbei gilt es, sowohl die formellen als auch die materiellen Anforderungen genau im Blick zu halten, um eine Verzögerung der Umwandlung zu verhindern, da eine solche aufgrund mannigfaltiger, zu beachtender Fristen häufig mit erheblichen Kosten verbunden ist. Streitigkeiten im Rahmen einer Umwandlung und eines verschmelzungsrechtlichen Squeeze-Outs führen außerdem zu verfahrensrechtlichen Fragen und nicht selten zur Durchführung eines nachgelagerten Spruchverfahrens.

Die Herausgeber und Autoren des vorliegenden Kommentars haben langjährige Erfahrungen in den einschlägigen Rechtsgebieten und kennen die wichtigen Fragestellungen, die zudem je nach Rechtsform der beteiligten Unternehmen differenziert zu betrachten und zu beantworten sind. So kommentieren Praktiker aus den Reihen der Rechtsanwälte, Steuerberater, Notare, Unternehmensjuristen und des Handelsregisters ebenso wie Vertreter der universitären Lehre die einschlägigen Normen aus ihren Spezialgebieten.

Anspruch des nunmehr in 3. Auflage vorliegenden Kommentars ist es, den Praktikern aus Unternehmen, Kanzleien und Beratungsunternehmen sowie den Unternehmensorganen, die nicht täglich mit Umwandlungen konfrontiert werden, eine Orientierungshilfe in allen Bereichen der Umwandlung an die Hand zu geben. Daher wurde insbesondere Wert gelegt auf eine praxisorientierte Kommentierung mit Formulierungsbeispielen und Kostenhinweisen. Ferner werden hierbei auch die Bedürfnisse der mit Fragen der Umwandlung befassten Notare, Registergerichte und Handelsrichter mit berücksichtigt.

Das vorliegende Werk kommentiert dabei sämtliche Bestimmungen des UmwG, des UmwStG und des SpruchG in einem Band, so dass der mit einer Umwandlung befasste Praktiker auf alle wichtigen materiellen und prozessualen Fragen Antworten erwarten darf. Die stark praxisorientierte und gleichzeitig wissenschaftlich fundierte Kommentierung ist zudem mit Beratungshinweisen versehen, um schwierige Klippen zu umschiffen und insbesondere bei Zweifelsfragen, die noch keiner höchstrichterlichen Klärung zugeführt werden konnten, sichere Lösungen für diese praktischen Probleme aufzuzeigen.

Als Teil des sog. EU Company Law Package traten Anfang 2020 weitreichende Änderungen der GesR-RL in Kraft, die bindende Vorgaben zum grenzüberschreitenden Formwechsel und zur grenzüberschreitenden Spaltung vorsehen. Die Mitgliedstaaten waren verpflichtet, die Richtlinienvorgaben bis spätestens zum 31.1.2023 in nationales Recht umsetzen. Dies haben die meisten Mitgliedstaaten erwartungsgemäß nicht geschafft; die Umsetzung ist erst in weniger als der Hälfte der EU-Staaten erfolgt. Auch in Deutschland erfolgte die Umsetzung durch das Gesetz zur Umsetzung der Umwandlungsrichtlinie und zur Änderung weiterer Gesetze (UmRUG) vom 22.2.2023 (BGBl. 2023 I Nr. 51) leicht verspätet erst mit Wirkung zum 1.3.2023. Das UmRUG führte im weiten Teilen des UmwG zu wesentlichen Veränderungen und Verschiebungen. Grenzüberschreitende Umwandlungsvorgänge sind nunmehr zusammenhängend im Sechsten Buch geregelt (§§ 305–345). Analog zur Umsetzung der Richtlinienvorgaben zur grenzüberschreitenden Verschmelzung hat sich der deutsche Gesetzgeber bei der Umsetzung auf die Einführung von Regelungen für den grenzüberschreitenden Formwechsel und die grenzüberschreitende Spaltung von Kapitalgesellschaften beschränkt. Die grenzüberschreitenden Umwandlungen von Personen(handels)gesellschaften bleiben mithin im deutschen Recht zwar weiterhin ungeregelt, jedoch ist deren Durchführung unter Umständen und je nach Registergericht möglich. Die zur Bewältigung des Brexits eingeführte Erweiterung des Anwendungsbereichs der Regelungen zur grenzüberschreitenden Verschmelzung auf deutsche Personenhandelsgesellschaften mit weniger als 500 Arbeitnehmern als aufnehmender Rechtsträger stellt weiterhin eine spezielle Ausnahme dar. Bei der grenzüberschreitenden Spaltung hat der deutsche Gesetzgeber – insoweit über die Richtlinie hinausgehend – auch Spaltungen durch Aufnahme geregelt. Die Umsetzung der mitbestimmungsrechtlichen Richtlinienvorgaben erfolgte durch Änderungen des MgVG (Verschmelzung) und durch das neue Gesetz über die Mitbestimmung der Arbeitnehmer bei grenzüberschreitendem Formwechsel und grenzüberschreitender Spaltung (MgFSG) für Spaltung und Formwechsel. Diese beiden Änderungen traten bereits zum 31.1.2023 in Kraft.

Die Autoren haben die aktuelle Rechtsprechung ebenso einbezogen wie die einschlägige Literatur und die vorstehend bezeichnete nationale und europäische Gesetzgebung. Mit zu berücksichtigenden neuen Normen war der Gesetzgeber während des Zeitraums zwischen Erscheinen der 2. Auflage und Drucklegung der 3. Auflage sehr aktiv, so dass es für die Autoren eine zeitintensive Aufgabe dargestellt hat, den neuesten Stand der (teilweise erst zum 1.1.2024 in Kraft tretenden) Gesetzgebung vollständig zu bearbeiten. Hierfür gilt der Dank insbesondere auch den (teilweise neu hinzugewonnenen) Autoren der vollständig neuen Normen zu grenzüberschreitenden Umwandlungsvorgängen.

Die nach Veröffentlichung der 2. Auflage an uns herangetragenen Anregungen und Kritik sowie sonstige Hinweise zur Verbesserung des Kommentars konnten bei der Überarbeitung berücksichtigt werden. Jene sind den Herausgebern auch weiterhin jederzeit herzlich willkommen.

München, Frankfurt, Berlin im November 2023

Prof. Dr. Lars Böttcher   *Dr. Oliver Habighorst*   *Dr. Dr. Christian Schulte, M.A.*

Inhaltsverzeichnis

Vorwort	5
Bearbeiterverzeichnis	25
Allgemeines Abkürzungsverzeichnis	27
Allgemeines Literaturverzeichnis	31

Umwandlungsgesetz (UmwG)

Erstes Buch
Möglichkeiten von Umwandlungen

Einleitung		41
§ 1	Arten der Umwandlung; gesetzliche Beschränkungen	56

Zweites Buch
Verschmelzung

Erster Teil
Allgemeine Vorschriften

Erster Abschnitt
Möglichkeit der Verschmelzung

§ 2	Arten der Verschmelzung	75
§ 3	Verschmelzungsfähige Rechtsträger	84

Zweiter Abschnitt
Verschmelzung durch Aufnahme

§ 4	Verschmelzungsvertrag	93
§ 5	Inhalt des Verschmelzungsvertrags	102
§ 6	Form des Verschmelzungsvertrags	137
§ 7	Kündigung des Verschmelzungsvertrags	144
§ 8	Verschmelzungsbericht	148
§ 9	Prüfung der Verschmelzung	165
§ 10	Bestellung der Verschmelzungsprüfer	173
§ 11	Stellung und Verantwortlichkeit der Verschmelzungsprüfer	179
§ 12	Prüfungsbericht	184
§ 13	Beschlüsse über den Verschmelzungsvertrag	189
§ 14	Befristung und Ausschluß von Klagen gegen den Verschmelzungsbeschluß	206
§ 15	Verbesserung des Umtauschverhältnisses	212
§ 16	Anmeldung der Verschmelzung	218
§ 17	Anlagen der Anmeldung	243
§ 18	Firma oder Name des übernehmenden Rechtsträgers	253

§ 19	Eintragung und Bekanntmachung der Verschmelzung	258
§ 20	Wirkungen der Eintragung	268
§ 21	Wirkung auf gegenseitige Verträge	283
§ 22	Gläubigerschutz	286
§ 23	Schutz der Inhaber von Sonderrechten	293
§ 24	Wertansätze des übernehmenden Rechtsträgers	301
§ 25	Schadenersatzpflicht der Verwaltungsträger der übertragenden Rechtsträger	321
§ 26	Geltendmachung des Schadenersatzanspruchs	332
§ 27	Schadenersatzpflicht der Verwaltungsträger des übernehmenden Rechtsträgers	339
§ 28	Unwirksamkeit des Verschmelzungsbeschlusses eines übertragenden Rechtsträgers	341
§ 29	Abfindungsangebot im Verschmelzungsvertrag	344
§ 30	Inhalt des Anspruchs auf Barabfindung und Prüfung der Barabfindung	359
§ 31	Annahme des Angebots	366
§ 32	Ausschluß von Klagen gegen den Verschmelzungsbeschluß	370
§ 33	Anderweitige Veräußerung	372
§ 34	Gerichtliche Nachprüfung der Abfindung	376
§ 35	Bezeichnung unbekannter Aktionäre; Ruhen des Stimmrechts	378
§ 35a	Interessenausgleich und Betriebsübergang	384

Dritter Abschnitt
Verschmelzung durch Neugründung

§ 36	Anzuwendende Vorschriften	413
§ 37	Inhalt des Verschmelzungsvertrags	420
§ 38	Anmeldung der Verschmelzung und des neuen Rechtsträgers	422

Zweiter Teil
Besondere Vorschriften

Erster Abschnitt
Verschmelzung unter Beteiligung von Personengesellschaften

Erster Unterabschnitt Verschmelzung unter Beteiligung von Gesellschaften bürgerlichen Rechts

§ 39	Ausschluß der Verschmelzung	425
§ 39a	Verschmelzungsbericht	431
§ 39b	Unterrichtung der Gesellschafter	434
§ 39c	Beschluss der Gesellschafterversammlung	439
§ 39d	Widerspruch gegen den Beschluss der Gesellschafterversammlung	446
§ 39e	Prüfung der Verschmelzung	450
§ 39f	Zeitliche Begrenzung der Haftung persönlich haftender Gesellschafter	453

Zweiter Unterabschnitt Verschmelzung unter Beteiligung von Personenhandelsgesellschaften

§ 40	Inhalt des Verschmelzungsvertrags	461
§ 41	Widerspruch gegen den Beschluss der Gesellschafterversammlung	471
§ 42	Entsprechend anzuwendende Vorschriften	474
§ 43	[aufgehoben]	474
§ 44	[aufgehoben]	474
§ 45	[aufgehoben]	474

Dritter Unterabschnitt Verschmelzung unter Beteiligung von Partnerschaftsgesellschaften

Vor §§ 45a ff.		474
§ 45a	Möglichkeit der Verschmelzung	479
§ 45b	Inhalt des Verschmelzungsvertrages	485
§ 45c	Verschmelzungsbericht und Unterrichtung der Partner	487
§ 45d	Beschluß der Gesellschafterversammlung	489
§ 45e	Anzuwendende Vorschriften	492

Zweiter Abschnitt
Verschmelzung unter Beteiligung von Gesellschaften mit beschränkter Haftung

Erster Unterabschnitt Verschmelzung durch Aufnahme

§ 46	Inhalt des Verschmelzungsvertrags	496
§ 47	Unterrichtung der Gesellschafter	505
§ 48	Prüfung der Verschmelzung	510
§ 49	Vorbereitung der Gesellschafterversammlung	513
§ 50	Beschluß der Gesellschafterversammlung	521
§ 51	Zustimmungserfordernisse in Sonderfällen	528
§ 52	Anmeldung der Verschmelzung	535
§ 53	Eintragung bei Erhöhung des Stammkapitals	538
§ 54	Verschmelzung ohne Kapitalerhöhung	541
§ 55	Verschmelzung mit Kapitalerhöhung	555

Zweiter Unterabschnitt Verschmelzung durch Neugründung

§ 56	Anzuwendende Vorschriften	564
§ 57	Inhalt des Gesellschaftsvertrags	568
§ 58	Sachgründungsbericht	571
§ 59	Verschmelzungsbeschlüsse	574

Dritter Abschnitt
Verschmelzung unter Beteiligung von Aktiengesellschaften

Erster Unterabschnitt Verschmelzung durch Aufnahme

§ 60	Prüfung der Verschmelzung; Bestellung der Verschmelzungsprüfer	577
§ 61	Bekanntmachung des Verschmelzungsvertrags	578
§ 62	Konzernverschmelzungen	581
§ 63	Vorbereitung der Hauptversammlung	604
§ 64	Durchführung der Hauptversammlung	611
§ 65	Beschluß der Hauptversammlung	616
§ 66	Eintragung bei Erhöhung des Grundkapitals	621
§ 67	Anwendung der Vorschriften über die Nachgründung	624
§ 68	Verschmelzung ohne Kapitalerhöhung	630
§ 69	Verschmelzung mit Kapitalerhöhung	637
§ 70	Geltendmachung eines Schadenersatzanspruchs	644
§ 71	Bestellung eines Treuhänders	645
§ 72	Umtausch von Aktien	649
§ 72a	Gewährung zusätzlicher Aktien	652
§ 72b	Kapitalerhöhung zur Gewährung zusätzlicher Aktien	660

Zweiter Unterabschnitt Verschmelzung durch Neugründung

§ 73	Anzuwendende Vorschriften	664
§ 74	Inhalt der Satzung	668
§ 75	Gründungsbericht und Gründungsprüfung	671
§ 76	Verschmelzungsbeschlüsse	673
§ 77	(aufgehoben)	675

Vierter Abschnitt
Verschmelzung unter Beteiligung von Kommanditgesellschaften auf Aktien

§ 78	Anzuwendende Vorschriften	675

Fünfter Abschnitt
Verschmelzung unter Beteiligung eingetragener Genossenschaften

Erster Unterabschnitt Verschmelzung durch Aufnahme

§ 79	Möglichkeit der Verschmelzung	679
§ 80	Inhalt des Verschmelzungsvertrags bei Aufnahme durch eine Genossenschaft	681
§ 81	Gutachten des Prüfungsverbandes	685
§ 82	Vorbereitung der Generalversammlung	690
§ 83	Durchführung der Generalversammlung	693
§ 84	Beschluß der Generalversammlung	697
§ 85	Verbesserung des Umtauschverhältnisses	698

§ 86	Anlagen der Anmeldung	699
§ 87	Anteilstausch	700
§ 88	Geschäftsguthaben bei der Aufnahme von Kapitalgesellschaften und rechtsfähigen Vereinen	702
§ 89	Eintragung der Genossen in die Mitgliederliste; Benachrichtigung	703
§ 90	Ausschlagung durch einzelne Anteilsinhaber	704
§ 91	Form und Frist der Ausschlagung	706
§ 92	Eintragung der Ausschlagung in die Mitgliederliste	707
§ 93	Auseinandersetzung	707
§ 94	Auszahlung des Auseinandersetzungsguthabens	709
§ 95	Fortdauer der Nachschußpflicht	710

Zweiter Unterabschnitt Verschmelzung durch Neugründung

§ 96	Anzuwendende Vorschriften	711
§ 97	Pflichten der Vertretungsorgane der übertragenden Rechtsträger	711
§ 98	Verschmelzungsbeschlüsse	712

Sechster Abschnitt
Verschmelzung unter Beteiligung rechtsfähiger Vereine

§ 99	Möglichkeit der Verschmelzung	713
§ 100	Prüfung der Verschmelzung	725
§ 101	Vorbereitung der Mitgliederversammlung	727
§ 102	Durchführung der Mitgliederversammlung	727
§ 103	Beschluß der Mitgliederversammlung	729
§ 104	Bekanntmachung der Verschmelzung	731
§ 104a	Ausschluß der Barabfindung in bestimmten Fällen	731

Siebenter Abschnitt
Verschmelzung genossenschaftlicher Prüfungsverbände

§ 105	Möglichkeit der Verschmelzung	732
§ 106	Vorbereitung, Durchführung und Beschluß der Mitgliederversammlung	732
§ 107	Pflichten der Vorstände	733
§ 108	Austritt von Mitgliedern des übertragenden Verbandes	733

Achter Abschnitt
Verschmelzung von Versicherungsvereinen auf Gegenseitigkeit

Erster Unterabschnitt Möglichkeit der Verschmelzung

§ 109	Verschmelzungsfähige Rechtsträger	736

Zweiter Unterabschnitt Verschmelzung durch Aufnahme

§ 110	Inhalt des Verschmelzungsvertrags	759
§ 111	Bekanntmachung des Verschmelzungsvertrags	761

§ 112	Vorbereitung, Durchführung und Beschluß der Versammlung der obersten Vertretung	763
§ 113	Keine gerichtliche Nachprüfung	767

Dritter Unterabschnitt Verschmelzung durch Neugründung

§ 114	Anzuwendende Vorschriften	768
§ 115	Bestellung der Vereinsorgane	769
§ 116	Beschlüsse der obersten Vertretungen	772
§ 117	Entstehung und Bekanntmachung des neuen Vereins	774

Vierter Unterabschnitt Verschmelzung kleinerer Vereine

§ 118	Anzuwendende Vorschriften	775
§ 119	Bekanntmachung der Verschmelzung	777

Neunter Abschnitt
Verschmelzung von Kapitalgesellschaften mit dem Vermögen eines Alleingesellschafters

§ 120	Möglichkeit der Verschmelzung	778
§ 121	Anzuwendende Vorschriften	784
§ 122	Eintragung in das Handelsregister	786

Zehnter Abschnitt
[aufgehoben]

§§ 122a–122m [aufgehoben]	792

Drittes Buch
Spaltung

Erster Teil
Allgemeine Vorschriften

Erster Abschnitt
Möglichkeit der Spaltung

§ 123	Arten der Spaltung	792
§ 124	Spaltungsfähige Rechtsträger	800
§ 125	Anzuwendende Vorschriften	803

Zweiter Abschnitt
Spaltung zur Aufnahme

§ 126	Inhalt des Spaltungs- und Übernahmevertrags	808
§ 127	Spaltungsbericht	828
§ 128	Zustimmung zur Spaltung in Sonderfällen	837
§ 129	Anmeldung der Spaltung	839
§ 130	Eintragung der Spaltung	841
§ 131	Wirkungen der Eintragung	845

§ 132 Kündigungsschutzrecht	862
§ 132a Mitbestimmungsbeibehaltung	873
§ 133 Schutz der Gläubiger und der Inhaber von Sonderrechten	884
§ 134 Schutz der Gläubiger in besonderen Fällen	903

Dritter Abschnitt
Spaltung zur Neugründung

§ 135 Anzuwendende Vorschriften	911
§ 136 Spaltungsplan	915
§ 137 Anmeldung und Eintragung der neuen Rechtsträger und der Spaltung	917

Zweiter Teil
Besondere Vorschriften

Erster Abschnitt
Spaltung unter Beteiligung von Gesellschaften mit beschränkter Haftung

§ 138 Sachgründungsbericht	921
§ 139 Herabsetzung des Stammkapitals	923
§ 140 Anmeldung der Abspaltung oder der Ausgliederung	929

Zweiter Abschnitt
Spaltung unter Beteiligung von Aktiengesellschaften und Kommanditgesellschaften auf Aktien

§ 141 Ausschluss der Spaltung	932
§ 142 Spaltung mit Kapitalerhöhung; Spaltungsbericht	935
§ 142a Verpflichtungen nach § 72a	938
§ 143 Verhältniswahrende Spaltung zur Neugründung	940
§ 144 Gründungsbericht und Gründungsprüfung	942
§ 145 Herabsetzung des Grundkapitals	944
§ 146 Anmeldung der Abspaltung oder der Ausgliederung	948

Dritter Abschnitt
Spaltung unter Beteiligung eingetragener Genossenschaften

Vor §§ 147, 148	951
§ 147 Möglichkeit der Spaltung	952
§ 148 Anmeldung der Abspaltung oder der Ausgliederung	953

Vierter Abschnitt
Spaltung unter Beteiligung rechtsfähiger Vereine

§ 149 Möglichkeit der Spaltung	955

Fünfter Abschnitt
Spaltung unter Beteiligung genossenschaftlicher Prüfungsverbände

§ 150 Möglichkeit der Spaltung	957

Sechster Abschnitt
Spaltung unter Beteiligung von Versicherungsvereinen auf Gegenseitigkeit

§ 151 Möglichkeit der Spaltung 958

Siebenter Abschnitt
Ausgliederung aus dem Vermögen eines Einzelkaufmanns

Erster Unterabschnitt Möglichkeit der Ausgliederung

§ 152 Übernehmende oder neue Rechtsträger 967

Zweiter Unterabschnitt Ausgliederung zur Aufnahme

§ 153 Ausgliederungsbericht 982
§ 154 Eintragung der Ausgliederung 984
§ 155 Wirkungen der Ausgliederung 988
§ 156 Haftung des Einzelkaufmanns 992
§ 157 Zeitliche Begrenzung der Haftung für übertragene Verbindlichkeiten 996

Dritter Unterabschnitt Ausgliederung zur Neugründung

§ 158 Anzuwendende Vorschriften 1000
§ 159 Sachgründungsbericht, Gründungsbericht und Gründungsprüfung 1002
§ 160 Anmeldung und Eintragung 1006

Achter Abschnitt
Ausgliederung aus dem Vermögen rechtsfähiger Stiftungen

§ 161 Möglichkeit der Ausgliederung 1010
§ 162 Ausgliederungsbericht 1017
§ 163 Beschluß über den Vertrag 1019
§ 164 Genehmigung der Ausgliederung 1022
§ 165 Sachgründungsbericht und Gründungsbericht 1023
§ 166 Haftung der Stiftung 1024
§ 167 Zeitliche Begrenzung der Haftung für übertragene Verbindlichkeiten 1025

Neunter Abschnitt
Ausgliederung aus dem Vermögen von Gebietskörperschaften oder Zusammenschlüssen von Gebietskörperschaften

§ 168 Möglichkeit der Ausgliederung 1026
§ 169 Ausgliederungsbericht; Ausgliederungsbeschluß 1032
§ 170 Sachgründungsbericht und Gründungsbericht 1034
§ 171 Wirksamwerden der Ausgliederung 1035
§ 172 Haftung der Körperschaft oder des Zusammenschlusses 1036
§ 173 Zeitliche Begrenzung der Haftung für übertragene Verbindlichkeiten 1037

Viertes Buch
Vermögensübertragung

Erster Teil
Möglichkeit der Vermögensübertragung

§ 174 Arten der Vermögensübertragung 1038
§ 175 Beteiligte Rechtsträger 1047

Zweiter Teil
Übertragung des Vermögens oder von Vermögensteilen einer Kapitalgesellschaft auf die öffentliche Hand

Erster Abschnitt
Vollübertragung

§ 176 Anwendung der Verschmelzungsvorschriften 1055

Zweiter Abschnitt
Teilübertragung

§ 177 Anwendung der Spaltungsvorschriften 1061

Dritter Teil
Vermögensübertragung unter Versicherungsunternehmen

Erster Abschnitt
Übertragung des Vermögens einer Aktiengesellschaft auf Versicherungsvereine auf Gegenseitigkeit oder öffentlich-rechtliche Versicherungsunternehmen

Erster Unterabschnitt Vollübertragung

Vor §§ 178 ff. 1064
§ 178 Anwendung der Verschmelzungsvorschriften 1065

Zweiter Unterabschnitt Teilübertragung

§ 179 Anwendung der Spaltungsvorschriften 1071

Zweiter Abschnitt
Übertragung des Vermögens eines Versicherungsvereins auf Gegenseitigkeit auf Aktiengesellschaften oder öffentlich-rechtliche Versicherungsunternehmen

Erster Unterabschnitt Vollübertragung

§ 180 Anwendung der Verschmelzungsvorschriften 1074
§ 181 Gewährung der Gegenleistung 1077
§ 182 Unterrichtung der Mitglieder 1080
§ 183 Bestellung eines Treuhänders 1082

Zweiter Unterabschnitt Teilübertragung

§ 184 Anwendung der Spaltungsvorschriften 1083

Dritter Abschnitt
Übertragung des Vermögens eines kleineren Versicherungsvereins auf Gegenseitigkeit auf eine Aktiengesellschaft oder auf ein öffentlich-rechtliches Versicherungsunternehmen

§ 185 Möglichkeit der Vermögensübertragung 1086
§ 186 Anzuwendende Vorschriften 1086
§ 187 Bekanntmachung der Vermögensübertragung 1088

Vierter Abschnitt
Übertragung des Vermögens eines öffentlich-rechtlichen Versicherungsunternehmens auf Aktiengesellschaften oder Versicherungsvereine auf Gegenseitigkeit

Erster Unterabschnitt Vollübertragung

§ 188 Anwendung der Verschmelzungsvorschriften 1089

Zweiter Unterabschnitt Teilübertragung

§ 189 Anwendung der Spaltungsvorschriften 1091

Fünftes Buch
Formwechsel

Erster Teil
Allgemeine Vorschriften

§ 190 Allgemeiner Anwendungsbereich 1094
§ 191 Einbezogene Rechtsträger 1111
§ 192 Formwechselbericht 1117
§ 193 Formwechselbeschluss 1123
§ 194 Inhalt des Formwechselbeschlusses 1128
§ 195 Befristung und Ausschluß von Klagen gegen den Formwechselbeschluss ... 1134
§ 196 Verbesserung des Beteiligungsverhältnisses 1138
§ 197 Anzuwendende Gründungsvorschriften 1140
§ 198 Anmeldung des Formwechsels 1144
§ 199 Anlagen der Anmeldung 1150
§ 200 Firma oder Name des Rechtsträgers 1154
§ 201 Bekanntmachung des Formwechsels 1157
§ 202 Wirkungen der Eintragung 1158
§ 203 Amtsdauer von Aufsichtsratsmitgliedern 1164
§ 204 Schutz der Gläubiger und der Inhaber von Sonderrechten 1166
§ 205 Schadenersatzpflicht der Verwaltungsträger des formwechselnden Rechtsträgers 1167

§ 206	Geltendmachung des Schadenersatzanspruchs	1169
§ 207	Angebot der Barabfindung	1172
§ 208	Inhalt des Anspruchs auf Barabfindung und Prüfung der Barabfindung	1177
§ 209	Annahme des Angebots	1179
§ 210	Ausschluß von Klagen gegen den Formwechselbeschluss	1180
§ 211	Anderweitige Veräußerung	1181
§ 212	Gerichtliche Nachprüfung der Abfindung	1184
§ 213	Unbekannte Aktionäre	1185

Zweiter Teil
Besondere Vorschriften

Erster Abschnitt
Formwechsel von Personengesellschaften

Erster Unterabschnitt Formwechsel von Gesellschaften bürgerlichen Rechts und Personenhandelsgesellschaften

§ 214	Möglichkeit des Formwechsels	1188
§ 215	Umwandlungsbericht	1193
§ 216	Unterrichtung der Gesellschafter	1197
§ 217	Beschluß der Gesellschafterversammlung	1203
§ 218	Inhalt des Formwechselbeschlusses	1212
§ 219	Rechtsstellung als Gründer	1224
§ 220	Kapitalschutz	1227
§ 221	Beitritt persönlich haftender Gesellschafter	1234
§ 222	Anmeldung des Formwechsels	1236
§ 223	Anlagen der Anmeldung	1239
§ 224	Fortdauer und zeitliche Begrenzung der persönlichen Haftung	1241
§ 225	Prüfung des Abfindungsangebots	1246

Zweiter Unterabschnitt Formwechsel von Partnerschaftsgesellschaften

§ 225a	Möglichkeit des Fomwechsels	1249
§ 225b	Formwechselbericht und Unterrichtung der Partner	1250
§ 225c	Anzuwendende Vorschriften	1252

Zweiter Abschnitt
Formwechsel von Kapitalgesellschaften

Erster Unterabschnitt Allgemeine Vorschriften

§ 226	Möglichkeit des Formwechsels	1253
§ 227	Nicht anzuwendende Vorschriften	1256

Zweiter Unterabschnitt Formwechsel in eine Personengesellschaft

§ 228	Möglichkeit des Formwechsels	1258

§ 229	(aufgehoben)	1264
§ 230	Vorbereitung der Versammlung der Anteilsinhaber	1264
§ 231	Mitteilung des Abfindungsangebots	1271
§ 232	Durchführung der Versammlung der Anteilsinhaber	1274
§ 233	Beschluß der Versammlung der Anteilsinhaber	1277
§ 234	Inhalt des Formwechselbeschlusses	1284
§ 235	Anmeldung des Formwechsels	1287
§ 236	Wirkungen des Formwechsels	1288
§ 237	Fortdauer und zeitliche Begrenzung der persönlichen Haftung	1290

Dritter Unterabschnitt Formwechsel in eine Kapitalgesellschaft anderer Rechtsform

§ 238	Vorbereitung der Versammlung der Anteilsinhaber	1291
§ 239	Durchführung der Versammlung der Anteilsinhaber	1293
§ 240	Beschluß der Versammlung der Anteilsinhaber	1294
§ 241	Zustimmungserfordernisse beim Formwechsel einer Gesellschaft mit beschränkter Haftung	1302
§ 242	Zustimmungserfordernis beim Formwechsel einer Aktiengesellschaft oder einer Kommanditgesellschaft auf Aktien	1309
§ 243	Inhalt des Formwechselbeschlusses	1312
§ 244	Niederschrift über den Formwechselbeschluss; Gesellschaftsvertrag	1320
§ 245	Rechtsstellung als Gründer; Kapitalschutz	1323
§ 246	Anmeldung des Formwechsels	1333
§ 247	Wirkungen des Formwechsels	1337
§ 248	Umtausch der Anteile	1341
§ 248a	Gewährung zusätzlicher Aktien	1350
§ 249	Gläubigerschutz	1351
§ 250	Nicht anzuwendende Vorschriften	1351

Vierter Unterabschnitt Formwechsel in eine eingetragene Genossenschaft

§ 251	Vorbereitung und Durchführung der Versammlung der Anteilsinhaber	1353
§ 252	Beschluß der Versammlung der Anteilsinhaber	1354
§ 253	Inhalt des Formwechselbeschlusses	1356
§ 254	Anmeldung des Formwechsels	1356
§ 255	Wirkungen des Formwechsels	1357
§ 256	Geschäftsguthaben; Benachrichtigung der Mitglieder	1359
§ 257	Gläubigerschutz	1360

**Dritter Abschnitt
Formwechsel eingetragener Genossenschaften**

| § 258 | Möglichkeit des Formwechsels | 1361 |
| § 259 | Gutachten des Prüfungsverbandes | 1363 |

§ 260	Vorbereitung der Generalversammlung	1365
§ 261	Durchführung der Generalversammlung	1368
§ 262	Beschluß der Generalversammlung	1370
§ 263	Inhalt des Formwechselbeschlusses	1373
§ 264	Kapitalschutz	1376
§ 265	Anmeldung des Formwechsels	1378
§ 266	Wirkungen des Formwechsels	1379
§ 267	Benachrichtigung der Anteilsinhaber	1380
§ 268	Aufforderung an die Aktionäre; Veräußerung von Aktien	1381
§ 269	Hauptversammlungsbeschlüsse; genehmigtes Kapital	1383
§ 270	Abfindungsangebot	1383
§ 271	Fortdauer der Nachschußpflicht	1385

Vierter Abschnitt
Formwechsel rechtsfähiger Vereine

Erster Unterabschnitt Allgemeine Vorschriften

§ 272	Möglichkeit des Formwechsels	1386

Zweiter Unterabschnitt Formwechsel in eine Kapitalgesellschaft

§ 273	Möglichkeit des Formwechsels	1390
§ 274	Vorbereitung und Durchführung der Mitgliederversammlung	1390
§ 275	Beschluß der Mitgliederversammlung	1394
§ 276	Inhalt des Formwechselbeschlusses	1396
§ 277	Kapitalschutz	1399
§ 278	Anmeldung des Formwechsels	1400
§ 279	(aufgehoben)	1402
§ 280	Wirkungen des Formwechsels	1402
§ 281	Benachrichtigung der Anteilsinhaber; Veräußerung von Aktien; Hauptversammlungsbeschlüsse	1403
§ 282	Abfindungsangebot	1404

Dritter Unterabschnitt Formwechsel in eine eingetragene Genossenschaft

§ 283	Vorbereitung und Durchführung der Mitgliederversammlung	1406
§ 284	Beschluß der Mitgliederversammlung	1406
§ 285	Inhalt des Formwechselbeschlusses	1408
§ 286	Anmeldung des Formwechsels	1409
§ 287	(aufgehoben)	1410
§ 288	Wirkungen des Formwechsels	1410
§ 289	Geschäftsguthaben; Benachrichtigung der Mitglieder	1412
§ 290	Abfindungsangebot	1413

Fünfter Abschnitt
Formwechsel von Versicherungsvereinen auf Gegenseitigkeit

§ 291	Möglichkeit des Formwechsels	1414
§ 292	Vorbereitung und Durchführung der Versammlung der obersten Vertretung	1415
§ 293	Beschluß der obersten Vertretung	1415
§ 294	Inhalt des Formwechselbeschlusses	1416
§ 295	Kapitalschutz	1417
§ 296	Anmeldung des Formwechsels	1417
§ 297	(aufgehoben)	1418
§ 298	Wirkungen des Formwechsels	1418
§ 299	Benachrichtung der Aktionäre; Veräußerung von Aktien; Hauptversammlungsbeschlüsse	1418
§ 300	Abfindungsangebot	1419

Sechster Abschnitt
Formwechsel von Körperschaften und Anstalten des öffentlichen Rechts

§ 301	Möglichkeit des Formwechsels	1419
§ 302	Anzuwendende Vorschriften	1425
§ 303	Kapitalschutz; Zustimmungserfordernisse	1429
§ 304	Wirksamwerden des Formwechsels	1431

Sechstes Buch
Grenzüberschreitende Umwandlung

Erster Teil
Grenzüberschreitende Verschmelzung

Vor §§ 305 ff.		1436
§ 305	Grenzüberschreitende Verschmelzung	1443
§ 306	Verschmelzungsfähige Gesellschaften	1450
§ 307	Verschmelzungsplan	1455
§ 308	Bekanntmachung des Verschmelzungsplans	1470
§ 309	Verschmelzungsbericht	1477
§ 310	Zugänglichmachung des Verschmelzungsberichts	1483
§ 311	Verschmelzungsprüfung	1486
§ 312	Zustimmung der Anteilsinhaber	1490
§ 313	Barabfindung	1496
§ 314	Schutz der Gläubiger der übertragenden Gesellschaft	1504
§ 315	Anmeldung der Verschmelzung	1510
§ 316	Verschmelzungsbescheinigung	1517
§ 317	Informationen des Registergerichts	1524
§ 318	Eintragung der grenzüberschreitenden Verschmelzung	1528

§ 319 Austritt des Vereinigten Königreichs Großbritannien und Nordirland aus der Europäischen Union 1533

Zweiter Teil
Grenzüberschreitende Spaltung

§ 320 Grenzüberschreitende Spaltung 1537
§ 320 alt Aufhebung des Umwandlungsgesetzes 1969 1545
§ 321 Spaltungsfähige Gesellschaften 1545
§ 322 Spaltungsplan 1551
§ 323 Bekanntmachung des Spaltungsplans 1567
§ 324 Spaltungsbericht 1571
§ 325 Spaltungsprüfung 1590
§ 326 Zustimmung der Anteilsinhaber 1594
§ 327 Barabfindung 1600
§ 328 Schutz der Gläubiger der übertragenden Gesellschaft 1607
§ 329 Anmeldung und Spaltungsbescheinigung 1616
§ 330 Eintragung der grenzüberschreitenden Hinausspaltung 1634
§ 331 Eintragung der neuen Gesellschaft 1637
§ 332 Spaltung zur Aufnahme 1644

Dritter Teil
Grenzüberschreitender Formwechsel

Vor §§ 333 ff. 1649
§ 333 Grenzüberschreitender Formwechsel 1664
§ 334 Formwechselfähige Gesellschaften 1678
§ 335 Formwechselplan 1684
§ 336 Bekanntmachung des Formwechselplans 1702
§ 337 Formwechselbericht 1706
§ 338 Formwechselprüfung 1727
§ 339 Zustimmung der Anteilsinhaber 1731
§ 340 Barabfindung 1737
§ 341 Gläubigerschutz 1746
§ 342 Anmeldung des Formwechsels 1755
§ 343 Formwechselbescheinigung 1765
§ 344 Informationen des Registergerichts 1779
§ 345 Eintragung des grenzüberschreitenden Hereinformwechsels 1783

Siebentes Buch
Strafvorschriften und Zwangsgelder

§ 346 Unrichtige Darstellung 1794
§ 347 Verletzung der Berichtspflicht 1800

§ 348	Falsche Angaben	1803
§ 349	Verletzung der Geheimhaltungspflicht	1806
§ 350	Zwangsgelder	1811

Achtes Buch
Übergangs- und Schlußvorschriften

§ 351	Umwandlung alter juristischer Personen	1815
§ 352	Eingeleitete Umwandlungen; Umstellung auf den Euro	1816
§ 353	Enthaftung bei Altverbindlichkeiten	1818
§ 354	Übergangsvorschrift zum Gesetz zur Umsetzung der Aktionärsrechterichtlinie, zum Dritten Gesetz zur Änderung des Umwandlungsgesetzes und zum Finanzmarktintegritätsstärkungsgesetz	1821
§ 355	Übergangsvorschrift zum Gesetz zur Umsetzung der Umwandlungsrichtlinie	1823
Anhang 1	Umwandlungsrecht der Europäischen Aktiengesellschaft	1826
Anhang 2	Umwandlungs-Kostenrecht	1906

Umwandlungssteuergesetz
(UmwStG)

Erster Teil
Allgemeine Vorschriften

| § 1 | Anwendungsbereich und Begriffsbestimmungen | 1935 |
| § 2 | Steuerliche Rückwirkung | 1958 |

Zweiter Teil
Vermögensübergang bei Verschmelzung auf eine Personengesellschaft oder auf eine natürliche Person und Formwechsel einer Kapitalgesellschaft in eine Personengesellschaft

§ 3	Wertansätze in der steuerlichen Schlussbilanz der übertragenden Körperschaft	1972
§ 4	Auswirkungen auf den Gewinn des übernehmenden Rechtsträgers	1990
§ 5	Besteuerung der Anteilseigner der übertragenden Körperschaft	2006
§ 6	Gewinnerhöhung durch Vereinigung von Forderungen und Verbindlichkeiten	2013
§ 7	Besteuerung offener Rücklagen	2023
§ 8	Vermögensübergang auf einen Rechtsträger ohne Betriebsvermögen	2030
§ 9	Formwechsel in eine Personengesellschaft	2036
§ 10	(aufgehoben)	2042

Dritter Teil
Verschmelzung oder Vermögensübertragung (Vollübertragung) auf eine andere Körperschaft

§ 11	Wertansätze in der steuerlichen Schlussbilanz der übertragenden Körperschaft	2043
§ 12	Auswirkungen auf den Gewinn der übernehmenden Körperschaft	2131
§ 13	Besteuerung der Anteilseigner der übertragenden Körperschaft	2173
§ 14	(weggefallen)	2191

Vierter Teil
Aufspaltung, Abspaltung und Vermögensübertragung (Teilübertragung)

§ 15	Aufspaltung, Abspaltung und Teilübertragung auf andere Körperschaften	2191
§ 16	Aufspaltung oder Abspaltung auf eine Personengesellschaft	2228

Fünfter Teil
Gewerbesteuer

§ 17	(weggefallen)	2232
§ 18	Gewerbesteuer bei Vermögensübergang auf eine Personengesellschaft oder auf eine natürliche Person sowie bei Formwechsel in eine Personengesellschaft	2232
§ 19	Gewerbesteuer bei Vermögensübergang auf eine andere Körperschaft	2240

Sechster Teil
Einbringung von Unternehmensteilen in eine Kapitalgesellschaft oder Genossenschaft und Anteilstausch

§ 20	Einbringung von Unternehmensteilen in eine Kapitalgesellschaft oder Genossenschaft	2244
§ 21	Bewertung der Anteile beim Anteilstausch	2299
§ 22	Besteuerung des Anteilseigners	2327
§ 23	Auswirkungen bei der übernehmenden Gesellschaft	2370

Siebter Teil
Einbringung eines Betriebs, Teilbetriebs oder Mitunternehmeranteils in eine Personengesellschaft

§ 24	Einbringung von Betriebsvermögen in eine Personengesellschaft	2403

Achter Teil
Formwechsel einer Personengesellschaft in eine Kapitalgesellschaft oder Genossenschaft

§ 25	Entsprechende Anwendung des Sechsten Teils	2432

Neunter Teil
Verhinderung von Missbräuchen

§ 26	(weggefallen)	2442

Zehnter Teil
Anwendungsvorschriften und Ermächtigung

§ 27	Anwendungsvorschriften	2443
§ 28	Bekanntmachungserlaubnis	2454

Gesetz über das gesellschaftsrechtliche Spruchverfahren (Spruchverfahrensgesetz – SpruchG)

§ 1	Anwendungsbereich	2457
§ 2	Zuständigkeit	2464
§ 3	Antragsberechtigung	2469
§ 4	Antragsfrist und Antragsbegründung	2472
§ 5	Antragsgegner	2477
§ 5a	Vertretung durch einen Rechtsanwalt	2478
§ 6	Gemeinsamer Vertreter	2479
§ 6a	Gemeinsamer Vertreter bei Gründung einer SE	2490
§ 6b	Gemeinsamer Vertreter bei Gründung einer Europäischen Genossenschaft	2495
§ 6c	Grenzüberschreitende Umwandlungen	2496
§ 7	Vorbereitung der mündlichen Verhandlung	2502
§ 8	Mündliche Verhandlung	2508
§ 9	Verfahrensförderungspflicht	2510
§ 10	Verletzung der Verfahrensförderungspflicht	2514
§ 10a	Gewährung zusätzlicher Aktien	2521
§ 11	Gerichtliche Entscheidung; Gütliche Einigung	2526
Anhang § 11 SpruchG: Unternehmensbewertung		2535
§ 11a	Ermittlung der Kompensation durch das Gericht	2629
§ 12	Beschwerde	2633
§ 13	Wirkung der Entscheidung	2645
§ 14	Bekanntmachung der Entscheidung	2647
§ 15	Kosten	2649
§ 16	Zuständigkeit bei Leistungsklage	2654
§ 17	Allgemeine Bestimmungen; Übergangsvorschrift	2655

Stichwortverzeichnis ... 2659

Bearbeiterverzeichnis

Im Einzelnen haben bearbeitet:

Rechtsanwalt und Syndikusrechtsanwalt *Dr. Markus Althoff*, Ahrensburg/Hamburg
(UmwG §§ 190–213, 226–250)

Steuerberater Dipl.-Kfm. *Dr. Rudolf Graf von Ballestrem*, Gröbenzell (UmwStG §§ 13, 23)

Rechtsanwalt *Dr. Bodo Bender*, Frankfurt/Main
(UmwStG § 21; 22 [gemeinsam mit *Bracksiek*])

Rechtsanwalt Prof. *Dr. Lars Böttcher*, München
(UmwG Einleitung, §§ 1–7; 8–14 [gemeinsam mit *Goslar*]; 15, 23; 24 [gemeinsam mit *Bracksiek*]; 152–160 [gemeinsam mit *Herwig*]; 346–350 [gemeinsam mit *Helck*]; SpruchG §§ 1, 16–17)

Rechtsanwalt *Dr. Tim Bracksiek*, Frankfurt/Main (UmwG § 24 [gemeinsam mit *Böttcher*]; UmwStG 22 [gemeinsam mit *Bender*])

Notar *Dr. Andreas Bürger*, Köln (UmwG §§ 251–271, 291–300)

Rechtsanwalt *Dr. Michael Burg*, Köln
(UmwG §§ 25–35, 36–42, 141–146 [gemeinsam mit *Nordhues*])

Notar *Dr. Thomas Diehn*, LL.M. (Harvard), Hamburg (Anhang Kostenrecht)

Rechtsanwalt *Johannes Fein*, Fachanwalt für Steuerrecht, Frankfurt/Main
(UmwG §§ 161–173)

Rechtsanwalt *Henning Fischer*, Oftersheim (UmwG §§ 99–104a, 123–131, 133–140; 149)

Rechtsanwalt *Dr. Marcus Geschwandtner*, Bonn
(UmwG §§ 79–98, 105–108, Vor 147, 148, 147–148, 150)

Steuerberater Dipl.-Kfm. *Dr. Christoph Götz*, München
(UmwStG § 20 [gemeinsam mit *Widmayer*]; 25)

Rechtsanwalt *Sebastian Goslar*, Düsseldorf
(UmwG §§ 8–14 [gemeinsam mit *Böttcher*];
SpruchG §§ 2–5a, 7–8, 13–15 [gemeinsam mit *Wilsing*])

Rechtsanwalt und Notar *Dr. Oliver Habighorst*, Fachanwalt für Steuerrecht, Frankfurt/Main (UmwG, §§ 60–78)

Rechtsanwalt *Dr. Thomas Helck*, München (UmwG §§ 346–350 [gemeinsam mit *Böttcher*])

Rechtsanwalt und Notar *Dr. Jörg Herwig*, Frankfurt/Main
(UmwG §§ 152–160 [gemeinsam mit *Böttcher*])

Steuerberater *Dr. Dino Höppner*, M.Sc., Berlin
(UmwStG §§ 1–10 [gemeinsam mit *Leitsch*])

Rechtsanwalt und Steuerberater *Roland Hummel*, LL.M., Erlangen (UmwStG § 12)

Rechtsanwalt Dipl.-Vw. *Dr. Philipp Jaspers*, M.A., Frankfurt/Main
(UmwG §§ Vor 45a ff, 45a–45e, 120–122, Anhang SE; SpruchG §§ 6–6c, 9–12;
Anhang § 11 [gemeinsam mit *Posch*])

Rechtsanwältin *Dr. Gunbritt Kammerer-Galahn*, Fachanwältin für Versicherungsrecht,
Düsseldorf (UmwG §§ 109–119, 151, 174–177)

Prof. Dr. Detlef Kleindiek, Universität Bielefeld (UmwG §§ 46–59)

Rechtsanwalt und Steuerberater *Dr. Gunnar Knorr*, Köln (UmwStG § 24)

Rechtsanwalt *Dr. Jan-Felix Kumkar*, Frankfurt/Main
(UmwG §§ 320 alt, 351–355 [gemeinsam mit *L. Kumkar*])

Jun.Prof. *Dr. Lea Katharina Kumkar*, Universität Trier
(UmwG §§ 320 alt, 351–355 [gemeinsam mit *J.-F. Kumkar*])

Prof. Dr. Sebastian Leitsch, Technische Hochschule Würzburg-Schweinfurt (THWS)
(UmwStG §§ 1–10 [gemeinsam mit *Höppner*])

Rechtsanwalt *Patrick Narr*, Fachanwalt für Handels- und Gesellschaftsrecht, Hamburg
(UmwG §§ 214–225c, 272–290, 301–304)

Rechtsanwalt und Notar *Dr. Patrick Nordhues*, Essen
(UmwG §§ 25–35, 36–42, 141–146 [gemeinsam mit *Burg*])

Prof. Dr. Peter N. Posch, TU Dortmund (SpruchG Anhang § 11 [gemeinsam mit *Jaspers*])

Rechtsanwalt *Hendrik Röger*, Fachanwalt für Arbeitsrecht, Hamburg
(UmwG §§ 35a, 132, 132a)

Rechtsanwalt und Steuerberater *Dr. Uwe Scholz*, Bonn (UmwStG §§ 15–16)

Steuerberater *Jörg Schrade*, München (UmwStG § 11)

Richter am Amtsgericht *Dr. phil. Dr. jur. Christian Schulte*, M.A., Berlin (UmwG §§ 16–22)

Steuerberater und Wirtschaftsprüfer Dipl.-Kfm. *Markus Sellmann*, Köln
(UmwStG §§ 18–19, 27–28)

Rechtsanwältin und Notarin *Dr. Julia Sitter*, Frankfurt/Main
(UmwG Vor §§ 305 ff., 305–319)

Prof. Dr. Sascha Stiegler, LL.M., Professor für Privat- und Wirtschaftsrecht, Berlin
(UmwG §§ 320–332, Vor §§ 333 ff., 333–345)

Rechtsanwältin *Dr. Astrid Wagner*, Münster (UmwG §§ Vor 178, 178–189)

Steuerberater Dipl.-Kfm. *Dr. Gerhard Widmayer*, München
(UmwStG § 20 [gemeinsam mit *Götz*])

Rechtsanwalt *Prof. Dr. Hans-Ulrich Wilsing*, Düsseldorf
(SpruchG §§ 2–5a, 7–8, 13–15 [gemeinsam mit *Goslar*])

Allgemeines Abkürzungsverzeichnis

aA	anderer Ansicht/Auffassung	begr.	begründet
aaO	am angegebenen Ort	Beil.	Beilage
Abb.	Abbildung	Bek.	Bekanntmachung
abgedr.	abgedruckt	Bem.	Bemerkung
Abh.	Abhandlungen	Ber.	Berichtigung
Abk.	Abkommen	ber.	berichtigt
ABl.	Amtsblatt	BerufsR	Berufsrecht
abl.	ablehnend	bes.	besonders
Abs.	Absatz	Beschl.	Beschluss
abschl.	abschließend	beschr.	beschränkt
Abschn.	Abschnitt	Bespr.	Besprechung
Abt.	Abteilung	bespr.	besprochen
abw.	abweichend	bestr.	bestritten
abzgl.	abzüglich	Betr.	Betreff
AdR	Ausschuss der Regionen	betr.	betrifft, betreffend
aE	am Ende	BGBl.	Bundesgesetzblatt
aF	alte Fassung	Bl.	Blatt
AktR	Aktienrecht	Bln.	Berlin
allg.	allgemein	bln.	berlinerisch
allgA	allgemeine Ansicht	BilanzR	Bilanzrecht
allgM	allgemeine Meinung	BR	Bundesrat
Alt.	Alternative	BR-Drs.	Bundesrats-Drucksache
aM	andere Meinung	BR-Prot.	Bundesrats-Protokoll
amtl.	amtlich	BRD	Bundesrepublik Deutschland
Änd.	Änderung	Brem.	Bremen
ÄndG	Änderungsgesetz	brem.	bremisch
Anh.	Anhang	brit.	britisch
Anl.	Anlage	Bsp.	Beispiel
Anm.	Anmerkung	bspw.	beispielsweise
ArbR	Arbeitsrecht	BStBl.	Bundessteuerblatt
Arch.	Archiv	BT	Bundestag; Besonderer Teil
Arg.	Argumentation	BT-Drs.	Bundestags-Drucksache
Art.	Artikel	BT-Prot.	Bundestags-Protokoll
AsylR	Asylrecht	Buchst.	Buchstabe
AT	Allgemeiner Teil	BürgerlR	Bürgerliches Recht
Auff.	Auffassung	BW	Baden-Württemberg
aufgeh.	aufgehoben	bw.	baden-württembergisch
Aufl.	Auflage	bzgl.	bezüglich
Aufs.	Aufsatz	bzw.	beziehungsweise
ausdr.	ausdrücklich		
ausf.	ausführlich	ca.	circa
ausl.	ausländisch		
AuslR	Ausländerrecht	d.	der, des, durch
ausschl.	ausschließlich	Darst.	Darstellung
Az.	Aktenzeichen	DDR	Deutsche Demokratische Republik
		ders.	derselbe
BAnz.	**Bundesanzeiger**	dgl.	dergleichen, desgleichen
Bad.	Baden	dh	das heißt
bad.	badisch	dies.	dieselbe
BArbBl.	Bundesarbeitsblatt	diesbzgl.	diesbezüglich
BankR	Bankrecht	diff.	differenziert, differenzierend
BauR	Baurecht	Dig.	Digesten
Bay.	Bayern	Diss.	Dissertation
bay.	bayerisch	div.	diverse
Bbg.	Brandenburg	Dok.	Dokument
bbg.	brandenburgisch	Drs.	Drucksache
Bd.	Band	dt.	deutsch
Bde.	Bände		
Bearb.	Bearbeiter	E	**Entwurf**
bearb.	bearbeitet	ebd.	ebenda
Begr.	Begründung	Ed.	Edition

Allgemeines Abkürzungsverzeichnis

ehem.	ehemalig	hA	**herrschende Ansicht/ Auffassung**
Einf.	Einführung	Halbbd.	Halbband
einf.	einführend	HandelsR	Handelsrecht
eing.	eingehend	Hmb.	Hamburg
Einl.	Einleitung	hmb.	hamburgisch
einschl.	einschließlich	HdB	Handbuch
EL	Ergänzungslieferung	Hess.	Hessen
Empf.	Empfehlung	hess.	hessisch
endg.	endgültig	hins.	hinsichtlich
engl.	englisch	hL	herrschende Lehre
Entsch.	Entscheidung	hM	herrschende Meinung
Entschl.	Entschluss	Hrsg.	Herausgeber
entspr.	entspricht, entsprechend	hrsg.	herausgegeben
EP	Europäisches Parlament	Hs.	Halbsatz
ER	Europäischer Rat		
ErbR	Erbrecht	ic	**in concreto/in casu**
Erg.	Ergebnis, Ergänzung	idF	in der Fassung
erg.	ergänzend	idR	in der Regel
Ergbd.	Ergänzungsband	idS	in diesem Sinne
Erkl.	Erklärung	iE	im Einzelnen
Erl.	Erlass, Erläuterung	iErg	im Ergebnis
EStR	Einkommensteuerrecht, Einkommensteuerrichtlinie	ieS	im engeren Sinne
		iHd	in Höhe des/der
etc	et cetera (und so weiter)	iHv	in Höhe von
europ.	europäisch	iJ	im Jahre
EuropaR	Europarecht	Inf.	Information
ev.	evangelisch	insbes.	insbesondere
eV	eingetragener Verein	InsR	Insolvenzrecht
evtl.	eventuell	int.	international
EZB	Europäische Zentralbank	IPR	Internationales Privatrecht
		iRd	im Rahmen des/der
f., ff.	**folgende Seite bzw. Seiten**	iS	im Sinne
FamR	Familienrecht	iSd	im Sinne des/der
Fn.	Fußnote	iSv	im Sinne von
FG	Festgabe; Finanzgericht	it.	italienisch
frz.	französisch	iÜ	im Übrigen
FS	Festschrift	iVm	in Verbindung mit
		iW	im Wesentlichen
G	**Gesetz**	iwS	im weiteren Sinne
GBl.	Gesetzblatt	iZw	Im Zweifel
GE	Gesetzesentwurf		
geänd.	geändert	**Jg.**	**Jahrgang**
geb.	geboren	Jge.	Jahrgänge
gem.	gemäß	Jh.	Jahrhundert
ges.	gesetzlich	JMBl.	Justizministerialblatt
GesR	Gesellschaftsrecht	jur.	juristisch
GesundhR	Gesundheitsrecht		
gewöhnl.	gewöhnlich	**Kap.**	**Kapitel**
GewR	Gewerberecht	KapMarktR	Kapitalmarktrecht
GewRS	Gewerblicher Rechtsschutz	KartellR	Kartellrecht
ggf.	gegebenenfalls	kath.	katholisch
ggü.	gegenüber	Kfz	Kraftfahrzeug
glA	gleicher Ansicht	Kj.	Kalenderjahr
GLE	Gleichlautende Ländererlasse	Kl.	Kläger
GMBl.	Gemeinsames Ministerialblatt	kl.	klagend
Grdl.	Grundlage	Kom.	Komitee, Kommission
grdl.	grundlegend	Komm.	Kommentar
grds.	grundsätzlich	KommunalR	Kommunalrecht
GS	Gedenkschrift, Gedächtnisschrift	KonzernR	Konzernrecht
GVBl.	Gesetz- und Verordnungsblatt	krit.	kritisch
GVOBl.	Gesetz- und Verordnungsblatt		

Ld.	Land	Pkw	Personenkraftwagen
lfd.	laufend	POR	Polizei- und Ordnungsrecht
Lfg.	Lieferung	Preuß.	Preußen
Lit.	Literatur	preuß.	preußisch
lit.	litera	PrivBauR	Privates Baurecht
Lkw	Lastkraftwagen	PrivVersR	Privatversicherungsrecht
Ls.	Leitsatz	Prot.	Protokoll
LSA	Sachsen-Anhalt		
LStR	Lohnsteuerrecht	**RAnz.**	**Reichsanzeiger**
lt.	laut	rd.	rund
LT-Drs.	Landtags-Drucksache	RdErl.	Runderlass
		RdSchr.	Rundschreiben
mÄnd	**mit Änderungen**	RegE	Regierungsentwurf
mAnm	mit Anmerkung	RGBl.	Reichsgesetzblatt
MarkenR	Markenrecht	RhPf.	Rheinland-Pfalz
maW	mit anderen Worten	rhpf.	rheinland-pfälzisch
Mat.	Materialien	rkr.	rechtskräftig
max.	maximal	RL	Richtlinie
MBl.	Ministerialblatt	Rn.	Randnummer
mE	meines Erachtens	Rs.	Rechtssache
MedienR	Medienrecht	Rspr.	Rechtsprechung
MedR	Medizinrecht	RVO	Rechtsverordnung; Reichsversiche-
MietR	Mietrecht		rungsordnung (SozR)
mind.	mindestens		
Mio.	Million(en)	**S.**	**Seite(n), Satz**
Mitt.	Mitteilung(en)	s.	siehe
mN	mit Nachweisen	sa	siehe auch
Mot.	Motive	Saarl.	Saarland
Mrd.	Milliarde(n)	saarl.	saarländisch
mspätÄnd	mit späteren Änderungen	SachenR	Sachenrecht
mtl.	monatlich	Sachs.	Sachsen
MV	Mecklenburg-Vorpommern	sächs.	sächsisch
mv.	mecklenburg-vorpommerisch	sachsanh.	sachsen-anhaltinisch
mwH	mit weiteren Hinweisen	SchlH	Schleswig-Holstein
mwN	mit weiteren Nachweisen	schlh.	schleswig-holsteinisch
mWv	mit Wirkung vom	Schr.	Schrifttum, Schreiben
		SchuldR	Schuldrecht
nachf.	**nachfolgend**	schweiz.	schweizerisch
Nachw.	Nachweise	Sen.	Senat
Nds.	Niedersachsen	Slg.	Sammlung
nds.	niedersächsisch	s. o.	siehe oben
nF	neue Fassung	sog	so genannt
Nr.	Nummer	SozR	Sozialrecht
nrkr	nicht rechtskräftig	Sp.	Spalte
NRW	Nordrhein-Westfalen	st.	ständig
nrw.	nordrhein-westfälisch	StaatsR	Staatsrecht
nv	nicht veröffentlicht	Stellungn.	Stellungnahme
		SteuerR	Steuerrecht
o.	**oben, oder**	Stichw.	Stichwort
oÄ	oder Ähnliche/s	str.	streitig, strittig
OEuR	Osteuroparecht	StrafProzR	Strafprozessrecht
ÖffBauR	Öffentliches Baurecht	StrafR	Strafrecht
öffentl.	öffentlich	StrafVerfR	Strafverfahrensrecht
ÖffR	Öffentliches Recht	stRspr	ständige Rechtsprechung
ÖffTarifR	Öffentliches Tarifrecht	StVR	Straßenverkehrsrecht
Öst.	Österreich	s. u.	siehe unten
öst.	österreichisch	Suppl.	Supplement
og	oben genannte(r, s)		
oV	ohne Verfasser	**teilw.**	**teilweise**
		Thür.	Thüringen
PatentR	**Patentrecht**	thür.	thüringisch
PersGesR	Personengesellschaftsrecht	Tz.	Textziffer
PharmaR	Pharmarecht		

Allgemeines Abkürzungsverzeichnis

u.	und	VerwProzR	Verwaltungsprozessrecht
ua	und andere, unter anderem	VerwR	Verwaltungsrecht
uÄ	und Ähnliches	VerwVerfR	Verwaltungsverfahrensrecht
uÄm	und Ähnliches mehr	Vfg.	Verfügung
UAbs.	Unterabsatz	vgl.	vergleiche
UAbschn.	Unterabschnitt	vH	von Hundert
uam	und anderes mehr	VO	Verordnung
überarb.	überarbeitet	VölkerR	Völkerrecht
Überbl.	Überblick	Vol., vol.	volume (Band)
überw.	überwiegend	Voraufl.	Vorauflage
Übk.	Übereinkommen	Vorb.	Vorbemerkung
uE	unseres Erachtens	vorl.	vorläufig
Umf.	Umfang	Vorschr.	Vorschrift
umfangr.	umfangreich	VorstandsR	Vorstandsrecht
umstr.	umstritten	vs.	versus
UmwR	Umweltrecht		
unstr.	unstreitig	**WEigR**	**Wohnungseigentumsrecht**
unv.	unverändert, unveränderte Auflage	WettbR	Wettbewerbsrecht
unveröff.	unveröffentlicht	Wiss.	Wissenschaft
unzutr.	unzutreffend	wiss.	wissenschaftlich
UrhR	Urheberrecht	Wj.	Wirtschaftsjahr
Urt.	Urteil	Württ.	Württemberg
usw	und so weiter	württ.	württembergisch
uU	unter Umständen		
uvam	und vieles anderes mehr	**zahlr.**	**zahlreich**
uvm	und viele mehr	zB	zum Beispiel
		Ziff.	Ziffer
		zit.	zitiert
v.	**vom, von**	ZivilProzR	Zivilprozessrecht
va	vor allem	ZivilR	Zivilrecht
vAw	von Amts wegen	zT	zum Teil
Var.	Variante	zul.	zuletzt
Verf.	Verfasser, Verfassung	zusf.	zusammenfassend
VergR	Vergaberecht	zust.	zustimmend
Verh.	Verhandlung	zutr.	zutreffend
VerkehrsR	Verkehrsrecht	zVb	zur Veröffentlichung bestimmt
Veröff.	Veröffentlichung	ZVR	Zwangsvollstreckungsrecht
Vers.	Versicherung	zw.	zweifelhaft
VersR	Versicherungsrecht	zzgl.	zuzüglich
VertrR	Vertragsrecht	zzt.	zurzeit
Verw.	Verwaltung		

Allgemeines Literaturverzeichnis

Altmeppen/Bearbeiter	*Altmeppen*, Gesetz betreffend die Gesellschaften mit beschränkter Haftung: GmbHG, Kommentar, 10. Aufl. 2021
Anders/Gehle/Bearbeiter	*Anders/Gehle*, Zivilprozessordnung: ZPO, 81. Aufl. 2023
Ascheid/Preis/Schmidt/Bearbeiter	*Ascheid/Preis/Schmidt*, Kündigungsrecht, 5. Aufl. 2017
Bähr VAG-HdB/Bearbeiter	*Bähr*, Handbuch des Versicherungsaufsichtsrechts: VAG-Handbuch, 2011
Bearbeiter FS Herzig, 2010	*Förster/Kessler/Watrin*, Unternehmensbesteuerung: Festschrift für Norbert Herzig zum 65. Geburtstag, 2010
Bearbeiter in FGS/BDI	*Flick Gocke Schaumburg/BDI*, FGS/BDI, Der Umwandlungssteuer-Erlass 2011
Beck Bil-Komm./Bearbeiter	*Grottel/Schubert/Justenhoven/Störk*, Beck'scher Bilanz-Kommentar, 13. Aufl. 2022
BeckOK UmwStG/Bearbeiter	*Dürrschmidt/Mückl/Weggenmann* (Hrsg.), Beck'scher Online-Kommentar zum UmwStG, 24. Ed. 2023
Bergmann/Drescher/Fleischer	*Bergmann/Drescher/Fleischer* ua (Hrsg.), Unternehmensmobilität im EU-Binnenmarkt, 2023
Beuthien/Bearbeiter	*Beuthien*, Genossenschaftsgesetz: GenG, 16. Aufl. 2018
BGM ArbR Unternehmensumwandlung/Betriebsübergang/Bearbeiter	*Bachner/Gerhardt/Matthießen*, Arbeitsrecht bei der Umstrukturierung von Unternehmen und Betrieben, 5. Aufl. 2018
Boecken Unternehmensumwandlung	*Boecken*, Unternehmensumwandlungen und Arbeitsrecht, 1996
Brandis/Heuermann/Bearbeiter	Ertragsteuerrecht, Loseblatt-Kommentar
Bürgers/Körber/Lieder AktG/Bearbeiter	*Bürgers/Körber/Lieder*, Heidelberger Kommentar Aktiengesetz, 5. Aufl. 2021
Calliess/Ruffert/Bearbeiter	*Calliess/Ruffert*, EUV/AEUV – Das Verfassungsrecht der Europäischen Union mit Europäischer Grundrechtecharta, Kommentar, 6. Aufl. 2022
v. Campenhausen/Richter StiftungsR-HdB/Bearbeiter	*v. Campenhausen/Richter*, Stiftungsrechts-Handbuch, 4. Aufl. 2014
Cronauge Kommunale Unternehmen	*Cronauge*, Kommunale Unternehmen, 6. Aufl. 2016

Cronauge/Westermann Kommunale Unternehmen	*Cronauge/Westermann*, Kommunale Unternehmen, Eigenbetriebe – Kapitalgesellschaften – Zweckverbände, 5. Aufl. 2005
Daragan/Halaczinsky/Riedel ErbStG/Bearbeiter	*Daragan/Halaczinsky/Riedel*, Praxiskommentar ErbStG und BewG, 4. Aufl. 2023
Däubler/Deinert/Zwanziger/Bearbeiter	*Däubler/Deinert/Zwanziger*, KSchR – Kündigungsschutzrecht, 11. Aufl. 2020
Däubler/Klebe/Wedde/Bearbeiter	*Däubler/Klebe/Wedde* BetrVG, 18. Aufl. 2022
DFS Sonderbilanzen/Bearbeiter	*Deubert/Förschle/Störk*, Sonderbilanzen – Von der Gründungsbilanz bis zur Liquidationsbilanz, 6. Aufl. 2021
Dötsch/Patt/Pung/Möhlenbrock/Bearbeiter	*Dötsch/Patt/Pung/Möhlenbrock*, Umwandlungssteuerrecht – Umstrukturierung von Unternehmen, Verschmelzung, Spaltung, Formwechsel, Einbringung, 7. Aufl. 2012
Dötsch/Pung/Möhlenbrock/Bearbeiter	*Dötsch/Pung/Möhlenbrock*, Die Körperschaftsteuer. Kommentar zum Körperschaftsteuergesetz, Umwandlungssteuergesetz und zu den einkommensteuerrechtlichen Vorschriften der Anteilseignerbesteuerung, Loseblatt
Dreier/Fritzsche/Verfürth	*Dreier/Fritzsche/Verführt*, SpruchG, Spruchverfahrensgesetz, Kommentar, 2. Aufl. 2016
Dürig/Herzog/Scholz/Bearbeiter	Dürig/Herzog/Scholz, Grundgesetz, Loseblatt-Kommentar
Ehlers/Pünder	*Ehlers/Pünder*, Allgemeines Verwaltungsrecht, 16. Aufl. 2022
Eidenmüller Ausl. KapGes	*Eidenmüller*, Ausländische Kapitalgesellschaften im deutschen Recht, 2004
Eisgruber/Bearbeiter	*Eisgruber*, Umwandlungssteuergesetz, 3. Aufl. 2023
Emmerich/Habersack/Bearbeiter	*Emmerich/Habersack*, Aktien- und GmbH-Konzernrecht, 10. Aufl. 2022
ErfK/Bearbeiter	*Müller-Glöge/Preis/Schmidt*, Erfurter Kommentar zum Arbeitsrecht, 23. Aufl. 2023
Erman/Bearbeiter	*Erman*, BGB, Kommentar, 16. Aufl. 2020
Fackelmann Notarkosten	*Fackelmann*, Notarkosten nach dem neuen GNotKG, 2013
Fandrich/Graef/Bloehs	*Fandrich/Graef/Bloehs*, Die Verschmelzung von Genossenschaften in der Praxis, 2005
Fischer/Pahlke/Wachter/Bearbeiter	*Fischer/Pahlke/Wachter*, ErbStG Kommentar, 8. Aufl. 2023

Fitting/Bearbeiter	*Schmidt/Trebinger/Linsenmaier/Schelz*, Betriebsverfassungsgesetz: BetrVG mit Wahlordnung, 31. Aufl. 2022
Flick/Wassermeyer/Baumhoff/ Schönfeld/Bearbeiter	*Flick/Wassermeyer/Baumhoff/Schönfeld*, Außensteuerrecht, Loseblatt Kommentar
Frenzel Grenzüberschreitende Verschmelzung	*Frenzel*, Grenzüberschreitende Verschmelzung von Kapitalgesellschaften, 2008
Frotscher	*Frotscher*, Umwandlungssteuererlass 2011, 2012
Frotscher/Drüen/Bearbeiter	*Frotscher/Drüen*, Kommentar zum Körperschaft-, Gewerbe- und Umwandlungssteuergesetz, Loseblatt
Ganske Umwandlungsrecht	*Ganske*, Umwandlungsrecht: Regierungsentwürfe des Gesetzes zur Bereinigung des Umwandlungsrechts und des Gesetzes zur Änderung des Umwandlungsrechts; Texte mit amtlichen Begründungen, 1994
Geibel/Heinze/Verse/Bearbeiter	*Geibel/Heinze/Verse* (Hrsg.), Binnenmarktrecht als Mehrebenensystem, 2023
Gosch KStG/Bearbeiter	*Gosch*, Körperschaftsteuergesetz: KStG, Kommentar, 4. Aufl. 2020
Goutier/Knopf/Tulloch/ Bearbeiter	*Goutier/Knopf/Tulloch*, Kommentar zum Umwandlungsrecht, 1996
Grigoleit/Bearbeiter	*Grigoleit*, Aktiengesetz: AktG, 2. Aufl. 2020
GroßKommAktG/Bearbeiter	*Hirte/Mülbert/Roth*, Aktiengesetz, Großkommentar, Bd. 4, 7/1, 9 in 4. Aufl. 2012, Bd. 1, 2/1, 2/2, 3, 4/1, 4/2, 5, 7/1, 7/2, 7/3, 12 in 5. Aufl. 2015 ff.
Grüneberg/Bearbeiter	*Grüneberg*, Bürgerliches Gesetzbuch: BGB mit Nebengesetzen, 82. Aufl. 2023
Gürsching/Stenger/Bearbeiter	*Gürsching/Stenger*, Bewertungsrecht – BewG ErbStG, Loseblattkommentar
Haase/Hofacker/Bearbeiter	*Haase/Hofacker*, Umwandlungssteuergesetz. Praxiskommentar, 3. Aufl. 2021
Habersack/Bayer/Bearbeiter	*Habersack/Bayer*, Aktienrecht im Wandel. Band I: Entwicklung des Aktienrechts. Band II: Grundsatzfragen des Aktienrechts, 2007
Habersack/Casper/Löbbe/ Bearbeiter	*Habersack/Casper/Löbbe*, GmbHG, 3. Aufl. 2019
Habersack/Drinhausen/ Bearbeiter	*Habersack/Drinhausen*, SE-Recht mit grenzüberschreitender Verschmelzung, 3. Aufl. 2022
Habersack/Henssler/Bearbeiter	*Habersack/Henssler*, Mitbestimmungsrecht: MitbestR, 4. Aufl. 2018

Habersack/Verse EuGesR	*Habersack/Verse*, Europäisches Gesellschaftsrecht, 5. Aufl. 2019
Habersack/Wicke/Bearbeiter	Habersack/Wicke Umwandlungsgesetz: UmwG, 2. Aufl. 2021
Happ/Bednarz UmwR/Bearbeiter	*Happ/Bednarz*, Umwandlungsrecht, Handbuch – Mustertexte – Kommentar, 2. Aufl. 2021
Haritz/Menner/Bilitewski/Bearbeiter	*Haritz/Menner/Bilitewski*, Umwandlungssteuergesetz, 5. Aufl. 2019
Hauschild/Kallrath/Wachter Notar-HdB/Bearbeiter	*Hauschild/Kallrath/Wachter*, Notarhandbuch Gesellschafts- und Unternehmensrecht – Gesellschafts- und Unternehmensrecht aus der Notarperspektive, 3. Aufl. 2022
Heckschen/Simon UmwR	*Heckschen/Simon*, Umwandlungsrecht – Gestaltungsschwerpunkte der Praxis, 2003
Heidel/Bearbeiter	*Heidel*, Aktienrecht und Kapitalmarktrecht, 5. Aufl. 2020
Heidel/Schall/Bearbeiter	*Heidel/Schall*, Handelsgesetzbuch: HGB, 3. Aufl. 2019
Henssler/Strohn/Bearbeiter	*Henssler/Strohn*, Gesellschaftsrecht: GesR, 5. Aufl. 2021
Henssler/Willemsen/Kalb/Bearbeiter	*Henssler/Willemsen/Kalb*, Arbeitsrecht Kommentar, 10. Aufl. 2022
Herrler GesR-NotGP/Bearbeiter	*Herrler*, Gesellschaftsrecht in der Notar- und Gestaltungspraxis, 2. Aufl. 2021
Herrmann/Heuer/Raupach/Bearbeiter	*Herrmann/Heuer/Raupach*, Einkommensteuer- und Körperschaftsteuergesetz: EStG KStG – Apartwerk, Loseblatt
Hillebrandt/Keßler/Bearbeiter	*Hillebrandt/Keßler*, Berliner Kommentar zum Genossenschaftsgesetz, 3. Aufl. 2019
HK-BGB/Bearbeiter	*Dörner/Ebert/Fries* ua, Bürgerliches Gesetzbuch: BGB, 11. Aufl. 2021
Hofmann GrEStG	*Hofmann*, Grunderwerbsteuergesetz, 11. Aufl. 2016
Hölters/Weber/Bearbeiter	*Hölters/Weber*, Aktiengesetz, 4. Aufl. 2022
Hopt/Bearbeiter	*Hopt*, Handelsgesetzbuch: HGB, 42. Aufl. 2023
Jannott/Frodermann SE-HdB/Bearbeiter	*Jannott/Frodermann*, Handbuch der Europäischen Aktiengesellschaft – Societas Europaea, 2. Aufl. 2014
Jauernig/Bearbeiter	*Jauernig*, Bürgerliches Gesetzbuch: BGB, 18. Aufl. 2021

Jung	*Jung*, Umwandlungen unter Mitbestimmungsverlust, 2000
Jung/Krebs/Stiegler GesR-HdB/Bearbeiter	*Jung/Krebs/Stiegler*, Gesellschaftsrecht in Europa, 2019
K. Schmidt GesR	*K. Schmidt*, Gesellschaftsrecht, 5. Aufl. 2017
K. Schmidt HandelsR	*K. Schmidt*, Handelsrecht, 6. Aufl. 2014
K. Schmidt/Lutter/Bearbeiter	*K. Schmidt/Lutter*, Aktiengesetz: AktG, 4. Aufl. 2019
Kallmeyer/Bearbeiter	*Kallmeyer*, Umwandlungsgesetz – Verschmelzung, Spaltung und Formwechsel bei Handelsgesellschaften, 7. Aufl. 2020
Kaulbach/Bähr/Pohlmann/Bearbeiter	*Kaulbach/Bähr/Pohlmann* VAG Kommentar, 6. Aufl. 2019
Keßler/Kühnberger/Bearbeiter	*Keßler/Kühnberger*, Umwandlungsrecht, Kompakt-Kommentar, 2009
Kirchhof/Seer/Bearbeiter	*Kirchhof/Seer*, EStG, 21. Aufl. 2022
Klein/Bearbeiter	*Klein*, Abgabenordnung: AO einschließlich Steuerstrafrecht, 16. Aufl. 2022
Klöcker/Frowein	*Klöcker/Frowein*, Spruchverfahrensgesetz, 2004
Koch	*Koch*, Aktiengesetz: AktG, 17. Aufl. 2023
Koenig	*Koenig*, Abgabenordnung: AO, 4. Aufl. 2021
Kölner Komm AktG /Bearbeiter	*Zöllner/Noack*, Kölner Kommentar zum Aktiengesetz, 3. Aufl. 2009–2017, Bd. 1, 2 in 4. Aufl. 2020
Kölner Komm UmwG/Bearbeiter	*Dauner-Lieb/Simon*, Kölner Kommentar zum Umwandlungsgesetz, 2009
Korintenberg/Bearbeiter	*Korintenberg*, Gerichts- und Notarkostengesetz: GNotKG, 22. Aufl. 2022
Korn/Bearbeiter	*Korn*, Einkommensteuergesetz, Kommentar, Loseblatt
KR/Bearbeiter	*Bader/Fischermeier u.a.*, Gemeinschaftskommentar zum Kündigungsschutzgesetz und zu sonstigen kündigungsschutzrechtlichen Vorschriften, 13. Aufl. 2021
Krafka RegisterR	*Krafka*, Registerrecht, 11. Aufl. 2019
Kraft/Bearbeiter	*Kraft*, Außensteuergesetz: AStG, Kommentar, 2. Aufl. 2019
Kraft/Edelmann/Bron/Bearbeiter	Kraft/Edelmann/Bron, Umwandlungssteuergesetz, 2. Aufl. 2019
Kuhlmann/Ahnis KonzernR und UmwR	*Kuhlmann/Ahnis*, Konzern- und Umwandlungsrecht, 4. Aufl. 2016

Lademann UmwStG/Bearbeiter	*Lademann*, Umwandlungssteuergesetz, Handkommentar, 3. Aufl. 2022
Lang/Weidmüller/Bearbeiter	*Lang/Weidmüller*, Genossenschaftsgesetz, 40. Aufl. 2021
Limmer Unternehmensumwandlung-HdB/Bearbeiter	*Limmer*, Handbuch der Unternehmensumwandlung, 6. Aufl. 2019
Linck/Krause/Bayreuther	*Linck/Krause/Bayreuther*, Kündigungsschutzgesetz: KSchG, 16. Aufl. 2019
Lutter Kölner Umwandlungsrechtstage/Bearbeiter	*Lutter*, Kölner Umwandlungsrechtstage: Verschmelzung, Spaltung, Formwechsel nach neuem Umwandlungsrecht und Umwandlungssteuerrecht, 1995
Lutter/Bayer/Schmidt EurUnternehmensR	*Lutter/Bayer/Schmidt*, Europäisches Unternehmens- und Kapitalmarktrecht, 6. Aufl. 2017
Lutter/Bearbeiter	*Lutter*, Umwandlungsgesetz, Kommentar mit systematischer Darstellung des Umwandlungssteuerrechts, 6. Aufl. 2019
Lutter/Hommelhoff/Bearbeiter	*Lutter/Hommelhoff*, GmbH-Gesetz, Kommentar, 21. Aufl. 2023
Lutter/Hommelhoff/Teichmann/Bearbeiter	*Lutter/Hommelhoff/Teichmann*, SE-Kommentar, 2. Aufl. 2015
MAH AktR/Bearbeiter	*Schüppen/Schaub*, Münchener Anwaltshandbuch Aktienrecht, 3. Aufl. 2018
MAH ArbR/Bearbeiter	*Moll*, Münchener Anwaltshandbuch Arbeitsrecht, 5. Aufl. 2021
MAH GmbHR/Bearbeiter	*Römermann*, Münchener Anwaltshandbuch GmbH-Recht, 4. Aufl. 2018
MAH PersGesR/Bearbeiter	*Gummert*, Münchener Anwaltshandbuch Personengesellschaftsrecht, 3. Aufl. 2019
Manz/Mayer/Schröder/Bearbeiter	*Manz/Mayer/Schröder*, Europäische Aktiengesellschaft SE, 3. Aufl. 2019
Maulbetsch/Klumpp/Rose/Bearbeiter	*Maulbetsch/Klumpp/Rose*, Umwandlungsgesetz, 2. Aufl. 2017
Maurer/Waldhoff AllgVerwR	*Maurer/Waldhoff*, Allgemeines Verwaltungsrecht, 20. Aufl. 2020
Mehrbrey Corporate Litigation-HdB/Bearbeiter	*Mehrbrey*, Handbuch Gesellschaftsrechtliche Streitigkeiten, Corporate Litigation, 2. Aufl. 2015
Melchior/Schulte HRV	*Melchior/Schulte*, Handelsregisterverordnung, Kommentar, 2. Aufl. 2009

MHdB ArbR/Bearbeiter	*Kiel/Lunk/Oetker*, Münchener Handbuch zum Arbeitsrecht, 5. Aufl. 2021
MHdB GesR II/Bearbeiter	*Gummert/Weipert*, Münchener Handbuch des Gesellschaftsrechts, Band 2: Kommanditgesellschaft, GmbH & Co. KG, Publikums-KG, Stille Gesellschaft, 5. Aufl. 2019
MHdB GesR III/Bearbeiter	*Priester/Mayer/Wicke*, Münchener Handbuch des Gesellschaftsrechts, Band 3: Gesellschaft mit beschränkter Haftung, 5. Aufl. 2018
MHdB GesR IV/Bearbeiter	*Hoffmann-Becking*, Münchener Handbuch des Gesellschaftsrechts, Band 4: Aktiengesellschaft, 5. Aufl. 2020
MHdB GesR VI/Bearbeiter	*Leible/Reichert*, Münchener Handbuch des Gesellschaftsrechts, Band 6: Internationales Gesellschaftsrecht, Grenzüberschreitende Umwandlungen, 5. Aufl. 2022
MHdB GesR VIII/Bearbeiter	*Lieder/Wilk/Ghassemi-Tabar*, Münchener Handbuch des Gesellschaftsrechts, Band 8: Umwandlungsrecht, 5. Aufl. 2018
Michalski/Heidinger/Leible/ Schmidt/Bearbeiter	*Michalski/Heidinger/Leible/Schmidt*, Kommentar zum Gesetz betreffend die Gesellschaften mit beschränkter Haftung (GmbH-Gesetz), 4. Aufl. 2023
MüKoAktG/Bearbeiter	*Goette/Habersack/Kalss*, Münchner Kommentar zum Aktiengesetz, 5. Aufl. 2019 bis 2022
MüKoBGB/Bearbeiter	*Säcker/Rixecker/Oetker/Limperg*, Münchner Kommentar zum Bürgerlichen Gesetzbuch, 8. Aufl. 2020
MüKoHGB/Bearbeiter	*Drescher/Fleischer/K. Schmidt*, Münchner Kommentar zum Handelsgesetzbuch, 5. Aufl. 2023
MüKoZPO/Bearbeiter	*Krüger/Rauscher*, Münchner Kommentar zur Zivilprozessordnung mit Gerichtsverfassungsgesetz und Nebengesetzen, 6. Aufl. 2020
Musielak/Voit/Bearbeiter	*Musielak/Voit*, Zivilprozessordnung: ZPO mit Gerichtsverfassungsgesetz, 20. Aufl. 2023
MVHdB I GesR/Bearbeiter	*Böhm/Burmeister*, Münchener Vertragshandbuch, Band 1: Gesellschaftsrecht, 8. Aufl. 2018
Nagel/Freis/Kleinsorge SE/ Bearbeiter	*Nagel/Freis/Kleinsorge*, Beteiligung der Arbeitnehmer im Unternehmen auf der Grundlage des Europäischen Rechts, 3. Aufl. 2018
NK-BGB/Bearbeiter	Nomos Kommentar BGB, Gesamthrsg. Dauner-Lieb/Heidel/Ring, 2019 ff.

Noack/Servatius/Haas/Bearbeiter	*Noack/Servatius/Haas*, GmbHG: Gesetz betreffend die Gesellschaften mit beschränkter Haftung, 23. Aufl. 2022
Oetker/Bearbeiter	*Oetker*, Handelsgesetzbuch, 7. Aufl. 2021
Patt/Krause/Bernhagen	*Patt/Krause/Bernhagen*, Umwandlungssteuerrecht, 5. Aufl. 2020
Peemöller Unternehmensbewertung-HdB/Bearbeiter	*Peemöller*, Praxishandbuch der Unternehmensbewertung, 7. Aufl. 2019
Pöhlmann/Fandrich/Bloehs/ Bearbeiter	*Pöhlmann/Fandrich/Bloehs*, Genossenschaftsgesetz: GenG, 4. Aufl. 2012
PricewaterhouseCoopers AG UmwStR	*PricewaterhouseCoopers AG*, Reform des Umwandlungssteuerrechts – Auswirkungen des SEStEG auf Reorganisationen und internationale Entstrickungen, 2007
Prinz Umwandlungen IStR/ Bearbeiter	*Prinz*, Umwandlungen im Internationalen Steuerrecht, 2013
Prölss/DreherBearbeiter	*Prölss/Dreher*, Versicherungsaufsichtsgesetz: VAG, 13. Aufl. 2017
Reichert	*Reichert*, Handbuch Vereins- und Verbandsrecht, 13. Aufl. 2016
Reichert/Schimke/Dauernheim Vereins- und VerbandsR-HdB	*Reichert/Schimke/Dauernheim*, Handbuch Vereins- und Verbandsrecht, 14. Aufl. 2018
Richardi BetrVG/Bearbeiter	*Richardi*, Betriebsverfassungsgesetz: BetrVG mit Wahlordnung, 17. Aufl. 2022
Ries RegisterR/Bearbeiter	*Ries*, Praxis- und Formularbuch zum Registerrecht, 4. Aufl. 2020
Rödder/Herlinghaus/van Lishaut/ Bearbeiter	*Rödder/Herlinghaus/van Lishaut*, Umwandlungssteuergesetz, Kommentar, 3. Aufl. 2019
Römermann/Bearbeiter	*Römermann*, PartGG, Kommentar zum Partnerschaftsgesellschaftsgesetz, 5. Aufl. 2017
Rowedder/Pentz/Bearbeiter	*Rowedder/Pentz*, Gesetz betreffend die Gesellschaften mit beschränkter Haftung: GmbHG, 7. Aufl. 2022
Saenger/Aderhold/Lenkaitis/ Speckmann HGR-HdB/ Bearbeiter	*Saenger/Aderhold/Lenkaitis/Speckmann*, Handels- und Gesellschaftsrecht, Praxishandbuch, 2. Aufl. 2011
Saenger/Bearbeiter	*Saenger*, Zivilprozessordnung: ZPO, 9. Aufl. 2021
Saenger/Inhester	*Saenger/Inhester* GmbHG, 4. Aufl. 2020
Sagasser/Bula/Brünger Umwandlungen/Bearbeiter	*Sagasser/Bula/Brünger*, Umwandlungen – Verschmelzung – Spaltung – Formwechsel – Vermögensübertragung, 5. Aufl. 2017

Sauter/Schweyer/Waldner Eingetragener Verein	*Sauter/Schweyer/Waldner*, Der eingetragene Verein, 21. Aufl. 2021
Schaub ArbR-HdB /Bearbeiter	*Schaub*, Arbeitsrechts-Handbuch, 19. Aufl. 2021
Schauhoff/Kirchhain Gemeinnützigkeits-HdB	*Schauhoff/Kirchhain*, Handbuch der Gemeinnützigkeit, 4. Aufl. 2023
Schmidt/Bearbeiter	*Schmidt*, Einkommensteuergesetz: EStG, 41. Aufl. 2022
Schmitt/Hörtnagl/Bearbeiter	*Schmitt/Hörtnagl*, Umwandlungsgesetz, Umwandlungssteuergesetz: UmwG, UmwStG, 9. Aufl. 2020
Schmitt/Schloßmacher UmwStE 2011	*Schmitt/Schloßmacher*, Umwandlungssteuererlass UmwStE 2011 – Kommentierung, Praktische Hinweise, 2012
Schneider/Ruoff/Sistermann/Bearbeiter	*Schneider/Ruoff/Sistermann*, Umwandlungssteuer-Erlass 2011, Kurzkommentierung mit Beraterhinweisen, 2012
Scholz/Bearbeiter	*Scholz*, GmbHG – Kommentar zum GmbH-Gesetz, Bd. 1, 13. Aufl. 2022, Bd. 2 und 3, 12. Aufl. 2018
Schönke/Schröder/Bearbeiter	*Schönke/Schröder*, Strafgesetzbuch: StGB, 30. Aufl. 2019
Schulte ARUG	*Schulte*, ARUG, Kommentar zu den novellierten Vorschriften des Aktiengesetzes unter Berücksichtigung der Praxis des Handelsregisterverfahrens, 2009
Schulte Fehlerquellen	*Schulte*, Typische Fehlerquellen bei der GmbH-Beurkundung, 2013
Schwarz SE-VO	*Schwarz*, Verordnung (EG) Nr. 2157/2001 des Rates über das Statut der Europäischen Gesellschaft (SE): SE-VO, 2006
Schwedhelm Unternehmensumwandlung	*Schwedhelm*, Die Unternehmensumwandlung – Verschmelzung, Spaltung, Formwechsel, Einbringung, 10. Aufl. 2023
Semler/Stengel/Leonard/Bearbeiter	*Semler/Stengel/Leonard*, Umwandlungsgesetz: UmwG mit Spruchverfahrensgesetz, 5. Aufl. 2021
Simon SpruchG/Bearbeiter	*Simon*, Spruchverfahrensgesetz: SpruchG – Gesetz über das gesellschaftsrechtliche Spruchverfahren, 2007
Spahlinger/Wegen IntGesR	*Spahlinger/Wegen*, Internationales Gesellschaftsrecht in der Praxis, 2005
Spindler/Stilz/Bearbeiter	*Spindler/Stilz*, Kommentar zum Aktiengesetz, 5. Aufl. 2022

Staudinger/Bearbeiter	*Staudinger*, Bürgerliches Gesetzbuch, 15. Aufl. 2011 ff.
Sternal	*Sternal*, FamFG – Kommentar zum Gesetz über das Verfahren in Familiensachen und in den Angelegenheiten der freiwilligen Gerichtsbarkeit, 21. Aufl. 2023
Stiegler Grenzüberschreitende Sitzverlegungen	*Stiegler*, Grenzüberschreitende Sitzverlegungen, 2017
Van Hulle/Maul/Drinhausen SE-HdB/Bearbeiter	*Van Hulle/Maul/Drinhausen*, Handbuch zur Europäischen Gesellschaft (SE), 2. Aufl. 2022
Veil	*Veil*, Umwandlung einer Aktiengesellschaft in eine Gesellschaft mit beschränkter Haftung, 1996
Viskorf	*Kugelmüller-Pugh/Loose/Meßbacher-Hönsch/Viskorf*, GrEStG, Kommentar, 20. Aufl. 2021
Weber/Kersjes Hauptversammlungsbeschlüsse	*Weber/Kersjes*, Hauptversammlungsbeschlüsse vor Gericht, 2010
Westermann/Wertebruch PersGes-HdB/Bearbeiter	*Westermann/Wertebruch*, Handbuch Personengesellschaften, 84. Lieferung, 09/2022
Wicke ARUG	*Wicke*, Einführung in das Recht der Hauptversammlung, das Recht der Sacheinlagen und das Freigabeverfahren nach dem ARUG, 2009
Widmann/Mayer/Bearbeiter	*Widmann/Mayer*, Umwandlungsrecht, Kommentar – Umwandlungsgesetz, Umwandlungssteuergesetz, Loseblatt
Wiedemann/Bearbeiter	*Wiedemann*, Tarifvertragsgesetz: TVG, 8. Aufl. 2019
Willemsen/Hohenstatt/Schweibert/Seibt Umstrukturierung/Bearbeiter	*Willemsen/Hohenstatt/Schweibert/Seibt*, Umstrukturierung und Übertragung von Unternehmen, 6. Aufl. 2021
Windbichler GesR	*Windbichler*, Gesellschaftsrecht, 24. Aufl. 2017
Wißmann/Kleinsorge/Schubert/Bearbeiter	*Wißmann/Kleinsorge/Schubert*, Mitbestimmungsrecht, 5. Aufl. 2017
Wolff/Bachof/Stober/Kluth/Bearbeiter	*Wolff/Bachof/Stober/Kluth*, Verwaltungsrecht, Bd. 1, 13. Aufl. 2017; Bd. 2, 8. Aufl. 2023

Umwandlungsgesetz
(UmwG)

Vom 28. Oktober 1994 (BGBl. I S. 3210, ber. 1995 I S. 428)
(FNA 4120-9-2)
zuletzt geändert durch Art. 1 G zur Umsetzung der UmwandlungsRL und zur Änd.
weiterer Gesetze vom 22. Februar 2023 (BGBl. 2023 I Nr. 51)

Erstes Buch Möglichkeiten von Umwandlungen

Einleitung

I. Umwandlung als wirtschaftlich motivierte Umstrukturierung	1
II. Entstehungsgeschichte des UmwG	4
III. Ziel und Schutzzweck des UmwG	12
1. Anlegerschutz	13
2. Gläubigerschutz	14
3. Arbeitnehmerschutz	15
IV. Gesetzessystematik	16
V. Grundsätzlicher Ablauf des Umwandlungsvorganges	21
1. Vorwirkung von Umwandlungsvorgängen	22
2. Drei Phasen der Umwandlung	23
VI. Einbettung in das System des Gesellschaftsrechts	27
1. Registerrecht	28
2. Verhältnis zum Vertragskonzernrecht, §§ 293 ff., 319 ff. AktG	29
3. Ausstrahlungswirkung des Umwandlungsgesetzes	30
4. Übernahmerechtliche Besonderheiten	31
5. Arbeitsrechtliche Besonderheiten	37
VII. Auslegungsgrundsätze	38

I. Umwandlung als wirtschaftlich motivierte Umstrukturierung

Das Umwandlungsrecht ist eng verwoben mit der wirtschaftlichen Betätigung von Unternehmen. So wie die Wahl der Rechtsform bei der Gründung eines Unternehmensträgers frei ist, können sich im Laufe der Entwicklung des Unternehmens Umstände ergeben, die eine Veränderung innerhalb der Unternehmensstruktur oder gar eine Rechtsformänderung notwendig machen, um den **wirtschaftlichen Rahmenbedingungen** optimal Rechnung tragen zu können. Ausschlaggebende Umstände werden regelmäßig betriebswirtschaftlicher, organisatorischer oder steuerrechtlicher Art sein. In der Praxis stellt sich die Frage einer möglichen Umstrukturierung in zahlreichen Fällen.[1] So etwa für eine Spartentrennung, dh Isolation einzelner Geschäftsbereiche, der Veräußerung von Unternehmensteilen bzw. – in umgekehrter Perspektive – der Konzerneingliederung nach Erwerb. Auch kann eine Veränderung der Konzernstruktur zur Zentralisierung oder Dezentralisierung oder zum Financial Restructuring in Betracht kommen; ebenso eine Transformation einer AG in eine GmbH oder eine Personengesellschaft zur Vermeidung aktienrechtlicher Publikationspflichten. Die für eine langfristige und erfolgreiche Tätigkeit am Markt erforderliche strategische Flexibilität eines Unternehmens kann nur verwirklicht werden, wenn sie durch die strukturelle Flexibilität der Rechtsform begleitet ist.[2] Denn eine Anpassung der betriebswirtschaftlichen Organisationsstruktur eines Unternehmens ist stets mit der rechtlichen Neuausrichtung des Rechtsträgers verbunden, der das Unternehmen trägt.[3] Diese Flexibilität wird durch das UmwG umfassend sichergestellt. Es schafft die Voraussetzungen, wirtschaftliche Chan-

1

---

[1] Ausf. Überblicke und weitere mögliche Szenarien bei Semler/Stengel/Leonard/*Stengel* Einl. A Rn. 4; Lutter/ *Lutter/Bayer* Einl. Rn. 2 ff.; Kölner Komm UmwG/*Dauner-Lieb* Einl. A Rn. 10 ff.

[2] Limmer Unternehmensumwandlung-HdB/*Limmer* Teil 1 Rn. 133 ff.; Lutter/*Bayer* Einl. I Rn. 2 ff. mit Beispielen aus der Praxis.

[3] Limmer Unternehmensumwandlung-HdB/*Limmer* Teil 1 Rn. 109.

cen effektiv nutzen und wirtschaftliche Risiken vermeiden zu können und gewährleistet damit die langfristige Überlebensfähigkeit des Unternehmens. Daneben bestehen nur die Möglichkeiten aufwändiger Geschäftsführungsmaßnahmen nach dem AktG oder aber die Liquidation der Gesellschaft mit anschließender Neugründung.

Für die in der Praxis möglichen Konstellationen bietet das UmwG eine ausreichende Bandbreite: So kann eine Verschmelzung dienlich sein, Unternehmen zu größeren Einheiten zusammenzuführen, um etwaige Synergieeffekte zu nutzen oder eine Konzernstruktur zu bereinigen; ebenso ist eine Verschmelzung als Möglichkeit der Beendigung oder Sanierung des Unternehmens ohne langwierige Liquidation denkbar.[4] Eine Spaltung kommt etwa für die Zerlegung von Unternehmen mit dem Ziel der Veräußerung einzelner Teile oder deren rechtlicher Verselbstständigung unter einer Holding-Struktur in Betracht. Durch die Möglichkeit des Formwechsels ist eine Anpassung an veränderte betriebswirtschaftliche oder steuerliche Rahmenbedingungen, wie auch die Vorbereitung eines Börsenganges oder eines Delistings möglich.

Der Umwandlungsvorgang nach UmwG ist ein formalisiertes Verfahren, das neben den genannten Vorteilen auch mit erheblicher **Zeitdauer** sowie mit nicht unerheblichen **Kosten** belastet sein kann. Abhängig von der für das Unternehmen geplanten Umstrukturierungsmaßnahme muss geprüft werden, ob das gewünschte Ziel nicht effektiver und kostengünstiger durch den Maßnahmenkatalog des allgemeinen Gesellschaftsrechts außerhalb des UmwG erreicht werden kann.[5]

II. Entstehungsgeschichte des UmwG

Ausgangspunkt für das heutige Umwandlungsrecht ist das zum 1.1.1995 in Kraft getretene UmwG.[6] Darin erfolgte erstmalig eine Zusammenfassung der für Unternehmen zur Verfügung stehenden Umwandlungsarten in einem Gesetz.[7] Dieses Vorhaben beruhte einerseits auf der alleinigen Entscheidung des deutschen Gesetzgebers, die vorhandenen umwandlungsrechtlichen Regelungen zusammenzuführen, andererseits inkorporierte der Gesetzgeber die bis dato implementierten **unionsrechtlichen Vorgaben** zur Vereinheitlichung des Umwandlungsrechts der Mitgliedstaaten.[8]

Bis zu diesem Zeitpunkt folgte der Gesetzgeber einer anderen Regelungstechnik. Zunächst waren die unterschiedlichen Möglichkeiten der rechtlichen Umstrukturierung und Umorganisation von Unternehmen an den betroffenen Rechtsträger geknüpft und im jeweiligen Einzelgesetz geregelt. Die umwandlungsrechtlich relevanten Vorschriften verteilten sich so auf das UmwG, AktG, GmbHG, GenG, KapErhG und VAG.[9] Insgesamt war das Umwandlungsrecht unübersichtlich und einzelfallbezogen kodifiziert und darüber hinaus wesentlich beeinflusst von der rechtssystematischen Unterscheidung zwischen Personengesellschaften und Kapitalgesellschaften.[10] Zum anderen waren auch die einzelnen Umwandlungsvarianten unterschiedlich geregelt. Von der unter-

---

4 Weitere betriebswirtschaftliche und rechtliche Szenarien bei Semler/Stengel/Leonard/*Stengel* Einl. A Rn. 4 f.
5 Dazu unter → § 1 Rn. 37 ff.
6 Gesetz zur Bereinigung des Umwandlungsrechts (UmwBerG) vom 28.10.1994, BGBl. I 3210.
7 Zum Gesetzgebungsverfahren s. Lutter/*Bayer* Einl. I Rn. 5, 8 ff.; Semler/Stengel/Leonard/*Stengel* Einl. A Rn. 19 ff.; zur Entwicklung des Umwandlungsrechts ausf. Bayer/Habersack/*Veil*, Aktienrecht im Wandel, Bd. II, 2007, § 24; Schmitt/Hörtnagel/*Winter* Einf. Rn. 1 ff.
8 Sagasser/Bula/Brünger Umwandlungen/*Sagasser* § 1 Rn. 2.
9 Die Gesetze konzentrierten sich dabei auf Regelungen zur Verschmelzung des jeweiligen Rechtsträgers, vgl. Semler/Stengel/Leonard/*Stengel* Einl. A Rn. 13 ff.
10 Lutter/*Bayer* Einl. I Rn. 5.

schiedlichen Struktur der Personengesellschaften als Gesamthandsgemeinschaften und der Kapitalgesellschaften als juristischen Personen war die Frage abhängig, ob ein identitätswahrender Rechtsformwechsel möglich war (so von AG zu AG) oder ob eine Übertragung des gesamten Vermögens notwendig war (sog. Übertragende Umwandlung).[11] Als Unterfall der übertragenden Umwandlung waren die verschmelzende Umwandlung (etwa von AG zur OHG) und die errichtende Umwandlung (etwa von PersHandesGes zur GmbH) vorgesehen. Mit der Bewältigung dieser systematischen Besonderheiten zwischen Kapital- und Personengesellschaften beschäftigte sich das UmwG in den Fassungen von 1934, 1957 und 1969. Es bildete somit in den Fassungen vor 1995 nur einen Teilbereich des Umwandlungsrechts ab.[12]

Mit der Zusammenfassung im UmwG 1995 schuf der Gesetzgeber ein modernes Umwandlungsrecht und zog die bisherigen Einzelregelungen auf eine abstraktere Ebene.[13] Die Umwandlungsmöglichkeiten wurden dabei deutlich erweitert, indem bestehende Lücken geschlossen wurden und nun im Grundsatz allen in Deutschland gängigen Gesellschaftsformen die Umwandlung – wenn auch teilweise nur eingeschränkt – eröffnet ist. Dies entsprach dem Bedürfnis der Praxis nach einem funktionsfähigen Regime für Unternehmensumstrukturierungen, die bisher teilweise über komplizierte und steuerrechtlich nachteilige Einzelrechtsübertragungen vollzogen werden mussten.[14] Der unionsrechtliche Einfluss beschränkte sich bis dato auf wenige Umwandlungsfälle.[15] Bereits in der **Kapitalrichtlinie**[16] war die Angleichung des Verschmelzungsrechts der Mitgliedstaaten eingeleitet, indem bei der Umwandlung einer anderen Gesellschaft in eine AG grundlegende Kapitalschutzgarantien, insbes. die Gründungsvorschriften des Aktienrechts, einzuhalten waren. Die **Arbeitnehmerschutzrichtlinie**[17] legte ein bestimmtes Schutzniveau für die Arbeitnehmer im Falle eines Betriebsüberganges fest. Mit der darauf folgenden **Verschmelzungsrichtlinie**[18] wurden Vorgaben zur Verschmelzung von Aktiengesellschaften etabliert und mit der **Spaltungsrichtlinie**[19] eine Regelung der Aufspaltung einer AG zur Neugründung oder zur Aufnahme geschaffen. Innerhalb des Gesetzgebungsverfahrens zum UmwG mussten jedoch gleich mehrere Hürden überwunden werden. Die deutsche Wiedervereinigung sorgte einerseits zwar für eine Verzögerung, erlaubte aber auch, auf bereits gewonnene Erkenntnisse im Rahmen des Gesetzgebungsverfahrens zurückzugreifen. So wurde etwa die Spaltung, deren Einführung die Spaltungsrichtlinie den Mitgliedstaaten offenließ,[20] erstmals im deutschen Recht zur Reorganisation der ehemaligen landwirtschaftlichen Produktionsgemeinschaften (LwAnpG)[21] sowie des volkseigenen Vermögens[22] und schließlich der

6

---

11 Lutter/*Bayer* Einl. I Rn. 6.
12 Kölner Komm UmwG/*Dauner-Lieb* Einl. A Rn. 7; krit. zu dieser Entwicklung *K. Schmidt* FS Heinsius S. 715.
13 Maulbetsch/Klumpp/Rose/*Maulbetsch* Einl. Rn. 1 ist der Auffassung, die Bedeutung könne nicht hoch genug eingeschätzt werden; ebenso Widmann/Mayer/*Mayer* UmwG Einf. Rn. 1.
14 Bayer/Habersack/*Veil*, Aktienrecht im Wandel, Bd. II, 2007, § 24 Rn. 4; Semler/Stengel/Leonard/*Stengel* Einl. A Rn. 21.
15 Im Überblick Kölner Komm UmwG/*Dauner-Lieb* Einl. A Rn. 26 ff.; Lutter/*Bayer* Einl. I Rn. 22 f.
16 Zweite gesellschaftsrechtliche Richtlinie vom 13.12.1976, ABl. L 26 vom 31.1.1977.
17 Richtlinie 77/187/EWG vom 14.2.1977.
18 Dritte gesellschaftsrechtliche Richtlinie vom 9.10.1978, ABl. 1987 L 295 vom 20.10.1987.
19 Sechste gesellschaftsrechtliche Richtlinie vom 10.12.1982, ABl. 1982 L 278 vom 31.12.1982.
20 Sechste gesellschaftsrechtliche Richtlinie vom 10.12.1982, ABl. 1982 L 278 vom 31.12.1982.
21 Gesetz über die strukturelle Anpassung der Landwirtschaft an die soziale und ökologische Marktwirtschaft in der Deutschen Demokratischen Republik vom 29.6.1990, GBl DDR I 642.
22 Gesetz zur Privatisierung und Reorganisation des volkseigenen Vermögens (Treuhandgesetz) vom 17.6.1990, GBl DDR I 300.

von der Treuhandanstalt verwalteten Unternehmen (SpTruG)[23] angewendet.[24] Auch die Gestaltung einer tragfähigen Regelung arbeits- und mitbestimmungsrechtlicher Belange war höchst umstritten.[25]

7 Nach 1995 erfuhr das UmwG wesentliche Änderungen durch das Gesetz zur Änderung des UmwG, des PartGG und anderer Gesetze vom 27.7.1998,[26] wodurch die Partnerschaftsgesellschaften als umwandlungsfähige Rechtsträger integriert wurden.[27] Das Spruchverfahrensneuordnungsgesetz vom 12.6.2003[28] führte die zersplitterten Vorschriften zum Spruchverfahren in ein einheitliches Spruchverfahrensgesetz zusammen. Das Dritte Gesetz zur Änderung des UmwG brachte weitere Vereinfachungen bei (Konzern-)Verschmelzungen und Spaltungen.[29]

8 Den Bedürfnissen der Rechtspraxis folgend, wurde durch die Europäische Union sowie den EuGH die **Möglichkeit grenzüberschreitender Umwandlungen** ermöglicht und ausgebaut.[30] Das Zweite Gesetz zur Änderung des UmwG vom 19.4.2007[31] implementierte die Verschmelzungsrichtlinie[32] in das Umwandlungsrecht, mit der erstmals die grenzüberschreitende Verschmelzung von Kapitalgesellschaften geregelt wurde (§§ 122a ff.). Davon waren die grenzüberschreitende Spaltung, Vermögensübertragung sowie der Formwechsel nicht erfasst.[33] Gleichzeitig wurden die Verschmelzung und die Spaltung insoweit vereinfacht, als dass die Gesellschaft auf die Anteilsgewährung verzichten kann, sofern alle Anteilsinhaber des übertragenden Rechtsträgers darauf verzichten. Der EuGH setzte seine Rechtsprechung zur Niederlassungsfreiheit und zur grenzüberschreitenden Mobilität von Unternehmen im EU-Binnenmarkt fort[34] und beschleunigte damit auch die europäische Gesetzgebung zur grenzüberschreitenden Mobilität von Unternehmen.

9 Durch das Ausscheiden des Vereinigten Königreichs aus der EU („**Brexit**") mussten die Regelungen zur grenzüberschreitenden Verschmelzung in §§ 122a ff. aF kurzfristig erweitert werden, um die Hereinverschmelzung ausländischer Kapitalgesellschaften, insbes. der englischen Limited, unter möglicher Wahrung des persönlichen Haftungsausschlusses auf deutsche Personenhandelsgesellschaften (OHG/KG) zu ermöglichen. Durch § 122m aF wurde zudem eine Übergangsregelung für Verschmelzungen zwischen englischrechtlichen und deutschen Gesellschaften geschaffen, die zum Wirksamkeitsstichtag des Brexits noch nicht abgeschlossen waren.[35]

---

23 Gesetz über die Spaltung der von der Treuhand verwalteten Unternehmen vom 5.4.1991, BGBl. I 854.
24 Schmitt/Hörtnagel/*Winter* Einf. Rn. 4; Lutter/*Bayer* Einl. I Rn. 10.
25 S. ausf. zum Gesetzgebungsverfahren Lutter/*Bayer* Einl. I Rn. 8 ff.; Semler/Stengel/Leonard/*Stengel* Einl. A Rn. 36.
26 BGBl. 1998 I 1878.
27 Ausf. zum Gesetzgebungsverfahren Limmer Unternehmensumwandlung-HdB/*Neye* Teil 1 Rn. 18 ff.; Maulbetsch/Klumpp/Rose/*Maulbetsch* Einl. Rn. 32 ff.
28 BGBl. 2003 I 838.
29 BGBl. 2011 I 1338; Sagasser/Bula/Brünger Umwandlungen/*Sagasser* § 1 Rn. 4; das Gesetz setzt gleichzeitig die Richtlinie 2009/109/EG vom 16.9.2009, ABl. L 259, 14 um.
30 Grundlegend die Entscheidung EuGH 13.12.2005 – C-411/03, Slg 2005, I-10805 – Sevic Systems; weitergehend → § 1 Rn. 18 ff. S. dazu ausf. *Lutter* ZGR 1990, 392 (413).

31 BGBl. 2007 I 542; ein zusammenfassender Überblick über die wesentlichen gesellschaftlichen Regelungen findet sich bei Limmer Unternehmensumwandlung-HdB/*Neye* Teil 1 Rn. 36 ff.
32 Zehnte gesellschaftsrechtliche Richtlinie 2005/56/EG vom 26.10.2005, ABl. L 310, 1 ff.
33 Zur flankierenden Rechtsprechung des EuGH → § 1 Rn. 18 ff., 22 ff.
34 Siehe insbes. EuGH 12.12.2017 – C-106/16, ECLI:EU:C:2017:804, GmbHR 2017, 1261 – Polbud zur durch die Niederlassungsfreiheit gedeckten isolierten Verlegung des Satzungssitzes in einen anderen Mitgliedstaat unter Beibehaltung des tatsächlichen Verwaltungssitzes und Annahme einer Gesellschaftsform des Rechts des Zuzugsstaates.
35 RegE Viertes Gesetz zur Änderung des UmwG, BT-Drs. 19/5463, Begründung auf S. 7 ff.

Durch die GesR-RL[36] und die diese ändernde Umw-RL[37] sind weitreichende Änderungen für Kapitalgesellschaften (AG, SE, KGaA und GmbH) in Kraft getreten, ua zum grenzüberschreitenden Formwechsel (Art. 86a-86t GesR-RL) und zur grenzüberschreitenden Spaltung (Art. 160a-160u GesR-RL). Die Mitgliedstaaten mussten diese Änderungen und Ergänzungen bis zum 31.1.2023 in nationales Recht umsetzen. Der Referentenentwurf des BMJ aus April 2022 wurde im Juli 2022 im Wesentlichen unverändert im RegE umgesetzt. Nach umfangreichen Diskussionen wurde das Gesetz am 20.1.2023 verabschiedet und hat am 20.2.2023 den Bundesrat passiert; es ist am 1.3.2023 in Kraft getreten. Die Änderungen des Gesetzes über die Mitbestimmung der Arbeitnehmer bei einer grenzüberschreitenden Verschmelzung (MgVG) und des Gesetzes über die Mitbestimmung der Arbeitnehmer bei grenzüberschreitendem Formwechsel und grenzüberschreitender Spaltung (MgFSG) zum Schutz der Arbeitnehmermitbestimmung sind bereits zum 31.1.2023 in Kraft getreten. Grenzüberschreitende Umwandlungsvorgänge, die sich weiterhin auf Kapitalgesellschaften beschränken, sind nunmehr insgesamt in den §§ 305–345 geregelt.[38] Grenzüberschreitende Umwandlungen von Personenhandelsgesellschaften bleiben – mit Ausnahme von Sonderbestimmungen zum Brexit – weiterhin ungeregelt. Die Regelungen der GesR-RL zur grenzüberschreitenden Spaltung werden um die Spaltung zur Aufnahme ergänzt. Die Umsetzung der mitbestimmungsrechtlichen Richtlinienvorgaben erfolgte durch Änderungen des MgVG und die Implementierung des Gesetzes über die Mitbestimmung der Arbeitnehmer bei grenzüberschreitendem Formwechsel und grenzüberschreitender Spaltung (MgFSG). Ferner wurde der Schutz von Minderheitsgesellschaftern und Gläubigern novelliert und ausgebaut.

Angesichts der fortschreitenden unionsrechtlichen Entwicklungen wird auch das heutige UmwG nur eine, wenn auch nunmehr umfassend europarechtlich modifizierte Momentaufnahme sein. Es muss sich auch weiterhin mit europarechtlichen Vorgaben zur Vereinheitlichung des Umwandlungsrechts auseinandersetzen und diesen auch genügen. Besonders die arbeitnehmer-, aktionärs- und gläubigerschützenden Vorschriften des deutschen Rechts stehen dabei vor harten Bewährungsproben.

Weitere Anpassungen und redaktionelle Änderungen erfolgten seit 1995 insbes. durch das Euroeinführungsgesetz (BGBl. 1998 I 559), das Stückaktiengesetz (BGBl. 1998 I 590), das HRefG (BGBl. 1998 I 1474), das NaStraG (BGBl. 2001 I 123), das SMG (BGBl. 2001 I 42), das BetrVerfRefG (BGBl. 2001 I 1852), das EHUG (BGBl. 2006 I 2553), das SCEEG (BGBl. 2006 I 1911), das FGG-RG (BGBl. 2008 I 2586), das MoMiG (BGBl. 2008 I 2026), das BilMoG (BGBl. 2009 I 1102), das ARUG (BGBl. 2009 I 2479) sowie das Verk/Beka-ÄndG (BGBl. 2011 I 3044).[39]

---

36 Richtlinie (EU) 2017/1132 des Europäischen Parlaments und des Rates vom 14.6.2017 über bestimmte Aspekte des Gesellschaftsrechts (ABl. 2017 L 169, 46 vom 30.6.2017), zuletzt geändert durch die Verordnung (EU) 2021/23 (ABl. 2021 L 22, 1 vom 22.1.2021).

37 Richtlinie (EU) 2019/2121 des Europäischen Parlaments und des Rates vom 27.11.2019 zur Änderung der Richtlinie (EU) 2017/1132 in Bezug auf grenzüberschreitende Umwandlungen, Verschmelzungen und Spaltungen (ABl. 2019 L 321, 1 vom 12.12.2019, ABl. 2020 L 20, 24 vom 24.1.2020).

38 Siehe hierzu *J. Schmidt* NZG 2022, 635; *Heckschen/Knaier* GmbHR 2022, 501; *Drinhausen/Keinath* BB 2022, 1346.

39 Ausf. Bayer/Habersack/*Veil*, Aktienrecht im Wandel, Bd. II, 2007, § 24; Limmer Unternehmensumwandlung-HdB/*Neye* Teil 1 Rn. 22 ff.

III. Ziel und Schutzzweck des UmwG

12 In der Zusammenführung der umwandlungsrechtlich relevanten Normen im UmwG unternahm der Gesetzgeber die **Bereinigung** überflüssiger Vorschriften[40] sowie sachlich nicht gerechtfertigter Unterschiede.[41] Als Folge der Zusammenführung der Umwandlungsnormen aus den Einzelgesetzen sollten zudem bestehende Lücken aufgedeckt und geschlossen werden.[42] Dies geschieht im UmwG zweistufig: Zum einen wurden bestimmte Umwandlungsarten bisher ausgeschlossenen Rechtsträgern zugänglich gemacht und zum anderen wurden neue Umwandlungsarten zur Vervollständigung hinzugefügt. Als erweiterte Umwandlungsformen sind die Verschmelzung von Personenhandelsgesellschaften (§§ 39 ff.) sowie die identitätswahrende Umwandlung zwischen Kapital- und Personengesellschaften entstanden. Auch die Spaltung wurde vollumfänglich in den Formen der Aufspaltung, Abspaltung und Ausgliederung berücksichtigt.[43] Innerhalb dieser umfassend gestalteten Neukonzeption wurde ferner der **Schutz einzelner Interessengruppen** besonders betont, die am Umwandlungsvorgang selbst nur unwesentlich beteiligt und damit vergleichsweise einflussarm sind. Als solche schutzwürdigen Interessen wurden diejenigen der Anleger (insbes. Minderheitsgesellschafter), Gesellschaftsgläubiger und Arbeitnehmer identifiziert und konsequent durch gesonderte Schutzmechanismen gesichert.[44]

1. Anlegerschutz

13 Die Anleger (insbes. die Minderheitsgesellschafter) müssen sich der Gefahr ausgesetzt sehen, dass der **Wert ihrer Beteiligung** infolge einer Umstrukturierungsmaßnahme sinkt oder sie diese gar verlieren. So geht etwa infolge einer Verschmelzung oder Spaltung ihre Mitgliedschaft in der bisherigen Gestalt unter und im Falle einer Vermögensübertragung kann sie deutlich im Wert sinken, wenn das Unternehmen wertvolle Vermögensteile abgibt. Selbst wenn der Verlust durch Gewährung neuer Anteile in entsprechendem Umfang am übernehmenden Rechtsträger kompensiert wird (Grundsatz der Mitgliedschaftsperpetuierung, → § 1 Rn. 10), können Minderheitsgesellschafter daran oftmals kein Interesse haben. Der insoweit notwendige Anlegerschutz ist unabhängig von der konkreten Umwandlungsmaßnahme einheitlich im UmwG geregelt. Bereits im Vorfeld der von den Anteilsinhabern zu fassenden Beschlüsse haben die Anteilsinhaber konsequenterweise weitgehende und sanktionsbewehrte **Informationsrechte** gegenüber dem Rechtsträger. Grundsätzlich muss eine **Zustimmung** zur Umwandlung mit einer Mehrheit von mindestens drei Vierteln erfolgen. Bei Personengesellschaften ist aufgrund der personalistischen Struktur grds. Einstimmigkeit erforderlich, vgl. § 43 Abs. 1. Darüber hinaus ist regelmäßig auch eine gesonderte **Prüfung des Verschmelzungsvorgangs** durch Wirtschaftsprüfer vorgesehen, die nur mit Zustimmung aller Anteilsinhaber entbehrlich ist. In bestimmten Fällen bestehen ferner Zustimmungsrechte

---

[40] Wie etwa die Abschaffung der Regelung betreffend Kolonialgesellschaften und bergrechtlicher Gewerkschaften, vgl. Semler/Stengel/Leonard/*Stengel* Einl. A Rn. 19 ff.

[41] So gab es für die Änderung der Rechtsform bis dato drei verschiedene Regelungstypen: identitätswahrenden Formwechsel der AG (§§ 362 ff. AktG aF), die verschmelzende Umwandlung (zB für AG in OHG, §§ 3 ff. UmwG aF) und die errichtende Umwandlung (zB für PersGes in GmbH, §§ 46 ff. UmwG aF) als Unterformen der übertragenden Umwandlung, vgl. Maulbetsch/Klumpp/Rose/*Maulbetsch* Einl. Rn. 5 ff.

[42] Lutter/*Bayer* Einl. I Rn. 7; Semler/Stengel/Leonard/*Stengel* Einl. A Rn. 21.

[43] Zuvor erfolgten diese Gestaltungsschritte über komplizierte Konstruktionen, s. etwa die Spaltungsfälle der Varta AG und der Löwenbräu AG; vgl. zu näheren Beispielen Lutter/*Bayer* Einl. I Rn. 2 ff.

[44] Vgl. dazu die GesBegr., abgedruckt bei *Ganske* Umwandlungsrecht S. 13 f.; Kölner Komm UmwG/*Dauner-Lieb* Einl. A Rn. 1 ff.

einzelner Aktionäre sowie – im Falle unterschiedlicher Aktiengattungen – die Notwendigkeit von Sonderbeschlüssen nach den einzelnen Gattungen, vgl. § 13 Abs. 2. Als wohl deutlichstes Instrument des Anlegerschutzes wird die Möglichkeit **finanzieller Kompensation** vorgesehen. Der Anteilsinhaber wird dadurch vor einer wertmäßigen Einbuße seiner Beteiligung geschützt. Sollte es zu Vermögensschäden infolge eines unangemessenen Umtauschverhältnisses kommen, so bleibt die Umwandlung zwar wirksam (vgl. etwa §§ 20 Abs. 2, 131 Abs. 2), eröffnet jedoch eine Entschädigungszahlung. Diese Möglichkeiten reichen von einem Ausgleich in bar (vgl. §§ 16, 197) bis hin zur Ermöglichung des Ausstieges aus der Gesellschaft gegen eine angemessene Abfindung (§ 29). Die Angemessenheit der finanziellen Kompensation ist durch einen Wirtschaftsprüfer zu prüfen und ist im Streitfalle auf Antrag vom Gericht nach den Vorschriften des Spruchverfahrensgesetzes zu bestimmen (vgl. §§ 30, 34). Für darüber hinausgehende Fälle bleibt den Aktionären die Möglichkeit, gegen die Beschlüsse in einem Anfechtungsprozess vorzugehen.

2. Gläubigerschutz

Gläubiger einer Gesellschaft können infolge einer Umwandlungsmaßnahme völlig veränderten Bedingungen auf Seiten ihres Schuldners gegenüberstehen. Wenn etwa eine Personengesellschaft zu einer beschränkt haftenden Kapitalgesellschaft umgewandelt wird, ändern sich aus der Perspektive der Gläubiger durch die Übertragung der Gesellschaftsverbindlichkeiten oder durch einen Formwechsel das für sie relevante Haftungsvolumen, der Haftungsschuldner und die Haftungsgrundlage. Zur Sicherung ihres Erfüllungsinteresses können sie **Sicherheitsleistungen** für ihre Forderungen verlangen (§§ 22, 125 Abs. 1 S. 1, 204, 314). Im Falle der Spaltung gewährt das Gesetz eine fünfjährige gesamtschuldnerische Nachhaftung aller an der Spaltung beteiligten Rechtsträger für die am Spaltungsstichtag vorhandenen Verbindlichkeiten, § 133. Die Rechtsträger, denen die Verbindlichkeiten im Spaltungs- und Übernahmevertrag nicht zugewiesen wurden, haften allerdings nunmehr beschränkt auf das ihnen zugeflossene Nettoaktivvermögen; der dem deutschen Recht bislang fremde Begriff des Nettoaktivvermögens wurde von der Umw-RL übernommen und ist laut Gesetzesbegründung gleichbedeutend mit dem bilanziellen Reinvermögen.[45] Diese Frist ist für Versorgungsverpflichtungen nach dem Betriebsrentengesetz im § 113 Abs. 3 S. 2 auf zehn Jahre ausgedehnt. § 134 erweitert diese Haftung für bestimmte Fälle auch zugunsten der Arbeitnehmer. Zusätzlich finden für die Fälle des Formwechsels in eine Kapitalgesellschaft die Bestimmungen der **Gründerhaftung** Anwendung. Schließlich sind die Vertretungsorgane und – sofern vorhanden – die Mitglieder des Aufsichtsrats den Gläubigern bei schuldhafter Pflichtverletzung als Gesamtschuldner **schadensersatzpflichtig** (§§ 25, 125, 205).

3. Arbeitnehmerschutz

Zudem wurde im Gesetzgebungsverfahren der Schutz der Arbeitnehmer berücksichtigt, indem jeder Verschmelzungsvertrag Angaben über die Folgen der Verschmelzung für Arbeitnehmer und ihre Vertretungen enthalten muss (vgl. §§ 5 Abs. 1 Nr. 9, 126 Abs. 1 Nr. 11, 194 Abs. 1 Nr. 7). Der Verschmelzungsvertrag bzw. dessen Entwurf ist ferner dem Betriebsrat spätestens einen Monat vor dem Beschluss der Anteilseigner zuzuleiten (§ 5 Abs. 3). § 35a sieht in Fällen der Verschmelzung, Spaltung und Vermögensübertragung

---

[45] BT-Drs. 20/5237, 86 vom 18.1.2023.

die Anwendung des § 613a Abs. 1, 4–6 BGB vor, so dass der **Übergang der Arbeitsverhältnisse** garantiert ist. § 132 garantiert dem Arbeitnehmer, der vor einer Spaltung oder Teilübertragung in einem Arbeitsverhältnis steht, den Erhalt seiner kündigungsrechtlichen Stellung für zwei Jahre ab der Wirksamkeit der Umstrukturierungsmaßnahme. Entfallen infolge einer Abspaltung oder Ausgliederung beim übertragenden Rechtsträger die Voraussetzungen der gesetzlichen Mitbestimmung, so sieht § 132a die **Mitbestimmungsbeibehaltung** beim übertragenden Rechtsträger für die Dauer von fünf Jahren vor. Dies gilt nur dann nicht, wenn die Zahl der beim übertragenden Rechtsträger verbliebenen Arbeitnehmer weniger als ein Viertel der für die Mitbestimmung notwendigen Mindestanzahl von Arbeitnehmern unterschreitet. Im Rahmen der Verschmelzung sind ferner die Bestimmungen der § 613a BGB, §§ 47, 106, 111 BetrVG und § 1 DrittelbG zu beachten.

Die unternehmensrechtlichen Mitbestimmungsrechte der Arbeitnehmer wurden durch das im MgVG verankerte sog. Verhandlungsmodell mit einer gesetzlichen Auffangregelung auch für grenzüberschreitende Umwandlungsmaßnahmen gesichert. Das MgFSG sieht nunmehr für grenzüberschreitende Formwechsel und Spaltungen ebenfalls das Verhandlungsmodell mit einer gesetzlichen Auffangregelung vor.

IV. Gesetzessystematik

16 Die Systematik des UmwG ist mehrschichtig. Innerhalb des Gesetzes wird auf einer ersten Ebene nach der **konkreten Umwandlungsmaßnahme** sowie der an dieser beteiligten Rechtsträger unterschieden. Auf einer weiteren Ebene werden die Umwandlungsarten danach differenziert, ob eine **Vermögensübertragung** stattfindet oder nicht.

17 Das UmwG definiert den Umwandlungsbegriff nicht, regelt jedoch in der Eingangsvorschrift des § 1, der gleichzeitig allein das erste Buch stellt, die möglichen Umwandlungsarten abschließend. Damit wird gleichzeitig ein grundlegendes Prinzip des UmwG – das Analogieverbot – festgelegt (Abs. 2). In Reihenfolge ihrer Nennung im § 1 werden die Umwandlungsmöglichkeiten sodann in den folgenden Büchern zwei bis sechs in Form eines **Baukastenprinzips** angeordnet. Innerhalb der einzelnen Bücher sind allgemeine rechtsformunabhängige Grundsätze vorangestellt, in denen sodann jeweils nach den zu ihr zugelassenen Rechtsträgern differenziert wird. An die allgemeinen Teile der einzelnen Bücher anschließend, folgt jeweils ein besonderer Teil, geordnet nach den Besonderheiten für den jeweiligen Rechtsträger. Grundsätzlich sind alle deutschen Rechtsformen umwandlungsfähig, jedoch stehen nicht jeder Rechtsform alle Umwandlungsmöglichkeiten des UmwG zur Verfügung. Praktisch alle Umwandlungsmöglichkeiten bestehen – auch nach den Änderungen durch das Gesetz zur Umsetzung der Umwandlungsrichtlinie –[46] nur für die Rechtsformen der AG, KGaA, GmbH und die Personenhandelsgesellschaften.[47]

18 Das zweite Buch widmet sich der Verschmelzung und zeigt den Grundfall einer Unternehmensumwandlung. Es ist den weiteren Umwandlungsfällen mit Vermögensübertragung systematisch vorgelagert und ist Ziel zahlreicher Verweisungen.[48] Das dritte Buch

---

[46] Kritisch hierzu bereits im Vorfeld und eine überschießende Umsetzung der Richtlinie auch für grenzüberschreitende Sachverhalte fordernd: *J. Schmidt* NZG 2020, 579 (580); *Wicke* DStR 2018, 2642 (2643).

[47] S. die dezidierte Aufführung bei Semler/Stengel/Leonard/*Stengel* § 1 Rn. 16 ff.

[48] Etwa bei der Spaltung, §§ 123 ff., sowie der Vermögensübertragung, §§ 174 ff.

behandelt die Spaltung und das vierte Buch die Vermögensübertragung; diese beiden Bücher regeln nur noch die für die Spaltung und die Vermögensübertragung speziellen Besonderheiten. Durch diese weitere tiefere Ebene der **Verweisungstechnik** erlangt das Baukastenprinzip des UmwG eine besondere Bedeutung, die der Komplexität und der Anwendungsbreite des Gesetzes geschuldet ist. In einem Umwandlungsvorgang mit verschiedenen Rechtsträgern gelten die allgemeinen neben den jeweils besonderen Vorschriften (wobei im Kollisionsfall die lex specialis Regel greift).[49]

Im anschließenden fünften Buch ist der Formwechsel behandelt. Da dieser, in Abgrenzung zu den anderen Umwandlungsarten, ohne Vermögensübertragung stattfindet, nimmt der Formwechsel eine Sonderstellung im UmwG ein, dessen systematischer Aufbau jedoch weitestgehend demjenigen der vorgehenden Bücher entspricht. Aus dem beschränkten Kreis der möglichen Rechtsträger bei der Vermögensübertragung folgen einige Besonderheiten. Das UmwG bleibt seiner systematischen Struktur auch für diesen Fall treu, es fehlen jedoch Verweise auf die anderen Bücher des UmwG. Die Sonderstellung des Formwechsels ergibt sich aus einer zusätzlichen Differenzierungsebene des UmwG, nach der das UmwG zwischen Umwandlungen mit oder ohne Vermögensübertragung unterscheidet. Dabei sind Umwandlungen mit Vermögensübertragung die Verschmelzung, die Spaltung sowie die Vermögensübertragung. Umwandlungen ohne Vermögensübertragung sind die vom UmwG ermöglichten Rechtsformwechsel, bei denen der betreffende Rechtsträger unter Änderung der Rechtsform wirtschaftlich identisch weiter besteht.[50] Im Gegensatz zu den Umwandlungsfällen mit Vermögensübertragung, die auf dem Grundsatz der Universalsukzession beruhen, ist im Rahmen des Formwechsels der Grundsatz der Identität bestimmend.[51] Die Vermögensübertragung erfolgt stets durch (teilweise partielle) Gesamtrechtsnachfolge.

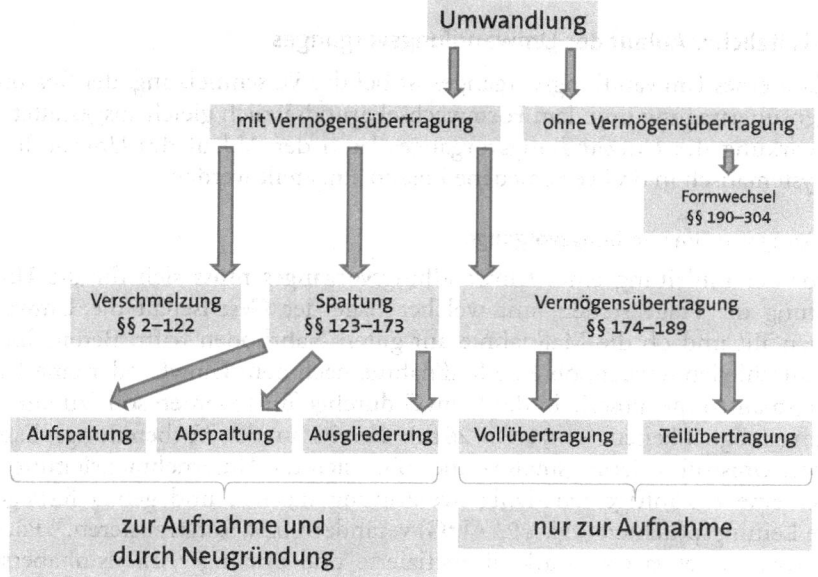

---

49 Semler/Stengel/Leonard/*Stengel* Einl. A Rn. 44 ff.
50 Lutter/*Bayer* Einl. I Rn. 49; Semler/Stengel/Leonard/*Stengel* Einl. A Rn. 48 f.
51 Kölner Komm UmwG/*Dauner-Lieb* Einl. A Rn. 46 f.; § 1 Rn. 30.

20 Im (neuen) sechsten Buch wurden nunmehr die bereits bestehenden sowie die neuen Bestimmungen zur grenzüberschreitenden Umwandlung (Verschmelzung, Spaltung und Formwechsel) von Kapitalgesellschaften (AG, SE, KGaA und GmbH) gebündelt. Die grenzüberschreitende Verschmelzung wird in den §§ 305 ff. (insbesondere durch Überführung und richtlinienkonforme Anpassung der §§ 122a–122m aF) ausführlich geregelt. Diese Bestimmungen werden ferner als Regelungsvorbild für die grenzüberschreitende Spaltung (§§ 320 ff.) und den grenzüberschreitenden Formwechsel (§§ 333 ff.) in Bezug genommen. Die auf bestimmte Unternehmen begrenzten Regelungen zur Spaltung durch Aufnahme sind richtlinienüberschreitend, da die Richtlinie nur die Spaltung zur Neugründung regelt; in anderen Mitgliedstaaten mag es daher an korrespondierenden Bestimmungen fehlen, so dass dafür weiterhin die Rechtsprechungsgrundsätze des EuGH heranzuziehen sind und eine enge Abstimmung mit den beteiligten Handelsregistern, die im Rahmen des Europäischen Systems der Handelsregistervernetzung (BRIS) auf direktem Weg miteinander kommunizieren können, erforderlich ist.

Die Umsetzung der Vorgaben der Umw-RL erfolgte unter Wahrung der Grundsätze und der Systematik des deutschen Umwandlungsrechts. Die Bestimmungen zur grenzüberschreitenden Umwandlung (Verschmelzung, Spaltung und Formwechsel) wurden insgesamt im sechsten Buch zusammengefasst. Vollzugssuspendierende Klagen der Anteilsinhaber wurden – insoweit richtlinienüberschreitend – sowohl für grenzüberschreitende als auch für inländische Umwandlungen ausgeschlossen. Stattdessen steht den Anteilsinhabern nunmehr ein Anspruch auf Ausgleich durch bare Zuzahlung oder Gewährung zusätzlicher Aktien (bei AG, SE und KGaA) zu; diese Ansprüche sind ausschließlich im Spruchverfahren geltend zu machen.[52]

V. Grundsätzlicher Ablauf des Umwandlungsvorganges

21 Der Ablauf eines Umwandlungsvorganges ist bei der Verschmelzung, der Spaltung, der Vermögensübertragung und dem Formwechsel grundsätzlich gleich ausgestaltet. Neben der Vorwirkung des Umwandlungsvorganges kann der Ablauf des Umwandlungsvorganges systematisch in drei verschiedene Phasen eingeteilt werden.

1. Vorwirkung von Umwandlungsvorgängen

22 Noch vor der Einleitung eines Umwandlungsvorganges muss sich für die Unternehmensleitung die Frage stellen, mit welcher Lage der Gesellschaft die Umwandlung zusammenfällt und ob die Maßnahme auf guten Nährboden trifft. Bereits hier muss zudem entschieden werden, ob eine Maßnahme nach dem UmwG oder eine Umstrukturierungsmaßnahme außerhalb des UmwG durchgeführt werden soll (zu alternativen Gestaltungsmöglichkeiten → § 1 Rn. 26 ff.). Bereits in der Vorbereitungsphase einer möglichen Umstrukturierungsmaßnahme sollte sich die Unternehmensleitung Gedanken über eine zukünftige Due-Diligence-Prüfung machen und genau festlegen, wie sich ihre Leitungspflichten (vgl. § 93 AktG) verändern bzw. konkretisieren.[53] Potenzielle Hindernisse, wie etwa eine stark diversifizierte und uneinige Anteilsinhaberstruktur oder zahlreiche drängende Gläubiger, können die Wirksamkeit der Verschmelzung,

---

52 S. BT-Drs. 20/5237 vom 18.1.2023.
53 Vgl. zur Verschmelzung etwa *Austmann/Frost* ZHR 169 (2005), 431 (450 ff.).

die erst mit Eintragung in das Handelsregister eintritt, zum Nachteil der Gesellschaft aufhalten oder massiv verzögern. Bereits die Vorbereitungsphase einer Umwandlungsmaßnahme kann daher von entscheidender Bedeutung sein und bedarf sorgfältiger Planung unter Bezugnahme auf die Unternehmensinteressen. Nur so kann der Vorgang so kurz und wirtschaftlich effizient wie möglich für die beteiligten Rechtsträger gehalten werden.[54]

2. Drei Phasen der Umwandlung

Während der zeitliche und finanzielle Aufwand eines Umwandlungsvorganges einzelfallabhängig unterschiedlich ausfallen kann, bleiben die wesentlichen Schritte einer Umwandlung nach dem UmwG gleich. Zeitliche Ersparnisse können etwa bei Verzicht der Anteilseigner auf Informationen und Prüfungen innerhalb der Vorbereitungsphase und der Beschlussphase erreicht werden.[55] Sie lassen sich in drei Phasen aufteilen. 23

In der **Ersten Phase** wird die Umwandlung vorbereitet und die notwendigen Grundlagen werden gelegt. Der Verschmelzungs-, Spaltungs- oder Übernahmevertrag wird vorbereitet, bewertet und geprüft. Die beteiligten Rechtsträger werden bewertet und es werden Schluss- oder Stichtagsbilanzen aufgestellt.[56] Beim Formwechsel werden keine entsprechenden Vertragsentwürfe gefertigt. Als notwendige Grundlage wird hier der Umwandlungsbeschluss (§ 194) vorbereitet.[57] Für jeden dieser grundlegenden Akte bestehen besondere inhaltliche Anforderungen. Dieses Ergebnis wird sodann in einer Berichterstattung der Vertretungsorgane dargelegt, so dass eine frühzeitige Information der Anteilseigner über die beabsichtigte Maßnahme erfolgt. Die notwendigen Berichte sind nur dann entbehrlich, wenn alle Anteilsinhaber der beteiligten Rechtsträger in diesem Stadium darauf verzichten. So kann das Verfahren erheblich beschleunigt werden. Die vorbereiteten Verträge bzw. Beschlüsse werden durch einen Verschmelzungsprüfer geprüft (§§ 9–12, 124, 176 f.). Diese sind bei Beteiligung von AG, KGaA und wirtschaftlichen Vereinen zwingend. Bei Beteiligung einer GmbH wird auf Verlangen eines Gesellschafters geprüft, bei Beteiligung von Personenhandelsgesellschaften im Falle einer Mehrheitsentscheidung auf Verlangen eines Gesellschafters sowie bei eingetragenen Vereinen auf Verlangen von 10 % der Mitglieder. Die Prüfung ist generell entbehrlich, wenn alle Anteilseigner der beteiligten Rechtsträger darauf verzichten. Betriebsräte der beteiligten Rechtsträger sind über geplante Umwandlungsmaßnahmen zu unterrichten. Die maßgeblichen Umwandlungsverträge und -beschlüsse sind dem jeweiligen Betriebsrat im Entwurf oder in vollzogener Form mindestens einen Monat vor der Beschlussfassung der Anteilseigner zuzuleiten. Unter Umständen notwendige Kapitalerhöhungen werden nunmehr durchgeführt. Zudem ist zu prüfen, ob der Verschmelzungsvorgang kartellrechtlich anmeldepflichtig ist; ist dies der Fall, sollte zeitnah die Anmeldung eingereicht werden, um die kartellrechtlichen Fristen der §§ 35 ff. GWB bzw. der FKVO in Gang zu setzen. Zudem sind die Versammlungen der Anteilseigner ordnungsgemäß einzuberufen. 24

Die **Zweite Phase** kann als Beschlussphase beschrieben werden. Sie umfasst die Zustimmungsbeschlüsse der Anteilseigner der beteiligten Rechtsträger. Die Beschlüsse sind jeweils notariell zu beurkunden. Die Beschlüsse bedürfen bei allen Umwandlungs- 25

---

54 S. dazu weiter *Austmann/Frost* ZHR 169 (2005), 431 (456).
55 Vgl. Kölner Komm UmwG/*Dauner-Lieb* Einl. A Rn. 34 ff.
56 *Ihrig* GmbHR 1995, 622 (627).
57 Kölner Komm UmwG/*Dauner-Lieb* Einl. A Rn. 35.

arten für die Rechtsformen der AG sowie der GmbH jeweils einer Drei-Viertel-Mehrheit. Bei Personengesellschaften ist grds. die Zustimmung aller Gesellschafter erforderlich, wobei Mehrheitsentscheidungen über die Gesellschafterverträge ermöglicht werden können.[58] In dieses Stadium fallen auf Seiten übernehmender Kapitalgesellschaften auch etwaige Kapitalerhöhungs- oder Kapitalherabsetzungsbeschlüsse. Schließlich ist der Verschmelzungsvertrag notariell zu beurkunden.

26 Die anschließende **Dritte Phase** umfasst den Vollzug der vorbereiteten und beschlossenen Umwandlungsmaßnahme. Hier erfolgt die Anmeldung und Eintragung der jeweiligen Umwandlung im Handelsregister. Ist der Umwandlungsbeschluss der Gesellschafterversammlung ordnungsgemäß zustande gekommen, so sind die Leitungsorgane der Gesellschaft hieran intern gebunden und müssen diesen zur Ausführung bringen.[59] Wirksamkeit entfaltet die Maßnahme erst mit der erfolgten Eintragung. Die Vollzugswirkungen treten bei Verschmelzung und Spaltung jeweils mit Eintragung im Handelsregister des übernehmenden Rechtsträgers, beim Formwechsel freilich mit Eintragung im Handelsregister des formwechselnden Rechtsträgers ein. Zusätzlich kann sich ein Spruchverfahren bei zu niedrigem Umtauschverhältnis anschließen.

VI. Einbettung in das System des Gesellschaftsrechts

27 Für den Umwandlungsvorgang an sich bildet zwar das UmwG den notwendigen roten Faden, dieses baut jedoch auf die rechtsformspezifischen Vorschriften auf, die für die jeweils beteiligten Rechtsträger gelten. Durch diese dynamische Wechselwirkung zwischen dem UmwG und den rechtsformspezifischen Sonderregeln erreicht der Gesetzgeber die Funktionsfähigkeit des Umwandlungsrechts sowie eine Vermeidung von Wiederholungen.[60] Daneben kommen die beteiligten Unternehmensträger aber auch mit zahlreichen anderen Rechtsvorschriften in Berührung. Dies gilt insbes. für arbeitsrechtliche und betriebsverfassungsrechtliche Spezialvorschriften, die zum Teil auch im UmwG selbst geregelt sind. Daneben sind Vorschriften des allgemeinen Gesellschaftsrechts, des Kapitalmarktrechts sowie des bürgerlichen Rechts ergänzend heranzuziehen.[61] Für Verschmelzungen wird regelmäßig der Zusammenschlusstatbestand des § 35 GWB zu beachten sein.

1. Registerrecht

28 Da die Wirksamkeit eines Umwandlungsvorganges erst mit Eintragung in das Handelsregister eintritt (§ 20), müssen die Vorschriften des Registerrechts der §§ 8 ff. HGB Beachtung finden. § 8a Abs. 1 HGB präzisiert den Zeitpunkt der Wirksamkeit der Eintragung dahin, dass die Aufnahme der entsprechenden Eintragung in wiedergabefähiger Form in den Datenspeicher des Registers erforderlich ist (vgl. §§ 20, 131, 202). Weiterhin präzisieren die registerrechtlichen Vorschriften die inhaltliche Form der Registerbekanntmachung (§ 10 HGB). Dies betrifft etwa die Bekanntmachung der Verschmelzung selbst sowie die Einreichung des Verschmelzungsvertrages (§§ 19, 61).[62]

---

[58] Etwa Drei-Viertel-Mehrheit, vgl. Maulbetsch/Klumpp/Rose/*Maulbetsch* Einl. Rn. 53.
[59] Semler/Stengel/Leonard/*Gehling* § 13 Rn. 62; Lutter/*Drygala* § 13 Rn. 24.
[60] Dies war auch Ziel des Gesetzgebers mit dem UmwG von 1995, → Rn. 4 ff.; vgl. auch Kölner Komm UmwG/*Dauner-Lieb* Einl. A Rn. 62 f.
[61] Dies gilt etwa für die Definition einzelner Vermögenswerte, vgl. Maulbetsch/Klumpp/Rose/*Maulbetsch* Einl. Rn. 55.
[62] Dazu auch Kölner Komm UmwG/*Dauner-Lieb* Einl. A Rn. 65.

2. Verhältnis zum Vertragskonzernrecht, §§ 293 ff., 319 ff. AktG

Unternehmensverträge, wie etwa ein **Beherrschungs- und Gewinnabführungsvertrag** nach den §§ 291 ff. AktG, können zu demselben wirtschaftlichen Ergebnis wie eine Verschmelzung führen – die organisatorische Eingliederung und Unterwerfung in ein anderes Unternehmen.[63] So könnte die Dauer des (gestreckten) Entstehungstatbestandes der Verschmelzung verkürzt werden. Parallelen bestehen auch dahin gehend, dass der Rücktritt vom Verschmelzungsvertrag der Rechtslage bei Kündigung eines Unternehmensvertrages (§§ 297 ff. AktG) entspricht.[64] Entscheidend beim Verhältnis des Vertragskonzernrechts zum Umwandlungsrecht ist dabei die Frage, ob und inwieweit Vorgänge, die wirtschaftlich das gleiche Ergebnis erreichen, auch in den Rechtsfolgen gleich zu behandeln sind.[65] Soweit die gesetzgeberische Intention des Aktionärs- bzw. des Minderheitenschutzes nicht umgangen werden soll, müssen Vorgänge die in ihrer wirtschaftlichen Bedeutung für die (Minderheits-)Aktionäre ergebnisgleich sind, auch hinsichtlich ihrer Rechte gleich behandelt werden. In einem solchen Fall müssen konsequenterweise die **Informations- und Teilhaberechte der Aktionäre** im UmwG und den §§ 297 ff., 320 ff. AktG gleichwertig ausgestaltet sein.[66] Einen entscheidenden Anhaltspunkt für die dazu notwendige Differenzierung bietet die durch die *Holzmüller*- und *Gelatine*-Rechtsprechung des BGH entwickelte Abgrenzung zwischen Geschäftsführungsmaßnahmen und zustimmungspflichtigen grundlegenden Strukturentscheidungen.[67]

29

3. Ausstrahlungswirkung des Umwandlungsgesetzes

Obgleich – wie soeben gezeigt wurde – Ergebnisse umwandlungsrechtlicher Vorgänge auch durch anderweitige Gestaltungen außerhalb des Umwandlungsrechtes teilweise möglich sind, bedeutet dies für die Praxis nicht, dass auf diese Umstrukturierungen die Regelungen des Umwandlungs- und des Spruchverfahrensgesetzes grundsätzlich analog anzuwenden sind und damit wirtschaftlich vergleichbare Vorgänge grundsätzlich in der Rechtsfolge gleichzustellen sind.[68] Zwar wurde vereinzelt in der Rechtsprechung die analoge Anwendung umwandlungsrechtlicher Verfahrensvorschriften bejaht,[69] jedoch wurde durch die Mehrheit der **Instanzgerichte**[70] und durch den **BGH**[71] eine Gesamtanalogie abgelehnt. Stattdessen soll in den jeweiligen Einzelfällen abgewogen werden, ob die analoge Anwendung einzelner Informationspflichtnormen anzuraten ist. Der herrschenden Meinung ist bereits aus gesetzeshistorischer Sicht zu folgen, da für die analoge Heranziehung der umwandlungsrechtlichen Vorschriften die hierfür notwendige planwidrige Gesetzeslücke fehlt.[72] Der Diskussionsentwurf zum UmwG aus dem Jahr 1988 sah in den §§ 251, 252 UmwG-E eine entsprechende Normierung vor, jedoch

30

---

63 Kallmeyer/*Marsch-Barner/Oppenhoff* § 1 Rn. 15, mit Hinweis auf die gleichlautende Feststellung in der Gesetzesbegründung.
64 *Austmann/Frost* ZHR 169 (2005), 431 (461).
65 Hierzu mit umfassenderem Ansatz ausführlich Lutter/*Bayer* Einl. I Rn. 57.
66 AA wohl Maulbetsch/Klumpp/Rose/*Maulbetsch* Einl. Rn. 64, der vorschlägt, für jede Rechtsform gesondert zu beurteilen, welche Strukturentscheidung der Zustimmung der Gesellschafter bedarf und welche Voraussetzungen bei Beschlussfassung erfüllt sein müssen.
67 Ausf. dazu Lutter/*Bayer* Einl. I Rn. 60 ff.
68 Kölner Komm UmwG/*Dauner-Lieb* § 1 Rn. 46 ff.; *Leinekugel*, Die Ausstrahlungswirkung des UmwG, 2000; abl.

Schnorbus, Gestaltungsfreiheit im Umwandlungsrecht, 2001.
69 So LG Karlsruhe DB 1998, 120 („Badenwerk") zur Ausgliederung; hierzu *Bungert* NZG 1998, 367; *Mütter* DZWiR 1998, 212.
70 LG Hamburg DB 1997, 516 f. („Wünsche"); Anm. *Veil* EWiR 1997, 1111 f.; LG München ZIP 2006, 2036 („Infineon").
71 BGHZ 146, 288 („Altana/Milupa").
72 Hierzu ausf. LG München ZIP 2006, 2036 (2038); s. auch LG Hamburg DB 1997, 516; BayObLG ZIP 1998, 2002; *Priester* ZHR 163 (1999), 187 (192 f.).

hat sich der Gesetzgeber im Rahmen des Gesetzgebungsverfahrens ausdrücklich gegen eine entsprechende Regelung ausgesprochen.[73] Eine Gesamtanalogie ist folglich mit der herrschenden Meinung abzulehnen.

4. Übernahmerechtliche Besonderheiten

31 Besondere Bedeutung hat die Frage, ob eine Verschmelzung gleichzeitig als **Kontrollwechsel** iSd Übernahmerechts zu sehen ist. Nach dem Wertpapiererwerbs- und Übernahmegesetz (WpÜG) ist, wer über eine inländische börsennotierte AG oder KGaA die Kontrolle erlangt, verpflichtet, den übrigen Aktionären ein Übernahmeangebot zu machen (§ 35 WpÜG). Die maßgebliche Kontrollschwelle ist erreicht, wenn mindestens 30 % der Stimmrechte erlangt worden sind. Da der Gesetzgeber bewusst auf eine inhaltliche Abstimmung zwischen WpÜG und UmwG verzichtet hat, ist ein Regelungskonflikt beider Gesetze naheliegend und es sind Kollisionsfragen durch Auslegung zu klären.[74] Für die Verschmelzung sollen einige mögliche Szenarien zur Verdeutlichung aufgezeigt werden.

32 Ist der übernehmende Rechtsträger eine börsennotierte AG, so geht mit Wirksamwerden einer Verschmelzung das gesamte Vermögen des übertragenden Rechtsträgers im Wege der Gesamtrechtsnachfolge über. Für die Auslösung des **Pflichtangebotes** (§ 35 WpÜG) ist dabei nicht entscheidend, wie der Kontrollerwerb tatsächlich stattfindet, so dass ein Erwerb im Wege der Gesamtrechtsnachfolge nach UmwG einen **Übernahmetatbestand** auslösen kann. Trotz des weiten Anwendungsbereichs des Pflichtangebotes, kann hier hingegen keine Übernahme nach WpÜG vorliegen, da der übernehmende Rechtsträger das Vermögen des übertragenden Rechtsträgers übernimmt, nicht jedoch dessen Anteile.[75] Der übertragende Rechtsträger erlischt nach Wirksamwerden der Verschmelzung und eine untergegangene Gesellschaft kann nicht „**kontrolliert**" werden.[76] Aus Sicht der Anteilseigner muss dieses Ergebnis dann eine Einschränkung erfahren, wenn die übernehmende Gesellschaft ihrerseits einen „herrschenden" Aktionär hat. In diesem Fall sehen sich die neuen Aktionäre, die als Anteilsinhaber des übertragenden Rechtsträgers mit der Verschmelzung übergehen, einem herrschenden Anteilseigner gegenüber. Aus ihrer Sicht stellt dies einen Übernahmetatbestand dar.[77] Diese Lösung ist konsequent und entspricht der gesetzgeberischen Intention des Anlegerschutzes. Denn § 35 WpÜG behandelt den Kontrollerwerb und nicht den Anteilserwerb, so dass die Anteilsinhaber grds. vor allen Möglichkeiten des Kontrollerwerbs durch eine oder mehrere Person/en geschützt werden sollen.[78]

33 Soweit im Rahmen des § 35 WpÜG ohne Belang ist, auf welchem konkreten Weg die Übernahme erfolgt ist und demnach nicht nur die Übernahmeerlangung, sondern auch der **Wechsel der beherrschenden** Stellung den Übernahmetatbestand auslösen kann, ist dies für das Umwandlungsverfahren relevant, wenn der übertragende Rechtsträger Beteiligungen über 30 % an anderen börsennotierten Aktiengesellschaften hält. Gehen durch Verschmelzung, Aufspaltung, Abspaltung oder Ausgliederung diese Beteiligun-

---

73 Kölner Komm UmwG/*Dauner-Lieb* § 1 Rn. 48; aA *Leinekugel*, Die Ausstrahlungswirkung des UmwG, 2000, S. 160 ff.
74 Lutter/*Bayer* Einl. I Rn. 64; Semler/Stengel/*Leonard/Stengel* Einl. A Rn. 57; *Grabbe/Fett* NZG 2003, 755 (757); *Fleischer* NZG 2002, 545.
75 *Weber-Rey/Schütz* AG 2001, 325 (328); *Nowotny* RdW 2000, 330; *Technau* AG 2002, 260 (263).
76 *Weber-Rey/Schütz* AG 2001, 325 (328); *Technau* AG 2002, 260 (263).
77 Krit. *Weber-Rey/Schütz* AG 2001, 325 (328).
78 Begr. RegE WpÜG, BT-Drs. 14/7034, 39; *Seibt/Heiser* ZHR 165 (2001), 466 (479).

gen auf einen anderen Rechtsträger über, so hat ein Kontrollwechsel gemäß § 35 WpÜG stattgefunden; dies ergibt sich daraus, dass der Gesetzgeber lediglich ein „Erlangen" der Kontrolle voraussetzt und dieses Tatbestandsmerkmal bewusst weit gefasst wurde.[79] Daraus folgt für den übernehmenden Rechtsträger die Pflicht zur Abgabe eines Übernahmeangebotes gemäß § 35 Abs. 2 WpÜG.[80] Dies kann uU fatale Folgen für die an der Verschmelzung beteiligten Rechtsträger haben:

Wird die Gesellschaft X, die an der Y-AG 20 % hält, auf die Z, die an der Y-AG 20 % hält, verschmolzen, so trifft die Z die Pflicht zur Angebotsabgabe nach § 35 Abs. 2 WpÜG gegenüber den Aktionären der Y-AG.[81] Eine Einschränkung muss dieser Grundsatz jedoch dann erfahren, wenn sich die **Kontrollverlagerung** innerhalb eines Konzerns bewegt. Handelt es sich um eine konzerninterne Umwandlungsmaßnahme, so verbleibt die Kontrolle bei dem bisher kontrollierenden (Mutter-)Unternehmen. Die Verlagerung der Kontrolle auf eine andere Ebene des Konzerns reicht für die Notwendigkeit eines Übernahmeangebotes nicht aus. Rein formal ist allerdings ein Antrag nach § 37 WpÜG zu stellen.[82] Nach § 37 Abs. 1 WpÜG kann die BaFin jedoch von dieser Pflicht befreien. 34

§ 29 UmwG ist neben § 35 WpÜG selbstständig anwendbar. Für sich genommen, löst ein „**kaltes Delisting**" (sog. „going-private-merger") bereits das Pflichtangebot nach § 29 Abs. 1 S. 1 aus. In diesem Fall wird eine börsennotierte AG auf eine nicht-börsennotierte Gesellschaft verschmolzen, was die Verkehrsfähigkeit der Anteile beeinträchtigt.[83] Ist der übernehmende Rechtsträger dagegen seinerseits kontrolliert, muss den Neu-Anteilsinhabern nach § 35 Abs. 2 WpÜG ein Übernahmeangebot gemacht werden. Da beide Regelungen unterschiedlichen Schutzzwecken dienen, gelten diese nebeneinander und die Anteilsinhaber können entscheiden, ob sie den Erwerb ihrer Anteile durch den Rechtsträger nach § 29 oder ein Übernahmeangebot nach § 35 WpÜG abwarten wollen.[84] 35

Sofern ein Aktionär des übertragenden oder übernehmenden Rechtsträgers in Folge einer Verschmelzung oder Spaltung einen Anteil von mindestens 30 % an einer börsennotierten AG erlangt, ist fraglich, ob er ein Pflichtangebot abgeben muss (§ 35 Abs. 2 WpÜG). Aufgrund der weiten Gesetzesfassung des „Erlangens" in § 35 Abs. 1 WpÜG ist auch dieser Fall umfasst.[85] Im Ergebnis ist allerdings richtigerweise zu differenzieren. Hat er gegen die Umwandlung gestimmt, so ist ihm nach § 37 WpÜG eine Befreiung zu erteilen.[86] Dabei darf es mit Rücksicht auf sein Eigentumsrecht als Aktionär keine Rolle spielen, ob der Aktionär auf sein Abfindungsrecht im Verschmelzungsverfahren verzichtet hat (vgl. § 29 UmwG). Hat der Aktionär hingegen für die Übernahme gestimmt, so ist er konsequenterweise auch zur Abgabe eines Übernahmeangebotes verpflichtet. 36

5. Arbeitsrechtliche Besonderheiten

Im Rahmen von Umwandlungsvorgängen kommt es regelmäßig zum Übergang von Betrieben. Hierzu bestimmt § 35a, dass die Regelungen zum **Betriebsübergang** des § 613a BGB Anwendung finden. Neben die individual- und kollektivarbeitsrechtlichen Rege- 37

---

79 Lutter/*Bayer* Einl. I Rn. 65 f.
80 Lutter/*Bayer* Einl. I Rn. 65 f.
81 S. die Beispiele bei Lutter/*Bayer* Einl. I Rn. 65 f.
82 MwN Lutter/*Bayer* Einl. I Rn. 70.
83 Dies entspricht der Macrotron-Entscheidung des BGH NZG 2003, 260 ff.; vgl. *Grunewald* ZIP 2004, 542 ff.
84 Lutter/*Bayer* Einl. I Rn. 68; *Grabbe/Fett* NZG 2003, 755 (757 f.).
85 So Semler/Stengel/Leonard/*Stengel* Einl. A Rn. 57 unter Verweis auf die Auffassung der BaFin.
86 Auf diese Möglichkeit weist auch Lutter/*Bayer* Einl. I Rn. 69 hin.

lungen treten die bereits erwähnten umwandlungsrechtlichen Besonderheiten zum Arbeitnehmerschutz (→ Rn. 6, 15).

VII. Auslegungsgrundsätze

38 Neben der allgemeinen zivilrechtlichen Methodik ist für die Auslegung der Vorschriften des UmwG insbes. das **Analogieverbot** sowie der **numerus clausus** (§ 1 Abs. 2) beachtlich.[87] Das Gesetz erweist sich darüber hinaus durch eine ausgeprägte Verweisungstechnik als systematische Einheit, was bei der Anwendung der einzelnen Vorschriften stets in die Auslegung einfließen muss.[88] Durch die häufige Verweisung auf das zweite Buch kann die Verschmelzung als Grundfall des Umwandlungsrechts gesehen werden.

39 Hinsichtlich der Verschmelzung und Spaltung der Aktiengesellschaft finden sich umfangreiche Vorgaben in der 3., 6. und 10. Richtlinie. Insoweit kommt der deutsche Gesetzgeber innerhalb des UmwG der ihm obliegenden Pflicht zur Umsetzung eben dieser Richtlinien nach. Sofern das UmwG darüber hinaus weitere Umwandlungsarten – insbes. der Personengesellschaften und der GmbH – umfasst, führt dies zu einer Zweiteilung innerhalb des UmwG: einem Teil, der der Umsetzung der 3., 6. und 10. Richtlinie dient, und daneben einem rein nationalen Recht der Unternehmensumwandlung. Soweit das UmwG **überschießend umgesetzt** ist, muss dieser Umstand bei der Auslegung umwandlungsgesetzlicher Regelungen berücksichtigt werden.[89] Dies kann aber nicht bedeuten, dass die Auslegung nach nationalem oder europarechtlichem Maßstab abhängig ist von den beteiligten Rechtsträgern. Zur Gewährleistung einer einheitlichen Auslegung des UmwG ist daher – zwar nicht auf unionsrechtlicher, jedoch auf nationaler Grundlage zur Sicherstellung einer einheitlichen Auslegung[90] – stets von richtlinienkonformer Auslegung, die ggf. auch eine richtlinienkonforme Rechtsfortbildung zu beinhalten hat, auszugehen.[91]

40 Eine andere Lösung ist vom Gesetzgeber erkennbar nicht gewollt und wäre unter dem Eindruck der ausgeprägten Verweisungstechnik des UmwG auch kaum umsetzbar. Für die deutschen Gerichte besteht im Bereich der überschießenden Umsetzung **keine Vorlagepflicht** (Art. 267 AEUV) zum EuGH; es besteht jedoch nach den Grundsätzen des EuGH zumindest ein Vorlagerecht bei Erforderlichkeit.[92]

§ 1 Arten der Umwandlung; gesetzliche Beschränkungen

(1) Rechtsträger mit Sitz im Inland können umgewandelt werden
1. durch Verschmelzung;
2. durch Spaltung (Aufspaltung, Abspaltung, Ausgliederung);
3. durch Vermögensübertragung;
4. durch Formwechsel.

---

[87] Lutter/*Bayer* Einl. I Rn. 25; → § 1 Rn. 25.
[88] Lutter/*Bayer* Einl. I Rn. 25.
[89] Ausf. Lutter/*Bayer* Einl. I Rn. 30 ff.
[90] Begr. RegE zum UmwG, BT-Drs. 12/6699, 81.
[91] Lutter/*Bayer* Einl. I Rn. 31 ff.; *Hommelhoff* FS 50 Jahre BGH, 2000, 889 (915 ff.); *Habersack/Verse* EuGesR § 3 Rn. 53 f.
[92] EuGH 14.3.2013 – C-32/11, EuZW 2013, 716 Rn. 19 ff. – Allianz Hungária; s. dazu näher Lutter/*Bayer* Einl. I Rn. 42, der eine Vorlagepflicht annimmt, mit Hinweisen auf den Streitstand in Fn. 13.

(2) Eine Umwandlung im Sinne des Absatzes 1 ist außer in den in diesem Gesetz geregelten Fällen nur möglich, wenn sie durch ein anderes Bundesgesetz oder ein Landesgesetz ausdrücklich vorgesehen ist.

(3) [1]Von den Vorschriften dieses Gesetzes kann nur abgewichen werden, wenn dies ausdrücklich zugelassen ist. [2]Ergänzende Bestimmungen in Verträgen, Satzungen oder Willenserklärungen sind zulässig, es sei denn, daß dieses Gesetz eine abschließende Regelung enthält.

Literatur:

Bayer, 1000 Tage neues Umwandlungsrecht – eine Zwischenbilanz, ZIP 1997, 1613; *Behrens*, Die Umstrukturierung von Unternehmen durch Sitzverlegung oder Fusion über die Grenze im Licht der Niederlassungsfreiheit im Europäischen Binnenmarkt (Art. 52 und 58 EWGV), ZGR 1994, 1; *Bungert*, Ausgliederung durch Einzelrechtsübertragung und analoge Anwendung des Umwandlungsgesetzes, NZG 1998, 367; *Bungert/Reidt*, Die (grenzüberschreitende) Verschmelzung nach dem RefE zur Umsetzung der Umwandlungsrichtlinie, DB 2022, 1369; *Dissars/Dissars*, Die Partenreederei als Gesellschaftsform in handels- und steuerrechtlicher Hinsicht, RIW 1997, 754; *Ganske*, Reform des Umwandlungsrechts, WM 1993, 1117; *Grunewald*, Rechtsmissbräuchliche Umwandlungen, in FS Röhricht, 2005, 129; *Großfeld*, Internationales Umwandlungsrecht, AG 1996, 302; *Günes*, Grenzüberschreitende Verschmelzungen unter Beteiligung von Kapitalgesellschaften aus Drittstaaten, IStR 2013, 213; *Heckschen*, Die Entwicklung des Umwandlungsrechts aus Sicht der Rechtsprechung und Praxis, DB 1998, 1385; *Heckschen/Knaier*, Die größte Reform des Umwandlungsrechts: Endlich in Kraft!, GmbHR 2023, 317; *Holzmüller*, Zusammenschlüsse nach der Pooling-of-interests-Methode und die sog. übertragende Auflösung, in FS Lutter, 2000, 1245; *Hügel*, Verschmelzung und Einbringung, 1993; *Kallmeyer*, Das neue Umwandlungsgesetz, ZIP 1994, 1746; *Kallmeyer*, Grenzüberschreitende Verschmelzungen und Spaltungen?, ZIP 1996, 535; *Kallmeyer/Kappes*, Grenzüberschreitende Verschmelzungen und Spaltungen nach SEVIC Systems und der EU-Verschmelzungsrichtlinie, AG 2006, 224; *Leinekugel*, Die Ausstrahlungswirkungen des Umwandlungsgesetzes, 2000; *Lieder/Koch*, Umwandlungsrechtliche Gesamtrechtsnachfolge in öffentlich-rechtliche Positionen, GmbHR 2022, 389; *Lutter/Leinekugel*, Planmäßige Unterschiede im umwandlungsrechtlichen Minderheitenschutz?, ZIP 1999, 261; *Lüttge*, Das neue Umwandlungs- und Umwandlungssteuerrecht, NJW 1995, 417; *Neye*, Die Reform des Umwandlungsrechts, DB 1994, 2069; *Nowotny*, Zur Auslegung des Übernahmegesetzes, RdW 2000, 330; *Priester*, Mitgliederwechsel im Umwandlungszeitpunkt – Die Identität des Gesellschafterkreises – ein zwingender Grundsatz?, DB 1997, 560; *Priester*, Das neue Umwandlungsrecht aus notarieller Sicht, DNotZ 1995, 427; *J. Schmidt*, Der UmRUG-Referentenentwurf: grenzüberschreitende Umwandlungen 2.0 – und vieles mehr, NZG 2022, 579 (Teil 1), 635 (Teil 2); *K. Schmidt*, Einschränkung der umwandlungsrechtlichen Eintragungswirkungen durch den umwandlungsrechtlichen numerus clausus?, ZIP 1998, 181; *K. Schmidt*, Zum Analogieverbot des § 1 Abs. 2 UmwG, in FS Kropff 1997, 261; *K. Schmidt*, Universalsukzession kraft Rechtsgeschäfts, AcP 191 (1991), 495; *Schnorbus*, Grundlagen zur Auslegung des Allgemeinen Teils des UmwG, WM 2000, 2351; *Schöne*, Das Aktienrecht als „Maß aller Dinge" im neuen Umwandlungsrecht?, GmbHR 1995, 325; *Schönhaus/Müller*, Grenzüberschreitender Formwechsel aus gesellschafts- und steuerrechtlicher Sicht, IStR 2013, 174; *Stiegler*, Grenzüberschreitender Formwechsel: Zulässigkeit eines Herausformwechsels, AG 2017, 846; *Teichmann*, Das Konzept des „Rechtsmissbrauchs" im Europäischen Umwandlungsrecht, ZGR 2022, 376; *Trölitzsch*, Rechtsprechungsübersicht: Das Umwandlungsrecht seit 1995, WiB 1997, 795; *Trölitzsch*, Aktuelle Tendenzen im Umwandlungsrecht, DStR 1999, 764; *Weber-Rey/Schütz*, Zum Verhältnis von Übernahmerecht und Umwandlungsrecht, AG 2001, 325; *Winter*, Die Anteilsgewährung – zwingendes Prinzip des Verschmelzungsrechts?, in FS Lutter, 2000, S. 1279; *Zwirlein*, Grenzüberschreitender Formwechsel – europarechtlich veranlasste Substitution im UmwG, ZGR 2017, 114.

A. Anwendungsbereich des UmwG (Abs. 1) 1	2. Konsequenzen der SEVIC- und Vale-Entscheidungen und Umsetzung der 10. Richtlinie 18
I. Begriff der Umwandlung 2	a) Fälle der Hinein-Umwandlung 20
1. Geregelte Umwandlungsvorgänge nach UmwG (Nr. 1–4) 3	b) Fälle der Heraus-Umwandlung 24
2. Grundsatz der Gesamtrechtsnachfolge .. 8	c) Durchführung der Umwandlungsmaßnahme 27
3. Keine Liquidation 9	3. Rechtsträger außerhalb EU und EWR ... 29
4. Anteilskontinuität 10	4. Juristische Personen ohne Erwerbszweck 30
5. Keine Identität der Anteilsinhaber 11	
II. Begriff des Rechtsträgers 13	
III. Sitz im Inland 17	
1. Gesetzeswortlaut 17	

B. Numerus Clausus der Umwandlungsfälle (Abs. 2)	31	II. Rechtsfolgen des Verstoßes gegen den numerus clausus	43
I. Abgrenzung zu Strukturänderungen des allgemeinen Gesellschaftsrechts	32	C. Analogieverbot (Abs. 2)	44
1. Nicht durch das UmwG erfasste Umstrukturierungsfälle	34	I. Inhalt und Reichweite des Verbotes	45
		II. Mischformen	48
2. Strukturänderungen nach UmwG oder nach allg. Gesellschaftsrecht?	37	D. Zwingender Charakter des UmwG (Abs. 3)	51

A. Anwendungsbereich des UmwG (Abs. 1)

1 Die Fassung des § 1 UmwG als **eigenes Buch** ist ein systematisches Zeichen der grundlegenden Bedeutung des § 1 für das gesamte Umwandlungsrecht. § 1 gibt die maßgeblichen Parameter des Anwendungsbereiches des UmwG in **sachlicher** (→ Rn. 3 ff.), **persönlicher** (→ Rn. 13 ff.) und **geographischer** (→ Rn. 17 ff.) Hinsicht vor. Der Gesetzgeber hat eine **Baukastentechnik** gewählt und wesentliche Fragen in § 1 vor die Klammer gezogen. Neben den vorstehenden Eingrenzungen wurde der Begriff des **Rechtsträgers** als umfassender Begriff für die beteiligten Parteien und der Oberbegriff der Umwandlung eingeführt sowie ein **numerus clausus** der Umwandlungsarten geschaffen, der durch ein **Analogieverbot** geschützt wird. Hieraus folgt insbes., dass der Anwendungsbereich des UmwG nur eröffnet ist, wenn sich die beteiligten Rechtsträger konkret für eine der im UmwG geregelten Umstrukturierungsmaßnahmen entscheiden. Es reicht dagegen nicht aus, wenn bestimmte Sachverhalte umwandlungsähnlichen Charakter haben (wie etwa die Anwachsung (§ 712a BGB), → Rn. 22 f.).

I. Begriff der Umwandlung

2 § 1 Abs. 1 enthält keine rechtsspezifische Definition des Umwandlungsbegriffes,[1] sondern bestimmt den Begriff der Umwandlung zum Leitbegriff für alle nach den UmwG möglichen Strukturmaßnahmen. Der Begriff der Umwandlung umfasst somit sämtliche im UmwG geregelten **Strukturmaßnahmen**.[2] Soweit im Schrifttum teilweise eine extensive Interpretation des Begriffes vorgenommen wird – so unterstellt Pickhardt etwa einen vorgesetzlichen Umwandlungsbegriff, der jedwede Umstrukturierung von Unternehmen beinhalte[3] – kann dieser Ansicht unter Hinweis auf den Wortlaut des § 1 sowie seiner Systematik eine klare Absage erteilt werden. Der Umwandlungsbegriff des UmwG ist lediglich der Oberbegriff für die im UmwG geregelten Umwandlungsarten. Diese sind in § 1 Abs. 1 Nr. 1–4 abschließend genannt und bilden äußeren Rahmen und Inhalt einer möglichen Definition.[4] Insoweit muss eine Definition des Umwandungsbegriffes aus der inhaltlichen Ausfüllung durch die in § 1 Nr. 1–4 geregelten Sachverhalte sowie die übergreifenden Prinzipien des UmwG bestehen.

1. Geregelte Umwandlungsvorgänge nach UmwG (Nr. 1–4)

3 Da § 1 Abs. 1 auch die einzelnen Umwandlungsarten nicht definiert, muss auf die jeweiligen Legaldefinitionen aus den Einzelnormen zurückgegriffen werden (§ 2 für die Verschmelzung; § 123 für die Spaltung; § 174 für die Vermögensübertragung und § 190 Abs. 1 für den Formwechsel). Während grundsätzlich auf die Kommentierung zu den einzelnen Umwandlungsarten verwiesen wird, soll doch zur definitorischen

---

1 Kallmeyer/*Marsch-Barner*/*Oppenhoff* § 1 Rn. 6.
2 Lutter/*Drygala* § 1 Rn. 2; Kölner Komm UmwG/*Dauner-Lieb* § 1 Rn. 2.
3 *Pickardt* DB 1999, 729.
4 Vgl. auch Kallmeyer/*Marsch-Barner*/*Oppenhoff* § 1 Rn. 6.

Bestimmung ein Überblick an dieser Stelle erfolgen. Die hier abschließend festgelegten Arten der Umwandlung unterscheiden sich grundlegend in ihrer Wirkung auf das Vermögen der beteiligten Rechtsträger. Sie lassen sich differenzieren nach Umwandlung **mit Vermögensübertragung** und Umwandlung **ohne Vermögensübertragung**.[5]

Die Verschmelzung (Nr. 1), die Spaltung (Nr. 2) sowie die Vermögensübertragung (Nr. 3) sehen eine Übertragung des Vermögens auf dem Wege der **Gesamtrechtsnachfolge** (Universalsukzession) oder einer einzeln geregelten **Sonderrechtsnachfolge** vor.

Der **Formwechsel** (Nr. 4) vollzieht sich ohne Übertragung des Vermögens des Rechtsträgers, da dieser seine rechtliche und wirtschaftliche Identität behält. Es handelt sich hierbei lediglich um einen Wechsel der Rechtsform ohne Vermögensübergang. Mit dem UmwG stellt der Gesetzgeber diese Möglichkeit nunmehr auch für den Formwechsel zwischen Personenhandelsgesellschaften und Kapitalgesellschaften zur Verfügung. Die bisherige Unterscheidung zwischen Formwechsel – diese identitätswahrende Umwandlung gab es nur zwischen Kapitalgesellschaften (§§ 362 ff. aF) – und übertragenden Formwechsel ist damit aufgegeben.[6]

Die **Aufspaltung** entspricht in ihrem wirtschaftlichen Ergebnis für den übertragenden Rechtsträger der Verschmelzung. Hier wird das Vermögen des aufzuspaltenden Rechtsträgers auf mindestens zwei Rechtsträger im Wege der Gesamtrechtsnachfolge übertragen. Die **Abspaltung** entspricht wirtschaftlich der Ausgliederung. Ihr wesentlicher Unterschied besteht freilich darin, dass in Fällen der Ausgliederung nicht den Anteilsinhabern des übertragenden Rechtsträgers die Anteilsrechte zufallen, sondern dem übertragenden Rechtsträger selbst. Somit ist die Ausgliederung prädestiniert zur Ausbildung von Konzernstrukturen.[7]

Die **Vermögensübertragung** entspricht in wirtschaftlicher Hinsicht der Verschmelzung bzw. der Abspaltung. Sie basiert jedoch nicht auf dem Prinzip der Mitgliedschaftsperpetuierung. Nach § 174 Abs. 1 ist jede Gegenleistung zulässig, die nicht in Anteilen oder Mitgliedschaftsrechten besteht. Somit nimmt die Vermögensübertragung im Gefüge des Umwandlungsrechts eine Sonderstellung ein: Sie ist weniger ein Instrument der Umstrukturierung eines Rechtsträgers denn vielmehr eine Erleichterung der Verfügung über das Vermögen (oder Teile davon) eines Rechtsträgers.[8]

2. Grundsatz der Gesamtrechtsnachfolge

Das entscheidende Merkmal der Umwandlungen nach dem UmwG ist der **Grundsatz der Gesamtrechtsnachfolge**. Danach findet der Übergang des Vermögens nicht (im zivilrechtlich üblichen Wege) mittels Einzelrechtsnachfolge statt, sondern der Übergang erfolgt automatisch mit Wirksamkeit der Umwandlung (§ 20). Hintergrund ist die gesetzgeberische Intention der Vereinfachung des Umwandlungsvorganges; es soll den Rechtsträgern die mühselige Einzelübertragung erspart bleiben.[9] Dies ergibt sich aus den Rechtsfolgeanordnungen in § 20 Abs. 1 Nr. 1, § 131 Abs. 1 Nr. 1, § 176 Abs. 3. Der Grundsatz der Gesamtrechtsnachfolge gilt begriffslogisch nur für die Fälle, in denen eine Vermögensübertragung stattfindet (Verschmelzung, Spaltung und Vermögensüber-

---

[5] Zur Systematik des UmwG → Vor § 1 Rn. 16 ff.; Semler/Stengel/*Leonard/Semler* § 1 Rn. 10.
[6] Semler/Stengel/*Leonard/Semler* Einl. A Rn. 58 ff. sehen die Begründung hierfür in der „modernen Auffassung von der Natur der Personengesellschaft".
[7] Kölner Komm UmwG/*Dauner-Lieb* § 1 Rn. 35.
[8] Kölner Komm UmwG/*Dauner-Lieb* § 1 Rn. 36.
[9] Kallmeyer/*Marsch-Barner/Oppenhoff* § 1 Rn. 7.

tragung). Im Falle des Formwechsels geht kein Vermögen über, es gilt jedoch der Grundsatz der **Identitätswahrung**.[10]

3. Keine Liquidation

9 In direktem Zusammenhang mit dem Grundsatz der Gesamtrechtsnachfolge steht die Besonderheit des UmwG, dass infolge einer Umwandlung keine Abwicklung erlöschender Rechtsträger erfolgt. Der erlöschende Rechtsträger geht danach nicht in eine **Liquidationsphase** über. Dieses Merkmal findet sich freilich nicht ausschließlich im UmwG, sondern ebenfalls bei der Anwachsung (§ 712a BGB) sowie der Realteilung bei Personengesellschaften.[11]

4. Anteilskontinuität

10 Ein weiteres Charakteristikum der Umwandlung ist die Anteilskontinuität, wonach keine Übertragungen von Anteilen und auch keine Zeichnung neuer Anteile stattfinden.[12] Die Anteilsgewährung des übernehmenden Rechtsträgers an die Anteilsinhaber des übertragenden Rechtsträgers erfolgt *ex lege*. Dies gilt unabhängig davon, ob diese Anteile auf Seiten des übernehmenden Rechtsträgers neu geschaffen wurden oder ob es sich um bereits bestehende Anteile handelt.[13] Rechte Dritter an den Anteilen bleiben dabei gem. § 20 Abs. 1 Nr. 3 S. 2, § 131 Abs. 1 Nr. 3 S. 2, § 202 Abs. 1 Nr. 2 S. 2 bestehen.

5. Keine Identität der Anteilsinhaber

11 Keine zwingende Voraussetzung des UmwG ist die **Identität der Anteilsinhaber** vor und nach der Umwandlung. Dies ergibt sich bereits aus der im UmwG vorgesehenen Möglichkeit des Verzichts auf Anteile am übernehmenden Rechtsträger, §§ 54, 68. Soweit diese Fallgestaltung jedoch nicht vorliegt, hat der BGH definiert, dass diejenigen Anteilsinhaber, die zum Zeitpunkt der Eintragung der Umwandlung Anteilsinhaber des übertragenden bzw. formwechselnden Rechtsträgers sind, auch Anteilsinhaber der Zielgesellschaft werden.[14] Diese Fragestellung bezieht sich jedoch nur auf den Zeitpunkt der tatsächlichen Umsetzung der Umwandlung durch Eintragung (sog. dritte Phase der Umwandlung, → Vor § 1 Rn. 25). Daneben gibt es Fallgestaltungen, die einen Identitätswechsel während des Umwandlungsvorganges zulassen.

12 Eine geplante oder in die Wege geleitete Umwandlung stellt auch kein rechtliches Übertragungsverbot oder Übertragungshindernis dar. Die Identität der Anteilsinhaber entfällt weiterhin, wenn einzelne Anteilsinhaber ein Barabfindungsgebot annehmen (§§ 29, 125 S. 1, § 207). Beim Formwechsel einer KGaA, bei welchem der persönlich haftende Gesellschafter mit Wirksamwerden des Formwechsels ausscheidet bzw. eintritt (§ 233 Abs. 3 S. 3, §§ 236, 247 Abs. 2, §§ 221, 245 Abs. 1), liegt ebenfalls keine Identität beim übernehmenden Rechtsträger vor. Ebensolches gilt bei persönlich haftenden Gesellschaftern ohne Kapitalanteil im Falle von Personenhandelsgesellschaften. Hier kann der Umwandlungsvertrag dessen Ausscheiden zwar vorsehen, muss jedoch eine Ausscheidenserklärung beinhalten (§ 233 Abs. 3 S. 3). Bei der Umwandlung einer Kapi-

---

10 S. dazu § 179a AktG, vgl. *Kallmeyer/Marsch-Barner/Oppenhoff* § 1 Rn. 7.
11 Kölner Komm UmwG/*Dauner-Lieb* Einl. A Rn. 51; *Kallmeyer/Marsch-Barner/Oppenhoff* § 1 Rn. 8.
12 *Kallmeyer/Marsch-Barner/Oppenhoff* § 1 Rn. 9.
13 Kölner Komm UmwG/*Dauner-Lieb* Einl. A Rn. 53.
14 BGH NZG 2005, 722 (723).

talgesellschaft in eine Personenhandelsgesellschaft kann zudem der Verschmelzungsvertrag den Beitritt einer Komplementär-GmbH ohne Kapitalanteil vorsehen.[15]

II. Begriff des Rechtsträgers

Der Begriff des Rechtsträgers bezeichnet die Subjekte bzw. **Träger von Unternehmen**, die am Umwandlungsvorgang direkt beteiligt sind und diesen durchführen. Die von ihnen gehaltenen Unternehmen sind die Objekte des Umwandlungsvorganges, die im Zuge des Umwandlungsvorganges direkt betroffen sind.[16] Allein die Ebene der Rechtsträger ändert ihre rechtliche Organisationsform.[17]

Auf systematisch gleichem Wege wie die Gestaltung des Umwandlungsbegriffes als Oberbegriff für alle im UmwG geregelten Umwandlungsarten wählt § 1 für die Bezeichnung des breiten Spektrums der Unternehmensformen, die an den Umwandlungsarten des UmwG partizipieren können, den Begriff des „**Rechtsträgers**". Einzig nennt § 1 nicht die tatsächlich in Betracht kommenden Rechtsträger. Diese finden eine spezifische Eingrenzung in den für die jeweilige Umwandlungsart geltenden Spezialnormen. Konsequenterweise können weitere, von der jeweiligen Spezialnorm nicht umfasste Rechtsträger, trotz der weiten Formulierung des § 1 nicht in die jeweiligen Umwandlungsarten einbezogen werden, dies verhindert insbes. das in Abs. 2 geregelte sog. Analogieverbot.[18]

Grundsätzlich kommen fast alle bekannten Rechtsträger, die über eine Handelsregistereintragung verfügen, als umwandlungsfähige Rechtsträger in Betracht. Dies umfasst auch natürliche Personen.[19] Fraglich ist schließlich, ob das sog. Analogieverbot einer Erweiterung der umwandlungsfähigen Rechtsträger auf im UmwG nicht geregelte Rechtsträger zwingend entgegensteht. Diskutiert werden hierbei die Umwandlungsfähigkeit der **Partenreedereien**,[20] der nicht rechtsfähigen **Erbengemeinschaft** eines Einzelkaufmanns hinsichtlich der Möglichkeit, deren Vermögen auf eine Gesellschaft auszugliedern[21] sowie **politische Parteien** und **Gewerkschaften**.[22] Diese werden von der hM im Schrifttum de lege lata jedoch als nicht umwandlungsfähig nach UmwG angesehen.[23] S. hierzu und zum Diskussionsstand die instruktiven Ausführungen von *Dauner-Lieb*.[24]

Soweit europäische Gesellschaftsformen den im Geltungsbereich des UmwG stehenden Rechtsträgern gleichstehen (vgl. etwa Art. 1 EWIV-AusfG), steht ihnen eine Umwand-

---

15 Weiterführend Kallmeyer/Marsch-Barner/Oppenhoff § 1 Rn. 10 ff.; *Kallmeyer* GmbHR 1996, 80; *Priester* DB 1997, 563.
16 Semler/Stengel/Leonard/*Stengel* § 1 Rn. 18 ff.; näher dazu *Schmidt* AcP 191 (1991), 495 (506 ff.).
17 So die plastische Darstellung bei Lutter/Drygala § 1 Rn. 3.
18 Lutter/*Drygala* § 1 Rn. 3; krit. für die Erbengemeinschaft *Schmidt* FS Kropff, 1997, 261 (265 ff.); Semler/Stengel/Leonard/*Stengel* § 1 Rn. 30 ff.
19 Mit ausf. Aufzählung möglicher beteiligter Rechtsträger Semler/Stengel/Leonard/*Stengel* § 1 Rn. 25 ff.; Lutter/ *Karollus* § 152 Rn. 13 ff.; Lutter Kölner Umwandlungsrechtstage/*Neye* S. 1, 9.
20 Für deren Umwandlungsfähigkeit *K. Schmidt* ZGR 1990, 580 (591) (de lege ferenda); *K. Schmidt* GesR § 65 I 3c); abl. Widmann/Mayer/*Heckschen* § 1 Rn. 84; Semler/Stengel/Leonard/*Stengel* § 1 Rn. 37 ff.; gemäß Gesetz zur Reform des Seehandelsrechts vom 25.4.2013 können keine neuen Partenreedereien mehr gegründet werden; für die bereits bestehenden gilt die Übergangsvorschrift des Art. 71 EGHGB.
21 Dies als zulässig erachtend Semler/Stengel/Leonard/*Seulen* § 152 Rn. 26; Lutter/*Karollus* § 152 Rn. 14; *K. Schmidt* FS Kropff, 1997, 261 (265 ff.).
22 Für eine Verschmelzungs- und Spaltungsfähigkeit von als Stiftungen oder Vereinen organisierten politischen Parteien und Gewerkschaften Semler/Stengel/Leonard/ *Katschinski* § 99 Rn. 16, 40 (de lege ferenda); Wiedmann/ *Thüsing* WM 1999, 2237 (2277 ff.) (de lege lata).
23 Semler/Stengel/Leonard/*Stengel* § 1 Rn. 30 f.; Widmann/ Mayer/*Heckschen* Rn. 75 ff., 82 ff.; Lutter/*Drygala* § 3 Rn. 7; krit. *K. Schmidt* ZGR 1990, 580 (591) (de lege ferenda).
24 Kölner Komm UmwG/*Dauner-Lieb* § 1 Rn. 40 ff. mwN.

lung nach UmwG offen. Für die **SE** gelten allerdings die Besonderheiten des Art. 66 SE-VO.[25]

III. Sitz im Inland

1. Gesetzeswortlaut

17 Abs. 1 berechtigt ausschließlich Rechtsträger mit Sitz im **Inland** zur Umwandlung nach dem UmwG. Unstreitig ist dies der Fall, wenn Satzungs- und Verwaltungssitz – bzw. bei natürlichen Personen oder Wohnsitz – im Inland belegen sind. Nach hM reicht es darüber hinaus aus, wenn sich der **Satzungssitz** des Rechtsträgers innerhalb der Bundesrepublik Deutschland befindet, auch wenn der Verwaltungssitz im Ausland sein sollte.[26] Grenzüberschreitende Umwandlungen werden damit nicht untersagt, sondern wurden lediglich aus dem generellen Anwendungsbereich des UmwG ausgeklammert[27] und werden nun in den §§ 305 ff. separat geregelt.

2. Konsequenzen der SEVIC- und Vale-Entscheidungen und Umsetzung der 10. Richtlinie

18 Die Unanwendbarkeit des UmwG auf grenzüberschreitende Umwandlungen ist infolge der europäischen Vorgaben (zuletzt durch das Gesetz zur Umsetzung der Umwandlungsrichtlinie),[28] die in mehreren Stufen in das UmwG implementiert wurden, nur noch eingeschränkt gültig. Infolge der Umsetzung der Verschmelzungsrichtlinie wurde Kapitalgesellschaften die **grenzüberschreitende Verschmelzung** (§§ 305 ff.),[29] die grenzüberschreitende Spaltung (§§ 320 ff.) und der grenzüberschreitende Formwechsel (§§ 333 ff.)[30] ermöglicht. Die Bestimmungen der Umwandlungsrichtlinie wurden von einzelnen Gerichten auch bereits vor deren Implementierung in nationales Recht angewendet.[31] Diese Vorschriften betreffen jedoch nur die Verschmelzung von Kapitalgesellschaften aus dem **EU- bzw. EWR-Raum** und keinesfalls alle Möglichkeiten internationaler Umwandlungsarten. Der Gesetzgeber hat mit diesen Änderungen des UmwG durch das 2. UmwÄndG[32] und das Gesetz zur Umsetzung der Umwandlungsrichtlinie[33] Konkretisierungen eines Teilbereiches der Niederlassungsfreiheit umgesetzt. Soweit es sich um eine grenzüberschreitende Umwandlung von Kapitalgesellschaften handelt, die im Anwendungsbereich der §§ 305 ff. liegen, können sich die betroffenen Rechtsträger nur nach diesen Regeln als lex specialis umwandeln.[34] Die Frage der europarechtlichen Überlagerung des vom Wortlaut des § 1 festgelegten Anwendungsbereiches auf Inlandssachverhalte wurde darüber hinaus durch die Rechtsprechung des EuGH maßgeblich festgelegt.[35] In zahlreichen Entscheidungen hat der EuGH dabei den Schutz grenzüberschreitender Umwandlungen durch die Niederlassungsfreiheit (Art. 49, 54 AEUV) konkretisiert und dabei festgelegt, dass sich Gesellschaften jedweder Rechtsform auf den Schutz der **Niederlassungsfreiheit** berufen können, sofern sie nach dem Recht eines EU-Mitgliedstaates wirksam gegründet wurden und ihren statutarischen Sitz innerhalb

---

25 Mit differenzierter Darstellung Kölner Komm UmwG/*Dauner-Lieb* Rn. 19 ff.
26 Kölner Komm UmwG/*Dauner-Lieb* § 1 Rn. 24; Semler/Stengel/Leonard/*Drinhausen* Einl. C Rn. 19 f.; *Kuhlmann/Ahnis* KonzernR und UmwR § 1 Rn. 925; aA *Samson/Flindt* NZG 2006, 290 (292).
27 Semler/Stengel/Leonard/*Stengel* § 1 Rn. 41.
28 BGBl. 2023 I Nr. 51 vom 28.2.2023.
29 Zweites Gesetz zur Änderung des UmwG vom 19.4.2007, BGBl. I 542.
30 Gesetz zur Umsetzung der Umwandlungsrichtlinie BGBl. 2023 I Nr. 51 vom 28.2.2023.
31 ZB OLG Saarbrücken NZG 2020, 390 Rn. 5 ff. mwN.
32 Zweites Gesetz zur Änderung des UmwG vom 19.4.2007, BGBl. I 542.
33 BGBl. 2023 I Nr. 51 vom 28.2.2023.
34 S. Lutter/*Drygala* § 1 Rn. 10.
35 EuGH 13.12.2005 – C-411/03, Slg 2005, I-10805 = NJW 2006, 425 – Sevic.

der EU haben.³⁶ Sofern Vorschriften des UmwG gegen den in diesen Entscheidungen konkretisierten Anwendungsbereich der Niederlassungsfreiheit verstoßen, können sie aufgrund des Anwendungsvorrangs des Unionsrechts keine Geltung beanspruchen. Der Wortlaut des § 1 ist dann insoweit **europarechtskonform** auszulegen, als dass sich Gesellschaften aus der EU und dem EWR demgegenüber auf die Niederlassungsfreiheit berufen können;³⁷ eine klarstellende Anpassung des Wortlautes des § 1 sollte im Rahmen einer IPR-Reform erfolgen, diese ist jedoch bisher aus politischen Gründen gescheitert.

Vor diesem Hintergrund ist fraglich, wie die nicht von den §§ 305 ff. erfassten Umwandlungsfälle zu behandeln sind.³⁸ Aus der Linie der EuGH-Rspr. ergibt sich eine differenzierte Behandlung grenzüberschreitender Umwandlungsfälle danach, ob es sich um eine Umwandlung nach Deutschland hinein oder aus Deutschland heraus handelt.³⁹ 19

a) Fälle der Hinein-Umwandlung

Der EuGH hat hier in der **Sevic-Entscheidung** für den Fall einer **Hinein-Verschmelzung** den Anwendungsbereich der Niederlassungsfreiheit dahin gehend festgelegt, dass ein Zusammenarbeits- und Umgestaltungsbedürfnis von Gesellschaften mit ihrem jeweiligen satzungsmäßigen Sitz innerhalb der Europäischen Union dem Anwendungsbereich der Niederlassungsfreiheit unterfällt. Soweit also nationale Regeln grenzüberschreitende und innerstaatliche Verschmelzungsvorgänge unterschiedlich behandeln, liegt eine Beschränkung der Niederlassungsfreiheit vor, die nur dann gerechtfertigt sei, sofern zwingende Gründe des Allgemeinwohls dies erforderten und die Regelung darüber hinaus verhältnismäßig sei.⁴⁰ Soweit demzufolge eine innerstaatliche Verschmelzung zulässig ist, muss dies auch für ausländische Rechtsträger gelten.⁴¹ 20

Da dieses obiter dictum des EuGH über die in den §§ 305 ff. geregelten Fälle hinausgeht, müssen auch die nicht davon erfassten Fälle von **Hinein-Umwandlungen** dem in der Sevic-Entscheidung festgelegten Anwendungsbereich der Niederlassungsfreiheit entsprechend behandelt werden.⁴² Das Hinein-Verschmelzen ist danach auch für Nicht-Kapitalgesellschaften gesichert.⁴³ 21

Gleiches musste in konsequenter Anwendung der Sevic-Grundsätze für die **grenzüberschreitende Spaltung** gelten, die konsequenterweise auch in den Anwendungsbereich der Sevic-Entscheidung gefallen ist⁴⁴ und nunmehr in den §§ 320 ff. geregelt ist. 22

Diese Rechtsprechungsgrundsätze waren grundsätzlich auch auf den **Hinein-Formwechsel** anwendbar. Hierbei beabsichtigt ein einzelner Rechtsträger, grenzüberschreitend seine Rechtsform zu ändern und will ohne Auflösung und Neugründung im Register seines bisherigen Sitzstaates ausgetragen und im Register eines anderen Staates 23

---

36 S. dazu EuGH 9.3.1999 – C-212–97, NJW 1999, 2027 – Centros; EuGH 5.11.2002 – C-208/00, NJW 2002, 3614 – Überseering; EuGH 30.9.2003 – C-167/01, NZG 2003, 1064 – Inspire Art; EuGH 13.12.2005 – C-411/03, NJW 2006, 425 – Sevic; EuGH 16.12.2008 – C-210/06, NZG 2009, 61 – Cartesio; EuGH 12.7.2012 – C-378/10, NZG 2012, 871 – Vale; EuGH 25.10.2017 – C-106/16, GmbHR 2017, 1261 – Polbud.
37 Lutter/*Drygala* § 1 Rn. 1 mwN; OLG Düsseldorf NZG 2017, 1354.
38 Hierunter fällt die Verschmelzung von Nicht-Kapitalgesellschaften.
39 Vgl. Semler/Stengel/Leonard/*Drinhausen* Einl. C Rn. 25 ff.
40 EuGH 13.12.2005 – C-411/03, NJW 2006, 425 – Sevic.
41 Vgl. dazu auch Semler/Stengel/Leonard/*Drinhausen* Einl. C Rn. 26.
42 Semler/Stengel/Leonard/*Drinhausen* Einl. C Rn. 27; mit Differenzierung Lutter/*Drygala* § 1 Rn. 12 ff.
43 So explizit Lutter/*Drygala* § 1 Rn. 20; mit weiteren Ausführungen und Verweisen auf *Herrler* EuZW 2007, 299; *Veil* DK 2007, 98; *Vetter* AG 2006, 613.
44 Lutter/*Drygala* § 1 Rn. 20; Semler/Stengel/Leonard/*Drinhausen* Einl. C Rn. 28.

der EU (oder des EWR) eingetragen werden. Der wesentliche Unterschied besteht hier darin, dass kein zweiter Rechtsträger beteiligt ist und auch keine Übertragung von Vermögen stattfindet. Es findet einzig ein Statutenwechsel statt.[45] Die Grundsätze der Sevic-Entscheidung zur Verschmelzung konnten hier zwar keine Anwendung finden, jedoch waren die Aussagen des **Daily-Mail-Urteils** und insbesondere der **Vale-Entscheidung** heranzuziehen, so dass es Sache des nationalen Rechts war, diesen Vorgang innerstaatlich zu regeln; dabei sind die Art. 49, 54 AEUV zu beachten; unter Zugrundlegung des Äquivalenz- und des Effektivitätsgrundsatzes ist das jeweils einschlägige nationale Recht anzuwenden, ohne den grenzüberschreitenden Fall des Formwechsels einem innerstaatlichen Formwechsel gegenüber nachteilig zu regeln.[46] Die Zulässigkeit des Herein-Formwechsels entsprach auch vor der Umsetzung der Umwandlungsrichtlinie bereits der hM in Schrifttum und obergerichtlicher Rechtsprechung.[47] Nach der Polbud-Entscheidung des EuGH war dies auch nicht mehr zu bezweifeln.[48] Die obergerichtliche Praxis hatte sich unter Berufung auf eine unionskonforme Auslegung mit der Anwendung der §§ 190 ff. beholfen.[49] Das Analogieverbot des § 1 Abs. 2 wurde dabei durch die europarechtskonforme Auslegung der §§ 190 ff. umgangen.[50] Seit der Umsetzung der Umwandlungsrichtlinie zum 1.3.2023 wird der grenzüberschreitende Formwechsel in den §§ 333 ff. geregelt.

b) Fälle der Heraus-Umwandlung

24 Für die Fälle der **Heraus-Umwandlung** hatte der EuGH erstmals in der **Cartesio-Entscheidung** Position bezogen. In dem dortigen obiter dictum hatte der EuGH für den grenzüberschreitenden **Heraus-Formwechsel** festgelegt, dass die Sitzverlegung ins europäische Ausland dann nicht von der Niederlassungsfreiheit gedeckt ist, wenn dies ohne Änderung des für den betreffenden Rechtsträger geltenden Rechts vorgenommen werden soll.[51] Dieser Grundsatz gelte jedoch nicht für den Fall, dass die Sitzverlegung mit einer Änderung des anwendbaren nationalen Rechts verbunden werde.[52] Damit war nur die Heraus-Umwandlung unter Wechsel der Rechtsform und des nationalen Rechts von der Niederlassungsfreiheit geschützt. Ob aus Sicht des Zuzugsstaates dieser Rechtsformwechsel möglich war, unterlag dessen Jurisdiktion unter Beachtung der Grundsätze der Vale-Entscheidung; sofern er es aber zuließ, durfte der Wegzugsstaat diesen Wechsel nicht behindern.[53]

25 Fand der Wegzug ohne Änderung des anwendbaren nationalen Rechts statt, so blieb es bei der in der Daily-Mail-Entscheidung festgelegten Lösung, worin ein allgemeines

---

45 Die Verlegung des Verwaltungssitzes ist eindeutig geklärt durch die Entscheidungen EuGH 9.3.1999 – C-212/97, NZG 1999, 298 – Centros; EuGH 5.11.2002 – C-208/00, NZG 2002, 1164 – Überseering; EuGH 30.9.2003 – C-167/01, NZG 2003, 1064 – Inspire Art; vgl. auch Lutter/*Drygala* § 1 Rn. 8.

46 EuGH 12.7.2012 – C-378/10, NZG 2012, 871 – Vale; EuGH 25.10.2017 – C-106/16, GmbHR 2017, 1261 – Polbud; OLG Düsseldorf NZG 2017, 1354. Ebenso Lutter/*Drygala* § 1 Rn. 20; zu den gesellschafts- und steuerrechtlichen Implikationen s. *Schönhaus/Müller* IStR 2013, 174 (176 ff.).

47 OLG Düsseldorf NZG 2017, 1354; OLG Nürnberg NZG 2014, 349 gemäß den Vorgaben der Vale-Entscheidung des EuGH mit zustimmender Anm. *Stiegler* NZG 2014, 351; KG NZG 2016, 834 mit zustimmender Anm. *Stiegler* NZG 2016, 835; zustimmend auch *Zwirlein* ZGR 2017, 114, die auf Grundlage des Art. XXV Abs. 5 S. 2, VII des deutsch-amerikanischen Freundschafts-, Handels- und Schifffahrtsvertrages (1954) eine Anwendung auch auf US-Gesellschaften befürwortet.

48 EuGH 25.10.2017 – C-106/16, GmbHR 2017, 1261 – Polbud; zustimmend *Stiegler* AG 2017, 846.

49 EuGH 25.10.2017 – C-106/16, GmbHR 2017, 1261 – Polbud; zustimmend *Stiegler* AG 2017, 846.

50 Kritisch hierzu *Zwirlein* ZGR 2017, 114.

51 EuGH 16.12.2008 – C-210/06, NZG 2009, 61 – Cartesio.

52 EuGH 16.12.2008 – C-210/06, NZG 2009, 61 – Cartesio; EuGH 12.7.2012 – C-378/10, NZG 2012, 871 – Vale.

53 Dazu Semler/Stengel/Leonard/*Drinhausen* Einl. C Rn. 29.

Wegzugsverbot festgelegt wurde.⁵⁴ Insoweit konnte der Wegzugsstaat dann die **Auflösung** und **Liquidation** des wegziehenden Rechtsträgers vorsehen.⁵⁵ Ansonsten war insbesondere der Heraus-Formwechsel unter Wahrung der Identität des Rechtsträgers unionsrechtlich möglich, sofern Satzungs- und Verwaltungssitz ins EU/EWR-Ausland verlegt und gleichzeitig eine Rechtsform des Zuzugsstaates gewählt wurde.⁵⁶ Dabei war es einerlei, ob die neue Rechtsform mit der Form des Ausgangsrechtsträgers funktional vergleichbar oder kongruent war.⁵⁷ Nach der in diesem Punkt allerdings nicht ganz eindeutig formulierten Rechtsprechung des EuGH (Polbud) war der Heraus-Formwechsel unter Wahrung der Identität des Rechtsträgers unionsrechtlich auch dann möglich, wenn nicht der Verwaltungssitz, sondern nur der Satzungssitz ins EU/EWR-Ausland verlegt und gleichzeitig eine Rechtsform des Zuzugsstaates gewählt wurde; unklar war hierbei jedoch, welche Anforderungen an die Niederlassung des Rechtsträgers im Zuzugsstaat zu stellen waren, um die Rechte der Niederlassungsfreiheit in Anspruch nehmen zu können.⁵⁸

Soweit die Cartesio-Entscheidung des EuGH als obiter dictum erfolgte, konnten die dort gefundenen Grundsätze auf andere Heraus-Umwandlungsvorgänge übertragen werden. Danach galt sowohl für die **Heraus-Verschmelzung** als auch für die **Heraus-Spaltung**, dass sie nur dann den Grundsätzen der Niederlassungsfreiheit unterfielen, wenn der Zuzugsstaat diese Umwandlung als Hinein-Verschmelzung bzw. Hinein-Spaltung zuließ und der Wegzug unter Änderung der Rechtsform stattfand.⁵⁹ Ansonsten konnte der Wegzugsstaat die Auflösung und Liquidation vorsehen.⁶⁰

26

Die Fälle der grenzüberschreitenden Umwandlung wurden nunmehr europarechtlich in der Umwandlungsrichtlinie geregelt und durch das Gesetz zur Umsetzung der Umwandlungsrichtlinie zum 1.3.2023 teilweise richtlinienüberschreitend in das deutsche Recht implementiert.

c) Durchführung der Umwandlungsmaßnahme

Soweit der EuGH in den vorgenannten Entscheidungen gleichzeitig eine Abkehr von der Sitztheorie zur Gründungstheorie vorgenommen hat, ist die Aussage des § 1 „mit Sitz im Inland" dahin gehend zu interpretieren, dass das deutsche UmwG als Teil des deutschen Gesellschaftsrechts nur auf Rechtsträger Anwendung findet, die nach deutschem Recht gegründet wurden und in Deutschland inkorporiert sind.⁶¹

27

Sind Rechtsträger aus unterschiedlichen EU-Ländern beteiligt, so ist die Durchführung der grenzüberschreitenden Umwandlung nach der **Vereinigungstheorie** dergestalt durchzuführen, dass für jeden beteiligten Rechtsträger das für ihn jeweils geltende Recht Anwendung findet. Kollisionsprobleme sind dabei im Wege der Angleichung

28

---

54 EuGH 27.9.1988 – 81/87, NJW 1989, 2186 – Daily Mail.
55 Dazu näher Semler/Stengel/Leonard/*Drinhausen* Einl. C Rn. 30.
56 So nunmehr auch OLG Frankfurt a. M. GmbHR 2017, 420; zustimmend *Stiegler* GmbHR 2017, 392 (393); in diesem Sinne bereits zuvor *Teichmann* ZIP 2009, 393 (402); *Bayer/Schmidt* ZHR 173 (2009), 735 (759); bestätigt durch EuGH 25.10.2017 – C-106/16, GmbHR 2017, 1261 – Polbud.
57 OLG Frankfurt a. M. GmbHR 2017, 420 (Formwechsel einer deutschen GmbH in eine italienische s. r. l.); zustimmend *Stiegler* GmbHR 2017, 392 (393); in diesem Sinne bereits zuvor *Bayer/Schmidt* ZIP 2012, 1481 (1489); *Schall* ZfPW 2016, 407 (421).
58 EuGH 25.10.2017 – C-106/16, GmbHR 2017, 1261 – Polbud; kritisch zu diesem Punkt auch *Stiegler* AG 2017, 846 (849 ff.).
59 Semler/Stengel/Leonard/*Drinhausen* Einl. C Rn. 30; krit. Lutter/*Drygala* § 1 Rn. 15 ff.
60 Semler/Stengel/Leonard/*Drinhausen* Einl. C Rn. 30 mwN.
61 Ausf. Zur Hinwendung des EuGH zur Gründungstheorie Semler/Stengel/Leonard/*Drinhausen* Einl. C Rn. 4 ff.

und kumulierten Anwendung zu lösen, wobei im Zweifel der strengeren Regelung der Vorzug gebühren sollte.[62] Besonderheiten bestehen im Rahmen der in den §§ 305 ff. bereits erfolgten Konkretisierung der Niederlassungsfreiheit und soweit es die Durchsetzung der Niederlassungsfreiheit nach den Grundsätzen der EuGH-Rechtsprechung gebietet.

3. Rechtsträger außerhalb EU und EWR

29 Soweit durch die Rspr. des EuGH die Sitztheorie durchbrochen ist, wird vorgeschlagen, an deren Anwendung im Falle von Rechtsträgern aus **Drittstaaten** (außerhalb EU und EWR und sofern kein einschlägiger Staatsvertrag mit der Bundesrepublik Deutschland vorhanden)[63] ebenfalls nicht mehr festzuhalten.[64] Dies entspricht jedoch (bislang) nicht der geltenden Rspr. des EuGH. In diesen Fällen gebietet es die Niederlassungsfreiheit nicht, diese Umwandlungsvorgänge zuzulassen. Daher bleibt es hier beim deutschen gesetzgeberischen Willen, dass Umwandlungen unter Beteiligungen von Gesellschaften, die weder in der EU noch im EWR ansässig sind, derzeit nicht zulässig sind, da die Voraussetzung des § 1 Abs. 1 (*„Rechtsträger mit Sitz im Inland"*) nicht vorliegt.[65]

4. Juristische Personen ohne Erwerbszweck

30 Auch Rechtsträger ohne Erwerbszweck, insbes. **Idealvereine** (§ 3 Abs. 1 Nr. 4), sind umwandlungsfähig. Voraussetzung der Niederlassungsfreiheit ist jedoch das Verfolgen eines Erwerbszwecks. Insoweit ist auch hier die Ausstrahlungswirkung der Sevic-Entscheidung zu verneinen und es bleibt bei der grundlegenden Regelung aus der Daily-Mail-Entscheidung.[66]

B. Numerus Clausus der Umwandlungsfälle (Abs. 2)

31 Angelehnt an den **Typenzwang** des Gesellschaftsrechts ordnet Abs. 2 einen **numerus clausus** der Umwandlungsmöglichkeiten nach dem UmwG an. Diese Aufzählung ist abschließend, so dass eine entsprechende Anwendung auf Rechtsträger, die das Gesetz bewusst aus dem Kreise umwandlungsfähiger Rechtsträger ausgeschlossen hat, nicht stattfindet. Gleichzeitig wird die Schaffung neuer Umwandlungsarten verhindert.[67] Der BGH hat im Rahmen einer Entscheidung zur identitätswahrenden Umwandlung verdeutlicht, dass die Einhaltung der Vorgaben des UmwG für die jeweiligen Umwandlungsarten von entscheidender Bedeutung für den Umwandlungsvorgang ist.[68] Offen bleibt dem Gesetzgeber freilich die Möglichkeit, neue Umwandlungsformen ausdrücklich in Bundes- oder Landesgesetzen zu regeln.[69]

---

62 Lutter/*Drygala* § 1 Rn. 45; Semler/Stengel/Leonard/*Drinhausen* Einl. C Rn. 36 f.
63 ZB der Freundschafts-, Handels- und Schiffahrtsvertrag zwischen der Bundesrepublik Deutschland und den Vereinigten Staaten von Amerika vom 29.10.1954 (BGBl. 1956 II 487).
64 Lutter/*Drygala* § 1 Rn. 29.
65 Kölner Komm UmwG/*Dauner-Lieb* § 1 Rn. 29; für eine Gründungsanknüpfung und somit für eine Zulässigkeit auch vor Inkrafttreten der – derzeit wohl als gescheitert zu betrachtenden – Änderung des IPR freilich aA Lutter/*Drygala* § 1 Rn. 29 mwN.
66 AA Lutter/*Drygala* § 1 Rn. 30.
67 Kölner Komm UmwG/*Dauner-Lieb* § 1 Rn. 39 weist – insg. krit. zu Abs. 2 (Rn. 38 ff.) – freilich zu Recht darauf hin, dass der numerus clausus auch gelten würde, wenn dieser nicht in Abs. 2 ausdrücklich aufgeführt wäre.
68 Vgl. BGH BB 1999, 1450 f.; dazu Kallmeyer/*Marsch-Barner/Oppenhoff* § 1 Rn. 16; *K. Schmidt* ZIP 1998, 181 (186).
69 ZB SparkG, s. näher Semler/Stengel/Leonard/*Stengel* Einl. A Rn. 82 ff.

I. Abgrenzung zu Strukturänderungen des allgemeinen Gesellschaftsrechts

Der Begriff der Umwandlung umfasst die rechtliche Reorganisation von Unternehmen. Das UmwG erfasst dabei jedoch nur einen Teil der denkbaren Strukturänderungen von Gesellschaften. Es stellt folglich nicht die einzige rechtliche Möglichkeit dar, strukturelle Veränderungen bei Rechtsträgern vorzunehmen. Grundsätzlich besteht bei der Wahl dieser rechtlichen Mittel für die beteiligten Rechtsträger **Wahlfreiheit**.[70] Alle Einbringungsvorgänge mit Einzelrechtsnachfolge sind auch dann möglich, wenn deren wirtschaftliches Ergebnis einer Umwandlung gleichkommt oder mithilfe einer Maßnahme nach dem UmwG erreicht werden könnte. So kann etwa das wirtschaftliche Ergebnis einer Ausgliederung auch in Form einer Kapitalerhöhung mit Sacheinlage beim übernehmenden Rechtsträger erreicht werden.[71]

§ 1 Abs. 2 steht dem nicht entgegen, sondern untersagt lediglich die Anwendung umwandlungsrechtlicher Regelungen auf Umwandlungsvorgänge, die nicht dem UmwG folgen. Eine Übertragung der Umwandlungsmöglichkeiten auf Rechtsträger, die nicht dem UmwG unterfallen, ist nicht möglich (es gilt hier die Einschränkung einer europarechtlichen Überlagerung, → Rn. 18 ff.). Soweit andere rechtlich zulässige Gestaltungen außerhalb des UmwG existieren, die wirtschaftlich einer Umwandlung nach UmwG entsprechen, entfaltet § 1 Abs. 2 diesbezüglich eine mittelbare Wirkung, indem er etwa die Übertragung der Regelungen einer Universalsukzession auf alternative Gestaltungsformen – sofern für diese nicht anderweitig die Gesamtrechtsnachfolge statuiert ist (zB § 712a BGB) – untersagt. Diese Vereinfachung ist der ausbalancierten Gestaltung des UmwG vorbehalten, die sicherstellt, dass alle Interessengruppen ausreichend geschützt sind. Nur bei Beachtung des gesamten Regelungskatalogs des UmwG kann eine Vereinfachung wie die Universalsukzession beansprucht werden.[72] Zu beachten ist ferner, dass über diese alternativen Gestaltungsformen das **Schutzniveau des UmwG** nicht umgangen werden darf. Im Nachgang zur Holzmüller-Entscheidung des BGH wird weder ein Beschluss der Anteilsinhaber überflüssig[73] noch lassen sich die beschlussbegleitenden Informationsrechte der Anteilsinhaber umgehen.[74] In diesen Fallgestaltungen ist stets nach dem Einzelfall zu entscheiden, welche Voraussetzungen hinsichtlich Beschlussfassung und Durchführung einzuhalten sind. Die Beteiligung und Information der Anteilsinhaber ist hierbei ein wichtiges Thema,[75] bei welchem die umwandlungsrechtlichen Regelungen Ausstrahlung entfalten können.[76]

1. Nicht durch das UmwG erfasste Umstrukturierungsfälle

Das UmwG selber erfasst nur einen Teil der denkbaren Umstrukturierungsfälle. Abseits des UmwG kann das Ziel der Neuordnung eines Unternehmens im Wege der Einzelrechtsnachfolge erreicht werden. Das wirtschaftliche Ergebnis kann demjenigen der Ausgliederung zur Neugründung oder zur Aufnahme oder der Abspaltung entsprechen. Auch die Verschmelzung zweier Rechtsträger kann erreicht werden durch formellen Auflösungsbeschluss der übertragenden Gesellschaft mit anschließender Liquidati-

---

70 Lutter/*Bayer* Einl. I Rn. 56.
71 S. Kallmeyer/*Marsch-Barner/Oppenhoff* § 1 Rn. 17.
72 S. dazu ausf. *Leinekugel* § 4 I.
73 BGHZ 83, 122 (Holzmüller); s. auch BGHZ 159, 30 (Gelatine).
74 LG Karlsruhe ZIP 1998, 385; in diese Richtung LG Frankfurt a. M. ZIP 1997, 1698; OLG Frankfurt a. M. ZIP 1999, 1005; *Weißhaupt* NZG 1999, 804; aA LG Hamburg DB 1997, 516.
75 Der BGH legte in BGHZ 159, 30 (Gelatine) sehr restriktive Maßstäbe für die AG an.
76 Str., s. Semler/Stengel/Leonard/*Stengel* § 1 Rn. 63 ff.; Kallmeyer/*Marsch-Barner/Oppenhoff* § 1 Rn. 20.

on, innerhalb der das gesamte Vermögen an den übernehmenden Rechtsträger veräußert wird. Alternative Gestaltungsmöglichkeiten bestehen auch für den Formwechsel. So sehen etwa die §§ 214 ff. für den Formwechsel einer Personenhandelsgesellschaft als Ziel nur eine Rechtsform als Kapitalgesellschaft oder als eingetragene Genossenschaft vor. Sofern das Bedürfnis eines Formwechsels in eine andere Rechtsform besteht, muss und kann ein solcher außerhalb des UmwG stattfinden. Gesellschafter von Personengesellschaften können ihre Anteile dazu vollständig in eine neue Personengesellschaft gegen Gewährung neuer Anteile einbringen. Mit Wirksamwerden hat die übertragende Personengesellschaft nur noch einen Gesellschafter. Da dies nach den Grundsätzen des Personengesellschaftsrechts nicht möglich ist, geht das gesamte Vermögen der übertragenden Personengesellschaft durch **Anwachsung** (§ 712a BGB) auf die neue Personengesellschaft über.

35 Weitere Möglichkeiten bilden die **Eingliederung** gem. §§ 319 ff. AktG, die **Unternehmensverträge** gem. § 291 ff. AktG sowie der aktienrechtliche **Squeeze Out** gem. §§ 327a ff. AktG. Die Zusammenführung von Unternehmen ist ferner über Asset-Deals möglich. Dies führt aber nicht zur Abwicklung des Unternehmens, sondern belässt dieses in der Liquidationsphase.

36 Auch der Weg einer Personengesellschaft zur Kapitalgesellschaft kann außerhalb des UmwG vollzogen werden, indem sämtliche Anteile der Personengesellschaft vermittels einer Kapitalerhöhung auf die Kapitalgesellschaft übertragen werden. In diesem Falle greift ebenfalls der Grundsatz der Anwachsung aus § 712a BGB und die Personengesellschaft erlischt. Abhängig vom übernehmenden Rechtsträger können die wirtschaftlichen Ergebnisse des UmwG so abgebildet werden. Wegen fehlender Anteilskontinuität erfüllt etwa die Anwachsung (Ausscheiden gegen Abfindung) wie auch die erweiterte Anwachsung (Übertragen der Anteile in Zielgesellschaft) nicht die Voraussetzung einer Umwandlung nach dem UmwG.[77] Gleiches gilt für Fälle der Einbringung. Sie fallen nicht unter das UmwG, da es sich sowohl um einen Fall der Einzelrechtsnachfolge handelt als auch keine Anteilskontinuität gegeben ist. Daneben stehen die **Realteilung** bei Personenhandelsgesellschaften (§ 145 Abs. 2 HGB) sowie die Vereinigung oder die Umgründung von Rechtsträgern als weitere rechtliche Varianten zur Verfügung.

2. Strukturänderungen nach UmwG oder nach allg. Gesellschaftsrecht?

37 Das UmwG stellt lediglich ein Angebot des Gesetzgebers an die beteiligten Rechtsträger dar.[78] Welcher Weg seitens der Unternehmen eingeschlagen wird, ist abhängig von der Abwägung der Vorteile und Nachteile der jeweiligen Maßnahme. Nehmen die beteiligten Rechtsträger die Vorteile der Umwandlung nach UmwG wahr, so müssen die einschlägigen Vorschriften des UmwG zwingend beachtet werden. Klar ist, dass das UmwG der gesetzgeberischen Intention zufolge nur für Umstrukturierungen bestimmt ist, die in ihrem Aufwand erheblich sind. Die Anwendung der mit einem Höchstmaß an formalisierten Vorgaben und Hürden ausgestalteten Maßnahmen des Umwandlungsrechts auf Umstrukturierungsvorgänge, die keinen wesentlichen Eingriff in die Mitgliedschaftsrechte mit sich bringen, ist eine unverhältnismäßige Belastung der Gesellschaft.[79] Somit verfügt das UmwG zwar über keine explizite Bagatellgrenze, schafft

---

[77] Widmann/Mayer/*Heckschen* § 1 Rn. 368.
[78] Semler/Stengel/*Leonard/Stengel* § 1 Rn. 59 f.; Lutter Kölner Umwandlungsrechtstage/*Neye* S. 1, 6.
[79] S. dazu auch Lutter/*Bayer* Einl. I Rn. 57 ff.

jedoch eine **faktische Erheblichkeitsschwelle**.⁸⁰ Somit ist das UmwG zugeschnitten auf wesentliche Strukturmaßnahmen. Die darin enthaltenen Wege der Umstrukturierung sollten von einem Unternehmen erst dann beschritten werden, wenn das avisierte Ziel nicht durch herkömmliche Umstrukturierungsmethoden, die den Maßnahmen der Geschäftsführung zuzuordnen sind, mit gleichem Ergebnis trotz geringem Aufwand erreicht werden können.⁸¹

Die Vorteile des UmwG liegen dabei auf der Hand: Es bietet einen genauen Fahrplan für eine Umwandlung und beinhaltet dabei einen festgelegten **Minderheiten-, Gläubiger- und Arbeitnehmerschutz**. Es lässt damit grds. keine Fragen des rechtssicheren Vorgehens aufkommen. Es ermöglicht den Rechtsträgern im Rahmen von Verschmelzung, Spaltung und Vermögensübertragung die Möglichkeit der Gesamtrechtsnachfolge für das gesamte zu übertragende Vermögen. Dies erleichtert zumindest für den Fall der Gesamtübertragung die ansonsten im Falle der Einzelrechtsnachfolge nach dem bürgerlich-rechtlichen Bestimmtheitsgrundsatz vorzunehmende exakte Bezeichnung der betreffenden Vermögensgegenstände, die auf den übernehmenden Rechtsträger übergehen sollen. Entbehrlich ist nach den Vorschriften des UmwG im Fall des Übergangs von Schuldverhältnissen auch eine eventuelle Zustimmung des jeweiligen Gläubigers (§ 414 BGB). 38

Erhebliche Vorteile einer Umwandlung nach dem UmwG liegen insbes. in den eintretenden **Steuerfolgen**.⁸² In der Regel werden eine ertragsteuerliche Buchwertfortführung und eine niedrige bzw. eine nicht erfolgende Grunderwerbsteuerbelastung (zB § 6a GrEStG) den Ausschlag geben. Die Möglichkeit der Gesamtrechtsnachfolge bietet jedenfalls eine erhebliche Vereinfachung, die auf Maßnahmen außerhalb des UmwG nicht übertragbar ist. Stille Reserven brauchen dabei nicht aufgedeckt zu werden, was eine zusätzliche steuerliche Attraktivität ausstrahlt. Zu den Einzelheiten wird auf die Kommentierung der einzelnen Normen des UmwStG verwiesen. 39

Die **Informationspflichten** der Unternehmensführung gegenüber ihren Anteilseignern sind ebenfalls relevant. Diese Publizität ist im UmwG idR höchsten Anforderungen ausgesetzt; so sind grundsätzlich **Umwandlungsberichte** zu erstellen, **Umwandlungsprüfungen** durchzuführen, ggf. **Spruchstellenverfahren** zu führen und es bestehen zudem Austrittsrechte gegen Barabfindungen, wenn auch in bestimmten Fallkonstellationen Verzichtsmöglichkeiten bestehen. Auch die Kostenbelastung (etwa aus Beurkundungen, etc) dürfte eine Rolle spielen. So kann der Aufwand einer kleineren Ausgliederung nach UmwG denjenigen einer Einzelübertragung deutlich übersteigen. Vor diesem Hintergrund wird im Schrifttum auch betont, dass das sehr schwerfällige Schutzinstrument des UmwG ohne Bagatellgrenzen nur deshalb akzeptabel sei, weil die Möglichkeit verbleibt, auf kostengünstigere und flexiblere Möglichkeiten im Wege der Einzelrechtsübertragung auszuweichen.⁸³ 40

Letztlich verbleibt die Entscheidung des einzuschlagenden Weges bei der Unternehmensleitung bzw. den Mehrheitsgesellschaftern, sofern diese die Geschäftsleitung entsprechend anweisen können. Als Hinweis kann gelten, dass eine Umwandlung nach 41

---

80 IE so wohl auch Lutter/*Bayer* Einl. I Rn. 57 ff.; *Leinekugel* § 5 V 3e.
81 So auch Semler/Stengel/Leonard/*Stengel* § 1 Rn. 6.
82 Semler/Stengel/Leonard/*Stengel* § 1 Rn. 60 nennt steuerrechtliche Vorteile; RegBegr. bei *Ganske* Umwandlungsrecht S. 44; vgl. BGH ZIP 1997, 2134; *K. Schmidt* ZIP 1998, 181; *Heckschen* DB 1998, 1385.
83 Lutter/*Drygala* § 1 Rn. 53.

UmwG sinnvoll ist bei Umstrukturierungen, die den satzungsmäßigen Unternehmensgegenstand verändern oder den weit überwiegenden Teil des Gesellschaftsvermögens betreffen. Sind bei derartigen Vorgängen weder ein Beschluss der Anteilsinhaber[84] noch die beschlussbegleitenden Informationsrechte der Anteilsinhaber zu verhindern,[85] so kann gleich die elegante Lösung der (partiellen) Gesamtrechtsnachfolge gewählt werden.[86] Die Nutzung alternativer Umwandlungsgestaltungen außerhalb des UmwG ist der Unternehmensleitung daher nur in den Fällen zu empfehlen, welche die Unternehmensleitung auch als Maßnahmen der Geschäftsführung umsetzen kann, ohne die Zustimmung der Anteilsinhaber zu Strukturänderungen einholen zu müssen.[87]

42 Im Falle einer Umwandlungsgestaltung außerhalb des UmwG sollte dabei stets die mögliche Haftung der Geschäftsleiter und Aufsichtsratsmitglieder nach § 93 AktG bzw. § 43 GmbHG für jegliche durch die Umwandlungsart entstandenen finanziellen Schäden berücksichtigt werden. Dies kann insbes. für eine Entscheidung der Geschäftsleiter gelten, aus bestimmten Gründen der Umgehung der Minderheitenrechte nicht nach den Bestimmungen des UmwG vorzugehen, wenn dadurch der Gesellschaft oder den Anteilseignern ein Schaden entsteht. Einen Leitfaden für die Unternehmensleitung kann dabei die Differenzierung bieten, dass die Sorgfalt des ordentlichen und gewissenhaften Geschäftsleiters dann gewahrt ist, wenn Strukturentscheidungen nach dem UmwG und Geschäftsführungsmaßnahmen außerhalb des UmwG durchgeführt werden.[88]

II. Rechtsfolgen des Verstoßes gegen den numerus clausus

43 Bei einem **Verstoß** gegen den numerus clausus darf der Registerrichter den Umwandlungsvorgang nicht zur Eintragung bringen, sondern muss den Eintragungsantrag zurückweisen. Hat der Registerrichter dennoch eingetragen, so erfährt die Eintragung rechtlichen Bestandsschutz und die Wirkungen der Umwandlung treten gleichwohl ein.[89] Auch eine zwangsweise Rückabwicklung oder eine Löschung der Eintragung von Amts wegen ist ausgeschlossen.[90]

C. Analogieverbot (Abs. 2)

44 Der Festlegung des abschließenden Charakters der Umwandlungsarten aus Abs. 2 folgend ist eine analoge Anwendung der Normen des UmwG nur eingeschränkt möglich.[91] Das flankierend zum numerus clausus normierte „**Analogieverbot**" soll unterbinden, dass die Praxis eigenständige Umwandlungsvarianten entwickelt und hierzu den Grundsatz der Gesamtrechtsnachfolge nach den Vorgaben des UmwG entlehnt.[92]

---

84 BGHZ 83, 122 (Holzmüller); s. auch BGHZ 159, 30 (Gelatine).
85 LG Karlsruhe ZIP 1998, 385; in diese Richtung LG Frankfurt a. M. ZIP 1997, 1698; OLG Frankfurt a. M. ZIP 1999, 1005; *Weißhaupt* NZG 1999, 804; aA LG Hamburg DB 1997, 516.
86 Lutter/*Drygala* § 1 Rn. 55.
87 So auch Lutter/*Drygala* § 1 Rn. 55.
88 Lutter/*Drygala* § 1 Rn. 55.
89 S. Lutter/*Drygala* § 1 Rn. 57; Kallmeyer/*Marsch-Barner*/*Oppenhoff* § 20 Rn. 47; der BGH hat zum LwAnpG in ZIP 1996, 1146 (1148), ZIP 1997, 2134, BB 1999, 1450 und BB 1999, 2210 jeweils anderweitig entschieden, jedoch dies mit den Besonderheiten der Wiedervereinigung und des LwAnpG begründet; diese Rspr. ist richtigerweise auf das UmwG nicht direkt übertragbar.
90 So auch Lutter/*Grunewald*, § 20 Rn. 76 ff.; Lutter/*Drygala* § 1 Rn. 57; Kallmeyer/*Marsch-Barner*/*Oppenhoff* § 20 Rn. 47.
91 Semler/Stengel/*Leonard*/*Stengel* § 1 Rn. 61; Kallmeyer/*Marsch-Barner*/*Oppenhoff* § 1 Rn. 19; ebenso differenzierend nach den einzelnen Aspekten des sog. Analogieverbotes in: Kölner Komm UmwG/*Dauner-Lieb* § 1 Rn. 40; krit. zum Analogieverbot *K. Schmidt* ZIP 1998, 181 (185); *K. Schmidt* FS Kropff, 1997, 261; *K. Schmidt* GesR § 13 I 3 b); Arbeitskreis Umwandlungsrecht ZGR 1993, 321 (322).
92 Semler/Stengel/*Leonard*/*Stengel* § 1 Rn. 61.

Auch ist es der Rechtsprechung verwehrt, die gesetzlichen Umwandlungsvarianten im Wege der Rechtsfortbildung zu ergänzen bzw. zu erweitern.[93] Das sog. „Analogieverbot" ist zwar nicht im verfassungsrechtlichen Sinne (Art. 103 Abs. 2 GG) zu verstehen und entsprechend strikt anzuwenden. Eine analoge Anwendung von Vorschriften des UmwG bleibt freilich in sog. **Mischfällen** im Rahmen des UmwG sehr wohl möglich.[94]

I. Inhalt und Reichweite des Verbotes

Zunächst ist festzustellen, wie weit das sog. Analogieverbot greift und welche Fälle es bereits a priori nicht erfasst. Das sog. Analogieverbot kann zunächst außerhalb des Umwandlungsrechts bereits zuvor bestehende gesellschaftsrechtliche Varianten der Umstrukturierung, die einer Umwandlungsmaßnahme im Ergebnis nahe oder gar gleichkommen (zB die Anwachsung gem. § 105 Abs. 2 HGB iVm § 712a BGB), nach allg. Auffassung nicht tangieren.[95]

Im Schrifttum wird darüber hinaus das Analogieverbot teilweise nur auf die Regelungen der Gesamtrechtsnachfolge bzw. der Identitätswahrung beschränkt.[96] Ausgehend von der Begründung des Analogieverbotes, eben diese privatautonome Festlegung einer Gesamtrechtsnachfolge oder Identitätswahrung für im UmwG nicht geregelte Fälle von Strukturänderungen zu verhindern, wird eine **Beschränkung des Analogieverbotes** auf die Regelung der Gesamtrechtsnachfolge befürwortet. § 1 Abs. 2 verbietet hingegen nicht die Übertragung umwandlungsrechtlicher Prinzipien und Schutzfiguren des Minderheitenschutzes auf vergleichbare Sachverhalte außerhalb des UmwG.[97] Weder dem Gesetz noch der Gesetzesbegründung kann ein solches Verbot dieser sog. Ausstrahlungswirkung des Umwandlungsrechts entnommen werden.[98] Ob dies in Form einer Analogie stattfinden kann, wird in Rechtsprechung und Literatur kritisch betrachtet.[99] Zustimmungswürdig nimmt *Drygala* daher eine Ausdehnung der Schutzprinzipien vermittels eines Wertungstransfers vor. Letzterer erlaubt die Anwendung vergleichbarer Rechtsprinzipien und Schutzfiguren wie zB der Vorschriften zum Minderheitenschutz.[100] *Semler* stellt hierzu die kritische Frage, ob die Grundsätze zulässiger Gesetzesauslegung es erlauben, einerseits ein Analogieverbot für umwandlungsgesetzliche Regelungen anzunehmen, welches andererseits über einen **Wertungstransfer** wieder entkräftet wird.[101] IE kann eine Umgehung des Analogieverbotes darin freilich nicht gesehen werden. Da das UmwG Teil eines Gesamtsystems des Gesellschaftsrechts ist, welches – insbes. aus seiner Entwicklungsgeschichte – Wertungstransfers nicht verbie-

---

93 *Schnorbus* DB 2001, 1654 (1658); Kallmeyer/Marsch-Barner/Oppenhoff § 1 Rn. 19; Semler/Stengel/Leonard/Stengel § 1 Rn. 62; *K. Schmidt* GesR § 13 I 3 a).
94 Widmann/Mayer/Heckschen § 1 Rn. 406; *K. Schmidt* FS Kropff, 1997, 261; Semler/Stengel/Leonard/Stengel § 1 Rn. 62, 69 ff.
95 So bereits die GesBegr., BT-Drs. 12/6699, 80; *K. Schmidt* ZGR 1990, 580 (590); Kölner Komm UmwG/Dauner-Lieb § 1 Rn. 40.
96 Semler/Stengel/Leonard/Stengel § 1 Rn. 61.
97 In diese Richtung *Reichert* ZHR Beiheft 68 (1999), 25 (30); *K. Schmidt* ZHR Beiheft 68 (1999), 10 (12); *Priester* ZHR 163 (1999), 187 (191); Semler/Stengel/Stengel § 1 Rn. 41; Lutter/*Drygala* Rn. 58 ff.; Lutter/*Bayer* Einl. I Rn. 57 ff.; *Trölitzsch* DStR 1999, 764 (765).
98 Semler/Stengel/Leonard/Stengel § 1 Rn. 41; *Reichert* ZHR Beiheft 68 (1999), 25 (30); *Schmidt* ZHR Beiheft 68 (1999), 10 (12); *Priester* ZHR 163 (1999), 187 (191); krit. Kallmeyer/Marsch-Barner/Oppenhoff § 1 Rn. 19.
99 Dafür LG Karlsruhe ZIP 1998, 385 (Badenwerk), freilich nur im Rahmen einer Kostenentscheidung gem. § 91a ZPO; ähnlich zu einer aktienrechtlichen Konstellation LG Frankfurt a. M. NZG 1998, 113 mit abl. Anm. *Zeidler* NZG 1998, 91; zust. freilich *Drygala* EWiR 1997, 919 f.; aA LG Hamburg AG 1998, 238; LG München ZIP 2006, 2036 (Infineon); für die Literatur s. Lutter/*Drygala* § 1 Rn. 60; Semler/Stengel/Leonard/Stengel § 1 Rn. 63 ff.; Kölner Komm UmwG/Dauner-Lieb § 1 Rn. 47 ff.; *Trölitzsch* DStR 1999, 764 (765).
100 Dies unternimmt Lutter/*Drygala* § 1 Rn. 60.
101 Semler/Stengel/Leonard/Stengel § 1 Rn. 63.

tet, spricht die Systematik des Gesellschaftsrechts für die Möglichkeit eines solchen Wertungstransfers (dazu bereits die Vorüberlegungen in → Vor § 1 Rn. 30).[102]

47 Deutlich ist insoweit aus der Rspr. das LG Karlsruhe und bejaht unter bestimmten Umständen die analoge Anwendung.[103] Im konkreten Fall stellte das Gericht fest, dass eine wirtschaftliche Ausgliederung im Wege der Einzelrechtsnachfolge derjenigen nach UmwG vergleichbar sei und aufgrund von Art. 3 GG Schutzvorschriften zu übertragen seien.[104] Diese Entscheidung stellt freilich einen Einzelfall dar und war deutlicher Kritik im Schrifttum ausgesetzt.[105]

Hinweis: Soweit keine klare Entscheidung in dieser Hinsicht gefällt werden kann, unterliegt die tatsächliche Anwendung der Schutzprinzipien des UmwG einer Einzelfallentscheidung. Denn der Vorwurf einer Umgehung umwandlungsrechtlicher Schutzprinzipien wird sich nach dem konkreten Einzelfall richten. Rechtsträger sollten sich, nach vorheriger Einzelfallprüfung, im Zweifel aus Gründen der Rechtssicherheit für die Einhaltung umwandlungsrechtlicher Schutzprinzipien entscheiden bzw. das Vorgehen mit dem zuständigen Handelsregister vorab abstimmen.

II. Mischformen

48 Problematisch ist die Auswirkung des Analogieverbotes auf die Möglichkeit von Mischumwandlungen. Der Gesetzgeber wollte grundsätzlich die Kombination verschiedener Umwandlungsarten in einem Umwandlungsvorgang ermöglichen; es wird hierbei von einem grundsätzlich zulässigen **„Baukastenprinzip"** gesprochen.[106] Dies soll den beteiligten Rechtsträgern ausreichenden Bewegungsspielraum bieten, gleichzeitig komplexe Umwandlungsvorgänge zeitlich verkürzen und deren Kosten im Rahmen halten.[107] Nach ganz hM ist zudem die analoge Anwendung einzelner Vorschriften des UmwG auf anderweitige Vorgänge innerhalb des UmwG zulässig, sofern die allgemeinen Voraussetzungen einer Analogie vorliegen.[108]

49 Ein Verstoß gegen das Analogieverbot und damit die Grenze dieser Kombinationsmöglichkeiten ist erst dort erreicht, wo neue Umwandlungsarten geschaffen werden, die Besonderheiten der einen Umwandlungsart der analogen Anwendung von Vorschriften einer anderen Umwandlungsart zwingend entgegenstehen oder die Voraussetzungen der Anwendbarkeit vorhandener Umwandlungsarten eingeschränkt werden.[109] In der Praxis ist darüber hinaus noch nicht abschließend geklärt, welche Kombinationen im Einzelnen zulässig sind und welche gegen das Analogieverbot verstoßen.[110]

50 Für allgemein zulässig wird die Kombination von Verschmelzung und Spaltung als **Spaltung zur Aufnahme** betrachtet, da diese Kombination durch den Gesetzgeber selbst als zulässig erachtet wurde.[111] Zulässig dürfte ferner die Verbindung einer **Abspaltung** und einer **Ausgliederung** sein, da ein Teil der Anteile an die Anteilsinhaber des

---

102 Lutter/*Bayer* Einl. I Rn. 57 ff.; Lutter/*Drygala* § 1 Rn. 60; so auch *Trölitzsch* DStR 1999, 764 (765).
103 AA LG Hamburg AG 1997, 238; LG München ZIP 2006, 2036 (Infineon); Kölner Komm UmwG/*Dauner-Lieb* § 1 Rn. 47 ff.
104 So LG Karlsruhe ZIP 1998, 385 (Badenwerk).
105 Krit. Besprechung des Urteils zB bei *Bungert* NZG 1998, 367 ff.
106 Vielfach auch als Baukastenverfahren bezeichnet, vgl. Kallmeyer/*Marsch-Barner/Oppenhoff* § 1 Rn. 21; *K. Schmidt* ZIP 1998, 181 (183).
107 Semler/Stengel/Leonard/*Stengel* § 1 Rn. 71.
108 Kölner Komm UmwG/*Dauner-Lieb* § 1 Rn. 40; Semler/Stengel/Leonard/*Stengel* § 1 Rn. 74; *K. Schmidt* FS Kropff, 1997, 261.
109 BGH ZIP 1997, 2134.
110 S. hierzu *Mayer* DB 1995, 862; Kallmeyer/*Marsch-Barner/Oppenhoff* § 3 Rn. 30.
111 Semler/Stengel/Leonard/*Semler* § 1 Rn. 72; *Geck* DStR 1995, 416 f.; *Mayer* DB 1995, 862; *Kallmeyer* DB 1995, 81.

übertragenden Rechtsträgers gehen würde und ein anderer Teil der Anteile an den übertragenden Rechtsträger selbst.[112] Für unzulässig wird man iE hingegen eine Kombination von **Aufspaltung** und **Ausgliederung** halten müssen, da sich diese beiden Arten der Spaltung grundsätzlich unterscheiden und zudem bei der Ausgliederung der übertragende Rechtsträger bestehen bleibt, während dieser bei der Aufspaltung erlischt.[113]

Hinweis: IE wird eine Einzelfallentscheidung nach der Vergleichbarkeit der Umwandlungsvorgänge hinsichtlich eines möglichen Konflikts der Durchführungsvoraussetzungen und der zu wahrenden Schutzinteressen notwendig sein. Abzulehnen wäre freilich eine Ansicht, nach welcher der numerus clausus des UmwG derart strikt auszulegen sei, dass selbst die Kombination der vorhandenen Formen der Umwandlungen des UmwG untersagt sein könnte, so dass ein Verstoß bereits dann in Betracht käme, wenn der Gesetzgeber die neu entwickelte Umwandlungsform nicht ausdrücklich vorgesehen hatte.[114]

D. Zwingender Charakter des UmwG (Abs. 3)

§ 1 Abs. 3 entzieht, in Ergänzung zu Abs. 2, die Vorschriften des UmwG der Disposition der Parteien. Damit werden die Bestimmungen zum Minderheiten-, Arbeitnehmer- und Gläubigerschutz als unumstößliche **Mindeststandards** für die entsprechenden Umwandlungsvorgänge festgelegt.[115] Eine Abweichung muss im Gesetz ausdrücklich zugelassen sein.[116] Disponibel für die beteiligten Rechtsträger ist einzig eine **Abweichung nach oben**, dh die Etablierung eines über den Rahmen des UmwG hinausgehenden Schutzes.[117] Diese Festlegung des UmwG ist von erheblicher Tragweite, muss sie doch besonders vor dem Hintergrund etwaiger anderslautender Satzungsregelungen der beteiligten Rechtsträger betrachtet werden.[118] Abweichungen von den Bestimmungen des UmwG sind folglich nur dann möglich, wenn diese ausdrücklich zugelassen sind (S. 1) und Ergänzungen dürfen nur vorgenommen werden, sofern das UmwG keine abschließenden Regelungen enthält (S. 2). 51

Im Aktienrecht findet sich eine Entsprechung zu § 1 Abs. 3 in den §§ 23 Abs. 5, 179 Abs. 2 S. 2, 182 Abs. 1 S. 2 und 222 Abs. 1 S. 2 AktG. Während das Recht der Personengesellschaften und der GmbH grundsätzlich dispositiv ist, erklärt § 1 Abs. 3 damit eine klare Orientierung des UmwG am Aktienrecht.[119] Dies ist auch am Wortlaut des Abs. 3 zu erkennen, der dem § 23 Abs. 5 AktG nachgebildet ist. Dennoch erlaubt das UmwG rechtsformspezifische Besonderheiten innerhalb der jeweiligen Umwandlungsarten für die unterschiedlichen Rechtsträger. Insofern dient die Orientierung am Aktienrecht allerdings als ein harmonisierter und zwingender Mindeststandard.[120] 52

---

112 Semler/Stengel/Leonard/*Stengel* § 1 Rn. 76 ff. hält diese Kombination für unproblematisch, da keine Umgehung der gesetzlich normierten Umwandlungsarten vorläge und die drittschützenden Normen der Ausgliederung und der Spaltung in einem solchen Fall kumulativ anzuwenden seien; ähnlich *Kallmeyer* DB 1995, 84 (85).
113 *Geck* DStR 1995, 416 (417); *Mayer* DB 1995, 861; *Priester* DNotZ 1995, 427 (444); aA *Kallmeyer* DB 1995, 81 (82) für den Spezialfall einer Holdingbildung.
114 IdS auch *Schnorbus* DB 2001, 1654 (1657).
115 Lutter/*Drygala* § 1 Rn. 61; Semler/Stengel/Leonard/*Stengel* § 1 Rn. 82.
116 Semler/Stengel/Leonard/*Stengel* § 1 Rn. 82 weist zu Recht darauf hin, dass ein Schweigen des Gesetzes nicht ausreicht.
117 So bereits Lutter/*Drygala* § 1 Rn. 62 f.
118 S. dazu auch Lutter/*Drygala* § 1 Rn. 61 f.
119 So auch *Schnorbus* WM 2000, 2321 (2324); *Schöne* GmbHR 1995, 325 – bezeichnet das Aktienrecht unter dem Eindruck der Richtlinienumsetzung gar als das „Maß aller Dinge" für das Umwandlungsrecht.
120 So auch *Schnorbus* WM 2000, 2321 (2324).

53 **Privatautonome Veränderungen** des Regelungsgehaltes einer Norm des UmwG sind gemäß Abs. 3 S. 1 damit nur möglich, wenn sich die Abweichungsbefugnis unmittelbar aus dem Wortlaut des Gesetzes ergibt. Eine explizite Erwähnung ist dabei freilich nicht notwendig, es reicht aus, wenn sich diese Befugnis nach der Auslegung der entsprechenden Vorschrift ergibt.

54 In der Praxis zeigen sich Abweichungen insbes. bei Mehrheitsentscheidungen. Da die Vorgaben des UmwG diesbezüglich die Mindestvoraussetzungen festlegen, darf eine Abweichung grundsätzlich lediglich zur Erhöhung der erforderlichen Mehrheit erfolgen und ggf. weitere Voraussetzungen – wie ein besonderes Zustimmungserfordernis bestimmter Anteilsinhaber – aufstellen;[121] in gesetzlich abschließend geregelten Einzelfällen (zB § 217 Abs. 1 S. 2) ist allerdings eine satzungsmäßige Erleichterung des Einstimmigkeitserfordernisses bis zur ¾-Mehrheit erlaubt.

55 Ausdrücklich zugelassen werden Abweichungen bzw. Erleichterungen insbes. in den §§ 5 Abs. 2, 8 Abs. 3 S. 1, 9 Abs. 2, 40 Abs. 2 S. 2, 43 Abs. 2 S. 1, 45d Abs. 2 S. 1, 50 Abs. 1 S. 2, 54 Abs. 1 S. 3, 65 Abs. 1 S. 2, 68 Abs. 1 S. 3, 78 Abs. 3 Hs. 2, 84 Abs. 2, 103 Abs. 2, 112 Abs. 3 S. 2, 192 Abs. 2 S. 1, 215, 217 Abs. 1 S. 2, 225c, 233 Abs. 2 S. 2, 240 Abs. 1 S. 2, 252 Abs. 2 S. 2, 262 Abs. 1 S. 3, 275 Abs. 2 S. 3, 284 S. 2.

56 Eine **Ergänzung** der Bestimmungen des UmwG gem. Abs. 3 S. 2 liegt vor, sofern das Gesetz keine explizite Regelung enthält und die Parteien eine eigene Regelung vornehmen. Diese ist grundsätzlich nur in dem vorstehend aufgezeigten engen Rahmen möglich, wenn sie den Grundgedanken des UmwG nicht verändern, sondern die Norm lediglich zur Lückenfüllung gedanklich fortführt.[122] Abs. 3 soll nicht die Parteiautonomie zur Vereinbarung ergänzender Regelungen ausschließen, sondern nur die Abschwächung oder Umgehung der wesentlichen Schutzvorschriften des UmwG hinsichtlich Anteilsinhaber-, Arbeitnehmer- und Gläubigerschutz verhindern.[123]

57 Zulässig sind danach grds. alle über die Anforderungen des Gesetzes hinausgehende Vereinbarungen, die sich in das Normgefüge des UmwG eingliedern lassen. Ausdrückliche Möglichkeiten zur Ergänzung erwähnen die Vorschriften zum Verschmelzungsvertrag (§ 5), zum Verschmelzungsplan (§ 307), zum Spaltungs- und Übernahmevertrag (§ 126) sowie zum Umwandlungsbeschluss (§ 194). Hier werden gesetzliche Mindestanforderungen festgelegt, deren **Verschärfung** jederzeit möglich ist.[124] Ob dies der Fall ist, bleibt eine Frage des Einzelfalles, die im Zweifel das Prozessgericht (bei Anfechtungs- oder Nichtigkeitsklagen) oder der Registerrichter zu prüfen haben.

58 Das UmwG benennt die Rechtsfolgen eines Verstoßes gegen Abs. 3 S. 2 nicht explizit und auch im Schrifttum finden sich hierzu nur vereinzelt Ausführungen.[125] In der Praxis wird diese Frage selten relevant, da dies entweder bereits durch Anfechtungs- oder Nichtigkeitsklagen vom Prozessgericht oder durch den Registerrichter vor der Eintragung des Umwandlungsvorgangs geprüft wird. Sollte hingegen trotzdem eine Eintragung des Umwandlungsvorganges erfolgen, so kommt eine **Heilung** durch Eintragung gem. § 20 Abs. 1 Nr. 4, § 131 Abs. 1 Nr. 4 bzw. § 202 Abs. 1 Nr. 3 nicht in Frage,

---

121 Lutter/*Drygala* § 1 Rn. 61f.
122 Lutter/*Drygala* § 1 Rn. 64; Semler/Stengel/Leonard/*Stengel* § 1 Rn. 84; Kallmeyer/*Marsch-Barner*/*Oppenhoff* § 1 Rn. 23.
123 Kölner Komm UmwG/*Dauner-Lieb* § 1 Rn. 53.
124 Semler/Stengel/Leonard/*Stengel* § 1 Rn. 85 bezeichnet sie gar als „vom Gesetzgeber gewünscht".
125 So insbes. bei Kölner Komm UmwG/*Dauner-Lieb* § 1 Rn. 53 ff.

da diese lediglich Form- und Zustellungsmängel heilen, nicht hingegen inhaltliche Mängel der Verträge, Satzungen oder Willenserklärungen.[126] Auch greifen die Heilungsregelungen in § 20 Abs. 2, § 131 Abs. 2 sowie § 202 Abs. 3 nicht ein, da diese lediglich die Wirksamkeit des Umwandlungsvorganges aufrechterhalten, nicht jedoch einzelne, gegen Abs. 3 S. 2 verstoßende Klauseln heilen.[127] Da § 1 Abs. 3 auf der Vorschrift des § 23 Abs. 5 AktG basiert, zieht *Dauner-Lieb* zustimmungswürdig die Rechtsfolge eines Verstoßes gegen § 23 Abs. 5 AktG als Basis für die Rechtsfolge eines Verstoßes gegen Abs. 1 S. 3 heran und folgert daraus, dass die entsprechende Klausel **nichtig** ist und auch nicht gemäß analoger Anwendung des § 242 Abs. 2 AktG geheilt werden kann.[128]

Zweites Buch Verschmelzung

Erster Teil
Allgemeine Vorschriften

Erster Abschnitt
Möglichkeit der Verschmelzung

§ 2 Arten der Verschmelzung

Rechtsträger können unter Auflösung ohne Abwicklung verschmolzen werden
1. im Wege der Aufnahme durch Übertragung des Vermögens eines Rechtsträgers oder mehrerer Rechtsträger (übertragende Rechtsträger) als Ganzes auf einen anderen bestehenden Rechtsträger (übernehmender Rechtsträger) oder
2. im Wege der Neugründung durch Übertragung der Vermögen zweier oder mehrerer Rechtsträger (übertragende Rechtsträger) jeweils als Ganzes auf einen neuen, von ihnen dadurch gegründeten Rechtsträger

gegen Gewährung von Anteilen oder Mitgliedschaften des übernehmenden oder neuen Rechtsträgers an die Anteilsinhaber (Gesellschafter, Partner, Aktionäre oder Mitglieder) der übertragenden Rechtsträger.

Literatur:
Baums, Verschmelzung mit Hilfe von Tochtergesellschaften, in FS Zöllner, 1998, 65; *Beuthien/Helios*, Die Umwandlung als transaktionslose Rechtsträgertransformation, NZG 2006, 369; *Döss*, Die Auswirkungen von Mängeln einer Verschmelzung durch Aufnahme auf die rechtliche Stellung einer übertragenden Gesellschaft und ihrer Aktionäre, 1990; *Ganske*, Reform des Umwandlungsrechts, WM 1993, 1117; *Gerold*, Die Verschmelzung nach dem neuen Umwandlungsrecht, MittRhNotK 1997, 205; *Grunewald/Winter*, Die Verschmelzung von Kapitalgesellschaften, in Lutter, Kölner Umwandlungsrechtstage, 19; *Heckschen*, Die Pflicht zur Anteilsgewährung im Umwandlungsrecht, DB 2008, 1363; *Heckschen*, Verschmelzung von Kapitalgesellschaften, 1989; *Heckschen*, Das Umwandlungsrecht unter Berücksichtigung registerrechtlicher Problembereiche, Rpfleger 1999, 357; *Ihrig*, Gläubigerschutz durch Kapitalaufbringung bei Verschmelzung und Spaltung nach neuem Umwandlungsrecht, GmbHR 1995, 622; *Ihrig*, Verschmelzung und Spaltung ohne Gewährung neuer Anteile?, ZHR 160 (1996), 317; *Impelmann*, Die Verschmelzung und der Formwechsel von Unternehmen nach dem neuen Umwandlungsrecht, DStR 1995, 769; *Mertens*, Zur Universalsukzession in einem neuen Umwandlungsrecht, AG 1994, 66; *Neye*, Die Änderungen im Umwandlungsrecht nach den handels- und gesellschaftsrechtlichen Reformgesetzen in der 13. Legislaturperiode, DB 1998, 1649; *Neye*, Partnerschaft und Umwandlung, ZIP 1997, 722; *Ossadnik*, Die Verschmelzung im neuen Umwandlungsrecht aus betriebswirtschaftlicher Sicht, DB

---
126 Kölner Komm UmwG/*Dauner-Lieb* § 1 Rn. 55.
127 So auch Kölner Komm UmwG/*Dauner-Lieb* § 1 Rn. 55.
128 Kölner Komm UmwG/*Dauner-Lieb* § 1 Rn. 56 f. mwN.

1995, 105; *Priester*, Personengesellschaften im Umwandlungsrecht, DStR 2005, 788; *H. Schmidt*, Verschmelzung von Personengesellschaften, in Lutter, Kölner Umwandlungsrechtstage, 59; *K. Schmidt*, Universalsukzession kraft Rechtsgeschäfts, AcP 191 (1991), 495; *Schwenn*, Kettenverschmelzung bei Konzernsachverhalten, Der Konzern 2006, 173; *Tillmann*, Die Verschmelzung von Schwestergesellschaften unter Beteiligung von GmbH und GmbH & Co. KG, GmbHR 2003, 740; *Wicke*, Der Grundsatz der Anteilsgewährung bei der Verschmelzung und seine Ausnahmen, ZGR 2017, 527.

I. Grundlagen 1	c) Mitgliedschaftsperpetuierung 20
II. Arten möglicher Verschmelzungen 7	III. Alternative Gestaltungsmöglichkeiten 22
1. Verschmelzung durch Aufnahme, Nr. 1 . 8	IV. Kartellrechtliche Implikationen 26
2. Verschmelzung zur Neugründung Nr. 2 13	V. Arbeitsrechtliche Implikationen 27
3. Spezifische Merkmale einer Verschmelzung 17	VI. Kosten der Verschmelzung 28
a) Gesamtrechtsnachfolge 18	1. Kosten der Beurkundung 29
b) Auflösung ohne Liquidation 19	2. Kosten der Handelsregistereintragung .. 31
	3. Grundbuchkosten 33

I. Grundlagen

1 Die Verschmelzung ist ein rechtlich gangbarer Weg der wirtschaftlichen Integration mindestens zweier Rechtsträger. Diese Möglichkeit dient der Erschließung von Märkten, Erhaltung oder Verbesserung der Konkurrenzfähigkeit sowie zur Nutzung von **Synergien**. Das gesetzgeberische Leitbild ist dabei – unabhängig von Größe und Bedeutung der zu verschmelzenden Rechtsträger – stets auf das Ziel der Zusammenführung von Vermögensmassen gerichtet. Der übertragende Rechtsträger geht (ex lege) unter und dessen Anteilseigner werden automatisch am übernehmenden Rechtsträger beteiligt. Es ist eine wirtschaftliche und organisationsrechtliche Zusammenführung mehrerer Rechtsträger.[1]

2 Die Verschmelzung stellt den **Grundtatbestand** der im UmwG aufgeführten Umwandlungsarten dar, so dass die anderen Umwandlungsarten in großen Teilen auf die Regelungen zur Verschmelzung verweisen; diese Normen haben folglich über die eigentliche Verschmelzung hinaus eine große Bedeutung. Die Verschmelzung ist in den §§ 2–122 und hinsichtlich des Spruchverfahrens in den Vorschriften des SpruchG geregelt.

3 § 2 baut auf den zuvor in unterschiedlichen Gesetzen geregelten Bestimmungen und Begriffen zu Verschmelzung auf.[2] Er ist freilich **rechtsformneutral** und erweitert die zuvor bestehenden Umwandlungsoptionen wesentlich.

4 Mit Blick auf die Gesetzeshistorie haben den wesentlichsten Einfluss auf das heutige Verschmelzungsrecht die **Verschmelzungsrichtlinie**, die **Gesellschaftsrichtlinie** und die **Umwandlungsrichtlinie** gezeigt (→ Vor § 1 Rn. 1 ff., dort auch zur Historie der Umwandlung). Auswirkungen finden sich insbesondere im Mindestinhalt des Verschmelzungsvertrages, § 5, dem Erfordernis eines Verschmelzungsberichts, § 8, sowie der externen Prüfung des Verschmelzungsvertrages, § 9. Zu beachten ist, dass sich diese Richtlinienvorgaben nur auf die Verschmelzung unter Beteiligung von Aktiengesellschaften beziehen. Soweit der Gesetzgeber sie jedoch im allgemeinen Teil des UmwG vorgenommen hat, entspricht es seiner Intention einer Ausstrahlungswirkung auf die Verschmelzung unter Beteiligung anderer Rechtsformen. Dies ist bei Auslegung der Verschmelzungsvorschriften zu berücksichtigen. Die Vorschriften des UmwG sind – zumindest Aktiengesellschaften betreffend – aufgrund der Vorgaben der Verschmelzungs-,

---

[1] So die plastische Formulierung bei Kölner Komm UmwG/*Simon* § 2 Rn. 1.

[2] § 339 Abs. 1 AktG, § 19 Abs. 1 KapErhG, § 44a Abs. 1 VAG, §§ 93a und 93s GenG; für einen ausführlichen Überblick siehe Kölner Komm UmwG/*Simon* § 2 Rn. 6 ff.

Gesellschafts- und Umwandlungsrichtlinie richtlinienkonform auszulegen.³ Sofern sich in den Vorschriften des UmwG eine Lücke zu den Regelungen der Richtlinie ergibt, ist diese Lücke durch Auslegung im Sinne der Richtlinien zu schließen.⁴

Eine Verschmelzung ist gedanklich in **drei Schritte** zu unterteilen.⁵ Nach der Planung und Vorbereitung der Verschmelzungsdokumentation für alle beteiligten Rechtsträger, sind der **Verschmelzungsvertrag** und die **Verschmelzungsbeschlüsse** zu beurkunden und schließlich erfolgt nach den Handelsregisteranmeldungen der Vollzug der Verschmelzung durch **Eintragung** im Handelsregister. Praktisch zu beachten ist hierbei die Achtmonatsfrist gem. § 17 Abs. 2 S. 4; der Stichtag des Jahresabschlusses des übertragenden Rechtsträgers darf zum Zeitpunkt der Handelsregisteranmeldung höchstens acht Monate zurückliegen (→ § 17 Rn. 9, 13 ff.). Wird diese Frist versäumt, hilft allenfalls ein neu aufzustellender Zwischenabschluss, der freilich mit Kosten und Aufwand verbunden ist. Die in den einzelnen Phasen durchzuführenden Schritte hängen von der geplanten Einzelmaßnahme ab.⁶

§ 2 definiert am Ende den für das UmwG wichtigen Begriff des **Anteilsinhabers** abschließend; hierunter fallen Gesellschafter einer GmbH oder einer Personengesellschaft, Partner einer PartG, Aktionäre einer AG oder KGaA sowie Mitglieder von Genossenschaften, genossenschaftlicher Prüfungsverbände, rechtsfähiger Vereine und VVaG. Dieser Begriff des Anteilsinhabers ist für das gesamte UmwG bindend.

II. Arten möglicher Verschmelzungen

§ 2 gibt in Nr. 1 die Verschmelzung im Wege der **Aufnahme** und in Nr. 2 die Verschmelzung zur **Neugründung** als mögliche Wege vor. Beide Varianten der Verschmelzung sind grundsätzlich getrennt zu betrachten und diese Trennung wird – mit Ausnahme der §§ 39 ff. für die Verschmelzung von Personengesellschaften – im gesamten 2. Buch des UmwG beibehalten.⁷ Andere Formen der Vereinigung mehrerer Rechtsträger bleiben daneben möglich, stehen aber unter der Einschränkung des § 1 Abs. 2, dh dem Analogieverbot sowie dem numerus clausus der Umwandlungsarten. Die Verschmelzung durch Aufnahme bildet in systematischer Hinsicht den **Grundfall** der Verschmelzung. Die Vorschriften zur Verschmelzung zur Neugründung wie auch andere Normen satteln auf diese grundlegenden Vorschriften auf.⁸ Diese gesetzessystematische Einordnung durch den Gesetzgeber entspricht auch der praktischen Realität: Die Verschmelzung durch Neugründung bildet den **Ausnahmefall**.⁹ An jeder Verschmelzung können mehr als zwei Rechtsträger beteiligt sein. Die Rechtsform spielt dabei keine Rolle (sog. Mischverschmelzungen, vgl. § 3 Abs. 4). Der übernehmende Rechtsträger kann bereits vor der Verschmelzung am übertragenden Rechtsträger beteiligt sein; notwendig ist dies freilich nicht. Der Verschmelzung liegt dabei die Besonderheit zugrunde, dass es sich um einen gestreckten Entstehungstatbestand handelt.¹⁰

---

3 Lutter/*Bayer* Einl. I Rn. 26 ff.; Lutter/*Drygala* § 2 Rn. 9.
4 EuGH Slg 2003, I-1877 – Santex; EuGH Slg 2000, I-7321 Rn. 39 – Engelbrecht; EuGH Slg 1990, I-4135 – Marleasing.
5 Vgl. dazu auch Semler/Stengel/Leonard/*Stengel* § 2 Rn. 55 ff.; Lutter/*Drygala* § 2 Rn. 34 ff.
6 Ein guter erster Überblick findet sich bei Lutter/*Drygala* § 2 Rn. 35–38.

7 Kölner Komm UmwG/*Simon* § 2 Rn. 23 nimmt an, dass aus Gründen der Praktikabilität auf diese Differenzierung verzichtet wurde, da die §§ 39 ff. ohnehin nur eine geringe Anzahl an Sonderregelungen beinhalteten.
8 Vgl. §§ 36 ff., 46 ff., 56 ff.; einzig für den Fall der Personenhandelsgesellschaft regeln die §§ 39 ff. beide Verschmelzungsarten gemeinsam.
9 Ebenso Kölner Komm UmwG/*Simon* § 2 Rn. 23.
10 S. näher dazu *Austmann/Frost* ZHR 169 (2005), 431 ff.

1. Verschmelzung durch Aufnahme, Nr. 1

8 Bei der Verschmelzung durch Aufnahme übertragen ein oder mehrere[11] Rechtsträger (sog. übertragende Rechtsträger) sein oder ihr Vermögen auf einen bereits existenten Rechtsträger (sog. übernehmender Rechtsträger). Übertragende Rechtsträger gehen nach erfolgter Übertragung (Wirksamkeit der Verschmelzung durch Eintragung im Handelsregister) unter; der übernehmende Rechtsträger besteht mit dem übernommenen Vermögen fort, ohne dass sich an dessen eigener rechtlicher Identität etwas ändert, § 20 Abs. 1 Nr. 1, 2. Der Untergang des übertragenden Rechtsträgers erfolgt **ex lege**; den Parteien ist es verwehrt, eine Verschmelzung zu vereinbaren, nach welcher der übernehmende Rechtsträger fortbestehen soll. So kann zB bei einer GmbH & Co KG die Komplementär-GmbH nicht auf eine KG mit nur einem Kommanditisten, der zugleich Alleingesellschafter der Komplementär-GmbH ist, verschmolzen werden, da dies zur sofortigen Beendigung der Gesellschaft bei gleichzeitiger Anwachsung des Vermögens auf den verbliebenen Gesellschafter führen würde.[12]

9 Die Anteilsinhaber des übertragenden Rechtsträgers erhalten **automatisch** mit Wirksamwerden der Verschmelzung mit Eintragung im Handelsregister Anteile am übernehmenden Rechtsträger. Bei Verschmelzungen unter Beteiligung von Kapitalgesellschaften ist dazu beim übernehmenden Rechtsträger (AG, GmbH, KGaA) regelmäßig eine Kapitalerhöhung notwendig. Sofern der übernehmende Rechtsträger über eigene Anteile verfügt, kann er diese als Gegenleistung gewähren, vgl. § 54 Abs. 1, § 68 Abs. 1.

10 Die Gewährung von Anteilen stellt freilich keine zwingende Voraussetzung einer Verschmelzung dar. Die Anteilsinhaber des übertragenden Rechtsträgers können auch auf die Gewährung eigener Anteile verzichten, vgl. § 54 Abs. 1, 68 Abs. 1. Im Rahmen einer Verschmelzung einer Gesellschaft auf ihren alleinigen Gesellschafter ist eine Kapitalerhöhung aus Kapitalerhaltungsgründen gem. § 54 Abs. 1 Nr. 1, § 68 Abs. 1 Nr. 1 sogar ausdrücklich ausgeschlossen.[13] Die Verschmelzung durch Aufnahme findet zumeist in Konzernzusammenhängen statt, bei denen Tochtergesellschaften auf Muttergesellschaften (**upstream merger**) oder Muttergesellschaften auf Tochtergesellschaften (**downstream merger**) verschmolzen werden. Der Hintergrund ist oftmals steuerlicher oder bilanzieller Natur, kann jedoch auch in der Vereinfachung der Konzernstruktur oder der Zusammenlegung einzelner business units liegen.

11 Sind mehrere übertragende Rechtsträger beteiligt, besteht die Möglichkeit, einen einzelnen, gemeinsamen Verschmelzungsvorgang mit zeitgleicher Wirksamkeit durchzuführen oder mehrere zeitlich getrennte Verschmelzungen vorzunehmen.[14] Der erstere Fall bietet sich bei einer Verschmelzung auf eine Kapitalgesellschaft an, da dann nur einmal eine Kapitalerhöhung durchgeführt werden muss, worin alle Anteile der übertragenden Rechtsträger als Sacheinlage umfasst sein können. Im letzteren Fall sind alle Einzelverschmelzungen unabhängig voneinander wirksam; sollen diese jedoch miteinander verknüpft werden, so bieten sich zwei Möglichkeiten: Einerseits eine sog. **Kettenverschmelzung**,[15] bei der die Einzelverschmelzungen in eine bestimmte Reihen-

---

11 Dies ist für alle Rechtsträger erst seit dem UmwG 1995 möglich.
12 Dazu OLG Hamm NZG 2010, 1309; Lutter/*Schmidt* § 39 Rn. 19.
13 S. dazu nur BayObLG DB 1984, 285; Semler/Stengel/*Leonard*/*Stengel* § 2 Rn. 26 mwN.
14 So etwa bei LG München DNotZ 1988, 642; vgl. auch *Baums* FS Zöllner, 1998, 65 (85); Kölner Komm UmwG/*Simon* § 2 Rn. 184; Kallmeyer/*Marsch-Barner*/*Oppenhoff* § 2 Rn. 4, anders freilich die Gesetzesbegründung in BT-Drs. 12/6699, 117.
15 So zB OLG Düsseldorf NJW-RR 1999, 399; LG Mannheim AG 1988, 248; *Schwenn* Der Konzern 2007, 173 (175).

folge gebracht werden, andererseits einfach die zeitlich versetzte Anmeldung zur Eintragung ins Handelsregister.[16] Eine rechtliche Abhängigkeit einer Verschmelzung von der Wirksamkeit einer Vorgehenden ist dagegen nicht möglich (die Verknüpfung durch Bedingungen, insbes. Fälle der Kettenverschmelzung, führen zu Erläuterungspflichten im Verschmelzungsvertrag, → § 5 Rn. 104).

Die konkrete Wahl der Vorgehensweise sollte genau abgewogen werden: Besteht etwa das Risiko der Anfechtung eines Verschmelzungsvorganges, so empfiehlt sich ein Vorgehen durch Einzelverschmelzungen. Denn im Falle einer gemeinsamen Verschmelzung wäre bei der Anfechtung eines Einzelvorganges der gesamte Verschmelzungsvorgang betroffen.

2. Verschmelzung zur Neugründung Nr. 2

In diesem Fall wird der übernehmende Rechtsträger erst durch Neugründung im Rahmen des Umwandlungsvorganges geschaffen. Die übertragenden Rechtsträger gehen unter, der neu entstehende besteht allein weiter, § 20 Abs. 1 (zu den Besonderheiten im Verschmelzungsvertrag → § 5 Rn. 9, 110, 115).

Diese Verschmelzungsvariante ist regelmäßig aufwändiger und teurer als die Verschmelzung durch Aufnahme, da neben den verschmelzungsrechtlichen Verfahrensvorschriften zusätzlich die Gründungsvorschriften der neuen Gesellschaft zu beachten sind, § 36 Abs. 2. Der Vorteil liegt freilich darin, dass der übernehmende Rechtsträger eine andere Rechtsform aufweisen kann als die übertragenden Rechtsträger und somit gleichzeitig die Vorteile eines Formwechsels erreicht werden können. Unter Umständen fällt auch eine höhere Grunderwerbsteuer an, da hierbei die Grundstücke aller zuvor bestehenden Gesellschaften übertragen werden müssen; Gleiches gilt für das Ertragsteuerrecht, wenn Verlustvorträge wegfallen, § 8c KStG. Hier ist auf die Rspr. des BGH hinzuweisen, dass im Falle der Nutzung einer Vorrats- oder Mantelgesellschaft eine wirtschaftliche Neugründung stattfindet, auf die beim Registergericht gesondert hinzuweisen ist.[17] So gelten die Beschränkungen der Nachgründung (§ 52 AktG) auch dann, wenn die „neue" AG aus seit über zwei Jahren eingetragenen AGs hervorgeht. Auch die Notargebühren bergen eine Kostenfalle, da für die Beurkundung des Verschmelzungsvertrages auf den Wert des Aktivvermögens der übertragenden Rechtsträger abgestellt wird (§ 38 Abs. 1 S. 1 GNotKG);[18] allerdings bestimmt § 107 Abs. 1 GNotKG eine Höchstgrenze des Geschäftswertes von 10 Mio. EUR. Ein Vorteil der Verschmelzung zur Neugründung liegt zumeist nur dann vor, wenn zwei gleichwertige Gesellschaften sich uneins sind, welche die Übernehmende sein soll, oder wenn aus strategischen oder psychologischen Gründen das gemeinsame Unternehmen in einem neuen Rechtsträger gebündelt werden soll (sog. „**merger of equals**").[19]

Sind mehrere Rechtsträger beteiligt, so besteht auch hier die Möglichkeit einzelner Verschmelzungsvorgänge oder eines Gesamtvorganges. Es ist darauf zu achten, dass mindestens zwei der übertragenden Rechtsträger als Gründer des übernehmenden Rechtsträgers zusammenwirken. Sollen dann weitere Verschmelzungen folgen, sind

---

16 Zur Zulässigkeit s. OLG Hamm GmbHR 2006, 255; OLG Düsseldorf NJW-RR 1999, 399; LG Mannheim AG 1988, 248; eingehend *Schwenn* Der Konzern 2007, 173 (175); vgl. auch in Kallmeyer/*Marsch-Barner*/*Oppenhoff* § 2 Rn. 4.

17 S. nur BGH NZG 2012, 539; BGH NZG 2003, 170.
18 Dazu Lutter/*Drygala* § 2 Rn. 49; *Martens* AG 2000, 301 (306 ff.) (noch zum alten Kostenrecht, § 18 Abs. 3 KostO).
19 Lutter/*Drygala* § 2 Rn. 27.

diese nach den Grundsätzen der Verschmelzung durch Aufnahme durchzuführen, da der neue Rechtsträger dann bereits besteht. Es bietet sich aus praktischer Sicht also ein Gesamtvorgang an.[20]

16 Ein Vorteil einer Verschmelzung zur Neugründung ist gemäß § 14 Abs. 2, § 36 Abs. 1 der **Ausschluss des Anfechtungsrechts bei Bewertungsrügen** hinsichtlich der Bemessung des Umtauschverhältnisses.[21] Die Anteilseigner eines übertragenden Rechtsträgers können diese Rüge nur innerhalb eines Spruchverfahrens, nicht jedoch im Rahmen einer aufschiebenden Anfechtungsklage geltend machen. Der Vollzug der Verschmelzung wird dadurch nicht gehindert, da keine Registersperre nach § 16 Abs. 2 S. 2 ausgelöst wird. Dies gilt aber nicht für die Anteilsinhaber des übernehmenden Rechtsträgers. Soweit es sich also um eine Verschmelzung durch Übernahme handelt, können die Aktionäre des übernehmenden Rechtsträgers mittels einer Anfechtungsklage die Sperrwirkung des § 16 Abs. 2 S. 2 auslösen. Diese Konstellation kann die Gesellschaft nur durch ein Freigabeverfahren nach § 16 Abs. 3 überwinden. Dieses Sperrpotential besteht bei der Verschmelzung zur Neugründung nicht, arg. e. § 36 Abs. 1 S. 2.

3. Spezifische Merkmale einer Verschmelzung

17 Grundsätzlich kann auf den bereits dargestellten Ablauf eines Umwandlungsvorganges verwiesen werden (→ Vor § 1 Rn. 19 ff.); von der in § 2 vorgegebenen Struktur darf nur insoweit abgewichen werden, als dies im UmwG ausdrücklich zugelassen ist. Die Verschmelzung ist durch drei Merkmale bestimmt.

a) Gesamtrechtsnachfolge

18 Das Vermögen des übertragenden Rechtsträgers wird als Ganzes auf den übernehmenden Rechtsträger übertragen. Dieser Übergang erfolgt **ex lege** im Wege der Gesamtrechtsnachfolge mit Eintragung der Verschmelzung im Handelsregister, § 20 Abs. 1 Nr. 1, § 36 Abs. 1.[22] Davon umfasst sind nicht nur das Aktivvermögen, sondern auch bestehende Verbindlichkeiten, unabhängig davon, ob diese in der Bilanz des übertragenden Unternehmens erfasst sind[23] – es handelt sich um eine **Vollübertragung**. Anders als bei der Einzelübertragung ist bei dieser Übertragung im Wege der Gesamtrechtsnachfolge eine Zustimmung der Gläubiger (§ 414 BGB) grundsätzlich nicht erforderlich (zu den Einschränkungen der Gesamtrechtsnachfolge → § 20 Rn. 12 ff.). Entgegenstehende rechtsgeschäftliche Abreden, etwa die Ausnahme spezieller Gegenstände, sind nichtig; dies wäre nur im Wege der Spaltung machbar (→ § 123 Rn. 9 ff.; → § 126 Rn. 12 ff.), freilich darf der übertragende Rechtsträger einzelne Aktiva vor Wirksamkeit der Verschmelzung im Wege der Einzelrechtsnachfolge übertragen.

b) Auflösung ohne Liquidation

19 Das Erlöschen des übertragenden Rechtsträgers geschieht infolge des Umwandlungsvorganges, dh eine uU langwierige Liquidation ist nicht notwendig. Da bei der Verschmelzung sämtliche Aktiva und Passiva übergehen, ist eine Liquidation auch nicht notwendig. Diese ist qua Gesetz ausgeschlossen, der übertragende Rechtsträger geht

---

20 Missverständlich insoweit Kallmeyer/*Marsch-Barner*/*Oppenhoff* § 2 Rn. 6.
21 Lutter/*Drygala* § 2 Rn. 27.

22 Ausführlicher hierzu Kölner Komm UmwG/*Simon* § 2 Rn. 32 ff.
23 *K. Schmidt* AcP 191 (1991), 495 (499); Semler/Stengel/*Leonard*/*Stengel* § 2 Rn. 35.

unter, § 20 Abs. 1 Nr. 2.[24] Es empfiehlt sich, im Verschmelzungsvertrag deklaratorisch den Gesetzestext „unter Auflösung ohne Abwicklung" aufzunehmen, notwendig ist dies freilich nicht.[25]

c) Mitgliedschaftsperpetuierung

Mit der Wirksamkeit der Verschmelzung geht der übertragende Rechtsträger unter und mit ihm die rechtlichen Beteiligungen der Anteilsinhaber daran. Die Gesellschaftsanteile oder Mitgliedschaften des übertragenden Rechtsträgers werden als Wesensmerkmal einer Verschmelzung[26] ex lege durch wertgleiche Gesellschaftsanteile oder Mitgliedschaften am übernehmenden Rechtsträger (im vorgesehenen – nicht zwingend verhältniswahrenden – Umtauschverhältnis) ersetzt (Grundsatz der Perpetuierung bzw. Kontinuität der Mitgliedschaft, § 20 Abs. 1 Nr. 3).[27] Den Anteilsinhabern des übertragenden Rechtsträgers stehen beim übernehmenden Rechtsträger grds. dieselben Rechte und Pflichten zu.[28] Sofern dies – etwa infolge der Beteiligung unterschiedlicher Rechtsformen – nicht möglich sein sollte, ist eine Art- und Funktionsgleichheit der neuen Anteile keine Wirksamkeitsvoraussetzung; entscheidend ist dann die Wahrung der sog. **Wertäquivalenz**.[29] Etwaige rückständige Einlageverpflichtungen bleiben bestehen.[30]

Die Gegenleistung hat in Anteilen zu erfolgen; bei einer Verschmelzung zur Aufnahme können diese Anteile entweder bereits vorhanden sein oder für die Verschmelzung neu geschaffen werden; bei einer Neuschaffung muss neben der Verschmelzung eine entsprechende Kapitalerhöhung des übernehmenden Rechtsträger durchgeführt werden. Eine andere Art der Gegenleistung an die Anteilsinhaber der übertragenden Rechtsträger ist grundsätzlich nicht gestattet.[31] Ausnahmen bilden nur die **Barabfindung** nach § 29, sowie die **baren Zuzahlungen** nach den §§ 15, 36. Bei Letzteren handelt es sich um Geldleistungen an (ehem.) Anteilseigner des übertragenden Rechtsträgers zum Ausgleich von Rundungsnachteilen bei der Ermittlung des Umtauschverhältnisses (→ § 8 Rn. 18 ff.). Diese baren Zuzahlungen dürfen grundsätzlich höchstens 10 % des Gesamtnennbetrages erreichen, sofern der übertragende Rechtsträger eine Kapitalgesellschaft ist (§ 54 Abs. 4, § 68 Abs. 3); die 10 %-Grenze gilt im Spruchverfahren allerdings nicht (§ 15 Abs. 1 S. 1).

III. Alternative Gestaltungsmöglichkeiten

Stets können sich die beteiligten Rechtsträger zur Erreichung ihrer wirtschaftlichen Ziele auch für eine **Umstrukturierung außerhalb des UmwG** entscheiden.[32] Es bleibt die Möglichkeit der Übertragung im Wege der Singularsukzession, etwa nach § 179a AktG, mit anschließender Liquidation der Ausgangsgesellschaft. Im Rahmen von Personengesellschaften ist zudem die Übertragung sämtlicher Gesellschaftsanteile auf

---

24 Vgl. dazu OLG Celle WM 1988, 1375; s. näher Semler/Stengel/Leonard/*Stengel* § 2 Rn. 37 f.
25 Dies empfehlen MVHdB I GesR/*Hoffmann-Becking* XI.1; Kallmeyer/*Marsch-Barner/Oppenhoff* § 2 Rn. 10; Semler/Stengel/Leonard/*Stengel* § 2 Rn. 39.
26 *Gerold* MittRhNotK 1997, 205 (206); in Ausnahmefällen kann gem. § 54 Abs. 1 S. 3; § 68 Abs. 1 S. 3 auf die Anteilsgewährung verzichtet werden; s. hierzu Heckschen/Gassen GWR 2010, 101.
27 Eingehend dazu Beuthien/*Helios* NZG 2006, 369 (370 ff.); näher Kölner Komm UmwG/*Simon* § 2 Rn. 78 ff.
28 Semler/Stengel/Leonard/*Stengel* § 2 Rn. 40.
29 S. BGH NZG 2005, 722 (723) (zum Formwechsel); ausführlich mwN dazu Kölner Komm UmwG/*Simon* § 2 Rn. 80 ff.
30 *Priester* DB 1997, 560; Lutter/*Drygala* § 2 Rn. 32.
31 Es bleibt deren Möglichkeit des Verzichts bei Beteiligung von KapGes, oder etwa bei Verschmelzung von Schwestergesellschaften, vgl. Lutter/*Drygala* § 2 Rn. 31; ausf. Heckschen DB 2008, 1363.
32 Vgl. dazu BGH WM 1980, 140.

einen Gesellschafter möglich, so dass das Vermögen der Gesellschaft im Rahmen der **Anwachsung** ohne Liquidation auf den verbleibenden Gesellschafter übergeht (§ 738 BGB).

23 Die **Eingliederung** nach den §§ 319 ff. AktG kann nur bei einer AG, einer SE und einer KGaA. Anwendung finden, wobei die einzugliedernde Gesellschaft organisatorisch der einheitlichen Leitung der Hauptgesellschaft unterstellt wird, in rechtlicher Hinsicht jedoch selbstständig bleibt.

24 Zu einem vergleichbaren wirtschaftlichen Ergebnis führen **Unternehmensverträge** gemäß den §§ 291, 292 AktG. Bei einem Beherrschungsvertrag (§ 291 AktG) steht das Weisungsrecht gegenüber dem abhängigen Unternehmen nach § 308 AktG und damit die rechtliche Integration im Vordergrund. Dieser ist idR verbunden mit einem Gewinnabführungsvertrag, der die wirtschaftliche Komponente in den Vordergrund stellt, indem dieser das beherrschte Unternehmen zur Gewinnabführung und das herrschende Unternehmen zur Verlustdeckung verpflichten, §§ 301 f. AktG. Auch hier bleiben die Unternehmen freilich selbstständig. Auf einer niedrigeren Stufe der Unternehmenszusammenführung gibt es die Möglichkeiten von Unternehmensbeteiligungen oder etwa schuldrechtlichen Kooperationen.

25 In der Regel stellt die Durchführung der Verschmelzung den Endpunkt einer längeren Unternehmensverbindung dar, die nach vorstehenden Möglichkeiten gestaltet ist. In den überwiegenden Fällen trifft die Umwandlungsmaßnahme der Verschmelzung danach auf bereits vorhandene Konzernstrukturen. Das UmwG differenziert an dieser Stelle folgerichtig danach, ob es sich um Verschmelzung mit Beteiligung außerhalb der Konzernstruktur stehender Anteilseigner handelt oder ob die Verschmelzung innerhalb einer 100 %igen Beteiligungsstruktur abläuft. Für die letztere Variante sieht das UmwG in gewissem Umfang Erleichterungen vor, vgl. § 62.

IV. Kartellrechtliche Implikationen

26 Verschmelzungen können, sofern es sich nicht um rein konzerninterne Restrukturierungen handelt, die gleichen kartellrechtlichen Auswirkungen haben wie ein Unternehmenskauf oder die Gründung eines Joint Ventures. Daher sind hierbei auch die **präventiven kartellrechtlichen Anmeldpflichten** zu beachten.[33] Je nachdem, ob bestimmte Schwellenwerte erreicht werden, ist die Verschmelzung vor deren Vollzug beim Bundeskartellamt oder bei der Europäischen Kommission anzumelden. Das Bundeskartellamt ist gem. § 35 GWB zuständig, wenn die an der Verschmelzung beteiligten Unternehmen im letzten vor der Verschmelzung abgelaufenen Geschäftsjahr weltweite Umsatzerlöse von mindestens 500 Mio. EUR und ein an der Verschmelzung beteiligtes Unternehmen im Inland Umsatzerlöse von mindestens 50 Mio. EUR sowie ein anderes an der Verschmelzung beteiligtes Unternehmen Umsatzerlöse von mindestens 17,5 Mio. EUR erzielt haben.[34] Haben die beteiligten Unternehmen weltweit Umsätze von mehr als 5 Mrd. EUR und mindestens zwei Unternehmen in der EU Umsätze von mehr als 250 Mio. EUR erzielt und beruhen die Umsätze innerhalb der EU nicht zu mehr als zwei Dritteln aus Umsätzen in einem Mitgliedstaat, so ist gem. § 1 Abs. 2 FKVO

---

33 §§ 35 ff. GWB, Art. 1 FKVO.
34 Siehe zu den relevanten Schwellen § 35 GWB.

die EU-Kommission zuständig.[35] Sofern die Verschmelzung weitere Auswirkungen in anderen Staaten entfaltet, sind auch die dortigen kartellrechtlichen Vorschriften zu beachten.

V. Arbeitsrechtliche Implikationen

Der Verschmelzungsvorgang ist nicht mitbestimmungspflichtig, jedoch muss der Verschmelzungsvertrag oder dessen Entwurf den Betriebsräten der betroffenen Rechtsträger spätestens einen Monat vor Fassung des Verschmelzungsbeschlusses zugeleitet werden (§ 5 Abs. 3). Zudem muss der Verschmelzungsvertrag gem. § 5 Abs. 1 Nr. 9 die Folgen der Verschmelzung für die Arbeitnehmer und deren Vertretungen beschreiben. Im Rahmen der Verschmelzung sind die Bestimmungen der § 613a BGB, §§ 47, 106, 111 BetrVG und § 1 DrittelbG zu beachten.[36]

VI. Kosten der Verschmelzung

Die Kosten der Verschmelzung lassen sich in mannigfaltiger Weise aufstellen. Neben den nachstehend angegebenen Kosten der rechtlichen Umsetzung der Verschmelzung kommen natürlich noch die wirtschaftlichen Kosten sowie die Kosten der steuerlichen und wirtschaftlichen Beratung und der notwendigen Berichte und Gutachten. Auf diese weiteren Kosten kann jedoch aufgrund der Heterogenität dieser Kosten an dieser Stelle nicht eingegangen werden.

1. Kosten der Beurkundung

Die **Beurkundung des Verschmelzungsvertrages** löst nach Nr. 21100 Anlage I GNotKG eine doppelte Geschäftsgebühr aus. Diese richtet sich gem. § 3 Abs. 1 GNotKG nach dem Geschäftswert. Dieser Geschäftswert ist gem. § 107 GNotKG auf mindestens 30.000 EUR und höchstens 10 Mio. EUR festgelegt. Soweit der § 107 GNotKG den früher geltenden § 39 Abs. 5 S. 1 KostO modifizierend ersetzt, gilt auch hier, dass Verbindlichkeiten nicht in Abzug gebracht werden können.[37] Soweit die Anteilsinhaber auf den Verschmelzungsbericht der Vertretungsorgane oder den Prüfungsbericht verzichten, muss dies ebenfalls notariell beurkundet werden, § 9 Abs. 3, § 12 Abs. 3. Für die Beurkundung fällt eine volle Gebühr an (Nr. 21200 Anlage I GNotKG), deren Wert nach freiem Ermessen bestimmt wird, § 36 Abs. 1 GNotKG.

Für die **Beurkundung der Verschmelzungs- und ggf. Kapitalerhöhungsbeschlüsse** fällt je eine doppelte Geschäftsgebühr an, Nr. 21100 Anhang I GNotKG. Daneben tritt ggf. eine 0,5- bis 2-fache Beratungsgebühr nach Nr. 24203 Anhang I GNotKG, sofern der Notar die Gesellschaft über die im Rahmen des Beurkundungsverfahrens bestehenden Amtspflichten hinaus berät. Die jeweiligen Zustimmungsbeschlüsse aller beteiligten Rechtsträger können zusammengefasst werden, da sie gegenstandsgleich sind, § 109 GNotKG. § 94 Abs. 2 GNotKG schreibt hier Besonderheiten für die zu errechnende Gebühr vor. Die zum früher geltenden § 44 KostO entwickelten Grundsätze können für

---

35 Siehe Art. 1 Abs. 2 FKVO mit weiteren Schwellenwerten; Bechtold/Bosch/*Brinker/Hirsbrunner*, Gesetz gegen Wettbewerbsbeschränkungen, FKVO Art. 1.
36 Lutter/*Drygala* § 2 Rn. 58.
37 Näher hierzu und zu den anfallenden Gebühren inkl. Höchstgrenzen → § 6 Rn. 19 ff.; s. zum alten Recht Semler/Stengel/Leonard/*Stengel* § 2 Rn. 77 ff.

Zweifelsfälle herangezogen werden.³⁸ Darüber hinaus können Kosten für eine Grundbuchberichtigung anfallen, § 22 GBO.³⁹

2. Kosten der Handelsregistereintragung

31 Für die **Beglaubigung der Registeranmeldung** fällt eine Gebühr an, Nr. 21200, 21201 Nr. 5 Anhang I GNotKG. Die Höhe des hierzu jeweils anzusetzenden Geschäftswertes richtet sich im Wesentlichen nach der Rechtsform der beteiligten Rechtsträger gemäß § 105 GNotKG. Dieser Geschäftswert ist in § 106 GNotKG auf maximal 1 Mio. EUR begrenzt. Die gleichzeitige Anmeldung einer Kapitalerhöhung ist dabei gesondert zu bewerten, da sie nicht inhaltsgleich iSd § 109 GNotKG ist.⁴⁰ Für beide Gebühren gilt der Höchstwert von 1 Mio. EUR, § 106 GNotKG.

32 Für die eigentliche **Handelsregistereintragung** der beteiligten Rechtsträger richtet sich die Gebühr nach dem Gebührenverzeichnis der HandelsregistergebührenVO, § 58 GNotKG.

3. Grundbuchkosten

33 Der Antrag auf **Grundbuchberichtigung** wird sinnvollerweise bereits in den Verschmelzungsvertrag implementiert, da bei separater Beurkundung ansonsten eine halbe Gebühr gem. § 22 GBO anfällt.⁴¹ Der Geschäftswert der Eintragung im Grundbuch ermittelt sich nach § 69 GNotKG. Es fällt eine volle Gebühr an, Nr. 14110 Anlage I GNotKG.

§ 3 Verschmelzungsfähige Rechtsträger

(1) An Verschmelzungen können als übertragende, übernehmende oder neue Rechtsträger beteiligt sein:
1. eingetragene Gesellschaften bürgerlichen Rechts, Personenhandelsgesellschaften (offene Handelsgesellschaften, Kommanditgesellschaften) und Partnerschaftsgesellschaften;
2. Kapitalgesellschaften (Gesellschaften mit beschränkter Haftung, Aktiengesellschaften, Kommanditgesellschaften auf Aktien);
3. eingetragene Genossenschaften;
4. eingetragene Vereine (§ 21 des Bürgerlichen Gesetzbuchs);
5. genossenschaftliche Prüfungsverbände;
6. Versicherungsvereine auf Gegenseitigkeit.

(2) An einer Verschmelzung können ferner beteiligt sein:
1. wirtschaftliche Vereine (§ 22 des Bürgerlichen Gesetzbuchs), soweit sie übertragender Rechtsträger sind;
2. natürliche Personen, die als Alleingesellschafter einer Kapitalgesellschaft deren Vermögen übernehmen.

---

[38] Dazu die Begr. zum GesE des 2. KostRMoG, BT-Drs. 17/11471, 285 zu § 109.
[39] Näher Semler/Stengel/Leonard/*Stengel* § 2 Rn. 83.
[40] Zur alten Rechtslage Kölner Komm UmwG/*Simon* § 2 Rn. 265.
[41] *Gerold* MittRhNotK 1997, 205 (229); *Tiedke* MittBayNot 1997, 209 (216); Widmann/Mayer/*Fronhöfer* § 2 Rn. 119.

(3) An der Verschmelzung können als übertragende Rechtsträger auch aufgelöste Rechtsträger beteiligt sein, wenn die Fortsetzung dieser Rechtsträger beschlossen werden könnte.

(4) Die Verschmelzung kann sowohl unter gleichzeitiger Beteiligung von Rechtsträgern derselben Rechtsform als auch von Rechtsträgern unterschiedlicher Rechtsform erfolgen, soweit nicht etwas anderes bestimmt ist.

Literatur:

(s auch Lit. zu § 1); *Bayer*, 1000 Tage neues Umwandlungsrecht – eine Zwischenbilanz, ZIP 1997, 1613; *Berninger*, Die Unternehmergesellschaft (haftungsbeschränkt) – Sachkapitalerhöhungsverbot und Umwandlungsrecht, GmbHR 2010, 63; *Blasche*, Umwandlungsmöglichkeiten bei Auflösung, Überschuldung oder Insolvenz eines der beteiligten Rechtsträger, GWR 2010 441; *Felix*, Fusion von Einzelunternehmen nach neuem Umwandlungs(steuer)recht, BB 1995, 1509; *Gasteyer*, Die Unternehmergesellschaft (haftungsbeschränkt) – Praktische Umsetzung des § 5a GmbHG aus anwaltlicher Sicht, NZG 2009, 1364; *Heckschen*, Das MoMiG in der notariellen Praxis, 2009; *Heckschen*, Die Entwicklung des Umwandlungsrechts aus Sicht der Rechtsprechung und Praxis, DB 1998, 1385; *Heinemann*, Die Unternehmergesellschaft als Zielgesellschaft von Formwechsel, Verschmelzung und Spaltung nach dem Umwandlungsgesetz, NZG 2008, 820; *Kallmeyer*, Das neue Umwandlungsgesetz, ZIP 1994, 1746; *Kallmeyer*, Die GmbH & Co. KG im Umwandlungsrecht, GmbHR 2000, 418; *Klein/Stephanblome*, Der Downstream Merger – aktuelle umwandlungs- und gesellschaftsrechtliche Fragestellungen, ZGR 2007, 351; *Lettl*, Wirtschaftliche Betätigung und Umstrukturierung von Ideal-Vereinen, DB 2000, 1449; *Madaus*, Umwandlungen als Gegenstand eines Insolvenzplans, ZIP 2012, 2133; *Mayer*, Anteilsgewährung bei der Verschmelzung mehrerer übertragender Rechtsträger, DB 1998, 913; *Meister*, Die Auswirkungen des MoMiG auf das Umwandlungsrecht, NZG 2008, 767; *Neye*, Partnerschaft und Umwandlung, ZIP 1997, 722; *Oplustil/Schneider*, Zur Stellung der europäischen Aktiengesellschaft im Umwandlungsrecht, NZG 2003, 13; *K. Schmidt*, Umwandlung von Vorgesellschaften? §§ 41 AktG, 11 GmbHG und umwandlungsrechtlicher numerus clausus, in: FS Zöllner, 1998, 521; *Sommer/Treptow*, Die „Umwandlung" einer Partnerschaftsgesellschaft in eine PartG mbB und ihre Folgen, NJW 2013, 3269; *Streck/Mack/Schwedhelm*, Verschmelzung und Formwechsel nach dem neuen Umwandlungsgesetz, GmbHR 1995, 161, 357; *Tettinger*, UG (umwandlungsbeschränkt)? Die Unternehmergesellschaft nach dem MoMiG-Entwurf und das UmwG, Der Konzern 2008, 75; *Wachter*, Umwandlungen insolventer Gesellschaften, NZG 2015, 858; *Wälzholz*, Aktuelle Probleme der Unterbilanz- und Differenzhaftung bei Umwandlungsvorgängen, AG 2006, 469; *Wälzholz*, Wege in die PartG mbB – Überlegungen zur Gründung und Umwandlung bereits existierender Rechtsträger in eine PartG mbB, DStR 2013, 2637; *Wegmann/Schmitz*, Die Fusion unter besonderer Berücksichtigung ertragsschwacher und insolventer Unternehmen (Sanierungsfusion), WPg 1989, 189; *Wertenbruch*, Partnerschaftsgesellschaft und neues Umwandlungsrecht, ZIP 1995, 712.

I. Normzweck 1	6. Versicherungsverein auf Gegenseitigkeit (Nr. 6) 15
II. Absolute Verschmelzungsfähigkeit (Abs. 1) 3	III. Relative/partielle Verschmelzungsfähigkeit (Abs. 2) 16
1. Personenhandels- und Partnerschaftsgesellschaften (Nr. 1) 3	1. Wirtschaftliche Vereine 16
2. Kapitalgesellschaften (Nr. 2) 7	2. Natürliche Personen 17
3. Eingetragene Genossenschaft (Nr. 3) 11	IV. Beteiligung aufgelöster Gesellschaften (Abs. 3) 18
4. Eingetragener Verein (Nr. 4) 13	V. Mischverschmelzung (Abs. 4) 22
5. Genossenschaftlicher Prüfungsverband (Nr. 5) 14	

I. Normzweck

Die Norm legt die verschmelzungsfähigen Rechtsträger abschließend fest. Grundlegend setzt § 3 dabei die Verschmelzungsfähigkeit, dh die Rechtsfähigkeit der beteiligten Rechtsträger, voraus. Denn nur rechtsfähige Rechtsträger können Verschmelzungsverträge schließen und darin Rechte und Pflichten der beteiligten Rechtsträger festlegen. In systematischer Hinsicht unterscheidet § 3 dabei zwischen Rechtsträgern, die an jeder Stelle des Verschmelzungsvorganges stehen können und denen somit eine absolute Verschmelzungsfähigkeit zukommt (Abs. 1) und solchen, die nur eine fest begrenzte

Stellung im Verschmelzungsvorgang einnehmen können und denen damit nur eine relative oder partielle Verschmelzungsfähigkeit zukommt (Abs. 2 und Abs. 3). Soweit das UmwG nichts Anderweitiges regelt, können ferner Mischverschmelzungen vorgenommen werden (Abs. 4). § 3 ist Ziel der Verweisungen aus den §§ 36, 125, so dass dieser auch im Rahmen der Verschmelzung durch Neugründung und der Spaltung Anwendung findet. Die Aufzählung der verschmelzungsfähigen Rechtsträger ist abschließend.[1]

Mangels expliziter Erwähnung ist die Erbengemeinschaft nicht verschmelzungsfähig, da § 3 Abs. 2 Nr. 2 die Beteiligung natürlicher Personen abschließend regelt.[2] Dies gilt bis zum 31.12.2023 auch grundsätzlich für die GbR und über den 31.12.2023 hinaus auch weiterhin für die nicht im neu geschaffenen Gesellschaftsregister eingetragene GbR.

Dies gilt ebenfalls für die Gemeinschaft von Wohnungseigentümern, stille Gesellschaften und Rechtsgemeinschaften gem. §§ 741 ff. BGB.[3] Obgleich diese vom BGH als rechtsfähig anerkannt wurden, sind sie durch die abschließende Aufzählung der verschmelzungsfähigen Rechtsträger in § 3 Abs. 1–3 nicht verschmelzungsfähig. Gleiches gilt für rechtsfähige Körperschaften und AöR oder rechtsfähige Stiftungen.[4] Eine analoge Anwendung auf diese ausgeschlossenen Rechtsträger scheidet aufgrund des Analogieverbotes aus § 1 Abs. 2 aus. Dies ist angesichts der fehlenden Registerpublizität dieser Rechtsträger auch konsequent.[5]

II. Absolute Verschmelzungsfähigkeit (Abs. 1)

1. Personenhandels- und Partnerschaftsgesellschaften (Nr. 1)

Vollumfänglich verschmelzungsfähig sind nach Nr. 1 die OHG (§ 105 HGB) und die KG (§ 161 HGB) als Personenhandelsgesellschaften; ab dem 1.1.2024 auch die im Gesellschaftsregister eingetragenen Gesellschaften bürgerlichen Rechts, siehe näher hierzu §§ 39 ff. Dies gilt unabhängig von der konkreten Erscheinungsform der Handelsgesellschaften, so dass auch die GmbH & Co KG, die AG & Co KG oder eine Publikums-Personenhandelsgesellschaft verschmelzungsfähig ist. Entscheidend für die Bestimmung der Rechtsform des jeweiligen beteiligten Rechtsträgers sind allein objektive Kriterien. Daran orientiert sich bis zum 31.12.2023 auch die Abgrenzung der OHG von der GbR und ab dem 1.1.2024 die Abgrenzung von der eingetragenen GbR zur nicht eingetragenen GbR, wobei die Registereintragung ein deutliches Unterscheidungskriterium darstellen wird. Die nicht im Gesellschaftsregister eingetragene GbR ist mangels Erwähnung in § 3 weder als übernehmender noch als übertragender Rechtsträger zur Verschmelzung zugelassen. Sofern es sich um eine fehlerhafte Gesellschaft handelt, finden die Regelungen des Gesellschaftsrechts zur fehlerhaften Gesellschaft Anwendung und führen, soweit die fehlerhafte Gesellschaft im Rechtsverkehr als wirksam entstanden behandelt wird, konsequenterweise auch zu deren Verschmelzungsfähigkeit.[6] Auch einer nicht eingetragenen Personenhandelsgesellschaft steht die materielle Verschmelzungsfähigkeit zu;[7] freilich muss die Personenhandelsgesellschaft vor der Durchführung der Verschmelzung formell im Handelsregister eingetragen sein, da die Verschmelzung

---

1 Widmann/Mayer/*Fronhöfer* § 3 Rn. 5, s. dort auch die tabellarische Auflistung möglicher Verschmelzungsvorgänge in Rn. 88 f.
2 Lutter/*Drygala* § 3 Rn. 7.
3 Lutter/*Drygala* § 3 Rn. 7; krit. zur GbR *Zöllner* ZGR 1993, 334 (340).
4 Lutter/*Drygala* § 3 Rn. 7.
5 Ebenso Maulbetsch/Klumpp/Rose/*Maulbetsch/Rebel* § 3 Rn. 1.
6 So auch Maulbetsch/Klumpp/Rose/*Maulbetsch/Rebel* § 3 Rn. 2.
7 Kölner Komm UmwG/*Simon* § 3 Rn. 19.

gemäß §§ 19, 20 zu ihrer Wirksamkeit zwingend der Registereintragung bei allen beteiligten Rechtsträgern bedarf.[8]

Die (Außen-)GbR für sich genommen ist, trotz ihrer anerkannten Rechtsfähigkeit, (ab dem 1.1.2024 freilich nur noch die GbR ohne Eintragung im Gesellschaftsregister) nicht verschmelzungsfähig. Im Gegensatz zum Formwechsel (vgl. § 191 Abs. 2), hat der Gesetzgeber sich zu einer Verschmelzungsfähigkeit der nicht im Gesellschaftsregister eingetragenen GbR nicht durchringen können. Seit Inkrafttreten des Gesetzes zur Modernisierung des Personengesellschaftsrechts (MoPeG) am 1.1.2024 kann sich ausschließlich die im Gesellschaftsregister eingetragene GbR an Verschmelzungsvorgängen beteiligen.[9] Eine analoge Anwendung der Verschmelzungsfähigkeit der OHG und der im Gesellschaftsregister eingetragenen GbR auf die nicht eingetragene GbR scheitern sowohl am entgegenstehenden Willen des Gesetzgebers als auch am Analogieverbot (§ 1 Abs. 2). Gegen eine Einbeziehung der nicht eingetragenen GbR spricht ferner der Schutz des Rechtsverkehrs, da sie weder der Registerpublizität noch der Rechnungslegungspflicht unterliegt. Beide Pflichten entfalten für Verschmelzungsvorgänge freilich erhebliche Bedeutung.[10] Seit Inkrafttreten des MoPeG zum 1.1.2024 kann eine GbR registriert werden; nach der Registrierung ist die GbR sodann verschmelzungsfähig.

Partnerschaftsgesellschaften sind ebenfalls gemäß Nr. 1 grds. vollumfänglich verschmelzungsfähig. Einzig § 45a gibt hierzu die Einschränkung vor, dass eine Verschmelzung auf eine PartG nur dann zulässig ist, wenn im Zeitpunkt ihrer Wirksamkeit alle Anteilsinhaber übertragender Rechtsträger natürliche Personen sind, die im Sinne des § 1 PartGG einen freien Beruf ausüben (s. näher dazu § 45a). Dies gilt ebenfalls für die PartG mbB, welche lediglich eine (haftungsbeschränkte) Variante der Partnerschaftsgesellschaft darstellt.[11]

Aufgrund der Regelung des § 1 des Gesetzes zur Ausführung der EWG-VO ist die europäische wirtschaftliche Interessenvereinigung (EWIV) der OHG gleichgestellt und damit als vollumfänglich verschmelzungsfähig anzusehen. Der grds. abschließende enumerative Charakter des § 3 steht dem aufgrund des Anwendungsvorrangs des EU-Rechts nicht entgegen. Das Analogieverbot des § 1 Abs. 2 steht dem insoweit nicht entgegen, als dass die EWIV umwandlungsrechtlich als OHG gilt und daher keine für eine Analogie notwendige Regelungslücke besteht.[12]

2. Kapitalgesellschaften (Nr. 2)

Kapitalgesellschaften mit Sitz im Inland sind juristische Personen und umfassend verschmelzungsfähig. Entscheidend ist deren Eintragung im Handelsregister, arg. e. § 20. Unerheblich für die Verschmelzungsfähigkeit ist, inwieweit eine Kapitalgesellschaft in ihrer Gründungsphase Trägerin von Rechten und Pflichten sein kann. Eine Vorgesellschaft ist keine vollumfängliche Kapitalgesellschaft und damit – dem insoweit klaren Wortlaut des § 3 folgend – als solche nicht umfassend verschmelzungsfähig; allerdings kann diese bereits einen Verschmelzungsvertrag abschließen, sie muss freilich zum

---

8 Kölner Komm UmwG/*Simon* § 3 Rn. 19.
9 BGBl. 2021 I 3469 vom 17.8.2021.
10 Widmann/Mayer/*Fronhöfer* § 3 Rn. 9, 39.
11 Siehe hierzu instruktiv *Sommer/Treptow* NJW 2013, 3269; *Wälzholz* DStR 2013, 2637.
12 So auch Semler/Stengel/Leonard/*Stengel* § 3 Rn. 14.

Wirksamkeitszeitpunkt der Verschmelzung im Handelsregister eingetragen und somit zur Gesellschaft erstarkt sein.[13]

8 Die Beteiligung einer Unternehmergesellschaft am Verschmelzungsvorgang als übertragender Rechtsträger ist aufgrund des § 5a GmbHG möglich. Die UG stellt lediglich einen Spezialfall einer GmbH dar, so dass freilich ein Formwechsel nach UmwG zwischen UG und GmbH ausgeschlossen ist. Eine UG kann uneingeschränkt übertragender Rechtsträger, allerdings nur unter bestimmten Voraussetzungen übernehmender Rechtsträger eines Verschmelzungsvorganges sein.[14] Grundsätzlich ist eine Verschmelzung durch Neugründung einer UG unzulässig. § 36 Abs. 2 S. 1 verlangt die Anwendung der Gründungsvorschriften auf die Verschmelzung durch Neugründung. Die Anwendung des § 5a Abs. 2 S. 2 GmbHG statuiert für die UG jedoch ein Verbot der Sacheinlage. Da die Verschmelzung durch Neugründung eine Sachgründung darstellt, ist diese mit § 5a Abs. 2 S. 2 GmbHG nicht vereinbar und folglich ausgeschlossen.[15] Im Falle der Verschmelzung zur Aufnahme gilt auch hier, dass die Kapitalerhöhung ausschließlich Bareinlagen erlaubt, es sei denn, durch die Kapitalerhöhung entstünde eine GmbH.[16] Die UG ist somit nur dann als übernehmender Rechtsträger verschmelzungsfähig, wenn sie aufgrund einer mit der Verschmelzung zusammengehenden Kapitalerhöhung zur vollwertigen GmbH aufsteigt oder eine Kapitalerhöhung entbehrlich ist.[17]

9 Auch im Falle der SE handelt es sich um eine verschmelzungsfähige Kapitalgesellschaft im Sinne des § 3 Abs. 1. Nach Art. 9 SE-VO unterliegt die SE dem Aktienrecht des jeweiligen Sitzstaates der SE. Konsequenterweise muss sie der AG umwandlungsrechtlich dann auch gleichstehen (vgl. die parallele Problematik der EWIV, s. o.). Die abweichende Ansicht, wonach Art. 66 SE-VO einzig und abschließend eine Umwandlung in eine Aktiengesellschaft des jeweiligen Sitzstaates erlaube und damit nicht per se verschmelzungsfähig sei,[18] ist abzulehnen.[19] Der Zweck von Art. 66 SE-VO liegt in der Klarstellung, dass der Formwechsel einer SE hin zu einer Aktiengesellschaft nach den allgemeinen umwandlungsrechtlichen Vorschriften des jeweiligen Sitzstaates zu erfolgen hat. Diese Klarstellung ist notwendig, da die SE bereits unionsrechtlich den Aktiengesellschaften der Sitzstaaten gleichsteht. Eine SE ist daher grundsätzlich so zu behandeln wie eine deutsche AG und kann daher – soweit Normen des SEAG, der SE-VO und des UmwG nicht entgegenstehen[20] – vollumfänglich an einer Verschmelzung sowohl als übertragender als auch als übernehmender Rechtsträger beteiligt sein.[21] Ob die zweijährige Sperrfrist des Art. 66 Abs. 1 SE-VO auch auf eine Verschmelzung der SE direkt oder analog anwendbar ist, wird streitig diskutiert,[22] ist jedoch im Ergebnis

---

13 Widmann/Mayer/*Fronhöfer* § 3 Rn. 74 f.; *K. Schmidt* FS Zöllner, 1999, 521 (527); aA Lutter/*Drygala* § 3 Rn. 7, der lediglich Vorbereitungshandlungen für zulässig erachtet.
14 *Tettinger* Der Konzern 2008, 75 (76); Semler/Stengel/Leonard/*Stengel* § 3 Rn. 20a; Lutter/*Drygala* § 3 Rn. 12.
15 *Seibert* GmbHR 2007, 673.
16 Siehe BGH NZG 2011, 664; so auch bereits *Tettinger* Der Konzern 2008, 75 (76); Semler/Stengel/Leonard/*Stengel* § 3 Rn. 20a mwN zum Streitstand zur Zulässigkeit einer Sachkapitalerhöhung bei der UG.
17 *Tettinger* Der Konzern 2008, 75 (76); Semler/Stengel/Leonard/*Stengel* § 3 Rn. 20a.
18 So MüKoAktG/*Schäfer* SE-VO Art. 66 Rn. 1; eingeschränkt Jannott/Frodermann SE-HdB/*Veil* Kap. 10 Rn. 19; *Hirte* DStR 2005, 700 (704).
19 Semler/Stengel/Leonard/*Drinhausen* Einl. C Rn. 56 ff. mit ausf. Begr. und mwN; Kölner Komm UmwG/*Simon* § 3 Rn. 27; Kallmeyer/Marsch-Barner/*Wilk* UmwG Anh. Rn. 127; *Kossmann/Heinrich* ZIP 2007, 164 (165 f.).
20 ZB ist eine SE nicht in der Lage, der neue Rechtsträger bei einer Spaltung oder Verschmelzung zur Neugründung zu sein, da die Gründung einer SE sich ausschließlich nach den Regelungen des SEAG und der SE-VO richtet.
21 Semler/Stengel/Leonard/*Drinhausen* Einl. C Rn. 60.
22 Für eine analoge Anwendung *Oplustil/Schneider* NZG 2003, 13 (16); dagegen *Vossius* ZIP 2005, 741 (748).

abzulehnen.²³ Eine direkte Anwendung scheidet richtigerweise aus, da Art. 66 SE-VO ausdrücklich nur die „Umwandlung" im Sinne der SE-VO (i. e. den Formwechsel) erfasst und nicht den Fall der Verschmelzung und für eine analoge Anwendung eine Regelungslücke fehlt.²⁴

Die Einführung einer Europäische Privatgesellschaft (SPE) ist mittlerweile gescheitert und neue Anstrengungen des Gesetzgebers, eine europäische Form der GmbH zu schaffen, sind derzeit nicht absehbar, so dass auf eine Kommentierung ihrer Verschmelzungsfähigkeit in diesem Rahmen verzichtet wird. **10**

3. Eingetragene Genossenschaft (Nr. 3)

Die eingetragene Genossenschaft kann auf jeder Position des Verschmelzungsvorganges eingesetzt werden. Zu den Genossenschaften nach § 3 Abs. 1 Nr. 3 zählen freilich nur Genossenschaften, die unter Anwendung des GenG gegründet wurden und im Genossenschaftsregister eingetragen sind (vgl. § 3 Abs. 1 GenG). Eine Vor-Genossenschaft ist nicht verschmelzungsfähig. Sie hat vor der Eintragung in das Genossenschaftsregister ihres Sitzes nicht die vollwertigen Rechte einer eG, § 13 GenG. Nicht verschmelzungsfähig sind sonstige genossenschaftliche Zusammenschlüsse (zB die LPG) oder sonstige genossenschaftlich strukturierte Kapitalgesellschaften.²⁵ **11**

Auch im Falle der Europäischen Genossenschaft (SCE) handelt es sich um eine verschmelzungsfähige Kapitalgesellschaft im Sinne des § 3 Abs. 1. Nach Art. 8 lit. c Ziff. ii SCE-VO unterliegt die SCE dem Genossenschaftsrecht des jeweiligen Sitzstaates der SCE. Konsequenterweise muss sie der Genossenschaft – soweit Normen des der SCE-VO und des UmwG nicht entgegenstehen – umwandlungsrechtlich gleichstehen. Ob die zweijährige Sperrfrist des Art. 76 SCE-VO auch auf eine Verschmelzung der SCE direkt oder analog anwendbar ist, ist wie bei der SE streitig; diesbezüglich wird auf die Kommentierung in vorstehender → Rn. 9 verwiesen. **12**

4. Eingetragener Verein (Nr. 4)

Der eingetragene (nichtwirtschaftliche) Verein (sog. Idealverein) gemäß § 21 BGB ist umfassend verschmelzungsfähig. Abzugrenzen ist dieser vom wirtschaftlichen Verein gemäß § 22 BGB, der an einer Verschmelzung nur als übertragender Rechtsträger beteiligt sein kann (Abs. 2 Nr. 1). Der Unterschied liegt in dem Merkmal des wirtschaftlichen Geschäftsbetriebes. Für die Anwendbarkeit des UmwG ist entscheidend, ob tatsächlich ein wirtschaftlicher Zweck verfolgt wird und es ist nur sekundär darauf abzustellen, ob ein Verein formal im Vereinsregister eingetragen ist und damit als nichtwirtschaftlicher Verein gilt oder ob es sich um einen gesetzlich anerkannten wirtschaftlichen Verein (Abs. 2 Nr. 1) handelt.²⁶ Die Abgrenzung ist auch hier anhand der objektiven Kriterien vorzunehmen, dh die Feststellungen der Vereinssatzung können zwar einen Anhalt bieten, wirken jedoch keinesfalls konstitutiv.²⁷ **13**

---

23 Ebenso Lutter/*Drygala* § 3 Rn. 21; aA wohl Widmann/Mayer/*Vossius* § 20 Rn. 404.
24 So auch Kölner Komm UmwG/*Simon* § 3 Rn. 30.
25 So auch Maulbetsch/Klumpp/Rose/*Maulbetsch/Rebel* § 3 Rn. 10.
26 Semler/Stengel/Leonard/*Stengel* § 3 Rn. 24 f.; aA Maulbetsch/Klumpp/Rose/*Maulbetsch/Rebel* § 3 Rn. 12; Schmitt/Hörtnagl/*Winter* § 3 Rn. 31.
27 So auch Semler/Stengel/Leonard/*Stengel* § 3 Rn. 25

5. Genossenschaftlicher Prüfungsverband (Nr. 5)

14 Der genossenschaftliche Prüfungsverband ist nach Nr. 5 verschmelzungsfähig. Aus den anzuwendenden §§ 105 ff. ergibt sich freilich die Einschränkung, dass genossenschaftliche Prüfungsverbände nur untereinander verschmolzen werden dürfen. Diese Eingrenzung ist insoweit nachvollziehbar, als dass der genossenschaftliche Prüfungsverband keine eigenständige Rechtsform darstellt. Nach § 63b Abs. 1 GenG ist er körperschaftlich strukturiert und soll die Rechtsform eines eingetragenen Vereins haben. Seine näheren organisationsrechtlichen Grundlagen ergeben sich aus den §§ 53 ff. GenG. In Abgrenzung zur Nr. 4 kann die gesonderte Erwähnung in Nr. 5 darin liegen, dass die Umwandlung genossenschaftlicher Prüfungsverbände nicht nur eine körperschaftliche Struktur, sondern auch die Verleihung des Prüfungsrechts (§ 63 GenG) voraussetzt.[28]

6. Versicherungsverein auf Gegenseitigkeit (Nr. 6)

15 Versicherungsvereine auf Gegenseitigkeit (VVaG) werden in Nr. 6 grundsätzlich als absolut verschmelzungsfähige Rechtsträger festgelegt. Voraussetzung ist freilich die Erlangung der Rechtsfähigkeit gemäß § 15 VAG, was die wirksame Erlaubnis der Aufsichtsbehörde zum Betrieb eines solchen Vereins voraussetzt. Einschränkungen der Verschmelzungsmöglichkeit von VVaG enthält allerdings § 109, wonach diese nur entweder miteinander oder als übertragende Rechtsträger auf eine Versicherungs-AG verschmolzen werden können. Jede Verschmelzung bedarf nach § 14a VAG ferner der Genehmigung der Versicherungsaufsichtsbehörde.

III. Relative/partielle Verschmelzungsfähigkeit (Abs. 2)

1. Wirtschaftliche Vereine

16 Der wirtschaftliche Verein im Sinne von § 22 BGB kann nur auf einer Seite der Verschmelzung als übertragender Rechtsträger eingesetzt werden. Dies ist der gesetzgeberischen Intention geschuldet, dass der wirtschaftliche Verein kein geeigneter Unternehmensträger ist und seine Vergrößerung oder Neugründung im Wege der Verschmelzung daher verhindert werden soll.[29] Im Übrigen sprechen gegen dessen Stellung als übernehmender Rechtsträger Gesichtspunkte des Schutzes des Rechtsverkehrs, da er weder einer Rechnungslegungspflicht noch Kapitalaufbringungs- und Kapitalerhaltungsvorschriften unterliegt.

2. Natürliche Personen

17 Natürliche Personen können innerhalb einer Verschmelzung nur als Übernehmer des Vermögens einer Kapitalgesellschaft als deren Alleingesellschafter fungieren. Näheres bestimmen die §§ 120 ff. Die übertragende Kapitalgesellschaft muss ihren Sitz dabei im Inland haben (→ § 1 Rn. 1, 27). Die übernehmende natürliche Person muss Alleingesellschafter sein, dh eine Mehrheitsbeteiligung reicht auch dann nicht aus, wenn die anderen Anteile für den Mehrheitsgesellschafter treuhänderisch gehalten werden, er diese sicherheitsübereignet hat oder daran nur Miteigentum besteht.[30] Die natürliche Person muss kein Kaufmann und somit auch nicht registerfähig sein;[31] sie muss auch

---

[28] So die Begr. bei Maulbetsch/Klumpp/*Maulbetsch/Rebel* § 3 Rn. 13.
[29] So auch Lutter/*Drygala* § 3 Rn. 16.
[30] Kölner Komm UmwG/*Simon* § 120 Rn. 38.
[31] Die anfangs bestehende Streitfrage ist durch den im Rahmen des Handelsrechtsreformgesetzes 1998 neu eingefügten § 122 Abs. 2 nunmehr in diesem Sinne geklärt.

weder deutscher Staatsangehöriger sein noch ihren Wohnsitz im Inland haben.[32] Hat die natürliche Person ihren Wohnsitz im EU- oder EWR-Ausland, ist nach den Grundsätzen der Sevic-Entscheidung des EuGH,[33] die aus EU-rechtlichen Gründen auf eine Hinausverschmelzung analog anwendbar ist, die Verschmelzung einer inländischen Kapitalgesellschaft auf ihren Alleingesellschafter mit Wohnsitz im Ausland möglich; freilich muss die ausländische Rechtsordnung eine solche Verschmelzung zulassen.[34] Soweit diese keine Vorschriften der Registerpublizität folgen muss, spielt konsequenterweise auch deren Aufenthalt keine Rolle. Soweit eine minderjährige natürliche Person beteiligt ist, richtet sich die Wirksamkeit nach den allgemeinen zivilrechtlichen Vorschriften. Die genauen Einzelheiten folgen den §§ 120 ff.

IV. Beteiligung aufgelöster Gesellschaften (Abs. 3)

Das Gesetz eröffnet die Möglichkeit der Beteiligung bereits aufgelöster Gesellschaften als übertragende Rechtsträger einer Verschmelzung dann, wenn deren Fortsetzung beschlossen werden könnte. Der gesetzgeberische Zweck liegt in der Erleichterung von Sanierungsfusionen.[35] Konsequenterweise ist vor dem Hintergrund dieser gesetzgeberischen Intention die Überschuldung des Rechtsträgers für eine Verschmelzung auf einen übernehmenden Rechtsträger kein Hindernis.[36] Allerdings ist beim übernehmenden Rechtsträger in diesem Fall keine Sachkapitalerhöhung möglich, da diese ein zu übertragendes positives Vermögen voraussetzt. Liegt neben einer bilanziellen Überschuldung daher auch eine reale Überschuldung vor, kann die Kapitalerhöhung nicht durchgeführt werden. Zwar sieht § 54 Abs. 1 die Möglichkeit vor, eine Verschmelzung ohne Kapitalerhöhung durchzuführen, jedoch benachteiligt dies etwaige Minderheitsgesellschafter des übernehmenden Rechtsträgers; daher ist bei dessen Zustimmungsbeschluss Einstimmigkeit erforderlich.[37]

18

Entscheidende Voraussetzung ist ferner, dass noch nicht mit der Verteilung des Gesellschaftsvermögens an die Anteilsinhaber begonnen wurde (§ 274 AktG, der auf die GmbH analog anwendbar ist und § 79a GenG). Diese Voraussetzung hindert mittelbar die Umgehung des Verbotes der Einlagenrückgewähr, § 57 AktG und § 30 GmbHG.[38] Für die Verschmelzungsfähigkeit ist ausreichend, dass ein Fortsetzungsbeschluss gefasst werden könnte.[39] Zur Durchführung der Verschmelzung ist ein – zumindest stillschweigend gefasster – Fortsetzungsbeschluss der Gesellschafterversammlung notwendig, der normalerweise im Verschmelzungsbeschluss enthalten ist;[40] ferner muss der Auflösungsgrund beseitigt werden.[41] Auch ein eröffnetes Insolvenzverfahren hindert die Verschmelzungsfähigkeit nicht, sofern die Einstellung des Insolvenzverfahrens und die Fassung eines Fortsetzungsbeschlusses möglich sind;[42] der Fortsetzungsbeschluss kann

19

---

32 Lutter/Karollus § 120 Rn. 25 ff.; Semler/Stengel/Leonard/Seulen § 120 Rn. 21.
33 EuGH Slg 2005, I-10805 = NJW 2006, 425.
34 So auch Lutter/Karollus § 120 Rn. 26, der freilich auf die bestehenden Probleme mit dem Handelsregister hinweist; Kölner Komm UmwG/Simon § 120 Rn. 35. Der entgegenstehende Wille des Gesetzgebers des UmwG 1995, der eine Verschmelzung über die Grenze nicht vorsehen wollte (s. § 1 Abs. 1) ist hierbei unbeachtlich und mittlerweile obsolet.
35 BT-Drs. 12/6699, 82.
36 OLG Stuttgart DB 2005, 2681; LG Leipzig DB 2006, 885.
37 Klein/Stephanblome ZGR 2007, 351 (367); Lutter/Drygala § 3 Rn. 24.
38 Maulbetsch/Klumpp/Rose/Maulbetsch/Rebel § 3 Rn. 18; Lutter/Drygala § 3 Rn. 25.
39 Lutter/Drygala § 3 Rn. 23; Kallmeyer/Marsch-Barner/Oppenhoff § 3 Rn. 24.
40 So auch Lutter/Drygala § 3 Rn. 26; Schmitt/Hörtnagl/Winter § 3 Rn. 52; abw. Wachter NZG 2015, 858 ff.
41 BayObLG NJW-RR 1998, 902 f.; Lutter/Drygala § 3 Rn. 26.
42 Semler/Stengel/Leonard/Stengel § 3 Rn. 44.

bereits im Insolvenzplan enthalten sein.[43] Nach Fassung eines Fortsetzungsbeschlusses kann ein Verschmelzungsvertrag abgeschlossen werden.

20 §§ 39, 45e setzen für die Verschmelzungsfähigkeit von Personenhandelsgesellschaften und Partnerschaftsgesellschaften voraus, dass die Gesellschafter nicht bereits gemäß § 145 HGB eine andere Art der Auseinandersetzung als die Liquidation oder der Verschmelzung im Gesellschaftsvertrag vereinbart oder anderweitig beschlossen haben.[44] Eine solche Vereinbarung müsste ansonsten zunächst aufgehoben werden, um eine Verschmelzung durchzuführen.

21 Problematisch ist, ob die Beteiligung eines aufgelösten oder in Auflösung befindlichen Rechtsträgers als übernehmender Rechtsträger einer Verschmelzung möglich ist. Dies muss verneint werden, da der Gesetzgeber in Kenntnis der umstrittenen Rechtslage zum § 19 Abs. 2 KapErhG dessen Formulierung übernommen hat und es bewusst unterließ, die Verschmelzungsfähigkeit des aufgelösten übernehmenden Rechtsträgers anderweitig zu regeln.[45] Nach der gesetzgeberischen Intention soll zwar die Sanierung erleichtert werden, dieser Legitimationszweck besteht hier aber nicht, da reine Abwicklungsfusionen nicht erleichtert werden sollten.[46] Es ist folglich zuvor ein Fortsetzungsbeschluss zu fassen, um die Verschmelzungsfähigkeit zurück zu erlangen.[47]

V. Mischverschmelzung (Abs. 4)

22 An einer Verschmelzung können gemäß Abs. 4 verschiedene Rechtsträger derselben oder unterschiedlicher Rechtsformen teilhaben, soweit gesetzlich nichts anderes festgelegt ist.[48] Abs. 4 gilt sowohl für die Verschmelzung durch Aufnahme (§ 2 Nr. 1) als auch für die Verschmelzung zur Neugründung (§ 2 Nr. 2) und für den übernehmenden Rechtsträger ebenso wie für den übertragenden Rechtsträger. Einschränkungen ergeben sich insbes. bei Verschmelzungen eingetragener Genossenschaften (§ 79), rechtsfähiger Vereine (§ 99), genossenschaftlicher Prüfungsverbände (§ 105), VVaG (§ 109) sowie bei der Verschmelzung von Kapitalgesellschaften mit dem Vermögen des Alleingesellschafters (§ 120).

23 Kommen im Rahmen einer Verschmelzung mehrere Rechtsträger unterschiedlicher Rechtsform zusammen, so sind die für den jeweiligen Rechtsträger geltenden Bestimmungen auf diesen anzuwenden. Insgesamt müssen die jeweils einschlägigen Vorschriften kumulative Anwendung auf den gesamten Umwandlungsvorgang finden.[49] Dies kann den Verschmelzungsvorgang erheblich verkomplizieren und zeitlich verzögern, wenn auch nur ein Teilverschmelzungsvorgang nicht (zeitnah) zustande kommt. Bei einer größeren Anzahl beteiligter Rechtsträger ist daher alternativ zu prüfen, ob die einzelnen Verschmelzungen nicht besser nacheinander durchgeführt werden sollten.

24 Bei Mischverschmelzungen zur Aufnahme, der Verschmelzung einer börsennotierten AG auf eine nicht börsennotierte AG sowie einer Verschmelzung von Rechtsträgern

---

[43] § 225a Abs. 2 InsO; *Madaus* ZIP 2012, 2133 (2134); *Simon/Merkelbach* NZG 2012, 121 (128).
[44] Semler/Stengel/*Leonard/Stengel* § 3 Rn. 40; Lutter/*Drygala* § 3 Rn. 30.
[45] So auch OLG Brandenburg NZG 2015, 884; OLG Naumburg NJW-RR 1998, 178 f.; AG Erfurt Rpfleger 1996, 163; Lutter/*Drygala* § 3 Rn. 31; Semler/Stengel/*Leonard/Stengel* § 3 Rn. 46; aA KG DB 1998, 2409; *Bayer* ZIP 1997, 1613 (1614); *Heckschen* DB 1998, 1385 (1387); Kallmeyer/Marsch-Barner/*Oppenhoff* § 3 Rn. 26; *Wachter* NZG 2015, 858 ff.
[46] AG Erfurt Rpfleger 1996, 163; Lutter/*Drygala* § 3 Rn. 31.
[47] OLG Naumburg NJW-RR 1998, 178 f.; Lutter/*Drygala* § 3 Rn. 31; Semler/Stengel/*Leonard/Stengel* § 3 Rn. 46.
[48] Siehe dazu die ausführliche Übersicht bei Semler/Stengel/*Leonard/Stengel* § 3 Rn. 27 ff.
[49] S. näher Lutter/*Drygala* § 3 Rn. 40; Semler/Stengel/*Leonard/Stengel* § 3 Rn. 44.

derselben Rechtsform, bei welcher die Anteile oder Mitgliedschaften am übernehmenden Rechtsträger Verfügungsbeschränkungen unterworfen sind, ist widersprechenden Anteilsinhabern zudem ein Abfindungsangebot gem. § 29 Abs. 1 zu unterbreiten.

Nach allgemeiner Auffassung ist die Verbindung mehrerer Verschmelzungen auf einen übernehmenden Rechtsträger bei gleichzeitig erfolgender Auf- oder Abspaltung bei diesem Rechtsträger (sog. „verschmelzende Auf- und Abspaltung") aufgrund der vorhandenen unüberwindlichen verfahrensrechtlichen Schwierigkeiten unzulässig.[50]

Zweiter Abschnitt
Verschmelzung durch Aufnahme

§ 4 Verschmelzungsvertrag

(1) ¹Die Vertretungsorgane der an der Verschmelzung beteiligten Rechtsträger schließen einen Verschmelzungsvertrag. ²§ 311b Abs. 2 des Bürgerlichen Gesetzbuchs gilt für ihn nicht.

(2) Soll der Vertrag nach einem der nach § 13 erforderlichen Beschlüsse geschlossen werden, so ist vor diesem Beschluß ein schriftlicher Entwurf des Vertrags aufzustellen.

Literatur:

Austmann/Frost, Vorwirkungen von Verschmelzungen, ZHR 169 (2005), 431; *Döss*, Die Auswirkungen von Mängeln einer Verschmelzung durch Aufnahme auf die rechtliche Stellung einer übertragenden Gesellschaft und Ihrer Aktionäre, 1990; *Grunewald*, Auslegung von Unternehmens- und Umwandlungsverträgen, ZGR 2009, 647; *Heckschen*, Verschmelzung von Kapitalgesellschaften, 1989; *Kiem*, Die Eintragung der angefochtenen Verschmelzung, 1991; *Körner/Rodewald*, Bedingungen, Befristungen, Rücktritts- und Kündigungsrechte in Verschmelzungs- und Spaltungsverträgen, BB 1999, 853; *Melchior*, Vollmachten bei Umwandlungsvorgängen – Vertretungshindernisse und Interessenkollisionen, GmbHR 1999, 520; *Scheel*, Befristete und bedingte Handelsregistereintragungen bei Umstrukturierungen von Kapitalgesellschaften, DB 2004, 2355; *Thoß*, Differenzhaftung bei der Kapitalerhöhung zur Durchführung einer Verschmelzung, NZG 2006, 376.

I. Normzweck	1	III. Vertragsentwurf	24
II. Verschmelzungsvertrag	5	IV. Vertragsänderung und Aufhebung	27
1. Rechtliche Wirkung	6	V. Mängel des Verschmelzungsvertrages	30
2. Pflichten der Leitungsorgane	10	VI. Kosten	31
3. Abschlussmodalitäten	12		
4. Wirksamwerden des Verschmelzungsvertrages	17		

I. Normzweck

Die Vorschrift statuiert in Abs. 1 für die Verschmelzung durch Neugründung oder zur Aufnahme die Pflicht zum Abschluss eines Verschmelzungsvertrages.[1] Darin liegt die Grundlage der Verschmelzung. Die gleiche Voraussetzung gilt gem. § 125 auch für die Aufspaltung, Abspaltung oder Ausgliederung zur Aufnahme, dort in Form eines Spaltungs- oder Übernahmevertrages. Im Falle der Spaltung zur Neugründung ist anstelle eines Spaltungsvertrages ein Spaltungsplan zu erstellen.

---

50 Lutter/*Drygala* § 3 Rn. 41; Kallmeyer/*Marsch-Barner/Oppenhoff* § 3 Rn. 30.
1 RegBegr. bei *Ganske* Umwandlungsrecht S. 47.

2   Der Anteilsinhaberverschmelzungsvertrag ist nicht in erster Linie ein Austauschvertrag, sondern vor allem ein Organisationsakt, der den Rechtsgrund für die Gesamtrechtsnachfolge und die Mitgliedschaftsperpetuierung bildet, sowie die zukünftigen Strukturen der beteiligten Rechtsträger bestimmt.² Schuldrechtlich regelt er insbesondere den Rechtsgrund für die Verschmelzung, die Vermögensübertragung und die Anteilsgewährung. Dingliche Wirkung entfaltet der Verschmelzungsvertrag nicht; diese tritt einzig mit der Handelsregistereintragung gem. § 20 Abs. 2. Folglich weist der Verschmelzungsvertrag diverse Kriterien unterschiedlicher Vertragstypen auf und ist dogmatisch nicht eindeutig einzuordnen, was seine Praktikabilität freilich nicht beeinträchtigt.

3   Der Ausschluss des § 311b Abs. 2 BGB ist lediglich deklaratorischer Natur, da eine Verschmelzung zwangsläufig und systemimmanent die Übertragung des gesamten künftigen, am Tage der Wirksamkeit der Verschmelzung bestehenden Vermögens des übertragenden Rechtsträgers beinhaltet.

4   Bei der Fassung der Verschmelzungsbeschlüsse muss die endgültige Form des Verschmelzungsvertrages noch nicht vorliegen. Abs. 2 stellt klar, dass – entsprechend Art. 5 Abs. 1 der 3. RL – ein schriftlicher Entwurf des Verschmelzungsvertrages als Beschlussgrundlage für die Anteilsinhaber ausreicht;³ erst der endgültige Vertrag bedarf der Beurkundung gem. § 6. Der Vertragsentwurf muss jedoch bereits vollständig sein und alle notwendigen Angaben und Vereinbarungen beinhalten. Der praktische Vorteil in dieser Vorgehensweise liegt insbesondere dann auf der Hand, wenn nicht sicher ist, dass die Anteilsinhaber aller beteiligten Rechtsträger zustimmen, da sich in diesem Fall die Beurkundungskosten für den Verschmelzungsvertrag vermeiden lassen.

II. Verschmelzungsvertrag

5   Der Verschmelzungsvertrag wird zwischen sämtlichen an der Verschmelzung beteiligten Rechtsträgern geschlossen und ist die wesentliche Grundlage für den gesamten Verschmelzungsvorgang. Darin sind alle Bestimmungen festgehalten, unter denen die Verschmelzung stattfinden soll. Die Rechtsnatur des Verschmelzungsvertrages ist nicht eindeutig zu bestimmen. Eine Einordnung als ein bestimmter Vertragstyp ist nicht möglich, da der Verschmelzungsvertrag Merkmale unterschiedlicher Vertragstypen (Organisationsakt und schuldrechtlicher Vertrag) aufweist.

1. Rechtliche Wirkung

6   Der Verschmelzungsvertrag hat hinsichtlich seiner rechtlichen Wirkung zwei wesentliche Ebenen. Zunächst gestaltet er auf einer organisationsrechtlichen Ebene die Rechtsverhältnisse zwischen den an der Verschmelzung beteiligten Rechtsträgern und Anteilsinhabern für die Zeit der Durchführung und nach Wirksamkeit der Verschmelzung. Zuvörderst regelt er grundsätzlich, wer übernehmender und wer übertragender Rechtsträger ist. Der Vertrag schafft durch Festlegung des Umtauschverhältnisses, des Gewinnbezugsrechts und der Auswirkungen auf Inhaber von Sonderrechten die Rahmenbedingungen für die Verschmelzung.

---

2   Semler/Stengel/Leonard/*Schröer/Greitemann* § 4 Rn. 4; Widmann/Mayer/*Mayer* § 4 Rn. 21 ff.; BFH DB 1989, 663 (664); BGHZ 105, 324 (331); aA *Kremer* DB 1989, 2146 (2147).
3   So bereits BGHZ 82, 188 (194).

Auf der zweiten, entscheidenden Ebene regelt der Verschmelzungsvertrag die schuldrechtlichen Verpflichtungen der beteiligten Rechtsträger untereinander. Er ist ein gegenseitiger Vertrag (§§ 320 ff. BGB) und gewährt dem übernehmenden Rechtsträger einen Anspruch auf die Übertragung des gesamten Vermögens des Übertragenden gegen Gewährung der im Umtauschverhältnis festgelegten Anteile an die Anteilsinhaber des übertragenden Rechtsträgers. Die allgemeinen Regeln des bürgerlichen Rechts sind neben den Sonderregeln für den jeweiligen Rechtsträger (etwa das AktG) auf den Verschmelzungsvertrag anwendbar. Eine Auslegung findet nach den Maßgaben der §§ 133, 157 BGB statt, wobei die Auslegung hinsichtlich der Rechtsfolgen der Verschmelzung – wie bei der Satzung einer Kapitalgesellschaft – nach objektiven Kriterien und nicht nach dem objektiven Empfängerhorizont vorzunehmen ist. Weiterhin finden die allgemeinen Grundsätze zur Anfechtung und zur Nichtigkeit (§§ 134, 138 BGB) Anwendung.[4] Zu berücksichtigen sind somit auch eventuelle Schadensersatzansprüche bei Verletzung von Vertragspflichten. Bei Nichtigkeit einzelner Vertragsbestimmungen kann § 139 BGB zur Anwendung kommen. Mit Eintragung der Verschmelzung im Handelsregister werden nach § 20 Abs. 2 sämtliche Mängel geheilt.

Gem. Abs. 1 S. 2 ist eine Anwendung des § 311b Abs. 2 BGB ausdrücklich ausgeschlossen. Folglich ist ein Verschmelzungsvertrag, durch den sich eine Partei systemimmanent verpflichtet, ihr gesamtes Vermögen zu übertragen, nicht aus diesem Grund nichtig. Das UmwG geht § 311b Abs. 2 BGB als lex specialis vor; daher erfolgt der Ausschluss dieser Vorschrift lediglich zur Klarstellung und aus Gründen der Rechtssicherheit.[5]

Der Verschmelzungsvertrag ist zwar Voraussetzung des dinglichen Vollzugs der Verschmelzung, er selbst verfügt aber über keine dingliche Wirkung.[6] Für den dinglichen Vollzug der Verschmelzung ist allein die Eintragung in das Handelsregister entscheidend, sie tritt damit kraft Gesetzes ein. Erst dann geht das Vermögen auf den übernehmenden Rechtsträger über und die Wirkung des § 20 treten ein.[7]

2. Pflichten der Leitungsorgane

Die Pflichten der Leitungsorgane sind durch die Durchführung der anstehenden Verschmelzung beeinflusst. Ab Abschluss des Vertrages trifft die Leitungsorgane der beteiligten Rechtsträger die Pflicht, nichts zu unternehmen, was die Durchführung der Verschmelzung gefährden könnte. Sie müssen den Verschmelzungsvertrag umsetzen und die entsprechenden Erklärungen zum Handelsregister rechtzeitig und richtig abgeben und etwaige Eintragungshindernisse selbstständig beseitigen;[8] § 83 Abs. 2 AktG bestimmt dies explizit für die Vorstandsmitglieder einer AG. Diese Pflicht umfasst auch die Beseitigung eventueller Verschmelzungshindernisse wie zB erhobene Anfechtungsklagen einzelner Anteilsinhaber, aus denen eine Registersperre resultieren kann. Die Leitungsorgane des übertragenden Rechtsträgers trifft dabei zudem die Pflicht, ihre Unternehmensführung so zu gestalten, dass das übergehende Vermögen demjenigen entspricht, welches der Ermittlung der Umtauschquote zugrunde lag.[9]

---

4 Zu einer Nichtigkeit aufgrund von § 138 BGB s. etwa LG Mühlhausen DB 1996, 1967.
5 Kallmeyer/*Marsch-Barner/Oppenhoff* § 4 Rn. 6; Lutter/*Drygala* § 4 Rn. 7.
6 Kallmeyer ZIP 1994, 1746; Schmitt/Hörtnagl/*Winter* § 4 Rn. 8.
7 Kallmeyer ZIP 1994, 1746.
8 Semler/Stengel/Leonard/*Schröer/Greitemann* § 4 Rn. 13; Kölner Komm UmwG/*Simon* § 4 Rn. 9.
9 Lutter/*Drygala* § 4 Rn. 5.

11 Auch ohne Zustimmung der Anteilsinhaber entfaltet der beurkundete Verschmelzungsvertrag jedoch bereits Rechtswirkungen unter den Parteien des Verschmelzungsvertrages. So sind die Organe verpflichtet, die notwendigen Zustimmungen der Anteilseigner zu dem Verschmelzungsvertrag einzuholen.[10] Sofern die Anteilsinhaber dem Verschmelzungsvertrag nur mit Änderungen zustimmen, muss der Verschmelzungsvertrag bzw. die entsprechende Änderung freilich nochmals beurkundet werden.

3. Abschlussmodalitäten

12 Parteien des Verschmelzungsvertrages sind allein die beteiligten Rechtsträger und nicht deren Anteilsinhaber. Diese können daraus keine einklagbaren Ansprüche herleiten.[11] Der Vertrag wird von den Vertretungsorganen der Rechtsträger geschlossen. Für die konkreten Abschlussvoraussetzungen gelten die gesetzlichen Bestimmungen der jeweils beteiligten Rechtsträger sowie die Vorschriften deren Gesellschaftsverträge und Satzungen zur Vertretungsberechtigung. Der Abschluss eines Verschmelzungsvertrages ist Grundlagengeschäft und kein Rechtsgeschäft, welches der Betrieb eines Handelsgewerbes mit sich bringt (§ 49 Abs. 1 HGB), so dass der Abschluss durch Prokuristen oder gar durch Handlungsbevollmächtigte (§ 54 Abs. 1 HGB) nicht ausreicht.[12] Eine unechte Gesamtvertretung (Organmitglied mit Projurist) ist freilich möglich.[13] Die Grundsätze zum Verbot des Insichgeschäfts und der Mehrfachvertretung (§ 181 BGB) sowie deren Befreiungsmöglichkeiten finden auch hier Anwendung.[14]

13 Besondere Voraussetzungen einer notariellen Beurkundung der Abschlussvollmacht ergeben sich aus dem UmwG nicht; diese können freilich aus den jeweiligen gesetzlichen Bestimmungen der beteiligten Rechtsträger resultieren. Dies ist zB der Fall bei einer Verschmelzung durch Neugründung, da der Verschmelzungsvertrag dort gem. § 37 zwingend die Satzung des neuen Rechtsträgers enthalten muss (beglaubigte Vollmachten gem. § 2 GmbHG, §§ 23 Abs. 1, 280 Abs. 3 AktG).[15] Wird ein Verschmelzungsvertrag durch einen vollmachtlosen Vertreter geschlossen, ist die (konkludente) Genehmigung durch das Vertretungsorgan des betroffenen Rechtsträgers möglich; deren notarielle Beurkundung oder Beglaubigung ist auch hier nicht erforderlich, arg. e. § 182 Abs. 2 BGB.[16] Abweichend von den vorstehenden Erwägungen werden Vollmachten bei Verschmelzungsvorgängen in der Praxis mit Hinblick auf die gem. § 17 zum Handelsregister einzureichenden Unterlagen stets zumindest schriftlich erteilt.[17]

14 Eine Einschränkung der Vertretungsmacht des Vertretungsorgans bzw. der Bevollmächtigten ergibt sich aus der Zustimmungsbedürftigkeit des Verschmelzungsvertrags durch die Anteilsinhaber. Bis zu deren Erteilung ist der Verschmelzungsvertrag folglich schwebend unwirksam. Er wird wirksam, sobald bei allen beteiligten Rechtsträgern die erforderlichen Zustimmungsbeschlüsse gefasst werden (§ 13 Abs. 1).

15 Sofern eine AG, die weniger als zwei Jahre vor Abschluss des Verschmelzungsvertrages in das Handelsregister eingetragen wurde, als übernehmender Rechtsträger avisiert

---

10 Austmann/Frost ZHR 169 (2005), 431 (440); s. auch Semler/Stengel/Leonard/Schröer/Greitemann § 4 Rn. 25; Kiem ZIP 1999, 173.
11 OLG München BB 1993, 2040; Lutter/Drygala § 4 Rn. 7.
12 Kölner Komm UmwG/Simon § 4 Rn. 12; Lutter/Drygala § 4 Rn. 8.
13 Widmann/Mayer/Mayer § 4 Rn. 35; Lutter/Drygala § 4 Rn. 8.
14 GroßkommAktG/Habersack § 78 Rn. 17; Semler/Stengel/Leonard/Schröer/Greitemann § 4 Rn. 12.
15 Kölner Komm UmwG/Simon § 4 Rn. 15; Lutter/Drygala § 6 Rn. 7.
16 BGHZ 125, 218 (221); BGH GmbHR 1980, 299.
17 So auch Kölner Komm UmwG/Simon § 4 Rn. 13.

ist, sind gem. § 67 die Vorschriften zur Nachgründung (§ 52 AktG) einzuhalten. Eine Ausnahme besteht nach § 67 S. 2 dann, wenn die Gegenleistung für die Vermögensübertragung 10 % des Grundkapitals der übernehmenden AG nicht übersteigt oder wenn die übernehmende AG zuvor bereits mindestens zwei Jahre als GmbH im Handelsregister eingetragen war. Die Anforderungen der Vorschriften zur Nachgründung sind bis spätestens zur Beschlussfassung der Aktionäre der übernehmenden AG zu erfüllen.[18]

Ein Verschmelzungsvertrag ist sowohl für Bedingung als auch Befristung offen. Ein praktisches Bedürfnis hierzu kann darin liegen, dass Verbindungen von Unternehmen auf einem langfristigen Unternehmensplan der beteiligten Rechtsträger beruhen.[19] Deren Zulässigkeit folgt aus § 7 S. 1.[20] Dies führt dazu, dass die Verschmelzung so lange nicht in das Handelsregister eingetragen werden kann, wie die Bedingung oder Befristung noch nicht eingetreten ist. Wird sie dennoch eingetragen, hindert dies die Wirksamkeit der Verschmelzung nicht, arg. e. § 20. Aufschiebende Bedingungen oder Befristungen sind damit gegenstandslos und können demnach ihre Wirkung auch nur bis zur Eintragung entfalten.[21] Für die Bemessung des Zeitraumes bis zum Bedingungseintritt sollte sinnvollerweise der achtmonatige Rückwirkungszeitraum gem. § 17 Abs. 2 S. 4 bedacht werden. Dies ist zwar nicht konstitutiv, anderenfalls müssen aber dem Registergericht auf einen neuen Stichtag aufgestellte Bilanzen der übertragenden Rechtsträger beim als Grundlage der Verschmelzung vorgelegt werden, was unnötige Kosten produziert.[22] Der Eintritt der Bedingung ist dem Registergericht nachzuweisen; der Nachweis kann freilich nach Ablauf der Frist gem. § 17 Abs. 2 S. 4 erfolgen.[23]

4. Wirksamwerden des Verschmelzungsvertrages

Der Zeitpunkt des Wirksamwerdens des Verschmelzungsvertrages ist vom Zeitpunkt der Wirksamkeit der Verschmelzung zu unterscheiden. Während Letztere mit Eintragung ins Handelsregister wirksam wird, bedarf der Verschmelzungsvertrag zu seiner Wirksamkeit der Zustimmung der Anteilsinhaberversammlung sowie der nach § 13 konstitutiven Zustimmung einzelner Anteilsinhaber der beteiligten Rechtsträger. Bis dahin ist der Vertrag schwebend unwirksam. Für den konkreten Zeitpunkt der Wirksamkeit ist jeweils auf den zeitlich letzten konstitutiven Akt abzustellen: Ist der Verschmelzungsvertrag bereits notariell beurkundet, so wird dieser in dem Zeitpunkt wirksam, in dem die Anteilsinhaber der beteiligten Rechtsträger ihre Zustimmung wirksam erklären (Zustimmungsbeschluss). Ist der Verschmelzungsvertrag hingegen noch nicht beurkundet, stimmen die Anteilsinhaber also seinem Entwurf zu, wird der Vertrag wirksam, wenn der Entwurf in unveränderter Form notariell beurkundet ist. Hierbei ist darauf zu achten, dass eine Abweichung des beurkundeten Vertrages vom zugestimmten Entwurf die Ablehnung des alten Vertrages mit gleichzeitigem Angebot auf Abschluss des beurkundeten Vertrages bedeutet. Insoweit gilt § 150 BGB. Das Verschmelzungsverfahren muss dann neu durchlaufen werden.

Der wirksame Verschmelzungsvertrag begründet klagbare Ansprüche für die jeweils beteiligten Rechtsträger. Hintergrund ist, dass beide Rechtsträger danach verpflichtet

---

18 Maulbetsch/Klumpp/Rose/*Maulbetsch* § 4 Rn. 20.
19 Lutter/*Drygala* § 4 Rn. 34.
20 Widmann/Mayer/*Heckschen* § 7 Rn. 17 ff.; Körner/*Rodewald* BB 1999, 853.
21 Kallmeyer/*Marsch-Barner/Oppenhoff* § 4 Rn. 11; Maulbetsch/Klumpp/Rose/*Maulbetsch* § 4 Rn. 23.
22 Widmann/Mayer/*Heckschen* § 7 Rn. 17 ff.
23 Lutter/*Bork* § 17 Rn. 13; Widmann/Mayer/*Heckscher* § 7 Rn. 19.

sind, auf die Durchführung der Verschmelzung hinzuwirken. Dazu zählt konsequenterweise nicht nur die Pflicht, alles Notwendige dafür zu tun, dass die Verschmelzung nicht durch unberechtigte Klagen verhindert bzw. behindert wird,[24] sondern auch das Recht, der Verschmelzung durch Klage zur Wirksamkeit zu verhelfen. Es können alle zur Durchführung der Verschmelzung notwendigen Handlungen eingeklagt und vollstreckt werden.[25]

19 Im Einzelnen kann hierbei geklagt werden auf Vornahme der für die erfolgreiche Verschmelzung notwendigen Vorbereitungshandlungen wie auch auf die Durchführung der Verschmelzung selber. Zu erstgenannten Handlungen zählt etwa die Vornahme notwendiger Kapitalerhöhungen, sofern sich die Anteilsinhaber des übernehmenden Rechtsträgers hierzu schuldrechtlich bindend verpflichtet haben oder einen zustimmenden Beschluss zum Verschmelzungsvertrag gefasst haben, da dann das Schutzbedürfnis für § 187 Abs. 2 AktG entfällt.[26] Auch die Erstellung einer Schlussbilanz durch übertragende Rechtsträger gem. § 17 Abs. 2 ist eine notwendige Vorbereitungsmaßnahme ohne die die Verschmelzung nicht durchgeführt werden kann und die konsequenterweise einklagbar sein muss; da dies jedoch eine unvertretbare Handlung darstellt, wird diese durch Zwangsgeld gem. § 888 Abs. 1 ZPO vollstreckt. Entsprechendes gilt für die Bestellung eines Treuhänders nach § 71 Abs. 1.

20 Klagbar ist ebenfalls der Anspruch des übertragenden Rechtsträgers gegen den übernehmenden Rechtsträger auf Anmeldung der Verschmelzung zum Handelsregister. Dazu kann die Abgabe der notwendigen Erklärung fingiert werden, § 894 ZPO. Umgekehrt besteht für einen klagbaren Anspruch des übernehmenden gegen den übertragenden Rechtsträger kein Bedürfnis, da dieser nach § 16 Abs. 1 S. 2 berechtigt ist, die Verschmelzung auch zur Eintragung in das Register des Sitzes des übertragenden Rechtsträgers anzumelden.

21 Anspruchsberechtigt sind die beteiligten Rechtsträger, vertreten durch ihre Leitungsorgane. Ansprüche von Anteilsinhabern oder Dritten gibt es – mangels deren Beteiligung am Verschmelzungsvertrag – nur in Ausnahmefällen, wenn diese als echter Vertrag zugunsten Dritter (§ 328 BGB) im Verschmelzungsvertrag gesondert implementiert werden.[27] Der Verschmelzungsvertrag ist freilich ohne besondere Regelungen grundsätzlich kein echter Vertrag zugunsten Dritter.[28] Die Anteilsinhaber können eine einmal beschlossene Verschmelzung nur über ein internes Weisungsrecht (bei der GmbH oder der Personenhandelsgesellschaft) oder – mittelbar – über die Drohung mit Schadensersatzforderungen und Anfechtungsklagen erreichen.[29] Einzelne Regelungen des Verschmelzungsvertrages können jedoch Drittwirkung entfalten, wie etwa die Regelung zum Umtauschverhältnis bzw. der Anteilsgewährung und der baren Zuzahlung (§ 29). Diese Ansprüche kann der Anteilsinhaber unmittelbar gegenüber dem übernehmenden Rechtsträger dann einklagen, wenn die Vermögensübernahme erfolgt ist und der übernehmende Rechtsträger auch über die auszugebenden Anteile bereits verfügt. Dies ist

---

[24] Kallmeyer/*Marsch-Barner/Oppenhoff* § 4 Rn. 23.
[25] Lutter/*Drygala* § 4 Rn. 36; Semler/Stengel/Leonard/*Schröer/Greitemann* § 4 Rn. 45; einschr. Kölner Komm UmwG/*Simon* § 4 Rn. 34.
[26] So auch Semler/Stengel/Leonard/*Schröer/Greitemann* § 4 Rn. 55; aA Kölner Komm UmwG/*Simon* § 4 Rn. 34.
[27] So auch Kölner Komm UmwG/*Simon* § 4 Rn. 34; abw. Semler/Stengel/Leonard/*Schröer/Greitemann* § 4 Rn. 54; Kallmeyer/*Marsch-Barner/Oppenhoff* § 4 Rn. 3, die Ansprüche der Anteilsinhaber und Arbeitnehmer befürworten.
[28] Lutter/*Drygala* § 4 Rn. 38.
[29] Kölner Komm UmwG/*Simon* § 4 Rn. 34; Lutter/*Drygala* § 4 Rn. 38.

der Fall, wenn der übernehmende Rechtsträger eigene Anteile verwendet oder die notwendige Kapitalerhöhung bereits durchgeführt wurde. Außerhalb dieses Anwendungsbereiches sind die Ansprüche hingegen nicht durchsetzbar (→ Rn. 18).[30]

Ansprüche gegen die Anteilsinhaber des übernehmenden Rechtsträgers (etwa auf Durchführung einer Kapitalerhöhung oder einer Satzungsänderung) bestehen nur, wenn sich diese dazu im Verschmelzungsvertrag gesondert verpflichtet haben.[31] Der Verschmelzungsvertrag als solcher bindet grundsätzlich nur die beteiligten Rechtsträger. Haben allerdings die Anteilsinhaber der Verschmelzung zugestimmt, dessen Vollzug etwa eine Kapitalerhöhung erfordert, so ist dies (zumindest gegenüber den zustimmenden Anteilsinhabern) einklagbar (→ Rn. 19).[32]

Sofern ein beteiligter Rechtsträger die Durchführung der Verschmelzung verzögert oder verhindert, stehen den anderen beteiligten Rechtsträgern Ansprüche auf Rücktritt nach Fristsetzung oder Schadenersatz zu (§§ 280, 311 Abs. 2, 320 ff. BGB). Ändern sich die wirtschaftlichen Verhältnisse der beteiligten Rechtsträger bei einer verzögerten Durchführung der Verschmelzung und hat dies Einfluss auf das Umtauschverhältnis, so kann ferner ein Rücktrittsrecht aufgrund Wegfalls der Geschäftsgrundlage gem. § 313 Abs. 3 BGB bestehen.[33]

III. Vertragsentwurf

Gem. Abs. 2 reicht ein schriftlicher Entwurf des Verschmelzungsvertrages als Grundlage der Beschlussfassung der Anteilsinhaber aus. Die Beschlussfassung der Anteilsinhaber der beteiligten Rechtsträger kann damit vor oder nach oder auch gleichzeitig mit der Beurkundung des Verschmelzungsvertrages erfolgen.[34] Der Unterschied zwischen einer Abstimmung über Vertrag oder Entwurf liegt darin, dass in ersterem Fall den Anteilsinhabern ein bereits notariell beurkundetes Dokument zur Zustimmung vorgelegt wird; in letzterem Fall trifft die Organe die Pflicht, dass der zu erstellende notariell beurkundete Vertrag dem zugestimmten Entwurf entsprechen muss (jedoch → § 6 Rn. 21 zur Kostenersparnis bei gleichzeitiger Beurkundung). Die materiellen und formellen Anforderungen sind ansonsten gleich.

Wird den Anteilsinhabern zur Beschlussfassung lediglich ein Entwurf vorgelegt, so haben sich die Leitungsorgane damit die Notarkosten für die Beurkundung des Verschmelzungsvertrages gespart. Dies wird in der Praxis regelmäßig als Zeichen dafür gesehen, dass die Zustimmung der Anteilsinhaber nicht als sicher angesehen wird oder Änderungen des Vertragsentwurfes hinreichend wahrscheinlich sind.[35] Dieser Wirkung sollten sich die Leitungsorgane bei der Abwägung ihres Vorgehens bewusst sein. Dies kann freilich auch ein Vorteil eines Entwurfes sein, denn im Gegensatz zum bereits beurkundeten Vertrag, bei dem einzig Zustimmung oder Ablehnung möglich sind, ist der Entwurf Änderungen zugänglich. Soweit die Tagesordnung der Anteilsinhaberversammlung dies ermöglicht, kann der Entwurf diskutiert und auch mit geändertem Inhalt beschlossen und anschließend beurkundet werden. Dies gilt mit Rücksicht auf die

---

30 Kallmeyer/*Marsch-Barner/Oppenhoff* § 4 Rn. 21 f.
31 Maulbetsch/Klumpp/Rose/*Maulbetsch* § 4 Rn. 33.
32 Vgl. auch Maulbetsch/Klumpp/Rose/*Maulbetsch* § 4 Rn. 33.
33 So auch Lutter/*Drygala* § 4 Rn. 41; Kölner Komm UmwG/*Simon* § 4 Rn. 40.
34 S. dazu BGHZ 82, 188; vgl. auch die alte Fassung des § 340 Abs. 1 AktG.
35 Lutter/*Drygala* § 4 Rn. 16; Maulbetsch/Klumpp/Rose/*Maulbetsch* § 4 Rn. 37.

Interessen der Anteilsinhaber auch dann, wenn die Tagesordnung klar zum Ausdruck bringt, dass eine Veränderung nicht möglich ist.[36] Wird dem Entwurf mit Änderungen zugestimmt, so ist dies konsequenterweise als neues Angebot an die beteiligten Rechtsträger zu werten (§ 150 BGB). Um den Prozess abzukürzen ist es möglich, den Vertrag in Form eines Baukastensystems zur Abstimmung zu stellen: Den Anteilsinhabern können dazu unterschiedliche Entwürfe des Vertrages oder einzelner Klauseln alternativ zur Beschlussfassung vorgelegt werden; hierbei sind freilich die Informationspflichten und die Zuleitungserfordernisse zu beachten sowie die Unterschiede zwischen den Varianten nachvollziehbar zu erklären.[37] Voraussetzung ist eine Abstimmung mit allen anderen beteiligten Rechtsträgern über diese möglichen Klauseln. Stimmen die Anteilsinhaber sämtlicher beteiligter Rechtsträger dem Entwurf zu, so ist er ohne Änderungen zu beurkunden.

26 § 4 gilt analog für den Vorvertrag, der auf den Abschluss eines Verschmelzungsvertrages gerichtet ist. Dazu gehört ggf. auch die notarielle Beurkundung, soweit dieser Vorvertrag bereits alle Elemente des späteren Verschmelzungsvertrages enthält.[38] Gleiches gilt dann, wenn der Vorvertrag ein selbstständiges Strafversprechen (zB eine sog. „break fee") für den Fall des Fehlgehens der Verschmelzung beinhaltet.[39]

IV. Vertragsänderung und Aufhebung

27 Ausgangspunkt für die Frage einer Aufhebung oder Änderung des Verschmelzungsvertrages ist, ob die Anteilsinhaber bereits bindend zugestimmt haben. Ist dies nicht der Fall, kann der Vertrag durch die Leitungsorgane der beteiligten Rechtsträger geändert bzw. neu verhandelt oder gar aufgehoben werden.

28 Ist die Zustimmung bereits erfolgt, so ist eine Aufhebung oder Änderung nur dann möglich, wenn die Anteilsinhaber dieser zustimmen. Als actus contrarius zur Zustimmung bedarf diese Zustimmung eines Änderungs- oder Aufhebungsbeschlusses unter Wahrung der gleichen Mehrheitserfordernisse.[40] Dies muss bei Information der Anteilsinhaber sowie der Verschmelzungsprüfung Berücksichtigung finden. Eine notarielle Beurkundung der Aufhebung ist idR nicht erforderlich.[41] Ausnahmen können nach den jeweils für den Rechtsträger geltenden Vorschriften bestehen (zB § 130 AktG). Es gelten für die Zustimmung zur Aufhebung nach richtiger Auffassung die Mehrheitserfordernisse der für den Rechtsträger geltenden gesetzlichen oder satzungsmäßigen Bestimmungen (idR einfache Mehrheit).[42] Die Gegenauffassung verkennt, dass ein verschärftes Mehrheitserfordernis nicht notwendig ist, da es sich nicht um die Durchführung einer Strukturmaßnahme, sondern vielmehr um die Beibehaltung des status quo

---

36 Ebenso Lutter/*Drygala* § 4 Rn. 16; Semler/Stengel/Leonard/*Schröer/Greitemann* § 4 Rn. 19.
37 Ebenso Widmann/Mayer/*Mayer* § 4 Rn. 12; Lutter/*Drygala* § 4 Rn. 16; Semler/Stengel/Leonard/*Schröer/Greitemann* § 4 Rn. 19; freilich ist der Anteilsinhaberversammlung der genaue Wortlaut vorzulegen, da ansonsten – insbes. bei der AG und KGaA – der Beschluss anfechtbar ist (§ 245 Nr. 1, 2 AktG).
38 Lutter/*Drygala* § 6 Rn. 4.
39 Dazu LG Paderborn NZG 2000, 899 ff.; vgl. auch Maulbetsch/Klumpp/Rose/*Maulbetsch* § 3 Rn. 41; Semler/Stengel/Leonard/*Schröer/Greitemann* § 6 Rn. 6.
40 Lutter/*Drygala* § 4 Rn. 26; Semler/Stengel/Leonard/*Schröer/Greitemann* § 4 Rn. 35; Limmer Unternehmensumwandlung-HdB/*Limmer* Rn. 204.
41 Lutter/*Drygala* § 4 Rn. 26; Semler/Stengel/Leonard/*Schröer/Greitemann* § 4 Rn. 35.
42 Lutter/*Drygala* § 4 Rn. 27; Kölner Komm UmwG/*Simon* § 4 Rn. 25 f.; kritisch Semler/Stengel/Leonard/*Schröer/Greitemann* § 4 Rn. 32; aA Widmann/Mayer/*Mayer* § 4 Rn. 62; Kallmeyer/*Marsch-Barner/Oppenhoff* § 4 Rn. 17, die mit der Begründung des actus contrarius-Arguments die gleiche Mehrheit verlangen wie für den Zustimmungsbeschluss zur Verschmelzung.

handelt; zudem reicht auch in vergleichbaren Situationen des Kapitalgesellschaftsrechts eine einfache Mehrheit für Aufhebungsbeschlüsse.[43]

Nach Eintragung der Verschmelzung beim übertragenden Rechtsträger können sich die Parteien noch auf eine Änderung oder Aufhebung des Verschmelzungsvertrages einigen, da die Verschmelzung noch nicht rechtswirksam geworden ist; in diesem Fall wäre die bereits erfolgte Eintragung beim übertragenden Rechtsträger zu löschen.[44] Ist die Verschmelzung hingegen bereits im Handelsregister des übernehmenden Rechtsträgers eingetragen worden, so ist sie wirksam und kann nicht mehr rückgängig gemacht werden.[45]

29

V. Mängel des Verschmelzungsvertrages

Der Verschmelzungsvertrag unterliegt den allgemeinen zivilrechtlichen Bestimmungen für Verträge. Er kann daher von Nichtigkeit und Mangelhaftigkeit betroffen sein. Für Teilnichtigkeit gilt § 139 BGB. Eine Irrtumsanfechtung nach den §§ 119 ff. BGB ist möglich, der maßgebliche Irrtum muss bei den Vertretungsorganen vorliegen.[46] Fehlende notarielle Beurkundung führt zur Nichtigkeit, § 125 BGB. Die konkreten Mängelfolgen sind abhängig davon, ob der mangelhafte Verschmelzungsvertrag bereits im Handelsregister eingetragen ist. Hierzu steht dem Registergericht ein Prüfungsrecht zu, in dessen Folge es die Eintragung der Verschmelzung ablehnen kann bzw. bei Vorliegen nicht heilbarer Mängel ablehnen muss. Wenn im Verschmelzungsvertrag Angaben fehlen, die nach § 5 Abs. 1 Nr. 1–9 vorgeschrieben sind, ist zu unterscheiden. Fehlen Angaben zu § 5 Nr. 1–3, so ist der Verschmelzungsvertrag nichtig, da es sich dabei um wesentliche Vertragselemente handelt. Das Fehlen von Angaben zu § 5 Nr. 4–9 führt nicht zur Unwirksamkeit, sondern begründet lediglich eine Anfechtbarkeit. Die Eintragung der Verschmelzung heilt grundsätzlich die formellen Mängel, arg. e. § 20. Ungeachtet dessen können Mängel weiter geltend gemacht werden. Sie berühren dann die Wirksamkeit der Verschmelzung nicht mehr, sondern führen zu Schadensersatzansprüchen.

30

VI. Kosten

Die Beurkundung des Verschmelzungsvertrages löst nach Nr. 21100 Anlage I GNotKG eine doppelte Geschäftsgebühr aus. Diese richtet sich gemäß § 3 Abs. 1 GNotKG nach dem Geschäftswert. Dieser Geschäftswert ist nach § 107 GNotKG auf mindestens 30.000 EUR und höchstens 10 Mio. EUR festgelegt (zu den Kosten → § 6 Rn. 19 ff.). Verbindlichkeiten dürfen dazu nicht in Abzug gebracht werden. Soweit die Anteilsinhaber auf den Verschmelzungsbericht der Vertretungsorgane oder den Prüfungsbericht verzichten, muss dies ebenfalls notariell beurkundet werden, §§ 9 Abs. 3, 12 Abs. 3. Für die Beurkundung fällt eine volle Gebühr an (Nr. 21200 Anlage I GNotKG), deren Wert nach freiem Ermessen bestimmt wird, § 36 Abs. 1 GNotKG.

31

---

[43] GroßKommAktG/*Wiedemann* § 181 Rn. 20; Lutter/Hommelhoff/*Hommelhoff* GmbHG § 53 Rn. 48; so auch Kölner Komm UmwG/*Simon* § 4 Rn. 25.

[44] Semler/Stengel/*Schröer/Greitemann* § 4 Rn. 37; aA Schmitt/Hörtnagl/*Winter* § 7 Rn. 14.

[45] OLG Frankfurt a. M. DB 2003, 599; Semler/Stengel/Leonard/*Schröer/Greitemann* § 4 Rn. 36; ebenso Kölner Komm UmwG/*Simon* § 4 Rn. 28 f., der die Möglichkeit einer Änderung der schuldrechtlichen Regelungen diskutiert, aber iErg ablehnt; einschränkend Lutter/*Drygala* § 4 Rn. 28.

[46] Maulbetsch/Klumpp/Rose/*Maulbetsch* § 4 Rn. 50.

§ 5 Inhalt des Verschmelzungsvertrags

(1) Der Vertrag oder sein Entwurf muß mindestens folgende Angaben enthalten:
1. den Namen oder die Firma und den Sitz der an der Verschmelzung beteiligten Rechtsträger;
2. die Vereinbarung über die Übertragung des Vermögens jedes übertragenden Rechtsträgers als Ganzes gegen Gewährung von Anteilen oder Mitgliedschaften an dem übernehmenden Rechtsträger;
3. das Umtauschverhältnis der Anteile und gegebenenfalls die Höhe der baren Zuzahlung oder Angaben über die Mitgliedschaft bei dem übernehmenden Rechtsträger;
4. die Einzelheiten für die Übertragung der Anteile des übernehmenden Rechtsträgers oder über den Erwerb der Mitgliedschaft bei dem übernehmenden Rechtsträger;
5. den Zeitpunkt, von dem an diese Anteile oder die Mitgliedschaften einen Anspruch auf einen Anteil am Bilanzgewinn gewähren, sowie alle Besonderheiten in bezug auf diesen Anspruch;
6. den Zeitpunkt, von dem an die Handlungen der übertragenden Rechtsträger als für Rechnung des übernehmenden Rechtsträgers vorgenommen gelten (Verschmelzungsstichtag);
7. die Rechte, die der übernehmende Rechtsträger einzelnen Anteilsinhabern sowie den Inhabern besonderer Rechte wie Anteile ohne Stimmrecht, Vorzugsaktien, Mehrstimmrechtsaktien, Schuldverschreibungen und Genußrechte gewährt, oder die für diese Personen vorgesehenen Maßnahmen;
8. jeden besonderen Vorteil, der einem Mitglied eines Vertretungsorgans oder eines Aufsichtsorgans der an der Verschmelzung beteiligten Rechtsträger, einem geschäftsführenden Gesellschafter, einem Partner, einem Abschlußprüfer oder einem Verschmelzungsprüfer gewährt wird;
9. die Folgen der Verschmelzung für die Arbeitnehmer und ihre Vertretungen sowie die insoweit vorgesehenen Maßnahmen.

(2) Befinden sich alle Anteile eines übertragenden Rechtsträgers in der Hand des übernehmenden Rechtsträgers, so entfallen die Angaben über den Umtausch der Anteile (Absatz 1 Nr. 2 bis 5), soweit sie die Aufnahme dieses Rechtsträgers betreffen.

(3) Der Vertrag oder sein Entwurf ist spätestens einen Monat vor dem Tage der Versammlung der Anteilsinhaber jedes beteiligten Rechtsträgers, die gemäß § 13 Abs. 1 über die Zustimmung zum Verschmelzungsvertrag beschließen soll, dem zuständigen Betriebsrat dieses Rechtsträgers zuzuleiten.

Literatur:

Aha, Aktuelle Aspekte der Unternehmensbewertung im Spruchstellenverfahren, AG 1999, 26; *Aha*, Einzel- oder Gesamtrechtsnachfolge bei der Ausgliederung?, AG 1997, 345; *Austmann/Frost*, Vorwirkungen von Verschmelzungen, ZHR 169 (2005), 431; *Bachner*, Individualarbeits- und kollektivrechtliche Auswirkungen des neuen Umwandlungsgesetzes, NJW 1995, 2881; *Bayer*, 1000 Tage neues Umwandlungsrecht – eine Zwischenbilanz, ZIP 1997, 1613; *Bermel/Müller*, Vinkulierte Namensaktien und Verschmelzung, NZG 1998, 331; *Blechmann*, Die Zuleitung des Umwandlungsvertrags an den Betriebsrat, NZA 2005, 1143; *Bitzer*, Probleme der Prüfung des Umtauschverhältnisses bei aktienrechtlichen Verschmelzungen, 1987; *Boecken*, Unternehmensumwandlungen und Arbeitsrecht, 1996; *Bungert*, Umtauschverhältnis bei Verschmelzungen entspricht nicht den

Börsenwerten, BB 2003, 699; *Bungert/Leyendecker-Langner*, Umwandlungsverträge und ausländische Arbeitnehmer, ZIP 2014, 1112; *Busse von Colbe*, Berücksichtigung von Synergien versus Stand-alone-Prinzip bei der Unternehmensbewertung, ZGR 1994, 595; *Däubler*, Das Arbeitsrecht im neuen Umwandlungsgesetz, RdA 1995, 136; *A. Drygala*, Die Reichweite der arbeitsrechtlichen Angaben im Verschmelzungsvertrag, ZIP 1996, 1365; *T. Drygala*, Deal Protection in Verschmelzungs- und Unternehmenskaufverträgen – eine amerikanische Vertragsgestaltung auf dem Weg ins deutsche Recht, WM 2004, 1457; *T. Drygala*, Zuwendungen an Unternehmensorgane bei Umwandlungen und Übernahmen – unethisch, aber wirksam?, in: FS K. Schmidt, 2009, 269; *Dzida/Schramm*, Arbeitsrechtliche Pflichtangaben bei innerstaatlichen und grenzüberschreitenden Verschmelzungen, NZG 2008, 521; *Engelmeyer*, Informationsrechte und Verzichtsmöglichkeiten im Umwandlungsgesetz, BB 1998, 330; *Erb*, Der Börsenkurs als Untergrenze der Abfindung auch in Verschmelzungsfällen, DB 2001, 523; *Fleischer/Bong*, Unternehmensbewertung bei konzernfreien Verschmelzungen zwischen Geschäftsleiterermessen und Gerichtskontrolle, NZG 2013, 881; *Graef*, Nichtangabe von besonderen Vorteilen im Verschmelzungsvertrag gemäß § 5 Abs. 1 Nr. 8 UmwG – Unwirksamkeit der getroffenen Vereinbarungen?, GmbHR 2005, 908; *Hadding/Hennrichs*, Zur Verschmelzung unter Beteiligung rechtsfähiger Vereine nach dem neuen Umwandlungsgesetz, in: FS Boujong, 1996, 203; *Hausch*, Arbeitsrechtliche Pflichtangaben nach dem Umwandlungsgesetz, RNotZ 2007, 308, 396; *Heckschen*, Die Entwicklung des Umwandlungsrechts aus Sicht der Rechtsprechung und Praxis, DB 1998, 1385; *Hjort*, Der notwendige Inhalt eines Verschmelzungsvertrages aus arbeitsrechtlicher Sicht, NJW 1999, 750; *Hockemeier*, Die Auswirkung der Verschmelzung von Kapitalgesellschaften auf die Anstellungsverhältnisse der Geschäftsleiter, 1990; *Hoffmann-Becking*, Das neue Verschmelzungsrecht in der Praxis, in: FS Fleck, 1988, 105; *Ihrig*, Gläubigerschutz durch Kapitalaufbringung bei Verschmelzung und Spaltung nach neuem Umwandlungsrecht, GmbHR 1995, 622; *Ihrig*, Verschmelzung und Spaltung ohne Gewährung neuer Anteile? ZHR 160 (1996), 317; *Ihrig/Redecke*, Zum besonderen Vorteil von Vorstands- und Aufsichtsratsmitgliedern im Sinne von § 5 Abs. 2 Nr. 8 UmwG, in: FS Maier-Reimer, 2010, 297; *Ising*, Wegfall des Umwandlungsbeschlusses im Konzern, NZG 2011, 1368; *Joost*, Arbeitsrechtliche Angaben im Umwandlungsvertrag, ZIP 1995, 976; *Kallmeyer*, Das neue Umwandlungsgesetz, ZIP 1994, 1746; *Kallmeyer*, Der Ein- und Austritt der Komplementär-GmbH einer GmbH & Co. KG bei Verschmelzung, Spaltung und Formwechsel nach dem Umwandlungsgesetz, GmbHR 1996, 80; *Katschinski*, Die Begründung eines Doppelsitzes bei Verschmelzung, ZIP 1997, 620; *Kiem*, Die schwebende Umwandlung, ZIP 1999, 173; *Kollmorgen/Feldhaus*, Probleme der Übertragung von Vermögen mit Auslandsbezug nach dem Umwandlungsgesetz, BB 2007, 2189; *Kowalski*, Kapitalerhöhung bei horizontaler Verschmelzung, GmbHR 1996, 158; *Krause*, Wie lang ist ein Monat? – Fristberechnung am Beispiel des § 5 III UmwG, NJW 1999, 1448; *Lutter*, Aktienerwerb von Rechtswegen: Aber welche Aktien?, in: FS Mestmäcker, 1996, 943; *Luttermann*, Zum Börsenkurs als gesellschaftsrechtliche Bewertungsgrundlage, ZIP 1995, 45; *Marsch-Barner*, Abschaffung von Stimmrechtslosen Vorzugsaktien nach den Regeln des AktG oder des UmwG, Liber Amicorum M. Winter, 2011, 467; *Martens*, Kontinuität und Diskontinuität im Verschmelzungsrecht der Aktiengesellschaft, AG 1986, 57; *Melchior*, Die Beteiligung von Betriebsräten an Umwandlungsvorgängen aus Sicht des Handelsregisters, GmbHR 1996, 833; *K.J. Müller*, Die Zuleitung des Verschmelzungsvertrages an den Betriebsrat nach § 5 Abs. 3 Umwandlungsgesetz, DB 1997, 713; *Müller-Eising/Bert*, § 5 Abs. 3 UmwG: Eine Norm, eine Frist, drei Termine, DB 1996, 1398; *Paschos*, Die Maßgeblichkeit des Börsenkurses bei Verschmelzungen, ZIP 2003, 1017; *Pfaff*, Angaben zu den arbeitsrechtlichen Folgen einer Umwandlung sind auch bei fehlendem Betriebsrat erforderlich, BB 2002, 1604; *Priester*, Mitgliederwechsel im Umwandlungszeitpunkt, DB 1997, 560; *Reichert*, Die Folgen der Anteilsvinkulierung für Umstrukturierungen von Gesellschaften mit beschränkter Haftung und Aktiengesellschaften nach dem Umwandlungsgesetz 1995, GmbHR 1995, 176; *Reuter*, Börsenkurs und Unternehmenswertvergleich aus Eignersicht, DB 2001, 2483; *Riegger*, Der Börsenkurs als Untergrenze der Abfindung?, DB 1999, 1889; *Schütz/Fett*, Variable oder starre Stichtagsregelungen in Verschmelzungsverträgen?, DB 2002, 2696; *Schwenn*, Kettenverschmelzung bei Konzernsachverhalten, Der Konzern 2007, 173; *Stohlmeier*, Zuleitung der Umwandlungsdokumentation und Einhaltung der Monatsfrist: Verzicht des Betriebsrats?, BB 1999, 1394; *Tillmann*, Die Verschmelzung von Schwestergesellschaften unter Beteiligung von GmbH und GmbH & Co. KG, GmbHR 2003, 740; *Ulrich/Böhle*, Verschmelzung auf zum Verschmelzungsstichtag nicht existierende Rechtsträger, GmbHR 2006, 644; *J. Vetter*, Zum Ausgleich von Spitzen(beträgen) bei der Abfindung in Aktien, AG 1997, 6; *Wicke*, Der Grundsatz der Anteilsgewährung bei der Verschmelzung und seine Ausnahmen, ZGR 2017, 527; *Willemsen*, Arbeitsrecht im Umwandlungsgesetz – Zehn Fragen aus der Sicht der Praxis, NZA 1996, 791; *Willemsen*, Die Beteiligung des Betriebsrats im Umwandlungsverfahren, RdA 1998, 23; *Wilsing/Kruse*, Maßgeblichkeit der Börsenkurse bei umwandlungsrechtlichen Verschmelzungen?, DStR 2001, 991; *M. Winter*, Die Anteilsgewährung – zwingendes Prinzip des Verschmelzungsrechts?, in: FS Lutter, 2000, 1279; *Wlotzke*, Arbeitsrechtliche Aspekte des neuen Umwandlungsrechts, DB 1995, 40.

A. Normzweck	1	a) Inhalt und Umfang	75
B. Inhalt des Verschmelzungsvertrages	5	b) Einzelfälle	86
I. Mindestinhalt des Vertrages, Abs. 1	5	c) Prüfung des Registergerichts	94
1. Name, Firma und Sitz, Nr. 1	9	d) Kein Unterlassungsanspruch der Arbeitnehmervertretung	99
2. Übertragungsvereinbarung, Nr. 2	13	e) Fehlerhafte oder unvollständige Angaben	100
a) Vermögen als Ganzes	14	II. Weitergehende zwingende Inhalte	101
b) Anteilsgewährung	16	III. Weitergehende dispositive Inhalte	103
3. Umtauschverhältnis, Nr. 3	28	IV. Mängel des Verschmelzungsvertrages	108
4. Mitgliedschaftserwerb, Nr. 4	41	C. Konzernverschmelzung, Abs. 2	109
5. Zeitpunkt der Gewinnbezugsberechtigung, Nr. 5	45	I. Up-Stream-Merger	109
6. Verschmelzungsstichtag, Nr. 6	52	II. Down-Stream-Merger	112
7. Sonderrechte, Nr. 7	63	III. Side-Step-Merger	114
8. Sondervorteile, Nr. 8	68	D. Konstitutive Beteiligung des Betriebsrates, Abs. 3	115
9. Folgen und Maßnahmen für Arbeitnehmer und deren Vertretungen, Nr. 9	72		

A. Normzweck

1 Die Vorgaben der Nrn. 1–8 folgen aus der Umsetzung des Art. 5 Abs. 2 der Dritten Richtlinie.[1] Die Vorgaben aus Abs. 1 Nr. 9 und Abs. 3 folgern aus der Neugestaltung des UmwG. Abs. 2 geht zurück auf Art. 24 S. 2 der Dritten Richtlinie. Er entspricht inhaltlich dem § 352b AktG aF.

2 Die Vorschrift legt die elementaren **Mindestinhalte** des Verschmelzungsvertrages bzw. dessen Entwurf für die in § 3 benannten verschmelzungsfähigen Rechtsträger fest. Damit wird ein **Transparenzstandard** geschaffen, der nicht unterschritten werden darf und damit ein ausreichendes Informationsgerüst über den Verschmelzungsvorganges durch verpflichtende Information der Anteilsinhaber und Arbeitnehmer sicherstellt.[2]

3 Für den Spaltungs- und Übernahmevertrag gelten die Mindestinhalte über die Verweisungsnormen der §§ 126, 136 S. 2 entsprechend. Soweit der Formwechsel mangels Vermögensübertragung eine Sonderstellung innerhalb der Umwandlungsarten einnimmt, ist der zwingende Inhalt des Umwandlungsbeschlusses in § 194 mit vergleichbaren **Transparenzpflichten** festgelegt.[3]

4 Soweit in Vorverträgen oder **Absichtserklärungen** durch die Parteien bereits Inhalte des Verschmelzungsvertrages verbindlich festgeschrieben werden sollen, bedürfen diese der gleichen Behandlung wie der Verschmelzungsvertrag und sind wie ein Vorvertrag zu bewerten (→ § 4 Rn. 24). Sie sind zudem in den Verschmelzungsvertrag im Rahmen des § 5 aufzunehmen. Ihre Beurkundungspflicht richtet sich dann nach den in § 4 dargestellten Grundsätzen. Solche Erklärungen können etwa Absichtserklärungen, Grundsatzvereinbarungen, Vereinbarungen über Grundzüge oder die wirtschaftlichen Hintergründe der Verschmelzung wie auch ihre unternehmerische Gesamtkonzeption oder auch sog. Business Combination Agreements sein.[4] Wird in einer derartigen Vereinbarung bereits eine zukünftige **gesellschaftsrechtliche Struktur** (vorgezogen) festgelegt, kann dies, neben den Anforderungen des § 5, auch die Anwendung der §§ 291 ff. AktG zur Folgen haben; dies ist dann folgerichtig, wenn derartige Regelungen wie

---

[1] Dritte gesellschaftsrechtliche Richtlinie 78/855/EWG vom 9.10.1978; inhaltlich entspr. Regelungen waren bereits in § 340 AktG, § 21 KapErhG, § 44a VAG enthalten; dazu näher Maulbetsch/Klumpp/*Maulbetsch* § 5 Rn. 4.

[2] S. dazu Lutter/*Drygala* § 5 Rn. 2; Semler/Stengel/Leonard/*Schröer/Greitemann* § 5 Rn. 1.

[3] S. dazu die umfangreiche Darstellung bei *Kallmeyer* ZIP 1994, 1746.

[4] Kallmeyer/Marsch-Barner/Oppenhoff § 5 Rn. 1; ähnlich Maulbetsch/Klumpp/*Maulbetsch* § 5 Rn. 6.

ein Beherrschungsvertrag wirken.⁵ Soweit die Unternehmensleitung hier besondere Geheimhaltungsinteressen verfolgt, sollte sie dabei stets den § 5 im Blick haben und einen solchen Konflikt umgehen. Unter Umständen kann sich dadurch eine abweichende Gestaltung außerhalb der starken Informationspflichten des UmwG für die betreffenden Rechtsträger empfehlen (→ § 1 Rn. 33, 40 ff.).

B. Inhalt des Verschmelzungsvertrages
I. Mindestinhalt des Vertrages, Abs. 1

Der Gesetzgeber legt in Nrn. 1–9 den Mindestinhalt des Verschmelzungsvertrages verbindlich fest. Sofern keine Angaben erforderlich sind, besteht grds. kein Zwang zu einer **Negativerklärung**.⁶ Es muss sich jedoch aus dem Verschmelzungsvertrag deutlich ergeben, dass alle Unterpunkte des Abs. 1 Beachtung gefunden haben. 5

Hinweis: Da der Verschmelzungsvertrag eine maßgebliche Quelle der Information insbes. der Anteilsinhaber ist und eine Grundlage der Anmeldung zum Registergericht darstellt, empfiehlt es sich aus Gründen der Rechtssicherheit, sich zu jeder Nr. des Abs. 1 zu äußern – ggf. dann durch Negativmeldung.

Darüber hinausgehende Vereinbarungen der Parteien können im Rahmen ihrer **Vertragsfreiheit** ebenfalls darin festgelegt werden (→ Rn. 103 ff.). Nur im engen Rahmen einer Konzernverschmelzung (Abs. 2) kann auf vereinzelte Festlegungen verzichtet werden (hier wird auf og Hinweis verwiesen). 6

Über dieses Mindestmaß hinaus sind weiter gesetzlich zwingend Bestimmungen über ein **Abfindungsangebot** (§ 29) zu regeln. Ferner sind durch entsprechende Regelung im Verschmelzungsvertrag rechtsformspezifische Sonderbestimmungen zu berücksichtigen (s. etwa die zusätzlichen Bestimmungen in den §§ 40, 45b, 46, 57, 80 und 110). 7

Der Vertrag ist grds. nach den allgemeinen Regeln des BGB auszulegen, §§ 133, 157 BGB.⁷ Der Verschmelzungsvertrag ist **objektiv** auszulegen, so dass die für die Auslegung der Satzung einer Kapitalgesellschaft geltenden Grundsätze Anwendung finden.⁸ Der Empfängerhorizont der Leitungsorgane ist irrelevant – allein maßgebend für die Auslegung ist, wie die einzelne Regelung aus Sicht eines objektiven Dritten zu verstehen ist.⁹ Denn die Regelungen des Verschmelzungsvertrages wirken nicht nur inter partes zwischen den beteiligten Rechtsträgern, sondern auch (mittelbar) gegenüber den jeweiligen Anteilsinhabern und sogar gegenüber den Gläubigern, die aufgrund der Gesamtrechtsnachfolge keine Möglichkeit haben, einem Schuldnerwechsel zu widersprechen. *Drygala* plädiert hingegen mit beachtlichen Argumenten für eine Einzelfallbetrachtung und differenziert danach, ob durch eine subjektivierte Betrachtung Interessen der Anteilsinhaber, Gläubiger oder sonstiger Dritter betroffen werden.¹⁰ 8

---

5 Dazu OLG München NZG 2008, 753; LG München AG 2008, 301 (jeweils HVB/UniCredit); Kallmeyer/*Marsch-Barner/Oppenhoff* § 5 Rn. 1.
6 So Lutter/*Drygala* § 5 Rn. 3; betr. Nr. 7 und 8 auch OLG Frankfurt a. M. NZG 2011, 1278 (1279 f.).
7 Lutter/*Drygala* § 5 Rn. 3; Semler/Stengel/Leonard/*Schröer/Greitemann* § 5 Rn. 4; Widmann/Mayer/*Mayer* § 4 Rn. 15.
8 Semler/Stengel/Leonard/*Schröer/Greitemann* § 5 Rn. 4; Lutter/*Drygala* § 5 Rn. 4, 7.
9 Lutter/*Drygala* § 5 Rn. 4.
10 Lutter/*Drygala* § 5 Rn. 5 f. ua unter Verweis auf BGH AG 2004, 98 und BGH ZIP 2008, 600 (zur Spaltung).

1. Name, Firma und Sitz, Nr. 1

9 Die vornehmliche Funktion der Nr. 1 ist die zweifelsfreie **Identifikation** der beteiligten Rechtsträger. Als grundlegende Voraussetzung schreibt Nr. 1 die Aufnahme des **Namens** bzw. der **Firma** und des **Sitzes** der an der Verschmelzung beteiligten Rechtsträger vor. Diese Funktion verlangt die Angabe der tatsächlichen Verhältnisse im Verschmelzungsvertrag. Ausreichend aber auch erforderlich ist, wenn die Angaben im Verschmelzungsvertrag denjenigen aus Gesellschaftsvertrag bzw. Satzung sowie dem Handelsregister entsprechen.[11] Es sind der übertragende und der übernehmende Rechtsträger genau zu bestimmen und entsprechend zu bezeichnen. Bei der Verschmelzung zur Neugründung ist für den übernehmenden Rechtsträger die **zukünftige Firmierung** sowie der **zukünftige Sitz** anzugeben.[12] Besteht ein **Doppelsitz** eines Rechtsträgers bereits vor der Verschmelzung, so sind beide Sitze anzugeben. Entscheidend sind einzig die tatsächlichen Verhältnisse, nicht jedoch deren gesellschaftsrechtliche Zulässigkeit.

10 Sofern auf Seiten eines der beteiligten Rechtsträger Änderungen dieser tatsächlichen Verhältnisse vorgenommen werden sollen, die zum Zeitpunkt des Verschmelzungsvertrages noch nicht in dessen Register eingetragen sind, so ist zusätzlich zum jeweils aktuellen Stand dann ein Hinweis auf die Änderung zu geben, sofern die Änderung im Laufe des Verschmelzungsverfahrens wirksam wird bzw. dies vorhersehbar ist.[13] Der entsprechende Hinweis ist notwendig, um der **Identifikationsfunktion** der Nr. 1 zu genügen. Ein solches Vorgehen ist insbesondere bei sog. **Kettenverschmelzungen** anzuraten, da hier Verschmelzungen nacheinander durchgeführt und entsprechend einzutragen sind.[14]

11 Haben sich die Parteien darauf geeinigt, dass mit Wirksamkeit der Verschmelzung (§ 20) die Firmierung des übernehmenden Rechtsträgers verändert werden soll, so ist dies kein konstitutiver Inhalt des Verschmelzungsvertrages, da dies dem eigentlichen Verschmelzungsvorgang nachgelagert ist und die Identifizierungsfunktion der Nr. 1 dies somit nicht verlangt. Die Aufnahme eines Hinweises ist jedoch aus Transparenzgründen anzuraten. Soll der übernehmende Rechtsträger einen Doppelsitz führen, so sind die Zulässigkeitsvoraussetzungen der jeweilgen rechtsformspezifischen Sondergesetze zu beachten.[15] Allein die Verschmelzung zweier vormals eigenständiger Rechtsträger berechtigt an sich noch nicht zur Führung eines Doppelsitzes.[16] Ist ein **Doppelsitz** ausnahmsweise zulässig, so sind die tatsächlichen Verhältnisse im Verschmelzungsvertrag anzugeben, um eine zweifelsfreie Identifikation des Rechtsträgers zu ermöglichen; folglich sind beide Sitze anzugeben.[17]

12 Die Angabe der **gesetzlichen Vertreter** ist nach richtiger Auffassung nicht erforderlich.[18] Der Wortlaut der Nr. 1 verlangt dies ebenfalls nicht. Die am Abschluss beteiligten Mitglieder der Vertretungsorgane können – sofern hierfür ein Interesse besteht – der notariellen Urkunde entnommen werden.

---

[11] Lutter/*Drygala* § 5 Rn. 11; Widmann/Mayer/*Mayer* § 5 Rn. 11.
[12] Lutter/*Drygala* § 5 Rn. 11.
[13] Semler/Stengel/Leonard/*Schröer/Greitemann* § 5 Rn. 5.
[14] Zu möglichen Problemen OLG Hamm GmbHR 2006, 255 (256); → Rn. 85, 104.
[15] S. hierzu und zur Begründung eines Doppelsitzes im Rahmen einer Verschmelzung *Katschinski* ZIP 1997, 620; diese Möglichkeit stark einschränkend jedoch Lutter/*Drygala* § 5 Rn. 12 mit Hinweis auf praktische Beispiele.
[16] Zu den daraus resultierenden Zuständigkeitsproblemen Lutter/*Drygala* § 5 Rn. 12.
[17] Semler/Stengel/Leonard/*Schröer/Greitemann* § 5 Rn. 5.
[18] Maulbetsch/Klumpp/*Maulbetsch* § 5 Rn. 17; Lutter/*Drygala* § 5 Rn. 13; aA ist Widmann/Mayer/*Mayer* § 5 Rn. 11, wonach auch die gesetzlichen Vertreter im Rahmen der Nr. 1 anzugeben sind; eine nähere Begründung für diese Auffassung wird nicht gegeben.

Inhalt des Verschmelzungsvertrags § 5 UmwG

2. Übertragungsvereinbarung, Nr. 2

Nr. 2 betrifft den Kernbereich der Verschmelzung selber, indem er die Vereinbarung der **Vermögensübertragung gegen die Gewährung von Anteilen** am übernehmenden Rechtsträger zum zwingenden Bestandteil des Verschmelzungsvertrages erklärt. Diese Verpflichtung zur Gewährung von Anteilen gilt grundsätzlich und entfällt lediglich in den im UmwG selber festgelegten Fällen (s. § 5 Abs. 2, § 54 Abs. 1, § 68 Abs. 1). Dem klaren Wortlaut folgend muss der Verschmelzungsvertrag regeln, dass der übertragende Rechtsträger sein Vermögen als Ganzes gegen Gewährung von Anteilen oder Mitgliedschaften des übernehmenden Rechtsträgers an die Anteilsinhaber oder Mitglieder des übertragenden Rechtsträgers auf den übernehmenden Rechtsträger überträgt. Eine Pflicht zu konkretisieren, ob es sich um eine Verschmelzung zur Aufnahme oder Neugründung handelt, besteht zwar nicht; gleichwohl ist eine eindeutige Bezeichnung aus Transparenzgründen ratsam.[19]

a) Vermögen als Ganzes

In der Vermögensübertragung als Ganzes kommt die umwandlungsrechtlich intendierte **Gesamtrechtsnachfolge** zum Ausdruck. Mit Wirksamkeit der Verschmelzung durch deren Eintragung im Handelsregister des übernehmenden Rechtsträgers gehen alle Vermögensgegenstände (Aktiva und Passiva) des übertragenden Rechtsträgers **automatisch** auf den übernehmenden Rechtsträger über.[20] Sofern einzelne Vermögensgegenstände diesem Automatismus nicht unterfallen sollen, kann deren Herausnahme nicht im Verschmelzungsvorgang vorgenommen werden. Eine entsprechende Vertragsgestaltung ist unwirksam, da die Gesamtrechtsnachfolge an sich nicht abbedungen werden kann. Sofern der Verschmelzungsvertrag einzelne Vermögensgegenstände ohne eigenständige Aussonderungsregelung auf Dritte von der Verschmelzung ausnehmen will, unterfällt diese Abrede der Nichtigkeit. Ob als Konsequenz der gesamte Verschmelzungsvertrag nichtig ist, muss gem. § 139 BGB untersucht werden.[21] Sollen einzelne Vermögensgegenstände nicht auf den übernehmenden Rechtsträger übergehen, so ist deren **Herauslösung** nur vor Wirksamwerden der Verschmelzung durch Einzelübertragung möglich. Dies darf jedoch keinesfalls zu einer nachteiligen Verschiebung der Angemessenheit des Umtauschverhältnisses führen (arg. e. § 15).[22] Um dies rechtssicher verhindern zu können, bietet sich eine Regelung über die vorzeitige Herauslösung aus dem Gesellschaftsvermögen im Verschmelzungsvertrag an.[23]

Die in der Praxis oftmals verwendete Formulierung der Übertragung des Vermögens „**unter Ausschluss der Abwicklung**" ist nicht erforderlich, dessen Verwendung ist jedoch unschädlich.[24] Es ist ratsam an dieser Stelle des Verschmelzungsvertrages die gesetzliche Formulierung der Nr. 2 zu übernehmen,[25] wenn dies auch nicht zwingend ist, da der Verschmelzungsvertrag bei Unklarheiten der Auslegung zugänglich ist. Möglich, wenn auch nicht zwingend notwendig, ist es ferner, eine Formulierung zu wählen, die

---

19 Ebenso Lutter/*Drygala* § 5 Rn. 14.
20 Im Gegensatz hierzu gehen bei der Übertragung des künftigen Vermögens als Ganzes im Wege der Einzelrechtsnachfolge gem. § 311b Abs. 2 BGB nur die Aktiva über.
21 Lutter/*Drygala* § 5 Rn. 15.
22 Lutter/*Decher* § 15 Rn. 4.
23 Widmann/Mayer/*Mayer* § 5 Rn. 14 empfiehlt sogar, im Verschmelzungsvertrag dem übertragenden Rechtsträger diese Übertragung schuldrechtlich aufzuerlegen; s. auch Semler/Stengel/Leonard/*Schröer/Greitemann* § 5 Rn. 7.
24 So auch Widmann/Mayer/*Mayer* § 5 Rn. 12; zu dieser Formulierung ratend jedoch Lutter/*Drygala* § 5 Rn. 14.
25 Lutter/*Drygala* § 5 Rn. 14; Semler/Stengel/Leonard/*Schröer/Greitemann* § 5 Rn. 6.

auch erkennen lässt, ob eine Verschmelzung zur Aufnahme oder durch Neugründung geplant ist.

Formulierungsvorschlag:
Die A-AG überträgt ihr Vermögen als Ganzes mit allen Rechten und Pflichten gem. [§ 2 Nr. 1 UmwG im Wege der Aufnahme/gem. § 2 Nr. 2 UmwG im Wege der Neugründung] auf die B-AG gegen Gewährung von Aktien der B-AG an die Aktionäre der A-AG.

b) Anteilsgewährung

16 Als Gegenleistung für die Vermögensübertragung muss der Verschmelzungsvertrag die Gewährung von Anteilen oder Mitgliedschaftsrechten am übernehmenden Rechtsträger sicherstellen.[26] Das UmwG geht durch die Grundsätze der **Mitgliederidentität**, der **Quotenidentität** und der **Gattungsidentität** davon aus, dass alle Anteilseigner, die vor der Verschmelzung an den beteiligten Rechtsträgern beteiligt waren, auch nach der Verschmelzung in dem quotalen Verhältnis und mit möglichst den gleichen Rechten an den noch verbleibenden Rechtsträgern beteiligt sind, welches wirtschaftlich und rechtlich den Verhältnissen vor der Verschmelzung entspricht.[27] *Mayer* spricht hierbei vom „**Dogma der Anteilsgewährpflicht**".[28] Diese Grundsätze gebieten es, dass die entsprechende Regelung im Verschmelzungsvertrag sämtliche Anteilsinhaber der beteiligten Rechtsträger umfassend berücksichtigt. Es muss sichergestellt sein, dass jeder Anteilsinhaber – insbesondere diejenigen des übertragenden Rechtsträgers – mit Wirksamkeit der Verschmelzung die Wahrnehmung seiner Rechte und Pflichten am übernehmenden Rechtsträger fortsetzen kann. Die Grundsätze der Anteilsinhaberidentität und -kontinuität konkretisieren sich hier dergestalt, dass der konkrete Anteilstausch so reibungslos wie möglich zu planen und durchzuführen ist.[29]

17 Die **Anteilsgewährungspflicht** entfällt nur in den gesetzlich vorgesehenen Fällen (§ 5 Abs. 2, § 20 Abs. 1 Nr. 3),[30] ist in einzelnen Fällen gesetzlich ausgeschlossen (§ 54 Abs. 1 S. 3, § 68 Abs. 1 S. 3) und kann bei einer Verschmelzung von Kapitalgesellschaften entfallen, sofern die Anteilsinhaber des übertragenden Rechtsträgers verzichten.[31] Der Verzicht gemäß § 54 Abs. 1 S. 3 kann in Ausnahmefällen auch konkludent erfolgen.[32] Dass die Anteilsgewährungspflicht zwar grundsätzlich, aber eben nur mit Ausnahmen besteht, lässt sich am Beispiel der Verschmelzung einer GmbH & Co. KG auf eine Kapitalgesellschaft verdeutlichen. Hält die Komplementär-GmbH an der GmbH & Co. KG keinen Kapitalanteil, was der Regelfall sein dürfte, so muss sie bei der Anteilsgewährung am übernehmenden Rechtsträger bedacht werden, da sie sonst mit Wirksamkeit der Verschmelzung ausscheidet.[33] Zur praktischen Lösung dieses Problems wird vorgeschlagen, dem Komplementär vorab beim übertragenden Rechtsträger treuhänderisch

---

26 Deutlich für das synallagmatische Verhältnis OLG Stuttgart AG 2006, 420 ff.
27 OLG Stuttgart AG 2006, 420 (421); ausf. Semler/Stengel/Leonard/*Schröer/Greitemann* § 5 Rn. 10 ff. und Widmann/Mayer/*Mayer* § 5 Rn. 15 ff.
28 Widmann/Mayer/*Mayer* § 5 Rn. 20; dezidiert gegen ein solches Dogma der Anteilsgewährpflicht hingegen *Heckschen* DB 2008, 1363 ff. mit umfangreicher Argumentation und Nachweisen aus Literatur und Rechtsprechung; zu den Ausnahmen von der Anteilsgewährungspflicht s. *Wicke* ZGR 2017, 527.
29 Maulbetsch/Klumpp/*Maulbetsch* § 5 Rn. 22.
30 Mayer/Widmann § 5 Rn. 20; aA *Heckschen* DB 2008, 1363.
31 Streitig; wie hier *Ihrig* ZHR 160 (1996), 317 (339 f.); *Katschinski* ZIP 1998, 1227 (1228); *Priester* DB 1997, 560 (562 ff.); Lutter/*Vetter* § 54 Rn. 63 ff.; Semler/Stengel/Leonard/*Schröer/Greitemann* § 5 Rn. 11; Kallmeyer/*Marsch-Barner/Oppenhoff* § 5 Rn. 5; *Wicke* ZGR 2017, 527; aA Widmann/Mayer/*Mayer* § 5 Rn. 20 ff.; differenzierend Lutter/*Drygala* § 5 Rn. 17 ff.
32 OLG Köln NZG 2020, 421 Rn. 12 ff. mwN.
33 Vgl. dazu OLG Stuttgart AG 2006, 420 (421); so auch Lutter/*Drygala* § 5 Rn. 23; krit. Anmerkungen bei Semler/Stengel/Leonard/*Schröer/Greitemann* § 5 Rn. 16; Kallmeyer/*Marsch-Barner/Oppenhoff* § 5 Rn. 5; *Kallmeyer* GmbHR 1996, 80 (81).

Inhalt des Verschmelzungsvertrags § 5 UmwG

einen Kapitalanteil zu übertragen.³⁴ Anders wäre dies bei der Verschmelzung auf eine Personengesellschaft – hier könnte der Komplementär wieder ohne Kapitalanteil beteiligt werden.

Hinweis: Im Rahmen der vorstehend bezeichneten Konstellationen ist eine vorherige Abstimmung mit den beteiligten Registergerichten empfehlenswert.

Zur ähnlich gelagerten Problematik der Umwandlung einer Ein-Mann-Kapitalgesellschaft in eine Personengesellschaft (insbes. bei der GmbH & Co. KG) → § 228 Rn. 8 f.

Ausgeschlossen ist nach einhelliger Auffassung die Pflicht zur Anteilsgewährung des übernehmenden Rechtsträgers für **eigene Anteile** sowie an einen nicht am übertragenden Rechtsträger beteiligten Dritten (weder quotal noch finanziell). Letzteres verstößt gegen den Grundsatz der **Personenidentität**.³⁵ **18**

Wenn ein Anteilsinhaber bei Verschmelzung sowohl an der übernehmenden Personengesellschaft als auch an der übertragenden Personengesellschaft beteiligt ist, hat eine Anteilsgewährung trotzdem stattzufinden, obgleich immer nur ein Anteil gehalten werden kann; dies geschieht im Wege der **Aufstockung**. Dies leuchtet ein, da sich zwar nicht die Anzahl der Anteile (stets einer) verändert, jedoch dessen Höhe.³⁶ **19**

In inhaltlicher Hinsicht müssen die neuen Anteile am übernehmenden Rechtsträger den Wert der Beteiligung am übertragenden Rechtsträger widerspiegeln und **rechtlich gleichwertig** sein.³⁷ So dürfen etwa für Inhaberaktien ohne Zustimmung der betroffenen Aktionäre keine vinkulierten Namensaktien ausgegeben werden; gem. 29 Abs. 1 S. 2 sind ansonsten widersprechenden Aktionären Abfindungsangebote zu unterbreiten. Stimmrechtslose Anteile anstelle von stimmberechtigten Anteilen können nur insoweit ausgegeben werden, als dies der Wahrung des für alle Anteilsinhaber geltenden Verhältnisses von stimmberechtigten zu stimmrechtslosen Anteilen am übernehmenden Rechtsträger dient.³⁸ Abweichend von diesem Grundsatz können jedoch stimmberechtigte Anteile anstelle von stimmrechtslosen Anteilen ausgegeben werden. Dies wertet die Mitwirkungsrechte der Anteilsinhaber auf, so dass diese mangels Benachteiligung hier grds. nicht schutzwürdig sind. Bei einem Verlust wesentlicher Gesellschafterrechte oder der Auferlegung neuer Pflichten ist analog § 35 BGB die Zustimmung des betroffenen Anteilsinhabers erforderlich.³⁹ **20**

Hinweis: Aus dem Vorstehenden lässt sich der Grundsatz ableiten, dass eine Verschlechterung der Rechtsposition der Anteilsinhaber grundsätzlich unzulässig ist, während die Verbesserung der mitgliedschaftlichen Stellung zulässig ist.

Rechtliche Beeinträchtigungen einzelner Anteilsinhaber sind **wertmäßig** auszugleichen.⁴⁰ Der **Gleichbehandlungsgrundsatz** ist dabei sowohl hinsichtlich der Anteilsinhaber der einzelnen beteiligten Rechtsträger als auch sämtlicher beteiligter Anteilsinha- **21**

---

34 S. dazu auch Semler/Stengel/Leonard/*Schröer/Greitemann* § 5 Rn. 16; Kallmeyer/Marsch-Barner/*Oppenhoff* § 5 Rn. 13.
35 *Priester* DB 1997, 560 ff.; Lutter/*Drygala* § 5 Rn. 23; Ausnahmen hierzu bei Semler/Stengel/Leonard/*Schröer/Greitemann* § 5 Rn. 12 ff.
36 S. dazu ausf. Widmann/Mayer/*Mayer* § 5 Rn. 24.
37 Lutter/*Drygala* § 5 Rn. 18; Semler/Stengel/Leonard/*Schröer/Greitemann* § 5 Rn. 19.
38 Lutter/*Drygala* § 5 Rn. 20; Semler/Stengel/Leonard/*Schröer/Greitemann* § 5 Rn. 24; aA ist *Bayer* ZIP 1997, 1613 (1616).
39 *Heckschen*, Verschmelzung von Kapitalgesellschaften, S. 18; einschr. freilich Widmann/Mayer/*Mayer* § 5 Rn. 71 ff.
40 Kölner Komm UmwG/*Simon* § 2 Rn. 113; Kallmeyer/Marsch-Barner/*Oppenhoff* § 5 Rn. 6.

ber zu berücksichtigen.⁴¹ Ferner sind die rechtsformspezifischen Besonderheiten für die beteiligten Rechtsträger zu beachten (zu den Einzelheiten s. die Kommentierungen zu §§ 13, 43, 50 ff., 65). Bei einer nur sehr geringfügigen Beteiligung eines Anteilsinhabers am übertragenden Rechtsträger muss durch eine möglichst kleine Stückelung der Anteile des übernehmenden Rechtsträgers versucht werden, diesen Anteilsinhabern auch einen Gesellschaftsanteil bzw. eine Mitgliedschaft einräumen zu können; ist dies nicht durchführbar, so muss der geringfügig beteiligte Anteilsinhaber als ultima ratio gegen **Zahlung einer Barabfindung** ausscheiden.⁴² Weitere im Schrifttum diskutierte Lösungen wie die Bildung gemeinsamer Anteile gem. § 18 GmbHG bzw. § 69 AktG, die Zuweisung eines Mindestanteils oder die Änderung des Umtauschverhältnisses durch zuvor erfolgte Gewinnausschüttungen sind rechtlich nicht geboten und folglich aufgrund einer Bevorzugung der geringfügig beteiligten Gesellschafter abzulehnen.⁴³

22 Möglich, aber nicht zwingend erforderlich, ist die Einbindung **teileingezahlter Anteile**. Soweit sie beim übertragenden Rechtsträger bestehen, kann innerhalb der Übertragungsvereinbarung geregelt werden, dass diese ebenfalls als teileingezahlte Anteile beim übernehmenden Rechtsträger neu geschaffen werden. Die Einzahlungsverpflichtung geht dann als Forderung auf den übernehmenden Rechtsträger über.⁴⁴ Eine solche Vereinbarung ist aus Sicht der Schutzinteressen von Gläubigern und Anteilsinhabern des übernehmenden Rechtsträgers zulässig. Sie bietet sich in der Praxis dann an, wenn eine Anteilsübertragung zum gleichen Nennwert möglich ist, da ansonsten die Gefahr besteht, dass der Nennbetrag der neuen Anteile hinter der Einlageschuld zurückbleibt.⁴⁵

23 Problematisch ist der Fall, wenn einer der beteiligten Rechtsträger **überschuldet** ist. Denn die Verschmelzung führt beim übernehmenden Rechtsträger regelmäßig zu einer Kapitalerhöhung gegen Sacheinlagen, sofern für die Anteilsgewährung nicht bereits vorhandene Anteile aus dem Gesellschaftsvermögen verwendet werden können. Konsequenterweise müssen die auf die neuen Anteile des übernehmenden Rechtsträgers vom übertragenden Rechtsträger zu leistenden Einlagen entsprechend **werthaltig** sein. Das heißt, der Wert des vom übertragenden Rechtsträger eingebrachten Vermögens muss mindestens der Summe der vom übernehmenden Rechtsträger dafür gewährten Anteile entsprechen und darf nicht rechnerisch negativ sein. Sofern der übertragende Rechtsträger – nicht nur bilanziell – überschuldet ist, ist demnach eine Verschmelzung grundsätzlich nicht möglich.⁴⁶ Sofern übernehmender Rechtsträger eine Kapitalgesellschaft ist, würde eine Anteilsgewährung gegen den Grundsatz der realen Kapitalaufbringung und das Verbot der Unter-pari-Emission verstoßen.⁴⁷ Ein (wirtschaftlich) positiver Wert für den übertragenden Rechtsträger kann im Ausnahmefall dann zugemessen werden, wenn sich im übernehmenden Rechtsträger durch die Verschmelzung Wertsteigerun-

---

41 So bereits *Schilling* JZ 1953, 489 (490); *Lutter* FS Mestmäcker, 1996, 943 (949); Kallmeyer/*Marsch-Barner/Oppenhoff* § 5 Rn. 7.

42 So auch Semler/Stengel/Leonard/*Schröer/Greitemann* § 5 Rn. 15; Widmann/Mayer/*Mayer* § 50 Rn. 118; Kölner Komm UmwG/*Simon* § 5 Rn. 117; Kallmeyer/*Marsch-Barner/Oppenhoff* § 5 Rn. 8 ff.; Lutter/*Winter/Vetter* § 5 Rn. 134; einschr. Lutter/*Drygala* § 5 Rn. 63, der keinen Abfindungsanspruch, da es sich nicht um eine *Zuzahlung* handelt, sondern die Verwertung des Anteils für Rechnung des ausscheidenden Anteilsinhabers vorsieht.

43 Hierzu ausf. Lutter Kölner Umwandlungsrechtstage/*Winter* S. 48 f.; *Winter* FS Lutter, 2000, 1279 (1289 f.).

44 Dazu Lutter/*Drygala* § 5 Rn. 22; Semler/Stengel/Leonard/*Schröer/Greitemann* § 5 Rn. 17; Widmann/Mayer/*Mayer* § 5 Rn. 77.

45 Semler/Stengel/Leonard/*Schröer/Greitemann* § 5 Rn. 17; Maulbetsch/Klumpp/*Maulbetsch* § 5 Rn. 25; ausf. auch Lutter/*Grunewald* § 20 Rn. 47 f.

46 Lutter/*Drygala* § 5 Rn. 16; Semler/Stengel/Leonard/*Schröer/Greitemann* § 5 Rn. 8.

47 Widmann/Mayer/*Mayer* § 5 Rn. 21.

gen ergeben, wie etwa durch die Nutzung von Synergieeffekten durch Zusammenführung besonderen Knowhows oder von Schutzrechten.

In der Praxis lassen sich hierzu drei Fallgruppen antreffen. Bei Konzernsachverhalten kann vor der Verschmelzung ein Mutter-Tochter-Verhältnis vereinbart werden. Eine solche **Sanierungsverschmelzung** umgeht das Problem, da in diesem Fall keine Pflicht zur Anteilsgewährung besteht.[48] Als zweite Möglichkeit kann diese Verschmelzung (nach freilich umstrittener Auffassung, → Rn. 12) ohne Anteilsgewährung stattfinden, sofern alle Anteilsinhaber des übertragenden Rechtsträgers darauf verzichten, § 54 Abs. 1, § 68 Abs. 1;[49] hierbei ist jedoch der Fall problematisch, dass der übertragende Rechtsträger ein negatives Vermögen aufweist, weil es ohne Kapitalerhöhung beim übernehmenden Rechtsträger an einer entsprechenden Kontrolle durch das Registergericht mangelt.[50] Im dritten Fall kann bei der Verschmelzung mehrerer Tochtergesellschaften auf eine übernehmende Tochtergesellschaft eine Tochter dann durchaus überschuldet sein, wenn insgesamt betrachtet ein positives Vermögen übertragen wird. Es kann ein einheitlicher Geschäftsanteil geschaffen werden, dessen Werthaltigkeit durch die Summe der Vermögen der übertragenden Rechtsträger geschaffen werden kann. Positives Vermögen der übrigen übertragenden Rechtsträger kann somit die Überschuldung eines übertragenden Rechtsträgers abfedern.[51] Weitere Möglichkeiten bestehen aufgrund gesetzlicher Kapitalaufbringungsregeln nicht. 24

Hinweis: Im Rahmen der vorstehend bezeichneten Konstellationen ist eine vorherige Abstimmung mit den beteiligten Registergerichten empfehlenswert.

Soweit der übernehmende Rechtsträger überschuldet ist, verlagert sich dieses Problem auf die **Ermittlung des Umtauschverhältnisses**.[52] Hier ist zwar der übertragende Rechtsträger in der Lage, werthaltige Einlagen zu leisten, der übernehmende Rechtsträger kann hingegen keine werthaltigen Anteile bieten. Anderes gilt nur, wenn die überschuldete Gesellschaft zB über besonderes Know-how verfügt, das sich erst durch die Verschmelzung realisiert. Sonst bleibt nur die Möglichkeit den Anteilswert mit Null festzulegen, was sich im Umtauschverhältnis niederschlagen muss. Sollten in einem solchen Fall nicht alle Anteilsinhaber zustimmen, so könnte die Verschmelzung am mangelnden Umtauschverhältnis scheitern. Daher findet sich eine solche Konstellation auch häufig nur bei Konzernverschmelzungen Anwendung;[53] hier werden die notwendigen Zustimmungen regelmäßig gegeben. 25

Eine **Veräußerung** des Anteils oder der Mitgliedschaft am übertragenden Rechtsträger nach Abschluss des Verschmelzungsvertrages aber vor wirksamer Eintragung der Verschmelzung ist auch noch möglich; es besteht keine Veräußerungssperre. Der Erwerber wird Anteilsinhaber des übernehmenden Rechtsträgers, ohne dass dies gesonderter Erwähnung bedarf.[54] 26

---

48 S. dazu OLG Stuttgart DB 2005, 2681; LG Leipzig DB 2006, 885; *Heckschen* DB 2005, 2283.
49 Sehr krit. dazu *Mayer/Weiler* DB 2007, 1235.
50 Hierauf weist Widmann/Mayer/*Mayer* § 5 Rn. 21 zu Recht hin; aA *Petersen*, Gläubigerschutz im Umwandlungsrecht, 2001, S. 206 ff.
51 *Heckschen* DB 2005, 2283 (2286); *Wicke* ZGR 2017, 527 (535 f.); Maulbetsch/Klumpp/*Maulbetsch* § 5 Rn. 28; LG Frankfurt a. M. GmbHR 2005, 940; aA OLG Frankfurt a. M. DB 1998, 917; dieses Urteil freilich kritisierend *Heckschen* DB 1998, 1385 (1387).
52 S. näher *Heckschen* DB 2005, 2283.
53 Lutter/*Drygala* § 5 Rn. 17; *Heckschen* DB 1998, 1385 (1387).
54 Widmann/Mayer/*Mayer* § 5 Rn. 91.

27 Es ist streitig, ob eine zur Schaffung notwendiger Anteile beim übernehmenden Rechtsträger durchzuführende **Kapitalerhöhung** im Verschmelzungsvertrag – mit Ausnahme des Sonderfalls in § 46 Abs. 2, in welchem eine Regelung vorgeschrieben ist – zwingend zu regeln ist.[55] Es besteht für den übertragenden Rechtsträger ohne eine entsprechende Verpflichtung unstreitig jedoch kein durchsetzbarer Anspruch hierauf.

Hinweis: Es empfiehlt sich, eine durchzuführende Kapitelerhöhung oder die anderweitige Beschaffungspflicht der auszugebenden Anteile im Verschmelzungsvertrag zu regeln, um direkt einen durchsetzbaren Anspruch des übertragenden Rechtsträgers zu schaffen.

3. Umtauschverhältnis, Nr. 3

28 Die Regelung entspricht hinsichtlich Umtauschverhältnis und barer Zuzahlung Art. 5 Abs. 2 lit. b der Dritten Richtlinie.[56] Entscheidende Bedeutung im Verschmelzungsvertrag gilt der konkret bezifferten Festlegung des **Umtauschverhältnisses der Anteile** sowie der Höhe der ggf. zu leistenden baren (Zu-)Zahlung. Die dem Anteilsinhaber des übertragenden Rechtsträgers im Zuge der Verschmelzung am übernehmenden Rechtsträger gewährten Anteile sind die Gegenleistung seitens des übernehmenden Rechtsträgers für die Übertragung des gesamten Vermögens des übertragenden Rechtsträgers. Die Beteiligung der Anteilsinhaber setzt sich damit ohne Unterbrechung am übernehmenden Rechtsträger fort. Deren Höhe bemisst sich nach dem **Wertverhältnis** der beteiligten Rechtsträger zueinander. Ausreichend für den Verschmelzungsvertrag ist dabei die Angabe des Verhältnisses an sich, die Erläuterung der konkreten Berechnung (insbes. die angewandte Bewertungsmethode) sollte im Verschmelzungsbericht (§ 8 Abs. 1 S. 1) erfolgen, da anderenfalls der Verschmelzungsvertrag überfrachtet würde. Für die Rechtmäßigkeit des Verschmelzungsvertrages und die Wirksamkeit der Verschmelzung ist nur erforderlich, dass das Umtauschverhältnis angegeben ist;[57] die Richtigkeit bzw. Angemessenheit ist dafür nicht konstitutiv und ist auch nicht prüfrelevant für das Registergericht.[58] Die Richtigkeit des Umtauschverhältnisses kann durch die Anteilsinhaber der beteiligten Rechtsträger allein im **Spruchverfahren** überprüft werden, § 15. Konsequenterweise bietet ein nicht angemessenes Umtauschverhältnis für diese auch keinen Anfechtungsgrund, § 14 Abs. 2.

29 Das Umtauschverhältnis muss so genau wie möglich konkretisiert werden; folglich muss der Verschmelzungsvertrag angeben, wie viele Anteile am übernehmenden Rechtsträger für wie viele Anteile am übertragenden Rechtsträger gewährt werden (zB 2:3 oder 4:3).[59] Die Bezugsgröße ist idR der **Nennbetrag**; sofern eine AG Stückaktien ausgegeben hat, muss sich die Angabe konsequenterweise auf die Stückaktien (§ 8 Abs. 3 AktG) beziehen. Der Grad möglicher Konkretisierung ist abhängig von den beteiligten Rechtsträgern.[60] Im Falle von Kapitalgesellschaften genügt die Angabe des Umtauschverhältnisses nach zahlenmäßiger Quote. Ist eine GmbH übernehmender Rechtsträger,

---

55 Dafür: Lutter/*Drygala* § 5 Rn. 64; Semler/Stengel/Leonard/*Schröer*/Greitemann § 5 Rn. 36; Kölner Komm UmwG/*Simon* § 5 Rn. 53; gegen eine zwingende Pflicht, aber die Erwähnung für sinnvoll haltend: Widmann/Mayer/*Mayer* § 5 Rn. 139; *Heidenhain* NJW 1995, 2873 (2875); → Rn. 41 ff.
56 Dritte Richtlinie 78/855/EWG vom 9.10.1978.
57 OLG Brandenburg NZG 2022, 967 Rn. 15.
58 OLG Brandenburg NZG 2022, 967 Rn. 15 ff.; Lutter/*Drygala* § 5 Rn. 27 geht trotzdem von einer Richtigkeitsgewähr des Vertragsmechanismus aus; Semler/Stengel/Leonard/*Schröer*/Greitemann § 5 Rn. 25.
59 BGH NZG 2013, 233 Rn. 27.
60 OLG Brandenburg NZG 2022, 967 Rn. 15 ff.

so muss für jeden Anteilsinhaber des übertragenden Rechtsträgers dessen konkreter Geschäftsanteil an der übernehmenden GmbH nach Wirksamkeit der Verschmelzung festgelegt werden, § 46 Abs. 1.[61] Werden hierbei mehrere Schwestergesellschaften auf eine andere Schwester-GmbH verschmolzen, ist sowohl die Bildung eines einzelnen Geschäftsanteils möglich als auch die Übernahme mehrerer Geschäftsanteile.[62]

Formulierungsvorschlag:
Die A-AG gewährt mit Wirksamwerden der Verschmelzung den Gesellschaftern der B-GmbH als Gegenleistung für die Übertragung des Vermögens der B-GmbH auf die A-AG kostenfrei für je zwei Geschäftsanteile an der B-GmbH im Nennbetrag von jeweils […] EUR drei auf den Inhaber lautende Stammaktien der A-AG sowie eine bare Zuzahlung in Höhe von […] EUR je Geschäftsanteil an der B-GmbH im Nennbetrag von jeweils […] EUR.

Personengesellschaften haben kein Nennkapital, sondern nach der gesetzlichen Regelung einen einzigen variablen Kapitalanteil (§§ 120 ff. HGB). Soweit Personengesellschaften als übertragender Rechtsträger beteiligt sind, muss das Umtauschverhältnis anhand der bereinigten **Gesellschafterkonten** festgelegt werden. Es muss sichergestellt werden, dass der wirtschaftliche Anteil jedes einzelnen Gesellschafters angemessen wiedergegeben wird (zB Berücksichtigung von Verlustvorträgen oÄ).[63] Ist der übernehmende Rechtsträger ebenfalls eine Personengesellschaft, so trifft auch diese die Pflicht zur Bereinigung der Gesellschafterkonten, um eine korrektes Wertverhältnis der Gesellschaften und folglich der Gesellschaftsanteile aller Gesellschafter am übernehmenden Rechtsträger nach Eintragung der Verschmelzung zueinander darzustellen.

Ist übernehmender Rechtsträger eine eG, so sind gemäß § 80 Abs. 1 für jeden Anteilsinhaber des übertragenden Rechtsträgers Anzahl und Betrag der **Genossenschaftsanteile** konkret zu beziffern, mit denen eine zukünftige Beteiligung an der Genossenschaft entsteht.

Sind an der Verschmelzung ausschließlich Versicherungsvereine auf Gegenseitigkeit (VVaG) beteiligt, so kann die Angabe des Umtauschverhältnisses entfallen, § 110.[64]

Sofern ein Verein aufnehmender Rechtsträger ist, muss der Verschmelzungsvertrag Angaben zur **Mitgliedschaft** machen (§§ 99 ff.). Da keine Kapitalanteile bestehen, sind die Rechte und Pflichten der Mitglieder aufzuführen; bei **Sonderrechten** ist die Vorgabe des § 35 BGB zu beachten.

Für Anteile am übertragenden Rechtsträger, die entweder von diesem selbst oder vom übernehmenden Rechtsträger gehalten werden, ist das Umtauschverhältnis irrelevant. Da für diese Anteile keine Gegenleistung gewährt wird, beeinflussen sie auch nicht das Umtauschverhältnis. Im ersten Fall entfällt die Anteilsgewährungspflicht, weil der übertragende Rechtsträger mit Wirksamkeit der Verschmelzung untergeht, während im zweiten Fall der Anspruch aufgrund **Konfusion** von Anspruch und Anteilsgewährungspflicht des übernehmenden Rechtsträgers nicht entsteht.[65] Anderes gilt für Anteile am übernehmenden Rechtsträger. Werden diese vom übertragenden Rechtsträger gehalten,

---

61 Eine Differenzierung unter namentlicher Nennung der Anteilsinhaber bietet sich hier an, vgl. auch Semler/Stengel/Leonard/Schröer/Greitemann § 5 Rn. 26.
62 Entspricht der Änderung der §§ 5 Abs. 2, 55 Abs. 4 GmbHG durch das MoMiG, s. zur alten Rechtslage LG Frankfurt a. M. WM 1999, 322.
63 Semler/Stengel/Leonard/Schröer/Greitemann § 5 Rr. 27.
64 Hiernach sind ferner die Angaben zu Nrn. 1, 4, 5 und 7 entbehrlich, vgl. Semler/Stengel/Leonard/Schröer/Greitemann § 5 Rn. 28.
65 So auch Lutter/Drygala § 5 Rn. 23; Kölner Komm AktG/Kraft § 340 Rn. 23, § 344 Rn. 3.

so gehen diese nicht unter, sondern gehen auf den übernehmenden Rechtsträger über. Bei der Berechnung des Umtauschverhältnisses sind diese Anteile zu berücksichtigen.[66] Sollten sie von einer übernehmenden AG oder GmbH selbst gehalten werden, so besteht aber die Möglichkeit, die notwendige Kapitalerhöhung bereits dadurch (teilweise) abzudecken.

35 Die **Angemessenheit des Umtauschverhältnisses** ist das gesetzgeberische Ziel, wenngleich die Anteilsinhaber im Rahmen ihres Zustimmungsbeschlusses freilich ein unangemessenes Umtauschverhältnis akzeptieren können.[67] Das im Verschmelzungsvertrag festgelegte Umtauschverhältnis ist dann **angemessen**, wenn es die realen wirtschaftlichen Verhältnisse widerspiegelt.[68] Zum Bewertungsstichtag werden die beteiligten Rechtsträger zum Zwecke der Ermittlung des Umtauschverhältnisses vergleichend bewertet; der Bewertungsstichtag ist durch das Gesetz nicht vorgegeben, muss jedoch für alle beteiligten Rechtsträger der gleiche Tag sein. Die Zeitspanne bis zum tatsächlichen Wirksamwerden der Verschmelzung sollte demnach gering gehalten werden, um eine nachträgliche Unangemessenheit durch Wertschwankungen zu verhindern.[69] Sollte bereits erkennbar sein, dass der Zeitraum länger dauern wird, sollte im Verschmelzungsvertrag Vorsorge getroffen werden, dass sich die tatsächlichen Verhältnisse nicht zu weit von dem festgelegten Umtauschverhältnis entfernen (zu den Problemen bei Verzögerung der Handelsregistereintragung der Verschmelzung noch vorgenommener Gewinnausschüttungen → Rn. 51). Neben der Pflicht der jeweiligen Leitungsorgane, den Verschmelzungserfolg zu ermöglichen (→ Vor § 1 Rn. 26), kann der Verschmelzungsvertrag eine auflösende Bedingung (Befristung) seiner Wirksamkeit vorsehen oder eine erneute Bewertung kurz vor Eintragung der Verschmelzung ermöglichen.[70]

36 Fehlt eine entsprechende Regelung und droht die Unverhältnismäßigkeit nachträglich einzutreten, so sind die jeweiligen Leitungsorgane verpflichtet, ihre Anteilsinhaber damit zu konfrontieren. Dies ist bereits im Ausgangspunkt insoweit problematisch, als die Anteilsinhaber der Verschmelzung bereits zugestimmt haben und eine vertragliche Bindung bereits besteht. Es bedarf damit entsprechender Kündigungsmöglichkeiten im Verschmelzungsvertrag selber. Bestehen diese nicht, bleibt einzig eine Lösung vom Vertrag nach den Grundsätzen des **Wegfalls der Geschäftsgrundlage**, sofern eine nachträgliche Anpassung ausscheidet (→ § 4 Rn. 23).

37 Die Frage einer **baren Zuzahlung** kann in mehrfacher Hinsicht bedeutsam werden. Sie stellt sich insbesondere dann, wenn die Ermittlung des angemessenen Umtauschverhältnisses eine Nachkommastelle ergibt. Ist das Verhältnis zB mit 1,7:1 festgelegt worden, so könnte der Umtausch ohne bare Zuzahlung dann nur erfolgen, wenn die übernehmende Gesellschaft für 17 Anteile der übertragenden Gesellschaft 10 eigene Anteile ausgibt. Unterhalb dieser Grenze – im konkreten Beispiel von 17 Anteilen

---

[66] Semler/Stengel/Leonard/*Schröer/Greitemann* § 5 Rn. 29; Kallmeyer/*Lanfermann* § 5 Rn. 19.

[67] Lutter/*Drygala* § 5 Rn. 27; Kölner Komm UmwG/*Simon* § 5 Rn. 9.

[68] Ein voller wirtschaftlicher Wertausgleich ist erforderlich, so zB BVerfG NZG 2012, 1035 (1037) (Daimler/Chrysler); insoweit ablehnend zur vom OLG Stuttgart propagierten „Verhandlungslösung" AG 2006, 421 (Wüstenrot/Württembergische); AG 2011, 149 (Daimler/Chrysler); jeweils basierend auf den Arbeiten von *Stiltz* FS Mailänder, 2006, 423; dazu auch *Fleischer/Bong* NZG 2013, 881; die gerichtliche Kontrolle im Rahmen des Spruchverfahrens gebietet es nicht, einen plausiblen Wert durch einen anderen, ebenfalls nur plausiblen Wert zu ersetzen, so BVerfG AG 2012, 674 ff.; OLG Düsseldorf AG 2017, 827 Rn. 62.

[69] BGH NZG 2013, 233 Rn. 27 (Tag der Hauptversammlung, die über die Zustimmung beschließt); ein variabler Bewertungsstichtag für den Fall von Verzögerungen kann jedoch nicht vereinbart werden.

[70] S. auch Semler/Stengel/Leonard/*Schröer/Greitemann* § 5 Rn. 30.

(sowie den jeweiligen Vielfachen) – besteht die Gefahr, dass Bruchteilsanteile entstehen und Anteilsinhaber unterhalb dieser Grenzen benachteiligt werden (vgl. dazu etwa § 53a AktG). Um eine Benachteiligung zu vermeiden, empfehlen sich vor dem Hintergrund des Gleichbehandlungsgrundsatzes für den übernehmenden Rechtsträger zwei Vorgehensweise: Zuerst kann das festgelegte Umtauschverhältnis gerundet und die ermittelte Rundungsdifferenz als bare Zuzahlung an die Anteilsinhaber des übertragenden Rechtsträgers ausgezahlt werden. Als zweite Variante kann das Umtauschverhältnis mit der Nachkommastelle exakt berechnet werden und die sich dann ergebenden Bruchteilsanteile in bar ausgeglichen werden. Welche Methode sich im konkreten Fall anbietet, ist vom Einzelfall abhängig und sollte durch den Verschmelzungsprüfer geprüft werden. Für Kapitalgesellschaften wird sich im Zweifel die letztere Variante anbieten, da für diese die Sonderregel gilt, dass die bare Zuzahlung nicht höher sein darf als 10 % des Nennbetrages bzw. anteiligen Grundkapitals der insgesamt gewährten Anteile des übernehmenden Rechtsträgers (§ 54 Abs. 4, § 68 Abs. 3, § 87 Abs. 2 S. 2).[71] Personengesellschaften unterliegen dieser Grenze nicht. Sofern die Angemessenheit des Umtauschverhältnisses einer gerichtlichen Prüfung unterzogen wird, ist das Gericht an diese Grenze allerdings nicht gebunden.[72] Sofern sich eine Rundung des Umtauschverhältnisses zulasten der Anteilsinhaber des übernehmenden Rechtsträgers anbietet (etwa wenn die Berechnung dann einfacher ist), kann diese Differenz nicht durch eine bare Zuzahlung ausgeglichen werden. Dies ist insoweit ausgeschlossen, als dass die Vorschriften des § 1 Abs. 3 und § 29 Abs. 1 Barzahlungen nur zugunsten der Anteilsinhaber des übertragenden Rechtsträgers vorsehen. In diesem Fall muss ein anderer Ausgleich geschaffen werden. Möglich ist hier eine gesonderte Dividendenzahlung vor Wirksamkeit der Verschmelzung oder eine abweichende verzögerte Gewinnbezugsberechtigung der Neuaktien nach Wirksamkeit der Verschmelzung (abweichend etwa von § 11 AktG). Es sollte mit der Zustimmung der betroffenen Anteilsinhaber auch möglich sein, einen **Spitzenausgleich** durch Zuzahlung der Anteilsinhaber an den übernehmenden Rechtsträger durchzuführen.[73]

Eine **weitere Möglichkeit der baren Zuzahlung**, neben der Herstellung eines angemessenen Umtauschverhältnisses, besteht darin, dass bare Zuzahlungen (innerhalb des og Rahmens) auch ohne unmittelbaren Bezug zum Umtauschverhältnis an die Anteilsinhaber des übertragenden Rechtsträgers gewährt werden können. Diese Möglichkeit kommt etwa dann in Betracht, wenn Anteile mit unterschiedlichen Rechten (etwa Stamm- und Vorzugsaktien), die sich in unterschiedlichen Werten auswirken, ausgeglichen werden sollen, ohne das Umtauschverhältnis insgesamt davon beeinflussen zu lassen. Diese Möglichkeit eines flexiblen Einsatzes einer baren Zuzahlung ist notwendig, um ein **einheitliches Umtauschverhältnis** zweifelsfrei berechnen und dessen Berechnung vor zu vielen Variablen schützen zu können.[74]

Bare Zuzahlungen sind grundsätzlich **in bar** zu leisten, so dass der Verschmelzungsvertrag ein Angebot in Geld enthalten muss. Nach richtiger Auffassung ist bei Zu-

---

[71] Semler/Stengel/Leonard/*Schröer/Greitemann* § 5 Rn. 31; Kölner Komm UmwG/*Simon* § 2 Rn. 129.
[72] *Ganske* Umwandlungsrecht, RegBegr. S. 50; Semler/Stengel/Leonard/*Schröer/Greitemann* § 5 Rn. 31.
[73] So jedenfalls Kallmeyer/*Lanfermann* § 5 Rn. 22.
[74] Vgl. dazu Semler/Stengel/Leonard/*Schröer/Greitemann* § 5 Rn. 33; Kölner Komm UmwG/*Simon* § 2 Rn. 130; *Ihrig* GmbHR 1995, 622 (630 f.).

stimmung des berechtigten Anteilsinhabers jedoch auch eine Abfindung mit einem Sachwert möglich.[75]

Gemäß § 72a Abs. 1 kann der Verschmelzungsvertrag auch Bestimmungen dazu enthalten, dass anstelle einer baren Zuzahlung zusätzliche Aktien des übernehmenden Rechtsträgers gewährt werden (→ § 72a Rn. 5 ff.). Dadurch kann, sofern sich das Umtauschverhältnis nach den Feststellungen im Spruchverfahren als nicht angemessen herausstellen sollte, das Risiko eines hohen Liquiditätsabflusses beim übernehmenden Rechtsträger begrenzt werden. Dieses neue Recht zur Gewährung zusätzlicher Aktien steht ausschließlich der AG, SE und KGaA zu; für die GmbH besteht eine derartige Möglichkeit nicht.[76]

40 **Angaben über die Mitgliedschaft** sind erforderlich, wenn ein Verein oder ein Versicherungsverein auf Gegenseitigkeit übernehmender Rechtsträger ist. Hier müssen konkrete Angaben über die Mitgliedschaft im Verein bzw. im VVaG gemacht werden. Anstelle eines Umtauschverhältnisses müssen im Verschmelzungsvertrag dann die satzungsmäßigen Rechte und Pflichten der (Neu-)Mitglieder umfassend aufgeführt werden.[77]

4. Mitgliedschaftserwerb, Nr. 4

41 Der Verschmelzungsvertrag muss die Einzelheiten **für die Anteilsübertragung** bzw. den Mitgliedschaftserwerb am übernehmenden Rechtsträger durch die Anteilsinhaber des übertragenden Rechtsträgers festlegen. Dem genauen Wortlaut folgend ist alles anzugeben, was bis zur Übertragung der neuen Anteile mit Wirksamwerden der Verschmelzung stattfinden muss. Darunter fallen etwa die **Herkunft** der auszugebenden Anteile, die Notwendigkeit einer **Kapitalerhöhung** zur Schaffung der neuen Anteile sowie deren bilanzielle Behandlung. Ebenso ist festzulegen, welcher Rechtsträger die **Kosten** der Anteilsübertragung trägt und – soweit möglich – deren konkrete Höhe.[78] Letztere Angabe ist konsequenterweise aus Gründen der Transparenz zum Schutz der Anteilsinhaberinteressen erforderlich.[79] Die finale Übertragung der Anteile erfolgt mit Wirksamwerden der Verschmelzung kraft Gesetzes; einer rechtsgeschäftlichen Einigung ist dies grds. nicht zugänglich. Dem Wortlaut konsequent folgend gilt diese Pflichtangabe nur für die Phase bis zum Erwerb dieser Anteile; alles, was den Zeitraum danach, dh die Abwicklung der Verschmelzung nach deren Wirksamkeit anbetrifft, ist nicht Inhalt der Nr. 4. Spezifische Besonderheiten richten sich nach der Rechtsform des übernehmenden Rechtsträgers.

42 Um den Anforderungen der Nr. 4 zu genügen, muss der Verschmelzungsvertrag auch regeln, woher die zu gewährenden Anteile auf Seiten des übernehmenden Rechtsträgers stammen. Es muss transparent sein, ob die notwendigen Anteile bereits bestehen oder noch geschaffen werden müssen und in welcher Form der übernehmende Rechtsträger seiner Pflicht zur Durchführung der Verschmelzung nachkommt.[80] So ist bei einer Ka-

---

[75] So auch Lutter/*Schmidt* § 40 Rn. 17 f.; Schmitt/Hörtnagl/*Winter*, § 5 Rn. 66; Kallmeyer/*Lanfermann* § 5 Rn. 22; aA Widmann/Mayer/*Mayer* § 5 Rn. 133, 65; Lutter/*Vetter* § 54 Rn. 142; Henssler/Strohn/*Heidinger* UmwG § 5 Rn. 18.

[76] S. Gesetzesbegründung, BT-Drs. 20/3822, 74 f. vom 5.10.2022.

[77] Semler/Stengel/Leonard/*Schröer/Greitemann* § 5 Rn. 34.

[78] Wie hier Lutter/*Drygala* § 5 Rn. 64; einschr. Semler/Stengel/Leonard/*Schröer/Greitemann* § 5 Rn. 35; aA wohl Kölner Komm UmwG/*Simon* § 5 Rn. 51 – die beide nur eine Entscheidung über die Kostentragungspflicht verlangen.

[79] Deutlich Lutter/*Drygala* § 5 Rn. 64.

[80] Semler/Stengel/Leonard/*Schröer/Greitemann* § 5 Rn. 36.

pitalgesellschaft im Verschmelzungsvertrag darauf hinzuweisen, ob sie **eigene Anteile** hält und demzufolge keine oder nur eine geringe **Kapitalerhöhung** im Vorfeld der Verschmelzung vornimmt, vgl. § 68.[81] Ist der übernehmende Rechtsträger eine aktienbasierte Gesellschaft (AG oder KGaA), so sind auch der **Treuhänder** sowie dessen Konditionen anzugeben, unter denen er die Anteile bis zur Wirksamkeit der Verschmelzung für die Anteilsinhaber des übertragenden Rechtsträgers übernimmt.[82] Die Modalitäten der Übernahme der Anteile durch die Anteilsinhaber des übertragenden Rechtsträgers gehören zur Abwicklung und sind konsequenterweise nicht aufzunehmen. Ist eine GmbH übernehmender Rechtsträger, so sind Erläuterungen dann erforderlich, wenn die neuen Geschäftsanteile abweichende Rechte und Pflichten beinhalten, § 46 Abs. 2, oder wenn bestehende Anteile abgetreten werden; in diesem Fall ist der Empfänger konkret zu bezeichnen.[83]

Sofern eine Personengesellschaft übernehmender Rechtsträger ist, muss die Gesellschafterstellung der Neugesellschafter hinsichtlich ihrer Rechte und Pflichten sowie dem **Beteiligungsumfang** am Gesellschaftsvermögen geregelt sein, vgl. § 40. Hintergrund dessen ist das Verbot der Mehrfachbeteiligung, wonach ein bestehender Anteil nur aufgestockt werden kann und ein Gesellschafter nicht mehrere Gesellschaftsanteile halten kann.[84] Im Falle einer KG ist hinsichtlich der **Gesellschafterstellung** zudem festzulegen, ob die Anteilsinhaber beschränkt (Kommanditist) oder unbeschränkt (Komplementär) haften. Der Eintritt bzw. die Veränderung wird mit Handelsregistereintragung wirksam. Entsprechendes gilt für Vereine oder Genossenschaften als übernehmende Rechtsträger, da hier lediglich neue Mitgliedschaften entstehen.[85] 43

Werden unterschiedliche Rechtsformen miteinander verschmolzen, so können sich trotz des Grundsatzes der Anteilskontinuität Veränderungen in der Rechtstellung der Anteilsinhaber ergeben. Dies kann sowohl die **Vermögensrechte** als auch die **Verwaltungsrechte** aus den jeweiligen Anteilen betreffen. Problematisch ist, dass sich diese Veränderungen regelmäßig nicht in einer baren Zuzahlung ausdrücken lassen, da eine konkrete Wertzuweisung nicht möglich ist. Die möglichen Nachteile für die Anteilsinhaber sind aber grundsätzlich hinzunehmen.[86] Dort, wo der Gesetzgeber den Interessen der Anteilsinhaber Vorrang vor dem Gesellschaftsinteresse einräumt, sind ausdrückliche **Zustimmungserfordernisse** (vgl. etwa § 13 Abs. 2, § 40 Abs. 2, § 43 Abs. 2, § 51 Abs. 2) oder eine **Austrittsmöglichkeit** gegen eine angemessene Abfindung installiert (vgl. § 29). 44

5. Zeitpunkt der Gewinnbezugsberechtigung, Nr. 5

Nr. 5 verlangt, dass der Verschmelzungsvertrag den Zeitpunkt der **Gewinnberechtigung** der neuen Anteile angibt. Grundsätzlich sind die Anteilsinhaber des übertragenden Rechtsträgers mit Wirksamkeit der Verschmelzung Anteilsinhaber des übernehmenden Rechtsträgers und ab diesem Zeitpunkt bei diesen auch dividendenbezugsbe- 45

---

[81] Str., s. dazu etwa KG WM 1999, 323 (325); Semler/Stengel/Leonard/*Schröer/Greitemann* § 5 Rn. 36; Kölner Komm UmwG/*Simon* § 5 Rn. 53; Lutter/*Drygala* § 5 Rn. 64; Kallmeyer/Marsch-Barner/Oppenhoff § 5 Rn. 16 mwN.
[82] S. dazu näher *J. Vetter* AG 1997, 6 (16).
[83] Ausf. Semler/Stengel/Leonard/*Schröer/Greitemann* § 5 Rn. 38; *Heckschen* DB 1998, 1385 (1386 f.); besonders zur Verschmelzung von Schwestergesellschaften OLG Frankfurt a. M. WM 1999, 322.
[84] Widmann/Mayer/*Mayer* § 5 Rn. 139; Semler/Stengel/Leonard/*Schröer/Greitemann* § 5 Rn. 39.
[85] Semler/Stengel/Leonard/*Schröer/Greitemann* § 5 Rn. 40.
[86] Widmann/Mayer/*Mayer* § 5 Rn. 143 verlangt deren Erläuterung im Verschmelzungsbericht.

rechtigt, vgl. etwa § 60 Abs. 2 S. 3 AktG.[87] Allerdings – und dies ist der Kerngehalt der Nr. 5 – steht den beteiligten Rechtsträgern die Vereinbarung eines davon abweichenden Beginns der Gewinnbezugsberechtigung frei.[88] So kann eine Differenzierung etwa verwendet werden, um Nachkommastellen im Umtauschverhältnis beim übernehmenden Rechtsträger auszugleichen (→ Rn. 28 ff.). Werden bereits bestehende Anteile aus dem Vermögen des übernehmenden Rechtsträgers gewährt, so sind diese vollumfänglich gewinnbezugsberechtigt; diesbezüglich besteht dann kein Regelungsbedürfnis.[89]

46 Ausgangspunkt der Überlegungen ist, dass die beteiligten Rechtsträger bis zur Wirksamkeit der Verschmelzung für sich allein bilanzieren. Konsequenterweise sind die Anteilsinhaber auch grundsätzlich frei in der Verwendung des Gewinns. Die tatsächliche **Ausschüttung** kann jedoch das Umtauschverhältnis negativ beeinflussen, da wirtschaftliche Werte aus einem an der Verschmelzung beteiligten Unternehmen zugunsten dessen Anteilsinhabern abfließen.[90] Dies kann bis zum Wegfall der Geschäftsgrundlage der Verschmelzung führen. Die Pflicht der Leitungsorgane der beteiligten Rechtsträger, die Verschmelzung nicht zu verhindern, konkretisiert sich an diesem Punkt darauf, diesen Fall zu vermeiden.

Hinweis: Eine Regelung im Verschmelzungsvertrag, wonach die Leitungsmaßnahmen aufeinander abgestimmt werden sollen, ist zwar nicht notwendig, empfiehlt sich aber;[91] hierbei sind freilich gesellschafts- und kartellrechtliche Beschränkungen zu beachten.

47 In ihrer Rechtswirkung ginge eine solche Vereinbarung über eine Absichtserklärung nicht hinaus. Ihre Wirksamkeit wäre begrenzt, kann innerhalb des Verschmelzungsvertrages doch die Kompetenz der einzelnen Leitungsorgane zur eigenverantwortlichen Leitung ihrer Gesellschaft nicht umgangen werden. Zudem sind die Anteilsinhaber hinsichtlich Entscheidungen, die der Anteilsinhaberversammlung vorbehalten sind, durch Vereinbarungen der Leitungsorgane nicht gebunden.[92] Es können allenfalls **Gestaltungsrechte** wie zB Kündigungsrechte bei Verstößen gegen entsprechende Regelungen statuiert werden.

48 Eine Regelung gem. Nr. 5 bestimmt grundsätzlich nur den Tag des Beginns der Gewinnberechtigung, also des Anspruchs auf Teilhabe am Bilanzgewinn des übernehmenden Rechtsträgers; er verlangt hingegen keine Festlegung, ob und in welcher Höhe eine Dividende als individueller Zahlungsanspruch ausgeschüttet wird.[93] Grundsätzlich kann der Beginn der **Gewinnbezugsberechtigung** mit dem Zeitpunkt der Wirksamkeit der Verschmelzung zusammengelegt werden. In der Praxis wird regelmäßig ein individuell vereinbarter Zeitpunkt festgelegt, welcher von der Eintragung der Verschmelzung abweicht. Dies ist gewisser Unsicherheit hinsichtlich des Zeitpunktes der Wirksamkeit der Verschmelzung geschuldet, da der genaue Tag der Handelsregistereintragung durch das Registergericht bestimmt wird und nicht von den Vertragsparteien. Darüber hinaus kann eine Verzögerung infolge von Anfechtungsklagen eintreten.

---

[87] So wohl auch Semler/Stengel/Leonard/*Schröer/Greitemann* § 5 Rn. 42; Kölner Komm UmwG/*Simon* § 5 Rn. 60.
[88] Kölner Komm UmwG/*Simon* § 5 Rn. 63; Begr. RegE bei *Ganske* Umwandlungsrecht S. 50.
[89] Semler/Stengel/Leonard/*Schröer/Greitemann* § 5 Rn. 42.
[90] BGH NZG 2013, 233 Rn. 26 ff.
[91] Semler/Stengel/Leonard/*Schröer/Greitemann* § 5 Rn. 48; Kallmeyer/*Marsch-Barner/Oppenhoff* § 5 Rn. 30; skeptisch Geßler/Hefermehl/Eckardt/Kropff/*Grunewald*, Aktiengesetz, 2. Aufl. 1986, § 340 Rn. 14; *Barz* AG 1972, 1 (4) entnimmt diese Pflicht zustimmungswürdig aus der ergänzenden Auslegung des Verschmelzungsvertrages.
[92] Semler/Stengel/Leonard/*Schröer/Greitemann* § 5 Rn. 48.
[93] Semler/Stengel/Leonard/*Schröer/Greitemann* § 5 Rn. 42; plastisch Kölner Komm UmwG/*Simon* § 5 Rn. 59.

Sofern ein individueller **fixer Teilnahmebeginn** gewünscht ist, so wird dieser in der 49
Praxis zumeist auf den Beginn desjenigen Geschäftsjahres des übernehmenden Rechtsträgers gelegt werden, welches auf den Stichtag der letzten Jahresbilanz des übertragenden Rechtsträgers folgt. Sofern beide Rechtsträger identische Geschäftsjahre haben (idR das Kalenderjahr) hat dies den Vorteil einer nahtlosen Gewinnbezugsberechtigung der Anteilsinhaber.[94] Soll eine nahtlose Gewinnbezugsberechtigung festgelegt werden und sind die Geschäftsjahre der beteiligten Rechtsträger nicht identisch, muss ein unterjähriger Beginn individuell vereinbart werden.[95] Möglich ist auch ein rückwirkender Beginn der Gewinnbezugsberechtigung, etwa bezogen auf den Verschmelzungsstichtag oder den Beginn des Geschäftsjahres des übernehmenden Rechtsträgers. Hierbei ist darauf zu achten, dass beim übernehmenden Rechtsträger kein Gewinnverwendungsbeschluss gefasst sein darf, solange die Verschmelzung noch nicht wirksam ist.[96]

Sofern eine nahtlose Gewinnbezugsberechtigung der Anteilsinhaber des übertragenden 50
Rechtsträgers nicht gewollt ist, bleibt die Vereinbarung eines **späteren Teilnahmezeitpunktes** frei. Diese Methode wird in der Praxis allerdings nur angewandt, sofern die Rundung des angemessenen Umtauschverhältnisses zulasten des übernehmenden Rechtsträgers dies erfordert (→ Rn. 28 ff.), wobei der zeitliche Rahmen des Ausschlusses wertmäßig dem Rundungswert entsprechen sollte.[97]

Von den Parteien kann auch ein **variabler Bezugsbeginn** festgelegt werden auf einen 51
Zeitpunkt nach Wirksamkeit der Verschmelzung.[98] Sollte sich also die Wirksamkeit der Verschmelzung über die Grenzen eines Geschäftsjahres hinaus verzögern, so kann dies ebenfalls durch die variable Bestimmung des Beginns der Gewinnberechtigung berücksichtigt werden. Ansonsten bestünde die Gefahr, dass aus der individuellen Vereinbarung eine rückwirkende Gewinnbezugsberechtigung werden kann. Sofern neue Anteile geschaffen werden, müsste der Verschmelzungsvertrag in diesem Falle ggf. angepasst werden, was durch eine variable Festlegung des Beginns verhindert würde.[99]

Formulierungsvorschlag:
Die zu gewährenden Anteile gewähren ab dem Beginn des Geschäftsjahres, in dem die Verschmelzung wirksam wird, ein Gewinnbezugsrecht am Bilanzgewinn des übernehmenden Rechtsträgers. Verschmelzungsstichtag gemäß § 5 Abs. 1 Nr. 6 UmwG ist der erste Tag des Geschäftsjahres (00.00h), in dem die Verschmelzung rechtswirksam wird.

6. Verschmelzungsstichtag, Nr. 6

Der Verschmelzungsstichtag ist gem. Nr. 6 im Verschmelzungsvertrag niederzulegen. 52
Dieser bestimmt den Tag, ab dem die **Handlungen** des übertragenden Rechtsträgers sowie die gesamte Rechnungslegung vollumfänglich dem übernehmenden Rechtsträger **zugerechnet** werden. Sämtliche Vorgänge werden ab dem Verschmelzungsstichtag in der GuV des übernehmenden Rechtsträgers geführt. Der Verschmelzungsstichtag

---

[94] Semler/Stengel/Leonard/*Schröer/Greitemann* § 5 Rn. 43; Lutter/*Drygala* § 5 Rn. 68; Widmann/Mayer/*Mayer* § 5 Rn. 144.
[95] Semler/Stengel/Leonard/*Schröer/Greitemann* § 5 Rn. 43 f.; Kallmeyer/*Marsch-Barner/Oppenhoff* § 5 Rn. 28; *Hoffmann-Becking* FS Fleck, 1988,105 (110); differenzierend Lutter/*Drygala* § 5 Rn. 68.
[96] Semler/Stengel/Leonard/*Schröer/Greitemann* § 5 Rn. 45; Kallmeyer/*Marsch-Barner/Oppenhoff* § 5 Rn. 28; weitergehend Kölner Komm UmwG/*Simon* § 5 Rn. 66.
[97] Semler/Stengel/Leonard/*Schröer/Greitemann* § 5 Rn. 46; Mayer/Widmann/*Mayer* § 5 Rn. 145.
[98] BGH NZG 2013, 233 Rn. 15 ff.; s. Formulierungsbeispiele zB bei MVHdB I GesR/*Hoffmann-Becking* XI. 1. §§ 2, 8.
[99] BGH NZG 2013, 233 Rn. 15 ff.; Lutter/*Drygala* § 5 Rn. 69 ff.; Kallmeyer/*Marsch-Barner/Oppenhoff* § 5 Rn. 29; weitergehend KölnKomm-UwmG/*Simon* § 5 Rn. 66, der bereits den Gewinnverwendungsvorschlag als schädlich ansieht.

entfaltet diese Rechtswirkungen nicht im Außenverhältnis, sondern einzig im **Innenverhältnis** zwischen den beteiligten Rechtsträgern. Es empfiehlt sich, hierfür nicht den Tag des dinglichen Vollzuges der Verschmelzung zu wählen. Da dieser Tag von der Eintragung des Registergerichts abhängt, kann er nicht ausreichend konkret festgelegt werden.[100] Dies ist in der Praxis auch nicht üblich.

53 Die beteiligten Rechtsträger können den Verschmelzungsstichtag grundsätzlich **frei bestimmen.** In der Praxis liegt eine Ausrichtung an den Geschäftsjahren der beteiligten Rechtsträger nahe. Sollten mehr als zwei Rechtsträger beteiligt sein, sind so auch mehrere Verschmelzungsstichtage möglich. Sollten die Geschäftsjahre nicht deckungsgleich sein, muss kein Rechtsträger zur Angleichung ein Rumpfgeschäftsjahr bilden; die Bilanzansätze des übertragenden Rechtsträgers aus dessen Schlussbilanz werden in die nächste reguläre Bilanz des übernehmenden Rechtsträgers eingearbeitet.[101] In der Praxis richtet sich der Verschmelzungsstichtag grundsätzlich am Geschäftsjahr bzw. am letzten **Bilanzstichtag** des übertragenden Rechtsträgers aus. Liegt dieser bereits mehr als acht Monate zurück oder bestehen andere Gründe hierfür, so kann beim übertragenden Rechtsträger ein Rumpfgeschäftsjahr gebildet und ein entsprechender Jahresabschluss auf dieses Datum aufgestellt werden.

54 Ist bis zur Wirksamkeit der Verschmelzung mit Verzögerungen zu rechnen, kann auch ein **variabler Termin** vorgesehen werden.[102] Als möglicher Bezugspunkt hierfür bietet sich ein Zeitpunkt nach der letzte Beschlussfassung der Anteilsinhaberversammlungen an.[103] Besteht die Gefahr, dass das Ende eines Geschäftsjahres überschritten wird, ist eine variable Stichtagsregelung möglich, durch die sich der Verschmelzungsstichtag in Abhängigkeit von der Eintragung (geschäfts-)jahresweise oder quartalsweise verschiebt.[104]

55 In jedem Fall liegt damit der Verschmelzungsstichtag vor der Eintragung bzw. dem dinglichen Vollzug der Verschmelzung; dies ist nicht nur rechtlich unschädlich, sondern sogar geboten. Wird die Verschmelzung nicht wirksam, so werden die Wirkungen ab dem Verschmelzungsstichtag rückabgewickelt.[105] Aufgrund der Rechtswirkungen für die beteiligten Rechtsträger steht der Verschmelzungsstichtag in Wechselwirkung zu anderen Stichtagen des laufenden Geschäftsjahres, die ihrerseits bestimmte Rechtsfolgen auslösen.

56 Der **Schlussbilanzstichtag** markiert die Aufstellung der handelsrechtlichen Schlussbilanz des übertragenden Rechtsträgers. Dieser darf nicht mehr als acht Monate vor dem Tag der Anmeldung der Verschmelzung zum Handelsregister des übernehmenden Rechtsträgers liegen (§ 17 Abs. 2). Dadurch soll möglichst weitgehend sichergestellt sein, dass die Werte des übertragenden Rechtsträgers, die in die Jahresbilanz des übernehmenden Rechtsträger zum Ende des Geschäftsjahres übernommen werden,

---

100 Dies empfiehlt auch Semler/Stengel/Leonard/*Schröer/Greitemann* § 5 Rn. 51.
101 Ausf. dazu *Priester* BB 1992, 1594 (1596 ff.).
102 Nach OLG Bremen ZIP 2016, 1480 Rn. 9 ist es ausreichend, an den Folgetag der Aufhebung des Beschlusses des Insolvenzgerichts gemäß § 258 InsO über die Aufhebung des Insolvenzverfahrens anzuknüpfen, da dieser aus dem Handelsregister ersichtlich ist.
103 Zu möglichen Problemfeldern s. Semler/Stengel/Leonard/*Schröer/Greitemann* § 5 Rn. 62.
104 So die Empfehlung bei Semler/Stengel/Leonard/*Schröer/Greitemann* § 5 Rn. 62.
105 Semler/Stengel/Leonard/*Schröer/Greitemann* § 5 Rn. 52 bezeichnen den Verschmelzungsstichtag daher als handelsrechtliche Rückwirkungsfunktion, die volle Geltung erst mit Wirksamkeit der Verschmelzung entfaltet; vgl. auch Kölner Komm UmwG/*Simon* § 5 Rn. 73; *Blasche* RNotZ 2014, 464 (465).

auch tatsächlich vorhanden sind.¹⁰⁶ Da eine Kontinuität der **Rechnungslegung** mit Übergang der Rechnungslegungspflicht am Verschmelzungsstichtag zu gewährleisten ist, fallen konsequenterweise Verschmelzungsstichtag und Stichtag der Schlussbilanz zusammen.¹⁰⁷ Sofern ein variabler Verschmelzungsstichtag festgelegt wurde, führt dies begriffslogisch auch zu einem variablen Schlussbilanzstichtag.¹⁰⁸ Denn sollte zwischen diesen Stichtagen eine zeitliche Lücke liegen, könnte dies zu einem vom Registergericht zu beachtenden Eintragungshindernis führen.¹⁰⁹ Daraus ergibt sich nicht, dass die Verschmelzung rückwirkend beschlossen wird, weil die Vorlage der Schlussbilanz für die Entscheidung der Anteilsinhaberversammlungen nicht konstitutiv ist.¹¹⁰ Dies folgt daraus, dass der Stichtag der Schlussbilanz ausschließlich durch den Verschmelzungsstichtag bestimmt wird. Dies wird auch vor dem Hintergrund klar, dass das Gesetz die Schlussbilanz nicht als Grundlage der Zustimmungsentscheidung der Anteilsinhaberversammlung vorsieht.¹¹¹ Soweit Verzögerungen bis zur Eintragung der Verschmelzung zu erwarten stehen, kann es sich im Einzelfall gar empfehlen, beide Stichtage den Verschmelzungsbeschlüssen zeitlich folgen zu lassen.¹¹²

Sofern eine AG an der Verschmelzung beteiligt ist, darf der Stichtag der letzten Jahresbilanz nicht länger als sechs Monate seit dem Abschluss des Verschmelzungsvertrages (oder des Entwurfes) zurückliegen. Anderenfalls ist eine **Zwischenbilanz** aufzustellen, deren Stichtag wiederum nicht vor dem ersten Tag des dritten Monats liegen darf, der dem Abschluss oder der Aufstellung vorausgeht, § 63 Abs. 1 Nr. 3. Diese Zwischenbilanz dient vor dem Hintergrund des Normzwecks des § 5 der Transparenz und der hinreichenden Unterrichtung der Aktionäre.¹¹³

Bei der Verschmelzung zur Neugründung ist gemäß § 242 Abs. 1 HGB der Verschmelzungsstichtag automatisch der **Stichtag der Eröffnungsbilanz**.

Zwingend identisch mit dem Schlussbilanzstichtag ist der **steuerliche Übertragungsstichtag**.¹¹⁴ Bereits an diesem Stichtag und nicht erst mit Vollzug der Verschmelzung treten die steuerlichen Wirkungen der Verschmelzung in steuerlicher Hinsicht ein.¹¹⁵ Ein Auseinanderfallen von handelsrechtlicher und steuerrechtlicher Ergebniszuweisung wird hiermit verhindert.¹¹⁶

Abhängig vom Verschmelzungsstichtag ist für die Aktionäre der **Zeitpunkt des Beginns der Gewinnberechtigung**. Soweit das Gesetz die explizite Aufführung beider Tage verlangt, folgt daraus, dass sie nicht identisch sein müssen. Dem gesetzlichen Leitbild entspricht es jedoch im Grundsatz, dass diese Stichtage zusammenfallen, da den Anteilsinhabern des übertragenden Rechtsträgers ab dem Zeitpunkt ein Anteil am

---

106 Vgl. dazu KG WM 1999, 323 (325); Semler/Stengel/Leonard/*Schröer/Greitemann* § 5 Rn. 54; *Hoffmann-Becking* FS Fleck, 1988, 105 (117).
107 Ebenso Lutter/*Drygala* § 5 Rn. 74; *Hoffmann-Becking* FS Fleck, 1988, 105 (112); aA wohl Semler/Stengel/Leonard/*Schröer/Greitemann* § 5 Rn. 54, der eine zeitliche Identität nicht als zwingend ansieht; ebenso wohl Schmitt/Hörtnagl/*Winter* § 5 Rn. 75; Kölner Komm UmwG/*Simon* § 5 Rn. 79; *Heidtkamp* NZG 2013, 852 (853 ff.); unklar FG Niedersachsen EFG 2008, 263; OLG Frankfurt a. M. GmbHR 2006, 382.
108 Ausf. Semler/Stengel/Leonard/*Schröer/Greitemann* § 5 Rn. 63.
109 So *DSF* Sonderbilanzen Teil F, Rn. 95.
110 Lutter/*Drygala* § 5 Rn. 74; *Hoffmann-Becking* FS Fleck, 1988, 105 (112); Semler/Stengel/Leonard/*Schröer/Greitemann* § 5 Rn. 54.
111 Lutter/*Drygala* § 5 Rn. 74.
112 Zustimmungswürdig in diesem Sinne Semler/Stengel/Leonard/*Schröer/Greitemann* § 5 Rn. 54.
113 S. näher Kölner Komm UmwG/*Simon* § 5 Rn. 97 f.; Semler/Stengel/Leonard/*Schröer/Greitemann* § 5 Rn. 55; *Hoffmann-Becking* FS Fleck, 1988, 105 (109).
114 FG Berlin-Brandenburg BB 2019, 1456 Rn. 25.
115 Semler/Stengel/Leonard/*Schröer/Greitemann* § 5 Rn. 57 weisen darauf hin, dass die Finanzverwaltung verlangt, dass der steuerliche Übertragungsstichtag einen Tag vor dem Verschmelzungsstichtag liegen muss; s. Schreiben des BMF, GmbHR 1998, 444 (454).
116 Kallmeyer/*Lanfermann* § 5 Rn. 32.

Gewinn des übernehmenden Rechtsträgers zusteht, ab dem sie dessen wirtschaftliches Risiko tragen. Ein variabler Verschmelzungsstichtag steht dem nicht entgegen. Ein Auseinanderfallen dieser Zeitpunkte bietet sich zur Regulierung des Umtauschverhältnisses an. Dabei muss freilich beachtet werden, dass die Gewinnbezugsberechtigung beim übertragenden Rechtsträger nicht über den Verschmelzungsstichtag hinausgehen kann, da eine Gewinnbezugsberechtigung voraussetzt, dass der übertragende Rechtsträger noch Rechnung legt.[117] Die Rechnungslegungspflicht des übertragenden Rechtsträgers bleibt zwar grundsätzlich bis zur Wirksamkeit der Verschmelzung bestehen, jedoch gelten mit Wirksamkeit der Verschmelzung dessen Handlungen ab dem Verschmelzungsstichtag als für fremde Rechnung vorgenommen.[118]

61 Naheliegend ist ferner, den **Bewertungsstichtag** auf den Verschmelzungs- und Schlussbilanzstichtag zu legen.[119] Dies bietet einen sauberen Schnitt, da abhängig vom Bewertungsstichtag die Vermögenswerte der beteiligten Rechtsträger verglichen werden, woraus das Umtauschverhältnis der Anteile abzuleiten ist. Diese Vorgehensweise bietet sich nur dann an, wenn die Stichtage vor der beschlussfassenden Anteilsinhaberversammlung liegen, da rechtzeitig vor Abhaltung der beschlussfassenden Anteilsinhaberversammlung das Umtauschverhältnis feststehen muss.

62 Da die Verschmelzung mit Eintragung im Handelsregister des übernehmenden Rechtsträgers wirksam wird, müssen alle vorgenannten Stichtage vor dem Stichtag der **Eintragung der Verschmelzung** liegen. Da dieser nicht exakt bestimmbar ist, sollte eine frühzeitige Terminierung im Rahmen der Verschmelzungsplanung erfolgen.

7. Sonderrechte, Nr. 7

63 Soweit Anteilsinhabern oder Dritten durch die an der Verschmelzung beteiligten Rechtsträger auf rechtsgeschäftlicher Grundlage besondere Rechte eingeräumt werden, müssen diese gem. Nr. 7 vollumfänglich im Verschmelzungsvertrag wiedergegeben werden. Soweit der Wortlaut der Vorschrift („... der übernehmende Rechtsträger einzelnen Anteilsinhabern ...") dahin gehend interpretiert wird, **Sonderrechte** am übertragenden Rechtsträger seien nicht erfasst,[120] entspricht diese Auslegung freilich nicht dem Normzweck. Denn einerseits geht die Erfüllung der seitens des übertragenden Rechtsträgers gewährten Sonderrechte im Wege der **Gesamtrechtsnachfolge** auf den übernehmenden Rechtsträger über, andererseits würde den Anteilsinhabern die Prüfung der Einhaltung des Gleichbehandlungsgrundsatzes erschwert, wenn nur Sonderrechte am übernehmenden Rechtsträger anzugeben wären. Eine andere Interpretation widerspräche dem **Transparenzgedanken** der Vorschrift und dem bezweckten Anteilsinhaberschutz.[121] Für die rechtssichere Durchführung in der Praxis empfiehlt sich eine dreistufige Prüfung. Erstens zeigt sich der besondere Stellenwert der Transparenz innerhalb des Umwandlungsvorganges. Zweitens ergibt sich, dass die Erwähnungspflicht im Verschmelzungsvertrag stets dann besteht, wenn der **Gleichbehandlungsgrundsatz** betroffen ist. Drittens ist die Perspektive der aufzuführenden Pflichten festgelegt auf den Status des übernehmenden Rechtsträgers nach Wirksamkeit der Verschmelzung.

---

117 Semler/Stengel/Leonard/*Schröer/Greitemann* § 5 Rn. 58; näher s. Geßler/Hefermehl/Eckardt/Kropff/*Grunewald*, Aktiengesetz, 2. Aufl. 1986, § 340 Rn. 19.
118 S. hierzu *W. Müller* WPg 1996, 857 (861); *Priester* BB 1992, 1594 (1596 ff.); Kallmeyer/*Lanfermann* § 5 Rn. 33.
119 Ebenso Lutter/*Drygala* § 5 Rn. 32; krit. Semler/Stengel/Leonard/*Schröer/Greitemann* § 5 Rn. 59.
120 So etwa OLG Hamburg AG 2004, 619 (621); Kallmeyer/*Marsch-Barner* § 5 Rn. 40.
121 Lutter/*Drygala* § 5 Rn. 76; Semler/Stengel/Leonard/*Schröer/Greitemann* § 5 Rn. 65.

Konsequenterweise kommt es auch nicht darauf an, dass die Sonderrechte erst anlässlich der Verschmelzung gewährt werden oder bereits vorher bestehen.[122]

Anzugeben sind nur rechtsgeschäftlich durch einen beteiligten Rechtsträger gewährte Sonderrechte, wie etwa **besondere Vermögensrechte oder Verwaltungsrechte**. Gesetzliche sowie unter den Anteilsinhabern vereinbarte Sonderrechte, wie etwa Stimmbindungsvereinbarungen, müssen nicht aufgeführt werden.[123]

64

Daneben sind auch diejenigen Rechte anzugeben, die der übernehmende Rechtsträger Inhabern besonderer Rechte gewährt. Dies betrifft Sonderrechtsinhaber, die nicht Anteilsinhaber sind, wie etwa Inhaber von **Schuldverschreibungen** und **Genussrechten** sowie Begünstigte von **Aktienoptionsprogrammen**; die Aufzählung in Nr. 7 ist freilich nicht abschließend. Sofern diese nicht beim übernehmenden Rechtsträger fortgeführt werden, ist den jeweiligen Inhabern ein Ersatz zu gewähren (idR eine Barzahlung). Auch wenn der Wortlaut der Nr. 7 jeweils nur Rechte an Aktiengesellschaften benennt, werden unstreitig ebenfalls Rechte an einer GmbH umfasst.[124] Der Kreis der Anspruchsberechtigten entspricht demjenigen aus § 23.[125]

65

Die Nichtnennung von Sonderrechten bzw. der Verstoß gegen die Pflicht aus Nr. 7 macht den Verschmelzungsvertrag **unvollständig** und begründet für den betroffenen Rechtsinhaber die **Anfechtbarkeit** des Zustimmungsbeschlusses zum Verschmelzungsvertrag, berührt aber die Wirksamkeit der nicht genannten Sonderrechte nicht.[126] Problematisch ist, ob diese Unrichtigkeit des Verschmelzungsvertrages ein **Eintragungshindernis** aus Sicht des Registergerichts bedeutet. Dies ist nur insoweit zu bejahen, als sich die Prüfungspflicht des Registergerichts nur auf die Nennung des Sonderrechts als solches bezieht. Sofern Angemessenheitserwägungen in Rede stehen, ist dies von der Prüfungspflicht nicht umfasst und kann konsequenterweise dann auch kein Eintragungshindernis mehr begründen.[127]

66

Sofern keine Sonderrechte gewährt werden, sind Ausführungen zur Nr. 7 im Verschmelzungsvertrag nicht notwendig, aber auch nicht unzulässig.[128]

67

Hinweis: In diesem Fall ist es ratsam und in der Praxis üblich, eine Negativmitteilung in den Verschmelzungsvertrag aufzunehmen.

8. Sondervorteile, Nr. 8

Gesonderte Erwähnung müssen **Sondervorteile** finden, die Mitgliedern der Vertretungsorgane bzw. Geschäftsführern oder Mitgliedern von Aufsichtsorganen im Zusammenhang mit der Verschmelzung gewährt werden. Zu berichtende Vorteile sind jedwede Arten von Vergünstigungen, die den aufgeführten Personen zugesagt werden. Der Fall tritt in der Regel in der Form ein, dass **Mitglieder von Geschäftsleitungsorganen** (Vorstand, Geschäftsführer, geschäftsführender Gesellschafter) aufgrund der

68

---

122 Semler/Stengel/Leonard/*Schröer/Greitemann* § 5 Rn. 65; s. auch Kölner Komm UmwG/*Simon* § 5 Rn. 114.
123 So auch Lutter/*Drygala* § 5 Rn. 77.
124 Widmann/Mayer/*Mayer* § 5 Rn. 168; Semler/Stengel/Leonard/*Schröer/Greitemann* § 5 Rn. 67, jeweils unter Verweis auf § 23.
125 Widmann/Mayer/*Mayer* § 5 Rn. 168; Lutter/*Drygala* § 5 Rn. 78; Semler/Stengel/Leonard/*Schröer/Greitemann* § 5 Rn. 67.

126 Kallmeyer/*Marsch-Barner/Oppenhoff* § 5 Rn. 43; Widmann/Mayer/*Mayer* § 5 Rn. 170; Kölner Komm UmwG/*Simon* § 5 Rn. 122; Semler/Stengel/Leonard/*Schröer/Greitemann* § 5 Rn. 68.
127 So jedenfalls Semler/Stengel/Leonard/*Schröer/Greitemann* § 5 Rn. 68; näher dazu *Hüffer* FS Lutter, 2000, 1227 (1244).
128 So empfiehlt Semler/Stengel/Leonard/*Schröer/Greitemann* § 5 Rn. 69 eine Negativfestellung.

Verschmelzung ihr Amt verlieren (die Organstellung erlischt mit der Wirksamkeit der Verschmelzung, der Anstellungsvertrag geht freilich gem. § 20 Abs. 1 Nr. 1 über; → § 20 Rn. 33) und in Form einer Sonderleistung dafür entschädigt werden. Betroffen ist folglich in vielen Fällen derjenige Personenkreis, der der Verschmelzung im Rahmen seiner Organtätigkeit zustimmen muss.[129] Für das Aufsichtsorgan ist somit eine überwachende und nicht nur beratende Funktion vorausgesetzt.[130] Darin wird konsequent der Transparenzgedanke aus Nr. 7 fortgesetzt. Es soll hier die Transparenz der Entscheidung der Vertretungs- und Aufsichtsorgane und die Freiheit von Interessenkollisionen sichergestellt werden. Der zeitliche Zusammenhang eines Sondervorteils ist von geringerer Bedeutung; entscheidend ist, dass der Sondervorteil in kausalem Zusammenhang zur Durchführung der Verschmelzung steht und von einem der beteiligten Rechtsträger – nicht jedoch von einem Dritten – gewährt wird.[131]

69 Zu den im Verschmelzungsvertrag aufzuführenden Sondervorteilen gehört auch die **Zusage eines künftigen Amtes** in der Organisationsstruktur des übernehmenden Rechtsträgers. Sofern ein für die Bestellung unzuständiges Organ etwa eine Nachfolgeregelung für die Leitungsorgane des übertragenden Rechtsträgers mit diesen vereinbart, ist diese Zusage für den betroffenen Rechtsträger unverbindlich. Obgleich aus einer solchen Zusage kein rechtlicher Anspruch auf Erfüllung erwachsen kann, kann die Möglichkeit der subjektiven Beeinflussung der Amtsführung nicht ausgeschlossen werden. Deren Erwähnung im Verschmelzungsvertrag entspricht der konsequenten Weiterführung des Transparenzgedankens des § 5.[132] Gleichzeitig wird die gesetzgeberische Intention einer umfassenden Information der Anteilsinhaber über den Verschmelzungsvorgang und etwaige Interessenkonflikte der entscheidungsbefugten Leitungsorgane sichergestellt. Die Angabepflicht besteht erst recht, wenn aus einer solchen Zusage bereits ein wirksamer (wohl dann bedingter) Beschluss des für die Bestellung zuständigen Organs hervorgegangen ist.[133]

70 Ein Verstoß gegen die Pflicht aus Nr. 8 führt nicht zur Unwirksamkeit des Verschmelzungsvertrages, sondern zur **Anfechtbarkeit** des Anteilsinhaberbeschlusses zum Verschmelzungsvertrag.[134] Um die Gefahr einer Umgehung der Schutzfunktion einzudämmen und Druck in Richtung der Offenlegung solcher Zusagen zu erzeugen, wird in Rechtsprechung und Schrifttum teilweise vertreten, der übernehmende Rechtsträger sei an Sondervorteilszusagen, die nicht im Verschmelzungsvertrag niedergelegt sind, nicht gebunden.[135] Es wird hierbei sehr pragmatisch argumentiert und vereinzelt auf eine analoge Anwendung der §§ 26 Abs. 3, 32 Abs. 3, 32 Abs. 3 AktG abgestellt, nach denen nicht offengelegte Sonderzahlungen an Organmitglieder bei der Gründung einer AG unwirksam sind. Allerdings fehlen die Voraussetzungen für eine analoge Anwendung dieser Normen. Gerade weil der Gesetzgeber es unterlassen hat, eine entsprechende Regelung in das UmwG aufzunehmen, ist vielmehr der Umkehrschluss zu ziehen, dass die entsprechenden vertraglichen Abreden wirksam sind. Zudem handelt es sich bei

---

129 Mit extensiverer Auslegung Kölner Komm UmwG/*Simon* § 5 Rn. 126.
130 Lutter/*Drygala* § 5 Rn. 79; Kallmeyer/*Marsch-Barner/Oppenhoff* § 5 Rn. 45; Lutter Kölner Umwandlungsrechtstage/*Schmidt* S. 71 ff.
131 Hierzu näher Kölner Komm UmwG/*Simon* § 5 Rn. 128.
132 Semler/Stengel/Leonard/*Schröer/Greitemann* § 5 Rn. 73 bezeichnet eine solche Zusage als nicht rechtlich, aber moralisch verbindlich.
133 Semler/Stengel/Leonard/*Schröer/Greitemann* § 5 Rn. 73.
134 Eingehend LAG Nürnberg ZIP 2005, 398 ff.; Graef GmbHR 2005, 908 (910 f.); Kallmeyer/*Marsch-Barner/Oppenhoff* § 5 Rn. 46a.
135 So Widmann/Mayer/*Mayer* § 5 Rn. 175; Lutter/*Drygala* § 5 Rn. 82; *Drygala* FS K. Schmidt, 2009, 269 (286 f.).

§ 5 Abs. 1 Nr. 8 auch nur um eine Berichtspflicht im Verschmelzungsvertrag, die nicht rechtsbildend, sondern lediglich informativ ausgestaltet ist, so dass auch dies gegen die Unwirksamkeit spricht.[136] Es liegt auch keine Formnichtigkeit (§ 125 BGB) aufgrund einer mangelnden Beurkundung der Abrede im Verschmelzungsvertrag vor, da die Zusage des Sondervorteils formwirksam außerhalb des Verschmelzungsvertrages erfolgt ist.[137] Sofern es sich um eine Verschmelzung der Neugründung einer AG handelt, sind Sondervorteile gem. § 26 Abs. 3 AktG, § 36 Abs. 2 UmwG in der Satzung der neu zu gründenden AG aufzunehmen.

Sofern keine Sondervorteile nach Nr. 8 gewährt werden, kann auf eine Aussage im Verschmelzungsvertrag verzichtet werden, eine klarstellende **negative Feststellung** ist aber möglich und in der Praxis üblich. 71

9. Folgen und Maßnahmen für Arbeitnehmer und deren Vertretungen, Nr. 9

Nach der Intention des Gesetzgebers sind die durch die Verschmelzung eintretenden arbeitsrechtlichen Folgen für die **Arbeitnehmer** des übertragenden und des übernehmenden Rechtsträgers im Verschmelzungsvertrag darzustellen.[138] Die Forderung im Verschmelzungsvertrag oder dessen Entwurf neben den Angaben zu den Nrn. 1–8 auch die Folgen der Verschmelzung für die Arbeitnehmer und ihre Vertretungen sowie die insoweit vorgesehenen Maßnahmen anzugeben, wurde freilich erst spät im Gesetzgebungsverfahren in § 5 Abs. 1 Nr. 9 eingeführt.[139] Die frühzeitige Einbindung der Arbeitnehmervertretungen soll eine möglichst sozialverträgliche Umsetzung der Verschmelzung gewährleisten und den sozialen Frieden in den beteiligten Betrieben erhalten.[140] 72

Die Anwendung der Vorschrift bereitet in der Praxis gleich aus mehreren Gründen Schwierigkeiten. Dies gilt zunächst für die **rechtliche Wirkung der Angaben**. Die geforderten Angaben zu den Folgen der Verschmelzung für die Arbeitnehmer und ihre Vertretungen sowie die insoweit vorgesehenen Maßnahmen zielen darauf ab, die Arbeitnehmer und ihre Vertretungsgremien frühzeitig über die individual- und kollektivarbeitsrechtlichen Folgen der vorgesehenen Verschmelzung zu informieren und sie in die Lage zu versetzen, etwaige Beteiligungsrechte nach dem BetrVG wahrzunehmen.[141] Dabei begründen die Informationen des Verschmelzungsvertrages **keine Rechtsansprüche des Betriebsrates oder der Arbeitnehmer**;[142] sie haben allein **Informationscharakter**.[143] Es handelt sich um ausschließlich deskriptive Angaben, so sie dass die ex lege eintretenden Rechtsfolgen nicht beeinflussen können.[144] Die weiteren Informations- 73

---

136 So auch Semler/Stengel/Leonard/*Schröer/Greitemann* § 5 Rn. 74; Kallmeyer/*Marsch-Barner/Oppenhoff* § 5 Rn. 46a; *Graef* GmbHR 2005, 908 (909 ff.).
137 Anders jedoch LAG Nürnberg ZIP 2005, 398 ff.; abl. hierzu *Graef* EWiR § 5 UmwG 1/05.
138 Hierzu *Wlotzke* DB 1995, 41; *Hausch* RNotZ 2007, 308 (310); krit. zu diesem arbeitsrechtlichen Fremdkörper im Rahmen der gesellschaftsrechtlichen Verschmelzung Lutter/*Drygala* § 5 Rn. 85; *Willemsen* NZA 1996, 791 (796 ff.).
139 Reg.Begr., BT-Drs. 12/6699; Kallmeyer/*Willemsen* § 5 Rn. 47.
140 So explizit die Reg.Begr., BT-Drs. 12/6699, 83; OLG Düsseldorf NZA 1998, 766 (767); Lutter/*Drygala* § 5 Rn. 84; vielfach wird diese Regelung als Fremdkörper im Verschmelzungsvertrag gesehen, da ihr nur deskrip-

tiver Charakter zukommt, vgl. Semler/Stengel/Leonard/ *Simon* § 5 Rn. 76.
141 *Joost* ZIP 1995, 976 (984): Hilfsfunktion für die Ausübung mitbestimmungsrechtlicher Kompetenzen; *Dzida/Schramm* NZG 2008, 521 (522); Kölner Komm UmwG/*Hohenstatt/Schramm* § 5 Rn. 136; zum Umfang der Informationspflicht, iE jedoch zu weitgehend *Henssler* FS Kraft, 1998, 219 (223 ff.); ebenso Semler/Stengel/Leonard/*Simon* § 5 Rn. 77 ff.
142 Semler/Stengel/Leonard/*Simon* § 5 Rn. 79; HWK/*Willemsen* § 5 Rn. 2 f.; *Dzida/Schramm* NZG 2008, 521 (524): Auslegung kann im Einzelfall zu Ansprüchen führen.
143 *Joost* ZIP 1995, 976 (978, 984): Berichtsqualität.
144 *Joost* ZIP 1995, 978; Semler/Stengel/Leonard/*Simon* § 5 Rn. 79; Kallmeyer/*Willemsen* § 5 Rn. 49.

und Mitbestimmungsrechte der Arbeitnehmer aus dem BetrVG (insbes. §§ 99, 102, 111 ff. BetrVG) sowie der leitenden Angestellten aus dem SprAuG bleiben hiervon unberührt.[145] Indem die Angaben – quasi als gutachterliche Information – gleichwohl zum Bestandteil eines zwischen zwei Unternehmen zu schließenden Verschmelzungsvertrags gemacht werden, bleiben sie im Vergleich zu den übrigen Angaben gem. § 5 Abs. 1 Nr. 1–8 ein Fremdkörper.[146]

74 Soweit **keine Arbeitnehmer** vorhanden sind, entfällt die Angabepflicht zu Nr. 9; auch in diesem Fall findet sich in der Praxis meist eine **Negativmeldung** im Verschmelzungsvertrag. Sind hingegen Arbeitnehmer, jedoch keine Arbeitnehmervertretungen vorhanden, so sind die Angaben nicht entbehrlich, sondern in den Verschmelzungsvertrag aufzunehmen, da das Gesetz hierfür keine Ausnahmeregelung trifft und auch keine überzeugende Begründung besteht, von diesen Angaben abzusehen.[147]

a) Inhalt und Umfang

75 Der genaue **Gegenstand** und der erforderliche **Umfang** der Angaben sind aus dem offenen Wortlaut der Norm nur schwer zu erkennen.[148] Dass sich für die Spaltung und den Formwechsel inhaltlich wortgleiche Vorschriften in § 126 Abs. 1 Nr. 11 und § 194 Abs. 1 Nr. 7 finden, zugleich aber in den Schwestervorschriften des § 309 (und in § 122e UmwG aF) sowie des § 11 WpÜG der Informationsumfang anders ausgestaltet ist, erschwert die Auslegung und den praktischen Umgang mit der Vorschrift zusätzlich.[149] Die aus den geschilderten Unklarheiten resultierende Rechtsunsicherheit drängt Kautelarjuristen in der Praxis nicht selten dazu, den Ausführungen zu § 5 Abs. 1 Nr. 9 im Verschmelzungsvertragstext unverhältnismäßig viel Umfang zu widmen.[150]

76 Eine verlässliche Eingrenzung, in welchem Ausmaß Folgen und Maßnahmen der Verschmelzung anzugeben sind, fehlt.[151] In der Rechtswissenschaft haben sich insoweit drei Positionen zum **Umfang der Pflichtangaben** herausgebildet.

77 Einigkeit besteht, dass nach der Vorschrift jedenfalls diejenigen Folgen anzugeben sind, die **unmittelbar** durch die Verschmelzung bewirkt werden.[152] Hiervon erfasst sind die gesetzlich ableitbaren Folgen aus 35a Abs. 2 UmwG iVm § 613a BGB.[153]

78 Die arbeitsrechtlichen Folgen müssen nach richtiger Auffassung zwar nicht in allen Einzelheiten und mit abschließender rechtlicher Bewertung geschildert werden.[154] Sie müssen den Arbeitnehmervertretern der beteiligten Rechtsträger jedoch ermöglichen, die infolge der Umwandlung eintretenden Änderungen für die Arbeitnehmer und die Arbeitnehmervertretungen zu erkennen und ihre Kompetenzen dementsprechend einzusetzen. Als äußere Grenze hat das OLG Düsseldorf dazu bisher entschieden, dass

---

145 Sog. Trennungstheorie, vgl. Lutter/*Drygala* § 5 Rn. 108 ff.; Kallmeyer/*Willemsen* § 5 Rn. 48.
146 Kallmeyer/*Willemsen* § 5 Rn. 47; Semler/Stengel/Leonard/*Simon* § 5 Rn. 76; Kölner Komm UmwG/*Hohenstatt/Schramm* § 5 Rn. 138.
147 Streitig; wie hier Lutter/*Drygala* § 5 Rn. 145 f.; Semler/Stengel/Leonard/*Simon* § 5 Rn. 93; *Willemsen* RdA 1998, 23 (32); *Boecken*, Unternehmensumwandlungen und Arbeitsrecht, 1996, Rn. 336; *K. J. Müller* DB 1997, 713 (716); *Dzida/Schramm* NZG 2008, 521 (524); aA *Joost* ZIP 1995, 976 (985); einschr. LG Stuttgart DNotI-Report 5/1996, 43.
148 Semler/Stengel/Leonard/*Simon* § 5 Rn. 78; Kölner Komm UmwG/*Hohenstatt/Schramm* § 5 Rn. 138 f.
149 Lutter/*Drygala* § 5 Rn. 86.
150 Semler/Stengel/Leonard/*Simon* § 5 Rn. 82.
151 Zu dieser Problematik auch Semler/Stengel/Leonard/*Simon* § 5 Rn. 78; Kölner Komm UmwG/*Hohenstatt/Schramm* § 5 Rn. 139.
152 OLG Düsseldorf NZA 1998, 766 (767); Semler/Stengel/Leonard/*Simon* § 5 Rn. 82; Lutter/*Drygala* § 5 Rn. 88; Kölner Komm UmwG/*Hohenstatt/Schramm* § 5 Rn. 139.
153 So auch Kölner Komm UmwG/*Hohenstatt/Schramm* § 5 Rn. 139.
154 Lutter/*Drygala* § 5 Rn. 118 mit Musterangaben.

es weder ausreicht, im Verschmelzungsvertrag nur auf die Rechtsfolgen aus UmwG und BGB zu verweisen, noch dass es zulässig ist, dort nur zu erwähnen, dass für die Arbeitnehmer keine Nachteile entstehen.[155] Daraus erhellt, dass die beteiligten Rechtsträger verpflichtet sind, eine **Stellungnahme zu allen unmittelbaren Änderungen und Folgen der Umwandlung** abzugeben, nicht nur zu den Nachteilen.[156] Konkret bedeutet dies, dass die beteiligten Rechtsträger verpflichtet sind, alle tatsächlichen und rechtlichen Folgen anzugeben, die im unmittelbaren Sachzusammenhang mit der Verschmelzung stehen und die betriebsverfassungsrechtlichen Strukturen betreffen oder konkrete Auswirkungen auf die Arbeitsverhältnisse haben (sog. **vermittelnde Lösung**).[157]

Soweit hierzu andere Theorien vertreten werden, erscheinen diese impraktikabel oder unsicher. Die sog. **kleine Lösung** beschränkt sich auf die Angabe aller unmittelbaren rechtlichen Folgen.[158] Dies kann unter Umständen zu wenig sein, was das Risiko der Bewertung eines Eintragungshindernisses durch das Registergericht oder einer Anfechtungsklage birgt.

Die sog. **große Lösung** will dagegen auch alle mittelbaren tatsächlichen und rechtlichen Folgen, die sich aus der Verschmelzung ergeben, zum Gegenstand der Angabepflicht machen (zB künftige Betriebsschließungen, Restrukturierungen etc).[159] Diese Theorie lässt jedoch die nötige Trennschärfe vermissen und birgt die Gefahr einer ausufernden Darstellung. Die extreme Position, dass alle denkbaren unmittelbaren und mittelbaren Folgen zu benennen seien,[160] ist erst recht abzulehnen.

Die bei Anlegen solcher Maßstäbe unvermeidliche Gefahr, dass der Rechtsanwender den Umfang seiner Pflichten nicht mehr erkennen kann, versucht eine vermittelnde Ansicht dadurch zu bannen, dass nur kraft Sachzusammenhangs mit dem Verschmelzungsvertrag verbundene mittelbare[161] oder **wesentliche mittelbare** Folgen[162] zu nennen sind. Teilweise wird auch darauf abgestellt, dass die Verschmelzung der „tragende Beweggrund" für die Folgen sein müsse.[163] Erst nach dem Wirksamwerden der Verschmelzung beschlossene und durchgeführte Rationalisierungsmaßnahmen wären selbst dann nicht in die Angaben aufzunehmen, wenn es zum Zeitpunkt der Unterrichtung schon konkrete Vorüberlegungen der beteiligten Rechtsträger gibt.[164]

Der Wortlaut des Gesetzes bietet keine Stütze dafür, auch bloß mittelbare Folgen mit in die Informationspflichten einzubeziehen. Es mangelt zudem an einer sachlichen Rechtfertigung, neben den ohnehin nach dem BetrVG bestehenden Informationsrechten auch im Rahmen von § 5 Abs. 1 Nr. 9 umfassend über alle möglichen Folgen zu unterrichten.[165] Die Angaben haben vielmehr lediglich eine **Hilfsfunktion** im Sinne eines

---

155 OLG Düsseldorf NZA 1998, 766 (767); Semler/Stengel/Leonard/*Simon* § 5 Rn. 81.
156 OLG Düsseldorf NZA 1998, 766 (767); eingehend Lutter/*Drygala* § 5 Rn. 87 ff.
157 Eingehend zu dieser Streitfrage und den einzelnen Positionen Semler/Stengel/Leonard/*Simon* § 5 Rn. 82 ff.; mit vielen Beispielen aus der Praxis; *Hausch* RNotZ 2007, 308 (323 ff.); *Blechmann* NZA 2005, 1143 (1145); *Willemsen* RdA 1998, 23 (25 ff.); *Hausch* RNotZ 2007, 308 (320 ff.).
158 Dazu etwa *Drygala* ZIP 1996, 1365 (1368 ff.); Lutter/*Drygala* § 5 Rn. 105 ff.
159 S. dazu *Bachner* NJW 1995, 2881 (2886) (auch etwa der Wegfall einer Möglichkeit zur Nutzung öffentlicher Verkehrsmittel; *Blechmann* NZA 2005, 1143 (1147); *Däubler* RdA 1995, 136 (138).
160 So Fitting/*Fitting* BetrVG § 1 Rn. 169; *Joost* ZIP 1995, 976 (979).
161 Semler/Stengel/Leonard/*Simon* § 5 Rn. 83; HWK-UmwG/*Willemsen* § 5 Rn. 3; mwN Lutter/*Drygala* § 5 Rn. 104.
162 Schmitt/Hörtnagl/*Langner* § 5 Rn. 90.
163 Kölner Komm UmwG/*Hohenstatt/Schramm* § 5 Rn 146; *Dzida/Schramm* NZG 2008, 521 (522).
164 Für eine Informationspflicht HWK-UmwG/*Willemsen* § 5 Rn. 6.
165 Lutter/*Drygala* § 5 Rn. 108 ff.

Berichtscharakters[166] und stellen kein eigenes Beteiligungsrecht des Betriebsrats dar, da die Verschmelzung ein rein gesellschaftsrechtlicher Vorgang bleibt.[167] Dies widerspräche auch dem berechtigten Geheimhaltungsinteresse der betroffenen Unternehmen vor etwaigen Konkurrenten.[168]

83 Für die Praxis ist daher festzuhalten, dass sich die Angaben nicht darin erschöpfen dürfen, allein auf die Anwendbarkeit der gesetzlichen Vorschriften bezugzunehmen oder festzustellen, dass keine Nachteile für die Arbeitnehmer auftreten können, da die Vorschrift des § 5 Abs. 1 Nr. 9 die Information bezüglich jedweder Folgen vorsieht.[169] Es muss jedoch auch keine detaillierte Darstellung der arbeitsrechtlichen Folgen in allen Einzelheiten geschehen. Vielmehr hat sich die Dokumentationspflicht am Gesetzeszweck, nämlich der berichtenden Information an den zuständigen Betriebsrat zu orientieren, so dass dieser das nötige „Problembewusstsein" entwickeln kann und eine weitere Prüfung selbstständig vornimmt.[170] Es muss eine **nachvollziehbare Wiedergabe der unmittelbaren Folgen**[171] gewährleistet sein.

84 Hierin findet sich auch das schützenswerte Interesse der beteiligten Rechtsträger vor einer unzumutbaren systemwidrigen Überfrachtung des Verschmelzungsvertrages ausreichend berücksichtigt.[172] Dies entspricht auch dem zeitlichen Gang bei betrieblichen Umstrukturierungen; ein möglicher **Interessenausgleich** und/oder **Sozialplan** kann zwar rechtzeitig vorbereitet werden, kann jedoch der Durchführung der Änderungen nicht vorweglaufen.[173]

85 Im Falle der Verschmelzung mehrerer Rechtsträger mit kurzem Zeitabstand (sog. **Kettenverschmelzung**) sind alle relevanten Angaben über das Endergebnis der Umwandlungsvorgänge bereits im ersten Verschmelzungsvertrag anzugeben.[174]

b) Einzelfälle

86 Soweit die tatsächliche Tiefe der Angaben im Verschmelzungsvertrag schlussendlich dem Unternehmen überlassen bleibt, haben sich – im Rahmen der og vermittelnden Theorie – hinsichtlich einzelner Fragen bereits gangbare Wege ergeben. Hinsichtlich der **Folgen für die Arbeitsverhältnisse** geht der Gesetzgeber entsprechend § 20 Abs. 1 Nr. 1 davon aus, dass der übernehmende Rechtsträger als Gesamtrechtsnachfolger in diese eintritt. Insoweit sind geplante Entlassungen, Versetzungen und Umgruppierungen konkret zu benennen. Auch die Folgen für eine eventuelle betriebliche Altersvorsorge sind konkret anzugeben.[175]

87 Für den **Bestand der Arbeitnehmervertretungen** ist darzustellen, in welcher Form und welcher Besetzung diese nach der Verschmelzung fortbestehen.[176] Die notwendigen Angaben betreffen dabei nur die Arbeitnehmervertretungen der beteiligten Rechtsträger und ggf. der Arbeitnehmervertretungen auf Gesamtbetriebs- und Konzernebene;

---

166 Kallmeyer/*Willemsen* § 5 Rn. 58.
167 Kölner Komm UmwG/*Hohenstatt/Schramm* § 5 Rn. 144.
168 Lutter/*Drygala* § 5 Rn. 107.
169 So ausdrücklich OLG Düsseldorf NJW-RR 1999, 188.
170 Kölner Komm UmwG/*Hohenstatt/Schramm* § 5 Rn. 204; Kallmeyer/*Willemsen* § 5 Rn. 58.
171 Kallmeyer/*Willemsen* § 5 Rn. 58.
172 IE wohl zu eng Lutter/*Drygala* § 5 Rn. 107; Kallmeyer/*Willemsen* § 5 Rn. 51 ff.
173 Semler/Stengel/Leonard/*Simon* § 5 Rn. 84.
174 Semler/Stengel/Leonard/*Simon* § 5 Rn. 82 ff.
175 S. die Praxisbeispiele bei Semler/Stengel/Leonard/*Simon* § 5 Rn. 86.
176 Dazu eingehend unter Warnung vor möglicher Rechtsunsicherheit Lutter/*Drygala* § 5 Rn. 97 ff.; Kallmeyer/*Willemsen* § 5 Rn. 60 ff.; Kölner Komm UmwG/*Hohenstatt/Schramm* § 5 Rn. 193.

Ausführungen zu anderen Vertretungen, wie etwa Auszubildenden- oder Schwerbehindertenvertretungen, sind dabei nicht zwingend, deren Aufnahme ist jedoch ratsam.[177]

Ob die **Fortgeltung etwaiger Tarifbindungen** beim (neuen) übernehmenden Rechtsträger geplant ist oder nicht und welche Änderungen sich infolge der Verschmelzung ergeben, ist anzugeben.[178]

Für **Konzern- bzw. Gesamtbetriebsvereinbarungen** ist deren Fortgeltung zu regeln. Hierbei ist nicht auf jede einzelne Regelung bei jedem beteiligten Rechtsträger einzugehen; es reicht die Angabe, dass die Regelungen eines (idR des übernehmenden) Rechtsträgers (uneingeschränkt) nach der Verschmelzung gelten.[179]

Die Folgen für die **Mitbestimmung in Unternehmensorganen** sind anzugeben. Dabei sind sowohl die Schicksale der bisherigen Mandate als auch die Situation (ob und wie mitbestimmt oder nicht) im neuen Rechtsträger anzugeben. Die Angabe, wie sich das Aufsichtsorgan nach Wirksamwerden der Verschmelzung konstituiert, gehört freilich nicht zum Umfang der Informationen gem. Nr. 9.[180]

Es sind zudem die Folgen anzugeben, die sich zwar nicht unmittelbar aus der Verschmelzung ergeben, die aber **systemimmanent** im Rahmen der Verschmelzung auftreten. Dabei handelt es sich insbesondere um die Beibehaltung bzw. die Änderung der betrieblichen Strukturen und sonstige Betriebsänderungen gemäß § 111 ff. BetrVG. Bei solchen Änderungen ist mit dem Betriebsrat der beteiligten Rechtsträger ein Interessenausgleich und Sozialplan zu verhandeln, der sinnvollerweise vor der Verschmelzung abgeschlossen und dem Verschmelzungsvertrag als Anlage beizufügen ist.[181] Mögliche Änderungen, die nicht als Folge der Verschmelzung zu betrachten sind, müssen im Verschmelzungsvertrag nicht beschrieben werden.[182]

Hinweis: Zusammengefasst sollten jeweils die nachstehend aufgeführten arbeitsrechtlichen Angaben im Verschmelzungsvertrag Berücksichtigung finden:

- Übergang von Arbeitsverhältnissen gem. § 35a Abs. 2 iVm § 613a BGB,
- Versorgungsanwartschaften der aktiven Arbeitnehmer gem. § 35a Abs. 2, § 613a BGB,
- Haftungsfolgen und umwandlungsrechtliche Sonderreglungen betreffend das Arbeitsverhältnis gem. § 613a BGB, § 20 Abs. 1 Nr. 1, §§ 133, 134,
- Veränderungen der arbeitsorganisatorischen Struktur der beteiligten Betriebe,
- Angaben zur Tarifbindung und zu Mitgliedschaften im Arbeitgeberverband,
- Angaben zur Mitbestimmung,
- Angaben zur Arbeitnehmervertretung (Betriebsrat, Gesamtbetriebsrat, Konzernbetriebsrat, Betriebsvereinbarungen),
- Angaben zu konkret geplanten Betriebsänderungen gem. § 111 ff. BetrVG,
- ggf. Angaben zum Europäischen Betriebsrat.

Eine sog. **Negativerklärung**, dass keine Änderungen für die Arbeitnehmer eintreten, ist rechtlich entbehrlich. Dies ist freilich nicht unstreitig. Das OLG Düsseldorf hat diese

---

177 Vorsichtig insoweit Semler/Stengel/Leonard/*Simon* § 5 Rn. 88 mit Aufzählung zahlreicher Praxisfälle; aA sind *Hausch* RNotZ 2007, 308 (318 ff.); Blechmann NZA 2005, 1143 (1147).
178 Semler/Stengel/Leonard/*Simon* § 5 Rn. 89.
179 Semler/Stengel/Leonard/*Simon* § 5 Rn. 90.
180 Semler/Stengel/Leonard/*Simon* § 5 Rn. 91.
181 *Hausch* RNotZ 2007, 308 (327); Kallmeyer/*Willemsen* § 5 Rn. 55.
182 Kölner Komm UmwG/*Hohenstatt/Schramm* § 5 Rn 46; Kallmeyer/*Willemsen* § 5 Rn. 56.

Negativerklärung als empfehlenswert eingestuft,[183] auch wenn im Schrifttum teilweise auf deren potenzielle negative Wirkung für die beteiligten Rechtsträger hingewiesen wird. § 5 verpflichtet die beteiligten Rechtsträger grundsätzlich nur dazu, alle eintretenden bzw. erwarteten Änderungen positiv im Verschmelzungsvertrag aufzunehmen. Soweit dieser keine Angabe enthält, gebietet eine konsequente Auslegung das Ergebnis, dass keine Änderungen eintreten; dies gilt ebenfalls, sofern der Verschmelzungsvertrag nur zu einzelnen Punkten der Nr. 9 keine Angaben enthält. Den beteiligten Rechtsträgern wird daher vereinzelt empfohlen, diese klare Linie nicht durch einzelne Negativerklärungen aufzuweichen, sondern diese nur in Einzelfällen aufzunehmen.[184] Diese Frage ist aufgrund der offenen Diskussion in Rechtsprechung und Schrifttum praktisch dahin gehend zu lösen, eine Negativmeldung in den Verschmelzungsvertrag aufzunehmen, um diesen zu vervollständigen und keine Zweifel aufzuwerfen, ob der Punkt nur versehentlich im Verschmelzungsvertrag fehlt.[185]

Hinweis: Es ist ratsam und in der Praxis üblich, eine Negativmitteilung in den Verschmelzungsvertrag aufzunehmen.

93 Negative Folgen einer solchen Negativerklärung wären nur dann zu befürchten, wenn diese falsch ist; das Registergericht hat jedoch nur ein formelles, aber kein umfassendes materielles Prüfungsrecht. Arbeitsrechtliche Folgen sind jedoch unabhängig davon, ob eine Negativerklärung abgegeben wird, sondern treten auch beim Schweigen des Verschmelzungsvertrages zu diesem Thema ein, da eine Negativaussage hier die gleichen rechtlichen Wirkungen erzeugt wie ein Schweigen des Vertrages, welches auch die Gegenansicht schließlich als Negativaussage würdigt.

c) Prüfung des Registergerichts

94 Die praktische Bedeutung der Vorschrift erschließt sich erst durch die Verknüpfung mit dem in § 5 Abs. 3 normierten und nach § 17 Abs. 1 für die Eintragung und damit das Wirksamwerden der Verschmelzung bedeutsamen **Zuleitungserfordernis**. Gegenüber dem Handelsregister muss bei der Anmeldung der Eintragung nachgewiesen sein, dass der Verschmelzungsvertrag oder sein Entwurf mit den nach § 5 Abs. 1 erforderlichen Angaben dem Betriebsrat rechtzeitig zugeleitet wurde. Mängel bei der Erfüllung der Angaben nach § 5 Abs. 1 Nr. 9 oder bei der Zuleitung können daher die Eintragung der Verschmelzung entscheidend verzögern oder gar verhindern.

95 In diesem Zusammenhang ist streitig, ob das Registergericht eine Eintragung aufgrund fehlender oder unvollständiger Angaben ablehnen darf, ob ihm also ein **materielles oder formelles Prüfungsrecht** zusteht.

96 Das Registergericht prüft in jedem Fall formell, ob die arbeitsrechtlichen Regelungen nach Nr. 9 im Verschmelzungsvertrag geregelt sind und eine rechtzeitige Zuleitung an die jeweiligen Arbeitnehmervertretungen erfolgt ist. Sollte dies nicht der Fall sein, besteht ein **Eintragungshindernis**.[186]

---

183 OLG Düsseldorf NZG 1998, 648.
184 So Kallmeyer/*Willemsen* § 5 Rn. 59; vorsichtiger und mit Rücksicht auf eine mögliche Rechtsunsicherheit zur Negativerklärung ratend Semler/Stengel/Leonard/*Simon* § 5 Rn. 92.
185 So auch Kölner Komm UmwG/*Hohenstatt*/*Schramm* § 5 Rn. 215; Kallmeyer/*Willemsen* § 5 Rn. 59.
186 Ausf. hierzu Semler/Stengel/Leonard/*Simon* § 5 Rn. 95.

Im Rahmen eines allenfalls sehr begrenzten materiellen Prüfungsrechts kann das Registergericht eine Eintragung verweigern, sofern die **Angaben völlig fehlen** oder **offensichtlich unzureichend** bzw. **nicht nachvollziehbar** sind. Auch ein offensichtlicher Widerspruch zum UmwG erlaubt eine Beanstandung. Ein darüber hinausgehendes umfassendes materielles Prüfungsrecht mit der Möglichkeit, die Eintragung aufgrund nur ungenauer Beschreibungen abzulehnen oder eine umfassende Schlüssigkeitsprüfung durchzuführen, steht dem Registergericht nach richtiger Auffassung nicht zu.[187] Dies ist auch konsequent, da die Angaben der Nr. 9 keinen verbindlichen Regelungscharakter haben und aus dem Verschmelzungsvertrag kein Erfüllungsanspruch hergeleitet werden kann (→ Rn. 73). Der arbeitsrechtliche Schutz wird nicht gesellschaftsrechtlich, sondern ausschließlich betriebsverfassungsrechtlich gewährleistet; die Angaben gem. Nr. 9 haben reine Informationsfunktion.[188]

Fraglich bleibt hierbei jedoch, ab wann eine Unrichtigkeit als offensichtlich anzusehen ist, so dass weitere Rechtsunsicherheit in die ohnehin schon unbestimmte Norm gebracht würde.[189] Im Sinne der Rechtssicherheit ist daher davon auszugehen, dass dem Registergericht allein ein **formelles Prüfungsrecht** zusteht, das bei vollständigem Fehlen ganzer oder teilweiser Bereiche aktuell wird.[190] Nach der Rechtsprechung steht dem Registergericht zumindest dann ein Ablehnungsrecht bezüglich der Eintragung zu, „wenn es an jeder nachvollziehbaren Darstellung der arbeitsrechtlichen Folgen fehlt".[191]

d) Kein Unterlassungsanspruch der Arbeitnehmervertretung

Die Arbeitnehmer und die Arbeitnehmervertretungen können die Eintragung der Verschmelzung nicht durch eine **Untersagungsverfügung** verhindern. Den Arbeitnehmern und deren Vertretungen steht dieses Recht nicht zu, da es sich dabei um eine unternehmerische Entscheidung der Anteilsinhaber handelt, welche einer Mitbestimmung durch die Arbeitnehmer nicht unterliegt.[192] Möglich bleibt eine Gegendarstellung beim Registergericht, wonach die im Verschmelzungsvertrag niedergelegten Angaben den og Kriterien eines Eintragungshindernisses entsprechen.[193] Aufgrund der geringen materiellen Prüfungskompetenz des Registergerichts ist diese Vorgehensweise jedoch grds. von geringer Erfolgsaussicht.

e) Fehlerhafte oder unvollständige Angaben

Fehlende, unrichtige oder unvollständige Angaben der Folgen für Arbeitnehmer und ihre Vertretungen führen nicht zur Nichtigkeit des Zustimmungsbeschlusses der Anteilsinhabervertretungen. Auch eine Anfechtung durch die Gesellschafter scheidet vor dem Hintergrund des Zwecks der Nr. 9 aus.[194] Diese Regelung bedient zum einen

---

187 So auch Lutter Kölner Umwandlungsrechtstage/*Priester* 99, 114; Lutter/*Priester* § 126 Rn. 81; Semler/Stengel/Leonard/*Simon* § 5 Rn. 96; Kallmeyer/*Willemsen* § 5 Rn. 60, der darauf hinweist, dass der Registerrichter keine Schlüssigkeitsprüfung zu den komplexen arbeitsrechtlichen Folgen durchführen darf; *Willemsen* RdA 1998, 23 (33); HWK-UmwG/*Willemsen* § 5 Rn. 9; *Blechmann* NZA 2005, 1143 (1149); aA und für ein umfassendes materielles Prüfungsrecht wohl *Engelmeyer* DB 1996, 2542 (2544).
188 *Bungert* NZG 1998, 733; Lutter/*Priester* § 126 Rn. 82; Semler/Stengel/Leonard/*Simon* § 5 Rn. 96.
189 Zur fehlenden Trennschärfe von „offensichtlich" und „weniger offensichtlich" auch Kölner Komm UmwG/*Hohenstatt/Schramm* § 5 Rn. 204.
190 Kölner Komm UmwG/*Hohenstatt/Schramm* § 5 Rn. 204; *Dzida/Schramm* NZG 2008, 521 (524).
191 OLG Düsseldorf NJW-RR 1999, 188.
192 Näher dazu *Drygala* ZIP 1996, 1365 (1370 f.).
193 Vgl. auch Kölner Komm UmwG/*Hohenstatt/Schramm* § 5 Rn. 222.
194 So auch Widmann/Mayer/*Mayer* § 5 Rn. 203; Lutter/*Priester* § 126 Rn. 79; Kallmeyer/*Willemsen* § 5 Rn. 57; aA Lutter Kölner Umwandlungsrechtstage/*Grunewald* S. 22 f.; A. *Drygala* ZIP 1996, 1365 (1366 ff.).

das Informationsbedürfnis der Arbeitnehmer und enthält zum anderen keine verbindlichen Regelungen.[195] Aus letzterem Grund ist eine Verletzung der Nr. 9 auch nicht geeignet, Schadenersatzansprüche zugunsten der Arbeitnehmer oder deren Vertretungen aus den §§ 25 f. zu begründen.

II. Weitergehende zwingende Inhalte

101 Über die Festlegungen des Abs. 1 muss der Verschmelzungsvertrag weitere Angaben enthalten. Diese Angaben folgen entweder aus Besonderheiten des konkreten Verschmelzungsvorganges oder aus rechtsformspezifischen Besonderheiten der beteiligten Rechtsträger.[196]

102 Sofern nach § 29 eine **Barabfindung** angeboten werden muss, ist der Wortlaut dieses Angebots grundsätzlich im Verschmelzungsvertrag aufzunehmen, § 29 Abs. 1. Eine Ausnahme von § 29 besteht nur dann, wenn eine 100 %ige Tochter auf die Mutter verschmolzen wird (→ § 29 Rn. 34).[197] Im Falle einer **Verschmelzung durch Neugründung** ist die neue Satzung bzw. der Gesellschaftsvertrag des neuzugründenden Rechtsträgers bereits im Verschmelzungsvertrag zu publizieren. Dies gilt auch für Personengesellschaften, obwohl deren Gesellschaftsverträge ansonsten nicht publizitätspflichtig sind. Die weiteren notwendigen Angaben werden jeweils bei den Normen zu den einschlägigen Rechtsträgern kommentiert.

III. Weitergehende dispositive Inhalte

103 Der Verschmelzungsvertrag ist weiteren, fakultativen Regelungen durch die beteiligten Rechtsträger zugänglich. Hierunter fallen etwa die Angabe der Ratio des Verschmelzungsvorgangs in einer Präambel sowie **Absichtserklärungen** oder **Garantien**, welche die Anteilsinhaber des übernehmenden Rechtsträgers denjenigen des übertragenden Rechtsträgers zubilligen. Da grundsätzlich im Falle einer Verschmelzung auf einen bereits existierenden Rechtsträger dessen Satzung bzw. Gesellschaftsvertrag weiter gilt, können auch **Absichten zu Satzungsänderungen** im Verschmelzungsvertrag festgehalten werden.[198] Hierbei ist auf das jeweilige Kompetenzgefüge des Rechtsträgers zu achten – rechtswirksam verpflichten können sich nur die auch zur Entscheidung berufenen Organe.

104 Der Verschmelzungsvertrag kann unter **Bedingung oder Befristung** geschlossen werden. Insbesondere aufschiebende Bedingungen eignen sich für mehrfache Verschmelzungen bzw. sog. Kettenverschmelzungen. Hierbei ist aber zu unterscheiden: Zulässig ist die aufschiebende Bedingung zur Einhaltung einer gewissen Ordnung, dh welcher Rechtsträger mit welchem Rechtsträger zuerst verschmolzen wird. Nicht zulässig hingegen ist die Bedingungsklausel, dass eine zweite Verschmelzung von der Wirksamkeit der ersten Verschmelzung abhängig gemacht wird.[199] Auflösende Bedingungen sind regelmäßig an die Wirksamkeit der Verschmelzung gebunden und heben die Pflichten

---

[195] S. dazu OLG Naumburg DB 1997, 466; Lutter/*Drygala* § 5 Rn. 156; Lutter/*Priester* § 126 Rn. 79; Widmann/Mayer/*Mayer* § 5 Rn. 265.
[196] S. etwa die §§ 40, 45b, 46, 50, 35, 80; näher dazu Lutter/*Drygala* § 5 Rn. 121 ff.
[197] ZT wird vertreten, dies folge aus der analogen Anwendung des § 5 Abs. 2, so Lutter/*Drygala* § 5 Rn. 120; Semler/Stengel/Leonard/*Schröer/Greitemann* § 5 Rn. 92; aA Kölner Komm UmwG/*Simon* § 5 Rn. 225, der dies aus § 29 folgert.
[198] So etwa zur Firma oder dem Unternehmensgegenstand, vgl. Semler/Stengel/Leonard/*Schröer/Greitemann* § 5 Rn. 110 ff.
[199] Näher dazu Widmann/Mayer/*Mayer* § 5 Rn. 213; Semler/Stengel/Leonard/*Schröer/Greitemann* § 5 Rn. 117.

aus dem Verschmelzungsvertrag auf, wenn diese nicht innerhalb eines bestimmten Zeitraumes in das Handelsregister eingetragen wird. Aufschiebende Bedingungen finden sich meistens dort, wo Entscheidungen der Kartellbehörden einzuziehen sind; die Verschmelzung soll erst dann durchgeführt werden, wenn die Kartellbehörden den Zusammenschluss freigeben.[200]

Die Vereinbarung eines **pauschalierten Schadensersatzes** ist möglich und insbesondere für die Fälle vorgesehen, dass die Verschmelzung nicht zur Eintragung gelangt. In Abgrenzung dazu ist die Abrede von Vertragsstrafen möglich und dient in der Praxis dazu, Druck auf die beteiligten Rechtsträger auszuüben, die Verschmelzung schnellstmöglich umzusetzen. Der durch die Vertragsstrafe ausgeübte Druck darf jedoch nicht unangemessen sein.[201] 105

Für den Fall einer **Mehrfachverschmelzung** (die nicht Kettenverschmelzung ist) kann eine Klausel vorgesehen werden, die bestimmt, ob die einzelnen Verschmelzungsvorgänge auch unabhängig voneinander wirksam sind oder die Einzelwirksamkeit abhängig ist von der Gesamtverschmelzung, mithin, ob ein „rechtliches Band" bestehen soll.[202] 106

Kostenregelungen können nur die Verteilung der entstandenen Kosten bei Scheitern der Verschmelzung regeln. Sofern die Verschmelzung jedoch wirksam ist, treffen die Kosten stets den übernehmenden Rechtsträger.[203] 107

IV. Mängel des Verschmelzungsvertrages

Ist der Verschmelzungsvertrag inhaltlich unrichtig oder unvollständig, so darf das Registergericht grundsätzlich nicht eintragen. Der Verschmelzungsvertrag ist nichtig, wenn Angaben nach Abs. 1 Nr. 1–3 fehlen. Diese sind **essentialia negotii** des Verschmelzungsvertrages. Fehlen Angaben nach den Nrn. 4–9, so ist der entsprechende Zustimmungsbeschluss der Anteilsinhaberversammlung anfechtbar; dabei ist freilich der **informatorische Charakter** von Nr. 9, der einem daraus resultierenden Anfechtungsrecht entgegensteht, zu beachten (Ausführungen und Nachweise in → Rn. 76). Mit Eintragung der Verschmelzung werden etwaige Vertragsmängel jedoch geheilt. 108

C. Konzernverschmelzung, Abs. 2

I. Up-Stream-Merger

In Abs. 2 sind Erleichterungen für die Verschmelzung einer **100 %igen Tochtergesellschaft** auf die Muttergesellschaft (Up-Stream-Merger) vorgesehen. In einem solchen Fall ist ein Anteilstausch bereits begriffslogisch ausgeschlossen, so dass die Angaben gemäß Abs. 1 Nr. 2–5 aus dem Verschmelzungsvertrag entfallen. Deren Vereinbarung bleibt freilich fakultativ möglich. Einer Feststellungsklausel innerhalb des Verschmelzungsvertrages, worin das Vorliegen einer Konzernverschmelzung im Sinne des Abs. 2 und damit die Entbehrlichkeit der Angaben nach Abs. 1 Nr. 2–5 festgestellt wird, bedarf es nicht. Deren Entbehrlichkeit muss sich aus dem Vertrag selbst ergeben. Zur 109

---

200 Kölner Komm UmwG/*Simon* § 5 Rn. 230; krit. zur Zulässigkeit Semler/Stengel/Leonard/*Schröer/Greitemann* § 5 Rn. 112 ff.
201 Vgl. näher Lutter/*Drygala* § 6 Rn. 4; Kallmeyer/*Marsch-Barner/Oppenhoff* § 5 Rn. 62; Kölner Komm UmwG/*Hohenstatt/Schramm* § 5 Rn. 233; *Drygala* WM 2004, 1457 (1460).
202 So die plastische Formulierung bei Kölner Komm UmwG/*Simon* § 5 Rn. 235.
203 Semler/Stengel/Leonard/*Schröer/Greitemann* § 5 Rn. 125.

Klarstellung, insbesondere gegenüber dem Registergericht ist jedoch eine negative Feststellungsklausel möglich und in der Praxis verbreitet.

110 Dies gilt nicht, sofern bei einem Up-Stream-Merger die Anteile am übertragenden Rechtsträger auf **mehrere Anteilsinhaber** verteilt sind oder eine **Verschmelzung zur Neugründung** vorliegt. Die Erleichterungen des Abs. 2 können nur dann in Anspruch genommen werden, wenn der Verschmelzungsvertrag unter der Bedingung geschlossen wird, dass die Voraussetzungen einer Konzernverschmelzung bis zur Eintragung vorliegen.[204] Sämtliche Anteile müssen rechtlich einem Anteilsinhaber gehören, so dass wirtschaftliche Inhaberschaft (zB bei einer Treuhandkonstruktion) nicht ausreichend ist. Unschädlich ist es hingegen, wenn der übertragende Rechtsträger eigene Anteile hält.[205]

111 Auf Personengesellschaften als übertragende Rechtsträger ist Abs. 2 aufgrund der Tatsache, dass diese mindestens zwei Gesellschafter haben muss, begriffsnotwendig unanwendbar; dies gilt selbst dann, wenn die Gesellschafter der beteiligten Rechtsträger personenidentisch sind oder es sich um eine sog. Einheits-KG handelt.[206]

II. Down-Stream-Merger

112 Abs. 2 behandelt nicht den umgekehrten Fall, dass eine Mutter auf die Tochter verschmolzen wird, sog. **Down-Stream-Merger**, da hier ein Anteilsinhaberwechsel stattfindet. Die Anteilsinhaber der Muttergesellschaft erhalten Anteile der Tochtergesellschaft. Ein Einsatz dieser Variante findet sich insbesondere bei der Neuordnung der Anteilsinhaberstruktur, wenn etwa unliebsame Aktionäre mittels eines Abfindungsangebotes (§ 29) aus der Gesellschaft gedrängt werden sollen.[207] Auch eine Neuausrichtung des Konzerns kann dem zugrunde liegen. Bilanzielle und steuerliche Erwägungen sind weitere Gründe für einen Down-Stream-Merger. Hier ist auf eine mögliche Überschuldung der Mutter zu achten, die unter Gesichtspunkten des Kapitalschutzes bei der Tochter kritisch sein kann, vgl. § 57 AktG.[208]

113 Auf die Möglichkeit einer Kapitalerhöhung bei der Tochter kann verzichtet werden, wenn die Anteile der Mutter an der Tochter voll eingezahlt sind, § 54 Abs. 1 S. 2 Nr. 2, § 68 Abs. 1 S. 2 Nr. 2. Bei Teileinzahlung darf die Kapitalerhöhung bei der Tochter nicht erfolgen, § 54 Abs. 1 S. 1 Nr. 3, § 68 Abs. 1 S. 1 Nr. 3.

III. Side-Step-Merger

114 Werden zwei Schwestergesellschaften mit identischen Anteilsinhabern miteinander verschmolzen, kann auf eine Kapitalerhöhung ebenfalls verzichtet werden, wenn alle Anteilsinhaber des übertragenden Rechtsträgers im Rahmen notarieller Beurkundung zustimmen. Denn diese Kapitalerhöhung dient nicht dem Kapitalschutz; es soll lediglich ein Anteilstausch durchgeführt werden.[209]

---

204 S. näher Semler/Stengel/Leonard/*Schröer/Greitemann* § 5 Rn. 128 ff.; Lutter/*Drygala* § 5 Rn. 141.
205 So auch Kallmeyer/*Marsch-Barner/Oppenhoff* § 5 Rn. 69, der § 62 Abs. 1 S. 2 hier richtigerweise analog anwenden will.
206 Semler/Stengel/Leonard/*Schröer/Greitemann* § 5 Rn. 132; Lutter/*Drygala* § 5 Rn. 139; Lutter Kölner Umwandlungsrechtstage/*H. Schmidt* S. 72.
207 Semler/Stengel/Leonard/*Schröer/Greitemann* § 5 Rn. 134.
208 Näher Semler/Stengel/Leonard/*Schröer/Greitemann* § 5 Rn. 135 f.
209 Semler/Stengel/Leonard/*Schröer/Greitemann* § 5 Rn. 137 f.

D. Konstitutive Beteiligung des Betriebsrates, Abs. 3

Durch die **obligatorische Zuleitung** des Verschmelzungsvertrages an den Betriebsrat ist die rechtzeitige und umfangreiche Information der Arbeitnehmer über ihre Arbeitnehmervertretung sichergestellt.[210] Hierzu ist der gesamte Verschmelzungsvertrag bzw. dessen Entwurf nebst Anlagen vorzulegen und nicht nur die Angaben nach Abs. 1 Nr. 9. Bei Verschmelzung zur Neugründung ist auch der Gesellschaftsvertrag, bzw. die Satzung des neuen Rechtsträgers vorzulegen, arg. e. § 37. Diese Zuleitung ist gegenüber dem Registergericht bei Anmeldung der Verschmelzung **nachzuweisen**, § 17 Abs. 1, und ist Eintragungsvoraussetzung.[211] Die Zuleitung folgt den Regeln des BGB für die Zustellung von Willenserklärungen.[212]

115

Die Zuständigkeit der Arbeitnehmervertretung lässt sich weder dem UmwG noch der Rechtsprechung mit Sicherheit entnehmen.[213] Diese richtet sich folglich nach den Vorschriften des **BetrVG**. Ist ein beteiligter Rechtsträger Inhaber eines (ggf. auch im Sinne von § 1 Abs. 2 BetrVG gemeinsamen) Betriebs, in denen ein örtlicher Betriebsrat gewählt ist, ist die Zuleitung an den örtlichen Betriebsrat erforderlich; hat ein beteiligter Rechtsträger mehrere Betriebe, in denen Betriebsräte gewählt sind, und besteht deshalb auch ein **Gesamtbetriebsrat** nach § 47 BetrVG, ist wegen der Zuständigkeitsregelung in § 50 Abs. 1 S. 1 BetrVG nur diesem der Vertrag oder sein Entwurf zuzuleiten.[214] Einem **Konzernbetriebsrat** müssen nach dem Wortlaut und Zweck des § 5 Abs. 3 und des § 58 Abs. 1 S. 1 BetrVG die Dokumente nach zutreffender Ansicht hingegen selbst dann nicht zugeleitet werden, wenn das herrschende Unternehmen selbst beteiligter Rechtsträger an der Verschmelzung ist.[215] In der Praxis empfiehlt sich wegen der mit den Eintragungserfordernissen verbundenen Rechtsrisiken gleichwohl die vorsorgliche Zuleitung der Verträge oder der Entwürfe an **alle** in Betracht kommenden Betriebsräte.[216]

116

Der Verschmelzungsvertrag bzw. dessen Entwurf ist spätestens **einen Monat** vor der Versammlung der Anteilsinhaber, die über diesen gemäß § 13 beschließt, zuzuleiten. Es gelten die Fristenregelungen der §§ 186 ff. BGB.[217] Die Fristberechnung erfolgt nach richtiger Auffassung rückwärts ab dem Datum der Anteilsinhaberversammlung als fristauslösendem Ereignis, wobei dieser Tag gem. § 187 Abs. 1 BGB in der Fristenberechnung nicht einzubeziehen ist. Es ist freilich umstritten, ob als fristauslösendes Ereignis auf den Tag der Beschlussfassung,[218] den Tag der Zuleitung oder kumulativ[219] auf beide Tage oder sogar auf keinen dieser beiden Tage abzustellen ist. Um in der Praxis Fristprobleme zu vermeiden, empfiehlt sich eine frühzeitige Zuleitung von einem Monat und zwei Werktagen vor dem Tag der Versammlung der Anteilseigner.[220] Sofern der letzte Tag der Frist (i. e. der Zuleitungstag) auf einen Samstag, Sonntag oder Feiertag fällt, sollte die Zuleitung vorsorglich am letzten Arbeitstag vor diesem Tag erfolgen.[221]

117

---

210 S. GesBegr. bei *Ganske* Umwandlungsrecht S. 50.
211 Widmann/Mayer/*Mayer* Einf. UmwG Rn. 201, Lutter/*Drygala* § 5 Rn. 150.
212 Semler/Stengel/Leonard/*Schröer/Greitemann* § 5 Rn. 141.
213 In der Reg.Begr., BT-Drs. 12/6699, 83, findet sich nur ein Verweis auf die Vorschriften des BetrVG.
214 *Joost* ZIP 1995, 976 (984); so auch HWK-UmwG/*Willemsen* § 5 Rn. 14; Lutter/*Drygala* § 5 Rn. 144.
215 *Joost* ZIP 1995, 976 (985); Semler/Stengel/*Simon* § 5 Rn. 142; HWK-UmwG/*Willemsen* § 5 Rn. 14.
216 Semler/Stengel/Leonard/*Schröer/Greitemann* § 5 Rn. 142; HWK-UmwG/*Willemsen* § 5 Rn. 14.
217 Dazu näher Lutter/*Drygala* § 5 Rn. 147.
218 Semler/Stengel/Leonard/*Schröer/Greitemann* § 5 Rn. 144 mwN; Kallmeyer/*Willemsen* § 5 Rn. 77.
219 Widmann/Mayer/*Mayer* § 5 Rn. 256.
220 So Semler/Stengel/Leonard/*Simon* § 5 Rn. 144.
221 So auch Semler/Stengel/Leonard/*Simon* § 5 Rn. 144; Kallmeyer/*Willemsen* § 5 Rn. 77.

118 Es kommt für jeden Rechtsträger jeweils separat auf den Tag dessen Anteilsinhaberversammlung an;[222] sofern allerdings beim aufnehmenden Rechtsträger ein Verschmelzungsbeschluss gemäß § 62 Abs. 1 nicht erforderlich ist, soll auf das Datum der Beschlussfassung des übertragenden Rechtsträgers abgestellt werden.[223]

119 Da diese Zuleitungsfrist wie auch die Zuleitung selber dem kollektivrechtlichen Schutz der Arbeitnehmervertretung gilt, kann diese auf die Einhaltung der Frist **verzichten**, nicht jedoch auf die Zustellung an sich.[224] In praktischer Hinsicht muss jedoch der Betriebsrat die Interessen der Arbeitnehmer vertreten und wird nicht verzichten, wenn er nicht schon anderweitig ausreichend informiert ist.[225] Um die Zuleitung an die zuständigen Betriebsräte gegenüber dem Handelsregister für die Eintragung nach § 17 Abs. 1 nachweisen zu können, sollte sich der jeweilige Rechtsträger von den zuständigen Betriebsräten die rechtzeitige Zuleitung des Vertrags oder des Entwurfs schriftlich und unter Angabe des Zugangsdatums **quittieren** lassen.[226] Auch wenn ein Betriebsrat auf die Einhaltung der Monatsfrist des § 5 Abs. 3 verzichtet,[227] muss dies für den **Nachweis gegenüber dem Handelsregister** wegen § 17 Abs. 1 schriftlich erfolgen.[228]

Hinweis: Es ist ratsam und in der Praxis üblich, sich die Zustellung und ggf. den Verzicht auf die Einhaltung der Monatsfrist durch den Betriebsratsvorsitzenden quittieren zu lassen und diese Quittung dem Handelsregister mit den anderen erforderlichen Unterlagen einzureichen.

120 Aus der Zuleitung des Verschmelzungsvertrages erwachsen dem Betriebsrat **keine zusätzlichen Beteiligungsrechte**, die über die Rechte gem. BetrVG hinausgehen; es sind lediglich Informationsrechte, um entsprechend Schritte gem. BetrVG einleiten zu können.[229]

121 **Änderungen** des Verschmelzungsvertrages bzw. des Entwurfs nach Zustellung lösen nur dann eine **erneute Zustellungsfrist** aus, wenn Regelungen nach Nr. 9 betroffen sind.[230] Dies auch nur dann, wenn wesentliche, relevante Änderungen bestehen, zB nicht bei rein redaktionellen Änderungen.[231]

122 Verfügt ein betroffener Rechtsträger über keinen Betriebsrat, so entfällt die Zuleitungspflicht. Eine ersatzweise Bekanntmachung an alle Arbeitnehmer ist nicht erforderlich.[232] Im Verschmelzungsvertrag sollte freilich klargestellt werden, dass kein Betriebsrat existiert.[233] Dem Registergericht ist diese Tatsache in geeigneter Form nachzuweisen. Vom AG Duisburg[234] wird hierfür sogar eine **eidesstattliche Versicherung** gefordert,

---

222 Lutter/*Drygala* § 5 Rn. 148; Kölner Komm UmwG/*Hohenstatt/Schramm*, § 5 Rn. 255.
223 So Kallmeyer/*Willemsen* § 5 Rn. 77.
224 OLG Naumburg GmbHR 2003, 1433; LG Stuttgart GmbHR 2000, 62; Lutter/*Drygala* § 5 Rn. 148; *Willemsen* RdA 1998, 23 (33); zur Kündigung von Arbeitnehmern in dem Zusammenhang BAG, NZA 1997, 1106 (1107); aA Widmann/Mayer/*Mayer* § 5 Rn. 259, 266; Semler/Stengel/Leonard/*Simon* § 5 Rn. 146.
225 Ausf. *Stohlmeier* BB 1999, 1394 (1397).
226 Lutter/*Drygala* § 5 Rn. 150; HWK-UmwG/*Willemsen* § 5 Rn. 13.
227 Zur Zulässigkeit des Verzichts OLG Naumburg NZG 2004, 734; Lutter/*Drygala* § 5 Rn. 148 mwN.
228 Ebenso Semler/Stengel/Leonard/*Simon* § 5 Rn. 141; HWK-UmwG/*Willemsen* § 5 Rn. 15; Widmann/Mayer/*Mayer* § 5 Rn. 266.

229 *Blechmann* NZA 2005, 1143 (1144 ff.) (Konkretisierung des § 80 Abs. 2 S. 2 BetrVG); Kallmeyer/*Willemsen* § 5 Rn. 75.
230 OLG Naumburg DB 1997, 466 (467).
231 Kallmeyer/*Willemsen* § 5 Rn. 78; Semler/Stengel/Leonard/*Schröer/Greitemann* § 5 Rn. 147.
232 Kallmeyer/*Willemsen* § 5 Rn. 79; Semler/Stengel/Leonard/*Schröer/Greitemann* § 5 Rn. 148.
233 Semler/Stengel/Leonard/*Simon* § 5 Rn. 148.
234 AG Duisburg GmbHR 1996, 372; die Ansicht des AG Duisburg, dass die gesetzlichen Vertreter innerhalb der Achtmonatsfrist des § 17 Abs. 2 S. 4 eine eidesstattliche Versicherung beizubringen haben, dass kein Betriebsrat besteht, ist freilich zu weitgehend und daher abzulehnen; so auch *Heckschen* DB 1998, 1388; Semler/Stengel/Leonard/*Simon* § 5 Rn. 148.

während andere mangels anderweitiger gesetzlicher Anhaltspunkte eine einfache Niederschrift als ausreichend ansehen.[235] In der Praxis empfiehlt sich die Klärung mit dem Registergericht und im Zweifelsfall die Abgabe einer eidesstattlichen Versicherung durch die Vertretungsorgane der beteiligten Rechtsträger.

Hinweis: Im Verschmelzungsvertrag sollte für das Registergericht klargestellt werden, dass kein Betriebsrat existiert und ggf. eine eidesstattliche Versicherung hierüber beigefügt werden.

Umstritten ist, inwieweit sich das **Fehlen eines Betriebsrats** bei den beteiligten Rechtsträgern auf den Umfang der erforderlichen Angaben im Verschmelzungsvertrag auswirkt. So wird teilweise davon ausgegangen, dass keine Informationspflicht nach § 5 Abs. 1 Nr. 9 besteht,[236] während andere die Angaben unabhängig von der Zuleitung an den Betriebsrat für notwendig ansehen.[237] Um in der Praxis keinen Eintragungshindernissen zu begegnen, empfiehlt es sich aufgrund der umstrittenen Rechtslage auch im Falle eines fehlenden Betriebsrates, die Angaben in den Verschmelzungsvertrag aufzunehmen.[238] Freilich beziehen sich die Angaben hierbei nur auf die Arbeitnehmer und die dort zu erwartenden Änderungen.

§ 6 Form des Verschmelzungsvertrags

Der Verschmelzungsvertrag muß notariell beurkundet werden.

Literatur:

Austmann/Frost, Vorwirkungen von Verschmelzungen, ZHR 169 (2005), 431; *Goette*, Auslandsbeurkundungen im Kapitalgesellschaftsrecht, in: FS Boujong, 1996, 131; *Hauschild/Zimmermann*, Anlagen zum Unternehmenskaufvertrag, in: FS Brambring, 2011, 113; *Heckschen*, Auslandsbeurkundung und Richtigkeitsgewähr, DB 1990, 161; *Hermanns*, Beurkundungspflichten im Zusammenhang mit Unternehmenskaufverträgen und -umstrukturierungen, ZIP 2006, 2296; *Hermanns*, Das Mysterium der Auslandsbeurkundung – Neues aus Düsseldorf, RNotZ 2011, 224; *Kollmorgen/Feldhaus*, Probleme der Übertragung von Vermögen mit Auslandsbezug nach dem Umwandlungsgesetz, BB 2007, 2189; *Kröll*, Beurkundung gesellschaftsrechtlicher Vorgänge durch einen ausländischen Notar, ZGR 2000, 111; *Lieder*, Substitution der Präsenz- und Online-Beurkundung durch einen österreichischen Notar, NZG 2022, 1043; *Melchior*, Vollmachten bei Umwandlungsvorgängen – Vertretungshindernisse und Interessenkollisionen, GmbHR 1999, 520; *Pfeiffer*, Auswirkungen der geplanten Notarkostenreform auf gesellschaftsrechtliche Vorgänge und M&A-Transaktionen, NZG 2013, 244; *Priester*, Das neue Umwandlungsgesetz aus notarieller Sicht, DNotZ 1995, 427; *van Randenborgh/Kallmeyer*, Pro und Contra: Beurkundung gesellschaftsrechtlicher Rechtsgeschäfte durch ausländische Notare?, GmbHR 1996, 908; *Reuter*, Keine Auslandsbeurkundung im Gesellschaftsrecht?, BB 1998, 116; *Schervier*, Beurkundung GmbH-rechtlicher Vorgänge im Ausland, NJW 1992, 593; *Stelmaszczyk*, Beurkundung einer inländischen Verschmelzung im Ausland – Zugleich Besprechung von KG, Beschluss vom 26.7.2018 – 22 W 2/18, RNotZ 2019, 177.

I. Normzweck	1	3. Aufhebung	13
II. Beurkundungsverfahren	4	III. Auslandsbeurkundung	14
1. Gegenstand	5	IV. Mängel der Beurkundung	18
2. Zeitpunkt	11	V. Kosten	19

---

235 HWK-UmwG/*Willemsen* § 5 Rn. 17; Lutter/*Drygala* § 5 Rn. 150 mwN.
236 LG Stuttgart DNotZ 1996, 701 (702); *Joost* ZIP 1995, 976 (985).
237 Kallmeyer/*Willemsen* Rn. 49; Semler/Stengel/Leonard/*Simon* § 5 Rn. 93 mwN.
238 Ebenso Semler/Stengel/Leonard/*Simon* § 5 Rn. 93.

I. Normzweck

1 Für den Verschmelzungsvertrag ist eine notarielle Beurkundung vorgeschrieben. Diese ist unabhängig von der Rechtsform der beteiligten Rechtsträger für **jede Form der Verschmelzung** notwendig. Gemäß §§ 8 ff. BeurkG umfasst die notarielle Beurkundung die Niederschrift sämtlicher Beteiligter, ihrer Vertretungsbefugnis sowie ihrer Erklärungen. Die Möglichkeiten einer Vertretung folgen den Regelungen des bürgerlichen Rechts. Im mehrschrittigen Verschmelzungsvorgang (→ Vor § 1 Rn. 23) tritt neben die Beurkundung des Verschmelzungsvertrags die Beurkundungspflicht für die Verschmelzungsbeschlüsse (§ 13) und die verschiedenen Verzichtserklärungen (s. zB § 8 Abs. 3, § 9 Abs. 3). Sämtliche beurkundungspflichtigen Vorgänge können in einer Urkunde zusammengefasst werden. Das UmwG erlaubt somit – insbesondere aus Kostengründen – für die entscheidenden Schritte einer Umwandlung eine **zusammenfassende notarielle Beurkundung**; dies führt insbes. aufgrund der Gebührenvorschriften des GNotKG, der gebührenmäßigen Degression und der Höchstgrenze der gesetzlichen Geschäftswerte gemeinhin zu Kostenersparnissen.[1]

2 Die hinter der Beurkundungspflicht stehenden Funktion sind mannigfaltig; sie dienen vor allem einer Sicherstellung der **materiellen Richtigkeitsgewähr**, der **Rechtssicherheit** (**Beweissicherungsfunktion**) und zur Gewährleistung von **Prüfungs- und Belehrungsfunktionen** durch den beurkundenden Notar.[2] Gemäß der Gesetzesbegründung steht dabei im Vordergrund, dass die weitreichenden Konsequenzen einer Verschmelzung durch die Einschaltung eines Notars und des damit verbundenen gesetzmäßigen Verfahrens bewältigt werden können.[3] Die Vorschrift reflektiert den Grundsatz des § 311b Abs. 3 BGB, dass Verträge mit einer Verpflichtung zur Übertragung des gesamten gegenwärtigen Vermögens aus Gründen der Warnfunktion und des Übereilungsschutzes einer notariellen Beurkundung bedürfen.[4]

3 Für die **Auslegung** des Verschmelzungsvertrages gelten die Regeln des bürgerlichen Rechts (§§ 133, 157 BGB) zur Auslegung formbedürftiger Erklärungen, wobei die Auslegung hinsichtlich der Rechtsfolgen der Verschmelzung – wie bei der Satzung einer Kapitalgesellschaft – nach objektiven Kriterien und nicht primär nach dem Empfängerhorizont vorzunehmen ist. Zur Auslegung kann insbesondere nur herangezogen werden, was in der Urkunde zumindest andeutungsweise als Wille der Parteien zum Ausdruck gekommen ist.[5] Über die Verweisung des § 125 gilt diese Beurkundungspflicht auch für alle Spaltungsvorgänge.

II. Beurkundungsverfahren

4 Die Beurkundung muss durch einen **Notar** vorgenommen werden und unterliegt den Regelungen des BeurkG. Das Verfahren ist in den §§ 8 ff. BeurkG ausführlich geregelt. Auf das Verfahren selbst findet § 125 BGB Anwendung. Die gleichzeitige Anwesenheit sämtlicher Parteien beim selben Notar ist nicht vorgeschrieben. Es reicht gemäß § 152

---

[1] Die Geschäftswerte der einzelnen beurkundungspflichtigen Vorgänge können dann zusammengerechnet werden; ferner fällt bei Zustimmungen nur eine halbe Gebühr an, vgl. §§ 35 Abs. 1, 38 Abs. 2, 108 ff. GNotKG; s. auch Semler/Stengel/Leonard/*Schröer/Greitemann* § 6 Rn. 1.

[2] S. BGHZ 105, 324 (338) (Supermarkt – zur GmbH, jedoch verallgemeinerungsfähig); Lutter/*Drygala* § 6 Rn. 2; Semler/Stengel/Leonard/*Schröer/Greitemann* § 6 Rn. 2.

[3] RegBegr. bei *Ganske* Umwandlungsrecht S. 51.

[4] Grüneberg/*Grüneberg* BGB § 311b Rn. 63.

[5] Sog. „Andeutungstheorie", vgl. Grüneberg/*Ellenberger* BGB § 133 Rn. 19; Semler/Stengel/Leonard/*Schröer/Greitemann* § 6 Rn. 3.

S. 1 BGB die getrennte und zeitlich auseinanderfallende Beurkundung des Angebots auf Abschluss des Verschmelzungsvertrages und dessen Annahme.

1. Gegenstand

Der **gesamte Inhalt** des Verschmelzungsvertrages bedarf der notariellen Beurkundung. Für den konkreten Umfang der Beurkundungspflicht gelten die zu § 311b Abs. 1, 3 BGB entwickelten Grundsätze entsprechend.[6] Danach sind alle Vertragsbestandteile zu beurkunden, die nach dem Willen der beteiligten Rechtsträger Bestandteil der Verschmelzungsvereinbarung werden sollen.[7] Entscheidend hierfür ist nicht die objektive Notwendigkeit der Einzelregelung zur Vertragsgestaltung, sondern die **subjektive Absicht** auch nur eines am Verschmelzungsvertrag beteiligten Rechtsträgers, diese Einzelregelung zum Bestandteil des Verschmelzungsvertrages machen zu wollen („wenn diese miteinander stehen und fallen sollen"), sofern der andere beteiligte Rechtsträger dies zumindest billigt.[8]

Beurkundungspflichtig können mit Rücksicht auf den Normzweck des § 6 (→ Rn. 1) auch **Nebenabreden** und solche Regelungen sein, die ansonsten keiner Beurkundung bedürften.[9] Dies betrifft etwa ausgehandelte Verhaltenspflichten der Leitungsorgane der beteiligten Rechtsträger, wenn diese bestimmte Verhaltensweisen vorschreiben, um ein angemessenes Umtauschverhältnis bis zur Wirksamkeit der Verschmelzung sicherzustellen.[10]

Betroffen sind ebenfalls Vereinbarungen, die unter wirtschaftlichen Gesichtspunkten zumindest eine Vertragspartei zum Abschluss des Verschmelzungsvertrages zwingen.[11] Hierzu zählen **Vertragsstrafversprechen** oder die sog. **Break-up-fee**, wenn diese ein Strafelement beinhalten; dh diese für den Fall fällig werden, dass eine vereinbarte Verschmelzung nicht zustande kommt und in ihrem Inhalt über einen Schadenersatz hinausgehen.[12] Nur in diesem Fall dient die Vertragsstrafe dazu, das Handeln der verpflichteten Rechtsträger in eine bestimmte Richtung zu beeinflussen.[13]

Ein **Vorvertrag** zum Verschmelzungsvertrag ist von den og Funktionen umfasst und beurkundungspflichtig, wenn aus ihm Ansprüche auf Abschluss des späteren Verschmelzungsvertrages hergeleitet werden sollen.[14] Dies kann zB auch dann der Fall sein, wenn in einem Unternehmenskaufvertrag oder einem Business Combination Agreement Vollzugsschritte vereinbart werden, die dem UmwG unterfallen.[15]

Nachträgliche Änderungen und Ergänzungen des Verschmelzungsvertrages bedürfen notarieller Beurkundung, wenn sie nicht nur rein redaktionelle Änderungen und Ergänzungen beinhalten, da sie in diesem Fall den Vertrag inhaltlich verändern.

---

6 BGH NZG 2021, 783 Rn. 73 ff.; BeckOGK/*Wicke* Rn. 7 ff.; s. zu diesen Grundsätzen: Erman/*Grziwotz* BGB § 311b Rn. 43 ff.
7 BGH NZG 2021, 783 Rn. 73 ff.; BGHZ 82, 188 (194) (für die Vermögensübertragung bei der AG); Lutter/*Drygala* § 6 Rn. 4; Semler/Stengel/Leonard/*Schröer/Greitemann* § 6 Rn. 5.
8 BGH NZG 2021, 783 Rn. 73 ff.; BGHZ 76, 49, BGHZ 78, 349; BGH NJW 1982, 434.
9 Im Normzweck des § 6 geht es um die materielle Richtigkeits-, Beurkundungs-, Belehrungs- und Beweissicherungsfunktion; anders etwa der Regelungszweck des § 54 GmbHG.
10 Eingehend dazu *Austmann/Frost* ZHR 169 (2005), 431 (448 ff.); einschr. Semler/Stengel/Leonard/*Schröer/Greitemann* § 6 Rn. 7.
11 So die hM zu § 311b BGB, s. BGHZ 76, 43 (46); BGH NJW-RR 2008, 824; Grüneberg/*Grüneberg* BGB § 311b Rn. 13.
12 S. dazu LG Paderborn NZG 2000, 899; Lutter/*Drygala* § 6 Rn. 4; Semler/Stengel/Leonard/*Schröer/Greitemann* § 6 Rn. 6; grundlegend *Austmann/Frost* ZHR 169 (2005), 431 (451); *Hilgard* BB 2008, 267 (268 ff.).
13 So geschehen in LG Paderborn NZG 2000, 899.
14 Kölner Komm UmwG/*Simon* § 6 Rn. 3; Semler/Stengel/Leonard/*Schröer/Greitemann* § 6 Rn. 6.
15 LG Paderborn MittRhNotK 2000, 441; *Hermanns* DNotZ 2013, 9 (12 f.); *Hermanns* ZIP 2006, 2296 (28..).

10 Sofern nicht sicher ist, ob die Versammlungen der Anteilsinhaber dem ausgehandelten Verschmelzungsvertrag ohne Änderungen zustimmen, ist es zur Ersparnis von Notarkosten ausreichend, wenn die Versammlungen der Anteilsinhaber über den **Entwurf** des Verschmelzungsvertrags abstimmen, da für diesen die einfache Schriftform ausreicht (→ § 4 Rn. 4). Die Beurkundungspflicht tritt erst dann ein, wenn die Zustimmungsbeschlüsse der Anteilsinhaber zum Vertrag vorliegen und dieser abgeschlossen werden soll. Wird ein Verschmelzungsvertrag beurkundet, zu dessen Entwurf die Anteilsinhaber zugestimmt haben, so trifft den Notar die Pflicht, sich von der Identität zwischen zu beurkundendem Vertragstext und dem genehmigten Vertragsentwurf zu überzeugen. Da den Zustimmungsbeschlüssen nach § 13 Abs. 3 S. 2 der Vertragsentwurf als Anlage beizufügen ist, kann der Notar dies unschwer bewerkstelligen. Rein redaktionelle Änderungen (zB Schreibfehler) bleiben freilich möglich.[16]

2. Zeitpunkt

11 Die Beurkundung des Verschmelzungsvertrages kann vor oder nach der Beschlussfassung der Anteilsinhaberversammlung erfolgen. Dies ergibt sich aus § 4, wonach der Anteilsinhaberversammlung zur Abstimmung sowohl der beurkundete Vertrag als auch dessen Entwurf vorgelegt werden kann.

12 Da für die Beurkundung die Regelungen des bürgerlichen Rechts ausschlaggebend sind, ist auch die sog. **Sukzessivbeurkundung** hier zulässig, bei der die Erklärungen der einzelnen Parteien getrennt beurkundet werden. Der Vertrag gilt mit Beurkundung der letzten Erklärung als geschlossen.[17] Soweit § 925 BGB die zeitgleiche Anwesenheit der Parteien bei Übertragung von Grundstücken erfordert, so gilt dies bei der Verschmelzung nicht: Der Übergang des Vermögens erfolgt durch Universalsukzession, nicht durch Auflassung und Eintragung.[18]

3. Aufhebung

13 Soll der Verschmelzungsvertrag vor Vollzug der Verschmelzung aufgehoben werden, so ist dies **formlos** möglich.[19] Dies ist, sofern die Anteilsinhaberversammlung bereits zugestimmt hat und der Vertrag nur noch auf seinen Vollzug, dh die Eintragung wartet, freilich nicht unstreitig. In diesem Fall ist zwar grundsätzlich die letzte Handlung vor dem Vollzug bereits getätigt, dennoch verlangt der Normzweck des § 6 nicht, dass in dieser Konstellation für die Aufhebung des Rechtsgeschäfts das gleiche Formerfordernis gilt wie für dessen Erstellung.[20] Da der Aufhebungsvertrag keine inhaltlichen Schwierigkeiten aufweist, sondern einzig den (komplexen) Verschmelzungsvertrag aufhebt, besteht für die Wahrung der Schutzfunktionen des § 6 in Form der Beweissicherung, der materiellen Richtigkeitsgewähr sowie der Belehrungsfunktion kein Bedürfnis.[21]

---

[16] Dies betrifft etwa Schreibfehler oder offensichtliche Unrichtigkeiten, vgl. näher Widmann/Mayer/*Heckschen* § 6 Rn. 37.

[17] S. Lutter/*Drygala* § 6 Rn. 6; näher Widmann/Mayer/ *Mayer* § 4 Rn. 55; Widmann/Mayer/*Heckschen* § 6 Rn. 47 f.

[18] Widmann/Mayer/*Heckschen* § 6 Rn. 47; Semler/Stengel/Leonard/*Schröer*/Greitemann § 6 Rn. 14.

[19] Kallmeyer/*Zimmermann* § 6 Rn. 9; Semler/Stengel/Leonard/*Schröer*/Greitemann § 6 Rn. 10.

[20] Semler/Stengel/Leonard/*Schröer*/Greitemann § 6 Rn. 10; für eine Beurkundungspflicht, aber für den Zeitraum ab Zustimmung der Anteilsinhaberversammlungen aller am Verschmelzungsvertrag beteiligten Rechtsträger hingegen Widmann/Mayer/*Heckschen* § 6 Rn. 51 f.

[21] Ebenso Semler/Stengel/Leonard/*Schröer*/Greitemann § 6 Rn. 10.

III. Auslandsbeurkundung

In der Praxis immer noch relevant ist die Frage der Zulässigkeit einer aus Kostengründen vielfach angestrebten Auslandsbeurkundung (häufig in der Schweiz). Deren Zulässigkeit ist zwar nicht abschließend geklärt.[22] Dem Klärungsbedürfnis wurde jedoch erheblicher Druck genommen, indem in § 39 Abs. 4 KostO aF zunächst eine Kostenbegrenzung eingefügt wurde, wonach der für die Beurkundung anzusetzende Geschäftswert mit höchstens 5 Mio. EUR angesetzt werden durfte.[23] Dieser Kostenvorteil ist freilich durch die Anhebung der Höchstgrenze auf 10 Mio. EUR zum 1.7.2013 durch § 107 Abs. 1 GNotKG und die korrespondierende Erhöhung der Notargebühren, welche zu mehr als einer Verdoppelung der Gebühren für die Beurkundung des Verschmelzungsvertrages geführt haben, verringert worden. Eine günstigere Beurkundung ist noch in der Schweiz, in Österreich oder in den Niederlanden möglich.[24] 14

Für die Frage der Zulässigkeit ist von folgendem Prüfungsgang auszugehen: Grundsätzlich gilt das sog. **Wirkungsstatut**; dh für eine nach deutschem Recht im Ausland beurkundete Verschmelzung gilt nicht das Recht des Beurkundungsortes, sondern dasjenige des (deutschen) Wirkungsortes.[25] Bei der Verschmelzung betrifft dies aufgrund der Universalsukzession hinsichtlich des übertragenen Vermögens den Ort des neuen bzw. übernehmenden Rechtsträgers.[26] § 11 Abs. 1 EGBGB (Wirksamkeit nach Abschlussort) findet hier keine Anwendung, da die von der Verschmelzung bezeichneten gesellschaftsrechtlichen Strukturmaßnahmen grundlagenrelevante Vorgänge in der Gesellschaft und sachenrechtliche Übertragungen betreffen, dh Auswirkungen auf Satzung oder Gesellschaftsvertrag zeichnen und auch Dritte, die nicht Vertragspartner sind, betreffen können.[27] Ob für diese grundlegenden Maßnahmen die Form des jeweiligen Beurkundungsortes (**Ortsform**) ausreicht, wurde durch den BGH bisher nicht entschieden, darf hingegen bezweifelt werden. Die herrschende Auffassung im Schrifttum sowie der Instanzgerichte lehnt dies zu Recht unter Hinweis auf Art. 11 Abs. 4 EGBGB (lex rei sitae) ab.[28] Aufgrund der Bedeutung solcher gesellschaftsrechtlicher Verfassungsakte nicht nur für die Vertragsparteien, sondern auch für den Rechts- und Geschäftsverkehr ist die Form des Gesellschaftsstatuts ausschließlich maßgeblich; nach herrschender Auffassung im Schrifttum ist folglich die Anwendbarkeit des Art. 11 Abs. 1 EGBGB ausgeschlossen.[29] 15

Von der vorstehenden Frage des anwendbaren Rechts ist die Frage zu differenzieren, ob die Form der notariellen Beurkundung gemäß § 6 durch eine Beurkundung nach deutschem Recht vor einem **ausländischen Notar** gewahrt werden kann. Eine Ausnahme zugunsten einer solchen Auslandsbeurkundung ist dann anzunehmen, wenn die im Ausland beurkundete Verschmelzung derjenigen vor einem deutschen Notar **gleich-** 16

---

22 Siehe zuletzt nach Einführung von Online-Beurkundungen für Beschlussfassungen kritisch hierzu Lieder NZG 2022, 1043 mit Nachweisen zum aktuellen Streitstand.
23 Lutter/*Drygala* § 6 Rn. 7; *Heckschen* DB 1990, 161; *Sick/Schwarz* NZG 1998, 540.
24 Semler/Stengel/Leonard/*Schröer/Greitemann* § 6 Rn. 15; Maulbetsch/Klumpp/*Maulbetsch* § 6 Rn. 11.
25 Lutter/*Drygala* § 6 Rn. 9; vgl. LG Augsburg DB 1996, 1666; Semler/Stengel/Leonard/*Schröer/Greitemann* § 6 Rn. 16.
26 Lutter/*Drygala* § 6 Rn. 9; näher *Kröll* ZGR 2000, 111 (120 ff.).
27 S. dazu näher *Brück* DB 2004, 2409.
28 Widmann/Mayer/*Heckschen* § 6 Rn. 60 ff. (mit ausführlicher Darstellung des Streitstandes und der gegenläufigen Argumente); Lutter/*Drygala* § 6 Rn. 9; KG NZG 2018, 304 Rn. 15; LG Augsburg DB 1996, 1666; OLG Hamm DNotZ 1974, 479; *Goette* DStR 1996, 709; aA OLG Düsseldorf DB 1989, 1385 (1389 f.); *Engelmeyer* AG 1996, 193 (197).
29 S. hierzu nur *Brück* DB 2004, 2409 mit ausf. Darstellung des Streitstandes.

steht.³⁰ Dies ist dann der Fall, wenn sowohl das Beurkundungsverfahren als auch die Stellung und Ausbildung der Beurkundungspersonen im Ausland und im Inland einander gleichwertig sind. Dies setzt voraus, dass der ausländische Notar bzgl. Ausbildung und Stellung einem deutschen Notar entspricht und beim Beurkundungsvorgang die Grundsätze des deutschen Beurkundungsrechts eingehalten werden.³¹ Hierzu gehören als Eckpfeiler die **Verlesung der Urkunde** und die **unbeschränkte Haftung des Notars**.³² Die Haftung wird gerade bei Schweizer Notaren fast ausnahmslos ausgeschlossen, so dass es in einem solchen Fall bereits aus diesem Grund häufig an der Gleichwertigkeit mangelt.³³ Der ausländische Notar muss die materielle Richtigkeitsfunktion der Beurkundung gewährleisten können. Hierzu sind ausreichende Kenntnisse über das deutsche Recht zwingend erforderlich. Die daraus abgeleitete Schlussfolgerung, dass deshalb nur deutsche Notare bei der Beurkundung eines komplexen Verschmelzungsvertrages sowie den erforderlichen Strukturbeschlüssen – anders als ggf. im Rahmen von Unternehmenskaufverträgen oder bei der reinen Beurkundung einer Hauptversammlung³⁴ – tätig sein können, ist naheliegend und die fehlende höchstrichterliche Rechtsprechung hierzu bei der Beratung zu beachten.³⁵ Die Zulassung eines Hauptversammlungsortes einer SE (und implizit auch einer AG) im Ausland durch den BGH³⁶ ändert daran nichts, denn die Beurkundung einer Hauptversammlung ist mit der Beurkundung eines Verschmelzungsvertrages nicht vergleichbar. Hauptversammlungsbeschlüsse nicht börsennotierter Gesellschaften können gemäß § 130 Abs. 1 S. 3 AktG ohne Notar gefasst werden, sofern nicht mindestens eine ¾-Mehrheit erforderlich ist; zudem unterfällt die Beurkundungstätigkeit des Notars im Rahmen einer Hauptversammlung weder den Beratungspflichten noch den Prüfungs- und Belehrungspflichten gemäß § 17 BeurkG; es handelt sich vielmehr um eine sonstige Beurkundung über die Wahrnehmungen des Notars und um eine bessere Beweissicherung.³⁷ Das KG hat die Gründung einer deutschen GmbH vor einem Berner Notar mit ausführlicher Begründung als wirksam erachtet, wenn bei der dortigen Beurkundung die Grundsätze des deutschen Beurkundungsrechts eingehalten werden.³⁸ Das KG hat dabei darauf abgestellt, dass der Berner Notar sich die Kenntnisse des deutschen Rechts aneignen müsse, da er ansonsten auch nach Berner Recht haftbar ist. Ob dies auch bei komplexeren Strukturmaßnahmen wie der Umwandlung gilt, ist jedoch noch nicht entschieden. Die Begründung des KG würde jedenfalls auch für Umwandlungsvorgänge ausreichen. Es ist bei einer geplanten Auslandsbeurkundung in jedem Fall anzuraten, diese Frage zuvor mit den beteiligten Handelsregisterrichtern zu klären.

---

30 BGHZ 80, 76 (78); Semler/Stengel/Leonard/*Schröer/Greitemann* § 6 Rn. 17; Lutter/*Drygala* § 6 Rn. 10 ff.
31 So explizit BGHZ 80, 76 (78); Kallmeyer/*Zimmermann* § 6 Rn. 11; s. auch die Aussagen des BGH im sog. Supermarktbeschluss zur Funktion der notariellen Beurkundung in BGHZ 105, 324 (338).
32 Semler/Stengel/Leonard/*Schröer/Greitemann* § 6 Rn. 17; Lutter/*Drygala* § 6 Rn. 10.
33 So auch Lutter/*Drygala* § 6 Rn. 10 ff.
34 BGHZ 203, 68 = DNotZ 2015, 207 mAnm *Hüren*.
35 Wie hier *Goette* FS Boujong, 1996, 131 (141 ff.); *Limmer* Unternehmensumwandlung-HdB Rn. 601 f.; Widmann/Mayer/*Heckschen* § 6 Rn. 70; Lutter/*Drygala* § 6 Rn. 13; LG Augsburg DB 1996, 1666 (für die Schweiz); zurückhaltender Semler/Stengel/Leonard/*Schröer/Greitemann* § 6 Rn. 17; *Kröll* ZGR 2000, 111 (129 ff.); für die Zulässigkeit der Gründung einer GmbH vor einem Berner Notar unter bestimmten Bedingungen jedoch KG NZG 2018, 304 Rn. 20 ff.
36 BGHZ 203, 68 Rn. 12 ff. = DNotZ 2015, 207 mAnm *Hüren*.
37 *Koch* AktG § 130 Rn. 11 ff. mwN; BGHZ 203, 68 Rn. 17 ff. = DNotZ 2015, 207 mAnm *Hüren*.
38 KG NZG 2018, 304 Rn. 20 ff., welches die Ortsform abgelehnt und auf das Wirkungsstatut abgestellt hat, das durch die Beurkundung vor einem Notar in Bern, welcher dem deutschen Notar in Ausbildung und Stellung vergleichbar ist, erfüllt werde; anders noch die Vorinstanz AG Charlottenburg GmbHR 2016, 223, welches die Beurkundung vor einem Notar in Bern einer deutschen Beurkundung als nicht gleichwertig erachtet hatte.

Für den Bereich der Verschmelzungsgründung einer **europäischen Aktiengesellschaft** (SE) ist § 6 nicht direkt anwendbar. Es ist jedoch streitig, ob für die hierzu notwendigen Verschmelzungspläne gem. Art. 20 SE-VO ein Beurkundungserfordernis besteht. Die SE-VO selbst beinhaltet keine Formvorschriften für die Aufstellung der Verschmelzungspläne, verweist jedoch in Art. 18 SE-VO für die Bereiche, in denen die SE-VO keine abschließenden Regelungen getroffen hat, auf das Recht des Sitzstaates.[39] Sinn und Zweck des § 6 sprechen dafür, diesen auch auf Verschmelzungspläne gem. Art. 20 SE-VO anzuwenden, da auch hier die Beweisfunktion und die Warnfunktion von ausschlaggebender Bedeutung sind; hierbei ist es unschädlich, dass § 6 von einem Verschmelzungsvertrag und nicht von einem Verschmelzungsplan spricht. Dies hat der Gesetzgeber nunmehr auch für die grenzüberschreitende Verschmelzung in § 307 Abs. 4 festgeschrieben; ferner ergibt sich dies aus dem Verweis auf § 6 in § 305 Abs. 2.[40] Folglich ist im Rahmen der Verschmelzungsgründung einer SE der jeweilige Verschmelzungsplan notariell zu beurkunden.[41]

17

IV. Mängel der Beurkundung

Nach § 125 iVm § 139 BGB ist der Verschmelzungsvertrag nichtig, wenn er den Anforderungen des § 6 nicht genügt. Trägt das Registergericht pflichtwidrig dennoch ein, so tritt freilich die Heilung aller Beurkundungsmängel ein, § 20 Abs. 1 Nr. 4.

18

V. Kosten

Die Kostenregelungen wurden durch die Einführung des GNotKG zum 1.7.2013 umfassend geändert und führten teilweise zu einer erheblichen Mehrbelastung der an der Verschmelzung beteiligten Personen. Im Folgenden werden die Regelungen des GNotKG kommentiert, da diese für alle Umwandlungsvorgänge anwendbar sind, für welche ab dem 1.7.2013 (Stichtag) ein Auftrag an den Notar erteilt wurde.[42]

19

Für die Beurkundung des Verschmelzungsvertrages ist die doppelte Gebühr gem. Nr. 21100 KV GNotKG (Anlage 1 zum GNotKG) anzusetzen. Diese richtet sich nach dem Aktivvermögen, welches in der Schlussbilanz des übertragenden Rechtsträgers ausgewiesen ist, ohne dass die Verbindlichkeiten abzuziehen sind.[43] Zwar nimmt der Wortlaut des § 38 GNotKG betreffend diese Verbindlichkeiten explizit nur auf Personengesellschaften Bezug, jedoch stellt dies gegenüber der Vorgängernorm des § 18 Abs. 3 KostO nur eine Klarstellung dar. Bereits unter § 18 Abs. 3 KostO wurden Gesellschaften und sonstige an Verschmelzungen beteiligte Rechtsträger unproblematisch unter das Tatbestandsmerkmal der „sonstigen Vermögensmasse" subsumiert; dieses Tatbestandsmerkmal findet sich als Oberbegriff auch in § 38 GNotKG wieder. Ist der so ermittelte Wert des Aktivvermögens allerdings niedriger ist als der Wert der Anteile, welche die Anteilsinhaber des übertragenden Rechtsträgers im Zuge der Verschmelzung am übernehmenden Rechtsträger erwerben, so ist Letzterer als der höhere Wert

20

---

[39] Widmann/Mayer/*Heckschen* § 6 Rn. 84 ff.; *Hirte* NZG 2002, 1 (3); aA *Schulz-Geismar* DStR 2001, 1078; *Brandes* AG 2005, 177 (182).
[40] Siehe nur BeckOGK/*Klett* § 307 Rn. 95; BeckOGK/*Wicke* § 6 Rn. 6.
[41] So auch *Teichmann* ZGR 2002, 383 (421); BeckOGK/*Eberspächer* SE-VO Art. 20 Rn. 7 mwN; Lutter/*Drygala* § 6 Rn. 15.
[42] S. die Übergangsvorschrift in § 136 Abs. 1 Nr. 4 GNotKG.
[43] Zur inhaltsgleichen Vorgängerregelung des § 18 Abs. 3 KostO s. auch BayObLG DB 1997, 970 (971); Semler/Stengel/*Leonard/Schröer/Greitemann* § 6 Rn. 20 f.; *Pfeiffer* NZG 2013, 244 (247).

für die Kostenberechnung maßgeblich, § 97 Abs. 3 GNotKG.[44] Der Geschäftswert wird gemäß § 107 Abs. 1 GNotKG nach unten auf mindestens 30.000 EUR und nach oben auf höchstens 10.000.000 EUR begrenzt; die Höchstgrenze hat sich somit gegenüber § 39 Abs. 4 KostO verdoppelt. Der Maximalbetrag einer doppelten Gebühr beträgt folglich nunmehr 22.770 EUR.[45]

21 Aus Kostengründen empfiehlt es sich, die Zustimmungsbeschlüsse der beteiligten Rechtsträger und etwaige Zustimmungserklärungen einzelner Anteilsinhaber in derselben notariellen Urkunde, die den Verschmelzungsvertrag umfasst, mit zu beurkunden. In diesem Fall handelt es sich bezüglich aller Zustimmungsbeschlüsse und Zustimmungserklärungen um denselben Beurkundungsgegenstand gemäß § 109 GNotKG, so dass keine weiteren Gebührenerhöhungen stattfinden, und bezüglich des Verschmelzungsvertrages einerseits und der Verschmelzungsbeschlüsse bzw. Zustimmungserklärungen andererseits zwar um gegenstandsverschiedene Beurkundungsgegenstände (§ 110 Nr. 1 GNotKG), deren Geschäftswerte gemäß § 35 Abs. 1 GNotKG betragsmäßig jedoch addiert werden, ohne dass separate Gebühren anfallen. Somit kann es durch den Degressionseffekt der Gebührentabelle und die Höchstbeträge gemäß §§ 107 Abs. 1, 108 Abs. 5 GNotKG, die bei gemeinsamer Beurkundung freilich zu addieren sind, zur Verringerung der notariellen Gebühren kommen.[46]

§ 7 Kündigung des Verschmelzungsvertrags

¹Ist der Verschmelzungsvertrag unter einer Bedingung geschlossen worden und ist diese binnen fünf Jahren nach Abschluß des Vertrags nicht eingetreten, so kann jeder Teil den Vertrag nach fünf Jahren mit halbjähriger Frist kündigen; im Verschmelzungsvertrag kann eine kürzere Zeit als fünf Jahre vereinbart werden. ²Die Kündigung kann stets nur für den Schluß des Geschäftsjahres des Rechtsträgers, dem gegenüber sie erklärt wird, ausgesprochen werden.

Literatur:
Grunewald, Rückverlagerung von Entscheidungskompetenzen der Hauptversammlung auf den Vorstand, AG 1990, 133; *Hoffmann-Becking*, Das neue Verschmelzungsrecht in der Praxis, in: FS Fleck, 1988, S. 105; *Kiem*, Die schwebende Umwandlung, ZIP 1999, 173; *Körner/Rodewald*, Bedingungen, Befristungen, Rücktritts- und Kündigungsrechte in Verschmelzungs- und Spaltungsverträgen, BB 1999, 853; *Scheel*, Befristete und bedingte Handelsregistereintragungen bei Umstrukturierung von Kapitalgesellschaften, DB 2004, 2355.

I. Normzweck	1	3. Rechtsfolge: gesetzliches Kündigungsrecht	10
II. Tatbestand	3	III. Vertragliche Rücktritts- und Kündigungsrechte	15
1. Voraussetzung: aufschiebende Bedingung oder Befristung	3		
2. Vertragliche Fristvereinbarung, S. 1 Hs. 2	7		

---

[44] Zur inhaltsgleichen und fast wortgleichen Vorgängerregelung des § 39 Abs. 2 KostO s. auch BayObLG DB 1997, 970 (971).

[45] Der Höchstbetrag gemäß § 39 Abs. 4 KostO betrug 15.114 EUR. Der Gesetzgeber begründet diesen Kostenanstieg mit den großen Haftungsrisiken des beurkundenden Notars aufgrund der Komplexität der Materie „und der Leistungsfähigkeit der betroffenen Wirtschaftskreise", s. Regierungsbegründung, BT-Drs. 17/11471, 185 vom 14.11.2012.

[46] So auch *Pfeiffer* NZG 2013, 244 (246).

I. Normzweck

Ist die Verschmelzung unter einer Bedingung geschlossen worden, und ist diese innerhalb von fünf Jahren nach Abschluss des Verschmelzungsvertrages nicht eingetreten, so kann jeder beteiligte Rechtsträger den Verschmelzungsvertrag mit halbjähriger Kündigungsfrist kündigen. Diese Regelung soll den Parteien die Möglichkeit einräumen, sich einseitig über das Schicksal der avisierten Verschmelzung abschließend Klarheit zu verschaffen. Auf diese Weise gewinnen sämtliche an der Verschmelzung beteiligten Rechtsträger ihre vertragliche Dispositionsbefugnis zurück. Ferner kann davon ausgegangen werden, dass sich die beteiligten Rechtsträger wirtschaftlich weiterentwickelt haben, wenn seit Abschluss des Verschmelzungsvertrages fünf Jahre vergangen sind. Dabei werden sich regelmäßig auch wesentliche Parameter des Verschmelzungsvertrages – wie etwa das Umtauschverhältnis – geändert haben, so dass ohnehin ein neues angemessenes **Umtauschverhältnis** festzulegen wäre.[1]

§ 7 basiert auf den Vorgängerregelungen der §§ 235 Abs. 1 AktG 1937 bzw. 341 Abs. 2 AktG 1965, welche schwerpunktmäßig betagte Verschmelzungsverträge regelten. Der Verschmelzungsvertrag war unter der Geltung des ADHGB vor allem ein rechtsgestalterisches Mittel der Interessengemeinschaft, bei deren Begründung häufig eine Verschmelzung als letzter Schritt verabredet wurde.[2] Aus dem Verständnis der Interessengemeinschaft resultiert auch die Kündigungsterminierung gem. § 7 S. 2, die nur zum Ende eines Geschäftsjahres möglich war; dies resultiert aus den entsprechenden Ergebnisverwendungsregelungen im Rahmen der Interessengemeinschaft.[3] Obwohl die gesetzliche Kündigungsmöglichkeit für betagte Verschmelzungsverträge im UmwG 1995 nicht übernommen wurde, sind die Regelungen zur Kündigung und zum Kündigungstermin weiterhin enthalten. Freilich macht eine Kündigung ausschließlich auf Ende des Geschäftsjahres im heutigen Kontext rechtspolitisch keinen Sinn mehr.[4] Da die Regelungen des § 7 dispositiv sind, haben diese starren Vorgaben in der Praxis keine Bedeutung.

II. Tatbestand

1. Voraussetzung: aufschiebende Bedingung oder Befristung

§ 7 S. 1 erfasst seinem Wortlaut entsprechend nur die Vereinbarung einer aufschiebenden oder auflösenden **Bedingung** für den Verschmelzungsvertrag. Aufschiebende Befristungen sind freilich bei verständiger Auslegung vom Anwendungsbereich des § 7 mit umfasst; denn die mangelnde Trennschärfe in der Abgrenzung zwischen Bedingung und Befristung gebietet diese Handhabung aus Gründen der Rechtssicherheit.[5] Folglich steht den Vertragsparteien auch bei einer vereinbarten Befristung die Kündigungsoption des § 7 offen. Es besteht auch die Möglichkeit der Vereinbarung einer Rechtsbedingung (zB Genehmigung der Kartellbehörde) oder einer Anknüpfung an vergangene oder gegenwärtige Zustände.

---

1 Semler/Stengel/Leonard/*Schröer/Greitemann* § 7 Rn. 1; Lutter/*Drygala* § 7 Rn. 1; *Hoffmann-Becking* FS Fleck, 1988, 105 (117 ff.).
2 S. zu Interessengemeinschaften und Verschmelzungsverträgen insbes. *Rosendorff*, Die rechtliche Organisation der Konzerne, 1927, S. 22 ff.; Gardow/Heinichen/Schmidt/Schmitt/*Weipert*, AktG 1937, 1939, § 235 Rn. 14.
3 Gardow/Heinichen/Schmidt/Schmitt/*Weipert*, AktG 1937, 1939, § 235 Rn. 14.
4 So auch Kölner Komm UmwG/*Simon* § 7 Rn. 4.
5 *Körner/Rodewold* BB 1999, 853 (854); Semler/Stengel/Leonard/*Schröer/Greitemann* § 7 Rn. 13; Kölner Komm UmwG/*Simon* § 7 Rn. 11.

4 Die aufschiebende Bedingung muss **wirksam vertraglich vereinbart** sein. Die Wirksamkeit fehlt dann, wenn der Verschmelzungsvertrag – zB aufgrund fehlender Zustimmung der Anteilsinhaberversammlungen zum Verschmelzungsvertrag – für die beteiligten Rechtsträger nicht verbindlich ist.[6] Eine solche Vereinbarung ist heute allgemein üblich und regelmäßig in der Form anzutreffen, dass beim übernehmenden Rechtsträger eine Kapitalerhöhung durchzuführen ist oder die Zustimmung von Kartellbehörden oder der Anteilsinhaberversammlungen der beteiligten Rechtsträger abzuwarten ist.[7] Eine rein faktische Verzögerung reicht freilich nicht aus.[8]

5 Der Eintritt der aufschiebenden Bedingung ist dem Registergericht mit Anmeldung der Verschmelzung zur Eintragung als Eintragungsvoraussetzung nachzuweisen. Für den Eintritt der Bedingung gilt die Frist des § 17 Abs. 2 S. 4, so dass die Bedingung bereits eingetreten sein muss; lediglich der zu erbringende Nachweis über den Eintritt der Bedingung kann zum Handelsregister nachgereicht werden.[9] Die tatbestandliche Vollendung des Rechtsgeschäfts ist nicht ausreichend, da dessen Rechtswirkungen bis zum Eintritt der Bedingung in der Schwebe sind und der Eintritt der Bedingung ipso iure und ex nunc wirkt.[10] Wird trotz Nichteintritt der Bedingung eingetragen, so wird dieser Mangel freilich geheilt und die Bedingung gilt mithin als eingetreten, arg. e. § 20 Abs. 2.

6 Gleichzusetzen ist der Fall der Vereinbarung einer **unechten Bedingung**, dh einer Bedingung, deren Eintritt nicht von einem zukünftigen ungewissen Ereignis abhängt.[11] Von praktischer Bedeutung ist hier insbesondere die Vereinbarung einer Willens-Bedingung in Form eines einseitigen Vollzugsverlangens, wonach die Wirksamkeit des Verschmelzungsvertrages einzig vom Wollen oder Nichtwollen eines der beteiligten Rechtsträger abhängt.[12]

2. Vertragliche Fristvereinbarung, S. 1 Hs. 2

7 Aus § 7 S. 1 Hs. 1 ergibt sich, dass der Gesetzgeber spätestens nach dem Ablauf von fünf Jahren von einer relevanten Änderung der Verhältnisse ausgeht und eine Lösungsmöglichkeit vom Vertrag notwendig ist; soweit dieser Fall in der Praxis kaum relevant ist, ist die Öffnungsklausel im Hs. 2 umso bedeutsamer, wonach die Parteien zur Erhöhung ihres eigenen Schutzes auch kürzere Fristen vereinbaren können.[13] Diesem Schutzzweck folgend kann die Frist des S. 1 zwar verkürzt, jedoch nicht verlängert werden. Konsequenterweise kann das Kündigungsrecht im Verschmelzungsvertrag auch nicht abbedungen werden.[14]

8 Sollten sich die beteiligten Rechtsträger für eine verkürzte Frist entscheiden, so muss berücksichtigt werden, dass ein gewisses Erpressungspotential für sog. „räuberische

---

[6] Lutter/*Drygala* § 7 Rn. 3; Semler/Stengel/Leonard/*Schröer/Greitemann* § 7 Rn. 4.
[7] Widmann/Mayer/*Heckschen* § 7 Rn. 22 ff.; Lutter/*Drygala* § 7 Rn. 2; *Scheel* DB 2004, 2355 (2358).
[8] Lutter/*Drygala* § 7 Rn. 3; Semler/Stengel/Leonard/*Schröer/Greitemann* § 7 Rn. 4.
[9] So auch Widmann/Mayer/*Heckschen* § 7 Rn. 19; ähnlich Lutter/*Decher* § 17 Rn. 4, 6; iE wohl noch enger (Einreichung sämtlicher Unterlagen innerhalb der Achtmonatsfrist); KG NZG 1999, 174 (175); aA Schmitt/Hörtnagl/*Winter* § 7 Rn. 5 f., der diese Anforderungen unter Verweis auf die bereits eingetretene tatbestandliche Vollendung des Rechtsgeschäfts als zu eng bezeichnet.
[10] Zur Wirkung ipso iure/ex nunc BGH NJW 1994, 3227 (3228 f.).
[11] Semler/Stengel/Leonard/*Schröer/Greitemann* § 7 Rn. 6, die zutreffend darauf hinweisen, dass das Registergericht unechte Bedingungen nicht prüft.
[12] So auch Semler/Stengel/Leonard/*Schröer/Greitemann* § 7 Rn. 11; Kölner Komm AktG/*Kraft* § 341 Rn. 22.
[13] Kölner Komm UmwG/*Simon* § 7 Rn. 4, 16 f.
[14] Semler/Stengel/Leonard/*Schröer/Greitemann* § 7 Rn. 8; Lutter/*Drygala* § 7 Rn. 7; aA Schmitt/Hörtnagl/*Winter* § 7 Rn. 9 f., der in diesem Fall freilich ein Kündigungsrecht aus wichtigem Grund (§ 314 BGB) befürwortet.

Aktionäre", besteht, die durch Anfechtungsklage die Eintragung der Verschmelzung über den vereinbarten Zeitpunkt hinaus verzögern könnten.[15]

Dieser Schutzzweck der Frist des § 7 für die beteiligten Rechtsträger muss allerdings auch im Zusammenhang mit der Regelung des § 17 Abs. 2 gesehen werden, da die für die Anmeldung zur Eintragung in das Handelsregister beizufügende Schlussbilanz jedes übertragenden Rechtsträgers nicht älter sein darf als acht Monate. Ist dieser Zeitraum verstrichen, muss eine neue Schlussbilanz erstellt werden, aus der sich ggf. die Unangemessenheit des Umtauschverhältnisses ableiten lässt. 9

3. Rechtsfolge: gesetzliches Kündigungsrecht

Ist die aufschiebende Bedingung wirksam vereinbart worden und ist sie nicht innerhalb von fünf Jahren seit Abschluss des Verschmelzungsvertrages eingetreten, gewährt S. 1 jedem beteiligten Rechtsträger ein gesetzliches Kündigungsrecht. 10

Die Frist des S. 1 beginnt mit wirksamem **Abschluss des Verschmelzungsvertrages** und nicht etwa mit den notwendigen Anteilsinhaberbeschlüssen der beteiligten Rechtsträger.[16] Es gilt das Datum der Verschmelzungsvertragsurkunde, bei sukzessiver Beurkundung das Datum der letzten Beurkundung. Dies gilt auch bei nachträglicher Genehmigung des Handelns eines vollmachtlosen Vertreters, da die Genehmigung gem. § 184 Abs. 1 BGB Rückwirkung entfaltet. 11

Die Ausübung des Kündigungsrechts erfolgt durch eine **Kündigungserklärung** seitens des vertretungsberechtigten Organs mit einer Frist von sechs Monaten zum Ende des Geschäftsjahres desjenigen Rechtsträgers, gegenüber welchem die Kündigung zu erklären ist, S. 2. Auch die Halbjahresfrist und der Kündigungszeitpunkt zum Geschäftsjahresende sind dispositiv und diese können vertraglich verkürzt, nicht jedoch verlängert werden.[17] Eine bestimmte Form ist nicht einzuhalten, es empfiehlt sich aus Beweisgründen freilich die Schrift- oder zumindest Textform. Eine Begründung ist nicht erforderlich.[18] Die Erklärung wird mit Zugang beim anderen Rechtsträger wirksam. Bis dahin bleibt der Verschmelzungsvertrag bestehen, so dass bis zu diesem Zeitpunkt die Bedingung noch eintreten und der Verschmelzungsvertrag wirksam werden kann; in diesem Fall wäre die Kündigung hinfällig.[19] Auf die Wirksamkeit der Verschmelzung kommt es nicht an, sondern einzig auf den Eintritt der Bedingung. Sind am Verschmelzungsvertrag mehr als zwei Parteien beteiligt, so muss die Kündigungserklärung sämtlichen Vertragspartnern fristgemäß zugehen. 12

Die Zustimmung der Anteilsinhaberversammlung zur Kündigung ist, ebenso wie im Falle der Kündigung eines Unternehmensvertrages (§ 297 AktG), grundsätzlich nicht erforderlich; Abweichungen, wie zB eine Zustimmung des Aufsichtsrates oder der Anteilsinhaberversammlung, können allerdings im Verschmelzungsvertrag selber festgelegt werden.[20] 13

---

15 *Hoffmann-Becking* FS Fleck, 1988, 105 (119 f.); Lutter/*Drygala* § 7 Rn. 2; Semler/Stengel/*Leonard/Schröer/Greitemann* § 7 Rn. 1.
16 GesBegr. bei *Ganske* Umwandlungsrecht S. 52; Widmann/Mayer/*Heckschen* § 7 Rn. 6; Lutter/*Drygala* § 7 Rn. 5.
17 Kölner Komm UmwG/*Simon* § 7 Rn. 17; Semler/Stengel/*Leonard/Schröer/Greitemann* § 7 Rn. 9.
18 Semler/Stengel/*Leonard/Schröer/Greitemann* § 7 Rn. 10; Lutter/*Drygala* § 7 Rn. 6.
19 Lutter/*Drygala* § 7 Rn. 6; Kölner Komm UmwG/*Simon* § 7 Rn. 18.
20 Semler/Stengel/*Leonard/Schröer/Greitemann* § 7 Rn. 10; Lutter/*Drygala* § 7 Rn. 6; Kölner Komm UmwG/*Simon* § 7 Rn. 15; aA Widmann/Mayer/*Heckschen* § 7 Rn. 42 ff.

14 Neben der Kündigung kommen freilich auch die allgemeinen Gründe für eine Beendigung des Verschmelzungsvertrages wie eine Anfechtung gem. §§ 119 ff. BGB in Betracht (→ § 4 Rn. 28 mwN). Diese wirkt ex tunc und kann zudem auch nach der Handelsregistereintragung erklärt werden; allerdings bleibt die Verschmelzung gem. § 20 Abs. 2 wirksam und es entstehen allenfalls Schadenersatzansprüche.

III. Vertragliche Rücktritts- und Kündigungsrechte

15 Das gesetzliche Rücktrittsrecht des § 7 muss im Zusammenhang mit anderen Gestaltungsrechten gesehen werden. Daneben können weitere Rücktrittsrechte, insbesondere aus Gründen des Wegfalls der Geschäftsgrundlage (§ 313 BGB) bei Unzumutbarkeit des Festhaltens am Verschmelzungsvertrag[21] oder der nicht vertragsgemäßen Leistung (§ 323 BGB) Anwendung finden, wenn etwa das vertraglich vereinbarte Umtauschverhältnis infolge des Zeitablaufs unangemessen wird. Ein Kündigungsrecht aus wichtigem Grund gemäß § 314 BGB besteht nicht, da der Verschmelzungsvertrag kein Dauerschuldverhältnis darstellt.[22] Es werden zwar Handlungen geschuldet, die der Herbeiführung der Umwandlung dienen, jedoch machen diese Pflichten den Verschmelzungsvertrag nicht zu einem Dauerschuldverhältnis; einer Gleichstellung mit einem Dauerschuldverhältnis bedarf es ebenfalls nicht,[23] da die Möglichkeit einer Kündigung aus Gründen des Wegfalls der Geschäftsgrundlage (§ 313 BGB), sofern eine Anpassung (zB aufgrund eines nicht mehr ausgeglichenen Umtauschverhältnisses) scheitern sollte, ausreichend ist.

16 Im Verschmelzungsvertrag können ferner **vertragliche Rücktrittsrechte** vereinbart werden. Solange sie die gesetzliche Regelung des § 7 dabei nicht umgehen, sind solche Vereinbarungen im Rahmen der Vertragsfreiheit zulässig. Es finden sich in der Praxis häufig zusätzlich vereinbarte Rücktrittsrechte, die neben § 7 Anwendung finden. Flankierend zu den og möglichen Bedingungen finden sich hier Vereinbarungen, wonach den Parteien ein Kündigungs- oder Rücktrittsrecht zustehen soll, wenn die Zustimmung der Kartellbehörden, der Anteilsinhaberversammlungen oder die wirksame Eintragung der Verschmelzung im Handelsregister nicht bis zu einem im Verschmelzungsvertrag festgelegten Zeitpunkt vorliegen.[24]

§ 8 Verschmelzungsbericht

(1) ¹Die Vertretungsorgane jedes der an der Verschmelzung beteiligten Rechtsträger haben einen ausführlichen schriftlichen Bericht (Verschmelzungsbericht) zu erstatten, in dem Folgendes rechtlich und wirtschaftlich erläutert und begründet wird:
1. die Verschmelzung,
2. der Verschmelzungsvertrag oder sein Entwurf im Einzelnen, insbesondere
    a) das Umtauschverhältnis der Anteile einschließlich der zu seiner Ermittlung gewählten Bewertungsmethoden oder die Angaben über die Mitgliedschaft bei dem übernehmenden Rechtsträger sowie

---

[21] Lutter/*Drygala* § 4 Rn. 41 mwN; BeckOGK/*Wicke* § 4 Rn. 37.
[22] So auch Lutter/*Drygala* § 4 Rn. 41 (Fn. 8); aA Semler/Stengel/Leonard/*Schröer/Greitemann* § 4 Rn. 59; Schmitt/Hörtnagl/*Winter* § 4 Rn. 10.
[23] So aber Semler/Stengel/Leonard/*Schröer/Greitemann* § 4 Rn. 59 unter Verweis auf *Körner/Rodewald* BB 1999, 853 (855).
[24] Kölner Komm UmwG/*Simon* § 7 Rn. 22.

b) die Höhe einer anzubietenden Barabfindung einschließlich der zu ihrer Ermittlung gewählten Bewertungsmethoden.
²Der Verschmelzungsbericht kann von den Vertretungsorganen auch gemeinsam erstattet werden. ³Auf besondere Schwierigkeiten bei der Bewertung der Rechtsträger sowie auf die Folgen für die Beteiligung der Anteilsinhaber ist hinzuweisen. ⁴Ist ein an der Verschmelzung beteiligter Rechtsträger ein verbundenes Unternehmen im Sinne des § 15 des Aktiengesetzes, so sind in dem Bericht auch Angaben über alle für die Verschmelzung wesentlichen Angelegenheiten der anderen verbundenen Unternehmen zu machen. ⁵Auskunftspflichten der Vertretungsorgane erstrecken sich auch auf diese Angelegenheiten.

(2) ¹In den Bericht brauchen Tatsachen nicht aufgenommen zu werden, deren Bekanntwerden geeignet ist, einem der beteiligten Rechtsträger oder einem verbundenen Unternehmen einen nicht unerheblichen Nachteil zuzufügen. ²In diesem Falle sind in dem Bericht die Gründe, aus denen die Tatsachen nicht aufgenommen worden sind, darzulegen.

(3) ¹Der Bericht ist nicht erforderlich, wenn alle Anteilsinhaber des beteiligten Rechtsträgers auf seine Erstattung verzichten. ²Die Verzichtserklärungen sind notariell zu beurkunden. ³Der Bericht ist ferner nicht erforderlich

1. für den übertragenden und den übernehmenden Rechtsträger, wenn
    a) sich alle Anteile des übertragenden Rechtsträgers in der Hand des übernehmenden Rechtsträgers befinden oder
    b) sich alle Anteile des übertragenden und des übernehmenden Rechtsträgers in der Hand desselben Rechtsträgers befinden, sowie
2. für denjenigen an der Verschmelzung beteiligten Rechtsträger, der nur einen Anteilsinhaber hat.

Literatur:
App, Verschmelzung und Spaltung von Kapitalgesellschaften und ihre steuerliche Behandlung, DZWiR 2001, 56; *Bayer*, Verschmelzung und Minderheitenschutz, WM 1989, 121; *Bayer*, Informationsrechte bei der Verschmelzung von Aktiengesellschaften, AG 1988, 323; *Bayer*, 1000 Tage neues Umwandlungsrecht – eine Zwischenbilanz, ZIP 1997, 1613; *Engelmeyer*, Informationsrechte und Verzichtsmöglichkeiten im Umwandlungsgesetz, BB 1998, 330; *Fuhrmann*, Gesetzliche Formerfordernisse von Vorstandsberichten, AG 2004, 135; *Heckschen*, Die Entwicklung des Umwandlungsrecht aus Sicht der Rechtsprechung und Praxis, DB 1998, 1385; *Hirte*, Informationsmängel und Spruchverfahren, ZHR 167 (2003), 8; *Hommelhoff*, Minderheitenschutz bei Umstrukturierungen, ZGR 1993, 452; *Hüffer*, Die gesetzliche Schriftform bei Berichten des Vorstands gegenüber der Hauptversammlung, in: FS Claussen, 1997, S. 171; *Hügel*, Verschmelzung und Einbringung, 1993; *Keil/Wagner*, Verschmelzungsrecht und Art. 177 EWG-Vertrag, ZIP 1989, 214; *Meinert*, Neuere Entwicklung in der Unternehmensbewertung, DB 2011, 2397, 2455; *Mertens*, Die Gestaltung von Verschmelzungs- und Verschmelzungsprüfungsberichten, AG 1990, 20; *Mertens*, Zur Geltung des Stand-alone-Prinzips für die Unternehmensbewertung bei der Zusammenführung von Unternehmen, AG 1992, 321; *Messer*, Die Kausalität von Mängeln des Verschmelzungsberichts als Voraussetzung für die Anfechtbarkeit des Verschmelzungsbeschlusses, in: FS Quack, 1991, S. 321; *K. J. Müller*, Unterzeichnung des Verschmelzungsberichts, NJW 2000, 2001; *Nirk*, Der Verschmelzungsbericht nach § 340a Aktiengesetz, in: FS Steindorff, 1990, S. 187; *Preisenberger*, Die Heilbarkeit fehlerhafter Vorstandsberichte nach Aktien- und Umwandlungsrecht, 1999; *Priester*, Strukturänderungen – Beschlußvorbereitung und Beschlußfassung, ZGR 1990, 420; *Priester*, Das neue Umwandlungsrecht aus notarieller Sicht, DNotZ 1995, 427; *Rodewald*, Zur Ausgestaltung von Verschmelzungs- und Verschmelzungsprüfungsbericht, BB 1992, 237; *Seesen*, Die Bestimmung des Verschmelzungsverhältnisses im Spruchstellenverfahren, WM 1994, 45; *Schmidt*, Umwandlungen im Konzern nach dem UmRuG-RegE – Besonderheiten bei Bericht, Prüfung und Beschluss, DK 2022, 309; *Schöne*, Das Aktienrecht als Maß aller Dinge im Umwandlungsrecht?, GmbHR 1995, 325; *Simon/Brünkmans*, Die Ausgliederung von sanierungswürdigen Betriebsteilen mithilfe des Insolvenzplanverfahrens nach ESUG, ZIP 2014, 657; *E. Vetter*, Abfindungswertbezo-

gene Informationsmängel und Rechtsschutz, in: FS Wiedemann, 2002, S. 1321; *Vossius*, Zur Unterzeichnung des Verschmelzungsberichts, NotBZ 2007, 368; *Wachter*, Umwandlung insolventer Gesellschaften, NZG 2015, 858; *Weiß*, Gesellschafterhaftung bei Verschmelzungen mit insolventer Gesellschaft, GmbHR 2017, 1017; *H. P. Westermann*, Die Zweckmäßigkeit der Verschmelzung als Gegenstand des Verschmelzungsberichts, der Aktionärsentscheidung und der Anfechtungsklage, in: FS Semler, 1993, S. 651; *Wilsing/Kruse*, Maßgeblichkeit der Börsenkurse bei umwandlungsrechtlichen Verschmelzungen?, DStR 2001, 991.

A. Normzweck 1	6. Barabfindung 30
B. Berichterstattung, Abs. 1 3	7. Schwierigkeiten und Folgen für die Beteiligung, Abs. 1 S. 3 31
I. Zuständigkeit 3	a) Besondere Schwierigkeiten ... 31
II. Form 6	b) Folgen für die Beteiligung 32
III. Inhalt 10	8. Besonderheit bei verbundenen Unternehmen und Auskunftspflicht, Abs. 1 S. 4, 5 35
1. Tatbestand 12	
2. Verschmelzung 13	
3. Verschmelzungsvertrag 17	
4. Umtauschverhältnis der Anteile ... 18	C. Ausnahmen von der Berichtspflicht, Abs. 2 . 39
a) Methode der Wertermittlung . 19	D. Keine Berichtspflicht, Abs. 3 41
b) Der Bewertung zugrunde zu legende Zahlen 23	E. Rechtsfolgen fehlerhafter Berichterstattung 46
c) Kapitalisierungszinssatz 27	I. Klagemöglichkeit 50
d) Ergebnis der Bewertung 28	II. Ausschluss der Klagemöglichkeit ... 52
5. Mitgliedschaft beim übernehmenden Rechtsträger 29	F. Keine Berichtspflicht im Insolvenzplanverfahren 55

A. Normzweck

1 Zweck der Berichterstattungspflicht ist es, die Anteilsinhaber durch die Vertretungsorgane umfassend **schriftlich** über die Grundlagen, Hintergründe und Ziele der geplanten Verschmelzung zu **unterrichten**. An dieser Stelle geht das UmwG über Art. 9 der Verschmelzungsrichtlinie[1] hinaus, indem es den Verschmelzungsbericht für jede Verschmelzung verlangt und nicht nur bei einer Beteiligung von Kapitalgesellschaften. Hintergrund ist, dass nach Ansicht des Gesetzgebers das Informationsinteresse der Anteilsinhaber nicht nur bei großen Publikumsgesellschaften sondern auch bei personalistisch geprägten Rechtsträgern wie Personenhandelsgesellschaften schützenswert ist.[2] Da der Verschmelzungsvertrag der Dreh- und Angelpunkt der künftigen Verschmelzung ist, sollen die Anteilsinhaber so rechtzeitig über die anstehende Verschmelzung unterrichtet werden, dass ihnen eine Einflussnahme auf den Verschmelzungsvorgang und ggf. die klageweise Geltendmachung ihrer Rechte ermöglicht wird.[3] Dabei ist es nicht erforderlich, dass die Anteilsinhaber den Verschmelzungsvertrag vollumfänglich prüfen können; gesetzgeberisches Ziel ist die Ermöglichung einer Plausibilitätskontrolle.[4] Die Unterschiede zwischen den einzelnen zur Berichterstattung verpflichteten Rechtsträgern (personalistischer Rechtsträger vs. Publikumsgesellschaft) spiegeln sich in der **Detailtiefe** und dem notwendigen Aufwand für die Fertigung des Verschmelzungsberichtes wieder.[5] Je näher die Anteilsinhaber dem Rechtsträger sind, desto mehr Grundinformationen und Kenntnisse vom betroffenen Rechtsträger können vorausgesetzt werden.[6] Die Anforderungen an den Umfang der Berichterstattungspflichten steigen dabei, je publikumsreicher die Gesellschaft und je gesellschaftsferner der einzelne

---

[1] Dritte gesellschaftsrechtliche Richtlinie 78/855/EWG vom 9.10.1978, ABl. L 295 vom 20.10.1987.
[2] Dazu *Ganske* Umwandlungsrecht S. 53 f.
[3] BGHZ 107, 296 (302 ff.) („Kochs/Adler"); Kölner Komm UmwG/*Simon* § 8 Rn. 1 bezeichnet den Verschmelzungsvertrag plastisch als präventives Informationsinstrument.
[4] BGHZ 107, 296 (302 ff.) („Kochs/Adler"); OLG Jena NJW-RR 2009, 182 f.; Lutter/*Drygala* § 8 Rn. 3.
[5] Lutter/*Drygala* § 8 Rn. 3; *Schöne* GmbHR 1995, 325 ff.; Kölner Komm UmwG/*Simon* § 8 Rn. 2.
[6] Kölner Komm UmwG/*Simon* § 8 Rn. 2.

Anteilsinhaber ist; je personalistischer die Struktur angelegt ist, desto geringer können die Berichtspflichten grundsätzlich ausfallen. Der Schwerpunkt der Berichterstattung wird dabei aus Sicht der Anteilsinhaber in der Praxis regelmäßig auf der Veränderung der Beteiligungsstruktur liegen.[7] Diese Erleichterung kann gar so weit gehen, dass die Berichtspflicht gänzlich entfällt.[8]

Ausschließlicher Zweck des § 8 ist der **Schutz der Anteilsinhaber**; diese sollen in Vorbereitung ihres Zustimmungsbeschlusses sachgerecht informiert werden.[9] Gläubiger und Arbeitnehmer werden vom Schutzzweck nicht erfasst.[10] Etwas anderes gilt freilich für den Schutz von Arbeitnehmern im Falle einer grenzüberschreitenden Verschmelzung gemäß § 309 Abs. 1 (→ § 309 Rn. 8).

B. Berichterstattung, Abs. 1

I. Zuständigkeit

Zuständig für die Berichterstattung sind nach Abs. 1 die Vertretungsorgane jedes an der Verschmelzung beteiligten Rechtsträgers. Das Gesetz verpflichtet das Vertretungsorgan als **Gesamtorgan**.[11] Eine Delegation auf einzelne Resorts (etwa durch Beschluss oder innerhalb der Geschäftsordnung) ist nur für die tatsächliche Erstellung möglich und in der Praxis üblich.[12] Sofern dies der Fall ist, muss der Bericht, um der Gesamtverantwortung des Vertretungsorgans nach Abs. 1 gerecht zu werden, innerhalb des Organs beschlossen werden.

Für den Bericht selber gilt, dass es sich dabei um die Abgabe einer sog. Wissenserklärung handelt, was zweierlei zur Folge hat: Erstens ist das Vertretungsorgan des Rechtsträgers **originär** verpflichtet, dh es handelt dabei nicht in Vertretung für den Rechtsträger, sondern in eigener Sache. Zweitens ist eine Stellvertretung des Vertretungsorgans hinsichtlich der Abgabe des Berichtes nicht möglich.[13]

Etwaige **Aufsichtsorgane** sind gemäß dem klaren Wortlaut des Abs. 1 nicht betroffen. Soweit hingegen ein Aufsichtsrat besteht, kann dieser, abhängig von seiner Stellung innerhalb bzw. der Rechtsform des zur Berichterstattung verpflichteten Rechtsträgers, jedoch dazu verpflichtet sein, die Einhaltung der Anforderungen des § 8 durch das Vertretungsorgan zu prüfen (etwa der AR einer AG). Dies betrifft jedoch lediglich die Einhaltung der Sorgfaltspflicht durch das Vertretungsorgan und geht keinesfalls in Richtung einer inhaltlichen oder materiellen Prüfung des Berichts selber.[14]

II. Form

Gemäß Abs. 1 S. 1 ist der Bericht in schriftlicher Form (§ 126 BGB) zu erstatten. Die Erfüllung der **Schriftform** wird nach hM erreicht, wenn die Mitglieder des Vertretungsorgans den Verschmelzungsbericht in **vertretungsberechtigter Zahl** unterzeich-

---

7 So auch Lutter/*Drygala* § 8 Rn. 3.
8 Dies sieht § 41 bei Beteiligung einer OHG mit ausschließlich vertretungsberechtigten Gesellschaftern vor.
9 OLG Bamberg NZG 2012, 1269; OLG Frankfurt a. M. ZIP 2000, 1928 Rn. 38.
10 Semler/Stengel/Leonard/*Gehling* § 8 Rn. 2; Lutter/*Drygala* § 8 Rn. 3; *Schmidt* ZGR 1993, 366 (374).
11 Semler/Stengel/Leonard/*Gehling* § 8 Rn. 5; Kölner Komm UmwG/*Simon* § 8 Rn. 5.
12 *Hüffer* FS Claussen, 1997, 171 ff.; Lutter/*Drygala* § 8 Rn. 7; kritisch aber iE wohl ebenso Kölner Komm UmwG/*Simon* § 8 Rn. 6.
13 Semler/Stengel/Leonard/*Gehling* § 8 Rn. 5; Kölner Komm UmwG/*Simon* § 8 Rn. 5; Lutter/*Drygala* § 8 Rn. 7.
14 Semler/Stengel/Leonard/*Gehling* § 8 Rn. 9; Kölner Komm UmwG/*Simon* § 8 Rn. 7.

nen.¹⁵ Für die früher vertretene Ansicht, eine Unterzeichnung aller Organmitglieder sei erforderlich, findet sich weder im Wortlaut noch im Sinn und Zweck des § 8 ein Anhaltspunkt. Die Information der Anteilsinhaber ist nicht in erster Linie abhängig von der Zahl der Unterzeichner des Berichts. Sofern daraus die Gefahr abgeleitet wird, ohne Unterzeichnung aller Mitglieder bestünde die Gefahr, der Inhalt des Berichtes entspräche möglicherweise nicht dem Willen der Organmehrheit, ist dieses Argument vor dem Hintergrund der Anteilsinhaberinformation nicht zielführend.¹⁶ Einerseits ist der Bericht idR vor seiner Erstattung vom Vertretungsorgan beschlossen worden und andererseits hat ein entsprechender Formmangel hier keine Auswirkungen auf den Informationsgehalt des Berichtes selber. Eine interessengerechte Ausübung der Mitwirkungs- und Vermögensrechte wird zu keinem Zeitpunkt gefährdet.

7 Das Vertretungsorgan jedes beteiligten Rechtsträgers hat gem. Abs. 1 S. 1 Hs. 1 grundsätzlich einen eigenen Verschmelzungsbericht zu erstatten. Gem. Abs. 1 S. 2 können die Vertretungsorgane der beteiligten Rechtsträger den Verschmelzungsbericht freilich auch **gemeinsam** erstatten. Dies ist aus Informationsgesichtspunkten der Anteilsinhaber sinnvoll, allerdings muss auf unterschiedliche Interessen der beteiligten Rechtsträger hingewiesen werden. Jedes Vertretungsorgan bleibt auch bei gemeinsamer Berichterstattung für den seinen Rechtsträger betreffenden Teil gegenüber seiner Gesellschaft verantwortlich.

8 Die Offenlegung gegenüber den Anteilsinhabern ist rechtsformabhängig. Bei **Publikumsgesellschaften** ist der Verschmelzungsbericht von der Einberufung der Hauptversammlung an, spätestens aber ab einem Monat vor dem Tag der Hauptversammlung, in den Geschäftsräumen des Rechtsträgers zur Einsicht auszulegen, wobei auf Verlangen eine kostenlose Abschrift zu erteilen ist, § 63 Abs. 1, 3; §§ 78, 82 Abs. 1; § 101 Abs. 1; § 112 Abs. 1. Bei **personalistisch** geprägten Gesellschaften ist der Verschmelzungsbericht den Anteilsinhabern spätestens zusammen mit der Einladung zur Anteilsinhaberversammlung zu übersenden, § 42 (ab 1.1.2024 iVm § 39b), §§ 47, 49 (hierzu und zu etwaigen Formerfordernissen → § 42 Rn. 10).

9 Notwendig aber auch ausreichend ist, dass das Vertretungsorgan ein original unterschriebenes Exemplar auf Verlangen der Anteilsinhaber in den Geschäftsräumen bereitstellen kann, falls sich diese von der Einhaltung der Schriftform überzeugen wollen. Das den Anteilsinhabern übermittelte Exemplar muss nicht original unterschrieben sein; erforderlich ist jedoch, dass die Unterzeichner des Originals auch hier erkennbar sind. Ein **Faksimile-Stempel** oder ein Unterzeichnerhinweis („Der Vorstand") sind ausreichend.¹⁷

III. Inhalt

10 Der Verschmelzungsbericht soll ausführlich sein und den Anteilsinhabern ausreichende **rechtliche und wirtschaftliche Informationen** für die Ausübung ihrer Vermögens- und Verwaltungsrechte verschaffen. Ebenso dient dieser zur Vorbereitung des

---

15 So BGH NZG 2007, 714 (716); Lutter/*Drygala* § 8 Rn. 6; Kölner Komm UmwG/*Simon* § 8 Rn. 8; KG DK 2005, 53; Linnerz EWir 2005, 135 f. mAnm zum KG DK 2005, 53; Widmann/Mayer/*Mayer* § 8 Rn. 15.

16 Darauf weist der BGH NZG 2007, 714 (716) ausdrücklich hin; Linnerz EWir 2005, 135 f. mAnm zum KG DK 2005, 53; Lutter/*Drygala* § 8 Rn. 6; Semler/Stengel/Leonard/*Gehling* § 8 Rn. 7.

17 Lutter/*Drygala* § 8 Rn. 8; Semler/Stengel/*Gehling* § 8 Rn. 7; Kölner Komm UmwG/*Simon* § 8 Rn. 9.

Verschmelzungsbeschlusses der Anteilsinhaber, § 14.[18] Welche Informationen notwendig sind, um von einem **"ausführlichen"** Bericht im Sinne der Vorschrift ausgehen zu können, ist dem Gesetz selbst nicht eindeutig zu entnehmen. Dazu ist es in jedem Fall erforderlich, dass die wirtschaftlichen und rechtlichen Beweggründe und Folgen der Verschmelzung dargelegt werden.[19] Hierzu müssen die Anteilsinhaber über sämtliche Informationen verfügen, die notwendig sind, um die Entscheidung der Leitungsorgane auf ihre Plausibilität und ihre rechtliche Umsetzbarkeit sowie auf die wirtschaftliche Sinnhaftigkeit der Verschmelzung zu überprüfen.[20] Sie müssen dabei jedoch nicht auch in die Lage versetzt werden, die Verschmelzung umfassend rechtlich und wirtschaftlich bis in alle Einzelheiten prüfen zu können;[21] dies bleibt dem Verschmelzungsprüfer vorbehalten.[22] Hierbei liegt ihr Interessenschwerpunkt eindeutig dort, wo die **Mitgliedschaftsrechte** der Anteilsinhaber als Kernpunkt ihrer Interessen direkt betroffen sind. Die notwendige Detailtiefe konzentriert sich auf diese Komplexe, so dass in anderen Teilen des Verschmelzungsberichtes eine geringere Detailtiefe ausreicht.[23] Erforderlich ist die Information, die der verständige Anteilsinhaber zur interessengerechten Wahrnehmung seiner **Beteiligungsrechte** benötigt.[24] Eine Differenzierung zur Inhaltstiefe muss hier primär anhand der Struktur der beteiligten Rechtsträger erfolgen: die Rechtsform an sich ist sekundär, da Kapitalgesellschaften personalistisch und Personengesellschaften als Publikumsgesellschaften ausgestaltet sein können. Je personalistischer der Rechtsträger angelegt ist, desto mehr an Informations- und Kenntnisstand darf beim einzelnen Anteilsinhaber vorausgesetzt werden.[25] In diesem Fall darf sich der Verschmelzungsbericht auf die Informationen fokussieren, deren Kenntnis von den Anteilsinhabern nicht zu erwarten ist, die jedoch für die Entscheidung über die Verschmelzung wichtig sind. Im Falle eines publikumsorientierten Rechtsträgers muss sich im Gegensatz dazu eine umfassendere Information aus dem Verschmelzungsbericht ergeben, da hier von einer näheren Kenntnis des einzelnen Anteilsinhabers vom Marktumfeld und den wirtschaftlichen Bedingungen des Rechtsträgers nicht ausgegangen werden darf.[26]

Individuelle Bedürfnisse einzelner Anteilsinhaber müssen im Bericht selber keine Berücksichtigung finden.[27] Hierfür bestehen die Möglichkeiten im Rahmen der Anteilsinhaberversammlung, insbesondere zur Ausübung ihrer Stimmrechte (§ 13) und zur Wahrnehmung ihrer Rede- und Fragerechte.

1. Tatbestand

Da die inhaltlichen Anforderungen an die Berichtspflicht abstrakt schwierig zu konkretisieren sind, ein Mangel des Berichts den Anteilsinhabern jedoch die Möglichkeit der Anfechtungsklage eröffnet, sollen im Folgenden die im Tatbestand des Abs. 1 S. 1 Nr. 1, 2 lit. a und b genannten Merkmale der Verschmelzung, des Verschmelzungsvertrages, des Umtauschverhältnisses der Anteile bzw. der Mitgliedschaft beim übernehmenden Rechtsträger sowie die Höhe einer evtl. anzubietenden Barabfindung und der jeweils für die Ermittlung gewählten Bewertungsmethoden näher beleuchtet werden.

---

18 S. dazu BGH NZG 1989, 2689 (2690 f.) („Kochs-Adler"); BGH WM 1990, 2073 (2074); *Hommelhoff* ZGR 1993, 452 (463); Lutter/*Drygala* § 8 Rn. 12; Semler/Stengel/Leonard/*Gehling* § 8 Rn. 2.
19 Deutlich BGH NZG 2007, 714 (716).
20 Lutter/*Drygala* § 8 Rn. 12.
21 OLG Jena NJW-RR 2009, 182 (183).
22 Lutter/*Drygala* § 8 Rn. 12.
23 Lutter/*Drygala* § 8 Rn. 12; Kölner Komm UmwG/*Simon* § 8 Rn. 3.
24 Vgl. dazu BGH AG 1991, 102 (103) – SEN.
25 Kölner Komm UmwG/*Simon* § 8 Rn. 17.
26 Kölner Komm UmwG/*Simon* § 8 Rn. 17.
27 Kölner Komm UmwG/*Simon* § 8 Rn. 19; Semler/Stengel/Leonard/*Gehling* § 8 Rn. 12.

2. Verschmelzung

13 Nach Vorgabe des Abs. 1 S. 1 Nr. 1 ist die Verschmelzung in rechtlicher und wirtschaftlicher Hinsicht zu erläutern und begründen. Vor dem Hintergrund des Unternehmenszwecks aus Satzung oder Gesellschaftsvertrag ist mithin darzulegen, wie die Verschmelzung durchgeführt werden soll und weshalb die Verschmelzung im konkreten Fall wirtschaftlich und rechtlich ein geeignetes und sinnvolles Mittel zur Durchsetzung des Unternehmenszwecks ist.[28] Dazu sind mögliche alternative unternehmerische Entscheidungen darzustellen und anhand dessen die **Entscheidung der Geschäftsleitung** für die Durchführung einer Verschmelzung darzulegen.[29] In der Praxis bietet es sich dazu an, die beteiligten Rechtsträger und deren wirtschaftliche und rechtliche Ausgangslage nach Geschäftsfeld, Kennzahlen, Mitarbeiterstruktur und Beteiligungsstruktur zu beschreiben.[30] Einer **sachlichen Rechtfertigung** bedarf der Zustimmungsbeschluss freilich nicht, so dass die Verschmelzung nicht das mildeste Mittel sein muss;[31] es reicht aus, wenn die geltend gemachten unternehmerischen Gründe hierfür stichhaltig sind.[32]

14 Abhängig von vorgenanntem Differenzierungsgrad kann die Darstellung des eigenen Unternehmens schlanker ausfallen und ggf. sogar gänzlich entfallen;[33] ferner bietet es sich an, dass die beteiligten Rechtsträger nach Abs. 1 S. 2 kooperieren und einen gemeinsamen Bericht erstellen. In einem solchen Fall sind freilich sämtliche beteiligten Rechtsträger ausführlich darzustellen.

15 Weiterhin ist nach der Rechtsprechung auf die erwarteten **unternehmerischen Chancen und Risiken** der Verschmelzung einzugehen;[34] als konkrete Anhaltspunkte lassen sich hier die aufgrund der geplanten Verschmelzung voraussichtlichen Synergieeffekte, die Wettbewerbsfähigkeit und die veränderte Arbeitnehmersituation herausstellen.[35] Ferner ist die **Unternehmensstruktur** nach der Verschmelzung darzustellen; dies betrifft auch die künftigen Gesellschaftsorgane, soweit deren Besetzung bereits feststeht oder hierfür Empfehlungen existieren.[36]

16 Der Verschmelzungsbericht hat auch die wesentlichen **steuerlichen Folgen** der Verschmelzung für die beteiligten Rechtsträger darzustellen.[37]

3. Verschmelzungsvertrag

17 Der Bericht muss den Verschmelzungsvertrag bzw. dessen Entwurf, sofern der Anteilsinhaberbeschluss zuvor gefasst werden soll, im Einzelnen erläutern und begründen, Abs. 1 S. 1 Nr. 2. Grundsätzlich müssen sich diese Einzelheiten zwar bereits selbsterklärend aus dem Verschmelzungsvertrag ergeben (§ 5). Die zusätzlichen Angaben im Bericht folgen jedoch dem Informationszweck des Berichtes, dienen dessen Vollständigkeit und sollen den ggf. juristisch und betriebswirtschaftlich nicht vorgebildeten Anteilsinhabern

---

[28] So LG München I AG 2000, 86; GesBegr. bei *Ganske* Umwandlungsrecht S. 53; Lutter/*Drygala* § 8 Rn. 15.
[29] Vgl. insoweit LG München I AG 2000, 86 (87); *Bayer* ZIP 1997, 1613 (1619); Semler/Stengel/Leonard/*Gehling* § 8 Rn. 17.
[30] So der Vorschlag bei Lutter/*Drygala* § 8 Rn. 16; Semler/Stengel/Leonard/*Gehling* § 8 Rn. 16; Kölner Komm UmwG/*Simon* § 8 Rn. 20.
[31] OLG Jena NJW-RR 2009, 182 (183); so bereits *Lutter* ZGR 1981, 171 (180 f.).
[32] So OLG Hamburg BB 2008, 2199 (2200 f.); mit zustimmender Anm. von *Wilsing/Ogorek* BB 2008, 2038.
[33] So auch Lutter/*Drygala* § 8 Rn. 17; zurückhaltender Semler/Stengel/Leonard/*Gehling* § 8 Rn. 16; Kölner Komm UmwG/*Simon* § 8 Rn. 20.
[34] BGHZ 107, 296 (301) („Kochs-Adler"); OLG Düsseldorf ZIP 1999, 793 (795); OLG Hamm DB 1999, 1156 (1157); vgl. auch Semler/Stengel/Leonard/*Gehling* § 8 Rn. 17.
[35] Vgl. auch Lutter/*Drygala* § 8 Rn. 17; Kölner Komm UmwG/*Simon* § 8 Rn. 21.
[36] Semler/Stengel/Leonard/*Gehling* § 8 Rn. 19.
[37] Kölner Komm UmwG/*Simon* § 8 Rn. 22 bezieht auch die Folgen für die Anteilsinhaber mit ein; näher → Rn. 32 ff.

eine zusätzliche Ebene der Erklärung und Verständlichkeit des avisierten Verschmelzungsvorgangs bieten.[38] Inhalt und Tragweite der einzelnen vertraglichen Regelungen sind, soweit es sich hierbei nicht um Standardregelungen oder Bestimmungen mit ausschließlich deklaratorischem Charakter handelt, dem juristischen Laien **ausreichend und verständlich** zu erläutern.[39] Ferner sollte der technische und rechtliche Verlauf des Umwandlungsvorganges anhand der vertraglichen Regelungen näher dargestellt werden, um den Anteilsinhabern die Plausibilitätsprüfung zu erleichtern und ihnen einen Rahmen für deren eigenständige Prüfung und Abwägung der avisierten Verschmelzung zu geben.

4. Umtauschverhältnis der Anteile

Der signifikanteste Teil der Berichtspflicht ist die Darstellung und Erläuterung des **Umtauschverhältnisses** der Anteile bzw., soweit übernehmender Rechtsträger eine Genossenschaft, ein genossenschaftlicher Prüfungsverband, ein Verein oder ein VVaG ist, die Beschreibung der wesentlichen Inhalte hinsichtlich der Mitgliedschaft beim übernehmenden Rechtsträger, Abs. 1 S. 1 Nr. 2 lit. a. Für die Position des Anteilsinhabers ist von entscheidender Bedeutung, wie sich seine Anteilsinhaberschaft am übernehmenden Rechtsträger nach der Verschmelzung gestaltet, sog. **Verschmelzungswertrelation**.[40] Den Anteilsinhabern muss es möglich sein, die wesentlichen Bewertungsgrundlagen – nach eigener Entscheidung ggf. auch mit fachkundiger Hilfe – nachvollziehen zu können.[41] Für die Ermöglichung dieser **Plausibilitätsprüfung** sind die nachstehend aufgeführten Punkte näher zu erläutern.

a) Methode der Wertermittlung

Zunächst ist, wie Abs. 1 S. 1 Nr. 2 lit. a nunmehr ausdrücklich erwähnt, zu erklären, welche **Methode** in Ansatz gebracht wurde, um die beteiligten Rechtsträger wirtschaftlich zu bewerten (zu den einzelnen Bewertungsmethoden und deren Vor- und Nachteilen → SpruchG Anh. § 11 Rn. 1 ff.). Pflichtangabe ist das Datum des **Bewertungsstichtages**.[42] In der Regel wird die Bewertung der beteiligten Rechtsträger nach der sog. Ertragswertmethode geschehen, bei der das nicht betriebsnotwendige Vermögen hinzugerechnet wird und der Liquidationswert als Untergrenze der Bewertung gilt.[43] Hier genügt der Hinweis, dass die Bewertung nach der **Ertragswertmethode** erfolgt ist und dass es sich dabei um eine bewährte, in der Rechtsprechung anerkannte und verfassungsrechtlich unbedenkliche Methode der Unternehmensbewertung handelt.[44]

Nach pflichtgemäßem Ermessen und verbunden mit einer tragfähigen Begründung ist die Wahl einer **anderen Methode** zulässig. In diesem Fall ist zu erklären, aus welchen Gründen die Ertragswertmethode nicht angewendet wurde und welche Vorteile die

---

[38] Deutlich Kölner Komm UmwG/*Simon* § 8 Rn. 24.
[39] So auch Semler/Stengel/Leonard/*Gehling* § 8 Rn. 21; Kallmeyer/*Marsch-Barner* § 8 Rn. 9; einschr. Lutter/*Drygala* § 8 Rn. 17, die eine Beschränkung auf Dinge, die aus Sicht eines Laien erläuterungsbedürftig sind, postulieren.
[40] Kölner Komm UmwG/*Simon* § 8 Rn. 25 ff.; Lutter/*Drygala* § 8 Rn. 18.
[41] OLG Hamm DB 1988, 1842, dem folgend BGH NZG 1989, 2689 (2690) („Kochs-Adler"); OLG Karlsruhe WM 1989, 1134 (1137) („SEN"); *Bayer* ZIP 1997, 1613 (1619); Semler/Stengel/Leonard/*Gehling* § 8 Rn. 22.
[42] Näher Lutter/*Drygala* § 8 Rn. 30.
[43] Näher Lutter/*Drygala* AG 1995, 49 (50); näher zur Ertragswertmethode IDW S 1 (Grundsätze zur Durchführung von Unternehmensbewertungen), WPg-Supplement 3/2008, 68 ff. (Stand 2.4.2008).
[44] Statt vieler Lutter/*Drygala* § 8 Rn. 19; Kölner Komm UmwG/*Simon* § 8 Rn. 26; BGH ZIP 1993, 1160 (1162); BVerfG ZIP 2011, 1051 (Tz. 23).

gewählte Bewertungsmethode gegenüber der Ertragswertmethode hat.[45] Diese Erklärungsnotwendigkeit ergibt sich daraus, dass ein bestimmtes Bewertungsverfahren rechtlich zwar nicht vorgeschrieben ist,[46] das Ertragswertverfahren jedoch als übergreifender Standard im Rahmen der Unternehmensbewertung zu verstehen ist. Zulässige andere Methoden sind – je nach Einzelfall – etwa das Stuttgarter Verfahren (Kombination aus Ertrags- und Substanzwertverfahren), das Substanzwertverfahren oder ein DCF-Verfahren. Im Rahmen einer **Sanierungsverschmelzung** ist es zumeist angebracht, den Liquidationswert anstelle des Ertragswertes in Ansatz zu bringen.[47] Die Anwendung des Buchwertverfahrens ist für die Beteiligten hingegen grundsätzlich ungeeignet, da sich darin selten der wahre Wert des Rechtsträgers darstellt, der für die richtige Ermittlung des Umtauschverhältnisses entscheidend ist.[48]

21 Im Falle börsennotierter Gesellschaften kann – entgegen der früheren Bedenken der Rechtsprechung[49] – für die Wertermittlung grds. auf den Börsenkurs abgestellt werden. Die Rechtsprechung hat aus Fällen, in denen Entschädigungen gem. §§ 304, 305, 320b AktG gezahlt wurden,[50] den Grundsatz entwickelt, dass der Verkehrswert der Aktie, welcher hauptsächlich vom Börsenkurs bestimmt wird, die untere Grenze darstellt. Der Börsenkurs kann jedoch nur dann als Referenzwert herangezogen werden, wenn alle beteiligten Rechtsträger börsennotiert sind.[51] Dies gilt auch für Rechtsträger, die in einem Konzernverhältnis stehen.[52] Sofern kein Konzernverhältnis vorliegt, sind diese Grundsätze des Börsenkurses als Untergrenze bei einer Verschmelzung unabhängiger Gesellschaften freilich nicht heranzuziehen, da dies – auch aus Gesichtspunkten des Anteilsinhaberschutzes – nicht geboten ist;[53] dies auch nicht bei einem sog. „Merger of Equals".[54]

22 Werden die beteiligten Unternehmen nach unterschiedlichen Methoden bewertet, ist zur Vergleichbarkeit der Ergebnisse gesondert zu diesen Methoden und den Auswirkungen auf die jeweilige Bewertung Stellung zu nehmen.[55]

b) Der Bewertung zugrunde zu legende Zahlen

23 Für die Information der Anteilsinhaber ist entscheidend, dass die Zahlen, die Grundlage der Bewertung sind, in nachvollziehbarer Weise dargelegt werden.[56] Dabei reicht die **Darlegung der wesentlichen Zahlen**; die Richtigkeit und Vollständigkeit der Zahlen wird durch den Verschmelzungsprüfer abgesichert. Die Veröffentlichung des gesamten Bewertungsgutachtens kann zur Unübersichtlichkeit führen und die Nachvollziehbarkeit behindern.[57] Für jeden der beteiligten Rechtsträger ist eine eigenständige Unter-

---

[45] Lutter/*Drygala* AG 1995, 49 (50).
[46] BVerfG NZG 2011, 869 (870) (T-Online International); BVerfGE 100, 289 (307); BVerfG NJW 2007, 3266 (3268); BGH NJW 1993, 2101 (2103); kritisch hierzu *Adolff*, Unternehmensbewertung im Recht der börsennotierten Aktiengesellschaft, 2007, S. 471 ff.; *Werner* FS Steindorff, 1990, 303 (304); umfassend zum Ertragswertverfahren Lutter/*Drygala* § 5 Rn. 52 ff.
[47] S. IDW Standard S1, Abschn. 7.4, WPg-Supplement 3/2008, 68, 85; hierzu auch BayObLG, DB 1995, 1703; ausführlich Semler/Stengel/Leonard/*Gehling* § 8 Rn. 27 ff.; deutlich auch Kallmeyer/*Marsch-Barner* § 8 Rn. 14.
[48] Kallmeyer/*Marsch-Barner* § 8 Rn. 14.
[49] S. nur BGH NJW 1967, 1464.
[50] BVerfG NZG 2011, 235 (236 f.) (Kuka); BVerfG NZG 2000, 1117 (1119 f.); BVerfG NZG 1999, 931 (932 f.) (DAT/Altana) mAnm *Behnke*.
[51] Lutter/*Drygala* § 8 Rn. 32; Semler/Stengel/Leonard/*Gehling* § 8 Rn. 26.
[52] OLG München AG 2007, 701 (704 f.); so auch *Baums* Rechtsfragen der Bewertung bei Verschmelzung börsennotierter Gesellschaften, ILF Working Paper No. 104, 2009, S. 34 ff.; *Paschos* ZIP 2003, 1017 (1024).
[53] OLG Stuttgart AG 2006, 420 (421); BayObLG NZG 2003, 483 (484 f.); *Wilsing/Kruse* DStR 2001, 991 (995).
[54] So auch BayObLG NZG 2003, 483 (484 f.); *Bungert* BB 2003, 699 (703); Lutter/*Drygala* § 8 Rn. 1017 (1024); näher hierzu Kallmeyer/*Marsch-Barner* § 8 Rn. 14a.
[55] Lutter/*Drygala* § 8 Rn. 19.
[56] Dazu BGH NZG 1989, 2689 (2690) (Kochs-Adler).
[57] Dazu BGH WM 1990, 2073; Lutter/*Drygala* § 8 Rn. 20; Semler/Stengel/Leonard/*Gehling* § 8 Rn. 36.

nehmensbewertung vorzunehmen. Hierfür werden in der Praxis gemeinhin Gutachten externer Dritter erstellt, auf welche der Verschmelzungsbericht häufig Bezug nimmt. Diese Gutachten werden jedoch weder ein Teil des Verschmelzungsberichts noch müssen diese mit dem Verschmelzungsbericht offengelegt werden.[58] Das **Umtauschverhältnis** ergibt sich sodann aus dem rechnerischen Verhältnis der Unternehmenswerte des übernehmenden Rechtsträgers einerseits und der übertragenden Rechtsträger andererseits.

Als ausreichend wird die Nennung der **Jahresergebnisse** der vergangenen Jahre erachtet.[59] Gleiches gilt für die Veröffentlichung der sog. Planzahlen, dh die **Prognosen** für die zukünftigen Jahresergebnisse der beteiligten Rechtsträger. Zur Klarstellung ist näher anzugeben, welche Annahmen der Prognose zugrunde liegen; diese können sich daraus ergeben, dass entweder bekannte Werte fortgeschrieben werden oder ein (zu begründendes) verändertes Ertragspotential in Ansatz gebracht wird.[60] Konkret bedeutet dies, dass auszuführen ist, wie sich der Umsatz, die Erträge, weitere Aufwendungen, das Finanzergebnis sowie das Steuerergebnis prognostisch entwickeln werden.[61] Grundlage hierfür ist das sog. **Stand-alone-Prinzip**, also die Annahme, die beteiligten Unternehmen würden selbstständig weiterarbeiten. Hier muss der beabsichtigte wirtschaftliche Nutzen jedoch nicht benannt werden; dies erfolgt in den allgemeinen Angaben zur Verschmelzung (→ Rn. 14 f.). Hat ein beteiligter Rechtsträger verbundene Unternehmen, die in die Verschmelzung (mittelbar) mit einbezogen werden, so können die Planzahlen grundsätzlich konsolidiert hierfür angegeben werden.[62] 24

Die Veröffentlichung der Jahresplanzahlen ist grundsätzlich auch nicht geheimhaltungsbedürftig; dies bleibt aber eine Entscheidung im Einzelfall. Aus den Jahreszahlen können Konkurrenten die Absichten und Vorhaben des Unternehmens in der Regel nicht erkennen. Darüber hinaus gehen in die Bewertung anlässlich der Verschmelzung nur solche Werte ein, deren Realisierung zum Zeitpunkt des Abschlusses des Verschmelzungsvertrages realisierbar erscheinen.[63] Sollte sich deren Realisierung jedoch als kurzfristig oder sehr wahrscheinlich abzeichnen, bleibt eine Geheimhaltung möglich.[64] Diese ist für den jeweiligen Einzelfall zu prüfen und dann im Bericht zu begründen.[65] 25

Ferner ist der Gesamtwert des nicht betriebsnotwendigen und damit unter störungsfreier Fortführung des Unternehmens ggf. veräußerbaren Vermögens anzugeben. Dies erhöht den Barwert des beteiligten Rechtsträgers und ist für die Berechnung des Umtauschverhältnisses relevant.[66] 26

c) Kapitalisierungszinssatz

Eine wesentliche Bedeutung für die Ermittlung des jeweiligen Unternehmenswertes und folglich des Umtauschverhältnisses der Anteile bzw. Mitgliedschaften hat der in 27

---

58 BGH AG 1991, 102; OLG Düsseldorf ZIP 2004, 1503 (1506); OLG Karlsruhe AG 1990, 35; Lutter/*Drygala* § 8 Rn. 22; Widmann/Mayer/*Mayer* § 8 Rn. 25.
59 Lutter/*Drygala* § 8 Rn. 22.
60 Lutter/*Drygala* § 8 Rn. 22.
61 Semler/Stengel/Leonard/*Gehling* § 8 Rn. 35; Kölner Komm UmwG/*Simon* § 8 Rn. 35; aA hinsichtlich der Veröffentlichungspflicht des Steuerergebnisses Lutter/*Drygala* § 8 Rn. 25.
62 OLG Frankfurt a. M. AG 2006, 249 (254 f.); OLG Düsseldorf AG 2003, 688 (691); Lutter/*Drygala* § 8 Rn. 46, der

zu Recht darauf hinweist, dass bei einem stark segmentierten Konzern zusätzliche Erläuterungen zu einzelnen Konzernsparten erforderlich sein können.
63 Lutter/*Drygala* § 8 Rn. 22.
64 Insbes. für Reinvestitionsvolumina, vgl. Lutter/*Drygala* § 8 Rn. 24.
65 Näher dazu Lutter/*Drygala* § 8 Rn. 24.
66 Vgl. OLG Frankfurt a. M. ZIP 2000, 1928 (1930); Semler/Stengel/Leonard/*Gehling* § 8 Rn. 40; Kölner Komm UmwG/*Simon* § 8 Rn. 41.

Ansatz gebrachte **Kapitalisierungszinssatz**. Darunter ist der Zinssatz zu verstehen, mit dem die zugrunde gelegten künftigen Erträge der beteiligten Rechtsträger auf den Bewertungsstichtag abgezinst werden.[67] Der Kapitalisierungszinssatz besteht dabei aus dem Basiszinssatz, einem Risikozuschlag (Marktrisikoprämie x Beta-Faktor) und einem Wachstumsabschlag.[68] Die berichtenden Vertretungsorgane haben genauen Aufschluss darüber zu geben, welche Werte für die einzelnen Variablen des Kapitalisierungszinssatzes in Ansatz gebracht wurden.[69]

d) Ergebnis der Bewertung

28   Zum so ermittelten **Ertragswert** ist sodann der im Verschmelzungsbericht gesondert anzugebende und zu erläuternde **Zeitwert** des nicht betriebsnotwendigen Vermögens zu addieren.[70] Abschließend sind die einzelnen schrittweisen Ergebnisse auf dem Weg zur Ermittlung des Umtauschverhältnisses in einem **Gesamtergebnis** für die Anteilsinhaber verständlich darzustellen. Dies erleichtert deren eigene Plausibilitätsprüfung der Bewertung.

5. Mitgliedschaft beim übernehmenden Rechtsträger

29   Ist nach der Rechtsform eines beteiligten Rechtsträgers der Umtausch von Anteilen nicht möglich, so tritt an die Stelle der Darlegung des Umtauschverhältnisses die Angabe zur mitgliedschaftlichen Stellung.[71] Es ist allein anhand der objektiven Konstellation festzumachen, ob alternativ über das Umtauschverhältnis oder die mitgliedschaftliche Stellung zu berichten ist.[72]

6. Barabfindung

30   Die nach § 29 ggf. anzubietende Barabfindung muss einen vollwertigen Ersatz für die aufzugebende mitgliedschaftliche Stellung bieten. Daher muss sie inhaltlich im Verschmelzungsbericht angegeben und **ausführlich begründet** werden, Abs. 1 S. 1 Nr. 2 lit. b. Die Rechtsprechung sieht es hier als ausreichend an, eine typisierende Betrachtung des objektiven Unternehmenswertes des übertragenden Rechtsträgers vorzunehmen.[73] Die Darstellungsweise entspricht derjenigen zur Begründung des Umtauschverhältnisses, da die Barabfindung aus der Unternehmensbewertung abzuleiten ist. Ergänzend sollte auf die Ausschlussfristen des § 31 hingewiesen werden.[74]

7. Schwierigkeiten und Folgen für die Beteiligung, Abs. 1 S. 3

a) Besondere Schwierigkeiten

31   Sollten besondere Schwierigkeiten bei der Bewertung der Rechtsträger bestehen, so sind die Anteilsinhaber gem. Abs. 1 S. 3 sowohl über diese Schwierigkeiten als auch über deren Lösung und die sich für sie hieraus ergebenden Folgen der Verschmelzung

---

67 Kölner Komm UmwG/*Simon* § 8 Rn. 42; Semler/Stengel/Leonard/*Gehling* § 8 Rn. 38 f.
68 Kölner Komm UmwG/*Simon* § 8 Rn. 42 mwN.
69 Näher LG Mainz ZIP 2001, 840 (842); Lutter/*Drygala* § 8 Rn. 27; Kölner Komm UmwG/*Simon* § 8 Rn. 42.
70 OLG Düsseldorf AG 1991, 106 (107); OLG Düsseldorf AG 2002, 398 (401).
71 Insbesondere bei Beteiligung von eG oder Verein; näher Lutter/*Drygala* § 8 Rn. 33 f.; Semler/Stengel/Leonard/*Gehling* § 8 Rn. 47; Kölner Komm UmwG/*Simon* § 8 Rn. 46.
72 Nach teilweise vertretener Ansicht ist dieses Alternativverhältnis abzulehnen, so wohl Semler/Stengel/Leonard/*Gehling* § 8 Rn. 46.
73 OLG Frankfurt a. M. ZIP 2000, 1928 (1930); OLG Karlsruhe WM 1989, 1134 (1136 f.); Semler/Stengel/Leonard/*Gehling* § 8 Rn. 49.
74 Widmann/Mayer/*Mayer* § 8 Rn. 28.

zu unterrichten.⁷⁵ Die Bedeutung ergibt sich aus einer möglichen **Änderung der Beteiligungsquote**, die sich auf die Mitgliedschaftsrechte der Anteilsinhaber auswirken kann.⁷⁶ In der Praxis bietet sich für die Information zur Veränderung der Anteilsquote die Möglichkeit einer Gegenüberstellung der Anteilsquote vor und nach der Verschmelzung an.⁷⁷ Sofern der Kreis der Anteilsinhaber nicht überschaubar oder zu heterogen ist, bietet sich die Angabe eines Beispielmodells an, anhand dessen jeder Anteilsinhaber für sich die künftige Anteilsquote errechnen kann.⁷⁸ Darüber hinaus ist auch ein Gesamtbild der Beteiligungsquoten und deren Verschiebung anzugeben, sofern sich hieraus grundlegende Änderungen für die Anteilsinhaber ergeben.⁷⁹

b) Folgen für die Beteiligung

Für die Anteilsinhaber können sich weitere Folgen aus der Änderung der für sie geltenden Unternehmenssatzung bzw. des Gesellschaftsvertrags ergeben. In jedem Fall müssen sie über solche Änderungen ihrer **mitgliedschaftlichen Verhältnisse** im Rahmen des Verschmelzungsberichts informiert werden, die sich nicht unmittelbar aus dem Gesetz ergeben und einschneidende Abweichungen vom gesetzlichen Leitbild oder der bisherigen Unternehmensverfassung für die Anteilsinhaber zeichnen.⁸⁰ Bei Aktiengesellschaften ist diese Abweichung grundsätzlich gering (arg. e. § 23 Abs. 5 AktG); bei anderen Gesellschaften bietet es sich an, die neue **Gesellschaftsverfassung** dem Verschmelzungsbericht beizufügen.⁸¹ Sofern ein Anteilsinhaber als Folge der Verschmelzung eine besondere Rechtsposition (zB Kapitalmehrheit oder Sperrminorität) erlangt, so ist dies im Verschmelzungsbericht darzustellen.⁸² 32

Sofern unterschiedliche Gesellschaftsformen aufeinander verschmolzen werden (**Mischverschmelzung**), sollten wenigstens die wichtigsten Differenzierungen zwischen der alten und der neuen Rechtsform im Verschmelzungsbericht aufgeführt werden.⁸³ Die Beifügung des neuen Gesellschaftsvertrages bzw. der Satzung zum Verschmelzungsbericht ist gesetzlich nicht notwendig;⁸⁴ in der Praxis empfiehlt es sich jedoch, eine Kopie zur Information der Anteilsinhaber beizufügen. 33

Die Erläuterungspflicht des § 8 erstreckt sich nicht auf die **individuellen steuerlichen Veränderungen** der Anteilsinhaber. Diese Frage kann insbesondere bei der Verschmelzung einer Personengesellschaft auf eine Kapitalgesellschaft virulent werden, löst jedoch keine besondere Berichtspflicht aus, da es sich dabei nicht um „Folgen für die Beteiligung" im Sinne des § 8 handelt, sondern um Folgen „aus der Beteiligung" für den jeweiligen Anteilsinhaber. Erfasst sind nur direkte Veränderungen der Verwaltungs- und Vermögensrechte aus dem Verhältnis des Anteilsinhabers zum Rechtsträger. Die 34

---

75 Lutter/*Drygala* § 8 Rn. 32.
76 RegBegr., *Ganske* Umwandlungsrecht S. 53.
77 Lutter/*Drygala* § 8 Rn. 36; Kölner Komm UmwG/*Simon* § 8 Rn. 49.
78 So die Empfehlung bei Kölner Komm UmwG/*Simon* § 8 Rn. 49; Semler/Stengel/Leonard/*Gehling* § 8 Rn. 53.
79 Lutter/*Drygala* § 8 Rn. 37; Semler/Stengel/Leonard/*Gehling* § 8 Rn. 53.
80 Lutter/*Drygala* § 8 Rn. 40; Kölner Komm UmwG/*Simon* § 8 Rn. 50; Semler/Stengel/Leonard/*Gehling* § 8 Rn. 56.
81 So die Empfehlung bei Kölner Komm UmwG/*Simon* § 8 Rn. 50.
82 LG Essen AG 1999, 329 (331); Widmann/Mayer/*Mayer* § 8 Rn. 41; Lutter/*Drygala* § 8 Rn. 36; Semler/Stengel/Leonard/*Gehling* § 8 Rn. 53.
83 *Bayer* ZIP 1997, 1613 (1620); Kölner Komm UmwG/*Simon* § 8 Rn. 49; Semler/Stengel/Leonard/*Gehling* § 8 Rn. 54, 56; dies unter Verweis auf eine tendenziell uferlose Berichterstattung hinsichtlich rechtsformbedingter Unterschiede Lutter/*Drygala* § 8 Rn. 38; LG Heidelberg AG 1996, 523 (526).
84 OLG Jena NJW-RR 2009, 182 (183).

Besteuerung der Anteile liegt einzig beim Anteilsinhaber. Auch ist der Zweck des Verschmelzungsberichts nicht die steuerliche Beratung der Anteilsinhaber.[85]

8. Besonderheit bei verbundenen Unternehmen und Auskunftspflicht, Abs. 1 S. 4, 5

35 Ist an der Verschmelzung ein verbundenes Unternehmen iSv § 15 AktG als Rechtsträger beteiligt, so sind gem. Abs. 1 S. 4 zusätzlich Angaben über alle für die Verschmelzung **wesentlichen** Angelegenheiten der übrigen verbundenen Unternehmen zu machen. Die Auskunftspflichten des Vertretungsorgans erstreckt sich gem. Abs. 1 S. 5 auch auf diese Angelegenheiten.[86] Bei solchen Konzernsachverhalten bietet sich in der Praxis eine Differenzierung nach Auswirkungen auf hierarchisch höherstehende und tieferstehende Unternehmen an.[87]

36 Hinsichtlich der konkreten Informationen sowie der Detailtiefe kann sich die Berichtspflicht spiegelbildlich an der Bewertung des Unternehmens zur Ermittlung des angemessenen Umtauschverhältnisses orientieren. Was aus der Beteiligungsstruktur für die Bewertung relevant ist, unterliegt auch der Berichtspflicht.[88] Je nach Bewertungsansatz ist hierbei eine bottom-up-Bewertung oder eine top-down-Bewertung durchzuführen.[89]

37 Sowohl für den Fall, dass ein an der Verschmelzung beteiligter Rechtsträger über Tochtergesellschaften verfügt, als auch für den Fall, dass an der Verschmelzung ein beherrschtes (vgl. §§ 16, 17 AktG) Unternehmen beteiligt ist, muss im Verschmelzungsbericht die für die Verschmelzung relevante Beteiligungsstruktur dargestellt werden.[90] Die inhaltlichen Anforderungen entsprechen denjenigen des Verzeichnisses für Anteilsbesitz, §§ 285 Nr. 11, 287, 313 Abs. 2 HGB. Für die Wertbildung relevant können auch das Bestehen etwaiger Unternehmensverträge, Verlustausgleichspflichten und sog. Inter-Company-Agreements sowie deren rechtliches Schicksal im Rahmen der Verschmelzung sein.[91] Die Beteiligungsgesellschaften sind zur Herausgabe der relevanten Informationen berechtigt; sollte es sich um Geschäftsgeheimnisse handeln, empfiehlt sich innerhalb der eigenen Beteiligungsstruktur die Vereinbarung einer Vertraulichkeitsklausel.[92]

38 Die Angaben im Verschmelzungsbericht umfassen **sämtliche** an der Verschmelzung beteiligten **Rechtsträger**. Es reicht somit nicht aus, dass die Vertretungsorgane sich nur über die eigene Gesellschaft informieren; vielmehr müssen sie sich die erforderlichen Informationen der übrigen beteiligten Rechtsträger ordnungsgemäß verschaffen. Ein Auskunftsanspruch ergibt sich aus dem vorvertraglichen Rechtsverhältnis der beteiligten Rechtsträger.[93] In der Praxis werden diese Angelegenheiten in einer Vertraulichkeitsvereinbarung oder einem Letter of Intent/Memorandum of Understanding geregelt.

---

[85] *Geck* DStR 1995, 416 (421); Lutter/*Drygala* § 8 Rn. 42; aA sind wohl Semler/Stengel/Leonard/*Gehling* § 8 Rn. 57 sowie Kölner Komm UmwG/*Simon* § 8 Rn. 51, die zumindest abstrakte und typisierende steuerliche Hinweise verlangen, sofern diese ohne Kenntnis der steuerlichen Situation der Anteilsinhaber möglich sind.
[86] Die Grenzen der § 131 Abs. 1, 3 AktG, § 51a Abs. 2 GmbHG gelten freilich auch im Fall der Verschmelzung.
[87] Kölner Komm UmwG/*Simon* § 8 Rn. 52 ff.
[88] Zu den zulässigen Bewertungsansätzen ausführlich Kölner Komm UmwG/*Simon* § 8 Rn. 37 ff.
[89] OLG Frankfurt a. M. NJOZ 2006, 870 (884) („T-Online"); näher dazu Kölner Komm UmwG/*Simon* § 8 Rn. 37 ff.
[90] Wie hier Semler/Stengel/Leonard/*Gehling* Rn. 59 ff.; weitergehend wohl Kölner Komm UmwG/*Simon* § 8 Rn. 53 ff., der eine Pflicht sieht, grds. die gesamte Beteiligungsstruktur darzustellen.
[91] Dazu Lutter/*Drygala* § 8 Rn. 45.
[92] Kölner Komm UmwG/*Simon* § 8 Rn. 56.
[93] So auch Lutter/*Drygala* § 8 Rn. 49; Kallmeyer/*Marsch-Barner* § 8 Rn. 29; enger Semler/Stengel/Leonard/*Gehling* § 8 Rn. 64; *Austmann/Frost* ZHR 169 (2005), 431 (434).

C. Ausnahmen von der Berichtspflicht, Abs. 2

Bestimmte Tatsachen unterliegen gem. Abs. 2 dann nicht der Berichtspflicht, wenn diese geeignet sind, einem der beteiligten Rechtsträger oder einem verbundenen Unternehmen einen **nicht unerheblichen Nachteil** zuzufügen. Es genügt die potenzielle Eignung, dass aus der Offenlegung ein Schaden eintreten kann.[94] Zu berichten sind dann allerdings die Gründe, weshalb die Tatsachen nicht aufgenommen wurden; hierunter fällt etwa die Information, die von Beteiligungsgesellschaften erlangt wurde, jedoch einer Vertraulichkeitsvereinbarung unterliegt (→ Rn. 37) sowie wettbewerbsrelevante Einzelplanzahlen. Daraus folgt, dass die Informationsverweigerung nach sachgemäßer kaufmännischer Beurteilung geprüft und zumindest **plausibel** dargelegt sein muss und eine einfache Weigerung nicht ausreicht;[95] freilich muss auch bei der Begründung berücksichtigt werden, dass ein Geheimhaltungsinteresse besteht, so dass die Begründung notwendigerweise nicht ins Detail gehen kann.[96] Ob die angegebenen Gründe geeignet sind, ein Geheimhaltungsinteresse zu rechtfertigen, ist gerichtlich überprüfbar.[97]

39

Hinsichtlich des Anwendungsbereichs des Abs. 2 verweist bereits der Gesetzgeber auf § 131 Abs. 3 Nr. 1 AktG.[98] Die dort entwickelten Grundsätze sowie die hierzu ergangene Rechtsprechung sind auch zur Konkretisierung des Abs. 2 geeignet.[99]

40

Abs. 2 findet nur im Bereich des **Verschmelzungsberichts** Anwendung und bettet sich in das gesellschaftsrechtliche System der Informationspflichten ein. Rechtsformspezifische Sondervorschriften bleiben daneben anwendbar;[100] so steht den Gesellschaftern einer GmbH etwa das weitergehende und unter restriktiveren Bedingungen einzuschränkende Informationsrecht des § 51a GmbHG zu, welches durch Abs. 2 nicht eingeschränkt wird.[101] Dies ergibt sich ferner aus § 49 Abs. 3, der weitergehende Informationsrechte der GmbH-Gesellschafter regelt (→ § 49 Rn. 20, 25 f.).[102]

D. Keine Berichtspflicht, Abs. 3

Die Berichtspflicht dient dem Schutzinteresse der Anteilsinhaber; folglich können diese als Berechtigte auch auf den Verschmelzungsbericht verzichten (Abs. 3 S. 1). Die Verzichtserklärung ist in diesem Fall von allen Anteilsinhabern des jeweils beteiligten Rechtsträgers abzugeben und ist notariell zu beurkunden, Abs. 3 S. 2; Verzichtserklärungen nur der anwesenden Anteilsinhaber reichen hingegen nicht aus.[103] Anders als nach früherer Rechtslage ist es nicht mehr zwingend erforderlich, dass alle Anteilsinhaber sämtlicher an der Verschmelzung beteiligten Rechtsträger auf den Bericht verzichten.[104] Im Falle eines gemeinsamen Berichts bezieht sich der Verzicht der Anteilsinhaber nur eines Rechtsträger nur auf den diesen Rechtsträger betreffenden Berichtsabschnitt.

41

---

94 In einem solchen Fall besteht nicht nur ein Recht des Vertretungsorgans, die potenziell schädigenden Informationen nicht offenzulegen, sondern dieses ist aufgrund seiner Organpflichten gegenüber seiner Gesellschaft sogar gesellschaftsrechtlich zur Geheimhaltung verpflichtet.
95 BGH NZG 1989, 2689 (2691) (Kochs-Adler); BGH WM 1990, 140 (141); Kölner Komm UmwG/*Simon* § 8 Rn. 58 f. mwN.
96 Lutter/*Drygala* § 8 Rn. 52, der zu Recht auf die Rspr. des BGH zur Auskunftsverweigerung verweist; s. hierzu nur BGH NJW-RR 1991, 358 (359); Kallmeyer/*Marsch-Barner* § 8 Rn. 32.
97 Kölner Komm UmwG/*Simon* § 8 Rn. 59.
98 So die GesBegr., *Ganske* Umwandlungsrecht S. 54.
99 Lutter/*Drygala* § 8 Rn. 51; Semler/Stengel/Leonard/*Gehling* § 8 Rn. 66.
100 Lutter/*Drygala* § 8 Rn. 51; Kölner Komm UmwG/*Simon* § 8 Rn. 60.
101 So auch Widmann/Mayer/*Mayer* § 8 Rn. 51, 54.2; Lutter/*Drygala* § 8 Rn. 51.
102 Lutter/*Drygala* § 8 Rn. 51.
103 OLG Bamberg NZG 2012, 1269.
104 *Schmidt* DK 2022, 309 (310), die die Vereinbarkeit dieser Regelung mit Art. 95 Abs. 3, 144 Abs. 2 GesR-RL bejaht.

42 Ebenfalls entbehrlich ist ein Verschmelzungsbericht, wenn sich alle Anteile des übertragenden Rechtsträgers in der Hand des übernehmenden Rechtsträgers befinden, Abs. 3 S. 3 Nr. 1 lit. a. Somit besteht im Falle der Verschmelzung einer 100 %igen Tochter auf die Muttergesellschaft keine Berichtspflicht.[105] Dies rechtfertigt sich daraus, dass in diesem Falle das Mutterunternehmen hinreichende Kenntnis über die Verhältnisse des Tochterunternehmens hat und auch keine weiteren schutzwürdigen Interessen der Anteilsinhaber bestehen.[106] Ob durch die Verschmelzung ein eventuell bestehender Haftungsschutz aufgegeben wird, soll durch Vorlage der bereits vorhandenen Dokumente (insbes. Jahresabschluss, Lagebericht gem. § 49 Abs. 2, § 63 Abs. 1 Nr. 2) sowie die Informationsrechte in der Anteilsinhaberversammlung (§ 49 Abs. 2, § 64 Abs. 2) für die Anteilsinhaber des Mutterunternehmens ausreichend bewertet werden können.[107] Diese Ausnahmevorschrift ist **rechtsformneutral**. Außerdem ist ein Verschmelzungsbericht (auch) für den übertragenden Rechtsträger entbehrlich, sofern dieser nur einen Anteilsinhaber hat, Abs. 3 S. 2, da auch in diesem Fall idR kein Informationsbedürfnis besteht.[108]

43 Seit der Neufassung von Abs. 3 durch das UmRuG ist ein Verschmelzungsbericht außerdem entbehrlich, wenn sich alle Anteile aller an der Verschmelzung beteiligten Rechtsträger unmittelbar in der Hand desselben Rechtsträgers befinden, Abs. 3 S. 1 Nr. 2. Somit muss nun auch bei einer Verschmelzung zweier Schwestergesellschaften kein Bericht mehr erstellt werden. Die früher übliche Praxis[109] der – mitunter kostspieligen – Abgabe von Verzichtserklärungen nach Abs. 3 S. 1 ist in dieser Konstellation nicht mehr erforderlich. Nicht einschlägig ist Abs. 3 S. 1 Nr. 2 jedoch (anders als § 307 Abs. 3 Nr. 2 und 3 für grenzüberschreitende Verschmelzungen), wenn lediglich eine nur mittelbare Anteilsinhaberidentität besteht.

44 Die gleichen Erwägungen für die Entbehrlichkeit eines Verschmelzungsberichts müssen dann Platz greifen, wenn es sich um eine stark personalistisch geprägte Gesellschaft handelt, bei welcher sämtliche Gesellschafter auch in das operative Geschäft der Gesellschaft eingebunden sind. In diesem Fall kann davon ausgegangen werden, dass alle Gesellschafter stets ausreichend informiert sind. Eine gesetzliche Normierung dieses Grundsatzes findet sich in § 41, wonach der Bericht entbehrlich ist, wenn bei einer Personenhandelsgesellschaft sämtliche Gesellschafter auch geschäftsführungsbefugt sind. Dieser Rechtsgedanke kann auch auf andere personalistisch geprägte Gesellschaften (wie zB die personalistisch ausgerichtete GmbH, in der alle Gesellschafter auch Geschäftsführer sind) übertragen werden.[110]

45 Für die Beurkundung der **Verzichtserklärung** fällt eine **Gebühr** gemäß § 97 Abs. 1 GNotKG an, deren Wert gemäß § 36 Abs. 1 GNotKG nach billigem Ermessen zu bestimmen ist. Diese Norm entspricht dem früheren § 30 Abs. 1 KostO, so dass hierfür die früher in Rechtsprechung und Schrifttum entwickelten Grundsätze weiterhin anwendbar sind.[111] Danach wurden für den Wert der Verzichtserklärung ca.

---

105 Diese Variante basiert auf Art. 24 der Dritten RL.
106 Kölner Komm UmwG/*Simon* § 8 Rn. 62.
107 So auch Semler/Stengel/Leonard/*Gehling* § 8 Rn. 73; Kallmeyer/*Marsch-Barner* § 8 Rn. 39.
108 *Schmidt* DK 2022, 309 (310).
109 Vgl. auch Kölner Komm UmwG/*Simon* § 8 Rn. 63; Lutter/*Drygala* § 8 Rn. 56.
110 Lutter/*Drygala* § 8 Rn. 57; Semler/Stengel/Leonard/*Gehling* § 8 Rn. 75; krit. hierzu *Bayer* ZIP 1997, 1620; sowie Kölner Komm UmwG/*Simon* § 8 Rn. 65; abl. auch OLG Rostock RNotZ 2021, 287 (290 f.); krit. hierzu wiederum *Stiegler* jurisPR-HaGesR 5/2021 Anm. 2.
111 In diesem Sinne auch *Pfeiffer* NZG 2013, 244 (247).

10 % des Werts des Verschmelzungsvertrages als angemessen angesehen.[112] Es greift hier der Höchstwert von 10.000.000 EUR gem. § 107 Abs. 1 GNotKG. Sofern nur einzelne Anteilsinhaber verzichten, ist der so berechnete Wert auch nur anteilig gemäß der Beteiligungsquote dieser Anteilsinhaber am betroffenen Rechtsträger für den Geschäftswert zugrunde zu legen.

E. Rechtsfolgen fehlerhafter Berichterstattung

Der Verschmelzungsbericht ist dann fehlerhaft, wenn er den Anteilsinhabern nicht die notwendige **Plausibilitätskontrolle** der geplanten Verschmelzung ermöglicht. Begriffslogisch ist der Zeitpunkt vor Durchführung der Verschmelzung (ex ante) entscheidend. Dabei geht es nicht um eine vollumfängliche Inhalts- und Rechtmäßigkeitskontrolle, sondern um die Information eines verständigen Anteilsinhabers, welche maßgeblich rechtsformspezifisch geprägt ist.[113] Die notwendigen Informationen zur Plausibilitätsprüfung dürfen mithin nicht fehlen, unvollständig oder falsch sein. Veränderungen der Sach- und Rechtslage nach Abschluss des Verschmelzungsberichts führen nicht zur Fehlerhaftigkeit des Berichtes.[114] Daraus folgt, dass die Fehlerhaftigkeit des Berichtes auch nur dann eintritt, wenn die fehlende oder fehlerhafte Information von so bedeutendem Gewicht für die Plausibilitätskontrolle ist, dass ohne sie eine Kontrolle schlechterdings nicht möglich ist. Die Beseitigung offener Fragen kann im Rahmen der Anteilsinhaberversammlung geschehen. Diese Möglichkeit muss jedoch auf ergänzende Nachfragen beschränkt bleiben und darf nicht dazu dienen, ursprüngliche Mängel des Verschmelzungsberichts zu beseitigen[115]

Ist ein Verschmelzungsbericht fehlerhaft, so ist für die Rechtsfolge zu unterscheiden, ob eine **Korrektur** oder eine **Heilung** des Mangels in Betracht kommt.

Eine **Korrektur** ist dann möglich, wenn das Formerfordernis des § 8 erfüllt ist und die Fristen für die Zuleitung des Verschmelzungsberichts an die Anteilsinhaber eingehalten werden.[116] Sofern die Zuleitungsfristen bereits abgelaufen sind, ist eine Korrektur nur noch sehr eingeschränkt möglich; dies ist von der Rechtsprechung noch nicht entschieden, es kann jedoch davon ausgegangen werden, dass als Mindestanforderung zur Wahrung des Schutzzweckes des § 8 angenommen wird, dass der Rechtsträger den Zugang des Berichts bei jedem Anteilsinhaber nachweisen kann und jedem Anteilsinhaber zudem ausreichend Zeit verbleibt, um auf Grundlage des neuen bzw. korrigierten Berichts eine erneute Plausibilitätsprüfung durchzuführen.[117]

Eine **Heilung**, dh eine normative Beseitigung des Formfehlers nach Wirksamkeit der Verschmelzung, ist nicht möglich. Dies ist auch konsequent, da der Normzweck des § 8, die ausreichende Information der Anleger für ihren Zustimmungsbeschluss, sonst vereitelt würde.[118]

---

112 *Reimann* MittBayNot 1995, 1 (3).
113 Kölner Komm UmwG/*Simon* § 8 Rn. 17 f. mwN.
114 Dies gilt auch für Prognosen, vgl. Kölner Komm UmwG/*Simon* § 8 Rn. 67.
115 Kölner Komm UmwG/*Simon* § 8 Rn. 70.
116 Diese Fristen sind rechtsformspezifisch im besonderen Teil des UmwG geregelt, s. Kölner Komm UmwG/*Simon* § 8 Rn. 73.
117 So auch Kölner Komm UmwG/*Simon* § 13 Rn. 73.
118 S. näher Kölner Komm UmwG/*Simon* § 8 Rn. 74; *Hommelhoff* ZGR 1993, 452 (465 ff.).

I. Klagemöglichkeit

50 Die Mangelhaftigkeit des Verschmelzungsberichts begründet die Möglichkeit einer Klage der Anteilsinhaber gegen die Wirksamkeit des Verschmelzungsbeschlusses, § 14. Erforderlich dazu ist, dass der Zustimmungsbeschluss der Anteilsinhaber auf dem Berichtsmangel beruht, dh die erforderliche **Kausalität** gegeben ist.[119] Dafür ist entscheidend, ob die fehlerhafte Information aus Sicht eines objektiven Anteilsinhabers für die Zustimmungsentscheidung zur Verschmelzung, dh die interessengerechte Wahrnehmung seiner Rechte, bedeutsam und folglich relevant für seine Zustimmungsentscheidung gewesen ist.[120]

51 Die zu wählende Klageart richtet sich nach der Rechtsform des betroffenen Rechtsträgers; bei Kapitalgesellschaften ist die **Anfechtungsklage** einschlägig;[121] ein die Nichtigkeit begründender Mangel gem. § 241 AktG wird selten vorliegen. Im Falle von Personenhandelsgesellschaften liegt nach derzeit noch geltender Rechtslage regelmäßig eine **Nichtigkeit** des Beschlusses vor, da insoweit ein Unterschied zum Kapitalgesellschaftsrecht besteht, dass hier – soweit der Gesellschaftsvertrag nichts anderweitiges bestimmt – keine Anfechtbarkeit von Beschlüssen existiert.[122]

II. Ausschluss der Klagemöglichkeit

52 Die Möglichkeit einer gerichtlichen Überprüfung ist abhängig von der fehlerhaften Information im Verschmelzungsbericht.

53 Der BGH hat in zwei Urteilen entschieden, dass ein Barabfindungsangebot betreffende Informationsmängel eine Anfechtbarkeit nicht begründen.[123] Dies folgerte der BGH aus einem argumentum a majore ad minus, wonach eine Klage gegen die Verletzung des Informationsrechtes nicht zulässig sei, wenn gemäß § 210, § 212 eine Klage schon nicht darauf gestützt werden könne, dass eine Barabfindung nicht oder nicht ordnungsgemäß angeboten worden sei. Ob diese Rechtsprechung auf die Fehlerhaftigkeit des Verschmelzungsberichts Anwendung finden kann, ist abhängig von der Frage, worauf der Mangel beruht: dies können Mängel hinsichtlich des Umtauschverhältnisses oder aber Mängel hinsichtlich einer anzubietenden Barabfindung sein.[124] Soweit sich für die Verschmelzung die Frage stellt, ob eine Beschlussanfechtung darauf gestützt werden kann, dass die Informationen zur Berechnung des Umtauschverhältnisses fehlerhaft waren, so ist die Rechtsprechung des BGH nach allg. Ansicht auf diese Fälle nicht übertragbar.[125] Diese Auslegung findet eine Stütze in § 243 Abs. 4 AktG, wonach eine Anfechtungsklage nicht auf Informationsmängel gestützt werden kann, die im Rahmen der Hauptversammlung erteilt wurden, wenn das Gesetz für Bewertungsrügen ein Spruchverfahren vorsieht.[126]

54 Eine Übertragbarkeit der Rechtsprechung auf die Fälle der Berichtsmängel für die Barabfindung nach § 29 ist hingegen möglich.[127] Die **Interessenlage** entspricht hier derjenigen in den §§ 210, 212. Ist der Verschmelzungsbericht in dieser Hinsicht mangel-

---

[119] Vgl. etwa BGH NZG 1989, 2689 (2691) (Kochs-Adler).
[120] So BGH NZG 1989, 2689 (2691) (Kochs-Adler); BGH NJW 2002, 1128; BGH NZG 2005, 77 (79); Semler/Stengel/Leonard/*Gehling* § 8 Rn. 78; vgl. auch Lutter/*Drygala* § 8 Rn. 59; iE wohl ebenso, aber auf die Plausibilität abstellend Kölner Komm UmwG/*Simon* § 8 Rn. 76.
[121] Statt vieler Lutter/*Drygala* § 8 Rn. 59.
[122] BGH BB 1995, 692; Kölner Komm UmwG/*Simon* § 8 Rn. 79. Anders aber seit 1.1.2024 §§ 110 ff. HGB idF durch das MoPeG.
[123] Allerdings zum Formwechsel BGHZ 146, 179 (MEZ); BGH ZIP 2001, 412 (Aqua Butzke).
[124] Vgl. dazu Kölner Komm UmwG/*Simon* § 8 Rn. 82; Lutter/*Drygala* § 8 Rn. 61.
[125] Lutter/*Drygala* § 8 Rn. 61.
[126] S. die GesBegr. des UMAG, BT-Drs. 15/5092, 26; vgl. auch Semler/Stengel/Leonard/*Gehling* § 8 Rn. 78; weiter Kallmeyer/*Marsch-Barner* § 8 Rn. 34.
[127] Näher Kölner Komm UmwG/*Simon* § 8 Rn. 84.

haft, kann eine entsprechende Anfechtungsklage nicht geführt werden, arg. e. §§ 32, 34 S. 2. Es bleibt den betroffenen Anteilsinhabern hingegen eine Geltendmachung im Spruchverfahren.

F. Keine Berichtspflicht im Insolvenzplanverfahren

Bei einer Verschmelzung im Rahmen des Insolvenzplanverfahrens verdrängen die besonderen Vorschriften über die Aufstellung des Insolvenzplans (§§ 217 ff. InsO) die Berichtspflicht gemäß § 8.[128] Die Beschlussfassung der Anteilseigner folgt im Insolvenzplanverfahren besonderen insolvenzrechtlichen Bestimmungen (§ 254a Abs. 2 InsO). Dadurch kann eine einseitige Berichtspflicht des Vertretungsorgans des nicht insolventen Rechtsträgers eintreten; Art. 87 Abs. 3 GesR-RL lässt eine solche Ausnahme freilich nur für übertragende Rechtsträger zu.[129]

55

§ 9 Prüfung der Verschmelzung

(1) Soweit in diesem Gesetz vorgeschrieben, ist der Verschmelzungsvertrag oder sein Entwurf durch einen oder mehrere sachverständige Prüfer (Verschmelzungsprüfer) zu prüfen.

(2) § 8 Abs. 3 ist entsprechend anzuwenden.

Literatur:

Adolff, Unternehmensbewertung im Recht der börsennotierten Aktiengesellschaft, 2007; *Barthel*, Unternehmenswert: Auswahl der Bezugsgrößen bei Market Multiples, FB 2007, 666; *Bayer*, Informationsrechte bei der Verschmelzung von Aktiengesellschaften, AG 1988, 323; *Becker*, Die gerichtliche Kontrolle von Maßnahmen bei der Verschmelzung von Aktiengesellschaften, AG 1988, 223; *Bungert/Wettich*, Neues zur Ermittlung des Börsenwertes bei Strukturmaßnahmen, ZIP 2012, 449; *Büchel*, Neuordnung des Spruchverfahrens, NZG 2003, 793; *Dirrigl*, Neue Rechtsprechung zur Verschmelzung und die Verschmelzungsprüfung, WPg 1989, 617; *Dirrigl*, Die Angemessenheit des Umtauschverhältnisses bei einer Verschmelzung als Problem der Verschmelzungsprüfung und der gerichtlichen Überprüfung, WPg 1989, 413, 454; *Dörfler/Gahler/Unterstraßer/Waichs*, Probleme bei der Wertermittlung von Abfindungsangeboten, BB 1994, 156; *Engelmeyer*, Informationsrechte und Verzichtsmöglichkeiten im Umwandlungsgesetz, BB 1998, 330; *Hachmeister/Ruthardt/Gebhardt*, Berücksichtigung von Synergieeffekten bei der Unternehmensbewertung – Theorie, Praxis und Rechtsprechung in Spruchverfahren, Der Konzern 2011, 600; *Heurung*, Zur Anwendung und Angemessenheit verschiedener Unternehmenswertverfahren im Rahmen von Umwandlungsfällen, DB 1997, 837, 888; *Hoffmann-Becking*, Das neue Gesellschaftsrecht in der Praxis, in: FS Fleck, 1988, S. 105; *Hommelhoff*, Minderheitenschutz bei Umstrukturierungen, ZGR 1993, 452; *Hüffer*, Unternehmenszusammenschlüsse – Bewertungsfragen, Anfechtungsprobleme und Integrationsschranken, ZHR 172 (2008), 572; *Klöhn*, Das System der aktien- und umwandlungsrechtlichen Abfindungsansprüche, 2009; *Lochner*, Die Bestimmung der Marktrisikoprämie auf der Grundlage empirischer Studien im Spruchverfahren, AG 2011, 692; *Leuering*, Die parallele Angemessenheitsprüfung durch den gerichtlich bestellten Prüfer, NZG 2004, 606; *Martens*, Verschmelzung, Spruchverfahren und Anfechtungsklage in Fällen eines unrichtigen Umtauschverhältnisses, AG 2000, 301; *Mertens*, Die Gestaltung von Verschmelzungs- und Verschmelzungsprüfungsbericht, AG 1990, 20; *W. Müller*, Unternehmenswert und börsennotierte Aktie, in: FS Roth, 2011, S. 517; *Ossadnik*, Aufteilung von Synergieeffekten bei Verschmelzungen, ZfB 1995, 69; *Priester*, Strukturänderungen – Beschlußvorbereitung und Beschlußfassung, ZGR 1990, 420; *Rodewald*, Zur Ausgestaltung von Verschmelzungs- und Verschmelzungsprüfungsbericht – Transparenzgebot versus Unternehmensschutz, BB 1992, 237; *Ruthardt/Hachmeister*, Das Stichtagsprinzip in der Unternehmensbewertung – Grundlegende Anmerkungen und Würdigung der jüngeren Rechtsprechung in Spruchverfahren, WPg 2012, 451; *Streck/Mack/Schwedhelm*, Verschmelzung und Formwechsel nach dem neuen Umwandlungsgesetz,

---

128 Siehe hierzu *Madaus* ZIP 2012, 2133 (2134); *Simon/Brünkmans* ZIP 2014, 657 (661); *Wachter* NZG 2015, 859 (860); zur Frage der generellen Zulässigkeit OLG Brandenburg NZG 2015, 884 Rn. 12 ff.

129 Siehe hierzu ausführlicher Semler/Stengel/Leonard/Gehling § 8 Rn. 10a.

GmbHR 1995, 161; *Wilm*, Abfindung zum Börsenkurs – Konsequenzen der Entscheidung des BVerfG, NZG 2000, 234; *Weiß*, Gesellschafterhaftung bei Verschmelzungen mit insolventer Gesellschaft, GmbHR 2017, 1017; *Wilsing/Kruse*, Maßgeblichkeit der Börsenkurse bei umwandlungsrechtlichen Verschmelzungen?, DStR 2001, 991; *Winter*, Die Verschmelzung von Kapitalgesellschaften, Verschmelzungsbericht/-prüfung, in: Lutter (Hrsg.), Kölner Umwandlungsrechtstage, 1995, 25; *Zimmermann*, Verschmelzungsprüfung bei der GmbH-Verschmelzung, in: FS Brandner, 1996, S. 167.

I. Normzweck 1	4. Prüfer 11
II. Anwendungsbereich 3	III. Verschmelzungsprüfung, Abs. 1 12
1. Prüfungspflicht mit Verzichtsmöglichkeit 4	1. Gegenstand 12
2. Antragsprüfung bei Personenhandelsgesellschaften, GmbH und eingetragenem Verein 5	2. Prüfungsumfang 16
	3. Keine Prüfung des Verschmelzungsberichts 20
3. Pflichtprüfung 9	IV. Entbehrlichkeit der Prüfung, Abs. 2 ... 23

I. Normzweck

1 § 9 setzt Art. 10 Abs. 1 der Dritten gesellschaftsrechtlichen Richtlinie (Verschmelzungsrichtlinie)[1] um und geht über die dortigen Anforderungen hinaus. Während in der Richtlinie die Verschmelzungsprüfung nur bei Beteiligung von Aktiengesellschaften oder KGaA vorgesehen ist, sieht § 9 die Verschmelzungsprüfung grundsätzlich für **alle Verschmelzungsvorgänge** (mit Ausnahmen bei Abs. 3) vor, soweit diese gesetzlich angeordnet ist.[2] Da § 9 die Prüfung des Vertrages statuiert, besteht die praktische Erleichterung, dass die Prüfung für die beteiligten Rechtsträger gemeinsam erfolgen kann und nicht jeder beteiligte Rechtsträger eine gesonderte Prüfung durchführen lassen muss.

2 § 9 bezweckt einzig den präventiven **Schutz der Anteilsinhaber** der beteiligten Rechtsträger. Gläubiger und Arbeitnehmer sind vom Schutzzweck nicht umfasst (zum jeweiligen Schutzzweck → § 4 Rn. 21; → § 8 Rn. 2). Dieses Schutzinteresse ist – insoweit geht § 9 über die Forderungen der Richtlinie hinaus – unabhängig von der Rechtsform des beteiligten Rechtsträgers bei allen Verschmelzungsvorgängen gleich.[3] Durch eine unabhängige Verschmelzungsprüfung soll sichergestellt werden, dass die Anteilsinhaber aufgrund korrekter Informationen über die Verschmelzung abstimmen und somit einer möglichen Übervorteilung der Anteilsinhaber eines beteiligten Rechtsträgers aufgrund eines unangemessenen Umtauschverhältnisses vorgebeugt wird.[4] Der Prüfungsbericht ergänzt somit den Verschmelzungsbericht.[5] Der Inhalt des Prüfungsberichts ist für die Anteilsinhaber insbesondere dann wichtig, wenn im Verschmelzungsbericht aufgrund §§ 8 Abs. 2, 12 Abs. 3 bestimmte Tatsachen nicht aufgenommen wurden.

II. Anwendungsbereich

3 § 9 statuiert lediglich, dass eine Verschmelzungsprüfung durchzuführen ist, sofern diese vom Gesetz vorgeschrieben ist, ohne jedoch eine konkrete Prüfung gesetzlich anzuordnen. Die konkrete Anordnung der Prüfung ergibt sich vielmehr aus den für die einzelnen Rechtsformen aufgestellten Vorschriften des besonderen Teils des UmwG. Dort finden sich, mit unterschiedlichen Anforderungen für den Einzelfall, Prüfungspflichten

---

[1] Dritte Richtlinie 78/855/EWG vom 9.10.1978, nun geregelt in Art. 96 RL (EU) 2017/1132, Abl. 2017 L 169, 46 v. 30.6.2017 (GesR-RL).
[2] Dies ist hinsichtlich eines möglichen Vorabentscheidungsverfahrens vor dem EuGH gem. Art. 267 AEUV zu beachten.
[3] S. dazu die GesBegr. bei *Ganske* Umwandlungsrecht S. 55.
[4] Widmann/Mayer/*Mayer* § 9 Rn. 13 f.; ausf. zur Normhistorie Semler/Stengel/Leonard/*Zeidler* § 9 Rn. 2 ff.; Lutter/*Drygala* § 9 Rn. 4.
[5] BGH ZIP 1989, 980 (982).

bzw. Rechte von Anteilsinhabern, eine Prüfung zu verlangen, in den §§ 44, 45e, 48, 60, 78, 81, 100, 311. Unterscheiden lassen sich hier Prüfungen auf Antrag (§§ 3, 44, 48, 100 S. 2), Pflichtprüfungen mit Verzichtsmöglichkeit der Anteilseigner (§§ 60, 78, 100) sowie Pflichtprüfungen ohne Verzichtsmöglichkeit (§ 81).[6]

1. Prüfungspflicht mit Verzichtsmöglichkeit

Grundsätzlich ist dabei die Verschmelzungsprüfung eine **Pflichtprüfung**, die im Einzelfall jedoch **verzichtbar** ist, wie etwa unter Beteiligung einer AG oder KGaA sowie eines wirtschaftlichen Vereins, §§ 60, 78, 100. Die Verzichtsmöglichkeit ergibt sich hier aus der Verweisung des § 9 Abs. 2 auf § 8 Abs. 3. Für die Fälle grenzüberschreitender Verschmelzungen ordnet § 311 Abs. 1 die Prüfungspflicht nach den §§ 9 ff. an. Dabei ist auch Abs. 2 anwendbar, allerdings nach § 311 Abs. 2 S. 1 iVm § 9 Abs. 2 mit der Maßgabe, dass ein Verzicht aller Anteilsinhaber aller beteiligten Rechtsträger erforderlich ist. Einzig bei Beteiligung einer eG ist eine Verzichtsmöglichkeit nicht vorgesehen (§ 81), so dass immer ein Gutachten des genossenschaftlichen Prüfverbandes notwendig ist.

2. Antragsprüfung bei Personenhandelsgesellschaften, GmbH und eingetragenem Verein

Besonderheiten der Verschmelzungsprüfung ergeben sich für Personenhandelsgesellschaften für innerstaatliche Verschmelzungsvorgänge. Diese können grundsätzlich gemäß § 43 Abs. 1 nur unter Zustimmung aller Gesellschafter verschmolzen werden. Dieses Einstimmigkeitserfordernis wirkt wie ein Verzicht der Gesellschafter auf die Verschmelzungsprüfung, so dass keine zwingende Verschmelzungsprüfung durchzuführen ist. Sofern eine Prüfung dennoch gewollt ist, kann bereits ein einzelner Gesellschafter eine Prüfung gemäß der §§ 10 ff. zur Voraussetzung seiner Zustimmung machen.[7] Sollte der Gesellschaftsvertrag eine abweichende Regelung der notwendigen Mehrheitsverhältnisse (zB einfacher Mehrheitsbeschluss oder qualifizierte Mehrheit) treffen, statuiert § 44 die Pflicht zur Verschmelzungsprüfung für den Fall, dass **mindestens ein Gesellschafter** dies fordert. Mit diesem Vehikel sind alle beteiligten Gesellschafter vor einer Umgehung der Prüfungspflicht geschützt; § 44 dient dem Schutz der (Minderheits-)Gesellschafter.[8] Diese Regel gilt nach § 45e auch für die Beteiligung von Partnerschaftsgesellschaften sowie dem eingetragenen Verein. Für grenzüberschreitende Verschmelzungen bestimmt § 311 Abs. 1 S. 1 Hs. 2, dass § 44 nicht anwendbar ist und entsprechend eine Prüfung immer stattzufinden hat.

Bei einer GmbH ist der Verschmelzungsvertrag im Falle innerstaatlicher Verschmelzungen gem. § 48 nur dann zu prüfen, wenn dies **mindestens ein Gesellschafter** innerhalb einer Frist von einer Woche, nachdem er die in § 47 genannten Unterlagen erhalten hat, formlos gegenüber der GmbH beantragt. Zu Beweiszwecken ist auch hier aus praktischen Gründen für den Antrag die Schrift- oder Textform zu empfehlen. Bei grenzüberschreitenden Verschmelzungen ist hingegen stets eine Prüfung erforderlich, § 48 ist nicht anwendbar (§ 311 Abs. 1 S. 1 Hs. 2).

Beim eingetragenen Verein ist eine Prüfung gem. § 100 S. 2 nur dann durchzuführen, wenn dies mindestens 10 % der Mitglieder schriftlich verlangen.

---

[6] Lutter/*Drygala* § 9 Rn. 7; Semler/Stengel/Leonhard/*Drinhausen* § 122f Rn. 7.

[7] Dazu Kölner Komm UmwG/*Simon* § 9 Rn. 5; Semler/Stengel/Leonhard/*Zeidler* § 9 Rn. 7; Gleiches gilt für die Beteiligung von Partnerschaftsgesellschaften, § 45e.

[8] S. auch Lutter/*Drygala* § 9 Rn. 6; Kölner Komm UmwG/*Simon* § 9 Rn. 6.

8 Sofern **Mischverschmelzungen** zwischen Rechtsträgern unterschiedlicher Rechtsformen vorgenommen werden, bestimmt sich die Prüfungspflicht nach der jeweiligen Rechtsform der beteiligten Rechtsträger, so dass bei einer Verschmelzung einer AG auf eine GmbH für Erstere § 60 Abs. 1 und für Letztere § 48 einschlägig ist.[9] Hierbei ist gem. § 30 Abs. 2 auch stets eine Prüfung des Abfindungsangebots gem. § 29 notwendig.[10]

3. Pflichtprüfung

9 Unabhängig von der Rechtsform der beteiligten Rechtsträger ist eine Verschmelzungsprüfung stets dann durchzuführen, wenn eine **Barabfindung** eines Anteilsinhabers erfolgt, § 30 Abs. 2 bzw. für Fälle grenzüberschreitender Verschmelzungen § 313 Abs. 6 S. 1. Der damit verbundene Austritt eines Anteilsinhabers ist der folgenschwerste Eingriff in die Rechtsstellung eines Anteilsinhabers und gebietet diese Pflichtprüfung als Schutzmaßnahme.[11] Dementsprechend ist die Hürde einer Verzichtsmöglichkeit – wie auch in § 9 Abs. 2 über den Verweis auf § 8 Abs. 3 statuiert – sehr hoch angelegt; diese ist nur möglich, wenn die Erklärung des Berechtigten notariell beurkundet ist, § 30 Abs. 2 S. 3. Berechtigt im Sinne des § 30 Abs. 2 sind diejenigen Anteilsinhaber, die gegen den Verschmelzungsbeschluss der Anteilsinhaberversammlung **Widerspruch zu Protokoll** erklären.[12] Da sich die Berechtigung demzufolge erst aus der Teilnahme an der Anteilsinhaberversammlung ergibt, kann die Anzahl der Widersprüche auch nicht prognostiziert werden; in praktischer Hinsicht empfiehlt es sich daher, sofern nicht feststeht, dass alle Anteilsinhaber zustimmen und keinen Widerspruch erheben, eine prophylaktische Prüfung schon vorher durchzuführen.[13]

10 Die Verschmelzungsprüfung ist auch außerhalb von Verschmelzungen Ziel von Verweisungen. § 125 S. 1 verweist für die **Spaltung** auf § 9 Abs. 1; bei der **Ausgliederung** ist eine Prüfung ausgeschlossen, § 125 Abs. 1 S. 2. Die §§ 176 ff. ordnen die Geltung des § 9 für die **Vermögensübertragung** an. Der **Formwechsel** verweist auf die Anwendung der Gründungsvorschriften der avisierten Gesellschaft, was uU auch eine der Verschmelzungsprüfung vergleichbare Gründungsprüfung bedeutet, vgl. etwa § 33 AktG.[14] Anderweitige Pflichtprüfungen wie die Gründungsprüfung oder eine Sacheinlageprüfung im Rahmen einer Kapitalerhöhung werden von der Verschmelzungsprüfung nicht verdrängt, sondern sind **kumulativ** durchzuführen.[15] Für grenzüberschreitende Spaltungen ordnet § 325 S. 1 und für grenzüberschreitende Formwechsel § 338 S. 1 die Geltung von Abs. 1 an. Keine Prüfungspflicht besteht aber auch hier in den Fällen des Abs. 2 iVm § 8 Abs. 3 (§ 338 Abs. 2).

4. Prüfer

11 Wer sachverständiger Prüfer gem. Abs. 1 sein kann, wird nicht in § 9, sondern in § 11 Abs. 1 S. 1 unter Verweis auf §§ 319 ff. HGB ausgeführt (→ § 11 Rn. 2 ff.). § 9 Abs. 1 eröffnet die Möglichkeit, einen oder sogar mehrere Prüfer für jeden der beteiligten Rechtsträger zu bestellen.

---

9 Semler/Stengel/Leonhard/*Zeidler* § 9 Rn. 10; Widmann/Mayer/*Mayer* § 9 Rn. 4.
10 Widmann/Mayer/*Mayer* § 9 Rn. 4.
11 Lutter/*Drygala* § 9 Rn. 7.
12 Vgl. dazu *Zimmermann* FS Brandner, 1996, 167 (177 ff.); Lutter/*Drygala* § 9 Rn. 7.
13 So die Empfehlung bei Lutter/*Drygala* § 9 Rn. 7.
14 S. Lutter/*Drygala* § 9 Rn. 8.
15 BT-Drs. 9/1065, 16; Semler/Stengel/Leonhard/*Zeidler* § 9 Rn. 4.

III. Verschmelzungsprüfung, Abs. 1

1. Gegenstand

Gegenstand der Prüfung ist gemäß Wortlaut des Abs. 1 der Verschmelzungsvertrag oder sein Entwurf. Dieser setzt sich zusammen aus den inhaltlichen Vorgaben des § 5 sowie den rechtsformspezifischen zusätzlichen Angaben, etwa aus den §§ 40, 45b, 46, 80 sowie den Angaben des § 62 Abs. 5 im Fall des umwandlungsrechtlichen Squeeze Out. Die Verschmelzungsprüfer haben die Einhaltung dieser Voraussetzungen innerhalb des Vertragswerkes auf **Vollständigkeit** und **Richtigkeit** zu überprüfen.[16] Soweit die beteiligten Rechtsträger über diese Pflichtangaben hinaus sowohl fakultative Bestandteile als auch freiwillige Vereinbarungen, wie etwa aufschiebende Bedingungen, treffen, unterliegen diese dann der Prüfungspflicht, wenn sie Bedeutung für die Gültigkeit des Verschmelzungsvertrages haben.[17]

Sollten sich nachträgliche Änderungen am Verschmelzungsvertrag oder dem Entwurf ergeben, ist eine **erneute Prüfung** des Vertrages oder Entwurfs bzw. dieser Änderungen notwendig, sofern und soweit es die vorgenommenen Änderungen erfordern.[18] Hat die Prüfung – wie im Falle des § 44 – nur auf Antrag einzelner Gesellschafter stattgefunden, kann mit deren ausdrücklicher Zustimmung auf diese Nachtragsprüfung verzichtet werden, arg. e. § 44.[19]

In zeitlicher Hinsicht kann der Verschmelzungsprüfer parallel zur Erstellung der für ihn maßgeblichen Unterlagen seine eigene Prüfung einleiten, sog. **Parallelprüfung**. Ein Teil des Schrifttums ist der Auffassung, dass der Prüfer erst nach Fertigstellung und Vorlage der internen Bewertung mit seiner Prüfung beginnen darf.[20] Dies ist mit der Rechtsprechung und der hM im Schrifttum jedoch abzulehnen, da eine solche Restriktion weder aus den Normen des UmwG noch aus den §§ 319 ff. HGB zu entnehmen ist,[21] und dies die Prüfung unnötig verzögern würde. Der Verschmelzungsprüfer darf im Rahmen der Prüfung auftretende Frage hinsichtlich der Unternehmensbewertung mit den Leitungsorganen besprechen.[22]

Als Bewertungsstichtag ist nach richtiger Auffassung der im Verschmelzungsvertrag festgelegte **Verschmelzungsstichtag** heranzuziehen;[23] dieser ist Grundlage der Ermittlung des Unternehmenswertes. Nachträglich eintretende relevante positive oder negative Entwicklungen, die sich im Zeitraum zwischen dem Verschmelzungsstichtag und der Finalisierung der Prüfung ergeben, sind freilich vom Prüfer zu berücksichtigen.[24]

---

16 Musterentwurf einer Verschmelzungsprüfung zB bei MVHdB I GesR/*Hoffmann-Becking* XI. 3.
17 Für vereinbarte Bedingungen gilt dies in jedem Fall, vgl. Lutter/*Drygala* § 9 Rn. 9; streitig ist dies hingegen für etwaige Kostenregelungen, dafür Kallmeyer/*Lanfermann* § 9 Rn. 12, dagegen Semler/Stengel/Leonhard/*Zeidler* § 9 Rn. 15; Lutter/*Drygala* § 9 Rn. 9.
18 Kallmeyer/*Lanfermann* § 9 Rn. 16; Kölner Komm UmwG/*Simon* § 9 Rn. 12; differenzierend Widmann/Mayer/*Mayer* § 9 Rn. 30.
19 Semler/Stengel/Leonhard/*Zeidler* § 9 Rn. 24; Kölner Komm UmwG/*Simon* § 9 Rn. 12.
20 So *Büchel* NZG 2003, 793 (801); Lutter/*Bezzenberger* AG 2000, 433 (439); *Puszkajler* ZIP 2003, 518 (521).
21 BGH NZG 2006, 905 (906) (DSL), 2082; BGHZ 180, 154 (168); OLG Frankfurt a. M. ZIP 2008, 1966; OLG Köln NZG 2005, 931; Kallmeyer/*Lanfermann* § 10 Rn. 27 f.; *Leuering* NZG 2004, 606 (608 ff.).
22 Deutlich BGH NZG 2006, 905 (906) (DSL); OLG Düsseldorf AG 2006, 202.
23 So auch Semler/Stengel/Leonhard/*Zeidler* § 9 Rn. 42; aA und auf den Zeitpunkt der Eintragung der Verschmelzung abstellend *Hoffmann-Becking* FS Fleck, 1988, 105 (115) bzw. auf den Zeitpunkt der Beschlussfassung der Anteilsinhaber des übertragenden Rechtsträgers abstellend Widmann/Mayer/*Mayer* § 5 Rn. 131.
24 *Hoffmann-Becking* FS Fleck, 1988, 105 (116 ff.); Semler/Stengel/Leonhard/*Zeidler* § 9 Rn. 42.

2. Prüfungsumfang

16 Da die Verschmelzungsprüfung dem Ziel des Anteilsinhaberschutzes dient, liegt ihr wesentlicher Kern in der **Kontrolle der Angemessenheit des Umtauschverhältnisses**.[25] Sofern eine Barabfindung gem. § 29 angeboten wird, ist auch diese auf ihre Angemessenheit zu überprüfen; diese Prüfung ist gem. § 30 Abs. 2 zwingend, sofern kein Verzicht der Anteilsinhaber gem. § 30 Abs. 2 S. 2 erfolgt. Ziele der Prüfung sind dabei zusammengefasst die Vollständigkeit des Verschmelzungsvertrages, die Richtigkeit der wirtschaftlichen und rechtlichen Angaben im Verschmelzungsvertrag sowie die Angemessenheit des Umtauschverhältnisses (einschl. barer Zuzahlungen).[26] An dieser Stelle kommt den Verschmelzungsprüfern eine vertrauensbildende Bedeutung zu, da ihr unabhängiges Prüfungsergebnis wesentlichen Einfluss auf die Entscheidung der Anteilsinhaber haben wird; dies folgt auch aus § 12 Abs. 2. Insbesondere wird die Prüfung der Verschmelzungsprüfer hinsichtlich der Kontrolldichte detaillierter sein als die Plausibilitätskontrolle durch die Anteilsinhaber.

17 Die **Prüfungstiefe** führt dabei jedoch nicht so weit, dass der Prüfer die beteiligten Rechtsträger eigenständig neu bewerten oder gar das Umtauschverhältnis selber feststellen muss. Er kann vom bereits vorliegenden Prüfungsmaterial ausgehen und dieses auf Vollständigkeit und Richtigkeit prüfen. Soweit eine Bewertung der Rechtsträger nach der (og) Ertragswertmethode[27] erfolgt ist, können so die zugrunde gelegten Vergangenheitswerte oder die Gleichbehandlung von gleichen Sachverhalten geprüft werden.[28] Bei börsennotierten Unternehmen kann die Heranziehung des Börsenkurses zur Ermittlung des Umtauschverhältnisses geprüft werden;[29] im Übrigen liegen der Berechnung prognostische Werte (etwa Planzahlen) und Wertungsentscheidungen zugrunde, die vom Prüfer begriffslogisch nicht vollständig auf Richtigkeit geprüft werden können; hier bleibt nur eine Prüfung, ob die gewählte **Bewertungsmethode** vertretbar war und ordnungsgemäß angewendet wurde.[30] Hierbei ist insbesondere zu prüfen, ob alle Anteilsinhaber der beteiligten Rechtsträger gleichbehandelt wurden, ob deren Gesellschaftsrechte bzw. Mitgliedschaftsrechte angemessen bewertet wurden und ob die Bewertung der einzelnen beteiligten Rechtsträger hinsichtlich der in Ansatz zu bringenden Risiken und Chancen nach einem für sämtliche beteiligten Rechtsträger gleichen Maßstab bewertet wurden.[31] Konsequenterweise bleibt der Ermessensspielraum, der sich aus dem Angemessenheitsbegriff ergibt, nicht dem Verschmelzungsprüfer, sondern vielmehr den Vertretungsorganen der beteiligten Rechtsträger vorbehalten. Synergieeffekte sind im Rahmen der Verschmelzung unbeachtlich, da den Anteilsinhabern des übertragenden Rechtsträgers Anteile am übernehmenden Rechtsträger gewährt werden, jedoch können diese für die Barabfindung ausscheidender Anteilsinhaber rele-

---

[25] Allg. Meinung, vgl. Kallmeyer/*Lanfermann* § 9 Rn. 23 ff.; *Bayer* ZIP 1997, 1613 (1620 ff.); Lutter Kölner Umwandlungsrechtstage/*Winter* S. 33, 35; dies umfasst selbstverständlich auch etwaige bare Zuzahlungen.

[26] BGH NJW 1989, 2689 (2690) („Kochs-Adler"); BVerfG ZIP 2012, 1656; OLG Frankfurt a. M. Beschl. v. 20.12.2013 – 21 W 40/11, BeckRS 2014, 11112.

[27] Die in der Praxis maßgebliche und anerkannte Methode zur Unternehmensbewertung; st. Rspr. seit BGHZ 71, 40; s. BGHZ 208, 265.

[28] Ausf. *Bayer* ZIP 1997, 1613 (1616 ff.); Lutter/*Drygala* § 9 Rn. 11; Semler/Stengel/Leonhard/*Zeidler* § 9 Rn. 38.

[29] BVerfG NZG 2011, 869; NZG 2011, 235 (im konkreten Fall zulässig, aber rechtlich nicht zwingend geboten).

[30] Lutter/*Drygala* § 9 Rn. 11; Kölner Komm UmwG/*Simon* § 9 Rn. 17 ff.

[31] S. dazu *Dörfler/Gahler/Unterstraßer/Wirichs* BB 1994, 156 ff.; *Schildbach* zfbf 1995, 620 (622); Kallmeyer/*Müller* § 9 Rn. 24 ff.

vant sein. Grundsätzlich können sog. unechte Synergieeffekte berücksichtigt werden, während die Berücksichtigung sog. echter Synergieeffekte nicht angebracht ist.[32]

Ausgenommen von der Verschmelzungsprüfung ist die wirtschaftliche **Zweckmäßigkeit** der Verschmelzung.[33] In diesem Zusammenhang ist nämlich die Frage zu beurteilen, ob in der Verschmelzung die richtige Entscheidung zur Verfolgung des Unternehmenszwecks liegt und damit liegt eindeutig eine nicht zu prüfende unternehmerische Entscheidung der Anteilsinhaber vor. Auch hat der Prüfer die wirtschaftlichen Aussichten des übernehmenden Rechtsträgers nach der Verschmelzung grundsätzlich nicht zu prüfen.[34] Für diese durch die Anteilsinhaber zu treffende Entscheidung sollen freilich die Informationen aus Verschmelzungsbericht und -prüfung eine ausreichende Grundlage bieten. 18

Sofern übertragender Rechtsträger ein Verein oder eine Genossenschaft ist, sind durch den Prüfer die Wertrechte der Mitgliedschaft festzustellen und diese sowie bestehende Sonderrechte (§ 35 BGB) hinsichtlich der Beteiligung am übernehmenden Rechtsträger und des gewählten Umtauschverhältnisses zu prüfen. 19

3. Keine Prüfung des Verschmelzungsberichts

Die Verschmelzungsprüfung bezieht sich nicht auf die Prüfung des **Verschmelzungsberichts**.[35] Soweit in der Literatur behauptet wird, dass zusätzlich die Vollständigkeit[36] bzw. die Richtigkeit[37] des Verschmelzungsberichts Gegenstand der Verschmelzungsprüfung ist, muss beiden Ansichten eine Absage erteilt werden. Da der Wortlaut des § 9 die Prüfung des Verschmelzungsvertrages oder seines Entwurfes vorsieht, ist weder für die Prüfung der Richtigkeit noch der Vollständigkeit des Verschmelzungsberichtes Raum. Auch aus dem in § 9 umgesetzten Art. 10 der Dritten gesellschaftlichen Richtlinie ergibt sich nichts anderes.[38] Ferner hat das UmwG keine Voraussetzung aufgestellt, dass der Verschmelzungsbericht zum Zeitpunkt der Prüfung vorliegen muss, was für eine Einbeziehung in die Prüfung jedoch eine konsequente Voraussetzung wäre.[39] 20

Es besteht ferner auch kein Bedürfnis für eine eigenständige Prüfung des Verschmelzungsberichts, da eine Kontrolle dessen Richtigkeit indirekt erfolgt. Da hauptsächlicher Gegenstand der Verschmelzungsprüfung das Umtauschverhältnis ist, muss der Prüfer ermitteln und beurteilen, welche Voraussetzungen und Prognosen dazu in der Unternehmensbewertung zugrunde gelegt wurden (→ Rn. 17). Soweit der Verschmelzungsbericht vor der Prüfung bereits vorliegt, kann dieser dazu als Informationsquelle herangezogen werden.[40] Stellt der Prüfer dabei fest, dass die zugrunde gelegten Parameter falsch oder unvertretbar (insbes. bei Planzahlen) waren, muss der Prüfer dies 21

---

32 OLG Frankfurt a. M. AG 2011, 717 mwN; im Einzelnen ist hier vieles streitig; siehe die Nachweise bei OLG Frankfurt a. M., aaO sowie *Fleischer* ZGR 1997, 368 ff.

33 *Bayer* ZIP 1997, 1613 (1621); Widmann/Mayer/*Mayer* § 9 Rn. 22 f.; Semler/Stengel/Leonhard/*Zeidler* § 9 Rn. 16.

34 So auch Kallmeyer/*Lanfermann* § 9 Rn. 22, der freilich eine Warn- und Hinweispflicht bei Bedenken an der wirtschaftlichen Lebensfähigkeit des übernehmenden Rechtsträgers aufgrund der Auswirkung auf die Angemessenheit des Umtauschverhältnisses annimmt.

35 Kölner Komm UmwG/*Simon* § 9 Rn. 13; Semler/Stengel/Leonhard/*Zeidler* § 9 Rn. 17; Lutter/*Drygala* § 9 Rn. 12 ff.; Lutter Kölner Umwandlungsrechtstage/*Winter* S 33, 35; Kallmeyer/*Lanfermann* § 9 Rn. 11.

36 Eine vollständige Prüfung unter Hinweis auf den Minderheitenschutz verlangt *Bayer* ZIP 1997, 1613 (1621); ähnlich *Becker* AG 1988, 223 (225).

37 Nur die Prüfung der Richtigkeit des Verschmelzungsberichts verlangen als vermittelnde Ansicht *Priester* ZGR 1990, 420 (429 ff.); *Hoffmann-Becking* FS Fleck, 1983, 105 (120 ff.).

38 S. dazu Lutter/*Drygala* § 9 Rn. 12 f.; vgl. auch *Hommelhoff* ZGR 1993, 452 (464).

39 Lutter/*Drygala* § 9 Rn. 14; Semler/Stengel/Leonhard/*Zeidler* § 9 Rn. 22.

40 Kölner Komm UmwG/*Simon* § 9 Rn. 14.

beanstanden. Diese Pflicht trifft ihn unabhängig davon, ob diese Parameter Eingang in den Verschmelzungsbericht gefunden haben.[41] Sollte dies der Fall sein, liegt darin zumindest eine indirekte Richtigkeitskontrolle des Verschmelzungsberichts.

22 Klarheit vermittelt ferner die Betrachtung des zeitlichen Ablaufes des Verschmelzungsvorganges: Die Entscheidung der Anteilsinhaber (Zustimmungsbeschluss) erfolgt nach Prüfung und Bericht. Daraus zeigt sich, dass die Verschmelzungsprüfung (des Vertrages) gemeinsam mit dem Verschmelzungsbericht des Vertretungsorgans ein ineinandergreifendes System der Vorabinformation der Anteilsinhaber sein soll, welches deren eigenständige Prüfung des Verschmelzungsvorhabens ermöglicht.[42]

IV. Entbehrlichkeit der Prüfung, Abs. 2

23 Abs. 2 idF durch das UmRuG verweist auf § 8 Abs. 3 und sorgt so für einen Gleichlauf der Fälle, in denen ein Verschmelzungsbericht und eine Verschmelzungsprüfung entbehrlich sind. Dies betrifft auch die bislang in Abs. 2 aF geregelten Konzernkonstellationen.[43]

24 Aufgrund der Schutzrichtung des § 9 zugunsten der Anteilsinhaber ist dieser für die Anteilsinhaber **dispositiv**, dh die Anteilsinhaber können auf die Prüfung des Verschmelzungsvertrages verzichten. Dies ist aufgrund der Verweisung des § 9 Abs. 2 auf § 8 Abs. 3 S. 1 auch hier möglich. Alle beteiligten Anteilsinhaber eines Rechtsträgers, aber nicht notwendigerweise aller an der Verschmelzung beteiligten Rechtsträger, müssen freilich in notariell beurkundeter Form verzichten (→ § 8 Rn. 41).

25 Bedeutung entfaltet dies vor allem für die AG und den wirtschaftlichen Verein, da bei den übrigen Rechtsformen grundsätzlich (vgl. aber § 30 Abs. 2) eine Prüfung nur auf Verlangen stattfindet und die eG keinen Verzicht erlaubt (§ 81). Praktische Bedeutung hat die Verzichtsmöglichkeit vor allem für die personalistisch geprägte AG, da sie eine Aufwands- und Kostenvermeidung erlaubt. Ein Konflikt mit den Vorgaben des Art. 96 GesR-RL, der eine Verzichtsmöglichkeit nicht vorsieht, gibt es hier nicht: Auch nach dem Zweck der Richtlinie kann ein Schutz der Anteilsinhaber gegen ihren Willen nicht gewollt sein.[44] Sofern die Anteilseigner auf die Prüfung verzichten und daraus eine Insolvenz des übernehmenden Rechtsträgers resultiert, bestehen keine Haftungsansprüche des übernehmenden Rechtsträgers (ggf. vertreten durch den Insolvenzverwalter) gegen die Gesellschafter.[45]

26 Eine Prüfung ist außerdem entbehrlich, wenn sich alle Anteile des übertragenden Rechtsträgers in der Hand des übernehmenden Rechtsträgers befinden, sog. **Tochterverschmelzung** bzw. **upstream-merger** (§ 8 Abs. 3 S. 3 Nr. 1 lit. a). In diesem Fall finden kein Anteilstausch und damit keine Mitgliedschaftsperpetuierung statt, so dass insoweit auch keine schutzbedürftigen Interessen von Anteilsinhabern bestehen.[46] Für die Frage, ob sich alle Anteile des übertragenden Rechtsträgers in der Hand des übernehmenden Rechtsträgers befinden, kommt es einzig auf die rechtliche Beteiligung am Nennkapital bzw. die mitgliedschaftliche Stellung der Anteilsinhaber an. Auf die wirtschaftliche Inhaberschaft kommt es hingegen nicht an. Eigene Anteile des übertragenden Rechts-

---

[41] Konsequent Lutter/*Drygala* § 9 Rn. 14.
[42] So anschaulich Lutter/*Drygala* § 9 Rn. 10.
[43] Begr. RegE UmRuG, BT-Drs. 20/3822, 70.
[44] So deutlich Lutter/*Drygala* § 9 Rn. 20; ausf. Widmann/Mayer/*Mayer* § 9 Rn. 37 f.; Kölner Komm UmwG/*Simon* § 9 Rn. 34.
[45] *Weiß* GmbHR 2017, 1017 ff.
[46] S. dazu die GesBegr. *Ganske* Umwandlungsrecht S. 55; Kölner Komm UmwG/*Simon* § 9 Rn. 2.

trägers an sich selbst sind unschädlich (s. hierzu die Ausführungen zu § 5 Abs. 2, → § 5 Rn. 110). Eine Kontrolle dieser Voraussetzung erfolgt im Rahmen der registerrechtlichen Eintragungsprüfung. Abs. 2 steht damit im Kontext zu § 5 Abs. 3 (Entbehrlichkeit der Angaben zur Mitgliedschaftsperpetuierung, → § 5 Rn. 34) und § 8 Abs. 3 (Entbehrlichkeit des Berichts bei Tochterverschmelzung → § 8 Rn. 43).

Anders als nach früherer Rechtslage ist eine Verschmelzungsprüfung nach Abs. 2 iVm § 8 Abs. 3 S. 3 Nr. 1 lit. b auch bei der Verschmelzung zweier 100 %iger Tochtergesellschaften, sog. **Schwesterverschmelzung** bzw. **sidestream-merger**, oder nach Abs. 2 iVm § 8 Abs. 3 S. 3 Nr. 2, zB bei der Verschmelzung einer Enkelgesellschaft auf die mittelbare 100 %ige Muttergesellschaft, entbehrlich, soweit die Enkelgesellschaft nur einen Anteilsinhaber hat. In diesen Fällen besteht weder ein Informations- noch ein Schutzbedürfnis der betreffenden Anteilseigner. In anderen Fällen verbleibt es trotz ebenfalls nicht bestehendem Prüfungsanlass dabei, dass eine Prüfung nur mittels Verzichtserklärung nach Abs. 2 iVm § 8 Abs. 3 S. 1 vermieden werden kann. 27

§ 10 Bestellung der Verschmelzungsprüfer

(1) ¹Die Verschmelzungsprüfer werden auf Antrag des Vertretungsorgans vom Gericht ausgewählt und bestellt. ²Sie können auf gemeinsamen Antrag der Vertretungsorgane für mehrere oder alle beteiligten Rechtsträger gemeinsam bestellt werden. ³Für den Ersatz von Auslagen und für die Vergütung der vom Gericht bestellten Prüfer gilt § 318 Abs. 5 des Handelsgesetzbuchs.

(2) ¹Zuständig ist jedes Landgericht, in dessen Bezirk ein übertragender Rechtsträger seinen Sitz hat. ²Ist bei dem Landgericht eine Kammer für Handelssachen gebildet, so entscheidet deren Vorsitzender an Stelle der Zivilkammer.

(3) Auf das Verfahren ist das Gesetz über das Verfahren in Familiensachen und in den Angelegenheiten der freiwilligen Gerichtsbarkeit anzuwenden, soweit in den folgenden Absätzen nichts anderes bestimmt ist.

(4) ¹Gegen die Entscheidung findet die Beschwerde statt. ²Sie kann nur durch Einreichung einer von einem Rechtsanwalt unterzeichneten Beschwerdeschrift eingelegt werden.

(5) ¹Die Landesregierung kann die Entscheidung über die Beschwerde durch Rechtsverordnung für die Bezirke mehrerer Oberlandesgerichte einem der Oberlandesgerichte oder dem Obersten Landesgericht übertragen, wenn dies der Sicherung einer einheitlichen Rechtsprechung dient. ²Die Landesregierung kann die Ermächtigung auf die Landesjustizverwaltung übertragen.

Literatur:

Bungert, Zuständigkeit des Landgerichts bei Bestellung des Verschmelzungsprüfers im neuen Umwandlungsrecht, BB 1995, 1399; *Bungert/Mennicke*, BB-Gesetzgebungsreport: Das Spruchverfahrensneuordnungsgesetz, BB 2003, 2021; *Lamb/Schluck-Amend*, Die Neuregelung des Spruchverfahrens durch das Spruchverfahrensneuordnungsgesetz, DB 2003, 1259; *Noack*, Zur Weisungs- und Leitungsbefugnis des Gerichts gegenüber dem von ihm bestellten sachverständigen Prüfer, NZG 2016, 1259; *Reichard*, Keine inhaltlichen Anweisungen des Gerichts an den Spaltungsprüfer, GWR 2015, 520; s. ferner die Angaben zu § 9.

I. Normzweck	1	c)	Bekanntmachung	13
II. Bestellung des Verschmelzungsprüfers	4	d)	Wirkung der Bestellung	14
1. Bestellung, Abs. 1	4	e)	Fehlerhafte Bestellung	15
2. Zuständigkeit, Abs. 2	5	f)	Parallelprüfung	16
3. Verfahren, Abs. 3	9	4.	Vergütung, Abs. 1 S. 3	17
a) Inhalt	10	5.	Rechtsmittel, Abs. 4, 5	18
b) Entscheidung des Landgerichts	11			

I. Normzweck

1 § 10 dient der Umsetzung des Art. 10 der Dritten gesellschaftsrechtlichen Richtlinie (Umwandlungsrichtlinie)[1] und regelt die **Bestellung** der Verschmelzungsprüfer auf Antrag des Vertretungsorgans des beteiligten Rechtsträgers. Im Einzelnen umfasst die Bestellung die Auswahl, die rechtsgeschäftliche Beauftragung sowie die Annahme des Prüfauftrages selber. Sofern die Vertretungsorgane der beteiligten Rechtsträger den Antrag stellen, bietet Abs. 1 S. 2 eine Verfahrenserleichterung, wonach die Verschmelzungsprüfer auch für mehrere oder alle beteiligten Rechtsträger **gemeinsam** bestellt werden können.[2] Durch diese Regelung wird die Bestellung des Verschmelzungsprüfers an das Spruchverfahren angeglichen.[3] Dies soll der Verfahrensökonomie und -beschleunigung dienen.[4]

2 Indem Abs. 1 S. 1 die Bestellung der Prüfer durch ein Gericht vorschreibt, soll die **Unparteilichkeit** der Prüfer verdeutlicht werden. Anderenfalls würde die Glaubhaftigkeit ihrer Prüfungsergebnisse durch den möglichen Eindruck der Parteinähe gegenüber den Anteilsinhabern bereits ex-ante getrübt.[5] Die Bestellung durch ein Gericht verhindert gleichzeitig den gerichtlichen Streit über die Bestellung.[6]

3 § 10 ist auf alle verschmelzungsfähigen Rechtsträger anwendbar und gilt auch für an einer grenzüberschreitenden Verschmelzung beteiligte Gesellschaften mit Sitz in Deutschland.

II. Bestellung des Verschmelzungsprüfers

1. Bestellung, Abs. 1

4 Gem. Abs. 1 wird der Verschmelzungsprüfer auf Antrag des Vertretungsorgans des beteiligten Rechtsträgers vom Gericht ausgewählt und bestellt.[7] Gem. Abs. 1 S. 2 besteht die Möglichkeit, auf gemeinsamen Antrag der Vertretungsorgane der beteiligten Rechtsträger den oder die Verschmelzungsprüfer auch für mehrere oder alle beteiligten Rechtsträger gemeinsam bestellen zu lassen. Das Gericht ist bei der Auswahl sowohl für die Rechtmäßigkeit als auch für die **Zweckmäßigkeit** der Prüferbestellung verantwortlich und hat – zur Erreichung des gesetzlich intendierten Beschleunigungszwecks – bei ent-

---

[1] Dritte gesellschaftsrechtliche Richtlinie 78/855/EWG vom 9.10.1978, jetzt geregelt in Art. 96 Abs. 1 RL (EU) 2017/1132, Abl. L 2017 169, 46 v. 30.6.2017 (GesR-RL).
[2] Zum primären Anwendungsbereich auf die Verschmelzung mit Beteiligung einer SE s. *Brandes* AG 2005, 177 (183).
[3] Gesetz zur Neuordnung des gesellschaftsrechtlichen Spruchverfahrens vom 16.12.2003 (BGBl. I 838).
[4] Krit. dazu Semler/Stengel/Leonard/*Zeidler* § 10 Rn. 5; *Meilicke/Heidel* DB 2003, 2267 (2272); Kölner Komm UmwG/*Simon* § 10 Rn. 3.
[5] S. die GesBegr. bei *Ganske* Umwandlungsrecht S. 56.
[6] So der zutreffende Hinweis bei Lutter/*Drygala* § 10 Rn. 3.
[7] Die frühere Möglichkeit gem. § 10 Abs. 1 S. 1, den Verschmelzungsprüfer alternativ vom Vertretungsorgan bestellen zu lassen, wurde abgeschafft, um eine gerichtliche Auseinandersetzung möglichst zu verhindern (GesBegr., *Ganske* Umwandlungsrecht S. 57).

sprechenden Zweifeln einen Prüfer zu bestellen, der nicht von den Vertretungsorganen der beteiligten Rechtsträger vorgeschlagen wurde.[8]

2. Zuständigkeit, Abs. 2

Örtlich zuständig für die Bestellung des Verschmelzungsprüfers ist das **Landgericht**, in dessen Bezirk der übertragende Rechtsträger seinen Sitz hat, Abs. 2. Maßgeblich für die örtliche Zuständigkeit ist dabei nach richtiger Auffassung der Verwaltungssitz des Rechtsträgers, § 17 Abs. 1 ZPO.[9] Sind mehrere übertragende Rechtsträger beteiligt, so steht diesen ein Wahlrecht zu, welches Gericht die Bestellung durchführen soll.[10] Diese Option ist auch nicht davon abhängig, dass ein gemeinsamer Verschmelzungsprüfer bestellt werden soll.[11] Gem. Abs. 3 ist eine Zuständigkeit aus § 2 FamFG herzuleiten, dh es entscheidet dasjenige Gericht, welches zuerst mit der Angelegenheit befasst war.[12] Aus der Möglichkeit der gemeinsamen Prüferbestellung ergibt sich, dass nicht jeder Rechtsträger zwingend einen eigenen Antrag bei dem für ihn zuständigen Landgericht stellen muss.[13]

Die **funktionale Zuständigkeit** ergibt sich aus Abs. 2 S. 2. Sofern bei dem Landgericht eine Kammer für Handelssachen (KfH) besteht, entscheidet deren Vorsitzender anstelle der Zivilkammer, Abs. 2 S. 2.[14] Eines Antrages nach § 96 Abs. 1 GVG, um die funktionale Zuständigkeit der KfH zu begründen, bedarf es aufgrund des insoweit eindeutigen Wortlautes des Abs. 2 nicht.

Die **sachliche Zuständigkeit** des Landgerichts ist an die Regelung des Spruchverfahrens angeglichen worden (vgl. § 2 SpruchG). Damit soll im Sinne der Verfahrensökonomie und -beschleunigung das für ein späteres Spruchverfahren zuständige Gericht (vgl. § 15 Abs. 1) bereits in diesem Stadium zuständig sein.[15] Denn ein gerichtlich bestellter Prüfer sowie dessen grundsätzlich zwingende Anhörung im Spruchverfahren (§ 7 Abs. 2 S. 1 SpruchG) sollen vermeiden, dass im Spruchverfahren weitere – zeit- und kostenintensive – Sachverständigengutachten eingeholt werden müssen. Die Rechtsprechung geht entsprechend richtigerweise davon aus, dass eine (teilweise) erneute Begutachtung im Spruchverfahren nur erforderlich ist, wenn nach Anhörung des gerichtlich bestellten Prüfers und einer etwaigen Aufforderung nach Ergänzungen und Erläuterungen zum Prüfungsbericht weiterer Aufklärungsbedarf besteht.[16] Daran wird es regelmäßig fehlen.

Die zuständigen Landesregierungen können gem. § 71 Abs. 2 Nr. 4 lit. d iVm Abs. 4 GVG eine **Zuständigkeitskonzentration** auf Ebene der Landgerichte durch Rechtsverordnung vornehmen, sofern dies der Sicherung einer einheitlichen Rechtsprechung dient. Diese Regelung entspricht der gleichlaufenden Möglichkeit im Spruchverfahren.

---

8 So auch KölnKomm-AktG/*Koppensteiner* § 293c Rn. 6 zur korrespondierenden aktienrechtlichen Regelung bei Unternehmensverträgen; Kallmeyer/*Lanfermann* § 10 Rn. 5.
9 So auch Lutter/*Drygala* § 10 Rn. 5; aA Keidel/*Heinemann* FamFG § 377 Rn. 7; Prütting/Helms/*Holzer* FamFG § 377 Rn. 2, die auf den statutarischen Sitz abstellen; Widmann/Mayer/*Fronhöfer* § 10 Rn. 6.1 stellt auf den statutarischen Sitz und nur hilfsweise auf den Verwaltungssitz ab.
10 Lutter/*Drygala* § 10 Rn. 5; Widmann/Mayer/*Fronhöfer* § 10 Rn. 6.
11 So auch Widmann/Mayer/*Fronhöfer* § 10 Rn. 6; Lutter/*Drygala* § 10 Rn. 4.
12 So auch *Bungert* BB 1995, 1399 ff.
13 Lutter/*Drygala* § 10 Rn. 5.
14 S. dazu die GesBegr. bei *Ganske* Umwandlungsrecht S. 57.
15 BR-Drs. 872/02, 36 f.; krit. dazu Semler/Stengel/*Leonard*/*Zeidler* § 10 Rn. 5; Meilicke/Heidel DB 2003, 2267 (2272); Kölner Komm UmwG/*Simon* § 10 Rn. 3; Kallmeyer/*Lanfermann* § 10 Rn. 1.
16 OLG München AG 2019, 659 (662); so auch OLG Düsseldorf AG 2020, 254 (255).

Zuständigkeitskonzentrationen wurden bereits in Baden-Württemberg (LG Mannheim im OLG-Bezirk Karlsruhe und LG Stuttgart im OLG-Bezirk Stuttgart),[17] Bayern (LG München I im OLG-Bezirk München und LG Nürnberg im OLG-Bezirk Nürnberg und im OLG-Bezirk Bamberg),[18] Hessen (LG Frankfurt),[19] Mecklenburg-Vorpommern (LG Rostock),[20] Niedersachsen (LG Hannover),[21] Nordrhein-Westfalen (LG Dortmund im OLG-Bezirk Hamm, LG Düsseldorf im OLG-Bezirk Düsseldorf und LG Köln im OLG-Bezirk Köln)[22] und Sachsen (LG Leipzig)[23] vorgenommen. Diese Ermächtigungen wirken auch nach der Neufassung des § 10 fort.[24]

3. Verfahren, Abs. 3

9   Es handelt sich um ein Verfahren der freiwilligen Gerichtsbarkeit. Voraussetzung für die gerichtliche Bestellung ist ein **Antrag** des Vertretungsorgans eines beteiligten Rechtsträgers. Auf die Antragstellung finden die Regelungen der §§ 1–85 FamFG Anwendung. Gemäß § 25 FamFG können die Beteiligten den Antrag gegenüber dem zuständigen Gericht schriftlich oder zur Niederschrift der Geschäftsstelle des Landgerichts oder eines beliebigen Amtsgerichts stellen. Der Antrag sollte vom Antragsteller unterschrieben werden, § 23 Abs. 1 S. 5 FamFG. Sofern das Gericht eine entsprechende technische Ausstattung vorhält, kann der Antrag auch fernschriftlich oder elektronisch (Telefax/E-Mail) gestellt werden.[25] Anwaltszwang besteht in diesem Stadium nicht.[26]

a) Inhalt

10 Inhaltlich sollte der Antrag begründet werden; nach § 23 Abs. 1 FamFG sollen die zur **Begründung** dienenden Tatsachen angegeben und die Personen benannt werden, die als Beteiligte in Betracht kommen. Zur Herstellung einer Handhabungssicherheit hinsichtlich des Antrages wird vertreten, dass dem Antrag eine Ausfertigung des Verschmelzungsvertrages beigefügt werden soll, um dem Gericht die Prüfung der Voraussetzungen des § 10 zu ermöglichen;[27] allerdings findet diese Ansicht keine Grundlage im Gesetz.[28] Obgleich dies praktisch sinnvoll ist, obliegt die Prüfung des Vertrages allein dem Verschmelzungsprüfer und nicht dem Landgericht; dieses ist auch nicht befugt, dem unabhängigen Prüfer inhaltliche Anweisungen zu erteilen.[29] Das Gericht benötigt den Vertrag bzw. dessen Entwurf auch nicht für ein Bestellungsverfahren im Sinne der §§ 9 ff. Richtig erscheint es, die Verschmelzung im Rahmen des Antrages in ihren geplanten Grundzügen zu schildern; die beteiligten Rechtsträger sowie die Abschlussprüfer und die im Rahmen des Verschmelzungsvorgangs bereits involvierten Berater, die gem. § 11 Abs. 1 S. 1 UmwG iVm § 319 Abs. 2 HGB aufgrund Befangenheit

---

[17] VO vom 20.11.1998, GVBl. 680.
[18] VO vom 11.6.2012, GVBl. 303, zuletzt geändert durch VO vom 13.12.2022 (GVBl. 18).
[19] VO vom 19.2.2004, GVBl. 98.
[20] VO vom 28.3.1994, GVBl. 514.
[21] VO vom 28.5.1996, GVBl. 283.
[22] VO vom 16.12.2003, GVBl. 2004, 10.
[23] VO vom 6.8.1996, GVBl. 369.
[24] So auch Lutter/*Drygala* § 10 Rn. 6 mit Bezugnahme auf die verfassungsgerichtliche Rechtsprechung zur Gültigkeit von Rechtsverordnungen nach späterer Änderung oder Entfall der Ermächtigungsnorm.
[25] Keidel/*Sternal* FamFG § 25 Rn. 13 ff.
[26] Dazu auch Kölner Komm UmwG/*Simon* § 10 Rn. 8; Lutter/*Drygala* § 10 Rn. 9.
[27] So Widmann/Mayer/*Fronhöfer* § 10 Rn. 11.4; Lutter/*Drygala* § 10 Rn. 10; Kallmeyer/*Lanfermann* § 10 Rn. 12.
[28] Ebenso Kölner Komm UmwG/*Simon* § 10 Rn. 9; Semler/Stengel/Leonard/*Zeidler* § 10 Rn. 6 m. Fn. 21.
[29] OLG Düsseldorf NZG 2016, 151 f. mit dem Argument, dass es sich nicht um einen Sachverständigen handelt und es für inhaltliche Anweisungen an einer gesetzlichen Grundlage fehlt; de lege lata zustimmend, jedoch de lege ferenda eine Änderung empfehlend *Noack* NZG 2016, 1259.

ausscheiden,[30] sollten mitgeteilt werden. Ferner sollte aufgeführt werden, aus welchen Gründen eine Verschmelzungsprüfung gem. § 9 Abs. 1 erforderlich ist.

b) Entscheidung des Landgerichts

Die Bestellung durch das Landgericht erfolgt nach Prüfung der formellen und materiellen Voraussetzungen durch **Beschluss**. Das Landgericht wird vorab die Bereitschaft des zu Bestellenden sowie die Honorierung geklärt haben. Der zu bestellende Prüfer ist kein Verfahrensbeteiligter. Das Gesetz sieht für das Bestellungsverfahren keine Anhörungspflicht des Gerichts vor; eine Anhörung kann jedoch zur Sachverhaltsaufklärung und zur besseren Auswahl des zu bestellenden Prüfers zweckmäßig sein.[31]

11

Der Antragsteller kann dem Gericht einen Prüfer zwar vorschlagen, das Gericht hat jedoch eine eigenständige Prüfung auf dessen **Unabhängigkeit** vorzunehmen (beachte § 11) und muss ggf. vom Wunschkandidaten abweichen.[32] Das Gericht muss aber nicht von sich aus unter mehreren Prüfern eine eigene Auswahlentscheidung treffen.[33] In der Praxis sind die meisten Gerichte bereit, einen vom Antragsteller vorgeschlagenen Prüfer zu bestellen, sofern der Antragsteller mindestens drei Kandidatenvorschläge unterbreitet hat.[34] Sofern bereits anderweitige Beratungsmandate zwischen möglichem Prüfer und dem Antragsteller bestehen, stellt dies grundsätzlich kein Ausschlusskriterium dar. Etwas anderes kann freilich im Einzelfall dann gelten, wenn sich dessen Beratung auf die Jahresabschlussprüfung oder unternehmerische bzw. wirtschaftliche Zweckmäßigkeit bezieht und er so in die unternehmerische Entscheidung für die Verschmelzung bereits eingebunden ist.[35] Folgt das Gericht dem Vorschlag, so gilt der Prüfer als unabhängig vom Gericht bestellt, so dass in seiner Bestellung kein Anfechtungsgrund gegeben ist.[36] Diese Möglichkeit besteht nur dann, wenn dem Antrag auf Bestellung eines Prüfers seitens des Gerichts überhaupt nicht entsprochen werden soll.[37] Im Mandat des bestellten Prüfers ist genau zu bezeichnen, auf welchen Verschmelzungsvertrag bzw. Entwurf sich die Prüfung beziehen soll. Inhaltliche Vorgaben zur Durchführung der Prüfung darf das Gericht dem Prüfer nicht machen.[38] Der Prüfer muss die Bestellung schließlich noch annehmen.[39]

12

c) Bekanntmachung

Die gerichtliche Bestellung ist gem. § 41 Abs. 1, 2 FamFG bekannt zu machen. Gemäß § 7 FamFG gilt diese Bekanntmachungspflicht gegenüber jedem, dessen Recht durch das Verfahren unmittelbar betroffen ist und demjenigen, der aufgrund dieses oder eines anderen Gesetzes von Amts wegen oder auf Antrag zu beteiligen ist. Die Form richtet sich nach § 15 Abs. 2 FamFG, durch Zustellung nach den Vorschriften der ZPO, wenn dadurch eine Frist in Gang gesetzt wird. Dies ist der Fall, sofern eine Beschwer im og Rahmen durch eine Ablehnung des Antrages besteht. Ansonsten reicht eine formlose Zustellung.

13

---

30 So auch Kallmeyer/*Lanfermann* § 10 Rn. 12.
31 So auch Widmann/Mayer/*Fronhöfer* § 10 Rn. 12.1.
32 Widmann/Mayer/*Fronhöfer* § 10 Rn. 13.2; Kölner Komm UmwG/*Simon* § 10 Rn. 13; Lutter/*Drygala* § 10 Rn. 10; Semler/Stengel/Leonard/*Zeidler* § 10 Rn. 8.
33 So wohl BGH AG 2006, 887 (DSL).
34 Vgl. auch BT-Drs. 15/371, 18.
35 Vgl. BGH AG 2006, 887 (888) (DSL); BGHZ 135, 260 (264); Lutter/*Drygala* § 10 Rn. 10.
36 Es liegt keine Beschwer vor, vgl. Lutter/*Drygala* § 10 Rn. 11.
37 Widmann/Mayer/*Fronhöfer* § 10 Rn. 15 ff.; Kölner Komm UmwG/*Simon* § 10 Rn. 14.
38 OLG Düsseldorf NZG 2016, 151; Semler/Stengel/Leonhard/*Zeidler* § 10 Rn. 8; krit. *Noack* NZG 2016, 1259.
39 Widmann/Mayer/*Fronhöfer* § 10 Rn. 16; Lutter/*Drygala* § 10 Rn. 13.

d) Wirkung der Bestellung

14 Die gerichtliche Bestellung bedarf der Annahme durch den Prüfer; denn obgleich dieser durch das Gericht bestellt ist, besteht die vertragliche Leistungsbeziehung nur zwischen ihm und dem antragstellenden Rechtsträger.[40] Diese vertragliche Beziehung ist als werkvertragsähnliches gesetzliches Schuldverhältnis zu qualifizieren.[41] Der gesetzgeberischen Intention, durch die gerichtliche Bestellung eine höhere Akzeptanz zu erreichen, steht dies nicht entgegen.[42] Das Gericht wird sich in der Praxis vor der Bestellung mit dem Prüfer ins Benehmen setzen, um dessen Bereitschaft zur Annahme vorab zu klären.

e) Fehlerhafte Bestellung

15 Ist das gerichtliche Bestellungsverfahren fehlerhaft, so begründet dies eine **Anfechtungsklage** gegen die Wirksamkeit des Verschmelzungsbeschlusses. Dieser Mangel kann bis zur Beschlussfassung der Anteilsinhaber geheilt werden.[43] Die Eintragung der Verschmelzung wird dadurch nicht verhindert (§ 20 Abs. 2) und heilt diesen Mangel.[44]

f) Parallelprüfung

16 Da ein Verschmelzungsvorgang zeitkritisch ist und die verschiedenen Prüfungen mit entsprechendem Zeitaufwand verbunden sind, wird in der Praxis häufig eine **Parallelprüfung** der beteiligten Rechtsträger und deren Berater einerseits und des Verschmelzungsprüfers andererseits stattfinden. Ein Teil des Schrifttums verlangt vom Gericht, dem Verschmelzungsprüfer aufzugeben, dass dieser erst nach Fertigstellung und Vorlage der internen Bewertung mit seiner Prüfung beginnen darf.[45] Dies ist mit der Rechtsprechung und der hM im Schrifttum jedoch abzulehnen, da eine solche Restriktion weder aus den Normen des UmwG noch aus den §§ 319 ff. HGB zu entnehmen ist[46] und dies die Prüfung unnötig verzögern würde.

4. Vergütung, Abs. 1 S. 3

17 Die Zahlung von Auslagen sowie der Vergütung des Prüfers richtet sich nach § 318 Abs. 5 HGB, § 10 Abs. 1 S. 3. Das Gericht setzt diese zwar grundsätzlich auf Antrag fest, § 318 Abs. 5 S. 2 HGB. Da die Leistungsbeziehung aber zwischen Prüfer und Antragsteller entsteht, kann eine vertragliche Vereinbarung zwischen diesen beiden geschlossen werden. Qualifizierte Bewertungsprüfer werden gemeinhin nicht bereit sein, auf Grundlage der Regel- oder Höchstsätze des JVEG tätig zu werden.[47]

5. Rechtsmittel, Abs. 4, 5

18 Gegen die Festsetzung durch das Gericht findet die **Beschwerde** statt, § 10 Abs. 4 iVm §§ 58 ff. FamFG. Antragsberechtigt sind ausschließlich die Antragsteller. Die Berechtigten können danach innerhalb eines Monats (§ 63 Abs. 1 FamFG) mit anwaltlich unterzeichneter Beschwerdeschrift Beschwerde erheben, Abs. 4 S. 2. Materiell muss beim An-

---

40 Widmann/Mayer/*Fronhöfer* § 10 Rn. 16.2; Kölner Komm UmwG/*Simon* § 10 Rn. 16; Lutter/*Drygala* § 10 Rn. 14.
41 Widmann/Mayer/*Fronhöfer* § 10 Rn. 16.2; Lutter/*Drygala* § 10 Rn. 14.
42 Lutter/*Drygala* § 10 Rn. 14.
43 Kölner Komm UmwG/*Simon* § 10 Rn. 17; Lutter/*Drygala* § 10 Rn. 16.
44 Lutter/*Drygala* § 10 Rn. 15.
45 So *Büchel* NZG 2003, 793 (801); Lutter/*Bezzenberger* AG 2000, 433 (439); *Puszkajler* ZIP 2003, 518 (521).
46 BGH ZIP 2006, 2080 (2082); OLG Frankfurt a. M. ZIP 2008, 1966; OLG Köln NZG 2005, 931; Kallmeyer/*Lanfermann* § 10 Rn. 27 f.; *Leuering* NZG 2004, 606 (608 ff.).
47 So bereits OLG Stuttgart AG 2001, 603 (604).

tragsberechtigten eine **Beschwer** vorlegen. Diese ist bei einem ablehnenden Beschluss gegeben; bei einem stattgebenden Beschluss scheidet eine Beschwer nach richtiger Auffassung aus, sofern der bestellte Prüfer nicht inhabil ist.[48] Über die Beschwerde entscheidet das jeweils übergeordnete **OLG** nach den Vorgaben des FamFG. Dagegen ist, sofern das OLG diese zugelassen hat, die **Rechtsbeschwerde** das weitere Rechtsmittel, §§ 70 ff. FamFG.

Nach Abs. 5 kann die Landesregierung die Entscheidung über die Beschwerde durch Rechtsverordnung für die Bezirke mehrerer OLG einem OLG übertragen, wenn dies der Sicherung einer einheitlichen Rechtsprechung dient. Von dieser Ermächtigung haben bislang Bayern (BayObLG),[49] Nordrhein-Westfalen (OLG Düsseldorf)[50] und Rheinland-Pfalz (OLG Zweibrücken)[51] Gebrauch gemacht. 19

§ 11 Stellung und Verantwortlichkeit der Verschmelzungsprüfer

(1) ¹Für die Auswahl und das Auskunftsrecht der Verschmelzungsprüfer gelten § 319 Abs. 1 bis 4, § 319b Abs. 1, § 320 Abs. 1 Satz 2 und Abs. 2 Satz 1 und 2 des Handelsgesetzbuchs entsprechend. ²Soweit Rechtsträger betroffen sind, die Unternehmen von öffentlichem Interesse nach § 316a Satz 2 des Handelsgesetzbuchs sind, gilt für die Auswahl der Verschmelzungsprüfer neben Satz 1 auch Artikel 5 Absatz 1 der Verordnung (EU) Nr. 537/2014 des Europäischen Parlaments und des Rates vom 16. April 2014 über spezifische Anforderungen an die Abschlussprüfung bei Unternehmen von öffentlichem Interesse und zur Aufhebung des Beschlusses 2005/909/EG der Kommission (ABl. L 158 vom 27.5.2014, S. 77; L 170 vom 11.6.2014, S. 66) entsprechend mit der Maßgabe, dass an die Stelle der in Artikel 5 Absatz 1 Unterabsatz 1 Buchstabe a und b der Verordnung (EU) Nr. 537/2014 genannten Zeiträume der Zeitraum zwischen dem Beginn des Geschäftsjahres, welches dem Geschäftsjahr vorausgeht, in dem der Verschmelzungsvertrag geschlossen wurde, und dem Zeitpunkt, in dem der Verschmelzungsprüfer den Prüfungsbericht nach § 12 erstattet hat, tritt. ³Soweit Rechtsträger betroffen sind, für die keine Pflicht zur Prüfung des Jahresabschlusses besteht, gilt Satz 1 entsprechend. ⁴Dabei findet § 267 Abs. 1 bis 3 des Handelsgesetzbuchs für die Umschreibung der Größenklassen entsprechende Anwendung. ⁵Das Auskunftsrecht besteht gegenüber allen an der Verschmelzung beteiligten Rechtsträgern und gegenüber einem Konzernunternehmen sowie einem abhängigen und einem herrschenden Unternehmen.

(2) ¹Für die Verantwortlichkeit der Verschmelzungsprüfer, ihrer Gehilfen und der bei der Prüfung mitwirkenden gesetzlichen Vertreter einer Prüfungsgesellschaft gilt § 323 des Handelsgesetzbuchs entsprechend. ²Die Verantwortlichkeit besteht gegenüber den an der Verschmelzung beteiligten Rechtsträgern und deren Anteilsinhabern.

---

48 So auch Widmann/Mayer/*Fronhöfer* § 10 Rn. 17.1, der darauf hinweist, dass die Antragsberechtigten lediglich Anspruch auf eine wirksame Prüferbestellung eines habilen Prüfers haben, jedoch keinen Anspruch auf Bestellung eines ihnen genehmen Prüfers; so im Ergebnis auch Kallmeyer/*Lanfermann* § 10 Rn. 25.
49 VO vom 11.6.2012 (GVBl. 295), zuletzt geändert durch VO vom 13.12.2022 (GVBl. 18).
50 VO vom 26.11.1996 (GVBl. 518).
51 VO vom 19.4.1995 (GVBl. 125).

Literatur:
Ebke, Die Haftung des Abschlussprüfers, in: Krieger/Schneider, Handbuch Managerhaftung, 3. Aufl. 2017; *Ebke/Scheel,* Die Haftung des Wirtschaftsprüfers für fahrlässig verursachte Vermögensschäden Dritter, WM 1991, 389; *Schmitz,* Die Vertragshaftung des Wirtschaftsprüfers und Steuerberaters gegenüber Dritten, DB 1989; 1909; *Schmitz,* Die Verschmelzungsprüfung gem. § 340b AktG, 1993; siehe ferner die Angaben zu § 9.

I. Normzweck 1	III. Auskunftsrecht, Abs. 1 S. 5 12
II. Prüferauswahl, Abs. 1 2	IV. Verantwortlichkeit des Verschmelzungs-
1. Zulässiger Prüferkreis, § 319 Abs. 1 HGB 2	prüfers, Abs. 2 15
2. Ausschlussgründe 6	

I. Normzweck

1 § 11 setzt mit seinem Abs. 2 Art. 21 der Dritten gesellschaftsrechtlichen Richtlinie (Umwandlungsrichtlinie)[1] um. Inhaltlich wird die Vorschrift durch § 9 ausgefüllt; für die eG ist zudem § 81 zu beachten. § 11 wurde mittelbar durch die Änderung des § 319 HGB durch das Bilanzrechtsreformgesetz[2] und des § 319b HGB durch das Bilanzrechtsmodernisierungsgesetz[3] sowie unmittelbar durch das Gesetz zur Stärkung der Finanzmarktintegrität[4] angepasst.

II. Prüferauswahl, Abs. 1

1. Zulässiger Prüferkreis, § 319 Abs. 1 HGB

2 Abs. 1 trifft in den S. 1–3 die Differenzierung hinsichtlich der **Prüferauswahl** zum einen danach, ob Jahresabschlüsse der beteiligten Rechtsträger prüfungspflichtig sind oder nicht, und zum anderen danach, ob es sich um Unternehmen von öffentlichem Interesse iSd § 316a S. 2 HGB handelt. Der Verweis des Abs. 1 S. 1 auf § 319 HGB besagt, dass zum Prüfer prüfungspflichtiger Aktiengesellschaften nur Wirtschaftsprüfer oder Wirtschaftsprüfungsgesellschaften bestellt werden können. Aus den §§ 316 iVm 267 HGB besteht hier die Einschränkung, dass „kleine" Gesellschaften hiervon nicht betroffen sind. Zum Prüfer mittelgroßer GmbH oder Personenhandelsgesellschaften können hingegen auch vereidigte Buchprüfer oder Buchprüfungsgesellschaften bestellt werden, § 319 Abs. 1 S. 2 HGB. Der VVaG ist gem. § 330 Abs. 3 HGB den großen Kapitalgesellschaften gleichgestellt.

3 Nach Abs. 1 S. 3 gilt dies entsprechend für Rechtsträger, die an der Verschmelzung beteiligt sind, jedoch keiner Pflicht zur Prüfung von Jahresabschlüssen unterliegen. Darunter fallen die „kleinen" Kapitalgesellschaften (§ 267 HGB), die Personengesellschaften sowie Vereine, § 316 Abs. 1 S. 1 HGB. Nicht eindeutig klären lässt sich die gesetzlich normierte „entsprechende" Anwendung des § 319 HGB gem. § 11 Abs. 1 S. 1 auf die von S. 3 betroffenen Rechtsträger hinsichtlich der Frage, ob eine Verweisung auf die Regelungen zur AG oder zur GmbH vorliegt, wonach sich dann bestimmt, ob diese Rechtsträger von Wirtschaftsprüfern oder von vereidigten Buchprüfern zu prüfen sind. In der Literatur wird die Zuordnung entweder anhand der Struktur der Rechtsträger vorgenommen[5] oder nach der Größenklasse, die durch eine entsprechende

---

[1] Dritte gesellschaftsrechtliche Richtlinie 78/855/EWG vom 9.10.1978, jetzt geregelt in Art. 107 RL (EU) 2017/1132 vom 14.6.2017, ABl. L 169, 46 vom 30.6.2017 (GesR-RL).
[2] Bilanzrechtsreformgesetz vom 4.12.2004 (BGBl. I 3166).
[3] BilMoG vom 25.5.2009 (BGBl. I 1102).
[4] FISG vom 3.6.2021 (BGBl. I 1135).
[5] So etwa Lutter/*Drygala* § 11 Rn. 3.

Anwendung des § 267 HGB zu ermitteln ist.⁶ Der letztgenannten Ansicht gebührt der Vorzug. Zwar ist der Ansicht von Drygala zuzugestehen, dass der Wortlaut des § 319 Abs. 1 S. 1 deren Auslegung zulässt, sie kommen mit dieser Konsequenz aber zu dem praxisfernen Ergebnis, dass sowohl ein Verein, der der AG strukturell ähnlich ist, als auch die „kleine" AG, deren Jahresabschluss nicht prüfungspflichtig ist, nur von einem Wirtschaftsprüfer oder einer Wirtschaftsprüfungsgesellschaft geprüft werden kann; Personenhandelsgesellschaften und sonstige Vereine können dagegen nach den für GmbH geltenden Vorschriften, § 319 Abs. 1 S. 2 HGB, geprüft werden.

Dies entspricht jedoch nicht dem gesetzgeberischen Zweck des § 11 Abs. 1 S. 3. In seiner Begründung hierzu stellte der Rechtsausschuss des Bundestages klar, dass der in § 319 Abs. 1 HGB benannte Kreis von Prüfern auch für solche kleinen oder mittelgroßen Rechtsträger als Verschmelzungsprüfer tätig sein kann, für die eine Jahresabschlussprüfung nicht vorgesehen ist.⁷ Daraus erhellt, dass nicht die Struktur des zu prüfenden Rechtsträgers, sondern vielmehr dessen **Größenklasse** relevant ist. Zu deren Bestimmung ist nach § 11 Abs. 1 S. 4 die Vorschrift des § 267 HGB entsprechend anzuwenden. Folglich können auch Vereine und kleine Aktiengesellschaften Buchprüfer oder Buchprüfungsgesellschaften als Verschmelzungsprüfer bestellen. Dieses Ergebnis erscheint auch vor dem Hintergrund der Kosteneffizienz richtig.

Für die eG besteht hier die Besonderheit, dass gemäß § 81 eine Prüfung nur durch den genossenschaftlichen Prüfungsverband erfolgen kann.

2. Ausschlussgründe

Wird die Prüfung von einem in § 319 Abs. 1 HGB nicht genannten Prüfer ausgeführt, ist die Prüfung **nichtig** und der Verschmelzungsbeschluss der Anteilsinhaber **anfechtbar**.⁸ Die Wirksamkeit einer bereits eingetragenen Verschmelzung bleibt jedoch von diesem Mangel unberührt, arg. e. § 20 Abs. 2.

Ferner darf keiner der **Ausschlussgründe** des § 319 Abs. 2 oder 3 für die Bestellung des Prüfers vorliegen. Dies gilt nicht nur mit Blick auf den zu prüfenden Rechtsträger, sondern auch in Bezug auf die anderen beteiligten Rechtsträger, da dieser Umstand einer Unabhängigkeit der Prüfung insgesamt im Weg stünde.⁹ Kein absoluter Ausschlussgrund liegt vor, wenn der Verschmelzungsprüfer zugleich einer der Abschlussprüfer ist.¹⁰ Der Registerrichter wird jedoch in einem solchen Fall besonders kritisch prüfen, ob nicht eine **Befangenheit** des Verschmelzungs-/Abschlussprüfers vorliegt. Im Falle eines Verstoßes gegen § 319 Abs. 2 und 3 HGB ist die Prüfung nichtig und der Verschmelzungsbeschluss ist anfechtbar.¹¹

Es bestehen sowohl allgemeine als auch besondere Ausschlussgründe. Während die **allgemeinen Ausschlussgründe** für alle Verschmelzungsprüfungen Geltung beanspruchen, sind die **besonderen Ausschlussgründe** (Art. 5 Abs. 1 VO (EU) 537/2014) nur dann zu beachten, wenn ein beteiligter Rechtsträger ein Unternehmen von öffentli-

---

6 So wohl die überwiegende Ansicht, vgl. Semler/Stengel/Leonard/*Zeidler* § 11 Rn. 3; Widmann/Mayer/*Mayer*, 197. EL 2022, § 11 Rn. 7; Kölner Komm UmwG/*Simon* § 11 Rn. 5.
7 BT-Drs. 12/7850, 142; dazu auch Semler/Stengel/Leonard/*Zeidler* § 11 Rn. 3; Kölner Komm UmwG/*Simon* § 11 Rn. 5.
8 Semler/Stengel/Leonard/*Zeidler* § 11 Rn. 5; Widmann/Mayer/*Mayer*, 197. EL 2022, § 11 Rn. 22, 24.
9 Lutter/*Drygala* § 11 Rn. 4.
10 *Hoffmann-Becking* FS Fleck, 1988, 105 (121); Widmann/Mayer/*Mayer*, 197. EL 2022, § 11 Rn. 18; Semler/Stengel/Leonard/*Zeidler* § 11 Rn. 7.
11 Semler/Stengel/Leonard/*Zeidler* § 11 Rn. 5; Widmann/Mayer/*Mayer*, 197. EL 2022, § 11 Rn. 22 ff.; Kölner Komm UmwG/*Simon* § 11 Rn. 8; Lutter/*Drygala* § 11 Rn. 4.

chem Interesse iSd § 316a S. 2 HGB ist. Dazu zählen nach § 316a S. 2 Nr. 1 HGB insbesondere iSd § 264d HGB kapitalmarktorientierte Unternehmen, dh solche Unternehmen, die einen organisierten Markt iSd § 2 Abs. 11 WpHG in Anspruch nehmen; folglich gilt dies insbesondere für sämtliche börsennotierten Gesellschaften als auch für Gesellschaften, die andere Wertpapiere an einem solchen Markt emittiert haben.

9 Ein **absoluter Ausschlussgrund** ist insbesondere dann gegeben, wenn der Prüfer an der Vorbereitung des Verschmelzungsvertrages oder der Ermittlung des Umtauschverhältnisses beteiligt war. Die weiteren allgemeinen Ausschlussgründe ergeben sich aus den §§ 319 Abs. 2–4, 319b HGB, wobei die dortigen Bezugnahmen auf Abschlussprüfer, Abschlussprüfung sowie Jahresabschluss durch die Bezeichnungen Verschmelzungsprüfung, Verschmelzungsprüfer und Verschmelzungsvertrag gedanklich zu ersetzen sind. Ein absoluter Ausschlussgrund ist seit dem Bilanzrechtsreformgesetz auch die sog. „**Besorgnis der Befangenheit**" gem. § 319 Abs. 2 HGB.[12]

10 Zu beachten ist ferner der Ausschluss sog. **Netzwerkmitglieder**, der nunmehr in § 319b HGB geregelt ist. Ein Netzwerk in diesem Sinne ist ein auf Dauer angelegtes Zusammenwirken der Netzwerkmitglieder zur Verfolgung gemeinsamer wirtschaftlicher Interessen.[13]

11 **Unternehmen von öffentlichem Interesse** iSd § 316a S. 2 HGB haben zusätzlich zu beachten, dass zum Verschmelzungsprüfer nur solche Wirtschaftsprüfer und Wirtschaftsprüfungsgesellschaften bestellt werden können, die weder selbst noch deren Mitglieder ihres Netzwerks im relevanten Zeitraum verbotene Nichtprüfungsleistungen erbracht haben (Abs. 1 S. 2 iVm Art. 5 Abs. 1 VO (EU) 537/2014). Abweichend vom Verordnungswortlaut gilt als relevanter Zeitraum derjenige Zeitraum zwischen dem Beginn des Geschäftsjahres, welches dem Geschäftsjahr vorausgeht, in dem der Verschmelzungsvertrag geschlossen wurde, und dem Zeitpunkt, in dem der Verschmelzungsprüfer den Prüfungsbericht nach § 12 erstattet hat. Zu den verbotenen Nichtprüfungsleistungen zählen nach Art. 5 Abs. 2 VO (EU) 537/2014 ua Steuerberatungsleistungen jedweder Art unabhängig von ihrem Umfang, Beratungsleistungen im Zusammenhang mit der Erstellung von Rechnungslegungsunterlagen und Abschlüssen sowie Bewertungsarbeiten.

III. Auskunftsrecht, Abs. 1 S. 5

12 Das Auskunftsrecht der Verschmelzungsprüfer aus Abs. 1 S. 5 richtet sich nach § 320 Abs. 1 und 2 HGB. Die Vertreter der zu prüfenden Rechtsträger haben dem Prüfer danach zu gestatten, die Bücher und Schriften des Rechtsträgers sowie die Vermögensgegenstände und Schulden, namentlich die Kasse und die Bestände an Wertpapieren und Waren, zu prüfen, § 320 Abs. 1 S. 2 HGB. Weiterhin kann der Prüfer nach § 320 Abs. 2 S. 1 alle Aufklärungen und Nachweise verlangen, die für eine sorgfältige Prüfung notwendig sind.

Dieses Auskunftsrecht besteht gemäß Abs. 1 S. 5 nicht nur gegenüber dem zu prüfenden Rechtsträger selbst, sondern gegenüber allen an der Verschmelzung beteiligten Rechtsträgern und auch gegenüber Rechtsträgern, die in einem Beherrschungs- oder Konzernverhältnis zu diesen beteiligten Rechtsträgern stehen. Andere Formen von

---

12 S. die Kommentierungen zu § 319 HGB hierzu bei Hopt/Merkt HGB § 319 Rn. 7 ff.; Heidel/Schall/Schüppen HGB § 319 Rn. 16 ff.

13 BT-Drs. 16/10067, 90; Kallmeyer/Lanfermann § 11 Rn. 5; Widmann/Mayer/Mayer, 197. EL 2022, § 11 Rn. 13.

Unternehmensverbindungen (etwa nach § 19 AktG) reichen hingegen nicht aus.[14] Die Prüfer dürfen von diesen Rechtsträgern nur Auskunft verlangen, können jedoch nicht auf Einsicht und Prüfung bestehen.[15] Gem. § 320 Abs. 2 S. 1 HGB dürfen die Prüfer jedoch auch Nachweise für die erhaltenen Auskünfte verlangen, so dass dies einem **konzernweiten Prüfungsrecht** im Ergebnis recht nahekommt.[16]

Da das Hauptaugenmerk der Prüfung, die dem Schutz der Anteilseigner dient, auf der Angemessenheit des Umtauschverhältnisses liegt, wird sich auch das Informationsbedürfnis der Prüfer darauf in der Praxis konzentrieren.

In Anwendung des § 320 Abs. 2 S. 2 HGB steht dem Prüfer das Recht auf Auskunft bereits vor Abschluss des Verschmelzungsvertrages zu, sofern er zu dieser Zeit bereits bestellt ist.[17] Er wird sich in diesem Fall am Entwurf des Verschmelzungsvertrages orientieren.

IV. Verantwortlichkeit des Verschmelzungsprüfers, Abs. 2

Aus dem Verweis des Abs. 2 auf § 323 HGB ergibt sich, dass die Prüfer, deren Gehilfen sowie die bei der Prüfung mitwirkenden gesetzlichen Vertreter einer Prüfungsgesellschaft zur **gewissenhaften und unparteiischen Prüfung** und zur Verschwiegenheit verpflichtet sind. Hinsichtlich der einzuhaltenden Qualitätsparameter ist auf die Grundsätze zur Durchführung von Unternehmensbewertungen nach dem IDW-Standard abzustellen. Die **Verschwiegenheitspflicht** besteht nicht nur gegenüber unbeteiligten Dritten, sondern auch gegenüber den anderen an der Verschmelzung beteiligten Rechtsträger sowie deren Anteilsinhabern.[18] Nur das jeweilige Vertretungsorgan des beteiligten Rechtsträgers – welches die Auskunftsrechte nach Abs. 1 S. 5 erfüllt – kann den Prüfer von der Verschwiegenheitspflicht befreien.

Sollten Prüfer ihre Pflichten verletzten, resultiert dies in einer **Schadenersatzhaftung** nach § 323 Abs. 1 S. 3 HGB. Der Verstoß muss schuldhaft, dh vorsätzlich oder fahrlässig geschehen. Verschärfend kommt hinzu, dass diese Haftung nach Abs. 2 S. 2 auch gegenüber den an der Verschmelzung beteiligten Rechtsträgern sowie deren Anteilsinhabern besteht, die den Prüfungsauftrag nicht erteilt haben und damit in keinem direkten Schuldverhältnis zum Prüfer stehen.[19] Dies resultiert aus der Legaldefinition des Anteilsinhabers aus § 2. Diese Verantwortlichkeit des Prüfers gilt nach hM aufgrund des insoweit eindeutigen Wortlauts des § 11 Abs. 2 S. 2 nicht gegenüber Rechtsträgern, die in einem Beherrschungs- oder Konzernverhältnis stehen, obwohl diese auch in den Verantwortungsbereich des Prüfers fallen.[20] Ebenfalls ausgenommen sind die Gläubiger der beteiligten Rechtsträger, da die Prüfer nicht in deren Interesse und zu deren Schutz handeln.[21]

---

14 Lutter/*Drygala* § 11 Rn. 6; Kölner Komm UmwG/*Simon* § 11 Rn. 11.
15 Lutter/*Drygala* § 11 Rn. 6; Kölner Komm UmwG/*Simon* § 11 Rn. 12; Semler/Stengel/Leonard/*Zeidler* § 11 Rn. 12.
16 So auch Lutter/*Drygala* § 11 Rn. 6.
17 So Semler/Stengel/Leonard/*Zeidler* § 11 Rn. 11; Widmann/Mayer/*Mayer*, 197. EL 2022, § 11 Rn. 27; Kölner Komm UmwG/*Simon* § 11 Rn. 13; krit. Lutter/*Drygala* § 11 Rn. 5.
18 Kölner Komm UmwG/*Simon* § 11 Rn. 17; Kallmeyer/*Lanfermann* § 11 Rn. 16.
19 Lutter/*Drygala* § 11 Rn. 7.
20 So Lutter/*Drygala* § 11 Rn. 8; Semler/Stengel/Leonard/*Zeidler* § 11 Rn. 16; aA Kallmeyer/*Lanfermann* § 11 Rn. 19, der auf die entsprechende Anwendung des § 323 HGB verweist und § 11 Abs. 2 S. 2 nicht als Einschränkung, sondern als Haftungserweiterung auf die Anteilseigner betrachtet. Es bleibt eine Liquidation für mittelbare Schäden; krit. dazu Lutter/*Drygala* § 11 Rn. 8; Semler/Stengel/Leonard/*Zeidler* § 11 Rn. 16.
21 Kölner Komm UmwG/*Simon* § 11 Rn. 19.

17 Eine **Haftungshöchstgrenze** des zu leistenden Schadenersatzes ist in § 323 Abs. 2 HGB festgelegt. Danach haftet der Prüfer bei Fahrlässigkeit bis zu 1,5 Mio. EUR. Bei der Verschmelzung unter Beteiligung eines Unternehmens von öffentlichem Interesse iSd § 316a HGB, zB einer AG, deren Aktien zum Handel im regulierten Markt zugelassen sind, steigt der Haftungshöchstbetrag bei Fahrlässigkeit auf 16 Mio. EUR.[22] Bei Vorsatz ist die Haftung jeweils unbegrenzt. Gemäß § 323 Abs. 4 HGB kann diese Ersatzpflicht vertraglich weder beschränkt noch ausgeschlossen werden.

18 Neben der zivilrechtlichen Haftung des Verschmelzungsprüfers besteht ferner gem. § 347 eine **strafrechtliche Verantwortlichkeit** für den Verschmelzungsprüfer sowie dessen Gehilfen bei einer vorsätzlich begangenen Verletzung der Berichtspflicht (s. die Kommentierung zu § 347).

§ 12 Prüfungsbericht

(1) ¹Die Verschmelzungsprüfer haben über das Ergebnis der Prüfung schriftlich zu berichten. ²Der Prüfungsbericht kann auch gemeinsam erstattet werden.

(2) ¹Der Prüfungsbericht ist mit einer Erklärung darüber abzuschließen, ob das vorgeschlagene Umtauschverhältnis der Anteile, gegebenenfalls die Höhe der baren Zuzahlung oder die Mitgliedschaft bei dem übernehmenden Rechtsträger als Gegenwert angemessen ist. ²Dabei ist anzugeben,

1. nach welchen Methoden das vorgeschlagene Umtauschverhältnis ermittelt worden ist;
2. aus welchen Gründen die Anwendung dieser Methoden angemessen ist;
3. welches Umtauschverhältnis oder welcher Gegenwert sich bei der Anwendung verschiedener Methoden, sofern mehrere angewandt worden sind, jeweils ergeben würde; zugleich ist darzulegen, welches Gewicht den verschiedenen Methoden bei der Bestimmung des vorgeschlagenen Umtauschverhältnisses oder des Gegenwerts und der ihnen zugrundeliegenden Werte beigemessen worden ist und, falls in den an der Verschmelzung beteiligten Rechtsträgern unterschiedliche Methoden verwendet worden sind, ob die Verwendung unterschiedlicher Methoden gerechtfertigt war;
4. welche besonderen Schwierigkeiten bei der Bewertung der Rechtsträger aufgetreten sind.

(3) § 8 Abs. 2 und 3 ist entsprechend anzuwenden.

Literatur:
Bayer, Informationsrechte bei der Verschmelzung von Aktiengesellschaften, AG 1988, 323; *Hoffmann-Becking*, Das neue Gesellschaftsrecht in der Praxis, in: FS Fleck, 1988, S. 105; *Meyer zu Lösebeck*, Zur Verschmelzungsprüfung, WPg 1989, 499; s. ferner die Angaben zu §§ 9 und 11.

I. Allgemeines 1	III. Einsichts- und Auskunftsrechte der Anteilsinhaber 10
II. Inhalt und Form des Prüfungsberichts, Abs. 1 und 2 2	IV. Verweisungen in Abs. 3 13
	V. Fehlerhafter Prüfungsbericht 16

---

22 Die Haftungsgrenzen wurden durch das Gesetz zur Stärkung der Finanzmarktintegrität (FISG vom 3.6.2021, BGBl. I 1135) erhöht, zuvor lagen sie grundsätzlich bei 1 Mio. EUR und bei der Prüfung einer börsennotierten AG bei 4 Mio. EUR.

I. Allgemeines

Die Vorschrift des § 12 dient der Umsetzung des Art. 10 der Dritten gesellschaftsrechtlichen Richtlinie (Umwandlungsrichtlinie).[1] Sie steht in ihrem Anwendungsbereich in inhaltlichem Zusammenhang zu den §§ 9 und 10. § 12 gilt über §§ 208, 30 Abs. 2 S. 2 für den nationalen und über § 338 entsprechend für den grenzüberschreitenden Formwechsel.

II. Inhalt und Form des Prüfungsberichts, Abs. 1 und 2

Abs. 1 schreibt vor, dass die Prüfer über das Ergebnis der Prüfung **schriftlich** zu berichten haben. Da es sich um einen **Ergebnisbericht** handelt, ist über den Verlauf der Prüfung nicht zu berichten.[2] Der Bericht aller Prüfer kann auch gemeinsam erstattet werden; diese Entscheidung liegt grds. bei den Prüfern, wird aber regelmäßig von den ihrer Bestellung zugrunde liegenden Bestimmungen abhängen (§ 10 Abs. 1).[3] Wurden mehrere Prüfer bestellt, so ist die Erstellung eines **gemeinsamen Prüfungsberichts** in der Praxis üblich.[4]

Aus inhaltlicher Sicht orientiert sich der Prüfungsbericht an den Bestimmungen des Prüfungsauftrages. Es sind die **Vollständigkeit und Richtigkeit des Verschmelzungsvertrages** bzw. seines Entwurfs zu bestätigen. Diesbezüglich muss sich der Prüfungsbericht inhaltlich an den Vorgaben des § 5 orientieren. Ein fehlender oder nicht den gesetzlichen Vorgaben entsprechender Bericht führt zur Anfechtbarkeit bzw. Nichtigkeit (bei Personengesellschaften) des Verschmelzungsbeschlusses; inhaltliche Mängel allein reichen dafür jedoch nicht aus.[5] Der Bericht ist sinnvollerweise – jedoch nicht zwingend – gem. dem Vorschlag des Hauptfachausschusses des IDW zu gliedern.[6] Nicht zu prüfen sind der vom Vertretungsorgan des Rechtsträgers zu erstellende Verschmelzungsbericht sowie die Verschmelzung an sich.[7]

Nach Abs. 2 ist der Prüfungsbericht mit einer Erklärung darüber abzuschließen, ob das im Verschmelzungsvertrag festgelegte **Umtauschverhältnis** der Anteile angemessen ist; sofern eine Barabfindung existiert, hat der Bericht auch diese zu umfassen. Der Bericht muss eine Begründung des Wertes und dessen Berechnungsweise enthalten.[8] Sofern es durch Anfechtungsklagen zu einer Verzögerung der Handelsregistereintragung der Verschmelzung kommt, kann sich das dem Umtauschverhältnis zugrunde gelegte Verhältnis der Unternehmenswerte ändern. Dies muss nicht in jedem Fall zu einer Veränderung der Verschmelzungswertrelation führen, sofern ausgeführte Dividendenzahlungen bei den beteiligten Rechtsträgern der Verschmelzungswertrelation entsprechen; diese berücksichtigt grds. die künftig zu erwartenden Ausschüttungen. Der mit einer Ausschüttung verbundene Mittelabfluss kann freilich den Unternehmenswert und die Verschmelzungswertrelation verändern.[9] In der Erklärung des Prüfers muss nach Abs. 2 S. 2 die Angabe enthalten sein, nach welcher **Methode** das Umtauschverhältnis ermit-

---

1 Dritte gesellschaftsrechtliche Richtlinie 78/855/EWG vom 9.10.1978, jetzt geregelt in Art. 96 EU (VO) 2017/1132, ABl. L 2017 169, 46 vom 30.6.2017 (GesR-RL).
2 OLG Hamm ZIP 1988, 1051 (1054); OLG Frankfurt a. M. ZIP 2000, 1928 (1932); *Priester* ZGR 1990, 431; Kölner Komm UmwG/*Simon* § 12 Rn. 7.
3 Semler/Stengel/Leonard/*Zeidler* § 12 Rn. 5; Lutter/*Drygala* § 12 Rn. 2; Schmitt/Hörtnagl/*Winter* § 12 Rn. 3.
4 S. dazu IDW WP-Handbuch, Band II, Teil D Rn. 64; Semler/Stengel/Leonard/*Zeidler* § 12 Rn. 5.
5 OLG Frankfurt a. M. AG 2010, 368 (371).
6 Abgedruckt in WPg 1989, 42 (43); so auch Kölner Komm UmwG/*Simon* § 12 Rn. 21.
7 Widmann/Mayer/*Mayer*, 172. EL 2018, § 12 Rn. 27.
8 OLG Frankfurt a. M. GWR 2012, 180.
9 S. hierzu BGH NZG 2013, 233 (235); → § 5 Rn. 51.

telt wurde (Nr. 1). Soweit die Ertragswertmethode angewendet wurde, reicht ein Hinweis darauf, dass es sich dabei um die für den Regelfall anerkannte Methode handelt; bei Anwendung einer anderen Methode ist darzulegen, weshalb die angewendete Methode – insbesondere auch im Vergleich zur Ertragswertmethode – für den speziellen Verschmelzungsvorgang die richtige Methode ist (Nr. 2).[10]

5 Sollten verschiedene Methoden angewandt worden sein (Abs. 2 S. 2 Nr. 3), so ist anzugeben, welches Umtauschverhältnis oder welcher Gegenwert sich ergeben würde, wenn die einzelnen Methoden allein angewandt worden wären. Zugleich ist darzulegen, welches Gewicht den jeweiligen Methoden bei der Ermittlung des angemessenen Umtauschverhältnisses beigemessen wurde. Für das Vorliegen „verschiedener Methoden" ist entscheidend, dass die eingesetzten Methoden für sich genommen jeweils ein in sich geschlossenes und rationales System zur Ermittlung des Unternehmenswertes darstellen.[11] Demzufolge können auch innerhalb der **Ertragswertmethode** bestehende eigenständige Methoden, wie das Discounted-Cash-Flow-Verfahren (DCF) oder das Adjusted-Present-Value-Verfahren, die Erläuterungspflicht nach Abs. 2 S. 2 Nr. 3 auslösen.[12] Nicht erforderlich hingegen ist der detaillierte Vergleich der einzelnen Rechenansätze und Prognoseannahmen, da es sich dabei lediglich um unterschiedliche Ansätze derselben Methode handelt.[13] Wurden bei den an der Verschmelzung beteiligten Rechtsträgern unterschiedliche Methoden verwendet, ist nach einer Änderung des Abs. 2 S. 2 Nr. 3 durch das UmRuG in klarstellender Umsetzung von Art. 125 Abs. 3 GesR-RL[14] schließlich mitzuteilen, ob die Verwendung unterschiedlicher Methoden gerechtfertigt war.

6 Sofern bei der Bewertung eines beteiligten Rechtsträgers besondere Schwierigkeiten aufgetreten sind, ist gesondert darauf hinzuweisen (Abs. 2 S. 2 Nr. 4). Diese Anforderung entspricht inhaltlich derjenigen aus § 8 Abs. 1 S. 3, so dass auf die dortige Kommentierung verwiesen werden kann (→ § 8 Rn. 31 ff.). Ein prüferspezifisches Problem kann dabei in Form einer **mangelnden Informationslage** für den Prüfer auftreten, sofern diese Schwierigkeiten nicht erkennbar sind und der Prüfer hierauf auch durch den Rechtsträger nicht aufmerksam gemacht wird. Sofern der Prüfer die Schwierigkeit nicht erkennt, kann dieser schließlich im Prüfungsbericht auch nicht darauf hinweisen.

7 Über den vorstehend dargestellten Inhalt hinaus muss der Prüfungsbericht keine weiteren zwingenden Angaben enthalten. Zweck des § 12 ist die Begrenzung des Prüfungsberichtsinhaltes, da der Prüfungsbericht ansonsten dem Verschmelzungsbericht (§ 8) inhaltlich entsprechen würde. Dagegen spricht auch nicht das Informationsinteresse der Anteilsinhaber, da im Verschmelzungsbericht weitere Angaben enthalten sind, die den Anteilsinhabern eine eigene Prüfung erlauben. Einer erneuten Aufnahme sämtlicher Angaben in den Prüfungsbericht bedarf es nicht; eine Bezugnahme auf die Verschmelzungsdokumentation ist ausreichend.[15]

---

10 Dies mag etwa dann ratsam sein, wenn die Rechtsträger keinen positiven Ertragswert haben und die Liquidationswerte ein objektiveres Bild für die Bewertung der Anteile abgeben, so auch Lutter/*Drygala* § 12 Rn. 4; *Lutter/Drygala* AG 1995, 49 (51); *Bayer* ZIP 1997, 1613 (1617).
11 Lutter/*Drygala* § 12 Rn. 5; Kallmeyer/*Lanfermann* § 12 Rn. 7.
12 Lutter/*Drygala* § 12 Rn. 5.
13 So auch Widmann/Mayer/*Mayer*, 172. EL 2018, § 12 Rn. 24; Lutter/*Drygala* § 12 Rn. 5; zum gesetzlichen Begriff der „Methode" auch Semler/Stengel/Leonard/*Zeidler* § 12 Rn. 8.
14 Vgl. Begr. RegE UmRuG, BT-Drs. 20/3822, 70.
15 Vgl. OLG Hamm WM 1988, 1164 (1168); Widmann/Mayer/*Mayer*, 172. EL 2018, § 12 Rn. 14; *Hoffmann-Becking* FS Fleck, 1988, 105 (123); Lutter/*Drygala* § 12 Rn. 7.

Welchen **Mindestinhalt** und welchen **Mindestumfang** der Prüfungsbericht im Einzelfall haben muss, kann freilich nicht pauschal beantwortet werden und ist in Rechtsprechung und Schrifttum umstritten.[16] Ob im Prüfungsbericht auch konkrete Zahlen oder relevante Tatsachen aufzunehmen sind, ist ebenfalls umstritten, freilich im Ergebnis abzulehnen, da § 12 Abs. 2 mit seinem begrenzenden Charakter hierfür abschließend ist.[17] Der Verschmelzungsprüfer wird die Prüfung insgesamt und dabei auch die zugrunde liegenden Zahlen in seinen Arbeitspapieren festhalten; diese sind jedoch weder zur Herausgabe an den Rechtsträger als Auftraggeber noch zur Vorlage an die Anteilseigner bestimmt.[18]

Am Ende des Prüfungsberichtes steht die Erklärung des Verschmelzungsprüfers, mit der das Umtauschverhältnis und die Höhe etwaiger barer Zuzahlungen als angemessen bestätigt wird.[19]

> Formulierungsbeispiel:
> Das vorgeschlagene Umtauschverhältnis, nach welchem die Aktionäre der A-AG für jeweils eine Stückaktie der A-AG im rechnerischen Nennwert am Grundkapital iHv 1 EUR je Stückaktie einen Geschäftsanteil an der B-GmbH im jeweiligen Nennbetrag von 1 EUR erhalten, ist gemäß den getroffenen Feststellungen aus den vorstehend bezeichneten Gründen auf Grundlage der Verschmelzungswertrelationen zum [*Stichtag*] angemessen.

III. Einsichts- und Auskunftsrechte der Anteilsinhaber

Die Anteilsinhaber haben ein besonderes inhaltliches Interesse am Prüfungsbericht, da dieser als ein den Verschmelzungsbericht ergänzendes Instrument eine **wesentliche Grundlage** für ihre Entscheidung in der Anteilsinhaberversammlung darstellt.[20] Sie haben dazu sowohl ein **Einsichtsrecht** als auch einen **Auskunftsanspruch** in der Anteilsinhaberversammlung; beide Ansprüche ergeben sich direkt aus § 12.[21] Der Prüfungsbericht ist folglich auszulegen und den Anteilsinhabern zugänglich zu machen. Wie dies zu bewerkstelligen ist, ergibt sich aus den rechtsformspezifischen Normen der §§ 44, 48, 63 Abs. 1 Nr. 5, Abs. 3, 82, 101, 112 (ggf. iVm § 305 Abs. 2 oder § 320 Abs. 2).

Soweit die Anteilsinhaber zur Festlegung eines abweichenden Umtauschverhältnisses auf das Spruchverfahren verwiesen sind, hindert dies den Auskunftsanspruch nicht. Denn das Spruchverfahren bezieht sich lediglich auf die wirtschaftliche Kompensation infolge eines unangemessenen Umtauschverhältnisses, während der Prüfungsbericht eine wesentliche Grundlage für eine Zustimmungsentscheidung der Anteilsinhaber im Rahmen der Anteilsinhaberversammlung darstellt, zu der sie einen gesetzlichen Anspruch auf ausreichende Information haben.

---

16 S. hierzu BGH ZIP 1990, 1560 ff.; OLG Hamm ZIP 1988, 1051 (1054); OLG Karlsruhe ZIP 1989, 988 (992); LG Mannheim AG 1988, 248 ff.; Widmann/Mayer/*Mayer* § 12 Rn. 10 ff.; umfassend und auf Einzelfälle eingehend Kallmeyer/*Lanfermann* § 12 Rn. 5 ff.

17 So auch OLG Hamm ZIP 1988, 1051; LG Mannheim AG 1998, 248; LG Frankfurt WM 1990, 592 (594); Widmann/Mayer/*Mayer*, 172. EL 2018, § 12 Rn. 14, sofern die Angaben bereits im Verschmelzungsbericht enthalten sind; Lutter/*Drygala* § 12 Rn. 7; *Priester* ZGR 1990, 420 (431); aA OLG Karlsruhe ZIP 1989, 988 (992); *Bayer* AG 1988, 328; differenzierend Kallmeyer/*Lanfermann* § 12 Rn 5 ff.

18 WP-Handbuch 2012, Band I, S. 2656.

19 Widmann/Mayer/*Mayer*, 172. EL 2018, § 12 Rn. 26.

20 BGH ZIP 1990, 168 ff.; BGH ZIP 1989, 980 (982).

21 Explizit LG Heidelberg AG 1996, 523; Lutter/*Drygala* § 12 Rn. 9 beziehen daneben bei Aktiengesellschaften § 131 AktG als weitere Rechtsgrundlage mit ein; aA LG Berlin ZIP 1997, 1065 (1066).

12 Verletzungen des Einsichtsrechts oder des Informationsrechts der Anteilsinhaber im Rahmen der Anteilsinhaberversammlung machen den Anteilsinhaberbeschluss anfechtbar.[22]

IV. Verweisungen in Abs. 3

13 Durch die Verweisung des § 12 Abs. 3 auf § 8 Abs. 2 wird die **Zurückhaltung von Informationen** aufgrund eines Geheimhaltungsinteresses der beteiligten Rechtsträger ermöglicht. Die Entscheidung darüber obliegt den Prüfern in Anwendung ihres pflichtgemäßen Ermessens.[23] Diese Entscheidung ist im Bericht unter Wahrung der Vertraulichkeitsgesichtspunkte kurz zu erläutern (→ § 8 Rn. 39). An etwaige Entscheidungen der Leitungsorgane der beteiligten Rechtsträger sind die Prüfer dabei nicht gebunden.[24] Die Prüfer haften freilich für ihre Entscheidung gemäß § 12 iVm § 323 HGB.

14 Durch den zusätzlichen Verweis des Abs. 3 auf § 8 Abs. 3 ist ein Prüfungsbericht insgesamt entbehrlich, wenn alle Anteilsinhaber der beteiligten Rechtsträger auf die Berichterstattung in notariell beurkundeter Form verzichten, sich alle Anteile des übertragenden Rechtsträgers in der Hand des übernehmenden Rechtsträgers befinden oder sich alle Anteile des übertragenden und des übernehmenden Rechtsträgers in der Hand desselben Rechtsträgers befinden. Im Übrigen wird auf die Kommentierung zu § 8 Abs. 3 verwiesen.

15 Neben der Möglichkeit des § 8 Abs. 3 kann ein Prüfungsbericht ferner dann entbehrlich sein, wenn im Falle des § 44 der Gesellschafter seinen Antrag auf Prüfung zurückzieht.[25] Haben sich dessen Bedenken nach mündlicher Erläuterung des Berichts erledigt, ist dies eine kostensparendere Variante als der Verzicht nach § 12 Abs. 3 (→ § 8 Rn. 46 ff.).[26]

Einer erneuten Prüfung bedarf es grundsätzlich nicht, sofern die Gesellschafterversammlung von dem vorgelegten Entwurf eines Verschmelzungsvertrages aufgrund eines Gegenantrages abweicht und soweit keine berichts- bzw. prüfungsrelevanten Punkte betroffen sind.[27]

V. Fehlerhafter Prüfungsbericht

16 Da der Prüfungsbericht eine wesentliche Grundlage für die Beschlussfassung der Anteilsinhaber darstellt, kann ein fehlerhafter oder nicht ordnungsgemäß erstellter Prüfungsbericht bei Kapitalgesellschaften zu einer Anfechtbarkeit des Zustimmungsbeschlusses und bei Personengesellschaften zur Nichtigkeit des Zustimmungsbeschlusses führen.[28] Voraussetzung dafür ist, dass die Anteilsinhaber bei Erstattung eines korrekten Berichts der Verschmelzung nicht zugestimmt hätten.[29] Dies entspricht dem Grundsatz

---

[22] Lutter/*Drygala* § 12 Rn. 9.
[23] So auch Widmann/Mayer/*Mayer*, 172. EL 2018, § 12 Rn. 29; Kölner Komm UmwG/*Simon* § 12 Rn. 22; Lutter/*Drygala* § 12 Rn. 10, die freilich bei eindeutigen Fällen gem. § 11 Abs. 2 UmwG, § 323 Abs. 1 S. 1, 2 HGB eine Ermessensreduzierung auf null annehmen; aA Kallmeyer/*Lanfermann* § 12 Rn. 12, der dem Prüfer keinen Ermessensspielraum einräumt.
[24] Lutter/*Drygala* § 12 Rn. 10; Widmann/Mayer/*Mayer*, 172. EL 2018, § 12 Rn. 29; Semler/Stengel/Leonard/*Zeidler* § 12 Rn. 12.
[25] So auch Lutter/*Drygala* § 12 Rn. 13; aA Kallmeyer/*Lanfermann* § 12 Rn. 17, der nach einem gerichtlich erteilten Prüfungsauftrag dazu tendiert, dass dieser durch die Gesellschafter nicht mehr verhindert werden kann.
[26] Kallmeyer/*Lanfermann* § 12 Rn. 13; Lutter/*Drygala* § 12 Rn. 13.
[27] OLG Hamm AG 2005, 361 (363).
[28] Semler/Stengel/Leonard/*Zeidler* § 12 Rn. 3.
[29] Es gelten hierbei die Grundsätze wie beim fehlerhaften Verschmelzungsbericht, vgl. OLG Karlsruhe WM 1989, 1134 (1140); Lutter/*Drygala* § 12 Rn. 15; einschr. vor dem Hintergrund missbräuchlicher Anfechtungsklagen OLG Karlsruhe AG 2007, 92.

der **Relevanztheorie**, wonach schwerwiegende inhaltliche Mängel auf den Beschluss durchschlagen.[30] Rechtsmittel der Anteilseigner gegen den Inhalt oder die Feststellungen eines Prüfungsberichtes bestehen hingegen nicht. Den Anteilseignern des übertragenden Rechtsträgers steht freilich – im Gegensatz zu denen des übernehmenden Rechtsträgers – bei einem unangemessenen Umtauschverhältnis der Weg ins Spruchverfahren offen.

Sollte der Verschmelzungsprüfer sein **Testat** einschränken oder gar verweigern, so hat dies grundsätzlich keine unmittelbare Rechtsfolge.[31] In praktischer Hinsicht ist dann jedoch fraglich, ob die erforderliche Mehrheit für den Zustimmungsbeschluss der Anteilsinhaberversammlung erreicht werden kann; dies wird im Regelfall nicht so sein. Sofern trotzdem die erforderliche qualifizierte Mehrheit erreicht werden sollte, spricht einiges dafür, dass eine Anfechtungsklage bzw. eine Nichtigkeitsklage (bei Personengesellschaften) wegen Verstoßes gegen die gesellschaftsrechtliche Treuepflicht bzw. den Grundsatz von Treu und Glauben durch die Mehrheitsgesellschafter keine hinreichende Aussicht auf Erfolg hat, sondern insoweit das Spruchverfahren vorrangig ist.[32]

§ 13 Beschlüsse über den Verschmelzungsvertrag

(1) ¹Der Verschmelzungsvertrag wird nur wirksam, wenn die Anteilsinhaber der beteiligten Rechtsträger ihm durch Beschluß (Verschmelzungsbeschluß) zustimmen. ²Der Beschluß kann nur in einer Versammlung der Anteilsinhaber gefaßt werden.

(2) Ist die Abtretung der Anteile eines übertragenden Rechtsträgers von der Genehmigung bestimmter einzelner Anteilsinhaber abhängig, so bedarf der Verschmelzungsbeschluß dieses Rechtsträgers zu seiner Wirksamkeit ihrer Zustimmung.

(3) ¹Der Verschmelzungsbeschluß und die nach diesem Gesetz erforderlichen Zustimmungserklärungen einzelner Anteilsinhaber einschließlich der erforderlichen Zustimmungserklärungen nicht erschienener Anteilsinhaber müssen notariell beurkundet werden. ²Der Vertrag oder sein Entwurf ist dem Beschluß als Anlage beizufügen. ³Auf Verlangen hat der Rechtsträger jedem Anteilsinhaber auf dessen Kosten unverzüglich eine Abschrift des Vertrags oder seines Entwurfs und der Niederschrift des Beschlusses zu erteilen.

Literatur:
Austmann/Frost, Vorwirkungen von Verschmelzungen, ZHR 169 (2005), 431; *Bayer*, Verschmelzung und Minderheitenschutz, WM 1989, 121; *Binneweis*, Formelle und materielle Voraussetzungen von Umwandlungsbeschlüssen, GmbHR 1997, 727; *Blasche*, Vinkulierungsklauseln in GmbH-Gesellschaftsverträgen, RNotZ 2013, 515; *Bork*, Beschlußverfahren und Beschlußkontrolle nach dem Referentenentwurf eines Gesetzes zur Bereinigung des Umwandlungsrechts, ZGR 1993, 343; *Erdmann*, Die Online-Versammlung im Vereins- und GmbH-Recht, MMR 2000, 526; *Grunewald*, Rückverlagerungen von Entscheidungskompetenzen der Hauptversamm-

---

30 Dazu grundlegend BGHZ 107, 296 (307); Lutter/*Drygala* § 12 Rn. 15; Semler/Stengel/Leonard/*Gehling* § 8 Rn. 78; aA OLG Karlsruhe AG 2007, 92, welches – freilich zu weitgehend – jegliche Anfechtbarkeit ablehnt, sofern der Bericht nur irgendwelche Angaben zum Umtauschverhältnis enthält.
31 Lutter/*Drygala* § 12 Rn. 14.
32 Vgl. hierzu OLG Hamm NZG 2011, 148; OLG Karlsruhe AG 2007, 92; MüKoAktG/*Grunewald* § 327c Rn. 1 mwN; aA OLG Bremen ZIP 2013, 460 (zum Squeeze-Out gemäß § 327f AktG); dem OLG Bremen zustimmend Lutter/*Drygala* § 12 Rn. 14; zur Anfechtbarkeit bei Berichtsmängeln MüKoAktG/*Schäfer* § 243 Rn. 121a ff.

lung auf den Vorstand, AG 1990, 133; *Grunewald/Winter*, Die Verschmelzung von Kapitalgesellschaften, in: Lutter, Kölner Umwandlungsrechtstage, S. 19; *Heidinger/Blath*, Vertretung im Umwandlungsrecht, in: FS Spiegelberger, 2009, S. 692; *Hofmann/Krolop* Rückverschmelzung nach Börsengang, AG 2005, 866; *Holthaus/Zabel*, Neue Formen der General- und Vertreterversammlung einer Genossenschaft, NZG 2022, 1378; *Hommelhoff*, Minderheitenschutz bei Umstrukturierungen, ZGR 1993, 452; *Hommelhoff*, Zur Kontrolle strukturändernder Gesellschafterbeschlüsse, ZGR 1990, 447; *Joussen*, Der Auskunftsanspruch des Aktionärs, AG 2000, 241; *Kiem*, Die Eintragung der angefochtenen Verschmelzung, 1991; *Madaus*, Umwandlungen als Gegenstand eines Insolvenzplans nach dem ESUG, ZIP 2012, 2133; *Möller*, Der aktienrechtliche Verschmelzungsbeschluss, 1991; *Mayer*, Zweifelsfragen bei der Durchführung von Mehrfach- und Kettenumwandlungen, in: FS Spiegelberger, 2009, S. 833; *Neumann/Siebmann*, Aktuelle Fragestellungen im aktien- und umwandlungsrechtlichen Freigabeverfahren, DB 2006, 435; *Pfeiffer*, Auswirkungen der geplanten Notarkostenreform auf gesellschaftsrechtliche Vorgänge und M&A-Transaktionen, NZG 2013, 244; *Priester*, Strukturänderungen – Beschlußvorbereitung und Beschlußfassung, ZGR 1990, 420; *Reichert*, Folgen der Anteilsvinkulierung für Umstrukturierungen von Gesellschaften mit beschränkter Haftung und Aktiengesellschaften nach dem neuen Umwandlungsgesetz 1995, GmbHR 1995, 176; *Reimann*, Ende der Testamentsvollstreckung durch Umwandlung?, ZEV 2000, 381; *Ross*, Materielle Kontrolle des Verschmelzungsbeschlusses bei der Verschmelzung von Aktiengesellschaften, 1997; *H. Schmidt*, Verschmelzung von Personengesellschaften, in: Lutter, Kölner Umwandlungsrechtstage, S. 59; *Wachter*, Umwandlung insolventer Gesellschaften, NZG 2015, 858; *Wälzholz*, Nebenleistungspflichten beim aufnehmenden Rechtsträger als Verschmelzungshindernis, DStR 2006, 236; *Wicke*, Zulässigkeit virtueller Versammlungen, DStR 2022, 498; *Wiedemann*, Minderheitsrechte ernstgenommen, ZGR 1999, 857.

A. Anwendungsbereich und Normzweck	1	II. Einzelne Zustimmungserfordernisse	37
B. Verschmelzungsbeschluss, Abs. 1	4	III. Kein Schutz vor veränderten Leistungspflichten	40
I. Vorbereitungstätigkeit	5	D. Formerfordernis, Abs. 3	42
II. Formale Anforderungen	7	I. Beurkundung	43
1. Stimmberechtigung	8	II. Anlage zum Beschluss	47
2. Mehrheitserfordernis	10	III. Übersendungsanspruch der Anteilsinhaber	48
3. Zeitpunkt des Beschlusses	12		
4. Versammlungszwang	15	E. Beschlussmängel	49
III. Inhaltliche Anforderungen	19	I. Formelle Mängel	50
IV. Bindungswirkung	26	II. Materielle Mängel	54
V. Widerspruch zu Protokoll	29	III. Rechtsfolge	55
C. Zustimmungserfordernis, Abs. 2	30	F. Kosten	58
I. Anwendungsbereich	33		

A. Anwendungsbereich und Normzweck

1 Die Vorschrift des § 13 ist eine **rechtsformübergreifende Generalnorm** und findet grundsätzlich bei allen Verschmelzungsformen (Verschmelzung durch Aufnahme oder Neugründung, grenzüberschreitende Verschmelzung, Spaltung und Vermögensübertragung) Anwendung. Einzige Ausnahme ist die Konzernverschmelzung gem. § 62, wonach ein Beschluss dann nicht erforderlich ist, wenn sich mindestens neun Zehntel des Stammkapitals bzw. Grundkapitals einer übertragenden Kapitalgesellschaft in der Hand einer übernehmenden AG befinden (→ § 62 Rn. 10 ff.); dies gilt ebenfalls für die KGaA und die SE, nicht jedoch für die GmbH. Für die Vermögensübertragung sowie die Spaltung ist § 13 Ziel der Verweisung aus den §§ 125, 176 ff.; für den Formwechsel findet § 193 eine dem § 13 entsprechende Regelung.

2 Zweck der Vorschrift ist der **Schutz der Anteilsinhaber**, da es sich bei einer Verschmelzung für alle beteiligten Rechtsträger um eine Grundlagenentscheidung handelt. Aus diesem Grunde ist ausschließlich die Anteilsinhaberversammlung für den Beschluss zuständig; eine Übertragung der Kompetenz in der Satzung bzw. dem Gesellschaftsvertrag auf andere Organe ist nicht möglich.[1] Sonderrechte einzelner Anteilsinhaber finden durch zusätzliche Zustimmungserfordernisse in Abs. 2 gesonderte Berücksichtigung.

---

[1] Widmann/Mayer/*Heckschen* § 13 Rn. 42; Kölner Komm UmwG/*Simon* § 13 Rn. 1.

In Abs. 3 ist die jeweilige Form für die Beschlussfassung gem. Abs. 1 sowie die Zustimmungserklärung gem. Abs. 2 festgeschrieben. Ferner werden den Anteilsinhabern bestimmte Informationsrechte gegenüber dem Rechtsträger gewährt.

B. Verschmelzungsbeschluss, Abs. 1

Abs. 1 entspricht dem Grundsatz, dass eine Verschmelzung nur wirksam vollzogen werden kann, wenn dieser eine wirksame Zustimmung der Anteilsinhaber zugrunde liegt. Aufgrund der klaren Formulierung des Abs. 1 gilt dieser Grundsatz **rechtsformübergreifend** für alle beteiligten Rechtsträger.

I. Vorbereitungstätigkeit

Die im UmwG vorhandenen Regelungen zur Vorbereitung des Verschmelzungsbeschlusses sind rechtsformunabhängig gestaltet und betreffen die rechtzeitige Verfügbarkeit der für die Entscheidung der Anteilsinhaber relevanten Unterlagen. Darunter fallen der Verschmelzungsbericht, der Verschmelzungsvertrag und der Prüfungsbericht (s. dazu die §§ 42, 47, 49, 61, 63, 82, 101).

Die meisten formellen und materiellen Regelungen für die Beschlussfassung der Anteilsinhaber wie Ladung, Frist und Form und die Festlegung der Tagesordnung zur Anteilsinhaberversammlung sind im UmwG nicht geregelt, so dass diesbezüglich auf die **rechtsformspezifischen Einzelgesetze** zu verweisen ist.[2] Ergänzend gelten die §§ 42 ff. für Personengesellschaften, die §§ 47 ff. für die GmbH, die §§ 62 ff. für die AG, § 78 für die KGaA, §§ 82 ff. für die Genossenschaft, § 106 für genossenschaftliche Prüfungsverbände, §§ 101 ff. für Vereine und § 111 für den VVaG. Für den übertragenden Rechtsträger ist hier zu berücksichtigen, dass ab Wirksamkeit der Verschmelzung die Satzung bzw. der Gesellschaftsvertrag des übernehmenden Rechtsträgers gilt; demnach ist der Verschmelzungsbeschluss wie eine (mittelbare) **Satzungsänderung** zu behandeln (vgl. § 124 Abs. 2 AktG).[3] Allgemein ist die Tagesordnung so festzulegen, dass ein ausreichender Schwerpunkt auf der Verschmelzung liegt, dh die Anteilsinhaber müssen ausreichend Zeit zur Information haben und es darf kein Überrumpelungseffekt entstehen.[4] Da die Vorschriften des UmwG zur Bekanntgabe von Informationen an die Anteilsinhaber (§§ 42, 47, 62 Abs. 3, 63 Abs. 4) umfassend sind, ist eine zusätzliche gesonderte Information in der Tagesordnung, etwa durch Aufnahme der Satzung bzw. des Gesellschaftsvertrages, entbehrlich.[5]

II. Formale Anforderungen

An den Verschmelzungsbeschluss sind kumulativ die formalen Anforderungen des UmwG (§§ 42 ff. für Personengesellschaften, §§ 47 ff. für GmbH, §§ 62 ff. für AG, § 78 für KGaA, § 84 für die Genossenschaft, § 106 für den genossenschaftlichen Prüfungsverband, §§ 103, 118 für den Verein und § 112 für den VVaG) und der rechtsformspezifischen Gesetze sowie der Gesellschaftsverträge bzw. Satzungen der beteiligten Rechtsträger zu stellen.

---

2 Auch hier gelten die Grundsätze zur Vollversammlung, s. dazu Lutter/*Drygala* § 13 Rn. 6; Semler/Stengel/Leonard/*Gehling* § 13 Rn. 17.

3 Lutter/*Drygala* § 13 Rn. 5; Lutter Kölner Umwandlungsrechtstage/*Winter* S. 37 f.; Widmann/Mayer/*Rieger* § 65 Rn. 10; Semler/Stengel/Leonard/*Diekmann* § 65 Rn. 14.

4 Grundlegend BGH WM 1960, 761; BGH BB 1962, 110; Lutter/*Drygala* § 13 Rn. 5; Lutter Kölner Umwandlungsrechtstage/*Winter* S. 36.

5 S. Lutter/*Drygala* § 13 Rn. 5; aA LG Hanau DB 1995 2515 f.

1. Stimmberechtigung

8 Jeder Anteilsinhaber des betreffenden Rechtsträgers ist in dessen Anteilsinhaberversammlung **stimmberechtigt**. Die Ausgestaltung des Stimmrechts wird nicht im UmwG, sondern in den Spezialgesetzen geregelt. Inhaber **stimmrechtsloser Anteile** von Kapitalgesellschaften haben auch im Rahmen des Umwandlungsbeschlusses kein Stimmrecht, sondern werden ausschließlich durch § 23 geschützt.[6] Bei **Personengesellschaften** haben freilich alle Gesellschafter ein Stimmrecht im Rahmen des Verschmelzungsbeschlusses, da die Verschmelzung in den Kernbereich der Mitgliedschaftsrechte eingreift und folglich ein Stimmrechtsausschluss nach der Kernbereichslehre nicht möglich ist.[7] Ein Ausschluss zulasten desjenigen, der sowohl am übertragenden als auch am übernehmenden Rechtsträger beteiligt ist (s. § 47 Abs. 4 GmbHG, § 34 BGB für den Verein), findet nicht statt.[8] Soweit in einem solchen Verbot einem Schaden des Rechtsträgers aufgrund von Interessenkollisionen begegnet werden soll, besteht im Falle einer Verschmelzung dazu kein Bedürfnis.[9] Der Gesetzgeber hat die §§ 8 ff. insoweit als **abschließendes umwandlungsrechtliches Schutzinstrumentarium** für die Anteilsinhaber festgelegt.[10]

9 Sofern **Minderjährige** Anteilsinhaber eines beteiligten Rechtsträgers sind, müssen die Beschränkungen der §§ 1629 Abs. 2, 1824 BGB zwingend beachtet werden. Für den Minderjährigen ist uU ein Ergänzungspfleger zu bestellen.[11] Sofern dem Minderjährigen hierbei Haftungsgefahren aufgrund der Verschmelzung drohen, ist uU eine familiengerichtliche Genehmigung erforderlich (§ 1643, 1852 Nr. 1 und § 1854 Nr. 4 und 5 BGB); dies kann zB der Fall sein, wenn bei einer GmbH die Geschäftsanteile noch nicht voll eingezahlt sind oder übernehmender Rechtsträger eine Personengesellschaft ist, bei welcher der Minderjährige unbeschränkt haftet.[12]

2. Mehrheitserfordernis

10 § 13 legt selbst keine konkreten Mehrheitserfordernisse fest, so dass die rechtsformspezifischen Anforderungen aus dem besonderen Teil des UmwG gelten (s. dazu die §§ 43, 50, 65, 78, 84, 103, 106, 112 Abs. 3, 118 und die dortigen Kommentierungen). Danach gilt grundsätzlich ein **Mehrheitserfordernis von drei Vierteln** der abgegebenen Stimmen bei der GmbH (§ 50 Abs. 1 S. 1), drei Viertel des bei der Beschlussfassung vertretenen Grundkapitals bei der AG (§ 65 Abs. 1), drei Viertel des bei der Beschlussfassung vertretenen Grundkapitals und Zustimmung der persönlich haftenden Gesellschafter bei der KGaA (§ 78 S. 1 iVm § 65 Abs. 1, § 78 S. 3). Für **Personenhandelsgesellschaften** und **Partnerschaftsgesellschaften** ist die **Zustimmung aller Gesellschafter** erforderlich, sofern der Gesellschaftsvertrag nichts anderes vorschreibt; dieser kann als Mindestmaß

---

6 So für die GmbH auch Widmann/Mayer/*Mayer* § 50 Rn. 35; Semler/Stengel/Leonard/*Reichert* § 50 Rn. 14; insg. auch Kallmeyer/*Zimmermann* § 13 Rn. 4.
7 Widmann/Mayer/*Vossius* § 43 Rn. 81; Semler/Stengel/Leonard/*Ihrig* § 43 Rn. 17; zur Kernbereichslehre Heidel/Schall/*Psaroudakis* HGB § 119 Rn. 11.
8 OLG Stuttgart DB 2001, 854 (858); LG Arnsberg ZIP 1994, 536; deutlich (und mwN für die Gegenansicht) Lutter/*Drygala* § 13 Rn. 20; Widmann/Mayer/ *Heckschen* § 13 Rn. 116 ff.; Lutter Kölner Umwandlungsrechtstage/*Winter* S. 38 f.; Semler/Stengel/Leonard/ *Gehling* § 13 Rn. 26 (unter Änderung der Ansicht aus einer Vorauflage); Habersack/Casper/Löbbe/*Hüffer* GmbHG § 47 Rn. 189; aA Kölner Komm AktG/*Kraft* § 355 Rn. 13 (zur alten Rechtslage); Michalski/Heidinger/Leible/Schmidt/*Römermann* GmbHG § 47 Rn. 287.
9 Deutlich die GesBegr. bei *Ganske* Umwandlungsrecht S. 100, die zum § 50 die Unanwendbarkeit des § 47 GmbHG feststellt; mit Herleitung aus dem historischen Kontext Lutter/*Drygala* § 13 Rn. 20.
10 GesBegr. bei *Ganske* Umwandlungsrecht S. 100; Lutter/ *Drygala* § 13 Rn. 20.
11 *Bürger* RNotZ 2006, 156 (171 f.).
12 S. hierzu bereits BGHZ 17, 160 (162 ff.); *Bürger* RNotZ 2006, 156 (164 ff.).

eine Mehrheit von drei Vierteln der abgegebenen Stimmen vorsehen (§§ 43 Abs. 2, 45d Abs. 2). Dies gilt als **Mindestvoraussetzung**, von denen die Rechtsträger nur nach oben abweichen können.[13] Gesellschaftsvertrag oder Satzung können danach höhere Mehrheiten oder zusätzliche Anforderungen vorschreiben; geringere Anforderungen können hingegen statutarisch nicht festgesetzt werden. Sofern Mehrheitserfordernisse für die Änderung der Satzung oder des Gesellschaftsvertrages festgelegt sind, ohne die Verschmelzung explizit zu behandeln, ist im Zweifel davon auszugehen, dass solche Klauseln auch auf die Verschmelzung anzuwenden sind, da sie sowohl aus Sicht des übertragenden als auch des übernehmenden Rechtsträgers regelmäßig ein Grundlagengeschäft bedeuten.[14]

Satzung und Gesellschaftsvertrag können die Möglichkeit einer Verschmelzung nicht insgesamt ausschließen; eine solche Klausel ist jedoch regelmäßig in ein **Einstimmigkeitserfordernis** umzudeuten.[15]

3. Zeitpunkt des Beschlusses

Der Zustimmungsbeschluss der Anteilsinhaber kann, abhängig vom Zeitpunkt des Vertragsabschlusses, sowohl in Gestalt einer Einwilligung als auch einer Genehmigung gefasst werden.[16] Die Möglichkeit einer zeitlich vorgehenden **Einwilligung** ergibt sich daraus, dass § 13 Abs. 3 vorschreibt, den Vertrag oder den Entwurf dem Beschluss beizufügen. Deutlich wird dies mit Blick auf § 4 Abs. 2, der die Möglichkeit der Zustimmung zum Vertragsentwurf vorsieht. In der Praxis wird grds. einem Vertragsentwurf zugestimmt, da in einem solchen Fall Änderungen des Vertragsentwurfes noch möglich sind und Kosten für die vorherige Beurkundung des Verschmelzungsvertrages vermieden werden können (→ § 4 Rn. 17, 24 f.). Eine feste Reihenfolge für die Beschlüsse der beteiligten Rechtsträger existiert ferner nicht – zum Zeitpunkt der Beschlussfassung agieren diese noch eigenständig.[17] Der Verschmelzungsvertrag bleibt so lange **schwebend unwirksam**, bis bei allen beteiligten Rechtsträgern die Zustimmungsbeschlüsse gefasst und alle notwendigen Zustimmungserklärungen erteilt wurden.[18]

Sofern **Kettenverschmelzungen** vorgenommen werden, sind ausschließlich die Anteilsinhaber, die dem betreffenden Rechtsträger zum Zeitpunkt der Beschlussfassung angehören, teilnahme- und stimmberechtigt; beim übernehmenden Rechtsträger sind die Anteilsinhaber des übertragenden Rechtsträgers erst mit Wirksamkeit der Verschmelzung durch Handelsregistereintragung (§ 20 Abs. 1 Nr. 3) teilnahme- und stimmberechtigt.[19]

Zur Vorbereitung der Anteilsinhaberversammlung ist die Bestimmung in § 5 Abs. 3 (Monatsfrist für die Information des Betriebsrats) in die Planung einzubeziehen. Auch sollte die Bilanz des übertragenden Rechtsträgers (§ 17 Abs. 2) bereits vorliegen, jedoch können die Anteilsinhaber einstimmig hierauf verzichten.[20]

---

13 Lutter/*Drygala* § 13 Rn. 21.
14 Lutter/*Drygala* § 13 Rn. 21; Widmann/Mayer/*Rieger* § 65 Rn. 10; Semler/Stengel/Leonard/*Diekmann* § 65 Rn. 14; Lutter Kölner Umwandlungsrechtstage/*Winter* S. 37; aA Kölner Komm UmwG/*Simon* § 13 Rn. 23, der auf eine Einzelfallbetrachtung verweist.
15 Lutter/*Drygala* § 13 Rn. 21.
16 Semler/Stengel/Leonard/*Gehling* § 13 Rn. 11; Lutter/*Drygala* § 13 Rn. 8.
17 Widmann/Mayer/*Heckschen* § 13 Rn. 68; Lutter/*Drygala* § 13 Rn. 8.
18 Semler/Stengel/Leonard/*Gehling* § 13 Rn. 12; Widmann/Mayer/*Heckschen* § 13 Rn. 235.
19 Widmann/Mayer/*Heckschen* § 13 Rn. 68.1; Kölner Komm UmwG/*Simon* § 2 Rn. 211; Semler/Stengel/Leonard/*Schröer* § 5 Rn. 117; Lutter/*Grunewald* § 65 Rn. 3; aA *Mayer* FS Spiegelberger, 2009, 833 (837).
20 Kallmeyer/*Zimmermann* § 13 Rn. 6.

4. Versammlungszwang

15 Abs. 1 S. 2 schreibt die **Beschlussfassung innerhalb der Anteilsinhaberversammlung** rechtsformunabhängig vor. Die Durchführung eines schriftlichen Beschlussverfahrens (vgl. etwa § 43 Abs. 2 GmbHG) ist unzulässig.[21] Sofern außerhalb einer solchen Versammlung eine Zustimmung zum Verschmelzungsbeschluss abgegeben wird, ist diese nicht zu berücksichtigen.[22] Zu beachten ist freilich, dass eine Briefwahl gemäß Art. 12 der Aktionärsrechterichtlinie für börsennotierte Aktiengesellschaften durch den nationalen Gesetzgeber ermöglicht werden muss; eine Ausnahme für Verschmelzungsbeschlüsse sieht die Aktionärsrechte-RL nicht vor.[23] Die Richtlinie wurde durch den deutschen Gesetzgeber fehlerhaft umgesetzt, so dass § 13 Abs. 1 S. 2 richtlinienkonform auszulegen ist und sowohl Briefwahl als auch elektronische Stimmabgabe zuzulassen sind. Dies gilt nach richtiger Auffassung auch für nicht-börsennotierte Aktiengesellschaften,[24] nicht jedoch für andere Rechtsformen. Die durchzuführende Versammlung muss keine Präsenzversammlung sein. Eine persönliche Anwesenheit der Anteilsinhaber ist nicht zwingend erforderlich, die Teilnahme in Form einer virtuellen Internet-, Video- oder Telefonkonferenz ist, soweit gesetzlich oder statutarisch für den beteiligten Rechtsträger vorgesehen,[25] ausreichend, sofern die Möglichkeiten zum Meinungsaustausch der Anteilsinhaber mit den Gesellschaftsorganen einer Präsenzveranstaltung vergleichbar sind.[26] Die Möglichkeiten virtueller Beschlussfassungen wurden insbesondere während der COVID-19-Pandemie temporär erweitert.[27] Zum 1.8.2022 ist das Gesetz zur Einführung virtueller Hauptversammlungen von Aktiengesellschaften und Änderung genossenschafts- sowie insolvenz- und restrukturierungsrechtlicher Vorschriften[28] in Kraft getreten, welches nähere Bestimmungen zu virtuellen Hauptversammlungen bei Aktiengesellschaften (insbes. § 118a AktG) und Genossenschaften (insbes. § 43b GenG)[29] beinhaltet, die nach Maßgabe der vorstehenden BGH-Rechtsprechung[30] auch bei der Beschlussfassung über Umwandlungen zu berücksichtigen sind. Anders als noch im Regierungsentwurf vorgesehen, kann bei Aktiengesellschaften die Satzungsregelung bzw. Ermächtigung zur Durchführung virtueller Hauptversammlungen nicht auf bestimmte Beschlussgegenstände beschränkt werden, so dass bei Vorhandensein einer entsprechenden Regelung stets auch Beschlüsse nach dem UmwG im Rahmen einer virtuellen Versammlung gefasst werden können.[31] Auch bei der GmbH können Gesellschafterversammlungen fernmündlich oder im Wege der Videokommunikation abgehalten werden, sofern die Gesellschafter sich damit in Textform einverstanden erklären (§ 48 Abs. 1 S. 2 GmbHG).[32] Bei Personengesellschaften ist jedenfalls nach Inkrafttreten des

---

21 Semler/Stengel/Leonard/*Gehling* § 13 Rn. 14; Lutter/*Drygala* § 13 Rn. 9; ausf. Lutter Kölner Umwandlungsrechtstage/*Decher* S. 210 ff.
22 Widmann/Mayer/*Mayer* § 50 Rn. 32; Lutter/*Drygala* § 13 Rn. 10.
23 Richtlinie 2007/36/EG vom 11.7.2007 über die Ausübung bestimmter Rechte von Aktionären börsennotierter Gesellschaften (ABl. 2007 L 184, 17).
24 So auch Lutter/*Drygala* § 13 Rn. 13 mit näherer Begründung und weiteren Nachweisen.
25 OLG Hamm NZG 2012, 189 (zur virtuellen Mitgliederversammlung eines Vereins); s. § 118 Abs. 1 S. 2 AktG.
26 BGH NZG 2021, 1562 Rn. 16; Semler/Stengel/Leonard/ *Gehling* § 13 Rn. 14; differenzierend Lutter/*Drygala* § 13 Rn. 10 f.; *Schöne/Arens* WM 2012, 381 (382); einschr. *Erdmann* MMR 2000, 526 (529).
27 Siehe nur BGH NZG 2021, 1562 Rn. 16 (zur Genossenschaft); OLG Karlsruhe NZG 2022, 1066 (zum Verein) mAnm *Heckschen/Hilser* NZG 2022, 1241.
28 Gesetz zur Einführung virtueller Hauptversammlungen von Aktiengesellschaften und Änderung genossenschafts- sowie insolvenz- und restrukturierungsrechtlicher Vorschriften BGBl. 2022 I 1166 vom 26.7.2022.
29 Zu den möglichen neuen Versammlungsformaten bei Genossenschaften *Holthaus/Zabel* NZG 2022, 1378.
30 BGH NZG 2021, 1562 Rn. 16; siehe auch die mAnm von *Heckschen/Hilser* NZG 2022, 1241 (1242).
31 BeckOGK/*Paschos* AktG § 118a Rn. 30.
32 § 48 Abs. 1 S. 2 GmbHG, eingefügt durch das Gesetz zur Ergänzung der Regelungen zur Umsetzung der Digitalisierungsrichtlinie und zur Änderung weiterer Vorschriften BGBl. 2022 I 1146 vom 21.7.2022.

MoPeG zum 1.1.2024 ebenfalls eine virtuelle Beschlussfassung denkbar, da der in § 109 HGB nF neu eingeführte Begriff der Versammlung nach Vorstellung des Gesetzgebers auch virtuelle Formate erfassen soll.[33] Schließlich sind virtuelle Versammlungen auch bei Vereinen möglich (§ 32 Abs. 2 S. 2 BGB).[34]

Eine **Stellvertretung** für die Anteilsinhaber im Rahmen der Anteilsinhaberversammlung ist zulässig und richtet sich hinsichtlich der Form nach den rechtsformspezifischen Vorschriften des spezifischen Rechtsträgers (vgl. §§ 47 GmbHG, 134 AktG).[35] Bei Personengesellschaften sind Vollmachten, soweit der Gesellschaftsvertrag nichts Anderweitiges regelt, formlos wirksam.[36] In der Praxis wird aufgrund der Nachweispflicht gegenüber dem Handelsregister jedoch zumindest die Textform gewählt.[37] Bei der GmbH und bei Personengesellschaften ist auch eine Vertretung ohne Vertretungsmacht mit nachfolgender Genehmigung zulässig; für die Form der Genehmigungserklärung gilt das Vorstehende entsprechend. 16

Nach heute herrschender Meinung in Rechtsprechung und Schrifttum ist bei Gesellschafterbeschlüssen die Norm des **§ 181 BGB** anwendbar. Bei AG und KGaA hingegen soll § 181 BGB beim Verschmelzungsbeschluss im Rahmen der Hauptversammlung nicht anwendbar sein.[38] Dem ist zumindest für Publikumsgesellschaften zu folgen. Für die Praxis ist in jedem Fall, soweit rechtlich möglich, eine Befreiung von den Beschränkungen des § 181 BGB bei Erteilung der Vollmacht zu empfehlen. 17

Erforderlich ist ferner, dass der Beschluss in der Versammlung mit der erforderlichen Mehrheit gefasst wird. Abzugrenzen ist die Stimmabgabe von einer nachträglichen Zustimmung. Etwa die Beschlussfassung von Anteilsinhabern, die nicht erschienen sind und später zustimmen, sowie die Zustimmungen aufgrund individueller Zustimmungserfordernisse (Abs. 2) sind für die Verschmelzungsbeschlussfassung nicht relevant. Diese Zustimmungserfordernisse sind getrennt vom Zustandekommen des Anteilsinhaberbeschlusses zu sehen, weshalb sie auch nicht innerhalb der Versammlung abgegeben werden müssen.[39] § 43 Abs. 1 steht dem insoweit nicht entgegen, als dass es dort um eine nachträgliche Zustimmung zu einem bereits gefassten Beschluss geht, während hier dessen Zustandekommen betroffen ist.[40] 18

III. Inhaltliche Anforderungen

Der Verschmelzungsbeschluss beinhaltet die Zustimmung zum Verschmelzungsvertrag bzw. zu dessen Entwurf. Sollten weder Vertrag noch Entwurf vorliegen, so ist eine Beschlussfassung über eine geplante Verschmelzung nicht als Beschluss im Sinne des § 13 Abs. 1 anzusehen. Ein dem Abschluss des Vertrages vorgreifender Beschluss, der die Vertretungsorgane ermächtigt, einen Verschmelzungsvertrag nach ihrem Ermessen 19

---

33 Begr. RegE MoPeG, BT-Drs. 19/27635, 226, zu dieser Frage auch *Wicke* DStR 2022, 498 (500).
34 § 32 Abs. 2 S. 2 BGB eingefügt durch das Gesetz zur Ermöglichung hybrider und virtueller Mitgliederversammlungen im Vereinsrecht BGBl. 2023 I Nr. 72 vom 20.3.2023.
35 Semler/Stengel/Leonard/*Gehling* § 13 Rn. 15; Lutter/*Drygala* § 13 Rn. 9; aA Widmann/Mayer/*Heckschen* Rn. 106 ff., § 167 S. 2 BGB aufgrund der Warnfunktion der Formvorschrift des § 13 Abs. 3 S. 1 für unanwendbar erachtet und stets eine notarielle Beurkundung der Vollmacht verlangt (mM).
36 Semler/Stengel/Leonard/*Ihrig* § 43 Rn. 13.
37 So auch Lutter/*Schmidt* § 43 Rn. 8; Kallmeyer/*Zimmermann* § 13 Rn. 13; aA Widmann/Mayer/*Vossius* § 43 Rn. 32, der notarielle Beglaubigung verlangt.
38 Widmann/Mayer/*Heckschen* § 13 Rn. 103.
39 Semler/Stengel/Leonard/*Gehling* § 13 Rn. 14; Lutter/*Drygala* § 13 Rn. 14 f.; Kölner Komm UmwG/*Simon* § 13 Rn. 13 f.
40 Eingehend Lutter/*Drygala* § 13 Rn. 15; Kölner Komm UmwG/*Simon* § 13 Rn. 14.

auszuhandeln und abzuschließen, ist nicht möglich, da ein solches Vorgehen dem anteilsinhaberschützenden Zweck des § 13 zuwider liefe.[41] Die Aufnahme von **Bedingungen** oder **Befristungen** im Verschmelzungsbeschluss ist grds. möglich, darf jedoch zu keiner Verlagerung einer eigenen Entscheidungskompetenz von der Anteilsinhaberversammlung auf die Vertretungsorgane führen. So darf etwa die Ausübung eines Rücktrittsrechts nicht in das Ermessen der Vertretungsorgane gestellt werden.[42] Insbesondere können die Anteilsinhaber dem Vertretungsorgan keinen Verhandlungsauftrag mit Gestaltungs- oder Abschlussermessen hinsichtlich des Verschmelzungsvertrages einräumen.[43] Zulässig sind danach praktisch nur noch konkrete Handlungsanweisungen an die Vertretungsorgane.[44]

20 Sofern die Anteilsinhaberversammlung ihren Zustimmungsbeschluss auf Grundlage des Verschmelzungsvertragsentwurfes fasst, muss der anschließend gefasste Vertrag mit dem Entwurf übereinstimmen.[45] Lediglich kleine **redaktionelle Änderungen** sowie die Anpassung von Schreibfehlern sind zulässig. Fehlt es an dieser Übereinstimmung, so ist der Verschmelzungsvertrag mangels wirksamen zugehörigen Beschlusses unwirksam; es ist ein neuer Beschluss herbeizuführen. Wird trotz dieses Mangels eingetragen, so ist die Verschmelzung davon allerdings grds. nicht berührt, arg. e. § 20 Abs. 2.

21 Hinsichtlich der Reichweite erstreckt sich die Beschlusspflicht auf alle Verträge und Abreden, die in rechtlichem Zusammenhang mit der Verschmelzung stehen. Dies ist der Fall, wenn sie zwingende Bestandteile gemäß § 5 betreffen, ohne die die Verschmelzung nicht eintragungsfähig wäre. Eine reine zeitliche Nähe oder ein wirtschaftlicher Zusammenhang zum Verschmelzungsbeschluss ist freilich nicht ausreichend.[46]

22 Der Verschmelzungsbeschluss nach § 13 Abs. 1 umfasst dabei nicht inzident die Zustimmung zu einer Satzungsänderung; soll also beim übernehmenden Rechtsträger auch eine Kapitalerhöhung durchgeführt oder die Satzung anderweitig geändert werden, so bedarf dies eines gesonderten Beschlusses.[47]

> **Verschmelzungsbeschluss einer AG**[48]
> 1. Dem Verschmelzungsvertrag wird zugestimmt.
> 2. Das Grundkapital der A-AG wird zur Durchführung der Verschmelzung mit der B-AG von […] EUR um […] EUR auf […] EUR durch Ausgabe von […] auf den Inhaber lautenden Stückaktien erhöht.
>
> Die neuen Aktien sind ab dem […] gewinnberechtigt. Sofern die Verschmelzung erst nach der ordentlichen Hauptversammlung der B-AG im Jahre […] in das Handelsregister der A-AG eingetragen werden sollte, sind die neuen Aktien erst ab dem […] gewinnberechtigt. Bei einer weiteren Verzögerung der Handelsregistereintragung über die ordentliche Hauptversammlung der B-AG im Folgejahr hinaus verschiebt sich der Beginn der Gewinnberechtigung jeweils entsprechend der vorstehenden Regelung um ein Jahr.
>
> Die neuen Aktien der A-AG werden als Gegenleistung für die Übertragung des Vermögens der B-AG im Wege der Verschmelzung zur Aufnahme an die Aktionäre der B-AG im Verhältnis von […] Aktien der B-AG zu […] Aktien der A-AG ausgegeben.

---

41 LG Frankfurt a. M. WM 1990, 237; Semler/Stengel/*Gehling* § 13 Rn. 29; Widmann/Mayer/*Heckschen* § 13 Rn. 53.4; iE ebenso Kölner Komm UmwG/*Simon* § 13 Rn. 31.
42 Semler/Stengel/*Gehling* § 13 Rn. 33; Kölner Komm UmwG/*Simon* § 13 Rn. 32; *Grunewald* AG 1990, 133 (139); Lutter/*Drygala* § 13 Rn. 17.
43 Lutter/*Drygala* § 13 Rn. 17; Semler/Stengel/Leonard/*Gehling* § 13 Rn. 29; aA Kölner Komm UmwG/*Simon* § 13 Rn. 32, der dies zumindest für Regelungen des Verschmelzungsvertrages einräumt, die nicht zum zwingenden Inhalt gem. § 5 gehören.
44 ZB in Bezug auf das Registerverfahren bei Kettenverschmelzungen, vgl. Lutter/*Drygala* § 13 Rn. 19; Semler/Stengel/*Gehling* § 13 Rn. 33; Kölner Komm UmwG/*Simon* § 13 Rn. 36.
45 Kölner Komm UmwG/*Simon* § 13 Rn. 33; Semler/Stengel/*Gehling* § 13 Rn. 28; Lutter/*Drygala* § 13 Rn. 19.
46 Kölner Komm UmwG/*Simon* § 13 Rn. 34.
47 Lutter/*Drygala* § 13 Rn. 17; Kölner Komm UmwG/*Simon* § 13 Rn. 35.
48 S. MVHdB I GesR/*Hoffmann-Becking* XI. 4.

Der Vorstand wird ermächtigt, die weiteren Einzelheiten der Kapitalerhöhung und der Durchführung festzusetzen.
3. § [...] der Satzung der A-AG wird wie folgt neu gefasst:
Das Grundkapital beträgt [...] EUR und ist eingeteilt in [...] Stückaktien. Die Aktien lauten auf den Inhaber.

Eine **sachliche Rechtfertigung** für den Verschmelzungsbeschluss bzw. die Verschmelzung insgesamt muss nicht vorliegen, da der Gesetzgeber hiervon bewusst abgesehen hat.[49] Dies ist eine richtige Entscheidung, da der Minderheitenschutz bei der Verschmelzung bereits in den strikten Mehrheitserfordernissen (§§ 43 Abs. 2, 50, 65, 78, 84, 103, 106, 112 Abs. 3, 118), den Informationsrechten der Anteilsinhaber, den Berichtspflichten der Vertretungsorgane (§ 8), den Prüfungspflichten durch unabhängige Dritte (§§ 9 ff.), dem Austrittsrecht (§ 29) sowie den besonderen Zustimmungserfordernissen (§§ 13 Abs. 2, 50 Abs. 2, 51) umfassend gewährleistet ist.[50]

23

In gewissem Umfang darf die Anteilsinhaberversammlung zu dem ihr vorgelegten Vertrag auch **Änderungen** beschließen. Da die Anteilsinhaber als wirtschaftliche Träger des Rechtsträgers das konstitutive Entscheidungsrecht über die Verschmelzung haben, darf diese Kompetenz nicht darauf verengt werden, dass sie nur entweder zustimmen oder ablehnen dürfen.[51] Dies entspricht weder dem Schutzzweck des Gesetzes noch dem wirtschaftlichen Interesse der Anteilsinhaber. Die Berichts- und Prüfungspflichten der §§ 8 ff. sollen die Anteilsinhaber umfassend informieren über die seitens der Vertretungsorgane unternommenen verschmelzungsrelevanten Schritte. Wie sie dann ihre Entscheidung treffen, bleibt den Anteilsinhabern überlassen. Eine Änderungsentscheidung läge dann auch in ihrer Risikosphäre. Dies ist daher bei den rechtsformspezifischen Vorschriften zur Einberufung der Anteilsinhaberversammlung sowie der Aufstellung der Tagesordnung zu berücksichtigen.

24

Grenzen erfährt diese Änderungskompetenz – gleichsam als Schutz der Anteilsinhaber vor sich selbst – wenn so relevante Bestandteile des Verschmelzungsvertrages geändert werden sollen, dass eine neue Verschmelzungsprüfung erforderlich ist.[52] Denn auch hier müssen alle Anteilsinhaber die Möglichkeit haben, die Entscheidung für sich auf Plausibilität zu prüfen (→ Rn. 48 und → § 8 Rn. 10, 17 ff., → § 9 Rn. 16).

25

IV. Bindungswirkung

Der ordnungsgemäße Beschluss entfaltet Wirkung innerhalb des Rechtsträgers und bindet die Vertretungsorgane, den Verschmelzungsvertrag entsprechend dem gefassten Zustimmungsbeschluss umzusetzen.[53] Gleichzeitig sind die Gesellschafter untereinander gebunden.[54] Ist kein Beschluss erforderlich (zB gem. § 62 Abs. 1), tritt die Bindungswirkung mit Unterzeichnung des Verschmelzungsvertrages durch die Geschäftsleitung ein. Solange noch keine Bindung im Außenverhältnis eingetreten ist, kann der Verschmelzungsbeschluss durch einen neuen Beschluss der Anteilsinhaber aufgehoben oder abgeändert werden (→ § 4 Rn. 27 ff.).

26

---

[49] S. GesBegr. bei *Ganske* Umwandlungsrecht S. 61.
[50] OLG Frankfurt a. M. AG 2007, 357; Lutter/*Drygala* § 13 Rn. 31 ff.; Kölner Komm UmwG/*Simon* § 13 Rn. 96.
[51] Ebenso OLG Hamm AG 2005, 361 Rn. 73; *Müttge/Baßler* DK 2005, 341 (344 ff.); Kölner Komm UmwG/*Simon* § 13 Rn. 37 ff.; differenzierend Lutter/*Drygala* § 4 Rn. 16.
[52] Dies gilt etwa für den Bereich des § 5 Nr. 1–6, vgl. Kölner Komm UmwG/*Simon* § 13 Rn. 41 f.; OLG Hamm AG 2005, 361 Rn. 73; Lutter/*Drygala* § 13 Rn. 96.
[53] Semler/Stengel/Leonard/*Gehling* § 13 Rn. 62; Lutter/*Drygala* § 4 Rn. 24.
[54] Kallmeyer/*Zimmermann* § 13 Rn. 17.

27 Hinsichtlich einer Außenwirkung muss unterschieden werden zwischen der Zustimmung zum Entwurf (§ 4 Abs. 2) und zum Vertrag. Sofern der Zustimmungsbeschluss zu einem bereits abgeschlossenen – bis dato schwebend unwirksamen – Verschmelzungsvertrag gefasst wurde, entfaltet der Verschmelzungsbeschluss bindende Außenwirkung gegenüber dem Vertragspartner.[55] In einem solchen Fall kann der Beschluss nicht einseitig aufgehoben werden; eine etwaige Lösung vom Verschmelzungsvertrag kann nur nach den allgemeinen zivilrechtlichen Regeln erfolgen. Der Vertrag wird unmittelbar mit dem zeitlich letzten Beschluss bzw. der zeitlich letzten Zustimmungserklärung wirksam, es bedarf keiner weiteren Wirksamkeitshandlung.

28 Wurde einem Vertragsentwurf zugestimmt, entfaltet der Beschluss keine Außenwirkung. Diese tritt erst ein, wenn der Entwurf entsprechend des Zustimmungsbeschlusses in einen unterzeichneten Verschmelzungsvertrag umgesetzt wurde.[56] Stimmt der spätere Vertrag nicht mit dem Entwurf überein, so ist der Vertrag **schwebend unwirksam**, da die wirksame Zustimmung der Anteilsinhaber fehlt;[57] diese kann aber in Form einer erneuten Beschlussfassung nachgeholt werden.[58]

V. Widerspruch zu Protokoll

29 Sofern ein Anteilsinhaber die Rechte aus § 29 Abs. 1 (Übertragung der Anteile gegen Barabfindung) geltend machen will, muss er gegen den Verschmelzungsbeschluss vor Ende der Anteilsinhaberversammlung **Widerspruch** zur Niederschrift des Notars erklären. Dieser Widerspruch ist in der notariellen Niederschrift aufzunehmen. Eine negative Stimmabgabe allein ist für den Widerspruch nicht ausreichend, sie ist jedoch nach richtiger Auffassung Voraussetzung zur Geltendmachung eines Widerspruchs.[59] Der Notar ist nicht verpflichtet, die Anteilsinhaber auf das Widerspruchserfordernis hinzuweisen.[60]

C. Zustimmungserfordernis, Abs. 2

30 Abs. 2 legt fest, dass einzelne Anteilsinhaber dem Verschmelzungsbeschluss gesondert zustimmen müssen, wenn die Abtretung der Anteile des übertragenden Rechtsträgers nach einer gesetzlichen oder gesellschaftsvertraglichen Regelung von ihrer Zustimmung abhängt. Hier ist der allgemeine Rechtsgedanke normiert, dass in bestehende **Sonderrechte** von Anteilsinhabern nicht ohne deren Zustimmung eingegriffen werden darf.[61] Daher bedarf es in diesen Fällen über die allgemeine Zustimmung der Anteilsinhaber im Rahmen der Beschlussfassung gem. Abs. 1 hinaus einer **gesonderten Zustimmung** einzelner Sonderrechtsinhaber. Solange diese Zustimmungen nicht ausnahmslos vorliegen, sind Verschmelzungsbeschluss und -vertrag schwebend unwirksam.[62]

31 Die Zustimmungserklärung stellt eine empfangsbedürftige Willenserklärung dar und muss dem Rechtsträger in **Ausfertigung** (§ 47 BeurkG) zugehen. Der Anteilsinhaber

---

55 Semler/Stengel/Leonard/*Gehling* § 13 Rn. 66; Lutter/*Drygala* § 4 Rn. 24.
56 Semler/Stengel/Leonard/*Gehling* § 13 Rn. 66; Lutter/*Drygala* § 4 Rn. 25; krit.: Austmann/Frost ZHR 169 (2005), 442.
57 So auch Lutter/*Drygala* § 13 Rn. 25; aA Schmitt/Hörtnagl/*Winter* § 13 Rn. 19 f.; so wohl auch Widmann/Mayer/*Heckschen* § 13 Rn. 53.7.
58 Zustimmungswürdig Lutter/*Drygala* § 13 Rn. 25.
59 So auch Semler/Stengel/Leonard/*Kalss* § 29 Rn. 22; Lutter/*Grunewald* § 29 Rn. 11, Kallmeyer/*Zimmermann* § 13 Rn. 21; Kölner Komm UmwG/*Simon* § 29 Rn. 28; aA Kallmeyer/*Marsch-Barner* § 29 Rn. 21.
60 OLG München DNotZ 2010, 677 (678 f.).
61 S. dazu die GesBegr. bei *Ganske* Umwandlungsrecht S. 61.
62 Semler/Stengel/Leonard/*Gehling* § 13 Rn. 47; Kölner Komm UmwG/*Simon* § 13 Rn. 43.

kann hierfür eine Vollmacht ausstellen, die formlos wirksam ist, jedoch aufgrund der Nachweispflicht gegenüber dem Handelsregister in der Praxis zumindest in Textform abgegeben wird.[63] Stimmt der zustimmungsberechtigte Anteilsinhaber in der Anteilsinhaberversammlung dem notariell zu beurkundenden Verschmelzungsbeschluss zu und wird gem. §§ 8 ff. BeurkG protokolliert, so gilt dies nach richtiger Auffassung gleichzeitig auch als formgerechte konkludente Zustimmung gem. § 13 Abs. 2.[64] Mit Ausnahme der Restriktionen aus der gesellschaftsrechtlichen Treuepflicht kann ein Anteilsinhaber über seine Zustimmung nach freiem Ermessen entscheiden.[65]

Zivilrechtliche Beschränkungen der Anteilsinhaber sind auch im Rahmen der Verschmelzung zu beachten. So muss ggf. der Ehegatte des Anteilsinhabers bei einer Verfügung über das Vermögen im Ganzen gem. § 1365 BGB in die Stimmabgabe des Anteilsinhabers eines übertragenden Rechtsträgers einwilligen. Eine fehlende Einwilligung kann gem. § 1366 Abs. 1 durch eine Genehmigung ersetzt werden. Sofern eine Gütergemeinschaft (1423 BGB) vorliegt, ist ebenfalls die Einwilligung des Ehegatten erforderlich. Sofern der Anteil der Testamentsvollstreckung unterliegt, ist die Zustimmung des Erben zur Stimmausübung des Testamentsvollstreckers erforderlich, da in den Kernbereich der Mitgliedschaft eingegriffen wird.[66]

I. Anwendungsbereich

Unmittelbar anwendbar ist Abs. 2 nur dann, wenn das Zustimmungsrecht einem bestimmten Gesellschafter als **gesetzliches oder statutarisches Sonderrecht** zugewiesen ist. Dabei kann es sich um anteilsinhabergebundene oder um anteilsgebundene Sonderrechte handeln; in der Praxis betrifft Abs. 2 zumeist **Vinkulierungsklauseln**, wonach die Anteilsübertragung einer gesonderten Zustimmung durch die anderen Gesellschafter bedarf. Eine Vinkulierung ist zwar gem. § 68 AktG auch in der AG möglich, wonach freilich der Vorstand die Zustimmung erteilt und nicht die Hauptversammlung oder ein einzelner Aktionär; die Vinkulierung betrifft jedoch in den meisten Fällen eine Personengesellschaft oder eine GmbH (vgl. § 15 Abs. 5 GmbHG).[67] Schuldrechtlich eingeräumte Sonderrechte sind von § 13 Abs. 2 nicht umfasst.[68]

Der Zuweisung eines Zustimmungsrechts an bestimmte Anteilsinhaber steht es gleich, wenn die Übertragung der Anteile die Zustimmung aller Anteilsinhaber voraussetzt.[69] In diesem Fall kann auch jeder Einzelne die Übertragung verhindern.[70]

---

63 AA Widmann/Mayer/*Heckschen* § 13 Rn. 113 f., der stets die Form der notariellen Beglaubigung bzw. Beurkundung verlangt.
64 So generell bei der Beurkundung des Beschlusses auch Lutter/*Winter* § 50 Rn. 24; Kallmeyer/*Zimmermann* § 13 Rn. 28; ebenfalls differenzierend nach der Art der Beurkundung Kölner Komm UmwG/*Simon* § 13 Rn. 74; eine konkludente Zustimmung aufgrund fehlender Beurkundung und Belehrung des Anteilsinhabers abl. Semler/Stengel/Leonard/*Gehling* § 13 Rn. 48.
65 BGHZ 14, 25 (38 f.); Widmann/Mayer/*Vossius* § 43 Rn. 65 ff.; Lutter/*Priester* § 128 Rn. 19; Lutter/*Drygala* § 13 Rn. 54 ff. befürwortet in Anlehnung an BGHZ 85, 350 (360) (zum Formwechsel) eine erhöhte Treuebindung und will die Minderheit davor schützen, dass die Mehrheit eine grundsätzlich sinnvolle Umwandlung für weitere Benachteiligungen der Minderheit ausnutzt; aA Semler/Stengel/Leonard/*Gehling* § 13 Rn. 63, der eine freie Entscheidung der Anteilsinhaberversammlung befürwortet, die nur in besonders gelagerten Ausnahmefällen aufgrund der Treuepflicht eingeschränkt sei
66 *Priester* ZGR 1990, 420 (439); H. Schmidt FS Brandner, 1996, 133 (146).
67 Zu Vinkulierungsklauseln einer GmbH bei Umwandlungen siehe *Blasche* RNotZ 2013, 515 (532 f.); zur historischen Entwicklung Kölner Komm UmwG/*Simon* § 13 Rn. 44 ff.
68 *Blasche* RNotZ 2013, 515 (532); Semler/Stengel/Leonard/*Gehling* § 13 Rn. 37; Kallmeyer/*Zimmermann* § 13 Rn. 22.
69 Lutter/*Drygala* § 13 Rn. 29; ausf. Lutter Kölner Umwandlungsrechtstage/*Schmidt* S. 78 ff.
70 *Blasche* RNotZ 2013, 515 (533).

35 Das Zustimmungserfordernis nach Abs. 2 ist dann nicht anwendbar, wenn das Zustimmungsrecht nicht dem einzelnen Anteilsinhaber sondern der Gesellschaft (§ 68 Abs. 2 AktG) oder der Mehrheit der Anteilsinhaber zugeordnet ist;[71] in diesem Fall kommt es nicht zu dem in Abs. 2 entscheidenden Einfluss des einzelnen Anteilsinhabers.[72] Anderes ergibt sich auch nicht für den Fall eines Mehrheitsgesellschafters;[73] denn auch hier handelt es sich um eine Auswirkung der getroffenen Mehrheitsregelung und nicht um ein Sonderrecht des einzelnen Anteilsinhabers. Ist die Zustimmung einem anderen Gesellschaftsorgan vorbehalten, greift Abs. 2 ebenfalls nicht ein.[74] Soweit die Satzung oder der Gesellschaftsvertrag die Abtretung der Anteile generell ausschließt, ist das Zustimmungserfordernis des Abs. 2 infolge seines klaren Wortlautes nicht direkt anwendbar; eine analoge Anwendung ist jedoch aufgrund des Gleichlaufs mit der Situation, dass alle Gesellschafter zustimmen müssen, angebracht, sofern eine solche Gesellschaftsvertragsregelung nur einstimmig geändert werden kann.[75]

36 Sofern Satzung oder Gesellschaftsvertrag für die Zustimmung zur Übertragung vinkulierter Anteile eine höhere Mehrheit vorschreibt als das Gesetz für den Verschmelzungsbeschluss (idR ¾-Mehrheit), sind beide Erfordernisse strikt zu trennen. Eine Anpassung des Mehrheitserfordernisses für den Verschmelzungsbeschluss auf die erhöhte Anforderung an die Übertragung vor dem Hintergrund des Abs. 2 findet nicht statt.[76]

II. Einzelne Zustimmungserfordernisse

37 Während Abs. 2 ein rechtsformunabhängiges Zustimmungserfordernis statuiert, sieht der besondere Teil des UmwG weitergehende **rechtsformspezifische Zustimmungserfordernisse** vor,[77] die zwingend zu beachten sind. Darüber hinaus können sich weitere Zustimmungserfordernisse ergeben.

38 So können Satzung oder Gesellschaftsvertrag weitergehende Zustimmungserfordernisse vorsehen. Anzutreffen ist dies regelmäßig zugunsten exponierter oder einflussreicher Gesellschafter in personalistisch strukturierten Personenhandelsgesellschaften oder zugunsten der Komplementär-GmbH bei einer GmbH & Co. KG.[78]

39 Sofern an der Verschmelzung **Konzerngesellschaften** beteiligt sind, ist fraglich, ob die Verschmelzung einer Zustimmung der Vertretungsorgane einer Konzernobergesellschaft bedarf. Gesetzliche Vorgaben bestehen hierzu nicht. Soweit in der Praxis die Vertreter einer Konzernobergesellschaft als Anteilsinhaber des beteiligten Rechtsträgers in dessen Anteilsinhaberversammlung nur mit Zustimmung des Aufsichtsrates der Konzernobergesellschaft agieren dürfen, ist dieser Vorbehalt zugunsten des Aufsichtsrates nicht konstitutiv für die Wirksamkeit des Verschmelzungsbeschlusses (arg. e. §§ 76 Abs. 1, 78 Abs. 1 AktG).[79] Es kann jedoch eine Zuständigkeit der Anteilsinhaberver-

---

[71] Vgl. § 68 Abs. 2 AktG, s. dazu die RegBegr. bei *Ganske* Umwandlungsrecht S. 61; *Reichert* GmbHR 1995, 176 (180); Lutter/*Drygala* § 13 Rn. 32; Kölner Komm UmwG/*Simon* § 13 Rn. 47 ff.
[72] Lutter/*Drygala* § 13 Rn. 30; *Reichert* GmbHR 1995, 176 ff.
[73] Krit. aber iE ebenso Lutter/*Drygala* § 13 Rn. 29.
[74] So auch *Blasche* RNotZ 2013, 515 (532) mwN; kritisch Lutter/*Drygala* § 13 Rn. 30.
[75] Ebenso Lutter/*Drygala* § 13 Rn. 33 (sofern der Ausschluss nur einstimmig geändert werden kann); Semler/Stengel/*Leonard/Gehling* § 13 Rn. 38 mit der Einschränkung, dass Abs. 2 nicht anwendbar ist, wenn dem Verschmelzungsvertrag gemäß Gesellschaftsvertrag mit qualifizierter Mehrheit zugestimmt werden kann; Kallmeyer/*Zimmermann* § 13 Rn. 23; *Blasche* RNotZ 2013, 515 (532).
[76] Ebenso Kölner Komm UmwG/*Simon* § 13 Rn. 50; krit., aber iE ebenso Lutter/*Drygala* § 13 Rn. 31.
[77] Für Personenhandelsgesellschaften und Partnerschaftsgesellschaften §§ 43 Abs. 1, 45d Abs. 2; für die GmbH §§ 50 Abs. 2, 51; für die KGaA § 78 S. 3; für die AG § 65 Abs. 2.
[78] Kölner Komm UmwG/*Simon* § 13 Rn. 57.
[79] Kölner Komm UmwG/*Simon* § 13 Rn. 67.

sammlung der Konzernobergesellschaft aus den Grundsätzen der Holzmüller/Gelatine-Rechtsprechung des BGH bestehen.[80] Doch auch dieses Erfordernis entfaltet seine Wirkung nur hinsichtlich des **Innenverhältnisses** innerhalb der Konzernobergesellschaft. Demzufolge handelt es sich um einen konzerninternen Organisationsvorbehalt, der unabhängig von den Wirksamkeitsanforderungen an den Verschmelzungsbeschluss zu sehen ist.[81]

III. Kein Schutz vor veränderten Leistungspflichten

Das Zustimmungserfordernis des Abs. 2 schützt die Anteilsinhaber dabei de lege lata nicht vor **erhöhten Leistungspflichten**, die den Anteilsinhabern in der Satzung des übernehmenden Rechtsträgers auferlegt werden. Nach der Gesetzesbegründung steht dem überstimmten Anteilsinhaber ein Rechtsbehelf gegen erhöhte Leistungspflichten nicht zu, da ein solches Zustimmungsrecht die Verschmelzung oftmals verhindern würde. Etwaige zusätzliche Belastungen können nach Auffassung des Gesetzgebers durch **Anpassung des Umtauschverhältnisses** in dem dort vorgesehen Verfahren ausgeglichen werden.[82] Dies ist vor dem Hintergrund der Vielzahl möglicher Nebenleistungspflichten kritisch zu sehen, entspricht aber der Intention des Gesetzgebers.[83] Eine Lösung dieses Konfliktes kann de lege lata für die Anteilsinhaber vermittels der rechtsformspezifischen Sonderregelungen in den Einzelgesetzen erfolgen, vgl. § 55 AktG. **De lege ferenda** sollte jedoch den beachtlichen Argumenten im Schrifttum gefolgt werden und entweder § 13 Abs. 2 oder § 29 auf diese Konstellationen für anwendbar erklärt werden.[84]

Gleiches gilt, sofern Sonderrechte nicht unter Abs. 2 fallen (wie etwa § 35 BGB), jedoch im übernehmenden Rechtsträger nicht weiter bestehen. Die umwandlungsrechtlichen Zustimmungserfordernisse sind auch hier abschließend.[85]

D. Formerfordernis, Abs. 3

Der Verschmelzungsbeschluss und die erforderlichen Zustimmungserklärungen sind notariell zu beurkunden (S. 1). Die **Beifügung des Verschmelzungsvertrages bzw. dessen Entwurfs zum Beschluss als Anlage** (S. 2) ist eine rechtsformunabhängige Umsetzung der Anforderungen aus den Art. 7 und 25 der Dritten Gesellschaftsrechtlichen Richtlinie.[86]

I. Beurkundung

Wirksamkeitsvoraussetzung ist nach Abs. 3 S. 1 die notarielle Beurkundung des Verschmelzungsbeschlusses. Gleiches gilt für die weiteren nach dem Gesetz notwendiger Zustimmungserklärungen (Abs. 2) sowie die Zustimmungserklärungen nicht erschienener Anteilsinhaber; eine öffentliche Beglaubigung ist nicht ausreichend, es sind vielmehr die Normen über die Beurkundung von Willenserklärungen (§ 8 ff. BeurkG)

---

80 BGHZ 83, 122; BGHZ 159, 30.
81 Hierzu umfassend Kölner Komm UmwG/*Simon* § 13 Rn. 67 f.
82 GesBegr. bei *Ganske* Umwandlungsrecht S. 61.
83 GesBegr. bei *Ganske* Umwandlungsrecht S. 61; Widmann/Mayer/*Heckschen* § 13 Rn. 184; im Ergebnis zustimmend Kölner Komm UmwG/*Simon* § 13 Rn. 59 ff.; mit erheblicher Kritik Lutter/*Drygala* § 13 Rn. 35 ff.; Lutter Kölner Umwandlungsrechtstage/*Winter* S. 47; Semler/Stengel/Leonard/*Gehling* § 13 Rn. 44.
84 S. hierzu auch Widmann/Mayer/*Heckschen* § 13 Rn. 186.
85 Kölner Komm UmwG/*Simon* § 13 Rn. 65 f.
86 Dritte Richtlinie des Rates vom 9.10.1978 (78/855/EWG).

anwendbar. Dieses Erfordernis ist eine **Warnfunktion** für die zustimmenden Anteilsinhaber und sorgt gleichzeitig für ausreichende Rechtssicherheit vermittels **notarieller Kontrolle**.[87] Auch verbindliche Vereinbarungen der Anteilsinhaber, einen Verschmelzungsbeschluss im Rahmen einer späteren Anteilsinhaberversammlung zu fassen, unterfallen dem Beurkundungserfordernis; nicht umfasst hiervon sind jedoch sog. **Break-up-fees**, die für den Fall der Nichtfassung des Beschlusses eine Strafzahlung des Anteilsinhabers vorsehen.[88]

44 Eine Beurkundung des Verschmelzungsbeschlusses kann entweder in **Protokollform** (§§ 36 ff. BeurkG, 130 AktG) oder **Verhandlungsform** (§ 8 ff. BeurkG) erfolgen. Der Notar wird ein Beschlussprotokoll und kein wörtliches Verlaufsprotokoll erstellen, jedoch sämtliche für die Wirksamkeit des Beschlusses und dessen Bewertung maßgeblichen Umstände ins Protokoll aufnehmen.

45 Hinsichtlich einer möglichen Beurkundung im Ausland, gelten vom Grundsatz die Ausführungen zu § 6 (→ § 6 Rn. 14 ff.). In einem solchen Fall muss nach Abs. 3 S. 1 die Anteilsinhaberversammlung auch am Beurkundungsort stattfinden. Die Zulässigkeit einer Auslandsversammlung ist grds. dann zu bejahen, wenn diese satzungsmäßig gestattet und damit keine übermäßige Erschwerung der Teilnahme für die Anteilsinhaber verbunden ist.[89] Im Falle der AG war diese Zulässigkeit heftig umstritten;[90] der BGH hat die Statuierung des Hauptversammlungsortes einer SE (und implizit auch einer AG) im Ausland mittlerweile zumindest für die Schweiz grundsätzlich bestätigt.[91] Aufgrund der auch nach dem GNotKG noch bestehenden, wenn auch geringer ausfallenden Kostendeckelung (→ Rn. 59 f.), ist den Aktiengesellschaften von einer Auslandsbeurkundung ohne vorherige Konsultation des zuständigen Handelsregisterrichters aus Gründen der Rechtssicherheit freilich abzuraten.[92] Die anfallenden Zusatzkosten einer Beurkundung im Ausland – insbesondere bei Publikumsgesellschaften – können die geringen Gebührenersparnisse selten rechtfertigen.

46 Die notwendigen Zustimmungserklärungen der Anteilsinhaber sind ebenfalls notariell zu beurkunden, um den Bedürfnissen der Rechtssicherheit nachzukommen und die Warnfunktion für die Anteilsinhaber durch die Kontrolle des Notars zu ermöglichen. Für die Beurkundung gelten die Vorschriften zur Beurkundung von Willenserklärungen gem. §§ 8 ff. BeurkG; ein Vermerk im notariellen Protokoll gem. §§ 36, 37 BeurkG, § 130 AktG reicht hingegen für die notarielle Form der Erklärung nicht aus.[93] Eine Beifügung des Verschmelzungsvertrages oder dessen Entwurfs zur Zustimmungserklärung ist freilich nicht notwendig.

II. Anlage zum Beschluss

47 Nach Abs. 3 S. 2 müssen dem Beschluss als Anlage der Verschmelzungsvertrag oder sein Entwurf beigefügt werden. Damit ist sichergestellt, dass das Registergericht deren in-

---

87 RegBegr. bei *Ganske* Umwandlungsrecht S. 61 f.; Semler/Stengel/Leonard/*Gehling* § 13 Rn. 51; Lutter/*Drygala* § 13 Rn. 17.
88 Kölner Komm UmwG/*Simon* § 13 Rn. 77; Kallmeyer/*Zimmermann* § 13 Rn. 37; Semler/Stengel/Leonard/*Gehling* § 13 Rn. 51; *Austmann/Frost* ZHR 169 (2005), 431 (450); aA und eine Break-up-fee einschließend LG Paderborn NZG 2000, 899 (900).
89 Dazu BGH WM 1985, 567.
90 Dafür statt vieler K. Schmidt/Lutter/*Ziemons* AktG § 121 Rn. 96 ff.; dagegen OLG Hamburg AG 1993, 384 (385).
91 BGHZ 203, 68 Rn. 12 ff.; in diesem Sinne auch KG NZG 2018, 304 Rn. 20 ff. (Gründung einer GmbH vor einem Berner Notar zulässig).
92 Ebenso Lutter/*Drygala* § 13 Rn. 18.
93 So auch Kölner Komm UmwG/*Simon* § 13 Rn. 81; zur konkludenten Zustimmung im Rahmen des Verschmelzungsbeschlusses → Rn. 31.

haltliche Übereinstimmung mit dem unterzeichneten Verschmelzungsvertrag feststellen kann (zu den Rechtsfolgen einer Abweichung → Rn. 24 f.). Ein anderweitiger Nachweis dieser Übereinstimmung ist möglich; dh ein Beschluss ohne die Anlage nach Abs. 3 S. 2 ist nicht per se unwirksam.[94] Eine – aus Kostengründen – unbeglaubigte Abschrift des Verschmelzungsvertrages reicht aus.[95] Auch wenn das Gesetz den Verschmelzungsvertrag als Anlage bezeichnet, stellt dies keinen Verweis auf § 13a BeurkG dar, so dass der Verschmelzungsvertrag als Anlage zum Verschmelzungsbeschluss auch dann nicht zu verlesen ist, wenn das Beurkundungsverfahren nach § 8 ff. BeurkG durchgeführt wird.[96]

III. Übersendungsanspruch der Anteilsinhaber

Abs. 3 S. 3 gewährt jedem Anteilsinhaber einen Anspruch auf eine Abschrift des Verschmelzungsvertrages oder seines Entwurfs und der Niederschrift des Beschlusses; dies freilich auf eigene Kosten des Anteilsinhabers.[97] Im Verhältnis zu den Informationsrechten des allgemeinen Gesellschaftsrechts, die nur Einsicht und Auskunft gewähren (s. etwa § 131 AktG, § 51a GmbHG, § 118 HGB), geht dieser Informationsanspruch inhaltlich weiter und ist unverzüglich zu erfüllen.[98] Der Anteilsinhaber hat diesen Anspruch bereits vor der Beschlussfassung. Demnach kann er zwei Abschriften verlangen: einmal zu seiner Vorbereitung auf die Beschlussfassung und einmal nach der Beschlussfassung; er kann damit etwaige Abweichungen feststellen und für sich bewerten.[99] 48

E. Beschlussmängel

Hinsichtlich möglicher Mängel des Verschmelzungsbeschlusses und ihrer internen und externen Rechtsfolgen ist zwischen **formellen** und **materiellen** Beschlussmängeln zu unterscheiden. 49

I. Formelle Mängel

Formelle Mängel sind die **Verletzung der Vorschriften zum Beschlussverfahren**, die sich in der Praxis im Wesentlichen aus drei Quellen speisen: **Mangelhaftigkeit der vorbereitenden Unterlagen** (Bericht, Prüfbericht, Vertrag; → § 5 Rn. 5 ff., 108, → § 8 Rn. 6, 10 ff., 46 ff., → § 12 Rn. 2 ff., 16 f.), **Fehler bei der Zurverfügungstellung dieser Informationen** an die Anteilsinhaber (→ § 47 Rn. 17, → § 49 Rn. 28, → § 63 Rn. 23 ff., → § 82 Rn. 8 f., → § 101 Rn. 3 ff., 9, → § 112 Rn. 12) sowie **Mängel in der Vorbereitung und Durchführung der Anteilsinhaberversammlung**. Letztere finden keine Regelung im UmwG, sondern folgen den jeweiligen rechtsformspezifischen Vorschriften. 50

Mit Blick auf die Rechtsfolge ist für alle **formellen Fehler** gleich, dass sich der spezifische Fehler auf die Beschlussfassung ausgewirkt haben muss. Die Anforderungen an die **Kausalität** sind für die einzelnen Fehler unterschiedlich. Grundsätzlich kann eine großzügigere Behandlung bei reinen Formverstößen angenommen werden. Ein strenger Maßstab gilt hingegen dann, wenn die verletzte Norm ein **Informations- und** 51

Mitwirkungsrecht des Anteilsinhabers schützt. In diesem Fall liegt eine Auswirkung auf die Beschlussfassung nur dann nicht vor, wenn sicher feststeht, dass der Mangel sich nicht auf das Abstimmungsverhalten des betroffenen Anteilsinhabers ausgewirkt hat.[100]

52 Von einer Auswirkung auf die Beschlussfassung muss dabei ausgegangen werden, wenn diese sich aus dem Gesetz ergibt. Dies gilt für **Mängel des Verschmelzungsberichtes** und des **Prüfungsberichtes** nach der gesetzlichen Wertung der §§ 8 und 12. Darin geht der Gesetzgeber davon aus, dass diese Berichte insgesamt eine Grundlage der Entscheidung der Anteilsinhaber sind bzw. eine abstrakte Informationsgrundlage bilden. Die Nichterfüllung dieser grundsätzlichen Anforderungen hat daher stets Auswirkungen auf die Beschlussfassung der Anteilsinhaber.

53 Eine Prüfung der Auswirkungen auf das Abstimmungsverhalten wird idR bei Mängeln des Verschmelzungsvertrages relevant sein. Eine Besonderheit gilt dabei für die Verletzung der Angaben zu den Folgen der Verschmelzung für **Arbeitnehmer** nach § 5 Abs. 1 Nr. 9: Obgleich die Vorschrift nicht den Schutzinteressen der Anteilsinhaber direkt dient,[101] ist ein diesbezüglicher Mangel des Verschmelzungsvertrages ebenso streng zu behandeln. Diese Angaben sind Teil des Verschmelzungsvertrages und damit ein Teil der Grundlage der Entscheidung der Anteilsinhaber. Darüber hinaus ist nicht auszuschließen, dass die Angaben hinsichtlich einer zukünftigen Mitbestimmung besondere Relevanz für die Entscheidung der Anteilsinhaber haben können.[102]

II. Materielle Mängel

54 Im Falle eines **materiellen Mangels** verstößt der Verschmelzungsbeschluss gegen das Gesetz oder die Satzung bzw. den Gesellschaftsvertrag. Der in § 243 AktG für die Aktiengesellschaft festgelegte Maßstab kann hier verallgemeinert werden.[103] Nach § 243 Abs. 2 AktG kann die Anfechtung auch darauf gestützt werden, dass ein Aktionär mit Ausübung seines Stimmrechtes **Sondervorteile** für sich oder Dritte zum Schaden der Gesellschaft erlangt und den verbleibenden Aktionären aus dem Beschluss kein Ausgleich dafür zukommt. Ferner berechtigt ein **Verstoß gegen den Gleichbehandlungsgrundsatz** (§ 53a AktG) zur klageweisen Anfechtung (§ 243 Abs. 1 AktG). Zu den **Verstößen gegen das Gesetz** zählen auch die ungeschriebenen Grundsätze des Gesellschaftsrechts, wie etwa die **Treuepflicht des Aktionärs**[104].

III. Rechtsfolge

55 Die Rechtsfolge eines fehlerhaften Verschmelzungsbeschlusses richtet sich nach der Rechtsform des betreffenden Rechtsträgers. Für die AG, die eG (§ 51 GenG) oder den VVaG (§ 191 VAG) ergibt sich abhängig von der Schwere des Mangels die **Nichtigkeit** des Beschlusses nach § 241 AktG oder dessen **Anfechtbarkeit** nach § 243 AktG.[105]

---

100 Lutter/*Drygala* § 13 Rn. 50.
101 Dazu Lutter/*Drygala* § 13 Rn. 50; Lutter Kölner Umwandlungsrechtstage/*Priester* S. 99, 111 ff.
102 Eingehend Lutter Kölner Umwandlungsrechtstage/*Grunewald* S. 22 ff.; differenzierend Lutter/*Drygala* § 13 Rn. 50 f.
103 Lutter/*Drygala* § 13 Rn. 52 mwN.
104 Dazu BGHZ 103, 184; Semler/Stengel/Leonard/*Gehling* § 14 Rn. 14.
105 So BGHZ 101, 113 (116); BGHZ 97, 28 (31); Lutter/*Drygala* § 13 Rn. 60; Kölner Komm UmwG/*Simon* § 13 Rn. 104.

Für Personenhandelsgesellschaften und Vereine gilt, dass mangelhafte Beschlüsse stets als **nichtig** zu betrachten sind.[106] Das Rechtsmittel dagegen ist die Feststellungsklage auf Feststellung der Nichtigkeit des Verschmelzungsbeschlusses, § 256 ZPO. 56

Beide Rechtsmittel sind innerhalb **eines Monats** einzulegen, dh es gilt die Klagefrist des § 14. 57

F. Kosten

Die Kostenregelungen wurden durch die Einführung des GNotKG zum 1.7.2013 umfassend geändert und führten teilweise zu einer erheblichen Mehrbelastung der an der Verschmelzung beteiligten Personen. Im Folgenden werden die neuen Regelungen des GNotKG kommentiert, da diese für alle Umwandlungsvorgänge anwendbar sind, für welche ab dem 1.7.2013 (Stichtag) ein Auftrag an den Notar erteilt wurde (s. die Übergangsvorschrift in § 136 Abs. 1 Nr. 4 GNotKG). 58

Infolge des Beurkundungserfordernisses verursacht die **Beschlussfassung** notarielle Gebühren gem. § 108 Abs. 2 iVm § 107 Abs. 1 GNotKG. Für die Beurkundung der Zustimmungsbeschlüsse zum Verschmelzungsvertrag ist die doppelte Gebühr Nr. 21100 KV GNotKG (Anlage 1 zum GNotKG) anzusetzen. Diese richtet sich nach dem Aktivvermögen, welches in der Schlussbilanz des übertragenden Rechtsträgers ausgewiesen ist, ohne dass die Verbindlichkeiten abzuziehen sind.[107] Zwar nimmt der Wortlaut des § 38 GNotKG betreffend diese Verbindlichkeiten explizit nur auf Personengesellschaften Bezug, jedoch stellt dies gegenüber der Vorgängernorm des § 18 Abs. 3 KostO nur eine Klarstellung dar. Bereits unter § 18 Abs. 3 KostO wurden Gesellschaften und sonstige an Verschmelzungen beteiligte Rechtsträger unproblematisch unter das Tatbestandsmerkmal der „sonstigen Vermögensmasse" subsumiert; dieses Tatbestandsmerkmal findet sich als Oberbegriff auch in § 38 GNotKG wieder. Ist der so ermittelte Wert des Aktivvermögens allerdings niedriger ist als der Wert der Anteile, welche die Anteilsinhaber des übertragenden Rechtsträgers im Zuge der Verschmelzung am übernehmenden Rechtsträger erwerben, so ist Letzterer als der höhere Wert für die Kostenberechnung maßgeblich, § 97 Abs. 3 GNotKG.[108] § 108 Abs. 5 iVm § 107 Abs. 1 GNotKG bestimmt einen Mindestgeschäftswert von 30.000 EUR und begrenzt den Geschäftswert der Höhe nach auf 5 Mio. EUR.[109] Bei Erreichen bzw. Überschreiten dieses Höchstbetrages fällt mithin eine Gebühr iHv 16.270 EUR an. 59

Sofern Kettenverschmelzungen vorgenommen werden, werden diese separat berechnet, ohne dass eine Reduzierung des Geschäftswertes vorgenommen wird.[110] Werden mehrere Beschlüsse zum selben Beschlussgegenstand (Zustimmung zum Verschmelzungsvertrag) gefasst, sind diese gegenstandsgleich; folglich sind die Geschäftswerte nicht zu addieren, da es sich gem. § 109 Abs. 2 Nr. 4 lit. g GNotKG um denselben Beurkundungsgegenstand handelt. Zudem gilt der Betrag von 5 Mio. EUR somit auch als absolute Höchstgrenze für den Geschäftswert. Es bietet sich demnach an, aus Kostengründen die Verschmelzungsbeschlüsse sämtlicher Rechtsträger in derselben notariellen Urkunde zu fassen. 60

---

106 Vgl. dazu BGH NJW 1988, 411; BGH WM 1966, 1169; Lutter/*Drygala* § 13 Rn. 61.
107 Zur inhaltsgleichen Vorgängerregelung des § 18 Abs. 3 KostO s. auch BayObLG DB 1997, 970 (971); *Pfeiffer* NZG 2013, 244 (247).
108 Zur inhaltsgleichen und fast wortgleichen Vorgängerregelung des § 39 Abs. 2 KostO s. auch BayObLG DB 1997, 970 (971).
109 Die frühere Begrenzung der Gebühr auf höchstens 5.000 EUR gem. § 47 S. 2 KostO wurde gestrichen und durch die Deckelung des Geschäftswerts ersetzt.
110 OLG Düsseldorf ZIP 1998, 1754 (1755).

61 Für die Beurkundung einzelner **Zustimmungserklärungen** (Abs. 2) gilt als Ausgangspunkt ebenfalls der Geschäftswert der Verschmelzung.

62 Die Beurkundung von Zustimmungserklärungen löst eine volle Gebühr aus.[111] Der Geschäftswert berechnet sich jedoch im Gegensatz zur KostO nach der Hälfte des Geschäftswertes für die Beurkundung des Verschmelzungsvertrages gem. § 107 Abs. 1 GNotKG. Dies führt zu einem moderaten Anstieg der Beurkundungsgebühr. Freilich begrenzt § 98 Abs. 4 GNotKG den Geschäftswert auf höchstens 1 Mio. EUR. Ferner ist bei einer Zustimmungserklärung einzelner Anteilsinhaber deren Beteiligungsquote am betreffenden Rechtsträger zugrunde zu legen. Es empfiehlt sich auch hier, die Zustimmungserklärungen gemeinsam mit dem Verschmelzungsvertrag zu beurkunden, da in diesem Falle Gegenstandsgleichheit vorliegt.

63 Die Kosten dieser Beurkundung trägt der Rechtsträger.[112]

64 Aus Kostengründen empfiehlt es sich, die Zustimmungsbeschlüsse der beteiligten Rechtsträger und etwaige Zustimmungserklärungen einzelner Anteilsinhaber in derselben notariellen Urkunde, die den Verschmelzungsvertrag umfasst, mit zu beurkunden. In diesem Fall handelt es sich bezüglich aller Zustimmungsbeschlüsse und Zustimmungserklärungen um denselben Beurkundungsgegenstand gemäß § 109 GNotKG, so dass keine weiteren Gebührenerhöhungen stattfinden, und bezüglich des Verschmelzungsvertrages einerseits und der Verschmelzungsbeschlüsse bzw. Zustimmungserklärungen andererseits zwar um gegenstandsverschiedene Beurkundungsgegenstände (§ 110 Nr. 1 GNotKG), deren Geschäftswerte gemäß § 35 Abs. 1 GNotKG betragsmäßig jedoch addiert werden, ohne dass separate Gebühren anfallen. Somit kann es durch den Degressionseffekt der Gebührentabelle und den Höchstbetrag gemäß § 107 Abs. 1 GNotKG zur Verringerung der notariellen Gebühren kommen (→ § 6 Rn. 21).[113]

65 Für die Fälle der **Auslandsbeurkundung** gelten die Ausführungen zu § 6 (→ § 6 Rn. 14 ff.) entsprechend.

§ 14 Befristung und Ausschluß von Klagen gegen den Verschmelzungsbeschluß

(1) Eine Klage gegen die Wirksamkeit eines Verschmelzungsbeschlusses muß binnen eines Monats nach der Beschlußfassung erhoben werden.

(2) Eine Klage gegen die Wirksamkeit des Verschmelzungsbeschlusses kann nicht darauf gestützt werden, dass das Umtauschverhältnis der Anteile nicht angemessen ist oder dass die Mitgliedschaft bei dem übernehmenden Rechtsträger kein angemessener Gegenwert für die Anteile oder die Mitgliedschaft bei dem übertragenden Rechtsträger ist.

Literatur:
Bayer, Aktionärsklage de lege lata und de lege ferenda, NJW 2000, 2609; *Bayer,* Verschmelzung und Minderheitenschutz, WM 1989, 121; *Boesebeck,* Versäumnis der aktienrechtlichen Anfechtungsfrist von einem Monat wegen verspäteter Entscheidung über einen rechtzeitig gestellten Armenrechtsantrag, AG 1966, 303; *Bork,* Beschlußverfahren und Beschlußkontrolle nach dem Referentenentwurf eines Gesetzes zur Bereinigung des Umwandlungs-

---

[111] Die Regelung einer halben Gebühr gem. § 38 Abs. 2 Nr. 1 KostO ist in das GNotKG nicht übernommen worden.

[112] Semler/Stengel/Leonhard/*Gehling* § 13 Rn. 57; Widmann/Mayer/*Heckschen* § 13 Rn. 250.

[113] So auch *Pfeiffer* NZG 2013, 244 (246).

rechts, ZGR 1993, 343; *Decher,* Die Information der Aktionäre über die Unternehmensbewertung bei Strukturmaßnahmen in der Hauptversammlungs- und Rechtspraxis, FS Hoffmann-Becking, 2013, 295; *Fischer,* Der Sonderbeschluss der Vorzugsaktionäre in der Societas Europaea (SE), ZGR 2013, 832; *Fritzsche/Dreier,* Spruchverfahren und Anfechtungsklage im Aktienrecht: Vorrang oder Ausnahme des Anfechtungsausschlusses gemäß § 14 Abs. 2 UmwG?, BB 2002, 737; *Habrich,* Die Verbesserung des Umtauschverhältnisses mit Zusatzaktien, AG 2022, 567; *Henn,* Erhebung der Anfechtungsklage vor dem unzuständigen Gericht, AG 1989, 230; *Henze,* Die „zweistufige" Konzernverschmelzung, AG 1993, 341; *Hirte,* Informationsmängel und Spruchverfahren, ZHR 167 (2003), 8; *Hoffmann-Becking,* Der materielle Gesellschafterschutz: Abfindung und Spruchverfahren, ZGR 1990, 482; *Hommelhoff,* Minderheitenschutz bei Umstrukturierungen, ZGR 1993, 452; *Hommelhoff,* Zur Kontrolle strukturändernder Gesellschafterbeschlüsse, ZGR 1990, 447; *Martens,* Verschmelzung, Spruchverfahren und Anfechtungsklage in Fällen eines unrichtigen Umtauschverhältnisses, AG 2000, 301; *K. Schmidt,* Zur gesetzlichen Befristung der Nichtigkeitsklage gegen Verschmelzungs- und Umwandlungsbeschlüsse, DB 1995, 1849; *Schöne,* Die Klagefrist des § 14 Abs. 1 UmwG: Teils Rechtsfortschritt, teils „Aufforderung" zu sanktionslosen Geheimbeschlüssen?, DB 1995, 1317; *Timm,* Zur Bedeutung des „Hoesch-Urteils" für die Fortentwicklung des Konzern- und Verschmelzungsrechts, JZ 1982, 403; *Timm,* Einige Zweifelsfragen zum neuen Umwandlungsrecht, ZGR 1996, 247; *J. Vetter,* Ausweitung des Spruchverfahrens, ZHR 168 (2004), 8; *Wiesen,* Der materielle Gesellschafterschutz: Abfindung und Spruchverfahren, ZGR 1990, 503.

I. Normzweck	1	2. Klagefrist	8
II. Klage gegen die Wirksamkeit des Verschmelzungsbeschlusses, Abs. 1	4	III. Ausschluss der Klage betreffend das Umtauschverhältnis, Abs. 2	11
1. Beschlussmangel	4		

I. Normzweck

Während sich die Rechtsmittel gegen einen in der Anteilsinhaberversammlung gefassten Verschmelzungsbeschluss (§§ 13, 43, 50, 59, 65, 78, 84, 98, 103, 112, 312, 326) grundsätzlich nach den für den jeweiligen Rechtsträger geltenden gesetzlichen Regelungen richten, sieht das UmwG in den §§ 14 ff. hierfür einige zusätzliche **rechtsformübergreifende Normen** vor. 1

Eine Klage gegen die Wirksamkeit des Verschmelzungsbeschusses ist gem. Abs. 1 innerhalb eines Monats seit der Beschlussfassung in der Anteilsinhaberversammlung zu erheben. Abs. 1 beruht auf dem Vorbild der aktienrechtlichen Anfechtungsklage in § 246 Abs. 1 AktG.[1] Die einmonatige Klagefrist dient als **Ausschlussfrist** dazu, den beteiligten Rechtsträger zeitnah Klarheit zu verschaffen, ob und mit welcher Begründung die Wirksamkeit des Verschmelzungsbeschlusses in Zweifel gezogen wird.[2] Die Eintragung der Verschmelzung ins Handelsregister des übernehmenden Rechtsträgers ist kein Hindernis für die Zustellung der Klage eines Anteilsinhabers gegen den übertragenden Rechtsträger; zwar wird die Verschmelzung nicht mehr rückgängig gemacht, jedoch besteht ein Rechtsschutzbedürfnis hinsichtlich potenzieller Schadenersatzansprüche.[3] Klagen gegen eine AG oder eine KGaA sind gem. § 246 Abs. 2 AktG (Doppelvertretung) an Vorstand und Aufsichtsrat zuzustellen; dies ist im Rahmen der Klageschrift zu beachten. Die wesentlichen Klagegründe sind ebenfalls innerhalb der Frist des Abs. 1 vorzutragen; später nachgeschobene Gründe sind für das Gericht unbeachtlich.[4] 2

Die Monatsfrist gilt für alle Klagearten, die gegen die Wirksamkeit des Verschmelzungsbeschlusses gerichtet sind, wie zB Anfechtungsklage, Nichtigkeitsklage und allgemeine 3

---

[1] Begr. RegE, BT-Drs. 12/6699, 87.
[2] OLG München BeckRS 2008, 7260; LG München WM 2007, 1276 (1281); *Paschos/Johansen-Roth* NZG 2006, 327 (333); Lutter/*Decher* § 14 Rn. 6; Semler/Stengel/Leonard/ Gehling § 14 Rn. 2.
[3] OLG Hamburg NZG 2004, 729 (730 ff.); anders noch die Vorinstanz LG Hamburg DB 2003, 930.
[4] OLG Frankfurt a. M. ZIP 2003, 1654 (1657); OLG Stuttgart AG 2003, 465 (458); OLG Hamm ZIP 1999, 798 (803); OLG Düsseldorf ZIP 1999, 793; Lutter/*Decher* § 14 Rn. 11; Kölner Komm UmwG/*Simon* § 14 Rn. 23.

Feststellungsklage.⁵ Die Frist wird in der für die Handelsregisteranmeldung als Anlage notwendig beizufügenden **Negativerklärung** gem. § 16 Abs. 2 reflektiert. Um die zeitnahe Durchführung Verschmelzung nicht zu gefährden, kann der beklagte Rechtsträger nach Ablauf dieser Frist freilich ein **Freigabeverfahren** nach § 16 Abs. 3 einleiten. Eine zusätzliche Beschleunigungsmöglichkeit für den aktienrechtlichen Rechtsträger besteht darin, dass nach § 246 Abs. 3 S. 5 AktG die Möglichkeit besteht, eine eingereichte Klage bereits vor deren Zustellung einzusehen. Die Kläger können das Freigabeverfahren auch nicht weiter verzögern, da nach § 16 Abs. 3 S. 2 die Zustellung des Freigabeantrages an den Prozessbevollmächtigten des Hauptverfahrens ausreicht.⁶ Diese gesetzliche Erleichterung wurde eingefügt, nachdem die Anfechtungskläger in der Praxis immer öfter und mit immer diffizileren Strategien (wie zB die verzögerte Einzahlung von Gerichtskosten, welche die Zustellung der Klage verzögerte oder die Vorschaltung ausländischer Gesellschaften) versuchten, ein Freigabeverfahren und damit den Prozess der Verschmelzung insgesamt zu verzögern (→ § 16 Rn. 30).⁷

II. Klage gegen die Wirksamkeit des Verschmelzungsbeschlusses, Abs. 1

1. Beschlussmangel

4   Die Beschlusskontrolle richtet sich grds. nach den für die jeweiligen Rechtsträger geltenden Bestimmungen. Für den Fall der Beteiligung einer AG wird dies nach § 243 Abs. 4 AktG dahin gehend ergänzt, dass eine Anfechtungsklage gegen einen Verschmelzungsbeschluss nicht auf unrichtige, unvollständige oder unzureichende Informationen in der Hauptversammlung über die Ermittlung, Höhe oder Angemessenheit des Umtauschverhältnisses gestützt werden kann.

5   Grundsätzliche Zulässigkeitsvoraussetzung für die Klage ist, dass der Kläger bei Klageerhebung bis zum Zeitpunkt der letzten mündlichen Verhandlung **Anteilsinhaber** desjenigen Rechtsträgers ist, dessen Beschluss er angreift.⁸ Darüber hinaus gelten die rechtsformspezifischen Anforderungen.⁹

6   Die **materiellen Gründe der Unwirksamkeit** des Verschmelzungsbeschlusses werden nicht im UmwG geregelt, sondern sind den spezialgesetzlichen Vorschriften der jeweiligen Rechtsträger zu entnehmen. Es kommen hierbei Verstöße gegen das Gesetz, Vorschriften des Gesellschaftsvertrages oder fehlende Zustimmungen einzelner Anteilsinhaber in Betracht. Bei einer AG oder KGaA bestimmen sich die Regelungen der Anfechtungsklage (§ 246 AktG) und der Nichtigkeitsklage (§ 241 AktG) nach den dortigen Regelungen des AktG. Gleiches gilt für die allgemeine Feststellungsklage, die sich gegen die Unwirksamkeit des Verschmelzungsbeschlusses richtet.¹⁰ Die Frist des § 242 Abs. 2 S. 1 AktG im Rahmen der Nichtigkeitsklage wird freilich durch die Monatsfrist des § 14 Abs. 1 als lex specialis verdrängt.¹¹ Im Rahmen einer Klage gegen eine GmbH

---

5   Lutter/*Decher* § 14 Rn. 6; Kölner Komm UmwG/*Simon* § 14 Rn. 8; Semler/Stengel/Leonard/*Gehling* § 14 Rn. 22; abweichend Widmann/Mayer/*Heckschen*, 159. EL 2016, § 14 Rn. 30.
6   Semler/Stengel/Leonard/*Gehling* § 14 Rn. 2, der zu Recht auf die Probleme im aktienrechtlichen Anfechtungsrecht hinweist.
7   Semler/Stengel/Leonard/*Gehling* § 14 Rn. 2.
8   S. jedoch die Ausnahme bei rechtzeitiger Einreichung der Klage, aber Zustellung der Klage erst nach Eintragung der Verschmelzung bei OLG Hamburg NZG 2004, 729 (730 ff.).
9   Vgl. etwa § 245 AktG; Semler/Stengel/Leonard/*Gehling* § 14 Rn. 6.
10 Begr. RegE, BT-Drs. 12/6699, 87; Kölner Komm UmwG/*Simon* § 14 Rn. 9; Lutter/*Decher* § 14 Rn. 6; Kallmeyer/*Marsch-Barner* § 14 Rn. 6; aA Widmann/Mayer/*Heckschen*, 159. EL 2016, § 14 Rn. 30 f.; *K. Schmidt* DB 1995, 1849 (1850).
11 KG FGPrax 2005, 175; *K. Schmidt* DB 1995, 1849 (1850); Kallmeyer/*Marsch-Barner* § 14 Rn. 9; krit. *Bork* ZGR 1993, 343 (355).

sind die aktienrechtlichen Vorschriften über die Anfechtbarkeit und Nichtigkeit von Gesellschafterbeschlüssen gem. §§ 241 ff. AktG – sofern die Besonderheiten einer GmbH nicht etwas anderes gebieten – nach den allgemeinen GmbH-rechtlichen Grundsätzen entsprechend anzuwenden.[12] Bei Personengesellschaften sind die Feststellungsklagen auf Nichtigkeit bzw. Unwirksamkeit des Verschmelzungsbeschlusses – sofern nicht der Gesellschaftervertrag etwas anderes vorsieht – nach derzeit noch geltender Rechtslage gegen die widersprechenden Mitgesellschafter zu richten.[13] Nach Inkrafttreten des MoPeG sind solche Klagen hingegen gegen die Gesellschaft zu richten (§ 113 Abs. 2 HGB nF); die in § 112 Abs. 1 HGB nF vorgesehene Klagefrist von drei Monaten wird hingegen durch § 14 Abs. 1 verdrängt.

Die jeweilige Klage ist begründet, sofern der Verschmelzungsbeschluss inhaltliche oder verfahrenstechnische **Mängel** aufweist und dadurch Gesetz oder Verfassung der Gesellschaft verletzt werden und hinsichtlich eines übertragenden Rechtsträgers die gerügte Rechtsverletzung nicht nach § 14 Abs. 2 der gerichtlichen Überprüfung entzogen ist. 7

2. Klagefrist

Nach Abs. 1 muss die Klage innerhalb eines Monats nach Beschlussfassung erhoben werden. Die Klagefrist gilt für alle Klagen, die sich gegen die Wirksamkeit des Verschmelzungsbeschlusses bzw. die Feststellung seiner Nichtigkeit richten. Dies betrifft freilich keine Klagen gegen andere Entscheidungen, wie etwa einen Kapitalerhöhungsbeschluss oder eine anderweitige Satzungsänderung, die für die Durchführung der Verschmelzung notwendig oder geboten sind.[14] Es handelt sich dabei um eine **materiellrechtliche Ausschlussfrist**, die nach den §§ 186 ff. BGB zu beurteilen ist. Für die Fristberechnung gelten die §§ 187 ff. BGB; die Vorschriften über die Hemmung und Unterbrechung gem. §§ 203 ff. BGB sind nicht anwendbar da es sich um eine Ausschlussfrist handelt.[15] Etwaige Hemmungen nach den §§ 221 ff. ZPO finden ebenfalls nicht statt. Fristbeginn ist danach der Tag nach der Anteilsinhaberversammlung, die den Verschmelzungsbeschluss gefasst hat.[16] Der Zeitpunkt der Kenntnisnahme durch den Kläger ist unerheblich. Das Fristende bestimmt sich nach den §§ 188 Abs. 2, 3; 193 BGB. Die Monatsfrist ist zwingend und kann weder statuarisch noch durch Parteiabrede verlängert werden, arg. e. § 1 Abs. 3.[17] 8

Zur Fristwahrung ist die **Rechtshängigkeit** der Klage gemäß § 253 ZPO entscheidend. Nach § 167 ZPO reicht die Anhängigkeit, dh die Einreichung der Klage bei Gericht aus, wenn mit der Zustellung demnächst zu rechnen ist. Der Kläger ist hierfür darlegungs- und beweispflichtig. Die Rechtshängigkeit der Klage bezieht sich auf den Klagegegenstand, dh die Gründe aus denen sich die Unwirksamkeit ergibt. Da es sich um eine materiellrechtliche Ausschlussfrist handelt, ist ein nachträglicher Tatsachenvortrag nicht möglich.[18] Obgleich dies prozessual ggf. als Klageänderung (§ 263 f. ZPO) zulässig 9

---

12 BGH DB 1990, 1456; Kölner Komm UmwG/*Simon* § 14 Rn. 13.
13 BGH ZIP 1995, 460; BGH WM 1966, 1036; Widmann/Mayer/*Heckschen* § 14 Rn. 42; MüKoBGB/*Schäfer* § 709 Rn. 118.
14 Begr. RegE, BT-Drs. 12/6699, 87; Lutter/*Decher* § 14 Rn. 7; Semler/Stengel/Leonard/*Gehling* § 14 Rn. 22.
15 BGH NJW 1952, 98; OLG Hamburg ZIP 2004, 906 (907); Lutter/*Decher* § 14 Rn. 7; Kölner Komm UmwG/*Simon* § 14 Rn. 21.
16 Vgl. dazu OLG Hamburg ZIP 2004, 906 (907).
17 Kallmeyer/*Marsch-Barner* § 14 Rn. 3; *Koch* AktG § 243 Rn. 20.
18 Dazu BGHZ 120 141 (156 f.); Lutter/*Decher* Rn. 11; Semler/Stengel/Leonard/*Gehling* § 14 Rn. 29.

sein könnte, wäre die Klage als unbegründet abzuweisen. Die Wiedereinsetzung in den vorigen Stand (§§ 233 ff. ZPO) ist hier nicht möglich.[19] Da die Regelungen der §§ 14, 16 einer Beschleunigung des Verfahrens dienen, sind im Sinne des gesetzgeberischen Willens eine strikte Behandlung der Fristen und eine konsequente Abwehr etwaiger Verzögerungstaktiken angebracht.

10 Nach Ablauf der Klagefrist kann allenfalls auf Schadenersatz geklagt werden; die Vertretungsorgane können unabhängig davon die Negativerklärung gem. § 16 Abs. 2 gegenüber dem Registergericht abgeben.[20] Etwas anderes kann sich ausnahmsweise in rechtsmissbräuchlichen Fällen aus § 242 BGB dann ergeben, wenn die Verschmelzung von den Rechtsträgern im Verborgenen treuwidrig mit dem Ziel durchgeführt wurde, gerade eine Klage opponierender Anteilsinhaber zu verhindern.[21]

III. Ausschluss der Klage betreffend das Umtauschverhältnis, Abs. 2

11 Mit Wirksamkeit der Verschmelzung erlischt der übertragende Rechtsträger (§ 20 Abs. 1 Nr. 2) und geht im Wege der Gesamtrechtsnachfolge auf den übernehmenden Rechtsträger über. Die Anteile bzw. Mitgliedschaften am übertragenden Rechtsträger werden automatisch nach dem im Verschmelzungsvertrag festgelegten Umtauschverhältnis in Anteile bzw. Mitgliedschaften am übernehmenden Rechtsträger getauscht (§ 20 Abs. 1 Nr. 3). Aus Sicht der Anteilsinhaber kommt der korrekten Festlegung des angemessenen Umtauschverhältnisses entscheidende Bedeutung zu. Sollte die **Gegenleistung** nicht gleichwertig sein, kann den Anteilsinhabern durch den Anteilstausch ein **wirtschaftlicher Schaden** entstehen. Sollte dies der Fall sein, entspricht es der gesetzgeberischen Intention, die Verschmelzung nicht zu verzögern, da sie eine weitreichende und grundlegende unternehmerische Entscheidung der beteiligten Rechtsträger und deren jeweiliger Anteilsinhaber darstellt. Abs. 2 legt folglich für die Anteilsinhaber des übertragenden Rechtsträgers fest, dass ein unangemessenes Umtauschverhältnis die Verschmelzung an sich nicht verhindert, sondern den betroffenen Anteilsinhabern ein **Barzuzahlungsanspruch** zusteht. Dieser ist im Spruchverfahren nach dem SpruchG durchzusetzen; eine Klage gegen den Verschmelzungsbeschluss wäre hingegen unstatthaft.[22] Dieser prozessuale Weg ist auch dann verpflichtend, wenn das Umtauschverhältnis durch die Vertretungsorgane fahrlässig falsch angesetzt wurde[23] oder der Verschmelzungsprüfer das Umtauschverhältnis als unangemessen bewertet (→ § 12 Rn. 17).

12 Der Ausschluss einer Klage gegen den Verschmelzungsbeschluss gem. Abs. 2 gilt nach richtiger Ansicht dann nicht, wenn der klagende Anteilsinhaber sich nicht direkt gegen die Festlegung des Umtauschverhältnisses wendet, sondern dagegen, dass ihm seitens des Rechtsträgers unzureichende, fehlerhafte oder gar keine Informationen zur Beurteilung des Umtauschverhältnisses zur Verfügung gestellt wurden oder der

---

19 BGH DB 2005, 1731 (1732).
20 Zur Prüfung durch das Registergericht s. Lutter/*Decher* § 14 Rn. 14.
21 *Bork* ZGR 1993, 343 (355); *Schöne* DB 1995, 1317 (1320 f.); aA Kölner Komm UmwG/*Simon* § 14 Rn. 24; Lutter/*Decher* § 14 Rn. 11, die in einem solchen Fall jeweils die Frist erst mit Kenntnis der Anteilsinhaber von der Versammlung beginnen lassen wollen; ähnlich OLG Brandenburg BeckRS 2006, 19305.
22 Zur Verfassungskonformität dieser Verweisung s. BVerfG NJW 2007, 3266 (3268); ferner Semler/Stengel/Leonard/*Gehling* § 14 Rn. 30; Lutter/*Decher* § 14 Rn. 15; Kölner Komm UmwG/*Simon* § 14 Rn. 44.
23 Dazu *Ihrig* ZHR 160 (1996), 317 (332); Kölner Komm UmwG/*Simon* § 14 Rn. 37.

Verschmelzungsbericht hierzu keine ausreichenden oder fehlerhafte Aussagen enthält.[24] § 243 Abs. 4 S. 2 AktG bestimmt für Anfechtungsklagen gegen den Verschmelzungsbeschluss einer AG als übertragender Rechtsträger, dass Rügen, die bewertungsbezogene Informationsmängel in der Hauptversammlung betreffen, ausgeschlossen sind.[25] Sofern die Klage die Höhe der Abfindung gem. § 29 angreift, ist die Anfechtbarkeit gem. §§ 32, 34 S. 2 ausgeschlossen.[26]

Durch das UmRuG wurde der in Abs. 2 vorgesehene Klageausschluss auf den **Verschmelzungsbeschluss beim übertragenden Rechtsträger**, dh für dessen Anteilsinhaber, erweitert. Diese vielfach kritisierte Rechtsmittelasymmetrie[27] wurde vom Gesetzgeber nunmehr unterschiedslos sowohl für grenzüberschreitende als auch für rein innerstaatliche Verschmelzungen beseitigt; für grenzüberschreitende Vorgänge war diese Regelung unionsrechtlich zwingend vorgegeben, bei der Erstreckung auf innerstaatliche Verschmelzungsvorgänge handelt es sich hingegen um eine überschießende Umsetzung.[28] Die von der Praxis bislang zur Vermeidung des Anfechtungsrisikos genutzte Ausweichstrategie einer Verschmelzung zur Neugründung oder einer Verschmelzung auf eine zu diesem Zweck zuvor neu gegründete bzw. (als Vorratsgesellschaft) erworbene Gesellschaft könnte allerdings trotz der Änderung von Abs. 2 weiterhin relevant bleiben. Dies liegt darin begründet, dass der Gesetzgeber es versäumt hat, auch die Klagemöglichkeit gegen den im Zusammenhang mit einer Verschmelzung beim übernehmenden Rechtsträger erforderlichen Kapitalerhöhungsbeschluss auszuschließen. Von Bedeutung ist bei Aktiengesellschaften, Europäischen Gesellschaften und Kommanditgesellschaften auf Aktien insoweit insbesondere die Anfechtungsmöglichkeit nach § 255 Abs. 2 AktG.[29] Allerdings sieht der kürzlich veröffentlichte Regierungsentwurf eines Gesetzes zur Finanzierung von zukunftssichernden Investitionen[30] eine grundlegende Umgestaltung von § 255 AktG in Form eines Anfechtungsausschlusses in Bezug auf Bewertungsfragen und die Einführung eines Anspruchs auf bare Ausgleichszahlung vor. Insoweit bleibt die weitere Entwicklung des Gesetzgebungsverfahrens abzuwarten.

Eine entgegen § 14 Abs. 2 erhobene Klage gegen den Verschmelzungsbeschluss, die sich auf die fehlerhafte Bemessung des Umtauschverhältnisses stützt, ist nach richtiger Auffassung bereits **unzulässig**; hierfür spricht der Wortlaut, der besagt, dass eine solche Klage auf diese Gründe nicht gestützt werden kann.[31]

---

24 BGH WM 1990, 140 (142); OLG Hamm ZIP 1999, 798 (800 ff.); OLG Düsseldorf ZIP 1999, 793 (796); aA OLG Köln ZIP 2004, 760 (761) unter Berufung auf BGHZ 146, 179 (allerdings zum Formwechsel, der in §§ 210, 212 S. 2 eine Sonderregelung hierzu enthält, die in § 14 Abs. 2 gerade nicht enthalten ist); der Vorschlag des Bundesrates, diesen Anfechtungsgrund auch in § 14 Abs. 2 auszuschließen, wurde vom Gesetzgeber nicht übernommen, so dass ein Ausschluss de lege lata ausscheidet; krit. hierzu *Engelmeyer*, Die Spaltung von Aktiengesellschaften nach dem neuen Umwandlungsrecht, 1995, S. 445 ff.; für eine analoge Anwendung der Rechtsprechung zu §§ 210, 212: *Hirte* ZHR 167 (2003), 8 (27 ff.); *Klöhn* AG 2002, 443 (451 f.); *Kleindiek* NZG 2001, 552 (554); differenzierend Kölner Komm UmwG/*Simon* § 14 Rn. 39 ff.; vgl. hierzu zur Problematik *Seibert* WM 2005, 157, *Hemeling* AG 2004, 262.

25 S. hierzu auch Semler/Stengel/Leonard/*Gehling* § 14 Rn. 33 und Semler/Stengel/Leonard/*Gehling* § 8 Rn. 80 f.; von diesem Ausschluss wird freilich die insgesamt verweigerte Information ausgenommen, s. Begr. RegE UMAG, BR-Drs. 3/05, 54.

26 Kölner Komm UmwG/*Simon* § 14 Rn. 43; Kallmeyer/Marsch-Barner § 14 Rn. 14.

27 S. hierzu nur Kölner Komm UmwG/*Simon* § 14 Rn. 48 ff.; Semler/Stengel/Leonard/*Gehling* § 14 Rn. 32 f., 35; Widmann/Mayer/*Heckschen* § 14 Rn. 60 ff.; so auch der BGH in BGHZ 146, 179 (183).

28 *Habrich* AG 2022, 567 (568 f.).

29 Kritisch dazu *Habrich* AG 2022, 567 (569); Handelsrechtsausschuss des DAV NZG 2022, 849 (850).

30 Regierungsentwurf des sog. Zukunftsfinanzierungsgesetzes vom 17.8.2023.

31 So auch Lutter/*Decher* § 14 Rn. 16; Kölner Komm UmwG/*Simon* § 14 Rn. 44; *Bork* ZGR 1993, 343 (347); aA Semler/Stengel/Leonard/*Gehling* § 14 Rn. 34, der die Klage als unbegründet betrachtet; Leuering/*Simon* NJW-Spezial 2005, 315.

§ 15 Verbesserung des Umtauschverhältnisses

(1) ¹Ist das Umtauschverhältnis der Anteile nicht angemessen oder ist die Mitgliedschaft bei dem übernehmenden Rechtsträger kein angemessener Gegenwert für den Anteil oder für die Mitgliedschaft bei einem übertragenden Rechtsträger, so kann jeder Anteilsinhaber, dessen Recht, gegen die Wirksamkeit des Verschmelzungsbeschlusses Klage zu erheben, nach § 14 Absatz 2 ausgeschlossen ist, von dem übernehmenden Rechtsträger einen Ausgleich durch bare Zuzahlung verlangen; die Zuzahlungen können den zehnten Teil des auf die gewährten Anteile entfallenden Betrags des Grund- oder Stammkapitals übersteigen. ²Die angemessene Zuzahlung wird auf Antrag durch das Gericht nach den Vorschriften des Spruchverfahrensgesetzes bestimmt.

(2) ¹Die bare Zuzahlung ist nach Ablauf des Tages, an dem die Eintragung der Verschmelzung in das Register des Sitzes des übernehmenden Rechtsträgers nach § 19 Abs. 3 bekannt gemacht worden ist, mit jährlich 5 Prozentpunkten über dem jeweiligen Basiszinssatz nach § 247 des Bürgerlichen Gesetzbuchs zu verzinsen. ²Die Geltendmachung eines weiteren Schadens ist nicht ausgeschlossen.

Literatur:

van Aerssen, Die Antragsbefugnis im Spruchstellenverfahren des Aktiengesetzes und im Spruchverfahren des Umwandlungsgesetzes, AG 1999, 249; *Bayer*, Fehlerhafte Bewertung: Aktien als Ausgleich bei Sachkapitalerhöhung und Verschmelzung?, ZHR 172 (2008), 24; *Bork*, Beschlußverfahren und Beschlußkontrolle nach dem Referentenentwurf eines Gesetzes zur Bereinigung des Umwandlungsrechts, ZGR 1993, 343; *Fleischer/Bong*, Unternehmensbewertung bei konzernfreien Verschmelzungen zwischen Geschäftsleiterermessen und Gerichtskontrolle, NZG 2013, 881; *Friese-Dormann/Rothenfußer*, Selbstfinanzierungseffekt und Bagatellgrenze als Frage der Angemessenheit des Umtauschverhältnisses bei Verschmelzungen, AG 2008, 243; *Hoffmann/Becking*, Der materielle Gesellschafterschutz: Abfindung und Spruchverfahren, ZGR 1990, 482; *Hoger*, Kapitalschutz als Durchsetzungsschranke umwandlungsrechtlicher Ausgleichsansprüche von Gesellschaftern, AG 2008, 149; *Hommelhoff*, Minderheitenschutz bei Umstrukturierungen, ZGR 1993, 452; *Hommelhoff*, Zur Kontrolle strukturändernder Gesellschafterbeschlüsse, ZGR 1990, 447; *Knoll*, Gesetzliche Verzinsung von Spruchverfahrensansprüchen: Legislativer Wille und verfassungswidrige Wirklichkeit, BB 2004, 1727; *Krieger*, Spruchverfahren, in: Lutter, Kölner Umwandlungsrechtstage, S. 257; *Martens*, Verschmelzung, Spruchverfahren und Anfechtungsklage in Fällen eines unrichtigen Umtauschverhältnisses, AG 2000, 301; *zur Megede*, Verschmelzung von Aktiengesellschaften – Materielle Anspruchsberechtigung auf Erhalt einer baren Zuzahlung, BB 2007, 337; *Maier-Reimer*, Verbesserung des Umtauschverhältnisses im Spruchverfahren, ZHR 164 (2000), 563; *Philipp*, Ist die Verschmelzung von Aktiengesellschaften nach dem neuen Umwandlungsrecht noch vertretbar?, AG 1998, 264; *Schulenberg*, Die Antragsberechtigung gemäß §§ 15, 305 ff. UmwG und die „Informationslast" des Antragstellers im Spruchverfahren, AG 1998, 74; *Tettinger*, Die Barzuzahlung gem. § 15 UmwG – für mehr Gestaltungsfreiheit im Verschmelzungsrecht, NZG 2008, 93; *J. Vetter*, Ausweitung des Spruchverfahrens, ZHR 168 (2004), 8; *Wiesen*, Der materielle Gesellschafterschutz: Abfindung und Spruchverfahren, ZGR 1990, 503.

I. Normzweck ... 1	4. Bilanzielle und steuerrechtliche Besonderheiten ... 11
II. Bare Zuzahlung, Abs. 1 S. 1 ... 4	III. Rechtsfolge: Angemessenheitsbestimmung im Spruchverfahren, Abs. 1 S. 2 ... 14
1. Tatbestand ... 4	
2. Anspruchshöhe ... 7	IV. Verzinsung und weiterer Schaden, Abs. 2 ... 18
3. (Keine) alternativen Ausgleichsformen ... 9	

I. Normzweck

1 In Fortführung des Ausschlusses der Klagemöglichkeit gegen den Verschmelzungsbeschluss gem. § 14 Abs. 2 gewährt § 15 Abs. 1 den **Anteilsinhabern des übertragenden** und seit dem 1.3.2023 nunmehr auch des **übernehmenden Rechtsträgers** stattdessen die Möglichkeit, gegen ein unangemessenes Umtauschverhältnis im Wege eines Spruch-

verfahrens vorzugehen und eine **bare Zuzahlung** zu verlangen.[1] Dies gilt begriffslogisch nur dann, wenn das Umtauschverhältnis zulasten des betroffenen Anteilsinhabers unangemessen ist. Ist das Umtauschverhältnis aus Sicht der Anteilsinhaber des übernehmenden Rechtsträgers zu hoch bemessen, findet nach Umsetzung der Umw-RL ebenfalls ein Spruchverfahren statt, da die Anteilsinhaber des übernehmenden Rechtsträgers nunmehr auch mit einer Anfechtungsklage gem. § 14 Abs. 2 ausgeschlossen sind; die bislang nicht gerechtfertigte Ungleichbehandlung der Anteilsinhaber des übernehmenden Rechtsträgers wurde auch für inländische Umwandlungen beseitigt.[2] Gleichzeitig legt Abs. 1 damit fest, dass ein finanzieller Ausgleich grundsätzlich durch eine bare Zuzahlung erfolgt. Nach Abs. 1 S. 1 Hs. 2 kann diese Zuzahlung höher sein als 10 % des auf die gewährten Anteile entfallenden Betrages des Grund- bzw. Stammkapitals. Abs. 1 S. 2 verweist die Anteilsinhaber verfahrenstechnisch auf das **Spruchverfahren** nach dem SpruchG. Die Durchführung dieses Verfahrens verzögert die Umsetzung der Verschmelzung im Gegensatz zu den seit dem 1.3.2023 ausgeschlossenen Möglichkeiten einer suspendierenden Anfechtungsklage nicht.

§ 85 schränkt dessen Geltung für Genossenschaften dergestalt ein, dass § 15 nur dann Anwendung findet, wenn das Geschäftsguthaben eines Mitglieds beim übernehmenden Rechtsträger niedriger als das Geschäftsguthaben beim übertragenden Rechtsträger ist; ein gleich hohes Guthaben ist nicht ausreichend.[3]

Hat das Gericht die Unangemessenheit des Umtauschverhältnisses festgestellt, setzt das Gericht den Ausgleich durch bare Zuzahlung mit **inter-omnes-Wirkung** fest.[4]

II. Bare Zuzahlung, Abs. 1 S. 1

1. Tatbestand

Entstehungsvoraussetzung für den Anspruch auf bare Zuzahlung ist die Verletzung der Wertäquivalenz der Anteile an den beteiligten Rechtsträgern durch die Festlegung des Umtauschverhältnisses. Die Änderung des Wortlauts vom nicht ausreichenden zum nicht angemessenen Gegenwert übernimmt die Terminologie der Ges-RL und hat keine inhaltliche Änderung zur Folge.[5] Die Anteilsinhaber eines beteiligten Rechtsträgers müssen eine Vermögenseinbuße erleiden, indem sie nach der Verschmelzung wirtschaftlich schlechter dastehen als vor der Verschmelzung.[6] Entscheidender Zeitpunkt ist dabei der **Bewertungsstichtag**, auf den das Umtauschverhältnis berechnet wird. Der Anspruch steht den Anteilsinhabern getrennt von ihrem Anteil zu; dh der Anspruch aus Abs. 1 S. 1 ist selbstständig und unabhängig vom Anteil frei übertragbar (§§ 398 ff. BGB).[7]

---

1 BGH NZG 2021, 782 Rn. 28; OLG Frankfurt a. M. NZG 2010, 1141 (1142).
2 So ausdr. BegrRegE zu §§ 14, 15, BT-Drs. 20/3822, 70 f.; BGH AG 2007, 625 (626) zur abweichenden Rechtslage bis zum 28.2.2023.
3 LG Nürnberg-Fürth NZG 2023, 230 m zust. Anm. *Holthaus* NZG 2023, 221.
4 Lutter/*Decher* § 15 Rn. 5.
5 BT-Drs. 20/3822, 71.
6 Ein voller wirtschaftlicher Wertausgleich ist erforderlich, so zB BVerfG NZG 2012, 1035 (1037) (Daimler/Chrysler); insoweit ablehnend zur vom OLG Stuttgart propagierten „Verhandlungslösung" AG 2006, 421 (Wüstenrot/Württembergische); AG 2011, 149 (Daimler/Chrysler); jeweils basierend auf den Arbeiten von *Stiltz* FS Mailänder, 2006, 423; dazu auch *Fleischer/Bong* NZG 2013, 881.
7 S. grundlegend BGHZ 167, 299 ff. (Jenoptik); ausführlich dazu Kölner Komm UmwG/*Simon* § 15 Rn. 19 f.; Lutter/*Bork*, 4. Aufl. 2009, § 15 Rn. 2; Semler/Stengel/*Leonard/Gehling* § 15 Rn. 10; aA und gegen eine Fungibilität des Anspruchs auf bare Zuzahlung *Schulenberg* AG 1998, 74 (78 f.); *zur Megede* BB 2007, 337 (339 f.).

5 Es handelt sich demzufolge nicht um ein Instrument des Minderheitenschutzes, sondern dient der Sicherung der Anteilsinhaber vor wirtschaftlichen Schäden aus der Verschmelzung.[8] Diese Regelung der baren Zuzahlung ist verfassungsrechtlich unbedenklich.[9] Der Anspruch steht danach auch denjenigen Anteilsinhabern eines Rechtsträgers zu, die bereits am anderen Rechtsträger selbst beteiligt sind. Für die Praxis ist darauf hinzuweisen, dass – in Konzernstrukturen – dadurch ungewollte Steuerlasten auftreten können. Bei Geltendmachung des Anspruchs kann eine Ertragsteuer auf die erlangte Barzuzahlung anfallen; bei Verzicht auf den finanziellen Ausgleich kann dies steuerlich als verdeckte Gewinnausschüttung bzw. Einlage gewertet werden und zu einer negativen ertragsteuerlichen Belastung führen.[10] Um dies zu vermeiden, gibt es im Wesentlichen zwei Möglichkeiten: zunächst eine konzerninterne Umstrukturierung der Beteiligungsverhältnisse. Da dies jedoch einen wohl unverhältnismäßigen Aufwand bedeuten würde, bleibt ein Verzicht auf die Barzuzahlung zu dem Zeitpunkt, zu dem der Anspruch noch nicht entstanden ist. Anders gewendet: Eine steuerliche Neutralität ist nur dann möglich, wenn die beteiligten Rechtsträger vor Fassung des Verschmelzungsbeschlusses in Form eines Erlassvertrages auf den Anspruch auf bare Zuzahlung verzichten.[11]

6 Der Anspruch entsteht bereits mit **Fassung** des Verschmelzungsbeschlusses.[12] Entgegen der Auffassung, die auf die Wirksamkeit der Verschmelzung (§ 20) abstellt,[13] steht bereits zu diesem Zeitpunkt fest, aufgrund welchen Umtauschverhältnisses der Anteilstausch vorgenommen wird. Den Anteilseignern ist es nicht zuzumuten, noch bis zum tatsächlichen Eintritt des Schadens warten zu müssen; Ihnen muss bereits vorher die Möglichkeit gegeben werden, zur Wahrung ihrer Vermögensrechte tätig zu werden. Die Tatsache, dass die Anteilseigner am übertragenden Rechtsträger bis zur Wirksamkeit der Verschmelzung noch Anteilseigner am übertragenden Rechtsträger sind, steht dem nicht entgegen: § 15 bezweckt den Schutz der Anteilsinhaber vor vermögensrechtlichen Einbußen, die an die Festlegung des Umtauschverhältnisses geknüpft sind und nicht an den Übergang der Mitgliedschaft. Schlussendlich steht dieser Interpretation auch Abs. 2 S. 1 nicht entgegen: Die Verzinsung des Anspruchs setzt dessen Fälligkeit voraus; diese tritt zwar erst mit tatsächlicher Wirksamkeit der Verschmelzung ein, hat jedoch keinerlei Relevanz für die **Entstehung des Anspruchs** oder den Rechtsschutz der Anteilsinhaber. Der Anspruch ist freilich nur aufschiebend bedingt auf die Wirksamkeit der Verschmelzung entstanden.

2. Anspruchshöhe

7 Grundsätzlich besteht keine Begrenzung des Barzahlungsanspruchs der Höhe nach.[14] Abs. 1 S. 1 Hs. 2 stellt hierzu klar, dass die Barzuzahlung den zehnten Teil des auf die gewährten Anteile entfallenden Betrags des Grund- bzw. Stammkapitals übersteigen darf. In Abgrenzung zu der Festlegung einer Barzuzahlung zur Herstellung eines ange-

---

8 Kölner Komm UmwG/*Simon* § 15 Rn. 10.
9 BVerfG NJW 2007, 3266 (3268 f.).
10 Hierzu näher Kölner Komm UmwG/*Simon* § 15 Rn. 10, 25 f.
11 Kölner Komm UmwG/*Simon* § 15 Rn. 11 mit Hinweis auf BGHZ 40, 326 (330); Grüneberg/*Heinrichs* BGB § 397 Rn. 2.
12 Wie hier OLG München AG 2007, 701 (702) mit Verweis auf Lutter/*Bork*, 4. Aufl. 2009, § 15 Rn. 2.
13 *Schulenberg* AG 1998, 74 (78); Kölner Komm UmwG/ *Simon* § 15 Rn. 7; Keßler/Kühnberger/*Keßler*, § 15 Rn. 3.
14 *Philipp* AG 1998, 264 (268); *Seetzen* WM 1999, 565 (566); die darauf hinweisen, dass die baren Zuzahlungen dadurch existenzgefährdende Beträge erreichen können.

messenen Umtauschverhältnisses im Verschmelzungsvertrag[15] unterliegt der Anspruch des Abs. 1 S. 1 damit keiner entsprechenden inhaltlichen Beschränkung.

Entgegen der wohl hM im Schrifttum wird das dem Anspruch nach Abs. 1 S. 1 innewohnende finanzielle Risiko einer Ausgleichszahlung an die Anteilsinhaber des übertragenden Rechtsträgers auch nicht durch die gesellschaftsrechtlichen Bestimmungen der **Kapitalerhaltung** begrenzt.[16] Abgesehen davon, dass diese mittelbare Begrenzung des Barzuzahlungsanspruchs den gesetzgeberischen Zweck des § 15 Abs. 1 S. 1 konterkarieren würde, liegt weder eine Verletzung der Kapitalerhaltungsvorschriften noch eine verbotene Rückzahlung von Einlagen vor.[17] Die Barzuzahlung des übernehmenden Rechtsträgers beruht in ihrer genannten **Kompensationsfunktion** auf dem Vermögen, welches dem übernehmenden Rechtsträger durch die Verschmelzung zugeflossen ist; der für eine Verletzung der Kapitalerhaltungsvorschriften konstitutive Abfluss von Eigenkapital liegt somit bereits nicht vor.[18] Da aus wirtschaftlicher Sicht nur ein Ausgleich für ein ursprünglich unzutreffend festgestelltes Umtauschverhältnis vorliegt und damit durch Zahlung an die Anteilseigner des übertragenden Rechtsträgers ausgeglichen werden soll, was dem übernehmenden Rechtsträger durch diese zu viel zugeflossen ist, handelt es sich auch nicht um eine **verbotene Einlagenrückgewähr**; denn die ursprüngliche Unausgewogenheit von Leistung und Gegenleistung wird hier gerade im Rahmen der Einlageleistung korrigiert.[19] Dieses Ergebnis ist letztendlich auch unabhängig von der Art der Bilanzierung (Anschaffungskostenprinzip oder Buchwertverknüpfung) der Verschmelzung beim übernehmenden Rechtsträger, da in beiden Fällen das Eigenkapital nicht gefährdet wird.[20] Anders zu beurteilen sind bare Ausgleichszahlungen an die Anteilsinhaber des übernehmenden Rechtsträgers. Wenn dieser den Anteilsinhabern des übertragenden Rechtsträgers bereits ein unangemessenes Umtauschverhältnis gewährt hat, kann die bare Ausgleichszahlung an die bisherigen Anteilsinhaber durchaus die Kapitalerhaltungsvorschriften verletzen, so dass diese Grenze zu beachten und die Höhe der baren Zuzahlung auf das freie Vermögen begrenzt ist.

3. (Keine) alternativen Ausgleichsformen

Der Anspruch aus Abs. 1 S. 1 setzt grundsätzlich eine bare Zuzahlung in Geld voraus. Allerdings eröffnet § 72a nunmehr für die AG, die KGaA und die SE die Möglichkeit, die Gewähr zusätzlicher Aktien des übernehmenden Rechtsträgers anstelle einer baren Zuzahlung zu gewähren. Weitere alternative Gestaltungen des Ausgleichs des wirtschaftlichen Schadens, etwa durch Gewährung weiterer Anteile bzw. Mitgliedschaftsrechte am übernehmenden Rechtsträger, sind aufgrund der klaren Aussage des Abs. 1 nicht zulässig.[21]

---

15 So in den §§ 54 Abs. 4; 68 Abs. 3; 78; 87 Abs. 2.
16 So aber Kallmeyer/*Marsch-Barner/Oppenhoff* § 15 Rn. 2, der eine Begrenzung auf das freie Vermögen (§ 57 AktG, § 30 GmbHG) befürwortet; ebenso BeckOGK/*Rieckers/Cloppenburg* Rn. 18 ff.; Semler/Stengel/Leonard/*Gehling* § 15 Rn. 22 ff.; Lutter/*Decher* § 15 Rn. 8, die den Anspruch zwar entstehen lassen wollen, die Auszahlung jedoch von der Verfügbarkeit freier Mittel abhängig machen; ähnlich *Vetter* ZHR 168 (2004), 8 (19 f., 41 f.); *Bayer* ZHR 172 (2008), 24 (31 ff.) und so wie hier Kölner Komm UmwG/*Simon* § 15 Rn. 13 ff.; Schmitt/Hörtnagl/*Winter* § 15 Rn. 29.
17 Zustimmungswürdig Kölner Komm UmwG/*Simon* Rn. 13 ff.
18 Kölner Komm UmwG/*Simon* § 15 Rn. 15 weist hier darauf hin, dass die bare Zuzahlung uU als nachträgliche Anschaffungskosten zu bilanzieren sei.
19 Kölner Komm UmwG/*Simon* § 15 Rn. 16.
20 So richtig und mit ausführlicher Begründung Kölner Komm UmwG/*Simon* § 15 Rn. 15 f.
21 KG ZIP 2000, 498 (501); Lutter/*Decher* § 15 Rn. 6; Widmann/Mayer/*Heckschen* § 15 Rn. 95; aA *Maier-Reimer* ZHR 164 (2006), 563 (574 ff.), der eine Abfindung in Aktien bereits vor der Änderung des § 15 zum 1.3.2023 in engen Grenzen für rechtmäßig erachtete.

10 **De lege ferenda** wurde vor der Umsetzung der Umw-RL gefordert, dies zu ändern, um die Liquidität des übernehmenden Rechtsträgers zu schonen und die Ausgleichszahlungen zumindest anteilig durch die Gewährung zusätzlicher Anteile am übernehmenden Rechtsträger zu ersetzen;[22] teilweise wurde statt einer Ersetzungsbefugnis des übernehmenden Rechtsträgers ein Anspruch der Anteilsinhaber des übertragenden Rechtsträgers gegen den übernehmenden Rechtsträger stipuliert.[23] Im Rahmen der Umsetzung der Umw-RL hat der Gesetzgeber sich nunmehr entschlossen, eine Gewährung zusätzlicher Anteile zumindest im Hinblick auf eine AG, KGaA und SE als übernehmender Rechtsträger gesetzlich zu erlauben; für andere Rechtsformen wurde diese Möglichkeit als nicht erforderlich abgelehnt.[24]

4. Bilanzielle und steuerrechtliche Besonderheiten

11 Die **bilanzielle Ausweisung** der Barzuzahlung nach Abs. 1 S. 1 hängt davon ab, ob sich der betreffende Rechtsträger für eine Bilanzierung der Verschmelzung nach Anschaffungskostenprinzip (§ 24) oder nach Buchwertanknüpfung entscheidet. Im ersteren Fall sind die baren Zuzahlungen als nachträgliche Anschaffungskosten zu bilanzieren, im zweiten Fall erfolgt eine Buchung gegen die Kapitalrücklage.[25]

12 Hinsichtlich der steuerrechtlichen Behandlung ist nach Rechtsform der beteiligten Rechtsträger zu unterscheiden. Wird die bare Zuzahlung nach Buchwert bilanziert und sind in der Bilanz des übernehmenden Rechtsträgers stille Reserven vorhanden, so führt eine bare Zuzahlung, wenn der übertragende Rechtsträger Kapitalgesellschaft und der Übernehmende Personenhandelsgesellschaft oder Kapitalgesellschaft ist, zu einer steuerlichen Einordnung nach § 3 Abs. 2 S. 1 Nr. 3 UmwStG. Danach ist der Wert des übertragenden Rechtsträgers aus dessen Schlussbilanz um den Wert der Barzuzahlungen zu erhöhen; es kommt in Höhe der Barzuzahlung zur Aufdeckung der stillen Reserven.

13 Ist der übertragende Rechtsträger eine Personenhandelsgesellschaft und der übernehmende Rechtsträger eine Kapitalgesellschaft, so ist die bare Zuzahlung steuerneutral, sofern sie den Buchwert des auf den übernehmenden Rechtsträger übergehenden Vermögens nicht überschreitet, § 20 Abs. 2 S. 4 UmwStG. Wird der Wert überschritten, so erfolgt in der entsprechenden Höhe eine steuerpflichtige Aufdeckung stiller Reserven (→ UmwStG § 20 Rn. 174).[26]

III. Rechtsfolge: Angemessenheitsbestimmung im Spruchverfahren, Abs. 1 S. 2

14 Die konkrete Höhe des Anspruchs nach Abs. 1 S. 1 wird im Rahmen eines **Spruchverfahrens** nach dem SpruchG vom Gericht festgelegt. Eine vorherige Leistungsklage ist unstatthaft, arg. e. § 1 Nr. 4 SpruchG.[27] Diese ist erst dann statthaft, sofern der übernehmende Rechtsträger, nach Festsetzung der Barzuzahlung im Spruchverfahren, nicht freiwillig leistet, arg. e. § 16 SpruchG.

---

22 So bereits mehrfach der *Handelsrechtsausschuss des DAV*, NZG 2000, 802 (803); NZG 2006, 737 (738); NZG 2007, 497 (500 ff.); *Philipp* AG 1998, 271; *Maier-Reimer* ZHR 164 (2000), 563 (574 ff.).

23 So *Bayer* ZHR 172 (2008), 24 (39 f.), der somit nicht nur die eingetretene Vermögensverwässerung, sondern auch die Stimmrechtsverwässerung der Anteilsinhaber des übertragenden Rechtsträgers ausgleichen und diese Entscheidung nicht dem Organ des übernehmenden Rechtsträgers überlassen will.

24 BT-Drs. 20/3822, 74.

25 Näher dazu Kölner Komm UmwG/*Simon* § 15 Rn. 23 f.

26 Kölner Komm UmwG/*Simon* § 15 Rn. 25 f.

27 Kölner Komm UmwG/*Simon* § 15 Rn. 27; Semler/Stengel/Leonard/*Gehling* § 15 Rn. 24.

Antragsberechtigt im Spruchverfahren ist jeder **Anteilsinhaber** im Sinne des Umwandlungsrechts (§ 3 SpruchG), der zum Zeitpunkt der Antragstellung Anteilsinhaber ist (§ 3 Abs. 2 SpruchG).[28] Der Antrag ist binnen drei Monaten nach Eintragung der Umwandlung im Handelsregister zu stellen, § 4 Abs. 1 Nr. 4 iVm § 1 Nr. 4 SpruchG. In diesem Fall wäre der Antragsteller zum Zeitpunkt der Antragstellung Anteilsinhaber am übernehmenden Rechtsträger. Sollte der Antrag eines Anteilsinhabers am übertragenden Rechtsträgers vor Eintragung der Verschmelzung gestellt werden (→ Rn. 6), muss der Antragsteller hingegen zwingend Anteilsinhaber am übertragenden Rechtsträger sein.[29]

Im Fall der Gesamtrechtsnachfolge geht der Anspruch auf bare Zuzahlung mit über. Verfügt der Anteilsinhaber vor Entstehen des Anspruchs aus § 15 über sein Mitgliedschaftsrecht, so geht die Antragsbefugnis grundsätzlich auf den neuen Anteilsinhaber über; der Anspruch nach § 15 entsteht aus dem Anteil und ist separat auf den Rechtsnachfolger zu übertragen. Sollte der Anteilsinhaber während des laufenden Spruchverfahrens, dh nach Antragstellung, über seine Mitgliedschaft verfügen, so ist dies für das laufende Spruchverfahren unschädlich: § 3 fordert die Anteilsinhabereigenschaft zum Zeitpunkt der Antragstellung und die **Aktivlegitimation** ergibt sich daraus, dass Anspruch nach § 15 und Mitgliedschaft getrennt voneinander zu behandeln sind.[30] Verfügt der Anteilsinhaber nach Antragstellung über seinen Barzahlungsanspruch, so hindert dies nicht die Durchführung des Spruchverfahrens. In entsprechender Anwendung des § 265 Abs. 2 ZPO ist die fehlende Aktivlegitimation des Antragstellers keine Voraussetzung für die Begründetheit des Antrages.[31] Für den Anspruch gelten die rechtsformspezifischen Voraussetzungen, so dass der Anspruch auf bare Zuzahlung zB bei Namensaktien nur dem im Aktienregister eingetragenen Aktionär zusteht.[32]

Ein **Widerspruch** gegen den gefassten Verschmelzungsbeschluss oder eine negative Stimmabgabe im Rahmen dessen Fassung sind – entgegen der früheren Regelungen in §§ 352c Abs. 2 S. 1, 245 Nr. 1 AktG, 31a KapErhG – keine Voraussetzung für den Anspruch des Anteilsinhabers auf Barausgleich.[33] Diese Regelung ist praxisgerecht, da der frühere Widerspruchszwang in vielen Fällen zu rein vorsorglich geltend gemachten Widersprüchen von Anteilsinhabern geführt hat, welche die beteiligten Rechtsträger vor entsprechende Probleme gestellt hat.[34]

IV. Verzinsung und weiterer Schaden, Abs. 2

§ 15 Abs. 2 S. 1 legt fest, dass die bare Zuzahlung zu verzinsen ist. Dadurch soll verhindert werden, dass der übernehmende Rechtsträger seine Zahlungspflicht hinauszögert und den Zinsvorteil auf seiner Seite hält.[35] Der Zinsanspruch entsteht dem Grunde nach erst mit Ablauf des Tages, an dem die **Eintragung** der Verschmelzung in das

---

28 Dessen Klagerecht ist nach § 14 Abs. 2 ausgeschlossen. Dies stellt keine zusätzliche Voraussetzung des § 15 Abs. 1 dar, sondern spiegelt nur die Konnexität dieser beiden Normen wider.
29 AA ohne die hier vorgenommene Differenzierung Kölner Komm UmwG/*Simon* § 15 Rn. 28, der gem. § 4 Abs. 1 S. 1 Nr. 4 SpruchG die Antragsberechtigung erst mit Eintragung im Handelsregister annimmt.
30 Kölner Komm UmwG/*Simon* § 15 Rn. 31 mwN.
31 OLG München AG 2007, 701 (702); mit anderem dogmatischen Ansatz, aber iE ebenso Kölner Komm UmwG/*Simon* § 15 Rn. 32.
32 KG ZIP 2000, 498 (500).
33 Semler/Stengel/Leonard/*Gehling* § 15 Rn. 12; Lutter/*Decher* § 15 Rn. 3; de lege ferenda dagegen *Tettinger* NZG 2008, 93 (94 ff.).
34 S. die Kritik zum alten Recht bei *Hoffmann-Becking* ZGR 1990, 482 (483 f.).
35 So die Begr. RegE, BT-Drs. 12/6699, 88, krit. hierzu *Philipp* AG 1998, 264 (270), der darauf hinweist, dass Verzögerungen häufig andere Gründe haben, auf die der übernehmende Rechtsträger keinen Einfluss hat; so auch Kallmeyer/*Marsch-Barner/Oppenhoff* § 15 Rn. 5.

Handelsregister des übernehmenden Rechtsträgers (§ 19 Abs. 3) bekannt gemacht wurde. Erst mit Wirksamkeit der Verschmelzung wird der Barzuzahlungsanspruch fällig, was wiederum eine notwendige Voraussetzung des Zinsanspruches ist. Der Höhe nach beläuft sich der Zinsanspruch auf 5 Prozentpunkte über dem jeweiligen Basiszinssatz (§ 247 BGB); auch diese Regelung ist verfassungsrechtlich unbedenklich.[36]

19 Entgegen einer Forderung aus dem Schrifttum ist die Verzinsungspflicht (von Anteilsinhabern des übertragenden Rechtsträgers) auch nicht teleologisch zu reduzieren, solange der Anteilsinhaber des übertragenden Rechtsträgers noch seine Gewinnanteile vom übertragenden Rechtsträger erhält.[37] Die bare Zuzahlung soll schließlich das Weniger an gewährten Anteilen bzw. Mitgliedschaften am übernehmenden Rechtsträger ausgleichen und eine entsprechende Kompensation für die zu gering gewährten Anteile darstellen.[38] Ein Konnex zur Gewinnberechtigung besteht hingegen nicht.

20 Die Anordnung des Abs. 2 S. 2, dass eine Geltendmachung weiterer Schäden möglich ist, entspricht insoweit § 288 Abs. 4 BGB. Hierfür muss sich der betreffende Rechtsträger freilich in **Verzug** befinden. Hierunter fällt zB ein Schaden, der daraus hervorgeht, dass den Anteilsinhabern nicht von vornherein eine angemessene Gegenleistung angeboten wurde.[39] Hierfür gilt die zwingende Anordnung eines Spruchverfahrens nicht, so dass solche Schäden im Wege der Leistungsklage im ordentlichen Zivilverfahren geltend zu machen sind.[40] Hierfür ist der Kläger – dh der Anteilsinhaber – darlegungs- und beweispflichtig.[41]

§ 16 Anmeldung der Verschmelzung

(1) ¹Die Vertretungsorgane jedes der an der Verschmelzung beteiligten Rechtsträger haben die Verschmelzung zur Eintragung in das Register (Handelsregister, Genossenschaftsregister, Gesellschaftsregister, Partnerschaftsregister oder Vereinsregister) des Sitzes ihres Rechtsträgers anzumelden. ²Das Vertretungsorgan des übernehmenden Rechtsträgers ist berechtigt, die Verschmelzung auch zur Eintragung in das Register des Sitzes jedes der übertragenden Rechtsträger anzumelden.

(2) ¹Bei der Anmeldung haben die Vertretungsorgane zu erklären, daß eine Klage gegen die Wirksamkeit eines Verschmelzungsbeschlusses nicht oder nicht fristgemäß erhoben oder eine solche Klage rechtskräftig abgewiesen oder zurückgenommen worden ist; hierüber haben die Vertretungsorgane dem Registergericht auch nach der Anmeldung Mitteilung zu machen. ²Liegt die Erklärung nicht vor, so darf die Verschmelzung nicht eingetragen werden, es sei denn, daß die klageberechtigten Anteilsinhaber durch notariell beurkundete Verzichtserklärung auf die Klage gegen die Wirksamkeit des Verschmelzungsbeschlusses verzichten.

---

[36] BVerfG NJW 2007, 3266 (3268 f.); krit. zu diesem Zinssatz freilich *Knoll* BB 2004, 1727 ff.
[37] So jedoch Kallmeyer/*Marsch-Barner*/*Oppenhoff* § 15 Rn. 9 unter freilich inhaltlich fehlgehender Berufung auf *Liebscher* AG 1996, 455 (457 ff.), der dies nur für die Barabfindung gem. §§ 30 Abs. 1 S. 2, 208 vertritt, sowie auf BayObLG WM 1995, 1580 (1585); BayObLG AG 1996, 127 (131), die diese Auffassung nur hinsichtlich der Barabfindung gem. § 305 Abs. 3 S. 3 AktG vertreten.
[38] So auch Kölner Komm UmwG/*Simon* § 15 Rn. 38; Semler/Stengel/Leonard/*Gehling* § 15 Rn. 29; Schmitt/Hörtnagl/*Winter*, § 15 Rn. 34.
[39] Lutter/*Decher* § 15 Rn. 11; Widmann/Mayer/*Heckschen* § 15 Rn. 157.
[40] OLG Düsseldorf AG 2006, 287 (288); Lutter/*Decher* § 15 Rn. 11; Widmann/Mayer/*Heckschen* § 15 Rn. 157.
[41] Semler/Stengel/Leonard/*Gehling* § 15 Rn. 30; Kölner Komm UmwG/*Simon* § 15 Rn. 39.

(3) ¹Der Erklärung nach Absatz 2 Satz 1 steht es gleich, wenn nach Erhebung einer Klage gegen die Wirksamkeit eines Verschmelzungsbeschlusses das Gericht auf Antrag des Rechtsträgers, gegen dessen Verschmelzungsbeschluß sich die Klage richtet, durch Beschluß festgestellt hat, daß die Erhebung der Klage der Eintragung nicht entgegensteht. ²Auf das Verfahren sind § 247 des Aktiengesetzes, die §§ 82, 83 Abs. 1 und § 84 der Zivilprozessordnung sowie die im ersten Rechtszug für das Verfahren vor den Landgerichten geltenden Vorschriften der Zivilprozessordnung entsprechend anzuwenden, soweit nichts Abweichendes bestimmt ist. ³Ein Beschluss nach Satz 1 ergeht, wenn

1. die Klage unzulässig oder offensichtlich unbegründet ist oder
2. der Kläger nicht binnen einer Woche nach Zustellung des Antrags durch Urkunden nachgewiesen hat, dass er seit Bekanntmachung der Einberufung einen anteiligen Betrag von mindestens 1 000 Euro hält oder
3. das alsbaldige Wirksamwerden der Verschmelzung vorrangig erscheint, weil die vom Antragsteller dargelegten wesentlichen Nachteile für die an der Verschmelzung beteiligten Rechtsträger und ihre Anteilsinhaber nach freier Überzeugung des Gerichts die Nachteile für den Antragsgegner überwiegen, es sei denn, es liegt eine besondere Schwere des Rechtsverstoßes vor.

⁴Der Beschluß kann in dringenden Fällen ohne mündliche Verhandlung ergehen. ⁵Der Beschluss soll spätestens drei Monate nach Antragstellung ergehen; Verzögerungen der Entscheidung sind durch unanfechtbaren Beschluss zu begründen. ⁶Die vorgebrachten Tatsachen, auf Grund derer der Beschluß nach Satz 3 ergehen kann, sind glaubhaft zu machen. ⁷Über den Antrag entscheidet ein Senat des Oberlandesgerichts, in dessen Bezirk die Gesellschaft ihren Sitz hat. ⁸Eine Übertragung auf den Einzelrichter ist ausgeschlossen; einer Güteverhandlung bedarf es nicht. ⁹Der Beschluss ist unanfechtbar. ¹⁰Erweist sich die Klage als begründet, so ist der Rechtsträger, der den Beschluß erwirkt hat, verpflichtet, dem Antragsgegner den Schaden zu ersetzen, der ihm aus einer auf dem Beschluß beruhenden Eintragung der Verschmelzung entstanden ist; als Ersatz des Schadens kann nicht die Beseitigung der Wirkungen der Eintragung der Verschmelzung im Register des Sitzes des übernehmenden Rechtsträgers verlangt werden.

Literatur:

Fackelmann/Heinemann, GNotKG, Gerichts- und Notarkostengesetz, Handkommentar, 2013 (zit.: HK-GNotKG/Bearbeiter); *Habersack/Wicke,* Umwandlungsgesetz, 3. Aufl. 2023; *Hollstein,* Aktienrechtliches Freigabeverfahren post „ARUG" – erste Entscheidungen, erste Überraschungen, Anm. zu OLG München, Beschl. v. 4.11.2009 – 7 A 2/09, jurisPR-HaGesR 2/2010 Anm. 2; *Ising,* Handelsregisteranmeldungen durch den beurkundenden Notar, NZG 2012, 289; *Kort,* Einstweiliger Rechtsschutz bei eintragungspflichtigen Hauptversammlungsbeschlüssen, NZG 2007, 169; *Kort,* Pflichten und Obliegenheiten bei spät erhobener Anfechtungsklage gegen einen Umwandlungsbeschluss (§§ 16, 20 UmwG), NZG 2010, 893; *Kort,* Bedeutung und Reichweite des Bestandschutzes bei Umwandlungen, AG 2010, 230; *Melchior,* Vollmachten bei Umwandlungsvorgängen – Vertretungshindernisse und Interessenkollisionen, GmbHR 1999, 520; *Melchior,* Die Beteiligung von Betriebsräten an Umwandlungsvorgängen aus Sicht des Handelsregisters, GmbHR 1996, 883; *Reichard,* Der Nachweis des Mindestaktienbesitzes im Freigabeverfahren, NZG 2011, 292; *Reichard,* Neues zum Nachweis des Mindestaktienbesitzes im Freigabeverfahren, NZG 2011, 775; *Ries,* Praxis- und Formularbuch zum Registerrecht, 4. Aufl. 2019; *Rubner/Leuering,* Das aktienrechtliche Freigabeverfahren, NJW-Spezial 2019, 527; *Schall/Habbe/Wiegand,* Anfechtungsmissbrauch – Gibt es einen überzeugenderen Ansatz als das ARUG?, NJW 2010, 1789; *Schmidt-Troschke,* Rechtsbehelfe bei fehlerhafter Verschmelzung zweier GmbH – Zur Passivlegitimation bei Anfechtung des Versammlungsbeschlusses, GmbHR 1992, 505; *Schulte,* „Und im Register, da sind die Räuber" – Die Rolle des Registergerichts bei Erhebung missbräuchlicher Anfechtungs- und Nichtigkeitsklagen durch

Berufskläger im Aktienrecht", ZIP 2010, 1166; *Wilsing/Saß*, Die Rechtsprechung zum Freigabeverfahren seit Inkrafttreten des ARUG, DB 2011, 919.

I. Normzweck	1	X. Inhalt der Negativerklärung	15
II. Anmeldepflicht	2	XI. Freigabeverfahren (Abs. 3)	27
III. Inhalt und Zeitpunkt der Anmeldung	3	XII. Rolle des Notars/der Notarin bei Beschlussanfechtung	45
IV. Reihenfolge der Anmeldungen	5	XIII. Sekundäranspruch auf Schadensersatz gemäß Abs. 3 S. 10	46
V. Form der Anmeldung	6		
VI. Zuständiges Gericht	7	XIV. Rechtsmittel	50
VII. Folgen der Anmeldung	8	XV. Kosten der Anmeldung der Verschmelzung	52
VIII. Anmeldeberechtigtes Vertretungsorgan	10		
IX. Negativerklärung gemäß Abs. 2 – Allgemeines	14		

I. Normzweck

1 Die Norm verfolgt mehrere Zwecke. Abs. 1 betrifft die Verpflichtung der Vertretungsorgane der an einem Verschmelzungsvorgang beteiligten Rechtsträger, die entsprechende Anmeldung zum Handelsregister vorzunehmen, wobei insoweit die Vertretungsbefugnis der Organe des übernehmenden Rechtsträgers erweitert wird. Abs. 2 der Vorschrift regelt den notwendigen Inhalt der Handelsregisteranmeldung und enthält die für die Praxis bedeutsame Pflicht zur Abgabe der sogenannten „Negativerklärung". Für den Fall, dass gegen einen der erforderlichen Zustimmungsbeschlüsse zum Verschmelzungsvertrag Klage erhoben worden ist, enthält Abs. 3 materiellrechtliche und prozessuale Regelungen zur Durchführung eines „Freigabeverfahrens". Letzteres hatte eine „Vorbildfunktion" bezüglich der Einführung des aktienrechtlichen Freigabeverfahrens gemäß § 246a AktG, welches allerdings im Gegensatz zu dem umwandlungsrechtlichen Freigabeverfahren nicht mit einer Registersperre verbunden ist.[1] Schließlich enthält Abs. 3 S. 10 einen Schadensersatzanspruch für den Fall, dass nach einem aus Sicht der betroffenen Gesellschaft erfolgreich abgeschlossenen Freigabeverfahren der/die anfechtenden Kläger im Hauptsacheverfahren obsiegen sollte. Das durch das Freigabeverfahren bedingte „Abschneiden des Primärrechtsschutzes" für den Fall eines späteren Obsiegens in der vom Freigabeverfahren unabhängigen Hauptsache wird insoweit durch die Gewährung des sekundären Rechtsschutzes kompensiert; dies ist auch erforderlich, um verfassungsrechtliche Bedenken insoweit ausräumen zu können.

II. Anmeldepflicht

2 Aus der Formulierung „haben ... anzumelden" lässt sich eine **Anmeldeverpflichtung** der Vertretungsorgane der beteiligten Rechtsträger ableiten, die aber lediglich im jeweiligen Innenverhältnis besteht.[2] Verletzen die Angehörigen des jeweiligen Leitungsorgans die bestehende Anmeldeverpflichtung, können Schadensersatzansprüche der beteiligten Rechtsträger und deren Gesellschafter – sofern ein Schaden bei diesen substanziierbar ist – in Betracht kommen.[3] Eine öffentlich-rechtliche Anmeldepflicht, die seitens des Registergerichts etwa im Zwangsgeldverfahren gemäß § 14 HGB durchgesetzt werden könnte, besteht nicht. Da die Handelsregistereintragung gemäß § 20 Abs. 1

---

[1] Zu der insoweit unterschiedlichen Ausgestaltung der sonst parallel laufenden Verfahren vgl. *Schulte* ZIP 2010, 1166 (1167 f.); *Schulte* ARUG AktG § 246a Rn. 5; Heidel/*Heidel* AktG § 246a Rn. 3.

[2] Schmitt/Hörtnagl/*Winter* § 16 Rn. 1; Kölner Komm UmwG/*Simon* § 16 Rn. 11, welcher bei Weigerung der Leitungsorgane von einem Weisungsrecht der Gesellschafter ausgeht.

[3] Kallmeyer/*Zimmermann* § 16 Rn. 6; Kölner Komm UmwG/*Simon* § 16 Rn. 13.

konstitutive Wirkung hat, besteht keine Gefahr, dass das Handelsregister wegen einer Diskrepanz zur bestehenden materiellrechtlichen Situation bezüglich der beteiligten Rechtsträger unrichtig werden kann. Seitens der Anmeldeberechtigten kann daher zeitlich vor der gemäß § 20 Abs. 2 irreversiblen Handelsregistereintragung die Anmeldung des Verschmelzungsvorgangs jederzeit wirksam zurückgenommen werden. Seitens des beurkundenden Notars kann dies auch im Rahmen des § 378 FamFG erfolgen.[4] Die Befugnis des an dem Vorgang beteiligten Notariats beschränkt sich diesbezüglich nicht nur auf die Rücknahme des Eintragungsantrags, sondern auch auf die Vornahme der Anmeldung als solcher, wenn man im Rahmen des § 378 FamFG von einer „vermuteten Vollmacht" für Verfahrenshandlungen ausgeht. Eine nach erfolgter Eintragung bei dem Registergericht eingehende Rücknahme der Anmeldung ist jedoch bedeutungslos.

III. Inhalt und Zeitpunkt der Anmeldung

Die Organe der beteiligten Rechtsträger haben den Verschmelzungsvorgang (bzw. bei den Verweisungstatbeständen die Abspaltung, Ausgliederung etc) als **Gesamttatbestand** und nicht etwa den Verschmelzungsvertrag und die jeweiligen Beschlüsse als einzelne Komponenten zur Eintragung in das Handelsregister anzumelden.[5] Ist zum Zwecke der Verschmelzung eine Kapitalerhöhung bei dem aufnehmenden Rechtsträger erforderlich, muss auch diese zusammen mit dem Verschmelzungsvorgang zur Eintragung in das Handelsregister angemeldet werden, da die Verschmelzung in dieser Konstellation nicht ohne die Kapitalerhöhung „zum Zwecke der Verschmelzung" vollzogen werden kann.

Hinweis (zur Bezeichnung der beteiligten Rechtsträger in der Anmeldung): Bei der Vorbereitung der entsprechenden Handelsregisteranmeldung sollte stets darauf geachtet werden, dass sämtliche an einem Vorgang iSd § 16 beteiligten Rechtsträger mit Firma, Sitz und exakter Registerbezeichnung benannt werden, um wegen der irreversiblen Rechtsfolgen gemäß § 20 Verwechselungen und/oder Ungenauigkeiten ausschließen zu können.

Weiterhin sind im Text der Anmeldung auch die Grundlagen der Verschmelzung anzugeben.[6]

> **Musterformulierungen zu den Verschmelzungsgrundlagen:**
> … Verschmelzungsvertrag vom, … Zustimmungsbeschlüsse der Gesellschafterversammlungen vom … [etc]

Hinsichtlich des **Zeitpunktes**, zu dem die Anmeldung vorzunehmen ist, bestehen in öffentlich-rechtlicher Hinsicht wegen der fehlenden Anmeldepflicht keine Vorgaben, so dass sich dieser allein nach der im Innenverhältnis bestehenden Verpflichtung der Leitungsorgane zur Umsetzung des jeweiligen Vorgangs definiert.[7] Im Bereich des GmbH-Rechts sind die Organe insoweit auch abhängig von den Weisungen der Gesellschafter.

---

[4] S. hierzu umfassend *Ising* NZG 2012, 289 ff.
[5] Kölner Komm UmwG/*Simon* § 16 Rn. 15.
[6] Kölner Komm UmwG/*Simon* § 16 Rn. 15; aA Schmitt/Hörtnagl/*Winter* § 16 Rn. 18, welcher diese Angaben zwar als zweckmäßig, nicht aber als notwendig ansieht; dies ist hingegen nicht überzeugend, weil es nicht Aufgabe des Registergerichts sein kann, sich diese Angaben aus den der Anmeldung beigefügten Urkunden selbst herauszusuchen.
[7] Kölner Komm UmwG/*Simon* § 16 Rn. 11; zu weitgehend und im Ergebnis nicht ganz überzeugend Semler/Stengel/Leonard/*Schwanna* § 16 Rn. 4: „… unverzüglich … wenn der Verschmelzungsvertrag wirksam ist …", da es sich im einzelnen Fall anbieten kann, eine Anmeldung aus verschiedenen Gründen zunächst zurück zu stellen und vom vorherigen Eintritt anderer Rechtsfolgen abhängig zu machen.

Die Anmeldenden sollten stets auch die **Bilanzfrist** gemäß § 17 im Auge behalten, um einer Zurückweisung der Anmeldung aus formellen Gründen vorzubeugen. Eine praxisrelevante Fragestellung ist in diesem Zusammenhang, ob eine Anmeldung stets erst nach Ablauf der Frist zur Erhebung einer Anfechtungsklage gegen die Zustimmungsbeschlüsse (vgl. § 14) erfolgen sollte. Zutreffend und praxisgerecht ist insoweit die Auffassung, eine Anmeldung könne deshalb bereits vor Ablauf der Klagefrist des § 14 Abs. 1 erfolgen, weil die erforderliche Negativerklärung gemäß Abs. 2 S. 1 oder ein diese ersetzender Freigabebeschluss gemäß Abs. 3 auch später noch nachgereicht werden können.[8] Bei einem gewöhnlichen Ablauf des Verschmelzungsvorgangs erscheint dies wenig sinnvoll, weil die Abgabe der Negativerklärung nach § 16 Abs. 1 S. 1 unabdingbare Voraussetzung für die Handelsregistereintragung ist und die Praxis der Registergerichte unter dem Eindruck der Entscheidung des BGH zur Amtshaftung bei verfrühter Eintragung von Verschmelzungsvorgängen[9] dahin geht, derartige Anmeldungen nicht sofort nach dem Ablauf der Frist des § 14 Abs. 1 zu vollziehen, sondern eine weitere „Sicherheitsfrist" von etwa zwei weiteren Wochen verstreichen zu lassen.[10] Das Registergericht wird innerhalb dieser Frist im Regelfall abwarten, ob dann noch eine „Nachmeldung" der Zustellung einer gegen die Wirksamkeit des zur Eintragung angemeldeten Beschlusses erfolgt, bei Vorliegen entsprechender Anhaltspunkte (etwa ein Widerspruch zu Protokoll der Versammlung) kann es im Rahmen seiner Amtsaufklärungspflicht gemäß § 26 FamFG auch ergänzend bei den Anmeldenden nachfragen, ob zeitlich nach Abgabe der Negativerklärung gemäß § 16 Abs. 2 noch eine Klage zugestellt worden ist. Die Negativerklärung gemäß Abs. 2 S. 1 kann aber als reine Wissenserklärung erst nach Ablauf der Klagefrist des § 14 Abs. 1 wirksam abgegeben werden, da die Anmeldenden erst zu diesem Zeitpunkt Kenntnis davon haben können, ob eine Klage „nicht" oder „nicht fristgerecht" erhoben worden ist, es sei denn, es wurde im Rahmen der Zustimmungsbeschlüsse allseitig auf eine Klage gegen die Wirksamkeit der Beschlussfassung verzichtet. Eine Anmeldung zunächst ohne Abgabe der Negativerklärung gemäß Abs. 2 S. 1 kann daher lediglich dann geboten sein, wenn die Achtmonatsfrist des § 17 gewahrt werden muss (vgl. zu den weiteren Einzelheiten hierzu die Kommentierung zu § 17) bzw. nur durch die Einreichung einer insoweit unvollständigen Anmeldung gewahrt werden kann.

IV. Reihenfolge der Anmeldungen

5 Die Reihenfolge der Anmeldungen zu den Registern der an den jeweiligen Verschmelzungsvorgängen beteiligten Rechtsträger ist nicht vorgeschrieben.[11] Die Registergerichte haben sich bezüglich der **Eintragungsreihenfolge** unabhängig vom Zeitpunkt des Eingangs der jeweiligen Anmeldung auch ausschließlich an den Vorgaben gemäß § 19 Abs. 1 zu orientieren. Eine große praktische Relevanz kann die Reihenfolge der Anmeldungen jedoch bei Kettenverschmelzungen oder bei zwingend voneinander abhängi-

---

8 Kölner Komm UmwG/*Simon* § 16 Rn. 12; Lutter/*Decher* § 16 Rn. 22; soweit Lutter/*Decher* § 16 Rn. 18 die Auffassung vertreten, das Registergericht habe im Fall einer für erforderlich gehaltenen Sachverhaltsaufklärung von sich aus die Geschäftsstelle des zuständigen Landgerichts telefonisch zu kontaktieren, kann dies ebenso wenig überzeugen wie die dort vorausgesetzte regelmäßige „Eilbedürftigkeit" von Umwandlungsvorgängen; von einer solchen immanenten „Eilbedürftigkeit" kann wegen der ausdifferenzierten Stichtagsregelungen des UmwG nicht ausgegangen werden; der Umfang der vom Registergericht für notwendig erachteten Sachverhaltsaufklärung bestimmt sich zudem ausschließlich nach § 26 FamFG und unterliegt dem pflichtgemäßen Ermessen des Gerichts.

9 BGH NJW 2007, 224 = NZG 2006, 956.

10 So hatte es das OLG Hamm als Vorinstanz quasi „empfohlen"; vgl. OLG Hamm NZG 2006, 274.

11 So zutreffend auch Schmitt/Hörtnagl/*Winter* § 16 Rn. 15.

gen Umwandlungsvorgängen erlangen; dies vor allem dann, wenn verschiedene örtlich zuständige Registergerichte an gerichtsbezirksüberschreitenden Vorgängen beteiligt werden sollen, ohne von den zu den jeweils anderen Registergerichten eingereichten Handelsregisteranmeldungen Kenntnis zu haben. Hier besteht eine erhebliche Gefahr, dass Rechtsträger bei zeitlich früherem Vollzug einer logisch nachrangigen Handelsregisteranmeldung gemäß § 20 Abs. 1 untergehen und der zeitlich prioritäre Vorgang (etwa bei der Kettenverschmelzung) dann unmöglich wird. In diesen Fällen kann das notarielle Antragsrecht gemäß § 378 FamFG als geeignetes Steuerungsinstrument benutzt werden.

Hinweis (zur Anmeldungsreihenfolge): Bei aufeinander aufbauenden Umwandlungsvorgängen (insbes. bei Kettenverschmelzungen) muss durch die Festlegung der erforderlichen Reihenfolge der jeweiligen Handelsregisteranmeldungen gegenüber den an den Vorgängen beteiligten Registergerichten möglichst unter Zuhilfenahme des notariellen Antragsrechts gemäß § 378 FamFG unmissverständlich klargestellt werden, in welcher Reihenfolge ein Vollzug der einzelnen Anmeldungen beantragt wird, um den vorzeitigen Eintritt der Rechtsfolgen gemäß § 20 Abs. 1 und der dann möglicherweise eintretenden Unmöglichkeit des Vollzuges zeitlich vorrangiger Vorgänge zu verhindern. Zudem muss sichergestellt werden, dass alle an den zusammenhängenden Vorgängen beteiligten Registergerichte über die gegenseitige Abhängigkeit der Einzelkomponenten und die zwingende Vollzugsreihenfolge informiert werden. Deutliche „Warnhinweise" ggf. in gesonderten Anschreiben empfehlen sich aus der Sicht der Praxis insoweit. Gerade bei aufeinander aufbauenden Verschmelzungen ist eine Steuerung über § 378 FamFG dann ratsam, wenn die Einzelvorgänge im Hinblick auf die Wahrung der Achtmonatsfrist des § 17 UmwG nicht jeweils so lange zurückgehalten werden können, bis der jeweils vorrangige Vorgang durch das zuständige Registergericht vollzogen wurde. Als jeweils „verfahrensimmanente Bedingung" kann ein Antrag nach § 378 FamFG auch in zulässiger Weise bedingt durch die jeweils notwendige Voreintragung gestellt werden.

V. Form der Anmeldung

Gemäß § 12 Abs. 1 HGB ist die Anmeldung in öffentlich beglaubigter Form elektronisch über das **elektronische Gerichts- und Verwaltungspostfach** (EGVP) des zuständigen Registergerichts einzureichen.[12] Es ist unerlässlich, dass die Anmeldung zu jedem der beteiligten Rechtsträger gesondert erfolgt. Dies gilt auch dann, wenn beteiligte Rechtsträger ihren Sitz bei demselben Registergericht haben.[13] Eine rechtsgeschäftliche Vertretung bei der Anmeldung, deren zugrunde liegende Vollmacht[14] im Hinblick auf § 12 Abs. 2 HGB ebenfalls der öffentlich beglaubigten Form bedarf, ist grundsätzlich zulässig;[15] eine Stellvertretung scheidet aber immer dann aus, wenn zugleich in der Anmeldung die Negativerklärung gemäß Abs. 2 abgegeben werden soll, da es sich insoweit um eine reine Wissenserklärung handelt.[16] Wäre hier eine rechtsgeschäftliche Vertretung zulässig, könnte ein bezüglich der Voraussetzungen gemäß Abs. 2 gutgläubi-

---

12 Vgl. hierzu auch Schmitt/Hörtnagl/*Winter* § 16 Rn. 19.
13 OLG Oldenburg 7.11.2011 – 12 W 270/11, BeckRS 2012, 00122.
14 Vgl. zu den verschiedenen Problemfeldern bei der Erteilung und Verwendung von Vollmachten bei Umwandlungsvorgängen *Melchior* GmbHR 1999, 520 ff.
15 Vgl. hierzu Schmitt/Hörtnagl/*Winter* § 16 Rn. 19; Kölner Komm UmwG/*Simon* § 16 Rn. 6.
16 Ebenso zutreffend Kölner Komm UmwG/*Simon* § 16 Rn. 6.

ger Stellvertreter „vorgeschoben" werden, was der gesetzgeberischen Intention insoweit zuwiderlaufen würde. Wurde hingegen wirksam und formgerecht auf eine Klage gegen die Wirksamkeit des Verschmelzungsbeschlusses verzichtet, ist eine Stellvertretung bei der Vornahme der Handelsregisteranmeldung bzw. die Vornahme der Anmeldung durch den beurkundenden Notar nach § 378 FamFG möglich.

> **Textbeispiel (Auszug) zur Gestaltung der Anmeldung einer Verschmelzung einer GmbH auf eine andere GmbH bei dem übertragenden Rechtsträger:**
>
> [Anschrift des zuständigen Registergerichts, Geschäftsnummer etc]
>
> In der Handelsregistersache der Y-GmbH mit Sitz in …
>
> melde ich als deren alleinvertretungsberechtigter Geschäftsführer[17] zur Eintragung in das Handelsregister an:
>
> „Die Gesellschaft ist zum Stichtag … als übertragender Rechtsträger unter Auflösung ohne Abwicklung verschmolzen im Wege der Aufnahme durch Vermögensübertragung im Ganzen auf die bereits bestehende Gesellschaft mit beschränkter Haftung in Firma x-GmbH mit Sitz in … (Registergericht XY, HRB 456789).
>
> [bezüglich der Negativerklärung nach § 16 Abs. 2 UmwG]:
>
> Ich erkläre, dass eine Klage gegen die Wirksamkeit des Verschmelzungsbeschlusses bislang nicht/nicht innerhalb eines Monats nach der Beschlussfassung erhoben wurde.[18]
>
> Oder alternativ:
>
> Ich erkläre, dass – wie sich aus dem beigefügten Zustimmungsbeschluss zum Verschmelzungsvertrag ergibt – alle Gesellschafter auf die Beschlussanfechtung formgerecht verzichtet haben.[19]
>
> Als Anlage füge ich bei …
>
> [Falls erforderlich, ist auch eine elektronisch beglaubigte Abschrift des Verschmelzungsberichts sowie des Berichts über die Verschmelzungsprüfung[20] beizufügen.]

VI. Zuständiges Gericht

7 Zuständig für den Vollzug der Handelsregisteranmeldung ist das Registergericht, in dem der jeweils betroffene Rechtsträger seinen statuarischen Sitz hat.[21] Ein hiervon etwa abweichender Verwaltungssitz ist hierfür irrelevant. Bei Gesellschaften mit Doppelsitz hat die Anmeldung zum Register jedes der beiden Sitze zu erfolgen.[22]

VII. Folgen der Anmeldung

8 Die Anmeldung zum Handelsregister setzt – sofern zugleich vom Vorliegen eines Eintragungsantrags ausgegangen werden kann – das **Handelsregisterverfahren** in Gang, welches mit der Eintragung des Vorgangs in das Handelsregister gemäß § 19 endet.[23]

---

17 Die Anmeldung hat durch die/den Geschäftsführer des übertragenden Rechtsträgers in vertretungsberechtigter Formation zu erfolgen; wegen Abgabe der Negativerklärung gemäß § 16 Abs. 2 scheidet eine Anmeldung durch rechtsgeschäftliche Vertreter aus (ebenso Semler/Stengel/Leonard/*Schwanna* § 16 Rn. 7).

18 Dies setzt allerdings voraus, dass nicht die Anmeldung selbst binnen der Monatsfrist eingereicht wird, denn dann kann diese Erklärung (noch) nicht abgeben werden; ein in der Praxis oft zu beobachtender Fehler, den es zu vermeiden gilt; es sollte daher für eine Anmeldung jedenfalls in den Fällen, in denen nicht auf die Erhebung der Anfechtungsklage im Nachgang zur Beschlussfassung verzichtet wurde, stets die Monatsfrist abgewartet werden, vorsichtshalber noch mit einem nicht unerheblichen zeitlichen Sicherheitszuschlag, da entsprechende Klagen auch erst kurz vor Fristablauf erhoben werden könnten und sich deren Zustellung verzögern kann.

19 In diesem Fall kann eine Anmeldung bereits vor Ablauf der Anfechtungsfrist erfolgen, da eine Anfechtung des Zustimmungsbeschlusses zum Verschmelzungsvertrag von vornherein ausgeschlossen ist.

20 Sofern nicht gemäß § 8 Abs. 3 darauf verzichtet worden ist bzw. eine Verschmelzungsprüfung entbehrlich ist.

21 Kölner Komm UmwG/*Simon* § 16 Rn. 7; Lutter/*Decher* § 16 Rn. 4.

22 So auch Kölner Komm UmwG/*Simon* § 16 Rn. 7.

23 Vgl. hierzu auch die Darstellung bei Kölner Komm UmwG/*Simon* § 16 Rn. 17.

Die Handelsregistereintragung ist für die Umwandlungsvorgänge des § 16 konstitutiv, wobei diese Eintragung die grundsätzlich irreversiblen Rechtsfolgen gemäß § 20 auslöst. Hierdurch bedingt kommt dem Ablauf des Handelsregisterverfahrens gemäß § 16 eine größere Bedeutung zu als bei anderen konstitutiven Handelsregistereintragungen. Das umwandlungsrechtliche Handelsregisterverfahren weist insoweit in drei wesentlichen Elementen Besonderheiten gegenüber dem „normalen" Handelsregisterverfahren des Kapitalgesellschaftsrechts auf:

- erweiterte Anmeldebefugnis gemäß § 16 Abs. 1 S. 2 zugunsten der Organmitglieder des übernehmenden Rechtsträgers;
- Erforderlichkeit einer Negativerklärung nach § 16 Abs. 2;
- spezielles Freigabeverfahren, „armiert" mit einer absoluten Registersperre gemäß § 16 Abs. 3.

Soll die Anmeldung nicht sogleich mit ihrem Eingang bei dem zuständigen Registergericht vollzogen werden dürfen, etwa wenn zunächst vorrangige Vorgänge wirksam werden sollen,[24] kann auch in der Weise verfahren werden, dass die Anmeldung nebst allen zugehörigen Anlagen (vgl. hierzu auch die Kommentierung zu § 17) bei dem Registergericht eingereicht, der zugehörige **Eintragungsantrag**[25] jedoch unter eine noch erforderliche Bedingung (etwa Voreintragung eines vorrangigen Umwandlungsvorgangs oder Freigabeerklärung seitens des die Anmeldung einreichenden Notars) gestellt wird. Diese Vorgehensweise kann etwa dann angezeigt sein, wenn die Einreichung der Anmeldung nebst sämtlichen Anlagen zur Wahrung der Frist gemäß § 17 Abs. 2 S. 4 erforderlich ist und aus diesem Grunde nicht von dem antragstellenden Notar zurückgehalten werden darf. Soll hingegen etwa eine Verschmelzung mit vorheriger Kapitalerhöhung bei dem aufnehmenden Rechtsträger erfolgen, ergibt sich der Vorrang des Vollzugs der Kapitalerhöhung vor dem eigentlichen Verschmelzungsvorgang bereits aus der Systematik der gesetzlichen Regelungen, womit eine Antragstellung unter Bedingung in diesem Fall entbehrlich ist.[26] Die Stellung eines aufschiebend bedingten Eintragungsantrags nach § 378 FamFG setzt allerdings voraus, dass es sich dabei um eine „verfahrensimmanente Bedingung" handelt, was zB bei der logisch vorrangigen Eintragung bei aufeinander aufbauenden Umwandlungsvorgängen regelmäßig der Fall sein wird.

VIII. Anmeldeberechtigtes Vertretungsorgan

Abs. 1 S. 1 der Vorschrift enthält den Grundsatz, dass das Vertretungsorgan[27] jedes der an der Verschmelzung beteiligten Rechtsträger die Verschmelzung zur Eintragung in das Register (Handelsregister, Genossenschaftsregister, Gesellschaftsregister, Partnerschaftsregister oder Vereinsregister) des Sitzes ihres Rechtsträgers anzumelden hat. Wegen der Verweisungen gemäß §§ 125 S. 1, 176 ff. sowie § 198 Abs. 3 gilt dieser Grundsatz jedoch über Verschmelzungsvorgänge hinaus auch für Formwechsel- und Spaltungsvorgänge.

---

24 S. hierzu obigen Praxishinweis zur Reihenfolge der Eintragungen.
25 Vgl. zum insoweit bestehenden notariellen Antragsrecht § 378 FamFG; ausführlich zu Umfang und Tragweite des § 378 FamFG in der notariellen Praxis etwa *Ising* NZG 2012, 289 ff.
26 Zur Reihenfolge des Vollzugs der einzelnen Anmeldungen vgl. § 19 für Verschmelzungsvorgänge und die Spezialregelung gemäß § 130.
27 Bei der GmbH ist dies demnach die Geschäftsführung, bei der Aktiengesellschaft der Vorstand und bei den Personenhandelsgesellschaften sind dies die persönlich haftenden Gesellschafter, jeweils in einer „vertretungsberechtigter Formation".

11 Anzumelden ist in der sogenannten „**vertretungsberechtigten Formation**", in welcher die Gesellschaft in Übereinstimmung mit ihrer abstrakten Vertretungsregelung und der zugunsten ihrer Organmitglieder bestehenden konkreten Vertretungsregelungen auch im Außenverhältnis verpflichtet werden kann.[28] Für die GmbH gilt insoweit § 35 GmbHG, für die Aktiengesellschaft § 78 AktG, sofern die jeweiligen Satzungen nicht – wie in der Praxis üblich – eine andere, hiervon abweichende abstrakte Vertretungsregelung festlegen und damit die „vertretungsberechtigte Formation" modifizieren.

12 Abs. 1 S. 1 ist insoweit lex specialis zu solchen rechtsträgerspezifischen Vorschriften, welche eine Anmeldung durch sämtliche Organe vorschreiben, wie etwa § 108 HGB oder § 4 PartGG.[29] Dies gilt allerdings nur für die Anmeldung des Verschmelzungsvorgangs als solchem. Verweise des UmwG auf Gründungsvorschriften der jeweiligen Rechtsform (zB § 36 Abs. 2 S. 1) können jedoch in Abweichung von Abs. 1 eine Anmeldung durch dann sämtliche neuen Organmitglieder erforderlich machen.[30]

13 Von dem Grundsatz der Anmeldung durch die Leitungsorgane des jeweils beteiligten Rechtsträgers enthält Abs. 1 S. 2 eine für die Praxis nicht unbedeutende Ausnahme: Das Vertretungsorgan des übernehmenden Rechtsträgers ist ermächtigt, den Verschmelzungsvorgang auch zum Handelsregister jedes der übertragenden Rechtsträger anzumelden. Damit wird dem Umstand Rechnung getragen, dass die für den Wirksamkeitseintritt durch Handelsregistereintragung unverzichtbare Anmeldung eines Verschmelzungsvorgangs nicht von der zwingenden Mitwirkung der aus dem Amt scheidenden Vertretungsorgane des/der übertragenden Rechtsträger/s. abhängig gemacht werden soll. Auch wenn von dieser Erleichterung im Handelsregisterverfahren Gebrauch gemacht wird, entbindet dies den für den übernehmenden Rechtsträger anmeldenden Personenkreis nicht von dem Erfordernis, jeweils vollständige Anmeldungen mit allen erforderlichen Anlagen zu den Handelsregistern sämtlicher am Verschmelzungsvorgang beteiligter Rechtsträger einzureichen.

IX. Negativerklärung gemäß Abs. 2 – Allgemeines

14 Abs. 2 schreibt die Abgabe einer sogenannten „Negativerklärung" zum Zeitpunkt der Handelsregisteranmeldung vor.[31] Die zwingend vorgeschriebene Abgabe der Erklärung gegenüber dem Registergericht soll die Einhaltung der im Falle einer Klageerhebung gemäß Abs. 2 S. 2 eintretenden **Registersperre**[32] sicherstellen. Das automatische Bestehen der Registersperre bei Nichtabgabe der Negativerklärung erreicht insoweit eine größere Effektivität als wenn deren Eintritt an eine entsprechende Mitteilung des/der Kläger/s. im streitigen Verfahrens bzw. des Prozessgerichts gekoppelt worden wäre. Dies erscheint vor dem Hintergrund der Gefahr eines irreversiblen Eintritts der Rechtsfolgen gemäß § 20 UmwG auch sachgerecht und hat sich in der Praxis bewährt.

---

28 Schmitt/Hörtnagl/*Winter* § 16 Rn. 6 ff.; Kallmeyer/*Zimmermann* § 16 Rn. 4.
29 Zutreffend insoweit Kölner Komm UmwG/*Simon* § 16 Rn. 5; Kallmeyer/*Zimmermann* § 16 Rn. 4.
30 Ries RegisterR/*Schulte* Rn. 10.47 ff.
31 Vgl. Schmitt/Hörtnagl/*Winter* § 16 Rn. 20 ff.; Kallmeyer/*Zimmermann* § 16 Rn. 14 ff., zutreffend betonend, dass die Negativerklärung „bei" und nicht zwingend „in" der Anmeldung abgegeben werden muss; Kölner Komm UmwG/*Simon* § 16 Rn. 32 ff.
32 Vgl. hierzu für den Fall der Spaltung OLG Düsseldorf 22.6.2017 – 6 AktG 1/17, BeckRS 2017, 136416, welches auf die bei einer Eintragung trotz fehlender Negativerklärung eintretenden irreversible Rechtsfolge abstellt.

X. Inhalt der Negativerklärung

Der nach Abs. 2 vorgeschriebene Inhalt der Negativerklärung hat sich am jeweiligen Status zum Zeitpunkt der Handelsregisteranmeldung zu orientieren. Danach sind hinsichtlich der Möglichkeit der Klageerhebung gegen Wirksamkeit des jeweiligen Verschmelzungsbeschlusses vier verschiedene **Fallkonstellationen** zu unterscheiden.[33] Die erste Fallgruppe betrifft die Konstellation, dass innerhalb der Klagefrist keine Klage gegen die Wirksamkeit des Verschmelzungsbeschlusses erhoben worden ist. Die zweite Fallgruppe stellt die Situation dar, dass zwar eine Klage gegen die Wirksamkeit des Verschmelzungsbeschlusses erhoben wurde, dies aber nicht „fristgemäß" geschehen ist.[34] Hier kann nach Ablauf der Klagefrist die jetzt eingeschränkte Negativerklärung unter Hinweis auf die verspätete Klage abgegeben werden.[35] Im Hinblick auf das Erfordernis, auch eigentlich verfristet eingegangene Klagen gegen die Wirksamkeit von Gesellschafterbeschlüssen zivilprozessual noch als „rechtzeitig" ansehen zu müssen (vgl. § 167 ZPO),[36] wird sich das Registergericht jedoch im weiteren Handelsregisterverfahren nicht uneingeschränkt auf die Angabe der die Negativerklärung nach Abs. 2 abgebenden Personen verlassen dürfen und ungeachtet dessen die Anmeldung durch konstitutiv wirkende Handelsregistereintragung vollziehen. Es ist insoweit zu berücksichtigen, dass in dieser Konstellation die Beurteilung, ob eine Klageerhebung zivilprozessual noch als fristgerecht angesehen werden kann, in die Hände der Anmeldenden gelegt ist. Hieran ist das Registergericht im sich anschließenden Handelsregisterverfahren aber nicht gebunden. Im Rahmen seiner Amtsaufklärungspflicht wird es sich insoweit daher von den anmeldenden Organen der betroffenen Rechtsträger weitere Einzelheiten mitteilen lassen und ggf. bis zu einer Entscheidung über die im streitigen Verfahren erhobene Klage das Registerverfahren gemäß §§ 381, 21 FamFG aussetzen. Denn beurteilen die Anmeldenden die Frage der Fristgemäßheit einer erhobenen Klage falsch, so liegt keine wirksame Negativerklärung nach Abs. 2 vor und die Registersperre des Abs. 3 greift ein. Unklarheiten über dieses Eingreifen der Registersperre können aber im Hinblick auf § 20 Abs. 2 nicht hingenommen werden, so dass das Registergericht sein Ermessen zur Verfahrensaussetzung gemäß §§ 381, 21 FamFG stets nach eigener Sachverhaltsaufklärung im Rahmen des Amtsaufklärungsgrundsatzes ausüben muss. Die dritte Fallkonstellation beinhaltet die Situation, dass eine Klage gegen den Verschmelzungsbeschluss abgewiesen oder zurückgenommen wurde.[37] Hier ist jedoch zu differenzieren. Die Negativerklärung kann ohnehin nur wirksam abgegeben werden, wenn die Klagefrist vor ihrer Abgabe verstrichen ist. War eine fristgebundene Klage vorher zurückgenommen worden, könnte diese zwar erneut erhoben werden, dies wäre dann aber nicht mehr fristgerecht. Ist eine Klage erhoben und zwischenzeitlich abgewiesen worden, stellt sich die Frage nach der Rechtskraft dieser Entscheidung. Ist die Klage nicht rechtskräftig abgewiesen worden, so kann dies die Registersperre nicht beseitigen und die Gesellschaft ist auf das Freigabeverfahren nach Abs. 3 angewiesen. Die vierte Fallkonstellation

---

[33] S. zu einer vergleichbaren Differenzierung vgl. Lutter/Decher § 16 Rn. 18 ff.
[34] Lutter/Decher § 16 Rn. 19.
[35] Vgl. zur Negativerklärung bei verfristet erhobener Klage Lutter/Decher § 16 Rn. 19.
[36] Diese Problematik war Gegenstand eines Amtshaftungsverfahrens gegenüber dem Land Nordrhein-Westfalen infolge einer vor Ablauf einer nach Verstreichen der Klagefrist liegenden weiteren „Wartefrist" erfolgten Eintragung eines Vorgangs nach dem UmwG; BGH DB 2006, 36 = ZIP 2006, 1296 = NZG 2006, 274, Vorinstanz OLG Hamm – 11 U 70/04; vor diesem Hintergrund erscheint die Ansicht von Lutter/Decher § 16 Rn. 20, das Registergericht dürfe „ohne weiteres Zuwarten eintragen" zwar dogmatisch nicht falsch, jedoch für die registergerichtliche Praxis nicht empfehlenswert zu sein.
[37] Vgl. Lutter/Decher § 16 Rn. 19 zur verfristet erhobenen Klage.

betrifft die Situation, dass alle klageberechtigten Anteilsinhaber in der erforderlichen Form auf eine Klageerhebung verzichtet haben (Abs. 2 S. 2). In dieser Konstellation ist nach dem Gesetzeswortlaut die Abgabe einer Negativerklärung insgesamt entbehrlich, womit auch eine sofortige Anmeldung nach erfolgter Beschlussfassung möglich wird. Aus Klarstellungsgründen sollte jedoch trotz Entbehrlichkeit der Negativerklärung in dieser Konstellation in der Handelsregisteranmeldung mitgeteilt werden, dass die Abgabe einer Negativerklärung wegen des sich aus „… den anliegenden Urkunden …" ergebenden allseitigen wirksamen und formgerechten Klageverzichts entbehrlich ist.

Beispielsformulierung einer Negativerklärung gemäß § 16 Abs. 2:

Es wurde keine Klage gegen die Wirksamkeit eines Verschmelzungsbeschlusses erhoben. Text der Negativerklärung:

> Klage gegen die Wirksamkeit eines/des Verschmelzungsbeschlusses ist nicht erhoben worden.

Alle klageberechtigten Anteilseigner haben in notariell beurkundeter Form auf eine Klage gegen die Wirksamkeit der Verschmelzungsbeschlüsse verzichtet (vgl. § 16 Abs. 2 S. 2). Eine Negativerklärung ist vollumfänglich entbehrlich; aus Gründen der Klarstellung und zur Vermeidung von Nachfragen im Handelsregisterverfahren sollte jedoch im Anmeldetext formuliert werden:

> Die Abgabe einer Negativerklärung entfällt, weil sämtliche Anteilseigner in notariell beurkundeter Form auf eine Klage gegen die Wirksamkeit der Verschmelzungsbeschlüsse verzichtet haben.

Es wurde zwar Klage gegen die Beschlussfassung erhoben, diese kann jedoch als nicht fristgerecht angesehen werden. Text der Negativerklärung:

> Es ist Klage gegen die Wirksamkeit eines/des Verschmelzungsbeschlusses erhoben worden, diese ist jedoch nicht fristgerecht gemäß § 14 Abs. 1 eingelegt worden.

Es wurde fristgerecht Klage gegen einen Verschmelzungsbeschluss eines der beteiligten Rechtsträger eingelegt, diese aber zwischenzeitlich abgewiesen oder zurückgenommen. Text der Negativerklärung:

> … es ist fristgerecht Klage gegen den Verschmelzungsbeschluss erhoben worden, diese ist jedoch im Laufe des Hauptsacheverfahrens zurückgenommen/rechtskräftig abgewiesen worden.

16 Die zur **Abgabe der „Negativerklärung"** nach § 16 verpflichteten Organe der jeweiligen Gesellschaft haben gemäß § 16 Abs. 2 S. 1 eine so bezeichnete „Nachmeldepflicht"; dh sie sind in dem Fall, dass zeitlich nach der erfolgten Abgabe einer Negativerklärung, jedoch noch vor dem Vollzug der Eintragung der Verschmelzung im Handelsregister der Gesellschaft eine Beschlussmangelklage zugestellt werden sollte, dazu verpflichtet, dem Registergericht die Tatsache der Zustellung einer Anfechtungs- oder Nichtigkeitsklage nachträglich zu melden.[38] Dies soll einen Vollzug der Anmeldung bei erfolgter Klageerhebung, von der das Registergericht keine Kenntnis erlangt hat, verhindern.

17 Die Erklärung nach § 16 Abs. 2 („Negativerklärung") beinhaltet sämtliche gegen die Wirksamkeit des Verschmelzungsbeschlusses eröffneten **Klagen**. Der Begriff der „Klage gegen die Wirksamkeit" umfasst dabei nicht – wie dies in der Praxis oftmals missver-

---

38 Zu den Pflichten bzw. Obliegenheiten der Beteiligten bei einer verspätet erhobenen Anfechtungsklage gegen einen Umwandlungsbeschluss vgl. *Kort* NZG 2010, 893 ff.

standen wird – nur die Anfechtungsklage, sondern auch die Nichtigkeitsklage. Werden daher entsprechende Verzichtserklärungen notariell beurkundet, sollte auch zwingend der Terminus

> Verzicht auf ... Klage gegen die Wirksamkeit des Beschlusses ...

und nicht lediglich die Formulierung „... auf eine Anfechtung wurde verzichtet ..." verwendet werden.[39] Die Nichtigkeitsklage gegen einen Verschmelzungsbeschluss ist infolge der umwandlungsrechtlichen Spezialregelung in § 14 Abs. 1 ebenso fristgebunden wie eine Anfechtungsklage.[40]

Fraglich erscheint, ob auch eine Klage gegen den in Zusammenhang mit einem Verschmelzungsvorgang stehenden **Kapitalerhöhungsbeschluss** die wirksame Abgabe einer Negativerklärung gemäß Abs. 2 behindert.[41] Dies ist wegen des insoweit eindeutigen Gesetzeswortlauts zwar im Ergebnis zutreffend, jedoch wird es in der Praxis eher einen Ausnahmefall darstellen, dass oppositionelle Anteilsinhaber isoliert einen zur Durchführung der Verschmelzung notwendigen Kapitalerhöhungsbeschluss, dann aber nicht auch den Zustimmungsbeschluss zum Verschmelzungsvertrag selbst anfechten. 18

Klagen, die sich nicht auf die Verschmelzungsbeschlüsse, sondern auf den Verschmelzungsvertrag selbst beziehen,[42] werden nach zutreffender Ansicht nicht vom Anwendungsbereich des § 16 Abs. 2 erfasst.[43] Auf solche Klagen muss sich die Negativerklärung daher nicht erstrecken. 19

Bei der Abgabe der erforderlichen notariell beurkundeten **Verzichtserklärungen** ist zu beachten, dass ein nach § 130 AktG errichtetes Wahrnehmungsprotokoll nicht die Formerfordernisse bezüglich einer notariellen Beurkundung von Willenserklärungen erfüllt. Die Abgabe der Verzichtserklärung im Namen einer als Gesellschafterin beteiligten dritten Gesellschaft stellt auch dann eine dem vertretungsberechtigten Organ obliegende Geschäftsführungsmaßnahme dar, wenn es sich bei der Gesellschafterin um eine Kommanditgesellschaft handelt; in diesem Fall ist ein Nachweis der ordnungsgemäßen Mitwirkung der Kommanditisten an der Abgabe der Verzichtserklärung nicht erforderlich.[44] 20

Nach dem Wortlaut des § 16 Abs. 2 S. 2 ist die „Negativerklärung" **entbehrlich**, wenn bezüglich einer möglichen Klage gegen die Wirksamkeit des Beschlusses/der Beschlüsse eine notariell beurkundete Verzichtserklärung der Gesellschafter des jeweils betroffenen Rechtsträgers vorliegt.[45] Bei einer Kommanditgesellschaft, die Gesellschafterin einer GmbH ist, soll es ausreichen, wenn der alleinvertretungsberechtigte Komplementär ohne Mitwirkung des/der Kommanditisten die Verzichtserklärung abgibt.[46] Dem ist im Ergebnis zuzustimmen, jedenfalls ist die Geschäftsführungsbefugnis im Innenverhältnis und die Frage, ob gegen diese verstoßen wurde, nicht Gegenstand des Handelsregisterverfahrens und entzieht sich der Prüfungsbefugnis des Registergerichts.[47] Es sollte 21

---

39 Vgl. hierzu Kölner Komm UmwG/*Simon* § 16 Rn. 25; Kallmeyer/*Marsch-Barner/Oppenhoff* § 16 Rn. 23.
40 Die Vorschrift des § 14 Abs. 1 differenziert insoweit ebenso wie die nach § 16 Abs. 2 erforderliche Negativerklärung nicht zwischen Anfechtungsklage und Nichtigkeitsklage, sondern spricht diesbezüglich nur von einer „Klage gegen die Wirksamkeit", da dieser Begriff beide Klagearten umfasst.
41 So etwa Kölner Komm UmwG/*Simon* § 16 Rn. 25; Kallmeyer/*Marsch-Barner/Oppenhoff* § 16 Rn. 24.
42 S. hierzu etwa *Schmidt-Troschke* GmbHR 1992, 505 507).
43 Ebenso zutreffend Lutter/*Decher* § 16 Rn. 16.
44 OLG Zweibrücken NZG 2012, 508 f.
45 Vgl. hierzu etwa AG Mannheim 28.1.2021 – VR 431001, BeckRS 2021, 56176.
46 OLG Zweibrücken NZG 2012, 508.
47 So zutreffend auch OLG Zweibrücken NZG 2012, 508.

jedoch aus Gründen der Übersichtlichkeit auch in diesem Fall in den Text der Handelsregisteranmeldung ein kurzer Hinweis dahin gehend aufgenommen werden, dass bei dem der konkreten Anmeldung zugrunde liegenden Verschmelzungsvorgang ein Klageverzicht vorliegt und eine Abgabe der „Negativerklärung" damit entbehrlich ist. Ein solcher, in die Handelsregisteranmeldung des Verschmelzungsvorgangs integrierter Hinweis könnte etwa lauten:

> Eine Klage gegen die Wirksamkeit der Verschmelzungsbeschlüsse ist ausgeschlossen, da sämtliche Gesellschafter/Aktionäre in der erforderlichen Form hierauf verzichtet haben; damit erübrigt sich die Abgabe der Negativerklärung gemäß § 16 Abs. 2 S. 2 UmwG.

22 Nach der Rechtsprechung des BGH[48] ist die vor Ablauf der Anfechtungsfrist abgegebene „Negativerklärung" (sofern keine notariell beurkundeten Klageverzichtserklärungen vorliegen) als **unbeachtlich** zu behandeln, da eine wirksame „Negativerklärung" seitens der Organe der Gesellschaft erst nach Fristablauf abgegeben werden kann.[49] Das Registergericht wird daher bei einer **„vorfristigen" Erklärung** gemäß § 16 Abs. 2 S. 1 die erneute Abgabe der Erklärung nach Fristablauf zu fordern haben, ungeachtet der gemäß § 16 Abs. 2 S. 1 Hs. 2 bestehenden Nachmeldepflicht bei Zustellung einer Klageschrift zeitlich **nach** erfolgter Abgabe der „Negativerklärung".

23 Der Nachweis der **rechtzeitigen Zuleitung des Verschmelzungsvertrages** bzw. seines Entwurfs, dem durch nachfolgende Beschlussfassungen zugestimmt werden soll,[50] ist im Rahmen der Handelsregisteranmeldung zu führen. Sollten bei einem oder sogar allen beteiligten Rechtsträgern keine Arbeitnehmervertretungen bestehen, so empfiehlt es sich, diese Information in den Verschmelzungsvertrag selbst aufzunehmen und auch im Text der Handelsregisteranmeldung darauf hinzuweisen. Dieses Vorgehen erleichtert in der Praxis dem Registergericht die Prüfung des angemeldeten Verschmelzungsvorgangs und erspart insoweit zeitverzögernde Nachfragen bei dem antragstellenden Notariat bzw. bei den Beteiligten. Ist eine Zuleitung an den Betriebsrat eines oder beider Rechtsträger erfolgt, sollte dies durch entsprechende Urkunden (zB Empfangsbekenntnis des Betriebsratsvorsitzenden) dokumentiert werden. Diese Nachweise sind im Handelsregisterverfahren als Anlage zur Anmeldung erforderlich. Konnte eine Zuleitung nicht mehr innerhalb der gesetzlichen Monatsfrist erfolgen, ist ein Verzicht auf die Fristeinhaltung seitens des Betriebsrates (vertreten durch den oder die Vorsitzende) erforderlich; nach der Zielrichtung der Vorschrift, der Wahrung von Interessen der Arbeitnehmer, kann auf die Einhaltung der Monatsfrist wirksam verzichtet werden.[51] Eine Nichtbeachtung der Zuleitungspflicht oder der Zuleitungsfrist stellt im Handelsregisterverfahren ein Eintragungshindernis dar, das vollständige Fehlen einer Zuleitung des Vertrages oder seines Entwurfes an den Betriebsrat kann den danach gefassten Zustimmungsbeschluss der Gesellschafterversammlung oder Hauptversammlung anfechtbar machen und sollte in jedem Fall vermieden werden.[52] Bei Bestehen mehrerer Betriebsräte auf unterschiedlichen Ebenen (zB Gesamtbetriebsrat, Konzernbetriebsrat, Einzelbetriebsrat) sollte aus Vorsichtsgründen eine Zuleitung an alle in Betracht kommenden Betriebsräte erfolgen und es sollten insoweit auch von allen Erklärungsempfängern Zugangsquittungen eingeholt werden, da diese dann später im Handelsregisterverfahren dem Registergericht vorgelegt werden müssen.

---

[48] Vgl. hierzu BGH GmbHR 2006, 1332.
[49] Ebenso Kallmeyer/*Marsch-Barner/Oppenhoff* § 16 Rn. 25; Kölner Komm UmwG/*Simon* § 16 Rn. 34.
[50] Vgl. § 5 Abs. 2 S. 2.
[51] Vgl. *Melchior* GmbHR 1996, 883 ff.
[52] Vgl. hierzu *Melchior* GmbHR 1996, 883 ff.

Die Negativerklärung als „Wissenserklärung", kann nur von den vertretungsberechtigten Organen der Gesellschaft **persönlich** und nicht durch Stellvertreter[53] abgegeben werden,[54] wobei hinsichtlich der Organe eine „vertretungsberechtigte Formation" ausreicht.[55] In diesem Zusammenhang ist auch die Möglichkeit einer Abgabe dieser Erklärung durch eine vertretungsberechtigte Formation in unechter Gesamtvertretung vorstellbar. Das erscheint allerdings nicht überzeugend zu sein, da es sich bei der Anmeldung derartiger Strukturänderungen stets um ein von der Prokura nicht gedecktes Grundlagengeschäft handelt und Prokuristen insofern auch nicht derselben Haftung wie die Organe der Gesellschaft unterliegen; dann kann von ihnen auch nicht die Wissenserklärung nach Abs. 2 abgegeben werden. Erfolgt in der Handelsregisteranmeldung nur ein Hinweis auf einen allseitigen Verzicht auf eine Klage gegen die Wirksamkeit der Beschlussfassung, liegt demnach keine „echte" Negativerklärung im Rahmen des Abs. 2 vor, kann die Anmeldung insgesamt auch durch rechtsgeschäftliche Vertreter oder sogar den beurkundenden Notar selbst[56] vorgenommen werden. Die rechtsgeschäftliche Vertretungsmacht muss sich jedoch, da es sich um ein Grundlagengeschäft handelt, in jedem Fall von den Organen selbst und nicht lediglich von Prokuristen ableiten lassen. Zu beachten ist, dass die „Negativerklärung" gemäß § 16 Abs. 2 ein wesentlicher Teil der Handelsregisteranmeldung und für das nachfolgende Registerverfahren unabdingbare Voraussetzung ist.

Bei „vorfristig", dh vor Ablauf der Frist für die Erhebung einer Anfechtungsklage abgegebener Negativerklärung, die im Handelsregisterverfahren als unwirksam behandelt werden muss, ist deren erneute Abgabe **nach** Ablauf der Frist zur Beschlussanfechtung erforderlich.

Hinweis zu Kettenverschmelzungen: Handelt es sich um eine sogenannte „Kettenverschmelzung" (Bsp.: Die A-GmbH mit dem Sitz in Hamburg verschmilzt auf die B-GmbH mit dem Sitz in Düsseldorf, die dann ihrerseits anschließend auf die C-GmbH mit dem Sitz in München verschmelzen soll) ist es zwingend erforderlich, dass die Reihenfolge der Verschmelzungen über das notarielle Antragsrecht gemäß § 378 FamFG „gesteuert" wird. Insofern besteht nämlich das Risiko, dass der Verschmelzungsvorgang B-GmbH → C-GmbH seitens der Registergerichte in Düsseldorf und München prioritär vollzogen wird, mit der Folge, dass dann der Verschmelzungsvorgang A-GmbH → B-GmbH „in der Luft hängt", dh nicht mehr wirksam vollzogen werden kann. Im Hinblick auf die Rechtswirkungen der durch Eintragung vollzogenen Verschmelzung (vgl. § 20 UmwG) ist dieser dann eingetretene unerwünschte Zustand auch irreversibel, eine Rückgängigmachung einer einmal vollzogenen Verschmelzung durch eine „Entschmelzung" sieht das UmwG nicht vor. Gerade die „Kettenverschmelzung" erfordert demnach eine exakte „Steuerung" über das Instrument des notariellen Antragsrechts gemäß § 378 FamFG.

---

[53] Weder durch rechtsgeschäftlich bevollmächtigte Vertreter/innen noch etwa durch den/die Notar/in nach § 378 FamFG.
[54] Kölner Komm UmwG/*Simon* § 16 Rn. 22; Kallmeyer/*Marsch-Barner/Oppenhoff* § 16 Rn. 22.
[55] Kölner Komm UmwG/*Simon* § 16 Rn. 21; Kallmeyer/*Marsch-Barner/Oppenhoff* § 16 Rn. 22.
[56] Vgl. OLG Oldenburg NZG 2011, 1233 ff.

XI. Freigabeverfahren (Abs. 3)

27 Abs. 3 der Vorschrift regelt die für die Gesellschaft bestehende Möglichkeit, bei Erhebung einer Klage gegen die Wirksamkeit eines oder sämtlicher Zustimmungsbeschlüsse zu einem Verschmelzungsvertrag, die absolute Registersperre des Abs. 2 zu überwinden.

28 Infolge der Verweisungen gemäß §§ 125 S. 1, 176 ff. sowie § 198 Abs. 3 ist dieses Verfahren neben der Verschmelzung für die anderen Formen der Umwandlung von Rechtsträgern gleichermaßen anwendbar.[57] Das umwandlungsrechtliche Freigabeverfahren – mit einer strikten Registersperre[58] armiert – war bereits lange vor dem Inkrafttreten des im Rahmen des „UMAG 2005" in das Aktiengesetz aufgenommenen § 246a AktG[59] etabliert. Dies war eine Folge der mit konstitutiver Handelsregistereintragung von Umwandlungsmaßnahmen gemäß § 20 Abs. 2 eintretenden Irreversibilität des jeweils betroffenen Umwandlungsvorgangs.[60] Mit der Schaffung des **aktienrechtlichen Freigabeverfahrens**[61] in § 246a AktG hat sich auch die hinsichtlich § 16 Abs. 3 bestehende Diskussion der Frage erledigt, ob § 16 Abs. 3 auch in dem Fall ausschließlich zur Anwendung gelangt, dass sich eine aus dem Kreis der Aktionäre erhobene Anfechtungs- oder Nichtigkeitsklage ausschließlich gegen die dem Umwandlungsvorgang dienende Kapitalerhöhung richtet oder ob eine zur Realisierung eines Umwandlungsvorgangs durchzuführende Kapitalerhöhung auch vom Anwendungsbereich des § 16 Abs. 3 erfasst wird.[62] Nach zutreffender Ansicht wird jedoch das Freigabeverfahren gemäß Abs. 3 auf alle diejenigen mit konstitutiver Handelsregistereintragung wirksam werdenden Beschlüsse auszudehnen sein, welche letztlich zur Realisation des Verschmelzungsvorgangs unabdingbar sind.[63] Das umwandlungsrechtliche Freigabeverfahren nach § 16 Abs. 3 UmwG ist auch bei der Umwandlung einer SE in eine KGaA anwendbar, da Art. 66 Abs. 1 SE-VO insoweit keine Spezialregelung darstellt.[64]

29 Bereits vor Inkrafttreten des UMAG 2005 und des ARUG 2009, welche das aktienrechtliche Freigabeverfahren gemäß § 246a AktG in das Aktiengesetz einfügten bzw. später mit dem Ziel einer Bekämpfung missbräuchlich erhobener Aktionärsklagen zulasten der Anfechtungskläger und zugunsten der betroffenen Unternehmen verschärften,[65] sah § 16 Abs. 3 ein Freigabeverfahren bei aus den Reihen der Anteilseigner angefochtenen Umwandlungsbeschlüssen vor. In der aktuellen Fassung bestehen nunmehr nahezu identische Regelungen zum Freigabeverfahren in § 16 Abs. 3 und § 246a AktG, jedoch mit dem für die Praxis erheblichen Unterschied, dass § 16 Abs. 2 S. 2 eine **absolute Registersperre** vorsieht, falls eine Beschlussanfechtung vorliegt und die im Rahmen der Handelsregisteranmeldung erforderliche Negativerklärung gemäß § 16 Abs. 2 S. 1 infolge dessen nicht abgegeben werden kann, während § 246a AktG eine Handelsregistereintragung trotz vorliegender Beschlussanfechtung zulässt. Dies hat für das aktienrechtliche

---

[57] S. hierzu *Weber/Kersjes* Hauptversammlungsbeschlüsse § 3 Rn. 11.
[58] Vgl. hierzu OLG Hamburg NZG 2003, 981, wonach die Registersperre im Hinblick auf § 167 ZPO über die eigentliche Anfechtungsfrist hinaus, also zuzüglich eines gewissen „Sicherheitszuschlages" fortbesteht.
[59] Vgl. hierzu etwa *Wilsing/Saß* DB 2011, 919 ff.
[60] Zur Reichweite des Bestandsschutzes bei Umwandlungsvorgängen vgl. *Kort* AG 2010, 230–237.
[61] Durch das „UMAG 2005", wobei § 246a AktG die aktuelle Fassung erst infolge des „Nachbesserungen" des Gesetzgebers im Rahmen des „ARUG 2009" erhalten hat; die seitdem geltende Fassung mit der Ausgestaltung des Freigabeverfahrens als „einstanzliches" Verfahren hat sich im Gegensatz zu der ursprünglichen Verfahrensausgestaltung in der Praxis bewährt.
[62] Zu dieser Diskussion vgl. *Weber/Kersjes* Hauptversammlungsbeschlüsse § 3 Rn. 12; OLG Hamm AG 2005, 361 (364).
[63] So zutreffend Saenger/Aderhold/Lenkaitis/Speckmann HGR-HdB/*A. Kessler* § 10 Rn. 134.
[64] OLG Frankfurt a. M. NZG 2012, 351.
[65] Vgl. hierzu die Begründung des Regierungsentwurfs zum ARUG 2009, BT-Drs. 16/11642, 40; vgl. auch *Schall/Habbe* NJW 2010, 1789 ff.

Freigabeverfahren die Folge, dass dort bei vorliegender Beschlussanfechtung sehr häufig der Konflikt zwischen den Anfechtenden und der Gesellschaft im Rahmen des dafür nicht ausgestalteten Handelsregisterverfahren ausgetragen wird, weil die jeweils zu erwartende Verfahrensdauer im Hauptsacheverfahren (möglicherweise über mehrere Instanzen hinweg) aus der Sicht der betroffenen Gesellschaften gerade bei aus einer verzögerten Eintragung drohenden steuerrechtlichen Nachteilen nicht hingenommen werden kann.[66] In diesem Fall haben dann die Registergerichte nach pflichtgemäßem Ermessen unter Berücksichtigung der Belange der Beteiligten zwischen einer Eintragung der jeweiligen Beschlüsse trotz vorliegender Beschlussanfechtung und einer Verfahrensaussetzung gemäß §§ 381, 21 FamFG zu entscheiden. Diese Situation kann wegen der vorhandenen Registersperre bei der Anfechtung umwandlungsrechtlicher Beschlüsse nicht eintreten. Die insoweit von einer Beschlussanfechtung betroffene Gesellschaft ist damit zur Erreichung eines zeitnahen Vollzugs der jeweiligen Beschlussfassung allein auf das umwandlungsrechtliche Freigabeverfahren gemäß § 16 Abs. 3 angewiesen.

In prozessualer Hinsicht ist zu berücksichtigen, dass das Freigabeverfahren gemäß Abs. 3 den für das streitige Verfahren geltenden Vorschriften der Zivilprozessordnung unterfällt.[67] Für das Freigabeverfahren nach Abs. 3 sind demnach anstelle der Regelungen des FamFG für unternehmensrechtliche Verfahren diejenigen der ZPO anwendbar.[68] Es gelten diesbezüglich die Vorschriften der ZPO für das erstinstanzliche Verfahren vor den Landgerichten, auch wenn im Freigabeverfahren eine erstinstanzliche Zuständigkeit der Oberlandesgerichte besteht,[69] jedoch mit der Besonderheit, dass gemäß Abs. 3 S. 2 § 247 AktG und §§ 82, 83 Abs. 1 und 84 ZPO für anwendbar erklärt werden.[70] Die jetzt im Abs. 3 des § 16 vorgesehene entsprechende Anwendbarkeit der §§ 82, 83 Abs. 1 und 84 ZPO hat zur Folge, dass eine im streitigen Hauptsacheverfahren zugunsten eines im Inland ansässigen Prozessbevollmächtigten erteilte Vollmacht, welche gemäß § 83 Abs. 1 ZPO im Außenverhältnis unbeschränkbar ist, zugleich auch im Freigabeverfahren zwingend gilt. Dies findet auch durch die Verweisung auf § 84 ZPO hinsichtlich der **Unbeschränkbarkeit des Vollmachtsumfangs** für das Freigabeverfahren Anwendung.[71] So ist es einem möglichen Antragsgegner verwehrt, sich etwa darauf zu berufen, dass die zugunsten seines Prozessbevollmächtigten erteilte Vollmacht jedenfalls nicht im Freigabeverfahren gelten könne. Für die Frage der Zulässigkeit des Freigabeantrags ist es unerheblich, ob er von der betroffenen Gesellschaft bereits zeitlich vor der Zustellung einer in der Hauptsache erhobenen Anfechtungs- oder Nichtigkeitsklage gestellt wird; insoweit kommt es lediglich darauf an, dass im Zeitpunkt der Entscheidung des Oberlandesgerichts über den Freigabeantrag die Hauptsacheklage rechtshängig ist.[72] Einer Statthaftigkeit des umwandlungsrechtlichen Freigabeverfahrens steht es auch nicht entgegen, wenn der angefochtene und den Gegenstand des Freigabeverfahrens bildende Hauptversammlungs- bzw. Gesellschafterversammlungsbeschluss sich nicht allein auf die umwandlungsrechtliche Strukturmaßnahme erstreckt, sondern

---

66 Vgl. hierzu *Schulte* ZIP 2010, 1166 (1167 ff.).
67 Vgl. hierzu Kölner Komm UmwG/*Simon* § 20 Rn. 49.
68 Kallmeyer/*Marsch-Barner/Oppenhoff* § 16 Rn. 47; Lutter/ *Decher* § 16 Rn. 103.
69 Kallmeyer/*Marsch-Barner/Oppenhoff* § 16 Rn. 47; Lutter/ *Decher* § 16 Rn. 103.
70 Vgl. Kallmeyer/*Marsch-Barner/Oppenhoff* § 16 Rn. 47.
71 Vgl. hierzu Kallmeyer/*Marsch-Barner/Oppenhoff* § 16 Rn. 47.
72 So zutreffend OLG München NZG 2013, 622 ff. = ZIP 2013, 931 ff.

auch darüber hinausgehende, der Abwicklung der umwandlungsrechtlichen Maßnahmen dienende Materien regelt.[73]

31 Die Neuregelungen, welche die Vorschrift durch das ARUG 2009[74] erhalten hat, müssen im Gesamtkontext mit den umfassenden Reformregelungen zum Freigabeverfahren gemäß § 246a AktG gesehen werden, durch welche die **Verteidigungsmöglichkeiten der Gesellschaft gegen missbräuchliche Aktionärsklagen**, welche vor allem das Ziel einer Blockade der Wirksamkeit von Hauptversammlungsbeschlüssen verfolgen, erweitert werden sollten.[75] Der im Wesentlichen gleich ausgestaltete § 246a AktG regelt das „Freigabeverfahren" im Fall der Anfechtung von Hauptversammlungsbeschlüssen, betreffend Kapitalmaßnahmen oder Unternehmensverträge gemäß §§ 291ff. AktG für den Bereich aktienrechtlicher Beschlussfassungen. Im Rahmen des ARUG 2009[76] wurde die Vorschrift entsprechend dem Entwurf der Bundesregierung dahin gehend abgeändert, dass § 247 AktG und die Vorschriften gemäß §§ 82, 83 Abs. 1 und 84 ZPO für entsprechend anwendbar erklärt werden. Der Regierungsentwurfs zum ARUG ging dabei davon aus, dass in der Praxis oftmals Kläger bei missbräuchlich erhobenen Anfechtungsklagen zwecks Erschwerung einer Zustellung von Klage- oder Antragsschriften mit ausländischen Wohnsitzen oder dort ansässigen Kapitalgesellschaften ausländischer Rechtsform als „zwischengeschaltete" Aktionäre sowohl im streitigen Hauptsacheverfahren, als auch im Verfahren nach § 246a AktG eine zeitnahe Zustellung erschwert hatten, was durch die Neuregelungen eingedämmt werden sollte.[77]

32 Im Erfolgsfall stellt das im Freigabeverfahren zuständige Gericht der streitigen Gerichtsbarkeit[78] auf entsprechenden Antrag der Gesellschaft im Beschlusswege fest, dass die anhängigen Anfechtungs- oder Nichtigkeitsklagen einer Handelsregistereintragung der betroffenen Beschlussfassung nicht entgegenstehen.

33 Abs. 3 der Vorschrift regelt weiterhin die verschiedenen Voraussetzungen, welche das Ergehen eines positiven Freigabebeschlusses erfordert. Im Kern enthält Abs. 3 ein „abgestuftes Prüfungsschema". Gem. Nr. 1 muss im Rahmen einer gebundenen Entscheidung ein Freigabebeschluss zugunsten der betroffenen Gesellschaft dann ergehen, wenn die im Verfahren der Hauptsache erhobene **Klage** entweder schon **unzulässig** oder nach Ansicht des im Freigabeverfahren zuständigen Gerichts offensichtlich **unbegründet** ist.

34 Die Frage, ob eine in der Hauptsache erhobene Klage unzulässig ist, beurteilt sich nach den geltenden prozessualen Vorschriften.[79] Dies ist etwa der Fall bei einer Einreichung der Klage bei einem unzuständigen Gericht und dem Fehlen eines entsprechenden Verweisungsantrages gemäß § 281 ZPO[80] oder etwa der Einreichung einer nicht den Anforderungen gemäß § 253 ZPO entsprechenden Klageschrift.[81] Das wird in der Praxis eher selten zu beobachten sein, da oppositionelle Gesellschafter in diesem Verfahren gewöhnlicherweise nicht ohne hinreichende rechtliche Beratung agieren. Von der Unzulässigkeit der in der Hauptsache erhobenen Klage ist die Frage einer möglichen Unzulässigkeit des Freigabeantrags abzugrenzen (→ Rn. 30).

---

73 So iErg überzeugend OLG München NZG 2013, 622 ff. = ZIP 2013, 931 ff.
74 Gesetz v. 30.7.2009 (BGBl. I 2479).
75 Vgl. *Hollstein* jurisPR-HaGesR 2/2010 Anm. 2, zugleich Anm. zu OLG München 4.11.2009 – 7 A 2/09.
76 Gesetz v. 30.7.2009 (BGBl. I 2479).
77 Vgl. hierzu die Begründung des Regierungsentwurfs zum ARUG, BT-Drs. 16/11642, 40.

78 Also das jeweils örtlich zuständige Oberlandesgericht bzw. das Kammergericht.
79 Ebenso Kölner Komm UmwG/*Simon* § 16 Rn. 71.
80 Kallmeyer/*Marsch-Barner/Oppenhoff* § 16 Rn. 39 f.
81 Kallmeyer/*Marsch-Barner/Oppenhoff* § 16 Rn. 39; vgl. für die umgekehrte Konstellation, dass ein Verweisungsantrag nach § 281 ZPO gestellt wurde, Lutter/*Decher* § 16 Rn. 49.

Eine weitere „Hürde" zulasten der Kläger und zugunsten der betroffenen Gesellschaft stellt das in Nr. 2 enthaltene Quorum bezüglich des **Umfangs des Anteilsbesitzes** des jeweiligen Klägers dar. Hierdurch trifft die jeweiligen Kläger des Hauptsacheverfahrens die Pflicht, im Fall der Rechtshängigkeit eines Freigabeantrags nach Abs. 3 innerhalb des Zeitraumes von einer Woche nach Zustellung des Antrags urkundlich nachzuweisen, dass der jeweilige Kläger seit dem Zeitpunkt, zu dem die Einberufung der über die Maßnahme nach dem UmwG beschließenden Versammlung der Anteilseigner bekannt gemacht worden war, einen anteiligen Betrag von mindestens 1.000 EUR[82] am Grundkapital bzw. Stammkapital der betroffenen Gesellschaft hält.[83] Der Nachweis ist in jedem Fall urkundlich zu erbringen, wobei jedoch kein Nachweis zur Vertretungsberechtigung des Unterzeichners der Bescheinigung erforderlich sein soll.[84] Zumindest bei Vorliegen von Zweifeln wird jedoch das Gericht des Freigabeverfahrens einen diesbezüglichen zeitnahen Nachweis seitens des/der Hauptsachekläger/s. und Antragsgegner/s. im Freigabeverfahren verlangen können.

Für die Kläger als Aktionäre einer Aktiengesellschaft ist es zum Nachweis des Erreichens des „Bagatellforums" erforderlich, dass die hierfür notwendigen Aktien in dem Zeitpunkt, in dem die Einladung zur Hauptversammlung bekannt gemacht wird, von ihnen tatsächlich gehalten werden; dabei soll § 67 Abs. 2 AktG dafür nicht anwendbar sein.[85] Zweifelhaft erscheint, ob sich der Begriff des „anteiligen Betrages" von mindestens 1.000 EUR nur auf die Rechtsformen der Aktiengesellschaft, der KGaA und der SE bezieht. Dies wird in der Literatur mit dem Argument angenommen, das Bagatellquorum sei nach der Begründung im Gesetzgebungsverfahren zur Änderung des § 246a AktG durch das ARUG 2009 auf Kleinstaktionäre bezogen, was auch im der Neuregelung des § 246a AktG angeglichenen umwandlungsrechtlichen Freigabeverfahren gelten müsse.[86] Dies liegt aus der Sicht der Praxis einerseits nahe, andererseits spricht der Wortlaut der Nr. 2 nicht von „Grundkapital". Auch ist der darüber hinaus erfolgende Gleichlauf des umwandlungsrechtlichen Freigabeverfahrens mit dem Verfahren gemäß § 246a AktG kein zwingendes Argument dafür, warum das Bagatellquorum etwa im Bereich der GmbH keine Anwendung finden soll, denn im Aktiengesetz bestand insoweit bei der Einführung und späteren Neufassung des § 246a AktG wegen des ausschließlichen Vorhandenseins von „Grundkapital" im Aktienrecht kein weiter reichender Regelungsbedarf. Auch eine teleologische Reduktion des § 16 Abs. 3 Nr. 2 UmwG dahin gehend, dass diese Vorschrift auf Anfechtungsklagen von GmbH-Gesellschaftern keine Anwendung finden soll,[87] erscheint nicht geboten. Der Gesetzgeber hätte es in der Hand gehabt, bei der Fassung der Vorschrift eine entsprechende Einschränkung vorzunehmen. Die Verwendung des Begriffs „anteiliger Betrag" spricht gerade dafür, dass ein rechtsformunabhängiges Quorum geschaffen werden sollte, welches für sämtliche Formen von Kapitalgesellschaften Geltung beanspruchen sollte. Diese Problematik ist auch wegen der besonderen Situation der umwandlungsrechtlichen Registersperre des § 16 Abs. 2 S. 2 losgelöst von der Frage zu betrachten, ob das aktienrechtliche Freigabeverfahren

---

82 Dieses Mindestquorum soll auch in verfassungsrechtlicher Hinsicht keinen Bedenken begegnen, OLG Hamburg AG 2010, 215 = Der Konzern 2010, 515 ff.
83 Vgl. hierzu *Reichard* NZG 2011, 292 ff.
84 OLG Saarbrücken NZG 2011, 358.
85 OLG München NZG 2013, 622 ff. = ZIP 2013, 931 ff.
86 So Kallmeyer/*Marsch-Barner/Oppenhoff* § 16 Rn. 41 a, ua unter Verweis auf BT-Drs. 16/11642, 41 f.; im Ergebnis ebenso Mehrbrey Corporate Litigation-HdB/*Uhlendorf/Schumacher* § 92 Rn. 114.
87 So vertreten von *Bayer/Lieder* NZG 2011, 1170 (1174) mit dem Hinweis darauf, dass die „personalisierte Struktur" und das niedrige Mindestkapitalerfordernis der GmbH eine solche teleologische Reduktion erforderlich mache.

nach § 246a AktG analoge Anwendung im GmbH-Recht finden soll.[88] Anders ist die Situation dann zu beurteilen, wenn der beteiligte Rechtsträger nicht über ein Stamm- oder Grundkapital verfügt, etwa ein eingetragener Verein, bei dem dann gestritten wird, ob die durch ein Vereinsmitglied gegen den Verschmelzungsbeschluss erhobene Anfechtungsklage einer Handelsregistereintragung des Verschmelzungsvorgangs entgegen steht.[89]

36 Die für die/den Anfechtungskläger bestehende Pflicht zum Nachweis des Vorhandenseins des **Mindestquorums** besteht selbst dann, wenn seitens der Gesellschaft der Anteilsbesitz nicht bestritten wird, etwa bei dem Vorhandensein vinkulierter Namensaktien an einer Aktiengesellschaft.[90]

37 Wenn dieses zwingende Quorum nicht erreicht wird, ist der von der Gesellschaft im Freigabeverfahren gestellte Antrag nach Abs. 3 bereits aus diesem Grund erfolgreich[91] ohne dass eine weitere Sachprüfung durch das Gericht erfolgt.

38 Bei dem Kriterium der **„offensichtlichen Unbegründetheit"** der im Hauptsacheverfahren erhobenen Klage ist nach herkömmlicher Ansicht davon auszugehen, dass eine Klage jedenfalls dann offensichtlich unbegründet ist, wenn ohne die Notwendigkeit weiterer Sachverhaltsaufklärung die im Hauptsacheverfahren erhobene Klage nach der Einschätzung des im Freigabeverfahren zur Entscheidung berufenen Gerichts keine Erfolgsaussichten hat.[92] Damit soll den besonderen Gegebenheiten des summarischen Verfahrens Rechnung getragen werden.[93] Unbeachtlich soll es insoweit sein, ob es im Freigabeverfahren erforderlich ist, komplexe Rechtsfragen zu erörtern.[94] Nach neuerer Auffassung ist diesbezüglich nicht so sehr auf die Frage der einfachen Erkennbarkeit, sondern auf das „Maß an Sicherheit", aus dem sich eine Unbegründetheit unter den einschränkenden besonderen Bedingungen des als Eilverfahren ausgestalteten Freigabeverfahrens gemäß Abs. 3 der Vorschrift darstellt.[95] Von entscheidender Bedeutung für die „Offensichtlichkeit" der Unbegründetheit der Hauptsacheklage soll dabei nicht die „Evidenz" einer Unbegründetheit der Klage sein, sondern das Kriterium, dass nach der Überzeugung des im Freigabeverfahrens zur Entscheidung berufenen Gerichts die Hauptsacheklage mit einer „hohen Wahrscheinlichkeit" unbegründet ist.[96] Der Grund für die offensichtliche Unbegründetheit ist nach zutreffender Ansicht[97] irrelevant. Nach der Rechtsprechung des BGH sollen hierunter auch eigentlich begründete Klagen fallen, die jedoch ausschließlich mit dem Ziel erhoben werden, „... die Gesellschaft in grob eigennütziger Weise zu einer Leistung zu veranlassen, auf die der klagende Aktionär keinen Anspruch hat und auch billiger Weise nicht erheben kann ...".[98] Gelangt das im Freigabeverfahren entscheidende Gericht zu dem Ergebnis, dass die im Hauptsacheverfahren erhobene Klage nicht offensichtlich unbegründet, sondern im Gegenteil sogar „offensichtlich begründet" erscheint, entbindet dies das Gericht nicht von der Prüfung, ob zugunsten der betroffenen Gesellschaft ein vorrangiges

---

[88] So Bayer/Lieder NZG 2011, 1170 f.
[89] So zutreffend OLG Hamm NZG 2013, 388.
[90] KG NZG 2011, 305 ff. zur Parallelproblematik in § 246a AktG; vgl. zu dieser Entscheidung auch Reichard NZG 2011, 775 (776).
[91] Zu den einzelnen Voraussetzungen vgl. auch Schulte ARUG AktG § 246a Rn. 3 ff.
[92] Kölner Komm UmwG/Simon § 16 Rn. 72.
[93] Zum in tatsächlicher Hinsicht insoweit streitigen Sachverhalt vgl. Lutter/Decher § 16 Rn. 52.
[94] Kölner Komm UmwG/Simon § 16 Rn. 72; zur Unerheblichkeit der Frage des Prüfungsaufwandes im Freigabeverfahren vgl. OLG Jena NJW-RR 2009, 182 ff.
[95] Kallmeyer/Marsch-Barner/Oppenhoff § 16 Rn. 40 f.; vgl. auch Schmitt/Hörtnagl/Winter § 16 Rn. 50 ff.; Mehrbrey/Uhlendorf/Schumacher § 92 Rn. 111 mwN.
[96] OLG Jena NJW-RR 2009, 182 ff.
[97] OLG Jena NJW-RR 2009, 182 ff.
[98] BGHZ 112, 9–30 = ZIP 1990, 985 ff. = DB 1990, 1762 ff.

Eintragungsinteresse besteht.⁹⁹ Wird dies nach weiterer Prüfung angenommen, so ist trotz offensichtlicher Begründetheit der im Hauptsacheverfahren erhobenen Klage eine für die Gesellschaft positive Freigabeentscheidung möglich. Dieses Ergebnis erscheint vor dem Hintergrund, dass dann aufgrund der positiven Freigabeentscheidung des erst- und letztinstanzlich entscheidenden Oberlandesgerichts eine nach § 20 Abs. 2 irreversible konstitutive Handelsregistereintragung erfolgen kann, zunächst bedenklich. Dies ist aber vor dem Hintergrund hinzunehmen, dass der Gesetzgeber – wie auch die Neufassung des § 246a AktG durch das ARUG 2009 gezeigt hat – einem beschleunigten Abschluss des konstitutiven Handelsregisterverfahrens, zugleich verbunden mit Rechtssicherheit für die beteiligte Gesellschaft und den auf den Inhalt der Registereintragung vertrauenden Rechtsverkehr, den Vorrang einräumen wollte.

Erfüllt ein Anfechtungskläger die vorgenannten Voraussetzungen, so kommt es zur Anwendung der **„Interessenabwägungsklausel"** gemäß Abs. 3 Nr. 3. Hiernach ist eine Abwägung des Interesses der Gesellschaft und möglicherweise weiterer Anteilsinhaber an einer Freigabe des jeweils angefochtenen Beschlusses und den der Gesellschaft drohenden Nachteilen im Fall der Nichtfreigabe und der damit verbundenen weiteren Eintragungsverzögerung mit den möglichen, damit ebenfalls verbundenen Nachteilen des/der Antragsgegner/s. erforderlich. Überwiegen nach der Überzeugung des im Freigabeverfahren zuständigen Gerichts die das Vollzugsinteresse der Gesellschaft möglicherweise zulasten der Antragsgegner eintretenden Nachteile, so genießt das „alsbaldige Wirksamwerden des Hauptversammlungsbeschlusses" Vorrang vor der sonst bestehenden Registersperre und es muss eine aus Sicht der Gesellschaft positive Freigabeentscheidung erfolgen. In die Abwägung sind auf Seiten des am Verschmelzungsvorgang beteiligten Rechtsträgers alle „nicht vernachlässigenswerten wirtschaftlichen Nachteile" einzubeziehen.¹⁰⁰ Als Nachteile im Sinne dieser Interessenabwägung gelten auch für die Gesellschaft aus der blockierten Verschmelzung bei ungehindertem Ablauf entstehende wirtschaftliche Vorteile, die sich bei einer Verzögerung des Vorgangs nicht realisieren lassen, etwa realisierbare Synergieeffekte.¹⁰¹ Insoweit hat das im Freigabeverfahren zur Entscheidung berufene OLG nach entsprechend substantiiertem Sachvortrag der Gesellschaft eine Prognose vorzunehmen. Allein der Umstand, dass ein Kläger der Gruppe der „Berufskläger" zuzurechnen ist, reicht für sich genommen nicht für eine pauschale Zurückstellen von dessen Interessen aus, wenn davon auch gewisse Indizwirkungen ausgehen können.¹⁰² Ein vorrangiges Vollzugsinteresse zugunsten der Gesellschaft wurde in der Rechtsprechung etwa bei Vorliegen der Notwendigkeit einer alsbaldigen Umsetzung von Sanierungsmaßnahmen¹⁰³ oder bei dem drohenden Scheitern eines nach Wirksamwerden der Verschmelzung beabsichtigten Börsengangs¹⁰⁴ angenommen.¹⁰⁵ Erhebliche Nachteile zulasten der den Antrag im Freigabeverfahren stellenden Gesellschaft, welche im Rahmen der vorzunehmenden Interessenabwägung zugunsten der Gesellschaft zu werten sein sollen, stellen nach der obergerichtlichen Rechtsprechung

---

99 So zutreffend Lutter/*Decher* § 16 Rn. 62.
100 OLG Hamm NZG 2014, 581 = ZIP 2014, 125.
101 OLG Hamm NZG 2014, 125 = ZIP 2014, 125.
102 Saenger/Aderhold/Lenkaitis/Speckmann HGR-HdB/*A. Kessler* § 10 Rn. 137.
103 KG 12.3.2010 – 14 AktG 1/09, BeckRS 2010, 11130; zur drohenden zeitlichen Verzögerung von Restrukturierungskonzepten als zugunsten der Gesellschaft ins Gewicht fallendem Grund vgl. Saenger/Aderhold/Lenkaitis/Speckmann HGR-HdB/*A. Kessler* § 10 Rn. 136.
104 OLG Hamm 16.5.2011 – I-8 AktG 1/11, 8 AktG 1/11, BeckRS 2011, 14826.
105 Dies soll selbst dann gelten, wenn die Realisierung des Börsengangs auch ohne eine Durchführung der Verschmelzung denkbar wäre, OLG Hamm 16.5.2011 – I-8 AktG 1/11, 8 AktG 1/11, BeckRS 2011, 14826.

durch den Verschmelzungsvorgang beabsichtigte „wirtschaftliche Folgen" mit „einigem Gewicht" dar, etwa der temporäre oder sogar finale Verlust angestrebter Synergieeffekte.[106]

40 Eine Ausnahme von dieser Regelung stellt es allerdings dar, wenn ein **Rechtsverstoß von „besonderer Schwere"** vorliegt.[107] Hierfür trägt der jeweilige Antragsgegner im Freigabeverfahren die Beweislast,[108] obwohl im Freigabeverfahren grundsätzlich die Gesellschaft als Antragstellerin die von ihr dort vorgebrachten Tatsachen gemäß § 16 Abs. 3 S. 2 iVm § 294 ZPO glaubhaft zu machen hat.[109] Insofern muss man davon ausgehen, dass nicht eine nichtige Beschlussfassung zwangsläufig auch das Kriterium der „besonderen Schwere des Rechtsverstoßes" erfüllt.[110] Damit sind die herkömmlichen Kriterien der „Nichtigkeit" und „Anfechtbarkeit" insoweit zur Abgrenzung wenig tauglich.[111] Hinsichtlich des Kriteriums der „besonderen Schwere des Rechtsverstoßes" hat sich die Ansicht herausgebildet, dass es sich dabei um einen Verstoß handeln müsse, dessen Vollzug ohne die im Hauptsacheverfahren mögliche vertiefte Prüfung „für die Rechtsordnung unerträglich" wäre.[112] Dies wird zB dann anzunehmen sein, wenn eine Verletzung „elementarer Aktionärsrechte" bzw. „massiver Aktionärsrechte" vorliegt, bei welcher[113] keine angemessene Kompensation durch Schadensersatz möglich erscheint.[114]

41 Die Entscheidung des Gerichts im Freigabeverfahren erfolgt durch Beschluss mit der Tenorierung bei Erfolg des Freigabeverfahrens, dass die gegen den jeweiligen Zustimmungsbeschluss zum Verschmelzungsvertrag erhobene Klage dessen Handelsregistereintragung nicht entgegensteht.[115] Da Freigabeverfahren und streitiges Hauptsacheverfahren unterschiedliche Streitgegenstände haben, hat der rechtskräftige Abschluss dieses Verfahrens[116] keine Auswirkungen auf das Hauptsacheverfahren.

42 Der im Freigabeverfahren ergehende Beschluss nach Abs. 3 der Vorschrift ergeht grundsätzlich nach mündlicher Verhandlung, auf deren Durchführung in dringenden Fällen verzichtet werden kann.[117] Dies entspricht weitgehend der Rechtslage nach den Vorschriften der ZPO zum den Erlass einer einstweiligen Verfügung zum Gegenstand habenden Verfahren.

43 Die Vornahme der Handelsregisteranmeldung durch die dazu gemäß Abs. 1 berechtigten Organe kann seitens der Anteilseigner auch mithilfe einer einstweiligen Anordnung

---

[106] OLG Düsseldorf NZG 1999, 565 (Krupp/Thyssen IV); vgl. hierzu auch Mehrbrey Corporate Litigation-HdB/Uhlendorf/Schumacher § 92 Rn. 120 mwN.
[107] Vgl. hierzu etwa Kallmeyer/Marsch-Barner/Oppenhoff, § 16 Rn. 46 a ff.; Kölner Komm UmwG/Simon § 16 Rn. 91; vgl. hierzu auch Schmitt/Hörtnagl/Winter § 16 Rn. 83 ff.
[108] So auch der Regierungsentwurf zum ARUG, BT-Drs. 16/11642, 41; vgl. Wicke ARUG S. 66; vgl. Saenger/Aderhold/Lenkaitis/Speckmann HGR-HdB/A. Kessler § 10 Rn. 137.
[109] Vgl. hierzu zutreffend Saenger/Aderhold/Lenkaitis/Speckmann HGR-HdB/A. Kessler § 10 Rn. 137.
[110] Vgl. den Regierungsentwurf zum ARUG, BT-Drs. 16/11642, 41; auch die Entscheidung OLG Saarbrücken NZG 2011, 358 (360) geht davon aus, dass ein „besonders schwerer" Rechtsverstoß nicht bereits dann gegeben ist, wenn dieser Verstoß die Nichtigkeit der entsprechenden Beschlussfassung zur Folge hat.
[111] Vgl. hierzu auch Wicke ARUG S. 66.
[112] KG NZG 2011, 306 (307); ebenso OLG Saarbrücken NZG 2011, 358 (360); vgl. Reichard NZG 2011, 775 (776); vgl. zur „besonderen Schwere" von Rechtsverstößen im Verfahren gemäß § 246a AktG auch OLG Frankfurt a. M. NZG 2010, 824 (826); vgl. Mehrbrey Corporate Litigation-HdB/Uhlendorf/Schumacher § 92 Rn. 122 mwN.
[113] Rubner/Leuering NJW-Spezial 2019, 527 (528).
[114] OLG Saarbrücken NZG 2011, 358 (360); vgl. hierzu auch Mehrbrey Corporate Litigation-HdB/Uhlendorf/Schumacher § 92 Rn. 122.
[115] Lutter/Decher § 16 Rn. 115.
[116] Dieser tritt infolge der erst- und zugleich letztinstanzlichen Zuständigkeit der Oberlandesgerichte im Freigabeverfahren regelmäßig zugleich mit Verkündung des verfahrensabschließenden Beschlusses ein.
[117] Vgl. hierzu etwa Kallmeyer/Marsch-Barner/Oppenhoff § 16 Rn. 48.

unterbunden werden.[118] Ein solcher Antrag ist jedoch während eines laufenden Freigabeverfahrens nach Abs. 2 der Vorschrift unzulässig.[119]

Es stellt sich die Frage, inwieweit das Registergericht an eine im Freigabeverfahren erfolgte **Entscheidung des Oberlandesgerichts gebunden** ist. Das über den Eintragungsantrag entscheidende Registergericht darf in jedem Fall die Voraussetzungen gemäß Abs. 1 und 2 der Vorschrift prüfen, ist jedoch in materiellrechtlicher Hinsicht an die Entscheidung des Oberlandesgerichts gebunden.[120] Nicht zu überzeugen vermag in diesem Zusammenhang jedoch die Argumentation, bei einer Freigabeentscheidung wegen Unzulässigkeit der Klage im Hauptsacheverfahren oder Nichterreichens des dortigen Mindestquorums sei das Registergericht weiterhin zur Prüfung aller Eintragungsvoraussetzungen außer dem Vorliegen der Negativerklärung nach § 16 Abs. 2 berechtigt.[121] Nach zutreffender Ansicht ist Streitgegenstand des Freigabeverfahrens und damit „Verfügungsanspruch" der Anspruch der betroffenen Gesellschaft gegen den/die das Hauptsacheverfahren betreibenden Anteilsinhaber, die Eintragung des angefochtenen Beschlusses trotz bestehender Ungewissheit darüber, ob dieser rechtmäßig ergangen ist, hinzunehmen.[122] Danach ist das Registergericht bei rechtskräftiger Freigabeentscheidung im Regelfall verpflichtet, den freigegebenen Beschluss einzutragen, da mit der Stellung des Freigabeantrags die Kompetenz zur Beschlussmängelprüfung auf das Prozessgericht übergeht;[123] jedenfalls dann, wenn sich das Gericht des Freigabeverfahrens in materiellrechtlicher Hinsicht mit dem Klagegegenstand der Hauptsache befasst hat. Bei einer reinen „Quorum"-Entscheidung zugunsten der Gesellschaft im Freigabeverfahren ist das Registergericht insoweit an die Entscheidung des Oberlandesgerichts gebunden, als dass jedenfalls die den Gegenstand des Freigabeverfahrens bildende Beschlussanfechtung die Registersperre nach Abs. 2 S. 2 nicht mehr auslösen kann. Die darüber hinausgehenden materiellrechtlichen Fragen bezüglich der Beschlusswirksamkeit darf das Registergericht in diesem speziellen Fall aber nach wie vor nach eigenem Ermessen bei der Entscheidung, ob es die Handelsregistereintragung vornimmt oder nicht, beurteilen. Eine Bindung des Registergerichts wird man unabhängig von dem Spezialfall der „Quorum"-Entscheidung auch bei solchen Beschlussmängeln verneinen dürfen, die nicht einmal ansatzweise im Hauptsacheverfahren oder im Freigabeverfahren gerügt wurden bzw. zu denen dort keinerlei Sachvortrag erfolgt ist, deren Vorliegen demnach nicht einmal ansatzweise Gegenstand einer auch nur summarischen Prüfung durch das im Freigabeverfahren zuständige Oberlandesgericht gewesen ist. Davon unberührt bleibt naturgemäß die für das Registergericht bestehende Verpflichtung, in keinem Fall aus seiner Sicht nichtige Beschlüsse in das Handelsregister einzutragen. Für das Registergericht unstatthaft wäre eine Eintragung bei anhängiger Klage gegen einen Verschmelzungsbeschluss, auch wenn die betroffene Gesellschaft kein Freigabeverfahren gemäß Abs. 3 betreibt.[124] Hier gilt die strenge Registersperre gemäß Abs. 2 S. 2, worin ein Unterschied zum aktienrechtlichen Freigabeverfahren gemäß § 246a

---

118 S. hierzu die Entscheidung BVerfG DB 2005, 1373; vgl. zum einstweiligen Rechtsschutz bei eintragungspflichtigen Hauptversammlungsbeschlüssen *Kort* NZG 2007, 169 ff.
119 Schmitt/Hörtnagl/*Winter* § 16 Rn. 3, welche die Zulässigkeit eines Verfahrens im einstweiligen Rechtsschutz neben dem Freigabeverfahren für fraglich halten; *Koch* AktG § 246a Rn. 27.
120 Schmitt/Hörtnagl/*Winter* § 16 Rn. 36; differenzierend nach verschiedenen Fallgruppen Lutter/*Decher* § 16 Rn. 119 ff.
121 Lutter/*Decher* § 16 Rn. 120.
122 So zutreffend für die Parallelproblematik bei § 246a AktG K. Schmidt/Lutter/*Schwab* AktG § 246a Rn. 53.
123 K. Schmidt/Lutter/*Schwab* AktG § 246a Rn. 53.
124 Vgl. hierzu Schmitt/Hörtnagl/*Winter* § 16 Rn. 25 ff.

AktG besteht, bei dem es dem Registergericht unbenommen bleibt, auch während des laufenden Freigabeverfahrens die Handelsregistereintragung vorzunehmen. Hat der Antrag im Freigabeverfahren nach Abs. 3 der Vorschrift keinen Erfolg, besteht die Registersperre auch weiterhin fort, mit der Folge, dass dem Registergericht eine Eintragung vor rechtskräftigem Abschluss des streitigen Hauptsacheverfahrens verwehrt ist.[125]

XII. Rolle des Notars/der Notarin bei Beschlussanfechtung

45 Auch nach einer erfolgten Beschlussanfechtung bleibt die Rolle des beurkundenden Notars im Verhältnis zu den verschiedenen Beteiligten neutral.[126] Der Notar ist insoweit **nicht** Vertreter einer Partei oder der Gesellschaft. Vor dem Hintergrund eines fairen Verfahrens ist es daher etwa auch bei laufender Beschlussanfechtung im Hauptsacheverfahren und der Anhängigkeit eines Freigabeverfahrens nach Abs. 3 der Vorschrift nicht zu beanstanden, wenn der beurkundende Notar mit dem Registergericht zur Abstimmung des weiteren Prozedere in Kontakt tritt.

XIII. Sekundäranspruch auf Schadensersatz gemäß Abs. 3 S. 10

46 Abs. 3 S. 10 der Vorschrift enthält einen auf Schadensersatz gerichteten **Sekundäranspruch des/der Beschlussmangelkläger/s.** für den Fall, dass die Wirksamkeit des Verschmelzungsvorgangs bei einem aus Sicht der Gesellschaft positiv abgeschlossenen Freigabeverfahren mit erfolgter Handelsregistereintragung eingetreten ist, die Gesellschaft aber nachfolgend im streitigen Hauptsacheverfahren unterliegt. Dieser Sekundäranspruch ist dem Umstand geschuldet, dass die auf der Grundlage eines positiven Freigabebeschluss erfolgende Handelsregistereintragung gemäß Abs. 3 S. 10 mit Bestandskraft ausgestattet wird und diese ohnehin im Hinblick auf § 20 Abs. 2 irreversibel[127] (Ausschluss einer „Entschmelzung") ist. Diese „Unumkehrbarkeit" der erfolgten konstitutiven Handelsregistereintragung erstreckt sich auch auf den notwendigen „Annex" zur Verschmelzung, dh die zum Zwecke der Verschmelzung notwendige Kapitalerhöhung.[128] Der in § 16 Abs. 3 S. 10 angeordnete Bestandsschutz der erfolgten Registereintragung soll nach insoweit zutreffender Ansicht[129] anders als der in § 246a Abs. 4 AktG angeordnete Bestandsschutz nicht voraussetzen, dass die entsprechende Handelsregistereintragung tatsächlich auf der Grundlage eines positiven Freigabebeschlusses erfolgt ist. Die Kläger sind in diesem Fall wegen der Versagung primären Rechtsschutzes auf die Geltendmachung des Schadensersatzanspruchs gegenüber der Gesellschaft angewiesen. Voraussetzungen für einen Schadensersatzanspruch nach dieser Vorschrift ist ein Erfolg des Klägers im Hauptsacheverfahren mit Eintritt der Rechtskraft der dortigen Entscheidung bei zwischenzeitlich mit erfolgter Handelsregistereintragung wirksam gewordener Verschmelzung. Dabei sind die Antragsteller so zu stellen, als wäre eine Handelsregistereintragung der Verschmelzung nicht erfolgt.[130] Ein Verschulden seitens

---

125 Lutter/*Decher* § 16 Rn. 119 ff.
126 OLG München 3.2.1010 – 31 Wx 135/09, ZIP 2010, 326 ff. = DNotZ 2011, 142 ff.
127 Vgl. dazu OLG Frankfurt a. M. NZG 2003, 790 f. = NJW-RR 2003, 1122 f. = ZIP 2003, 1607 f.; selbst die trotz bestehender Registersperre erfolgte Eintragung hat gemäß § 20 Abs. 2 Bestandsschutz, OLG Hamm ZIP 2001, 569 ff. = DB 2001, 85 ff.
128 BGH NZG 2007, 714 (715).
129 *Kort* NZG 2007, 169 (171).
130 Schmitt/Hörtnagl/*Winter* § 16 Rn. 91; Lutter/*Decher*, § 16 Rn. 93; Kölner Komm UmwG/*Simon* § 16 Rn. 110; vgl. zum Schadensersatzanspruch ausführlich Kallmeyer/*Marsch-Barner* § 16 Rn. 531 ff.

des Antragstellers im Freigabeverfahren, also der jeweils betroffenen Gesellschaft, ist nicht erforderlich.[131]

Die auf die Leistung von Schadensersatz gerichtete Klage ist **gegen den Rechtsträger zu richten**, welcher – vertreten durch seine Organe – jeweils den Freigabebeschluss erwirkt hat.[132] Soll der Anspruch mittels Klageerhebung gegenüber einem übertragenden Rechtsträger geltend gemacht werden, gilt dieser im Hinblick auf die Fiktionswirkung des § 25 Abs. 2 in diesem Verfahren als fortbestehend.[133] Trotz der insoweit eindeutigen Regelung in § 25 Abs. 2 ergeben sich allerdings aus Sicht der Praxis Zweifel an der Praktikabilität dieser Lösung; denn nach Eintritt der Rechtsfolgen gemäß § 20 Abs. 2 UmwG verfügt der übertragende Rechtsträger (wenn man ihn allein wegen der Fiktionswirkung des § 25 Abs. 2 überhaupt noch als existent betrachten muss) über kein Vermögen mehr.[134] Ist dieses aber im Wege der Gesamtrechtsnachfolge auf den übertragenden Rechtsträger übergegangen, wäre es sachgerechter, die auf den übertragenden Rechtsträger erhobene Schadensersatzklage in analoger Anwendung des § 28 gegen den übernehmenden Rechtsträger richten zu können. Hier wird man freilich den hierzu eindeutigen Wortlaut des § 25 Abs. 2 nicht überwinden können.

Neben dieser Haftung der beteiligten Rechtsträger kann grundsätzlich auch eine **Haftung der Organe** selbst in Betracht kommen.[135]

Ist eine Handelsregistereintragung auf der Grundlage eines ergangenen Freigabebeschlusses nach Erhebung einer Beschlussmangelklage in der Hauptsache erfolgt, entfällt für diese nicht das Rechtsschutzbedürfnis.[136] Vor dem Hintergrund der späteren Geltendmachung des **Sekundäranspruchs** gemäß Abs. 3 S. 10 kann entsprechend dem verwaltungsprozessualen Rechtsgedanken einer Fortsetzungsfeststellungsklage (vgl. § 113 Abs. 1 S. 4 VwGO) im Hauptsacheverfahren ebenfalls entsprechend vorgegangen werden.[137] Dringt der Kläger mit seinem **Schadensersatzanspruch** durch, ist er vermögensrechtlich so zu stellen, als sei der Verschmelzungsvorgang nicht durch die Handelsregistereintragung wirksam geworden, demnach die Rechtsfolgen des § 20 Abs. 1 nicht eingetreten.[138] Die Schadenshöhe soll diesbezüglich gemäß § 287 ZPO bestimmbar sein.[139] In der Praxis wird sich gerade bei oppositionellen Gesellschaftern bzw. Aktionären, die nur über eine kleine Beteiligung an dem betroffenen Rechtsträger verfügen, ein spezifisch durch den Eintritt der Rechtsfolgen des § 20 Abs. 1 entstandener primärer Vermögensschaden nicht ohne Schwierigkeiten substanziieren lassen. Unproblematischer erscheint dies für Kosten der Rechtsverfolgung gegenüber der Gesellschaft, sofern diese nicht in den Verfahrenskosten der erfolgreichen Hauptsacheklage aufgegangen sind.

XIV. Rechtsmittel

Nach der früheren zweiinstanzlichen Ausgestaltung des Freigabeverfahrens sah Abs. 3 S. 5 aF als Rechtsmittel gegen die das Freigabeverfahren abschließende Entscheidung

---

131 Schmitt/Hörtnagl/*Winter* § 16 Rn. 91; Kallmeyer/*Marsch-Barner/Oppenhoff* § 16 Rn. 54.
132 Kallmeyer/*Marsch-Barner/Oppenhoff* § 16 Rn. 54; Kölner Komm UmwG/*Simon* § 16 Rn. 112.
133 Kallmeyer/*Marsch-Barner/Oppenhoff* § 16 Rn. 54; Lutter/ *Decher* § 16 Rn. 128.
134 Vgl. zu dieser Problematik Semler/Stengel/Leonard/ *Kübler* § 25 Rn. 28.
135 Semler/Stengel/Leonard/*Schwanna* § 16 Rn. 49.
136 OLG Hamm 4.3.2009 – 8 U 59/01, BeckRS 2009, 09518.
137 Schmitt/Hörtnagl/*Winter* § 16 Rn. 92; OLG Hamburg NZG 2004, 729 ff.; OLG Stuttgart ZIP 2004, 1145 ff.
138 Schmitt/Hörtnagl/*Winter* § 16 Rn. 91; Kölner Komm UmwG/*Simon* § 16 Rn. 110; Kallmeyer/*Marsch-Barner/Oppenhoff* § 16 Rn. 53.
139 So zutreffend Schmitt/Hörtnagl/*Winter* § 16 Rn. 91.

die sofortige Beschwerde vor.[140] Dies ist infolge der eininstanzlichen Ausgestaltung des Freigabeverfahrens entfallen, wie sich aus Abs. 3 S. 9 unmissverständlich ergibt. Zielsetzung der Neuregelung insoweit war es, das Freigabeverfahren schnellstmöglich zum Abschluss bringen zu können und zugleich den „Lästigkeitswert" missbräuchlich erhobener Klagen gegen die Wirksamkeit von Verschmelzungsbeschlüssen zu mindern.[141]

51 Ein zweiter, weiterer Antrag auf Erlass einer Freigabeentscheidung gemäß Abs. 3 ist nur dann zulässig, wenn er mit dem Vortrag neuer Tatsachen verbunden werden kann, etwa dann, wenn zwischenzeitlich ein Bestätigungsbeschluss gemäß § 244 AktG ergangen ist.[142]

XV. Kosten der Anmeldung der Verschmelzung

52 Hinsichtlich der für die nach § 16 zum Handelsregister einzureichende Anmeldung ist bezüglich der Kosten zwischen den anfallenden Gerichtskosten und den Notarkosten zu differenzieren. Die Berechnung der Gerichtskosten erfolgt auch nach dem Inkrafttreten des GNotKG nach der Handelsregistergebührenverordnung (HRegGebV)[143] infolge der in § 58 Abs. 1 GNotKG enthaltenen Verweisung. Die Höhe der Notarkosten richtet sich nach dem Inkrafttreten des die KostO ablösenden GNotKG allein nach dessen Vorschriften.

53 Die **Notarkosten** für den Entwurf und die Beglaubigung der Anmeldung des Verschmelzungsvorgangs für den aufnehmenden und den übertragenden Rechtsträger werden jeweils gemäß § 105 Abs. 2 iVm § 105 Abs. 4 Nr. 1 GNotKG bestimmt; der anzusetzende Geschäftswert bestimmt sich demgemäß nach einem Betrag von 1 % des in das Handelsregister eingetragenen Grund- oder Stammkapitals, wobei ein Mindestgeschäftswert von 30.000 EUR anzusetzen ist. Soll bei dem aufnehmenden Rechtsträger zugleich eine Kapitalerhöhung zum Zwecke der Verschmelzung erfolgen, handelt es sich dabei um eine gemäß § 35 Abs. 1 GNotKG hinzuzurechnende Anmeldung mit einem bestimmten Geldwert iSd § 105 Abs. 1 S. 1 Nr. 3, 4 GNotKG.[144] Sowohl bei dem übertragenden als auch bei dem aufnehmenden Rechtsträger entsteht für den Entwurf der jeweiligen Handelsregisteranmeldung eine halbe Gebühr[145] nach den Ziff. 24102, 21201 Nr. 5 KV, wobei sich der Geschäftswert des angefertigten Entwurfs nach den §§ 119 Abs. 1, 105 Abs. 4 Nr. 1 GNotKG bestimmt, mithin ein Betrag von 1 % des in das Handelsregister eingetragenen Grund- bzw. Stammkapitals bei einem Mindestgeschäftswert von 30.000 EUR anzusetzen ist.[146] Hinzu kommt eine 0,3-fache Gebühr gemäß Ziff. 22114 KV, § 112 S. 1 GNotKG für die Erzeugung der XML-Strukturdatendatei,[147] welche für die elektronische Handelsregisteranmeldung gemäß § 12 HGB benötigt wird.

54 Zu beachten ist der für Anmeldungen zum Handelsregister geltende Höchstbetrag gemäß § 106 GNotKG. Hiernach ist der anzusetzende Geschäftswert auf einen Höchstbetrag von 1 Mio. EUR gedeckelt. Dieser Deckelungsbetrag gilt gleichermaßen für Anmeldungen zum Handelsregister, zum Genossenschaftsregister, zum Gesellschaftsregis-

---

140 Vgl. hierzu Schmitt/Hörtnagl/Winter § 16 Rn. 90.
141 Kallmeyer/Marsch-Barner/Oppenhoff § 16 Rn. 50.
142 Vgl. hierzu zum Verhältnis einer „offensichtlichen Unbegründetheit" zum Ergehen von Bestätigungsbeschlüssen nach § 244 AktG etwa Lutter/Decher § 16 Rn. 59, 62.
143 Ergangen aufgrund der Verordnungsermächtigung in § 79a KostO (jetzt § 58 Abs. 2 GNotKG).

144 Fackelmann Notarkosten Rn. 867; vgl. HK-GNotKG/Macht KV 21200 Rn. 109 ff.
145 Es ist hierbei von einer vollständigen Erstellung gemäß § 92 Abs. 2 GNotKG auszugehen.
146 Fackelmann Notarkosten Rn. 881.
147 Fackelmann Notarkosten Rn. 881.

ter, zum Partnerschaftsregister und zum Vereinsregister.[148] Der Höchstbetrag des § 106 GNotKG soll auch dann gelten, wenn mehrere Tatsachen in einer Anmeldung zusammengefasst zur Eintragung in das Handelsregister angemeldet werden, im Bereich des § 16 etwa bei der „Koppelung" der Anmeldung der Kapitalerhöhung zum Zwecke der Verschmelzung mit dem Verschmelzungsvorgang selbst.[149] Werden mehrere Verschmelzungsvorgänge kombiniert oder Kettenverschmelzungen angemeldet, ist ungeachtet der für die verschiedenen Beschlussfassungen und Vertragsbeurkundungen entstehenden kostenrechtlichen Problematiken jedenfalls für die Handelsregisteranmeldungen gemäß § 16 zu beachten, dass mehrere Handelsregisteranmeldungen regelmäßig als „gegenstandsverschieden" iSd § 111 Nr. 3 GNotKG anzusehen sind.[150]

Die seitens des **Registergerichts** für den Vollzug eines zur Eintragung in das Handelsregister angemeldeten Verschmelzungsvorgangs zu erhebenden **Gebühren** richten sich für den übertragenden Rechtsträger nach Ziff. 2402 sowie für den übernehmenden Rechtsträger nach Ziff. 2403 der Anl. zu § 1 HRegGebV iVm § 58 Abs. 1 GNotKG.[151] Der Tabellenwert beträgt danach jeweils 240 EUR. 55

§ 17 Anlagen der Anmeldung

(1) Der Anmeldung sind in Ausfertigung oder öffentlich beglaubigter Abschrift oder, soweit sie nicht notariell zu beurkunden sind, in Urschrift oder Abschrift der Verschmelzungsvertrag, die Niederschriften der Verschmelzungsbeschlüsse, die nach diesem Gesetz erforderlichen Zustimmungserklärungen einzelner Anteilsinhaber einschließlich der Zustimmungserklärungen nicht erschienener Anteilsinhaber, der Verschmelzungsbericht, der Prüfungsbericht oder die Verzichtserklärungen nach § 8 Abs. 3, § 9 Absatz 2, § 12 Abs. 3, § 54 Abs. 1 Satz 3 oder § 68 Abs. 1 Satz 3, ein Nachweis über die rechtzeitige Zuleitung des Verschmelzungsvertrages oder seines Entwurfs an den zuständigen Betriebsrat beizufügen.

(2) [1]Der Anmeldung zum Register des Sitzes jedes der übertragenden Rechtsträger ist ferner eine Bilanz dieses Rechtsträgers beizufügen (Schlußbilanz). [2]Für diese Bilanz gelten die Vorschriften über die Jahresbilanz und deren Prüfung entsprechend. [3]Sie braucht nicht bekanntgemacht zu werden. [4]Das Registergericht darf die Verschmelzung nur eintragen, wenn die Bilanz auf einen höchstens acht Monate vor der Anmeldung liegenden Stichtag aufgestellt worden ist.

Literatur:
Bartovics, Die Ausschlußfrist gemäß § 17 Abs. 2 UmwG, GmbHR 1996, 514; *Berger*, Fristwahrung durch notarielles Faxschreiben – Nachreichen der Verschmelzungsbilanz, NotBZ 2003, 78; *Empt*, Zur Anwendbarkeit von § 17 II UmwG bei einer SE-Gründung durch Verschmelzung auf eine deutsche AG; *Germann*, Die Acht-Monats-Frist für die Einreichung der Schlussbilanz nach Verschmelzung und ihre Bedeutung für die Praxis, GmbHR 1999, 591; *Habersack/Wicke*, Umwandlungsgesetz, 3. Aufl. 2023; *Heidtkamp*, Die umwandlungsrechtliche Schlussbilanz, Praxisrelevante Zweifelsfragen, NZG 2013, 852; *Leuering*, Die umwandlungsrechtliche Schlussbilanz, NJW-Spezial 2010, 719 f.; *Melchior*, Die Beteiligung von Betriebsräten an Umwandlungsvorgän-

---

148 Vgl. hierzu auch die Begründung des Regierungsentwurfs zum GNotKG, BR-Drs. 517/12, 269.
149 Vgl. insoweit die Begründung des Regierungsentwurfs zum GNotKG, BR-Drs. 517/12, 269 (Begründung zu § 106 GNotKG).
150 So zutreffend *Fackelmann* Notarkosten Rn. 880; vgl. hierzu auch die Begründung des Regierungsentwurfs zum GNotKG, BR-Drs. 517/12, 277 (Begründung zu § 111 GNotKG).
151 Vgl. hierzu auch *Schwedhelm* Unternehmensumwandlung Rn. 1101.

gen aus Sicht des Handelsregisters, GmbHR 1996, 883; *Melchior*, Vollmachten bei Umwandlungsvorgängen – Vertretungshindernisse und Interessenkollisionen, GmbHR 1999, 520; *Stohlmeier*, Zuleitung der Umwandlungsdokumentation und Einhaltung der Monatsfrist: Verzicht des Betriebsrates?, BB 1999, 1394; *Weiler*, Fehlerkorrektur im Umwandlungsrecht nach Ablauf der Acht-Monats-Frist des § 17 Abs. 2 Satz 4 UmwG, zugleich Anmerkung zum Beschluss des OLG Hamm vom 19.12.2005 – 15 W 377/05, MittBayNot 2006, 377; *Weiler*, Heilung einer verfristeten Umwandlung durch Änderung des Umwandlungsstichtages – Anmerkungen zum Beschl. des OLG Schleswig v. 11.4.2007 – 2 W 58/07.

I. Zweck der Norm	1	2. Bilanzstichtag und Fristberechnung	15
II. Notwendige Anlagen (Abs. 1)	3	3. Fristüberschreitung	19
III. Bilanzerfordernis	9	V. Bilanzprüfung	22
IV. Bilanzstichtag und Überschreitung der Bilanzfrist	13	VI. Bilanz bei Spaltungsvorgängen	25
1. Normzweck der Achtmonatsfrist	14		

I. Zweck der Norm

1 Der Regelungsinhalt der Norm gliedert sich in zwei Absätze, wobei Abs. 1 dem unmittelbaren Handelsregisterverfahrensrecht zuzuordnen ist und relativ detailliert die zusammen mit der Anmeldung eines Verschmelzungsvorgangs einzureichenden Anlagen bestimmt, während der ebenfalls verfahrensrechtliche Abs. 2 durch die Festlegung der Ausschlussfrist für die einzureichende Verschmelzungsbilanz in der Praxis materiellrechtliche Bedeutung erlangt, da bei unzulässiger Fristüberschreitung ein Wirksamwerden des jeweiligen Verschmelzungsvorgangs durch konstitutive Handelsregistereintragung verhindert wird.

2 Die Norm verfolgt hinsichtlich der an die zu verwendende und einzureichende Bilanz gestellten inhaltlichen und zeitlichen Anforderungen verfahrensrechtlich im Wesentlichen zwei Zwecke. Einerseits ist dies der Gläubigerschutz in der Weise, dass die Gläubiger der übertragenden Gesellschaft die wirtschaftliche Situation der Gesellschaft auf Basis der Schlussbilanz zeitnah prüfen können.[1] Dies kann vor allem für die Frage von Bedeutung sein, ob und ggf. in welchem Umfang sie ihre Rechte nach § 22 wahrnehmen möchten. Andererseits soll die Bilanz des übertragenden Rechtsträgers auch zur Prüfung der Werthaltigkeit einer etwa bei dem aufnehmenden Rechtsträger durchzuführenden Kapitalerhöhung zum Zwecke der Verschmelzung[2] herangezogen werden können.[3] Hier dient die Bilanz – sofern nicht eine Prüfungspflicht durch externe Prüfer besteht – dem Registergericht als Tatsachengrundlage für die bei einer mit der Umwandlungsmaßnahme verbundenen Kapitalmaßnahme vorzunehmende Kapitalaufbringungsprüfung. Im Gegensatz zu dem UmwG 1969 ist die Vorschrift zwingend und nicht lediglich eine **"Soll"-Regelung**.[4] Darüber hinaus verfolgt die Vorschrift aber auch noch die Zwecke der Bilanzkontinuität, der Ergebnisabgrenzung und der Kapitalerhaltungskontrolle.[5] Im Rahmen des Anwendungsbereichs der Vorschrift wird diskutiert, ob diese auch für den Fall der Verschmelzung einer ausländischen auf eine inländische Gesellschaft zum Zwecke der SE-Gründung (vgl. Art. 17 SE-VO) Anwendung findet, was aber trotz der subsidiären Verweisung in Art. 18 SE-VO auf nationales Recht wohl für den ausländischen Rechtsträger zu verneinen sein wird.[6]

---

1 Vgl. *Germann* GmbHR 1999, 591 (592).
2 Gemäß §§ 55, 69.
3 Vgl. *Germann* GmbHR 1999, 591 (592); vgl. hierzu etwa OLG Rostock DStR 2016, 2980 ff.
4 Schmitt/Hörtnagl/*Hörtnagl* § 17 Rn. 3.
5 *Heidtkamp* NZG 2013, 852–854.
6 So im Ergebnis überzeugend *Empt* NZG 2010, 1013 ff.

II. Notwendige Anlagen (Abs. 1)

Die Frage, welche notwendigen Anlagen gemäß Abs. 1 der Vorschrift der Handelsregisteranmeldung beizufügen sind, hängt davon ab, ob es sich um eine Verschmelzung zur Aufnahme durch einen bereits bestehenden Rechtsträger oder um eine Verschmelzung zur Neugründung (mindestens zwei bestehende Rechtsträger verschmelzen auf einen im Zuge des Verschmelzungsvorgangs neu zu gründenden Rechtsträger handelt. Bei der Verschmelzung zur Aufnahme hängt dies weiterhin auch davon ab, ob diese mit oder ohne Kapitalerhöhung bei der aufnehmenden Gesellschaft durchgeführt werden soll.

In der Grundkonstellation, der Verschmelzung eines Rechtsträgers auf einen anderen Rechtsträger zur Aufnahme sind in der Form des § 12 Abs. 2 S. 2 HGB die folgenden Dokumente als Anlage zur Handelsregisteranmeldung elektronisch über das „**Elektronische Gerichts- und Verwaltungspostfach**" (**EGVP**)[7] einzureichen:[8]

- Verschmelzungsvertrag, ggf. mit Vertretungsnachweis bezüglich der bei dem Vertragsschluss Handelnden (wird bei Vertragsschluss auf der Grundlage einer Vollmacht gehandelt, ist auch der Nachweis der Vertretungsbefugnis des Vollmachtgebers erforderlich)
- Verschmelzungsbeschlüsse aller beteiligten Rechtsträger
- erforderliche Zustimmungserklärungen einzelner Anteilsinhaber einschließlich der nicht erschienenen Anteilsinhaber
- Verschmelzungsbericht und Prüfungsbericht, sofern nicht darauf verzichtet wurde
- ggf. Verzichtserklärungen bezüglich Bericht und Prüfung gemäß §§ 8 Abs. 3, 9 Abs. 3, 12 Abs. 3
- Verzichtserklärungen betreffend den Verzicht auf Klage gegen die Wirksamkeit der Beschlüsse gemäß § 16 Abs. 2
- Verzichtserklärungen gemäß §§ 54 Abs. 1 S. 3, 68 Abs. 1 S. 3, sofern ein Verzicht auf die Gewährung von Anteilen bei dem übernehmenden Rechtsträger vorliegt[9]
- Nachweis über die rechtzeitige Zuleitung des Verschmelzungsvertrages oder seines Entwurfs an den zuständigen Betriebsrat;[10] sofern der Betriebsrat auf die Einhaltung der Zuleitung verzichtet (auf die Zuleitung als solche kann er nicht verzichten), müssen auch die entsprechenden Verzichtserklärungen als Anlage zur Anmeldung dem Registergericht eingereicht werden, da dieses auch die ordnungsgemäße Betriebsratsbeteiligung im Handelsregisterverfahren zu prüfen hat.
- soweit die Verschmelzung staatlicher Genehmigung bedarf (zB aufgrund kartellrechtlicher Vorschriften), die Genehmigungsurkunde
- bei der Verschmelzung zur Neugründung alle die Neugründung betreffenden Unterlagen[11]
- bei einer Verschmelzung mit Kapitalerhöhung neben den die entsprechende Beschlussfassung dokumentierenden Urkunden auch solche Unterlagen, welche die

---

7   Die Pflicht zur elektronischen Einreichung wurde durch das „Gesetz über elektronische Handelsregister und Genossenschaftsregister sowie das Unternehmensregister" v. 10.11.2006 (EHUG) – BGBl. 2006 I 2553 – durch entsprechende Änderung des § 12 HGB eingeführt, wobei die einzureichenden Urkunden oder öffentlich-beglaubigte Abschriften davon eines elektronischen Zeugnisses gemäß § 39a BeurkG bedürfen.
8   Vgl. hierzu etwa die Auflistungen bei Kallmeyer/*Zimmermann* § 17 Rn. 2 f.; für den Standardfall der Ver-schmelzung einer GmbH auf eine andere GmbH *Schwedhelm* Unternehmensumwandlung Rn. 1060.
9   Vgl. hierzu auch Kallmeyer/*Zimmermann* § 17 Rn. 2.
10 Sofern ein Betriebsrat vorhanden ist; dies ist für jeden beteiligten Rechtsträger gesondert zu prüfen. Ist kein Betriebsrat vorhanden, muss insoweit in der Anmeldung diesbezüglich eine „Negativerklärung" abgegeben werden; vgl. hierzu auch Kallmeyer/*Zimmermann* § 17 Rn. 3.
11 Vgl. hierzu etwa Kallmeyer/*Zimmermann* § 17 Rn. 5.

Werthaltigkeit der Kapitalerhöhung dokumentieren (die Werthaltigkeit kann zunächst einmal mithilfe der ohnehin einzureichenden Schlussbilanz dokumentiert werden; im Rahmen der Amtsermittlungspflicht des Registergerichts gemäß § 26 FamFG ist es aber möglich, dass gerade bei nicht unbedeutenden Erhöhungssummen weitere Nachweise erforderlich werden und dann auch im Handelsregisterverfahren gerichtlicherseits angefordert werden können).

5 Hinsichtlich des – sofern kein wirksamer Verzicht vorliegt – zu erstattenden **Verschmelzungsberichtes** (gemäß § 8) ist umstritten, wer diesen in schriftlicher Form zu erstatten hat. Nach einer Ansicht ist dieser von sämtlichen Mitgliedern des Vertretungsorgans zu unterzeichnen,[12] dies auch vor dem Hintergrund, dass es sich um eine Erklärung über Tatsachen aus dem Wissen der Organmitglieder heraus handelt.[13] Der BGH hat sich in einer Entscheidung zur Weiterführung der Anfechtungsklage nach Eintragung einer Verschmelzung mit Kapitalerhöhung auch zur Frage der Erstattung des Verschmelzungsberichts gemäß § 8 geäußert und ist zu dem Ergebnis gekommen, dass eine Unterzeichnung durch die Organmitglieder in vertretungsberechtigter Anzahl ausreiche, weil die Gefahr einer Manipulation ausgeschlossen werden könne.[14] Die Auffassung des BGH vermag insoweit nicht zu überzeugen, da dies zur Folge hätte, dass bei höchstpersönlich abzugebenden Wissenserklärungen letztlich eine Stellvertretung zulässig wäre. Dies ist aber mit dem Grundsatz der hier gegebenen individuellen Verantwortlichkeit der einzelnen Organmitglieder unvereinbar.

Hinweis zur Erstattung des Verschmelzungsberichtes durch die Organmitglieder: Auch wenn nach der Rechtsprechung des BGH eine Unterzeichnung des als Anlage zur Handelsregisteranmeldung gemäß § 17 Abs. 1 einzureichenden Verschmelzungsberichtes durch Organmitglieder in vertretungsberechtigter Anzahl ausreichen soll, ist es für die Beratungspraxis zu empfehlen, auf eine Unterzeichnung des Berichts durch **sämtliche** Organmitglieder hinzuwirken, da sonst möglicherweise eine Zurückweisung der Anmeldung durch das Registergericht riskiert wird, welche den Gesamtvorgang wegen der Achtmonatsfrist des Abs. 2 in Gefahr bringen kann.[15] Es ist stets darauf zu achten, dass die Berichte höchstpersönlich von den Organmitgliedern unterzeichnet werden müssen, eine Stellvertretung bei der Berichterstattung damit also ausscheidet.

Fehlt der Verschmelzungsbericht und wurde nicht auf dessen Erstattung wirksam verzichtet, so hat das Registergericht die Anmeldung zurückzuweisen.[16]

6 Das Erfordernis, eine ordnungsgemäße **Beteiligung des Betriebsrats** im Rahmen der Handelsregisteranmeldung nachzuweisen, trägt Elemente des kollektiven Arbeitsrechts in das Handelsregisterverfahren hinein. So ist im Rahmen der Handelsregisteranmeldung die ordnungsgemäße und fristgerechte Zuleitung des Verschmelzungsvertrages oder seines Entwurfs durch Vorlage einer datierten Empfangsquittung[17] seitens des Betriebsrates einzureichen.[18] Aus den Anmeldeunterlagen muss sich ergeben, ob ein

---

12 Kallmeyer/*Zimmermann* § 17 Rn. 3.
13 Vgl. *Melchior* GmbHR 1999, 520.
14 BGH NJW-RR 2007, 1409 (1411).
15 Vgl. zur Zurückweisung der Anmeldung bei Fehlen von Unterlagen gemäß Abs. 1 etwa Kallmeyer/*Lanfermann* § 17 Rn. 26.
16 OLG Bamberg NZG 2012, 1269 ff.
17 Vgl. hierzu *Melchior* GmbHR 1996, 833 (834); Kallmeyer/*Zimmermann* § 17 Rn. 3.
18 Zum Dokumentationserfordernis bezüglich der Betriebsratszuleitung, ggf. mit einer Erklärung zum möglichen Verzicht auf die Einhaltung der Monatsfrist (die im Gegensatz zur Zuleitung als solcher verzichtbar ist) vgl. *Stohlmeier* BB 1998, 1394 ff.; vgl. hierzu auch Kölner Komm UmwG/*Simon* § 17 Rn. 19 und → Rn. 4.

Betriebsrat besteht oder nicht, da das Registergericht sonst eine notwendige Beteiligung nicht prüfen kann.[19] Die Behauptung, ein an der Verschmelzung beteiligter Rechtsträger habe keinen Betriebsrat, unterliegt grundsätzlich der Nachprüfung durch das Registergericht.[20] Hierbei ist zu berücksichtigen, dass das Gericht auf der Grundlage des § 27 FamFG[21] zunächst mangels Vorliegens anderer Anhaltspunkte von der Richtigkeit des Sachvortrages der Verfahrensbeteiligten ausgehen darf und muss. Bestehen allerdings Anhaltspunkte für Zweifel hieran, so ist der Sachverhalt im Rahmen der Amtsaufklärungspflicht gemäß § 26 FamFG umfassend zu ermitteln.[22]

Die **Schlussbilanz** des oder der übertragenden Rechtsträger/s muss grundsätzlich nur bei dessen Anmeldung als Anlage beigefügt werden.[23] Soll sie aber zugleich als Nachweis der Werthaltigkeit einer bei dem Zielrechtsträger durchzuführenden Kapitalerhöhung dienen, ist sie auch der Anmeldung bei der aufnehmenden Gesellschaft (= Zielrechtsträger) beizufügen (s. hierzu die Kommentierung zu Abs. 2, → Rn. 9 ff.).

Die notariellen Urkunden bezüglich des Vertragsschlusses und der Zustimmungsbeschlüsse der beteiligten Rechtsträger sind in der **Form** gemäß § 39a BeurkG, § 12 Abs. 2 HGB bei dem für den Satzungssitz des jeweils betroffenen Rechtsträgers zuständigen Registergericht einzureichen.

Hinweis zur Beurkundung von Beschlüssen „kleiner Aktiengesellschaften": Eine in der Praxis gerade bei der notariellen Beurkundung der Hauptversammlungen „kleiner" Aktiengesellschaften manchmal zu beobachtende „Falle" ist die Beurkundungsform des § 130 AktG bei der Hauptversammlung mit einem überschaubaren und vollständig erschienenen Aktionärskreis. Da die abzugebenden Verzichtserklärungen gemäß § 54 Abs. 1 S. 3 Willenserklärungen sind, reicht die Beurkundungsform des § 130 AktG, bei welcher es sich um ein „Tatsachenprotokoll" gemäß §§ 36 ff. BeurkG handelt, für die Erfüllung des bestehenden zwingenden Formerfordernisses nicht aus, so dass bei Bedarf in die für die Beurkundung von Willenserklärungen vorgeschriebene Beurkundungsform (zB §§ 8 ff. BeurkG „vorgelesen, genehmigt, eigenhändig unterschrieben") gewechselt werden muss. Beurkundungsrechtlich und „technisch" nicht unproblematisch ist dabei der Wechsel der Beurkundungsform innerhalb einer notariellen Urkunde. Weniger kompliziert erscheint insoweit die Errichtung einer separaten Urkunde.

III. Bilanzerfordernis

Abs. 2 normiert das Erfordernis, der Anmeldung zum Register des oder der übertragenden Rechtsträger/s eine auf einen höchstens acht Monate vor der Anmeldung liegenden Stichtag aufgestellte **Schlussbilanz** beizufügen. Die Bilanz muss wirksam errichtet und von dem dazu berufenen Vertretungsorgan der Gesellschaft unterzeichnet sein.

Die nach Abs. 2 geforderte Bilanz ist von Wesen und Struktur her eine nach Maßgabe der handelsrechtlichen Vorgaben zu erstellende Bilanz gemäß §§ 242 ff., 264 HGB.[24] Einzureichen ist lediglich die „Bilanz" als solche, nicht etwa ein Jahresabschluss[25] gemäß

---

19 *Melchior* GmbHR 1996, 833 (834).
20 AG Duisburg GmbHR 1996, 372.
21 Dies betrifft den im Rahmen der obligatorischen Mitwirkung der Beteiligten erfolgenden Sachvortrag.
22 Bezüglich des Nachweises eines wirksamen Verzichts des Betriebsrates auf die Einhaltung der Zuleitungsfrist → Rn. 4.
23 So der Wortlaut des § 17 Abs. 2 S. 1.
24 LG Dresden GmbHR 1998, 1086; Schmitt/Hörtnagl/*Hörtnagl* § 17 Rn. 9.
25 *Leuering* NJW-Spezial 2010, 719.

§§ 264 Abs. 1, 242 Abs. 3 HGB,[26] oder eine Gewinn- und Verlustrechnung,[27] es sei denn, der übertragende Rechtsträger ist aus anderen Gründen dazu verpflichtet. Die überobligatorische Verwendung des Jahresabschlusses ist jedoch unschädlich.[28] Das Erfordernis des § 17 Abs. 2 zur Vorlage einer Bilanz gilt auch bei der Verschmelzung von Vereinen.[29] Dem OLG Köln[30] ist insoweit darin zuzustimmen, dass neben dem Gesetzeswortlaut für eine generelle Bilanzvorlage spricht, dass diese die Gläubiger des übertragenden Rechtsträgers erst in die Lage versetzt, sich ein sicheres Urteil hinsichtlich ihrer Rechte nach § 22 bilden zu können.

11 Der für Aktiengesellschaften geltende § 63 Abs. 1 Nr. 3, Abs. 2 ist auf die Verschmelzung von Gesellschaften mit beschränkter Haftung untereinander nicht anwendbar.[31]

12 Gerade im Bereich der **Verschmelzungen innerhalb eines Konzerns**, wenn nicht mit einer Opposition seitens der Gesellschafter bzw. Aktionäre zu rechnen ist bzw. bei einem kleinen, überschaubaren Gesellschafterkreis oder gar Mutter-Tochter-Strukturen innerhalb eines Konzerns ist es aus Gründen der Beschleunigung des Verfahrens bis zur Handelsregistereintragung geboten, seitens der Gesellschafter des jeweils beteiligten Rechtsträgers zunächst auf einen Verschmelzungsbericht (vgl. § 8 Abs. 3) und auf eine Prüfung der Verschmelzung durch einen Verschmelzungsprüfer (vgl. § 9 Abs. 2) zu verzichten. Soll eine Verschmelzung ohne Kapitalerhöhung bei der aufnehmenden Gesellschaft erfolgen, ist in diesem Fall eine Verzichtserklärung nach § 54 Abs. 1 S. 3 seitens der bezugsberechtigten Gesellschafter des/der übertragenden Rechtsträger/s erforderlich.

IV. Bilanzstichtag und Überschreitung der Bilanzfrist

13 Verschiedene, für die Praxis bedeutsame Fragestellungen ergeben sich in Zusammenhang mit dem Bilanzstichtag gemäß Abs. 2 S. 4.

1. Normzweck der Achtmonatsfrist

14 Die Bilanzfrist gemäß Abs. 2 S. 4 verfolgt einerseits den **Gläubigerschutz** dahin gehend, dass die Gläubiger prüfen können, ob sie von ihrem Anspruch auf Sicherheitsleistung gemäß § 22 Gebrauch machen wollen oder nicht, was eine noch nicht überholte bilanzielle Abbildung der wirtschaftlichen Situation der Gesellschaft voraussetzt.[32] Andererseits erfüllt die Schlussbilanz den weiteren Zweck, die **Kapitalaufbringung** bei dem aufnehmenden Rechtsträger zu **prüfen**, sofern diese gemäß §§ 55, 69 stattfindet; dabei fungiert die Bilanz gewissermaßen als Werthaltigkeitsmaßstab.[33]

2. Bilanzstichtag und Fristberechnung

15 Bei der im Rahmen des Abs. 2 verwendeten Bilanz wird aus Kostengründen üblicherweise – auch wenn dies nicht zwingend ist –[34] regelmäßig auf die **letzte Jahresbilanz** der Gesellschaft zurückgegriffen, deren Stichtag regelmäßig der 31.12. des Vorjahres ist, sofern das Geschäftsjahr dem Kalenderjahr entspricht; als Verschmelzungsstichtag wird dann regelmäßig der 1.1. des nachfolgenden Kalenderjahres gewählt. Diese Konstellati-

---

[26] Schmitt/Hörtnagl/*Hörtnagl* § 17 Rn. 14; Lutter/*Decher* § 17 Rn. 8.
[27] Lutter/*Decher* § 17 Rn. 8.
[28] Schmitt/Hörtnagl/*Hörtnagl* § 17 Rn. 14; vgl. Kallmeyer/*Lanfermann* § 17 Rn. 20.
[29] OLG Köln FGPrax 2020, 72.
[30] OLG Köln FGPrax 2020, 72.
[31] OLG Frankfurt a. M. GmbHR 2006, 382 f. = DStZ 2006, 316.
[32] *Germann* GmbHR 1999, 591 (592).
[33] *Germann* GmbHR 1999, 591 (592).
[34] Vgl. hierzu etwa Schmitt/Hörtnagl/*Hörtnagl* § 17 Rn. 34 mwN.

on ist die Ursache dafür, dass in der Praxis kurz vor dem Ende der Achtmonatsfrist, also zum Ende des Monats August hin eine Vielzahl von Verschmelzungsvorgängen notariell zu beurkunden sind, die dann häufig kurz vor Fristablauf (vgl. hierzu § 17) bei den Registergerichten eingereicht werden. Nicht zuletzt aus diesem Grund ist eine exakte Berechnung der Achtmonatsfrist gemäß § 17 Abs. 2 für die Praxis oftmals von großer Bedeutung, da die Frist erfahrungsgemäß von den Beteiligten „bis zum letzten Tag" ausgereizt wird.

Da es sich bei der Frist des Abs. 2 S. 4 um eine **Ausschlussfrist** handelt, berechnet sich diese nach den §§ 186 ff. BGB.[35] Das Ereignis, welches die Frist auslöst, ist der Eingang der Anmeldung bei dem Registergericht.[36] Daraus folgt, dass es bei der insoweit vorzunehmenden „rückwärtigen Berechnung" der Frist auf den letzten Tag des jeweiligen Monats ankommt.[37] Wird die auf den 31.12. festgestellte Jahresbilanz verwendet, endet die Ausschlussfrist – insoweit unproblematisch – am 31.8. des Folgejahres. Findet hingegen eine auf den 28.2. aufgestellte Bilanz im Rahmen des Abs. 2 als Schlussbilanz Verwendung, so ist umstritten, ob die Achtmonatsfrist am 28.10. oder erst am 31.10. endet. Das OLG Köln[38] hat hierzu die Ansicht vertreten, es komme auf den Tag an, dessen Bezeichnung dem Aufstellungstag der Bilanz entspricht, im vorliegenden Beispiel wäre das demnach der 28.2. Diese Ansicht ist in der Literatur auf Kritik gestoßen.[39] Dies zu Recht, da das OLG Köln in der genannten Entscheidung offensichtlich von einer vorwärts und nicht von einer rückwärts zu berechnenden Frist ausgegangen ist.[40] Da keine andere obergerichtliche oder gar höchstrichterliche Judikatur zu dieser Frage vorliegt, verbleibt in der Praxis lediglich eine klärende Kontaktaufnahme mit dem zur Entscheidung berufenen Registergericht.

Die **Bilanz des übertragenden Rechtsträgers** muss nicht innerhalb der Achtmonatsfrist bei dem Registergericht des übernehmenden Rechtsträgers vorliegen, weil das für den übernehmenden Rechtsträger zuständige Gericht insoweit keine Prüfungsbefugnis hat.[41] In diesem Fall dient die Bilanz dem Registergericht des übernehmenden Rechtsträgers lediglich zur Prüfung der Werthaltigkeit einer etwaigen Kapitalerhöhung zum Zwecke der Verschmelzung und unterfällt damit von vornherein nicht der Ausschlussfrist des Abs. 2 S. 4.

Eine Überschreitung der Frist des Abs. 2 S. 4 dadurch, dass bei einer „**Kettenverschmelzung**" die Wirksamkeit des konkret anzumeldenden Verschmelzungsvorgangs noch unter der aufschiebenden Bedingung eines zeitlich prioritären anderen Umwandlungsvorgangs steht und ein Eintragungseintrag erst nach Vollzug der prioritären Anmeldung, jedoch nach Ablauf der Achtmonatsfrist wirksam gestellt werden könnte, steht dem Vorliegen einer fristwahrenden Anmeldung iSd Abs. 2 jedoch nicht entgegen,[42] so dass sich das bei einer Kettenverschmelzung notwendige Vorgehen nicht zulasten der Beteiligten auswirken wird. In jedem Fall sollten bei einer Kettenverschmelzung aber alle Anmeldungen fristwahrend *vor* Ablauf der Achtmonatsfrist den beteiligten Registergerichten vorgelegt und lediglich die zugehörigen Anträge ausdrücklich unter die

---

35 Lutter/*Decher* § 17 Rn. 12; Schmitt/Hörtnagl/*Hörtnagl* § 17 Rn. 43; Kallmeyer/*Lanfermann* § 17 Rn. 27.
36 Kölner Komm UmwG/*Simon* § 17 Rn. 40 f.; Lutter/*Decher* § 17 Rn. 13.
37 Im Ergebnis ebenso Schmitt/Hörtnagl/*Hörtnagl* § 17 Rn. 43; Kölner Komm UmwG/*Simon* § 17 Rn. 38 ff.
38 OLG Köln GmbHR 1998, 1085.
39 Kölner Komm UmwG/*Simon* § 17 Rn. 40; ab der 7. Aufl. jetzt auch Schmitt/Hörtnagl/*Hörtnagl* § 17 Rn. 43.
40 Ebenso die Annahme von Kölner Komm UmwG/*Simon* § 17 Rn. 40.
41 So zutreffend *Bartovics* GmbHR 1996, 514 (515).
42 OLG Hamm GmbHR 2006, 255 ff. = NotBZ 2006, 400 ff. und LG Dresden NotBZ 1997, 138.

(verfahrensimmanente) aufschiebende Bedingung der jeweils prioritären Voreintragung gestellt werden. Eine solche „verfahrensimmanente" Bedingung ist zulässig, im Gegenteil etwa zu außerhalb des Verfahrens anzusiedelnden Bedingungen.

3. Fristüberschreitung

19 In der Praxis stellt sich oftmals die Frage, in welchen Konstellationen die Ausschlussfrist des Abs. 2 noch als gewahrt anzusehen ist, obwohl zum Fristablauf keine vollzugsreife, mit allen notwendigen Anlagen und einer ordnungsgemäß aufgestellten Schlussbilanz eingereichte Handelsregisteranmeldung vorliegt und welches die jeweiligen Fehlerfolgen sind.

20 Nach einer vor einiger Zeit vertretenen strengen Auffassung[43] muss die Bilanz zusammen mit der Handelsregisteranmeldung bei Ablauf der Ausschlussfrist gemäß Abs. 2 S. 4 dem Registergericht vorliegen. Nach heute nahezu ganz hM ist es nicht erforderlich, dass die Bilanz des übertragenden Rechtsträgers bei Ablauf der Ausschlussfrist dem Registergericht vorliegt.[44] Unstreitig muss zum Fristablauf eine **Handelsregisteranmeldung des jeweiligen Verschmelzungsvorgangs** eingegangen sein, der auch als „Mindestanlage" der Vertrag und die Verschmelzungsbeschlüsse der beteiligten Rechtsträger beigefügt sein müssen.[45] Auch die Anmeldung bei einem unzuständigen Gericht soll fristwahrend sein, sofern die Sache dann an das zuständige Registergericht abgegeben wird.[46] Bezüglich der Schlussbilanz ist nach der hM, die sich dazu inzwischen herausgebildet hat, erforderlich, dass diese zeitlich vor Ablauf der Achtmonatsfrist bereits aufgestellt worden war, und – ggf. auf eine Zwischenverfügung des Registergerichts hin – zeitnah nach der Anmeldung nachgereicht wird.[47] Wichtigste Voraussetzung für die Zulässigkeit einer solchen Nachreichung (unabhängig davon, ob diese auf eine evtl. Zwischenverfügung des Registergerichts hin oder unaufgefordert erfolgt) ist dabei aber, dass die Bilanz zum Zeitpunkt des Fristablaufs bereits wirksam errichtet worden war.[48] Sie muss also bei Ablauf der Frist nach § 17 Abs. 2 bereits vorhanden sein und darf nicht erst nachträglich erstellt werden. Dies ergibt sich aus dem klaren Wortlaut des § 17 Abs. 2 S. 4 („aufgestellt"); verzichtete man auf dieses Erfordernis, würde die zwingende Achtmonatsfrist des Abs. 2 unterlaufen, da eine nicht aufgestellte Bilanz per se nicht existent ist. Dies schließt natürlich nicht aus, bei einer zuvor ohne beigefügte Bilanz vorgenommenen Handelsregisteranmeldung die Bilanz bis zum Ablauf der Achtmonatsfrist der Handelsregisteranmeldung nachzusenden. War die Bilanz vor Ablauf der Achtmonatsfrist aufgestellt, dann ist regelmäßig auch eine kurzfristige Nachreichung nach erfolgtem Ablauf der Achtmonatsfrist unproblematisch; dies auch vor dem Hintergrund, dass die Schlussbilanz des übertragenden Rechtsträgers nicht schon bei der

---

[43] KG GmbHR 1998, 1230, welches auf die Eintragungsreife bei Fristablauf abstellt; im Ergebnis bezüglich der Bilanzvorlage ebenso *Germann* GmbHR 1999, 591 (593), der aber zur Fristwahrung bezüglich der Anmeldung nicht verlangen will, dass die Anmeldung bereits eine ohne Nachreichung weiterer Unterlagen gegebene Vollzugsreife erlangt hat.

[44] OLG Jena NJW-RR 2003, 99 ff. = NZG 2003, 43 ff.; OLG Brandenburg NJW-Spezial 2018, 304; OLG Zweibrücken GmbHR 2003, 118; LG Frankfurt a. M. NZG 1998, 269 f.; jedoch Schmitt/Hörtnagl/*Hörtnagl* § 17 Rn. 46 f.; Kallmeyer/*Lanfermann* § 17 Rn. 26; zum Streitstand vgl. auch *Leuering* NJW-Spezial 2010, 719 f. und *Weiler* DNotZ 2007, 888 ff.; vgl. *Berger* NotBZ 2003, 78 ff.

[45] So zutreffend Kallmeyer/*Lanfermann* § 17 Rn. 26; Kölner Komm UmwG/*Simon* § 17 Rn. 43 f.

[46] Schmitt/Hörtnagl/*Hörtnagl* § 17 Rn. 48.

[47] Bzgl. der Nachreichungsmöglichkeiten etwa Schmitt/Hörtnagl/*Hörtnagl* § 17 Rn. 47 („... unverzüglich nach Eingang der Anmeldung ..."); ebenso Kallmeyer/*Lanfermann* § 17 Rn. 26; Kölner Komm UmwG/*Simon* § 17 Rn. 43 ff. und zum dort zitierte obergerichtliche Rechtsprechung; zum Erfordernis, dass die Bilanz bei Ablauf der Achtmonatsfrist aufgestellt worden sein muss, LG Frankfurt aM NZG 1998, 269.

[48] Kallmeyer/*Lanfermann* § 17 Rn. 26; aA Schmitt/Hörtnagl/*Hörtnagl* § 17 Rn. 46.

Beschlussfassung über die Zustimmung des Verschmelzungsvertrages vorgelegen haben muss.[49] Zu weitgehend ist insoweit aber die Ansicht, zur Fristwahrung sei die Einreichung einer bloßen „Rumpfanmeldung" ausreichend und die Nachreichung der Bilanz könne der registergerichtlichen Zwischenverfügung mit notfalls nochmals zu verlängernder Erledigungsfrist unterstellt werden.[50] Es wird im Rahmen der Amtsaufklärung des Sachverhalts gemäß § 26 FamFG dem Registergericht kaum plausibel erscheinen, dass die Schlussbilanz zwar zum Zeitpunkt des Fristablaufs bereits wirksam aufgestellt und damit in der erforderlichen Form vorhanden war, eine Nachreichung aber mehrere Wochen in Anspruch nehmen soll. Unproblematisch wäre hier lediglich etwa eine übliche Postlaufzeit.[51] Eine erst nach dem Ablauf der Frist gemäß Abs. 2 S. 4 aufgestellte Bilanz kann die Voraussetzungen des § 17 Abs. 2 im Ergebnis in keinem Fall erfüllen. Liegt eine wirksame Handelsregisteranmeldung erst **nach** Ablauf der Achtmonatsfrist vor, so wird das Registergericht der anmeldenden Gesellschaft per Zwischenverfügung aufgeben, nach Änderung des Umwandlungsstichtages eine auf einen dementsprechend späteren Stichtag lautende Bilanz nachzureichen, mit welcher dann die Achtmonatsfrist gewahrt werden kann.[52] Die Einreichung der Bilanz muss in derselben Form erfolgen wie die Anmeldung selbst, da § 17 Abs. 2 von einer notwendigen Anlage zur Anmeldung ausgeht.[53]

Nimmt das Registergericht trotz unzulässiger Überschreitung der Ausschlussfrist gemäß Abs. 2 S. 4 die konstitutive Handelsregistereintragung vor, hat diese Eintragung im Hinblick auf § 20 Abs. 2 Bestandsschutz, der bestehende Mangel wird durch die Handelsregistereintragung geheilt. § 20 Abs. 2 stellt das Prinzip der Rechtssicherheit bei vollzogenem Umwandlungsvorgang damit über die Interessen der möglichen Beteiligten. 21

V. Bilanzprüfung

Gemäß Abs. 2 S. 2 gelten die Vorschriften über die Jahresbilanz und deren Prüfung entsprechend. Daraus folgt, dass die Verwendung einer geprüften Bilanz nur dann erforderlich ist, wenn eine bilanzrechtliche Prüfungspflicht auch für den übertragenden Rechtsträger bestand.[54] Dies betrifft vor allem Kapitalgesellschaften, welche nicht das Privileg der §§ 267 Abs. 1, 316 HGB als „kleine Kapitalgesellschaft" genießen; zudem besteht auch eine Prüfungspflicht bei Genossenschaften, Kreditinstituten und Versicherungsunternehmen.[55] Bei Personengesellschaften und eingetragenen Vereinen können die für die Verschmelzung verwendeten Bilanzen prüfungspflichtig werden; es sind insoweit die §§ 1, 6 PublG zu beachten.[56] Legt lediglich der Gesellschaftsvertrag des übertragenden Rechtsträgers fest, dass für die Bilanz eine Prüfungspflicht besteht, so führt 22

---

49 So eine zur Verschmelzung zweier Genossenschaften ergangene Entscheidung des LG Kassel RPfleger 2007, 668 f.
50 Kölner Komm UmwG/*Simon* § 17 Rn. 44 f.
51 Insoweit zu „großzügig" auch Habersack/Wicke/Rieckers/*Cloppenburg* § 17 Rn. 89, welche grundsätzlich eine Nachreichung der Bilanz auch außerhalb der Achtmonatsfrist des § 17 zulassen wollen, solange gewährleistet ist, dass der Bilanzstichtag nicht mehr als acht Monate vor der Handelsregisteranmeldung liegt.
52 OLG Schleswig DNotZ 2007, 957.
53 AA Habersack/Wicke/Rieckers/*Cloppenburg* § 17 Rn. 91, welche eine „Vorabübermittlung" per Telefax zulassen

wollen; dies dürfte ungeachtet der bestehenden Rechtsvorschriften zur elektronischen Einreichung über das elektronische Gerichts- und Verwaltungspostfach (EGVP) zwischenzeitlich auch technisch überholt sein.
54 Kallmeyer/*Lanfermann* § 17 Rn. 36; Kölner Komm UmwG/*Simon* § 17 Rn. 35.
55 S. hierzu etwa die Ausführungen bei Kallmeyer/*Lanfermann* § 17 Rn. 36; Lutter/*Decher* § 17 Rn. 9; ausführlich hierzu Schmitt/Hörtnagl/*Hörtnagl* § 17 Rn. 20.
56 Kallmeyer/*Lanfermann* § 17 Rn. 36; Kölner Komm UmwG/*Simon* § 17 Rn. 35.

dies nicht dazu, dass auch die Verschmelzungsbilanz gemäß Abs. 2 prüfungspflichtig wird.[57]

23 Die **Qualifizierung etwaiger Prüfer** der Bilanz ergibt sich aus den für die Bilanzprüfung der jeweiligen Gesellschaftsform geltenden Vorschriften, etwa § 319 f. HGB für den Bereich der Kapitalgesellschaften.[58] Einigen sich die Gesellschafter nicht auf einen bestimmten Prüfer, kommt demnach also nicht der zur Prüferbestellung erforderliche Gesellschafterbeschluss zustande, ist ein Antrag auf gerichtliche Prüferbestellung nach § 318 Abs. 4 HGB in Betracht zu ziehen.[59] Vor einer gerichtlichen Prüferbestellung verlangen die Registergerichte regelmäßig eine Erklärung des zu bestellenden Prüfers, dass in der jeweiligen Person keine Hinderungsgründe vorliegen und auf Kosten- und Auslagenersatz seitens der zu bestellenden Person gegenüber der Landeskasse verzichtet wird.

24 Bei einer prüfungspflichtigen Bilanz wird die Ansicht vertreten, dass es zur Wahrung der Achtmonatsfrist ausreichen soll, wenn die Bilanz fristgerecht vorgelegt wurde und die erforderliche Prüfung auf gerichtliche Zwischenverfügung hin nach Ablauf der Achtmonatsfrist nachgeholt wird.[60] Dies ist im Ergebnis als zu weit reichend abzulehnen. Es gibt keinen Grund dafür, eine prüfungspflichtige Bilanz hinsichtlich der **Fristwahrung** gemäß Abs. 2 S. 4 anders zu behandeln als eine nicht-prüfungspflichtige Bilanz. Besteht infolge der Größe der Gesellschaft oder durch besondere gesetzliche Anordnung eine Prüfungspflicht, erstreckt sich der Schutzzweck des Abs. 2 S. 4 auch auf das „Qualitätsmerkmal" einer durchgeführten Prüfung mit Vorlage der geprüften Bilanz. Mit der vorstehend (→ Rn. 20) dargestellten hM kann die Bilanz aber zeitnah nach Ablauf der Achtmonatsfrist des § 17 Abs. 2 S. 4 dann nachgereicht werden, wenn die Anmeldung zusammen mit den übrigen notwendigen Anlagen vor Ablauf der Frist bei dem Registergericht[61] eingereicht wurde. Insoweit ist eine prüfungspflichtige Bilanz nicht anders zu behandeln als eine nicht-prüfungsbedürftige Bilanz.

VI. Bilanz bei Spaltungsvorgängen

25 Teilweise wird diskutiert, ob bei Spaltungsvorgängen, vor allem in den Fallgruppen der Abspaltung oder Ausgliederung, eine Teilschlussbilanz oder eine Gesamtbilanz erforderlich ist.[62] Eine Gesamtbilanz erfüllt dabei immer die Voraussetzungen des Abs. 2 der Vorschrift. Auch kann eine Teilschlussbilanz unproblematisch zusätzlich zu einer Gesamtbilanz erstellt und zusammen mit der Handelsregisteranmeldung eingereicht werden, was etwa zweckmäßig sein kann, um das Vermögen, welches abgespalten werden soll, näher zu konkretisieren.[63] Das liegt oftmals im Interesse der beteiligten Gesellschaften, um hinsichtlich der Vermögenstrennung dem sachenrechtlichen Bestimmtheitsgebot Genüge zu tun und auch um wegen der eintretenden Rechtsnachfolge oder Surrogationsfragen Rechtssicherheit zu erzeugen. Eine Pflicht zu einer solchen zusätzlichen Erstellung einer Teilbilanz besteht indessen nicht. Davon isoliert zu disku-

---

57 Schmitt/Hörtnagl/*Hörtnagl* § 17 Rn. 20.
58 Kallmeyer/*Lanfermann* § 17 Rn. 37; Kölner Komm UmwG/*Simon* § 17 Rn. 35.
59 Kallmeyer/*Lanfermann* § 17 Rn. 38; Kölner Komm UmwG/*Simon* § 17 Rn. 35.
60 Kallmeyer/*Lanfermann* § 17 Rn. 39, der die nachgeholte Prüfung in jedem Fall innerhalb der Frist des § 17 Abs. 2 S. 4 und uU auch die Prüfung einer zeitnah nachgereichten Bilanz ausreichen lässt.
61 Sind aufgrund verschiedener Satzungssitze der an dem Vorgang beteiligten Rechtsträger mehrere Registergerichte beteiligt, so muss die Anmeldung bei jedem Rechtsträger fristgerecht eingereicht werden.
62 Zur Diskussion vgl. die Darstellung bei Schmitt/Hörtnagl/Stratz/*Hörtnagl* § 17 Rn. 50 ff.
63 *Heidtkamp* NZG 2013, 852 (856).

tieren ist allerdings die Frage, ob in bestimmten Fällen die ausschließliche Verwendung einer Teilbilanz erfolgen kann und damit die Voraussetzungen nach Abs. 2 als erfüllt anzusehen sind. Nicht durchgängig überzeugend ist insoweit allerdings der Ansatz, die Vorlage lediglich einer Teilbilanz jedenfalls dann ausreichen zu lassen, wenn nur ein „unwesentlicher Vermögensteil" seitens des übertragenden Rechtsträgers übergehen soll.[64] Insoweit erscheint der Begriff „unwesentlich" grundsätzlich zu unscharf und das Bedürfnis des Rechtsverkehrs an einem noch als zeitnah zu charakterisierenden Bild der Gesamt-Vermögenssituation auch vor dem Hintergrund der Entscheidung, nach § 22 Sicherheit verlangen zu wollen kann hierdurch nicht in allen Fällen in der erforderlichen Weise befriedigt werden. Auch das Argument, die Erstellung einer Gesamtbilanz würde in dieser Konstellation einen unverhältnismäßigen Aufwand nach sich ziehen,[65] vermag insoweit nicht zu überzeugen. Dennoch erscheint es auch im Einzelfall nicht ausgeschlossen, zur Erfüllung der Voraussetzungen nach Abs. 2 in Konstellationen, wo nur ein geringer Vermögensteil abgespalten wird und eine Teilbilanz insoweit für den Rechtsverkehr gegenüber einer Gesamtbilanz einen höheren Informationswert hat, diese als ausschließliche Bilanz zuzulassen.[66] Dagegen lässt sich als Argument anführen, dass eine Teilbilanz die Gläubiger des übertragenden Rechtsträgers nicht in derselben Weise in die Lage versetzt, die Situation bezüglich der Einforderung einer Sicherheitsleistung einfordern zu können, wie dies mithilfe einer Gesamt-Bilanz möglich ist. Aus der Beratersituation oder der verfahrensbegleitenden notariellen Situation heraus sollte in diesem Fall im Vorfeld Kontakt zu dem zuständigen Registergericht[67] aufgenommen werden, um die dortigen Bilanzerfordernisse abzuklären.

Zur Erfüllung der Anforderungen des Abs. 2 ausreichend ist im Ergebnis in jedem Fall eine Gesamtbilanz,[68] wobei es den Vertragspartnern unbenommen bleibt, zusätzlich dazu eine Spaltungsbilanz zu erstellen und als Anlage der Handelsregisteranmeldung beizufügen.[69] Eine solche „fakultative Spaltungsbilanz" kann aber nicht die Notwendigkeit, im Spaltungsvertrag selbst die übergehenden Vermögensteile zu beschreiben, ersetzen,[70] sondern diese nur rechtssicher ergänzen.

Bei einer Ausgliederung zur Neugründung ist es nicht erforderlich, fristwahrend (Abs. 2 S. 4) der Anmeldung des neuen Rechtsträgers eine Schlussbilanz des übertragenden Rechtsträgers beizufügen.[71] Insoweit ist die Anmeldung des neuen Rechtsträgers nicht abweichend von der Anmeldung des aufnehmenden Rechtsträgers zu behandeln.

§ 18 Firma oder Name des übernehmenden Rechtsträgers

(1) Der übernehmende Rechtsträger darf die Firma eines der übertragenden Rechtsträger, dessen Handelsgeschäft er durch die Verschmelzung erwirbt, mit oder ohne Beifügung eines das Nachfolgeverhältnis andeutenden Zusatzes fortführen.

---

64 So aber Semler/Stengel/Leonard/*Schwanna* § 17 Rn. 23.
65 Semler/Stengel/Leonard/*Schwanna* § 17 Rn. 23.
66 So mit überzeugender Argumentation *Heidtkamp* NZG 2013, 852 (856).
67 Bei bezirksüberschreitenden Verschmelzungsvorgängen zumindest zu demjenigen des übertragenden Rechtsträgers, günstigerweise aber zu beiden beteiligten Registergerichten.
68 Schmitt/Hörtnagl/*Hörtnagl* § 17 Rn. 51.
69 Schmitt/Hörtnagl/*Hörtnagl* § 17 Rn. 52.
70 Schmitt/Hörtnagl/*Hörtnagl* § 17 Rn. 52.
71 BayObLG NJW-RR 1999, 833 = GmbHR 1999, 295.

(2) Ist an einem der übertragenden Rechtsträger eine natürliche Person beteiligt, die an dem übernehmenden Rechtsträger nicht beteiligt wird, so darf der übernehmende Rechtsträger den Namen dieses Anteilsinhabers nur dann in der nach Absatz 1 fortgeführten oder in der neu gebildeten Firma verwenden, wenn der betroffene Anteilsinhaber oder dessen Erben ausdrücklich in die Verwendung einwilligen.

(3) ¹Ist eine Partnerschaftsgesellschaft an der Verschmelzung beteiligt, gelten für die Fortführung der Firma oder des Namens die Absätze 1 und 2 entsprechend. ²Eine Firma darf als Name einer Partnerschaftsgesellschaft nur unter den Voraussetzungen des § 2 Abs. 1 des Partnerschaftsgesellschaftsgesetzes fortgeführt werden. ³§ 1 Abs. 3 und § 11 des Partnerschaftsgesellschaftsgesetzes sind entsprechend anzuwenden.

Literatur:
Limmer, Firmenrecht und Umwandlung nach dem Handelsrechtsreformgesetz, NotBZ 2000, 101.

I. Normzweck 1	IV. Einwilligungserfordernisse/Gestaltung von Verschmelzungsverträgen 10
II. Grundsätze der Firmenbildung bei dem übernehmenden Rechtsträger 3	V. Beteiligung von Partnerschaftsgesellschaften 13
III. Verhältnis der Vorschrift zu §§ 18 ff. HGB . 7	

I. Normzweck

1 Die Vorschrift enthält Regelungen zur Firmenbildung bei dem übernehmenden Rechtsträger bei Verschmelzungsvorgängen. Es handelt sich insoweit um Spezialregelungen, welche den allgemeinen firmenrechtlichen Regelungen des § 18 HGB vorgehen. Der firmenrechtliche Regelungsbedarf bei Verschmelzungsvorgängen besteht vor allem deshalb, weil im Rahmen der Rechtsfolge des § 20 Abs. 1 Nr. 2 mit dem (jeweils) übertragenden Rechtsträger auch dessen Firma erlischt.[1]

2 Abs. 3 enthält Spezialregelungen für den Fall, dass eine Partnerschaftsgesellschaft übernehmender Rechtsträger[2] ist und trägt damit den in firmenrechtlicher Hinsicht zu beachtenden Besonderheiten der PartGG Rechnung.[3]

II. Grundsätze der Firmenbildung bei dem übernehmenden Rechtsträger

3 Abs. 1 der Vorschrift beinhaltet Regelungen zur Firmenbildung bei dem übernehmenden Rechtsträger. Danach ist ein übernehmender Rechtsträger – sofern dieser nach den handelsrechtlichen Vorschriften eine Firma[4] führen darf,[5] berechtigt, die Firma des oder eines der übertragenden Rechtsträger weiter zu führen, wobei es freigestellt ist, ob dies unter Verwendung eines Nachfolgezusatzes[6] geschehen soll oder nicht.

---

[1] *Lutter/Decher* § 18 Rn. 2; zur Firmenverwendung im Spezialfall einer mit aufschiebend bedingtem Verschmelzungsvertrag durchgeführten Kettenverschmelzung vgl. OLG Hamm NJOZ 2006, 897 Ls. 2.

[2] Für eine Partnerschaftsgesellschaft als übertragender Rechtsträger ergeben sich insoweit keine Besonderheiten, vgl. hierzu auch Schmitt/Hörtnagl/*Winter* § 18 Rn. 6.

[3] Schmitt/Hörtnagl/*Winter* § 18 Rn. 6; ausführlich hierzu *Lutter/Decher* § 18 Rn. 9 f.

[4] Vgl. § 17 HGB.

[5] Kallmeyer/Marsch-Barner/*Oppenhoff* § 18 Rn. 3; *Lutter/Decher* § 18 Rn. 3 f.; nicht also etwa ein rechtsfähiger Verein als übernehmender Rechtsträger.

[6] Hier wird die Begrifflichkeit gemäß § 22 Abs. 1 HGB wieder aufgegriffen.

Da die Firma des bzw. eines übertragenden Rechtsträgers nicht isoliert als „immateriel- 4
les Rechtsgut"[7] auf den aufnehmenden Rechtsträger übergeht, setzt die **Firmenfortführung** gemäß Abs. 1 voraus, dass mit der Verschmelzung zugleich auch das Handelsgeschäft des übertragenden Rechtsträgers erworben wird.[8] Durch die Rechtswirkungen
des § 20 Abs. 1 Nr. 1 geht ein Handelsgeschäft des übertragenden Rechtsträgers durch
die Verschmelzung auf den aufnehmenden Rechtsträger über. Es muss durch den übernehmenden Rechtsträger aber auch nach Eintritt der Gesamtrechtsnachfolge in tatsächlicher Hinsicht fortgeführt werden.[9] Insofern werden demnach die firmenrechtlichen
Grundsätze der §§ 17 ff. HGB nicht durch diese Vorschrift durchbrochen. Ein erworbener markenrechtlicher Besitzstand des übertragenden Rechtsträgers soll grundsätzlich
auch dann auf den übernehmenden Rechtsträger übergehen können, wenn dieser von
dem Vorrecht auf Firmenfortführung keinen Gebrauch macht.[10]

Der Begriff der „Fortführung" beinhaltet eine im Wesentlichen unveränderte Verwen- 5
dung der bisherigen Firma des bzw. eines übertragenden Rechtsträgers.[11] Dabei ist
eine aus Firmenbestandteilen mehrerer übertragender Rechtsträger zusammengesetzte
Firma unzulässig.[12] Abs. 1 der Vorschrift gilt für alle Rechtsträger,[13] mit der Folge, dass
Bezeichnungen, die nicht als handelsrechtliche Firmen[14] zu charakterisieren sind, stets
weiterhin geführt werden dürfen. Soll eine Firma im handelsrechtlichen Sinn fortgeführt werden, ist dies gemäß Abs. 1 hingegen nur zusammen mit dem Erwerb des
Handelsgeschäfts möglich (→ Rn. 4).[15]

Die Pflicht zur **Vermeidung einer Täuschung des Rechtsverkehrs** kann die Verwen- 6
dung von Nachfolgezusätzen zwingend erforderlich machen.[16]

**Hinweis zur firmenrechtlichen Klarstellung bei Firmenfortführung durch über-
nehmende/n Rechtsträger:** Infolge der Rechtswirkungen des § 20 Abs. 1 Nr. 2 erlischt
mit der konstitutiven Handelsregistereintragung im Register des übernehmenden
Rechtsträgers der übertragende Rechtsträger. Soll dessen Firma durch den übernehmenden Rechtsträger fortgeführt werden, muss dies bei der im Register des übertragenden
Rechtsträgers enthaltenen Eintragung klargestellt werden. In der registergerichtlichen
Praxis wird zu diesem Zweck dort oftmals statt der Formulierung „Die Firma ist erloschen" der Text „Die Firma ist hier gelöscht" verwendet. Dadurch wird klargestellt, dass
die Firma nicht insgesamt erloschen ist, sondern nur durch den übertragenden Rechtsträger infolge seines Erlöschens nicht mehr geführt wird. Um in firmenrechtlicher
Hinsicht Missverständnisse auszuschließen, sollte verfahrensbegleitend darauf geachtet
werden, dass die Eintragungen bei dem/den übertragenden Rechtsträger/n auch in
dieser Weise erfolgen.

---

7 Lutter/Decher § 18 Rn. 2.
8 Schmitt/Hörtnagl/Winter § 18 Rn. 12; Lutter/Decher § 18 Rn. 4; Kallmeyer/Marsch-Barner/Oppenhoff § 18 Rn. 3 ff.
9 Lutter/Decher § 18 Rn. 4.
10 BGH GRUR 2008, 803.
11 Lutter/Decher § 18 Rn. 5; Kallmeyer/Marsch-Barner/Oppenhoff § 18 Rn. 6.
12 Schmitt/Hörtnagl/Stratz/Stratz § 18 Rn. 8; Kallmeyer/Marsch-Barner/Oppenhoff § 18 Rn. 6; aA Semler/Stengel/Leonard/Schwanna § 18 Rn. 2, welcher das Bedürfnis der Firmenbildung aus Bestandteilen der Firmen der übertragenden Rechtsträger dann als gegeben ansieht, wenn dies ohne Irreführung des Rechtsverkehrs zum Erhalt bekannter und/oder traditionsreicher Firmen erforderlich ist.
13 Schmitt/Hörtnagl/Winter § 18 Rn. 12.
14 Vgl. §§ 17 ff. HGB.
15 Zu den Einzelheiten der Firmenbildung und Firmenfortführung in den Fallgruppen der Verschmelzung, Spaltung und des Formwechsels vgl. Limmer NotBZ 2000, 101 ff.
16 Kallmeyer/Marsch-Barner/Oppenhoff § 18 Rn. 9; vgl. Lutter/Decher § 18 Rn. 4 f.

III. Verhältnis der Vorschrift zu §§ 18 ff. HGB

7 Die **firmenrechtliche Spezialregelung** im Verhältnis zu den §§ 18 ff. HGB ist erforderlich, weil die Firma des übertragenden Rechtsträgers kein Vermögensbestandteil iSd § 20 Abs. 1 Nr. 1 ist, der mit Wirksamwerden der Verschmelzung auf den übernehmenden Rechtsträger übergeht.[17] Als untrennbarer Bestandteil des Handelsgeschäfts würde die Firma des übertragenden Rechtsträgers mit Wirksamwerden der Verschmelzung ohne die Spezialregelung des § 18 erlöschen.

8 Neben einer Firmenbildung nach § 18 kann die Firmenbildung auch unabhängig von dieser Spezialregelung nach der **allgemeinen Vorschrift** des § 22 HGB erfolgen, womit eine größere Gestaltungsfreiheit verbunden sein kann.[18] Durch die Spezialregelung des § 18 nicht daran gehindert ist der übernehmende Rechtsträger jedenfalls dann, wenn er aus Anlass der Verschmelzung unabhängig davon und ohne eine Inanspruchnahme der in dieser Norm enthaltenen Spezialregelung die Firma nach Maßgabe der §§ 17, 18 ff. HGB neu bildet.[19] Wird letzterer Weg gewählt, können auch uU einzelne Teile der Firma des oder der übertragenden Rechtsträger in die neu geschaffene Firma „eingearbeitet", also teilweise übernommen werden.[20] Ein Ausschluss der Haftung aus Firmenfortführung nach § 25 Abs. 2 HGB kommt innerhalb der Reichweite der umwandlungsrechtlichen Gesamtrechtsnachfolge (vgl. § 20 Abs. 1) bzw. der partiellen Gesamtrechtsnachfolge bei Spaltungsvorgängen oder gar Rechtsträgeridentität bei Formwechselvorgängen nach § 190 ff. naturgemäß nicht in Betracht.

9 Die Firmenfortführung unterliegt insoweit den Grenzen der §§ 17 ff. HGB, als dass eine bei dem übertragenden Rechtsträger etwa bestehende Unzulässigkeit der Firma auch nach dem Eintritt der Rechtsfolgen des § 20 bei dem übernehmenden Rechtsträger bestehen bleibt,[21] es sei denn, die Gründe für die firmenrechtliche Unzulässigkeit sind mit der Wirksamkeit der Verschmelzung entfallen.

IV. Einwilligungserfordernisse/Gestaltung von Verschmelzungsverträgen

10 Die **Zustimmung** des übertragenden Rechtsträgers bzw. seiner Gesellschafter zur Firmenfortführung ist im Rahmen der Verschmelzung nicht erforderlich.[22] Insoweit besteht ein Unterschied zur Regelung in § 22 HGB. Dies ergibt sich jedoch bereits aus den von § 20 angeordneten Rechtsfolgen der Verschmelzung.

11 Die Fortführung eines nun nicht mehr zutreffenden Rechtsformzusatzes, welcher etwa der Firma des übertragenden Rechtsträgers entnommen werden konnte, ist als irreführend gemäß §§ 18 Abs. 2, 19 HGB anzusehen und damit im Ergebnis unzulässig.

12 Die Regelung in Abs. 2 stellt klar, dass der **Name einer natürlichen Person**, die nicht mehr am übernehmenden Rechtsträger beteiligt ist, nur mit deren Einverständnis bzw. dem Einverständnis der Erben[23] in der von dem übernehmenden Rechtsträger fortgeführten oder aus Anlass der Verschmelzung neu gebildeten Firma verwendet werden

---

17 Lutter/*Decher* § 18 Rn. 2.
18 Semler/Stengel/*Leonard/Schwanna* § 18 Rn. 6; vgl. Kallmeyer/*Marsch-Barner/Oppenhoff* § 18 Rn. 16. Heidel/Schall/*Ammon* HGB § 22 Rn. 35.
19 Kölner Komm UmwG/*Simon* § 18 Rn. 10.
20 Kölner Komm UmwG/*Simon* § 18 Rn. 10; vgl. Kallmeyer/*Marsch-Barner/Oppenhoff* § 18 Rn. 6.
21 Kallmeyer/*Marsch-Barner/Oppenhoff* § 18 Rn. 8.
22 Schmitt/Hörtnagl/*Winter* § 18 Rn. 13.
23 Vgl. hierzu Kölner Komm UmwG/*Simon* § 18 Rn. 28.

darf.[24] Die ist zur Wahrung des allgemeinen Persönlichkeitsrechts[25] zwingend erforderlich und nicht in irgendeiner Weise abdingbar. Die Einwilligung kann nur ausdrücklich und nicht etwa stillschweigend erteilt werden.[26]

V. Beteiligung von Partnerschaftsgesellschaften

In Abs. 3 wird zunächst klargestellt, dass bei der Beteiligung von Partnerschaftsgesellschaften an einer Verschmelzung die **firmenrechtlichen Regelungen** entsprechend gelten. Dies ist deshalb erforderlich, weil die Partnerschaftsgesellschaft gemäß § 1 Abs. 1 S. 2 PartGG ausdrücklich kein Handelsgewerbe ausübt, daher nicht die Kaufmannseigenschaft gemäß § 6 HGB erlangt.[27] Die für die Partnerschaftsgesellschaft geltende Spezialregelung gemäß Abs. 3 S. 2 und 3 ist eine Folge der stark personalisierten Struktur der Partnerschaftsgesellschaft.[28] 13

Sofern es sich bei dem übernehmenden Rechtsträger um eine **Partnerschaftsgesellschaft** handelt, wird durch den Verweis auf § 2 Abs. 1 PartGG und § 1 Abs. 3 PartGG sichergestellt, dass bei einer Fortführung der „Firma"[29] in der neuen Bezeichnung der Gesellschaft zumindest der Name einer natürlichen Person, die Bezeichnungen sämtlicher in der Partnerschaftsgesellschaft vertretenen Berufe sowie der korrekte Rechtsformzusatz („und Partner" oder „Partnerschaft") enthalten ist.[30] Damit ist der übernehmenden Partnerschaftsgesellschaft eine Fortführung reiner Sach- oder Phantasiefirmen nicht möglich.[31] 14

Bei der Verschmelzung einer Partnerschaftsgesellschaft auf eine dem Kaufmannsbegriff des § 6 HGB unterfallende Gesellschaft ist es zulässig, dass der bisher von der Partnerschaft verwendete Name als Firma gemäß §§ 17 ff. HGB verwendet wird, wobei jedoch der Bestandteil „und Partner" oder „Partnerschaft" entfallen muss,[32] da sonst eine Täuschung über die zutreffende Rechtsform vorliegen würde. Handelt es sich sowohl bei dem übertragenden als auch bei dem übernehmenden Rechtsträger um eine Partnerschaftsgesellschaft, so ist eine Namensfortführung nur dann zulässig, wenn auch die Beteiligung eines Namensgebers der übertragenden Gesellschaft an der aufnehmenden Gesellschaft besteht.[33] 15

Findet der Formwechsel einer OHG in eine GmbH statt, so kann der bisher verwendete Firmenzusatz „& Partner" ohne eine Verletzung firmenrechtlicher Vorschriften beibehalten werden; hier greift zugunsten der formwechselnden Gesellschaft der Bestandsschutz gemäß § 11 S. 2, 3 PartGG ein.[34] 16

---

24 Semler/Stengel/Leonard/*Schwanna* § 18 Rn. 8; Schmitt/Hörtnagl/*Winter* § 18 Rn. 16.
25 Kallmeyer/*Marsch-Barner/Oppenhoff* § 18 Rn. 12; Kölner Komm UmwG/*Simon* § 18 Rn. 25.
26 Semler/Stengel/Leonard/*Schwanna* § 18 Rn. 8; aA Schmitt/Hörtnagl/*Winter* § 18 Rn. 19, der lediglich eine bloße Duldung der Firmenfortführung nicht als ausreichend ansehen will.
27 Vgl. bezüglich der Partnerschaftsgesellschaft und deren fehlender Eigenschaften gemäß § 6 HGB Heidel/Schall/*J. Keßler* HGB § 6 Rn. 1.
28 Semler/Stengel/Leonard/*Schwanna* § 18 Rn. 9; Lutter/*Decher* § 18 Rn. 9.

29 Wegen Fehlens der Kaufmannseigenschaft bei der Partnerschaftsgesellschaft führt diese keine Firma im Sinne der §§ 17 ff. HGB; vgl. hierzu auch Schmitt/Hörtnagl/*Winter* § 18 Rn. 23.
30 Lutter/*Decher* § 18 Rn. 9 f.; vgl. Kallmeyer/*Marsch-Barner/Oppenhoff* § 18 Rn. 15.
31 Lutter/*Decher* § 18 Rn. 9 f.; Kölner Komm UmwG/*Simon* § 18 Rn. 33.
32 S. hierzu Semler/Stengel/Leonard/*Schwanna* § 18 Rn. 10.
33 Semler/Stengel/Leonard/*Schwanna* § 18 Rn. 10; vgl. Kallmeyer/*Marsch-Barner/Oppenhoff* § 18 Rn. 15 f.
34 So zutreffend OLG Frankfurt a. M. NJW 1999, 351.

§ 19 Eintragung und Bekanntmachung der Verschmelzung

(1) ¹Die Verschmelzung darf in das Register des Sitzes des übernehmenden Rechtsträgers erst eingetragen werden, nachdem sie im Register des Sitzes jedes der übertragenden Rechtsträger eingetragen worden ist. ²Die Eintragung im Register des Sitzes jedes der übertragenden Rechtsträger ist mit dem Vermerk zu versehen, daß die Verschmelzung erst mit der Eintragung im Register des Sitzes des übernehmenden Rechtsträgers wirksam wird, sofern die Eintragungen in den Registern aller beteiligten Rechtsträger nicht am selben Tag erfolgen.

(2) ¹Das Gericht des Sitzes des übernehmenden Rechtsträgers hat von Amts wegen dem Gericht des Sitzes jedes der übertragenden Rechtsträger den Tag der Eintragung der Verschmelzung mitzuteilen. ²Nach Eingang der Mitteilung hat das Gericht des Sitzes jedes der übertragenden Rechtsträger von Amts wegen den Tag der Eintragung der Verschmelzung im Register des Sitzes des übernehmenden Rechtsträgers im Register des Sitzes des übertragenden Rechtsträgers zu vermerken und die bei ihm aufbewahrten Dokumente dem Gericht des Sitzes des übernehmenden Rechtsträgers zur Aufbewahrung zu übermitteln.

(3) Das Gericht des Sitzes jedes der an der Verschmelzung beteiligten Rechtsträger hat jeweils die von ihm vorgenommene Eintragung der Verschmelzung von Amts wegen nach § 10 des Handelsgesetzbuchs bekanntzumachen.

Literatur:
Custodis, Die gelöschte Verschmelzung, GmbHR 2006, 904; *Horsch*, Löschung eingetragener und angefochtener Verschmelzungsbeschlüsse von Kapitalgesellschaften im Handelsregister, Rpfleger 2005, 577; *Krafka*, Registerrecht, 11. Aufl. 2019.

I. Normzweck 1	VI. Inhalt und Wirkungen der Bekanntmachung 16
II. Reihenfolge der Eintragung von Verschmelzungsvorgängen 4	1. Bekanntmachungsinhalt 17
III. Sonderfall Verschmelzung auf Alleingesellschafter 11	2. Wirkungen der Bekanntmachung 19
IV. Beteiligung mehrerer Registergerichte bei bezirksüberschreitenden Vorgängen 12	3. Rechtsbehelfe gegen die Eintragung 22
V. Prüfungsmaßstab des Registergerichts und Verfahren 14	VII. Kosten der Registereintragung 23

I. Normzweck

1 Die Vorschrift regelt in den ersten beiden Absätzen die für die einzelnen Registereintragungen maßgeblichen Verfahrensfragen, insbesondere die Eintragungsreihenfolge in den Registern der einzelnen an einem Verschmelzungsvorgang beteiligten Rechtsträger.

2 Abs. 2 legt fest, wie der „**Informationsaustausch**"[1] zwischen den beteiligten Registergerichten (sofern nicht infolge Gleichheit des Sitzes der beteiligten Rechtsträger ein einziges Registergericht für den Gesamtvorgang zuständig bleibt), durch Übersendung sogenannter „Eintragungsmitteilungen" stattzufinden hat.

3 Abs. 3 der Vorschrift enthält die für die in den §§ 1–189 enthaltenen Vorgänge maßgebliche Vorschrift bezüglich der **Bekanntmachung** der jeweiligen Handelsregistereintra-

---

1 Kallmeyer/*Zimmermann* § 19 Rn. 1; Schmitt/Hörtnagl/*Winter* § 19 Rn. 11.

gungen. Die Bekanntmachung von Formwechseln gemäß §§ 190 ff. ist abweichend von § 20 in § 201 geregelt, welcher auf das „normale" Bekanntmachungsverfahren gemäß §§ 10, 9 Abs. 1 und 3 HGB verweist.[2] Zudem wird durch die Regelung in Abs. 3 die in § 10 HGB enthaltene zentrale Bekanntmachungsvorschrift in ihrem Anwendungsbereich auf die grundsätzlich nicht dem HGB unterfallenden Genossenschaften und Vereine ausgedehnt.[3]

II. Reihenfolge der Eintragung von Verschmelzungsvorgängen

Abs. 1 regelt die Reihenfolge der Handelsregistereintragung bei Verschmelzungsvorgängen. Soll oder muss die Verschmelzung mit einer **Kapitalerhöhung** bei dem aufnehmenden Rechtsträger einhergehen, ist zunächst diese Kapitalerhöhung auf entsprechende Anmeldung hin in das Register des aufnehmenden Rechtsträgers **einzutragen**. Die Eintragung ist dabei mit dem Textzusatz vorzunehmen, dass die Kapitalerhöhung „zum Zweck der Verschmelzung mit ... (den jeweils übertragenden Rechtsträgern) ..." erfolgt. Der Rechtsverkehr ist damit dann darüber informiert, dass im Rahmen dieser Kapitalerhöhung kein effektiver Zufluss von Barmitteln erfolgt, sondern der übertragende Rechtsträger[4] auf den übernehmenden Rechtsträger übergeht und die Kapitalerhöhung insoweit allein den Zweck verfolgt, den Anteilsinhabern des übertragenden und mit Wirksamwerden der Verschmelzung untergehenden Rechtsträgers einen angemessenen Ausgleich für ihre verloren gehende Rechtsposition in Form der Beteiligung an dem/den übertragenden Rechtsträger/n zu verschaffen.

Dieser besondere Zweck der Kapitalerhöhung bei dem aufnehmenden Rechtsträger sollte auch im Text der jeweiligen Handelsregisteranmeldung zum Ausdruck gebracht werden.

Beispiel für einen entsprechenden Anmeldungstext:

> ... Die Gesellschaft hat das Stammkapital/Grundkapital zum Zwecke der Verschmelzung der ... auf diese Gesellschaft um ... auf ... erhöht ...

Nach Eintragung der Kapitalerhöhung bei dem aufnehmenden Rechtsträger (sofern diese nicht verzichtbar ist) erfolgt gemäß Abs. 1 die **Eintragung des Verschmelzungsvorgangs** im Register des oder der übertragenden Rechtsträger/s. Kann der Verschmelzungsvorgang nicht durch taggleiche Eintragung[5] im Register jedes der übertragenden und des übernehmenden Rechtsträgers abgeschlossen werden,[6] was bei Ortsverschiedenheit der jeweils zuständigen Registergerichte regelmäßig der Fall sein wird, so hat das Registergericht jedes der übertragenden Rechtsträgers die Eintragung des Verschmelzungsvorgangs gemäß Abs. 1 S. 1 mit dem Vermerk zu versehen, dass die Verschmelzung erst mit der Eintragung im Register des übernehmenden Rechtsträgers wirksam wird. Dies ist unabdingbar, da die Eintragung der wirklichen Rechtslage insoweit vorgreift.[7] Fallen alle beteiligten Rechtsträger in die Zuständigkeit eines Registergerichts, so kann dies ohne Verwendung eines solchen Vorbehaltsvermerks die Verschmelzung durch Eintragung vollziehen, wenn bei allen beteiligten Rechtsträgern

---

[2] Vgl. hierzu etwa Schmitt/Hörtnagl/*Winter* § 19 Rn. 3.
[3] Lutter/*Decher* § 19 Rn. 16.
[4] Bzw. bei mehreren übertragenden Rechtsträgern jeder einzelne dieser.
[5] Vgl. hierzu § 19 Abs. 1 S. 2 letzte Hs. 3.
[6] Die Eintragung im Register des übernehmenden Rechtsträgers hat allein die konstitutive Wirkung, vgl. § 20 Abs. 1.
[7] Schmitt/Hörtnagl/*Winter* § 19 Rn. 5.

Eintragungsreife besteht und eine taggleiche Eintragung gewährleistet werden kann. Hier sehen die Geschäftsverteilungspläne der Registergerichte uU eine Zuständigkeitskonzentration auf einen Dezernenten vor, was bei der Planung von Vor-Absprachen in Zusammenhang mit dem Verschmelzungsvorgang relevant werden kann. Dabei können auch sich überschneidende funktionelle Zuständigkeiten zwischen Rechtspflegern und Richtern mittels Geschäftsverteilungsplan so geregelt werden, dass sich bei Bestehen eines Sachzusammenhangs eine übergreifende richterliche Zuständigkeit ergibt. Statt eines „Vorbehaltsvermerks" erfolgt bei taggleich vollzogener Eintragung bei dem übertragenden Rechtsträger der Zusatz „... ist mit der am selben Tage bei ... erfolgten Eintragung wirksam geworden." Das gilt auch für den Fall, dass ein Teilvorgang einer sternförmigen Verschmelzung bezüglich eines übertragenden Rechtsträgers und des aufnehmenden Rechtsträgers am selben Tage erfolgen.[8] Die zunächst vorzunehmende Eintragung des Verschmelzungsvorgangs im Register des übertragenden Rechtsträgers verfolgt ua auch eine „Warnfunktion" für den Rechtsverkehr, der sich hinsichtlich der schließlich eintretenden Rechtsfolgen gemäß §§ 22, 25 Abs. 3, 27, 31 bereits entsprechend darauf einrichten kann.[9]

8 Ist dann später bei dem Registergericht des übernehmenden Rechtsträgers eine Eintragung erfolgt, so teilt es diese Tatsache dem Gericht des übertragenden Rechtsträgers durch Übersendung einer **Eintragungsnachricht** (sogenannte „EN" oder „EM") mit.[10]

9 Wird die von Abs. 1 vorgeschriebene **Eintragungsreihenfolge** nicht eingehalten und trägt das Registergericht des übernehmenden Rechtsträgers die Verschmelzung in das Handelsregister ein, ohne dass entsprechende Voreintragungen bei dem/den übertragenden Gesellschaften erfolgt sind, wird die Verschmelzung bereits mit dieser (versehentlich) vorgezogenen Eintragung bei dem übernehmenden Rechtsträger wirksam,[11] die Rechtsfolgen gemäß § 20 treten bereits zu diesem Zeitpunkt ein und die nachfolgende Eintragung des Vorgangs im Register des/der übertragenden Gesellschaft/en kann nur noch deklaratorische Bedeutung entfalten.[12] Auch in diesem Fall muss dann die Eintragung im Register des übertragenden Rechtsträgers neben der zuvor erfolgten Eintragung im Register des übernehmenden Rechtsträgers mit einem Gläubigeraufruf nach § 22 verbunden werden.

10 Eine in der Praxis manchmal schwierige Konstellation liegt vor, wenn eine Verschmelzung zur Aufnahme zugleich mit einer **Verlegung des Satzungssitzes** der aufnehmenden Gesellschaft verbunden wird. Hier gilt grundsätzlich § 13h HGB, welcher der Sitzverlegung den Vorrang vor anderen, zusammen mit dieser angemeldeten Veränderungen einräumt und eine zeitnahe Abgabe der Sache an das Registergericht des neuen Sitzes verlangt. Nach obergerichtlicher Rechtsprechung[13] soll jedenfalls bei einer Verschmelzung mit vorhergehender Kapitalerhöhung hiervon dergestalt abgewichen werden, dass noch bei dem Registergericht des alten Sitzes die Kapitalerhöhung zum Zwecke der Verschmelzung mit etwa damit zusammenhängenden weiteren Kapitalmaßnahmen (zB Euro-Umstellung bzw. Glättung) zu vollziehen ist und dieses erst dann die (elektronischen) Akten an das Registergericht des neuen Sitzes abgibt, damit dort –

---

8 S. zu diesem Fallbeispiel aus der Praxis Schmitt/Hörtnagl/*Winter* § 19 Rn. 6.
9 S. hierzu die zutreffende Darstellung bei Schmitt/Hörtnagl/*Winter* § 19 Rn. 4.
10 § 19 Abs. 2 S. 1; vgl. auch Lutter/*Decher* § 19 Rn. 13 f.
11 Kallmeyer/*Zimmermann* § 19 Rn. 8; Lutter/*Decher* § 19 Rn. 11; Kölner Komm UmwG/*Simon* § 19 Rn. 20.
12 Zutreffend und überzeugend insoweit Lutter/*Decher* § 19 Rn. 11.
13 OLG Frankfurt a. M. FGPrax 2005, 38 ff.

nach Vollzug der vorrangigen Eintragung bei dem übertragenden Rechtsträger – dann die Verschmelzung mit der konstitutiven Eintragung im Register des aufnehmenden Rechtsträgers abschließen kann. Dies ist im Hinblick auf die insoweit unmissverständlichen Regelungen in § 13h HGB, § 19 Abs. 1 UmwG dogmatisch nicht recht nachvollziehbar, jedoch offensichtlich am Beschleunigungsgedanken zugunsten einer zeitlich prioritären Erledigung der vorgeschalteten Kapitalerhöhung zum Zwecke der Verschmelzung orientiert.

Hinweis: Soll ein Verschmelzungsvorgang (auch wenn er ohne „vorgeschaltete" Kapitalerhöhung bei der aufnehmenden Gesellschaft erfolgt) mit einer Sitzverlegung verbunden werden, so sollte zur Vermeidung späterer, durch den Zuständigkeitswechsel der Registergerichte verursachter Verzögerungen im Vollzug des Verschmelzungsvorgangs, eine „schlank gehaltene" Beschlussfassung und Anmeldung lediglich bezüglich der Sitzverlegung „vorgeschaltet" werden, um insoweit eine rasche Eintragung bei dem Registergericht des neuen Sitzes zu erreichen. Danach ist dann dessen Zuständigkeit begründet und der Verschmelzungsvorgang kann dann sogleich dort zeitnah „nachgeschoben" werden. Ist dieses Vorgehen nicht möglich, sollte erwogen werden, den Verschmelzungsvorgang insgesamt noch an dem bisherigen Sitz des aufnehmenden Rechtsträgers vollziehen zu lassen und die Sitzverlegung erst danach anzumelden. Die Steuerung der Vollzugsreihenfolge durch die jeweilige Anmeldung oder durch eine Ausübung des notariellen Antragsrechts gemäß § 378 FamFG ist dabei – da keine öffentlich-rechtliche Anmeldepflicht besteht – auch unabhängig von der materiellrechtlichen Beschlusslage. Daraus folgt, dass die Sitzverlegung auch als sogenannter „Schubladenbeschluss" gefasst werden kann, dessen Vollzug zunächst zurückgestellt wird und der dann zu einem späteren Zeitpunkt zur Eintragung in das Handelsregister angemeldet werden kann.

III. Sonderfall Verschmelzung auf Alleingesellschafter

Liegt die Verschmelzung einer GmbH auf ihren **Alleingesellschafter** vor, so wirkt die gemäß §§ 121, 19 Abs. 1 vorzunehmende Eintragung im Register der übertragenden GmbH iSd § 20 Abs. 1 konstitutiv, wenn der Alleingesellschafter nicht als Kaufmann im Handelsregister A eingetragen ist.[14] Dies erscheint vor dem Hintergrund, dass in dieser Konstellation eine Eintragung bei dem „aufnehmenden Rechtsträger" faktisch unmöglich ist, geboten.

Hinweis: Bei der Verschmelzung einer GmbH mit dem Vermögen ihres Alleingesellschafters ist dessen vorherige Eintragung als Einzelkaufmann in das Handelsregister A nicht erforderlich. Die Verschmelzung wird sogleich mit der Eintragung im Handelsregister der übertragenden Gesellschaft wirksam. Da in der Handelsregisteranmeldung bezüglich des nicht eingetragenen Alleingesellschafters keine Handelsregisterbezeichnung genannt werden kann, sollte dieser mit seinem genauen Wohnsitz bezeichnet werden. Obwohl der spätere Eintragungstext diese Angaben nicht wiederholen wird und sich mit der Bezeichnung „Alleingesellschafter" begnügt, legen die Registergerichte auf eine möglichst präzise Bezeichnung in der Anmeldung Wert.

---

14 BGH NJW 1998, 2536.

IV. Beteiligung mehrerer Registergerichte bei bezirksüberschreitenden Vorgängen

12 Abs. 2 ergänzt Abs. 1 hinsichtlich der Regelung des Verfahrens bei der Beteiligung mehrerer Registergerichte bei einem **„bezirksüberschreitenden" Verschmelzungsvorgang**. Das Registergericht des übertragenden Rechtsträgers wird sodann noch eine den Zeitpunkt des Wirksamwerdens des Vorgangs dokumentierende Registereintragung im Blatt der übertragenden Gesellschaft vornehmen und daraufhin dann das elektronische Registerblatt schließen sowie etwa noch vorhandene Papierakten an das Registergericht des neuen Sitzes übersenden.

13 Die Möglichkeit einer **taggleichen Eintragung**, bei der gemäß Abs. 2 S. 2 auf einen Vorbehaltsvermerk verzichtet werden kann, wird bei bezirksüberschreitenden Vorgängen mit Zuständigkeit verschiedener Registergerichte eher die Ausnahme bleiben, da dies eine in der Praxis oftmals schwierige enge zeitliche Koordination beider Eintragungsvorgänge an unterschiedlichen Orten voraussetzen würde.

Hinweis: Kommt es hinsichtlich der konstitutiven Wirkung der Handelsregistereintragung gemäß § 20 auf eine taggenaue Eintragung an, kann gerade dann, wenn sich alle beteiligten Rechtsträger im Bezirk desselben Registergerichts befinden, über eine vorherige Kontaktaufnahme versucht werden, einen bestimmten Eintragungstag abzusprechen.

V. Prüfungsmaßstab des Registergerichts und Verfahren

14 Nach Einreichung der Handelsregisteranmeldung findet eine vollumfängliche formelle und materielle **Prüfung durch das Registergericht** statt.[15] Insoweit unterscheiden sich Vorgänge nach dem Umwandlungsgesetz nicht von anderen zur Eintragung in das Handelsregister angemeldeten Tatsachen.[16] Die funktionelle Zuständigkeit (Richter/Rechtspfleger) richtet sich nach dem RPflG und den jeweiligen landesrechtlichen Regelungen.[17] Prüfungsmaßstab ist dabei die formelle und materielle Rechtmäßigkeit des gesamten Verschmelzungsvorgangs.[18] Nicht zu folgen ist der Ansicht, es finde insoweit lediglich eine „Plausibilitätskontrolle" statt und das Registergericht habe nur einen eingeschränkten Prüfungsmaßstab.[19] Der Verzicht auf eine vollumfängliche Legalitätskontrolle wäre mit den gravierenden Rechtsfolgen einer erfolgten konstitutiven Handelsregistereintragung[20] sowie deren in § 20 Abs. 2 angeordneter grundsätzlicher Irreversibilität (Verbot der „Entschmelzung")[21] in jedem Fall unvereinbar. Dies folgt im Umkehrschluss auch aus der Regelung des § 398 FamFG.[22] Neben der Überprüfung der Vollständigkeit und Richtigkeit der Handelsregisteranmeldung gemäß § 16 sowie der gemäß § 17 erforderlichen Anlagen zur Anmeldung führt das Registergericht eine vollumfängliche materiellrechtliche Rechtmäßigkeitsprüfung bezüglich des Verschmelzungsvertrages und der Zustimmungsbeschlüsse nach § 13 durch.[23] Insbesondere die Anforderungen, die gemäß § 17 an die Schlussbilanz des bzw. der übertragenden Rechts-

---

15 Vgl. hierzu etwa die ausführliche Darstellung bei Lutter/*Decher* § 19 Rn. 2 ff.
16 Überzeugend insoweit die Darstellung bei *Krafka* RegisterR Rn. 1188.
17 Vgl. hierzu auch Kallmeyer/*Zimmermann* § 19 Rn. 2; *Krafka* RegisterR Rn. 1188.
18 So zutreffend Schmitt/Hörtnagl/*Winter* § 19 Rn. 17 ff.; *Krafka* RegisterR Rn. 1188 ff.
19 So aber Kölner Komm UmwG/*Simon* § 19 Rn. 4, 10 ff.; wohl auch Kallmeyer/*Zimmermann* § 19 Rn. 5.
20 Vgl. § 20 Abs. 1.
21 Vgl. hierzu *Horsch* RPfleger 2005, 577 ff.; *Custodis* GmbHR 2006, 904 ff.
22 Zum Inhalt der materiellen Prüfungspunkte siehe Semler/Stengel/Leonard/*Schwanna* § 19 Rn. 5.
23 Kallmeyer/*Zimmermann* § 19 Rn. 5; Schmitt/Hörtnagl/*Winter* § 19 Rn. 15, 17 ff.; *Krafka* RegisterR Rn. 1188 ff.

träger/s. zu stellen sind, werden im Rahmen des Handelsregisterverfahrens zu prüfen sein. Ist der Verschmelzungsvertrag seitens eines beteiligten Rechtsträgers nicht durch die dazu berufenen Organe in „vertretungsberechtigter Formation" oder in sonstiger Weise ohne die erforderliche Vertretungsmacht geschlossen worden,[24] so wird dieser Mangel dann als geheilt zu betrachten sein, wenn die jeweiligen Zustimmungsbeschlüsse gemäß § 13 einstimmig und ohne Widerspruch gegen die Beschlussfassung erfolgt sind. Denn wenn es der Kompetenz der Gesellschafterversammlungen der beteiligten Rechtsträger unterfällt, das jeweilige Vertretungsorgan zu bestimmen, kann jedenfalls in einer mit der erforderlichen Mehrheit gefassten Beschlussfassung inzident auch eine Genehmigung etwa vollmachtlosen Handelns bei dem Vertragsschluss gesehen werden. Das Registergericht wird dies im Regelfall so auslegen können. Der dargestellte Prüfungsmaßstab des Registergerichts bezieht sich auch auf die Prüfung der materiellen Wirksamkeit einer etwa vorgelagerten Kapitalerhöhung zum Zwecke der Verschmelzung. Insoweit ergeben sich keine Besonderheiten gegenüber dem Prüfungsmaßstab einer „regulären" Kapitalerhöhung des aufnehmenden Rechtsträgers. Sofern das Umwandlungsgesetz etwa bei einer Verschmelzung zur Neugründung auf die entsprechenden Gründungsvorschriften des/der aufnehmenden Rechtsträger/s. verweist, sind die Erleichterungen gemäß § 9c GmbHG oder § 38 Abs. 4 AktG im umwandlungsrechtlichen Handelsregisterverfahren nicht entsprechend anwendbar, der Prüfungsumfang des Registergerichts ist demnach durch diese Vorschriften nicht eingeschränkt. Dies ergibt sich aus dem Normzweck der entsprechenden Regelungen. Der Umwandlungsvorgang ist auch dann nicht mit einem primären Gründungsvorgang vergleichbar, wenn eine Verschmelzung oder Ausgliederung/Abspaltung zur Neugründung erfolgt. Eine entsprechende Wertung des Gesetzgebers ergibt sich zB aus der für den Formwechsel in eine Kapitalgesellschaft geltenden Regelung des § 220, wonach der Kapitalschutz und die Sicherstellung des Haftungsfonds bei dem Formwechsel einer Personengesellschaft in eine Kapitalgesellschaft strenger ist als bei der originären Neugründung der jeweiligen Kapitalgesellschaft.[25] Auch die ordnungsgemäße Beteiligung der Arbeitnehmer gemäß § 5 Abs. 3 ist Gegenstand der Prüfung des Registergerichts. Es wird sich insoweit von den Anmeldenden durch Vorlage geeigneter Urkunden nachweisen lassen, dass eine ordnungsgemäße Beteiligung der jeweiligen Betriebsräte gemäß § 5 Abs. 3 erfolgt ist.[26] Nicht von der materiellen Prüfungskompetenz des Registergerichts umfasst sind indessen die Fragen nach dem Umtauschverhältnis gemäß § 5 Abs. 1 Nr. 3, der (wirtschaftlichen) Zweckmäßigkeit des Gesamtvorgangs und insbesondere nach der Zweckmäßigkeit des Verschmelzungsvertrages selbst.[27] Bestehen behebbare Eintragungshindernisse, so wird das Gericht eine Zwischenverfügung[28] mit dem Ziel einer entsprechenden „Nachbesserung" gegenüber den Anmeldenden oder deren (gesetzlichen) Vertretern erlassen. Anstelle einer förmlichen Zwischenverfügung versenden manche Registergerichte auch nicht-förmliche Hinweisschreiben analog § 139 ZPO, die nicht signiert und auch nicht förmlich zugestellt werden müssen. Hierin gesetzte

---

24 Dies ist in der Praxis zuweilen bei der „großzügigen" Mitwirkung von Prokuristen am Vertragsschluss, ohne zumindest ein Mitglied des jeweiligen Vertretungsorgans in unechter Gesamtvertretung zu beteiligen, zu beobachten.
25 Bei der originären Neugründung bspw. einer GmbH wäre gemäß § 7 Abs. 2 GmbHG bereits eine Halbeinzahlung des Mindest-Stammkapitals ausreichend, was den Anforderungen des § 220 aber nicht genügen könnte.
26 Auch die Einhaltung der Voraussetzungen nach § 5 Abs. 1 Nr. 9 wird in diesem Zusammenhang seitens des Gerichts zu prüfen sein.
27 So zutreffend Kallmeyer/*Zimmermann* § 19 Rn. 5.
28 Vgl. für die Zwischenverfügung im Handelsregisterverfahren § 382 Abs. 4 FamFG.

Erledigungsfristen sollten aber in der Praxis in derselben Weise beachtet werden, wie dies bei den in förmlichen Zwischenverfügungen gesetzten Fristen der Fall ist. Sind bestehende Eintragungshindernisse[29] nicht behebbar, so muss die Anmeldung durch Beschluss gemäß § 382 Abs. 3 FamFG zurückgewiesen werden. Wenn der im Handelsregisterverfahren zu treffenden Entscheidung ein streitiges Rechtsverhältnis zugrunde liegt, kann das Registergericht unabhängig von einem möglichen Eingreifen der Registersperre des § 16 Abs. 2 das Verfahren gemäß §§ 381, 21 FamFG aussetzen, bis eine Entscheidung des Prozessgerichts im streitigen Verfahren vorliegt.[30] Gegen die Entscheidung gemäß §§ 381, 21 FamFG können die Beteiligten Rechtsmittel einlegen.

15 Bei der Verschmelzung zur Neugründung ergibt sich insoweit die Besonderheit, dass seitens des Registergerichts gemäß § 36 Abs. 2 auch die **Einhaltung der Gründungsvorschriften** der jeweiligen Rechtsform zwingend zu beachten sind.[31] Nach § 36 Abs. 1 gelten hierfür grundsätzlich die für eine Verschmelzung zur Aufnahme maßgeblichen Vorschriften des zweiten Abschnitts, wobei die §§ 16 Abs. 1 und 27 von dieser Verweisung ausgenommen sind.[32] Sind örtlich verschiedene Registergerichte zur Entscheidung über einen Umwandlungsvorgang berufen, etwa wenn sich bei der Verschmelzung der übertragende und der aufnehmende Rechtsträger mit ihrem Sitz in verschiedenen Orten befinden, so wird von beiden Gerichten unabhängig voneinander die formelle und materielle Prüfung durchgeführt.[33] Die Gerichte sind gegenseitig an die Eintragungen des jeweils anderen Gerichts gebunden, nicht jedoch an dessen rechtliche Beurteilung des zur Eintragung angemeldeten Sachverhalts.[34]

VI. Inhalt und Wirkungen der Bekanntmachung

16 Die Vorschrift enthält in Abs. 2 spezielle Regelungen zur Bekanntmachung, von der weitere Rechtswirkungen bezüglich der an einem Verschmelzungsvorgang beteiligten Rechtsträger abhängen können.

1. Bekanntmachungsinhalt

17 Abs. 3 schreibt bezüglich des Inhalts der von dem jeweils zuständigen Registergericht zu veranlassenden Bekanntmachung die Verlautbarung des Wortlauts der vorgenommenen Eintragung der Verschmelzung vor.[35] Der Inhalt der vorgenommenen Eintragungen ist den Beteiligten gegenüber nach § 383 Abs. 1 FamFG in Form einer Eintragungsnachricht bekanntzugeben. Bekannt zu machen ist der vollständige Inhalt der Eintragung, wobei die Bekanntmachung bei der Beteiligung mehrerer Registergerichte an einem Verschmelzungsvorgang von dem die jeweilige Eintragung vornehmenden Registergericht separat zu veranlassen ist.[36] Hinsichtlich des Bekanntmachungsorgans verweist Abs. 3 auf § 10 HGB, welcher auch für die Bekanntmachungen nicht-umwand-

---

29 Dies betrifft etwa auch die Wahrung der Bilanzfrist gemäß § 17.
30 Semler/Stengel/Leonard/*Schwanna* § 19 Rn. 6; Kallmeyer/*Zimmermann* § 19 Rn. 7 mit Verweis auf KG NZG 1998, 777 = NJW-RR 1999, 762 bezüglich des im Rahmen der Amtsaufklärungspflicht bestehenden Prüfungsermessens des Registergerichts.
31 *Krafka* RegisterR Rn. 1188; Schmitt/Hörtnagel/*Winter* § 19 Rn. 21 ff., welcher zudem auf die Problematik der „wirtschaftlichen Neugründung" im Rahmen einer Verschmelzung zur Neugründung eingeht.
32 Vgl. hierzu auch *Krafka* RegisterR Rn. 1185.
33 Semler/Stengel/Leonard/*Schwanna* § 19 Rn. 7; Kallmeyer/*Zimmermann* § 19 Rn. 6 mwN; vgl. auch *Krafka* RegisterR Rn. 1180; einschränkend, jedoch mit überzeugender Begründung insoweit Kölner Komm UmwG/*Simon* § 19 Rn. 11.
34 Kallmeyer/*Zimmermann* § 19 Rn. 6; vgl. *Krafka* RegisterR Rn. 1180.
35 Semler/Stengel/Leonard/*Schwanna* § 19 Rn. 18.
36 Kölner Komm UmwG/*Simon* § 19 Rn. 26; Lutter/*Decher* § 19 Rn. 16.

lungsrechtlicher Handelsregistereintragungen gilt. Gemäß § 10 Abs. 1 HGB werden sowohl die eigentlichen Handelsregistereintragungen als auch die separat davon bekannt zu machenden „Registerbekanntmachungen" (vgl. § 10 Abs. 3 HGB) durch deren erstmalige Abrufbarkeit über das elektronische Informations- und Kommunikationssystem gemäß § 9 Abs. 1 HGB bekannt gemacht. Zu den „Registerbekanntmachungen" des § 10 Abs. 3 HGB gehört etwa der Gläubigeraufruf bezüglich zu leistender Sicherheit gemäß § 22. Der Bekanntmachungszeitpunkt gemäß § 19 Abs. 2 liegt demnach unmittelbar nach der Vornahme der Eintragung in das Handelsregister. Für Genossenschaften und Vereine, welche grundsätzlich nicht dem Anwendungsbereich des § 10 HGB unterfallen, stellt diese Verweisung eine Sonderregelung dar.[37]

Von großer Bedeutung für die Praxis, ist der gemäß § 22 Abs. 1 S. 3 zugleich mit der Bekanntmachung zu veranlassende sogenannte „**Gläubigeraufruf**".[38] Die Bekanntmachung zu jeder einzelnen erfolgenden Handelsregistereintragung (mit Ausnahme der Eintragung einer etwa vorgeschalteten Kapitalerhöhung zum Zweck der Verschmelzung bei einem aufnehmenden Rechtsträger) ist um einen mit dem Text des § 22 Abs. 1 erfolgenden, an die Gläubiger des jeweiligen Rechtsträgers[39] gerichteten Aufruf zu ergänzen. Das Registergericht hat dies von Amts wegen im elektronischen Bundesanzeiger (der regelmäßig von den Landesjustizverwaltungen als Bekanntmachungsorgan bestimmt wird) zu veranlassen. Es handelt sich dabei um eine „Registerbekanntmachung" nach §§ 10, 9 Abs. 3 HGB, welche isoliert von der eigentlichen Eintragung, aber gewöhnlicherweise zeitnah nach dieser über § 9 Abs. 1 HGB vorgenommen wird. Erfolgt bezüglich der Bekanntmachung der Handelsregistereintragung bei anderen umwandlungsrechtlichen Vorgängen eine Verweisung auf § 22, so ist der Bekanntmachungstext entsprechend anzupassen (zB „Spaltung" statt „Verschmelzung" etc). Bei der Ausgliederung als Unterfall der Spaltung kann insoweit die Bezeichnung „Spaltung" verwendet werden, wobei der konkretere Begriff der „Ausgliederung" ebenso möglich und sogar präziser ist.

2. Wirkungen der Bekanntmachung

Hinsichtlich der von dem Verschmelzungsvorgang ausgehenden Rechtswirkungen gemäß § 20 kommt es allein auf den **Zeitpunkt** der insoweit konstitutiv wirkenden Handelsregistereintragung[40] an, der Zeitpunkt der Bekanntmachung hat für das Eingreifen des § 20 Abs. 1 keine Bedeutung[41] und grundsätzlich nur „verlautbarende" Wirkung.[42] Die vollständige oder teilweise Unterlassung der vorgeschriebenen Bekanntmachung ist für die Wirksamkeit der Verschmelzung als solcher ohne Bedeutung, wenn auch die an den Zeitpunkt der Bekanntmachung geknüpften Fristen (→ Rn. 20) in diesem Fall nicht zu laufen beginnen.[43]

---

37 Lutter/*Decher* § 19 Rn. 16.
38 Vgl. insoweit die Kommentierung zu § 22; vgl. hierzu auch Kallmeyer/*Zimmermann* § 19 Rn. 15; Kölner Komm UmwG/*Simon* § 19 Rn. 26; *Krafka* RegisterR Rn. 1184.
39 Der Gläubigeraufruf gemäß § 22 richtet sich an die Gläubiger des **jeweiligen** Rechtsträgers (vgl. für den Fall der Ausgliederung etwa LG Frankfurt a. M. 17.6.2016 – 2–10 O 149/14, BeckRS 2016, 126587 Rn. 48).

40 § 20 Abs. 1.
41 Schmitt/Hörtnagel/*Winter* § 19 Rn. 34; Kallmeyer/*Zimmermann* § 19 Rn. 17, der zutreffend von einer lediglich „verlautbaren Wirkung" spricht.
42 Lutter/*Decher* § 19 Rn. 15.
43 Vgl. Kölner Komm UmwG/*Simon* § 19 Rn. 28.

20 Die Bekanntmachung der Eintragungen gemäß Abs. 3 löst jedoch unabhängig von den für die Eintragung selbst geltenden Regelungen des § 20 verschiedene Rechtswirkungen aus:[44]

- Annahme des Abfindungsangebots gemäß § 31
- Lauf der Sechsmonatsfrist nach erfolgtem Gläubigeraufruf (isolierte „Registerbekanntmachung" nach § 10 Abs. 3 HGB) gemäß § 22 Abs. 1 S. 1
- Antragsfrist im Spruchverfahren gemäß § 4 SpruchG
- Nachhaftungsfrist gemäß § 45 Abs. 2
- Frist für Haftung gemäß § 133 Abs. 4.

21 Die Bekanntmachung gilt für den jeweiligen Rechtsträger, zu dessen Registerbezeichnung sie seitens des Registergerichts veranlasst wird, mit dem Zeitpunkt der Abrufbarkeit aus dem elektronischen Informations- und Kommunikationssystem gemäß §§ 10, 9 Abs. 1 HGB als erfolgt.[45]

Hinweis: Bei der verfahrensbegleitenden Tätigkeit sollte stets nach Eingang der Eintragungsmitteilung gemäß § 383 Abs. 1 FamFG durch Einsichtnahme in das elektronische Informations- und Kommunikationssystem gemäß §§ 10, 9 Abs. 1 HGB überprüft werden, ob seitens des jeweils zuständigen Registergerichts neben der Bekanntmachung der Eintragung auch der stets erforderliche Gläubigeraufruf gemäß § 22 Abs. 1 S. 3 als „Registerbekanntmachung" nach § 9 Abs. 3 HGB erfolgt ist; nur so kann sichergestellt werden, dass die diesbezügliche Sechsmonatsfrist, binnen derer Ansprüche auf Sicherheitsleistung von Gläubigerseite gegenüber der Gesellschaft angemeldet werden können, auch tatsächlich in Gang gesetzt worden ist (zum insoweit bestehenden Meinungsstreit, ob die mit der Bekanntmachung gemäß § 22 verbundenen Rechtswirkungen auch dann vollumfänglich eintreten sollen, wenn diese pflichtwidrig vom Registergericht nicht veranlasst worden sind vgl. die Kommentierung zu § 22. Unterbleibt ein Gläubigeraufruf zunächst und muss dann zu einem späteren Zeitpunkt nachgeholt werden, beginnt nach der hier vertretenen Auffassung erst dann der Fristlauf, was im Interesse der Gesellschaft aber stets zu vermeiden ist.

3. Rechtsbehelfe gegen die Eintragung

22 Die **Eintragung in das Handelsregister** ist gemäß § 383 Abs. 3 FamFG **unanfechtbar**, so dass gegen sie keinem Beteiligten oder Dritten Rechtsbehelfe zur Verfügung stehen.[46] Hier unterscheidet sich die Eintragung als das Handelsregisterverfahren abschließender Akt von der einer Eintragung möglicherweise vorgelagerten Zwischenverfügung. Die förmlich ergangene und zugestellte Zwischenverfügung des Registergerichts kann mit der Beschwerde angegriffen werden (vgl. § 382 Abs. 4 FamFG); im Fall der Nichtabhilfe hat das Registergericht diese dann dem Beschwerdegericht zur Entscheidung vorzulegen. Wird dennoch ein „Rechtsmittel" gegen die zwischenzeitlich bereits erfolgte Eintragung eingelegt, kann es geboten sein, dieses in einen auf Einleitung des **Amtslöschungsverfahrens** gemäß § 395 FamFG gerichteten Antrag umzudeuten.[47] Da über einen solchen Antrag seitens des Registergerichts zu entscheiden und gegen

---

[44] Nachfolgende tabellarische Übersicht nach Semler/Stengel/Leonard/*Schwanna* § 19 Rn. 19.
[45] Vgl. Kallmeyer/*Zimmermann* § 19 Rn. 16.
[46] Vgl. Kölner Komm UmwG/*Simon* § 19 Rn. 29; vgl. Kallmeyer/*Zimmermann* § 19 Rn. 13.
[47] Semler/Stengel/Leonard/*Schwanna* § 19 Rn. 11 mwN; Kölner Komm UmwG/*Simon* § 19 Rn. 29.

diese Entscheidung dann ein Rechtsbehelf eröffnet ist, kann auf diese Weise indirekt eine Inhaltskontrolle der zur Eintragung führenden Entscheidung des Registergerichts durch die Rechtsmittelinstanz herbeigeführt werden. Es ist jedoch zu beachten, dass das Registergericht bei seiner Entscheidung, ob es ein Löschungsverfahren gemäß § 395 FamFG von Amts wegen einleiten wird oder nicht, ein relativ weit reichendes Ermessen hat. Zu berücksichtigen ist bei der erfolgten Eintragung einer Verschmelzung und nachfolgender Löschungsanregung gemäß § 395 FamFG jedoch die durch § 20 Abs. 2 zum Ausdruck kommende gesetzgeberische Intention der grundsätzlichen Irreversibilität eingetragener Verschmelzungsvorgänge.[48] Die Berichtigung einer unrichtigen Handelsregistereintragung kann – sofern nicht ein Schreibfehler oder eine offensichtliche Unrichtigkeit vorliegt, die gemäß § 17 HRV korrigiert werden kann – nach § 395 FamFG erfolgen.[49] Das in § 20 Abs. 2 normierte „Verbot der Entschmelzung" darf dabei nicht durch ein Vorgehen gemäß § 395 FamFG umgangen werden. Möglich wäre eine Löschung der konstitutiv wirkenden Eintragung der Verschmelzung daher nur dann, wenn die Eintragung – versehentlich – ohne jegliche Grundlage, also etwa ohne zugrunde liegende Handelsregisteranmeldung oder bei völlig fehlendem Eintragungseintrag erfolgt ist. Denn diese Fallgruppen sind nicht vom Anwendungsbereich des § 20 Abs. 2 umfasst.

VII. Kosten der Registereintragung

Die Kosten der Registereintragung richten sich nach der HRegGebV,[50] welche ihre Grundlage seit Ablösung der KostO durch das GNotKG in der Verordnungsermächtigung des § 58 GNotKG hat. Die diesbezüglichen Vorschriften sind durch die Reform des Notar- und Gerichtskostenrechts unverändert geblieben. Für Eintragungen von Verschmelzungsvorgängen in das Vereinsregister gelten anstelle der Vorschriften der HRegGebV die Kostenziffern 13100 und 13101 aus Teil 1, Hauptabschnitt 3 Abschnitt 1 des Kostenverzeichnisses der Anlage 1 zu § 3 Abs. 2 GNotKG. Die einzelnen Kostenansätze nach der HRegGebV errechnen sich als „Festgebühren" nicht nach dem für den jeweils betroffenen Rechtsträger eingetragenen Nennkapital.[51]

Die Löschung des übertragenden Rechtsträgers (hinsichtlich der technischen Umsetzung im elektronischen Handelsregister gelten die §§ 47, 22 HRV) ist nach hM als rein „registertechnischer Vorgang" kostenfrei.[52] Dem ist im Ergebnis zuzustimmen, zumal das Erlöschen des oder der übertragenden Rechtsträger gemäß § 20 Abs. 1 Nr. 2 als solches kein eigener Anmeldetatbestand ist, wie sich auch aus der Formulierung des § 20 Abs. 1 Nr. 2 Hs. 2: „… einer besonderen Löschung bedarf es nicht …" ergibt.

Das Registergericht berechnet seine Auslagen für Bekanntmachungen im elektronischen Bundesanzeiger gemäß Kostenziffer 31004 des Kostenverzeichnisses der Anlage 1 zu § 3 Abs. 2 GNotKG. Vor dem Inkrafttreten des GNotKG befand sich die entsprechende Regelung in § 137 Abs. 1 Nr. 4 KostO (aF).

---

48 Zur Frage der Irreversibilität der Eintragung und des Verhältnisses zum Verfahren nach § 395 FamFG vgl. *Horsch* Rpfleger 2005, 577 ff. und *Custodis* GmbHR 2006, 904 ff. sowie zum Verfahren Melchior/Schulte HRV/*Schneider* § 19 Rn. 1 ff.
49 Ebenso Kallmeyer/*Zimmermann* § 19 Rn. 13.
50 BGBl. 2004 I 2562; Handelsregistergebührenverordnung v. 30.9.2004, zuletzt geändert durch Art. 5 G zur Umsetzung der UmwandlungsRL und zur Änd. weiterer Gesetze vom 22.2.2023 (BGBl. I Nr. 51).
51 Vgl. hierzu Schmitt/Hörtnagl/*Winter* § 19 Rn. 43 f.; Kölner Komm UmwG/*Simon* § 19 Rn. 30; Kallmeyer/*Zimmermann* § 19 Rn. 18.
52 Schmitt/Hörtnagl/*Winter* § 20 Rn. 45 unter Verweis auf OLG Karlsruhe JurBüro 1974, 1422.

§ 20 Wirkungen der Eintragung

(1) Die Eintragung der Verschmelzung in das Register des Sitzes des übernehmenden Rechtsträgers hat folgende Wirkungen:

1. Das Vermögen der übertragenden Rechtsträger geht einschließlich der Verbindlichkeiten auf den übernehmenden Rechtsträger über.
2. ¹Die übertragenden Rechtsträger erlöschen. ²Einer besonderen Löschung bedarf es nicht.
3. ¹Die Anteilsinhaber der übertragenden Rechtsträger werden Anteilsinhaber des übernehmenden Rechtsträgers; dies gilt nicht, soweit der übernehmende Rechtsträger oder ein Dritter, der im eigenen Namen, jedoch für Rechnung dieses Rechtsträgers handelt, Anteilsinhaber des übertragenden Rechtsträgers ist oder der übertragende Rechtsträger eigene Anteile innehat oder ein Dritter, der im eigenen Namen, jedoch für Rechnung dieses Rechtsträgers handelt, dessen Anteilsinhaber ist. ²Rechte Dritter an den Anteilen oder Mitgliedschaften der übertragenden Rechtsträger bestehen an den an ihre Stelle tretenden Anteilen oder Mitgliedschaften des übernehmenden Rechtsträgers weiter.
4. Der Mangel der notariellen Beurkundung des Verschmelzungsvertrags und gegebenenfalls erforderlicher Zustimmungs- oder Verzichtserklärungen einzelner Anteilsinhaber wird geheilt.

(2) Mängel der Verschmelzung lassen die Wirkungen der Eintragung nach Absatz 1 unberührt.

Literatur:

Bayer, Herrschaftsveränderungen im Vertragskonzern, Besprechung der Entscheidung BGHZ 119, 1, ZGR 1993, 599; *Bongers*, Zulässige Nutzung von Kundendaten für E-Mail-Werbung nach einer Verschmelzung von Rechtsträgern, BB 2015, 2950; *Heckschen*, Die umwandlungsrechtliche Universalsukzession und ihre haftungsrechtliche Kompensation, GmbHR 2017, 953; *Horn/Olgemöller*, Zu den Auswirkungen einer Verschmelzung auf die Halterangaben und den Fahrzeugwert, NZG 2020, 1021 ff.; *Kort*, Gesellschaftsrechtlicher und registerrechtlicher Bestandsschutz eingetragener fehlerhafter Umwandlungen und anderer Strukturänderungen, DStR 2004, 185; *Kort*, Bedeutung und Reichweite des Bestandsschutzes von Umwandlungen, AG 2010, 230; *Müller*, Auswirkungen von Umstrukturierungen nach dem Umwandlungsgesetz auf Beherrschungs- und Gewinnabführungsverträge, BB 2002, 157; *Reithmann*, Formerfordernisse bei Verträgen über Beteiligungen an ausländischen Gesellschaften und über Grundstücke im Ausland. NZG 2005, 873; *Schmidt-Troschke*, Rechtsbehelfe bei fehlerhafter Verschmelzung zweier GmbH – Zur Passivlegitimation bei Anfechtung des Verschmelzungsbeschlusses, GmbHR 1992, 505; *Stöber*, Die Auswirkungen einer Umwandlung nach dem Umwandlungsgesetz auf einen laufenden Zivilprozess, NZG 2006, 574.

I. Zweck der Norm/Allgemeines 1	VII. Erlöschen der übertragenden Rechtsträger (Abs. 1 Nr. 2) 34
II. Konstitutive Wirkung der Handelsregistereintragung 2	VIII. Gewährung von Anteilen an Gesellschafter des/der übertragenden Rechtsträger ... 36
III. Gesamtrechtsnachfolge gemäß Abs. 1 Nr. 1 3	IX. Beurkundungs- und Verschmelzungsmängel 39
IV. Rechtsnachfolge bei ausgewählten Rechtsverhältnissen 8	X. Irreversibilität (Abs. 2) – Verbot der Entschmelzung 42
V. Das Schicksal von Unternehmensverträgen im Rahmen des Abs. 1 22	
VI. Arbeitsrechtliche Auswirkungen im Überblick 31	

I. Zweck der Norm/Allgemeines

Die Norm regelt die **Rechtswirkungen** der konstitutiv wirkenden Handelsregistereintragung im Register des aufnehmenden[1] Rechtsträgers. Dies betrifft einerseits den Übergang des Vermögens von dem übertragenden auf den aufnehmenden Rechtsträger sowie die Zuteilung bzw. Neuverteilung von Anteilen der Gesellschafter des übertragenden Rechtsträgers an dem aufnehmenden (oder bei der Verschmelzung zur Neugründung neuen) Rechtsträger. Weiterhin enthält die Norm in Abs. 2 auch eine für das gesamte Umwandlungsrecht bedeutende Vorschrift zur Frage der Heilung von Mängeln des Verschmelzungsvorgangs sowie der „Löschungsfestigkeit" eines mit konstitutiver Wirkung in das Handelsregister eingetragenen Verschmelzungsvorgangs. Primäres Ziel der Norm ist hinsichtlich der in Abs. 1 enthaltenen Bestimmungen die Vermeidung einer Singularsukzession mit allen ihren Folgen (zB in steuerlicher Hinsicht möglicherweise die Aufdeckung stiller Reserven).[2]

1

Die in § 20 enthaltenen Regelungen gelten für sämtliche Verschmelzungsvorgänge und sind nicht in den jeweilig geschlossenen Verträgen oder den Zustimmungsbeschlüssen abdingbar.[3]

II. Konstitutive Wirkung der Handelsregistereintragung

Die konstitutive Handelsregistereintragung in das Register des übernehmenden Rechtsträgers löst die in Abs. 1 der Vorschrift normierten Rechtsfolgen aus und ist deren unabdingbare Voraussetzung. Im Rahmen des § 20 verfolgt die konstitutive Eintragung einen doppelten Zweck. Einerseits wird zur Erhöhung der Sicherheit des Rechtsverkehrs die durch die Handelsregistereintragung eintretende Änderung der materiellen Rechtslage in unmittelbarer Weise mit der **Publizität des Registers** verknüpft.[4] Andererseits werden der eingereichte Verschmelzungsvertrag und die zugehörigen Zustimmungsbeschlüsse einer umfassenden formellen und materiellen **Prüfung durch das Registergericht** unterzogen.[5] Im Rahmen dieser Prüfung gehört es jedoch nicht zu den Aufgaben des Registergerichts, die Zweckmäßigkeit des Verschmelzungsvorgangs in wirtschaftlicher Hinsicht zu bewerten, und insbesondere nicht die Wertverhältnisse derjenigen Rechtspositionen, die den Gesellschaftern des oder der übertragenden Gesellschaft(en) durch das Erlöschen dieser abhandenkommen, im Verhältnis zu den ihnen etwa gewährten Anteilen an dem neuen Rechtsträger zu beurteilen.[6] Davon unabhängig bleibt das Registergericht allerdings bei Kapitalmaßnahmen zum Zwecke der Verschmelzung im Rahmen der durchzuführenden Kapitalaufbringungsprüfung zur Prüfung entsprechender Wertansätze verpflichtet. Ein Verstoß gegen die von § 19 vorgeschriebene Eintragungsreihenfolge verhindert die konstitutive Wirkung der bei dem aufnehmenden Rechtsträger erfolgenden Eintragung nicht,[7] die Verschmelzung wird demnach mit Vornahme der konstitutiven Handelsregistereintragung bei dem aufnehmenden Rechtsträger in jedem Fall wirksam.

2

---

1 Vgl. § 20 Abs. 1 S. 1.
2 Semler/Stengel/Leonard/*Simon* § 20 Rn. 2.
3 Kölner Komm UmwG/*Simon* § 20 Rn. 3; Schmitt/Hörtnagl/*Winter* § 20 Rn. 3.
4 Semler/Stengel/Leonard/*Simon* § 20 Rn. 5.
5 Semler/Stengel/Leonard/*Simon* § 20 Rn. 5.
6 Lutter/*Grunewald*, § 20 Rn. 5; Semler/Stengel/Leonard/ *Simon* § 20 Rn. 5.
7 Kallmeyer/*Marsch-Barner/Oppenhoff* § 20 Rn. 3; Lutter/ *Grunewald* § 20 Rn. 3.

III. Gesamtrechtsnachfolge gemäß Abs. 1 Nr. 1

3 Abs. 1 Nr. 1 ordnet als Rechtsfolge der die materiellrechtliche Wirksamkeit erzeugenden konstitutiven Handelsregistereintragung eine „automatisch" eintretende Gesamtrechtsnachfolge an,[8] wobei unerheblich ist, ob die davon betroffenen Vermögensgegenstände des oder der übertragenden Rechtsträger überhaupt bekannt oder in der dem Verschmelzungsvorgang zu Grunde gelegten Bilanz erfasst waren.[9] Die alle Aktiva und Passiva des übertragenden Rechtsträgers umfassende Gesamtrechtsnachfolge tritt demnach insgesamt unabhängig von einer erfolgten Bilanzierung der jeweiligen Vermögensgegenstände ein.[10]

4 Unproblematisch gehen Beteiligungen des übertragenden Rechtsträgers an anderen Kapitalgesellschaften auf den übernehmenden Rechtsträger über. Problematisch unter dem Aspekt des Rechts auf Verhinderung des Eindringens gesellschaftsfremder Personen in eine Personenhandelsgesellschaft kann es sein, wenn es bei einer Kommanditgesellschaft infolge eines Verschmelzungsvorgangs zu einer hierdurch veranlassten Auswechselung der Komplementärin kommt. Insoweit soll diese Frage grundsätzlich „präventiv" durch gesellschaftsvertragliche Nachfolgeklauseln regelbar sein.[11] Sofern eine Nachfolgeregelung im Gesellschaftsvertrag der Kommanditgesellschaft enthalten ist, welche die Nachfolge auf Angehörige beschränkt, soll ein durch die umwandlungsrechtliche Gesamtrechtsnachfolge eintretender Wechsel bei der Komplementär-GmbH jedenfalls dann zulässig sein, wenn die Komplementär-GmbH nicht „gesellschaftsfremd" ist und alle Gesellschafter dem Wechsel zustimmen.[12]

5 Von der durch Abs. 1 Nr. 1 angeordneten zwingenden Gesamtrechtsnachfolge können nicht etwa durch entsprechende Regelungen im Verschmelzungsvertrag **einzelne Gegenstände ausgenommen** werden; ist dies anlässlich eines Verschmelzungsvorgangs gewünscht, müssen diese Gegenstände zu einem vor dem Eintritt der Wirksamkeit des Verschmelzungsvorgangs liegenden Zeitpunkt nach den jeweils für sie geltenden Vorschriften übertragen werden.[13]

6 Die Gesamtrechtsnachfolge ermöglicht **keinen gutgläubigen Erwerb** von Gegenständen, da es an einem publizitätswirksamen Anknüpfungstatbestand wie etwa die Besitzübergabe oder die Umschreibung im Grundbuch fehlt.[14]

7 Von der Gesamtrechtsnachfolge ist auch das **Auslandsvermögen** des übertragenden Rechtsträgers umfasst, wobei die im Ausland belegenen Sachen bzw. Vermögensgegenstände jeweils nach den für diese vor Ort geltenden ausländischen Rechtsvorschriften übergehen.[15]

IV. Rechtsnachfolge bei ausgewählten Rechtsverhältnissen

8 Der Anwendungsbereich der Gesamtrechtsnachfolge gemäß Abs. 1 Nr. 1 betrifft die verschiedensten Rechtsbereiche; nachfolgend soll insoweit ein Überblick über verschiedene Materien gegeben werden.

---

[8] Semler/Stengel/Leonard/Simon § 20 Rn. 8; Lutter/Grunewald § 20 Rn. 6; Schmitt/Hörtnagl/Winter § 20 Rn. 23 ff.
[9] Semler/Stengel/Leonard/Simon § 20 Rn. 8.
[10] Schmitt/Hörtnagl/Winter § 20 Rn. 27 f.
[11] OLG Nürnberg 27.3.2017 – 12 W 2197/16, MittBayNot 2017, 413 = LSK 2017, 116197.
[12] OLG Nürnberg 27.3.2017 – 12 W 2197/16, MittBayNot 2017, 413 = LSK 2017, 116197.
[13] Semler/Stengel/Leonard/Simon § 20 Rn. 8; Lutter/Grunewald § 20 Rn. 7.
[14] Semler/Stengel/Leonard/Simon § 20 Rn. 9.
[15] Semler/Stengel/Leonard/Simon § 20 Rn. 10; Kallmeyer/Marsch-Barner/Oppenhoff § 20 Rn. 5; Schmitt/Hörtnagl/Winter § 20 Rn. 33; Reithmann NZG 2005, 873.

Rechte und Pflichten aus **Schuldverhältnissen** gehen auf den übernehmenden Rechtsträger über; dabei ist zu berücksichtigen, dass Angebote, welche dem übertragenden Rechtsträger unterbreitet worden waren, als gegenüber dem übernehmenden Rechtsträger abgegeben gelten,[16] sofern nicht gerade etwa die Rechtsform des übertragenden Rechtsträgers Geschäftsgrundlage für das jeweilige Angebot war.[17] Ein zwischen Schuldner und Gläubiger rechtsgeschäftlich vereinbartes Abtretungsverbot steht einem wirksamen Forderungsübergang auf den übernehmenden Rechtsträger im Wege der Gesamtrechtsnachfolge gemäß § 20 nicht entgegen.[18] Dies gilt auch für ein in einem Bauvertrag vereinbartes Abtretungsverbot nach § 399 Alt. 2 BGB.[19] § 20 verlangt für die Gesamtrechtsnachfolge bei bestehenden vertraglichen Schuldverhältnissen auch nicht eine Mitwirkung der anderen Vertragspartei.[20]

Gehen in der Folge der gesetzlichen Anordnung in § 20 Abs. 1 Nr. 1 **Dauerschuldverhältnisse** auf den übernehmenden Rechtsträger über, so ist neben der Möglichkeit, bei Vorliegen der tatbestandlichen Voraussetzungen Sicherheitsleistung nach § 22 zu beanspruchen, jedenfalls bei Unzumutbarkeit der Fortsetzung des Vertragsverhältnisses mit dem aufnehmenden Rechtsträger an die Möglichkeit einer Kündigung aus wichtigem Grund zu denken.[21] Die Verschmelzung „als solche" ist hinsichtlich der Kündigung von Dauerschuldverhältnissen nicht als „wichtiger Grund" iSd § 314 Abs. 1 BGB, welcher eine außerordentliche Kündigung rechtfertigen würde, zu betrachten. Das Vorliegen eines solchen „wichtigen Grundes" kann sich ungeachtet der Rechtswirkungen des Verschmelzungsvorgangs gemäß § 20 Abs. 1 aus anderen Gesichtspunkten heraus ergeben.[22] Denkbar ist ungeachtet der Gesamtrechtsnachfolge nach § 20 Abs. 1 Nr. 1 aber grundsätzlich auch ein Anpassungsanspruch oder ein Sonderkündigungsrecht aus einer entsprechenden Vertragsklausel heraus.[23]

Das vom übertragenden Rechtsträger wahrgenommene Amt des Verwalters einer Wohnungseigentümergemeinschaft soll nach § 20 Abs. 1 Nr. 1 auf den übernehmenden Rechtsträger übergehen.[24] Die Organstellung und der Verwaltervertrag gehen auch dann auf den übernehmenden Rechtsträger über, wenn es sich bei dem Verwalter um eine natürliche Person handelt, da ein diesem etwa entgegenstehendes „höchstpersönliches Gepräge" allein aus dem Umstand, dass eine natürliche Person dieses Amt wahrnimmt, nicht entnommen werden kann.[25] Hier kann man zu Recht die Frage stellen, ob ein solches von erhöhtem gegenseitigem Vertrauen der Parteien geprägtes Rechtsverhältnis ohne Möglichkeit der Mitwirkung des Vertragspartners kraft Gesetzes auf einen neuen Rechtsträger übergehen sollte. Der BGH fordert jedoch für eine Beendigung des Verwaltervertrages der WEG das Vorliegen eines wichtigen Grundes nach § 314 Abs. 1 S. 2 BGB, der nach Ansicht des BGH im Verschmelzungsvorgang allein nicht gesehen werden könne. Der BGH sieht die durch § 20 Abs. 1 Nr. 1 angeordnete Gesamtrechtsnachfolge als vorrangig an und lehnt auch eine entsprechende Anwendung des § 673 S. 1 BGB ab, da insoweit eine Regelungslücke nicht bestehe und es sich bei der Verwaltungstätigkeit jedenfalls dann nicht um eine höchstpersönliche Dienstleistung handele, wenn diese einer juristischen Person übertragen worden sei.

---

16 Schmitt/Hörtnagl/*Winter* § 20 Rn. 35.
17 Schmitt/Hörtnagl/*Winter* § 20 Rn. 35.
18 OLG Düsseldorf NZG 2015, 561 = ZIP 2015, 1289.
19 BGH NJW 2017, 71 ff. = ZIP 2016, 2015 ff.
20 OLG Hamburg 20.3.2019 – 13 U 6/18, BeckRS 2019, 29281 für den Fall der partiellen Gesamtrechtsnachfolge bei der Ausgliederung.
21 Semler/Stengel/Leonard/*Simon* § 20 Rn. 15.
22 OLG München NZG 2022, 1402 ff. bezüglich eines Unternehmensberatungsvertrages für ein Fitnessstudio.
23 OLG München NZG 2022, 1402 ff.
24 BGH NJW 2014, 1447 = ZIP 2014, 776; LG Landau ZMR 2013, 744 ff.
25 BGH NZG 2021, 1370 ff.

Die Argumentation des BGH vermag nicht vollumfänglich zu überzeugen. Hinsichtlich des grundsätzlichen Übergangs des Verwaltervertrages nach § 20 Abs. 1 Nr. 1 ist ihm aus dem Gesichtspunkt der Rechtssicherheit heraus zuzustimmen. Das Verwalterverhältnis ist jedoch auch dann, wenn eine juristische Person mit diesem Amt beauftragt worden ist, ein sehr stark vom gegenseitigen Vertrauen geprägtes Rechtsverhältnis, so dass im Ergebnis ein Sonderkündigungsrecht zugunsten der Wohnungseigentümergemeinschaft angenommen werden sollte.

11 **Schutzrechte** und **Lizenzen** (etwa nach PatG, GeschmacksmusterG oder MarkenG) gehen mit dem Zeitpunkt der Wirksamkeit der Verschmelzung auf den übernehmenden Rechtsträger über.[26]

12 **Ausgenommen** von der in § 20 Abs. 1 Nr. 1 angeordneten Gesamtrechtsnachfolge sind die **höchstpersönlichen Rechte**, die grundsätzlich nicht auf den übernehmenden Rechtsträger als Rechtsnachfolger des übertragenden Rechtsträgers übergehen sollen.[27]

13 Die Gesamtrechtsnachfolge bewirkt bei **Immobilienvermögenspositionen** des übertragenden Rechtsträgers, dass dessen diesbezügliche Rechtspositionen ohne weiteren Zwischenschritt auf den übernehmenden Rechtsträger übergehen.[28] Das Grundbuch wird dann auf entsprechenden Antrag des übernehmenden Rechtsträgers hin gemäß § 22 GBO berichtigt, wobei zum Nachweis der eingetretenen **Unrichtigkeit des Grundbuchs** ein den Umwandlungsvorgang dokumentierender Handelsregisterausdruck vorzulegen ist;[29] eine Zustimmungserklärung nach § 22 Abs. 2 GBO ist in diesem Fall entbehrlich. Wenn es sich bei dem übertragenden Rechtsträger um eine Personenhandelsgesellschaft des HGB handelt, können die Gläubiger unter Beachtung der jeweiligen Nachhaftungsbegrenzungsregelungen ihre Ansprüche auch gegenüber den Gesellschaftern des übertragenden Rechtsträgers geltend machen.[30] In Grundbuchverfahren werden auch bei einer Gesamtrechtsnachfolge gemäß § 20 eindeutige Erklärungen gefordert, die nur sehr eingeschränkt einer Umdeutung nach § 140 BGB zugänglich sind; dies betrifft insbesondere grundbuchrechtliche Anträge, die für einen durch Wirksamwerden eines Verschmelzungsvorgangs nach § 20 zwischenzeitlich erloschenen Rechtsträger abgegeben werden.[31]

14 Da sämtliche Verbindlichkeiten des übertragenden Rechtsträgers auf den übernehmenden Rechtsträger übergehen, bleiben auch die für diese eingerichteten „**Personal- und Realsicherheiten**" bestehen und sichern dann die gegenüber dem aufnehmenden Rechtsträger bestehenden Ansprüche,[32] wobei sich der Haftungsumfang dieser Sicherheiten dadurch nicht verändert.[33]

15 Die von § 20 Abs. 1 Nr. 1 angeordnete Gesamtrechtsnachfolge umfasst auch das im **Ausland belegene Vermögen**, wobei sich der Rechtsübergang bei Grundstücken und beweglichen Sachen nach dem Ortsrecht der jeweils belegenen Sache („rei sitae") richtet.[34]

---

26 Vgl. hierzu die Darstellung bei Schmitt/Hörtnagl/*Winter* § 20 Rn. 87.
27 Schmitt/Hörtnagl/*Winter* § 20 Rn. 84.
28 Schmitt/Hörtnagl/*Winter* § 20 Rn. 77 ff.
29 Schmitt/Hörtnagl/*Winter* § 20 Rn. 77.
30 Semler/Stengel/Leonard/*Simon* § 20 Rn. 15.
31 OLG Düsseldorf FGPrax 2021, 7 ff.; aA in ausdrücklicher Abgrenzung zur vorgenannten Entscheidung und bezüglich einer Auslegung insoweit großzügiger KG DNotZ 2022, 862 ff.
32 Kölner Komm UmwG/*Simon* § 20 Rn. 22.
33 Kölner Komm UmwG/*Simon* § 20 Rn. 22 f.
34 Semler/Stengel/Leonard/*Simon* § 20 Rn. 10.

Beteiligungen des übertragenden Rechtsträgers an anderen Kapitalgesellschaften gehen mit dem Wirksamwerden der Verschmelzung auf den übernehmenden Rechtsträger über. Dies gilt auch dann, wenn im Gesellschaftsvertrag derjenigen Gesellschaft, deren Geschäftsanteile im Rahmen des § 20 Abs. 1 Nr. 1 übergehen, Vinkulierungsklauseln enthalten sind.[35] Für die Praxis ist insoweit beim Übergang von Geschäftsanteilen an einer GmbH nicht unumstritten, inwieweit in der Beurkundung des Verschmelzungsvertrages der Muttergesellschaft eine die Pflicht zur Einreichung einer notariellen Gesellschafterliste gemäß § 40 Abs. 2 GmbHG auslösende „mittelbare Mitwirkung" des jeweiligen Notars bei den Veränderungen im Gesellschafterbestand der GmbH-Töchter gegeben ist. Die wohl herrschende Meinung will auch eine solche „mittelbare **Mitwirkung" des Notars** am Übergang von GmbH-Geschäftsanteilen zur Auslösung der Pflicht gemäß § 40 Abs. 2 GmbHG ausreichen lassen.[36] Nach anderer Ansicht soll diese nur „mittelbare" Mitwirkung zur Auslösung der Pflicht zur Einreichung einer notariell bescheinigten Gesellschafterliste gemäß § 40 Abs. 2 GmbHG nicht ausreichen, zumal der die Verschmelzung beurkundende Notar oftmals gar keine Kenntnis von den jeweiligen Unterbeteiligungen habe.[37] Letztere Ansicht ist zwar aus der Sicht der Praxis durchaus begrüßenswert, weil der einen Verschmelzungsvorgang beurkundende Notar in der Tat nicht zwingend Kenntnis von Beteiligungen des übertragenden Rechtsträgers erlangen muss, zumal dies aus der Bilanz selbst nicht ohne Weiteres ersichtlich ist. Konsequenterweise müsste man also dann, wenn man eine „mittelbare Mitwirkung" im Rahmen des § 40 Abs. 2 GmbHG ausreichen lassen will, bei Verschmelzungsvorgängen immer auch zugleich eine entsprechende notarielle Nachforschungspflicht etablieren. Dies erscheint einerseits zu weit reichend, andererseits ist den Befürwortern des Ausreichens einer mittelbaren Mitwirkung darin zuzustimmen, dass im Hinblick auf die Rechtsfolgen des § 20 Abs. 1 Nr. 1 die Gesamtrechtsnachfolge unmittelbare Folge der wirksamen Verschmelzung ist, es also für den Übergang von GmbH-Geschäftsanteilen insoweit keines weiteren Übertragungsaktes bedarf. Aus der Sicht der Praxis sollte daher vor dem Hintergrund des „sichersten Weges" stets bei der Beurkundung von Verschmelzungsvorgängen die Frage nach von dem übertragenden Rechtsträger gehaltenen Geschäftsanteilen gestellt und entweder eine sogenannte „Doppelliste", die dann von Notar und Geschäftsführung der Tochter-GmbH zusammen unterzeichnet wird, erstellt werden oder jedenfalls aus notarieller Sicht dafür Sorge getragen werden, dass zu den Registern der Tochtergesellschaften jeweils „Geschäftsführerlisten" nach § 40 Abs. 1 GmbHG unter Hinweis auf die gesetzlich in § 20 Abs. 1 angeordnete Gesamtrechtsnachfolge eingereicht werden.

Die Gesamtrechtsnachfolge gemäß Abs. 1 Nr. 1 bezieht sich auch auf den Besitz und alle **Besitzrechte**,[38] wobei der Besitz des übertragenden Rechtsträgers an Sachen analog § 857 BGB auf den aufnehmenden Rechtsträger übergeht, ohne dass dafür eine tatsächliche Besitzergreifung zu fordern wäre.[39]

---

35 Für die Spaltung zutreffend OLG Hamm NZG 2014, 783; vgl. *Heckschen* GmbHR 2017, 953 (959) mit praktischen Gestaltungsvorschlägen für den Ersatz von infolge § 20 Abs. 1 Nr. 1 wirkungslos gewordenen Abtretungsverboten.

36 OLG Hamm NZG 2010, 113; Saenger/Inhester/*Lücke/Simon* GmbHG § 40 Rn. 23.

37 Hierzu ausführlich Noack/Servatius/Haas/*Servatius* GmbHG § 40 Rn. 56.

38 Semler/Stengel/Leonard/*Simon* § 20 Rn. 8; Schmitt/Hörtnagl/Stratz/*Stratz* § 20 Rn. 83.

39 Schmitt/Hörtnagl/*Winter* § 20 Rn. 83.

18 Weitreichende Folgen kann die Umwandlung einer Gesellschaft während eines laufenden Zivilprozesses haben, an dem sie als Partei beteiligt ist. In den Fallgruppen der Verschmelzung und Aufspaltung erlischt jeweils der übertragende Rechtsträger, mit der Folge, dass ein laufender Zivilprozess gemäß § 239 Abs. 1 ZPO in analoger Anwendung unterbrochen ist, sofern nicht bei Vorhandensein einer anwaltlichen Vertretung § 246 Abs. 1 ZPO eingreift, und der Prozess durch den **Rechtsnachfolger** wieder aufgenommen werden muss.[40] Erfolgt im Rahmen eines umwandlungsrechtlichen Vorgangs lediglich eine teilweise Vermögensübertragung, wie dies etwa bei der Abspaltung und der Ausgliederung der Fall ist,[41] bleibt der übertragende Rechtsträger bestehen, so dass eine analoge Anwendung des § 239 ZPO ausscheidet[42] und daher eine Unterbrechung des Prozesses nicht eintritt. Die zivilprozessualen Auswirkungen sind in dieser Konstellation danach zu differenzieren, ob es sich um einen Aktivprozess oder einen Passivprozess des übertragenden Rechtsträgers handelt. Im **Passivprozess** der übertragenden Gesellschaft wird deren Parteistellung durch eine Abspaltung oder Ausgliederung nicht berührt.[43] Im **Aktivprozess** der übertragenden aber nicht erloschenen Gesellschaft kommt es hinsichtlich der zivilprozessualen Auswirkungen darauf an, ob die betroffene Klageforderung nach dem Inhalt des Spaltungs- und Ausgliederungsvertrages bei der klagenden Gesellschaft verbleibt oder ob diese auf den aufnehmenden oder neuen Rechtsträger übergegangen ist.[44]

19 Da sich die in Abs. 1 Nr. 1 angeordnete Gesamtrechtsnachfolge zunächst nur auf Vermögenspositionen des Privatrechts bezieht, sind die **öffentlich-rechtlichen Rechtsverhältnisse** des übertragenden Rechtsträgers nicht per se davon umfasst.[45] Es bedarf vielmehr einer Differenzierung nach der Art des jeweilig betroffenen öffentlich-rechtlichen Rechtsverhältnisses; insbesondere zwischen der Herleitung von Rechten aus öffentlich-rechtlichen Rechtsverhältnissen und öffentlich-rechtlichen Verpflichtungen ist zu unterscheiden.

Gewerberechtliche Ordnungsverfügungen sind – sofern betriebsbezogen – iSd § 20 Abs. 1 Nr. 2 S. 1 grundsätzlich rechtsnachfolgefähig und erstrecken sich damit auf den übernehmenden Rechtsträger.[46]

Im Bereich des Fahrzeugzulassungsrechts ist es nicht unumstritten, ob in einer vollzogenen Verschmelzung ein Halterwechsel iSd § 13 FZV gesehen werden kann; in jedem Fall kann die wirksam gewordene Verschmelzung insoweit zur Folge haben, dass die Halterangaben sowohl im „Fahrzeugschein" als auch im „Fahrzeugbrief" aktualisiert werden müssen.[47]

Im Bereich des Datenschutzrechts stellt sich bei Verschmelzungsvorgängen oftmals die Frage, ob der übernehmende Rechtsträger in den Genuss kundenbezogener Daten des übertragenden Rechtsträgers, die zu Werbezwecken nutzbar sind, kommen kann bzw. wie sich ein Verschmelzungsvorgang auf die Nutzbarkeit von zuvor durch den aufnehmenden Rechtsträger in Übereinstimmung mit den Vorschriften des Datenschutzrechts

---

[40] Stöber NZG 2006, 574 (575); zur analogen Anwendung des § 239 ZPO vgl. auch Schmitt/Hörtnagl/*Winter* § 20 Rn. 38.
[41] Vgl. §§ 123 Abs. 2 und § 123 Abs. 3.
[42] Stöber NZG 2006, 574 (575).
[43] Stöber NZG 2006, 575.
[44] Stöber NZG 2006, 574 (576).
[45] Semler/Stengel/Leonard/*Simon* § 20 Rn. 67; für einen grundsätzlichen Übergang öffentlich-rechtlicher Befugnisse, sofern diese nicht höchstpersönlicher Art sind, Schmitt/Hörtnagl/*Winter* § 20 Rn. 88 f.; Kallmeyer/Marsch-Barner/*Oppenhoff* § 20 Rn. 26.
[46] OVG Münster 10.03.22 – 4 A 1381/18, BeckRS 2022, 4019.
[47] Siehe hierzu Horn/*Olgemöller* NZG 2020, 1021 (1024).

gewonnenen kundenbezogenen Daten auswirkt. Praktische Relevanz hat dies vor allem bei der nur mit Einwilligung der jeweiligen Kunden zulässigen E-Mail-Werbung. Hat der übernehmende Rechtsträger vor einem Verschmelzungsvorgang in zulässiger Weise Kundendaten für E-Mail-Werbung gewonnen, treten insoweit mit dem Wirksamwerden des Vorgangs keine Veränderungen ein, da es sich um dasselbe Unternehmen und damit um denselben „Verantwortlichen" im Sinne des Art. 5 Abs. 2 DS-GVO (vorher § 28 Abs. 3 BDSG aF) und § 7 Abs. 3 UWG handelt.[48] Ist die Datenverarbeitung durch einen übertragenden Rechtsträger erfolgt, der durch das Wirksamwerden der Verschmelzung erlischt, stellt sich die Frage, ob in der Gesamtrechtsnachfolge gemäß § 20 Abs. 1 Nr. 1 eine „Verarbeitung" personenbezogener Daten durch Übermittlung gemäß Art. 4 Nr. 2 DS-GVO (vorher § 3 Abs. 4 S. 2 Nr. 3 BDSG aF) zu sehen ist.[49] Dies ist mit dem Argument, dass die Kundendaten als Teil des Vermögens des übertragenden Rechtsträgers „ohne Vollzugshandlung" übergehen, zu verneinen.[50] Da die jeweiligen Kunden aber nicht von der „zuständigen Stelle" bzw. dem „Verantwortlichen" über das Widerspruchsrecht gemäß § 7 Abs. 3 UWG, Art. 21 DS-GVO (vorher § 28 Abs. 4 BDSG aF) belehrt worden sind, ist dies nach Wirksamwerden der Verschmelzung von dem aufnehmenden Rechtsträger nachzuholen.[51]

Grundsätzlich sind von der Gesamtrechtsnachfolge gemäß § 20 Abs. 1 Nr. 1 auch gegen den Rechtsnachfolger festgesetzte Bußgelder umfasst. Ein Eintritt in die Verantwortlichkeit des Rechtsvorgängers soll allerdings zu verneinen sein, wenn etwa durch eine teilrechtsfähige Entscheidung lediglich feststeht, dass der Rechtsvorgänger nur für eine seiner Leitungsperson zurechenbaren Tat in bußgeldrechtlicher Hinsicht verantwortlich gewesen ist.[52]

Rechte aus öffentlich-rechtlichen Rechtsverhältnissen gehen grundsätzlich im Wege der angeordneten Gesamtrechtsnachfolge auf den übernehmenden Rechtsträger über, sofern sie nicht höchstpersönlicher Art sind (zB die an die Zuverlässigkeit des Betreibers anknüpfenden gewerberechtlichen Genehmigungen) oder es sich um rechtsformgebundene Genehmigungen handelt; insoweit wird eine bedingte, „einschränkende" Weitergeltung angenommen.[53] Der in einem **öffentlich-rechtlichen Vergabeverfahren** zugunsten des übernehmenden Rechtsträgers erteilte Zuschlag wirkt nach Eintritt der Wirksamkeit des Verschmelzungsvorgangs auch zugunsten des übernehmenden Rechtsträgers, es sei denn, dass der Verschmelzungsvorgang bereits vor der Vergabe Wirksamkeit erlangt hat.[54]

Steuerschulden gehen im Hinblick auf § 45 AO auf den übernehmenden Rechtsträger über.[55]

V. Das Schicksal von Unternehmensverträgen im Rahmen des Abs. 1

Ein für die Praxis relevantes, bei der Beratung oder Verfahrensbegleitung der an Verschmelzungsvorgängen beteiligten Gesellschaften jedoch oft etwas aus der Acht gelassenes Thema ist das Schicksal von **Unternehmensverträgen** in Zusammenhang mit den Rechtsfolgen der Verschmelzung. Für das aus einem abgeschlossenen Unterneh-

---

48 Herzu ausführlich *Bongers* BB 2015, 2950 ff.
49 Vgl. hierzu *Bongers* BB 2015, 2950 ff.
50 So zutreffend *Bongers* BB 2015, 2950 ff.
51 *Bongers* BB 2015, 2950 ff.
52 BGH 8.3.2021 – KRB 86/20, NZKart 2021, 343.
53 Kallmeyer/*Marsch-Barner*/*Oppenhoff* § 20 Rn. 26 f.; vgl. hierzu auch Schmitt/*Hörtnagl*/*Winter* § 20 Rn. 89 f
54 Semler/Stengel/Leonard/*Simon* § 20 Rn. 72.
55 Schmitt/*Hörtnagl*/*Winter* § 20 Rn. 92; Kallmeyer/*Marsch-Barner*/*Oppenhoff* § 20 Rn. 27.

mensvertrag berechtigte Unternehmen (= Obergesellschaft) stellt sich in den verschiedenen umwandlungsrechtlichen Fallkonstellationen die Frage nach einer Fortdauer bzw. einem Übergang des Vertrages im Rahmen der Gesamtrechtsnachfolge. Hinsichtlich der eintretenden Rechtswirkung ist strikt nach den einzelnen Fallkonstellationen zu differenzieren.

23 Bei der Verschmelzung ist zunächst der Fall vorstellbar, dass die Untergesellschaft auf die Obergesellschaft verschmilzt. In diesem Fall erlischt der Unternehmensvertrag durch Konfusion.[56]

Hinweis: Es ist in diesem Fall zugleich mit der Anmeldung der Verschmelzung zum Register des übertragenden Rechtsträgers die Beendigung des Unternehmensvertrages anzumelden, da diese Tatsache noch in das Handelsregister des übertragenden Rechtsträgers einzutragen ist. Das Registergericht wird diese Eintragung zugleich mit einer Bekanntmachung gemäß § 303 Abs. 1 S. 2 AktG verbinden. Es erfolgt dann ein doppelter Gläubigeraufruf gemäß § 22 UmwG und § 303 Abs. 1 S. 2 AktG, da der Rechtsgrund für die mögliche Beanspruchung von Sicherheitsleistung verschieden ist.

24 Bei der **Verschmelzung der Obergesellschaft auf die Untergesellschaft** erlischt der Unternehmensvertrag ebenfalls durch Konfusion.[57] Nicht davon berührt werden konzernrechtlich begründete Abfindungsansprüche außenstehender Aktionäre, die über Art. 14 GG geschützt sind.[58]

25 **Verschmilzt die Obergesellschaft auf einen dritten Rechtsträger**, so wird die Zielgesellschaft Vertragspartner des Unternehmensvertrages, mithin neue Obergesellschaft im Verhältnis zur Untergesellschaft.[59] Dabei stellt sich die Frage, ob dieser Vorgang, der sich aus der Sicht der Untergesellschaft als ein „Auswechseln des Vertragspartners" darstellt, einer Zustimmung durch deren Anteilseignerversammlung gemäß § 295 AktG (in direkter oder analoger Anwendung) bedarf. Dies ist entgegen einer Minderheitsmeinung[60] mit der hM[61] abzulehnen. Die gesetzlich angeordnete Gesamtrechtsnachfolge ist an keine Zustimmung Dritter gekoppelt. Nicht zu überzeugen vermag allerdings insoweit das Argument, es mache aus Sicht der Untergesellschaft keinen Unterschied, ob die Obergesellschaft übertragender oder aufnehmender Rechtsträger sei, da für eine Verlustübernahme „exakt dieselbe Vermögensmasse zur Verfügung stehe".[62] Denn es ist vorstellbar, dass etwa im Rahmen einer sanierenden Verschmelzung die nach Wirksamwerden der Verschmelzung als neue Obergesellschaft fungierende Gesellschaft über eine wesentlich schwächere Kapitalausstattung verfügt als die „alte" Obergesellschaft. Im Fall einer Verschmelzung der Obergesellschaft auf einen Dritten wird man der Untergesellschaft das Recht, den Unternehmensvertrag aus wichtigem Grund gemäß § 297 Abs. 1 AktG kündigen zu können, zubilligen müssen.[63] Dabei soll nach in der Literatur vertretener Auffassung eine über den bloßen Wechsel des Vertragspartners

---

56 Schmitt/Hörtnagl/*Winter* Rn. 56; Kallmeyer/Marsch-Barner/Oppenhoff, § 20 Rn. 18; Kölner Komm UmwG/*Simon* § 20 Rn. 24.
57 Semler/Stengel/Leonard/*Simon* § 20 Rn. 31; Kallmeyer/Marsch-Barner/Oppenhoff § 20 Rn. 18; Schmitt/Hörtnagl/*Winter* § 20 Rn. 56 mwN.
58 Schmitt/Hörtnagl/*Winter* § 20 Rn. 56 mwN.
59 *Müller* BB 2002, 157; Schmitt/Hörtnagl/*Winter* § 20 Rn. 58 mwN; Semler/Stengel/Leonard/*Simon* § 20 Rn. 30; OLG Köln ZIP 2010, 519 = NZG 2010, 225.
60 *Bayer* ZGR 1993, 599; LG Frankfurt a. M. DB 1999, 271.
61 Semler/Stengel/Leonard/*Simon* § 20 Rn. 30; vgl. Lutter/Grunewald § 20 Rn. 37; Kallmeyer/Marsch-Barner/Oppenhoff § 20 Rn. 20; LG Bonn GmbHR 1996, 774 (775); LG Mannheim ZIP 1990, 379 (381).
62 Semler/Stengel/Leonard/*Simon* § 20 Rn. 30.
63 Semler/Stengel/Leonard/*Simon* § 20 Rn. 30; Lutter/Grunewald § 20 Rn. 37; Kallmeyer/Marsch-Barner/Oppenhoff § 20 Rn. 19.

hinausgehende deutliche Verschlechterung der Lage des Vertragspartners erforderlich sein, um das außerordentliche Kündigungsrecht zu rechtfertigen.[64]

Verschmilzt ein dritter Rechtsträger auf die Obergesellschaft, so ist dies zunächst auf den Fortbestand des Unternehmensvertrages ohne Einfluss.[65] Man wird jedoch in dieser Konstellation der Untergesellschaft jedenfalls dann ein Recht zur Kündigung aus wichtigem Grund gemäß § 297 AktG zubilligen müssen, wenn sich die Vermögenslage der Obergesellschaft dadurch erheblich verschlechtert, dass etwa ein eine Unterbilanz ausweisender dritter Rechtsträger auf die Obergesellschaft verschmilzt.[66] Denn dann wird man zu Recht davon ausgehen können, dass die Obergesellschaft zumindest bezüglich der Verlustausgleichspflicht ihren vertraglichen bzw. gesetzlichen Verpflichtungen nicht nachkommen können wird. 26

Verschmilzt die Untergesellschaft wirksam auf einen dritten Rechtsträger, so erlischt sie durch Eintritt der gemäß § 20 Abs. 1 Nr. 1 angeordneten Rechtsfolgen. Ein bestehender Beherrschungs- und Gewinnabführungsvertrag geht jedoch nicht auf den übernehmenden Rechtsträger über, sondern wird durch die wirksame Verschmelzung beendet, da im anderen Fall der übernehmende Rechtsträger in die Position der Untergesellschaft hineingedrängt würde.[67] Zudem kann nicht davon ausgegangen werden, dass die Obergesellschaft ohne ihre Mitwirkung ihre Rolle bei einem dritten Rechtsträger wahrnehmen will, ohne zudem die Reichweite ihrer möglichen Verlustausgleichspflicht überblicken zu können. Anhängige Ausgleichs- und Abfindungsansprüche können ungeachtet einer Beendigung des Unternehmensvertrages von den Anspruchsberechtigten weiter verfolgt werden.[68] Unternehmensverträge, die eine Betriebspacht und -überlassung zum Gegenstand haben, bestehen nicht als Unternehmensvertrag iSd § 291 AktG, sondern als „einfache" schuldrechtliche Verträge nach den Vorschriften des bürgerlichen Rechts weiter,[69] wobei im Einzelfall ein Anspruch auf Vertragsanpassung oder Kündigung in Betracht gezogen werden kann.[70] Da einfache Pachtverträge, die nicht die Eigenschaft eines Unternehmensvertrages besitzen, nicht im Handelsregister eintragungsfähig und nach dem Übergang dann nur noch betriebsbezogen sind, wird der betreffende Unternehmensvertrag dann gelöscht.[71] Betriebsbezogene Teilgewinnabführungsverträge und Gewinngemeinschaften sollen hingegen bestehen bleiben,[72] da wegen des schuldrechtlichen Austauschcharakters eine Gesamtrechtsnachfolge durch Übergang auf den neuen Rechtsträger denkbar ist.[73] 27

Eine **Aufspaltung der Untergesellschaft** führt zum Erlöschen des übertragenden Rechtsträgers; dies hat stets die Beendigung eines Beherrschungs- und Gewinnabführungsvertrages zur Folge, wobei die Zuweisung der Rechte und Pflichten aus dem Unternehmensvertrag an einen der aufnehmenden Rechtsträger möglich ist.[74] Dies gilt 28

---

64 *Müller* BB 2002, 157; auf die Voraussetzungen des § 297 Abs. 1 AktG verweisend Schmitt/*Hörtnagl/Winter* § 20 Rn. 58; Kölner Komm UmwG/*Simon* § 20 Rn. 25, welcher darauf abstellt, ob das Vermögen des übernehmenden Rechtsträgers „negativ betroffen" sei.
65 Kallmeyer/*Marsch-Barner/Oppenhoff* § 20 Rn. 19; vgl. Lutter/*Grunewald* § 20 Rn. 37.
66 *Müller* BB 2002, 157 (158).
67 *Müller* BB 2002, 157 (159); Lutter/*Grunewald* § 20 Rn. 38 mwN; Kallmeyer/*Marsch-Barner/Oppenhoff* § 20 Rn. 21.
68 Kallmeyer/*Marsch-Barner/Oppenhoff* § 20 Rn. 21 mwN; vgl. hierzu auch Lutter/*Grunewald* § 20 Rn. 39.
69 Lutter/*Grunewald* § 20 Rn. 38; Kallmeyer/*Marsch-Barner/Oppenhoff* § 20 Rn. 22.
70 Semler/Stengel/*Leonard/Simon* § 20 Rn. 31.
71 Emmerich/Habersack/*Emmerich* AktG § 297 Rn. 40.
72 Lutter/*Grunewald*, § 20 Rn. 38.
73 Emmerich/Habersack/*Emmerich* AktG § 297 Rn. 40.
74 *Müller* BB 2002, 157 (161).

auch für die Aufspaltung zur Neugründung. Die Obergesellschaft soll in dieser Konstellation ein Kündigungsrecht unter den Voraussetzungen des § 297 Abs. 1 AktG haben.[75]

29 Liegt ein **Spaltungsvorgang bei der Obergesellschaft** vor, gehen die Rechte und Pflichten aus dem Unternehmensvertrag entsprechend den Regelungen im Spaltungsvertrag[76] auf den übernehmenden[77] bzw. den neuen Rechtsträger[78] über. Unter den Voraussetzungen des § 297 Abs. 1 AktG wird man der Untergesellschaft dabei ein Kündigungsrecht zubilligen müssen.[79]

30 Liegt bei der **Untergesellschaft eine Ausgliederung oder Abspaltung** vor, so bleibt ein Gewinnabführungs- und Beherrschungsvertrag mit der Obergesellschaft bestehen, da auch die Untergesellschaft als Rechtsträger existent bleibt; die Obergesellschaft, welche auf den Spaltungsvorgang bei der Untergesellschaft nicht immer direkten Einfluss haben wird, hat in diesem Fall ein Recht zur außerordentlichen Kündigung, sofern die Voraussetzungen gemäß § 297 Abs. 1 AktG vorliegen.[80]

VI. Arbeitsrechtliche Auswirkungen im Überblick

31 Für die Frage des **Übergangs von Dienst- und Arbeitsverhältnissen** ist eine Abgrenzung der von Abs. 1 Nr. 1 angeordneten Rechtsfolgen und den Wirkungen des § 613a BGB (iVm § 324 BGB) erforderlich; im Ergebnis sind demnach die mit den Arbeitnehmern bestehenden Arbeitsverträge von den mit den Organmitgliedern bestehenden Dienstverträgen abzugrenzen.

32 Hinsichtlich der Wirkung der von Abs. 1 Nr. 1 angeordneten **Gesamtrechtsnachfolge** auf „echte" Arbeitsverhältnisse kann auf die Kommentierung zu → § 5 Rn. 74 ff., 86 ff., 115 ff. verwiesen werden. Diese unterfallen dem Anwendungsbereich des § 613a BGB. Für den Eintritt der Rechtsfolgen gemäß § 613a BGB im Rahmen des § 20 Abs. 1 Nr. 1 ist eine Zustimmung der vorhandenen Arbeitnehmer zum Betriebsübergang nicht erforderlich.[81] Neben der insoweit vorrangigen Norm des § 613a BGB kommt hinsichtlich bestehender Arbeitsverhältnisse der Regelung in § 20 Abs. 1 Nr. 1 nur dann eigenständige Bedeutung zu, wenn der Tatbestand des § 613a BGB nicht eröffnet ist.[82] Dies ist etwa der Fall, wenn die Voraussetzungen für einen Betriebsübergang iSd § 613a BGB nicht vorliegen, weil zB die bei dem übertragenden Rechtsträger beschäftigten Arbeitnehmer zusammen mit Arbeitnehmern eines unbeteiligten dritten Rechtsträgers einen Betrieb in arbeitsrechtlicher Hinsicht gebildet haben und insoweit nicht dem übertragenden Rechtsträger zuzuordnen sind.[83] Ist bei einem Verschmelzungsvorgang der übertragende Rechtsträger an einen Haustarifvertrag gebunden und verschmilzt dieser Rechtsträger auf einen nicht tarifgebundenen Rechtsträger, so wird der aufnehmende Rechtsträger an die Regelungen des Haustarifvertrages gebunden, allerdings nur für die tarifgebundenen Arbeitnehmer des übertragenden Rechtsträgers.[84]

---

75 *Müller* BB 2002, 157 (161).
76 Dies gilt sowohl für die Untergruppe der Abspaltung als auch für die Untergruppe der Ausgliederung.
77 Bei der Spaltung zur Aufnahme.
78 Bei der Spaltung zur Neugründung.
79 Vgl. *Müller* BB 2002, 157 (161).
80 *Müller* BB 2002, 157 (160).
81 Kallmeyer/Marsch-Barner/*Oppenhoff* § 20 Rn. 11; vgl. auch MüKoBGB/*Müller-Glöge* § 613a Rn. 217; vgl. hierzu auch BAG NZA 2008, 815 ff.
82 Kölner Komm UmwG/*Simon* § 20 Rn. 8; vgl. dazu auch § 324; Semler/Stengel/Leonard/*Simon* § 20 Rn. 35.
83 Vgl. hierzu ausführlich Semler/Stengel/Leonard/*Simon* § 20 Rn. 37.
84 LAG BW 29.9.2014 – 9 Sa 19/14, GWR 2015, 86 (Kurzwiedergabe); ebenso zuletzt BAG NZA 2017, 326 ff. = ZIP 2017, 37 ff.

Verträge von **Organmitgliedern** des übertragenden Rechtsträgers gehen ungeachtet einer Beendigung der Organstellung nach § 1 Nr. 1 auf den übernehmenden Rechtsträger über,[85] da sie nicht dem Anwendungsbereich des § 613a BGB unterfallen. Insoweit ist zwischen dem im Verhältnis zum übertragenden Rechtsträger bestehenden Organschaftsverhältnis und dem jeweiligen Anstellungsvertrag der Organmitglieder zu differenzieren; während das Organschaftsverhältnis mit Wirksamwerden der Verschmelzung in jedem Fall endet, geht das Anstellungsverhältnis auf den übernehmenden Rechtsträger über.[86] Bestehende Vergütungsansprüche von Organen können von diesen gegenüber dem übernehmenden Rechtsträger geltend gemacht werden.[87] Seitens des übernehmenden Rechtsträgers stellt die Verschmelzung keinen wichtigen Grund dar, der zu einer außerordentlichen Kündigung des Anstellungsverhältnisses als Organmitglied berechtigen würde.[88] Für das jeweils durch den Verschmelzungsvorgang betroffene Organmitglied stellt die Verschmelzung allerdings einen Kündigungsgrund gemäß § 626 Abs. 1 BGB dar.[89] Zulässig ist es, wenn im Anstellungsvertrag die Vereinbarung getroffen wird, dass in dem Zeitpunkt des Wirksamwerdens einer Verschmelzung neben dem Wegfall der Organstellung auch die Beendigung des Anstellungsverhältnisses eintritt.[90] Dies gilt jedoch nicht für einen bei dem übertragenden Rechtsträger bestehenden Aufsichtsrat. Verfügt der übertragende Rechtsträger über einen Aufsichtsrat, so enden die Ämter der Aufsichtsratsmitglieder mit dem Wirksamwerden der Verschmelzung, wobei zugleich damit auch deren Vergütungsansprüche entfallen.[91]

VII. Erlöschen der übertragenden Rechtsträger (Abs. 1 Nr. 2)

Der übertragende Rechtsträger erlischt gemäß Abs. 1 Nr. 2 mit Wirksamkeit des Verschmelzungsvorgangs, also der **Handelsregistereintragung** bei dem aufnehmenden Rechtsträger, wobei infolge der Gesamtrechtsnachfolge eine Abwicklung[92] des oder der übertragenden Rechtsträger/s. nicht stattfindet.[93] Die Anteile an dem oder den übertragenden Rechtsträger/n gehen mit der Eintragung des Verschmelzungsvorgangs im Handelsregister des aufnehmenden Rechtsträgers unter, wobei allerdings der Verschmelzungsvertrag keine Verfügungsbeschränkungen auslöst; dies hat bei der Aktiengesellschaft als übertragendem Rechtsträger zur Folge, dass eine Veräußerung von Aktien weiterhin möglich bleibt und die jeweiligen Erwerber in dem Zeitpunkt des Wirksamkeitseintritts zu Anteilsinhabern der übernehmenden Gesellschaft werden.[94]

Die Organe des übertragenden Rechtsträgers erlöschen und verlieren ihre Zuständigkeit und Vertretungsbefugnisse.[95]

---

85 Semler/Stengel/Leonard/*Simon* § 20 Rn. 34; vgl. Kallmeyer/*Marsch-Barner/Oppenhoff* § 20 Rn. 13.
86 Kallmeyer/*Marsch-Barner/Oppenhoff* § 20 Rn. 13; Semler/Stengel/Leonard/*Simon* § 20 Rn. 34; Schmitt/Hörtnagl/*Winter* § 20 Rn. 8, 45.
87 Schmitt/Hörtnagl/*Winter* § 20 Rn. 45.
88 Kallmeyer/*Marsch-Barner/Oppenhoff* § 20 Rn. 14; Schmitt/Hörtnagl/Stratz/*Winter* § 20 Rn. 48; Kölner Komm UmwG/*Simon* § 20 Rn. 7.
89 BAG NZA 2008, 815; Kallmeyer/*Marsch-Barner/Oppenhoff* § 20 Rn. 14; differenzierend Schmitt/Hörtnagl/*Winter* § 20 Rn. 48; ebenfalls differenzierend Semler/Stengel/Leonard/*Simon* § 20 Rn. 58.
90 Kallmeyer/*Marsch-Barner/Oppenhoff* § 20 Rn. 15; Semler/Stengel/Leonard/*Simon* § 20 Rn. 56.
91 Kallmeyer/*Marsch-Barner/Oppenhoff* § 20 Rn. 16; Schmitt/Hörtnagl/*Winter* § 20 Rn. 49.
92 Der Zusatz „ohne Abwicklung" wird bei der Handelsregistereintragung von Verschmelzungsvorgängen regelmäßig zur Information des Rechtsverkehrs in den Eintragungstext aufgenommen.
93 Semler/Stengel/Leonard/*Simon* § 20 Rn. 73; Kallmeyer/*Marsch-Barner/Oppenhoff* § 20 Rn. 28.
94 Semler/Stengel/Leonard/*Simon* § 20 Rn. 73; vgl. BayObLG NZG 2003, 829 f.
95 Semler/Stengel/Leonard/*Simon* § 20 Rn. 73; Kallmeyer/*Marsch-Barner/Oppenhoff* § 20 Rn. 28.

VIII. Gewährung von Anteilen an Gesellschafter des/der übertragenden Rechtsträger

36 Mit dem Wirksamwerden der Verschmelzung durch konstitutive Handelsregistereintragung werden die **Anteilsinhaber** des übertragenden Rechtsträgers kraft der gesetzlichen Anordnung in Abs. 1 Nr. 3 S. 1 Hs. 1 Inhaber von Anteilen am übernehmenden Rechtsträger, ohne dass es einer gesonderten Anteilsübertragung bedarf.[96] Eine Ausnahme hierzu stellen die Fallgruppen des Abs. 1 Nr. 3 S. 1 Hs. 2 dar;[97] dies gilt auch für das Vorliegen wirksamer Verzichtserklärungen der Anteilsinhaber gemäß § 54 Abs. 1 S. 3.

37 Abs. 1 Nr. 3 S. 2 ordnet an, dass sich an den Anteilen am übertragenden Rechtsträger bestehende **Rechte Dritter** durch dingliche Surrogation an den neuen Anteilen der Anteilseigner des übertragenden Rechtsträgers fortsetzen.[98]

38 Die Anzahl sowie die Art und Weise der **Anteilsgewährung** richten sich nach den mit dem zwingenden Inhalt des gemäß § 5 abgeschlossenen Verschmelzungsvertrages. Der Anteilserwerb am übernehmenden Rechtsträger kann außerhalb der im Umwandlungsgesetz vorgesehenen Verzichtsmöglichkeiten nicht durch vertragliche Vereinbarungen ausgeschlossen werden.[99]

IX. Beurkundungs- und Verschmelzungsmängel

39 Mängel der notariellen Beurkundung sowohl des Verschmelzungsvertrages, als auch der Zustimmungsbeschlüsse werden mit der **Eintragung der Verschmelzung** in das Handelsregister gemäß Abs. 1 Nr. 4 der Vorschrift **geheilt**. Dies umfasst sogar den eher theoretischen Fall, dass die Verschmelzung in das Handelsregister eingetragen wird, ohne dass überhaupt ein beurkundeter Verschmelzungsvertrag vorliegt; der praktische Anwendungsbereich dieser sehr weit reichenden Heilungsvorschrift findet sich daher in der Praxis eher bei der Frage der Wirksamkeit von unter Verstoß gegen § 6 nicht beurkundeten Nebenabreden zum Verschmelzungsvertrag.[100] Es stellt sich insoweit die Frage, mit welchem Inhalt der an Beurkundungsmängeln leidende Verschmelzungsvertrag in diesem Fall Geltung erlangt. Es ist insoweit abzustellen auf den Vertragsinhalt, auf den sich die jeweiligen Zustimmungsbeschlüsse der Anteilseigner bezogen haben und nicht etwa auf den von den vertragsschließenden Parteien ausgehandelten Inhalt.[101] Dies erscheint auch deshalb überzeugend, weil sonst über den Eintritt der Heilungswirkung erreicht werden könnte, dass wesentliche und bedeutsame Elemente einer derartig einschneidenden Strukturmaßnahme wie die Verschmelzung sie darstellt, an der Versammlung der Anteilseigner als oberstem „Souverän" des Rechtsträgers vorbei Geltung erlangen könnten. Stellt das Registergericht vor der Handelsregistereintragung Mängel des Verschmelzungsbeschlusses fest, erfolgt eine Eintragung auch dann nicht, wenn die Klagefrist des § 14 Abs. 1 abgelaufen ist oder keine Klage gegen den Verschmelzungsbeschluss erhoben wurde. Die Gegenansicht[102] verkennt, dass das Registergericht zwar lediglich anfechtbare und nicht nichtige Beschlüsse in das Handelsregister eintragen darf, hierzu aber nicht verpflichtet sein kann. Erst recht kann dies nicht zielgerichtet im Hinblick auf die mit der Eintragung bewirkten Rechtsfolgen des § 20 Abs. 2 erfolgen.

---

96 Schmitt/Hörtnagl/*Winter* § 20 Rn. 96; Lutter/*Grunewald* § 20 Rn. 60.
97 Vgl. hierzu auch die Darstellung bei Semler/Stengel/Leonard/*Simon* § 20 Rn. 78; vgl. Lutter/*Grunewald* § 20 Rn. 60 ff.
98 Schmitt/Hörtnagl/*Winter* § 20 Rn. 98; Kölner Komm UmwG/*Simon* § 20 Rn. 40.
99 Kölner Komm UmwG/*Simon* § 20 Rn. 39; Lutter/*Grunewald* § 20 Rn. 60 ff.
100 Vgl. zur ergänzenden Vertragsauslegung bei Nebenabreden Schmitt/Hörtnagl/*Winter* § 20 Rn. 119; Kallmeyer/Marsch-Barner/*Oppenhoff* § 20 Rn. 32.
101 Kallmeyer/*Marsch-Barner/Oppenhoff* § 20 Rn. 32; Kölner Komm UmwG/*Simon* § 20 Rn. 42.
102 Habersack/Wicke/*Rieckers/Cloppenburg* § 20 Rn. 137.

Von der Heilungswirkung des Abs. 1 Nr. 4 **nicht** erfasst werden die **Beschlüsse über** **40** **eine Erhöhung des Grund- oder Stammkapitals** zum Zwecke der Verschmelzung. Für diese Beschlüsse gilt insoweit ausschließlich Abs. 2[103] bzw. tritt, sofern nicht die „peripheren" Beschlüsse in direkter oder analoger Anwendung der Vorschriften des Aktienrechts unterliegen, eine Heilung gemäß § 242 AktG (analog) ein.[104] Ebenso werden auch nicht die jeweiligen Zustimmungsbeschlüsse der Versammlung der Anteilseigner zum Verschmelzungsvertrag von Abs. 1 Nr. 4 erfasst; für diese gilt ausschließlich Abs. 2.[105] Der „Nichtbeurkundung" iSd Abs. 1 Nr. 4 gleich gestellt ist die unwirksame Beurkundung des Verschmelzungsvertrages im Ausland[106] sowie eine fehlerhafte oder unvollständige Beurkundung.[107]

Dieser weitgehende Anwendungsbereich der Heilung von Beurkundungsmängeln findet **41** seine Rechtfertigung darin, dass die im Rahmen der Rechtswirkungen des § 20 zwingend notwendige Rechtssicherheit für alle Beteiligten und den Rechtsverkehr nicht durch formelle Beurkundungsmängel beeinträchtigt werden soll, mithin die Rechtssicherheit Vorrang vor Beurkundungsmängeln haben soll.

X. Irreversibilität (Abs. 2) – Verbot der Entschmelzung

Abs. 2 der Vorschrift gewährt einen **„dauerhaften Bestand"**[108] einer einmal erfolgten **42** Eintragung. Sobald die Verschmelzung in das Handelsregister des aufnehmenden Rechtsträgers eingetragen ist, soll sie unabhängig von Mängeln des Verschmelzungsvertrages wirksam bleiben.[109] Dies gilt für alle Verschmelzungsvorgänge sowie durch die entsprechenden Verweise der Spezialvorschriften auf § 20 Abs. 2 oder inhaltsgleiche Regelungen wie § 202 Abs. 3 für den Formwechsel und 131 Abs. 2 für alle Spaltungsvorgänge[110] auch bei anderen umwandlungsrechtlichen Vorgängen.[111]

Für die Frage der Anwendbarkeit des Abs. 2 kommt es nicht darauf an, welcher Art **43** die im Umwandlungsverfahren vorgenommene, mit Fehlern behaftete Rechtshandlung ist und wie schwer der jeweilige Mangel ins Gewicht fällt.[112] Die durch Abs. 2 angeordnete Irreversibilität der in das Handelsregister eingetragenen Verschmelzung ist aber auch insoweit vor dem Hintergrund unbedenklich, dass ihre Wirkungen durch den Schadensersatzanspruch gemäß § 16 Abs. 3 kompensiert werden können.[113]

Die Regelung des Abs. 2 bringt keine Heilungswirkung dergestalt mit sich, dass diese **44** einer Beschlussmängelklage das Rechtsschutzbedürfnis nehmen würde,[114] da ein Feststellungsinteresse trotz der Möglichkeit zur Erhebung einer auf Schadensersatz gerichteten Leistungsklage bestehen bleibt.[115] Zwar kann eine Beschlussmängelklage die Bestandsfestigkeit des in das Handelsregister eingetragenen Umwandlungsvorgangs nicht

---

103 Kallmeyer/*Marsch-Barner/Oppenhoff* § 20 Rn. 32; Kölner Komm UmwG/*Simon* § 20 Rn. 43.
104 Kallmeyer/*Marsch-Barner/Oppenhoff* § 20 Rn. 32.
105 Ebenso Kallmeyer/*Marsch-Barner/Oppenhoff* § 20 Rn. 32.
106 Kölner Komm UmwG/*Simon* § 20 Rn. 42; Semler/Stengel/Leonard/*Simon* § 20 Rn. 82.
107 Semler/Stengel/Leonard/*Simon* § 20 Rn. 82; Kölner Komm UmwG/*Simon* § 20 Rn. 42.
108 *Kort* DStR 2004, 185 (186).
109 OLG Frankfurt a. M. NJW-RR 2003, 1122; ebenso OLG Frankfurt a. M. NZG 2003, 236 f.
110 Vgl. insoweit *Kort* DStR 2004, 185.
111 Vgl. hierzu Kölner Komm UmwG/*Simon* § 20 Rn. 44; Kallmeyer/*Marsch-Barner/Oppenhoff* § 20 Rn. 33 ff.
112 Schmitt/Hörtnagl/*Winter* § 20 Rn. 109; Lutter/*Grunewald* § 20 Rn. 80; BayObLG NZG 2000, 50 = DB 1999, 2504.
113 Vgl. hierzu Schmitt/Hörtnagl/*Winter* § 20 Rn. 114.
114 *Kort* DStR 2004, 185 (186); für den Formwechsel vgl. OLG München NJW Spezial 2010, 337 = GmbHR 2010, 531.
115 *Kort* DStR 2004, 185 (186).

45 Für die Praxis von Bedeutung ist das Verhältnis des § 20 Abs. 2 zur **Amtslöschung von Handelsregistereintragungen** nach den Vorschriften des FamFG. Dabei ist zu beachten, dass § 20 Abs. 2 die dingliche Bestandskraft der mit konstitutiver Handelsregistereintragung vollzogenen Verschmelzung anordnet.[118] § 20 Abs. 2 geht § 395 FamFG grundsätzlich vor, mit der Folge, dass nicht über die Anwendung des § 395 FamFG und eine Löschung der erfolgten Eintragung eine „Aushebelung" des § 20 Abs. 2 erreicht werden kann.[119] Vor dem Hintergrund, dass § 395 FamFG allerdings grundsätzlich einen anderen Bewertungsmaßstab an den Bestand einer erfolgten Handelsregistereintragung legt als § 20 Abs. 2 soll eine Löschung nach § 395 FamFG etwa dann in Betracht kommen können, wenn ein Verschmelzungsbeschluss völlig fehlt.[120] Überzeugend erscheint insgesamt zu sein, in Konstellationen, bei denen man wegen der unterschiedlichen Bewertungsmaßstäbe eine Sperrwirkung des § 20 Abs. 2 gegenüber dem Anwendungsbereich des § 395 FamFG ablehnen will, zumindest von einer Reduzierung des im Rahmen des § 395 FamFG zugunsten des Registergerichts bestehenden Ermessens auszugehen. Dies wird nur dann anders zu beurteilen sein, wenn es zum Zeitpunkt der konstitutiven Eintragung an einer Anmeldung oder an dem diese begleitenden Eintragungsantrag insgesamt fehlt, etwa dann, wenn dieser zulässig nach § 378 FamFG unter einer verfahrensimmanenten Bedingung gestellt worden und zum Zeitpunkt der Vornahme der Eintragung die Bedingung noch nicht eingetreten war, eine Eintragung also dann ohne Vorliegen eines entsprechenden Antrags erfolgte, etwa bei einer durch das Registergericht versehentlich beim falschen Rechtsträger vorgenommenen Eintragung eines Verschmelzungsvorgangs.

46 Die Rechtswirkungen des § 20 Abs. 2 treten auch dann ein, wenn eine **fehlerhafte Sachbehandlung** im Handelsregisterverfahren vorliegt. Dies kann etwa der Fall sein, wenn eine Handelsregistereintragung der Verschmelzung trotz rechtshängiger Anfechtungsklage erfolgt ist, ohne dass eine zur vorzeitigen Eintragung berechtigende Freigabeentscheidung nach § 16 Abs. 3 S. 2 vorlag.[121] Auch das Fehlen eines Verschmelzungsberichts oder sogar eine fehlende notwendige Verschmelzungsprüfung lassen die Rechtsfolgen des § 20 Abs. 2 unberührt.[122]

47 Ein **mangelhafter Kapitalerhöhungsbeschluss** bezüglich einer dem Verschmelzungsvorgang vorgeschalteten „Kapitalerhöhung zum Zweck der Verschmelzung" lässt im Anwendungsbereich des § 20 Abs. 2 die Wirkungen der Verschmelzung unberührt.[123] Dies ist vom Ergebnis her überzeugend, weil sonst durch eine wirksame Anfechtung etwa einer notwendigen Kapitalerhöhung zum Zwecke der Verschmelzung die Irreversibilität des Gesamtvorgangs in Frage gestellt werden könnte.

---

116 So für den Formwechsel OLG München NJW Spezial 2010, 337 = GmbHR 2010, 531.
117 OLG München NJW Spezial 2010, 337 = GmbHR 2010, 531.
118 OLG Frankfurt a. M. AG 2003, 641 = NJW-RR 2003, 1122.
119 OLG Frankfurt a. M. AG 2003, 641 = NJW-RR 2003, 1122; OLG Frankfurt a. M. NZG 2003, 236; OLG Hamburg NZG 2003, 981; *Kort* DStR 2004, 185 (187); *Kort* AG 2010, 30 ff.; Schmitt/Hörtnagl/*Winter* § 20 Rn. 112, 114; vgl. hierzu auch OLG München NJW Spezial 2010, 337 = GmbHR 2010, 531 für die Parallelsituation beim Formwechsel.
120 *Kort* DStR 2004, 185 (188).
121 OLG Hamburg DNotZ 2009, 227 (228 ff.); vgl. hierzu auch OLG Hamburg NZG 2003, 981 ff.
122 So zutreffend Lutter/*Grunewald* § 20 Rn. 85.
123 Schmitt/Hörtnagl/*Winter* § 20 Rn. 120; Lutter/*Grunewald* § 20 Rn. 86; vgl. Kallmeyer/*Marsch-Barner*/*Oppenhoff* § 20 Rn. 45.

Nach erfolgter Eintragung und dem Eintritt der Rechtswirkungen gemäß § 20 sind dann, wenn der dem Vorgang zugrunde liegende Verschmelzungsvertrag unwirksam war oder ein (teilweiser) Dissens vorlag, die Grundsätze ergänzender Vertragsauslegung heranzuziehen.[124]

Eine mögliche **Rückgängigmachung** eines einmal wirksam gewordenen Verschmelzungsvorgangs kann mittels einer „Entschmelzung" durch wirksamen Vollzug des jeweiligen „actus contrarius", also etwa einem Vorgehen gemäß §§ 123 ff. (Abspaltung) erfolgen.[125]

Ein Rückgängigmachen der Verschmelzung kann nicht als Schadensersatz in Form der Naturalrestitution geltend gemacht werden.[126] Auch ist eine teleologische Reduktion des Abs. 2 im Fall „schwerwiegender" Umwandlungsmängel abzulehnen,[127] da dies eine Rechtsunsicherheit erzeugen würde, die durch Abs. 2 gerade vermieden werden sollte.

§ 21 Wirkung auf gegenseitige Verträge

Treffen bei einer Verschmelzung aus gegenseitigen Verträgen, die zur Zeit der Verschmelzung von keiner Seite vollständig erfüllt sind, Abnahme-, Lieferungs- oder ähnliche Verpflichtungen zusammen, die miteinander unvereinbar sind oder die beide zu erfüllen eine schwere Unbilligkeit für den übernehmenden Rechtsträger bedeuten würde, so bestimmt sich der Umfang der Verpflichtungen nach Billigkeit unter Würdigung der vertraglichen Rechte aller Beteiligten.

Literatur:
Berner/Klett, Die Aufteilung von Vertragsverhältnissen – Ein Beitrag zu mehr Rechtssicherheit bei umwandlungsrechtlichen Spaltungen, NZG 2008, 601.

I. Normzweck

Die Vorschrift hat **Störungen der Geschäftsgrundlage** zum Gegenstand, die sich aus der Rechtsfolge des § 20 Abs. 1 (insbes. der Gesamtrechtsnachfolge) dann einstellen können, wenn der übernehmende Rechtsträger zuvor kollidierende Vertragsverpflichtungen eingegangen war.[1] Die Vorschrift soll auch insbesondere das Schicksal solcher Verträge regeln, die zum Zeitpunkt des Wirksamwerdens der Verschmelzung (mit Handelsregistereintragung bei dem übertragenden Rechtsträger) entweder überhaupt nicht oder nicht vollständig erfüllt wurden.[2] Erfasst werden sollen nicht Verträge zwischen den am Verschmelzungsvorgang beteiligten Rechtsträgern, da diese mit Wirksamkeit der Verschmelzung ohnehin – wenn man von der Ausnahme des § 25 Abs. 2 absieht – erlöschen.[3] Letztlich handelt es sich um die Ausgestaltung der Rechtsfolgen für einen Sonderfall der aus dem bürgerlichen Recht stammenden Rechtsfigur des „Wegfalls der Geschäftsgrundlage" gemäß § 313 BGB.

---

124 Kölner Komm UmwG/*Simon* § 20 Rn. 53; Lutter/*Grunewald* § 20 Rn. 90; Semler/Stengel/Leonard/*Simon* § 20 Rn. 99.
125 Zur Lösungsmöglichkeit insoweit vgl. etwa *Kort* DStR 2004, 185 (189).
126 Vgl. hierzu Kallmeyer/Marsch-Barner/Oppenhoff § 20 Rn. 1.
127 So zutreffend *Kort* DStR 2004, 185 (187).
1 Kölner Komm UmwG/*Dauner-Lieb* § 21 Rn. 1; vgl. hierzu auch Kallmeyer/Marsch-Barner/Oppenhoff § 21 Rn. 1 f.
2 Für den Bereich des kollektiven Arbeitsrechts hat das BAG die Geltung eines bei der übertragenden Gesellschaft bestehenden Haustarifvertrages als Rechtsfolge der Verschmelzung gemäß § 20 Abs. 1 Nr. 1 auch bei einer bisher „tariflosen" übernehmenden Gesellschaft angenommen (BAG GWR 2017, 128).
3 Kallmeyer/Marsch-Barner/Oppenhoff § 21 Rn. 2; Kölner Komm UmwG/*Dauner-Lieb* § 21 Rn. 4.

II. Vom Anwendungsbereich erfasste Vertragstypen

2 Von der Vorschrift erfasst werden nur die enumerativ aufgezählten Vertragstypen, also solche Verträge, welche die „körperliche Übertragung von Gegenständen" beinhalten,[4] wobei auf die Erbringung von reinen Dienstleistungen gerichtete Verträge grundsätzlich nicht dem Anwendungsbereich der Vorschrift unterfallen sollen.[5] Teilweise wird eine Erweiterung des Anwendungsbereichs der Vorschrift auf alle Arten von „Change of Control"-Klauseln,[6] sowie auf Gesellschaftsverhältnisse, die durch eine Verschmelzung bewirkt sein könnten, gefordert. Dies betrifft vor allem die Beteiligung der am Verschmelzungsvorgang beteiligten Rechtsträger an Personengesellschaften, bei denen jeweils ein Wettbewerbsverbot gilt.[7] Nicht von der Regelung erfasst sind jedoch lediglich einseitige Rechtsgeschäfte.[8]

3 Der relativ **eng umschriebene Anwendungsbereich** der Vorschrift ist offensichtlich deren Entstehungsgeschichte aus den Vorgängervorschriften der §§ 346 Abs. 3 S. 2 AktG aF, 25 Abs. 2 S. 2 heraus geschuldet.[9] Dies ist aus Sicht der Praxis nicht ganz befriedigend, zumal der Gesetzgeber mit der 2. und 3. Novelle des UmwG ein deutliches Signal zur Vereinfachung, Entformalisierung und Beschleunigung von Unternehmensumstrukturierungen nach dem UmwG gesetzt hat.

4 Weitere Voraussetzungen für das Eingreifen der Regelung sind die fehlende vollständige Erfüllung der Verträge und das Aufeinandertreffen von Verpflichtungen für die am Verschmelzungsvorgang beteiligten Rechtsträger, die entweder im Verhältnis zueinander unvereinbar sind oder deren vollständige beiderseitige Erfüllung eine unverhältnismäßig große und damit unbillige Belastung zulasten des übernehmenden Rechtsträgers darstellen würde.[10]

III. Unvereinbarkeit/schwere Unbilligkeit

5 Der Anwendungsbereich der Vorschrift setzt weiter voraus, dass die von den am Verschmelzungsvorgang beteiligten Gesellschaften übernommenen Verpflichtungen entweder „unvereinbar" (1. Fallgruppe) sind oder diese aus der Sicht des übernehmenden Rechtsträgers eine „schwere Unbilligkeit" (2. Fallgruppe) darstellen.

6 Vom Vorliegen einer „**Unvereinbarkeit**" ist auszugehen, wenn durch die Erfüllung einer der miteinander konkurrierenden Vertragspflichten gerade eine Erfüllung der anderen Vertragspflicht vereitelt würde.[11] Die Problematik der „Unvereinbarkeit" kann sich allerdings auch bei den in der Praxis durchaus verbreiteten, sogenannten „Change of Control"-Klauseln ergeben.[12]

---

4 Kölner Komm UmwG/*Dauner-Lieb* § 21 Rn. 6.
5 Kölner Komm UmwG/*Dauner-Lieb* § 21 Rn. 6; für eine weiter reichende Auslegung allerdings Widmann/Mayer/*Vossius* Rn. 6–9.
6 Widmann/Mayer/*Vossius* Rn. 21 ff.
7 So Semler/Stengel/Leonard/*Leonard* § 21 Rn. 3.
8 Widmann/Mayer/*Vossius* Rn. 8, der das Schenkungsversprechen, die Leihe, das unverzinsliche Darlehen und den unentgeltlichen Auftrag sowie die Bürgschaft (sofern es sich nicht um eine Bürgschaftsleistung gegen Entgelt handelt) nicht unter den Anwendungsbereich fallen lassen möchte.
9 Semler/Stengel/Leonard/*Leonard* § 21 Rn. 2.
10 Semler/Stengel/Leonard/*Leonard* § 21 Rn. 5; Kölner Komm UmwG/*Simon* § 21 Rn. 9; Kallmeyer/Marsch-Barner/*Oppenhoff* § 21 Rn. 5.
11 Schmitt/Hörtnagl/*Winter* § 21 Rn. 8; Kölner Komm UmwG/*Simon* § 21 Rn. 9.
12 Vgl. zu diesen Klauseln die ausführliche Darstellung bei Widmann/Mayer/*Vossius* § 21 Rn. 21 ff.

Der Umstand, dass ein sich für das jeweilige Unternehmen besonders schwerwiegend auswirkender wirtschaftlicher Nachteil vorliegt, soll bei der Beurteilung dieser Fragestellung außer Betracht bleiben.[13]

Die zweite Fallgruppe betrifft die Konstellation, dass für den übernehmenden Rechtsträger die Erfüllung des Vertrages eine **„schwere Unbilligkeit"** darstellen würde. Hinsichtlich dieser Voraussetzung ist ein objektiver Maßstab anzulegen.[14]

Die Ausfüllung des Begriffs „Unbilligkeit" ist im Einzelnen umstritten. Dies betrifft zB die Frage, ob der Anwendungsbereich auch auf den „Konzernverbund" des übernehmenden Rechtsträgers ausgedehnt werden muss. Dies wird entgegen einer für eine großzügigere Auslegung plädierenden Ansicht[15] von der hM abgelehnt.[16] Weiterhin ist in diesem Zusammenhang auch die Frage umstritten, ob eine „schwere Unbilligkeit" auch dann angenommen werden kann, wenn die bestehenden, kollidierenden Pflichten beider Vertragspartner zwar in rechtlicher Hinsicht ohne Pflichtverletzung erfüllt werden könnten, hierdurch jedoch die wirtschaftliche Situation der übernehmenden Gesellschaft in erheblicher Weise beeinträchtigt werden würde.[17] Der Auffassung, welche hier von einem engeren Anwendungsbereich der Norm ausgehen will,[18] ist diesbezüglich der Vorzug zu geben. Bei der Definition der „schweren Unbilligkeit" kann man insoweit zu Recht auf die vergleichbare Wertung des § 319 Abs. 1 BGB abstellen, wenn der Begriff der „offenbaren Unbilligkeit" gemäß § 319 BGB hinsichtlich seiner Definition und der tatbestandlichen Voraussetzungen dem Begriff der „schweren Unbilligkeit" gleichgestellt wird.

IV. Rechtsfolgen

Gesetzlich vorgesehene Rechtsfolge ist, dass sich der Umfang der jeweiligen Verpflichtungen nach Billigkeitsgesichtspunkten bestimmt, wobei die Interessen der Beteiligten hinreichend zu würdigen sind. Eine denkbare Variante der Konfliktlösung ist dabei eine aufeinander zuführende **Anpassung der kollidierenden Verträge** dergestalt, dass die sonst bestehende Unvereinbarkeit oder schwere Unbilligkeit entfällt.[19] Die andere gangbare Variante besteht in der erfolgenden Anpassung lediglich eines der kollidierenden Verträge bzw. dessen Wegfall.[20]

Als Mittel der Vertragsanpassung kommen ein Vorgehen vergleichbar dem Wegfall der Geschäftsgrundlage[21] (vgl. § 313 BGB) oder die Einräumung eines Kündigungsrechts aus wichtigem Grund in Betracht.[22] Im Rahmen der Interessenabwägung nach insoweit zutreffender Sicht[23] auch ins Gewicht fallen, dass der aufnehmende Rechtsträger über den Umwandlungsvorgang die Interessenkollision herbeigeführt hat, womit dessen Interessen weniger stark ins Gewicht fallen dürfen.[24] Die Anpassung erfolgt gemäß § 315

---

13 So zutreffend Semler/Stengel/Leonard/*Leonard* § 21 Rn. 6.
14 Semler/Stengel/Leonard/*Leonard* § 21 Rn. 6; Schmitt/Hörtnagl/*Winter* § 21 Rn. 9.
15 Kallmeyer/*Marsch-Barner/Oppenhoff* § 21 Rn. 2.
16 Kölner Komm UmwG/*Simon* § 21 Rn. 10; Lutter/*Grunewald* § 21 Rn. 6; ablehnend wohl auch Semler/Stengel/Leonard/*Leonard* § 21 Rn. 8.
17 Bejahend Schmitt/Hörtnagl/*Winter* § 21 Rn. 9.
18 Lutter/*Grunewald* § 21 Rn. 5 f.; vgl. Kallmeyer/*Marsch-Barner/Oppenhoff* § 21 Rn. 5.
19 Schmitt/Hörtnagl/*Winter* § 21 Rn. 10.
20 Schmitt/Hörtnagl/*Winter* § 21 Rn. 10; vgl. Kallmeyer/*Marsch-Barner/Oppenhoff* § 21 Rn. 6 ff.
21 Zur Definition der Geschäftsgrundlage vgl. BGH NJW 1993, 1856 (1859).
22 Kallmeyer/*Marsch-Barner/Oppenhoff* § 21 Rn. 6 pauschal auf die Regeln zu § 313 BGB verweisend; Lutter/*Grunewald* Rn. 10.
23 Lutter/*Grunewald* § 21 Rn. 9; vgl. Kölner Komm UmwG/*Simon* § 21 Rn. 11.
24 Lutter/*Grunewald* § 21 Rn. 9; Kölner Komm UmwG/*Simon* § 21 Rn. 11.

Abs. 2 und 3 BGB in analoger Anwendung, bei nachfolgendem streitigen Verfahren durch Urteil des Prozessgerichts.[25]

12 Für den Gläubiger, der durch den Verschmelzungsvorgang einen neuen Vertragspartner bekommt, kann die Situation eintreten, dass der Anspruch auf Sicherheitsleistung gemäß § 22 nicht ausreicht, um den Gläubigerinteressen hinreichend Rechnung zu tragen. Hier kann es sachgerecht sein, dem Gläubiger im Einzelfall ein Sonderkündigungsrecht bzw. ein Recht auf Vertragsanpassung zuzubilligen.[26]

13 Die Vorschrift des § 21 ist nicht insoweit eine abschließende Regelung, als dass nicht die allgemeinen Vorschriften gemäß §§ 275, 313 BGB grundsätzlich Anwendung finden können. Die allgemeinen Vorschriften gelten neben § 21, sofern ihre jeweiligen Voraussetzungen vorliegen.[27]

§ 22 Gläubigerschutz

(1) ¹Den Gläubigern der an der Verschmelzung beteiligten Rechtsträger ist, wenn sie binnen sechs Monaten nach dem Tag, an dem die Eintragung der Verschmelzung in das Register des Sitzes desjenigen Rechtsträgers, dessen Gläubiger sie sind, nach § 19 Abs. 3 bekannt gemacht worden ist, ihren Anspruch nach Grund und Höhe schriftlich anmelden, Sicherheit zu leisten, soweit sie nicht Befriedigung verlangen können. ²Dieses Recht steht den Gläubigern jedoch nur zu, wenn sie glaubhaft machen, daß durch die Verschmelzung die Erfüllung ihrer Forderung gefährdet wird. ³Die Gläubiger sind in einer Bekanntmachung zu der jeweiligen Eintragung auf dieses Recht hinzuweisen.

(2) Das Recht, Sicherheitsleistung zu verlangen, steht Gläubigern nicht zu, die im Falle der Insolvenz ein Recht auf vorzugsweise Befriedigung aus einer Deckungsmasse haben, die nach gesetzlicher Vorschrift zu ihrem Schutz errichtet und staatlich überwacht ist.

I. Normzweck 1	VII. Anspruchsgegener 18
II. Geschützter Gläubigerkreis 2	VIII. Höhe und Art der Sicherheitsleistung 19
III. Gläubigergefährdung 8	IX. Prozessuale Fragen 21
IV. Glaubhaftmachung 10	X. Ausschluss des Anspruchs 22
V. Fehlende Fälligkeit 11	XI. Registerverfahren 24
VI. Frist 12	

I. Normzweck

1 Die Vorschrift verfolgt den Zweck, Gläubiger der an einem Verschmelzungsvorgang beteiligten Rechtsträger vor einer Gefährdung ihrer gegenüber den jeweiligen Rechtsträgern bestehenden Ansprüche zu schützen.[1] Die Norm beansprucht Geltung für sämtliche Verschmelzungsvorgänge bis auf die in §§ 305 ff. im neuen sechsten Buch des UmwG spezialgesetzlich geregelten Bekanntmachungen bei grenzüberschreitenden

---

25 Vgl. Schmitt/Hörtnagl/*Winter* § 21 Rn. 10.
26 Semler/Stengel/Leonard/*Leonard* § 21 Rn. 10 f.; weitere Beispiele bei Lutter/*Grunewald* § 21 Rn. 8, wo aber zu bedenken gegeben wird, dass die Verschmelzung in den Risikobereich des übernehmenden Rechtsträgers falle.
27 Vgl. hierzu Kölner Komm UmwG/*Simon* § 21 Rn. 12, 13 und Kallmeyer/Marsch-Barner/*Oppenhoff* § 21 Rn. 8.

1 Semler/Stengel/Leonard/*Seulen* § 22 Rn. 1; vgl. Schmitt/Hörtnagl/*Winter* § 22 Rn. 1.

Verschmelzungen.² Infolge der in den §§ 125, 176, 204 enthaltenen Verweisungen gilt die Vorschrift auch bei allen Spaltungs- und Formwechselvorgängen sowie für den Fall der Vermögensübertragung.³ Auch wenn es in der Praxis bei nach den Vorschriften des UmwG durchgeführten Unternehmensumstrukturierungen eher selten vorkommen mag, dass Gläubiger gegenüber einem Rechtsträger den Anspruch aus § 22 geltend machen,⁴ stellt die Vorschrift aus dem Gesichtspunkt des effektiven Gläubigerschutzes heraus ein effektives und unverzichtbares zentrales Element des UmwG dar. Zutreffend erscheint es indessen, hinsichtlich der Definition des Anwendungsbereichs des § 22 eine gewisse Zurückhaltung zu fordern, damit nicht Umwandlungsvorgänge durch eine „Überstrapazierung" des Gläubigerschutzes grundsätzlich behindert werden.⁵ Andererseits ermöglicht § 22 gerade Verschmelzungen unter Beteiligung überschuldeter Rechtsträger, etwa zu Sanierungszwecken, da diesen sonst die Interessen des Gläubigerschutzes von vornherein entgegenstehen würden.⁶ Bei der Definition des Anwendungsbereichs des § 22 bzw. der Auslegung dieser Vorschrift sollte daher eine interessengerechte Abwägung des Gläubigerinteresses auf der einen Seite und des Gesellschaftsinteresses auf der anderen Seite nicht aus den Augen verloren werden. § 22 gilt grundsätzlich auch bei der Verschmelzung einer GmbH mit dem Vermögen ihres Alleingesellschafters, weil auch hier ein Schutzbedürfnis für die Gläubiger der im Rahmen des Verschmelzungsvorgangs untergehenden Kapitalgesellschaft besteht,⁷ ungeachtet der nach § 20 eintretenden persönlichen Haftung des Alleingesellschafters im Wege der Gesamtrechtsnachfolge.

II. Geschützter Gläubigerkreis

Zum durch § 22 geschützten Gläubigerkreis gehört grundsätzlich jeder, der gegenüber dem jeweiligen Rechtsträger einen schuldrechtlichen Anspruch hat.⁸

Die Gläubiger des übertragenden Rechtsträgers gehören deshalb zum geschützten Personenkreis, weil sie ihren **bisherigen Schuldner verlieren**.⁹ Wegen der Rechtswirkungen des § 20 Abs. 1 S. 2 im Rahmen der Gesamtrechtsnachfolge bekommen sie als Schuldner zwar den übernehmenden Rechtsträger als Haftungssubjekt, haben auf dessen Auswahl und damit auch auf dessen „Bonität" aber keinerlei Einfluss.¹⁰

Der Gläubigerkreis des übernehmenden Rechtsträgers kann in seinen Ansprüchen beeinträchtigt sein, weil die Gläubiger des übertragenden Rechtsträgers infolge der Rechtswirkung gemäß § 20 Abs. 1 Nr. 2 hinzukommen¹¹ und dadurch die Haftungsmasse des übernehmenden Rechtsträgers geschmälert werden kann. Dies kann in den Fällen, in denen der übertragende Rechtsträger überschuldet ist, sogar dazu führen, dass bei dem übernehmenden Rechtsträger in dem Zeitpunkt des Wirksamwerdens der Verschmelzung Insolvenzreife eintritt.

---

2 S. hierzu die Darstellung bei Semler/Stengel/Leonard/*Seulen* § 22 Rn. 2.
3 Bei Semler/Stengel/Leonard/*Seulen* § 22 Rn. 2.
4 Kölner Komm UmwG/*Simon* § 22 Rn. 7; da es sich nicht um eine etwa seitens des Registergerichts festzusetzende Sicherheitsleistung handelt, bekommt dieses auch nicht zwangsläufig Kenntnis davon, ob eine Sicherheitsleistung von Gläubigerseite verlangt wurde oder ob dies nicht der Fall ist.
5 So im Ergebnis zutreffend Semler/Stengel/Leonard/*Seulen* § 22 Rn. 5.
6 So OLG Stuttgart NZG 2006, 159 (160).
7 OLG Hamm NZG 2021, 238.
8 Kallmeyer/*Marsch-Barner/Oppenhoff* § 22 Rn. 2; Lutter/*Grunewald* § 22 Rn. 4 ff.
9 Kallmeyer/*Marsch-Barner/Oppenhoff* § 22 Rn. 1.
10 Kölner Komm UmwG/*Simon* § 22 Rn. 9; Schmitt/Hörtnagl/*Winter* § 22 Rn. 4.
11 Kallmeyer/*Marsch-Barner/Oppenhoff* § 22 Rn. 1; Schmitt/Hörtnagl/*Winter* § 22 Rn. 1 ff., der darauf abstellt, dass im Gegensatz zur früheren Rechtslage das UmwG eine Trennung der Vermögensmassen nicht vorsieht.

5 Von § 22 umfasst ist grundsätzlich jeder schuldrechtliche Anspruch, egal, ob er auf vertraglicher oder auf gesetzlicher Grundlage beruht.[12] Dingliche Ansprüche fallen nicht unter den Anwendungsbereich des § 22.[13] Dies ist nicht unumstritten,[14] jedoch nach zutreffender Ansicht von wenig praktischer Relevanz, da dingliche Herausgabeansprüche regelmäßig entweder sofort fällig oder durch das dingliche Recht selbst gesichert sind.[15]

6 § 22 gilt grundsätzlich nicht für aus dem Gesellschaftsverhältnis selbst hergeleitete Rechte.[16] Eine Sonderproblematik stellen insoweit **Gewinnansprüche** der Gesellschafter dar. Diese sollen grundsätzlich nicht unter § 22 fallen,[17] es sei denn, diese sind zum Gläubigerrecht geworden, etwa bei beschlossenen, aber noch nicht ausgezahlten Dividenden.[18]

7 Der geltend zu machende **Anspruch** muss zeitlich vor dem Wirksamwerden der Verschmelzung begründet worden sein.[19] Unter den Schutz des § 22 fallen nach bisherigem Verständnis uneingeschränkt solche Gläubiger, deren betroffene Forderungen zeitlich nach der Eintragung des Verschmelzungsvorgangs in das Handelsregister, jedoch vor der entsprechenden Bekanntmachung begründet worden sind.[20] Die Zeitpunkte der Eintragung und der Bekanntmachung fallen jedoch nach § 10 Abs. 1 HGB iVm § 9 HGB zusammen, da insoweit auf den Zeitpunkt der elektronischen Abrufbarkeit im elektronischen Informations- und Kommunikationssystem abgestellt wird. Die insoweit strengere Auffassung,[21] welche allein auf den Eintragungszeitpunkt mit der Begründung abstellt, wegen der zu diesem Zeitpunkt eingetretenen „Vereinigung der Vermögensmassen" der am Verschmelzungsvorgang beteiligten Rechtsträger ergebe sich für danach begründete Forderungen keine Erhöhung des Gefährdungspotentials mehr,[22] vermag hierbei nicht recht zu überzeugen, weil die Bekanntmachung im Rahmen eines Handelsregisterverfahrens erfolgt und insoweit keine andere Beurteilung als bei vergleichbaren anderen, zum Schutz betroffener Kreise des Rechtsverkehrs erfolgenden Bekanntmachungen im Geltungsbereich des § 15 HGB gerechtfertigt erscheint. Für binnen zwei Wochen nach Durchführung der Bekanntmachung (gemäß § 10 Abs. 1 HGB iVm § 9 HGB über die elektronische Abrufbarkeit) begründete Schuldverhältnisse gilt zugunsten der jeweils betroffenen Gläubiger die Frist des § 15 Abs. 2 S. 2 HGB.[23]

III. Gläubigergefährdung

8 Der Schutz der Vorschrift umfasst nur solche Ansprüche von Gläubigern der beteiligten Rechtsträger, die durch den Verschmelzungsvorgang gefährdet werden können.[24] Eine **konkrete Gefährdung** der jeweiligen Gläubigerforderung auf der Grundlage der durch konstitutive Handelsregistereintragung wirksam gewordenen Strukturmaßnahme

---

12 Kallmeyer/*Marsch-Barner*/*Oppenhoff* § 22 Rn. 2; Kölner Komm UmwG/*Simon* § 22 Rn. 9; Semler/Stengel/Leonard/*Seulen* § 22 Rn. 15 ff. mit einer umfassenden Übersicht über die einzelnen Anspruchsarten.
13 Kallmeyer/*Marsch-Barner*/*Oppenhoff* § 22 Rn. 2; Schmitt/Hörtnagl/*Winter* § 22 Rn. 5.
14 Teilweise bejahend Lutter/*Grunewald* § 22 Rn. 29.
15 Semler/Stengel/Leonard/*Seulen* § 22 Rn. 7.
16 Semler/Stengel/Leonard/*Seulen* § 22 Rn. 6; Schmitt/Hörtnagl/*Winter* § 22 Rn. 4; Kallmeyer/*Marsch-Barner*/*Oppenhoff* § 22 Rn. 2; Kölner Komm UmwG/*Simon* § 22 Rn. 10.
17 Kölner Komm UmwG/*Simon* § 22 Rn. 10; Luther/*Grunewald* § 22 Rn. 5.
18 Kölner Komm UmwG/*Simon* § 22 Rn. 10; s. hierzu ausführlich Semler/Stengel/Leonard/*Seulen* § 22 Rn. 6.
19 Semler/Stengel/Leonard/*Seulen* § 22 Rn. 12.
20 Semler/Stengel/Leonard/*Seulen* § 22 Rn. 12.
21 Schmitt/Hörtnagl/*Winter* § 22 Rn. 6; Lutter/*Grunewald* § 22 Rn. 7.
22 Schmitt/Hörtnagl/*Winter* § 22 Rn. 6.
23 Semler/Stengel/Leonard/*Seulen* § 22 Rn. 13; Kallmeyer/*Marsch-Barner*/*Oppenhoff* § 22 Rn. 3.
24 Semler/Stengel/Leonard/*Seulen* § 22 Rn. 20; Lutter/*Grunewald* § 22 Rn. 12 f.; Schmitt/Hörtnagl/*Winter* § 22 Rn. 2, 13.

ist Voraussetzung für den Anspruch auf Sicherheitsleistung.[25] Entscheidend ist insoweit, dass eine konkrete Gefährdung des jeweilig Sicherheitsleistung begehrenden Gläubigers vorliegen muss, da eine rein abstrakte Gefährdung nicht ausreichen kann.[26] Faktische Gründe für das Vorliegen einer solchen Gefährdung können sich etwa daraus ergeben, dass ein insolventer Rechtsträger mit einem solventen Rechtsträger verschmolzen wird,[27] also in den Fallgruppen der sogenannten „sanierenden Verschmelzung", welche im Rahmen der 2. Novelle zum UmwG durch die Möglichkeit, auf eine Kapitalerhöhung beim aufnehmenden Rechtsträger zu verzichten,[28] erleichtert wurde. Für die Frage, ob eine konkrete Gefährdung vorliegt, können dabei Kriterien wie etwa die Liquiditätssituation vor dem Hintergrund fälliger Verbindlichkeiten sowie die Veränderung der Eigenkapitalquote herangezogen werden.[29] Zu beachten ist hierbei allerdings, dass das Gesetz kein „Garantiekapital" in Form der Summe der beiden Nennkapitalia vorsieht.[30] Die „konkrete Gefährdung" muss sich dabei unmittelbar aus der Verschmelzung[31] und nicht lediglich mittelbar aus der Rechtswirkung umwandlungsrechtlicher Vorschriften heraus ergeben.[32] So sollen zB Pensionsansprüche eines ehemaligen Konzernvorstandsmitglieds nicht unter den Anwendungsbereich des § 22 fallen.[33]

In der Praxis ist es ein sehr selten zu beobachtendes Phänomen, dass seitens der Gesellschaftsgläubiger gegenüber einer an einem Vorgang nach dem UmwG beteiligten Gesellschaft Ansprüche im Rahmen des § 22 geltend gemacht werden.[34] Dies auch vor dem Hintergrund, dass viele Umstrukturierungen von Unternehmen zukunftsgerichtet sind und damit bonitätserhöhend wirken.[35]

IV. Glaubhaftmachung

Es ist im Rahmen der Einforderung von Sicherheitsleistung erforderlich, das Bestehen einer Anspruchsgefährdung glaubhaft zu machen. Dazu ist es notwendig aber auch ausreichend, dass die Tatsachengrundlage für die von den Anspruchstellern geltend gemachte Gefährdung „überwiegend wahrscheinlich" ist.[36] Es gilt insoweit § 294 ZPO, während für die Begründung des zu sichernden Anspruchs selbst der Vollbeweis verlangt wird.[37]

V. Fehlende Fälligkeit

Voraussetzung für einen **Anspruch auf Sicherheitsleistung** ist ua die fehlende Fälligkeit des gefährdeten Anspruchs, was sich aus der im Gesetzestext verwendeten Formulierung „... soweit sie nicht Befriedigung verlangen können ..." ableiten lässt.[38] Ist der zu sichernde Anspruch fällig, kann er seitens des Gläubigers sofort durchgesetzt

---

25 Kölner Komm UmwG/*Simon* § 22 Rn. 27.
26 Kölner Komm UmwG/*Simon* § 22 Rn. 25; vgl.; Schmitt/Hörtnagl/*Winter* § 22 Rn. 13.
27 Semler/Stengel/Leonard/*Seulen* § 22 Rn. 21.
28 Vgl. § 54 Abs. 1 S. 3 UmwG; zur grundsätzlichen Zulässigkeit einer sogenannten „Abwicklungsverschmelzung" vgl. auch AG Erfurt GmbHR 1996, 373; LG Leipzig DB 2006, 885.
29 S. dazu die Beispiele bei Semler/Stengel/Leonard/*Seulen* § 22 Rn. 21.
30 Semler/Stengel/Leonard/*Seulen* § 22 Rn. 24.
31 Bzw. einer anderen Maßnahme nach dem UmwG, sofern auf § 22 verwiesen wird.
32 LG Köln Der Konzern 2004, 806 ff.
33 LG Köln Der Konzern 2004, 806 ff.
34 So auch Kölner Komm UmwG/*Simon* § 22 Rn. 7.
35 Zutreffend und den Erfahrungen der Praxis insoweit voll entsprechend etwa Kölner Komm UmwG/*Simon* § 22 Rn. 7.
36 Semler/Stengel/Leonard/*Seulen* § 22 Rn. 35; vgl. Schmitt/Hörtnagl/*Winter* § 22 Rn. 2, 13.
37 Kölner Komm UmwG/*Simon* § 22 Rn. 48; Lutter/*Grunewald* § 22 Rn. 15.
38 Vgl. hierzu Semler/Stengel/Leonard/*Seulen* § 22 Rn. 36; Schmitt/Hörtnagl/*Winter* § 22 Rn. 16; Kallmeyer/*Marsch-Barner/Oppenhoff* § 22 Rn. 8; Lutter/*Grunewald* § 22 Rn. 9.

werden, eine Sicherung dieses Anspruchs erscheint dann weder sinnvoll noch geboten. Der Anspruch auf Sicherheitsleistung soll hingegen nicht entfallen, wenn er zeitlich vor der zu sichernden Forderung selbst zur Entstehung gelangt.[39] Dies erscheint nach der ratio legis auch überzeugend.

VI. Frist

12 Die Vorschrift verlangt eine Geltendmachung des Anspruchs binnen **sechs Monaten** nach erfolgter Bekanntmachung in schriftlicher Form, wobei der zu sichernde Anspruch seiner Natur nach und bezüglich der Höhe[40] in einer dem sachenrechtlichen Bestimmtheitsgebot entsprechenden Weise bei dem jeweils übernehmenden Rechtsträger angemeldet werden muss. Im Rahmen dieser Anmeldung muss das Bestehen des Anspruchs, für den Sicherheit begehrt wird, hinreichend konkret dargelegt werden.[41] Die Vorschrift unterscheidet sich insoweit als „nachgelagerte" Sicherheitsleistung (nach dem Wirksamwerden der Verschmelzung) von dem für die grenzüberschreitende Verschmelzung gemäß §§ 305 ff. vorgesehenen System der „vorgelagerten" Sicherheitsleistung innerhalb einer Dreimonatsfrist. Insoweit hat das UmRUG 2023 eine Regelungsdiskrepanz zwischen rein inländischen Verschmelzungsvorgängen und grenzüberschreitenden Vorgängen bewusst in Kauf genommen.[42]

13 Die Frist zur Geltendmachung des Anspruchs auf Sicherheitsleistung ist in materiell-rechtlicher Hinsicht eine Ausschlussfrist,[43] mit der Folge, dass der materiellrechtliche Sicherungsanspruch mit Fristablauf untergeht.[44]

14 Nach insoweit ganz hM soll die Gewährung von Wiedereinsetzung in den vorigen Stand nach erfolgtem Fristablauf ausgeschlossen sein.[45]

15 Eine **Abkürzung** der Sechsmonatsfrist im Verschmelzungsvertrag ist in jedem Fall **unzulässig**,[46] eine Verlängerung als ergänzende Regelung im Rahmen eines Vertrages zugunsten Dritter ist jedoch grundsätzlich möglich.[47] Eine mit einzelnen Gläubigern vereinbarte individuelle Fristabkürzung ist als „Verzicht" möglich.[48] Die Zulassung dieser Änderungen erscheint im Lichte der Vertragsfreiheit unbedenklich, zumal sich diese Abänderungen in keiner Weise zulasten des durch § 22 geschützten Personenkreises auswirken.

16 Erfolgt der seitens des Registergerichts gemäß Abs. 1 S. 3 zu veranlassende Gläubigeraufruf nicht oder in fehlerhafter Weise, soll die **Ausschlussfrist** nach hM ungeachtet dessen **zu laufen beginnen**.[49] Zur Begründung wird darauf verwiesen, die Gläubiger seien in diesem Fall durch die Eintragung der Verschmelzung und deren Bekanntmachung hinreichend gewarnt.[50] Dem kann nicht gefolgt werden. Die ratio legis der für

---

39 Vgl. Lutter/*Grunewald* § 22 Rn. 10.
40 Vgl. Kallmeyer/*Marsch-Barner/Oppenhoff* § 22 Rn. 4; Semler/Stengel/*Leonard/Seulen* § 22 Rn. 41; Kölner Komm UmwG/*Simon* § 22 Rn. 44.
41 Kallmeyer/*Marsch-Barner/Oppenhoff* § 22 Rn. 4.
42 Vgl. hierzu etwa *Baschnagel/Hilser*, Gläubigerschutz bei grenzüberschreitenden Umwandlungen nach dem UmRUG, NZG 2022, 1333 ff.
43 Schmitt/Hörtnagl/*Winter* § 22 Rn. 12; Kallmeyer/*Marsch-Barner/Oppenhoff* § 22 Rn. 5.
44 Kallmeyer/*Marsch-Barner/Oppenhoff* § 22 Rn. 4 f.; vgl. Schmitt/Hörtnagl/*Winter* § 22 Rn. 9.
45 Schmitt/Hörtnagl/*Winter* § 22 Rn. 12; Kallmeyer/*Marsch-Barner/Oppenhoff* § 22 Rn. 5 mwN.
46 Semler/Stengel/*Leonard/Seulen* § 22 Rn. 39; Kallmeyer/*Marsch-Barner/Oppenhoff* § 22 Rn. 5.
47 Insoweit vom Ergebnis und der Begründung her überzeugend Semler/Stengel/*Leonard/Seulen* § 22 Rn. 39; ebenso Kallmeyer/*Marsch-Barner/Oppenhoff* § 22 Rn. 5; Lutter/*Grunewald* § 22 Rn. 19.
48 Kallmeyer/*Marsch-Barner/Oppenhoff* § 22 Rn. 5.
49 Kallmeyer/*Marsch-Barner/Oppenhoff* § 22 Rn. 6; Lutter/*Grunewald* § 22 Rn. 20; Schmitt/Hörtnagl/*Winter* § 22 Rn. 11.
50 Lutter/*Grunewald* § 22 Rn. 20.

das Registergericht bestehenden Verpflichtung zu einem separat neben der Bekanntmachung des Verschmelzungsvorgangs in der Form einer Registerbekanntmachung gemäß § 10 Abs. 3 HGB zu veranlassenden Gläubigeraufruf mit informativen und belehrenden Elementen ist ausschließlich der umfassende Gläubigerschutz. Es ist nicht überzeugend, dass sich ein hierbei ereignender Bekanntmachungsfehler ausschließlich zulasten der Gläubiger und durch den „vorzeitigen" Fristbeginn zugunsten der Gesellschaft auswirken soll. Hätte der Gesetzgeber allein die Bekanntmachung der Eintragung von Verschmelzungsvorgängen als Warnung für die Gesellschaftsgläubiger als ausreichend angesehen, hätte es der Anordnung des zusätzlichen Gläubigeraufrufs gemäß Abs. 2 S. 3 nicht bedurft. Die Gesellschaft hat es zudem in der Hand, durch eine Überprüfung des Bekanntmachungsinhalts sicherzustellen, dass ein **zeitnaher Fristlauf** in Gang gesetzt wird. Daran kann auch die grundsätzliche Möglichkeit, bei einem unterbliebenen oder fehlerhaften Gläubigeraufruf seitens der Gesellschaftsgläubiger Amtshaftungsansprüche gemäß § 839 BGB iVm Art. 34 GG wegen Amtspflichtverletzung seitens des Registergerichts geltend zu machen,[51] nichts ändern; denn hier dürfte es in der Praxis sehr schwierig werden, eine haftungsbegründende und haftungsausfüllende Kausalität darzulegen und zu beweisen.

Der Lauf der Sechsmonatsfrist beginnt jeweils mit Bekanntmachung der zugrunde liegenden Handelsregistereintragung gemäß § 19 Abs. 3 UmwG, § 10 Abs. 1 HGB iVm § 9 HGB, so dass es bei einem Verschmelzungs- bzw. Umwandlungsvorgang zu unterschiedlichem Fristbeginn für die anspruchsberechtigten Gläubiger bei übernehmendem und übertragendem Rechtsträger kommen könnte.[52] Dies gilt auch bei aufeinander aufbauenden umwandlungsrechtlichen Vorgängen wie etwa Kettenverschmelzungen oder sternförmigen Verschmelzungsvorgängen. 17

VII. Anspruchsgegner

Der auf Sicherheitsleistung gerichtete **Anspruch** ist gemäß Abs. 1 S. 1 durch schriftliche Anmeldung bei dem jeweiligen Rechtsträger, gegen den sich dieser Anspruch richtet, **schriftlich anzumelden**.[53] Geht man allerdings davon aus, dass der Anspruch auf Sicherheitsleistung erst im Zeitpunkt der Wirksamkeit der Verschmelzung zur Entstehung gelangen kann,[54] so ist der übertragende Rechtsträger wegen der Rechtsfolge des § 20 Abs. 1 Nr. 2 zu diesem Zeitpunkt bereits erloschen.[55] Dann kann faktisch der Anspruch nur gegenüber dem jeweils aufnehmenden Rechtsträger geltend gemacht werden. Die Gegenansicht,[56] welche für das Entstehen des Anspruchs auf Sicherheitsleistung auf den Zeitpunkt der jeweiligen Handelsregistereintragung abstellt, ist bei einer gleichzeitigen Eintragung bei den beteiligten Rechtsträgern[57] ohnehin ohne Auswirkungen. Bei einem zeitlichen Auseinanderfallen der jeweils erforderlichen Gläubigeraufrufe wird der Differenzzeitraum in der Praxis ohnehin nicht sehr groß sein, womit die praktische Bedeutung dieser unterschiedlichen Auffassungen zur Frage des Beginns der Frist auf Sicherheitsleistung eher gering sein dürfte. 18

---

51 Vgl. hierzu Schmitt/Hörtnagl/Stratz/Winter § 22 Rn. 11; Kallmeyer/Marsch-Barner/Oppenhoff § 22 Rn. 6.
52 Kallmeyer/Marsch-Barner/Oppenhoff § 22 Rn. 6; Schmitt/Hörtnagl/Winter § 22 Rn. 8.
53 Siehe hierzu etwa die Darstellung bei Schmitt/Hörtnagl/Winter § 22 Rn. 8.
54 So Semler/Stengel/Leonard/Seulen § 22 Rn. 42; Lutter/Grunewald § 22 Rn. 22; vgl. Kallmeyer/Marsch-Barner/Oppenhoff § 22 Rn. 12.
55 Deutlich insoweit die Darstellung bei Lutter/Grunewald § 22 Rn. 23.
56 Schmitt/Hörtnagl/Winter § 22 Rn. 8.
57 Sofern für diese die Zuständigkeit desselben Registergerichts gegeben ist, vgl. § 19 Abs. 1.

VIII. Höhe und Art der Sicherheitsleistung

19 Hinsichtlich der Art der dem/den anspruchsberechtigten Gläubiger/n zu gewährenden Sicherheitsleistung gelten die §§ 232 ff. BGB.[58] Dies hat zur Folge, dass dem Anspruchsgegner hier ein Wahlrecht bezüglich der Art der zu bestellenden Sicherheit zukommt.

20 Maßgeblich für die Höhe der Sicherheitsleistung ist, dass sich diese nach dem Wert des von dieser zu sichernden Rechts zuzüglich etwaiger Nebenkosten und Zinsen[59] berechnet. Es darf nicht eine einfache Gesamtsaldierung der bestehenden Ansprüche erfolgen, vielmehr ist das konkrete Risiko schätzweise zu bestimmen.[60] Der Anspruch auf Sicherheitsleistung wird in seiner Höhe durch das konkrete Schutzbedürfnis des jeweils anspruchstellenden Gläubigers begrenzt.[61]

IX. Prozessuale Fragen

21 Der Anspruch auf Sicherheitsleistung kann von dem jeweils anspruchsberechtigten Gläubiger im Klagewege gegenüber dem Anspruchsgegner (zum Anspruchsgegner → Rn. 18 ff.) geltend gemacht werden. Im Hinblick darauf, dass § 232 BGB dem Schuldner der Sicherheitsleistung ein **Wahlrecht** einräumt, in welcher Weise er diesen Anspruch erfüllen möchte, ist es für den klagenden Gläubiger unabdingbar, den Klageantrag auf die Leistung von Sicherheit in einer bestimmten Höhe in einer der in § 232 BGB genannten Arten zu richten.[62] Streitgegenstand dieser auf der Grundlage des § 22 erfolgenden Klage ist nicht die zu sichernde Forderung, sondern der Anspruch auf Sicherheitsleistung.[63]

X. Ausschluss des Anspruchs

22 Der Anspruch auf Sicherheitsleistung ist ausgeschlossen, soweit eine anderweitige Sicherheit in ausreichendem Umfang zur Verfügung steht.[64] Eine solche in anderer Weise zur Verfügung stehende Sicherheit liegt nach Abs. 2 der Vorschrift (bei Vorliegen einer sogenannten „staatlich überwachten Deckungsmasse")[65] etwa dann vor, wenn in der Insolvenz zugunsten des Gläubigers ein **Recht auf vorzugsweise Befriedigung** gegeben ist.[66] Dies betrifft ua Pfandbriefinhaber, Anspruchsberechtigte aus einer Lebensversicherung, Unfallversicherung und Krankenversicherung sowie bestimmte Versorgungsanwartschaften.[67] Auch besteht kein Anspruch auf Sicherheitsleistung, wenn der zu sichernde **Anspruch selbst bereits fällig** ist.[68] Wurde vor dem Zeitpunkt des Wirksamwerdens der Verschmelzung bereits anderweitig eine ausreichende Sicherheit (zB Zurverfügungstellung eines Darlehens, Stellung einer Bankbürgschaft oder Bestellung einer Grundschuld)[69] gewährt, kann keine zusätzliche Sicherheitsleistung im Rahmen

---

58 Kallmeyer/*Marsch-Barner/Oppenhoff* § 22 Rn. 12; Semler/Stengel/Leonard/*Seulen* § 22 Rn. 52.
59 Zur Anspruchshöhe siehe ausführlich die Darstellung bei Lutter/*Grunewald* § 22 Rn. 24.
60 Lutter/*Grunewald* § 22 Rn. 24.
61 Semler/Stengel/Leonard/*Seulen* § 22 Rn. 50; im Einzelnen strittig, vgl. Schmitt/Hörtnagl/*Winter* § 22 Rn. 20.
62 Semler/Stengel/Leonard/*Seulen* § 22 Rn. 53; Kölner Komm UmwG/*Simon* § 22 Rn. 57.
63 Widmann/Mayer/*Vossius* § 22 Rn. 61.
64 Lutter/*Grunewald* § 22 Rn. 26; Semler/Stengel/Leonard/*Seulen* § 22 Rn. 51.
65 Kölner Komm UmwG/*Simon* § 22 Rn. 37; Semler/Stengel/Leonard/*Seulen* § 22 Rn. 58.
66 Vgl. dazu auch Semler/Stengel/Leonard/*Seulen* § 22 Rn. 58 f.
67 S. hierzu etwa die Übersicht bei Schmitt/Hörtnagl/*Winter* § 22 Rn. 18; vgl. hierzu auch Kölner Komm UmwG/*Simon* § 22 Rn. 37 ff.
68 Schmitt/Hörtnagl/*Winter* § 22 Rn. 16; Kölner Komm UmwG-*Simon* § 22 Rn. 34.
69 Beispiele nach Widmann/Mayer/*Vossius* § 22 Rn. 43 ff.

des § 22 verlangt werden.⁷⁰ Dies ist vor dem Hintergrund, dass § 22 keine „Doppelsicherung" der Gesellschaftsgläubiger bezweckt, auch überzeugend.

Umstritten ist, ob die Vorschrift als „Schutzgesetz" im Rahmen des § 823 Abs. 2 BGB anzusehen ist. Von einer Ansicht wird dies unter Hinweis auf die Subsidiarität des § 823 Abs. 2 BGB abgelehnt.⁷¹ Die Gegenansicht⁷² geht mit der Folge, dass dann der übernehmende Rechtsträger uU gemäß § 31 BGB für die schuldhafte Pflichtverletzung seiner Organe in Zusammenhang mit der Gewährung von Sicherheitsleistung nach § 22 haftet,⁷³ davon aus, dass es sich bei der Vorschrift um ein „Schutzgesetz" iSd § 823 Abs. 2 BGB handelt. Die letztere Ansicht vermag insoweit mehr zu überzeugen. Es ist aus der Sicht der Praxis nicht einzusehen, warum eine Pflichtverletzung seitens der Organe des übernehmenden Rechtsträgers in Zusammenhang mit der ausschließlich dem Schutz der Gesellschaftsgläubiger dienenden Norm nicht gemäß § 823 Abs. 2 BGB sanktioniert werden soll, zumal dieser Anspruch über § 31 BGB im Rahmen der Organhaftung ohnehin gegen den übernehmenden Rechtsträger selbst gerichtet werden kann.

XI. Registerverfahren

Das Registergericht macht den Gläubigeraufruf gemäß § 22 **UmwG, § 10 Abs. 1 HGB** iVm § 9 HGB⁷⁴ bekannt. Wird diese **Bekanntmachung** pflichtwidrig nicht veranlasst, kommen Amtshaftungsansprüche gemäß Art. 34 GG iVm § 839 BGB solcher Gläubiger der jeweils betroffenen Gesellschaft in Betracht, die es infolge der nicht erfolgten Bekanntmachung unterlassen haben, ihren Anspruch auf Sicherheitsleistung rechtzeitig bei der Gesellschaft anzumelden und dadurch einen Schaden erlitten haben.⁷⁵ In der Praxis dürfte es jedoch schwierig sein, die haftungsbegründende und haftungsausfüllende Kausalität einer nicht erfolgten Bekanntmachung für einen später zulasten von Gesellschaftsgläubigern eingetretenen Schaden infolge einer Verschlechterung der Vermögenssituation der betroffenen Gesellschaft substanziiert herzuleiten.

Hinweis: Prüfung der Bekanntmachung Im Rahmen sachgerechter und vorausschauender Beratung der Gesellschaft empfiehlt es sich dringend, die ordnungsgemäße Veranlassung des Gläubigeraufrufes gemäß § 22 zu überprüfen. Notfalls sollte diese gegenüber dem Registergericht aktiv eingefordert werden. Endet zusammen mit dem Eintritt der Wirksamkeit eines Verschmelzungsvorgangs auch ein Beherrschungs- und/oder Gewinnabführungsvertrag, sollte darauf geachtet werden, ob auch ein zweiter Gläubigeraufruf gemäß § 303 AktG erfolgt ist („doppelter Gläubigeraufruf"). Denn auch diesbezüglich läuft gegenüber der Gesellschaft – sofern sie Obergesellschaft eines der vorbezeichneten Unternehmensverträge ist – eine Sechsmonatsfrist.

§ 23 Schutz der Inhaber von Sonderrechten

Den Inhabern von Rechten in einem übertragenden Rechtsträger, die kein Stimmrecht gewähren, insbesondere den Inhabern von Anteilen ohne Stimmrecht, von Wandelschuldverschreibungen, von Gewinnschuldverschreibungen und von Ge-

---

70 S. hierzu etwa Schmitt/Hörtnagl/*Winter* § 22 Rn. 19, ua auf §§ 7 ff. BetrAVG verweisend.
71 Semler/Stengel/Leonard/*Seulen* § 22 Rn. 67; Lutter/Grunewald § 22 Rn. 31 mwN; Kölner Komm UmwG/*Simon* § 22 Rn. 62.
72 Schmitt/Hörtnagl/*Winter* § 22 Rn. 22; Kallmeyer/Marsch-Barner/Oppenhoff § 22 Rn. 13.
73 Kallmeyer/*Marsch-Barner/Oppenhoff* § 22 Rn. 13.
74 Vgl. § 10 Abs. 1 HGB iVm § 9 HGB.
75 Vgl. hierzu Semler/Stengel/Leonard/*Seulen* § 22 Rn. 66.

nußrechten, sind gleichwertige Rechte in dem übernehmenden Rechtsträger zu gewähren.

Literatur:
Bayer/Schmidt, Gläubigerschutz bei (grenzüberschreitenden) Verschmelzungen, ZIP 2016, 841; *Brause*, Stimmrechtslose Vorzugsaktien bei Umwandlungen, 2001; *Driver*, Behandlung von Genussrechten bei der Verschmelzung und beim Abschluss von Unternehmensverträgen, BB 2014, 195; *Gehling*, „Obligationsähnliche Genußrechte": Genußrechte oder Obligation?, WM 1992, 1093; *Habersack/Mayer*, Die überschießende Umsetzung von Richtlinien, JZ 1999, 913; *Hüffer*, Der Schutz besonderer Rechte in der Verschmelzung, in: FS Lutter, 2000, S. 1227; *Jung*, Die Stille Gesellschaft in der Spaltung, ZIP 1996, 1734; *Kiem*, Die Stellung der Vorzugsaktionäre bei Umwandlungsmaßnahmen, ZIP 1997, 1627; *Klett/Ganss*, Optionsrechte auf GmbH-Geschäftsanteile beim Formwechsel, BB 2021, 1866; *Krieger*, Vorzugsaktie und Umstrukturierung, in: FS Lutter, 2000, S. 497; *Loos*, Sachgemäße Ausgestaltung der Bedingungen von Wandelschuldverschreibungen zum Schutze der Wandelschuldverschreibungsgläubiger, DB 1960, 543; *Lutter*, Aktienerwerb von Rechtswegen: Aber welche Aktien?, in: FS Mestmäcker, 1996, 943; *Martens*, Die rechtliche Behandlung von Options- und Wandlungsrechten anlässlich der Eingliederung der verpflichteten Gesellschaft, AG 1992, 209; *Naraschewski*, Verschmelzung im Konzern, DB 1997, 1653; *Petersen*, Der Gläubigerschutz im Umwandlungsrecht, 2001; *Reichert*, Folgen der Anteilsvinkulierung für Umstrukturierungen von Gesellschaften mit beschränkter Haftung und Aktiengesellschaften nach dem Umwandlungsgesetz 1995, GmbHR 1995, 176; *Rinnert*, Auswirkung eines Formwechsels von einer AG in eine GmbH auf das bedingte Kapital zur Sicherung von Bezugsrechten, NZG 2001, 865; *Rothenburg*, Aktienoptionen in der Verschmelzung, 2009; *Schürnbrand*, Gewinnbezogene Schuldtitel in der Umstrukturierung, ZHR 173 (2009), 689; *Tim/Schöne*, Abfindung in Aktien: Das Gebot der Gattungsgleichheit – ein Bericht über ein aktienrechtliches Schiedsverfahren, in: FS Kropff, 1997, S. 315; *Volhardt/Goldschmidt*, Nötige und unnötige Sonderbeschlüsse der Inhaber stimmrechtsloser Vorzugsaktien, in: FS Lutter, 2000, S. 779; *Wilhelm*, Das Schicksal virtueller Mitarbeiterbeteiligungen bei Abspaltung und Ausgliederung, NZG 2013, 1211; *Winter*, Die Rechtsstellung des stillen Gesellschafters in der Verschmelzung, in: FS Peltzer, 2001, S. 661.

I. Normzweck 1	3. Genussrechte 12
II. Tatbestand 3	4. Erfasste ungenannte Sonderrechte 13
1. Anteile ohne Stimmrecht 7	III. Rechtsfolge 16
2. Wandel- und Gewinnschuldverschreibungen 9	IV. Durchsetzbarkeit 20
	V. Dispositivität 23

I. Normzweck

1 § 23 schützt die Inhaber stimmrechtsloser Sonderrechte des übertragenden Rechtsträgers vor einer **Verwässerung** ihrer Rechte infolge der Verschmelzung. Die Vorschrift setzt auf dem früheren § 347a AktG aF auf und dient wie bereits § 347a AktG aF der Umsetzung des Art. 15 der Dritten gesellschaftsrechtlichen Richtlinie,[1] geht jedoch sprachlich über beide Normen hinaus.

2 Die **Inhaber von Sonderrechten** in einem **übertragenden Rechtsträger**, die **keine Stimmrechte** gewähren, benötigen einen vermögensrechtlichen Sonderschutz, da diese über die Verschmelzung an sich nicht abstimmen können. Damit folgt der Gesetzgeber einem besonderen Schutzbedürfnis, da die Sonderrechtsinhaber nicht vom Grundsatz der Mitgliedschaftsperpetuierung aus § 2 geschützt sind (→ § 2 Rn. 20). Da sie somit aus umwandlungsrechtlicher Sicht nicht an der Verschmelzung bzw. am automatischen Übergang auf den übernehmenden Rechtsträger teilhaben, gewährt § 23 ihnen einen Sonderstatus, indem die Beteiligten verpflichtet werden sicherzustellen, dass den in § 23 genannten Sonderrechteinhabern am übernehmenden Rechtsträger gleichwertige Rechte zu gewähren sind. § 23 stellt darauf ab, dass **gleichwertige** und nicht gleichar-

---

[1] Dritte gesellschaftsrechtliche Richtlinie 77/855/EWG vom 9.10.1978, sog. Verschmelzungsrichtlinie.

tige Rechte zu gewähren sind; es ist hierbei eine wirtschaftliche Betrachtungsweise geboten.[2] Dies lässt den Rechtsträgern einerseits einen gewissen Handlungsspielraum, schützt aber auch die Sonderrechteinhaber insoweit, weil das für die Anteilsinhaber geltende **Gebot der Wertäquivalenz** der alten und neuen Anteile hier auf die Sonderrechteinhaber des § 23 ausgedehnt wird. § 23 dient somit dem Schutz der Sonderrechteinhaber vor einer Verwässerung ihrer Anteile.[3] Darin findet sich eine so bezeichnete Ausgleichsfunktion des § 23. Soweit diese Sonderrechteinhaber nicht über die Verschmelzung mitentscheiden dürfen, soll zumindest ihre Rechtsposition gegen Beeinträchtigungen möglichst umfassend geschützt werden.

II. Tatbestand

Der Schutz des § 23 erfasst dem Wortlaut der Vorschrift entsprechend Inhaber von Sonderrechten, die kein Stimmrecht gewähren. Insbesondere gilt dies für Anteile ohne Stimmrecht, Wandelschuldverschreibungen, Gewinnschuldverschreibungen und Genussrechte. Die Aufzählung des § 23 ist freilich bereits aufgrund der sprachlichen Fassung **nicht abschließend**.[4]

Dem genauen Wortlaut folgend, verlangt die Vorschrift „**Rechte in einem übertragenden Rechtsträger**". Dies schließt zunächst Ansprüche gegen Gesellschafter, Beteiligungsunternehmen und sonstige Dritte wie zB Andienungs- oder Vorkaufsrechte aus, da diese Rechte nicht „in" dem übertragenden Rechtsträger bestehen können.[5] Es schließt ferner Rechte gegenüber dem Rechtsträger wie schuldrechtliche Ansprüche (zB gewinnabhängige Vergütungsansprüche eines Angestellten, Ansprüche aus partiarischem Darlehen oder Inhaberschuldverschreibungen gem. §§ 793 ff. BGB) aus, da auch diese keine Rechte im Rechtsträger darstellen.[6] Diese Rechte gehen als normale Verbindlichkeit des übertragenen Rechtsträgers auf den übernehmenden Rechtsträger über und sind dort allenfalls nach allgemeinen zivilrechtlichen Grundsätzen (§§ 157, 242, 313 Abs. 1 BGB) an die veränderte Sachlage anzupassen.

Obgleich der Wortlaut die von § 23 geschützten Ansprüche nicht auf reine Vermögensrechte reduziert, sondern auch (Mit-)Verwaltungsrechte, wie etwa Entsenderechte oder Zustimmungsrechte, erfasst, müssen diese nach dem Zweck der Vorschrift ausgeschlossen sein.[7] § 23 setzt Art. 15 der Dritten gesellschaftsrechtlichen Richtlinie um und soll nach der Gesetzesbegründung nicht über § 347a AktG aF hinausgehen, sondern dessen Anwendung nur vereinfachen.[8] § 347a AktG aF hat jedoch ausschließlich Inhaber von Wandel- und Gewinnschuldverschreibungen sowie Genussscheinen geschützt.[9] Ferner dient § 23 nach der Gesetzesbegründung dem Verwässerungsschutz der Sonderrechte;[10] einen solchen kann es jedoch begriffslogisch nur bei **Vermögensrechten** geben.[11] Dieses Ergebnis entspricht auch der Systematik des UmwG, da dieses bei bestehenden Verwaltungsrechten von Sonderrechtinhabern jeweils ein besonderes Zustimmungserfordernis statuiert (vgl. etwa die §§ 13 Abs. 2 oder 50 Abs. 2).

---

2 BGH DStR 2013, 1951 (1957); OLG Stuttgart BeckRS 2021, 17797 Rn. 72.
3 S. die GesBegr. bei *Ganske* Umwandlungsrecht S. 77.
4 Ausf. dazu *Hüffer* FS Lutter, 2000, 1227 ff.
5 Lutter/*Grunewald* § 23 Rn. 4; Semler/Stengel/Leonard/Kalss § 23 Rn. 5; Widmann/Mayer/*Vossius* § 23 Rn. 11; Kölner Komm UmwG/*Simon* § 23 Rn. 5 (anders jedoch in Rn. 16); *Hüffer* FS Lutter, 2000, 1227 (1231 ff.).
6 GesBegr. bei *Ganske* Umwandlungsrecht S. 77; Lutter/Grunewald § 23 Rn. 4.
7 Lutter/*Grunewald* § 23 Rn. 2; Semler/Stengel/Leonard/Kalss § 23 Rn. 8; Kölner Komm UmwG/*Simon* § 23 Rn. 6; *Hüffer* FS Lutter, 2000, 1227 (1233).
8 GesBegr. bei *Ganske* Umwandlungsrecht S. 77.
9 Kölner Komm AktG/*Kraft* § 347a Rn. 5.
10 GesBegr. bei *Ganske* Umwandlungsrecht S. 77.
11 IE ebenso Widmann/Mayer/*Vossius* § 23 Rn. 10; *Hüffer* FS Lutter, 2000, 1227 (1233).

6 Weiterhin kann eine reine Gläubiger- oder gläubigerähnliche Position des Anspruchsinhabers aufgrund dieses Wortlautes nicht ausreichen; es muss vielmehr eine gewisse **mitgliedschaftliche Komponente** des betreffenden Rechts vorliegen.[12] Aus diesem Grunde sind etwa Inhaberschuldverschreibungen (→ Rn. 4) oder Tantiemen nicht erfasst.[13]

1. Anteile ohne Stimmrecht

7 Für die vom Anwendungsbereich des § 23 explizit als Oberbegriff erfassten Anteile ohne Stimmrecht besteht eigentlich keine praktische Relevanz, denn diese Anteile sind von dem in § 23 geregelten besonderen Schutzinteresse nicht erfasst, da es sich um vollwertige Anteile handelt, die bereits dem Grundsatz der Mitgliedschaftsperpetuierung sowie der Wertäquivalenz unterliegen.[14] Sie werden demnach bei der Verschmelzung vollwertig mit in den übernehmenden Rechtsträger überführt.

8 Das Vorstehende gilt nach richtiger Auffassung auch für Vorzugsaktien ohne Stimmrecht.[15] Auch **stimmrechtslose Vorzugsaktien** sind Anteile am Rechtsträger und werden durch die Bestimmungen über das Umtauschverhältnis (§§ 5 Abs. 1 Nr. 3, 15 UmwG, SpruchG) geschützt und stellen somit vollwertige Anteile dar, die dem Grundsatz der Mitgliedschaftsperpetuierung und der Wertäquivalenz unterliegen.[16] Hierfür spricht auch die Gesetzgebungsgeschichte und der Wortlaut des Art. 15 der Dritten gesellschaftsrechtlichen Richtlinie, die Rechte ausschließlich für die Inhaber anderer Wertpapiere vorsieht, die mit Sonderrechten verbunden, jedoch keine Aktien sind.[17] Der hierauf beruhende § 347a AktG aF. schloss Vorzugsaktien ebenfalls aus und sollte inhaltlich auch nicht erweitert werden. § 23 schließt die mitgliedschaftlichen Mitbestimmungsrechte von Vorzugsaktionären bei Aufhebung bzw. Beeinträchtigung ihrer Gewinnvorzugsrechte gem. § 141 AktG jedenfalls nicht aus, da jener nur einen schuldrechtlichen Anspruch gewähren kann.[18]

2. Wandel- und Gewinnschuldverschreibungen

9 Die von § 23 explizit einbezogenen **Wandelschuldverschreibungen** (§ 221 Abs. 1 S. 1 AktG) gewähren über den Geldanspruch gegenüber dem Emittenten hinaus auch die Möglichkeit des Inhabers, Mitgliedschaftsrechte am Emittenten zu erwerben; etwa durch Umtausch- oder Bezugsrechte. In der Praxis bestehen diese zumeist bei Wandel- und Optionsanleihen einer AG oder KGaA.

---

12 Semler/Stengel/Leonard/*Kalss* § 23 Rn. 4; Kölner Komm UmwG/*Simon* § 23 Rn. 5; Lutter/*Grunewald* § 23 Rn. 4.

13 Lutter/*Grunewald* § 23 Rn. 4; Semler/Stengel/Leonard/*Kalss* § 23 Rn. 4; Kölner Komm UmwG/*Simon* § 23 Rn. 5.

14 So iE auch Lutter/*Grunewald* § 23 Rn. 11; Semler/Stengel/Leonard/*Kalss* § 23 Rn. 9 f.; Kölner Komm UmwG/*Simon* § 23 Rn. 9.

15 Explizit Kölner Komm UmwG/*Simon* § 23 Rn. 10; differenzierend Semler/Stengel/Leonard/*Kalss* § 23 Rn. 10; aA Lutter/*Grunewald* § 23 Rn. 10.

16 So auch Semler/Stengel/Leonard/*Kalss* § 23 Rn. 11; Kölner Komm UmwG/*Simon* § 23 Rn. 10, die jeweils eine teleologische Reduktion annehmen; *Hüffer* FS Lutter, 2000, 1227 (1232), der offenlässt, ob eine teleologische Reduktion oder eine einschränkende Auslegung vorliegt; *Rümker* WM-Festgabe Hellner, 1994, 73 (77), der vor Einführung des neuen UmwG bereits einen Sonderrechtsschutz für Vorzugsaktien abgelehnt hatte; BeckOGK/*Rieder* § 23 Rn. 8; explizit offengelassen von BGH NZG 2021, 82 Rn. 60 mwN zum Streitstand; aA Lutter/*Grunewald* § 23 Rn. 10, § 65 Rn. 9; Widmann/Mayer/*Vossius* § 23 Rn. 1.10; *Kiem* ZIP 1997, 1627 (1631), *Krieger* FS Lutter, 2000, 497 (510 ff.); Schmitt/Hörtnagl/*Winter* § 23 Rn. 6, die § 23 auf stimmrechtslose Vorzugsaktien anwenden wollen.

17 Art. 15 der Dritten gesellschaftsrechtlichen Richtlinie vom 9.10.1978 (78/855/EWG).

18 BGH NZG 2021, 82 Rn. 60, der zu Recht darauf hinweist, dass dies jedenfalls im unmittelbaren Anwendungsbereich der RL (EU) 2017/1132 (i. e. bei Verschmelzung und Aufspaltung) unionsrechtlich vorgegeben ist und den stimmrechtslosen Vorzugsaktionären das Mitentscheidungsrecht unter Hinweis auf den abschließenden Charakter des § 23 nicht ohne Verstoß gegen Art. 93 Abs. 2 RL (EU) 2017/1132 den Vorzugsaktionären ein Mitbestimmungsrecht einräumt, sofern ihre Rechte beeinträchtigt sind, versagt werden kann; so auch Semler/Stengel/Leonard/*Kalss* § 23 Rn. 10.

In Abgrenzung dazu sehen **Gewinnschuldverschreibungen** (§ 221 Abs. 1 S. 1 AktG) eine Teilhabe am Gewinn vor, die sich an den Gewinnanteilen der Anteilsinhaber orientiert, ohne dabei jedoch eine direkte mitgliedschaftliche Bindung zum Rechtsträger aufzuweisen. **Inhaberschuldverschreibungen** gem. §§ 793 ff. BGB oder sonstige gewinnabhängige Ansprüche sind hiervon jedoch nicht umfasst.[19]

Eine Verbriefung in Form eines Wertpapiers ist für den Anspruch aus § 23 nicht entscheidend.[20] Da § 23 nicht nach den an der Verschmelzung beteiligten Rechtsträgern differenziert, gilt diese Privilegierung auch bei anderen Rechtsformen als bei der AG und der KGaA. Entscheidend ist allein der Schutzzweck des § 23 vor einer Verwässerung der Rechtsposition.[21]

3. Genussrechte

Soweit **Genussrechte** im Gesetz nicht definiert werden,[22] ist die Anforderung an ein von § 23 geschütztes Genussrecht konkret am Normzweck des § 23 auszurichten.[23] Danach scheiden rein schuldrechtliche Gläubigerrechte ohne Chancen und Risiken, wie etwa **fixe Gewinnbezugsrechte**, aus, da ihnen der bereits dargestellte mitgliedschaftliche Konnex fehlt.[24] Eine Eingrenzung kann dahin gehend stattfinden, dass der Inhalt des Genussrechtes mit der Entwicklung des Rechtsträgers aktienähnlich (vergleichbar einer Dividendenerwartung eines Aktionärs) verbunden sein muss, der Genussrechtsinhaber mithin vermögensrechtliche Ansprüche gegen den Rechtsträger hat, welche nach ihrem Inhalt typische Gesellschafterrechte wie Teilhabe am Gewinn und am Liquidationserlös sind.[25] Dann besteht ein der Situation des Anteilsinhabers vergleichbares wirtschaftliches Risiko.[26] In der Praxis sind dies häufig Ansprüche mit gewinnorientierter Verzinsung, wobei die Verbriefung des Genussrechts keine Voraussetzung für die Anwendbarkeit des § 23 ist, da das Gesetz im Gegensatz zum § 347a AktG aF nicht mehr auf Genussscheine abstellt.[27]

4. Erfasste ungenannte Sonderrechte

Der Wortlaut des § 23 („insbesondere") zeigt an, dass die dort vorgenommene Aufzählung **nicht abschließend** ist. Für die in den Anwendungsbereich des § 23 aufzunehmenden ungenannten Rechte ist entscheidend, dass sie einen mitgliedschaftlichen oder zumindest mitgliedschaftsähnlichen Charakter aufweisen. Ferner müssen sie Rechte gegenüber dem übertragenden Rechtsträger gewähren; eine Emittentenstellung des übertragenden Rechtsträgers ist freilich nicht erforderlich.[28] Das Recht muss über einen bloßen Anspruch auf Tilgung der bestehenden Verbindlichkeiten (inkl. Zinsen) jedoch

---

19 Semler/Stengel/Leonard/*Kalss* § 23 Rn. 5.
20 Lutter/*Grunewald* § 23 Rn. 14; Semler/Stengel/Leonard/*Kalss* § 23 Rn. 14; Kölner Komm UmwG/*Simon* § 23 Rn. 12.
21 Lutter/*Grunewald* § 23 Rn. 19; Kölner Komm UmwG/*Simon* § 23 Rn. 13.
22 Hierauf hat der Gesetzgeber bewusst verzichtet, s. *Schubert/Hommelhoff*, Aktienrechtsreform am Ende der Weimarer Republik, 1987, S. 929.
23 Hierzu näher *Driver* BB 2014, 195.
24 Lutter/*Grunewald* § 23 Rn. 23; Semler/Stengel/Leonard/*Kalss* § 23 Rn. 6; Kölner Komm UmwG/*Simon* § 23 Rn. 14; Widmann/Mayer/*Vossius* § 23 Rn. 22 f.
25 Lutter/*Grunewald* § 23 Rn. 23; Semler/Stengel/Leonard/*Kalss* § 23 Rn. 6; *Koch* AktG § 221 Rn. 25 ff. (näher zu Genussrechten); zu Genussscheinen, einzelnen Fragen der Gleichwertigkeit und den Rechtsfolgen bei fehlender Gleichwertigkeit BGH DStR 2013, 1951 (1957); *Driver* BB 2014, 195.
26 LG Stuttgart BeckRS 2020, 49382 Rn. 46 ff.; Semler/Stengel/Leonard/*Kalss* § 23 Rn. 6; Kölner Komm UmwG/*Simon* § 23 Rn. 14; *Hüffer* FS Lutter, 2000, 1227 (1234).
27 Lutter/*Grunewald* § 23 Rn. 23; Kallmeyer/*Marsch-Barner/Oppenhoff* § 23 Rn. 7.
28 Semler/Stengel/Leonard/*Kalss* § 23 Rn. 5.

hinausgehen, um unter § 23 zu fallen.²⁹ Erfasst sind demnach nach hM Rechte eines stillen Gesellschafters am übertragenden Rechtsträger.³⁰ Nicht in den Anwendungsbereich des § 23 fallen demzufolge jedoch Vorkaufsrechte oder Optionsrechte, die ausschließlich Anteilsbezüge gegenüber anderen Rechtsträgern bieten.³¹ Bei sog. Phantom Stocks kommt es im Rahmen des § 23 auf deren Ausgestaltung im Einzelfall an.³²

14 In den Anwendungsbereich des § 23 fallen auch vermögensrechtliche Ansprüche aus § 35 BGB. Denn, soweit der Tatbestand des § 23 Rechte voraussetzt, die kein Stimmrecht gewähren, muss, um dieser gesetzgeberischen Intention gerecht zu werden, § 23 zu § 35 BGB lex specialis sein.³³ Dies erhellt vor dem Hintergrund, dass der Gesetzgeber die Verschmelzung unter Beteiligung aller Rechtsträger erleichtern wollte.³⁴ Im Umkehrschluss müssen dann die in § 35 BGB geregelten vermögensrechtlichen Sonderrechte auch von § 23 erfasst sein und im übernehmenden Rechtsträger gleichwertig gewährt werden.³⁵

15 Nicht vermögensrechtliche Annexkompetenzen aus der gesellschaftsrechtlichen Mitgliedschaft (zB Vetorechte, Entsendungsrechte oder Mehrstimmrechte) werden von § 23 nicht geschützt.³⁶

III. Rechtsfolge

16 Dogmatisch gesehen konkretisiert und erweitert § 23 die Mitgliedschaftsperpetuierung. Der dieser innewohnende Grundsatz der **Wertäquivalenz** wird auf Sonderrechte erweitert, die grds. nicht von der Perpetuierungsfunktion erfasst wären. Maßgeblich hierfür ist eine wirtschaftliche Betrachtungsweise.³⁷

17 § 23 gewährt dabei keinen zwingenden Anspruch auf Gleichartigkeit der Rechte im übernehmenden Rechtsträger; es sind vielmehr gleichwertige Rechte zu gewähren.³⁸ In praktischer Hinsicht empfiehlt es sich hingegen – soweit die beteiligten Rechtsträger rechtsformidentisch oder zumindest vergleichbar sind – **artgleiche Rechte** zu gewähren. Dies verhindert mögliche Rechtsstreitigkeiten über die uU schwierig feststellbare Wertäquivalenz. Danach empfiehlt es sich, Wandelschuldverschreibungen und ähnliche Bezugsrechte nach der Verschmelzung auf Anteile am übernehmenden Rechtsträger auszurichten. Hier kann das für die Anteile festgelegte Umtauschverhältnis zur Bestimmung der Wertäquivalenz herangezogen werden.³⁹ Gleiches gilt für Gewinnschuldver-

---

29 EuGH ZIP 2016, 712 Rn. 66 – KA Finanz; *Bayer/Schmidt* ZIP 2016, 841 (848).
30 Kölner Komm UmwG/*Simon* § 23 Rn. 17; Semler/Stengel/Leonard/*Kalss* § 23 Rn. 7; Lutter/*Grunewald* § 23 Rn. 20; aA Kallmeyer/*Marsch-Barner/Oppenhoff* § 23 Rn. 3; *Hüffer* FS Lutter, 2000, 1227 (1237), der den stillen Gesellschafter auf Sekundäransprüche aus der stillen Gesellschaft verweist.
31 Kölner Komm UmwG/*Simon* § 23 Rn. 17; Semler/Stengel/Leonard/*Kalss* § 23 Rn. 5; differenzierend Lutter/*Grunewald* § 23 Rn. 14.
32 Hierzu eingehend *Wilhelm* NZG 2013, 1211.
33 Den Inhabern von Rechten nach § 35 BGB steht bei der Verschmelzung also kein Zustimmungsvorbehalt zu, vgl. Kölner Komm UmwG/*Simon* § 23 Rn. 7, § 13 Rn. 65.
34 Vgl. die GesBegr. bei *Ganske* Umwandlungsrecht S. 77.
35 So Kölner Komm UmwG/*Simon* § 23 Rn. 7.
36 Widmann/Mayer/*Vossius* § 23 Rn. 10; Semler/Stengel/Leonard/*Kalss* § 23 Rn. 8.
37 BGH DStR 2013, 1951 (1957); Semler/Stengel/Leonard/*Kalss* § 23 Rn. 12; Kölner Komm UmwG/*Simon* § 23 Rn. 18.
38 Widmann/Mayer/*Vossius* § 23 Rn. 25 ff.; Kölner Komm UmwG/*Simon* § 23 Rn. 19; aA ist Lutter/*Grunewald* § 23 Rn. 5 ff., die freilich eine Ausnahme macht, sofern dies aufgrund der Rechtsform des übernehmenden Rechtsträgers nicht möglich ist (Rn. 7) und somit in den meisten Fällen zum gleichen Ergebnis kommt.
39 Widmann/Mayer/*Vossius* § 23 Rn. 29; Semler/Stengel/Leonard/*Kalss* § 23 Rn. 14; Kölner Komm UmwG/*Simon* § 23 Rn. 21; für Konzernverschmelzungen s. Kallmeyer/*Marsch-Barner/Oppenhoff* § 23 Rn. 12.

schreibungen und für Genussrechte, die unter § 23 fallen; auch hier kann mittels des Umtauschverhältnisses die neue Bezugsgröße des Sonderrechts festgelegt werden.[40]

In der konkreten Umsetzung obliegt die Ausgestaltung der zu gewährenden Rechte nach § 23 der individuellen Vereinbarung zwischen deren Inhabern und dem übernehmenden Rechtsträger und stellt damit keinen Teil des Verschmelzungsvertrages dar, an dem die Sonderrechtsinhaber auch gar nicht beteiligt sind. Insoweit stellt § 23 ein umwandlungsrechtliches **lex specialis** zur Störung der Geschäftsgrundlage dar (§ 313 BGB).[41]

§ 23 begründet für die dort genannten Sonderrechtsinhaber einen direkten schuldrechtlichen Anspruch gegenüber dem übernehmenden Rechtsträger, der eigenständig durchgesetzt werden kann;[42] aus diesem Grunde ist § 23 kein Schutzgesetz iSd § 823 Abs. 2 BGB.[43]

IV. Durchsetzbarkeit

Fälligkeit tritt mit Wirksamkeit der Verschmelzung ein; ab diesem Zeitpunkt ist eine Schadenersatz- und Verzugshaftung möglich.[44] Der betroffene Anteilsinhaber kann die Gewährung gleichwertiger Rechte im übernehmenden Rechtsträger **einklagen**. Über den zivilrechtlichen Klageweg muss er dazu gegen den übernehmenden Rechtsträger auf Herstellung der gleichwertigen Rechtsposition klagen.[45] Die Möglichkeiten der Feststellungs- und Leistungsklage stehen offen.[46] Bei einer Leistungsklage hat der Anspruchsteller den Text für die Einräumung des Sonderrechts in den Verschmelzungsvertrag tenormäßig vorzugeben, da ein stattgebendes Urteil gem. § 894 ZPO vollstreckt wird.[47] Dies wird in der Praxis nicht einfach sein. Der Sonderrechtsinhaber trägt die Darlegungs- und Beweislast für die anspruchsbegründenden Tatsachen und damit auch das Prozessrisiko.[48]

Die Geltendmachung des Anspruchs im Wege des Spruchverfahrens ist mangels ausdrücklicher gesetzlicher Erwähnung nicht möglich.[49] Auch eine analoge Anwendung des SpruchG scheidet aus.[50] Die Schutzwürdigkeit ist auch nicht mit der Überprüfung der Angemessenheit des Umtauschverhältnisses vergleichbar. Die Gewährung einer Barabfindung in analoger Anwendung des § 29 scheidet ebenfalls aus.[51]

---

40 Semler/Stengel/Leonard/*Kalss* § 23 Rn. 13; Kölner Komm UmwG/*Simon* § 23 Rn. 22.
41 Kölner Komm UmwG/*Simon* § 23 Rn. 25.
42 BGH DStR 2013, 1951 (1957), der darauf hinweist, dass dem Genussrechtsinhaber gem. § 23 grds. Rechte zu gewähren sind; sofern sich aus diesen Rechten notwendig direkte Ansprüche ergeben, können jedoch auch diese uU direkt ggü dem Rechtsträger geltend gemacht werden (Tz. 57); BGH NZG 2021, 782 Rn. 60.
43 So auch Lutter/*Grunewald* § 23 Rn. 31; *Schröer* DB 1999, 317 (322 f.); aA Widmann/Mayer/*Vossius* § 23 Rn. 3.2; § 22 Rn. 4.
44 Lutter/*Grunewald* § 23 Rn. 8; Widmann/Mayer/*Vossius* § 23 Rn. 3.1.
45 Semler/Stengel/Leonard/*Kalss* § 23 Rn. 17; *Hüffer* FS Lutter, 2000, 1227 (1242).
46 Semler/Stengel/Leonard/*Kalss* § 23 Rn. 17.
47 *Hüffer* FS Lutter, 2000, 1227 (1242); Kölner Komm UmwG/*Simon* § 23 Rn. 28.
48 Semler/Stengel/Leonard/*Kalss* § 23 Rn. 17; Lutter/*Grunewald* § 23 Rn. 8.
49 *Winter* FS Peltzer, 2001, 647 (658); Semler/Stengel/Leonard/*Kalss* § 23 Rn. 18.
50 *Winter* FS Peltzer, 2001, 645 (657 f.); Semler/Stengel/Leonard/*Kalss* § 23 Rn. 17; *Hüffer* FS Lutter, 2000, 1227 (1242) fordert eine Anwendbarkeit des Spruchverfahrens de lege ferenda.
51 So auch Kölner Komm UmwG/*Simon* § 23 Rn. 23; *Hüffer* FS Lutter, 2000, 1227 (1243); Kallmeyer/Marsch-Barner/*Oppenhoff* § 23 Rn. 13; aA Goutier/Knopf/Tulloch/*Ermel* § 23 Rn. 15; für eine analoge Anwendbarkeit des § 29 bei Mischverschmelzungen Semler/Stengel/Leonard/*Kalss* § 23 Rn. 15.

22 Der Verschmelzungsbeschluss kann weder beim übertragenden noch beim übernehmenden Rechtsträger mit der Begründung angefochten werden, dass eine Verletzung des § 23 vorliegt.[52]

V. Dispositivität

23 Da § 23 der Umsetzung des Art. 15 der Dritten gesellschaftsrechtlichen Richtlinie dient, ist dieser zur Auslegung der Frage heranzuziehen, ob der Anspruch aus § 23 der Parteiendisposition unterliegt. Dort erfolgt eine **Differenzierung** nach wertpapiergebundenen und nicht wertpapiergebundenen Sonderrechten.[53]

24 Der Anspruch aus § 23 ist für Wertpapiere nicht dispositiv.[54] Gemäß Art. 15 der Dritten gesellschaftsrechtlichen Richtlinie müssen die Inhaber von Wertpapieren, die mit Sonderrechten verbunden sind, jedoch keine Aktien darstellen, im übernehmenden Rechtsträger gleichwertige Rechte erhalten. Soweit diese Richtlinie nur für die Aktiengesellschaft verbindliche Wirkung entfaltet, hat der deutsche Gesetzgeber bei der Umsetzung in § 23 nicht nach den beteiligten Rechtsträgern differenziert. Das UmwG setzt die europäischen Richtlinienvorgaben insoweit mit **überschießender Tendenz** um.[55] § 23 ist folglich im Rahmen der Verschmelzung durch Verschmelzungsvertrag grundsätzlich nicht abdingbar. Art. 15 der Dritten Richtlinie bietet dann eine Ausnahme, wenn eine nationalstaatlich vorgesehene Versammlung der Sonderrechtsinhaber oder jeder einzelne Inhaber der Änderung zugestimmt hat oder wenn den Inhabern ein Anspruch auf Rückkauf ihrer Wertpapiere durch den übernehmenden Rechtsträger zusteht. Eine entsprechende Versammlung der Sonderrechteinhaber ist freilich nur im AktG für Vorzugsaktionäre vorgesehen (§ 141 AktG).

25 Eine inhaltliche Abbedingung des § 23 im Verschmelzungsvertrag scheitert bereits daran, dass dies einen unzulässigen **Vertrag zulasten Dritter** darstellen würde.[56] Eine abweichende vertragliche Regelung mit allen Sonderrechtsinhabern oder eine inhaltlich abweichende Ausgestaltung der Sonderrechte bereits in den Anleihebedingungen ist dagegen grds. möglich; dabei darf jedoch die Wertung des § 23 bzw. das Schutzinteresse der Sonderrechteinhaber nicht konterkariert werden.[57] Entsprechende Regelungen in den Anleihebedingungen unterfallen nach richtiger Auffassung nicht der **Inhaltskontrolle** gem. § 307 BGB, da es sich um die Inhaltsbeschreibung des Leistungsgegenstandes und nicht der Leistungserbringung handelt.[58]

26 Für nicht wertpapiermäßig verbriefte Sonderrechte jeglicher Art gilt Art. 15 der Dritten Richtlinie nicht. Hier kommen die allgemeinen zivilrechtlichen Regelungen zur Anwendung. Zur Frage der AGB gilt das Vorstehende entsprechend.

---

[52] So auch Lutter/*Grunewald* § 23 Rn. 13; Semler/Stengel/Leonard/*Kalss* § 23 Rn. 18; Kallmeyer/Marsch-Barner/*Oppenhoff* § 23 Rn. 13; aA Volhard/*Goldschmidt* FS Lutter, 2000, 779 (789) für die übernehmende Gesellschaft.
[53] EuGH ZIP 2016, 712 – KA Finanz; Besprechung von *Bayer/Schmidt* ZIP 2016, 841.
[54] Widmann/Mayer/*Vossius* § 23 Rn. 46; Lutter/*Grunewald* § 23 Rn. 25; Kölner Komm UmwG/*Simon* § 23 Rn. 30.
[55] Siehe hierzu Semler/Stengel/Leonard/*Kalss* § 23 Rn. 2; Bayer/J. Schmidt ZIP 2016, 841 (848); EuGH ZIP 2016, 712 Rn. 70 – KA Finanz.
[56] Widmann/Mayer/*Vossius* § 23 Rn. 46.
[57] So iE auch Widmann/Mayer/*Vossius* § 23 Rn. 47 ff.; Kölner Komm UmwG/*Simon* § 23 Rn. 30 ff., der eine umfassende Abänderbarkeit der Sonderrechte mit der Grenze des § 138 BGB zulassen möchte; eine Abänderbarkeit grundsätzlich verneinend Lutter/*Grunewald* § 23 Rn. 24, die eine besondere Schutzbedürftigkeit von Wertpapierinhabern annimmt und ein Studium der Anleihebedingungen durch diese nicht erwartet; Ausnahmen bestehen nur bei Individualvereinbarungen; iE wohl auch Semler/Stengel/Leonard/*Kalss* § 23 Rn. 3.
[58] So explizit Widmann/Mayer/*Vossius* § 23 Rn. 47; aA wohl Lutter/*Grunewald* § 23 Rn. 25, sofern AGB vorliegen sollten; zur Unanwendbarkeit des § 307 BGB bei Leistungsbeschreibungen s. nur BGHZ 100, 157 (173).

§ 24 Wertansätze des übernehmenden Rechtsträgers

In den Jahresbilanzen des übernehmenden Rechtsträgers können als Anschaffungskosten im Sinne des § 253 Abs. 1 des Handelsgesetzbuchs auch die in der Schlußbilanz eines übertragenden Rechtsträgers angesetzten Werte angesetzt werden.

Literatur:

Aha, Ausgewählte Zweifelsfragen zur Rechnungslegung bei Verschmelzungen, BB 1996, 2559; *Angermayer*, Handelsrechtliche Anschaffungskosten von Sacheinlagen, DB 1998, 145; *Bacmeister*, § 24 UmwG und die Bindung zwischen Handels- und Steuerbilanz (Maßgeblichkeit) bei der Verschmelzung, DStR 1996, 121; *Bilitewski/Roß/Weiser*, Bilanzierung bei Verschmelzungen im handelsrechtlichen Jahresabschluss nach IDW RS HFA 42 (Teil 1), WPg 2014, 13; *Bilitewski/Roß/Weiser*, Bilanzierung bei Verschmelzungen im handelsrechtlichen Jahresabschluss nach IDW RS HFA 42 (Teil 2), WPg 2014, 73; *Bungert/Strothotte*, Die grenzüberschreitende Spaltung nach dem Referentenentwurf des UmRUG, BB 2022, 1411; *Enneking/Heckschen*, Gesellschafterhaftung beim down-stream-merger, DB 2006, 1099; *Ernsting*, Zur Bilanzierung eines negativen Geschäfts- oder Firmenwerts nach Handels- und Steuerrecht, WPg 1998, 405; *Fenske*, Besonderheiten der Rechnungslegung übernehmender Kapitalgesellschaften bei Spaltungen, BB 1997, 1247; *Festl-Wietek*, Bewertung von Sacheinlagen, Umwandlungen und Verschmelzungen bei Gesellschaften mit beschränkter Haftung, BB 1993, 2410; *M. Fischer*, Verschmelzung von GmbH in der Handels- und Steuerbilanz, DB 1995, 485; *Förster*, Höhe der Anschaffungskosten bei Anwachsung, DB 1997, 241; *Gassner*, Ausgewählte handelsrechtliche und steuerrechtliche Bilanzierungsfragen bei Umwandlungen, in: FS Widmann, 2000, S. 343; *Gelhausen/Heinz*, Handelsrechtliche Zweifelsfragen der Abwicklung von Ergebnisabführungsverträgen in Umwandlungsfällen, NZG 2005, 775; *Germann*, Die Acht-Monats-Frist für die Einreichung der Schlußbilanz nach Verschmelzung und ihre Bedeutung für die Praxis, GmbHR 1999, 591; *Hachmeister/Ruthardt/Lampenius*, Unternehmensbewertung im Spiegel der neueren gesellschaftsrechtlichen Rechtsprechung, WPg 2011, 519; *Heidtkamp*, Die umwandlungsrechtliche Schlussbilanz – praxisrelevante Zweifelsfragen, NZG 2013, 852; *Hoffmann-Becking*, Das neue Gesellschaftsrecht in der Praxis, in: FS Fleck, 1988, S. 105; *Hügel*, Kapital entsperrende und Gewinn realisierende Verschmelzungen, in: FS Maier-Reimer, 2010, S. 265; *Jorde/Wetzel*, Rückwirkung und Interimszeit bei Umwandlungen, BB 1996, 1246; *Kahling*, Bilanzierung bei konzerninternen Verschmelzungen, 1999; *Kiem*, Die schwebende Umwandlung, ZIP 1999, 173; *Klein/Stephanblome*, Der Downstream Merger – Aktuelle umwandlungs- und gesellschaftsrechtliche Fragestellungen, ZGR 2007, 351; *Knop/Küting*, Anschaffungskosten im Umwandlungsrecht, BB 1995, 1023; *Koppensteiner*, Zum Gläubigerschutz bei der Verschmelzung von Aktiengesellschaften, in: FS H. P. Westermann, 2008, S. 1157; *Kraft*, Die handels- und steuerrechtliche Bedeutung des Bilanzstichtags bei gesellschaftsrechtlichen Vermögensübertragungen durch Gesamtrechtsnachfolge, DB 1993, 693; *Krawitz/Klotzbach*, Anwendungsvoraussetzungen und Aussagefähigkeit der Fresh-Start-Methode bei der Bilanzierung von Unternehmenszusammenschlüssen, WPg 2000, 1164; *Kremer*, Zur Bilanzierung von Verschmelzungsgewinnen, DB 1989, 492; *Kropff*, Zur Wirksamkeit bilanzpolitisch motivierter Rechtsgeschäfte, ZGR 1993, 41; *Küting/Hayn/Hütter*, Die Abbildung konzerninterner Spaltungen im Einzel- und Konzernabschluß, DB 1997, 565; *Kußmaul/Richter*, Die Behandlung von Verschmelzungsdifferenzbeträgen nach UmwG und UmwStG, GmbHR 2004, 701; *Kutt*, Ende der Maßgeblichkeit bei Umwandlungen, BB 2004, 371; *Langecker*, Ökonomische Analyse der Bilanzierung von Kapitalgesellschaftsverschmelzungen nach § 24 UmwG, 2009; *Louven/Wenig*, Die Ausgliederung von Pensionsverbindlichkeiten – neue Optionen bei Unternehmens(ver)käufen, BB 2006, 619; *Martens/Röttger*, Aktivierung des Geschäfts- oder Firmenwerts bei Umwandlung einer Personenhandelsgesellschaft in eine GmbH nach §§ 46 ff. UmwG?, DB 1990, 1097; *Mertens*, Aktuelle Fragen zur Verschmelzung von Mutter- auf Tochtergesellschaften – down stream merger, AG 2005, 785; *Moser*, Bilanzielle und steuerliche Behandlung eines downstream mergers, 2000; *W. Müller*, Anschaffungskosten und Buchwertverknüpfung bei der Verschmelzung – Freiräume und Grenzen bei der Bewertung, in: FS Clemm, 1996, S. 243; *W. Müller*, Zweifelsfragen zum Umwandlungsrecht, WPg 1996, 857; *W. Müller*, Bilanzierungsfragen bei der grenzüberschreitenden Umwandlung und Sitzverlegung, in: FS Raupach, 2006, S. 261; *Mujkanovic*, Zur Bewertung bei Verschmelzung am Beispiel von AG und GmbH, BB 1995, 1735; *Naraschewski*, Stichtage und Bilanzen bei der Verschmelzung, 2001; *Naumann*, Zur Anwendung von § 24 UmwG in Verschmelzungsfällen, FS Ludewig, 1996, S. 683; *Oelmann*, Handels- und steuerrechtliche Bilanzierungsprobleme bei Verschmelzung, 1993; *Orth*, Umwandlungskosten. Bilanzielle und steuerliche Behandlung, GmbHR 1998, 511; *Pohl*, Handelsbilanzen bei der Verschmelzung von Kapitalgesellschaften, 1995; *Priester*, Wertansatzwahlrecht aus § 24 UmwG bei AG-Verschmelzung, AG 2019, 640; *Priester*, Kapitalaufbringung und Bilanzansatz – Verbot bilanzieller Unterpariemission im Anwendungsbereich von § 24 UmwG?, GmbHR 1999, 1273; *Priester*, Bilanzierung bei schwebender Verschmelzung, BB 1992, 1594; *Priester*, Ansatz des originären Firmenwertes in Einbringungs- und Umwandlungsbilanzen, in: FS Nirk, 1992, S. 893; *Scherrer,* Bilanzierung und Verschmelzung durch Aufnahme beim übernehmenden Rechtsträger, in: FS Claussen, 1997, S. 743; *Schmidbauer,* Bilanzierung der konzerninternen Verschmelzung vollkonsolidierter Unternehmen im Konzernabschluss, BB 2001, 2466; *Schmidt/Heinz,* Schlussbilanzen bei Spaltungen, DB 2008, 2696; *Schmitt/Hülsmann,* Verschmelzungsgewinn in der Handelsbilanz und Prinzip der Gesamtrechtsnachfolge, BB 2000, 1563; *Schulze-Osterloh,* Bilanzierung nach dem Referentenentwurf eines Gesetzes zur Bereinigung des Umwandlungsrechts, ZGR 1993, 420; *Tillkamp/Bruns,* Pooling-of-interests-Methode versus Fresh-Start-Methode – ein Vergleich, WPg 2000, 744; *Thume,* Die Darstellung konzerninterner Verschmelzungen im Konzernabschluß, 2000; *Tischer,* Der Übergang des wirtschaftlichen Eigentums bei schwebender Verschmelzung, WPg 1996, 745; *Veit,* Zur Aktivierung negativer Verschmelzungsdifferenzen DB 1993, 1681; *Weilep,* „bad will" bei Verschmelzungen – alle Zweifelsfragen geklärt?, DB 1998, 2130.

A. Normzweck und Anwendungsbereich	1
B. Bilanzierung der Verschmelzung	6
I. Bilanzierung beim übertragenden Rechtsträger	7
1. Grundsatz	7
2. Sonderfall: Schwebende Verschmelzung	13
II. Bilanzierung beim übernehmenden Rechtsträger	17
1. Verschmelzungsrelevante Bilanzen	18
2. Bilanzierung der Werte des übertragenden Rechtsträgers als Anschaffungskosten gem. § 253 HGB	23
a) Inhalt des Wahlrechts	25
b) Zuständigkeit	27
c) Zeitpunkt der Ausübung	29
d) Grenzen	31
3. Schutzinteressen der Anteilsinhaber	32
4. Grundsatz der Kapitalaufbringung	33
a) Ansatzebene	36
aa) Anschaffungskostenprinzip	37
bb) Buchwertansatz	42
b) Bewertungsebene	45
aa) Anschaffungskostenprinzip	46
bb) Gewährung neuer Anteile	48
cc) Gewährung eigener Anteile	52
dd) Verzicht auf Anteilsgewährung	53
ee) Downstream- und upstream-merger	56
ff) Buchwertansatz	60
C. Anwendbarkeit auf andere Umwandlungsvorgänge	63
I. Andere Umwandlungsvorgänge des UmwG	64
II. Grenzüberschreitende Umwandlungen	67
III. Umwandlungsvorgänge außerhalb des UmwG	70
IV. Steuerrechtliche Regelung der Verschmelzung	71

A. Normzweck und Anwendungsbereich

1 Da das Vermögen des übertragenden Rechtsträgers mit Eintragung der Verschmelzung im Wege der Gesamtrechtsnachfolge auf den übernehmenden Rechtsträger übergeht, bedarf es einer Regelung, die die **bilanzielle Aufnahme** und Verwertung dieses Vermögens in der Bilanz des übertragenden Rechtsträgers festlegt. § 24 eröffnet dem übernehmenden Rechtsträger zur Buchung dieser Vermögenswerte die Möglichkeit, die Werte des übertragenden Rechtsträgers in differenzierter Weise als Anschaffungskosten gemäß § 253 HGB auszuweisen. Dabei beschränkt sich der Regelungsbereich des § 24 auf die Vermögenswerte, die im Zuge der Verschmelzung auf den übernehmenden Rechtsträger übergehen.[1] § 24 ist dagegen nicht auf internationale Rechnungslegungsstandards (IAS/IFRS) anzuwenden.[2]

2 Entsprechend der systematischen Stellung im allgemeinen Teil des 2. Buches des UmwG und dem rechtsformneutralen Wortlaut der Vorschrift gilt § 24 **rechtsformunabhängig**.[3] Dabei bleiben rechtsformspezifische Unterschiede bei den jeweils beteiligten Rechtsträgern möglich; § 24 kommt etwa dann nicht zur Anwendung, wenn der übernehmende Rechtsträger nicht bilanzierungspflichtig ist.[4]

---

[1] Lutter/*Priester/Hennrichs* § 24 Rn. 5; Semler/Stengel/*Leonard/Moszka* § 24 Rn. 2.
[2] Semler/Stengel/*Leonard/Moszka* § 24 Rn. 1; Schmitt/Hörtnagl/*Hörtnagl* § 24 Rn. 3.
[3] Lutter/*Priester/Hennrichs* § 24 Rn. 12.
[4] So etwa bei einer Verschmelzung auf eine nichtkaufmännische natürliche Person oder auf eine Partnerschaftsgesellschaft (§ 1 S. 2 PartGG); vgl. Sagasser/Bula/Brünger Umwandlungen/*Bula/Thees* § 10 Rn. 5; Lutter/*Priester/Hennrichs* § 24 Rn. 12.

Im Gegensatz zum früheren Recht enthält § 24 ein **Wahlrecht**. Zuvor waren gemäß §§ 348 Abs. 1 AktG aF, 27 Abs. 1 KapErhG, 93g GenG und 44a Abs. 3 VAG zwingend die Wertansätze aus der Schlussbilanz des übertragenden Rechtsträgers als Anschaffungskosten gem. § 253 Abs. 1 HGB zu übernehmen. Aus dem Grundsatz der Gesamtrechtsnachfolge wurde der Zwang zur Buchwertfortführung abgeleitet.[5] Hierdurch kam es häufig zu Verschmelzungsverlusten beim übernehmenden Rechtsträger, die durch gewisse **Bilanzierungshilfen** gemildert bzw. verzögert werden konnten (§§ 348 Abs. 2 AktG aF, 27 Abs. 2 KapErhG). Dies geschah durch eine Aktivierung des Geschäfts- oder Firmenwerts, wobei dieser Aktivposten jedoch innerhalb von höchstens fünf Jahren abzuschreiben war. Erst mit dem Referentenentwurf für ein Gesetz zur Bereinigung des Umwandlungsrechts wurde die später gesetzgewordene Fassung des § 24 mit dem Bilanzierungswahlrecht durch den Gesetzgeber vorgestellt,[6] da auch aufgrund starker Kritik aus Reihen der Praxis erkannt wurde, dass die Bilanzierungshilfen das Problem des Verschmelzungsverlustes nicht zufriedenstellend lösen konnten.[7]

Für die Umsetzung sind aus Sicht des übernehmenden Rechtsträgers zwei Ebenen zu unterscheiden: Zum einen ist auf einer **Ansatzebene** festzulegen, welche Werte in dessen Bilanz Eingang finden sollen, und zum anderen muss auf der **Bewertungsebene** bestimmt werden, welche Bewertung diesen Positionen zukommen soll.

Soweit der Gesetzeswortlaut an dieser Stelle formuliert, dass der übernehmende Rechtsträger die Werte als Anschaffungskosten im Sinne des § 253 HGB bilanzieren kann, ergibt sich daraus, dass das Gesetz dem übernehmenden Rechtsträger über die allgemeinen Regeln der Bilanzierung hinaus ein **Wahlrecht** einräumt (→ Rn. 25 ff.). Soweit die **Buchwertfortführung** gewählt wird, sind grundsätzlich die Werte aus der Schlussbilanz des übertragenden Rechtsträgers zu übernehmen. Soweit eine Neubewertung der erlangten Vermögenswerte nach der **Anschaffungskostenmethode** erfolgt, kann der übernehmende Rechtsträger sich auch für eine Bewertung und Bilanzierung durch Übernahme der Buchwerte aus der Schlussbilanz des übertragenden Rechtsträgers entscheiden.

B. Bilanzierung der Verschmelzung

Hinsichtlich der Bilanzierung ist zwischen dem übertragenden Rechtsträger einerseits und dem übernehmenden Rechtsträger anderseits zu unterscheiden. § 24 regelt ausschließlich die **Bilanzierung beim übernehmenden Rechtsträger**. Hier sind die Aktiva und Passiva des übertragenden Rechtsträgers nach erfolgter Verschmelzung zu buchen. Durch die Möglichkeit der Buchwertfortführung ist die Schlussbilanz des übertragenden Rechtsträgers für die Bilanzierungsentscheidung des übernehmenden Rechtsträgers von erheblicher Bedeutung. Daher ist auch auf diese nachstehend kurz einzugehen.

---

5 *Hense* in IDW, Reform des Umwandlungsrechts, 1993, 171, 182; *Schulze/Osterloh* ZGR 1993, 420 (425).

6 Referentenentwurf für ein Gesetz zur Bereinigung des Umwandlungsrechts vom 15.4.1992, abgedruckt als Beilage Nr. 112a zum BAnz vom 20.6.1992.

7 S. RegBegr. bei *Ganske* Umwandlungsrecht 78.

I. Bilanzierung beim übertragenden Rechtsträger

1. Grundsatz

7 Der **übertragende Rechtsträger** ist nach § 17 Abs. 2 verpflichtet, bei Anmeldung der Verschmelzung zum Handelsregister eine Schlussbilanz vorzulegen. Diese Schlussbilanz stellt eine **Vermögensbilanz** dar[8] und ist nach den bei Erstellung und Prüfung eines Jahresabschlusses maßgeblichen Rechenlegungsgrundsätzen aufzustellen.[9] Sie beendet die Rechnungslegung des übertragenden Rechtsträgers und bedarf daher nach richtiger Auffassung der **Feststellung** durch Beschluss des entsprechenden Organs.[10] Der Stichtag der Schlussbilanz entspricht dem **Verschmelzungsstichtag** bzw. dem diesem vorgehenden Tag (→ § 5 Rn. 56; weiterhin kann auf die Kommentierung zu § 17 Abs. 2 hingewiesen werden).[11] Ab diesem Zeitpunkt handelt der übertragende Rechtsträger bis zur Wirksamkeit der Verschmelzung für Rechnung des übernehmenden Rechtsträgers.

8 Die Vorlage einer **GuV** sowie eines **Anhangs** (s. dazu § 384 HGB) ist nach herrschender Meinung nicht von dieser Verpflichtung umfasst.[12] Soweit Wahlpflichtangaben zu machen sind, müssen diese in die Bilanz aufgenommen werden; eine Umgehung der Wahlpflichtangaben durch Verschiebung in die GuV bzw. den Anhang ist nicht möglich.[13] Soweit ein übertragender Rechtsträger jedoch nicht jahresabschlusspflichtig ist (wie etwa der eingetragene Verein), erweitert § 17 Abs. 2 dessen Rechnungslegungspflichten nicht.[14] Anstelle einer Schlussbilanz sind in diesem Fall die **Rechnungsunterlagen** des übertragenden Rechtsträgers einzureichen.

9 Sofern der letzte Jahresabschluss bereits über acht Monate zurückliegt, muss der übertragende Rechtsträger aufgrund § 17 Abs. 2 eine **Zwischenbilanz** aufstellen, ohne dass dadurch ein Rumpfgeschäftsjahr entsteht, da die Zwischenbilanz hierauf keinen Einfluss hat.[15] Soweit **Aktiengesellschaften** an der Verschmelzung beteiligt sind, kann die Aufstellung einer Zwischenbilanz auch in weiteren Fällen erforderlich sein. Nach § 63 Abs. 1 Nr. 3 ist dies der Fall, sofern sich der Jahresabschluss auf ein Geschäftsjahr bezieht, das mehr als sechs Monate vor dem Abschluss des Verschmelzungsvertrages oder der Aufstellung des Entwurfs abgelaufen ist. Sodann ist eine Bilanz auf den Stichtag zu erstellen, der nicht länger als drei Monate vor dem Abschluss des Verschmelzungsvertrages liegt. Entsprechend den bereits genannten Voraussetzungen, ist hier die Bilanz, erweitert um die entsprechenden Wahlpflichtangaben, ausreichend.[16]

10 Die weiteren Anforderungen an die Zwischenbilanz ergeben sich gem. § 17 Abs. 2 S. 2 aus §§ 242 ff. HGB; ferner ist bei der AG § 63 zu beachten, so dass auf die dortige Kommentierung verwiesen wird (→ § 63 Rn. 14 ff.). Gleiches gilt für die Ausführungen

---

[8] *Meilicke* BB 1986, 1958; aA Sagasser/Bula/Brünger Umwandlungen/*Bula/Thees* § 10 Rn. 32 ff.
[9] Widmann/Mayer/*Budde* § 24 Rn. 78.
[10] So auch Lutter/*Priester/Hennrichs* § 24 Rn. 13; Widmann/Mayer/*Budde* § 24 Rn. 132; aA W. *Müller* WPg 1996, 857 (861); IDW, RS HFA 42 (2012), Abs. 13.
[11] Näher → § 5 Rn. 52 ff.; → § 17 Rn. 9 ff.; dazu auch Widmann/Mayer/*Budde* § 24 Rn. 115 ff.; Lutter/*Priester/Hennrichs* § 24 Rn. 14; kritisch hierzu Semler/Stengel/Leonard/*Moszka* § 24 Rn. 12; *Heidtkamp* NZG 2013, 852 (853 ff.).
[12] Vgl. LG Stuttgart DNotZ 1996, 701 (702); LG Dresden GmbHR 1998, 1086; Lutter/*Priester/Hennrichs* § 24 Rn. 13; Lutter/*Decher* § 17 Rn. 8; *Scheunemann* DB 2006, 797 (799); aA *Aha* BB 1996, 2559; Sagasser/Bula/Brünger Umwandlungen/*Bula/Thees* § 10 Rn. 33 ff., die das Wort „Jahresbilanz" in § 24 als bilanzrechtlichen Terminus „Jahresabschluss" auslegen.
[13] Ebenso Lutter/*Priester/Hennrichs* § 24 Rn. 13.
[14] Kallmeyer/*Lanfermann* § 17 Rn. 12; Lutter/*Priester/Hennrichs* § 24 Rn. 13; differenzierend nach der Bilanzierungspflicht des übernehmenden Rechtsträgers *Germann* GmbHR 1999, 591 (592).
[15] So auch Widmann/Mayer/*Budde* § 24 Rn. 83; Lutter/*Priester/Hennrichs* § 24 Rn. 14; *Hoffmann-Becking* FS. Fleck, 1988, 105 (114); *Meilicke* BB 1986, 1958 f.; aA Deubert/Förschle/Störk Sonderbilanzen/*Deubert/Henckel* H Rn. 64, 104; *Pohl*, Handelsbilanzen bei der Verschmelzung von Kapitalgesellschaften, 1995, S. 33.
[16] S. dazu → § 63 Rn. 14 f.; Lutter/*Grunewald* § 63 Rn. 6 f.; Lutter/*Priester/Hennrichs* § 24 Rn. 19 f.

zur Genossenschaft (§ 82), zum Verein (§ 101), zu den genossenschaftlichen Prüfungsverbänden (§ 106) sowie zum VVaG (§ 112) (→ § 82 Rn. 4, → § 101 Rn. 4, → § 112 Rn. 4).

Wertaufstockungen sind durch die Bindung an die §§ 242 ff. HGB im Rahmen der §§ 253 Abs. 5, 254 S. 2, 280 Abs. 1 und 2 HGB nur eingeschränkt möglich. Früher wurde zu den alten Regelungen der §§ 345 Abs. 3 AktG aF, 24 Abs. 3 KapErhG nach hM vertreten, dass die Verschmelzung einen begründeten Ausnahmefall gemäß § 252 Abs. 2 HGB darstelle und **Wertaufstockungen** daher bis zur Obergrenze der historischen Anschaffungs- bzw. Herstellungskosten vorgenommen werden dürfen.[17] Soweit der übernehmende Rechtsträger den Ansatz der Buchwertfortführung wählt, sind diese Grundsätze zum alten Recht weiterhin anwendbar, während bei einer Bilanzierung zu Anschaffungskosten für diese außerordentlichen Wertaufstockungen kein Bedarf mehr besteht.[18]

Sofern sich die beteiligten Rechtsträger für die Aufstellung von **Verschmelzungsbilanzen** entscheiden, können diese im Rahmen des § 24 keine Berücksichtigung finden. Da diese nicht dem Grundsatz der handelsrechtlichen Bilanzkontinuität unterliegen, können sie einzig zur **Ermittlung des Umtauschverhältnisses** herangezogen werden.[19]

2. Sonderfall: Schwebende Verschmelzung

Grundsätzlich bleibt der übertragende Rechtsträger bis zur Eintragung der Verschmelzung eigenständig und rechnungslegungspflichtig.[20] Dabei stellt die Schlussbilanz den letzten eigenständigen Abschluss des übertragenden Rechtsträgers dar. Problematisch wird dieser gewöhnliche Ablauf jedoch, wenn die Schlussbilanz erstellt ist, die **Verschmelzung** aber zum Ende des laufenden Geschäftsjahres des übertragenden Rechtsträgers noch **nicht eigetragen** wurde. Eine solche Verzögerung der Eintragung ist in der Praxis zwar in den meisten Fällen durch die bestehenden Fristen des UmwG zu verhindern, jedoch etwa in den Fällen einer **Anfechtung** der Verschmelzungsbeschlüsse denkbar.[21]

In diesem Fall hat der übertragende Rechtsträger seiner Rechnungslegungspflicht weiterhin nachzukommen und **Jahresabschlüsse** nach den für ihn geltenden Regeln **aufzustellen**. Hierbei ist zu berücksichtigen, dass der übertragende Rechtsträger aufgrund des Verschmelzungsvertrages ab dem Verschmelzungsstichtag für Rechnung des übernehmenden Rechtsträgers handelt, dh die Gewinnausschüttung an die Anteilsinhaber des übertragenden Rechtsträgers ist für nach dem Verschmelzungsstichtag erzielte Gewinne gesperrt.[22] Diese Gewinne sind in der Bilanz des übertragenden Rechtsträgers als **Rückstellung** zu passivieren.[23] Ein etwaiger Verlust kann jedoch wegen des Imparitätsprinzips nicht durch eine Forderung gegen den übernehmenden Rechtsträger ausgeglichen werden (§ 252 Abs. 1 Nr. 4 HGB).[24] Eine Erfassung beim übernehmenden

---

17 So Sagasser/Bula/Brünger Umwandlungen/*Bula/Thees* § 10 Rn. 45 ff.; Deubert/Förschle/Störk Sonderbilanzen/*Deubert/Henckel* H Rn. 111; *Schulze-Osterlo* ZGR 1993, 420 (424); Lutter/*Priester/Hennrichs* § 24 Rn. 16 ff.
18 So iE auch Sagasser/Bula/Brünger Umwandlungen/*Bula/Thees* § 10 Rn. 49; Deubert/Förschle/Störk Sonderbilanzen/*Deubert/Henckel* H Rn. 111; Lutter/*Priester/Hennrichs* § 24 Rn. 18; aA BeckOGK/*Riede* § 24 Rn. 11.
19 Lutter/*Priester/Hennrichs* § 24 Rn. 26; *Hoffmann-Becking* FS Fleck, 1988, 105 (114 ff.).
20 IDW, RS HFA 42 (2012), Abs. 22.
21 Vgl. BGHZ 107, 296 („Kochs-Adler"); BGH DB 1992, 2432.
22 Vgl. etwa OLG Hamm DB 1992, 417; Lutter/*Priester/Hennrichs* § 24 Rn. 28; Kallmeyer/*Lanfermann* § 17 Rn. 24.
23 So auch Lutter/*Priester/Hennrichs* § 24 Rn. 28; aA Kallmeyer/*Lanfermann* § 17 Rn. 24 (noch aA in 5. Aufl.); kritisch auch Sagasser/Bula/Brünger Umwandlungen/*Bula/Thees* § 10 Rn. 78 ff.
24 So auch Kallmeyer/*Lanfermann* § 17 Rn. 24.

Rechtsträger kann grundsätzlich nicht erfolgen, da dieser im Regelfall noch kein wirtschaftliches Eigentum an den Vermögensgegenständen des übertragenden Rechtsträgers erlangt hat.[25]

15 Sofern jedoch bereits wirtschaftliches Eigentum an den Vermögenswerten des übertragenden Rechtsträgers auf den übernehmenden Rechtsträger übergegangen sein sollte, können die Aktiva und Passiva sowie die Aufwendungen und Erträge des übertragenden Rechtsträgers beim übernehmenden Rechtsträger gebucht werden.[26] Der **Erwerb wirtschaftlichen Eigentums** ist nach herrschender Meinung an vier Kriterien gebunden:

1. Verschmelzungsvertrag und Verschmelzungsbeschlüsse wurden formwirksam gefasst.
2. Der vereinbarte Verschmelzungsstichtag liegt vor dem Abschlussstichtag des übernehmenden Rechtsträgers.
3. Die Eintragung der Verschmelzung ist mit an Sicherheit grenzender Wahrscheinlichkeit zu erwarten oder bei Beendigung der Aufstellung des Jahresabschlusses bereits erfolgt.
4. Es ist faktisch sichergestellt, dass der übertragende Rechtsträger über seine Vermögensgegenstände nur mit Einwilligung des übernehmenden Rechtsträgers verfügen kann.[27]

Mit Übergang des wirtschaftlichen Eigentums am Vermögen und an den Schulden auf den übernehmenden Rechtsträger endet die Pflicht des übertragenden Rechtsträgers Jahresabschlüsse auf Stichtage aufzustellen, die nach dem Verschmelzungsstichtag liegen.[28]

16 Wird die Verschmelzung verzögert ins Handelsregister eingetragen, so hat dies keine Auswirkungen auf die bis dahin aufgestellten Jahresabschlüsse; ein festgelegter Verschmelzungsstichtag entwickelt somit keine Unwirksamkeitsfolge für zwischenzeitlich aufgestellte Jahresabschlüsse; auch deren spätere Änderung scheidet folglich aus.[29]

II. Bilanzierung beim übernehmenden Rechtsträger

17 Aus Sicht des übernehmenden Rechtsträger ist die Vermögensübernahme mit der wirksamen Verschmelzung bilanziell wie ein **einfacher laufender Geschäftsvorfall** zu behandeln.

1. Verschmelzungsrelevante Bilanzen

18 § 24 verweist bzgl. der Jahresbilanz auf § 253 Abs. 1 HGB; es steht somit außer Frage, dass die Bilanzierung gem. § 242 ff. HGB zu erfolgen hat. Dies gilt selbst dann, wenn der übernehmende Rechtsträger seinen Konzernabschluss gem. § 315a HGB zwingend oder fakultativ nach internationalen Rechnungslegungsstandards (IAS bzw. IFRS) bilanziert; auch dann ist stets eine Einzelbilanz nach HGB aufzustellen.[30] Bei der Bilanzierung nach IFRS 3.37 ist der Wert der gewährten Anteile bzw. der untergegangenen Beteili-

---

25 Zur Situation beim übernehmenden Rechtsträger ausführlich Widmann/Mayer/*Budde* § 24 Rn. 147 ff.; s. auch IDW, RS HFA 42 (2012), Abs. 32 ff.
26 IDW, RS HFA 42 (2012), Abs. 31.
27 IDW, RS HFA 42 (2012), Abs. 29; so auch Kallmeyer/*Lanfermann* § 24 Rn. 54, Kallmeyer/*Lanfermann* § 17 Rn. 23; Lutter/*Priester/Hennrichs* § 24 Rn. 30.
28 Semler/Stengel/Leonard/*Moszka* § 24 Rn. 15.
29 Lutter/*Priester/Hennrichs* § 24 Rn. 31.; *Priester* BB 1992, 1594 (1598).
30 Heidel/Schall/*Stork* HGB § 325 Rn. 7; Hopt/*Merkt* HGB § 325 Rn. 7.

gung zwingend als Anschaffungskosten anzusetzen, da die Buchwertfortführung aus der Schlussbilanz des übertragenden Rechtsträgers nicht zulässig ist.[31] Folglich hat ein nach IFRS bilanzierendes Unternehmen in der dortigen Bilanz ggf. andere Anschaffungskosten als in der HGB-Bilanz.

Hinsichtlich der in Betracht zu ziehenden Bilanzen ist danach zu **differenzieren**, ob die Verschmelzung durch Neugründung oder zur Aufnahme erfolgt. 19

Im Falle einer **Verschmelzung zur Aufnahme** bedarf es keiner gesondert aufzustellenden Bilanz – etwa einem Äquivalent zu der Schlussbilanz des übertragenden Rechtsträgers – auf Seiten des übernehmenden Rechtsträgers.[32] Die Übernahme des Vermögens stellt für den übernehmenden Rechtsträger einen **laufenden Geschäftsvorfall** dar. Die erstmalige bilanzielle Berücksichtigung des übernommenen Vermögens erfolgt in der auf die wirksame Verschmelzung folgenden Jahresbilanz des übernehmenden Rechtsträgers. Sofern übernehmender Rechtsträger eine Kapitalgesellschaft oder eine nach § 264a HGB gleichgestellte Gesellschaft ist, sind nach § 267 HGB die vom übertragenden Rechtsträger ab dem Verschmelzungsstichtag für Rechnung des übernehmenden Rechtsträgers getätigten Umsätze zu berücksichtigen.[33] Eine zu internen Zwecken aufgestellte **Verschmelzungsbilanz** ist nicht festzustellen und weder handelsrechtlich noch steuerrechtlich von Bedeutung.[34] 20

Zu differenzieren ist, wenn der übernehmende Rechtsträger im Zuge der Umwandlung **erstmals buchführungspflichtig** wird. In diesem Fall hat die übernehmende bzw. neue Gesellschaft eine unternehmerische Vorgeschichte, so dass der Bilanzstichtag auf den Verschmelzungsstichtag vorzuziehen ist.[35] Diese muss in der Bilanzierung des übernehmenden Rechtsträgers berücksichtigt werden. Aus wirtschaftlicher Sicht ist dann auf den Verschmelzungsstichtag abzustellen (§ 5 Abs. 1 Nr. 6), da ab diesem Zeitpunkt die übertragenden Rechtsträger für Rechnung des neuen Rechtsträgers handeln (→ § 5 Rn. 52). Sofern mehrere übertragende Rechtsträger existieren, ist auf den frühesten Verschmelzungsstichtag abzustellen.[36] 21

Sofern hingegen eine **Verschmelzung zur Neugründung** durchgeführt wird, ist der neu gegründete Rechtsträger zur Aufstellung einer **Eröffnungsbilanz** verpflichtet, in der das übernommene Vermögen ausgewiesen wird (§ 242 Abs. 1 HGB). Der entsprechende Bilanzstichtag fällt allerdings nicht auf den Tag der Wirksamkeit der Verschmelzung, obwohl an diesem Tag der Rechtsträger erst entsteht, §§ 36 Abs. 1 iVm § 20 Abs. 1 Nr. 1;[37] vielmehr ist in diesem Fall der **Verschmelzungsstichtag maßgebend**, da ab diesem Tage die Handlungen des übertragenden Rechtsträgers als für den übernehmenden Rechtsträger vorgenommen gelten und die Eröffnungsbilanz auf der Schlussbilanz 22

---

31 Lutter/Priester/Hennrichs § 24 Rn. 90 f.; Kallmeyer/Lanfermann § 24 Rn. 61.
32 Lutter/Priester/Hennrichs § 24 Rn. 21; Semler/Stengel/Leonard/Moszka § 24 Rn. 19.
33 Lutter/Priester/Hennrichs § 24 Rn. 25.
34 Schmitt/Hörtnagl/Hörtnagl § 24 Rn. 6.
35 Ebenso Lutter/Priester/Hennrichs § 24 Rn. 22; Sagasser/Bula/Brünger Umwandlungen/Bula/Thees § 10 Rn. 86; aA Kallmeyer/Lanfermann § 24 Rn. 56, der auf den Übergang des wirtschaftlichen Eigentums abstellt.
36 So auch Schmitt/Hörtnagl/Hörtnagl § 24 Rn. 8.
37 So Kölner Komm UmwG/Simon § 24 Rn. 26; BeckOGK/Rieder § 24 Rn. 14; Sagasser/Bula, 1. Aufl. 1995, Rn. H 5; anders nunmehr für den Regelfall Sagasser/Bula/Brünger Umwandlungen/Bula/Thees § 10 Rn. 86.

des übertragenden Rechtsträgers, die regelmäßig auf den Verschmelzungsstichtag aufgestellt wird, basiert.[38]

2. Bilanzierung der Werte des übertragenden Rechtsträgers als Anschaffungskosten gem. § 253 HGB

23 Auf welche Art und Weise das Vermögen des übertragenden Rechtsträgers in die Bilanz des übernehmenden Rechtsträgers Eingang findet, ist einerseits abhängig davon, wie die Verschmelzung durchgeführt wird und andererseits davon, welcher Wertansatz beim übernehmenden Rechtsträger gewählt wird.[39] Findet die Verschmelzung unter Gewährung von Anteilen des übernehmenden Rechtsträgers an die Anteilsinhaber des übertragenden Rechtsträgers statt, tritt das übernommene Vermögen an die Stelle der gewährten Anteile. Ist der übernehmende Rechtsträger bereits an dem übertragenden Rechtsträger beteiligt, so tritt das übernommene Vermögen an die Stelle der bisherigen Beteiligung.

24 Für die **wertmäßige Betrachtung** erfolgt eine vergleichende Betrachtung zwischen dem übernommenen Vermögen des übertragenden Rechtsträgers und den zu gewährenden Anteilen am übernehmenden Rechtsträger. Soweit das übernommene Vermögen mit den gewährten Anteilen bzw. der bestehenden Beteiligung jeweils für sich genommen verglichen wird, kann beim übernehmenden Rechtsträger entweder ein Verschmelzungsgewinn oder ein **Verschmelzungsverlust** entstehen, wenn diese Werte – wie zumeist in der Praxis aufgrund stiller Reserven des übertragenden Rechtsträgers – nicht genau übereinstimmen. Eine Übereinstimmung kann dann erzielt werden, wenn das übernommene Vermögen abhängig vom Wert der Anteile bestimmt, bzw. auf diese verteilt wird.

Hinweis für die Praxis: Die anfängliche Festlegung des Wertes des übernommenen Vermögens entfaltet eine Bindungswirkung. Entsprechend dieser genannten Ermittlungsmöglichkeiten für das übernommene Vermögen bestimmt sich nicht nur die Bilanzierung der Verschmelzung für die erstmalige Berücksichtigung in der Bilanz des übernehmenden Rechtsträgers, sondern auch für die zukünftigen Bilanzen. Denn die anfängliche Bewertung des übernommenen Vermögens bildet die Bemessungsgrundlage für zukünftige Abschreibungen in der Bilanz des übernehmenden Rechtsträgers. Eine spätere Neufestlegung ist nicht möglich.[40]

a) Inhalt des Wahlrechts

25 Hinsichtlich der Frage, wie der Vermögensübergang vom übertragenden Rechtsträger in der Bilanz des übernehmenden Rechtsträger berücksichtigt werden kann, besteht für den übernehmenden Rechtsträger ein **Wahlrecht**, ob die Werte aus der Schlussbilanz des übertragenden Rechtsträgers übernommen werden (sog. **Buchwertfortführung**) oder aber die tatsächlichen Anschaffungskosten (sog. **Anschaffungskostenmethode**) bilanziert werden.[41] Dieses Wahlrecht wird bei der Aufstellung des ersten Jahresabschlusses nach Wirksamkeit der Verschmelzung bzw. im Rahmen der Eröffnungsbilanz

---

[38] Lutter/Priester/Hennrichs § 24 Rn. 22; Semler/Stengel/Leonard/Moszka § 24 Rn. 18; Schmitt/Hörtnagl/*Hörtnagl* § 24 Rn. 8; aA mit Übergang des wirtschaftlichen Eigentums mit dem Argument, dass der übernehmende Rechtsträger bei einer Verschmelzung zur Neugründung zu diesem Zeitpunkt noch gar nicht entstanden ist, Kallmeyer/Lanfermann § 24 Rn. 56.

[39] Lutter/Priester/Hennrichs § 24 Rn. 6.

[40] Lutter/Priester/Hennrichs § 24 Rn. 11.

[41] Kölner Komm UmwG/*Simon* § 24 Rn. 31.

bei der Verschmelzung zur Neugründung **ausgeübt** und in der Bilanz des übernehmenden Rechtsträgers umgesetzt. Es kann auch nur **einheitlich** ausgeübt werden, dh es kann keine Differenzierung nach Einzelposten des übernommenen Vermögens geben (zB die Anwendung der Buchwertfortführung bei einem Teil der Aktiva und der Anschaffungskostenmethode bei einem anderen Teil der Aktiva).[42] Dies gilt für den einzelnen Verschmelzungsvorgang; sind **mehrere Rechtsträger** an der Verschmelzung beteiligt und liegen demnach mehrere Verschmelzungsvorgänge vor, so kann für die einzelnen Vorgänge natürlich ein **unterschiedliches Vorgehen** festgelegt werden.[43]

Die **Gründe**, die zur Einführung dieses Wahlrechts geführt haben, liegen in der früheren Rechtslage vor 1995 begründet. Danach war einzig die Buchwertfortführung möglich (§§ 348 Abs. 1 AktG aF, 27 Abs. 1 KapErhG), um die beteiligten Rechtsträger in eine bilanzielle Kontinuität zu zwingen und willkürliche Neubewertungen zu verhindern.[44] Dies hatte allerdings in der Praxis dazu geführt, dass bei der übernehmenden Gesellschaft **Verschmelzungsverluste** entstanden, die den Wert der Anteile ihrer bisherigen Gesellschafter mindern (zum Hintergrund → Rn. 24 „wertmäßige Betrachtung"). Dieser Verlust konnte nur durch eine bilanzielle Behelfskonstruktion mittels eines Aktivpostens „**Geschäfts- oder Firmenwert**" neutralisiert werden, vgl. §§ 348 Abs. 2 AktG aF, 27 Abs. 2 KapErhG. Dieser als Bilanzierungshilfe zulässige Aktivposten musste über fünf Jahre abgeschrieben werden, was somit die notwendigen Aufwendungen nicht entfallen lies und dem übernehmenden Rechtsträger nur eingeschränkt weiterhalf.[45] Nachdem der Diskussionsentwurf zum Umwandlungsgesetz[46] noch den früheren Buchwertansatz vorsah, wurde auf massive Kritik insbesondere der Wirtschaftsprüfer,[47] die das **Prinzip der Erfolgsneutralität von Anschaffungsvorgängen** verletzt sahen, das später Gesetz gewordene Wahlrecht in den Referentenentwurf[48] aufgenommen.

b) Zuständigkeit

§ 24 trifft keine Regelung darüber, welches **Organ** für die Auswahlentscheidung zuständig ist. Da die Entscheidung die Gestaltung der Bilanz beeinflusst, wird die Auswahlkompetenz im Schrifttum zum Teil den Organen des übernehmenden Rechtsträgers zugestanden, die zur Feststellung des Jahresabschlusses berufen sind.[49] Für die GmbH (§ 46 GmbHG) sowie die Personengesellschaften wäre dies die Gesellschafterversammlung,[50] für die AG zeichnen Vorstand und Aufsichtsrat verantwortlich, § 172 AktG. Dieser Ansicht ist zwar zuzugestehen, dass es sich hierbei um eine bilanzielle Entscheidung handelt, die grundsätzlich in den Verantwortungsbereich der vorstehend bezeichneten Organe fällt. Dagegen spricht jedoch, dass es sich um einen **Teil des Verschmelzungsvorgangs** handelt, der generell einer Zustimmung der Anteilsinhaber bedarf, der ge-

---

42 Semler/Stengel/Leonard/*Moszka* § 24 Rn. 74; Widmann/Mayer/*Budde* § 24 Rn. 167; Lutter/*Priester/Hennrichs* § 24 Rn. 76.
43 Kallmeyer/*Lanfermann* § 24 Rn. 17; Lutter/*Priester/Hennrichs* § 24 Rn. 76.
44 Lutter/*Priester/Hennrichs* § 24 Rn. 75.
45 GesBegr. bei *Ganske* Umwandlungsrecht S. 78; Kölner Komm UmwG/*Simon* § 24 Rn. 5 ff.; Lutter/*Priester/Hennrichs* § 24 Rn. 74.
46 Diskussionsentwurf für ein Gesetz zur Bereinigung des Umwandlungsrechts vom 3.8.1988, abgedruckt als Beilage Nr. 214a zum BAnz vom 15.11.1988.
47 S. nur die Stellungnahme des Instituts der Wirtschaftsprüfer, 1989, 340 ff.
48 Referentenentwurf für ein Gesetz zur Bereinigung des Umwandlungsrechts vom 15.4.1992, abgedruckt als Beilage Nr. 112a zum BAnz vom 20.6.1992.
49 So IDW, RS HFA 42 (2012), Abs. 35; Kölner Komm UmwG/*Simon* § 24 Rn. 36; Semler/Stengel/Leonard/*Moszka* § 24 Rn. 65; Widmann/Mayer/*Budde* § 24 Rn. 266; Lutter/*Priester/Hennrichs* § 24 Rn. 77 (anders noch *Priester* in 5. Aufl., wonach stets Entscheidungskompetenz der Gesellschafter).
50 Vgl. zur KG nur BGHZ 136, 263 (266 ff.); BGHZ 170, 283 („Otto").

wählte bilanzielle Ansatz die Höhe der Wertansätze im Jahresabschluss festlegt und damit direkte Auswirkungen auf das Jahresergebnis und die Dividendenausschüttung des übernehmenden Rechtsträgers nach Wirksamkeit der Verschmelzung hat. Insoweit ist die Rechtsstellung der Anteilsinhaber durch den Verschmelzungsvorgang direkt betroffen und die **Entscheidungskompetenz** konsequenterweise ausschließlich bei den **Anteilsinhabern** zu verorten.[51] Dies ist insbesondere angesichts der Regelung des § 13 Abs. 1 S. 1 folgerichtig. Da die Wahl des Bilanzierungsansatzes – zumindest aus Sicht des übernehmenden Rechtsträgers – Teil der Durchführung des Verschmelzungsvorganges ist, sind die Anteilsinhaber für die Entscheidung zuständig.

28 Diese Sichtweise erscheint auch vor dem gesetzgeberischen Hintergrund konsequent, wonach das Wahlrecht gewährt wurde, um die Entstehung von Verschmelzungsverlusten – und damit die Verminderung des Anteilswertes – zu verhindern. Insoweit ist es konsequent die Anteilsinhaber auch bei der Ausübung des Wahlrechts vor negativen Verschmelzungsfolgen zu schützen. Das Wahlrecht ist durch **Beschluss** auszuüben und wird sinnvollerweise im **Verschmelzungsvertrag** ausgeübt, zu dem die Anteilsinhaber ohnehin einen Beschluss fassen müssen.[52] Fassen die Anteilsinhaber hierüber im Rahmen der Verschmelzung keinen Beschluss, so können sie dies mit separatem Beschluss nachholen; ansonsten ist das grundsätzlich zuständige Feststellungsorgan als ermächtigt anzusehen, die Wahlentscheidung zu treffen.

c) Zeitpunkt der Ausübung

29 Im Rahmen der oben festgelegten Zuständigkeit zur Wahlrechtsausübung kann die Festlegung des Bilanzansatzes bereits im Verschmelzungsvertrag erfolgen (§ 5). Sobald die Anteilsinhaber diesem gemäß § 13 Abs. 1 zugestimmt haben, gilt das Wahlrecht bereits in diesem Zeitpunkt als ausgeübt.[53] Soweit dagegen vorgebracht wird, die Festlegung innerhalb des Verschmelzungsvertrages entfalte keine Rechtsbindung, da eine endgültige Festlegung der Bilanzierungsparameter erst in der Jahresabschlusserstellung möglich sei,[54] geht diese Kritik insoweit fehl, als dass bereits im Verschmelzungsvertrag bzw. in der dortigen Festlegung des Umtauschverhältnisses eine **vollumfängliche Bewertung** des zu übertragenden Vermögens stattfindet. Zusammen mit der sich anschließenden **Verschmelzungsprüfung** (§ 9) verfügen die Anteilsinhaber zum Zeitpunkt ihrer **Zustimmungsentscheidung** (§ 13) über alle relevanten Informationen.

30 Sofern die Anteilsinhaber von dieser Kompetenz keinen Gebrauch machen, obliegt die Wahlentscheidung dem zur Feststellung des Jahresabschlusses zuständigen Organ. Sollten die Anteilsinhaber nachträglich von ihrer Entscheidung abweichen wollen, ist eine Verschmelzungsvertragsänderung notwendig.[55]

d) Grenzen

31 Vor dem Argument der Schutzinteressen von Anteilsinhabern und Gläubigern wird eine Einschränkung des Wahlrechts in § 24 durch allgemeine Rechnungslegungsgrundsätze diskutiert.

---

51 So auch *Priester* AG 2019, 640 (642); krit. Kallmeyer/*Lanfermann* § 24 Rn. 17, wonach die Anteilseigner nur das Wahlrecht ausüben, wenn sie auch die Feststellung vornehmen.

52 So auch Semler/Stengel/*Leonard/Moszka* § 24 Rn. 65 ff.; Lutter/*Priester/Hennrichs* § 24 Rn. 78.

53 Ebenso Lutter/*Priester/Hennrichs* § 24 Rn. 78; Semler/Stengel/*Leonard/Moszka* § 24 Rn. 70 ff.; aA Kölner Komm UmwG/*Simon* § 24 Rn. 32 f.

54 So Kölner Komm UmwG/*Simon* § 24 Rn. 32.

55 Dazu Kallmeyer/*Lanfermann* § 24 Rn. 18; für die Verschmelzung zur Neugründung s. Semler/Stengel/*Leonard/Moszka* § 24 Rn. 67.

3. Schutzinteressen der Anteilsinhaber

Sofern beim übernehmenden Rechtsträger durch Anwendung der Buchwertbilanzierung Verschmelzungsverluste eintreten, ist fraglich, ob dies zu einer **Begrenzung des Wahlrechts** dahin gehend führt, dass die für die Anteilsinhaber vorteilhafteste Methode zu wählen ist.[56] In der bilanzrechtlichen Literatur wird dieser Ansatz auch dahin gehend konkretisiert, dass in diesem Fall die Wahl der Buchwertmethode einer gesonderten Rechtfertigung bedarf.[57] Aufgrund des klaren Wortlautes des § 24 ist diesen Ansätzen jedoch nicht zu folgen.[58] § 24 selbst schränkt die Wahl der Bilanzierungsmethode nicht ein. Auch die rechtshistorische Entwicklung des § 24 von der verpflichtenden Buchwertfortschreibung hin zum Wahlrecht widerspricht diesem Ansatz. Denn aus der Einräumung des Wahlrechtes unter gleichzeitiger Abschaffung der zuvor bestehenden Bilanzierungshilfen (in fünf Jahren abzuschreibender aktivierter Geschäfts- oder Firmenwert) durch das UmwG 1995 zeigt sich, dass ein Verschmelzungsverlust durch den Gesetzgeber nicht zwingend verhindert werden sollte.[59] Hätte der Gesetzgeber dies gewollt, so hätte er den übernehmenden Rechtsträger auf eine anteilsinhaberfreundliche Bilanzierung verpflichten können.[60] Zudem haben die Anteilsinhaber – wie vorstehend ausgeführt – es in der Hand, entsprechende Regelungen im Verschmelzungsvertrag zu implementieren und hierüber im Rahmen des Verschmelzungsbeschlusses abzustimmen.

4. Grundsatz der Kapitalaufbringung

Sofern es sich beim übernehmenden Rechtsträger um eine Kapitalgesellschaft handelt, verlangt der **Grundsatz der realen Kapitalaufbringung** unstreitig, dass der Ausgabebetrag bzw. mindestens der Nennwert der neuen Anteile des übernehmenden Rechtsträgers durch entsprechendes Vermögen des übertragenden Rechtsträgers gedeckt ist. Dies dient grundsätzlich dem **Gläubigerschutz**. Angesichts der og Möglichkeit eines Verschmelzungsverlustes stellt sich hier die Frage, ob dieser Grundsatz zu einer Begrenzung der Wahlmöglichkeit führt. Insoweit wird vertreten, der bilanzielle Ansatz des vom übertragenden Rechtsträger übergehenden Vermögens müsse dem Ausgabebetrag zumindest real entsprechen. Eine reine Deckung aufgrund des Zeitwertes bei einem geringeren Buchwert reiche nicht aus.[61]

Dieser Ansicht ist jedoch nicht zu folgen, denn das UmwG enthält hierzu keinen Anhaltspunkt. Sollte der Grundsatz realer Kapitalaufbringung nicht eingehalten sein, müsste nach dieser Ansicht konsequenterweise eine bilanzielle **Buchwertaufstockung** des übernommenen Vermögens vorgenommen werden, um diese reale Entsprechung zu erreichen. Eine solche Buchwertaufstockung führt jedoch zu keinem höheren Haftungsvolumen und vermag folglich den Gläubigerschutz nicht zu erhöhen.[62] Das Gegenteil wäre der Fall, da ohne Buchwertaufstockung bei einer Unterdeckung des Eigenkapitals zunächst eine Ausschüttungssperre eintritt.[63] Ein realer Verlust bei Buchwertfortschreibung und daraus folgender Ausschüttungssperre schützt somit reflexiv die Gläubiger.

---

56 So wohl unter Willkürgesichtspunkten Kallmeyer/Lanfermann § 24 Rn. 51.
57 So etwa Lutter/Priester/Hennrichs § 24 Rn. 82.
58 So auch Kölner Komm UmwG/Simon § 24 Rn. 38; Semler/Stengel/Leonard/Moszka § 24 Rn. 80.
59 Vgl. Kölner Komm UmwG/Simon § 24 Rn. 39; so wohl auch Lutter/Priester/Hennrichs § 24 Rn. 82.
60 Kölner Komm UmwG/Simon § 24 Rn. 39.
61 So etwa Kallmeyer/Lanfermann § 24 Rn. 18, 52; W. Müller FS Clemm, 1996, 243 (251 ff.).
62 Vgl. auch Kölner Komm UmwG/Simon § 24 Rn. 44.
63 So auch Priester GmbHR 1999, 1273; Lutter/Priester/Hennrichs § 24 Rn. 85; Kölner Komm UmwG/Simon § 24 Rn. 44 ff.

35 Darüber hinaus findet die abweichende Ansicht keine Entsprechung im § 24, da der Wortlaut keine Begrenzung des Wahlrechts vornimmt.[64] Auch die Systematik des Umwandlungsrechts verlangt dies nicht. So ist etwa für den Formwechsel nach § 220 ein separater Nachweis des Wertes ausreichend. Schließlich verweist auch die Gesetzesbegründung zu § 24 hinsichtlich der Kapitalschutzvorschriften für Aktiengesellschaften ausschließlich auf § 69 Abs. 1.[65] Eine Einschränkung der Wahlfreiheit des § 24 aus Gründen der Kapitalaufbringung ist daher abzulehnen.

a) Ansatzebene

36 Für die **Ansatzebene** gilt, dass die Übernahme des Vermögens des übertragenden Rechtsträgers in bilanzieller Hinsicht einen **Anschaffungsvorgang** darstellt; für die Verschmelzung zur Aufnahme stellt dies einen **laufenden Geschäftsvorfall** und für die Verschmelzung zur Neugründung einen berücksichtigungspflichtigen **Posten in der Eröffnungsbilanz** dar.[66] Die übergehenden Aktiva und Passiva sind einzubuchen, wobei grundsätzlich die allgemeinen Ansatzvorschriften der §§ 246 ff. HGB zu beachten sind. Wie die einzelnen Vermögenspositionen konkret anzusetzen sind, ergibt sich aus der Wahl der verfügbaren Ansatzmethoden.

aa) Anschaffungskostenprinzip

37 Sofern sich der übernehmende Rechtsträger für eine Bilanzierung nach dem **Anschaffungskostenprinzip** entscheidet, ist er an die bilanzrechtlichen Vorschriften der §§ 246 ff. HGB gebunden. Vermögensgegenstände, die nicht im Wege der Gesamtrechtsnachfolge übergehen, dürfen danach keine Berücksichtigung finden (zB jedwede Bilanzierungshilfen wie Ingangsetzungskosten gem. § 269 HGB und Verschmelzungsmehrwerte). Dies gilt gleichermaßen für Geschäfts- und Firmenwerte des übertragenden Rechtsträgers im Sinne des § 255 Abs. 4 HGB, die nur indirekt über die übernommenen Vermögenswerte oder über die Geschäfts- und Firmenwerte des übernehmenden Rechtsträgers Eingang in die Bilanz finden.[67]

38 **Immaterielle Vermögenswerte** sind zu aktivieren; die Eingrenzung des § 248 Abs. 2 HGB auf nicht selbst geschaffene immaterielle Vermögenswerte gilt hier nach richtiger Auffassung nicht.[68] Gleiches gilt für **Rechnungsabgrenzungsposten**, sofern sie Vermögen oder Verbindlichkeiten darstellen. Übergehende **Pensionsverpflichtungen** sind zu passivieren, das entsprechende Wahlrecht des Art. 28 Abs. 1 EGHGB findet hier keine Anwendung.[69]

39 Hat der übertragende Rechtsträger **eigene Anteile** gehalten, können diese, aufgrund ihres Untergangs mit Wirksamkeit der Verschmelzung nach § 20 Abs. 1 Nr. 2, beim übernehmenden Rechtsträger nicht bilanziert werden. Aus dem gleichen Grund können

---

[64] Ebenso Lutter/*Priester/Hennrichs* § 24 Rn. 85; Kölner Komm UmwG/*Simon* § 24 Rn. 45.
[65] GesBegr. bei *Ganske* Umwandlungsrecht S. 79.
[66] Lutter/*Priester/Hennrichs* § 24 Rn. 32 ff.; Schmitt/Hörtnagl/*Hörtnagl* § 24 Rn. 4.
[67] Lutter/*Priester/Hennrichs* § 24 Rn. 33; Kölner Komm UmwG/*Simon* § 24 Rn. 50.
[68] IDW, RS HFA 42 (2012), Abs. 36; Lutter/*Priester/Hennrichs* § 24 Rn. 35.
[69] Lutter/*Priester/Hennrichs* § 24 Rn. 35; Kölner Komm UmwG/*Simon* § 24 Rn. 52.

wechselseitig bestehende Forderungen und Verbindlichkeiten nicht mehr bilanziert werden, da diese durch **Konfusion** erlöschen.[70]

Aktive Steuerabgrenzungsposten auf Seiten des übertragenden Rechtsträgers (§ 274 Abs. 2 HGB) gehen ebenfalls nicht auf den übernehmenden Rechtsträger über. Das gilt ebenfalls für **passive Steuerabgrenzungsposten** (§ 274 Abs. 1 HGB). Die Bildung von Steuerlatenzen (§ 274 HGB) nach wirksamer Verschmelzung auf Seiten des übernehmenden Rechtsträgers bleibt jedoch möglich.[71]

Sofern sämtliche Aktiva und Passiva des übertragenden Rechtsträgers beim übernehmenden Rechtsträger angesetzt und bewertet sind, kann dieser Betrag in Ausnahmefällen mit den Gesamtanschaffungskosten übereinstimmen; in diesem Fall ist nichts weiter zu veranlassen. Sofern jedoch ein Differenzbetrag besteht, kann dieser als **Geschäftswert** gemäß §§ 246 Abs. 1 S. 4 iVm S. 1, 255 Abs. 4 HGB aktiviert werden.[72] Dieser Grundsatz ist auch bei konzerninternen Verschmelzungen anwendbar.[73] W. *Müller* weist jedoch zu Recht darauf hin, dass bei konzerninternen Verschmelzungen eine vorsichtige Bewertung vorzunehmen ist.[74]

bb) Buchwertansatz

Wird als bilanzieller Ansatz gem. § 24 die **Buchwertverknüpfung** gewählt, so tritt der übernehmende Rechtsträger dem Grunde nach bilanziell an die Stelle des übertragenden Rechtsträgers und daraus folgt eine bilanzielle Bindung des übernehmenden Rechtsträgers an die Ansätze aus der Schlussbilanz des übertragenden Rechtsträgers. Diese Bindung bezieht sich auch auf die **Ansatzwahlrechte** des übertragenden Rechtsträgers, selbst wenn diese beim übernehmenden Rechtsträger gar nicht zulässig wären.[75] Dies gilt demnach für Bilanzierungshilfen oder **Geschäftswerte** des übertragenden Rechtsträgers ebenso wie für Steuerabgrenzungsposten (§ 274 HGB).[76] **Sonderposten mit Rücklageanteil** sind aktivisch von den entsprechenden Vermögensgegenständen abzusetzen.[77] Diese Fortführung gilt jedoch nicht für durch den übertragenden Rechtsträger selbst geschaffene **immaterielle Vermögensgegenstände**, da § 248 Abs. 2 HGB insoweit fortwirkt.[78] Sofern der übertragende Rechtsträger eigene Anteile hält, sind diese, ebenso wie bei der Anschaffungskostenmethode, aufgrund des § 20 Abs. 1 Nr. 2 außer Betracht zu lassen.

Im Rahmen der Buchwertfortführung besteht die Besonderheit, dass die Differenz zwischen dem Gesamtbetrag der Anschaffungskosten und dem Buchwert des übernommenen Vermögens nicht als Geschäftswert oder als Verschmelzungsmehrwert in die Bilanz aufgenommen werden darf. Diese Differenz ist vielmehr stets als **Verschmelzungsverlust** zu buchender Aufwand.[79]

---

[70] Deubert/Förschle/Störk Sonderbilanzen/*Deubert/Hoffmann* K Rn. 25, 42, 56; Sagasser/Bula/Brünger Umwandlungen/*Bula/Thees* § 10 Rn. 119 ff. und 287 ff., ebenfalls zur Bilanzierung von Konfusionsgewinnen aufgrund unterschiedlicher Bewertung der untergegangenen Forderung bei den beiden Rechtsträgern.

[71] Näher dazu Kallmeyer/*Lanfermann* § 24 Rn. 9; Lutter/*Priester/Hennrichs* § 24 Rn. 34; Kölner Komm UmwG/*Simon* § 24 Rn. 54.

[72] IDW, RS HFA 42 (2012), Abs. 58; Deubert/Förschle/Störk Sonderbilanzen/*Deubert/Hoffmann* K Rn. 20 f.; Lutter/*Priester/Hennrichs* § 24 Rn. 37;.

[73] So auch Lutter/*Priester/Hennrichs* § 24 Rn. 37.

[74] Kallmeyer/*Müller*, 5. Aufl., § 24 Rn. 8; so auch weiterhin Kallmeyer/*Lanfermann* § 24 Rn. 8.

[75] Kallmeyer/*Lanfermann* § 24 Rn. 13; Semler/Stengel/*Leonard/Moszka* § 24 Rn. 20.

[76] Kallmeyer/*Lanfermann* § 24 Rn. 45; Lutter/*Priester/Hennrichs* § 24 Rn. 39.

[77] Deubert/Förschle/Störk Sonderbilanzen/*Deubert/Hoffmann* K Rn. 87 f.

[78] *Gassner* FS Widmann, 2000, 343 (352).

[79] IDW, RS HFA 42 (2012), Abs. 70; Lutter/*Priester/Hennrichs* § 24 Rn. 40.

44 Die Kosten der Verschmelzung (Steuern, Notar- und Gerichtskosten) dürfen – im Gegensatz zum Anschaffungskostenprinzip – im Rahmen der Anschaffungsnebenkosten ebenfalls nicht bilanziert werden.[80]

b) Bewertungsebene

45 Die Ausübung des Wahlrechtes nach § 24 hat Auswirkungen auf die anzuwendenden bilanzrechtlichen **Bewertungsvorgaben**. Dies betrifft einerseits die Frage, mit welchen Werten das übergehende Vermögen anzusetzen ist, andererseits auch den Umgang mit möglichen Differenzbeträgen.

aa) Anschaffungskostenprinzip

46 Obgleich es sich um einen regulären Anschaffungsvorgang handelt, zeigt der Wortlaut des § 24 auf, dass die im Rahmen der Verschmelzung übergegangenen Vermögensgegenstände **Anschaffungskosten besonderer Art** darstellen.[81] Eine Besonderheit liegt darin, dass eine Verschmelzung regelmäßig komplexer ist als ein dem idealen Anschaffungskostenbild zugrunde liegendes Austauschgeschäft. So gilt etwa der Grundsatz der Mitgliedschaftsperpetuierung, während ein regulärer Anschaffungsvorgang eher ein Austauschgeschäft – im vergleichbaren Fall also die Ausgabe von Anteilen gegen Sacheinlage – zum Leitbild hat. Insofern handelt es sich nicht um Anschaffungskosten im klassischen Sinn, bei denen aufgrund eines Aktivtauschs die Bilanzsumme unverändert bleibt.[82] Wie vorstehend beschrieben, treten jedoch im Rahmen einer Verschmelzung zumeist Verschmelzungsgewinne oder -verluste auf, die Auswirkungen auf die Bilanzsumme haben. Konsequenterweise kann eine bilanzielle Berücksichtigung neben dem Buchwert auch nach dem Zeitwert erfolgen; dieser stellt gleichzeitig die **Höchstgrenze**[83] einer möglichen Berücksichtigung in den Anschaffungskosten dar.

47 Wie die Anschaffungskosten sodann zu bilanzieren sind, bestimmt sich – mangels ausdrücklicher Festlegung in § 24 – nach den allgemeinen bilanzrechtlichen Grundsätzen. Aus dem zugrunde zu legenden Aufwendungsbegriff des § 255 HGB ergibt sich, dass danach unterschieden werden muss, in welcher Form die Gegenleistung seitens des übernehmenden Rechtsträgers (Grundsatz der Mitgliedschaftsperpetuierung) gewährt wird.[84]

bb) Gewährung neuer Anteile

48 Gewährt der übernehmende Rechtsträger mittels Kapitalerhöhung neu geschaffene Anteile als Gegenleistung für das übernommene Vermögen, so gelten die **Grundsätze zur Sacheinlage**. Höchstgrenze für die Bewertung der Anschaffungskosten ist hier der Zeitwert des vom übertragenden Rechtsträger übergehenden Vermögens.[85] Unterhalb dieser Höchstgrenze besteht für den übernehmenden Rechtsträger ein Wahlrecht zwischen Zeitwert und Ausgabebetrag, sofern der Ausgabebetrag nicht bindend festgelegt wurde.[86] Soweit andere Stimmen im Schrifttum zwingend von einer Bilanzierung nach

---

80 *Gassner* FS Widmann, 2000, 343 (352); Lutter/*Priester/Hennrichs* § 24 Rn. 41; Widmann/Mayer/*Budde* § 24 Rn. 225.
81 So Kölner Komm UmwG/*Simon* § 24 Rn. 61.
82 Kallmeyer/*Lanfermann* § 24 Rn. 4; Kölner Komm UmwG/*Simon* § 24 Rn. 61.
83 Semler/Stengel/*Leonard/Moszka* § 24 Rn. 75; Kallmeyer/*Lanfermann* § 24 Rn. 24.
84 Kölner Komm UmwG/*Simon* § 24 Rn. 62; Lutter/*Priester/Hennrichs* § 24 Rn. 43.
85 *Gassner* FS Widmann, 2000, 343 (352); Lutter/*Priester/Hennrichs* § 24 Rn. 45; Kölner Komm UmwG/*Simon* § 24 Rn. 63.
86 Kölner Komm UmwG/*Simon* § 24 Rn. 64.

Zeitwert[87] oder nach Ausgabebetrag[88] ausgehen, finden diese Ansichten keine Grundlage im Gesetz. § 24 lässt sich weder dem Wortlaut noch seiner Begründung nach eine solche Eingrenzung des Wahlrechts entnehmen.[89]

Ein **Agio** kann dabei festgelegt werden. Es lässt sich aber auch durch Festlegung des Zeitwertes für das übertragene Vermögen in Abgrenzung zum Nennwert des Anteils ermitteln. Dieses ist nach § 272 Abs. 2 Nr. 1 HGB in die Kapitalrücklage einzustellen.[90] Zu den Anschaffungskosten gehören hier auch die baren Zuzahlungen (§§ 54 Abs. 4, 68 Abs. 3) sowie die nach einem Spruchstellenverfahren gem. § 15 zu leistenden Zuzahlungen. Dies gilt jedoch nicht für Abfindungszahlungen nach § 29.[91] **Anschaffungsnebenkosten** sind nach richtiger Auffassung ebenfalls aktivierbar.[92] 49

Bei **Personengesellschaften** als übernehmendem Rechtsträger lassen sich die Anschaffungskosten anhand der Kapitalkonten ermitteln; die Gesellschafter haben ein **unbeschränktes Wahlrecht** hinsichtlich der Frage der Wertbestimmung.[93] Verschmelzungsgewinne sind in der Regel auszuschütten (mangels Geltung des § 272 Abs. 2 Nr. 1 HGB). Wird auf einen **Verein** verschmolzen, wächst dessen Vermögen um den Betrag des Vermögens des übertragenden Rechtsträgers, welches sich ausschließlich auf die Mitgliedschaften auswirkt, da eine Ausgabe von Anteilen hier nicht stattfindet. 50

Für die Aufschlüsselung der einzelnen Anschaffungskosten gelten die §§ 253 f. HGB. Es gilt danach der **Grundsatz der Einzelbewertung** (§ 252 Abs. 1 Nr. 3 HGB).[94] Ist der übernehmende Rechtsträger eine Kapitalgesellschaft, so muss die Aufschlüsselung im Anhang zum Jahresabschluss erläutert werden (§ 284 Abs. 2 Nr. 1 HGB). 51

cc) Gewährung eigener Anteile

Eine Kapitalgesellschaft kann anstelle oder komplementär zu einer Kapitalerhöhung vorhandene eigene Anteile auskehren, § 20 Abs. 1, so dass auf eine verschmelzungsbedingte Kapitalerhöhung (zumindest teilweise) verzichtet werden kann. Dies stellt nach hM einen **Tauschvorgang** dar.[95] Für die Bewertung der Anschaffungskosten kann der übernehmende Rechtsträger den Buchwert oder Zeitwert der eigenen Anteile ansetzen oder einen ergebnisneutralen Zwischenwert festlegen. Insoweit besteht **Wahlfreiheit**.[96] Sofern Anschaffungskosten über dem Buchwert der ausgegebenen Anteile angesetzt werden, ist diese Differenz in der Bilanz durch eine Kapitalrücklage (§ 272 Abs. 2 Nr. 4 HGB) aufzufangen.[97] 52

---

87 Etwa *Schulze-Osterloh* ZGR 1993, 420 (428 ff.); Schmitt/Hörtnagl/*Hörtnagl* § 24 Rn. 31.
88 Vgl. etwa IDW, RS HFA 42 (2012) Rn. 42; *Gassner* FS Widmann, 2000, 343 (350 f.).
89 Vgl. die GesBegr. bei *Ganske* Umwandlungsrecht S. 65; ebenso Lutter/*Priester*/Hennrichs § 24 Rn. 45.
90 Kallmeyer/*Lanfermann* § 24 Rn. 27; Lutter/*Priester*/Hennrichs § 24 Rn. 47.
91 Vgl. Semler/Stengel/*Leonard*/Moszka § 24 Rn. 43.
92 Deubert/Förschle/Störk Sonderbilanzen/*Deubert*/Hoffmann K Rn. 43; Kallmeyer/*Lanfermann* § 24 Rn. 12, 22 ff. (mit dem Hinweis auf den Zeitwert als Höchstgrenze).
93 Kallmeyer/*Lanfermann* § 24 Rn. 26; Lutter/*Priester*/Hennrichs § 24 Rn. 49.
94 Näher dazu Kallmeyer/*Lanfermann* § 24 Rn. 26 ff.; Lutter/*Priester*/Hennrichs § 24 Rn. 51.
95 Lutter/PriesterPriester/Hennrichs § 24 Rn. 53; Sagasser/Bula/Brünger Umwandlungen/*Bula*/Thees § 10 Rn. 150; *Hense*, Die Rechnungslegung im Umwandlungsfall, in IDW, Reform des Umwandlungsrechts, 1993, S. 171 185; aA *Pohl*, Handelsbilanzen bei der Verschmelzung von Kapitalgesellschaften, 1995, 72; Semler/Stengel/*Leonard*/Moszka § 24 Rn. 40.
96 Kölner Komm UmwG/*Simon* § 24 Rn. 72; Kallmeyer/*Lanfermann* § 24 Rn. 35; Lutter/*Priester*/Hennrichs § 24 Rn. 54, der andere Zwischenwerte als nicht zulässig erachtet; aA Sagasser/Bula/Brünger Umwandlungen/*Bula*/Thees § 10 Rn. 150 ff.; *Schulze-Osterloh* ZGR 1993, 420 (436) (ausschließlich Zeitwert der Aktiva und Passiva); Deubert/Förschle/Störk Sonderbilanzen/*Deubert*/Hoffmann K Rn. 45; Semler/Stengel/*Leonard*/Moszka § 24 Rn. 40 f. (ausschließlich Zeitwert der untergehenden Anteile); Schmitt/Hörtnagl/*Hörtnagl* § 24 Rn. 38 (zwingend Zeitwert).
97 Vgl. Kölner Komm UmwG/*Simon* § 24 Rn. 73; Lutter/*Priester*/Hennrichs § 24 Rn. 54, 71 (die allerdings § 272 Abs. 2 Nr. 1 HGB anwenden wollen).

dd) Verzicht auf Anteilsgewährung

53 Wenn auf eine GmbH oder AG verschmolzen wird, besteht gemäß §§ 54 Abs. 1, 68 Abs. 1 für Anteilsinhaber einer übertragenden Gesellschaft die Möglichkeit, auf eine Anteilsgewährung zu verzichten (insbes. bei einem Side-Stream-Merger). Die Vermögenswerte sind insoweit rechtstechnisch unentgeltlich erworben, da keine Gegenleistung erfolgt.[98] Die übernommenen Aktiva und Passiva treten an die Stelle der zuvor gehaltenen Anteile des übernehmenden Rechtsträgers am übertragenden Rechtsträger, so dass nach hM ein **tauschähnlicher Vorgang** anzunehmen ist und somit hier die Tauschgrundsätze heranzuziehen sind.[99] Somit kann auf die vorstehenden Grundsätze bei → Rn. 52 verwiesen werden. Der bilanzielle Ansatz kann in diesem Fall nach Zeitwert – wie bei der Mutter-Tochter-Verschmelzung – ergebnisneutral erfolgen.[100]

54 Kann eine ergebnisneutrale Berücksichtigung nicht erfolgen, so ist der entsprechende Verschmelzungsgewinn oder -verlust in der Gewinn- und Verlustrechnung zu berücksichtigen. Es entsteht somit eine **Gewinnrealisierung im Konzern**, die auch grundsätzlich rechtlich möglich ist.[101] *Priester/Hennrichs* raten zu Recht dazu, den Zeitwert der untergehenden Anteile vorsichtig zu ermitteln.[102] Eine Einstellung in die Kapitalrücklage (§ 272 Abs. 2 Nr. 4 HGB) ist nicht möglich. Da keine Kapitalerhöhung erfolgt ist, kann dies auch nicht als Agio (§ 272 Abs. 2 Nr. 1 HGB) berücksichtigt werden.[103]

55 Sind am übertragenden Rechtsträger neben dem übernehmenden Rechtsträger noch weitere Anteilsinhaber beteiligt, so kann die Verschmelzung hinsichtlich des übernehmenden Rechtsträgers ohne und hinsichtlich der übrigen Anteilsinhaber gegen Kapitalerhöhung erfolgen. In diesem Fall sind die Anschaffungskosten insgesamt auf die übertragenen Aktiva gemäß den vorstehenden Ausführungen aufzuteilen.[104] Entsteht ein **Verschmelzungsgewinn**, so ist dieser aufzuteilen; der auf die Beteiligung entfallende Anteil wird ergebniswirksam, während der auf die Kapitalerhöhung entfallende Anteil in die Kapitalrücklage (§ 272 Abs. 2 Nr. 1 HGB) einzustellen ist. Ein etwaiger **Verschmelzungsverlust** ist hingegen stets erfolgswirksam zu verbuchen.[105]

ee) Downstream- und upstream-merger

56 Die Verschmelzung einer Muttergesellschaft auf ihre Tochter (sog. downstream-merger) führt zu einem direkten Erwerb der Anteile der Muttergesellschaft an der Tochter durch die Anteilsinhaber der Muttergesellschaft. Ein Durchgangserwerb erfolgt nicht.[106] Demgemäß kann eine bilanzielle Berücksichtigung dieser Anteile bei der Tochter nicht

---

[98] Lutter/*Priester/Hennrichs* § 24 Rn. 63a; Schmitt/Hörtnagl/*Hörtnagl* § 24 Rn. 53.
[99] So auch IDW, RS HFA 42 (2012), Abs. 46; Deubert/Förschle/Störk Sonderbilanzen/*Deubert/Hoffmann* K Rn. 46; Kölner Komm UmwG/*Simon* § 24 Rn. 83 f.; aA Schmitt/Hörtnagl/*Hörtnagl* § 24 Rn. 54; Semler/Stengel/Leonard/*Moszka* § 24 Rn. 54a.
[100] Kölner Komm UmwG/*Simon* § 24 Rn. 83.
[101] IDW, Stellungnahme HFA 2/1982, WPg 1982, 548; so auch Lutter/*Priester/Hennrichs* § 24 Rn. 63b.
[102] Lutter/*Priester/Hennrichs* § 24 Rn. 63b; kritisch Semler/Stengel/Leonard/*Moszka* § 24 Rn. 54a, der in Rn. 62 empfiehlt, hierbei auftretende Übernahmegewinne in die Gewinnrücklage einzustellen.
[103] So auch Kölner Komm UmwG/*Simon* § 24 Rn. 84 f. (Wahlrecht bei Gesellschaftergleichheit); aA wonach der Umwandlungsgewinn als sonstige Zuzahlung nach § 272 Abs. 2 Nr. 4 HGB auf der Passivseite in der Kapitalrücklage erfasst wird: IDW, RS HFA 42 (2012), Abs. 50, 48; Schmidt/Hörtnagl/*Hörtnagl* § 24 Rn. 55; Kallmeyer/*Lanfermann* § 24 Rn. 7; Lutter/*Priester/Hennrichs* § 24 Rn. 63b.
[104] Nach richtiger Auffassung handelt es sich bei einer solchen Mischverschmelzung um keinen Sonderfall, da die Anschaffungskosten nach den gleichen Kriterien zu ermitteln sind; so auch Semler/Stegel/*Moszka* § 24 Rn. 52; Schmidt/Hörtnagl/*Hörtnagl* § 24 Rn. 56 ff.; abweichend Lutter/*Priester/Hennrichs* § 24 Rn. 59 f.; Deubert/Förschle/Störk Sonderbilanzen/*Deubert/Hoffmann* K Rn. 65 f.
[105] S. Lutter/*Priester/Hennrichs* § 24 Rn. 60.
[106] S. Lutter/*Grunewald* § 20 Rn. 61.

stattfinden, so dass nur die verbleibenden positiven und negativen Vermögenswerte des übertragenden Rechtsträgers beim übernehmenden Rechtsträge zu bilanzieren sind.[107] Diese können nach den Buchwerten aus der Schlussbilanz oder nach den Zeitwerten bilanziert werden; ein Differenzbetrag führt zur Bilanzierungspflicht eines Verschmelzungsgewinns oder -verlusts.[108] Es wird zu Recht darauf hingewiesen, dass in diesen Fällen jeweils ein **Zeitwerttest** vorzunehmen ist und überhöhte Anschaffungskosten unverzüglich auf den Zeitwert abzuschreiben sind.[109] Ein etwaiger positiver Differenzbetrag kann nach richtiger Auffassung weder in die Kapitalrücklage gemäß § 272 Abs. 2 Nr. 1 HGB noch in die Kapitalrücklage gemäß § 272 Abs. 2 Nr. 4 HGB eingestellt werden, da keine Zuzahlung eines Gesellschafters vorliegt.[110] Die Pflicht zu einer Kapitalerhöhung besteht nur insoweit, als dass andere Anteilsinhaber der Tochtergesellschaft neben der Muttergesellschaft vorhanden sind.

Ein downstream-merger kann für eine übernehmende Kapitalgesellschaft dann zu Konflikten mit dem Grundsatz der Kapitalerhaltung führen, wenn ein **negatives Vermögen** auf die Tochtergesellschaft übergeht. Im Falle einer GmbH ist eine solche Verschmelzung nach der Vorgabe des § 30 GmbH nur dann zulässig, wenn der Verschmelzungsverlust die Summe aus Stammkapital und Eigenkapital nicht übersteigt;[111] bei Kapitalgesellschaften allgemein darf das gezeichnete Kapital des übernehmenden Rechtsträgers nicht angegriffen werden. Ein Ansatz als Geschäfts- oder Firmenwert beim übernehmenden Rechtsträger ist nicht möglich.[112]

57

Sind am übernehmenden Rechtsträger **Minderheitsgesellschafter** beteiligt und handelt es sich beim übertragenden Rechtsträger hauptsächlich um ein fremdfinanziertes Akquisitionsvehikel (wie typischerweise bei einem LBO), so führt dies aufgrund der übertragenen Verbindlichkeiten zwingend zu einem Wertverlust beim übernehmenden Rechtsträger; dieser kann auch nicht durch den Ansatz eines Firmen- oder Geschäftswertes beim übernehmenden Rechtsträger ausgeglichen werden.[113] Das UmwG sieht hier keinen Schutzmechanismus zugunsten der Minderheitsgesellschafter vor; diese können lediglich den Verschmelzungsbeschluss anfechten, sofern der Mehrheitsgesellschafter gegen seine gesellschaftsrechtlichen Treuepflichten verstoßen hat. Auch können hier die Grundsätze des existenzvernichtenden Eingriffs anwendbar sein. *Lanfermann* schlägt für einen solchen Fall vor, den Minderheitsgesellschaftern ein Recht einzuräumen, ihre Anteile am übernehmenden Rechtsträger gegen eine am Wert des übernehmenden Rechtsträgers vor der Verschmelzung auszurichtende angemessene Abfindung auf den Mehrheitsgesellschafter zu übertragen und leitet dies aus dem Rechts-

58

---

107 Lutter/*Priester/Hennrichs* § 24 Rn. 61.
108 Kallmeyer/*Lanfermann* § 24 Rn. 39; Lutter/*Priester/Hennrichs* § 24 Rn. 61; aA Semler/Stengel/Leonard/*Moszka* § 24 Rn. 50, der auf die übernommenen Verbindlichkeiten abstellt; Schmitt/Hörtnagl/*Hörtnagl* § 24 Rn. 50, wonach zwingend nur Zeitwerte anzusetzen sind.
109 Kallmeyer/*Lanfermann* § 24 Rn. 39.
110 So auch Kallmeyer/*Lanfermann* § 24 Rn. 39; aA IDW RS HFA 42 (2012), Abs. 48; IDW Fachnachrichten 2012, S. 709; Deubert/Förschle/Störk Sonderbilanzen/*Deubert/Hoffmann* K Rn. 67; Lutter/*Priester/Hennrichs* § 24 Rn. 61a; Sagasser/Bula/Brünger Umwandlungen/*Bula/Thees* § 10 Rn. 166.
111 Semler/Stengel/Leonard/*Moszka* § 24 Rn. 48; Lutter/*Priester/Hennrichs* § 24 Rn. 62.
112 Lutter/*Priester/Hennrichs* § 24 Rn. 62.
113 So auch Deubert/Förschle/Störk Sonderbilanzen/*Deubert/Hoffmann* K Rn. 67; *Koppensteiner* FS H.P. Wessermann, 2008, 1157 (1166); *Klein/Stephanblome* ZGR 2007, 351 (384 ff.); *Mertens* AG 2005, 785 (786); Lutter/*Priester/Hennrichs* § 24 Rn. 62, der zu Recht darauf hinweist, dass in gravierenden Fällen die Grundsätze des existenzvernichtenden Eingriffs zum Zuge kommen können; aA *Bock* GmbHR 2005, 1023 (1029 f.); *Enneking/Heczschen* DB 2006, 1099 (1100).

gedanken der §§ 304 f. AktG her.[114] Dieser Gedanke ist zumindest de lege ferenda zu berücksichtigen.

59 Wird eine Tochtergesellschaft auf ihre Muttergesellschaft verschmolzen (upstream-merger), so findet eine Anteilsgewährung grundsätzlich nicht statt, da die übernehmende Gesellschaft in diesem Fall an der übertragenden Gesellschaft bereits beteiligt ist. Mit Wirksamkeit der Verschmelzung gehen Anteile des übernehmenden Rechtsträgers an dem übertragenden Rechtsträger stattdessen unter.[115] Das übernommene Vermögen tritt an die Stelle der bisherigen Beteiligung. Es liegt ein **tauschähnlicher Vorgang** vor, so dass hier entsprechend der Grundsätze, die für die Verschmelzung gegen Ausgabe eigener Anteile gelten, ein Wahlrecht zwischen Buch-, Zeit-, und Zwischenwertansatz besteht (s. o. → Rn. 52).[116]

ff) Buchwertansatz

60 Nach der bis zum Jahre 1994 zwingend anwendbaren Methode der **Buchwertfortschreibung** werden die Werte aus der Schlussbilanz (§ 17 Abs. 2 S. 1) des übertragenden Rechtsträgers in die Bilanz des übernehmenden Rechtsträgers überführt. Der Buchwertfortführung liegt hierbei der rechtliche Gedanke der Gesamtrechtsnachfolge zugrunde.[117] Konsequenterweise gelten dann auch die Bilanzierungsentscheidungen des übertragenden Rechtsträgers, soweit diese fehlerfrei gebildet wurden. Dies gilt selbst dann, wenn diese Wertansätze beim übernehmenden Rechtsträger aufgrund dessen Rechtsform nicht zulässig sind (die Ausführungen zur Ansatzebene gelten hier entsprechend, → Rn. 36).[118] Diese Bindungswirkung betrifft die künftig anzuwendenden Bewertungsgrundsätze nicht, da das **Stetigkeitsgebot** aus § 252 Abs. 1 Nr. 6 HGB nicht für die Fortschreibung in der Bilanz des übernehmenden Rechtsträgers fortwirkt.[119] Die aus der Schlussbilanz des übertragenden Rechtsträgers übernommenen Werte stellen die Anschaffungskosten des übernehmenden Rechtsträgers dar.[120] Sofern es sich um eine Verschmelzung durch Aufnahme handelt, sind die übernommenen Buchwerte bis zum nächsten Bilanzstichtag des übernehmenden Rechtsträgers nach den GoB fortzuentwickeln.[121]

61 Sofern eine Differenz zwischen übernommenem Vermögen und gewährten Anteilen entsteht, muss dieser Verschmelzungsverlust oder -gewinn bilanziell berücksichtigt werden. Ein negativer Differenzbetrag resultiert zumeist aus stillen Reserven, nicht übertragbaren Körperschaftsteuerguthaben oder Geschäfts- oder Firmenwerten des übertragenden Rechtsträgers, die keinen Eingang in die Bilanz des übernehmenden Rechtsträgers finden können (→ Rn. 37, 57). Ein solcher Verlust wird nur dann nicht vorliegen, wenn die stillen Reserven des übernehmenden Rechtsträgers wesentlich höher sind als die stillen Reserven des übertragenden Rechtsträgers. Ein entsprechender Verlust

---

[114] Kallmeyer/*Lanfermann* § 24 Rn. 42; wohl zustimmend Lutter/*Priester/Hennrichs* § 24 Rn. 62.
[115] Lutter/*Priester/Hennrichs* § 24 Rn. 55.
[116] So Lutter/*Priester/Hennrichs* § 24 Rn. 55; Kölner Komm UmwG/*Simon* § 24 Rn. 74 f.; kritisch Semler/Stengel/Leonard/*Moszka* § 24 Rn. 45; aA Schmitt/Hörtnagl/*Hörtnagl* § 24 Rn. 44 (zwingend Bewertung mit Zeitwert).
[117] *Schulze-Osterloh* ZGR 1993, 420 (425); Sagasser/Bula/Brünger Umwandlungen/*Bula/Thees* § 10 Rn. 221.
[118] IDW, RS HFA 42 (2012), Abs. 60; Deubert/Förschle/Störk Sonderbilanzen/*Deubert/Hoffmann* K Rn. 85; Lutter/*Priester/Hennrichs* § 24 Rn. 65.
[119] Widmann/Mayer/*Budde* § 24 Rn. 167; Semler/Stengel/Leonard/*Moszka* § 24 Rn. 57.
[120] *Schmitt/Hülsmann* BB 2000, 1563 (1567 ff.); Lutter/*Priester/Hennrichs* § 24 Rn. 66; aA Sagasser/Bula/Brünger Umwandlungen/*Bula/Thees* § 10 Rn. 225, die bei einer Buchwertfortführung keinen Anschaffungsvorgang annehmen.
[121] Lutter/*Priester/Hennrichs* § 24 Rn. 67; Kallmeyer/*Lanfermann* § 24 Rn. 43 f.

kann nach neuem Recht nicht mehr durch die Aktivierung eines Geschäfts- oder Firmenwertes neutralisiert werden.[122] Ein solcher Verlust ist vielmehr in der **Gewinn- und Verlustrechnung** als außerordentliche Aufwendung zu verbuchen. Eine Erläuterung im **Anhang** ist erforderlich.[123]

Sofern ein **Verschmelzungsgewinn** erzielt wurde, ist dessen Bilanzierung abhängig von der Gewährung der Gegenleistung. Soweit die gewährten Anteile mittels Kapitalerhöhung neu geschaffen wurden, ist der Verschmelzungsgewinn Agio im Sinne des § 272 Abs. 2 Nr. 1 HGB. Aufgrund der gleichartigen Interessenlage gilt dies nach derzeit wohl hM auch für den Fall der Gewährung eigener Anteile.[124] Bei einem downstream-merger postuliert die wohl hM, einen positiven Differenzbetrag in die Kapitalrücklage gemäß § 272 Abs. 2 Nr. 4 HGB einzustellen.[125] Dies ist aus den in → Rn. 56 genannten Gründen jedoch abzulehnen, da es sich um keine Zuzahlung eines Gesellschafters handelt; folglich ist der Differenzbetrag ergebniswirksam über die GuV zu verrechnen.[126] Insoweit gelten die Grundsätze der Bilanzierung nach dem Anschaffungskostenprinzip hier entsprechend. 62

C. Anwendbarkeit auf andere Umwandlungsvorgänge

§ 24 regelt direkt lediglich die Verschmelzung, ist jedoch durch Verweisungen auf **andere Umwandlungsarten** des UmwG entsprechend anwendbar. Fraglich ist, ob § 24 auch auf Verschmelzungsvorgänge außerhalb des UmwG anwendbar ist. 63

I. Andere Umwandlungsvorgänge des UmwG

Unmittelbar kommt § 24 nur bei der Verschmelzung zur Anwendung. Gem. § 125 ist § 24 auch auf die **Spaltung** entsprechend anzuwenden. Die vorstehenden Ausführungen zur Berechnung der Anschaffungskosten sind somit sowohl für die Spaltung als auch für die Ausgliederung ohne Weiteres entsprechend anwendbar.[127] 64

Im Rahmen der **Vermögensübertragung auf die öffentliche Hand** gem. § 176 ist § 24 nicht anwendbar, da auf den übernehmenden Rechtsträger ausschließlich die für diese geltenden öffentlich-rechtlichen Vorschriften Anwendung finden (→ § 176 Rn. 16). Bei der **Vermögensübertragung unter Versicherungsunternehmen** gem. § 178 ff. ist § 24 über die Verweisung in § 178 Abs. 2 iVm § 176 Abs. 4 entsprechend anwendbar. Da die Gegenleistung im Rahmen der Vermögensübertragung gem. § 174 Abs. 1 weder in Anteilen noch in Mitgliedschaften besteht, sind die Anschaffungskosten unproblematisch zu ermitteln, da diese häufig eine Geldleistung darstellen.[128] 65

Auf den **Formwechsel** findet § 24 keine Anwendung, da hierbei keine Vermögensübertragung stattfindet, sondern der Rechtsträger lediglich sein Rechtskleid wechselt. 66

---

122 Allgemeine Auffassung, vgl. nur Semler/Stengel/Leonard/*Moszka* § 24 Rn. 61.
123 Lutter/*Priester/Hennrichs* § 24 Rn. 70; Schmitt/Hörtnagl/*Hörtnagl* § 24 Rn. 84.
124 Lutter/*Priester/Hennrichs* § 24 Rn. 71; Semler/Stengel/Leonard/*Moszka* § 24 Rn. 62 befürwortet eine Kapitalrücklage nach § 272 Abs. 2 Nr. 4 HGB; so auch Kölner Komm UmwG/*Simon* § 24 Rn. 93; Kallmeyer/*Lanfermann* § 24 Rn. 48, der gem. § 272 Abs. 1b HGB die Gegenbuchung bis zum Nennbetrag im gezeichneten Kapital vornehmen und einen verbleibenden Differenzbetrag in die freien Rücklagen buchen will.
125 IDW RS HFA 42 (2012), Abs. 74; IDW Fachnachrichten 2012, S. 711; Schmitt/Hörtnagl/*Hörtnagl* § 24 Rn. 78.
126 So auch Kallmeyer/*Lanfermann* § 24 Rn. 48; Semler/Stengel/Leonard/*Moszka* § 24 Rn. 62 (Gewinnrücklage).
127 Semler/Stengel/Leonard/*Moszka* § 24 Rn. 83 f.
128 → § 174 Rn. 18; Lutter/*H. Schmidt* § 174 Rn. 7.

II. Grenzüberschreitende Umwandlungen

67 Bei **grenzüberschreitenden Verschmelzungen** sind Zuzugs- und Wegzugskonstellationen zu unterscheiden.[129] Bei einem Wegzug ist auf die übertragende inländische Gesellschaft im Rahmen einer **Hinaus-Verschmelzung** das deutsche UmwG anzuwenden, so dass diese nach den deutschen Grundsätzen ordnungsgemäßer Buchführung (GoB) eine Schlussbilanz iSd § 17 Abs. 2 erstellen muss. Die Übernahmebilanzierung der übernehmenden ausländischen Gesellschaften richtet sich jedoch nicht nach § 24, sondern nach den maßgeblichen Vorschriften des Sitzstaates.[130]

Im Rahmen einer **Herein-Verschmelzung** (Zuzug) gelten für den übertragenden Rechtsträger dessen innerstaatliche gesetzliche Vorschriften über die grenzüberschreitende Verschmelzung, während die deutschen Vorschriften auf den übernehmenden Rechtsträger mit Sitz in Deutschland anzuwenden sind.[131] Über die Verweisungen in Art. 18 SE-VO und § 305 Abs. 2[132] ist folglich auch § 24 anzuwenden. Wählt der übernehmende Rechtsträger die Anschaffungskostenmethode, ergeben sich keine Unterschiede zu einer inländischen Verschmelzung und die vorgenannten Grundsätze finden Anwendung.[133] Für die Wahl der Buchwertfortführung ist eine Schlussbilanz erforderlich, die der übertragende Rechtsträger nach seinem nationalen Recht oder kraft Vereinbarung im Verschmelzungsplan aufstellen muss.[134] Anpassungen der fortzuführenden Ansätze und Werte sind geboten, wenn die Bilanzposten gegen nationale handelsrechtliche Vorschriften verstoßen oder eine Überbewertung vorliegt.[135]

68 Im Rahmen einer **grenzüberschreitenden Spaltung** finden die §§ 320–331 (Spaltung zur Neugründung) und § 332 (Spaltung zur Aufnahme) auf inländische Gesellschaften Anwendung.[136] Soweit eine Kapitalgesellschaft (§ 3 Abs. 1 Nr. 2) an der grenzüberschreitenden Spaltung beteiligt ist, verweist § 320 Abs. 2 auf die Vorschriften des Ersten Teils des Dritten Buches und damit auf § 125, der wiederum auf § 24 verweist. Folglich gilt § 24 insoweit bei der grenzüberschreitenden **Hereinspaltung**, während sich bei **Herausspaltung** die Bilanzierung des übernehmenden ausländischen Rechtsträgers nach den Vorschriften seines Sitzstaates richtet. Bei der Ausübung des Bewertungswahlrechts ergeben sich keine Unterschiede zu einer Spaltung ohne grenzüberschreitenden Bezug, sofern der übernehmende inländische Rechtsträger die Anschaffungskostenmethode wählt (→ Rn. 64). Sofern die Wahl auf die Buchwertfortführung fällt, ist – wie bei der **Herein-Verschmelzung** – eine Schlussbilanz des ausländischen übertragenden Rechtsträgers erforderlich (→ Rn. 67).

69 § 24 ist auf den **grenzüberschreitenden Formwechsel** nicht anwendbar. Denn der Rechtsträger wechselt lediglich das Rechtskleid und den Satzungssitz.[137] Eine Vermögensübertragung findet dagegen nicht statt (→ Rn. 66).

---

129 Semler/Stengel/Leonard/*Moszka* § 24 Rn. 104; Lutter/Priester/Hennrichs § 24 Rn. 93 f.
130 IDW RS HFA 42 (2012), Abs. 85; Widmann/Mayer/*Budde* § 24 Rn. 334.
131 IDW RS HFA 42 (2012), Abs. 86.
132 Die §§ 122a-122m aF wurden mit dem Gesetz zur Umsetzung der Umwandlungsrichtlinie in die §§ 305–319 überführt, vgl. BT-Drs. 20/3822, 87.
133 Semler/Stengel/Leonard/*Moszka* § 24 Rn. 106; Schmitt/Hörtnagl/*Hörtnagl* § 24 Rn. 112.
134 Lutter/Priester/Hennrichs § 24 Rn. 93; Widmann/Mayer/*Budde* § 24 Rn. 335.
135 Kallmeyer/*Lanfermann* § 24 Rn. 63; BeckOGK/*Rieder* § 24 Rn. 52.
136 BT-Drs. 20/3822, 107, 114 f.; *Bungert/Strothotte* BB 2022, 1411 (1412).
137 → § 190 Rn. 26; Schmitt/Hörtnagl/*Winter* § 191 Rn. 38.

III. Umwandlungsvorgänge außerhalb des UmwG

Eine Verschmelzung kann außerhalb des UmwG insbesondere durch **Anwachsung** gem. § 738 Abs. 1 BGB erfolgen, wenn Gesellschafter aus einer Personen(handels)gesellschaft ausscheiden und nur noch ein Gesellschafter verbleibt, so dass sämtliche Aktiva und Passiva der Personen(handels)gesellschaft im Wege der Gesamtrechtsnachfolge ohne Liquidation auf den verbleibenden Gesellschafter anwachsen. Eine direkte Anwendung des § 24 scheidet aus. Jedoch wollen Teile des Schrifttums § 24 entsprechend anwenden, da die Anwachsung rechtlich der Verschmelzung nach den Vorschriften des UmwG entspricht und keine Gründe bestehen, diese bilanziell anders zu bewerten.[138] Da keine zwingenden bilanziellen Gründe gegen eine solche Bilanzierung sprechen, ist dieser Auffassung zu folgen.

70

IV. Steuerrechtliche Regelung der Verschmelzung

Eine Darstellung der steuerrechtlichen Bewertung des Verschmelzungsvorganges findet sich in den §§ des UmwStG, auf die hiermit verwiesen wird.

71

§ 25 Schadenersatzpflicht der Verwaltungsträger der übertragenden Rechtsträger

(1) ¹Die Mitglieder des Vertretungsorgans und, wenn ein Aufsichtsorgan vorhanden ist, des Aufsichtsorgans eines übertragenden Rechtsträgers sind als Gesamtschuldner zum Ersatz des Schadens verpflichtet, den dieser Rechtsträger, seine Anteilsinhaber oder seine Gläubiger durch die Verschmelzung erleiden. ²Mitglieder der Organe, die bei der Prüfung der Vermögenslage der Rechtsträger und beim Abschluß des Verschmelzungsvertrags ihre Sorgfaltspflicht beobachtet haben, sind von der Ersatzpflicht befreit.

(2) ¹Für diese Ansprüche sowie weitere Ansprüche, die sich für und gegen den übertragenden Rechtsträger nach den allgemeinen Vorschriften auf Grund der Verschmelzung ergeben, gilt dieser Rechtsträger als fortbestehend. ²Forderungen und Verbindlichkeiten vereinigen sich insoweit durch die Verschmelzung nicht.

(3) Die Ansprüche aus Absatz 1 verjähren in fünf Jahren seit dem Tage, an dem die Eintragung der Verschmelzung in das Register des Sitzes des übernehmenden Rechtsträgers nach § 19 Abs. 3 bekannt gemacht worden ist.

Literatur:

Altmeppen, Ungültige Vereinbarung zur Haftung von GmbH-Geschäftsführern, DB 2000, 261; *Bauer/Anders*, Beurkundung von GmbH-Anteilsübertragungen in der Schweiz – Rechtsfolgen einer möglichen Unwirksamkeit, BB 2012, 593; *Blasche/Söntgerath*, Verschmelzung: Möglichkeiten des übertragenden Rechtsträgers zur Einflussnahme auf die Geschäftspolitik des übernehmenden Rechtsträgers, BB 2009, 1432; *Clemm/Dürrschmidt*, Überlegungen zu den Sorgfaltspflichten für Vertretungs- und Aufsichtsorgane bei der Verschmelzung von Unternehmen gem. § 25 und § 27 UmwG, FS Widmann 2001, S. 3; *Döss*, Die Auswirkung von Mängeln einer Verschmelzung durch Aufnahme auf die rechtliche Stellung einer übertragenden Gesellschaft und ihre Aktionäre, Diss. 1990; *Hopt*, Die Haftung von Vorstand und Aufsichtsrat – Zugleich ein Beitrag zur corporate governance-Debatte, FS Mestmäcker 1996, S. 909; *Kiem*, Die Ermittlung der Verschmelzungswertrelation bei

---

[138] IDW RS HFA 42 (2012), Abs. 93; Deubert/Förschle/Störk Sonderbilanzen/*Deubert/Hoffmann* K Rn. 7; *Förster/Ernst* DB 1997, 241; Semler/Stengel/Leonard/*Moszka* § 25 Rn. 88.

der grenzüberschreitenden Verschmelzung, ZGR 2007, 542; *Lutter*, Anmerkung zu OLG Hamm, Urteil vom 8.7.1985 – 8 U 295/83, ZIP 1986, 1188 (1195); *Pöllath/Philipp*, Unternehmenskauf und Verschmelzung: Pflichten und Haftung von Vorstand und Geschäftsführer, DB 2005, 1503; *Reul/Heckschen/Wienberg*, Insolvenzrecht in der Gestaltungspraxis, 3. Aufl. 2022; *Schnorbus*, Grundlagen der persönlichen Haftung von Organmitgliedern nach § 25 Abs. 1 UmwG, ZHR 167 (2003), 666; *Thöni*, Zur Haftung des GmbH-Gesellschafters in Geschäftsführungsangelegenheiten, GmbHR, 1989, 187.

A.	Allgemeines	1	2. Anspruchsgegner	15
B.	Inhalt	5	3. Anspruchsinhaber	20
	I. Schadensersatzanspruch, Abs. 1	5	a) Übertragender Rechtsträger	21
	1. Anspruch dem Grunde nach	5	b) Anteilsinhaber	22
	a) Pflichtverletzung	5	c) Gläubiger	25
	b) Kausaler Schaden	9	II. Fiktion des Fortbestandes, Abs. 2	26
	c) Verschulden	11	1. Erfasste Ansprüche	29
	d) Exkulpationsmöglichkeit	13	2. Rechtsfolge	33
	e) Haftungsausschluss	14	III. Verjährung, Abs. 3	35

A. Allgemeines

1 Nach § 25 Abs. 1 haften die Mitglieder des Vertretungsorgans und ggf. des Aufsichtsorgans eines übertragenden Rechtsträgers für den Schaden, den der übertragende Rechtsträger, seine Anteilseigner oder seine Gläubiger infolge der Verschmelzung erleiden. Hinsichtlich der letztgenannten möglichen Anspruchsinhaber erfolgt eine Durchbrechung des gesellschaftsrechtlichen Grundsatzes der Innenhaftung, wonach die Vertretungsorgane grundsätzlich nur gegenüber der Gesellschaft haften. § 25 Abs. 1 eröffnet an dieser Stelle eine **direkte Außenhaftung** der verantwortlichen Leitungsorgane des übertragenden Rechtsträgers.[1]

2 Das Verfahren, nach dem dieser Anspruch geltend zu machen ist, ist in § 26 einer eigenen Regelung unterworfen. Da in einem Schadensfall regelmäßig eine große Zahl von Anspruchstellern gegen die Leitungsorgane vorgehen wird, stellt § 26 eine geordnete Geltendmachung der Ansprüche im Interesse beider Seiten sicher.[2]

3 § 25 Abs. 2 legt fest, dass **Ansprüche** gegen den übertragenden Rechtsträger auch nach Wirksamkeit der Verschmelzung **fortbestehen** und Forderungen und Verbindlichkeiten nicht durch Konfusion untergehen. Diese Klarstellung ist erforderlich, da der übertragende Rechtsträger mit Wirksamkeit der Verschmelzung, dh Eintragung der Verschmelzung im Handelsregister des übernehmenden Rechtsträgers, erlischt und der übernehmende Rechtsträger als Gesamtrechtsnachfolger an dessen Stelle tritt.

4 § 25 gilt für die Verschmelzung durch Aufnahme und über § 36 Abs. 1 auch für die Verschmelzung durch Neugründung. Über die Verweisungsvorschriften in den §§ 125, 135 Abs. 1, 176 Abs. 1, 177 Abs. 1, 178 Abs. 1, 180 Abs. 1, 184 Abs. 1, 188 Abs. 1, 189 Abs. 1 gilt die Vorschrift entsprechend bei Spaltung zur Aufnahme und zur Neugründung sowie bei der Vermögensübertragung. §§ 205, 206 enthalten für den Formwechsel Regelungen, die den §§ 25 und 26 nachgebildet sind.[3]

---

[1] Andernfalls steht nur ein Pfändungs- und Überweisungsbeschluss zur Verfügung, damit diese Ansprüche als fremdes Recht geltend gemacht werden können, vgl. Semler/Stengel/Leonard/*Leonard* § 25 Rn. 1; Lutter/*Grunewald* § 25 Rn. 3.

[2] Kölner Komm UmwG/*Simon* § 25 Rn. 1; BeckOGK/*Rieder*, 1.1.2023, § 26 Rn. 2.

[3] Widmann/Mayer/*Vossius* § 25 Rn. 10 f.; BeckOGK/*Rieder*, 1.1.2023, § 25 Rn. 5.

B. Inhalt
I. Schadensersatzanspruch, Abs. 1
1. Anspruch dem Grunde nach
a) Pflichtverletzung

Voraussetzung einer Haftung der Leitungsorgane ist eine **Sorgfaltspflichtverletzung**. Spiegelbildlich zur Exkulpationsmöglichkeit des Abs. 1 S. 2 muss die Sorgfaltspflichtverletzung im Zusammenhang mit der Prüfung der Vermögenslage oder dem Abschluss des Verschmelzungsvertrages stehen.[4] Sollte die Pflichtverletzung woanders zu verorten sein, etwa nach Vertragsschluss oder in Folge der Anmeldung einer fehlerhaft zustande gekommenen Verschmelzung zum Handelsregister, treten die Haftungstatbestände der Einzelgesetze (etwa §§ 43, 52 GmbHG, §§ 93, 116 AktG) neben die Haftung aus § 25.[5] § 25 reiht sich insoweit in das bestehende gesellschaftsrechtliche Haftungssystem ein. Nach Wirksamkeit der Verschmelzung gehen etwaige Ansprüche des übertragenden Rechtsträgers im Wege der Gesamtrechtsnachfolge auf den übernehmenden Rechtsträger über und sind von diesem geltend zu machen. 5

Die im Rahmen des § 25 bestehende Sorgfaltspflicht zur Prüfung der Vermögenslage bezieht sich sowohl auf den übertragenden als auch auf den übernehmenden Rechtsträger. Umstrukturierungsmaßnahmen sind auch in der Krise der beteiligten Rechtsträger grundsätzlich möglich. Ein Vorrang der Insolvenzantragspflicht vor dem Recht zur Umwandlung ist mit der herrschenden Literatur und Rechtsprechung abzulehnen.[6] Solange ein Insolvenzverfahren noch nicht eröffnet ist, kann daher jeder nicht aufgelöste Rechtsträger an einer Umwandlungsmaßnahme beteiligt werden, und zwar unabhängig davon, ob ein Eröffnungsgrund vorliegt, also die Gesellschaft zahlungsunfähig oder insolvent ist.[7] Die Verschmelzung auf einen hoch verschuldeten Rechtsträger birgt jedoch besondere Risiken (→ § 5 Rn. 23).[8] Sofern nicht hinreichende Kenntnis über die operativen, rechtlichen und finanziellen Details des übernehmenden Rechtsträgers bestehen, ist eine Due Diligence-Prüfung bei den beteiligten Rechtsträgern angezeigt, um der Sorgfaltspflicht nachzukommen.[9] 6

Ein Schwerpunkt der Sorgfaltspflicht bezüglich des Abschlusses des Verschmelzungsvertrages liegt in der Ermittlung des **Umtauschverhältnisses**, dessen Festlegung direkten Niederschlag im Verschmelzungsvertrag findet.[10] Ferner gilt es die rechtlichen Voraussetzungen für den Abschluss des Verschmelzungsvertrages einzuhalten, wie etwa die Formvorschrift des § 5.[11] Auch die ordnungsgemäße Unterrichtung der Anteilsinhaber für die rechtmäßige Fassung des Verschmelzungsbeschlusses ist eine Sorgfaltspflicht im Sinne des § 25.[12] 7

---

4 Eine extensive Anwendung ablehnend Kölner Komm UmwG/*Simon* § 25 Rn. 24; Lutter/*Grunewald* § 25 Rn. 8; Semler/Stengel/Leonard/*Leonard* § 25 Rn. 8.
5 Lutter/*Grunewald* § 25 Rn. 11; Widmann/Mayer/*Vossius* § 25 Rn. 22.
6 Vgl. Reul/Heckschen/Wienberg InsR/*Heckschen* § 4 Rn. 509 mwN.
7 Reul/Heckschen/Wienberg InsR/*Heckschen* § 4 Rn. 512.
8 Vgl. Kölner Komm UmwG/*Simon* § 25 Rn. 26.
9 Lutter/*Grunewald* § 25 Rn. 9; Kallmeyer/Marsch-Barner/ *Oppenhoff* § 25 Rn. 6; Kölner Komm UmwG/*Simon* § 25 Rn. 26; BeckOGK/*Rieder*, 1.1.2023, § 25 Rn. 7; *Schnorbus* ZHR 167 (2003), 666 (684); Clemm/Dürrschmidt FS Widmann, 2001, 3 (14); Pöllath/Philipp DB 2005, 1503 (1505); *Kiem* ZGR 2007, 547 f.
10 Kallmeyer/Marsch-Barner/*Oppenhoff* § 25 Rn. 6; Kölner Komm UmwG/*Simon* § 25 Rn. 28.
11 Semler/Stengel/Leonard/*Leonard* § 25 Rn. 10; Lutter/ *Grunewald* § 25 Rn. 10.
12 Kallmeyer/Marsch-Barner/*Oppenhoff* § 25 Rn. 6; Semler/Stengel/Leonard/*Leonard* § 25 Rn. 10.

8 Der Bezug des § 25 zum Abschluss des Verschmelzungsvertrages erlaubt auch die Berücksichtigung einer fehlerhaften und wirtschaftlich unvertretbaren Verhandlungsführung durch die Leitungsorgane.[13] Hierbei ist jedoch, entsprechend den Vorgaben der Business-Judgement-Rule (vgl. § 93 Abs. 1 S. 2 AktG), den Leitungsorganen ein weiter unternehmerischer **Handlungsspielraum** zuzugestehen.[14] Denn eine zu strenge Haftung für unternehmerische Handlungen verhindert die Eingehung notwendiger, noch vertretbarer, wirtschaftlicher Risiken zur Umsetzung unternehmerischer Entscheidungen und der Verfolgung des Unternehmenszwecks.[15] Folglich unterliegt ein Vorstand dann nicht der Haftung, sofern er seine Entscheidung zum Wohl der Gesellschaft auf Grundlage angemessener Informationen getroffen hat.[16] Da der Haftungstatbestand des § 93 Abs. 2 S. 1 AktG nicht durch den § 25 umgangen bzw. ausgehöhlt werden soll, sind die dort vorgenommenen Haftungseingrenzungen auf § 25 zu übertragen.[17]

Hinweis: Für Organträger gilt danach Folgendes: Alle Entscheidungen im Zusammenhang mit der Verschmelzung sind sorgfältig vorzubereiten und zu fällen. Das jeweilige Organ muss vor jeder unternehmerischen Ermessensentscheidung eine Ermittlung der hierfür maßgeblichen Grundlagen unter Ausschöpfung aller zugänglichen Erkenntnisquellen durchführen, sowie eine darauf folgende korrekte Auswertung dieser Erkenntnisse vornehmen (ggf. unter Einschaltung Dritter im Rahmen einer Due Diligence Prüfung). Durch die Maßnahmen muss dem Unternehmensziel und -interesse bestmöglich Rechnung getragen werden. Die Organe dürfen ihrer Entscheidung demnach keine sachfremde Erwägung zugrunde gelegt haben.

b) Kausaler Schaden

9 Hinsichtlich der Rechtsfolge ist der Anspruch auf Zahlung einer **Entschädigung in Geld** gerichtet; eine Naturalrestitution (§§ 249 ff. BGB) würde die Rückabwicklung der Verschmelzung bedeuten, was vom Gesetzgeber erkennbar nicht gewollt ist, arg. e. § 20 Abs. 2.[18] Der ersatzfähige Schaden bei einer falschen Ermittlung des Umtauschverhältnisses als Pflichtverletzung stellt lediglich die Abweichung zum richtigen Umtauschverhältnis dar. Die Durchführung der Verschmelzung selber, bzw. der Untergang des übertragenden Rechtsträgers ist kein Schaden im Sinne des § 25 Abs. 1, da der Vollzug der Verschmelzung konstitutiv für das Entstehen des Schadenersatzanspruchs ist.[19] Dies gilt auch für eine rückwirkende Beseitigung der Verschmelzung infolge einer erfolgreichen Nichtigkeits- oder Anfechtungsklage.[20]

10 Dem Schadensersatzanspruch aus § 25 kann eine aus einem Spruchverfahren erstrittene bare **Zuzahlung** an den Anspruchsinhaber entgegengehalten werden mit der Folge, dass der Schaden in dieser Höhe entfällt.[21] Soweit sich der Haftungstatbestand des § 25 Abs. 1 systematisch in das gesellschaftsrechtliche Haftungsregime eingliedert, ist dessen Anwendungsbereich zudem konsequenterweise begrenzt auf Verschmelzungsschäden,

---

13 Lutter/Grunewald § 25 Rn. 10.
14 Vgl. OLG Stuttgart AG 2011, 49 ff.; LG Stuttgart ZIP 1994, 631 (632 f.); Pöllath/Philipp DB 2005, 1503 (1506 f.); Kallmeyer/Marsch-Barner/Oppenhoff § 25 Rn. 6.
15 Kölner Komm UmwG/Simon § 25 Rn. 29.
16 Vgl. hierzu BGHZ 135, 244 (253 f.) „ARAG/Garmenbeck".
17 Kölner Komm UmwG/Simon § 25 Rn. 29.
18 Kölner Komm UmwG/Simon § 25 Rn. 21; Widmann/Mayer/Vossius § 25 Rn. 20; Semler/Stengel/Leonard/Leonard § 25 Rn. 17; Lutter/Grunewald § 25 Rn. 17; Schnorbus ZHR 167, (2003), 666 (691).
19 Schmitt/Hörtnagl/Winter § 25 Rn. 17; Kallmeyer/Marsch-Barner/Oppenhoff § 25 Rn. 8; Widmann/Mayer/Vossius § 25 Rn. 19.
20 BeckOGK/Rieder, 1.1.2023, § 25 Rn. 30; Widmann/Mayer/Vossius § 25 Rn. 18.
21 Widmann/Mayer/Vossius § 25 Rn. 37; Kölner Komm UmwG/Simon § 25 Rn. 37.

die den Anspruchsinhabern aufgrund der Pflichtverletzung der Leitungsorgane entstanden sind, dh für die die Pflichtverletzung kausal war.[22] Die Kausalität zwischen Pflichtverletzung und Schaden entfällt, wenn den Organmitgliedern der Nachweis rechtmäßigen Alternativverhaltens gelingt. Ist der Beweis erbracht, dass der Schaden auch bei Anwendung der gebotenen Sorgfalt in gleicher Weise entstanden wäre, scheidet demnach eine Haftung gem. § 25 Abs. 1 aus.[23]

c) Verschulden

Eine Haftung nach § 25 Abs. 1 setzt Verschulden gem. § 276 BGB voraus. Der objektive **Verstoß gegen die Sorgfaltspflichten** indiziert dabei das Verschulden.[24] Der Maßstab der Sorgfaltsanforderungen entspricht den Anforderungen des gesellschaftsrechtlichen Haftungsregimes an einen ordentlichen und gewissenhaften Unternehmensleiter; für die GmbH und AG ist dieser Pflichtenkanon in § 43 Abs. 1 GmbHG sowie § 93 Abs. 1 S. 1 AktG festgelegt.[25] Es besteht jedoch die Besonderheit, dass eine Haftung bereits bei leichter Fahrlässigkeit eintritt.[26] Die Privilegierung des § 93 Abs. 5 S. 2 AktG, wonach eine Außenhaftung gegenüber den Gläubigern nur bei grober Sorgfaltswidrigkeit möglich ist, greift für Fälle des § 25 Abs. 1 nicht ein. Soweit in § 93 AktG das Eingehen wirtschaftlicher Risiken vor massiver Gläubigerverfolgung geschützt werden soll,[27] liegt keine vergleichbare Gefährdungslage vor, da § 26 ein ausschließliches Verfahren zur Geltendmachung des Anspruches aus § 25 Abs. 1 festlegt.[28]

Konsequenterweise sind die Anspruchsinhaber auch nur für das Vorliegen eines mit der Verschmelzung kausal zusammenhängenden Schadens beweispflichtig. Dem Wortlaut der Exkulpationsmöglichkeit des § 25 Abs. 1 S. 2 folgend, wird das Verschulden des Sorgfaltspflicht-Verletzenden dann vermutet.[29] Andernfalls würde die ausdrücklich angeordnete Exkulpationsmöglichkeit keinen Sinn machen, da das Recht zum Gegenbeweis keiner besonderen gesetzlichen Verankerung bedurft hätte.[30]

d) Exkulpationsmöglichkeit

Soweit die Haftung abhängig ist von der Sorgfaltspflichtverletzung des betroffenen Organmitglieds, kann eine mögliche Exkulpation konsequenterweise nur ab dem Punkt greifen, ab dem das dem Grunde nach haftende Organmitglied den Nachweis erbringt, dass die gebotene Sorgfalt von ihm beachtet wurde und der Schaden somit nicht infolge einer Pflichtwidrigkeit eingetreten ist.[31] Mangelnde Sachkunde ist kein Exkulpationsgrund, da in diesen Fällen die erforderliche Sorgfalt vielmehr die Hinzuziehung von Experten zur eigenen Entscheidungsfindung verlangt.[32] Gleiches gilt, wenn die

---

22 Lutter/*Grunewald* § 25 Rn. 17; Semler/Stengel/Leonard/*Leonard* § 25 Rn. 17; Schmitt/Hörtnagl/*Winter* § 25 Rn. 17; Kallmeyer/Marsch-Barner/*Oppenhoff* § 25 Rn. 8; Schnorbus ZHR 167 (2003), 666 (692); BeckOGK/*Rieder*, 1.1.2023, § 25 Rn. 28.
23 Widmann/Mayer/*Vossius* § 25 Rn. 33; Schmitt/Hörtnagl/*Winter* § 25 Rn. 24; aA wohl Kölner Komm UmwG/*Simon* § 25 Rn. 33.
24 Kölner Komm UmwG/*Simon* § 25 Rn. 30; s. auch Widmann/Mayer/*Vossius* § 25 Rn. 29; Hopt FS Mestmäcker, 1996, 909 (916).
25 Lutter/*Grunewald* § 25 Rn. 12; Kölner Komm UmwG/*Simon* § 25 Rn. 31.
26 Kallmeyer/Marsch-Barner/*Oppenhoff* § 25 Rn. 7; Schmitt/Hörtnagl/*Winter* § 25 Rn. 24; Semler/Stengel/Leonard/*Leonard* § 25 Rn. 11.
27 Geßler/Hefermehl/*Hefermehl* AktG § 93 Rn. 70; Ahmeppen DB 2000, 261 (262 f.).
28 Kölner Komm UmwG/*Simon* § 25 Rn. 31.
29 Lutter/*Grunewald* § 25 Rn. 12; Schmitt/Hörtnagl/*Winter* § 25 Rn. 24; Kölner Komm UmwG/*Simon* § 25 Rn. 32; aA Widmann/Mayer/*Vossius* § 25 Rn. 29.
30 So deutlich Kölner Komm UmwG/*Simon* § 25 Rn. 32.
31 Schmitt/Hörtnagl/*Winter* § 25 Rn. 24, 26; Kölner Komm UmwG/*Simon* § 25 Rn. 33.
32 BGH WM 1981, 440 (442); OLG Koblenz WM 2015, 340 (345); Schmitt/Hörtnagl/*Winter* § 25 Rn. 25; Widmann/Mayer/*Vossius* § 25 Rn. 33; Kölner Komm UmwG/*Simon* § 25 Rn. 33.

Organmitglieder ihre Entscheidung aufgrund von unzureichenden Unterlagen vom übertragenden Rechtsträger getroffen haben.[33] Die Kompetenzverteilung innerhalb des Organs kann ebenfalls nicht zu einer Entlastung einzelner Organmitglieder führen.[34] Die gesamtschuldnerische Haftung für Angelegenheiten von wesentlicher Bedeutung entspricht spiegelbildlich der Entscheidungsfindung als Kollegialorgan.[35] Diese interne Kompetenzverteilung kann allenfalls für den Innenausgleich der Gesamtschuldner iSd § 426 BGB Berücksichtigung finden.[36]

e) Haftungsausschluss

14 Als Grundsatz gilt, dass die Zustimmung der Anteilsinhaber innerhalb des Zustimmungsbeschlusses nicht zum Ausschluss des Anspruchs nach § 25 Abs. 1 führt.[37] Problematisch ist allerdings die Behandlung der Fälle, in denen die Anteilsinhaber den Leitungsorganen die konkrete Vorgehensweise vorgegeben haben, ggf. auch mittels eines eigenständigen Beschlusses. Grundsätzlich dürfte es hier zu einem Haftungsausschluss kommen.[38] Einzig im Aktienrecht steht dieser Möglichkeit § 93 Abs. 5 S. 3 AktG entgegen.[39] Soweit teilweise vertreten wird, § 93 Abs. 5 S. 3 AktG sei entsprechend auf andere Rechtsträger anzuwenden,[40] ist dieser Ansicht nicht zu folgen. Dagegen spricht, dass die in § 93 Abs. 5 S. 2 AktG erwähnten Katalogfälle iSd § 93 Abs. 3 AktG in anderen Gesellschaftsformen, wie zB der GmbH, entweder gar nicht einschlägig sind oder eine besondere Regelung erfahren haben, die ihrerseits die Unverzichtbarkeit des Schadensersatzanspruchs im Gläubigerinteresse anordnet (vgl. zB § 9b Abs. 1 S. 1 GmbHG, §§ 43 Abs. 3 S. 2 iVm 9b Abs. 1 S. 1 GmbHG). Da nach den Grundsätzen des allgemeinen Haftungsrechts ein Haftungsverzicht zulasten Dritter nicht möglich ist, kann ein solcher Haftungsausschluss allerdings nur gegen Anteilsinhaber gelten, die der ausdrücklichen Weisung zugestimmt haben.[41] Dies entspricht dem gesellschaftsrechtlichen Grundsatz des Minderheitenschutzes.[42]

2. Anspruchsgegner

15 Die nach Abs. 1 ersatzpflichtigen Personen sind die Mitglieder des Vertretungsorgans und, soweit vorhanden, die Mitglieder des Aufsichtsorgans. Eine Haftung der beteiligten Rechtsträger selbst, abgesehen von einer Zurechnung deliktischen Verhaltens nach § 31 BGB iVm § 20 Abs. 1 Nr. 1, ist nicht umfasst.[43]

16 Als **Mitglieder des Vertretungsorgans** gelten bei der AG, der Genossenschaft und dem Verein ihre Vorstandsmitglieder, bei der GmbH ihre Geschäftsführer und bei den Personenhandelsgesellschaften und der KGaA die vertretungsberechtigten Komplementäre. Bei der eingetragenen Gesellschaft bürgerlichen Rechts, die nach § 3 Abs. 1 Nr. 1

---

33 Widmann/Mayer/*Vossius* § 25 Rn. 33; Schmitt/Hörtnagl/*Winter* § 25 Rn. 25 (wobei auf den übernehmenden Rechtsträger abgestellt wird).
34 Kölner Komm UmwG/*Simon* § 25 Rn. 34; aA Schmitt/Hörtnagl/*Winter* § 25 Rn. 26.
35 BGH DB 1977, 1248; *Lutter* ZIP 1986, 1188 (1196).
36 Vgl. hierzu die Ausführung zur Gesamtschuld unter → Rn. 18; Kölner Komm UmwG/*Winter* § 25 Rn. 34.
37 Lutter/*Grunewald* § 25 UmwG 19; Schmitt/Hörtnagl/*Winter* § 25 Rn. 29; Kölner Komm UmwG/*Simon* § 25 Rn. 35; Semler/Stengel/Leonard/*Leonard* § 25 Rn. 18.
38 Kölner Komm UmwG/*Simon* § 25 Rn. 36; Schmitt/Hörtnagl/*Winter* § 25 Rn. 30; BeckOGK/*Rieder*, 1.1.2023, § 25 Rn. 32.

39 Vgl. dazu Widmann/Mayer/*Vossius* § 25 Rn. 35.
40 Semler/Stengel/Leonard/*Leonard* § 25 Rn. 21.
41 Kölner Komm UmwG/*Simon* § 25 Rn. 36 mwN; BeckOGK/*Rieder*, 1.1.2023, § 25 Rn. 34.
42 Widmann/Mayer/*Vossius* § 25 Rn. 40; Lutter/*Grunewald* § 25 Rn. 21; Semler/Stengel/Leonard/*Leonard* § 25 Rn. 21; aA *Thöni* GmbHR 1989, 187 (192); offengelassen von Schmitt/Hörtnagl/*Winter* § 25 Rn. 30.
43 BGHZ 110, 323 (327 f.); Kölner Komm UmwG/*Simon* § 25 Rn. 5; Lutter/*Grunewald* § 25 Rn. 6; Kallmeyer/Marsch-Barner/*Oppenhoff* § 25 Rn. 2.

nunmehr zu den verschmelzungsfähigen Rechtsträgern zählt (→ § 3 Rn. 3), sind es nach dem gesetzlichen Grundfall des § 720 Abs. 1 BGB alle Gesellschafter, es sei denn, der Gesellschaftsvertrag bestimmt etwas anderes hinsichtlich der Vertretungsbefugnis. § 25 Abs. 1 statuiert eine Haftung, die mit der Handlungsmöglichkeit des Mitglieds des Vertretungsorgans im Außenverhältnis korrespondiert. Daraus ist zu schließen, dass Zweck der Haftungsnorm ist, diejenigen Organmitglieder zu erfassen, die für die Verschmelzung verantwortlich sind. Auf Ebene des Vertretungsorgans sind dies eben nur die Personen, die auch im Außenverhältnis vertretungsberechtigt sind. Nicht erfasst von Abs. 1 werden folglich nicht-vertretungsberechtigte Komplementäre[44] oder ein nach § 720 Abs. 4 BGB von der Vertretung ausgeschlossener Gesellschafter der Gesellschaft bürgerlichen Rechts.[45]

Anderes gilt für eine Haftung der **Mitglieder des Aufsichtsorgans**, da das Aufsichtsorgan die Verschmelzung zu beaufsichtigen hat. Vertretungsbefugnis im Außenverhältnis ist in Bezug auf das Aufsichtsorgan – anders als für den nicht-vertretungsberechtigten Komplementär – keine konstitutive Voraussetzung der Haftung.[46] Mitglieder des Aufsichtsorgans sind die in den Aufsichtsrat gewählten Vertreter der Anteilseigner wie auch der Arbeitnehmer;[47] dies gilt unabhängig davon, ob die Einrichtung eines Aufsichtsorgans gesetzlich vorgeschrieben (etwa gem. §§ 1 ff. MitbestG) oder freiwillig erfolgt ist. Gleiches muss für andere freiwillig gebildete Gremien wie Beiräte, Verwaltungsräte und Gesellschafterausschüsse dann gelten, wenn ihnen Entscheidungsbefugnisse im Zusammenhang mit der Verschmelzung zustehen und sie insofern wie ein Aufsichtsorgan im Sinne des Abs. 1 handeln.[48]

Bei mehreren hiernach schadensersatzpflichtigen Organen besteht eine **gesamtschuldnerische Haftung**. Ein quotaler Ausgleich muss grds. im Innenverhältnis erfolgen. Etwas anderes kann sich im Fall von unterschiedlichen Mitwirkungsbeiträgen der Ersatzverpflichteten ergeben. Hier ist über eine analoge Anwendung des § 254 BGB eine interessengerechte Verteilung der Schadensquoten entsprechend dem Maß der Mitverantwortlichkeit vorzunehmen.[49]

Haftungsauslösender Zeitpunkt ist die Beteiligung an der Verschmelzung. War die betreffende Person an der Schadensentstehung beteiligt, ist ein Wegfall der Organstellung nach Abschluss des Verschmelzungsvertrages oder nach dem Zustimmungsbeschluss des übertragenden Rechtsträgers für die Haftung irrelevant.[50]

3. Anspruchsinhaber

Abs. 1 sieht als Anspruchsinhaber den übertragenden Rechtsträger sowie seine Anteilsinhaber und Gläubiger vor. Für weitere Schäden gelten die allgemeinen gesellschaftsrechtlichen Vorschriften. Die sich hieraus ergebenden Ansprüche unterliegen ebenfalls der Fiktionswirkung des § 25 Abs. 2 S. 1.[51]

a) Übertragender Rechtsträger

21 Ein Schadensfall des übertragenden Rechtsträgers ergibt sich in der Praxis selten.[52] Anwendung findet Abs. 1 vornehmlich auf Rufschädigungen oder auf die Weitergabe von Geschäftsgeheimnissen im Zusammenhang mit der Verschmelzung.[53]

b) Anteilsinhaber

22 Ein eigener Schaden der Anteilsinhaber kann durch ein für sie nachteiliges Umtauschverhältnis begründet werden.[54]

Hinweis: Dabei ist aber zu beachten, dass den Anteilsinhabern in diesem Fall auch ein Anspruch aus § 15 Abs. 1 zusteht, wonach sie eine bare Zuzahlung verlangen können.[55] Das Spruchverfahren nach § 15 Abs. 1 S. 2 stellt zwar für den Fall eines mangelhaften Umtauschverhältnisses kein vorrangiges Verfahren gegenüber § 25 dar.[56] Die Unterlassung der Einleitung des Spruchverfahrens begründet allerdings ein Mitverschulden, das sich der Anteilsinhaber nach § 254 Abs. 2 BGB im Rahmen der Schadenshöhe entgegenhalten lassen muss.[57] Ein Haftungsausschluss kann sich bei Annahme eines überwiegenden Verschuldens ergeben, wie etwa bei Versäumen der Antragsfrist nach § 4 SpruchG.[58]

23 Weiter ist eine Barzuzahlung nach § 15 Abs. 1 im Rahmen der Ermittlung des Schadens nach § 25 zu berücksichtigen (→ Rn. 10). In der Praxis kommt ein über § 25 liquidierbarer Schaden infolge eines unzutreffenden Umtauschverhältnisses nur dann in Betracht, wenn ein Anspruch nach § 15 Abs. 1 S. 1 beim übernehmenden Rechtsträger nicht zu realisieren ist.[59]

24 Eine Berufung der Anteilsinhaber auf § 25 Abs. 1 scheidet allerdings aus, sofern das fehlerhafte Umtauschverhältnis auf einer durch das Verschmelzungsverfahren bedingten Verminderung des Vermögens und nicht auf eine falsche Berechnung zurückzuführen ist.[60] Ein dingliches Recht an einem Anteil des übertragenden Rechtsträgers, welches nach Wirksamkeit der Verschmelzung durch ein zu ungünstiges Umtauschverhältnis nicht mehr hinreichend gesichert ist, verschafft keine Gläubigerstellung gem. Abs. 1.[61] Dies entspricht dem klaren Wortlaut des Abs. 1, denn es handelt sich hier um Gläubiger der Anteilsinhaber und nicht des Rechtsträgers.[62] Eine Analogie scheitert mangels planwidriger Lücke; ein ausreichender Schutz wird mittelbar über Ansprüche des be-

---

51 Kölner Komm UmwG/*Simon* § 25 Rn. 13.
52 Semler/Stengel/Leonard/*Leonard* § 25 Rn. 13; Schmitt/Hörtnagl/*Winter* § 25 Rn. 21; Kallmeyer/*Marsch-Barner/Oppenhoff* § 25 Rn. 9; aA *Schnorbus* ZHR 167 (2003), 666 (695).
53 Semler/Stengel/Leonard/*Leonard* § 25 Rn. 13; Lutter/*Grunewald* § 25 Rn. 14.
54 Semler/Stengel/Leonard/*Leonard* § 25 Rn. 14; BeckOGK/*Rieder*, 1.1.2023, § 25 Rn. 24.
55 Vgl. BayObLG ZIP 2003, 253.
56 Kölner Komm UmwG/*Simon* § 25 Rn. 38; Schmitt/Hörtnagl/*Winter* § 25 Rn. 19.
57 Widmann/Mayer/*Vossius* § 25 Rn. 25 (Fn. 4), Rn. 37; Lutter/*Grunewald* § 25 Rn. 15; Semler/Stengel/Leonard/*Leonard* § 25 Rn. 23; Siebel/Gebauer WM 2001, 173 (187); *Schnorbus* ZHR 167 (2003), 666 (697 f.); Clemm/Dürrschmidt FS Widmann, 2001, 3 (9).
58 Widmann/Mayer/*Vossius* § 25 Rn. 37; Kölner Komm UmwG/*Simon* § 25 Rn. 38.
59 Kölner Komm UmwG/*Simon* § 25 Rn. 39.
60 Kölner Komm UmwG/*Simon* § 25 Rn. 14.
61 Lutter/*Grunewald* § 25 Rn. 16; Kölner Komm UmwG/*Simon* § 25 Rn. 20.
62 Lutter/*Grunewald* § 25 Rn. 16; Kölner Komm UmwG/*Simon* § 25 Rn. 20.

rechtigten Anteilsinhabers gewährt.⁶³ Ferner ist ein Anspruch zu verneinen, soweit der Schaden der Anteilsinhaber in der Minderung des Wertes ihrer Beteiligung am übertragenden Rechtsträger liegt. Ein solcher Reflexschaden wird jedenfalls dann nicht erfasst, wenn bereits dem übertragenden Rechtsträger Schadensersatzforderungen zustehen.⁶⁴

c) Gläubiger

Wird durch die Verschmelzung der Wert der gegen den übertragenden Rechtsträger gerichteten Forderungen gemindert und geht damit der Schaden der Gläubiger über einen reinen Reflexschaden hinaus, sind die jeweiligen Forderungsinhaber anspruchsberechtigt.⁶⁵ Die Gläubiger können aus einem fehlerhaften Umtauschverhältnis allerdings nur dann Ansprüche geltend machen, wenn es infolge der fehlerhaften Berechnung des Umtauschverhältnisses, wegen ungenügender Prüfung der Vermögenslage zu einem Ausfall ihrer Ansprüche kommt.⁶⁶ Eine Gefährdung ihrer Ansprüche reicht in den vorstehenden Fällen nicht aus, da die Gläubiger keinen Anspruch auf einen Status quo der Vermögensverhältnisse ihrer Schuldner haben.⁶⁷

Hinweis: Nach dem eindeutigen Wortlaut des Abs. 1 steht der Anspruch auf Sicherheitsleistung aus § 22 neben dem Anspruch auf Schadensersatz nach § 25.⁶⁸ Hierfür spricht, dass die Ersatzpflichtigen des § 22 (ebenso wie im Verhältnis des § 15 zu § 25) von denen des § 25 abweichen. Zudem ist ein Schaden der Gläubiger durch den Anspruch auf Sicherheitsleistung nach § 22 nicht ausgeschlossen. Falls der übernehmende Rechtsträger hoch verschuldet ist, läuft der Anspruch auf Sicherheitsleistung leer. Es ist allerdings in der Praxis darauf zu achten, dass ein Schaden im Sinne des § 25 ausscheidet, wenn der Gläubiger nach § 22 Sicherheit verlangen kann oder konnte. Die Versäumung des Fristerfordernisses des § 22 (sechs Monate) begründet den Vorwurf des Mitverschuldens gem. § 254 BGB.⁶⁹ Dies muss sich der Gläubiger bei der Geltendmachung seiner Ansprüche gegen die Organmitglieder nach § 25 im Rahmen der Schadensermittlung entgegenhalten lassen.⁷⁰ Ein Schaden iSd § 25 wird in den Konstellationen des § 22 deshalb regelmäßig nur dann vorliegen, wenn der Anspruch auf Sicherheitsleistung besteht, mangels Bonität des übernehmenden Rechtsträgers aber nicht zu realisieren ist.

II. Fiktion des Fortbestandes, Abs. 2

Abs. 2 ordnet an, dass der übertragende Rechtsträger für Ansprüche nach § 25 sowie weitere Ansprüche, soweit sie sich gegen ihn richten und aus der Verschmelzung resultieren, als fortbestehend gilt. Hintergrund der Fiktion ist, dass nach § 20 Abs. 1 Nr. 1 mit Wirksamkeit der Verschmelzung das Vermögen des übertragenden Rechtsträgers einschließlich der Verbindlichkeiten auf den übernehmenden Rechtsträger übergeht. Für Ansprüche des übertragenden Rechtsträgers gegen den übernehmenden Rechtsträger würde in diesem Fall Konfusion eintreten.⁷¹ Ohne diese Fiktionswirkung könnten mög-

27 Abs. 2 geht konsequenterweise über den Schadensersatzanspruch des Abs. 1 hinaus und erfasst **alle weiteren Ansprüche** des übertragenden Rechtsträgers gegen Dritte sowie Dritter gegen den übertragenden Rechtsträger. Wirkung der Fiktion ist, dass der übertragende Rechtsträger allein der Träger von Rechten und Pflichten bleibt.[73] Aus § 26 ergibt sich, dass die Fiktionswirkung nicht den Fortbestand der Organe des übertragenden Rechtsträgers erfasst.[74] Die Vorschrift sieht vor, dass die fortbestehenden Ansprüche durch einen besonderen Vertreter geltend gemacht werden müssen (→ § 26 Rn. 4).[75]

liche Ansprüche gegen die Organmitglieder nur von dem übernehmenden Rechtsträger als dem Gesamtrechtsnachfolger des übertragenden Rechtsträgers geltend gemacht werden. Damit käme der Ersatzanspruch auch den Alt-Anteilsinhabern und Alt-Gläubigern des übernehmenden Rechtsträgers zugute.[72]

28 Abs. 2 S. 2 enthält die überflüssige Klarstellung, dass die Ansprüche des Abs. 1 auch nicht im Wege der Konfusion untergehen. Dies ergibt sich bereits aus dem in S. 1 angeordneten Fortbestehen des übertragenden Rechtsträgers.[76]

1. Erfasste Ansprüche

29 Von der Fiktionswirkung werden nur Ansprüche erfasst, die sich aus der Verschmelzung ergeben bzw. mit dieser in einem Zusammenhang stehen; andere Ansprüche sind ausgeschlossen.[77] Letztere gehen nach § 20 Abs. 1 Nr. 1 im Wege der Gesamtrechtsnachfolge auf den übernehmenden Rechtsträger über und sind von diesem zu liquidieren. Dies betrifft auch Ansprüche, die nicht nur den übertragenden Rechtsträger betreffen, sondern auch beim übernehmenden Rechtsträger einen Schaden begründen.[78]

30 Entscheidend ist, dass ein Schaden beim übertragenden Rechtsträger entstanden ist.[79] Aus praktischer Sicht betrifft dies Ansprüche, die ihre Grundlage im Verschmelzungsvertrag haben.[80] Möglich sind Ansprüche aufgrund von Verpflichtungen des übernehmenden Rechtsträgers, eine Kapitalerhöhung durchzuführen, Betriebe des übertragenden Rechtsträgers fortzuführen, eine Standortgarantie abzugeben,[81] eine bestehende Börsennotierung aufrechtzuerhalten bzw. eine Börsenzulassung neu zu beantragen (→ § 29 Rn. 25) oder Barzahlungen an Anteilsinhaber des übertragenden Rechtsträgers zu leisten.[82] Praxisrelevant sind daneben Ansprüche des übernehmenden Rechtsträgers aus c. i.c oder positiver Verletzung des Verschmelzungsvertrages.[83] Die Fiktion des Abs. 2 wirkt sich in diesem Zusammenhang lediglich bei einer möglichen Aufrechnung aus.[84]

---

72 Semler/Stengel/Leonard/*Leonard* § 25 Rn. 1; Kölner Komm UmwG/*Simon* § 25 Rn. 2.
73 Kölner Komm UmwG/*Simon* § 25 Rn. 42; Widmann/Mayer/*Vossius* § 25 Rn. 48; aA *Döss*, Die Auswirkung von Mängel einer Verschmelzung durch Aufnahme auf die rechtliche Stellung einer übertragenden Gesellschaft und ihrer Aktionäre, S. 103.
74 BeckOGK/*Rieder*, 1.1.2023, § 25 Rn. 39.
75 Semler/Stengel/Leonard/*Leonard* § 25 Rn. 25; Widmann/Mayer/*Vossius* § 25 Rn. 48; Kölner Komm UmwG/*Simon* § 25 Rn. 42.
76 BeckOGK/*Rieder*, 1.1.2023, § 25 Rn. 46.
77 Kölner Komm UmwG/*Simon* § 25 Rn. 44.
78 Ebenso Semler/Stengel/Leonard/*Leonard* § 25 Rn. 27; Lutter/*Grunewald* § 25 Rn. 24; Kölner Komm UmwG/*Simon* § 25 Rn. 44.
79 Semler/Stengel/Leonard/*Leonard* § 25 Rn. 27; Lutter/*Grunewald* § 25 Rn. 24; Kölner Komm UmwG/*Simon* § 25 Rn. 45.
80 Kölner Komm UmwG/*Simon* § 25 Rn. 45; Schmitt/Hörtnagl/*Winter* § 25 Rn. 34; Kallmeyer/*Marsch-Barner/Oppenhoff* § 25 Rn. 12.
81 Kölner Komm UmwG/*Simon* § 25 Rn. 45 mit Verweis auf OLG Frankfurt a. M. ZIP 2007, 331 (332 ff.); *Blasche/Söntgerath* BB 2009, 1432 (1434).
82 Semler/Stengel/Leonard/*Leonard* § 25 Rn. 26; Lutter/*Grunewald* § 25 Rn. 23.
83 Kölner Komm UmwG/*Simon* § 25 Rn. 47; BeckOGK/*Rieder*, 1.1.2023, § 25 Rn. 43.
84 Kölner Komm UmwG/*Simon* § 25 Rn. 47; BeckOGK/*Rieder*, 1.1.2023, § 25 Rn. 44.

Hinweis: Es empfiehlt sich daher im Verschmelzungsvertrag für alle Ansprüche (zB die Festlegung der Geschäftspolitik des übernehmenden Rechtsträgers),[85] die unter die Fiktionswirkung fallen sollen, eine entsprechende Vereinbarung aufzunehmen.[86] Hierdurch wird der erforderliche Zusammenhang zur Verschmelzung bereits hergestellt.[87]

Möglich sind auch Ansprüche gegen Dritte, etwa aufgrund der fehlerhaften Beratung beim Zustandekommen des Verschmelzungsvertrages,[88] ferner Ansprüche gegen die Organe des übernehmenden Rechtsträgers aus unerlaubter Handlung, arg. e. § 27.[89]

Ferner sind Ansprüche der Anteilsinhaber oder Gläubiger des übernehmenden Rechtsträgers möglich. Sie können sich allerdings mit ihren Ansprüchen auch an den übernehmenden Rechtsträger halten.[90]

2. Rechtsfolge

Die von § 20 Abs. 1 Nr. 1 vorgesehene Konfusion wird durch Abs. 2 verhindert. Für die in § 25 Abs. 2 bezeichneten Ansprüche bedeutet dies den **Fortbestand der Partei- und Prozessfähigkeit** des übertragenden Rechtsträgers, der durch den besonderen Vertreter vor Gericht vertreten wird (→ § 26 Rn. 4).[91] Konsequenterweise besteht dann auch die Verfügungsbefugnis über die Ansprüche durch den übertragenden Rechtsträger fort.[92] Der übernehmende Rechtsträger ist mangels Rechtsinhaberschaft nicht befugt, auf diese Ansprüche zu verzichten, sie zu verpfänden oder auch abzutreten.[93]

Soweit beide Ansprüche unter § 25 Abs. 2 fallen, können die beteiligten Parteien mangels Konfusion Aufrechnungs- und Zurückbehaltungsrechte geltend machen.[94] Regelmäßig wird es aber aufgrund der Fiktionswirkung des Abs. 2 an der Gegenseitigkeit der für eine Aufrechnungslage notwendigen Forderungen im Verhältnis zwischen übertragendem und übernehmendem Rechtsträger fehlen.[95] Diese Gestaltungsrechte sind für den als fortbestehend geltenden Rechtsträger durch den besonderen Vertreter auszuüben (→ § 26 Rn. 8).[96]

III. Verjährung, Abs. 3

Abs. 3 sieht eine Verjährung der von § 25 umfassten Ansprüche nach fünf Jahren vor. Erfasst von der Verjährung sind dabei nur Ansprüche nach Abs. 1. Nach dem insoweit klaren Wortlaut der Vorschrift verjähren die von Abs. 2 S. 1 erfassten weiteren Ansprüche nicht nach der Vorgabe des Abs. 3.[97] Als Verjährungsbeginn gilt der Tag der Bekanntmachung der Eintragung der Verschmelzung in das Register des Sitzes des übernehmenden Rechtsträgers. Gem. § 19 Abs. 3 in Verbindung mit § 10 HGB erfolgt

---

85 *Blasche/Söntgerath* BB 2009, 1432 (1434).
86 Kölner Komm UmwG/*Simon* § 25 Rn. 45.
87 *Blasche/Söntgerath* BB 2009, 1432 (1434).
88 BGH ZIP 1997, 322 (324).
89 Schmitt/Hörtnagl/*Winter* § 25 Rn. 35; Lutter/*Grunewald* § 25 Rn. 24.
90 Semler/Stengel/Leonard/*Leonard* § 25 Rn. 28; Kölner Komm UmwG/*Simon* § 25 Rn. 47, aA Schmitt/Hörtnagl/ *Winter*, § 25 Rn. 36; Widmann/Mayer/*Vossius* § 25 Rn. 54.
91 Widmann/Mayer/*Vossius* § 25 Rn. 59; Kölner Komm UmwG/*Simon* § 25 Rn. 48.
92 Kallmeyer/*Marsch-Barner/Oppenhoff* § 25 Rn. 13; BeckOGK/*Rieder*, 1.1.2023, § 25 Rn. 45.
93 Lutter/*Grunewald* § 25 Rn. 31; Kölner Komm UmwG/ *Simon* § 25 Rn. 48.
94 Vgl. hierzu ausf. Lutter/*Grunewald* § 25 Rn. 26; Semler/Stengel/Leonard/*Leonard* § 25 Rn. 29; auf die praktische Relevanz hinweisend in puncto der Verhinderung von Vermögensabfluss Kölner Komm UmwG/*Simon* § 25 Fn. 91.
95 Widmann/Mayer/*Vossius* § 25 Rn. 61; Lutter/*Grunewald* § 25 Rn. 31; Kölner Komm UmwG/*Simon* § 25 Rn. 49.
96 Vgl. auch Widmann/Mayer/*Vossius* § 25 Rn. 65; Kölner Komm UmwG/*Simon* § 25 Rn. 49.
97 Semler/Stengel/Leonard/*Leonard* § 25 Rn. 31; Widmann/ Mayer/*Vossius* § 25 Rn. 41; Kölner Komm UmwG/*Simon* § 25 Rn. 50.

die Bekanntmachung durch die erstmalige Abrufbarkeit der Eintragung in das Handelsregister über das nach § 9 Abs. 1 HGB bestimmte elektronische Informations- und Kommunikationssystem. Die (zusätzliche) „Bekanntmachung" in einem elektronischen Informations- und Kommunikationsmedium ist durch die Neufassung des § 10 HGB zum 1.8.2022 durch das DiRUG[98] ersatzlos entfallen. Ausschließlich das auf Grundlage eines Staatsvertrags durch die Landesjustizverwaltung NRW betriebene Gemeinsame Registerportal der Länder unter www.handelsregister.de dient damit als Informationsgrundlage.[99] Etwaige frühere Kenntnis oder Unkenntnis des Anspruchsinhabers ist für die Fristberechnung irrelevant.[100] Gleiches gilt für den Zeitpunkt, ab dem mögliche Ersatzansprüche frühestens geltend gemacht werden können.[101]

§ 26 Geltendmachung des Schadenersatzanspruchs

(1) ¹Die Ansprüche nach § 25 Abs. 1 und 2 können nur durch einen besonderen Vertreter geltend gemacht werden. ²Das Gericht des Sitzes eines übertragenden Rechtsträgers hat einen solchen Vertreter auf Antrag eines Anteilsinhabers oder eines Gläubigers dieses Rechtsträgers zu bestellen. ³Gläubiger sind nur antragsberechtigt, wenn sie von dem übernehmenden Rechtsträger keine Befriedigung erlangen können. ⁴Gegen die Entscheidung findet die Beschwerde statt.

(2) ¹Der Vertreter hat unter Hinweis auf den Zweck seiner Bestellung die Anteilsinhaber und Gläubiger des betroffenen übertragenden Rechtsträgers aufzufordern, die Ansprüche nach § 25 Abs. 1 und 2 binnen einer angemessenen Frist, die mindestens einen Monat betragen soll, anzumelden. ²Die Aufforderung ist im Bundesanzeiger und, wenn der Gesellschaftsvertrag, der Partnerschaftsvertrag oder die Satzung andere Blätter für die öffentlichen Bekanntmachungen des übertragenden Rechtsträgers bestimmt hatte, auch in diesen Blättern bekanntzumachen.

(3) ¹Der Vertreter hat den Betrag, der aus der Geltendmachung der Ansprüche eines übertragenden Rechtsträgers erzielt wird, zur Befriedigung der Gläubiger dieses Rechtsträgers zu verwenden, soweit die Gläubiger nicht durch den übernehmenden Rechtsträger befriedigt oder sichergestellt sind. ²Für die Verteilung gelten die Vorschriften über die Verteilung, die im Falle der Abwicklung eines Rechtsträgers in der Rechtsform des übertragenden Rechtsträgers anzuwenden sind, entsprechend. ³Gläubiger und Anteilsinhaber, die sich nicht fristgemäß gemeldet haben, werden bei der Verteilung nicht berücksichtigt.

(4) ¹Der Vertreter hat Anspruch auf Ersatz angemessener barer Auslagen und auf Vergütung für seine Tätigkeit. ²Die Auslagen und die Vergütung setzt das Gericht fest. ³Es bestimmt nach den gesamten Verhältnissen des einzelnen Falles nach freiem Ermessen, in welchem Umfange die Auslagen und die Vergütung von beteiligten Anteilsinhabern und Gläubigern zu tragen sind. ⁴Gegen die Entscheidung findet die Beschwerde statt; die Rechtsbeschwerde ist ausgeschlossen. ⁵Aus der rechtskräftigen Entscheidung findet die Zwangsvollstreckung nach der Zivilprozeßordnung statt.

---

98 BGBl. 2021 I 3338.
99 BeckOGK/*Beurskens*, 1.2.2023, HGB § 10 Rn. 6 ff.
100 Semler/Stengel/Leonard/*Leonard* § 25 Rn. 31; BeckOGK/ *Rieder*, 1.1.2023, § 25 Rn. 35.
101 Semler/Stengel/Leonard/*Leonard* § 25 Rn. 31; Lutter/*Grunewald* § 25 Rn. 22; Widmann/Mayer/*Vossius* § 25 Rn. 43; Kölner Komm UmwG/*Simon* § 25 Rn. 52; VG Düsseldorf BeckRS 2021, 20444.

I. Allgemeines	1	c) Verfahren und Form	17
II. Inhalt	4	2. Fristsetzung, Abs. 2	18
1. Besonderer Vertreter, Abs. 1	4	3. Verwendung zur Befriedigung, Abs. 3	22
a) Rechtsstellung	7	4. Vergütungsanspruch, Abs. 4	26
b) Bestellung durch das Amtsgericht auf Antrag	9		

I. Allgemeines

Die Regelung des § 26 trägt dafür Sorge, dass Ansprüche nach § 25 Abs. 1, 2 mittels eines zu bestellenden besonderen Vertreters in einem hierfür vorgesehenen Verfahren durchgesetzt werden können. Die Abs. 1–3 der Vorschrift regeln die einzelnen Verfahrensstufen. So befasst sich Abs. 1 mit der Antragsbefugnis für die Bestellung des besonderen Vertreters, während Abs. 2 das Verfahren der Anmeldung der Ansprüche nach § 25 Abs. 1 regelt.[1] Abs. 3 wiederum legt die Reihenfolge der Erlösverteilung an die Berechtigten fest.

Ziel ist die Konzentrierung einer Vielzahl von Rechtsstreitigkeiten über ein und denselben Anspruch, um unterschiedliche Entscheidungen zu vermeiden.[2] Des Weiteren soll hierdurch ein möglicher Wettbewerb zwischen den Anspruchsberechtigten unterbunden und eine gleichmäßige Verteilung des erzielten Erlöses sichergestellt werden.[3]

Über die Verweisungen in §§ 36 Abs. 1, 125, 176 Abs. 1, 177 Abs. 1 gilt § 26 auch für die Verschmelzung durch Neugründung, die Spaltung und die Vermögensübertragung. Für den Formwechsel enthält § 206 eine entsprechende Regelung, die die Besonderheiten des Formwechsels berücksichtigt.

II. Inhalt

1. Besonderer Vertreter, Abs. 1

Wie zu § 25 Abs. 2 S. 2 bereits ausgeführt, enthält die Vorschrift eine **Fiktionswirkung** dergestalt, dass der übertragende Rechtsträger für gegen ihn gerichtete Ansprüche nach § 25 Abs. 1, 2 als fortbestehend gilt (→ § 25 Rn. 26). Von dieser Fiktionswirkung werden allerdings nicht die Organe des übertragenden Rechtsträgers erfasst (→ § 25 Rn. 27),[4] so dass der übertragende Rechtsträger nur noch durch den besonderen Vertreter handeln kann. Vor diesem Hintergrund kann der besondere Vertreter über den Gesetzeswortlaut hinaus auch für Passivverfahren des übertragenden Rechtsträgers bestellt werden.[5]

Die weitere Funktion des besonderen Vertreters liegt darin, dass er gegenüber Anteilsinhabern und Gläubigern eine **Sperrwirkung** dergestalt entfaltet, dass sie ihre Ansprüche aus § 25 Abs. 1, 2 nicht selbst geltend machen können. Eine Klage von Gläubigern und Anteilsinhabern ist mangels Aktivlegitimation als unzulässig abzuweisen.[6] Dies gilt selbst dann, wenn kein Gläubigerwettlauf zu befürchten ist, weil lediglich einer

---

1 Ansprüche nach § 25 Abs. 2 sind hiervon ausgenommen Kölner Komm UmwG/*Simon* § 26 Rn. 1; Schmitt/Hörtnagl/*Winter* § 26 Rn. 8 ff.
2 Begr. RegE, BR-Drs. 75/94, 93.
3 Begr. RegE, BR-Drs. 75/94, 93; Widmann/Mayer/*Vossius* § 26 Rn. 1; Semler/Stengel/Leonard/*Leonard* § 26 Rn. 1; Lutter/*Grunewald* § 26 Rn. 3; Kölner Komm UmwG/*Simon* § 26 Rn. 2.
4 Kölner Komm UmwG/*Simon* § 25 Rn. 33 mwN.
5 Kölner Komm UmwG/*Simon* § 26 Rn. 12; BeckOGK/*Rieder*, 1.1.2023, § 26 Rn. 7.
6 OLG Frankfurt a. M. AG 2007, 559; Widmann/Mayer/*Vossius* § 26 Rn. 7; Semler/Stengel/Leonard/*Leonard* § 26 Rn. 3; Kölner Komm UmwG/*Simon* § 26 Rn. 5; Lutter/*Grunewald* § 26 Rn. 4; Kallmeyer/Marsch-Barner/*Oppenhoff* § 26 Rn. 2.

der möglichen Anspruchsberechtigten einen Anspruch nach § 25 verfolgt.[7] Allerdings verbleibt einem Anspruchsberechtigten die Möglichkeit zur Einflussnahme auf den vom besonderen Vertreter geführten Prozess, in dem er als Nebenintervenient diesem beitritt.[8] Selbiges gilt für den Beitritt als Streithelfer oder über eine Streitverkündung.[9]

§ 26 lässt während der Dauer des Verfahrens eine Aufrechnung der Gläubiger und Anteilsinhaber gegenüber den Anspruchsverpflichteten des § 25 Abs. 1 nicht zu, da anderenfalls eine gerechte und geordnete Erlösverteilung nicht erreicht werden könnte.[10] Nach Abschluss des Verfahrens und entsprechender Zuteilung eines Erlösanteils sollte eine Aufrechnung allerdings zulässig sein.[11]

a) Rechtsstellung

Der besondere Vertreter ist **Partei kraft Amtes** und vertritt damit nicht den als fortbestehend zu fingierenden übertragenden Rechtsträgers oder die Antragsberechtigten des § 26.[12] Folglich handelt er im eigenen und nicht im fremden Namen. An Weisungen der Antragsberechtigten ist er nicht gebunden,[13] ihm obliegt aber eine Auskunfts- und Rechenschaftspflicht gegenüber den Anteilsinhabern und Gläubigern, da seine Bestellung zum Schutz der Vermögensinteressen dieser Parteien erfolgt.[14]

Nach Ablauf der Anmeldefrist hat der besondere Vertreter die der Bestellung zugrunde liegenden Ansprüche geltend zu machen, wobei ihm hinsichtlich der Art und Weise der **Anspruchsverfolgung** ein Ermessen zukommt. Er ist deshalb keinesfalls an die gerichtliche Verfolgung von Ansprüchen gebunden, sondern kann diese auch außergerichtlich durchsetzen. Gleiches gilt auch für den Abschluss von Vergleichen sowie die Frage, ob Rechtsmittel eingelegt oder sonstige Maßnahmen getroffen werden.[15] Sofern und soweit der besondere Vertreter bei der ihm von Gesetzes wegen zugewiesenen Aufgaben nicht die erforderliche Sorgfalt walten lässt, ist er im Hinblick auf diese Schutzfunktion auch gegenüber den Anteilsinhabern und den Gläubigern, analog der Haftungsvorschriften des vorher zuständigen Vertretungsorgan, zum Schadensersatz verpflichtet.[16]

b) Bestellung durch das Amtsgericht auf Antrag

Dem Amtsgericht am Sitz des übertragenden Rechtsträgers obliegt der **Bestellungsakt** (§ 375 Nr. 5 FamFG). Hierbei muss das Gericht zum einen die Frage der Antragsberech-

---

[7] Lutter/*Grunewald* § 26 Rn. 4; Schmitt/Hörtnagl/*Winter* § 26 Rn. 8; Kölner Komm UmwG/*Simon* § 26 Rn. 6; aA *Schilling/Zutt* in Hachenburg, GmbHG, 7. Aufl., VerschmG § 29 Rn. 23.

[8] Lutter/*Grunewald* § 26 Rn. 4; Kallmeyer/*Marsch-Barner/Oppenhoff* § 26 Rn. 2; Semler/Stengel/Leonard/*Leonard* § 26 Rn. 3; Kölner Komm UmwG/*Simon* § 26 Rn. 6; BeckOGK/*Rieder*, 1.1.2023, § 26 Rn. 6; aA Widmann/Mayer/*Vossius* § 26 Rn. 8; Schmitt/Hörtnagl/*Winter* § 26 Rn. 8.

[9] Lutter/*Grunewald* § 26 Rn. 4; Kallmeyer/*Marsch-Barner/Oppenhoff* § 26 Rn. 2; Semler/Stengel/Leonard/*Leonard* § 26 Rn. 3; Kölner Komm UmwG/*Simon* § 26 Rn. 6; BeckOGK/*Rieder*, 1.1.2023, § 26 Rn. 6.

[10] Lutter/*Grunewald* § 26 Rn. 4; Semler/Stengel/Leonard/*Leonard* § 26 Rn. 3; Widmann/Mayer/*Vossius* § 26 Rn. 9, 10.

[11] Natürlich unter der Prämisse, dass die sonstigen Voraussetzungen der Aufrechnung gegeben sind, wie hier Kölner Komm UmwG/*Simon* § 26 Rn. 7; Lutter/*Grunewald* § 26 Rn. 4; aA Semler/Stengel/Leonard/*Leonard* § 26 Rn. 3; Widmann/Mayer/*Vossius* § 26 Rn. 9, 10.

[12] OLG Frankfurt a. M. ZIP 2007, 331 (332); Semler/Stengel/Leonard/*Leonard* § 26 Rn. 9; Kallmeyer/*Marsch-Barner/Oppenhoff* § 26 Rn. 11; Lutter/*Grunewald* § 26 Rn. 15; Schmitt/Hörtnagl/*Winter* § 26 Rn. 18; aA Widmann/Mayer/*Vossius* § 26 Rn. 41 f.; BeckOGK/*Rieder*, 1.1.2023, § 26 Rn. 3.

[13] Semler/Stengel/Leonard/*Leonard* § 26 Rn. 9.

[14] Widmann/Mayer/*Vossius* § 26 Rn. 47; Kölner Komm UmwG/*Simon* § 26 Rn. 16; Kallmeyer/*Marsch-Barner/Oppenhoff* § 26 Rn. 12; Schmitt/Hörtnagl/*Winter* § 26 Rn. 27.

[15] Kölner Komm UmwG/*Simon* § 26 Rn. 22; Schmitt/Hörtnagl/*Winter* § 26 Rn. 23; Kallmeyer/*Marsch-Barner/Oppenhoff* § 26 Rn. 19; Semler/Stengel/Leonard/*Leonard* § 26 Rn. 14.

[16] Kölner Komm UmwG/*Simon* § 26 Rn. 16; Semler/Stengel/Leonard/*Leonard* § 26 Rn. 11 mwN; ausführlich zur Herleitung einer Haftungsvorschrift BeckOGK/*Rieder*, 1.1.2023, § 26 Rn. 27.

tigung und zum anderen das Vorliegen eines sachlichen Bedürfnisses für die Bestellung prüfen.[17] Eine Prüfung der Erfolgsaussichten der Rechtsverfolgung ist hiervon allerdings nicht erfasst.[18]

Die **Antragsberechtigung** von Anteilsinhabern liegt vor, sofern sie zum Zeitpunkt der Wirksamkeit der Verschmelzung noch Inhaber von Anteilen des übertragenden Rechtsträgers waren.[19] Dass ein Anteil am übernehmenden Rechtsträger gehalten wird, ist hingegen nicht Voraussetzung.[20] Das Antragsrecht kann auf einen Gesamtrechtsnachfolger des Anteilsinhabers übergehen (zB auf einen Erben), es ist allerdings nicht im Wege der Einzelrechtsnachfolge übertragbar, da der Einzelrechtsnachfolger keinen Schaden iSd § 25 Abs. 1 an seinen Anteilen erleiden kann (er erhält nur neue Anteile am übernehmenden Rechtsträger).[21] Das Antragsrecht als solches kann nicht abgetreten werden.[22] Soll dem neuen Anteilsinhaber auch der Erlös nach § 26 Abs. 3 zukommen, muss der Anspruch auf Teilhabe an der Erlösverteilung abgetreten werden.[23] Eine Abtretung des Erlösanspruchs lässt das Antragsrecht allerdings unberührt, es verbleibt beim Anteilsinhaber des übertragenden Rechtsträgers.[24]

Hinweis: Um Streitigkeiten zu vermeiden, ob bereits mit Anteilsabtretung die Mitabtretung dieses Erlösanspruches bewirkt wurde,[25] sollte die Mitabtretung des Erlösanspruchs ausdrücklich im Kaufvertrag geregelt werden.

Zum Nachweis der Antragsberechtigung ist glaubhaft zu machen, dass dem Antragsteller ein **Schaden** im Sinne von § 25 Abs. 1 oder 2 entstanden ist.[26] Im Zusammenhang mit diesem sachlichen Bedürfnis ist glaubhaft zu machen, dass die Voraussetzungen des § 25 Abs. 1 oder 2 vorliegen.

Zu den antragsberechtigten Personen gehören auch die Gläubiger des übertragenden Rechtsträgers, § 26 Abs. 1 S. 2. Allerdings gilt dies nur unter der Voraussetzung, dass sie glaubhaft machen können, vom übernehmenden Rechtsträger keine Befriedigung erlangen zu können, § 26 Abs. 1 S. 3.[27] Soweit gem. § 22 Sicherheiten geleistet worden sind, muss zunächst aus diesen Sicherheiten Befriedigung gesucht werden.[28] Die herrschende Ansicht in der Literatur stellt an den Nachweis keine allzu strengen Anforderungen (die Durchführung eines erfolglos gebliebenen Zwangsvollstreckungsverfahrens sollte dementsprechend nicht erforderlich sein).[29]

13 Wie eingangs schon erwähnt, kann der besondere Vertreter auch für gegen den übertragenden Rechtsträger gerichtete Ansprüche bestellt werden.[30] Die Aufgaben erstrecken sich in diesem Fall auf die passive Vertretung des erloschenen Rechtsträgers dergestalt, dass an diesen gerichtete Erklärungen vom besonderen Vertreter entgegenzunehmen sind.[31]

14 Hinsichtlich der Antragsberechtigung des übernehmenden Rechtsträgers ist zu differenzieren: Allein die Anteilsinhaberschaft am übertragenden Rechtsträger führt nicht zur Antragsberechtigung, da der übernehmende Rechtsträger im Rahmen einer Erlösverteilung nicht berücksichtigt wird, weshalb ihm insoweit kein Antragsrecht zukommen kann.[32] Steht dem übernehmenden Rechtsträger allerdings eine Aufrechnungsmöglichkeit gegen den übertragenden Rechtsträger zu, kann die entsprechende Aufrechnungserklärung mit Eintragung der Verschmelzung nur gegenüber dem besonderen Vertreter als Empfangsberechtigten erfolgen. Aufgrund dieser Interessenslage ist dem übernehmenden Rechtsträger eine Antragsberechtigung zuzusprechen.[33]

15 Ferner ist der übernehmende Rechtsträger antragsberechtigt, wenn er gegenüber dem besonderen Vertreter die Anfechtung des Verschmelzungsvertrages erklären möchte.[34] Hier ist jedoch richtigerweise zu differenzieren: Auf die Feststellung irgendwelcher Mängel des Verschmelzungsvertrages kann es mit Eintragung der Verschmelzung nicht mehr ankommen, weshalb eine Antragsberechtigung des übernehmenden Rechtsträgers in dieser Konstellation (in Abgrenzung zu → Rn. 14) abzulehnen ist.[35]

16 Eine Antragsberechtigung des übernehmenden Rechtsträgers nach § 26 Abs. 1 ist allerdings zu bejahen, wenn Schadensersatzklagen geltend gemacht werden, denen ein Fehlverhalten zugrunde liegt, das zur Anfechtbarkeit oder Nichtigkeit des Verschmelzungsvertrages geführt hätte.[36] Praxisrelevant sind auch Ansprüche des übernehmenden Rechtsträgers aus c.i.c oder positiver Verletzung des Verschmelzungsvertrages (→ § 25 Rn. 30).

c) Verfahren und Form

17 Dem Gericht kommt hinsichtlich der Auswahl der Person des besonderen Vertreters ein Ermessen zu. Die Vorschläge der Antragssteller haben lediglich unverbindlichen Charakter und müssen keinesfalls befolgt werden. Die Position des besonderen Vertreters ist nicht auf natürliche Personen beschränkt. Ebenso können Anwaltssozietäten, Steuerberatungs- oder Wirtschaftsprüfungsgesellschaften als juristische Personen hierzu durch das Gericht bestellt werden.[37] Diese sind jedoch nicht zur Annahme der gerichtlichen Bestellung verpflichtet[38] und darüber hinaus kann ein Vertreter sein Amt zu jeder

---

30 Schmitt/Hörtnagl/*Winter* § 26 Rn. 11; Widmann/Mayer/*Vossius* § 26 Rn. 2; Lutter/*Grunewald* § 26 Rn. 11; Semler/Stengel/Leonard/*Leonard* § 26 Rn. 3; Kallmeyer/Marsch-Barner/*Oppenhoff* § 26 Rn. 3; BeckOGK/*Rieder*, 1.1.2023, § 26 Rn. 8.
31 Kölner Komm UmwG/*Simon* § 26 Rn. 12; Semler/Stengel/Leonard/*Leonard* § 26 Rn. 3; Kallmeyer/*Marsch-Barner/Oppenhoff* § 26 Rn. 3.
32 Lutter/*Grunewald* § 26 Rn. 9.
33 Kölner Komm UmwG/*Simon* § 26 Rn. 12; Kallmeyer/Marsch-Barner/*Oppenhoff* § 26 Rn. 8; aA Lutter/*Grunewald* § 26 Rn. 10.
34 OLG Hamm DB 1991, 2535 (2536); Schmitt/Hörtnagl/*Winter* § 26 Rn. 16; Widmann/Mayer/*Rieger*, § 70 Rn. 10; Kallmeyer/Marsch-Barner/*Oppenhoff* § 26 Rn. 3; Lutter/*Grunewald* § 26 Rn. 10 mwN.
35 Wie hier Kölner Komm UmwG/*Simon* § 26 Rn. 13; iE so auch Semler/Stengel/Leonard/*Leonard* § 26 Rn. 7.
36 Kölner Komm UmwG/*Simon* § 26 Rn. 13.
37 Kallmeyer/Marsch-Barner/*Oppenhoff* § 26 Rn. 5; Semler/Stengel/Leonard/*Leonard* § 26 Rn. 4; Lutter/*Grunewald* § 26 Rn. 13; Widmann/Mayer/*Vossius* § 26 Rn. 30.
38 Kölner Komm UmwG/*Simon* § 26 Rn. 14; Schmitt/Hörtnagl/*Winter* § 26 Rn. 18; Lutter/*Grunewald* § 26 Rn. 13.

Zeit niederlegen.[39] Es ist zu beachten, dass mit der Verschmelzung des übertragenden Rechtsträgers auf einen anderen Rechtsträger das Amt des besonderen Vertreters nach § 147 Abs. 2 AktG erlischt und dieser nicht automatisch besonderer Vertreter iSd § 26 Abs. 1 S. 1 wird.[40]

Hinweis: Gegen die Ablehnung des Antrags auf Bestellung steht den Antragstellern die sofortige Beschwerde zur Verfügung, §§ 58 ff. FamFG. Die Beschwerdefrist beginnt mit Zustellung der ablehnenden Entscheidung und beträgt einen Monat, § 63 Abs. 1 FamFG. Die auf die Beschwerde ergehende Entscheidung kann mit weiteren Beschwerden angegangen werden.[41] Sofern ein wichtiger Grund gegeben ist, kann jeder Antragsberechtigte des § 26 auch die Rücknahme der Bestellung und die Bestellung eines anderen Vertreters beantragen.[42] Gegen die Beschwerdeentscheidung ist die Rechtsbeschwerde nach §§ 70 ff. FamFG statthaft.

2. Fristsetzung, Abs. 2

Nach § 26 Abs. 2 S. 1 hat der besondere Vertreter Anteilsinhaber und Gläubiger öffentlich dazu aufzufordern, ihre Ansprüche nach § 25 Abs. 1, 2 innerhalb einer **angemessenen Frist** anzumelden. Die Aufforderung muss so gestaltet sein, dass sie den Zweck der Bestellung des besonderen Vertreters erkennen lässt. Insoweit sind Angaben zwingend, die darüber Aufschluss geben, aufgrund welchen Sachverhalts der besondere Vertreter bestellt worden ist und gegen wen welche Ansprüche geltend gemacht werden sollen.[43] Die Angaben sollen den Anspruchsinhabern eine Abwägung ermöglichen, ob sie das mit der Anmeldung von Ansprüchen verbundene Prozesskostenrisiko mittragen wollen.[44] Neben den Angaben zum Zweck der Bestellung sollten auch Ausführungen über die Folgen des Unterlassens der Anmeldung in der Aufforderung enthalten sein.[45] 18

Wie ein Blick auf § 26 Abs. 2 S. 1 Hs. 2 zeigt, sollte die Frist mindestens einen Monat betragen, um das Kriterium der Angemessenheit zu erfüllen. Eine zu kurze Frist macht die Aufforderung an sich allerdings nicht unwirksam, sie setzt vielmehr eine objektiv angemessene Frist in Gang.[46] Die Frist kann und darf allerdings auch kürzer als einen Monat ausfallen, wenn dies aufgrund besonderer Umstände, wie etwa der Verjährung von Ansprüchen,[47] geboten erscheint.[48] Die Aufforderung ist im Bundesanzeiger und eventuell in anderen Gesellschaftsblättern des übertragenden Rechtsträgers bekannt zu machen, § 26 Abs. 2 S. 2. 19

Eine angemessen gesetzte Frist entfaltet Ausschlusswirkung. Nach § 26 Abs. 3 S. 4 sind verspätete Anmeldungen bei der Verteilung des erzielten Erlöses nicht zu berücksichti- 20

---

[39] Erfolgt die Niederlegung allerdings zur Unzeit, dann kann er zu Schadensersatz verpflichtet sein; so Semler/Stengel/Leonard/*Leonard* § 26 Rn. 9; Kallmeyer/Marsch-Barner/Oppenhoff § 26 Rn. 12.
[40] BGH AG 2013, 634.
[41] Semler/Stengel/Leonard/*Leonard* § 26 Rn. 4; Widmann/Mayer/*Vossius* § 26 Rn. 29.
[42] So auch Widmann/Mayer/*Vossius* § 26 Rn. 48; Kölner Komm UmwG/*Simon* § 26 Rn. 15.
[43] Lutter/*Grunewald* § 26 Rn. 20; Kallmeyer/Marsch-Barner/Oppenhoff § 26 Rn. 16; Semler/Stengel/Leonard/*Leonard* § 26 Rn. 12; ausf. zum Inhalt der Aufforderung Widmann/Mayer/*Vossius* § 26 Rn. 35.
[44] Kölner Komm UmwG/*Simon* § 26 Rn. 18; Semler/Stengel/Leonard/*Leonard* § 26 Rn. 12.
[45] So auch Semler/Stengel/Leonard/*Leonard* § 26 Rn. 2; Lutter/*Grunewald* § 26 Rn. 21; Kallmeyer/Marsch-Barner/Oppenhoff § 26 Rn. 17; Widmann/Mayer/*Vossius* § 26 Rn. 34; Kölner Komm UmwG/*Simon* § 26 Rn. 18.
[46] AA BeckOGK/Rieder, 1.1.2023, § 26 Rn. 16, der von Unwirksamkeit ausgeht.
[47] So auch Kölner Komm UmwG/*Simon* § 26 Rn. 19.
[48] Semler/Stengel/Leonard/*Leonard* § 26 Rn. 12; Lutter/*Grunewald* § 26 Rn. 22; Kallmeyer/Marsch-Barner/Oppenhoff § 26 Rn. 16; vgl. auch Widmann/Mayer/*Vossius* § 26 Rn. 32 und Schmitt/Hörtnagl/*Winter* § 26 Rn. 19.

gen. Der Anspruchsverlust für säumige Anspruchsinhaber erfolgt allerdings nur in dem Umfang, soweit die Ansprüche auf demselben Lebenssachverhalt beruhen.[49]

21 § 26 sieht keine besondere Form für die Anmeldung der Anspruchsberechtigten vor. Zu Beweiszwecken ist es allerdings ratsam, den geltend gemachten Anspruch zumindest hinsichtlich der Anspruchsgrundlage sowie der Höhe dem besonderen Vertreter schriftlich mitzuteilen.

3. Verwendung zur Befriedigung, Abs. 3

22 Nach § 26 Abs. 3 S. 1 sind die vom besonderen Vertreter erzielten Beträge vorrangig zur **Befriedigung der Gläubiger** des übertragenden Rechtsträgers zu verwenden. Der besondere Vertreter ist zu einer Prüfung der Berechtigung der Anspruchsinhaber verpflichtet. Im Fall von Zweifeln hat er eine Feststellungsklage anzustrengen, die über das Bestehen des Anspruchs entscheidet. Die auf den Anspruchsinhaber entfallenden Erlösanteile sind bis zu einer Entscheidung zurückzuhalten.[50]

23 Zu erstattende Auslagen sowie die noch ausstehende Vergütung des besonderen Vertreters sind dem Erlös vor seiner Verteilung zu entnehmen.[51] Sollte der Erlös die Verfahrenskosten nicht decken, entscheidet das zuständige Gericht, ob und inwieweit die Kosten von den Verfahrensbegünstigten zu tragen sind (§ 26 Abs. 4 S. 3).[52] Hierzu zählen alle Anspruchsinhaber, die an der Erlösverteilung teilgenommen haben, ohne dass es darauf ankommt, ob sie das Antragsrecht nach § 26 Abs. 1 ausgeübt haben oder nicht.[53]

24 Soweit der Erlös nach Begleichung der Verfahrenskosten nicht ausreicht, um alle Forderungen der Gläubiger zu erfüllen, findet eine **anteilige Befriedigung** statt.[54] Eine Verteilung nach Quoten ist allerdings dann unangemessen, wenn unter den Gläubigern aufgrund von Abreden oder Subordination eine Rangfolge besteht.[55] Verbleibt hingegen ein Überschuss, werden hiervon die Forderungen der Anteilsinhaber bedient.

Hinweis: Die Verteilung erfolgt wie in der Liquidation, dh nach Köpfen oder im Verhältnis der Einlagen.[56] Der im Wege der Durchsetzung von Ansprüchen einzelner Anteilsinhaber oder Gläubiger erzielte Erlös ist unmittelbar an den/die Anspruchsinhaber weiterzugeben, sofern sich deren Schäden nicht bereits auf Ebene der Gesellschafter materialisiert haben.[57]

Dann sind die Gläubiger zu befriedigen, soweit sie sich nicht an den übernehmenden Rechtsträger und die von ihm gestellten Sicherheiten halten können.

25 Soweit nach Befriedigung aller angemeldeten Anspruchsinhaber noch ein Erlös verbleibt, kann der besondere Vertreter diesen Betrag – entgegen dem insoweit widerspre-

---

[49] Kölner Komm UmwG/*Simon* § 26 Rn. 20; Lutter/*Grunewald* § 26 Rn. 21; Schmitt/Hörtnagl/*Winter* § 26 Rn. 22.
[50] Kölner Komm UmwG/*Simon* § 26 Rn. 23; Lutter/*Grunewald* § 26 Rn. 26.
[51] Lutter/*Grunewald* § 26 Rn. 18; Semler/Stengel/*Leonard* § 26 Rn. 10; Kölner Komm UmwG/*Simon* § 26 Rn. 24; Kallmeyer/*Marsch-Barner/Oppenhoff* § 26 Rn. 14; Widmann/Mayer/*Vossius* § 26 Rn. 38.
[52] Gegen die Entscheidung des Gerichts ist sofortige Beschwerde möglich. Die Rechtsbeschwerde ist aber in § 26 Abs. 4 S. 4 ausdrücklich ausgeschlossen; vgl. hierzu Kallmeyer/*Marsch-Barner/Oppenhoff* § 26 Rn. 14.
[53] BeckOGK/*Rieder*, 1.1.2023, § 26 Rn. 22; Lutter/*Grunewald* § 26 Rn. 18; Kallmeyer/*Marsch-Barner/Oppenhoff* § 26 Rn. 14; Kölner Komm UmwG/*Simon* § 26 Rn. 24.
[54] Lutter/*Grunewald* § 26 Rn. 25; Semler/Stengel/Leonard/ *Leonard* § 26 Rn. 15.
[55] Widmann/Mayer/*Vossius* § 26 Rn. 39; Lutter/*Grunewald* § 26 Rn. 26.
[56] Kölner Komm UmwG/*Simon* § 26 Rn. 25; Kallmeyer/*Marsch-Barner/Oppenhoff* § 26 Rn. 20.
[57] Kölner Komm UmwG/*Simon* § 26 Rn. 26; Kallmeyer/*Marsch-Barner/Oppenhoff* § 26 Rn. 22; Lutter/*Grunewald* § 26 Rn. 25.

chenden Wortlaut des Gesetzes – gegenüber säumigen Anspruchsinhabern entweder zur Auszahlung bringen oder unter Verzicht auf die Rücknahme hinterlegen.[58]

4. Vergütungsanspruch, Abs. 4

Gemäß § 26 Abs. 4 S. 1 hat der besondere Vertreter einen Anspruch auf Ersatz seiner angemessenen Auslagen und auf Vergütung. Die Höhe der Vergütung kann durch Anteilsinhaber und Gläubiger mittels einer Vereinbarung festgelegt werden.[59] Fehlt es an einer solchen Vereinbarung, legt das Gericht die Höhe der Vergütung sowie die als erstattungsfähig anzuerkennenden Auslagen (wie etwa Prozesskosten) fest (Abs. 4 S. 2).[60] Sind Kostenvorschüsse oder andere Auslagen zu zahlen, kann der besondere Vertreter vom Gericht einen Vorschuss verlangen, um von den Kosten freigestellt zu sein, bevor sie anfallen.[61] Das Gericht wird in diesem Fall seinerseits entsprechende Vorschüsse von den Beteiligten einfordern.[62]

§ 27 Schadenersatzpflicht der Verwaltungsträger des übernehmenden Rechtsträgers

Ansprüche auf Schadenersatz, die sich auf Grund der Verschmelzung gegen ein Mitglied des Vertretungsorgans oder, wenn ein Aufsichtsorgan vorhanden ist, des Aufsichtsorgans des übernehmenden Rechtsträgers ergeben, verjähren in fünf Jahren seit dem Tage, an dem die Eintragung der Verschmelzung in das Register des Sitzes des übernehmenden Rechtsträgers nach § 19 Abs. 3 bekannt gemacht worden ist.

I. Allgemeines

Sinn und Zweck des § 27 liegt allein darin, eine einheitliche Regelung für den Beginn und die Dauer der Verjährung unterschiedlicher Haftungsnormen zu begründen. Die Vorschrift ist somit nicht anspruchsbegründend, sondern legt vielmehr eine von den Vorschriften des BGB abweichende Verjährungsregelung für bestehende Schadensersatzansprüche im Zusammenhang mit der Verschmelzung fest.

II. Inhalt

1. Voraussetzungen der Verjährung

Nach dem Wortlaut soll § 27 alle Bestimmungen erfassen, aus denen sich Schadensersatzansprüche gegen Mitglieder des **Vertretungs-** und, soweit vorhanden, **Aufsichtsorgans** des übernehmenden Rechtsträgers aufgrund der Verschmelzung ergeben können.[1]

---

58 Kölner Komm UmwG/*Simon* § 26 Rn. 27; Widmann/Mayer/*Vossius* § 26 Rn. 38; aA Schmitt/Hörtnagl/*Winter* § 26 Rn. 24, der nicht verbrauchten Erlöse auf alle Anteilsinhaber des übertragenden Rechtsträgerverteilen möchte, da Abs. 3 S. 2 insoweit auf die Liquidationsvorschriften verweise.

59 Lutter/*Grunewald* § 26 Rn. 17; Semler/Stengel/*Leonard* § 26 Rn. 10; Kallmeyer/*Marsch-Barner/Oppenhoff* § 26 Rn. 13.

60 Für Rechtsanwälte als besondere Vertreter kann die Vergütung anhand des RVG bestimmt werden, so zB das OLG Düsseldorf DB 1984, 2188 zur BRAGO.

61 Lutter/*Grunewald* § 26 Rn. 17; Kölner Komm UmwG/*Simon* § 26 Rn. 17.

62 Für die hM Kallmeyer/*Marsch-Barner/Oppenhoff* § 26 Rn. 13 mwN; aA Schmitt/Hörtnagl/*Winter* § 26 Rn. 25.

1 In Betracht kommen Ansprüche nach §§ 93, 116, 117 Abs. 2, 278 Abs. 3, 283, 310, 318 AktG, § 43 GmbHG, §§ 52 Abs. 1 iVm 93, 116 AktG sowie § 25 Abs. 1 Nr. 2 MitbestG; vgl. hierzu BGH WM 1989, 1335; Lutter/*Grunewald* § 27 Rn. 2; Widmann/Mayer/*Vossius* § 27 Rn. 5; Kallmeyer/*Marsch-Barner/Oppenhoff* § 27 Rn. 2.

Hinsichtlich der Begriffe Vertretungs- und Aufsichtsorgan kann auf die Ausführungen in → § 25 Rn. 16, 17 verwiesen werden. Die Regelung erfasst auch Ansprüche gegen Vertretungsorgane von Personengesellschaften mit dem Ziel einer gleichförmigen Haftung der Leitungsorgane anderer Rechtsträger.[2] Die damit einhergehende Schlechterstellung dieser Vertretungsorgane aufgrund der eigentlich geltenden kürzeren Verjährungsfrist des § 195 BGB ist hinzunehmen.[3]

3 Nach wohl noch hM soll die Verjährungsregelung des § 27 nicht für Ansprüche aus **unerlaubter Handlung** gelten.[4] Die Ansicht basiert im Wesentlichen darauf, dass die Vorgängerregelungen des § 27 deliktische Ansprüche nicht erfassten und der Gesetzgeber mit § 27 hieran auch nichts habe ändern wollen.[5] Teilweise wird in einer vordringenden Auffassung in der Literatur der Anwendungsbereich der Norm auch für deliktische Ansprüche als eröffnet gesehen mit dem Argument, dass es seit dem Wegfall des § 852 BGB aF an einer gesonderten Verjährungsfrist für diese Ansprüche fehle.[6]

4 Weiteres Tatbestandsmerkmal der Norm ist das Bestehen eines **sachlichen Zusammenhangs** zwischen dem jeweiligen Schadensersatzanspruch und der Verschmelzung.[7] Ein solcher ist zu bejahen, wenn dem Organ des übernehmenden Rechtsträgers ein Fehlverhalten hinsichtlich der Vorbereitung und Durchführung der Verschmelzung vorgeworfen werden kann, wie eine unzureichende Überprüfung der Vermögenslage des übertragenden oder des übernehmenden Rechtsträgers oder eine nicht ordnungsmäße Berichterstattung über die Verschmelzung selbst.[8] Eine rein zeitliche Verbindung von Ersatzanspruch und Verschmelzung ist dagegen nicht ausreichend.[9]

5 § 27 findet nach hM auch auf Ansprüche aus §§ 309, 317 AktG (im Falle eines sog. Upstream-Mergers, also der Verschmelzung einer abhängigen Gesellschaft auf das herrschende Unternehmen) bzw. 310, 318 AktG (bei einem sog. Down-Stream-Merger, wenn die abhängige Gesellschaft übernehmender Rechtsträger ist) Anwendung.[10]

2. Verjährungsfrist

6 Die Verjährungsfrist von fünf Jahren beginnt ab dem Tag, an dem die Eintragung der Verschmelzung in das Register des Sitzes des übernehmenden Rechtsträgers bekannt gemacht worden ist, § 19 Abs. 3 in Verbindung mit § 10 HGB (ausf. → § 19 Rn. 19). Das geschieht nach § 10 HGB durch die erstmalige Abrufbarkeit der Eintragung in das Handelsregister über das nach § 9 Abs. 1 HGB bestimmte elektronische Informations- und Kommunikationssystem. Die (zusätzliche) „Bekanntmachung" in einem elektronischen Informations- und Kommunikationsmedium ist durch die Neufassung des § 10 HGB zum 1.8.2022 durch das DiRUG[11] ersatzlos entfallen. Ausschließlich das auf Grundlage eines Staatsvertrags durch die Landesjustizverwaltung NRW betriebene Gemeinsame Registerportal der Länder unter www.handelsregister.de dient damit als Informations-

---

2 Kölner Komm UmwG/*Simon* § 27 Rn. 4, Lutter/*Grunewald* § 27 Rn. 3; Kallmeyer/*Marsch-Barner/Oppenhoff* § 27 Rn. 3.
3 Semler/Stengel/Leonard/*Leonard* § 27 Rn. 4; Kölner Komm UmwG/*Simon* § 27 Rn. 4.
4 Kallmeyer/*Marsch-Barner/Oppenhoff* § 27 Rn. 4; Schmitt/Hörtnagl/*Winter* § 27 Rn. 10; Semler/Stengel/Leonard/ *Leonard* § 27 Rn. 5.
5 Schmitt/Hörtnagl/*Winter* § 27 Rn. 10; Widmann/Mayer/ *Vossius* § 27 Rn. 7.
6 Lutter/*Grunewald* § 27 Rn. 4; Kölner Komm UmwG/ *Simon* § 27 Rn. 6; BeckOGK/*Rieder*, 1.1.2023, § 27 Rn. 6.
7 Lutter/*Grunewald* § 27 Rn. 5, Semler/Stengel/Leonard/ *Leonard* § 27 Rn. 5; Kallmeyer/*Marsch-Barner/Oppenhoff* § 27 Rn. 2; Widmann/Mayer/*Vossius* § 27 Rn. 5.
8 Lutter/*Grunewald* § 27 Rn. 6; Kölner Komm UmwG/ *Simon* § 27 Rn. 7.
9 Kölner Komm UmwG/*Simon* § 27 Rn. 7.
10 Kallmeyer/*Marsch-Barner/Oppenhoff* § 27 Rn. 5; Schmitt/Hörtnagl/*Winter* § 27 Rn. 8; Lutter/*Grunewald*, § 27 Rn. 7; Widmann/Mayer/*Vossius* § 27 Rn. 6.
11 BGBl. 2021 I 3338.

grundlage.¹² Wann der Anspruchsberechtigte Kenntnis erlangt hat, ist im Rahmen des § 27 und damit für den Fristablauf unerheblich.¹³ Die Vorschrift des § 27 entspricht mithin der Verjährungsregelung des § 25 Abs. 3.¹⁴

§ 28 Unwirksamkeit des Verschmelzungsbeschlusses eines übertragenden Rechtsträgers

Nach Eintragung der Verschmelzung in das Register des Sitzes des übernehmenden Rechtsträgers ist eine Klage gegen die Wirksamkeit des Verschmelzungsbeschlusses eines übertragenden Rechtsträgers gegen den übernehmenden Rechtsträger zu richten.

Literatur:

Hoffmann-Becking, Organschaft bei der Verschmelzung, in: FS Peter Ulmer, 2003, S. 243, *Martens*, Kontinuität und Diskontinuität im Verschmelzungsrecht der Aktiengesellschaft, AG 1986, 57.

I. Allgemeines

Die Vorschrift sieht vor, dass bei Klagen gegen die Wirksamkeit des Verschmelzungsbeschlusses eines übertragenden Rechtsträgers nach Eintragung der Verschmelzung und damit nach Erlöschen des übertragenden Rechtsträgers (§ 20 Abs. 1 Nr. 2 S. 1) die **Passivlegitimation** auf den übernehmenden Rechtsträger übergeht.

Aufgrund dieses sehr beschränkten Anwendungsbereichs und der vertretenen Auffassung, dass sich bereits aus § 20 Abs. 1 Nr. 1 der Übergang der Passivlegitimation auf den übernehmenden Rechtsträger aufgrund der Gesamtrechtsnachfolge ergibt, wird die Regelung des § 28 vereinzelt als überflüssig angesehen.¹ Dem wird entgegengehalten, dass ohne die Vorschrift des § 28 eine Anfechtungs- oder Nichtigkeitsklage gegen den Verschmelzungsbeschluss des übertragenden Rechtsträgers nach Eintragung der Verschmelzung nicht mehr möglich sei, weil es an der Passivlegitimation fehle und ein ergangenes Nichtigkeitsurteil auch nicht mehr zustellbar wäre.²

Im Gegensatz zu ihren Vorgängervorschriften³ erfasst § 28 nicht nur die Anfechtungsklage, sondern auch die **Nichtigkeitsklage**.⁴ § 28 gilt darüber hinaus auch für solche Klagen, die erst nach Ablauf der Frist des § 14 Abs. 1 erhoben worden und deshalb verspätet sind, da es auch in diesen Fällen einer Regelung der Passivlegitimation bedarf.

II. Inhalt

1. Klage nach Wirksamwerden

§ 14 Abs. 1 bestimmt, dass eine Klage gegen die Wirksamkeit des Verschmelzungsbeschlusses binnen eines Monats nach der Beschlussfassung erhoben werden muss. Für den Fall, dass es innerhalb der Monatsfrist zur Eintragung der Verschmelzung kommt,

---

12 BeckOGK/*Beurskens*, 1.2.2023, HGB § 10 Rn. 6 ff.
13 So auch Kallmeyer/*Marsch-Barner*/*Oppenhoff* § 27 Rn. 6.
14 Vgl. Kölner Komm UmwG/*Simon* § 27 Rn. 10.
1 Semler/Stengel/*Leonard*/*Leonard* § 28 Rn. 2; Kölner Komm UmwG/*Simon* § 28 Rn. 2; von rein deklaratorischer Wirkung ausgehend BeckOGK/*Rieder*, 1.1.2023, § 28 Rn. 1.
2 Schmitt/Hörtnagl/*Winter* § 28 Rn. 1; iE ebenso Widmann/Mayer/*Vossius* § 28 Rn. 1, 2, davon spricht, dass § 28 eine Lücke schließt.
3 § 352 AktG, § 31 KapErhG, § 93q GenG und § 44a VAG.
4 Lutter/*Grunewald* § 28 Rn. 2; Semler/Stengel/*Leonard*/*Leonard* § 28 Rn. 1; Kölner Komm UmwG/*Simon* § 28 Rn. 2.

greift § 28 ein und ermöglicht es, eine noch **fristgemäße Klage** gegen den übernehmenden Rechtsträger zu richten.[5]

5 Die Klage gilt als fristgerecht erhoben, wenn sie vor Wirksamwerden der Verschmelzung eingereicht, aber erst nach Eintragung und damit an den übernehmenden Rechtsträger zugestellt wird.[6]

6 Örtlich zuständig für Klagen gegen die Wirksamkeit des Verschmelzungsbeschlusses ist – trotz des Erlöschens des Rechtsträgers – weiterhin das **Landgericht** am Sitz des übertragenden Rechtsträgers.[7] § 28 bestimmt lediglich, dass die Klage mit Wirksamkeit der Verschmelzung gegen den übernehmenden Rechtsträger zu richten ist, ohne hiermit die örtliche Zuständigkeit ändern zu wollen.

7 Die **interne Zuständigkeit** für die Vertretung des übernehmenden Rechtsträgers richtet sich nach den für diesen anwendbaren Vorschriften. Ein Rückgriff auf die Vertretungsregeln des übertragenden Rechtsträgers findet nicht statt.[8]

Hinweis: Die vorstehend beschriebenen Rechtsfolgen des § 28 gelten auch für Spaltungen und die Vermögensübertragung.[9] Beim Formwechsel muss hingegen lediglich die Bezeichnung der Prozesspartei aufgrund der neuen Rechtsform berichtigt werden. Aufgrund der durch den Formwechsel nicht tangierten Identität des Rechtsträgers hat nämlich kein Parteiwechsel stattgefunden, weshalb es eines entsprechenden Verweises nicht bedarf.[10]

8 Wird die Verschmelzung trotz erhobener Klage wirksam, ist das durch die Eintragung unterbrochene Verfahren[11] – trotz des insoweit engeren Wortlauts des § 28 – in der Folge gegen den übernehmenden Rechtsträger fortzusetzen.[12] Dies erfasst insbes. den Fall eines Freigabebeschlusses nach § 16 Abs. 3, aber auch den der verzögerten Klagezustellung[13] einer unrichtigen[14] oder verfrühten Erklärung nach § 16 Abs. 2 S. 1 oder eines später wirksam angefochtenen Klageverzichtes.[15] Das Rechtsschutzbedürfnis ergibt sich – trotz materieller Erledigung – weil die Verschmelzungswirkung nicht revisibel ist, aufgrund der Möglichkeit einer Schadensersatzpflicht bei Begründetheit der Klage (etwa nach § 16 Abs. 3 S. 8).[16]

---

5 Kölner Komm UmwG/*Simon* § 28 Rn. 4; BeckOGK/*Rieder*, 1.1.2023, § 28 Rn. 5 der eine Eintragung innerhalb eines Monates als unwahrscheinlich ansieht. Aus Sicht der Praxis kann allerdings festgehalten werden, dass kompetente Registergerichte eine Eintragung einer Verschmelzung durchaus innerhalb weniger Werktage nach Anmeldung bewerkstelligen können.
6 OLG Hamburg ZIP 2004, 906 ff. (aA noch die Vorinstanz, vgl. LG Hamburg DB 2003, 930 f.); Schmitt/Hörtnagl/*Winter* § 28 Rn. 6.
7 OLG Düsseldorf AG 1957, 279; Widmann/Mayer/*Vossius* § 28 Rn. 20; Schmitt/Hörtnagl/*Winter* § 28 Rn. 7; Kölner Komm UmwG/*Simon* § 28 Rn. 6.
8 Ebenso Lutter/*Grunewald* § 28 Rn. 6; Kölner Komm UmwG/*Simon* § 28 Rn. 8.
9 Vgl. §§ 125, 176 Abs. 1, 177 Abs. 1, 178 Abs. 1, 179 Abs. 1, 180 Abs. 1, 184 Abs. 1, 186, 188 Abs. 1, 189 Abs. 1.
10 Widmann/Mayer/*Vossius* § 28 Rn. 9; Kölner Komm UmwG/*Simon* § 28 Rn. 9.
11 Vgl. §§ 239, 246 ZPO.
12 OLG Hamburg ZIP 2004, 906 (907 f.); Kallmeyer/Marsch-Barner/Oppenhoff § 28 Rn. 2; Semler/Stengel/Leonard/*Leonard* § 28 Rn. 5; Lutter/*Grunewald* § 28 Rn. 2; Schmitt/Hörtnagl/*Winter* § 28 Rn. 6; Widmann/Mayer/*Vossius* § 28 Rn. 19, BeckOGK/*Rieder*, 1.1.2023, § 28 Rn. 10.
13 OLG Hamburg ZIP 2004, 906 ff.; Kallmeyer/Marsch-Barner/Oppenhoff § 28 Rn. 2.
14 Lutter/*Grunewald* § 28 Rn. 2; Widmann/Mayer/*Vossius* § 28 Rn. 3.
15 Schmitt/Hörtnagl/*Winter* § 28 Rn. 5.
16 OLG München GWR 2010, 217; OLG Stuttgart NZG 2004, 463 (464 f.); Kölner Komm UmwG/*Simon* § 28 Rn. 12; Kallmeyer/Marsch-Barner/Oppenhoff § 28 Rn. 3; Semler/Stengel/Leonard/*Leonard* § 28 Rn. 5; Lutter/*Grunewald* § 28 Rn. 3.

2. Behandlung anderer Klagen

§ 28 ist über seinen Wortlaut hinaus für andere Klagen gegen den übertragenden Rechtsträger entsprechend anzuwenden,[17] wobei sich hier insbes. die Frage nach dem Vorliegen eines Rechtsschutzbedürfnisses für die Fortführung des Prozesses stellt.[18] Nach der Rechtsprechung kommt es hinsichtlich des Rechtsschutzbedürfnisses darauf an, dass sich der angefochtene Beschluss in der übernehmenden Gesellschaft fortsetzt und dort noch Wirkungen entfaltet.[19] Eine **Fortwirkung** wird angenommen, wenn der Ausgang des Rechtsstreits präjudiziell für Ansprüche des Klägers ist, die dieser auch gegenüber dem übernehmenden Rechtsträger durchsetzen kann.[20]

Folgende **Fallgruppen** haben sich zur Frage des Rechtsschutzbedürfnisses herausgebildet: IE verneint wird ein Rechtsschutzbedürfnis für Beschlüsse über die Entlastung der Organe der übertragenden Gesellschaft. Diese sind zum einen für die übernehmende Gesellschaft ohne Bedeutung, zum anderen sei die Entlastung für Schadensersatzfragen kaum präjudiziell.[21] Aktienrechtliche Auskunftserzwingungsverfahren können je nach Streitgegenstand gegen den übernehmenden Rechtsträger fortzuführen sein.[22] Dies gilt selbst dann, wenn der übernehmende Rechtsträger keine AG ist, da ansonsten die Möglichkeit bestünde, durch einen verschmelzungsbedingten Wechsel der Rechtsform eine Erledigung des Rechtsstreits herbeizuführen.[23] Ein Rechtsschutzbedürfnis bzw. ein Feststellungsinteresse wird weiter bejaht für Klagen auf Feststellung der Nichtigkeit des Jahresabschlusses.[24]

Des Weiteren ist ein Rechtsschutzbedürfnis wegen der präjudiziellen Wirkung des Prozessausgangs gegeben im Falle der Anfechtung eines Einziehungsbeschlusses nach § 237 AktG, § 34 GmbHG sowie bei der Klage gegen eine Kapitalmaßnahme, die vor der Verschmelzung zu einer Verwässerung der Kapitalanteile geführt hat.[25]

Ein Rechtsschutzbedürfnis wird weiter für gegen den übertragenen Rechtsträger gerichtete Spruchverfahren angenommen. Diese sind deshalb ebenfalls gegen den übernehmenden Rechtsträger fortzusetzen.[26] Weiter besteht ein Rechtsschutzbedürfnis an der Fortführung einer Anfechtungsklage bzgl. der Anfechtung des Gewinnverwendungsbeschlusses, weil sich die beschlossene Gewinnverteilung auf die Rechtsverhältnisse im übernehmenden Rechtsträger auswirkt.[27]

---

17 OLG Hamm AG 1973, 206 (207); LG München DB 1999, 628; Schmitt/Hörtnagl/*Winter* § 28 Rn. 3; *Hoffmann-Becking* FS Ulmer, 2003, 243 (247); Lutter/*Grunewald* § 28 Rn. 4, Kallmeyer/Marsch-Barner/*Oppenhoff* § 28 Rn. 1, 4; Widmann/Mayer/*Vossius* § 28 Rn. 16; Henssler/Strohn/*Ca. Müller* § 28 Rn. 5.
18 Kölner Komm UmwG/*Simon* § 28 Rn. 13; Widmann/Mayer/*Vossius* § 28 Rn. 17; Kallmeyer/Marsch-Barner/*Oppenhoff* § 28 Rn. 4; für die AG zum alten § 352 AktG: *Martens* AG 1986, 57 (65 ff.).
19 LG München DB 1999, 628 (629); OLG Schleswig Urt. v. 30.4.2009 – 5 U 100/08.
20 OLG Schleswig BeckRS 2009, 25519; Kallmeyer/Marsch-Barner/*Oppenhoff* § 28 Rn. 4.
21 LG München DB 1999, 628 (629); OLG Schleswig Urt. v. 30.4.2009 – 5 U 100/08; Widmann/Mayer/*Vossius* § 28 Rn. 17.
22 So LG München DB 1999, 629 (630); Lutter/*Grunewald* § 28 Rn. 5.
23 LG München DB 1999, 629 (630); iE ebenso Lutter/*Grunewald* § 28 Rn. 5.
24 OLG AG 1973, 206 (207); aA BeckOGK/*Rieder*, 1.1.2023, § 28 Rn. 11, wonach ein Rechtsschutzbedürfnis nur noch für Schadensersatzansprüche besteht.
25 Kölner Komm UmwG/*Simon* § 28 Rn. 16; Widmann/Mayer/*Vossius* § 28 Rn. 17.
26 Vgl. Kölner Komm UmwG/*Simon* § 28 Rn. 16.
27 OLG Schleswig BeckRS 2009, 25519.

§ 29 Abfindungsangebot im Verschmelzungsvertrag

(1) ¹**Bei der Verschmelzung eines Rechtsträgers im Wege der Aufnahme durch einen Rechtsträger anderer Rechtsform oder bei der Verschmelzung einer börsennotierten Aktiengesellschaft auf eine nicht börsennotierte Aktiengesellschaft hat der übertragende Rechtsträger im Verschmelzungsvertrag oder in seinem Entwurf jedem Anteilsinhaber, der gegen den Verschmelzungsbeschluß des übertragenden Rechtsträgers Widerspruch zur Niederschrift erklärt, den Erwerb seiner Anteile oder Mitgliedschaften gegen eine angemessene Barabfindung anzubieten; § 71 Abs. 4 Satz 2 des Aktiengesetzes und § 33 Abs. 2 Satz 3 zweiter Halbsatz erste Alternative des Gesetzes betreffend die Gesellschaften mit beschränkter Haftung sind insoweit nicht anzuwenden.** ²Das gleiche gilt, wenn bei einer Verschmelzung von Rechtsträgern derselben Rechtsform die Anteile oder Mitgliedschaften an dem übernehmenden Rechtsträger Verfügungsbeschränkungen unterworfen sind. ³Kann der übernehmende Rechtsträger auf Grund seiner Rechtsform eigene Anteile oder Mitgliedschaften nicht erwerben, so ist die Barabfindung für den Fall anzubieten, daß der Anteilsinhaber sein Ausscheiden aus dem Rechtsträger erklärt. ⁴Eine erforderliche Bekanntmachung des Verschmelzungsvertrags oder seines Entwurfs als Gegenstand der Beschlußfassung muß den Wortlaut dieses Angebots enthalten. ⁵Der übernehmende Rechtsträger hat die Kosten für eine Übertragung zu tragen.

(2) **Dem Widerspruch zur Niederschrift im Sinne des Absatzes 1 steht es gleich, wenn ein nicht erschienener Anteilsinhaber zu der Versammlung der Anteilsinhaber zu Unrecht nicht zugelassen worden ist oder die Versammlung nicht ordnungsgemäß einberufen oder der Gegenstand der Beschlußfassung nicht ordnungsgemäß bekanntgemacht worden ist.**

Literatur:
Assmann/Pötzsch/Schneider, Wertpapiererwerbs- und Übernahmegesetz, 3. Aufl. 2020 (zit.: Assmann/Pötzsch/Schneider WpÜG/Bearbeiter); *Baums/Thoma/Verse*, WpÜG, 14. Lieferung 9/2023 (zit.: Baums/Thoma/Verse/Bearbeiter); *Breuskens/Ehricke/Ekkenga*, Wertpapiererwerbs- und Übernahmegesetz, 2. Aufl. 2021 (zit.: Breuskens/Ehricke/Ekkenga/Bearbeiter); *Burg/Braun*, Austrittsrechte nach Verschmelzung von börsennotierten Aktiengesellschaften bei gleichbleibender Kontrolle im aufnehmenden Rechtsträger?, AG 2009, 22; *Drinhausen*, Regierungsentwurf eines Zweiten Gesetzes zur Änderung des Umwandlungsgesetzes – ein Gewinn für die Praxis, BB 2006, 2313; *Eilers/Müller-Eising*, Die Umwandlung als neue Form des Unternehmenskaufes, WiB 1995, 449; *Fleischer*, Schnittmengen des WpÜG mit benachbarten Rechtsmaterien – eine Problemskizze, NZG 2002, 545; *Goslar*, Zur Gewährleistung der Verkehrsfähigkeit beim Wechsel einer Aktie in das Segment M-access, EWiR 2008, 461; *Grabbe/Fett*, Pflichtangebot im Zuge von Verschmelzungen, NZG 2003, 755; *Grunewald*, Austrittsrechte als Folge von Mischverschmelzung und Verfügungsbeschränkungen (§ 29 UmwG), in: FS Karlheinz Boujong, 1996, S. 175; *Grunewald*, Das Recht zum Austritt aus der Aktiengesellschaft, FS Clausen 1997, 103; *Hoffmann-Becking*, Der materielle Gesellschafterschutz: Abfindung und Spruchverfahren, ZGR 1990, 482; *Hoger*, Kapitalschutz als Durchsetzungsschranke umwandlungsrechtlicher Ausgleichsansprüche von Gesellschaftern, AG 2008, 149; *Ihrig*, Gläubigerschutz durch Kapitalaufbringung bei Verschmelzung und Spaltung nach neuem Umwandlungsrecht, GmbHR 1995, 622; *Kiefner/Gillessen*, Die Zukunft von „Macrotron" im Lichte der jüngsten Rechtsprechung des BVerfG, AG 2012, 645; *Kleindiek*, Funktion und Geltungsanspruch des Pflichtangebots nach dem WpÜG. Kapitalmarktrecht – Konzernrecht – Umwandlungsrecht, ZGR 2002, 546; *Korte*, Aktienerwerb und Kapitalschutz bei Umwandlungen, WIB 1997, 953; *Krause*, Zwei Jahre Praxis mit dem Wertpapiererwerbs- und Übernahmegesetz, NJW 2004, 3681; *Lenz/Linke*, Die Handhabung des WpÜG in der aufsichtsrechtlichen Praxis, AG 2002, 361; *Liebscher*, Die Zurechnungstatbestände des WpHG und WpÜG, ZIP 2002, 1005; *Lutter* Mindestumfang der Kapitalerhöhung bei der Verschmelzung zur Aufnahme oder Neugründung in Aktiengesellschaften?, in: FS Herbert Wiedemann, 2002, S. 1097; *Reichert*, Folgen der Anteilsvinkulierung für Umstrukturierungen von Gesellschaften mit beschränkter Haftung und Aktiengesellschaften nach dem Umwandlungsgesetz 1995, GmbHR 1995, 176; *Schaub*, Das Abfindungsangebot nach § 29 UmwG, NZG 1998, 626; *Schindler*, Das Austrittsrecht in Kapitalgesellschaften, 1999, S. 81; *Schwark/Geiser*,

Delisting, ZHR 161 (1997), 739; *Seibt/Heiser,* Der neue Vorschlag einer EU-Übernahmerichtlinie und das deutsche Übernahmerecht, ZHR 165 (2001), 466; Stellungnahme DAV-Handelsausschuss zum RefE, NZG 2001, 420; *Süßmann,* Anwendungsprobleme des WpÜG, WM 2003, 1453; *Technau,* Übernahmerechtliche Austrittsrechte in Verschmelzungsfällen, AG 2002, 260; *Teichmann,* Austrittsrecht und Pflichtangebot bei Gründung einer Europäischen Aktiengesellschaft, AG 2004, 67; *Veil,* Umwandlung einer AG in eine GmbH, 1996, S. 214; *Vetter,* Ausweitung des Spruchverfahrens, Überlegungen de lege lata und de lege ferenda, ZHR 168 (2004), 8; *Vetter,* Pflichtangebot nach Kontrollerwerb im Wege der Verschmelzung oder Spaltung?, WM 2002, 1999; *Vollrath,* Grenzen des Minderheitenschutzes bei der verschmelzungsbedingten Realisierung einer Gesellschaftsbeteiligung, in: FS Siegfried Widmann, 2000, S. 117; *Zimmermann,* Verschmelzungsprüfung bei der GmbH-Verschmelzung, in: FS Hans Erich Brandner, 1996, S. 167.

A. Allgemeines 1	d) Ende der Börsennotierung 25
I. Normzweck 1	3. Zustimmungsverweigerung und Widerspruch zur Niederschrift 26
II. Anwendungsbereich 3	4. Fiktion des Widerspruchs, Abs. 2 28
III. Analoge Anwendung des § 29 7	II. Angemessene Barabfindung 30
1. Verschmelzung auf einen kontrollierten Rechtsträger 7	1. Form und Inhalt des Abfindungsgebots 30
a) Kein Fall des § 35 WpÜG 9	2. Verzicht auf das Abfindungsangebot 33
b) Keine analoge Anwendung des § 29 10	3. Entbehrlichkeit des Abfindungsangebots ... 34
2. Allgemeines Austrittsrecht 12	4. Kosten 35
3. Segmentwechsel, Rückzug vom regulierten Markt 13	C. Kapitalerhaltung im Rahmen der Abfindung 36
B. Inhalt 15	I. Kapitalerhaltung in der Aktiengesellschaft 37
I. Voraussetzungen des Austrittsrechts, Abs. 1 15	1. Keine Geltung des § 71 Abs. 2 S. 1 AktG . 38
1. Mischverschmelzung 15	2. Rücklagenbildung als Grenze 41
2. Verfügungsbeschränkungen 18	3. Keine Geltung des § 57 Abs. 1, 3 AktG ... 43
a) Beschränkungen aufgrund des Gesellschaftsvertrages 20	II. Kapitalerhaltung in der GmbH 44
b) Gesetzliche Beschränkungen 23	
c) Verfügungsbeschränkungen beim übertragenden Rechtsträger 24	

A. Allgemeines

I. Normzweck

§ 29 begründet eine Verpflichtung des übertragenden Rechtsträgers (bis zum 1.3.2023 des übernehmenden Rechtsträgers)[1] in den von der Vorschrift bestimmten Fällen, seinen Anteilsinhabern ein Angebot zum Erwerb ihrer Anteile gegen **Barabfindung** zu unterbreiten. Die Änderung hin zum übertragenden Rechtsträger wird damit begründet, dass das Angebot Gegenstand des Verschmelzungsvertrages ist. Folglich werde dieses Rechtsverhältnis zwischen dem übertragenden Rechtsträger und seinen Anteilsinhabern bereits vor dem Vollzug der Verschmelzung begründet. Der übernehmende Rechtsträger tritt dann im Rahmen der Gesamtrechtsnachfolge in das Rechtsverhältnis des übertragenden Rechtsträgers und seinen Anteilsinhabern ein.[2] 1

§ 29 ist unmittelbar nur auf Anteilsinhaber iSv § 2, aber nicht auf Inhaber von sonstigen Sonderrechten iSd § 23 anwendbar. Eine analoge Anwendung scheint hier allerdings angezeigt, weshalb ihnen mangels Stimmrechts in der entsprechende Gesellschafterversammlung ein widerspruchsunabhängiger Anspruch auf Barabfindung zukommt, der im Verschmelzungsvertrag zu berücksichtigen ist.[3]

---

[1] Geändert durch Art. 1 Nr. 8 Gesetz zur Umsetzung der Umwandlungsrichtlinie und zur Änderung weiterer Gesetze v. 22.2.2023, BGBl. I Nr. 51.
[2] BR-Drs. 371/22, 81.
[3] Kallmeyer/*Marsch-Barner/Oppenhoff* § 29 Rn. 11; Semler/Stengel/Leonard/*Kalss* § 23 Rn. 15.

1 Erklärungsempfänger des Angebots des übertragenden Rechtsträgers sind allerdings nur solche Anteilsinhaber, die gegen den Verschmelzungsbeschluss Widerspruch zur Niederschrift erklärt haben oder denen dies aus Gründen des § 29 Abs. 2 nicht möglich war. Alle anderen Anteilsinhaber können das Abfindungsangebot nicht annehmen. Dem Anteilsinhaber des übertragenden Rechtsträgers stehen damit prinzipiell zwei Möglichkeiten – die sich gegenseitig ausschließen – offen, um eine finanzielle Kompensation im Rahmen der Verschmelzung zu erhalten. Neben der Möglichkeit einer Abfindung nach § 29,[4] kann er Kompensation auch über eine bare Zuzahlung nach § 15 Abs. 1 verlangen.[5] Gegenüber der allgemeinen Gläubigerschutznorm des § 22 ist § 29 lex specialis.

2 Der Abfindungsanspruch des ausgeschiedenen Anteilsinhabers nach § 29 ist **übertragbar** und **vererblich**.[6]

II. Anwendungsbereich

3 § 29 gilt seinem Wortlaut nach nur für die **Verschmelzung durch Aufnahme**. Durch Verweise innerhalb des UmwG wird der Anwendungsbereich der Vorschrift allerdings ausgedehnt. So öffnet § 36 Abs. 1 S. 1 den Anwendungsbereich des § 29 auch für die Verschmelzung zur Neugründung (→ § 36 Rn. 1). § 125 erklärt die Regelungen nach §§ 29 ff. auch für die Auf- und Abspaltung für anwendbar. Dagegen gelten für den Formwechsel die vergleichbaren Regelungen nach §§ 207 ff., welche nur teilweise auf die §§ 29 ff. verweisen. Die §§ 90 Abs. 1, 104a schließen die Anwendung des § 29 im Zusammenhang mit Verschmelzungen von Genossenschaften und bei eingetragenen Vereinen aus. Den Mitgliedern einer Genossenschaft kommt stattdessen ein Ausschlagungsrecht mit anschließender Auseinandersetzung zu (s. §§ 93 ff.).

4 Ebenso besteht bei der **Ausgliederung** kein Bedarf für eine Anwendung der Vorschrift, da durch den mit der Ausgliederung erfolgten bilanziellen Tauschvorgang kein Eingriff in die Minderheitenrechte der Gesellschafter des übertragenden Rechtsträgers stattfindet und folglich eine entsprechende Schutzvorschrift überflüssig ist.[7] Bei der **Vermögensübertragung** ist im Hinblick auf die Anwendbarkeit des § 29 zwischen Voll- und Teilübertragung zu unterscheiden. Für die **Vollübertragung** gilt jeweils Verschmelzungsrecht, mit der Folge der Anwendbarkeit der §§ 29 ff.[8] Die §§ 29 ff. gelten hier auch für den Barabfindungsanspruch der Inhaber von Sonderrechten (§ 176 Abs. 2 S. 4). Die **Teilübertragung**[9] ist hingegen wie eine Ausgliederung zu behandeln und fällt damit aus dem Anwendungsbereich des § 29 hinaus. Im Falle von grenzüberschreitenden Verschmelzungen gilt § 313 als lex specialis.[10] Die Vorschrift ist zum Teil wie § 29 aufgebaut und verweist auch auf die Vorschrift. Zum Anwendungsbereich des § 313 und weitergehenden Informationen → § 313 Rn. 1 ff.

---

4 OLG Düsseldorf DB 2001, 189; darüber hinaus statt vieler Semler/Stengel/Leonard/*Kalss* § 29 Rn. 1; Kölner Komm UmwG/*Simon* § 29 Rn. 2.
5 Daneben besteht die Möglichkeit eines Schadensersatzanspruches nach § 25 sowie die Möglichkeit der Anteilsveräußerung nach § 33.
6 Semler/Stengel/Leonard/*Kalss* § 29 Rn. 1.
7 Kölner Komm UmwG/*Simon* § 29 Rn. 8.
8 §§ 176 Abs. 1, 178 Abs. 1, 180 Abs. 1, 186 Abs. 1 und 188 Abs. 1.
9 §§ 177 Abs. 1, 179 Abs. 1, 184 Abs. 1 und 189 Abs. 1.
10 Kölner Komm UmwG/*Simon* § 29 Rn. 9.

§ 41 (vormals § 43 Abs. 2 S. 3 aF)[11] eröffnet persönlich haftenden Gesellschaftern einer übertragenden als auch derjenigen einer übernehmenden Personengesellschaft neben dem Austritts- und Abfindungsrecht des § 29 die Möglichkeit, in die **Stellung eines Kommanditisten** bei der übernehmenden Gesellschaft zu wechseln. Soweit bei Verschmelzungen unter Beteiligung von Personenhandelsgesellschaften auch die nicht in der Anteilsinhaberversammlung erschienenen Gesellschafter der Verschmelzung zustimmen müssen (§§ 39c Abs. 1 Hs. 2, 42; vormals § 43 Abs. 1 Hs. 2 aF), da der Gesellschaftsvertrag keinen qualifizierten Mehrheitsbeschluss erlaubt (§§ 39c Abs. 2, 42; vormals § 43 Abs. 2 aF), scheidet eine Anwendung des § 29 aus, weil es in diesen Konstellationen keinen Anteilsinhaber geben kann, der gegen die Verschmelzung gestimmt hat.

Durch das Zweite Gesetz zur Änderung des UmwG v. 19.4.2007 wurde die Vorschrift – wohl auch beeinflusst durch die „Macrotron"-Entscheidung des BGH[12] – so geändert, dass auch die Verschmelzung von börsennotierten Aktiengesellschaften auf nicht börsennotierte Aktiengesellschaften (sogenanntes kaltes **Delisting**) ein Austrittsrecht und damit einhergehend einen Abfindungsanspruch begründet.[13] Nach hM ist die Vorschrift auf die KGaA entsprechend anwendbar.[14] Zu beachten ist, dass die Regelung des § 29 Abs. 1 S. 1 Fall 2 nicht unmittelbar anwendbar ist auf ein weiteres Delisting aus dem Freiverkehr. Bei einer Verschmelzung einer Gesellschaft, deren Aktien bislang nur im Freiverkehr gehandelt werden, auf eine übernehmende Gesellschaft, deren Aktien gar nicht gehandelt werden, ist der Anwendungsbereich des § 29 Abs. 1 S. 1 Fall 2 bereits nach dem Normwortlaut nicht eröffnet.[15]

III. Analoge Anwendung des § 29

1. Verschmelzung auf einen kontrollierten Rechtsträger

Im Zuge von Verschmelzungen zweier börsennotierter Rechtsträger gibt es durchaus Konstellationen, in denen einer der beteiligten Anteilseigner erstmalig durch die Verschmelzung Kontrolle am übernehmenden Rechtsträger erwirbt (§ 29 Abs. 2 WpÜG). Derartige Verschmelzungen fallen ohne Weiteres in den Anwendungsbereich des § 35 WpÜG,[16] mit der Folge, dass den Anteilseignern des übernehmenden Rechtsträgers (Zielgesellschaft) ein Pflichtangebot zu unterbreiten ist.

Im Schrifttum wird allerdings diskutiert, ob § 29 über den gesetzlich geregelten Anwendungsbereich hinaus auf Konstellationen anwendbar ist, die an den Anwendungsbereich des WpÜG heranreichen. So zB, wenn ein bisher nicht kontrollierter, börsennotierter Rechtsträger auf eine börsennotierte Gesellschaft verschmolzen wird, an der schon vor der Verschmelzung ein Anteilseigner mindestens 30 % der Stimmrechte

---

11 Vgl. Art. 60 des Gesetzes zur Modernisierung des Personengesellschaftsrechts (Personengesellschaftsrechtsmodernisierungsgesetz – MoPeG). Zum 1.1.2024 hat § 41 wortlautgleich die Regelungen des § 43 Abs. 2 S. 3 aF übernommen.
12 BGHZ 153, 47 ff.
13 Bereits vor der Gesetzesänderung leitete das OLG Düsseldorf den Abfindungsanspruch aus einer Analogie zu § 29 her, vgl. OLG Düsseldorf NZG 2005, 317 (318) „Rhenag Rheinische Energie-AG"; OLG Düsseldorf AG 2005, 480 ff.; OLG Düsseldorf ZIP 2007, 380 (382); BeckOGK/*Rieder*, 1.1.2023, § 29 Rn. 13.
14 Kallmeyer/*Marsch-Barner/Oppenhoff* § 29 Rn. 4a; Henssler/Strohn/*Ca. Müller* § 29 Rn. 6; Schmitt/Hört-

nagl/*Winter* § 29 Rn. 9; Widmann/Mayer/*Wälzholz* § 29 Rn. 13.2; BeckOGK/*Rieder*, 1.1.2023, § 29 Rn. 13.
15 Kallmeyer/*Marsch-Barner/Oppenhoff* § 29 Rn. 4b; *Wienke* NZG 2014, 22 (24). Letzterer verneint eine Analogie des § 29 für diese Fälle aus den gleichen Gründen wie beim regulären Delisting bzw. Downgrading aus dem regulierten Markt. → Rn. 13.
16 So auch die Praxis der BaFin, vgl. dazu *Krause* NJW 2004, 3681 (3684); Beurskens/Ehricke/Ekkenga/*Schirrmacher* WpÜG § 35 Rn. 32; *Seibt/Heiser* ZHR 165 (2001), 466 (479 f.); *Kleindiek* ZGR 2002, 546 (570); *Technau* AG 2002, 260 (261); *Teichmann* AG 2004, 67 (77); *Grabbe/Fett* NZG 2003, 755 (757 f.); *Fleischer* NZG 2002, 545 (549); aA *Vetter* WM 2002, 1999 (2000 f.).

hielt und diese Kontrollsituation auch nach der Verschmelzung unverändert bleibt. Die Anteilseigner des übertragenden Rechtsträgers sind nach der Verschmelzung dann erstmalig mit einem kontrollierenden Anteilseigner konfrontiert.

a) Kein Fall des § 35 WpÜG

9 Der Anwendungsbereich des § 35 WpÜG ist für diese Konstellation nicht eröffnet, da keine Kontrolle an einer Zielgesellschaft erworben wird. Somit wird auch kein Pflichtangebot erforderlich mit der unstreitigen Folge, dass § 35 WpÜG nicht unmittelbar greift.[17] Soweit befürwortet wird, den Aktionären des übertragenden Rechtsträgers zu ermöglichen, über eine entsprechende Anwendung der Pflichtangebotsregelung „auszusteigen",[18] muss dies abgelehnt werden,[19] da die Vorschrift des § 35 WpÜG als bußgeldbewährter Tatbestand einer Ausdehnung über den Wortlaut hinaus nicht offen steht.[20]

b) Keine analoge Anwendung des § 29

10 Eine analoge Anwendung des § 29 auf diese Konstellation scheidet ebenfalls aus, weil die Analogievoraussetzungen nicht vorliegen.[21] Die Verschmelzung auf eine kontrollierte börsennotierte Gesellschaft stellt keinen Rechtsformunterschied zur nicht kontrollierten Aktiengesellschaft dar. Darüber hinaus ist die Kontrolle auch nicht mit einer Verfügungsbeschränkung der Anteile vergleichbar. Nach Sinn und Zweck des § 29 soll nicht jede Belastung den Anteilsinhaber zu einem Austrittsrecht berechtigen. Vielmehr sollen nur die Fälle erfasst werden, in denen der Anteilsinhaber durch die Verfügungsbeschränkung im übernehmenden Rechtsträger negativ in seiner Rechtsposition beeinträchtigt wird. In diesen Fällen verändert sich lediglich der Aktionärskreis, was bei jeder Verschmelzung stets der Fall ist. Ein Börsenrückzug wie auch die Verfügungsbeschränkung stellen daher mit Blick auf die erörterte Verschmelzungskonstellation keine vergleichbare Interessenlage dar.[22]

11 Die unterschiedliche Schutzrichtung des UmwG und des WpÜG zeigt sich auch in der voneinander abweichenden Ausgestaltung der sich daraus ergebenden Rechte.[23] Während die Barabfindungsverpflichtung des § 29 allein den übertragenden Rechtsträger verpflichtet, hat das Pflichtangebot der kontrollierende Aktionär zu leisten.[24] Warum aber der übertragende Rechtsträger und damit nach Vollzug der Verschmelzung der

---

17 So die ganz hM: Breuskens/Ehricke/Ekkenga/*Ekkenga/Schirrmacher* WpÜG § 35 Rn. 33; *Grabbe/Fett* NZG 2003, 755 (757); Heckschen/Simon UmwR/*Heckschen* § 6 Rn. 13; *Technau* AG 2002, 260 (263); *Kleindiek* ZGR 2002, 546 (570); *Lenz/Linke* AG 2002, 361 (367) (Fn. 23); Assmann/Pötzsch/Schneider WpÜG/*Krause/Pötzsch* § 35 Rn. 148; Baums/Thoma/*Baums/Hecker* WpÜG § 35 Rn. 116.
18 *Simon/Kleindiek* ZGR 2002, 546 (571); *Seibt/Heiser* ZHR 165 (2001) 466 (481 f.); Haarmann/Schüppen/*Hommelhoff/Witt*, Frankfurter Kommentar zum Wertpapiererwerbs- und Übernahmegesetz, 4. Aufl. 2020, § 35 Rn. 30.
19 Ausf. Kölner Komm UmwG/*Simon* § 29 Rn. 53 f. und *Burg/Braun* AG 2009, 22 ff.
20 Assmann/Pötzsch/Schneider WpÜG/*Krause/Pötzsch* § 35 Rn. 150; Baums/Thoma/*Baums/Hecker* WpÜG § 35 Rn. 117; MüKoAktG/*Schlitt* WpÜG § 35 Rn. 139; Breuskens/Ehricke/Ekkenga/*Ekkenga/Schirrmacher* WpÜG § 35 Rn. 33; *Technau* AG 2002, 260 (263); *Vetter* WM 2002, 1999 (1999), *Süßmann* WM 2003, 1453 (1454 f.); *Liebscher* ZIP 2002, 1005 (1016); *Seibt/Heiser* ZHR 165 (2001), 466 (481); Stellungnahme DAV-Handelsrechtsausschuss zum RefE, NZG 2001, 420.
21 Kölner Komm UmwG/*Simon* § 29 Rn. 55 ff.; *Burg/Braun* AG 2009, 22 (24); Henssler/Strohn/*Ca. Müller* § 29 Rn. 24; wohl auch: BeckOGK/*Rieder*, 1.1.2023, § 29 Rn. 15; Kallmeyer/Marsch-Barner/Oppenhoff § 29 Rn. 31.
22 Kölner Komm UmwG/*Simon* § 29 Rn. 57; *Burg/Braun* AG 2009, 22 (24); iE ähnlich *Kleindiek* ZGR 2002, 546 (572).
23 Kölner Komm UmwG/*von Bülow* WpÜG § 35 Rn. 109; Assmann/Pötzsch/Schneider WpÜG/*Krause/Pötzsch* § 35 Rn. 139 f.; Baums/Thoma/Verse/*Baums/Hecker* WpÜG § 35 Rn. 111; *Kleindiek* ZGR 2002, 546 (558 ff.); *Seibt/Heiser* ZHR 165 (2001), 466 (470 ff.); aA *Vetter* WM 2002, 1999 (2003 ff.).
24 *Kleindiek* ZGR 2002, 546 (572).

übernehmende Rechtsträger und die Gesamtheit der verbleibenden Anteilseigner belasten werden soll, weil ein Aktionär eine Kontrolle ausübt, ist nicht begründbar.

2. Allgemeines Austrittsrecht

Vielfach wird im Schrifttum für ein allgemeines Austrittsrecht der Gesellschafter oder Mitglieder plädiert, auf jeden Fall bei Vorliegen eines **wichtigen Grundes**.[25] Dieser sei insbes. dann anzunehmen, wenn auf den Anteilsinhaber infolge der Verschmelzung Belastungen zukommen, mit denen er zu Beginn seiner Mitgliedschaft noch nicht rechnen musste. Gegen ein allgemeines Austrittsrecht bei Verschmelzung auf einen kontrollierten Rechtsträger sprechen die gleichen allgemeingeltenden Argumente wie bei der bereits abgelehnten Analogie zu § 35 Abs. 2 WpÜG, weswegen ein solches Recht zu verneinen ist.[26]

3. Segmentwechsel, Rückzug vom regulierten Markt

Fraglich ist, ob der verschmelzungsbedingte Wechsel in ein qualitativ niedrigeres Segment der Börse oder gar den Freiverkehr (sog. Downgrading oder Downlisting) oder der vollständige Ausstieg einer börsennotierten Gesellschaft aus dem regulierten Markt (sog. reguläres Delisting), eine analoge Anwendung des § 29 Abs. 1 S. 1 Hs. 1. Alt. 2 rechtfertigt. Nach der „Macrotron"-Entscheidung des BGH galt jedenfalls, dass ein Abfindungsanspruch beim Delisting auch für das **Downgrading** einschlägig sein kann.[27] Umso überraschender war die Entscheidung des BVerfG vom 11.7.2012, da nach Ansicht des BVerfG der Widerruf der Börsenzulassung und das Downgrading schon nicht den Schutzbereich der Eigentumsgarantie gem. Art. 14 GG berühren.[28] Die Börsennotierung sei nicht Teil des verfassungsrechtlich geschützten Aktieneigentums, sondern lediglich ein wertbildender Faktor, der die tatsächliche Verkehrsfähigkeit der Aktie steigere.[29] Die durch den Handel im regulierten Markt möglicherweise gesteigerte Verkehrsfähigkeit der Aktie nehme als schlichte Ertrags- und Handelschance nicht am Schutz des Art. 14 GG teil.[30]

Der BGH hat daraufhin in einer Entscheidung vom 8.10.2013[31] seine „Macrotron"-Rechtsprechung mit Verweis auf die Entscheidung des BVerfG aufgegeben. Aus § 29 Abs. 1 S. 1 Fall 2 ergebe sich **kein allgemeiner Rechtsgrundsatz**, wonach ein Rückzug von der Börse eine Pflicht zur Abgabe eines Barabfindungsangebots zur Folge habe.[32] Die Ansicht des BGH wird durch den Gesetzesentwurf der Bundesregierung zum Zweiten Gesetz zur Änderung des UmwG bestätigt. Darin heißt es, dass die Regelung nur auf den speziellen Fall des kalten Delistings bei einer Verschmelzung auf eine nicht börsennotierte Gesellschaft wegen der faktisch erschwerten Veräußerungsmöglichkeit

---

25 Hierzu allgemein Lutter/*Grunewald* § 29 Rn. 34; *Grunewald* FS Boujong, 1996, 175 (181, 199 f.); *Grunewald* FS Clausen, 1997, 103 (112); *Schindler*, Das Austrittsrecht in Kapitalgesellschaften, S. 81; Semler/Stengel/Leonard/Kalss § 29 Rn. 20; aA Kölner Komm UmwG/*Simon* § 29 Rn. 60; vor Einführung des § 29 Abs. 1 S. 1 Alt. 2 wurde vielfach auf das allgemeine Austrittsrecht als Lösung für das kalte Delisting verwiesen: *Seibt/Heiser* ZHR 165 (2001), 466 (487); *Schwark/Geiser* ZHR 161 (1997), 739 (765).
26 Kölner Komm UmwG/*Lutter* § 68 Rn. 23; *Burg/Braun* AG 2009, 22 (27).
27 BGHZ 153, 47 (56); OLG Frankfurt a. M. ZIP 2012, 371 (373); aA OLG München NZG 2008, 755 (756) – Lindner II (m:access); KG NZG 2009, 752 (753) „Entry Standard"; zust. *Goslar* EWiR 2008, 461 (462).
28 BVerfG NZG 2012, 826 (828); mit ausf. Analyse des Urteils *Kiefner/Gillessen* AG 2012, 645 (660); vgl. auch OLG Bremen ZIP 2013, 821 ff.
29 BVerfG NZG 2012, 826 (828); OLG Bremen ZIP 2013, 821 (822).
30 BVerfG NZG 2012, 826 (828).
31 BGH NJW 2014, 146.
32 BGH NJW 2014, 146 (148); BGH NZG 2013, 1342 (1343).

der Anteile Anwendung finden soll.[33] Andere Konstellationen (wie die Eingliederung in eine nicht börsennotierte Gesellschaft, § 320b Abs. 1 S. 2 AktG) werden nicht genannt. Eine analoge Anwendung des § 29 bei einem **„Wechsel aus dem regulierten Markt"** lehnt der BGH ab und beschränkt sich in seiner Argumentation nicht nur auf die Einbeziehung einer Gesellschaft in ein Qualitätssegment des Freiverkehrs, sondern erfasst mit seinen Ausführungen auch **reguläre Delistings**.[34] Die Aktionäre seien beim regulären Delisting bereits durch die Vorschrift des § 39 Abs. 2 BörsG, der beim kalten Delisting keine Anwendung findet, ausreichend geschützt.[35] Überdies stellt der BGH nunmehr in Abweichung zu seiner bisherigen Rechtsprechung klar, dass ein Wechsel, wie etwa in ein Segment des Freiverkehrs, nicht mit dem anschließenden Kurs in einem direkten Zusammenhang stehen muss.[36] Aus der plötzlichen Veränderung der Grundlage der Beteiligung der Aktionäre kann danach nicht zwingend eine Beeinträchtigung ihrer Eigentumsrechte geschlussfolgert werden. Als weiteres Argument wird angeführt, dass der Gesetzgeber während des Gesetzgebungsverfahrens zur Änderung des UmwG sich bewusst gegen die Festsetzung einer allgemeinen Barabfindungspflicht beim Delisting entschieden habe.[37] Eine Gesamtanalogie zu den Regelungen der §§ 305, 320d, 327d AktG und §§ 29, 207 UmwG[38] lehnt das Gericht wegen fehlender Ähnlichkeit des Widerspruchs der Börsenzulassung mit einer Strukturmaßnahme ab.[39] Wie bereits bei seiner „Macrotron"-Rechtsprechung begründet der BGH dieses Ergebnis damit, dass durch den Börsenrückzug weder die Binnenstruktur der Gesellschaft noch die Interessen der Aktionäre direkt beeinträchtigt werden.[40] Ob und inwieweit der Gesetzgeber angesichts dieser Rechtsprechungsänderung des BGH hinsichtlich des regulären Delistings am Erfordernis eines Barabfindungsangebots beim kalten Delisting festhalten wird, bleibt abzuwarten.[41]

B. Inhalt

I. Voraussetzungen des Austrittsrechts, Abs. 1

1. Mischverschmelzung

15 Hat der übernehmende Rechtsträger eine andere Rechtsform als der übertragende, gewährt Abs. 1 den Gesellschaftern ein Austrittsrecht und den damit zusammenhängenden Abfindungsanspruch.[42] Die Aufzählung der Rechtsträger in § 3, die zulässigerweise an einer Verschmelzung nach dem UmwG beteiligt sein können, lässt einen Rückschluss zu, was § 20 unter Rechtsträger unterschiedlicher Rechtsform versteht.

16 Unproblematisch ist sicher der Fall, in dem eine **Personengesellschaft auf eine Kapitalgesellschaft** und umgekehrt verschmolzen wird. Eine Unterscheidung zwischen den Rechtsformen muss allerdings weitergehen und selbst innerhalb dieser Gruppen zur Anwendung kommen. So ist sicherlich bei der Verschmelzung einer OHG auf eine KG das Kriterium einer unterschiedlichen Rechtsform erfüllt, da es einen erheblichen

---

33 BT-Drs. 16/2919, 13.
34 *Kocher/Widder* NJW 2014, 127 (128).
35 BGH NJW 2014, 146 148.
36 BGH NJW 2014, 146 (149).
37 BGH NJW 2014, 146 (148); BT-Drs. 16/2919, 25 und 28.
38 Vom BVerfG als verfassungsrechtlich unbedenklich erachtet in BVerfG NJW 2012, 3081 (3085).
39 BGH NJW 2014, 146 (148).
40 *Kocher/Widder* NJW 2014, 127 (128); *Arnold/Rothenburg* DStR 2014, 150 (154); *Glienke/Röder* BB 2014, 899 (906); *Wienke* NZG 2014, 22 (23).
41 Eine Gesetzesänderung bejahend: *Glienke/Röder* BB 2014, 899 (907); *Staake* LMK 2014, 356690; BeckOGK/ *Rieder*, 1.1.2023, § 29 Rn. 13.
42 Lutter/*Grunewald* § 29 Rn. 2; Kölner Komm UmwG/ *Simon* § 29 Rn. 11; *Hoffmann-Becking* ZGR 1990, 482 (487).

Unterschied macht, ob alle Mitglieder persönlich und unbeschränkt haften oder sich in der Rolle eines Kommanditisten mit beschränkter Haftung wiederfinden können.[43] Die Verschmelzung einer KG auf eine OHG eröffnet allerdings nicht den Anwendungsbereich des § 29 und damit ein Austrittsrecht der Gesellschafter. Aufgrund des Einstimmigkeitserfordernisses des § 39c Abs. 1 (früher § 43 Abs. 1 aF) auf Ebene der KG und der Regelung in § 40 Abs. 2 kann es zu keinem Widerspruch eines Anteilsinhabers kommen. Dies gilt selbst dann, wenn der Gesellschaftsvertrag eine Mehrheitsentscheidung vorsieht (§ 39c Abs. 2; vormals § 43 Abs. 2 aF).[44] Eine analoge Anwendung des § 29 ist allerdings dann zu befürworten, wenn die Minderheitsgesellschafter unter Treuegesichtspunkten zur Zustimmung verpflichtet waren.

Bei einer Verschmelzung zwischen einer GmbH und einer **AG** liegt das Merkmal der unterschiedlichen Rechtsform vor angesichts des veränderten Gesellschafterkreises bei der GmbH sowie im umgekehrten Fall aufgrund der Beschränkung der Fungibilität der Aktie.[45] Hingegen regelt § 78 S. 4 für die Verschmelzung von AG und KGaA ausdrücklich, dass hierbei keine unterschiedlichen Rechtsformen betroffen sind. Weiter greift § 29 nicht für die Verschmelzung einer AG auf eine inländische SE (s. Art. 10 SE VO).[46] Die jeweiligen Vorschriften haben allerdings keine Ausschlussfunktion für die Geltendmachung des § 29 Abs. 1 S. 2 bei diesen Verschmelzungen, wenn eine Verfügungsbeschränkung beim übernehmenden Rechtsträger vorliegt (hierzu sogleich). 17

2. Verfügungsbeschränkungen

Nach 29 Abs. 1 S. 2 löst jegliche Verfügungsbeschränkung beim übernehmenden Rechtsträger den Abfindungsanspruch aus, ohne dass es darauf ankommt, ob sich die Beschränkung aus **Gesetz** oder aus dem **Gesellschaftsvertrag** des übernehmenden Rechtsträgers ergibt.[47] Nach zutreffender Ansicht ist § 29 Abs. 1 S. 2 so auszulegen, dass nur Verfügungsbeschränkungen erfasst werden, die der vollständigen Verwertung des Anteils entgegenstehen. Dazu muss eine Verfügungsbeschränkung dingliche Wirkung entfalten, da § 29 auch nur ein vollständiges Ausscheiden aus der Gesellschaft ermöglicht.[48] Dementsprechend sind zB nach § 8 Abs. 5 AktG oder § 17 Abs. 1 GmbHG bestehende Verbote, Anteile an Kapitalgesellschaften zu teilen, nicht als Verfügungsbeschränkungen iSd § 29 zu qualifizieren.[49] 18

Weiter gilt § 29 nicht für faktische Beschränkungen der Verfügungsmacht. Bestehen sowohl im übertragenden als auch im übernehmenden Rechtsträger identische Zustimmungsquoten hinsichtlich der Übertragung von Anteilen, werden aber durch die Verschmelzung die **Mehrheitsverhältnisse verändert**, kann diese faktische Änderung hinsichtlich der Wirkung bestehender Verfügungsbeschränkungen die Anwendung des § 29 nicht rechtfertigen.[50] Das gegenteilige Ergebnis würde dazu führen, dass Anteils- 19

---

[43] Lutter/*Grunewald* § 29 Rn. 2; Schmitt/Hörtnagl/*Winter* § 29 Rn. 3; Semler/Stengel/Leonard/*Kalss* § 29 Rn. 6; Kölner Komm UmwG/*Simon* § 29 Rn. 12.
[44] So aber Widmann/Mayer/*Wälzholz* § 29 Rn. 12; wie hier *Schaub* NZG 1998, 626 (627).
[45] Schmitt/ Hörtnagl/*Winter* § 29 Rn. 7; Kölner Komm UmwG/*Simon* § 29 Rn. 12.
[46] Im Falle einer grenzüberschreitenden Verschmelzung ergibt sich der Abfindungsanspruch bereits aus § 313.
[47] Kölner Komm UmwG/*Simon* § 29 Rn. 15.
[48] Kölner Komm UmwG/*Simon* § 29 Rn. 16 f.
[49] Semler/Stengel/Leonard/*Kalss* § 29 Rn. 9; Widmann/Mayer/*Wälzholz* § 29 Rn. 21, 24, 25; Kölner Komm UmwG/*Simon* § 29 Rn. 18; *Vollrath* FS Widmann, 2000, 117 (132).
[50] *Reichert* GmbHR 1995, 176 (182 f.); Lutter/*Grunewald* § 29 Rn. 6.

inhaber allein wegen der Verwässerung ihrer Beteiligung, die jeder Verschmelzung immanent ist, aus der Gesellschaft ausscheiden könnten.[51]

a) Beschränkungen aufgrund des Gesellschaftsvertrages

20 Verfügungsbeschränkung ist jede Einschränkung der freien Übertragbarkeit oder einer sonstigen Verfügung (**Belastung**). Auf die Reichweite der Verfügungsbeschränkung kommt es nicht an, weshalb § 29 auch zur Anwendung kommt, wenn nur bestimmte Verfügungen, zB Übertragung an Familienfremde, betroffen sind. Unerheblich ist auch, wer nach Gesellschaftsvertrag für die Zustimmung zur jeweiligen Verfügung verantwortlich ist.[52]

21 Einzige **Einschränkung** ist, dass auch das dingliche Rechtsgeschäft bei Nichtbeachtung der Einschränkung unwirksam sein muss, um ein Austrittsrecht herbeiführen zu können. Rein schuldrechtliche Beschränkungen sind keine Verfügungsbeschränkung iSd § 29.[53] Damit können Vorkaufsrechte,[54] Optionen, sonstige Verpflichtungen in Bezug auf die Übertragung der Anteile und Satzungsbestimmungen, die einen automatischen oder rechtsgeschäftlich bewirkten Über- oder Untergang des Anteils vorsehen, nicht unter § 29 subsumiert werden.[55] Ebenso wenig fallen Poolverträge als rein schuldrechtliche Vereinbarungen in den Anwendungsbereich der Norm.[56]

22 **Formvorschriften**, die lediglich die Art und Weise festlegen, wie Verfügungen zu erfolgen haben,[57] sollten eine Abfindungspflicht nach § 29 nicht auslösen. Gleiches gilt für Nachschusspflichten, Nebenleistungspflichten und Wettbewerbsverbote.[58] Beschränkungen, die auf letztwilligen Verfügungen beruhen, fallen ebenfalls nicht in den Anwendungsbereich der Vorschrift.[59] Das Gleiche gilt für Bestimmungen, die die Zwangseinziehung von Anteilen vorsehen, da die Verfügungsmacht des Gesellschafters erst nach Eintritt des jeweiligen Ereignisses (wie zB die Eröffnung des Insolvenzverfahrens) erlischt und damit eine Abfindungspflicht nach § 29 Abs. 1 S. 2 nicht rechtfertigen kann.[60]

b) Gesetzliche Beschränkungen

23 Im Rahmen einer Verschmelzung auf eine Personengesellschaft ist der Anwendungsbereich des § 29 jedenfalls dann eröffnet, wenn die Anteilsinhaber die Unübertragbarkeit

---

[51] Semler/Stengel/Leonard/*Kalss* § 29 Rn. 13; Kölner Komm UmwG/*Simon* § 29 Rn. 24; aA Lutter/*Grunewald* § 29 Rn. 9.

[52] Kölner Komm UmwG/*Simon* § 29 Rn. 17, bzgl. einer Auflistung möglicher Fallgruppen.

[53] Semler/Stengel/Leonard/*Kalss* § 29 Rn. 8; Lutter/*Grunewald* § 29 Rn. 6, BeckOGK/*Rieder*, 1.1.2023, § 29 Rn. 11; nunmehr wohl auch Kallmeyer/*Marsch-Barner/Oppenhoff* § 29 Rn. 7.

[54] Semler/Stengel/Leonard/*Kalss* § 29 Rn. 9; Kallmeyer/*Marsch-Barner/Oppenhoff* § 29 Rn. 7, die Vorerwerbs- oder Vorkaufsrechte erfassen möchte, wenn sie nicht nur eine die Übertragung nicht hindernde Erwerbsposition verkörpern.

[55] Ausf. Widmann/Mayer/*Wälzholz* § 29 Rn. 19 ff.; Lutter/*Grunewald* § 29 Rn. 6, 8; *Grunewald* FS Boujong, 1996, 175 (181); Kölner Komm UmwG/*Simon* § 29 Rn. 17; Schmitt/Hörtnagl/*Winter* § 29 Rn. 11 (sieht das ohne Begründung als str. an); *Schaub* NZG 1998, 626 (627); aA *Reichert* GmbHR 1995, 176 (188); auf besondere Eigenschaften des Erwerbers abstellend Kallmeyer/*Marsch-Barner/Oppenhoff* § 29 Rn. 7.

[56] Lutter/*Grunewald* § 29 Rn. 6; Kölner Komm UmwG/*Simon* § 29 Rn. 17; aA Semler/Stengel/Leonard/*Kalss* § 29 Rn. 8.

[57] Kallmeyer/*Marsch-Barner/Oppenhoff* § 29 Rn. 6; Lutter/*Grunewald* § 29 Rn. 6; Semler/Stengel/Leonard/*Kalss* § 29 Rn. 15; Widmann/Mayer/*Wälzholz* § 29 Rn. 20.6.

[58] Für weitere Beispiele vgl. Kallmeyer/*Marsch-Barner/Oppenhoff* § 29 Rn. 8; Widmann/Mayer/*Wälzholz* § 29 Rn. 20.6.

[59] Widmann/Mayer/*Wälzholz* § 29 Rn. 20.6; Semler/Stengel/Leonard/*Kalss* § 29 Rn. 9; Kallmeyer/*Marsch-Barner/Oppenhoff* § 29 Rn. 8; Kölner Komm UmwG/*Simon* § 29 Rn. 19.

[60] Kallmeyer/*Marsch-Barner/Oppenhoff*, § 29 Rn. 8; Kölner Komm UmwG/*Simon* § 29 Rn. 19; aA Semler/Stengel/Leonard/*Kalss* § 29 Rn. 9.

der Anteile bzw. die Übertragbarkeit nur mit Zustimmung der anderen Anteilsinhaber nicht vertraglich abgedungen haben.[61] Gleiches gilt für Mitgliedschaften in einem Verein, die gem. §§ 38, 40 BGB nur bei entsprechender Satzungsgrundlage übertragen werden können. Ferner stellt eine Vinkulierung von Aktien gem. § 68 Abs. 2 AktG ohne Zweifel einen Fall des § 29 Abs. 1 S. 2 dar. In der Praxis stellt sich diese Problematik allerdings nur bei Namensaktien, da eine Einschränkung der Verkehrsfähigkeit bei Inhaberaktien unzulässig ist.[62]

c) Verfügungsbeschränkungen beim übertragenden Rechtsträger

Die herrschende Meinung gewährt das Austrittsrecht auch für den Fall, dass die bisherigen Anteile am übertragenden Rechtsträger Verfügungsbeschränkungen unterworfen waren.[63] Dies sollte allerdings nur mit der Einschränkung gelten, dass bei identischen Verfügungsbeschränkungen im übertragenden und übernehmenden Rechtsträger sowie bei Erleichterungen[64] kein Schutzbedürfnis der Anteilsinhaber besteht.[65] Das Ergebnis lässt sich auch unter dem Gesichtspunkt rechtfertigen, dass das Berufen auf § 29 in diesem Fall treuwidrig wäre bzw. eine missbräuchliche Rechtsausübung darstellen würde.[66]

24

d) Ende der Börsennotierung

Wie bereits eingangs erwähnt, erfasst § 29 Abs. 1 S. 1 auch die Verschmelzung von börsennotierten Aktiengesellschaften auf nicht börsennotierte Aktiengesellschaften (kaltes Delisting) und gewährt den betroffenen Aktionären ein Austrittsrecht aufgrund eines zu unterbreitenden Barabfindungsgebots.[67] Nach zutreffender, aber bislang nur zum Teil vertretener Auffassung, kann ein Barabfindungsangebot auch dann unterbleiben, wenn zwar noch keine Börsennotierung besteht (wie zB bei einer Verschmelzung zur Neugründung), diese allerdings durch die übernehmende Gesellschaft bereits geplant ist und später nachfolgen soll.[68] Es wäre nicht interessengerecht, den übernehmenden Rechtsträger mit einer Abfindungsverpflichtung zu belasten, obwohl die Aktionäre die Handelbarkeit ihrer Aktien an der Börse nur für einen kurzen Zeitraum verlieren.[69] Gegen dieses Ergebnis wird allerdings eingewendet, dass der Wortlaut nicht von einer **geplanten Börsennotierung** spreche, sondern eine Börsennotierung des übernehmenden Rechtsträgers voraussetze.[70] Weiter wird entgegengehalten, dass bei Verzögerungen oder einem späteren Scheitern der Börsenzulassung der umwandlungsrechtliche

25

---

61 §§ 105 ff., 161 ff. HGB; §§ 717, 719 BGB; die Veräußerungsmöglichkeit muss erst einmal vertraglich begründet werden, *Vollrath* FS Widmann, 2000, 117 (131).
62 Kölner Komm AktG/*Lutter* Anh. § 68 Rn. 25.
63 Begr. RegE Erstes Gesetz zur Änderung des Umwandlungsgesetzes, BT-Drs. 13/8808; Semler/Stengel/Leonard/*Kalss* § 29 Rn. 11 f.; Schmitt/Hörtnagl/*Winter* § 29 Rn. 10; Lutter/*Grunewald* § 29 Rn. 9; BeckOGK/*Rieder*, 1.1.2023, § 29 Rn. 12; Kallmeyer/Marsch-Barner/*Oppenhoff* § 29 Rn. 9; Widmann/Mayer/*Wälzholz* § 29 Rn. 18; Widmann/Mayer/*Mayer* § 5 Rn. 84; *Reichert* GmbHR 1995, 176 (187); *Schaub* NZG 1998, 626 (627).
64 Vgl. hierzu das Beispiel bei Semler/Stengel/Leonard/*Kalss* § 29 Rn. 12; Widmann/Mayer/*Mayer* § 5 Rn. 84.
65 Kölner Komm UmwG/*Simon* § 29 Rn. 23; Semler/Stengel/Leonard/*Kalss* § 29 Rn. 12.
66 Kallmeyer/Marsch-Barner/*Oppenhoff* § 29 Rn. 10; *Reichert* GmbHR 1995, 176 (188 f.).
67 So schon der BGH in seiner „Macrotron"-Entscheidung, vgl. BGHZ 153, 47 (54 ff.), wonach durch ein (reguläres) Delisting die Verkehrsfähigkeit der Aktien substantiell beeinträchtigt wird, was nach Ansicht des BGH iE die Verpflichtung des Hauptaktionärs zur Abgabe eines Pflichtangebotes gegenüber den Minderheitsaktionären rechtfertigte.
68 So *Drinhausen* BB 2006, 2313 (2314); Kölner Komm UmwG/*Simon* § 29 Rn. 27; bei sehr kurzer Zeitspanne Schmitt/Hörtnagl/*Winter* § 29 Rn. 9; aA BeckOGK/*Rieder*, 1.1.2023, § 29 Rn. 13; Widmann/Mayer/*Wälzholz* § 29 Rn. 14; Lutter/*Grunewald* § 29 Rn. 4.
69 *Drinhausen* BB 2006, 2313 (2314); Kölner Komm UmwG/*Simon* § 29 Rn. 27.
70 Widmann/Mayer/*Wälzholz* § 29 Rn. 14.

Minderheitenschutz ins Leere laufe.[71] Das Börsenzulassungsverfahren müsse deshalb vor Eintragung der Verschmelzung entweder erfolgreich durchgeführt oder zumindest durch einen Vorbescheid der Börsenzulassungsstelle dem Börsenhandel zu dem auf die Eintragung folgenden Börsenhandelstag zugesichert worden sein.[72]

Hinweis: Um die Bedenken der Handelsregisterrichter bei Prüfung der Eintragung der Verschmelzung zu widerlegen, sollte die Verpflichtung des übernehmenden Rechtsträgers im Verschmelzungsvertrag vorgesehen werden, eine Börsenzulassung für sich zu beantragen. Schlägt die Zulassung fehl, so wandelt sich der Leistungsanspruch gegen den übernehmenden Rechtsträger in einen Schadensersatzanspruch des übertragenden Rechtsträgers, der nach § 25 Abs. 2 auch für diese Ansprüche als fortbestehend gilt,[73] und der auf Abfindung der Anteilsinhaber des übertragenden Rechtsträgers gerichtet ist, die im Verschmelzungsbeschluss ihren Widerspruch zur Niederschrift erklärt haben.[74] Um einen Nachteil der Anteilsinhaber durch die Dauer des Zulassungsverfahrens zu verhindern, sollte analog § 30 Abs. 1 S. 2 iVm § 15 Abs. 2 die mögliche Barabfindung (vorsorglich) nach Eintragung der Verschmelzung verzinst werden.[75]

3. Zustimmungsverweigerung und Widerspruch zur Niederschrift

26 Der Anteilsinhaber des übertragenden Rechtsträgers hat trotz Vorliegen der vorstehend aufgeführten Voraussetzungen allerdings nur dann ein Austrittsrecht, wenn er gegen den Verschmelzungsbeschluss gestimmt hat und danach gegen die Verschmelzung Widerspruch zur Niederschrift erklärt hat.[76] Sinn und Zweck der **Kopplung von Widerspruch und Zustimmungsverweigerung** liegt darin, die Belastung des übernehmenden Rechtsträgers mit einer unkalkulierbaren Anzahl von Barabfindungsansprüchen zu verhindern. Im Hinblick auf das Mehrheitserfordernis einer Verschmelzung wird durch diese Kopplung eine absolute Höchstgrenze möglicher Barabfindungsansprüche geschaffen.[77]

27 Da die Zustimmungsverweigerung allerdings auch andere Beweggründe haben kann, kann ihr allein nicht die Erklärung des Anteilsinhabers entnommen werden, dass er nicht Anteilsinhaber des übernehmenden Rechtsträgers werden möchte und sich die Geltendmachung der Barabfindung vorbehält.[78] Alleine der Anteilsinhaber oder ein durch ihn bevollmächtigter Vertreter ist berechtigt, den Widerspruch in der Gesellschafterversammlung des übertragenden Rechtsträgers zur Niederschrift zu erklären. Ein vor oder nach der Versammlung eingereichter Widerspruch ist nicht ausreichend.[79]

---

71 So die Argumente von Widmann/Mayer/*Wälzholz* § 29 Rn. 14.
72 Widmann/Mayer/*Wälzholz* § 29 Rn. 14; iE ähnlich OLG Stuttgart AG 2006, 420 ff., das vor Inkrafttreten des § 29 in seiner aktuellen Fassung zu einem Fall eines möglichen „kalten Delisting" Stellung genommen und ein solches iE abgelehnt hat.
73 Kölner Komm UmwG/*Simon* § 29 Rn. 27.
74 So auch Kölner Komm UmwG/*Simon* § 29 Rn. 27.
75 So der Vorschlag von Kölner Komm UmwG/*Simon* § 29 Rn. 27.
76 Schmitt/Hörtnagl/*Winter* § 29 Rn. 15; Lutter/*Grunewald* § 29 Rn. 11; Widmann/Mayer/*Wälzholz* § 29 Rn. 30; *Schaub* NZG 1998, 626 (628); *Zimmermann* FS Brandner, 1996, 167 (179); Kallmeyer/*Marsch-Barner/Oppenhoff* § 29 Rn. 11; aA *Veil*, Umwandlung einer AG in eine GmbH, 1996, S. 214 ff.
77 Schmitt/Hörtnagl/*Winter* § 29 Rn. 15; Lutter/*Grunewald* § 29 Rn. 11; Widmann/Mayer/*Wälzholz* § 29 Rn. 30; BeckOGK/*Rieder*, 1.1.2023, § 29 Rn. 19.
78 BGH NJW 1989, 2693 (2694); Kölner Komm UmwG/*Simon* § 29 Rn. 29; Lutter/*Grunewald* § 29 Rn. 12; Kallmeyer/*Marsch-Barner/Oppenhoff* § 29 Rn. 13; *Schaub* NZG 1998, 626 (628).
79 So die hM: Lutter/*Grunewald* § 29 Rn. 13; Schmitt/Hörtnagl/Stratz/*Stratz* § 29 Rn. 16; Widmann/Mayer/*Wälzholz* § 29 Rn. 31; Semler/Stengel/Leonard/*Kalss* § 29 Rn. 22; Kallmeyer/*Marsch-Barner/Oppenhoff* § 29 Rn. 12; *Schaub* NZG 1998, 626 (628).

Hinweis: Der Widerspruch muss nicht in der Niederschrift aufgenommen werden, solange der Anteilsinhaber den Nachweis führen kann, dass er den Widerspruch erklärt hat.[80] In der Praxis empfiehlt es sich allerdings dafür Sorge zu tragen, dass der Widerspruch in der Niederschrift aufgenommen wird, da es die entsprechenden Nachweisobliegenheiten obsolet macht.

4. Fiktion des Widerspruchs, Abs. 2

Ein Widerspruch ist ausnahmsweise entbehrlich, wenn der Anteilsinhaber zu Unrecht nicht zur Gesellschafterversammlung zugelassen worden ist.[81] Dies ist zB anzunehmen, wenn der Anteilsinhaber oder sein Vertreter alle Zulassungsvoraussetzungen erfüllen und ihnen dennoch der Zutritt unberechtigterweise verwehrt wird. Erfasst werden auch die Fälle, in denen die Gesellschafterversammlung nicht ordnungsgemäß einberufen oder die Tagesordnung nicht ordnungsgemäß bekannt gemacht worden ist.[82]

Hinweis: Ist der Anteilsinhaber trotz eines Einberufungs- oder Bekanntmachungsmangels erschienen, hat sich der jeweilige Fehler nicht ausgewirkt. Der Anteilsinhaber bleibt dann zur Einlegung des Widerspruchs verpflichtet.[83]

Die hM öffnet den Abs. 2 auch für nicht vom Gesetz erfasste Konstellationen, sofern der Umstand für die Nichtausübung des Widerspruchs in der Sphäre des übertragenden Rechtsträgers lag.[84] Dies dürfte vor allem die Fälle betreffen, in denen die betroffenen Anteilsinhaber weder im Verschmelzungsvertrag noch in der Versammlung auf ihr Recht nach § 29 hingewiesen wurden. Ein Widerspruch zur Begründung des Abfindungsanspruchs muss hier entbehrlich sein. Voraussetzung ist allerdings, dass der betroffene Anteilsinhaber in diesen Fällen zumindest gegen die Verschmelzung gestimmt hat.[85]

II. Angemessene Barabfindung

1. Form und Inhalt des Abfindungsgebots

Das Barabfindungsangebot ist den Anteilsinhabern des übertragenden Rechtsträgers im **Verschmelzungsvertrag** zu unterbreiten. Sofern der Verschmelzungsvertrag als Beschlussgegenstand bekannt zu machen ist, muss in der Bekanntmachung auch der Wortlaut des Angebots zur Barabfindung wiedergegeben werden gemäß Abs. 1 S. 4.[86]

Das Angebot muss bestimmt genug sein, so dass zum Entstehen des Barabfindungsanspruchs nur noch die **Annahmeerklärung** des Anteilsinhabers erforderlich ist.[87] Erforderlicher Inhalt des Angebots sind die Beschreibung der berechtigten Anteilsinhaber, die konkrete Höhe der Abfindung sowie Angaben darüber, ob die Abfindung entweder

---

80 Vgl. Kallmeyer/*Marsch-Barner/Oppenhoff* § 29 Rn. 12; Schmitt/Hörtnagl/*Winter* § 29 Rn. 16; Lutter/*Grunewald* § 29 Rn. 13; so auch die hM zur parallel liegenden Norm des § 245 Nr. 1 AktG: OLG Hamburg AG 1960, 333 (334); OLG Düsseldorf AG 1996, 273 (274); *Koch* AktG § 245 Rn. 15; MüKoAktG *Hüffer* § 245 Rn. 35; Kölner Komm AktG/*Zöllner* § 245 Rn. 37.
81 Ausf. Widmann/Mayer/*Wälzholz* § 29 Rn. 32.
82 Hierzu ausf. Widmann/Mayer/*Wälzholz* § 29 Rn. 32.
83 Lutter/*Grunewald* § 29 Rn. 14 ff.; Kölner Komm UmwG/ *Simon* § 29 Rn. 30.
84 Lutter/*Grunewald* § 29 Rn. 16; *Schaub* NZG 1998, 626 (628), jeweils mit Beispielen; Schmitt/Hörtnagl/*Winter* § 29 Rn. 17; Kölner Komm UmwG/*Simon* § 29 Rn. 31.
85 Lutter/*Grunewald* § 29 Rn. 16; Kölner Komm UmwG/ *Simon* § 29 Rn. 31; *Schaub* NZG 1998, 626 (628).
86 Vgl. etwa den Fall des § 124 Abs. 2 S. 2 AktG für die AG sowie §§ 42, 47 für die GmbH und Personengesellschaft, vgl. hierzu die Ausführungen von Lutter/*Grunewald* § 29 Rn. 21.
87 Kallmeyer/*Marsch-Barner/Oppenhoff* § 29 Rn. 14; Semler/Stengel/Leonard/*Kalss* § 29 Rn. 23; Lutter/*Grunewald* § 29 Rn. 24; *Schaub* NZG 1998, 626 (628).

gegen Übertragung der Anteile des Anteilsinhabers oder für dessen Ausscheiden gezahlt wird.[88] Das Angebot muss jedenfalls eine Barabfindung zum Gegenstand haben. Andere Gegenleistungen dürfen folglich nicht als ausschließliche Abfindung vorgesehen werden, sondern nur als Alternative zur Barabfindung ins Angebot aufgenommen werden.[89] Die einzelnen Modalitäten des sich an die Annahme des Abfindungsangebotes anschließenden Anteilsübertragungsvertrages müssen nicht im Verschmelzungsvertrag enthalten sein. Der Erwerb der Anteile erfolgt vielmehr durch gesondertes Rechtsgeschäft, auf das die allgemeinen Formvorschriften, zB die notarielle Beurkundung, anzuwenden sind.[90]

32 Fehlt es an einem Abfindungsangebot, obwohl ein Fall des § 29 vorliegt und wurde auch kein wirksamer Verzicht auf ein solches Angebot erklärt, so ist der Verschmelzungsvertrag nicht ordnungsgemäß zustande gekommen. Nach Ansicht des BGH kommt dem zuständigen Registergericht trotz Fehlens des Angebots allerdings nicht das Recht zu, die Eintragung der Verschmelzung zu verweigern.[91] Es ist nicht im öffentlichen Interesse, die Registereintragung mangels Abfindungsangebot abzulehnen.[92] Die nicht widersprechenden Anteilsinhaber werden zudem dadurch hinreichend geschützt, dass ihnen im Spruchverfahren eine angemessene Abfindung zugesprochen werden kann. Für die Abfindungsberechtigung ist in diesen Fällen auch kein Widerspruch erforderlich, weshalb insoweit auch keine Schutzlücke vorliegt.

2. Verzicht auf das Abfindungsangebot

33 Die wohl ganz herrschende Meinung geht davon aus, dass ein **vorheriger Verzicht** auf das Angebot möglich ist, obwohl das Gesetz insoweit eine Verzichtsmöglichkeit nicht ausdrücklich vorsieht.[93] Gem. § 30 Abs. 2 iVm § 12 Abs. 3, § 8 Abs. 3 ist ein Verzicht auf die Angemessenheitsprüfung durch den Verschmelzungsprüfer zumindest mittels einer notariell beurkundeten Erklärung der Anteilsinhaber möglich.[94]

Hinweis: Der Einfachheit halber und aus Kostengründen sollte die Verzichtserklärung im Zusammenhang mit der jeweiligen Zustimmung der betroffenen Gesellschafterversammlungen nach der eigentlichen Beschlussfassung erklärt werden.

> **Formulierungsvorschlag:**
> Die X, Y, Z als alleinige Gesellschafter des übertragenden Rechtsträgers erklären: Auf die Erstattung eines Verschmelzungsberichts, die Durchführung einer Verschmelzungsprüfung und die Erstattung eines Prüfberichts (§§ 8 Abs. 3 S. 1, 9 Abs. 2, 12 Abs. 3), ein Angebot auf Barabfindung und dessen Prüfung (§§ 29, 30) sowie auf die Anfechtung oder sonstige Klage gegen den gefassten Beschluss (§ 16 Abs. 2 S. 2) wird hiermit ausdrücklich verzichtet.

---

88 Kallmeyer/*Marsch-Barner/Oppenhoff* § 29 Rn. 14; Lutter/*Grunewald* § 29 Rn. 24; *Schaub* NZG 1998, 626 (628).
89 OLG München AG 2021, 766 (767); Kölner Komm UmwG/*Simon* § 29 Rn. 35; Semler/Stengel/Leonard/*Kalss* § 29 Rn. 24; Kallmeyer/*Marsch-Barner/Oppenhoff* § 29 Rn. 18.
90 *Schaub* NZG 1998, 626 (628); Lutter/*Grunewald* § 29 Rn. 24; Kölner Komm UmwG/*Simon* § 29 Rn. 39; Semler/Stengel/Leonard/*Kalss* § 29 Rn. 32 BeckOGK/*Rieder*, 1.1.2023, § 29 Rn. 2.
91 BGHZ 146, 179 (185); Kölner Komm UmwG/*Simon* § 29 Rn. 37; Kallmeyer/*Marsch-Barner/Oppenhoff* § 29 Rn. 16; aA Widmann/Mayer/*Wälzholz* § 29 Rn. 59; Lutter/*Grunewald* § 29 Rn. 22 und § 32 Rn. 3; *Schaub* NZG 1998, 626 (628).
92 AA Widmann/Mayer/*Wälzholz* § 29 Rn. 59: Es ist dem Handelsregister unzumutbar, einen rechtswidrigen Beschluss sehenden Auges vollziehen zu müssen.
93 Lutter/*Grunewald* § 29 Rn. 18 f.; *Grunewald* FS Boujong, 1996, 175 (185); Semler/Stengel/Leonard/*Kalss* § 29 Rn. 27; Kallmeyer/*Marsch-Barner/Oppenhoff* § 29 Rn. 17; Widmann/Mayer/*Wälzholz* § 29 Rn. 53; Kölner Komm UmwG/*Simon* § 29 Rn. 39; *Schaub* NZG 1998, 626 (629); *Eilers/Müller-Eising* WiB 1995, 449 (451).
94 Widmann/Mayer/*Wälzholz* § 29 Rn. 53; *Eilers/Müller-Eising* WiB 1995, 449 (451); Kölner Komm UmwG/*Simon* § 29 Rn. 39; aA *Grunewald* FS Boujong, 1996, 175 (185 f.), die lediglich einen ausdrücklichen Verzicht für erforderlich hält, hierfür aber keine besondere Form für angebracht hält.

3. Entbehrlichkeit des Abfindungsangebots

Die Unterbreitung eines Abfindungsangebots ist entbehrlich, wenn eine einhundertprozentige **Tochtergesellschaft auf die Muttergesellschaft** verschmolzen wird. In diesen Fällen kommt es zu keinem Anteilstausch zwischen den Gesellschaften, weshalb der Verschmelzungsvertrag kein Abfindungsangebot enthalten muss.[95]

4. Kosten

Gem. § 29 Abs. 1 S. 5 hat der übernehmende Rechtsträger die Kosten der Übertragung zu tragen. Erfasst sind die Kosten des dinglichen Rechtsgeschäfts (zB Notarkosten) sowie sämtliche Vertragskosten. Vertragskosten in diesem Sinne sind allerdings nicht den Anteilsinhabern im Zusammenhang mit der Verschmelzung entstandene Kosten (zB Beratungskosten).[96]

C. Kapitalerhaltung im Rahmen der Abfindung

Ist der übernehmende Rechtsträger eine Kapitalgesellschaft, so hat der Anteilsinhaber seine Geschäftsanteile bzw. Aktien an diesen zu übertragen. Das Zusammenspiel von Abfindungsverpflichtungen und den zum Teil entgegenstehenden Kapitalerhaltungsgrundsätzen sieht dabei wie folgt aus:

I. Kapitalerhaltung in der Aktiengesellschaft

Nach § 71 Abs. 1 Nr. 3 AktG stellt der Erwerb von eigenen Aktien im Rahmen des § 29 dem Grunde nach keinen Verstoß gegen Kapitalerhaltungsregeln dar. Allerdings dürfen nach § 71 Abs. 2 S. 1 AktG nur insgesamt Aktien in Höhe von 10 % des Grundkapitals durch den Rechtsträger selbst erworben werden. Weiter sieht § 71 Abs. 2 S. 2 AktG die Beschränkung vor, dass eigene Anteile nur insoweit erworben werden dürfen, als der übernehmende Rechtsträger die nach § 272 Abs. 4 HGB erforderliche Rücklage aus ungebundenen Vermögenswerten bilden kann.

1. Keine Geltung des § 71 Abs. 2 S. 1 AktG

Nach der wohl vorwiegenden Meinung besteht der Abfindungsanspruch nach § 29 nur in den genannten Grenzen.[97] Diese Auffassung wird insbes. auf die Gesetzesbegründung zur Barabfindung gemäß § 207 gestützt,[98] wonach die Abfindung „den Schranken, die das Gesetz zur Erhaltung des Stammkapitals oder Grundkapitals einer Kapitalgesellschaft aufstellt", unterliegt." Dies ergebe sich „aus der Tatsache, dass die Anwendung der einschlägigen Vorschriften (§ 30 GmbHG, § 57 AktG) nicht ausgeschlossen ist, wie dies für § 71 Abs. 4 S. 2 AktG geschieht".[99]

Dieser Sichtweise ist *Simon* mit dem Hinweis entgegengetreten, der Gesetzgeber habe diesen Ausschluss der Barabfindung wegen Überschreitung der Höchstgrenzen des § 71

Abs. 2 AktG ohne Weiteres in das System der §§ 29 ff. einbauen können. Er habe aber im Gegenteil die Regelung des § 29 Abs. 1 S. 1 Hs. 2 eingefügt, welche eine **Suspendierung** des § 71 Abs. 4 S. 2 AktG anordnet.[100] Durch die Suspendierung ist das auf den Erwerb eigener Aktien gerichtete Rechtsgeschäft sowohl schuldrechtlich als auch dinglich wirksam, selbst wenn gegen die Bestimmungen des § 71 Abs. 2 AktG verstoßen wurde.

40 Gestützt wird dieses Ergebnis auch von der Regelung des § 71c AktG. Dessen Abs. 2 enthält für den Rechtsträger die Pflicht, die unter Missachtung der Grenzen des § 71 Abs. 1 und 2 AktG erworbenen eigenen Aktien innerhalb von drei Jahren zu veräußern. Diese Verpflichtung gilt ebenfalls beim Erwerb eigener Aktien zum Zwecke der Abfindung nach § 29 Abs. 1.[101] Der Verstoß gegen § 71 Abs. 2 S. 1 AktG wird durch diese Veräußerungspflicht geheilt und muss dann folgerichtig hinter die Abfindungsinteressen der Anteilsinhaber zurücktreten.[102]

Hinweis: Auch wenn die letztgenannte Ansicht zutreffend ist, sollte im Hinblick auf die damit verbundenen Risiken in der Praxis der noch herrschenden Meinung gefolgt werden. Sofern sich vor Fassung der Beschlüsse im übernehmenden Rechtsträger bereits abzeichnet, dass die Kapitalerhaltungsschranken nicht eingehalten werden können, hat die Verschmelzung zu unterbleiben.[103] Ein gleichwohl gefasster Verschmelzungsbeschluss ist anfechtbar und darf auch nicht eingetragen werden.[104] Kommt es trotzdem zur Eintragung der Verschmelzung, dann steht der Gesellschaft ein Leistungsverweigerungsrecht gegen den Barabfindungsanspruch des Anteilsinhabers zu.[105]

2. Rücklagenbildung als Grenze

41 Nach § 71 Abs. 2 S. 2 AktG ist der **Erwerb eigener Aktien** unzulässig, wenn der übernehmende Rechtsträger nicht über genügend freies Eigenkapital verfügt, um im Zeitpunkt des Erwerbs eine Rücklage in Höhe der Aufwendungen für den Erwerb zu bilden, ohne das Grundkapital oder eine nach Gesetz oder Satzung zu bildende Rücklage zu mindern, die nicht zur Zahlung an die Aktionäre verwandt werden darf. Nach wohl herrschender Meinung soll das Verbot auch im Rahmen des § 29 gelten. Das Verpflichtungsgeschäft sei zwar wirksam, der dingliche Erwerb der Anteile habe aber zu unterbleiben, bis ausreichend freie Mittel vorhanden sind.[106]

42 Zu Recht wird aber von der Gegensicht darauf hingewiesen, dass der Erwerb eigener Aktien entweder ein reiner Aktivtausch oder bei Fremdfinanzierung eine Bilanzverlängerung ist. Ein entsprechendes Eigenkapital ist für die Verbuchung folglich nicht erforderlich.[107] Wie vorstehend aber bereits festgehalten, sprechen die besseren Gründe dafür, dass Kapitalerhaltungsgrundsätze insgesamt hinter dem Minderheitenschutz des § 29 zurücktreten.[108] Den Kapitalerhaltungsgrundsätzen ist Genüge getan, wenn auch in diesen Fällen die Veräußerungsverpflichtung nach § 71c Abs. 2 AktG greift.[109]

---

100 Kölner Komm UmwG/*Simon* § 29 Rn. 44.
101 Schmitt/Hörtnagl/*Winter* § 29 Rn. 12; Kallmeyer/Marsch-Barner/Oppenhoff § 29 Rn. 26; Kölner Komm UmwG/*Simon* § 29 Rn. 45.
102 Schmitt/Hörtnagl/*Winter* § 29 Rn. 12 f.; *Korte* WIB 1997, 953 (939); Kölner Komm UmwG/*Simon* § 29 Rn. 45; wohl auch Lutter/*Grunewald* § 29 Rn. 27 f.
103 Vgl. anstatt vieler Lutter/*Grunewald* § 29 Rn. 25.
104 Semler/Stengel/Leonard/*Kalss* § 29 Rn. 33.
105 *Ihrig* GmbHR 1995, 622 (631 f.); *Vetter* ZHR 168 (2004), 8 (21 ff.); *Hoger* AG 2008, 149 (153); Sagasser/Bula/Brünger Umwandlungen/Sagasser/Sickinger Kap. R Rn. 59 (für den Formwechsel).
106 Henssler/Strohn/*Ca. Müller* § 29 Rn. 22; Kallmeyer/Marsch-Barner/Oppenhoff § 29 Rn. 27; Lutter/*Grunewald* § 29 Rn. 25; aA *Lutter* FS Wiedemann, 2002, 1097 (1110 f.); vgl. mit ausf. Begr. Kölner Komm UmwG/*Simon* § 29 Rn. 47.
107 Kölner Komm UmwG/*Simon* § 29 Rn. 47.
108 *Lutter* FS Wiedemann, 2002, 1097 (1110 f.).
109 Kölner Komm UmwG/*Simon* § 29 Rn. 47.

3. Keine Geltung des § 57 Abs. 1, 3 AktG

Weitgehend Einigkeit besteht allerdings, dass dem Erwerb eigener Aktien im Rahmen des § 29 grds. nicht das Auszahlungsverbot des § 57 Abs. 1, 3 AktG entgegengehalten werden kann.[110] Der **Rückerwerb** ist nach § 71 Abs. 1 Nr. 3 AktG insoweit ausdrücklich zugelassen, weshalb § 57 Abs. 1 S. 2 die Zahlung des Erwerbspreises von den Kapitalerhaltungsvorschriften suspendiert. Etwas anderes gilt nur, sofern eine Barabfindung angeboten wird, die der Höhe nach nicht durch den Wert der zu erwerbenden Aktien zu rechtfertigen ist. Insoweit würde hinsichtlich des überschießenden Betrages eine verdeckte Einlagerückgewähr vorliegen.[111]

II. Kapitalerhaltung in der GmbH

§ 33 Abs. 3 GmbHG erlaubt zwar den Erwerb eigener Anteile im Zusammenhang mit § 29 Abs. 1, aber auch nur, wenn eine **Rücklage** in Höhe der Aufwendungen für den Erwerb gebildet werden kann, ohne dass das Stammkapital oder eine nach dem Gesellschaftsvertrag zu bildende Rücklage gemindert werden müsste, die nicht zur Zahlung an die Gesellschafter verwandt werden darf. Infolge des zweiten Gesetzes zur Änderung des UmwG[112] ist die Regelung des § 33 Abs. 2 S. 3 GmbHG nicht anwendbar nach § 29 Abs. 1 Hs. 2. Somit ist auch bei einer GmbH im Falle eines Verstoßes gegen die vorstehenden Grundsätze das schuldrechtliche wie auch das dingliche Rechtsgeschäft wirksam, auch wenn die Rücklage für Eigenanteile nicht gebildet werden kann.

§ 30 Inhalt des Anspruchs auf Barabfindung und Prüfung der Barabfindung

(1) ¹Die Barabfindung muß die Verhältnisse des übertragenden Rechtsträgers im Zeitpunkt der Beschlußfassung über die Verschmelzung berücksichtigen. ²§ 15 Abs. 2 ist auf die Barabfindung entsprechend anzuwenden.

(2) ¹Die Angemessenheit einer anzubietenden Barabfindung ist stets durch Verschmelzungsprüfer zu prüfen. ²Die §§ 10 bis 12 sind entsprechend anzuwenden. ³Die Berechtigten können auf die Prüfung oder den Prüfungsbericht verzichten; die Verzichtserklärungen sind notariell zu beurkunden.

Literatur:

Bungert, Umtauschverhältnisse bei Verschmelzungen entspricht nicht den Börsenwerten, BB 2003, 699; *Bungert/Ecket*, Unternehmensbewertung nach Börsenwert: Zivilgerichtliche Umsetzung der BVerfG-Rechtsprechung, BB 2000, 1845, *Fleischer*, Die Barabfindung außenstehender Aktionäre nach § 305 und § 320b AktG: Stand-alone oder Verbundberücksichtigungsprinzip?, ZGR 1997, 368; *Habersack/Lüssow*, Vorbelastungshaftung, Vorbelastungsbilanz und Unternehmensbewertung: Plädoyer für ein zweistufiges Vorbelastungskonzept, NZG 1999, 629; *Hachmeister/Kahle/Mock/Schüppen*, Bilanzrecht Kommentar, 2. Aufl. 2020; *Hüffer/Schmidt-Aßmann/Weber*, Anteilseigentum, Unternehmenswert und Börsenkurs, 2005; *Hülsmann*, Gesellschafterabfindung und Unternehmensbewertung nach der Ertragswertmethode im Lichte der Rechtsprechung, ZIP 2001, 450; *Hüttemann*, Börsenkurs und Unternehmensbewertung, ZGR 2001, 454; Institut der Wirtschaftsprüfer, IdW Standard: Grundsätze zur Durchführung von Unternehmensbewertungen (IdW S. 1 2007); *Jungmann*, Die Anrechnung von erhaltenen Ausgleichszahlungen auf den Abfindungsanspruch nach § 305 AktG, BB 2002, 1549; *Kallmeyer*, Anm. zu BGH-Urteil v. 16.9.2002, Az. II ZR 284/01, GmbHR 2002, 1122; *Knoll*, Beherrschungs- und Gewinnabführungsvertrag: Verlangen der Barabfindung nach Entgegennahme von Ausgleichszahlungen

---

110 Lutter/*Grunewald* § 29 Rn. 28; Widmann/Mayer/*Wälzholz* § 29 Rn. 37; Kölner Komm UmwG/*Simon* § 29 Rn. 48; *Lutter* FS Wiedemann, 2002, 1097 f.

111 Kölner Komm UmwG/*Simon* § 29 Rn. 48.

112 Gesetz v. 25.4.2007, BGBl. I 542.

– Verrechnung der Ausgleichszahlungen ausschließlich mit den Abfindungszinsen, DB 2002, 2264; *Kort*, Das Verhältnis von Ausgleich und Abfindung beim Abschluss aktienkonzernrechtlicher Beherrschungs- und Gewinnabführungsverträge, NZG 2002, 1139; *Liebscher*, Einschränkung der Verzinslichkeit des Abfindungsanspruchs dissentierender Gesellschafter gem. §§ 30 Abs. 1 S. 2, 280 UmwG – § 30 Abs. 3 S. 3, 1 HS. AktG, AG 1996, 455; *Luttermann*, Barabfindung von Aktionären, Anrechnung von Ausgleichszahlungen auf Abfindungszinsen/„Rütgers AG", EWiR 2002, 1069; *Notarkasse*, Streifzug durch das GNotKG, 13. Aufl. 2021; *Paschos*, Die Maßgeblichkeit des Börsenkurses bei Verschmelzungen, ZIP 2003, 1017; *Piltz*, Unternehmensbewertung und Börsenkurs im aktienrechtlichen Spruchstellenverfahren, ZGR 2001, 185; *Riegger/Rosskopf*, Die Anrechnung erhaltener Ausgleichszahlungen auf Abfindung und Zinsen beim Unternehmensvertrag, BB 2003, 1026; *Stimpel*, Zum Verhältnis von Ausgleichs- und Barfindungsansprüchen nach §§ 304, 305 AktG, AG 1998, 259; *Vetter*, Die Verzinsung der Barabfindung nach § 305 Abs. 3 AktG und die Ausgleichszahlung nach § 304 AktG, AG 2002, 383; *Weiler/Meyer*, Heranziehung des Börsenkurses zur Unternehmensbewertung bei Verschmelzungen, ZIP 2001, 2153.

A. Allgemeines 1	II. Verzinsung, Anrechnung und weitergehender Schaden 14
B. Inhalt 3	1. Verzinsung 14
I. Höhe des Anspruchs, Abs. 1 3	2. Anrechnung 16
1. Volle Entschädigung 4	3. Weitergehender Schaden 18
2. Bewertungsmethode 6	III. Angemessenheitsprüfung, Abs. 2 19
3. Verbundeffekte 8	IV. Kosten 22
4. Bandbreite der Bewertung 11	
5. Bewertungsstichtag 12	

A. Allgemeines

1 Nach § 30 Abs. 1 sind im Rahmen der nach § 29 zu gewährenden Barabfindung die Verhältnisse des übertragenden Rechtsträgers im Zeitpunkt der Beschlussfassung über die Verschmelzung zu berücksichtigen. Im Gegensatz zum Umtauschverhältnis wird damit vom Gesetzgeber für die Bemessung ein konkreter und allein maßgeblicher **Bewertungsstichtag** vorgegeben. Abs. 2 S. 1 der Vorschrift legt fest, dass ein nach der Vorgabe des Abs. 1 ermitteltes Abfindungsangebot stets durch einen **Verschmelzungsprüfer** zu prüfen ist.[1] Hierdurch soll ein Schutz der Minderheitsgesellschafter gewährleistet werden. Den Gesellschaftern steht aber nach Abs. 2 S. 2 die Möglichkeit eines Verzichts auf diesen Schutz zu.

Hinweis: Die entsprechenden Verzichtserklärungen der Gesellschafter sind notariell zu beurkunden. Zu den Kosten der Verzichtserklärung → Rn. 22.

2 Die Vorschrift findet auf alle Verschmelzungen mit Ausnahme der Verschmelzung von Genossenschaften (vgl. § 90) Anwendung. Nach § 313 Abs. 1 S. 4 gilt § 30 Abs. 1 auch für grenzüberschreitende Verschmelzungen.

B. Inhalt

I. Höhe des Anspruchs, Abs. 1

3 Bis auf die beiden Hinweise, dass (i) der Wert der anzubietenden Abfindung angemessen sein muss (Abs. 2 S. 1) und (ii) bei der Bewertung „die Verhältnisse der Gesellschaft" zu berücksichtigen sind (Abs. 1 S. 1),[2] finden sich im Gesetz keine Anhaltspunkte, wie die Abfindung konkret zu bestimmen und mit welchen Bewertungsmethoden sie zu

---

[1] Dies gilt auch für die Fälle, in denen das Gesetz im Übrigen eine Prüfung des Verschmelzungsvertrages oder seines Entwurfs nicht vorschreibt, §§ 44, 48.

[2] So auch die Bestimmungen in den §§ 305 Abs. 3 S. 2, 320b Abs. 1 S. 5, 327b Abs. 1 S. 1 AktG.

ermitteln ist.³ Der Gesetzgeber sah aufgrund der Verschiedenheit der Bewertungsmethoden der zu bewertenden Unternehmen von einer konkreten Bewertungsregelung ab.⁴

1. Volle Entschädigung

Das BVerfG hat in mehreren Entscheidungen ausdrücklich bestätigt, dass die von einer Strukturmaßnahme betroffenen Anteilsinhaber für den Verlust ihrer Rechtspositionen und die Beeinträchtigung ihrer vermögensrechtlichen Stellung voll zu entschädigen sind.⁵ Hierbei gelten die folgenden Grundsätze: 4

Der Unternehmenswert bemisst sich nach dem tatsächlichen Wert des übertragenden Rechtsträgers.⁶ Der **Wert einer Unternehmensbeteiligung** richtet sich dabei ebenfalls nach deren tatsächlichen inneren Wert mit dem Verkehrswert als Untergrenze.⁷ Dies hat zur Konsequenz, dass der Börsenkurs für die Bestimmung der Barabfindung einer börsennotierten Gesellschaft als Untergrenze gilt.⁸ Taugliche Untergrenze ist aber nicht nur der am regulierten Markt erzielbare Börsenwert, sondern auch der im Freiverkehr erzielbare Wert, solange eine tatsächliche Desinvestitionsmöglichkeit besteht.⁹ Die Untergrenze darf nur ausnahmsweise unterschritten werden, etwa wenn der Aktienkurs nicht aussagekräftig ist oder bei Kursmanipulationen und sonstigen Verfälschungen.¹⁰ Der Verkehrswert einer börsennotierten Aktie ist laut dem BVerfG mit dem Börsenkurs in der Regel identisch. 5

2. Bewertungsmethode

Nach herrschender Meinung ist die Frage, ob die Barabfindung dem Verkehrswertes entspricht, durch eine **Unternehmensbewertung** zu ermitteln.¹¹ Der BGH hat in mehreren Urteilen bestätigt, dass der Verkehrswert des Unternehmens nach einer anerkannten betriebswirtschaftlichen Methode¹² im Wege der Schätzung gem. § 287 Abs. 2 ZPO zu ermitteln ist.¹³ Unter der Vielzahl von Bewertungsverfahren¹⁴ im Rahmen von Strukturmaßnahmen ist das **Ertragswertverfahren** eindeutig dominierend¹⁵ und auch vom BVerfG als verfassungsrechtlich zulässig erachtet worden.¹⁶ Nach der Ertragswertmethode bestimmt sich der Wert eines Unternehmens in erster Linie danach, welche Erträge es in Zukunft erwirtschaften kann. Diese Erträge werden prognostiziert, auf den Bewertungsstichtag abgezinst und dadurch zum Ertragswert kapitalisiert.¹⁷ Der so 6

---

3 OLG Stuttgart AG 2011, 49 (53); OLG Frankfurt a. M. NZG 2009, 74 (76).
4 Vgl. Begr. RegE, BR-Drs. 75/94, 94; so auch BeckOGK/*Rieder*, 1.1.2023, § 30.
5 BVerfGE 14, 263 (284) „Feldmühle"; BVerfGE 100, 289 (304) „DAT/Altana".
6 BVerfGE 100, 289 (306); BVerfG BB 2003, 2305 (2306).
7 BVerfGE 14, 263 (284).
8 BVerfGE 100, 289 (308); ausf. zum Kriterium des Börsenkurses Simon SpruchG/*Simon/Leverkus* Anh. § 11 Rn. 14 ff.
9 OLG Hamburg NZG 2021, 29 (31).
10 BeckOGK/*Rieder*, 1.1.2023, § 30 Rn. 9.
11 Vgl. Hüffer/Schmidt-Aßmann/Weber/*Hüffer/Schmidt-Aßmann*, S. 25, 29, 36; *Hüttemann* ZGR 2001, 454 (475 f.); aA *Piltz* ZGR 2001, 185 (195 f.).
12 Eine rechtlich verbindlich vorgeschriebene Methode zur Ermittlung eines angemessenen Unternehmenswertes besteht nach Ansicht der Gerichte nicht, vgl. BGH DB 2006, 999 (1000); BayObLG ZIP 1998, 1872 (1874); OLG Düsseldorf NZG 2023, 160 (163); *Hülsmann* ZIP 2001, 450 f.; *Habersack/Lüssow* NZG 1999, 629 (633); *Hüttemann* ZGR 2001, 454 (466); BeckOGK/*Rieder*, 1.1.2023, § 30 Rn. 5.
13 BGH ZIP 2001, 734 (736) „DAT/Altana".
14 Ausf. zu den einzelnen Methoden; Simon SpruchG/*Simon/Leverkus* Anh. § 11 Rn. 48.
15 Vgl. zu § 305 AktG: *Koch* AktG § 305 Rn. 24; MüKoAktG/*van Rossum* § 305 Rn. 88; Emmerich/Habersack/*Emmerich* AktG § 305 Rn. 52; zu § 30 UmwG: Schmitt/Hörtnagl/*Winter* § 30 Rn. 10; Semler/Stengel/Leonard/*Zeidler* § 30 Rn. 7; die Ertragswertmethode aufgrund internationaler Standards problematisch sehend: BeckOGK/*Rieder*, 1.1.2023, § 30 Rn. 5 f.
16 BVerfGE 100, 289 (307).
17 OLG Düsseldorf AG 1988, 275 ff.

ermittelte Wert wird, soweit erforderlich, durch eine gesonderte Bewertung von Beteiligungsbesitz und von sog. nicht betriebsnotwendigem Vermögen, das regelmäßig mit dem Liquidationswert angesetzt wird, ergänzt.[18]

7 Nach § 30 Abs. 2 iVm § 293e Abs. 1 S. 3 AktG und § 12 Abs. 2 S. 2 hat der Prüfer einer Verschmelzung anzugeben, nach welcher Methode der Ausgleich, die Abfindung oder das Umtauschverhältnis ermittelt worden sind. Weiter sind Ausführungen erforderlich, warum die Anwendung der gewählten Methoden angemessen ist. Sofern mehrere Methoden angewendet worden sind, sind das jeweilige Ergebnis und die Gewichtung der Methoden anzugeben.[19]

3. Verbundeffekte

8 Unter Verbundeffekte sind alle positiven oder negativen Auswirkungen auf den Wert eines Unternehmens zu verstehen, die durch das Zusammenwirken zweier oder mehrerer Unternehmen entstehen. Hinsichtlich der Frage, ob Verbundeffekte (**Synergieeffekte**) in die Ermittlung des Unternehmenswerts einfließen müssen, gilt Folgendes:

9 **Unechte Verbundvorteile**, also solche, die auch ohne die Strukturmaßnahme realisierbar oder mit einer nahezu beliebigen Vielzahl von Partnern erzielbar sind,[20] müssen berücksichtigt werden, wenn zum Zeitpunkt der Bewertung bereits Maßnahmen zu deren Realisierung eingeleitet worden oder im Unternehmenskonzept verzeichnet sind.[21] Im Gegensatz dazu verbleiben **echte Verbundvorteile**, also Synergieeffekte, die durch den Vollzug der konkreten Strukturmaßnahme gehoben werden, nach Ansicht der Rechtsprechung[22] und der überwiegenden Literatur[23] unberücksichtigt. Dem ausscheidenden Gesellschafter soll dieser Wert nicht zukommen, da er sich ja gerade erst in der „verbundenen" Einheit materialisiert, in welcher der ausscheidende Gesellschafter aber schon nicht mehr Gesellschafter ist.

10 Das Vorstehende gilt allerdings mit der Einschränkung, dass vom Kapitalmarkt im Börsenkurs bereits eingepreiste Verbundeffekte nicht in Abzug gebracht werden können, da nicht ermittelt werden kann, welche Bedeutung ihnen der Markt im Einzelnen beigemessen hat und in welchem Umfang sie preisbildende Auswirkungen hatten.[24]

4. Bandbreite der Bewertung

11 Hinsichtlich der Frage, welche Bandbreite im Rahmen der Unternehmensbewertung noch als **angemessen** qualifiziert werden kann, finden sich keine Anhaltspunkte im Gesetz. Nach Ansicht der Gerichte sollten allerdings Bewertungsunterschiede in der Größenordnung von +/– 10 % nicht dazu führen, dass der Unternehmenswert als un-

---

[18] Ausf. hierzu auch Simon SpruchG/*Simon/Leverkus* Anh. § 11 Rn. 57.
[19] Kölner Komm UmwG/*Simon* § 30 Rn. 7; Kallmeyer/*Lanfermann* § 30 Rn. 7; *Paschos* ZIP 2003, 1017 (1021); *Bungert/Eckert* BB 2000, 1845 (1846 f.); *Weiler/Meyer* ZIP 2001, 2153 (2158).
[20] OLG Stuttgart DB 2000, 709 (712 ff.); OLG Düsseldorf NZG 2000, 1079 (1081); dazu gehören zB steuerliche Verlustvorträge, Kallmeyer/*Lanfermann* § 30 Rn. 9.
[21] Kölner Komm UmwG/*Simon* § 30 Rn. 10; BeckOGK/*Rieder*, 1.1.2023, § 30 Rn. 8; Schmitt/Hörtnagl/*Winter* § 5 Rn. 30 f.; ohne Einschränkung Widmann/Mayer/*Mayer* § 5 Rn. 197; Kallmeyer/*Lanfermann* § 30 Rn. 9.
[22] OLG Düsseldorf AG 2004, 324 (327); OLG Stuttgart AG 2000, 428 (429); OLG Düsseldorf AG 2000, 323 f.; OLG Celle AG 1999, 128 (130).
[23] Vgl. Kallmeyer/*Lanfermann* § 30 Rn. 9; BeckOGK/*Rieder*, 1.1.2023, § 30 Rn. 8; Widmann/Mayer/*Wälzholz* § 30 Rn. 34 aE; Semler/Stengel/Leonard/*Zeidler* § 30 Rn. 16; *Fleischer* ZGR 1997, 368 ff.
[24] BGH ZIP 2001, 734 (737) „DAT/Altana".

angemessen angesehen und damit der zugrunde liegende Gesellschafterbeschluss angefochten werden kann.[25]

5. Bewertungsstichtag

Der Bewertungsstichtag für die Ermittlung der Barabfindung wird für Verschmelzungen durch das UmwG vorgegeben. Nach § 30 Abs. 1 S. 1 sind die Verhältnisse der Gesellschaft im Zeitpunkt der Beschlussfassung über die Strukturmaßnahme zu berücksichtigen. Bewertungsstichtag ist also der Zeitpunkt der Beschlussfassung beim übertragenden Rechtsträger. Sind an der Verschmelzung mehrere übertragende Rechtsträger beteiligt, gilt dies für jeden Einzelnen von ihnen. Für den Fall, dass die Verschmelzungsbeschlüsse bei den beteiligten Rechtsträgern zu unterschiedlichen Zeitpunkten gefasst werden, sind damit auch unterschiedliche Bewertungsstichtage iSd § 30 Abs. 1 S. 1 maßgeblich.[26]

Hinweis: Für das Umtauschverhältnis iSd § 5 Abs. 1 Nr. 3, § 15 ist hingegen auf den Verschmelzungsstichtag abzustellen.[27] Es ist jedoch anerkannt, sofern in der Zeit zwischen Stichtag und Beschluss keine wesentlichen Änderungen stattgefunden haben, den Abfindungswert des § 30 durch Fortrechnung der im Rahmen des Umtauschverhältnisses gefundenen Ergebnisse zu ermitteln, um die Kosten einer zweiten selbstständigen Bewertung zu vermeiden.[28]

Weiter dürfen nach der Rechtsprechung des BGH Entwicklungen, die erst später – zB im Laufe des Spruchverfahrens – eintreten, also zum Bewertungsstichtag noch nicht realisiert waren, nur dann berücksichtigt werden, soweit sie aus den am Stichtag bestehenden Verhältnissen hervorgehen, also in ihnen „wurzeln" (sog. **Wurzeltheorie**).[29] Dies wäre zu verneinen, wenn der neue, bewertungsrelevante Umstand „sich rückblickend (auf) eine irgendwie geartete Kausalkette bis vor den Stichtag zurückverfolgen lässt".[30] Voraussetzung für eine Berücksichtigung ist vielmehr, dass die erst später zugänglichen Erkenntnisse bereits am Bewertungsstichtag erwartet wurden. Nicht zu berücksichtigen sind durch die Strukturmaßnahme selbst herbeigeführte Veränderungen der Verhältnisse, auch wenn diese erwartet wurden, weil ansonsten über diesen Umweg unechte Verbundeffekte in die Bewertung einbezogen würden (→ Rn. 9).

II. Verzinsung, Anrechnung und weitergehender Schaden

1. Verzinsung

Die Barabfindung ist nach § 30 Abs. 1 S. 2 iVm § 15 Abs. 2 mit Ablauf des Tages der Bekanntmachung der Eintragung des Verschmelzungsbeschlusses im Handelsregister mit 5 Prozentpunkten p. a. über dem jeweiligen Basiszinssatz (vgl. § 247 BGB) zu verzinsen.

Hinweis: Der Tag, an dem die Bekanntmachung erfolgt, ist bei der Fristberechnung nicht mitzuzählen, da es sich um ein in den Lauf eines Tages fallendes Ereignis handelt.[31]

---

25 LG München AG 2001, 99 (100); *Bungert* BB 2003, 699 (701); *Paschos* ZIP 2003, 1017 (1024).
26 Vgl. Kölner Komm UmwG/*Simon* § 30 Rn. 16.
27 Widmann/Mayer/*Wälzholz* § 30 Rn. 14; Lutter/*Grunewald* § 30 Rn. 2; Kallmeyer/*Lanfermann* § 30 Rn. 11.
28 Widmann/Mayer/*Wälzholz* § 30 Rn. 14; Semler/Stengel/Leonard/*Zeidler* § 30 Rn. 19; Lutter/*Grunewald* § 30 Rn. 2; Kallmeyer/*Lanfermann* § 30 Rn. 11.
29 BGH DB 1973, 563 (565); BGH AG 1998, 286 (287).
30 OLG Düsseldorf DB 1984, 817 (818).
31 Vgl. OLG Hamburg Der Konzern 2004, 433 (435).

15 Sinn und Zweck dieser Regelung der Verzinsung ist zum einen, dass den Anteilsinhabern des übertragenden Rechtsträgers der wirtschaftliche Nachteil ausgeglichen wird, sowie dass die angemessene Höhe der Barabfindung häufig erst Jahre nach dem Wirksamwerden der Verschmelzung feststeht und dann auch erst gezahlt wird.[32] Zum anderen wollte der Gesetzgeber einen Anreiz schaffen, dass der Schuldner der Barabfindung das Spruchverfahren nicht hinauszögert.[33]

2. Anrechnung

16 Verschiedentlich gesehen wird die Frage, ob eine vor der Annahme des Barabfindungsangebots erfolgte **Dividendenauszahlung** anzurechnen ist auf den Barabfindungsanspruch bzw. auf den Verzinsungsanspruch nach § 15 Abs. 2.[34] Der BGH hat sich in zwei Entscheidungen zu dieser Frage für die ähnliche Problematik beim Unternehmensvertrag geäußert und dort die Anrechnungsverpflichtung abgelehnt. Der BGH begründet dies mit dem Hinweis, dass der Ausgleichsanspruch erst mit dem Ausscheiden aus der beherrschten Gesellschaft für die Zukunft erlösche. Eine Rückabwicklung empfangener – in der Vergangenheit liegender – Zahlungen und Sonderdividenden als Abschlag oder Teilzahlungen auf die Abfindung sei deshalb nicht zulässig.[35]

17 Das OLG Hamburg ist bei der Frage der Anrechnung von Ausgleichs- und Abfindungsansprüchen nach §§ 304, 305 AktG hingegen von einer **Anrechnungspflicht** ausgegangen.[36] Diesem Urteil folgend finden sich Stimmen im Schrifttum, wonach dem Aktionär, der nachträglich die Abfindung wählt, die bisher geflossenen Ausgleichszahlungen nicht mehr zustehen und auf die Abfindung angerechnet werden sollen. Begründet wird dies unter anderem mit dem Hinweis, dass ansonsten der Aktionär, der die Entscheidung über die Wahl der Abfindung hinauszögere, besser gestellt sei als derjenige, der die angebotene Abfindung direkt annehme.[37] Für die hier zu entscheidende Frage der Anrechnung von empfangenen Dividenden auf den Abfindungsanspruch sollte aus Gründen der Rechtssicherheit dem BGH gefolgt werden. Aufgrund des mit der frühen Verzinsung verfolgten Zwecks (→ Rn. 15) und der fehlenden Schutzbedürftigkeit der Aktionäre sind nach Beginn des Zinslaufs erhaltene Leistungen (aus Dividenden und Gewinnansprüchen) auf den Zinsanspruch nach § 15 Abs. 2 anzurechnen.[38]

3. Weitergehender Schaden

18 Die Geltendmachung eines über den Zinsverlust hinausgehenden **Verzugsschadens** ist nicht gem. § 15 Abs. 2 S. 2 ausgeschlossen, was sich insoweit mit der Vorschrift in § 288 Abs. 4 BGB deckt. Für einen weitergehenden Verzugsschaden ist der Anteilsinhaber

---

32 Semler/Stengel/Leonard/*Zeidler* § 30 Rn. 21, Kölner Komm UmwG/*Simon* § 30 Rn. 17.

33 → § 15 Rn. 18, zum identischen Zweck im Zusammenhang mit der baren Zuzahlung; *Liebscher* AG 1996, 455 (456).

34 So die Ansicht von Semler/Stengel/Leonard/*Zeidler* § 30 Rn. 22 ff.; ausf. *Liebscher* AG 1996, 455 (457).

35 BGH AG 2003, 40 (41); BGH AG 2003, 629 (630); zust. *Riegger/Rosskopf* BB 2003, 1026 (1027 f.), krit. *Luttermann* EWiR 2002, 1069 (1070); aA *Kallmeyer* GmbHR 2002, 1122 (1123); *Knoll* DB 2002, 2264 (2265); *Kort* NZG 2002, 1139 (1140 f.).

36 OLG Hamburg AG 2002, 409 (411), mit Verweis auf die Meinung von *Stimpel* AG 1998, 259 (262); dem Urteil zust. auch *Vetter* AG 2002, 383 (385); *Jungmann* BB 2002, 1549 (1551).

37 Semler/Stengel/Leonard/*Zeidler* § 30 Rn. 24; *Liebscher* AG 1996, 455 (457).

38 IE so auch BGH AG 2003, 40 (41), der empfangene Ausgleichsleistungen ausschließlich den Abfindungszinsen nach § 305 Abs. 3 S. 3 AktG verrechnet; bestätigt in BGH AG 2003, 629 (630); Kölner Komm UmwG/*Simon* § 30 Rn. 22; Henssler/Strohn/*Ca. Müller* § 30 Rn. 3.

allerdings nach allg. Regeln darlegungs- und beweispflichtig.³⁹ Eine Geltendmachung im Rahmen des Spruchverfahrens ist ausgeschlossen. Der weitergehende Schaden kann ausschließlich im Wege einer Leistungsklage verfolgt werden.⁴⁰

III. Angemessenheitsprüfung, Abs. 2

Nach § 30 Abs. 2 muss die Barabfindung angemessen sein.⁴¹ Die Angemessenheitsprüfung ist aufgrund des Verweises in § 30 Abs. 2 S. 2 iVm § 11 Abs. 1 S. 1 auf § 319 HGB von Wirtschaftsprüfern oder Wirtschaftsprüfungsgesellschaften durchzuführen unter Einhaltung der Unabhängigkeitsvorschriften der §§ 319, 319a HGB.⁴²

Hinweis: Nach § 319 Abs. 1 S. 2 HGB können auch vereidigte Buchprüfer oder Buchprüfungsgesellschaften tätig werden, wenn es sich bei dem übertragenden Rechtsträger um keine Aktiengesellschaft handelt und die Größenkriterien für große Kapitalgesellschaften iSv § 267 HGB nicht erreicht werden.

Anders als bei der Jahresabschlussprüfung erfolgt die **Auswahl und Bestellung des Prüfers** durch das zuständige Gericht.⁴³

Hinweis: Sinnvollerweise sollte die Bestellung des Prüfers mit der erforderlichen Bestellung des Verschmelzungsprüfers nach § 10 verbunden werden.⁴⁴

Nach § 30 Abs. 2 S. 3 entfällt die Verpflichtung zur Durchführung der Prüfung bzw. die Abfassung eines Prüfungsberichts, sofern Anteilsinhaber des übertragenden Rechtsträgers, die aus der Gesellschaft ausscheiden wollen,⁴⁵ hierauf mittels einer notariell beurkundeten Erklärung verzichtet haben.

Hinweis: Die Verzichtserklärung kann aus Praktikabilitätsgründen und auch um der Vorschrift überhaupt einen sinnvollen Anwendungsbereich zu verschaffen,⁴⁶ bereits vor der Beschlussfassung über die Verschmelzung erfolgen, auch wenn die Anteilsinhaber eigentlich erst gegen den Verschmelzungsbeschluss des übertragenden Rechtsträgers gestimmt und Widerspruch zur Niederschrift erklärt haben müssen, damit ihnen überhaupt ein Recht zum Austritt zukommt, von dem sie Gebrauch machen können.⁴⁷ Die Durchführung der Überprüfung findet aber bereits vor diesem Zeitpunkt statt und ein späterer Verzicht auf eine bereits erfolgte Prüfung macht keinen wirklichen Sinn.⁴⁸ Den Verzicht könnten folglich alle Anteilsinhaber erklären, da sie alle potenziell Berechtigte werden können. Es reicht aus, dass sich im Rahmen der Beschlussfassung über den Verschmelzungsvertrag zeigt, wer aus der Gesellschaft ausscheiden will und wer nicht.

IV. Kosten

Für die Beurkundung des Verzichts auf die Durchführung der Prüfung fällt eine 1,0-Gebühr an (KV 21200 GNotKG), deren Wert nach freiem Ermessen bestimmt wird, § 36

---

39 Schmitt/Hörtnagl/*Winter* § 15 Rn. 32; BeckOGK/*Rieder*, 1.1.2023, § 30 Rn. 11; Kölner Komm UmwG/*Simon* § 30 Rn. 23.
40 Kölner Komm UmwG/*Simon* § 30 Rn. 23 mwN.
41 Anders im Rahmen der Abfindung ausgeschiedener Aktionäre bei Eingliederung durch Mehrheitsbeschluss, vgl. hierzu OLG Hamm AG 1993, 93; Schmitt/Hörtnagl/*Winter* § 30 Rn. 2.
42 Vgl. hierzu ausf. *Mylich/Müller* in Hackmeister/Kahle/Mock/Schüppen HGB § 319 und § 319a.
43 Widmann/Mayer/*Wälzholz* § 30 Rn. 52.
44 So auch Kölner Komm UmwG/*Simon* § 30 Rn. 25.
45 Begründung zum RegE, BR-Drs. 75/94, 95.
46 Vgl. hierzu Kallmeyer/*Lanfermann* § 30 Rn. 20; Semler/Stengel/Leonard/*Zeidler* § 30 Rn. 29; Lutter/*Grunewald* § 30 Rn. 8 f.
47 So der Einwand von Semler/Stengel/Leonard/*Zeidler* § 30 Rn. 29.
48 Kölner Komm UmwG/*Simon* § 30 Rn. 27 ff. mwN.

Abs. 1 GNotKG.⁴⁹ Ein Anteil von 10 % aus dem Wert des Anteils des Verzichtenden an dem übertragenden Rechtsträger soll als Geschäftswert angemessen sein.⁵⁰ Während jedoch für Zustimmungserklärungen gem. § 98 Abs. 4 GNotKG ein Höchstwert von 1 Mio. EUR zu beachten ist, gilt dies nicht für Verzichtserklärungen. Der Geschäftswert bestimmt sich daher nach dem höchsten in Betracht kommenden Wert.⁵¹ Allerdings werden Verzichtserklärungen zum Verschmelzungsvertrag, soweit sie von einem Vertragspartner oder einem Dritten zur Durchführung des Vertrages abgegeben werden, als derselbe Beurkundungsgegenstand angesehen (§ 109 Abs. 1 S. 1 GNotKG). Deshalb kommt eine zusätzliche Bewertung nicht in Betracht, wenn der Anteilsinhaber den Verzicht im Verschmelzungsvertrag erklärt.⁵²

§ 31 Annahme des Angebots

¹Das Angebot nach § 29 kann nur binnen zwei Monaten nach dem Tage angenommen werden, an dem die Eintragung der Verschmelzung in das Register des Sitzes des übernehmenden Rechtsträgers nach § 19 Abs. 3 bekannt gemacht worden ist. ²Ist nach § 34 ein Antrag auf Bestimmung der Barabfindung durch das Gericht gestellt worden, so kann das Angebot binnen zwei Monaten nach dem Tage angenommen werden, an dem die Entscheidung im Bundesanzeiger bekanntgemacht worden ist.

I. Inhalt 1	a) Nach Eintragung, S. 1 6
1. Ausübung des Austrittsrechts 1	b) Bei gerichtlicher Überprüfung, S. 2 ... 9
a) Inhalt und Form 1	II. Rechtsfolge: Austritt 13
b) Teilweise Annahme 4	III. Kosten 17
2. Frist 5	

I. Inhalt

1. Ausübung des Austrittsrechts

a) Inhalt und Form

1 Das Angebot kann grds. **formlos** angenommen werden; ausreichend ist jede ausdrückliche oder schlüssige Erklärung, die den Willen zur Annahme des Angebots oder auch nur den Willen zum Austritt hinreichend deutlich erkennen lässt.¹ Die Annahmeerklärung darf als einseitiges Rechtsgeschäft nicht unter einer Bedingung stehen.² Die Formfreiheit findet allerdings ihre Grenzen, wenn im Zuge der Abfindung eine Anteilsübertragung durchzuführen ist, also mit der Annahme zugleich die Pflicht zur Anteilsveräußerung begründet wird, und hierfür besondere Formvorschriften, wie etwa § 15 Abs. 4 GmbHG, eingreifen.³

---

49 Notarkasse Streifzug GNotKG Rn. 1786.
50 BeckOK KostR/*Neie*, 41. Ed. 1.1.2022, GNotKG § 107 Rn. 41; Notarkasse Streifzug GNotKG Rn. 1786.
51 Notarkasse Streifzug GNotKG Rn. 1787.
52 Korintenberg/*Tiedtke* GNotKG § 108 Rn. 78; Notarkasse Streifzug GNotKG Rn. 1783.

1 Lutter/*Grunewald* § 31 Rn. 3; Kölner Komm UmwG/*Simon* § 31 Rn. 3; Kallmeyer/*Marsch-Barner*/*Oppenhoff* § 31 Rn. 4; Schmitt/Hörtnagl/*Winter* § 31 Rn. 4; BeckOGK/*Rieder*, 1.1.2023, § 31 Rn. 5.
2 Semler/Stengel/Leonard/*Kalss* § 31 Rn. 5; Kallmeyer/*Marsch-Barner*/*Oppenhoff* § 31 Rn. 5; Kölner Komm UmwG/*Simon* § 31 Rn. 3.
3 Widmann/Mayer/*Wälzholz* § 31 Rn. 3; Lutter/*Grunewald* § 31 Rn. 3; Semler/Stengel/Leonard/*Kalss* § 31 Rn. 5; aA Schmitt/Hörtnagl/*Winter* § 31 Rn. 4; BeckOGK/*Rieder*, 1.1.2023, § 31 Rn. 5.

Da die Annahmeerklärung keinen höchstpersönlichen Charakter hat, können sich Anteilsinhaber eines **Vertreters** bedienen.[4] Nach herrschender Meinung fällt die Annahme eines Angebots als einseitiger Rechtsakt allerdings unter die Vorschrift des § 174 S. 1 BGB, mit der Folge, dass der Vertreter eine Vollmachtsurkunde im Original vorlegen muss, damit der Empfänger die Erklärung gegen sich gelten lassen muss.[5]

Für den **rechtzeitigen Zugang** der Annahmeerklärung beim übernehmenden Rechtsträger muss die Erklärung nach allgemeinen zivilrechtlichen Grundsätzen so in den Bereich des übernehmenden Rechtsträgers gekommen sein, dass dieser unter normalen Umständen die Möglichkeit zur Kenntnisnahme hatte.[6]

Hinweis: Neben der möglichen Abgabe der Willenserklärungen an die Vertreter der Gesellschaft unter der eingetragenen Geschäftsanschrift (vgl. § 35 Abs. 2 S. 3 Alt. 1 GmbHG, § 78 Abs. 2 S. 3 AktG und § 13e Abs. 3a S. 1 HGB), besteht seit Inkrafttreten des MoMiG[7] die weitere Möglichkeit der Gesellschaft, eine Person in das Handelsregister eintragen zu lassen, die neben der Gesellschaft als weiterer Zustellungsempfänger dient (vgl. § 35 Abs. 2 S. 4 GmbHG, § 78 Abs. 2 S. 4 AktG und § 13e Abs. 3a S. 2 HGB). Daneben kann auch unter der für sie im Handelsregister eingetragenen inländischen Geschäftsanschrift an die Gesellschaft zugestellt werden.

b) Teilweise Annahme

Der Austritt aus der Gesellschaft kann auch nur bezüglich eines Teils der gehaltenen Geschäftsanteile erklärt werden, weshalb insoweit auch das Barabfindungsangebot auch nur zum Teil angenommen werden kann.[8] Sofern nicht nur ein Geschäftsanteil gehalten wird, der dem Mindestnennbetrag entspricht und der verbleibende Anteil weiterhin auf volle Euro lautet, ist das teilweise Ausscheiden aus dem übernehmenden Rechtsträger möglich.[9]

2. Frist

Hinsichtlich des Fristbeginns unterscheidet die Vorschrift zwischen zwei Konstellationen, der Eintragung der Verschmelzung im Register (S. 1) und einer gerichtlichen Entscheidung im Rahmen der Überprüfung der Angemessenheit der Barabfindung nach dem SpruchG (S. 2).

a) Nach Eintragung, S. 1

Das im Verschmelzungsvertrag enthaltene Abfindungsangebot gegen Übertragung der Anteile am übernehmenden Rechtsträger oder bei Ausscheiden aus dem übernehmenden Rechtsträger kann, sofern die Anteilsinhaber keine gerichtliche Entscheidung gem. § 34 über die Angemessenheit der Barabfindung eingeleitet haben, nur innerhalb von zwei Monaten angenommen werden. Hierbei handelt es sich um eine **materiellrecht-**

---

4 Semler/Stengel/Leonard/*Kalss* § 31 Rn. 5; Kallmeyer/Marsch-Barner/Oppenhoff § 31 Rn. 5; Widmann/Mayer/*Wälzholz* § 31 Rn. 3.1.
5 Widmann/Mayer/*Wälzholz* § 31 Rn. 3.1; Kölner Komm UmwG/*Simon* § 31 Rn. 4; MüKoBGB/*Schramm* § 174 Rn. 2 mwN.
6 BGHZ 67, 271 (275); BGH NJW 1980, 990; BGH NJW 1983, 929 (930).
7 Gesetz zur Modernisierung des GmbH-Rechts und zur Bekämpfung von Missbräuchen, abgedruckt in der Beschlussempfehlung und dem Bericht des Rechtsausschusses 24.6.2008 in: BT-Drs. 16/9737.
8 OLG Düsseldorf ZIP 2001, 158 (159); Kallmeyer/Marsch-Barner/Oppenhoff § 31 Rn. 6; Lutter/Grunewald § 31 Rn. 4; Semler/Stengel/Leonard/*Kalss* § 29 Rn. 29; e nschr. Widmann/Mayer/*Wälzholz* § 31 Rn. 6.
9 Semler/Stengel/Leonard/*Kalss* § 31 Rn. 4; Lutter/Grunewald § 31 Rn. 4; Widmann/Mayer/*Wälzholz* § 31 Rn 6.

liche Ausschlussfrist.[10] Dem Anteilsinhaber steht folglich keine Möglichkeit offen, Wiedereinsetzung in den vorherigen Stand zu verlangen oder mit Rechtsbehelfen vorzugehen.[11] Die Anwendung prozessualer (§§ 221 ff. ZPO) oder verjährungsrechtlicher (§§ 199 ff. BGB) Vorschriften ist ausgeschlossen, es gelten allein die §§ 186 ff. BGB.[12] Mithin wird für den Fristbeginn auf den Tag der Bekanntmachung des Verschmelzungseintrags in das Register des Sitzes des übernehmenden Rechtsträgers abgestellt. Der Tag, an dem die Bekanntmachung erfolgt, ist bei der Fristberechnung nicht mitzuzählen, da es sich um ein in den Lauf eines Tages fallendes Ereignis handelt.[13]

7 Das **Fristende** berechnet sich gem. §§ 188 Abs. 2, 193 BGB. Die Frist endet also mit Ablauf des Tages des der Bekanntmachung nachfolgenden Monats, welcher durch seine Zahl dem Tag der Bekanntmachung der Eintragung der Verschmelzung entspricht. Endet die Frist an einem Sonn- oder Feiertag bzw. an einem Sonnabend, gilt § 193 BGB. Für nicht bundeseinheitlich geregelte Feiertage ist auf die Rechtslage für das örtlich zuständige Gericht abzustellen.

8 Sollte die **Bekanntmachung** durch das Registergericht des übernehmenden Rechtsträgers irrtümlich **nicht erfolgt** sein, verwirkt die Möglichkeit zur Annahme spätestens nach sechs Monaten.[14] Die Ausschlussfrist läuft nach Treu und Glauben in diesen Fällen trotz fehlender Bekanntmachung, wenn der Anteilsinhaber auf anderem Wege Kenntnis von der Verschmelzung erlangt hat, zB durch die Bekanntmachung des Registergerichts des übertragenden Rechtsträgers.[15]

b) Bei gerichtlicher Überprüfung, S. 2

9 Die Zweimonatsfrist des § 31 S. 2 läuft gemäß dem Wortlaut des § 31 erst nach Ablauf der ersten Frist.[16] Der zweite **Fristablauf** beginnt mit der Bekanntmachung der gerichtlichen Entscheidung im Bundesanzeiger. Der Fristlauf nach S. 2 wird dabei auch dann in Gang gesetzt, wenn die Angemessenheit der angebotenen Abfindung durch das zuständige Gericht bestätigt worden ist, so dass es auf den Inhalt der gerichtlichen Sachentscheidung nicht ankommt.[17]

10 Nach § 14 Nr. 4 SpruchG hat das Vertretungsorgan des übernehmenden Rechtsträgers die **Bekanntmachung** im Bundesanzeiger und von weiteren durch Satzung oder Statut des übernehmenden Rechtsträgers vorgeschriebenen Blättern vorzunehmen.[18] Erfolgt keine Bekanntmachung, verwirkt die Möglichkeit der Annahme innerhalb eines Jahres.[19]

11 Die **zweite Frist** kann auch von denjenigen Anteilsinhabern für einen Austritt aus der Gesellschaft genutzt werden, die keinen Antrag zur Überprüfung der Angemessenheit

---

10 Kölner Komm UmwG/*Simon* § 31 Rn. 9; Kallmeyer/*Marsch-Barner/Oppenhoff* § 31 Rn. 3; BeckOGK/*Rieder*, 1.1.2023, § 31 Rn. 3; Henssler/Strohn/*Ca. Müller* § 31 Rn. 4.
11 Lutter/Grunewald § 31 Rn. 2; Semler/Stengel/Leonard/*Kalss* § 31 Rn. 2; Kallmeyer/*Marsch-Barner/Oppenhoff* § 31 Rn. 3; Schmitt/Hörtnagl/*Winter* § 31 Rn. 3.
12 §§ 187 Abs. 1, 188 Abs. 2 letzte Alt. BGB, vgl. Widmann/Mayer/*Wälzholz* § 31 Rn. 4; Kölner Komm UmwG/*Simon* § 31 Rn. 8.
13 Vgl. OLG Hamburg Der Konzern 2004, 433 (435) zur Ausschlussfrist des § 14 Abs. 2.
14 Widmann/Mayer/*Wälzholz* § 31 Rn. 4.1; Kölner Komm UmwG/*Simon* § 31 Rn. 9.
15 Kölner Komm UmwG/*Simon* § 31 Rn. 9.
16 So ausdr. die RegBegr., BR-Drs. 75/94, 97.
17 Widmann/Mayer/*Wälzholz* § 31 Rn. 8.1; Semler/Stengel/Leonard/*Kalss* § 31 Rn. 3; Schmitt/Hörtnagl/*Winter* § 31 Rn. 6; Kallmeyer/*Marsch-Barner/Oppenhoff* § 31 Rn. 8; Henssler/Strohn/*Ca. Müller* § 31 Rn. 5; BeckOGK/*Rieder*, 1.1.2023, § 31 Rn. 7.
18 Widmann/Mayer/*Wälzholz* § 31 Rn. 8.1; Kölner Komm UmwG/*Simon* § 31 Rn. 10.
19 Lutter/*Grunewald* § 31 Rn. 2; Kölner Komm UmwG/*Simon* § 31 Rn. 10; aA Widmann/Mayer/*Wälzholz* § 31 Rn. 8.1, der von einem Jahr als „zeitliche Untergrenze der Verwirkung" ausgeht.

der Barabfindung gestellt haben.[20] Die gerichtliche Entscheidung und damit die Austrittsmöglichkeit kommt allen widersprechenden Anteilsinhabern zugute.[21]

Hinweis: Für den Fall einer Erhöhung der Barabfindung im Spruchverfahren müssen diejenigen Anteilsinhaber, die bereits nach S. 1 die Annahme des Angebots erklärt haben, keine erneute Annahme des erhöhten Angebots im Rahmen der Frist des S. 2 erklären.[22] Nach dem Wortlaut des § 13 S. 2 SpruchG wirkt die Entscheidung im Spruchverfahren auch für und gegen bereits ausgeschiedene Anteilsinhaber.[23]

Sofern das Spruchverfahren durch **Vergleich** oder sonstige **nicht-gerichtliche Entscheidung** beendet wird, läuft die Frist des S. 2 mit der entsprechenden Bekanntmachung der Beendigung des Verfahrens im Bundesanzeiger.[24] Die Verfahrensbeendigung durch einen Vergleichsabschluss setzt voraus, dass die Erklärung des gemeinsamen Vertreters vorliegt, dass er das Verfahren nicht nach § 6 Abs. 3 S. 1 SpruchG fortführen wird. Ein normaler Vergleich durch den Antragsteller würde nur inter partes wirken und könnte deshalb nicht die Frist für alle Antragsberechtigten in Gang setzen.[25] Der gemeinsame Vertreter wird durch das zuständige Landgericht von Amts wegen bestellt,[26] wenn Antragsberechtigte vorhanden sind, die nicht selbst Antragsteller sind (§ 6 SpruchG).

II. Rechtsfolge: Austritt

Der Austritt wird Zug-um-Zug gegen die Gewährung der Abfindung erklärt.[27] Hierdurch wird verhindert, dass der Gesellschafter seine Stellung verliert, bevor er die Gegenleistung erhalten hat. Bis zum dinglichen Ausscheiden des Berechtigten bleibt dieser Anteilsinhaber im übernehmenden Rechtsträger mit allen Rechten und Pflichten.[28] Er bleibt daher insbesondere dividenden- und stimmberechtigt.

Hinweis: Für Aktien börsennotierter Gesellschaften bietet sich für die Zug-um-Zug-Abwicklung das CASCADE-Verfahren der Clearstream Banking AG an.[29]

Die Barabfindung muss so geregelt sein, dass der austrittswillige Gesellschafter sie behalten kann und ihm hierdurch auch keine Belastungen entstehen.[30]

Vor diesem Hintergrund sollte dem Anteilsinhaber ein Recht zur Verweigerung der Abwicklung des Austritts eingeräumt werden im Falle einer drohenden Rückzahlungsverpflichtung wegen etwaiger Verstöße gegen Kapitalerhaltungsrecht.[31] Hat er den An-

---

20 Lutter/*Grunewald* § 31 Rn. 3; Kölner Komm UmwG/*Simon* § 31 Rn. 11.
21 Semler/Stengel/Leonard/*Kalss* § 31 Rn. 3; Schmitt/Hörtnagl/*Winter* § 31 Rn. 6; Kölner Komm UmwG/*Simon* § 31 Rn. 11; Kallmeyer/*Marsch-Barner/Oppenhoff* § 31 Rn. 8.
22 Widmann/Mayer/*Wälzholz* § 31 Rn. 8.2; Schmitt/Hörtnagl/*Winter* § 31 Rn. 6; BeckOGK/*Rieder*, 1.1.2023, § 31 Rn. 7; vgl. auch OLG Düsseldorf ZIP 2001, 158 (159).
23 OLG Düsseldorf ZIP 2001, 158 (160); Semler/Stengel/Leonard/*Kalss* § 31 Rn. 3; Schmitt/Hörtnagl/*Winter* § 31 Rn. 6; Widmann/Mayer/*Wälzholz* § 31 Rn. 8.2.
24 Lutter/*Grunewald* § 31 Rn. 2; Semler/Stengel/Leonard/*Kalss* § 31 Rn. 3; Schmitt/Hörtnagl/*Winter* § 31 Rn. 7; BeckOGK/*Rieder*, 1.1.2023, § 31 Rn. 9; Kallmeyer/*Marsch-Barner/Oppenhoff* § 31 Rn. 9, die aber davon ausgehen, dass die Frist nicht zu laufen beginnt, wenn nicht bekannt gemacht wurde.
25 Schmitt/Hörtnagl/*Winter* § 31 Rn. 7, ohne Einschränkung auf den Vergleich eines gemeinsamen Vertreters Kallmeyer/*Marsch-Barner/Oppenhoff* § 31 Rn. 9; Semler/Stengel/Leonard/*Kalss* § 31 Rn. 3; aA mit ausf. Begr. Widmann/Mayer/*Wälzholz* § 31 Rn. 8.2.
26 Schmitt/Hörtnagl/*Hörtnagl* SpruchG § 6 Rn. 2, 6.
27 Lutter/*Grunewald* § 31 Rn. 5; Semler/Stengel/Leonard/*Kalss* § 31 Rn. 6; Kölner Komm UmwG/*Simon* § 31 Rn. 13.
28 BeckOGK/*Rieder*, 1.1.2023, § 31 Rn. 6.
29 Kölner Komm UmwG/*Simon* § 31 Rn. 13.
30 Semler/Stengel/Leonard/*Kalss* § 31 Rn. 7; Kallmeyer/*Marsch-Barner/Oppenhoff* § 31 Rn. 7; Henssler/Strohn/*Ca. Müller* § 31 Rn. 6.
31 Semler/Stengel/Leonard/*Kalss* § 31 Rn. 7; Lutter/*Grunewald* § 31 Rn. 9; Kölner Komm UmwG/*Simon* § 31 Rn. 15; Kallmeyer/*Marsch-Barner/Oppenhoff* § 31 Rn. 7.

teil bereits übertragen, sollte ihm die Möglichkeit einer Rückübertragung der Anteile Zug-um-Zug gegen Rückzahlung der Abfindung eingeräumt werden.³²

16 Das **Recht auf Abfindung** wandelt sich in ein Recht, die Auflösung der Gesellschaft verlangen zu können, wenn feststeht, dass weder die Gesellschaft noch die Mitgesellschafter die Abfindung in ferner Zukunft leisten können.³³

III. Kosten

17 Nach § 29 Abs. 1 S. 5 hat der übernehmende Rechtsträger die Kosten der Übertragung zu tragen.³⁴ Dies umfasst sowohl die Kosten der Beurkundung der Annahme als auch die Kosten der dinglichen Übertragung selbst.³⁵ Weitergehende Aufwendungen wie Fahrtkosten, steuerliche oder rechtliche Beratungskosten und dergleichen oder ein Verlust aus der Annahme des Abfindungsangebots sind hingegen nicht zu erstatten.³⁶

§ 32 Ausschluß von Klagen gegen den Verschmelzungsbeschluß

Eine Klage gegen die Wirksamkeit des Verschmelzungsbeschlusses eines übertragenden Rechtsträgers kann nicht darauf gestützt werden, daß das Angebot nach § 29 nicht angemessen ist oder daß die Barabfindung im Verschmelzungsvertrag nicht oder nicht ordnungsgemäß angeboten worden ist.

Literatur:
Noack, Der Anfechtungsausschluss bei grenzüberschreitenden Verschmelzungen nach der neuen Umwandlungsrichtlinie, AG 2019, 665; *Schaub*, Das Abfindungsangebot nach § 29 UmwG, NZG 1998, 626.

I. Allgemeines

1 § 32 zielt darauf ab, **Verzögerungen** bei Verschmelzungen aufgrund von Rechtsstreitigkeiten zu verhindern, indem bestimmte Klagen gegen den Verschmelzungsbeschluss ausgeschlossen werden. Der Anfechtungsausschluss dient damit der Bestandssicherheit des Verschmelzungsbeschlusses.¹ Die Norm hat durch das Gesetz zur Umsetzung der Umwandlungsrichtlinie und zur Änderung weiterer Gesetze v. 22.2.2023² dahin gehend eine Änderung erfahren, dass die bisherige Formulierung „zu niedrig bemessen" durch „nicht angemessen ist" ersetzt wurde. Durch die Änderung des Gesetzestextes soll die Terminologie der europäischen Gesellschaftsrechtsrichtlinie (vgl. Art. 126a Abs. 6 GesR-RL) übernommen werden. Eine inhaltliche Änderung der Rechtslage erfolgt hierdurch nicht.³

Die Überprüfung einer angeblich nicht angemessenen Barabfindung sowie die Entscheidung, ob und wie diese hätte vorgesehen werden müssen, erfolgt ausschließlich im Rahmen eines Spruchverfahrens (§ 34 iVm § 1 Nr. 4 SpruchG). Die Regelung des § 32 geht über den Klageausschluss des § 14 Abs. 2 hinaus und führt – wie § 14 Abs. 2 (→ § 14

---

32 OLG München AG 2021, 766 (768); Semler/Stengel/Leonard/*Kalss* § 31 Rn. 7; Kölner Komm UmwG/*Simon* § 31 Rn. 15; Kallmeyer/*Marsch-Barner/Oppenhoff* § 31 Rn. 7.
33 Semler/Stengel/Leonard/*Kalss* § 31 Rn. 7; Kölner Komm UmwG/*Simon* § 31 Rn. 15.
34 Lutter/*Grunewald* § 31 Rn. 14.
35 Widmann/Mayer/*Wälzholz* § 31 Rn. 4.4.
36 Widmann/Mayer/*Wälzholz* § 31 Rn. 4.4.
1 *Noack* AG 2019, 665 (666).
2 Art. 1 Nr. 9 Gesetz zur Umsetzung der Umwandlungsrichtlinie und zur Änderung weiterer Gesetze v. 22.2.2023, BGBl. I Nr. 51.
3 BT-Drs. 20/3822, 71.

Rn. 14) – bei Vorliegen einer der in § 32 aufgeführten Gründe zur **Unstatthaftigkeit** und damit zur Unzulässigkeit einer geltend gemachten Klage.[4] Dies ergibt sich aus dem Wortlaut der Norm sowie aus dem Umstand, dass der Anteilsinhaber die Rüge zwar nicht im Rahmen einer Unwirksamkeitsklage geltend machen kann, ihm aber der Weg über das Spruchverfahren offensteht.

§ 32 ist nach seinem eindeutigen Wortlaut auf Klagen beim übertragenden Rechtsträger beschränkt, die auf eine **nicht angemessene** bzw. eine nicht oder **nicht ordnungsgemäße** angebotene **Abfindung** gestützt sind. Im Hinblick auf Sinn und Zweck der Vorschrift müsste der Klageausschluss allerdings auch für entsprechende Klagen beim übernehmenden Rechtsträger gelten.[5] Dem steht allerdings die herrschende Meinung entgegen, die es mit Verweis auf den eindeutigen Wortlaut und die Entstehungsgeschichte der Norm für zulässig erachtet, dass der Verschmelzungsbeschluss auf Seiten des übernehmenden Rechtsträgers mit der Begründung angefochten werden kann, dass die Abfindung zu hoch bemessen sei.[6]

II. Inhalt

1. Ausgeschlossene Rügen

Eine nicht angemessene Festsetzung der Barabfindung hat nicht zur Folge, dass der Verschmelzungsbeschluss unwirksam wird, sondern führt vielmehr zu einem Anspruch auf bare Zuzahlung im Spruchverfahren. Eine Klage gegen den Verschmelzungsbeschluss kann hierauf nicht gestützt werden.[7]

Die Ausschlusswirkung des § 32 gilt auch für den Fall, dass eine Abfindung im Verschmelzungsvertrag **überhaupt nicht angeboten** wird und hierauf auch nicht wirksam verzichtet wurde.[8] Ist ein Angebot **unrichtig**, unklar oder nicht so bestimmt formuliert, dass es vom widersprechenden Anteilsinhaber ohne Weiteres angenommen werden kann, liegt ebenfalls ein nicht ordnungsgemäßes Angebot iSd § 32 vor.[9] Des Weiteren schließt die Vorschrift auch Klagen aufgrund unzureichender Bekanntmachung[10] sowie allgemeiner Unwirksamkeitsgründe[11] aus.

Werden bewertungsrelevante Informationen, dh solche, die zur Beurteilung der Angemessenheit des Barabfindungsangebots erforderlich sind, **vorenthalten** oder **fehlerhaft** zur Verfügung gestellt, greift § 32 ebenfalls ein.[12] Der BGH hat für den Fall des Formwechsels in zwei Entscheidungen ausdrücklich bestätigt, dass die Anteilsinhaber des übertragenden Rechtsträgers hinsichtlich bewertungsrelevanter Informationsrügen mit einer das Registerverfahren hemmenden Wirksamkeitsklage ausgeschlossen und nach

---

4 AA BeckOGK/*Rieder*, 1.1.2023, § 32 Rn. 3: Klage ist insoweit unbegründet.
5 Ausf. Kölner Komm UmwG/*Simon* § 32 Rn. 4 ff. mwN.
6 BGHZ 146, 179 (184); Semler/Stengel/Leonard/*Gehling* § 32 Rn. 8; Lutter/*Grunewald* § 32 Rn. 2; Widmann/Mayer/*Wälzholz* § 32 Rn. 7; Kallmeyer/Marsch-Barner/*Oppenhoff* § 32 Rn. 1; BeckOGK/*Rieder*, 1.1.2023, § 32 Rn. 2; für eine Ausweitung des Normbefehls des § 32 auch auf diese Klagen Kölner Komm UmwG/*Simon* § 32 Rn. 3 f.
7 Kölner Komm UmwG/*Simon* § 32 Rn. 7.
8 Lutter/*Grunewald* § 32 Rn. 3; Kölner Komm UmwG/*Simon* § 32 Rn. 8; *Noack* AG 2019, 665 (668).
9 Kölner Komm UmwG/*Simon* § 32 Rn. 11; Kallmeyer/Marsch-Barner/*Oppenhoff* § 32 Rn. 2; Lutter/*Grunewald* § 32 Rn. 4; Semler/Stengel/Leonard/*Gehling* § 32 Rn. 4.
10 Kölner Komm UmwG/*Simon* § 32 Rn. 11; Semler/Stengel/Leonard/*Gehling* § 32 Rn. 4; Widmann/Mayer/*Wälzholz* § 32 Rn. 5; BeckOGK/*Rieder*, 1.1.2023, § 32 Rn. 8; Lutter/*Grunewald* § 32 Rn. 4.
11 Vgl. zu den Gründen Semler/Stengel/Leonard/*Gehling* § 32 Rn. 4; Widmann/Mayer/*Wälzholz* § 32 Rn. 4 f. Kölner Komm UmwG/*Simon* § 32 Rn. 11.
12 Widmann/Mayer/*Wälzholz* § 32 Rn. 4 f., 8; Kallmeyer/Marsch-Barner/*Oppenhoff* § 32 Rn. 2; Semler/Stengel/Leonard/*Gehling* § 32 Rn. 5; *H. Schmidt* FS Ulmer, 2003, 543 (547 ff.); Lutter/*Grunewald*, § 32 Rn. 5.

§ 34 S. 2 auf das Spruchverfahren verwiesen sind.[13] Da die §§ 210, 212 S. 2 lediglich an den Formwechsel angepasst sind, aber ansonsten dem § 32 inhaltlich entsprechen, ist die Rechtsprechung des BGH ohne Weiteres auf Informationsmängel übertragbar, die die Barabfindung nach § 29 betreffen.[14] Der Ausschluss gilt allerdings nicht für Klagen aufgrund von Informationsmängeln im Zusammenhang mit dem Umtauschverhältnis, da § 14 Abs. 2 keinen Ausschluss der Wirksamkeitsklage für diesen Fall vorsieht.[15]

2. Kein Eintragungshindernis

6 Im Hinblick auf den **zwingenden Klageausschluss** kann den Registergerichten nicht das Recht zugesprochen werden, die Verschmelzung wegen der vorstehend aufgeführten Mängel nicht einzutragen.[16] Der Zweck des § 32 würde durch eine entsprechende Berechtigung des Registergerichts ins Leere laufen. Die Prüfungskompetenz im Zusammenhang mit der Barabfindung liegt nach dem Willen des Gesetzgebers allein beim zuständigen Gericht des Spruchverfahrens.[17] Dies muss erst recht gelten, wenn kein Widerspruch eingelegt wurde.[18] Die Prüfungskompetenz des Registergerichts ergibt sich allein aus § 382 FamFG. Danach kann die Registereintragung nur dann versagt werden, wenn ein Mangel vorliegt, der auf einer Verletzung zwingenden Rechts beruht und das öffentliche Interesse die Versagung der Registereintragung fordert.[19] Diese Voraussetzungen sind im Fall des § 29 nicht erfüllt.

§ 33 Anderweitige Veräußerung

Einer anderweitigen Veräußerung des Anteils durch einen Anteilsinhaber, der nach § 29 Adressat des Abfindungsangebots ist, stehen nach Fassung des Verschmelzungsbeschlusses bis zum Ablauf der in § 31 Satz 1 bestimmten Frist Verfügungsbeschränkungen bei den beteiligten Rechtsträgern nicht entgegen.

Literatur:
Reichert, Folgen der Anteilsvinkulierung für Umstrukturierungen von Gesellschaften mit beschränkter Haftung und Aktiengesellschaften nach dem Umwandlungsgesetz 1995, GmbHR 1995, 176.

I. Allgemeines	1	3. Beschränkungen	6
II. Inhalt	4	4. Form und Frist	7
1. Veräußerung	4	III. Rechtsfolge	10
2. Berechtigung	5		

I. Allgemeines

1 § 33 räumt austrittswilligen Anteilsinhabern trotz bestehender Verfügungsbeschränkungen die Möglichkeit ein, ihre Anteile am übernehmenden Rechtsträger **an Dritte zu**

---

[13] Vgl. BGHZ 146, 179 ff. „MEZ"; BGH ZIP 2001, 412 ff. „Aqua Butzke".
[14] Widmann/Mayer/*Wälzholz* § 32 Rn. 5; Semler/Stengel/Leonard/*Gehling* § 32 Rn. 5; Lutter/*Grunewald* § 32 Rn. 5.
[15] Vgl. hierzu Kölner Komm UmwG/*Simon* § 32 Rn. 13, § 14 Rn. 27 ff.
[16] So aber Lutter/*Grunewald* § 32 Rn. 3; nur bei erkennbar vollständigem Fehlen des Abfindungsangebots, Widmann/Mayer/*Wälzholz* Rn. 13.
[17] BGHZ 146, 179 (158); Semler/Stengel/Leonard/*Gehling* § 32 Rn. 7; Kallmeyer/*Marsch-Barner/Oppenhoff* § 32 Rn. 2; BeckOGK/Rieder, 1.1.2023, § 32 Rn. 9.
[18] Kölner Komm UmwG/*Simon* § 32 Rn. 9; BeckOGK/Rieder, 1.1.2023, § 32 Rn. 9; aA Widmann/Mayer/*Wälzholz* § 29 Rn. 59, § 32 Rn. 13; Lutter/*Grunewald* § 29 Rn. 21 und § 32 Rn. 3; *Schaub* NZG 1998, 626 (628).
[19] Ausf. hierzu Kölner Komm UmwG/*Simon* § 32 Rn. 9, § 19 Rn. 9.

veräußern. Dieses Veräußerungsrecht besteht neben den Möglichkeiten einer baren Zuzahlung nach § 15 Abs. 1 und dem Ausscheiden aus dem übernehmenden Rechtsträger gegen Barabfindung nach § 29. § 33 räumt ein Veräußerungsrecht ein, soweit der Anteilsinhaber Abfindungsberechtigter iSd § 29 ist.[1] Bestehende Verfügungsbeschränkungen bei den beteiligten Rechtsträgern werden durch § 33 suspendiert und stehen damit einer Veräußerung im Zusammenhang mit der Verschmelzung nicht entgegen.[2] § 33 erfasst dabei nicht mehr nur vertragliche, sondern auch gesetzliche Verfügungsbeschränkungen und zwar sowohl beim übertragenden als auch beim übernehmenden Rechtsträger.

Mit Gesetz zur Umsetzung der Umwandlungsrichtlinie und zur Änderung weiterer Gesetze v. 22.2.2023[3] ist ab dem 1.3.2023 die Möglichkeit der freihändigen Anteilsveräußerung nur noch im Rahmen der originären Annahmefrist des § 31 S. 1 von zwei Monaten möglich. Mit dem früheren den § 31 S. 2 einschließenden Verweis, waren teilweise durch das Veräußerungsprivileg statutarische Veräußerungsbeschränkungen auf Jahre außer Kraft gesetzt.[4] Dies hatte die Beeinträchtigung berechtigter Interessen der Anteilsinhaber zur Folge. Weiter beendet die Gesetzesänderung den Schwebezustand, der bei einer Anteilsveräußerung nach Ablauf der originären Annahmefrist aus § 31 S. 1 und vor Einleitung des Spruchverfahrens, § 31 S. 2, entsteht. Derartige Schwebezustände führten allein zu Rechtsunsicherheiten, die zur Verwirklichung der Position der Anteilsinhaber nicht erforderlich sind.[5] Daneben wird mit der Gesetzesänderung, ohne eine inhaltliche Änderung damit zu bezwecken, klargestellt, dass das Recht zur freihändigen Veräußerung aus § 33 nur den nach § 29 gegen Barabfindung zum Austritt berechtigten Anteilsinhabern zusteht.[6]

Der Anwendungsbereich des § 33 ist allerdings **relativ beschränkt**, da er nur für nicht frei übertragbare Beteiligungen, wie zB vinkulierte GmbH-Anteile, greift. Bei Aktien, die grundsätzlich frei veräußert werden können, erlangt die Vorschrift lediglich bei Namensaktien eine Bedeutung, da für diese Aktiengattung die Übertragung an die Zustimmung der Gesellschaft gebunden werden kann, vgl. § 68 Abs. 2 AktG. § 90 Abs. 1 schließt die Anwendbarkeit des § 33 für Anteile an Genossenschaften ausdrücklich aus.

Bei **Anteilen an Personengesellschaften** ist zu differenzieren.[7] Diese Anteile können grundsätzlich nur bei entsprechender Festlegung im Gesellschaftsvertrag oder bei ad hoc erteilter Zustimmung sämtlicher Mitgesellschafter an Dritte veräußert werden. Soweit Anteile an Personengesellschaften ohne Einschränkung, wie zB Zustimmungserfordernisse, frei veräußerbar sind, besteht überhaupt kein Bedürfnis für eine Anwendung des § 33. Sieht der Gesellschaftsvertrag der Personengesellschaft hingegen vor, dass die Anteile unter bestimmten Voraussetzungen übertragen werden können, suspendiert § 33 diese Beschränkungen wie auch bei anderen Rechtsformen.[8] Sind Anteile an einer Personengesellschaft per se nicht übertragbar, weil eine entsprechende

---

1 Kölner Komm UmwG/*Simon* § 33 Rn. 1.
2 RegE Begr., BR-Drs. 75/94 zu § 33.
3 Art. 1 Nr. 10 Gesetz zur Umsetzung der Umwandlungsrichtlinie und zur Änderung weiterer Gesetze v. 22.2.2023, BGBl. I Nr. 51.
4 Vgl. zur alten Rechtslage BeckOGK/*Rieder*, 1.1.2023, § 33 Rn. 7.
5 BR-Drs. 371/22, 81 f. zu § 33.
6 BR-Drs. 371/22, 82 zu § 33.
7 Für den vollständigen Ausschluss des § 33 Widmann/Mayer/*Wälzholz* § 33 Rn. 14.
8 So auch Lutter/*Grunewald* § 33 Rn. 2; Kölner Komm UmwG/*Simon* § 33 Rn. 5.

Übertragbarkeitsklausel im Gesellschaftsvertrag fehlt, ist die Anwendbarkeit streitig.[9] Wenn die Zustimmung zum Verschmelzungsvertrag gegen eine Minderheit beschlossen werden kann (§ 39c Abs. 2), dann sind diese Anteilsinhaber uE bereits durch die Vorschrift des § 29 hinreichend geschützt, die ein Ausscheiden aus der Gesellschaft gegen Barabfindung ermöglicht. Soweit bei der Verschmelzung hingegen die nicht in der Anteilsinhaberversammlung erschienenen Gesellschafter der Verschmelzung zustimmen müssen, weil der Gesellschaftsvertrag keinen qualifizierten Mehrheitsbeschluss vorsieht (§ 39 Abs. 1 Hs. 2),[10] kann sich die Frage der Anwendbarkeit des § 33 nicht stellen. Wie im Gesetzestext nunmehr auch ausdrücklich festgehalten, greift § 33 nur, wenn der Anteilsinhaber nach § 29 abfindungsberechtigt ist. Dies ist aber nur dann der Fall, wenn er gegen den Verschmelzungsbeschluss gestimmt und danach gegen die Verschmelzung Widerspruch zur Niederschrift erklärt hat (→ § 29 Rn. 26). Im Fall des § 39c Abs. 1 Hs. 2 hat die Minderheit jedoch für die Verschmelzung gestimmt, damit diese überhaupt wirksam wird. In diesen Konstellationen ist eine Geltendmachung des § 29 von vornherein ausgeschlossen (→ § 29 Rn. 5).

Entgegen einer zum Teil vertretenen Ansicht kann für die Veräußerungserleichterung des § 33 nichts anderes gelten. Für die Inanspruchnahme dieser Veräußerungserleichterung ist es nicht ausreichend, dass der Anteilsinhaber allein durch seinen Widerspruch zu verstehen gibt, dass er mit der Verschmelzung nicht einverstanden ist.[11] Dies ist insoweit konsequent, da die Anteilsinhaber in der vorstehend beschriebenen Situation ausreichend durch das Zustimmungserfordernis geschützt sind. Etwas anderes kann im Fall des § 33, aber auch bei § 29 nur dann gelten, wenn die Zustimmung zur Verschmelzung unter Treuegesichtspunkten zu erteilen war und damit ein Schutz der Anteilsinhaber nicht anders zu erreichen ist.

II. Inhalt

1. Veräußerung

4 Erfasst werden unter dem Begriff der Veräußerung iSd § 33 nur Verfügungsgeschäfte aufgrund des Umstands, dass nur diese durch Verfügungsbeschränkungen behindert werden können.[12]

2. Berechtigung

5 Die Anteilsinhaber des übertragenden Rechtsträgers können auf § 33 zurückgreifen, sofern ihnen nach § 29 ein **Austrittsrecht** zukommt (zu den insoweit einschlägigen Konstellationen → § 29 Rn. 15 ff.). Erforderlich ist folglich, dass die betreffenden Anteilsinhaber gegen die Zustimmung gestimmt und Widerspruch zur Niederschrift erklärt haben. Dementsprechend kann § 33 auf Veräußerungen vor der Beschlussfassung nicht angewendet werden, selbst wenn sicher mit der Zustimmung zum Verschmelzungsvertrag zu rechnen war.[13]

---

9 Gegen eine Anwendung des § 33 Lutter/*Grunewald* § 33 Rn. 3; Schmitt/Hörtnagl/*Winter* § 33 Rn. 8; *Reichert* GmbHR 1995, 176 (190); für eine Anwendbarkeit Kallmeyer/Marsch-Barner/*Oppenhoff* § 33 Rn. 4; Kölner Komm UmwG/*Simon* § 33 Rn. 6 ff.; Henssler/Strohn/*Ca. Müller* § 33 Rn. 5.

10 Ebenso die Rechtslage in der Partnergesellschaft § 45d Abs. 1 Hs. 2, Abs. 2.

11 Wie hier Schmitt/Hörtnagl/*Winter* § 33 Rn. 8; aA Kölner Komm UmwG/*Simon* § 33 Rn. 18; Kallmeyer/Marsch-Barner/*Oppenhoff* § 33 Rn. 5; Lutter/*Grunewald* § 33 Rn. 6.

12 Statt vieler Lutter/*Grunewald* § 33 Rn. 7.

13 Semler/Stengel/Leonard/*Kalss* § 33 Rn. 11; Kölner Komm UmwG/*Simon* § 33 Rn. 11.

Hinweis: § 33 gilt nicht für die Anteilsinhaber des übernehmenden Rechtsträgers.[14] Soweit ein Schutz dieser Gruppe gewünscht ist, lässt sich dies durch eine entsprechende Strukturierung der Verschmelzung lösen. Werden beide für die Verschmelzung vorgesehenen Rechtsträger auf eine NewCo verschmolzen, sind den Anteilsinhabern aller beteiligten Rechtsträger die Rechte aus §§ 29, 33 eröffnet (→ § 36 Rn. 3).[15]

3. Beschränkungen

Zu den möglichen **Verfügungsbeschränkungen** wird auf → § 29 Rn. 18 ff. verwiesen. Im Gegensatz zum § 29 spricht der Wortlaut des § 33 allerdings von „Verfügungsbeschränkungen bei den beteiligten Rechtsträgern", womit klargestellt ist, dass die Anteilsinhaber des übertragenden Rechtsträgers auch von Verfügungsbeschränkungen in diesem Rechtsträger befreit werden.

Hinweis: Da schuldrechtliche Veräußerungsbeschränkungen weder den § 29 noch den § 33 auslösen, findet sich häufig der Gestaltungsvorschlag, (schuldrechtlich wirkende) Vorkaufsrechte zur Absicherung gegen die Konsequenzen aus § 33 einzusetzen.[16] Dies ist unproblematisch und zulässig, sofern die Vorkaufsrechte nicht unangemessen niedrige Gegenleistungen festschreiben.[17] Unzulässig sind allerdings Klauseln im Gesellschaftsvertrag, die eine Einziehung des vom Dritten erworbenen Anteils vorsehen, da dies im Endeffekt auf eine faktische Aushöhlung des § 33 hinauslaufen würde, weil es keinen Markt für mit solchen Risiken belastete Anteile gibt.[18]

4. Form und Frist

Die suspendierende Wirkung des § 33 für „anderweitige Veräußerungsmöglichkeiten" gilt ab der Fassung des Verschmelzungsbeschlusses[19] bis zum Ablauf der in § 31 S. 1 bestimmten Frist.

Da somit die Veräußerungsmöglichkeit bereits vor Eintragung der Verschmelzung greift und folglich der übertragende Rechtsträger noch nicht erloschen ist, können die Anteilsinhaber auch bereits ihre Anteile an dem übertragenden Rechtsträger veräußern und sind insoweit von den dort geltenden Verfügungsbeschränkungen freigestellt.[20] Soweit hierin ein Wertungsbruch zu § 29 erblickt wird, da diese Vorschrift nur auf Beschränkungen im übernehmenden Rechtsträger abstellt und nur gegen diese neuen Belastungen einen Rechtsbehelf gewährt,[21] muss dieser im Hinblick auf den eindeutigen Wortlaut des § 29 als gesetzgeberische Entscheidung hingenommen werden.[22]

Mit Wirksamwerden der Verschmelzung können dann nur noch die als Gegenleistung für die Verschmelzung erhaltenen Anteile an dem übernehmenden Rechtsträger veräußert werden, weshalb mit dem Erlöschen des übertragenden Rechtsträgers die beim übernehmenden Rechtsträger geltenden Beschränkungen suspendiert werden.

---

14 Semler/Stengel/Leonard/*Kalss* § 33 Rn. 9; Kölner Komm UmwG/*Simon* § 33 Rn. 12; Lutter/*Grunewald* § 33 Rn. 4; Kallmeyer/Marsch-Barner/*Oppenhoff* § 33 Rn. 1; BeckOGK/*Rieder*, 1.1.2023, § 33 Rn. 3.
15 So auch Kölner Komm UmwG/*Simon* § 33 Rn. 12.
16 So ua Widmann/Mayer/*Wälzholz* § 33 Rn. 8; Schmitt/Hörtnagl/*Winter* § 33 Rn. 8; Kallmeyer/Marsch-Barner/*Oppenhoff* § 33 Rn. 4; Lutter/*Grunewald* § 33 Rn. 11.
17 Kölner Komm UmwG/*Simon* § 33 Rn. 10; so aber Reichert GmbHR 1995, 176 (190); ähnlich Widmann/Mayer/*Wälzholz* § 33 Rn. 8.
18 Wie hier Kölner Komm UmwG/*Simon* § 33 Rn. 10; Schmitt/Hörtnagl/*Winter* § 33 Rn. 8.
19 Semler/Stengel/Leonard/*Kalss* § 33 Rn. 11; Lutter/*Grunewald* § 33 Rn. 8; wohl auch Schmitt/Hörtnagl/*Winter* § 33 Rn. 4; Kölner Komm UmwG/*Simon* § 33 Rn. 13.
20 Kölner Komm UmwG/*Simon* § 33 Rn. 15.
21 Semler/Stengel/Leonard/*Kalss* § 33 Rn. 10; vgl. zu dieser Kritik auch Schmitt/Hörtnagl/*Winter* § 33 Rn. 5.
22 Kölner Komm UmwG/*Simon* § 33 Rn. 15.

III. Rechtsfolge

10 Die Veräußerungserleichterung steht den Anteilsinhabern durch die Änderung des Wortlauts des § 31 zum 1.3.2023 nur noch von der Fassung des Verschmelzungsbeschlusses an bis zum Ablauf der in § 31 S. 1 bestimmten Frist zu.

§ 34 Gerichtliche Nachprüfung der Abfindung

¹Macht ein Anteilsinhaber geltend, daß eine im Verschmelzungsvertrag oder in seinem Entwurf bestimmte Barabfindung, die ihm nach § 29 anzubieten war, nicht angemessen sei, so hat auf seinen Antrag das Gericht nach den Vorschriften des Spruchverfahrensgesetzes die angemessene Barabfindung zu bestimmen. ²Das gleiche gilt, wenn die Barabfindung nicht oder nicht ordnungsgemäß angeboten worden ist.

Literatur:
Bungert/Mennicke, Das Spruchverfahrensneuordnungsgesetz, BB 2003, 2021; *Götz*, Gerichtliche Bestimmung der angemessenen Barabfindung bei Verschmelzung: Verlust der Antragsberechtigung nach § 34 UmwG bei Annahme des Barabfindungsangebots, DB 2000, 1165; *Luttermann*, Barabfindungsannahme und Antragsbefugnis auf Spruchstellenverfahren/„Peipers AG", EWiR 2001, 291.

I. Allgemeines 1	2. Antragsfrist 4
II. Inhalt 2	III. Rechtsfolge 5
1. Antragsberechtigung 2	

I. Allgemeines

1 § 34 bestimmt die rechtliche Grundlage für die Überprüfung der Barabfindung und versteht sich damit als eine Art **Verbindungsvorschrift zum SpruchG**. Die Vorschrift selbst enthält dementsprechend keine konkreten Angaben zum Verfahren an sich. Als reine Komplementärvorschrift verfolgt § 34 keinen über den § 32 hinausgehenden Zweck, sie eröffnet allein für die durch die Ausschlusswirkung des § 32 erfassten Rügen die Überprüfung im Spruchverfahren.[1]

Wie auch der § 32 hat die Vorschrift des § 34 durch das Gesetz zur Umsetzung der Umwandlungsrichtlinie und zur Änderung weiterer Gesetze v. 22.2.2023 (UmRuG)[2] dahin gehend eine Änderung erfahren, dass die bisherige Formulierung „zu niedrig bemessen" durch „nicht angemessen" ersetzt wurde. Durch die Änderung des Gesetzestextes soll die Terminologie der europäischen Gesellschaftsrechtsrichtlinie (vgl. Art. 126a Abs. 6 GesR-RL) übernommen werden. Eine inhaltliche Änderung der Rechtslage erfolgt hierdurch nicht.[3]

II. Inhalt

1. Antragsberechtigung

2 Nach § 3 Abs. 1 Nr. 3 SpruchG ist jeder gem. § 29 **abfindungsberechtigte Anteilsinhaber** antragsberechtigt. Wie bereits im Rahmen des § 29 ausgeführt, sind dies nur An-

---

[1] Kölner Komm UmwG/*Simon* § 34 Rn. 3.
[2] Art. 1 Nr. 9 Gesetz zur Umsetzung der Umwandlungsrichtlinie und zur Änderung weiterer Gesetze v. 22.2.2023, BGBl. I Nr. 51.
[3] BT-Drs. 20/3822, 73; BR-Drs. 371/22, 81, 82.

teilsinhaber des übertragenden Rechtsträgers, die gegen den Verschmelzungsbeschluss gestimmt und danach gegen die Verschmelzung Widerspruch zur Niederschrift erklärt haben (→ § 29 Rn. 26). Eine weitere **Einschränkung** findet sich allerdings in § 3 S. 2 Hs. 1 SpruchG. Danach muss der Antragsteller zum Zeitpunkt der Antragstellung noch Anteilsinhaber sein, damit ihm die Antragsberechtigung zukommt.[4] Dies gilt nach mit dem UmRuG neu eingeführten 2. Hs. des S. 2 nicht für die Bestimmung der Barabfindung bei grenzüberschreitenden Umwandlungen (§§ 313, 327 und 340) gem. § 1 Nr. 4 SpruchG. Nach der Konzeption des UmRuG und der zugrunde liegenden Richtlinie werden Anteilsinhaber, die das Barabfindungsangebot angenommen haben, im Rahmen einer grenzüberschreitenden Umwandlung nicht Gesellschafter des übernehmenden bzw. neuen Rechtsträgers. Vielmehr scheiden diese mit Wirksamwerden der grenzüberschreitenden Umwandlung ex lege aus der Gesellschaft aus. Damit wären diese an der Verfolgung ihrer Rechte im Spruchverfahren gehindert. Antragsberechtigt sind damit auch solche Anteilsinhaber, die das Barabfindungsangebot angenommen haben und mit Wirksamwerden der grenzüberschreitenden Umwandlung aus der übertragenden Gesellschaft ausgeschieden sind.

Die Voraussetzung des § 3 S. 2 Hs. 1 SpruchG ist insoweit irreführend, als die betroffenen Gesellschafter ihren Anteilsbesitz am übertragenen Rechtsträger mit Wirksamwerden der Verschmelzung verlieren (§ 20 Abs. 1 Nr. 3). Aus diesem Grunde sind nach teleologischer Auslegung des § 3 S. 2 Hs. 1 SpruchG diese Anteilsinhaber nur unter der Voraussetzung antragsbefugt, dass sie Anteile in Folge der Umwandlung im Austausch für die Anteile des übertragenden bzw. formwechselnden Rechtsträger erhalten haben.[5] Werden Anteile nach der Beschlussfassung über die Verschmelzung, jedoch vor Antragstellung veräußert, sind nach § 3 S. 2 Hs. 1 SpruchG weder der Veräußerer (wegen der Aufgabe seiner Mitgliedschaft) noch der Erwerber (mangels eines eigenen Widerspruchs) antragsbefugt.[6]

Das Antragsrecht für das Spruchverfahren entfällt weiter, wenn der Anteilsinhaber die im Verschmelzungsvertrag angebotene Barabfindung innerhalb der Zweimonatsfrist des § 31 annimmt.[7] Die fehlende Antragsberechtigung führt jedoch – jedenfalls dann, wenn ein anderer Anteilsinhaber den Antrag stellt – zu keinem Ausschluss von einem positiven Ergebnis des Spruchverfahrens. § 13 S. 2 SpruchG sieht vor, dass auch ein wegen einer bereits nach § 31 S. 1 erklärten Annahme aus der Gesellschaft ausgeschiedener Gesellschafter an einer Erhöhung der Barabfindung partizipiert (→ § 31 Rn. 11).[8]

2. Antragsfrist

Die Frist für den Antrag nach § 34 findet sich in § 4 Abs. 1 Nr. 4 SpruchG. Danach kommt den Antragsberechtigten eine Dreimonatsfrist zu, innerhalb der sie den Antrag stellen können. Der Antrag ist innerhalb der Dreimonatsfrist zu begründen, § 4 Abs. 2 S. 1 SpruchG. Die Anforderungen an die Begründung sind § 4 Abs. 2 S. 2 und 3 SpruchG zu entnehmen.

---

[4] Statt vieler Widmann/Mayer/*Wälzholz* § 34 Rn. 14; Kölner Komm UmwG/*Simon* § 34 Rn. 5; BeckOGK/*Rieder*, 1.1.2023, § 34 Rn. 2.
[5] Ausf. hierzu Simon SpruchG/*Leuering* § 3 Rn. 34; Kölner Komm UmwG/*Simon* § 34 Rn. 6; *Bungert/Mennicke* BB 2003, 2021 (2025).
[6] Vgl. Kölner Komm UmwG/*Simon* § 34 Rn. 5; Simon SpruchG/*Leuering* § 3 Rn. 34; aA *Luttermann* EWiR 2001, 291 (292); Widmann/Mayer/*Wälzholz* § 34 Rn. 15.
[7] LG Dortmund ZIP 2000, 1110; OLG Düsseldorf ZIP 2001, 158 ff.; OLG Düsseldorf AG 2005, 480 (481); OLG Frankfurt a. M. AG 2007, 699 (700); Kallmeyer/*Marsch-Barner/Oppenhoff* § 34 Rn. 3; Semler/Stengel/Leonard/*Kalss* § 34 Rn. 11; Lutter/*Grunewald* § 34 Rn. 2; *Luttermann* EWiR 2001, 291 (292); aA *Götz* DB 2000, 1165 ff.
[8] Semler/Stengel/Leonard/*Kalss* § 34 Rn. 15; aA *Götz* DB 2000, 1165.

III. Rechtsfolge

5 Die Bestimmung der **Angemessenheit** erfolgt durch das Gericht, das damit nur zur Höhe des Anspruchs auf angemessene Barabfindung eine Entscheidung zu treffen hat.[9] Zu den Kriterien der Angemessenheit und dem gerichtlichen Prüfungsrahmen siehe die Kommentierung bei §§ 1 ff. SpruchG. Zur Durchsetzung des Anspruchs auf Zahlung der angemessenen Barabfindung sind die Anteilsinhaber auf den ordentlichen Zivilrechtsweg angewiesen.[10]

§ 35 Bezeichnung unbekannter Aktionäre; Ruhen des Stimmrechts

[1]Unbekannte Aktionäre einer übertragenden Aktiengesellschaft oder Kommanditgesellschaft auf Aktien sind im Verschmelzungsvertrag, bei Anmeldungen zur Eintragung in ein Register oder bei der Eintragung in eine Liste von Anteilsinhabern durch die Angabe des insgesamt auf sie entfallenden Teils des Grundkapitals der Gesellschaft und der auf sie nach der Verschmelzung entfallenden Anteile zu bezeichnen, soweit eine Benennung der Anteilsinhaber für den übernehmenden Rechtsträger gesetzlich vorgeschrieben ist; eine Bezeichnung in dieser Form ist nur zulässig für Anteilsinhaber, deren Anteile zusammen den zwanzigsten Teil des Grundkapitals der übertragenden Gesellschaft nicht überschreiten. [2]Werden solche Anteilsinhaber später bekannt, so sind Register oder Listen von Amts wegen zu berichtigen. [3]Bis zu diesem Zeitpunkt kann das Stimmrecht aus den betreffenden Anteilen in dem übernehmenden Rechtsträger nicht ausgeübt werden.

Literatur:
Bungert/Mennicke, Das Spruchverfahrensneuordnungsgesetz, BB 2003, 2021; *Götz*, Gerichtliche Bestimmung der angemessenen Barabfindung bei Verschmelzung: Verlust der Antragsberechtigung nach § 34 UmwG bei Annahme des Barabfindungsangebots, DB 2000, 1165; *Luttermann*, Barabfindungsannahme und Antragsbefugnis auf Spruchstellenverfahren/„Peipers AG", EWiR 2001, 291.

I. Allgemeines 1	IV. Ausschluss der Stimmrechtsausübung, S. 3 16
II. Inhalt 4	V. Weitergehende Wirkung des S. 3 17
1. Betroffene Rechtsträger 4	1. Suspendierung des Ladungserfordernisses 18
2. Bezeichnungspflicht unbekannter Aktionäre 7	2. Anwendung auf Handelsregisteranmeldungen 19
3. Nachforschungspflicht 12	
4. 5 %-Schwelle 14	
III. Berichtigung, S. 2 15	

I. Allgemeines

1 Ist eine AG oder eine KGaA als übertragender Rechtsträger an einer Verschmelzung beteiligt, die eine Publikumsgesellschaft ist, so ergeben sich regelmäßig praktische Probleme bei der Benennung sämtlicher Gesellschafter bis hin zur faktischen Unmöglichkeit. Während früher die Ausgabe von Inhaberaktien eher die Regel als die Ausnahme darstellte,[1] ist die Namensaktie seit der Aktienrechtsnovelle 2016 mittlerweile gesetzlich als Standardverbriefung vorgesehen; nur noch unter bestimmten Umständen können neu

---

9 Schmitt/Hörtnagl/*Winter* § 34 Rn. 2; BeckOGK/*Rieder*, 1.1.2023, § 34 Rn. 4.
10 Schmitt/Hörtnagl/*Winter* § 34 Rn. 2.

1 Vgl. Kölner Komm UmwG/*Simon* § 35 Rn. 1; Kallmeyer/*Marsch-Barner/Oppenhoff* § 35 Rn. 2.

zu gründende Gesellschaften für Inhaberaktien optieren (vgl. § 10 Abs. 1 S. 2 AktG).² Allerdings kann auch bei der Ausgabe von Namensaktien das Aktienregister unrichtig oder unvollständig sein, weshalb die Bezeichnung des Inhabers im Aktienregister des übertragenden Rechtsträgers oft nicht weiterhilft.³

Nach § 35 können in den Fällen, in denen eine Benennung der Anteilsinhaber für den übernehmenden Rechtsträger gesetzlich vorgeschrieben ist, die unbekannten Aktionäre durch die Angabe des insgesamt auf sie entfallenden Teils des Grundkapitals der Gesellschaft und der auf sie nach der Verschmelzung entfallenden Anteile beim übernehmenden Rechtsträger bezeichnet werden (sog. **Sammelvermerk**), soweit nicht mehr als 5 % des Grundkapitals der übertragenden Gesellschaft von unbekannten Aktionären gehalten wird.

> **Formulierungshinweis:**
>
> 3,72 % des Grundkapitals der übertragenden Gesellschaft und eine gesamte Kommandithafteinlage in Höhe von ... EUR beim übernehmenden Rechtsträger, also ... % an der Summe aller Kommandithafteinlagen entfällt auf unbekannte Gesellschafter.⁴

Nach S. 2 ist der übernehmende Rechtsträger verpflichtet, nach Bekanntwerden der Anteilsinhaber die Register und eventuell zu führenden Listen zu **berichtigen**. Gemäß § 35 S. 3 ruht das Stimmrecht der unbekannten Aktionäre aus ihren neuen Anteilen am übernehmenden Rechtsträger bis zur Berichtigung der Register und Listen.

II. Inhalt

1. Betroffene Rechtsträger

Die Erleichterung hinsichtlich der Bezeichnung der Anteilsinhaber gilt nach dem eindeutigen Wortlaut nur für übertragende Rechtsträger in der Rechtsform einer AG oder KGaA. Nach Art. 10 SE-VO gilt § 35 ferner für die Europäische Gesellschaft (Societas Europaea – SE).⁵ Auch wenn sich bei der Verschmelzung von Vereinen als auch bei Publikums-KGs vergleichbare Probleme zeigen,⁶ muss eine entsprechende Anwendung des § 35 auf diese Sachverhalte ausscheiden.

Hinsichtlich der übernehmenden Rechtsträger sieht lediglich § 45b Abs. 2 vor, dass § 35 im Zusammenhang mit einer Verschmelzung auf eine **Partnerschaftsgesellschaft keine Anwendung** findet.

Nach zum Teil vertretener Ansicht soll darüber hinaus die Anwendung des § 35 bei einer übernehmenden KG ausgeschlossen sein, da die namentliche Angabe bei künftigen Komplementären und Kommanditisten, die ihre Einlage nicht oder nicht vollständig geleistet haben, unentbehrlich sei.⁷ Dieser Ansicht kommt in der Praxis für persönlich haftende- Gesellschafter keine Relevanz zu. Für die Übernahme der Stellung eines persönlich haftenden Gesellschafters beim übernehmenden Rechtsträger bedarf es der Zustimmung und damit der persönlichen Mitwirkung des Anteilsinhabers, § 40

---

2 *Koch* AktG § 10 Rn. 1.
3 Kölner Komm UmwG/*Simon* § 35 Rn. 1; Kallmeyer/*Marsch-Barner/Oppenhoff* § 35 Rn. 2.
4 So schon Widmann/Mayer/*Wälzholz* § 35 Rn. 21.
5 Kallmeyer/*Marsch-Barner/Oppenhoff* § 35 Rn. 1; BeckOGK/*Rieder*, 1.1.2023, § 35 Rn. 4.
6 Widmann/Mayer/*Wälzholz* § 35 Rn. 4; Semler/Stengel/*Leonard/Schwanna* § 35 Rn. 2; Kölner Komm

UmwG/*Simon* § 35 Rn. 4; aA Lutter/*Grunewald* § 35 Rn. 2, wonach die Vorschrift einen verallgemeinerungsfähigen Rechtsgedanken enthalte.
7 Lutter/*Grunewald* § 35 Rn. 9; Kallmeyer/*Marsch-Barner/Oppenhoff* § 35 Rn. 5; aA Meyer-Landrut/*Kiem* WM 1997, 1413 (1415).

Abs. 2 S. 2.[8] Insoweit ist ausgeschlossen, dass unbekannte Aktionäre persönlich haftende Gesellschafter werden können. § 35 findet aufgrund der Vorgabe des § 40 Abs. 2 S. 2 deshalb bereits keine Anwendung.[9] Der Ansicht kann auch im Übrigen nicht gefolgt werden, selbst wenn es Fälle gibt, in denen die Einlage des künftigen Kommanditisten nicht vollständig eingezahlt ist. Der Gesetzgeber hat die Beeinträchtigung der **Gläubigerinteressen** durch § 35 gesehen, aber eindeutig entschieden, dass diese Interessen bis zur Höhe der 5%-Schwelle hinter dem Interesse an einer Umwandlung **zurücktreten** müssen.[10]

2. Bezeichnungspflicht unbekannter Aktionäre

7 § 35 lässt nur dann einen Sammelvermerk zu, wenn die Benennung der Anteilsinhaber des übertragenden Rechtsträgers für den übernehmenden Rechtsträger **gesetzlich vorgeschrieben** ist. Das Erfordernis kann sich dabei aus dem jeweils einschlägigen Gesellschaftsrecht sowie aus den besonderen Verschmelzungsvorschriften ergeben.

8 Im Falle einer **GmbH** als übernehmenden Rechtsträger ergibt sich die Bezeichnungspflicht der Anteilsinhaber aus mehreren Gesichtspunkten. Nach § 46 Abs. 1, 3 ist der Nennbetrag der an die Anteilsinhaber des übertragenden Rechtsträgers zu gewährenden Geschäftsanteile im Verschmelzungsvertrag zu bestimmen. Ferner ist nach § 55 Abs. 2 iVm § 57 Abs. 3 Nr. 2 GmbHG anlässlich einer Kapitalerhöhung im Rahmen der Verschmelzung eine Liste der Übernehmer der neuen Stammeinlagen zum Handelsregister einzureichen. Ferner hat der an der Kapitalerhöhung beteiligte Notar nach § 40 Abs. 2 S. 1 GmbHG nach Eintragung der Kapitalerhöhung im Handelsregister eine aktualisierte Gesellschafterliste der GmbH zum Handelsregister einzureichen.

9 Für eine **AG** oder **KGaA** als übernehmenden Rechtsträger besteht eine Benennungspflicht nur dann, sofern die Gesellschaft Namensaktien an ihre Aktionäre ausgegeben hat, für die ein Aktienregister zu führen ist.[11]

10 § 40 Abs. 1 sieht die Verpflichtung vor, dass der Verschmelzungsvertrag bei einer Verschmelzung auf eine **Personengesellschaft** für jeden Gesellschafter des übertragenden Rechtsträgers festlegen muss, ob er persönlich haftender Gesellschafter oder Kommanditist des übernehmenden Rechtsträgers wird.[12] Nach § 162 Abs. 3 HGB ist im Falle des Eintritts eines Kommanditisten in eine bestehende Handelsgesellschaft § 162 Abs. 1 HGB entsprechend anzuwenden, wonach die Handelsregisteranmeldung, außer den Angaben nach § 106 Abs. 2 HGB, die Bezeichnung der Kommanditisten und die Angabe der Hafteinlage zu enthalten hat.

11 Nach § 80 Abs. 1 S. 2 ist bei Verschmelzungen auf **Genossenschaften** ebenfalls für jeden Anteilsinhaber des übertragenden Rechtsträgers der Betrag des Geschäftsanteils und die Zahl der Geschäftsanteile anzugeben. Zudem besteht nach § 30 Abs. 1 GenG die Pflicht zur Führung von Mitgliederlisten, die auch im Rahmen einer Umwandlung anzupassen sind, § 89 Abs. 1.

---

8 DAV-Handelsrechtsausschuss NZG 2000, 802 (805); Widmann/Mayer/*Wälzholz* § 35 Rn. 3.
9 Kölner Komm UmwG/*Simon* § 35 Rn. 16; Widmann/Mayer/*Wälzholz* § 35 Rn. 12.1.
10 Widmann/Mayer/*Wälzholz* § 35 Rn. 12; Kölner Komm UmwG/*Simon* § 35 Rn. 17.
11 Widmann/Mayer/*Wälzholz* § 35 Rn. 13; Kölner Komm UmwG/*Simon* § 35 Rn. 7; Kallmeyer/*Marsch-Barner/Oppenhoff* § 35 Rn. 2.
12 LG Augsburg ZIP 1996, 1011 (1012); Kölner Komm UmwG/*Simon* § 35 Rn. 8.

3. Nachforschungspflicht

§ 35 soll nach Sinn und Zweck der Vorschrift nur dann Anwendung finden, wenn die Aktionäre dem übertragenden Rechtsträger tatsächlich unbekannt sind. Aktionäre gelten allerdings nicht als unbekannt, wenn die Gesellschaft die ihr offenkundig verfügbaren Möglichkeiten zu deren Ermittlung (zB Aktienregister oder Anwesenheitslisten früherer Hauptversammlungen) nicht ausnutzt.[13]

Nach einer (stark umstrittenen) Entscheidung des BayObLG[14] besteht eine Nachforschungspflicht dergestalt, dass die Gesellschaft die bekannten Anteilsinhaber **mit Namen im Umwandlungsbeschluss** aufzuführen hat. Unbekannte Aktionäre seien durch Angabe ihrer Aktienurkunden zu bezeichnen. Das Gericht riet dazu, bereits in der Einladung zur beschlussfassenden Hauptversammlung die Aktionäre zur Offenlegung ihres Aktienbesitzes aufzurufen. Die Entscheidung ist zur Eingrenzung der Anzahl an unbekannten Anteilsinhabern auch nach der Neuregelung des § 35 von Relevanz angesichts des Umstands, dass die Erleichterung des § 35 S. 1 Hs. 1 nur anwendbar ist, sofern die 5%-Schwelle nicht überschritten wird. Zu Recht ließ der Gesetzgeber allerdings die **Pflicht zur Angabe der Aktienurkunden der unbekannten Aktionäre weg**. Eine Auflistung von etlichen Aktiennummern vermag kaum der Übersichtlichkeit und der Rechtssicherheit zu dienen. Zudem gestaltet sich diese Methode in der Praxis wegen der möglichen Änderung des Aktionärskreises durch Aktienübertragung in der Zeit der Verschmelzung als schwierig. Es reicht daher aus, wenn die noch unbekannt gebliebenen Anteilsinhaber im Umwandlungsbeschluss mittels eines Sammelvermerks durch Angabe des auf sie entfallenden Grundkapitals und der nach dem Formwechsel auf sie entfallenden Anteile näher bestimmt werden.

Hinweis: Auch wenn in der Entscheidung des BayObLG nicht ausdrücklich zur Sprache gekommen, sollte vorsichtshalber die Erklärung in die Handelsregisteranmeldung aufgenommen werden, dass alle zumutbaren Anstrengungen zur Ermittlung unbekannter Aktionäre unternommen wurden.[15]

4. 5%-Schwelle

Wie eingangs bereits festgehalten, greift die Erleichterung nach § 35 nur, soweit die Anzahl der unbekannten Aktionäre nicht mehr als 5% des Grundkapitals des übertragenden Rechtsträgers ausmacht. Nach der Gesetzesbegründung soll durch die 5%-Schwelle ein Missbrauch der Erleichterung verhindert werden.[16] Wird dieser Schwellenwert überschritten, greift die in § 35 vorgesehene Erleichterung nicht und auch nicht für einen Teil von 5% des Grundkapitals ein.[17]

Hinweis: Um in diesen Fällen die Verschmelzungsfähigkeit des übertragenden Rechtsträgers wiederherzustellen, verbleibt allein der Weg über eine vorgeschaltete Kapitalerhöhung, mit der die unbekannten Aktionäre unter die 5 %-Schwelle verwässert werden.[18] Zuvor wird die Gesellschaft allerdings verpflichtet sein, durch einen öffentlichen Aufruf (zB im Bundesanzeiger) den Anteil der unbekannten Aktionäre möglichst zu reduzieren.

III. Berichtigung, S. 2

15 Gemäß S. 2 sind die Register und Listen von Amts wegen zu berichtigen, sobald nachträglich Kenntnis von der Person der unbekannten Aktionäre erlangt wurde, die im Sammelvermerk erfasst sind. Dem Registergericht obliegt damit aber keine Nachforschungspflicht, vielmehr sind die Gesellschaft und ihre vertretungsberechtigten Organe zur Mitteilung entsprechender Informationen gegenüber dem Registergericht verpflichtet.[19]

Hinweis: Soweit der für die Verschmelzung zuständige Notar nachträglich Kenntnis von der Person der Gesellschafter erlangt, sollte dieser im Hinblick auf seine Verpflichtungen nach § 40 GmbHG ebenfalls eine entsprechende Mitteilung an das Registergericht machen.[20]

IV. Ausschluss der Stimmrechtsausübung, S. 3

16 Nach § 35 S. 3 ruhen die Stimmrechte aus den Anteilen, bis die Identität des Anteilsinhabers bekannt ist. Das von der Vorschrift angeordnete Ruhen der Stimmrechte geht dabei über einen reinen Stimmrechtsausschluss, wie er in anderen Vorschriften zu finden ist,[21] hinaus. S. 3 muss vielmehr so verstanden werden, dass die fehlende Ausübung der ruhenden Stimmrechte einer wirksamen Beschlussfassung aller bekannten Anteilsinhaber nicht entgegenstehen soll.[22] Dies wird besonders in den Fällen relevant, in denen aufgrund zwingender gesetzlicher Vorgaben eigentlich eine einstimmige Beschlussfassung erforderlich ist.[23]

Hinweis: Ruhende Stimmrechte sind in Gesellschafterbeschlüssen als nicht vorhandene Stimmen zu werten und nicht wie Stimmenthaltungen.[24] Die ruhenden Stimmen werden bei der Zählung neben den Stimmen der nicht erschienenen Anteilsinhaber nicht mitgezählt.

V. Weitergehende Wirkung des S. 3

17 Noch nicht abschließend geklärt ist hingegen, ob die Wirkung des S. 3 noch einen Schritt weiter geht:

1. Suspendierung des Ladungserfordernisses

18 Soweit trotz des „Ruhens" oder Ausschlusses des Stimmrechts ein Teilnahmerecht an der Gesellschafterversammlung besteht,[25] müssten die unbekannten Anteilsinhaber aber zumindest zur Gesellschafterversammlung eingeladen werden, damit überhaupt

---

18 Zu dieser Gestaltungsmöglichkeit vgl. auch Widmann/Mayer/*Wälzholz* § 35 Rn. 22; Kölner Komm UmwG/*Simon* § 35 Rn. 14.
19 BeckOGK/*Rieder*, 1.1.2023, § 35 Rn. 10.
20 So auch Kölner Komm UmwG/*Simon* § 35 Rn. 20; Kallmeyer/*Marsch-Barner/Oppenhoff* § 35 Rn. 6 aE.
21 Vgl. etwa § 20 Abs. 1, 4 AktG; §§ 71b, 71d S. 2, 4 AktG; § 328 AktG.
22 BT-Drs. 16/2919, 13; mit ausf. Begr. Kölner Komm UmwG/*Simon* § 35 Rn. 21.
23 Wie etwa bei §§ 109 Abs. 1, 161 Abs. 2 HGB.
24 Kölner Komm UmwG/*Simon* § 35 Rn. 22.
25 Vgl. hierzu Widmann/Mayer/*Wälzholz* § 35 Rn. 31 mwN.

wirksame Beschlüsse gefasst werden können. Dies gilt sowohl für übernehmende Rechtsträger in der Rechtsform einer Personengesellschaft, aber auch bei Kapitalgesellschaften, bei denen die Ladung durch öffentliche Bekanntmachung oder Einrückung in bestimmten Gesellschaftsblätter nicht zugelassen ist.[26] Es spricht vieles dafür, dass, wenn die fehlende Ausübung der ruhenden Stimmrechte einer wirksamen Beschlussfassung – trotz des Einstimmigkeitserfordernisses – nicht entgegensteht, die Wirksamkeit dieser Beschlüsse erst recht nicht von der Einhaltung einer wirksamen Ladung der unbekannten Anteilsinhaber abhängig gemacht werden kann.[27]

Hinweis: Mangels einer gesicherten Rspr. zu dieser Frage, sollte in der Praxis allerdings neben der Einhaltung der üblichen Ladungsvoraussetzung die Gesellschafterversammlung auch im Bundesanzeiger freiwillig öffentlich bekannt gemacht werden.[28] Der BGH hat in einem nicht zu § 35 S. 3 ergangenen Urteil festgestellt, dass das Anknüpfen der Wirksamkeit der Einladung nur an die Veröffentlichung im BAnz. statt an die (zusätzliche) persönliche Einladung eine sachgerechte Lösung zur Gewährleistung der Funktionsfähigkeit der Publikumsgesellschaft in Bezug auf eine reibungslose Durchführung von Gesellschafterversammlungen darstellt.[29] Dies muss erst recht auch bei Vorhandensein unbekannter Anteilsinhaber gelten, deren Stimmrechte sogar ruhen.[30]

2. Anwendung auf Handelsregisteranmeldungen

Das Vorhandensein von unbekannten Anteilsinhabern wird in Personengesellschaften aber auch dann zum Problem, wenn Handelsregisteranmeldungen der Gesellschaft anstehen. Nach den §§ 108, 161 Abs. 2 HGB bedarf es für Anmeldungen zum Handelsregister der Mitwirkung aller Gesellschafter, was bei unbekannten Anteilsinhabern allerdings unmöglich ist.[31] Ungeklärt ist, ob § 35 auch für diesen Fall Erleichterungen gewährt. Nach einer Auffassung in der Literatur gebiete der Sinn und Zweck des § 35 S. 3 eine erweiternde Auslegung für spätere Handelsregisteranmeldungen bei Personengesellschaften. Danach bedürfe es bis zum Bekanntwerden der bisher unbekannten Gesellschafter nicht mehr deren Mitwirkung zu Handelsregisteranmeldungen.[32]

Hinweis: Zur Vermeidung solcher Konstellationen sollte bei der Gestaltung von Gesellschaftsverträgen von Personengesellschaften eine Regelung (auch für neu eintretende Kommanditisten) über unwiderrufliche Vollmachten (§ 12 Abs. 1 S. 3 HGB) aufgenommen werden (in der Regel als separate Anlage zum Gesellschaftsvertrag), die den Komplementär zur Vertretung der Kommanditisten im Rahmen von Handelsregisteranmeldungen ermächtigt.[33]

Nach zum Teil vertretener Ansicht kann aufgrund der Wirkung des § 35 S. 3 eine entsprechende **Vollmacht-Klausel** für den Gesellschaftsvertrag von allen (bekannten) Gesellschaftern beschlossen werden.[34] In eine ähnliche Richtung weist eine Entscheidung des OLG Schleswig, wonach derartige Vollmachten bei Umwandlungen auch im Ge-

---

26 OLG Bremen DB 2003, 1498 f.; Widmann/Mayer/*Wälzholz* § 35 Rn. 31.
27 IE so auch Widmann/Mayer/*Wälzholz* § 35 Rn. 31; Kölner Komm UmwG/*Simon* § 35 Rn. 24; Kallmeyer/*Marsch-Barner/Oppenhoff* § 35 Rn. 7; BeckOGK/*Rieder*, 1.1.2023, § 35 Rn. 12.
28 Der Vorschlag findet sich bei Widmann/Mayer/*Wälzholz* § 35 Rn. 31; vgl. auch Kölner Komm UmwG/*Simon* § 35 Rn. 24.
29 BGH DStR 2005, 1539 (1542).
30 So ausdr. Widmann/Mayer/*Wälzholz* § 35 Rn. 31.
31 Für ein Entfallen der Mitwirkungspflicht wohl Henssler/Strohn/*Ca. Müller* § 35 Rn. 8.
32 Widmann/Mayer/*Wälzholz* § 35 Rn. 33.
33 Zur Zulässigkeit solcher Vollmachten vgl. BGH DStR 2006, 1711 (1712).
34 Kölner Komm UmwG/*Simon* § 35 Rn. 26.

sellschaftsvertrag der neuen Gesellschaft durch bloßen Mehrheitsbeschluss vereinbart werden können.[35]

Hinweis: Ohne den Anwendungsbereich des § 35 S. 3 zu überstrapazieren, bietet es sich an, bei Vorhandensein unbekannter Aktionäre im übertragenden Rechtsträger noch vor der Verschmelzung eine entsprechende Handelsregistervollmacht in den Gesellschaftsvertrag der übernehmenden Gesellschaft aufzunehmen.[36]

§ 35a Interessenausgleich und Betriebsübergang

(1) Kommt ein Interessenausgleich nach § 112 des Betriebsverfassungsgesetzes zustande, in dem diejenigen Arbeitnehmer namentlich bezeichnet werden, die nach der Verschmelzung einem bestimmten Betrieb oder Betriebsteil zugeordnet werden, so kann die Zuordnung der Arbeitnehmer durch das Arbeitsgericht nur auf grobe Fehlerhaftigkeit überprüft werden.

(2) § 613a Absatz 1 und 4 bis 6 des Bürgerlichen Gesetzbuchs bleibt durch die Wirkungen der Eintragung einer Verschmelzung unberührt.

Literatur:

Bauer/Lingemann, Das neue Umwandlungsrecht und seine arbeitsrechtlichen Auswirkungen, NZA 1994, 1057; *Bachner*, Individualarbeits- und kollektivrechtliche Auswirkungen des neuen Umwandlungsgesetzes, NJW 1995, 2881; *Bayreuther*, Vorbehaltlose dynamische Bezugnahmeklauseln nach einem Betriebsübergang – Neues vom EuGH, NJW 2017, 2158; *Däubler*, Das Arbeitsrecht im neuen Umwandlungsgesetz, RdA 1995, 136; *Düwell*, Auswirkungen von Umwandlung und Betriebsübergang auf den Arbeitsgerichtsprozess, NZA 2012, 761; *Düwell*, Umwandlung von Unternehmen und arbeitsrechtliche Folgen – Das Arbeitsrecht im Gesetz zur Bereinigung des Umwandlungsrechts, NZA 1996, 393; *Gaul*, Aktuelles zum Betriebsübergang – Kennzeichnung und Vermeidung von § 613a BGB, DStR 2013, 595; *Gaul*, Das Schicksal von Tarifverträgen und Betriebsvereinbarungen bei der Umwandlung von Unternehmen, NZA 1995, 717; *Gaul/Otto*, Konsequenzen einer Spaltung nach § 123 UmwG für Firmentarifverträge, BB 2014, 500; *Herbst*, Arbeitsrecht im neuen Umwandlungsgesetz, AiB 1995, 5; *Hey/Simon*, Arbeitgeberstellung im Rahmen einer Kündigung bei Kettenverschmelzung, BB 2010, 2957; *Hohenstatt*, Der Interessenausgleich in einem veränderten rechtlichen Umfeld, NZA 1998, 846; *Hohenstatt/Schramm*, Wirksame Kündigung eines abgespaltenen Unternehmens in der Insolvenz, Kommentar zu BAG 6 AZR 526/04, BB 2006, 1281; *Joost*, Arbeitsrechtliche Angaben im Umwandlungsvertrag, ZIP 1995, 976; *Kania*, Tarifbindung bei Ausgliederung und Aufspaltung eines Betriebs, DB 1995, 625; *Kreßel*, Arbeitsrechtliche Aspekte des neuen Umwandlungsbereinigungsgesetzes, BB 1995, 925; *Lakenberg*, Rechtsprechungsregeln für die umwandlungsrechtliche Übertragung von Arbeitsverhältnissen – Wenn sich Arbeitnehmer den Arbeitgeber aussuchen können, NJW 2018, 3064; *Mengel*, Umwandlungen im Arbeitsrecht, 1997 (zit.: *Mengel* Umwandlungen); *Mückl/Götte*, Gestaltungsmöglichkeiten bei der Übertragung von Arbeitsverhältnissen nach dem UmwG, DB 2017, 966; *Neye*, Das neue Umwandlungsrecht vor der Verabschiedung im Bundestag, ZIP 1994, 917; *Olbertz*, Arbeitsrechtliche Aspekte beim Rechtsformwechsel, GWR 2017, 314; *Sagan*, Die kollektive Fortgeltung von Tarifverträgen und Betriebsvereinbarungen nach § 613a Abs. 1 Sätze 2–4 BGB, RdA 2011, 163; *Salje*, Umwandlungsgesetz, RdA 2000, 126; *Seitz/Werner*, Arbeitsvertragliche Bezugnahmeklauseln bei Unternehmensumstrukturierungen, NZA 2000, 1257; *Simon/Weninger*, Betriebsübergang und Gesamtrechtsnachfolge: Kein Widerspruch – keine Unterrichtung?, BB 2010, 117; *Studt*, Der umwandlungsrechtliche Interessenausgleich § 323 Abs. 2 UmwG, 2002; *Wahlig/Brune*, Entdynamisierung von Bezugnahmeklauseln nach Betriebsübergang, NZA 2018, 221; *Willemsen*, Arbeitsrecht im Umwandlungsgesetz – Zehn Fragen aus der Sicht der Praxis, NZA 1996, 791; *Wittschen*, Die Ablösung normativ wirkender Kollektivverträge beim Betriebsübergang – Keine vernünftigen Zweifel nach Scattolon und Unionen?, NZA 2019, 1180; *Wlotzke*, Arbeitsrechtliche Aspekte des neuen Umwandlungsrechts, DB 1995, 40.

---

35 OLG Schleswig DB 2003, 1502 (1503); zustimmend *Wagner* DStR 2003, 1891 (1892); *Bandehzadeh* DB 2003, 1663 (1665 f.); *Meyer-Landrut/Kiem* WM 1997, 1361 (1373).

36 So der Vorschlag von Widmann/Mayer/*Wälzholz* § 35 Rn. 9.

I. Normzweck	1	b)	Fortgeltung von kollektivrechtlichen Regelungen (§ 613a Abs. 1 S. 2–4 BGB)	52
1. Anwendungsbereich: Erfasste Umwandlungsvarianten	3		aa) Vorrang der kollektivrechtlichen Weitergeltung	53
2. Zweck des Zuordnungs-Interessenausgleich (Abs. 1)	10		bb) Auffangregelung des § 613a Abs. 1 S. 2–4 BGB	61
3. Zweck der Anwendungsanordnung von § 613a BGB (Abs. 2)	11	c)	Verhältnis der kollektivrechtlichen Weitergeltung zu tariflichen Bezugnahmeklauseln	72
II. Zuordnungs-Interessenausgleich (Abs. 1) .	17	d)	Kündigungsverbot (§ 613a Abs. 4 BGB)	79
1. Verschmelzung, andere Umwandlungsvarianten	19	e)	Unterrichtungspflicht (§ 613a Abs. 5 BGB)	80
2. Abschluss eines Interessenausgleichs mit namentlicher Zuordnung	20		aa) Verhältnis zu weiteren Informationspflichten	82
3. Verhältnis der namentlichen Zuordnung zu Abs. 2 iVm § 613a BGB	24		bb) Schuldner der Unterrichtungspflicht	83
4. Rechtsfolge: Eingeschränkter gerichtlicher Prüfungsumfang	29		cc) Form der Unterrichtung	84
III. Betriebsübergang (Abs. 2)	33		dd) Zeitpunkt der Unterrichtung ...	85
1. Tatbestandsvoraussetzungen des § 613a BGB	34		ee) Inhalt der Unterrichtung	86
a) Betrieb/Betriebsteil	34	f)	Widerspruchsrecht (§ 613a Abs. 6 BGB)	92
b) Identitätswahrender Übergang	36	g)	Haftungsverteilung (§ 613a Abs. 2, 3 BGB)	98
c) Durch Rechtsgeschäft	43			
d) Wechsel der betrieblichen Führung als Zäsur	44			
2. Rechtsfolgen	48			
a) Übergang der Arbeitsverhältnisse (§ 613a Abs. 1 S. 1 BGB)	49			

I. Normzweck

Der übergeordnete Zweck der Vorschrift, die zwei unterschiedliche arbeitsrechtliche Regelungen bündelt, liegt darin, Arbeitgebern und Arbeitnehmern Klarheit über die Zuordnung von Arbeitsverhältnissen zu verschaffen, wenn es bei einem Umwandlungsvorgang zu einem Rechtsträgerwechsel kommt. Mit diesem gemeinsamen Ziel wurden zwei vormals getrennt geregelte Vorschriften in einem neuen Paragrafen vereint: In § 35a Abs. 1 findet sich die vormals in § 323 Abs. 2 aF verortete Regelung über einen sog. Zuordnungs-Interessenausgleich, in § 35a Abs. 2 findet sich die zuvor in § 324 aF geregelte Anwendung von § 613a BGB (Betriebsübergang).

Die arbeitsrechtliche **Zuordnung von Arbeitsverhältnissen** hat bei den zentralen Umwandlungsvarianten der Verschmelzung (einschließlich der vergleichbaren Vermögensvollübertragung) und der Spaltung (einschließlich der vergleichbaren Vermögensteilübertragung) eine hohe praktische Bedeutung für Arbeitgeber und Arbeitnehmer.[1] Die an Umwandlungen beteiligten Unternehmen sind in vielen Fällen als Arbeitgeber über Arbeitsverträge Vertragspartner von Arbeitnehmern, so dass sich, genau wie für andere Schuldverhältnisse auch, bei einer Verschmelzung, Spaltung oder Vermögensübertragung die Frage stellt und beantwortet werden muss, welchem der beteiligten Rechtsträger nach der Umwandlung das arbeitsrechtliche Schuldverhältnis zugeordnet ist. Während Abs. 1 (Zuordnungs-Interessenausgleich) in der Umwandlungspraxis jedoch ein Schattendasein fristet, sind die von Abs. 2 in Bezug genommene Vorschrift des § 613a BGB (Betriebsübergang) und ihre Rechtsfolgen für die Beteiligten umso wichtiger.[2]

---

1 Bei einem Formwechsel spielt § 35a keine Rolle, weil er die unternehmerische und betriebliche Organisation unverändert lässt und sich auch der Inhaber der betroffenen Betriebe nicht ändert.

2 Angesichts des Vorrangs von § 613a BGB für die Zuordnung der Arbeitsverhältnisse hätte es bei der Einfügung von § 35a nahegelegen, § 324 aF im ersten Absatz von § 35a zu regeln und § 323 Abs. 2 aF in den zweiten Absatz von § 35a aufzunehmen.

1. Anwendungsbereich: Erfasste Umwandlungsvarianten

3 Die Vorschrift wurde durch das UmRuG neu geschaffen und fasst an nunmehr systematisch zutreffender Stelle die zwei zuvor an unpassender Stelle des UmWG verteilten Regelungen aus § 323 Abs. 2 und § 324 zusammen.[3] Mit diesem Ortswechsel sollen nach eindeutiger Aussage des Gesetzgebers jedoch keine inhaltlichen Änderungen verbunden sein.[4]

4 Die Vorschrift findet nach ihrer neuen systematischen Stellung im Ersten Teil des Zweiten Buchs des UmWG ausweislich des Wortlauts unmittelbar nur für die Variante **Verschmelzung** Anwendung. Über die Verweisung in § 305 Abs. 2 gilt sie auch bei einer grenzüberschreitenden Verschmelzung.

5 Für die der Verschmelzung verwandte Variante der **Vollübertragung** findet die Vorschrift über die Verweise in § 176 (von Kapitalgesellschaft auf öffentliche Hand), § 178 (von Aktiengesellschaft auf VVaG oder öffentlich-rechtliches Versicherungsunternehmen), § 180 (von VVaG auf Aktiengesellschaft oder öffentlich-rechtliches Versicherungsunternehmen), § 186 (von kleinerer VVaG auf Aktiengesellschaft oder öffentlich-rechtliches Versicherungsunternehmen) und § 188 (von öffentlich-rechtlichem Versicherungsunternehmen auf Aktiengesellschaft oder VVaG) Anwendung.

6 Bei den Varianten der **Spaltung** (Aufspaltung, Abspaltung und Ausgliederung) greift der allgemeine Verweis des § 125 Abs. 1 auf die Vorschriften des Zweiten Buches (Verschmelzung) und damit auf die Vorschrift des § 35a, so dass die Betriebspartner vor allem bei Spaltungen – was der Hauptanwendungsfall sein wird – einen Zuordnungs-Interessenausgleich nach § 35a Abs. 1 schließen können.

7 Die Vorschrift gilt auch für die der Spaltung verwandte Variante der **Teilübertragung** gemäß
§ 177 (von Kapitalgesellschaft auf öffentliche Hand), § 179 (von Aktiengesellschaft auf VVaG oder öffentlich-rechtliches Versicherungsunternehmen), § 184 (von VVaG auf Aktiengesellschaft oder öffentlich-rechtliches Versicherungsunternehmen) und § 189 (von öffentlich-rechtlichem Versicherungsunternehmen auf Aktiengesellschaft oder VVaG).

8 Eine analoge Anwendung von § 35a auf einen **Formwechsel** scheidet nicht nur mangels Vorliegens einer planwidrigen Regelungslücke aus, sondern auch, weil keine Vergleichbarkeit des Formwechsels mit den anderen Umwandlungsvarianten besteht.[5] Bei einem Formwechsel wechselt nur das „rechtliche Kleid" des Unternehmens; ein Übergang von Arbeitsverhältnissen oder Betrieben, denen Arbeitnehmer zuzuordnen wären, findet nicht statt (→ § 202 Rn. 6).

9 Der analogen Anwendung auf **Umstrukturierungen außerhalb des Umwandlungsgesetzes** steht der klare Wortlaut entgegen.[6]

2. Zweck des Zuordnungs-Interessenausgleich (Abs. 1)

10 Die Vorschrift des Abs. 1 zielt darauf ab, es den beteiligten Unternehmen im Zusammenhang mit einer Verschmelzung, Spaltung oder Vermögensübertragung über eine

---

[3] Die vormalige Stellung der arbeitsrechtlichen Vorschriften bei § 322 ff. aF im Siebten Buch (Übergangs- und Schlussvorschriften) passte systematisch nicht.
[4] BT-Drs. 20/3822, 72; ErfK/*Oetker* § 324 Rn. 11.

[5] Vgl. Semler/Stengel/Leonard/*Simon* § 323 Rn. 19; Ascheid/Preis/Schmidt/*Steffan* § 323 Rn. 18; Henssler/Willemsen/Kalb/*Willemsen* § 324 Rn. 2.
[6] Kölner Komm UmwG/Hohenstatt/*Schramm* § 323 Rn. 41; Semler/Stengel/Leonard/*Simon* § 323 Rn. 19; Schmitt/Hörtnagl/*Langner* § 323 Rn. 2.

besondere Vereinbarung mit dem zuständigen Betriebsrat (**Zuordnungs-Interessenausgleich**) zu erleichtern, von der Umwandlungsmaßnahme betroffene Arbeitnehmer namentlich einzelnen Betrieben zuzuordnen. Der Zuordnungs-Interessenausgleich nach Abs. 1 hat sein Vorbild im Interessenausgleich mit Namensliste gemäß § 125 Abs. 1 S. 1 Nr. 2 InsO, § 1 Abs. 5 S. 2 KSchG. Der infolge eines solchen Zuordnungs-Interessenausgleichs auf eine bloße „**grobe Fehlerhaftigkeit**" modifizierte Prüfungsmaßstab der Arbeitsgerichte für die dort vereinbarten Zuordnungen soll für die beteiligten Unternehmen die Rechtssicherheit bei der Planung einer Umwandlung erhöhen. Weil jedoch vor allem die zwingenden Vorgaben aus § 613a BGB die Zuordnung arbeitsrechtlich dominieren (→ Rn. 24 ff.), kommt der spezielle Zuordnungs-Interessenausgleich rechtlich und praktisch kaum zum Tragen.

3. Zweck der Anwendungsanordnung von § 613a BGB (Abs. 2)

Abs. 2 beantwortet die vormals umstrittene **Rechtsfrage**, ob § 613a BGB auch bei Umwandlungen, bei denen mehrere Rechtsträger beteiligt sind (Verschmelzung, Spaltung und Vermögensübertragung), anwendbar ist und erklärt die Regeln des § 613a BGB für anwendbar. 11

Dahinter steht die Überlegung, dass die an Umwandlungen beteiligten Rechtsträger in vielen Fällen als Arbeitgeber Vertragspartner in Arbeitsverhältnissen sind. Wenn bei einer Umwandlungsmaßnahme mehrere Rechtsträger beteiligt sind, stellt sich für diese Arbeitsverhältnisse, wie für andere Schuldverhältnisse auch, die Frage, welchem beteiligten Rechtsträger das arbeitsrechtliche Schuldverhältnis nach der Umwandlung zugeordnet ist. Während die beteiligten Rechtsträger solche Zuordnungen grundsätzlich privatautonom vornehmen und regeln können (vgl. § 126 Abs. 1 Nr. 9), kollidiert diese **Privatautonomie** in Bezug auf Arbeitsverhältnisse mit den europarechtlichen und nationalen (zwingenden) Regelungen zur Zuordnung von Arbeitsverhältnissen zu übertragenen Betrieben oder Betriebsteilen aus der europäischen Betriebsübergangs-Richtlinie[7] und § 613a BGB. § 613a BGB trifft für einen **Betriebsübergang** aber nicht nur eine verbindliche, durch die Betriebsinhaber nicht abdingbare Entscheidung darüber, welche Arbeitsverhältnisse „ihrem" übertragenen Betrieb oder Betriebsteil anhaften,[8] sondern auch dazu, dass die individualrechtlichen und kollektivrechtlichen Quellen des Arbeitsverhältnisses grundsätzlich durch einen Betriebsübergang nicht gespalten werden können.[9] 12

Lange Zeit sorgte deshalb das Verhältnis von Umwandlungsrecht und § 613a BGB bzw. der europäischen Betriebsübergangsrichtlinie für einen lebhaften Streit. Vor dem Inkrafttreten des UmwG war die **Anwendbarkeit des § 613a BGB bei der Gesamtrechtsnachfolge** umstritten. Die hM lehnte eine Anwendung von § 613a BGB in solchen Fällen mit dem formellen Argument ab, dass die Arbeitsverhältnisse „durch Gesetz" und nicht „durch Rechtsgeschäft" auf den neuen Inhaber übergehen und führte an, dass es deshalb auch keines Schutzes der Arbeitnehmer bedürfe.[10] Diese Auffassung war aber nicht nur wegen des auf diese Weise unberücksichtigten Einflusses der europä- 13

---

7 Richtlinie 77/187/EWG, heute Richtlinie 2001/23/EG.
8 Zur zwingenden Zuordnung von Arbeitsverhältnissen und Wirksamkeit diesbezüglicher Vereinbarungen vgl. BAG NZA-RR 2013, 6 (14 f.); ferner BAG NZA 2013, 617.
9 Neuerdings für einen Einzelfall aber abweichend EuGH 26.3.2020 – C-344/18.
10 BAG AP BGB § 613a Nr. 24, 36; AP BGB § 613a Nr. 44; AP BGB § 613a Nr. 85; vgl. ausführlich *Mengel* Umwandlungen S. 52 ff. mwN.

ischen Betriebsübergangsrichtlinie bedenklich,[11] sondern verkannte auch, dass bei gesellschaftsrechtlichen Umwandlungen die Gesamtrechtsnachfolge selbst ohne Zutun der beteiligten Rechtsträger durch Eintragung in das Handelsregister „durch Gesetz" ausgelöst wird, die Voraussetzungen für diese gesetzlich ausgelöste Gesamtrechtsnachfolge jedoch durch vertragliche Vereinbarungen (heute Verschmelzungsvertrag nach § 4 bzw. Vollübertragungsvertrag nach § 177, Spaltungs- und Übernahmevertrag nach § 126 bzw. Teilübertragungsvertrag nach § 176) und damit „durch Rechtsgeschäft" geschaffen sind.[12]

14 Die Vorschrift des § 324 aF war im Gesetzgebungsverfahren auf Wunsch der Gewerkschaftsseite in das UmwG aufgenommen worden, um den bestehenden Streit zu beenden und die Anwendung von § 613a BGB auch bei Umwandlungen klarzustellen.[13] Selbst wenn der Wortlaut der Vorschrift („bleibt (...) unberührt") nicht ganz eindeutig und wenig präzise ist, besteht heute allgemeine Einigkeit, dass § 613a Abs. 1 und Abs. 4–6 BGB[14] über § 35a Abs. 2 bei Verschmelzungen, Spaltungen und Vermögensübertragungen uneingeschränkte Anwendung findet.[15] § 35a Abs. 2 ist dabei eine **Rechtsgrundverweisung** auf § 613a BGB, so dass die Vorschrift eine Prüfung der Tatbestandsvoraussetzungen von § 613a Abs. 1 BGB für jeden Einzelfall erfordert.[16]

15 § 35a Abs. 2 und sein Verweis auf § 613a BGB sind in der Praxis, insbes. bei der Umwandlungsvariante Spaltung,[17] von großer Bedeutung. Nach der noch privatautonom möglichen Festlegung durch die beteiligten Rechtsträger, welche Vermögensgegenstände wohin im Rahmen der Umwandlung übergehen sollen,[18] richten sich der Übergang der Arbeitsverhältnisse und die damit verbundenen weiteren **Rechtsfolgen** fast immer nach der zwingenden Bestimmung des § 613a BGB: Es kommt demnach entweder zu einer Fortgeltung oder einer Ablösung von kollektivrechtlichen Inhalten der Arbeitsverhältnisse nach § 613a Abs. 1 S. 2–4 BGB, die betroffenen Arbeitnehmer müssen nach § 613a Abs. 5 BGB unterrichtet werden, sie haben ein Widerspruchsrecht nach Maßgabe von § 613a Abs. 6 BGB und ihre Arbeitsverhältnisse können nicht wegen des Betriebsübergangs gekündigt werden (§ 613a Abs. 4 BGB).

16 Die ausdrückliche Herausnahme der **Haftungsregelung** des § 613a Abs. 2 BGB bei § 35a Abs. 2 erklärt sich daraus, dass bei den genannten Umwandlungsfällen ausschließlich das besondere Haftungsregime der §§ 22, 133 gelten soll (→ Rn. 98 ff.).[19]

---

11 Lutter/*Sagan* § 324 Rn. 2.
12 Vgl. zum Verhältnis von Gesamtrechtsnachfolge und Rechtsgeschäft ausführlich G. *Schmidt* AcP 191 (1991), 495 (515 ff.).
13 Kallmeyer/*Willemsen* § 324 Rn. 1, 12 („Machtwort des Gesetzgebers"); Lutter/*Sagan* § 324 Rn. 3, der zudem zutreffend darauf hinweist, dass § 613a BGB auch ohne die Klarstellung in § 324 bei den genannten Umwandlungen anwendbar wäre; vgl. auch *Neye* ZIP 1994, 919.
14 Die Vorschrift des § 324 aF wurde durch Art. 5 des Gesetzes vom 23.3.2002 (BGBl. I 1163) nach Ergänzung des § 613a BGB um die Abs. 5 und 6 (Unterrichtung und Widerspruchsrecht) entsprechend erweitert.
15 Kölner Komm UmwG/*Hohenstatt/Schramm* § 324 Rn. 4; Lutter/*Sagan* § 324 Rn. 3; Kallmeyer/*Willemsen* § 324 Rn. 2 mwN.
16 BAG NZA 2018, 370; NZA 2006, 990; LAG SchlH 5.11.2015 – 5 Sa 437/14, ZIP 2016, 1500; LAG Hmb 31.5.2016 – 7 Sa 3/16, ZIP 2017, 1390; Lutter/*Sagan* § 324 Rn. 3; ErfK/*Oetker* § 324 Rn. 2; Kallmeyer/*Willemsen* § 324 Rn. 2; Semler/Stengel/Leonard/*Simon* § 324 Rn. 3; Schmitt/Hörtnagel/*Langner* § 324 Rn. 1; Henssler/Willemsen/Kalb/*Willemsen* § 324 Rn. 1; aA *Kreßel* BB 1995, 925 (928); *Salje* RdA 2000, 126 (Rechtsfolgenverweisung).
17 Bei der Verschmelzung gehen die Arbeitsverhältnisse bereits kraft Gesamtrechtsnachfolge auf den übernehmenden Rechtsträger über, § 20 Abs. 1 Nr. 1; bei der Spaltung oder Vermögensübertragung ist die Zuordnung der Arbeitsverhältnisse zu den beteiligten Rechtsträgern von § 613a BGB zu lösen.
18 Zu den Möglichkeiten der beteiligten Rechtsträger, trotz des grundsätzlichen Vorrangs von § 613a BGB arbeitsrechtliche Folgen durch Gestaltungen der Umwandlungsverträge beeinflussen zu können, vgl. Kallmeyer/*Willemsen* § 324 Rn. 51 ff.
19 So die hM, vgl. Lutter/*Sagan* § 324 Rn. 40; Kölner Komm UmwG/*Hohenstatt/Schramm* § 324 Rn. 103, auch zur Übergangsregelung des § 353, vormals § 319 aF, für Altersversorgungsverpflichtungen aus Altzusagen.

II. Zuordnungs-Interessenausgleich (Abs. 1)

Während im Gesetzgebungsverfahren bei der Schaffung des Umwandlungsgesetzes zunächst noch vorgesehen war, dass die beteiligten Rechtsträger die Arbeitsverhältnisse im Spaltungs- oder Verschmelzungsvertrag beliebig einem der an der Umwandlung beteiligten Unternehmen zuordnen können, nahm der Gesetzgeber davon im weiteren Verfahren dann wegen der **Unvereinbarkeit mit § 613a BGB** und der maßgeblichen EG-Richtlinie Abstand. Das Recht der an einer Umwandlung beteiligten Rechtsträger, grundsätzlich jeden Gegenstand – und damit sich auch jedes Arbeitsverhältnis – einem beliebigen übernehmenden Rechtsträger zuzuordnen, ist damit de lege lata durch die Vorschrift des § 613a BGB erheblich eingeschränkt (→ Rn. 24 ff.). 17

Um die Rechtssicherheit für die beteiligten Rechtsträger bei der Zuordnung der Arbeitsverhältnisse zu stärken, sieht Abs. 1 für Betriebe, für die ein Betriebsrat zuständig ist, die Möglichkeit der Betriebsparteien vor, nach dem Vorbild von § 1 Abs. 5 KSchG bzw. § 125 InsO über eine spezielle **Namensliste** in einem Interessenausgleich eine namentliche Zuordnung der Arbeitnehmer zu den einzelnen Betrieben oder Betriebsteilen vorzunehmen. Diese Zuordnung ist für diesen Fall nur auf eine grobe Fehlerhaftigkeit überprüfbar und erhöht damit die „Gerichtsfestigkeit". 18

1. Verschmelzung, andere Umwandlungsvarianten

Die Vorschrift findet nach ihrer neuen systematischen Stellung im Ersten Teil des Zweiten Buchs des UmwG ausweislich des Wortlauts direkt zwar nur für die Variante der nationalen **Verschmelzung** Anwendung, gilt aber über die Verweisung in § 305 Abs. 2 auch bei einer grenzüberschreitenden Verschmelzung. Darüber hinaus wird sie über Verweisnormen für die **Vollübertragung** (Verweise über § 176, § 178, § 180, § 186 und § 188), für die **Spaltung** in den Varianten der Aufspaltung, Abspaltung und Ausgliederung (Verweis über § 125 Abs. 1) und für die **Teilübertragung** (Verweise über § 177, § 179, § 184 und § 189) für anwendbar erklärt. 19

2. Abschluss eines Interessenausgleichs mit namentlicher Zuordnung

Die eingeschränkte gerichtliche Überprüfung einer namentlichen Zuordnung von Arbeitnehmern zu Betrieben greift nur, wenn ein **Interessenausgleich** nach § 112 BetrVG bei einer der genannten Umwandlungsvarianten geschlossen wird. Dieser Feststellung sind zwei Voraussetzungen zu entnehmen: 20

Zum einen muss ein Interessenausgleich im Sinne von § 112 Abs. 1 S. 1 BetrVG geschlossen werden, was der im Vergleich zur Vorgängerregelung in § 323 Abs. 2 insoweit leicht erweiterte Wortlaut („nach § 112 des Betriebsverfassungsgesetzes") des § 35a Abs. 1 klarstellt.[20] Für dessen Abschluss ist erforderlich, dass eine **Betriebsänderung** (dh im Regelfall eine der gesellschaftsrechtlich wirkenden Umwandlung entsprechende betriebliche Parallelumwandlung in Gestalt eines Zusammenschlusses mit anderen Betrieben bzw. der Spaltung eines Betriebs, § 111 S. 3 Nr. 3 BetrVG) im Sinne von § 111 BetrVG vorliegt.[21] Der Interessenausgleich ist zwischen dem die Betriebsänderung planenden Rechtsträger 21

---

20 Der Interessenausgleich ist nicht über eine Einigungsstelle erzwingbar, bedarf also eines Einvernehmens zwischen den Betriebsparteien, vgl. Lutter/*Sagan* Rn. 39; *Hohenstatt* NZA 1998, 846 (852).
21 Lutter/*Sagan* § 323 Rn. 18; *Studt* Umwandlungsrechtlicher Interessenausgleich S. 21 ff.; Widmann/Mayer/*Wälzholz* § 323 Rn. 21; Willemsen/Hohenstatt/Schweibert/Seibt Umstrukturierung/*Willemsen/Müller-Bonanni* G Rn. 138 f.; aA unter Hinweis auf ein „praktisches Bedürfnis" für eine breitere Anwendungsreichweite der Vorschrift Semler/Stengel/Leonard/*Simon* § 323 Rn. 68.

und dem zuständigen Betriebsratsgremium (in der Regel dem Betriebsrat oder dem Gesamtbetriebsrat) abzuschließen.

Hinweis: Neben der Zuordnung in einem Interessenausgleich können die Arbeitnehmer auch im Verschmelzungs-, Spaltungs- oder Übernahmevertrag den Rechtsträgern zugeordnet werden.[22] Diese Zuordnung muss sich allerdings nicht nur unter Umständen von der zwingenden Wirkung des § 613a BGB korrigieren lassen, sondern wäre zudem ohne das Privileg des Abs. 2 vor Gericht voll überprüfbar.

22 Für die Anwendung der prozessualen Privilegierung des § 35a Abs. 1 muss die Umwandlungsmaßnahme (Verschmelzung, Spaltung, Vermögensübertragung) der Grund für den Abschluss des Interessenausgleichs sein. Auch wenn der neue Wortlaut des § 35a Abs. 1 die Verbindung des Interessenausgleichs mit der Umwandlungsmaßnahme anders als noch § 323 Abs. 2 („bei einer Verschmelzung, Spaltung oder Vermögensübertragung") nicht mehr ausdrücklich erwähnt, ist keine inhaltliche Änderung zur vorherigen Rechtslage bezweckt.[23] Zwischen der dem Interessenausgleich zugrunde liegenden Betriebsänderung und der Umwandlung muss demnach ein **enger sachlicher und zeitlicher Zusammenhang** bestehen.[24] Nach der Rechtsprechung ist insoweit aber bereits ausreichend, dass der Interessenausgleich nach § 35a Abs. 1 zwar nur bei einer Umorganisation auf betrieblicher Ebene geschlossen wird, aber anschließend bei einer Umwandlungsmaßnahme ein Übergang der neu geschaffenen Betriebe bzw. Betriebsteile gemäß § 613a Abs. 1 BGB auf neue Betriebsinhaber erfolgen soll und der Interessenausgleich mit seiner Zuordnung diesen Betriebsübergang bloß vorbereitet (zum für diesen Fall dennoch erheblich begrenzten Gestaltungsspielraum aber → Rn. 35 ff.).[25]

23 Schließlich verlangt Abs. 1, dass die Arbeitnehmer im Interessenausgleich[26] namentlich einem bestimmten Betrieb oder Betriebsteil zugeordnet werden. Eine bloße **Zuordnung** zu einem Rechtsträger, einer Abteilung oder gar einer Arbeitsgruppe genügt nicht.[27]

3. Verhältnis der namentlichen Zuordnung zu Abs. 2 iVm § 613a BGB

24 Entgegen seinem Wortlaut überlässt die Vorschrift des Abs. 1 den Betriebsparteien nicht die völlig freie Zuordnung der Arbeitsverhältnisse zu den Betrieben oder Betriebsteilen, die im Rahmen einer Umwandlung einen neuen Betriebsinhaber bekommen. Der freien Zuordnung von Arbeitnehmern zu übertragenen Betrieben oder Betriebsteilen steht die zwingende Wirkung des über Abs. 2 (→ Rn. 14) anwendbaren § 613a BGB entgegen.[28]

---

22 Bei sich widersprechenden Zuordnungen im Vertrag und Interessenausgleich geht die Zuordnung im Interessenausgleich vor, Kallmeyer/*Willemsen* § 324 Rn. 61; Semler/Stengel/Leonard/*Simon* § 323 Rn. 40; Schmitt/Hörtnagl/*Hörtnagl* § 323 Rn. 17.
23 BT-Drs. 20/3822, 72 v. 5.10.2022.
24 Vgl. Kölner Komm UmwG/*Hohenstatt/Schramm* § 323 Rn. 40; Semler/Stengel/Leonard/*Simon* § 323 Rn. 20; diesen Zusammenhang nicht hinreichend berücksichtigend etwa LAG Hmb 31.5.2016 – 7 Sa 3/16, ZIP 2017, 540.
25 LAG Hmb 31.5.2016 – 7 Sa 3/16, ZIP 2017, 540 (sowie die Parallelfälle LAG Hmb 6.4.2017 – 6 Sa 76/16; LAG Hmb 30.1.2017 – 5 Sa 42/16; LAG Hmb 7.11.2016 – 8 Sa 12/16); LAG SchlH 5.11.2015 – 5 Sa 437/14, ZIP 2016, 1500.

26 Anlehnend an die Rechtsprechung des BAG zu Namenslisten nach § 1 Abs. 5 KSchG, § 125 InsO ist es möglich, die namentliche Zuordnung in einem separaten, aber mit dem Interessenausgleich (bestenfalls körperlich fest) verbundenen Dokument unterzubringen vgl. BAG NZA 2012, 1029 (1032); vgl. Semler/Stengel/Leonard/*Simon* § 323 Rn. 22.
27 Kölner Komm UmwG/*Hohenstatt/Schramm* § 323 Rn. 42; Semler/Stengel/Leonard/*Simon* § 323 Rn. 22 f.; nach Semler/Stengel/Leonard/*Simon* § 323 Rn. 23 kann eine Zuordnung zu einem Rechtsträger in zweifelsfreien Fällen durch ergänzende Auslegung des Interessenausgleichs in eine Zuordnung zu einem Betrieb oder Betriebsteil „repariert" werden.
28 BAG NZA 2018, 370 (373); NZA 2013, 277 (281).

Der Weg, über eine namentliche Zuordnung in einem Interessenausgleich Arbeitsverhältnisse abweichend zu § 613a BGB einem anderen Rechtsträger zuzuweisen, ist den Betriebsparteien wegen des **Vorrangs von § 613a BGB** deshalb verschlossen.[29] Die beteiligten Unternehmen können die von § 613a BGB vorgegebene Zuordnung von Arbeitsverhältnissen nicht über einen Zuordnungs-Interessenausgleich ändern oder aushebeln. Die beteiligten Rechtsträger haben in der Praxis insoweit allenfalls über die einer Umwandlung vorausgehende Umorganisation der betrieblichen Verhältnisse oder über die Zuordnung der Betriebe und Betriebsteile in den Umwandlungsverträgen zu den nach der Umwandlung bestehenden Rechtsträgern mittelbar einen begrenzten Einfluss auf die Verteilung der (dann dennoch von den Rechtsfolgen des § 613a BGB erfassten) Arbeitsverhältnisse.[30]

Wegen der Dominanz von § 613a BGB hat die Vorschrift des Abs. 1 zum Zuordnungs-Interessenausgleich in der Praxis nur eine sehr begrenzte eigenständige Bedeutung. Die gelockerte gerichtliche Kontrolldichte, die Abs. 1 gewährt, kommt praktisch nur in den Zweifelsfällen zur Geltung, bei denen mit einer Umwandlung Betriebe gespalten werden und für bestimmte Arbeitnehmer keine **eindeutige Zuordnung** zu einem Betrieb oder Betriebsteil möglich ist.[31] Mit dem prozessual wirkenden Privileg des Abs. 2 können demnach solche Arbeitnehmer zugeordnet werden, die in verschiedenen Betrieben oder Betriebsteilen beschäftigt sind (sog. „Springer" oder Arbeitnehmer auf „Doppelpositionen").[32] Dies gilt umso mehr, als der EuGH für solche Arbeitnehmer jüngst einen anteiligen Übergang von Rechten und Pflichten auf verschiedene übernehmende Rechtsträger ins Spiel gebracht hat.[33] Für in Querschnittsbereichen beschäftigte Arbeitnehmer (zB mit typischen Overhead-Aufgaben im kaufmännischen oder personellen Bereich) besteht keine Zuordnungskompetenz der Betriebsparteien. Sie sind nicht etwa den Betrieben oder Betriebsteilen (mit einer gelockerten Kontrolldichte gemäß Abs. 1) zuzuordnen, **für** die sie tätig waren, sondern sind **in** den mit Querschnittsaufgaben betriebsübergreifend tätigen Betriebsteil eingegliedert, diesem im Sinne von § 613a BGB zugeordnet und damit auch dem Anwendungsbereich von Abs. 1 entzogen.[34]

Darüber hinaus kann ein Interessenausgleich nach Abs. 1 die Zuordnung von Arbeitnehmern zu bestimmten Betrieben oder Betriebsteilen nach der neuesten Rechtsprechung selbst dann nicht erleichtern und für höhere Rechtssicherheit sorgen, wenn die **Umwandlung ohne Betriebsübergang** erfolgt und die zwingenden Rechtsfolgen des § 613a BGB, auf den § 35a Abs. 2 in Umwandlungsfällen verweist,[35] mangels Vorliegen der Tatbestandsvoraussetzungen des § 613a Abs. 1 S. 1 BGB die erleichterten Zuordnungsmöglichkeiten des § 35a Abs. 1 eigentlich zwangsläufig nicht hindern können.[36] Aus Art. 12 GG und dem Charakter der Arbeitspflicht als höchstpersönliche Pflicht (§ 613 BGB) solle nämlich folgen, dass einem Arbeitnehmer auch außerhalb des Anwendungsbereichs von § 613a BGB ohne seine Zustimmung kein anderer Arbeitsvertragspartner

---

29 BAG NZA 2013, 617 (620); NZA 2013, 277 (281); NZA-RR 2013, 6 (14 f.).
30 Kölner Komm UmwG/*Hohenstatt/Schramm* § 323 Rn. 34.
31 BAG NZA 2018, 370; Kölner Komm UmwG/*Hohenstatt/Schramm* § 323 Rn. 36; Ascheid/Preis/Schmidt/*Steffan* § 323 Rn. 23.
32 Henssler/Willemsen/Kalb/*Willemsen* § 324 Rn. 29; Kölner Komm UmwG/*Hohenstatt/Schramm* § 323 Rn. 36.
33 EuGH 26.3.2020 – C-344/18; dazu *Löw/Stolzenberg* NZA 2020, 1279.
34 Vgl. BAG NZA-RR 2013, 6 (15); NZA 2007, 1320 ff.; Kallmeyer/*Willemsen* § 324 Rn. 56; ErfK/*Preis* BGB § 613a Rn. 72; *Löw/Stolzenberg* NZA 2020, 1279 (1280).
35 § 35a Abs. 2 ist eine Rechtsgrundverweisung auf § 613a BGB, → Rn. 14.
36 BAG NZA 2018, 370; entgegen LAG Hmb 31.5.2016 – 7 Sa 3/16, ZIP 2017, 540 (sowie der Parallelfälle LAG Hmb 6.4.2017 – 6 Sa 76/16; LAG Hmb 30.1.2017 – 5 Sa 42/16; LAG Hmb 7.11.2016 – 8 Sa 12/16); LAG SchlH 5.11.2015 – 5 Sa 437/14, ZIP 2016, 1500.

über eine partielle Gesamtrechtsnachfolge aufgedrängt werden dürfe. Im praktisch bedeutsamen Fall der Aufspaltung (§ 131 Abs. 1 Nr. 2), bei der der übertragende Rechtsträger und bisherige Arbeitgeber untergeht, stehe dem Arbeitnehmer sogar ein **Wahlrecht** zu, welchem übernehmenden Rechtsträger sein Arbeitsverhältnis zugeordnet sein soll.[37] Demnach setzt sich das Arbeitsrecht (Art. 12 GG, § 613 BGB) auch dann gegen das Umwandlungsrecht (Prinzip der Gesamtrechtsnachfolge) durch, wenn die Arbeitsverhältnisse nicht über die Vorschriften zum Betriebsübergang (§ 613a BGB) zugeordnet werden. In der Praxis kann von einem nennenswerten Gestaltungsspielraum über Abs. 1 keine Rede sein.

28 **Hinweis:** Die Praxis muss sich mit der Rechtsprechung abfinden. Vereinbarungen zwischen Rechtsträger und Betriebsrat können eine Zuordnung der Arbeitsverhältnisse nicht gegen § 613a BGB und auch nicht gegen den Willen der Arbeitnehmer erzwingen. Ungeachtet der zwingenden Wirkung des § 613a BGB können Arbeitnehmer allerdings stets privatautonom und freiwillig eine von § 613a BGB abweichende Zuordnung akzeptieren oder außerhalb von Betriebsübergangs-Fällen ihre Zustimmung zum Übergang ihres Arbeitsverhältnisses per (partieller) Gesamtrechtsnachfolge auf bestimmte übernehmende Rechtsträger erteilen. In der Praxis empfiehlt es sich bei absehbaren Streitfällen mehr denn je, die Zuordnung von Arbeitnehmern zu einzelnen Betrieben oder Betriebsteilen im Vorfeld mit den betroffenen Arbeitnehmern abzustimmen.[38]

4. Rechtsfolge: Eingeschränkter gerichtlicher Prüfungsumfang

29 Die Wirkung von Abs. 1 ist in erster Linie prozessual.[39] Will ein Arbeitnehmer seine Zuordnung zu einem Betrieb nicht gelten lassen und greift sie gerichtlich an, ist der gerichtliche Prüfungsumfang bei Vorliegen eines Zuordnungs-Interessenausgleichs gemäß Abs. 1 eingeschränkt. Das Arbeitsgericht kann die erfolgte Zuordnung im Interessenausgleich nur auf **grobe Fehlerhaftigkeit** überprüfen. Die Korrektur nicht als grob zu wertender Fehler ist dem Arbeitsgericht verwehrt.

30 Zentraler Maßstab für die gerichtliche Prüfung ist § 613a BGB. Fehlerhaft ist die Zuordnung, wenn sie am Maßstab des § 613a BGB objektiv unrichtig ist; grob fehlerhaft ist sie nur, wenn sie schwerwiegend und offensichtlich unrichtig ist, dh sich unter keinem Gesichtspunkt sachlich rechtfertigen lässt.[40] Ein Indiz für eine grobe Fehlerhaftigkeit liegt etwa dann vor, wenn sich ein Arbeitnehmer durch die namentliche Zuordnung im Interessenausgleich nach der Umwandlung einem Betrieb oder Betriebsteil zugeordnet sieht, in dem er zuvor eindeutig nicht beschäftigt war.[41] Ebenfalls ist die Zuordnung eines Arbeitnehmer zu einer nicht übergangsfähigen wirtschaftlichen Einheit grob fehlerhaft.[42]

31 Die Darlegungs- und Beweislast der groben Fehlerhaftigkeit der Zuordnung trägt der Arbeitnehmer, wobei die aus der Arbeitsgerichtsbarkeit bekannten Grundsätze der abgestuften **Darlegungs- und Beweislast** anwendbar sind.

---

[37] BAG NZA 2018, 370 (376); kritisch *Lakenberg* NJW 2018, 3064 (3065 f.).
[38] BAG NZA-RR 2013, 6 (14); *Lakenberg* NJW 2018, 3064 (3067).
[39] *Hohenstatt* NZA 1998, 846 (853).
[40] Schmitt/Hörtnagl/*Langner* § 323 Rn. 20; *Wlotzke* DB 1995, 40 (45); Semler/Stengel/Leonard/*Simon* § 323 Rn. 27.
[41] Willemsen/Hohenstatt/Schweibert/Seibt Umstrukturierung/*Willemsen/Müller-Bonanni* G Rn. 138; *Bachner* NJW 1995, 2881 (2884).
[42] BAG NZA 2018, 370 (376); aA Henssler/Willemsen/Kalb/*Willemsen* § 324 Rn. 29.

Das Gesetz bestimmt keine ausdrückliche **Frist**, innerhalb der ein Arbeitnehmer die grobe Fehlerhaftigkeit der Zuordnung geltend machen muss. In der Literatur wird häufig auf eine analoge Anwendung der Monatsfrist aus § 613a Abs. 6 BGB verwiesen.[43] Um möglichst kurzfristig praktische Sicherheit über etwaige Einwendungen gegen die Zuordnung zu bekommen, kann sich empfehlen, eine Ausschlussfrist im Interessenausgleich zu vereinbaren und die Arbeitnehmer auf die Ausschlussfrist hinzuweisen.[44]

III. Betriebsübergang (Abs. 2)

Für den Eintritt eines übernehmenden oder neuen Rechtsträgers in die Arbeitsverhältnisse eines übertragenden Rechtsträgers und für die weiteren Rechtsfolgen von § 613a Abs. 1, 4–6 BGB ist wegen der Rechtsgrundweisung von § 35a Abs. 2 auf § 613a BGB auf der Tatbestandsseite erforderlich, dass infolge der in § 35a Abs. 2 genannten Verschmelzung bzw. infolge der über die Verweisungsnormen relevanten Varianten der Spaltung oder Vermögensübertragung) ein **Betrieb oder Betriebsteil auf einen anderen Rechtsträger übergeht**.[45]

1. Tatbestandsvoraussetzungen des § 613a BGB

a) Betrieb/Betriebsteil

Bei einer mit einem Rechtsträgerwechsel verbundenen Umwandlung[46] ist für die von § 613a Abs. 1 S. 1 BGB angeordnete Rechtsfolge maßgeblich, ob mit der Gesamtrechtsnachfolge ein (bereits beim übertragenden Unternehmen bestehender, übergangsfähiger)[47] Betrieb oder Betriebsteil seinen Inhaber wechselt. Was sich hinter den **Begriffen des Betriebs oder Betriebsteils** verbirgt, blieb für den Rechtsanwender wegen unterschiedlicher Ausgangspunkte von europäischer und nationaler Rechtsprechung lange Zeit im Unklaren.[48]

Über die letzten Jahre sind durch zahlreiche Entscheidungen des EuGH und des BAG die **Konturen des Betriebsbegriffs** des § 613a BGB geschärft worden. Das BAG, das die nationale Vorschrift des § 613a BGB richtlinienkonform auszulegen und die konkretisierende Rechtsprechung des EuGH zur Betriebsübergangs-Richtlinie 2001/23/EG zu beachten hat, geht bei der Definition des Betriebsbegriffs zu § 613a Abs. 1 S. 1 BGB von Art. 1 Abs. 1 lit. b RL 2001/23/EG und damit einer „wirtschaftlichen Einheit im Sinne einer organisierten Zusammenfassung von Ressourcen zur Verfolgung einer wirtschaftlichen Haupt- oder Nebentätigkeit" aus. Der Begriff wirtschaftliche Einheit bezieht sich nach der ständigen Rechtsprechung des BAG unter Übernahme der Definition der Richtlinie auf eine „organisatorische Gesamtheit von Personen und/oder Sachen zur auf Dauer angelegten Ausübung einer wirtschaftlichen Tätigkeit mit eigener Zielsetzung".[49] Da diese europarechtlich geprägte Definition eine Unterscheidung der dem nationalen deutschen Arbeitsrecht durchaus bedeutsamen Begriffe „Betrieb" und „Betriebsteil" obsolet macht und bei der Anwendung von § 613a BGB das Merkmal des „identitätswahrenden Übergangs" im Vordergrund steht, hat die Definition der beiden Begriffe in

---

43 Semler/Stengel/Leonard/*Simon* § 323 Rn. 31; *Mengel* Umwandlungen S. 155.
44 Semler/Stengel/Leonard/*Simon* § 323 Rn. 31.
45 Vgl. BAG NZA 2006, 990; NZA 2000, 1115.
46 Der Formwechsel (Wechsel des „rechtlichen Kleides") hat im Übrigen arbeitsrechtlich praktisch kaum Bedeutung, vgl. dazu *Olbertz* GWR 2017, 314.
47 BAG NZA 2014, 436; EuGH NZA 2014, 423.
48 Dazu ErfK/*Preis* BGB § 613a Rn. 5 ff.
49 BAG NJW 2011, 3596; ErfK/*Preis* BGB § 613a Rn. 6; Ascheid/Preis/Schmidt/*Steffan* BGB § 613a Rn. 14.

§ 613a Abs. 1 BGB immer mehr an Bedeutung verloren.[50] Für die Spaltung[51] fordert § 126 Abs. 1 Nr. 9 allerdings die Angabe der übergehenden „Betriebe und Betriebsteile unter Zuordnung zu den übernehmenden Rechtsträgern"; diese Begriffe sind im arbeitsrechtlichen Sinne gemeint.[52]

Hinweis: In der Praxis besteht auf der Tatbestandsseite des § 613a BGB **Gestaltungsspielraum**, auf der Rechtsfolgenseite hingegen nicht. So können die beteiligten Rechtsträger im Umwandlungsvertrag die Zuordnung der Vermögensgegenstände (Betriebsmittel) privatautonom vornehmen und damit maßgeblich darüber entscheiden, ob und gegenüber welchem Rechtsträger ein Übergang eines Betriebs oder Betriebsteils im Sinne von § 613a BGB stattfindet. Die häufig zu findende ausdrückliche Feststellung im Umwandlungsvertrag, dass ein Betrieb oder Betriebsteil übergeht, hat aber keine konstitutive, sondern allenfalls eine indizielle Bedeutung.[53] Bei der Prüfung, ob bei einer Umwandlung die Rechtsfolgen des § 613a BGB greifen, ist nicht der Wortlaut des Umwandlungsvertrages maßgeblich, sondern ob mit der Verschmelzung, Spaltung oder Vermögensübertragung eine wirtschaftliche Einheit identitätswahrend ihren Inhaber wechselt. Außerhalb des Tatbestands des § 613a BGB besteht für die beteiligten Rechtsträger zwar noch etwas Gestaltungsspielraum, der aber wegen der grundlegenden Wertungen von Art. 12 GG, 613 BGB eingeschränkt bleibt.[54]

b) Identitätswahrender Übergang

36 Ein Betriebsübergang setzt voraus, dass ein Betrieb oder Betriebsteil (eine wirtschaftliche Einheit, → Rn. 35 f.) unter **Wahrung seiner Identität** seinen Betriebsinhaber wechselt. Die mit Hinblick auf den Grundsatz der Privatautonomie einschneidende Rechtsfolge des § 613a BGB, dass ein Erwerber einer wirtschaftlichen Einheit kraft Gesetzes auch die dieser Einheit zugewiesenen Arbeitsverhältnisse übernehmen muss, lässt sich nur dann rechtfertigen, wenn der Erwerber nicht bloße einzelne Betriebsmittel erwirbt oder gar bloße Funktionen eines früheren Betriebsinhabers fortsetzt, sondern eine vorhandene, vom bisherigen Betriebsinhaber geschaffene bzw. genutzte, auf Dauer angelegte und auf einen bestimmten Betriebszweck ausgerichtete Betriebsorganisation weiternutzt.[55]

37 Werden bloß die Anteile an einer Gesellschaft, die ihrerseits einen Betrieb unterhält, übertragen („**share deal**"), bleibt zwar die Identität des Betriebs oder Betriebsteils gewahrt. Der Übergang von Gesellschaftsanteilen ist jedoch kein Betriebsinhaberwechsel und damit kein Betriebsübergang im Sinn von § 613a BGB, selbst wenn der neue Gesellschafter mit dem Erwerb der Anteile durch seine Gesellschafterstellung mittelbar den Betrieb beherrscht.[56]

---

50 MAH ArbR/*Cohnen* § 53 Rn. 11.
51 Nach § 177 Abs. 1 auch für die Teilübertragung.
52 Semler/Stengel/Leonard/*Schröer* § 126 Rn. 57 f.; Schmitt/Hörtnagl/*Hörtnagl* § 126 Rn. 72; Lutter/*Priester* § 126 Rn. 48.
53 Vgl. dazu Kallmeyer/*Willemsen* § 324 Rn. 4, 11 und 51 ff.; Semler/Stengel/Leonard/*Schröer/Greitemann* § 126 Rn. 60.
54 → Rn. 27 (Wirkung eines Interessenausgleichs mit einer Zuordnung der Arbeitnehmer).
55 Vgl. BAG NZA 2000, 369 (371); Kallmeyer/*Willemsen* § 324 Rn. 9; ErfK/*Preis* BGB § 613a Rn. 5: „in ein gemachtes Bett legt"; *Willemsen* NZA 2017, 953 (958).
56 BAG NZA 2017, 981; auch ein Formwechsel ist mangels Arbeitgeberwechsel kein Betriebsübergang, vgl. LAG RhPf 16.2.2016 – 8 Sa 266/15, GWR 2016, 262.

Für die Feststellung eines identitätswahrenden Übergangs sind in einer Gesamtabwägung, für die EuGH und BAG einen **7-Punkte-Katalog** heranziehen, sämtliche Umstände des Einzelfalls zu berücksichtigen und in eine Gesamtbewertung einzustellen.[57] 38

- Die Art des betreffenden Betriebs.
- Der Übergang materieller Betriebsmittel, wie beweglicher Güter und Gebäude.
- Der Wert immaterieller Aktiva im Zeitpunkt des Übergangs.
- Die Übernahme der Hauptbelegschaft durch den neuen Inhaber.
- Der Übergang von Kundschaft und Lieferantenbeziehungen.
- Der Grad der Ähnlichkeit zwischen den vor und nach dem Übergang verrichteten Tätigkeiten.
- Die Dauer einer Unterbrechung dieser Tätigkeit.

Alle diese Einzelpunkte sind jedoch nur Teilaspekte einer vorzunehmenden **Gesamtabwägung** und können deshalb nicht isoliert betrachtet werden.[58] Bei Verschmelzungen oder Vollübertragungen nach dem UmwG bereitet die Feststellung des identitätswahrenden Übergangs einer wirtschaftlichen Einheit in der Regel keine Probleme. Bei einer Spaltung oder Teilübertragung muss die Prüfung und Gesamtbewertung anhand des 7-Punkte-Katalogs erfolgen.[59] Für die Praxis von besonderer Bedeutung ist für die Feststellung eines Betriebsübergangs die im Anschluss an eine Entscheidung des EuGH[60] ergangene Rechtsprechung des BAG,[61] wonach die **Eingliederung des übergehenden Betriebs in die Organisation des neuen Inhabers** einen Betriebsübergang nicht mehr zwingend ausschließt und demnach in der Vergangenheit genutzte Gestaltungen zur Vermeidung der Rechtsfolgen von § 613a BGB ausscheiden.[62] Wird im Rahmen einer Umwandlung, wie es nicht selten geschieht, ein übergehender Betrieb oder Betriebsteil beim übernehmenden Rechtsträger in dessen betriebliche Organisation eingegliedert, bleibt somit nunmehr ein Betriebsübergang durchaus möglich, solange jedenfalls die funktionelle Verknüpfung der Wechselbeziehung und gegenseitigen Ergänzung der Produktionsfaktoren beibehalten wird. Ein Betriebsübergang scheidet andererseits jedoch aus, wenn ein übernehmendes Unternehmen aus einzelnen, beim übertragenden Unternehmen noch nicht als Betrieb oder Betriebsteil organisierten Betriebsmitteln erst einen Betrieb oder Betriebsteil gründet; nur ein beim übertragenden Unternehmen bereits bestehender Betrieb oder Betriebsteil kann Gegenstand eines Übergangs gemäß § 613a BGB sein.[63] 39

Vom identitätswahrenden Übergang einer wirtschaftlichen Einheit ist die bloße Fortführung einer Tätigkeit durch einen anderen (sog. **Funktionsnachfolge**) zu unterscheiden. Setzt ein Dritter nur eine Tätigkeit des bisherigen Betriebsinhabers fort, ohne zugleich etwa Personal, Führungskräfte, Betriebsmittel, Arbeitsorganisation oder Arbeitsmethoden zu übernehmen, liegt kein Betriebsübergang vor.[64] 40

---

57 Ständige Rspr., vgl. BAG NJOZ 2015, 1665; NJW 2013, 2379; NZA-RR 2013, 6; EuGH NZA 2011, 148; s. auch *Gaul* DStR 2013, 595.
58 EuGH NZA 2006, 29; NZA 2001, 249; BAG NZA 2009, 905 („Gesamtwürdigung"); BAG NZA 2009, 1412 („Gesamtschau").
59 Zu den Details vgl. MAH ArbR/*Cohnen* § 53 Rn. 16 ff.
60 EuGH NZA 2009, 251 – Klarenberg.
61 BAG NZA 2010, 499; NZA 2009, 905.
62 Vgl. dazu MAH ArbR/*Cohnen* § 53 Rn. 36.
63 BAG NZA 2014, 436; NZA 2010, 499; EuGH NZA 2014, 423; *Willemsen* NZA 2014, 1010.
64 BAG NZA 2009, 1267; NZA 2009, 905 (906); NZA 2007, 1287 (1289); grundlegend EuGH NZA 1997, 433 – Ayse Süzen, der damit die Fehlentscheidung des EuGH NZA 1994, 545 – Christel Schmidt korrigierte; Semler/Stengel/*Leonard*/*Simon* § 324 Rn. 7.

41 Die Abgrenzung kann auch in Umwandlungsfällen Bedeutung erlangen, wenn einzelne Tätigkeiten mit der Umwandlung separiert werden, ohne dass der gesamte Betrieb übertragen wird. Für die Abgrenzung der Funktionsnachfolge vom Betriebsübergang stellt das BAG maßgeblich darauf ab, ob der Dritte die Hauptbelegschaft, dh einen nach **Zahl und Sachkunde wesentlichen Teil des Personals** übernimmt.[65] Andererseits löst selbst die Übernahme der gesamten Belegschaft eines Betriebs nicht zwangsläufig einen Betriebsübergang aus, wenn der neue Arbeitgeber nicht zugleich für den Betrieb unverzichtbare sächliche Betriebsmittel übernimmt.[66]

42 Werden daneben für die Erfüllung eines Auftrags in nicht ganz untergeordnetem Umfang sächliche Betriebsmittel eingesetzt, kann ein Betriebsübergang auch ohne Übernahme von Personal anzunehmen sein, wenn die für die Erbringung der Tätigkeit eingesetzten Betriebsmittel die Identität der wirtschaftlichen Einheit prägen, dh ihr Einsatz bei wertender Betrachtungsweise den eigentlichen **Kern des zur Wertschöpfung erforderlichen Funktionszusammenhangs** ausmacht, und diese vom neuen Auftragnehmer übernommen werden.[67]

c) Durch Rechtsgeschäft

43 Der Gesetzgeber hat mit seiner Anordnung in § 35a Abs. 2 klargestellt, dass auch bei einer Umwandlung mit ihrer gesetzlich angeordneten Gesamtrechtsnachfolge ein Rechtsgeschäft die Grundlage des Inhaberwechsels bildet. Das nach § 613a Abs. 1 S. 1 BGB erforderliche Tatbestandsmerkmal „**durch Rechtsgeschäft**" steht deshalb seiner Anwendung in Umwandlungsfällen wegen der den Umwandlungen zugrunde liegenden Rechtsgeschäfte (Spaltungsvertrag oder Spaltungsplan, Verschmelzungsvertrag oder Übertragungsvertrag) gemäß § 35a Abs. 2 nicht entgegen. Nach der Rechtsprechung des BAG und der hM in der Literatur ist das Merkmal „durch Rechtsgeschäft" sehr weit auszulegen, erfordert keine unmittelbaren Vertragsbeziehungen zwischen bisherigem Inhaber und Erwerber[68] und dient letztlich nur der Abgrenzung zu den Fällen, in denen der Übergang von Arbeitsverhältnissen unmittelbar auf gesetzlicher Grundlage (etwa bei einer Gesamtrechtsnachfolge gemäß § 1922 BGB) oder auf Grundlage eines Hoheitsakts (etwa durch Zuschlag in der Zwangsversteigerung) und ohne Zwischenschaltung eines Rechtsgeschäfts erfolgt.[69]

d) Wechsel der betrieblichen Führung als Zäsur

44 **Maßgeblicher Zeitpunkt** für die Auslösung der Rechtsfolgen des § 613a BGB ist der Wechsel in der Person des Betriebsinhabers. Entscheidend ist nach der Rechtsprechung des BAG die tatsächliche Weiterführung der Geschäftstätigkeit durch diejenige Person, die nunmehr für den Betrieb als Inhaber „verantwortlich" ist, dh den Betrieb im eigenen Namen führt und nach außen als Betriebsinhaber auftritt.[70] Eines besonderen Übertragungsakts mit Bezug auf die betriebliche Leitungsmacht bedarf es auch in Umwandlungsfällen nicht.[71] Auf den wirtschaftlichen Stichtag eines Umwandlungsvertrags

---

65 BAG NZA 2008, 1021; NZA 1998, 534.
66 BAG NZA-RR 2017, 123; *Willemsen* NZA 2017, 953.
67 BAG NZA-RR 2010, 660; NZA 2007, 1431; auf die früher nach der Rechtsprechung des BAG entscheidende Frage, ob dem Auftragnehmer die Betriebsmittel zur eigenwirtschaftlichen Nutzung überlassen wurden oder nicht, kommt es nicht mehr an, vgl. EuGH NZA 2006, 29 – Güney Görres; BAG NZA 2006, 1105.
68 BAG NZA-RR 2013, 6 Rn. 64.
69 BAG NZA-RR 2008, 367; NZA 2006, 723; MAH ArbR/*Cohnen* § 53 Rn. 77.
70 BAG NJW 2011, 3596; NJW 2006, 2141; NJW 2003, 3581.
71 BAG NJW 2011, 3596; NJW 2006, 2138.

kommt es ebenso wenig an, wie auf den Wechsel des Eigentums an Betriebsmitteln.[72] Daraus lassen sich zwei für die Umwandlungspraxis entscheidende Feststellungen treffen:

Erstens wird der **Zeitpunkt des Betriebsübergangs** in aller Regel mit dem Wirksamwerden der Umwandlung gleichzusetzen sein. Mit dem Wirksamwerden der Verschmelzung, Spaltung oder Vermögensübertragung tritt der übernehmende oder neue Rechtsträger quasi prototypisch an die Stelle des übertragenden Rechtsträgers und wird neuer verantwortlicher Betriebsinhaber. Zwingend ist der zeitliche Gleichlauf zwischen Umwandlungs- und Arbeitsrecht allerdings nicht. Übernimmt der andere Rechtsträger schon vor dem Wirksamwerden der Umwandlung faktisch die Leitungsmacht und führt den Betrieb oder Betriebsteil verantwortlich, obwohl er noch nicht Eigentümer bzw. Inhaber der den Betrieb bzw. Betriebsteil charakterisierenden Betriebsmittel geworden ist, kommt es zu einem vorzeitigen Betriebsübergang und einem Übergang der Arbeitsverhältnisse.[73]

Hinweis: Ist ein vorzeitiger Eingriff des übernehmenden oder neuen Rechtsträgers trotz der damit verbundenen rechtlichen und steuerlichen Problematiken erforderlich, kann der Gleichlauf zwischen Gesamtrechtsnachfolge und Betriebsübergang durch einen sog. echten **Betriebsführungsvertrag** zwischen übertragendem und übernehmendem/neuem Rechtsträger gewahrt bleiben, wonach der übernehmende/neue Rechtsträger bereits Leitungsfunktionen im Betrieb übernimmt, diese aber nur im Namen und auf Rechnung des übertragenden Rechtsträgers ausübt und damit nach außen (noch) nicht als neuer Betriebsinhaber auftritt.[74] Die Trennung zwischen verantwortlicher Betriebsführung und faktischer Leitungsfunktion lässt sich auch bei einem nachträglichen Betriebsführungsvertrag nutzbar machen, indem die Führung des Betriebs nach der Umwandlung durch den alten Betriebsinhaber auf Rechnung des übernehmenden bzw. neuen Rechtsträgers erfolgt und somit ein Betriebsübergang mit seinen Rechtsfolgen (noch) vermieden wird.

Zweitens muss der übernehmende bzw. neue Rechtsträger den Betrieb oder Betriebsteil auch **tatsächlich weiterführen**. Die bloße (theoretische) Möglichkeit, die der übernehmende oder neue Rechtsträger allerdings nicht wahrnimmt, löst keinen Betriebsübergang aus.[75] Entschließt sich der übernehmende bzw. neue Rechtsträger dazu, eine bestimmte Tätigkeit mit der Umwandlung nicht mehr auszuüben, sondern unmittelbar auf einen Dritten auszulagern (**Outsourcing**), liegt kein Betriebsübergang vom übertragenden Rechtsträger auf den übernehmenden bzw. neuen Rechtsträger vor. Ob im Verhältnis des übertragenden Rechtsträgers zum Dritten ein Betriebsübergang vorliegt, bestimmt sich nach den oben beschriebenen Voraussetzungen. Entscheidend ist demnach, ob der Dritte eine wirtschaftliche Einheit des vorherigen Betriebsinhabers und nicht bloß dessen Tätigkeit übernimmt.

---

72 Kölner Komm UmwG/*Hohenstatt/Schramm* § 324 Rn. 17; Kallmeyer/*Willemsen* § 324 Rn. 14 f.; BAG NZA 2006, 597.
73 Henssler/Willemsen/Kalb/*Willemsen* § 324 Rn. 11; Semler/Stengel/Leonard/*Simon* § 324 Rn. 13; zu den Folgen für die Unterrichtung der Arbeitnehmervertreter → § 5 Rn. 72 ff.
74 Vgl. dazu Henssler/Willemsen/Kalb/*Willemsen* § 324 Rn. 11; *Ginal/Raif* GWR 2017, 131; LAG Bln-Bbg 11.5.2016 – 15 Sa 108/16, DStR 2016, 2236; zum Betriebsinhaber BAG NZA 2018, 933.
75 BAG NZA 1999, 869; NZA 1999, 704; NZA 1999, 310 (311); Kölner Komm UmwG/*Hohenstatt/Schramm* § 324 Rn. 13; zur früher vertretenen Theorie der Fortführungsmöglichkeit vgl. BAG NJW 1993, 2259; NZA 1985, 775.

47 Das Erfordernis der tatsächlichen Betriebsfortführung ist in Umwandlungsfällen darüber hinaus bei sogenannten **Kettenumwandlungen** von Bedeutung. Übernimmt demnach einer der zwischengeschalteten Rechtsträger der Kettenumwandlung nicht die tatsächliche Fortführung des Betriebs, sondern dient nur als rechtliche Übergangsstelle, erfolgt der Betriebsübergang unmittelbar vom ursprünglichen Betriebsinhaber auf den Rechtsträger, der den Betrieb letztlich fortführt.[76]

2. Rechtsfolgen

48 Der Verweis in Abs. 2 erfasst nur § 613a Abs. 1, 4–6, dh die Weitergeltung von Rechten und Pflichten aus dem Arbeitsverhältnis (§ 613a Abs. 1), die Pflicht zur Unterrichtung (§ 613a Abs. 5) und das Widerspruchsrecht (§ 613a Abs. 6). Ausdrücklich vom Verweis ausgespart bleiben die Abs. 2 und Abs. 3 des § 613a BGB, die die (Mit-)Haftung des vorherigen Betriebsinhabers betreffen.

a) Übergang der Arbeitsverhältnisse (§ 613a Abs. 1 S. 1 BGB)

49 Mit dem Betriebsübergang tritt der neue Inhaber nach § 613a Abs. 1 S. 1 BGB in die Rechte und Pflichten aus den im Zeitpunkt des Übergangs bestehenden Arbeitsverhältnissen ein. Die Arbeitsverhältnisse gehen also auf den neuen Betriebsinhaber über (vgl. § 613a Abs. 6 S. 1 BGB); es findet ohne Zutun des Arbeitnehmers ein **Austausch des Arbeitgebers** statt.[77]

Die Rechtsfolge des § 613a Abs. 1 S. 1 BGB gilt nur für **Arbeitsverhältnisse**, also nur für Arbeitnehmer.[78] Auch ruhende Arbeitsverhältnisse (etwa bei Elternzeit, Wehrdienst, Mutterschutz oder nach der Berufung in eine Organstellung bzw. dem Abschluss eines Dienstvertrages) gehen über.[79] Nicht erfasst von der zwingenden Wirkung des § 613a BGB sind etwa Dienstverhältnisse der Organmitglieder[80] (die allerdings ungeachtet eines Erlöschens ihrer Organstellung von der Gesamtrechtsnachfolge der Umwandlung erfasst sein können, → § 20 Rn. 33), freie Mitarbeiter oder ausgeschiedene Arbeitnehmer[81] (dh auch aktive Bezieher von Betriebsrenten). Die jüngere Rechtsprechung des EuGH lässt weiterhin offen, ob die vom BAG vom Übergang ihrer Dienstverhältnisse nach § 613a Abs. 1 BGB bislang ausgenommenen Fremd-Geschäftsführer als Arbeitnehmer im Sinne eines Betriebsübergangs angesehen werden müssen.[82]

Hinweis: In der Praxis ist es empfehlenswert, bei Umwandlungen mit **Organmitgliedern** (GmbH-Geschäftsführern, Vorständen einer Aktiengesellschaft etc) im Vorwege vertragliche Vereinbarungen über ihre Funktion zu schließen, zB Aufhebungsverträge, geänderte Dienstverträge oder neue Arbeitsverträge.

---

76 Dazu Willemsen/Hohenstatt/Schweibert/Seibt Umstrukturierung/*Willemsen* G Rn. 117; Kallmeyer/*Willemsen* § 324 Rn. 27; ausführlich *Hey/Simon* BB 2010, 2957; → Rn. 41.
77 Wegen der daraus resultierenden Beeinträchtigung der grundrechtlich durch Art. 12 Abs. 1 GG geschützten freien Wahl seines Arbeitsplatzes steht dem Arbeitnehmer das Widerspruchsrecht nach § 613a Abs. 5 BGB zu, vgl. BVerfG NJW 2011, 1427.
78 Ausführlich Staudinger/*Annuß* BGB § 613a Rn. 24 ff.
79 Vgl. Semler/Stengel/Leonard/*Simon* § 324 Rn. 16 zu dem Sonderfall der Auseinanderfallens von Dienst- und ruhendem Arbeitsverhältnis nach einer Spaltung. Dieser Fall dürfte nach der jüngeren Rechtsprechung des BAG zur (konkludenten) Aufhebung von Arbeitsverhältnissen bei „Beförderung" zum Geschäftsführer (BAG NZA 2009, 669; NZA 2007,1095) nur noch selten vorkommen.
80 BAG NZA 2023, 1457; BAG NZA 2003, 552; Ascheid/Preis/Schmidt/*Steffan* BGB § 613a Rn. 81; näher Kölner Komm UmwG/*Hohenstatt/Schramm* § 324 Rn. 100 ff.
81 § 613a Abs. 1 S. 1 BGB steht daher auch nicht einer (erneuten) sachgrundlosen Befristung des Arbeitsverhältnisses mit einem vor der Umwandlung bereits ausgeschiedenen Arbeitnehmer entgegen, vgl. BAG NZA 2005, 514.
82 Vgl. EuGH NZA 2019, 887; NZA 2017, 1175 in Verbindung mit EuGH NZA 2015, 861 (Anwendung der Massenentlassungsrichtlinie auf Geschäftsführer); MüKo-BGB/*Müller-Glöge* § 613a Rn. 82; vgl. BAG NZA 2023, 1457.

Die Freiheit vom Zwang des § 613a BGB ermöglicht es den beteiligten Rechtsträgern zudem, über die Umwandlung die **Altersversorgungsverpflichtungen** neu zu ordnen.[83]

Der durch § 613a Abs. 1 S. 1 BGB angeordnete Wechsel des Vertragsarbeitgebers lässt den **Inhalt des Arbeitsverhältnisses** im Übrigen unberührt. Vom Übergang erfasst ist sein gesamter Inhalt, einschließlich Versorgungszusage und Versorgungsanwartschaften.[84] Die insbes. für die Berechnung von Kündigungsfristen, Wartezeiten (§ 1 Abs. 1 KSchG, § 3 Abs. 3 EFZG, § 4 BUrlG), betriebliche Altersversorgung[85] und Abfindungen[86] bedeutsamen Betriebszugehörigkeitszeiten bleiben erhalten und werden durch die Umwandlung nicht auf „Null" gesetzt.[87] Der im Arbeitsverhältnis mit einem übertragenden Rechtsträger aufgrund der Zahl der beschäftigten Arbeitnehmer erwachsene Kündigungsschutz geht nicht nach § 613a Abs. 1 S. 1 BGB mit dem Arbeitsverhältnis auf den übernehmenden Rechtsträger über (zum befristeten Schutz des § 132 → § 132 Rn. 36).[88] 50

Die Vorschrift des § 613a Abs. 1 S. 1 BGB ist **zwingend und unabdingbar**; der Wechsel des Arbeitgebers nach § 613a Abs. 1 S. 1 BGB ist sowohl gegenüber der umwandlungsrechtlichen (partiellen) Gesamtrechtsnachfolge, wie auch gegenüber einer abweichenden Vereinbarung nach § 35a Abs. 1 (Interessenausgleich mit namentlicher Zuordnung, → Rn. 25) vorrangig.[89] 51

b) Fortgeltung von kollektivrechtlichen Regelungen (§ 613a Abs. 1 S. 2–4 BGB)

Arbeitsverhältnisse werden häufig nicht nur durch den Arbeitsvertrag, sondern auch durch Tarifverträge und/oder Betriebsvereinbarungen (**Kollektivregelungen**) bestimmt. Diese können für ein Arbeitsverhältnis entweder kollektivrechtlich (§ 4 Abs. 1 TVG oder kraft Allgemeinverbindlichkeit nach § 5 TVG bei Tarifverträgen, § 77 Abs. 4 BetrVG bei Betriebsvereinbarungen) oder durch vertragliche Inbezugnahme Geltung erlangen. Für die Bestimmung, welche Kollektivregelungen und in welchem Umfang diese nach einem mit einer Umwandlung verbundenen Betriebsübergang gelten, ist zwischen Tarifverträgen und Betriebsvereinbarungen auf der einen Seite und zwischen deren kollektivrechtlichen und vertraglichen Geltung auf der anderen Seite zu unterscheiden. Die von § 35a Abs. 2 in Bezug genommenen Vorschriften des § 613a Abs. 1 S. 2–4 BGB sind nämlich bloße Auffangregelungen, für die der **Vorrang der kollektivrechtlichen Weitergeltung** gilt: Soweit der übernehmende bzw. neue Rechtsträger kollektivrechtlich an die beim übertragenden Rechtsträger geltenden Tarifverträge und Betriebsvereinbarungen gebunden ist, gelten diese kollektivrechtlich fort und die Transformation nach Maßgabe von § 613a Abs. 1 S. 2–4 BGB findet nicht statt. 52

---

[83] BAG NJW 2005, 3371; aA AG Hamburg NZG 2005, 899 (noch zur Rechtslage bei Geltung des gestrichenen § 132 aF). Allerdings müssen die Vorschriften des BetrAVG beachtet werden, vgl. ausführlich Willemsen/Hohenstatt/Schweibert/Seibt Umstrukturierung/*Schnitker*/*Döring* J Rn. 559 ff.; vgl. auch BAG NZA 2009, 790 zur Schaffung und finanziellen Ausstattung von „Rentnergesellschaften".

[84] Henssler/Willemsen/Kalb/*Willemsen* § 324 Rn. 13; zu den praktischen Folgen vgl. beispielsweise BAG NZA 2007, 325 (Flugvergünstigungen), BAG NZA 2005, 941 (Personaleinkaufsberechtigung von Jahreswagen), BAG NJW 2003, 1755 (Aktienoptionspläne). Ausführlich mit praktischen Einzelfällen: MAH ArbR/*Cohnen* § 54 Rn. 1 ff.

[85] BAG NZA 2002, 520; ErfK/*Preis* BGB § 613a Rn. 76; ein übernehmender oder neuer Rechtsträger, der anders als der übertragende Rechtsträger eine betriebliche Altersversorgung gewährt, ist aber für die Bestimmung der Höhe seiner Altersversorgungsleistungen an den neu aufgenommenen Arbeitnehmer nicht zwingend zur Anerkennung dessen bisheriger Betriebszugehörigkeit verpflichtet, vgl. BAG NZA 2005, 840; NJW 1984, 1254; Willemsen/Hohenstatt/Schweibert/Seibt Umstrukturierung/*Willemsen*/*Müller Bonanni* G Rn. 171.

[86] Dazu EuGH NZA 2000, 1279; BAG NZA 2008, 241.

[87] Lutter/*Sagan* § 324 Rn. 14; Kölner Komm UmwG/*Hohenstatt*/*Schramm* § 324 Rn. 22.

[88] BAG NZA 2007, 739.

[89] BAG NZA 2018, 370.

aa) Vorrang der kollektivrechtlichen Weitergeltung

53 Einer Erhaltung der Rechtsnormen aus einem Tarifvertrag durch **Transformation ins Arbeitsverhältnis** gemäß § 613a Abs. 1 S. 2 BGB bedarf es nicht, wenn der Tarifvertrag nach dem Betriebsübergang kollektivrechtlich weitergilt. Für Umwandlungsfälle ist zwischen folgenden Varianten zu unterscheiden:[90]

54 Bei einem **Verbands- oder Flächentarifvertrag** hängt dessen kollektivrechtliche Fortgeltung nach einem Betriebsübergang von der eigenen Tarifbindung des übernehmenden bzw. neuen Rechtsträgers ab; eine Gesamtrechtsnachfolge des übernehmenden bzw. neuen Rechtsträgers in die Mitgliedschaft des übertragenden Rechtsträgers im Arbeitgeberverband findet nicht statt.[91] Der Tarifvertrag gilt demnach nur dann kollektivrechtlich fort, wenn entweder der übernehmende bzw. neue Rechtsträger dem Arbeitgeberverband angehört, der den Tarifvertrag geschlossen hat, oder wenn der Tarifvertrag für allgemeinverbindlich (§ 5 TVG) erklärt wurde.

55 Ein **Firmen-/Haustarifvertrag** gilt bei einer Verschmelzung oder Vollübertragung grundsätzlich kollektivrechtlich fort, da der übernehmende bzw. neue Rechtsträger gemäß § 20 Abs. 1 Nr. 1, § 36 per Gesamtrechtsnachfolge den Tarifvertrag „erbt".[92] Welche Arbeitnehmer ein mit einer Verschmelzung auf andere tarifgebundene Arbeitnehmer treffender Haustarifvertrag erfasst, ist eine Frage der Auslegung.[93] Die Reichweite eines durch eine Verschmelzung auf einen anderen Rechtsträger übergehenden Tarifvertrages wird sich meist nicht ändern, da die Geltung eines Firmen-/Haustarifvertrages in aller Regel auf die Betriebe und Arbeitnehmer des übertragenden Rechtsträgers beschränkt bleibt.[94] Eine genau entgegengesetzte Regel nimmt hingegen das BAG an: Demnach soll ein Haustarifvertrag des übertragenden Rechtsträgers beim übernehmenden Rechtsträger einer Verschmelzung so gelten, als hätte dieser den Haustarifvertrag selbst abgeschlossen. Dass der Firmen-/Haustarifvertrag das übertragende Unternehmen als Vertragspartner der Gewerkschaft nenne, reiche nicht, um die Anwendung auf die Betriebe und Arbeitnehmer des übernehmenden Rechtsträgers von vornherein auszuschließen.[95]

Im umgekehrten Fall, dh wenn ein aufnehmender Rechtsträger an einen Firmen-/Haustarifvertrag gebunden ist und über eine Verschmelzung bzw. Vollübertragung Arbeitnehmer neu hinzukommen, ergibt die Auslegung des Tarifvertrages in aller Regel, dass die hinzukommenden Arbeitnehmer nicht vom Firmen-/Haustarifvertrag erfasst werden.[96]

Hinweis: Da die Reichweite von Tarifverträgen maßgeblich durch die Auslegung ihres vereinbarten Geltungsbereichs bestimmt ist, kann die ungewünschte Anwendung eines Haustarifvertrages auf andere Arbeitnehmer eines an der Umwandlung beteiligten

---

[90] Im Einzelnen und mwN Kölner Komm UmwG/*Hohenstatt/Schramm* § 324 Rn. 38 ff., Willemsen/Hohenstatt/Schweibert/Seibt Umstrukturierung/*Hohenstatt* E Rn. 114 ff.

[91] BAG NJW 1999, 812; NZA 1995, 479; *Joost* ZIP 1995, 976 (979); *Schaub* BB 1995, 2003 (2006); *Gaul* NZA 1995, 717 (719).

[92] BAG NZA 2017, 326; NZA 2010, 51; NZA 2008, 307; *Bachner* NJW 1995, 2881 (2882); Kallmeyer/*Willemsen* § 324 Rn. 24; Semler/Stengel/Leonard/*Simon* § 20 Rn. 40; *Mengel* Umwandlungen S. 182.

[93] Staudinger/*Annuß* BGB § 613a Rn. 201.

[94] Henssler/Willemsen/Kalb/*Willemsen* § 324 Rn. 20; Semler/Stengel/Leonard/*Simon* § 20 Rn. 45; Willemsen/Hohenstatt/Schweibert/Seibt Umstrukturierung/*Hohenstatt* E Rn. 118, 120 ff.; Ascheid/Preis/Schmidt/*Steffan* § 324 Rn. 15; Lutter/*Sagan* § 324 Rn. 23; Kallmeyer/*Willemsen* § 324 Rn. 24; aA BAG NZA 2017, 326; zu Gestaltungsvorschlägen *Meyer* NZA-RR 2013, 225 (229).

[95] BAG NZA 2017, 326; im Ergebnis auch *Gaul/Otto* BB 2014, 500 (504).

[96] Ascheid/Preis/Schmidt/*Steffan* § 324 Rn. 14; aA LAG Nürnberg 13.4.2010 – 6 Sa 9/10, BeckRS 2011, 65305.

Rechtsträgers im Vorfeld einer Verschmelzung dadurch vermieden werden, dass vor dem Wirksamwerden der Verschmelzung im maßgeblichen Tarifvertrag ausdrückliche Formulierungen verwendet werden, die dessen Anwendung auf bestimmte Betriebe und Arbeitnehmer beschränken.

Kollidieren beim übernehmenden bzw. neuen Rechtsträger zwei Firmen-/Haustarifverträge, gelten beide Tarifverträge mit ihrem ursprünglichen Geltungsbereich nebeneinander (Tarifpluralität) fort, wenn beide Tarifverträge von der gleichen Gewerkschaft geschlossen sind oder beide Tarifverträge für unterschiedliche Betriebe des übernehmenden bzw. neuen Rechtsträgers gelten.[97] Bei der Kollision eines im Rahmen einer Verschmelzung übergehenden Firmen-/Haustarifvertrages mit einem beim übernehmenden bzw. neuen Rechtsträger geltenden Verbandstarifvertrag der gleichen Gewerkschaft setzt sich der speziellere Firmen-/Haustarifvertrag durch.[98] Im Übrigen, dh soweit Tarifverträge verschiedener Gewerkschaften mit gleichem Geltungsbereich, aber abweichenden Inhalten beim übernehmenden bzw. neuen Rechtsträger miteinander kollidieren (Tarifkollision), ist die Kollision nach Maßgabe von § 4a TVG aufzulösen.[99]

Bei der Spaltung bestimmt der **Spaltungs- und Übernahmevertrag** (bzw. der Spaltungsplan, § 136), ob und auf welchen der übernehmenden bzw. neuen Rechtsträger nach § 131 Abs. 1 Nr. 1, § 135 der Firmen-/Haustarifvertrag übergeht.[100] In diesem Fall kann der Tarifvertrag aber nur auf einen der Zielrechtsträger übergehen, eine „Vervielfachung" ist ausgeschlossen.[101] Fehlt es an einer entsprechenden Regelung, bleibt der übertragende Rechtsträger Partei des Firmen-/Haustarifvertrages.[102] Entsprechendes gilt für Fälle der Teilübertragung nach § 174 Abs. 2.[103] 56

Auch für **Betriebsvereinbarungen** ist § 613a Abs. 1 S. 2–4 BGB lediglich ein Auffangtatbestand für den Fall, dass der Betriebsübergang zu einem Verlust der betrieblichen Identität führt. 57

Behält der von einer Umwandlung betroffene Betrieb bei seinem Übergang seine betriebsverfassungsrechtliche Identität bei, gelten die **Einzelbetriebsvereinbarungen** dieses Betriebs für und gegen den übernehmenden bzw. neuen Rechtsträger als nunmehrigen Betriebsinhaber kollektivrechtlich fort.[104] Für eine Anwendung der Auffangregelung besteht dann kein Bedarf.[105] Trifft die kollektivrechtlich fortgeltende Einzelbetriebsvereinbarung auf eine im Unternehmen des übernehmenden bzw. neuen Rechtsträgers geltende, in originärer Zuständigkeit des Gesamtbetriebsrats[106] abgeschlossene Gesamtbetriebsvereinbarung, verdrängt diese die Einzelbetriebsvereinbarung, wenn es 58

---

97 Semler/Stengel/Leonard/*Simon* § 20 Rn. 45; Widmann/Mayer/*Wälzholz* Vor § 321 Rn. 29; Willemsen/Hohenstatt/Schweibert/Seibt Umstrukturierung/*Hohenstatt* E Rn. 122.
98 Willemsen/Hohenstatt/Schweibert/Seibt Umstrukturierung/*Hohenstatt* E Rn. 125; Semler/Stengel/Leonard/*Simon* § 20 Rn. 47.
99 Semler/Stengel/Leonard/*Simon* § 20 Rn. 45.
100 Henssler/Willemsen/Kalb/*Willemsen* § 324 Rn. 20; Staudinger/*Annuß* BGB § 613a Rn. 202; ausführlich Gaul/Otto BB 2014, 500.
101 BAG NZA 2013, 512 (514); Willemsen/Hohenstatt/Schweibert/Seibt Umstrukturierung/*Hohenstatt* E Rn. 128; Wiedemann/*Oetker* TVG § 3 Rn. 198; aA Wellenhofer-Klein ZfA 1999, 239 (262 ff.); Gaul/Otto BB 2014, 500 (502).
102 BAG NZA 2013, 512 (514).
103 Vgl. Willemsen/Hohenstatt/Schweibert/Seibt Umstrukturierung/*Hohenstatt* E Rn. 129; Gaul NZA 1995, 717 (719).
104 BAG NZA 2010, 404; NZA 1995, 222; NZA 1991, 619; LAG BW 8.2.2017 – 4 Sa 34/16, ZIP 2017, 1176; Kallmeyer/*Willemsen* § 324 Rn. 25.
105 BAG NZA 2002, 1034; Willemsen/Hohenstatt/Schweibert/Seibt Umstrukturierung/*Hohenstatt* E Rn. 8; MüKoBGB/*Müller-Glöge* § 613a Rn. 149; ErfK/*Preis* BGB § 613a Rn. 114.
106 Bei in abgeleiteter Zuständigkeit des Gesamtbetriebsrats nach § 50 Abs. 2 BetrVG geschlossenen Betriebsvereinbarungen handelt es sich um Einzelbetriebsvereinbarungen, vgl. BAG NZA 2003, 670 (673).

sich um den gleichen Regelungsgegenstand handelt.[107] Wird bei einer Umwandlung von einem Betrieb ein Betriebsteil abgespalten, der vom übernehmenden bzw. neuen Rechtsträger als eigenständiger Betrieb fortgeführt wird, gelten die Einzelbetriebsvereinbarungen des Ursprungsbetriebs auch in den abgespaltenen Betriebsteilen unmittelbar als solche weiter.[108] Eine kollektive Fortgeltung von Einzelbetriebsvereinbarungen scheidet aus, wenn der übertragene Betrieb oder Betriebsteil in einen bestehenden Betrieb des übernehmenden Rechtsträgers eingegliedert wird.[109]

59 **Gesamtbetriebsvereinbarungen** gelten kollektivrechtlich fort, wenn der übernehmende bzw. neue Rechtsträger sämtliche Betriebe des übertragenden Rechtsträgers ohne Änderung der betrieblichen Organisation übernimmt.[110] Zu einer kollektivrechtlichen Fortgeltung einer Gesamtbetriebsvereinbarung beim übernehmenden bzw. neuen Rechtsträger kommt es auch dann, wenn zwar nicht alle, aber doch mehrere Betriebe des übertragenden Rechtsträgers übernommen werden.[111] Sogar dann, wenn der übernehmende bzw. neue Rechtsträger nur einen Betrieb oder Betriebsteil des übertragenden Rechtsträgers übernimmt und diesen als Betrieb fortführt, gilt die Gesamtbetriebsvereinbarung, dann aber als Einzelbetriebsvereinbarung kollektivrechtlich fort.[112] Diese Grundsätze gelten aber dann nicht, wenn der Inhalt der Gesamtbetriebsvereinbarung die Zugehörigkeit zum übertragenden Rechtsträger zwingend voraussetzt und nach dem Betriebsübergang gegenstandslos ist.[113]

60 **Konzernbetriebsvereinbarungen** gelten kollektivrechtlich fort, wenn der übernehmende bzw. neue Rechtsträger zum gleichen Konzern wie der übertragende Rechtsträger gehört.[114] Darüber hinaus dürfte eine Konzernbetriebsvereinbarung auch dann kollektivrechtlich – als Einzelbetriebsvereinbarung – weitergelten, wenn ein einzelner Betrieb des übertragenden Rechtsträgers auf den konzernfremden übernehmenden bzw. neuen Rechtsträger übertragen wird. Werden mehrere Betriebe des übertragenden Rechtsträgers auf einen konzernfremden übernehmenden bzw. neuen Rechtsträger übertragen, wird die Konzernbetriebsvereinbarung als Gesamtbetriebsvereinbarung kollektivrechtlich fortgelten.[115] Diese Grundsätze werden aber wie oben dann nicht gelten, wenn der Inhalt der Konzernbetriebsvereinbarung die Zugehörigkeit zum Konzern des übertragenden Rechtsträgers zwingend voraussetzt und nach dem Betriebsübergang gegenstandslos ist.[116]

bb) Auffangregelung des § 613a Abs. 1 S. 2–4 BGB

61 Soweit Tarifverträge oder Betriebsvereinbarungen beim übernehmenden bzw. neuen Rechtsträger nicht kollektivrechtlich fortgelten, greift die **Auffangregelung** des § 613a

---

107 Willemsen/Hohenstatt/Schweibert/Seibt Umstrukturierung/*Hohenstatt* E Rn. 15.
108 BAG NZA-RR 2016, 366; NZA 2003, 670; *Salamon* RdA 2007, 153; aA Kallmeyer/*Willemsen* § 324 Rn. 25.
109 Vgl. ErfK/*Preis* BGB § 613a Rn. 116; Willemsen/Hohenstatt/Schweibert/Seibt Umstrukturierung/*Hohenstatt* E Rn. 28; für eine kollektivrechtliche Fortgeltung, wenn der Betrieb oder Betriebsteil als organisatorisch abgrenzbarer Betriebsteil fortgeführt wird bzw. ohne wesentliche organisatorische Änderung in einen neu geschaffenen Betrieb eingegliedert wird *Fitting* BetrVG § 77 Rn. 163 bzw. LAG BW 8.2.2017 – 4 Sa 34/16, ZIP 2017, 1176.
110 Willemsen/Hohenstatt/Schweibert/Seibt Umstrukturierung/*Hohenstatt* E Rn. 81 ff.
111 BAG NZA 2003, 336; Kölner Komm UmwG/*Hohenstatt/Schramm* § 324 Rn. 32.
112 Vgl. BAG NZA 2015, 1331; NZA 2003, 336; MAH ArbR/*Cohnen* § 54 Rn. 40 ff.; aA Kölner Komm UmwG/*Hohenstatt/Schramm* § 324 Rn. 34; *Rieble/Gutzeit* NZA 2003, 233; Lutter/*Sagan* § 324 Rn. 35; ausführlich *Salamon* RdA 2007, 153 ff.
113 BAG NZA 2003, 336; vgl. auch BAG NZA-RR 2017, 413 für auf die Unternehmensstruktur bezogene Gesamtbetriebsvereinbarungen.
114 Lutter/*Sagan* § 324 Rn. 36; Kallmeyer/*Willemsen* Vor § 322 Rn. 77; Kölner Komm UmwG/*Hohenstatt/Schramm* § 324 Rn. 36.
115 So die konsequente Schlussfolgerung bei Kölner Komm UmwG/*Hohenstatt/Schramm* § 324 Rn. 36.
116 Vgl. BAG NZA 2003, 336.

Abs. 1 S. 2 BGB, wonach die Inhalte der Kollektivnormen in das Arbeitsverhältnis transformiert werden.

Für **Tarifverträge** greift die Auffangregelung, soweit für die im Zeitpunkt des Betriebsübergangs kollektivrechtlich geltenden Tarifvertragsnormen nach dem Betriebsübergang keine beiderseitige Tarifbindung mehr besteht.[117] Dann werden die Rechtsnormen der beim übertragenden Rechtsträger geltenden Tarifverträge gemäß § 613a Abs. 1 S. 2 BGB Inhalt der Arbeitsverhältnisse der zum übernehmenden bzw. neuen Rechtsträger gewechselten Arbeitnehmer.

Für **Betriebsvereinbarungen** greift die Auffangregelung, wenn der Betriebsübergang zum Verlust der betrieblichen Identität des Betriebs oder Betriebsteils führt. Dann werden die in Betriebsvereinbarungen, Gesamtbetriebsvereinbarungen und Konzernbetriebsvereinbarungen geregelten Rechte und Pflichten gemäß § 613a Abs. 1 S. 2 BGB Inhalt des Arbeitsverhältnisses zwischen dem übernehmenden bzw. neuen Rechtsträger als dem neuen Betriebsinhaber und dem Arbeitnehmer.

Früher wurde diese von § 613a Abs. 1 S. 2 BGB angeordnete Transformation in Anknüpfung an den missverständlichen Wortlaut („werden (...) Inhalt des Arbeitsverhältnisses") so verstanden, dass die Kollektivnormen zum individualvertraglichen Bestandteil des Arbeitsverhältnisses werden.[118] Nach der heute hM bedeutet die Transformation des § 613a Abs. 1 S. 2 BGB allerdings eine spezielle Anordnung einer beschränkten Fortgeltung kollektivrechtlicher Regelungen, so dass ein nach § 613a Abs. 1 S. 2 BGB transformierter Tarifvertrag ebenso wie eine auf diese Weise transformierte Betriebsvereinbarung seinen **kollektiv-rechtlichen Charakter** behält.[119] Nur so ist die kollektivrechtliche Ablösungsmöglichkeit des § 613a Abs. 1 S. 3 BGB dogmatisch erklärbar.[120] Die Fortgeltung gemäß § 613a Abs. 1 S. 2 BGB wirkt statisch, dh die erfassten Normen werden in dem Zustand aufrechterhalten, der im Zeitpunkt des Betriebsübergangs besteht.[121]

Für die transformierten, zwingenden Rechte und Pflichten ordnet § 613a Abs. 1 S. 2 BGB eine **einjährige Veränderungssperre** an. Änderungen, seien sie einvernehmlich vereinbart oder einseitig durchgesetzt, zum Nachteil des Arbeitnehmers sind demnach gemäß § 134 BGB nichtig.[122] Während des Jahreszeitraums sind allerdings Änderungsverträge oder Änderungskündigungen zulässig, sofern sie erst nach dem Ablauf der Frist Wirksamkeit entfalten.[123] Die Veränderungssperre greift nicht, wenn der jeweilige Tarifvertrag oder die Betriebsvereinbarung nicht mehr gilt, dh durch Zeitablauf oder durch Kündigung nur noch nachwirkt (§ 4 Abs. 5 TVG, § 77 Abs. 6 BetrVG). Kein Fall der Verkürzung der Veränderungssperre, sondern eine sofortige Beendigung der

---

117 Das gilt auch, soweit ein Firmen-/Haustarifvertrag nicht dem übernehmenden bzw. neuen Rechtsträger gemäß § 123 zugeordnet ist, vgl. Gaul/Otto BB 2014, 500 (502).
118 BAG NZA 2004, 803.
119 BAG NZA 2020, 49; NZA 2010, 513; NZA 2010, 41; Henssler/Willemsen/Kalb/Willemsen/Müller-Bonanni BGB § 613a Rn. 250; vgl. ErfK/Preis BGB § 613a Rn. 112 und Sagan RdA 2011, 163 für das sog. „Sukzessionsmodell".
120 Vgl. ErfK/Preis BGB § 613a Rn. 123; Henssler/Willemsen/Kalb/Willemsen/Müller-Bonanni BGB § 613a Rn. 250; Staudinger/Annuß BGB § 613a Rn. 197 ff.
121 BAG NZA 2002, 517; NZA 2002, 510; Kölner Komm UmwG/Hohenstatt/Schramm § 324 Rn. 59; Henssler/Willemsen/Kalb/Willemsen/Müller-Bonanni BGB § 613a Rn. 265.
122 ErfK/Preis BGB § 613a Rn. 119; Ascheid/Preis/Schmidt/Steffan BGB § 613a Rn. 128.
123 Bauer/v. Steinau-Steinrück NZA 2000, 505 (506); Kölner Komm UmwG/Hohenstatt/Schramm § 324 Rn. 60.

Fortgeltung gemäß § 613a Abs. 1 S. 2 BGB liegt vor, wenn der Tarifvertrag oder die Betriebsvereinbarung ohne Nachwirkung endet.[124]

66 Die Auffangregelung nach § 613a Abs. 1 S. 2 BGB findet keine Anwendung, wenn und soweit die tarifvertraglichen oder betriebsverfassungsrechtlichen Normen durch einen anderen Tarifvertrag oder durch eine andere Betriebsvereinbarung des übernehmenden bzw. neuen Rechtsträgers abgelöst werden. Trotz des insoweit offenen Wortlauts kann eine Ablösung nur auf der jeweils gleichen rechtlichen Ebene erfolgen, dh von einem Tarifvertrag durch einen anderen Tarifvertrag oder von einer Betriebsvereinbarung durch eine andere Betriebsvereinbarung. In Rechtsprechung und Literatur werden unterschiedliche Auffassungen zur Zulässigkeit einer über die jeweilige rechtliche Ebene hinweg wirkenden Ablösung (sog. **Überkreuzablösung**), dh die Ablösung eines Tarifvertrages durch eine Betriebsvereinbarung bzw. einer Betriebsvereinbarung durch einen Tarifvertrag vertreten.[125]

67 Für eine **Ablösung eines Tarifvertrags durch einen anderen Tarifvertrag** ist die beiderseitige Tarifgebundenheit des übernehmenden bzw. neuen Rechtsträgers und des Arbeitnehmers erforderlich.[126] Ebenso erfolgt eine Ablösung nur insoweit, wie sich die Regelungsgegenstände des ablösenden Tarifvertrages mit dem abgelösten Tarifvertrag decken.[127] Bei identischer Regelungsmaterie gilt der neue Tarifvertrag nach der bisherigen Rechtsprechung des BAG auch dann, wenn er schlechtere Arbeitsbedingungen vorsieht.[128] Ob daran nach der Rechtsprechung des EuGH[129] noch uneingeschränkt festgehalten werden kann, ist zweifelhaft. In seinem vielbeachteten „Scattolon"-Urteil hatte der EuGH beiläufig (dort unter Rn. 76) eine Aussage fallen lassen, die – blendet man die durch die Übersetzung aus dem Französischen bedingten sprachlichen Unsicherheiten einmal aus – sich als schutzzweckgesteuertes generelles Verschlechterungsverbot bei einer Tarifablösung nach einem Betriebsübergang interpretieren ließe.[130] Das BAG hat inzwischen jedoch festgestellt, dass den EuGH-Entscheidungen iS „Scattolon" und „Unionen" kein generelles Verschlechterungsverbot entnommen werden könne.[131]

68 Bei Betriebsvereinbarungen muss der übertragene Betrieb von den Betriebsvereinbarungen (Einzel-, Gesamt- oder Konzernbetriebsvereinbarungen) des übernehmenden Rechtsträgers erfasst sein und diese müssen für eine **Ablösung durch Betriebsvereinbarungen** den gleichen Regelungsgegenstand betreffen.[132] Soweit eine im Unternehmen des übernehmenden bzw. neuen Rechtsträgers geltende Gesamtbetriebsvereinbarung den gleichen Regelungsgegenstand wie eine kollektivrechtlich fortgeltende Ein-

---

124 Willemsen/Hohenstatt/Schweibert/Seibt Umstrukturierung/*Hohenstatt* E Rn. 1; Staudinger/*Annuß* BGB § 613a Rn. 234; MAH ArbR/*Cohnen* § 54 Rn. 53.
125 Keine Ablösung einer Tarifnorm durch Betriebsvereinbarung: BAG NZA-RR 2014, 80; BB 2010, 2965; NZA 2008, 600; NZA 2008, 542 (jeweils für Bereiche außerhalb der erzwingbaren Mitbestimmung); ErfK/*Preis* BGB § 613a Rn. 126; aA Henssler/Willemsen/Kalb/*Willemsen*/*Müller-Bonanni* BGB § 613a Rn. 273; keine Ablösung einer Betriebsvereinbarungsnorm durch Tarifvertrag: *Kania* DB 1995, 625 (626); aA Willemsen/Hohenstatt/Schweibert/Seibt Umstrukturierung/*Hohenstatt* E Rn. 63; Staudinger/*Annuß* BGB Rn. 221.
126 ErfK/*Preis* BGB § 613a Rn. 123; Kölner Komm UmwG/*Hohenstatt/Schramm* § 324 Rn. 69.
127 Willemsen/Hohenstatt/Schweibert/Seibt Umstrukturierung/*Hohenstatt* E Rn. 148; ErfK/*Preis* BGB § 613a Rn. 123.
128 BAG NZA 2010, 41; NZA 1994, 1140.
129 EuGH NZA 2011, 1077 – Scattolon; nachfolgend ähnlich EuGH NZA 2017, 585 – Unionen.
130 ErfK/*Preis* BGB § 613a Rn. 125; *Steffan* NZA 2012, 473; dieses Prinzip wird vom EuGH NZA 2017, 585 (585 f.) – Unionen wiederholt unterstrichen.
131 BAG NZA 2019, 922 (926 ff.); NZA 2019, 1203 (1211) unter Rn. 91 ff.; ausführlich ErfK/*Preis* BGB § 613a Rn. 125; *Witschen* NZA 2019, 1180.
132 MAH ArbR/*Cohnen* § 54 Rn. 59.

zelbetriebsvereinbarung hat, löst die Gesamtbetriebsvereinbarung die Einzelbetriebsvereinbarung ab.[133]

Schwierigkeiten bereitet die Lösung der Frage, wie mit der Regelung von § 613a Abs. 1 S. 2 und S. 3 BGB in Fällen von **Kettenumwandlungen** umzugehen ist. Nach richtiger Ansicht ist – wie es im Ergebnis auch für die Frage des Tatbestands von § 613a BGB (→ Rn. 36) gilt – auf das direkte Verhältnis zwischen ursprünglichem Betriebsinhaber und neuen Betriebsinhaber abzustellen.[134] Für die Bestimmung von Fortgeltung und Ablösung von Kollektivnormen gemäß § 613a Abs. 1 S. 2 und S. 3 BGB sind für eine bloße juristische Sekunde zwischengeschaltete Gesellschaften irrelevant. 69

Die Ablösung muss nicht schon zum Zeitpunkt des Betriebsübergangs erfolgen, sie kann auch erst im Nachhinein greifen, ohne dass ein enger zeitlicher Zusammenhang mit dem Betriebsübergang erforderlich wäre.[135] Eine **nachträgliche Ablösung** der transformierten Rechtsnormen kann demnach erfolgen, wenn der übernehmende oder neue Rechtsträger später dem einschlägigen Arbeitgeberverband beitritt oder es erst nach Betriebsübergang zur beiderseitigen Tarifbindung kommt[136] bzw. die ablösende Betriebsvereinbarung erst nach dem Betriebsübergang abgeschlossen wird.[137] 70

Das **Günstigkeitsprinzip** findet im Verhältnis zwischen dem abzulösenden alten und dem ablösenden neuen Kollektivrecht keine Anwendung,[138] auch wenn das uneingeschränkte Günstigkeitsprinzip von der jüngeren EuGH-Rechtsprechung in Frage gestellt wird.[139] 71

c) Verhältnis der kollektivrechtlichen Weitergeltung zu tariflichen Bezugnahmeklauseln

In der Praxis werden die Fragen der kollektivrechtlichen Weitergeltung von Kollektivnormen regelmäßig durch die individualvertragliche Situation überlagert, wie sie sich aus der verbreiteten Verwendung von vertraglichen **Bezugnahmeklauseln** auf Tarifverträge ergibt. Die Ausgangslage ist noch einfach: Die in den Arbeitsverträgen enthaltenen Bezugnahmeklauseln sind Bestandteil des Individualarbeitsverhältnisses und gehen deshalb nach § 613a Abs. 1 S. 1 BGB auf den übernehmenden bzw. neuen Rechtsträger über; eine Transformation nach § 613a Abs. 1 S. 2 BGB findet insoweit nicht statt.[140] Die zahlreichen Varianten der Bezugnahmeklausel, ihre Abgrenzung zur kollektivrechtlichen Fortgeltung und die Rechtsprechung des Bundesarbeitsgerichts sind allerdings nur noch schwer zu überschauen.[141] 72

---

133 Willemsen/Hohenstatt/Schweibert/Seibt Umstrukturierung/*Hohenstatt* E Rn. 15.
134 Kallmeyer/*Willemsen* § 324 Rn. 28; Willemsen/Hohenstatt/Schweibert/Seibt Umstrukturierung/*Hohenstatt* E Rn. 139, 149; Kölner Komm UmwG/*Hohenstatt/Schramm* § 324 Rn. 64; im Ergebnis auch Staudinger/*Annuß* BGB § 613a Rn. 214 über die kollektivrechtlich wirkende Weitergeltung gemäß § 613a Abs. 1 S. 2 BGB; aA Wiedemann/*Oetker* TVG § 3 Rn. 242.
135 BAG NZA 2005, 1362; MüKoBGB/*Müller-Glöge* § 613a Rn. 141; Willemsen/Hohenstatt/Schweibert/Seibt Umstrukturierung/*Hohenstatt* E Rn. Rn. 168 ff.; *Schiefer* NJW 1998, 1817 (1820).
136 BAG NZA 2002, 513; ErfK/*Preis* BGB § 613a Rn. 125; Willemsen/Hohenstatt/Schweibert/Seibt Umstrukturierung/*Hohenstatt* E Rn. Rn. 169, 177.
137 BAG NZA 2002, 276; Willemsen/Hohenstatt/Schweibert/Seibt Umstrukturierung/*Hohenstatt* E Rn. 170, 177.
138 BAG NZA 2010, 41; NZA 1995, 1166; MüKoBGB/*Müller-Glöge* § 613a Rn. 142; ErfK/*Preis* BGB § 613a Rn. 123.
139 EuGH NZA 2011, 1077 – Scattolon; → Rn. 67; nach BAG NZA 2019, 1203 (1211) unter Rn. 91 ff. kann der Entscheidung des EuGH iS Scattolon kein generelles Verschlechterungsverbot entnommen werden.
140 BAG NZA 2011, 356; NZA-RR 2010, 530; NZA-RR 2010, 361; NZA 2008, 364; NZA 1997, 1066.
141 Ausführlich zu den Fallgruppen Willemsen/Hohenstatt/Schweibert/Seibt Umstrukturierung/*Hohenstatt* E Rn. 186 ff.; *Jacobs* BB 2011, 2037; MAH ArbR/*Cohnen* § 54 Rn. 92 ff.; Staudinger/*Annuß* BGB § 613a Rn. 236 ff.

73 Die in der Praxis verwendeten Klauseln lassen sich als statische,[142] kleine dynamische[143] und große dynamische[144] Bezugnahmeklauseln unterscheiden. **Dynamische Bezugnahmeklauseln** erfüllen regelmäßig den Zweck, die Gleichbehandlung von Gewerkschaftsmitgliedern und nicht tarifgebundenen Arbeitnehmern herzustellen (sog. Gleichstellungsabreden). Nach der neueren Rechtsprechung des BAG muss der Zweck einer Gleichstellungsabrede für Vereinbarungen, die nach dem 1.1.2002 getroffen wurden, hinreichend deutlich aus dem Wortlaut hervorgehen;[145] nach der früheren Rechtsprechung war es nicht erforderlich, den Gleichstellungszweck in der Klausel ausdrücklich zu benennen.[146] Kommt bei Neuverträgen der Gleichstellungszweck nicht deutlich genug zum Ausdruck, verweist die Klausel nach einem Betriebsübergang entgegen der tarifrechtlichen Parallelwertung in § 613a Abs. 1 S. 2 BGB dynamisch auf das Tarifvertragswerk des vorherigen Betriebsinhabers.[147]

74 Auch wenn Regelungen eines Tarifvertrages bereits kollektivrechtlich kraft beiderseitiger Tarifgebundenheit der Arbeitsvertragsparteien Anwendung finden (§ 4 Abs. 1 S. 1 TVG), wirkt eine parallel im Arbeitsvertrag enthaltene Bezugnahmeklausel konstitutiv und nicht rein deklaratorisch.[148] Bei einem Betriebsübergang richtet sich die Anwendung von Tarifnormen also nicht nur nach den für die kollektivrechtliche Fortgeltung geltenden Regeln, sondern zusätzlich auch nach der vertraglichen Bezugnahmeklausel; zwischen beiden Rechtsquellen gilt das **Günstigkeitsprinzip**.[149]

75 Die **Wirkung von Bezugnahmeklauseln** hängt demnach von verschiedenen Faktoren, wie der Art der verwendeten Klauseln, der Auslegung einer Klausel als sogenannte Gleichstellungsabrede und der Tarifbindung des übertragenden Rechtsträgers bzw. der des übernehmenden Rechtsträgers ab.

76 Für den Fall echter **Gleichstellungsabreden** spiegelt die Bezugnahmeklausel den tarifrechtlich geltenden Zustand wieder: Bei einer identischen Tarifbindung zwischen übertragendem und übernehmendem Rechtsträger gelten die in Bezug genommenen Tarifverträge auch für die tarifungebundenen Arbeitnehmer dynamisch weiter; bei kongruenter Tarifbindung des übernehmenden Rechtsträgers ersetzen dessen Tarifverträge die beim übertragenden Rechtsträger geltenden Tarifverträge in gleicher Weise wie für tarifgebundene Arbeitnehmer.[150] Gelten beim übernehmenden Rechtsträger andere Tarifverträge, die aber mit der gleichen Gewerkschaft abgeschlossen sind, ist eine Gleichstellungsabrede in Gestalt einer kleinen dynamischen Verweisung nicht ohne Weiteres als Tarifwechselklausel und damit im Ergebnis als Gleichbehandlungsabrede mit

---

142 Beispiel: „Es gilt der Tarifvertrag X in seiner Fassung vom (…)".
143 Beispiel: „Es gelten die Tarifverträge der X-Branche in der jeweils gültigen Fassung".
144 Beispiel: „Es gelten die für den Arbeitgeber jeweils einschlägigen Tarifverträge in der jeweils gültigen Fassung".
145 BAG NZA-RR 2010, 361; NZA 2008, 542; NZA 2007, 965; vor dem 1.1.2002 vereinbarte Bezugnahmeklauseln werden nach den neuen Regeln behandelt, wenn der Arbeitsvertrag nachträglich geändert wurde und die Klausel Gegenstand der rechtsgeschäftlichen Willensbildung war, vgl. BAG NZA-RR 2010, 530; NZA 2010, 170. Für Formulierungsvorschläge bei Neuverträgen, vgl. *Jacobs* BB 2011, 2037.
146 Auch für Altverträge fordert das BAG allerdings, dass die Gleichstellung nur wegen der fehlenden Tarifbindung des Arbeitnehmers erreicht wird und nicht etwa auch die fehlende einschlägige Tarifbindung des Arbeitgebers ersetzt, vgl. BAG NZA-RR 2010, 361; NZA 2005, 478.
147 Vgl. *Jacobs* BB 2011, 2037 (2039).
148 BAG NZA 2010, 41; Henssler/Willemsen/Kalb/*Henssler* TVG § 3 Rn. 28.
149 BAG NZA-RR 2010, 530; NZA 2008, 364; Kölner Komm UmwG/*Hohenstatt/Schramm* § 324 Rn. 73; *Jacobs* BB 2011, 2037 (2039).
150 Willemsen/Hohenstatt/Schweibert/Seibt Umstrukturierung/*Hohenstatt* E Rn. 222; MAH ArbR/*Cohnen* § 54 Rn. 105.

den tarifgebundenen Arbeitnehmern auszulegen.[151] Ist der übernehmende bzw. neue Rechtsträger nicht tarifgebunden, führt die Gleichstellungsabrede zu einer statischen Weitergeltung der Tarifverträge in ihrer Fassung zum Stand des Betriebsübergangs.[152]

War der übertragende Rechtsträger nicht tarifgebunden, behält eine als Gleichstellungsabrede gedachte, aber nach der genannten Rechtsprechung nicht als solche auszulegende **kleine dynamische Bezugnahmeklausel** auch nach dem Betriebsübergang ihre kleine dynamische Wirkung.[153] Eine große dynamische Inbezugnahmeklausel geht nach § 613a Abs. 1 S. 1 BGB auf den übernehmenden bzw. neuen Rechtsträger über. Ist er tarifgebunden, sind die bei ihm geltenden Tarifverträge aufgrund der Tarifwechselklausel auch auf die übergegangenen Arbeitsverhältnisse anwendbar, selbst wenn sie für die Arbeitnehmer ungünstiger sind als die zuvor anwendbaren Tarifverträge. Ist der übernehmende bzw. neue Rechtsträger nicht tarifgebunden, kommt es auf die Reichweite des Wortlauts der großen dynamischen Inbezugnahmeklausel an, ob die bei ihm einschlägigen Tarifverträge anzuwenden sind oder die Klausel wegen eines Verweises auf (nur) normativ geltende Tarifverträge ins Leere geht.[154]

Keine Beschränkung der vertraglichen Fortgeltung von dynamischen Bezugnahmeklauseln nach § 613a Abs. 1 S. 1 BGB folgt daraus, dass der neue Betriebsinhaber auf die Tarifabschlüsse, an die er über die vertraglichen Bezugnahmeklauseln gebunden wird, selbst keinen Einfluss nehmen kann. Die anfänglich durch die sogenannte Alemo-Heron-Entscheidung des EuGH[155] in Frage gestellte uneingeschränkte Fortgeltung von dynamischen Bezugnahmeklauseln wurde auf Vorlage des BAG[156] durch ein späteres Urteil des EuGH[157] nunmehr dahin gehend bestätigt, dass das europäische Recht der dynamischen Fortgeltung solcher Regelungen nicht entgegenstehe, weil der Betriebserwerber nach deutschem Arbeitsrecht über einvernehmliche Vertragsänderungen oder den Ausspruch von Änderungskündigungen rechtliche Möglichkeiten habe, die Dynamik zu beenden.[158]

d) Kündigungsverbot (§ 613a Abs. 4 BGB)

Eine Kündigung des Arbeitsverhältnisses, auch eine Änderungskündigung,[159] „wegen des Betriebsübergangs" ist nicht zulässig (**Kündigungsverbot**); aus „anderen Gründen" darf sie hingegen erfolgen. Ist eine Umwandlung etwa mit einem Rationalisierungskonzept verbunden, wonach Beschäftigungsmöglichkeiten entfallen, ist eine betriebsbedingte Kündigung zulässig.[160]

e) Unterrichtungspflicht (§ 613a Abs. 5 BGB)

Auch in Umwandlungsfällen sind die von einem Übergang ihrer Arbeitsverhältnisse betroffenen Arbeitnehmer gemäß § 35a Abs. 2 UmwG, § 613a Abs. 5 BGB zu **unterrichten**, damit sie eine sachgerechte Entscheidung darüber treffen können, ob sie dem

---

151 BAG NZA 2008, 364; Kölner Komm UmwG/*Hohenstatt/Schramm* § 324 Rn. 73.
152 BAG NZA-RR 2010, 530; NZA 2002, 517; *Seitz/Werner* NZA 2000, 1257 (1265).
153 Vgl. BAG NZA 2007, 965; NZA 2005, 478; NZA 2003, 807.
154 *Jacobs* BB 2011, 2037 (2042).
155 EuGH NZA 2013, 835.
156 BAG NZA 2016, 373.
157 EuGH NZA 2017, 571 (Asklepios).
158 Vgl. *Bayreuther* NJW 2017, 2158; zu den Möglichkeiten einer Entdynamisierung von Bezugnahmeklauseln *Wahlig/Brune* NZA 2018, 221 (223 ff.).
159 Kölner Komm UmwG/*Hohenstatt/Schramm* § 324 Fn. 75.
160 *Schumacher-Mohr* NZA 2004, 629 (632); vgl. BAG NZA 1997, 148.

Übergang ihres Arbeitsverhältnisses widersprechen oder ihr Arbeitsverhältnis beim übernehmenden bzw. neuen Rechtsträger fortsetzen.[161]

Hinweis: Auch wenn nach der Rechtsprechung in Umwandlungsfällen, bei denen der übertragende Rechtsträger erlischt, ein Widerspruch ausgeschlossen ist,[162] und deshalb das Ziel der Unterrichtung eigentlich ins Leere geht, empfiehlt sich in der Praxis mangels einschlägiger Rechtsprechung gleichwohl die **Unterrichtungspflicht** zu erfüllen.[163] Das BAG hat bei der Verletzung einer bestehenden Unterrichtungspflicht einen Schadensersatzanspruch des Arbeitnehmers dem Grunde nach anerkannt.[164]

81 In der Praxis ist eine ordnungsgemäße Unterrichtung nach § 613a Abs. 5 BGB in den Fällen, in denen der übertragende Rechtsträger als vormaliger Betriebsinhaber weiterbesteht, von großer Bedeutung, da nur eine vollständige, verständliche und inhaltlich richtige Unterrichtung die **Monatsfrist** des § 613a Abs. 6 BGB für die Erklärung des Widerspruchs auslöst.[165] Das Zugangsrisiko tragen die Betriebsinhaber.[166]

Hinweis: Arbeitgebern ist zu empfehlen, den **Empfang des Unterrichtungsschreibens** vom Arbeitnehmer auf einer Kopie unter Angabe des Empfangsdatums quittieren zu lassen.

aa) Verhältnis zu weiteren Informationspflichten

82 Die Unterrichtung tritt neben die weiteren **arbeitsrechtlich relevanten Informationspflichten** bei Umwandlungen, wie § 106 Abs. 3 Nr. 10 BetrVG (Unterrichtung des Wirtschaftsausschusses), § 111 S. 1 BetrVG (Betriebsänderung) und § 5 Abs. 1 Nr. 9 sowie § 126 Abs. 1 Nr. 11 (Angaben im Umwandlungsvertrag, → § 5 Rn. 72 ff. und → § 126 Rn. 60 f.). Für die Pflicht zur Unterrichtung unerheblich ist die Anzahl der betroffenen Arbeitnehmer oder die Existenz bzw. Nichtexistenz eines Betriebsrats.[167]

bb) Schuldner der Unterrichtungspflicht

83 Für die Unterrichtung sind bisheriger und neuer Betriebsinhaber als **Gesamtschuldner** (§ 421 BGB) verantwortlich. Ihnen steht wechselseitig ein Auskunftsanspruch hinsichtlich der für die Unterrichtung maßgeblichen Tatsachen zu.[168]

Hinweis: In der Praxis empfehlen sich vertragliche Regelungen zwischen den beteiligten Rechtsträgern zur **Haftung für unwirksame Unterrichtungen**. Häufig wird die Haftung für die Folgen einer unvollständigen oder unzutreffenden Unterrichtung danach verteilt, aus wessen Sphäre die mangelnde Information oder der Fehler stammt.

cc) Form der Unterrichtung

84 Die Unterrichtung hat als **formelle Mindestanforderung** in Textform (§ 126b BGB) zu erfolgen; die Unterrichtungsschreiben müssen nicht die strengen Vorgaben der Schriftform nach § 126 Abs. 1 BGB erfüllen. Eine Übermittlung eines Schreibens als einfache

---

161 Kölner Komm UmwG/*Hohenstatt/Schramm* § 324 Rn. 77.
162 BAG NZA 2008, 815; → Rn. 63 ff.
163 Gegen eine Unterrichtungspflicht in diesen Fällen etwa *Simon/Weniger* BB 2010, 117.
164 BAG NZA 2006, 1406; Lutter/*Sagan* § 324 Rn. 56; MüKo-BGB/*Müller-Glöge* § 613a Rn. 114.
165 BAG NJOZ 2012, 860; NZA 2009, 547.
166 ErfK/*Preis* BGB § 613a Rn. 91.
167 Kallmeyer/*Willemsen* § 324 Rn. 30.
168 Kölner Komm UmwG/*Hohenstatt/Schramm* § 324 Rn. 77; Kallmeyer/*Willemsen* § 324 Rn. 31.

Kopie ist ebenso zulässig wie der Versand per Telefax oder per E-Mail/E-Mailanhang.[169] Ein Aushang im Betrieb genügt hingegen wegen des fehlenden formgerechten Zugangs bei den Arbeitnehmern nicht.[170]

dd) Zeitpunkt der Unterrichtung

In zeitlicher Hinsicht soll die Unterrichtung nach § 613a Abs. 5 BGB **vor dem Betriebsübergang** erfolgen. Idealerweise werden die Arbeitnehmer früher als einen Monat vor dem Wirksamwerden der Umwandlung und dem zu diesem Zeitpunkt geplanten Betriebsübergang unterrichtet, um dann feststellen zu können, ob und wie viele Arbeitnehmer dem Übergang ihres Arbeitsverhältnisses widersprochen haben. Auch eine Unterrichtung nach dem Betriebsübergang ist möglich; die Monatsfrist des § 613a Abs. 6 BGB beginnt dann erst nach dem Betriebsübergang mit Zugang der formgerechten Unterrichtung.[171]   85

ee) Inhalt der Unterrichtung

In **inhaltlicher Hinsicht** verpflichtet § 613a Abs. 5 BGB zur Unterrichtung über   86

- den Zeitpunkt oder geplanten Zeitpunkt des Übergangs,
- den Grund für den Übergang,
- die rechtlichen, wirtschaftlichen und sozialen Folgen für die Arbeitnehmer und
- die hinsichtlich der Arbeitnehmer in Aussicht genommenen Maßnahmen.

Die Unterrichtungspflicht läuft nicht auf eine Pflicht der Arbeitgeber hinaus, jedem Arbeitnehmer eine individuelle Rechtsberatung zukommen zu lassen.[172] Die Unterrichtung kann also auch in einem Standardschreiben erfolgen; sie muss jedoch etwaige Besonderheiten des Arbeitsverhältnisses erfassen.[173] Eine bloße Wiedergabe des Gesetzeswortlauts des § 613a BGB ist nicht ausreichend.[174] Ungeachtet dieses von der Rechtsprechung vorgegebenen Rahmens für die Unterrichtung sind die **Anforderungen der Rechtsprechung** an eine vollständige, inhaltlich zutreffende und zugleich für einen juristischen Laien verständliche Unterrichtung extrem hoch.[175] Die Gerichte prüfen in vollem Umfang, ob eine Unterrichtung den Anforderungen des § 613a Abs. 5 BGB entspricht.[176]   87

Hinweis: In seiner Entscheidung vom 10.11.2011 (NZA 2012, 584) hat das BAG in einem seltenen Fall ein Unterrichtungsschreiben als ordnungsgemäß gebilligt, so dass sich die Praxis bei der Gestaltung von Unterrichtungsschreiben an dem im Tatbestand des Urteils wiedergegebenen Wortlaut orientiert.

Für die einzelnen inhaltlichen Punkte der Unterrichtung gilt Folgendes:[177] Der (**geplante**) **Zeitpunkt** stellt auf die Übernahme der betrieblichen Leitungsmacht durch den   88

---

169 ErfK/*Preis* BGB § 613a Rn. 91; Kölner Komm UmwG/*Hohenstatt/Schramm* § 324 Rn. 77; vgl. zu Formvorschriften im Arbeitsrecht auch *Röger* NJW 2004, 1764.
170 Staudinger/*Annuß* BGB § 613a Rn. 263; MAH ArbR/*Cohnen* § 55 Rn. 15.
171 *Willemsen/Lembke* NJW 2002, 1159 (1163); Ascheid/Preis/Schmidt/*Steffan* BGB § 613a Rn. 206; Staudinger/*Annuß* BGB § 613a Rn. 300.
172 BAG NJOZ 2012, 860; *Schnitker/Grau* BB 2005, 2238 (2239): „keine gutachterlichen Ausführungen erforderlich".
173 BAG NJW 2007, 246.
174 BAG NZA 2006, 1268; Henssler/Willemsen/Kalb/*Willemsen/Müller-Bonanni* BGB § 613a Rn. 320a.
175 Nach Kallmeyer/*Willemsen* § 324 Rn. 33 wird eine ordnungsgemäße Unterrichtung nur in seltenen, sehr einfach gelagerten Fällen möglich sein.
176 BAG NZA 2006, 1268.
177 Ausführlich und mit zahlreichen Nachweisen MAH ArbR/*Cohnen* § 55 Rn. 19 ff.

übernehmenden bzw. neuen Rechtsträger ab, nicht auf den wirtschaftlichen Stichtag für die Umwandlung oder das gesellschaftsrechtliche Wirksamwerden der Umwandlung (→ Rn. 44 f.). Die Übernahme der betrieblichen Leitungsmacht wird allerdings in der Praxis häufig mit dem Wirksamwerden der Umwandlung zusammenfallen, so dass dann der (voraussichtliche) Termin der Eintragung im Handelsregister anzugeben ist.[178]

89 Als **Grund für den Übergang** ist zunächst die rechtsgeschäftliche Grundlage für den Betriebsübergang, dh bei einer Umwandlung die Art der jeweiligen Umwandlung zu nennen. Neben dieser rechtsgeschäftlichen Grundlage fordert das BAG zwar keine umfassenden Ausführungen zu den wirtschaftlichen Gründen, aber eine schlagwortartige Angabe der unternehmerischen Gründe, die sich im Fall des Widerspruchs auf den Arbeitsplatz des Arbeitnehmers auswirken würden.[179]

90 Die Angaben zu den **rechtlichen, wirtschaftlichen und sozialen Folgen** für die Arbeitnehmer sind das Herzstück der Unterrichtung. Gemeint sind vor allem die Folgen, die sich aus § 613a Abs. 1–4 BGB ergeben.[180] Nach der strengen Rechtsprechung des BAG sind hierzu Angaben zum Erwerber (Firmierung, Sitz, Anschrift, gesetzliche Vertretung bzw. bei einer erst in Gründung befindlichen Gesellschaft Nennung einer identifizierbaren natürlichen Person mit Personalkompetenz und ggf. Konzernverflechtungen),[181] zur Weitergeltung bzw. Änderung von Rechten und Pflichten aus dem Arbeitsverhältnis,[182] zur Fortgeltung bzw. Ablösung von Tarifverträgen und Betriebsvereinbarungen,[183] zur Haftung (spezielle Regelungen des UmwG, → Rn. 98 ff.), zum Kündigungsverbot (§ 613a Abs. 4 BGB),[184] zu mittelbaren Folgen (Sekundärfolgen, etwa Sozialplanansprüche nach Ausübung des Widerspruchsrechts),[185] zur wirtschaftlichen Lage des neuen Betriebsinhabers (bei offensichtlichen Notlagen oder beispielsweise beim Entzug wesentlicher Vermögenswerte anlässlich einer Betriebsaufspaltung nach § 134),[186] zur etwaigen Anwendung von § 112a BetrVG (Sozialplanprivileg bei neu gegründeten Unternehmen)[187] und zum etwaigen Widerspruchsrecht (Form, Frist und Adressaten)[188] zu machen.

91 Die Unterrichtung über **hinsichtlich der Arbeitnehmer in Aussicht genommene Maßnahmen** erfasst jede durch den neuen Betriebsinhaber zum Unterrichtungszeitpunkt bereits geplante erhebliche Änderung des arbeitsvertraglichen Status Quo der vom Übergang betroffenen Arbeitnehmer (etwa Personalreduzierungen oder geplante Versetzungen).[189] Bei Kettenumwandlungen ist auch auf nachfolgende Umwandlungen hinzuweisen.[190]

f) Widerspruchsrecht (§ 613a Abs. 6 BGB)

92 Auch bei Umwandlungen steht den vom Übergang ihrer Arbeitsverhältnisse betroffenen Arbeitnehmern ein **Widerspruchsrecht** nach § 613a Abs. 6 BGB zu, wie der Ver-

---

178 Semler/Stengel/Leonard/Simon § 324 Rn. 40; Lutter/Sagan § 324 Rn. 51; Staudinger/Annuß BGB § 613a Rn. 270.
179 BAG NZA 2010, 89; NZA 2007, 682; NZA 2006, 1268; Semler/Stengel/Leonard/Simon § 324 Rn. 40.
180 So die Gesetzesbegründung BT-Drs. 14/7760, 19.
181 BAG NZA 2010, 89; NZA 2008, 1268.
182 Hohenstatt/Grau NZA 2007, 13 (15).
183 BAG NZA 2010, 89; NZA 2007, 682.
184 BAG NZA 2010, 89; NZA 2007, 682.
185 BAG NZA 2008, 1354; NZA 2007, 642; NZA 2006, 1273; Kallmeyer/Willemsen § 324 Rn. 34.
186 BAG NZA 2008, 642; vgl. auch BAG NZA 2010, 89.
187 BAG NZA 2017, 783; NZA 2014, 610.
188 BAG NZA 2008, 1354; erlischt der übertragende Rechtsträger, besteht kein Widerspruchsrecht und die Arbeitnehmer sind darauf aufmerksam zu machen, vgl. BAG NZA 2008, 815.
189 MAH ArbR/Cohnen § 55 Rn. 56; Hohenstatt/Grau NZA 2007, 13 (17).
190 Vgl. Kölner Komm UmwG/Hohenstatt/Schramm § 324 Rn. 88; Semler/Stengel/Leonard/Simon § 324 Rn. 40.

weis in § 35a Abs. 2 zeigt. Nach der Rechtsprechung des BAG besteht allerdings kein Widerspruchsrecht, wenn der bisherige Rechtsträger infolge einer gesellschaftsrechtlichen Gesamtrechtsnachfolge erlischt (dh bei einer Verschmelzung, Aufspaltung und Vollübertragung), so dass der Verweis auf § 613a Abs. 6 BGB gerade in dem von § 35a Abs. 2 unmittelbar geregelten Fall einer Verschmelzung ins Leere geht.[191] In diesem Fall steht dem Arbeitnehmer wegen seines grundrechtlich geschützten Rechts auf freie Wahl des Arbeitsvertragspartners ein außerordentliches Kündigungsrecht nach § 626 Abs. 1 BGB zu.[192] Die nach § 626 Abs. 2 BGB vom Arbeitnehmer in diesem Fall zu beachtende Zweiwochenfrist beginnt ab Kenntnis von der Eintragung der zum Erlöschen des bisherigen Arbeitgebers führenden Umwandlung.[193]

Ein **Widerspruch** bedarf der Schriftform des § 126 Abs. 1 BGB. Er kann gegenüber dem bisherigen Arbeitgeber oder dem übernehmenden bzw. neuen Rechtsträger erklärt werden, § 613a Abs. 6 S. 2 BGB.[194] Der Widerspruch wird mit Zugang (§ 130 BGB) wirksam und ist dann unwiderruflich, allerdings anfechtbar.[195] Das Widerspruchsrecht ist zudem bedingungsfeindlich.[196]

93

Der **Verzicht** eines Arbeitnehmers auf sein Recht zum Widerspruch ist zulässig, aber nur unter engen Voraussetzungen.[197] So kann ein Arbeitnehmer allenfalls bei einem konkret bevorstehenden Betriebsübergang, nicht aber „Blanko im Voraus" auf sein Widerspruchsrecht verzichten.[198] Aufhebungsverträge bleiben möglich, was § 613a Abs. 6 BGB (Widerspruchsrecht) bestätigt.[199] Schließt ein Arbeitnehmer mit dem übertragenden oder dem übernehmenden Rechtsträger bzw. neuen Rechtsträger eine Überleitungsvereinbarung, verzichtet er konkludent auf sein Widerspruchsrecht.[200]

94

Das Widerspruchsrecht unterliegt der **Verwirkung**. Die Voraussetzungen für eine Verwirkung spielen in der Praxis angesichts der großen Schwierigkeiten, ordnungsgemäße Unterrichtungen im Sinne der Rechtsprechung zu erstellen, und dem daraus resultierenden hohen Risiko, dass die Monatsfrist des § 613a Abs. 6 BGB nicht in Gang gesetzt wird, eine große Rolle.[201] Die Verwirkung als Sonderfall der unzulässigen Rechtsausübung (§ 242 BGB) setzt voraus, dass der Arbeitnehmer längere Zeit sein Widerspruchsrecht nicht geltend gemacht hat (Zeitmoment) und er unter solchen Umständen untätig geblieben ist, dass der Eindruck entstanden ist, er werde sein Recht nicht mehr geltend machen (Umstandsmoment).[202] Die Rechtsprechung gibt keine festen und verlässlichen Vorgaben, wann ein Widerspruchsrecht verwirkt ist. Je nach den Umständen des Einzelfalls kann ein Widerspruch etwa schon nach knapp drei Monaten, knapp fünf Monaten bzw. sechs Monaten[203] oder erst nach mehr als einem Jahr verwirkt

95

---

191 BAG NZA 2008, 815; Kallmeyer/Willemsen § 324 Rn. 44; Kölner Komm UmwG/Hohenstatt/Schramm § 324 Rn. 92 mwN zu den Gegenansichten.
192 BAG NZA 2008, 815; Semler/Stengel/Leonard/Simon § 324 Rn. 51 mwN.
193 Vgl. BAG NZA 2008, 815; Semler/Stengel/Leonard/Simon § 324 Rn. 53; Kölner Komm UmwG/Hohenstatt/Schramm § 324 Rn. 92 stellen für den Fristbeginn auf die Kenntnis vom erfolgten bzw. sicher bevorstehenden Betriebsübergang ab.
194 Bei Ketten-Betriebsübergängen ist das Recht des Arbeitnehmers zum Widerspruch gegen einen dem letzten Übergang vorangegangenen Übergang des Arbeitsverhältnisses eingeschränkt, vgl. BAG NZA 2016, 647.
195 BAG NZA 2012, 1101; AP BGB § 613a Widerspruch Nr. 2; Lutter/Sagan § 324 Rn. 58.
196 Widmann/Mayer/Wälzholz § 324 Rn. 63; Kallmeyer/Willemsen § 324 Rn. 42.
197 BAG NZA 2019, 1279; MüKoBGB/Müller-Glöge § 613a Rn. 115.
198 ErfK/Preis BGB § 613a Rn. 104; Staudinger/Annuß BGB § 613a Rn. 326 ff.; ausführlich Pils BB 2014, 185.
199 Zu den Grenzen BAG NZA 2013, 203.
200 Vgl. BAG NJW 1998, 3138; Kallmeyer/Willemsen § 324 Rn. 50.
201 BAG NZA 2010, 1295; NZA 2009, 552; NZA 2007, 682; NZA 2006, 1406; vgl. zusammenfassend Kittner NJW 2012, 1180.
202 BAG NZA 2014, 774.
203 BAG NZA 2014, 774.

sein.²⁰⁴ Mehrere Jahre seit dem Betriebsübergang ohne Widerspruch sind mit Blick auf das Zeitmoment so schwerwiegend, dass der Widerspruch in aller Regel verwirkt sein wird.²⁰⁵ Etwas mehr Rechtssicherheit für die Praxis hat das BAG dadurch gewährt, dass es in dem Fall, das der Arbeitnehmer zwar nicht ordnungsgemäß unterrichtet, aber immerhin Grundinformationen zum Betriebsübergang wie den Zeitpunkt des (geplanten) Übergangszeitpunkts, den Gegenstand des Betriebsübergangs und die Person des Betriebsübernehmers in Textform erhalten hatte und über sein Widerspruchsrecht belehrt wurde, nach widerspruchsloser Weiterarbeit beim neuen Inhaber über mindestens sieben Jahre regelmäßig eine Verwirkung annimmt.²⁰⁶

96 Die Ausübung des Widerspruchsrechts darf nicht rechtsmissbräuchlich erfolgen. Eine kollektive Ausübung des Widerspruchsrechts ist allerdings nicht von vornherein unzulässig. Ein **Rechtsmissbrauch** kann aber vorliegen, wenn die Arbeitnehmer durch ihren kollektiven Widerspruch zielgerichtet beabsichtigen, einen Betriebsübergang zum Schaden des bisherigen Betriebsinhabers zu verhindern oder dem Widerspruch ein anderer Zweck als die Sicherung der arbeitsvertraglichen Rechte und die Beibehaltung des bisherigen Arbeitgebers zugrunde liegt.²⁰⁷

97 Als **Rechtsfolge des Widerspruchs** verbleibt das Arbeitsverhältnis beim übertragenden Rechtsträger und geht nicht auf den neuen Betriebsinhaber über; wird der Widerspruch nach dem Betriebsübergang ausgeübt, wirkt der Verbleib des Arbeitsverhältnisses beim übertragenden Rechtsträger auf den Zeitpunkt des Betriebsübergangs zurück, dh das Arbeitsverhältnis geht zu keinem Zeitpunkt auf den neuen Betriebsinhaber über.²⁰⁸ Der widersprechende Arbeitnehmer muss befürchten, dass sein Arbeitsverhältnis mangels Beschäftigungsmöglichkeit vom übertragenden Rechtsträger betriebsbedingt gekündigt wird und dass er beim Bezug von Arbeitslosengeld eine Sperrzeit nach § 159 Abs. 1 S. 2 Nr. 1 SGB III erhält.²⁰⁹ Für eine solche Kündigung gelten die allgemeinen Regeln des Kündigungsschutzrechts, insbes. auch zur Pflicht des übertragenden Rechtsträger dem Arbeitnehmer andere Beschäftigungsmöglichkeiten im Unternehmen anzubieten. Muss der übertragende Rechtsträger eine soziale Auswahl nach § 1 Abs. 3 KSchG vornehmen, dürfen und müssen die Gründe des Arbeitnehmers, die ihn zu seinem Widerspruch bewegt haben, nicht als Auswahlkriterium berücksichtigt werden.²¹⁰ Widerspricht ein Arbeitnehmer nach dem Übergang des ganzen Betriebs auf einen neuen Betriebsinhaber dem Übergang seines Arbeitsverhältnisses, endet seine Zugehörigkeit zu dem auf den neuen Betriebsinhaber übergegangenen Betrieb. Kündigt der frühere Betriebsinhaber daraufhin das Arbeitsverhältnis, muss nicht zuvor der im übergegangenen Betrieb fortbestehende Betriebsrat nach § 102 BetrVG angehört werden, weil dieser dazu weder durch ein Übergangsmandat nach § 21a BetrVG, noch durch ein Restmandat nach § 21b BetrVG legitimiert ist.²¹¹

g) Haftungsverteilung (§ 613a Abs. 2, 3 BGB)

98 Es fällt auf, dass der Verweis in § 35a Abs. 2 BGB auf § 613a BGB ausdrücklich dessen Abs. 2 und Abs. 3 ausnimmt. In diesen beiden Absätzen ist geregelt, inwieweit der

---

204 BAG NZA 2008, 1294; AP BGB § 613a Nr. 17.
205 BAG NZA 2012, 1097; LAG Köln 8.12.2016 – 8 Sa 1154/15; LAG Hmb 7.10.2016 – 6 Sa 21/16, BeckRS 2016, 74611.
206 BAG, NZA 2018, 854; NZA 2018, 168.
207 BAG NZA 2005, 43 (47); ErfK/*Preis* BGB § 613a Rn. 110.
208 BAG NZA 2006, 1406; ErfK/*Preis* BGB § 613a Rn. 105; *Worzalla* NZA 2002, 353 (358).
209 ErfK/*Preis* BGB § 613a Rn. 108; zu den Folgen des Widerspruchs für § 159 Abs. 1 S. 2 Nr. 1 SGB III ausführlich *Klumpp* NZA 2009, 354 und *Engesser Means/Klebeck* NZA 2008, 143, jeweils noch zum wortgleichen § 144 Abs. 1 S. 2 Nr. 1 SGB III aF.
210 BAG NZA 2008, 33; ErfK/*Preis* BGB § 613a Rn. 108.
211 BAG NZA 2016, 366; NZA 2015, 889.

vorherige Betriebsinhaber als ehemaliger Arbeitgeber gegenüber den übergehenden Arbeitnehmern ebenfalls, also neben dem neuen Betriebsinhaber als neuer Arbeitgeber haftet.

Während die Haftung des neuen Betriebsinhabers gemäß § 613a Abs. 1 BGB[212] für alle offen Ansprüche der nach § 613a BGB übergehenden Arbeitnehmer umfassend und unzweifelhaft ist, bleibt unklar, welche gesetzliche Regelung für die Mithaftung des alten Betriebsinhabers gelten soll. In Umwandlungsfällen trifft die arbeitsrechtliche **Haftungsregelung** des § 613a Abs. 2 und Abs. 3 BGB auf die umwandlungsrechtliche Haftungsregelung der §§ 22, 133, 134.

Die besseren Gründe, allen voran die von § 35a Abs. 2 unverändert begrenzte Verweisung auf § 613a BGB unter Ausnahme von dessen Abs. 2 und Abs. 3, sprechen dafür, dass sich die Mithaftung des alten Betriebsinhabers und ehemaligen Arbeitgebers nur nach der spezielleren umwandlungsrechtlichen Haftungsregelung der §§ 22, 133, 134 richtet.[213]

Dritter Abschnitt
Verschmelzung durch Neugründung

§ 36 Anzuwendende Vorschriften

(1) ¹Auf die Verschmelzung durch Neugründung sind die Vorschriften des Zweiten Abschnitts mit Ausnahme des § 16 Abs. 1 und des § 27 entsprechend anzuwenden. ²An die Stelle des übernehmenden Rechtsträgers tritt der neue Rechtsträger, an die Stelle der Eintragung der Verschmelzung in das Register des Sitzes des übernehmenden Rechtsträgers tritt die Eintragung des neuen Rechtsträgers in das Register.

(2) ¹Auf die Gründung des neuen Rechtsträgers sind die für dessen Rechtsform geltenden Gründungsvorschriften anzuwenden, soweit sich aus diesem Buch nichts anderes ergibt. ²Den Gründern stehen die übertragenden Rechtsträger gleich. ³Vorschriften, die für die Gründung eine Mindestzahl der Gründer vorschreiben, sind nicht anzuwenden.

Literatur:
Gasteyer, Die Unternehmergesellschaft (haftungsbeschränkt) – Praktische Umsetzung des § 5a GmbHG aus anwaltlicher Sicht, NZG 2009, 1364; *Heckschen*, Identität der Anteilseigner beim Formwechsel, DB 2008, 2122; *Heckschen*, Gründungserleichterungen nach dem MoMiG – Zweifelsfragen in der Praxis, DStR 2009, 166; *John*, Das Gesellschaftsregister gemäß MoPeG, NZG 2022, 243; *Pfeiffer*, Auswirkungen der geplanten Notarkostenreform auf gesellschaftsrechtliche Vorgänge und M&A-Transaktionen, NZG 2013, 244; *Priester*, Mitgliederwechsel im Umwandlungszeitpunkt, DB 1997, 560, 566; *Rubner/Konstant*, Das neue Umwandlungsrecht 2023 – innerstaatliche Umwandlungen, NJW-Spezial 2023, 399; *Seibert*, Der Regierungsentwurf des MoMiG und die haftungsbeschränkte Unternehmergesellschaft, GmbHR 2007, 673; *Weber*, Die Unternehmergesellschaft (haftungsbeschränkt), BB 2009, 842.

---

212 Präziser gesagt geht es um die Übernahme der Schuldnerstellung des vorherigen Betriebsinhabers durch den neuen Betriebsinhaber.

213 Semler/Stengel/Leonard/*Simon* § 324 Rn. 38; ErfK/ Oetker § 324 Rn. 5; Kallmeyer/*Willemsen* § 324 Rn. 18; Ascheid/Preis/Schmidt/*Steffan* § 324 Rn. 26.

I. Allgemeines	1	a) Personenhandelsgesellschaften	7
II. Inhalt	4	b) Kapitalgesellschaften	8
1. Anwendbarkeit der Vorschriften zur Verschmelzung durch Aufnahme, Abs. 1	4	3. Begriff des Gründers, S. 2 und 3	11
2. Anwendbarkeit der Gründungsvorschriften, Abs. 2 S. 1	6	III. Kosten	14

I. Allgemeines

1 Im dritten Abschnitt des Zweiten Buches (§§ 36–38) ist die Verschmelzung durch Neugründung als eigenständiger Abschnitt geregelt; rechtsformspezifische Besonderheiten an die Verschmelzung zur Neugründung finden sich erst im zweiten Teil des Zweiten Buches.[1] Im Wesentlichen verweisen die Vorschriften auf die Regelungen der Verschmelzung durch Aufnahme, die damit als Richtschnur der Verschmelzung im Umwandlungsrecht etabliert wird. Der systematische Unterschied zwischen beiden Verschmelzungsalternativen besteht darin, dass im Falle der Verschmelzung durch Neugründung der übernehmende Rechtsträger erst mit Wirksamkeit der Verschmelzung entsteht. Konsequenterweise erfährt diese Verschmelzungsmöglichkeit daher eine eigene Regelung, da zur Vermögensübertragung die Neuentstehung eines Rechtsträgers im Verschmelzungszusammenhang hinzutritt.[2]

2 Jeder der in § 3 aufgeführten Rechtsträger kann **übernehmender Rechtsträger** im Rahmen einer Verschmelzung durch Neugründung werden. Im Rahmen des MoPeG[3] wurde nunmehr auch die eingetragene Gesellschaft bürgerlichen Rechts in die Liste der verschmelzungsfähigen Rechtsträger nach § 3 Abs. 1 Nr. 1 aufgenommen. Hierzu ist dann erforderlich, dass die Gesellschaft bürgerlichen Rechts nach § 707 BGB nF in das eigens für sie eingerichtete Gesellschaftsregister eingetragen wird.[4] Nach dem Wortlaut des § 3 Abs. 1 Nr. 5 iVm § 105 können sich genossenschaftliche Prüfungsverbände grundsätzlich als übertragender, aufnehmender oder neuer Rechtsträger an Verschmelzungen beteiligen, sofern nur Prüfungsverbände an der Verschmelzung in der Form der Verschmelzung zur Aufnahme oder der Verschmelzung zur Neugründung beteiligt sind.[5] Auch wenn in § 3 nicht aufgeführt, ist die Beteiligung einer Unternehmergesellschaft am Verschmelzungsvorgang als übertragender Rechtsträger aufgrund des § 5a GmbHG möglich, da die UG lediglich einen Spezialfall einer GmbH darstellt. Eine Verschmelzung durch Neugründung einer UG ist allerdings unzulässig (→ § 3 Rn. 8).[6] § 36 Abs. 2 S. 1 verlangt die Anwendung der Gründungsvorschriften auf die Verschmelzung durch Neugründung. Die Anwendung des § 5a Abs. 2 S. 2 GmbHG statuiert für die UG jedoch ein Verbot der Sacheinlage. Da die Verschmelzung durch Neugründung eine Sachgründung darstellt, ist diese mit § 5a Abs. 2 S. 2 GmbHG nicht vereinbar und folglich ausgeschlossen.[7] Auch eine Verschmelzung zur Neugründung einer SE ist ausgeschlossen, da sich deren Gründung ausschließlich nach der SE-VO richtet.[8]

---

1 §§ 57–59 für die GmbH, §§ 73–77 für AG und KGaA; §§ 96–98 für die eG und §§ 114–117 für die VVaG.
2 Semler/Stengel/Leonard/*Bärwaldt* § 36 Rn. 1; Kölner Komm UmwG/*Simon/Nießen* § 36 Rn. 1 ff.; Lutter/*Grunewald* § 36 Rn. 1, 3.
3 Gesetz zur Modernisierung des Personengesellschaftsrechts (Personengesellschaftsrechtsmodernisierungsgesetz – MoPeG) vom 10.8.2021, BGBl. I 3436.
4 Vgl. hierzu im Einzelnen: BeckOGK/*Krafka*, 1.5.2023, BGB nF GbR 2024 § 707 Rn. 7 ff.; *John* NZG 2022, 243.
5 Semler/Stengel/Leonard/*Bärwaldt* § 105 Rn. 5; BeckOGK/*Weiß*, 1.1.2023, § 36 Rn. 73.
6 Semler/Stengel/Leonard/*Bärwaldt* § 36 Rn. 43a; *Gasteyer* NZG 2009, 1364 (1367 f.); *Heckschen* DStR 2009, 166 (172).
7 *Seibert* GmbHR 2007, 673 (676); *Weber* BB 2009, 842 (847); BeckOGK/*Weiß*, 1.1.2023, § 36 Rn. 46.
8 Kallmeyer/Marsch-Barner/*Oppenhoff* § 36 Rn. 3; Kölner Komm UmwG/*Simon/Nießen* § 36 Rn. 4; Semler/Stengel/Leonard/*Bärwaldt* § 36 Rn. 6.

Der wesentliche **Vorteil** der Verschmelzung durch Neugründung lag bislang in der geringeren Anfechtungsmöglichkeit der Verschmelzungsbeschlüsse, da bislang (ausschließlich) die übertragenden Rechtsträger der Einschränkung des § 14 Abs. 2 unterfielen und beim neugegründeten Rechtsträger kein Verschmelzungsbeschluss gefasst wird, der Gegenstand einer Anfechtung sein könnte.[9] Dieser Vorteil hat sich durch die Neufassung des § 14 Abs. 2 durch das UmRuG relativiert. § 14 Abs. 2 nF sorgt nun dafür, dass die Rechtsschutzmöglichkeiten der Anteilsinhaber des übernehmenden Rechtsträgers an diejenigen der Anteilsinhaber des übertragenden Rechtsträgers angeglichen werden:[10] Auch für die Anteilsinhaber des übernehmenden Rechtsträgers ist jetzt im Rahmen einer Verschmelzung eine Anfechtungsklage gegen einen Zustimmungsbeschluss ausgeschlossen, wenn diese Klage (nur) auf eine Bewertungsrüge gestützt wird. Dadurch wird die Durchführung von Umwandlungen beschleunigt und eine Ungleichbehandlung beseitigt. Aus Sicht der beteiligten Rechtsträger bietet sich die Verschmelzung durch Neugründung als Verschmelzungsvariante ferner an, wenn beide Parteien wirtschaftlich gleich da stehen und daher streitig ist, welcher Rechtsträger der Übernehmer sein soll oder wenn die Angleichung der Strukturen zu kompliziert ist.[11] Weiter kann an diese Gestaltung gedacht werden, wenn allen Gesellschaftern der beteiligten Gesellschaften die Rechte nach §§ 29 und 33 zukommen sollen, da diese nur den Gesellschaftern des übertragenden Rechtsträgers zustehen (→ § 33 Rn. 5). Letzteres ergibt sich insbesondere bei unterschiedlichen Rechtsformen der Beteiligten. In diesem Fall bietet sich die Möglichkeit in einem neuen Rechtsträger neue Strukturen zu schaffen ohne unterschiedliche Systeme vorher entwirren zu müssen.[12] In wirtschaftlicher Hinsicht ist damit die Verschmelzung durch Neugründung vergleichbar mit einer Verschmelzung durch Aufnahme verbunden mit einem Formwechsel.[13]

Hinweis: Ein Nachteil der Verschmelzung durch Neugründung sind – im Vergleich durch Verschmelzung durch Aufnahme – die höheren Kosten dieser Verschmelzungsvariante, die durch die Neugründung eines Rechtsträgers verursacht werden.[14] Auch ergeben sich höhere Beurkundungskosten, da der Geschäftswert aus der Summe der Aktivvermögen aller übertragenden Rechtsträger gebildet wird.[15] Nach § 107 Abs. 1 S. 1 GNotKG beträgt der Höchstwert einer jeden Verschmelzung allerdings 10 Mio. EUR.

II. Inhalt

1. Anwendbarkeit der Vorschriften zur Verschmelzung durch Aufnahme, Abs. 1

Nach Abs. 1 finden auf die Verschmelzung durch Neugründung die Vorschriften der Verschmelzung durch Aufnahme (§§ 4–35)[16] mit Ausnahme der §§ 16 Abs. 1 und 27 Anwendung. Für die Anmeldung der Verschmelzung gilt anstelle des § 16 Abs. 1 die Regelung des § 38 Abs. 1 sowie über die allgemeine Verweisung die §§ 16 Abs. 2 und 17. Die

---

9 Ausf. hierzu Kölner Komm UmwG/*Simon/Nießen* § 36 Rn. 8; Lutter/*Grunewald* § 36 Rn. 6.
10 *Rubner/Konstant* NJW-Spezial 2023, 399.
11 Kölner Komm UmwG/*Simon/Nießen* § 36 Rn. 9; Semler/Stengel/Leonard/*Bärwaldt* § 36 Rn. 2; Widmann/Mayer/*Mayer* § 36 Rn. 2.1.
12 Semler/Stengel/Leonard/*Bärwaldt* § 36 Rn. 2.
13 Semler/Stengel/Leonard/*Bärwaldt* § 36 Rn. 2.
14 Stoye-Benk/Cutura, Handbuch Umwandlungsrecht/*Gschwandtner/Stoye-Benk*, 4. Aufl. 2021, 3. Kap.,
Rn. 1; Kölner Komm UmwG/*Simon/Nießen* § 36 Rn. 6 ff.; Kallmeyer/Marsch-Barner/Oppenhoff § 36 Rn. 2; Schmitt/Hörtnagl/*Winter* Vor §§ 36–38 Rn. 7.
15 Kölner Komm UmwG/*Simon/Nießen* § 36 Rn. 7; Semler/Stengel/Leonard/*Bärwaldt* § 36 Rn. 2; Widmann/Mayer/*Mayer* § 36 Rn. 2.1.
16 Mit Hinweis auf einzelne Besonderheiten Kölner Komm UmwG/*Simon/Nießen* § 36 Rn. 14 ff.

nach § 27 bestehende Schadensersatzpflicht der Organe des übernehmenden Rechtsträgers geht im Rahmen der Verschmelzung durch Neugründung ins Leere, da diese nicht an der Verschmelzung beteiligt waren, weshalb die Vorschrift konsequent von Abs. 1 ausgeklammert wird.[17]

Hinweis: Hinsichtlich der der Anmeldung nach § 17 Abs. 2 beizufügenden Schlussbilanzen der übertragenden Rechtsträger ist es nicht erforderlich, dass diese auf denselben Stichtag lauten.[18]

5 Abs. 1 S. 2 stellt klar, dass für die Anwendung der Vorschriften zur Verschmelzung durch Aufnahme der neue Rechtsträger an die Stelle des übernehmenden Rechtsträgers tritt und dessen (Gründungs-)Eintragung an die Stelle der Verschmelzungseintragung im Register des übernehmenden Rechtsträgers tritt. Da die Neugründung des Rechtsträgers mit Wirksamkeit der Verschmelzung stattfindet und daher die Verschmelzung durch Neugründung gleichzeitig **Sachgründung** ist, müssen die rechtsformspezifischen Gründungsvoraussetzungen, wie etwa die Aufbringung des Mindeststammkapitals, bereits durch die Verschmelzung Berücksichtigung finden.[19] Etwaige Mängel folgen dem rechtsformspezifischen Gründungsrecht mit der Folge, dass die Verschmelzung – mit Ausnahme schwerwiegender Fehler – nicht rückabgewickelt werden muss. Verschmelzung und Gründungsakt sind insoweit getrennt voneinander zu bewerten.[20]

2. Anwendbarkeit der Gründungsvorschriften, Abs. 2 S. 1

6 Da Verschmelzungsvorgang und Gründungsvorgang getrennt zu behandeln sind, stellt Abs. 2 klar, dass für den jeweiligen Gründungsvorgang das rechtsformspezifische Gründungsrecht Anwendung findet. Rechtsfolgen von Gründungsmängeln folgen daher den rechtsformspezifischen Sonderregeln.[21] Die nach Abs. 2 S. 1 grundsätzlich geltenden rechtsformspezifischen Gründungsvorschriften werden im Zweiten Teil des Zweiten Buches allerdings noch einmal modifiziert,[22] weshalb insoweit auf diese Kommentierung verwiesen wird. Im Folgenden sollen allein einige bedeutsame umwandlungsrechtliche Besonderheiten, die Bedeutung für den Verschmelzungsvorgang bzw. dessen Durchführung haben, kurz erläutert werden.[23]

a) Personenhandelsgesellschaften

7 Grundsätzlich werden durch Abs. 2 die Voraussetzungen zur Anmeldung des neu gegründeten Rechtsträgers zum Handelsregister überlagert. Soweit eine eingetragene Gesellschaft bürgerlichen Rechts oder eine Personenhandelsgesellschaft, als OHG, KG und EwiV, übernehmender Rechtsträger sein soll, bedarf ihr Gesellschaftsvertrag nach § 37 (ausnahmsweise) einer notariellen Beurkundung (→ § 37 Rn. 5). In Abweichung zu § 3 Abs. 1 PartGG gilt das Beurkundungserfordernis auch für die Partnerschaftsgesellschaft. Darüber hinaus überlagern die §§ 16 ff. das Namensrecht der Partnerschaftsgesellschaft sowie die Anforderungen an den Inhalt der Anmeldung zum Handelsregister.

---

17 Kölner Komm UmwG/*Simon/Nießen* § 36 Rn. 12; Kallmeyer/*Marsch-Barner/Oppenhoff* § 36 Rn. 3; Schmitt/Hörtnagl/*Winter* § 36 Rn. 3.
18 Lutter/*Grunewald* § 36 Rn. 7; Widmann/Mayer/*Mayer* § 36 Rn. 88.
19 Semler/Stengel/Leonard/*Bärwaldt* § 36 Rn. 18; Lutter/*Grunewald* § 36 Rn. 13.
20 Arg. e. § 20 Abs. 2; vgl. auch Semler/Stengel/Leonard/*Bärwaldt* § 36 Rn. 18; Kölner Komm UmwG/*Simon/*

Nießen § 36 Rn. 25; Kallmeyer/*Marsch-Barner/Oppenhoff* § 36 Rn. 8.
21 Kölner Komm UmwG/*Simon/Nießen* § 36 Rn. 25; Semler/Stengel/Leonard/*Bärwaldt* § 36 Rn. 18.
22 S. §§ 57–59 für die GmbH, §§ 73–77 für AG und KGaA; §§ 96–98 für die eG und §§ 114–117 für die VVaG.
23 Ausf. hierzu Kölner Komm UmwG/*Simon/Nießen* § 36 Rn. 24 ff.; Semler/Stengel/Leonard/*Bärwaldt* § 36 Rn. 19 ff.

b) Kapitalgesellschaften

Die Organe der übertragenden Rechtsträger sind nach § 38 Abs. 2 für die Anmeldung des neugegründeten Rechtsträgers zuständig, so dass die §§ 7 Abs. 1, 78 GmbHG (Anmeldung durch sämtliche Geschäftsführer) bzw. §§ 36, 37 AktG (Anmeldung durch sämtliche Vorstände) insoweit verdrängt werden.[24] Ebenso sind § 7 Abs. 2 und 3 GmbHG trotz der pauschalen Verweisung des § 36 Abs. 2 nicht anwendbar, da die Sacheinlagen automatisch durch die Gesamtrechtsnachfolge im Rahmen der Verschmelzung erbracht werden und nicht noch einmal separat durch die Gründer zu bewirken sind.[25] Weiter geht die Regelung der Vorschrift des § 8 Abs. 1 Nr. 2 GmbHG bei der Verschmelzung durch Neugründung ins Leere, weil die dort geforderte Legitimation sich nur auf die Organe der übertragenden Rechtsträger bezieht und sich diese bereits aus dem Verschmelzungsvertrag ergibt.[26] Eine Überprüfung der Kapitalausstattung der neuen GmbH nach § 8 Abs. 1 Nr. 4 und 5 GmbHG bzw. § 37 Abs. 1 S. 2 AktG sowie die Versicherung nach § 8 Abs. 2 S. 1 GmbHG bzw. §§ 37 Abs. 2, 76 Abs. 3 S. 2 Nr. 2 und 3, S. 3 AktG ist aufgrund der Gesamtrechtsnachfolge entbehrlich.[27]

Der **Gesellschaftsvertrag** der GmbH ist entsprechend den Anforderungen der §§ 17, 37 zu gestalten. Die Gründungsbestimmungen des § 36 Abs. 2 überlagern dabei die Anforderungen aus § 2 GmbHG. Die Firmierung der GmbH wird in § 18 modifiziert. § 58 modifiziert die Pflicht zur Erstattung eines Sachgründungsberichts dergestalt, dass dieser die dort genannten zusätzlichen Anforderungen zu erfüllen hat und entbehrlich ist, wenn übertragende Rechtsträger Kapitalgesellschaften oder eG sind (→ § 58 Rn. 5, 8). Die Bestellung der (ersten) Geschäftsführer bedarf nach § 59 der Zustimmung der Anteilsinhaber der übertragenden Rechtsträger (→ § 59 Rn. 9).

Soweit übernehmender Rechtsträger eine **AG** sein soll, erfolgt eine Modifikation der Gründungsvorschriften durch die §§ 73–76 weshalb auf die dortige Kommentierung verwiesen werden kann. § 74 erweitert den notwendigen Inhalt der Satzung; § 75 verlangt, dass der Sachgründungsbericht um die Informationen des Geschäftsverlaufes und der Lage der übertragenden Rechtsträger zu ergänzen ist. § 76 erhebt gesonderte Anforderungen an die Verschmelzungsbeschlüsse. Gleiche Besonderheiten gelten für die SE sowie die KGaA.[28]

3. Begriff des Gründers, S. 2 und 3

§ 36 Abs. 2 S. 2 gibt als Gründer des neuen Rechtsträgers die übertragenden Rechtsträger an.[29] Hier besteht die konstruktive Besonderheit, dass diese nicht Anteilsinhaber des neuen Rechtsträgers werden, sondern erlöschen.[30] Die Kontinuität setzt sich auf der Ebene der Anteilsinhaber der übertragenden Rechtsträger fort, da sie automatisch

---

24 Zur GmbH Semler/Stengel/Leonard/*Bärwaldt* § 36 Rn. 40; zur AG Semler/Stengel/Leonard/*Bärwaldt* § 36 Rn. 53.
25 Widmann/Mayer/*Mayer* § 36 Rn. 91; Semler/Stengel/Leonard/*Bärwaldt* § 36 Rn. 40; Kölner Komm UmwG/*Simon/Nießen* § 36 Rn. 42.
26 Widmann/Mayer/*Mayer* § 36 Rn. 93; BeckOGK/*Weiß*, 1.1.2023, § 38 Rn. 20; aA Semler/Stengel/Leonard/*Bärwaldt* § 36 Rn. 41.
27 Für die GmbH Widmann/Mayer/*Mayer* § 36 Rn. 95 und 97; Semler/Stengel/Leonard/*Bärwaldt* § 36 Rn. 41;
Kölner Komm UmwG/*Simon/Nießen* § 36 Rn. 43; für die AG Semler/Stengel/Leonard/*Bärwaldt* § 36 Rn. 53; Kölner Komm UmwG/*Simon/Nießen* § 36 Rn. 64; Widmann/Mayer/*Mayer* § 36 Rn. 151.
28 Semler/Stengel/Leonard/*Bärwaldt* § 36 Rn. 56a ff.; Widmann/Mayer/*Mayer* § 36 Rn. 186 ff., 224.
29 Kölner Komm UmwG/*Simon/Nießen* § 36 Rn. 26; Semler/Stengel/Leonard/*Bärwaldt* § 36 Rn. 18.
30 Lutter/*Grunewald* § 36 Rn. 14; Kölner Komm UmwG/*Simon/Nießen* § 36 Rn. 26; Semler/Stengel/Leonard/*Bärwaldt* § 36 Rn. 17.

12 Soweit zur Gründung eines Rechtsträgers eine **Mindestanzahl** von Gründern erforderlich ist (vgl. § 56 BGB, § 4 GenG), legt Abs. 2 S. 3 fest, dass diese Anforderung für die Verschmelzung durch Neugründung nicht gilt. Ausreichend ist vielmehr, dass mindestens zwei übertragende Rechtsträger für die Verschmelzung durch Neugründung vorhanden sind, § 2 Nr. 2.[32] Ohne die Befreiung des Abs. 2 S. 3 wären Rechtsträger für diese Verschmelzungsform gesperrt, da in der Praxis kaum mehr als die zwei zwingenden übertragenden Rechtsträger und damit nur zwei Gründer beteiligt sind. Die Regelung dient aber nur als Hilfskonstruktion für die Gründung,[33] um über die registerrechtlich zu prüfenden Gründungsvoraussetzungen hinweg zu helfen; da die Anteilsinhaber der übertragenden Rechtsträger mit Wirksamkeit der Verschmelzung Anteilsinhaber bzw. Gesellschafter des neu gegründeten Rechtsträgers werden und deren Anzahl idR höher ist als die Mindestgründeranzahl.[34]

Anteile am neuen übernehmenden Rechtsträger als Kompensation für die alten untergehenden Anteile erhalten.[31]

13 Sollte allerdings ein Erreichen der Mindestanteilsinhaber- bzw. Gesellschafterzahl **dauerhaft unterschritten** werden, gelten die rechtsformspezifischen Rechtsfolgen, die durch das Registergericht mittels der für die jeweilige Rechtsform vorgesehenen Sanktionen durchzusetzen sind,[35] da die Erleichterung des Abs. 2 S. 3 sich nicht auch auf die Anzahl der künftigen Mitglieder des neugegründeten Rechtsträgers erstreckt.[36] Entsprechend gilt für die Verschmelzung zur Neugründung einer Personengesellschaft, bei der die übertragenden Rechtsträger denselben alleinigen Gesellschafter haben, da eine Einmann-Personengesellschaft nicht zulässig ist.[37]

Hinweis: Dieses Risiko kann im Rahmen der Verschmelzung verhindert werden, indem im Verschmelzungsvertrag der Beitritt weiterer zukünftiger Anteilsinhaber bzw. Gesellschafter vereinbart wird. Die entsprechende Beitrittserklärung hat in der Form des § 13 Abs. 3 zu erfolgen.[38]

Der Beitritt Dritter entspricht zwar nicht dem Grundsatz der Anteilsinhaberidentität, doch ist diese Möglichkeit im UmwG auch nicht ausgeschlossen.[39] Wäre dies der Fall, würde og Problem des indirekten Wegfalls derjenigen Rechtsträger, die eine höhere Mindestgründeranzahl haben als an der Verschmelzung beteiligt sind, nur zeitlich verlagert. Diese Interpretation entspricht auch dem Schutzzweck der Norm: Hintergrund der Anteilsinhaberkontinuität ist der Schutz der Anteilsinhaber der übertragenden Rechtsträger. Sofern sie darauf verzichten wollen, ist dies möglich. Anderenfalls würden ihre Schutzinteressen beeinträchtigt, wenn ihnen mögliche übernehmende Rechtsträger gesperrt würden.[40] In jedem Fall haben die übertragenden Rechtsträger aber darüber Beschluss zu fassen, was idR im Rahmen der jeweiligen Zustimmungsbeschlüsse erfolgen muss.[41] Einstimmigkeit ist – soweit nicht durch rechtsformspezifische Besonderheiten verlangt – dabei nicht erforderlich.[42]

III. Kosten

Für die **Beurkundung des Verschmelzungsvertrages** ist eine 2,0-Gebühr gem. Nr. 21100 KV GNotKG (Anlage 1 zum GNotKG) anzusetzen. Diese richtet sich bei Verschmelzungen durch Neugründungen grds. nach der Summe der Aktivvermögen, welche in der Schlussbilanz der übertragenden Rechtsträger[43] ausgewiesen sind, ohne dass die Verbindlichkeiten abzuziehen sind.[44] Bei Grundstücken sowie Gesellschaftsbeteiligungen im Sachanlagevermögen sind nach §§ 46, 54 GNotKG deren Buchwerte durch Verkehrswerte zu ersetzen.[45] Ist der so ermittelte Wert des Aktivvermögens allerdings niedriger als der Wert der Anteile, welche die Anteilsinhaber der übertragenden Rechtsträger im Zuge der Verschmelzung am neuen, übernehmenden Rechtsträger erwerben, so ist Letzterer als der höhere Wert für die Kostenberechnung maßgeblich, § 97 Abs. 3 GNotKG. Der Geschäftswert wird gemäß § 107 Abs. 1 GNotKG nach unten auf mindestens 30.000 EUR und nach oben auf höchstens 10 Mio. EUR begrenzt. 14

Für die Beurkundung des Verschmelzungsbeschlusses ist grds. ebenfalls eine 2,0-Gebühr auf den Geschäftswert zu entrichten (KV 21100).[46] Der Geschäftswert bestimmt sich wie beim Verschmelzungsvertrag. Der Geschäftswert beträgt mindestens 30.000 EUR (§ 108 Abs. 1 S. 2 iVm § 105 Abs. 1 S. 2 GNotKG) und höchstens 5 Mio. EUR (§ 108 Abs. 5 GNotKG). Bei einer Verschmelzung durch Neugründung fallen durch die Mitbeurkundung von Gesellschaftsvertrag, Satzung bzw. Partnerschaftsvertrag der neuen Gesellschaft keine zusätzlichen Gebühren an, weil diese notwendige Bestandteile des Verschmelzungsvorgangs sind, § 109 Abs. 1 GNotKG.[47] 15

Für die gesonderte **Beurkundung einzelner Zustimmungserklärungen** (Abs. 2) gilt als Ausgangspunkt ebenfalls der Geschäftswert der Verschmelzung. Die Beurkundung von Zustimmungserklärungen löst eine volle Gebühr aus.[48] Der Geschäftswert berechnet sich gem. § 98 Abs. 1 GNotKG jedoch im Gegensatz zur KostO nach der Hälfte des Geschäftswertes für die Beurkundung des Verschmelzungsvertrages gem. § 107 Abs. 1 GNotKG. Dies führt zu einem moderaten Anstieg der Beurkundungsgebühr. Freilich begrenzt § 98 Abs. 4 GNotKG den Geschäftswert auf höchstens 1 Mio. EUR. Ferner ist bei einer Zustimmungserklärung einzelner Anteilsinhaber deren Beteiligungsquote am betreffenden Rechtsträger zugrunde zu legen. Bei Mitbeurkundung der Zustimmungserklärungen im Verschmelzungsvertrag sind diese nicht zusätzlich zu bewerten, da derselbe Gegenstand nach § 109 Abs. 1 GNotKG vorliegt.[49] 16

---

41 So wohl auch Semler/Stengel/Leonard/*Bärwaldt* § 36 Rn. 70 f.; Kölner Komm UmwG/*Simon/Nießen* § 36 Rn. 31 f.; Lutter/*Grunewald* § 36 Rn. 15.
42 Lutter/*Grunewald* § 36 Rn. 15; Semler/Stengel/Leonard/ *Bärwaldt* § 36 Rn. 70.
43 Widmann/Mayer/*Mayer* § 36 Rn. 116; Semler/Stengel/Leonard/*Bärwaldt* § 36 Rn. 2; Happ/Bednarz UmwR/ *Schmitz* Muster 1.01 Anm. 107.2.
44 Zur inhaltsgleichen Vorgängerregelung des § 18 Abs. 3 KostO s. auch BayObLG, DB 1997, 970 (971); Semler/Stengel/Leonard/*Schröer* § 6 Rn. 20 f.; Happ/Bednarz UmwR/*Richter* Muster 1.01 Anm. 107.2; *Pfeiffer* NZG 2013, 244 (247).
45 Korintenberg/*Tiedtke* GNotKG § 107 Rn. 41.
46 Vgl. Happ/Bednarz UmwR/*Richter* Muster 7.01 Anm. 107.5; *Pfeiffer* NZG 2013, 244 (245).
47 Korintenberg/*Diehn* GNotKG § 109 Rn. 224.
48 Die Regelung einer halben Gebühr gem. § 38 Abs. 2 Nr. 1 KostO ist in das GNotKG nicht übernommen worden.
49 Korintenberg/*Tiedtke* GNotKG § 107 Rn. 45.

§ 37 Inhalt des Verschmelzungsvertrags

In dem Verschmelzungsvertrag muß der Gesellschaftsvertrag, der Partnerschaftsvertrag oder die Satzung des neuen Rechtsträgers enthalten sein oder festgestellt werden.

1. Allgemeines

1 Der Anwendungsbereich des § 37 ist eine **Konkretisierung** des § 5 für den Fall der **Verschmelzung durch Neugründung**. Hierbei entsteht der neu zu gründende Rechtsträger erst mit Wirksamkeit der Verschmelzung.[1] Für diesen gelten jedoch – ebenso wie für alle anderen Rechtsträger – die jeweiligen spezialgesetzlichen Gründungsvorschriften, zu denen insbes. das Vorliegen eines Gesellschaftsvertrages bzw. einer Satzung oder eines Partnerschaftsvertrages zählt (vgl. etwa § 23 AktG, § 3 GmbHG, § 705 BGB, § 3 PartGG). Um dessen Vorliegen sicherzustellen, verpflichtet § 37 die übertragenden Rechtsträger den Gesellschaftsvertrag, die Satzung oder den Partnerschaftsvertrag in den Verschmelzungsvertrag aufzunehmen.[2] Aufgrund der umfassenden Aufzählung aller gesellschaftsrechtlich möglichen Grundlagen einer Neugründung sind alle verschmelzungsfähigen Rechtsträger von dem Regelungsgehalt des § 5 umfasst. Da die übertragenden Rechtsträger als Gründer des übernehmenden Rechtsträgers feststehen, ist in der Verbindung mit dem Verschmelzungsbeschluss auch die Zustimmung zum Gesellschaftsvertrag bzw. zu einer Satzung oder eines Partnerschaftsvertrages sichergestellt.[3]

2 § 37 gilt über § 125 S. 1 auch für die **Spaltung durch Neugründung**. Für den Formwechsel gelten eine Vielzahl an Sondervorschriften, die den § 37 verdrängen.[4] Für die Verschmelzung durch Neugründung einer Genossenschaft gilt die Parallelvorschrift des § 98 S. 1.[5]

2. Inhalt

3 Zur inhaltlichen Tiefe der im Verschmelzungsvertrag aufzunehmenden gesellschaftsrechtlichen Grundlage trifft § 37 keine Festlegung.[6] Da jedoch insoweit keine Unterschiede zur gewöhnlichen Gründung bestehen, müssen hier die entsprechenden **rechtsformabhängigen Gründungsvorschriften** – explizit der Sachgründung – Anwendung finden. Dabei gilt allerdings die Erleichterung, dass nicht sämtliche übergehende Vermögensgegenstände in der Satzung einzeln aufgeführt werden müssen (wie es § 27 Abs. 1 AktG für die AG bzw. § 5 Abs. 4 GmbHG für die GmbH vorschreibt), sondern es reicht eine allg. Formulierung, die zum Ausdruck bringt, dass im Rahmen der Verschmelzung das Vermögen des übertragenden Rechtsträger als Ganzes im Wege der Gesamtrechtsnachfolge übertragen wurde.[7]

---

1 Semler/Stengel/Leonard/*Schröer/Greitemann* § 37 Rn. 1; Kölner Komm UmwG/*Simon/Nießen* § 37 Rn. 3; Widmann/Mayer/*Mayer* § 37 Rn. 1.1.
2 Lutter/*Grunewald* § 37 Rn. 1; Widmann/Mayer/*Mayer* § 37 Rn. 1; Kölner Komm UmwG/*Simon/Nießen* § 37 Rn. 3.
3 Lutter/*Grunewald* § 37 Rn. 4; Kölner Komm UmwG/*Simon/Nießen* § 37 Rn. 8.
4 Hierzu ausf. Widmann/Mayer/*Mayer* § 37 Rn. 3; Kölner Komm UmwG/*Simon/Nießen* § 37 Rn. 10.
5 Widmann/Mayer/*Mayer* § 37 Rn. 32.
6 Semler/Stengel/Leonard/*Schröer/Greitemann* § 37 Rn. 1.
7 Kölner Komm UmwG/*Simon/Nießen* § 37 Rn. 11.

Hinweis: Eine entsprechende Klausel (am Beispiel einer GmbH) könnte wie folgt lauten:

> Das Stammkapital wird durch Sacheinlage erbracht, indem die [Name des ersten übertragenden Rechtsträgers] mit Sitz in [Ort] und die [Name des zweiten übertragenden Rechtsträgers] mit Sitz in [Ort] jeweils ihr Vermögen als Ganzes mit allen Rechte und Pflichten unter Auflösung ohne Abwicklung gemäß § 2 Nr. 2 UmwG auf die Gesellschaft als neuen von ihnen gegründeten Rechtsträger gegen Gewährung von Anteilen der Gesellschaft an die Anteilsinhaber der übertragenden Rechtsträger übertragen.

Soweit das UmwG zusätzliche rechtsformabhängige Sondervorschriften aufweist, müssen diese ebenfalls Berücksichtigung finden (vgl. §§ 40, 45b, 46, 57, 74).[8]

Satzung, Gesellschaftsvertrag oder Partnerschaftsvertrag sind **zwingender Bestandteil** des Verschmelzungsvertrages und bedürfen damit der notariellen Beurkundung, auch wenn der Gesellschaftsvertrag selbst (zB bei einer Personengesellschaft) grds. nicht beurkundungspflichtig ist.[9] Spätere Änderungen sind hingegen nur dann formbedürftig, wenn dies die Formvorschriften des jeweiligen Rechtsträgers vorsehen.[10]

Hinweis: In der Praxis empfiehlt es sich nicht, die Satzung (Gesellschaftsvertrag oder Partnerschaftsvertrag) in den Fließtext des Verschmelzungsvertrages (ggf. in eingerückter Darstellung) aufzunehmen; vielmehr bietet es sich an, auf diesen im Verschmelzungsvertrag zu verweisen und als Anlage in den Verschmelzungsvertrag aufzunehmen.[11] Dabei ist sicherzustellen und durch entsprechende Formulierungen in der Urkunde zu dokumentieren, dass die Anlage in den Beurkundungsvorgang (§ 9 BeurkG) einbezogen wird.[12] In diesem Fall muss der Gesellschaftsvertrag, die Satzung oder der Partnerschaftsvertrag nicht gesondert unterschrieben werden, da die Unterschrift unter dem Verschmelzungsvertrag auch die Anlagen mit umfasst.[13] Von einem Verlesen der Anlage kann allerdings nicht abgesehen werden; ein Verzicht hierauf ist nicht möglich.[14]

Die Beurkundung von Gesellschaftsvertrag, Satzung oder Partnerschaftsvertrag kann auch nach Fassung des Verschmelzungsbeschlusses erfolgen. Es reicht also, wenn zum Zeitpunkt der Beschlussfassung über die Verschmelzung der **Entwurf** des Gesellschaftsvertrages des neugegründeten Rechtsträgers vorliegt.[15] Sofern allerdings nur ein Entwurf des Verschmelzungsvertrages in der Anteilsinhaberversammlung zur Abstimmung gestellt wird, gelten die dazu entwickelten Grundsätze (→ § 6 Rn. 5) ebenfalls für die in § 37 genannten gesellschaftsrechtlichen Grundlagen des neu zu gründenden Rechtsträgers. Gegenüber dem abgestimmten Entwurf dürfen sich bei der Beurkundung höchstens redaktionelle Änderungen ergeben haben; ansonsten muss eine erneute Beschlussfassung der Anteilsinhaberversammlung erfolgen.[16]

---

8 Kölner Komm UmwG/*Simon/Nießen* § 37 Rn. 10; Kallmeyer/*Marsch-Barner/Oppenhoff* § 37 Rn. 1.
9 Widmann/Mayer/*Mayer* § 37 Rn. 26; Kallmeyer/*Marsch-Barner/Oppenhoff* § 37 Rn. 2.
10 Lutter/*Grunewald* § 37 Rn. 4; Semler/Stengel/Leonard/*Schröer/Greitemann* § 37 Rn. 4; Schmitt/Hörtnagl/*Winter* § 37 Rn. 3.
11 Lutter/*Grunewald* § 37 Rn. 4; Semler/Stengel/Leonard/*Schröer/Greitemann* § 37 Rn. 3; Kallmeyer/*Marsch-Barner/Oppenhoff* § 37 Rn. 2; BeckOGK/*Weiß*, 1.1.2023, § 37 Rn. 9.
12 Widmann/Mayer/*Mayer* § 37 Rn. 27 mit Formulierungsvorschlägen; Kölner Komm UmwG/*Simon/Nießen* § 37 Rn. 5; Semler/Stengel/Leonard/*Schröer/Greitemann* § 37 Rn. 3; BeckOGK/*Weiß*, 1.1.2023, § 37 Rn. 9.
13 Widmann/Mayer/*Mayer* § 37 Rn. 31; Kölner Komm UmwG/*Simon/Nießen* § 37 Rn. 6.
14 Widmann/Mayer/*Mayer* § 37 Rn. 28; Semler/Stengel/Leonard/*Schröer/Greitemann* § 37 Rn. 3.
15 Lutter/*Grunewald* § 37 Rn. 4; Semler/Stengel/Leonard/*Schröer/Greitemann* § 37 Rn. 5; Kallmeyer/*Marsch-Barner/Oppenhoff* § 37 Rn. 3; BeckOGK/*Weiß*, 1.1.2023, § 37 Rn. 15.
16 Widmann/Mayer/*Mayer* § 37 Rn. 32; Semler/Stengel/Leonard/*Schröer/Greitemann* § 37 Rn. 5.

7 Die **registerrechtliche Prüfung** bereitet gegenüber der regulären Gründungsprüfung keine Besonderheiten (mit Ausnahme der zusätzlichen inhaltlichen Anforderungen nach UmwG, → Rn. 4). Eine mangelhafte gesellschaftsrechtliche Grundlage des übernehmenden Rechtsträgers unterliegt den allgemeinen Vorschriften, insbes. § 139 BGB,[17] sofern nicht im Gesellschaftsvertrag mittels einer salvatorischen Klausel zum Ausdruck gebracht wurde, dass in diesem Fall eine Teilnichtigkeit anstelle einer Vollnichtigkeit gewollt ist.[18] Über den Zustimmungsbeschluss des Verschmelzungsvertrages hinaus sind auch Satzung, Gesellschaftsvertrag oder Partnerschaftsvertrag mit Anfechtungs- oder Feststellungsklage – auch einzeln – angreifbar.[19]

Sofern der neu zu gründende Rechtsträger eine Kapitalgesellschaft ist, gilt für die Handelsregistereintragung das Datum des Verschmelzungsbeschlusses als Datum der Satzungsfeststellung.[20]

3. Kosten

8 Bei einer Verschmelzung durch Neugründung fallen durch die Mitbeurkundung von Gesellschaftsvertrag, Satzung bzw. Partnerschaftsvertrag der neuen Gesellschaft keine zusätzlichen Gebühren an, weil diese notwendige Bestandteile des Verschmelzungsvorgangs sind, § 109 Abs. 1 GNotKG.[21] Gleiches gilt für die Zustimmungsbeschlüsse zum Gesellschaftsvertrag, die gegenstandsgleich mit der Zustimmung zum Verschmelzungsvertrag sind.[22]

§ 38 Anmeldung der Verschmelzung und des neuen Rechtsträgers

(1) Die Vertretungsorgane jedes der übertragenden Rechtsträger haben die Verschmelzung zur Eintragung in das Register des Sitzes ihres Rechtsträgers anzumelden.

(2) Die Vertretungsorgane aller übertragenden Rechtsträger haben den neuen Rechtsträger bei dem Gericht, in dessen Bezirk er seinen Sitz haben soll, zur Eintragung in das Register anzumelden.

I. Allgemeines	1	III. Verfahren des Registergerichts	5
II. Inhalt	2	IV. Kosten und Rechtsmittel	8
1. Anmeldung der Verschmelzung, Abs. 1	2		
2. Anmeldung des neuen Rechtsträgers, Abs. 2	3		

I. Allgemeines

1 § 38 verdrängt die Vorschrift des § 16 Abs. 1, als dass die Vertretungsorgane der übertragenden Rechtsträger im Falle der Verschmelzung durch Neugründung verpflichtet sind, sowohl die Verschmelzung (Abs. 1) als auch den neuen Rechtsträger (Abs. 2)

---

[17] Kallmeyer/*Marsch-Barner/Oppenhoff* § 37 Rn. 3; Kölner Komm UmwG/*Simon/Nießen* § 37 Rn. 14.
[18] Kölner Komm UmwG/*Simon/Nießen* § 37 Rn. 14; Widmann/Mayer/*Mayer* § 37 Rn. 1.2.
[19] Ausf. Kölner Komm UmwG/*Simon/Nießen* § 37 Rn. 14; vgl. auch Kallmeyer/*Marsch-Barner/Oppenhoff* § 37 Rn. 3.
[20] Semler/Stengel/Leonard/*Schröer/Greitemann* § 37 Rn. 6; Kölner Komm UmwG/*Simon/Nießen* § 37 Rn. 12; Kallmeyer/*Marsch-Barner/Oppenhoff* § 37 Rn. 4; wenn dem Verschmelzungsvertrag im Nachhinein zugestimmt wird, ist das Datum des letzten Zustimmungsbeschlusses maßgeblich, vgl. BeckOGK/Weiß, 1.1.2023, § 37 Rn. 17.
[21] Korintenberg/*Diehn* GNotKG § 109 Rn. 224.
[22] Widmann/Mayer/*Mayer* § 36 Rn. 122.

anzumelden. § 38 als lex specialis beschränkt sich dabei auf eine klare Regelung der Anmeldungsverpflichtung.[1] Im Übrigen finden über § 36 Abs. 1 S. 1 § 16 Abs. 2, 3 und § 17 Anwendung. Nach § 12 HGB ist diese Anmeldung zur Eintragung ins Handelsregister elektronisch einzureichen.

II. Inhalt

1. Anmeldung der Verschmelzung, Abs. 1

Nach Abs. 1 sind die Vertretungsorgane der übertragenden Rechtsträger – jeweils für ihren Rechtsträger – verpflichtet, die Verschmelzung zur Eintragung in das für den jeweiligen Rechtsträger zuständige Registergericht anzumelden.[2] Dies stellt keine Neuregelung dar und entspricht dem § 16, so dass hinsichtlich der Verschmelzungsanmeldung zwischen Verschmelzung zur Neugründung und zur Aufnahme keine Besonderheiten bestehen und einheitlich § 16 gilt. Eine Anmeldung in vertretungsberechtigter Zahl bzw. in Form unechter Gesamtvertretung reicht aus.[3] Eine Bevollmächtigung, die der öffentlichen Beglaubigung bedarf (12 Abs. 1 S. 2 HGB), ist zulässig, allerdings nur für die Anmeldung als solche, jedoch nicht für die Negativerklärung nach § 16 Abs. 2 (→ § 16 Rn. 6).

2. Anmeldung des neuen Rechtsträgers, Abs. 2

Nach Abs. 2 trifft die **Pflicht zur Anmeldung** des neuen Rechtsträgers die zuständigen Vertretungsorgane aller übertragenden Rechtsträger und nicht die Organe des neu geschaffenen Rechtsträgers. Abs. 2 begründet eine ausschließliche Zuständigkeit.[4] Eine Ausnahme gilt allerdings für höchstpersönliche Erklärungen der Organe des neuen Rechtsträgers nach § 8 Abs. 3 GmbHG oder § 37 Abs. 2 AktG.[5] Die Anmeldung muss an dem Registergericht stattfinden, an dessen Ort der zukünftige übernehmende Rechtsträger seinen Sitz haben soll.[6]

Hinweis: Nach dem Wortlaut des Abs. 2 haben die Vertretungsorgane der übertragenden Rechtsträger die Anmeldung gemeinsam vorzunehmen. Es reicht allerdings aus, wenn inhaltlich gleichlautende Erklärungen beim zuständigen Registergericht eingereicht werden.[7]

Der Inhalt der Anmeldung bezieht sich allein auf den **neu zu gründenden Rechtsträger** und nicht auf die Verschmelzung.[8] Weiter sind die nach § 17 vorgegebenen Unterlagen der Anmeldung beizufügen und darüber hinaus die nach den rechtsformspezifischen Gründungsvorschriften vorgesehenen Voraussetzungen zu erfüllen.[9] Eine im Rahmen einer Sachgründung bei Kapitalgesellschaften erforderliche Versicherung

---

[1] Kölner Komm UmwG/*Simon/Nießen* § 38 Rn. 2; Widmann/Mayer/*Fronhöfer* § 38 Rn. 1.
[2] Semler/Stengel/Leonard/*Schwanna* § 38 Rn. 2; Kölner Komm UmwG/*Simon/Nießen* § 38 Rn. 3; Widmann/Mayer/*Fronhöfer* § 38 Rn. 6.
[3] Kölner Komm UmwG/*Simon/Nießen* § 38 Rn. 4; Widmann/Mayer/*Fronhöfer* § 38 Rn. 10; Semler/Stengel/Leonard/*Schwanna* § 38 Rn. 3.
[4] Kölner Komm UmwG/*Simon/Nießen* § 38 Rn. 6; Widmann/Mayer/*Fronhöfer* § 38 Rn. 9; Kallmeyer/*Zimmermann* § 38 Rn. 5.
[5] Widmann/Mayer/*Fronhöfer* § 38 Rn. 9; Kallmeyer/*Zimmermann*, § 38 Rn. 5.
[6] BeckOGK/*Weiß*, 1.1.2023, § 38 Rn. 32.
[7] Lutter/*Grunewald* § 38 Rn. 2.
[8] Semler/Stengel/Leonard/*Schwanna* § 38 Rn. 4; Widmann/Mayer/*Fronhöfer* § 38 Rn. 19; Kallmeyer/*Zimmermann* § 38 Rn. 6.
[9] Einen Überblick über die jeweiligen Gründungsanforderungen bietet Kölner Komm UmwG/*Simon/Nießen* § 38 Rn. 7 ff.

hinsichtlich der Leistung der Einlagen ist allerdings entbehrlich.[10] Soweit das UmwG rechtsformspezifisch besondere Voraussetzungen aufstellt (vgl. etwa § 36 Abs. 2 S. 1) gelten diese als lex specialis.[11]

III. Verfahren des Registergerichts

5 Zuständig für die Prüfung nach Abs. 1 ist nach § 374 Nr. 1 FamFG, §§ 376, 377 FamFG das Registergericht, in dessen Bezirk der jeweilige übertragende Rechtsträger seinen Sitz hat. Für die Anmeldung des neu zu gründenden Rechtsträgers nach Abs. 2 ist das Registergericht am Sitz des neuen Rechtsträgers zuständig. Für den Umfang der Prüfungspflicht im Rahmen des Abs. 1 kann auf die Ausführungen zu § 19 verwiesen werden (→ § 19 Rn. 14). Sie beschränkt sich auf die Verschmelzung als solches.[12]

Im Rahmen der Anmeldung nach Abs. 2 gilt die Besonderheit, dass nicht nur die Anmeldung nach Abs. 2 per se geprüft wird, sondern der gesamte Gründungsakt, der den jeweiligen rechtsformspezifischen Anforderungen folgt.[13] Es handelt sich dabei stets um eine Sachgründung. Ist die Anmeldung nach Abs. 2 an sich korrekt, wurden jedoch die Gründungsvorschriften verletzt (fehlt es zB an der Werthaltigkeit des eingebrachten Vermögens, § 9c Abs. 1 S. 2 GmbHG), kann das Registergericht die Eintragung des neuen Rechtsträgers verweigern. Dieser Situation kann das Registergericht in aller Regel, sofern die Mängel behebbar sind, durch Erlass einer Zwischenverfügung begegnen.[14]

6 Die **Reihenfolge** der Eintragungen wird durch die Systematik ihrer Aufzählung in § 38 festgelegt. Die Eintragung des neuen Rechtsträgers erfolgt nach Eintragung der Verschmelzung in den Registern der übertragenden Rechtsträger. Letztere muss den Vermerk enthalten, dass die Verschmelzung erst mit ihrem Vollzug, dh Eintragung des neu zu gründenden Rechtsträgers, wirksam wird.[15] Mit dieser Eintragung tritt erst die Wirkung des § 20 Abs. 1 ein, welche dann nach entsprechender Mitteilung im Handelsregister des übertragenden Rechtsträgers zu vermerken ist. (→ § 20 Rn. 3) Der Vermerk ist nicht erforderlich, wenn die Eintragungen in den Registern aller beteiligten Rechtsträger am gleichen Tag erfolgen, vgl. § 19 Abs. 1 S. 2.

7 Entsprechend ist auch hinsichtlich den **Bekanntmachungspflichten** zu differenzieren, dass bei den übertragenden Rechtsträgern jeweils die Verschmelzung durch Neugründung und beim übernehmenden Rechtsträger nur die Neugründung an sich – durch die jeweils zuständigen Registergerichte – bekannt gemacht wird.[16] Zusätzlich ist aber auf die Verschmelzung als Grund des Entstehens der Gesellschaft hinzuweisen.[17] Für die Formalien der Bekanntmachung entfaltet das UmwG keine Besonderheiten, so dass auch hier die allgemeinen rechtsformspezifischen Regeln gelten.

IV. Kosten und Rechtsmittel

8 Für die Beglaubigung der Registeranmeldung fällt eine Gebühr an, Nr. 24102, bzw. bei einer reinen Unterschriftsbeglaubigung ohne Entwurf des Notars nach Nr. 25100

---

10 Semler/Stengel/Leonard/*Schwanna* § 38 Rn. 5 f.; Kölner Komm UmwG/*Simon/Nießen* § 38 Rn. 8, 11; Widmann/Mayer/*Fronhöfer* § 38 Rn. 31, 39; BeckOGK/*Weiß*, 1.1.2023, § 38 Rn. 21.
11 Semler/Stengel/Leonard/*Schwanna* § 38 Rn. 4; Kölner Komm UmwG/*Simon/Nießen* § 38 Rn. 7.
12 ; BeckOGK/*Weiß*, 1.1.2023, § 38 Rn. 35.
13 Semler/Stengel/Leonard/*Schwanna* § 38 Rn. 10; BeckOGK/*Weiß*, 1.1.2023, § 38 Rn. 36.
14 So auch Semler/Stengel/Leonard/*Schwanna* § 38 Rn. 10; Kölner Komm UmwG/*Simon/Nießen* § 38 Rn. 15.
15 Semler/Stengel/Leonard/*Schwanna* § 38 Rn. 14; Kölner Komm UmwG/*Simon/Nießen* § 38 Rn. 20.
16 Semler/Stengel/Leonard/*Schwanna* § 38 Rn. 15; Kölner Komm UmwG/*Simon/Nießen* § 38 Rn. 23.
17 Semler/Stengel/Leonard/*Schwanna* § 38 Rn. 15; Kölner Komm UmwG/*Simon/Nießen* § 38 Rn. 22.

Anhang I GNotKG. Die Höhe des hierzu jeweils anzusetzenden Geschäftswertes richtet sich im Wesentlichen nach der Rechtsform der beteiligten Rechtsträger gemäß § 105 GNotKG. Dieser Geschäftswert ist in § 106 GNotKG auf maximal 1 Mio. EUR begrenzt. Die gleichzeitige Anmeldung einer Kapitalerhöhung ist dabei gesondert zu bewerten, da sie nicht inhaltsgleich iSd § 109 GNotKG ist (→ § 2 Rn. 31). Für beide Gebühren gilt der Höchstwert von 1 Mio. EUR, § 106 GNotKG. Für die Eintragung in die jeweils zuständigen Handelsregister fallen Kosten in Höhe von jeweils 180 EUR bei Verschmelzung von Personengesellschaften und in Höhe von jeweils 240 EUR für die Verschmelzung von Kapitalgesellschaften an (§ 58 Abs. 1 Nr. 1 GNotKG iVm HRGebV). Für die Ersteintragung des neuen Rechtsträgers fällt eine Gebühr in Höhe von 180 EUR für eine Personenhandelsgesellschaft, in Höhe von 260 EUR für eine GmbH bzw. in Höhe von 660 EUR für eine AG an.

Gegen die Ablehnung der Eintragung oder eine Zwischenverfügung seitens des Registergerichts ist die Beschwerde sowie die Rechtsbeschwerde statthaft (§§ 58 ff., 70 ff. FamFG). Gegen eine erfolgte Eintragung ist kein Rechtsmittel gegeben.[18]

9

Zweiter Teil
Besondere Vorschriften

Erster Abschnitt
Verschmelzung unter Beteiligung von Personengesellschaften

Erster Unterabschnitt Verschmelzung unter Beteiligung von Gesellschaften bürgerlichen Rechts

§ 39 Ausschluß der Verschmelzung

Eine aufgelöste Gesellschaft bürgerlichen Rechts kann sich nicht als übertragender Rechtsträger an einer Verschmelzung beteiligen, wenn die Gesellschafter eine andere Art der Auseinandersetzung als die Abwicklung durch Liquidation oder als die Verschmelzung vereinbart haben.

Literatur:

Bayer, 1000 Tage neues Umwandlungsrecht – eine Zwischenbilanz, ZIP 1997, 1613; *Heckschen*, Die Entwicklung des Umwandlungsrechts aus Sicht der Rechtsprechung und Praxis, DB 1998, 1385; *K. Schmidt*, Beschlussmängel und Beschlussmängelstreitigkeiten nach der Modernisierung des Personengesellschaftsrechts, ZHR 187 (2023), 107.

I. Allgemeines	1	4. Keine Vereinbarung einer anderen Auseinandersetzungsart	10
II. Inhalt	5	**III. Prüfung durch das Registergericht/**	
1. Auflösung	6	**Rechtsfolge bei Verstoß**	14
2. Fortsetzungsfähigkeit	7		
3. Übertragender Rechtsträger	9		

---

[18] Semler/Stengel/Leonard/*Schwanna* § 38 Rn. 16; BeckOGK/*Weiß*, 1.1.2023, § 38 Rn. 45.

I. Allgemeines

1 § 39 in der Fassung des Art. 60 des Gesetzes zur Modernisierung des Personengesellschaftsrechts (Personengesellschaftsrechtsmodernisierungsgesetz – MoPeG)[1] entspricht seinem Regelungsgehalt nach dem bisherigen 39 aF. Die Vorschrift steht nach den Änderungen des MoPeG am Anfang des Ersten Unterabschnitts und stellt im Regelungsgehalt auf die Gesellschaft bürgerlichen Rechts ab. Über § 42 in seiner ab dem 1.1.2024 geltenden Fassung wird dann für den neuen Zweiten Unterabschnitt des Zweiten Buchs (Verschmelzung unter Beteiligung von Personenhandelsgesellschaften) des UmwG die Regelung des § 39 für die Verschmelzung von Personenhandelsgesellschaften für entsprechend anwendbar erklärt.[2] Gleiches regelt § 45e für die Partnerschaftsgesellschaft.

Gesellschaften bürgerlichen Rechts sind gem. § 1 Abs. 1 Nr. 1 und § 3 Abs. 1 Nr. 1 grds. verschmelzungsfähig, sofern sie im Gesellschaftsregister eingetragen sind. Zur Registrierung enthalten die §§ 707 f. BGB die relevanten Vorgaben. Für die Umwandlungsfähigkeit ist es ausreichend, wenn die Eintragung der Gesellschaft im zuständigen Gesellschaftsregister jedenfalls vor Eintragung der Verschmelzung erfolgt.[3]

Über den Verweis in § 42 gilt § 39 auch für Personenhandelsgesellschaften iSd UmwG. Dies sind die OHG und die KG (einschließlich der GmbH & Co. KG). Nicht einbezogen ist die stille Gesellschaft. Die Europäische Wirtschaftliche Interessenvereinigung (EWIV) gilt gesetzlich als OHG iSd § 3 Abs. 1 Nr. 1 (für eine ausf. Darstellung → § 3 Rn. 6). Gem. § 45e ist § 39 zudem auf die Partnerschaftsgesellschaft anzuwenden.

§ 3 Abs. 3 eröffnet die Möglichkeit der Beteiligung bereits aufgelöster Gesellschaften als übertragende Rechtsträger einer Verschmelzung dann, wenn deren Fortsetzung beschlossen werden könnte. Der gesetzgeberische Zweck liegt in der Erleichterung von Sanierungsfusionen.[4]

2 In Konkretisierung des § 3 Abs. 3 lässt § 39 eine **Beteiligung aufgelöster Gesellschaften bürgerlichen Rechts** an einer Verschmelzung als übertragende Rechtsträger nur dann zu, wenn die Gesellschafter nicht eine andere Art der Auseinandersetzung vereinbart haben als die Abwicklung durch Liquidation oder eine Verschmelzung. Nur dann steht der vorrangige bei Abschluss des Gesellschaftsvertrags zum Ausdruck gebrachte Gesellschafterwillen der Verschmelzung nicht entgegen.[5] Demzufolge werden die **Minderheitsgesellschafter** durch § 39 davor geschützt, ihre ggf. durch die Auflösung entstandenen Rechte aus der vorgesehenen anderen Auseinandersetzungsart wieder zu verlieren. Dieser Schutz des § 39 kann aber nur so weit gehen, als dass er davor schützt, dass Mehrheitsgesellschafter die Verschmelzung ohne die Minderheit beschließen können, weil der Gesellschaftsvertrag ein solches Mehrheitserfordernis vorsieht, § 39c Abs. 2 S. 1 (§ 43 Abs. 2 S. 1 aF).[6] Bezieht sich die Möglichkeit eines Mehrheitsbeschlusses auch auf die Vereinbarung einer anderen Art der Auseinandersetzung, greift § 39 nicht, da in diesen Fällen nie eine gesicherte Rechtsposition der Minderheitsgesellschafter bestand,

---

1 Gesetz vom 10.8.2021, BGBl. I 3436.
2 Die nachstehenden Fußnoten beziehen sich, sofern nicht bereits aktualisierte Kommentierungen berücksichtigt wurden, insgesamt auf die Kommentierungen zu § 39 aF.
3 Widmann/Mayer/*Vossius* § 39 Rn. 7.
4 BT-Drs. 12/6699, 82; → § 3 Rn. 18; Semler/Stengel/Leonard/*Ihrig* § 39 Rn. 1; Lutter/*Schmidt* § 39 Rn. 8.
5 Kallmeyer/*Kocher* § 39 Rn. 2; Keßler/Kühnberger/*Brügel* § 39 Rn. 2.
6 Semler/Stengel/Leonard/*Ihrig* § 39 Rn. 2; Kölner Komm UmwG/*Dauner-Lieb/Tettinger* § 39 Rn. 2; Widmann/Mayer/*Vossius* § 39 Rn. 1.

die es zu schützen gilt.⁷ Ist der Verschmelzungsbeschluss einstimmig zu fassen, ist in einem solchen Beschluss zugleich die Aufhebung der gesellschaftsvertraglichen Auseinandersetzungsvereinbarung zu sehen.⁸ In diesem Fall bleibt ebenfalls kein Raum für eine Anwendung des § 39.

Neben dem Minderheitenschutz bezweckt die Vorschrift vor allem, dass das Gesellschaftsvermögen bei der Verschmelzung noch vollumfänglich vorhanden ist,⁹ und sorgt damit reflexartig dafür, dass dem übernehmenden Rechtsträger zu einer Kapitalgrundlage (ohne Vorbelastungen) verholfen wird.¹⁰

§ 39 gilt sowohl für Verschmelzungen durch Aufnahme als auch für solche zur Neugründung, sofern eine Gesellschaft bürgerlichen Rechts als übertragender Rechtsträger beteiligt ist. Nach § 125 Abs. 1 S. 1 und § 135 Abs. 1 S. 1 ist § 39 in dieser Konstellation auch auf Spaltungen anzuwenden. Für den **Formwechsel** enthält § 214 Abs. 2 eine dem § 39 entsprechende Vorschrift. Ein Formwechsel ist nicht möglich, wenn eine andere Art der Auseinandersetzung als die Abwicklung oder der Formwechsel vereinbart wurde. Die Gesellschaft bürgerlichen Rechts kann nicht an einer Vermögensübertragung iSd § 175 beteiligt sein, weshalb hier § 39 keine Anwendung findet.

II. Inhalt

Aufgelöste (eingetragene) Gesellschaften bürgerlichen Rechts können an einer Verschmelzung als übertragende Rechtsträger beteiligt sein, wenn die Gesellschafter nicht die mit der Auflösung an sich verbundene Abwicklung durch Liquidation durch eine andere Art der Auseinandersetzung ersetzt haben, § 735 Abs. 2 S. 1 BGB.

1. Auflösung

§ 729 Abs. 1 BGB listet die Auflösungsgründe für eine Gesellschaft bürgerlichen Rechts auf, dies sind Zeitablauf, Eröffnung des Insolvenzverfahrens über das Vermögen der Gesellschaft, Kündigung der Gesellschaft (sofern der Gesellschaftsvertrag für diesen Fall die Auflösung vorsieht) sowie ein entsprechender Auflösungsbescuss. Daneben wird die Gesellschaft bürgerlichen Rechts im Falle der Zweckerreichung oder deren Unmöglichkeit aufgelöst, § 729 Abs. 2 BGB. Der Tod eines Gesellschafters führt nach § 723 Abs. 1 BGB nunmehr im Sinne einer Verbandskontinuität nur dann zur Auflösung, wenn der Gesellschaftsvertrag Entsprechendes vorsieht.¹¹ Ferner kann eine Auflösung der Gesellschaft durch Verwaltungsakt (bspw. Verbot der Gesellschaft gem. §§ 2 Abs. 1 iVm 3 Abs. 1 S. 1 Hs. 2 VereinsG) erfolgen,¹² oder durch Ausscheiden des vorletzten Gesellschafters (Verbot der Ein-Mann-Personengesellschaft) mit der Folge des Vermögensübergangs des Gesellschaftsvermögens auf den verbliebenen Gesellschafter, § 712a Abs. 1 BGB. Für Personenhandelsgesellschaften ergibt sich Entsprechendes aus §§ 143 ff. HGB.

---

7 Semler/Stengel/Leonard/*Ihrig* § 39 Rn. 2; Kölner Komm UmwG/*Dauner-Lieb/Tettinger* § 39 Rn. 24.
8 Henssler/Strohn/*Decker* § 39 Rn. 2; Semler/Stengel/Leonard/*Ihrig* § 39 Rn. 2; Keßler/Kühnberger/*Brügel* § 39 Rn. 2.
9 Vgl. BR-Drs. 75/94, 97; Semler/Stengel/Leonard/*Ihrig* § 39 Rn. 1; Lutter/*Schmidt* § 39 Rn. 8; Kölner Komm UmwG/*Dauner-Lieb/Tettinger* § 39 Rn. 2.
10 BeckOGK/*Temme*, 1.1.2023, § 39 Rn. 2; Widmann/Mayer/*Vossius* § 39 Rn. 1 f.; Keßler/Kühnberger/*Brügel* § 39 Rn. 1.
11 Ausführlich zu den Auflösungsgründen Widmann/Mayer/*Vossius* § 39 Rn. 8 ff.
12 Semler/Stengel/Leonard/*Ihrig* § 39 Rn. 6; Lutter/*Schmidt* § 39 Rn. 10; Widmann/Mayer/*Vossius* § 39 Rn. 37.

2. Fortsetzungsfähigkeit

7 Unter § 39 fallen gem. § 3 Abs. 3 nur solche aufgelösten Gesellschaften, deren Fortsetzung beschlossen werden könnte. Ein Fortsetzungsbeschluss kann bei der Gesellschaft bürgerlichen Rechts wie auch bei Personenhandelsgesellschaften bis zur Vollbeendigung grds. zu jeder Zeit nach dem Auflösungsbeschluss gefasst werden.[13] Da der Fortsetzungsbeschluss auch stillschweigend gefasst werden kann, ist ein entsprechender Verschmelzungsbeschluss so auszulegen, dass er diesen mitenthält.[14] Nach § 734 Abs. 3 BGB ist der Fortsetzungsbeschluss bei einer eingetragenen Gesellschaft bürgerlichen Rechts von sämtlichen Gesellschaftern zur Eintragung in das Gesellschaftsregister anzumelden. Die Anmeldepflicht dient dazu, die Rückumwandlung in eine werbende Gesellschaft offenkundig zu machen; sie hat daher nur deklaratorische Wirkung.

8 Nach wohl herrschender Meinung kann ein Fortsetzungsbeschluss nicht mehr gefasst werden, wenn die Verteilung des Gesellschaftsvermögens an die Gesellschafter beendet wurde, da sonst der Zweck der §§ 3 Abs. 3 und 39, nämlich zu gewährleisten, dass zum Zeitpunkt der Verschmelzung noch Vermögen vorhanden ist, unterlaufen werden würde.[15] So jetzt dem Grundsatz nach auch explizit § 735 Abs. 1 BGB, wonach eine Liquidation trotz Löschung noch möglich ist, wenn sich nach der Löschung herausstellt, dass noch Vermögen vorhanden ist. Eine bereits begonnene Verteilung des Gesellschaftsvermögens schließt einen Fortsetzungsbeschluss folglich nicht aus.[16]

Weitere Ausnahmen bilden Fälle, in denen die Entscheidung über die Fortsetzung der Gesellschaft nicht mehr (allein) in den Händen der Gesellschafter liegt und der Auflösungsgrund nicht beseitigt ist oder werden kann:[17] Hierzu zählen bspw. die Eröffnung des Insolvenzverfahrens über das Gesellschaftsvermögen bzw. das Gesellschaftervermögen – soweit der Fortsetzungsbeschluss nicht nach § 734 BGB zulässig ist bzw. die Zustimmung des Insolvenzverwalters oder des Privatgläubigers gem. § 735 Abs. 2 BGB nicht erteilt wird.[18] Ebenso kommt ein Fortsetzungsbeschluss nicht in Betracht bei Auflösung der Gesellschaft durch Verwaltungsakt (bspw. Verbot der Gesellschaft gem. §§ 2 Abs. 1 iVm 3 Abs. 1 S. 1 Hs. 2 VereinsG),[19] oder der Löschung der Ein-Mann-Personenhandelsgesellschaft aus dem Handelsregister – sofern kein Fall des § 145 Abs. 3 HGB vorliegt –, da die Gesellschaft, sobald nur noch ein Gesellschafter vorhanden ist, aufgelöst und sogleich beendet wird.[20] Für Personenhandelsgesellschaften ergibt sich Entsprechendes aus §§ 143 ff. HGB.

3. Übertragender Rechtsträger

9 Nach dem Wortlaut muss die aufgelöste Gesellschaft bürgerlichen Rechts als übertragender Rechtsträger an der Verschmelzung beteiligt sein. Richtigerweise muss damit die Beteiligung einer aufgelösten Gesellschaft bürgerlichen Rechts bzw. – über § 42

---

13 Statt vieler BGH NJW 1995, 2843 (2844); Semler/Stengel/Leonard/*Ihrig* § 39 Rn. 6; Lutter/*Schmidt* § 39 Rn. 10; Kölner Komm UmwG/*Dauner-Lieb/Tettinger* § 39 Rn. 15; Widmann/Mayer/*Vossius* § 39 Rn. 39.
14 So auch Lutter/*Drygala* § 3 Rn. 26; Schmitt/Hörtnagl/*Winter* § 3 Rn. 52; Widmann/Mayer/*Vossius* § 39 Rn. 39.
15 Widmann/Mayer/*Vossius* § 39 Rn. 42; Kölner Komm UmwG/*Dauner-Lieb/Tettinger* § 39 Rn. 20; Semler/Stengel/Leonard/*Ihrig* § 39 Rn. 6; aA auf den Beginn der Verteilung abstellend Lutter/*Schmidt* § 39 Rn. 11; Semler/Stengel/Leonard/*Stengel* § 3 Rn. 38.
16 Widmann/Mayer/*Vossius* § 39 Rn. 42.
17 BayObLG NJW-RR 1998, 902 f.; Lutter/*Drygala* § 3 Rn. 23 ff.; Kölner Komm UmwG/*Dauner-Lieb/Tettinger* § 39 Rn. 16.
18 Semler/Stengel/Leonard/*Ihrig* § 39 Rn. 6; Widmann/Mayer/*Vossius* § 39 Rn. 43; Kölner Komm UmwG/*Dauner-Lieb/Tettinger* § 39 Rn. 16.
19 Semler/Stengel/Leonard/*Ihrig* § 39 Rn. 6; Lutter/*Schmidt* § 39 Rn. 10; Widmann/Mayer/*Vossius* § 39 Rn. 37.
20 Vgl. Hopt/*Hopt* HGB § 131 Rn. 19; Widmann/Mayer/*Vossius* § 39 Rn. 27, 40.

– Personenhandelsgesellschaft als übernehmender Rechtsträger einer Verschmelzung verneint werden, da der Gesetzgeber in Kenntnis der umstrittenen Rechtslage zum § 19 Abs. 2 KapErhG dessen Formulierung übernommen hat und es bewusst unterließ, die Verschmelzungsfähigkeit des aufgelösten übernehmenden Rechtsträgers anderweitig zu regeln.[21] Nach der gesetzgeberischen Intention soll zwar die Sanierung mit § 3 Abs. 3 erleichtert werden, was jedoch nicht für reine Abwicklungsfusionen gilt.[22]

Praxishinweis: Damit aufgelöste Gesellschaften bürgerlichen Rechts bzw. Personenhandelsgesellschaften als übernehmender Rechtsträger an einer Verschmelzung teilnehmen können, ist vorab ein Fortsetzungsbeschluss erforderlich.[23] Die Eintragung des Fortsetzungsbeschlusses im Gesellschaftsregister der betroffenen Gesellschaft bürgerlichen Rechts bzw. im Handelsregister der betroffenen Personenhandelsgesellschaft wirkt nur deklaratorisch und ist daher keine Wirksamkeitsvoraussetzung.[24]

4. Keine Vereinbarung einer anderen Auseinandersetzungsart

Die Arten der Auseinandersetzung können **frei vereinbart** werden.[25] Eine andere Art der Auseinandersetzung ist zB der Vermögensübergang des Gesellschaftsvermögens durch den verbleibenden alleinigen Gesellschafter, § 712a Abs. 1 BGB, oder die Realteilung. Im Rahmen des § 712a BGB kommt es mit Austritt des vorletzten Gesellschafters zu einem Vermögensübergang aller Aktiva und Passiva der Gesellschaft bürgerlichen Rechts im Wege der Gesamtrechtsnachfolge auf den verbleibenden Gesellschaft, was eine Verschmelzung obsolet macht.[26] Weiter kommt in Betracht die Einbringung des Gegenstands der Gesellschaft im Wege der Einzelrechtsübertragung, die Übertragung aller Anteile auf einen Nichtgesellschafter (mit der Folge des Vermögensübergangs im Wege der Gesamtrechtsnachfolge wie im Falle des § 712a Abs. 1 BGB – beim Erwerber) sowie die Abwicklung unter Einschaltung von Treuhändern im Rahmen eines Liquidationsvergleichs.[27]

Daneben kommt naturgemäß die Änderung des Gesellschaftsvertrags hinsichtlich der Auseinandersetzungsart in Frage: Die Einhaltung etwaiger Formvorschriften vorausgesetzt liegt bei (nachträglichem) einstimmigem Gesellschafterbeschluss über die Verschmelzung zumindest konkludent eine **neue Vereinbarung** zur Art der Abwicklung vor, sei es, dass der Gesellschaftsvertrag ursprünglich die Verschmelzung durch Mehrheitsbeschluss vorsah, sei es, dass er weder zur Fortsetzung noch zur Verschmelzung eine Regelung getroffen oder gar eine andere Art der Auseinandersetzung vorgesehen hat.[28] In der einstimmigen Beschlussfassung liegt immer zugleich auch die Aufhebung der zuvor vereinbarten Art der Auseinandersetzung.[29]

---

21 So auch OLG Naumburg NJW-RR 1998, 178 f.; AG Erfurt Rpfleger 1996, 163; Widmann/Mayer/*Vossius* § 39 Rn. 6.2; Semler/Stengel/Leonard/*Stengel* § 3 Rn. 46; aA KG DB 1998, 2409; Kallmeyer/*Marsch-Barner/Oppenhoff* § 3 Rn. 26; *Bayer* ZIP 1997, 1613 (1614); *Heckschen* DB 1998, 1385 (1387).
22 AG Erfurt Rpfleger 1996, 163; Lutter/*Drygala* § 3 Rn. 23.
23 OLG Naumburg NJW-RR 1998, 178 f.; Lutter/*Drygala* § 3 Rn. 23; Semler/Stengel/*Stengel* § 3 Rn. 46.
24 Semler/Stengel/Leonard/*Ihrig* § 39 Rn. 20.
25 Semler/Stengel/Leonard/*Ihrig* § 39 Rn. 16; Lutter/*Schmidt* § 39 Rn. 17; Kölner Komm UmwG/*Dauner-Lieb/Tettinger* § 39 Rn. 25.
26 Vgl. Widmann/Mayer/*Vossius* § 39 Rn. 46 mit weiteren Beispielen.
27 Semler/Stengel/Leonard/*Ihrig* § 39 Rn. 16; Widmann/Mayer/*Vossius* § 39 Rn. 46.
28 Semler/Stengel/Leonard/*Ihrig* § 39 Rn. 6; Lutter/*Schmidt* § 39 Rn. 10; Widmann/Mayer/*Vossius* § 39 Rn. 37.
29 Lutter/*Schmidt* § 39 Rn. 15; Semler/Stengel/Leonard/*Ihrig* § 39 Rn. 18; Widmann/Mayer/*Vossius* § 39 Rn. 52; BeckOGK/*Temme*, 1.1.2023, § 39 Rn. 20.

12 Ist eine andere Auseinandersetzungsart festgelegt, kann diese durch einen aufgrund gesellschaftsvertraglicher **Mehrheitsklausel** mit Mehrheit ergangenen Verschmelzungsbeschluss (§ 39c Abs. 2) geändert werden, wenn für den Beschluss über die andere Art der Auseinandersetzung ebenfalls dieselbe Mehrheit vorgesehen war.[30] Ob von einer Mehrheitsklausel, die sich auf die Auflösung der Gesellschaft im Allgemeinen bezieht, nur Auflösungsbeschlüsse mit gewöhnlicher Liquidationsfolge gedeckt sind,[31] ist zweifelhaft. Nach aktueller Rechtsprechung ist die Reichweite allgemeiner Mehrheitsklauseln nicht dahin beschränkt, dass nur gewöhnliche Beschlussgegenstände erfasst werden.[32] Dementsprechend sind auch solche Beschlussgegenstände von Mehrheitsklauseln umfasst, die die Grundlagen der Gesellschaft betreffen oder sich auf ungewöhnliche Geschäfte beziehen.

13 Ist hingegen für den Beschluss über die andere Art der Auseinandersetzung **Einstimmigkeit** erforderlich, führt ein in Übereinstimmung mit dem Gesellschaftsvertrag mit Mehrheit gefasster Verschmelzungsbeschluss nicht zur Änderung der Auseinandersetzungsart, womit die Einschränkung des § 39 greift. Dieser Mehrheitsbeschluss kann auch nicht als konkludenter, gesellschaftsvertraglich ebenfalls mit Mehrheit zu fassender Fortsetzungsbeschluss interpretiert werden,[33] da ansonsten § 39 – der nach einem Fortsetzungsbeschluss nicht mehr anwendbar ist – umgangen würde.[34] Ob eine solche Vorgehensweise im Fall, dass für den Verschmelzungsbeschluss sowie den Beschluss über die andere Art der Auseinandersetzung eine Mehrheitsentscheidung genügt, zur Auslegung des Beschlusses als konkludenten mehrheitlichen Fortsetzungsbeschluss führt, kann in der Praxis dahinstehen, da hier auch bei grundsätzlicher Anwendbarkeit des § 39 dieser der Verschmelzung nicht entgegensteht.[35]

Praxishinweis: Sofern keine Umgehungsabsicht vorliegt, bleibt es aber möglich, einen ausdrücklichen Fortsetzungsbeschluss zu fassen, um die grundsätzliche Anwendbarkeit des § 39 zu beseitigen und so die Verschmelzung durchführen zu können.[36]

III. Prüfung durch das Registergericht/Rechtsfolge bei Verstoß

14 Ob die an einer Verschmelzung beteiligten Rechtsträger **verschmelzungsfähig** sind, wird im Interesse der Richtigkeit des Handelsregisters durch den Registerrichter geprüft.[37] Daher wird auch die Einhaltung des § 39, damit auch die erforderlichen Mehrheiten, überprüft.[38] Inwieweit der Registerrichter dabei von der die Verschmelzung hindernden Vereinbarung über eine andere Art der Auseinandersetzung Kenntnis erlangt, hängt stark davon ab, welche Informationen der Notar beurkundet.[39]

Praxishinweis: Gesellschafter, die eine Verletzung des § 39 für möglich halten, sollten deshalb ausdrücklich zur Niederschrift erklären, dass ihrer Ansicht nach eine die Verschmelzung hindernde andere Art der Auseinandersetzung vereinbart wurde.[40]

---

[30] Lutter/*Schmidt* § 39 Rn. 15; Semler/Stengel/Leonard/*Ihrig* § 39 Rn. 18.
[31] So aber Semler/Stengel/Leonard/*Ihrig* § 39 Rn. 17; Kallmeyer/*Kocher* § 39 Rn. 4.
[32] OLG Brandenburg NZG 2022, 967 (969) mit Verweis auf BGH NZG 2014, 1296 Rn. 9 ff., 14 f.
[33] Lutter/*Schmidt* § 39 Rn. 15; Semler/Stengel/Leonard/*Ihrig* § 39 Rn. 15.
[34] Semler/Stengel/Leonard/*Ihrig* § 39 Rn. 14.
[35] Lutter/*Schmidt* § 39 Rn. 15; Semler/Stengel/Leonard/*Ihrig* § 39 Rn. 18.
[36] So auch Semler/Stengel/Leonard/*Ihrig* § 39 Rn. 14; Lutter/*Schmidt* § 39 Rn. 20.
[37] OLG Naumburg NJW-RR 1998, 178 (179); Kölner Komm UmwG/*Dauner-Lieb/Tettinger* § 39 Rn. 32; Semler/Stengel/Leonard/*Ihrig* § 39 Rn. 22.
[38] Semler/Stengel/Leonard/*Ihrig* § 39 Rn. 22.
[39] Kölner Komm UmwG/*Dauner-Lieb/Tettinger* § 39 Rn. 32.
[40] So auch Kölner Komm UmwG/*Dauner-Lieb/Tettinger* § 39 Rn. 32.

Verschmelzungsbericht § 39a UmwG **1**

Liegen die Voraussetzungen des § 39 nicht vor, so darf der Registerrichter die Eintragung der Verschmelzung nicht vornehmen. IdR sind Verschmelzungsbeschluss und -vertrag **nichtig**, wenn nicht die für die vorgesehene andere Art der Auseinandersetzung erforderliche Mehrheit (Einstimmigkeit oder größere Mehrheit als für Verschmelzungsbeschluss notwendig) erreicht wurde (→ Rn. 12).[41] Mit Inkrafttreten des MoPeG ist nunmehr bei Beschlussmängeln zu unterscheiden zwischen solchen, die bereits aus sich heraus zur Nichtigkeit des Beschlusses führen, und mangelbehafteten Beschlüssen, die erst durch eine befristete Anfechtungsklage gegen die Gesellschaft vernichtet werden können, § 110 HGB.[42] Im Rahmen ihrer Gestaltungsfreiheit bleibt es den Gesellschaftern allerdings unbenommen, für das bisherige Feststellungsmodell zu optieren, da nach § 108 HGB bzw. § 708 BGB Gestaltungsfreiheit besteht. **15**

Ein solcher Beschluss ist hingegen **wirksam**, wenn er unter der Bedingung gefasst wird, dass die andere Art der Auseinandersetzung mit der für sie erforderlichen Stimmenanzahl geändert wird.[43] Er kann aber mangels Bedingungseintritt nicht zur Wirksamkeit der Verschmelzung führen. Ein nichtiger bzw. bedingter Beschluss führt allerdings nicht zur Wirksamkeit des Vertrags gem. § 13 Abs. 1 S. 1, Letzterer bleibt vielmehr (schwebend) unwirksam.[44] Sofern die andere Art der Auseinandersetzung aber doch noch geändert wird, sei es, dass hierdurch eine Bedingung der og Art eintritt, sei es, dass dies von einer solchen bedingten Beschlussfassung losgelöst geschieht, wird der Verschmelzungsbeschluss und damit auch der -vertrag nachträglich geheilt, bzw. wird er durch Bedingungseintritt wirksam.[45] **16**

Findet die **Eintragung trotz Nichtigkeit** statt, so wird der Mangel durch die Eintragung nach § 20 Abs. 2 geheilt und die Verschmelzung wirksam. Die vereinbarte Art der Auseinandersetzung wird so umgangen. Die Minderheitsgesellschafter haben für diesen Fall die Möglichkeit, gegen diejenigen Gesellschafter, die treuwidrig gehandelt haben, Anspruch auf Schadenersatz gem. § 25 Abs. 1 geltend zu machen und in Vorbereitung hierauf ggf. Klage gegen die Wirksamkeit des Verschmelzungsbeschlusses zu erheben.[46] Die Klage ist gem. § 28 gegen den übernehmenden Rechtsträger zu richten. **17**

§ 39a Verschmelzungsbericht

Ein Verschmelzungsbericht ist für eine an der Verschmelzung beteiligte Gesellschaft bürgerlichen Rechts nicht erforderlich, wenn alle Gesellschafter dieser Gesellschaft zur Geschäftsführung berechtigt sind.

1. Allgemeines

Art. 60 des Gesetzes zur Modernisierung des Personengesellschaftsrechts (Personengesellschaftsrechtsmodernisierungsgesetz – MoPeG)[1] führte zum 1.1.2024 den § 39a neu ein. Die Vorschrift übernimmt wortlautgleich die Regelungen des § 41 aF für die Ver- **1**

---

[41] Kölner Komm UmwG/*Dauner-Lieb/Tettinger* § 39 Rn. 28; Semler/Stengel/Leonard/*Ihrig* § 39 Rn. 21; Lutter/*Schmidt* § 39 Rn. 20.
[42] Hierzu im Einzelnen: *K. Schmidt* ZHR 187 (2023), 107 ff.
[43] Kölner Komm UmwG/*Dauner-Lieb/Tettinger* § 39 Rn. 29.
[44] Vgl. Kölner Komm UmwG/*Dauner-Lieb/Tettinger* § 39 Rn. 29; Semler/Stengel/Leonard/*Ihrig* § 39 Rn. 21.
[45] Vgl. Kölner Komm UmwG/*Dauner-Lieb/Tettinger* § 39 Rn. 30; Lutter/*Schmidt* § 39 Rn. 15; Semler/Stengel/Leonard/*Ihrig* § 39 Rn. 21.
[46] BeckOGK/*Temme*, 1.1.2023, § 39 Rn. 22; Kölner Komm UmwG/*Dauner-Lieb/Tettinger* § 39 Rn. 31; Semler/Stengel/Leonard/*Ihrig* § 39 Rn. 21.
[1] Gesetz vom 10.8.2021, BGBl. I 3436.

schmelzung unter Beteiligung von Gesellschaften bürgerlichen Rechts. § 42 in seiner ab dem 1.1.2024 geltenden Fassung erklärt dann für den neuen Zweiten Unterabschnitt des Zweiten Buchs (Verschmelzung unter Beteiligung von Personenhandelsgesellschaften) des UmwG die Regelung des § 39a für die Verschmelzung von Personenhandelsgesellschaften für entsprechend anwendbar.[2]

§ 39a sieht für eine an einer Verschmelzung durch Aufnahme bzw. durch Neugründung beteiligte (übertragende oder übernehmende) Gesellschaft bürgerlichen Rechts und über den Verweis des § 42 für Personenhandelsgesellschaft vor, dass das Erstellen eines Verschmelzungsberichts nicht erforderlich ist, wenn alle Gesellschafter zur Geschäftsführung befugt sind. Die Rechtsform der übrigen beteiligten Rechtsträger ist dabei unerheblich,[3] da für diese der Verschmelzungsbericht weiterhin zu erstellen ist. Die geschäftsführungsbefugten Gesellschafter haben die Möglichkeit, alle Unterlagen einzusehen und bei der Verschmelzung mitzuwirken.[4] Folglich wäre es bloße Förmelei, in dieser Situation auf einen Verschmelzungsbericht zu bestehen, da es keine schützenswerten Gesellschafter gibt.

2 Die Vorschrift tritt damit als weitere Ausnahme neben § 8 Abs. 3 S. 1, wonach eine **Berichtspflicht entfällt**, wenn alle Anteilsinhaber aller beteiligten Rechtsträger darauf mittels notariell beurkundeter Erklärung Urkunde verzichten (→ § 8 Rn. 41) oder in den Konzernsituationen des § 8 Abs. 3 S. 3, wenn zB der übernehmende Rechtsträger alleiniger Gesellschafter des übertragenden Rechtsträgers ist, § 8 Abs. 3 S. 3 Nr. 1 lit. a.[5] Für Personenhandelsgesellschaften, deren sämtliche Gesellschafter auch die Geschäftsführungsbefugnis innehaben, ist § 8 Abs. 3 zwar neben §§ 39a, 42 anwendbar, der Vorschrift kommt in dieser Konstellation allerdings keinerlei Bedeutung zu.[6] Eine kombinierte Anwendung der §§ 39a und 8 Abs. 3 derart, dass nur die nicht geschäftsführenden Gesellschafter einer Gesellschaft bürgerlichen Rechts (bzw. über § 42 einer Personenhandelsgesellschaft) auf den Verschmelzungsbericht verzichten müssen, während auf die anderen Anteilsinhaber § 39a angewendet wird und damit zusätzliche Verzichtserklärungen nicht notwendig sind, ist aufgrund des klaren Wortlauts der Vorschriften nicht zulässig.[7]

3 Über die Verweise in §§ 125, 135 Abs. 1 gilt § 39a auch für **Spaltungen** zur Aufnahme und zur Neugründung. Für den Formwechsel einer Personenhandelsgesellschaft in eine Kapitalgesellschaft oder eG enthält § 215 eine dem § 39a entsprechende Regelung für den Umwandlungsbericht nach § 192. Für Partnerschaftsgesellschaften enthält § 45c eine Sonderregelung.

2. Berechtigung zur Geschäftsführung

4 Maßgeblich für die Berechtigung zur Geschäftsführung im Sinne des § 39a ist zunächst die tatsächliche Regelung der **Geschäftsführungsbefugnis** im Gesellschaftsvertrag

---

[2] Die nachstehenden Fußnoten beziehen sich, sofern nicht bereits aktualisierte Kommentierungen berücksichtigt wurden, insgesamt auf die Kommentierungen zu § 41 aF.
[3] Kölner Komm UmwG/*Dauner-Lieb/Tettinger* § 41 Rn. 5.
[4] BT-Drs. 12/6699, 98; Kölner Komm UmwG/*Dauner-Lieb/Tettinger* § 41 Rn. 1; Semler/Stengel/Leonard/*Ihrig* § 41 Rn. 1; Widmann/Mayer/*Vossius* § 39a Rn. 1.
[5] Semler/Stengel/Leonard/*Ihrig* § 41 Rn. 1; Lutter/*Schmidt* § 41 Rn. 1.
[6] Semler/Stengel/Leonard/*Ihrig* § 41 Rn. 5; Kallmeyer/*Kocher* § 41 Rn. 1.
[7] Lutter/*Schmidt* § 41 Rn. 6; Semler/Stengel/Leonard/*Ihrig* § 41 Rn. 6; aA Widmann/Mayer/*Vossius* § 39a Rn. 13; Kölner Komm UmwG/*Dauner-Lieb/Tettinger* § 41 Rn. 10; BeckOGK/*Temme*, 1.1.2023, § 41 Rn. 4.

bzw. in Ermangelung abweichender gesellschaftsvertraglicher Vorschriften die gesetzliche Regelung.[8]

Für die Gesellschaft bürgerlichen Rechts ist die Geschäftsführung – dispositiv – nunmehr in § 715 BGB geregelt und hat durch alle Gesellschafter gemeinschaftlich zu erfolgen. Geschäftsführung ist in diesem Sinne grds. jede für die Gesamthand vorgenommene Tätigkeit tatsächlicher oder rechtsgeschäftlicher Art zur Förderung des Gesellschaftszwecks, ausgenommen Grundlagengeschäfte.[9] Für die von der Geschäftsführung ausgeschlossenen Gesellschafter einer Gesellschaft bürgerlichen Rechts sieht § 717 BGB besondere Informationsrechte vor, die aber § 39a nicht obsolet machen.

Für die **OHG** sieht § 116 Abs. 1 HGB die Geschäftsführung durch alle Gesellschafter vor, weshalb § 39a iVm § 42 im gesetzlichen Regelfall Anwendung findet. Sieht der Gesellschaftsvertrag jedoch vor, dass nur einige Gesellschafter geschäftsführungsbefugt sind, findet § 39a iVm § 42 keine Anwendung.[10] Ebenfalls keine Anwendung findet die Vorschrift, wenn es sich um den gesetzlichen Regelfall der Geschäftsführung in der **KG** handelt, da hier gem. § 164 S. 1 Hs. 1 HGB die Kommanditisten von der Geschäftsführung ausgeschlossen sind. Sind sie umgekehrt nach dem Gesellschaftsvertrag zur Geschäftsführung berechtigt, also alle Gesellschafter geschäftsführungsbefugt, ist ein Verschmelzungsbericht nicht erforderlich.[11] Für die **EWIV**, die von der ihr durch Art. 19 EWIV-VO[12] eingeräumten Möglichkeit der Fremdgeschäftsführung unter gleichzeitig fehlender Geschäftsführungsbefugnis aller ihrer Mitglieder Gebrauch gemacht hat, ist § 39a iVm § 42 gleichermaßen nicht anwendbar. Im Übrigen gilt die Erleichterung des § 39a iVm § 42.[13] Für die **Partnerschaft** gilt mit § 45c S. 1 eine dem § 39a vergleichbare Vorschrift, soweit von § 6 Abs. 2 PartGG kein Gebrauch gemacht wurde und damit alle Partner zur Geschäftsführung befugt sind.

Ist ein Gesellschafter von der Geschäftsführung gerichtlich gem. § 116 Abs. 5 HGB oder durch gesellschaftsvertraglichen Beschluss der übrigen Gesellschafter ganz oder teilweise ausgeschlossen oder ist ihm die Geschäftsführungsbefugnis aufgrund einstweiliger Verfügung ganz oder teilweise untersagt, ist grundsätzlich ein **Verschmelzungsbericht** zu erstellen.[14] Im Falle eines nur teilweisen Entzugs bzw. einer teilweisen Untersagung verbietet es die Rechtssicherheit, danach zu differenzieren, ob dem Gesellschafter der für die Verschmelzung maßgebliche Teil der Geschäftsführungsbefugnis verblieben ist oder nicht.[15]

Für eine **Kapitalgesellschaft & Co. KG** gilt das unter → Rn. 5 Gesagte. Sind alle Kommanditisten geschäftsführungsbefugt, die Komplementärin aber von der Geschäftsführung ausgeschlossen und sind die Kommanditisten zugleich alleinige Gesellschaftergeschäftsführer der Komplementärin, ist § 39a iVm § 42 nach seinem Normzweck eben-

---

8 Vgl. Semler/Stengel/Leonard/*Ihrig* § 41 Rn. 8; Widmann/Mayer/*Vossius* § 39a Rn. 7 ff.; Kölner Komm UmwG/*Dauner-Lieb/Tettinger* § 41 Rn. 6; Lutter/*Schmidt* § 41 Rn. 4.
9 BeckOGK/*Schöne*, 1.2.2023, BGB § 709 Rn. 3.
10 Im Ergebnis zustimmend BeckOGK/*Temme*, 1.1.2023, § 41 Rn. 6, der allerdings zwischen einem absoluten und einem partiellen Ausschluss von der Geschäftsführung durch gerichtliche Entscheidung differenziert.
11 Lutter/*Schmidt* § 41 Rn. 4 ff.; Semler/Stengel/Leonard/*Ihrig* § 41 Rn. 8; Widmann/Mayer/*Vossius* § 39a Rn. 22 f.
12 EG VO (EWG) Nr. 2137/85, ABl. 1985 L 199, 1.
13 Semler/Stengel/Leonard/*Ihrig* § 41 Rn. 8 und 11.
14 Kölner Komm UmwG/*Dauner-Lieb/Tettinger* § 41 Rn. 6; Lutter/*Schmidt* § 41 Rn. 5; Widmann/Mayer/*Vossius* § 39a Rn. 15.
15 Kölner Komm UmwG/*Dauner-Lieb/Tettinger* § 41 Rn. 8; Lutter/*Schmidt* § 41 Rn. 5; aA Widmann/Mayer/*Vossius* § 39a Rn. 16.

falls anzuwenden.¹⁶ In der Praxis sollte diese Thematik allerdings mit dem Registergericht vorab besprochen werden.

8 Liegen die Voraussetzungen des § 39a nicht vor und wurde trotzdem kein Verschmelzungsbericht erstellt, ist der Verschmelzungsbeschluss fehlerhaft und somit nichtig.¹⁷ Die Nichtigkeit ist allerdings innerhalb der Monatsfrist des § 14 Abs. 1 geltend zu machen.¹⁸ Kommt es trotz Nichtigkeit zur Eintragung, wird der Mangel des fehlenden Verschmelzungsberichts geheilt, § 20 Abs. 2. Der Beschluss ist ebenso nach Ablauf der Monatsfrist des § 14 Abs. 1 einzutragen, wenn kein Gesellschafter bis zu diesem Zeitpunkt eine Klage erhoben hat.¹⁹

§ 39b Unterrichtung der Gesellschafter

Der Verschmelzungsvertrag oder sein Entwurf und der Verschmelzungsbericht sind den Gesellschaftern, die von der Befugnis zur Geschäftsführung ausgeschlossen sind, spätestens zusammen mit der Einberufung der Gesellschafterversammlung, die gemäß § 13 Absatz 1 über die Zustimmung zum Verschmelzungsvertrag beschließen soll, zu übersenden.

Literatur:
K. Schmidt, Beschlussmängel und Beschlussmängelstreitigkeiten nach der Modernisierung des Personengesellschaftsrechts, ZHR 187 (2023), 107.

I. Allgemeines 1	4. Form 10
II. Inhalt 5	5. Frist 11
1. Verpflichteter 5	6. Zugang 12
2. Erfasste Unterlagen 6	7. Verzicht 14
3. Adressaten 8	III. Rechtsfolgen bei Verstoß 16

I. Allgemeines

1 Der mit dem MoPeG¹ zum 1.1.2024 neu eingeführte § 39b übernimmt wortlautgleich die Regelungen des § 42 aF für die Verschmelzung unter Beteiligung von im Gesellschafterregister eingetragenen Gesellschaften bürgerlichen Rechts. § 42 in seiner ab dem 1.1.2024 geltenden Fassung erklärt dann für den neuen Zweiten Unterabschnitt des Zweiten Buchs (Verschmelzung unter Beteiligung von Personenhandelsgesellschaften) des UmwG die Regelung des § 39b für die Verschmelzung von Personenhandelsgesellschaften für entsprechend anwendbar.² Für Partnerschaftsgesellschaften folgt die Anwendbarkeit aus dem Verweis in § 45c S. 2.

§ 39b statuiert eine **Informationspflicht** der Gesellschaft bürgerlichen Rechts – bzw. – über § 42 – der Personenhandelsgesellschaft gegenüber den nicht geschäftsführenden

---

16 Kölner Komm UmwG/*Dauner-Lieb/Tettinger* § 41 Rn. 9; Semler/Stengel/Leonard/*Ihrig* § 41 Rn. 10; OLG Rostock NZG 2021, 467; aA Lutter/*Schmidt* § 41 Rn. 5; Kallmeyer/*Kocher* § 41 Rn. 2; vermittelnde Ansicht Widmann/Mayer/*Vossius* § 39a Rn. 29 „Verzicht auf die Erstattung des Verschmelzungsberichts konkludent im Verschmelzungsbeschluss".
17 Kölner Komm UmwG/*Dauner-Lieb/Tettinger* § 41 Rn. 11; Semler/Stengel/Leonard/*Ihrig* § 41 Rn. 12, mit dem Hinweis, dass sich etwas anderes ergibt, wenn der Gesellschaftsvertrag bloße Anfechtbarkeit vorsieht.
18 BeckOGK/*Temme*, 1.1.2023, § 41 Rn. 9; Semler/Stengel/Leonard/*Ihrig* § 41 Rn. 12.
19 BeckOGK/*Temme*, 1.1.2023, § 41 Rn. 9; Semler/Stengel/Leonard/*Ihrig* § 41 Rn. 12.
1 Gesetz vom 10.8.2021, BGBl. I 3436.
2 Die nachstehenden Fußnoten beziehen sich, sofern nicht bereits aktualisierte Kommentierungen berücksichtigt wurden, insgesamt auf die Kommentierungen zu § 42 aF.

Gesellschaftern, indem er vorschreibt, dass ihnen der Verschmelzungsvertrag oder sein Entwurf und der Verschmelzungsbericht spätestens zusammen mit der Einberufung der Gesellschafterversammlung, die die Zustimmung zum Verschmelzungsvertrag beschließen soll, zu übersenden sind.

Für die nicht geschäftsführungsbefugten Gesellschafter einer Gesellschaft bürgerlichen Rechts wird das bereits bestehende Informationsrecht aus § 717 Abs. 1 BGB flankiert. Insoweit konkretisiert § 39b diese Vorschrift. Über die Verweisung in § 105 Abs. 3 HGB – die insoweit den § 118 Abs. 1 HGB aF (iVm § 161 Abs. 2 HGB aF) hat obsolet werden lassen – und § 9 Abs. 1 PartGG gilt § 717 Abs. 1 BGB zum 1.1.2024 auch für die Gesellschafter von Personenhandelsgesellschaften bzw. die Partner von Partnerschaftsgesellschaften.

Durch die Pflicht zur unaufgeforderten **Zusendung der Verschmelzungsunterlagen** soll den Gesellschaftern die Möglichkeit zur Bildung einer ausreichenden Informationsgrundlage für ihre Entscheidung im Rahmen des Verschmelzungsbeschlusses gegeben werden,[3] die ihnen im Gegensatz zu den geschäftsführenden Gesellschaftern sonst nicht eröffnet wäre.[4] Etwaige Einschränkungen des Informationsrechts sind aufgrund des zwingenden Charakters für das Informationsrecht aus § 39b unzulässig.[5] Dies muss aufgrund des Schutzzwecks der Vorschrift auch für den geschäftsführenden Gesellschafter gelten, dessen Informationsrechte ausgeschlossen oder beschränkt sind.[6]

§ 39b findet sowohl auf Verschmelzungen durch Aufnahme als auch durch Neugründung Anwendung. Gem. §§ 125, 135 Abs. 1 gilt die Vorschrift auch für entsprechende Spaltungen, sofern eine Gesellschaft bürgerlichen Rechts bzw. eine Personenhandelsgesellschaft als übertragender oder übernehmender Rechtsträger beteiligt ist. Für den Formwechsel einer Gesellschaft bürgerlichen Recht oder einer Personenhandelsgesellschaft (vgl. § 214 Abs. 1) in eine Kapitalgesellschaft oder eG enthält § 216 eine dem § 39b entsprechend Regelung.

Neben dem durch § 39b gewährten Informationsrecht stehen den nicht zur Geschäftsführung befugten Gesellschaftern **weitere Informationsrechte** aus allgemeinen Rechtsgrundsätzen zu. Während und vor der Gesellschafterversammlung können sie Auskunft zur Verschmelzung und zu den verschmelzungserheblichen Angelegenheiten der anderen Rechtsträger verlangen, wenn diese zur Beurteilung der Verschmelzung erforderlich ist und sich nicht schon aus den bereits überlassenen Unterlagen ergibt.[7] Erläuterungs- oder Auslagepflichten bestehen – anders als bei der AG (§ 64 S. 1) – nicht.[8]

---

[3] BT-Drs. 12/6699, 98.
[4] Ihnen steht zwar gem. § 13 Abs. 3 S. 3 das Recht auf Erteilung einer Vertragsabschrift und der Niederschrift des Verschmelzungsbeschlusses zu, jedoch müssen sie hiernach die Kosten dafür selbst tragen.
[5] Lutter/*Schmidt* § 42 Rn. 3; Semler/Stengel/Leonard/*Ihrig* § 42 Rn. 14.
[6] Lutter/*Schmidt* § 42 Rn. 3; Semler/Stengel/Leonard/*Ihrig* § 42 Rn. 14.
[7] Semler/Stengel/Leonard/*Ihrig* § 42 Rn. 17; Lutter/*Schmidt* § 42 Rn. 12; Kölner Komm UmwG/*Dauner-Lieb/Tettinger* § 42 Rn. 22.
[8] Widmann/Mayer/*Vossius* § 39b Rn. 2; Kölner Komm UmwG/*Dauner-Lieb/Tettinger* § 42 Rn. 23; Lutter/*Schmidt* § 42 Rn. 12; Semler/Stengel/Leonard/*Ihrig* § 42 Rn. 17.

II. Inhalt

1. Verpflichteter

5 Zur Information verpflichtet ist die Gesellschaft, die durch ihre Geschäftsführer die Übersendung der Verschmelzungsunterlagen vornimmt. Sie hat aufgrund des Normzwecks der Vorschrift und im Vergleich mit § 13 Abs. 3 die Kosten zu tragen.[9]

2. Erfasste Unterlagen

6 Zu übersenden sind je eine Kopie[10] des **Verschmelzungsvertrags** oder des Entwurfs, einschließlich der in ihm genannten Anlagen und beschlusserheblichen Nebenabreden[11] sowie des Verschmelzungsberichts. Inhaltlich müssen die Unterlagen den Anforderungen der für sie maßgeblichen Vorschriften des UmwG genügen, dh der Verschmelzungsvertrag muss mindestens die in § 5 genannten Angaben enthalten.[12] Muss kein Verschmelzungsbericht erstellt werden (§ 8 Abs. 3), entfällt die Pflicht auf Übersendung.[13]

7 Ferner ist – obwohl vom Wortlaut der Vorschrift nicht erfasst – der ggf. nach § 39e (§ 44 aF) erforderliche **Prüfungsbericht** (→ § 39e Rn. 9) zu übersenden.[14] Dies gilt selbst, wenn der Prüfungsbericht nur auf Veranlassung der Geschäftsführung erstellt wurde.[15] Sofern das Prüfungsverlangen nach § 39e bereits vor der Einberufung der Gesellschafterversammlung gestellt wurde, ist mit der Einberufung zu warten, bis der Prüfungsbericht vorliegt.[16] Wird das Verlangen nach diesem Zeitpunkt gestellt, muss zwischen Nachsendung des Prüfungsberichts und der Gesellschafterversammlung, die über die Verschmelzung beschließt, mindestens eine Woche liegen, damit den Gesellschaftern genügend Zeit zur Auswertung verbleibt und sie ihre Entscheidung auf eine ausreichende Informationsgrundlage stützen können.[17] Bei Prüfungsverlangen im Rahmen der Gesellschafterversammlung ist die Beschlussfassung zu vertagen und der Prüfungsbericht spätestens mit der erneuten Einberufung zu übersenden.[18]

3. Adressaten

8 Die Verschmelzungsunterlagen sind zunächst allen von der Geschäftsführung ausgeschlossenen Gesellschaftern zuzusenden. Ist die Ausübung des Stimmrechts einem Vertreter einer Gesellschaftergruppe übertragen, ist die Übersendung der erforderlichen Unterlagen an diesen erforderlich.[19] Zur Sicherheit sollte in der Praxis aber zusätzlich an die übrigen Gesellschafter zugestellt werden, um Anfechtungsrisiken an dieser Stel-

---

9 Semler/Stengel/Leonard/*Ihrig* § 42 Rn. 10; Lutter/*Schmidt* § 42 Rn. 8; Kölner Komm UmwG/*Dauner-Lieb/Tettinger* § 42 Rn. 6; BeckOGK/*Temme*, 1.1.2023, § 42 Rn. 12.
10 Lutter/*Schmidt* § 42 Rn. 5; Semler/Stengel/Leonard/*Ihrig* § 42 Rn. 11.
11 Kölner Komm UmwG/*Dauner-Lieb/Tettinger* § 42 Rn. 7; Widmann/Mayer/*Vossius* § 39b Rn. 8; Semler/Stengel/Leonard/*Ihrig* § 42 Rn. 5; Lutter/*Schmidt* § 42 Rn. 5.
12 Widmann/Mayer/*Vossius* § 39b Rn. 8; Semler/Stengel/Leonard/*Ihrig* § 42 Rn. 5.
13 Semler/Stengel/Leonard/*Ihrig* § 42 Rn. 5; Widmann/Mayer/*Vossius* § 39b Rn. 9; Kölner Komm UmwG/*Dauner-Lieb/Tettinger* § 42 Rn. 8; Lutter/*Schmidt* § 42 Rn. 5.
14 Lutter/*Schmidt* § 42 Rn. 5; Semler/Stengel/Leonard/*Ihrig* § 42 Rn. 6; Keßler/Kühnberger/*Brügel* § 42 Rn. 3; BeckOGK/*Temme*, 1.1.2023, § 42 Rn. 7.
15 Lutter/*Schmidt* § 42 Rn. 5; Semler/Stengel/Leonard/*Ihrig* § 42 Rn. 6; Widmann/Mayer/*Vossius* § 39b Rn. 9.1; BeckOGK/*Temme*, 1.1.2023, § 42 Rn. 7.
16 Semler/Stengel/Leonard/*Ihrig* § 42 Rn. 7; Lutter/*Schmidt* § 42 Rn. 5; Kölner Komm UmwG/*Dauner-Lieb/Tettinger* § 42 Rn. 24.
17 Lutter/*Schmidt* § 42 Rn. 5; BeckOGK/*Temme*, 1.1.2023, § 42 Rn. 7; Semler/Stengel/Leonard/*Ihrig* § 42 Rn. 7; Kölner Komm UmwG/*Dauner-Lieb/Tettinger* § 42 Rn. 24; vgl. hierzu auch § 39e, der eine Woche für die Auswertung der Verschmelzungsunterlagen als ausreichend bewertet.
18 Lutter/*Schmidt* § 42 Rn. 5; Semler/Stengel/Leonard/*Ihrig* § 42 Rn. 7; BeckOGK/*Temme*, 1.1.2023, § 42 Rn. 7.
19 Lutter/*Schmidt* § 42 Rn. 6; Keßler/Kühnberger/*Brügel* § 42 Rn. 5; Semler/Stengel/Leonard/*Ihrig* § 42 Rn. 9.

le auszuschließen.[20] Auch ist der geschäftsführungsbefugte Gesellschafter, dessen Informationsrecht eingeschränkt oder ausgeschlossen ist, der Empfängerliste hinzuzufügen (→ Rn. 2).

Mangels anderweitiger gesellschaftsvertraglicher Regelungen sind die Unterlagen bei Versendung an die der Gesellschaft bekannten Adressen der Gesellschafter zu richten.[21]

4. Form

Nach einer Auffassung in der Literatur müssen die Verschmelzungsunterlagen aufgrund der Formulierung in § 39b „zu übersenden" grds. in Schriftform übermittelt werden.[22] Diese Schlussfolgerung erscheint jedoch nicht zwingend (auch E-Mails werden zB „übersendet"), so dass andere Übermittlungsformen zumindest unter Wahrung der Textform (§ 126b BGB) auch ausreichend sind.[23] Neben der Versendung einer Abschrift (auf Kosten des verlangenden Anteilsinhabers)[24] ist auch die Versendung einer Kopie zulässig.[25] Anders als § 63 Abs. 3 S. 2 sieht § 39b auch keine Erforderlichkeit einer Einwilligung der Anteilsinhaber für die Versendung der Unterlagen auf elektronischem Wege vor, weshalb zB die Übermittlung per Telefax und E-Mail möglich ist.[26] Werden die Unterlagen jedoch zusammen mit der Einberufung zur Gesellschafterversammlung verschickt, so ist grds. anzuraten, auch für die Verschmelzungsunterlagen die Form der Einberufung zu wahren.[27] Eine persönliche Übergabe ist anstelle einer Übersendung grundsätzlich nicht zu beanstanden.[28]

5. Frist

Spätester Zeitpunkt für die Übersendung der Verschmelzungsunterlagen ist die Einberufung der Gesellschafterversammlung. Regelmäßig wird es sich im Sinne eines reibungslosen Ablaufs aber gerade im Hinblick auf § 39e empfehlen, die Unterlagen bereits vorher zu versenden.[29] Gesellschaftsvertragliche Einberufungsfristen sind auf ihre Angemessenheit der zur Auswertung verbleibenden Zeit zu prüfen. Die Mindestfrist beträgt in Ansehung des Normzwecks und in Anlehnung an § 39e eine Woche.[30]

6. Zugang

§ 39b schreibt lediglich die Übersendung der Verschmelzungsunterlagen vor. Der Zugang ist nicht erforderlich, sofern die Gesellschaft entsprechende Bemühungen nach-

---

20 So auch Kallmeyer/*Kocher* § 42 Rn. 4; Semler/Stengel/Leonard/*Ihrig* § 42 Rn. 9; Henssler/Strohn/*Decker* § 42 Rn. 2; aA Lutter/*Schmidt* § 42 Rn. 6; Keßler/Kühnberger/*Brügel* § 42 Rn. 5.
21 Lutter/*Schmidt* § 42 Rn. 9; Kölner Komm UmwG/*Dauner-Lieb/Tettinger* § 42 Rn. 10; Semler/Stengel/Leonard/*Ihrig* § 42 Rn. 13.
22 Vgl. Widmann/Mayer/*Vossius* § 39b Rn. 13.
23 So zB auch die ganz hM zur Form der „Übersendung" von Gegenanträgen gem. § 126 Abs. 1 S. 1 AktG, vgl. BeckOGK/*Rieckers*, 1.4.2023, AktG § 126 Rn. 18.
24 Semler/Stengel/Leonard/*Ihrig* § 42 Rn. 11; aA Lutter/ *Schmidt* § 42 Rn. 8.
25 Widmann/Mayer/*Vossius* § 39b Rn. 13; Kölner Komm UmwG/*Dauner-Lieb/Tettinger* § 42 Rn. 9; Semler/Stengel/Leonard/*Ihrig* § 42 Rn. 11; Lutter/*Schmidt* § 42 Rn. 8; BeckOGK/*Temme*, 1.1.2023, § 42 Rn. 8.
26 BeckOGK/*Temme*, 1.1.2023, § 42 Rn. 8; Kölner Komm UmwG/*Dauner-Lieb/Tettinger* § 42 Rn. 9; Lutter/*Schmidt*

§ 42 Rn. 8; Kallmeyer/*Kocher* § 42 Rn. 4; bzgl. Telefax Semler/Stengel/Leonard/*Ihrig* § 42 Rn. 11; aA Widmann/ Mayer/*Vossius* § 39 Rn. 13 f., der verlangt, dass der Gesellschaftsvertrag der jeweiligen Gesellschaft diese Form der Übermittlung vorsieht.
27 Semler/Stengel/Leonard/*Ihrig* § 42 Rn. 11; aA Lutter/ *Schmidt* § 42 Rn. 8.
28 Kölner Komm UmwG/*Dauner-Lieb/Tettinger* § 42 Rn. 9; Widmann/Mayer/*Vossius* § 39b Rn. 13; Lutter/*Schmidt* § 42 Rn. 8; Semler/Stengel/Leonard/*Ihrig* § 42 Rn. 1; BeckOGK/*Temme*, 1.1.2023, § 42 Rn. 8.
29 Lutter/*Schmidt* § 42 Rn. 7; BeckOGK/*Temme*, 1.1.2023, § 42 Rn. 9.
30 Vgl. Lutter/*Schmidt* § 42 Rn. 7, der auch einen Vergleich zu § 51 Abs. 1 S. 2 GmbHG zieht; so auch Semler/Stengel/Leonard/*Ihrig* § 42 Rn. 12; Kölner Komm UmwG/ *Dauner-Lieb/Tettinger* § 42 Rn. 12.

weisen kann.³¹ Mit Versendung an die zuletzt vom Anteilsinhaber bekanntgegebene Adresse ist dem Genüge getan, es sei denn, der Gesellschaft ist ein Wohnsitzwechsel oder ein längerer Auslandsaufenthalt bekannt.³²

Hinweis: Da § 39e für den Beginn der Frist für das Prüfungsverlangen auf den Erhalt der Verschmelzungsunterlagen abstellt, sollte in der Praxis sichergestellt werden, dass die Unterlagen dem Empfänger auch tatsächlich zugehen³³ und der entsprechende Nachweis auch (gegenüber dem Handelsregister) geführt werden kann. Neben anderen Möglichkeiten der Dokumentation (zB Zustellungsurkunde, Rückschein)³⁴ bietet es sich an, eine entsprechende Empfangsbestätigung aller Gesellschafter in das Versammlungsprotokoll aufzunehmen.³⁵ Diese könnte wie folgt lauten:

> Eine Abschrift des [Entwurfs des] Verschmelzungsvertrages sowie eine Abschrift des Verschmelzungsberichts wurde den Gesellschaftern mit der Einberufung zu dieser Gesellschafterversammlung zugestellt. Die Gesellschafter erklären, dass ihnen der Inhalt des [Entwurfs des] Verschmelzungsvertrages sowie des Verschmelzungsberichts bekannt ist und sie auf die Verlesung dieser Dokumente verzichten.

13 Im Hinblick auf die Prüfungskompetenz des Registergerichts und die Möglichkeit der Eintragungsverweigerung sollte darin auch das Vorliegen einer Negativerklärung bzw. eines Klageverzichts festgehalten werden.³⁶

7. Verzicht

14 Ein Verzicht auf bzw. der Ausschluss des Rechts auf die Übersendung der Verschmelzungsunterlagen bspw. durch Gesellschaftsvertrag kann im Vorfeld der Gesellschafterversammlung, die über die Verschmelzung beschließt, grds. nicht erfolgen.³⁷ Erklären die berechtigten Gesellschafter aber vorab, sie würden in der Gesellschafterversammlung nachträglich auf die Übersendung verzichten, handeln sie uU treuwidrig, wenn sie in der Gesellschafterversammlung ohne wichtigen Grund nicht verzichten.³⁸

15 Der **nachträgliche Verzicht** im Rahmen der Gesellschafterversammlung – ob durch die Gesellschaftergesamtheit oder durch einzelne Gesellschafter – ist unstreitig möglich.³⁹ In der Praxis sollte der Verzicht möglichst in der Gesellschafterversammlung ausdrücklich erklärt und durch den zuständigen Notar protokolliert werden.⁴⁰ Eine besondere Form – wie etwa bei § 8 Abs. 3 S. 2 – ist für den Verzicht nicht zu beachten.⁴¹

---

31 Semler/Stengel/Leonard/*Ihrig* § 42 Rn. 13; Kölner Komm UmwG/*Dauner-Lieb/Tettinger* § 42 Rn. 10; aA Widmann/Mayer/*Vossius* § 39b Rn. 12.
32 Lutter/*Schmidt* § 42 Rn. 9; Semler/Stengel/Leonard/*Ihrig* § 42 Rn. 13; Kölner Komm UmwG/*Dauner-Lieb/Tettinger* § 42 Rn. 10; das Zustellungsrisiko beim Zustellenden sehend Widmann/Mayer/*Vossius* § 39b Rn. 12.
33 So auch Lutter/*Schmidt* § 42 Rn. 9; Semler/Stengel/Leonard/*Ihrig* § 42 Rn. 13.
34 Zu weiteren Dokumentationsmöglichkeiten s. Auflistung bei Widmann/Mayer/*Vossius* § 39b Rn. 15.
35 Widmann/Mayer/*Vossius* § 39b Rn. 21; Kallmeyer/*Kocher* § 42 Rn. 7; Semler/Stengel/Leonard/*Ihrig* § 42 Rn. 18.
36 Kölner Komm UmwG/*Dauner-Lieb/Tettinger* § 42 Rn. 20; Kallmeyer/*Kocher* § 42 Rn. 7; Semler/Stengel/Leonard/*Ihrig* § 42 Rn. 18.
37 Widmann/Mayer/*Vossius* § 39b Rn. 17; Lutter/*Schmidt* § 42 Rn. 3; Semler/Stengel/Leonard/*Ihrig* § 42 Rn. 14; aA Kölner Komm UmwG/*Dauner-Lieb/Tettinger* § 42 Rn. 14, nach denen die Bindungswirkung des Verzichts bei nachträglicher wesentlicher Veränderung der Umstände entfallen soll.
38 Kallmeyer/*Kocher* § 42 Rn. 3; Keßler/Kühnberger/*Brügel* § 42 Rn. 2; aA Semler/Stengel/Leonard/*Ihrig* § 42 Rn. 14; von einer generellen Treuwidrigkeit ausgehend BeckOGK/*Temme*, 1.1.2023, § 42 Rn. 14.
39 Semler/Stengel/Leonard/*Ihrig* § 42 Rn. 14; Lutter/*Schmidt* § 42 Rn. 3; BeckOGK/*Temme*, 1.1.2023, § 42 Rn. 15.
40 Widmann/Mayer/*Vossius* § 39b Rn. 21; Semler/Stengel/Leonard/*Ihrig* § 42 Rn. 14; aA Kölner Komm UmwG/*Dauner-Lieb/Tettinger* § 42 Rn. 14.
41 Widmann/Mayer/*Vossius* § 39b Rn. 20; Semler/Stengel/Leonard/*Ihrig* § 42 Rn. 14; BeckOGK/*Temme*, 1.1.2023, § 42 Rn. 16; aA Kölner Komm UmwG/*Dauner-Lieb/Tettinger* § 42 Rn. 14.

III. Rechtsfolgen bei Verstoß

Werden die Verschmelzungsunterlagen nicht oder verspätet übersandt, stellt dies einen **Beschlussmangel** dar, der in der Personenhandelsgesellschaft bislang stets[42] zur **Nichtigkeit** des Verschmelzungsbeschlusses führte.[43] Mit Inkrafttreten des MoPeG ist nunmehr bei Beschlussmängeln zu unterscheiden zwischen solchen, die bereits aus sich heraus zur Nichtigkeit des Beschlusses führen, und mangelbehafteten Beschlüssen, die erst durch eine befristete Anfechtungsklage gegen die Gesellschaft vernichtet werden können, § 110 HGB.[44] Im Rahmen ihrer Gestaltungsfreiheit bleibt es den Gesellschaftern allerdings unbenommen, für das bisherige Feststellungsmodell zu optieren, da nach § 108 HGB bzw. § 708 BGB Gestaltungsfreiheit besteht. Im Rahmen einer Anfechtungsklage ist von der Relevanz der verspäteten/nicht erfolgten Übersendung der Verschmelzungsunterlagen für das Beschlussergebnis auszugehen, da die Übersendung von besonderer Bedeutung für die adäquate Vorbereitung der betroffenen Gesellschafter auf die Gesellschafterversammlung ist.[45] Die Gesellschaft kann aber den Gegenbeweis antreten.[46]

Gem. § 14 Abs. 1 kann gegen den dennoch gefassten Beschluss Klage erhoben werden, so dass die Eintragung nicht vorgenommen werden darf, vgl. § 16 Abs. 2. Erfolgt sie dennoch, wird der Mangel gem. § 20 Abs. 2 geheilt und es verbleibt ein Anspruch auf Schadenersatz gegen die geschäftsführenden Gesellschafter gem. § 25.[47]

§ 39c Beschluss der Gesellschafterversammlung

(1) Der Verschmelzungsbeschluss der Gesellschafterversammlung bedarf der Zustimmung aller anwesenden Gesellschafter; ihm müssen auch die nicht erschienenen Gesellschafter zustimmen.

(2) ¹Der Gesellschaftsvertrag kann eine Mehrheitsentscheidung der Gesellschafter vorsehen. ²Die Mehrheit muss mindestens drei Viertel der abgegebenen Stimmen betragen.

Literatur:

Notarkasse, Streifzug durch das GNotKG, 13. Aufl. 2021; *Pfeiffer*, Auswirkungen der geplanten Notarkostenreform auf gesellschaftsrechtliche Vorgänge und M&A-Transaktionen, NZG 2013, 244 *Stiegler*, Verzichtsmöglichkeiten bei der Verschmelzung von Aktiengesellschaften, AG 2019, 708.

I. Allgemeines 1	b) Zustimmung nicht erschienener Gesellschafter, Abs. 1 S. 2 8
II. Inhalt 4	3. Abweichende Mehrheitserfordernisse im Gesellschaftsvertrag, Abs. 2 12
1. Erfordernis einer Gesellschafterversammlung 4	4. Kosten 16
2. Einstimmigkeitsgrundsatz, Abs. 1 6	
a) Einstimmigkeit in der Gesellschafterversammlung 6	

---

[42] Lediglich anfechtbare Gesellschafterbeschlüsse gab es bislang in der Personenhandelsgesellschaft nicht, zuletzt hierzu OLG München 21.3.2013 – 23U 3344/12.
[43] Lutter/*Schmidt* § 42 Rn. 10; Kölner Komm UmwG/*Dauner-Lieb/Tettinger* § 42 Rn. 17; Semler/Stengel/Leonard/*Ihrig* § 42 Rn. 15.
[44] Hierzu im Einzelnen: *K. Schmidt* ZHR 187 (2023), 107 ff.
[45] Lutter/*Schmidt* § 42 Rn. 10; Semler/Stengel/Leonard/*Ihrig* § 42 Rn. 15; Kölner Komm UmwG/*Dauner-Lieb/Tettinger* § 42 Rn. 17.
[46] Semler/Stengel/Leonard/*Ihrig* § 42 Rn. 15.
[47] Semler/Stengel/Leonard/*Ihrig* § 42 Rn. 16; Kölner Komm UmwG/*Dauner-Lieb/Tettinger* § 42 Rn. 18; sehr komplex Widmann/Mayer/*Vossius* § 39b Rn. 26, der eine Rückgängigmachung mittels Spaltung (nicht verhältniswahrende Abspaltung) befürwortet.

I. Allgemeines

1 Art. 60 des Gesetzes zur Modernisierung des Personengesellschaftsrechts (Personengesellschaftsrechtsmodernisierungsgesetz – MoPeG)[1] führte zum 1.1.2024 den § 39c neu ein. Die Vorschrift übernimmt wortlautgleich die Regelungen des § 43 Abs.1 und Abs. 2 S. 1 und 2 aF für die Verschmelzung unter Beteiligung von Gesellschaften bürgerlichen Rechts. § 42 in seiner ab dem 1.1.2024 geltenden Fassung erklärt dann für den neuen Zweiten Unterabschnitt des Zweiten Buchs (Verschmelzung unter Beteiligung von Personenhandelsgesellschaften) des UmwG die Regelung des § 39c für die Verschmelzung von Personenhandelsgesellschaften für entsprechend anwendbar.[2] Die bis zum 31.12.2023 geltende Regelung in § 43 Abs. 2 S. 3 aF wird in § 41 übernommen und gilt damit nur für Personenhandelsgesellschaften.

§ 39c regelt die für einen Verschmelzungsbeschluss gemäß § 13 Abs. 1 erforderlichen **Mehrheiten**, sofern zumindest eine (eingetragene) Gesellschaft bürgerlichen Rechts als übertragender oder übernehmender Rechtsträger beteiligt ist. Nach Abs. 1 gilt der Grundsatz, dass der Verschmelzungsbeschluss in einer Gesellschaft bürgerlichen der Zustimmung aller Gesellschafter bedarf. Dies entspricht dem gesetzlichen Regelfall der Gesellschaft bürgerlichen Rechts, vgl. § 714 BGB. Abs. 2 S. 1 und S. 2 sehen hiervon abweichend die Möglichkeit von Mehrheitsbeschlüssen, iS einer qualifizierten Mehrheit, vor.

2 Über die §§ 125, 135 Abs. 1 ist § 39c auch in Fällen der Spaltung anwendbar. In § 217 findet sich für den Formwechsel einer Gesellschaft bürgerlichen Rechts in eine Kapitalgesellschaft oder eG bzw. in § 233 für den Formwechsel in eine Personenhandelsgesellschaft eine dem § 39c entsprechende Vorschrift.

3 Neben § 39c Abs. 2 S. 1 können sich weitere **Zustimmungserfordernisse** (i) aus Gesellschaftsvertrag,[3] (ii) nach § 13 Abs. 2 im Falle einer Anteilsvinkulierung beim übertragenden Rechtsträger (→ § 13 Rn. 33)[4] und (iii) bei Vorliegen der Voraussetzungen der §§ 51 Abs. 1 S. 1 und S. 2 im Falle der Verschmelzung auf eine GmbH (→ § 51 Rn. 1) ergeben.

II. Inhalt

1. Erfordernis einer Gesellschafterversammlung

4 Nach § 39c Abs. 1 und § 13 Abs. 1 S. 2 hat der Verschmelzungsbeschluss zwingend im Rahmen einer Gesellschafterversammlung zu erfolgen, selbst wenn der Gesellschaftsvertrag entweder keine Regelung enthält oder eine Beschlussfassung im Umlaufverfahren ausdrücklich (oder sogar ausschließlich) zulässt.[5] Nach hM ist allerdings eine – notariell zu beurkundende – schriftlichen Stimmabgabe im Rahmen einer Gesellschafterversammlung möglich.[6]

---

1 Gesetz vom 10.8.2021, BGBl. I 3436.
2 Die nachstehenden Fußnoten beziehen sich, sofern nicht bereits aktualisierte Kommentierungen berücksichtigt wurden, insgesamt auf die Kommentierungen zu § 43 aF.
3 Lutter/*Schmidt* § 43 Rn. 22; Kölner Komm UmwG/*Dauner-Lieb/Tettinger* § 43 Rn. 41; Semler/Stengel/Leonard/*Ihrig* § 43 Rn. 44.
4 Semler/Stengel/Leonard/*Ihrig* § 43 Rn. 47; Lutter/*Schmidt* § 43 Rn. 22; Kölner Komm UmwG/*Dauner-Lieb/Tettinger* § 43 Rn. 41.
5 Widmann/Mayer/*Vossius* § 39c Rn. 13; BeckOGK/*Temme*, 1.1.2023, § 43 Rn. 4; Lutter/*Schmidt* § 43 Rn. 6; Kölner Komm UmwG/*Dauner-Lieb/Tettinger* § 43 Rn. 12, 17; Kallmeyer/*Zimmermann* § 43 Rn. 3; Semler/Stengel/*Ihrig* § 43 Rn. 10.
6 Lutter/*Schmidt* § 43 Rn. 7; Widmann/Mayer/*Vossius* § 39c Rn. 41.1; Kölner Komm UmwG/*Dauner-Lieb/Tettinger* § 43 Rn. 16; aA Semler/Stengel/Leonard/*Ihrig* § 43 Rn. 12.

Nach ganz herrschender Meinung soll es – sofern gesellschaftsvertragliche Regelungen nichts anderes bestimmen – ausreichen, wenn in einer (ordnungsgemäß einberufenen) Gesellschafterversammlung nur ein Gesellschafter anwesend ist, die übrigen Gesellschafter aber nach § 39c Abs. 1 Hs. 2 die Zustimmung – die ebenso wie der Beschluss notariell zu beurkunden ist, § 13 Abs. 3 S. 1 – erklärt haben.[7] Die nachträgliche Zustimmung abwesender Gesellschafter reicht allerdings nicht aus, wenn zuvor in der Gesellschafterversammlung die erforderliche Mehrheit nicht erreicht wurde, da insoweit bereits kein zustimmender Beschluss vorliegt, der als Anknüpfungspunkt für die nachträgliche Zustimmung herhalten kann.[8]

Gegenstand des Beschlusses ist die Zustimmung zum Verschmelzungsvertrag oder zu seinem Entwurf.[9] Diese müssen **vollständig mit sämtlichen Anlagen** vorliegen. Wird der Verschmelzungsvertrag oder sein Entwurf nach dem Beschluss geändert, ist ein erneuter Beschluss notwendig.[10] Bei einer Verschmelzung zur Neugründung ist auch dem Statut des neu zu gründenden Rechtsträgers zuzustimmen.[11]

2. Einstimmigkeitsgrundsatz, Abs. 1

a) Einstimmigkeit in der Gesellschafterversammlung

Nach § 39c Abs. 1 müssen – sofern eine Mehrheitsklausel im Gesellschaftsvertrag fehlt – alle zur Gesellschafterversammlung erschienen Anteilsinhaber dem Verschmelzungsbeschluss zustimmen. Enthaltungen oder unwirksame Stimmabgaben sind als nicht erteilte Zustimmung zu werten.[12] Selbst Anteilsinhaber, deren Anteilen kein Stimmrecht zukommt oder deren Stimmrecht im Gesellschaftsvertrag ausgeschlossen wurde, müssen dem Verschmelzungsbeschluss zustimmen.[13] Hiervon **ausgenommen** ist zum einen die Komplementär-GmbH einer personenidentischen GmbH & Co. KG, sofern ihr Stimmrecht nach dem Gesellschaftsvertrag ausgeschlossen ist,[14] und zum anderen Anteilsinhaber, die von einer im Gesellschaftsvertrag zugelassenen Stimmrechtsausübung durch gemeinsame Vertreter oder Stammesbevollmächtigte Gebrauch gemacht haben.[15]

Die Stimmabgabe kann durch einen **gesetzlichen Vertreter**,[16] Partei kraft Amtes, aber auch durch **Bevollmächtigte** erfolgen.[17] Letzteres allerdings nur, sofern dies entweder laut Gesellschaftsvertrag gestattet ist oder alle Gesellschafter in der betreffenden Gesellschafterversammlung der Stimmabgabe durch einen Bevollmächtigten zustimmen.[18]

Hinweis: Die Vollmacht sollte so gefasst werden, dass sie eindeutig auch die Ermächtigung einschließt, erforderliche Verzichtserklärungen oder Zustimmungserklärungen abzugeben. Nach wohl herrschender Ansicht kann die Vollmacht gemäß § 167 Abs. 2 BGB formlos erteilt werden.[19] Etwas anderes kann sich allerdings aus dem jeweiligen Gesellschaftsvertrag ergeben, der insoweit zu prüfen ist, oder sofern die Vollmacht unwiderruflich sein soll.[20] Darüber hinaus gilt die Regelung des § 167 Abs. 2 BGB in einigen Ausnahmefällen nicht. So reicht für Vollmachten bei Umwandlungsvorgängen, die zu einer Neugründung einer Kapitalgesellschaft führen, eine einfache Schriftform nicht aus. Hierbei kommt es mit der Umwandlung zugleich zu einem Abschluss eines Gesellschaftsvertrags bzw. zur Feststellung der Satzung, was zur Anwendbarkeit der rechtsformspezifischen Gründungsvorschriften des neuen Rechtsträgers mit den besonderen Formerfordernissen für die Vollmacht führt (§ 2 Abs. 2 GmbHG, § 23 Abs. 1 AktG, § 280 Abs. 1 S. 3 AktG).[21]

Im Hinblick auf die Prüfungskompetenz der Registergerichte in punkto ordnungsgemäße Vertretung der Gesellschafter sollte im Rahmen der Vorbereitung der Verschmelzung auf eine schriftliche Bevollmächtigung geachtet werden.[22]

b) Zustimmung nicht erschienener Gesellschafter, Abs. 1 S. 2

8   Bei Zustimmung der nicht erschienenen Gesellschafter handelt es sich um eine einseitige, durch die Gesellschaft empfangsbedürftige Willenserklärung,[23] die, wie der Verschmelzungsbeschluss selbst, gemäß § 8 ff. BeurkG notariell zu beurkunden ist.[24] Dies gilt nicht für die Verweigerung der Zustimmung, die formlos gegenüber der Gesellschaft erklärt werden kann.[25]

Hinweis: Die Zustimmungserklärung muss auch in notarieller Form zugehen, dh. der Zugang einer beglaubigten Abschrift reicht nicht.[26] Zum Zwecke des Nachweises des Zugangs sollte dem mit der Beurkundung betrauten Notar bereits im Verschmelzungsvertrag eine Empfangsvollmacht für alle erforderlichen Zustimmungs- und Verzichtserklärungen erteilt werden.[27]

---

18   BeckOGK/*Temme*, 1.1.2023, § 43 Rn. 27; Kallmeyer/*Zimmermann* § 43 Rn. 16; Kölner Komm UmwG/*Dauner-Lieb/Tettinger* § 43 Rn. 15; Semler/Stengel/Leonard/*Ihrig* § 43 Rn. 13.

19   BeckOGK/*Temme*, 1.1.2023, § 43 Rn. 28; Lutter/*Schmidt* § 43 Rn. 8; Semler/Stengel/Leonard/*Ihrig* § 43 Rn. 13; Kallmeyer/Zimmermann § 43 Rn. 17; Schmitt/Hörtnagl/*Hörtnagl/Ollech* § 43 Rn. 8; aA Deutsches Notarinstitut, Gutachten zum Umwandlungsrecht 1996/97, S. 20; einschränkend Widmann/Mayer/*Vossius* § 43 Rn. 32 f.; Widmann/Mayer/*Heckschen* § 13 Rn. 106: „zumindest die Form der notariellen Beglaubigung zwingend erforderlich."; ähnlich *Stiegler* AG 2019, 708 (709).

20   Grüneberg/*Ellenberger* BGB § 167 Rn. 2; Kölner Komm UmwG/*Dauner-Lieb/Tettinger* § 43 Rn. 15; Keßler/Kühnberger/*Brügel* § 43 Rn. 6.

21   *Melchior* GmbHR 1999, 520 (521); Widmann/Mayer/*Vossius* § 39c Rn. 32 ff.; Semler/Stengel/Leonard/*Schröer* § 4 Rn. 11; BeckOGK/*Temme*, 1.1.2023, § 43 Rn. 29.

22   Widmann/Mayer/*Vossius* § 39c Rn. 35 f.; Kölner Komm UmwG/*Dauner-Lieb/Tettinger* § 43 Rn. 15; Keßler/Kühnberger/*Brügel* § 43 Rn. 6; Lutter/*Schmidt* § 43 Rn. 8.

23   Widmann/Mayer/*Vossius* § 39c Rn. 52; Semler/Stengel/Leonard/*Ihrig* § 43 Rn. 20; Lutter/*Schmidt* § 43 Rn. 10a.

24   Kölner Komm UmwG/*Dauner-Lieb/Tettinger* § 43 Rn. 17; Widmann/Mayer/*Vossius* § 39c Rn. 62.

25   Widmann/Mayer/*Vossius* § 39c Rn. 56.

26   BGHZ 31, 5 (7); 36, 201, 204; Happ/Bednarz UmwR/*Richter* Muster 1.03 Anm. 25.3.

27   So der Vorschlag von Widmann/Mayer/*Vossius* § 39c Rn. 52, mit einem Formulierungsvorschlag.

Unerheblich ist, ob die Zustimmung vor oder nach der Beschlussfassung erfolgt.[28] 9
Sofern die Zustimmung vor der eigentlichen Beschlussfassung (dann als Einwilligung,
§ 183 BGB) erfolgen soll, empfiehlt es sich, den Verschmelzungsvertrag bzw. seinen
Entwurf sowie den Wortlaut des noch zu fassenden Verschmelzungsbeschlusses zum
Nachweis der entsprechenden Kenntnisnahme als Anlage zur Zustimmungserklärung
zu nehmen.[29]

In den Verschmelzungsbeschluss sollte weiter eine **Klausel** aufgenommen werden, mit 10
welcher die nicht erschienenen Gesellschafter unter Fristsetzung zur Erklärung ihrer
Zustimmung nach Abs. 1 S. 2 aufgefordert werden mit der Maßgabe, dass nach Fristablauf eine unterbliebene Erklärung als Zustimmungsverweigerung gewertet wird.[30]

Bis zum Ablauf dieser Frist oder bis zum Eingang der letzten ausstehenden Zustim- 11
mungserklärung ist der Verschmelzungsbeschluss **schwebend unwirksam.** Bis zu diesem Zeitpunkt ist die im Rahmen der Gesellschafterversammlung erfolgte Stimmabgabe bindend.[31] Gleiches gilt für die nach dem Beschluss der Gesellschafterversammlung
erteilte Zustimmung,[32] wohingegen vor Beschlussfassung erteilte Zustimmungen widerrufbar sein sollen.[33]

3. Abweichende Mehrheitserfordernisse im Gesellschaftsvertrag, Abs. 2

Nach § 39c Abs. 2 S. 1 und 2 kann vom Einstimmigkeitsprinzip insoweit abgewichen 12
werden, als der Gesellschaftsvertrag der Personenhandelsgesellschaft eine Mehrheitsentscheidung mit einer **qualifizierten Mehrheit** von mindestens 75 % der in der
Gesellschafterversammlung abgegebenen Stimmen vorsehen kann. Weitergehende Einschränkungen (größere Mehrheiten; abstellen auf vorhandene Stimmen und nicht nur
abgegebene) sind durch S. 2, der lediglich eine Untergrenze vorschreibt, nicht ausgeschlossen.[34]

Wie auch im Rahmen der einstimmigen Beschlussfassung, muss die erforderliche 13
Mehrheit bereits in der Beschlussfassung in der Gesellschafterversammlung erreicht
werden. Nachträglich erteilte Zustimmungen nicht anwesender Gesellschafter sind für
die Fragen des Erreichens dieses Quorums – ebenso wie im Falle der einstimmigen
Beschlussfassung – nicht relevant (→ Rn. 5). Ob die nach Gesellschaftsvertrag vorgeschriebene Mehrheit erreicht wurde, ist aufgrund des eindeutigen Wortlauts des Abs. 2
S. 2 anhand der Zahl der abgegebenen **Ja- und Nein-Stimmen** zu ermitteln und nicht
nach Köpfen.[35] Stimmenthaltungen sind – sofern der Gesellschaftsvertrag für die Mehrheitsberechnung nicht auf die vorhandenen Stimmen abstellt oder Mehrstimmrechte
bzw. unterschiedliche Stimmgewichtungen enthält – nicht mitzuzählen.[36] Enthält der

---

28 Lutter/*Schmidt* § 43 Rn. 10; Semler/Stengel/Leonard/*Ihrig* § 43 Rn. 22; Kölner Komm UmwG/*Dauner-Lieb/Tettinger* § 43 Rn. 17.

29 So ausdrücklich Semler/Stengel/Leonard/*Ihrig* § 43 Rn. 22; Widmann/Mayer/*Vossius* § 39c Rn. 64; aA Kölner Komm UmwG/*Simon* § 13 Rn. 81; Happ/Bednarz UmwR/*Richter* Muster 1.03 Anm. 23.2.

30 Lutter/*Schmidt* § 43 Rn. 10; Semler/Stengel/Leonard/*Ihrig* § 43 Rn. 24; Kölner Komm UmwG/*Dauner-Lieb/Tettinger* § 3 Rn. 19; BeckOGK/*Temme*, 1.1.2023, § 43 Rn. 9; Keßler/Kühnberger/*Brügel* § 43 Rn. 9.

31 BGHZ 48, 163 (172); Lutter/*Schmidt* § 43 Rn. 10; Kölner Komm UmwG/*Dauner-Lieb/Tettinger* § 43 Rn. 19.

32 Semler/Stengel/Leonard/*Ihrig* § 43 Rn. 25; Kölner Komm UmwG/*Dauner-Lieb/Tettinger* § 43 Rn. 20; Lutter/*Schmidt* § 43 Rn. 10a.

33 Semler/Stengel/Leonard/*Ihrig* § 43 Rn. 26; Kölner Komm UmwG/*Dauner-Lieb/Tettinger* § 43 Rn. 20; aA Lutter/*Schmidt* § 43 Rn. 10a.

34 Lutter/*Schmidt* § 43 Rn. 12; Kölner Komm UmwG/*Dauner-Lieb/Tettinger* § 43 Rn. 34.

35 Semler/Stengel/Leonard/*Ihrig* § 43 Rn. 29; Kölner Komm UmwG/*Dauner-Lieb/Tettinger* § 43 Rn. 30; Lutter/*Schmidt* § 43 Rn. 13.

36 Semler/Stengel/Leonard/*Ihrig* § 43 Rn. 29; Lutter/*Schmidt* § 43 Rn. 13 mit Verweis auf BGHZ 83, 35 (36 f.); 106, 179 (183 f.).

Gesellschaftsvertrag bzgl. der Stimmen (häufig mit dem Kapitalanteil der Gesellschafter verknüpft) keine Regelung, ist nach Köpfen abzustimmen.[37]

14 Nach wohl herrschender Meinung können nur **Mehrheitsklauseln** im Gesellschaftsvertrag der Personenhandelsgesellschaft zum Zwecke des § 39c Abs. 2 herangezogen werden, die sich zumindest zusammenfassend auf Umwandlungsmaßnahmen iSd § 1 Abs. 1 beziehen.[38] Nach Aufgabe des Bestimmtheitsgrundsatzes durch den BGH[39] wird die Reichweite einer Mehrheitsklausel im Wege der Auslegung nach den allgemein geltenden Grundsätzen bestimmt. Eine Mehrheitsklausel muss daher die jeweilige Umwandlungsart, namentlich die Verschmelzung, nicht mehr explizit aufführen.[40] Vielmehr ist ausreichend, wenn die Mehrheitsklausel aufgrund der Umstände des Einzelfalls so ausgelegt werden kann, dass die Gesellschafter auch den Beschluss über eine Verschmelzung der Mehrheitsmacht unterwerfen wollten.[41] Eine Mehrheitsklausel, die sich ausdrücklich auf Umwandlungen bezieht, ist daher in jedem Fall ausreichend, sofern die Klausel aus der Zeit nach Inkrafttreten des UmwG stammt.[42] Noch weitergehend das OLG Karlsruhe, das es für den Fall einer Auflösung hat ausreichen lassen, dass „alle Beschlüsse mit Mehrheit der Stimmen aller Gesellschafter" gefasst werden konnten.[43] Ob man diese Entscheidung auch auf Verschmelzungsbeschlüsse übertragen kann,[44] ist zweifelhaft. Jedenfalls finden die Gesellschafter sich bei einer Verschmelzung ggf. in einer neuen Gesellschaft mit ihnen unbekannten Verbindlichkeiten wieder, wohingegen bei einer Liquidation nach Befriedigung der Gläubiger das danach verbleibende Vermögen ihrer Gesellschaft an die Gesellschafter verteilt wird.

15 Dies gilt nicht für Publikumsgesellschaften oder körperschaftlich strukturierte Personenhandelsgesellschaften.[45] Hier genügt für die Anwendung des § 39c Abs. 2 eine Mehrheitsklausel, die allgemein für Vertragsänderungen eine Entscheidung mit qualifizierter Mehrheit der abgegebenen Stimmen zulässt.[46]

4. Kosten

16 Nach KV 21100 des GNotKG fällt für die Beurkundung des Verschmelzungsbeschlusses eine 2,0-Gebühr an.[47] Dies gilt auch dann, wenn die Beschlussfassung durch eine Einzelperson erfolgt (Ein-Mann-Gesellschaft).[48] Der Verschmelzungsbeschluss ist sowohl beim übertragenden als auch beim aufnehmenden Rechtsträger jeweils ein Beschluss mit bestimmtem Geldwert.[49] Nach § 108 Abs. 3 GNotKG bestimmt sich der Geschäftswert nach dem Wert des Vermögens des übertragenden Rechtsträgers; maßgeblich ist insoweit allein der Wert des Aktivvermögens, Passiva sind nach § 38 GNotKG nicht vermögensmindernd in Ansatz zu bringen.[50] Das Aktivvermögen des übertragenden Rechtsträgers ergibt sich aus der Schlussbilanz, die nach § 17 Abs. 2 der Anmeldung

---

37 § 119 Abs. 2 HGB; vgl. auch statt aller Semler/Stengel/Leonard/*Ihrig* § 43 Rn. 29.
38 BeckOGK/*Temme*, 1.1.2023, § 43 Rn. 21; Lutter/*Schmidt* § 43 Rn. 14; Semler/Stengel/Leonard/*Ihrig* § 43 Rn. 31; Widmann/Mayer/*Vossius* § 39c Rn. 114 f.
39 Vgl. zuletzt BGH NZG 2014, 1296.
40 Semler/Stengel/Leonard/*Ihrig* § 43 Rn. 31; Lutter/*Schmidt* § 43 Rn. 14.
41 OLG Brandenburg NZG 2022, 967.
42 BeckOGK/*Temme*, 1.1.2023, § 43 Rn. 21; Semler/Stengel/Leonard/*Ihrig* § 43 Rn. 31.
43 OLG Karlsruhe DB 2022, 811.
44 So aber Widmann/Mayer/*Vossius* § 39c Rn. 115: „wesensgleiches Minus zur Liquidation".
45 Widmann/Mayer/*Vossius* § 39c Rn. 126 f.; Semler/Stengel/Leonard/*Ihrig* § 43 Rn. 34; Lutter/*Schmidt* § 43 Rn. 16.
46 BeckOGK/*Temme*, 1.1.2023, § 43 Rn. 25; Semler/Stengel/Leonard/*Ihrig* § 43 Rn. 34; Lutter/*Schmidt* § 43 Rn. 16 mwN; Keßler/Kühnberger/*Brügel* § 43 Rn. 13.
47 Vgl. *Pfeiffer* NZG 2013, 244 (245).
48 Korintenberg/*Tiedtke* GNotKG § 108 Rn. 14.
49 Korintenberg/*Tiedtke* GNotKG § 108 Rn. 84; Notarkasse Streifzug GNotKG Rn. 1777.
50 Korintenberg/*Tiedtke* GNotKG § 108 Rn. 84; *Pfeiffer* NZG 2013, 244 (247).

der Verschmelzung zum Handelsregister beizufügen ist.⁵¹ Der Geschäftswert beträgt mindestens 30.000 EUR (§ 108 Abs. 1 S. 2 GNotKG iVm § 105 Abs. 1 GNotKG) und höchstens 5 Mio. EUR (§ 108 Abs. 5 GNotKG). Ob der Höchstwert von 5 Mio. EUR auch dann gilt, wenn bei größeren Umstrukturierungen mehrere Beschlüsse in einer Urkunde zusammengefasst werden (zB bei einer Verschmelzung mehrerer Rechtsträger auf einen Zielrechtsträger), ist derzeit nicht geklärt. Der BGH⁵² hat für die Beurkundung von zwei Zustimmungsbeschlüssen zur Aufhebung von Unternehmensverträgen festgestellt, dass es auch bei identischer Zusammensetzung der Gesellschafterversammlungen regelmäßig an einem sachlichen Grund iSv § 93 Abs. 2 GNotKG für die Zusammenfassung dieser Beurkundungsgegenstände in einem Beurkundungsverfahren fehle. Im Ergebnis wäre dann das Beurkundungsverfahren hinsichtlich jedes dieser Beurkundungsgegenstände als besonderes Verfahren abzurechnen. Für größere Umstrukturierungen führt diese Rechtsprechung zu erheblichen Mehrkosten, die ggf. vermieden werden können, wenn eine Rechtsverknüpfung⁵³ der einzelnen Beschlüsse zueinander hergestellt werden kann. Dh die betroffenen Beschlüsse müssten gem. § 93 Abs. 2 S. 2 GNotKG nach dem in der Urkunde zum Ausdruck kommenden Willen der Beteiligten (Verknüpfungswille) voneinander abhängig sein, also miteinander stehen und fallen.⁵⁴ Werden dagegen im Rahmen einer Verschmelzung die Beschlüsse des übertragenden und des aufnehmenden Rechtsträgers zu einem Verschmelzungsvertrag in einer Urkunde zusammengefasst, betreffen sie gemäß § 109 Abs. 2 Nr. 4 lit. g GNotKG denselben Beurkundungsgegenstand,⁵⁵ dh kostenrechtlich wird nur ein Beschluss berücksichtigt. Für die Eintragung der Verschmelzung zum Register der übertragenden Kapitalgesellschaft sowie für eine eventuell erforderliche Eintragung zu einem Register des Alleingesellschafters fallen nach § 58 GNotKG iVm HReg-GebV (KV 1400 und KV 1401) jeweils 180 EUR an. Für die notarielle Beglaubigung der Anmeldung gilt eine Höchstgebühr von 70 EUR (KV 25100).⁵⁶

Verzichtserklärungen zum Verschmelzungsvertrag werden, soweit sie von einem Vertragspartner oder einem Dritten zur Durchführung des Vertrages abgegeben werden, als derselbe Beurkundungsgegenstand angesehen (§ 109 Abs. 1 GNotKG). Deshalb kommt eine zusätzliche Bewertung nicht in Betracht, wenn der Anteilsinhaber den Verzicht im Verschmelzungsvertrag erklärt.⁵⁷ Gleiches gilt für die Beurkundung einzelner Zustimmungserklärungen (§ 13 Abs. 2).⁵⁸ Es empfiehlt sich daher auch hier, die Zustimmungserklärungen gemeinsam mit dem Verschmelzungsvertrag zu beurkunden, da in diesem Falle keine zusätzlichen Kosten anfallen (→ § 6 Rn. 21). Die gesonderte Beurkundung von Zustimmungserklärungen löst eine 1,0-Gebühr nach KV 21200 aus.⁵⁹ Der Geschäftswert berechnet sich gem. § 98 Abs. 1 GNotKG nach der Hälfte des Geschäftswertes für die Beurkundung des Verschmelzungsvertrages gem. § 107 Abs. 1 GNotKG.⁶⁰ Ferner ist bei einer Zustimmungserklärung einzelner Anteilsinhaber deren Beteiligungsquote am betreffenden Rechtsträger zugrunde zu legen, § 98 Abs. 2 S. 2 GNotKG. Nach § 98 Abs. 4 GNotKG gilt ein Höchstwert in Höhe von 1 Mio. EUR.

---

51 BeckOK KostR/*Neie*, 40. Ed. 1.1.2022, GNotKG § 108 Rn. 36.
52 BGH 26.9.2017 – II ZB 27/16, NJW-RR 2018, 103.
53 Korintenberg/*Tiedtke* GNotKG § 108 Rn. 9d.
54 Bormann/Diehn/Sommerfeldt/*Bormann*, 4. Aufl. 2021, GNotKG § 93 Rn. 13.
55 Korintenberg/*Tiedtke* GNotKG § 108 Rn. 85; Notarkasse Streifzug GNotKG Rn. 1778.
56 *Pfeiffer* NZG 2013, 244 (245).
57 Korintenberg/*Tiedtke* GNotKG § 108 Rn. 78.
58 Korintenberg/*Tiedtke* GNotKG § 108 Rn. 78; aA Bormann/Diehn/Sommerfeldt/*Bormann* GNotKG § 107 Rn. 38: „gegenstandsverschieden".
59 BeckOGK/*Rieckers/Cloppenburg*, 1.10.2022, § 13 Rn. 30. Die Regelung einer halben Gebühr nach § 38 Abs. 2 Nr. 1 KostO ist in das GNotKG nicht übernommen worden, zB *Pfeiffer* NZG 2013, 244 (247).
60 Notarkasse Streifzug GNotKG Rn. 1785.

§ 39d Widerspruch gegen den Beschluss der Gesellschafterversammlung

¹Widerspricht ein Gesellschafter einer übernehmenden Gesellschaft bürgerlichen Rechts der Verschmelzung, hat sie zu unterbleiben. ²Das Gleiche gilt, wenn der Anteilsinhaber eines übertragenden Rechtsträgers der Verschmelzung auf eine Gesellschaft bürgerlichen Rechts widerspricht.

Literatur:
Röß, Die GbR nach dem MoPeG, NZG 2023, 401.

I. Allgemeines 1	b) Teleologische Reduktion des § 39d . 6
II. Inhalt 3	2. Widerspruch 7
1. Anwendungsbereich 3	3. Rechtsfolgen 10
a) Teleologische Reduktion auf Mehrheitsentscheidung 5	

I. Allgemeines

1 Der mit dem Art. 60 des Gesetzes zur Modernisierung des Personengesellschaftsrechts (Personengesellschaftsrechtsmodernisierungsgesetz – MoPeG)[1] zum 1.1.2024 neu eingeführte § 39d schafft ein Widerspruchsrechts jedes Gesellschafters einer an einer Verschmelzung beteiligten eingetragenen Gesellschaft bürgerlichen Rechts. Im Gegensatz zu § 41, der den Widerspruch für Verschmelzungen unter Beteiligung von Personenhandelsgesellschaften regelt und dafür sorgt, dass dem Widersprechenden in der neuen oder übernehmenden Personenhandelsgesellschaft die Stellung eines Kommanditisten zu gewähren ist, erklärt § 39d S. 1, dass die Verschmelzung im Falle eines Widerspruchs zu unterbleiben hat.[2] § 39d S. 2 erweitert das Widerspruchsrecht mit gleicher Rechtsfolge auf die Anteilsinhaber des übertragenen Rechtsträgers für den Fall der Verschmelzung auf eine Gesellschaft bürgerlichen Rechts.

2 Über die §§ 125, 135 Abs. 1 ist die Vorschrift auch in Fällen der Spaltung anwendbar. Im Rahmen des Formwechsels einer Gesellschaft bürgerlichen Rechts ist das Widerspruchsrecht nicht erforderlich, da § 214 Abs. 1 den Formwechsel nur in die Rechtsform einer Kapitalgesellschaft oder eG vorsieht, in der es keinen Schutz vor einer Haftungsmehrung des bisherigen vollhaftenden Gesellschafters bedarf.

II. Inhalt

1. Anwendungsbereich

3 Das Widerspruchsrecht des § 39d S. 1 steht jedem Gesellschafter einer Gesellschaft bürgerlichen Rechts zu, soweit diese an einer Verschmelzung als übernehmender Rechtsträger beteiligt und auch eingetragen ist, § 707a BGB iVm § 3 Abs. 1 Nr. 1. Das Widerspruchsrecht des § 39d S. 2 steht jedem Gesellschafter eines übertragenden Rechtsträgers zu, gleich welcher Rechtsform, wenn eine Gesellschaft bürgerlichen Rechts der übernehmende Rechtsträger ist.

4 Sinn und Zweck des S. 1 ist der Schutz vor einer Haftungsvermehrung des Gesellschafters einer Gesellschaft bürgerlichen Rechts für Verbindlichkeiten des übertragenden Rechtsträgers, die kraft Gesamtrechtsnachfolge auf die übernehmende Gesellschaft bür-

---
1 Gesetz vom 10.8.2021, BGBl. I 3436.
2 Widmann/Mayer/*Vossius* § 39d Rn. 2.

gerlichen Rechts übergehen würden. Eine „konkrete Gefahr"[3] für die Inanspruchnahme für Verbindlichkeiten in der übernehmenden Gesellschaft bürgerlichen Rechts muss darüber hinaus allerdings angesichts des klaren Wortlauts der Vorschrift nicht bestehen. Eine solche Einschränkung des Widerspruchsrechts würde auch in der Praxis zu schwierigen Abgrenzungsfragen zulasten der Widerspruchsberechtigten führen. S. 2 findet hingegen auf den Gesellschafter eines übertragenden Rechtsträgers (gleich welcher Rechtsform) Anwendung, der sich durch die Verschmelzung in der Rechtsform einer Gesellschaft bürgerlichen Rechts wiederfindet und somit vor einer unbeschränkten Haftung, jedenfalls aber vor einer Haftungsvermehrung geschützt werden soll. Da bei einem übernehmenden Rechtsträger in der Rechtsform einer Gesellschaft bürgerlichen Rechts, anders als im Fall des § 41, bei welchem dem widersprechenden Gesellschafter die Position eines beschränkt haftenden Kommanditisten eingeräumt werden muss, eine Haftungsbeschränkung zugunsten des Widersprechenden nicht möglich ist, muss dieser die Verschmelzung als solches verhindern können.[4]

a) Teleologische Reduktion auf Mehrheitsentscheidung

Nach § 39c Abs. 1 gilt der Grundsatz, dass der Verschmelzungsbeschluss in einer Gesellschaft bürgerlichen Rechts der Zustimmung aller Gesellschafter bedarf. Dies entspricht dem gesetzlichen Regelfall der Gesellschaft bürgerlichen Rechts, vgl. § 714 BGB. § 39c Abs. 2 S. 1 und 2 sehen hiervon abweichend die Möglichkeit von Mehrheitsbeschlüssen, iS einer qualifizierten Mehrheit, vor. Nach der Gesetzesbegründung zu § 39d verliert ein Gesellschafter sein Widerspruchsrecht selbst dann nicht, wenn er der Mehrheitsentscheidung durch das Gebrauchmachen von der Möglichkeit des § 39c Abs. 2 S. 1 und 2 antizipiert zugestimmt hat. Allerdings soll gegen den Widerspruch der Einwand widersprüchlichen Verhaltens nach § 242 BGB möglich sein, wenn der Gesellschafter zunächst dem Verschmelzungsbeschluss zugestimmt hat und der Verschmelzung dann nachträglich widerspricht.[5]

Auch wenn § 39d seinem Wortlaut nach unabhängig davon gilt, ob für den Verschmelzungsbeschluss Einstimmigkeit oder eine Mehrheitsentscheidung ausreicht, sollte aufgrund der schwerwiegenden Rechtsfolge dem Gesellschafter der Gesellschaft bürgerlichen Rechts nur dann ein Widerspruchsrecht zustehen, wenn nach dem Gesellschaftsvertrag eine Mehrheitsentscheidung nach § 39c Abs. 2 zulässig ist und er nicht durch das Einstimmigkeitsprinzip des § 39c Abs. 1 geschützt wird.[6] Ein Widerspruchsrecht, dem stets ein treuwidriges und widersprüchliches Verhalten entgegenhalten werden kann, und das den Mitgesellschaftern den Klageweg zur Durchsetzung der Verschmelzung aufbürdet, ist aus dem Sinn und Zweck der Norm nicht zu rechtfertigen.[7]

b) Teleologische Reduktion des § 39d

Der Gesellschafter einer übertragenden Gesellschaft soll im Rahmen einer Verschmelzung durch das Widerspruchsrecht ua davor geschützt werden, im übernehmenden Rechtsträger persönlich zu haften, § 39d S. 2. Zu überlegen ist vor diesem Hintergrund, ob es eines Widerspruchsrechts auch bedarf, wenn eine unbeschränkte Haftung des Gesellschafters bereits bei der übertragenden Gesellschaft besteht (zB bei einer Verschmel-

---

3 So aber Widmann/Mayer/*Vossius* § 39d Rn. 30: einschränkende Auslegung des 39d S. 1.
4 Kritisch insoweit Widmann/Mayer/*Vossius* § 39d Rn. 28.
5 BT Drs. 59/21, 308.
6 Widmann/Mayer/*Vossius* § 39d Rn. 18.
7 So auch Widmann/Mayer/*Vossius* § 39d Rn. 19.

zung einer Gesellschaft bürgerlichen Rechts oder einer OHG auf eine Gesellschaft bürgerlichen Rechts). Angesichts des klaren Wortlauts und der drohenden Haftung für unbekannte Verbindlichkeiten in der übernehmenden Gesellschaft bürgerlichen Rechts wird man eine solche Reduktion des Widerspruchsrechts des § 39d S. 2 aber ablehnen müssen.

Eine vereinzelte Ansicht will S. 1 teleologisch reduzieren auf Fälle, in denen durch die Verschmelzung die konkrete Gefahr einer Inanspruchnahme des Widersprechenden für Verbindlichkeiten besteht.[8] Die Reduzierung des Widerspruchsrechts auf „konkrete Gefahren der Inanspruchnahme" wird aber dem Schutzcharakter der Vorschrift nicht gerecht und bürdet den betroffenen Gesellschaftern eine Darlegungs- und Beweislast auf, für die es im Wortlaut und der Gesetzesbegründung zu § 39d keinerlei Rechtfertigung gibt. Die Mitgesellschafter sind durch eine Abwendungsbefugnis (→ Rn. 11) hinreichend in der Lage dem Widersprechenden die Bedenken vor einer Haftungsmehrung zu nehmen.

2. Widerspruch

7 Hinsichtlich des Widerspruchs im Rahmen des § 39d sollte auf die Grundsätze zurückgegriffen werden, die sich zu § 41 (vormals § 43 Abs. 2 S. 3 aF) entwickelt haben (→ § 41 Rn. 4 ff.). Der Widerspruch ist eine **empfangsbedürftige, formlose Willenserklärung**, die den vertretungsberechtigten Gesellschaftern oder dem Leiter der Gesellschafterversammlung gegenüber zu erklären ist.[9] Er muss – anders als im Rahmen des § 29 (→ § 29 Rn. 26) – nicht zur Niederschrift in das notarielle Protokoll der Gesellschafterversammlung erklärt werden. Ein Widerspruch durch schlüssiges Verhalten ist möglich. Anders als bei reiner Stimmenthaltung macht eine Abstimmung gegen die Verschmelzung oder ein Widerspruch gemäß § 29 einen gesonderten Widerspruch nach § 39d entbehrlich.

8 Ein **Widerspruch** vor der Beschlussfassung ist möglich.[10] Nach wohl herrschender Ansicht ist der Widerspruch allerdings spätestens bis zur Beendigung der Gesellschafterversammlung, die den Verschmelzungsbeschluss fasst, zu erklären.[11] Nach zum Teil vertretener Ansicht zu § 39d reicht ein Widerspruch erst nach Anmeldung der Verschmelzung zur Eintragung für dessen Wirksamkeit aus. Es obliege aber dem Widersprechenden Umstände darzulegen und zu beweisen, die gegen eine Treuwidrigkeit des späten Widerspruchs sprechen.[12] Dem kann wie zu § 41 nur für den Fall zugestimmt werden, dass die Abwesenheit in der Gesellschafterversammlung auf einem Mangel der Ladung beruht.[13]

9 Auf das Recht auf Widerspruch kann nicht durch Gesellschaftsvertrag im Vornhinein verzichtet werden, aber soweit die Entwürfe zur Verschmelzung bereits hinreichend konkret sind, sollte ein Verzicht möglich sein.[14] Der Verzicht ist wie der Widerspruch

---

8 Widmann/Mayer/*Vossius* § 39d Rn. 28 ff.
9 Widmann/Mayer/*Vossius* § 39d Rn. 36; zu § 43 aF: Semler/Stengel/Leonard/*Ihrig* § 43 Rn. 38; Kallmeyer/Zimmermann § 43 Rn. 24 f.
10 Lutter/*Schmidt* § 43 Rn. 18; Semler/Stengel/*Ihrig* § 43 Rn. 39; aA Kölner Komm UmwG/*Dauner-Lieb/Tettinger* § 43 Rn. 48, Widerspruch nur mit Stimmabgabe.
11 Semler/Stengel/Leonard/*Ihrig* § 43 Rn. 39; Lutter/*Schmidt* § 43 Rn. 18.
12 Widmann/Mayer/*Vossius* § 39d Rn. 44.
13 So zur Norm des § 43 aF auch Lutter/*Schmidt* § 43 Rn. 18; Semler/Stengel/Leonard/*Ihrig* § 43 Rn. 39; Keßler/Kühnberger/*Brügel* § 43 Rn. 16; aA BeckOGK/*Temme*, 1.1.2023, § 43 Rn. 44; Kölner Komm UmwG/*Dauner-Lieb/Tettinger* § 43 Rn. 48, die den aufgrund der fehlerhaften Einladung vorliegenden Beschlussmangel allein über § 14 sanktionieren wollen.
14 Widmann/Mayer/*Vossius* § 39d Rn. 49.

formfrei möglich, zu Beweiszwecken ist in der Praxis allerdings die Schriftform (§ 126 Abs. 1 BGB) zu empfehlen.[15]

3. Rechtsfolgen

Im Falle eines wirksamen Widerspruchs hat die Verschmelzung zu unterbleiben, der Verschmelzungsvertrag und der Verschmelzungsbeschluss sind damit allerdings nicht unwirksam. Der Widersprechende hat allerdings einen Anspruch auf Unterlassung der Durchführung der Verschmelzung, insbesondere der Eintragung im zuständigen Register.[16] Die Heilungswirkung des § 20 Abs. 1 Nr. 4 gilt aber auch für trotz Widerspruch erfolgte Eintragungen.[17]

Da die Verschmelzung damit nicht durchgeführt werden kann, muss den Mitgesellschaftern des Widersprechenden aber die Befugnis zukommen, den Widerspruch abzuwenden oder besser gesagt auszuräumen (**Abwendungsbefugnis**).[18] Zum einen kommen sicherlich rein schuldrechtliche Abreden unter den Mitgesellschaftern in Betracht (zB Freistellungen oder Bürgschaften bei bekannten bzw. konkretisierbaren Themen), um den Widersprechenden vor einer Inanspruchnahme zu schützen. Zum anderen sollte den Mitgesellschaftern die Möglichkeit offenstehen, dem Rechtsgedanken des § 41 folgend, dem Widersprechenden im übernehmenden Rechtsträger die Stellung eines Kommanditisten anzubieten. Dies setzt aber voraus, dass im Rahmen der Verschmelzung ein Statuswechsel in die Rechtsform einer Kommanditgesellschaft vorgeschaltet wird. Für die eingetragene Gesellschaft bürgerlichen Rechts sehen § 707c BGB, §§ 106 Abs. 3–5, 161 Abs. 2 HGB ein entsprechendes Verfahren vor.[19] Zunächst muss beim Gesellschaftsregister ein Wechsel in das Handelsregister beantragt werden. Dieser Wechsel und die entsprechenden Vermerke in beiden Registern sollen den Statuswechsel für den Rechtsverkehr transparent (Registerkontinuität) machen.[20] Die Eintragung hat für nicht gewerbetreibende Gesellschaften bürgerlichen Rechts dann auch einen konstitutiven Charakter.

Sofern der Verschmelzungsvertrag zum Zeitpunkt des Widerspruchs noch nicht beurkundet wurde, bedarf es der Vorschaltung des Statuswechsel und einer Abänderung des Entwurfs mit nochmaliger Beschlussfassung.[21] Sofern der Vertrag bereits beurkundet wurde, kann der Widerspruch nur mittels eines Nachtrags und erneuter Vorlage zur Beschlussfassung ausgeräumt werden.[22] Eine alternative Gestaltung des Verschmelzungsvertrages für den Fall eines Widerspruchs dürfte, sofern nicht eine schuldrechtliche Vereinbarung unter den Gesellschaftern ausreicht, aufgrund des formellen Verfahrens des Statuswechsel für die Praxis zu komplex werden, insbesondere da für diesen Fall auch der Gesellschaftsvertrag der zukünftigen Kommanditgesellschaft Teil des Verschmelzungsvertrags sein müsste.

---

15 Widmann/Mayer/*Vossius* § 39d Rn. 50.
16 Widmann/Mayer/*Vossius* § 39d Rn. 52 f.
17 Widmann/Mayer/*Vossius* § 39d Rn. 55.
18 Widmann/Mayer/*Vossius* § 39d Rn. 27.
19 Hierzu *Röß* NZG 2023, 401 (407).
20 BT-Drs. 19/27635, 133, 136 f.
21 Widmann/Mayer/*Vossius* § 39d Rn. 40.
22 Widmann/Mayer/*Vossius* § 39d Rn. 41.

§ 39e Prüfung der Verschmelzung

¹Im Fall des § 39c Absatz 2 ist der Verschmelzungsvertrag oder sein Entwurf für eine Gesellschaft bürgerlichen Rechts nach den §§ 9 bis 12 zu prüfen, wenn dies einer ihrer Gesellschafter innerhalb einer Frist von einer Woche verlangt, nachdem er die in § 39b genannten Unterlagen erhalten hat. ²Die Kosten der Prüfung trägt die Gesellschaft.

I. Allgemeines 1	3. Frist 7
II. Inhalt 5	4. Verzichtbarkeit 8
1. Aktivlegitimation für Verlangen ... 5	5. Zustellung, Kosten, Handelsregister ... 9
2. Form 6	6. Verstoß gegen § 39e 12

I. Allgemeines

1 Mit Art. 60 des Gesetzes zur Modernisierung des Personengesellschaftsrechts (Personengesellschaftsrechtsmodernisierungsgesetz – MoPeG)[1] wurde zum 1.1.2024 § 39e eingeführt, der im Wesentlichen die Regelungen des § 44 aF für die Verschmelzung einer Gesellschaft bürgerlichen Rechts übernimmt.[2] § 42 erklärt nun für den neuen Zweiten Unterabschnitt des Zweiten Buchs (Verschmelzung unter Beteiligung von Personenhandelsgesellschaften) des UmwG die Regelung des § 39e für die Verschmelzung von Personenhandelsgesellschaften für entsprechend anwendbar.

Nach § 39e kann eine Verschmelzungsprüfung für eine an einer Verschmelzung beteiligte Gesellschaft bürgerlichen Rechts bzw. iVm § 42 für eine Personenhandelsgesellschaft nur dann verlangt werden, sofern der **Verschmelzungsbeschluss** aufgrund einer Mehrheitsentscheidung iSd § 39c Abs. 2 getroffen werden kann (vgl. hierzu insoweit die Ausführung in der Kommentierung zu § 39c). Zur Durchführung der Verschmelzungsprüfung enthält § 39e keine besonderen Regelungen, sondern verweist vielmehr auf die §§ 9–12.

2 Aus dem Umkehrschluss des § 39e lässt sich ableiten, dass für eine Gesellschaft bürgerlichen Rechts bzw. iVm § 42 für eine Personenhandelsgesellschaft keine generelle Prüfungspflicht besteht, was vor dem Hintergrund des grds. geltenden Einstimmigkeitsprinzips (→ § 39c Rn. 6 ff.) auch nicht zu Schutzlücken führt.[3] Sinn und Zweck des § 39e ist folglich der Schutz der Minderheitsgesellschafter durch Verschaffung einer hinreichenden **Informationsgrundlage**, wenn sie im Rahmen des Verschmelzungsbeschlusses überstimmt werden können.[4] Hier muss zumindest die Möglichkeit gegeben sein, die Verschmelzung und insbes. das Umtauschverhältnis durch gerichtlich bestellte Sachverständige überprüfen zu lassen.[5] In der Praxis betrifft dies insbesondere die Kommanditisten einer Publikums-KG. Die Kostentragungspflicht der Gesellschaft nach S. 2 soll nach dem Willen des Gesetzgebers bewirken, die Geschäftsführer der beteiligten Rechtsträger dazu anzuhalten, auch ohne Verlangen umfassende und überzeugende Informationen zu liefern.[6]

---

[1] Gesetz vom 10.8.2021, BGBl. I 3436.
[2] Die nachstehenden Fußnoten beziehen sich, sofern nicht bereits aktualisierte Kommentierungen berücksichtigt wurden, insgesamt auf die Kommentierungen zu § 44 aF.
[3] Lutter/*Schmidt* § 44 Rn. 1; Widmann/Mayer/*Vossius* § 39e Rn. 2.
[4] Semler/Stengel/Leonard/*Ihrig* § 44 Rn. 1; Lutter/*Schmidt* § 44 Rn. 1; Kölner Komm UmwG/*Dauner-Lieb/Tettinger* § 44 Rn. 2.
[5] Lutter/*Schmidt* § 44 Rn. 1; Semler/Stengel/Leonard/*Ihrig* § 44 Rn. 1; Keßler/Kühnberger/*Brügel* § 44 Rn. 1.
[6] RegBegr., abgedruckt bei *Ganske* Umwandlungsrecht S. 99.

§ 39e findet Anwendung, sofern eine Gesellschaft bürgerlichen Rechts als übernehmender oder übertragender Rechtsträger an der Verschmelzung (durch Aufnahme oder durch Neugründung)[7] beteiligt ist.[8] Für Personenhandelsgesellschaften gilt Entsprechendes über die Verweisung in § 42 auf § 39e. Im Rahmen von Mischverschmelzungen kann das Prüfungsverlangen nur von den Gesellschaftern der Gesellschaft bürgerlichen Rechts bzw. Personenhandelsgesellschaft gestellt werden.[9] Nach § 45e S. 2 ist die Vorschrift auf Partnerschaftsgesellschaften entsprechend anzuwenden. Über § 125 S. 1 iVm § 135 Abs. 1 S. 1 gilt § 39e weiter für Auf- und Abspaltungen zur Aufnahme als auch zur Neugründung. Da bei einer Ausgliederung eine Prüfung generell nicht stattfindet, ist eine Anwendung des § 39e nach § 125 S. 2 ausgeschlossen.[10]

Die Prüfung nach § 39e steht neben der Prüfung nach § 30, da beide unterschiedliche Gegenstände betreffen.[11] Während § 39e die Prüfung des Verschmelzungsvertrages vorsieht, ist nach § 30 – auch ohne ein entsprechendes Verlangen der Anteilsinhaber – die Angemessenheit der Barabfindung zu prüfen.[12] Trotzdem ist es zulässig und auch für die Praxis anzuraten, für beide Prüfungen ein und denselben Prüfer zu bestellen, der auch beide Prüfungen in einem Bericht zusammenfassen kann.[13]

II. Inhalt

1. Aktivlegitimation für Verlangen

Das Prüfungsverlangen nach § 39e kann von jedem Gesellschafter – unabhängig von eventuell bestehenden Stimmrechtsausschlüssen oder einer Kapitalbeteiligung an der Gesellschaft[14] – für die Gesellschaft gestellt werden, an der er beteiligt ist.[15] Es steht folglich nicht nur den Minderheitsgesellschaftern zu, die aufgrund des abgesenkten Mehrheitserfordernisses von § 39e geschützt werden sollen.[16] Unerheblich ist, ob der Gesellschafter für oder gegen den Verschmelzungsbeschluss gestimmt hat.[17] Voraussetzung ist aber, dass die Gesellschafterstellung zum Zeitpunkt des Prüfungsverlangens besteht.[18] Im Falle von Anteilsübertragungen geht das Recht – oder ein bereits gestelltes Verlangen – auf den Rechtsnachfolger über.[19]

2. Form

Eine besondere Form ist für das Prüfungsverlangen nicht angezeigt. Es kann auch durch schlüssiges Verhalten zum Ausdruck gebracht werden.[20] Sofern das Verlangen allerdings

---

[7] Semler/Stengel/Leonard/Ihrig § 44 Rn. 3; Widmann/Mayer/Vossius § 39e Rn. 7.
[8] Semler/Stengel/Leonard/Ihrig § 44 Rn. 3; Kölner Komm UmwG/Dauner-Lieb/Tettinger § 44 Rn. 6.
[9] BeckOGK/Temme, 1.1.2023, § 44 Rn. 3; Semler/Stengel/Leonard/Ihrig § 44 Rn. 3.
[10] Widmann/Mayer/Vossius § 39e Rn. 8; Semler/Stengel/Leonard/Ihrig § 44 Rn. 5.
[11] Semler/Stengel/Leonard/Ihrig § 44 Rn. 23; Semler/Stengel/Leonard/Ihrig § 44 Rn. 24; Widmann/Mayer/Vossius § 39e Rn. 1; aA Kölner Komm UmwG/Dauner-Lieb/Tettinger § 44 Rn. 43.
[12] Semler/Stengel/Leonard/Ihrig § 44 Rn. 24.
[13] BeckOGK/Temme, 1.1.2023, § 44 Rn. 23; Lutter/Schmidt § 44 Rn. 12; Semler/Stengel/Leonard/Ihrig § 44 Rn. 24; Kallmeyer/Lanfermann § 44 Rn. 16.
[14] Semler/Stengel/Leonard/Ihrig § 44 Rn. 10; Lutter/Schmidt § 44 Rn. 5; Kallmeyer/Lanfermann § 44 Rn. 6.
[15] Widmann/Mayer/Vossius § 39e Rn. 22; Semler/Stengel/Leonard/Ihrig § 44 Rn. 10; Kölner Komm UmwG/Dauner-Lieb/Tettinger § 44 Rn. 10; Keßler/Kühnberger/Brügel, § 44 Rn. 4.
[16] Lutter/Schmidt § 43 Rn. 5; Semler/Stengel/Leonard/Ihrig § 44 Rn. 10; Kölner Komm UmwG/Dauner-Lieb/Tettinger § 44 Rn. 9.
[17] BeckOGK/Temme, 1.1.2023, § 44 Rn. 5; Widmann/Mayer/Vossius § 39e Rn. 23; Semler/Stengel/Leonard/Ihrig § 44 Rn. 10.
[18] Semler/Stengel/Leonard/Ihrig § 44 Rn. 10; Kölner Komm UmwG/Dauner-Lieb/Tettinger § 44 Rn. 10; Kallmeyer/Lanfermann § 44 Rn. 6.
[19] Semler/Stengel/Leonard/Ihrig § 44 Rn. 10; Kölner Komm UmwG/Dauner-Lieb/Tettinger § 44 Rn. 10; Kallmeyer/Lanfermann § 44 Rn. 6.
[20] Widmann/Mayer/Vossius § 39e Rn. 13; Semler/Stengel/Leonard/Ihrig § 44 Rn. 12; Kölner Komm UmwG/Dauner-Lieb/Tettinger § 44 Rn. 12.

nicht in der Gesellschafterversammlung gestellt und damit in der Niederschrift des beurkundenden Notars vermerkt wird, empfiehlt sich in der Praxis die Einhaltung der Schriftform.[21] Die empfangsbedürftige Willenserklärung hat, wie der Widerspruch nach § 39d (vormals § 43 Abs. 2 S. 3 aF), der Gesellschaft zuzugehen,[22] die hierfür durch vertretungsberechtigte Gesellschafter oder den Leiter der Gesellschafterversammlung vertreten wird.[23]

3. Frist

7 Das Prüfungsverlangen muss innerhalb von einer Woche nach Erhalt der Verschmelzungsunterlagen gemäß § 39b (vormals § 42 aF) geltend gemacht werden.[24] Durch die zeitliche Begrenzung soll sichergestellt werden, dass ein Prüfungsbegehren nicht zur Verzögerung der Beschlussfassung über die Verschmelzung führt.[25] Die Frist beginnt erst mit dem tatsächlichen Zugang der Unterlagen.[26] Die Fristberechnung erfolgt nach § 187 Abs. 1 BGB, § 188 Abs. 2 BGB, § 193 BGB.[27]

Hinweis: Der Zugang der Unterlagen sollte durch Zustellungsurkunden, Empfangsbestätigung oder Überbringung durch Boten dokumentiert werden.[28]

4. Verzichtbarkeit

8 Da es sich bei der Vorschrift um zwingendes Recht handelt, kann von dem vorstehend Gesagten im Gesellschaftsvertrag nicht abgewichen werden.[29] Dies gilt auch für eine Verkürzung der Frist des S. 1 Hs. 2, die ausgeschlossen ist.[30] Verzichten allerdings alle Anteilsinhaber der an der Verschmelzung beteiligten Rechtsträger – wie häufig üblich – im Rahmen der Beurkundung auf die Verschmelzungsprüfung gemäß §§ 9 Abs. 3, 8 Abs. 3, liegt hierin jedenfalls auch ein Verzicht auf die Prüfung nach § 39e, soweit zu diesem Zeitpunkt alle Tatsachen bekannt waren.[31] Ein Verzicht vor der Gesellschafterversammlung sollte wie der Verzicht auf den Verschmelzungsbericht notariell beurkundet werden, §§ 12 Abs. 3, 8 Abs. 3 S. 2.[32] Formfrei möglich ist ein Verzicht hingegen während oder nach der Beschlussfassung über die Verschmelzung.[33]

---

21 Widmann/Mayer/*Vossius* § 39e Rn. 15; Semler/Stengel/Leonard/*Ihrig* § 44 Rn. 12; Kölner Komm UmwG/*Dauner-Lieb/Tettinger* § 44 Rn. 12.
22 Kölner Komm UmwG/*Dauner-Lieb/Tettinger* § 44 Rn. 11; Kallmeyer/*Lanfermann* § 44 Rn. 5.
23 Kölner Komm UmwG/*Dauner-Lieb/Tettinger* § 44 Rn. 11; Semler/Stengel/Leonard/*Ihrig* § 44 Rn. 11.
24 Für die Fristberechnung gelten die §§ 187 Abs. 1, 188 Abs. 2, 193 BGB.
25 Semler/Stengel/Leonard/*Ihrig* § 44 Rn. 13; Kölner Komm UmwG/*Dauner-Lieb/Tettinger* § 44 Rn. 13; Lutter/*Schmidt* § 44 Rn. 6.
26 Semler/Stengel/Leonard/*Ihrig* § 44 Rn. 13; Lutter/*Schmidt* § 44 Rn. 7; Keßler/Kühnberger/*Brügel* § 44 Rn. 4.
27 BeckOGK/*Temme*, 1.1.2023, § 44 Rn. 13.
28 Semler/Stengel/Leonard/*Ihrig* § 44 Rn. 13; Schmitt/Hörtnagel/*Hörtnagl/Ollech* § 44 Rn. 4.
29 BeckOGK/*Temme*, 1.1.2023, § 44 Rn. 6; Semler/Stengel/Leonard/*Ihrig* § 44 Rn. 21; Schmitt/Hörtnagl/*Hörtnagl/Ollech* § 44 Rn. 2.
30 Lutter/*Schmidt* § 44 Rn. 6; Kölner Komm UmwG/*Dauner-Lieb/Tettinger* § 44 Rn. 16.
31 Semler/Stengel/Leonard/*Ihrig* § 44 Rn. 21.
32 BeckOGK/*Temme*, 1.1.2023, § 44 Rn. 6; Semler/Stengel/Leonard/*Ihrig* § 44 Rn. 21; Widmann/Mayer/*Vossius* § 39e Rn. 25; weitergehend will Semler/Stengel/Leonard/*Ihrig* § 44 Rn. 21 gegenüber einem nicht notariell beurkundeten Verzicht den Einwand des Rechtsmissbrauchs entgegengehalten; aA BeckOGK/*Temme*, 1.1.2023, § 44 Rn. 6 mit Hinweis auf Belehrungs- und Warnfunktion des Formerfordernisses.
33 BeckOGK/*Temme*, 1.1.2023, § 44 Rn. 6.

5. Zustellung, Kosten, Handelsregister

Nach wohl hM ist der Prüfungsbericht den Antragsstellern zu übersenden.[34] In entsprechender Anwendung des § 39b sollte der Bericht auch an alle von der Geschäftsführung ausgeschlossenen Gesellschafter versendet werden.[35]

Nach § 39e S. 2 trägt die Gesellschaft die Kosten der Verschmelzungsprüfung. Eine Verlagerung der Kosten auf die jeweiligen Antragsteller ist weder durch abweichende Regelungen im Gesellschaftsvertrag noch durch entsprechenden Gesellschafterbeschluss möglich.[36]

Ein aufgrund eines Verlangens erstellter Prüfungsbericht ist gemäß § 17 Abs. 1 der Anmeldung zum Handelsregister beizufügen.[37] Für den Fall, dass kein Verlangen nach § 39e gestellt wurde, empfiehlt es sich – um die Eintragung nicht unnötig zu verzögern – eine entsprechende Negativerklärung in die Anmeldung aufzunehmen.[38]

6. Verstoß gegen § 39e

Wird einem Prüfungsverlangen nicht entsprochen oder der Prüfungsbericht den betroffenen Gesellschaftern nicht vor der Beschlussfassung zugestellt, stellt dies einen Beschlussmangel dar.[39] Aufgrund der Relevanz der im Prüfungsbericht enthaltenen Informationen ist, soweit der Gesellschaft nicht der Gegenbeweis gelingt, vom Einfluss der fehlenden oder fehlerhaften Verschmelzungsprüfung auf das Abstimmungsergebnis und damit von der Nichtigkeit[40] des Verschmelzungsbeschlusses bzw. seit Inkrafttreten des MoPeG zumindest von einer Anfechtbarkeit auszugehen. Der Gesellschafter, dessen Prüfungsverlangen nach § 39e nicht ordnungsgemäß nachgekommen wurde, kann gem. § 14 Abs. 1 eine gegen den Verschmelzungsbeschluss gerichtete Nichtigkeitsfeststellungsklage[41] bzw. seit Geltung des MoPeG eine entsprechende Anfechtungsklage erheben. Eine Eintragung der Verschmelzung heilt allerdings den Beschlussmangel, § 20 Abs. 2. Zu prüfen sind dann aber Schadensersatzansprüche gegen die geschäftsführenden Gesellschafter nach § 25.[42]

§ 39f Zeitliche Begrenzung der Haftung persönlich haftender Gesellschafter

(1) Überträgt eine Gesellschaft bürgerlichen Rechts ihr Vermögen durch Verschmelzung auf einen Rechtsträger anderer Rechtsform, dessen Anteilsinhaber für die Verbindlichkeiten dieses Rechtsträgers nicht unbeschränkt haften, haftet ein Gesellschafter der Gesellschaft bürgerlichen Rechts für deren Verbindlichkeiten, wenn sie vor Ablauf von fünf Jahren nach der Verschmelzung fällig und daraus Ansprüche gegen ihn in einer in § 197 Absatz 1 Nummer 3 bis 5 des Bürgerlichen Gesetzbuchs bezeichneten Art festgestellt sind oder eine gerichtliche oder behörd-

---

34 Lutter/*Schmidt* § 44 Rn. 11; Semler/Stengel/Leonard/*Ihrig* § 44 Rn. 19; Widmann/Mayer/*Vossius* § 39e Rn. 29.
35 Kallmeyer/*Lanfermann* § 44 Rn. 10; Lutter/*Schmidt* § 44 Rn. 11; Keßler/Kühnberger/*Brügel* § 44 Rn. 10; Widmann/Mayer/*Vossius* § 39e Rn. 29.
36 Semler/Stengel/Leonard/*Ihrig* § 44 Rn. 20; Kallmeyer/*Lanfermann* § 44 Rn. 15.
37 Lutter/*Schmidt* § 44 Rn. 11; Semler/Stengel/Leonard/*Ihrig* § 44 Rn. 25.
38 BeckOGK/*Temme*, 1.1.2023, § 44 Rn. 22; Kölner Komm UmwG/*Dauner-Lieb/Tettinger* § 44 Rn. 29; Lutter/*Schmidt* § 44 Rn. 11; Semler/Stengel/Leonard/*Ihrig* § 44 Rn. 25.
39 Semler/Stengel/Leonard/*Ihrig* § 44 Rn. 22; Keßler/Kühnberger/*Brügel* § 44 Rn. 12.
40 Semler/Stengel/Leonard/*Ihrig* § 44 Rn. 22; Kölner Komm UmwG/*Dauner-Lieb/Tettinger* § 44 Rn. 34; Lutter/*Drygala* § 12 Rn. 15.
41 Henssler/Strohn/*Decker* § 44 Rn. 5.
42 Semler/Stengel/Leonard/*Ihrig* § 44 Rn. 23; Keßler/Kühnberger/*Brügel* § 44 Rn. 12.

liche Vollstreckungshandlung vorgenommen oder beantragt wird; bei öffentlich-rechtlichen Verbindlichkeiten genügt der Erlass eines Verwaltungsakts.

(2) ¹Die Frist beginnt mit dem Tag, an dem die Eintragung der Verschmelzung in das Register des Sitzes des übernehmenden Rechtsträgers nach § 19 Absatz 3 bekannt gemacht worden ist. ²Die §§ 204, 206, 210, 211 und 212 Absatz 2 und 3 des Bürgerlichen Gesetzbuchs sind entsprechend anzuwenden.

(3) Einer Feststellung in einer in § 197 Absatz 1 Nummer 3 bis 5 des Bürgerlichen Gesetzbuchs bezeichneten Art bedarf es nicht, soweit der Gesellschafter den Anspruch schriftlich anerkannt hat.

(4) Die Absätze 1 bis 3 sind auch anzuwenden, wenn der Gesellschafter in dem Rechtsträger anderer Rechtsform geschäftsführend tätig wird.

I. Allgemeines 1	a) Fristbeginn und -ende, Abs. 2 S. 1 ...	19
1. Normzweck 1	b) Hemmung des Fristablaufs,	
2. Anwendungsbereich 4	Abs. 2 S. 2	20
II. Inhalt 9	4. Vermeidung der Enthaftung	23
1. Erfasste Verbindlichkeiten 9	a) Feststellung des Haftungsanspruchs	24
2. Fälligkeit 15	b) Vollstreckungshandlung	25
3. Enthaftung nach Ablauf von fünf Jahren 17	c) Erlass eines Verwaltungsakts	26
	d) Schriftliches Anerkenntnis, Abs. 3 ..	27

I. Allgemeines

1. Normzweck

1 Durch Art. 60 des Gesetzes zur Modernisierung des Personengesellschaftsrechts (Personengesellschaftsrechtsmodernisierungsgesetz – MoPeG)[1] wurde zum 1.1.2024 § 39f eingeführt, der im Wesentlichen die Regelungen des § 45 aF für die Verschmelzung einer Gesellschaft bürgerlichen Rechts übernimmt.[2] § 42 erklärt für den neuen Zweiten Unterabschnitt des Zweiten Buchs (Verschmelzung unter Beteiligung von Personenhandelsgesellschaften) des UmwG die Regelung des § 39f für die Verschmelzung von Personenhandelsgesellschaften für entsprechend anwendbar.

§ 39f begrenzt die unbeschränkte Haftung der Gesellschafter einer Gesellschaft bürgerlichen Rechts bzw. über den Verweis in § 42 für den persönlich haftenden Gesellschafter einer Personenhandelsgesellschaft (§§ 126, 161 HGB) in zeitlicher Hinsicht, sofern diese Gesellschafter im übernehmenden Rechtsträger nicht mehr unbeschränkt persönlich für dessen Verbindlichkeiten haften. Infolgedessen begründet die Norm keinen eigenen Haftungstatbestand, sondern setzt die Haftung der persönlich haftenden Gesellschafter voraus.[3] Die Vorschrift führt zur **Beendigung** der persönlichen Haftung für die Verbindlichkeiten des übertragenden Rechtsträgers nach Ablauf von fünf Jahren nach der Bekanntmachung der Verschmelzung. Dies ist – anders als bei der Verjährung – im Prozess von Amts wegen zu berücksichtigen.[4]

2 Betreiben die Gläubiger allerdings vor dem Ablauf der Fünfjahresfrist die Durchsetzung ihrer Ansprüche, bleibt es trotz der neuen Rechtsstellung im übernehmenden Rechts-

---

1 Gesetz vom 10.8.2021, BGBl. I 3436.
2 Die nachstehenden Fußnoten beziehen sich, sofern nicht bereits aktualisierte Kommentierungen berücksichtigt wurden, insgesamt auf die Kommentierungen zu § 45 aF.
3 Semler/Stengel/Leonard/*Ihrig* § 45 Rn. 16, 19; Lutter/Schmidt § 45 Rn. 1; Kölner Komm UmwG/*Dauner-Lieb/Tettinger* § 45 Rn. 2; BeckOGK/*Temme*, 1.1.2023, § 45 Rn. 34.
4 Semler/Stengel/Leonard/*Ihrig* § 45 Rn. 20; Lutter/Schmidt § 45 Rn. 5; Keßler/Kühnberger/*Brügel* § 45 Rn. 2.

träger beim Grundsatz des § 728b Abs. 1 S. 1 BGB für die Gesellschaft bürgerlichen Rechts, der die Regelung des § 736 Abs. 2 BGB aF mit seinem Verweis auf die Regeln der Nachhaftung für Personenhandelsgesellschaft (§§ 137, 161 Abs. 2 HGB), ersetzt, dh der unbeschränkt persönlichen **Weiterhaftung** für die Verbindlichkeiten des übertragenden Rechtsträgers.[5] Die Vorschrift enthält damit keine Verjährungsregelung, sondern ist eine reine Ausschlussfrist.[6]

Von der **Enthaftungswirkung** des § 39f unberührt bleibt jedoch die Haftung des übernehmenden Rechtsträgers für von diesem im Rahmen der Verschmelzung übernommenen Verbindlichkeiten des übertragenden Rechtsträgers, die § 39f nicht erfasst.[7] § 39f setzt damit den Rechtsgedanken des § 137 HGB im Falle eines verschmelzungsbedingten Wegfalls der unbeschränkten persönlichen Haftung fort, der die zeitliche Begrenzung der Haftung für den Fall des Austritts eines OHG- oder KG-Gesellschafters aus der Gesellschaft bzw. den Wechsel in eine Kommanditistenstellung regelt.[8] Die **Enthaftungsmöglichkeit** des § 39f besteht neben sonstigen Einwendungen und Einreden, die der Gesellschaft möglich sind und die im Recht der Personenhandelsgesellschaft nach § 128 Abs. 1 und 2 HGB auch zugunsten des betroffenen Gesellschafters wirken.[9] Einwendungen und Einreden können einer Inanspruchnahme jederzeit und damit unabhängig vom Eintritt der Enthaftung entgegengesetzt werden.[10] Auf der anderen Seite wirken verjährungshemmende Maßnahmen gegenüber dem übertragenden Rechtsträger auch zulasten des unbeschränkt persönlich haftenden Gesellschafters, § 128 Abs. 2 HGB.[11] Dies gilt allerdings nicht für nach Wirksamwerden der Verschmelzung erfolgte Maßnahmen gegenüber dem übernehmenden Rechtsträgers; diese sind im Rahmen des § 39f unbeachtlich.[12]

2. Anwendungsbereich

Nach dem Wortlaut findet die Regelung des § 39f allein im Falle der **Verschmelzung durch Aufnahme oder Neugründung** unter Beteiligung einer **Gesellschaft bürgerlichen Rechts** als übertragender Rechtsträger Anwendung.

Über § 42, der den § 39f für Personenhandelsgesellschaften für anwendbar erklärt, wird auch die Verschmelzung einer OHG, KG (einschließlich GmbH & Co. KG) sowie EWIV auf eine AG, GmbH oder eG, da allein deren Anteilsinhaber insgesamt „nicht unbeschränkt haften" im Sinne des § 39f, erfasst. § 39f iVm § 42 greift darüber hinaus auch bei einer Verschmelzung einer OHG oder KG auf eine KG oder eine KGaA, soweit zumindest ein bisher persönlich unbeschränkt haftender Anteilsinhaber im Zuge der Verschmelzung im übernehmenden oder neu gegründeten Rechtsträger nur noch beschränkt haftet.[13] Aus dem Anwendungsbereich der §§ 39f, 42 fallen damit lediglich Verschmelzungen zweier OHGs bzw. einer KG auf eine OHG heraus.[14]

Des Weiteren muss ein zuvor unbeschränkt persönlich haftender Anteilsinhaber des übertragenden Rechtsträgers im übernehmenden bzw. neuen Rechtsträger nunmehr

---

5 Kölner Komm UmwG/*Dauner-Lieb/Tettinger* § 45 Rn. 2.
6 Lutter/*Schmidt* § 45 Rn. 5; Semler/Stengel/Leonard/*Ihrig* § 45 Rn. 20; Widmann/Mayer/*Vossius* § 39f Rn. 157.
7 Keßler/Kühnberger/*Brügel* § 45 Rn. 1.
8 BeckOGK/*Temme*, 1.1.2023, § 45 Rn. 2; Kölner Komm UmwG/*Dauner-Lieb/Tettinger* § 45 Rn. 8.
9 Lutter/*Schmidt* § 45 Rn. 8.
10 Semler/Stengel/Leonard/*Ihrig* § 45 Rn. 16; Lutter/*Schmidt* § 45 Rn. 8.
11 Lutter/*Schmidt* § 45 Rn. 8; Semler/Stengel/Leonard/*Ihrig* § 45 Rn. 17.
12 Semler/Stengel/Leonard/*Ihrig* § 45 Rn. 17; Lutter/*Schmidt* § 45 Rn. 8.
13 Lutter/*Schmidt* § 45 Rn. 10.
14 Lutter/*Schmidt* § 45 Rn. 10.

nur noch einer beschränkten Haftung unterliegen.¹⁵ Maßgeblich ist hierfür allein die Rechtsstellung des Gesellschafters im übernehmenden oder neu gegründeten Rechtsträger. Daneben bestehende zivilrechtliche Haftungstatbestände wie zB eine Bürgschaft für Verbindlichkeiten des übernehmenden Rechtsträgers bleiben außer Betracht.¹⁶

6 Nach herrschender Meinung zum § 45 aF galt die Vorschrift, trotz der klaren Beschränkung auf Personenhandelsgesellschaften, analog für den persönlich haftenden Gesellschafter einer übertragenden **KGaA**, da insoweit von einem Redaktionsversehen auszugehen sei.¹⁷ Diese analoge Anwendung dürfte auch für die §§ 39f, 42 weiterhin gerechtfertigt sein.

Keine Anwendung¹⁸ finden sollten §§ 39f, 42 dagegen auf Kommanditisten einer übertragenden KG, die im Zeitpunkt der Verschmelzung persönlich gegenüber Gläubigern haften, sei es zB¹⁹ aufgrund nicht vollständig geleisteter Einlage oder einer Einlagenrückgewähr²⁰ oder weil die Einlage herabgesetzt wurde.²¹ Hier hat es der Kommanditist letztlich in der Hand, eine Haftung zu vermeiden, so dass die Möglichkeit der Enthaftung für diese Tatbestände nicht gerechtfertigt erscheint. Unabhängig davon stellt nach zutreffender Ansicht das Ausscheiden gegen Barabfindung nach § 29 nach Wirksamwerden der Verschmelzung keinen Fall der Einlagenrückgewähr dar, weshalb die Zahlung der Abfindung nicht die Enthaftungsmöglichkeit nach § 39f eröffnet.²²

7 Ist übernehmender oder neu gegründeter Rechtsträger eine **Partnerschaftsgesellschaft**, gilt § 39f über den Verweis in § 45e S. 1 entsprechend (s. die Kommentierung zu § 45e). Über die Verweiskette in § 125 S. 1 und § 135 Abs. 1 S. 1 ist die Vorschrift auch auf Spaltung anwendbar.²³ Parallelvorschriften zu § 39f finden sich in § 224 für den Formwechsel einer Personenhandelsgesellschaft in eine Kapitalgesellschaft oder eine eG sowie in §§ 133 Abs. 3, 4 und 157 für die Ausgliederung aus dem Vermögen eines Einzelkaufmanns.

8 Für vor dem 1.1.1995 entstandene Verbindlichkeiten richtet sich die Frage der Anwendbarkeit der Enthaftungsregelung allein nach § 353.

II. Inhalt

1. Erfasste Verbindlichkeiten

9 Die Vorschrift betrifft sämtliche Verbindlichkeiten der übertragenden Gesellschaft bürgerlichen Rechts bzw. über § 42 der übertragenden Personenhandelsgesellschaft (→ Rn. 4), für die der Anteilsinhaber allein aufgrund seiner Gesellschafterstellung

---

15 Wechselt der bisherige Komplementär des übernehmenden Rechtsträgers im Zuge der Verschmelzung in eine Kommanditistenstellung gilt hinsichtlich der Frage der Enthaftung allein § 160 Abs. 3 HGB und nicht § 39f, vgl. Semmler/Stengel/Leonard/*Ihrig* § 45 Rn. 6.
16 Semler/Stengel/Leonard/*Ihrig* § 45 Rn. 9; Keßler/Kühnberger/*Brügel* § 45 Rn. 3.
17 BeckOGK/*Temme*, 1.1.2023, § 45 Rn. 4; Lutter/*Schmidt* § 45 Rn. 11; Kölner Komm UmwG/*Dauner-Lieb/Tettinger* § 45 Rn. 12; Semler/Stengel/Leonard/*Ihrig* § 45 Rn. 5; Kallmeyer/*Kallmeyer* § 45 Rn. 3; Keßler/Kühnberger/*Brügel* § 45 Rn. 4; aA Widmann/Meyer/*Vossius* § 39f Rn. 12, für den bei der Nachhaftung nach § 278 Abs. 2 AktG, §§ 161, 137 HGB bleibt.
18 Unter Aufgabe der Auffassung aus der Vorauflage.
19 Für weitere Anwendungsbeispiele vgl. die Auflistung bei Semler/Stengel/Leonard/*Ihrig* § 45 Rn. 7 oder Widmann/Mayer/*Vossius* § 42 Rn. 24 ff.
20 Lutter/*Schmidt* § 45 Rn. 2, 12; Kölner Komm UmwG/ *Dauner-Lieb/Tettinger* § 45 Rn. 11.
21 Nach Ansicht von Kölner Komm UmwG/*Dauner-Lieb/ Tettinger* § 45 Rn. 11 soll so eine Herabsetzung auch zu bejahen sein, wenn die Haftsumme eines Kommanditisten in der übertragenden KG niedriger angesetzt wird als im übertragenen Rechtsträger.
22 Semler/Stengel/Leonard/*Ihrig* § 45 Rn. 8; Lutter/*Schmidt* § 45 Rn. 12; aA Widmann/Mayer/*Vossius* § 42 Rn. 28; BeckOGK/*Temme*, 1.1.2023, § 45 Rn. 9.
23 Kölner Komm UmwG/Dauner-Lieb/*Tettinger* § 45 Rn. 7.

unbeschränkt persönlich haftet (so nach § 721 BGB, §§ 126, 161 HGB, § 8 PartGG).²⁴ Dem Anwendungsbereich der Vorschrift unterfallen dabei nur Verbindlichkeiten, die vor der Wirksamkeit der Verschmelzung begründet worden sind; Neuverbindlichkeiten (des übernehmenden Rechtsträgers) werden von § 39f dagegen nicht erfasst.²⁵ Ausreichend ist allerdings, wenn die Rechtsgrundlage der Verbindlichkeit bereits vor Wirksamkeit der Verschmelzung gelegt worden ist, etwa durch Abschluss eines Vertrages²⁶ oder Verwirklichung des anspruchsbegründenden Tatbestandes eines gesetzlichen Schuldverhältnisses (zB Anspruch aus unerlaubter Handlung).²⁷

§ 39f erfasst Ansprüche aus rechtsgeschäftlichen oder gesetzlichen Schuldverhältnissen sowie Sekundäransprüche (zB aufgrund Unmöglichkeit oder Verzug) oder Ansprüche öffentlich-rechtlicher Natur.²⁸ **10**

Verbindlichkeiten aus **Dauerschuldverhältnissen** wie Miete oder Pacht sind regelmäßig bereits mit Vertragsabschluss begründet.²⁹ Die persönliche Haftung erstreckt sich in diesen Fällen auch auf Verbindlichkeiten, die nach Wirksamwerden der Verschmelzung anfallen.³⁰ Entsprechendes gilt für Arbeitsverhältnisse. Lohn- Gehalts- und Tantiemeansprüche sind auch dann begründet, wenn die entsprechenden Ansprüche noch nicht fällig sind oder sich auf Zeiträume beziehen, die nach der Verschmelzung liegen.³¹ Dies gilt auch für Verpflichtungen aus Pensions- und Versorgungszusagen.³² Einen Sonderfall bilden befristete Arbeitsverhältnisse: Hier sind die Forderungen nur bis zum Endtermin der Befristung entstanden, auch wenn das Arbeitsverhältnis später in ein unbefristetes Arbeitsverhältnis umgewandelt wurde.³³ **11**

Der Ablauf der Jahresfrist des § 613a Abs. 2 BGB schließt dabei den Rückgriff der Arbeitnehmer einer verschmolzenen Gesellschaft bürgerlichen Rechts bzw. Personengesellschaft wegen ihrer Lohnforderungen und anderer Ansprüche gemäß § 39f gegen die nachhaftenden Gesellschafter nicht aus.³⁴

Verbindlichkeiten aus **Kontokorrentverhältnissen** sind grds. beschränkt auf die zum Zeitpunkt des Wirksamwerdens der Verschmelzung bestehenden (negativen) Rechnungs-Salden.³⁵ Die Beschränkung gilt nicht, soweit vor diesem Zeitpunkt begründete und damit erfasste Verbindlichkeiten nachträglich in das Kontokorrent eingestellt werden.³⁶ Allerdings führt ein sich nach diesem Zeitpunkt ergebender niedrigerer negativer Rechnungs-Saldo grds. zu einer entsprechender Herabsenkung der Haftung,³⁷ während **12**

---

24 Kölner Komm UmwG/*Dauner-Lieb/Tettinger* § 45 Rn. 14.
25 Lutter/*Schmidt* § 45 Rn. 14; Widmann/Mayer/*Vossius* § 39f Rn. 22; Keßler/Kühnberger/*Brügel* § 45 Rn. 7. Zur Ausnahme → Rn. 11.
26 Aufschiebende Bedingungen sind unschädlich, soweit die Verpflichtung an sich bereits begründet ist, vgl. Schmitt/Hörtnagl/*Hörtnagl/Ollech* § 45 Rn. 5; Widmann/Meyer/*Vossius* § 39f Rn. 48.
27 Lutter/*Schmidt* § 45 Rn. 14; Kölner Komm UmwG/*Dauner-Lieb/Tettinger* § 45 Rn. 19.
28 Schmitt/Hörtnagl/*Hörtnagl/Ollech* § 45 Rn. 8; Semler/Stengel/Leonard/*Ihrig* § 45 Rn. 26; Keßler/Kühnberger/*Brügel* § 45 Rn. 7.
29 Keßler/Kühnberger/*Brügel* § 45 Rn. 8.
30 BGHZ 36, 224 (228); BGH NJW 1995, 1899; Semler/Stengel/Leonard/*Ihrig* § 45 Rn. 27.
31 BeckOGK/*Temme*, 1.1.2023, § 45 Rn. 16.
32 Semler/Stengel/Leonard/*Ihrig* § 45 Rn. 27; Widmann/Meyer/*Vossius* § 39f Rn. 30 ff.; Keßler/Kühnberger/*Brügel* § 45 Rn. 8.
33 BeckOGK/*Temme*, 1.1.2023, § 45 Rn. 16.
34 Willemsen/Hohenstatt/Schweibert/Seibt Umstrukturierung/*Willemsen/Müller-Bonanni* G. Übergang von Arbeitsverhältnissen nach BGB § 613a Rn. 208.
35 BGHZ 50, 277; OLG Köln NZG 2001, 1044; Semler/Stengel/Leonard/*Ihrig* § 45 Rn. 28; Widmann/Mayer/*Vossius* § 39f Rn. 38.
36 Semler/Stengel/Leonard/*Ihrig* § 45 Rn. 28; Widmann/Meyer/*Vossius* § 39f Rn. 39 f.; Kölner Komm UmwG/*Dauner-Lieb/Tettinger* § 45 Rn. 17.
37 Semler/Stengel/Leonard/*Ihrig* § 45 Rn. 28; Widmann/Meyer/*Vossius* § 39f Rn. 40.

ein positiver Rechnungs-Saldo zum endgültigen Erlöschen der Haftung führt, also nicht wieder auflebt.³⁸

13 Nach zum Teil vertretener Ansicht soll dies im Hinblick auf die Vergleichbarkeit der Rechtslage bei Dauerschuldverhältnissen nicht für Kontokorrentkredite gelten. Wurde die Kreditlinie nicht vor Wirksamkeit der Verschmelzung gekündigt, haftet der Anteilsinhaber des übertragenden Rechtsträgers auch für eine nach der Verschmelzung erfolgte Ausnutzung der Kreditlinie durch die übernehmende Gesellschaft.³⁹

14 Bei **Kreditverträgen** sollte richtigerweise auf den Zeitpunkt des Vertragsschlusses abgestellt werden, wenn damit bereits eine bindende Auszahlungsverpflichtung der Bank verbunden wird.⁴⁰ Ist dies nicht der Fall, besteht eine Haftung nur in Höhe des bereits valutierten Kredits.⁴¹

2. Fälligkeit

15 Die vorstehend aufgeführten Verbindlichkeiten müssen vor Ablauf der Fünfjahresfrist fällig werden. Werden sie erst nach Ablauf der Frist fällig, ist der Gesellschafter nach § 39f von dieser Verpflichtung befreit, dh sie führen nicht zu einer Forthaftung nach § 728 Abs. 1 S. 1 BGB, §§ 137, 161 HGB.⁴² Die Fälligkeit kann sowohl vor als nach der Verschmelzung eintreten.⁴³

16 Fristbezogene Vereinbarungen zwischen dem übertragenden Rechtsträger und dem Gläubiger, die auf eine Verschiebung des Fälligkeitszeitpunktes oder auf die Nichtgeltendmachung des fällig gewordenen Anspruchs (pactum de non petendo) gerichtet sind, wirken zugunsten des betroffenen Gesellschafters.⁴⁴ Entsprechende Vereinbarungen zwischen der übernehmenden Gesellschaft und dem Gläubiger sind nur zu beachten, soweit sie für den Gesellschafter günstig sind.⁴⁵

3. Enthaftung nach Ablauf von fünf Jahren

17 Die Enthaftungswirkung des § 39f erstreckt sich nur auf den betroffenen Anteilsinhaber, in dessen Person die Voraussetzungen vorliegen.⁴⁶ Eine Pauschalenthaftung auch der Mitgesellschafter oder des übernehmenden Rechtsträgers findet nicht statt.⁴⁷ Umgekehrt wirkt die Verhinderung einer Enthaftung durch Wahrung der Fünfjahresfrist auch nur zulasten des hiervon betroffenen Gesellschafters (also personenbezogen).⁴⁸

18 Tritt die Enthaftung eines Gesellschafters ein, bevor sein – noch der Nachhaftung unterliegender – Mitgesellschafter in Anspruch genommen wird, erlischt gleichzeitig

---

38 OLG Köln NZG 2001, 1044; Semler/Stengel/Leonard/Ihrig § 45 Rn. 28.
39 Widmann/Meyer/Vossius § 39f. Rn. 42; Kölner Komm UmwG/Dauner-Lieb/Tettinger § 45 Rn. 18; Keßler/Kühnberger/Brügel § 45 Rn. 8; MüKoHGB/K. Schmidt/Drescher § 128 Rn. 56 mwN.
40 So auch Kölner Komm UmwG/Dauner-Lieb/Tettinger § 45 Rn. 17.
41 So auch Kölner Komm UmwG/Dauner-Lieb/Tettinger § 45 Rn. 17; zur Rechtslage bei § 160 vgl. MüKoHGB/K. Schmidt/Drescher § 128 Rn. 50; ohne Einschränkung auf bindende Zusagen. Widmann/Meyer/Vossius § 39f Rn. 44; BeckOGK/Temme, 1.1.2023, § 45 Rn. 18; allein auf die Valutierung abstellend Semler/Stengel/Leonard/Ihrig § 45 Rn. 28; Schmitt/Hörtnagl/Hörtnagl/Ollech § 45 Rn. 7.
42 Semler/Stengel/Leonard/Ihrig § 45 Rn. 21 u. 30.
43 Semler/Stengel/Leonard/Ihrig § 45 Rn. 30; Keßler/Kühnberger/Brügel § 45 Rn. 10.
44 BeckOGK/Temme, 1.1.2023, § 45 Rn. 25; Semler/Stengel/Leonard/Ihrig § 45 Rn. 31; Lutter/Schmidt § 45 Rn. 18; Keßler/Kühnberger/Brügel § 45 Rn. 11.
45 Semler/Stengel/Leonard/Ihrig § 45 Rn. 32.
46 Semler/Stengel/Leonard/Ihrig § 45 Rn. 20.
47 Semler/Stengel/Leonard/Ihrig § 45 Rn. 23.
48 Semler/Stengel/Leonard/Ihrig § 45 Rn. 23.

das Gesamtschuldverhältnis und ein Regress im Innenverhältnis scheidet aus.⁴⁹ Tritt die Enthaftung ein, während der Mitgesellschafter bereits in Anspruch genommen wird, ist der Rückgriff im Innenverhältnis nicht versperrt.⁵⁰

a) Fristbeginn und -ende, Abs. 2 S. 1

Nach Abs. 2 S. 1 beginnt die Frist mit dem Tag, an dem die Eintragung der Verschmelzung im Handelsregister am Sitz des übernehmenden Rechtsträgers gemäß § 19 Abs. 3 bekannt gemacht worden ist (ausf. → § 19 Rn. 19). Das geschieht nach § 10 HGB durch die erstmalige Abrufbarkeit der Eintragung in das Handelsregister über das nach § 9 Abs. 1 HGB bestimmte elektronische Informations- und Kommunikationssystem. Die (zusätzliche) „Bekanntmachung" in einem elektronischen Informations- und Kommunikationsmedium ist durch die Neufassung des § 10 HGB zum 1.8.2022 durch das DiRUG⁵¹ ersatzlos entfallen. Ausschließlich das auf Grundlage eines Staatsvertrags durch die Landesjustizverwaltung NRW betriebene Gemeinsame Registerportal der Länder unter www.handelsregister.de dient damit als Informationsgrundlage.⁵²

19

Für die Fristberechnung gelten die §§ 187 ff. BGB. Der Fristbeginn bestimmt sich demnach gemäß § 187 Abs. 1 BGB, weshalb bei der Berechnung der Frist der Tag der Bekanntmachung nicht mitzurechnen ist.⁵³ Die Frist errechnet sich nach §§ 188, 193 BGB. Sie endet daher mit dem Ablauf des Tages, der seiner Bezeichnung nach (Tag und Monat) dem Tag der Bekanntmachung der Verschmelzung entspricht.⁵⁴

b) Hemmung des Fristablaufs, Abs. 2 S. 2

Nach § 39f Abs. 2 S. 2 sind die für die Verjährung geltenden Regelungen der §§ 204, 206, 210, 211 BGB und § 212 Abs. 2 und 3 BGB entsprechend anwendbar.⁵⁵ Nach herrschender Meinung ist diese Auflistung abschließend, weshalb sonstige Bestimmungen, die eine Hemmung der Verjährung vorsehen, wie etwa die Verhandlungen zwischen Gläubiger und dem betroffenen Gesellschafter (§ 203 BGB), nicht zu einer Hemmung der Fünfjahresfrist führen können.⁵⁶

20

In der Praxis dürfte überwiegend der Hemmungsmöglichkeit durch Rechtsverfolgungsmaßnahmen des Gläubigers Relevanz zukommen,⁵⁷ insbesondere die Klageerhebung (§ 204 Abs. 1 Nr. 1 BGB), die Zustellung eines Mahnbescheids (§ 204 Abs. 1 Nr. 3 BGB) oder der Beginn eines Schiedsverfahrens (§ 204 Abs. 1 Nr. 11 BGB).⁵⁸ Nach § 204 Abs. 2 BGB endet die Hemmung des Fristlaufs sechs Monate nach der rechtskräftigen Entscheidung oder anderweitigen Beendigung des Verfahrens.

21

Der Gläubiger kann bereits vor Fälligkeit eine auf künftige Leistung (§§ 257–259 ZPO) oder Feststellung (§ 256 ZPO) gerichtete Klage einreichen und so die Hemmung der

22

---

49 Kölner Komm UmwG/*Dauner-Lieb/Tettinger* § 45 Rn. 50; Semler/Stengel/Leonard/*Ihrig* § 45 Rn. 59; ohne nach dem Zeitpunkt der Inanspruchnahme zu differenzieren Lutter/*Schmidt* § 45 Rn. 16; Keßler/Kühnberger/*Brügel* § 45 Rn. 27.
50 Kölner Komm UmwG/*Dauner-Lieb/Tettinger* § 45 Rn. 50; Semler/Stengel/Leonard/*Ihrig* § 45 Rn. 59.
51 BGBl. 2021 I 3338.
52 BeckOGK/*Beurskens*, 1.2.2023, HGB § 10 Rn. 6 ff.
53 BeckOGK/*Temme*, 1.1.2023, § 45 Rn. 33; Semler/Stengel/Leonard/*Ihrig* § 45 Rn. 35; Lutter/*Schmidt* § 45 Rn. 26; aA Widmann/Meyer/*Vossius* § 39f Rn. 158.
54 Statt aller Lutter/*Schmidt* § 45 Rn. 26.
55 Der Verweis des § 45 Abs. 2 S. 2 auf § 212 Abs. 2 und 3 regelt nicht die Hemmung der Frist, sondern die Abwendung der Haftung durch Vollstreckungshandlungen.
56 Lutter/*Schmidt* § 45 Rn. 27; Kölner Komm UmwG/*Dauner-Lieb/Tettinger* § 45 Rn. 24; Widmann/Mayer/*Vossius* § 39f Rn. 167.
57 Kölner Komm UmwG/*Dauner-Lieb/Tettinger* § 45 Rn. 25, 26; Keßler/Kühnberger/*Brügel* § 45 Rn. 16.
58 Eine ausf. Darstellung zu den Möglichkeiten nach § 204 BGB findet sich bei Widmann/Mayer/*Vossius* § 39f Rn. 170 ff.

Verjährung herbeiführen.[59] Die Fälligkeit muss allerdings – unter Außerachtlassung einer verfahrensbedingten Hemmung – vor Ablauf der Fünfjahresfrist liegen, da ansonsten die Klage als unbegründet zurückzuweisen wäre.[60] Der Hemmung kommt folglich nicht die Wirkung zu, dass aus erst nach Ablauf von fünf Jahren fällig werdenden Ansprüchen eine Haftung entstehen kann.[61]

4. Vermeidung der Enthaftung

23 Nach § 39f Abs. 1 und Abs. 3 stehen den Gläubiger vier verschiedene Möglichkeiten offen, um eine Enthaftung seines vor Fristablauf fälligen Anspruchs zu verhindern. Dies sind (i) Feststellung der fälligen Verbindlichkeit in einer in § 197 Abs. 1 Nr. 3–5 BGB bezeichneten Weise, (ii) gerichtliche oder behördliche Vollstreckungshandlungen, (iii) Erlass eines Verwaltungsakts (bei öffentlich-rechtlichen Verbindlichkeiten) sowie (iv) schriftliches Anerkenntnis des Gesellschafters (Abs. 3). Wie vorstehend schon festgehalten (→ Rn. 17), zählen nur personenbezogene Maßnahmen, um eine Enthaftung nach § 39f zu verhindern. Nicht ausreichend sind daher Maßnahmen gegen die übernehmende Gesellschaft oder ebenfalls unbeschränkt persönlich haftende Mitgesellschafter.[62]

a) Feststellung des Haftungsanspruchs

24 Wird der Anspruch des Gläubigers gegen den Gesellschafter nach Wirksamwerden der Verschmelzung festgestellt, ist für eine Enthaftung kein Raum.[63] Feststellung kann durch rechtskräftige Feststellung des Anspruchs mittels Urteil, Schiedsspruch[64] (§ 1055 ZPO) oder Vollstreckungsbescheid (§ 197 Abs. 1 Nr. 3 BGB) oder durch vollstreckbare Vergleiche und Urkunden (§ 197 Abs. 1 Nr. 4 BGB)[65] sowie über den Verweis auf § 197 Abs. 1 Nr. 5 BGB durch eine Feststellung des Anspruchs im Insolvenzverfahren erfolgen.

Hinweis: Die nur teilweise Geltendmachung des Anspruchs im Wege einer Teilklage führt im Falle der Feststellung des Anspruchs auch nur in dieser Höhe zu einer Abwendung der Enthaftung.[66]

b) Vollstreckungshandlung

25 Die Enthaftung kann weiter durch gerichtliche oder behördliche Vollstreckungshandlungen verhindert werden. Das setzt allerdings einen vollstreckbaren Titel oder einen vollziehbaren Verwaltungsakt voraus, die bereits ohne weitere Maßnahmen zur Abwendung der Enthaftung ausreichen, weshalb dieser Fallgruppe in der Praxis keine wirkliche Bedeutung zukommt.[67]

---

59 Kölner Komm UmwG/*Dauner-Lieb/Tettinger* § 45 Rn. 25; BeckOGK/*Temme*, 1.1.2023, § 45 Rn. 27.
60 Kölner Komm UmwG/*Dauner-Lieb/Tettinger* § 45 Rn. 25.
61 Semler/Stengel/Leonard/*Ihrig* § 45 Rn. 37 mit Hinweis auf eine Ausnahme bei Anwendung der §§ 210, 211 BGB; zum grds. Ausschluss solcher Ansprüche → Rn. 15.
62 Kölner Komm UmwG/*Dauner-Lieb/Tettinger* § 45 Rn. 41; Keßler/Kühnberger/*Brügel* § 45 Rn. 18.
63 Kölner Komm UmwG/*Dauner-Lieb/Tettinger* § 45 Rn. 42.
64 Und zwar auch dann, wenn er nicht nach §§ 1060 ff. ZPO für vollstreckbar erklärt wurde.
65 Ausreichen dürfte in diesem Zusammenhang auch der vor einem Schiedsgericht geschlossene Vergleich oder der Anwaltsvergleich sein, vgl. Keßler/Kühnberger/*Brügel* § 45 Rn. 19.
66 Semler/Stengel/Leonard/*Ihrig* § 45 Rn. 48; Widmann/Mayer/*Vossius* § 39f Rn. 171; Keßler/Kühnberger/*Brügel* § 45 Rn. 18.
67 Schmitt/Hörtnagl/*Hörtnagl/Olleck* § 45 Rn. 14; Semler/Stengel/Leonard/*Ihrig* § 45 Rn. 49; Lutter/*Schmidt* § 45 Rn. 22; Kölner Komm UmwG/*Dauner-Lieb/Tettinger* § 45 Rn. 46; Keßler/Kühnberger/*Brügel* § 45 Rn. 21.

c) Erlass eines Verwaltungsakts

Der Erlass eines Verwaltungsaktes gegenüber dem unbeschränkt persönlich haftenden Gesellschafter führt nach Abs. 1 zu einer Abwendung der Enthaftung für öffentlich-rechtliche Verbindlichkeiten des Gesellschafters. Für die Fristwahrung kommt es auf die Bekanntgabe des Verwaltungsaktes an.[68]

d) Schriftliches Anerkenntnis, Abs. 3

Erkennt der haftende Gesellschafter einen vor Ablauf der Fünfjahresfrist fälligen Anspruch (privatrechtlicher oder öffentlich-rechtlicher Natur)[69] innerhalb der Frist schriftlich an, ersetzt dies nach Abs. 3 das Erfordernis einer Feststellung. Ein nach Ablauf der Frist erfolgtes Anerkenntnis wirkt nicht enthaftungshindernd, begründet aber wohl eine neue Verbindlichkeit des Gesellschafters in Form eines konstitutiven Schuldanerkenntnisses.[70] Gleiches gilt für Ansprüche, die erst nach Ablauf der Fünfjahresfrist fällig werden.[71]

Das Anerkenntnis ist eine einseitige empfangsbedürftige Willenserklärung, für die die Schriftform des § 126 BGB gilt. Die Erklärung ist durch den betroffenen Gesellschafter gegenüber dem Gläubiger zu erklären, wobei Vertretung auf beiden Seiten zulässig ist.[72] Der Inhalt der Erklärung muss zweifelsfrei zum Ausdruck bringen, dass der haftende Gesellschafter ohne jegliche Einwendung den Anspruch gegen den übertragenden Rechtsträger und seine daraus folgende akzessorische Haftung (§ 721 BGB, §§ 126, 161 HGB) als bestehend betrachtet.[73] In der Praxis dürfte das Anerkennen der Verbindlichkeit des übertragenden Rechtsträgers ausreichen, soweit der Gesellschafter nicht zugleich seine unbeschränkte Haftung bestreitet.[74]

Zweiter Unterabschnitt Verschmelzung unter Beteiligung von Personenhandelsgesellschaften

§ 40 Inhalt des Verschmelzungsvertrags

(1) ¹Der Verschmelzungsvertrag oder sein Entwurf hat zusätzlich für jeden Anteilsinhaber eines übertragenden Rechtsträgers zu bestimmen, ob ihm in der übernehmenden oder der neuen Personenhandelsgesellschaft die Stellung eines persönlich haftenden Gesellschafters oder eines Kommanditisten gewährt wird. ²Dabei ist der Betrag der Einlage jedes Gesellschafters festzusetzen.

(2) ¹Anteilsinhabern eines übertragenden Rechtsträgers, die für dessen Verbindlichkeiten nicht als Gesamtschuldner persönlich unbeschränkt haften, ist die Stellung eines Kommanditisten zu gewähren. ²Abweichende Bestimmungen sind nur wirksam, wenn die betroffenen Anteilsinhaber dem Verschmelzungsbeschluß des übertragenden Rechtsträgers zustimmen.

---

68 Schmitt/Hörtnagl/*Hörtnagl/Ollech* § 45 Rn. 15; Kölner Komm UmwG/*Dauner-Lieb/Tettinger* § 45 Rn. 47.
69 Kölner Komm UmwG/*Dauner-Lieb/Tettinger* § 45 Rn. 45; Lutter/*Schmidt* § 45 Rn. 24; kein Anerkenntnis bei öffentlich-rechtlichen Ansprüchen, BeckOGK/*Temme*, 1.1.2023, § 45 Rn. 31.
70 Kölner Komm UmwG/*Dauner-Lieb/Tettinger* § 45 Rn. 45; Lutter/*Schmidt* § 45 Rn. 24; Semler/Stengel/*Ihrig* § 45 Rn. 52.
71 Keßler/Kühnberger/*Brügel* § 45 Rn. 25.
72 Semler/Stengel/Leonard/*Ihrig* § 45 Rn. 53; Widmann/Mayer/*Vossius* § 39f Rn. 109 f.
73 Widmann/Meyer/*Vossius* § 39f Rn. 107.
74 Widmann/Meyer/*Vossius* § 39f Rn. 112 f.; Keßler/Kühnberger/*Brügel* § 45 Rn. 24.

Literatur:

Naraschewski, Haftung bei der Spaltung von Kommanditgesellschaften, DB 1995, 1265; *Petersen*, Der Gläubigerschutz im System des Umwandlungsrechts, Der Konzern 2004, 185; *Priester*, Personengesellschaften im Umwandlungsrecht – Praxisrelevante Fragen und offene Posten, DStR 2005, 788; *K. Schmidt*, Zur gesetzlichen Befristung der Nichtigkeitsklage gegen Verschmelzungs- und Umwandlungsbeschlüsse, DB 1995, 1849; *K.Schmidt*, Beschlussmängel und Beschlussmängelstreitigkeiten nach der Modernisierung des Personengesellschaftsrechts, ZHR 187 (2023), 107.

I. Allgemeines	1
II. Inhalt	5
1. Bestimmung der künftigen Gesellschafterstellung, Abs. 1 S. 1	5
2. Festsetzung der künftigen Einlage, Abs. 1 S. 2	9
a) Einlagebegriff	10
b) Festsetzung des Einlagebetrags	14
c) Keine unbeschränkte Kommanditistenhaftung	18
3. Recht auf Kommanditistenstellung, Abs. 2	20
a) Anspruchsinhalt	22
b) Zustimmungserfordernis	23
c) Notwendiger Beitritt eines persönlich haftenden Gesellschafters	24
d) Prüfung durch den Registerrichter	26
e) Rechtsfolgen von Verstößen gegen Abs. 2	27
4. Kosten	30

I. Allgemeines

1 Die Vorschrift steht nach den Änderungen des MoPeG am Anfang des Zweiten Unterabschnitts des Zweiten Buch. Die Vorschrift gewährleistet die Ausübung der **Gestaltungsfreiheit** der Gesellschafter,[1] indem sie den Anteilsinhabern eines übertragenden Rechtsträgers das Recht einräumt zu bestimmen, ob sie in der übernehmenden oder neuen Personenhandelsgesellschaft die Stellung eines unbeschränkt persönlich haftenden Gesellschafters oder eines Kommanditisten innehaben wollen.[2] Auf die Rechtsform der übertragenden Gesellschaft kommt es dabei nicht an. Der Begriff des Anteilsinhabers ist insofern weit zu verstehen und umfasst Aktionäre, GmbH-Gesellschafter, Genossen, Mitglieder von Vereinen und Kommanditisten einer KG,[3] sowie persönlich haftende Gesellschafter oder Mitglieder einer EWIV.[4] Zudem ist der Beteiligungsumfang eines jeden Gesellschafters festzulegen, da Abs. 1 S. 2 die Festsetzung der Einlage vorschreibt. Damit werden die allgemeinen Vorschriften der §§ 4 und 5 ergänzt.

2 Im Zusammenhang mit § 41 (§ 43 Abs. 2 S. 3 aF) wird durch Abs. 2 S. 1, 2 insbes. das Interesse der bislang nur beschränkt haftenden Anteilsinhaber gewahrt, in der neuen Gesellschaft **keinem erhöhten Haftungsrisiko** ausgesetzt zu sein.[5] Ihnen ist zwingend die Stellung eines Kommanditisten zu gewähren (S. 1). Soll hiervon abgewichen und ihnen die Stellung als Gesellschafter einer Gesellschaft bürgerlichen Rechts, OHG-Gesellschafter oder Komplementär einer KG zugewiesen werden, so haben die bislang beschränkt haftenden Anteilsinhaber dem Verschmelzungsbeschluss – unabhängig von sonstigen durch Gesetz oder Satzung vorgesehenen Mehrheitserfordernissen für die Verschmelzung – ausdrücklich zuzustimmen (Abs. 2 S. 2).[6]

3 Strittig ist, ob das **Zustimmungserfordernis** des § 40 Abs. 2 S. 2 entsprechend im Fall der Zuweisung einer Kommanditistenstellung zu gelten hat, wenn der Wert des

---

[1] BT-Drs. 12/6699, 98; BeckOGK/*Temme*, 1.1.2023, § 40 Rn. 2.
[2] Statt aller Widmann/Mayer/*Vossius* § 40 Rn. 1; Semler/Stengel/Leonard/*Ihrig* § 40 Rn. 1.
[3] Vgl. BT-Drs. 12/6699, 98.
[4] Semler/Stengel/Leonard/*Ihrig* § 40 Rn. 6; Lutter/*Schmidt* § 40 Rn. 5.
[5] Vgl. BT-Drs. 12/6699, 98; aber auch die bisher unbeschränkt persönlich Haftenden werden vor einem höheren Haftungsrisiko aufgrund des Eintritts in die Haftung der Verbindlichkeiten des übernehmenden Rechtsträgers geschützt, vgl. Semler/Stengel/Leonard/*Ihrig* § 40 Rn. 3; Kölner Komm UmwG/*Dauner-Lieb/Tettinger* § 40 Rn. 3.
[6] Kölner Komm UmwG/*Dauner-Lieb/Tettinger* § 40 Rn. 36; Lutter/*Schmidt* § 40 Rn. 10; Keßler/Kühnberger/*Brügel* § 40 Rn. 9.

übertragenden Vermögens nicht den Betrag der im neuen Rechtsträger festgelegten Hafteinlage erreicht und es folglich mangels Deckung zur Haftung der betroffenen Anteilsinhaber nach § 171 Abs. 1 HGB kommt.[7] Im Grundsatz ist eine analoge Anwendung des § 40 Abs. 2 S. 2 zu verneinen, da die Vorschrift allein auf den Typus der Gesellschafterstellung abstellt und nicht auf die jeweilige Haftungssituation der einzelnen Anteilsinhaber.[8] Die betroffenen Gesellschafter sind vor einer Fehlbewertung des übertragenen Vermögens bereits dadurch ausreichend geschützt, dass die Mehrheitsgesellschafter verpflichtet sind, die Kommanditeinlagen so festzusetzen, dass der Wert des übertragenen Vermögens die Haftsummen abdeckt.[9] Weiter stehen ihnen Schadensersatzansprüche nach § 25 wegen fehlerhafter Bewertung des übertragenden Vermögens zu.[10] Soll hingegen die Hafteinlage im neuen Rechtsträger per se höher angesetzt werden als im alten Rechtsträger, dann ist dies nur mit Zustimmung der betroffenen Kommanditisten möglich.[11]

Die Vorschrift ist auf die Verschmelzung durch Aufnahme sowie auf die Verschmelzung durch Neugründung anwendbar, sofern eine Personenhandelsgesellschaft übernehmender Rechtsträger ist. Die Rechtsform des übertragenden Rechtsträgers ist im Rahmen des § 40 unerheblich.[12] Über § 125 S. 1 und § 135 S. 1 gilt die Vorschrift auch für Spaltungen. Für den Formwechsel sieht § 233 Abs. 1 Hs. 2, Abs. 2 S. 3 und Abs. 3 S. 1 einen dem § 40 entsprechenden Schutz vor.

II. Inhalt

1. Bestimmung der künftigen Gesellschafterstellung, Abs. 1 S. 1

Für jeden Anteilsinhaber muss zusätzlich zu den allgemeinen Anforderungen des § 5 eine **eindeutige Festlegung** hinsichtlich seiner Stellung als persönlich haftender Gesellschafter oder Kommanditist im übernehmenden Rechtsträger getroffen werden. Dies ist der Fall, wenn der Verschmelzungsvertrag oder der nach § 4 Abs. 2 erforderliche Entwurf jeden Anteilsinhaber und seine künftige Gesellschafterstellung namentlich benennt.[13] Ferner sollte dem Sinn und Zweck der Vorschrift Genüge getan sein, wenn im Vertragstext lediglich eine generelle, gattungsmäßige Bezeichnung erfolgt,[14] zB „alle bisherigen Kommanditisten", „alle Gesellschafter der X-GmbH",[15] und in der angefügten Anlage, auf die der Text verweist, eine namentliche Auflistung erfolgt,[16] solange eine Bestimmung der Stellung der einzelnen Anteilsinhaber ohne weitere Hilfsmittel möglich ist.[17]

Für übertragende Rechtsträger in der Rechtsform einer **AG** oder **KGaA** sieht § 35 die **Erleichterung** vor, dass unbekannte Aktionäre oder Kommanditaktionäre durch die

---

7 Gegen eine analoge Anwendung Lutter/*Schmidt* § 40 Rn. 10; Kallmeyer/*Kocher*, § 40 Rn. 9; *Priester* DStR 2005, 788 (790); BeckOGK/*Temme*, 1.1.2023, § 40 Rn. 21; für eine analoge Anwendung Widmann/Mayer/*Vossius* § 40 Rn. 26, 46 f.; Schmitt/Hörtnagl/*Hörtnagl/Ollech* § 40 Rn. 8.
8 Lutter/*Schmidt* § 40 Rn. 10; *Priester* DStR 2005, 788 (790).
9 *Priester* DStR 2005, 788 (790).
10 Semler/Stengel/Leonard/*Ihrig* § 40 Rn. 15.
11 So auch Semler/Stengel/Leonard/*Ihrig* § 40 Rn. 15, der bei offensichtlichen Fällen der Nachschusspflicht ein Zustimmungsrecht befürwortet.
12 Widmann/Mayer/*Vossius* § 40 Rn. 4; Semler/Stengel/Leonard/*Ihrig* § 40 Rn. 3; Kölner Komm UmwG/*Dauner-Lieb/Tettinger* § 40 Rn. 7 mit der Einschränkung, dass die Rechtsform des übertragenden Rechtsträgers nur bei Abs. 1 unerheblich ist.
13 Kölner Komm UmwG/*Dauner-Lieb/Tettinger* § 40 Rn. 9; Lutter/*Schmidt* § 40 Rn. 6.
14 So etwa Kölner Komm UmwG/*Dauner-Lieb/Tettinger* § 40 Rn. 10 f.; Lutter/*Schmidt* § 40 Rn. 6; Semler/Stengel/Leonard/*Ihrig* § 40 Rn. 7; *Priester* DStR 2005, 788 (789).
15 Kölner Komm UmwG/*Dauner-Lieb/Tettinger* § 40 Rn. 9.
16 Kölner Komm UmwG/*Dauner-Lieb/Tettinger* § 40 Rn. 9; Lutter/*Schmidt* § 40 Rn. 6; Semler/Stengel/Leonard/*Ihrig* § 40 Rn. 7; BeckOGK/*Temme*, 1.1.2023, § 40 Rn. 5.
17 Semler/Stengel/Leonard/*Ihrig* § 40 Rn. 7.

Angabe des insgesamt auf sie entfallenden Teils des Grundkapitals der Gesellschaft und der auf sie nach der Verschmelzung entfallenden Anteile bezeichnet werden können, sofern diese Anteile insgesamt 5% des Grundkapitals nicht überschreiten (→ § 35 Rn. 2).[18] Die Erleichterung gilt gleichermaßen für die Verschmelzung durch Aufnahme wie durch Neugründung (§ 36 Abs. 1 S. 1; → § 36 Rn. 4).[19]

7 Sofern die übernehmende **Personenhandelsgesellschaft** am übertragenden Rechtsträger beteiligt ist, entfällt insoweit das Erfordernis der Festlegung der künftigen Gesellschafterstellung, da eine Personenhandelsgesellschaft keine Anteile an sich selbst halten kann.[20] Diese Anteile sollen vielmehr den Anteilsinhabern der übernehmenden Personenhandelsgesellschaft zugutekommen.[21] In diesem wie auch im Fall, dass ein Anteilsinhaber des übertragenden Rechtsträger bereits Gesellschafter der übernehmenden Personenhandelsgesellschaft ist, muss allerdings das **Verbot der Mehrfachbeteiligung** beachtet werden, weshalb den Anteilsinhabern kein weiterer Gesellschaftsanteil eingeräumt werden kann. Vielmehr ist der (feste) Kapitalanteil (Pflichteinlage) dieser Anteilsinhaber zu erhöhen, ohne dass es einer gleichzeitigen Erhöhung der im Handelsregister eingetragenen Haftsumme (Hafteinlage) bedarf.[22]

Wenn der übertragende Rechtsträger Gesellschafter der übernehmenden Personenhandelsgesellschaft ist, erlischt seine Beteiligung mit Wirksamwerden der Verschmelzung. Für die Anteilsinhaber des übertragenen Rechtsträgers müssen daher neue Beteiligungen begründet werden.[23]

8 Ist der übernehmende Rechtsträger eine **OHG** und soll dies auch so bleiben, darf keinem der Anteilsinhaber des übertragenden Rechtsträgers die Stellung eines Kommanditisten eingeräumt werden. Geschieht dies dennoch, bspw. aufgrund der fehlenden Zustimmung eines Gesellschafters zum Verschmelzungsvertrag gem. § 40 Abs. 2 S. 2 oder wegen § 41, erfolgt mit der Verschmelzung durch Aufnahme als deren Rechtsfolge eine Rechtsformänderung auf eine KG, ohne dass weitere Vereinbarungen oder Beschlüsse erforderlich sind.[24] Sofern gesellschaftsvertraglich eine Mehrheitsklausel für den Verschmelzungsbeschluss vorgesehen ist, deckt dieser daher ebenfalls die ggf. erfolgende Umwandlung der OHG in eine KG.[25] Die Reichweite allgemeiner Mehrheitsklauseln ist auch in Personengesellschaftsverträgen insofern nicht dahin gehend beschränkt, dass nur gewöhnliche Beschlussgegenstände erfasst werden, nicht aber solche, die die Grundlagen der Gesellschaft betreffen oder sich auf ungewöhnliche Geschäfte beziehen.[26] Bei Eintragung der Verschmelzung ins Handelsregister erfolgt gleichzeitig auch die Eintragung der Rechtsformänderung in eine KG.[27]

---

[18] Kölner Komm UmwG/*Dauner-Lieb/Tettinger* § 40 Rn. 9; Lutter/*Schmidt* § 40 Rn. 7; Widmann/Mayer/*Vossius* § 40 Rn. 11.1.

[19] Kallmeyer/*Marsch-Barner/Oppenhoff* § 35 Rn. 2 f.; Kölner Komm UmwG/*Dauner-Lieb/Tettinger* § 40 Rn. 11 aE; Lutter/*Schmidt* § 40 Rn. 7, vgl. auch BT-Drs. 12/6699, 95; aA Semler/Stengel/Leonard/*Ihrig* § 40 Rn. 8.

[20] BeckOGK/*Temme*, 1.1.2023, § 40 Rn. 14; Kölner Komm UmwG/*Dauner-Lieb/Tettinger* § 40 Rn. 14; Lutter/*Schmidt* § 40 Rn. 20; Semler/Stengel/Leonard/*Ihrig* § 40 Rn. 11; *Priester* DStR 2005, 788 (790).

[21] Kallmeyer/*Kocher* § 40 Rn. 3, 4.

[22] Widmann/Mayer/*Vossius* § 40 Rn. 10; Kallmeyer/*Kocher* § 40 Rn. 3.

[23] BeckOGK/*Temme*, 1.1.2023, § 40 Rn. 13.

[24] Lutter/*Schmidt* § 40 Rn. 13; Semler/Stengel/Leonard/*Ihrig* § 40 Rn. 16; Kallmeyer/*Kocher* § 40 Rn. 11.

[25] Kallmeyer/*Kocher* § 40 Rn. 11.

[26] OLG Brandenburg NZG 2022, 967 Rn. 12 mit Verweis auf BGHZ 203, 77 = NZG 2014, 1296 Rn. 9 ff., 14 f.

[27] Lutter/*Schmidt* § 40 Rn. 13; Kallmeyer/*Kocher* § 40 Rn. 11.

2. Festsetzung der künftigen Einlage, Abs. 1 S. 2

Des Weiteren sind im Verschmelzungsvertrag die künftig gehaltenen Einlagen der bisherigen Gesellschafter des übertragenden Rechtsträgers oder der beitretenden Gesellschafter (→ Rn. 24) am übernehmenden bzw. neuen Rechtsträger festzulegen. Dies sollte, um Unsicherheiten zu vermeiden, zusätzlich zur Festlegung des Umtauschverhältnisses gem. § 5 Abs. 1 Nr. 3 erfolgen.[28] Sofern der übernehmende Rechtsträger am übertragenden Rechtsträger beteiligt ist, entfällt dieses Erfordernis mit der Maßgabe, dass die Anteile den Anteilsinhabern der übernehmenden Personenhandelsgesellschaft zugutekommen.[29] Eine Festsetzung des Einlagebetrages kann des Weiteren unterbleiben, wenn ein persönlich haftender Gesellschafter ohne Kapitalbeteiligung an der neuen oder aufnehmenden Personenhandelsgesellschaft beteiligt werden muss.[30]

a) Einlagebegriff

Einlage meint im Falle der Gesellschafter deren (idR festen) Kapitalanteil (**Pflichteinlage**), da dieser in aller Regel für die künftigen Vermögensrechte der Gesellschafter wie etwa hinsichtlich der Gewinnanteile oder des Abfindungs- und Auseinandersetzungsguthabens, und für ihre Verwaltungsrechte (va das Stimmrecht) maßgeblich ist. Sollten die Gesellschafterrechte im Innenverhältnis an vom Kapitalanteil zu trennende Kriterien anknüpfen, so sind in Beachtung des gesetzgeberischen Ziels der Vorschrift Gewinn- und Verlustbeteiligung, Abfindungs- und Auseinandersetzungsquote und Stimmrecht einzeln festzulegen.[31]

Für den Kommanditisten ist freilich nicht nur seine Stellung im Innenverhältnis, sondern auch die zu Dritten im **Außenverhältnis**, etwa hinsichtlich seines Haftungsrisikos, von großer Bedeutung. Auch wenn § 40 Abs. 1 S. 2 nur von Einlage spricht und hiermit nach MoPeG nur der Beitrag der Gesellschafter iSd § 709 Abs. 1 BGB, §§ 105 Abs. 2, 161 Abs. 2 HGB gemeint ist,[32] sollte für Kommanditisten einerseits der Betrag der Pflichteinlage und andererseits, sofern davon abweichend, derjenige der Haftsumme angegeben werden.[33] Sonst wird allgemeinen Auslegungsgrundsätzen folgend der Betrag der Haftsumme dem der Pflichteinlage gleichgesetzt.

Andere Gesellschafterleistungen als Einlagen in diesem Sinne werden nur bei der Verschmelzung durch Neugründung durch § 37 und nicht durch § 40 Abs. 1 S. 2 erfasst.[34]

Bei der Verschmelzung zur Aufnahme geht die Festlegung der Einlage der aufgenommenen Gesellschafter grundsätzlich mit der **Erhöhung der Gesamtkapitalgröße** einher. Das Kommanditkapital erhöht sich in diesem Fall automatisch als Rechtsfolge der Verschmelzung.[35] Möglich ist es aber auch, die Kapitalanteile am übernehmenden Rechtsträger unter Beibehaltung ihrer ursprünglichen Summe neu zu verteilen, wofür

---

28 Kölner Komm UmwG/*Dauner-Lieb/Tettinger* § 40 Rn. 13; Lutter/*Schmidt* § 40 Rn. 15; Semler/Stengel/Leonard/*Ihrig* § 40 Rn. 10.
29 S. Rn. 7; Kölner Komm UmwG/*Dauner-Lieb/Tettinger* § 40 Rn. 14; Lutter/*Schmidt* § 40 Rn. 20; Semler/Stengel/Leonard/*Ihrig* § 40 Rn. 11.
30 Semler/Stengel/Leonard/*Ihrig* § 40 Rn. 11; Lutter/*Schmidt* § 40 Rn. 15.
31 Vgl. BT-Drs. 12/1699, 98; Kölner Komm UmwG/*Dauner-Lieb/Tettinger* § 40 Rn. 16.
32 Widmann/Mayer/*Vossius* § 40 Rn. 1.
33 Kölner Komm UmwG/*Dauner-Lieb/Tettinger* § 40 Rn. 17; Semler/Stengel/Leonard/*Ihrig* § 40 Rn. 9; Widmann/Mayer/*Vossius* § 40 Rn. 14; aA (nur Hafteinlage) Naraschewski DB 1995, 1265 (1266 aE).
34 Kölner Komm UmwG/*Dauner-Lieb/Tettinger* § 40 Rn. 18.
35 Lutter/*Schmidt* § 40 Rn. 13; Semler/Stengel/Leonard/*Ihrig* § 40 Rn. 17; Kallmeyer/*Kocher* § 40 Rn. 12.

die Änderung des Gesellschaftsvertrags des übernehmenden Rechtsträgers erforderlich ist.[36]

b) Festsetzung des Einlagebetrags

14 Hinsichtlich der **personellen Zuordnung** des Einlagebetrags gilt das zu Abs. 1 S. 1 Gesagte: Die Bezeichnung der Gesellschafter, denen ein Einlagebetrag zugeordnet wird, sollte in der Praxis zusätzlich namentlich erfolgen, wobei aber auch ein Einlagebetrag einer Gruppe von Gesellschaftern zugeordnet werden kann, sofern dieser für alle gleich hoch ist (→ Rn. 5).[37]

15 Ob der Einlagebetrag beziffert werden muss, oder ob seine Bestimmbarkeit ausreicht, ist nicht abschließend geklärt. Für die Praxis ist zu raten, die jeweilige Einlage ziffernmäßig festzulegen.[38] Von der Bestimmung der Einlage durch Dritte gem. § 315 BGB ist abzuraten.[39]

16 Inhaltlich ist der Betrag der Einlage am **Grundsatz der Angemessenheit** auszurichten (→ § 5 Rn. 35), da § 40 Abs. 1 S. 1 als Ergänzung zu § 5 Abs. 1 Nr. 3 zu sehen ist.[40] Eine wertentsprechende Anteilsgewährung ist dann aber nicht erforderlich, wenn sich alle Gesellschafter mit Kapitalbeteiligung damit einverstanden erklären, da der Wert des übertragenen Vermögens durch die teilweise Verbuchung auf Rücklagenkonten oder Fremdkapitalkonten (Darlehens- oder Privatkonten) nicht vollumfänglich wiedergegeben wird.[41] Sollten Vermögenswerte entsprechend bspw. auf Darlehens- oder Privatkonten übertragen und so Forderungen eines oder mehrerer Gesellschafter gegen die Gesellschaft begründet werden, kann dies aufgrund des Zuzahlungscharakters und § 5 Abs. 1 Nr. 3, der nur bare Zuzahlungen erwähnt, problematisch sein. Es ist nicht geklärt, ob andere als bare Zuzahlungen zulässig sind oder ob diese von § 5 Abs. 1 Nr. 3 ausgeschlossen werden.[42] Insofern ist in der Praxis eine Abstimmung mit dem Handelsregister angezeigt, da durch die Handelsregistereintragung der Verschmelzung auch bei Unzulässigkeit sonstiger Zuzahlungen deren Wirksamkeit begründet würde.

17 Für den Kommanditisten gilt, dass es keinen Mindesteinlagebetrag bei der übernehmenden Personengesellschaft gibt, der etwa durch die **Haft- bzw. Pflichteinlage** bei der übertragenden Gesellschaft zu bestimmen ist, weshalb keine Haftung gem. oder analog § 174 HGB besteht, wenn der neue Einlagebetrag des Kommanditisten niedriger ist als der alte Einlagebetrag.[43] Der neue Einlagebetrag kann aber auch höher als derjenige beim übertragenden Rechtsträger sein, wodurch sich für den betroffenen Gesellschafter eine Nachschusspflicht ergeben kann, wenn der Wert des übertragenden Vermögens den Einlagebetrag nicht erreicht. Hinsichtlich der sich ergebenden Differenz haftet der betroffene Anteilsinhaber bis zum Ausgleich wie ein persönlich haftender Gesellschafter, wenn er zuvor der Verschmelzung analog § 40 Abs. 2 S. 2 zugestimmt

---

36 BeckOGK/*Temme*, 1.1.2023, § 40 Rn. 12; Kölner Komm UmwG/*Dauner-Lieb/Tettinger* § 40 Rn. 19; Semler/Stengel/Leonard/*Ihrig* § 40 Rn. 10.
37 Semler/Stengel/Leonard/*Ihrig* § 40 Rn. 9.
38 BeckOGK/*Temme*, 1.1.2023, § 40 Rn. 10; Lutter/*Schmidt* § 40 Rn. 15; Semler/Stengel/Leonard/*Ihrig* § 40 Rn. 9; für Bestimmbarkeit; Kölner Komm UmwG/*Dauner-Lieb/Tettinger* § 40 Rn. 21.
39 Lutter/*Schmidt* § 40 Rn. 15; Semler/Stengel/Leonard/*Ihrig* § 40 Rn. 9; aA Widmann/Mayer/*Vossius* § 40 Rn. 11;
zweifelnd: Kölner Komm UmwG/*Dauner-Lieb/Tettinger* § 40 Rn. 22.
40 Kölner Komm UmwG/*Dauner-Lieb/Tettinger* § 40 Rn. 23.
41 Lutter/*Schmidt* § 40 Rn. 16; Widmann/Mayer/*Vossius* § 40 Rn. 13; Semler/Stengel/Leonard/*Ihrig* § 40 Rn. 10; *Priester* DStR 2005, 788 (790).
42 S. Darstellung bei Lutter/*Schmidt* § 40 Rn. 17 f.
43 Lutter/*Schmidt* § 40 Rn. 19; Widmann/Mayer/*Vossius* § 40 Rn. 15; Keßler/Kühnberger/*Brügel* § 40 Rn. 5; aA *Petersen* Der Konzern 2004, 185.

hat (zum Meinungsstreit → Rn. 3). Aus rein haftungsrechtlicher Sicht empfiehlt es sich daher in der Praxis, die Hafteinlage beim übernehmenden Rechtsträger nicht höher anzusetzen als den Wert der Beteiligung am übertragenden Rechtsträger.[44]

c) Keine unbeschränkte Kommanditistenhaftung

Gem. § 176 HGB haftet der Kommanditist vor Eintragung der Kommanditgesellschaft ins Handelsregister grundsätzlich unbeschränkt für Verbindlichkeiten, die vor der Eintragung der Gesellschaft oder seines Beitritts begründet wurden. In der Literatur ist es umstritten, ob eine solche Haftung auch im Rahmen einer Verschmelzung bestehen kann. Nach zum Teil vertretener Ansicht wird eine Haftung nach § 176 Abs. 2 HGB in diesen Fällen abgelehnt. Begründet wird dies damit, dass der Eintritt des neuen Kommanditisten erst mit Wirksamwerden der Verschmelzung erfolgt, also mit Eintragung der Verschmelzung im Handelsregister.[45] Die für § 176 HGB maßgeblichen Zeitpunkte fallen folglich hiernach zusammen, weshalb diese Haftungsregelung keine Anwendung findet. Dem wird entgegengehalten, dass die Gründung der Kommanditgesellschaft/der Beitritt des Kommanditisten regelmäßig auf einen Zeitpunkt zurückbezogen wird, der vor der Eintragung liegt, § 5 Abs. 1 Nr. 5, 6.[46] Zur Vermeidung jeglicher Haftungsrisiken sollen deshalb entweder bis zur Eintragung keine Verbindlichkeiten für die übernehmende Kommanditgesellschaft eingegangen werden oder die Kommanditisten ihre Stellung als Gesellschafter erst mit der Eintragung erhalten.[47] Dies sei bei einer Verschmelzung durch Aufnahme im Verschmelzungsvertrag und bei der Verschmelzung durch Neugründung im Gesellschaftsvertrag entsprechend festzuhalten. Bis zur Eintragung müsse den Gesellschaftern eine Stellung als atypisch stille Gesellschafter zukommen.[48]

18

Im Ergebnis ist eine solche Hilfskonstruktion allerdings nicht erforderlich, da der von dieser Ansicht angeführte Verschmelzungsstichtag lediglich der Ergebnisabgrenzung dient, aber nicht zur einer Vorverlagerung der Haftung führen kann, weshalb durch die Verschmelzung keine Haftung nach § 176 HGB begründet werden kann.[49]

19

3. Recht auf Kommanditistenstellung, Abs. 2

Abs. 2 findet Anwendung bei Verschmelzungen auf eine Personenhandelsgesellschaft, bei der Gesellschafter des übertragenden Rechtsträgers für dessen Verbindlichkeiten nicht unbeschränkt persönlich haften. Es kommt dabei allein auf die gesellschaftsrechtliche, nicht auf eine Durchgriffs-, Delikts- oder vertragliche Haftung an.[50] Mithin hat die Vorschrift nur Relevanz, wenn es sich beim übertragenden Rechtsträger um eine(n) GmbH, AG, KGaA (hinsichtlich der Kommanditaktionäre), KG, eG, eV oder um einen wirtschaftlichen Verein handelt.[51] Kommanditisten, die gem. § 171 ff. HGB oder gem. § 176 HGB haften, weil sie ihre Einlage noch nicht gezahlt bzw. zurückerhalten haben oder weil die Kommanditgesellschaft noch nicht im Handelsregister eingetragen ist,

20

---

44 Widmann/Mayer/*Vossius* § 40 Rn. 24.
45 Happ/Bednarz UmwR/*Richter* Muster 1.09 Anm. 6.4; Kallmeyer/*Kocher* § 40 Rn. 7.
46 Widmann/Mayer/*Vossius* § 40 Rn. 28.
47 BeckOGK/*Temme*, 1.1.2023, § 40 Rn. 15; Widmann/Mayer/*Vossius* § 40 Rn. 34.
48 Widmann/Mayer/*Vossius* § 40 Rn. 34, mit einem entsprechenden Formulierungsvorschlag in Fn. 26.

49 So auch Happ/Bednarz UmwR/*Richter* Muster 1.09 Anm. 6.4.
50 Kölner Komm UmwG/*Dauner-Lieb/Tettinger* § 40 Rn. 32; Widmann/Mayer/*Vossius* § 40 Rn. 39.
51 Widmann/Mayer/*Vossius* § 40 Rn. 35, 45; Lutter/*Schmidt* § 40 Rn. 8.

sind trotzdem durch den Abs. 2 geschützt.⁵² Nicht unter die übertragenden Rechtsträger des § 40 Abs. 2 fällt hingegen die Gesellschaft bürgerlichen Recht, die OHG sowie der persönlich haftenden Gesellschafter einer übertragenden KG bzw. KGaA.⁵³

21 Bei der übernehmenden/neuen Personenhandelsgesellschaft muss es sich um eine KG handeln bzw. eine OHG, die durch das Hinzutreten eines Kommanditisten zu einer solchen werden kann.⁵⁴ Ebenfalls erfasst ist die zukünftige Mitgliedschaft in einer EWIV.⁵⁵

a) Anspruchsinhalt

22 Den erfassten Gesellschaftern ist grundsätzlich auch in der übernehmenden/neuen Personenhandelsgesellschaft die Stellung eines beschränkt haftenden Gesellschafters einzuräumen, der aufgrund vollständiger Leistung der Einlage gegenüber den Gesellschaftsgläubigern nicht mehr haftet. Weiter darf der nicht zustimmende Gesellschafter auch nicht dem Haftungsrisiko des § 176 HGB ausgesetzt sein. Sofern man der Ansicht folgt, dass § 176 HGB einschlägig ist, sollte dem nicht zustimmenden Gesellschafter folglich bis zu seiner Eintragung als Kommanditist ins Handelsregister des übernehmenden Rechtsträgers die Stellung eines atypisch stillen Gesellschafters eingeräumt werden, um die Haftung nach § 176 HGB zu vermeiden (→ Rn. 18).

b) Zustimmungserfordernis

23 Die Stellung als persönlich unbeschränkt haftender Gesellschafter im übernehmenden Rechtsträger kann den erfassten Gesellschaftern gem. Abs. 2 S. 1 nur mit ihrer Zustimmung zum Verschmelzungsbeschluss auferlegt werden. Die Zustimmung ist eine empfangsbedürftige Willenserklärung, die gem. § 13 Abs. 3 S. 1 eine notarielle Beurkundung erfordert.⁵⁶ Fraglich ist, ob sie konkludent mit der Ja-Stimme zum Verschmelzungsbeschluss abgegeben werden kann⁵⁷ oder ob nur die Abgabe einer gesonderten Erklärung möglich ist.⁵⁸ So könnte bspw. zwar gegen den Verschmelzungsbeschluss gestimmt, aber für den Fall des anderweitigen Mehrheitsbeschlusses jedenfalls die Zustimmung zur unbeschränkten Haftung erteilt werden. Aus Gründen der Rechtssicherheit sollte daher immer die gesonderte Zustimmung erfolgen.⁵⁹ Alle persönlich unbeschränkt haftenden Gesellschafter hingegen müssen der Verschmelzung widersprechen, damit ihnen gem. § 41 beim neuen/übernehmenden Rechtsträger die Stellung eines Kommanditisten eingeräumt wird (→ § 41 Rn. 16).

c) Notwendiger Beitritt eines persönlich haftenden Gesellschafters

24 Grundsätzlich setzt § 40 voraus, dass jedenfalls ein persönlich haftender Gesellschafter bei der übernehmenden Personenhandelsgesellschaft zur Verfügung steht.⁶⁰ Bei einer Verschmelzung durch Neugründung kann es allerdings zu der Situation kommen, dass kein Anteilsinhaber der übertragenden Rechtsträger zur Übernahme der persönlichen,

---

52 Semler/Stengel/Leonard/*Ihrig* § 40 Rn. 12; Widmann/Mayer/*Vossius* § 40 Rn. 41; Lutter/*Schmidt* § 40 Rn. 8; *Priester* DStR 2005, 788 (790).
53 Widmann/Mayer/*Vossius* § 40 Rn. 36; Lutter/*Schmidt* § 40 Rn. 8.
54 Kölner Komm UmwG/*Dauner-Lieb/Tettinger* § 40 Rn. 33; Lutter/*Schmidt* § 40 Rn. 10.
55 Semler/Stengel/Leonard/*Ihrig* § 40 Rn. 21; Lutter/*Schmidt* § 40 Rn. 10.
56 BeckOGK/*Temme*, 1.1.2023, § 40 Rn. 20; Kölner Komm UmwG/*Dauner-Lieb/Tettinger* § 40 Rn. 36; Semler/Stengel/Leonard/*Ihrig* § 40 Rn. 23.
57 *Priester* DStR 2005, 788 (790); Lutter/*Schmidt* § 40 Rn. 11; Schmitt/Hörtnagl/*Hörtnagl/Ollech* § 40 Rn. 8; BeckOGK/*Temme*, 1.1.2023, § 40 Rn. 21.
58 Semler/Stengel/Leonard/*Ihrig* § 40 Rn. 21; Widmann/Mayer/*Vossius* § 40 Rn. 50.
59 Keßler/Kühnberger/*Brügel* § 40 Rn. 9.
60 Widmann/Mayer/*Vossius* § 40 Rn. 3.1; Lutter/*Schmidt* § 40 Rn. 14; Semler/Stengel/Leonard/*Ihrig* § 40 Rn. 18.

unbeschränkten Haftung in der Personenhandelsgesellschaft bereit ist. Hier bleibt nur die Aufnahme eines Dritten, der persönlich unbeschränkt haftet. Unproblematisch ist der Beitritt des Dritten gemäß den allgemeinen gesellschaftsrechtlichen Regelungen vor der Verschmelzung möglich, wenn dieser bereits einen Kapitalanteil vor der Verschmelzung halten kann/soll.[61]

Soll die Komplementär-GmbH – wie im Regelfall – jedoch nicht am Kapital der KG beteiligt sein, steht diese Lösung nicht zur Verfügung. Nach richtiger Auffassung muss in diesen Fällen ein Beitritt im Rahmen der Verschmelzung als Bestandteil des Verschmelzungsvertrages zulässig sein.[62] Der Gesetzgeber hat diese Möglichkeit zumindest im Falle eines Formwechsels in eine KGaA ausdrücklich in § 221 S. 1 vorgesehen. Die Verbindung einer Umwandlungsmaßnahme mit einem Gesellschafterwechsel als Rechtsgedanken kann auch im Rahmen einer Verschmelzung auf eine GmbH & Co. KG übertragen werden.[63]

Hinweis: Zur Absicherung sollte diese Vorgehensweise vorher mit dem zuständigen Registergericht besprochen werden. Vertritt das Registergericht hierzu eine ablehnende Haltung, wird man auf die Hilfskonstruktion eines Treuhandmodells zurückgreifen müssen, wie sie sich im Rahmen eines Formwechsels etabliert hat. Der Anteil am übertragenden Rechtsträger wird hier lediglich treuhänderisch an die zukünftige Komplementärin (typischerweise eine GmbH) abgetreten. Mit Eintragung der Verschmelzung fällt die Kapitalbeteiligung an den oder die Treugeber zurück und erhöht seine oder deren Kommanditeinlage. Die Komplementärin bleibt am übernehmenden Rechtsträger ohne eigenen Kapitalanteil beteiligt.[64]

d) Prüfung durch den Registerrichter

Der Handelsregisteranmeldung sind die erforderlichen Zustimmungen nach § 40 Abs. 2 S. 2 in notariell beurkundeter Form beizufügen. Geschieht dies nicht, darf der Registerrichter die Verschmelzung nicht eintragen. Bei Änderung der Rechtsform in eine KG und der dadurch erfolgenden Änderung der Firmierung, sowie beim Eintritt der neuen Gesellschafter werden die Änderungen automatisch ohne gesonderte Anmeldung eingetragen. Eine ausdrückliche Anmeldung ist daher nicht erforderlich, empfiehlt sich aber.[65] Gleiches gilt für die übernehmende KG hinsichtlich der Erhöhung des Kommanditkapitals oder der Erhöhung bereits bestehender Hafteinlagen.

e) Rechtsfolgen von Verstößen gegen Abs. 2

Ohne entsprechende Zustimmung zur Übernahme einer persönlich und unbeschränkt haftenden Gesellschafterstellung ist den erfassten Gesellschaftern die Stellung eines **beschränkt haftenden Gesellschafters**, auch im übernehmenden/neuen Rechtsträger, einzuräumen. Anderslautende Bestimmungen im Verschmelzungsvertrag sind nach endgültiger Verweigerung der Zustimmung unwirksam. Der Verschmelzungsbeschluss des übertragenden Rechtsträgers ist damit nichtig, der Verschmelzungsvertrag unwirk-

---

61 Semler/Stengel/Leonard/*Ihrig* § 40 Rn. 18; Lutter/*Schmidt* § 40 Rn. 14.
62 BGH DStR 2005, 1539 (1540 f.) (für den Formwechsel); Lutter/*Schmidt* § 40 Rn. 14; Semler/Stengel/Leonard/*Ihrig* § 40 Rn. 18; BeckOGK/*Temme*, 1.1.2023, § 40 Rn. 19; aA Widmann/Mayer/*Vossius* § 40 Rn. 3.1.
63 Semler/Stengel/Leonard/*Ihrig* § 40 Rn. 18; Kallmeyer/*Kocher* § 40 Rn. 13; Keßler/Kühnberger/*Brügel* § 40 Rn. 7.
64 Semler/Stengel/Leonard/*Ihrig* § 40 Rn. 18; Keßler/Kühnberger/*Brügel* § 40 Rn. 7; Kallmeyer/*Kocher* § 40 Rn. 13.
65 Lutter/*Schmidt* § 40 Rn. 21; Semler/Stengel/Leonard/*Ihrig* § 40 Rn. 28; Kölner Komm UmwG/*Dauner-Lieb, Tettinger* § 40 Rn. 48.

sam und die Verschmelzung darf aufgrund der allgemeinen Prüfpflicht des Registerrichters nicht eingetragen werden.[66] Mit Inkrafttreten des MoPeG ist nunmehr bei Beschlussmängeln zu unterscheiden zwischen solchen, die bereits aus sich heraus zur Nichtigkeit des Beschlusses führen, und mangelbehafteten Beschlüssen, die erst durch eine befristete Anfechtungsklage gegen die Gesellschaft vernichtet werden können, § 110 HGB.[67] Im Rahmen ihrer Gestaltungsfreiheit bleibt es den Gesellschaftern allerdings unbenommen, für das bisherige Feststellungsmodell zu optieren, da nach § 108 HGB bzw. § 708 BGB Gestaltungsfreiheit besteht.

28 Dem Betroffenen steht zudem der **Klageweg** offen nach § 14, mit der Folge der starren Registersperre des § 16 Abs. 2.[68] Erfolgt die Eintragung dennoch, wird der Mangel der fehlenden Zustimmungserklärungen einzelner Anteilsinhaber gem. § 20 Abs. 1 Nr. 4 geheilt und zuvor beschränkt haftende Gesellschafter, die der Zuweisung der Stellung eines persönlich haftenden Gesellschafters im Verschmelzungsvertrag nicht zugestimmt haben, werden durch die Eintragung in der übernehmenden/neuen Gesellschaft gegen ihren Willen zu persönlich haftenden Gesellschaftern. Aufgrund der gesellschaftsrechtlichen Treuepflicht der Mitgesellschafter können diese im Einzelfall dazu verpflichtet sein, den Gesellschaftsvertrag zu ändern und dem betroffenen Gesellschafter die Kommanditistenstellung einzuräumen.[69] Ist dies nicht der Fall oder sind die übrigen Gesellschafter nicht zur Vertragsänderung bereit, hat der Betroffene ein Recht auf Ausscheiden gegen angemessene Abfindung, sei es aufgrund der Treuepflicht oder aufgrund einer Analogie zu § 29.[70]

29 Sofern der betroffene Gesellschafter wegen seiner persönlich unbeschränkten Haftung in Anspruch genommen wird, stehen ihm außerdem gem. § 25 **Schadensersatzansprüche** gegen die Vertretungsorgane und ggf. das Aufsichtsorgan des übertragenden Rechtsträgers, nicht aber gegen die Mitgesellschafter, zu.[71] Haftet ein betroffener Gesellschafter den Gesellschaftsgläubigern aufgrund einer fälschlicherweise zu hohen Bewertung seiner Beteiligung am übertragenden Rechtsträger gem. § 171 HGB oder gem. § 176 HGB, stehen ihm die Ansprüche aus §§ 15 und 25 zu, ohne dass jedoch der Verschmelzungsbeschluss des übertragenden Rechtsträgers nichtig oder der Verschmelzungsvertrag unwirksam wird.[72]

4. Kosten

30 Für die gesonderte Beurkundung einzelner Zustimmungserklärungen gilt als Ausgangspunkt der Geschäftswert der Verschmelzung. Die Beurkundung von Zustimmungserklärungen löst eine volle Gebühr aus.[73] Der Geschäftswert berechnet sich gem. § 98 Abs. 1 GNotKG jedoch im Gegensatz zur KostO nach der Hälfte des Geschäftswertes für die Beurkundung des Verschmelzungsvertrages gem. § 107 Abs. 1 GNotKG. Dies führt

---

66 Semler/Stengel/Leonard/*Ihrig* § 40 Rn. 25; Widmann/Mayer/*Vossius* § 40 Rn. 57; Kallmeyer/*Kocher* § 40 Rn. 15.
67 Hierzu im Einzelnen: *K. Schmidt* ZHR 187 (2023), 107 ff.
68 Henssler/Strohn/*Decker* § 40 Rn. 6; Widmann/Mayer/*Vossius* § 40 Rn. 57, der aber zusätzlich nach Ablauf der Frist des § 14 entgegen der hA die Erhebung einer Klage nach § 256 ZPO für zulässig erachtet; ebenso *K. Schmidt* DB 1995, 1849 (1850).
69 Henssler/Strohn/*Decker* § 40 Rn. 6; Lutter/*Schmidt* § 40 Rn. 12; Semler/Stengel/Leonard/*Ihrig* § 40 Rn. 25, BeckOGK/*Temme*, 1.1.2023, § 40 Rn. 22.
70 So auch Semler/Stengel/Leonard/*Ihrig* § 40 Rn. 25; Widmann/Mayer/*Vossius* § 40 Rn. 50; Lutter/*Schmidt* § 40 Rn. 12.
71 Lutter/*Schmidt* § 40 Rn. 12; Semler/Stengel/Leonard/*Ihrig* § 40 Rn. 26; aA Widmann/Mayer/*Vossius* § 40 Rn. 50 „Freistellungsanspruch gegen Mitgesellschafter".
72 Vgl. auch Lutter/*Schmidt* § 40 Rn. 12; Kallmeyer/*Kocher* § 40 Rn. 15; Keßler/Kühnberger/*Brügel* § 40 Rn. 10.
73 Die Regelung einer halben Gebühr gem. § 38 Abs. 2 Nr. 1 KostO ist in das GNotKG nicht übernommen worden.

zu einem moderaten Anstieg der Beurkundungsgebühr. § 98 Abs. 4 GNotKG begrenzt den Geschäftswert auf höchstens 1 Mio. EUR. Ferner ist bei einer Zustimmungserklärung einzelner Anteilsinhaber deren Beteiligungsquote am betreffenden Rechtsträger zugrunde zu legen.

Aus Kostengründen empfiehlt es sich, die Zustimmungserklärungen in derselben notariellen Urkunde, die den Verschmelzungsvertrag umfasst, mit zu beurkunden. Bei Mitbeurkundung der Zustimmungserklärungen im Verschmelzungsvertrag sind diese nicht zusätzlich zu bewerten, da derselbe Gegenstand nach § 109 Abs. 1 GNotKG vorliegt.[74] 31

§ 41 Widerspruch gegen den Beschluss der Gesellschafterversammlung

Widerspricht ein Anteilsinhaber eines übertragenden Rechtsträgers, der für dessen Verbindlichkeiten persönlich unbeschränkt haftet, der Verschmelzung, ist ihm in der übernehmenden oder der neuen Personenhandelsgesellschaft die Stellung eines Kommanditisten zu gewähren; das Gleiche gilt für einen Anteilsinhaber der übernehmenden Personenhandelsgesellschaft, der für deren Verbindlichkeiten persönlich unbeschränkt haftet, wenn er der Verschmelzung widerspricht.

I. Allgemeines

Art. 60 des Gesetzes zur Modernisierung des Personengesellschaftsrechts (Personengesellschaftsrechtsmodernisierungsgesetz – MoPeG)[1] hat zum 1.1.2024 auch das UmwG geändert. Während § 39c nunmehr im Wesentlichen die Regelungen des § 43 aF für die Verschmelzung einer Gesellschaft bürgerlichen Rechts enthält, übernimmt § 41 wortgleich die bis zum 31.12.2023 geltende Regelung des § 43 Abs. 2 S. 3 aF für Personenhandelsgesellschaften.[2] § 41 stellt damit im Verhältnis zu § 39d eine Sonderregelung für Personenhandelsgesellschaften dar, weshalb sich insoweit in § 42 auch kein Verweis auf den § 39d findet.[3] Für Partner einer an einer Verschmelzung beteiligten Partnerschaft gibt es mangels Verweises in § 45e hingegen kein Widerspruchsrecht. 1

§ 41 räumt, sofern zumindest eine Personenhandelsgesellschaft als übertragender oder übernehmender Rechtsträger an der Verschmelzung beteiligt ist, den persönlich haftenden Gesellschaftern der beteiligten Rechtsträger den Anspruch ein, die Stellung eines Kommanditisten in der übernehmenden oder neuen Personenhandelsgesellschaft verlangen zu können, sofern sie der Verschmelzung widersprechen. Sinn und Zweck des Widerspruchsrechts ist der Schutz der bisherigen persönlich haftenden Gesellschafter vor einer Erhöhung der Haftungsrisiken, die mit dem Zusammenschluss der beteiligten Rechtsträger einhergehen.[4] § 41 tritt insoweit neben § 40, der die erstmalige Übernahme einer persönlichen Haftung bei einer aufnehmenden Personenhandelsgesellschaft nur mit ausdrücklicher Zustimmung der bislang beschränkt haftenden Anteilsinhaber zulässt (→ § 40 Rn. 2).

Über die §§ 125, 135 Abs. 1 ist die Vorschrift auch in Fällen der Spaltung anwendbar. 2

---

74 Korintenberg/*Tiedtke* GNotKG § 107 Rn. 45.
1 Gesetz vom 10.8.2021, BGBl. I 3436.
2 Die nachstehenden Fußnoten beziehen sich, sofern nicht bereits aktualisierte Kommentierungen berücksichtigt wurden, insgesamt auf die Kommentierungen zu § 43 aF.
3 Widmann/Mayer/*Vossius* § 41 Rn. 8.
4 BeckOGK/*Temme*, 1.1.2023, § 43 Rn. 41; Kölner Komm UmwG/*Dauner-Lieb/Tettinger* § 43 Rn. 48; Semler/Stengel/Leonard/*Ihrig* § 43 Rn. 3; Keßler/Kühnberger/*Brügel* § 43 Rn. 1.

3 Neben § 41 können sich weitere **Zustimmungserfordernisse** (i) aus Gesellschaftsvertrag,[5] (ii) nach § 13 Abs. 2 im Falle einer Anteilsvinkulierung beim übertragenden Rechtsträger (→ § 13 Rn. 33)[6] und (iii) bei Vorliegen der Voraussetzungen der §§ 51 Abs. 1 S. 1 und S. 2 im Falle der Verschmelzung auf eine GmbH (→ § 51 Rn. 1) ergeben.

II. Inhalt

4 Nach § 41 Hs. 1 steht den persönlich haftenden Gesellschaftern eines übertragenden Rechtsträgers ein **Widerspruchsrecht** zu, mit welchem sie verhindern können, auch in der übernehmenden oder neuen Personenhandelsgesellschaft weiterhin unbeschränkt persönlich zu haften. Hierhinter steht der Gedanke, den betroffenen Gesellschafter im Falle einer zulässigen Mehrheitsentscheidung nach § 39c Abs. 2 vor einer aufgezwungenen Erweiterung seines Haftungsrisikos (durch die hinzukommenden Verbindlichkeiten des übernehmenden Rechtsträger) zu schützen.[7] Auch wenn § 41 Hs. 1 seinem Wortlaut nach unabhängig davon gilt, ob für den Verschmelzungsbeschluss Einstimmigkeit oder eine Mehrheitsentscheidung ausreicht, entspricht es dem Sinn und Zweck der Vorschrift, dass dem persönlich haftenden Gesellschafter nur dann ein Widerspruchsrecht zusteht, wenn nach dem Gesellschaftsvertrag eine Mehrheitsentscheidung nach §§ 39 Abs. 2, 42 zulässig ist und er nicht durch das Einstimmigkeitsprinzip der §§ 39 Abs. 1, 42 geschützt wird.[8]

5 Das Widerspruchsrecht steht den persönlich haftenden Gesellschaftern einer übertragenden OHG oder einer EWIV (§ 126 HGB), KG (§ 161 Abs. 1 Hs. 2 und Abs. 2 HGB, § 126 HGB) und KGaA zu.[9] Nicht widersprechen kann der geschäftsführende Kommanditist, da dieser nur gegenüber der Gesellschaft, aber nicht gegenüber Dritten haftet.[10] Strittig ist hingegen, ob einem Kommanditisten, der wegen noch ausstehender oder zurückgewährter Einlagen persönlich haftet (vgl. §§ 171 Abs. 1 Hs. 1, 172 Abs. 4, 173, 176 HGB), das Widerspruchsrecht zukommt.[11] Da es sich bei diesen Fällen nicht um eine strukturelle persönliche Haftung handelt, sondern nach Leistung der Einlagen wieder eine beschränkte Haftung greift, sollten diese Kommanditisten nicht zum Widerspruch berechtigt sein. Sie können sich durch Leistung der offenen Einlagen im Vorfeld einer Verschmelzung hinreichend schützen. Nach § 41 Hs. 2 steht das Widerspruchsrecht gleichermaßen den persönlich haftenden Gesellschaftern der übernehmenden Personenhandelsgesellschaft zu.[12]

6 Dem widersprechenden Gesellschafter ist in der übernehmenden oder neuen Personenhandelsgesellschaft die Stellung eines Kommanditisten einzuräumen.[13] Ist er in der übernehmenden Personengesellschaft bereits persönlich haftender Gesellschafter, greift durch den Widerspruch § 41 Hs. 2 und seine Komplementärstellung ist in eine Kommanditistenstellung zu wandeln.[14]

---

5 Lutter/*Schmidt* § 43 Rn. 22; Kölner Komm UmwG/*Dauner-Lieb/Tettinger* § 43 Rn. 41; Semler/Stengel/Leonard/*Ihrig* § 43 Rn. 44.
6 Semler/Stengel/Leonard/*Ihrig* § 43 Rn. 47; Lutter/*Schmidt* § 43 Rn. 22; Kölner Komm UmwG/*Dauner-Lieb/Tettinger* § 43 Rn. 41.
7 Semler/Stengel/Leonard/*Ihrig* § 43 Rn. 37.
8 Ausführlich Widmann/Mayer/*Vossius* § 41 Rn. 16 f.
9 BeckOGK/*Temme*, 1.1.2023, § 43 Rn. 41; Lutter/*Schmidt* § 43 Rn. 17; Semler/Stengel/Leonard/*Ihrig* § 43 Rn. 35; Kölner Komm UmwG/*Dauner-Lieb/Tettinger* § 43 Rn. 44.
10 Widmann/Mayer/*Vossius* § 41 Rn. 14; Semler/Stengel/Leonard/*Ihrig* § 43 Rn. 36.
11 Dagegen: BeckOGK/*Temme*, 1.1.2023, § 43 Rn. 41; Semler/Stengel/Leonard/*Ihrig* § 43 Rn. 36. Dafür: Lutter/*Schmidt* § 43 Rn. 17; Widmann/Mayer/*Vossius* § 41 Rn. 11.
12 Für den persönlich haftenden Gesellschafter der KGaA ergibt sich dies aus § 78 S. 3.
13 Statt aller Lutter/*Schmidt* § 43 Rn. 17.
14 Widmann/Mayer/*Vossius* § 41 Rn. 22.

Der Widerspruch ist eine **empfangsbedürftige, formlose Willenserklärung**, die den vertretungsberechtigten Gesellschaftern oder dem Leiter der Gesellschafterversammlung gegenüber zu erklären ist.[15] Er muss – anders als im Rahmen des § 29 (→ § 29 Rn. 26) – nicht zur Niederschrift in das notarielle Protokoll der Gesellschafterversammlung erklärt werden.[16] Ein Widerspruch durch schlüssiges Verhalten ist möglich.[17] Anders als bei reiner Stimmenthaltung macht eine Abstimmung gegen die Verschmelzung oder ein Widerspruch gemäß § 29 einen gesonderten Widerspruch nach § 41 entbehrlich.[18]

Ein **Widerspruch** vor der Beschlussfassung ist möglich.[19] Nach wohl herrschender Ansicht ist der Widerspruch allerdings spätestens bis zur Beendigung der Gesellschafterversammlung, die den Verschmelzungsbeschluss fasst, zu erklären.[20] Nach zum Teil vertretener Ansicht soll es ausreichen, dass der in der Gesellschafterversammlung nicht anwesende Gesellschafter unverzüglich nach Kenntnisnahme des Beschlusses widerspricht.[21] Dem kann nur für den Fall zugestimmt werden, dass die Abwesenheit in der Gesellschafterversammlung auf einem Mangel der Ladung beruht.[22]

Im Falle des Widerspruchs, sei es auf Ebene des übertragenden Rechtsträgers oder der übernehmenden Personengesellschaft, kann die Verschmelzung nicht wie vorgesehen durchgeführt werden, da die Angaben im Verschmelzungsvertrag zur Rechtsstellung des Widersprechenden (vgl. § 40 Abs. 1 S. 1) nicht mehr zutreffend sind.[23] Die Gewährung der Stellung eines Kommanditisten im übernehmenden oder neuen Rechtsträger erfordert bei bereits erfolgter Beurkundung neben einer entsprechenden Änderung des Verschmelzungsvertrages in der Folge[24] auch einen neuen Verschmelzungsbeschluss im Rahmen einer Nachtragsbeurkundung.[25] Ist der Widersprechende als einziger persönlich haftender Gesellschafter des übernehmenden bzw. neuen Rechtsträgers eingeplant gewesen, scheitert die Verschmelzung.[26]

Hinweis: Um diese Folgen in der Praxis zu vermeiden, sollten im Falle von Widerspruchsrisiken im Verschmelzungsvertrag vorsorglich Regelungen aufgenommen werden, die aufschiebend bedingt durch den eventuellen Widerspruch die Rechtsstellung des Widersprechenden alternativ ausgestalten.[27]

Der Widersprechende hat einen Anspruch auf Unterlassung der Durchführung der Verschmelzung, insbesondere auf Unterlassen des Vollzugs im zuständigen Register. Wird

---

15 BeckOGK/*Temme*, 1.1.2023, § 43 Rn. 42; Semler/Stengel/Leonard/*Ihrig* § 43 Rn. 38; Kallmeyer/*Zimmermann* § 43 Rn. 24 f.
16 BeckOGK/*Temme*, 1.1.2023, § 43 Rn. 42; Kallmeyer/*Zimmermann* § 43 Rn. 24; Lutter/*Schmidt* § 43 Rn. 18; Keßler/Kühnberger/*Brügel* § 43 Rn. 15.
17 Semler/Stengel/Leonard/*Ihrig* § 43 Rn. 38; Kölner Komm UmwG/*Dauner-Lieb/Tettinger* § 43 Rn. 49.
18 BeckOGK/*Temme*, 1.1.2023, § 43 Rn. 42; Lutter/*Schmidt* § 43 Rn. 18; Kallmeyer/*Zimmermann* § 43 Rn. 24; Kölner Komm UmwG/*Dauner-Lieb/Tettinger* § 43 Rn. 49.
19 Lutter/*Schmidt* § 43 Rn. 18; Semler/Stengel/Leonard/*Ihrig* § 43 Rn. 38; aA Kölner Komm UmwG/*Dauner-Lieb/Tettinger* § 43 Rn. 48, Widerspruch nur mit Stimmabgabe.
20 Semler/Stengel/Leonard/*Ihrig* § 43 Rn. 39; Lutter/*Schmidt* § 43 Rn. 18.
21 Widmann/Mayer/*Vossius* § 39d Rn. 36.
22 So auch Lutter/*Schmidt* § 43 Rn. 18; Semler/Stengel/Leonard/*Ihrig* § 43 Rn. 39; Keßler/Kühnberger/*Brügel* § 43 Rn. 16; aA BeckOGK/*Temme*, 1.1.2023, § 43 Rn. 44; Kölner Komm UmwG/*Dauner-Lieb/Tettinger* § 43 Rn. 48, die den aufgrund der fehlerhaften Einladung vorliegenden Beschlussmangel allein über § 14 sanktionieren wollen.
23 Semler/Stengel/Leonard/*Ihrig* § 43 Rn. 40; Lutter/*Schmidt* § 43 Rn. 19; Kölner Komm UmwG/*Dauner-Lieb/Tettinger* § 43 Rn. 50.
24 Kallmeyer/*Zimmermann* § 43 Rn. 27.
25 Lutter/*Schmidt* § 43 Rn. 19; Widmann/Mayer/*Vossius* § 41 Rn. 28; Kölner Komm UmwG/*Dauner-Lieb/Tettinger* § 43 Rn. 52; Semler/Stengel/Leonard/*Ihrig* § 43 Rn. 41.
26 Widmann/Mayer/*Vossius* § 41 Rn. 23; Keßler/Kühnberger/*Brügel* § 43 Rn. 17.
27 Widmann/Mayer/*Vossius* § 41 Rn. 24; Lutter/*Schmidt* § 43 Rn. 19; Semler/Stengel/Leonard/*Ihrig* § 43 Rn. 42; Kölner Komm UmwG/*Dauner-Lieb/Tettinger* § 43 Rn. 54; Keßler/Kühnberger/*Brügel* § 43 Rn. 17.

die Verschmelzung entgegen dem Widerspruch dennoch eingetragen, ist und bleibt sie wirksam.[28]

§ 42 Entsprechend anzuwendende Vorschriften

Die §§ 39, 39a, 39b, 39c, 39e und 39f sind entsprechend anzuwenden.

I. Allgemeines

1 Der mit dem MoPeG[1] zum 1.1.2024 neu eingeführte § 42 erklärt für den neuen Zweiten Unterabschnitt des Zweiten Buchs (Verschmelzung unter Beteiligung von Personenhandelsgesellschaften) des UmwG die Regelung der §§ 39, 39a, 39b, 39c, 39e und 39f für die Verschmelzung von Personenhandelsgesellschaften für entsprechend anwendbar. Die Regelungen des § 39d sind demgegenüber ausschließlich auf Verschmelzungen unter Beteiligung einer Gesellschaft bürgerlichen Rechts anwendbar. Während in diesem Fall die Verschmelzung zu unterbleiben hat, wenn ein Gesellschafter widerspricht, sieht § 41 für Personenhandelsgesellschaften vor, dass im Falle eines Widerspruchs eines unbeschränkt persönlich haftenden Anteilsinhabers diesem die Stellung eines Kommanditisten zu gewähren ist. Daneben bestehen für die Personengesellschaften noch Sonderregelungen in § 40.

2 Über die §§ 125, 135 Abs. 1 gilt die Verweisung des § 42 auch in Fällen der Spaltung von Personenhandelsgesellschaften. Für den Formwechsel unter Beteiligung von Personenhandelsgesellschaften gelten die Vorschriften der §§ 214 ff. bzw. der §§ 226 ff.

II. Inhalt

3 Die Besonderheiten der Personengesellschaften im Umwandlungsrecht im Vergleich zu einer Gesellschaft bürgerlichen Rechts, sind zur Gewährleistung eines besseren Verständnisses zum Gesamtkontext der jeweiligen Vorschrift in den Kommentierungen der §§ 39, 39a, 39b, 39c, 39e und 39f mit behandelt.

§ 43 [aufgehoben]

§ 44 [aufgehoben]

§ 45 [aufgehoben]

Dritter Unterabschnitt Verschmelzung unter Beteiligung von Partnerschaftsgesellschaften

Vor §§ 45a ff.

Literatur:

Fleischer, Ein Rundgang durch den Regierungsentwurf eines Gesetzes zur Modernisierung des Personengesellschaftsrechts, DStR 2021, 430; *Grunewald*, Die Partnerschaftsgesellschaft mit beschränkter Berufshaftung – sinnvolle Ergänzung des PartGG oder systemwidrige Privilegierung einiger Weniger?, ZIP 2012, 1115; *Hansen*, Ärztliche Kooperation im Lichte des MoPeG, MedR 2022, 198; *Henssler*, Die LLP die bessere Alternative

---

28 Widmann/Mayer/*Vossius* § 41 Rn. 32 ff.
1 Gesetz vom 10.8.2021, BGBl. I 3436.

zur PartG mbB?, NJW 2014, 1761; *Henssler/Mansel,* Die Limited Liability Partnership als Organisationsform anwaltlicher Berufsausübung, NJW 2007, 1393; *Henssler/Deckenbrock/Sossna,* Gesetzgebungsreport, ZAP 2022, 913; *Kruse,* Das Gesetz zur Modernisierung des Personengesellschaftsrechts (MoPeG) und seine Auswirkungen aus Praktikersicht, DStR 2021, 2412; *Leuering,* Auf dem Weg zur Partnerschaftsgesellschaft mit beschränkter Berufshaftung, ZIP 2012, 1112; *Lieder/Hoffmann,* Rechtstatsachen-Update zur PartG mbB, NZG 2016, 287; *Neye,* Partnerschaft und Umwandlung. Ein Gesetzentwurf mit neuen Möglichkeiten, ZIP 1997, 722; *Neye,* Die Änderungen im Umwandlungsrecht nach den handels- und gesellschaftsrechtlichen Reformgesetzen in der 13. Legislaturperiode, DB 1998, 1649; *Nolting,* Die Partnerschaftsgesellschaft anwaltlicher Berufsausübungsgesellschaften nach MoPeG und BRAO-Reform BB 2021, 1795; *Ratzel,* Das Gesetz zur Modernisierung des Personengesellschaftsrechts (MoPeG) und dessen Auswirkungen auf ärztliche Kooperationen, GesR 2022, 137; *Römermann,* PartGG, 5. Aufl. 2017; *Römermann,* Neues im Recht der Partnerschaftsgesellschaft, NZG 1998, 675; *Römermann/Praß,* Die Partnerschaftsgesellschaft mit beschränkter Berufshaftung – Rechtspolitische Kritik und rechtssystematische Einordnung, NZG 2012, 601; *Schmidt,* Ein neues Zuhause für das Recht der Personengesellschaften – Zum Regierungsentwurf eines MoPeG, ZHR 2021, 16; *Schollmeyer,* Neuerungen und Kontinuitäten bei der Gesellschafterhaftung nach dem MoPeG, DNotZ 2021, 889; *Schüppen,* Wider die LLP, für rechtspolitische Plausibilität – es bleibt viel zu tun bei der Änderung des PartGG, BB 2012, 783; *Wälzholz,* Wege in die PartG mbB – Überlegungen zur Gründung und Umwandlung bereits existierender Rechtsträger in einer PartG mbB, DStR 2013, 2637; *Wicke,* Mehrheitsklauseln und unentziehbare Rechte nach Rechtsprechung und MoPeG. Zugleich Anmerkung zu BGH, Urteil vom 13.10.2020, II ZR 359/18, MittBayNot 2021, 103.

I.	Normzweck der §§ 45a ff.	1	5. Registeranmeldung	14
II.	Partnerschaft im Umwandlungsrecht	4	a) PartG als übertragende Rechtsträgerin	15
III.	Verfahren	9	b) PartG als übernehmende Rechtsträgerin	16
	1. Verschmelzungsvertrag	10		
	2. Verschmelzungsbericht	11	c) Verschmelzung zur Neugründung einer PartG	17
	3. Verschmelzungsprüfung(sbericht)	12		
	4. Zustimmungsbeschlüsse	13		

I. Normzweck der §§ 45a ff.

Die Partnerschaftsgesellschaft ist eine Organisationsform ausschließlich zur gemeinschaftlichen Berufsausübung von Angehörigen freier Berufe, deren Mitgliedschaft ausschließlich natürlichen Personen offensteht (vgl. § 1 Abs. 1 PartGG). Die Anteilseigner einer PartG müssen grundsätzlich vier Kriterien kumulativ erfüllen: (1) es muss sich um natürliche Personen handeln, (2) die jeweils einem freien Beruf angehören, (3) diesen freien Beruf aktiv ausüben und (4) ihnen darf die partnerschaftliche Organisation nicht durch das jeweils einschlägige Berufsrecht untersagt sein. Die 1998 in das Umwandlungsrecht eingefügten §§ 45a ff.[1] tragen diesen Besonderheiten der Partnerschaftsgesellschaft Rechnung, indem die berufsrechtlichen Beschränkungen, denen die Partnerschaftsgesellschaft nach dem PartGG unterliegt, in das Umwandlungsrecht verlängert werden.[2] Unabhängig von der rechtspolitischen Grundsatzfrage, ob man der antiquierten und an das Zunftwesen erinnernden Sonderbehandlung der freien Berufe Sympathie entgegenzubringen vermag,[3] wird hierdurch mittelbar der Rechtsverkehr geschützt, indem vermieden wird, dass die Erwartungen, die dieser mit dem Rechtsformkürzel der PartG verbindet, enttäuscht werden.

Die §§ 45a ff. beanspruchen nicht nur für die traditionelle PartG Geltung, sondern auch für die am 19.7.2013 Gesetz gewordene **PartG mit beschränkter Berufshaftung (PartG**

---

1 Gesetz v. 22.7.1998, BGBl. I 1878.
2 Semler/Stengel/Leonard/*Ihrig* § 45a Rn. 1; Lutter/*H. Schmidt* § 45a Rn. 1 f.; Habersack/Wicke/*Temme* § 45a Rn. 2.
3 So ist etwa im österreichischen Gesellschaftsrecht die Differenzierung zwischen Handelsgesellschaften und freiberuflichen Erwerbsgesellschaften durch Zusammenführung in der „offenen Gesellschaft" aufgegeben worden. Vgl. § 105 S. 3 UBG. Petitum für eine Öffnung der KG auch für Freiberufler ua schon bei *Grunewald* ZIP 2012, 1115 (1116); *Lieder/Hoffmann* NZG 2016, 287 (294). Skeptisch gegenüber der PartG auch Widmann/Mayer/*Vossius* § 45a Rn. 10.

mbB) gem. § 8 Abs. 4 PartGG, mit der der Gesetzgeber auf die seinerzeit gefühlte Konkurrenz durch die britische Limited Liability Partnership (LLP) reagiert hat.[4] Die PartG mbB ist in der Gesetz gewordenen Form – entgegen teilweise anderslautender Kommunikation – weder als echte Beschränkthafterin nach dem Vorbild von AG und GmbH konzipiert[5] noch als eigenständige Rechtsform mit Vollstatut, sondern – vergleichbar dem Regelungsmodell der Unternehmergesellschaft (UG) haftungsbeschränkt – als Unterform bzw. Rechtsformvariante der PartG,[6] so dass die Regelungen über die PartG auf sie Anwendung finden.[7] Rechtstatsächlich wird konstatiert, dass die PartG mbB dabei ist, der klassischen Partnerschaftsgesellschaft den Rang abzulaufen.[8]

3 Für den Moment abzuwarten bleibt, ob die **Öffnung der Handelsgesellschaften**, insbesondere der Kommanditgesellschaft bzw. der GmbH & Compagnie (GmbH & Co. KG) für Zusammenschlüsse der Angehörigen freier Berufe durch § 107 Abs. 1 S. 2 HGB in der Fassung des MoPeG und das bereits zum 1.8.2022 in Kraft getretene Gesetz zur Neuregelung des Berufsrechts der anwaltlichen und steuerberatenden Berufsausübungsgesellschaften[9] den Trend zur PartG mbB umzukehren oder zumindest abzuschwächen vermag.[10] Prima facie evidenter Vorteil der KG ist insoweit, dass die Haftung der Kommanditisten für sämtliche Verbindlichkeiten der Gesellschaft auf die im Handelsregister verlautbarte Haftsumme beschränkt ist (§ 171 Abs. 1 HGB), während die PartG mbB lediglich eine Haftungsbeschränkung hinsichtlich Schäden aus fehlerhafter Berufsausübung ermöglicht.[11] Zu berücksichtigen ist in diesem Zusammenhang aber auch, dass die Verfügbarkeit der Handelsgesellschaft für Freiberufler unter dem Vorbehalt des Berufsrechts steht (§ 107 Abs. 1 S. 2 aE HGB idF MoPeG). Für **Rechtsanwaltsgesellschaften** etwa bestimmt § 59b Abs. 2 Nr. 1 BRAO bereits jetzt ausdrücklich, dass die Organisation zur gemeinsamen Berufsausübung mittels einer Handelsgesellschaft zulässig ist.[12] Inwieweit das Berufsrecht weiterer freier Berufe diese Liberalisierung nachvollzieht, bleibt abzuwarten.

II. Partnerschaft im Umwandlungsrecht

4 Eine Partnerschaft nach dem PartG kann als **übertragende** Gesellschaft an Verschmelzungen mit folgenden übernehmenden Rechtsträgern beteiligt sein: PartG, OHG, KG, GmbH, AG/SE, KGaA und e. G., nicht möglich ist die Verschmelzung auf eingetragene und wirtschaftliche Vereine, genossenschaftliche Prüfverbände, VVaG und natürliche

---

[4] Semler/Stengel/Leonard/*Ihrig* § 45a Rn. 2; *Lieder/Hoffmann* NZG 2016, 287 (292 f.); Maulbetsch/Klumpp/Rose/*Haggeney* § 45a Rn. 1. Zur Möglichkeit der Verschmelzung zur PartG mbB *Römermann/Praß* NZG 2012, 601; *Leuering* ZIP 2012, 1112; Vergleich von PartG mbB und LLP bei *Henssler* NJW 2014, 1761 (1761 ff.). Zur seinerzeit nicht besonders drängenden Konkurrenzsituation *Grunewald* ZIP 2012, 1115 (1116).

[5] Eine echte Beschränkung der Haftung auf das Gesellschaftsvermögen („PartG mbH") fordernd *Schüppen* BB 2012, 783 (784). Zu den aufgrund der „Beschränkung der beschränkten Haftung" resultierenden Fallstricken etwa *Wälzholz* DStR 2013, 2637 (2638 f.).

[6] Vgl. etwa *Römermann* Einführung Rn. 41; Lutter/H. Schmidt § 45a Rn. 3; Habersack/Wicke/*Temme* § 45a Rn. 3; *Henssler* NJW 2014, 176; aus der Rechtsprechung OLG Nürnberg WM 2014, 895 (896). Entsprechend bedarf die Überführung einer PartG in eine PartG mbB keines Formwechsels, vgl. *Wälzholz* DStR 2013, 2637 (2639 ff.).

[7] Habersack/Wicke/*Temme* § 45a Rn. 3; *Wälzholz* DStR 2013, 2637 (2638).

[8] Vgl. hierzu *Lieder/Hoffmann* NZG 2016, 287 (287 ff.).

[9] Gesetz zur Neuregelung des Berufsrechts der anwaltlichen und steuerberatenden Berufsausübungsgesellschaften sowie zur Änderung weiterer Vorschriften im Bereich der rechtsberatenden Berufe vom 7.7.2021 (BGBl. I 2363). Hierzu etwa knapp *Henssler/Deckenbrock/Sossna* ZAP 2022, 913 (918 f.).

[10] Vgl. *Hansen* MedR 2022, 198 (204); skeptisch für Kooperationen der Ärzteschaft aufgrund fortbestehender berufsrechtlicher Beschränkungen *Ratzel* GesR 2022, 137 (138 f.); zu den Folgen für anwaltliche Berufsausübungsgesellschaften *Nolting* BB 2021, 1795 ff.

[11] Vgl. etwa *Kruse* DStR 2021, 2412 (2415). Zum Statuswechsel zwischen Personengesellschaften vgl. etwa *Schollmeyer* DNotZ 2021, 889 (899).

[12] *Nolting* BB 2021, 1795 (1797).

Personen.¹³ Als **aufnehmende** Gesellschaft kommt die PartG bei Verschmelzungen mit PartG, OHG, KG, GmbH, AG/SE, KGaA, e. G., eV bzw. wirtschaftlichem Verein in Betracht, nicht möglich ist hingegen die Verschmelzung eines VVaG oder genossenschaftlichen Prüfungsverbands auf eine PartG.¹⁴

Mit **Inkrafttreten des MoPeG**¹⁵ zum 1.1.2024 wurde die in das Gesellschaftsregister **eingetragene Gesellschaft bürgerlichen Rechts** den Personenhandelsgesellschaften und Partnerschaftsgesellschaften in § 3 Abs. 1 Nr. 1 ausdrücklich gleichgestellt. Die damit eingeräumten zusätzlichen Freiheitsgrade können durchaus praktisch relevant werden, da Freiberufler-Zusammenschlüsse sowohl in Gestalt der GbR als auch der PartG begegnen können und deshalb zB eine Verschmelzung von eingetragener GbR und Partnerschaftsgesellschaft nicht nur ein rein theoretisches Szenario ist.

Auf Grundlage der Rechtsprechung des EuGH zur Niederlassungsfreiheit, die nicht zwischen Kapital- und Personengesellschaften differenziert, kann sich eine PartG zudem an **grenzüberschreitenden Verschmelzungen** als aufnehmende wie auch übertragende Gesellschaft beteiligen; Gleiches dürfte hinsichtlich grenzüberschreitender Spaltung und grenzüberschreitendem Formwechsel bzw. statutenändernder Sitzverlegung gelten. Auch mit dem UmRUG sind allerdings keine umfassenden eigenständigen Regelungen über grenzüberschreitende Umwandlungen unter Beteiligung deutscher Personengesellschaften einschließlich der PartG geschaffen worden (vgl. § 305 Abs. 1, 2). Daneben kann eine Partnerschaftsgesellschaft an einer **Spaltung** beteiligt sein, hingegen nicht an einer Ausgliederung, da im Rahmen der Ausgliederung die Anteile am neuen Rechtsträger nicht von natürlichen Personen gehalten würden, was nicht mit § 1 Abs. 1 S. 3 PartGG zu vereinbaren wäre.¹⁶ Ein **Formwechsel** steht der PartG nach den Vorgaben der § 225a ff. offen.

Seit dem Austritt des Vereinigten Königreich aus der Europäischen Union nicht mehr möglich ist die Verschmelzung einer deutschen PartG auf die zeitweilig als Konkurrenz empfundene LLP bzw. vice versa die Verschmelzung einer europäischen LLP auf eine deutsche PartG unter Berufung auf die Rechtsprechung des EuGH (vgl. § 305 Abs. 1).

Den Wechsel zwischen GbR, OHG/KG und PartG behandelt das MoPeG systematisch überzeugend nicht als Fall der Umwandlung bzw. Formwechsel, sondern als sog. **Statuswechsel**, der entsprechend seiner dogmatischen Qualifikation nicht im UmwG, sondern ab dem 1.1.2024 im Recht der GbR (§ 707c BGB) als (ab diesem Zeitpunkt) allgemeinem Teil des Rechts der rechtsfähigen Personengesellschaft verortet wird.¹⁷

III. Verfahren

Die Partnerschaftsgesellschaft ist das freiberufliche Pendant der offenen Handelsgesellschaft. Das Verfahren der Verschmelzung unter Beteiligung einer Partnerschaftsgesellschaft folgt dementsprechend weitgehend dem Verfahren für Verschmelzungen unter Beteiligung von Personenhandelsgesellschaften bzw. zukünftig rechtsfähigen Personengesellschaften und trägt vermittels der §§ 45a ff. lediglich an einigen Stellen den Be-

---

13 Widmann/Mayer/*Vossius* § 45a Rn. 11 ff.
14 Widmann/Mayer/*Vossius* § 45a Rn. 16.
15 Gesetz zur Modernisierung des Personengesellschaftsrechts (Personengesellschaftsrechtsmodernisierungsgesetz – MoPeG) vom 10.8.2021, BGBl. I 3436 v. 17.8.2021.
16 Lutter/*H. Schmidt* § 45a Rn. 3; Habersack/Wicke/*Temme* § 45a Rn. 4; Widmann/Mayer/*Vossius* § 45a Rn. 21.
17 *Fleischer* DStR 2021, 430 (434); *Nolting* BB 2021, 1797 (1798); *Schmidt* ZHR 2021, 16 (32 f.).

sonderheiten der PartG Rechnung.¹⁸ Dieses Verweisungsmodell wird auch nach dem Inkrafttreten des MoPeG beibehalten. Nachdem allerdings die Rechtsfähigkeit der „Außen"-GbR nunmehr auch im Bürgerlichen Gesetzbuch reflektiert und sie gleichzeitig zum Grundmodell der rechtsfähigen Personengesellschaft erhoben wird, ändert sich auch das in Bezug genommene Regime. Grundtatbestand ist künftig nicht mehr die Verschmelzung unter Beteiligung von Personenhandelsgesellschaften, sondern die Verschmelzung unter Beteiligung von (eingetragenen) Gesellschaften bürgerlichen Rechts (§§ 39 ff. idF MoPeG), auf die das Verschmelzungsrecht der PartG ab dem 1.1.2024 Bezug nimmt (§§ 45c S. 2, 45e idF MoPeG). Grob folgt die Verschmelzung unter Beteiligung einer PartG dem folgenden Muster:

1. Verschmelzungsvertrag

10 Den offiziellen Beginn einer Verschmelzung unter Beteiligung einer PartG stellt der Abschluss des Verschmelzungsvertrags dar. Der Inhalt des Verschmelzungsvertrags richtet sich sowohl dann, wenn die PartG übertragender Rechtsträger ist wie auch dann, wenn sie übernehmender Rechtsträger ist, nach § 5; im Falle der Verschmelzung zur Aufnahme durch eine PartG sind ergänzend die Vorgaben des § 45b zu beachten, während im Falle der Verschmelzung zur Neugründung einer PartG dem Verschmelzungsvertrag der Partnerschaftsvertrag der neuen Gesellschaft beizufügen ist (§ 37).

2. Verschmelzungsbericht

11 Die Erforderlichkeit eines Verschmelzungsberichts ist für jeden an einer Verschmelzung beteiligten Rechtsträger gesondert zu bestimmen (§ 8). Für beteiligte Partnerschaftsgesellschaften ist aufgrund des Prinzips der Selbstorganschaft die Erstattung eines Verschmelzungsberichts entbehrlich, es sei denn ein von der Geschäftsführung ausgeschlossener Partner verlangt dies (vgl. hierzu die Kommentierung zu § 45c).

3. Verschmelzungsprüfung(sbericht)

12 Mangels ausdrücklicher gesetzlicher Anordnung (§ 9 Abs. 1) sind auch Verschmelzungsprüfung und Verschmelzungsprüfungsbericht grundsätzlich nicht erforderlich. Etwas anderes gilt nur dann, wenn ein Partner eine Verschmelzungsprüfung nach § 45c verlangt.

4. Zustimmungsbeschlüsse

13 Die Verschmelzung bedarf sodann der Zustimmungsbeschlüsse der beteiligten Rechtsträger, jeweils in notarieller Form (§ 13 Abs. 3). Der Zustimmungsbeschluss einer PartG als aufnehmender oder übertragender Rechtsträgerin ist einstimmig zu fassen, soweit nicht der Partnerschaftsvertrag Abweichendes regelt (vgl. § 45d).

5. Registeranmeldung

14 Die Verschmelzung ist schließlich zu den Registern der beteiligten Rechtsträger anzumelden, wobei danach zu differenzieren ist, ob die PartG als übertragender oder aufnehmender Rechtsträger beteiligt ist bzw. es sich um eine Verschmelzung zur Neugründung einer PartG handelt.

---

18 Henssler/Strohn/*Decker* § 45a Rn. 1; Maulbetsch/Klumpp/Rose/*Haggeney* § 45a Rn. 1.

a) PartG als übertragende Rechtsträgerin

Die Anmeldung erfolgt nach § 16 Abs. 1 durch die Vertretungsorgane der beteiligten 15
Rechtsträger zu ihren jeweiligen Registern; für die PartG damit durch Partner in vertretungsberechtigter Anzahl zum Partnerschaftsregister; nicht erforderlich ist die Anmeldung durch sämtliche Partner.[19] Nach allgemeinen Grundsätzen zulässig ist, dass die Verschmelzung durch das Vertretungsorgan des übernehmenden Rechtsträgers auch zum Partnerschaftsregister der übertragenden PartG erfolgt (§ 16 Abs. 1 S. 2).[20]

b) PartG als übernehmende Rechtsträgerin

Die Anmeldung zum Partnerschaftsregister erfolgt durch Partner in vertretungsberechtigter Zahl.[21] Partner der übernehmenden PartG in vertretungsberechtigter Zahl können in diesem Fall die Verschmelzung auch zum Register des übertragenden Rechtsträgers anmelden. 16

c) Verschmelzung zur Neugründung einer PartG

Verschmelzen sich Rechtsträger zur Neugründung einer PartG ist die Anmeldung zum 17
Partnerschaftsregister durch die Vertretungsorgane aller übertragenden Rechtsträger (§ 38 Abs. 2) vorzunehmen. Umstritten ist, ob über die allgemeinen Grundsätze hinaus gem. § 36 Abs. 2 S. 1, § 4 Abs. 1 S. 1 PartGG, § 108 HGB (§ 106 Abs. 7 S. 1 HGB idF MoPeG) sämtliche Partner der zu gründenden PartG an der Anmeldung mitzuwirken haben.[22] Für die Praxis wird man zumindest aus Vorsichtsgründen die Anmeldung durch alle Partner zu empfehlen haben. Bei der Anmeldung ist zusätzlich das Gründungsrecht der Partnerschaft zu beachten.[23]

§ 45a Möglichkeit der Verschmelzung

¹Eine Verschmelzung auf eine Partnerschaftsgesellschaft ist nur möglich, wenn im Zeitpunkt ihres Wirksamwerdens alle Anteilsinhaber übertragender Rechtsträger natürliche Personen sind, die einen Freien Beruf ausüben (§ 1 Abs. 1 und 2 des Partnerschaftsgesellschaftsgesetzes). ²§ 1 Abs. 3 des Partnerschaftsgesellschaftsgesetzes bleibt unberührt.

A. Normzweck	1	3. Ausübung des freien Berufs	5
B. Inhalt	2	4. Maßgeblicher Zeitpunkt	6
I. PartG als Zielrechtsträger	2	III. Vorbehalt abweichender berufsrechtlicher Regelungen	7
II. Ausübung eines freien Berufs	3	IV. Rechtsfolgen eines Verstoßes	15
1. Natürliche Personen als Anteilsinhaber	3	C. Verfahrensrecht	16
2. Zugehörigkeit zu einem freien Beruf	4		

A. Normzweck

Nach § 1 Abs. 1 PartGG steht die Partnerschaftsgesellschaft ausschließlich natürlichen 1
Personen offen, die Angehörige eines freien Berufes sind. § 45a spiegelt diesen ausschließlich berufsständischen Charakter der Partnerschaftsgesellschaft und schließt aus,

---

19 Lutter/*H. Schmidt* § 45a Rn. 14; Habersack/Wicke/*Temme* § 45a Rn. 15; Widmann/Mayer/*Vossius* § 45a Rn. 33.
20 Habersack/Wicke/*Temme* § 45a Rn. 15.
21 Lutter/*H. Schmidt* § 45a Rn. 14; Widmann/Mayer/*Vossius* § 45a Rn. 33.
22 So Widmann/Mayer/*Vossius* § 45a Rn. 33; Habersack/Wicke/*Temme* § 45a Rn. 15.
23 Habersack/Wicke/*Temme* § 45a Rn. 16 mit Einzelheiten.

dass im Rahmen einer Verschmelzung auf eine Partnerschaftsgesellschaft juristische Personen oder natürliche Personen, die keine Angehörigen eines freien Berufes sind bzw. diesen nicht „ausüben", Partner einer PartG werden. § 45a S. 2 sichert gleichzeitig, dass die berufsrechtlichen Schranken bzw. Kautelen, die der Gründung einer PartG nach § 1 Abs. 3 PartGG entgegenstehen können, gleichfalls nicht durch das Instrument einer Verschmelzung auf eine PartG ausgehöhlt werden;[1] der Zugang zur Partnerschaftsgesellschaft soll sich nicht über den Umweg des UmwG „erschlichen" werden können. Entsprechend gilt umgekehrt aber auch, dass, soweit das PartG Einschränkungen des Erfordernisses der Ausübung einer freiberuflichen Tätigkeit zulässt, diese Einschränkungen auch im Umwandlungsrecht zu beachten sind, das die berufsrechtlichen Bestimmungen lediglich absichern, nicht aber auch verschärfen soll.

B. Inhalt

I. PartG als Zielrechtsträger

2 Als Instrument der Eingangskontrolle in die Partnerschaftsgesellschaft ist § 45a nur anwendbar, wenn eine PartG übernehmender Rechtsträger einer Verschmelzung zur Aufnahme oder Neugründung[2] bzw. Zielrechtsträger einer Auf- oder Abspaltung ist.[3]

II. Ausübung eines freien Berufs

1. Natürliche Personen als Anteilsinhaber

3 Angehörige einer Partnerschaft nach dem PartGG können nur natürliche Personen sein (§ 1 Abs. 1 S. 3 PartGG). Dementsprechend müssen bei Verschmelzung auf eine PartG sämtliche Anteilsinhaber aller übertragenden Rechtsträger, dh die zukünftigen Partner der aufnehmenden PartG, natürliche Personen sein. Auch die (Außen-)GbR als solche kann aufgrund ihrer (Teil-)Rechtsfähigkeit kein Partner einer PartG sein und damit auch nicht Anteilsinhaber eines übertragenden Rechtsträgers.[4] Das Inkrafttreten des MoPeG zum 1.1.2024 lässt dieses Ergebnis unberührt, da gerade die der Beteiligung entgegenstehende Rechtsfähigkeit der Gesellschaft bürgerlichen Rechts damit ausdrücklich im BGB anerkannt wird (vgl. § 705 Abs. 2 BGB idF MoPeG). Soweit es sich im Übrigen um eine nicht rechtsfähige Personengesellschaft handelt, bestehen unter Geltung des MoPeG gleichfalls keine Abgrenzungsprobleme: die reine Innengesellschaft wird ausschließlich vertragsrechtlich konstruiert und bleibt aus diesem Grunde bei organisationsverfassungs- bzw. verbandsrechtlichen Fragestellungen ex definitione außen vor.

2. Zugehörigkeit zu einem freien Beruf

4 Die Anteilseigner jedes übertragenden Rechtsträgers müssen sämtlich Mitglieder eines freien Berufs sein. Zur Bestimmung, ob ein freier Beruf in diesem Sinne vorliegt, kann in einem ersten Schritt auf den in § 1 Abs. 2 S. 2 PartGG niedergelegten, nicht abschließenden („und ähnlicher Berufe") Katalog freier Berufe zurückgegriffen werden; bes.

---

1 Kölner Komm UmwG/*Dauner-Lieb/Tettinger* § 45a Rn. 3; Henssler/Strohn/*Decker* § 45a Rn. 1.
2 Widmann/Mayer/*Vossius* § 45a Rn. 38; *Neye* ZIP 1997, 722 (723).
3 Semler/Stengel/Leonard/*Ihrig* § 45a Rn. 3; Kölner Komm UmwG/*Dauner-Lieb/Tettinger* § 45b Rn. 23; Habersack/Wicke/*Temme* § 45a Rn. 4.
4 Widmann/Mayer/*Vossius* § 45a Rn. 42; Habersack/Wicke/*Temme* § 45a Rn. 5; Henssler/Strohn/*Decker* § 45a Rn. 2.

praktische Relevanz haben die Berufsgruppen der Ärzte, Rechtsanwälte, Steuerberater, Wirtschaftsprüfer, Architekten und Ingenieure.[5] Zusätzliche Anhaltspunkte ergeben sich aus den Regelbeispielen des § 18 Abs. 1 S. 2 EStG. Ist der in Rede stehende Beruf weder im Katalog des § 1 Abs. 2 S. 2 PartGG noch dem des § 18 Abs. 1 S. 2 EStG aufgeführt, muss in einem zweiten Schritt die allerdings gleichfalls nicht abschließende und insofern wenig hilfreiche Definition des § 1 Abs. 2 S. 1 PartGG bemüht werden.[6] Hiernach ist ein freier Beruf dadurch gekennzeichnet, dass er im Allgemeinen die persönliche, eigenverantwortliche und fachlich unabhängige Erbringung von Dienstleistungen höherer Art im Interesse der Auftraggeber und der Allgemeinheit auf der Grundlage besonderer beruflicher Qualifikation oder schöpferischer Begabung zum Inhalt hat.

3. Ausübung des freien Berufs

Nicht ausreichend ist die bloße Zugehörigkeit zu einem freien Beruf, vielmehr muss der Zusammenschluss als PartG gerade dem Zweck gemeinschaftlicher Ausübung des freien Berufs dienen. Das heißt, üben einzelne oder mehrere Berufsträger eines übertragenden Rechtsträgers ihre freiberufliche Tätigkeit nicht (mehr) aus, kann dies gegebenenfalls einer Verschmelzung entgegenstehen.[7] Zwischen folgenden Konstellationen ist zu unterscheiden: der **endgültige Verlust der Zulassung** zieht gem. § 9 Abs. 3 PartGG das Ausscheiden aus einer PartG nach sich; in das Umwandlungsrecht gespiegelt folgt daraus, dass eine Verschmelzung auf eine PartG ausscheiden muss, wenn ein Berufsträger eines übertragenden Rechtsträgers seine Zulassung endgültig verloren hat,[8] bzw. dass der betroffene Anteilsinhaber im Rahmen der Verschmelzung ausscheidet. Bei bloßer **Einstellung der freiberuflichen Tätigkeit** ist demgegenüber nach wohl hM weiter zu differenzieren. Bei Verschmelzung zur Neugründung ist parallel zum Gründungsrecht der PartG zu fordern, dass sämtliche Anteilsinhaber der übertragenden Rechtsträger aktiv berufstätig sind und (voraussichtlich) bleiben; unschädlich ist allein die kurzfriste Verhinderung.[9] Demgegenüber gelangen nach zutreffender Ansicht bei Verschmelzung zur Aufnahme auf eine bereits bestehende PartG die Regeln über die Beibehaltung der Mitgliedschaft in einer Partnerschaftsgesellschaft zur Anwendung mit der Folge, dass – vorbehaltlich abweichender Bestimmungen des Partnerschaftsvertrages – nicht nur die vorübergehende, sondern auch die mittelfristige oder endgültige Einstellung der freiberuflichen Tätigkeit einer Verschmelzung nicht entgegensteht bzw. nicht notwendig zum Ausscheiden des betroffenen Partners anlässlich der Verschmelzung führt.[10]

4. Maßgeblicher Zeitpunkt

Ausreichend ist die freiberufliche Tätigkeit im Zeitpunkt des Wirksamwerdens der Verschmelzung, dh mit Eintragung der Verschmelzung im Partnerschaftsregister der über-

---

5 Vgl. Lutter/*H. Schmidt* § 45a Rn. 6; Maulbetsch/Klumpp/Rose/*Haggeney* § 45a Rn. 3 f.; Habersack/Wicke/*Temme* § 45a Rn. 6. Vgl. hierzu auch die Zahlen zur PartG mbB bei *Lieder/Hoffmann* NZG 2016, 287 (288 ff.).

6 Kölner Komm UmwG/*Dauner-Lieb/Tettinger* § 45a Rn. 5; Semler/Stengel/Leonard/*Ihrig* § 45a Rn. 5; Lutter/*H. Schmidt* § 45a Rn. 6. Den praktischen Wert der Definition verneinend *Römermann* NZG 1998, 675 (676 f.).

7 Maulbetsch/Klumpp/Rose/*Haggeney* § 45a Rn. 6; Habersack/Wicke/*Temme* § 45a Rn. 7 ff.

8 Kölner Komm UmwG/*Dauner-Lieb/Tettinger* § 45a Rn. 7; Kallmeyer/*Kocher* § 45a Rn. 4.

9 Kallmeyer/*Kocher* § 45a Rn. 4; Henssler/Strohn/*Decker* § 45a Rn. 2; Habersack/Wicke/*Temme* § 45a Rn. 8.

10 Semler/Stengel/Leonard/*Ihrig* § 45a Rn. 9; Henssler/Strohn/*Decker* § 45a Rn. 2; ähnlich Kölner Komm UmwG/*Dauner-Lieb/Tettinger* § 45a Rn. 8; Kallmeyer/*Kocher* § 45a Rn. 4; Habersack/Wicke/*Temme* § 45a Rn. 9.

nehmenden bzw. neugegründeten Partnerschaftsgesellschaft;[11] unschädlich ist damit, wenn die Voraussetzungen des § 45a erst nach Abschluss des (Entwurfs des) Verschmelzungsvertrages, aber vor Eintragung erfüllt werden.[12]

III. Vorbehalt abweichender berufsrechtlicher Regelungen

7 Grundsätzlich steht die Organisationsform der Partnerschaftsgesellschaft allen Freiberuflern zur Verfügung. Allerdings kann gem. § 1 Abs. 3 PartGG die partnerschaftliche Berufsausübung in Vorschriften über einzelne Berufe ausgeschlossen oder von weiteren Voraussetzungen abhängig gemacht werden. Um die Wirksamkeit dieser spezialgesetzlichen Kautelen zu sichern, bestimmt § 45a S. 2, dass entsprechende Beschränkungen auch im Rahmen einer Verschmelzung zu beachten sind.

8 Wenig praktische Bedeutung haben in diesem Zusammenhang berufsrechtliche Regelungen, die bestimmten Berufsgruppen generell den Zusammenschluss in einer PartG verbieten: Erfasst sind zunächst **Apotheker** (§ 8 ApoG), denen der Gesetzgeber bewusst das arbeitsteilige Zusammenwirken in einer PartG verwehrt hat.[13] Nach jüngerer Auffassung des BGH soll § 8 ApoG allerdings nur auf solche Apotheker anwendbar sein, die sich zum gemeinschaftlichen Betrieb einer Apotheke verbunden haben; beschränken sich Apotheker hingegen auf „gutachterliche und fachliche beratende Tätigkeit", steht ihnen demnach auch die Partnerschaft als zulässige Organisationsform zur Verfügung.[14] Neben im vorgenannten Sinne qualifizierten Apothekern ist insbesondere **öffentlich bestellten Vermessungsingenieuren** das arbeitsteilige Zusammenwirken in einer Partnerschaft verwehrt.[15] Demgegenüber steht nach zutreffender und mittlerweile hM auch Nur-Notaren die Kooperation mittels einer PartG offen (vgl. § 9 Abs. 3 BNotO).[16]

9 Mehr praktische Relevanz als die direkten Verbote partnerschaftlicher Betätigung haben demgegenüber die gesetzlichen Vorgaben für die **Begrenzung interprofessioneller Zusammenarbeit**, die gleichfalls nicht über den Umweg des Umwandlungsrechts ausgehebelt werden können. Bedeutung hatten in diesem Kontext bisher zunächst die inhaltsgleichen § 59a Abs. 1 BRAO aF, § 52a PatAnwO aF, § 56 Abs. 1 StBerG aF, § 44b Abs. 1 WPO aF, wonach sich Rechtsanwälte grundsätzlich nur mit Mitgliedern einer Rechtsanwalts- bzw. der Patentanwaltskammer, mit Steuerberatern, Steuerbevollmächtigten, Wirtschaftsprüfern und vereidigten Buchprüfern zur gemeinschaftlichen Berufsausübung im Rahmen der eigenen beruflichen Befugnisse verbinden durften,[17] die allerdings im Rahmen der BRAO-Reform bzw. der Reform des Rechts der Berufs-

---

11 Kölner Komm UmwG/*Dauner-Lieb/Tettinger* § 45a Rn. 10; Henssler/Strohn/*Decker* § 45a Rn. 2; Maulbetsch/Klumpp/Rose/*Haggeney* § 45a Rn. 7; Lutter/*H. Schmidt* § 45a Rn. 12; Habersack/Wicke/*Temme* § 45a Rn. 10.

12 Semler/Stengel/Leonard/*Ihrig* § 45a Rn. 10; Schmitt/Hörtnagl/*Hörtnagl/Olleck* §§ 45a-45e Rn. 7.

13 BGH NJW 2013, 2674 (2675 f.); Lutter/*H. Schmidt* § 45a Rn. 13; MüKoBGB/*Schäfer* PartGG § 1 Rn. 80.

14 BGH NJW 2016, 2263 (2254); BGH NJW 2013, 2674 (2675 f.); Habersack/Wicke/*Temme* § 45a Rn. 11; MHdB GesR I/*Salger* § 39 Rn. 10.

15 Kölner Komm UmwG/*Dauner-Lieb/Tettinger* § 45a Rn. 17; Habersack/Wicke/*Temme* § 45a Rn. 11. Ein partnerschaftlicher Zusammenschluss soll allerdings insoweit in Betracht kommen, als auf privatwirtschaftlicher Grundlage Vermessungstätigkeiten durchgeführt werden, vgl. MHdB GesR I/*Salger* § 39 Rn. 21.

16 Lutter/*H. Schmidt* § 45a Rn. 13; Kölner Komm UmwG/*Dauner-Lieb/Tettinger* § 45a Rn. 11; Habersack/Wicke/*Temme* § 45a Rn. 11; MüKoBGB/*Schäfer* PartGG § 1 Rn. 84. Nicht zulässig ist demgegenüber gegenwärtig noch, dass sich nur Nur-Notare zu einer PartG mbB zusammenschließen, da es insoweit an der erforderlichen Berufshaftpflichtversicherung fehlt, vgl. Lieder/Hoffmann NZG 2016, 287 (289 f.).

17 Der Verweis des § 44b Abs. 1 WPO auf § 53 Abs. 1 Nr. 3 StPO ist nach teilweise vertretener Ansicht auf die benannten Berufsgruppen zu beschränken bzw. noch weitergehend einzuschränken. So wohl MüKoBGB/*Schäfer* PartGG § 1 Rn. 83. Ausdrücklich aA mittlerweile aber BGH NJW 2013, 2674 (2682).

ausübungsgesellschaften in wesentlichen Aspekten neugefasst worden sind (→ Rn. 14). Durch die Neufassung von § 9 Abs. 2 BNotO einfachen Rechtsanwälten diesbezüglich ausdrücklich gleichgestellt sind Anwaltsnotare, womit der Gesetzgeber zu Recht eine wenig überzeugende höchstrichterliche Rechtsprechung beendet hat.[18] Praktische Relevanz hat zudem die Muster-Berufsordnung der Ärzte, die in § 23b MBO-Ä die Reichweite einer medizinischen Kooperationsgemeinschaft zwischen Ärztinnen und Ärzten und Angehörigen anderer Fachberufe absteckt,[19] und im Übrigen weitere Spezifika des Organisationsrechts der Ärzteschaft umfasst, die unter Zitierung des Vorbehalts des Berufsrechts einzelne Bestimmungen des PartGG verdrängen (§ 18 Abs. 5 MBO-Ä).[20]

Wenn auch noch kein echter Paradigmen-, so doch zumindest ein bemerkenswerter Perspektivwechsel hinsichtlich der Grenzen interprofessioneller Zusammenarbeit von Freiberuflern lässt sich im Anschluss an einen Vorlagebeschluss des BGH und eine darauf ergangene Entscheidung des BVerfG vom 12.1.2016 bezüglich der Verfassungsmäßigkeit von § 59a BRAO aF konstatieren.[21] Nach – aufgrund bisheriger Erfahrungen – überraschend wirtschaftsliberaler Einschätzung des BGH verstieß die gesetzliche Ausgestaltung der Verbindung zur gemeinschaftlichen Berufsausübung von Rechtsanwälten mit Angehörigen anderer freier Berufe in § 59a Abs. 1 BRAO aF gegen Art. 12 Abs. 1, 9 Abs. 1 und 3 Abs. 1 GG, soweit sie die berufliche Verbindung von Rechtsanwälten mit Ärzten oder Apothekern nicht zuließ.[22] 10

Der sich im Vorlagebeschluss des BGH abzeichnende offensichtliche Perspektivwechsel, räumt – nicht zuletzt aufgrund der durch den BGH zu Recht herausgestellten Berufsfreiheit – Markt bzw. Privatautonomie bei Entscheidung der Frage, welche Berufsgruppen sich sinnvollerweise zusammenschließen sollten, deutlich mehr Gewicht ein.[23] Das BVerfG hat allerdings – anders als offensichtlich vom BGH beabsichtigt – die Vorlage nicht zum Anlass genommen, sich generell zur Verfassungsmäßigkeit der in § 59a BRAO aF niedergelegten Beschränkungen der gemeinschaftlichen Betätigung von Freiberuflern zu äußern. Zwar teilt das BVerfG im konkreten Fall die Einschätzung des BGH, dass § 59a Abs. 1 BRAO in seiner früheren Fassung (teilweise) das Grundrecht der Berufsfreiheit (Art. 12 Abs. 1 GG) verletze. Gleichzeitig hat es aber seine Entscheidung ausdrücklich darauf beschränkt, (i) nicht schlechthin die Verfassungsmäßigkeit von § 59a BRAO aF zu prüfen, sondern lediglich insoweit, als die Vorschrift einer interprofessionellen Zusammenarbeit von Rechtsanwälten mit Ärzten oder Apothekern entgegensteht, sowie (ii) darauf, ob und inwieweit § 59a Abs. 1 BRAO aF einer beruflichen Zusammenarbeit durch Gründung einer Partnerschaftsgesellschaft iSv § 1 Abs. 1 PartGG entgegensteht.[24] 11

In der Folge ist es deshalb erneut der BGH gewesen, der den letztlich nur schwer zu begründenden Beschränkungen interprofessioneller Zusammenarbeit entgegengetreten ist. Mit Beschluss vom 12.2.2022 hat der II. Senat in Fortführung seiner darge- 12

---

18 MüKoBGB/*Schäfer* PartGG § 1 Rn. 84 mwN; *Lieder/Hoffmann* NZG 2016, 287 (290).
19 (Muster-)Berufsordnung für die in Deutschland tätigen Ärztinnen und Ärzte – MBO-Ä 1997 – in der Fassung der Beschlüsse des 114. Deutschen Ärztetages 2011 in Kiel; abrufbar unter: https://www.bundesaerztekammer.de/themen/recht/berufsrecht. Hierzu MüKoBGB/*Schäfer* PartGG § 1 Rn. 85.
20 Zum Organisationsrecht der Ärzteschaft unter besonderer Berücksichtigung des MoPeG vgl. *Hansen* MedR 2022, 198.
21 BVerfG NJW 2016, 700.
22 BGH NJW 2013, 2674 (2679 ff.).
23 Vgl. nur die zutreffende Feststellung des BGH NJW 2013, 2674 (2682): „Nachfrage für eine interprofessionelle Tätigkeit des Rechtsanwalts kann auf anderen Gebieten ebenso bestehen" unter Hinweis auf *Quodbach*, Grenzen der interprofessionellen Zusammenarbeit für Rechtsanwälte, 2002, S. 62 ff.
24 BVerfG NJW 2016, 700 (701).

stellten liberalen Rechtsprechung festgehalten, dass auch eine Partnerschaft zwischen einem Tierarzt und einem Betriebswirt zulässig sein kann und die entgegenstehende Berufsordnung insoweit nichtig ist.[25] Die Entscheidung des II. Senat knüpft inhaltlich an seine bisherige Rechtsprechung zur Sozietätsfähigkeit von Apothekern an und betont noch einmal deren Bedeutung. Im Lichte des Art. 12 Abs. 1 GG stünden einer interprofessionellen Zusammenarbeit einer Tierärztin und eines Betriebswirts in der Rechtsform einer Partnerschaftsgesellschaft keine gewichtigen Gemeinwohlbelange entgegen, die ein Verbot zu rechtfertigen vermöchten. Die wesentlichen tierärztlichen Grundpflichten und die eigenverantwortliche und unabhängige tierärztliche Berufsausübung würden durch eine interprofessionelle Zusammenarbeit mit einem Betriebswirt in einer Partnerschaftsgesellschaft nach dem Partnerschaftsgesellschaftsgesetz nicht beeinträchtigt. Auch die tierärztliche Verschwiegenheitspflicht steht der interprofessionellen Zusammenarbeit mit einem Betriebswirt nicht entgegen, da das Gesetz auch im Übrigen keine hierauf basierende entsprechende Beschränkung interprofessioneller Zusammenarbeit kenne.[26] Dies überzeugt, sind doch schon bisher in den Betrieb einer Rechtsanwaltskanzlei etc im Regelfall auch Nichtberufsträger involviert, ohne dass dies mit einem Verlust an Verschwiegenheit bzw. Vertraulichkeit verbunden wäre. Denkbar erscheint auch am Vorbild des § 59d BRAO Maß zu nehmen, der nunmehr das Zusammenwirken von Rechtsanwälten mit anderen Freiberuflern daran knüpft, dass die berufsfremden Gesellschafter die anwaltlichen Berufspflichten beachten.[27]

13 Auch der Umstand, dass der Betriebswirt als Berufsfremder aus einem völlig anderen Tätigkeitsfeld in der interprofessionellen Berufsausübungsgemeinschaft zu einem Entscheidungsträger der Praxis wird und damit die rechtliche und tatsächliche Handlungsfreiheit des tierärztlichen Partners einschränken könnte, vermag den Ausschluss von Betriebswirten aus dem Kreis der für eine interprofessionelle Zusammenarbeit mit Tierärzten in Betracht kommenden Personen gleichfalls nicht zu rechtfertigen, da der tierärztliche Partner weiterhin seiner beruflichen Unabhängigkeit verpflichtet bleibe und seine berufsrechtlichen Bindungen als Tierarzt nicht durch seinen Partner übergangen werden könnten.[28] Der gut begründeten Entscheidung wird man sich im Ergebnis und Begründung gerne anschließen. Gleichzeitig ist damit zu rechnen, dass weitere vor allem wohl nur über traditionelle Legitimation verfügende berufsrechtliche Schranken einer Überprüfung durch die Gerichte zugeführt werden dürften. Eine Erosion berufsrechtlicher Regelungen ist mit den zusätzlichen Freiheitsgraden nicht notwendigerweise verbunden, da selbstverständlich die jeweils angefragte freiberufliche Dienstleistung durch einen hierfür qualifizierten Partner zu erfolgen hat, also nicht etwa der Betriebswirt Untersuchung und Behandlung der tierischen Patienten vornimmt.

14 Zumindest einen ersten vorsichtigen Schritt in Richtung einer weiteren Liberalisierung ist jüngst auch der Gesetzgeber mit der **Reform des Rechts der Berufsausübungsgesellschaften** gegangen. Zwar sind insbesondere Rechtsanwälte weiterhin daran gehindert, sich mit Gewebetreibenden zur gemeinsamen Berufsausübung zusammenzuschließen (arg e contrario § 59c Abs. 1 BRAO).[29] Die Verbindung zur gemeinschaftlichen

---

25 Vgl. BGH NJW 2022, 2280.
26 BGH NJW 2014, 2674 (2679 ff.) begründet seine Annahme der Verfassungswidrigkeit der fehlenden Sozietätsfähigkeit von Apothekern und Ärzten insbesondere auch mit deren einem Rechtsanwalt vergleichbaren Verschwiegenheitspflichten, ohne diese gleichzeitig ausdrücklich zum allein maßgeblichen Kriterium zu erheben.
27 *Henssler/Deckenbrock/Sossna* ZAP 2022, 913 (919).
28 Vgl. BGH NJW 2022, 2280 (2280 ff.).
29 *Nolting* BB 2021, 1795.

Berufsausübung in einer Berufsausübungsgesellschaft ist demgegenüber nach § 59c BRAO Rechtsanwälten nicht nur mit den schon bisher erfassten Berufsgruppen aus dem In- und Teilen des Auslands erlaubt (§ 59c Abs. 2 Nr. 1–3 BRAO) sondern erweiternd auch mit sämtlichen Personen, die in der Berufsausübungsgesellschaft einen freien Beruf nach § 1 Abs. 2 PartGG ausüben, es sei denn, dass die Verbindung mit dem Beruf des Rechtsanwalts, insbesondere seiner Stellung als unabhängigem Organ der Rechtspflege, nicht vereinbar ist oder das Vertrauen in seine Unabhängigkeit gefährden kann (§ 59c Abs. 1 Nr. 4 BRAO).[30]

IV. Rechtsfolgen eines Verstoßes

Ist die Beteiligung eines Anteilsinhabers vorgesehen, der die Voraussetzungen für die Mitgliedschaft in einer PartG nicht erfüllt, ist der Verschmelzungsvertrag nichtig,[31] es sei denn im Zeitpunkt des Abschlusses des Verschmelzungsvertrages wird offengelegt, dass die Freiberufler-Qualifikation noch vor der insoweit maßgeblichen Eintragung erworben wird.[32] Entfällt die Freiberuflereigenschaft erst nach Abschluss des Verschmelzungsvertrags bzw. Zustimmung der Partnerversammlung, ist allerdings eine Rückwirkung zu verneinen, der Verschmelzungsvertrag bleibt wirksam, es liegt aber ein durch das Registergericht zu beachtendes Eintragungshindernis vor.[33] Auch ein Verstoß gegen den Vorbehalt berufsrechtlicher Regelungen begründet die Nichtigkeit des Verschmelzungsvertrags.[34]

C. Verfahrensrecht

Ein Verstoß gegen § 45a begründet ein Eintragungshindernis, das Registergericht darf die Verschmelzung nicht eintragen. Wird dennoch eingetragen, nimmt die Verschmelzung auf eine PartG an der Heilungswirkung gem. § 20 teil; möglich bleiben hingegen berufs- und gesellschaftsrechtliche Sanktionen, zu denen auch eine Amtslöschung nach § 395 FamFG zählt.[35] Daneben ist insbesondere an das Ausscheiden eines Partners nach § 9 Abs. 3 PartGG zu denken.[36] Gleiche Grundsätze gelten bei Verstoß gegen den Vorbehalt berufsrechtlicher Regelungen (§ 45a S. 2).[37]

§ 45b Inhalt des Verschmelzungsvertrages

(1) Der Verschmelzungsvertrag oder sein Entwurf hat zusätzlich für jeden Anteilsinhaber eines übertragenden Rechtsträgers den Namen und den Vornamen sowie den in der übernehmenden Partnerschaftsgesellschaft ausgeübten Beruf und den Wohnort jedes Partners zu enthalten.

(2) § 35 ist nicht anzuwenden.

---

30 Henssler/Deckenbrock/Sossna ZAP 2022, 913 (918 f.).
31 Kölner Komm UmwG/Dauner-Lieb/Tettinger § 45a Rn. 12; aA Kallmeyer/Kocher § 45a Rn. 8; Henssler/Strohn/Decker § 45a Rn. 3: bloßes Eintragungshindernis. Vgl. auch Habersack/Wicke/Temme § 45a Rn. 12 mit dem Hinweis auf die fehlende praktische Relevanz dieser Frage.
32 So Lutter/H. Schmidt § 45a Rn. 18.
33 Habersack/Wicke/Temme § 45a Rn. 13.
34 Lutter/H. Schmidt § 45b Rn. 18; Kölner Komm UmwG/Dauner-Lieb/Tettinger § 45b Rn. 22.
35 Kölner Komm UmwG/Dauner-Lieb/Tettinger § 45a Rn. 14 f.; Habersack/Wicke/Temme § 45a Rn. 14; Widmann/Mayer/Vossius § 45a Rn. 78 f.
36 Habersack/Wicke/Temme § 45a Rn. 14.
37 Kölner Komm UmwG/Dauner-Lieb/Tettinger § 45b Rn. 22; Habersack/Wicke/Temme § 45a Rn. 14.

A. Normzweck 1	III. Ausschluss von § 35 4
B. Inhalt 2	C. Verfahren 5
I. PartG als Zielrechtsträger 2	D. Kosten 6
II. Zusätzliche Pflichtangaben im Verschmelzungsvertrag 3	

A. Normzweck

1 Die im Zusammenspiel mit der allgemeinen Vorschrift des § 5 zu lesende Norm formuliert ergänzende Anforderungen an den Verschmelzungsvertrag für den Fall einer Verschmelzung zur Aufnahme auf eine Partnerschaftsgesellschaft. Person und Beruf der Anteilseigner des übertragenden Rechtsträgers sind parallel zu § 3 Abs. 2 PartGG bzw. künftig § 5 Abs. 2 Nr. 2 und 3 PartGG zu spezifizieren, um die Prüfung zu ermöglichen, ob die Voraussetzungen des § 45a tatsächlich erfüllt sind.[1] Demselben Zweck dient der in Abs. 2 niedergelegte – eigentlich redundante – Nichtanwendungsbefehl von § 35, mit dem sichergestellt wird, dass die Identität sämtlicher Anteilsinhaber aller übertragenden Rechtsträger im Zeitpunkt der Registerprüfung bekannt ist.

B. Inhalt

I. PartG als Zielrechtsträger

2 Als Instrument der Eingangskontrolle in die Partnerschaftsgesellschaft findet § 45b Anwendung bei Verschmelzung zur Aufnahme auf eine oder zur Neugründung einer PartG[2] sowie bei Auf- und Abspaltung zur Neugründung oder Aufnahme einer PartG.[3] Hinsichtlich der Verschmelzung zur Neugründung wird dies unter Rekurs auf den Wortlaut, der einen übernehmenden Rechtsträger verlangt, teilweise verneint.[4] Auch wenn man die Anwendung auf die Verschmelzung zur Neugründung durch die Wortlautgrenze als gesperrt ansieht, wären die nach § 45b erforderlichen Angaben auch in diesem Fall zumindest Bestandteil des Partnerschaftsvertrages, der zwingend zur Anlage des Verschmelzungsvertrags zu nehmen ist (§ 37 Abs. 2).

II. Zusätzliche Pflichtangaben im Verschmelzungsvertrag

3 Auch bei Verschmelzung auf eine Partnerschaftsgesellschaft hat der Verschmelzungsvertrag zunächst dem Katalog des § 5 zu genügen.[5] Ergänzend ist für jeden Anteilsinhaber Name und Vorname, der zukünftig in der Partnerschaftsgesellschaft ausgeübte Beruf sowie der Wohnort (politische Gemeinde) zu benennen; die Angabe der Adresse ist demgegenüber nicht notwendig.[6] Änderungen der persönlichen Angaben eines Partners (Name, Wohnort) nach Abschluss des Verschmelzungsvertrages bzw. Beschlussfassung lösen keine Pflicht aus, den Verschmelzungsvertrag erneut abzuschließen oder zu ändern, ausreichend, aber auch erforderlich ist, dass die entsprechenden Änderungen in der Anmeldung zu den betroffenen Registern offengelegt werden.[7] Anderes gilt dann, soweit die Angaben zum ausgeübten freien Beruf betroffen sind, was sich schon daraus ergeben muss, dass sie dem Registergericht erst die Prüfung der berufsrechtlichen

---

[1] *Neye* ZIP 1997, 722 (723); Kölner Komm UmwG/*Dauner-Lieb*/*Tettinger* § 45b Rn. 1; Habersack/Wicke/*Temme* § 45b Rn. 2.
[2] Kölner Komm UmwG/*Dauner-Lieb*/*Tettinger* § 45b Rn. 1.
[3] Kölner Komm UmwG/*Dauner-Lieb*/*Tettinger* § 45c Rn. 6; Semler/Stengel/*Leonard*/*Ihrig* § 45b Rn. 5.
[4] Habersack/Wicke/*Temme* § 45b Rn. 3.
[5] Lutter/*H. Schmidt* § 45b Rn. 3; Henssler/Strohn/*Decker* § 45a Rn. 1.
[6] Kölner Komm UmwG/*Dauner-Lieb*/*Tettinger* § 45b Rn. 3; Lutter/*H. Schmidt* § 45b Rn. 3; Habersack/Wicke/*Temme* § 45b Rn. 6.
[7] Habersack/Wicke/*Temme* § 45b Rn. 7.

Beschränkungen, die bei einer Verschmelzung auf eine Partnerschaftsgesellschaft zu beachten sind, erlaubt.[8]

III. Ausschluss von § 35

Ist übertragender Rechtsträger eine AG, KGaA oder SE (Art. 10 SE-VO), schließt Abs. 2 die entsprechende Anwendung von § 35 aus, da die bloße Beschreibung der gehaltenen Anteile eine Prüfung der Freiberuflereigenschaft nicht zulässt.[9] Lässt sich die Identität sämtlicher Anteilsinhaber nicht zweifelsfrei klären, scheidet eine Verschmelzung auf eine PartG somit aus.[10] Zum gleichen Ergebnis würde man auch ohne den ausdrücklichen Nichtanwendungsbefehl des § 45b Abs. 2 gelangen, da bereits nach dem im Verhältnis der Spezialität zu § 35 stehenden § 45b Abs. 1 zwingend die Identität der zukünftigen Partner offengelegt werden muss.

C. Verfahren

Fehlen die nach § 45b erforderlichen Angaben im Zeitpunkt der Eintragung,[11] liegt ein Eintragungshindernis vor, da sie zum notwendigen Inhalt des Verschmelzungsvertrages gehören.[12] Das Registergericht hat auf die Ergänzung fehlender Angaben eventuell durch Erlass einer Zwischenverfügung hinzuwirken.[13] Nach Eintragung gilt wiederum, dass ein Verstoß gem. § 20 Abs. 2 geheilt wird, gleichzeitig aber weitere Sanktionen bis hin zur Amtslöschung im Raume stehen.[14]

D. Kosten

Für die Beurkundung des Verschmelzungsvertrages ist eine doppelte (20/10)-Gebühr zu entrichten (Nr. 21100 KV GNotKG).[15] Der Geschäftswert berechnet sich nach dem Bruttoaktivvermögen bzw. der Bilanzsumme der übertragenden Gesellschaften, wobei ein Mindestgeschäftswert von 30.000 EUR und ein Höchstwert von 10 Mio. EUR zu beachten sind (§ 107 Abs. 1 S. 1 GNotKG).[16]

§ 45c Verschmelzungsbericht und Unterrichtung der Partner

¹Ein Verschmelzungsbericht ist für eine an der Verschmelzung beteiligte Partnerschaftsgesellschaft nur erforderlich, wenn ein Partner gemäß § 6 Abs. 2 des Partnerschaftsgesellschaftsgesetzes von der Geschäftsführung ausgeschlossen ist. ²Von der Geschäftsführung ausgeschlossene Partner sind entsprechend § 39b zu unterrichten.

---

8 So im Ergebnis auch Habersack/Wicke/*Temme* § 45b Rn. 7.
9 Semler/Stengel/Leonard/*Ihrig* § 45b Rn. 10.
10 Lutter/*H. Schmidt* § 45b Rn. 4 mit dem zutreffenden Hinweis, dass dies bei Freiberufler-AGs und gleichgestellten Gesellschaften selten der Fall sein wird. AA Widmann/Mayer/*Vossius* § 45b Rn. 16 ff. mit Gestaltungsvorschlägen.
11 Widmann/Mayer/*Vossius* § 45b Rn. 21 f.
12 Kallmeyer/*Kocher* § 45b Rn. 6; Habersack/Wicke/*Temme* § 45b Rn. 9.
13 Habersack/Wicke/*Temme* § 45b Rn. 9.
14 Widmann/Mayer/*Vossius* § 45b Rn. 27 f.
15 *Fackelmann* Notarkosten Rn. 861.
16 *Pfeiffer* NZG 2013, 244 (247).

A. Normzweck	1	III. Übersendungspflicht	4
B. Inhalt	2	IV. Keine abschließende Regelung bzgl. Entbehrlichkeit des Verschmelzungsberichts	5
I. Anwendungsbereich	2	C. Verfahren	6
II. Ausschluss von der Führung der sonstigen Geschäfte	3		

A. Normzweck

1 Ein Verschmelzungsbericht ist nicht erforderlich, wenn dessen potenzielle Adressaten, also die Anteilsinhaber der beteiligten Rechtsträger, sämtlich in geschäftsführender Funktion an der Verschmelzung mitgewirkt haben bzw. aufgrund ihrer Stellung als Geschäftsführer von sämtlichen relevanten Vorgängen Kenntnis nehmen können.[1] § 45c übernimmt diesen aktuell in § 41 f. und zukünftig in § 39a f. niedergelegten Grundgedanken für die Verschmelzung unter Beteiligung einer Partnerschaftsgesellschaft, bei der legaltypisch gleichfalls sämtliche Partner zugleich geschäftsführend tätig sind. § 45c erklärt deshalb einen Verschmelzungsbericht für obsolet, es sei denn ein oder mehrere Partner sind von der Führung der sonstigen Geschäfte gem. § 6 Abs. 2 PartGG der sich verschmelzenden Partnerschaftsgesellschaft ausgeschlossen.

B. Inhalt

I. Anwendungsbereich

2 Als Instrument zur Information der Anteilseigner über eine bevorstehende Verschmelzung ist § 45c sowohl für übertragende als auch für aufnehmende PartG zu beachten,[2] ebenso bei Auf- und Abspaltungen zur Aufnahme oder Neugründung.[3]

II. Ausschluss von der Führung der sonstigen Geschäfte

3 Der Verschmelzungsbericht ist entbehrlich, wenn kein Partner von den sog. sonstigen Geschäften iSv § 6 Abs. 2 PartGG ausgeschlossen ist. In Abgrenzung zu den der freiberuflichen Tätigkeit unmittelbar zuzurechnenden Geschäften, von denen ein Partner einer PartG nicht wirksam ausgeschlossen werden kann (§ 6 Abs. 2 PartGG), betreffen sonstige Geschäfte idS insbesondere die Organisation bzw. das Management der Kanzlei/Praxis etc[4] § 45c dispensiert allein die beteiligte PartG vom Erfordernis eines Verschmelzungsberichts; inwieweit ein Verschmelzungsbericht insgesamt entbehrlich ist, beurteilt sich deshalb nach den für die weiteren beteiligten Rechtsträger einschlägigen Rechtsvorschriften im Zusammenspiel mit § 45c.[5]

III. Übersendungspflicht

4 Sind ein oder mehrere Partner der PartG von der Führung der sonstigen Geschäfte ausgeschlossen, ist diesen spätestens zusammen mit der Einberufung der Gesellschafterversammlung, die gem. § 13 Abs. 1 über die Zustimmung zum Verschmelzungsvertrag beschließen soll, der Verschmelzungsvertrag oder sein Entwurf und der Verschmelzungs-

---

[1] Semler/Stengel/Leonard/*Ihrig* § 41 Rn. 1; Widmann/Mayer/*Vossius* § 45c Rn. 1; Habersack/Wicke/*Temme* § 45b Rn. 2.
[2] Kölner Komm UmwG/*Dauner-Lieb/Tettinger* § 45c Rn. 1; Kallmeyer/*Kocher* § 45c Rn. 1; Habersack/Wicke/*Temme* § 45b Rn. 3.
[3] Semler/Stengel/Leonard/*Ihrig* § 45c Rn. 3; Habersack/Wicke/*Temme* § 45b Rn. 3.
[4] Kölner Komm UmwG/*Dauner-Lieb/Tettinger* § 45c Rn. 1; Semler/Stengel/Leonard/*Ihrig* § 45c Rn. 6.
[5] Kallmeyer/*Kocher* § 45c Rn. 2.

bericht zu übersenden (§ 45c S. 2 iVm § 42); wurde ein Verschmelzungsprüfungsbericht abgefasst, wird auch dieser von der Übersendungspflicht erfasst.[6]

Durch das Gesetz zur Modernisierung des Personengesellschaftsrechts (**MoPeG**) wurde § 42 mit Wirkung zum 1.1.2024 durch § 39b ersetzt und die Verweisung des § 45c S. 2 entsprechend angepasst, ohne dass damit in der Sache eine Änderung verbunden wäre.

IV. Keine abschließende Regelung bzgl. Entbehrlichkeit des Verschmelzungsberichts

§ 45c entfaltet keine Sperrwirkung gegenüber den allgemeinen Vorschriften. Ein Verschmelzungsbericht ist damit auch dann entbehrlich, wenn die Anteilseigner der beteiligten Rechtsträger auf seine Erstattung durch notariell beurkundete Erklärungen gem. § 8 Abs. 3 verzichten.[7] Da § 45c allein den von der Führung der laufenden Geschäfte ausgeschlossenen Partnern einen Anspruch auf Erstattung eines Verschmelzungsberichts einräumt, ist nach allerdings nicht unbestrittener zutreffender Ansicht ausreichend, dass diese nach § 8 Abs. 3 auf den Bericht verzichten.[8]

C. Verfahren

Ein gegenüber dem Registergericht zu führender Nachweis der Übersendung der Verschmelzungsunterlagen ist gesetzlich nicht vorgesehen, es handelt sich insofern nicht um eine formelle Eintragungsvoraussetzung. Allerdings ist nicht auszuschließen, dass das Register im Rahmen seiner materiellen Prüfungskompetenz einen Nachweis über die ordnungsgemäße Erfüllung der Informationsverpflichtung nach § 45c verlangt, weshalb für die Praxis teilweise empfohlen wird, die Dokumentation der Verschmelzung bereits bei Anmeldung unaufgefordert um einen entsprechenden Nachweis zu ergänzen.[9] Nach anderer Auffassung ist selbst eine solche Beifügung unter Zweckmäßigkeitsgesichtspunkten zumindest bei gleichzeitiger Negativerklärung bzw. Klageverzicht gem. § 16 Abs. 2 S. 2 nicht erforderlich, da diese(r) gleichzeitig einen Individualverzicht der Partner auf die Übersendung umschließe.[10] Mit Eintragung der Verschmelzung gilt der Verstoß gegen § 45c als geheilt.[11]

§ 45d Beschluß der Gesellschafterversammlung

(1) Der Verschmelzungsbeschluß der Gesellschafterversammlung bedarf der Zustimmung aller anwesenden Partner; ihm müssen auch die nicht erschienenen Partner zustimmen.

(2) ¹Der Partnerschaftsvertrag kann eine Mehrheitsentscheidung der Partner vorsehen. ²Die Mehrheit muß mindestens drei Viertel der abgegebenen Stimmen betragen.

A. Normzweck	1	II. Verschmelzungsbeschluss	3
B. Inhalt	2	1. Beschlussgegenstand	3
I. Anwendungsbereich	2	2. Versammlungserfordernis	4

---

6 Widmann/Mayer/*Vossius* § 45c Rn. 10.
7 Semler/Stengel/Leonard/*Ihrig* § 45c Rn. 7; Lutter/*H. Schmidt* § 45c Rn. 4.
8 Widmann/Mayer/*Vossius* § 45c Rn. 7; Habersack/Wicke/*Temme* § 45c Rn. 5. AA etwa Lutter/*H. Schmidt* § 45c Rn. 4.
9 Semler/Stengel/Leonard/*Ihrig* § 45c Rn. 11.
10 Lutter/*H. Schmidt* § 45c Rn. 7 iVm § 42 Rn. 11.
11 Widmann/Mayer/*Vossius* § 45c Rn. 16.

3. Notwendige Mehrheit	5	C. Kosten	7
III. Kein Widerspruchsrecht	6		

A. Normzweck

1 § 45d bildet das im Personengesellschaftsrecht geltende Einstimmigkeitsprinzip als Instrument des Minderheitenschutzes für den notwendigen Verschmelzungsbeschluss der PartG (§ 13 Abs. 1) ab.[1] Gleichzeitig erlaubt die Norm – auch insoweit in Übereinstimmung mit allgemeinen Grundsätzen – die gesellschaftsvertragliche Absenkung des erforderlichen Quorums auf eine Mehrheit von drei Vierteln der abgegebenen Stimmen. Da das PartGG keine dem Kommanditisten vergleichbare Möglichkeit zur Haftungsbeschränkung einzelner Partner kennt, steht dissentierenden Gesellschaftern demgegenüber kein § 43 Abs. 2 S. 3 (ab 1.1.2024 § 41) vergleichbares Recht zu; Minderheitenschutz wird widersprechenden Partnern damit in Abwesenheit des Einstimmigkeitsprinzips ausschließlich über §§ 29, 33[2] sowie gegebenenfalls über eine Kündigung des Partnerschaftsvertrages[3] zuteil.

B. Inhalt

I. Anwendungsbereich

2 Als Verfahrensvoraussetzung der Beteiligung einer PartG an Verschmelzungsvorgängen sind die besonderen Beschlusserfordernisse des § 45d sowohl auf aufnehmende als auch übertragende PartG anwendbar.[4] Neben Verschmelzungen ist § 45d auch bei Auf- und Abspaltung sowie bei Ausgliederung aus einer PartG auf einen Rechtsträger anderer Rechtsform zu beachten.[5]

II. Verschmelzungsbeschluss

1. Beschlussgegenstand

3 Beschlussgegenstand ist nach allgemeinen Grundsätzen die Zustimmung der Partnerversammlung zum Verschmelzungsvertrag.[6] Sofern der Verschmelzungsvertrag oder sein Entwurf nach Beschlussfassung geändert wird, ist eine erneute Beschlussfassung unter (erneuter) Beachtung der Vorgaben des § 45d erforderlich (zur Frage, wann eine Änderung des Verschmelzungsvertrages nicht erforderlich ist, → § 45b Rn. 3).[7] Bei Verschmelzung zur Neugründung einer Partnerschaftsgesellschaft ist zusätzlich der Partnerschaftsvertrag der neu entstehenden Partnerschaftsgesellschaft Beschlussgegenstand.[8]

2. Versammlungserfordernis

4 Die Beschlussfassung über die Zustimmung zur Verschmelzung muss zwingend in einer Partnerversammlung erfolgen, eine Abstimmung im schriftlichen Verfahren (Umlaufverfahren) ist ebenso ausgeschlossen wie die nachträgliche Zustimmung einzelner Partner;[9] Bestimmungen des Partnerschaftsvertrages, die entsprechende oder vergleich-

---

[1] Semler/Stengel/Leonard/*Ihrig* § 45d Rn. 1; Widmann/Mayer/*Vossius* § 45d Rn. 14.
[2] *Neye* ZIP 1997, 722 (724).
[3] Vgl. hierzu Widmann/Mayer/*Vossius* § 45d Rn. 4 f.
[4] Semler/Stengel/Leonard/*Ihrig* § 45d Rn. 4; Kallmeyer/*Zimmermann* § 45d Rn. 1; Kölner Komm UmwG/*Dauner-Lieb/Tettinger* § 45d Rn. 2; Habersack/Wicke/*Temme* § 45c Rn. 3.
[5] Semler/Stengel/Leonard/*Ihrig* § 45d Rn. 5.
[6] Habersack/Wicke/*Temme* § 45d Rn. 4.
[7] Habersack/Wicke/*Temme* § 45d Rn. 4.
[8] Habersack/Wicke/*Temme* § 45d Rn. 4.
[9] Semler/Stengel/Leonard/*Ihrig* § 45d Rn. 7 f.; Lutter/*H. Schmidt* § 45d Rn. 3; Habersack/Wicke/*Temme* § 45d Rn. 6.

bare Ausnahme vom zwingenden Versammlungserfordernis enthalten, sind wegen Verstoßes gegen § 134 BGB nichtig.[10] Unproblematisch zulässig ist demgegenüber die Vertretung des Partners in der Versammlung,[11] soweit die Möglichkeit der Stellvertretung nicht im Gesellschaftsvertrag ausgeschlossen worden ist.

3. Notwendige Mehrheit

Grundsatz der Einstimmigkeit: Nach der Grundregel des § 45d Abs. 1 ist der Verschmelzungsbeschluss grundsätzlich einstimmig zu fassen, wobei Einstimmigkeit nicht nur die Zustimmung aller in der Versammlung anwesenden bzw. vertretenen, sondern sämtlicher Partner verlangt.[12] Enthaltungen und ungültige Stimmen sind als Nein-Stimmen zu zählen.[13] Nach zutreffender hM erfordert Einstimmigkeit iSd § 45d Abs. 1 zusätzlich auch die Zustimmung eventuell vom Stimmrecht ausgeschlossener Partner.[14]

(Qualifizierte) gesellschaftsvertragliche Mehrheitsklausel: Der Partnerschaftsvertrag kann das für den Verschmelzungsbeschluss erforderliche Quorum absenken, allerdings nicht auf unter 75 % der abgegebenen Stimmen. Die Mehrheitsklausel muss sich nach wohl noch herrschender Auffassung im umwandlungsrechtlichen Schrifttum ausdrücklich auch auf den Fall der Umwandlung bzw. speziell der Verschmelzung beziehen.[15] Eine schlichte Mehrheitsklausel genügt damit nach bisher ganz überwiegender Auffassung grundsätzlich nicht, allerdings soll es nach verbreiteter Ansicht ausreichen, dass der Partnerschaftsvertrag allgemein für Änderungen des Gesellschaftsvertrages eine den Vorgaben des § 45d genügende Mehrheitsklausel enthält.[16] Ob an diesem Ergebnis nach der Beschränkung bzw. Aufgabe des früheren personengesellschaftsrechtlichen Bestimmtheitsgrundsatzes[17] und dessen Ersetzung durch einen Zwei-Stufen-Test[18] festzuhalten ist, erscheint zweifelhaft und dürfte wohl eher zu verneinen sein. Für die Kautelarpraxis wird man dennoch weiterhin zu empfehlen haben, dass der Partnerschaftsvertrag eventuell präzisierende Formulierungen enthält: Einerseits werden mögliche Überraschungen einer Auslegung durch die Gerichte vermieden, andererseits können genauere Formulierungen für die Partner eine Appell- und Informationsfunktion haben.[19]

Form des Verschmelzungsbeschlusses: Der Verschmelzungsbeschluss bedarf notarieller Beurkundung.

III. Kein Widerspruchsrecht

Anders als dem Gesellschafter eines übertragenden beschränkt haftenden Rechtsträgers (§ 43 Abs. 2 S. 3, ab 1.1.2024 § 41), der auf eine unbeschränkt haftende Personengesell-

---

10 Kallmeyer/Zimmermann § 45d Rn. 3.
11 Lutter/H. Schmidt § 45d Rn. 3; Semler/Stengel/Leonardl/Ihrig § 45d Rn. 9; Habersack/Wicke/Temme § 45d Rn. Widmann/Mayer/Vossius § 45d Rn. 12.
12 Kallmeyer/Zimmermann § 45d Rn. 5.
13 Kallmeyer/Zimmermann § 45d Rn. 5, Lutter/H. Schmidt § 45d Rn. 4.
14 So Lutter/H. Schmidt § 45d Rn. 4; Semler/Stengel/Leonard/Ihrig § 45d Rn. 10; Widmann/Mayer/Vossius § 45d Rn. 14; Habersack/Wicke/Temme § 45d Rn. 9; jetzt auch Kallmeyer/Zimmermann § 45d Rn. 5.
15 Lutter/H. Schmidt § 45d Rn. 5; Habersack/Wicke/Temme § 45d Rn. 5.
16 Semler/Stengel/Leonard/Ihrig § 45d Rn. 12. Im Ergebnis ähnlich Kallmeyer/Zimmermann § 45d Rn. 6 und Widmann/Mayer/Vossius § 45d Rn. 20 ff., die eine weite Auslegung des Partnerschaftsvertrags für zulässig halten. Strenger für den insoweit identischen § 43 Priester DStR 2005, 788 (790 f.), der verlangt, dass die Mehrheitsklausel ausdrücklich Umwandlungsbeschlüsse als zulässigen Gegenstand bestimmt. Gegen die Zulässigkeit einer schlichten Mehrheitsklausel für Änderungen des Gesellschaftsvertrags Schmidt ZHR 2021, 16 (35).
17 BGH NZG 2007, 259 (259 ff.) (OTTO); BGH NZG 2009, 183 (185) (Schutzgemeinschaftsvertrag II).
18 BGH NZG 2020, 1383. Vgl. hierzu Wicke MittBayNot 2021, 103.
19 Als generelle Empfehlung auch bei Wicke MittBayNot 2021, 103 (106).

schaft verschmolzen wird, steht dem zukünftigen Partner kein Widerspruchsrecht gegen den Verschmelzungsbeschluss zur Verfügung, dessen Geltendmachung zur Folge hätte, dass ihm die Stellung eines Kommanditisten einzuräumen wäre. Ohne Einfluss auf dieses Ergebnis bleibt die Einführung der Partnerschaftsgesellschaft mbB, da es sich einerseits nicht um eine allgemeine Haftungsbeschränkung, sondern um eine beschränkte Haftung für den Bereich der Berufshaftung und vor allem nicht um eine individuelle, sondern eine generelle Haftungsbeschränkung handelt, die allen Partnern zuteil wird und insofern kein geeignetes Instrument zur Verwirklichung von Minderheiten- bzw. Individualschutz ist.

C. Kosten

7 Für die Beurkundung des Verschmelzungsbeschlusses fällt eine doppelte (20/10)-Gebühr an (Nr. 21100 KV GNotKG).[20] Der Geschäftswert bestimmt sich nach dem Wert des Vermögens des übertragenden Rechtsträgers; maßgeblich ist insoweit allein der Wert des Aktivvermögens, Passiva sind nicht vermögensmindernd in Ansatz zu bringen.[21] Er beträgt mindestens 30.000 EUR (§ 108 Abs. 1 S. 2 GNotKG iVm § 105 GNotKG) und höchstens 5 Mio. EUR (§ 108 Abs. 5 GNotKG) und zwar auch dann, wenn mehrere Beschlüsse zusammengefasst werden.[22] Für die Eintragung der Verschmelzung zu den Registern der beteiligten Rechtsträger fallen nach § 58 GNotKG iVm HRegGebV (Nr. 1400 und 1401 GV HRegGebV) jeweils 180 EUR an; die Höchstgebühr für die notarielle Beglaubigung der Anmeldung beträgt 70 EUR (Nr. 25100 KV GNotKG).[23]

§ 45e Anzuwendende Vorschriften

¹Die §§ 39 und 39f sind entsprechend anzuwenden. ²In den Fällen des § 45d Abs. 2 ist auch § 39e entsprechend anzuwenden.

A. Normzweck 1	III. Nachhaftungsbegrenzung (§ 45/§ 39f nF) .. 4
B. Inhalt 2	IV. Verschmelzungsprüfung (§ 44/§ 39e nF) ... 12
I. Anwendungsbereich 2	
II. Verschmelzungsfähigkeit aufgelöster PartG (§ 39) 3	

A. Normzweck

1 Aufgrund der Typenverwandtheit von PartG und OHG verweist § 45e auf verschiedene umwandlungsrechtliche Bestimmungen des Rechts der Personenhandelsgesellschaften, die die Sondervorschriften der §§ 45a-45d ergänzen. Im Rahmen der Novellierung des Umwandlungsrechts der Personengesellschaften durch das Gesetz zur Modernisierung des Personengesellschaftsrechts (MoPeG) wird seit 1.1.2024 das neue Recht der Verschmelzung einer Gesellschaft bürgerlichen Rechts nach dem Schachtelprinzip als Referenz genommen, der Verweis auf § 45 entsprechend durch einen solchen auf § 39f, und der auf § 44 durch einen Verweis auf § 39e ersetzt.

---

[20] Vgl. *Fackelmann* Notarkosten Rn. 861; *Pfeiffer* NZG 2013, 244 (245).
[21] *Pfeiffer* NZG 2013, 244 (247).
[22] *Fackelmann* Notarkosten Rn. 865.
[23] *Pfeiffer* NZG 2013, 244 (245). Die Gebühr beträgt nunmehr mindestens 20 EUR und höchstens 70 EUR.

B. Inhalt

I. Anwendungsbereich

§ 45e erfasst Verschmelzungen zur Aufnahme oder Neugründung, bei denen eine PartG als übertragender oder aufnehmender Rechtsträger beteiligt ist, sowie über die Verweisung des § 125 Auf- und Abspaltungen unter Beteiligung einer PartG.[1]

II. Verschmelzungsfähigkeit aufgelöster PartG (§ 39)

Eine aufgelöste Partnerschaftsgesellschaft kann sich als übertragender Rechtsträger an einer Verschmelzung nur dann beteiligen, wenn der Partnerschaftsvertrag keine andere Art der Auseinandersetzung als die Abwicklung festgesetzt hat, es sei denn, diese abweichende Auseinandersetzung besteht gerade in einer Verschmelzung. Auch für das Umwandlungsrecht ist zu berücksichtigen, dass der Wegfall der Berufszulassung eines Partners nicht zur Auflösung, sondern zum Ausscheiden des betroffenen Partners führt (§ 9 Abs. 3 PartGG).[2]

III. Nachhaftungsbegrenzung (§ 45/§ 39f nF)

Grundsätzlich haften die Partner einer an einer Verschmelzung beteiligten PartG auch nach Vollzug der Verschmelzung weiter nach Maßgabe des § 8 PartGG.[3] § 45e beschränkt diese grundsätzlich zeitlich unbegrenzte Nachhaftung für den Fall, dass die PartG auf einen Rechtsträger verschmolzen wird, dessen Anteilsinhaber für seine Verbindlichkeiten nicht unbeschränkt haften. Ein Partner haftet in diesem Fall nur für solche Verbindlichkeiten, die vor Ablauf von fünf Jahren nach der Verschmelzung fällig werden und daraus Ansprüche gegen den in Anspruch genommenen Partner in einer in § 197 Abs. 1 Nr. 3–5 BGB bezeichneten Art festgestellt sind oder eine gerichtliche oder behördliche Vollstreckungshandlung vorgenommen oder beantragt wird, bei öffentlich-rechtlichen Verbindlichkeiten genügt der Erlass eines Verwaltungsakts; die Frist beginnt mit dem Tage, an dem die Eintragung der Verschmelzung in das Register des Sitzes des übernehmenden Rechtsträgers nach § 19 Abs. 3 bekannt gemacht worden ist (§ 45 Abs. 2/§ 39 Abs. 2 nF).

Von der Nachhaftungsbegrenzung werden **sämtliche Ansprüche gegen die übertragende Partnerschaftsgesellschaft** erfasst, insbesondere also auch solche Ansprüche, die in den Anwendungsbereich des § 8 Abs. 2 PartGG fallen, sowie Ansprüche gegen eine übertragende PartG bzw. ihre Partner, die von der Haftungsbeschränkung nach § 8 Abs. 3 PartG Gebrauch gemacht hat.[4] Gleichsinnig wird man zu entscheiden haben, soweit Ansprüche in Rede stehen, die sich gegen eine Partnerschaftsgesellschaft mbB richten.

Die Nachhaftungsbegrenzung setzt die Verschmelzung der Partnerschaftsgesellschaft auf eine Rechtsträger mit beschränkter Haftung voraus. Eine in diesem Sinne **beschränkte Haftung** der Anteilsinhaber ist nicht nur bei Verschmelzung auf eine AG, KGaA, SE oder GmbH anzunehmen, sondern auch dann, wenn nur einzelne Gesell-

---

1 Semler/Stengel/Leonard/*Ihrig* § 45e Rn. 4 f.
2 Habersack/Wicke/*Temme* § 45e Rn. 3.
3 Semler/Stengel/Leonard/*Ihrig* § 45e Rn. 10; Widmann/Mayer/*Vossius* § 45e Rn. 12.
4 Semler/Stengel/Leonard/*Ihrig* § 45e Rn. 11; Kallmeyer/*Kocher* § 45e Rn. 2; Lutter/*H. Schmidt* § 45e Rn. 5; Henssler/Strohn/*Decker* § 45e Rn. 1.

schafter, insbesondere also Kommanditisten, nach der Haftungsverfassung des übernehmenden Rechtsträger nicht unbeschränkt haften.[5]

7 Fraglich ist demgegenüber, ob § 45e iVm § 45 (§ 39f nF) auch dann zur Anwendung kommt, wenn eine bisher – im Rahmen des § 8 Abs. 2 PartGG – unbeschränkt haftende PartG oder aber eine (nur) nach § 8 Abs. 3 PartGG beschränkt haftende PartG auf eine Partnerschaftsgesellschaft verschmolzen wird, die von der Haftungsbeschränkung nach § 8 Abs. 3 PartGG oder aber nach § 8 Abs. 4 PartGG Gebrauch gemacht hat. Im Einzelnen ist diesbezüglich zwischen den nachfolgenden Konstellationen zu differenzieren.[6]

8 Nach § 8 Abs. 3 PartGG kann durch Gesetz für einzelne Berufe **eine Beschränkung der Haftung für Ansprüche aus Schäden wegen fehlerhafter Berufsausübung auf einen bestimmten Höchstbetrag** zugelassen werden, wenn zugleich eine Pflicht zum Abschluss einer Berufshaftpflichtversicherung der Partner oder der Partnerschaft begründet wird. Wird eine Partnerschaftsgesellschaft, die von dieser Option einer summenmäßigen Haftungsbeschränkung keinen Gebraucht gemacht hat, auf eine Partnerschaft, die unter Inanspruchnahme von § 8 Abs. 3 PartGG nur beschränkt haftet, verschmolzen, stellt sich die Frage, ob die summenmäßige Haftungsbegrenzung über § 45e (analog) auch den übertragenden Partnern einer PartG zugutekommt, die bisher nicht von dieser Möglichkeit Gebrauch gemacht hat, die Gläubiger der übertragenden PartG also Ansprüche wegen fehlerhafter Berufsausübung nach Ablauf der Karenzfrist des § 45 nur bis zur Höhe der summenmäßigen Haftungsbeschränkungen für Berufsfehler vor Verschmelzung liquidieren können. Nach ersichtlich herrschender Meinung soll eine entsprechende Anwendung der Nachhaftungsbegrenzung zugunsten der Partner einer übertragenden Partnerschaft nicht in Betracht kommen.[7] Zur Begründung wird ua darauf verwiesen, dass summenmäßig beschränkte Haftung und Haftungskonzentration nicht hinreichend mit der von § 45e vorausgesetzten institutionellen Haftungsbeschränkung vergleichbar seien.[8] Zwingend erscheint dieses Ergebnis nicht, da sich durchaus darauf abstellen lässt, dass § 45e ersichtlich dem Gedanken verpflichtet ist, dass sich nach Ablauf einer im Gläubigerinteresse hinreichend langen Übergangsfrist auch die Partner des übertragenden Rechtsträgers auf die Haftungsverfassung des übernehmenden Rechtsträgers berufen können sollen. Zu berücksichtigen ist allerdings, dass das Haftungsprivileg des § 8 Abs. 3 PartGG an die Berufshaftpflicht geknüpft ist. Entsprechend wird man zumindest verlangen müssen, dass die Partner der übertragenden Partnerschaft – soweit nicht ohnehin berufsrechtlich zwingend – in die Berufshaftpflichtverletzung der übernehmenden Partnerschaft einbezogen werden; die Versicherungspflicht ist sozusagen der Preis, den das „Privileg der summenmäßig beschränkten Haftung" verlangt. Da § 8 Abs. 3 PartGG an eine Versicherungspflicht kraft Gesetzes anknüpft[9] und somit im Regelfall bei übertragendem wie übernehmenden Rechtsträger hinsichtlich § 8 Abs. 3 PartGG das identische Haftungsregime zur Anwendung gelangt, sollte sich der bisher eher theoretische Anwendungsbereich der Frage auf Fälle beschränken, in denen durch die Verschmelzung eine interprofessionelle Partnerschaft entsteht, deren Partner nicht den gleichen berufsrechtlichen Pflichtversicherungsvorgaben unterliegen.

---

5 Kölner Komm UmwG/*Dauner-Lieb/Tettinger* § 45e Rn. 9; Widmann/Mayer/*Vossius* § 45e Rn. 19; Maulbetsch/Klumpp/Rose/*Haggeney* § 45e Rn. 1; vgl. auch Habersack/Wicke/*Temme* § 45e Rn. 5.

6 Vgl. auch Habersack/Wicke/*Temme* § 45e Rn. 7.

7 Widmann/Mayer/*Vossius* § 45e Rn. 22; als zumindest zweifelhaft bezeichnend Lutter/H. Schmidt § 45e Rn. 6.

8 Kallmeyer/*Kocher* § 45e Rn. 2; Lutter/H. Schmidt § 45e Rn. 6; Habersack/Wicke/*Temme* § 45e Rn. 7.

9 Vgl. hierzu etwa Widmann/Mayer/*Vossius* § 45e Rn. 16.

Bezüglich der Verschmelzung einer Partnerschaft auf eine **Partnerschaft mit begrenzter Berufshaftung iSd § 8 Abs. 4 PartGG** geht die zutreffende und mittlerweile ersichtlich überwiegend vertretene Ansicht demgegenüber davon aus, dass sich die unbeschränkt haftenden Partner einer übertragenden Partnerschaft nach Ablauf der Nachhaftung auf eine auf Ebene der aufnehmenden Partnerschaft bestehende begrenzte Berufshaftung berufen können.[10] Auch insoweit gilt, dass die Nachhaftungsbeschränkung allgemein dem Zweck dient, die Partner einer übertragenden PartG nach Ablauf einer im Gläubigerinteresse gebotenen Karenzzeit in den Genuss der Haftungsverfassung des aufnehmenden Rechtsträgers kommen zu lassen.[11] Diese Überlegung erscheint nicht nur bei einer vollumfänglichen Haftungsbeschränkung des aufnehmenden Rechtsträger gerechtfertigt, sondern auch dann, wenn dieser nur über eine partielle Haftungsbeschränkung verfügt wie im Falle des § 8 Abs. 4 PartGG. Auch hier haben die Partner der übertragenden PartG das Interesse, sämtliche durch die aufnehmende Gesellschaft in Anspruch genommenen Haftungsprivilegien auch persönlich zu verwenden, andererseits werden die Interessen der Gläubiger bei Übertragung auf einen nur summen- bzw. bereichsmäßig beschränkt haftenden Rechtsträger nicht stärker, sondern im Gegenteil weniger beeinträchtigt als bei Übertragung auf einen echten Beschränkthafter; insoweit kann man dieses Ergebnis auch durch einen Größenschluss absichern des Inhalts, dass wenn § 45e iVm § 45 nach Ablauf der Fünfjahres-Karenzfrist die Berufung auf eine umfassende Haftungsbeschränkung erlaubt, dies erst recht gelten muss für eine dahinter zurückbleibende, aber funktional verwandte Haftungsbeschränkung wie im Fall der PartG mbB.

Konsequenz der Anwendung der Nachhaftungsbegrenzung auf die Verschmelzung einer Partnerschaftsgesellschaft auf eine Partnerschaftsgesellschaft mit beschränkter Berufshaftung ist, dass für Ansprüche aus fehlerhafter Berufsausübung nur im Rahmen der Nachhaftung eingestanden wird, während Ansprüche, die nicht der Berufshaftung zuzuordnen sind, von der Verschmelzung nicht berührt werden.[12]

Wird eine deutsche PartG auf Grundlage der Sevic-Entscheidung des EuGH auf einen Beschränkthafter ausländischer Rechtsform aus einem EU/EWR-Mitgliedstaat verschmolzen, ist gleichfalls von der Anwendbarkeit des § 45 auszugehen; insbesondere wird man dem deutschen Umwandlungsrechtsgesetzgeber insoweit nicht die Gesetzgebungskompetenz absprechen können, da das Verhältnis der übertragenden PartG und ihrer Partner zu ihren Gläubigern auch bis zum Zeitpunkt des Eingreifens des § 45 durch deutsches Recht regiert wird.

Da im Rahmen des **Gesetzes zur Modernisierung des Personengesellschaftsrechts (MoPeG)** die nunmehr verschmelzungsfähige eingetragene Gesellschaft bürgerlichen Rechts zum Grundfall bzw. Referenzmodell der Verschmelzung unter Beteiligung von Personengesellschaften wird, wird der Verweis auf § 45 seit 1.1.2024 durch einen solchen auf den inhaltsgleichen § 39f ersetzt. Dies erscheint systematisch überzeugend, da die PartG nach dem Schachtelprinzip dann primär Spezialausprägung der GbR und nicht

---

[10] Semler/Stengel/Leonhard/*Ihrig* § 45e Rn. 12; Kallmeyer/*Kocher* § 45e Rn. 2; Habersack/Wicke/*Temme* § 45e Rn. 7; *Lieder/Hoffmann* NZG 2016, 287 (293). AA Widmann/Mayer/*Vossius* § 45e Rn. 20.

[11] Ähnliche Wertung auch bei *Lieder/Hoffmann* NZG 2016, 287 (293).

[12] Semler/Stengel/Leonhard/*Ihrig* § 45e Rn. 12.

(mehr) der OHG ist,[13] im Übrigen sind mit der Neuverortung keine materiellen Änderungen verbunden.

IV. Verschmelzungsprüfung (§ 44/§ 39e nF)

12 Beschließt die Gesellschafterversammlung der Partnerschaft mit Mehrheitsentscheidung über den Verschmelzungsvertrag (vgl. 45d Abs. 2), kann ein Partner innerhalb einer Frist von einer Woche nach Erhalt der Unterlagen die Durchführung einer Verschmelzungsprüfung gem. §§ 9–12 verlangen. Da das Recht auf Verschmelzungsprüfung voraussetzt, dass dem Gesellschafter bzw. Partner die Unterlagen über die Verschmelzung übersandt werden, steht es nur von der Geschäftsführung ausgeschlossenen Partnern zu. Soweit der Verschmelzungsvertrag nach dem Gesellschaftsvertrag der PartG Einstimmigkeit verlangt, findet § 44 bzw. seit 1.1.2024 § 39e nF mangels Schutzbedürfnisses keine Anwendung.[14] Die Kosten der Prüfung trägt die Gesellschaft.[15]

Zweiter Abschnitt
Verschmelzung unter Beteiligung von Gesellschaften mit beschränkter Haftung

Erster Unterabschnitt Verschmelzung durch Aufnahme

§ 46 Inhalt des Verschmelzungsvertrags

(1) ¹Der Verschmelzungsvertrag oder sein Entwurf hat zusätzlich für jeden Anteilsinhaber eines übertragenden Rechtsträgers den Nennbetrag des Geschäftsanteils zu bestimmen, den die übernehmende Gesellschaft mit beschränkter Haftung ihm zu gewähren hat. ²Der Nennbetrag kann abweichend von dem Betrag festgesetzt werden, der auf die Aktien einer übertragenden Aktiengesellschaft oder Kommanditgesellschaft auf Aktien als anteiliger Betrag ihres Grundkapitals entfällt. ³Er muss auf volle Euro lauten.

(2) Sollen die zu gewährenden Geschäftsanteile im Wege der Kapitalerhöhung geschaffen und mit anderen Rechten und Pflichten als sonstige Geschäftsanteile der übernehmenden Gesellschaft mit beschränkter Haftung ausgestattet werden, so sind auch die Abweichungen im Verschmelzungsvertrag oder in seinem Entwurf festzusetzen.

(3) Sollen Anteilsinhaber eines übertragenden Rechtsträgers schon vorhandene Geschäftsanteile der übernehmenden Gesellschaft erhalten, so müssen die Anteilsinhaber und die Nennbeträge der Geschäftsanteile, die sie erhalten sollen, im Verschmelzungsvertrag oder in seinem Entwurf besonders bestimmt werden.

I. Allgemeines 1	3. Veränderungen hinsichtlich der Anteilsinhaberschaft 9
1. Norminhalt; Normzweck 1	4. Zuordnung im Einzelnen 12
2. Normgeschichte; Normzusammenhänge 3	a) Zuordnungsgegenstände 12
II. Zuordnung der Geschäftsanteile (Abs. 1) .. 6	b) Anzahl und Nennbetrag von Geschäftsanteilen 13
1. Namentliche Zuordnung 6	aa) Anzahl 13
2. Unbekannte Anteilsinhaber 7	

---

13 Anschaulich Widmann/Mayer/*Vossius* § 45e Rn. 23.1: „PartG und OHG sind Schwestern."
14 Vgl. etwa Kölner Komm UmwG/*Dauner-Lieb/Tettinger* § 45e Rn. 5.
15 Semler/Stengel/Leonard/*Ihrig* § 45e Rn. 9.

bb) Nennbetrag 16	III. Abweichend ausgestattete Geschäftsanteile (Abs. 2) 25
c) Anteilsspitzen und Kleinstbeteiligungen 19	1. Abweichende Ausstattung 25
aa) Hintergrund 19	2. Rechtstechnische Umsetzung 29
bb) Bare Zahlungen 20	IV. Schon vorhandene Geschäftsanteile (Abs. 3) 32
cc) Zwangszusammenlegung von Anteilen 23	

I. Allgemeines

1. Norminhalt; Normzweck

Die Vorschrift ergänzt die in § 5 Abs. 1 Nr. 1–9 enthaltenen Bestimmungen zum Mindestinhalt des Verschmelzungsvertrages oder seines Entwurfs (vgl. §§ 4 Abs. 2, 13) um weitere zwingende Festsetzungen, wenn der übernehmende Rechtsträger eine GmbH ist. Dabei macht **Abs. 1** Vorgaben zu den von der übernehmenden GmbH zu gewährenden Geschäftsanteilen und deren Zuordnung. **Abs. 2** betrifft Konstellationen, in denen die Geschäftsanteile im Wege einer Kapitalerhöhung geschaffen werden und mit besonderen Rechten oder Pflichten ausgestattet werden sollen. **Abs. 3** regelt den Fall, dass Anteilsinhaber eines übertragenden Rechtsträgers schon vorhandene Geschäftsanteile der übernehmenden Gesellschaft erhalten sollen. 1

Die inhaltlichen Vorgaben für den Verschmelzungsvertrag nach § 46 sollen die rechtstechnische Durchführung der Verschmelzung auf eine übernehmende GmbH vereinfachen und die gebotene Aufklärung der Beteiligten stärken. Unterbleiben die erforderlichen Festsetzungen, ist der Verschmelzungsvertrag bis zur Eintragung der Verschmelzung unwirksam; ein etwaiger Verschmelzungsbeschluss ist anfechtbar; das Registergericht muss die Eintragung der Verschmelzung zurückweisen.[1] Wird dennoch eingetragen, gilt § 20 Abs. 2. 2

2. Normgeschichte; Normzusammenhänge

Die Vorschrift knüpft an Regelungen an, die auch schon vor der Umwandlungsrechtsnovelle 1995 galten. So entspricht Abs. 1 S. 1 der früheren Bestimmung des § 21 Abs. 1 KapErhG; Abs. 1 S. 2 und 3 entsprechen § 33 Abs. 3 KapErhG iVm § 369 Abs. 6 S. 1 und 2 AktG aF; Abs. 2 und 3 entsprechen § 21 Abs. 2 und 3 KapErhG. 3

Abs. 1 S. 2 wurde im Zuge der Zulassung nennwertloser Aktien durch das StückAG,[2] Abs. 1 S. 3 wurde durch das EuroEG[3] sowie das MoMiG[4] geändert und an die neue Rechtslage angepasst. 4

Die Vorschrift findet auch auf alle Arten der Spaltung Anwendung (§ 125 Abs. 1 S. 1). Die Voraussetzungen nach Abs. 1 S. 2 (fehlende Nennbetragsidentität bei AG oder KGaA als übertragendem Rechtsträger) sind zugleich Anknüpfung für das Zustimmungserfordernis nach Maßgabe von § 50 Abs. 2. 5

---

1 Kölner Komm UmwG/*Simon/Nießen* Rn. 1; Semler/Stengel/Leonard/*Reichert* Rn. 1.
2 Stückaktiengesetz v. 25.3.1998, BGBl. I 590.
3 Euro-Einführungsgesetz v. 9.6.1998, BGBl. I 1242.
4 Gesetz zur Modernisierung des GmbH-Rechts und zur Bekämpfung von Missbräuchen v. 23.10.2008, BGBl. I 2026.

II. Zuordnung der Geschäftsanteile (Abs. 1)

1. Namentliche Zuordnung

6 Das UmwG geht (selbstverständlich) auch bei der Verschmelzung auf eine übernehmende GmbH von dem Grundsatz aus, dass jedem Anteilsinhaber eines übertragenden Rechtsträgers ein (ggf. mehrere; → Rn. 13) Anteil(e) an der Übernehmerin – als Gegenleistung für den Vermögensübergang – gewährt wird: § 5 Abs. 1 Nr. 2. Die nach Abs. 1 S. 1 erforderlichen Angaben tragen dem Bedürfnis Rechnung, die mit eingetragener Verschmelzung erlangte Anteilsinhaberschaft gegenüber der übernehmenden GmbH nachweisen zu können.[5] Deshalb ist für jeden an der übernehmenden Gesellschaft zu gewährenden Geschäftsanteil grds. eine **namentliche Zuordnung** zum jeweiligen Anteilsinhaber des übertragenden Rechtsträgers vorzunehmen; die Gegenleistung an die Anteilsinhaber eines jeden übertragenden Rechtsträgers muss sich bereits zweifelsfrei aus dem Verschmelzungsvertrag (bzw. seinem Entwurf) ergeben.[6]

2. Unbekannte Anteilsinhaber

7 Ist **übertragender Rechtsträger** eine **AG oder KGaA**, so greifen, soweit deren **Anteilsinhaber nicht bekannt** sind (zB Inhaberaktien), hinsichtlich des Gebots namentlicher Zuordnung die Erleichterungen nach § 35 (vgl. die Erläuterungen dort): Die Angabe des insgesamt auf die unbekannten Aktionäre entfallenden Teils des Grundkapitals sowie der auf sie entfallenden Anteile an der übernehmenden GmbH sind ausreichend, sofern die Anteile der so bezeichneten Aktionäre zusammen 5 % des Grundkapitals der übertragenden AG/KGaA nicht übersteigen; § 35 S. 1. Bis zum Bekanntwerden der so bezeichneten Anteilsinhaber ruht deren aus der Beteiligung folgendes Stimmrecht (§ 35 S. 3). Nach ihrem Bekanntwerden ist die Gesellschafterliste der übernehmenden GmbH unverzüglich von Amts wegen zu berichtigen, § 35 S. 2.[7]

8 Ob § 35 entsprechende Anwendung finden kann, wenn der übertragende Rechtsträger in einer **anderen Rechtsform** organisiert ist, wird im Schrifttum kontrovers erörtert.[8] Indes hat der hinter der Vorschrift stehende Rechtsgedanke – der Umstand, dass bei einer übertragenden Gesellschaft die Identität einzelner Aktionäre nicht feststeht, soll die Umwandlung nicht grundsätzlich verhindern[9] – rechtsformübergreifende Berechtigung. Dies streitet dafür, die Erleichterungen nach § 35 im Fall eines übertragenden Rechtsträgers anderer Rechtsform dann entsprechend anzuwenden, wenn eine Individualisierung der Berechtigten ähnlich eindeutig erfolgen kann wie nach den Vorgaben jener Vorschrift.[10]

3. Veränderungen hinsichtlich der Anteilsinhaberschaft

9 Werden **Anteile** am übertragenden Rechtsträger im Zeitraum zwischen Abschluss des Verschmelzungsvertrages und Eintragung der Verschmelzung **veräußert** – Abs. 1 S. 1

---

5 Kallmeyer/*Kocher* Rn. 2; Kölner Komm UmwG/*Simon/Nießen* Rn. 2.
6 Kölner Komm UmwG/*Simon/Nießen* Rn. 2; Lutter/*J. Vetter* Rn. 18 ff.
7 S. auch Kallmeyer/*Kocher* Rn. 2; Kölner Komm UmwG/ *Simon/Nießen* Rn. 8.
8 Befürwortend etwa Habersack/Wicke/*v. Hinden* Rn. 15; Kallmeyer/*Kocher* Rn. 2; Keßler/Kühnberger/*Keßler* Rn. 4; Lutter/*J. Vetter* Rn. 21; Semler/Stengel/Leonard/ *Reichert* Rn. 2; Widmann/Mayer/*Mayer* Rn. 9; ablehnend etwa Henssler/Strohn/*Haeder* Rn. 4; Kölner Komm UmwG/*Simon/Nießen* § 35 Rn. 5; Maulbetsch/Klumpp/Rose/*Rebmann* Rn. 9; Semler/Stengel/Leonard/*Schwanna* § 35 Rn. 2; Widmann/Mayer/*Wälzholz* § 35 Rn. 5.
9 Vgl. Gegenäußerung der BReg zur Stellungnahme des BR zum RegE 2. UmwGÄndG, BT-Drs. 16/2919, 27.
10 So zutreffend Lutter/*Grunewald* § 35 Rn. 2.

steht dem nicht entgegen –, so wird der Anteilserwerber mit Eintragung der Verschmelzung Gesellschafter der übernehmenden GmbH. Den Nachweis seiner Anteilsinhaberschaft kann er durch Vorlage der das Veräußerungsgeschäft betreffenden Dokumente führen; es ist nicht etwa eine Anpassung des Verschmelzungsvertrages erforderlich.[11]

Entsprechendes gilt für sonstige denkbare zwischenzeitliche Veränderungen der Anteilsinhaberschaft; auch für den Fall, dass die Anteilsveräußerung etc vor Abschluss des Verschmelzungsvertrags, die Änderung der Gesellschafterliste (§§ 16 Abs. 1, 40 GmbHG) aber erst nachträglich erfolgt.[12] Im Falle des **Ausschlusses** eines Anteilsinhabers bzw. (bei übertragender GmbH) der **Einziehung** eines Geschäftsanteils erhalten die nicht von Ausschluss oder Einziehung betroffenen Anteilsinhaber (im Wege der Anwachsung) Geschäftsanteile an der übernehmenden GmbH, deren Nennbeträge sich entsprechend dem Umtauschverhältnis und dem Nennbetrag des eingezogenen bzw. des dem ausgeschlossenen Anteilsinhaber vormals zustehenden Anteils erhöhen.[13] 10

In allen vorgenannten Fällen folgt aus § 40 Abs. 1 S. 1 GmbHG die Pflicht der Geschäftsführer der übernehmenden GmbH, die jeweilige Veränderung dem Handelsregister anzuzeigen.[14] 11

4. Zuordnung im Einzelnen

a) Zuordnungsgegenstände

Die grds. namentliche Zuordnung (→ Rn. 6) hat die gesamte Gegenleistung zu erfassen, die den Anteilsinhabern eines übertragenden Rechtsträgers für die Vermögensübertragung gewährt wird. **Gegenstand der Zuordnung** ist deshalb zuvorderst eine bestimmte Anzahl hinsichtlich Nennbetrag (Abs. 1) und ggf. Ausstattung (Abs. 2) sowie Herkunft (Abs. 3) näher bestimmter Geschäftsanteile (vgl. § 5 Abs. 1 Nr. 2 und → Rn. 13 ff.). Im Verschmelzungsvertrag zuzuordnen sind ggf. aber auch **bare Zuzahlungen** (§ 5 Abs. 2 Nr. 3, 54 Abs. 4): sei es als Zuzahlungen, die neben die Gewährung von Anteilen an der übernehmenden Gesellschaft treten, sei es als Barabfindungen, welche die Gewährung eines solchen Anteils gänzlich ersetzen (näher → Rn. 20 ff. und → § 54 Rn. 40 ff.). 12

b) Anzahl und Nennbetrag von Geschäftsanteilen

aa) Anzahl

Im **Grundsatz** muss jedem Inhaber eines Anteils am übertragenden Rechtsträger auch ein Anteil an der übernehmenden GmbH gewährt werden; Inhabern von mehreren Anteilen am übertragenden Rechtsträger – bei Mehrfachverschmelzungen: an mehreren übertragenden Rechtsträgern – ist grundsätzlich auch eine entsprechende Anzahl von Geschäftsanteilen an der übernehmenden GmbH zu gewähren, um die Fungibilität der ursprünglichen Beteiligung zu wahren.[15] 13

---

11 Kallmeyer/*Kocher* Rn. 4; Kölner Komm UmwG/*Simon/Nießen* Rn. 13 f.; Lutter/*J. Vetter* Rn. 25; Semler/Stengel/Leonard/*Reichert* Rn. 4.
12 Kölner Komm UmwG/*Simon/Nießen* Rn. 13; Lutter/*J. Vetter* Rn. 26; Maulbetsch/Klumpp/Rose/*Rebmann* Rn. 11; Semler/Stengel/Leonard/*Reichert* Rn. 4.
13 Lutter/*J. Vetter* Rn. 27; Semler/Stengel/Leonard/*Reichert* Rn. 5.
14 Kölner Komm UmwG/*Simon/Nießen* Rn. 15; Lutter/*J. Vetter* Rn. 27.
15 Kölner Komm UmwG/*Simon/Nießen* Rn. 11; Lutter/*J. Vetter* Rn. 43; Schmitt/Hörtnagl/*Ollech* Rn. 7; Semler/Stengel/Leonard/*Reichert* Rn. 9; Widmann/Mayer/*Mayer* Rn. 11.

14 Dieser Grundsatz erfährt freilich Einschränkungen durch **Ausnahmen** bzw. **Gestaltungsalternativen**. So kann die in Abs. 1 vorausgesetzte **Anteilsgewährungspflicht** („Geschäftsanteil ..., den die Gesellschaft ... zu gewähren hat") im Einzelfall schon gar **nicht bestehen**, etwa bei der Verschmelzung einer Tochter- auf die Muttergesellschaft[16] oder bei Kleinstbeteiligungen (→ Rn. 19). Auch kann der Anteilsinhaber auf eine Anteilsgewährung **verzichten** (§ 54 Abs. 1 S. 3; → § 54 Rn. 25 ff.) oder etwa der Gestaltungsvariante zustimmen, einen bereits bestehenden Anteil an der übernehmenden GmbH durch sog. **Aufstockung** zu erhöhen.[17] Eine **Zusammenlegung mehrerer Anteile** (auch verschiedener Personen)[18] ist ebenso möglich, bedarf wegen der damit einhergehenden Fungibilitätseinschränkung aber grds. gleichfalls der Zustimmung der betroffenen Anteilsinhaber[19] (→ Rn. 23). Umgekehrt ist auch eine **erweiterte Stückelung** möglich, indem mehrere Anteile an der übernehmenden GmbH als Gegenleistung für eine geringere Anzahl von Anteilen am übertragenden Rechtsträger gewährt werden.[20]

15 Stimmen die betroffenen Anteilsinhaber zu, ist eine **Zusammenlegung von Anteilen** bei einer **Mehrfachverschmelzung** auch derart zulässig, dass für mehrere Anteile verschiedener Rechtsträger eine geringere Anzahl Geschäftsanteile bzw. ein einheitlicher Geschäftsanteil an der übernehmenden GmbH gewährt wird.[21] Entgegen der Auffassung des OLG Frankfurt a. M. in einer Entscheidung aus dem Jahre 1998,[22] die zu Recht auf allgemeine Ablehnung gestoßen ist,[23] muss nicht für jede Beteiligung an den übertragenden Rechtsträgern zwingend ein Geschäftsanteil an der übernehmenden Gesellschaft gewährt werden. Ob dem übertragenen Vermögen mehrerer Ausgangsrechtsträger eine wertadäquate Gegenleistung zugunsten der Anteilsinhaber gegenübersteht, entscheidet sich als Ergebnis einer Gesamtbetrachtung der Mehrfachverschmelzung (einheitlicher Verschmelzungsvorgang); dies lässt auch die Gewährung eines einheitlichen Geschäftsanteils an der Übernehmerin zu.[24] Der Wortlaut des Abs. 1 S. 1 steht dem nicht entgegen, denn „Anteilsinhaber" in dessen Sinne kann auch ein **mehrfacher** Anteilsinhaber sein, der „den Geschäftsanteil" mit seiner Zustimmung zugewiesen bekommt. Im Falle der Gewährung eines einheitlichen Geschäftsanteils ist im Übrigen auch nicht zu fordern, einen auf jeden übertragenden Rechtsträger entfallenden Teil des Nennbetrages des gewährten Anteils anzugeben.[25]

bb) Nennbetrag

16 Der **Nennbetrag** des jeweils zu gewährenden Anteils an der übernehmenden Gesellschaft bestimmt sich nach dem Wertverhältnis von übertragendem und übernehmendem Rechtsträger (sog. Umtauschverhältnis), kann im Einvernehmen sämtlicher Anteilsinhaber aber auch frei festgelegt werden.[26]

---

16 Schmitt/Hörtnagl/*Hörtnagel/Ollech* Rn. 9; Widmann/Mayer/*Mayer* Rn. 17.
17 Kallmeyer/*Kocher* Rn. 6; Kölner Komm UmwG/*Simon/Nießen* Rn. 10; Lutter/*J. Vetter* Rn. 34; Schmitt/Hörtnagl/*Hörtnagl/Ollech* Rn. 7; Semler/Stengel/Leonard/*Reichert* Rn. 9b; Widmann/Mayer/*Mayer* Rn. 12.
18 Kallmeyer/*Kocher* Rn. 8; Widmann/Mayer/*Mayer* Rn. 9.2.
19 Lutter/*J. Vetter* Rn. 43.
20 Vgl. Kallmeyer/*Kocher* Rn. 6; Widmann/Mayer/*Mayer* Rn. 11.
21 Dazu etwa Lutter/*J. Vetter* Rn. 23; Semler/Stengel/Leonard/*Reichert* Rn. 3.
22 OLG Frankfurt a. M. ZIP 1998, 1191.
23 Einzelnachweise bei Lutter/*J. Vetter* Rn. 23.
24 Lutter/*J. Vetter* Rn. 23; Schmitt/Hörtnagl/*Hörtnagel/Ollech* Rn. 8; Semler/Stengel/Leonard/*Reichert* § 55 Rn. 9; Widmann/Mayer/*Mayer* Rn. 9.1.
25 So aber Kallmeyer/*Kocher* Rn. 5; dagegen zutreffend Widmann/Mayer/*Mayer* Rn. 9.1.
26 Kölner Komm UmwG/*Simon/Nießen* Rn. 17; Widmann/Mayer/*Mayer* Rn. 8.

Für den Fall der Mischverschmelzung einer AG/KGaA auf eine GmbH stellt **Abs. 1 S. 2** 17
im Übrigen ausdrücklich klar, dass der Nennbetrag der zu gewährenden Anteile an der
übernehmenden Gesellschaft nicht dem Betrag entsprechen muss, der auf die untergehenden Anteile der übertragenden AG/KGaA als anteiliger Betrag ihres Grundkapitals
entfällt: „**keine Nennbetragsidentität**".[27] Dies gilt indes unbestritten ebenso für die
Verschmelzung anderer Rechtsträger; andernfalls wäre – da das Umtauschverhältnis
von der Wertrelation der beteiligten Rechtsträger bestimmt wird (→ Rn. 16) – die Verschmelzung in aller Regel nur mit Zustimmung aller Anteilsinhaber des übertragenden
Rechtsträgers durchführbar.[28] – Zur Reichweite des Zustimmungserfordernisses aus § 51
Abs. 2 → Rn. 21 sowie die Erläuterungen → § 51 Rn. 22 f.

Der im Zuge des MoMiG (→ Rn. 4) neu formulierte **Abs. 1 S. 3**, der der Neufassung 18
von § 5 Abs. 2 S. 1 GmbHG Rechnung trägt, begrenzt die Freiheit zur Bestimmung des
Nennbetrags eines Geschäftsanteils an der übernehmenden GmbH nur noch insoweit,
als jener zumindest auf volle Euro lauten muss (**Mindestnennbetrag** mithin 1 EUR).
Damit wird die verhältniswahrende Anteilsgewährung erheblich erleichtert; die früher
in Abs. 1 S. 3 aF vorgesehenen verschmelzungsspezifischen Erleichterungen sind seither
entbehrlich geworden.

c) Anteilsspitzen und Kleinstbeteiligungen
aa) Hintergrund

Gleichwohl ist trotz der Neuregelung ein nicht verteilungsfähiger (Rest-)Anteil in Form 19
von sog. **Anteilsspitzen** oder im Falle von **Kleinstbeteiligungen (Zwerganteilen)**
nicht völlig auszuschließen.[29] Von Kleinstbeteiligungen ist die Rede, wenn bei Umsetzung des Umtauschverhältnisses für den (untergehenden) Anteil am übertragenden
Rechtsträger nicht einmal der Mindestnennbetrag nach Abs. 1 S. 3 (→ Rn. 18) erreicht,
ein jenen Anforderungen entsprechender Anteil an der übernehmenden Gesellschaft
also nicht (jedenfalls nicht ohne Zusammenlegung von Anteilen) gewährt werden
kann. Von sog. Anteilsspitzen wird gesprochen, wenn neben (mindestens) einem zu
gewährenden Geschäftsanteil (zu vollen Euro) noch ein Rest unterhalb des Mindestnennbetrags verbleibt. Jenen Anteilsspitzen und Kleinstbeteiligungen kann durch **bare
Zahlungen** – entweder in Form von Zuzahlungen, die neben die Gewährung eines
Anteils an der übernehmenden Gesellschaft treten, oder von Barabfindungen, welche
die Gewährung eines solchen Anteils ersetzen – Rechnung getragen werden (→ Rn. 20).
Alternativ kommt eine **Zusammenlegung mehrerer Anteile** in Betracht, die dann
gegen (wenigstens) einen Geschäftsanteil der übernehmenden GmbH getauscht werden
(→ Rn. 23 f.).

bb) Bare Zahlungen

Ein (teilweises) Ausscheiden gegen **bare Zahlung** lässt sich in den Grenzen des § 54 20
Abs. 4 (s. die Erläuterungen dort) **mit Zustimmung** der betroffenen Anteilsinhaber
schon im Rahmen der allgemeinen verschmelzungsrechtlichen Gestaltungsspielräume
verwirklichen. Zum Ausgleich von Anteilsspitzen und in den Fällen von Kleinstbetei-

---

[27] Statt anderer Kallmeyer/*Kocher* Rn. 7; Lutter/*J. Vetter* Rn. 28 ff.

[28] Vgl. etwa Kallmeyer/*Kocher* Rn. 7; Kölner Komm UmwG/*Simon/Nießen* Rn. 21; Semler/Stengel/Leonard/*Reichert* Rn. 6; Widmann/Mayer/*Mayer* Rn. 17.

[29] Vgl. etwa Semler/Stengel/Leonard/*Reichert* § 51 Rn. 30a.

ligungen im Sinne des soeben (→ Rn. 19) Gesagten ist aber auch die (zwangsweise) Festsetzung einer baren Zahlung **ohne Zustimmung** des betroffenen Anteilsinhabers als zulässig anzusehen;[30] (zumindest) im Fall von Anteilsspitzen stellen bare Zuzahlungen in der Praxis auch die Regel dar.[31] Vor etwaigen Missbräuchen ist ein betroffener Anteilsinhaber durch die Möglichkeit der Beschlussanfechtung geschützt, etwa wenn er mit dem Verschmelzungsvorhaben gezielt aus der Gesellschaft herausgedrängt oder die Beteiligungsquote um die Anteilsspitze reduziert werden soll.[32]

21 In Fällen der Mischverschmelzung einer AG/KGaA auf eine GmbH lässt sich ein Zustimmungserfordernis auch nicht aus der – dann anwendbaren – Bestimmung des **§ 51 Abs. 2** herleiten. Nach ihr muss zwar, wenn der Nennbetrag der Geschäftsanteile nach § 46 Abs. 1 S. 2 abweichend vom Betrag der Aktien festgesetzt wird (→ Rn. 17), der Festsetzung jeder Aktionär zustimmen, der sich nicht mit seinem gesamten Anteil beteiligen kann (→ § 51 Rn. 21 f.). Jedoch ist eine Zustimmung nach § 51 Abs. 2 dann entbehrlich, wenn der Mindestnennbetrag des Abs. 1 S. 3 – wie bei Anteilsspitzen oder Kleinstbeteiligungen – nicht erreicht werden kann und der mit der Verschmelzung verbundene Anteilsverlust deshalb unvermeidbar ist.[33] Das war in § 51 Abs. 2 aF noch ausdrücklich in diesem Sinne geregelt und sollte durch die Neufassung der Vorschrift im Zuge des MoMiG (→ § 51 Rn. 23) nicht etwa geändert werden[34] (→ § 51 Rn. 23).

22 Im Rahmen der Verschmelzung gewährte bare Zahlungen müssen schon nach § 5 Abs. 1 Nr. 3 im Verschmelzungsvertrag (bzw. dessen Entwurf) festgesetzt werden. Nach § 46 Abs. 1 sind sie den jeweils betroffenen Anteilsinhabern des übertragenden Rechtsträgers **namentlich zuzuordnen**.[35] Denn mit den Pflichtangaben nach jener Vorschrift soll die gesamte Gegenleistung verlautbart werden, die den Anteilsinhabern eines übertragenden Rechtsträgers für die Vermögensübertragung zu gewähren ist (→ Rn. 12); zu ihr gehört gerade auch eine bare Zahlung. Zudem erleichtert die Angabe barer Zahlungen die Überprüfung, ob die **Schranke des § 54 Abs. 4** eingehalten wurde.[36] Nach dieser Bestimmung dürften im Verschmelzungsvertrag festgesetzte bare Zuzahlungen den zehnten Teil des Gesamtbetrages der gewährten Geschäftsanteile der übernehmenden Gesellschaft nicht übersteigen (→ § 54 Rn. 46).

cc) Zwangszusammenlegung von Anteilen

23 Alternativ zur Gewährung barer Zahlungen lässt sich Kleinstbeteiligungen (ggf. auch Anteilsspitzen) durch **Zusammenlegung mehrerer Anteile** Rechnung tragen. Eine solche Zusammenlegung ist mit Zustimmung der jeweils betroffenen Anteilsinhaber möglich (→ Rn. 14), auch bei mehreren personenverschiedenen Anteilsinhabern. Inhaber von Kleinstbeteiligungen, denen ein Anteil an der übernehmenden Gesellschaft in Höhe des Mindestnennbetrages nach Abs. 1 S. 3 (→ Rn. 18) nicht gewährt werden kann, können auf diesem Wege dem Ausscheiden gegen Barabfindung begegnen.[37]

---

30 Kallmeyer/*Kocher* Rn. 8; Kölner Komm UmwG/*Simon/Nießen* Rn. 20; Lutter/*J. Vetter* Rn. 40 ff.; Semler/Stengel/Leonard/*Reichert* § 54 Rn. 45; Widmann/Mayer/*Mayer* Rn. 20.
31 Kölner Komm UmwG/*Simon/Nießen* Rn. 20.
32 Lutter/*J. Vetter* § 54 Rn. 135.
33 Kallmeyer/*Kocher* Rn. 8; Kölner Komm UmwG/*Simon/Nießen* Rn. 17; Semler/Stengel/Leonard/*Reichert* Rn. 13 und § 51 Rn. 28; Lutter/*J. Vetter* Rn. 40 f.; Widmann/Mayer/*Mayer* § 51 Rn. 28.
34 Zutreffend Kölner Komm UmwG/*Simon/Nießen* Rn. 17; Semler/Stengel/Leonard/*Reichert* § 51 Rn. 28; zweifelnd indes Keßler/Kühnberger/*Keßler* § 51 Rn. 9.
35 Kölner Komm UmwG/*Simon/Nießen* Rn. 20; Lutter/*J. Vetter* Rn. 45; Maulbetsch/Klumpp/Rose/*Rebmann* Rn. 19; Semler/Stengel/Leonard/*Reichert* Rn. 15.
36 Lutter/*J. Vetter* Rn. 45.
37 Kallmeyer/*Kocher* Rn. 8; Kölner Komm UmwG/*Simon/Nießen* Rn. 20.

Ob in den Fällen von Kleinstbeteiligungen (oder zum Ausgleich von Anteilsspitzen) im Sinne des oben (→ Rn. 19) Gesagten auch die (zwangsweise) Zusammenlegung von Anteilen **ohne Zustimmung** der betroffenen Anteilsinhaber zulässig ist, ist indes umstritten. Insbesondere mit Blick auf die Folgen einer Mitberechtigung am Geschäftsanteil nach § 18 Abs. 1 und 2 GmbHG wird dies zum Teil verneint.[38] Die Gegenposition sieht die Zwangszusammenlegung als zulässig an, wenn sie dem Ziel dient, einen Geschäftsanteil zum Mindestnennbetrag nach Abs. 1 S. 3 gewähren zu können,[39] und wenn den betroffenen Anteilsinhabern alternativ eine Kompensation durch bare Zahlung angeboten wird.[40] 24

III. Abweichend ausgestattete Geschäftsanteile (Abs. 2)

1. Abweichende Ausstattung

Abs. 2 trifft eine Bestimmung für den Fall, dass die von der übernehmenden GmbH zu gewährenden Geschäftsanteile im Wege der Kapitalerhöhung geschaffen und mit anderen Rechten und Pflichten als sonstige Geschäftsanteile der übernehmenden Gesellschaft ausgestattet werden sollen: dann sind auch die entsprechenden Abweichungen der Ausstattung im Verschmelzungsvertrag (bzw. dessen Entwurf) festzusetzen. In der Praxis kommt es insbesondere dort zur Einräumung von Sonderrechten zugunsten der zu gewährenden Geschäftsanteile, wo bestimmte Rechte der Inhaber von Anteilen eines übertragenden Rechtsträgers, die mit diesem untergehen (vgl. § 20 Abs. 1 Nr. 2), in der übernehmenden Gesellschaft gespiegelt werden sollen.[41] 25

Eine **abweichende Ausstattung** iSd Abs. 2 liegt vor, wenn die Geschäftsanteile nicht in Übereinstimmung mit den bei sonstigen Geschäftsanteilen der übernehmenden Gesellschaft bestehenden Rechten oder Pflichten ausgestattet werden sollen: entweder im Sinne einer **Besserstellung** durch Einräumung eines besonderen Rechts bzw. durch Befreiung von einer an sich bestehenden Pflicht oder im Sinne einer **Schlechterstellung** durch Zuweisung einer besonderen Pflicht bzw. Nichtgewährung eines an sich bestehenden Rechts.[42] Beispiele: Ernennungs- oder Entsendungsrechte für die Besetzung von Gesellschaftsorganen, Bevorzugungen/Benachteiligungen beim Gewinnbezug, Veränderungen des Stimmrechts, besondere Vorerwerbs-/Andienungsrechte, Zustimmungsrechte nach § 15 Abs. 5 GmbHG, Abtretungsbeschränkungen, sonstige korporative Vergünstigungen bzw. Benachteiligungen. 26

Die dann erforderlichen Festsetzungen nach Abs. 2 verfolgen eine **Warnfunktion**:[43] entweder im Interesse der Gesellschafter der übernehmenden GmbH (im Fall der Besserstellung der im Zuge der Verschmelzung zu gewährenden Anteile) oder der Anteilsinhaber des übertragenden Rechtsträgers (im Falle einer Schlechterstellung zu deren Lasten). 27

---

38 Henssler/Strohn/*Haeder* Rn. 8; Kallmeyer/*Kocher* Rn. 8; Kölner Komm UmwG/*Simon/Nießen* Rn. 20.
39 Lutter/*J. Vetter* Rn. 44.
40 Lutter/*J. Vetter* § 54 Rn. 136.
41 Kallmeyer/*Kocher* Rn. 9; Keßler/Kühnberger/*Keßler* Rn. 11; Kölner Komm UmwG/*Simon/Nießen* Rn. 25; Lutter/*J. Vetter* Rn. 54; Schmitt/Hörtnagl/*Hörtnagl/Ollech* Rn. 14; Widmann/Mayer/*Mayer* Rn. 22.
42 Vgl. Kölner Komm UmwG/*Simon/Nießen* Rn. 26 f.; Keßler/Kühnberger/*Keßler* Rn. 11; Semler/Stengel/Leonard/ *Reichert* Rn. 17; Widmann/Mayer/*Mayer* Rn. 22.

43 Kallmeyer/*Kocher* Rn. 9; Keßler/Kühnberger/*Keßler* Rn. 13; Lutter/*J. Vetter* Rn. 57; Schmitt/Hörtnagl/*Hörtnagl/Ollech* Rn. 14; Semler/Stengel/Leonard/*Reichert* Rn. 18; Widmann/Mayer/*Mayer* Rn. 22. Demgegenüber sieht Henssler/Strohn/*Haeder* Rn. 10 den Zweck der Regelung v. a. in Nachweiserleichterungen; Lutter/*J. Vetter* Rn. 58 verweist ergänzend auf den materiellen Schutz der Anteilsinhaber des übertragenden Rechtsträgers.

28 Angesichts seines Normzwecks ist **Abs. 2 entsprechend anwendbar**, wenn den Anteilsinhabern einer übertragenden Gesellschaft bereits vorhandene Geschäftsanteile der übernehmenden Gesellschaft gewährt werden sollen, die im Wege einer Satzungsänderung im Zuge der Verschmelzung abweichend zu anderen Geschäftsanteilen der Übernehmerin ausgestattet werden sollen (oder die schon abweichend ausgestattet sind) und es in dieser Weise zu einer Besser- oder Schlechterstellung gegenüber anderen Anteilsinhabern der übernehmenden Gesellschaft kommt.[44]

2. Rechtstechnische Umsetzung

29 Die abweichende Ausstattung von Geschäftsanteilen im Zuge der Verschmelzung geht rechtstechnisch in der Regel mit einer **Satzungsänderung bei der übernehmenden GmbH** einher, deren Durchführung **aufschiebende Bedingung für die Wirksamkeit des Verschmelzungsvertrages** (der Verschmelzung) ist; die entsprechende Satzungsänderung muss deshalb wenigstens eine „logische Sekunde" vor der Verschmelzung eingetragen werden. Eine klagbare Verpflichtung zur Durchführung der Satzungsänderung kann aus den Zustimmungsbeschlüssen zum Verschmelzungsvertrag indes nicht abgeleitet werden.[45]

30 Hinsichtlich der **Mehrheitserfordernisse bei der Beschlussfassung** ist zu unterscheiden: Während sich für den Zustimmungsbeschluss zum Verschmelzungsvertrag in der **übernehmenden GmbH** keine Besonderheiten ergeben, bedarf der Beschluss über die dortige Satzungsänderung der Zustimmung sämtlicher Gesellschafter, wenn die im Zuge der Verschmelzung zu gewährenden Geschäftsanteile (gleichheitswidrig) besser gestellt, dh mit Sonderrechten ausgestattet werden sollen;[46] bei Schaffung lediglich von Sonderpflichten zulasten der Anteilsinhaber eines übertragenden Rechtsträgers verbleibt es mangels nachteiliger Betroffenheit der bisherigen Gesellschafter der übernehmenden Gesellschaft hingegen bei den allgemeinen Regeln.[47]

31 Im Blick auf den **übertragenden Rechtsträger** stehen demgegenüber allein die Mehrheitserfordernisse für den dortigen Verschmelzungsbeschluss in Frage: Sollen nur bestimmten (nicht allen) Anteilsinhabern des übertragenden Rechtsträgers Sonderrechte in der Übernehmerin zustehen und ist eine solche Ungleichbehandlung nicht schon in der Satzung des übertragenden Rechtsträgers verankert, müssen die nicht begünstigten Anteilsinhaber zustimmen.[48] Ebenso bedarf es der Zustimmung eines jeden Anteilsinhabers des übertragenden Rechtsträgers, zu dessen Lasten Sonderpflichten in der Übernehmerin begründet werden sollen, die ihn nicht schon beim übertragenden Rechtsträger trafen (arg. § 53 Abs. 3 GmbHG).[49] – Zur Frage der Zustimmungsbedürftigkeit in (hiervon zu unterscheidenden) Fällen, in denen jene Pflichten kraft Satzung der übernehmenden Gesellschaft **jeden** ihrer Gesellschafter treffen (kein Anwendungsfall des § 46 Abs. 2!), → § 51 Rn. 26 f. Zum Zustimmungserfordernis aus § 50 Abs. 2 bei

---

44 Vgl. – mit Unterschieden im Einzelnen – Kallmeyer/*Kocher* Rn. 10; Kölner Komm UmwG/*Simon/Nießen* Rn. 27; Lutter/*J. Vetter* Rn. 61; Maulbetsch/Klumpp/Rose/*Rebmann* Rn. 24; Schmitt/Hörtnagl/*Hörtnagl/Ollech* Rn. 14; Widmann/Mayer/*Mayer* Rn. 16 und 22.

45 Zum Ganzen auch Kallmeyer/*Kocher* Rn. 15; Kölner Komm UmwG/*Simon/Nießen* Rn. 31; Lutter/*J. Vetter* Rn. 62 ff.; Maulbetsch/Klumpp/Rose/*Rebmann* Rn. 26; Schmitt/Hörtnagl/*Hörtnagl/Ollech* Rn. 15; Widmann/Mayer/*Mayer* Rn. 28.

46 Kallmeyer/*Kocher* Rn. 11; Kölner Komm UmwG/*Simon/Nießen* Rn. 31; Lutter/*J. Vetter* Rn. 66.

47 Kallmeyer/*Kocher* Rn. 12; Lutter/*J. Vetter* Rn. 70; Semler/Stengel/Leonard/*Reichert* Rn. 24.

48 Kallmeyer/*Kocher* Rn. 11; Kölner Komm UmwG/*Simon/Nießen* Rn. 29; Lutter/*J. Vetter* Rn. 65; Semler/Stengel/Leonard/*Reichert* Rn. 21.

49 Kallmeyer/*Kocher* Rn. 12; Kölner Komm UmwG/*Simon/Nießen* Rn. 29; *Wälzholz* DStR 2006, 236 (240); im Ausgangspunkt ebenso auch Lutter/*J. Vetter* Rn. 68; Semler/Stengel/Leonard/*Reichert* Rn. 23.

der Beeinträchtigung von Minderheits- bzw. Geschäftsführungs-Sonderrechten → § 50 Rn. 16 ff.

IV. Schon vorhandene Geschäftsanteile (Abs. 3)

Abs. 3 trifft eine Bestimmung für den Fall, dass Anteilsinhaber eines übertragenden Rechtsträgers schon vorhandene Geschäftsanteile der übernehmenden GmbH erhalten sollen. Dann müssen – über die Angaben nach Abs. 1 sowie ggf. die Festsetzungen entsprechend Abs. 2 (→ Rn. 28) hinaus – diese Anteilsinhaber und die Nennbeträge der schon vorhandenen Geschäftsanteile, die ihnen gewährt werden sollen, im Verschmelzungsvertrag (oder dessen Entwurf) bestimmt werden, wobei ggf. wiederum die Erleichterungen aus § 35 (→ Rn. 7 f.) greifen. Hinsichtlich jedes vorhandenen Geschäftsanteils ist anzugeben, ob es sich um einen von der übernehmenden Gesellschaft selbst, einen vom übertragenden Rechtsträger gehaltenen oder um einen von einem Dritten zur Verfügung gestellten Anteil handelt.[50] Auf diese Weise sollen Herkunft und Zuordnung der zu gewährenden vorhandenen Geschäftsanteile transparent gemacht und die Prüfung erleichtert werden, ob jene Anteile auch tatsächlich zur Verfügung stehen.[51]

Im Übrigen ermöglichen die Angaben nach Abs. 3 die Feststellung, ob und welche der den Anteilsinhabern eines übertragenden Rechtsträgers zu gewährenden Geschäftsanteile an der übernehmenden Gesellschaft erst durch eine Kapitalerhöhung neu geschaffen werden sollen.[52] Eine Verpflichtung zu der Angabe im Verschmelzungsvertrag, dass und in welcher Höhe es zur Durchführung der Verschmelzung einer **Kapitalerhöhung** bedarf und wie die so geschaffenen neuen Anteile auf die Anteilsinhaber des übertragenden Rechtsträgers verteilt werden sollen, besteht – entgegen einer von Teilen des Schrifttums verfochtenen Auffassung[53] – nicht:[54] In Abs. 2, der an eine entsprechende Kapitalerhöhung anknüpft, hat der Gesetzgeber eine derartige Festsetzungspflicht gerade nicht normiert. Und die nach Abs. 3 erforderlichen Angaben lassen einen exakten Rückschluss auf die durch Kapitalerhöhung zu schaffenden Anteile zu. Zur Erleichterung der registergerichtlichen Prüfung (und mit Blick auf die umstrittene Rechtslage) werden die entsprechenden (in der Praxis üblichen) Angaben freilich empfohlen.[55]

§ 47 Unterrichtung der Gesellschafter

Der Verschmelzungsvertrag oder sein Entwurf und der Verschmelzungsbericht sind den Gesellschaftern spätestens zusammen mit der Einberufung der Gesellschafterversammlung, die gemäß § 13 Abs. 1 über die Zustimmung beschließen soll, zu übersenden.

---

50 Kölner Komm UmwG/*Simon/Nießen* Rn. 32; Lutter/*J. Vetter* Rn. 51; Maulbetsch/Klumpp/Rose/*Rebmann* Rn. 27; Schmitt/Hörtnagl/*Hörtnagl/Ollech* Rn. 18; Semler/Stengel/Leonard/*Reichert* Rn. 25; Widmann/Mayer/*Mayer* Rn. 14; s. auch das Formulierungsbeispiel bei Kallmeyer/*Kocher* Rn. 13.
51 Henssler/Strohn/*Haeder* Rn. 13; Lutter/*J. Vetter* Rn. 51; Semler/Stengel/Leonard/*Reichert* Rn. 25.
52 Semler/Stengel/Leonard/*Reichert* Rn. 25.
53 Lutter/*J. Vetter* Rn. 48; für eine Verpflichtung zur Angabe im Verschmelzungsvertrag oder im Verschmelzungsbeschluss der übernehmenden Gesellschaft Widmann/Mayer/*Mayer* Rn. 23.1.
54 Gleichsinnig Kallmeyer/*Kocher* Rn. 3; Schmitt/Hörtnagl/*Hörtnagl/Ollech* Rn. 4; Semler/Stengel/Leonard/*Reichert* Rn. 16.
55 Vgl. Kallmeyer/*Kocher* Rn. 3; Maulbetsch/Klumpp/Rose/*Rebmann* Rn. 19; Schmitt/Hörtnagl/*Hörtnagl/Ollech* Rn. 4.

I. Norminhalt; Normzweck 1	2. Form 12
II. Gegenstände der Unterrichtung 5	3. Frist 14
III. Adressaten, Form und Frist der Übersendung 8	IV. Rechtsfolgen bei Verstößen 17
1. Adressaten 8	

I. Norminhalt; Normzweck

1 § 47 normiert eine **eigenständige verschmelzungsrechtliche Informationspflicht** gegenüber den Gesellschaftern einer an der Verschmelzung beteiligten GmbH. Demgegenüber hatte das früher geltende Recht (§ 24 Abs. 2 UmwG 1969) spezielle, über das allgemeine Informationsrecht hinausgehende Unterrichtungspflichten nur für den Fall der Mehrheitsumwandlung der GmbH auf ihren Hauptgesellschafter vorgesehen. Die Unterrichtungspflicht nach § 47 tritt neben das individuelle Informationsrecht eines jeden GmbH-Gesellschafters nach § 51a GmbHG. Während jenes – das seinerseits durch § 49 Abs. 3 ergänzt wird (→ § 49 Rn. 20 ff.) – an ein entsprechendes Informationsverlangen anknüpft, sind die von § 47 erfassten Unterlagen (Verschmelzungsvertrag oder dessen Entwurf; Verschmelzungsbericht; ggf. auch der Bericht über die Prüfung der Verschmelzung, → Rn. 5 ff.) jedem Gesellschafter unaufgefordert auf Kosten der Gesellschaft (arg. § 48 S. 2) durch deren Geschäftsführer zu übersenden.[1] Vor diesem Hintergrund wird zutreffend betont, dass § 47 den Geschäftsführern die **Initiativlast** zur Informationserteilung im Verschmelzungsfall auferlegt.[2]

2 **Zweck der Unterrichtungspflicht** ist es, die Information der Gesellschafter über die verschmelzungsrelevanten Umstände zu gewährleisten und sicherzustellen, dass ihnen die wesentlichen Unterlagen, derer es zur Bewertung des Verschmelzungsvorhabens bedarf, rechtzeitig vor der Beratung und Beschlussfassung übersandt werden; im Konzept des Gesetzes (→ Rn. 14) heißt das: spätestens mit der Einberufung zu jener Gesellschafterversammlung, die den Verschmelzungsbeschluss (§ 13 Abs. 1) fassen soll.

3 Die Unterrichtungspflicht nach Maßgabe von § 47 ist insoweit **zwingend**, als sie durch die Satzung der Gesellschaft nicht für die Zukunft eingeschränkt (oder gar abbedungen) werden kann. Davon unberührt bleibt die wirksame Verschmelzungsbeschlussfassung unter allseitigem Verzicht auf die Informationserfordernisse nach jener Vorschrift; zu Recht wird die Aufnahme eines solchen Verzichts in das notarielle Protokoll über die entsprechende Gesellschafterversammlung empfohlen.[3]

4 Die Vorschrift ist gem. § 56 auch auf eine Verschmelzung zur Neugründung sowie nach § 125 Abs. 1 S. 1 auf alle Arten der Spaltung anzuwenden. Parallelvorschriften für rechtsfähige Personengesellschaften: §§ 39b, 42, § 45c S. 2.

II. Gegenstände der Unterrichtung

5 Unterrichtungsgegenstand sind der **Verschmelzungsvertrag** bzw. dessen Entwurf (vgl. §§ 4 Abs. 2, 13) mit den nach §§ 5, 46 vorgeschriebenen Mindestangaben sowie der **Verschmelzungsbericht** (§ 8), sofern ein solcher nicht nach § 8 Abs. 3 (s. die Erläuterungen

---

[1] Kölner Komm UmwG/*Simon/Nießen* Rn. 3; Semler/Stengel/Leonard/*Reichert* Rn. 3; Widmann/Mayer/*Mayer* Rn. 5.

[2] Lutter/*J. Vetter* Rn. 1.

[3] Kallmeyer/*Kocher* Rn. 6; Lutter/*J. Vetter* Rn. 7; Semler/Stengel/Leonard/*Reichert* Rn. 5.

dort) entbehrlich ist. Zu übersenden ist jeweils der vollständige Text der genannten Dokumente (nicht etwa nur eine Zusammenfassung ihrer wesentlichen Inhalte).⁴

Angesichts des Normzwecks von § 47 (→ Rn. 2) war schon bislang weitgehend konsentiert, dass sich die Pflicht zur Übersendung der Verschmelzungsunterlagen – über den Wortlaut des § 47 hinaus – auch auf den **Bericht über** eine nach § 48 iVm §§ 9–12 ggf. durchgeführte **Verschmelzungsprüfung** erstreckt (zu Nachweisen → 2. Aufl. 2019, Rn. 6). Nach § 48 S. 1 kann ein Gesellschafter eine solche Prüfung innerhalb einer Frist von einer Woche verlangen, nachdem er die in § 47 genannten Unterlagen (Verschmelzungsvertrag und Verschmelzungsbericht) erhalten hat. Der im Zuge des UmRUG⁵ mit Wirkung ab 1.3.2023 eingefügte **§ 48 S. 2** stellt nunmehr ausdrücklich klar: Liegt ein fristgerechtes Prüfungsverlangen nach § 48 S. 1 vor, so ist auch der Prüfungsbericht den Gesellschaftern innerhalb der (nach Gesetz oder Satzung) zur Einberufung der Gesellschafterversammlung geltenden Frist zu übersenden (→ § 48 Rn. 12). Zu der daraus resultierenden Empfehlung einer frühzeitigen Versendung von Verschmelzungsvertrag und -bericht → Rn. 16 und → § 48 Rn. 11.

Werden nach der Versendung **Änderungen** in den übersendungspflichtigen Unterlagen vorgenommen und sind diese nicht bloß redaktioneller Natur oder (wenn materieller Art) nicht lediglich unwesentlich, so bedarf es einer Übersendung auch der geänderten Unterlagen innerhalb der gesetzlichen Mindestfrist (zu ihr → Rn. 14).⁶ Ob es sich um eine wesentliche Änderung handelt, ist einzelfallabhängig danach zu beurteilen, ob ein objektiv urteilender Gesellschafter die vorzeitige Unterrichtung (Übersendung im Vorfeld der Gesellschafterversammlung) als zur sachgerechten Wahrnehmung seiner Mitgliedschaftsrechte erforderlich ansehen würde.⁷

III. Adressaten, Form und Frist der Übersendung

1. Adressaten

Die übersendungspflichtigen Unterlagen sind regelmäßig an **alle Gesellschafter** zu übersenden, und zwar unabhängig von ihrer Stimmberechtigung.⁸ Nur ausnahmsweise wird man eine Übersendung als entbehrlich ansehen können, nämlich wenn ein Informationsadressat dokumentierte Kenntnis vom Informationsgegenstand hat; so bei dem Gesellschafter-Geschäftsführer, der den Verschmelzungsbericht unterzeichnet hat.⁹

Die Geschäftsführer der übernehmenden GmbH haben eine Unterrichtungspflicht aber nicht schon gegenüber jenen Gesellschaftern, die erst im Zuge der Verschmelzung neu hinzukommen.¹⁰ Denn diese sind bis zur Eintragung der Verschmelzung noch keine Gesellschafter der Übernehmerin; ihre Informationsansprüche folgen allein den für ihren Rechtsträger geltenden Regeln.¹¹

---

4 Lutter/*J. Vetter* Rn. 2 und 9; Semler/Stengel/Leonard/*Reichert* Rn. 5; Widmann/Mayer/*Mayer* Rn. 3.
5 Gesetz zur Umsetzung der Umwandlungsrichtlinie und zur Änderung weiterer Gesetze v. 22.2.2023, BGBl. I Nr. 51.
6 Kallmeyer/*Kocher* Rn. 2; Kölner Komm UmwG/*Simon/Nießen* Rn. 8.
7 Kölner Komm UmwG/*Simon/Nießen* Rn. 8.
8 Wohl allg. Ansicht; s. etwa Habersack/Wicke/*v. Hinden* Rn. 10; Kallmeyer/*Kocher* Rn. 7; Kölner Komm UmwG/*Simon/Nießen* Rn. 9; Lutter/*J. Vetter* Rn. 11; Schmitt/Hörtnagl/*Hörtnagl/Ollech* Rn. 1; Semler/Stengel/Leonard/*Reichert* Rn. 9; Widmann/Mayer/*Mayer* Rn. 8.1.
9 Ebenso wohl Kölner Komm UmwG/*Simon/Nießen* Rn. 10; weitergehend Kallmeyer/*Kocher* Rn. 7: Übersendung des Verschmelzungsberichts an Gesellschafter-Geschäftsführer immer entbehrlich; s. auch noch Widmann/Mayer/*Mayer* Rn. 14 zur Einpersonen-GmbH.
10 So jetzt auch Widmann/Mayer/*Mayer* Rn. 8.3.
11 Zutreffend Kölner Komm UmwG/*Simon/Nießen* Rn. 11.

10 Die Unterlagen sind – den für die Ladung zur Gesellschafterversammlung nach § 51 GmbHG entwickelten Grundsätzen entsprechend[12] – an die **letzte der Gesellschaft mitgeteilte Anschrift** des jeweiligen Gesellschafters zu übersenden. § 47 verlangt eine **Übersendung** an die Gesellschafter; der tatsächliche Zugang der Verschmelzungsunterlagen bei diesen ist **keine** Voraussetzung ordnungsgemäßer Übersendung.[13] Ein Scheitern der Übermittlung wegen Umzugs etc fällt insoweit also in den Risikobereich des Gesellschafters (aber auch → § 48 Rn. 9 zum Beginn der Wochenfrist hinsichtlich des Verlangens auf Verschmelzungsprüfung). Hat die Gesellschaft von einer tatsächlichen Änderung der bisherigen Adresse des Gesellschafters freilich auf andere Weise zuverlässig Kenntnis erlangt, kann die Berufung auf ein vom Gesellschafter zu vertretendes Scheitern der Übermittlung an die zuletzt mitgeteilte Anschrift (weil Mitteilung über Adressänderung unterlassen worden sei) rechtsmissbräuchlich sein.[14]

11 Bei minderjährigen oder unter Betreuung stehenden Gesellschaftern ist an den gesetzlichen Vertreter bzw. Betreuer zu übersenden. Im Falle der Mitberechtigung an einem Geschäftsanteil (§ 18 GmbHG) reicht die Übersendung an **einen** Mitberechtigten nach § 18 Abs. 3 GmbHG aus, sofern kein gemeinsamer Vertreter bestellt sein sollte; die Übersendung an alle Mitberechtigten ist aber zu empfehlen, soweit dies nicht im Einzelfall unzumutbar ist.[15] Ist eine GbR Gesellschafterin, reicht die Übersendung an einen geschäftsführungs- und vertretungsberechtigten Gesellschafter derselben aus.[16]

2. Form

12 Die Übersendung der Verschmelzungsunterlagen muss – entgegen teilweise vertretener Auffassung[17] – **nicht zwingend** in der für die Einladung zur Gesellschafterversammlung nach § 51 Abs. 1 S. 1 GmbHG vorgeschriebenen Form („**mittels eingeschriebener Briefe**") erfolgen, denn § 47 knüpft nur insoweit an die Einberufung an, als die dafür vorgeschriebene Mindestfrist von einer Woche (§ 51 Abs. 1 S. 2 GmbHG) gleichermaßen gilt („spätestens zusammen mit der Einberufung", → Rn. 14). Die Übersendung muss aber nicht etwa zwingend oder regelmäßig im Verbund („zusammen") mit der Einberufung vorgenommen werden; sie ist deshalb auch auf andere Weise als durch Einschreiben zulässig, auch auf elektronischem Wege.[18] Die Beweislast hinsichtlich fristgerechter Übersendung trägt freilich die Gesellschaft.[19]

13 Da eine generelle Koppelung der Form der Übersendung nach § 47 an die Form der Einberufung nach § 51 Abs. 1 S. 1 GmbHG nicht besteht, vermag auch die verbreitete Ansicht nicht zu überzeugen, eine etwaige (GmbH-rechtlich zulässige)[20] abweichende **Satzungsregelung** zur Form der Einberufung schlage automatisch auch auf die Übersendung nach § 47 durch, selbst wenn dies in der Satzung nicht ausdrücklich bestimmt

---

12 Zu ihnen etwa Lutter/Hommelhoff/*Bayer* GmbHG § 51 Rn. 6.
13 Lutter/*J. Vetter* Rn. 18; Schmitt/Hörtnagl/*Hörtnagl/Ollech* Rn. 2; Semler/Stengel/Leonard/*Reichert* Rn. 13.
14 S. zum Ganzen auch Lutter/*J. Vetter* Rn. 12; Maulbetsch/Klumpp/Rose/*Rebmann* Rn. 7; Semler/Stengel/Leonard/*Reichert* Rn. 10.
15 Lutter/*J. Vetter* Rn. 15; Maulbetsch/Klumpp/Rose/*Rebmann* Rn. 8; Semler/Stengel/Leonard/*Reichert* Rn. 11.
16 Lutter/*J. Vetter* Rn. 15; Semler/Stengel/Leonard/*Reichert* Rn. 11; s. auch Widmann/Mayer/*Mayer* Rn. 8.2.

17 So etwa (vorbehaltlich einer abweichenden Satzungsbestimmung zur Form der Einberufung) Keßler/Kühnberger/*Keßler* Rn. 5; Lutter/*J. Vetter* Rn. 16; wohl auch Maulbetsch/Klumpp/Rose/*Rebmann* Rn. 9.
18 Wie hier Habersack/Wicke/*v. Hinden* Rn. 14; Kallmeyer/*Kocher* Rn. 3; Kölner Komm UmwG/*Simon/Nießen* Rn. 13; im Ergebnis auch Semler/Stengel/Leonard/*Reichert* Rn. 13.
19 Widmann/Mayer/*Mayer* Rn. 8 will deshalb eine Übermittlung per Einschreiben empfehlen.
20 Zu Einzelheiten etwa Lutter/Hommelhoff/*Bayer* GmbHG § 51 Rn. 35 f.

sei.[21] Es bedarf vielmehr der Auslegung der jeweiligen Satzungsbestimmung im Einzelfall.

3. Frist

Weil die Übersendung der Verschmelzungsunterlagen kraft ausdrücklicher Bestimmung in § 47 „spätestens" zusammen mit der Einberufung der Gesellschafterversammlung, in welcher der Verschmelzungsbeschluss gefasst werden soll, zu erfolgen hat, gilt die Wochenfrist des § 51 Abs. 1 S. 2 GmbHG als zeitliche Untergrenze auch hier. Entsprechend den zu § 51 Abs. 1 S. 2 GmbHG entwickelten Grundsätzen[22] muss die Übersendung der Verschmelzungsunterlagen mithin so erfolgen, dass zwischen dem Termin der Gesellschafterversammlung und dem Tag, an dem (angesichts der konkret gewählten Übersendungsart) üblicherweise mit dem Zugang der Unterlagen beim letzten Gesellschafter gerechnet werden kann, **mindestens eine Woche** liegt; Fristberechnung nach §§ 187 Abs. 1, 188 Abs. 2, 193 BGB.[23]

Diese Mindestfrist ist angesichts der Bedeutung und der typischen Komplexität eines Verschmelzungsvorhabens denkbar knapp bemessen; sie ist als gesetzliche Vorgabe aber zu akzeptieren, soweit die Satzung der Gesellschaft (→ Rn. 16) keine längere Frist vorsieht. Allenfalls in eng begrenzten Ausnahmefällen kann die Anfechtbarkeit des Verschmelzungsbeschlusses deshalb erfolgreich mit dem Vorbringen begründet werden, die Unterlagen seien lediglich in der gesetzlichen Mindestfrist übersandt worden, während zu ihrer Prüfung ein längerer Zeitraum zwingend erforderlich gewesen sei.[24]

Eine deutlich frühere Versendung ist freilich schon deshalb vielfach ratsam, weil ein Gesellschafter binnen einer Woche, nachdem er die in § 47 genannten Unterlagen erhalten hat (→ § 48 Rn. 9), eine Verschmelzungsprüfung verlangen kann (§ 48) und der Bericht über die Verschmelzungsprüfung nach § 48 S. 2 ebenfalls innerhalb der zur Einberufung der Gesellschafterversammlung geltenden Frist übersandt sein muss (→ Rn. 6 und → § 48 Rn. 11 f.). Im Übrigen kann die **Satzung** eine gegenüber der Wochenfrist des § 51 Abs. 1 S. 2 GmbHG längere Übersendungsfrist vorsehen. Eine Verkürzung der gesetzlichen Mindestfrist kann durch Satzungsbestimmung indes nicht wirksam eingeführt werden.[25]

IV. Rechtsfolgen bei Verstößen

Ein unter Verstoß gegen die Vorgaben des § 47 gefasster Verschmelzungsbeschluss ist anfechtbar,[26] sofern kein allseitiger Verzicht der Gesellschafter vorliegt (→ Rn. 3).

---

21 So etwa Keßler/Kühnberger/*Keßler* Rn. 5; Lutter/*J. Vetter* Rn. 17; Maulbetsch/Klumpp/Rose/*Rebmann* Rn. 9; auch Semler/Stengel/Leonard/*Reichert* Rn. 13.
22 Zu ihnen weiterführend etwa Lutter/Hommelhoff/*Bayer* GmbHG § 51 Rn. 13 ff.
23 Vgl. zum Ganzen auch Kallmeyer/*Kocher* Rn. 4; Kölner Komm UmwG/*Simon/Nießen* Rn. 15; Lutter/*J. Vetter* Rn. 22 f.; Semler/Stengel/Leonard/*Reichert* Rn. 16 f.; Widmann/Mayer/*Mayer* Rn. 7.
24 Lutter/*J. Vetter* Rn. 21; Semler/Stengel/Leonard/*Reichert* Rn. 15; gegen die Anerkennung selbst solcher Ausnahmefälle Kallmeyer/*Kocher* Rn. 5; Kölner Komm UmwG/*Simon/Nießen* Rn. 16.
25 IE übereinstimmend Lutter/*J. Vetter* Rn. 20; Semler/Stengel/Leonard/*Reichert* Rn. 15.
26 Semler/Stengel/Leonard/*Reichert* Rn. 5; Widmann/Mayer/*Mayer* Rn. 9 ff.; mit Einschränkungen auch Kallmeyer/*Kocher* Rn. 8; Kölner Komm UmwG/*Simon/Nießen* Rn. 5.

§ 48 Prüfung der Verschmelzung

¹Der Verschmelzungsvertrag oder sein Entwurf ist für eine Gesellschaft mit beschränkter Haftung nach den §§ 9 bis 12 zu prüfen, wenn dies einer ihrer Gesellschafter innerhalb einer Frist von einer Woche verlangt, nachdem er die in § 47 genannten Unterlagen erhalten hat. ²Liegt ein fristgerechtes Verlangen nach Satz 1 vor, so ist der Prüfungsbericht den Gesellschaftern innerhalb der zur Einberufung der Gesellschafterversammlung geltenden Frist zu übersenden. ³Die Kosten der Prüfung trägt die Gesellschaft.

I. Norminhalt; Normzweck; Normgeschichte 1	3. Frist 9
II. Prüfungsverlangen (S. 1) 5	III. Übersendung des Prüfungsberichts (S. 2) . 12
1. Berechtigung 5	IV. Kosten (S. 3) 13
2. Erklärung gegenüber der Gesellschaft ... 7	V. Rechtsfolgen bei Verstößen 15

I. Norminhalt; Normzweck; Normgeschichte

1 § 48 S. 1 gewährt jedem Gesellschafter einer an der Verschmelzung beteiligten GmbH das Recht, innerhalb einer Woche nach Erhalt des Verschmelzungsvertrages oder seines Entwurfs (vgl. §§ 4 Abs. 2, 13) dessen Prüfung nach den §§ 9–12 zu verlangen; S. 2 ordnet an, dass im Falle eines fristgerechten Prüfungsverlangens der Prüfungsbericht den Gesellschaftern innerhalb der (nach Gesetz oder Satzung) zur Einberufung der Gesellschafterversammlung geltenden Frist zu übersenden ist. S. 3 legt die Kosten der Prüfung der Gesellschaft auf. Unberührt bleibt die in § 30 Abs. 2 angeordnete (antragsunabhängige) Prüfung der Angemessenheit eines Barabfindungsangebots, wenn der Verschmelzungsvertrag ein solches zugunsten der Gesellschafter einer übertragenden GmbH (nach Maßgabe von § 29) enthalten muss.

2 Das Recht, die Prüfung der Verschmelzung zu verlangen, ist Bestandteil des allgemeinen Mitgliedschaftsrechts und dient dem Minderheitenschutz; es steht nicht zur Disposition der Satzung. Im Falle des fristgerecht erklärten Prüfungsverlangens ist die Prüfung iSv § 9 Abs. 1 „in diesem Gesetz vorgeschrieben"; zu den Einschränkungen nach § 9 Abs. 2 iVm § 8 Abs. 3 s. die Erläuterungen dort. Bei notariell erklärtem Verzicht eines einzelnen Gesellschafters wird das später gleichwohl erklärte Prüfungsverlangen in der Regel als rechtsmissbräuchlich anzusehen sein.[1]

3 § 48 geht auf § 355 Abs. 2 S. 1 Hs. 2 iVm §§ 340b Abs. 1, 352b Abs. 2 AktG aF zurück, hat das Recht, eine Verschmelzungsprüfung zu verlangen, jedoch auf alle Verschmelzungen unter Beteiligung einer GmbH erweitert. Die Wochenfrist nach S. 1 Hs. 2 ist durch das 2. UmwGÄndG[2] eingeführt worden, um Verzögerungen der Verschmelzung durch ein erst in der Gesellschafterversammlung geäußertes Prüfungsverlangen entgegenzuwirken. Der im Zuge des UmRUG[3] mit Wirkung ab 1.3.2023 eingefügte S. 2 stellt klar, was schon zuvor breit konsentiert war (→ Rn. 12).

4 Die Vorschrift ist gem. § 56 auch auf die Verschmelzung zur Neugründung sowie nach § 125 Abs. 1 S. 1 auf Auf- und Abspaltungen anzuwenden, nicht hingegen auf die Ausglie-

---

[1] Kölner Komm UmwG/*Simon/Nießen* Rn. 12; Schmitt/Hörtnagl/*Hörtnagl/Olleck* Rn. 3; Semler/Stengel/Leonard/*Reichert* Rn. 5 und 11; Widmann/Mayer/*Mayer* Rn. 18.

[2] Zweites Gesetz zur Änderung des Umwandlungsgesetzes vom 19.4.2007, BGBl. I 542.

[3] Gesetz zur Umsetzung der Umwandlungsrichtlinie und zur Änderung weiterer Gesetze v. 22.2.2023, BGBl. I Nr. 51.

derung (§ 125 Abs. 1 S. 2). Parallelvorschriften für rechtsfähige Personengesellschaften: §§ 39e, 42, § 45e S. 2.

II. Prüfungsverlangen (S. 1)

1. Berechtigung

Berechtigt, die Verschmelzungsprüfung zu verlangen, ist **jeder Gesellschafter** einer an der Verschmelzung beteiligten GmbH, unabhängig von seiner Stimmberechtigung.[4] Als Gesellschafter gilt der in der Gesellschafterliste Eingetragene (§§ 16 Abs. 1 S. 1, 40 GmbHG), wobei die Gesellschafterstellung zum Zeitpunkt seines Verlangens vorliegen muss.[5] Im Falle späterer Rechtsnachfolge wirkt der Antrag zugunsten des Nachfolgers fort.[6]

Nicht berechtigt sind hingegen Inhaber sonstiger Rechte, die von der Verschmelzung betroffen sein können (wie Inhaber von Wandelschuldverschreibungen, Genussrechten etc);[7] auch (schuldrechtliche oder dingliche) Sicherungsrechte am Gesellschaftsanteil (Nießbrauch; Pfandrecht) stehen der Beteiligung als Gesellschafter regelmäßig nicht gleich.[8] An der Gesellschafterstellung in der übernehmenden GmbH fehlt es zum maßgeblichen Zeitpunkt im Übrigen im Blick auf die erst künftigen Gesellschafter:[9] bis zur Eintragung der Verschmelzung sind sie Anteilsinhaber eines übertragenden Rechtsträgers (→ § 47 Rn. 9).

2. Erklärung gegenüber der Gesellschaft

Das Verlangen nach Prüfung des Verschmelzungsvertrages ist eine **empfangsbedürftige Willenserklärung**; der Gesellschafter muss erkennen lassen, dass die sachverständige Überprüfung der Verschmelzung begehrt wird.[10] Das Prüfungsverlangen kann formfrei geäußert werden, seine Dokumentation zu Beweiszwecken ist indes empfehlenswert.[11]

Adressat des Prüfungsverlangens ist die **Gesellschaft**; es bedarf einer Erklärung gegenüber dem Geschäftsführer, bei mehreren reicht die Erklärung gegenüber einem (§ 35 Abs. 2 S. 2 GmbHG).[12]

3. Frist

Nach S. 1 ist das Prüfungsverlangen (spätestens) **innerhalb einer Woche** zu erklären, nachdem der die Prüfung verlangende Gesellschafter die in § 47 genannten Verschmelzungsunterlagen (Verschmelzungsvertrag oder dessen Entwurf; Verschmelzungsbericht) erhalten hat. Während § 47 allein die „Übersendung" der Verschmelzungsunterlagen spätestens mit der Einberufung der Gesellschafterversammlung – also innerhalb der Wochenfrist von § 51 Abs. 1 S. 2 GmbHG – verlangt (→ § 47 Rn. 10), beginnt die einwöchige Ausschlussfrist des § 48 erst mit dem tatsächlichen **Zugang** der Verschmelzungs-

---

[4] Kölner Komm UmwG/*Simon/Nießen* Rn. 8; Lutter/*J. Vetter* Rn. 11; Semler/Stengel/Leonard/*Reichert* Rn. 8.
[5] Kallmeyer/*Lanfermann* Rn. 3; Kölner Komm UmwG/*Simon/Nießen* Rn. 8; Lutter/*J. Vetter* Rn. 13 f.; Widmann/Mayer/*Mayer* Rn. 6.
[6] Kölner Komm UmwG/*Simon/Nießen* Rn. 10; Semler/Stengel/Leonard/*Reichert* Rn. 9.
[7] Lutter/*J. Vetter* Rn. 12.
[8] Kölner Komm UmwG/*Simon/Nießen* Rn. 9.
[9] Kölner Komm UmwG/*Simon/Nießen* Rn. 10; Lutter/*J. Vetter* Rn. 14; aA Widmann/Mayer/*Mayer* Rn. 6.
[10] Schmitt/Hörtnagl/*Hörtnagl/Olleck* Rn. 3; Semler/Stengel/Leonard/*Reichert* Rn. 7.
[11] Kallmeyer/*Lanfermann* Rn. 2; Semler/Stengel/Leonard/*Reichert* Rn. 7.
[12] Semler/Stengel/Leonard/*Reichert* Rn. 7; Widmann/Mayer/*Mayer* Rn. 8; ferner Kallmeyer/*Lanfermann* Rn. 4, der alternativ auch eine Erklärung gegenüber allen Mitgesellschaftern (zB in der Gesellschafterversammlung) genügen lassen will.

unterlagen beim jeweiligen Gesellschafter zu laufen („nachdem er ... erhalten hat").[13] Fristberechnung nach §§ 187 Abs. 1, 188 Abs. 2, 193 BGB.

10 Die Beweislast für den Zugang der Unterlagen (und damit für den Beginn des Laufs der Wochenfrist) trifft im Streitfall die Gesellschaft; eine Dokumentation des Zugangs ist deshalb praktisch wichtig. Eine Erklärung des Prüfungsverlangens schon vor Zugang der Verschmelzungsunterlagen ist im Übrigen möglich.[14] Umgekehrt kann die Gesellschaft auch ihrerseits die Durchführung einer Verschmelzungsprüfung veranlassen, selbst wenn in der Wochenfrist des § 48 kein Gesellschafter ein entsprechendes Verlangen geäußert hat.[15]

11 Wird die Gesellschafterversammlung, in welcher der Verschmelzungsbeschluss auf der Tagesordnung steht, erst auf einen Tag nach Ablauf der Wochenfrist von § 48 S. 1 terminiert, kann – anders als nach früherem Recht (→ Rn. 3) – das Prüfungsverlangen nicht mehr erst in der Versammlung wirksam erklärt werden. Jedenfalls wenn mit einem Prüfungsverlangen gerechnet werden muss (und keine allseitigen Verzichtserklärungen nach § 9 Abs. 2 iVm § 8 Abs. 3 vorliegen), empfiehlt es sich im Übrigen, den Verschmelzungsvertrag (oder dessen Entwurf) deutlich früher als nach § 47 verlangt zu übermitteln (→ § 47 Rn. 16): Andernfalls kann ein Prüfungsverlangen zur Aufhebung eines schon anberaumten Versammlungstermins zwingen, da nach § 48 S. 2 – über die in § 47 genannten Unterlagen hinaus – auch der Bericht über die Verschmelzungsprüfung innerhalb der zur Einberufung der Gesellschafterversammlung geltenden Frist übersandt sein muss (→ Rn. 12 und → § 47 Rn. 6).[16] Hat ein Gesellschafter die Prüfung der Verschmelzung fristgerecht verlangt, so richtet sich das weitere Verfahren nach §§ 10–12; s. die dortigen Erläuterungen.

III. Übersendung des Prüfungsberichts (S. 2)

12 Angesichts des Normzwecks von § 47 (→ § 47 Rn. 2) war schon vor dem Inkrafttreten des UmRUG weitgehend konsentiert, dass sich die in § 47 angeordnete Pflicht zur Übersendung der Verschmelzungsunterlagen – über den Wortlaut der Vorschrift hinaus – auch auf den **Bericht über** eine nach § 48 iVm §§ 9–12 ggf. durchgeführte **Verschmelzungsprüfung** erstreckt, die ein Gesellschafter innerhalb der Wochenfrist nach § 48 S. 1 (→ Rn. 9 ff.) verlangt hat (zu Nachweisen → 2. Aufl. 2019, § 47 Rn. 6). Der im Zuge des UmRUG (→ Rn. 3) eingefügte § 48 S. 2 stellt dies nunmehr ausdrücklich klar: Liegt ein fristgerechtes Prüfungsverlangen nach S. 1 der Vorschrift vor, so ist der Prüfungsbericht den Gesellschaftern innerhalb der (nach Gesetz oder Satzung) zur Einberufung der Gesellschafterversammlung geltenden Frist zu übersenden. Auch die Übersendung des Prüfungsberichts muss mithin so erfolgen, dass zwischen dem Termin der Gesellschafterversammlung und dem Tag, an dem (angesichts der konkret gewählten Übersendungsart) üblicherweise mit dem Zugang beim letzten Gesellschafter gerechnet werden kann, mindestens eine Woche liegt, sofern die Satzung keine längere Frist vorsieht (→ § 47 Rn. 14 ff.). Zur daraus resultierenden Notwendigkeit, die Gesellschafterversammlung frühzeitig unter Übersendung der in § 47 genannten Unterlagen einzuberufen, → Rn. 11.

---

[13] Gleichsinnig Habersack/Wicke/*v. Hinden* Rn. 19.1; Kallmeyer/*Lanfermann* Rn. 5; Kölner Komm UmwG/*Simon/Nießen* Rn. 15; Lutter/*J. Vetter* Rn. 26; jetzt auch Widmann/Mayer/*Mayer* Rn. 11; aA noch *Mayer/Weiler* DB 2007, 1235 (1237).

[14] Keßler/Kühnberger/*Keßler* Rn. 6; Lutter/*J. Vetter* Rn. 29.

[15] Kölner Komm UmwG/*Simon/Nießen* Rn. 14.

[16] Dazu auch Begründung zum RegE UmRUG, BT-Drs. 20/3822, 72.

IV. Kosten (S. 3)

Die Kosten der Prüfung (zur näheren Bestimmung der Kosten vgl. § 10 Abs. 1 S. 3 und die Erläuterungen dort) trägt nach S. 3 die **Gesellschaft**; sie können dem die Prüfung verlangenden Gesellschafter weder durch Satzungsbestimmung noch durch Gesellschafterbeschluss auferlegt werden. Nach dem Willen des Gesetzgebers soll die Zuweisung der Kostenlast an die Gesellschaft deren Geschäftsführung zu einer möglichst umfassenden Information bereits im Verschmelzungsbericht (§ 8) veranlassen, um so ein etwaiges Prüfungsverlangen eines Gesellschafters zu vermeiden.[17]

13

Unter die Kosten der Prüfung fallen im Übrigen nur die reinen Prüfungskosten; eigene Kosten des Gesellschafters (zB im Zusammenhang mit der Erklärung des Prüfungsverlangens oder der eigenen Überprüfung des Prüfungsberichts) hat dieser selbst zu tragen.[18]

14

V. Rechtsfolgen bei Verstößen

Ein unter Verstoß gegen die gesetzlichen Vorgaben zur Verschmelzungsprüfung gefasster Verschmelzungsbeschluss ist anfechtbar; hat ein Gesellschafter fristgerecht die Prüfung verlangt, muss der Prüfungsbericht abgewartet werden, bevor über die Verschmelzung Beschluss gefasst werden darf.[19] Wie die in § 47 genannten Unterlagen (Verschmelzungsvertrag oder dessen Entwurf; Verschmelzungsbericht) muss auch der Bericht über die Verschmelzungsprüfung allen Gesellschaftern innerhalb der zur Einberufung der Gesellschafterversammlung geltenden Frist übersandt werden (→ Rn. 12).

15

§ 49 Vorbereitung der Gesellschafterversammlung

(1) Die Geschäftsführer haben in der Einberufung der Gesellschafterversammlung, die gemäß § 13 Abs. 1 über die Zustimmung zum Verschmelzungsvertrag beschließen soll, die Verschmelzung als Gegenstand der Beschlußfassung anzukündigen.

(2) Von der Einberufung an sind in dem Geschäftsraum der Gesellschaft die Jahresabschlüsse und die Lageberichte der an der Verschmelzung beteiligten Rechtsträger für die letzten drei Geschäftsjahre zur Einsicht durch die Gesellschafter auszulegen.

(3) Die Geschäftsführer haben jedem Gesellschafter auf Verlangen jederzeit Auskunft auch über alle für die Verschmelzung wesentlichen Angelegenheiten der anderen beteiligten Rechtsträger zu geben.

I. Norminhalt; Normzweck; Normgeschichte 1	2. Modalitäten der Auslage 16
II. Ankündigung des Beschlussgegenstandes (Abs. 1) 5	3. Einsichtnahme durch die Gesellschafter 18
III. Auslage von Jahresabschlüssen und Lageberichten (Abs. 2) 9	IV. Auskunft über Angelegenheiten beteiligter Rechtsträger (Abs. 3) 20
1. Auszulegende Rechnungslegungsunterlagen 9	V. Rechtsfolgen bei Verstößen 28

---

17 Vgl. BegrRegE UmwG bei *Ganske* Umwandlungsrecht S. 99.
18 Kölner Komm UmwG/*Simon/Nießen* Rn. 19.

19 Vgl. Lutter/*J. Vetter* Rn. 32; Widmann/Mayer/*Mayer* Rn. 21.

I. Norminhalt; Normzweck; Normgeschichte

1 § 49 gilt für eine jede an der Verschmelzung beteiligte GmbH. **Abs. 1** konkretisiert die gesetzlichen Erfordernisse hinsichtlich der Einberufung zur Gesellschafterversammlung nach § 51 Abs. 2 GmbHG dahin gehend, dass in der Einberufung die Zustimmung zum Verschmelzungsvertrag als Gegenstand der Beschlussfassung anzukündigen ist; § 51 Abs. 4 GmbHG, wonach die Beschlussgegenstände auch noch nach der Einberufung – nämlich bis drei Tage vor der Gesellschafterversammlung – angekündigt werden können, gilt hier also nicht.[1] Nach **Abs. 2** sind ab Einberufung zur Gesellschafterversammlung, welche den Verschmelzungsbeschluss fassen soll, die Jahresabschlüsse und Lageberichte aller an der Verschmelzung beteiligter Rechtsträger für die letzten drei Geschäftsjahre zur Einsichtnahme durch die Gesellschafter im Geschäftsraum der Gesellschaft auszulegen. **Abs. 3** erweitert das allgemeine Informationsrecht des GmbH-Gesellschafters aus § 51a GmbHG und verpflichtet die Geschäftsführer, jedem Gesellschafter der GmbH auf Verlangen jederzeit auch Auskunft über alle für die Verschmelzung wesentlichen Angelegenheiten der **anderen** an der Verschmelzung beteiligten Rechtsträger zu geben.

2 § 49 bezweckt damit – in Ergänzung von § 47 (s. die Erläuterungen dort) – die rechtzeitige Unterrichtung der Gesellschafter über den angestrebten Verschmelzungsbeschluss sowie ihre hinreichende Information über alle verschmelzungsrelevanten Umstände. Die Informationsrechte nach § 49 stehen nicht zur Disposition der **Satzung**; ein **Verzicht aller Gesellschafter** auf einzelne oder alle Vorgaben des § 49, um ein etwaiges Anfechtungsrisiko auszuschließen, ist aber möglich.[2]

3 Während Abs. 1 ohne Entsprechung im früheren Recht ist, knüpft Abs. 2 an die Regelung in § 355 Abs. 2 S. 2 Hs. 1 AktG aF iVm § 340d Abs. 2 Nr. 2 AktG aF an und erweitert diese auf alle Verschmelzungen unter Beteiligung einer GmbH. Abs. 3 entspricht im Wesentlichen dem früheren § 20 Abs. 5 KapErhG sowie § 340d AktG aF.

4 Die Vorschrift findet auch auf die Verschmelzung zur Neugründung (§ 56) sowie auf alle Arten der Spaltung Anwendung (§ 125 Abs. 1 S. 1).

II. Ankündigung des Beschlussgegenstandes (Abs. 1)

5 Nach Abs. 1 haben die Geschäftsführer in der Einberufung der Gesellschafterversammlung, die gem. § 13 über die Zustimmung zum Verschmelzungsvertrag beschließen soll, die **Verschmelzung als Gegenstand der Beschlussfassung anzukündigen**. Dass es einer vorherigen Ankündigung des Beschlussgegenstandes bedarf, folgt schon aus dem heutigen Verständnis des § 51 Abs. 2 GmbHG, wonach „der Zweck der Versammlung ... jederzeit bei der Berufung angekündigt werden" soll.[3] § 49 Abs. 1 verlangt aber die Ankündigung des Beschlussgegenstandes **in der Einberufung der nämlichen Versammlung**, während nach der allgemeinen Bestimmung des § 51 Abs. 4 GmbHG die Ankündigung von Beschlussgegenständen noch bis zu drei Tagen vor der Versammlung nachgeschoben werden kann. Diese Möglichkeit besteht für den Beschlussgegenstand „Zustimmung zum Verschmelzungsvertrag" also gerade nicht (→ Rn. 1). Da dieser Be-

---

1 Kallmeyer/*Kocher* Rn. 2; Lutter/*J. Vetter* Rn. 8; Semler/Stengel/Leonard/*Reichert* Rn. 5.
2 Kallmeyer/*Kocher* Rn. 1; Semler/Stengel/Leonard/*Reichert* Rn. 3 und 19; Widmann/Mayer/*Mayer* Rn. 10, 20; Lutter/*J. Vetter* Rn. 6; wohl auch Kölner Komm UmwG/*Simon/Nießen* Rn. 5.
3 Näher zur Auslegung des § 51 Abs. 2 GmbHG etwa Lutter/Hommelhoff/*Bayer* GmbHG § 51 Rn. 21 ff.

schlussgegenstand „in der Einberufung" zur Versammlung angekündigt werden muss, genügt die Ankündigung in einem separaten Schreiben – selbst wenn es in der Form und Frist des § 51 Abs. 1 GmbHG (→ Rn. 8) übermittelt wird – nicht.[4]

In der Einberufung ist allein der **Beschlussgegenstand** (das konkrete Verschmelzungsvorhaben) anzukündigen. Nicht erforderlich ist hingegen, weitere Angaben zum wesentlichen Inhalt des Verschmelzungsvertrages zu machen oder gar den Wortlaut des Vertrages mitzuteilen.[5] Der Verschmelzungsvertrag (oder sein Entwurf) und der Verschmelzungsbericht können vielmehr auch separat übersandt werden, doch muss die Übersendung der Verschmelzungsunterlagen gem. § 47 spätestens bis zur Wochenfrist des § 51 Abs. 1 S. 2 GmbHG erfolgt sein (näher → § 47 Rn. 14 ff.; zu einem etwaigen Prüfungsbericht → § 48 Rn. 12).

Ebenso wenig müssen in der Einberufung zur Gesellschafterversammlung ein etwaiges Barabfindungsangebot nach § 29 mitgeteilt[6] oder die anderen an der Verschmelzung beteiligten Rechtsträger benannt werden,[7] da diese Informationen den nach § 47 zu übersendenden Verschmelzungsunterlagen zu entnehmen sind.

Im Übrigen gelten für die Ankündigung der Beschlussfassung in der Einberufung zur Versammlung die Vorgaben hinsichtlich **Form** und **Frist** nach Maßgabe von § 51 Abs. 1 GmbHG (eingeschriebener Brief mit einer Frist von mindestens einer Woche; → § 47 Rn. 12 ff.), soweit die Satzung keine anderweitige Bestimmung zur Einberufung der Gesellschafterversammlung trifft.[8]

III. Auslage von Jahresabschlüssen und Lageberichten (Abs. 2)

1. Auszulegende Rechnungslegungsunterlagen

Abs. 2 verpflichtet jede an der Verschmelzung beteiligte GmbH, die (auf die letzten drei Geschäftsjahre bezogenen) Jahresabschlüsse und Lageberichte aller an der Verschmelzung beteiligter Rechtsträger zur Einsicht durch die Gesellschafter auszulegen. Diese Pflicht zur Auslage besteht unabhängig davon, ob die jeweiligen Rechnungslegungsunterlagen der Publizitätspflicht nach §§ 325 ff. HGB unterliegen oder nicht. Vorbehaltlich eines Verzichts aller zur Einsichtnahme berechtigten Gesellschafter (→ Rn. 2) sind die Jahresabschlüsse und Lageberichte auch dann auszulegen, wenn die Pflicht zur Erstellung eines Verschmelzungsberichts und/oder Prüfungsberichts nicht besteht (vgl. § 8 Abs. 3, 9 Abs. 2).[9]

Auszulegen sind freilich nur solche Jahresabschlüsse sowie Lageberichte, zu deren Aufstellung der jeweilige an der Verschmelzung beteiligte Rechtsträger von Gesetzes wegen verpflichtet ist. Aus § 49 Abs. 2 folgt für nicht rechnungslegungspflichtige Rechtsträger (zB eingetragene Vereine) nicht etwa eine verschmelzungsrechtliche Verpflichtung

---

4 Kallmeyer/*Kocher* Rn. 2; Kölner Komm UmwG/*Simon/Nießen* Rn. 8; Lutter/*J. Vetter* Rn. 9; Schmitt/Hörtnagl/*Hörtnagl/Ollech* Rn. 5; Semler/Stengel/Leonard/*Reichert* Rn. 5.
5 Kölner Komm UmwG/*Simon/Nießen* Rn. 7; Widmann/Mayer/*Mayer* Rn. 6.
6 Kölner Komm UmwG/*Simon/Nießen* Rn. 7; insoweit aA Maulbetsch/Klumpp/Rose/*Rebmann* Rn. 4; Widmann/Mayer/*Mayer* Rn. 6.
7 Kallmeyer/*Kocher* Rn. 2; Kölner Komm UmwG/*Simon/Nießen* Rn. 7; Schmitt/Hörtnagl/*Hörtnagl/Ollech* Rn. 5; Semler/Stengel/Leonard/*Reichert* Rn. 4.
8 Zu den Möglichkeiten und Grenzen der Satzungsgestaltung weiterführend Lutter/Hommelhoff/*Bayer* GmbHG § 51 Rn. 35 f.
9 Kallmeyer/*Kocher* Rn. 5; Kölner Komm UmwG/*Simon/Nießen* Rn. 14; Lutter/*J. Vetter* Rn. 13; Semler/Stengel/Leonard/*Reichert* Rn. 8; Widmann/Mayer/*Mayer* Rn. 16.

zur Aufstellung eines Jahresabschlusses.[10] Ebenso wenig werden ggf. freiwillig erstellte Rechnungslegungsunterlagen (zB der Lagebericht einer kleinen Kapitalgesellschaft; vgl. § 264 Abs. 1 S. 4 HGB) von der Auslegungspflicht nach Abs. 2 erfasst.[11] Liegen bei einem anderen Rechtsträger freiwillig erstellte Unterlagen vor, kann der Gesellschafter Auskunft über deren Inhalt freilich nach Maßgabe von § 49 Abs. 3 – „für die Verschmelzung wesentliche Angelegenheit" (→ Rn. 20 ff.) – verlangen.

11 Auszulegen sind die **Jahresabschlüsse** (bestehend aus Bilanz, Gewinn- und Verlustrechnung sowie bei Gesellschaften, die einen Anhang zu erstellen haben, diesem) und ggf. **Lageberichte aller** an der Verschmelzung beteiligten Rechtsträger, auch die der auslegungspflichtigen GmbH selbst; Unterlagen der **Konzern**rechnungslegung werden von der Auslegungspflicht nach Abs. 2 indes nicht erfasst.[12] Die Auslage der eigenen Rechnungslegungsunterlagen (zusammen mit denen der anderen beteiligten Rechtsträger) wird auch dann nicht als entbehrlich angesehen, wenn diese den Gesellschaftern schon nach § 42a Abs. 1 S. 1 GmbHG vorgelegt worden sind.[13] Zwischenbilanzen müssen nicht ausgelegt werden.

12 Die Pflicht zur Auslage erfasst die Jahresabschlüsse und Lageberichte eines jeden an der Verschmelzung beteiligten Rechtsträgers für die **letzten drei Geschäftsjahre**, und zwar bezogen auf den Zeitpunkt der Einberufung jener Gesellschafterversammlung (der zur Auslage verpflichteten GmbH), die den Verschmelzungsbeschluss fassen soll. Besteht ein Rechtsträger zum Zeitpunkt der Einberufung noch keine drei Jahre, sind nur die Abschlüsse für die Geschäftsjahre seines Bestehens (einschließlich eines etwaig gebildeten Rumpfgeschäftsjahres) auszulegen.[14]

13 Für das Kriterium „die letzten drei Geschäftsjahre" sind im Übrigen diejenigen Geschäftsjahre zu berücksichtigen, für welche der jeweilige Jahresabschluss und ggf. Lagebericht tatsächlich aufgestellt (bzw. festgestellt) worden ist oder zum Zeitpunkt der Einberufung der Gesellschafterversammlung nach der gesetzlichen Vorgabe (vgl. insbesondere § 264 Abs. 1 S. 3 und 4 HGB) hätte aufgestellt werden müssen.[15] Das bedeutet: Sind zum Zeitpunkt der Einberufung Jahresabschluss und ggf. Lagebericht für das jüngste abgelaufene Geschäftsjahr schon aufgestellt (oder gar festgestellt), so sind diese (sowie die festgestellten Jahresabschlüsse und Lageberichte der beiden vorangegangenen Geschäftsjahre) auszulegen. Ist der Jahresabschluss für das jüngste abgelaufene Geschäftsjahr indes noch nicht aufgestellt und ist die gesetzliche Aufstellungsfrist auch noch **nicht verstrichen**, sind die Rechnungslegungsunterlagen für die drei vorausgehenden Geschäftsjahre auszulegen;[16] es muss nicht etwa abgewartet werden, bis der Abschluss für das jüngste abgelaufene Geschäftsjahr aufgestellt worden ist.

14 Anders hingegen, wenn die Aufstellungsfrist für jenes letzte Geschäftsjahr schon abgelaufen ist, ohne dass ein an der Verschmelzung beteiligter Rechtsträger den Abschluss

---

10 Kallmeyer/*Kocher* Rn. 3 f.; Kölner Komm UmwG/*Simon/Nießen* Rn. 13; Lutter/*J. Vetter* Rn. 14; Schmitt/Hörtnagl/*Hörtnagl/Olleck* Rn. 6; Semler/Stengel/Leonard/*Reichert* Rn. 8.

11 Kallmeyer/*Kocher* Rn. 3; Kölner Komm UmwG/*Simon/Nießen* Rn. 13; Widmann/Mayer/*Mayer* Rn. 13; s. auch *Kocher/Thomssen* DStR 2015, 1057 (1060).

12 Schmitt/Hörtnagl/*Hörtnagl/Olleck* Rn. 6; Lutter/*J. Vetter* Rn. 18 f.

13 Kallmeyer/*Kocher* Rn. 3; Keßler/Kühnberger/*Keßler* Rn. 3.

14 Kallmeyer/*Kocher* Rn. 3; Kölner Komm UmwG/*Simon/Nießen* Rn. 16; Lutter/*J. Vetter* Rn. 14; Semler/Stengel/Leonard/*Reichert* Rn. 8; Widmann/Mayer/*Mayer* Rn. 14.

15 Kallmeyer/*Kocher* Rn. 3 f.; Kölner Komm UmwG/*Simon/Nießen* Rn. 15; Lutter/*J. Vetter* Rn. 31; Semler/Stengel/Leonard/*Reichert* Rn. 7; Widmann/Mayer/*Mayer* Rn. 15; *J. Vetter* NZG 1999, 925 (928 f.); *Kocher/Thomssen* DStR 2015, 1057 (1059 f.).

16 Für diesen Fall aA Maulbetsch/Klumpp/Rose/*Rebmann* Rn. 9: Auslage nur der letzten zwei schon aufgestellten Abschlüsse.

aufgestellt hat: Dann können nicht alle Rechnungslegungsunterlagen, die von der Auslagepflicht nach § 49 Abs. 2 umfasst sind, ausgelegt werden. In der Konsequenz muss mit der Einberufung der Gesellschafterversammlung gewartet werden, bis der fehlende Abschluss aufgestellt ist und ausgelegt werden kann. Ein Zuwarten bis zur Feststellung des Jahresabschlusses ist indes nicht zu verlangen; bezogen auf das jüngste Geschäftsjahr genügt auch in diesem Fall die Auslage des aufgestellten Abschlusses.

Sollten im Übrigen nach Einberufung der Gesellschafterversammlung Rechnungslegungsunterlagen fertiggestellt werden, die nicht von der Auslegungspflicht erfasst sind (zB: der das jüngste abgelaufene Geschäftsjahr betreffende Abschluss wird aufgestellt; der bisher nur aufgestellte Abschluss wird festgestellt), so müssen diese nicht etwa nachträglich zur Einsichtnahme ausgelegt werden. Ein Gesellschafter kann aber im Wege seines Informationsrechts nach Abs. 3 (→ Rn. 20 ff.) Auskunft über den Inhalt auch solcher Rechnungslegungsunterlagen verlangen, die sich auf andere beteiligte Rechtsträger beziehen; die Unterlagen der eigenen Gesellschaft sind ihm nach § 42a GmbHG ohnehin unverzüglich vorzulegen.

2. Modalitäten der Auslage

Die Rechnungslegungsunterlagen sind **in den Geschäftsräumen der Gesellschaft** auszulegen. Hat sie Geschäftsräume an verschiedenen Orten, hat die Auslage zumindest am Sitz der Gesellschaft (§ 4a GmbHG) zu erfolgen.[17] Die Auslage von Kopien genügt,[18] die Einstellung der Unterlagen in das Internet indes nicht (da eine dem § 63 Abs. 4 entsprechende Bestimmung fehlt).[19]

Auszulegen sind die Unterlagen „**von der Einberufung an**", also spätestens ab dem Zeitpunkt, zu dem üblicherweise mit dem Zugang beim ersten Gesellschafter zu rechnen ist.[20] Die Auslage ist – zu den üblichen Geschäftszeiten (→ Rn. 18) – bis zum Ende der den Verschmelzungsbeschluss fassenden Gesellschafterversammlung beizubehalten.[21]

3. Einsichtnahme durch die Gesellschafter

Abs. 2 verlangt die Auslage „zur Einsicht durch die Gesellschafter", diese haben also das **Recht auf Einsichtnahme** in die auszulegenden Rechnungslegungsunterlagen zu den üblichen Geschäftszeiten.[22] Dabei dürfen sie sachkundige Dritte hinzuziehen, die zur Berufsverschwiegenheit verpflichtet sind.[23]

Die GmbH-Gesellschafter haben (anders als Aktionäre nach § 63 Abs. 3) keinen Anspruch auf kostenlose Übersendung der ausgelegten Unterlagen in Kopie,[24] jedoch ist – als Ausfluss ihres Einsichtnahmerechts – die Befugnis anzuerkennen, vor Ort **Kopien auf eigene Kosten** anzufertigen bzw. anfertigen zu lassen, und zwar auch bezüglich der Rechnungslegungsunterlagen aller anderen an der Verschmelzung beteiligten Rechts-

---

17 Kallmeyer/*Kocher* Rn. 4; Kölner Komm UmwG/*Simon/Nießen* Rn. 12.
18 Kallmeyer/*Kocher* Rn. 4; Kölner Komm UmwG/*Simon/Nießen* Rn. 12; Widmann/Mayer/*Mayer* Rn. 16.1.
19 Lutter/*J. Vetter* Rn. 43; Schmitt/Hörtnagl/*Hörtnagl/Ollech* Rn. 2.
20 Vgl. Kölner Komm UmwG/*Simon/Nießen* Rn. 11.
21 Semler/Stengel/Leonard/*Reichert* Rn. 6.
22 Kölner Komm UmwG/*Simon/Nießen* Rn. 12; Lutter/*J. Vetter* Rn. 40; Schmitt/Hörtnagl/*Hörtnagl/Ollech* Rn. 6; Widmann/Mayer/*Mayer* Rn. 16.1.
23 Schmitt/Hörtnagl/*Hörtnagl/Ollech* Rn. 6.
24 Wohl unstreitig, s. etwa Habersack/Wicke/*v. Hinden* Rn. 24; Kallmeyer/*Kocher* Rn. 4; Kölner Komm UmwG/*Simon/Nießen* Rn. 17; Lutter/*J. Vetter* Rn. 41; Semler/Stengel/Leonard/*Reichert* Rn. 8.

träger.²⁵ Insoweit hat der Gesetzgeber mit Abs. 2 das Informationsinteresse des einzelnen Gesellschafters ersichtlich höher eingestuft als das Geheimhaltungsinteresse jener anderen Rechtsträger, die nicht der Rechnungslegungspublizität unterliegen.²⁶ Die Einsichtnahme in die Rechnungslegungsunterlagen kann deshalb auch nicht unter Berufung auf den Rechtsgedanken von § 8 Abs. 2 UmwG, § 131 Abs. 3 Nr. 1 AktG (→ Rn. 27 im Zusammenhang mit dem Auskunftsanspruch nach Abs. 3) verwehrt werden.

IV. Auskunft über Angelegenheiten beteiligter Rechtsträger (Abs. 3)

20 Abs. 3 verpflichtet die Geschäftsführer einer an der Verschmelzung beteiligten GmbH, jedem **Gesellschafter** der (eigenen) Gesellschaft auf Verlangen jederzeit auch **Auskunft** über alle für die Verschmelzung wesentlichen Angelegenheiten der anderen an der Verschmelzung beteiligten Rechtsträger zu geben. Das ist sachgerecht, da in Verschmelzungsfällen ein entsprechendes Informationsbedürfnis besteht.²⁷ Die Vorschrift erweitert somit das allgemeine Informationsrecht des GmbH-Gesellschafters aus § 51a GmbHG, wonach die Geschäftsführer jedem Gesellschafter auf Verlangen unverzüglich Auskunft über die Angelegenheit ihrer Gesellschaft zu geben haben. § 51a GmbHG bleibt Grundlage des Auskunftsanspruchs, soweit es um die Angelegenheiten der **eigenen** Gesellschaft geht. Auskunft über die verschmelzungsrelevanten Angelegenheiten der **anderen** beteiligten Rechtsträger kann ein GmbH-Gesellschafter nach **§ 49 Abs. 3** verlangen.

21 Der **Auskunftsanspruch** über die Angelegenheiten der anderen Rechtsträger gem. Abs. 3 richtet sich freilich **allein gegen die Geschäftsführer der eigenen Gesellschaft**. Diese müssen sich die verlangten Informationen ggf. vom anderen Rechtsträger beschaffen. Die an der Verschmelzung beteiligten Rechtsträger sind – schon unabhängig von einem tatsächlichen Auskunftsverlangen des Gesellschafters einer anderen an der Verschmelzung beteiligten Gesellschaft²⁸ – aus vorvertraglichem Schuldverhältnis zur wechselseitigen Informationsgewähr verpflichtet.²⁹ Der einzelne GmbH-Gesellschafter hat indes keinen direkten Informationsanspruch gegenüber einem anderen an der Verschmelzung beteiligten Rechtsträger oder dessen Organwaltern, mag die Hinzuziehung Letzterer zu der den Verschmelzungsbeschluss fassenden Gesellschafterversammlung auch zu empfehlen sein.³⁰ Sollten diese dann dort selbst über verschmelzungsrelevante Angelegenheiten ihres Rechtsträgers informieren, handeln sie freilich als Erfüllungsgehilfen der (auskunftspflichtigen) Geschäftsführer der besuchten Gesellschaft, so dass ihre Auskünfte diesen zuzurechnen sind.³¹

22 Gelingt es den auskunftspflichtigen Geschäftsführern trotz allen Bemühens nicht, die zur Beantwortung eines Auskunftsverlangens über Angelegenheiten eines anderen Rechtsträgers notwendigen Informationen von dessen Organwaltern zu erhalten, ist es ihnen zwar unmöglich, ihrer Auskunftspflicht aus Abs. 3 zu entsprechen. Sie dürfen

---

25 Gleichsinnig Kallmeyer/*Kocher* Rn. 4; Kölner Komm UmwG/*Simon*/*Nießen* Rn. 18; Lutter/*J. Vetter* Rn. 42; Semler/Stengel/Leonard/*Reichert* Rn. 8; Widmann/Mayer/*Mayer* Rn. 16.1; auch Schmitt/Hörtnagl/*Hörtnagl*/*Ollech* Rn. 6.
26 Zutreffend Kölner Komm UmwG/*Simon*/*Nießen* Rn. 18.
27 Semler/Stengel/Leonard/*Reichert* Rn. 13; Lutter/*J. Vetter* Rn. 50.
28 Widmann/Mayer/*Mayer* Rn. 30.
29 Kallmeyer/*Kocher* Rn. 7; Kölner Komm UmwG/*Simon*/*Nießen* Rn. 25; Lutter/*J. Vetter* Rn. 54; Schmitt/Hörtnagl/*Hörtnagl*/*Ollech* Rn. 9; Semler/Stengel/Leonard/*Reichert* Rn. 15; Widmann/Mayer/*Mayer* Rn. 30.
30 So etwa Lutter/*J. Vetter* Rn. 53; Semler/Stengel/Leonard/*Reichert* Rn. 15; Widmann/Mayer/*Mayer* Rn. 31.
31 Kölner Komm UmwG/*Simon*/*Nießen* Rn. 25; Lutter/*J. Vetter* Rn. 53; Semler/Stengel/Leonard/*Reichert* Rn. 15; Widmann/Mayer/*Mayer* Rn. 31.

aber den Gesellschaftern nicht die Zustimmung zum Verschmelzungsvertrag vorschlagen, wenn diesen nachgefragte Informationen verwehrt bleiben, die für die sachgerechte Beurteilung des Verschmelzungsvorhabens wesentlich sind, und ein Auskunftsverweigerungsrecht entsprechend § 8 Abs. 2 UmwG, § 131 Abs. 3 Nr. 1 AktG (→ Rn. 27) im konkreten Fall nicht anzuerkennen ist.[32]

Eine Auskunft nach Abs. 3 ist – nicht anders als nach § 51a Abs. 1 GmbHG – erst **auf Verlangen des Gesellschafters** zu geben; das Auskunftsverlangen kann formlos innerhalb oder außerhalb der Gesellschafterversammlung geäußert werden[33] und ist unverzüglich („jederzeit") – ggf. also schon vor der Gesellschafterversammlung – zu erfüllen.[34] Eine Dokumentation erteilter Auskünfte zu Beweiszwecken ist empfehlenswert.[35]

Die Geschäftsführer sind grundsätzlich **nicht verpflichtet**, in der über die Verschmelzung beratenden und beschließenden Gesellschafterversammlung – über den Verschmelzungsbericht hinaus – **von sich aus** Erläuterungen zum Verschmelzungsvorhaben vorzutragen (Umkehrschluss aus § 64 Abs. 1 S. 2).[36] Unter besonderen Voraussetzungen können sie aber zur Informationserteilung aus eigener Initiative verpflichtet sein, etwa wenn aus dem Auskunftsverlangen eines Gesellschafters erkennbar ist, dass eine nicht ausdrücklich nachgefragte Information für seine Willensbildung ebenso erforderlich ist oder wenn sich nach Erstellung des Verschmelzungsberichts (oder schon erteilter weiterer Auskünfte) neue relevante Umstände ergeben haben.[37]

Während Auskunft über alle verschmelzungsrelevanten Angelegenheiten der eigenen Gesellschaft schon nach § 51a Abs. 1 GmbHG verlangt werden kann, erfasst der Auskunftsanspruch des Gesellschafters nach § 49 Abs. 3 alle **für die Verschmelzung wesentlichen Angelegenheiten der anderen beteiligten Rechtsträger**. Verschmelzungsrelevant in diesem Sinne sind gleichermaßen die gesellschaftsrechtlichen wie die wirtschaftlichen Verhältnisse jener anderen Rechtsträger[38] einschließlich der mit diesen verbundenen Unternehmen.[39]

Die Geschäftsführer sind freilich nicht zur Auskunft verpflichtet, soweit sie ein **Auskunftsverweigerungsrecht** haben. Insoweit ist zu unterscheiden: Der in § 51a Abs. 1 GmbHG normierten Verpflichtung zur Auskunftserteilung über verschmelzungsrelevante **Angelegenheiten der eigenen Gesellschaft** kann unter den engen Voraussetzungen des **§ 51a Abs. 2 S. 1 GmbHG** begegnet werden. Danach dürfen die Geschäftsführer eine verlangte Auskunft (von Fällen treuwidriger Auskunftsbegehren abgesehen) grds. nur verweigern, wenn zu besorgen ist, dass gerade der die Auskunft verlangende Gesellschafter sie zu gesellschaftsfremden Zwecken verwenden und dadurch der Gesellschaft (oder einem mit dieser verbundenen Unternehmen) einen nicht unerheblichen

---

32 Insoweit großzügiger Kölner Komm UmwG/*Simon/Nießen* Rn. 28; Lutter/*J. Vetter* Rn. 55.
33 Semler/Stengel/Leonard/*Reichert* Rn. 12; Widmann/Mayer/*Mayer* Rn. 32.
34 Zutreffend Kölner Komm UmwG/*Simon/Nießen* Rn. 30.
35 Kölner Komm UmwG/*Simon/Nießen* Rn. 31.
36 Lutter/*J. Vetter* Rn. 46; Schmitt/Hörtnagl/*Hörtnagl/Ollech* Rn. 10; Semler/Stengel/Leonard/*Reichert* Rn. 11; Widmann/Mayer/*Mayer* Rn. 23.
37 S. etwa Henssler/Strohn/*Haeder* Rn. 6; Kallmeyer/*Kocher* Rn. 7; Kölner Komm UmwG/*Simon/Nießen* Rn. 29; Lutter/*J. Vetter* Rn. 46; Schmitt/Hörtnagl/*Hörtnagl/Ollech* Rn. 10; Semler/Stengel/Leonard/*Reichert* Rn. 11 und 15; Widmann/Mayer/*Mayer* Rn. 23.
38 Kölner Komm UmwG/*Simon/Nießen* Rn. 26; Lutter/*J. Vetter* Rn. 51; Schmitt/Hörtnagl/*Hörtnagl/Ollech* Rn. 7 f.; Semler/Stengel/Leonard/*Reichert* Rn. 14; näher Widmann/Mayer/*Mayer* Rn. 27 ff.
39 Dazu, mit Unterschieden im Einzelnen, Lutter/*J. Vetter* Rn. 52; Semler/Stengel/Leonard/*Reichert* Rn. 14; Widmann/Mayer/*Mayer* Rn. 35.

Nachteil zufügen wird.⁴⁰ Die engen Voraussetzungen des Auskunftsverweigerungsrechts nach § 51a Abs. 2 S. 1 GmbHG gelten auch in Verschmelzungsangelegenheiten; ein Auskunftsverweigerungsrecht schon entsprechend § 8 Abs. 2 UmwG, § 131 Abs. 3 Nr. 1 AktG (→ Rn. 27) kommt – soweit Auskunft über verschmelzungsrelevante Angelegenheiten der **eigenen** GmbH verlangt wird – deshalb nicht in Betracht.⁴¹ Durch § 8 Abs. 2 gerechtfertigte Informationslücken im Verschmelzungsbericht (→ § 8 Rn. 39 f.) kann ein GmbH-Gesellschafter, soweit die dort nicht aufgenommenen Tatsachen die eigene Gesellschaft betreffen, folglich mittels seines individuellen Auskunftsanspruchs aus § 51a Abs. 1 GmbHG ausgleichen.⁴²

27 Bezogen auf den Auskunftsanspruch nach § 49 Abs. 3 über verschmelzungsrelevante **Angelegenheiten der anderen beteiligten Rechtsträger** besteht ein **Auskunftsverweigerungsrecht** hingegen schon **entsprechend § 8 Abs. 2 UmwG, § 131 Abs. 3 Nr. 1 AktG**,⁴³ dh schon dann, wenn die verlangte Auskunft geeignet ist, einem der anderen beteiligten Rechtsträger (oder einem verbundenen Unternehmen) einen nicht unerheblichen Nachteil zuzufügen; es muss also nicht zusätzlich zu besorgen sein, dass gerade der die Auskunft verlangende Gesellschafter diese zu gesellschaftsfremden Zwecken verwenden und dadurch der Gesellschaft einen Nachteil zufügen wird. Jene Unterschiede in den Voraussetzungen des Auskunftsverweigerungsrechts rechtfertigen sich durch den Umstand, dass zum Zeitpunkt des Auskunftsbegehrens noch nicht feststeht, ob die Verschmelzung tatsächlich durchgeführt wird; es bestehen deshalb schützenswerte Geheimhaltungsinteressen der anderen am Verschmelzungsvorhaben beteiligten Rechtsträger.⁴⁴

V. Rechtsfolgen bei Verstößen

28 Ein unter Verstoß gegen die gesetzlichen Vorgaben aus § 49 gefasster Verschmelzungsbeschluss führt – vorbehaltlich wirksamen Verzichts aller Gesellschafter (→ Rn. 2) – grundsätzlich zu dessen Anfechtbarkeit.⁴⁵ Ein Verstoß gegen das Einsichtnahmerecht aus Abs. 2 oder den Auskunftsanspruch nach Abs. 3 macht den Beschluss (entsprechend dem Rechtsgedanken von § 243 Abs. 4 S. 1 AktG) freilich nur dann anfechtbar, wenn sich ein objektiv urteilender Gesellschafter dadurch an der sachgerechten Wahrnehmung seiner Teilnahme- oder Mitgliedschaftsrechte gehindert sehen durfte.⁴⁶ Sofern Abs. 3 dadurch verletzt wird, dass verlangte Auskünfte zur Überprüfung der Höhe von baren Zahlungen vorenthalten oder unzulänglich erteilt werden, wird sich der Gesellschafter (entsprechend dem Rechtsgedanken von § 243 Abs. 4 S. 2 AktG) auf das Spruchverfahren gem. § 14 Abs. 2, 15 bzw. §§ 32, 34 verweisen lassen müssen,⁴⁷ das nunmehr den Anteilsinhabern des übernehmenden wie des übertragenden Rechtsträgers gleichermaßen zur Verfügung steht (→ § 55 Rn. 32). Vgl. auch § 346 Abs. 1 Nr. 1 zur Strafbarkeit falscher Angaben.

---

40 Zu Einzelheiten s. etwa Lutter/Hommelhoff/*Bayer* GmbHG § 51a Rn. 34 ff.
41 Kallmeyer/*Kocher* Rn. 6; Kölner Komm UmwG/*Simon/Nießen* Rn. 22; Lutter/*J. Vetter* Rn. 48; Schmitt/Hörtnagl/*Hörtnagl/Ollech* Rn. 7; Semler Stengel/Leonard/*Reichert* Rn. 10; Widmann/Mayer/*Mayer* Rn. 25.
42 Zutreffend Lutter/*J. Vetter* Rn. 48.
43 Kallmeyer/*Kocher* Rn. 7; Kölner Komm UmwG/*Simon/Nießen* Rn. 27; Lutter/*J. Vetter* Rn. 56; Schmitt/Hörtnagl/*Hörtnagl/Ollech* Rn. 7 ff.; Semler/Stengel/Leonard/*Reichert* Rn. 17; Widmann/Mayer/*Mayer* Rn. 26.
44 Kallmeyer/*Kocher* Rn. 7; Kölner Komm UmwG/*Simon/Nießen* Rn. 27; Lutter/*J. Vetter* Rn. 56; Semler/Stengel/Leonard/*Reichert* Rn. 17; Widmann/Mayer/*Mayer* Rn. 26.
45 Vgl. dazu etwa Kallmeyer/*Kocher* Rn. 8; Lutter/*J. Vetter* Rn. 58; Schmitt/Hörtnagl/*Hörtnagl/Ollech* Rn. 11; Semler/Stengel/Leonard/*Reichert* Rn. 18.
46 Kölner Komm UmwG/*Simon/Nießen* Rn. 19 und 32; ebenso Kallmeyer/*Kocher* Rn. 8; Lutter/*J. Vetter* Rn. 59.
47 In diesem Sinne Lutter/*J. Vetter* Rn. 61; ebenso etwa Kallmeyer/*Kocher* Rn. 8; Kölner Komm UmwG/*Simon/Nießen* Rn. 32; kritisch Widmann/Mayer/*Mayer* Rn. 36.

§ 50 Beschluß der Gesellschafterversammlung

(1) ¹Der Verschmelzungsbeschluß der Gesellschafterversammlung bedarf einer Mehrheit von mindestens drei Vierteln der abgegebenen Stimmen. ²Der Gesellschaftsvertrag kann eine größere Mehrheit und weitere Erfordernisse bestimmen.

(2) Werden durch die Verschmelzung auf dem Gesellschaftsvertrag beruhende Minderheitsrechte eines einzelnen Gesellschafters einer übertragenden Gesellschaft oder die einzelnen Gesellschaftern einer solchen Gesellschaft nach dem Gesellschaftsvertrag zustehenden besonderen Rechte in der Geschäftsführung der Gesellschaft, bei der Bestellung der Geschäftsführer oder hinsichtlich eines Vorschlagsrechts für die Geschäftsführung beeinträchtigt, so bedarf der Verschmelzungsbeschluß dieser übertragenden Gesellschaft der Zustimmung dieser Gesellschafter.

I. Norminhalt und Normzusammenhänge; Normgeschichte 1	4. Erforderlichkeit sachlicher Rechtfertigung 15
II. Beschlusserfordernisse für den Verschmelzungsbeschluss (Abs. 1) 5	III. Zustimmungserfordernisse nach Abs. 2 ... 16
1. Gesellschafterbeschluss 5	1. Übersicht 16
2. Gesetzliches Mehrheitserfordernis (Abs. 1 S. 1) 8	2. Erfasste Sonderrechte 18
	3. Beeinträchtigung des Rechts 22
3. Weitergehende Satzungserfordernisse (Abs. 1 S. 2) 11	4. Zustimmung betroffener Gesellschafter 24
	IV. Kosten 27

I. Norminhalt und Normzusammenhänge; Normgeschichte

Abs. 1 legt das gesetzliche Mehrheitserfordernis für den Gesellschafterbeschluss über 1 die Zustimmung zum Verschmelzungsvertrag fest, soweit der betreffende (übertragende oder übernehmende) Rechtsträger in der Rechtsform der GmbH organisiert ist: Der Beschluss bedarf einer Mehrheit von mindestens drei Vierteln der abgegebenen Stimmen, soweit die Satzung der Gesellschaft keine größere Mehrheit (und/oder weitere Erfordernisse) festlegt. Das Beschlusserfordernis selbst sowie sonstige Modalitäten der Beschlussfassung sind (rechtsformübergreifend) im allgemeinen Teil des Gesetzes – nämlich in § 13 – geregelt; vgl. die Erläuterungen dort.

Abs. 2 normiert spezifische Zustimmungserfordernisse für den Verschmelzungsbeschluss einer **übertragenden** GmbH: Werden durch die Verschmelzung statutarische Minderheitenrechte eines einzelnen Gesellschafters einer solchen Gesellschaft oder einzelnen Gesellschaftern zustehende Geschäftsführungs-Sonderrechte beeinträchtigt, bedarf der Beschluss zwingend der Zustimmung der betroffenen Gesellschafter.

Abs. 1 hatte eine Entsprechung im früheren § 20 Abs. 2 S. 1 und 2 KapErhG; Parallelvorschriften fanden sich in § 355 Abs. 3 S. 1 und 2 AktG aF sowie in § 33 Abs. 2 S. 1 KapErhG. Das Zustimmungserfordernis nach Maßgabe von Abs. 2 war zwar bis zum Inkrafttreten des UmwG nicht kodifiziert, der Sache nach aber schon im früheren Recht ganz überwiegend anerkannt.[1]

Die Vorschrift findet auch auf die Verschmelzung zur Neugründung (§ 56) sowie auf 4 alle Arten der Spaltung Anwendung (§ 125 Abs. 1 S. 1).

---

[1] Nachweise bei Kölner Komm UmwG/*Simon/Nießen* Rn. 6; Lutter/*J. Vetter* Rn. 41; Semler/Stengel/*Leonard/Reichert* Rn. 1.

II. Beschlusserfordernisse für den Verschmelzungsbeschluss (Abs. 1)

1. Gesellschafterbeschluss

5 Abs. 1 enthält eine wesentliche Ergänzung zu § 13, dessen Abs. 1 S. 1 rechtsformübergreifend festlegt, dass der Verschmelzungsvertrag nur wirksam wird, wenn die Anteilseigner der beteiligten Rechtsträger ihm durch Beschluss (**Verschmelzungsbeschluss**) zustimmen. Dieser Zustimmungsbeschluss kann gem. § 13 Abs. 1 S. 2 nur in einer Versammlung der Anteilseigner gefasst werden. Er bedarf der notariellen Beurkundung (§ 13 Abs. 3 S. 1); der Verstoß gegen das Formerfordernis führt zur Nichtigkeit.[2] Hierzu und zu weiteren Einzelheiten s. die Erläuterungen zu § 13.

6 Vor diesem Hintergrund bedarf auch jede Verschmelzung unter Beteiligung einer GmbH (sei es als übertragender, sei es als übernehmender Rechtsträger) der Zustimmung durch **Beschluss der Gesellschafterversammlung**. Für die Beschlussfassung dort gelten – soweit das UmwG keine spezielleren Vorgaben enthält – die allgemeinen Regelungen des GmbH-Rechts (§§ 47 ff. GmbHG).

7 Stimmabgabe durch Vertreter ist – vorbehaltlich abweichender Satzungsregelung – zulässig; Vollmachten bedürfen zu ihrer Gültigkeit der Textform (§ 47 Abs. 3 GmbHG).[3] § 181 BGB ist im Vertretungsfall auch im Rahmen von Verschmelzungsbeschlüssen anwendbar.[4] Bei minderjährigen Gesellschaftern bedarf es der Bestellung eines Ergänzungspflegers nach Maßgabe von § 1809 BGB iVm §§ 1629 Abs. 2, 1824, 181 BGB. Ist der übernehmende Rechtsträger eine GmbH, deren Einlagen noch nicht sämtlich geleistet sind, ist (wegen § 24 GmbHG) eine familiengerichtliche Genehmigung nach § 1643 Abs. 1 BGB iVm § 1854 Nr. 4 BGB erforderlich; § 1852 Nr. 1 und 2 BGB kommen nur bei einer Verschmelzung durch Neugründung (vgl. § 59 S. 1) zur Anwendung.[5]

2. Gesetzliches Mehrheitserfordernis (Abs. 1 S. 1)

8 Welches **Mehrheitserfordernis für den Verschmelzungsbeschluss** iSd § 13 gilt, hat der Gesetzgeber des UmwG nicht rechtsformübergreifend im allgemeinen Teil des Verschmelzungsrechts, sondern rechtsformspezifisch geregelt. Für den Zustimmungsbeschluss der Gesellschafter einer GmbH verlangt § 50 Abs. 1 S. 1 eine Mehrheit von mindestens drei Vierteln der abgegebenen Stimmen. Ergänzend bestimmt Abs. 1 S. 2, dass die Satzung der Gesellschaft eine größere Mehrheit und weitere Erfordernisse bestimmen kann. – Zu den Folgen einer zu Unrecht festgestellten Beschlussmehrheit → Rn. 14.

9 Die Vorgaben in Abs. 1 entsprechen jenen Bestimmungen, die der Gesetzgeber des GmbHG für satzungsändernde Beschlüsse der GmbH-Gesellschafter getroffen hat. Auch diese bedürfen nach § 53 Abs. 2 GmbHG (wenigstens) einer Mehrheit von drei Vierteln der abgegebenen Stimmen, soweit der Gesellschaftsvertrag nicht noch andere Erfordernisse aufstellt. Diese Parallele ist sachgerecht, da die Verschmelzung in ihrer

---

2 Lutter/*J. Vetter* Rn. 71; Semler/Stengel/Leonard/*Reichert* Rn. 53.
3 Zu (teils strittigen) Einzelheiten weiterführend Lutter/Hommelhoff/*Bayer* GmbHG § 47 Rn. 29 und etwa Lutter/*J. Vetter* Rn. 16 ff.; Semler/Stengel/Leonard/*Reichert* Rn. 16; Widmann/Mayer/*Mayer* Rn. 12.
4 Zu Einzelheiten s. Lutter/Hommelhoff/*Bayer* GmbHG § 47 Rn. 32 sowie § 53 Rn. 9; Kallmeyer/*Zimmermann* Rn. 13; Lutter/*J. Vetter* Rn. 26 f.; Semler/Stengel/Leonard/*Reichert* Rn. 17.
5 Zum Ganzen (noch bezogen auf die gesetzlichen Bestimmungen vor Inkrafttreten der Vormundschafts- und Betreuungsrechtsreform zum 1.1.2023) Lutter/*J. Vetter* Rn. 28 ff.; Semler/Stengel/Leonard/*Reichert* Rn. 19; Widmann/Mayer/*Mayer* Rn. 39.

Auswirkung und Bedeutung nicht hinter einer typischen Satzungsänderung zurücksteht.

Die Berechnung der nach Abs. 1 S. 1 für den Verschmelzungsbeschluss notwendigen gesetzlichen **Mehrheit von mindestens drei Vierteln der abgegebenen Stimmen** richtet sich nach den allgemeinen Grundsätzen des GmbH-Rechts:[6] Jeder Euro eines Geschäftsanteils gewährt eine Stimme (§ 47 Abs. 2 GmbHG); es zählen nur gültige Ja- oder Nein-Stimmen, Stimmenthaltungen bleiben unberücksichtigt. Inhaber stimmrechtsloser Geschäftsanteile sind – vorbehaltlich etwaiger Zustimmungserfordernisse, etwa nach Abs. 2 (→ Rn. 16 ff.) – auch bei der Beschlussfassung über den Verschmelzungsvertrag nicht stimmberechtigt;[7] etwaige Mehrstimmrechte wirken sich uneingeschränkt aus.[8] Ist ein anderer an der Verschmelzung beteiligter Rechtsträger zugleich Gesellschafter der den Verschmelzungsbeschluss fassenden GmbH, so ist auch er hier stimmberechtigt; das Stimmverbot nach § 47 Abs. 4 S. 2 GmbHG kommt nicht zur Anwendung.[9]

3. Weitergehende Satzungserfordernisse (Abs. 1 S. 2)

Das Mehrheitserfordernis von drei Vierteln der abgegebenen Stimmen gem. Abs. 1 S. 1 ist insoweit zwingend, als die Satzung der Gesellschaft keine geringere Mehrheit genügen lassen kann („mindestens"); nach Abs. 1 S. 2 kann der Gesellschaftsvertrag aber eine **größere Mehrheit und weitere Erfordernisse** bestimmen. Die Satzung kann etwa Einstimmigkeit verlangen oder neben der ¾-Mehrheit der abgegebenen Stimmen auch eine Mehrheit der vorhandenen Stimmen oder eine bestimmte Mindestkapitalmehrheit zur Wirksamkeitsvoraussetzung des Beschlusses machen.[10] Selbst eine Abweichung von der Stimmkraftregelung des § 47 Abs. 2 GmbHG (→ Rn. 10) ist entsprechend den allgemeinen Grundsätzen des GmbH-Rechts[11] möglich, wodurch die Mehrheitsregelung des § 50 Abs. 1 S. 1 ebenso relativiert werden kann wie jene nach § 53 Abs. 2 S. 1 GmbHG. Zulässig ist es schließlich auch, die Beschlussfähigkeit der Gesellschafterversammlung an bestimmte Voraussetzungen (zB Anwesenheit eines bestimmten Stimmen- oder Kapitalquorums) zu binden.[12]

Die Wirksamkeit des Verschmelzungsbeschlusses kann an die Zustimmung einzelner (oder auch aller) Gesellschafter geknüpft werden; ebenso wenig wie für Satzungsänderungen ist es aber zulässig, die Verschmelzung von der Zustimmung eines anderen GmbH-Organs (Beirat) oder gar Dritter abhängig zu machen.[13] Kraft Satzungsregelung kann die Verschmelzung der Gesellschaft auch nicht generell ausgeschlossen werden; eine derartige Satzungsbestimmung ist aber regelmäßig dahin gehend auszulegen, dass eine Verschmelzung der Zustimmung aller Gesellschafter bedarf.[14] Im Ergebnis ebenso wird eine Satzungsregelung interpretiert, welche die Gesellschaft für „unauflöslich" erklärt.[15]

13 Stellt der Gesellschaftsvertrag **verschärfende Beschlusserfordernisse für Satzungsänderungen** auf, so gelten diese wegen der vergleichbaren Tragweite von Satzungsänderung und Verschmelzung (→ Rn. 9) im Zweifel (Auslegungsregel) auch für den Verschmelzungsbeschluss.[16] Auf diesen sind die entsprechenden Satzungsvorgaben also nur dann unanwendbar, wenn die Auslegung des Gesellschaftsvertrags ergibt, dass das jeweilige (Mehrheits-)Erfordernis für Verschmelzungen gerade nicht gelten soll.[17] Nur eine solche Auslegungsregel wird man auch annehmen dürfen, wenn die Satzung (gegenüber § 60 Abs. 1 Nr. 2 GmbHG) verschärfende Erfordernisse für einen Auflösungsbeschluss trifft.[18]

14 Wird mit dem (notariell beurkundeten, → Rn. 5) Verschmelzungsbeschluss **zu Unrecht** die erforderliche Beschlussmehrheit als erzielt – oder weitergehende statutarische Beschlusserfordernisse als erfüllt – festgestellt, so führt das zur **Anfechtbarkeit** des Beschlusses.[19] Zur fristgebundenen Klage gegen die Wirksamkeit des Beschlusses sowie zur registergerichtlichen Entscheidung über die Eintragung (einschließlich des Unbedenklichkeitsverfahrens) vgl. §§ 14, 16 und die Erläuterungen dort. Wird die Eintragung vorgenommen, bleibt die Wirksamkeit der Verschmelzung von den Mängeln derselben unberührt (§ 20 Abs. 2); die Gesellschafter sind dann auf mögliche Schadensersatzansprüche nach §§ 25 ff. verwiesen.

4. Erforderlichkeit sachlicher Rechtfertigung

15 Ob der Verschmelzungsbeschluss nach § 13 – über die gesetzlichen und ggf. statutarischen (Mehrheits-)Erfordernisse hinaus – zum Schutz einer überstimmten Minderheit der sachlichen Rechtfertigung bedarf, die ggf. im Rahmen richterlicher Inhaltskontrolle überprüft wird, war vom Gesetzgeber des UmwG bewusst ungeregelt gelassen worden.[20] Zum heutigem Stand der Diskussion lässt sich zusammenfassend festhalten:[21] Im Grundsatz bedarf ein mit der erforderlichen Mehrheit gefasster Verschmelzungsbeschluss nach heute überwiegender Auffassung weder in der übertragenden noch in der übernehmenden GmbH einer sachlichen Rechtfertigung. Denn Minderheitsgesellschafter sind bereits durch das Instrumentarium des Verschmelzungsrechts (Verschmelzungsbericht; Verschmelzungsprüfung; Abfindungs- und Zustimmungsrechte) hinreichend geschützt. Unter Berufung auf das Erfordernis eines Konzerneingangsschutzes wird eine sachliche Rechtfertigung indes teilweise dann als erforderlich angesehen, wenn die Gesellschafter eines beteiligten Rechtsträgers durch die Verschmelzung erstmalig Gesellschafter einer abhängigen Gesellschaft werden.[22] Jedenfalls hat der mehrheitlich ge-

---

15 Lutter/Hommelhoff/*Kleindiek* GmbHG § 60 Rn. 6.
16 Gleichsinnig Keßler/Kühnberger/*Keßler* Rn. 7; Lutter/*J. Vetter* Rn. 35; Maulbetsch/Klumpp/Rose/*Rebmann* Rn. 6; Widmann/Mayer/*Mayer* Rn. 42; wohl auch Habersack/Wicke/*v. Hinden* Rn. 40; Semler/Stengel/Leonard/*Reichert* Rn. 10; nicht eindeutig Kölner Komm UmwG/*Simon/Nießen* Rn. 14: „letztlich Auslegung im Einzelfall".
17 Die generelle Übertragung der für Satzungsänderungen festgelegten höheren Anforderungen befürworten aber offenbar Hensslen/Strohn/*Haeder* Rn. 4; Kallmeyer/*Zimmermann* Rn. 9; Schmitt/Hörtnagl/*Hörtnagl/Olech* Rn. 7.

18 Ähnlich Widmann/Mayer/*Mayer* Rn. 45; für generelle Übertragung wohl wiederum Schmitt/Hörtnagl/*Hörtnagl/Olech* Rn. 7.
19 S. nur Lutter/*J. Vetter* Rn. 75; Semler/Stengel/Leonard/*Reichert* Rn. 54.
20 Vgl. BegrRegE UmwG bei *Ganske* Umwandlungsrecht S. 61.
21 S. auch etwa Kallmeyer/*Zimmermann* § 13 Rn. 12; Lutter/*Drygala* § 13 Rn. 38 ff.; Schmitt/Hörtnagl/*Winter* § 13 Rn. 42 ff.; Semler/Stengel/Leonard/*Gehling* § 13 Rn. 23; Widmann/Mayer/*Heckschen* § 13 Rn. 163.11 ff., je mwN.
22 S. etwa *Binnewies* GmbHR 1997, 727 (730 f.); Lutter/*Drygala* § 13 Rn. 46 mwN, auch zu Gegenstimmen.

fasste Verschmelzungsbeschluss den Gleichbehandlungsgrundsatz und das Treuepflichtgebot zu beachten.[23] Einzelheiten zum Ganzen sind im Rahmen der Erläuterungen von § 13 zu erörtern (→ § 13 Rn. 23).

III. Zustimmungserfordernisse nach Abs. 2

1. Übersicht

Abs. 2 normiert spezifische Zustimmungserfordernisse für den Verschmelzungsbeschluss einer **übertragenden GmbH**, wenn durch die Verschmelzung auf dem Gesellschaftsvertrag beruhende Minderheitenrechte eines einzelnen Gesellschafters oder einzelnen Gesellschaftern nach der Satzung zustehende Geschäftsführungs-Sonderrechte beeinträchtigt werden; dann bedarf der Beschluss – über das Mehrheitserfordernis nach Abs. 1 S. 1 und etwaige weitere statutarische Beschlusserfordernisse (→ Rn. 8 ff.) hinaus – der Zustimmung der betroffenen Gesellschafter. Grund: Etwaige Sonderrechte der Gesellschafter gehen unter, wenn die übertragende Gesellschaft nach § 20 Abs. 1 Nr. 2 S. 1 mit Eintragung der Verschmelzung erlischt; und der Entzug von Sonderrechten ist nach allgemeinen Grundsätzen nur mit Zustimmung des betroffenen Inhabers möglich (vgl. § 35 BGB).

Das Zustimmungserfordernis nach Abs. 2 tritt neben die Zustimmungserfordernisse auf anderer Grundlage des UmwG, s. etwa § 13 Abs. 2, § 51. Nach § 13 Abs. 3 S. 1 müssen die nach dem UmwG erforderlichen Zustimmungserklärungen einzelner Anteilsinhaber – also auch solche nach § 50 Abs. 2 – notariell beurkundet werden.

2. Erfasste Sonderrechte

Die ein Zustimmungserfordernis nach Abs. 2 begründenden Gesellschafter-Sonderrechte müssen „auf dem Gesellschaftsvertrag beruhen" (Abs. 2 Alt. 1) bzw. ihren Inhabern „nach dem Gesellschaftsvertrag zustehen" (Abs. 2 Alt. 2). Die entsprechenden Rechte müssen deshalb **durch den Gesellschaftsvertrag bestimmten Gesellschaftern ad personam oder den Inhabern bestimmter Geschäftsanteile zugewiesen** sein,[24] wobei die individuelle Zuweisung nicht dadurch ausgeschlossen wird, dass ein Sonderrecht (zB Vorkaufsrecht im Fall der Anteilsveräußerung) ggf. **jedem** Gesellschafter gleichermaßen zusteht.[25] Nicht von Abs. 2 erfasst werden Individualrechte, die auf gesetzlicher Grundlage beruhen (zB § 51a GmbHG); ebenso wenig statutarisch (schon gar nicht gesetzlich; zB § 50 GmbHG) eingeräumte Rechte, die an eine bestimmte Beteiligungsquote geknüpft sind.[26]

„**Minderheitsrechte eines einzelnen Gesellschafters" iSd Abs. 2 Alt. 1** sind solche, die zumindest auch (nicht notwendig nur) solchen Gesellschaftern zustehen, welche nicht über eine Sperrminorität verfügen, die eine Verschmelzung verhindern könnte.[27] Darunter fallen etwa Zustimmungserfordernisse oder Vetorechte bei der Beschlussfassung durch die Gesellschafterversammlung; Mehrstimmrechte; Vorkaufs- oder Vorer-

---

23 Kölner Komm UmwG/*Simon* § 13 Rn. 98 ff.; Lutter/*Drygala* § 13 Rn. 54 ff.; Lutter/*J. Vetter* Rn. 38; Semler/Stengel/Leonard/*Gehling* § 13 Rn. 24.
24 Kölner Komm UmwG/*Simon/Nießen* Rn. 18; Lutter/*J. Vetter* Rn. 46; Schmitt/Hörtnagl/*Hörtnagl/Ollech* Rn. 12; Semler/Stengel/Leonard/*Reichert* Rn. 29.
25 Kallmeyer/*Zimmermann* Rn. 21; Lutter/*J. Vetter* Rn. 46; Semler/Stengel/Leonard/*Reichert* Rn. 29.
26 BegrRegE UmwG bei *Ganske* Umwandlungsrecht S. 100; Kölner Komm UmwG/*Simon/Nießen* Rn. 19; Lutter/*J. Vetter* Rn. 44; Semler/Stengel/Leonard/*Reichert* Rn. 27 f.; Widmann/Mayer/*Mayer* Rn. 84; näher zum Ganzen *Reichert* GmbHR 1995, 176 ff.
27 Kölner Komm UmwG/*Simon/Nießen* Rn. 18; Lutter/*J. Vetter* Rn. 50; Semler/Stengel/Leonard/*Reichert* Rn. 30.

werbsrechte etc.[28] Nicht von Abs. 2 erfasst wird indes das statutarische Erfordernis der Zustimmung einzelner (oder auch aller) Gesellschafter zur Übertragung vinkulierter Geschäftsanteile. Diese Fälle haben ihre spezielle Regelung in § 13 Abs. 2 gefunden, der – anders als § 50 Abs. 2 (→ Rn. 22) – die Zustimmung der betroffenen Gesellschafter zum Verschmelzungsbeschluss unabhängig davon verlangt, ob deren Rechtsposition durch die Verschmelzung beeinträchtigt wird.[29]

20 Ein **einzelnen Gesellschaftern zustehendes Geschäftsführungs-Sonderrecht iSd Abs. 2 Alt. 2** ist etwa das im Gesellschaftsvertrag eingeräumte Recht auf das Amt eines Geschäftsführers, wenn eine Abberufung nur aus wichtigem Grund möglich ist;[30] ebenso erfasst werden statutarische Bestellungsrechte[31] sowie Benennungs- oder Präsentationsrechte[32] hinsichtlich eines Geschäftsführers. Vergleichbare Rechte hinsichtlich der Besetzung eines anderen Gesellschaftsorgans (zB Aufsichtsrat, Beirat) werden von Abs. 2 Alt. 1 erfasst;[33] Abs. 2 Alt. 2 umschreibt lediglich eine (speziell herausgestellte) Teilmenge der Sonderrechte nach Abs. 2 Alt. 1.

21 Vom Zustimmungserfordernis des Abs. 2 **nicht erfasst** sind nach dem Konzept des Gesetzgebers[34] freilich **vermögensbezogene Sonderrechte** einzelner Gesellschafter (zB auf Gewinnvorzug oder auf bevorzugte Beteiligung am Liquidationserlös), da solche schon bei der Bestimmung des Umtauschverhältnisses zu berücksichtigen und daher durch § 23 geschützt sind. Für die Abgrenzung ist entscheidend, ob der verschmelzungsbedingte Rechtsverlust durch entsprechende Anpassung des Umtauschverhältnisses kompensiert werden kann; wo dies nicht der Fall ist, bleibt Abs. 2 anwendbar.[35]

3. Beeinträchtigung des Rechts

22 Ein Zustimmungserfordernis nach Abs. 2 entsteht nur, soweit die von der Vorschrift erfassten Sonderrechte einzelner Gesellschafter einer übertragenden Gesellschaft „durch die Verschmelzung (...) beeinträchtigt" werden. An einer solchen **Beeinträchtigung** fehlt es, soweit den Gesellschaftern der übertragenden Gesellschaft im übernehmenden Rechtsträger funktional gleichwertige Rechte gewährt werden[36] (→ § 46 Rn. 29 zu den gesellschaftsrechtlichen Kautelen der Schaffung solcher Rechte im Zuge der Verschmelzung).

23 Gleichwertigkeit ist nicht gegeben, wenn die entsprechenden Rechte lediglich in die Verschmelzung begleitenden Konsortialverträgen eingeräumt werden.[37] Bezogen auf Vorkaufs- bzw. Vorerwerbsrechte ist eine Gleichwertigkeit nur dann gegeben, wenn solche hinsichtlich **aller** Anteile des übernehmenden Rechtsträgers bestehen (und nicht

---

[28] S. etwa Lutter/*J. Vetter* Rn. 53; Semler/Stengel/Leonard/*Reichert* Rn. 26 ff.
[29] Zutreffend Lutter/*J. Vetter* Rn. 54; zu Einzelheiten s. Semler/Stengel/Leonard/*Reichert* Rn. 34 ff. mwN.
[30] Dazu Kölner Komm UmwG/*Simon/Nießen* Rn. 24; Lutter/Hommelhoff/*Kleindiek* GmbHG § 38 Rn. 34 f.; Lutter/*J. Vetter* Rn. 55; Semler/Stengel/Leonard/*Reichert* Rn. 42; Widmann/Mayer/*Mayer* Rn. 90.
[31] Hierzu Lutter/Hommelhoff/*Kleindiek* GmbHG Vor § 35 Rn. 3 und etwa Kölner Komm UmwG/*Simon/Nießen* Rn. 25; Lutter/*J. Vetter* Rn. 56; Semler/Stengel/Leonard/*Reichert* Rn. 43.
[32] Dazu Lutter/Hommelhoff/*Bayer* GmbHG § 46 Rn. 25 und etwa Kölner Komm UmwG/*Simon/Nießen* Rn. 25;

Lutter/*J. Vetter* Rn. 57; Semler/Stengel/Leonard/*Reichert* Rn. 44.
[33] Kallmeyer/*Zimmermann* Rn. 22; Lutter/*J. Vetter* Rn. 53; Semler/Stengel/Leonard/*Reichert* Rn. 45.
[34] Vgl. BegrRegE UmwG bei *Ganske* Umwandlungsrecht S. 100.
[35] Kölner Komm UmwG/*Simon/Nießen* Rn. 20; Lutter/*J. Vetter* Rn. 51 f.; Semler/Stengel/Leonard/*Reichert* Rn. 31; Widmann/Mayer/*Mayer* Rn. 89.
[36] Kallmeyer/*Zimmermann* Rn. 23; Kölner Komm UmwG/*Simon/Nießen* Rn. 21 und 26; Lutter/*J. Vetter* Rn. 59; Semler/Stengel/Leonard/*Reichert* Rn. 40 und 46.
[37] Kölner Komm UmwG/*Simon/Nießen* Rn. 21; Lutter/*J. Vetter* Rn. 64.

lediglich jener Anteile, welche den Gesellschaftern der übertragenden GmbH im Zuge der Verschmelzung gewährt werden).[38]

4. Zustimmung betroffener Gesellschafter

Die nach Abs. 2 erforderliche Zustimmung ist gegenüber der Gesellschaft (Vertretung durch einen Geschäftsführer genügt; vgl. § 35 Abs. 2 S. 2 GmbHG) zu erklären,[39] was innerhalb oder außerhalb der Gesellschafterversammlung, vor oder nach der Beschlussfassung über die Verschmelzung geschehen kann, solange nur die gesetzlich vorgeschriebene Form nach § 13 Abs. 3 S. 1 (notarielle Beurkundung; → Rn. 17) eingehalten ist.[40] Nimmt ein Gesellschafter, dessen Zustimmung es nach Abs. 2 bedarf, an der Abstimmung über den Verschmelzungsbeschluss teil und stimmt dabei für die Verschmelzung, ist darin im Zweifel zugleich seine Zustimmung nach Abs. 2 zu sehen; eine gesonderte Protokollierung der Zustimmungserklärung ist dann entbehrlich, sofern bei der notariellen Beurkundung des Verschmelzungsbeschlusses (§§ 36, 37 BeurkG) auch die Vorgaben zur Beurkundung von Willenserklärungen nach §§ 6 ff. BeurkG (ua Verlesung der Niederschrift und Unterzeichnung auch durch die Beteiligten; vgl. § 13 BeurkG) eingehalten werden.[41] 24

Die Zustimmung ist nicht fristgebunden, doch sind die gesetzlich erforderlichen Zustimmungserklärungen der Anmeldung der Verschmelzung zur Handelsregistereintragung beizufügen (§ 17 Abs. 1). Die Gesellschaft kann dem Zustimmungsberechtigten zu diesem Zweck eine Frist setzen, innerhalb derer zugestimmt werden muss; andernfalls gilt sie als versagt (entsprechend §§ 108 Abs. 2 S. 2, 177 Abs. 2 S. 2 BGB).[42] 25

Solange eine **erforderliche Zustimmungserklärung fehlt**, ist ein Verschmelzungsbeschluss (sofern er nicht schon aus einem anderen Grund nichtig ist) schwebend unwirksam, nicht lediglich anfechtbar. Mit Erteilung aller notwendigen Zustimmungen wird er – soweit kein sonstiger Beschlussmangel vorliegt; vgl. zur Frist für eine Klage gegen die Beschlusswirksamkeit § 14 und die Erläuterungen dort – endgültig wirksam; er wird endgültig unwirksam, wenn die Zustimmung verweigert wird.[43] Fehlende bzw. verweigerte Zustimmungen stellen ein Eintragungshindernis dar. Wird die Eintragung dennoch vorgenommen, lässt die fehlende Zustimmung die Wirksamkeit der Verschmelzung jedoch unberührt (§ 20 Abs. 2). Ein etwaiger Mangel der notariellen Beurkundung einer erteilten Zustimmung wird durch die Eintragung geheilt (§ 20 Abs. 1 Nr. 4).[44] 26

IV. Kosten

Zu den Kosten der Verschmelzung vgl. die Übersicht → § 2 Rn. 29 ff. und speziell zur Beurkundung einzelner Zustimmungserklärungen → § 13 Rn. 61 ff.; s. im Übrigen die Erläuterungen → § 4 Rn. 31, → § 6 Rn. 19 ff. (Beurkundung des Verschmelzungsvertrages); → § 6 Rn. 21, → § 13 Rn. 58 ff. (Beurkundung der Zustimmungsbeschlüsse); → § 16 27

---

38 Kölner Komm UmwG/*Simon/Nießen* Rn. 22; Lutter/*J. Vetter* Rn. 61.
39 Lutter/*J. Vetter* Rn. 65; Widmann/Mayer/*Mayer* Rn. 47 mit Fn. 133; Widmann/Mayer/*Mayer* Rn. 70; alternativ lässt Kallmeyer/*Zimmermann* Rn. 27 auch Erklärung gegenüber „der Gesellschafterversammlung (dem Versammlungsleiter)" genügen.
40 Lutter/*J. Vetter* Rn. 67 f.; Semler/Stengel/Leonard/*Reichert* Rn. 47; Widmann/Mayer/*Mayer* Rn. 64, 66, 73.
41 S. hierzu und zu weiteren Einzelheiten Lutter/*J. Vetter* Rn. 12 und 66; Maulbetsch/Klumpp/Rose/*Rehmann* Rn. 23; Semler/Stengel/Leonard/*Reichert* Rn. 22 und 47; Widmann/Mayer/*Mayer* Rn. 77.
42 Vgl. auch Kallmeyer/*Zimmermann* Rn. 27; Semler/Stengel/Leonard/*Reichert* Rn. 47 mwN.
43 Kölner Komm UmwG/*Simon/Nießen* Rn. 34; Lutter/*J. Vetter* Rn. 79; Semler/Stengel/Leonard/*Reichert* Rn. 55.
44 Lutter/*Grunewald* § 20 Rn. 76.

Rn. 52 ff. (Anmeldung der Verschmelzung); → § 16 Rn. 55, → § 19 Rn. 23 ff. (Registereintragung und Bekanntmachung).

§ 51 Zustimmungserfordernisse in Sonderfällen

(1) ¹Ist an der Verschmelzung eine Gesellschaft mit beschränkter Haftung, auf deren Geschäftsanteile nicht alle zu leistenden Einlagen in voller Höhe bewirkt sind, als übernehmender Rechtsträger beteiligt, so bedarf der Verschmelzungsbeschluß eines übertragenden Rechtsträgers der Zustimmung aller bei der Beschlußfassung anwesenden Anteilsinhaber dieses Rechtsträgers. ²Ist der übertragende Rechtsträger eine rechtsfähige Personengesellschaft oder eine Gesellschaft mit beschränkter Haftung, so bedarf der Verschmelzungsbeschluß auch der Zustimmung der nicht erschienenen Gesellschafter. ³Wird eine Gesellschaft mit beschränkter Haftung, auf deren Geschäftsanteile nicht alle zu leistenden Einlagen in voller Höhe bewirkt sind, von einer Gesellschaft mit beschränkter Haftung durch Verschmelzung aufgenommen, bedarf der Verschmelzungsbeschluss der Zustimmung aller Gesellschafter der übernehmenden Gesellschaft.

(2) Wird der Nennbetrag der Geschäftsanteile nach § 46 Abs. 1 Satz 2 abweichend vom Betrag der Aktien festgesetzt, so muss der Festsetzung jeder Aktionär zustimmen, der sich nicht mit seinem gesamten Anteil beteiligen kann.

I. Norminhalt und Normzweck; Normgeschichte 1	a) Tatbestandsvoraussetzungen 17
	b) Zustimmungserfordernisse 20
II. Zustimmungserfordernisse bei nicht vollständig geleisteten Einlagen (Abs. 1) 8	III. Zustimmungserfordernis wegen Beteiligungsverlustes (Abs. 2) 21
1. Nicht vollständig geleistete Einlagen bei der übernehmenden GmbH (S. 1, 2) 8	1. Tatbestandsvoraussetzungen 21
a) Tatbestandsvoraussetzungen 8	2. Zustimmungserfordernisse 25
b) Zustimmungserfordernisse 12	IV. Zustimmungserfordernisse wegen vermehrter Pflichten kraft Gesellschaftsvertrags der übernehmenden Gesellschaft ... 26
2. Nicht vollständig geleistete Einlagen bei der übertragenden GmbH (S. 3) 17	V. Kosten 28

I. Norminhalt und Normzweck; Normgeschichte

1 § 51 normiert zum Schutz von Anteilsinhabern der an der Verschmelzung beteiligten Rechtsträger besondere Zustimmungserfordernisse hinsichtlich des Verschmelzungsbeschlusses nach § 13, wenn an der Verschmelzung (durch Aufnahme; → Rn. 7) Gesellschaften mbH beteiligt sind.

2 Sind bei einer **übernehmenden** GmbH auf deren Geschäftsanteile nicht alle Einlagen in voller Höhe geleistet, bedarf der Verschmelzungsbeschluss eines übertragenden Rechtsträgers (unabhängig von dessen Rechtsform) jedenfalls der Zustimmung aller bei der Beschlussfassung (vgl. § 13 Abs. 1 S. 2) anwesenden Anteilsinhaber dieses (übertragenden) Rechtsträgers: **Abs. 1 S. 1.** Darüber hinaus bedarf der Beschluss aber auch der Zustimmung der nicht (zur Gesellschafterversammlung) erschienenen Anteilseigner des übertragenden Rechtsträgers, wenn dieser eine rechtsfähige Personengesellschaft (→ Rn. 16) oder eine GmbH ist: **Abs. 1 S. 2.** Nach **Abs. 1 S. 3** bedarf der Verschmelzungsbeschluss der Zustimmung aller Gesellschafter der übernehmenden Gesellschaft, wenn eine übertragende GmbH von einer übernehmenden GmbH aufgenommen wird und auf die Geschäftsanteile der **übertragenden** Gesellschaft nicht alle Einlagen in voller Höhe geleistet sind.

Jene besonderen Zustimmungserfordernisse (zur Interpretation → Rn. 8 ff.) bezwecken den Schutz der Gesellschafter angesichts der Risiken einer Ausfallhaftung aus § 24 GmbHG, soweit eine Stammeinlage weder vom Zahlungspflichtigen eingezogen noch durch Verkauf des Geschäftsanteils gedeckt werden kann.[1] Dabei erklärt sich die unterschiedliche Reichweite des Zustimmungserfordernisses nach Abs. 1 S. 1 einerseits (Zustimmung aller bei Beschlussfassung anwesenden Anteilsinhaber des übertragenden Rechtsträgers) und Abs. 1 S. 2 andererseits (Zustimmung auch der nicht erschienen Gesellschafter) aus der Überlegung, dass sich das Erfordernis der Zustimmung aller (auch der nicht erschienenen) Gesellschafter nur bei den von S. 2 erfassten, (typischerweise) personalistisch strukturierten Gesellschaften praktisch umsetzen lässt.[2]

Liegen die Tatbestandsvoraussetzungen für Zustimmungserfordernisse nach Abs. 1 S. 1 und 2 oder Abs. 1 S. 3 vor, verpflichtet § 52 die Vertretungsorgane aller an der Verschmelzung beteiligten Rechtsträger, bei der Anmeldung der Verschmelzung zum Handelsregister auch zu erklären, dass die erforderlichen Zustimmungen tatsächlich erteilt worden sind (→ § 52 Rn. 2).

Abs. 2 betrifft den Fall der Mischverschmelzung einer AG/KGaA auf eine GmbH, wenn dabei – was durch **§ 46 Abs. 1 S. 2** ausdrücklich (klarstellend) zugelassen wird (→ § 46 Rn. 17) – der Nennbetrag der zu gewährenden Anteile an der übernehmenden Gesellschaft nicht dem Betrag entspricht, der auf die untergehenden Anteile der übertragenden AG/KGaA als anteiliger Betrag ihres Grundkapitals entfällt: Dann muss der Festsetzung jeder Aktionär der übertragenden Gesellschaft zustimmen, der sich nicht mit seinem gesamten (ursprünglichen) Anteil an den übernehmenden GmbH beteiligen kann. Auch das dient dem Gesellschafterschutz: Die Aktionäre der übertragenden AG oder KGaA sollen den (teilweisen) Verlust ihrer Beteiligung nicht ohne ihre Zustimmung hinnehmen müssen.[3]

§ 51 knüpft an die früheren Bestimmungen der §§ 20 Abs. 2 S. 3, 33 Abs. 2 S. 1, Abs. 3 KapErhG sowie § 369 Abs. 6 AktG aF an, wobei Abs. 1 eine gegenüber § 20 Abs. 2 S. 3 KapErhG inhaltlich erweiterte Regelung enthält.[4] Abs. 1 S. 2 wurde im Zuge des MoPeG[5] mit Wirkung ab 1.1.2024 angepasst (jetzt „eine rechtsfähige Personengesellschaft oder eine Gesellschaft mit beschränkter Haftung" statt bisher „eine Personenhandelsgesellschaft, eine Partnerschaftsgesellschaft oder eine Gesellschaft mit beschränkter Haftung"). Abs. 1 S. 3 ist im Zuge des 2. UmwGÄndG[6] neu formuliert worden, um bestehenden Auslegungsschwierigkeiten zu begegnen (→ Rn. 17). Abs. 2 basiert auf § 369 Abs. 6 S. 3 AktG aF und wurde durch das StückAG[7] sowie im Zuge des MoMiG[8] – nach dessen Inkrafttreten der Nennbetrag eines jeden GmbH-Geschäftsanteils (nur noch) auf volle Euro lauten muss (§ 5 Abs. 2 GmbHG), so dass seither auch Anteile im Nennbetrag von 1 EUR ausgegeben werden können (s. § 46 Abs. 1 S. 3 und dazu → § 46 Rn. 18) – geändert.

---

1 BegrRegE UmwG bei *Ganske* Umwandlungsrecht S. 101.
2 Lutter/*J. Vetter* Rn. 25; Semler/Stengel/Leonard/*Reichert* Rn. 14.
3 Kölner Komm UmwG/*Simon/Nießen* Rn. 5.
4 Näher etwa Semler/Stengel/Leonard/*Reichert* Rn. 1.
5 Gesetz zur Modernisierung des Personengesellschaftsrechts (Personengesellschaftsrechtsmodernisierungsgesetz) v. 10.8.2021, BGBl. I 3436.
6 Zweites Gesetz zur Änderung des Umwandlungsgesetzes v. 19.4.2007, BGBl. I 542.
7 Stückaktiengesetz v. 25.3.1998, BGBl. I 590.
8 Gesetz zur Modernisierung des GmbH-Rechts und zur Bekämpfung von Missbräuchen v. 23.10.2008, BGBl. I 2026.

7 Die Vorschrift findet nach dem Willen des Gesetzgebers nicht auf die Verschmelzung durch Neugründung (§ 56; → § 56 Rn. 7), im Übrigen aber auch auf Spaltungen Anwendung (§ 125 Abs. 1 S. 1).

II. Zustimmungserfordernisse bei nicht vollständig geleisteten Einlagen (Abs. 1)

1. Nicht vollständig geleistete Einlagen bei der übernehmenden GmbH (S. 1, 2)

a) Tatbestandsvoraussetzungen

8 Abs. 1 S. 1 und 2 erfasst nur Konstellationen, in denen der **übernehmende Rechtsträger eine GmbH** ist; übertragender Rechtsträger kann demgegenüber jeder nach § 3 verschmelzungsfähige Rechtsträger sein. Der Zustimmung aller anwesenden (oder auch der nicht erschienen Anteilseigner des übertragenden Rechtsträgers) nach Maßgabe von Abs. 1 S. 1 und 2 bedarf es, wenn auf die Geschäftsanteile der übernehmenden GmbH **nicht alle zu leistenden Einlagen in voller Höhe bewirkt** sind.[9]

9 Das Zustimmungserfordernis besteht – dem Normzweck entsprechend (→ Rn. 3) – in allen Fällen, in denen zulasten der künftigen Gesellschafter der übernehmenden GmbH eine **Ausfallhaftung nach § 24 GmbHG** in Betracht kommt.[10] Dazu zählen auch eine etwaige Differenzhaftung nach § 9 GmbHG bei Überbewertung von Sacheinlagen sowie Konstellationen der verdeckten Sacheinlage oder des Hin- und Herzahlens außerhalb des Tatbestandes der verdeckten Sacheinlage, soweit hier die Voraussetzungen einer Befreiung von der Einlageschuld nach Maßgabe von § 19 Abs. 4 und 5 GmbHG nicht erfüllt sind. Ebenso greift das Zustimmungserfordernis in Fällen einer bestehenden Unterbilanzhaftung (Vorbelastungshaftung) zulasten der Gründer einer übernehmenden GmbH.[11] Denn die damit einhergehende (pro ratarische) Ausfallhaftung aus § 24 GmbHG trifft nicht etwa nur die jeweiligen Mit-Gründer (oder deren Rechtsnachfolger), die der vorzeitigen Geschäftsaufnahme zugestimmt hatten, sondern – entsprechend den allgemeinen Grundsätzen zu § 24 GmbHG[12] – alle aktuellen Gesellschafter, auch die im Zuge einer Verschmelzung (oder Kapitalerhöhung) neu hinzukommen.

10 Demgegenüber ist dem Risiko aus einer in der **Satzung** der übernehmenden Gesellschaft angeordneten Ausfallhaftung entsprechend § 24 GmbHG für offene Nachschusspflichten (§§ 26 ff. GmbHG) mit dem Zustimmungserfordernis nach Maßgabe des in → Rn. 26 f. Ausgeführten zu begegnen.[13]

11 Ein das Zustimmungsrecht (in einem übertragenden Rechtsträger) beanspruchender Anteilsinhaber muss zumindest konkrete Umstände für den Bestand eines Ausfallhaftungsrisikos auf einer der skizzierten Grundlagen (zB fehlende Werthaltigkeit erbrachter Sacheinlagen; verdeckte Sacheinlage etc) darlegen.[14] Nicht ausreichend wäre insoweit etwa der Umstand, dass in der übernehmenden GmbH vorzeiten Sacheinlagen

---

9 Zu weiteren Einzelheiten Kölner Komm UmwG/*Simon/Nießen* Rn. 10 ff.
10 S. etwa Kallmeyer/*Zimmermann* Rn. 8; Kölner Komm UmwG/*Simon/Nießen* Rn. 10; Lutter/*J. Vetter* Rn. 16 ff.; Semler/Stengel/Leonard/*Reichert* Rn. 11; Widmann/Mayer/*Mayer* Rn. 10.
11 Zu deren Voraussetzungen s. etwa Lutter/Hommelhoff/*Bayer* GmbHG § 11 Rn. 41 ff.
12 Vgl. nur Lutter/Hommelhoff/*Bayer* GmbHG § 24 Rn. 8 und 9 ff.
13 Für einen Rückgriff auf § 51 Abs. 1 S. 1 und 2 in einem solchen Fall *Wälzholz* DStR 2006, 236.
14 Kallmeyer/*Zimmermann* Rn. 8; Kölner Komm UmwG/*Simon/Nießen* Rn. 10; Lutter/*J. Vetter* Rn. 20; Semler/Stengel/Leonard/*Reichert* Rn. 11; Widmann/Mayer/*Mayer* Rn. 10.

übernommen worden waren und die zehnjährige Verjährungsfrist für eine etwaige Differenzhaftung (§ 9 Abs. 2 GmbHG) noch nicht abgelaufen ist.[15]

b) Zustimmungserfordernisse

Unter den in → Rn. 8 ff. beschriebenen Voraussetzungen bedarf der Verschmelzungsbeschluss eines übertragenden Rechtsträgers nach **Abs. 1 S. 1** jedenfalls der Zustimmung aller bei der Beschlussfassung (vgl. § 13 Abs. 1 S. 2) anwesenden (ggf. vertretenen) Anteilsinhaber des übertragenden Rechtsträgers. Darüber hinaus verlangt **Abs. 1 S. 2** auch die Zustimmung aller nicht (zur Gesellschafterversammlung) erschienen Anteilseigner des übertragenden Rechtsträgers, wenn dieser eine rechtsfähige Personengesellschaft (→ Rn. 16) oder eine GmbH ist. 12

Das Erfordernis der Zustimmung aller anwesenden Anteilsinhaber nach Maßgabe von S. 1 ist nicht im Sinne individueller Zustimmungserklärungen eines jeden dieser Anteilsinhaber zu verstehen, die nach § 13 Abs. 3 S. 1 – unter Beachtung der Kautelen für die Beurkundung von Willenserklärungen nach §§ 6 ff. BeurkG (ua Verlesung der Niederschrift und Unterzeichnung auch durch die Beteiligten; vgl. § 13 BeurkG) – notariell zu beurkunden wären. Die Vorgabe nach S. 1 begründet vielmehr – als eine gegenüber den allgemeinen Mehrheitserfordernissen (zB § 50 Abs. 1 S. 1 für die GmbH) speziellere Bestimmung[16] – ein **Einstimmigkeitserfordernis** für den Verschmelzungsbeschluss im übertragenden Rechtsträger: Der Beschluss ist nicht mit „Zustimmung aller anwesenden Anteilseigner" gefasst, wenn auch nur einer der (stimmberechtigten) Anwesenden nicht mit Ja stimmt. Insoweit wirken sich etwaige Enthaltungen faktisch wie Nein-Stimmen aus, denn auch dann stimmen gerade nicht alle anwesenden Anteilsinhaber dem Beschluss in der Gesellschafterversammlung zu.[17] 13

Der einstimmig erzielte Beschluss ist notariell zu beurkunden (§ 13 Abs. 3 S. 1). Daneben bedarf es der **gesonderten Zustimmung von ggf. anwesenden Anteilsinhabern ohne Stimmrecht; diese** Zustimmungen sind „echte" iSd § 13 Abs. 3 S. 1.[18] Werden sie in der Gesellschafterversammlung abgegeben, sind sie gesondert zu beurkunden; sie können aber auch außerhalb der Versammlung (zB schon vorher) abgegeben und beurkundet werden.[19] 14

Ist die einstimmige Beschlussfassung zu Unrecht festgestellt (und beurkundet) worden, ist der Beschluss anfechtbar (fehlende Beurkundung führt schon zur Beschlussnichtigkeit). Fehlt es (noch) an einer erforderlichen Zustimmung iSd § 13 Abs. 3 S. 1, führt das zur (vorläufigen) Unwirksamkeit des Beschlusses (→ § 50 Rn. 26). 15

Ist übertragender Rechtsträger eine **rechtsfähige Personengesellschaft** oder eine **GmbH**, bedarf es – über das soeben (→ Rn. 13 f.) Ausgeführte hinaus – nach S. 2 auch der **gesonderten Zustimmung aller nicht erschienenen Anteilseigner** (solcher mit und ohne Stimmrecht), die wiederum (als „echte" Zustimmungen iSd § 13 Abs. 3 16

---

15 Zutreffend Lutter/*J. Vetter* Rn. 20.
16 Vgl. auch BegrRegE UmwG bei *Ganske* Umwandlungsrecht S. 101.
17 Im Ergebnis wohl ganz überwiegende Auffassung; s. etwa Kallmeyer/*Zimmermann* Rn. 2; Lutter/*J. Vetter* Rn. 21; Maulbetsch/Klumpp/Rose/*Rebmann* Rn. 5; Schmitt/Hörtnagl/*Ollech* Rn. 5; Widmann/Mayer/*Mayer* Rn. 11. Demgegenüber wollen Kölner Komm UmwG/*Simon/Nießen* Rn. 14 einem Gesellschafter, der in der Versammlung mit Nein gestimmt oder sich enthalten hat, eine (korrigierende) Zustimmungserklärung außerhalb der Versammlung ermöglichen.
18 Kallmeyer/*Zimmermann* Rn. 2; Semler/Stengel/Leonard/*Reichert* Rn. 12; Widmann/Mayer/*Mayer* Rn. 11.
19 Kölner Komm UmwG/*Simon/Nießen* Rn. 14; Semler/Stengel/Leonard/*Reichert* Rn. 12; Widmann/Mayer/*Mayer* Rn. 11.

S. 1) nach den für Willenserklärungen geltenden Vorschriften (§§ 6 ff. BeurkG) zu beurkunden sind.[20] Die Formulierung in S. 2 wurde im Zuge des MoPeG mit Wirkung ab 1.1.2024 angepasst (→ Rn. 6), da seither auch eine eingetragene Gesellschaft bürgerlichen Rechts übertragender Rechtsträger sein kann: Der Begriff „rechtsfähige Personengesellschaft" ist der Oberbegriff für die in § 3 Abs. 1 Nr. 1 idF des MoPeG genannten Rechtsträger „eingetragene Gesellschaften bürgerlichen Rechts, Personenhandelsgesellschaften (offene Handelsgesellschaften, Kommanditgesellschaften) und Partnerschaftsgesellschaften".[21]

2. Nicht vollständig geleistete Einlagen bei der übertragenden GmbH (S. 3)

a) Tatbestandsvoraussetzungen

17 **Abs. 1 S. 3** betrifft den Fall einer reinen GmbH-Verschmelzung durch Aufnahme, sofern auf die Geschäftsanteile der **übertragenden** GmbH nicht alle zu leistenden Einlagen in voller Höhe bewirkt sind; dann bedarf der Verschmelzungsbeschluss in der **übernehmenden** GmbH der Zustimmung aller Gesellschafter dieser (übernehmenden) Gesellschaft. Mit der heutigen Formulierung von S. 3 – im Zuge des 2. UmwGÄndG neu gefasst (→ Rn. 6) – hat der Gesetzgeber einen bis dahin bestehenden Streit über die zutreffende Auslegung von Abs. 1 S. 3 aF[22] beilegen wollen. Unter den Tatbestandsvoraussetzungen der Norm bedarf es der Zustimmung aller Gesellschafter der übernehmenden GmbH zum dort gefassten Verschmelzungsbeschluss, weil offene Einlageforderungen der übertragenden Gesellschaft mit Eintragung der Verschmelzung auf die übernehmende GmbH übergehen und die Ausfallhaftung aus § 24 GmbHG (für nicht voll eingezahlte Geschäftsanteile in der übertragenden GmbH) nach Wirksamwerden der Verschmelzung alle Gesellschafter der übernehmenden GmbH, auch alle Altgesellschafter, trifft.[23]

18 Hinsichtlich der möglichen Entstehungsgründe für die Ausfallhaftung aus § 24 GmbHG gilt das in → Rn. 9 Gesagte entsprechend.[24]

19 Das Zustimmungserfordernis nach Abs. 1 S. 3 ist auf Fälle der reinen GmbH-Verschmelzung beschränkt. Angesichts des eindeutigen Wortlauts der Norm – der insoweit auch durch das 2. UmwGÄndG (→ Rn. 17) keine Korrektur erfahren hat – muss eine analoge Anwendung auf **Mischverschmelzungen** ausscheiden.[25]

b) Zustimmungserfordernisse

20 Unter den soeben (→ Rn. 17 ff.) beschriebenen Voraussetzungen bedarf der Verschmelzungsbeschluss in der übernehmenden Gesellschaft der **Zustimmung aller Gesellschafter.** Hinsichtlich der (in der Gesellschafterversammlung) anwesenden (ggf. vertretenen) Gesellschafter mit Stimmrecht gilt das Einstimmigkeitserfordernis entsprechend

---

20 S. auch Lutter/*J. Vetter* Rn. 26; Schmitt/Hörtnagl/Hörtnagl/Ollech Rn. 6; Semler/Stengel/Leonard/*Reichert* Rn. 13; Widmann/Mayer/*Mayer* Rn. 12 ff.
21 Dazu Bericht des Ausschusses für Recht und Verbraucherschutz zum RegE MoPeG, BT-Drs. 19/31105, 10.
22 Darin war die „entsprechende Anwendung der Sätze 1 und 2" angeordnet, wenn bei einer übertragenden GmbH nicht alle Einlagen in voller Höhe bewirkt waren; zu den daraus resultierenden Auslegungsschwierigkeiten s. etwa Lutter/*Winter*, 4. Aufl. 2009, Rn. 11.
23 Anders im Fall der Verschmelzung einer 100 %igen Tochter auf die Mutter; dazu etwa Kölner Komm UmwG/*Simon/Nießen* Rn. 25; Lutter/*J. Vetter* Rn. 32.
24 Zu Besonderheiten im Fall der Mehrfachverschmelzung unter Beteiligung einer übertragenden GmbH weiterführend Kölner Komm UmwG/*Simon/Nießen* Rn. 26 ff.
25 Im Ergebnis ebenso Henssler/Strohn/*Haeder* Rn. 4; Maulbetsch/Klumpp/Rose/*Rebmann* Rn. 13; Kölner Komm UmwG/*Simon/Nießen* Rn. 30; Lutter/*J. Vetter* Rn. 37; Widmann/Mayer/*Mayer* Rn. 22; aA *Bayer* ZIP 1997, 1613 (1623); Schmitt/Hörtnagl/*Hörtnagl/Ollech* Rn. 10; Semler/Stengel/Leonard/*Reichert* Rn. 22 f.

dem in → Rn. 13 Gesagten. Anwesende Inhaber von Anteilen ohne Stimmrecht sowie alle nicht erschienenen Gesellschafter müssen gesonderte Zustimmungserklärungen (innerhalb oder außerhalb der Versammlung) entsprechend dem in → Rn. 14 und 16 Ausgeführten abgeben.[26]

III. Zustimmungserfordernis wegen Beteiligungsverlustes (Abs. 2)

1. Tatbestandsvoraussetzungen

Abs. 2 normiert ein spezielles Zustimmungserfordernis im Fall der Mischverschmelzung einer AG/KGaA auf eine GmbH: Wenn dabei der Nennbetrag der zu gewährenden Anteile an der übernehmenden Gesellschaft nicht dem Betrag entspricht, der auf die untergehenden Anteile der übertragenden AG/KGaA als anteiliger Betrag ihres Grundkapitals entfällt, muss der Festsetzung jeder Aktionär der übertragenden Gesellschaft zustimmen, der sich nicht mit seinem gesamten (ursprünglichen) Anteil an der übernehmenden GmbH beteiligen kann. Die Aktionäre der übertragenden AG oder KGaA sollen den (teilweisen) Verlust ihrer Beteiligung nicht ohne ihre Zustimmung hinnehmen müssen. Dass es der Nennwertidentität keineswegs zwingend bedarf, wird für den Fall der nämlichen Mischverschmelzung in § 46 Abs. 1 S. 2 ausdrücklich klargestellt (→ § 46 Rn. 17); so konnte der Gesetzgeber bei der Formulierung von § 51 Abs. 2 auf jene Bestimmung Bezug nehmen. 21

Voraussetzung des Zustimmungserfordernisses nach Abs. 2 ist eine **abweichende Festsetzung des Nennbetrags iSv § 46 Abs. 1 S. 2** (→ § 46 Rn. 16 f.) sowie ein darauf beruhender **Beteiligungsverlust (Anteilsverlust)**[27] eines Aktionärs einer übertragenden AG oder KGaA; auch nicht stimmberechtigte Aktionäre werden durch die Vorschrift geschützt.[28] Ein solcher Anteilsverlust kann eintreten, wenn es aufgrund der konkreten – den Mindestbetrag nach § 46 Abs. 1 S. 3 (1 EUR) überschreitenden – Festsetzung des Nennbetrages der zu gewährenden Anteile an der übernehmenden GmbH zu einem nicht verteilungsfähigen Anteilsrest kommt oder wenn die Beteiligung am übertragenden Rechtsträger so gering war, dass der im Verschmelzungsvertrag festgesetzte Nennbetrag eines Anteils an der übernehmenden GmbH nicht erreicht wird.[29] 22

Die **Zustimmung** nach Abs. 2 ist allerdings dann **entbehrlich**, wenn – wie bei Anteilsspitzen oder Kleinstbeteiligungen iSd bei → § 46 Rn. 19 Ausgeführten – nicht einmal der Mindestnennbetrag des § 46 Abs. 1 S. 3 (1 EUR) erreicht werden kann, so dass der mit der Verschmelzung verbundene Anteilsverlust unvermeidbar ist.[30] Das war in § 51 Abs. 2 aF noch ausdrücklich in diesem Sinne geregelt und sollte durch die Neufassung der Vorschrift im Zuge des MoMiG (s. § 51; → Rn. 6) nicht etwa geändert werden.[31] Zu den dann bestehenden Gestaltungsmöglichkeiten (bare Zahlungen; Zusammenlegung von Anteilen) → § 46 Rn. 20 ff. 23

---

26 S. auch Semler/Stengel/Leonard/*Reichert* Rn. 21.
27 Vgl. auch die Terminologie bei Lutter/*J. Vetter* Rn. 61 f. („Beteiligungsdefizit") und Kölner Komm UmwG/ Simon/Nießen Rn. 32 („nicht wertäquivalente Beteiligung").
28 Kölner Komm UmwG/*Simon/Nießen* Rn. 34; Lutter/*J. Vetter* Rn. 64; Semler/Stengel/Leonard/*Reichert* Rn. 26.
29 Semler/Stengel/Leonard/*Reichert* Rn. 25 und 29; Widmann/Mayer/*Mayer* § 46 Rn. 18.1 und § 51 Rn. 26 f.

30 Kallmeyer/*Kocher* § 46 Rn. 8; Kölner Komm UmwG/ Simon/Nießen § 46 Rn. 17 und § 51 Rn. 36 f.; Semler/Stengel/Leonard/*Reichert* § 46 Rn. 13 und § 51 Rn. 28; Lutter/*J. Vetter* § 46 Rn. 40 f., § 51 Rn. 61 und 65 f.; Widmann/Mayer/*Mayer* Rn. 28.
31 Zutreffend Kölner Komm UmwG/*Simon/Nießen* § 46 Rn. 17; Semler/Stengel/Leonard/*Reichert* Rn. 28; zweifelnd indes Keßler/Kühnberger/*Keßler* § 51 Rn. 9.

24 **Abs. 2 ist nicht analog** anzuwenden, **wenn der übertragende Rechtsträger** keine Aktiengesellschaft (bzw. KGaA), sondern **in einer anderen Rechtsform organisiert** ist;[32] angesichts des eindeutigen Wortlauts der Vorschrift kommt eine solche Analogie nicht in Betracht. Dem lässt sich auch nicht etwa entgegenhalten, dass § 46 Abs. 1 S. 2 (keine Nennbetragsidentität) nur einen allgemeinen Rechtsgedanken zum Ausdruck bringt, der für die Verschmelzung anderer Rechtsträger gleichermaßen gilt (→ § 46 Rn. 17). Wenn der Gesetzgeber des UmwG jenen Rechtsgedanken nur bezogen auf die Mischverschmelzung einer AG/KGaA auf eine GmbH kodifiziert hat, so dürfte sich dies gerade daraus erklären, dass nach seinem Willen nur in diesem Fall (zum Schutz der betroffenen Aktionäre) ein Zustimmungserfordernis iSd § 51 Abs. 2 gelten soll; die Kodifizierung des § 46 Abs. 1 S. 2 ermöglichte die Bezugnahme in § 51 Abs. 2. Vergleichbar betroffene Anteilsinhaber von übertragenden Rechtsträgern anderer Rechtsform werden durch die allgemeinen Schranken der Mehrheitsherrschaft (v. a. Treuepflicht) geschützt, wenn die mit § 46 Abs. 1 S. 3 bestehenden Gestaltungsmöglichkeiten nach dem Willen der Mehrheit nicht genutzt werden sollen und es deshalb zu Beteiligungsverlusten kommt.[33]

2. Zustimmungserfordernisse

25 Unter den in → Rn. 22 beschriebenen Voraussetzungen (Anteilsverlust) bedarf die abweichende Festsetzung des Nennbetrages der Zustimmung jedes betroffenen Aktionärs; in einer positiven Stimmabgabe zum Verschmelzungsbeschluss ist diese Zustimmung im Zweifel enthalten.[34] Es handelt sich um „echte" Zustimmungen iSd § 13 Abs. 3 S. 1, für deren Erklärung und Beurkundung das bei → § 50 Rn. 24 Ausgeführte entsprechend gilt.

IV. Zustimmungserfordernisse wegen vermehrter Pflichten kraft Gesellschaftsvertrags der übernehmenden Gesellschaft

26 Im UmwG nicht normiert sind **Zustimmungserfordernisse zugunsten der Anteilsinhaber eines übertragenden Rechtsträgers** für den Fall, dass sie als (neue) Gesellschafter der übernehmenden GmbH mit **besonderen (so nicht schon im übertragenden Rechtsträger existenten) Pflichten** belastet werden, die **kraft Satzung der übernehmenden GmbH jeden** ihrer Gesellschafter treffen;[35] in Betracht kommen zB Wettbewerbsverbote, Nachschusspflichten, Sachleistungspflichten, Schiedsklauseln etc (zum davon zu unterscheidenden Fall, dass nur die Anteile der neu hinzutretenden Gesellschafter mit besonderen Pflichten ausgestattet werden sollen, → § 46 Rn. 31).

27 Teile des Schrifttums lehnen hier ein Zustimmungserfordernis ab,[36] weil sich der Gesetzgeber des UmwG bewusst dagegen entschieden und die Zustimmungserfordernisse

---

[32] Ganz hM; s. Habersack/Wicke/*v. Hinden* Rn. 38; Kallmeyer/*Zimmermann* Rn. 12; Kölner Komm UmwG/*Simon/Nießen* Rn. 39; Lutter/*J. Vetter* Rn. 69; Maulbetsch/Klumpp/Rose/*Rebmann* Rn. 22; Semler/Stengel/Leonard/*Reichert* Rn. 32; aA indes Keßler/Kühnberger/*Keßler* Rn. 10.

[33] Kölner Komm UmwG/*Simon/Nießen* Rn. 39; Lutter/*J. Vetter* Rn. 70; Semler/Stengel/Leonard/*Reichert* Rn. 32; Widmann/Mayer/*Mayer* Rn. 30.

[34] S. dazu auch Kallmeyer/*Zimmermann* Rn. 11; Kölner Komm UmwG/*Simon/Nießen* Rn. 35; Widmann/Mayer/*Mayer* Rn. 29; eine „ausdrückliche Zustimmung" verlangen Schmitt/Hörtnagl/*Hörtnagl/Ollech* Rn. 11.

[35] Näher dazu, mit Nachweisen zum Meinungsstand, Kölner Komm UmwG/*Simon/Nießen* Rn. 17 ff.; Lutter/*J. Vetter* Rn. 38 ff.; Semler/Stengel/Leonard/*Reichert* Rn. 15 ff.

[36] Habersack/Wicke/*v. Hinden* Rn. 23 ff.; Kölner Komm UmwG/*Simon/Nießen* Rn. 20; *Wälzholz* DStR 2006, 236 (237 ff.); Widmann/Mayer/*Mayer* § 50 Rn. 109 ff.

im UmwG abschließend geregelt habe;[37] zum Schutz der betroffenen Anteilsinhaber ist auf eine Pflicht zum Barabfindungsangebot analog § 29[38] bzw. auf ein Austrittsrecht auf wichtigem Grund[39] verwiesen worden. Die besseren Gründe sprechen indes dafür, in solchen Fällen die Zustimmung aller Gesellschafter des übertragenden Rechtsträgers analog § 53 Abs. 3 GmbHG zu verlangen.[40] Zur Begründung wird zutreffend auf das Verbot der Leistungsvermehrung gegen den Willen des Betroffenen als rechtsformübergreifendes gesellschaftsrechtliches Prinzip verwiesen.[41] Ein solches Ergebnis wird zudem durch die gesetzgeberischen Wertungen gestützt, wie sie in den Zustimmungserfordernissen nach dem UmwG (ua § 13 Abs. 2, § 50 Abs. 2, § 51 Abs. 1 und Abs. 2) zum Ausdruck kommen. Denn angesichts jener Vorgaben wäre es inkonsistent, müssten die Anteilsinhaber des übertragenden Rechtsträgers vermehrte Leistungspflichten in der übernehmenden Gesellschaft ohne ihre Zustimmung hinnehmen, zumal sich diese (weil nicht wertmäßig bezifferbar) durch eine entsprechende Anpassung des Umtauschverhältnisses häufig nicht kompensieren lassen. Wenn der Gesetzgeber im UmwG insoweit keine Zustimmungserfordernisse normiert hat, schließt dies den Rückgriff auf die allgemeinen Prinzipien des Gesellschaftsrechts noch keineswegs aus.

V. Kosten

Zu den Kosten der Verschmelzung vgl. die Verweise → § 50 Rn. 27; speziell zu den Kosten für die Beurkundung einzelner Zustimmungserklärungen → § 13 Rn. 61 ff.

§ 52 Anmeldung der Verschmelzung

¹Bei der Anmeldung der Verschmelzung zur Eintragung in das Register haben die Vertretungsorgane der an der Verschmelzung beteiligten Rechtsträger im Falle des § 51 Abs. 1 auch zu erklären, daß dem Verschmelzungsbeschluß jedes der übertragenden Rechtsträger alle bei der Beschlußfassung anwesenden Anteilsinhaber dieses Rechtsträgers und, sofern der übertragende Rechtsträger eine rechtsfähige Personengesellschaft oder eine Gesellschaft mit beschränkter Haftung ist, auch die nicht erschienenen Gesellschafter dieser Gesellschaft zugestimmt haben. ²Wird eine Gesellschaft mit beschränkter Haftung, auf deren Geschäftsanteile nicht alle zu leistenden Einlagen in voller Höhe bewirkt sind, von einer Gesellschaft mit beschränkter Haftung durch Verschmelzung aufgenommen, so ist auch zu erklären, dass alle Gesellschafter dieser Gesellschaft dem Verschmelzungsbeschluss zugestimmt haben.

---

37 Vgl. etwa Kölner Komm UmwG/*Simon/Nießen* Rn. 20 unter Hinweis auf BegrRegE UmwG bei *Ganske* Umwandlungsrecht S. 61.
38 Lutter Kölner Umwandlungsrechtstage/*H. Schmidt* S. 59, 84 f.
39 Lutter Kölner Umwandlungsrechtstage/*Grunewald* S. 19, 24.
40 Gleichsinnig *Bayer* ZIP 1997, 1613 (1623); Kallmeyer/*Zimmermann* Rn. 8; Lutter/*J. Vetter* Rn. 42; Maulbetsch/Klumpp/Rose/*Rebmann* Rn. 9; *Reichert* GmbHR 1995, 176 (189); *Reichert/Harbarth* NZG 2003, 379 (382); Semler/Stengel/Leonard/*Reichert* Rn. 15 ff. (dort Rn. 18 auch zur Form der Zustimmung).
41 So schon in: Lutter Kölner Umwandlungsrechtstage/*Winter* S. 19, 47 f.; vgl. auch Lutter/*Drygala* § 13 Rn. 37: „fundamentales Prinzip des Korporationsrechts".

I. Norminhalt und Normzweck; Normgeschichte	1	2. Adressaten der Erklärungspflicht; Erklärungsmodalitäten	9
II. Erklärung über erforderliche Zustimmungen	6	III. Kosten	14
1. Erklärungsinhalt	6		

I. Norminhalt und Normzweck; Normgeschichte

1 § 52 ergänzt die allgemeinen Vorschriften der §§ 16, 17 (s. die Erläuterungen dort) über die Anmeldung der Verschmelzung zum Handelsregister. Liegen die Tatbestandsvoraussetzungen für Zustimmungserfordernisse nach § 51 Abs. 1 S. 1 und 2 oder § 51 Abs. 1 S. 3 vor, haben die Vertretungsorgane aller an der Verschmelzung beteiligten Rechtsträger bei der Anmeldung auch zu erklären, dass die in jenen Bestimmungen verlangten Zustimmungen tatsächlich erteilt worden sind.

2 Die Vorschrift verstärkt den Gesellschafterschutz vor den Risiken einer Ausfallhaftung nach § 24 GmbHG, den die Zustimmungserfordernisse nach § 51 Abs. 1 gewährleisten sollen (→ § 51 Rn. 3):[1] Der Registerrichter wird durch die Erklärung darüber informiert, dass im konkreten Verschmelzungsfall besondere Zustimmungserfordernisse nach § 51 Abs. 1 bestehen und kann so prüfen, ob die entsprechenden Zustimmungserklärungen – wie in § 17 vorgeschrieben – als Anlagen der Anmeldung beigefügt sind.[2] Wenn keiner der Tatbestände des § 51 Abs. 1 erfüllt ist, verlangt das Gesetz allerdings keine Negativerklärung. Die Mitglieder der erklärungspflichtigen Vertretungsorgane einer GmbH, AG oder KGaA unterliegen der Strafandrohung nach § 346 Abs. 2 iVm Abs. 1, wenn sie in der Erklärung nach § 52 vorsätzlich unrichtige Angaben machen oder der Erklärung unrichtige Angaben zugrunde legen.

3 § 52 geht zurück auf den früheren § 24 Abs. 2 S. 2 KapErhG.[3] S. 1 wurde im Zuge des MoPeG[4] mit Wirkung ab 1.1.2024 angepasst (jetzt „eine rechtsfähige Personengesellschaft oder eine Gesellschaft mit beschränkter Haftung" statt bisher „eine Personenhandelsgesellschaft, eine Partnerschaftsgesellschaft oder eine Gesellschaft mit beschränkter Haftung"). S. 2 wurde durch das 2. UmwGÄndG[5] eingefügt, um bestehende Auslegungsprobleme zu beseitigen.[6]

4 Der **frühere Abs. 2** der Vorschrift ist durch das 3. UmwGÄndG[7] aufgehoben worden. Abs. 2 aF bestimmte, dass der Anmeldung der Verschmelzung zum Register des Sitzes der übernehmenden GmbH eine von den Geschäftsführern dieser Gesellschaft unterschriebene **berichtigte Gesellschafterliste** beizufügen sei. Diese Bestimmung war hinfällig geworden, nachdem die Pflichten zur Einreichung einer aktualisierten Gesellschafterliste sowie die Adressaten dieser Pflicht (Geschäftsführer oder Notar) durch **§ 40 Abs. 1 und 2 GmbHG idF des MoMiG**[8] neu geordnet worden waren. Die mit Eintragung der Verschmelzung wirksam werdenden Veränderungen im Gesellschafterkreis

---

[1] Semler/Stengel/Leonard/*Reichert* Rn. 2.
[2] Kallmeyer/*Zimmermann* Rn. 4; Kölner Komm UmwG/*Simon/Nießen* Rn. 2; Lutter/*J. Vetter* Rn. 3 f.; Semler/Stengel/Leonard/*Reichert* Rn. 2; Widmann/Mayer/*Mayer* Rn. 2.
[3] Widmann/Mayer/*Mayer* Rn. 3.
[4] Gesetz zur Modernisierung des Personengesellschaftsrechts (Personengesellschaftsrechtsmodernisierungsgesetz) v. 10.8.2021, BGBl. I 3436.
[5] Zweites Gesetz zur Änderung des Umwandlungsgesetzes v. 19.4.2007, BGBl. I 542.
[6] Näher dazu Semler/Stengel/Leonard/*Reichert* Rn. 5; Widmann/Mayer/*Mayer* Rn. 1 und 5.1.
[7] Drittes Gesetz zur Änderung des Umwandlungsgesetzes v. 11.7.2011, BGBl. I 1338.
[8] Gesetz zur Modernisierung des GmbH-Rechts und zur Bekämpfung von Missbräuchen v. 23.10.2008, BGBl. I 2026.

der übernehmenden GmbH verpflichten den **Notar**, der die Verschmelzung beurkundet hat, zur Einreichung der neuen Gesellschafterliste, § 40 Abs. 2 GmbHG.[9]

Die Vorschrift findet ebenso wenig wie § 51 auf die Verschmelzung durch Neugründung Anwendung (§ 56; → § 56 Rn. 7), gilt im Übrigen aber auch für Spaltungen (§ 125 Abs. 1 S. 1).

II. Erklärung über erforderliche Zustimmungen

1. Erklärungsinhalt

Die Erklärungspflichten nach § 52 knüpfen an die in § 51 Abs. 1 normierten Zustimmungspflichten an: **S. 1 iVm § 51 Abs. 1 S. 1 und 2** betrifft den Fall, dass bei einer **übernehmenden** GmbH auf deren Geschäftsanteile nicht alle Einlagen in voller Höhe geleistet worden sind; dann bedarf der Verschmelzungsbeschluss eines übertragenden Rechtsträgers (unabhängig von dessen Rechtsform) jedenfalls der Zustimmung aller bei der Beschlussfassung anwesenden Anteilsinhaber dieses (übertragenden) Rechtsträgers; darüber hinaus bedarf der Beschluss auch der Zustimmung der nicht (zur Gesellschafterversammlung) erschienenen Anteilseigner des übertragenden Rechtsträgers, wenn dieser eine rechtsfähige Personengesellschaft oder eine GmbH ist (näher → § 51 Rn. 12 ff. und 16). Demgemäß haben nach § 52 S. 1 die Vertretungsorgane aller an der Verschmelzung beteiligten Rechtsträger bei der Anmeldung der Verschmelzung auch zu erklären, dass dem Verschmelzungsbeschluss jedes der übertragenden Rechtsträger alle anwesenden Gesellschafter bzw. – sofern ein übertragender Rechtsträger eine rechtsfähige Personengesellschaft (zum Begriff → § 51 Rn. 16) oder eine GmbH ist – auch alle nicht erschienenen Gesellschafter dieser Gesellschaft zugestimmt haben.

S. 2 iVm § 51 Abs. 1 S. 3 betrifft den Fall, dass eine übertragende GmbH von einer übernehmenden GmbH aufgenommen wird und auf die Geschäftsanteile der **übertragenden** Gesellschaft nicht alle Einlagen in voller Höhe geleistet sind; dann bedarf der Verschmelzungsbeschluss der Zustimmung aller Gesellschafter der übernehmenden Gesellschaft (näher → § 51 Rn. 20). Demgemäß haben nach § 52 S. 2 die Vertretungsorgane der an der Verschmelzung beteiligten Gesellschaften bei der Anmeldung der Verschmelzung auch zu erklären, dass dem Verschmelzungsbeschluss der übernehmenden Gesellschaft alle Gesellschafter dieser Gesellschaft zugestimmt haben.

Die mit diesen Inhalten abzugebenden Erklärungen sind „Wissenserklärungen"[10] über das tatsächliche Vorliegen nach § 51 Abs. 1 jeweils erforderlicher Zustimmungen, und zwar bezüglich sämtlicher an der Verschmelzung beteiligter Rechtsträger, also auch dann, wenn das Zustimmungserfordernis den Verschmelzungsbeschluss in einem **anderen** beteiligten Rechtsträger betrifft.[11]

2. Adressaten der Erklärungspflicht; Erklärungsmodalitäten

Die Erklärungen sind von dem jeweiligen Vertretungsorgan der an der Verschmelzung beteiligten Rechtsträger abzugeben, und zwar höchstpersönlich; Stellvertretung ist aus-

---

[9] Zu weiteren Einzelheiten, auch zur Frage der Notarzuständigkeit im Falle der Beurkundung bloß mittelbarer Veränderungen, vgl. etwa Lutter/Hommelhoff/*Bayer* GmbHG § 40 Rn. 80 ff.

[10] Kallmeyer/*Zimmermann* Rn. 5.
[11] Kallmeyer/*Zimmermann* Rn. 2; Kölner Komm UmwG/ *Simon/Nießen* Rn. 9.

geschlossen.[12] Zur Abgabe der Erklärung verpflichtet sind **sämtliche Mitglieder des Vertretungsorgans**; eine nur durch einen zur Vertretung berechtigten Teil der Organmitglieder abgegebene Erklärung genügt den gesetzlichen Anforderungen nicht.[13]

10 § 52 verlangt lediglich die Erklärung „**bei der Anmeldung**"; sie ist nicht etwa zwingend in der Anmeldung abzugeben. Die Erklärungen können auch außerhalb der jeweiligen Anmeldungen abgegeben werden[14] und unterliegen dann nicht der Formvorgabe des § 12 Abs. 1 HGB; für ihre Einreichung gilt § 12 Abs. 2 HGB.[15]

11 Die Erklärung wird nicht etwa durch die Vorlage der jeweiligen Verschmelzungsbeschlüsse und Zustimmungserklärungen nach § 51 Abs. 1 ersetzt, sondern ist neben diesen (vgl. § 17 Abs. 1) einzureichen.[16] Eine Erklärung nach § 52 wird jedoch allgemein als entbehrlich angesehen, wenn alle Anteilsinhaber in einer Universalversammlung der Verschmelzung zugestimmt haben;[17] ebenso bei der Verschmelzung einer 100 %igen Tochter auf ihre Muttergesellschaft.[18]

12 Fehlt es an der nach § 52 erforderlichen Erklärung, so stellt dies ein Eintragungshindernis dar, auf das der Registerrichter mit Zwischenverfügung (§ 382 Abs. 4 FamFG) hinzuweisen hat.[19] Wird trotz fehlender Erklärung eingetragen, ist die Verschmelzung dennoch wirksam (§ 20 Abs. 2). Die verspätete Einreichung hat keine Auswirkung auf die Frist nach § 17 Abs. 2 S. 4.[20]

13 Die Mitglieder der erklärungspflichtigen Vertretungsorgane einer GmbH, AG oder KGaA machen sich nach § 346 Abs. 2 iVm Abs. 1 strafbar, wenn sie in der Erklärung vorsätzlich unrichtige Angaben machen oder der Erklärung unrichtige Angaben zugrunde legen; Strafrahmen: Freiheitsstrafe bis zu drei Jahren oder Geldstrafe.

III. Kosten

14 Zu den Kosten der Verschmelzung vgl. die Verweise → § 50 Rn. 27; speziell zu den Kosten für die Anmeldung der Verschmelzung → § 16 Rn. 52 ff.

§ 53 Eintragung bei Erhöhung des Stammkapitals

Erhöht die übernehmende Gesellschaft zur Durchführung der Verschmelzung ihr Stammkapital, so darf die Verschmelzung erst eingetragen werden, nachdem die Erhöhung des Stammkapitals im Register eingetragen worden ist.

---

12 Kallmeyer/*Zimmermann* Rn. 5; Kölner Komm UmwG/*Simon/Nießen* Rn. 8; Lutter/*J. Vetter* Rn. 15; Semler/Stengel/Leonard/*Reichert* Rn. 6; Widmann/Mayer/*Mayer* Rn. 4.
13 Heute ganz hM; s. etwa Habersack/Wicke/*v. Hinden* Rn. 10; Kallmeyer/*Zimmermann* Rn. 5; Kölner Komm UmwG/*Simon/Nießen* Rn. 8; Lutter/*J. Vetter* Rn. 14; Schmitt/Hörtnagl/*Hörtnagl/Olleck* Rn. 2; Semler/Stengel/Leonard/*Reichert* Rn. 6; Widmann/Mayer/*Mayer* Rn. 4; zweifelnd Maulbetsch/Klumpp/Rose/*Rebmann* Rn. 5.
14 Kallmeyer/*Zimmermann* Rn. 5; Kölner Komm UmwG/*Simon/Nießen* Rn. 11; Lutter/*J. Vetter* Rn. 17; Semler/Stengel/Leonard/*Reichert* Rn. 6; Widmann/Mayer/*Mayer* Rn. 4.
15 Lutter/*J. Vetter* Rn. 18.
16 Kölner Komm UmwG/*Simon/Nießen* Rn. 10; Semler/Stengel/Leonard/*Reichert* Rn. 7; Widmann/Mayer/*Mayer* Rn. 4.
17 Kallmeyer/*Zimmermann* Rn. 7; Kölner Komm UmwG/*Simon/Nießen* Rn. 12; Semler/Stengel/Leonard/*Reichert* Rn. 7; Widmann/Mayer/*Mayer* Rn. 6.
18 Kallmeyer/*Zimmermann* Rn. 7; Kölner Komm UmwG/*Simon/Nießen* Rn. 12; Semler/Stengel/Leonard/*Reichert* Rn. 7; Widmann/Mayer/*Mayer* Rn. 6.
19 Kallmeyer/*Zimmermann* Rn. 6; Kölner Komm UmwG/*Simon/Nießen* Rn. 13 f.; Lutter/*J. Vetter* Rn. 19; Widmann/Mayer/*Mayer* Rn. 6 f.
20 Kallmeyer/*Zimmermann* Rn. 6; Lutter/*J. Vetter* Rn. 20; Widmann/Mayer/*Mayer* Rn. 7.

I. Norminhalt

Die Vorschrift ergänzt § 19, dessen Abs. 1 Bestimmung zur Reihenfolge der Eintragung der Verschmelzung in die Register der übertragenden und des übernehmenden Rechtsträgers trifft. Demgegenüber verhält sich § 53 zur Reihenfolge der Eintragung von Kapitalerhöhung und Verschmelzung im Register einer übernehmenden GmbH, wenn diese ihr Stammkapital zur Durchführung der Verschmelzung erhöht. In diesem Fall darf die Verschmelzung erst eingetragen werden, nachdem die Kapitalerhöhung eingetragen worden ist. So soll sichergestellt werden, dass die den (bisherigen) Anteilsinhabern des übertragenden Rechtsträgers zu gewährenden Geschäftsanteile der Übernehmerin im Zeitpunkt der Wirksamkeit der Verschmelzung (durch Eintragung derselben, vgl. § 20 Abs. 1) auch tatsächlich entstanden sind.

§ 53, der dem früheren § 25 Abs. 1 S. 2 KapErhG entspricht, gilt nur für die Verschmelzung durch Aufnahme (nicht auch für die Verschmelzung durch Neugründung, § 56, denn mit dieser geht keine Kapitalerhöhung einher). Die Vorschrift ist im Übrigen unanwendbar, wenn die übernehmende GmbH ihr Stammkapital nicht zur Durchführung der Verschmelzung, sondern nur bei Gelegenheit der Verschmelzung erhöht.[1]

§ 53 findet auch auf alle Arten der Spaltung zur Aufnahme Anwendung (§ 125 Abs. 1 S. 1). Vgl. auch die Parallelbestimmung des § 66.

Die Vorschrift steht im Zusammenhang mit § 55, aus dem sich (insbesondere) ergibt, **welche Bestimmungen des GmbHG zu Kapitalerhöhungen (§§ 53 f., §§ 55 ff. GmbHG) anwendbar** bzw. unanwendbar sind, wenn das Stammkapital einer übernehmenden GmbH zur Durchführung der Verschmelzung erhöht wird. Nähere Einzelheiten zur Beschlussfassung über eine solche Kapitalerhöhung, zur Kapitaldeckung sowie zur Anmeldung, Eintragung und Bekanntmachung der Kapitalerhöhung sind in diesem Kommentar **bei § 55 erläutert** (→ § 55 Rn. 7 ff., 21 ff.).

II. Die konditionale Verknüpfung von Verschmelzung und Kapitalerhöhung zur Durchführung der Verschmelzung

Bei der Verschmelzung durch Aufnahme sind den (bisherigen) Anteilsinhabern des übertragenden Rechtsträgers – zum Ausgleich des vom übertragenden auf den übernehmenden Rechtsträger übergehenden Vermögens – in der Regel Anteile oder Mitgliedschaften am übernehmenden Rechtsträger zu gewähren (vgl. §§ 2, 5 Abs. 1 Nr. 2, 20 Abs. 1 Nr. 3), bei der Verschmelzung auf eine übernehmende GmbH also Geschäftsanteile dieser Gesellschaft. Jene Geschäftsanteile müssen, soweit nicht schon vorhandene Anteile zur Verteilung genutzt werden können und sollen (s. dazu die Erläuterungen zu § 54), durch eine Kapitalerhöhung zur Durchführung der Verschmelzung erst geschaffen werden. Hierbei handelt es sich um eine Kapitalerhöhung gegen Sachkapital, welches nicht durch Einlagen der neuen Gesellschafter, sondern durch den Übergang des Vermögens der übertragenden Rechtsträger (vgl. §§ 2, 5 Abs. 1 Nr. 2, 20 Abs. 1 Nr. 1) erbracht wird. Die neuen Gesellschafter der aufnehmenden GmbH übernehmen also keine Einlagepflichten iSv § 55 Abs. 1 GmbHG; an die Stelle der entsprechenden Übernahmeerklärungen treten vielmehr der Verschmelzungsvertrag sowie die Verschmelzungsbeschlüsse der Anteilsinhaber der beteiligten Rechtsträger. Dabei entstehen die

---

[1] Kallmeyer/*Zimmermann* Rn. 1; Widmann/Mayer/*Mayer* Rn. 2.

neuen Geschäftsanteile an der übernehmenden GmbH unmittelbar zugunsten der Anteilsinhaber des übertragenden Rechtsträgers, und zwar mit dem Wirksamwerden der Verschmelzung im Moment der Eintragung der Verschmelzung im Register der Übernehmerin (§ 20 Abs. 1 Nr. 3).

6 **Verschmelzung** einerseits **und** die zu ihrer Durchführung vorgenommene **Kapitalerhöhung** andererseits sind rechtlich voneinander zu unterscheidende Vorgänge. Aber sie sind **konditional miteinander verknüpft**:[2] Anders als die reguläre Kapitalerhöhung in der GmbH wird eine Kapitalerhöhung zur Durchführung der Verschmelzung nicht schon mit ihrer Eintragung im Register der Gesellschaft, sondern erst mit der dortigen Eintragung (auch) der Verschmelzung wirksam;[3] denn erst im Moment der Wirksamkeit der Verschmelzung kommt es zum Vermögensübergang auf die Übernehmerin (→ Rn. 5). Ebenso wie die Wirksamkeit der Verschmelzung Bedingung für die Wirksamkeit der Kapitalerhöhung ist, steht aber auch die Wirksamkeit der Verschmelzung ihrerseits unter der Voraussetzung der eingetragenen Kapitalerhöhung;[4] denn ohne deren Eintragung können die Geschäftsanteile nicht entstehen, die den (bisherigen) Anteilsinhabern des übertragenden Rechtsträgers im Moment des Wirksamwerdens der Verschmelzung gewährt werden.

III. Eintragungsreihenfolge

7 Aus jener konditionalen Verknüpfung erklärt sich die in § 53 getroffene Vorgabe für die **Reihenfolge der Eintragung von Kapitalerhöhung und Verschmelzung im Register der übernehmenden GmbH**: Dort „darf" die Verschmelzung erst eingetragen werden, nachdem die Kapitalerhöhung eingetragen worden ist. Damit soll sichergestellt werden, dass die den (bisherigen) Anteilsinhabern des übertragenden Rechtsträgers (zum Ausgleich des Vermögensübergangs) zu gewährenden Geschäftsanteile der Übernehmerin, die durch die Kapitalerhöhung geschaffen werden, im Zeitpunkt der Wirksamkeit der Verschmelzung (durch Eintragung derselben) auch tatsächlich entstanden sind.

8 Sofern die **Verschmelzung** in das Register der übertragenden GmbH **eingetragen** werden sollte, **ohne** dass **zuvor** die **Kapitalerhöhung eingetragen** worden ist, wird die Verschmelzung – abweichend von § 20 Abs. 1 – erst mit der späteren Eintragung der Kapitalerhöhung wirksam.[5] Denn die Wirksamkeit der Verschmelzung steht – wie oben → Rn. 6 erläutert – unter der Voraussetzung der eingetragenen Kapitalerhöhung; ohne deren Eintragung können die Geschäftsanteile nicht entstehen, die den (bisherigen) Anteilsinhabern des übertragenden Rechtsträgers im Zuge der der Verschmelzung zu gewähren sind. Einer wiederholten Eintragung der (vorzeitig eingetragenen) Verschmelzung bedarf es in einem solchen Fall freilich nicht, doch empfiehlt sich ein klarstellender Registervermerk über den hier geltenden (von der Regel abweichenden) Zeitpunkt der Wirksamkeit der Verschmelzung (Tag der Eintragung der Kapitalerhöhung).[6]

---

2 S. nur Kallmeyer/*Zimmermann* Rn. 19; Lutter/*J. Vetter* Rn. 19.
3 Kallmeyer/*Zimmermann* Rn. 18 f.; Lutter/*J. Vetter* Rn. 19 f. und § 55 Rn. 9; Semler/Stengel/Leonard/*Reichert* § 53 Rn. 12; Widmann/Mayer/*Mayer* Rn. 6 und § 55 Rn. 110.
4 Kallmeyer/*Zimmermann* Rn. 19; Lutter/*J. Vetter* § 55 Rn. 8; Semler/Stengel/Leonard/*Reichert* Rn. 14; Widmann/Mayer/*Mayer* § 55 Rn. 108.
5 Kallmeyer/*Zimmermann* Rn. 19; Lutter/*J. Vetter* Rn. 24; Semler/Stengel/Leonard/*Reichert* Rn. 14; Widmann/Mayer/*Mayer* Rn. 12 und § 55 Rn. 108.
6 Eine solche Empfehlung wird verbreitet gegeben, s. etwa Lutter/*J. Vetter* Rn. 24; Semler/Stengel/Leonard/*Reichert* Rn. 14; Widmann/Mayer/*Mayer* Rn. 12.

§ 53 verhält sich allein zur Reihenfolge der Eintragung von Kapitalerhöhung und Verschmelzung in das Register der **übernehmenden** GmbH. Die Vorschrift verlangt nicht, die Eintragung der Kapitalerhöhung in das Register der Übernehmerin auch vor der Eintragung der Verschmelzung in die Register der **übertragenden** Rechtsträger vorzunehmen.[7]

Demgegenüber enthält § **19 Abs. 1 S. 1** eine (rechtsformübergreifende) Bestimmung zur **Reihenfolge der Eintragungen der Verschmelzung in die Register aller beteiligten Rechtsträger**. Danach „darf" die Verschmelzung in das Register des übernehmenden Rechtsträgers erst eingetragen werden, **nachdem** sie – ggf. verbunden mit dem klarstellenden Vermerk nach § 19 Abs. 1 S. 2 über den Zeitpunkt des Wirksamwerdens der Verschmelzung – in die Register jedes der übertragenden Rechtsträger eingetragen worden ist. Konstitutive Wirkung hat freilich allein die Eintragung der Verschmelzung in das Register des übernehmenden Rechtsträgers. Im Anwendungsbereich von § 53 folgt daraus: Sobald Kapitalerhöhung und Verschmelzung in das Register der **übernehmenden** GmbH eingetragen worden sind, werden Kapitalerhöhung und Verschmelzung auch dann wirksam, wenn die Eintragung der Verschmelzung in den Registern von übertragenden Rechtsträgern (entgegen der in § 19 Abs. 1 S. 1 vorgegebenen Reihenfolge) noch aussteht; fehlende Eintragungen in diesen Registern werden (mit lediglich deklaratorischer Wirkung) nachgeholt.[8]

Zu den Folgen für einen eingetragenen Kapitalerhöhungsbeschluss, wenn die Eintragung der Verschmelzung scheitert, → § 55 Rn. 29.

IV. Kosten

Zu den Kosten der Verschmelzung vgl. die Verweise → § 50 Rn. 27; speziell zu Registereintragung und Bekanntmachung → § 16 Rn. 55, → § 19 Rn. 23 ff.

§ 54 Verschmelzung ohne Kapitalerhöhung

(1) ¹Die übernehmende Gesellschaft darf zur Durchführung der Verschmelzung ihr Stammkapital nicht erhöhen, soweit
1. sie Anteile eines übertragenden Rechtsträgers innehat;
2. ein übertragender Rechtsträger eigene Anteile innehat oder
3. ein übertragender Rechtsträger Geschäftsanteile dieser Gesellschaft innehat, auf welche die Einlagen nicht in voller Höhe bewirkt sind.

²Die übernehmende Gesellschaft braucht ihr Stammkapital nicht zu erhöhen, soweit
1. sie eigene Geschäftsanteile innehat oder
2. ein übertragender Rechtsträger Geschäftsanteile dieser Gesellschaft innehat, auf welche die Einlagen bereits in voller Höhe bewirkt sind.

³Die übernehmende Gesellschaft darf von der Gewährung von Geschäftsanteilen absehen, wenn alle Anteilsinhaber eines übertragenden Rechtsträgers darauf verzichten; die Verzichtserklärungen sind notariell zu beurkunden.

---

[7] Zutreffend Habersack/Wicke/v. *Hinden* Rn. 11; Kallmeyer/*Zimmermann* Rn. 18; Lutter/*J. Vetter* Rn. 15; Semler/Stengel/Leonard/*Reichert* Rn. 15.

[8] Wohl unstreitig; s. etwa Kölner Komm UmwG/*Simon/Nießen* Rn. 19; Lutter/*J. Vetter* Rn. 25; Semler/Stengel/Leonard/*Reichert* Rn. 16; Widmann/Mayer/*Mayer* Rn. 13.

(2) Absatz 1 gilt entsprechend, wenn Inhaber der dort bezeichneten Anteile ein Dritter ist, der im eigenen Namen, jedoch in einem Fall des Absatzes 1 Satz 1 Nr. 1 oder des Absatzes 1 Satz 2 Nr. 1 für Rechnung der übernehmenden Gesellschaft oder in einem der anderen Fälle des Absatzes 1 für Rechnung des übertragenden Rechtsträgers handelt.

(3) ¹Soweit zur Durchführung der Verschmelzung Geschäftsanteile der übernehmenden Gesellschaft, die sie selbst oder ein übertragender Rechtsträger innehat, geteilt werden müssen, um sie den Anteilsinhabern eines übertragenden Rechtsträgers gewähren zu können, sind Bestimmungen des Gesellschaftsvertrags, welche die Teilung der Geschäftsanteile der übernehmenden Gesellschaft ausschließen oder erschweren, nicht anzuwenden; jedoch muss der Nennbetrag jedes Teils der Geschäftsanteile auf volle Euro lauten. ²Satz 1 gilt entsprechend, wenn Inhaber der Geschäftsanteile ein Dritter ist, der im eigenen Namen, jedoch für Rechnung der übernehmenden Gesellschaft oder eines übertragenden Rechtsträgers handelt.

(4) Im Verschmelzungsvertrag festgesetzte bare Zuzahlungen dürfen nicht den zehnten Teil des Gesamtnennbetrags der gewährten Geschäftsanteile der übernehmenden Gesellschaft übersteigen.

I. Norminhalt; Normgeschichte 1	4. Entbehrlichkeit der Kapitalerhöhung bei Bereitstellung von verteilungsfähigen Anteilen durch Dritte 24
II. Kapitalerhöhungsverbote (Abs. 1 S. 1) 8	
1. Übernehmende GmbH hat Anteile eines übertragenden Rechtsträgers inne (S. 1 Nr. 1) 8	IV. Verzicht auf die Anteilsgewährung (Abs. 1 S. 3) 25
2. Übertragender Rechtsträger hat eigene Anteile inne (S. 1 Nr. 2) 11	1. Hintergrund und Gestaltungsmöglichkeiten 25
3. Übertragender Rechtsträger hat Anteile der übernehmenden GmbH inne, auf welche die Einlagen nicht in voller Höhe bewirkt sind (S. 1 Nr. 3) 13	2. Verzichtserklärung 31
	V. Kapitalerhöhungsverbote und -wahlrechte bei von Dritten gehaltenen Anteilen (Abs. 2) 34
4. Rechtsfolgen bei Verstößen 16	VI. Erleichterte Teilung vorhandener Geschäftsanteile der übernehmenden GmbH (Abs. 3) 37
III. Kapitalerhöhungswahlrechte (Abs. 1 S. 2) 17	
1. Grundsätze 17	VII. Bare Zuzahlungen (Abs. 4) 40
2. Übernehmende GmbH hat eigene Anteile inne (S. 2 Nr. 1) 21	1. Grundsätze 40
	2. Begriff „bare Zuzahlungen" 43
3. Übertragender Rechtsträger hat Anteile der übernehmenden GmbH inne, auf welche die Einlagen bereits in voller Höhe bewirkt sind (S. 2 Nr. 2) 22	3. Zulässigkeitsgrenzen 46
	VIII. Kosten 50

I. Norminhalt; Normgeschichte

1 Bei der Verschmelzung durch Aufnahme sind den (bisherigen) Anteilsinhabern der übertragenden Rechtsträger in der Regel Geschäftsanteile am übernehmenden Rechtsträger zu gewähren (vgl. §§ 2, 5 Abs. 1 Nr. 2, 20 Abs. 1 Nr. 3), die typischerweise durch eine Kapitalerhöhung bei der Übernehmerin erst geschaffen werden müssen. § 54 – der Anwendung findet, wenn Übernehmerin eine GmbH ist – verbietet im Falle bestimmter Beteiligungsverhältnisse die Kapitalerhöhung zur Durchführung der Verschmelzung (**Kapitalerhöhungsverbote nach Abs. 1 S. 1, ggf. iVm Abs. 2**): nämlich dann, wenn und soweit die übernehmende GmbH Anteile eines übertragenden Rechtsträgers innehat (**Abs. 1 S. 1 Nr. 1**), ein übertragender Rechtsträger eigene Anteile innehat (**Abs. 1 S. 1 Nr. 2**) oder ein übertragender Rechtsträger Anteile der Übernehmerin innehat, auf welche die Einlagen nicht in voller Höhe bewirkt sind (**Abs. 1 S. 1 Nr. 3**). Diese Verbote sind dem Gebot der realen Kapitalaufbringung geschuldet und gelten nach Maßgabe

von **Abs. 2** entsprechend bei Anteilsinhaberschaft eines Dritten, der zwar in eigenem Namen, aber für Rechnung der übernehmenden Gesellschaft bzw. eines übertragenden Rechtsträgers handelt (sog. verdeckte Anteilsinhaberschaft).

Daneben gewährt die Vorschrift **Kapitalerhöhungswahlrechte nach Abs. 1 S. 2, ggf. iVm Abs. 2.** Unter den dort genannten Voraussetzungen kann von einer Kapitalerhöhung in der übernehmenden GmbH abgesehen werden, soweit schon Geschäftsanteile vorhanden sind, die den (bisherigen) Anteilsinhabern eines übertragenden Rechtsträgers gewährt werden können: so wenn und soweit die Übernehmerin bereits eigene Geschäftsanteile innehat (**Abs. 1 S. 2 Nr. 1**) oder ein übertragender Rechtsträger voll eingezahlte Anteile der übernehmenden GmbH innehat (**S. 2 Nr. 2**). Wiederum werden Konstellationen der sog. verdeckten Anteilsinhaberschaft nach Maßgabe von **Abs. 2** gleichgestellt.

Abs. 1 S. 3 stellt klar, dass ein **Verzicht auf die Anteilsgewährung** zulässig ist: Die übernehmende GmbH darf von der Anteilsgewährung absehen, soweit die Anteilsinhaber eines übertragenden Rechtsträgers darauf verzichten; die Verzichtserklärungen sind notariell zu beurkunden. Auch unter dieser Voraussetzung ist eine Kapitalerhöhung zur Durchführung der Verschmelzung entbehrlich: Denn soweit keine Anteile der Übernehmerin zu verteilen sind, müssen solche auch nicht durch Kapitalerhöhung geschaffen werden.

Abs. 3 bezweckt die Sicherung der Zuteilungsmöglichkeit schon vorhandener Geschäftsanteile der übernehmenden GmbH, wenn die Anteile zur Durchführung der Verschmelzung geteilt werden müssen, um sie (bisherigen) Anteilsinhabern eines übertragenden Rechtsträgers gewähren zu können. Dann finden nach **Abs. 3 S. 1** etwaige Bestimmungen in der Satzung der Übernehmerin, welche die Teilung erschweren, keine Anwendung; auch nach der Teilung muss der Nennbetrag jedes Teils der Geschäftsanteile allerdings auf volle Euro (also mindestens 1 EUR) lauten. Die Vorschrift findet auf Fälle verdeckter Anteilsinhaberschaft wiederum entsprechende Anwendung (**Abs. 3 S. 2**).

Abs. 4 legt schließlich eine quantitative Grenze für die Zulässigkeit von „baren Zuzahlungen" fest, die in Fällen der Verschmelzung mit und ohne Kapitalerhöhung gleichermaßen gilt: Die baren Zuzahlungen dürfen 10 % des Gesamtnennbetrages der gewährten Anteile der Übernehmerin nicht übersteigen. Zugleich bringt die Vorschrift – wie schon 5 Abs. 1 Nr. 3 – die Grundsatzentscheidung des Gesetzgebers zum Ausdruck, dass zum Ausgleich des auf den übernehmenden Rechtsträger übergehenden Vermögens eines übertragenden Rechtsträgers nicht allein Geschäftsanteile gewährt, sondern ggf. auch Barzahlungen geleistet werden können.

§ 54 Abs. 1 S. 1 und 2 entspricht, von redaktionellen Änderungen abgesehen, dem früheren § 23 Abs. 1 KapErhG. Abs. 1 S. 3 ist durch das 2. UmwGÄndG[1] eingefügt worden und klärt die zuvor umstrittene Frage über die Verzichtbarkeit der Anteilsgewährungspflicht. Abs. 2 und Abs. 3 S. 2 entsprechen § 344 Abs. 1 S. 4 AktG aF, Abs. 3 S. 1, der auf

---

[1] Zweites Gesetz zur Änderung des Umwandlungsgesetzes vom 19.4.2007, BGBl. I 542.

den früheren § 23 Abs. 2 KapErhG zurückgeht, wurde durch das EuroEG² sowie im Zuge des MoMiG³ geändert. Abs. 4 entspricht dem früheren § 23 Abs. 3 KapErhG.

7 § 54 gilt in den Fällen der Verschmelzung durch Aufnahme mit einer GmbH als übernehmender Gesellschaft. Auf die Verschmelzung durch Neugründung ist nur Abs. 4 anwendbar (§ 56). Die Vorschrift findet auch auf Auf- und Abspaltungen Anwendung, nicht hingegen auf Ausgliederungen (§ 125 Abs. 1 S. 1).⁴ Vgl. auch die Parallelbestimmung des § 68.

II. Kapitalerhöhungsverbote (Abs. 1 S. 1)

1. Übernehmende GmbH hat Anteile eines übertragenden Rechtsträgers inne (S. 1 Nr. 1)

8 Nach **Abs. 1 S. 1 Nr. 1** darf die übernehmende GmbH zur Durchführung der Verschmelzung ihr Stammkapital nicht erhöhen, soweit sie Anteile eines übertragenden Rechtsträgers innehat; maßgeblich sind die Beteiligungsverhältnisse zum Zeitpunkt des Wirksamwerdens der Verschmelzung durch Eintragung.⁵ Dieses Kapitalerhöhungsverbot korrespondiert mit § 20 Abs. 1 Nr. 3 S. 1 Hs. 2 Fall 1, wonach unter den nämlichen Voraussetzungen keine Anteile am übernehmenden Rechtsträger gewährt werden. Mit dem Wirksamwerden der Verschmelzung tritt an die Stelle der (von der Übernehmerin gehaltenen) Anteile am übertragenden Rechtsträger (die mit diesem untergehen) dessen (übergehendes) Vermögen einschließlich seiner Verbindlichkeiten, § 20 Abs. 1 Nr. 1. Träten an die Stelle der Anteile am übertragenden Rechtsträger hingegen solche an der Übernehmerin, würden bei dieser aus der Kapitalerhöhung im Ergebnis eigene Anteile entstehen, was dem Gebot realer Kapitalaufbringung zuwiderliefe. Zudem könnte die Übernehmerin im Verschmelzungsvertrag nicht wirksam sich selbst gegenüber die Verpflichtung eingehen, Anteile zu gewähren.⁶

9 Wichtiger Anwendungsfall von Abs. 1 S. 1 Nr. 1 ist die Verschmelzung einer 100%igen Tochter- auf ihre Muttergesellschaft („upstream-merger"); hier entfallen Kapitalerhöhung und Anteilstausch vollständig.⁷ Nicht anwendbar ist die Vorschrift indes im Fall der Verschmelzung einer Enkelgesellschaft auf die Mutter, da die übernehmende Gesellschaft dann lediglich mittelbar Anteile des übertragenden Rechtsträgers innehat; solche Konstellationen werden – wie nicht zuletzt der Vergleich mit § 71d S. 1 und 2 AktG zeigt – von § 54 Abs. 1 S. 1 Nr. 1 nicht erfasst, auch nicht iVm Abs. 2.⁸ Ebenso wenig ist Abs. 1 S. 1 Nr. 1 bei der Verschmelzung zweier beteiligungsidentischer Schwestergesellschaften anwendbar; hier entstehen keine eigenen Geschäftsanteile der Übernehmerin.⁹

---

2 Euro-Einführungsgesetz v. 9.6.1998, BGBl. I 1242.
3 Gesetz zur Modernisierung des GmbH-Rechts und zur Bekämpfung von Missbräuchen v. 23.10.2008, BGBl. I 2026.
4 Vgl. OLG München ZIP 2011, 2359 (2360).
5 Kallmeyer/*Kocher* Rn. 5; Kölner Komm UmwG/*Simon/Nießen* Rn. 19; Widmann/Mayer/*Mayer* Rn. 18.1. So auch Lutter/*J. Vetter* Rn. 43; s. demgegenüber aber auch Lutter/*J. Vetter* Rn. 152: Beschlussfassung über die Kapitalerhöhung als maßgeblicher Zeitpunkt, doch sollen spätere Vorgänge (zwischen Beschlussfassung und Eintragung) berücksichtigt werden (gleichsinnig Semler/Stengel/*Leonard/Reichert* Rn. 48).
6 S. zum Ganzen, mit Unterschieden im Detail, Kölner Komm UmwG/*Simon/Nießen* Rn. 6 und 20; *Lieder* GmbHR 2014, 232 (233); Lutter/*J. Vetter* Rn. 17; *Petersen*, Gläubigerschutz im Umwandlungsrecht, 2001, S. 186 f.; Schmitt/Hörtnagl/*Hörtnagl/Ollech* Rn. 3; Semler/Stengel/*Leonard/Reichert* Rn. 5; Widmann/Mayer/*Mayer* Rn. 12 f.
7 Kallmeyer/*Kocher* Rn. 5; Lutter/*J. Vetter* Rn. 19; Semler/Stengel/*Leonard/Reichert* Rn. 6. Zur Aufwärtsverschmelzung auf eine UG (haftungsbeschränkt) s. Kallmeyer/*Kocher* Rn. 6; Semler/Stengel/*Leonard/Reichert* Rn. 6a mwN.
8 Kallmeyer/*Kocher* Rn. 5 und 24; Widmann/Mayer/*Mayer* Rn. 18; s. auch Kölner Komm UmwG/*Simon/Nießen* Rn. 62; Lutter/*J. Vetter* Rn. 21 und 111 ff.; Schmitt/Hörtnagl/*Hörtnagl/Ollech* Rn. 16; Semler/Stengel/*Leonard/Reichert* Rn. 34 f.
9 Kallmeyer/*Kocher* Rn. 5; Lutter/*J. Vetter* Rn. 21; Semler/Stengel/*Leonard/Reichert* Rn. 6.

Bei bloßer Mitberechtigung an einer Beteiligung iSv Abs. 1 S. 1 Nr. 1 (zB §§ 705, 741, 2032 BGB oder § 18 GmbHG) gilt das Kapitalerhöhungsverbot ebenfalls grundsätzlich nicht, weil die jeweils anderen Mitberechtigten sonst nicht an der übernehmenden GmbH beteiligt werden könnten.[10]

Das Kapitalerhöhungsverbot nach Abs. 1 S. 1 Nr. 1 greift nur, „soweit" entsprechende Beteiligungsverhältnisse bestehen. Sind neben der Übernehmerin weitere Gesellschafter am übertragenden Rechtsträger beteiligt, bleibt es bei der Anteilsgewährungspflicht[11]

2. Übertragender Rechtsträger hat eigene Anteile inne (S. 1 Nr. 2)

Nach **Abs. 1 S. 1 Nr. 2** darf die übernehmende GmbH zur Durchführung der Verschmelzung ihr Stammkapital nicht erhöhen, soweit ein übertragender Rechtsträger – wiederum beurteilt nach den Verhältnissen zum Eintragungszeitpunkt (→ Rn. 8) – eigene Anteile innehat. Dieses Kapitalerhöhungsverbot korrespondiert mit § 20 Abs. 1 Nr. 3 S. 1 Hs. 2 Fall 2, wonach unter den nämlichen Voraussetzungen ebenfalls keine Anteile am übernehmenden Rechtsträger gewährt werden; die eigenen Anteile des übertragenden Rechtsträgers erlöschen vielmehr (mit diesem) ersatzlos.[12] Wären hingegen – zum Ausgleich der eigenen Anteile des übertragenden Rechtsträgers – der übernehmenden Gesellschaft (als dessen Rechtsnachfolgerin) Anteile an der Übernehmerin zu gewähren, entstünden bei dieser aus der Kapitalerhöhung im Ergebnis wiederum eigene Anteile, was dem Gebot realer Kapitalaufbringung zuwiderliefe. Zudem würde die im Verschmelzungsvertrag begründete Verpflichtung der Übernehmerin zur Anteilsgewährung mit der Eintragung erlöschen, weil dann die korrespondierende Forderung auf die übernehmende GmbH überginge.[13]

Das Kapitalerhöhungsverbot gilt unabhängig davon, ob die vom übertragenden Rechtsträger gehaltenen eigenen Anteile voll eingezahlt sind oder nicht;[14] es greift – wie auch Nr. 1 (→ Rn. 10) – nur ein, „soweit" ein übertragender Rechtsträger eigene Anteile hält. Im Übrigen werden nur (unmittelbare) eigene Anteile eines übertragenden Rechtsträgers erfasst, nicht etwa auch Anteile des übertragenden Rechtsträgers an einer Tochter, die ihrerseits wiederum Anteile am übertragenden Rechtsträger hält.

3. Übertragender Rechtsträger hat Anteile der übernehmenden GmbH inne, auf welche die Einlagen nicht in voller Höhe bewirkt sind (S. 1 Nr. 3)

Nach **Abs. 1 S. 1 Nr. 3** darf die übernehmende GmbH zur Durchführung der Verschmelzung ihr Stammkapital nicht erhöhen, soweit ein übertragender Rechtsträger – wiederum beurteilt nach den Verhältnissen zum Eintragungszeitpunkt (→ Rn. 8) – Anteile der Übernehmerin innehat, auf welche die Einlagen nicht in voller Höhe bewirkt sind. Dies entspricht zwar keinem der Fälle, in denen nach Maßgabe von § 20 Abs. 1 Nr. 3 schon die Anteilsgewährungspflicht entfällt.[15] Würde die übernehmende GmbH jedoch (mit Wirksamkeit der Verschmelzung) jene Geschäftsanteile im Wege der Gesamtrechts-

---

10 Hierzu und zu Ausnahmen näher Widmann/Mayer/*Mayer* Rn. 15 ff.
11 Kallmeyer/*Kocher* Rn. 5; Kölner Komm UmwG/*Simon/Nießen* Rn. 21; Widmann/Mayer/*Mayer* Rn. 17.
12 Kallmeyer/*Kocher* Rn. 8; Kölner Komm UmwG/*Simon/Nießen* Rn. 7 und 22 f.
13 S. etwa Kallmeyer/*Kocher* Rn. 8; Kölner Komm UmwG/*Simon/Nießen* Rn. 22; Lutter/*J. Vetter* Rn. 23; Semler/Stengel/Leonard/*Reichert* Rn. 7; Widmann/Mayer/*Mayer* Rn. 19.
14 Kallmeyer/*Kocher* Rn. 8; Lutter/*J. Vetter* Rn. 24; Schmitt/Hörtnagl/*Hörtnagl/Ollech* Rn. 4; Semler/Stengel/Leonard/*Reichert* Rn. 7.
15 Vgl. Kallmeyer/*Kocher* Rn. 9; Semler/Stengel/Leonard/*Reichert* Rn. 8; Widmann/Mayer/*Mayer* Rn. 23.

nachfolge (als nunmehr eigene) erwerben, stünde auch das im Widerspruch zum Gebot der realen Kapitalaufbringung; denn der (bislang offene) Einlageanspruch würde durch Konfusion erlöschen, weil Schuldner und Gläubiger zusammenfielen. Aus genau diesem Grund verbietet § 33 Abs. 1 GmbHG einer GmbH den Erwerb eigener, nicht voll eingezahlter Anteile. Und eben daran knüpft auch das Kapitalerhöhungsverbot des § 54 Abs. 1 S. 1 Nr. 3 an.[16] So weit es reicht (also im Umfang der nämlichen Anteile), darf die übernehmende GmbH eine Kapitalerhöhung nur vornehmen, wenn die von der Verbotsnorm erfassten (bei Wirksamwerden der Verschmelzung nach wie vor nicht voll eingezahlten) Anteile zum Anteilstausch genutzt, dh den Anteilsinhabern des übertragenden Rechtsträgers gewährt werden; das ist im Verschmelzungsvertrag festzusetzen.[17]

14 Allerdings kommt ein solcher Tausch – der sich im Übrigen ohne Durchgangserwerb bei der übernehmenden GmbH vollzieht und deshalb auch nicht in Konflikt mit § 33 Abs. 1 GmbHG gerät[18] – nur in Betracht, wenn die (bisherigen) Anteilsinhaber des übertragenden Rechtsträgers dem zustimmen oder sie ihrerseits nicht voll eingezahlte Anteile besaßen.[19] Wo der Anteilstausch deshalb scheitern muss, bleiben – jeweils im Vorfeld der Verschmelzung – zwei andere Optionen: Entweder die Veräußerung der nicht voll eingezahlten Geschäftsanteile an Dritte (die aber nicht solche iSd § 54 Abs. 2 sein dürfen; → Rn. 34 ff.). Oder die Einzahlung der ausstehenden Einlage, in deren Folge dann das Kapitalerhöhungswahlrecht nach Abs. 1 S. 2 Nr. 2 (→ Rn. 22) entsteht.[20]

15 Einer der beiden zuletzt genannten Optionen bedarf es im Übrigen auch, wenn ein übertragender Rechtsträger nicht voll eingezahlte Anteile der Übernehmerin besitzt, das Kapitalerhöhungsverbot aus Abs. 1 S. 1 Nr. 3 seine Wirkung aber nicht entfalten kann, weil es zur Durchführung der Verschmelzung einer Kapitalerhöhung gar nicht bedarf: So insbes. dort, wo schon vorhandene Geschäftsanteile der Übernehmerin in ausreichender Zahl zur Verteilung zur Verfügung stehen oder Verzichtserklärungen nach Abs. 1 S. 3 abgegeben werden. Denn immer ist das in § 33 Abs. 1 GmbHG normierte Verbot des Erwerbs eigener, nicht voll eingezahlter Geschäftsanteile zu beachten; die Gesamtrechtsnachfolge im Zuge einer Verschmelzung fällt unter den Erwerbstatbestand jener Vorschrift.[21]

4. Rechtsfolgen bei Verstößen

16 Ein Verstoß gegen ein Kapitalerhöhungsverbot nach Abs. 1 S. 1 Nr. 1–3 (ggf. iVm Abs. 2; → Rn. 34 ff.) führt zur Nichtigkeit des Kapitalerhöhungsbeschlusses[22] und begründet ein Eintragungshindernis; bei gleichwohl vollzogener Eintragung bleibt nicht nur die

---

[16] Vgl. zum Zweck der Regelung, mit Unterschieden im Detail, auch Kölner Komm UmwG/*Simon/Nießen* Rn. 8 f., 25 f.; Lutter/*J. Vetter* Rn. 30 ff.; Maulbetsch/Klumpp/Rose/*Rebmann* Rn. 11; Petersen, Gläubigerschutz im Umwandlungsrecht, 2001, S. 187 f.; Schmitt/Hörtnagl/*Hörtnagl/Ollech* Rn. 5; Semler/Stengel/Leonard/*Reichert* Rn. 8; Widmann/Mayer/*Mayer* Rn. 23.

[17] Zum Ganzen Lutter/*J. Vetter* Rn. 33; Semler/Stengel/Leonard/*Reichert* Rn. 9.

[18] Lutter/*J. Vetter* Rn. 33; Maulbetsch/Klumpp/Rose/*Rebmann* Rn. 12.

[19] Kallmeyer/*Kocher* Rn. 9; Kölner Komm UmwG/*Simon/Nießen* Rn. 28 f.; Lutter/*J. Vetter* Rn. 38 f.; Semler/Stengel/Leonard/*Reichert* Rn. 10.

[20] Kallmeyer/*Kocher* Rn. 9; Keßler/Kühnberger/*Keßler* Rn. 7; Kölner Komm UmwG/*Simon/Nießen* Rn. 28; Lutter/*J. Vetter* Rn. 40; Schmitt/Hörtnagl/*Hörtnagl/Ollech* Rn. 5; Semler/Stengel/Leonard/*Reichert* Rn. 10; Widmann/Mayer/*Mayer* Rn. 25.

[21] S. dazu Kölner Komm UmwG/*Simon/Nießen* Rn. 8 und 26; Lutter/*J. Vetter* Rn. 36; übereinstimmend auch Kallmeyer/*Kocher* Rn. 9; Semler/Stengel/Leonard/*Reichert* Rn. 11; Widmann/Mayer/*Mayer* Rn. 23.

[22] Kölner Komm UmwG/*Simon/Nießen* Rn. 78; Lutter/*J. Vetter* Rn. 149; Schmitt/Hörtnagl/*Hörtnagl/Ollech* Rn. 27; Semler/Stengel/Leonard/*Reichert* Rn. 46; Widmann/Mayer/*Mayer* Rn. 71.

Verschmelzung, sondern auch die Kapitalerhöhung wirksam (arg. § 20 Abs. 2).[23] Unzulässig erworbene eigene Geschäftsanteile hat die übernehmende Gesellschaft analog § 71c iVm § 71d S. 2 und 4 AktG unverzüglich zu veräußern.[24]

III. Kapitalerhöhungswahlrechte (Abs. 1 S. 2)

1. Grundsätze

Abs. 1 S. 2 gibt der übernehmenden GmbH ein **Wahlrecht, auf eine Kapitalerhöhung zur Durchführung der Verschmelzung zu verzichten**, soweit verteilungsfähige Geschäftsanteile schon ohne eine solche Kapitalerhöhung vorhanden sind: entweder weil die Übernehmerin bereits eigene Geschäftsanteile innehat (**S. 2 Nr. 1**) oder weil ein übertragender Rechtsträger voll eingezahlte Anteile der Übernehmerin besitzt, die mit Wirksamwerden der Verschmelzung (Gesamtrechtsnachfolge) auf die übernehmende GmbH übergehen würden (**S. 2 Nr. 2**). Soweit ein übertragender Rechtsträger hingegen nicht voll eingezahlte Anteile der Übernehmerin innehat, folgt daraus ein Kapitalerhöhungsverbot nach Abs. 1 S. 1 Nr. 3 (→ Rn. 13 ff.). 17

Es steht im Ermessen der übernehmenden GmbH, ob sie den Anteilsinhabern eines übertragenden Rechtsträgers diese (eigenen) Geschäftsanteile gewährt (und insoweit von einer Kapitalerhöhung absieht), oder ob sie ihr Stammkapital erhöht und die dadurch neu geschaffenen Geschäftsanteile verteilt. Das Wahlrecht gibt der Übernehmerin jedenfalls die Möglichkeit, eigene Anteile, die sie schon innehat oder mit Wirksamwerden der Verschmelzung erwerben würde, abzustoßen. Sollen Anteilsinhaber eines übertragenden Rechtsträgers schon vorhandene Geschäftsanteile der übernehmenden Gesellschaft erhalten, muss das freilich nach Maßgabe von § 46 Abs. 3 im Verschmelzungsvertrag festgelegt werden (→ § 46 Rn. 32 f.); es bedarf also auch einer zustimmenden Entscheidung der Anteilseigner aller anderen an der Verschmelzung beteiligter Rechtsträger im Rahmen der Zustimmungsbeschlüsse zum Verschmelzungsvertrag (§ 13 Abs. 1).[25] 18

Sind die eigenen Geschäftsanteile der Übernehmerin mit Rechten Dritter belastet, eignen sie sich nur dann zur Verteilung an Anteilsinhaber eines übertragenden Rechtsträgers, wenn der jeweilige Dritte die Belastung freigibt, die Anteile am übertragenden Rechtsträger ebenso belastet waren oder der jeweilige Anteilsinhaber der Gewährung belasteter Anteile zustimmt; die Belastung besteht entsprechend § 20 Abs. 1 Nr. 3 S. 2 fort.[26] 19

Die Erhöhung des Stammkapitals zur Durchführung der Verschmelzung ist nur entbehrlich, „soweit" verteilungsfähige eigene Geschäftsanteile der übernehmenden Gesellschaft zur Verfügung stehen. Soweit dies nicht der Fall ist, bleibt eine Kapitalerhöhung erforderlich.[27] 20

---

23 Im Ergebnis übereinstimmend, mit Unterschieden in der Begründung, Habersack/Wicke/*v. Hinden* Rn. 88; Kallmeyer/*Kocher* Rn. 31; Kölner Komm UmwG/*Simon/Nießen* Rn. 79; Lutter/*J. Vetter* Rn. 154 f.; Schmitt/Hörtnagl/*Hörtnagl/Olleck* Rn. 27; Semler/Stengel/Leonard/*Reichert* Rn. 47.

24 Lutter/*J. Vetter* Rn. 155; Semler/Stengel/Leonard/*Reichert* Rn. 47; Widmann/Mayer/*Mayer* Rn. 73; iE auch Kölner Komm UmwG/*Simon/Nießen* Rn. 80.

25 Kallmeyer/*Kocher* Rn. 10.

26 Kallmeyer/*Kocher* Rn. 12; Kölner Komm UmwG/*Simon/Nießen* Rn. 36.

27 Lutter/*J. Vetter* Rn. 45 mwN.

2. Übernehmende GmbH hat eigene Anteile inne (S. 2 Nr. 1)

21 Das Wahlrecht nach **Abs. 1 S. 2 Nr. 1** betrifft den Fall, dass die übernehmende GmbH schon vor der Verschmelzung über (zulässigerweise) erworbene Geschäftsanteile verfügt; die Übernehmerin kann diese Anteile den (bisherigen) Anteilsinhabern eines übertragenden Rechtsträgers gewähren oder sie behalten und stattdessen eine Kapitalerhöhung durchführen, um jene Anteilsinhaber zu bedienen.[28]

3. Übertragender Rechtsträger hat Anteile der übernehmenden GmbH inne, auf welche die Einlagen bereits in voller Höhe bewirkt sind (S. 2 Nr. 2)

22 **Abs. 1 S. 2 Nr. 2** gewährt ein Wahlrecht zum Verzicht auf die Kapitalerhöhung, soweit die übernehmende GmbH mit dem Wirksamwerden der Verschmelzung voll eingezahlte (eigene) Geschäftsanteile erwerben würde, die bislang ein übertragender Rechtsträger an der Übernehmerin innehatte. Im Gegensatz zu Abs. 1 S. 1 Nr. 3, der nicht voll eingezahlte Anteile betrifft (→ Rn. 13), besteht hier also keine Verpflichtung, diese Geschäftsanteile im Rahmen eines Anteilstausches an die Anteilsinhaber des übertragenden Rechtsträgers weiterzugeben. Sollen die Anteile (unter Verzicht auf eine Kapitalerhöhung) zur Verteilung an jene Anteilsinhaber genutzt werden und trifft der Verschmelzungsvertrag entsprechende Festsetzungen, gehen sie mit Wirksamwerden der Verschmelzung unmittelbar – dh ohne Durchgangserwerb der übernehmenden GmbH – auf den jeweiligen Anteilsinhaber über.[29]

23 Wichtiger Anwendungsfall ist die Verschmelzung der Muttergesellschaft auf ihre Tochtergesellschaft („Down-stream-merger"), die unter den Voraussetzungen von Abs. 1 S. 2 Nr. 2 ohne Kapitalerhöhung möglich ist.[30]

4. Entbehrlichkeit der Kapitalerhöhung bei Bereitstellung von verteilungsfähigen Anteilen durch Dritte

24 Eine Kapitalerhöhung zur Durchführung der Verschmelzung ist – über die in Abs. 1 S. 2 normierten Fälle hinaus – auch entbehrlich, soweit **von Dritten gehaltene Geschäftsanteile der Übernehmerin** zum Anteilstausch zur Verfügung stehen.[31] Dazu kann vor dem Wirksamwerden der Verschmelzung eine Übereignung der Geschäftsanteile an die übernehmende GmbH vollzogen, ein Treuhandverhältnis zwischen der Übernehmerin und dem Dritten vereinbart oder auch eine unmittelbare (unter der aufschiebenden Bedingung der Eintragung der Verschmelzung stehende) dingliche Übertragung der Anteile vom Dritten auf die (bisherigen) Anteilsinhaber des übertragenden Rechtsträgers vorgenommen werden.[32] Sollen Anteile eines Dritten auf die übernehmende Gesellschaft selbst übertragen werden, gelten die Zulässigkeitsvoraussetzungen nach § 33 GmbHG (volle Einzahlung und ausreichend freies Vermögen).[33] Die Anteilsinhaber des übertragenden Rechtsträgers müssen nicht voll eingezahlten Anteile der Überneh-

---

28 Statt aller Semler/Stengel/Leonard/*Reichert* Rn. 13.
29 Kallmeyer/*Kocher* Rn. 11; Kölner Komm UmwG/*Simon/Nießen* Rn. 35; Lutter/*J. Vetter* Rn. 52; Widmann/Mayer/*Mayer* Rn. 48.
30 Zu weiteren (teils umstrittenen) Folgefragen s. etwa *Heckschen* GmbHR 2008, 802 ff.; Kallmeyer/*Kocher* Rn. 13 ff.; *Klein/Stephanblome* ZGR 2007, 351 ff.; Lutter/*J. Vetter* Rn. 53 ff.; *Priester* FS Spiegelberger, 2009, 890 ff., je mwN.
31 Etwa: Lutter/*J. Vetter* Rn. 61; Kallmeyer/*Kocher* Rn. 17; Keßler/Kühnberger/*Keßler* Rn. 11; Kölner Komm UmwG/*Simon/Nießen* Rn. 39; Widmann/Mayer/*Mayer* Rn. 46.
32 Kallmeyer/*Kocher* Rn. 17; Semler/Stengel/Leonard/*Reichert* Rn. 18; Kölner Komm UmwG/*Simon/Nießen* Rn. 40 f.; Lutter/*J. Vetter* Rn. 62; Widmann/Mayer/*Mayer* Rn. 46 f.
33 Kallmeyer/*Kocher* Rn. 17; Semler/Stengel/Leonard/*Reichert* Rn. 18; Widmann/Mayer/*Mayer* Rn. 47.

merin nur akzeptieren, soweit sie schon ihrerseits nicht voll eingezahlte Anteile besaßen (→ Rn. 14).

IV. Verzicht auf die Anteilsgewährung (Abs. 1 S. 3)
1. Hintergrund und Gestaltungsmöglichkeiten

Nach **Abs. 1 S. 3** darf die übernehmende GmbH von der Gewährung von Geschäftsanteilen absehen, wenn alle Anteilsinhaber eines übertragenden Rechtsträgers durch notariell zu beurkundende Erklärungen auf die Anteilsgewährung verzichten. Die im Zuge des 2. UmwGÄndG[34] eingefügte (rechtspolitisch nicht unumstrittene)[35] Bestimmung klärt eine bis dahin umstrittene Rechtsfrage.[36] Werden entsprechende Verzichtserklärungen abgegeben, ist eine Erhöhung des Stammkapitals der übernehmenden Gesellschaft zur Durchführung der Verschmelzung insoweit nicht erforderlich, weil neue Anteile nicht benötigt werden. 25

Der Verzicht auf die Anteilsgewährung ist insbes. für die **Verschmelzung beteiligungsidentischer Schwestergesellschaften** im Konzern von erheblicher praktischer Bedeutung, weil sich das Verschmelzungsverfahren so deutlich beschleunigen lässt. Der Verzicht ermöglicht zudem die „**sanierende**" **Verschmelzung** eines vermögenslosen oder überschuldeten Rechtsträgers.[37] 26

Der nach S. 3 erforderliche **Verzicht „aller Anteilsinhaber eines übertragenden Rechtsträgers"** ist in dem Sinne zu verstehen, dass all diejenigen Anteilsinhaber den Verzicht erklären müssen, die bei der Anteilsgewährung (ganz oder teilweise) unberücksichtigt bleiben sollen.[38] Sofern einem (bisherigen) Anteilsinhaber eines übertragenden Rechtsträgers dem Wert seiner bisherigen Beteiligung entsprechende Anteile an der Übernehmerin gewährt werden, bedarf es seiner Zustimmung zu den Verzichtserklärungen anderer Anteilsinhaber nicht; denn der einzelne hat keinen eigenen Rechtsanspruch darauf, dass auch alle anderen Anteilsinhaber wertadäquate Geschäftsanteile an der übernehmenden GmbH erhalten.[39] 27

Der vor diesem Hintergrund auch zulässige **teilweise Verzicht** auf die Anteilsgewährung ist etwa in dem Sinne möglich, dass einzelne Anteilsinhaber eines übertragenden Rechtsträgers auf eine Beteiligung an der übernehmenden GmbH gänzlich verzichten, wenn nur diese keine Anteile erhalten sollen; im Blick auf die übrigen Anteilsinhaber bleibt dann eine Kapitalerhöhung in der übernehmenden Gesellschaft erforderlich, sofern nicht schon genügend vorhandene Anteile zur Verteilung zur Verfügung stehen.[40] Ebenso möglich ist der Verzicht einzelner oder aller Anteilsinhaber eines übertragenden Rechtsträgers auf eine vollwertige (dem tatsächlichen Umtauschverhältnis voll entsprechende) Anteilsgewährung.[41] Auch die Nichtgewährung von Geschäftsanteilen an 28

---

34 Zweites Gesetz zur Änderung des Umwandlungsgesetzes vom 19.4.2007, BGBl. I 542.
35 Kritisch etwa Schmitt/Hörtnagl/*Hörtnagl/Ollech* Rn. 13 f.; Widmann/Mayer/*Mayer* Rn. 10.2; befürwortend zB Lutter/*J. Vetter* Rn. 76 f.; Semler/Stengel/Leonard/ *Reichert* Rn. 24 ff.
36 S. zum früheren Meinungsstreit zusammenfassend Kölner Komm UmwG/*Simon/Nießen* Rn. 42 f.; Lutter/*J. Vetter* Rn. 72 ff.; Semler/Stengel/Leonard/*Reichert* Rn. 19 ff.
37 Zu damit verbundenen (teils umstrittenen) Folgefragen s. etwa Keller/Klett DB 2010, 1220 ff.; Kölner Komm

UmwG/*Simon/Nießen* Rn. 42 f.; Lutter/*J. Vetter* Rn. 67 f. und 98 ff.; Widmann/Mayer/*Mayer* § 55 Rn. 83.1 ff. Zur möglichen Existenzvernichtungshaftung → § 55 Rn. 17.
38 Kölner Komm UmwG/*Simon/Nießen* Rn. 49; Lutter/*J. Vetter* Rn. 94 ff.; Schmitt/Hörtnagl/*Hörtnagl/Ollech* Rn. 15; ebenso Widmann/Mayer/*Mayer* Rn. 51.2.
39 Zutreffend Kölner Komm UmwG/*Simon/Nießen* Rn. 49.
40 Kallmeyer/*Kocher* Rn. 21; s. ferner Kölner Komm UmwG/*Simon/Nießen* Rn. 48 f.; Widmann/Mayer/*Mayer* Rn. 51.2.
41 Kallmeyer/*Kocher* Rn. 21; Lutter/*J. Vetter* Rn. 91 und 93.

verzichtende Anteilsinhaber muss im Verschmelzungsvertrag, über den alle Anteilsinhaber der beteiligten Rechtsträger Beschluss fassen (§ 13 Abs. 1), festgesetzt sein; der Verzichtende kann also nicht einseitig seine Beteiligung aufgeben.[42] Bei einheitlichem Verzicht aller Anteilsinhaber auf die Gewährung von Geschäftsanteilen entfallen im Verschmelzungsvertrag die auf den Anteilstausch bezogenen Angaben (§ 5 Abs. 2 analog).[43]

29 Selbstverständlich können die Anteilsinhaber ihren (Teil-)Verzicht von **baren Zahlungen** abhängig machen; diese müssen ebenso im Verschmelzungsvertrag festgesetzt werden (§ 5 Abs. 1 Nr. 3) und dürfen die 10 %-Grenze des § 54 Abs. 4 nicht überschreiten (näher → Rn. 40 ff.).

30 Über den Wortlaut des Abs. 1 S. 3 hinaus kann für den Verzicht auf die Anteilsgewährung zudem die **Zustimmung Dritter** erforderlich sein, zB wenn der jeweilige Anteil am übertragenden Rechtsträger mit dinglichen Rechten Dritter belastet ist und aufgrund des Verzichts auf die Anteilsgewährung der Schutz nach § 20 Abs. 1 Nr. 3 S. 2 (wonach Rechte Dritter an Anteilen des übertragenden Rechtsträgers an den dafür gewährten Anteilen des übernehmenden Rechtsträgers fortbestehen) wegfallen würde.[44] Zur Verzichtserklärung nach Abs. 1 S. 3 bedarf es hingegen nicht der Zustimmung der (Alt-)Gesellschafter der übernehmenden GmbH; sofern diesen Einbußen drohen (zB bei der „sanierenden" Verschmelzung eines Rechtsträgers mit negativem Vermögen), können sie sich ggf. mit einer Anfechtungsklage gegen den Verschmelzungsbeschluss wehren.[45]

2. Verzichtserklärung

31 Die Verzichtserklärung ist von allen Anteilsinhabern eines übertragenden Rechtsträgers abzugeben, die bei der Anteilsgewährung (ganz oder teilweise) unberücksichtigt bleiben sollen (→ Rn. 27 f.). Sie ist als empfangsbedürftige Willenserklärung an die GmbH, vertreten durch deren Geschäftsführer (einer genügt; § 35 Abs. 2 S. 2 GmbHG), zu richten und kann – da mit ihr ein Gestaltungsrecht ausgeübt wird – weder unter eine Bedingung gestellt noch einseitig zurückgenommen werden.[46]

32 Die Erklärung bedarf der **notariellen Beurkundung**; das soll auch für etwaig erforderliche Zustimmungserklärungen Dritter (→ Rn. 30) gelten.[47] Der Verzicht kann entweder anlässlich der Beschlussfassung über die Zustimmung zum Verschmelzungsvertrag (vgl. § 13 Abs. 3 S. 1) oder in einer gesonderter Urkunde erklärt werden, solange jeweils die Form der Beurkundung von Willenserklärungen nach §§ 6 ff. BeurkG (ua Verlesung der Niederschrift und Unterzeichnung auch durch die Beteiligten; vgl. § 13 BeurkG) eingehalten wird.[48] Gegenüber der Annahme eines konkludent erklärten Verzichts durch positive Stimmabgabe zum Verschmelzungsbeschluss, wenn der Verschmelzungsvertrag keine Anteilsgewährung vorsieht oder den Beteiligungsumfang an der übernehmenden GmbH abweichend vom (angemessenen) Umtauschverhältnis festsetzt,[49] ist angesichts

---

[42] Kallmeyer/*Kocher* Rn. 21 („kein einseitiges Austrittsrecht"); Kölner Komm UmwG/*Simon/Nießen* Rn. 58.
[43] Heinze RNotZ 2017, 87 (88); Lutter/*Drygala* § 5 Rn. 140.
[44] Vgl. Kallmeyer/*Kocher* Rn. 20; Kölner Komm UmwG/ *Simon/Nießen* Rn. 47.
[45] Dazu weiterführend Kölner Komm UmwG/ *Simon/Nießen* Rn. 50 ff.; *S. Weiler* NZG 2008, 527 (529 ff.); s. auch *Keller/Klett* DB 2010, 1220 (1221 f.).
[46] Widmann/Mayer/*Mayer* Rn. 51.1.
[47] So etwa Kölner Komm UmwG/*Simon/Nießen* Rn. 57; aA Lutter/*J. Vetter* Rn. 105.
[48] Lutter/*J. Vetter* Rn. 87.
[49] Für die Annahme einer konkludenten Verzichtserklärung in diesen Fällen Kallmeyer/*Kocher* Rn. 19 und 21; Kölner Komm UmwG/*Simon/Nießen* Rn. 56.

der Bedeutung einer Verzichtserklärung und des gesetzlichen Formgebots Zurückhaltung geboten.⁵⁰

Der **Anmeldung** der Verschmelzung zum Handelsregister sind die Verzichtserklärungen beizufügen (§ 17 Abs. 1). Nicht erforderlich ist aber eine Erklärung analog § 16 Abs. 2, dass am Anteil des Verzichtenden keine Rechte Dritter bestehen.⁵¹ Liegen erforderliche Verzichtserklärungen nicht vor, darf der Registerrichter die Verschmelzung nicht eintragen.⁵² Wird dennoch eingetragen, bleibt die Wirksamkeit der Verschmelzung unberührt (§ 20 Abs. 2). 33

V. Kapitalerhögungsverbote und -wahlrechte bei von Dritten gehaltenen Anteilen (Abs. 2)

Nach **Abs. 2** gelten die Kapitalerhöhungsverbote des **Abs. 1 S. 1** sowie die Kapitalerhöhungswahlrechte des **Abs. 1 S. 2** entsprechend, wenn ein Dritter im eigenen Namen, aber für Rechnung der übernehmenden GmbH (so in den Fällen von S. 1 Nr. 1 und S. 2 Nr. 1) bzw. für Rechnung des übertragenden Rechtsträgers (in den Fällen von S. 1 Nr. 2 und 3 sowie S. 2 Nr. 2) handelt. Dann sind die Anteile (wirtschaftlich) nicht dem Dritten, sondern dem Rechtsträger zuzurechnen, für dessen Rechnung der Dritte die Anteile hält; sie sind wie Anteile jenes Rechtsträgers zu behandeln. Damit will der Gesetzgeber insbes. Umgehungen der Verbote aus Abs. 1 S. 1 begegnen.⁵³ 34

Keine Bedeutung hat Abs. 2 hingegen für die Regelung in **Abs. 1 S. 3** (Entbehrlichkeit der Anteilsgewährung im Verzichtsfall); S. 3 war im Zuge des 2. UmwGÄndG in Abs. 1 eingefügt (→ Rn. 25), Abs. 2 dabei aber nicht redaktionell angepasst worden.⁵⁴ 35

Abs. 2 erfasst Treuhandverhältnisse und Konstellationen mittelbarer Stellvertretung.⁵⁵ Kein Dritter im Sinne der Vorschrift ist hingegen schon jedes von der übernehmenden GmbH bzw. einem übertragenden Rechtsträger abhängige Unternehmen⁵⁶ (→ Rn. 9). 36

VI. Erleichterte Teilung vorhandener Geschäftsanteile der übernehmenden GmbH (Abs. 3)

Abs. 3 bezweckt die Sicherung der Zuteilungsmöglichkeit schon vorhandener Geschäftsanteile der übernehmenden GmbH, wenn die Anteile zur Durchführung der Verschmelzung geteilt werden müssen, um sie den (bisherigen) Anteilsinhabern eines übertragenden Rechtsträgers gewähren zu können. Bestimmungen der Satzung der Übernehmerin, die – was auch nach Streichung des früheren § 17 GmbHG im Zuge des MoMiG⁵⁷ möglich bleibt⁵⁸ – die Anteilsteilung erschweren, sind dann unanwend- 37

---

50 Ebenso Lutter/*J. Vetter* Rn. 88; Widmann/Mayer/*Mayer* Rn. 51.1: allenfalls, wenn Verzichtswille anderweitig hinreichend dokumentiert ist. S. dazu auch den Fall OLG Köln NZG 2020, 421 (Verschmelzung zweier Schwestergesellschaften mit derselben natürlichen Person als alleinigem Gesellschafter und alleinvertretungsberechtigtem Geschäftsführer).
51 Kölner Komm UmwG/*Simon/Nießen* Rn. 57; iE wohl auch Kallmeyer/*Kocher* Rn. 20.
52 Zur Möglichkeit der Nachholung einer formgerechten Verzichtserklärung (nach Zwischenverfügung des Registergerichts) s. *Heinze* RNotZ 2017, 87 (88).
53 Lutter/*J. Vetter* Rn. 108.
54 Kallmeyer/*Kocher* Rn. 24; Kölner Komm UmwG/*Simon/Nießen* Rn. 60.
55 Kölner Komm UmwG/*Simon/Nießen* Rn. 61; Schmitt/Hörtnagl/*Hörtnagl/Ollech* Rn. 16; Semler/Stengel/Leonard/*Reichert* Rn. 33.
56 Kallmeyer/*Kocher* Rn. 24; Kölner Komm UmwG/*Simon/Nießen* Rn. 62; Lutter/*J. Vetter* Rn. 110 ff.; Schmitt/Hörtnagl/*Hörtnagl/Ollech* Rn. 16; Semler/Stengel/Leonard/*Reichert* Rn. 34 f.; Widmann/Mayer/*Mayer* Rn. 51.4
57 Gesetz zur Modernisierung des GmbH-Rechts und zur Bekämpfung von Missbräuchen v. 23.10.2008, BGBl. I 2026.
58 Kölner Komm UmwG/*Simon/Nießen* Rn. 65; Lutter/*J. Vetter* Rn. 118; Schmitt/Hörtnagl/*Hörtnagl/Ollech* Rn. 18; Semler/Stengel/Leonard/*Reichert* Rn. 37; Widmann/Mayer/*Mayer* Rn. 52.

bar (**Abs. 3 S. 1 Hs. 1**). In welchem Ausmaß auch mittelbare Teilungserschwerungen (zB Vorerwerbsrecht von Gesellschaftern) erfasst werden, ist noch nicht hinreichend geklärt.[59]

38 Auch nach der Teilung muss der Nennbetrag jedes Teils der Geschäftsanteile auf volle Euro (also mindestens 1 EUR) lauten (**Abs. 3 S. 1 Hs. 2**), was § 5 Abs. 2 S. 1 GmbHG idF des MoMiG entspricht. Ein etwaiger Verstoß gegen diese Vorgabe zum Mindestnennbetrag (sollte er in der Praxis überhaupt vorkommen) macht den Verschmelzungsvertrag nichtig (§§ 134, 139 BGB) und die Verschmelzungsbeschlüsse anfechtbar; der Registerrichter darf die Verschmelzung nicht eintragen. Wird gleichwohl eingetragen, wird der Mangel geheilt (§ 20 Abs. 2).[60]

39 Die Teilungserleichterungen nach S. 1 gelten entsprechend, wenn die Anteile der Übernehmerin ein Dritter im eigenen Namen, aber für Rechnung der übernehmenden Gesellschaft oder eines übertragenden Rechtsträgers innehat: **Abs. 3 S. 2**. Dann sind die Anteile – wie schon im Rahmen von Abs. 2 (→ Rn. 34) – (wirtschaftlich) nicht dem Dritten, sondern dem Rechtsträger zuzurechnen, für dessen Rechnung der Dritte die Anteile hält. Über den Wortlaut der Vorschrift hinaus gelten die Teilungserleichterungen nach Abs. 3 S. 1 schließlich auch dann, wenn ein Dritter die Anteile der übernehmenden GmbH für eigene Rechnung hält, sie aber für eine Verteilung zur Durchführung der Verschmelzung zur Verfügung stellt (→ Rn. 24).[61]

VII. Bare Zuzahlungen (Abs. 4)

1. Grundsätze

40 Wie schon in § 5 Abs. 1 Nr. 3 (→ § 5 Rn. 37 ff.) kommt auch in § 54 Abs. 4 die Grundsatzentscheidung des Gesetzgebers zum Ausdruck, dass den Anteilsinhabern der übertragenden Rechtsträger – zum Ausgleich des auf den übernehmenden Rechtsträger übergehenden Vermögens – nicht allein Geschäftsanteile am übernehmenden Rechtsträger gewährt, sondern ggf. auch Barzahlungen („bare Zuzahlungen") geleistet werden können. § 54 Abs. 4 legt die Grenze fest, bis zu der im Verschmelzungsvertrag – zusätzlich zur oder statt der Gewährung von Geschäftsanteilen an der übernehmenden Gesellschaft (→ Rn. 43) – bare Zahlungen festgesetzt werden können: Die baren Zahlungen dürfen 10 % des Gesamtnennbetrages der gewährten Anteile der Übernehmerin nicht übersteigen.

41 Die Vorschrift mit ihrer 10 %-Grenze ist zwingend;[62] sie will (innerhalb ihres Anwendungsbereichs; → Rn. 42) nicht nur dem „Auskauf" der Anteilsinhaber eines übertragenden Rechtsträgers begegnen, sondern bezweckt den Schutz von Kapitalgrundlage und Liquidität der übernehmenden Gesellschaft.[63]

---

59 S. einerseits Lutter/*J. Vetter* Rn. 119; Semler/Stengel/Leonard/*Reichert* Rn. 37; Widmann/Mayer/*Mayer* Rn. 52; andererseits Kölner Komm UmwG/*Simon/Nießen* Rn. 66.
60 Kölner Komm UmwG/*Simon/Nießen* Rn. 82; Semler/Stengel/Leonard/*Reichert* Rn. 49.
61 Kallmeyer/*Kocher* Rn. 26; Kölner Komm UmwG/*Simon/Nießen* Rn. 67; Lutter/*J. Vetter* Rn. 123; Semler/Stengel/Leonard/*Reichert* Rn. 39.
62 Ganz hM; s. etwa Kallmeyer/*Kocher* Rn. 29 und 33; Lutter/*J. Vetter* Rn. 130; *Petersen*, Gläubigerschutz im Umwandlungsrecht, 2001, S. 183 f.; Semler/Stengel/Leonard/*Reichert* Rn. 42 und 50; Widmann/Mayer/*Mayer* Rn. 65; aA *Priester* ZIP 2013, 2033 (2036 f.): Nichteinhaltung der 10 %-Obergrenze soll bei „Einverständnis aller Beteiligten" zulässig sein; im Ansatz ebenso *Bachmann* FS Säcker, 2021, 191 (197 ff.).
63 Lutter/*J. Vetter* Rn. 127 und 130; anders wohl *Ihrig* GmbHR 1995, 622 (631).

Abs. 4 ist (wie § 54 insgesamt) anwendbar, wenn übernehmender Rechtsträger eine GmbH ist (für die AG s. § 68 Abs. 3). Dabei kommt es – ungeachtet der vom Gesetzgeber vorgenommenen Einstellung der Regelung in den Text des § 54 – nicht darauf an, ob zur Durchführung der Verschmelzung auf eine Erhöhung des Stammkapitals der Übernehmerin verzichtet wird oder nicht. Die Vorschrift gilt vielmehr auch bei einer Verschmelzung mit Kapitalerhöhung,[64] ebenso – über § 56 – im Falle einer Verschmelzung durch Neugründung mit Zielgesellschaft in der Rechtsform der GmbH (→ § 56 Rn. 9). 42

2. Begriff „bare Zuzahlungen"

Der vom Gesetzgeber gewählte Begriff der „baren **Zuzahlung**" ist nicht in dem Sinne zu verstehen, dass er zwingend Barzahlungen voraussetzen würde, die einem Anteilsinhaber eines übertragenden Rechtsträgers gerade zusätzlich zu Geschäftsanteilen an der übernehmenden GmbH gewährt werden. § 54 Abs. 4 gilt nicht nur für solche „Zuzahlungen" – die etwa zum Ausgleich von Spitzenbeträgen bzw. von nicht verteilungsfähigen Anteilsresten Bedeutung erlangen (näher → § 46 Rn. 19 ff.; → § 51 Rn. 22 f.) –, sondern auch, wenn die Zahlung an die Stelle der Anteilsgewährung tritt. Das wird insbes. relevant, wenn die Beteiligung an einem übertragenden Rechtsträger so gering ist, dass ihr kein Geschäftsanteil an der Übernehmerin (in Höhe des konkret festgesetzten Nennbetrags dieses Anteils, ggf. nicht einmal in Höhe des gesetzlichen Mindestnennbetrags nach § 46 Abs. 1 S. 3) entspricht (→ § 46 Rn. 19; → § 51 Rn. 22). Der Begriff „bare Zuzahlungen" ist dann **im Sinne von „baren Zahlungen" zu verstehen**. 43

Ein (teilweises) Ausscheiden gegen bare Zahlung lässt sich in den Grenzen des § 54 Abs. 4 mit Zustimmung der betroffenen Anteilsinhaber schon im Rahmen der allgemeinen verschmelzungsrechtlichen Gestaltungsspielräume verwirklichen (→ § 46 Rn. 20). Unter welchen Voraussetzungen sich die (bisherigen) Anteilseigner eines übertragenden Unternehmens ggf. auch ohne ihre individuelle Zustimmung auf eine solche Barzahlung (zusätzlich zur bzw. statt der Gewährung von Geschäftsanteilen an der Übernehmerin) verweisen lassen müssen, ist nicht Regelungsgegenstand von § 54 Abs. 4 (näher → § 46 Rn. 20 f.). In Abs. 4 geht es vielmehr – neben der (schon in § 5 Abs. 1 Nr. 3 zum Ausdruck kommenden) grundsätzlichen Zulässigkeit solcher Zahlungen – um den Höchstbetrag, bis zu dem bare Zahlungen überhaupt gewährt werden dürfen. 44

Bare Zahlungen, die neben oder anstelle von Anteilen an der übernehmenden Gesellschaft im Verschmelzungsvertrag festgesetzt werden können, sind nach zutreffender und überwiegender Ansicht grundsätzlich nur **Geldleistungen**, nicht auch Sachleistungen.[65] Gleichwohl fraglich bleibt, was für die **Begründung von Darlehensverbindlichkeiten** zu gelten hat. Sie mit der Erwägung, dass es sich um Sachleistungen handele, auch dann nicht zulassen zu wollen, wenn sich die betroffenen Anteilsinhaber mit der Kreditierung ihrer Geldleistungsansprüche einverstanden erklären,[66] kann angesichts der gesetzlichen Wertung in §§ 5 Abs. 1 Nr. 3, 54 Abs. 4 (Zulässigkeit von baren Zahlungen statt Anteilsgewährung) kaum überzeugen. Jedenfalls unter der Voraussetzung der 45

---

64 Kallmeyer/*Kocher* Rn. 27; Lutter/*J. Vetter* Rn. 125; Semler/Stengel/Leonard/*Reichert* Rn. 41; Widmann/Mayer/*Mayer* Rn. 55.
65 Lutter/*J. Vetter* Rn. 142; Semler/Stengel/Leonard/*Reichert* Rn. 42; Widmann/Mayer/*Mayer* Rn. 63; aA Kallmeyer/*Kocher* Rn. 30; *Priester* ZIP 2013, 2033 (2036 f.), die bei Zustimmung des betroffenen Gesellschafters auch Sachleistungen als zulässig ansehen.
66 So iE wohl Widmann/Mayer/*Mayer* Rn. 63 f. mwN.

Zustimmung des Anteilsinhabers lässt sich mit guten Gründen geltend machen, dass es sich wirtschaftlich gesehen um der Barzahlung gleichzustellende (wenn auch mit einem Ausfallrisiko verbundene) Leistungen („zeitlich aufgeschobene Barzahlung")[67] handele. Dann ist es nur konsequent, solche Leistungen auch bei der Berechnung der 10 %-Grenze zu berücksichtigen und sie im Rahmen dieser Grenze zuzulassen.[68]

3. Zulässigkeitsgrenzen

46 Abs. 4 begrenzt die Zulässigkeit barer Zahlungen, die im Verschmelzungsvertrag festgesetzt werden, auf eine Höhe von **10 % des Gesamtnennbetrags aller** den Anteilsinhabern des übertragenden Rechtsträgers **tatsächlich gewährten Geschäftsanteile** der übernehmenden GmbH, unabhängig von der Herkunft der gewährten Anteile.[69] Barzahlungen, die nicht im Verschmelzungsvertrag festgesetzt wurden, sind nicht zu berücksichtigen, auch nicht spätere Erhöhungen oder Neufestsetzungen im Spruchverfahren nach § 15.[70] Auf Barabfindungsangebote nach § 29 findet die 10 %-Grenze ebenfalls keine Anwendung, weil sie hier typischerweise überschritten ist und die Verschmelzung deshalb an § 54 Abs. 4 scheitern müsste, was der Gesetzgeber nicht gewollt haben kann.[71]

47 Im Übrigen dürfen bare Zahlungen nicht den **Gleichbehandlungsgrundsatz** verletzen[72] und auch nicht gegen das **Verbot der Unterpari-Emission** verstoßen. Sie sind deshalb unzulässig, wenn der Wert des übertragenden Unternehmens gerade dem Gesamtnennbetrag der hierfür gewährten Anteile entspricht oder wenn der Umfang barer Zahlungen insgesamt höher ist als die Differenz zwischen Unternehmenswert und Gesamtnennbetrag.[73] Zur Frage der erforderlichen Zustimmung des einzelnen Anteilsinhabers s. schon den Verweis in → Rn. 44.

48 Werden im Verschmelzungsvertrag bare Zahlungen unter Überschreitung der 10 %-Grenze festgesetzt, hat das gem. § 134 BGB die Nichtigkeit der entsprechenden Bestimmungen im Verschmelzungsvertrag und eine Vermutung der Gesamtnichtigkeit des Vertrages nach § 139 BGB zur Folge.[74] Ein gleichwohl gefasster Verschmelzungsbeschluss ist anfechtbar.[75] Der Verstoß gegen Abs. 4 stellt ein Eintragungshindernis dar. Im Fall gleichwohl vollzogener Eintragung bleibt die Wirksamkeit der Verschmelzung jedoch unberührt (§ 20 Abs. 2); auch der Anspruch auf bare Zahlung wird wirksam.[76]

49 Ein Verstoß gegen das Verbot der Unterpari-Emission führt zur Nichtigkeit des Verschmelzungsbeschlusses; wird gleichwohl eingetragen, berührt auch dieser Mangel die

---

67 Kölner Komm UmwG/*Simon/Nießen* Rn. 74.
68 Gleichsinnig Lutter/*J. Vetter* Rn. 145 f., der im Falle der Verzinsung des Darlehens sogar die Zustimmung aller Anteilsinhaber des übertragenden Rechtsträgers als erforderlich ansieht; im Ansatz wie hier auch schon Kölner Komm UmwG/*Simon/Nießen* Rn. 74, freilich ohne das Zustimmungserfordernis explizit zu thematisieren; für Zulässigkeit der Darlehensgewährung ohne zwingende Bindung an die 10 %-Obergrenze *Priester* ZIP 2013, 2033 (2036 f.).
69 Kallmeyer/*Kocher* Rn. 29; Kölner Komm UmwG/*Simon/Nießen* Rn. 73; Lutter/*J. Vetter* Rn. 128; Schmitt/Hörtnagl/*Hörtnagl/Ollech* Rn. 22; Semler/Stengel/Leonard/*Reichert* Rn. 42.
70 Kallmeyer/*Kocher* Rn. 29; Kölner Komm UmwG/*Simon/Nießen* Rn. 72; Lutter/*J. Vetter* Rn. 129; Schmitt/Hörtnagl/*Hörtnagl/Ollech* Rn. 22; Semler/Stengel/Leonard/*Reichert* Rn. 42; Widmann/Mayer/*Mayer* Rn. 57.
71 Ähnlich Kölner Komm UmwG/*Simon/Nießen* Rn. 72; iE ebenso Kallmeyer/*Kocher* Rn. 29; Lutter/*J. Vetter* Rn. 129; Semler/Stengel/Leonard/*Reichert* Rn. 42.
72 Statt aller Semler/Stengel/Leonard/*Reichert* Rn. 40.
73 Kallmeyer/*Kocher* Rn. 28; Kölner Komm UmwG/*Simon/Nießen* Rn. 77; Lutter/*J. Vetter* Rn. 131; Schmitt/Hörtnagl/*Hörtnagl/Ollech* Rn. 23; Semler/Stengel/Leonard/*Reichert* Rn. 43; Widmann/Mayer/*Mayer* Rn. 66 f.
74 Kallmeyer/*Kocher* Rn. 33; Kölner Komm UmwG/*Simon/Nießen* Rn. 83; Lutter/*J. Vetter* Rn. 157; Schmitt/Hörtnagl/*Hörtnagl/Ollech* Rn. 28; Semler/Stengel/Leonard/*Reichert* Rn. 50; Widmann/Mayer/*Mayer* Rn. 75.
75 Lutter/*J. Vetter* Rn. 157.
76 S. dazu Kallmeyer/*Kocher* Rn. 33; Kölner Komm UmwG/*Simon/Nießen* Rn. 84; Lutter/*J. Vetter* Rn. 159; aA Widmann/Mayer/*Mayer* Rn. 77.

Wirksamkeit der Verschmelzung nicht (§ 20 Abs. 2).[77] Ob auch in diesem Fall der Anspruch auf bare Zahlung durchsetzbar ist, wird unterschiedlich beurteilt.[78] Zur Frage der Differenzhaftung bei mangelnder Kapitaldeckung → § 55 Rn. 15 f.

VIII. Kosten

Zu den Kosten der Verschmelzung vgl. die Übersicht → § 2 Rn. 29 ff. sowie die Verweise → § 50 Rn. 27. 50

§ 55 Verschmelzung mit Kapitalerhöhung

(1) Erhöht die übernehmende Gesellschaft zur Durchführung der Verschmelzung ihr Stammkapital, so sind § 55 Abs. 1, §§ 56a, 57 Abs. 2, Abs. 3 Nr. 1 des Gesetzes betreffend die Gesellschaften mit beschränkter Haftung nicht anzuwenden.

(2) Der Anmeldung der Kapitalerhöhung zum Register sind außer den in § 57 Abs. 3 Nr. 2 und 3 des Gesetzes betreffend die Gesellschaften mit beschränkter Haftung bezeichneten Schriftstücken der Verschmelzungsvertrag und die Niederschriften der Verschmelzungsbeschlüsse in Ausfertigung oder öffentlich beglaubigter Abschrift beizufügen.

(3) Für den Beschluss über die Kapitalerhöhung nach Absatz 1 gilt § 14 Absatz 2 entsprechend.

I. Norminhalt; Normzusammenhänge 1	2. Beizufügende Unterlagen 22
II. Kapitalerhöhung zur Durchführung der Verschmelzung: Anwendbare und nicht anwendbare Vorschriften (Abs. 1) 6	3. Prüfung durch das Registergericht; Eintragung und Bekanntmachung 26
1. Grundlagen 6	4. Wirksamkeit der Kapitalerhöhung 29
2. Beschlussfassung 7	IV. Rechtsfolgen mangelhafter Kapitalerhöhung 30
3. Kapitaldeckung 10	V. Anfechtungsausschluss beim Einwand eines unangemessenen Umtauschverhältnisses (Abs. 3) 32
4. Differenzhaftung 15	
5. Nicht anwendbare Vorschriften des GmbHG 18	VI. Kosten................................... 34
III. Anmeldung der Kapitalerhöhung zur Eintragung in das Handelsregister (Abs. 2) 21	
1. Grundlagen 21	

I. Norminhalt; Normzusammenhänge

Bei der Verschmelzung durch Aufnahme sind den (bisherigen) Anteilsinhabern des übertragenden Rechtsträgers in der Regel Geschäftsanteile am übernehmenden Rechtsträger zu gewähren (vgl. §§ 2, 5 Abs. 1 Nr. 2, 20 Abs. 1 Nr. 3), die typischerweise durch eine Kapitalerhöhung zur Durchführung der Verschmelzung erst geschaffen werden müssen. Dabei handelt es sich um eine Kapitalerhöhung gegen Sachkapital, das durch den Übergang des Vermögens der übertragenden Rechtsträger erbracht wird (vgl. §§ 2, 5 Abs. 1 Nr. 2, 20 Abs. 1 Nr. 1). Wo die aufnehmende Gesellschaft in der Rechtsform der GmbH organisiert ist, übernehmen ihre neuen Gesellschafter – anders als im Fall der regulären Kapitalerhöhung einer GmbH (§ 55 ff. GmbHG) – also keine Einlagepflichten iSv § 55 Abs. 1 GmbHG. An die Stelle der entsprechenden Übernahmeerklärungen tre- 1

---

77 Lutter/*J. Vetter* Rn. 158.
78 Bejahend Kölner Komm UmwG/*Simon/Nießen* Rn. 83; verneinend Lutter/*J. Vetter* Rn. 159 mwN.

1 ten vielmehr der – zwischen den beteiligten Rechtsträgern (nicht dessen Mitgliedern) geschlossene – Verschmelzungsvertrag sowie die Verschmelzungsbeschlüsse der Anteilsinhaber aller beteiligten Rechtsträger. Verschmelzung einerseits und die zu ihrer Durchführung vorgenommene Kapitalerhöhung andererseits sind rechtlich voneinander zu unterscheidende Vorgänge. Aber sie sind konditional miteinander verknüpft: Die Eintragung der Verschmelzung ist Voraussetzung für die Wirksamkeit der Kapitalerhöhung zur Durchführung der Verschmelzung; umgekehrt kann auch die Verschmelzung nicht schon vor Eintragung der Kapitalerhöhung wirksam werden (näher → § 53 Rn. 6).

2 § 55 findet auf die Verschmelzung durch Aufnahme Anwendung, wenn der übernehmende Rechtsträger eine GmbH ist.[1] Die Vorschrift modifiziert – vor dem Hintergrund der soeben (→ Rn. 1) skizzierten Besonderheiten einer Kapitalerhöhung zur Durchführung der Verschmelzung – die Bestimmungen des GmbH-Gesetzes über die (reguläre) Kapitalerhöhung in der GmbH: Nach **§ 55 Abs. 1** sind § 55 Abs. 1, § 56a sowie § 57 Abs. 2 und Abs. 3 Nr. 1 GmbHG unanwendbar. **§ 55 Abs. 2** ordnet – in Ergänzung von § 57 Abs. 3 Nr. 2 und 3 GmbHG – an, dass der Anmeldung der Kapitalerhöhung zur Eintragung in das Handelsregister auch der Verschmelzungsvertrag und die Niederschriften der Verschmelzungsbeschlüsse in Ausfertigung oder öffentlich beglaubigter Abschrift beizufügen sind. Der mit dem UmRUG[2] eingefügte **Abs. 3** überträgt den in § 14 Abs. 2 idF des UmRUG für Verschmelzungsbeschlüsse angeordneten Anfechtungsausschluss beim Einwand eines unangemessenen Umtauschverhältnisses auf den Kapitalerhöhungsbeschluss in der übernehmenden Gesellschaft, wenn das Stammkapital zur Durchführung der Verschmelzung erhöht wird.

3 Die Vorschrift betrifft die zur Durchführung der Verschmelzung vorgenommene Kapitalerhöhung; sie gilt hingegen nicht für eine Kapitalerhöhung, die nur bei Gelegenheit der Verschmelzung vorgenommen wird. Deshalb wird zu Recht verbreitet empfohlen, eine etwaige weitere (reguläre) Kapitalerhöhung gesondert zu beschließen.[3]

4 § 55 geht auf § 22 KapErhG zurück. Die frühere Bestimmung des Abs. 1 S. 2, die auf § 5 GmbHG aF Bezug nahm, konnte nach der Neufassung von § 5 GmbHG im Zuge des MoMiG[4] ersatzlos gestrichen werden. Abs. 3 wurde im Zuge des UmRUG eingefügt (→ Rn. 2); Übergangsbestimmung in § 355 (s. die Erläuterungen dort).

5 Die Vorschrift gilt in den Fällen der Verschmelzung durch Aufnahme mit einer GmbH als übernehmender Gesellschaft, nicht hingegen bei der Verschmelzung durch Neugründung (§ 56). Sie findet auch auf alle Arten der Spaltung zur Aufnahme Anwendung (§ 125 Abs. 1 S. 1). Vgl. auch die Parallelbestimmung des § 69.

---

[1] Zur UG (haftungsbeschränkt) als übernehmende Gesellschaft s. Kallmeyer/*Kocher* Rn. 3 und Kallmeyer/*Marsch-Barner/Oppenhoff* § 3 Rn. 9; Semler/Stengel/*Leonard/Reichert* Rn. 13a.
[2] Gesetz zur Umsetzung der Umwandlungsrichtlinie und zur Änderung weiterer Gesetze v. 22.2.2023, BGBl. I Nr. 51.
[3] Kallmeyer/*Kocher* Rn. 2; Lutter/*J. Vetter* Rn. 13; Widmann/Mayer/*Mayer* Rn. 118. S. für die Verknüpfung einer Kapitalerhöhung zur Durchführung einer Verschmelzung mit einer Kapitalerhöhung zur Glättung nach Euro-Umstellung auch OLG Düsseldorf NZG 2019, 1271 (1273 f.).
[4] Gesetz zur Modernisierung des GmbH-Rechts und zur Bekämpfung von Missbräuchen v. 23.10.2008, BGBl. I 2026.

II. Kapitalerhöhung zur Durchführung der Verschmelzung: Anwendbare und nicht anwendbare Vorschriften (Abs. 1)

1. Grundlagen

Die Kapitalerhöhung zur Durchführung der Verschmelzung ist eine **Sachkapitalerhöhung gegen Einbringung des (Unternehmens-)Vermögens des übertragenden Rechtsträgers** und unterliegt im Grundsatz den Bestimmungen des GmbHG über Satzungsänderungen im Allgemeinen und (Sach-)Kapitalerhöhungen im Besonderen (§§ 53 f., 55 ff. GmbHG). Diese allgemeinen Vorschriften werden jedoch modifiziert, soweit dies angesichts der Besonderheiten einer Kapitalerhöhung **zur Durchführung der Verschmelzung** (→ Rn. 1) geboten ist.

2. Beschlussfassung

Zur Kapitalerhöhung bedarf es eines entsprechenden Beschlusses der Gesellschafter der übernehmenden GmbH nach den Vorgaben der §§ 53 ff. GmbHG. Dabei sind die Kapitalerhöhungsverbote nach § 54 Abs. S. 1 Nr. 1–3 zu beachten (näher → § 54 Rn. 8 ff.). Dieser **Kapitalerhöhungsbeschluss** ist vom Verschmelzungsbeschluss in der übernehmenden GmbH (§§ 13, 50 Abs. 1) rechtlich streng zu unterscheiden,[5] wenngleich die gemeinsame Beurkundung von Verschmelzungs- und Kapitalerhöhungsbeschluss (sowie der damit einhergehenden Satzungsänderung) möglich und – auch zur Reduzierung der Kosten (wegen Gleichheit des Beschlussgegenstandes, vgl. §§ 94 Abs. 2, 109 Abs. 2 Nr. 4 lit. b GNotKG) – empfehlenswert ist.[6] Liegt eine entsprechende Satzungsermächtigung vor (die Sachkapitalerhöhung zulassen muss), kann die Kapitalerhöhung auch durch Ausnutzung genehmigten Kapitals (§ 55a GmbHG) vorgenommen werden.

Gegenstand der Beschlussfassung ist die Sachkapitalerhöhung um einen bestimmten Nennbetrag und die Gewährung der neuen Geschäftsanteile an die Anteilseigner des übertragenden Rechtsträgers als Gegenleistung für den Übergang von dessen Vermögen (mit allen Aktiva und Passiva) auf die übernehmende GmbH.[7] Die (sonst erforderliche; § 56 Abs. 1 GmbHG) nähere Bezeichnung des Gegenstands der Sacheinlage ist ebenso entbehrlich wie die namentliche Zuordnung der Geschäftsanteile auf die neuen Gesellschafter, da diese Festsetzungen bereits aus dem Verschmelzungsvertrag hervorgehen, der der Anmeldung der Kapitalerhöhung nach § 55 Abs. 2 beizufügen ist.[8] Der Betrag, um den das Kapital erhöht werden soll, kann auch nur mit einer Höchstgrenze („Erhöhung bis zu …") angegeben werden; der endgültige Kapitalerhöhungsbetrag wird dann bei der Anmeldung zur Eintragung in das Handelsregister beziffert.[9]

Im Übrigen unterliegt die nähere Ausgestaltung der Kapitalerhöhung den allgemeinen Vorschriften, so etwa zum Erfordernis, den Nennbetrag eines Geschäftsanteils auf volle Euro festzusetzen, zum daraus resultierenden Mindestnennbetrag eines Anteils (1 EUR) und zur Möglichkeit, einem Gesellschafter mehrere Geschäftsanteile zu gewähren (§ 55 Abs. 4 GmbHG iVm § 5 Abs. 2 S. 1 und S. 2 GmbHG).

---

[5] Lutter/*J. Vetter* Rn. 14; Widmann/Mayer/*Mayer* Rn. 39.
[6] S. Kallmeyer/*Kocher* Rn. 4; Widmann/Mayer/*Mayer* Rn. 24.
[7] S. etwa Kallmeyer/*Kocher* Rn. 4; Lutter/*J. Vetter* Rn. 24 f.; Semler/Stengel/*Leonard/Reichert* Rn. 7.
[8] Kallmeyer/*Kocher* Rn. 7; Kölner Komm UmwG/*Simon/Nießen* Rn. 19; Schmitt/Hörtnagl/*Hörtnagl/Olech* Rn. 13; Widmann/Mayer/*Mayer* Rn. 33.
[9] Dazu näher Lutter/*J. Vetter* Rn. 16 ff.; Semler/Stengel/*Leonard/Reichert* Rn. 5 f.; Widmann/Mayer/*Mayer* Rn. 32.

3. Kapitaldeckung

10 Ebenso wie bei einer regulären Sachkapitalerhöhung muss auch bei der Kapitalerhöhung zur Durchführung der Verschmelzung der **Gesamtnennbetrag der Kapitalerhöhung** – ggf. zuzüglich des Gesamtbetrages barer Zuzahlungen (§§ 5 Abs. 1 Nr. 3, 54 Abs. 4) – **durch den Wert des Vermögens des übertragenden Rechtsträgers gedeckt** sein, das auf die übernehmende GmbH übergeht. Im Fall der Mehrfachverschmelzung ist – weil einheitlicher Verschmelzungsvorgang (→ § 46 Rn. 15) – auf den saldierten Wert des übergehenden Vermögens der übertragenden Rechtsträger abzustellen.[10]

11 Teilweise wird für die Kapitaldeckung zusätzlich verlangt, auch der Nennbetrag des einem Anteilsinhaber eines übertragenden Rechtsträgers gewährten Geschäftsanteils der Übernehmerin – ggf. wiederum zuzüglich ihm gewährter barer Zuzahlungen – müsse vom (nach der Beteiligungsquote auf ihn entfallenden) anteiligen Wert des Vermögens des übertragenden Rechtsträgers gedeckt sein.[11] Indes ist eine separate Wertdeckungsprüfung für jeden Anteilsinhaber nicht veranlasst.[12] Denn im Falle einer Kapitalerhöhung zur Durchführung der Verschmelzung verspricht nicht der einzelne Anteilseigner eine Sacheinlage; vielmehr verpflichtet sich der jeweilige übertragende Rechtsträger im Verschmelzungsvertrag zur Übertragung seines (Unternehmens-)Vermögens.

12 Die Kapitaldeckung ist vom Registergericht nach §§ 57a, 9c Abs. 1 S. 2 GmbHG zu prüfen; bei (nicht unwesentlicher) Unterdeckung ist die Eintragung abzulehnen (→ Rn. 26 ff.). Ob das erhöhte Kapital gedeckt ist oder nicht, ist allerdings (anders als bei der regulären Sachkapitalerhöhung, wo eine Sacheinlage vor der Anmeldung zu bewirken ist; §§ 56a, 7 Abs. 3 GmbHG) nicht nach den Verhältnissen am Tag der Anmeldung der Kapitalerhöhung zu beurteilen.[13] Maßgeblich ist vielmehr der (spätere, vgl. § 53) **Zeitpunkt des Wirksamwerdens der Verschmelzung** kraft Eintragung derselben;[14] denn erst dann geht das Vermögen des übertragenden Rechtsträgers auf die Übernehmerin über (§ 20 Abs. 1 Nr. 1).

13 Ob das Kapital gedeckt ist, beurteilt sich nach dem **wahren Wert** des übergegangenen Vermögens des (der) übertragenden Rechtsträger(s.), nicht nach dem Buchwert.[15] Der Wert eines übergehenden Unternehmens ist grundsätzlich nach der Ertragswertmethode (oder der konzeptionell verwandten Discounted Cash Flow-Methode) zu ermitteln.[16] Bei einer Mehrfachverschmelzung unter Beteiligung eines überschuldeten übertragenden Rechtsträgers[17] kommt es darauf an, ob als Ergebnis einer Gesamtsaldierung (→ Rn. 10) der eingebrachten (wahren) Vermögenswerte aller übertragenden Rechtsträger der Gesamtnennbetrag der Kapitalerhöhung – ggf. zuzüglich barer Zuzahlungen – gedeckt ist.

---

10 Ganz hM; s. etwa Lutter/*J. Vetter* Rn. 26 und 29 f.; Maulbetsch/Klumpp/Rose/*Rehmann* Rn. 5; *D. Mayer* DB 1998, 913 (914 ff.); Schmitt/Hörtnagl/*Hörtnagl/Ollech* § 46 Rn. 8; Semler/Stengel/Leonard/*Reichert* Rn. 9; Widmann/Mayer/*Mayer* Rn. 60; aA OLG Frankfurt a. M. ZIP 1998, 1191.

11 Semler/Stengel/Leonard/*Reichert* Rn. 8 im Anschluss an *Ihrig* GmbHR 1995, 622 (630, 635 ff.).

12 Gleichfalls ablehnend Kallmeyer/*Kocher* Rn. 10; Kölner Komm UmwG/Simon/*Nießen* Rn. 39; Lutter/*J. Vetter* Rn. 26.

13 So aber Kölner Komm UmwG/Simon/*Nießen* Rn. 41; Lutter/*J. Vetter* Rn. 27; *Wälzholz* AG 2006, 469 (475).

14 Semler/Stengel/Leonard/*Reichert* Rn. 8; Widmann/Mayer/*Mayer* Rn. 71 ff.; s. auch *Petersen*, Gläubigerschutz im Umwandlungsrecht, 2001, S. 162 f.

15 Kallmeyer/*Kocher* Rn. 12; Lutter/*J. Vetter* Rn. 31; Schmitt/Hörtnagl/*Ollech* Rn. 15 ff.; Semler/Stengel/Leonard/*Reichert* Rn. 10.

16 OLG Rostock NZG 2017, 61 (63); Lutter/*J. Vetter* Rn. 32 ff.; Schmitt/Hörtnagl/*Winter* § 5 Rn. 10 ff.; Widmann/Mayer/*Mayer* Rn. 64; s. auch die Nachweise bei Lutter/Hommelhoff/*Kleindiek* GmbHG § 34 Rn. 162 f.

17 Dazu weiterführend Widmann/Mayer/*Mayer* Rn. 83.1 ff. mwN.

Übersteigt der Buchwert des übertragenen Vermögens den Nennwert der Kapitalerhöhung (ggf. zuzüglich barer Zuzahlungen), ist die Differenz in die Kapitalrücklage (§ 272 Abs. 2 Nr. 1 HGB) einzustellen.[18]

4. Differenzhaftung

Ob und ggf. in welchem Umfang die (bisherigen) Anteilsinhaber eines übertragenden Rechtsträgers bei fehlender Kapitaldeckung der **Differenzhaftung aus § 9 GmbHG** unterliegen, war bis zur Klärung durch den BGH im Jahre 2018 (→ Rn. 16) sehr umstritten.[19] Im Fall einer reinen AG-Verschmelzung durch Aufnahme (mit Kapitalerhöhung der übernehmenden AG) hatte der **BGH** die (aktienrechtliche) Differenzhaftung freilich schon in seiner Grundsatzentscheidung vom 12.3.2007[20] verworfen – ua mit der Erwägung, dass die Bestimmung des § 36a Abs. 2 S. 3 AktG, aus der die aktienrechtliche Differenzhaftung (auch) abgeleitet wird und die nach § 188 Abs. 2 S. 1 AktG für die reguläre Kapitalerhöhung ebenfalls gilt, auf die AG-Verschmelzung mit Kapitalerhöhung ausdrücklich für unanwendbar erklärt wird (§ 69 Abs. 1). Demgegenüber nimmt § 55 Abs. 1 für die GmbH-rechtliche Verschmelzung mit Kapitalerhöhung die Vorschrift des § 9 GmbHG gerade **nicht** von der Anwendbarkeit aus. Auch deshalb sprach sich ein erheblicher Teil des Schrifttums **hier** für die Differenzhaftung aus; der BGH hatte dies in seiner Entscheidung aus 2007 ausdrücklich offengelassen.[21]

Indes sah der BGH die **Legitimationsgrundlage** der GmbH-rechtlichen Differenzhaftung des Gesellschafters bei Gründung oder Kapitalerhöhung (§§ 9, 56 Abs. 2 GmbHG) gerade darin, dass „der Wert der von **ihm** versprochenen Sacheinlage den Betrag der dafür übernommenen Stammeinlage nicht erreicht".[22] Und hier machte der Senat – zutreffend – den wesentlichen Unterschied zur Verschmelzung mit Kapitalerhöhung aus, auch bei der AG-Verschmelzung. Denn im Verschmelzungsfall wird eine Sacheinlage von den Anteilsinhabern des übertragenden Rechtsträgers weder versprochen noch geschuldet; sie übernehmen keine Verpflichtung zur Leistung einer werthaltigen Sacheinlage. „Sachinferent und Partner des Verschmelzungsvertrags mit der übernehmenden Gesellschaft ist vielmehr der übertragende Rechtsträger".[23] Wenn der BGH eben deshalb für eine Differenzhaftung jedenfalls bei der aktienrechtlichen Verschmelzung mit Kapitalerhöhung keine Grundlage sah, kann für die GmbH-Verschmelzung mit Kapitalerhöhung kaum anderes gelten. Im Verschmelzungsfall gibt es keine rechtsgeschäftliche Übernahmeerklärung des einzelnen Anteilsinhabers, die Verpflichtungsgrund für die Differenzhaftung sein könnte. Und der Verschmelzungsbeschluss im eigenen (übertragenden) Rechtsträger reicht als Legitimationsgrundlage für eine Differenzhaftung des jeweiligen Anteilsinhabers noch nicht aus, was der BGH für die AG-Verschmelzung schon in seiner Entscheidung aus 2007 klar (und unabhängig vom individuellen Abstimmungsverhalten) mit guten Gründen dargelegt hatte: Auch der Verschmelzungsbeschluss enthalte keine Kapitaldeckungszusage der Aktionäre, die als Grundlage für eine Differenzhaftung erforderlich wäre.[24] Für die Verschmelzung auf eine GmbH gelten identische Überlegungen: Die Differenzhaftung hat bei der GmbH-rechtlichen

---

18 Kallmeyer/*Kocher* Rn. 5; Lutter/*J. Vetter* Rn. 15; Widmann/Mayer/*Mayer* Rn. 36.
19 Zur Übersicht über den damaligen Meinungsstand (mit Nachweisen) → 2. Aufl. 2019, Rn. 15 ff.; monographisch *Moog* Differenzhaftung im Umwandlungsrecht, 2009, S. 46 ff.
20 BGH NZG 2007, 513.
21 BGH NZG 2007, 513 Tz. 8.
22 BGH NZG 2007, 513 Tz. 5 (Hervorhebung im Original).
23 BGH NZG 2007, 513 Tz. 7; s. auch Tz. 9 und 16.
24 BGH NZG 2007, 513 Tz. 8 und 11.

Verschmelzung ebenso wenig Platz wie im vergleichbaren Fall der AG-Verschmelzung. So hat der **BGH in seiner klärenden Entscheidung vom 6.11.2018** denn auch geurteilt: „Die Gesellschafter der beteiligten Rechtsträger trifft bei der Verschmelzung von Gesellschaften mit beschränkter Haftung im Wege der Aufnahme mit Kapitalerhöhung beim übernehmenden Rechtsträger im Fall der Überbewertung des Vermögens des übertragenden Rechtsträgers keine Differenzhaftung."[25]

17 Allerdings droht den Gesellschaftern des übernehmenden Rechtsträgers die **Schadensersatzhaftung nach den Grundsätzen der sog. Existenzvernichtungshaftung (§ 826 BGB)**, wenn eine überschuldete und zahlungsfähige Gesellschaft verschmolzen wird und es dadurch zur Insolvenz des übernehmenden Rechtsträgers kommt: Ein existenzvernichtender Eingriff, so der BGH in jener Entscheidung aus 2018, könne darin liegen, dass die Verschmelzung eines insolvenzreifen übertragenden Rechtsträgers als Gestaltungsmittel für dessen liquidationslose Abwicklung eingesetzt und hierdurch die Insolvenz des übernehmenden Rechtsträgers herbeigeführt oder vertieft werde.[26] Auch das verdient Zustimmung:[27] Da das Institut der Existenzvernichtungshaftung die gezielte, insolvenzverursachende oder -vertiefende, betriebsfremden Zwecken dienende Beeinträchtigung der Schuldendeckungsfähigkeit der Gesellschaft zu sanktionieren sucht, kann auch eine manipulative Zuweisung eines Überhangs an Verbindlichkeiten jenen Haftungstatbestand erfüllen.

5. Nicht anwendbare Vorschriften des GmbHG

18 **§ 55 Abs. 1** erklärt **bestimmte Vorschriften des GmbHG** auf die Kapitalerhöhung zur Durchführung der Verschmelzung ausdrücklich für **unanwendbar**: nämlich § 55 Abs. 1, § 56a sowie § 57 Abs. 2 und Abs. 3 Nr. 1 GmbHG.

19 Übernahmeerklärungen iSd § 55 Abs. 1 GmbHG werden im Verschmelzungsfall nicht abgegeben; an ihre Stelle treten der von den beteiligten Rechtsträgern geschlossene Verschmelzungsvertrag sowie die Verschmelzungsbeschlüsse der Anteilsinhaber aller beteiligten Rechtsträger (→ Rn. 1). Die Vorgaben für die „Leistungen der Einlagen auf das neue Stammkapital" nach §§ 56a, 7 Abs. 2 und 3, 19 Abs. 5 GmbHG haben im Verschmelzungsfall keine tatbestandsmäßige Entsprechung, da solche Einlageleistungen nicht zu erbringen sind; vielmehr geht das Vermögen des übertragenden Rechtsträgers auf der Grundlage der Festsetzung im Verschmelzungsvertrag im Wege der Gesamtrechtsnachfolge auf die Übernehmerin über (§§ 5 Abs. 1 Nr. 2, 20 Abs. 1 Nr. 1). Ebenfalls keine tatbestandsmäßige Entsprechung haben schließlich § 57 Abs. 2 und Abs. 3 Nr. 1 GmbHG (Versicherungen über die Einlageleistung; Beifügung der Übernahmeerklärungen bei der Anmeldung der Kapitalerhöhung zur Eintragung in das Handelsregister).

20 Der **Katalog** der **in Abs. 1** ausdrücklich für unanwendbar erklärten Bestimmungen des GmbH-Rechts ist **nicht abschließend**. Auch weitere Bestimmungen des GmbHG sind nicht oder nur eingeschränkt anwendbar. So etwa § 55 Abs. 2 GmbHG, da zum Bezug der neu geschaffenen Anteile nur die Anteilsinhaber eines übertragenden Rechtsträgers (nicht andere Personen) zugelassen sind; auch die Altgesellschafter haben kein

---

25 BGH NZG 2019, 187 (Ls. 1); zustimmend zu dieser Entscheidung etwa *Heckschen* NZG 2019, 561 (564); *Habersack/Wicke/v. Hinden* Rn. 37; *Kleindiek* GmbHR 2019, 179; kritisch *Ihrig/C. Schäfer* FS Grunewald, 2021, 405 (408 ff.); *Lieder/Bialluch* ZGR 2019, 760; *Priester* ZIP 2019, 646.

26 BGH NZG 2019, 187 (Ls. 2).

27 S. schon *Kleindiek* GmbHR 2019, 179 (180 ff.) und etwa *Ihrig/C. Schäfer* FS Grunewald, 2021, 405 (415 ff.); *Lieder/Bialluch* ZGR 2019, 760 (772 ff.).

Bezugsrecht.[28] Entgegen § 55 Abs. 3 GmbHG ist eine Nennwertaufstockung möglich.[29] Anders als nach § 56 Abs. 1 S. 1 GmbHG vorgeschrieben bedarf es im Kapitalerhöhungsbeschluss keiner näheren Bezeichnung des Gegenstandes der Sacheinlage (→ Rn. 8). Auch § 57 Abs. 3 Nr. 3 GmbHG passt nicht (trotz des Verweises in § 55 Abs. 2 UmwG; → Rn. 22). Und schließlich ist auch § 57 Abs. 1 GmbHG nicht anwendbar, soweit dort die Anmeldung an die Deckung des erhöhten Kapitals durch Übernahme von Geschäftsanteilen geknüpft wird.[30]

III. Anmeldung der Kapitalerhöhung zur Eintragung in das Handelsregister (Abs. 2)

1. Grundlagen

Nach §§ 54 Abs. 1, 57 Abs. 1 GmbHG ist die Kapitalerhöhung „zur Durchführung der Verschmelzung"[31] zur Eintragung in das Handelsregister am Sitz der übernehmenden GmbH anzumelden; das kann erst nach Abschluss des Verschmelzungsvertrages und Fassung der Verschmelzungsbeschlüsse erfolgen (erst dann ist die vorgesehene Übertragung des Sachkapitals nachvollziehbar).[32] Üblicherweise wird daneben auch die (mit der Kapitalerhöhung freilich notwendigerweise verbundene und deshalb nicht eigens anzumeldende)[33] Satzungsänderung ausdrücklich angemeldet.[34] Die gleichzeitige Anmeldung von Kapitalerhöhung (mit Satzungsänderung) und Verschmelzung ist möglich. Die Anmeldung ist nach § 78 GmbHG von **sämtlichen** Geschäftsführern vorzunehmen, und zwar nach zutreffender hM persönlich (Vertretung wird im Blick auf § 82 Abs. 1 Nr. 3 GmbHG als ausgeschlossen angesehen).[35] Die Gegenmeinung lässt eine Bevollmächtigung mit Hinweis darauf zu, dass die Versicherungen der Geschäftsführer nach § 57 Abs. 2 GmbHG entfallen (→ Rn. 19);[36] indes werden von § 82 Abs. 1 Nr. 3 GmbHG nicht nur falsche Versicherungen iSd § 57 Abs. 2 GmbHG erfasst, sondern „falsche Angaben" iSd § 82 Abs. 1 Nr. 3 GmbHG.[37]

21

2. Beizufügende Unterlagen

Der Anmeldung beizufügen sind (von den verschmelzungsbedingten Ausnahmen abgesehen, → Rn. 23 f.) die **auch im Falle der regulären Kapitalerhöhung einzureichenden Unterlagen**, darunter der notariell beurkundete Beschluss über die Kapitalerhöhung mit der damit einhergehenden Satzungsänderung (ggf. stattdessen: der Organbeschluss über die Ausnutzung genehmigten Kapitals, § 55a GmbHG) und der Wortlaut der neuen Fassung der Satzung (geänderte Stammkapitalziffer) mit Notarbescheinigung (§ 54 Abs. 1 GmbHG).[38] Nach ausdrücklicher Bezugnahme in § 55 Abs. 2 müssen der Anmeldung auch die nach § 57 Abs. 3 Nr. 2 GmbHG bei der regulären Kapitalerhöhung einzureichende Liste der Übernehmer der neuen Geschäftsanteile beigefügt werden. Das wird – weil die entsprechenden Angaben schon aus den Festsetzungen im (eben-

22

---

28 Lutter/J. Vetter Rn. 58; Widmann/Mayer/Mayer Rn. 51.
29 Kallmeyer/Kocher Rn. 7; Kölner Komm UmwG/Simon/Nießen Rn. 18.
30 Kallmeyer/Kocher Rn. 7; Kölner Komm UmwG/Simon/Nießen Rn. 28.
31 Vgl. zu dieser Klarstellung bei der Anmeldung Widmann/Mayer/Mayer Rn. 88.
32 Kallmeyer/Zimmermann § 53 Rn. 4; Lutter/J. Vetter Rn. 63; Widmann/Mayer/Mayer Rn. 97.
33 Zutreffend Scholz/Priester/Tebben GmbHG § 57 Rn. 4.

34 Das verlangen etwa Kallmeyer/Zimmermann § 53 Rn. 5; Kölner Komm UmwG/Simon/Nießen § 53 Rn. 4; Semler/Stengel/Leonard/Reichert § 53 Rn. 5.
35 Kallmeyer/Kocher Rn. 8; Kallmeyer/Zimmermann § 53 Rn. 3; Kölner Komm UmwG/Simon/Nießen Rn. 30; Lutter/J. Vetter Rn. 59; Semler/Stengel/Leonard/Reichert Rn. 23 und § 53 Rn. 4; jetzt auch Widmann/Mayer/Mayer Rn. 87.
36 So Melchior GmbHR 1999, 520 (521).
37 Näher Scholz/Rönnau GmbHG § 82 Rn. 133 ff.
38 Kölner Komm UmwG/Simon/Nießen Rn. 35 f.; Widmann/Mayer/Mayer Rn. 93.

falls beizufügenden, → Rn. 23) Verschmelzungsvertrag hervorgehen – zum Teil zwar als überflüssig angesehen,[39] schon im Hinblick auf den Wortlaut von § 55 Abs. 2 aber zu Recht überwiegend (auch in der registergerichtlichen Praxis) verlangt.[40] Der Beifügung einer aktualisierten Gesellschafterliste (§ 40 Abs. 2 GmbHG) schon mit Anmeldung der Kapitalerhöhung bedarf es hingegen nur für den Fall, dass **vor** der Anmeldung der Kapitalerhöhung schon **vorhandene** Anteile an der übernehmenden GmbH an die Gesellschafter eines übertragenden Rechtsträgers abgetreten wurden (etwa im Zuge eines entsprechenden Umtauschangebotes); solche Erwerber sind selbstverständlich nicht in die Liste der Übernehmer neuer Anteile aus der Kapitalerhöhung aufzunehmen.

23 **§ 55 Abs. 2** erweitert den Umfang der beizufügenden Unterlagen verschmelzungsspezifisch um den **Verschmelzungsvertrag** sowie die **Niederschriften der Verschmelzungsbeschlüsse aller beteiligten Rechtsträger** in Ausfertigung oder öffentlich beglaubigter Abschrift. Diese Dokumente ersetzen bei einer Kapitalerhöhung zur Durchführung der Verschmelzung die Übernahmeerklärungen iSd § 55 Abs. 1 GmbHG.

24 Der in § 55 Abs. 2 darüber hinaus enthaltene Verweis auf § 57 Abs. 3 Nr. 3 GmbHG geht hingegen fehl, da es bei der Kapitalerhöhung zur Durchführung der Verschmelzung – außer dem Verschmelzungsvertrag – keine weiteren Festsetzungsverträge iSv § 57 Abs. 3 Nr. 3 GmbHG gibt.[41] Die Versicherungen und Unterlagen nach § 57 Abs. 2 und Abs. 3 Nr. 1 GmbHG sind ebenfalls nicht beizufügen; § 55 Abs. 1 erklärt jene Bestimmungen ausdrücklich für unanwendbar (→ Rn. 19).

25 Was die beizufügenden **Wertnachweise** hinsichtlich des (Unternehmens-)Vermögens eines übertragenden Rechtsträgers betrifft, reicht dessen – mit der Anmeldung der Verschmelzung ohnehin einzureichende (§ 17 Abs. 2) – Schlussbilanz regelmäßig aus.[42]

3. Prüfung durch das Registergericht; Eintragung und Bekanntmachung

26 Das Registergericht hat zu prüfen (vgl. (§§ 57a, 9c Abs. 1 S. 2 GmbHG), ob der **Kapitalerhöhungsbeschluss** (mit dem damit notwendig einhergehenden Satzungsänderungsbeschluss) **wirksam gefasst** und die **Kapitalerhöhung** – unter Beifügung der erforderlichen Unterlagen – **ordnungsgemäß angemeldet** worden ist. Zudem ist zu prüfen, ob auch die **Voraussetzungen für die Wirksamkeit der Verschmelzung** (durch spätere Eintragung derselben) gegeben sind.[43] Denn die Kapitalerhöhung wird ihrerseits erst mit der Eintragung der Verschmelzung wirksam, die Verschmelzung ist konstitutive Voraussetzung wirksamer Kapitalerhöhung; zur konditionalen Verknüpfung zwischen Kapitalerhöhung und Verschmelzung → § 53 Rn. 5 f.

27 Insbes. hat das Registergericht die **Kapitaldeckung** zu prüfen: Der Gesamtnennbetrag der Kapitalerhöhung – ggf. zuzüglich des Gesamtbetrages barer Zuzahlungen (§ 5 Abs. 1 Nr. 3, 54 Abs. 4) – muss durch den Wert des (auf die übernehmende GmbH übergehenden) Vermögens des übertragenden Rechtsträgers gedeckt sein (→ Rn. 10 ff.). Jedenfalls wenn der Gesamtnennbetrag der Kapitalerhöhung (zzgl. barer Zuzahlungen) die (Netto-)Buchwerte der Schlussbilanz des übertragenden Rechtsträgers übersteigt, kann der

---

[39] Lutter/*J. Vetter* Rn. 64; Schmitt/Hörtnagl/*Hörtnagl*/Ollech Rn. 25.
[40] S. etwa Henssler/Strohn/*Haeder* Rn. 10; Kallmeyer/*Zimmermann* § 53 Rn. 9; Kölner Komm UmwG/*Simon*/Nießen Rn. 32; Semler/Stengel/Leonard/*Reichert* § 53 Rn. 6; Widmann/Mayer/*Mayer* Rn. 91.
[41] Kölner Komm UmwG/*Simon*/Nießen Rn. 33.
[42] Zu weiteren Einzelheiten s. Kallmeyer/*Kocher* Rn. 9; Lutter/*J. Vetter* Rn. 68 ff.; Widmann/Mayer/*Mayer* Rn. 75.
[43] Kallmeyer/*Zimmermann* § 53 Rn. 13; Kölner Komm UmwG/*Simon*/Nießen § 53 Rn. 11; Semler/Stengel/Leonard/*Reichert* § 53 Rn. 8.

Registerrichter weitere Nachweise (zB: Sachverständigengutachten) verlangen.[44] Im Falle der (nicht unwesentlichen; vgl. § 9c Abs. 1 S. 2 GmbHG) Kapitalunterdeckung ist die Eintragung abzulehnen, sofern – trotz Hinweises in einer entsprechenden Zwischenverfügung – die Wertdifferenz nicht durch Zahlung ausgeglichen wird.[45]

Bei der **Eintragung der Kapitalerhöhung** (zur Reihenfolge der Eintragung von Kapitalerhöhung und Verschmelzung → § 53 Rn. 7 ff.) ist deutlich zu machen, dass es sich um eine Kapitalerhöhung zur Durchführung einer Verschmelzung handelt;[46] Bekanntmachung der Eintragung durch erstmalige Abrufbarkeit nach Maßgabe von § 10 HGB idF des DiRUG.[47] 28

4. Wirksamkeit der Kapitalerhöhung

Die Kapitalerhöhung zur Durchführung der Verschmelzung wird nicht schon mit Eintragung des erhöhten Kapitals, sondern erst mit der Eintragung (auch) der Verschmelzung in das Register der übernehmenden Gesellschaft wirksam (→ § 53 Rn. 6). Scheitert die Eintragung der Verschmelzung, so kann eine zuvor eingetragene Kapitalerhöhung (zur Reihenfolge der Eintragungen → § 53 Rn. 7 ff.) nicht mehr wirksam werden;[48] die Eintragung der Kapitalerhöhung ist von Amts wegen zu löschen (§§ 398, 395 FamFG).[49] 29

IV. Rechtsfolgen mangelhafter Kapitalerhöhung

Ein fehlerhafter Kapitalerhöhungsbeschluss ist nach den allgemeinen Grundsätzen des Beschlussmängelrechts anfechtbar oder nichtig, jedoch vorbehaltlich des Anfechtungsausschlusses nach Abs. 3 (→ Rn. 32). Das Freigabeverfahren nach § 16 Abs. 3 erfasst auch den Kapitalerhöhungsbeschluss,[50] selbst wenn **ausschließlich** gegen diesen vorgegangen wird.[51] 30

Wird die Verschmelzung eingetragen, führt das – wiederum als Folge der konditionalen Verknüpfung zwischen Kapitalerhöhung und Verschmelzung – entsprechend § 20 Abs. 2 zur Heilung auch eines fehlerhaften Kapitalerhöhungsbeschlusses.[52] Zu den Folgen für einen eingetragenen Kapitalerhöhungsbeschluss, wenn die Eintragung der Verschmelzung scheitert, → Rn. 29. 31

V. Anfechtungsausschluss beim Einwand eines unangemessenen Umtauschverhältnisses (Abs. 3)

Nach dem bis zum Inkrafttreten des UmRUG[53] geltenden Recht konnte ebenso wie der Verschmelzungsbeschluss auch der – konditional damit verknüpfte – Kapitalerhö- 32

---

44 Zu (teils strittigen) Einzelheiten weiterführend Kallmeyer/*Zimmermann* § 53 Rn. 14 ff.; Kölner Komm UmwG/*Simon*/*Nießen* Rn. 40 und § 53 Rn. 12; Lutter/*J. Vetter* Rn. 70 ff.; Semler/Stengel/Leonard/*Reichert* Rn. 24 f. und Semler/Stengel/Leonard/*Reichert* § 53 Rn. 9; Widmann/Mayer/*Mayer* § 55 Rn. 76 ff.
45 Vgl. dazu Kallmeyer/*Zimmermann* § 53 Rn. 17; Kölner Komm UmwG/*Simon*/*Nießen* § 53 Rn. 12; Lutter/*J. Vetter* Rn. 73; Widmann/Mayer/*Mayer* Rn. 79.1.
46 OLG Düsseldorf NZG 2019, 1271 Rn. 27; *Krafka* RegisterR Rn. 1066 f.
47 Gesetz zur Umsetzung der Digitalisierungsrichtlinie v. 5.7.2021, BGBl. I 3338.
48 Kölner Komm UmwG/*Simon*/*Nießen* § 53 Rn. 16; Semler/Stengel/Leonard/*Reichert* § 53 Rn. 13; wohl auch Maulbetsch/Klumpp/Rose/*Rebmann* § 53 Rn. 5.
49 Vgl. Kölner Komm UmwG/*Simon*/*Nießen* Rn. 47; Lutter/*J. Vetter* § 53 Rn. 21; Schmitt/Hörtnagl/Ollech § 53 Rn. 1; Semler/Stengel/Leonard/*Reichert* § 53 Rn. 13.
50 BGH ZIP 2007, 1524 (1526) (für AG-Verschmelzung).
51 Kallmeyer/*Kocher* Rn. 16; Lutter/*J. Vetter* Rn. 81; Semler/Stengel/Leonard/*Reichert* Rn. 28.
52 Kallmeyer/*Kocher* Rn. 17; Lutter/*J. Vetter* Rn. 82 und § 53 Rn. 23; Semler/Stengel/Leonard/*Reichert* Rn. 29 und § 53 Rn. 13.
53 Gesetz zur Umsetzung der Umwandlungsrichtlinie und zur Änderung weiterer Gesetze v. 22.2.2023, BGBl. I Nr. 51.

hungsbeschluss der übernehmenden Gesellschaft wegen eines fehlerhaft festgesetzten Umtauschverhältnisses angefochten werden;[54] der in § 14 Abs. 2 aF für Verschmelzungsbeschlüsse angeordnete Anfechtungsausschluss beim Einwand eines unangemessenen Umtauschverhältnisses erfasste nur Verschmelzungsbeschlüsse eines übertragenden Rechtsträgers. Im Zuge des UmRUG wurde **§ 14 Abs. 2** novelliert (s. die Erläuterungen dort); auch §§ 15, 32, 34 wurden entsprechend angepasst. § 14 Abs. 2 gilt nunmehr für übernehmende und übertragende Rechtsträger gleichermaßen: Eine Klage gegen die Wirksamkeit des Verschmelzungsbeschlusses kann nicht darauf gestützt werden, dass das Umtauschverhältnis der Anteile nicht angemessen ist oder dass die Mitgliedschaft bei dem übernehmenden Rechtsträger kein angemessener Gegenwert für die Anteile oder die Mitgliedschaft bei dem übertragenden Rechtsträger ist. Ist jener Einwand begründet, so kann ein vom Anfechtungsausschluss betroffener Anteilsinhaber vom übernehmenden Rechtsträger einen Ausgleich durch bare Zuzahlung verlangen, was im Spruchverfahren durchzusetzen ist: § 15 idF des UmRUG (s. die Erläuterungen dort). Die für die Verschmelzung von Aktiengesellschaften mit dem UmRUG neu geschaffene Option der Gewährung zusätzlicher Aktien statt barer Zuzahlung nach §§ 72a, 72b hat für GmbH-Verschmelzungen keine Entsprechung. Zur Vermeidung widerstreitender Entscheidungen im Spruchverfahren, wenn sowohl Anteilseigner eines übertragenden als auch des übernehmenden Rechtsträgers den Ausgleichsanspruch geltend machen, ordnet § 2 Abs. 2 S. 1 SpruchG idF des UmRUG die Zuständigkeit des zuerst mit der Sache befassten Gerichts an.[55]

33 Um zu verhindern, dass der Anfechtungsausschluss nach § 14 Abs. 2 über den Umweg einer Anfechtung des damit einhergehenden Kapitalerhöhungsbeschlusses unterlaufen wird, überträgt der mit dem UmRUG eingefügte **§ 55 Abs. 3** den in § 14 Abs. 2 für Verschmelzungsbeschlüsse angeordneten Anfechtungsausschluss auf den Kapitalerhöhungsbeschluss nach § 55 Abs. 1, also wenn das Stammkapital der übernehmenden GmbH zur Durchführung der Verschmelzung erhöht wird.[56] Aktienrechtliche Parallelbestimmung in § 69 Abs. 3; Übergangsvorschrift in § 355 (s. die Erläuterungen dort).

VI. Kosten

34 Zu den Kosten der Verschmelzung vgl. die Übersicht → § 2 Rn. 29 ff. und die Verweise → § 50 Rn. 27; speziell zur Anmeldung der Verschmelzung mit Kapitalerhöhung → § 16 Rn. 52 ff.

Zweiter Unterabschnitt Verschmelzung durch Neugründung

§ 56 Anzuwendende Vorschriften

Auf die Verschmelzung durch Neugründung sind die Vorschriften des Ersten Unterabschnitts mit Ausnahme der §§ 51 bis 53, 54 Absatz 1 bis 3 sowie des § 55 entsprechend anzuwenden.

---

54 BGH ZIP 2007, 1524 (1525) (für AG-Verschmelzung); zu weiteren Nachweisen → 2. Aufl. 2019, § 55 Rn. 30.
55 Zum Ganzen etwa *Drinhausen/Keinath* BB 2022, 1923; *Lieder/Hilser* ZIP 2022, 2521; speziell zu den im Zuge des UmRUG vorgenommenen Änderungen des SpruchG *Drescher* AG 2023, 337.
56 Dazu Beschlussempfehlung und Bericht des Rechtsausschusses zum RegE UmRUG, BT-Drs. 20/5237, 87.

I. Norminhalt und Normzusammenhänge	1	2. Anwendbare Vorschriften	8
II. Ablauf der Verschmelzung durch Neugründung (Überblick)	5	IV. Anwendbare Gründungsvorschriften des GmbHG	10
III. Anwendbare und nicht anwendbare Vorschriften des Ersten Unterabschnitts (§§ 46–55)	6		
1. Nicht anwendbare Vorschriften	6		

I. Norminhalt und Normzusammenhänge

§ 56, der auf den früheren § 32 Abs. 1 S. 1 KapErhG zurückgeht, legt fest, welche Bestimmungen der §§ 46–55 (Verschmelzung durch Aufnahme unter Beteiligung von Gesellschaften mbH) auf die Verschmelzung durch Neugründung Anwendung finden, wenn daran eine GmbH – als übertragender Rechtsträger oder als die neu gegründete Gesellschaft (Zielgesellschaft)[1] – beteiligt ist. Dabei kann übertragende GmbH auch eine UG (haftungsbeschränkt) sein, wegen des Sacheinlageverbots nach § 5a Abs. 2 S. 2 GmbHG kommt sie als Zielgesellschaft einer Verschmelzung durch Neugründung indes nicht in Betracht. § 56 erklärt die Bestimmungen der §§ 46–55 im Grundsatz für entsprechend anwendbar, nimmt einige dieser Vorschriften aber ausdrücklich von der Anwendbarkeit aus: nämlich §§ 51–53, § 54 Abs. 1–3 sowie § 55. 1

Die Vorschrift tritt an die Seite von § 36 Abs. 1, der bestimmt, welche der allgemeinen (rechtsformübergreifenden) Vorschriften über die Verschmelzung durch Aufnahme (§§ 4–35) auf die Verschmelzung durch Neugründung entsprechend anzuwenden sind. Daneben ordnet § 36 Abs. 2 an, dass auf die Gründung des neuen Rechtsträgers die für dessen Rechtsform geltenden Gründungsvorschriften anzuwenden sind, soweit sich aus dem Zweiten Buch des UmwG (§§ 2–122) nichts anderes ergibt; vgl. die Erläuterungen zu § 36 Abs. 2. Zu den anwendbaren Gründungsvorschriften des GmbHG, wenn die Zielgesellschaft eine GmbH ist, zusammenfassend → Rn. 10 ff. 2

Die nach § 36 und § 56 auf die Verschmelzung durch Neugründung anwendbaren Vorschriften werden durch die Bestimmungen der §§ 57–59 ergänzt, die (nur) Anwendung finden, wenn die Zielgesellschaft eine GmbH ist.[2] 3

Über §§ 125 Abs. 1 S. 1, 135 Abs. 1 findet § 56 auch Anwendung auf die Spaltung zur Neugründung. 4

II. Ablauf der Verschmelzung durch Neugründung (Überblick)

Bei der Verschmelzung durch Neugründung (mit einer GmbH als Zielgesellschaft) wird das Vermögen der übertragenden Rechtsträger im Wege der Gesamtrechtsnachfolge (§ 20 Abs. 1 Nr. 1) auf eine durch die Verschmelzung **neu** gegründete GmbH übertragen, und zwar gegen Gewährung von Geschäftsanteilen der neuen Gesellschaft an die Anteilsinhaber der übertragenden Rechtsträger: § 2 Nr. 2. Der Verschmelzungsvorgang wird eingeleitet durch den Abschluss des Verschmelzungsvertrages durch die Vertretungsorgane der übertragenden Rechtsträger (§§ 5, 46 Abs. 1, 57), der den Gesellschaftsvertrag der neuen Gesellschaft enthalten muss (§ 37). Der Zustimmungsbeschluss der Anteilsinhaber jedes übertragenden Rechtsträgers nach § 13 (bei einer GmbH als übertragendem Rechtsträger ergänzt durch § 50) ist Wirksamkeitsvoraussetzung für den Gesellschaftsvertrag einer durch Verschmelzung neu gegründeten GmbH (§ 59 S. 1). Die 5

---

[1] S. etwa Kölner Komm UmwG/*Simon/Nießen* Rn. 1; Lutter/*J. Vetter* Rn. 1.

[2] Lutter/*J. Vetter* Rn. 4; Semler/Stengel/Leonard/*Reichert* Rn. 4.

Verschmelzung ist durch die Vertretungsorgane jedes übertragenden Rechtsträgers beim für den jeweiligen Rechtsträger zuständigen Registergericht anzumelden (§ 38 Abs. 1), ebenso beim für die neu gegründete Gesellschaft zuständigen Register (§ 38 Abs. 2). Abschließend wird die Verschmelzung in das jeweilige Register der übertragenden Rechtsträger und sodann (§§ 36 Abs. 1, 19 Abs. 1) in das der neuen Gesellschaft eingetragen. Erst die Eintragung im Register des neuen Rechtsträgers löst die Wirkungen der Verschmelzung aus (§ 20 Abs. 1 iVm § 36 Abs. 1).

III. Anwendbare und nicht anwendbare Vorschriften des Ersten Unterabschnitts (§§ 46–55)

1. Nicht anwendbare Vorschriften

6 Für unanwendbar erklärt § 56 die Vorschriften der §§ 51–53, 54 Abs. 1–3 sowie 55. Die mangelnde Anwendbarkeit der §§ 53, 54 Abs. 1–3 und 55 folgt schon daraus, dass bei der Verschmelzung zur Neugründung **keine** Kapital**erhöhung** in einer übernehmenden GmbH durchgeführt, sondern das Kapital der neuen GmbH neu aufgebracht wird. Obgleich nicht ausdrücklich genannt, ist auch § 46 Abs. 3 nicht anwendbar, da es „schon vorhandene Geschäftsanteile der übernehmenden Gesellschaft" vor dem Wirksamwerden der Verschmelzung durch Neugründung noch nicht gibt.[3]

7 Für unanwendbar erklärt ist auch § 51 sowie – insoweit folgerichtig – § 52, der an bestehenden Zustimmungserfordernisse nach § 51 Abs. 1 anknüpft. Die Unanwendbarkeit auch von § 51 Abs. 1 S. 3 und Abs. 2 wird (rechtspolitisch) zu Recht kritisiert;[4] doch ist die Vorgabe des Gesetzgebers in § 56 eindeutig, das von manchen angenommene „Redaktionsversehen"[5] zweifelhaft.

2. Anwendbare Vorschriften

8 Als entsprechend anwendbar angesehen wird neben § 46 Abs. 1 auch dessen Abs. 2, und zwar dergestalt, dass Sonderrechte und -pflichten in der neuen Gesellschaft, die nicht alle Anteilsinhaber der übertragenden Rechtsträger gleichermaßen treffen, schon im Verschmelzungsvertrag ausdrücklich festzusetzen sind;[6] zur Unanwendbarkeit von § 46 Abs. 3 → Rn. 6. Auf einen übertragenden Rechtsträger in der Form der GmbH unstreitig anwendbar sind die Bestimmungen der §§ 47–50, und zwar unabhängig von der Rechtsform des neuen Rechtsträgers.[7]

9 Entsprechende Anwendung findet schließlich auch § 54 Abs. 4, wenn die Zielgesellschaft eine GmbH ist.[8] Dabei wurde die 10%-Grenze des § 54 Abs. 4 in diesem Fall lange Zeit überwiegend[9] so interpretiert, dass bare Zuzahlungen 10 % des Stammkapitals der neuen GmbH **und** 10 % des Gesamtnennbetrags der den Anteilsinhabern **jedes**

---

3 Kölner Komm UmwG/*Simon/Nießen* Rn. 10; Lutter/*J. Vetter* Rn. 11; Semler/Stengel/Leonard/*Reichert* Rn. 7; Widmann/Mayer/*Mayer* Rn. 9.

4 Kallmeyer/*Kocher* Rn. 4; Kölner Komm UmwG/*Simon/Nießen* Rn. 13; Lutter/*J. Vetter* Rn. 20 ff.; Semler/Stengel/Leonard/*Reichert* Rn. 11.

5 So Habersack/Wicke/*Weiß* Rn. 13 f., Kallmeyer/*Kocher* Rn. 4 und Widmann/Mayer/*Mayer* Rn. 12, die deshalb die Anwendbarkeit von § 51 Abs. 1 S. 3 und Abs. 2 annehmen wollen; bezogen auf § 51 Abs. 2 auch Lutter/*J. Vetter* Rn. 24; dagegen etwa Kölner Komm UmwG/*Simon/Nießen* Rn. 13.

6 So Lutter/*J. Vetter* Rn. 15; zustimmend etwa Kallmeyer/*Kocher* Rn. 3; Kölner Komm UmwG/*Simon/Nießen* Rn. 10; Semler/Stengel/Leonard/*Reichert* Rn. 8; für Unanwendbarkeit des § 46 Abs. 2 indes Schmitt/Hörtnagl/*Hörtnagl/Ollech* Rn. 2.

7 Kallmeyer/*Kocher* Rn. 1; Lutter/*J. Vetter* Rn. 9.

8 Kölner Komm UmwG/*Simon/Nießen* Rn. 8.

9 Kallmeyer/*Kocher* Rn. 6; Maulbetsch/Klumpp/Rose/*Rebmann* Rn. 15; Semler/Stengel/Leonard/*Reichert* Rn. 10.

einzelnen übertragenden Rechtsträgers gewährten Geschäftsanteile nicht übersteigen dürfen, während die Grenze nach anderer Ansicht erst oberhalb von 10 % des Gesamtnennbetrags sämtlicher Geschäftsanteile der neuen Gesellschaft überschritten ist.[10]

IV. Anwendbare Gründungsvorschriften des GmbHG

Bei der Verschmelzung durch Neugründung sind nach **§ 36 Abs. 2** auf die Gründung des neuen Rechtsträgers die für dessen Rechtsform geltenden Gründungsvorschriften anzuwenden, soweit sich aus dem Zweiten Buch des UmwG (§§ 2–122) nichts anderes ergibt. Ist Zielgesellschaft eine GmbH, sind mithin die Gründungsvorschriften des GmbHG anwendbar, sofern nicht umwandlungsrechtliche Sonderregeln greifen; vgl. die die Erläuterungen zu § 36 Abs. 2. Zusammenfassend lässt sich zur Anwendbarkeit bzw. Unanwendbarkeit des GmbH-Gründungsrechts (§§ 1–12 GmbHG) festhalten:[11]

§ 2 Abs. 1 GmbHG wird durch §§ 37, 36 Abs. 2 S. 2 UmwG verdrängt;[12] **§ 2 Abs. 2 GmbHG** bleibt anwendbar.[13] **§ 3 GmbHG** ist uneingeschränkt anwendbar, während **§ 4 GmbHG** durch § 18 UmwG modifiziert wird. **§ 5 GmbHG** ist ebenfalls anwendbar, wobei § 5 Abs. 4 GmbHG durch § 58 UmwG ergänzt wird.[14] Zur mangelnden Eignung einer UG (haftungsbeschränkt) iSd **§ 5a GmbHG** als Zielgesellschaft einer Verschmelzung durch Neugründung → Rn. 1. Die Bestellung der ersten Geschäftsführer der neuen Gesellschaft (**§ 6 GmbHG** gilt) kann im Verschmelzungsvertrag vorgenommen werden. Die Bestellung bedarf nach § 59 S. 2 UmwG der Zustimmung der Anteilsinhaber aller übertragenden Rechtsträger (→ § 59 Rn. 9) und muss stets **vor Wirksamwerden** der Verschmelzung vorgenommen werden, da der Registerrichter die neu gegründete GmbH andernfalls nicht eintragen darf.[15] §§ **7 Abs. 1, 78 GmbHG** werden durch § 38 Abs. 2 UmwG verdrängt, § 7 Abs. 2 und 3 GmbHG (Modalitäten der Einlageleistung) finden bei der Verschmelzung durch Neugründung schon keine tatbestandsmäßige Entsprechung.[16]

Von den Bestimmungen des **§ 8 GmbHG** (Inhalt der Anmeldung) sind Abs. 1 Nr. 2 und 3 sowie Abs. 3–5 anwendbar; § 8 Abs. 1 Nr. 1 und 4 GmbHG werden durch § 17 Abs. 1 (iVm § 37) UmwG, Abs. 1 Nr. 5 GmbHG wird durch § 17 Abs. 1 und 2 UmwG verdrängt. § 8 Abs. 2 GmbHG ist unanwendbar, weil er bei der Verschmelzung durch Neugründung schon keine tatbestandsmäßige Entsprechung findet.[17]

Die Bestimmungen der **§§ 9–11 GmbHG** sind grundsätzlich anwendbar, doch sind die verschmelzungsbedingten Besonderheiten zu beachten. So ist § 9 GmbHG (Differenzhaftung des Sacheinlegers) schon für die Verschmelzung durch Aufnahme nicht anwendbar (→ § 55 Rn. 15 f.), ebenso wenig bei der Verschmelzung durch Neugründung.[18]

---

10 So Kölner Komm UmwG/*Simon/Nießen* Rn. 12; Lutter/*J. Vetter* Rn. 17; Schmitt/Hörtnagl/*Hörtnagl/Ollech* Rn. 9; jetzt auch Widmann/Mayer/*Mayer* Rn. 11.

11 Vgl. zum Folgenden auch Kölner Komm UmwG/*Simon/Nießen* § 36 Rn. 29 ff.; Lutter/*J. Vetter* Rn. 28 ff.; Maulbetsch/Klumpp/Rose/*Rebmann* Rn. 17 ff.; Semler/Stengel/Leonard/*Bärwaldt* § 36 Rn. 29 ff.; Semler/Stengel/Leonard/*Reichert* Rn. 13 f.; eingehend Widmann/Mayer/*Mayer* § 36 Rn. 20 ff.

12 Zur Unterzeichnung des Gesellschaftsvertrages der neuen GmbH vgl. Kallmeyer/*Marsch-Barner/Oppenhoff* § 37 Rn. 2 mwN.

13 Lutter/*J. Vetter* Rn. 31.

14 Vgl. Lutter/*J. Vetter* Rn. 39; Maulbetsch/Klumpp/Rose/*Rebmann* Rn. 20 ff.

15 Kallmeyer/*Zimmermann* § 59 Rn. 6; Lutter/*J. Vetter* Rn. 42 und § 59 Rn. 13; Schmitt/Hörtnagl/*Hörtnagl/Ollech* Rn. 18 und § 59 Rn. 2; Semler/Stengel/Leonard/*Reichert* Rn. 16 und Semler/Stengel/Leonard/*Reichert* § 59 Rn. 9.

16 Lutter/*J. Vetter* Rn. 44.

17 Vgl. zum Ganzen auch Lutter/*J. Vetter* Rn. 45 ff.; Maulbetsch/Klumpp/Rose/*Rebmann* Rn. 27 f.; Widmann/Mayer/*Mayer* § 36 Rn. 90 ff.

18 So jetzt auch Lutter/*J. Vetter* Rn. 49.

§§ 9a, 9b GmbHG kommen grundsätzlich zur Anwendung,[19] ebenso § 10 GmbHG[20] sowie die Handelndenhaftung nach § 11 GmbHG.[21]

§ 57 Inhalt des Gesellschaftsvertrags

In den Gesellschaftsvertrag sind Festsetzungen über Sondervorteile, Gründungsaufwand, Sacheinlagen und Sachübernahmen, die in den Gesellschaftsverträgen, Partnerschaftsverträgen oder Satzungen übertragender Rechtsträger enthalten waren, zu übernehmen.

I. Norminhalt und Normzweck	1	2. AG als übertragender Rechtsträger	8
II. Zu übernehmende Festsetzungen	3	3. GmbH als übertragender Rechtsträger	9
1. Grundsätze	3	III. Rechtsfolgen bei Verstößen	10

I. Norminhalt und Normzweck

1 Die auf den früheren § 32 Abs. 3 S. 2 KapErhG zurückgehende Bestimmung gilt nur für die Verschmelzung durch Neugründung mit einer Zielgesellschaft in der Rechtsform der GmbH. Sie soll verhindern, dass die Pflicht zur Beibehaltung bestimmter (obligatorischer) Festsetzungen im Gesellschaftsvertrag eines übertragenden Rechtsträgers durch Verschmelzung umgangen wird. Denn nach Aktien- und GmbH-Recht müssen bestimmte „Festsetzungen über Sondervorteile, Gründungsaufwand, Sacheinlagen und Sachübernahmen" zwingend in der jeweiligen Satzung getroffen werden; sie dürfen erst nach einer bestimmten Zeit (30 Jahre nach Aktienrecht, 10 Jahre nach GmbH-Recht) durch Satzungsänderung beseitigt werden (sog. Beibehaltungs- oder Fortschreibungspflicht; näher → Rn. 8 f.). Vor diesem Hintergrund verlangt § 57, derartige Festsetzungen in die (der Registerpublizität unterliegende) Satzung der neu gegründeten GmbH zu übernehmen, um so die Transparenz im Gläubiger- und Gesellschafterinteresse weiterhin sicherzustellen.[1]

2 Über §§ 125 Abs. 1 S. 1, 135 Abs. 1 findet § 57 auch Anwendung auf die Spaltung zur Neugründung mit einer Zielgesellschaft in der Rechtsform einer GmbH. Vgl. auch die Parallelvorschrift des § 74.

II. Zu übernehmende Festsetzungen

1. Grundsätze

3 Angesichts des Normzwecks der Vorschrift (Umgehungsschutz) werden von § 57 nur **obligatorische Festsetzungen** erfasst, dh solche, die nach den gesetzlichen Bestimmungen, denen der jeweilige übertragende Rechtsträger unterliegt, zwingend in dessen Gesellschaftsvertrag (bzw. Partnerschaftsvertrag, Satzung oder Statut) aufgenommen werden müssen; fakultative Festsetzungen über Sondervorteile, Gründungsaufwand, Sacheinlagen und Sachübernahmen fallen nicht unter § 57.[2]

---

[19] Lutter/*J. Vetter* Rn. 51; Maulbetsch/Klumpp/Rose/Rebmann Rn. 31; Schmitt/Hörtnagl/*Hörtnagl*/Olleck Rn. 14.
[20] Dazu Lutter/*J. Vetter* Rn. 54.
[21] Weiterführend Lutter/*J. Vetter* Rn. 55; zur Unterbilanzhaftung bei der Verschmelzung durch Neugründung s. etwa Lutter/*J. Vetter* Rn. 56 f.; Semler/Stengel/Leonard/*Reichert* Rn. 17.

[1] Ähnlich Kölner Komm UmwG/*Simon*/Nießen Rn. 2; Lutter/*J. Vetter* Rn. 1.
[2] Kallmeyer/*Kocher* Rn. 1; Lutter/*J. Vetter* Rn. 3; Semler/Stengel/Leonard/*Reichert* Rn. 2; Widmann/Mayer/*Mayer* Rn. 1; aA Kölner Komm UmwG/*Simon*/Nießen Rn. 5.

Inhalt des Gesellschaftsvertrags § 57 UmwG **1**

Unter § 57 fallen nur **derivative Festsetzungen**, also solche, die bislang schon im 4
Gesellschaftsvertrag etc eines übertragenden Rechtsträgers enthalten waren. Davon zu
unterscheiden sind im Zuge der Verschmelzung neu in die Satzung der Zielgesellschaft
aufgenommene (originäre) Festsetzungen, die – über § 36 Abs. 2 – dem GmbH-Gründungsrecht unterliegen.[3]

Im Interesse besserer Übersichtlichkeit und Bestimmbarkeit empfiehlt es sich, über- 5
nommene Festsetzungen in der Satzung der neuen GmbH als solche zu kennzeichnen.[4]
Ob und welche Festsetzungen im konkreten Verschmelzungsfall übernommen werden
müssen, hängt von der Rechtsform des übertragenden Rechtsträgers und den für ihn
geltenden gesetzlichen Bestimmungen ab (näher → Rn. 7 ff.). War die gesetzlich vorgeschriebene Dauer der Beibehaltung einer Festsetzung schon vor der Verschmelzung abgelaufen, muss diese Festsetzung nicht in die Satzung der neuen GmbH übernommen
werden.[5] Die **Beibehaltungsfristen** laufen durch die Verschmelzung nicht neu an, sondern sind weiterhin ab der ursprünglichen Eintragung im Register des übertragenden
Rechtsträgers zu berechnen.[6]

§ 57 trifft eine Bestimmung zur Übernahme obligatorischer Festsetzungen aus dem 6
Gesellschaftsvertrag etc eines übertragenden Rechtsträgers in die Satzung der durch
Verschmelzung neu gegründeten GmbH. Waren **erforderliche Festsetzungen schon
in den Gesellschaftsvertrag des übertragenden Rechtsträgers nicht aufgenommen**
worden, so wird dieses Versäumnis durch die nachträgliche Aufnahme in die Satzung
der neu gegründeten GmbH nicht etwa geheilt.[7] Waren zB vereinbarte Sacheinlagen
schon in der Satzung einer übertragenden AG oder GmbH nicht verlautbart und war
der Gesellschafter von seiner so entstandenen Bareinlagepflicht später weder durch
Bar- noch (analog § 27 Abs. 3 AktG bzw. analog § 19 Abs. 4 GmbHG)[8] durch Sachleistung frei geworden, ändert sich an seiner fortbestehenden Barleistungspflicht nichts,
wenn die unterlassenen Festsetzungen nachträglich in die Satzung der neuen GmbH
aufgenommen werden.[9] Entsprechendes gilt in Fällen fehlender Verlautbarung der Zuweisung von Gründungsaufwand in der Satzung einer übertragenden Gesellschaft.[10]
Demgegenüber können zunächst nicht verlautbarte Sondervorteile im Verhältnis zur
neuen GmbH durch Aufnahme in deren Satzung neu (mit Wirkung für die Zukunft)
begründet werden.[11]

Da von § 57 nur obligatorische Festsetzungen erfasst werden (→ Rn. 3), kann die Vor- 7
schrift aktuell praktische Bedeutung erlangen, wenn ein übertragender Rechtsträger
in der Form der AG (SE) bzw. KGaA oder GmbH organisiert ist. Das Gesetzesrecht
anderer Rechtsträger (eingetragene Gesellschaft bürgerlichen Rechts, Personenhandelsgesellschaft, Partnerschaftsgesellschaft, eingetragener Verein) trifft in seinem gegenwär-

---

3 Kallmeyer/*Kocher* Rn. 1; Kölner Komm UmwG/*Simon/Nießen* Rn. 3; Lutter/*J. Vetter* Rn. 4; Semler/Stengel/Leonard/*Reichert* Rn. 2; Widmann/Mayer/*Mayer* Rn. 1.
4 Dazu etwa Henssler/Strohn/*Haeder* Rn. 7; Kölner Komm UmwG/*Simon/Nießen* Rn. 23; Lutter/*J. Vetter* Rn. 17; Semler/Stengel/Leonard/*Reichert* Rn. 4; Widmann/Mayer/*Mayer* Rn. 9.1.
5 Lutter/*J. Vetter* Rn. 18; Semler/Stengel/Leonard/*Reichert* Rn. 4; Schmitt/Hörtnagl/*Hörtnagl/Olech* Rn. 2; Widmann/Mayer/*Mayer* Rn. 2.
6 Kallmeyer/*Kocher* Rn. 2; Lutter/*J. Vetter* Rn. 18; Schmitt/Hörtnagl/*Hörtnagl/Olech* Rn. 2; Semler/Stengel/Leonard/*Reichert* Rn. 4; Widmann/Mayer/*Mayer* Rn. 2.

7 Kallmeyer/*Kocher* Rn. 5; Kölner Komm UmwG/*Simon/Nießen* Rn. 28; Semler/Stengel/Leonard/*Reichert* Rn. 13.
8 Dazu etwa *Koch* AktG § 27 Rn. 12a; Lutter/Hommelhoff/*Bayer* GmbHG § 5 Rn. 32.
9 Lutter/*J. Vetter* Rn. 19; Semler/Stengel/Leonard/*Reichert* Rn. 13.
10 Lutter/*J. Vetter* Rn. 19; Semler/Stengel/Leonard/*Reichert* Rn. 13.
11 Lutter/*J. Vetter* Rn. 19; Semler/Stengel/Leonard/*Reichert* Rn. 13.

tigen Stand keine Bestimmung zu obligatorischen Festsetzungen über Sondervorteile, Gründungsaufwand, Sacheinlagen und Sachübernahmen.[12] Eine (noch nicht eingehender untersuchte)[13] Besonderheit gilt für die Genossenschaft, für die § 7a Abs. 3 GenG bestimmt, dass die Satzung Sacheinlagen als Einzahlungen auf den Geschäftsanteil zulassen kann. Sofern man für diesen Fall (bei Überbewertung der Scheinlage) eine dem GmbH- oder Aktienrecht entsprechende Differenzhaftung befürwortet,[14] wird auch eine entsprechende Fortschreibungspflicht zu bejahen sein.

2. AG als übertragender Rechtsträger

8   Ist übertragender Rechtsträger eine AG, sind deren Satzungsfestsetzungen zu Sondervorteilen (§ 26 Abs. 1 AktG), zur Übernahme von Gründungsaufwand durch die Gesellschaft (§ 26 Abs. 2 AktG) sowie zu Sacheinlagen und Sachübernahmen (§ 27 Abs. 1 AktG) in den Gesellschaftsvertrag der neuen GmbH zu übernehmen. Nach dem oben (→ Rn. 5) Gesagten ist die Übernahme allerdings nicht erforderlich, wenn die AG schon 30 Jahre im Handelsregister eingetragen war und die den Festsetzungen zugrunde liegenden Rechtsverhältnisse seit mindestens fünf Jahren abgewickelt sind (§§ 26 Abs. 5, 27 Abs. 5 AktG).[15]

3. GmbH als übertragender Rechtsträger

9   Ist übertragender Rechtsträger eine GmbH, sind deren Satzungsfestsetzungen zu Sacheinlagen und Sachübernahmen (§ 5 Abs. 4 S. 1 GmbHG) zu übernehmen. Gleiches gilt für die Festsetzung von Sondervorteilen und Gründungsaufwand (§ 26 Abs. 1 und 2 AktG analog). Satzungsfestsetzungen zu Gründungsaufwand sowie Sacheinlagen oder -übernahmen müssen angesichts der Verjährungsregeln der §§ 9 Abs. 2 und 19 Abs. 6 zehn Jahre seit der Eintragung der übertragenden GmbH ins Handelsregister beibehalten werden.[16] Festsetzungen zu Sondervorteilen können hingegen ohne besondere Frist gelöscht werden, sobald sie weggefallen sind.[17]

III. Rechtsfolgen bei Verstößen

10 Werden obligatorische Festsetzungen pflichtwidrig nicht übernommen, besteht ein Eintragungshindernis, das nach der Anmeldung noch beseitigt werden kann.[18] Wird dennoch eingetragen, hat die fehlende Nichtübernahme solcher Festsetzungen, die schon vollständig abgewickelt worden sind, keine negativen Auswirkungen; eine tatsächlich erfüllte Einstandspflicht des Gesellschafters (zB aus ordnungsgemäß verlautbarter Sacheinlage) lebt nicht etwa deshalb wieder auf, weil in der neuen GmbH die (historischen) Satzungsfestsetzungen entgegen § 57 nicht übernommen wurden.[19]

---

12 Vgl. auch Lutter/*J. Vetter* Rn. 14; Semler/Stengel/Leonard/*Reichert* Rn. 11; Widmann/Mayer/*Mayer* Rn. 3.
13 S. dazu aber etwa Lutter/*J. Vetter* Rn. 15 f.
14 So (unter knappem Hinweis auf das GmbH- **und** Aktienrecht) *Beuthien* GenG § 7a Rn. 8.
15 Zu Einzelheiten s. etwa Kölner Komm UmwG/*Simon/Nießen* Rn. 8 ff.
16 Näher zum Ganzen etwa Kölner Komm UmwG/*Simon/Nießen* Rn. 8 ff.; Lutter/*J. Vetter* Rn. 9 ff.; vgl. zur Zehnjahresfrist auch OLG Oldenburg GmbHR 2016, 1305.
17 Lutter/*J. Vetter* Rn. 13; Semler/Stengel/Leonard/*Reichert* Rn. 9.
18 Kallmeyer/*Kocher* Rn. 5; Kölner Komm UmwG/*Simon/Nießen* Rn. 27; Lutter/*J. Vetter* Rn. 19; Semler/Stengel/Leonard/*Reichert* Rn. 12; Widmann/Mayer/*Mayer* Rn. 13.1.
19 AllgM; s. etwa Habersack/Wicke/*Weiß* Rn. 21; Kallmeyer/*Kocher* Rn. 5; Kölner Komm UmwG/*Simon/Nießen* Rn. 29 f.; Lutter/*J. Vetter* Rn. 22; Semler/Stengel/Leonard/*Reichert* Rn. 12; Widmann/Mayer/*Mayer* Rn. 17.

Nicht erfüllte Verpflichtungen zwischen den übertragenden Rechtsträgern und ihren jeweiligen Anteilsinhabern bestehen indes auch ohne Festsetzung in der Satzung der neuen GmbH fort, da die korrespondierenden Forderungen kraft Gesamtrechtsnachfolge auf die neue Gesellschaft übergehen.[20] Das gilt für unerfüllte Verpflichtungen hinsichtlich des Gründungsaufwands, aber auch für Sacheinlageverpflichtungen. Die fehlende Übernahme der Festsetzung einer (gegenüber einem übertragenden Rechtsträger wirksam entstandenen) Sacheinlageverpflichtung führt nicht dazu, dass sich diese Sacheinlageverpflichtung in eine Bareinlagepflicht verwandelt; denn der Verstoß gegen § 57 nimmt dem Gesellschafter nicht die Möglichkeit der Sachleistung.[21]

Werden ursprünglich ordnungsgemäß verlautbarte Sondervorteile nicht in die Satzung der neuen GmbH übernommen, gehen sie unter.[22] Zu den Rechtsfolgen in Fällen, in denen erforderliche Festsetzungen schon in den Gesellschaftsvertrag des übertragenden Rechtsträgers nicht aufgenommen worden waren, → Rn. 6.

§ 58 Sachgründungsbericht

(1) In dem Sachgründungsbericht (§ 5 Abs. 4 des Gesetzes betreffend die Gesellschaften mit beschränkter Haftung) sind auch der Geschäftsverlauf und die Lage der übertragenden Rechtsträger darzulegen.

(2) Ein Sachgründungsbericht ist nicht erforderlich, soweit eine Kapitalgesellschaft oder eine eingetragene Genossenschaft übertragender Rechtsträger ist.

I. Norminhalt; Normzusammenhänge

§ 58 gilt nur für die Verschmelzung durch Neugründung mit einer Zielgesellschaft in der Rechtsform der GmbH. Auf diese sind nach § 36 Abs. 2 S. 1 die Gründungsvorschriften des GmbHG anwendbar (→ § 56 Rn. 10 ff.), darunter auch § 5 Abs. 4 GmbHG. Wenn Sacheinlagen geleistet werden sollen, verlangt § 5 Abs. 4 S. 2 GmbHG die Erstellung eines Sachgründungsberichts. Die dort normierten Vorgaben zum Berichtsinhalt (→ Rn. 5) werden durch § 58 **Abs. 1** – orientiert am früheren § 56d UmwG 1969 – verschmelzungsspezifisch ergänzt: Im Sachgründungsbericht sind dann auch der Geschäftsverlauf und die Lage der übertragenden Rechtsträger darzulegen Das soll helfen, den jeweiligen Wert der übertragenden Rechtsträger (v. a. im Rahmen der registergerichtlichen Prüfung nach § 9c Abs. 1 GmbHG) zu beurteilen.[1] Ein Verzicht auf den Sachgründungsbericht ist nicht möglich.[2]

Freilich schränkt § 58 **Abs. 2** die Verpflichtung zur Erstellung eines Sachgründungsberichts in praktisch wichtigen Konstellationen ein: Dieser ist nicht erforderlich, **soweit** eine Kapitalgesellschaft oder eine eingetragene Genossenschaft als übertragende Rechtsträger an der Verschmelzung durch Neugründung beteiligt sind. Der Gesetzgeber

---

20 Kallmeyer/*Kocher* Rn. 5; Kölner Komm UmwG/*Simon/Nießen* Rn. 29 f.; Lutter/*J. Vetter* Rn. 24; Semler/Stengel/Leonard/*Reichert* Rn. 12; Widmann/Mayer/*Mayer* Rn. 20.
21 Zutreffend Kallmeyer/*Kocher* Rn. 5; ebenso Semler/Stengel/Leonard/*Reichert* Rn. 12; aA Kölner Komm UmwG/*Simon/Nießen* Rn. 30. Für ein Recht der neuen GmbH, statt der Sacheinlage wahlweise eine Bareinlage zu verlangen, Lutter/*J. Vetter* Rn. 24; Widmann/Mayer/*Mayer* Rn. 20.
22 Kallmeyer/*Kocher* Rn. 5; Kölner Komm UmwG/*Simon/Nießen* Rn. 28; Lutter/*J. Vetter* Rn. 21; Schmitt/Hörtnagl/Olech Rn. 2; Semler/Stengel/Leonard/*Reichert* Rn. 12; Widmann/Mayer/*Mayer* Rn. 14.

1 Kölner Komm UmwG/*Simon/Nießen* Rn. 1 f.
2 Kallmeyer/*Kocher* Rn. 5.

war der Auffassung, die Werthaltigkeit dieser Rechtsträger sei schon aufgrund der bestehenden Kapitalaufbringungs- und Kapitalerhaltungsvorschriften (sowie der genossenschaftsrechtlich vorgeschriebenen Prüfung bei Gründung einer eG) hinreichend gewährleistet.[3]

3 Der **Sachgründungsbericht** ist der Anmeldung der neu gegründeten GmbH zum Handelsregister beizufügen (§ 36 Abs. 2 S. 1 UmwG iVm § 8 Abs. 1 Nr. 4 GmbHG) und bedarf deshalb (nur) der Schriftform. Er ist von den Mitgliedern der Vertretungsorgane der übertragenden Rechtsträger (Letztere stehen den Gründern der GmbH iSd GmbHG gleich: § 36 Abs. 2 S. 2), soweit diese nicht nach Abs. 2 von der Berichtspflicht befreit sind (→ Rn. 9 f.), zu unterzeichnen, und zwar nach überwiegender Ansicht von sämtlichen Organmitgliedern persönlich.[4]

4 Über §§ 125 Abs. 1 S. 1, 135 Abs. 1 findet § 58 Abs. 1 auch Anwendung auf die Spaltung zur Neugründung mit einer Zielgesellschaft in der Rechtsform einer GmbH. § 58 Abs. 2 gilt hier indes nicht; denn nach § 138 ist ein Sachgründungsbericht stets erforderlich. Vgl. im Übrigen auch die Parallelbestimmung des § 75.

II. Inhalt des Sachgründungsberichts (Abs. 1)

5 Der Inhalt des Sachgründungsberichts muss zunächst den **Vorgaben des § 5 Abs. 4 S. 2 GmbHG** entsprechen. Danach sind im Bericht die für die Angemessenheit der Leistungen für Sacheinlagen wesentlichen Umstände darzulegen und beim Übergang eines Unternehmens auf die neu gegründete Gesellschaft die „Jahresergebnisse" der beiden letzten vollen Geschäftsjahre – ausgehend vom Zeitpunkt der Anmeldung der Verschmelzung[5] – anzugeben. Ein Unternehmensübergang liegt im Fall der Verschmelzung durch Neugründung regelmäßig vor. Die dann erforderliche Angabe des Jahresergebnisses meint nach allgemeiner Auffassung den Jahresüberschuss bzw. Jahresfehlbetrag nach §§ 266 Abs. 3 A.V., 275 Abs. 2 Nr. 17 bzw. Abs. 3 Nr. 16 HGB.[6]

6 Zusätzlich zu diesen Berichtsinhalten verlangt Abs. 1 – vorbehaltlich der Befreiung nach Abs. 2 (→ Rn. 8 ff.) – auch die **Darlegung von „Geschäftsverlauf und Lage" jedes der übertragenden Rechtsträger.** Dabei bezieht sich der berichtspflichtige „Geschäftsverlauf" auf die letzten beiden vollen Geschäftsjahre und das laufende Geschäftsjahr;[7] existiert der betreffende Rechtsträger erst seit einer kürzeren Zeit, ist der Berichtszeitraum entsprechend kürzer zu bemessen. Während der Bericht über den Geschäftsverlauf zeitraumbezogene Darlegungen erfordert, beschreibt die „Lage" eines übertragenden Rechtsträgers dessen wirtschaftliche Situation zu einem bestimmten Zeitpunkt (hier richtigerweise bezogen auf den Zeitpunkt der Anmeldung der Verschmelzung zur Eintragung),[8] wobei freilich nicht nur gegenwarts-, sondern auch zukunftsbezogene Aspekte in die Lagedarstellung einfließen müssen. Zur Darstellung der Lage – die sich ua aus dem zurückliegenden Geschäftsverlauf ergibt – ist auf die aktuelle wirtschaftliche Situation des jeweiligen Rechtsträgers unter Einbeziehung seiner

---

3 BegrRegE UmwG bei *Ganske* Umwandlungsrecht S. 105.
4 Kallmeyer/*Kocher* Rn. 1; Kölner Komm UmwG/*Simon/Nießen* Rn. 5; Schmitt/Hörtnagl/*Hörtnagl/Olleck* Rn. 2; Semler/Stengel/Leonard/*Reichert* Rn. 4 f.; aA (in vertretungsberechtigter Zahl genügt) Habersack/Wicke/*Weiß* Rn. 5; Lutter/*J. Vetter* Rn. 6; Widmann/Mayer/*Mayer* Rn. 5.
5 Kölner Komm UmwG/*Simon/Nießen* Rn. 9; Lutter/*J. Vetter* Rn. 8; Semler/Stengel/Leonard/*Reichert* Rn. 7.
6 S. nur Lutter/Hommelhoff/*Bayer* GmbHG § 5 Rn. 33; Lutter/*J. Vetter* Rn. 8; Semler/Stengel/Leonard/*Reichert* Rn. 7.
7 Zutreffend Kallmeyer/*Kocher* Rn. 3.
8 Gleichsinnig Kallmeyer/*Kocher* Rn. 3.

Vermögens-, Finanz- und (angesichts des Zwecks des Sachgründungsberichts besonders wichtig) Ertragslage einzugehen.

„Geschäftsverlauf" und „Lage" sind auch Gegenstände der Lageberichtserstattung nach § 289 HGB,[9] so dass an die dort entwickelten Begriffsinterpretationen und Berichtsgrundsätze zwar immerhin angeknüpft werden kann. Es ist aber zu berücksichtigen, dass Lagebericht einerseits und Sachgründungsbericht andererseits nicht identische Zwecke verfolgen. Die Darlegungen zu Geschäftsverlauf und Lage nach Abs. 1 dienen dazu, den Wert des Unternehmens des jeweiligen Rechtsträgers (und so das Wertverhältnis der beteiligten Rechtsträger zueinander) einzuschätzen.[10] An diesem Zweck sind die Anforderungen an den verschmelzungsspezifischen Berichtsinhalt nach Abs. 1 auszurichten.

III. Entbehrlichkeit des Sachgründungsberichts (Abs. 2)

Nach **Abs. 2** ist der Sachgründungsbericht entbehrlich, soweit übertragender Rechtsträger eine Kapitalgesellschaft (AG, KGaA oder GmbH) oder eG ist. Die dem zugrunde liegenden Erwägungen des Gesetzgebers (→ Rn. 2) werden zu Recht kritisiert, da weder Kapitalaufbringungs- oder Kapitalerhaltungsvorschriften noch die Werthaltigkeitsprüfung bei Gründung eines Rechtsträgers sichere Rückschlüsse auf den aktuellen Wert seines Unternehmens zum Verschmelzungszeitpunkt zulassen.[11] Zwar müssen dem Registergericht die Schlussbilanzen der übertragenden Rechtsträger vorgelegt werden (§ 17 Abs. 2). Bei kleinen Kapitalgesellschaften (§ 267 Abs. 1 HGB) unterliegen die Schlussbilanzen aber ebenso wenig wie die Jahresabschlüsse der Pflichtprüfung (§ 17 Abs. 2 S. 2; § 316 Abs. 1 HGB); auch müssen die Jahresabschlüsse hier nicht durch den Lagebericht (§ 289 HGB) ergänzt werden (§ 264 Abs. 1 S. 4 HGB). Dem Registergericht steht es aber frei, nach eigenem Ermessen weitere Unterlagen zur Darlegung der Werthaltigkeit des Unternehmensvermögens einzufordern (zB Testat der Schlussbilanz) oder auch die Begutachtung durch einen Sachverständigen in Auftrag zu geben.[12]

Abs. 2 befreit von der Pflicht zur Aufstellung eines Sachgründungsberichts, **„soweit" eine Kapitalgesellschaft oder eine eG übertragender Rechtsträger** ist. Das bedeutet: Sind an der Verschmelzung durch Neugründung nur Kapitalgesellschaften oder Genossenschaften als übertragende Rechtsträger beteiligt, ist der Sachgründungsbericht gänzlich entbehrlich. Sind daneben noch (ein oder mehrere) übertragende Rechtsträger in anderer Rechtsform beteiligt, muss der Sachgründungsbericht nur die Werthaltigkeit dieser anderen Rechtsträger darstellen. Die Darstellung muss sich allein darauf beziehen, ob der Wert des von einem berichtspflichtigen (anderen) Rechtsträger betriebenen Unternehmens jeweils den Nennbetrag der den (bisherigen) Anteilsinhabern dieses Rechtsträgers gewährten Geschäftsanteile (an der neuen GmbH) erreicht.[13]

Der Sachgründungsbericht ist dann nur von den Mitgliedern der Vertretungsorgane dieser berichtspflichtigen Rechtsträger zu erstellen und zu unterzeichnen (→ Rn. 3); wenn ein Rechtsträger nicht berichtspflichtig ist, sind seine Organvertreter auch nicht

---

9 Dazu näher BeckOGK/*Kleindiek*, 1.6.2022, HGB § 289 Rn. 73 ff.
10 S. auch Kallmeyer/*Kocher* Rn. 3; Lutter/*J. Vetter* Rn. 9; Semler/Stengel/Leonard/*Reichert* Rn. 8; ferner *Petersen*, Gläubigerschutz im Umwandlungsrecht, 2001, S. 150 f.
11 Kölner Komm UmwG/*Simon/Nießen* Rn. 3; Lutter/*J. Vetter* Rn. 14; Widmann/Mayer/*Mayer* Rn. 17.
12 Kallmeyer/*Kocher* Rn. 6; Lutter/*J. Vetter* Rn. 14; Semler/Stengel/Leonard/*Reichert* Rn. 12.
13 Kallmeyer/*Kocher* Rn. 6; Lutter/*J. Vetter* Rn. 15; Kölner Komm UmwG/*Simon/Nießen* Rn. 16 f.; Semler/Stengel/Leonard/*Reichert* Rn. 11.

zur Unterzeichnung des von anderen zu erstellenden Berichts verpflichtet.[14] Davon unberührt bleibt die Option, einen „Gesamtsachgründungsbericht" unter Einbeziehung auch der nach § 58 Abs. 2 nicht zum Bericht verpflichteten Rechtsträger zu erstellen.[15]

IV. Rechtsfolgen bei Verstößen gegen die Berichtspflicht

11 Fehlt bei der Anmeldung der erforderliche Sachgründungsbericht oder ist sein Inhalt unzureichend, darf der Registerrichter die Verschmelzung nicht eintragen.[16] Er kann dann weitere Informationen zur Bestimmung der Werthaltigkeit der übertragenden Rechtsträger einfordern oder auch ein Sachverständigengutachten in Auftrag geben.[17] Zu entsprechenden Möglichkeiten im Falle der Entbehrlichkeit eines Sachgründungsberichts nach Abs. 2 → Rn. 8.

§ 59 Verschmelzungsbeschlüsse

¹Der Gesellschaftsvertrag der neuen Gesellschaft wird nur wirksam, wenn ihm die Anteilsinhaber jedes der übertragenden Rechtsträger durch Verschmelzungsbeschluß zustimmen. ²Dies gilt entsprechend für die Bestellung der Geschäftsführer und der Mitglieder des Aufsichtsrats der neuen Gesellschaft, soweit sie von den Anteilsinhabern der übertragenden Rechtsträger zu wählen sind.

I. Norminhalt und Normzweck; Normgeschichte ... 1	III. Zustimmung zur Bestellung der ersten Geschäftsführer und der Aufsichtsratsmitglieder (S. 2) ... 9
II. Zustimmung zum Gesellschaftsvertrag (S. 1) ... 6	1. Geschäftsführer ... 9
	2. Aufsichtsratmitglieder ... 11

I. Norminhalt und Normzweck; Normgeschichte

1 § 59 gilt für die Verschmelzung durch Neugründung mit einer Zielgesellschaft in der Rechtsform der GmbH. S. 1 der Vorschrift bestimmt, dass der Gesellschaftsvertrag der durch die Verschmelzung neu gegründeten GmbH zu seiner Wirksamkeit der Zustimmung der Anteilsinhaber jedes der übertragenden Rechtsträger bedarf, und zwar durch Verschmelzungsbeschluss. Diese Zustimmungen unterliegen damit den für den Verschmelzungsbeschluss im jeweiligen Rechtsträger – rechtsformspezifisch unterschiedlich – geltenden Mehrheitserfordernissen (→ Rn. 7).

2 Das Zustimmungserfordernis trägt dem Umstand Rechnung, dass der Gesellschaftsvertrag der neuen GmbH, der nach § 37 im Verschmelzungsvertrag enthalten sein muss, von den Vertretungsorganen der übertragenden Rechtsträger geschlossen wird (§§ 4 Abs. 1, 36 Abs. 1 S. 1, 37). Die erforderliche Zustimmung der Anteilseigner jedes übertragenden Rechtsträgers (und damit der künftigen Gesellschafter der neuen GmbH) soll deren Entscheidungskompetenz hinsichtlich des Inhalts der Satzung ihrer künftigen Gesellschaft sichern.[1] Das wird allerdings schon durch § 13 Abs. 1 S. 1 gewährleistet,

---

14 Insoweit zweifelnd freilich Schmitt/Hörtnagl/*Hörtnagl/Ollech* Rn. 2.
15 Näher dazu Kölner Komm UmwG/*Simon/Nießen* Rn. 17, die für diesen Fall eine Unterzeichnungspflicht der Vertretungsorgane aller Rechtsträger annehmen.
16 Kallmeyer/*Kocher* Rn. 6; Kölner Komm UmwG/*Simon/Nießen* Rn. 13; Semler/Stengel/Leonard/*Reichert* Rn. 10.

17 Kallmeyer/*Kocher* Rn. 6; Kölner Komm UmwG/*Simon/Nießen* Rn. 14 f.; Lutter/J. Vetter Rn. 16; Semler/Stengel/Leonard/*Reichert* Rn. 10 f.; Widmann/Mayer/*Mayer* Rn. 19.

1 Kölner Komm UmwG/*Simon/Nießen* Rn. 2 f.; Lutter/J. Vetter Rn. 1.

wonach der Verschmelzungsvertrag – in dem der Gesellschaftsvertrag der neuen Gesellschaft gerade enthalten sein muss – der Zustimmung durch Verschmelzungsbeschluss der Anteilsinhaber aller übertragenden Rechtsträger bedarf.[2]

Nach S. 2 der Vorschrift besteht ein entsprechendes Zustimmungserfordernis für die (notwendig vor dem Wirksamwerden der Verschmelzung vorzunehmende) Bestellung der ersten Geschäftsführer der neuen GmbH sowie für die Bestellung der Mitglieder ihres Aufsichtsrats, soweit diese (was nicht notwendig ist) vor dem Wirksamwerden der Verschmelzung bestellt werden und sie von den Anteilseignern der übertragenden Rechtsträger zu wählen sind. Auf diese Weise soll die (nach allgemeinem GmbH-Recht) den Gesellschaftern zustehende Kompetenz zur Bestellung der Geschäftsführer und Aufsichtsratsmitglieder gesichert werden, wenn die Bestellung selbst – vor Eintragung der neuen Gesellschaft – von den Vertretungsorganen der übertragenden Rechtsträger vorgenommen wird.[3]

Die Vorschrift geht auf den früheren § 32 Abs. 2 KapErhG zurück. Die in S. 2 (aufgrund eines Redaktionsversehens des Gesetzgebers) zunächst fehlende Einbeziehung der Geschäftsführerbestellung ist durch das 2. UmwGÄndG[4] nachgeholt worden (Einfügung der Worte „... der Geschäftsführer und ...").

Über §§ 125 Abs. 1 S. 1, 135 Abs. 1 findet § 59 auch Anwendung auf die Spaltung zur Neugründung mit einer Zielgesellschaft in der Rechtsform einer GmbH. Vgl. auch die Parallelvorschrift in § 76 Abs. 2.

II. Zustimmung zum Gesellschaftsvertrag (S. 1)

Die Bestimmung in S. 1, wonach die Anteilsinhaber jedes übertragenden Rechtsträgers dem Gesellschaftsvertrag der neuen GmbH durch Verschmelzungsbeschluss zustimmen müssen, ist redundant: Denn nach § 37 ist der Gesellschaftsvertrag notwendiger Bestandteil des Verschmelzungsvertrages, dessen Wirksamkeit nach §§ 13 Abs. 1 S. 1, 36 Abs. 1 S. 1 von der Zustimmung der Anteilseigner jedes übertragenden Rechtsträgers abhängt (→ Rn. 2).

Die für den Verschmelzungsbeschluss im jeweiligen übertragenden Rechtsträger geltenden Mehrheitserfordernisse sind rechtsformspezifisch unterschiedlich normiert. Für einen übertragenden Rechtsträger in der Rechtsform der GmbH gelten §§ 50 Abs. 1, 56 (mindestens 3/4 Mehrheit der abgegebenen Stimmen); vgl. im Übrigen v. a. §§ 39c, 42 (Gesellschaften bürgerlichen Rechts und Personenhandelsgesellschaften), § 45d (Partnerschaftsgesellschaft), §§ 65, 73, 78 (AG, SE und KGaA), §§ 84, 96 (eG).[5]

Liegt im Zeitpunkt des Verschmelzungsbeschlusses nur der Entwurf des (den Gesellschaftsvertrag enthaltenden) Verschmelzungsvertrages vor, tritt die Wirksamkeit des Gesellschaftsvertrages erst mit der späteren Beurkundung des Verschmelzungsvertrags (§ 6) ein.[6]

---

2 Zutreffend Kölner Komm UmwG/*Simon/Nießen* Rn. 6; Schmitt/*Hörtnagl*/*Hörtnagl*/*Ollech* Rn. 1; Widmann/Mayer/*Mayer* Rn. 2.
3 Kölner Komm UmwG/*Simon/Nießen* Rn. 2 f.; Lutter/*J. Vetter* Rn. 2 und 11, 18.
4 Zweites Gesetz zur Änderung des Umwandlungsgesetzes v. 19.4.2007, BGBl. I 542.
5 Vgl. auch Widmann/Mayer/*Mayer* Rn. 8 ff.
6 Kallmeyer/*Zimmermann* Rn. 2; Kölner Komm UmwG/*Simon/Nießen* Rn. 8; Semler/Stengel/Leonard/*Reichert* Rn. 6.

III. Zustimmung zur Bestellung der ersten Geschäftsführer und der Aufsichtsratsmitglieder (S. 2)

1. Geschäftsführer

9 Die Bestellung der ersten Geschäftsführer (wenigstens eines Geschäftsführers) der durch die Verschmelzung neu gegründeten GmbH muss zwingend vor dem Wirksamwerden der Verschmelzung (durch Eintragung der neuen GmbH) erfolgen, weil eine nicht handlungsfähige Gesellschaft nicht eingetragen werden darf.[7] Die Geschäftsführerbestellung kann **durch die Vertretungsorgane der übertragenden Rechtsträger** innerhalb oder außerhalb des Verschmelzungsvertrages (bzw. des darin enthaltenen Gesellschaftsvertrages der neuen GmbH) vorgenommen werden. Hier wie dort bedarf es nach § 59 S. 1, den S. 2 für entsprechend anwendbar erklärt, zur Wirksamkeit der Bestellung der Zustimmung der Anteilseigner jedes übertragenden Rechtsträgers durch (notariell zu beurkundenden; § 13 Abs. 3 S. 1) Verschmelzungsbeschluss, und zwar mit der für den Verschmelzungsbeschluss erforderlichen (je nach Rechtsform des übertragenden Rechtsträgers unterschiedlich geregelten) Beschlussmehrheit (bei GmbH als übertragendem Rechtsträger mindestens 3/4-Mehrheit); → Rn. 7. Ist die Geschäftsführerbestellung im Verschmelzungsvertrag (bzw. dem darin enthaltenen Gesellschaftsvertrag) vorgenommen worden, so umfasst der diesem zustimmende Verschmelzungsbeschluss der Anteilseigner auch die Zustimmung zur Geschäftsführerbestellung nach § 59 S. 2.[8]

10 Eine verbreitete Ansicht im Schrifttum[9] sieht es **alternativ** aber auch als zulässig an, die Geschäftsführer nach wirksam geschlossenem (durch Verschmelzungsbeschlüsse aller übertragenden Rechtsträger bestätigtem) Verschmelzungsvertrag **durch Beschluss der designierten Gesellschafter der neuen GmbH** – also durch alle Anteilsinhaber der übertragenden Rechtsträger, die ja die künftigen Gesellschafter der Zielgesellschaft sind – bestellen zu lassen. Für einen solchen Bestellungsbeschluss soll dann (entsprechend den allgemeinen Grundsätzen des GmbH-Rechts) die **einfache Mehrheit** ausreichen. Zur Begründung wird geltend gemacht, dass auch so dem Zweck des § 59 – Sicherung der Entscheidungskompetenz der (künftigen) Gesellschafter der neuen GmbH – Rechnung getragen sei; Anteilseigner eines übertragenden Rechtsträgers, die sich auf ein solches Verfahren nicht einlassen wollten, hätten die Möglichkeit, ihre Zustimmung zum Verschmelzungsbeschluss zu versagen, solange die Geschäftsführerbestellung nicht im Verschmelzungsvertrag vorgenommen werde.

2. Aufsichtsratmitglieder

11 Wenn in der neuen GmbH ein Aufsichtsrat gebildet und dessen Mitglieder bereits vor Eintragung der Gesellschaft (durch die Vertretungsorgane der übertragenden Rechtsträger) bestellt werden sollen, macht S. 2 auch die Wirksamkeit einer solchen Bestellung von der Zustimmung durch Verschmelzungsbeschluss der Anteilsinhaber jedes der übertragenden Rechtsträger abhängig; anders nur, soweit die Aufsichtsratsmitglieder nicht von den Anteilsinhabern der übertragenden Rechtsträger zu wählen sind (zB: Arbeitnehmervertreter in mitbestimmtem Aufsichtsrat; Entsendung). Hinsichtlich der

---

[7] Kallmeyer/*Zimmermann* Rn. 6; Lutter/*J. Vetter* Rn. 13 und § 56 Rn. 42; Schmitt/Hörtnagl/*Hörtnagl*/*Olleck* Rn. 2 und § 56 Rn. 18; Semler/Stengel/Leonard/*Reichert* Rn. 9 und Semler/Stengel/Leonard/*Reichert* § 56 Rn. 16.
[8] Kölner Komm UmwG/*Simon/Nießen* Rn. 11.
[9] Habersack/Wicke/*Weiß* Rn. 21; Kallmeyer/*Zimmermann* Rn. 6; Lutter/*J. Vetter* Rn. 15; Maulbetsch/Klumpp/Rose/*Rebmann* Rn. 10; Semler/Stengel/Leonard/*Reichert* Rn. 11; Widmann/Mayer/*Mayer* Rn. 12; aA Kölner Komm UmwG/*Simon/Nießen* Rn. 12 f.

Mehrheitserfordernisse für den jeweiligen Beschluss gilt das oben (→ Rn. 7) Ausgeführte.

Vereinzelt wird die Regelung nur im Fall eines fakultativen Aufsichtsrats der durch Verschmelzung neu gegründeten GmbH als anwendbar angesehen.[10] Das ist indes zu eng.[11] Zwar dürfte die neue Gesellschaft erst ab ihrer rechtlichen Entstehung den gesetzlichen Vorgaben zur Bildung und Zusammensetzung eines obligatorischen Aufsichtsrats unterworfen sein, da erst dann die Unternehmensvermögen der übertragenden Rechtsträger (einschließlich der den Mitbestimmungsstatus prägenden Arbeitsverhältnisse) übergehen. Wenn Aufsichtsratsmitglieder im Vorgriff auf die später entstehenden Verpflichtungen aber schon vor der Eintragung der Gesellschaft bestellt werden sollen,[12] entspricht es dem Zweck des § 59, auch ein Zustimmungserfordernis nach S. 2 anzunehmen. 12

Dritter Abschnitt
Verschmelzung unter Beteiligung von Aktiengesellschaften
Erster Unterabschnitt Verschmelzung durch Aufnahme

§ 60 Prüfung der Verschmelzung; Bestellung der Verschmelzungsprüfer

¹Der Verschmelzungsvertrag oder sein Entwurf ist für jede Aktiengesellschaft nach den §§ 9 bis 12 zu prüfen. ²§ 9 Absatz 2 und § 12 Absatz 3 in Verbindung mit § 8 Absatz 3 Satz 1 und 2 gelten mit der Maßgabe, dass der Verzicht aller Anteilsinhaber aller beteiligten Rechtsträger erforderlich ist.

1. Einleitendes

Grundsätzlich ist die Prüfung der Verschmelzung in den §§ 9–12 geregelt. § 9 Abs. 1 bestimmt – soweit im Umwandlungsgesetz vorgesehen – eine Prüfung des Entwurfs oder aber des finalen Verschmelzungsvertrags durch einen Verschmelzungsprüfer. Die §§ 60–77 enthalten darüber hinaus spezielle Regelungen für die **AG**. § 78 stellt klar, dass diese Vorschriften ebenso auf die **KGaA** anzuwenden sind. Auch die **SE** fällt als „EU-Aktiengesellschaft" unter das Regime der §§ 60–77.[1] Der Verschmelzungsprüfer wird auf jeden Fall auf Antrag des Vertretungsorgans vom Spruchgericht ausgewählt und bestellt werden.[2] Dabei können die verschmelzenden Gesellschaften gemäß § 10 auch einen **gemeinsamen Verschmelzungsprüfer** bestellen lassen. In der Praxis wird das zuständige Spruchgericht idR den durch die verschmelzenden Gesellschaften vorgeschlagenen Verschmelzungsprüfer bestellen. 1

2. Sinn und Zweck der Norm

Die Verschmelzungsprüfung steht grundsätzlich nicht zur Disposition der vertretungsberechtigten Organe der verschmelzenden Gesellschaften. Insofern ist sie immer durch- 2

---

10 In diesem Sinne nach wie vor Semler/Stengel/Leonard/*Reichert* Rn. 8.
11 Kritisch schon Kölner Komm UmwG/*Simon/Nießen* Rn. 18 ff.; Lutter/*J. Vetter* Rn. 21 ff.; wie hier auch Kallmeyer/*Zimmermann* Rn. 7; Maulbetsch/Klumpp/Rose/Rebmann Rn. 13; Widmann/Mayer/*Mayer* Rn. 17.

12 Zu den rechtstechnischen Möglichkeiten hierzu s. Kölner Komm UmwG/*Simon/Nießen* Rn. 21.
1 *Oplustil/Schneider*, Zur Stellung der Europäischen Aktiengesellschaft im Umwandlungsrecht, NZG 2003, 13.
2 Sachlich zuständig sind die Landgerichte, vgl. Kallmeyer/*Lanfermann* § 10 Rn. 6.

zuführen; es kommt nicht auf ein gesondertes Verlangen eines Betroffenen an. Grund hierfür ist, dass alleiniger Schutzzweck der Norm der Schutz der Aktionäre ist.[3] Die Vorschrift gilt auch für den Fall der Verschmelzung einer AG auf eine andere AG. Die Verschmelzungsprüfung ist hierbei für jede an der Verschmelzung beteiligte AG durchzuführen.

3. Absehen von der Verschmelzungsprüfung

3   Durch die Umsetzung der Umwandlungsrichtlinie (UmRUG) soll ein Gleichlauf der Ausnahmen von der Prüfungspflicht und der Ausnahmen von der Berichtspflicht hergestellt werden. Jedoch müssen mit Blick auf Art. 96 Abs. 4 GesR-RL und den Schutzzweck der Norm für die Verschmelzung von inländischen Aktiengesellschaften strengere Anforderungen gelten.[4] Entsprechend wurde die Norm um S. 2 ergänzt. Eine Verschmelzungsprüfung wird erst dann entbehrlich, wenn ein Verzicht aller Anteilsinhaber aller beteiligten Rechtsträger vorliegt.

4. Anforderungen an den Verschmelzungsprüfer

4   Die Anforderungen an die Person des Verschmelzungsprüfers sind in §§ 9 ff. geregelt. Die Prüfung hat durch einen oder mehrere sachverständige Prüfer zu erfolgen, vgl. § 9 Abs. 1.[5] Zu beachten ist, dass nur Vertreter von Gesellschaften oder Personen, die in der Buchführung ausreichend vorgebildet und erfahren sind, als Prüfer in Betracht kommen.[6]

5   § 319 Abs. 1 S. 1 HGB konkretisiert den dazu befähigten Personenkreis auf **Wirtschaftsprüfer** und **Wirtschaftsprüfergesellschaften**.[7] Diese müssen ihre Berufsqualifikation durch eine Bescheinigung über die Teilnahme an der Qualitätskontrolle nach § 57a WPO nachweisen können. In der Praxis sind Nachprüfungen insoweit durch die nach § 10 Abs. 1 bestellenden Landgerichte nicht festzustellen.

§ 61 Bekanntmachung des Verschmelzungsvertrags

¹Der Verschmelzungsvertrag oder sein Entwurf ist vor der Hauptversammlung, die gemäß § 13 Abs. 1 über die Zustimmung beschließen soll, zum Register einzureichen. ²Das Gericht hat in der Bekanntmachung nach § 10 des Handelsgesetzbuchs einen Hinweis darauf bekanntzumachen, daß der Vertrag oder sein Entwurf beim Handelsregister eingereicht worden ist. ³Die Hauptversammlung darf erst einen Monat nach der Bekanntmachung über die Zustimmung zum Verschmelzungsvertrag gemäß § 13 beschließen.

I. Einleitendes 1	2. Einzureichende Unterlagen 5
II. Sinn und Zweck der Norm 2	3. Zeitpunkt 6
III. Einreichung zum Register 3	4. Form 7
1. Zuständiges Gericht 4	IV. Bekanntmachung 8

---

3   BGH ZIP 1989, 980; vgl. OLG Düsseldorf NZG 2000, 1071; vgl. Begr. RegE Verschmelzungsrichtlinie-Gesetz BT-Drs. 9/1065, 15; Semler/Stengel/Leonard/*Diekmann* § 60 Rn. 2.
4   Begr. zu § 60 UmwG-E, RegE UmRUG; *Luy/Redler* notar 2022, 163 (164).
5   Kallmeyer/*Lanfermann* § 9 Rn. 39.
6   Grigoleit/*Vedder* AktG § 33 Rn. 16; GroßKomm-AktG/*Röhricht/Schall* AktG § 33 Rn. 42.
7   So jedenfalls *Koch* AktG § 33 Rn. 8; Maulbetsch/Klumpp/Rose/*Maulbetsch* § 11 Rn. 6, § 60 Rn. 12; Kallmeyer/*Müller* § 11 Rn. 2; Lutter/*Drygala* § 11 Rn. 2.

V. Rechtsfolgen von Verstößen	9	2. Verspätete Einreichung	10
1. Keine Einreichung	9	3. Keine oder verspätete Bekanntmachung	11

I. Einleitendes

Anzuwenden sind die in § 61 genannten Vorschriften sowohl bei der Verschmelzung durch Aufnahme als auch bei der Verschmelzung zur Neugründung. Darüber hinaus gelten die Vorschriften auch für die Spaltung, §§ 125 S. 1, 135 Abs. 1 S. 1, wenn auf einer Seite eine **AG**, **KGaA** oder eine **SE** beteiligt ist. Sind an der Verschmelzung Rechtsträger anderer Rechtsformen beteiligt, so ist den jeweiligen Gesellschaftern dieser Rechtsträger der Verschmelzungsvertrag separat zuzuleiten.[1]

II. Sinn und Zweck der Norm

Regelungsinhalt der Vorschriften ist die Bekanntmachung des Verschmelzungsvertrages gegenüber den betroffenen Aktionären. Sinn und Zweck besteht darin, den Aktionären genügend Zeit einzuräumen, um sich mit dem Verschmelzungsvertrag bereits vor der Hauptversammlung auseinanderzusetzen und somit eine auf fundierten Informationen basierende Entscheidung treffen zu können.[2] Entsprechend sind etwaige Anlagen zum Verschmelzungsvertrag ebenfalls einzureichen.[3] Dadurch wird auch dem Registergericht die Möglichkeit gegeben, den Verschmelzungsvertrag bzw. den entsprechenden Entwurf in seiner Gänze auf etwaige Fehler zu überprüfen. So kann dieser bis zur Hauptversammlung noch korrigiert werden, ggf. wird die Einreichungsfrist hierdurch erneut ausgelöst, was den vorgesehenen Termin der Hauptversammlung in Frage stellen kann.[4]

III. Einreichung zum Register

Es besteht nach S. 1 eine **Einreichungspflicht** zum Handelsregister. Als Vertretungsorgan der AG obliegt diese Pflicht dem Vorstand. Zur effektiven Durchsetzung dieser Pflicht und damit auch zum Schutz der Gläubiger kann der Vorstand durch die Festsetzung von Zwangsgeld nach § 14 HGB dazu angehalten werden.[5]

1. Zuständiges Gericht

Gem. §§ 14, 36 ff. AktG ist der Vertrag bzw. der Entwurf beim zuständigen **Amtsgericht** einzureichen. Die Zuständigkeit richtet sich nach dem **Registersitz** der Gesellschaft. Sollte die betroffene Gesellschaft einen Doppelsitz haben, so ist zu beachten, dass der Vertrag bzw. der Entwurf den Amtsgerichten an beiden Sitzen der Gesellschaft zuzuleiten ist.

2. Einzureichende Unterlagen

Zur Einreichung genügt bereits der **Entwurf** des Verschmelzungsvertrages. Ein bereits beurkundeter Vertrag ist insofern nicht nötig. Jede Änderung des Entwurfs bzw. Nachtragsbeurkundungen sind erneut einzureichen, und zwar unverzüglich vor Einberufung

---

[1] Semler/Stengel/Leonard/*Diekmann* § 61 Rn. 8; Kallmeyer/*Marsch-Barner/Oppenhoff* § 61 Rn. 6.
[2] Maulbetsch/Klumpp/Rose/*Rose* § 61 Rn. 1; Semler/Stengel/Leonard/*Diekmann* § 61 Rn. 5.
[3] Semler/Stengel/Leonard/*Diekmann* § 61 Rn. 3; Semler/Stengel/Leonard/*Schwanna* § 17 Rn. 2.
[4] Semler/Stengel/Leonard/*Diekmann* § 61 Rn. 6; Kallmeyer/*Marsch-Barner/Oppenhoff* § 61 Rn. 1.
[5] Maulbetsch/Klumpp/Rose/*Rose* § 61 Rn. 4; Schmitt/Hörtnagl/*Hörtnagl/Ollech* § 61 Rn. 1.

der Hauptversammlung. Ausgenommen hiervon sind lediglich unwesentliche Änderungen wie Schreibfehler oder Umformulierungen ohne Änderungen des Sinngehalts.[6]

3. Zeitpunkt

Nach der Umsetzung der Umwandlungsrichtlinie ergibt sich nach dem neuen Recht gem. S. 3, dass die Einreichung des Verschmelzungsvertrags oder seines **Entwurfs spätestens einen Monat vor dem Tag der den Zustimmungsbeschluss fassenden Hauptversammlung zu erfolgen** hat. Diese Zeitspanne zwischen Einreichung und Einberufung der Hauptversammlung war nach vorheriger Rechtslage nicht gesetzlich vorgesehen. Jedoch ergab sich schon nach vorheriger Rechtslage im Wege einer richtlinienkonformen Auslegung des § 61 S. 1 UmwG aF iVm § 123 Abs. 1 AktG eine Mindestfrist von 30 Tagen.[7] Die Monatsfrist kann nach neuer Rechtslage allein bei Monaten mit 31 Tagen Relevanz entfalten.[8]

Sowohl auf die Einreichung des Vertrags bzw. des Entwurfs zum Register als auch auf die Frist, kann durch alle Aktionäre verzichtet werden.[9] Dies bringt jedoch die Gefahr mit sich, dass im Falle einer unwirksamen Verzichtserklärung der Aktionäre das zuständige Gericht die Eintragung wegen einer nicht durchgeführten Einreichung verweigert.[10] Daher ist es in der Praxis wohl stets üblich, den Verzicht vorab mit dem Registergericht abzustimmen, um dieser Gefahr vorzubeugen.[11]

4. Form

Die gesamten Unterlagen können wegen § 8a Abs. 2 HGB nur über einen **deutschen Notar auf elektronischem Weg** beim zuständigen Gericht eingereicht werden.[12]

IV. Bekanntmachung

Das zuständige Gericht hat, sobald die Unterlagen eingegangen sind, einen Hinweis gemäß S. 2 über die Einreichung bekanntzumachen.[13] Das Gericht muss hingegen nicht die Unterlagen selbst bekanntmachen.[14] Gemäß § 9 HGB kann aber jedermann bei Gericht Einsicht in den Verschmelzungsvertrag bzw. dessen Entwurf verlangen.

V. Rechtsfolgen von Verstößen

1. Keine Einreichung

Wurde der Verschmelzungsvertrag bzw. der Entwurf trotz § 61 S. 1 nicht oder unvollständig beim Registergericht eingereicht, ist der Verschmelzungsbeschluss **anfechtbar**.[15] Ein Versäumnis hat weiter zur Folge, dass aufgrund des Eintragungshindernisses die Verschmelzung nicht wirksam werden könnte.[16] Auch ein gleichwohl gefasster Verschmelzungsbeschluss ist anfechtbar, wenngleich zweifelhaft ist, ob der Beschluss auf

---

[6] § 44a Abs. 2 BeurkG.
[7] Lutter/*Grunewald* § 61 Rn. 3; Kallmeyer/*Marsch-Barner*/*Oppenhoff* § 61 Rn. 2; Widmann/Mayer/*Rieger* § 61 Rn. 7; Kölner Komm UmwG/*Simon* § 61 Rn. 13, 14; Schmitt/Hörtnagl/*Hörtnagl/Ollech* § 61 Rn. 2.
[8] Kallmeyer/*Marsch-Barner*/*Oppenhoff* § 61 Rn. 2.
[9] Semler/Stengel/Leonard/*Diekmann* § 61 Rn. 17.
[10] Zuständiges Gericht ist das Amtsgericht am Sitz der AG; Maulbetsch/Klumpp/Rose/*Rose* § 61 Rn. 4.
[11] Semler/Stengel/Leonard/*Diekmann* § 61 Rn. 17.
[12] Schmitt/Hörtnagl/*Hörtnagl/Ollech* § 61 Rn. 3.
[13] Schmitt/Hörtnagl/*Hörtnagl/Ollech* § 61 Rn. 3.
[14] Schmitt/Hörtnagl/*Hörtnagl/Ollech* § 61 Rn. 3.
[15] Schmitt/Hörtnagl/*Hörtnagl/Ollech* § 61 Rn. 5; Kallmeyer/*Marsch-Barner*/*Oppenhoff* § 61 Rn. 5; Widmann/Mayer/*Rieger* § 61 Rn. 15.
[16] Maulbetsch/Klumpp/Rose/*Rose* § 61 Rn. 10; Kallmeyer/*Marsch-Barner*/*Oppenhoff* § 61 Rn. 3; Widmann/Mayer/*Rieger* § 61 Rn. 16; aA: Lutter/*Grunewald* § 61 Rn. 10.

dem Mangel der fehlerhaften Bekanntmachung beruht. Denn der Mangel in Gestalt der versäumten Einreichung beim Registergericht ist wohl nicht von Relevanz für den Verschmelzungsbeschluss, solange den Aktionären der Verschmelzungsvertrag bzw. dessen Entwurf in der Hauptversammlung ausgeteilt wurde.[17]

2. Verspätete Einreichung

Sofern die Einreichung der Unterlagen lediglich verspätet erfolgt ist, kann hierin kein die Eintragung hindernder Verfahrensfehler gesehen werden.[18] Voraussetzung ist jedoch die Einreichung bis spätestens unmittelbar vor Durchführung der Hauptversammlung.[19] Dies folgt daraus, dass die Vorfrist nur dem Schutz der Aktionäre dient, welche sich jedoch im Rahmen einer Anfechtungsklage wehren können und somit ausreichend geschützt sind, selbst wenn eine solche Anfechtungsklage meist an der Kausalität scheitert,[20] vgl. § 243 Abs. 4 S. 1 AktG. 10

3. Keine oder verspätete Bekanntmachung

Eine verspätete oder nicht durchgeführte Bekanntmachung durch das Gericht stellt zwar einen Verfahrensfehler dar. Dieser ist jedoch unbeachtlich, wenn die Unterlagen gemäß § 63 Abs. 1 ausgelegen haben oder gemäß § 63 Abs. 4 idF des ARUG zugänglich gemacht wurden.[21] (Eine Umsetzung der RL (EU) 2017/828 ins dt. Recht bleibt abzuwarten.) 11

Hinweis: Bestandteil jeder sorgfältig vorbereiteten Verschmelzung ist ein detaillierter „Step Plan".
Die Bekanntmachungsfristen sollten hierin wichtige Positionen darstellen.

§ 62 Konzernverschmelzungen

(1) ¹Befinden sich mindestens neun Zehntel des Stammkapitals oder des Grundkapitals einer übertragenden Kapitalgesellschaft in der Hand einer übernehmenden Aktiengesellschaft, so ist ein Verschmelzungsbeschluß der übernehmenden Aktiengesellschaft zur Aufnahme dieser übertragenden Gesellschaft nicht erforderlich. ²Eigene Anteile der übertragenden Gesellschaft und Anteile, die einem anderen für Rechnung dieser Gesellschaft gehören, sind vom Stammkapital oder Grundkapital abzusetzen.

(2) ¹Absatz 1 gilt nicht, wenn Aktionäre der übernehmenden Gesellschaft, deren Anteile zusammen den zwanzigsten Teil des Grundkapitals dieser Gesellschaft erreichen, die Einberufung einer Hauptversammlung verlangen, in der über die Zustimmung zu der Verschmelzung beschlossen wird. ²Die Satzung kann das Recht, die Einberufung der Hauptversammlung zu verlangen, an den Besitz eines geringeren Teils am Grundkapital der übernehmenden Gesellschaft knüpfen.

---

17 *Koch* AktG § 243 Rn. 12 ff.
18 Maulbetsch/Klumpp/Rose/*Rose* § 61 Rn. 10; Kallmeyer/Marsch-Barner/*Oppenhoff* § 61 Rn. 3.
19 Lutter/*Grunewald* § 61 Rn. 3.
20 Widmann/Meyer/*Rieger* § 61 Rn. 17; Schmitt/Hörtnagl/*Hörtnagl/Ollech* § 61 Rn. 4 mit Verweis auf BGH DB 2002, 196.
21 Lutter/*Grunewald* § 61 Rn. 5 f.; Kallmeyer/Marsch-Barner/*Oppenhoff* § 61 Rn. 5; Maulbetsch/Klumpp/Rose/*Rose* § 61 Rn. 10.

(3) ¹Einen Monat vor dem Tage der Gesellschafterversammlung oder der Hauptversammlung der übertragenden Gesellschaft, die gemäß § 13 Abs. 1 über die Zustimmung zum Verschmelzungsvertrag beschließen soll, sind in dem Geschäftsraum der übernehmenden Gesellschaft zur Einsicht der Aktionäre die in § 63 Abs. 1 bezeichneten Unterlagen auszulegen. ²Gleichzeitig hat der Vorstand der übernehmenden Gesellschaft einen Hinweis auf die bevorstehende Verschmelzung in den Gesellschaftsblättern der übernehmenden Gesellschaft bekanntzumachen und den Verschmelzungsvertrag oder seinen Entwurf zum Register der übernehmenden Gesellschaft einzureichen; § 61 Satz 2 ist entsprechend anzuwenden. ³Die Aktionäre sind in der Bekanntmachung nach Satz 2 erster Halbsatz auf ihr Recht nach Absatz 2 hinzuweisen. ⁴Der Anmeldung der Verschmelzung zur Eintragung in das Handelsregister ist der Nachweis der Bekanntmachung beizufügen. ⁵Der Vorstand hat bei der Anmeldung zu erklären, ob ein Antrag nach Absatz 2 gestellt worden ist. ⁶Auf Verlangen ist jedem Aktionär der übernehmenden Gesellschaft unverzüglich und kostenlos eine Abschrift der in Satz 1 bezeichneten Unterlagen zu erteilen. ⁷Die Unterlagen können dem Aktionär mit dessen Einwilligung auf dem Wege elektronischer Kommunikation übermittelt werden. ⁸Die Verpflichtungen nach den Sätzen 1 und 6 entfallen, wenn die in Satz 1 bezeichneten Unterlagen für denselben Zeitraum über die Internetseite der Gesellschaft zugänglich sind.

(4) ¹Befindet sich das gesamte Stamm- oder Grundkapital einer übertragenden Kapitalgesellschaft in der Hand einer übernehmenden Aktiengesellschaft, so ist ein Verschmelzungsbeschluss des Anteilsinhabers der übertragenden Kapitalgesellschaft nicht erforderlich. ²Ein solcher Beschluss ist auch nicht erforderlich in Fällen, in denen nach Absatz 5 Satz 1 ein Übertragungsbeschluss gefasst und mit einem Vermerk nach Absatz 5 Satz 7 in das Handelsregister eingetragen wurde. ³Die §§ 47, 49, 61 und 63 Absatz 1 Nummer 1 bis 3 sind auf die übertragende Kapitalgesellschaft nicht anzuwenden. ⁴Absatz 3 gilt mit der Maßgabe, dass die dort genannten Verpflichtungen spätestens einen Monat vor dem Tag der Eintragung der Verschmelzung in das Register des übernehmenden Rechtsträgers zu erfüllen sind. ⁵Spätestens bis zu diesem Zeitpunkt ist auch die in § 5 Absatz 3 genannte Zuleitungsverpflichtung zu erfüllen.

(5) ¹In Fällen des Absatzes 1 kann die Hauptversammlung einer übertragenden Aktiengesellschaft innerhalb von drei Monaten nach Abschluss des Verschmelzungsvertrages einen Beschluss nach § 327a Absatz 1 Satz 1 des Aktiengesetzes fassen, wenn der übernehmenden Gesellschaft (Hauptaktionär) Aktien in Höhe von neun Zehnteln des Grundkapitals gehören. ²Der Verschmelzungsvertrag oder sein Entwurf muss die Angabe enthalten, dass im Zusammenhang mit der Verschmelzung ein Ausschluss der Minderheitsaktionäre der übertragenden Gesellschaft erfolgen soll. ³Absatz 3 gilt mit der Maßgabe, dass die dort genannten Verpflichtungen nach Abschluss des Verschmelzungsvertrages für die Dauer eines Monats zu erfüllen sind. ⁴Spätestens bei Beginn dieser Frist ist die in § 5 Absatz 3 genannte Zuleitungsverpflichtung zu erfüllen. ⁵Der Verschmelzungsvertrag oder sein Entwurf ist gemäß § 327c Absatz 3 des Aktiengesetzes zur Einsicht der Aktionäre auszulegen. ⁶Der Anmeldung des Übertragungsbeschlusses (§ 327e Absatz 1 des Aktiengesetzes) ist der Verschmelzungsvertrag in Ausfertigung oder öffentlich beglaubigter Abschrift oder sein Entwurf beizufügen. ⁷Die Eintragung des Übertragungsbeschlusses ist mit dem Vermerk zu versehen, dass er erst gleichzeitig mit der Eintragung

der Verschmelzung im Register des Sitzes der übernehmenden Aktiengesellschaft wirksam wird. ⁸Im Übrigen bleiben die §§ 327a bis 327f des Aktiengesetzes unberührt.

Literatur:

Floerstedt, Die Grenzen der Gestaltungsfreiheit beim verschmelzungsrechtlichen Squeeze-out – Zugleich zur Bedeutung der Rechtsmissbrauchslehre des EuGH für das Gesellschaftsrecht, NZG 2015, 1212 ff.; *Arens*, Die Behandlung von bedingten Aktienbezugsrechten beim verschmelzungsrechtlichen Squeeze-out, WM 2014, 682. Aus der Rspr. s. OLG Köln 14.12.2017 – 18 AktG 1/17, AG 2018, 126 ff. = NZG 2018, 459 ff.

A. Einleitendes	1	
I. Entstehungsgeschichte	1	
II. Sinn und Zweck der Norm	4	
III. Anwendungsbereich	6	
B. Entbehrlichkeit des Verschmelzungsbeschlusses (§ 62 Abs. 1)	10	
I. Beteiligungsquote	11	
II. Zeitpunkt	14	
C. Informationspflichten (Abs. 3)	15	
I. Auslegen der Dokumente (Abs. 3 S. 1)	16	
II. Bekanntmachung und Einreichung (Abs. 3 S. 2–5)	18	
III. Abschriften (Abs. 3 S. 6–8)	24	
D. Minderheitsverlangen (Abs. 2)	27	
I. Erforderliches Quorum (Abs. 2 S. 1)	28	
II. Abweichende Satzungsregelungen (Abs. 2 S. 2)	31	
III. Verzicht	32	
E. Entbehrlichkeit des Verschmelzungsbeschlusses für den übertragenden Rechtsträger (Abs. 4)	33	
I. Erleichterung (Abs. 4 S. 1, 2)	34	
II. Klarstellung (Abs. 4 S. 3)	35	
III. Auslegen der Dokumente (Abs. 4 S. 4)	36	
IV. Zuleitungsverpflichtung (Abs. 4 S. 5)	37	
F. Ausschluss der Minderheitsaktionäre (Abs. 5)	38	
I. Andere Formen des Squeeze-out	39	
1. Aktienrechtlicher Squeeze-out	40	
2. Übernahmerechtlicher Squeeze-out	41	
3. Kapitalmarktrechtlicher Squeeze-out	42	
II. Verschmelzungsrechtlicher Squeeze-out	43	
1. Anwendungsbereich	44	
2. Voraussetzungen für den Squeeze-out	46	
a) Beteiligungsquote (Abs. 5 S. 1, 2)	46	
b) Auslegen der Dokumente (Abs. 5 S. 3–5)	50	
c) Anmeldung des Übertragungsbeschlusses (Abs. 5 S. 6)	51	
d) Wirksamkeitszeitpunkt der Übertragung (Abs. 5 S. 7)	52	
e) Anwendbarkeit des AktG (Abs. 5 S. 8)	54	
3. Gestaltungsvarianten	55	
a) Nach Formwechsel in AG	56	
b) Squeeze-out unter Beteiligung eines SPV	57	
c) Beteiligungs-Pooling	58	
d) Squeeze-out bei Cross-Border-Verschmelzung	59	
e) Gefahr der „Pro-forma"-Verschmelzung	60	
4. Verfassungsrechtlicher Hintergrund	61	
5. Verfahrensfragen	64	
G. Rechtsfolge bei Verfahrensverstößen	65	
I. Fehlerhafte Beteiligungsberechnung	65	
II. Nicht-Einberufung trotz Minderheitsverlangens	66	
III. Verstoß gegen Informationspflichten	67	

A. Einleitendes

I. Entstehungsgeschichte

Die ursprüngliche Fassung des § 62 trat am 1.1.1995 in Kraft und regelte unter dem Titel „Hauptversammlung in besonderen Fällen" die Verschmelzung einer Kapitalgesellschaft auf eine AG.¹ Sie war vergleichbar mit § 352b Abs. 1 AktG aF (heute weggefallen). Im damaligen Regierungsentwurf zu dieser Vorschrift war zunächst vorgesehen, dass auf den Beschluss des übernehmenden Rechtsträgers nur verzichtet werden konnte, wenn dieser sich zur Haftung für alle Verbindlichkeiten der übertragenden Gesellschaft bereit erklärt hätte.² Dies hätte in der Praxis zu einer starken Reduzierung des Kreises potenziell verschmelzungstauglicher Gesellschaften geführt, da nur eingegliederte oder über einen Unternehmensvertrag verbundene Gesellschaften ohne Hauptversammlungsbe-

---

1 BGBl. 1994 I 3210; 1995 I 428.
2 RegBegr. *Ganske* Umwandlungsrecht S. 108; Semler/Stengel/Leonard/*Diekmann* § 62 Rn. 3.

1 schluss hätten verschmolzen werden können.³ Daher wurden auf Anraten des Rechtsausschusses die für die Konzernverschmelzungen entwickelten Erleichterungen des § 352b Abs. 1 AktG aF in die endgültige Fassung übernommen.⁴

2 Seit dem 15.7.2011 besteht in Umsetzung der EU-Richtlinie 2009/109/EG die Möglichkeit, im Zusammenhang mit einer Verschmelzung die Minderheitsaktionäre iSd § 327a AktG unter bestimmten Voraussetzungen vollständig aus der Gesellschaft auszuschließen.⁵ Daneben wurden weitere Erleichterungen eingeführt, wie die elektronische Übermittlung der in § 63 genannten Unterlagen sowie der Verzicht auf den Verschmelzungsbeschluss des übertragenden Rechtsträgers im Fall der Inhaberschaft des gebundenen Kapitals durch die übernehmende Gesellschaft. Den europäischen Mitgliedstaaten wurde dabei zur Umsetzung der Richtlinie die Möglichkeit gegeben, sich zwischen einem Andienungsrecht (entsprechend § 39c WpÜG) und einem Pre-merger Squeeze-out zu entscheiden.⁶ Der Gesetzgeber hat sich bewusst gegen ein Andienungsrecht entschieden, da dieses dem deutschen Recht fremd sei.⁷

3 Anlass für die Schaffung der Richtlinie war die Verringerung der Verwaltungslasten der in der Gemeinschaft ansässigen Unternehmen im Zusammenhang mit Umwandlungsmaßnahmen sowie der Schutz der Informationsinteressen der von einer Umwandlung betroffenen Gesellschafter und Gläubiger.⁸

II. Sinn und Zweck der Norm

4 Sinn der Norm ist es, die Voraussetzungen einer Verschmelzung in bestimmten Konstellationen zu erleichtern.⁹ Grundsätzlich ist nach § 13 Abs. 1 S. 1 ein Verschmelzungsbeschluss des übernehmenden Rechtsträgers erforderlich. Die Erleichterung des § 62 Abs. 1 S. 1 greift, wenn die übernehmende Gesellschaft mind. 90 % des Grund- bzw. Stammkapitals der übertragenden Gesellschaft hält. In diesem Fall spricht man von einer **Konzernverschmelzung**.¹⁰ Um dennoch ausreichend Schutz für die Minderheitsaktionäre der übernehmenden Gesellschaft zu gewährleisten, können diese Aktionäre gemäß § 62 Abs. 2 die Einberufung der Hauptversammlung verlangen, wenn deren Anteile zusammen an der übernehmenden Gesellschaft mindestens 5 % betragen. Auf dieses Recht sind die Aktionäre gemäß § 62 Abs. 3 hinzuweisen.

5 Zur Umsetzung der EU-Richtlinie 2009/109/EG wurde durch das 3. UmwÄndG in § 62 Abs. 5 die Möglichkeit geschaffen, Minderheitsaktionäre im Zuge einer Verschmelzung zweier Unternehmen gegen Zahlung einer Barabfindung aus der übertragenden Gesellschaft auszuschließen (sog. „Premerger Squeeze-out"). Voraussetzung hierfür ist, dass die übernehmende Gesellschaft mindestens 90 % des Stamm- bzw. Grundkapitals der übertragenden Gesellschaft hält. Diese 90 %-Grenze steht im Gegensatz zu dem sonst üblichen Erfordernis von 95 % des Stamm- bzw. Grundkapitals in anderen Squeeze-out-

---

3 Semler/Stengel/Leonard/*Diekmann* § 62 Rn. 3.
4 RegBegr. *Ganske* Umwandlungsrecht S. 109.
5 BGBl. 2011 I 1338.
6 Semler/Stengel/Leonard/*Diekmann* § 62 Rn. 3 a.
7 Vgl. BegrRegE 3. UmwÄndG v. 1.10.2010 zu Buchst. c zur Einf. des § 62 Abs. 4, BT-Drs. 17/3122, 12; Semler/Stengel/Leonard/*Diekmann* § 62 Rn. 3 a.
8 Vgl. Gesetzesentwurf der BReg v. 1.10.2010, BT-Drs. 17/3122, 1.
9 Kallmeyer/*Marsch-Barner*/*Oppenhoff* § 62 Rn. 1; Kölner Komm UmwG/*Simon* § 62 Rn. 1; Semler/Stengel/Leonard/*Diekmann* § 62 Rn. 1; Widmann/Mayer/*Rieger* § 62 Rn. 1.
10 Kallmeyer/*Marsch-Barner*/*Oppenhoff* § 62 Rn. 1; Semler/Stengel/Leonard/*Diekmann* § 62 Rn. 1.

Konstellationen.[11] Außerdem kann gemäß § 62 Abs. 4 S. 1 auch auf den Zustimmungsbeschluss des übertragenden Rechtsträgers zur Verschmelzung verzichtet werden, wenn der übernehmende Rechtsträger das gesamte Stamm- bzw. Grundkapital der übertragenden Gesellschaft hält.

III. Anwendungsbereich

Wie generell bei den Vorschriften der §§ 60ff. erforderlich, ist der Anwendungsbereich des § 62 eröffnet, soweit **übernehmender Rechtsträger eine AG, KGaA (§78) oder eine SE (Art. 10 SE-VO) ist**. Als übertragende Rechtsträger kommen nur **Kapitalgesellschaften** in Betracht, also GmbH, AG, KgaA und SE.[12] Soll die Verschmelzung mit einem Squeeze-out verbunden werden, so muss der übernehmende Rechtsträger als auch der übertragende Rechtsträger in der Rechtsform der AG, KgaA oder SE bestehen.[13] Gemäß § 125 S. 1 sind die Regelungen auch bei der Spaltung zur Aufnahme zu beachten.[14] Im Rahmen einer Spaltung zweier Gesellschaften ist die Verknüpfung mit einem Squeeze-out dagegen nicht zulässig. Sollen mehrere Gesellschaften auf einen Rechtsträger verschmolzen werden, so müssen die Voraussetzungen des § 62 für jede einzelne zu verschmelzende Gesellschaft gegeben sein.[15] Soll die Muttergesellschaft zum Zweck der Verschmelzung mit anschließendem Squeeze-out in eine AG umgewandelt werden, muss sie spätestens im Zeitpunkt des Übertragungsbeschlusses als AG im Register eingetragen sein.[16]

Jenseits der in § 62 formulierten Erleichterung müssen alle übrigen Voraussetzungen für eine Verschmelzung erfüllt werden, sofern nicht wirksam darauf verzichtet wurde.[17] Auch der Kapitalerhöhungsbeschluss ist nicht entbehrlich.[18] Ein solcher Beschluss kann nur unter Vorlage des Verschmelzungsvertrages und der Prüfungsberichte erreicht werden, da wie bei jeder Kapitalerhöhung gegen Sacheinlagen die einschlägigen Normen des Aktiengesetzes zu beachten sind.[19] Um eine Kapitalerhöhung in diesem Kontext zu vermeiden, kann die übernehmende AG gemäß § 71 Abs. 1 Nr. 3 AktG eigene Aktien erwerben.[20]

Ein Verschmelzungsbericht, eine Verschmelzungsprüfung und eine Schlussbilanz sind entbehrlich, sofern eine 100%ige Tochtergesellschaft auf die übernehmende Gesellschaft verschmolzen wird.[21] Nichtsdestotrotz ist der Verschmelzungsvertrag bzw. dessen Entwurf ordnungsgemäß an den Betriebsrat der übernehmenden Gesellschaft zu übermitteln.[22]

---

11 Vgl. § 327a AktG und § 39a WpÜG, bei denen dem ausschließenden Aktionär mind. 95,00 % der Aktien gehören müssen; auf die Rechtsform der KG soll hier nicht weiter eingegangen werden. Auch sie gehört zum tauglichen Kreis übertragender Rechtsträger.
12 Kallmeyer/*Marsch-Barner/Oppenhoff* § 62 Rn. 1.
13 Vgl. § 78; Kallmeyer/*Marsch-Barner/Oppenhoff* § 62 Rn. 7.
14 *Neye/Kraft* NZG 2011, 681 (682).
15 Semler/Stengel/Leonard/*Diekmann* § 62 Rn. 4; Kallmeyer/*Marsch-Barner/Oppenhoff* § 62 Rn. 12; Widmann/Mayer/*Rieger* § 62 Rn. 15 f.
16 *Göthel* ZIP 2011, 1541 (1544); *Mayer* NZG 2012, 561 (563).
17 Maulbetsch/Klumpp/Rose/*Rose* § 62 Rn. 5; Semler/Stengel/Leonard/*Diekmann* § 62 Rn. 4.
18 Semler/Stengel/Leonard/*Diekmann* § 62 Rn. 4; Kölner Komm UmwG/*Simon* § 62 Rn. 25; Kallmeyer/*Marsch-Barner/Oppenhoff* § 62 Rn. 4.
19 Maulbetsch/Klumpp/Rose/*Rose* § 62 Rn. 3; Semler/Stengel/Leonard/*Diekmann* § 62 Rn. 5; Kallmeyer/*Marsch-Barner/Oppenhoff* § 62 Rn. 4.
20 Semler/Stengel/Leonard/*Diekmann* § 62 Rn. 4; Kallmeyer/*Marsch-Barner/Oppenhoff* § 62 Rn. 5; bzgl. eines nach der hM abzulehnenden Erwerbsverbots eigene Aktien zum Zweck des Umtauschs nach § 71 Abs. 1 Nr. 3 AktG unter Zugrundelegung einer Analogie zu den konzernrechtlichen Abfindungsfällen nach §§ 305 Abs. 2, 320b AktG vgl. MüKoAktG/*Oechsler* § 71 Rn. 164 f.; *Martens* FS Boujong, 1996, 335 ff.; *Koch* AktG § 71 Rn. 7.
21 Semler/Stengel/Leonard/*Diekmann* § 62 Rn. 7.
22 Semler/Stengel/Leonard/*Diekmann* § 62 Rn. 7; Semler/Stengel/Leonard/Schröer/*Greitemann* § 5 Rn. 140 ff.

9 In diesem Zusammenhang stellt sich die Frage, ob die Grundzüge der **„Holzmüller"-Doktrin**[23] gleichwohl in einer solchen erleichterten Konzernverschmelzung Anwendung finden.[24] Es handelt sich hierbei um eine von der Rechtsprechung entwickelte, ungeschriebene Kompetenz der Hauptversammlung der AG, deren Zweck es ist, tiefgreifende Eingriffe in die Rechte der Aktionäre zu verhindern. Ausnahmsweise sind die Aktionäre bei Entscheidungen des Vorstandes also zu beteiligen, obwohl dieser aufgrund der Satzung allein entscheidungsbefugt erscheint.[25] Voraussetzung ist, dass die Vorstandsentscheidung tief in die Struktur der Gesellschaft eingreift und diese umgestaltet. Ein Heranziehen dieser Grundsätze wird befürwortet, soweit eine Regelung keinen abschließenden Charakter aufweist. § 62 Abs. 1 stellt eine solche Regelung ohne abschließenden Charakter dar.[26] In Anlehnung an den **Gelatine-Fall**[27] folgt die Rechtsprechung überwiegend der Meinung, dass die Verschmelzung einer 90 %igen Tochtergesellschaft auf ihre Mutter keinen vergleichbaren Fall darstellt, weswegen die Grundsätze der Holzmüller-Doktrin hier nicht anwendbar sind.[28] Dies ist zutreffend, da ein Upstream-Merger eine Erweiterung und nicht eine Beschränkung (wie bei der Ausgliederung) der Einflussmöglichkeiten der Anteilsinhaber darstellt.[29]

B. Entbehrlichkeit des Verschmelzungsbeschlusses (§ 62 Abs. 1)

10 Gemäß § 62 Abs. 1 S. 1 ist ein Verschmelzungsbeschluss des übernehmenden Rechtsträgers entbehrlich, sofern die übernehmende AG, KGaA oder SE mindestens 90 % des Stamm- bzw. Grundkapitals des übertragenden Rechtsträgers hält.

I. Beteiligungsquote

11 Bereits aus dem Wortlaut des § 62 Abs. 1 S. 1 folgt, dass für die **90 %ige Beteiligung** einer AG/KGaA/SE an einer Kapitalgesellschaft der übernehmende Rechtsträger auch Eigentümer der Aktien bzw. Geschäftsanteile sein muss.[30] Die Berechnung der Quote erfolgt unter Zugrundelegung des Stamm- bzw. Grundkapitals der übertragenden Gesellschaft.[31] Gleichwohl ist dieses zunächst sachgerecht zu bestimmen. Nach Abs. 1 S. 2 ist nämlich darauf zu achten, dass eigene Anteile des übertragenden Rechtsträgers vom Stamm- bzw. Grundkapital zur korrekten Berechnung abgezogen werden.[32] Irrelevant ist die Höhe der Stimmrechte, da aus dem Sinn der vereinfachten Konzernverschmelzung folgt, dass es nur auf die Beteiligung am Kapital ankommt.[33] Außerdem fließen die Anteile, die eine mit der AG verbundene Drittgesellschaft an der übertragenden Gesellschaft hält, nicht in die Berechnung mit ein.[34] Darüber hinaus existieren keine

---

23 BGH 25.2.1982 – II ZR 174/80, BGHZ 83, 122 = AG 1982, 158; BGH 26.4.2004 – II ZR 155/02, ZIP 2004, 993 (1001); vgl. auch MHdB GesR IV/*Bungert* § 35 Rn. 56 ff.
24 Bejahend Kallmeyer/*Marsch-Barner/Oppenhoff* § 62 Rn. 3; zweifelnd Semler/Stengel/Leonard/*Diekmann* § 62 Rn. 5; verneinend OLG Frankfurt a. M. 7.12.2010 – 5 U 29/10, ZIP 2011, 75 (81) = AG 2011, 173.
25 BGHZ 83, 122 ff; BGH ZIP 2004, 993 (1001); vgl. auch MHdB GesR IV/*Bungert* § 35 Rn. 56 ff.
26 Semler/Stengel/Leonard/*Diekmann* § 62 Rn. 5; den abschließenden Charakter bejahend Lutter/*Grunewald* § 62 Rn. 9; Maulbetsch/Klumpp/Rose/*Rose* § 62 Rn. 7.
27 BGH 26.4.2004 – II ZR 155/02; BGH ZIP 2004, 1001 (1003); BGHZ 159, 33 ff.
28 Lutter/*Grunewald* § 62 Rn. 9; Semler/Stengel/Leonard/*Diekmann* § 62 Rn. 5; Kallmeyer/*Marsch-Barner/Oppenhoff* § 62 Rn. 3.

29 *Habersack* FS Horn, 2006, 337 (343); Maulbetsch/Klumpp/Rose/*Rose* § 62 Rn. 7.
30 Lutter/*Grunewald* § 62 Rn. 4; Kallmeyer/*Marsch-Barner/Oppenhoff* § 62 Rn. 10; Schmitt/Hörtnagl/Hörtnagl/*Ollech* § 62 Rn. 4; Goutier/Knopf/Tulloch/*Bermel* § 62 Rn. 7.
31 Lutter/*Grunewald* § 62 Rn. 5 mwN.
32 *Habersack* FS Horn, 2006, 337 (348); Kölner Komm UmwG/*Simon* § 62 Rn. 14; Kallmeyer/*Marsch-Barner/Oppenhoff* § 62 Rn. 11.
33 Lutter/*Grunewald* § 62 Rn. 4; Kallmeyer/*Marsch-Barner/Oppenhoff* § 62 Rn. 13; Widmann/Mayer/*Rieger* § 62 Rn. 13 f.; Maulbetsch/Klumpp/Rose/*Rose* § 62 Rn. 9; Kölner Komm UmwG/*Simon* § 62 Rn. 13; Semler/Stengel/Leonard/*Diekmann* § 62 Rn. 12.
34 Semler/Stengel/Leonard/*Diekmann* § 62 Rn. 11.

Abzugsposten.³⁵ Entsprechend sind auch keine Anteile von Tochtergesellschaften des übertragenden Rechtsträgers abzuziehen.³⁶ Tochterunternehmen des übernehmenden Rechtsträgers, die selbst Anteile an der übertragenden Gesellschaft halten, werden als indirekte Beteiligung konsequenterweise nicht zugerechnet.³⁷ Aus Gründen der Rechtssicherheit³⁸ folgt, dass nur eine direkte Beteiligung maßgeblich sein kann.³⁹ Weiterhin bezweckt die Vorschrift auch den Schutz der Minderheiten. Daher können reine Optionsrechte Dritter auf Anteile keine Berücksichtigung finden, wenn sie nicht bereits auf die übernehmende AG übertragen wurden.⁴⁰ Dies gilt entsprechend auch für Anteile innerhalb einer Stimmrechtsvereinbarung.⁴¹

Im Falle einer gleichzeitigen Verschmelzung mehrerer Rechtsträger auf eine AG sind die Voraussetzungen für jeden Rechtsträger gesondert zu erfüllen.⁴² Die übernehmende AG muss daher mind. 90 % des Stamm- bzw. Grundkapitals jeder übertragenden Gesellschaft halten. Jeder übertragende Rechtsträger muss als Kapitalgesellschaft bestehen.⁴³ Liegt eine Bedingung bei nur einem der beteiligten Rechtsträger nicht vor, so kommt die Erleichterung des Abs. 1 insgesamt nicht zur Anwendung.⁴⁴ Um Probleme hierbei zu vermeiden, ist daher in der Praxis zu empfehlen, dass der übernehmende Rechtsträger einen Verschmelzungsbeschluss fasst.⁴⁵ 12

Fraglich ist, ob eine erst **kurz vor der eigentlichen Verschmelzung durchgeführte Aufstockung der Beteiligung der übernehmenden Gesellschaft** durch Anteilsübernahme der übertragenden Gesellschaft zu einer Umgehung des Schutzes führt. Dahin gehend wird teils argumentiert, dass die Anteilsübernahme nur dem Zweck dient, sich die Erleichterung des Abs. 1 zu sichern. Hierbei ist umstritten, ob eine Sachkapitalerhöhung des übernehmenden Rechtsträgers zum Zweck der Anteilsübernahme die Unwirksamkeit zur Folge hat. Denn faktisch handelt es sich bereits an dieser Stelle um eine Verschmelzung und für diese wäre eine Verschmelzungsprüfung und ein -bericht erforderlich.⁴⁶ Dies ist für die Praxis wohl aber nicht relevant, da die hM eine solche Kapitalerhöhung ohne gesonderte Prüfung zulässt.⁴⁷ Dies kann nur mit Sinn und Zweck von Prüfung und Bericht, also dem Schutz der Aktionäre, begründet werden. Dabei ist zu beachten, dass der Vorstand gemäß § 186 Abs. 4 S. 2 AktG im Rahmen einer Sachkapitalerhöhung bereits einen detaillierten Bericht anzufertigen und der Hauptversammlung vorzulegen hat. Weiterhin ist die Hauptversammlung im Falle einer sich an eine Verschmelzung anschließende Kapitalerhöhung durch den Vorstand zu informieren.⁴⁸ Mit den vorstehenden Erwägungen kann daher festgehalten werden, dass die Aktionäre frühzeitig informiert werden und somit ein ausreichender Schutz sichergestellt ist. 13

---

35 Lutter/*Grunewald* § 62 Rn. 5.
36 LG Mannheim ZIP 1990, 1992 (1993); *Henze* AG 1993, 341 (349); Lutter/*Grunewald* § 62 Rn. 5; *Habersack* FS Horn, 2006, 337 (349 f.).
37 Maulbetsch/Klumpp/Rose/*Rose* § 62 Rn. 9; Semler/Stengel/Leonard/*Diekmann* § 62 Rn. 11.
38 Semler/Stengel/Leonard/*Diekmann* § 62 Rn. 11; krit. HRA NZG 2000, 802 (803).
39 Maulbetsch/Klumpp/Rose/*Rose* § 62 Rn. 9; Widmann/Mayer/*Rieger* § 62 Rn. 11 f.
40 *Habersack* FS Horn, 2006, 337 (348 f.); Maulbetsch/Klumpp/Rose/*Rose* § 62 Rn. 9.
41 Semler/Stengel/Leonard/*Diekmann* § 62 Rn. 11.
42 Semler/Stengel/Leonard/*Diekmann* § 62 Rn. 13; Lutter/*Grunewald* § 62 Rn. 10.
43 So die hM Kallmeyer/*Marsch-Barner/Oppenhoff* § 62 Rn. 12; Widmann/Mayer/*Rieger* § 62 Rn. 16; Semler/Stengel/Leonard/*Diekmann* § 62 Rn. 13; aA Maulbetsch/Klumpp/Rose/*Rose* § 62 Rn. 8; Schmitt/Hörtnagl/*Hörtnagl/Ollech* § 62 Rn. 4; Kölner Komm UmwG/*Simon* § 62 Rn. 15 f.
44 Semler/Stengel/Leonard/*Diekmann* § 62 Rn. 13; Widmann/Mayer/*Rieger* § 62 Rn. 16 f.
45 Maulbetsch/Klumpp/Rose/*Rose* § 62 Rn. 10.
46 So jedenfalls OLG Karlsruhe ZIP 1991, 1145 ff.
47 Widmann/Mayer/*Rieger* § 62 Rn. 21 f.; Schmitt/Hörtnagl/*Hörtnagl/Ollech* § 62 Rn. 7; zweifelnd Semler/Stengel/Leonard/*Diekmann* § 62 Rn. 14 ff.
48 Semler/Stengel/Leonard/*Diekmann* § 62 Rn. 16.

II. Zeitpunkt

14 Aus dem Wortlaut des § 62 lässt sich nicht ohne Weiteres entnehmen, zu welchem Zeitpunkt die erforderliche Beteiligungsquote vorliegen muss. Teilweise wird vertreten, dass die 90 %ige Beteiligung bei Anmeldung der Verschmelzung zur Eintragung im Handelsregister,[49] spätestens im Zeitpunkt des Wirksamwerdens der Verschmelzung – also bei Eintragung im Handelsregister[50] – erreicht sein muss. Die Erleichterung des Abs. 1 ersetzt jedoch nur den Beschluss in der Hauptversammlung. Daher spricht vieles dafür, dass die Quote zum Zeitpunkt der (fiktiven) Hauptversammlung erreicht sein muss.[51] Entsprechend ist der letztmögliche Zeitpunkt vor der Hauptversammlung der übertragenden Gesellschaft relevant, da bei der Durchführung dieser Hauptversammlung bereits feststehen muss, ob die übernehmende AG verschmelzen möchte.[52] Es besteht dabei keine Gefahr, dass Abs. 4 S. 1 dem Zeitpunkt der Hauptversammlung des übertragenden Rechtsträgers zuwiderläuft, da dieser lediglich die Entbehrlichkeit eines Verschmelzungsbeschlusses auf Ebene des übertragenden Rechtsträgers regelt, sofern die übernehmende AG 100 % des Stamm- bzw. Grundkapitals hält. Dies stellt den seltenen Ausnahmefall dar, für den es vertretbar ist, dass die Beteiligungsquote erst bei Anmeldung der Verschmelzung zum Registergericht vorliegen muss. Allerdings sollte zusätzlich gefordert werden, dass die Quote bis zur Eintragung der Verschmelzung gehalten werden muss, um eine missbräuchliche Anwendung des Abs. 1 zu vermeiden, nämlich indem der 90 %-Anteil für den Beschluss nur kurzfristig erreicht und unmittelbar danach wieder reduziert wird.[53]

C. Informationspflichten (Abs. 3)

15 Abs. 3 dient dem Schutz der Aktionäre. Als Kompensation der nach Abs. 1 entfallenen Beschlussfassung in der Hauptversammlung mit der einhergehenden Informationsbeschaffung hat der Vorstand der übernehmenden AG die Anteilsinhaber entsprechend in Kenntnis zu setzen.

I. Auslegen der Dokumente (Abs. 3 S. 1)

16 Der Vorstand hat die in § 63 Abs. 1 bezeichneten Dokumente in den **Geschäftsräumen** der übernehmenden Gesellschaft auszulegen. Es ist darauf zu achten, dass die Auslage bis spätestens einen Monat vor der Gesellschafter- bzw. Hauptversammlung des übertragenden Rechtsträgers, in der über die Verschmelzung beschlossen werden soll, erfolgt. Gemäß § 62 Abs. 3 S. 7 kann hiervon ausnahmsweise abgesehen werden. Dafür müssen die Dokumente jedoch auf der Internetseite der Gesellschaft zugänglich gemacht werden, wobei ebenso die Monatsfrist gilt. In der Praxis erfüllen die Unternehmen beide Optionen gleichzeitig. § 62 Abs. 3 S. 7 bezieht sich allerdings nur auf die S. 1 und 6. Entsprechend sind alle anderen Pflichten weiterhin einzuhalten.

---

49 *Bungert* NZG 2000, 16 ff. unter Heranziehung des BayObLG vom 4.11.1999 (unveröffentlicht), wonach es genügt, wenn die Voraussetzungen für einen Formwechsel zum Zeitpunkt der Eintragung vorliegen; *Henze* AG 1993, 341 (344); *Goutier/Knopf/Tulloc/Bermel* § 62 Rn. 8; *Kallmeyer/Marsch-Barner/Oppenhoff* § 62 Rn. 9; *Widmann/Mayer/Rieger* § 62 Rn. 29.1 ff.
50 Ausf. Begr. *Habersack* FS Horn, 2006, 337 (345); *Kölner Komm UmwG/Simon* § 62 Rn. 23; *Widmann/Mayer/Rieger* § 62 Rn. 29.1 f.
51 LG Mannheim ZIP 1990, 992 ff.; *Lutter/Grunewald* § 62 Rn. 7; Schmitt/Hörtnagl/*Hörtnagl/Ollech* § 62 Rn. 7.
52 So auch Maulbetsch/Klumpp/Rose/*Rose* § 62 Rn. 10; Schmitt/Hörtnagl/*Hörtnagl/Ollech* § 62 Rn. 7.
53 So auch Semler/Stengel/Leonard/*Diekmann* § 62 Rn. 20; *Lutter/Grunewald* § 62 Rn. 7; ausf. zum Problem des Nacherwerbs durch den übernehmenden Rechtsträger s. *Habersack* FS Horn, 2006, 337 (345 ff.).

Probleme können sich hierbei auch aus § 62 Abs. 4 ergeben. Sind die Voraussetzungen des § 62 Abs. 4 S. 1 erfüllt, entfällt der zeitliche Anknüpfungspunkt zur Fristberechnung mangels Hauptversammlung des übertragenden Rechtsträgers nach § 62 Abs. 3 S. 1. Entsprechend könnte nur noch der Abschluss des Verschmelzungsvertrages als Anknüpfungspunkt herangezogen werden, § 62 Abs. 4 S. 3. Problematisch wird dies bei einer **Kettenverschmelzung**, bei der etwa im Rahmen der Verschmelzung auf der ersten Stufe § 62 Abs. 4 S. 1 greift und bei der Verschmelzung auf der zweiten Stufe § 62 Abs. 4 S. 1 gerade nicht greift. In diesem Fall ergeben sich zwei unterschiedliche zeitliche Anknüpfungspunkte. Diese Rechtsunsicherheit kann zum einen durch Verzicht der Anteilsinhaber auf Auslegen der Dokumente vermieden werden.[54] Zum anderen könnte der Gesetzgeber dieses Problem zukünftig durch eine entsprechende Präzisierung lösen, welche indes bis auf weiteres nicht zu erwarten ist. In der Praxis ist daher stets auf den früheren Zeitpunkt abzustellen. 17

II. Bekanntmachung und Einreichung (Abs. 3 S. 2–5)

Zusammen mit der Auslage der Dokumente muss der Vorstand der übernehmenden AG die geplante Verschmelzung in den **Gesellschaftsblättern bekanntmachen**. Dies geschieht insbes. durch Veröffentlichung im Bundesanzeiger.[55] Daneben ist auch der Verschmelzungsvertrag oder sein Entwurf beim zuständigen Registergericht einzureichen. Hierfür gelten die Regeln des § 61 S. 1 (→ § 61 Rn. 5 ff.).[56] Gemäß § 62 Abs. 3 S. 3 sind die Aktionäre vom Vorstand auch auf ihr Recht nach § 62 Abs. 2 hinzuweisen. Sofern die übernehmende AG nur einen Anteilsinhaber hat, soll nach einer Meinung auf die Bekanntmachung verzichtet werden können, sofern ein unmittelbarer Kontakt mit diesem Aktionär hergestellt und dieser mit dem gleichen Informationsgehalt unterrichtet wird.[57] Darüber hinaus ist ein ausdrücklicher Verzicht dieses Aktionärs auf die Bekanntmachung im Bundesanzeiger sowie die Einberufung der Hauptversammlung erforderlich. Dieser Überlegung ist zuzustimmen. Die Gegenmeinung, nach der ein Verzicht auf die Bekanntmachung im Bundesanzeiger in diesem Ausnahmefall nicht möglich ist, stützt sich auf den Wortlaut des § 62 Abs. 3 S. 1. Dieser erlaube keine derart weite Auslegung.[58] Allerdings verkennt diese Gegenmeinung, dass alleiniger Regelungsinhalt der Schutz der Aktionäre ist und diese daher einseitig verzichten können.[59] Es überzeugt nicht, dass der Privilegierte stärker gebunden sein soll als ein nicht Privilegierter. Eine Bekanntmachung ist in diesem Fall also verzichtbar. Mit Blick auf den Nachweis eines solchen Verzichts ist dieser in der Praxis hinreichend zu dokumentieren. 18

Zudem muss gemäß § 62 Abs. 3 S. 4 bei Anmeldung der Verschmelzung zum Handelsregister ein **Nachweis über die Bekanntmachung** erbracht werden. Dies kann bspw. durch einen Auszug aus dem Bundesanzeiger erfolgen.[60] Sollte ein kleiner, überschaubarer Aktionärskreis auf die Bekanntmachung verzichten wollen, so muss der Nachweis gegenüber dem Registergericht bspw. durch ein Informationsschreiben an die Aktionä- 19

---

54 So *Ising* NZG 2010, 1403 (1404).
55 Maulbetsch/Klumpp/Rose/*Rose* § 62 Rn. 13; Kölner Komm UmwG/*Simon* § 62 Rn. 45; Schmitt/Hörtnagl/Hörtnagl/*Olleck* § 62 Rn. 11; Semler/Stengel/Leonard/*Diekmann* § 62 Rn. 22; Widmann/Mayer/*Rieger* § 62 Rn. 36 ff.
56 So auch Maulbetsch/Klumpp/Rose/*Rose* § 62 Rn. 13; Kallmeyer/*Marsch-Barner/Oppenhoff* § 62 Rn. 18; Semler/Stengel/Leonard/*Diekmann* § 62 Rn. 22.
57 *Ising* NZG 2010, 1403 (1404).
58 Semler/Stengel/Leonard/*Diekmann* § 62 Rn. 22.
59 So auch *Ising* NZG 2010, 1403 (1405).
60 Maulbetsch/Klumpp/Rose/*Rose* § 62 Rn. 13; Kölner Komm UmwG/*Simon* § 62 Rn. 50; Semler/Stengel/Leonard/*Diekmann* § 62 Rn. 32; Kallmeyer/*Marsch-Barner/Oppenhoff* § 62 Rn. 19; Lutter/*Grunewald* § 62 Rn. 14.

re und dem darauf beruhenden Verzicht erfolgen. In der Praxis empfiehlt es sich, ein solches Vorgehen im Vorfeld mit dem Register abzustimmen.

20 Gemäß § 62 Abs. 3 S. 5 muss neben der Nachweiserbringung der Vorstand auch erklären, ob von den Aktionären ein Minderheitsverlangen nach § 62 Abs. 2 gestellt wurde.

21 Die Berechnung der in § 62 Abs. 3 S. 1 bezeichneten Monatsfrist erfolgt gemäß §§ **187 Abs. 1, 188 Abs. 2 BGB**.[61] Die Beachtung von Sonn- und Feiertagen gemäß § 193 BGB spielt hierbei keine Rolle, da der Einberufung weder der Charakter einer Willenserklärung noch einer Leistung zukommt.[62]

22 Auch hier ist die besondere Konstellation bei einer **Kettenverschmelzung** mit und ohne Entbehrlichkeit des Verschmelzungsbeschlusses der Gesellschafter- oder Hauptversammlung (→ Rn. 17) genauer zu erläutern. Hier ergibt sich das Problem, dass im Hinblick auf § 62 Abs. 4 der zeitliche Anknüpfungspunkt für die Auslage der Dokumente auf den Abschluss des Verschmelzungsvertrags vorgezogen wird, was auch für § 62 Abs. 3 S. 2 gilt. Der Vorstand hat gleichzeitig mit den Unterlagen nach § 62 Abs. 3 S. 1 einen Hinweis auf die bevorstehende Verschmelzung in den Gesellschaftsblättern bekanntzumachen. Da in der beschriebenen Konstellation für die erste Verschmelzung auf den Abschluss des Verschmelzungsvertrags und für die weitere Verschmelzung wie bisher üblich auf die Gesellschafter- bzw. Hauptversammlung des übertragenden Rechtsträger abzustellen ist, ergeben sich Probleme bei der genauen Berechnung der Monatsfrist.[63] Zwar besteht die Möglichkeit, trotz Entbehrlichkeit des Verschmelzungsbeschlusses in der Gesellschafter- oder Hauptversammlung nach § 62 Abs. 4 S. 1 eine solche Abstimmung gleichwohl durchzuführen, um die genannten Probleme mit der Fristberechnung zu vermeiden. Dies würde faktisch jedoch dem Sinn des § 62 Abs. 4 als Erleichterung zuwiderlaufen.

23 Sollten die Informationspflichten nach § 62 Abs. 3 einem Verzicht zugänglich sein, ergeben sich jene Probleme nicht. Zumindest auf die Bekanntmachung im Bundesanzeiger können die Anteilseigner einseitig verzichten, da diese nur deren Schutz dient.[64] Umstritten ist jedoch, ob auch auf die Einreichung des Verschmelzungsvertrages bzw. seines Entwurfs beim Registergericht verzichtet werden kann (→ § 61 Rn. 10). Sollte ein solcher Verzicht nicht möglich sein, könnte dies wiederum zu Problemen bei der Berechnung der Monatsfrist führen. Wie bereits geklärt, dient die Einreichung beim Registergericht allerdings nur sekundär dem Schutz der Aktionäre. Primär soll sichergestellt werden, dass das Registergericht seiner Prüfungspflicht nachkommen und sodann die Einreichung bekanntmachen kann. Es handelt sich bei dem Registergericht insofern um eine zweite Kontrollinstanz. Die Bekanntmachung der ordnungsgemäßen Einreichung soll Dritte dabei lediglich informieren, nicht schützen. Daher kann auch das Gericht einseitig auf den Schutz der Vorschrift verzichten. Es bleibt jedoch stets zu bedenken, dass ein Verzicht nur möglich ist, wenn er entweder ausdrücklich gesetzlich normiert oder ein aufgrund der Schutzrichtung der Vorschrift beruhender Ausnahmefall gegeben ist. Es verbleibt aber ein Restrisiko, dass ein Verzicht mit Hinweis auf

---

61 *Freytag* BB 2010, 1611 (1613); ausf. dazu Henssler/Strohn/*Junker* § 62 Rn. 11; Kessler/Kühnberger/*Brügel* § 62 Rn. 14.
62 Semler/Stengel/Leonard/*Diekmann* § 62 Rn. 23; Kallmeyer/Marsch-Barner/*Oppenhoff* § 62 Rn. 15; Kölner Komm UmwG/*Simon* § 62 Rn. 40; Widmann/Mayer/*Rieger* § 62 Rn. 56; aA Lutter/*Grunewald* § 62 Rn. 11.
63 *Bayer/Schmidt* ZIP 2010, 953 (958); *Diekmann* NZG 2010, 489 (490); *Neyer/Jäckel* AG 2010, 237 (239); *Freytag* BB 2010, 1611 (1613).
64 So auch *Ising* NZG 2010, 1403 (1405).

die Prüfungspflicht durch das Registergericht und dem etwaigen Schutzzweck gegenüber Dritten abgelehnt werden könnte. Entsprechend sollte in jedem Fall mit dem zuständigen Registergericht vorab Rücksprache gehalten und der Verzicht hinreichend dokumentiert werden.[65]

III. Abschriften (Abs. 3 S. 6–8)

Gemäß § 62 Abs. 3 S. 6 hat jeder Aktionär der übernehmenden AG das Recht, die **unverzügliche und kostenlose Aushändigung** der in § 62 Abs. 1 bezeichneten Dokumente zu verlangen.[66]

Mit ausdrücklicher oder konkludenter[67] Einwilligung des Aktionärs, also der vorherigen Zustimmung,[68] können die Dokumente auf **elektronischem Weg zugesandt** werden, § 62 Abs. 3 S. 7.[69] Eine per E-Mail angeforderte Zuleitung der Dokumente sollte bereits als Zusendungswunsch auf demselben Weg verstanden werden können, wenn der Aktionär das Angebot der Gesellschaft auf Zusendung der Unterlagen per Post nicht annimmt.[70] Die im Anhang einer E-Mail versendeten Dokumente müssen ein druckfähiges Format haben,[71] die Übermittlung im reinen Lese-Format reicht dagegen nicht aus.[72]

Sofern der Vorstand der übernehmenden Gesellschaft die Dokumente auf der Internetseite zugänglich macht, entfällt die Pflicht zur Auslage der Dokumente und das Recht der Aktionäre auf Zusendung einer Abschrift gemäß § 62 Abs. 3 S. 7. Auch hier ist die Darstellung im Druckformat zu fordern. Die Zusendung der Abschrift ist nicht mehr erforderlich, wenn bereits von der Auslage der Dokumente abgesehen werden kann. Der Zeitpunkt der Veröffentlichung auf der Internetseite muss dem der Auslage in den Geschäftsräumen entsprechen. Dabei hat die Gesellschaft dafür Sorge zu tragen, dass die Veröffentlichung rechtzeitig erfolgt. Es empfiehlt sich allerdings zur Vermeidung einer fehlerhaften Bekanntmachung über das Internet Vorkehrungen zu treffen. Die Gesellschaft sollte deshalb bereit sein, Dokumente auf Anfrage der Aktionäre auch postalisch zu versenden. Die zusätzliche Auslegung der Dokumente in den Geschäftsräumen der Gesellschaft ist aber nicht notwendig, da § 62 Abs. 3 S. 7 sonst praktisch leerlaufen würde. Bei Anmeldung der Verschmelzung zum Handelsregister muss die ordnungsgemäße Bekanntmachung auf der Internetseite dargelegt werden.[73]

D. Minderheitsverlangen (Abs. 2)

Auch wenn eine mindestens 90 % betragende Beteiligungsquote einen Verschmelzungsbeschluss der übernehmenden AG nach § 62 Abs. 1 grundsätzlich entbehrlich macht (→ Rn. 11 ff.), kann es unter bestimmten Voraussetzungen dennoch zu dem **Erfordernis eines solchen Beschlusses** kommen. Dies ist der Fall, wenn Aktionäre der übernehmenden AG einen Beschluss verlangen und deren Anteile am Grund- bzw. Stammkapital dieser Gesellschaft mindestens 5 % ausmachen, vgl. § 62 Abs. 2 S. 1.

---

65 So auch *Ising* NZG 2010, 1403 (1404).
66 Dies gilt unabhängig davon, ob ein Minderheitsverlangen nach § 62 Abs. 2 gestellt wurde; so jedenfalls Schmitt/Hörtnagl/*Hörtnagl/Ollech* § 62 Rn. 13; Semler/Stengel/Leonard/*Diekmann* § 62 Rn. 25.
67 Kallmeyer/Marsch-Barner/*Oppenhoff* § 62 Rn. 17.
68 *Leitzen* DNotZ 2011, 526 (532 f.); *Wagner* DStR 2010, 1629.
69 Neyer/*Kraft* NZG 2011, 681 (683).
70 So auch Semler/Stengel/Leonard/*Diekmann* § 62 Rn. 25.
71 Vgl. Gesetzesentwurf BReg v. 1.10.2010, zu Buchst c, 953, 955; Neyer/*Jäckel* AG 2010, 237 (239); *Simon/Merkelbach* DB 2011, 1317; *Wagner* DStR 2010, 1629; Kallmeyer/Marsch-Barner/*Oppenhoff* § 62 Rn. 17.
72 Bayer/*Schmidt* ZIP 2010, 953 (955); Breschendorf/Wellner GWR 2011, 511; Neye/*Jäckel* AG 2010, 237 (239); *Simon/Merkelbach* DB 2011, 1317.
73 Semler/Stengel/Leonard/*Diekmann* § 62 Rn. 25c.

I. Erforderliches Quorum (Abs. 2 S. 1)

28 Ein solches berechtigtes Verlangen eines Verschmelzungsbeschlusses in der Hauptversammlung der übernehmenden AG setzt voraus, dass die betroffenen Aktionäre zusammen mindestens 5% des Grund- bzw. Stammkapitals der Gesellschaft auf sich vereinigen. Die Anteile jedes Aktionärs sind hierbei in Summe zu bilden unter Anwendung des § 122 Abs. 1 S. 1 AktG. Nachweise können in Form von Aktienurkunden, Bankbescheinigungen oder Depotauszügen erbracht werden.[74] Nicht ausreichend hingegen ist eine reine Glaubhaftmachung.[75] Bei der prozentualen Bewertung der Anteile der Aktionäre im Verhältnis zur Gesellschaft sind auch Aktien, die die Gesellschaft selbst hält, mitzuzählen.[76] Die Aktionäre müssen die 5%-Beteiligung bis zur Einberufung der Hauptversammlung aufrechterhalten, es genügt insofern nicht ein rein vorübergehender Erwerb der nötigen Anteile.[77] Zudem können sich die Aktionäre nicht darauf berufen, dass sie zwar – alleine oder gemeinsam – nicht 5% des Grund- bzw. Stammkapitals auf sich vereinen, aber zusammen eine Beteiligung von 500.000 EUR an der Gesellschaft erreichen. Denn § 122 Abs. 2 AktG ist als lex generalis hier nicht anwendbar.[78]

29 Formerfordernisse sind für das Aktionärsbegehren im Gesetz nicht angelegt. Entsprechend ist ein formloser Antrag möglich, wobei aus Beweisgründen die Schriftform zu empfehlen ist.[79] Der Antrag ist an den Vorstand oder an die Gesellschaft zu richten.[80]

30 Auch eine Frist ist im Gesetz nicht vorgesehen. Daher sind bei der Gesellschaft eingegangene Anträge bis zum Zeitpunkt der Anmeldung der Verschmelzung beim Registergericht statthaft.[81] Die Gesellschaft kann jedoch eine Frist zur Antragstellung setzen.[82] Diese hat sich nach der Monatsfrist zwischen Bekanntmachung des Verschmelzungsvorhabens und der Anmeldung beim Registergericht nach § 62 Abs. 3 S. 1 zu richten.[83] Eine Verkürzung dieser Frist ist nicht angemessen.[84]

---

[74] Maulbetsch/Klumpp/Rose/*Rose* § 62 Rn. 19; Semler/Stengel/Leonard/*Diekmann* § 62 Rn. 29; Kallmeyer/Marsch-Barner/*Oppenhoff* § 62 Rn. 22; Kölner Komm UmwG/*Simon* § 62 Rn. 32.

[75] Kallmeyer/Marsch-Barner/*Oppenhoff* § 62 Rn. 22.

[76] Maulbetsch/Klumpp/Rose/*Rose* § 62 Rn. 19; *Koch* AktG § 122 Rn. 3; Kölner Komm UmwG/*Simon* § 62 Rn. 28; Kölner Komm AktG/*Zöllner* § 122 Rn. 10; Semler/Stengel/Leonard/*Diekmann* § 62 Rn. 27.

[77] So auch Maulbetsch/Klumpp/Rose/*Rose* § 62 Rn. 19; *Koch* AktG § 122 Rn. 3a; Kallmeyer/Marsch-Barner/*Oppenhoff* § 62 Rn. 22; Kölner Komm AktG/*Zöllner* § 122 Rn. 16; vgl. auch LG Duisburg 21.8.2003 – 21 T 6/02, AG 2004, 159 = ZIP 2004, 76 und OLG Duisburg 16.1.2004 – I-3 Ex 290/03, ZIP 2004, 313 (314) = AG 2004, 211; abl. GroßKommAktG/*Werner* § 122 Rn. 16; aA Goutier/Knopf/Tulloch/*Bermel* § 62 Rn. 17.

[78] Maulbetsch/Klumpp/Rose/*Rose* § 62 Rn. 24; zur weiteren entspr. Anwendbarkeit von § 122 Abs. 3 AktG vgl. Lutter/*Grunewald* § 62 Rn. 20 mwN.

[79] Maulbetsch/Klumpp/Rose/*Rose* § 62 Rn. 19; Kallmeyer/Marsch-Barner/*Oppenhoff* § 62 Rn. 20; Kölner Komm UmwG/*Simon* § 62 Rn. 31; Lutter/*Grunewald* § 62 Rn. 20; Schmitt/Hörtnagl/*Hörtnagl/Ollech* § 62 Rn. 9; Semler/Stengel/Leonard/*Diekmann* § 62 Rn. 30; Widmann/Mayer/*Rieger* § 62 Rn. 30.

[80] Lutter/*Grunewald* § 62 Rn. 20; Kölner Komm UmwG/*Simon* § 62 Rn. 30.

[81] Maulbetsch/Klumpp/Rose/*Rose* § 62 Rn. 18; Lutter/*Grunewald* § 62 Rn. 19; Kallmeyer/Marsch-Barner/*Oppenhoff* § 62 Rn. 26; Kölner Komm UmwG/*Simon* § 62 Rn. 33; Semler/Stengel/Leonard/*Diekmann* § 62 Rn. 30; ausf. Widmann/Mayer/*Rieger* § 62 Rn. 29.1.

[82] Lutter/*Grunewald* § 62 Rn. 19; Kallmeyer/Marsch-Barner/*Oppenhoff* § 62 Rn. 26; Kölner Komm UmwG/*Simon* § 62 Rn. 34; Semler/Stengel/Leonard/*Diekmann* § 62 Rn. 30.

[83] Kallmeyer/Marsch-Barner/*Oppenhoff* § 62 Rn. 26; Kölner Komm UmwG/*Simon* § 62 Rn. 34; Semler/Stengel/Leonard/*Diekmann* § 62 Rn. 30.

[84] Bungert/Wettich DB 2011, 1500 (1502); *Ising* NZG 2010, 1403 (1404); Lutter/*Grunewald* § 62 Rn. 19; Kallmeyer/Marsch-Barner/*Oppenhoff* § 62 Rn. 26; Kölner Komm UmwG/*Simon* § 62 Rn. 34; Semler/Stengel/Leonard/*Diekmann* § 62 Rn. 30; Widmann/Mayer/*Rieger* § 62 Rn. 29.1.

II. Abweichende Satzungsregelungen (Abs. 2 S. 2)

Zugunsten der Aktionäre kann in der Satzung der Gesellschaft gemäß § 62 Abs. 2 S. 2 festgelegt werden, dass auch eine niedrigere Beteiligung als 5 % ausreicht. Eine Benachteiligung in Form einer Anhebung der Mindestgrenze ist nicht möglich.[85]

III. Verzicht

Die aufgrund des Minderheitsverlangens einberufene Hauptversammlung kann kurzfristig auf Begehren der Antragsteller wieder abgesagt werden.[86] Auch können die Anteilsinhaber auf den Verschmelzungsbeschluss verzichten.[87] Sowohl Antragsrücknahme als auch Verzicht auf den Verschmelzungsbeschluss sind form- und fristlos möglich.

E. Entbehrlichkeit des Verschmelzungsbeschlusses für den übertragenden Rechtsträger (Abs. 4)

Unter bestimmten Umständen ist nicht nur der Verschmelzungsbeschluss der übernehmenden, sondern auch der der übertragenden Gesellschaft entbehrlich.

I. Erleichterung (Abs. 4 S. 1, 2)

Gemäß § 62 Abs. 4 S. 1 kann der Verschmelzungsbeschluss entbehrlich sein, wenn entweder die übernehmende AG 100 % des Grund- bzw. Stammkapitals der übertragenden Gesellschaft hält oder der Übertragungsbeschluss nach § 62 Abs. 5 S. 1 bereits gefasst und im Handelsregister eingetragen ist, vgl. § 64 Abs. 4 S. 2. Diesem Fall kommt besondere praktische Relevanz zu, da ein geplanter Squeeze-out der Minderheitsaktionäre gemäß § 62 Abs. 5 S. 2 bereits im Verschmelzungsvertrag bzw. dessen Entwurf enthalten sein muss. Sofern es primär um den Ausschluss der Minderheitsaktionäre über einen Squeeze-out geht, wird auch der Übertragungsbeschluss vor Durchführung der Hauptversammlung sowohl bei übernehmender AG als auch übertragender Gesellschaft bereits gefasst sein. Die Eintragung des Beschlusses im Handelsregister erfolgt dann in aller Regel problemlos. Dies führt zu einer erheblichen Vereinfachung des gesamten Verschmelzungs- und Ausschlussverfahrens, entsprechend der Intention des Gesetzgebers bei Umsetzung der Richtlinie.[88]

Auf vorgenannte Erleichterung kann selbstverständlich auch verzichtet werden, so dass trotzdem eine Hauptversammlung durchgeführt werden kann.[89] Hierbei muss beachtet werden, dass die Niederschrift des Verschmelzungsbeschlusses als Anlage gem. § 17 den Dokumenten zur Anmeldung der Verschmelzung beigefügt wird.[90] Dieses Recht steht auch der Minderheit nach § 62 Abs. 2 zu, da § 62 Abs. 4 S. 3 den Abs. 3 unmittelbar für anwendbar erklärt und dieser in § 62 Abs. 3 S. 3 auf das Einberufungsrecht verweist.[91]

---

85 Lutter/*Grunewald* § 62 Rn. 17; Kallmeyer/*Marsch-Barner/Oppenhoff* § 62 Rn. 23; Semler/Stengel/Leonard/*Diekmann* § 62 Rn. 28; Schmitt/Hörtnagl/*Hörtnagl/Olleck* § 62 Rn. 9.
86 Maulbetsch/Klumpp/Rose/*Rose* § 62 Rn. 23; Kölner Komm UmwG/*Simon* § 62 Rn. 36; Widmann/Mayer/*Rieger* § 62 Rn. 30.1.
87 Semler/Stengel/Leonard/*Diekmann* § 62 Rn. 31.
88 Vgl. BT-Drs. 17/5930, 5, 6, 11.
89 Vgl. BegrRegE 3. UmwÄndG v. 1.10.2010 zu Buchst. c zur Einf. des § 62 Abs. 4; BT-Drs. 17/312, 12; Kallmeyer/*Marsch-Barner/Oppenhoff* § 62 Rn. 28.
90 Semler/Stengel/Leonard/*Diekmann* § 62 Rn. 32a.
91 Kallmeyer/*Marsch-Barner/Oppenhoff* § 62 Rn. 28; Semler/Stengel/Leonard/*Diekmann* § 62 Rn. 28.

II. Klarstellung (Abs. 4 S. 3)

35 Der neu eingeführte S. 3 dient der Klarstellung der Folgen, die sich aus Abs. 4 S. 1 und 2 ergeben. Nach Abs. 4 S. 1 und 2 ist ein Verschmelzungsbeschluss des Anteilsinhabers der übertragenden Kapitalgesellschaft nicht erforderlich, so dass sich auch die der Vorbereitung der Beschlussentscheidung dienenden Unterrichtungs- und Informationspflichten nach §§ 47, 49, 61 und 63 Nr. 1–3 erübrigen.[92]

III. Auslegen der Dokumente (Abs. 4 S. 4)

36 § 62 Abs. 4 bestimmt eine **Monatsfrist** zur Erfüllung der Informationspflichten. Abweichend von der bisherigen Rechtslage, die eine „vorwärts" Fristberechnung vorsah, ist nun im Zuge des UmRUG der Monatszeitraum, binnen dem die Informationspflichten gemäß § 63 Abs. 3 zu erfüllen sind, vom Tag der Vornahme der Eintragung an „rückwärts" zu berechnen.[93] Mit Änderung der Fristberechnung lässt sich der Fristbeginn aus dem Wortlaut nicht mehr klar entnehmen. Nach dem Sinn und Zweck besteht auch keine Notwendigkeit, einen bestimmten Zeitpunkt des Fristbeginns gesetzlich vorzuschreiben. Die Monatsfrist dient dem Schutz der Anteilsinhaber der übernehmenden Aktiengesellschaft, wonach die Anteilsinhaber über die bevorstehende Verschmelzung informiert werden sollen. Dieser Schutz ist ausreichend gewährleistet, wenn bei Eintragung der Verschmelzung die Monatsfrist ohne Einberufungsverlangen der Anteilseigner verstrichen ist.[94]

IV. Zuleitungsverpflichtung (Abs. 4 S. 5)

37 Das UmRUG erfordert die Erfüllung der in § 5 Abs. 3 genannten Zuleitungsverpflichtung **spätestens einen Monat vor dem Tag der Eintragung der Verschmelzung in das Register**. Hierbei stellt sich die Frage, wann diese Monatsfrist zu laufen beginnt. Maßgeblicher Zeitpunkt für die Auslage der Dokumente ist dem Wortlaut nach der Abschluss des Verschmelzungsvertrages. Die Vorverlagerung von der Eintragung der Verschmelzung im Handelsregister auf den Zeitpunkt des Abschlusses des Verschmelzungsvertrages stellt keine Umgehung der in der Richtlinie vorgegebenen Monatsfrist dar.[95] Allerdings ergeben sich im Hinblick auf die Berechnung dieses Zeitpunktes in der Praxis erhebliche Probleme (zur Problematik einer Kettenverschmelzung unter bes. Bedingungen → Rn. 17). In der Regierungsbegründung wird von einer Ereignisfrist iSd § 187 Abs. 1 BGB ausgegangen.[96] Fristbeginn wäre demnach der Tag nach der Beurkundung. Gem. § 62 Abs. 3 S. 2 müssten dann alle Dokumente „gleichzeitig" am Tag der Verschmelzung bekanntgemacht werden, um die Monatsfrist wahren zu können. Bzgl. der Bekanntmachung im Bundesanzeiger würde dies bedeuten, dass die Unterlagen – aufgrund der Vorlaufzeit – bereits vor Abschluss des Verschmelzungsvertrages eingereicht werden müssten, um mit dem Stichtag des Fristbeginns veröffentlicht zu werden.[97] Die zeitliche Vorverlagerung des Anknüpfungspunktes einer Fristberechnung sollte Sicherheit schaffen. Der üblicherweise gewählte Zeitpunkt der Eintragung ins Handelsregister sei für diesen Fall wenig geeignet, denn er lasse sich nicht genau vor-

---

92 Begr. zu § 62 Abs. 4 UmwG-E, RegE UmRUG.
93 Begr. zu § 62 Abs. 4 UmwG-E, RegE UmRUG.
94 Begr. zu § 62 Abs. 4 UmwG-E, RegE UmRUG.
95 Vgl. RL 78/855/EWG.
96 Begr. RegE, BT-Drs. 17/3122 v. 1.10.2010, 12 (li. Sp.).
97 *Freytag* BB 2010, 1611 (1613 f.); *Heckschen* NZG 2010, 1041 (1043).

hersagen.[98] Um dieses Problem zu umgehen, wäre es dem Gesetzgeber durchaus möglich gewesen, auf den Zeitpunkt der Anmeldung beim Handelsregister abzustellen.[99] In diesem Fall könnte wie bisher üblich zeitlich rückwärts gerechnet werden. Eine Berechnung der Monatsfrist, innerhalb derer die Informationspflichten nach Abschluss des Vertrages erfüllt sein müssen, wäre in diesem Fall möglich. Richtigerweise ist die Norm so auszulegen, dass nicht der Abschluss des Verschmelzungsvertrages, sondern die Erfüllung der letzten Informationspflicht, in der Regel die Bekanntmachung im Bundesanzeiger, für den Fristbeginn maßgeblich ist.[100] Der Wortlaut des § 62 Abs. 4 S. 4 lässt diese Auslegung zu. Er sieht keinen bestimmten Fristbeginn zur Erfüllung der Informationspflichten vor. Diese Pflichten sind lediglich spätestens einen Monat vor dem Tag der Eintragung der Verschmelzung in das Register des übernehmenden Rechtsträgers zu erfüllen. Zwischen Erfüllung der letzten Informationspflicht und Eintragung der Verschmelzung im Handelsregister muss daher lediglich ein Monat liegen.

F. Ausschluss der Minderheitsaktionäre (Abs. 5)

Die in § 62 Abs. 5 S. 1 vorgesehene Möglichkeit des Ausschlusses von Minderheitsaktionären im Rahmen einer Verschmelzung ist an den aktienrechtlichen Squeeze-out angelehnt. Es ist jedoch eine niedrigere Beteiligungsquote von 90 % erforderlich. 38

I. Andere Formen des Squeeze-out

Neben dem verschmelzungsrechtlichen Squeeze-out existieren die Sonderformen des aktien-, übernahme- und kapitalmarktrechtlichen Squeeze-out. 39

1. Aktienrechtlicher Squeeze-out

Der aktienrechtliche Squeeze-out findet seine Grundlage in § 327a AktG. Es besteht demnach die Möglichkeit, ohne Angabe besonderer Gründe die Minderheitsaktionäre gegen Entschädigung aus der Gesellschaft auszuschließen, wenn ein Hauptaktionär oder eine Gruppe von Aktionären gemeinsam mindestens 95 % an der Gesellschaft halten.[101] Erforderlich ist lediglich ein Beschluss im Rahmen einer Hauptversammlung. Die ausscheidenden Aktionäre haben ihre Aktien gegen eine angemessene Barabfindung zu übertragen, berechnet anhand von § 327b AktG. Zusätzlich steht den Minderheitsaktionären der Rechtsweg mittels einer Anfechtungsklage gegen den Beschluss frei; nicht jedoch gegen die Höhe der Barabfindung. Hierfür steht den Minderheitsaktionären nach den §§ 1–17 SpruchG ein besonderes Spruchstellenverfahren zur Verfügung, um die Höhe der festgesetzten Abfindung überprüfen zu lassen. 40

---

98 Vgl. BegrRegE 3. UmwÄndG v. 1.10.2010 zu Buchst. c zur Einf. des § 62 Abs. 4, BT-Drs. 17/13122, 12; *Leitzen* DNotZ 2011, 526 (535 f.).
99 Ebenso *Ising* NZG 2011, 1368 (1370); krit. hierzu *Freytag* BB 2010, 1611 (1613 f.).
100 So auch *Göthel* ZIP 2011, 1541 (1548); *Leitzen* DNotZ 2011, 526 (535 f.); *Kiefner/Brügel* AG 2011, 525 (530 f.); *Simon/Merkelbach* DB 2011, 1317 (1320); *Wagner* DStR 2010, 1629 (1630 f.); aA *Freytag* DB 2010, 2839 (2840 f.) (Annahme einer Rückwärtsfrist ab Registeranmeldung); *Ising* NZG 2011, 1368 (1371); *Keller/Klett* GWR 2010, 415 (417).

101 BGHZ 180, 154 Tz 14; OLG Düsseldorf AG 2004, 207 (209); OLG Düsseldorf AG 2006, 202 (203 f.); OLG Frankfurt a. M. AG 2008, 167 (169) re. Sp.; OLG Frankfurt a. M. AG 2010, 39 (41) re. Sp.; OLG Karlsruhe AG 2007, 92 (93) li. Sp.; OLG Köln AG 2004, 39 (40) re. Sp.; OLG Stuttgart AG 2009, 204 (205 ff.) re. Sp; LG Krefeld AG 2008, 754 (755) li. Sp.; GroßKommAktG/*Fleischer* § 327a Rn. 1; *Koch* AktG § 327a Rn. 1l; Kölner Komm AktG/*Hasselbach* § 327a Rn. 49. Zur gleichen Rechtslage beim Liquidationsbeschluss BGHZ 76, 352 (353 ff.); BGHZ 103, 184.

2. Übernahmerechtlicher Squeeze-out

41 Der übernahmerechtliche Squeeze-out ist in den §§ 39a–c WpÜG geregelt und geht dem aktienrechtlichen Squeeze-out vor.[102] Die notwendige Mindestbeteiligung beträgt auch hier 95 %. Der Ausschluss der Minderheit ist möglich, wenn in engem zeitlichen Zusammenhang zu einem Übernahme- oder Pflichtangebot die Übertragung der verbleibenden Aktien beantragt wird, § 39a Abs. 1 WpÜG. Ausstehende Aktien werden nicht durch Beschluss in der Hauptversammlung, sondern durch einen Gerichtsbeschluss übertragen.[103] § 39a Abs. 3 S. 3 WpÜG gewährt auch hier den ausgeschlossenen Minderheitsaktionären eine angemessene Barabfindung als Gegenleistung, welche gemäß § 31 Abs. 2 S. 1 WpÜG iVm § 5 WpÜG-AngVO ermittelt wird. Allerdings ist im Gegensatz zum aktienrechtlichen Squeeze-out kein Anfechtungsrecht der Aktionäre vorgesehen.[104]

3. Kapitalmarktrechtlicher Squeeze-out

42 Ausnahmsweise kann auch mit einer herabgesetzten Schwelle auf 90 % gemäß § 14 Abs. 3 Nr. 1 WStBG vom übernahmerechtlichen und gemäß § 12 Abs. 4 WStBG vom aktienrechtlichen Squeeze-out Gebrauch gemacht werden.

II. Verschmelzungsrechtlicher Squeeze-out

43 Gemäß § 62 besteht die Möglichkeit, einen verschmelzungsrechtlichen Squeeze-out durchzuführen. Diese Möglichkeit wurde am 15.7.2011 durch den Gesetzgeber eingeführt.[105] Auch hier steht den ausgeschlossenen Minderheitsaktionären eine angemessene Barabfindung zu. Die Besonderheit liegt allerdings darin, dass der aufnehmende Rechtsträger nur 90 % des Grundkapitals der übertragenden Gesellschaft halten muss. Der Ausschluss, der sich grds. Nach § 327a Abs. 1 S. 1 AktG richtet (vgl. § 62 Abs. 5 S. 1), kann jedoch nur erfolgen, wenn er in Zusammenhang mit einer Verschmelzung steht.

1. Anwendungsbereich

44 Die Möglichkeit des Squeeze-out ist nur dann gegeben, wenn übernehmender Rechtsträger eine AG, KgaA oder inländische SE ist,[106] § 62 Abs. 5 S. 1.[107] Dass übertragende Rechtsträger ebenfalls eine AG – und damit sind auch KgaA und SE erfasst – sein muss, ergibt sich bereits aus dem Wortlaut des § 62 Abs. 5 S. 1.

45 Der Squeeze-out ist zwar grundsätzlich im Zusammenhang mit einer Verschmelzung vorgesehen und möglich, allerdings beschränkt sich der Anwendungsbereich nur auf den Fall der Verschmelzung zur Aufnahme, nicht jedoch auf eine Verschmelzung zur Neugründung. Letztere setzt einen Sidestream-Merger voraus, der vom Wortlaut sowie von Sinn und Zweck des § 62 nicht erfasst ist (ausf. → § 73 Rn. 9).

---

102 *Koch* AktG § 327a Rn. 1; BeckOGK/*Singhof* AktG § 327a Rn. 12.
103 Ausschließlich zuständiges Gericht ist das LG Frankfurt a. M. gem. § 39a Abs. 5 WpÜG.
104 *Meyer* WM 2006, 1135 (1143); GroßKommAktG/*Fleischer* Vor §§ 327a f. Rn. 29; BeckOGK/*Singhof* AktG § 327a Rn. 10.
105 Umsetzung der EU-Richtlinie 2009/109/EG.
106 So auch Kallmeyer/*Marsch-Barner*/*Oppenhoff* § 62 Rn. 36 mit Verweis auf § 78 bzw. Art. 10 SE-VO; Semler/Stengel/Leonard/*Diekmann* § 62 Rn. 32e.
107 Anders als bei § 327a AktG, der auch die GmbH als Hauptaktionär erfasst, *Bungert/Wettich* DB 2010, 2545 (2547).

2. Voraussetzungen für den Squeeze-out

a) Beteiligungsquote (Abs. 5 S. 1, 2)

Für den Ausschluss der Minderheitsaktionäre ist ein entspr. Beschluss innerhalb von drei Monaten nach Abschluss des Verschmelzungsvertrages erforderlich, § 62 Abs. 5 S. 1. Hierfür ist die Hauptversammlung einzuberufen. Für die Vorbereitung dieser Hauptversammlung, insbes. Art und Frist der Einberufung, gelten die allg. Bestimmungen, § 62 Abs. 5 S. 8. Unabhängig davon muss bereits im Verschmelzungsvertrag oder seinem Entwurf auf den geplanten Squeeze-out hingewiesen werden, § 62 Abs. 5 S. 2.

Bei der Berechnung der erforderlichen 90%-Schwelle ist fraglich, ob bereits eine indirekte Beteiligung ausreicht. Die übernehmende Gesellschaft muss 90% des Grundkapitals bzw. 90% aller ausgegebenen Aktien halten.[108] Für die Behandlung eigener Aktien der Gesellschaft ist Abs. 1 S. 2 maßgebend (→ Rn. 11). Die Aktien müssen jedoch – anders als bei §§ 327a ff. AktG – direkt gehalten werden.[109] Dies kann bereits mit den strukturellen Unterschieden der beiden Konstellationen begründet werden. Denn der Sinn der Verschmelzung mit anschließendem Squeeze-out liegt in der 100%igen Übernahme durch den Hauptaktionär. Insofern ist es zwingend erforderlich, dass dieser Hauptaktionär auch unmittelbar mit 90% am Grundkapital der übertragenden AG beteiligt ist.[110] Daher reicht eine nur indirekte Beteiligung nicht aus. Denn diese könnte nicht zu einer Bündelung aller Mitgliedschaftsrechte unmittelbar beim aufnehmenden Rechtsträger führen. Zudem ist auch wie bei § 327a AktG eine Wertpapierleihe denkbar.[111]

Des Weiteren stellt sich die Frage, ob ein sachlicher Zusammenhang zwischen Verschmelzung und Squeeze-out erforderlich ist.[112] Dieses Erfordernis könnte sich aus einer besonderen Schutzbedürftigkeit der Minderheitsaktionäre ergeben. Allerdings ist für den Sachzusammenhang des Umwandlungsrechts allgemein anerkannt,[113] dass umwandlungsrechtliche Maßnahmen ihre (sachliche) Rechtfertigung in sich selbst tragen.[114] Daher ist ein weitergehender Grund nicht zu benennen.[115] Zudem bedarf es auch beim aktienrechtlichen Squeeze-out keiner gesonderten Rechtfertigung für das Recht der qualifizierten Mehrheit, die Minderheit gegen Entschädigung unter Verlust ihrer Anteilseignerstellung auszuschließen. Da der verschmelzungsrechtliche Squeeze-out in seiner Ausgestaltung dem aktienrechtlichen stark ähnelt, kann unter systematischen Gesichtspunkten zumindest in diesem Punkt nichts anderes gelten.

Für die Höhe der Barabfindung gilt das zu § 327b AktG bereits Gesagte (→ Rn. 40).

b) Auslegen der Dokumente (Abs. 5 S. 3–5).

Nach § 62 Abs. 5 S. 3 müssen die Verpflichtungen des § 62 Abs. 3 auch für den umwandlungsrechtlichen Squeeze-out erfüllt werden. Dazu zählt neben der Auslage der dort bezeichneten Dokumente auch der Hinweis auf die Rechte der Anteilsinhaber. Dies dient

---

108 Kallmeyer/Marsch-Barner/Oppenhoff § 62 Rn. 39; Semler/Stengel/Leonard/Diekmann § 62 Rn. 32 f.
109 Wagner DStR 2010, 1629 (1632).
110 So auch Kiefner/Brügel AG 2011, 525 (533).
111 BGH 16.3.2009 – II ZR 302/06, BGHZ 180, 154 = AG 2009, 441; Austmann NZG 2011, 648 (690); Bungert/Wettich DB 2011, 1500 (1501); Kallmeyer/Marsch-Barner/Oppenhoff § 62 Rn. 39.
112 So jedenfalls BegrRegE 3. UmwAndG v. 1.10.2010 zu Buchst. c zur Einf. des § 62 Abs. 4, BT-Drs. 17/3122, 13.
113 Vgl. Koch AktG § 327a Rn. 1b; Lutter/Drygala § 13 Rn. 31 ff. mwN.
114 Freytag BB 2010, 2839 (2841); Wagner DStR 2010, 1629 (1634); Kiefner/Brügel AG 2011, 525 (533).
115 Vgl. Begr. RegE, BT-Drs. 17/3122, 13; OLG Hamburg 14.6.2012 – 11. AktG 1/12, BB 2012, 2073 (2075 f.) = AG 2012, 639; Kallmeyer/Marsch-Barner/Oppenhoff § 62 Rn. 34.

dem Schutz der Minderheitsaktionäre, indem ihnen die Möglichkeit gegeben werden soll, ihre Rechte zu kennen und sodann auf Basis dieses Wissens zu entscheiden, ob sie von diesen Gebrauch zu machen wünschen. Erst bei Vorliegen dieser Voraussetzung kann der Squeeze-out beschlossen werden. Hinsichtlich dieser Frist ist anzuraten, die Möglichkeit des Minderheitsbegehrens mit Hinweisbekanntmachung zeitlich zu begrenzen (→ Rn. 27). Zudem ist darauf zu achten, dass spätestens mit Abschluss des Verschmelzungsvertrages bzw. dessen Entwurf gemäß § 5 Abs. 3 dieser dem zuständigen Betriebsrat zuzuleiten ist, § 62 Abs. 5 S. 4. Für die Auslage des Verschmelzungsvertrages bzw. seines Entwurfs gilt § 327c Abs. 3 AktG, vgl. § 62 Abs. 5 S. 5. Zwar verweist Abs. 5 S. 5 nur auf § 327c Abs. 3 AktG. Allerdings muss auch die Erleichterung des § 327c Abs. 5 AktG gelten, da sich dieser explizit auf § 327c Abs. 3 AktG bezieht. Daher kann auf die Auslage der Dokumente in den Geschäftsräumen der übernehmenden AG verzichtet werden, wenn diese auf der Internetseite der Gesellschaft zugänglich gemacht werden.

c) Anmeldung des Übertragungsbeschlusses (Abs. 5 S. 6)

51 Für die Anmeldung des Übertragungsbeschlusses gilt § 327e Abs. 1 AktG. Danach hat der Vorstand der Gesellschaft den Übertragungsbeschluss zur Eintragung beim Registergericht anzumelden, § 327e Abs. 1 S. 1 AktG. Der Anmeldung sind der Verschmelzungsvertrag in Ausfertigung oder öffentlich beglaubigter Abschrift oder sein Entwurf beizufügen, § 62 Abs. 5 S. 6. Sinn und Zweck der Vorschrift ist sicherzustellen, dass das zuständige Registergericht die Einhaltung der Dreimonatsfrist kontrollieren kann.[116] Da diese Kontrollmöglichkeit aber durch das Einreichen des Entwurfs nicht sichergestellt werden kann, ist dessen Nennung in § 62 Abs. 5 S. 6 wohl ein Redaktionsversehen. Im Ergebnis ist festzuhalten, dass letztlich nur der finale Verschmelzungsvertrag von der Norm erfasst sein soll.[117] Dagegen spricht jedoch, dass die Einreichung von Übertragungsbeschluss und Verschmelzungsvertrag unabhängig voneinander erfolgen können, da Ersterer erst mit Eintragung der Verschmelzung wirksam wird.[118] Demnach genügt bereits die Einreichung des Entwurfs des Verschmelzungsvertrags.

d) Wirksamkeitszeitpunkt der Übertragung (Abs. 5 S. 7)

52 § 62 Abs. 5 S. 7 dient dem Schutz der Minderheitsaktionäre, indem er durch eine aufschiebende Bedingung die Wirksamkeit des Übertragungsbeschlusses mit der Wirksamkeit der Verschmelzung zeitlich gleichschaltet.[119] Dies geschieht durch Eintragung eines Sperrvermerks zum Übertragungsbeschluss im Handelsregister, wonach er erst gleichzeitig mit Eintragung der Verschmelzung im Register wirksam wird. Dieser Einschub war zunächst im Regierungsentwurf nicht vorgesehen.[120] Allerdings ist er notwendig, da der Übertragungsbeschluss sonst bereits vor der Verschmelzung wirksam werden könnte. Dies birgt die Gefahr, dass es nach Wirksamwerden des Übertragungsbeschlusses, aber noch vor Eintragung des Verschmelzungsbeschlusses zu einem Abbruch der Verschmelzung kommen könnte, welcher den bereits wirksamen Übertragungsbeschluss unberührt ließe.[121] Dieses Risiko soll abgewendet werden, weshalb der Gesetzge-

---

116 *Wagner* DStR 2010, 1629 (1633); Semler/Stengel/*Leonard/Diekmann* § 62 Rn. 32j.
117 *Bungert/Wettich* DB 2010, 2545 (2546); *Freytag* BB 2010, 2839 (2841); *Wagner* DStR 2010, 1629 (1633).
118 So auch Semler/Stengel/*Leonard/Diekmann* § 62 Rn. 32j.
119 Zur aufschiebenden Bedingung ausf. *Bungert/Wettich* DB 2010, 2545 (2547); *Heckschen* NZG 2010, 1041 (1045);

Freytag BB 2010, 2839 (2841); *Leuering/Rubner* NJW-Spezial 2010, 271 (272).
120 Hierzu *Mayer* NZG 2012, 561 (562); *Ising* NZG 2010, 614; *Diekmann* NZG 2010, 489.
121 BRAK-Stellungnahme April 2010, Nr. 10/2010, S. 5.

ber sich richtigerweise zur Einfügung dieser aufschiebenden Bedingung entschlossen hat. Zudem stellt der Wortlaut („gleichzeitig") klar, dass zwischen Übertragung und Verschmelzung keine juristische Sekunde liegen kann, wodurch die Aktien der übertragenden Gesellschaft exakt in diesem Moment der Registereintragung untergehen.[122]

Aus dem Wortlaut und dem Zusammenhang von Verschmelzung und Squeeze-out folgt, dass der Squeeze-out bereits im Handelsregister eingetragen sein muss, damit auch die Verschmelzung eintragungsreif ist. Fraglich ist in diesem Zusammenhang, ob die Verschmelzung bereits anmeldereif ist, wenn der Squeeze-out noch nicht beim Register eingetragen ist. Dies folgt aus der Überlegung, dass gem. § 17 Abs. 1 dem Gericht bei der Anmeldung die Niederschriften über die Verschmelzungsbeschlüsse zuzuleiten sind. Da es wegen § 62 Abs. 1 (Beteiligungshöhe) und Abs. 4 (Eintragung des Squeeze-out) auf Seiten des übernehmenden und des übertragenden Rechtsträgers kein Beschlusserfordernis gibt, könnte dies zu dem Rückschluss führen, dass die Verschmelzung erst mit der Eintragung des Squeeze-out angemeldet werden kann. Dies ist aber nicht der Fall.[123] Bei § 62 Abs. 5 handelt es sich um ein (Konzern-)Verschmelzungsverfahren sui generis, bei dem der übertragende Rechtsträger allein aufgrund der in § 62 Abs. 4 gesondert angeordneten Privilegierung nicht an der Beschlussfassung beteiligt ist. Der Squeeze-out ersetzt in dieser Konstellation den Verschmelzungsbeschluss.[124] Es ist bei einer isolierten Verschmelzung allg. anerkannt, dass der Verschmelzungsbeschluss weiterhin anmeldereif ist, wenn die Eintragungsreife des zum Gericht eingereichten Verschmelzungsbeschlusses mangels bestehenden Negativattests oder beendeten Freigabeverfahrens noch nicht vorliegt.[125] 53

e) Anwendbarkeit des AktG (Abs. 5 S. 8)

Die Regeln der §§ 327a-327f AktG, die beim aktienrechtlichen Squeeze-out gelten, sind auch im Rahmen des umwandlungsrechtlichen Squeeze-out anwendbar, indes mit der Besonderheit, dass der Hauptaktionär eine AG sein muss, § 62 Abs. 5 S. 8. Daher ist besonders §§ 327e Abs. 2 iVm § 319 Abs. 5, 6 AktG relevant. Gem. § 319 Abs. 5 AktG hat der Vorstand zu erklären, dass eine Klage gegen die Wirksamkeit eines Hauptversammlungsbeschlusses nicht oder nicht fristgemäß erhoben oder eine solche Klage rechtskräftig abgewiesen oder zurückgenommen worden ist (Negativattest). Liegt die Erklärung nicht vor, wird die Verschmelzung nicht im Register eingetragen. Gleiches gilt für den Fall, dass ein Freigabeverfahren nach § 319 Abs. 6 AktG erfolgreich durchlaufen wurde. Auch hier ist gegenüber dem Register eine entsprechende Erklärung abzugeben. Ihr Fehlen stellt ein Eintragungshindernis dar. 54

3. Gestaltungsvarianten

Mit der Einführung des verschmelzungsrechtlichen Squeeze-out sind die möglichen Kombinationen von Verschmelzung und Ausschluss vielfältig geworden. Daher besteht die Notwendigkeit, die wesentlichen Varianten auf ihre rechtliche Wirksamkeit hin zu überprüfen. 55

---

122 *Austermann* NZG 2011, 648 (688); *Kiefner/Brügel* AG 2011, 525 (528).
123 *Bungert/Wettich* DB 2011, 1500 (1501); *Bungert/Wettich* DB 2010, 2545 (2546); *Keller/Klett* GWR 2010, 415.
124 *Kiefner/Brügel* AG 2011, 525 (531).
125 BGHZ 112, 9 (13, 25); Kallmeyer/*Marsch-Barner/Oppenhoff* § 16 Rn. 25 ff.; Kölner Komm UmwG/*Simon* § 17 Rn. 43; Semler/Stengel/Leonard/*Schwanna* § 16 Rn. 13 ff.

a) Nach Formwechsel in AG

56 Zulässig ist es, eine GmbH allein zum Zweck des Upstream-Mergers in eine AG umzuwandeln. Die Umwandlung erfolgt nach §§ 191, 226. Sobald der Formwechsel in eine AG gemäß § 198 ins Handelsregister eingetragen ist, kann sie als Verschmelzungsgesellschaft nach § 62 Abs. 5 eingesetzt werden.[126] Ebenso ist die Umwandlung des Hauptaktionärs in die Rechtsform der AG mit Eintragung im Register bis spätestens zum Zeitpunkt des Übertragungsbeschlusses möglich.[127] Dass die AG vor einem umwandlungsrechtlichen Squeeze-out erst eine bestimmte Zeitspanne existieren muss, ist gesetzlich nicht geregelt und wäre auch unter dem Gesichtspunkt des Minderheitenschutzes nicht nachvollziehbar oder geboten.

b) Squeeze-out unter Beteiligung eines SPV

57 Sofern der Hauptaktionär kein Interesse an der Verschmelzung einer AG auf seine Gesellschaft hat, gleichwohl aber die Minderheitsaktionäre ausschließen möchte, kommt die Einschaltung einer Zweckgesellschaft bzw. eines „Special Purpose Vehicle" (SPV) in Betracht. Dieses SPV kann beispielsweise in der Form einer AG existieren und dient lediglich dazu, als Verschmelzungsobjekt zu fungieren. Besteht dieses SPV bereits vor Verschmelzungs- und Übertragungsbeschluss oder wurde es bereits anderweitig unternehmerisch eingesetzt, ist nicht davon auszugehen, dass es rechtsmissbräuchlich gegründet wurde.[128] Nach einer Ansicht soll der Einsatz eines SPV dagegen rechtsmissbräuchlich sein, wenn es alleine zum Zweck des Ausschlusses der Minderheit geschaffen wurde.[129] Diese Überlegung überzeugt zunächst nur vordergründig. Auch wenn ein bestimmter (unternehmerischer) Zweck keine gesetzlich angeordnete Voraussetzung zur Schaffung eines SPV ist, wird ein solches nur gegründet, um ein bestimmtes Ziel zu erreichen. Wenn dieses Ziel allein in der Umgehung gesetzlicher Vorschriften liegt, ist die Schaffung rechtsmissbräuchlich. Hiervon kann zumindest ausgegangen werden, wenn ein SPV gegründet wurde, welches (zunächst) nur der Verschmelzung und dem Squeeze-out dienen soll. Daran würde sich auch nichts ändern, wenn zwischen Gründung und Verwendung des SPV eine gewisse Zeitspanne liegt, aufgrund derer aus objektiver Sicht ein unmittelbarer Zusammenhang zwischen Schaffung und Ausschluss nicht mehr hergestellt werden kann. Allerdings übersieht diese Ansicht, dass sich der Gesetzgeber bewusst für die Absenkung der Beteiligungsquote auf 90 % entschieden hat. Sind die Grundvoraussetzungen des § 62 Abs. 5 erfüllt, kann auch die Schaffung eines SPV mit dem alleinigen Zweck des Ausschlusses von Minderheitsaktionären nicht rechtsmissbräuchlich sein.[130] Für die Minderheitsaktionäre macht es außerdem keinen Unterschied, ob auf die Gesellschaft direkt oder das SPV verschmolzen wird, da der Hauptaktionär zu 100 % am SPV beteiligt ist. Die Schaffung und Verwendung eines SPV alleine zum Zweck des Ausschlusses der Minderheitsaktionäre ist daher nicht rechtsmissbräuchlich. Relevant wird diese Variante allerdings nur, wenn der Hauptak-

---

[126] *Bungert/Wettich* DB 2010, 2545 (2550); *Göthel* ZIP 2011, 1541 (1549); *Heckschen* NJW 2011, 2390 (2393); *Mayer* NZG 2012, 561 (563); *Simon/Merkelbach* DB 2011, 1317 (1322); *Wagner* DStR 2010, 1629 (1634).
[127] *Göthel* ZIP 2011, 1541 (1544); *Mayer* NZG 2012, 561 (563).
[128] *Bungert/Wettich* DB 2011, 1500 (1501).
[129] So *Bungert/Wettich* DB 2010, 2545 (2549); *Wagner* DStR 2010, 1629 (1634).
[130] *Goslar/Mense* GWR 2011, 275; *Heckschen* NJW 2011, 2390 (2393); *Hofmeister* NZG 2012, 688 (690); *Klie/Wind/Röder* DStR 2011, 1668 (1671 f.); *Simon/Merkelbach* DB 2011, 1317 (1327 f.); *Wagner* DStR 2010, 1629 (1634 f.).

tionär mehr als 90 %, aber weniger als 95 % der Anteile hat, da andernfalls bereits § 327a AktG anwendbar wäre.[131]

c) Beteiligungs-Pooling

In einer weiteren Variante übertragen mehrere Aktionäre ihre Anteile auf ein SPV mit der Folge, dass diese Gesellschaft mindestens 90 % des Grundkapitals der übertragenden AG hält. Eine Verschmelzung der AG auf das SPV wäre unproblematisch möglich. Ebenso wäre nun der Weg für den Ausschluss der Minderheitsaktionäre frei. Freilich muss man kritisch hinterfragen, ob das Beteiligungs-Pooling rechtsmissbräuchlich ist. Sofern der Zusammenschluss mehrerer Aktionäre alleine zum Zweck des Ausschlusses der Minderheit erfolgt, kann zwar zunächst kein unternehmerischer Grund für die Einschaltung des SPV gesehen werden. Dies belegt aber keinen Rechtsmissbrauch, da Gestaltungsmöglichkeiten zur Ausgliederung gegen Abfindung zulässig und vorgesehen sind.

d) Squeeze-out bei Cross-Border-Verschmelzung

Denkbar und in der Praxis nicht selten der Fall ist die Verschmelzung einer inländischen AG auf eine ausländische AG. Hier stellt sich die Frage, ob in diesem Zusammenhang auch ein Ausschluss von Minderheitsaktionären erfolgen kann. Die §§ 305 ff. regeln explizit den Fall der grenzüberschreitenden Verschmelzung. § 305 Abs. 2 verweist auf die Regeln des allg. Teils bzw. die speziellen Vorschriften über die Verschmelzung. Daher ist auch Abs. 5 anwendbar. Eine Umgehung ausländischer Vorschriften ist unter Zugrundelegung der SEVIC-Entscheidung des EuGH[132] nicht ersichtlich, da sich im Falle der Verschmelzung einer deutschen AG auf eine ausländische Gesellschaft der Ausschluss der Minderheitsaktionäre nur auf den deutschen Teil bezieht.[133] Allerdings muss beachtet werden, dass die Angabe über den Ausschluss der Aktionäre gem. § 62 Abs. 5 S. 2 nach § 307 in den Verschmelzungsvertrag übernommen werden muss.[134] Da § 8 Abs. 3 wegen § 309 Abs. 6 keine Anwendung findet, kann auf den Verschmelzungsbericht in keinem Fall verzichtet werden.

e) Gefahr der „Pro-forma"-Verschmelzung

Wenn die übertragende Gesellschaft eine AG/KgaA und die übernehmende Gesellschaft ebenfalls eine AG/KgaA ist und diese zwischen 90 und 94,99 % des Grundkapitals der übertragenden AG/KgaA hält, könnte eine „Pro-forma"-Verschmelzung mit dem alleinigen Ziel erwogen werden, die Minderheitsaktionäre wirksam auszuschließen.[135] Dies lässt sich damit begründen, dass in derselben Konstellation ein aktienrechtlicher Squeeze-out über § 327a AktG nicht möglich wäre. Denn die notwendige Beteiligung von 95 % wäre nicht erreicht. In der Praxis ist es nicht selten, dass die Minderheitsaktionäre der übertragenden AG/KgaA eine Beteiligung von mehr als 5 % halten, um nicht der Gefahr des Ausschlusses über § 327a AktG zu unterliegen. Allerdings ist der Anwendungsbereich dieser Variante stark eingeschränkt. Zudem wird diese Konstellation nur in den Fällen relevant, in denen die Minderheitsaktionäre zwischen 5 und 10 % des Grundkapitals halten. Da der Gesetzgeber davon ausgeht, dass eine Beteiligung

---

131 Ausf. dazu *Kiefner/Brügel* AG 2011, 525 (535).
132 EuGH Slg I 2005, 10825 = NZG 2006, 112.
133 *Mayer* NZG 2012, 561 (564).
134 *Kiefner/Brügel* AG 2011, 525 (533).
135 Hierzu krit. *Bayer/Schmidt* ZIP 2010, 953 (961); *Buschmann* DZWIR 2011, 318 (319); *Freytag* BB 2010, 1611 (1617); *Heckschen* NZG 2010, 1041 (1044).

von weniger als 10 % keine reale Einflussmöglichkeit vermittelt, geht es nur um den Verlust einer vermögensrechtlichen Position, die durch die Barabfindung angemessen ausgeglichen werden kann. Eine Verschmelzung allein zum Zweck des Ausschlusses von Minderheitsaktionären ist nicht rechtsmissbräuchlich und daher als Gestaltungsvariante zulässig.

4. Verfassungsrechtlicher Hintergrund

61 Durch die Schaffung des neuen verschmelzungsrechtlichen Squeeze-out soll erreicht werden, dass trotz herabgesetzter Schwelle auf 90 % nur die Aktionäre aus der Gesellschaft ausgeschlossen werden können, die ihren Interessenschwerpunkt innerhalb der Gesellschaft allein auf Vermögensinteressen legen. Insofern sind in der Praxis wohl nur jene Anteilsinhaber betroffen, die keine realen Einflussmöglichkeiten haben und diese auch nicht anstreben.[136] Eine generelle Absenkung der Schwelle in § 39c WpÜG und § 327a AktG auf 90 % wäre daher zur Umsetzung der Richtlinie nicht zielführend gewesen.

62 Zwar handelt es sich bei dem Ausschluss um eine eigentumsentziehende Maßnahme nach Art. 14 Abs. 1 GG.[137] Diese findet jedoch ihre verfassungsrechtliche Rechtfertigung in den Inhalts- und Schrankenbestimmungen. Der ausscheidende Aktionär muss zwar seine Aktien herausgeben. Allerdings bekommt er im Gegenzug eine angemessene Barabfindung, die gerichtlich voll überprüfbar ist.[138]

63 Die Grundsätze dieses Squeeze-out sind auch nicht auf die anderen Formen übertragbar. Nach der Intention des Gesetzgebers ist der Kreis der Betroffenen klar erfasst. Daher ist § 62 Abs. 5 S. 1 abschließend.

5. Verfahrensfragen

64 Die Möglichkeit der Einlegung von Rechtsbehelfen steht den Minderheitsaktionären weiterhin zu. Die Einführung des Squeeze-out hat keinen Ausschluss dieser Rechte zur Folge. Eine Anfechtungsklage der Aktionäre hat eine Registersperre zur Folge. Allerdings kann sich diese Anfechtungsklage nicht auf die Höhe der Barabfindung beziehen (→ Rn. 37; über § 62 Abs. 5 S. 8 iVm § 327b AktG). Die Registersperre kann lediglich durch ein erfolgreiches Freigabeverfahren beseitigt werden (→ Rn. 50). Problematisch erscheint der Fall, dass eine vor wirksamer Verschmelzung und Squeeze-out rechtshängige Anfechtungsklage nach Eintragung gerichtlichen Erfolg hat. Dadurch würde der Minderheitsaktionär seine Rechtsposition als Anteilseigner verlieren und somit seine Aktivlegitimation. Außerdem wäre der Klagegegner nicht mehr rechtsfähig und somit nicht passiv legitimiert. Die ausgeschiedenen Aktionäre verlieren jedoch durch den wirksamen Squeeze-out nicht ihre Klagebefugnis, da eine einmal erworbene Rechtsposition nicht nach Rechtshängigkeit untergehen kann.[139] Ein anderes Ergebnis wäre auch unter Gesichtspunkten effektiven Rechtsschutzes nicht tragbar. Klagegegner ist durch den Wegfall der übertragenden Gesellschaft der neue Rechtsträger, also die überneh-

---

136 Vgl. BegrRegE 3. UmwÄndG v. 1.10.2010 zu Buchst. c zur Einf. des § 62 Abs. 4, BT-Drs. 17/3122, 13.
137 Vgl. hierzu BVerfG 7.8.1962 – 1 BvL 16/60, AG 1962, 249; BVerfG 23.8.2000 – 1 BvR 68/95, 1 BvR 147/97, AG 2001, 42; BVerfG 30.5.2007 – 1 BvR 390/04, AG 2007, 544.
138 Vgl. BegrRegE 3. UmwÄndG v. 1.10.2010 zu Buchst. c zur Einf. des § 62 Abs. 4, BT-Drs. 17/3122, 13; zust. OLG Hamburg 14.6.2012 – 11 AktG 1/12, BB 2012, 2073 (2074 f.) = AG 2012, 639.
139 BGH 22.3.2011 – II ZR 229/09, AG 2011, 518 = NZG 2011, 669. Vergleichbar auch mit den Fällen der ausgeschiedenen Bundestagsfraktionen in einem verfassungsrechtlichen Organstreitverfahren.

mende Gesellschaft als Rechtsnachfolger.[140] Sollte die Anfechtungsklage Erfolg haben, müsste nach den allgemeinen Regeln nicht nur der Squeeze-out, sondern wegen des gesetzlichen Zusammenhangs auch die Verschmelzung rückgängig gemacht werden. Dies hieße, dass Verschmelzung und Squeeze-out rückabgewickelt werden müssten. Dem dürfte bereits § 20 Abs. 1, 2 entgegenstehen. Losgelöst von dem allg. Grundsatz der unzulässigen Rückabwicklung existieren im Aktiengesetz Sonderregelungen. Danach regelt § 319 Abs. 6 S. 1 AktG über § 62 Abs. 5 S. 8 iVm § 327e Abs. 2 AktG, dass Mängel des Beschlusses nach Eintragung im Register dessen Bestand unberührt lassen;[141] er bleibt also für die Strukturmaßnahme konsequenzlos fehlerhaft. Den betroffenen Aktionären steht es dagegen weiter frei, Schadensersatzansprüche gegen die Gesellschaft geltend zu machen. Eine Rückgängigmachung des Beschlusses kann aber nicht durch die Erhebung eines Schadensersatzanspruches, gerichtet auf Naturalrestitution, erreicht werden.

G. Rechtsfolge bei Verfahrensverstößen
I. Fehlerhafte Beteiligungsberechnung

Auf den Zustimmungsbeschluss nach § 13 Abs. 1 kann nur verzichtet werden, wenn die erforderliche Beteiligungsquote von 90 % erreicht ist. Wurde diese Mindestgrenze aufgrund einer fehlerhaften Berechnung nicht erreicht, liegt ein Verstoß gegen § 13 Abs. 1 vor, welcher zu einer Unwirksamkeit des Verschmelzungsvertrages führt. Auch die Eintragung durch den Registerrichter heilt diesen Verstoß nicht, da er nicht nach § 20 Abs. 2 beachtlich ist.[142] Dies gilt auch für den Übertragungsbeschluss beim Squeeze-out nach § 62 Abs. 5, der ohnehin ohne die wirksame Verschmelzung nicht wirksam werden würde.

II. Nicht-Einberufung trotz Minderheitsverlangens

Machen die Minderheitsaktionäre von ihrem Recht auf Einberufung einer Hauptversammlung nach § 62 Abs. 2 Gebrauch und kommt der Vorstand der Gesellschaft diesem Begehren nicht nach, so können die Aktionäre gem. § 122 Abs. 3 AktG analog gerichtlich ermächtigt werden, die Hauptversammlung einzuberufen und die Tagesordnung bekannt zu machen.[143] Die Mindestquote von 5 % ist notfalls durch eine Bevollmächtigung der berechtigten Aktionäre zu erreichen.[144]

III. Verstoß gegen Informationspflichten

Sind die Informationspflichten nach § 62 Abs. 3 verletzt worden, liegt ein Eintragungshindernis vor.[145] Die Umsetzung des § 62 Abs. 3 dient dem Schutz der Informationsinteressen der Aktionäre und stellt deren einzige Möglichkeit dar, ausreichend Informationen über die geplante Verschmelzung zu erlangen und sich diesbezüglich vorzube-

---

140 HM, OLG Hamburg 16.4.2004 – 11 U 11/03, ZIP 2004, 906 (908) = AG 2004, 619; Lutter/*Grunewald* § 28 Rn. 2; Semler/Stengel/Leonard/*Leonard* § 28 Rn. 5; Kallmeyer/*Marsch-Barner/Oppenhoff* § 28 Rn. 2; Schmitt/Hörtnagl/*Winter* § 28 Rn. 7.
141 So auch *Kiefner/Brügel* NZG 2011, 525 (539).
142 Semler/Stengel/Leonard/*Diekmann* § 62 Rn. 34; aA Kölner Komm UmwG/*Simon* § 62 Rn. 108, der auch die nichtige Verschmelzung von § 20 Abs. 2 erfasst sieht.
143 Goutier/Knopf/Tulloch/*Bermel* § 62 Rn. 20; Lutter/*Grunewald* § 62 Rn. 22; Kallmeyer/*Marsch-Barner/Oppenhoff* § 62 Rn. 21; Schmitt/Hörtnagl/*Hörtnagl/Olleck* § 62 Rn. 9; Widmann/Mayer/*Rieger* § 62 Rn. 31.
144 Semler/Stengel/Leonard/*Diekmann* § 62 Rn. 35.
145 Keßler/Kühnberger/*Brügel* § 62 Rn. 17.

reiten. Zudem ist zu beachten, dass sich der Vorstand bei Verletzung dieser Pflichten nach § 93 AktG schadensersatzpflichtig machen kann.[146]

§ 63 Vorbereitung der Hauptversammlung

(1) Von der Einberufung der Hauptversammlung an, die gemäß § 13 Abs. 1 über die Zustimmung zum Verschmelzungsvertrag beschließen soll, spätestens aber ab einem Monat vor dem Tag der Hauptversammlung, sind in dem Geschäftsraum der Gesellschaft zur Einsicht der Aktionäre auszulegen
1. der Verschmelzungsvertrag oder sein Entwurf;
2. die Jahresabschlüsse und die Lageberichte der an der Verschmelzung beteiligten Rechtsträger für die letzten drei Geschäftsjahre;
3. falls sich der letzte Jahresabschluß auf ein Geschäftsjahr bezieht, das mehr als sechs Monate vor dem Abschluß des Verschmelzungsvertrags oder der Aufstellung des Entwurfs abgelaufen ist, eine Bilanz auf einen Stichtag, der nicht vor dem ersten Tag des dritten Monats liegt, der dem Abschluß oder der Aufstellung vorausgeht (Zwischenbilanz);
4. Die nach § 8 erstatteten Verschmelzungsberichte;
5. Die nach § 60 in Verbindung mit § 12 erstatteten Prüfungsberichte.

(2) [1]Die Zwischenbilanz (Absatz 1 Nr. 3) ist nach den Vorschriften aufzustellen, die auf die letzte Jahresbilanz des Rechtsträgers angewendet worden sind. [2]Eine körperliche Bestandsaufnahme ist nicht erforderlich. [3]Die Wertansätze der letzten Jahresbilanz dürfen übernommen werden. [4]Dabei sind jedoch Abschreibungen, Wertberichtigungen und Rückstellungen sowie wesentliche, aus den Büchern nicht ersichtliche Veränderungen der wirklichen Werte von Vermögensgegenständen bis zum Stichtag der Zwischenbilanz zu berücksichtigen. [5]§ 8 Absatz 3 Satz 1 und Satz 2 ist entsprechend anzuwenden. [6]Die Zwischenbilanz muss auch dann nicht aufgestellt werden, wenn die Gesellschaft seit dem letzten Jahresabschluss einen Halbjahresfinanzbericht gemäß § 115 des Wertpapierhandelsgesetzes veröffentlicht hat. [7]Der Halbjahresfinanzbericht tritt zum Zwecke der Vorbereitung der Hauptversammlung an die Stelle der Zwischenbilanz.

(3) [1]Auf Verlangen ist jedem Aktionär unverzüglich und kostenlos eine Abschrift der in Absatz 1 bezeichneten Unterlagen zu erteilen. [2]Die Unterlagen können dem Aktionär mit dessen Einwilligung auf dem Wege elektronischer Kommunikation übermittelt werden.

(4) Die Verpflichtungen nach den Absätzen 1 und 3 entfallen, wenn die in Absatz 1 bezeichneten Unterlagen für denselben Zeitraum über die Internetseite der Gesellschaft zugänglich sind.

Literatur:
Widder, Der Verzicht auf Zwischenbilanzen bei der AG Verschmelzung, AG 2016, 16 ff.; *Kocher/Thomssen*, Auszulegende Jahresabschlüsse bei aktien- und umwandlungsrechtlichen Strukturmaßnahmen, DStR 2015, 1057 ff.

---

[146] Keßler/Kühnberger/*Brügel* § 62 Rn. 17; Semler/Stengel/Leonard/*Diekmann* § 62 Rn. 37.

I. Einleitendes	1	VI. Rechtsfolge von Verstößen	23
II. Auslegen der Dokumente (Abs. 1)	4	1. Verspätete Auslage oder Zugänglichmachung	23
1. Zeitpunkt und Ort der Auslegung	4	2. Missachtung des Deutschen Corporate Governance Kodex	24
2. Bezeichnete Dokumente	8	3. Fehler bei der Zusendung	25
III. Zwischenbilanz (Abs. 2)	14		
IV. Erteilung von Abschriften (Abs. 3)	17		
V. Erleichterung durch Veröffentlichung auf der Internetseite (Abs. 4)	22		

I. Einleitendes

Sofern ein Verschmelzungsbeschluss nach § 62 Abs. 1 nicht entbehrlich ist, ist zu einer Hauptversammlung, in der über die Verschmelzung beschlossen wird, einzuladen. Diese ist entsprechend vorzubereiten und durchzuführen (vgl. § 13 Abs. 1). Daher ist § 63 als Ergänzung der §§ 121 ff. AktG zu verstehen.[1] Sinn und Zweck der Norm ist die Sicherstellung der frühzeitigen Informationsübermittlung an die Aktionäre. Durch diese soll gewährleistet werden, dass die Anteilsinhaber hinsichtlich der geplanten Verschmelzung umfassend in Kenntnis gesetzt werden und sich ausreichend auf die Abstimmung vorbereiten können.[2]

In den Anwendungsbereich der Vorschrift fällt jede übertragende oder übernehmende AG, die an einer Verschmelzung beteiligt ist.[3] Dies umfasst sowohl die Verschmelzung zur Aufnahme als auch zur Neugründung. Über § 125 Abs. 1 sind die Vorschriften des § 63 auch für die Spaltung anwendbar.

Auch wenn § 63 Abs. 1 nicht ausdrücklich auf § 8 Abs. 3 verweist, können die Aktionäre auf den Verschmelzungsbericht verzichten. Grundlage ist eine analoge Anwendung von § 8 Abs. 3.[4] Durch das 3. UmwÄndG in Umsetzung der EU-Richtlinie 2009/109/EG fanden verschiedene Erleichterungen Einzug in § 63. Gemäß § 63 Abs. 2 S. 5 kann auf die Erstellung einer Zwischenbilanz verzichtet werden. Gemäß § 63 Abs. 3 S. 2 steht den Aktionären nunmehr die Wahlmöglichkeit offen, sich die Unterlagen auf elektronischem Wege zustellen zu lassen. Sofern eine Vollversammlung ohne Einladung nach § 121 Abs. 6 AktG abgehalten wird, ist die vorherige Auslage jedoch entbehrlich.[5]

II. Auslegen der Dokumente (Abs. 1)

1. Zeitpunkt und Ort der Auslegung

Die in § 63 Abs. 1 bezeichneten Unterlagen sind jeweils ab dem Zeitpunkt der Einberufung der Hauptversammlung in den Geschäftsräumen der Gesellschaft auszulegen.[6] Dies gilt ab dem Tag der Bekanntmachung in den Geschäftsblättern bzw. der Veröffentlichung der Tagesordnung im Bundesanzeiger.[7] Infolge des UmRUG sind die Dokumente jedoch spätesten einen Monat vor dem Tag der Hauptversammlung auszulegen. Diese Ergänzung dient der Klarstellung, denn bereits nach bisheriger Rechtslage hatte im Wege der rechtskonformen Auslegung des § 63 Abs. 1 iVm § 123 Abs. 1 AktG die Aus-

---

[1] Kallmeyer/Marsch-Barner/Oppenhoff § 63 Rn. 1; Keßler/Kühnberger/Brügel § 63 Rn. 1; Semler/Stengel/Leonard/Diekmann § 63 Rn. 1.
[2] Maulbetsch/Klumpp/Rose/Rose § 63 Rn. 1; Kallmeyer/Marsch-Barner/Oppenhoff § 63 Rn. 1; Widmann/Mayer/Rieger § 63 Rn. 1.
[3] Semler/Stengel/Leonard/Diekmann § 63 Rn. 3.
[4] Maulbetsch/Klumpp/Rose/Rose § 63 Rn. 2; Kölner Komm UmwG/Simon § 63 Rn. 23; Lutter/Grunewald § 63 Rn. 10; Semler/Stengel/Leonard/Diekmann § 63 Rn. 3.
[5] Lutter/Grunewald § 63 Rn. 2; Kallmeyer/Marsch-Barner/Oppenhoff § 63 Rn. 2; Maulbetsch/Klumpp/Rose/Rose § 63 Rn. 2; Kölner Komm UmwG/Simon § 63 Rn. 30; Semler/Stengel/Leonard/Diekmann § 63 Rn. 3.
[6] Deilmann/Messerschmidt NZG 2004, 977 (980); Schmidt DB 2006, 375; Maulbetsch/Klumpp/Rose/Rose § 63 Rn. 4; Kallmeyer/Marsch-Barner/Oppenhoff § 63 Rn. 2.
[7] Maulbetsch/Klumpp/Rose/Rose § 63 Rn. 4; Semler/Stengel/Leonard/Diekmann § 63 Rn. 6.

legung spätestens einen Monat vor der Hauptversammlung zu erfolgen.[8] Bei mehreren Geschäftsstellen der AG hat die Auslage in der Hauptverwaltung zu erfolgen, deren Sitz in der Satzung genannt ist, wobei sich gleichwohl eine Auslage in allen Geschäftsstellen empfiehlt.[9] In dem seltenen Fall, dass eine Gesellschaft zwei Sitze hat, dürfte zugleich an beiden Sitzen auszulegen sein. Die Pflicht zur Auslage der Dokumente endet mit Beginn der Hauptversammlung, vgl. § 63 Abs. 1.[10] Mit Beginn der Hauptversammlung und dem damit einhergehenden Ende der Auslagepflicht nach § 63 ist jedoch die Pflicht zur Auslage der Dokumente nach § 64 Abs. 1 zu beachten.

5 Soweit Gesellschaften dem Deutschen Corporate Governance Kodex unterliegen, haben sie die Dokumente nicht nur auszulegen, sondern zusätzlich auch auf der Internetseite zugänglich zu machen.[11] Hierfür ist nötig, dass die Gesellschaft den Kodex zuvor für anwendbar erklärt hat (§ 161 Abs. 1 AktG). Dabei ist zu beachten, dass der Kodex lediglich eine für die Strukturmaßnahme sanktionslose Empfehlung darstellt.

6 Der Zugang zu den Dokumenten ist zu den gewöhnlichen Geschäftszeiten der Gesellschaft zu ermöglichen. Weichen diese Geschäftszeiten von den allgemein üblichen ab, muss die Gesellschaft neben der Bekanntmachung in der Einladung zur Hauptversammlung auf diese Geschäftszeiten hinweisen.[12]

7 Eine Auslage in den Geschäftsräumen ist jedoch entbehrlich, wenn die bezeichneten Dokumente gem. § 63 Abs. 4 innerhalb desselben Zeitraums über die Internetseite der Gesellschaft zugänglich gemacht werden.

2. Bezeichnete Dokumente

8 Gemäß § 63 Abs. 1 Nr. 1 ist der Verschmelzungsvertrag in notariell beglaubigter Form oder sein Entwurf auszulegen. Soweit nur der Entwurf ausgelegt wird, sollte darauf geachtet werden, dass zwischen den Parteien Einvernehmen über seinen Inhalt herrscht und dass der Entwurf bereits mit dem beabsichtigten Ausfertigungsdatum versehen wird.[13] Außerdem ist Voraussetzung für einen wirksamen Zustimmungsbeschluss, dass der Entwurf inhaltlich dem später zugestimmten Verschmelzungsvertrag entspricht.[14] Daraus ergibt sich auch, dass der Entwurf bis auf unwesentliche Kleinigkeiten – zB Schreibfehler oder offensichtliche Unrichtigkeiten – nicht mehr verändert werden darf (→ § 61 Rn. 7). Auch wenn es keine Voraussetzung für die Wirksamkeit ist, sollte der Entwurf paraphiert werden, da es in der Praxis üblich ist, den gesamten Wortlaut des Verschmelzungsvertrages in der Tagesordnung abzudrucken.[15]

9 Daneben sind auch nach § 63 Abs. 1 Nr. 2 die Jahresabschlüsse und die Lageberichte der an der Verschmelzung beteiligten Rechtsträger für die letzten drei Geschäftsjahre auszulegen. Für deren Inhalte gelten die Regeln des HGB (§§ 242 ff., 264 ff. HGB). Besondere Bedeutung besteht im Rahmen von Konzernabschlüssen, die dem Wortlaut

---

8 Begr. zu § 63 Abs. 1 UmwG-E, RegE UmRUG.
9 Maulbetsch/Klumpp/Rose/*Rose* § 63 Rn. 5; Semler/Stengel/Leonard/*Diekmann* § 63 Rn. 9.
10 Maulbetsch/Klumpp/Rose/*Rose* § 63 Rn. 4; Kallmeyer/*Marsch-Barner/Oppenhoff* § 63 Rn. 2; Lutter/*Grunewald* § 63 Rn. 3; Semler/Stengel/Leonard/*Diekmann* § 63 Rn. 7.
11 F.1 des Deutschen Corporate Governance Kodex; Kallmeyer/*Marsch-Barner/Oppenhoff* § 63 Rn. 4; Semler/Stengel/Leonard/*Diekmann* § 63 Rn. 6.
12 Kallmeyer/*Marsch-Barner/Oppenhoff* § 63 Rn. 2; Kölner Komm UmwG/*Simon* § 63 Rn. 26; Lutter/*Grunewald* § 63 Rn. 3; Semler/Stengel/Leonard/*Diekmann* § 63 Rn. 8.
13 Maulbetsch/Klumpp/Rose/*Rose* § 63 Rn. 7; Semler/Stengel/Leonard/*Diekmann* § 63 Rn. 10.
14 Semler/Stengel/Leonard/*Diekmann* § 63 Rn. 10; Widmann/Mayer/*Rieger* § 63 Rn. 7.
15 Maulbetsch/Klumpp/Rose/*Rose* § 63 Rn. 7; Kölner Komm UmwG/*Simon* § 63 Rn. 7; Kallmeyer/*Marsch-Barner/Oppenhoff/Lanfermann* § 63 Rn. 6; Lutter/*Grunewald* § 63 Rn. 6.

nach nicht auszulegen sind, bei denen sich die Auslegung aber dennoch empfiehlt, wenn die übertragende Gesellschaft nach § 264b HGB von der Pflicht zur Aufstellung des Jahresabschlusses befreit ist und in den Konzernabschluss der übernehmenden Gesellschaft einbezogen wurde.[16] Sofern der beteiligte Rechtsträger noch keine drei Jahre besteht, sind die seit Eintragung erstellten Jahresabschlüsse und Lageberichte auszulegen.[17]

Grundsätzlich reicht es aus, die Jahresabschlüsse und Lageberichte der Gesellschaft auszulegen. Sollte der letzte Jahresabschluss allerdings länger als sechs Monate vor dem Abschluss des Verschmelzungsvertrages oder der Aufstellung des Entwurfs liegen, hat die Gesellschaft eine Zwischenbilanz, welche nicht älter als drei Monate sein darf, zugänglich zu machen, § 63 Abs. 1 Nr. 3. Dies ist deshalb notwendig, da im ungünstigsten Fall knapp 15 Monate zwischen letztem Jahresabschluss und Hauptversammlung liegen können, was keine ausreichend realistische Beurteilung der Gesellschaft mehr gestattet.[18] Die Berechnung der Frist erfolgt über §§ 187 Abs. 1, 188 Abs. 2 BGB.[19] Daher ist in der Praxis darauf zu achten, sofern das Geschäftsjahr dem Kalenderjahr entspricht, den Entwurf des Verschmelzungsvertrages bis zum 30.6. des Folgejahres fertig gestellt zu haben, um den Jahresabschluss anstelle einer sonst notwendigen Zwischenbilanz auslegen zu können.[20] 10

Weiterhin sind gem. § 63 Abs. 1 Nr. 4 die Verschmelzungsberichte nach § 8 und gemäß § 63 Abs. 1 Nr. 5 die nach § 60 iVm § 12 erstatteten Prüfungsberichte auszulegen. 11

Die bezeichneten Dokumente sind gedruckt in deutscher Sprache vorzuhalten.[21] 12

Zwar gibt es keine gesetzlich vorgeschriebene Zeitspanne, die zwischen Aufstellung des Verschmelzungsvertrags und Einberufung der Hauptversammlung liegen darf. Es ist aber anzuraten, dass diese Spanne möglichst kurz gehalten wird. Über eine längere Dauer hinweg können sich für die Verschmelzung relevante Änderungen ergeben. Der Entwurf, der die Grundlage des Verschmelzungsvertrages bildet, müsste in diesem Fall überarbeitet werden, was erneute Kosten verursachen würde. Bei einer Zeitspanne von mehr als einem Monat zwischen diesen beiden Handlungen bedarf es einer sachlichen Rechtfertigung.[22] 13

III. Zwischenbilanz (Abs. 2)

Sofern zwischen dem letzten Geschäftsjahr der AG und dem Abschluss des Verschmelzungsvertrages bzw. der Aufstellung des Entwurfs mehr als sechs Monate liegen, ist die Jahresbilanz dieses Geschäftsjahrs nicht mehr verwendbar. In diesem Fall ist eine Zwischenbilanz zu erstellen (→ Rn. 10). Für die Aufstellung der Zwischenbilanz gelten die Regeln entsprechend der Aufstellung des letzten Jahresabschlusses, § 63 Abs. 2 S. 1. Ist die Aufstellung einer Zwischenbilanz notwendig, ist bei ihrer Erstellung darauf 14

---

16 Maulbetsch/Klumpp/Rose/*Rose* § 63 Rn. 8; zur Auslagepflicht bei bereits erstellten Jahresabschlüssen und Lageberichten *Vetter* NZG 1999, 925 (928); *Wendt* DB 2003, 191 (193).
17 Maulbetsch/Klumpp/Rose/*Rose* § 63 Rn. 8; Kallmeyer/*Marsch-Barner/Oppenhoff* § 63 Rn. 3; Kölner Komm UmwG/*Simon* § 63 Rn. 11; Lutter/*Grunewald* § 63 Rn. 5; Semler/Stengel/Leonard/*Diekmann* § 63 Rn. 11.
18 Zur Möglichkeit der Erstellung einer Zwischenbilanz zur Umgehung der Problematik vgl. Semler/Stengel/Leonard/*Diekmann* § 63 Rn. 12; krit. und abl. Widmann/Mayer/*Rieger* § 63 Rn. 11.
19 Maulbetsch/Klumpp/Rose/*Rose* § 63 Rn. 9; Semler/Stengel/Leonard/*Diekmann* § 63 Rn. 14.
20 Lutter/*Grunewald* § 63 Rn. 6; Widmann/Mayer/*Rieger* § 63 Rn. 17.
21 Vgl. LG München 3.5.2001 – 5 HK O 23950/00, ZIF 2001, 1148.
22 Semler/Stengel/Leonard/*Diekmann* § 63 Rn. 14; Maulbetsch/Klumpp/Rose/*Rose* § 63 Rn. 10.

zu achten, dass sie nicht vor dem ersten Tag des dritten Monats vor Erstellung des Verschmelzungsvertrages oder seines Entwurfs aufgestellt wurde. Wurde der Verschmelzungsvertrag etwa am 20.9. abgeschlossen bzw. sein Entwurf an diesem Tag aufgestellt, darf die Zwischenbilanz nicht vor dem 1.6. datiert sein, sofern das Geschäftsjahr dem Kalenderjahr entspricht. Für die Bilanz ist es nicht erforderlich, eine detaillierte Auflistung der Gewinne und Verluste bzw. einen Lagebericht zu verfassen.[23] Ein Anhang ist nicht Teil der Bilanz und muss daher auch nicht als gesonderter Teil dem Jahresabschluss beigefügt werden.[24] Erforderlich ist auch nicht, dass ein Anhang in reduzierter Form der Bilanz beigefügt wird.[25] Auch eine Prüfung der Bilanz findet nicht statt.[26]

15 Für die Zwischenbilanz gilt die Erleichterung des § 63 Abs. 2 S. 2. Danach ist eine körperliche Bestandsaufnahme, die sogenannte effektive Inventur (§ 240 HGB), nicht erforderlich. Außerdem dürfen nach § 63 Abs. 2 S. 3 die Wertansätze der letzten Jahresbilanz übernommen werden. Diese Erleichterung unterliegt jedoch der Beschränkung des § 63 Abs. 2 S. 4, wonach Abschreibungen, Wertberichtigungen und Rückstellungen sowie wesentliche, aus den Büchern nicht ersichtliche Veränderungen der wirklichen Werte von Vermögensgegenständen bis zum Stichtag der Zwischenbilanz zu berücksichtigen sind. Eine diesbezügliche fehlerhafte Aktualisierung der Bilanz kann zur Anfechtbarkeit des Zustimmungsbeschlusses führen.[27] Daher ist bei der Erstellung besondere Sorgfalt geboten.

16 Durch die Einfügung der S. 5–7 im Rahmen des 3. UmwÄndG wurde zum 15.7.2011 die Möglichkeit des Verzichts nach § 8 Abs. 3 S. 1 gesetzlich normiert, wobei schon vor Inkrafttreten der Neuerungen von der Möglichkeit eines solchen Verzichts ausgegangen wurde.[28] Aus § 63 Abs. 2 S. 5 iVm § 8 Abs. 3 S. 2 ergibt sich, dass hierfür die notarielle Beurkundung des Verzichts erforderlich ist. Die Aufstellung einer Zwischenbilanz ist ferner nicht erforderlich, wenn die Gesellschaft seit dem letzten Jahresabschluss einen Halbjahresfinanzbericht gemäß § 115 WpHG veröffentlicht hat, § 63 Abs. 2 S. 6. Die Zwischenbilanz ist in diesem Fall nicht erforderlich, da der Halbjahresbericht die Zeitspanne des Jahresabschlusses halbiert und daher die Sechsmonatsfrist des § 63 Abs. 1 Nr. 3 in jedem Fall gewahrt werden kann. Zur Verdeutlichung stellt § 63 Abs. 2 S. 7 klar, dass der Halbjahresfinanzbericht an die Stelle der Zwischenbilanz tritt. Diese Erleichterung hat in der Praxis große Relevanz, da in vielen Fällen andernfalls nicht auf die Erstellung der Zwischenbilanz verzichtet werden könnte, obwohl jede von § 115 WpHG erfasste Gesellschaft einen solchen Finanzbericht zu erstellen hat.

IV. Erteilung von Abschriften (Abs. 3)

17 Nach § 63 Abs. 3 S. 1 kann jeder Aktionär eine Abschrift der in § 63 Abs. 1 genannten Dokumente verlangen. Eine schriftliche Aufforderung ist nicht notwendig. Die Aufforderung kann bereits vor der Einladung zur Hauptversammlung erfolgen. Allerdings ist der Gesellschaft in diesem Fall bis zur Einberufung der Hauptversammlung Zeit zu ge-

---

23 Lutter/*Grunewald* § 63 Rn. 9; Kallmeyer/*Marsch-Barner/Oppenhoff/Lanfermann* § 63 Rn. 7; Widmann/Mayer/*Rieger* § 63 Rn. 18.
24 Kölner Komm UmwG/*Simon* § 63 Rn. 22; Lutter/*Grunewald* § 63 Rn. 9; Schmitt/Hörtnagl/*Hörtnagl/Ollech* § 63 Rn. 5; Semler/Stengel/Leonard/*Diekmann* § 63 Rn. 16; Widmann/Mayer/*Rieger* § 63 Rn. 18.
25 So jedenfalls Lutter/*Grunewald* § 63 Rn. 9.
26 Kallmeyer/*Marsch-Barner/Oppenhoff/Lanfermann* § 63 Rn. 7; Widmann/Mayer/*Rieger* § 63 Rn. 20.
27 BGH ZIP 1995, 1256 ff.
28 Lutter/*Grunewald* § 63 Rn. 13; Maulbetsch/Klumpp/Rose/*Rose* § 63 Rn. 14; Semler/Stengel/Leonard/*Diekmann* § 63 Rn. 18a.

ben, die Dokumente zu aktualisieren und versandfertig zu machen.²⁹ Der Aktionär hat sich gegenüber der Gesellschaft zu legitimieren. Dies kann etwa durch Depotbescheinigungen erfolgen. Jedoch ist ebenso eine Identifizierung über das bei der Gesellschaft geführte Aktienregister möglich.³⁰

Die Versendung der Unterlagen erfolgt auf Gefahr des Aktionärs.³¹ Grundsätzlich schützt die Norm die Interessen des Aktionärs, jedoch ist die Haftung der Gesellschaft auf ihr eigenes Handeln beschränkt, so dass etwa aufgrund eines Verlusts der Unterlagen auf dem Postweg kein Verstoß gegen die Norm angenommen werden kann.³² Daher genügt es, wenn die Gesellschaft nachweisen kann, dass sie die Unterlagen tatsächlich an den Aktionär verschickt hat.³³ Um diesen Beweis erbringen zu können, empfiehlt sich die Versendung als Einschreiben. Eine Express-Sendung ist nicht erforderlich, vielmehr ist eine übliche Versandart ausreichend.³⁴

Aus § 63 Abs. 3 S. 1 ergibt sich, dass nicht etwa der Aktionär, sondern die Gesellschaft die Kosten der Abschrift zu tragen hat. Dies bezieht sich sowohl auf die Anfertigung als auch auf die Versendung der Dokumente.³⁵

Um das Risiko des Verlustes der Unterlagen auf dem Postweg zu vermeiden und die Kosten für die Gesellschaft zu reduzieren, wurde mit § 63 Abs. 3 S. 2 die Möglichkeit geschaffen, die Unterlagen dem Aktionär nach dessen Einwilligung auf elektronischem Weg zukommen zu lassen. Eine per E-Mail angeforderte Zuleitung der Dokumente kann bereits als Zusendungswunsch auf demselben Weg verstanden werden, wenn der Aktionär dem Gegenangebot der Gesellschaft auf Zusendung per Postweg nicht nachkommt.³⁶ Hierfür ausreichend ist die Versendung einer E-Mail mit den Unterlagen in druckfähigem Format.

Falls die Dokumente zwischenzeitlich aktualisiert wurden, ist dem Aktionär unaufgefordert die neueste Version der Dokumente zukommen zu lassen.³⁷ Dabei muss nicht zwingend die Versandart gewählt werden, die beim ersten Versand benutzt wurde.

V. Erleichterung durch Veröffentlichung auf der Internetseite (Abs. 4)

Sofern der Vorstand der übernehmenden Gesellschaft die Dokumente auf der Internetseite zugänglich macht, entfallen die Pflicht zur Auslage der Dokumente und das Recht der Aktionäre auf Zusendung einer Abschrift, § 63 Abs. 4. Auch hier ist die Darstellung in Druckformat zu fordern. Die Zusendung der Abschrift ist nicht mehr erforderlich, wenn bereits von der Auslage der Dokumente abgesehen werden kann. Der Zeitpunkt der Veröffentlichung auf der Internetseite muss dem der Auslage in den Geschäftsräumen nach § 63 Abs. 1 entsprechen. Dabei hat die Gesellschaft dafür zu sorgen, dass die Veröffentlichung rechtzeitig geschieht. Nicht von der Gesellschaft zu vertretende Verspätungen bei der Bekanntmachung können ihr nicht zugerechnet werden. Die

---

29 Goutier/Knopf/Tulloch/*Bermel* § 63 Rn. 14; Wiedmann/Mayer/*Rieger* § 63 Rn. 31 mwN; dagegen *Adler/Düring/Schmaltz*, Rechnungslegung und Prüfung der Unternehmen, 6. Aufl., Bd. 4, AktG § 175 Rn. 20, Anforderung erst ab Auslegung.
30 Semler/Stengel/Leonard/*Diekmann* § 63 Rn. 20.
31 Semler/Stengel/Leonard/*Diekmann* § 63 Rn. 22; *Leuering* ZIP 2000, 2053 (2056).
32 *Leuering* ZIP 2000, 2053 (2056); Maulbetsch/Klumpp/Rose/*Rose* § 63 Rn. 16; Kallmeyer/Marsch-Barner/Oppenhoff § 63 Rn. 14; Kölner Komm UmwG/*Simon* § 63 Rn. 36; Semler/Stengel/Leonard/*Diekmann* § 63 Rn. 22.
33 Maulbetsch/Klumpp/Rose/*Rose* § 63 Rn. 16; Semler/Stengel/Leonard/*Diekmann* § 63 Rn. 22.
34 Semler/Stengel/Leonard/*Diekmann* § 63 Rn. 21.
35 Goutier/Knopf/Tulloch/*Bermel* § 63 Rn. 14.
36 So auch Semler/Stengel/Leonard/*Diekmann* § 63 Rn. 21a; zur grundsätzlichen Formfreiheit der Einwilligung vgl. *Wagner* DStR 2010, 1629 (1630); *Simon/Merkelbach* DB 2011, 1317.
37 Maulbetsch/Klumpp/Rose/*Rose* § 63 Rn. 17, der eine solche Vorgehensweise empfiehlt.

zusätzliche Auslegung der Dokumente in den Geschäftsräumen der Gesellschaft ist aber nicht erforderlich, da § 63 Abs. 4 sonst praktisch leerlaufen würde.

VI. Rechtsfolge von Verstößen

1. Verspätete Auslage oder Zugänglichmachung

23 Erfolgt die Auslage nach § 63 Abs. 1 oder die Zugänglichmachung nach § 63 Abs. 4 verspätet oder gar nicht, stellt dies einen **Verfahrensverstoß** dar, der gemäß § 243 Abs. 1 AktG grundsätzlich zu einer Anfechtbarkeit des Verschmelzungsbeschlusses führen kann.[38] Für die Veröffentlichung auf der Internetseite der Gesellschaft empfiehlt es sich daher sicherzustellen, dass die Dokumente tatsächlich erfolgreich auf der Internetseite veröffentlicht wurden und über den relevanten Zeitraum auch abrufbar sind. Eine Anfechtbarkeit ergibt sich nämlich auch aus der fehlerhaften Zugänglichmachung auf der Internetseite (→ Rn. 22). Allerdings ist ein möglicher Verstoß anhand eines objektiven Maßstabes zu werten (vgl. § 243 Abs. 4 S. 1 AktG). War die Auslage der Dokumente nicht kausal für den späteren Beschluss, kann auch eine Verletzung von § 63 Abs. 1 oder 4 nicht zu einem relevanten Verstoß führen. Nimmt kein Aktionär das ihm zustehende Einsichtsrecht wahr, kann auch kein Verstoß dagegen denkbar sein.

2. Missachtung des Deutschen Corporate Governance Kodex

24 Sofern die Gesellschaft unter den Deutschen Corporate Governance Kodex fällt, hat sie jedes Jahr eine Erklärung darüber abzugeben, ob sie sich an die Empfehlungen des Kodex halten wird und gehalten hat, soweit dieser anerkannt wurde. Liegt bspw. ein Verstoß gegen die Empfehlung aus Ziff. 2.3.1 des Deutschen Corporate Governance Kodex in der Form vor, dass die in § 63 Abs. 1 bezeichneten Dokumente ausschließlich ausgelegt und nicht auf der Internetseite zugänglich gemacht wurden, hat eine Abweichungserklärung (negative Entsprechenserklärung) zu erfolgen, weshalb die Empfehlung nicht eingehalten wurde. Unterbleibt diese Erklärung, hat dies allerdings keinerlei Auswirkungen auf die Wirksamkeit eines gefassten Verschmelzungsbeschluss.[39]

3. Fehler bei der Zusendung

25 Wenn Aktionäre die in § 63 Abs. 1 bezeichneten Dokumente trotz Zusendungsverlangen nach § 63 Abs. 3 S. 1 nicht erhalten, ist ein Verstoß und damit eine Anfechtbarkeit nur dann gegeben, wenn die Gesellschaft die Unterlagen nicht verschickt hat oder die ordnungsgemäße Abgabe bei der Post oder die Versendung per E-Mail nicht nachweisen kann. Daneben muss der Verschmelzungsbeschluss gerade wegen der Stimme des oder der betroffenen Anteilsinhaber(s.) entsprechend ausgefallen sein.[40] In der Regel wird solch ein Beruhen sich aber nicht oder nur schwer nachweisen lassen.[41]

---

[38] Vgl. LG Hagen 8.12.1964 – ZHO 132/64, AG 1965, 82 (re. Sp.); Kallmeyer/*Marsch-Barner/Oppenhoff* § 63 Rn. 16; Semler/Stengel/Leonard/*Diekmann* § 63 Rn. 26.
[39] Semler/Stengel/Leonard/*Diekmann* § 63 Rn. 26.
[40] Semler/Stengel/Leonard/*Diekmann* § 63 Rn. 28; aA Widmann/Mayer/*Rieger* § 63 Rn. 35; Kölner Komm UmwG/*Simon* § 63 Rn. 41 mit Verweis auf den Normzweck des § 63 Abs. 3.
[41] *Leuering* ZIP 2000, 2053 (2058) gegen das Erfordernis eines strengen Kausalitätsnachweises, mit Verweis auf die Relevanz des Verstoßes.

§ 64 Durchführung der Hauptversammlung

(1) ¹In der Hauptversammlung sind die in § 63 Absatz 1 bezeichneten Unterlagen zugänglich zu machen. ²Der Vorstand hat den Verschmelzungsvertrag oder seinen Entwurf zu Beginn der Verhandlung mündlich zu erläutern und über jede wesentliche Veränderung des Vermögens der Gesellschaft zu unterrichten, die seit dem Abschluss des Verschmelzungsvertrages oder der Aufstellung des Entwurfs eingetreten ist. ³Der Vorstand hat über solche Veränderungen auch die Vertretungsorgane der anderen beteiligten Rechtsträger zu unterrichten; diese haben ihrerseits die Anteilsinhaber des von ihnen vertretenen Rechtsträgers vor der Beschlussfassung zu unterrichten. ⁴§ 8 Absatz 3 Satz 1 und Satz 2 ist entsprechend anzuwenden.

(2) Jedem Aktionär ist auf Verlangen in der Hauptversammlung Auskunft auch über alle für die Verschmelzung wesentlichen Angelegenheiten der anderen beteiligten Rechtsträger zu geben.

I. Einleitendes 1	5. Verzicht (Abs. 1 S. 4) 8
II. Informationspflichten (Abs. 1) 3	III. Auskunftsrecht (Abs. 2) 9
1. Auslage der Dokumente (Abs. 1 S. 1) 3	IV. Rechtsfolge von Verstößen 12
2. Erläuterung des Verschmelzungsvertrags oder des Entwurfs (Abs. 1 S. 2) 5	1. Verstoß gegen Informationspflichten (Abs. 1) 12
3. Unterrichtung über wesentliche Veränderungen (Abs. 1 S. 2) 6	2. Verstoß gegen Auskunftspflicht (Abs. 2) ... 14
4. Unterrichtung der Vertretungsorgane und Anteilsinhaber (Abs. 1 S. 3) 7	

I. Einleitendes

§ 64 regelt die Durchführung der Hauptversammlung und knüpft hierzu an § 63 an. Primär bezweckt die Vorschrift, ein hinreichendes Schutzniveau für die Aktionäre zu gewährleisten, basierend auf der Bereitstellung bestimmter Informationen in der Hauptversammlung. Grundlage der Informationsvermittlung in der Hauptversammlung sind die in § 63 genannten Dokumente. Folgerichtig hat der Vorstand den Verschmelzungsvertrag oder seinen Entwurf in der Verhandlung mündlich zu erläutern, § 64 Abs. 1 S. 2. Durch die Neufassung im Rahmen des 3. UmwÄndG wurde im Rahmen des § 64 Abs. 1 S. 2 daneben die Pflicht des Vorstandes dahin gehend erweitert, dass nun über jede wesentliche Veränderung des Gesellschaftsvermögens zu unterrichten ist. Außerdem müssen die Vertretungsorgane aller beteiligten Rechtsträger sowie die Anteilsinhaber über solche Veränderungen informiert werden, § 64 Abs. 1 S. 3. Hierdurch soll ein weiterreichender Schutz aller an der Verschmelzung beteiligten Personen und Rechtsträger erreicht werden. Zudem wurde die Möglichkeit des Verzichts auf Berichte und Erläuterungen über § 8 Abs. 3 S. 1 gesetzlich explizit normiert, § 64 Abs. 1 S. 4. § 64 Abs. 2 erweitert den Informationsumfang für die Aktionäre durch die Möglichkeit der Einsichtnahme in alle für die Verschmelzung wesentlichen Angelegenheiten der anderen beteiligten Rechtsträger.

Die Vorschrift greift bei AGs, sowohl als übernehmende, als auch übertragende Rechtsträger.[1] Zudem ist § 64 auch bei der Spaltung gemäß § 125 Abs. 1 zu beachten.

---

[1] Semler/Stengel/*Leonard/Diekmann* § 64 Rn. 3; Widmann/Mayer/*Rieger* § 64 Rn. 2.

II. Informationspflichten (Abs. 1)

1. Auslage der Dokumente (Abs. 1 S. 1)

3 Die für die Vorbereitung der Hauptversammlung in § 63 Abs. 1 bezeichneten Unterlagen sind gem. § 64 Abs. 1 S. 1 **während der Hauptversammlung zugänglich zu machen**. Die Pflicht zur Zugänglichmachung beginnt mit Eröffnung der Hauptversammlung. Es genügt, wenn der Vorstand eine Abschrift der Dokumente auslegt. Die Originaldokumente sind nicht zwingend zugänglich zu machen, werden jedoch für den Fall eines Abgleichbegehrens[2] oftmals bereitgehalten und Aktionären auf Verlangen zugänglich gemacht.[3] Bei hoher Teilnehmerzahl sollten mehrere identische Abschriften ausgelegt werden, um eine geordnete Informationsweiterleitung zu gewährleisten.[4] Hierdurch kann möglichen Verzögerungen im Ablauf der Hauptversammlung vorgebeugt werden. Dem Wortlaut nach müssen die Dokumente nicht zwangsläufig ausgelegt werden, ein Zugänglichmachen reicht aus. Darunter fällt neben der Auslage auch die Darstellung in elektronischer Form.[5] Macht die Gesellschaft von der Möglichkeit der Veröffentlichung der Dokumente auf der Internetseite nach § 63 Abs. 4 Gebrauch, muss sie sicherstellen, dass die Aktionäre während der Hauptversammlung eine Zugriffsmöglichkeit haben, um dem Informationsinteresse ausreichend Rechnung zu tragen.[6] Bei der Bereitstellung in elektronischer Form wäre etwa die Angabe eines Links denkbar. In der Versammlung sollte trotzdem eine Auslage von Abschriften in ggf. reduzierter Zahl stattfinden. Über den Link können die Aktionäre mit Laptops oder sonstigen mobilen Geräten auf die vollständigen Unterlagen zugreifen.

4 Die Pflicht zur Auslage der Dokumente endet nicht schon mit der Fassung des Beschlusses zur Verschmelzung.[7] Dem Wortlaut der Norm lassen sich keine Anhaltspunkte dafür entnehmen, dass auf den Zeitpunkt der Beschlussfassung abzustellen ist.[8] Zwar besteht auf den ersten Blick ab diesem Moment kein Bedürfnis der Aktionäre mehr auf Informationsweiterleitung, da die Verschmelzung beschlossen wurde. Allerdings geht der Schutz der Aktionäre darüber hinaus. Jeder Anteilsinhaber kann auch nach der Beschlussfassung bis zum Ende der Hauptversammlung Widerspruch zu notariellem Protokoll einlegen.[9] Somit können die Aktionäre durchaus auch nach Beschlussfassung ein gesteigertes Interesse an der Einsicht der Dokumente haben, um sich über einen möglichen Widerspruch Gedanken machen zu können.[10]

2. Erläuterung des Verschmelzungsvertrags oder des Entwurfs (Abs. 1 S. 2)

5 Die Erläuterung durch den Vorstand hat mündlich zu erfolgen und ist vor Eröffnung der Generaldebatte vorzunehmen.[11] Es ist keinesfalls nötig, dass der Verschmelzungsver-

---

2 Maulbetsch/Klumpp/Rose/*Rose* § 64 Rn. 3.
3 *Deilmann/Messerschmidt* NZG 2004, 977 (981); Kallmeyer/*Marsch-Barner*/*Oppenhoff* § 64 Rn. 1.
4 Kallmeyer/*Marsch-Barner*/*Oppenhoff* § 64 Rn. 1; Kölner Komm UmwG/*Simon* § 64 Rn. 8; Lutter/*Grunewald* § 64 Rn. 2; Semler/Stengel/Leonard/*Diekmann* § 64 Rn. 5.
5 Semler/Stengel/Leonard/*Diekmann* § 64 Rn. 5; Kallmeyer/*Marsch-Barner*/*Oppenhoff* § 64 Rn. 1.
6 Begr. RegE zur entspr. Änderung in § 52 AktG, BT-Drs. 16/11642, 25; *Schmidt* NZG 2008, 734 (735); Kallmeyer/*Marsch-Barner*/*Oppenhoff* § 64 Rn. 1; Semler/Stengel/Leonard/*Diekmann* § 64 Rn. 4; krit. zum Zugänglichmachen Kölner Komm UmwG/*Simon* § 64 Rn. 5.
7 Kallmeyer/*Marsch-Barner*/*Oppenhoff* § 64 Rn. 1; Kölner Komm UmwG/*Simon* § 64 Rn. 13; Semler/Stengel/Leonard/*Diekmann* § 64 Rn. 4; Widmann/Mayer/*Rieger* § 64 Rn. 6; Lutter/*Grunewald* § 64 Rn. 2.
8 Goutier/Knopf/Tulloch/*Barmel* § 64 Rn. 5; Kallmeyer/*Marsch-Barner*/*Oppenhoff* § 64 Rn. 1; Kölner Komm UmwG/*Simon* § 64 Rn. 13; Semler/Stengel/Leonard/*Diekmann* § 64 Rn. 4; Widmann/Mayer/*Rieger* § 64 Rn.
9 Semler/Stengel/Leonard/*Diekmann* § 64 Rn. 4.
10 Kallmeyer/*Marsch-Barner*/*Oppenhoff* § 64 Rn. 1; Semler/Stengel/Leonard/*Diekmann* § 64 Rn. 4.
11 Maulbetsch/Klumpp/Rose/*Rose* § 64 Rn. 5.

trag oder der Entwurf wörtlich vorgelesen werden, eine Zusammenfassung und Erklärung aller relevanten Eckpunkte ist sinnvoll, aber nicht notwendig.[12] Dazu gehören ua auch die Gründe für die geplante Verschmelzung mit ihren wirtschaftlichen und rechtlichen Folgen. Auch das Umtauschverhältnis muss bereits offengelegt und ggf. begründet werden.[13] Die Verschmelzungs- und Prüfungsberichte werden hingegen nicht vorgetragen.[14]

3. Unterrichtung über wesentliche Veränderungen (Abs. 1 S. 2)

Der Vorstand hat die Aktionäre zu unterrichten, falls es wesentliche Veränderungen des Gesellschaftsvermögens in der Zeit zwischen Erstellung des Verschmelzungsberichts und Eröffnung der Hauptversammlung gegeben hat. Der Verschmelzungsbericht gem. §§ 8, 63 Abs. 1 Nr. 1 muss bei Einberufung der Hauptversammlung bereits ausgelegt werden. Entsprechend ist es notwendig, dass er bis zu diesem Zeitpunkt erstellt ist. In der Zeit zwischen Erstellung des Berichts und Eröffnung der Hauptversammlung kann es jedoch zu Änderungen des Gesellschaftsvermögens kommen. Die Zeitspanne beträgt nicht selten einige Wochen. Daher ist auch hier der aktuelle Stand des Vermögens als Ganzes offenzulegen, da sich eine Vermögensänderung auch unmittelbar auf das Umtauschverhältnis auswirken kann.[15]

4. Unterrichtung der Vertretungsorgane und Anteilsinhaber (Abs. 1 S. 3)

Sollten sich wesentliche Vermögensänderungen ergeben, über die der Vorstand nach § 64 Abs. 1 S. 2 unterrichten muss, hat die Weiterleitung dieser Informationen an die Vertretungsorgane aller beteiligten Rechtsträger zu erfolgen, § 64 Abs. 1 S. 3. Hierzu hat der Vorstand einen Nachtragsbericht zu erstellen, der den aktuellen Vermögensstand im Vergleich zum Verschmelzungsbericht wiedergibt. Sofern die Aktionäre einen Verschmelzungsbericht von der Gesellschaft bekommen haben, ist ihnen unaufgefordert der Nachtragsbericht zuzuleiten.[16] Dies kann unabhängig von der für die Versendung des Verschmelzungsberichts nach § 63 Abs. 1 gewählten Versandart in jeder zugelassenen Form erfolgen. Sofern kein Verschmelzungsbericht versandt wurde, ist ein Nachtragsbericht auf Wunsch der Aktionäre auszuhändigen.

5. Verzicht (Abs. 1 S. 4)

Die Möglichkeit des Verzichts bezieht sich sowohl auf die Auslage der Dokumente als auch die Erörterung und Weiterleitung an die Vertretungsorgane und Anteilsinhaber der beteiligten Rechtsträger. Davon kann nach § 8 Abs. 3 bereits vor Aufstellung des Verschmelzungsvertrages durch eine notariell zu beurkundende Erklärung Gebrauch

---

12 Kallmeyer/Marsch-Barner/Oppenhoff § 64 Rn. 3 mit Verweis auf die Widergabe der Erläuterungen im Verschmelzungsbericht; Kölner Komm UmwG/Simon § 64 Rn. 15; Lutter/Grunewald § 64 Rn. 5; Schmitt/Hörtnagl/Hörtnagl/Ollech § 64 Rn. 6; Widmann/Mayer/Rieger § 64 Rn. 12; aA Semler/Stengel/Leonard/Diekmann § 64 Rn. 9, der eine zusammenfassende Darstellung des Verschmelzungsberichts für erforderlich hält.

13 Maulbetsch/Klumpp/Rose/Rose § 64 Rn. 6; Kallmeyer/Marsch-Barner/Oppenhoff § 64 Rn. 3; Kölner Komm UmwG/Simon § 64 Rn. 15; Lutter/Grunewald § 64 Rn. 5; Schmitt/Hörtnagl/Hörtnagl/Ollech § 64 Rn. 6; Widmann/Mayer/Rieger § 64 Rn. 13.

14 Kallmeyer/Marsch-Barner/Oppenhoff § 64 Rn. 3; Semler/Stengel/Leonard/Diekmann § 64 Rn. 9.

15 Allg. Ansicht der vor dem 3. UmwÄndG vergleichbaren Vorschrift § 143, vgl. Maulbetsch/Klumpp/Rose/Klumpp § 143 Rn. 1; Kallmeyer/Sickinger § 143 Rn. 3; Kölner Komm UmwG/Simon § 143 Rn. 4; Lutter/Schwab § 143 Rn. 1; Semler/Stengel/Leonard/Diekmann § 64 Rn. 1; Widmann/Mayer/Rieger § 64 Rn. 16 ff.; unklar daher RegBegr. Ganske Umwandlungsrecht S. 178, der sich im Rahmen des § 143 beim Eintritt von Wertschwankungen nur auf den übertragenden Rechtsträger bezieht.

16 So auch Semler/Stengel/Leonard/Diekmann § 64 F.n. 12 a; bezogen auf die vergleichbare Vorschrift § 143 vor dem 3. UmwÄndG Lutter/Schwab § 143 Rn. 15; aA Maulbetsch/Klumpp/Rose/Klumpp § 143 Rn. 2; Kölner Komm UmwG/Simon § 143 Rn. 6 f.

gemacht werden. Falls im Vorfeld der Hauptversammlung kein einstimmiger Verzicht der Aktionäre zustande gekommen ist, kann noch in der Hauptversammlung sowohl auf die Auslage als auch auf die Erörterung der wesentlichen Vermögensänderungen und deren Weiterleitung an die Vertretungsorgane und Anteilsinhaber der beteiligten Rechtsträger verzichtet werden. Naturgemäß kommt diese Erleichterung nur bei einem überschaubaren und homogenen Aktionärskreis in Betracht.

III. Auskunftsrecht (Abs. 2)

9 Gem. § 64 Abs. 2 hat jeder Aktionär das Recht, Auskunft über die wesentlichen Angelegenheiten der anderen an der Verschmelzung beteiligten Rechtsträger zu verlangen. Die Erteilung der Auskunft hat den Grundsätzen einer gewissenhaften und getreuen Rechenschaft zu entsprechen (§ 131 Abs. 2 S. 1 AktG). Diese Pflicht stellt eine Erweiterung der Rechte und damit des Schutzes der Anteilsinhaber dar (vgl. für die eigene Gesellschaft § 131 AktG). Das Bedürfnis nach diesem Auskunftsrecht liegt darin begründet, dass jeder Aktionär nicht nur über seine Gesellschaft Bescheid wissen muss, um sich ein möglichst reales Gesamtbild für die geplante Verschmelzung und damit seine für den Verschmelzungsbeschluss abzugebende Stimme machen zu können, sondern auch über alle anderen daran beteiligten Rechtsträger. Uneingeschränkt gilt dies auch für die Rechtsträger, die mit dem Konzern verbunden sind.[17]

10 Hingegen hat der Vorstand auf Nachfrage der Aktionäre in der Hauptversammlung keine Auskunft über in einer wechselseitigen Due Diligence nicht verbundener Unternehmen gewonnenen Informationen zu geben. Insbesondere kann § 131 Abs. 4 AktG, der grds. Für die Aktionäre bzgl. aller beteiligten Rechtsträger gilt, keinen Informationsanspruch begründen. Denn die Erkenntnisse aus einer Due Diligence dienen allein den Interessen möglicher Erwerber, nicht aber den nur mittelbar am Prozess beteiligten Aktionären.[18] Hierbei handelt es sich idR um vertrauliche Informationen, deren Preisgabe nur gegenüber den potenziellen Erwerbern erfolgen soll. Auf Grundlage dieser Informationen wird eine Erwerbsentscheidung herbeigeführt. Dies gilt auch dann, wenn der mögliche Erwerber bereits Aktien des Zielunternehmens besitzt. Er erwirbt die Informationen in diesem Fall nicht in der Stellung eines Aktionärs, sondern eines Erwerbers.

11 Das Recht auf Auskunft unterliegt insoweit der Verweigerungsmöglichkeit durch den Vorstand.[19] Vom Auskunftsrecht erfasst sind nur solche Informationen bzw. Fragen, die der Vorstand auch tatsächlich beschaffen[20] oder beantworten[21] kann. Dies gilt insbes. Bei der Verschmelzung von Konkurrenzunternehmen. Hierbei geht es oftmals um die Auskunft von vertraulichen Daten gegenüber den Aktionären des anderen beteiligten Rechtsträgers, durch deren Preisgabe eine nicht unerhebliche Nachteilszufügung

---

17 *Krieger* ZGR 1990, 517 (526); Kallmeyer/*Marsch-Barner*/*Oppenhoff* § 64 Rn. 12; Lutter/*Grunewald* § 64 Rn. 11; Semler/Stengel/Leonard/*Diekmann* § 64 Rn. 16.
18 GroßKommAktG/*Decher* § 131 Rn. 340 und 350; Kölner Komm UmwG/*Simon* § 64 Rn. 23; Lutter/*Grunewald* § 64 Rn. 11 f.; Semler/Stengel/Leonard/*Diekmann* § 64 Rn. 17; Widmann/Mayer/*Rieger* § 64 Rn. 50.1.

19 Heute ganz hM, vgl. Begr. RegE, BR-Drs. 75/94, 103; Goutier/Knopf/Tulloch/*Bermel* UmwG § 64, UmwStG, 1995/1996 Rn. 10; Lutter/*Grunewald* § 64 Rn. 13.
20 Kölner Komm UmwG/*Simon* § 64 Rn. 22; Lutter/*Grunewald* § 64 Rn. 12; Widmann/Mayer/*Rieger* § 64 Rn. 51.
21 Wenn er mit der Frage nicht rechnen durfte s. OLG Hamm ZIP 1999, 798 (804), „Thyssen Krupp".

droht.²² Das Recht auf Auskunftsverweigerung folgt den allg. aktienrechtlichen Regelungen und ist abschließend.²³

IV. Rechtsfolge von Verstößen

1. Verstoß gegen Informationspflichten (Abs. 1)

Ein Verstoß gegen die Pflicht zur Zugänglichmachung der Dokumente führt idR zu einer Anfechtbarkeit des Verschmelzungsbeschlusses.²⁴ Allerdings muss es sich um Punkte handeln, die für die Beschlussfassung relevant sind (zur Thematik der Relevanztheorie vgl. § 243 Abs. 4 S. 1 AktG). Auch trifft dies für den Fall nicht zu, wenn die Dokumente nur unwesentlich verspätet ausgelegt werden. Gleiches gilt, wenn dem anfechtenden Aktionär auf der Hauptversammlung keine Abschrift nach § 63 Abs. 3 erteilt worden ist.²⁵ Werden grundsätzlich keine Abschriften zur Verfügung gestellt, führt dies generell zur Anfechtbarkeit, unabhängig davon, ob die Aktionäre anderweitigen Zugriff auf die Dokumente haben.²⁶

Auch die fehlerhafte Erläuterung des Verschmelzungsvertrags oder des Entwurfs kann zur Anfechtbarkeit des Beschlusses führen.²⁷ Dies trifft gleichermaßen zu, wenn es der Vorstand versäumt, über wesentliche Änderungen des Gesellschaftsvermögens zu unterrichten.²⁸ Für die Anfechtbarkeit ist neben einem Verstoß gegen diese Pflichten aber nach allg. Regeln eine Relevanz des Verstoßes für die Beschlussfassung zu fordern, die idR gegeben sein wird, da gerade die Änderung der Vermögenslage einen mitentscheidenden Faktor für die Gesamtbeurteilung der Gesellschaft und damit die Entscheidungsfindung vor Beschlussfassung darstellt.²⁹ Hinsichtlich strafrechtlich relevanter Tatbestände in der Person des Vorstands ist auf § 313 Abs. 1 S. 1 zu achten.

2. Verstoß gegen Auskunftspflicht (Abs. 2)

Auch ein Verstoß gegen die Auskunftspflicht des Vorstandes kann eine Anfechtbarkeit des Verschmelzungsbeschlusses begründen.³⁰ Allerdings muss es sich bei den vorenthaltenen Informationen um für die anstehende Verschmelzung wesentliche handeln. Die Wesentlichkeit ergibt sich aus § 243 Abs. 4 S. 1 AktG. Daneben ist auch bei der Verletzung der Auskunftspflicht an eine Strafbarkeit der Mitglieder des Vorstandes aus § 313 Abs. 1 zu denken.³¹

Hinweis: Eine sorgfältige Vorbereitung von Vorstand und Aufsichtsrat – und auch des „Back Office" – ist unverzichtbar! Daher ist mit Blick auf die nach § 64 Abs. 2 auch auf alle an der Verschmelzung beteiligten Rechtsträger bezogene Auskunftspflicht die Verwaltung gut beraten, in der Hauptversammlung auf schwierige Situationen in diesem Zusammenhang vorbereitet zu sein.

§ 65 Beschluß der Hauptversammlung

(1) ¹Der Verschmelzungsbeschluß der Hauptversammlung bedarf einer Mehrheit, die mindestens drei Viertel des bei der Beschlußfassung vertretenen Grundkapitals umfaßt. ²Die Satzung kann eine größere Kapitalmehrheit und weitere Erfordernisse bestimmen.

(2) ¹Sind mehrere Gattungen von Aktien vorhanden, so bedarf der Beschluß der Hauptversammlung zu seiner Wirksamkeit der Zustimmung der stimmberechtigten Aktionäre jeder Gattung. ²Über die Zustimmung haben die Aktionäre jeder Gattung einen Sonderbeschluß zu fassen. ³Für diesen gilt Absatz 1.

I. Einleitendes 1	6. Sonderbestimmungen (Abs. 1 S. 2) 9
II. Kapitalmehrheit (Abs. 1) 2	III. Sonderbeschlüsse (Abs. 2) 13
1. Erforderliches Quorum (Abs. 1 S. 1) 2	1. Sonderbeschluss als Wirksamkeitsvoraussetzung (Abs. 2 S. 1) 13
2. Änderungen des Verschmelzungsvertrages 4	2. Gesonderte Versammlung bzw. Abstimmung (Abs. 2 S. 2, 3) 15
3. Das Stimmrecht und die Vertretung bei der Abstimmung 5	IV. Zustimmung einzelner Aktionäre 16
4. Rechtfertigung des Beschlusses 7	V. Rechtsfolgen bei Verstößen 19
5. Stimmverbote 8	

I. Einleitendes

1 § 65 regelt den Zustimmungsbeschluss der Hauptversammlung und stellt eine Ergänzung der allgemeinen Regeln aus §§ 13, 61–64, 67 dar. Voraussetzung ist die Beteiligung mindestens einer AG als übertragender oder übernehmender Rechtsträger.[1] Neben der Regelung der Verschmelzung ist die Vorschrift auch für die Spaltung gemäß § 125 Abs. 1 anzuwenden. Ist der übernehmende Rechtsträger eine AG oder KGaA und ist diese noch nicht zwei Jahre im Register eingetragen, so gelten hierfür die Regeln über die Nachgründung nach § 67.

II. Kapitalmehrheit (Abs. 1)

1. Erforderliches Quorum (Abs. 1 S. 1)

2 Grundsätzlich bedarf es gemäß § 65 Abs. 1 für den Zustimmungsbeschluss der Verschmelzung einer Mehrheit von mind. drei Viertel des bei der Beschlussfassung vertretenen Grundkapitals. Dies gilt allerdings nur, sofern eine Beschlussfassung nicht nach § 62 Abs. 1 entbehrlich ist. Es wird eine einfache (Stimm-)Mehrheit der abgegebenen Stimmen nach § 133 Abs. 1 AktG verlangt und eine Kapitalmehrheit von drei Viertel des bei der Beschlussfassung vertretenen Grundkapitals nach § 65 Abs. 1 S. 1.[2] Grundlage bildet der zustimmungsbedürftige Verschmelzungsvertrag oder sein Entwurf. Im Falle einer Zustimmung zum Entwurf entfaltet der Beschluss Bindungswirkung, so dass

---

[1] Lutter/*Grunewald* § 65 Rn. 1; Semler/Stengel/Leonard/Diekmann § 65 Rn. 3; Widmann/Mayer/*Rieger* § 65 Rn. 2.

[2] Kallmeyer/*Zimmermann* § 65 Rn. 5; Widmann/Mayer/*Rieger* § 65 Rn. 3 ff.; krit. hierzu LG Hamburg DB 1997, 516 ff. „Wünsche AG"; BayObLG ZIP 1998, 120 ff. „Badenwerk"; Lutter/*Leinekugel* ZIP 1999, 264 ff.; LG Frankfurt a. M. ZIP 1997, 1698 „Altana/Milupa"; LG Karlsruhe DB 1998, 120 ff.

der endgültige Verschmelzungsvertrag in allen wesentlichen Punkten dem Entwurf entsprechen muss.³ Unwesentliche Änderungen, wie beispielsweise die Korrektur von Schreibfehlern oder offensichtlichen Unrichtigkeiten, dürfen in der Entwurfsfassung jedoch vorgenommen werden (→ § 61 Rn. 5). Bei wesentlichen Änderungen müssen die Aktionäre umgehend erneut informiert werden und es ist eine erneute Beschlussfassung herbeizuführen.

Teilweise wird in der Praxis zwischen dem Entschluss zur Verschmelzung und Errichtung des Verschmelzungsvertrags bzw. seines Entwurfs in einer schriftlichen Absichtserklärung, Grundsatzvereinbarung oder Letter of Intent der Parteiwille fixiert.⁴ Darin sind alle wesentlichen Punkte zwischen den verschmelzenden Rechtsträgern geregelt, die den Parteien essentiell und wichtig für die spätere Umwandlungsmaßnahme sind. Diese Vereinbarung entfaltet in der Regel – oft bereits mangels notarieller Beurkundung – keine Rechtsbindung. Allerdings kann im Rahmen von Ansprüchen aus culpa in contrahendo (cic) bereits eine vorvertragliche Haftung ausgelöst werden (vgl. hierzu § 311 BGB). Hierbei handelt es sich um eine Nebenabrede iSd § 139 BGB. Daher ist für deren Wirksamkeit ein Zustimmungsbeschluss der Hauptversammlung erforderlich mit der Folge, dass sie dem Verschmelzungsvertrag als Anlage beizufügen ist.

2. Änderungen des Verschmelzungsvertrages

Zwischen Einberufung und Durchführung der Hauptversammlung können sich bereits wesentliche Änderungen des Verschmelzungsvertrages ergeben. Eine erneute Einberufung der Hauptversammlung ist in diesem Fall jedoch nicht erforderlich, denn es genügt, in der Hauptversammlung einen den Änderungen angepassten Beschlussantrag zu stellen.⁵ Anders liegt der Fall, wenn nach Abschluss des Verschmelzungsvertrages noch Anlass besteht, den Vertrag zu ändern. In solch einem Fall ist eine Änderung nur durch eine erneute Zustimmung im Rahmen einer neu einzuberufenden Hauptversammlung möglich. Wurde die Verschmelzung bereits zum Handelsregister angemeldet, so ist die Änderung wesentlicher Punkte naturgemäß nur noch möglich, solange die Verschmelzung noch nicht eingetragen wurde.

3. Das Stimmrecht und die Vertretung bei der Abstimmung

Die Ausübung des Stimmrechts in der Hauptversammlung unterliegt den allg. Regeln. Es richtet sich nach den Aktiennennbeträgen, bei Stückaktien nach deren Anzahl (§ 134 Abs. 1 S. 1 AktG). Entsprechend sind nur Aktionäre des beteiligten Rechtsträgers im Zeitpunkt der Beschlussfassung stimmberechtigt.⁶ Ebenso ist eine Vertretung durch einen Bevollmächtigten möglich (§ 134 Abs. 3 S. 1 AktG). Für die Erteilung und den Widerruf der Vollmacht ist jedoch auf Einhaltung der Schriftform nach § 134 Abs. 3 S. 3 AktG zu achten, sofern in der Satzung keine Befreiung vom Formzwang enthalten ist. Vertritt der gesetzliche Vertreter einen minderjährigen Stimmberechtigten, so ist keine Genehmigung des Familiengerichts einzuholen.⁷ Dies gilt bei der übertragenden AG jedoch nicht wegen der möglichen Differenzhaftung bei Kapitalerhöhungen (→ § 50

---

3   Semler/Stengel/Leonard/*Diekmann* § 65 Rn. 5.
4   Vgl. hierzu BGH 16.11.1981 – II ZR 150/80, BGHZ 82, 188 (196); Semler/Stengel/Leonard/*Diekmann* § 65 Rn. 6.
5   OLG Hamm 28.2.2005 – AG 2005, 361; dagegen wohl Kallmeyer/*Zimmermann* § 65 Rn. 4; Semler/Stengel/Leonard/*Diekmann* § 65 Rn. 7.
6   Maulbetsch/Klumpp/Rose/*Frenz* § 65 Rn. 14; Widmann/Mayer/*Rieger* § 65 Rn. 11 ff.
7   Kallmeyer/*Zimmermann* § 65 Rn. 10; Semler/Stengel/Leonard/*Diekmann* § 65 Rn. 18.

Rn. 7 zur GmbH).⁸ Sofern der gesetzliche Vertreter jedoch selbst stimmberechtigter Aktionär ist, kann der Minderjährige aufgrund eines etwaigen Interessenskonflikts nicht von ihm, sondern nur von einem Ergänzungspfleger vertreten werden, der gemäß §§ 1909, 1629 Abs. 2, 1795 Abs. 2 BGB zu bestellen ist und dessen Handeln vom Familiengericht genehmigungspflichtig sein könnte.⁹

6 Zu bedenken ist zudem, dass über die allg. Regeln ggf. auch § 181 BGB Anwendung findet. Eine etwaige Befugnis kann bereits durch eine entsprechende Formulierung in der Satzung erfolgen. Vollmachten unter Mitaktionären enthalten für den Fall, dass in der Satzung nichts geregelt ist, eine konkludente Befreiung.¹⁰

4. Rechtfertigung des Beschlusses

7 Es ist zu überlegen, ob zum Schutz der Minderheitsaktionäre eine sachliche Rechtfertigung für den Verschmelzungsbeschluss erforderlich sein könnte. Denn bei einer Verschmelzung zur Aufnahme ist der Beschluss der übertragenden Gesellschaft zur Verschmelzung praktisch ein Beschluss zur Auflösung. Jedoch ist selbst für die Auflösung nach der Rechtsprechung des BGH keine sachliche Rechtfertigung erforderlich.¹¹ Daher ist der im Gesetz verankerte Minderheitenschutz ausreichend. Weitere Rechtfertigungsgründe sind abzulehnen.

5. Stimmverbote

8 Die Stimmverbote richten sich nach den allg. Regeln. § 47 Abs. 4 S. 2 GmbHG gilt nach hM nicht, wenn der Gesellschafter einer übertragenden GmbH eine AG oder KGaA ist.¹² Sind bei einer Verschmelzung ausschließlich AGs beteiligt, darf die übertragende Gesellschaft gemäß ihrem Aktienbesitz in der übernehmenden Gesellschaft stimmen; Gleiches gilt auch für den umgekehrten Fall.¹³

Hinweis: Mit Blick auf etwaige hohe Anforderungen der Satzung an die erforderlichen Beschlussmehrheiten ist auf klare Gestaltungen zu achten. Nicht für jede Satzung ist klar, ob dort etwa für Struktur- und Kapitalmaßnahmen vorgesehene Regelungen auch für Verschmelzungsbeschlüsse gelten sollen!

6. Sonderbestimmungen (Abs. 1 S. 2)

9 Gemäß § 65 Abs. 1 S. 2 kann in der Satzung abweichend von der Regelung in § 65 Abs. 1 S. 1 eine größere Kapitalmehrheit als drei Viertel für die Beschlussfassung festgelegt werden. Dies dient dem Schutz der Aktionäre, so dass folgerichtig eine geringere Kapitalmehrheit nicht bestimmt werden kann. Da sich § 65 Abs. 1 S. 2 sowohl auf das anwesende Kapital als auch die anwesenden Aktionäre bezieht, sind Abweichungen auch in der Form denkbar, dass etwa Einstimmigkeit unter den abstimmenden oder auch anwesenden Aktionären verlangt werden kann.¹⁴

---

8 *Zimmermann* Semler/Stengel/Leonard/*Diekmann* § 65 Rn. 18.
9 Kallmeyer/*Zimmermann* § 65 Rn. 12.
10 Maulbetsch/Klumpp/Rose/*Frenz* § 65 Rn. 11; Kallmeyer/*Zimmermann* § 65 Rn. 11; Semler/Stengel/Leonard/*Diekmann* § 65 Rn. 19.
11 BGHZ 76, 352 ff.; BGHZ 103, 184 ff.
12 Maulbetsch/Klumpp/Rose/*Frenz* § 65 Rn. 13; Kallmeyer/*Zimmermann* § 65 Rn. 13; Scholz/*Schmidt* GmbHG § 47 Rn. 114; Semler/Stengel/Leonard/*Diekmann* § 65 Rn. 21; Widmann/Mayer/*Rieger* § 65 Rn. 12.
13 Kallmeyer/*Zimmermann* § 65 Rn. 13. Semler/Stengel/Leonard/*Diekmann* § 65 Rn. 21; Widmann/Mayer/*Rieger* § 65 Rn. 12.
14 Lutter/*Grunewald* § 65 Rn. 7; Schmitt/Hörtnagl/*Hörtnagl/Olleck* § 65 Rn. 11; Semler/Stengel/Leonard/*Diekmann* § 65 Rn. 13; Widmann/Mayer/*Rieger* § 65 Rn. 6.

Fraglich ist, ob spezielle Mehrheitserfordernisse in der Satzung, die nur für die Satzungsänderungen gelten sollen, auch bei Verschmelzungsbeschlüssen zu beachten sind. Zwar gibt es Stimmen, die davon ausgehen, dass eine Verschmelzung grds. keine Satzungsänderung ist und zudem qualitativ von ihr zu unterscheiden sei.[15] Allerdings verkennt diese Ansicht, dass die unmittelbaren Folgen einer Verschmelzung die Aktionäre ebenso stark oder noch gravierender als eine Satzungsänderung treffen. Daher sind unter Schutzgesichtspunkten dieselben Anforderungen zu beachten wie bei einer Satzungsänderung.[16] 10

Ebenso umstritten ist, ob die in der Satzung verschärften Regeln für den Fall der Auflösung der Gesellschaft auf den Verschmelzungsbeschluss übertragbar sind. Auf den ersten Blick könnte dafür sprechen, dass der übertragende Rechtsträger im Zeitpunkt der Verschmelzung auf den neuen Rechtsträger erlischt. Allerdings ist zu beachten, dass bei einer Auflösung im Rechtssinne nicht nur der Rechtsträger erlischt, sondern auch die Rechte der Aktionäre beendet werden und diese nur einen Anteil am Liquidationserlös erhalten. Bei der Verschmelzung bleiben die Aktionäre dagegen aktiv am neuen Rechtsträger beteiligt. Aufgrund dieser systematischen Unterschiede sind die erhöhten Anforderungen an eine Auflösung nicht für die Verschmelzung zu berücksichtigen.[17] 11

Eine Satzungsregelung, welche der Hauptversammlung eine Verschmelzung generell untersagt, ist nicht wirksam.[18] Allerdings besteht in diesem Fall die Möglichkeit, im Rahmen der Auslegung der Satzung die Untersagung dahin gehend zu verstehen, dass aufgrund der verschärften Voraussetzungen eine Beschlussfassung nur unter den maximal möglichen strengen Anforderungen zustande kommen soll. Dies wäre die Einstimmigkeit der anwesenden Aktionäre.[19] Gleiche Bedenken gegen die Wirksamkeit gelten für die Festlegung, dass der Verschmelzungsbeschluss von der Zustimmung des Aufsichtsrats abhängig gemacht wird.[20] Dies würde das gesetzlich normierte Recht der Hauptversammlung, über Strukturentscheidungen zu beschließen, abschneiden und dem Grundsatz des Schutzes der Aktionäre zuwiderlaufen. 12

III. Sonderbeschlüsse (Abs. 2)
1. Sonderbeschluss als Wirksamkeitsvoraussetzung (Abs. 2 S. 1)

Sofern nach § 65 Abs. 2 S. 1 mehrere Gattungen von Aktien vorhanden sind, müssen die jeweils stimmberechtigten Aktionäre dem Verschmelzungsbeschluss in der Hauptversammlung gesondert zustimmen. Dafür erforderlich ist ein Sonderbeschluss der Aktionäre jeder Gattung, unabhängig davon, ob sich dies auf eine übertragende oder übernehmende AG oder KGaA bezieht.[21] 13

Bei einer Ein-Personen-AG ergibt sich aus der Natur der Sache, dass keine Sonderbeschlüsse zu fassen sind, auch wenn der alleinige Aktionär Inhaber mehrerer Aktiengat- 14

---

15 Henssler/Strohn/*Junker* § 65 Rn. 3.
16 Maulbetsch/Klumpp/Rose/*Frenz* § 65 Rn. 5; Kallmeyer/*Zimmermann* § 65 Rn. 7; Semler/Stengel/Leonard/*Diekmann* § 65 Rn. 14; Widmann/Mayer/*Rieger* § 65 Rn. 10; Lutter/*Grunewald* § 65 Rn. 6.
17 So auch Maulbetsch/Klumpp/Rose/*Frenz* § 65 Rn. 6; Semler/Stengel/Leonard/*Diekmann* § 65 Rn. 15; aA Lutter/*Grunewald* § 65 Rn. 6.
18 Goutier/Knopf/Tulloch/*Bermel* § 65 Rn. 16; Lutter/*Grunewald* § 65 Rn. 7; Semler/Stengel/Leonard/*Diekmann* § 65 Rn. 16; Widmann/Mayer/*Rieger* § 65 Rn. 7.
19 So auch Goutier/Knopf/Tulloch/*Bermel* § 65 Rn. 16; Lutter/*Grunewald* § 65 Rn. 7; Semler/Stengel/Leonard/*Diekmann* § 65 Rn. 16; Widmann/Mayer/*Rieger* § 65 Rn. 7.
20 Kölner Komm UmwG/*Simon* § 65 Rn. 14; Semler/Stengel/Leonard/*Diekmann* § 65 Rn. 17.
21 Henssler/Strohn/*Junker* § 65 Rn. 7; Kallmeyer/*Zimmermann* § 65 Rn. 21; Semler/Stengel/Leonard/*Diekmann* § 65 Rn. 22; Widmann/Mayer/*Rieger* § 65 Rn. 13.

tungen ist.²² Da von der Regelung über den Sonderbeschluss nur diejenigen Aktionäre berücksichtigt werden können, die tatsächlich stimmberechtigt sind, können Inhaber von Vorzugsaktien ohne Stimmrechte keinen Anspruch auf Mitbestimmung bei Sonderbeschlüssen erheben.²³ Diese können ausreichenden Schutz aus § 23 herleiten. Existieren neben Stammaktien noch Vorzugsaktien, so müssten nach dem Wortlaut des § 65 Abs. 2 S. 1 Sonderbeschlüsse für beide Gattungen durchgeführt werden. Da aber diese Vorzugsaktionäre nicht stimmberechtigt sind, würde ein Sonderbeschluss in dieser Konstellation leerlaufen und ist daher ausnahmsweise entbehrlich.²⁴ Ein Sonderbeschluss der Stammaktionäre nach § 65 Abs. 2 S. 2 ist nicht erforderlich, wenn es neben den stimmberechtigten Stammaktien als weitere Aktiengattung nur stimmrechtslose Vorzugsaktien gibt.²⁵

2. Gesonderte Versammlung bzw. Abstimmung (Abs. 2 S. 2, 3)

15 Der Sonderbeschluss ist unabhängig aber zeitnah zur Hauptversammlung zu fassen. Dabei kann er bereits im Vorfeld, während der Hauptversammlung oder auch erst danach veranlasst werden.²⁶ Wann der Vorstand die jeweiligen Aktionäre dazu auffordert, steht in seinem Ermessen (es gelten alle Regelungen analog § 138 AktG). Es gelten die allg. Regeln. Daher ist gemäß § 65 Abs. 2 S. 3 die einfache Mehrheit der anwesenden Aktionäre und drei Viertel des bei der Beschlussfassung vertretenen Grundkapitals erforderlich. Sonderregelungen gelten über den Verweis von § 65 Abs. 2 S. 3 auf Abs. 1 für in der Satzung erhöhte Anforderungen (→ Rn. 9 ff.).

IV. Zustimmung einzelner Aktionäre

16 Inhaber vinkulierter Namensaktien können nur dann ihre allg. Rechte geltend machen, wenn ihre Namensaktien im Aktienregister der AG eingetragen sind (vgl. § 67 Abs. 1 AktG). Allerdings haben sie auch mit entsprechender Eintragung keinen Anspruch auf Zustimmung zum Verschmelzungsbeschluss.²⁷ Denn durch das Erfordernis der Eintragung im Aktienregister wird deutlich, dass die Inhaber nicht unter § 13 Abs. 2 fallen.²⁸ Daher ist für die Übertragung der Aktie nicht die Zustimmung einzelner Aktionäre erforderlich, sondern die der AG oder KGaA.²⁹

17 Weichen die Nennbeträge der zu gewährenden Geschäftsanteile eines Aktionärs einer untergehenden AG von denen einer aufnehmenden GmbH ab und erleidet der Aktionär hierdurch einen Beteiligungsverlust, ist dessen Zustimmung zum Verschmelzungsbeschluss zwingend notwendig (§§ 51 Abs. 2, 46 Abs. 1). Die Zustimmung dieses Aktionärs ist notariell zu beurkunden (vgl. § 13 Abs. 3 S. 1).

18 Bestimmt die Satzung des übernehmenden Rechtsträgers, dass den Aktionären der übertragenden Gesellschaft Nebenpflichten auferlegt werden, ist deren Zustimmung

---

22 Vgl. *Koch* AktG § 182 Rn. 18; Kallmeyer/*Zimmermann* § 65 Rn. 21.
23 Henssler/Strohn/*Junker* § 65 Rn. 7; Lutter/*Grunewald* § 65 Rn. 9; Semler/Stengel/Leonard/*Diekmann* § 65 Rn. 24.
24 So auch *Koch* AktG § 182 Rn. 19; Semler/Stengel/Leonard/*Diekmann* § 65 Rn. 24; Widmann/Mayer/*Rieger* § 65 Rn. 15 und ausf. zur Frage der Anwendbarkeit des § 14 AktG neben dem Umwandlungsrecht Rn. 17 ff.; aA *Kiem* ZIP 1997, 1627 (1629).
25 BGH 23.2.2021 – II ZR 65/19; so auch Lutter/*Grunewald* § 65 Rn. 10.
26 Kallmeyer/*Zimmermann* § 65 Rn. 24.
27 Begr. RegE, *Ganske* Umwandlungsrecht S. 61; *Reichert* GmbHR 1995, 176 (177); Kallmeyer/*Zimmermann* § 65 Rn. 16; Semler/Stengel/Leonard/*Diekmann* § 65 Rn. 28.
28 Kallmeyer/*Zimmermann* § 65 Rn. 16; Semler/Stengel/Leonard/*Diekmann* § 65 Rn. 28.
29 Vgl. *Reichert* GmbHR 1995, 176 (191).

zur Verschmelzung notwendig.³⁰ Denn auch eine qualifizierte Mehrheit kann nicht zulasten der überstimmten Minderheit Pflichten begründen.

V. Rechtsfolgen bei Verstößen

Aktionäre können den Verschmelzungsbeschluss unter denselben Voraussetzungen wie bei sonstigen Hauptversammlungsbeschlüssen anfechten (vgl. § 241 ff. AktG). Klagen, die auf das zu niedrig angesetzte Umtauschverhältnis gestützt werden, sind jedoch unbegründet (§ 14 Abs. 2). Eine Anfechtungsklage hat aufschiebende Wirkung, weshalb der beim Registergericht eingereichte Antrag auf Eintragung der Verschmelzung für die Dauer des Verfahrens nicht weiter bearbeitet wird. 19

Wird die Eintragung der Verschmelzung trotz Fehlens eines Sonderbeschlusses beantragt, kommt es zu einer Ablehnung durch das Registergericht, da dies einen Verfahrensfehler darstellt.³¹ Der Verschmelzungsvertrag wird gleichermaßen wie der Verschmelzungsbeschluss unwirksam.³² Solange eine Anmeldung der Verschmelzung nicht vorgenommen ist, ist der Verschmelzungsbeschluss lediglich schwebend unwirksam.³³ Die rechtliche Wirksamkeit kann durch einen Sonderbeschluss bis zur Anmeldung nachgeholt werden. Für eine gleichwohl eingetragene Verschmelzung gilt die Heilungswirkung des § 20 Abs. 2.³⁴ 20

§ 66 Eintragung bei Erhöhung des Grundkapitals

Erhöht die übernehmende Gesellschaft zur Durchführung der Verschmelzung ihr Grundkapital, so darf die Verschmelzung erst eingetragen werden, nachdem die Durchführung der Erhöhung des Grundkapitals im Register eingetragen worden ist.

I. Einleitendes	1	2. Prüfung des Registergerichts	5
II. Reihenfolge	2	IV. Eintragung	7
III. Anmeldung und Prüfung des Beschlusses zur Kapitalerhöhung	3	V. Bekanntmachung	10
1. Anmeldung der Kapitalerhöhung	3		

I. Einleitendes

Die Vorschrift regelt bei Zusammentreffen von Verschmelzung und Kapitalerhöhung auf Seiten der übernehmenden Gesellschaft den zeitlichen Ablauf der Eintragungen im Handelsregister. Inhaltlich ist § 66 mit § 53 identisch, der den Fall der Kapitalerhöhung bei einer GmbH erfasst. Zweck der Vorschrift ist der Schutz der Aktionäre. Die Vorschrift ordnet hierzu an, dass zuerst die Kapitalerhöhung einzutragen ist und gewährleistet somit, dass die aufgrund der Verschmelzung auszugebenden Aktien auch tatsächlich vorhanden sind.¹ Übernehmender Rechtsträger muss entweder eine AG, 1

---

30 Analog § 180 AktG; Semler/Stengel/Leonard/*Diekmann* § 65 Rn. 30; Kallmeyer/*Zimmermann* § 65 Rn. 19; Widmann/Mayer/*Rieger* § 65 Rn. 10; aA Goutier/Knopf/Tulloch/*Bermel* § 65 Rn. 29 ff.; Lutter/*Grunewald* § 65 Rn. 6.
31 Lutter/*Grunewald* § 65 Rn. 10.
32 Kallmeyer/*Zimmermann* § 65 Rn. 27; Kölner Komm UmwG/*Simon* § 65 Rn. 22.
33 Kallmeyer/*Zimmermann* § 65 Rn. 27; Lutter/*Grunewald* § 65 Rn. 12; Semler/Stengel/Leonard/*Diekmann* § 65 Rn. 27; Widmann/Mayer/*Rieger* § 65 Rn. 70.
34 Lutter/*Grunewald* § 65 Rn. 12; Widmann/Mayer/*Rieger* § 65 Rn. 70.
1 Semler/Stengel/Leonard/*Diekmann* § 66 Rn. 1; Widmann/Mayer/*Rieger* § 66 Rn. 2.

KGaA oder SE sein.² Die Vorschrift gilt nur für die Verschmelzung zur Aufnahme (→ § 73 Rn. 13).³ Sie gilt gemäß § 125 S. 1 auch für die Spaltung zur Aufnahme.

II. Reihenfolge

Zunächst ist die Verschmelzung im Handelsregister des übertragenden Rechtsträgers einzutragen (§ 19 Abs. 1). Anschließend erfolgt die Eintragung der Verschmelzung durch Aufnahme beim übernehmenden Rechtsträger. Sofern die übernehmende Gesellschaft durch eine Erhöhung ihres Kapitals neue Aktien ausgibt, ist sowohl die Erhöhung als auch die Durchführung der Erhöhung des Kapitals vor der Eintragung der Verschmelzung beim übernehmenden Rechtsträger beim Register anzumelden.⁴ Eine erst nach wirksamer Verschmelzung eingetragene Kapitalerhöhung ist für die Durchführung der Verschmelzung dagegen unbeachtlich.⁵

III. Anmeldung und Prüfung des Beschlusses zur Kapitalerhöhung

1. Anmeldung der Kapitalerhöhung

Die Anmeldung der Kapitalerhöhung erfolgt in zwei Schritten. Zunächst ist der Erhöhungsbeschluss gemäß § 184 Abs. 1 AktG zur Eintragung beim zuständigen Registergericht anzumelden. Darauf folgt die Anmeldung zur Eintragung der Durchführung der Erhöhung nach § 188 Abs. 1 AktG. Es ist darauf zu achten, dass die Anmeldung vom Vorstand in vertretungsberechtigter Zahl und vom Vorsitzenden des Aufsichtsrats – notariell beglaubigt (§ 12 HGB, § 129 BGB, §§ 39, 40 BeurkG) – unterzeichnet ist.⁶ Dabei können die berechtigten Personen jeweils auf eigenen gleichlautenden Registeranmeldungen unterschreiben.⁷

Zeitgleich sind auch der Verschmelzungsvertrag und die Niederschriften der Verschmelzungsbeschlüsse beim Registergericht einzureichen.⁸ Ob dies auch bereits mit Anmeldung des Erhöhungsbeschlusses erfolgen kann, ist in der Praxis irrelevant, da die Anmeldung des Erhöhungsbeschlusses meist zusammen mit der Anmeldung der Durchführung gemäß § 188 Abs. 4 AktG eingereicht wird.⁹ Nicht selten werden zusätzlich noch die Anmeldungen der Satzungsänderung und der Verschmelzung beigefügt.¹⁰ Da die Kapitalerhöhung erst mit Abschluss des Verschmelzungsvertrages wirksam ist, kann sie auch nicht vorher angemeldet werden.¹¹ Dem Gericht wird mit der Anmeldung mitgeteilt, dass und in welcher Höhe die Kapitalerhöhung durchgeführt wurde.¹²

---

2 Maulbetsch/Klumpp/Rose/*Frenz* § 66 Rn. 1; Kallmeyer/*Zimmermann* § 66 Rn. 1; Semler/Stengel/Leonard/*Diekmann* § 66 Rn. 3.
3 Semler/Stengel/Leonard/*Diekmann* § 66 Rn. 4; Widmann/Mayer/*Rieger* § 66 Rn. 4.
4 Semler/Stengel/Leonard/*Diekmann* § 66 Rn. 4; Kallmeyer/*Zimmermann* § 66 Rn. 2; Widmann/Mayer/*Rieger* § 66 Rn. 5.
5 Vgl. Kallmeyer/*Zimmermann* § 66 Rn. 20; Semler/Stengel/Leonard/*Diekmann* § 66 Rn. 4; Widmann/Mayer/*Rieger* § 66 Rn. 6, 12.
6 Maulbetsch/Klumpp/Rose/*Frenz* § 66 Rn. 3; Semler/Stengel/Leonard/*Diekmann* § 66 Rn. 5; Kallmeyer/*Zimmermann* § 66 Rn. 5.
7 Kallmeyer/*Zimmermann* § 66 Rn. 5; Semler/Stengel/Leonard/*Diekmann* § 66 Rn. 5.
8 Dies gilt für alle in § 69 bezeichneten Dokumente.
9 Nach Semler/Stengel/Leonard/*Diekmann* § 66 Rn. 7 ist zwingend auf den Zeitpunkt der Anmeldung der Durchführung der Erhöhung abzustellen, da diese nur der Verschmelzung dient.
10 Kallmeyer/*Zimmermann* § 66 Rn. 14; Semler/Stengel/Leonard/*Diekmann* § 69 Rn. 24; Widmann/Mayer/*Rieger* § 69 Rn. 42.
11 Kallmeyer/*Zimmermann* § 66 Rn. 9; Lutter/Vetter § 53 Rn. 19 f. mwN.
12 *Koch* AktG § 188 Rn. 3.

2. Prüfung des Registergerichts

Die örtliche und sachliche Zuständigkeit des Gerichts ergibt sich aus dem Sitz des übernehmenden Rechtsträgers.[13] Zunächst hat das Gericht die Anmeldung auf Vollständigkeit zu überprüfen.[14] Die Prüfung des Gerichts umfasst formelle und materielle Wirksamkeitsgesichtspunkte der Kapitalerhöhung.[15] Da die Kapitalerhöhung erst mit einem wirksamen Verschmelzungsbeschluss durchgeführt ist, hat das Gericht auch den Verschmelzungsvertrag auf relevante Fehler zu überprüfen. Stellt das Gericht die Nichtigkeit des Erhöhungsbeschlusses fest, wird dieser naturgemäß nicht in das Handelsregister eingetragen.[16] Die Gesellschaft muss in diesem Fall den Beschluss wiederholen, bevor die Verschmelzung im Register des übernehmenden Rechtsträgers eingetragen wird.[17] Sofern der Erhöhungsbeschluss lediglich anfechtbar ist und Drittinteressen nicht tangiert werden, hat das Gericht die Erhöhung im Handelsregister einzutragen.[18]

Neben diesen überprüfungsrelevanten Bereichen hat das Gericht bei einer Kapitalerhöhung, die im Rahmen einer Verschmelzung in der Sache eine Sachkapitalerhöhung ist, zu ermitteln, ob ein Verstoß gegen das Verbot der Unter-Pari-Emission vorliegt.[19] Dies ist der Fall, wenn der Wert der Einlage nicht nur unwesentlich hinter dem Nennbetrag der dafür zugewiesenen Aktien zurückbleibt.[20] Bei Zweifeln des Gerichts, ob der Wert der Sacheinlage den geringsten Ausgabebetrag der dafür zu gewährenden Aktien erreicht, kann die Meinung eines unabhängigen Verschmelzungsprüfers eingeholt werden, § 69 Abs. 1 S. 4.[21]

IV. Eintragung

Erst mit Eintragung der Verschmelzung wird auch die Kapitalerhöhung wirksam.[22] Diese Verknüpfung gewährleistet, dass eine Verschmelzung nicht nur zu dem Zweck angemeldet wird, eine Kapitalerhöhung zu ermöglichen, um nach deren Eintragung von der Verschmelzung doch noch abzusehen. Denn hierdurch würden die Vorschriften zur Nachgründung umgangen. Wird auf die Eintragung der Verschmelzung verzichtet, darf folglich auch die Kapitalerhöhung nicht dauerhaft wirksam bleiben und ist daher zu löschen (§§ 398 iVm 395 Abs. 1 FamFG). Die Löschung erstreckt sich auch auf die in der durch die Kapitalerhöhung bedingt geänderten Satzung geregelten Kapitalziffern.[23]

Stellt sich nach Eintragung der Verschmelzung heraus, dass der Erhöhungsbeschluss nichtig war und daher nicht hätte eingetragen werden dürfen, bleibt die Verschmelzung nach § 20 Abs. 2 wirksam.[24] Ebenso wird der Mangel auf Ebene des Erhöhungsbeschlusses nach § 20 Abs. 2 geheilt, da sich dieser auf den gesamten Verschmelzungsvorgang bezieht. Sofern jedoch der Beschluss der Satzungsänderung fehlerhaft ist, greift § 20

---

13 Semler/Stengel/Leonard/*Diekmann* § 66 Rn. 9; Kallmeyer/*Zimmermann* § 66 Rn. 15.
14 Kallmeyer/*Zimmermann* § 66 Rn. 16; Semler/Stengel/Leonard/*Diekmann* § 66 Rn. 9.
15 Semler/Stengel/Leonard/*Diekmann* § 66 Rn. 9; Kallmeyer/*Zimmermann* § 66 Rn. 16.
16 Kallmeyer/*Zimmermann* § 66 Rn. 16; Semler/Stengel/Leonard/*Diekmann* § 66 Rn. 10, vgl. *Koch* AktG § 184 Rn. 6.
17 Semler/Stengel/Leonard/*Diekmann* § 66 Rn. 10; Kallmeyer/*Zimmermann* § 66 Rn. 16.
18 So die hM *Koch* AktG § 184 Rn. 6b; Kallmeyer/*Zimmermann* § 66 Rn. 16; Semler/Stengel/Leonard/*Diekmann* § 66 Rn. 10.
19 Kallmeyer/*Zimmermann* § 66 Rn. 17; Semler/Stengel/Leonard/*Diekmann* § 66 Rn. 10.
20 § 184 Abs. 3 S. 1 AktG.
21 Kallmeyer/Marsch-Barner/*Oppenhoff* § 69 Rn. 11a.
22 Maulbetsch/Klumpp/Rose/*Frenz* § 66 Rn. 8; Kallmeyer/*Zimmermann* § 66 Rn. 21; Semler/Stengel/Leonard/*Diekmann* § 66 Rn. 11.
23 OLG Karlsruhe AG 1986, 167 f.
24 Vgl. OLG Karlsruhe 18.12.1985 – 11 W 86/85; Semler/Stengel/Leonard/*Diekmann* § 66 Rn. 12; Maulbetsch/Klumpp/Rose/*Frenz* § 66 Rn. 9; Kölner Komm UmwG/*Simon* § 66 Rn. 15; Lutter/*Vetter* § 53 Rn. 24; Kallmeyer/*Zimmermann* § 66 Rn. 22.

nicht.²⁵ Davon unberührt bleiben Verschmelzung und Kapitalerhöhung, da es an einer relevanten Verknüpfung zum Satzungsänderungsbeschluss fehlt.²⁶

9 Wird die Reihenfolge der Eintragung derart missachtet, dass die Verschmelzung bereits vor der Durchführung der Kapitalerhöhung im Register des übernehmenden Rechtsträgers eingetragen wird, hat dies lediglich zur Folge, dass die Verschmelzung aufschiebend bedingt erst wirksam wird, wenn auch die Durchführung der Kapitalerhöhung im Register eingetragen wurde.²⁷

V. Bekanntmachung

10 Der Kapitalerhöhungsbeschluss ist nicht bekannt zu machen.²⁸ Dies ist lediglich für die Eintragung der Durchführung der Kapitalerhöhung der Fall.²⁹ Nach § 10 HGB sind die Eintragungen in das Handelsregister in dem von der Landesjustizverwaltung bestimmten elektronischen Informations- und Kommunikationssystem, in der zeitlichen Folge ihrer Eintragung nach Tagen geordnet, bekannt zu machen.

§ 67 Anwendung der Vorschriften über die Nachgründung

¹Wird der Verschmelzungsvertrag in den ersten zwei Jahren seit Eintragung der übernehmenden Gesellschaft in das Register geschlossen, so ist § 52 Abs. 3, 4, 6 bis 9 des Aktiengesetzes über die Nachgründung entsprechend anzuwenden. ²Dies gilt nicht, wenn auf die zu gewährenden Aktien nicht mehr als der zehnte Teil des Grundkapitals dieser Gesellschaft entfällt oder wenn diese Gesellschaft ihre Rechtsform durch Formwechsel einer Gesellschaft mit beschränkter Haftung erlangt hat, die zuvor bereits seit mindestens zwei Jahren im Handelsregister eingetragen war. ³Wird zur Durchführung der Verschmelzung das Grundkapital erhöht, so ist der Berechnung das erhöhte Grundkapital zugrunde zu legen.

I. Einleitendes 1	3. Handelsregisterangelegenheiten (§ 52 Abs. 6–8 AktG) 14
II. Voraussetzungen 3	a) Anmeldung zum Handelsregister (§ 52 Abs. 6 AktG) 14
1. Zweijahresfrist (S. 1) 3	b) Eintragung im Handelsregister (§ 52 Abs. 7 AktG) 15
2. Ausschluss der Nachgründungsvorschriften (§ 67 S. 2, 3) 5	c) Registereinträge (§ 52 Abs. 8 AktG) . 16
a) Hintergrund 5	4. Anwendungsausschluss der Nachgründungsvorschriften (§ 52 Abs. 9 AktG) 17
b) Berechnung der 10 %-Grenze 6	IV. Rechtsfolgen eines Verstoßes 18
III. Anwendbare Nachgründungsvorschriften (S. 1) 8	
1. Nachgründungsbericht (§ 52 Abs. 3 AktG) 9	
2. Nachgründungsprüfung (§ 52 Abs. 4 AktG) 12	

---

25 Ausnahmen s. *Koch* AktG § 181 Rn. 27.
26 *Kallmeyer/Zimmermann* § 66 Rn. 23.
27 Maulbetsch/Klumpp/Rose/*Frenz* § 66 Rn. 10; *Kallmeyer/Zimmermann* § 66 Rn. 23; Semler/Stengel/Leonard/*Diekmann* § 66 Rn. 14.
28 Semler/Stengel/Leonard/*Diekmann* § 66 Rn. 12; *Kallmeyer/Zimmermann* § 66 Rn. 24.
29 *Kallmeyer/Zimmermann* § 66 Rn. 24; Semler/Stengel/Leonard/*Diekmann* § 66 Rn. 12.

I. Einleitendes

Die Norm dient dem Schutz der Kapitalaufbringung und -erhaltung der übernehmenden AG und dem Schutz der Gläubiger.[1] Durch sie soll verhindert werden, dass die Regeln der Nachgründung durch eine Verschmelzung unterlaufen werden.[2] Denn die Verschmelzung ist auch eine Form der Sacheinlage, da Aktien des übernehmenden Rechtsträgers gegen die Übertragung des Vermögens der übertragenden Gesellschaft gewährt werden. Der Gesetzgeber hat richtig erkannt, dass die Vorschriften für Sacheinlage und Nachgründung umgangen werden könnten und daher ein besonderer Schutz notwendig ist. Dieser wird durch eine entsprechende Anwendung des § 52 AktG sichergestellt. Dies geschieht insbesondere dadurch, dass in § 52 Abs. 3 und 4 AktG eine Nachgründungsprüfung und die Erstellung eines Nachgründungsberichts durch externe Prüfer und den Aufsichtsrat angeordnet ist. § 52 Abs. 6–9 AktG regeln den Ablauf des Registerverfahrens. Zwar gibt es Stimmen, die § 67 im Hinblick auf § 69 iVm § 183 Abs. 3 AktG für überflüssig halten. Eine Prüfung der auszugebenden Aktien sei bereits dort gesetzlich angeordnet, weshalb es einer entsprechenden Anwendung des § 52 AktG nicht bedürfe.[3] Allerdings verkennt diese Ansicht, dass § 69 nur für den Fall einer tatsächlichen Kapitalerhöhung anwendbar ist. § 67 gilt hingegen für alle Verschmelzungen, nämlich auch solche, bei denen eigene Aktien – ohne Kapitalerhöhung – als Gegenleistung gewährt werden.[4]

Der Anwendungsbereich beschränkt sich auf eine AG als übernehmender Rechtsträger.[5] Ist die AG übertragende Gesellschaft, so findet § 67 keine Anwendung, da ein Schutz ihres gebundenen Kapitals nicht geboten ist.[6]

II. Voraussetzungen

1. Zweijahresfrist (S. 1)

Die übernehmende AG unterliegt innerhalb der ersten zwei Jahre nach Gründung den Vorschriften der Nachgründung.[7] Die Frist beginnt mit dem Tag der Eintragung der AG im Handelsregister.[8] Findet ein Formwechsel in eine AG statt, wird die Zeit zwischen Eintragung der Ursprungsgesellschaft und der AG nur mitgerechnet, wenn es sich zuvor um eine KGaA gehandelt hat.[9] Denn nur dann bestand von Anfang an eine vergleichbare Kapitalbindung. Gleiches gilt für die SE. Die Zeitspanne, in der der übernehmende Rechtsträger vor dem Formwechsel in eine AG als GmbH existierte, kann ebenfalls auf die Frist angerechnet werden, § 67 S. 2.[10] Dabei müssen die frühere GmbH und die AG in Summe mindestens zwei Jahre bestanden haben.[11]

4 Der entscheidende Zeitpunkt für die Berechnung der Frist ist der Tag der notariellen Beurkundung des Verschmelzungsvertrages.[12] Da mit dem Abschluss des Verschmelzungsvertrages ein Eingriff in das bisherige strenge Kapitalerhaltungsregime bei der AG erfolgt, muss richtigerweise auf diesen Zeitpunkt abgestellt werden.[13]

Hinweis: Sollten die Nachgründungsvorschriften anwendbar sein, da die anstehende Verschmelzung innerhalb des Zweijahreszeitraums liegt, ist die im Rahmen des § 52 AktG vorzunehmende Prüfung sorgfältig vorzubereiten und durchzuführen. Die vorbereitenden Maßnahmen hierzu sollten zu den ersten der geplanten Verschmelzung gehören!

2. Ausschluss der Nachgründungsvorschriften (§ 67 S. 2, 3)

a) Hintergrund

5 Die Vorschriften über die Nachgründung sind nach § 67 S. 2 jedoch nicht anzuwenden, wenn auf die zu gewährenden Aktien nicht mehr als der 10 % des Grundkapitals der Gesellschaft entfällt. Die Norm enthält damit eine unwiderlegbare gesetzliche Vermutung.[14] Der Schutz über die Nachgründungsvorschriften soll nur dann aufrechterhalten werden, wenn eine Vermögensgefährdung der übernehmenden AG denkbar ist. Dieses Risiko entfällt aber, wenn der Nennbetrag bzw. anteilige Betrag am Grundkapital der zu gewährenden Aktien der AG die 10 %-Grenze nicht übersteigt.[15] Für die Berechnung der 10 %-Grenze ist gemäß § 67 S. 3 bei einer Kapitalerhöhung das erhöhte Grundkapital zugrunde zu legen. Der entscheidende Zeitpunkt für die korrekte Berechnung ist die Eintragung der Verschmelzung im Register.[16] Die Norm schließt an § 52 Abs. 1 S. 1 AktG an, wonach eine Nachgründung nur für einen Fall erforderlich ist, in dem eine Vergütung gewährt wird, die mehr als 10 % des Grundkapitals der Gesellschaft ausmacht.[17]

b) Berechnung der 10 %-Grenze

6 Zunächst ist das gesamte relevante Grundkapital der übernehmenden Gesellschaft zu bestimmen. Auf der Grundlage dieses Wertes (100 %) wird dann der 10 %-Anteil berechnet und mit dem Wert der zu gewährenden Aktien verglichen. Ausgehend von diesem Grundkapital der übernehmenden Gesellschaft, bei welchem eine im Zusammenhang mit der Verschmelzung ggf. durchgeführte Kapitalerhöhung einzuberechnen ist, bilden auch die Aktien, die den Anteilsinhabern der übertragenden Rechtsträger gewährt werden, einen Teil des Kapitals.[18] Dabei ist irrelevant, ob die Aktien bereits existieren oder

---

10 Diese Ausnahme wurde durch das 2. UmwÄndG ermöglicht und beruht auf einem Vorschlag des Handelsrechtsauschusses des DAV, NZG 2000, 803 (805).
11 Kallmeyer/*Marsch-Barner/Oppenhoff* § 67 Rn. 2; Kölner Komm UmwG/*Simon* § 67 Rn. 9.
12 Goutier/Knopf/Tulloch/*Bermel* § 67 Rn. 3; Kallmeyer/*Marsch-Barner/Oppenhoff* § 67 Rn. 3; Kölner Komm UmwG/*Simon* § 67 Rn. 6; Lutter/*Grunewald* § 67 Rn. 4; Schmitt/Hörtnagl/*Hörtnagl/Ollech* § 67 Rn. 3; Semler/Stengel/Leonard/*Diekmann* § 67 Rn. 7.
13 Vgl. Semler/Stengel/Leonard/*Diekmann* § 67 Rn. 7; Widmann/Mayer/*Rieger* § 67 Rn. 5.
14 Semler/Stengel/Leonard/*Diekmann* § 67 Rn. 8; Widmann/Mayer/*Rieger* § 67 Rn. 11.
15 Keßler/Kühnberger/*Brügel* § 67 Rn. 3.
16 Maulbetsch/Klumpp/Rose/*Frenz* § 67 Rn. 8; Widmann/Mayer/*Rieger* § 67 Rn. 13; Lutter/*Grunewald* § 67 Rn. 8; Semler/Stengel/Leonard/*Diekmann* § 67 Rn. 9; Kallmeyer/*Marsch-Barner/Oppenhoff* § 67 Rn. 4; Kölner Komm UmwG/*Simon* § 67 Rn. 12; Schmitt/Hörtnagl/*Hörtnagl/Ollech* § 67 Rn. 5.
17 Semler/Stengel/Leonard/*Diekmann* § 67 Rn. 8; Kallmeyer/*Marsch-Barner/Oppenhoff* § 67 Rn. 2.
18 Maulbetsch/Klumpp/Rose/*Frenz* § 67 Rn. 9; Semler/Stengel/Leonard/*Diekmann* § 67 Rn. 11.

im Rahmen der Kapitalerhöhung erst noch entstehen.[19] Jedoch werden bare Zuzahlungen von der Berechnung nicht erfasst.[20] Werden mehrere Rechtsträger nacheinander aufeinander verschmolzen (Kettenverschmelzung), können die zu gewährenden Aktien nur dann addiert werden, wenn ein zeitlicher und sachlicher Zusammenhang zwischen den Verschmelzungen besteht.[21]

Soweit der übernehmende Rechtsträger Anteile an der übertragenden AG hält, werden diese nicht in die Berechnung der 10 %-Grenze einbezogen.[22] Gleichwohl verringert sich aber durch diese Anteile mittelbar das Volumen der zu gewährenden Aktien. Dieser Effekt kann durch einen entspr. Erwerb bewusst erreicht werden, um § 67 gezielt zu umgehen. Ein solches Vorgehen ist – auch ohne sachlichen Grund – zulässig.[23] Zwar dienen die zwingend zu berücksichtigenden Nachgründungsvorschriften dem Schutz der Kapitalaufbringung und Kapitalerhaltung, so dass sich einwenden ließe, der Anteilserwerb unmittelbar vor Verschmelzung sei ohne besonderen sachlichen Grund zur Umgehung des § 67 rechtsmissbräuchlich.[24] Richtigerweise sind Anteilserwerb und Verschmelzung aber zwei voneinander getrennt zu betrachtende Vorgänge. Der Erwerb ist an § 52 AktG und die Verschmelzung separat an § 67 zu messen.[25]

III. Anwendbare Nachgründungsvorschriften (S. 1)

Soweit die Vorschriften über die Nachgründung greifen, verweist § 67 S. 1 auf die entspr. Anwendung von § 52 Abs. 3, 4, 6–9 AktG. Ist im Rahmen des § 62 Abs. 1 eine Zustimmung der übernehmenden Gesellschaft zum Verschmelzungsbeschluss entbehrlich, kann ein Zustimmungserfordernis nicht über § 67 S. 1 hergeleitet werden, da das grds. Zustimmungsbedürfnis in § 52 Abs. 1 S. 1 AktG gerade nicht von S. 1 erfasst ist.[26] Dieselbe Frage nach der Entbehrlichkeit des Zustimmungsbeschlusses über § 62 Abs. 4 ist hier allerdings nicht relevant, da nach dem Wortlaut des § 67 nur der Fall der AG als übernehmender, nicht aber als übertragender Rechtsträger erfasst ist.

1. Nachgründungsbericht (§ 52 Abs. 3 AktG)

Nach § 52 Abs. 3 AktG hat der Aufsichtsrat vor Beschlussfassung der Hauptversammlung den Vertrag zu prüfen und darüber hinaus einen schriftlichen Bericht (Nachgründungsbericht) zu erstellen. Der Nachgründungsbericht ist durch alle Mitglieder des Aufsichtsrates zu unterschreiben.[27] Ist die Beschlussfassung der Hauptversammlung im Fall des § 62 entbehrlich, entfällt naturgemäß auch die Pflicht, den Nachgründungsbericht einen Monat vor Beschlussfassung der Gesellschafterversammlung der übertragen-

---

19 Lutter/*Grunewald* § 67 Rn. 9; Semler/Stengel/Leonard/*Diekmann* § 67 Rn. 11; Kallmeyer/*Marsch-Barner/Oppenhoff* § 67 Rn. 4.
20 Kallmeyer/*Marsch-Barner/Oppenhoff* § 67 Rn. 4.
21 Semler/Stengel/Leonard/*Diekmann* § 67 Rn. 13; Widmann/Mayer/*Rieger* § 67 Rn. 15; Lutter/*Grunewald* § 67 Rn. 9; aA Kallmeyer/*Marsch-Barner/Oppenhoff* § 67 Rn. 4.
22 Goutier/Knopf/Tulloch/*Bermel* § 67 Rn. 5; Maulbetsch/Klumpp/Rose/*Frenz* § 67 Rn. 9; Kallmeyer/*Marsch-Barner/Oppenhoff* § 67 Rn. 5; Widmann/Mayer/*Rieger* § 67 Rn. 14.
23 Kallmeyer/*Marsch-Barner/Oppenhoff* § 67 Rn. 5; Semler/Stengel/Leonard/*Diekmann* § 67 Rn. 12; Schmitt/Hörtnagl/*Hörtnagl/Olleck* § 67 Rn. 7; Widmann/Mayer/*Rieger* § 67 Rn. 14; Kölner Komm UmwG/*Simon* § 67 Rn. 17.
24 So jedenfalls Lutter/*Grunewald* § 67 Rn. 10.
25 So die hM, Maulbetsch/Klumpp/Rose/*Frenz* § 67 Rn. 9; Kallmeyer/*Marsch-Barner/Oppenhoff* § 67 Rn. 5; Semler/Stengel/Leonard/*Diekmann* § 67 Rn. 12; Widmann/Mayer/*Rieger* § 67 Rn. 14.
26 Maulbetsch/Klumpp/Rose/*Frenz* § 67 Rn. 13; Widmann/Mayer/*Rieger* § 67 Rn. 20.
27 Semler/Stengel/Leonard/*Diekmann* § 67 Rn. 14.

den Gesellschaft im Geschäftsraum des übernehmenden Rechtsträgers zugänglich zu machen.[28]

10 Auf den Nachgründungsbericht finden die Regeln des Gründungsberichts (§ 32 Abs. 2 und 3 AktG) sinngemäß Anwendung. Dabei sind insbes. Die relevanten Umstände anzugeben, von denen die Angemessenheit des Umtauschverhältnisses abhängt.[29] Zudem ist gemäß § 32 Abs. 3 AktG im Bericht anzugeben, ob und in welchem Umfang bei der Gründung für Rechnung eines Mitglieds des Vorstands oder des Aufsichtsrats Aktien übernommen worden sind und ob und in welcher Weise einem Mitglied des Vorstands oder des Aufsichtsrats Sondervorteile gewährt wurden. Die Angabe hat sich dabei aber nur auf den in § 67 bezeichneten Personenkreis zu erstrecken. Dies sind die Vorstands- und Aufsichtsratsmitglieder der übernehmenden AG, nicht aber die Organmitglieder der übertragenden Gesellschaft.[30]

11 In der Praxis nimmt der Nachgründungsbericht auf den Verschmelzungsbericht – sofern dieser nicht entbehrlich ist – Bezug. Zwar ist es nicht vorgesehen, den Nachgründungsbericht zur Hauptversammlung auszulegen, da dieser hauptsächlich der Prüfung durch den Nachgründungsprüfer bzw. Registerrichter dient, jedoch empfiehlt sich dies aus praktischen Gesichtspunkten.[31]

2. Nachgründungsprüfung (§ 52 Abs. 4 AktG)

12 Nach § 52 Abs. 4 AktG hat vor der Beschlussfassung eine Prüfung durch einen oder mehrere Gründungsprüfer stattzufinden, für die §§ 33 Abs. 3–5, 34, 35 AktG sinngemäß gelten.[32] Der Nachgründungsprüfungsbericht ist schriftlich zu verfassen und auch nicht im Fall des § 62 mit der Bekanntmachung der Verschmelzung in den Geschäftsräumen zugänglich zu machen (gleiche Gründe wie unter → Rn. 9). Die Prüfer werden vom zuständigen Gericht auf Antrag des Vorstandes der übernehmenden Gesellschaft bestellt.[33] Zulässig ist die Bestellung der Verschmelzungsprüfer als Nachgründungsprüfer.[34] Dies ist in der Praxis zu empfehlen, da es so nur einer Bestellung des Gerichts bedarf und insgesamt Zeit und Kosten gespart werden können.[35] Außerdem sind die Verschmelzungsprüfer weitestgehend mit den Angelegenheiten der Verschmelzung vertraut und leiten die Nachgründungsprüfung aus der Verschmelzungsprüfung ab.[36]

13 Bei der Nachgründungsprüfung ist zu ermitteln, ob der Wert des Reinvermögens der übertragenden Gesellschaft (Vermögensgegenstände abzüglich Schulden) den niedrigsten Ausgabewert der Aktien erreicht, die dem übertragenden Rechtsgeschäft gewährt werden müssen.[37] Ob der Wert der übergehenden Vermögensgegenstände und Schul-

---

[28] Lutter/*Grunewald* § 67 Rn. 12; Widmann/Mayer/*Rieger* § 67 Rn. 20.
[29] Maulbetsch/Klumpp/Rose/*Frenz* § 67 Rn. 14; Widmann/Mayer/*Rieger* § 67 Rn. 21.
[30] So die hM, Maulbetsch/Klumpp/Rose/*Frenz* § 67 Rn. 15; Lutter/*Grunewald* § 67 Rn. 12; Widmann/Mayer/*Rieger* § 67 Rn. 22; aA Schmitt/Hörtnagl/*Hörtnagl/Ollech* § 67 Rn. 9.
[31] Analog § 52 Abs. 2 S. 2 und 4 AktG; so die hM, Hartmann/Barcaba AG 2001, 437 (444 f.); Kallmeyer/Marsch-Barner/*Oppenhoff* § 67 Rn. 7; aA Semler/Stengel/Leonard/*Diekmann* § 67 Rn. 14.
[32] Vgl. *Angermayer* WPg 1995, 681 (683 f.).
[33] § 14 AktG iVm §§ 375 Nr. 3, 376 Abs. 1, 377 Abs. 1 FamFG.
[34] Kallmeyer/Marsch-Barner/*Oppenhoff* § 67 Rn. 7; Schmitt/Hörtnagl/*Hörtnagl/Ollech* § 67 Rn. 12; Lutter/*Grunewald* § 67 Rn. 14; Widmann/Mayer/*Rieger* § 67 Rn. 28; Maulbetsch/Klumpp/Rose/*Frenz* § 67 Rn. 17.
[35] Lutter/*Grunewald* § 67 Rn. 14; Semler/Stengel/Leonard/*Diekmann* § 67 Rn. 19; Kölner Komm UmwG/*Simon* § 67 Rn. 23.
[36] Kallmeyer/Marsch-Barner/*Oppenhoff* § 67 Rn. 7; Lutter/*Grunewald* § 67 Rn. 14; Semler/Stengel/Leonard/*Diekmann* § 67 Rn. 19.
[37] Maulbetsch/Klumpp/Rose/*Frenz* § 67 Rn. 17; Lutter/*Grunewald* § 67 Rn. 13; Semler/Stengel/Leonard/*Diekmann* § 67 Rn. 21.

den in einem angemessenen Verhältnis zum Wert der Aktien steht, die zu gewähren sind, wird dagegen nicht untersucht.[38]

3. Handelsregisterangelegenheiten (§ 52 Abs. 6–8 AktG)

a) Anmeldung zum Handelsregister (§ 52 Abs. 6 AktG)

Gemäß § 52 Abs. 6 AktG hat der Vorstand nach Zustimmung der Hauptversammlung den Vertrag zur Eintragung in das Handelsregister anzumelden. Diesem sind der Bericht der Gründungsprüfer und der Nachgründungsbericht anzuhängen.[39]

b) Eintragung im Handelsregister (§ 52 Abs. 7 AktG)

Nach § 52 Abs. 7 AktG kann das Registergericht die Eintragung der Verschmelzung im Register ablehnen, wenn gegen den Nachgründungsbericht wegen Unvollständigkeit oder Unrichtigkeit oder der Angemessenheit der Gegenleistung Bedenken bestehen. Dem Handelsregister kommt dahin gehend ein formelles und materielles Prüfungsrecht zu.[40] Eine Unangemessenheit ist vom Gericht dann anzunehmen, wenn sich der Wert der zu gewährenden Aktien nicht nur unerheblich über dem Wert des Vermögens der übertragenden Gesellschaft befindet oder die Darstellung im Bericht unzureichend ist.[41] In die Berechnung fließen auch bare Zuzahlungen ein.[42] Ob eine Unerheblichkeit gegeben ist, hat das Register selbstständig zu entscheiden.[43] Entgegen dem Wortlaut des § 52 Abs. 7 AktG handelt es sich nicht um eine Ermessensvorschrift.[44]

c) Registereinträge (§ 52 Abs. 8 AktG)

Nach § 52 Abs. 8 AktG sind der Tag des Vertragsschlusses und der Zustimmung der Hauptversammlung sowie der oder die Vertragspartner der Gesellschaft im Handelsregister einzutragen. Der Vertragstext wird auch nicht partiell eingetragen, ist aber für jedermann in der Registerakte zugänglich.[45] Da für die Eintragung der Verschmelzung die wirksame Nachgründung Voraussetzung ist, hat die Eintragung dieser (zeitlich) vorrangig zu erfolgen. In der Praxis empfiehlt es sich, die Anmeldung der Eintragung der Nachgründung mit der Anmeldung der Kapitalerhöhung bzw. der Verschmelzung zu verknüpfen.[46]

4. Anwendungsausschluss der Nachgründungsvorschriften (§ 52 Abs. 9 AktG)

Nach § 52 Abs. 9 AktG sind die Vorschriften über die Nachgründung für Erwerbe von Vermögensgegenständen als laufende Geschäfte der Gesellschaft, in der Zwangsvollstreckung oder an der Börse ausgeschlossen. Im Falle einer Verschmelzung kann weder ein Erwerb in der Zwangsvollstreckung noch ein solcher an der Börse vorliegen.[47] Eine praktische Relevanz für den Fall der Verschmelzung kann sich nur ergeben, wenn der

---

38 Widmann/Mayer/*Rieger* § 67 Rn. 30; Semler/Stengel/Leonard/*Diekmann* § 67 Rn. 21.
39 Maulbetsch/Klumpp/Rose/*Frenz* § 67 Rn. 19.
40 Widmann/Mayer/*Rieger* § 67 Rn. 39 ff.; Semler/Stengel/Leonard/*Diekmann* § 67 Rn. 24; Kölner Komm UmwG/*Simon* § 67 Rn. 27.
41 Vgl. Lutter/*Grunewald* § 67 Rn. 16; Schmitt/Hörtnagl/Hörtnagl/*Olech* § 67 Rn. 14; Semler/Stengel/Leonard/*Diekmann* § 67 Rn. 24; Widmann/Mayer/*Rieger* § 67 Rn. 39.
42 Lutter/*Grunewald* § 67 Rn. 16; Semler/Stengel/Leonard/*Diekmann* § 67 Rn. 24.
43 Lutter/*Grunewald* § 67 Rn. 16; Widmann/Mayer/*Rieger* § 67 Rn. 40.
44 *Koch* AktG § 52 Rn. 17.
45 Kölner Komm UmwG/*Simon* § 67 Rn. 25; Semler/Stengel/Leonard/*Diekmann* § 67 Rn. 26; Widmann/Mayer/*Rieger* § 67 Rn. 25.
46 Widmann/Mayer/*Rieger* § 67 Rn. 37; Semler/Stengel/Leonard/*Diekmann* § 67 Rn. 26.
47 Widmann/Mayer/*Rieger* § 67 Rn. 17; Kölner Komm UmwG/*Simon* § 67 Rn. 20; Schmitt/Hörtnagl/Hörtnagl/*Olech* § 67 Rn. 8; Lutter/*Grunewald* § 67 Rn. 11.

Erwerb der fraglichen Vermögensgegenstände im Rahmen laufender Geschäfte erfolgt, dh wenn etwa der Erwerb von Unternehmen ein übliches Geschäft der übernehmenden Gesellschaft darstellt.[48] Dies ist denkbar, wenn dessen Unternehmensgegenstand vorrangig den Erwerb und das Halten von Unternehmensbeteiligungen zum Gegenstand hat oder die üblichen Geschäfte der übernehmenden Gesellschaft auf den Erwerb solcher Vermögensgegenstände gerichtet sind, über die die übertragende Gesellschaft nahezu ausschließlich verfügt.[49]

IV. Rechtsfolgen eines Verstoßes

18 Ein ohne Nachgründungsprüfung gefasster Verschmelzungsbeschluss ist nichtig und darf daher nicht im Register eingetragen werden.[50] Der Schutz der Gläubiger könnte andernfalls nicht gewährleistet werden. Bei Verletzung anderer Vorschriften ist der Verschmelzungsbeschluss durch die Aktionäre lediglich anfechtbar, soweit sich keine Nichtigkeit aus § 241 AktG ergibt.[51] Wird die Verschmelzung trotz Vorliegens eines Nichtigkeits- oder Anfechtungsgrundes ins Register eingetragen, greift die Heilungswirkung des § 20 Abs. 2, wodurch die Verschmelzung wirksam bleibt.

19 Sofern die Verschmelzung, nicht aber der Verschmelzungsvertrag im Register eingetragen wurde, hat dies keine Auswirkungen, da § 67 nicht auf § 52 Abs. 1 S. 1 AktG verweist. Bezüglich der fehlenden Eintragung des Verschmelzungsvertrages greift in diesem Fall ebenfalls § 20 Abs. 2.

§ 68 Verschmelzung ohne Kapitalerhöhung

(1) ¹Die übernehmende Gesellschaft darf zur Durchführung der Verschmelzung ihr Grundkapital nicht erhöhen, soweit
1. sie Anteile eines übertragenden Rechtsträgers innehat;
2. ein übertragender Rechtsträger eigene Anteile innehat oder
3. ein übertragender Rechtsträger Aktien dieser Gesellschaft besitzt, auf die der Ausgabebetrag nicht voll geleistet ist.

²Die übernehmende Gesellschaft braucht ihr Grundkapital nicht zu erhöhen, soweit
1. sie eigene Aktien besitzt oder
2. ein übertragender Rechtsträger Aktien dieser Gesellschaft besitzt, auf die der Ausgabebetrag bereits voll geleistet ist.

³Die übernehmende Gesellschaft darf von der Gewährung von Aktien absehen, wenn alle Anteilsinhaber eines übertragenden Rechtsträgers darauf verzichten; die Verzichtserklärungen sind notariell zu beurkunden.

(2) Absatz 1 gilt entsprechend, wenn Inhaber der dort bezeichneten Anteile ein Dritter ist, der im eigenen Namen, jedoch in einem Fall des Absatzes 1 Satz 1 Nr. 1

---

[48] Maulbetsch/Klumpp/Rose/*Frenz* § 67 Rn. 11; Kallmeyer/*Marsch-Barner/Oppenhoff* § 67 Rn. 9; Semler/Stengel/Leonard/*Diekmann* § 67 Rn. 27.
[49] Widmann/Mayer/*Rieger* § 67 Rn. 17; Lutter/*Grunewald* § 67 Rn. 11; Maulbetsch/Klumpp/Rose/*Frenz* § 67 Rn. 11.
[50] § 241 Nr. 3 AktG; Maulbetsch/Klumpp/Rose/*Frenz* Rn. 23; Kallmeyer/*Marsch-Barner/Oppenhoff* § 67 Rn. 10; Lutter/*Grunewald* § 67 Rn. 18; aA Kölner Komm UmwG/*Simon* § 67 Rn. 28; Widmann/Mayer/*Rieger* § 67 Rn. 35.
[51] Kallmeyer/*Marsch-Barner/Oppenhoff* § 67 Rn. 10; Lutter/*Grunewald* § 67 Rn. 18; Schmitt/Hörtnagl/*Hörtnagl/Ollech* § 67 Rn. 16; Semler/Stengel/Leonard/*Diekmann* § 67 Rn. 28; Widmann/Mayer/*Rieger* § 67 Rn. 24.

oder des Absatzes 1 Satz 2 Nr. 1 für Rechnung der übernehmenden Gesellschaft oder in einem der anderen Fälle des Absatzes 1 für Rechnung des übertragenden Rechtsträgers handelt.

(3) Im Verschmelzungsvertrag festgesetzte bare Zuzahlungen dürfen nicht den zehnten Teil des auf die gewährten Aktien der übernehmenden Gesellschaft entfallenden anteiligen Betrags ihres Grundkapitals übersteigen.

Literatur:
Mösinger, Gewährung „anderer Gegenleistungen" bei der Verschmelzung durch Aufnahme, GWR 2017, 463 ff.

I. Einleitendes 1	2. Übertragender Rechtsträger hält Aktien der übernehmenden Gesellschaft, auf die der Ausgabebetrag voll geleistet ist (Abs. 1 S. 2 Nr. 2) 11
II. Verbot der Kapitalerhöhung (Abs. 1 S. 1) .. 3	
1. Übernehmende Gesellschaft hält Anteile am übertragenden Rechtsträger (Abs. 1 S. 1 Nr. 1) 3	
2. Übertragender Rechtsträger hält eigene Anteile (Abs. 1 S. 1 Nr. 2) 6	3. Alle Anteilsinhaber der übertragenden Gesellschaft verzichten auf die Gewährung von Aktien (Abs. 1 S. 3) 13
3. Übertragender Rechtsträger hält Aktien am übernehmenden Rechtsträger, auf die der Ausgabebetrag nicht voll geleistet ist (Abs. 1 S. 1 Nr. 3) 8	4. Ergänzende Fälle der Entbehrlichkeit der Kapitalerhöhung 15
	IV. Aktienbesitz eines Dritten (Abs. 2) 16
III. Kapitalerhöhungswahlrechte (Abs. 1 S. 2, 3) 10	V. Bare Zuzahlungen (Abs. 3) 18
	1. Allgemeines 18
	2. Berechnung der Zehn-Prozent-Grenze .. 20
1. Übernehmender Rechtsträger hält eigene Aktien (Abs. 1 S. 2 Nr. 1) 10	3. Vermeidung einer Unter-Pari-Emission . 21
	VI. Rechtsfolge von Verstößen 22

I. Einleitendes

Die Vorschrift stellt zum einen in Abs. 1 S. 1 für besondere Fälle ein Verbot der Kapitalerhöhung im Zusammenhang mit einer Verschmelzung auf. Zum anderen wird in Abs. 1 S. 2 der übernehmenden Gesellschaft ein Wahlrecht zur Kapitalerhöhung gewährt. Während das Verbot die Entstehung neuer Aktien verhindern soll, zielt das Wahlrecht darauf ab, die Reduzierung des Bestandes an eigenen Aktien zu fördern.[1] § 68 Abs. 1 S. 3 enthält eine Möglichkeit zum Verzicht auf die Gewährung von Aktien und wird insbesondere bei der konzerninternen Verschmelzung von Schwestergesellschaften relevant.[2]

Zudem wird der Höhe der baren Zuzahlung eine Obergrenze gesetzt, die 10 % des anteiligen Betrags am Grundkapital der gewährten Aktien des übernehmenden Rechtsträgers nicht überschreiten darf, § 68 Abs. 3. Der Anwendungsbereich erstreckt sich bei Abs. 1 und 2 nur auf die Verschmelzung zur Aufnahme.[3] § 68 Abs. 3 dagegen erfasst auch den Fall der Verschmelzung durch Neugründung (→ § 73 Rn. 14).

II. Verbot der Kapitalerhöhung (Abs. 1 S. 1)

1. Übernehmende Gesellschaft hält Anteile am übertragenden Rechtsträger (Abs. 1 S. 1 Nr. 1)

Der übernehmende Rechtsträger darf im Rahmen einer Verschmelzung sein Kapital nicht erhöhen, wenn er Anteile am übertragenden Rechtsträger hält. In diesem Fall

---

1 § 344 AktG BT-Drs. 9/1065, 18; Maulbetsch/Klumpp/Rose/*Frenz* § 68 Rn. 2 f.; Kallmeyer/*Marsch-Barner/Oppenhoff* § 68 Rn. 11; Semler/Stengel/Leonard/*Diekmann* § 68 Rn. 5 f.

2 Vgl. Keßler/Kühnberger/*Brügel* § 68 Rn. 3; Kallmeyer/*Marsch-Barner/Oppenhoff* § 68 Rn. 16; Semler/Stengel/Leonard/*Diekmann* § 68 Rn. 16.

3 Kallmeyer/*Marsch-Barner/Oppenhoff* § 68 Rn. 1; Semler/Stengel/Leonard/*Diekmann* § 68 Rn. 4.

ist er selbst dem Kreis der umtauschberechtigten Anteilsinhaber zuzuordnen. Folglich würde er im Wege der Verschmelzung Anteile an sich selbst erwerben. Dieses Ergebnis ist jedoch nicht erwünscht (§ 20 Abs. 1 Nr. 3 S. 1 Hs. 2 Var. 1). Da ein Anteilserwerb des übernehmenden Rechtsträgers an sich selbst dem Gebot der realen Kapitalaufbringung zuwiderliefe, darf dieser Rechtsträger im Wege der Verschmelzung auch nicht sein Kapital erhöhen.[4] Ist eine Mutter-AG als übernehmende Gesellschaft zu 100 % an der Tochtergesellschaft beteiligt, scheidet eine Kapitalerhöhung daher von vornherein aus. Hierbei handelt es sich um einen „Upstream-Merger", bei dem eine Kapitalerhöhung materiellrechtlich nicht erforderlich ist.[5] Gleiches gilt für die Behandlung von zu 100 % beteiligten Enkelgesellschaften.

4 Das Verbot der Kapitalerhöhung ist aber dann nicht gegeben, wenn die übernehmende AG nicht unmittelbar an der übertragenden Gesellschaft, sondern nur als Mitglied einer Rechtsgemeinschaft, zB einer GbR, beteiligt ist.[6] Würde ein Verbot bejaht werden, wäre die Gewährung einer Beteiligung an die anderen, der Rechtsgemeinschaft zugehörigen Gesellschaften, ausgeschlossen.[7] Eine solche Rechtsgemeinschaft bezüglich einer Aktie läge dann vor, wenn die übernehmende AG an einem Anteil am übertragenden Rechtsträger lediglich mitberechtigt ist.[8] Hierbei ist zu beachten, dass die übernehmende AG selbst keine eigenen Aktien erwirbt, sondern nur die Rechtsgemeinschaft, weil nur die Rechtsgemeinschaft und nicht die übernehmende AG Aktionär wird.[9] Die übernehmende AG kann jedoch gem. § 71d AktG gezwungen sein, die Anteile zu erwerben und sie dann zu veräußern bzw. einzuziehen. Hält ein von der übernehmenden AG abhängiges oder im Mehrheitsbesitz stehendes Unternehmen Anteile an der übertragenden Gesellschaft, ist eine Kapitalerhöhung aufgrund der mittelbaren Beteiligung möglich.[10] §§ 71a und 71c AktG sind anwendbar.

5 Entscheidender Zeitpunkt für die Feststellung der Beteiligungsverhältnisse an der übertragenden Gesellschaft ist der **Zeitpunkt der Eintragung der Durchführung der Kapitalerhöhung**.[11] Werden nach Eintragung der Durchführung der Kapitalerhöhung vom übernehmenden Rechtsträger weitere Anteile an der übertragenden Gesellschaft erworben, ist der Kapitalerhöhungsbetrag entspr. Dem Kapitalerhöhungsvolumen durch korrigierende Beschlussfassung zu verringern.[12] Hält eine übernehmende AG eigene Aktien, ist eine Kapitalerhöhung dennoch möglich, da sie nicht verpflichtet ist, diese Aktien zur Durchführung der Verschmelzung einzusetzen.[13]

---

4 § 56 Abs. 1 AktG; Goutier/Knopf/Tulloch/*Bermel* § 68 Rn. 5; Semler/Stengel/Leonard/*Diekmann* § 68 Rn. 5.
5 Vgl. zu § 344 AktG BT-Drs. 9/1065, 20; BayObLG 5.12.1983 – Breg 3 Z 186/83, WM 1984, 553 (555) = GmbHR 1984, 122; BayObLG 17.10.1983 – 3 Z BR 153/83, AG 1984, 22 (23); BayObLG 24.5.1989 – 3 Z BR 20/89, WM 1989, 1930 (1931) = AG 1990, 161; Kallmeyer/*Marsch-Barner/Oppenhoff* § 68 Rn. 5; Kölner Komm UmwG/*Simon* § 68 Rn. 17; Semler/Stengel/Leonard/*Diekmann* § 68 Rn. 5.
6 Widmann/Mayer/*Rieger* § 68 Rn. 10 f.; Semler/Stengel/Leonard/*Diekmann* § 68 Rn. 6.
7 So auch Semler/Stengel/Leonard/*Diekmann* § 68 Rn. 6; Widmann/Meyer/*Rieger* § 68 Rn. 10.
8 Widmann/Mayer/*Rieger* § 68 Rn. 10.
9 Semler/Stengel/Leonard/*Diekmann* § 68 Rn. 6; Maulbetsch/Klumpp/Rose/*Frenz* § 68 Rn. 8.
10 Maulbetsch/Klumpp/Rose/*Frenz* § 68 Rn. 9; Widmann/Mayer/*Rieger* § 68 Rn. 11.2.
11 Semler/Stengel/Leonard/*Diekmann* § 68 Rn. 7; Maulbetsch/Klumpp/Rose/*Frenz* § 68 Rn. 10.
12 Maulbetsch/Klumpp/Rose/*Frenz* § 68 Rn. 10; Semler/Stengel/Leonard/*Diekmann* § 68 Rn. 7; Widmann/Mayer/*Rieger* § 68 Rn. 11.1.
13 Kallmeyer/*Marsch-Barner/Oppenhoff* § 68 Rn. 6; Semler/Stengel/Leonard/*Diekmann* § 68 Rn. 13; *Limmer* FS Schippel, 1996, 415 (431); *Priester* NJW 1983, 1459 (1464).

2. Übertragender Rechtsträger hält eigene Anteile (Abs. 1 S. 1 Nr. 2)

Besitzt ein übertragender Rechtsträger eigene Anteile, ist eine Kapitalerhöhung unzulässig. Wird die Verschmelzung wirksam, erlöschen diese Anteile ersatzlos.[14] Daher bedarf es bzgl. dieser Aktien keiner neuen Aktien des aufnehmenden Rechtsträgers als Gegenleistung.[15] Hält ein von dem übertragenden Rechtsträger abhängiges oder im Mehrheitsbesitz stehendes Unternehmen Anteile an der übertragenden Gesellschaft, ist eine Kapitalerhöhung aufgrund der mittelbaren Beteiligung nicht zu beanstanden.[16] Dabei ist auf § 71d AktG zu achten.[17]

Erwirbt die übertragende Gesellschaft nach Eintragung der Kapitalerhöhung im Zuge der Verschmelzung eigene Anteile, ist der Kapitalerhöhungsbetrag entsprechend der Anzahl erworbener Aktien zu verringern.[18] Dieses Szenario kann von vornherein durch eine „Bis-zu-Kapitalerhöhung" berücksichtigt werden.[19]

3. Übertragender Rechtsträger hält Aktien am übernehmenden Rechtsträger, auf die der Ausgabebetrag nicht voll geleistet ist (Abs. 1 S. 1 Nr. 3)

Besitzt der übertragende Rechtsträger Aktien der übernehmenden Gesellschaft, ist eine Kapitalerhöhung unzulässig, soweit deren Ausgabebetrag nicht voll geleistet wurde. In Anlehnung an das GmbH-Recht wird die Meinung vertreten, dass die betroffenen Aktien für den Umtausch zur Durchführung der Verschmelzung zur Verfügung gestellt werden können.[20] Diese Auffassung ist jedoch abzulehnen. Im Aktienrecht ist ein Erwerb nicht voll eingezahlter Aktien im Wege der Gesamtrechtsnachfolge nach § 71 Abs. 1 Nr. 5 AktG möglich.[21] Zwar ist der Erwerb nicht voll eingezahlter Aktien in bestimmten Fällen nach § 71 Abs. 2 S. 3 AktG ausgeschlossen. Allerdings ist der Verweisungsbereich abschließend. Vom Wortlaut und damit vom Verweis nicht erfasst ist § 71 Abs. 1 Nr. 5 AktG, der damit im Ergebnis den Erwerb nicht voll eingezahlter Aktien im Wege einer Gesamtrechtsnachfolge zulässt. Eine Verwendung dieser Aktien im Wege der Verschmelzung ist damit möglich, aber nicht verpflichtend.[22] Insofern besteht ein Wahlrecht. Allerdings ist bei einem Umtausch nicht voll eingezahlter Aktien zu beachten, dass dieser nur gegen nicht voll eingezahlte Anteile des übertragenden Rechtsträgers erfolgen kann, damit die §§ 63 ff. AktG nicht umgangen werden.[23]

Gehen im Zuge der Verschmelzung Aktien der übernehmenden AG, auf die der Ausgabebetrag nicht voll geleistet wurde, vom übertragenden Rechtsträger über, erlischt

---

14 Goutier/Knopf/Tulloch/*Bermel* § 68 Rn. 6; Kallmeyer/Marsch-Barner/*Oppenhoff* § 68 Rn. 7; Semler/Stengel/Leonard/*Diekmann* § 68 Rn. 8.
15 Semler/Stengel/Leonard/*Diekmann* § 68 Rn. 8.
16 Maulbetsch/Klumpp/Rose/*Frenz* § 68 Rn. 11; Kallmeyer/Marsch-Barner/*Oppenhoff* § 68 Rn. 8; Semler/Stengel/Leonard/*Diekmann* § 68 Rn. 9; Widmann/Mayer/*Rieger* § 68 Rn. 13.
17 Semler/Stengel/Leonard/*Diekmann* § 68 Rn. 9; Kallmeyer/Marsch-Barner/*Oppenhoff* § 68 Rn. 8; Widmann/Mayer/*Rieger* § 68 Rn. 13.
18 Kallmeyer/Marsch-Barner/*Oppenhoff* § 68 Rn. 7; Semler/Stengel/Leonard/*Diekmann* § 68 Rn. 8.
19 Semler/Stengel/Leonard/*Diekmann* § 68 Rn. 8; Kallmeyer/Marsch-Barner/*Oppenhoff* § 68 Rn. 7; Maulbetsch/Klumpp/Rose/*Frenz* § 68 Rn. 12; Bungert/Hentzen DB 1999, 2501 ff.; Henssler/Strohn/*Junker* § 68 Rn. 3.
20 Zum alten Recht: Geßler/Hefermehl/Eckardt/Kropff/Grunewald AktG § 346 Rn. 34.
21 Goutier/Knopf/Tulloch/*Bermel* § 68 Rn. 7; Semler/Stengel/Leonard/*Diekmann* § 68 Rn. 10.
22 So auch Goutier/Knopf/Tulloch/*Bermel* § 68 Rn. 7; Kallmeyer/Marsch-Barner/*Oppenhoff* § 68 Rn. 9; Semler/Stengel/Leonard/*Diekmann* § 68 Rn. 10; aA Lutter/*Grunewald* § 68 Rn. 4; Maulbetsch/Klumpp/Rose/*Frenz* § 68 Rn. 14 ff.; aA RG JW 1933, 1012 (1014).
23 Semler/Stengel/Leonard/*Diekmann* § 68 Rn. 10.

die fällige Einlagepflicht nicht durch Konfusion.[24] Ein Verzicht auf die noch fällige Forderung der Einlage im Verschmelzungsvertrag ist nicht möglich.[25]

III. Kapitalerhöhungswahlrechte (Abs. 1 S. 2, 3)

1. Übernehmender Rechtsträger hält eigene Aktien (Abs. 1 S. 2 Nr. 1)

10 Besitzt die übernehmende Gesellschaft eigene Aktien, kann sie diese den Anteilsinhabern des übertragenden Rechtsträgers gewähren, um von einer Kapitalerhöhung abzusehen. Voraussetzung ist indes, dass die Aktien zur gleichen Gattung wie die Aktien, die für den Vermögensübergang zu gewähren sind, gehören.[26] Entgegen dem Wortlaut des § 71 Abs. 1 Nr. 3 AktG ist der Erwerb eigener Aktien nicht nur zum Zweck der Abfindung der Anteilsinhaber erfasst, sondern auch zum Umtausch.[27] Dies lässt sich damit begründen, dass die übernehmende AG auch bei einem Umtausch die eigenen Anteile nur kurzfristig hält.[28]

2. Übertragender Rechtsträger hält Aktien der übernehmenden Gesellschaft, auf die der Ausgabebetrag voll geleistet ist (Abs. 1 S. 2 Nr. 2)

11 Sofern der übertragende Rechtsträger Aktien der übernehmenden Gesellschaft besitzt, auf die der Ausgabebetrag in voller Höhe geleistet wurde, besteht ebenso ein Wahlrecht für die übernehmende Gesellschaft dahin gehend, ob sie ihr Grundkapital erhöht oder dies unterlässt. Wird von einer Kapitalerhöhung abgesehen, kommt es im Zuge der Verschmelzung beider Rechtsträger zu der Entstehung eigener Aktien.[29] Diese Entstehung neuer Aktien widerspricht zwar dem Sinn und Zweck des § 68, allerdings ist sie gem. § 71 Abs. 1 Nr. 5 AktG iVm § 71 Abs. 2 S. 3 AktG gestattet. Erwirbt der übernehmende Rechtsträger durch die Verschmelzung eigene Aktien, gehen diese nicht unter. Für eine diesbezügliche Rücklage ist § 272 Abs. 4 HGB zu beachten.[30] Übersteigt der Erwerb eigener Aktien die Schwelle von 10 % des Grundkapitals, ist § 71c Abs. 2 AktG mit der Maßgabe zu beachten, dass der die 10 %-Schwelle übersteigende Teil innerhalb von drei Jahren veräußert oder nach drei Jahren eingezogen werden muss.[31]

12 Bei der Verschmelzung einer Mutter- auf die 100 %ige Tochtergesellschaft („Downstream-Merger") ist zu beachten, dass die Anteilsinhaber der Muttergesellschaft direkt die Anteile erwerben, die die Muttergesellschaft an der Tochtergesellschaft hält, ohne dass die Tochtergesellschaft im Wege eines Durchgangserwerbs die Anteile erhält.[32] Allerdings ist ein solcher Downstream-Merger unzulässig, wenn hierdurch ein Verschmelzungsverlust entsteht, der das gezeichnete Kapital der Tochtergesellschaft angreift.[33] Hierdurch würde eine Einlagenrückgewähr entstehen, welche nicht zulässig ist.[34]

---

24 Maulbetsch/Klumpp/Rose/*Frenz* § 68 Rn. 18; Semler/Stengel/Leonard/*Diekmann* § 68 Rn. 11; Kallmeyer/*Marsch-Barner/Oppenhoff* § 68 Rn. 9; aA Widmann/Mayer/*Rieger* § 68 Rn. 19.1; *Limmer* FS Schippel, 1996, 415 (430).

25 Vgl. § 66 Abs. 1 AktG; Kallmeyer/*Marsch-Barner/Oppenhoff* § 68 Rn. 9; Semler/Stengel/Leonard/*Diekmann* § 68 Rn. 11; aA Goutier/Knopf/Tulloch/*Bermel* § 68 Rn. 7.

26 Maulbetsch/Klumpp/Rose/*Frenz* § 68 Rn. 19; Semler/Stengel/Leonard/*Diekmann* § 68 Rn. 13.

27 *Martens* FS Boujong, 1996, 335 ff.; vgl. HRA NZG 2000, 802 (805 f.); Maulbetsch/Klumpp/Rose/*Frenz* § 68 Rn. 19.

28 Semler/Stengel/Leonard/*Diekmann* § 68 Rn. 13.

29 Maulbetsch/Klumpp/Rose/*Frenz* § 68 Rn. 20.

30 Semler/Stengel/Leonard/*Diekmann* § 68 Rn. 14; Kallmeyer/*Marsch-Barner/Oppenhoff* § 68 Rn. 13.

31 Keßler/Kühnberger/*Brügel* § 68 Rn. 7; Kallmeyer/*Marsch-Barner/Oppenhoff* § 68 Rn. 13.

32 *Klein/Stephanblome* ZGR 2007, 351 (354) mwN.

33 Maulbetsch/Klumpp/Rose/*Frenz* § 68 Rn. 21; Semler/Stengel/Leonard/*Diekmann* § 68 Rn. 15.

34 § 57 AktG, § 30 Abs. 1 GmbHG; vgl. *Klein/Stephanblome* ZGR 2007, 351 (364 ff.); *Heckschen* GmbHR 2008, 802 (804 f.).

3. Alle Anteilsinhaber der übertragenden Gesellschaft verzichten auf die Gewährung von Aktien (Abs. 1 S. 3)

Von der Kapitalerhöhung kann zuletzt abgesehen werden, wenn alle Anteilsinhaber des übertragenden Rechtsträgers auf die Gewährung von Aktien verzichten. Relevant ist vor allem die Frage nach der Erforderlichkeit einer Kapitalerhöhung bei gleicher Beteiligung der Anteilsinhaber von Schwesterngesellschaften, die aufeinander verschmolzen werden sollen.[35] Durch den identischen Anteilsinhaberkreis ändert sich die Beteiligungsquote nach der Verschmelzung nicht, sofern die Beteiligungsquote gleichmäßig war.[36] Gleichwohl gibt es Stimmen, die eine Kapitalerhöhung in diesem Fall dennoch für zwingend erachten.[37] Richtigerweise ist die Notwendigkeit einer Kapitalerhöhung nicht mit dem Schutzgedanken des § 68 erklärbar. Die Vorschriften zur Kapitalerhöhung schützen letztlich nicht die Gläubiger, sondern stellen die Gewährung entsprechender Anteile für die Anteilsinhaber der übertragenden Gesellschaften sicher.[38] Umgangen werden kann dieses Problem in der Praxis ohnehin dadurch, dass alle Anteilsinhaber auf die Kapitalerhöhung verzichten.[39] Durch den neuen § 68 Abs. 1 S. 3 ist diese Möglichkeit nun auch im Gesetz ausdrücklich geregelt.

Nach § 68 Abs. 1 S. 3 Hs. 2 sind die Verzichtserklärungen der Aktionäre notariell zu beurkunden. Dies gilt sowohl für die Erklärungen bzgl. der Gewährung von Aktien, als auch der Kapitalerhöhung.

Hinweis: Der nach § 68 Abs. 1 aF mögliche Verzicht auf die Ausgabe einer Aktie des übernehmenden Rechtsträgers stellte eine erhebliche Vereinfachung des Verfahrens dar. Beraterseitig sollte im Regelfall darauf hingewirkt werden!

4. Ergänzende Fälle der Entbehrlichkeit der Kapitalerhöhung

§ 68 Abs. 1 S. 2 hat keinen abschließenden Charakter.[40] Es sind Konstellationen denkbar, die gesetzlich nicht ausdrücklich geregelt sind, für die die Notwendigkeit einer Kapitalerhöhung aber ebenso entbehrlich ist. Daher ist § 68 entsprechend anzuwenden. Dies ist beispielsweise der Fall, wenn Aktien von einem Dritten zum Umtausch zur Verfügung gestellt werden.[41] Da in diesem Fall die Vorschriften über den Erwerb eigener Aktien zum Tragen kommen, ist nur ein unentgeltlicher Erwerb nach § 71 Abs. 1 Nr. 4 AktG zulässig.

IV. Aktienbesitz eines Dritten (Abs. 2)

Hält ein Dritter Aktien treuhänderisch, sind die Vorschriften über das Verbot bzw. das Wahlrecht zur Kapitalerhöhung aus § 68 Abs. 1 entspr. Anzuwenden. Voraussetzung ist, dass der Dritte in eigenem Namen, aber für Rechnung des übernehmenden bzw. übertragenden Rechtsträgers tätig wird. Die von dem Dritten gehaltenen Aktien können zum Umtausch gem. § 71 Abs. 1 Nr. 4 AktG unentgeltlich zur Verfügung gestellt werden,

---

35 Semler/Stengel/Leonard/*Diekmann* § 68 Rn. 16.
36 *Winter* FS Lutter, 2000, 1279 (1280 ff.); Widmann/Mayer/*Rieger* § 68 Rn. 33 ff.
37 RegBegr. *Ganske* Umwandlungsrecht S. 114; OLG Hamm WM 1988, 1125 f.; BayObLG WM 1989, 1930 (1933 ff.); *Kowalski* GmbHR 1996, 158 (159 ff.); *Petersen* GmbHR 2004, 728 f.
38 Semler/Stengel/Leonard/*Diekmann* § 68 Rn. 16; Kallmeyer/Marsch-Barner/*Oppenhoff* § 68 Rn. 16.
39 *Drinhausen* BB 2006, 2313 (2315).
40 Maulbetsch/Klumpp/Rose/*Frenz* § 68 Rn. 23; Semler/Stengel/Leonard/*Diekmann* § 68 Rn. 19; Widmann/Mayer/*Rieger* § 68 Rn. 29 ff.
41 Semler/Stengel/Leonard/*Diekmann* § 68 Rn. 19; Kallmeyer/Marsch-Barner/*Oppenhoff* § 68 Rn. 14; Schmitt/Hörtnagl/*Hörtnagl/Ollech* § 68 Rn. 12.

sofern kein Fall des § 71d AktG vorliegt.[42] In der Praxis empfiehlt es sich, diesem bereits vor Eintragung der Verschmelzung nachzukommen, damit der automatische Übergang der Aktien auf die Anteilsinhaber gem. § 20 Abs. 1 Nr. 3 gewährleistet ist.[43]

17 Hält ein abhängiges oder im Mehrbesitz stehendes Unternehmen Anteile an der übertragenden Gesellschaft, ist eine Anwendung des § 68 Abs. 2 ausgeschlossen.[44] § 68 Abs. 1 S. 3 regelt diesen Sachverhalt abschließend.[45] § 71d S. 2 AktG ist in diesem Fall nicht anwendbar, da die außenstehenden Aktionäre des abhängigen Unternehmens vor dem ersatzlosen Untergang ihrer Anteile im Wege der Verschmelzung geschützt werden.[46]

V. Bare Zuzahlungen (Abs. 3)

1. Allgemeines

18 Sofern es zu einer baren Zuzahlung kommt, muss dies bereits im Verschmelzungsvertrag angegeben werden (§ 5 Abs. 1 Nr. 3). Die Gesamthöhe ist gemessen am Verhältnis zum Nennbetrag der zu gewährenden Aktien der übernehmenden Gesellschaft begrenzt (§ 68 Abs. 3). Die baren Zuzahlungen dürfen in der Summe maximal 10 % des Nennbetrages der zu gewährenden Aktien erreichen, um einen Auskauf der Gesellschafter des übertragenden Rechtsträgers zu verhindern.[47] Die Zuzahlung soll dem Ausgleich von nicht durch die Gewährung der Aktien regulierbaren Spitzen dienen und erfolgt an Erfüllung statt gem. § 364 Abs. 1 BGB.[48]

19 Umstritten ist, ob jeder Aktionär Anspruch auf Gewährung mindestens einer Aktie hat.[49] Verschiedentlich wird angeführt, dies sei unter dem Gesichtspunkt des Schutzes einzelner Aktionäre vor einem drohenden Auskauf erforderlich.[50] Allerdings wird bereits durch die Grenze von 10 % einem Auskauf genügend vorgebeugt.[51] Sollte die Beteiligung einzelner Aktionäre so gering sein, dass die Gewährung nur einer Aktie nicht in Betracht kommt, ist hierfür ein entspr. Ausgleich in bar vorzunehmen.[52] Dies könnte sich durch die Schaffung von Aktien mit einem anteiligen Betrag am Grundkapital von 1 EUR vermeiden lassen.[53]

2. Berechnung der Zehn-Prozent-Grenze

20 In die Berechnung der Grenze fließen alle gewährten Aktien ein, unabhängig davon, ob sie bereits existieren oder durch eine Kapitalerhöhung erst noch entstehen werden.[54] Sind mehrere übertragende Rechtsträger an der Verschmelzung beteiligt, ist die 10 %-Grenze für jeden Rechtsträger einzeln zu überprüfen.[55] Die Berechnung erfolgt demnach absolut und relativ.[56]

---

42 Kallmeyer/*Marsch-Barner/Oppenhoff* § 68 Rn. 14; Schmitt/Hörtnagl/*Hörtnagl/Ollech* § 68 Rn. 14.
43 Maulbetsch/Klumpp/Rose/*Frenz* § 68 Rn. 24; Semler/Stengel/Leonard/*Diekmann* § 68 Rn. 17; Kallmeyer/*Marsch-Barner/Oppenhoff* § 68 Rn. 14.
44 Semler/Stengel/Leonard/*Diekmann* § 68 Rn. 18; Kallmeyer/*Marsch-Barner/Oppenhoff* § 68 Rn. 15; Kölner Komm UmwG/*Simon* § 68 Rn. 59.
45 Kölner Komm UmwG/*Simon* § 68 Rn. 59.
46 Korte WiB 1997, 953 (963 ff.); Widmann/Mayer/*Rieger* § 68 Rn. 20.
47 Kölner Komm UmwG/*Simon* § 68 Rn. 12; Semler/Stengel/Leonard/*Diekmann* § 68 Rn. 20.
48 Semler/Stengel/Leonard/*Diekmann* § 68 Rn. 20; Kölner Komm UmwG/*Simon* § 68 Rn. 62; Kallmeyer/*Marsch-Barner/Oppenhoff* § 68 Rn. 20; Maulbetsch/Klumpp/Rose/*Frenz* § 68 Rn. 26.
49 Vgl. zum Streitstand Widmann/Mayer/*Rieger* § 68 Rn. 39 f.
50 Widmann/Mayer/*Rieger* § 68 Rn. 39.
51 So auch Winter FS Lutter, 2000,1279 (1285 ff.); Semler/Stengel/Leonard/*Diekmann* § 68 Rn. 2.
52 Kallmeyer/*Marsch-Barner/Oppenhoff* § 68 Rn. 22.
53 So jedenfalls Maulbetsch/Klumpp/Rose/*Frenz* § 68 Rn. 26.
54 Goutier/Knopf/Tulloch/*Bermel* § 68 Rn. 13; Kallmeyer/*Marsch-Barner/Oppenhoff* § 68 Rn. 20.
55 Semler/Stengel/Leonard/*Diekmann* § 68 Rn. 23; Widmann/Mayer/*Rieger* § 68 Rn. 43.
56 Widmann/Mayer/*Rieger* § 68 Rn. 43.

3. Vermeidung einer Unter-Pari-Emission

Werden Aktien ausgegeben und zusätzlich eine bare Zuzahlung gewährt, ist darauf zu achten, dass es zu keiner Unter-Pari-Emission kommt.[57] Dies ist zum einen der Fall, wenn Aktien zu Pari ausgegeben werden und darüber hinaus eine bare Zuzahlung erfolgt.[58] Zum anderen kann es zu einer Unter-Pari-Emission kommen, wenn Aktien über Pari ausgegeben werden und die Höhe der baren Zuzahlung den über Pari liegenden Wert der Gesellschaft übersteigt.[59] Kommt es zu einer Unter-Pari-Emission, ist eine bare Zuzahlung nicht möglich.[60]

VI. Rechtsfolge von Verstößen

Ein Verstoß gegen § 68 Abs. 1 oder 2 macht den Kapitalerhöhungsbeschluss lediglich anfechtbar, nicht aber nichtig.[61] Ein Verstoß gegen die 10%-Grenze des Abs. 3 führt zu einer Nichtigkeit der entsprechenden Regelung im Verschmelzungsvertrag,[62] im Zweifel des kompletten Vertrages.[63] Sollte die Verschmelzung trotz Verstoßes im Register eingetragen werden, bleibt sie gem. § 20 Abs. 2 wirksam. Bare Zuzahlungen sind in diesem Fall komplett zu leisten.[64]

§ 69 Verschmelzung mit Kapitalerhöhung

(1) ¹Erhöht die übernehmende Gesellschaft zur Durchführung der Verschmelzung ihr Grundkapital, so sind § 182 Abs. 4, § 184 Abs. 1 Satz 2, §§ 185, 186, 187 Abs. 1, § 188 Abs. 2 und 3 Nr. 1 des Aktiengesetzes nicht anzuwenden; eine Prüfung der Sacheinlage nach § 183 Abs. 3 des Aktiengesetzes findet nur statt, soweit übertragende Rechtsträger die Rechtsform einer rechtsfähigen Personengesellschaft oder eines rechtsfähigen Vereins haben, wenn Vermögensgegenstände in der Schlußbilanz eines übertragenden Rechtsträgers höher bewertet worden sind als in dessen letzter Jahresbilanz, wenn die in einer Schlußbilanz angesetzten Werte nicht als Anschaffungskosten in den Jahresbilanzen der übernehmenden Gesellschaft angesetzt werden oder wenn das Gericht Zweifel hat, ob der Wert der Sacheinlage den geringsten Ausgabebetrag der dafür zu gewährenden Aktien erreicht. ²Dies gilt auch dann, wenn das Grundkapital durch Ausgabe neuer Aktien auf Grund der Ermächtigung nach § 202 des Aktiengesetzes erhöht wird. ³In diesem Fall ist außerdem § 203 Abs. 3 des Aktiengesetzes nicht anzuwenden. ⁴Zum Prüfer kann der Verschmelzungsprüfer bestellt werden.

(2) Der Anmeldung der Kapitalerhöhung zum Register sind außer den in § 188 Abs. 3 Nr. 2 und 3 des Aktiengesetzes bezeichneten Schriftstücken der Verschmelzungsvertrag und die Niederschriften der Verschmelzungsbeschlüsse in Ausfertigung oder öffentlich beglaubigter Abschrift beizufügen.

---

57 Maulbetsch/Klumpp/Rose/*Frenz* § 68 Rn. 28; Semler/Stengel/Leonard/*Diekmann* § 68 Rn. 24; Kallmeyer/Marsch-Barner/*Oppenhoff* § 68 Rn. 20; Widmann/Mayer/*Rieger* § 68 Rn. 44.
58 Semler/Stengel/Leonard/*Diekmann* § 68 Rn. 24.
59 Widmann/Mayer/*Rieger* § 68 Rn. 44.
60 Semler/Stengel/Leonard/*Diekmann* § 68 Rn. 24; Kallmeyer/Marsch-Barner/*Oppenhoff* § 68 Rn. 20; Maulbetsch/Klumpp/Rose/*Frenz* § 68 Rn. 28.
61 Maulbetsch/Klumpp/Rose/*Frenz* § 68 Rn. 29; Henssler/Strohn/*Junker* § 68 Rn. 13; Kallmeyer/Marsch-Barner/Oppenhoff § 68 Rn. 19; aA Kölner Komm UmwG/*Simon* § 68 Rn. 69.
62 Semler/Stengel/Leonard/*Diekmann* § 68 Rn. 28; Maulbetsch/Klumpp/Rose/*Frenz* § 68 Rn. 31; Schmitt/Hörtnagl/Hörtnagl/*Olleck* § 67 Rn. 17.
63 § 139 BGB; Kölner Komm UmwG/*Simon* § 68 Rn. 73.
64 Semler/Stengel/Leonard/*Diekmann* § 68 Rn. 28; Kallmeyer/Marsch-Barner/*Oppenhoff* § 68 Rn. 19; Kölner Komm UmwG/*Simon* § 68 Rn. 74.

(3) Für den Beschluss über die Kapitalerhöhung nach Absatz 1 gilt § 14 Absatz 2 entsprechend.

I. Einleitendes 1	3. Buchwerte werden in Anwendung des Bilanzierungswahlrechts nach § 24 von der übernehmenden Gesellschaft nicht weitergeführt 13
II. Ausschluss aktienrechtlicher Vorschriften (Abs. 1 S. 1 Hs. 1) 3	
1. § 182 Abs. 4 AktG 3	
2. § 184 Abs. 1 S. 2 AktG 4	4. Zweifel des Gerichts an der Werthaltigkeit der Sacheinlage 14
3. § 185 AktG 5	IV. Prüfer (Abs. 1 S. 4) 15
4. § 186 AktG 6	V. Genehmigtes Kapital (Abs. 1 S. 2, 3) 16
5. § 187 Abs. 1 AktG 7	VI. Bedingtes Kapital 17
6. § 188 Abs. 2 AktG 8	VII. Zeitpunkt der Beschlussfassung 19
7. § 188 Abs. 3 Nr. 1 AktG 9	VIII. Anmeldung zum Handelsregister (Abs. 2) 20
III. Prüfung der Sacheinlage (Abs. 1 S. 1 Hs. 2) 10	IX. Klage gegen die Wirksamkeit des Verschmelzungsbeschlusses (Abs. 3) 24
1. Übertragender Rechtsträger ist rechtsfähige Personengesellschaft oder rechtsfähiger Verein 11	
2. Vermögensgegenstände eines übertragenden Rechtsträgers sind in der Schlussbilanz höher bewertet als in der letzten Jahresbilanz 12	

I. Einleitendes

1 § 69 regelt die Verschmelzung mit Kapitalerhöhung und stellt insofern das Gegenstück zu § 68 dar. Bei einer Verschmelzung hat die übernehmende AG den Anteilsinhabern der übertragenden Gesellschaft als Gegenleistung Aktien zu gewähren (§ 20 Abs. 1 Nr. 3). Ist der Anwendungsbereich des § 68 nicht eröffnet, sind neue Aktien im Wege einer Kapitalerhöhung zu schaffen.[1] Die Kapitalerhöhung ist eine Sachkapitalerhöhung, so dass die §§ 182 ff. AktG anzuwenden sind.[2] Jedoch stellt § 69 im Vergleich zu den Vorschriften aus dem AktG eine Erleichterung dar. Voraussetzung ist, dass die Kapitalerhöhung zur Durchführung der Verschmelzung erfolgt.[3] Findet die Kapitalerhöhung zu einem anderen Zweck statt, findet § 69 keine Anwendung.[4] Stattdessen gelten dann die allgemeinen Vorschriften.[5]

2 Der Anwendungsbereich des § 69 ist nur eröffnet, wenn übernehmender Rechtsträger eine AG ist.[6] Voraussetzung für die Eintragung der Verschmelzung bei der übernehmenden AG ist die vorherige Eintragung der Durchführung der Kapitalerhöhung im Register (→ § 66 Rn. 2). Ist eine AG an der Spaltung zur Aufnahme beteiligt, findet § 69 mit der Maßgabe Anwendung, dass eine Prüfung der Sacheinlage gemäß 142 Abs. 1 stets stattzufinden hat.[7]

II. Ausschluss aktienrechtlicher Vorschriften (Abs. 1 S. 1 Hs. 1)

1. § 182 Abs. 4 AktG

3 § 182 AktG ist bei der Verschmelzung im Rahmen einer Kapitalerhöhung grds. anzuwenden, wobei zu beachten ist, dass § 182 Abs. 4 AktG keine Anwendung findet. Dem-

---

[1] Maulbetsch/Klumpp/Rose/*Klumpp* § 69 Rn. 1.
[2] Keßler/Kühnberger/*Brügel* § 69 Rn. 1; Kallmeyer/*Marsch-Barner/Oppenhoff* § 69 Rn. 1; Semler/Stengel/Leonard/*Diekmann* § 69 Rn. 1; Maulbetsch/Klumpp/Rose/*Klumpp* § 69 Rn. 1.
[3] Kallmeyer/*Marsch-Barner/Oppenhoff* § 69 Rn. 1; Semler/Stengel/Leonard/*Diekmann* § 69 Rn. 2.
[4] Widmann/Mayer/*Rieger* § 69 Rn. 3; Kallmeyer/*Marsch-Barner/Oppenhoff* § 69 Rn. 2; Semler/Stengel/Leonard/*Diekmann* § 69 Rn. 3.
[5] Kallmeyer/*Marsch-Barner/Oppenhoff* § 69 Rn. 2.
[6] Semler/Stengel/Leonard/*Diekmann* § 69 Rn. 3; Maulbetsch/Klumpp/Rose/*Klumpp* § 69 Rn. 4.
[7] Semler/Stengel/Leonard/*Diekmann* § 69 Rn. 3 Fn. 6.

nach ist klargestellt, dass eine Kapitalerhöhung auch dann erfolgen darf, wenn auf die bestehenden Aktien der übernehmenden AG noch Einlagen ausstehen. Grundgedanke des § 182 Abs. 4 AktG ist, noch ausstehende Einlagen einzufordern, bevor (weiterer) Kapitalbedarf durch eine erneute Erhöhung des Grundkapitals gedeckt wird.[8] Begründen lässt sich die in § 69 umwandlungsrechtlich vorgesehene Ausnahme zu § 182 Abs. 4 AktG mit dem Zweck der Kapitalerhöhung.[9] Sofern die Kapitalerhöhung der Durchführung der Verschmelzung dient, steht die Verschmelzung im Vordergrund und nicht die Beschaffung von Kapital.[10]

2. § 184 Abs. 1 S. 2 AktG

Die Kapitalerhöhung zur Durchführung der Verschmelzung dient der Bereitstellung neuer Aktien, die die Aktionäre im Gegenzug zur Verschmelzung ihres Rechtsträgers auf die AG erhalten. Da das Kapitalerhöhungsverbot des § 182 Abs. 4 AktG im Rahmen des § 69 nicht gilt, sind auch die Angaben über Umfang und Uneinbringlichkeit noch ausstehender Einlagen entbehrlich.[11]

3. § 185 AktG

Gänzlich unanwendbar im Rahmen des § 69 ist § 185 AktG. Danach hat keine Zeichnung neuer Aktien stattzufinden. Grundsätzlich ist zwar die Zeichnung neuer Aktien erforderlich für deren Entstehung, allerdings tritt an die Stelle des Zeichnungsscheins der Verschmelzungsvertrag.[12] Der nur in der Literatur geführte Streit, ob bereits der Verschmelzungsbeschluss als ausreichendes Äquivalent zum Zeichnungsschein gelten kann, ist in der Praxis irrelevant, da bei jeglicher Verschmelzung sowohl Verschmelzungsbeschluss als auch Verschmelzungsvertrag vorliegen.[13]

4. § 186 AktG

Ebenfalls vollständig ausgeschlossen ist eine Anwendung von § 186 AktG. Gäbe es ein Bezugsrecht der Aktionäre bzgl. der im Wege der Kapitalerhöhung neu zu schaffenden Aktien, könnte das eigentliche Ziel – die Gewährung neuer Aktien als Gegenleistung der Verschmelzung für die Aktionäre des übertragenden Rechtsträgers – nicht erreicht werden.[14] Die neuen Aktien sollen den Anteilsinhabern des übertragenden Rechtsträgers ausschließlich zustehen.[15]

5. § 187 Abs. 1 AktG

Da sich § 187 Abs. 1 AktG auf § 186 AktG und die darin geregelten Bezugsrechte bezieht, ist durch den Ausschluss von § 186 AktG auch § 187 Abs. 1 AktG nicht anwendbar. Anderes gilt für § 187 Abs. 2 AktG, da dieser sich nicht auf eine der durch § 69 ausgeschlossenen Normen bezieht und auch selbst nicht für unanwendbar erklärt ist, so dass er auch

---

8 Keßler/Kühnberger/*Brügel* § 69 Rn. 4; Widmann/Mayer/*Rieger* § 69 Rn. 6.
9 Lutter/*Grunewald* § 69 Rn. 5; Maulbetsch/Klumpp/Rose/*Klumpp* § 69 Rn. 5.
10 So auch Maulbetsch/Klumpp/Rose/*Klumpp* § 69 Rn. 5; Lutter/*Grunewald* § 69 Rn. 6; Kallmeyer/*Marsch-Barner/Oppenhoff* § 69 Rn. 5.
11 Keßler/Kühnberger/*Brügel* § 69 Rn. 4; Semler/Stengel/Leonard/*Diekmann* § 69 Rn. 13; Lutter/*Grunewald* § 69 Rn. 13.

12 Kallmeyer/*Marsch-Barner/Oppenhoff* § 69 Rn. 12; Semler/Stengel/Leonard/*Diekmann* § 69 Rn. 14.
13 Maulbetsch/Klumpp/Rose/*Klumpp* § 69 Rn. 7; Lutter/*Grunewald* § 69 Rn. 16.
14 Maulbetsch/Klumpp/Rose/*Klumpp* § 69 Rn. 8; Widmann/Mayer/*Rieger* § 69 Rn. 10; Semler/Stengel/Leonard/*Diekmann* § 69 Rn. 15.
15 Keßler/Kühnberger/*Brügel* § 69 Rn. 4; Semler/Stengel/Leonard/*Diekmann* § 69 Rn. 15; Kallmeyer/*Marsch-Barner/Oppenhoff* § 69 Rn. 12.

im Rahmen der Verschmelzung zu beachten bleibt. Daraus wird deutlich, dass über den Verschmelzungsvertrag kein Anspruch auf die Durchführung der Kapitalerhöhung hergeleitet werden kann.[16]

6. § 188 Abs. 2 AktG

8 Einer Anmeldung zum Handelsregister ist grundsätzlich ein Nachweis über die Leistung der Einlagen beizufügen. Bei einer Kapitalerhöhung im Rahmen der Verschmelzung ist dies jedoch nicht erforderlich, da durch den Übergang des Vermögens der übertragenden Gesellschaft die Einlagen geleistet werden.[17] Bei dem Übergang handelt es sich um eine Sacheinlage, die gemäß § 20 Abs. 1 Nr. 1 übergeht.[18] Wurde das Vermögen der übertragenden Gesellschaft im Vorfeld überbewertet, trifft die Gesellschafter des übertragenden Rechtsträgers keine Differenzhaftung.[19] Auch findet ein Ausgleich zwischen dem Wert des Vermögens und dem Nennbetrag der zu gewährenden Aktien nicht statt.[20]

7. § 188 Abs. 3 Nr. 1 AktG

9 Es sind keine Aktien nach § 185 AktG zu zeichnen, da der Zeichnungsschein durch den Verschmelzungsvertrag ersetzt wird. Daher können auch keine Zweitschriften der Zeichnungsscheine und kein Verzeichnis der Zeichner der Registeranmeldung beigefügt werden.

III. Prüfung der Sacheinlage (Abs. 1 S. 1 Hs. 2)

10 Die Prüfung einer Sacheinlage ist auch im Zuge einer Verschmelzung in bestimmten Fällen erforderlich. Hierfür verweist § 69 Abs. 1 S. 1 Hs. 2 auf § 183 Abs. 3 AktG. Die Kapitalerhöhung zur Durchführung der Verschmelzung ist eine Sachkapitalerhöhung. Die durch § 69 Abs. 1 eingeschränkte Prüfungspflicht der Werthaltigkeit der Sacheinlagen besteht in folgenden Sonderfällen:

1. Übertragender Rechtsträger ist rechtsfähige Personengesellschaft oder rechtsfähiger Verein

11 Sofern die übertragende Gesellschaft eine eine rechtsfähige (dh eingetragene) Personengesellschaft oder ein rechtsfähiger Verein ist, hat ein externer Prüfer die Sacheinlage zu prüfen. Von der Prüfungspflicht befreit sind alle Rechtsformen, die den gesetzlichen Kapitalaufbringungs- und Kapitalerhaltungsvorschriften unterliegen.[21] Da die genannten Gesellschaftsformen diesem gesetzlichen System des Gläubigerschutzes nicht unterliegen, ist bei ihnen zwingend eine Prüfung der Sacheinlagen vorzunehmen.[22]

---

16 So auch Lutter/*Grunewald* § 69 Rn. 18; Schmitt/Hörtnagl/*Hörtnagl/Ollech* § 69 Rn. 10.
17 Maulbetsch/Klumpp/Rose/*Klumpp* § 69 Rn. 10.
18 Keßler/Kühnberger/*Brügel* § 69 Rn. 4.
19 *Kallmeyer* GmbHR 2007, 11 (21); Maulbetsch/Rose/*Klumpp* § 69 Rn. 10.
20 BGH 12.3.2007 – II ZR 302/05, AG 2007, 487 ff.; *Grunewald* EWiR 2006, 30; aA *Thoß* NZG 2006, 378.
21 Widmann/Mayer/*Rieger* § 69 Rn. 24; Semler/Stengel/Leonard/*Diekmann* § 69 Rn. 7 f.; Maulbetsch/Klumpp/Rose/*Klumpp* § 69 Rn. 13.
22 Semler/Stengel/Leonard/*Diekmann* § 69 Rn. 8; Kölner Komm UmwG/*Simon* § 69 Rn. 16; Goutier/Knopf/Tulloch/*Bermel* § 68 Rn. 22; Kallmeyer/Marsch-Barner/*Oppenhoff* § 69 Rn. 7.

2. Vermögensgegenstände eines übertragenden Rechtsträgers sind in der Schlussbilanz höher bewertet als in der letzten Jahresbilanz

Werden Vermögensgegenstände eines übertragenden Rechtsträgers in der Schlussbilanz höher bewertet als in der letzten Jahresbilanz, ist eine Prüfung der Sacheinlage vorzunehmen. Die Prüfung hat in diesem Fall unabhängig von der Rechtsform der Gesellschaft zu erfolgen.[23] Der Unterschied in der Bewertung kann durch die Aufdeckung stiller Reserven zustande kommen.[24] Ebenso denkbar ist dies auch, wenn in der Schlussbilanz Zuschreibungen gemäß §§ 253 Abs. 5, 280 HGB erfolgen, da diese als Hinweise auf eine mangelnde Werthaltigkeit angesehen werden können.[25] Zu prüfen ist die gesamte Sacheinlage und nicht nur die höher bewerteten Vermögensgegenstände.[26] Sofern als Schlussbilanz die Jahresbilanz verwendbar ist, dient die letzte davor aufgestellte Jahresbilanz als Vergleichsmaßstab.[27]

3. Buchwerte werden in Anwendung des Bilanzierungswahlrechts nach § 24 von der übernehmenden Gesellschaft nicht weitergeführt

Nach § 24 steht es der übernehmenden Gesellschaft frei, die Werte der Schlussbilanz des übertragenden Rechtsträgers als Anschaffungskosten in ihrer Jahresbilanz anzusetzen.[28] In diesem Fall hat eine Prüfung der Werthaltigkeit stattzufinden, um einer Überbewertung vorzubeugen.[29] Vergleichsmaßstab bildet die nächste Jahresbilanz des übertragenden Rechtsträgers.[30] Da diese zum Zeitpunkt der Anmeldung beim Register regelmäßig noch nicht vorliegen wird, besteht die Gefahr, dass der Registerrichter mangels prüfbarer Unterlagen die Eintragung der Verschmelzung versagt.[31] In der Praxis sollte daher bereits im Verschmelzungsvertrag aufgeführt werden, dass die übernehmende Gesellschaft die Buchwerte der übertragenden Gesellschaft weiterführt.[32] Hilfreich ist auch, mit dem Registergericht abzustimmen, dass eine Weiterführung zu Anschaffungskosten erfolgt, um dessen Prüfungsmaßstab im Einzelfall zu berücksichtigen.[33]

4. Zweifel des Gerichts an der Werthaltigkeit der Sacheinlage

Grundsätzlich hat das Registergericht die eingereichten Unterlagen daraufhin zu überprüfen, ob der Wert der Sacheinlage den geringsten Ausgabebetrag der zu gewährenden Aktien erreicht.[34] Bestehen nach dieser Durchsicht Zweifel daran, ist eine Prüfung der Werthaltigkeit durchzuführen. Allein das Vorliegen einer Schlussbilanz oder die Durchführung einer Verschmelzungsprüfung müssen nicht in jedem Fall genügen, um Zweifel auszuschließen.[35] Denn eine Verschmelzungsprüfung zielt lediglich auf das Umtauschverhältnis ab, woraus sich jedoch nicht ohne Weiteres die Deckung des anteiligen Betrags am Grundkapital der neuen Aktien bestimmen lässt.[36] Bei mehreren übertragenden Gesellschaften hat eine Prüfung nur bei den Rechtsträgern stattzufinden, auf die § 69 Abs. 1 Anwendung findet.[37] Die Erreichung des geringsten Ausgabebetrags der zu gewährenden Aktien ist am Gesamtvermögen aller beteiligten Gesellschaften zu bestimmen.[38]

IV. Prüfer (Abs. 1 S. 4)

15 Gemäß § 69 Abs. 1 S. 4 steht es der Gesellschaft frei, als Prüfer der Sacheinlage den Verschmelzungsprüfer einzusetzen.[39] Diese Möglichkeit wurde durch das 3. UmwÄndG vom 11.7.2011 eingeführt und ermöglicht nicht nur eine zeitliche Erleichterung, sondern reduziert tendenziell auch die Transaktionskosten, da der Verschmelzungsprüfer bereits mit den gesamten Verschmelzungsvorgängen vertraut ist.

V. Genehmigtes Kapital (Abs. 1 S. 2, 3)

16 Wird für die Kapitalerhöhung genehmigtes Kapital eingesetzt, gelten nach § 69 Abs. 1 S. 2 die Erleichterungen des § 69 Abs. 1 S. 1 gleichermaßen. Dementsprechend gelten die Regeln zur Prüfung der Sacheinlage auch nur in den von § 69 Abs. 1 S. 1 Hs. 2 erfassten Sonderfällen. Dabei ist die Grenze des genehmigten Kapitals gemäß § 202 Abs. 3 AktG auf höchstens 50 % des Grundkapitals beschränkt, das zur Zeit der Ermächtigung vorhanden ist. Daneben gilt nach § 69 Abs. 1 S. 3 das Ausgabeverbot neuer Aktien nach § 203 Abs. 3 AktG nicht, auch wenn ausstehende Einlagen noch erlangt werden können.

VI. Bedingtes Kapital

17 Ebenfalls möglich ist es, die für den Umtausch benötigten Anteile über ein vorhandenes bedingtes Kapital gemäß § 192 Abs. 2 Nr. 2 AktG zu schaffen.[40] Auch in diesem Fall ist gemäß § 194 Abs. 4 AktG eine Prüfung der Werthaltigkeit vorzunehmen. Da die Prüfung des § 194 Abs. 4 AktG der Prüfung nach § 183 Abs. 3 AktG entspricht, müssen auch hier die Erleichterungen des § 69 Abs. 1 S. 1 mit der Maßgabe gelten, dass eine Prüfung (nur) in den von § 69 Abs. 1 S. 1 Hs. 1 erfassten Fällen durchzuführen ist. Auch hier gilt die Beschränkung des Nennbetrags auf höchstens 50 % des Grundkapitals, das zur Zeit der Ermächtigung vorhanden ist (§ 192 Abs. 3 AktG).

18 Da die Verwendung von bedingtem Kapital notwendigerweise bedeutet, dass das Grundkapital erst mit Ausgabe der Bezugsaktien erhöht wird, bietet sich dieses Vorgehen an, wenn zum Zeitpunkt der Beschlussfassung über die Kapitalerhöhung noch unklar ist, wie viele Aktien zur Durchführung der Verschmelzung exakt benötigt werden.[41] In der Praxis kann dies bei der Verschmelzung von mehreren Rechtsträgern auf eine übernehmende Gesellschaft in mehreren Verschmelzungsvorgängen relevant wer-

---

36 Vgl. *Ihrig* GmbHR 1995, 622 (627), 641; Semler/Stengel/Leonard/*Diekmann* § 69 Rn. 11.
37 Kallmeyer/*Marsch-Barner/Oppenhoff* § 69 Rn. 11; Semler/Stengel/Leonard/*Diekmann* § 69 Rn. 12.
38 Lutter/*Grunewald* § 69 Rn. 14; Schmitt/Hörtnagl/*Hörtnagl/Ollech* § 69 Rn. 18.
39 Drittes Gesetz zur Änderung des Umwandlungsgesetzes v. 11.7.2011, BGBl. I 1338.
40 Keßler/Kühnberger/*Brügel* § 69 Rn. 12; Semler/Stengel/Leonard/*Diekmann* § 69 Rn. 20 f.
41 Semler/Stengel/Leonard/*Diekmann* § 69 Rn. 21; Kallmeyer/*Marsch-Barner/Oppenhoff* § 69 Rn. 15; Widmann/Mayer/*Rieger* § 69 Rn. 49; Kölner Komm UmwG/*Simon* § 69 Rn. 37.

den.⁴² Der Vorteil unterschiedlicher, zeitlich gestufter Verschmelzungsvorgänge besteht darin, dass die Anfechtung eines Verschmelzungsbeschlusses nur die Verschmelzung des jeweiligen übertragenden Rechtsträgers betrifft, weitere übertragende Rechtsträger aber unberührt lässt.⁴³

VII. Zeitpunkt der Beschlussfassung

Der Beschluss über die Kapitalerhöhung ist spätestens bis zur Anmeldung der Verschmelzung des übernehmenden Rechtsträgers zu fassen, da die Eintragung der Durchführung der Kapitalerhöhung vor der Eintragung der Verschmelzung des übernehmenden Rechtsträgers erfolgen muss (→ § 66 Rn. 2). Er kann allerdings auch vor oder zusammen mit dem Abschluss des Verschmelzungsvertrages gefasst werden. Ein Bezug zur geplanten Verschmelzung ist nicht erforderlich.⁴⁴ Da der Beschluss der Kapitalerhöhung notariell zu beurkunden ist, empfiehlt es sich in der Praxis, die Kapitalerhöhung bereits mit der Satzungsänderung in den Verschmelzungsvertrag aufzunehmen. Da auch dieser gemäß § 6 notariell beurkundet werden muss, können so nicht unerhebliche Kosten eingespart werden.

VIII. Anmeldung zum Handelsregister (Abs. 2)

Zum Handelsregister sind grundsätzlich der Kapitalerhöhungsbeschluss und die Durchführung der Kapitalerhöhung zur Eintragung anzumelden. Beides wird in der Praxis meist verbunden. Daneben sind nach § 69 Abs. 2 noch weitere Unterlagen einzureichen. Der Verschmelzungsvertrag, in dem meist die durch die Kapitalerhöhung bedingte Satzungsänderung enthalten ist, die Niederschriften über die Verschmelzungsbeschlüsse in Ausfertigung oder öffentlich beglaubigter Abschrift und die in § 188 Abs. 3 Nr. 2 und 3 AktG aufgeführten Dokumente. Sollte eine Prüfung der Sacheinlagen notwendig sein, ist auch der entsprechende Prüfungsbericht der Anmeldung beizufügen.

Wurden alle Unterlagen beim Registergericht eingereicht, wird eine Prüfung der Voraussetzungen der Eintragung durch das Registergericht durchgeführt. Unter Umständen kann das Handelsregister die Prüfung der Werthaltigkeit nach § 69 Abs. 1 S. 1 Hs. 1 iVm § 183 AktG anordnen. Richtigerweise ist der Eintragungszeitpunkt für die Prüfung maßgeblich, nicht der Anmeldezeitpunkt, da die Verschmelzung erst im Zeitpunkt der Eintragung und somit auch der Vermögensübergang wirksam wird.⁴⁵

Sofern der Verschmelzungsbeschluss durch Gesellschafter angefochten wurde, stellt sich die Frage, ob in diesem Fall die Registersperre in entsprechender Anwendung des § 16 Abs. 2 greift. Richtigerweise darf der Kapitalerhöhungsbeschluss weiterhin eingetragen werden, da die Kapitalerhöhung mit der Verschmelzung verknüpft ist.⁴⁶ Hierdurch wird bereits ausreichend Schutz gewährleistet, denn bei endgültigem Scheitern der Verschmelzung wird auch die Kapitalerhöhung unwirksam.⁴⁷ Im Umkehrschluss bedeutet dies, dass die Kapitalerhöhung nicht durchgeführt wurde und daher nicht im

---

42 Kallmeyer/*Marsch-Barner/Oppenhoff* § 69 Rn. 15; Semler/Stengel/Leonard/*Diekmann* § 69 Rn. 21; Maulbetsch/Klumpp/Rose/*Klumpp* § 69 Rn. 17.
43 Semler/Stengel/Leonard/*Diekmann* § 69 Rn. 21; Kallmeyer/*Marsch-Barner/Oppenhoff* § 69 Rn. 15.
44 Semler/Stengel/Leonard/*Diekmann* § 69 Rn. 23.
45 *Ihrig* GmbHR 1995, 622 (628).
46 So auch Kallmeyer/*Marsch-Barner/Oppenhoff* § 69 Rn. 20; Kölner Komm UmwG/*Simon* § 69 Rn. 46; Semler/Stengel/Leonard/*Diekmann* § 69 Rn. 27; aA Lutter/*Grunewald* § 69 Rn. 23; Maulbetsch/Klumpp/Rose/*Klumpp* § 69 Rn. 19.
47 Kölner Komm UmwG/*Simon* § 69 Rn. 49; Lutter/*Vetter* § 55 Rn. 3; Kallmeyer/*Marsch-Barner/Oppenhoff* § 69 Rn. 19; Schmitt/Hörtnagl/*Hörtnagl/Ollech* § 69 Rn. 28.

Handelsregister eingetragen werden darf.[48] Aufgrund der Verbindung der Verschmelzung mit der Kapitalerhöhung bedeutet dies ferner, dass im Falle einer erfolgreichen Anfechtung oder Nichtigkeit des Kapitalerhöhungsbeschluss auch die Verschmelzung nicht im Register eingetragen werden darf.[49] Wird die Eintragung der Verschmelzung dennoch durch das Handelsregister vorgenommen, bleiben Verschmelzung und Kapitalerhöhung gemäß § 20 Abs. 2 weiterhin wirksam.[50]

Hinweis: Die Vorschrift schafft Erleichterungen bei Kapitalerhöhung und Bezugsrechtausübung im Rahmen einer Verschmelzung.

23 Wegen verbleibender Zweifelsfragen in der praktischen Abwicklung ist auch hierzu eine frühe Abstimmung mit dem Handelsregister und – nach Möglichkeit – im Aktionärskreis anzustreben.

IX. Klage gegen die Wirksamkeit des Verschmelzungsbeschlusses (Abs. 3)

24 Mit dem Verweis auf § 14 Abs. 2 soll sichergestellt werden, dass Anfechtungen in Bezug auf die Bewertung des Einbringungsgegenstands ausgeschlossen sind.[51] Solche Klagen sind rein wirtschaftlicher Natur und sollen daher auch durch wirtschaftlichen Ausgleich kompensiert werden, jedoch nicht den Vollzug der Verschmelzung suspendieren.[52] Ausschließlich Verfahrensfehler sollen eine Anfechtungsklage begründen können.[53]

§ 70 Geltendmachung eines Schadenersatzanspruchs

Die Bestellung eines besonderen Vertreters nach § 26 Abs. 1 Satz 2 können nur solche Aktionäre einer übertragenden Gesellschaft beantragen, die ihre Aktien bereits gegen Anteile des übernehmenden Rechtsträgers umgetauscht haben.

1. Einleitendes

1 Die Vorschrift ergänzt § 26 Abs. 1, der auf die umwandungsgesetzliche Schadensersatznorm § 25 Bezug nimmt. Im Gegensatz zu den allgemeinen Vorschriften bestimmt § 70, dass nur noch die Aktionäre der übertragenden Gesellschaft, die ihre Aktien gegen Anteile des übernehmenden Rechtsträgers getauscht haben, unter Einschaltung eines besonderen Vertreters Schadensersatzansprüche gegen Organmitglieder des übertragenden Rechtsträgers oder den übertragenden Rechtsträger selbst geltend machen können, die aufgrund der Verschmelzung entstanden sind. Der Sinn und Zweck der Norm liegt darin, die Aktionäre zum Umtausch ihrer Aktien zu motivieren. Daneben sollen durch § 70 Schwierigkeiten, die sich bei noch laufendem Umtausch ergeben könnten, vermieden werden.[1]

---

48 Lutter/*Vetter* § 55 Rn. 3; Semler/Stengel/Leonard/*Diekmann* § 69 Rn. 31.
49 Semler/Stengel/Leonard/*Diekmann* § 69 Rn. 31; Kallmeyer/Marsch-Barner/*Oppenhoff* § 69 Rn. 19.
50 Zur Frage der Differenzhaftung bei Unter-Pari-Emission vgl. BGH 12.3.2007 – II ZR 302/05, AG 2007, 487.
51 Begr. zu § 69 Abs. 3 UmwG-E, RegE UmRUG.
52 Begr. zu § 14 Abs. 2 UmwG-E, RegE UmRUG.
53 Begr. zu § 69 Abs. 3 UmwG-E, RegE UmRUG.
1 Kallmeyer/Marsch-Barner/*Oppenhoff* § 70 Rn. 1; Kölner Komm UmwG/*Simon* § 70 Rn. 1; ähnlich Maulbetsch/Klumpp/Rose/*Stockburger* § 70 Rn. 2; krit. zum Sinn und Zweck des § 70 Widmann/Mayer/*Rieger* § 70 Rn. 1; Lutter/*Grunewald* § 70 Rn. 2.

Übertragender Rechtsträger muss eine AG, KGaA oder SE sein, während die Rechtsform der übernehmenden Gesellschaft unerheblich ist.[2] Da § 70 nicht durch § 73 ausgeschlossen ist, gilt er sowohl für die Verschmelzung zur Aufnahme wie auch Neugründung. Über §§ 125 S. 1, 135 Abs. 1 ist § 70 auch auf die Spaltung in der Form der Aufspaltung anwendbar. Er gilt nicht für alle weiteren Formen der Spaltung.[3]

2. Antragsberechtigung

Neben der Voraussetzung, dass die Aktien des betroffenen Anteilsinhabers bereits nach § 72 umgetauscht sind, ist weiterhin erforderlich, dass der Antragsteller zum Zeitpunkt des Wirksamwerdens der Verschmelzung auch Aktionär war.[4] Der Nachweis geschieht in der Regel über einen Depotauszug bzw. bei Namensaktien über die Eintragung im Register der Gesellschaft (§ 67 Abs. 2 S. 1 AktG). Im Fall der Gesamtrechtsnachfolge erlangt der Rechtsnachfolger die Antragsberechtigung.[5] Ein Übergang ist indes ausgeschlossen, wenn die Aktien nach der Verschmelzung rechtsgeschäftlich übertragen werden.[6] Ebenso ist die Abtretung oder Übertragung des Antragsrechts nicht möglich.[7]

Die übernehmende Gesellschaft hat kein Recht auf Geltendmachung eines Schadensersatzanspruchs nach § 70.[8] Da die Anteile des übertragenden Rechtsträgers am übernehmenden Rechtsträger mit Verschmelzung untergehen, liegen die Voraussetzungen des § 70 nicht vor (§ 20 Abs. 1 Nr. 3 S. 1 Hs. 1).

§ 71 Bestellung eines Treuhänders

(1) ¹Jeder übertragende Rechtsträger hat für den Empfang der zu gewährenden Aktien und der baren Zuzahlungen einen Treuhänder zu bestellen. ²Die Verschmelzung darf erst eingetragen werden, wenn der Treuhänder dem Gericht angezeigt hat, daß er im Besitz der Aktien und der im Verschmelzungsvertrag festgesetzten baren Zuzahlungen ist.

(2) § 26 Abs. 4 ist entsprechend anzuwenden.

I. Einleitendes 1	b) Empfangsanzeige (Abs. 1 S. 2) 10
II. Der Treuhänder 3	c) Aushändigung 11
1. Bestellung (Abs. 1 S. 1) 3	4. Vergütung (Abs. 2) 12
2. Rechtsstellung des Treuhänders 6	III. Haftung des Treuhänders 13
3. Aufgaben 7	
a) Entgegennahme der Aktien und baren Zuzahlungen 8	

2 Kallmeyer/*Marsch-Barner/Oppenhoff* § 70 Rn. 2; Keßler/Kühnberger/*Brügel* § 70 Rn. 1; Semler/Stengel/Leonard/*Diekmann* § 70 Rn. 3.
3 So die hM, Semler/Stengel/Leonard/*Diekmann* § 70 Rn. 3; Kallmeyer/*Sickinger* § 125 Rn. 81; Maulbetsch/Klumpp/Rose/*Stockburger* § 70 Rn. 3; Widmann/Mayer/*Rieger* § 70 Rn. 2.
4 Kallmeyer/*Marsch-Barner/Oppenhoff* § 70 Rn. 4; Semler/Stengel/Leonard/*Diekmann* § 70 Rn. 4; Widmann/Mayer/*Rieger* § 70 Rn. 4.
5 Kallmeyer/*Marsch-Barner/Oppenhoff* § 70 Rn. 4; Kölner Komm UmwG/*Simon* § 70 Rn. 9; Schmitt/Hörtnagl/*Hörtnagl/Ollech* § 70 Rn. 2; Semler/Stengel/Leonard/*Diekmann* § 70 Rn. 5; Widmann/Mayer/*Rieger* § 70 Rn. 5 f.
6 Kallmeyer/*Marsch-Barner/Oppenhoff* § 70 Rn. 4; Semler/Stengel/Leonard/*Diekmann* § 70 Rn. 5; Widmann/Mayer/*Rieger* § 70 Rn. 5 f.
7 Semler/Stengel/Leonard/*Diekmann* § 70 Rn. 4; Widmann/Mayer/*Rieger* § 70 Rn. 9.
8 Semler/Stengel/Leonard/*Diekmann* § 70 Rn. 7.

I. Einleitendes

1 Die Vorschrift bezweckt den Schutz der Aktionäre des übertragenden Rechtsträgers. Daneben wird die Abwicklung der Verschmelzung vereinfacht, indem ein Treuhänder zur Übernahme der im Rahmen der Verschmelzung zu gewährenden Aktien beauftragt wird.[1] Die Anteilseigner des übertragenden Rechtsträgers benötigen den Schutz des § 71, da ihre Position als Anteilseigner des übertragenden Rechtsträgers mit der Verschmelzung untergeht (§ 20 Abs. 1 Nr. 2 S. 1). Letztlich werden aber auch die Anteilseigner des übernehmenden Rechtsträgers geschützt, indem im Zeitpunkt des Wirksamwerdens der Verschmelzung der Treuhänder die auszugebenden Anteile am übernehmenden Rechtsträger und die baren Zuzahlungen hält.[2] Dies soll gewährleisten, dass bis zur Verschmelzung kein unbefugter Zugriff auf die Anteile möglich ist.[3] Ein solcher Zugriff könnte nämlich sowohl durch die Gläubiger des übernehmenden als auch die Gläubiger der Aktionäre des übertragenden Rechtsträgers erfolgen.

2 Der Anwendungsbereich erstreckt sich auf **Verschmelzungen und Auf- bzw. Abspaltungen zur Aufnahme und Neugründung**.[4] Übernehmender Rechtsträger muss eine **AG oder KGaA** sein.[5] Nicht erfasst ist die Gründung einer SE durch Verschmelzung, da die Vorschriften des UmwG für die SE nur dann Berücksichtigung finden, wenn ihre Anwendung mit der GesR-RL (EU) 2017/1132 bzw. der RL (EU) 2019/2121 in Einklang steht. Dies ist für die Bestellung eines Treuhänders nicht der Fall.[6] Hierfür wäre eine in der Richtlinie dem Treuhänder entsprechende Vorschrift notwendig, die es jedoch nicht gibt. Dennoch wird empfohlen, einen Treuhänder analog § 71 zur Vereinfachung der Abwicklung einzusetzen.[7] Die Bestellung eines Treuhänders ist jedoch dann nicht mehr angezeigt, wenn das eigentliche Ziel, der Schutz der Anteilsinhaber, nicht mehr erreicht werden kann. Dies ist etwa der Fall, wenn der übernehmende Rechtsträger bereits alle Aktien erhalten hat und keine neuen Aktien oder baren Zuzahlungen mehr ausgegeben werden.[8]

II. Der Treuhänder

1. Bestellung (Abs. 1 S. 1)

3 Jeder übertragende Rechtsträger hat einen Treuhänder zu bestellen, § 71 Abs. 1 S. 1. Für die Auswahl und Bestellung des Treuhänders hat das **Vertretungsorgan** der übertragenden Gesellschaft zu sorgen.[9] Erforderlich ist ein Handeln der Organmitglieder in vertretungsberechtigter Zahl.[10] Ein Treuhänder kann auch bereits vorab im Verschmelzungsvertrag bestimmt werden.[11] In diesem Fall ist das Vertretungsorgan für die Mitteilung der Bestellung an den Treuhänder verantwortlich, da es sich bei der Bestellung um

---

1 Maulbetsch/Klumpp/Rose/*Stockburger* § 71 Rn. 1; Semler/Stengel/Leonard/*Diekmann* § 71 Rn. 1; Kallmeyer/*Marsch-Barner/Oppenhoff* § 71 Rn. 1.
2 Semler/Stengel/Leonard/*Diekmann* § 71 Rn. 2; Kallmeyer/*Marsch-Barner/Oppenhoff* § 71 Rn. 1.
3 Widmann/Mayer/*Rieger* § 71 Rn. 1; Kölner Komm UmwG/*Simon* § 71 Rn. 1; *Bote* ZHR 118 (1955), 196 (199 f.).
4 Lutter/*Grunewald* § 71 Rn. 2; Semler/Stengel/Leonard/*Diekmann* § 71 Rn. 4.
5 Maulbetsch/Klumpp/Rose/*Stockburger* § 71 Rn. 2; Semler/Stengel/Leonard/*Diekmann* § 71 Rn. 4.
6 Semler/Stengel/Leonard/*Diekmann* § 71 Rn. 4; aA Kallmeyer/*Marsch-Barner/Oppenhoff* § 71 Rn. 3.
7 Maulbetsch/Klumpp/Rose/*Stockburger* § 71 Rn. 2.
8 Semler/Stengel/Leonard/*Diekmann* § 71 Rn. 4; aA Kallmeyer/*Marsch-Barner/Oppenhoff* § 71 Rn. 4.
9 Semler/Stengel/Leonard/*Diekmann* § 71 Rn. 6; Kallmeyer/*Marsch-Barner/Oppenhoff* § 71 Rn. 4.
10 Kallmeyer/*Marsch-Barner/Oppenhoff* § 71 Rn. 4; Maulbetsch/Klumpp/Rose/*Stockburger* § 71 Rn. 3; Widmann/Mayer/*Rieger* § 71 Rn. 8; Kölner Komm UmwG/*Simon* § 71 Rn. 6.
11 Keßler/Kühnberger/*Brügel* § 71 Rn. 2.

ein annahmebedürftiges Rechtsgeschäft handelt.[12] Es muss also ebenfalls eine jedenfalls konkludente Annahme der Bestellung feststellbar sein. Sofern mehrere übertragende Gesellschaften an der Verschmelzung beteiligt sind, obliegt es diesen, für jeden Rechtsträger einen gesonderten oder einen gemeinsamen Treuhänder zu bestellen.[13]

Treuhänder können alle **natürlichen oder juristischen Personen** sein,[14] ebenfalls **Personenhandelsgesellschaften**.[15] In der Praxis übernehmen oft Banken, Wirtschaftsprüfer oder Rechtsanwälte die Funktion.[16] Der Treuhänder darf nicht an der Verschmelzung beteiligt werden und sollte wegen möglicher Interessenkonflikte unabhängig von den verschmelzenden Rechtsträgern sein.[17] Ausgeschlossen ist ebenfalls der Notar, der bei einem beteiligten Rechtsträger im Rahmen der Verschmelzung eine Beurkundung von Dokumenten (Verschmelzungsvertrag etc) vorgenommen hat. Dieser ist zur Neutralität verpflichtet und darf daher nicht im Auftrag des übertragenden Rechtsträgers tätig werden.[18]

Vor allem bei der Bestellung einer natürlichen Person als Treuhänder empfiehlt es sich, einen Ersatztreuhänder zu bestellen.[19] Das Risiko, dass der Treuhänder ausfällt und sein Amt nicht übernehmen kann, ist naturgemäß höher als bei juristischen Personen oder Handelsgesellschaften.

2. Rechtsstellung des Treuhänders

Der zwischen dem Rechtsträger und dem Treuhänder geschlossene Vertrag ist ein **Auftrags- oder Geschäftsbesorgungsvertrag** nach §§ 662, 611, 675 BGB.[20] Begründet wird der Vertrag mit Annahme durch den Treuhänder.[21] Gegenüber den Anteilsinhabern stellt sich das Treuhandverhältnis als **Vertrag zugunsten Dritter** dar.[22] Insofern haben die Anteilsinhaber einen Direktanspruch gegen den Treuhänder auf Aushändigung der Anteile bzw. der baren Zuzahlungen.[23] Das Treuhandverhältnis wird über die allgemeinen Vorschriften beendet.[24] Für den Fall der Kündigung ist anzuraten, im Vertrag Kündigungsfristen und -regeln festzuhalten, um genügend Zeit für den Austausch des Treuhänders zu haben.[25] Allerdings ist ein Kündigungsrecht des Treuhänders zur Unzeit, etwa nach Entgegennahme der Aktien und baren Zuzahlung, aber vor Verteilung, ausgeschlossen (vgl. § 671 Abs. 2 BGB).

---

12 Maulbetsch/Klumpp/Rose/*Stockburger* § 71 Rn. 4; Semler/Stengel/Leonard/*Diekmann* § 71 Rn. 7; Kallmeyer/*Marsch-Barner/Oppenhoff* § 71 Rn. 4; Widmann/Mayer/*Rieger* § 71 Rn. 9; Kölner Komm UmwG/*Simon* § 71 Rn. 10.
13 Kallmeyer/*Marsch-Barner/Oppenhoff* § 71 Rn. 2; Lutter/*Grunewald* § 71 Rn. 3; Schmitt/Hörtnagl/*Hörtnagl/Ollech* § 71 Rn. 3.
14 Semler/Stengel/Leonard/*Diekmann* § 71 Rn. 5; Kallmeyer/*Marsch-Barner/Oppenhoff* § 71 Rn. 2; Schmitt/Hörtnagl/*Hörtnagl/Ollech* § 71 Rn. 2; Widmann/Mayer/*Rieger* § 71 Rn. 7; Kölner Komm UmwG/*Simon* § 71 Rn. 8.
15 Maulbetsch/Klumpp/Rose/*Stockburger* § 71 Rn. 6; Semler/Stengel/Leonard/*Diekmann* § 71 Rn. 5.
16 Keßler/Kühnberger/*Brügel* § 71 Rn. 2; Kallmeyer/*Marsch-Barner/Oppenhoff* § 71 Rn. 5.
17 Semler/Stengel/Leonard/*Diekmann* § 71 Rn. 5; aA Kallmeyer/*Marsch-Barner/Oppenhoff* § 71 Rn. 5; Widmann/Mayer/*Rieger* § 71 Rn. 7; Lutter/*Grunewald* § 71 Rn. 4; Kölner Komm UmwG/*Simon* § 71 Rn. 8.
18 Maulbetsch/Klumpp/Rose/*Stockburger* § 71 Rn. 6; Semler/Stengel/Leonard/*Diekmann* § 71 Rn. 5.
19 Semler/Stengel/Leonard/*Diekmann* § 71 Rn. 8; Kallmeyer/*Marsch-Barner/Oppenhoff* § 71 Rn. 5; Kölner Komm UmwG/*Simon* § 71 Rn. 9.
20 Semler/Stengel/Leonard/*Diekmann* § 71 Rn. 7; Kallmeyer/*Marsch-Barner/Oppenhoff* § 71 Rn. 6.
21 Widmann/Mayer/*Rieger* § 71 Rn. 9; Kölner Komm UmwG/*Simon* § 71 Rn. 10; Semler/Stengel/Leonard/*Diekmann* § 71 Rn. 7.
22 Maulbetsch/Klumpp/Rose/*Stockburger* § 71 Rn. 8; Semler/Stengel/Leonard/*Diekmann* § 71 Rn. 18; Widmann/Mayer/*Rieger* § 71 Rn. 30; Kallmeyer/*Marsch-Barner/Oppenhoff* § 71 Rn. 16; Kölner Komm UmwG/*Simon* § 71 Rn. 13.
23 Semler/Stengel/Leonard/*Diekmann* § 71 Rn. 18; Kallmeyer/*Marsch-Barner/Oppenhoff* § 71 Rn. 16.
24 Semler/Stengel/Leonard/*Diekmann* § 71 Rn. 9.
25 Widmann/Mayer/*Rieger* § 71 Rn. 13.

3. Aufgaben

7 Der Treuhänder hat die Aufgabe, die Aktien des übernehmenden Rechtsträgers und baren Zuzahlungen entgegenzunehmen, dies dem Gericht anzuzeigen und anschließend die Aktien und Zuzahlungen an die Anteilsinhaber der übertragenden Rechtsträger zu verteilen.[26] Bei Scheitern der Verschmelzung muss der Treuhänder die Aktien und baren Zuzahlungen wieder an den übernehmenden Rechtsträger herausgeben.[27]

a) Entgegennahme der Aktien und baren Zuzahlungen

8 Die Aktienurkunden werden vom Treuhänder durch **körperliche Übergabe** angenommen, soweit verkörperte Aktienurkunden existieren.[28] Zu unterscheiden ist zwischen der Ausgabe bestehender, eigener und neuer Aktien. Bei eigenen Aktien sind dem Treuhänder die Aktienurkunden zu übergeben. Diese verbriefen bereits die Aktien der übernehmenden Gesellschaft.[29] Der übernehmende Rechtsträger verliert mit Übergabe der Urkunden die Verfügungsbefugnis, da hierfür der unmittelbare Besitz notwendig ist.[30] Werden durch eine Kapitalerhöhung neue Aktien geschaffen und ausgegeben, so erhält der Treuhänder ebenfalls die Aktienurkunden. Allerdings verbriefen diese erst ab Eintragung der Verschmelzung Aktien, da die Wirksamkeit der Kapitalerhöhung an die Eintragung der Verschmelzung gekoppelt ist.[31] Der Treuhänder erhält keine Stimm- oder Gewinnbezugsrechte durch die Annahme der Aktien.[32]

9 Bei verkörperten Aktien muss zumindest eine Globalurkunde übergeben werden.[33] **Namensaktien** sind nach wirksamer Verschmelzung unverzüglich **umzuschreiben**.[34] Die Vorschrift gilt auch für unverbriefte Aktien, soweit neben unverbrieften Mitgliedschaftsrechten auch bare Zuzahlungen zu gewähren sind, da hierfür ein Treuhänder notwendig ist.[35] Die baren Zuzahlungen werden auf ein bestimmtes, nur für diesen Zweck eingerichtetes Treuhandkonto überwiesen.[36]

b) Empfangsanzeige (Abs. 1 S. 2)

10 Der Treuhänder hat den Empfang der Aktien und baren Zuzahlungen dem Gericht anzuzeigen.[37] Dem Gericht ist Auskunft darüber zu erteilen, um welche Art von Aktien es sich handelt, ihre Anzahl und die Höhe der baren Zuzahlungen.[38] Zuständiges Gericht hierfür ist das Gericht am Sitz des übernehmenden Rechtsträgers.[39] Die Anzeige erfolgt schriftlich.[40] Sie ist Voraussetzung für die Eintragung der Verschmelzung, § 71 Abs. 1 S. 2. Eine ohne Anzeige eingetragene Verschmelzung bleibt gemäß § 20 Abs. 2 weiterhin wirksam.

---

26 Kallmeyer/*Marsch-Barner/Oppenhoff* § 71 Rn. 7; Semler/*Stengel/Leonard/Diekmann* § 71 Rn. 10.
27 Maulbetsch/Klumpp/Rose/*Stockburger* § 71 Rn. 9; Kallmeyer/*Marsch-Barner/Oppenhoff* § 71 Rn. 13; Semler/Stengel/Leonard/*Diekmann* § 71 Rn. 19; Goutier/Knopf/Tulloch/*Bermel* § 71 Rn. 5.
28 Maulbetsch/Klumpp/Rose/*Stockburger* § 71 Rn. 10; Kallmeyer/*Marsch-Barner/Oppenhoff* § 71 Rn. 7 f.; Semler/Stengel/Leonard/*Diekmann* § 71 Rn. 11.
29 Semler/Stengel/Leonard/*Diekmann* § 71 Rn. 12.
30 Vgl. Grüneberg/*Sprau* BGB Einf. § 793 f. Rn. 3.
31 Semler/Stengel/Leonard/*Diekmann* § 71 Rn. 11.
32 Maulbetsch/Klumpp/Rose/*Stockburger* § 71 Rn. 11.
33 Kallmeyer/*Marsch-Barner/Oppenhoff* § 71 Rn. 8; Semler/Stengel/Leonard/*Diekmann* § 71 Rn. 11.
34 Maulbetsch/Klumpp/Rose/*Stockburger* § 71 Rn. 12.
35 Kallmeyer/*Marsch-Barner/Oppenhoff* § 71 Rn. 8; Lutter/*Grunewald* § 71 Rn. 7.
36 Lutter/*Grunewald* § 71 Rn. 10; Semler/Stengel/Leonard/*Diekmann* § 71 Rn. 15.
37 Keßler/Kühnberger/*Brügel* § 71 Rn. 5; Semler/Stengel/Leonard/*Diekmann* § 71 Rn. 16; Kallmeyer/*Marsch-Barner/Oppenhoff* § 71 Rn. 11.
38 Maulbetsch/Klumpp/Rose/*Stockburger* § 71 Rn. 14.
39 Semler/Stengel/Leonard/*Diekmann* § 71 Rn. 16.
40 Kallmeyer/*Marsch-Barner/Oppenhoff* § 71 Rn. 11; Semler/Stengel/Leonard/*Diekmann* § 71 Rn. 17; Maulbetsch/Klumpp/Rose/*Stockburger* § 71 Rn. 14; aA Lutter/*Grunewald* § 71 Rn. 12; Kölner Komm UmwG/*Simon* § 71 Rn. 25.

c) Aushändigung

Mit der Eintragung der Verschmelzung hat der Treuhänder die Aktien und baren Zuzahlungen an die Anteilsinhaber der erloschenen Rechtsträger unverzüglich auszuhändigen.[41] Diese haben aus dem Treuhandverhältnis einen Direktanspruch gegen den Treuhänder (→ Rn. 6). Bei Scheitern der Verschmelzung hat der Treuhänder die Aktien und baren Zuzahlungen an den übernehmenden Rechtsträger zurückzugeben.[42] Dies muss dem Gericht vorab angezeigt werden.[43]

4. Vergütung (Abs. 2)

Für den Auslagenersatz und die Vergütung des Treuhänders gilt über § 71 Abs. 2 der § 26 Abs. 4 entsprechend. Maßgeblich sind für die Höhe der Vergütung die zwischen Treuhänder und übernehmendem Rechtsträger geschlossenen Vereinbarungen.[44] Sollte keine Vergütung festgelegt worden sein, ist ein üblicher Vergütungssatz zu gewähren.[45] Sollten sich Treuhänder und übernehmender Rechtsträger hierüber nicht einigen können, kann auch das zuständige Gericht die Höhe der Vergütung bestimmen.[46]

III. Haftung des Treuhänders

Die Haftung des Treuhänders wegen Pflichtverletzungen bestimmt sich nach den allgemeinen Regeln.[47] Sowohl der übernehmende Rechtsträger als auch die betroffenen Anteilsinhaber können einen Haftungsanspruch gegen den Treuhänder geltend machen.[48]

Hinweis: Die Person des Treuhänders ist frühzeitig und sorgfältig auszuwählen. Mitunter gestaltet sich die Verhandlung über die Treuhandkonditionen und die Vergütung aufwändiger als erwartet.

§ 72 Umtausch von Aktien

(1) ¹Für den Umtausch der Aktien einer übertragenden Gesellschaft gilt § 73 Abs. 1 und 2 des Aktiengesetzes, bei Zusammenlegung von Aktien dieser Gesellschaft § 226 Abs. 1 und 2 des Aktiengesetzes über die Kraftloserklärung von Aktien entsprechend. ²Einer Genehmigung des Gerichts bedarf es nicht.

(2) Ist der übernehmende Rechtsträger ebenfalls eine Aktiengesellschaft, so gelten ferner § 73 Abs. 3 des Aktiengesetzes sowie bei Zusammenlegung von Aktien § 73 Abs. 4 und § 226 Abs. 3 des Aktiengesetzes entsprechend.

I. Einleitendes	1	IV. Übertragung der Mitgliedschaft	8
II. Umtausch von Aktien einer übertragenden AG	2	V. Rechtsträger anderer Rechtsformen	9
III. AG als übernehmender Rechtsträger	5	VI. Rechtsfolgen bei Verstoß	10

---

41 Goutier/Knopf/Tulloch/*Bermel* § 71 Rn. 5; Maulbetsch/Klumpp/Rose/*Stockburger* § 71 Rn. 15.
42 Goutier/Knopf/Tulloch/*Bermel* § 71 Rn. 5; Semler/Stengel/Leonard/*Diekmann* § 71 Rn. 19; Kallmeyer/*Marsch-Barner/Oppenhoff* § 71 Rn. 13; Maulbetsch/Klumpp/Rose/*Stockburger* § 71 Rn. 9.
43 Semler/Stengel/Leonard/*Diekmann* § 71 Rn. 19; Kallmeyer/*Marsch-Barner/Oppenhoff* § 71 Rn. 13.
44 Maulbetsch/Klumpp/Rose/*Stockburger* § 71 Rn. 17; Kallmeyer/*Marsch-Barner/Oppenhoff* § 71 Rn. 14; Widmann/Mayer/*Rieger* § 71 Rn. 33; aA Lutter/*Grunewald* § 71 Rn. 6; Kölner Komm UmwG/*Simon* § 71 Rn. 33.
45 Kallmeyer/*Marsch-Barner/Oppenhoff* § 71 Rn. 14.
46 Maulbetsch/Klumpp/Rose/*Stockburger* § 71 Rn. 17; aA Lutter/*Grunewald* § 71 Rn. 6.
47 Semler/Stengel/Leonard/*Diekmann* § 71 Rn. 20; Kallmeyer/*Marsch-Barner/Oppenhoff* § 71 Rn. 12; Schmitt/Hörtnagl/*Hörtnagl/Olleck* § 71 Rn. 4; Widmann/Mayer/*Rieger* § 71 Rn. 32.
48 Kallmeyer/*Marsch-Barner/Oppenhoff* § 71 Rn. 12; Widmann/Mayer/*Rieger* § 71 Rn. 32.

I. Einleitendes

1 Bei der Verschmelzung mehrerer Gesellschaften sind die Aktienurkunden der übertragenden AG gegen neue Anteile beim übernehmenden Rechtsträger umzutauschen, da die übertragende AG mit Verschmelzung erlischt und somit auch die Aktien untergehen. Ist der übernehmende Rechtsträger ebenfalls eine AG, werden neue Aktienurkunden ausgegeben.[1] Gemäß §§ 125 Abs. 1, 135 Abs. 1 gilt die Norm auch für die Aufspaltung. Der Anwendungsbereich der Norm umfasst jedoch nicht die Ausgliederung und Abspaltung, da es hierbei nicht zum Umtausch von Aktienurkunden kommt.[2] § 72 Abs. 2 gilt nur für den Fall, dass auf beiden Seiten AGs beteiligt sind.[3] Treuhänder und übernehmende Gesellschaft haben einen Vertrag, der zugunsten der Anteilsinhaber gilt.[4]

II. Umtausch von Aktien einer übertragenden AG

2 Sobald die Verschmelzung im Register der übernehmenden Gesellschaft eingetragen ist, erwerben die Aktionäre der übertragenden AG Anteile an dem übernehmenden Rechtsträger (§ 20 Abs. 1 Nr. 3). Dies bedeutet aber nicht, dass die Aktienurkunden des übertragenden Rechtsträgers automatisch erlöschen. § 72 Abs. 1 stellt ein Verfahren zur Verfügung, in dem der übernehmende Rechtsträger die Aktionäre der übertragenden AG auffordert, ihre alten Aktien bei dem Rechtsträger direkt oder bei einem Treuhänder abzugeben.[5] Die Aufforderung geschieht durch Veröffentlichung in den Gesellschaftsblättern (§ 73 Abs. 2 S. 2 AktG). Den Aktionären ist eine Frist zu setzen und für den Fall des Verstreichens der Frist anzudrohen, die Aktien für kraftlos zu erklären (§ 73 Abs. 2 S. 1 AktG). Die Aufforderung in den Gesellschaftsblättern bzw. im Bundesanzeiger hat dreimal zu erfolgen.[6] Die erste Aufforderung muss mindestens drei Monate, die letzte einen Monat vor der Kraftloserklärung veröffentlicht werden, wobei mindestens drei Wochen zwischen den einzelnen Aufforderungen liegen müssen (§§ 73 Abs. 2 S. 2, 64 Abs. 2 AktG).

3 Erst mit Abgabe der Aktien beim übernehmenden Rechtsträger oder Treuhänder erhalten die Aktionäre Zug-um-Zug ihre neuen Anteile und die bare Zuzahlung.[7] Anschließend sind die eingereichten alten Aktien ungültig zu stempeln oder zu vernichten.[8] Aktien, die nicht in der gesetzten Frist eingereicht werden, werden durch eine selbstständige Bekanntmachung unter eindeutiger Bezeichnung der betroffenen Urkunden (Serie, Nummer) für kraftlos erklärt.[9] Die Kraftloserklärung hat indes keine Auswirkung auf die Mitgliedschaftsrechte der Aktionäre in der übernehmenden Gesellschaft.[10]

4 Entfallen nach dem Umtauschverhältnis mehrere Aktien der übertragenden AG auf nur einen Anteil des übernehmenden Rechtsträgers, sind gemäß § 226 Abs. 1, 2 AktG so viele Aktien zusammenzulegen, dass genau ein Anteil erreicht wird. Wurden bereits Ak-

---

1 Kallmeyer/Marsch-Barner/Oppenhoff § 72 Rn. 1; Goutier/Knopf/Tulloch/Bermel § 72 Rn. 1.
2 Semler/Stengel/Leonard/Diekmann § 72 Rn. 2; Kölner Komm UmwG/Simon § 72 Rn. 3; Maulbetsch/Klumpp/Rose/Stockburger § 72 Rn. 2; Widmann/Meyer/Rieger § 72 Rn. 3.
3 Maulbetsch/Klumpp/Rose/Stockburger § 72 Rn. 1; Semler/Stengel/Leonard/Diekmann § 72 Rn. 2.
4 Kölner Komm UmwG/Simon § 72 Rn. 24; Lutter/Grunewald § 72 Rn. 10.
5 Kallmeyer/Marsch-Barner/Oppenhoff § 72 Rn. 2; Semler/Stengel/Leonard/Diekmann § 72 Rn. 4; Goutier/Knopf/Tulloch/Bermel § 72 Rn. 4.
6 Semler/Stengel/Leonard/Diekmann § 72 Rn. 4.
7 Goutier/Knopf/Tulloch/Bermel § 72 Rn. 4; Maulbetsch/Klumpp/Rose/Stockburger § 72 Rn. 4.
8 Keßler/Kühnberger/Brügel § 72 Rn. 1; Lutter/Grunewald § 72 Rn. 2.
9 § 73 Abs. 2 S. 3, 4 AktG; Kallmeyer/Marsch-Barner/Oppenhoff § 72 Rn. 2; Keßler/Kühnberger/Brügel § 72 Rn. 1.
10 Vgl. Koch AktG § 73 Rn. 6.

tien beim übernehmenden Rechtsträger eingereicht, werden auch diese mit den nach der Aufforderung noch ausstehenden Aktien für kraftlos erklärt.[11] Die Kraftloserklärung ist jedoch dann nicht erforderlich, wenn alle Aktien beim übernehmenden Rechtsträger eingereicht und der Gesellschaft zur Verwertung zur Verfügung gestellt wurden.[12] Statt einer solchen Zusammenlegung von mehreren Aktien der übertragenden AG auf nur einen Anteil des übernehmenden Rechtsträgers ist auch ein Erwerb oder Verkauf von Teilrechten denkbar, um so eine glatte Zahl an Aktien zu erreichen.[13]

III. AG als übernehmender Rechtsträger

Die Bestellung eines Treuhänders, bei dem es sich idR um eine Bank handelt, zum Umtausch der Aktien ist immer dann erforderlich, wenn sowohl übertragende als auch übernehmende Gesellschaft eine AG ist.[14] Der Treuhänder wird gem. § 71 bestellt. Vor Eintragung der Verschmelzung ist der Treuhänder im Besitz der für den Umtausch erforderlichen Aktien der übernehmenden AG.[15] An ihn sind auch die Aktien der übertragenden AG auszuhändigen.[16] Sollten trotz Aufforderung Aktien nicht bei dem Treuhänder eingereicht werden, hat die Gesellschaft die noch ausstehenden Aktien für kraftlos zu erklären.[17]

Der Treuhänder verteilt die neuen Aktien und baren Zuzahlungen.[18] Soweit sich die Aktien in Girosammelverwahrung befinden, werden die Depots entsprechend umgebucht.[19] Sind Aktionäre unbekannt, so hat der Treuhänder deren Aktienurkunden gem. § 372 BGB bei dem für den Sitz der übertragenden AG zuständigen Gericht zu hinterlegen.[20] Im Rahmen einer Globalverbriefung ist zwar eine Hinterlegung ausgeschlossen, allerdings wird der Schutz der unbekannten Aktionäre durch Verwahrung der Aktien auf einem entsprechend eingerichteten Depot gewahrt.[21] Nach 30 Jahren erlischt das Gläubigerrecht gem. § 382 BGB. Die in dieser Zeit auf die Aktien ausgeschütteten Dividenden sind ebenfalls vom Treuhänder in dem entsprechenden Depot zu verwahren. Zudem hat der Aktionär die Kosten der Hinterlegung zu tragen (§ 381 BGB).

Kommt es zu einer Zusammenlegung von Aktien bei der übertragenden AG, sind die anfallenden Aktien der übernehmenden AG zum Börsenpreis oder durch öffentliche Versteigerung zu verwerten.[22] Die Abwicklung geschieht durch die übernehmende AG oder den Treuhänder.[23] Die in den neuen Aktien verbrieften Rechte ruhen in der Zwischenzeit bis zur Verwertung.[24] Die übernehmende AG übt die Vermögensrechte der bisherigen Aktionäre der übertragenden AG aus.[25]

---

11 Kallmeyer/Marsch-Barner/Oppenhoff § 72 Rn. 3; Keßler/Kühnberger/Brügel § 72 Rn. 2.
12 Semler/Stengel/Leonard/Diekmann § 72 Rn. 11; Lutter/Grunewald § 72 Rn. 4.
13 Vgl. Vetter AG 1997, 6 (9).
14 Keßler/Kühnberger/Brügel § 72 Rn. 3; Semler/Stengel/Leonard/Diekmann § 72 Rn. 6.
15 Kallmeyer/Marsch-Barner/Oppenhoff § 72 Rn. 4.
16 Maulbetsch/Klumpp/Rose/Stockburger § 72 Rn. 7; Semler/Stengel/Leonard/Diekmann § 72 Rn. 6.
17 Keßler/Kühnberger/Brügel § 72 Rn. 3.
18 Semler/Stengel/Leonard/Diekmann § 72 Rn. 6.
19 Kallmeyer/Marsch-Barner/Oppenhoff § 72 Rn. 4; Semler/Stengel/Leonard/Diekmann § 72 Rn. 7; Lutter/Grunewald § 72 Rn. 4.
20 Maulbetsch/Klumpp/Rose/Stockburger § 72 Rn. 8; Semler/Stengel/Leonard/Diekmann § 72 Rn. 8.
21 Kallmeyer/Marsch-Barner/Oppenhoff § 72 Rn. 4; Semler/Stengel/Leonard/Diekmann § 72 Rn. 9.
22 Keßler/Kühnberger/Brügel § 72 Rn. 3; Semler/Stengel/Leonard/Diekmann § 72 Rn. 14; Kölner Komm UmwG/Simon § 72 Rn. 13.
23 Kallmeyer/Marsch-Barner/Oppenhoff § 72 Rn. 4; Semler/Stengel/Leonard/Diekmann § 72 Rn. 12; Widmann/Meyer/Rieger § 72 Rn. 25; Kölner Komm UmwG/Simon § 72 Rn. 23.
24 Vgl. Koch AktG § 226 Rn. 13.
25 Semler/Stengel/Leonard/Diekmann § 72 Rn. 13; Kallmeyer/Marsch-Barner/Oppenhoff § 72 Rn. 4; Maulbetsch/Klumpp/Rose/Stockburger § 72 Rn. 6.

IV. Übertragung der Mitgliedschaft

8 Eine Übertragung der Mitgliedschaft nach §§ 413, 398 BGB ist auch bereits vor Umtausch der Aktien möglich.[26] Gemäß § 952 BGB geht das Eigentum an den neuen Aktienurkunden automatisch auf den Erwerber über.

V. Rechtsträger anderer Rechtsformen

9 Ist der übernehmende Rechtsträger eine GmbH oder Personenhandelsgesellschaft, findet kein Umtausch von Aktien statt.[27] In diesem Fall ist auch kein Treuhänder zu bestellen.[28] Sofern eine Kraftloserklärung notwendig ist, hat diese somit die übernehmende Gesellschaft zu erklären. Ebenso findet ein Umtausch von Aktien nicht statt, wenn der übertragende Rechtsträger keine AG oder KGaA ist. Aktienurkunden müssen dann weder eingereicht noch für kraftlos erklärt werden.[29]

VI. Rechtsfolgen bei Verstoß

10 Verstöße gegen die Vorschriften zum Umtausch von Aktien haben keine Auswirkung auf die Wirksamkeit der Verschmelzung.[30] Allerdings können Schadensersatzansprüche geltend gemacht werden.[31] Gegenstand des Anspruchs ist der konkrete Verstoß gegen die Vorschriften zum Umtausch von Aktien. Die Ansprüche können insbes. gegen den Treuhänder[32] oder die Organmitglieder des übernehmenden Rechtsträgers gerichtet werden.[33]

§ 72a Gewährung zusätzlicher Aktien

(1) ¹Im Verschmelzungsvertrag können die beteiligten Rechtsträger erklären, dass anstelle einer baren Zuzahlung (§ 15) zusätzliche Aktien der übernehmenden Gesellschaft gewährt werden. ²Der Anspruch auf Gewährung zusätzlicher Aktien wird nicht dadurch ausgeschlossen, dass die übernehmende Gesellschaft nach Eintragung der Verschmelzung

1. ihr Vermögen oder Teile hiervon im Wege der Verschmelzung oder Spaltung ganz oder teilweise auf eine Aktiengesellschaft oder auf eine Kommanditgesellschaft auf Aktien übertragen hat oder
2. im Wege eines Formwechsels die Rechtsform einer Kommanditgesellschaft auf Aktien erhalten hat.

(2) ¹Neue Aktien, die nach Eintragung der Verschmelzung im Rahmen einer Kapitalerhöhung aus Gesellschaftsmitteln auf Grund eines unangemessenen Umtauschverhältnisses nicht gewährt wurden, und nach Eintragung der Verschmel-

---

[26] Lutter/*Grunewald* § 72 Rn. 8; Semler/Stengel/Leonard/*Diekmann* § 72 Rn. 16.

[27] Kallmeyer/*Marsch-Barner/Oppenhoff* § 72 Rn. 6; Semler/Stengel/Leonard/*Diekmann* § 72 Rn. 17.

[28] Semler/Stengel/Leonard/*Diekmann* § 72 Rn. 17; Kallmeyer/*Marsch-Barner/Oppenhoff* § 72 Rn. 6; Widmann/Meyer/*Rieger* § 72 Rn. 9.

[29] Kallmeyer/*Marsch-Barner/Oppenhoff* § 72 Rn. 5.

[30] Kölner Komm UmwG/*Simon* § 72 Rn. 24; Lutter/*Grunewald* § 72 Rn. 10.

[31] Semler/Stengel/Leonard/*Diekmann* § 72 Rn. 18; Kallmeyer/*Marsch-Barner/Oppenhoff* § 72 Rn. 7; Maulbetsch/Klumpp/Rose/*Stockburger* § 72 Rn. 10.

[32] Maulbetsch/Klumpp/Rose/*Stockburger* § 72 Rn. 10; Kallmeyer/*Marsch-Barner/Oppenhoff* § 72 Rn. 7; Semler/Stengel/Leonard/*Diekmann* § 72 Rn. 18; Widmann/Meyer/*Rieger* § 72 Rn. 37; Lutter/*Grunewald* § 72 Rn. 8; Kölner Komm UmwG/*Simon* § 72 Rn. 24.

[33] Maulbetsch/Klumpp/Rose/*Stockburger* § 72 Rn. 10; Kallmeyer/*Marsch-Barner/Oppenhoff* § 72 Rn. 7; Kölner Komm UmwG/*Simon* § 72 Rn. 24; Semler/Stengel/Leonard/*Diekmann* § 72 Rn. 18; Widmann/Meyer/*Rieger* § 72 Rn. 37.

zung erfolgte Kapitalherabsetzungen ohne Rückzahlung von Teilen des Grundkapitals sind bei dem Anspruch auf Gewährung zusätzlicher Aktien zu berücksichtigen. ²Bezugsrechte, die den anspruchsberechtigten Aktionären bei einer nach Eintragung der Verschmelzung erfolgten Kapitalerhöhung gegen Einlagen auf Grund eines unangemessenen Umtauschverhältnisses nicht zustanden, sind ihnen nachträglich einzuräumen. ³Die anspruchsberechtigten Aktionäre müssen ihr Bezugsrecht nach Satz 2 gegenüber der Gesellschaft binnen eines Monats nach Eintritt der Rechtskraft der Entscheidung des Gerichts (§ 11 Absatz 1 des Spruchverfahrensgesetzes) ausüben.

(3) Anstelle zusätzlicher Aktien ist den anspruchsberechtigten Aktionären Ausgleich durch eine bare Zuzahlung gemäß § 15 Absatz 1 Satz 1 zu gewähren,

1. soweit das angemessene Umtauschverhältnis trotz Gewährung zusätzlicher Aktien nicht hergestellt werden kann oder
2. wenn die Gewährung zusätzlicher Aktien unmöglich geworden ist.

(4) Anstelle zusätzlicher Aktien ist denjenigen Aktionären, die anlässlich einer nach Eintragung der Verschmelzung erfolgten strukturverändernden Maßnahme aus der Gesellschaft ausgeschieden sind, eine Entschädigung in Geld unter Berücksichtigung der von der Gesellschaft zu gewährenden Abfindung zu leisten.

(5) Zusätzlich zur Gewährung zusätzlicher Aktien ist den anspruchsberechtigten Aktionären eine Entschädigung in Geld zu leisten für Gewinne oder einen angemessenen Ausgleich gemäß § 304 des Aktiengesetzes, soweit diese auf Grund eines unangemessenen Umtauschverhältnisses nicht ausgeschüttet oder geleistet worden sind.

(6) ¹Die folgenden Ansprüche der anspruchsberechtigten Aktionäre sind mit jährlich 5 Prozentpunkten über dem Basiszinssatz gemäß § 247 des Bürgerlichen Gesetzbuchs zu verzinsen:

1. der Anspruch auf Gewährung zusätzlicher Aktien nach den Absätzen 1 und 2 unter Zugrundelegung des bei einer baren Zuzahlung gemäß § 15 Absatz 1 und 2 Satz 1 geschuldeten Betrags nach Ablauf von drei Monaten nach Entscheidung des Gerichts (§ 11 Absatz 1 des Spruchverfahrensgesetzes),
2. der Anspruch auf Gewährung einer baren Zuzahlung gemäß Absatz 3 ab der Eintragung der Verschmelzung,
3. die Ansprüche auf eine Entschädigung in Geld gemäß den Absätzen 4 und 5 ab dem Zeitpunkt, zu dem die Abfindung oder der Anspruch auf Gewinnausschüttung oder die wiederkehrende Leistung fällig geworden wäre.

²In den Fällen des § 72b endet der Zinslauf, sobald der Treuhänder gemäß § 72b Absatz 3 die Aktien, die bare Zuzahlung oder die Entschädigung in Geld empfangen hat.

(7) ¹Die Absätze 1 bis 6 schließen die Geltendmachung eines weiteren Schadens nicht aus. ²Das Risiko der Beschaffung der zusätzlich zu gewährenden Aktien trägt die Gesellschaft.

Literatur:

Bungert/Reidt, Die (grenzüberschreitende) Verschmelzung nach dem RefE zur Umsetzung der Umwandlungsrichtlinie, DB 2022, 1369–1379; *Drinhausen/Keinath*, Regierungsentwurf eines Gesetzes zur Umsetzung der Umwandlungsrichtlinie, BB 2022, 1923–1929; *Luy/Redler*, Immer mit Plan – der Referentenentwurf eines Gesetzes zur Umsetzung der Umwandlungsrichtlinie (UmRUG), notar 2022, 163–169, *Wollin*, Der Referentenentwurf eines Gesetzes zur Umsetzung der Umwandlungsrichtlinie (UmRUG-E), ZIP 2022, 989–993.

I. Einleitendes 1	2. Nr. 2 16
II. Sinn und Zweck 2	VII. Fälle, in denen trotz Ausübung des Rechts durch die Gesellschaft eine Entschädigung in Geld zu leisten ist (Abs. 4, 5) 18
III. Anwendungsbereich 4	
IV. Recht zur Gewährung zusätzlicher Aktien, anstelle einer baren Zuzahlung (Abs. 1) 5	
	1. Abs. 4 18
V. Folgen zwischenzeitlicher Kapitalerhöhungen (Abs. 2) 11	2. Abs. 5 20
	VIII. Verzinsung (Abs. 6) 21
VI. Fälle, in denen trotz Ausübung des Rechts durch die Gesellschaft eine bare Zuzahlung zu leisten ist (Abs. 3) 14	IX. Beschaffung der zusätzlichen Aktien (Abs. 7) 22
	X. Rechtsfolge 25
1. Nr. 1 15	

I. Einleitendes

1 Mit dem Gesetz zur Umsetzung der Umwandlungsrichtlinie (UmRUG) wurde § 72a zum 1.3.2023 neu eingeführt. Damit können Ansprüche der Aktionäre, die aus einem unangemessenen Umtauschverhältnis entstehen, statt in Bar nun ohne Weiteres in Aktien der übernehmenden Gesellschaft bedient werden.[1] Diesen Anspruch auf Gewährung zusätzlicher Aktien kann die übernehmende Gesellschaft durch Übertragung eigener Aktien oder durch Ausgabe neuer Aktien aus einer Kapitalerhöhung erfüllen.[2] Wird der Weg der Kapitalerhöhung gewählt, erfolgt diese gegen Sacheinlage unter Einbringung des Anspruchs der Aktionäre auf Gewährung zusätzlicher Aktien. Dies ist in dem ebenfalls zeitgleich neu eingeführten § 72b geregelt.

II. Sinn und Zweck

2 Der Hauptzweck des neu eingeführten § 72a besteht darin, die übernehmende Aktiengesellschaft vor nicht kalkulierbaren bzw. nicht berücksichtigten Liquiditätsabflüssen zu schützen.[3] Ein solcher Fall nicht vorhergesehener Liquiditätsabflüsse kann dadurch entstehen, dass ein im Verschmelzungsvertrag zugrunde gelegtes Umtauschverhältnis vom Gericht im Rahmen eines Spruchverfahrens als nicht angemessen festgestellt wird. Dies hat dann zur Folge, dass die Aktionäre gem. § 15 Abs. 1 Ausgleich durch bare Zuzahlung verlangen können. Diese potenziellen Zuzahlungsansprüche führen für die übernehmende Aktiengesellschaft zum Risiko eines Liquiditätsabflusses in ungewisser Höhe. Dieses Risiko entsteht daraus, dass Spruchverfahren in der Regel mehrere Jahre andauern, wodurch zusätzlich zu dem eigentlichen Ausgleich auch Zinsen in signifikanter Höhe hinzugerechnet werden müssten.[4] In solchen Fällen, soll der neue § 72a Abhilfe leisten, indem er ressourcenschonende Möglichkeiten der Anspruchserfüllung schafft.

3 Gemäß § 72a soll der übernehmenden Aktiengesellschaft die Möglichkeit eröffnet werden, ein angemessenes Umtauschverhältnis durch Gewährung zusätzlicher Aktien an-

---

1 Begr. zu § 72a UmwG-E, RegE UmRUG.
2 Begr. zu § 72a UmwG-E, RegE UmRUG.
3 Begr. zu § 72a UmwG-E, RegE UmRUG; *Wollin* ZIP 2022, 989 (991).
4 *Drinhausen/Keinath* BB 2022, 1923 (1924).

stelle barer Zuzahlung herzustellen.⁵ Mit dem Verweis auf § 15 wird klargestellt, dass die Anteilsgewährung anstelle barer Zuzahlung sich nur auf die bare Zuzahlung zum Zwecke der Verbesserung des Umtauschverhältnisses und nicht auf eine etwaig im Verschmelzungsvertrag vereinbarte bare Zuzahlung bezieht.⁶ Im Rahmen der Erfüllung des Anspruchs auf Gewährung zusätzlicher Aktien stehen der übernehmenden Aktiengesellschaft zwei Möglichkeiten zu. Zum einen durch Übertragung eigener Aktien, oder zum anderen durch Ausgabe neuer Aktien im Wege einer Kapitalerhöhung gegen Sacheinlage (siehe § 72b).⁷

III. Anwendungsbereich

Die Möglichkeit, das Umtauschverhältnis zur Erfüllung eines Ausgleichsanspruchs nach § 15 anstelle einer baren Zuzahlung durch Gewährung zusätzlicher Aktien der übernehmenden Gesellschaft zu erfüllen, besteht sowohl bei inländischen als auch bei grenzüberschreitenden Spaltungen, bei denen der übernehmende Rechtsträger eine AG, SE oder KGaA (§ 78 S. 1) ist, § 125 Abs. 1 iVm § 320 Abs. 2.⁸ Auch im Rahmen einer Verschmelzung durch Neugründung einer Aktiengesellschaft soll die Möglichkeit der Gewährung zusätzlicher Aktien bestehen, vgl. § 73. Für andere Gesellschaftsformen wie etwa der GmbH besteht kein vergleichbares praktisches Bedürfnis für die Gewährung zusätzlicher Aktien.⁹

IV. Recht zur Gewährung zusätzlicher Aktien, anstelle einer baren Zuzahlung (Abs. 1)

Abs. 1 S. 1 begründet das Recht der beteiligten Gesellschaften, anstelle einer baren Zuzahlung zusätzlich Aktien zu gewähren. Die Ausübung des Rechts, das Umtauschverhältnis durch die Gewährung zusätzlicher Aktien zu erfüllen, müssen die beteiligten Gesellschaften bereits **im Verschmelzungsvertrag** gegenüber den Anteilsinhabern festlegen.¹⁰ Es ist also festzulegen, ob die übernehmende Gesellschaft ein etwaig als unangemessen festgestelltes Umtauschverhältnis später durch bare Zuzahlung kompensieren oder die Angemessenheit durch Gewährung zusätzlicher Aktien herstellen wird.¹¹ Damit müssen sich die beteiligten Gesellschaften bereits bei der Vorbereitung der Verschmelzung festlegen, wie ein etwaiges unangemessenes Umtauschverhältnis auszugleichen ist, so dass die Erklärung für die übernehmende Gesellschaft und die anspruchsberechtigten Aktionäre bindend ist.¹² Eine spätere Änderung dieser Erklärung ist ausgeschlossen.¹³ Eine nachträgliche Änderung des Lösungsweges von der Gewährung zusätzlicher Aktien zurück zu einer baren Zuzahlung kann dann nur noch in den Fällen des Abs. 3 verlangt werden.

Der Hintergrund dieser Bindungswirkung der Erklärung im Verschmelzungsvertrag liegt darin, dass eine den beteiligten Gesellschaften eingeräumte Flexibilität zum Nachteil der anspruchsberechtigten Aktionäre ausgeübt werden könnte. Denn könnte sich die übernehmende Gesellschaft erst im Zuge der gerichtlichen Entscheidung über die Höhe der baren Zuzahlung im Spruchverfahren auf die Art der Kompensation festlegen, so läge es nahe, dass jene Art der Kompensation gewählt wird, welche für

---

5 Begr. zu § 72a UmwG-E, RegE UmRUG.
6 *Bungert/Reidt* DB 2022, 1369 (1374).
7 Begr. zu § 72a UmwG-E, RegE UmRUG.
8 Begr. zu § 72a UmwG-E, RegE UmRUG.
9 Begr. zu § 72a UmwG-E, RegE UmRUG.
10 Begr. zu § 72a Abs. 1 UmwG-E, RegE UmRUG.
11 Begr. zu § 72a Abs. 1 UmwG-E, RegE UmRUG.
12 Begr. zu § 72a Abs. 1 UmwG-E, RegE UmRUG.
13 Begr. zu § 72a Abs. 1 UmwG-E, RegE UmRUG.

die Gesellschaft wirtschaftlich vorteilhafter ist, jedoch zwangläufig für die Aktionäre wirtschaftlich nachteilhafter wäre.[14] Dem soll mit der Bindung der Erklärung entgegengewirkt werden, wodurch die Chancen und Risiken der ungewissen Unternehmensentwicklung gleichmäßig auf die Gesellschaft und die Aktionäre verteilt werden.

7 Der frühestmöglichen Bindung der Gesellschaft an die Festlegung könnte entgegengehalten werden, dass es für die Aktionäre wirtschaftlich keinen Unterschied machen würde, ob die Kompensation in Form von Geldzahlung oder durch Gewährung von Aktien erfüllt wird. Am Ende erhalten die Aktionäre stets den gleichen Vermögenswert.[15]

8 Zudem ermöglicht der Wortlaut des Abs. 1 nur ein alternatives Wahlrecht, wonach entweder die Ersetzung der gesamten Barzuzahlungsansprüche durch Aktiengewährung erfolgt oder durch eine vollständige Leistung in Geld. Eine Ausnahme dazu bildet ein Ausgleich von Spitzenbeträgen (Abs. 3 Nr. 1). Eine Mischform, in der teilweise in Aktien und teilweise in Geld erfüllt werden soll, ist nach dem Wortlaut zunächst nicht vorgesehen.[16] Dieses enge Verständnis ist jedoch vor dem Hintergrund der dazu korrespondierenden umzusetzenden Norm (Art. 126a Abs. 7 GesR-RL) nicht zwingend.[17]

9 Nach Abs. 1 S. 2 bleibt der Anspruch auf Ausgleich in Aktien statt Geld erhalten, wenn die übernehmende Gesellschaft in der Zeit zwischen Eintragung der Verschmelzung und vor Gewährung der zusätzlichen Aktien eine Verschmelzung oder Spaltung mit einer AG oder KGaA als übernehmenden Rechtsträger oder einen Formwechsel in eine KGaA vornimmt.[18] Diese Regelung dient allein der Klarstellung; denn in den Fällen der übertragenden Umwandlung geht die Verpflichtung zur Aktiengewährung ohnehin im Wege der Gesamtrechtsnachfolge auf den übernehmenden Rechtsträger über: Im Fall des Formwechsels bleibt die Verpflichtung ohnehin erhalten.[19] Abs. 1 S. 2 soll die Umgehung der Pflicht zur Gewährung zusätzlicher Aktien durch nachträgliche Strukturmaßnahmen verhindern, indem nachfolgende Verschmelzungen, Spaltungen und Formwechsel nicht zum Erlöschen des Anspruchs auf Gewährung zusätzlicher Aktien führen, sofern die Zielrechtsform Aktiengesellschaft AG oder KGaA ist. Der Anspruch der Aktionäre zielt fortan auf Gewährung zusätzlicher Aktien am Zielrechtsträger.[20]

10 Im Falle einer nachfolgenden Abspaltung sind den Aktionären zusätzliche Anteile sowohl an der abspaltenden als auch an der übernehmenden Gesellschaft zu gewähren. Im Falle einer nachfolgenden Ausgliederung verbleibt die Pflicht bei der ausgliedernden Gesellschaft, da ihre Aktionäre per se keine Anteile am Zielrechtsträger der Ausgliederung erhalten (vgl. § 123 Abs. 3).[21]

V. Folgen zwischenzeitlicher Kapitalerhöhungen (Abs. 2)

11 Nach Abs. 2 soll den Aktionären jeder Nachteil kompensiert werden, der dadurch entstanden ist, dass die übernehmende Gesellschaft nach Eintragung der Verschmelzung eine Kapitalerhöhung vorgenommen hat, an der die anspruchsberechtigten Aktionäre aufgrund eines unangemessenen Umtauschverhältnisses nicht ausreichend beteiligt

---

14 Begr. zu § 72a Abs. 1 UmwG-E, RegE UmRUG; *Wollin* ZIP 2022, 989 (991).
15 *Drinhausen/Keinath* BB 2022, 1923 (1925); *Bungert/Reidt* DB 2022, 1369 (1374).
16 *Drinhausen/Keinath* BB 2022, 1923 (1925).
17 *Bungert/Reidt* DB 2022, 1369 (1375).
18 *Drinhausen/Keinath* BB 2022, 1923 (1925).
19 *Drinhausen/Keinath* BB 2022, 1923 (1925).
20 Begr. zu § 72a Abs. 1 UmwG-E, RegE UmRUG.
21 Begr. zu § 72a Abs. 1 UmwG-E, RegE UmRUG.

worden sind.²² Die nicht ausreichende Beteiligung der anspruchsberechtigten Aktionäre ergibt sich dann daraus, dass neue Aktien in geringem Umfang gewährt wurden oder Bezugsrechte in geringerem Umfang zustande kamen, als dies bei einem angemessenen Umtauschverhältnis der Fall gewesen wäre.²³

Im Falle einer Kapitalerhöhung der übernehmenden Gesellschaft, die neue Aktien entstehen lässt, die den Aktionären gem. § 212 AktG im Verhältnis ihrer bestehenden Beteiligungen zu gewähren wären, die jedoch aufgrund des unangemessenen Umtauschverhältnisses und einer infolgedessen unangemessenen Beteiligung am Grundkapital nicht gewährt worden sind, sind diese nach Abs. 2 S. 1 nachträglich zu gewähren.²⁴ Die Gewährung der neuen Aktien kann wiederum durch Übertragung eigener Aktien oder durch die Schaffung neuer Aktien durch eine Kapitalerhöhung gegen Sacheinlage erfolgen.²⁵ Umgekehrt sind auch zwischenzeitlich erfolgte Kapitalherabsetzungen zu berücksichtigen, die die Anzahl der als Ausgleich zu gewährenden Aktien reduzieren. 12

Entsprechendes gilt, wenn zwischenzeitlich eine Bezugsrechtskapitalerhöhung durchgeführt wurde; in diesem Fall sind den Anspruchsberechtigten nachträglich die (zusätzlichen) Bezugsrechte einzuräumen, die ihnen bei angemessener Aktiengewährung zugestanden hätten. Die Berechtigten können ihre zusätzlichen Bezugsrechte in diesem Fall innerhalb eines Monats nach Eintritt der Rechtskraft der gerichtlichen Entscheidung im Spruchverfahren durch Erklärung gegenüber der Gesellschaft ausüben (Abs. 2 S. 3). Wird das Bezugsrecht ausgeübt, erhält der Bezugsberechtigte die Aktien gegen Leistung der im Rahmen der Bezugsrechtskapitalerhöhung festgelegten Einlage an die Gesellschaft.²⁶ 13

VI. Fälle, in denen trotz Ausübung des Rechts durch die Gesellschaft eine bare Zuzahlung zu leisten ist (Abs. 3)

Abs. 3 regelt abschließend Fälle, in welchen die Gesellschaft dennoch eine bare Zuzahlung zu leisten hat, obwohl die beteiligten Gesellschaften ihr Recht gem. Abs. 1, anstelle einer baren Zuzahlung zusätzlich Aktien zu gewähren, ausgeübt haben. Die Höhe der baren Zuzahlung bestimmt sich auch insoweit nach dem angemessenen Umtauschverhältnis.²⁷ 14

1. Nr. 1

Nach Nr. 1 ist eine bare Zuzahlung zu gewähren, soweit das angemessene Umtauschverhältnis trotz Gewährung zusätzlicher Aktien nicht hergestellt werden kann. Dies ist bei einem Ausgleich von Spitzenbeträgen der Fall.²⁸ 15

2. Nr. 2

Eine bare Zuzahlung ist weiter in Fällen vorgesehen, in denen die Gewährung zusätzlicher Aktien unmöglich geworden ist. Die Situation der Unmöglichkeit (§ 275 BGB) stellt eine Ausnahme vom Grundsatz, dass nach Festlegung auf die Gewährung zusätzlicher Aktien die Gesellschaft daran gebunden ist, dar. Vor diesem Hintergrund ist der 16

---

22 Begr. zu § 72a Abs. 2 UmwG-E, RegE UmRUG.
23 Begr. zu § 72a Abs. 2 UmwG-E, RegE UmRUG.
24 Begr. zu § 72a Abs. 2 UmwG-E, RegE UmRUG.
25 Begr. zu § 72a Abs. 2 UmwG-E, RegE UmRUG.
26 Begr. zu § 72a Abs. 2 UmwG-E, RegE UmRUG.
27 Begr. zu § 72a Abs. 3 UmwG-E, RegE UmRUG.
28 Begr. zu § 72a Abs. 3 Nr. 1 UmwG-E, RegE UmRUG.

Abs. 3 Nr. 3 restriktiv anzuwenden und insbesondere mit Blick auf Abs. 1 S. 2 zu lesen, der ausdrücklich Fälle bestimmt, in denen trotz nachträglicher Umwandlung kein Fall der Unmöglichkeit vorliegt.[29]

17 Ein Ausgleich in Aktien ist insbesondere unmöglich geworden, wenn eine zwischenzeitliche Umwandlung des übernehmenden Rechtsträgers in eine Rechtsform, die keine Aktien ausgeben kann (GmbH oder Personenhandelsgesellschaft) vorgenommen wurde oder in eine ausländische Rechtsform, die die Gewährung der zusätzlichen Aktien nicht zulässt.[30] In diesen Fällen richtet sich der Ausgleich auf Geldzahlung.

VII. Fälle, in denen trotz Ausübung des Rechts durch die Gesellschaft eine Entschädigung in Geld zu leisten ist (Abs. 4, 5)

1. Abs. 4

18 Anstelle der Gewährung zusätzlicher Aktien soll eine Entschädigung in Geld erfolgen, wenn der **anspruchsberechtigte Aktionär** nach Wirksamwerden der Verschmelzung im Rahmen einer erfolgten Strukturmaßnahme gegen Abfindung **aus der Gesellschaft ausscheidet**. Dieser Geldanspruch gem. Abs. 4 unterscheidet sich vom Anspruch auf bare Zuzahlung nach Abs. 3 dadurch, dass der Anspruch auf Entschädigung in Geld gem. Abs. 4 nicht auf einen anfänglichen Barausgleich unter Berücksichtigung eines von Beginn an angemessenen Umtauschverhältnisses gerichtet ist, sondern auf Leistung des aufgrund eines unangemessenen Umtauschverhältnisses entgangenen Abfindungsbetrags.[31] Voraussetzung für die Entschädigungszahlung in Geld ist das vollständige Ausscheiden des Aktionärs (also der Verlust des gesamten Aktienbesitzes an der Gesellschaft) auf der Grundlage eines gesetzlich angeordneten Abfindungsangebots bzw. einer gesetzlich angeordneten Abfindungspflicht.[32] Hintergrund dieser Regelung ist, dass eine Kompensation in Form der Gewährung zusätzlicher Aktien für den zwar anspruchsberechtigten, jedoch austrittswilligen (Vormals-)Aktionär nicht sachgerecht erscheint.[33]

19 Die Höhe der Entschädigung bestimmt sich nach dem Betrag, um den sich die Abfindung unter Zugrundelegung eines von Beginn an angemessenen Umtauschverhältnisses erhöht hätte.[34] Veräußert der Aktionär seine Aktien nicht anlässlich einer Strukturmaßnahme, ist der Anspruch weiterhin auf Gewährung zusätzlicher Aktien gerichtet. Etwaige Nachteile können gegebenenfalls als nicht kompensierter Schaden in Ansatz gebracht werden (vgl. Abs. 7).[35]

2. Abs. 5

20 Einen weiteren Fall, in dem einem Ausgleichsberechtigten ein Entschädigungsanspruch in Geld anstelle einer Gewährung zusätzlicher Aktien zusteht, regelt Abs. 5. Dieser enthält einen Anspruch der Aktionäre auf Entschädigung für zwischenzeitlich ausgeschüttete Gewinne und für von der übernehmenden Gesellschaft zu gewährende Ausgleichszahlung gem. § 304 AktG. Die Entschädigungsansprüche sind ausschließlich in Geld zu erfüllen. Zu zahlen ist dabei jeweils die Differenz zu dem Betrag, den der

---

29 Begr. zu § 72a Abs. 3 Nr. 2 UmwG-E, RegE UmRUG.
30 *Drinhausen/Keinath* BB 2022, 1923 (1925).
31 Begr. zu § 72a Abs. 4 UmwG-E, RegE UmRUG.
32 Begr. zu § 72a Abs. 4 UmwG-E, RegE UmRUG.
33 Begr. zu § 72a Abs. 4 UmwG-E, RegE UmRUG.
34 Begr. zu § 72a Abs. 4 UmwG-E, RegE UmRUG.
35 Begr. zu § 72a Abs. 4 UmwG-E, RegE UmRUG.

Ausgleichsberechtigte erhalten hätte, wenn von Beginn an ein angemessenes Umtauschverhältnis dem zugewiesenen Gewinnanteil zugrunde gelegt worden wäre.[36]

VIII. Verzinsung (Abs. 6)

Abs. 6 bestimmt die Verzinsung der Ansprüche auf Gewährung zusätzlicher Aktien (Abs. 1 und 2), Ausgleich durch bare Zuzahlung (Abs. 3) und Entschädigung in Geld (Abs. 4 und 5). Die Zinshöhe beträgt jährlich 5 Prozentpunkte über dem jeweiligen Basiszinssatz. Der Zinslauf endet mit Aushändigung der zusätzlichen Aktien beziehungsweise mit Leistung der baren Zuzahlung oder Geldentschädigung an die anspruchsberechtigten Aktionäre.[37] Gemäß S. 2 endet der Zinslauf in den Fällen des § 72b mit Inempfangnahme der Aktien beziehungsweise der baren Zuzahlung oder Geldentschädigung durch den Treuhänder. Es handelt sich bei den Ansprüchen des Abs. 6 um pauschalierte Verzinsungen, auf die Voraussetzungen des § 286 BGB kommt es daher nicht an.[38]

IX. Beschaffung der zusätzlichen Aktien (Abs. 7)

Abs. 7 S. 1 stellt klar, dass den anspruchsberechtigten Aktionären zusätzlich zu den ausdrücklich geregelten und vom Gericht gem. § 10a SpruchG von Amts wegen zu prüfenden Kompensationstatbeständen der Abs. 1–6, weitere Ansprüche zustehen können, sollten die Tatbestandsvoraussetzungen eines Schadensersatzanspruchs erfüllt sein.[39] Voraussetzung hierfür ist jedoch, dass die Ursache des Schadens außerhalb des in den Abs. 1–6 geregelten Haftungs- und Ausgleichsregimes liegt und dieser Schaden nicht bereits durch die Abs. 1–6 kompensiert wird, vgl. RegE UmRUG mit Beispielen für einen möglichen Schaden.[40]

Auch Abs. 7 S. 2 dient der Klarstellung, dass die übernehmende Gesellschaft für die Beschaffung der nach den Abs. 1 und 2 geschuldeten Aktien zuständig ist. Dabei steht ihr zunächst die Möglichkeit offen, eigene Aktien für die Erfüllung der Kompensationsansprüche zu verwenden.

Stehen der Gesellschaft keine eigenen Aktien zur Verfügung, die sie für diese Zwecke verwenden darf, müssen alternativ die benötigen Aktien neu geschaffen werden.[41]

X. Rechtsfolge

Gewährt der übernehmende Rechtsträger anstelle barer Zuzahlung zusätzliche Anteile, werden die Anteilsinhaber so gestellt, wie sie gestanden hätten, wäre das zugrunde liegende Umtauschverhältnis von Anfang an angemessen gewesen.[42] Damit ist die Gewährung zusätzlicher Aktien als eine Naturalrestitution und die bare Zuzahlung lediglich als eine wirtschaftliche Kompensation ausgestaltet.[43] Die Durchsetzung des Anspruchs auf Gewährung zusätzlicher Aktien regelt § 10a SpruchG.[44] Die konkrete Stückzahl bzw. der Nennbetrag der zusätzlich zu gewährenden Aktien wird vom Gericht im Spruchverfahren festgelegt. Dabei hat das Gericht das von ihm festgestellte

---

36 Begr. zu § 72a Abs. 5 UmwG-E, RegE UmRUG.
37 Begr. zu § 72a Abs. 6 UmwG-E, RegE UmRUG.
38 Begr. zu § 72a Abs. 6 UmwG-E, RegE UmRUG.
39 Begr. zu § 72a Abs. 7 UmwG-E, RegE UmRUG.
40 Begr. zu § 72a Abs. 7 UmwG-E, RegE UmRUG.
41 *Drinhausen/Keinath* BB 2022, 1923 (1926).
42 Begr. zu § 72a UmwG-E, RegE UmRUG.
43 *Luy/Redler* notar 2022, 163 (165).
44 Begr. zu § 72a UmwG-E, RegE UmRUG.

angemessene Umtauschverhältnis zugrunde zu legen.[45] Für den Fall einer möglichen Beeinträchtigung in dem Zeitraum zwischen Eintragung der Verschmelzung und Abschluss des Spruchverfahrens, soll eine vergleichbare Kompensationsfolge analog § 72a Abs. 2, 4–6 greifen.[46]

§ 72b Kapitalerhöhung zur Gewährung zusätzlicher Aktien

(1) ¹Die gemäß § 72a Absatz 1 Satz 1 und Absatz 2 Satz 1 zusätzlich zu gewährenden Aktien können nach Maßgabe der Absätze 1 bis 4 durch eine Kapitalerhöhung gegen Sacheinlage geschaffen werden. ²Gegenstand der Sacheinlage ist der Anspruch der anspruchsberechtigten Aktionäre auf Gewährung zusätzlicher Aktien, der durch gerichtliche Entscheidung (§ 11 Absatz 1 des Spruchverfahrensgesetzes) oder gerichtlichen Vergleich (§ 11 Absatz 2 bis 4 des Spruchverfahrensgesetzes) festgestellt wurde; der Anspruch erlischt mit Eintragung der Durchführung der Kapitalerhöhung (§ 189 des Aktiengesetzes). ³Wird der Anspruch durch gerichtliche Entscheidung (§ 11 Absatz 1 des Spruchverfahrensgesetzes) festgestellt, kann die Sacheinlage nicht geleistet werden, bevor die Rechtskraft eingetreten ist.

(2) ¹Anstelle der Festsetzungen nach § 183 Absatz 1 Satz 1 und § 205 Absatz 2 Satz 1 des Aktiengesetzes genügt

1. die Bestimmung, dass die auf Grund der zu bezeichnenden gerichtlichen Entscheidung oder des zu bezeichnenden gerichtlich protokollierten Vergleichs festgestellten Ansprüche der anspruchsberechtigten Aktionäre auf Gewährung zusätzlicher Aktien eingebracht werden, sowie
2. die Angabe des auf Grund der gerichtlichen Entscheidung oder des Vergleichs zu gewährenden Nennbetrags, bei Stückaktien die Zahl der zu gewährenden Aktien.

²§ 182 Absatz 4 sowie die §§ 186, 187 und 203 Absatz 3 des Aktiengesetzes sind nicht anzuwenden.

(3) ¹Die übernehmende Gesellschaft hat einen Treuhänder zu bestellen. Dieser ist ermächtigt, im eigenen Namen

1. die Ansprüche auf Gewährung zusätzlicher Aktien an die übernehmende Gesellschaft abzutreten,
2. die zusätzlich zu gewährenden Aktien zu zeichnen,
3. die gemäß § 72a zusätzlich zu gewährenden Aktien, baren Zuzahlungen und Entschädigungen in Geld in Empfang zu nehmen sowie
4. alle von den anspruchsberechtigten Aktionären abzugebenden Erklärungen abzugeben, soweit diese für den Erwerb der Aktien erforderlich sind.

²§ 26 Absatz 4 ist entsprechend anzuwenden.

(4) ¹Den Anmeldungen nach den §§ 184 und 188 des Aktiengesetzes ist in Ausfertigung oder öffentlich beglaubigter Abschrift die gerichtliche Entscheidung oder der gerichtlich protokollierte Vergleich, aus der oder dem sich der zusätzlich zu gewährende Nennbetrag oder bei Stückaktien die Zahl der zusätzlich zu gewäh-

---

45 *Drinhausen/Keinath* BB 2022, 1923 (1926).
46 *Bungert/Reidt* DB 2022, 1369 (1375).

renden Aktien ergibt, beizufügen. ²§ 188 Absatz 3 Nummer 2 des Aktiengesetzes ist nicht anzuwenden.

(5) § 182 Absatz 4 sowie die §§ 186, 187 und 203 Absatz 3 des Aktiengesetzes sind nicht anzuwenden auf Kapitalerhöhungen, die durchgeführt werden, um zusätzliche Aktien auf Grund gemäß § 72a Absatz 2 Satz 3 ausgeübter Bezugsrechte zu gewähren.

(6) Für den Beschluss über die Kapitalerhöhung nach Absatz 1 gilt § 14 Absatz 2 entsprechend.

Literatur:

Drinhausen/Keinath, Regierungsentwurf eines Gesetzes zur Umsetzung der Umwandlungsrichtlinie, BB 2022, 1923–1929; *Habrich*, Die Verbesserung des Umtauschverhältnisses mit Zusatzaktien, AG 2022, 567–579; *Lieder/Hilser*, Die Ersetzungsbefugnis bei umwandlungsrechtlichen Nachbesserungsansprüchen nach dem UmRUG, ZIP 2023, 1–13.

I. Einleitendes	1	V. Abs. 3	16
II. Anwendbarkeit	5	VI. Abs. 4	17
III. Abs. 1	7	VII. Abs. 5	19
IV. Abs. 2	14	VIII. Abs. 6	20

I. Einleitendes

Auch § 72b wurde mit dem Gesetz zur Umsetzung der Umwandlungsrichtlinie (UmRUG) zum 1.3.2023 neu eingeführt. Er ergänzt die ebenfalls neue Regelung des § 72a, welcher die Möglichkeit eröffnet, als Kompensation für ein nachträglich als unangemessen erkanntes Umtauschverhältnis Aktien anstelle einer baren Zuzahlung zu gewähren. Zur Erfüllung des Kompensationsanspruchs durch Gewährung zusätzlicher Aktien kann die Gesellschaft entweder eigene Aktien übertragen oder neue Aktien schaffen.[1] Die Schaffung neuer Aktien wird der übernehmenden Gesellschaft nun im Wege einer Sachkapitalerhöhung gem. § 72b erleichternd ermöglicht.[2] § 72b unterstützt dabei den Zweck des § 72a, die übernehmende Gesellschaft vor einer nachträglichen Liquiditätsbelastung in ungewisser Höhe zu schützen (→ § 72a Rn. 2).[3]

§ 72b stellt eine Sonderregelung gegenüber den allgemeinen aktienrechtlichen Bestimmungen der §§ 182 ff. AktG dar. Die §§ 182 ff. AktG bleiben anwendbar, soweit § 72b keine besonderen Bestimmungen enthält. Zum Beispiel enthält § 72b keine Regelungen hinsichtlich einer Werthaltigkeitsprüfung iSv § 183 Abs. 3 AktG, die grundsätzlich bei Sachkapitalerhöhungen erforderlich ist. Dennoch ist eine solche Werthaltigkeitsprüfung des einzubringenden Anspruchs erforderlich.[4]

Der Wert des einzubringenden Anspruchs bemisst sich nach dem Wert, den die zu gewährenden Aktien im Zeitpunkt der Eintragung des Anspruchs haben. Bemessungsgrundlage für den Wert dieser Aktien ist damit der aktuelle und nicht der ursprüngliche Unternehmenswert.[5] Möglicherweise ist dafür eine erneute Prüfung des Unternehmenswertes vorzunehmen, wenn nicht die Voraussetzungen des § 33a Abs. 1 AktG vorliegen, welcher über § 183 Abs. 3 AktG iVm § 183a Abs. 1 AktG zur Anwendung kommt.[6]

---

1 Begr. zu § 72b UmwG-E, RegE UmRUG.
2 Begr. zu § 72b UmwG-E, RegE UmRUG.
3 Begr. zu § 72b UmwG-E, RegE UmRUG.
4 Begr. zu § 72b UmwG-E, RegE UmRUG; *Drinhausen/Keinath* BB 2022, 1923 (1927).
5 Begr. zu § 72b UmwG-E, RegE UmRUG.
6 Begr. zu § 72b UmwG-E, RegE UmRUG.

4 Dieser Anspruch erlischt mit Eintragung der Durchführung der Kapitalerhöhung im Handelsregister (Abs. 1 S. 2), so dass die Gesellschaft von der Verbindlichkeit des § 15 Abs. 1 S. 1 befreit wird.

II. Anwendbarkeit

5 § 72b gilt für die Verschmelzung unter Beteiligung von AG, KGaA (§ 78 S. 1) und (bereits bestehender) SE mit Sitz in Deutschland als aufnehmenden Rechtsträger (Art. 9 Abs. 1 lit. c Ziff. ii SE-VO). Für die Anwendbarkeit auf sonstige Rechtsträger liegt kein vergleichbares praktisches Bedürfnis vor.

6 Gemäß § 73 soll § 72b auch auf Gesellschaften Anwendung finden, die im Wege einer Verschmelzung durch Neugründung entstanden sind. Nach § 125 Abs. 1 S. 1 findet § 72b auch für Spaltungen zur Übernahme durch oder zur Neugründung von AG Anwendung. In den Fällen von § 72a Abs. 1 S. 2 soll § 72b auch auf die übernehmende oder neue Gesellschaft beziehungsweise die Gesellschaft neuer Rechtsform Anwendung finden.[7]

III. Abs. 1

7 Um die von der Gesellschaft festgelegte Form der Kompensation erfüllen zu können, sieht Abs. 1 die Möglichkeit vor, die zu gewährenden Aktien durch Kapitalerhöhung gegen Sacheinlage zu schaffen.

8 Gegenstand der Sacheinlage ist der Nachbesserungsanspruch des Aktionärs auf Gewährung zusätzlicher Aktien, welcher durch rechtskräftige Entscheidung (§ 11 Abs. 1 SpruchG) oder auf Grundlage eines gerichtlichen Vergleichs (§ 11 Abs. 2–4 SpruchG) festgestellt wurde.[8] Nicht einlagefähig sind Ansprüche, die nicht Gegenstand der Entscheidung im Spruchverfahren gewesen sind.[9]

9 In der Literatur wird die Sacheinlagefähigkeit von Nachbesserungsansprüchen kritisiert.[10] Hierbei wird vorgebracht, dass mit der Einbringung des Anspruchs auf Gewährung von eigenen Aktien der Gesellschaft aus bilanzieller Perspektive tatsächlich kein neues Kapital zugeführt wird.[11]

10 Der Gesellschaft fließt durch Einlegung der Ansprüche auf Zusatzaktien kein sacheinlagerelevantes Kapital zu, was einen Verstoß gegen den Grundsatz der realen Kapitalaufbringung und das Verbot der Unter-pari-Emission indiziert.[12]

11 Die Gewährung der zusätzlichen Aktien wird die übernehmende AG im Ergebnis aus stillen Reserven und ihrem originären Goodwill bewerkstelligen, was wohl weder bei Erlass des UmRUG noch bei seiner Umsetzung bedacht wurde.[13]

12 Der Anspruch wird durch Abtretung an die Gesellschaft eingelegt.[14] Mit Abtretung entstünde grundsätzlich die Problematik, dass die Gesellschaft zugleich Gläubiger und Schuldner ist. Dies hätte zur Folge, dass im Wege der Konfusion der anspruchsberechtigte Aktionär seinen Anspruch verliert, ohne die zusätzlichen Mitgliedschaftsrechte zu

---

7 Begr. zu § 72b UmwG-E, RegE UmRUG.
8 *Lieder/Hilser* ZIP 2023, 1 (8).
9 *Drinhausen/Keinath* BB 2022, 1923 (1926).
10 *Habrich* AG 2022, 567 (573).
11 *Drinhausen/Keinath* BB 2022, 1923 (1926).
12 *Habrich* AG 2022, 567 (574).
13 *Habrich* AG 2022, 567 (575).
14 Begr. zu § 72b Abs. 1 UmwG-E, RegE UmRUG.

erhalten.¹⁵ Dieser Situation soll Abs. 1 S. 2 Hs. 2 abhelfen, wonach der Anspruch erst mit Eintragung der Durchführung der Kapitalerhöhung erlischt (§ 189 AktG).

Der Anspruch auf Gewährung zusätzlicher Aktien kann so lange nicht eingelegt werden, bis eine endgültige gerichtliche Feststellung des Bestehens des Anspruchs auf Gewährung zusätzlicher Aktien nach Grund und Höhe rechtskräftig geworden ist (Abs. 1 S. 3). Erst mit Eintritt der Rechtskraft der gerichtlichen Feststellung kann der Anspruch eingelegt werden.¹⁶

IV. Abs. 2

Im Sachkapitalerhöhungsbeschluss der Hauptversammlung müssen allgemeinen Regeln folgend der Gegenstand der Sacheinlage, die Person, die die Einlage erbringt, und der Nennbetrag bzw. die Stückzahl der zu gewährenden Aktien festgelegt werden. Abs. 2 sieht Erleichterungen gegenüber den in § 183 Abs. 1 S. 1 AktG und § 205 Abs. 2 S. 1 AktG vorgesehenen Festsetzungen vor. Die notwendigen Festsetzungen ergeben sich im Falle des § 72b bereits aus der gerichtlichen Entscheidung oder dem gerichtlichen Vergleich.¹⁷

Abs. 2 S. 2 schließt die Anwendbarkeit der § 182 Abs. 4 AktG, §§ 186, 187 AktG und § 203 Abs. 3 AktG aus. Hintergrund hierfür ist, dass der aus diesen Normen erwachsende Grundsatz der Subsidiarität der Kapitalerhöhung gegenüber der Erfüllung ausstehender Einlagepflichten aus früheren Kapitalerhöhungen in der vorliegenden Situation nicht zum Tragen kommt. Im Sonderfall der Kapitalerhöhung zur Gewährung zusätzlicher Aktien dient die Kapitalerhöhung nicht der effektiven Kapitalbeschaffung, sondern der angemessenen Beteiligung zuvor benachteiligter Aktionäre.¹⁸

V. Abs. 3

Abs. 3 regelt die Durchführung der Einlageleistung, die Zeichnung und den Erwerb der Aktien. Die Abwicklung der Kapitalerhöhung zur Gewährung zusätzlicher Aktien erfolgt durch einen Treuhänder, dessen Aufgabe es ist, die Aktien im eigenen Namen zu zeichnen, und dafür die Nachbesserungsansprüche der Anteilseigner an die ausgleichspflichtige Gesellschaft abzutreten. Alternativ könnten auch alle ausgleichsberechtigten Aktionäre zur Zeichnung der neuen Aktien innerhalb einer bestimmten Frist berechtigt werden. Dies wäre jedoch im Vergleich zur Bestellung eines Treuhänders aufwendiger und damit ineffizienter.¹⁹ Der Treuhänder ist gem. Abs. 3 S. 2 ermächtigt, im eigenen Namen die gerichtlich festgestellten oder im gerichtlichen Vergleich eingeräumten Ansprüche auf Gewährung zusätzlicher Aktien als Gegenstand der Sacheinlage an die Gesellschaft abzutreten (Nr. 1), die zusätzlich zu gewährenden Aktien zu zeichnen (Nr. 2), die zusätzlich zu gewährenden Aktien, baren Zuzahlungen und Entschädigungen in Geld in Empfang zu nehmen (Nr. 3) und alle sonstigen von den anspruchsberechtigten Aktionären abzugebenden Erklärungen abzugeben, soweit diese für den Erwerb der Aktien erforderlich sind (Nr. 4). Der Treuhänder hat die gem. Nr. 3 empfangenen Gegenstände auf die anspruchsberechtigten Aktionäre zu übertragen. Mit

---

15 Begr. zu § 72b Abs. 1 UmwG-E, RegE UmRUG.
16 Begr. zu § 72b Abs. 1 UmwG-E, RegE UmRUG.
17 Begr. zu § 72b Abs. 2 UmwG-E, RegE UmRUG.
18 Begr. zu § 72b Abs. 2 UmwG-E, RegE UmRUG.
19 *Lieder/Hilser* ZIP 2023, 1 (8).

VI. Abs. 4

17 Nach Abs. 4 sind der Anmeldung der Kapitalerhöhung (§§ 184, 188 AktG) die gerichtliche Entscheidung oder der gerichtlich protokollierte Vergleich in Ausfertigung oder öffentlich beglaubigter Abschrift beizufügen. Dies ermöglicht dem Registergericht erst die Überprüfung, ob die der Kapitalerhöhung zugrunde liegende Forderung auf Gewährung zusätzlicher Aktien in dieser Höhe tatsächlich besteht.[21]

18 Dadurch, dass dem Anspruch auf Gewährung zusätzlicher Aktien, neben der gerichtlichen Entscheidung oder dem gerichtlichen Vergleich, keine vertraglichen Beziehungen zwischen den anspruchsberechtigen Aktionäre und der Gesellschaft zugrunde liegen, kann § 188 Abs. 3 Nr. 2 AktG keine Anwendung finden.

VII. Abs. 5

19 Abs. 5 enthält besondere Bestimmungen bezüglich einer Kapitalerhöhung zur Schaffung von Aktien wegen entgangener Bezugsrechte, § 72a Abs. 2 S. 2 und 3.[22] Diese ist von der Kapitalerhöhung nach § 72b Abs. 1 S. 1 zu unterscheiden. Der Kapitalerhöhung zur Schaffung von Aktien aufgrund nachträglicher Einräumung des Bezugsrechts liegt ein gesonderter Kapitalerhöhungsbeschluss zugrunde. Sie erfolgt nach den Vorschriften des AktG.[23] Da der anspruchsberechtigte Aktionär bei dieser Kapitalerhöhung eine Einlageleistung nach den allgemeinen Vorschriften zu erbringen hat, finden die besonderen Vorschriften der Abs. 1–4 keine Anwendung.[24] Hinsichtlich der anzuwendenden Vorschriften des AktG schließt Abs. 5 lediglich die Anwendung des § 182 Abs. 4 AktG sowie die §§ 186, 187 und 203 Abs. 3 AktG aus. Dies dient der Klarstellung, dass den nicht anspruchsberechtigten sowie den anspruchsberechtigten Aktionären, die ihr Bezugsrecht nach § 72a Abs. 2 S. 3 nicht ausgeübt haben, kein Bezugsrecht zusteht.[25]

VIII. Abs. 6

20 Nach Abs. 6 gilt § 14 Abs. 2 für den Beschluss über die Kapitalerhöhung (Abs. 1) entsprechend.

Zweiter Unterabschnitt Verschmelzung durch Neugründung

§ 73 Anzuwendende Vorschriften

Auf die Verschmelzung durch Neugründung sind die Vorschriften des Ersten Unterabschnitts mit Ausnahme der §§ 66, 68 Abs. 1 und 2 und des § 69 entsprechend anzuwenden.

I. Einleitendes 1	III. Folgen der Verweisung auf §§ 60 ff. 4
II. Anwendbare Vorschriften und deren Einzelheiten 2	1. Verschmelzungsprüfung 5
	2. Verschmelzungsvertrag 6

---

20 Begr. zu § 72b Abs. 3 UmwG-E, RegE UmRUG.
21 Begr. zu § 72b Abs. 4 UmwG-E, RegE UmRUG.
22 Begr. zu § 72b Abs. 5 UmwG-E, RegE UmRUG.
23 Begr. zu § 72b Abs. 5 UmwG-E, RegE UmRUG.
24 Begr. zu § 72b Abs. 5 UmwG-E, RegE UmRUG.
25 Begr. zu § 72b Abs. 5 UmwG-E, RegE UmRUG.

3.	Hauptversammlung	7	
4.	Verschmelzungsrechtlicher Squeeze-out	9	
5.	Geltendmachung eines Schadensersatzanspruches	10	
6.	Bestellung eines Treuhänders	11	
7.	Umtausch von Aktien	12	
IV.	Ausschluss der in § 73 genannten Vorschriften	13	

I. Einleitendes

Die Norm setzt Art. 4 und 13 der Verschm-RL in deutsches Recht um.[1] Bei der Verschmelzung zur Neugründung wird im Gegensatz zur Verschmelzung zur Aufnahme ein neuer Rechtsträger geschaffen, wobei er die Vermögen aller an der Verschmelzung beteiligten Rechtsträger übernimmt. Die beteiligten Rechtsträger gehen im Zuge der Verschmelzung unter. Es entsteht ein neuer Rechtsträger. Dabei ist die Neugründung als Sachgründung gemäß § 27 AktG zu behandeln.[2]

II. Anwendbare Vorschriften und deren Einzelheiten

§ 73 gilt für AGs, wenn sie als übertragender oder übernehmender Rechtsträger an der Verschmelzung zur Neugründung beteiligt sind.[3] Ebenso fällt die KGaA darunter (§ 78). Dagegen soll die SE nicht erfasst sein, da für diese die SE-VO gilt.[4] Diese Aussage lässt sich in dieser Grundsätzlichkeit so nicht halten. Richtig ist allein, dass Art. 15 SE-VO hinsichtlich der Gründung einer SE auf das nationale Gründungsrecht verweist. Für die Vorbereitungs- und Beschlussphase der SE verweist Art. 18 SE-VO allerdings auf das nationale Umwandlungsrecht.[5] Somit müssen auch die §§ 73 ff. grundsätzlich zur Anwendung gelangen.[6] Weiter ist der Geltungsbereich der allg. Vorschriften (§§ 36–38) zu beachten. Der Verweis in § 36 Abs. 1 S. 1 eröffnet den erweiterten Anwendungsbereich in §§ 4–35 (außer § 16 Abs. 1 und § 27).[7] § 36 Abs. 2 verweist in das AktG. Daneben gilt der eingeschränkte Anwendungsbereich der §§ 60–72 mit den in § 73 bezeichneten Ausnahmen. Außerdem gelten die §§ 74–77.

Die Vorschriften der Verschmelzung zur Neugründung gelten auch für den Fall der Spaltung zur Neugründung. Die Norm ergänzt insoweit über § 135 Abs. 2 die speziellen Vorschriften der Spaltung zur Neugründung, §§ 135–137.

III. Folgen der Verweisung auf §§ 60 ff.

Durch den Anwendungsverweis in § 73 auf die §§ 60–72 (mit den darin bezeichneten Ausnahmen) sind für eine Verschmelzung durch Neugründung die Vorschriften der Verschmelzung durch Aufnahme zu beachten und entspr. zu berücksichtigen.

1. Verschmelzungsprüfung

Zunächst ist gemäß § 60 die Verschmelzungsprüfung durchzuführen.[8] Diese richtet sich nach den allg. Vorschriften der §§ 9–12 (→ § 60 Rn. 1). Von der Prüfung kann nach ausdrücklichem Verzicht der Aktionäre abgesehen werden. Die Ausnahme von der gesetzlichen Prüfungspflicht nach § 9 Abs. 2 greift allerdings nicht für die Verschmelzung zur Neugründung, da die Ausnahme nur für den Fall der Aufnahme durch eine Muter-

---

1 Semler/Stengel/Leonard/*Diekmann* § 73 Rn. 1.
2 Keßler/Kühnberger/*Brügel* § 73 Rn. 3.
3 Maulbetsch/Klumpp/Rose/*Maulbetsch* § 73 Rn. 2; Keßler/Kühnberger/*Brügel* § 73 Rn. 1.
4 So Kallmeyer/*Marsch-Barner/Oppenhoff* § 73 Rn. 1; Henssler/Strohn/*Galla/Cé. Müller* § 73 Rn. 1.
5 S. *Schwarz* SE-VO Art. 18 Rn. 16.
6 Richtigerweise dazu Maulbetsch/Klumpp/Rose/*Maulbetsch* § 73 Rn. 4; Semler/Stengel/Leonard/*Diekmann* § 73 Rn. 2.; Henssler/Strohn/*Galla/Cé. Müller* § 73 F.n. 1.
7 Keßler/Kühnberger/*Brügel* § 73 Rn. 1.
8 Maulbetsch/Klumpp/Rose/*Maulbetsch* § 73 Rn. 10; Semler/Stengel/Leonard/*Diekmann* § 73 Rn. 3.

gesellschaft, die 100% des Gesamtkapitals der übertragenden Gesellschaft hält, gelten kann. Es kommt also nicht auf eine Übertragung auf eine Gesellschaft an, sondern auf die Zusammenlegung zweier Gesellschaften zu einer neuen Gesellschaft. Insofern besteht zum Zeitpunkt der möglichen Ausnahme noch keine neue Gesellschaft, so dass notwendigerweise noch keine Anteile vom zukünftigen Rechtsträger gehalten werden können (§ 61).

2. Verschmelzungsvertrag

6   Der Verschmelzungsvertrag ist gemäß § 61 bekanntzumachen. Dies geschieht durch das zuständige Registergericht (§ 61). Der Inhalt des Vertrages richtet sich dabei nach § 37.

3. Hauptversammlung

7   Der Zustimmungsbeschluss der Hauptversammlung gemäß § 13 Abs. 1 ist gesetzlich vorgeschrieben und daher erforderlich. Auch hier gilt das Erfordernis einer Dreiviertelmehrheit (§ 65 Abs. 1). Die Ausnahmen in § 62 können bei einer Verschmelzung durch Neugründung allerdings keine Rolle spielen, da der spätere Rechtsträger zur Zeit des Beschlusses noch nicht entstanden ist und daher auch keine Anteile iHv 90% oder mehr halten kann.[9] Der Verweis in § 73 auf die Vorschriften der §§ 60–72 kann daher nicht so verstanden werden, dass § 62 gleichwohl Anwendung findet. Eine explizite Ausnahme des § 62 im § 73 ist allerdings überflüssig, da sich aus der Natur der Sache kein Anwendungsbereich für Verschmelzungen durch Neugründung ergeben kann.

8   Vorbereitung (§ 63) und Durchführung der Hauptversammlung (§§ 64, 65) bleiben von der Ausnahme der Nichtanwendbarkeit des § 62 unberührt und sind daher entspr. anzuwenden.

4. Verschmelzungsrechtlicher Squeeze-out

9   Der Ausschluss des § 62 legt nahe, dass die Vorschrift über den Squeeze-out nach § 62 Abs. 5 nicht für die Verschmelzung zur Neugründung gilt. Zwar ist die Verschmelzung zur Neugründung direkt vergleichbar mit der Verschmelzung zur Aufnahme, da die Vorschriften entsprechend herangezogen werden. Es ist auch denkbar, dass der an der Verschmelzung beteiligte Hauptaktionär mehr als 90% des Gesamtkapitals der übertragenden Gesellschaft hält. Allerdings ist zu bedenken, dass der Hauptaktionär bei einer Verschmelzung zur Neugründung selbst nicht übernehmender, sondern auch übertragender Rechtsträger ist, da die neu zu gründende Gesellschaft erst später entsteht. Im Gesetzesentwurf der Bundesregierung zum Entwurf des dritten Gesetzes zur Änderung des Umwandlungsgesetzes findet sich dahin gehend lediglich eine Stellungnahme zur Notwendigkeit der Einführung eines verschmelzungsrechtlichen Squeeze-out für übernehmende Muttergesellschaften als Hauptaktionärinnen bei einer Beteiligung von mindestens 90% des Gesamtkapitals.[10] Bei genauer Betrachtung ist die Verschmelzung zur Aufnahme technisch von der Verschmelzung zur Neugründung zu unterscheiden. Bei der Verschmelzung zur Aufnahme handelt es sich stets um einen „Upstream-Merger", während bei der Verschmelzung zur Neugründung ein „Sidestream-Merger" stattfindet.[11] Da der Verschmelzungsrichtlinie nach auch nur der „Upstream-Merger" von

---

9 Lutter/*Grunewald* § 73 Rn. 10; Semler/Stengel/*Leonard*/ *Diekmann* § 73 Rn. 5.

10 BT-Drs. 17/3122, 12 ff.
11 *Austmann* NZG 2011, 684 (687).

der Neuregelung erfasst sein soll, ist die Konstellation des verschmelzungsrechtlichen Squeeze-out für den Fall der Neugründung generell nicht denkbar.

5. Geltendmachung eines Schadensersatzanspruches

Für die Geltendmachung eines Schadensersatzanspruches ist der Rückgriff auf § 70 möglich, da dieser nicht durch § 73 oder sonstige Erwägungen ausgeschlossen ist. Zudem ist § 36 zu beachten, der wiederum auf § 25 verweist. Durch den Ausschluss des § 27 im Wortlaut des § 36 können lediglich die Verwaltungsträger der übertragenden Gesellschaft, die eine AG, KGaA oder SE sein muss, solche Ansprüche gemäß § 26 Abs. 3 geltend machen. Denn der neue Rechtsträger existiert noch nicht und kann daher auch noch keine Ansprüche gegen Vertretungs- und Aufsichtsorgane geltend machen.[12] Voraussetzung ist jedoch, dass die betroffenen Anteilsinhaber ihre Aktien bereits gegen Anteile des übernehmenden Rechtsträgers getauscht haben.[13]

6. Bestellung eines Treuhänders

Sofern der neue Rechtsträger eine AG ist, muss nach § 71 ein Treuhänder bestellt werden. Es ist jedoch zu beachten, dass bei der Neugründung vor Eintragung des zu gründenden Rechtsträgers vom Treuhänder noch keine Aktienurkunden entgegengenommen und dem Gericht angezeigt werden können (§ 41 Abs. 4 AktG). Allerdings dürften in diesem Fall Absichtserklärungen zur Entgegennahme der Urkunden ausreichen.[14]

7. Umtausch von Aktien

§ 72 ist nicht vom Anwendungsbereich ausgeschlossen, so dass die dort geregelten Vorschriften stets zu beachten sind (vgl. § 72). Sofern ein Umtausch der Aktien in Frage kommt, können die alten Aktien für kraftlos erklärt und zusammengelegt werden.[15] Sofern der neue Rechtsträger eine AG ist, sind an die Aktionäre neue Aktien auszugeben.[16]

IV. Ausschluss der in § 73 genannten Vorschriften

Vom Anwendungsbereich der §§ 60–72 sind in § 73 die §§ 66, 68 Abs. 1, 2 und 69 ausgeschlossen. Diese regeln die Erhöhung des Grundkapitals im Rahmen einer Verschmelzung zur Aufnahme. Für die Erhöhung des Kapitalstamms ist jedoch erforderlich, dass der neue Rechtsträger bereits über einen solchen verfügt. Da aber bei der Verschmelzung zur Neugründung der Rechtsträger erst mit Eintragung der Verschmelzung besteht, existiert davor noch kein Kapitalstamm. Stattdessen greifen die Vorschriften über die Sachgründung.[17] Indem die übertragenden Rechtsträger auf den neu zu gründenden Rechtsträger übertragen werden, wird die Sacheinlage geleistet.[18] Dies geschieht im Wege der Gesamtrechtsnachfolge.[19] Entspr. den für eine Sacheinlage geltenden Regeln ist eine Bewertung der übertragenden Rechtsträger zwingend erforderlich.[20]

---

12 Lutter/*Grunewald* § 36 Rn. 12; Semler/Stengel/Leonard/*Diekmann* § 73 Rn. 9.
13 Maulbetsch/Klumpp/Rose/*Maulbetsch* § 73 Rn. 17; Semler/Stengel/Leonard/*Diekmann* § 73 Rn. 9.
14 Kallmeyer/Marsch-Barner/*Oppenhoff* § 73 Rn. 5; aA Lutter/*Grunewald* § 73 Rn. 13.
15 Maulbetsch/Klumpp/Rose/*Maulbetsch* § 73 Rn. 19; Semler/Stengel/Leonard/*Diekmann* § 73 Rn. 10.
16 Maulbetsch/Klumpp/Rose/*Maulbetsch* § 73 Rn. 19; Semler/Stengel/Leonard/*Diekmann* § 73 Rn. 10.
17 Keßler/Kühnberger/*Brügel* § 73 Rn. 5.
18 Semler/Stengel/Leonard/*Diekmann* § 73 Rn. 7; Schmitt/Hörtnagl/*Hörtnagl*/Ollech § 73 Rn. 8.
19 Schmitt/Hörtnagl/*Hörtnagl*/Ollech § 73 Rn. 8.
20 Schmitt/Hörtnagl/*Hörtnagl*/Ollech § 73 Rn. 10 ff.

14 Nach § 73 ist § 68 Abs. 3 nicht ausgeschlossen. Danach dürfen die im Verschmelzungsvertrag festgesetzten baren Zuzahlungen 10 % des Grundkapitals der von der neu gegründeten AG gewährten Anteile nicht übersteigen.[21] Diese Einschränkung ist jedoch nur zu beachten, wenn der neue Rechtsträger eine AG oder KGaA ist.[22] Sofern der neue Rechtsträger eine GmbH ist, greifen bezüglich der baren Zuzahlungen die §§ 56, 54 Abs. 3.[23] Hält bei der Übertragung ein Rechtsträger in der Form einer Kapitalgesellschaft eigene Anteile, so ist – entgegen dem Wortlaut des § 73 – § 68 Abs. 1 S. 1 Nr. 2 dahin gehend anzuwenden, dass von der neu gegründeten AG keine Aktien ausgegeben werden dürfen.[24] Für den Fall, dass übertragender Rechtsträger eine GmbH ist, die eigene Geschäftsanteile hält, gilt § 54 Abs. 1 S. 1 Nr. 2 entsprechend.[25]

15 Im Zuge der Umsetzung der Umwandlungsrichtlinie wurde der zuvor ausgeschlossene § 67 nunmehr anwendbar gestellt. Damit sollen die Nachgründungsvorschriften Anwendung finden, so dass eine Verschmelzung durch Neugründung im Nachgründungsstadium ermöglicht wird.[26]

§ 74 Inhalt der Satzung

¹In die Satzung sind Festsetzungen über Sondervorteile, Gründungsaufwand, Sacheinlagen und Sachübernahmen, die in den Gesellschaftsverträgen, Partnerschaftsverträgen oder Satzungen übertragender Rechtsträger enthalten waren, zu übernehmen. ²§ 26 Abs. 4 und 5 des Aktiengesetzes bleibt unberührt.

I. Einleitendes	1	2. Inhalt der Satzung	3
II. Satzung des neuen Rechtsträgers	2	III. Erweiterung durch § 74	6
1. Festlegung der Satzung	2	IV. Verstöße gegen § 74 S. 2	8

I. Einleitendes

1 Die Norm greift bei der Neugründung einer AG ein. Sie ist über § 78 auch auf die Neugründung einer KGaA anzuwenden. Auf die Rechtsform der übertragenden Gesellschaft kommt es nicht an.[1] § 74 geht aus Transparenzgesichtspunkten weiter als die Gründungsvorschriften.[2] Die Norm soll gewährleisten, dass Sondervorteile, Gründungsaufwand, Sacheinlagen und Sachübernahmen bei übertragenden Rechtsträgern offengelegt werden.[3] Weiterhin ist zu beachten, dass die Vorschrift für die Spaltung zur Neugründung gemäß §§ 125 Abs. 1, 135 Abs. 1 S. 1 entsprechend Anwendung finden.[4]

II. Satzung des neuen Rechtsträgers

1. Festlegung der Satzung

2 Da neben der speziellen Regelung des § 74 auch die allgemeinen Vorschriften greifen, ist der Satzungsinhalt gemäß § 37 Teil des Verschmelzungsvertrages, der von den Or-

---

21 Kallmeyer/*Marsch-Barner/Oppenhoff* § 73 Rn. 3; Keßler/Kühnberger/*Brügel* § 73 Rn. 5.
22 Kallmeyer/*Marsch-Barner/Oppenhoff* § 73 Rn. 3.
23 Lutter/*Grunewald* § 73 Rn. 7 Fn. 7.
24 Kallmeyer/*Marsch-Barner/Oppenhoff* § 73 Rn. 3; Maulbetsch/Klumpp/Rose/*Maulbetsch* § 73 Rn. 15.
25 Lutter/*Grunewald* § 73 Rn. 7; Maulbetsch/Klumpp/Rose/*Maulbetsch* § 73 Rn. 15.
26 Begr. zu § 73 UmwG-E, RegE UmRUG.
1 Maulbetsch/Klumpp/Rose/*Maulbetsch* § 74 Rn. 2.
2 Semler/Stengel/Leonard/*Diekmann* § 74 Rn. 1.
3 Kallmeyer/*Marsch-Barner/Oppenhoff* § 74 Rn. 2.
4 Vgl. *Ihrig* GmbHR 1995, 622 (636); Maulbetsch/Klumpp/Rose/*Maulbetsch* § 74 Rn. 5.

ganen des übertragenden Rechtsträgers abgeschlossen wird.[5] Damit bestimmen die Organe auch den Inhalt der Satzung der neugegründeten AG bzw. KGaA. Bei der Neugründung einer AG übernehmen dies die übertragenden Rechtsträger als die Gründer der neuen Gesellschaft gemäß §§ 73, 36 Abs. 2 iVm §§ 23, 28 AktG.[6] Wirksamkeit erlangt die neue Satzung erst über den Zustimmungsbeschluss der Anteilsinhaber zur Verschmelzung (§ 76 S. 1).

2. Inhalt der Satzung

Gemäß § 23 Abs. 2–5 AktG sind in der Satzung Firma und Sitz der Gesellschaft, Gegenstand des Unternehmens, Höhe des Grundkapitals und Zerlegung des Grundkapitals entweder in Nennbetragsaktien oder Stückaktien anzugeben.[7] Der Verschmelzungsvertrag gibt Aufschluss über die genaue Aufteilung auf die Anteilsinhaber.[8] Bei Bestimmung der Höhe des Grundkapitals sind Abfindungen und bare Zuzahlungen nach § 29 abzuziehen.[9] Eine Unter-Pari-Emission ist dabei nach § 9 Abs. 1 AktG zu vermeiden, da in diesem Fall eine Verschmelzung nicht im Register eingetragen werden darf.[10] Auf einer derartigen fehlerhaften Grundlage geschlossene Verschmelzungsbeschlüsse sind zwar nichtig,[11] allerdings bleibt dies folgenlos für den – unwahrscheinlichen – Fall der Eintragung der Verschmelzung durch den Registerrichter.[12] Außerdem muss das Vermögen des übertragenden Rechtsträgers den anteiligen Betrag am Grundkapital, den die Anteilsinhaber dieses Rechtsträgers gewährt bekommen, decken.[13]

3

Da die verschmelzenden Rechtsträger Gründer der neuen AG bzw. KGaA sind, kann sie grds. die aktienrechtliche Gründerhaftung treffen. Eine Haftung der Aktionäre im Verhältnis ihrer Anteile an der neuen AG ist allerdings nicht denkbar, da im Zeitpunkt der Eintragung der Verschmelzung die Gründerhaftung der übertragenden Rechtsträger durch Konfusion bereits erloschen ist.[14] Dies wird auch daran deutlich, dass eine Inanspruchnahme der Aktionäre wegen rückständiger Einlagen ausgeschlossen ist, da die Aktionäre keine eigene Einlage leisten und keinen Einfluss auf die Wertbemessung des Vermögens des Rechtsträgers haben und sie außerdem die Aktien gemäß den Grundgedanken der §§ 929, 932, 936 BGB auch ohne rechtsgeschäftlichen Erwerb „gutgläubig" erwerben können.[15]

4

Aufgrund der Verweisung über § 36 Abs. 2 ist die Vorschrift des § 27 AktG zu beachten.[16] Da die Verschmelzung zur Neugründung eine Sachgründung ist, sind die auf den neuen Rechtsträger übergehenden Sacheinlagen in der Satzung der neuen AG aufzuführen (→ § 73 Rn. 1). Dasselbe gilt auch für Sachübernahmen.[17]

5

---

5 Maulbetsch/Klumpp/Rose/*Maulbetsch* § 74 Rn. 4.
6 Kallmeyer/*Marsch-Barner/Oppenhof* § 74 Rn. 1.
7 Maulbetsch/Klumpp/Rose/*Maulbetsch* § 74 Rn. 7; Lutter/*Grunewald* § 74 Rn. 3.
8 Lutter/*Grunewald* § 74 Rn. 3.
9 Semler/Stengel/Leonard/*Diekmann* § 74 Rn. 4; Kallmeyer/*Marsch-Barner* § 74 Rn. 1.
10 Semler/Stengel/Leonard/*Diekmann* § 74 Rn. 4.
11 Maulbetsch/Klumpp/Rose/*Maulbetsch* § 74 Rn. 9; Lutter/*Grunewald* § 74 Rn. 4.
12 Trotz fehlerhafter Eintragung bleibt die Verschmelzung gemäß § 20 Abs. 2 wirksam.
13 Semler/Stengel/Leonard/*Diekmann* § 74 Rn. 4; Kallmeyer/*Marsch-Barner/Oppenhoff* § 74 Rn. 1.
14 BGH 12.3.2007 – II ZR 302/05, NZG 2007, 513 (514); Lutter/*Grunewald* § 74 Rn. 5; aA *Ihrig* GmbHR 1995, 622 (626 ff.).
15 Maulbetsch/Klumpp/Rose/*Maulbetsch* § 74 Rn. 12; *Koch* AktG § 54 Rn. 4; Lutter/*Grunewald* § 74 Rn. 5; vgl. auch Semler/Stengel/Leonard/*Diekmann* § 74 Rn. 5.
16 Maulbetsch/Klumpp/Rose/*Maulbetsch* § 74 Rn. 11; Kallmeyer/*Marsch-Barner/Oppenhoff* § 74 Rn. 1; Semler/Stengel/Leonard/*Diekmann* § 74 Rn. 3.
17 Maulbetsch/Klumpp/Rose/*Maulbetsch* § 74 Rn. 11.

III. Erweiterung durch § 74

6 Durch § 74 wird die allg. Gründungspublizität erweitert. Nach S. 1 sind Festsetzungen über Sondervorteile, Gründungsaufwand, Sacheinlagen und Sachübernahmen, die in den Gesellschaftsverträgen, Partnerschaftsverträgen oder Satzungen übertragender Rechtsträger enthalten waren, zu übernehmen. Wenn es sich bei dem übertragenden Rechtsträger um eine AG, KGaA oder SE handelt, sind §§ 26, 27 AktG einschlägig.[18] § 74 soll ein Unterlaufen der allg. Vorschriften aus dem AktG verhindern.[19] Es bestünde sonst die Gefahr, dass die in der Satzung einer übertragenden AG stehenden Festsetzungen über Sondervorteile, Gründungsaufwand, Sacheinlagen und Sachübernahmen durch die Neugründung nicht mit in die Satzung der neu zu gründenden AG bzw. KGaA aufgenommen werden könnten, da die allg. Vorschriften dies nicht vorsehen.[20] Für die GmbH wird dasselbe Ergebnis über § 5 Abs. 4 GmbHG erreicht bzw. über eine analoge Anwendung des § 26 Abs. 2 AktG.[21]

7 Nach § 74 S. 2 bleiben § 26 Abs. 4 und 5 AktG unberührt. Dadurch ist klar, dass diese zusätzliche Beschränkung nur gelten kann, wenn übertragender Rechtsträger eine AG oder KGaA ist.[22] Eine Änderung der zu übernehmenden Festsetzungen kann demnach nur erfolgen, wenn die betreffende Gesellschaft mindestens fünf Jahre im Register eingetragen ist (§ 26 Abs. 4 AktG). Die Beseitigung der Festsetzungen ist dagegen sogar erst 30 Jahre nach Eintragung der Gesellschaft möglich, wenn die Rechtsverhältnisse, die den Festsetzungen zugrunde liegen, seit mind. fünf Jahren abgewickelt sind (§ 26 Abs. 5 AktG). Gleiches gilt gemäß § 27 Abs. 5 AktG für Sacheinlagen und Sachübernahmen.[23] Diese Fristen werden durch die Verschmelzung nicht unterbrochen und laufen daher weiter.[24]

IV. Verstöße gegen § 74 S. 2

8 Sofern in der Satzung oder im Gesellschaftsvertrag eines übertragenden Rechtsträgers Festsetzungen über Sondervorteile getroffen wurden, erlöschen die Sondervorteile, wenn gegen die Bestimmung des § 74 verstoßen wird.[25] Denkbar ist ein solcher Verstoß bereits durch bloße Nichtübernahme von Sondervorteilen in die neue Satzung.[26] Der Untergang erfolgt erst ab dem Zeitpunkt der Eintragung der Verschmelzung, also mit ex nunc-Wirkung.[27] Vor Eintragung der Verschmelzung im Register sind dagegen die jeweiligen Gesellschaftsverträge als Rechtsgrundlage für die darin geregelten Sondervorteile des übertragenden Rechtsträgers maßgeblich.[28]

Hinweis: Die Vorschrift enthält ein umfangreiches Handlungsprogramm. Die Vorgabe, Regelungen aus Gesellschaftsverträgen übertragender Rechtsträger in die des übernehmenden Rechtsträgers sachgerecht zu inkorporieren, stellt oft eine Herausforderung dar. Auch hier ist regelmäßig die Abstimmung mit dem Handelsregister und – nach Möglichkeit – den Gesellschaftern aller Rechtsträger zu suchen!

---

18 Kallmeyer/*Marsch-Barner* § 74 Rn. 2; Maulbetsch/Klumpp/Rose/*Maulbetsch* § 74 Rn. 14.
19 Maulbetsch/Klumpp/Rose/*Maulbetsch* § 74 Rn. 13.
20 Maulbetsch/Klumpp/Rose/*Maulbetsch* § 74 Rn. 13.
21 BGHZ 107, 1; Maulbetsch/Klumpp/Rose/*Maulbetsch* § 74 Rn. 14; Kallmeyer/*Marsch-Barner/Oppenhoff* § 74 Rn. 2.
22 Kallmeyer/*Marsch-Barner/Oppenhoff* § 74 Rn. 3; Lutter/*Grunewald* § 74 Rn. 8; Semler/Stengel/Leonard/*Diekmann* § 74 Rn. 6.
23 Kallmeyer/*Marsch-Barner/Oppenhoff* § 74 Rn. 3.
24 Maulbetsch/Klumpp/Rose/*Maulbetsch* § 74 Rn. 16; Kallmeyer/*Marsch-Barner/Oppenhoff* § 74 Rn. 3; Lutter/*Grunewald* § 74 Rn. 8; Semler/Stengel/Leonard/*Diekmann* § 74 Rn. 6; Widmann/Mayer/*Rieger* § 74 Rn. 8.
25 Maulbetsch/Klumpp/Rose/*Maulbetsch* § 74 Rn. 17; Lutter/*Grunewald* § 74 Rn. 9; Semler/Stengel/Leonard/*Diekmann* § 74 Rn. 6.
26 Kallmeyer/*Marsch-Barner/Oppenhoff* § 74 Rn. 3.
27 Lutter/*Grunewald* § 74 Rn. 9.
28 Keßler/Kühnberger/*Brügel* § 74 Rn. 3.

§ 75 Gründungsbericht und Gründungsprüfung

(1) ¹In dem Gründungsbericht (§ 32 des Aktiengesetzes) sind auch der Geschäftsverlauf und die Lage der übertragenden Rechtsträger darzustellen. ²Zum Gründungsprüfer (§ 33 Absatz 2 des Aktiengesetzes) kann der Verschmelzungsprüfer bestellt werden.

(2) Ein Gründungsbericht und eine Gründungsprüfung sind nicht erforderlich, soweit eine Kapitalgesellschaft oder eine eingetragene Genossenschaft übertragender Rechtsträger ist.

1. Einleitendes

In den Anwendungsbereich des § 75 fallen alle Verschmelzungen zur Neugründung, sofern die übernehmende Gesellschaft eine AG ist; außerdem regelt er für diese Fälle Einzelheiten des Gründungsberichts und der Gründungsprüfung.[1]

Gründungsbericht und Gründungsprüfung dienen der Sicherheit der Gläubiger und zukünftigen Aktionäre. Nach alter Rechtslage waren Verschmelzungen zur Neugründung nur unter Kapitalgesellschaften (KGaA/AG/SE) möglich. Ausreichender Schutz wurde durch die Regeln über die Kapitalaufbringung und -erhaltung gewährleistet.[2] Daher konnte auf Gründungsbericht und -prüfung verzichtet werden. Nach aktuellem Recht sind jedoch auch Personengesellschaften verschmelzungsfähige Rechtsträger, so dass für diese die Sondervorschriften für Kapitalgesellschaften bei einer solchen „Mischverschmelzung" nicht anwendbar sind und daher kein ausreichender Schutz der Gläubiger und zukünftigen Aktionäre gewährleistet wäre. Daher bedarf es zur Gewährleistung eines Mindestmaßes an Schutz eines Gründungsberichts und einer -prüfung. Dieser wird durch einen Verweis auf die allgemeinen Gründungsvorschriften in § 36 Abs. 1 S. 1 für den Fall der Verschmelzung zur Neugründung sichergestellt.

Die Vorschriften der Neugründung durch Verschmelzung erstrecken sich gemäß §§ 125 Abs. 1, 135 Abs. 1, 2 auch auf die Spaltung zur Neugründung. Auch hier ist Voraussetzung, dass der übernehmende Rechtsträger eine AG ist.

2. Anforderungen an den Gründungsbericht (Abs. 1)

Der notwendige Inhalt des Gründungsberichts ist gesetzlich normiert. Die Grundvoraussetzungen sind über den Verweis in § 36 Abs. 2 S. 1 und die Nennung in Abs. 1 in § 32 AktG geregelt. Dieser schreibt vor, dass ein Gründungsbericht erstellt werden muss. Inhaltliche Vorgaben werden in § 32 Abs. 2 AktG konkretisiert. Darüber hinaus sind die zusätzlichen Anforderungen des § 75 Abs. 1 zu beachten. Danach sind in dem Bericht auch Geschäftsverlauf und Lage des übertragenden Rechtsträgers darzustellen. Die Voraussetzungen sind vergleichbar mit denen in § 289 HGB, der den Lagebericht für Kapitalgesellschaften regelt.[3] Die Darstellung der Details muss ein realistisches Gesamtbild der Gesellschaft widerspiegeln.[4] Zusätzlich muss der übertragende Rechtsträ-

---

1 Maulbetsch/Klumpp/Rose/*Maulbetsch* § 75 Rn. 1 f.; Kallmeyer/*Marsch-Barner/Oppenhoff* § 75 Rn. 1.
2 Maulbetsch/Klumpp/Rose/*Maulbetsch* § 75 Rn. 4; Semler/Stengel/Leonard/*Diekmann* § 75 Rn. 1; Widmann/Mayer/*Rieger* § 75 Rn. 9 ff.
3 Kallmeyer/*Marsch-Barner/Oppenhoff* § 75 Rn. 3; Keßler/Kühnberger/*Brügel* § 75 Rn. 2; Lutter/*Grunewald* § 75 Rn. 3; Semler/Stengel/Leonard/*Diekmann* § 75 Rn. 3.
4 Lutter/*Grunewald* § 75 Rn. 3; Semler/Stengel/Leonard/*Diekmann* § 75 Rn. 3.

ger eine Aussage dazu treffen, welcher Entwicklungsverlauf zukünftig zu erwarten ist.[5] Die Anforderungen an die Substantiierung dieser Prognose sind aber relativ niedrig.[6] Allerdings ist im Falle des Bekanntwerdens einer wesentlichen Abweichung nach Abfassung der Prognose und vor Anmeldung der neuen AG ein Nachgründungsbericht zu erstatten.[7] Besonders hinzuweisen ist in diesem Zusammenhang auf mögliche in der Vergangenheit liegende oder gegenwärtige Risiken, sowie solche, die zukünftig relevant werden könnten.[8] Für den Fall, dass die Gründer im Bericht falsche Angaben machen, besteht die Gefahr der zivil- und/oder strafrechtlichen Haftung (§ 46 bzw. § 399 AktG).

5 Neu eingefügt wurde die Erlaubnis, den Verschmelzungsprüfer als Gründungsprüfer einzusetzen (zu den Anforderungen an den Verschmelzungsprüfer → § 60 Rn. 4). Grundsätzlich sind die Fälle, in denen ein Gründungsprüfer gesetzlich vorgeschrieben ist, in § 33 Abs. 2 AktG genannt. Dabei ist die Erleichterung in § 33 Abs. 3 AktG zu beachten, nach der der beurkundende Notar die Rolle des Gründungsprüfers einnehmen kann. Zur weiteren Vereinfachung in Umsetzung der EU-Richtlinie kann jetzt auch der Verschmelzungsprüfer zum Gründungsprüfer eingesetzt werden, da durch die Bestellung eines Prüfers zur Verschmelzung bereits ausreichend Schutz für Gläubiger und Aktionäre besteht.[9] Außerdem kann dadurch eine Kostenersparnis und Effizienzsteigerung erreicht werden, was Zielsetzung der Richtlinie war. Für diesen Fall gelten § 11 Abs. 1 UmwG, § 319 Abs. 1–4 HGB und § 319a Abs. 1 HGB.[10]

3. Anforderungen an die Gründungsprüfung

6 Grundsätzlich ist gemäß § 33 Abs. 2 AktG eine Gründungsprüfung durch einen externen Fachmann/Sachverständigen durchzuführen. Der Umfang der Gründungsprüfung ist in § 34 AktG geregelt.

7 In § 33 Abs. 1 AktG ist die interne Prüfungspflicht geregelt. Danach haben die Mitglieder des Vorstandes und des Aufsichtsrates den Hergang der Gründung zu prüfen. Die Prüfungen dienen grds. dazu, die ordnungsgemäße Errichtung der AG zu gewährleisten.[11]

4. Ausnahmen von Gründungsbericht und Gründungsprüfung (Abs. 2)

8 Sofern an einer Neugründung als übertragender Rechtsträger eine Kapitalgesellschaft oder eine eingetragene Genossenschaft beteiligt ist, sind gemäß § 75 Abs. 2 Berichterstellung und Prüfung nicht erforderlich. Diese Erleichterung gilt, weil für Kapitalgesellschaften durch die bekannten Kapitalaufbringungs- und -erhaltungsregelungen ohnehin strengere Schutzvorkehrungen für Gläubiger und Aktionäre getroffen wurden.[12] Von der Ausnahme, auf eine Gründungsprüfung gemäß § 33a AktG zu verzichten, wird in § 75 Abs. 1 kein Gebrauch gemacht. Jedoch ist aufgrund der Befreiung nach § 75 Abs. 2 ein solcher Verweis ohnehin überflüssig.[13]

---

[5] Maulbetsch/Klumpp/Rose/*Maulbetsch* § 75 Rn. 11; Kallmeyer/*Marsch-Barner/Oppenhoff* § 75 Rn. 3.
[6] Kallmeyer/*Marsch-Barner/Oppenhoff* § 75 Rn. 3.
[7] Lutter/*Grunewald* § 75 Rn. 3; Semler/Stengel/Leonard/*Diekmann* § 75 Rn. 3; Schmitt/Hörtnagl/*Hörtnagl/Olllech* § 75 Rn. 3; Widmann/Mayer/*Rieger* § 75 Rn. 7 f.
[8] Schmitt/Hörtnagl/*Hörtnagl/Olllech* § 75 Rn. 3.
[9] Richtlinie 2009/109/EG vom 2.10.2009, ABl. L 259, 15.
[10] BegRegE des 3. UmwÄndG vom 1.10.2010, BT-Drs. 17/3122, 14.
[11] *Koch* AktG § 33 Rn. 1.
[12] Semler/Stengel/Leonard/*Diekmann* § 75 Rn. 4; Maulbetsch/Klumpp/Rose/*Maulbetsch* § 75 Rn. 14; Widmann/Mayer/*Rieger* § 75 Rn. 9.
[13] Kallmeyer/*Marsch-Barner/Oppenhoff* § 75 Rn. 4.

Für den Fall, dass bei mehreren übertragenden Rechtsträgern nur teilweise Kapitalgesellschaften beteiligt sind, gilt die Befreiung nach § 75 Abs. 2 nur für die Kapitalgesellschaften, so dass für die restlichen übertragenden Rechtsträger ein Gründungsbericht und eine -prüfung durchzuführen ist.[14] Unabhängig davon bleibt die interne Prüfungspflicht der Mitglieder des Vorstandes und des Aufsichtsrates bestehen (§ 33 Abs. 1 AktG).

Hinweis: Aus Effizienz- und Kostengründen wird man regelmäßig anstreben, den Verschmelzungsprüfer auch zum Gründungsprüfer zu bestellen.

§ 76 Verschmelzungsbeschlüsse

[1]Die Satzung der neuen Gesellschaft wird nur wirksam, wenn ihr die Anteilsinhaber jedes der übertragenden Rechtsträger durch Verschmelzungsbeschluß zustimmen. [2]Dies gilt entsprechend für die Bestellung der Mitglieder des Aufsichtsrats der neuen Gesellschaft, soweit diese nach § 31 des Aktiengesetzes zu wählen sind. [3]Auf eine übertragende Aktiengesellschaft ist § 124 Abs. 2 Satz 3, Abs. 3 Satz 1 und 3 des Aktiengesetzes entsprechend anzuwenden.

I. Einleitendes 1	IV. Bekanntmachung der Tagesordnung
II. Wirksamwerden der neuen Satzung (S. 1) 3	(S. 3) 9
III. Bestellung der Aufsichtsratsmitglieder (S. 2) 4	V. Kosten 10

I. Einleitendes

§ 76 regelt die Verschmelzungsbeschlüsse für die AG und ergänzt insofern die allgemeinen Vorschriften des § 13 Abs. 1, der für alle Rechtsformen anwendbar ist.[1]

Infolge des Gesetzes zur Umsetzung der Umwandlungsrichtlinie wurde der Abs. 1 des § 76 aF gestrichen. Das darin zuvor normierte absolute Verschmelzungsverbot für Aktiengesellschaften innerhalb der ersten zwei Jahre ihrer Eintragung im Handelsregister sollte Umgehungen der aktienrechtlichen Nachgründungsvorschriften verhindern.[2] Damit sollten insbesondere junge Aktiengesellschaften geschützt werden.[3] Dieser Schutz wird jedoch auch durch die Anwendung von § 67 erreicht, der nun im Wege der Umsetzung der Umwandlungsrichtlinie Anwendung findet, § 73. Das von § 76 Abs. 1 aF bezweckte vollumfängliche Verbot der Beteiligung einer neu gegründeten Aktiengesellschaft an einer Verschmelzung durch Neugründung ist unverhältnismäßig und damit nicht erforderlich.[4]

§ 76 soll gewährleisten, dass die Aufsichtsratsmitglieder für die neu zu gründende Gesellschaft den Vorschriften der Sachgründung entsprechend ordnungsgemäß bestellt werden.[5] Bei § 76 S. 1 und 2 ist entscheidend, dass der übernehmende Rechtsträger eine AG ist, während bei § 76 S. 3 der übertragende Rechtsträger eine AG oder KGaA

---

14 Semler/Stengel/Leonard/*Diekmann* § 75 Rn. 6.
1 Maulbetsch/Klumpp/Rose/*Maulbetsch* § 76 Rn. 1; Kallmeyer/*Zimmermann* § 76 Rn. 1.
2 Begr. zu § 76 UmwG-E, RegE UmRUG; Maulbetsch/Klumpp/Rose/*Maulbetsch* § 76 Rn. 2; Kallmeyer/*Zimmermann* § 76 Rn. 3; Semler/Stengel/Leonard/*Diekmann* § 76 Rn. 2.

3 Stellungnahme des Deutschen Anwaltvereins, https://anwaltverein.de/de/newsroom/dav-sn-27-22-umsetzung-der-umwandlungsrichtlinie, S. 17.
4 Drinhausen/Keinath BB 2022, 1923 (1929).
5 Semler/Stengel/Leonard/*Diekmann* § 76 Rn. 2.

II. Wirksamwerden der neuen Satzung (S. 1)

3 Zur Wirksamkeit der neuen Satzung ist der Zustimmungsbeschluss der Anteilsinhaber der übertragenden AG erforderlich.[7] Es bedarf keiner gesonderten Zustimmung zur Satzung des neuen Rechtsträgers durch die Hauptversammlung, da die Satzung Teil des Verschmelzungsvertrages ist und somit die Aktionäre bereits inzident der Satzung des neuen Rechtsträgers zustimmen.[8] Die neue Satzung wird demnach mit Zustimmung zum Verschmelzungsbeschluss wirksam. Zu beachten ist jedoch, dass für die Satzung gemäß § 23 Abs. 1 AktG die Einhaltung der notariellen Beurkundung des Verschmelzungsvertrages Voraussetzung ist. Relevant wird dies in der Praxis, wenn in der Hauptversammlung lediglich über den Entwurf des Verschmelzungsvertrages entschieden wird.[9] Erforderlich ist, dass mindestens drei Viertel des bei der Beschlussfassung vertretenen Grundkapitals der Verschmelzung zustimmen (§ 65 Abs. 1 S. 1).

III. Bestellung der Aufsichtsratsmitglieder (S. 2)

4 Die neuen Mitglieder des ersten Aufsichtsrats sind von den Gründern des neuen Rechtsträgers zu bestellen (§§ 36 Abs. 2, 30 AktG). Die Mitglieder dieses neuen Aufsichtsrates bestellen ihrerseits den ersten Vorstand (§ 30 Abs. 4 AktG). Da Gründer die übertragenden Rechtsträger sind, können nur deren Vertretungsorgane für die Bestellung des ersten Aufsichtsrates zuständig sein. Die Bestellung erfolgt idR bereits durch Benennung im Verschmelzungsvertrag.[10]

5 Zudem muss bedacht werden, dass bei der Verschmelzung durch Neugründung die Vorschriften der Sachgründung Anwendung finden.[11] Daher ist auch § 31 Abs. 1 AktG zu beachten. Demnach können im Falle eines mitbestimmenden Aufsichtsrates die Gründer nicht alle Aufsichtsratsmitglieder bestellen, sondern nur so viele, wie in Abhängigkeit von gesetzlichen Bestimmungen von der Hauptversammlung des neuen Rechtsträgers zu wählen wären, mind. jedoch drei Mitglieder.[12]

6 § 76 S. 2 stellt klar, dass, wie bei der Satzung, für die Wirksamkeit der Bestellung der Aufsichtsratsmitglieder die Zustimmung zum Verschmelzungsbeschluss maßgeblich ist. Daher ist davon auszugehen, dass eine Bestellung der Aufsichtsratsmitglieder außerhalb des Verschmelzungsvertrages nicht wirksam ist, da sie fester Bestandteil des Verschmelzungsvertrages ist.[13] Stimmt die Versammlung bereits dem Entwurf des Verschmelzungsvertrages zu, gilt das zur Satzung Gesagte entsprechend. Die Bestellung wird erst mit notarieller Beurkundung des Verschmelzungsvertrages wirksam.[14] Allerdings können die Aufsichtsratsmitglieder bereits vor der Beurkundung bestellt werden.[15]

---

6 Maulbetsch/Klumpp/Rose/*Maulbetsch* § 76 Rn. 3.
7 Maulbetsch/Klumpp/Rose/*Maulbetsch* § 76 Rn. 7.
8 Lutter/*Grunewald* § 76 Rn. 7; Semler/Stengel/Leonard/*Diekmann* § 76 Rn. 8.
9 Kallmeyer/*Zimmermann* § 76 Rn. 5.
10 Maulbetsch/Klumpp/Rose/*Maulbetsch* § 76 Rn. 10.
11 Maulbetsch/Klumpp/Rose/*Maulbetsch* § 76 Rn. 11; Kallmeyer/*Zimmermann* § 76 Rn. 6; Semler/Stengel/Leonard/*Diekmann* § 76 Rn. 10.
12 Maulbetsch/Klumpp/Rose/*Maulbetsch* § 76 Rn. 11; Kallmeyer/*Zimmermann* § 76 Rn. 6; Semler/Stengel/Leonard/*Diekmann* § 76 Rn. 10.
13 Maulbetsch/Klumpp/Rose/*Maulbetsch* § 76 Rn. 12; Kallmeyer/*Zimmermann* § 76 Rn. 7; Semler/Stengel/Leonard/*Diekmann* § 76 Rn. 12; Widmann/Mayer/*Rieger* § 76 Rn. 18.
14 Maulbetsch/Klumpp/Rose/*Maulbetsch* § 76 Rn. 12.
15 Semler/Stengel/Leonard/*Diekmann* § 76 Rn. 11.

Auch hier gilt das Erfordernis der Dreiviertelmehrheit entspr. § 65 Abs. 1 S. 1 bei Zustimmung zum Verschmelzungsbeschluss.[16]

Eine Änderung der Besetzung des Aufsichtsrates ist auch nach Eintragung der Verschmelzung im Handelsregister möglich.[17] Zudem hat die wirksame Anfechtung der Bestellung der Aufsichtsratsmitglieder keine Auswirkung auf die Eintragung der Verschmelzung.[18] Hierbei ist zu beachten, dass im Falle der wirksamen Anfechtung iSd § 31 AktG eine zügige Neubestellung der Aufsichtsratsmitglieder geboten ist.

IV. Bekanntmachung der Tagesordnung (S. 3)

Im Rahmen der Bekanntmachung der Tagesordnung sind die allg. Vorschriften des AktG zu beachten. Im Rahmen der Gesetzesänderung zur Förderung von Frauen in Führungspositionen in 2015 ist ein neuer S. 2 im § 124 Abs. 2 AktG aufgenommen worden, so dass nunmehr § 76 auf § 124 Abs. 2 S. 3 verweist. Inhaltliche Änderungen gab es hingegen keine. Daher sind weiterhin in der Hauptversammlung, in der über die Verschmelzung und damit auch über die Satzung und Bestellung der Aufsichtsratsmitglieder entschieden wird, zunächst gemäß § 124 Abs. 2 S. 3 AktG der vollständige Wortlaut der Satzung und daneben gemäß § 124 Abs. 3 S. 1 AktG Namen, Beruf und Wohnort der durch die Gründer bestellten Aufsichtsratsmitglieder, sowie die Beschlussvorlage von Vorstand und Aufsichtsrat bekannt zu machen.[19]

V. Kosten

Die Notargebühr für die Beurkundung des Verschmelzungsvertrages beinhaltet bereits die Mitbeurkundung der Zustimmung zur Satzung des neuen Rechtsträgers, so dass diese daher nicht gesondert zu vergüten ist.[20]

§ 77 (aufgehoben)

Vierter Abschnitt
Verschmelzung unter Beteiligung von Kommanditgesellschaften auf Aktien

§ 78 Anzuwendende Vorschriften

¹Auf Verschmelzungen unter Beteiligung von Kommanditgesellschaften auf Aktien sind die Vorschriften des Dritten Abschnitts entsprechend anzuwenden. ²An die Stelle der Aktiengesellschaft und ihres Vorstands treten die Kommanditgesellschaft auf Aktien und die zu ihrer Vertretung ermächtigten persönlich haftenden Gesellschafter. ³Der Verschmelzungsbeschluß bedarf auch der Zustimmung der persönlich haftenden Gesellschafter; die Satzung der Kommanditgesellschaft auf Aktien kann eine Mehrheitsentscheidung dieser Gesellschafter vorsehen. ⁴Im Verhältnis zueinander gelten Aktiengesellschaften und Kommanditgesellschaften auf Aktien nicht als Rechtsträger anderer Rechtsform im Sinne der §§ 29 und 34.

---

16 Maulbetsch/Klumpp/Rose/*Maulbetsch* § 76 Rn. 13; Kallmeyer/*Zimmermann* § 76 Rn. 8.
17 Maulbetsch/Klumpp/Rose/*Maulbetsch* § 76 Rn. 14; Semler/Stengel/Leonard/*Diekmann* § 76 Rn. 13.
18 Maulbetsch/Klumpp/Rose/*Maulbetsch* § 76 Rn. 14; Lutter/*Grunewald* § 76 Rn. 9; Semler/Stengel/Leonard/*Diekmann* § 76 Rn. 13.
19 Maulbetsch/Klumpp/Rose/*Maulbetsch* § 76 Rn. 15; Kallmeyer/*Zimmermann* § 76 Rn. 9.
20 Kallmeyer/*Zimmermann* § 76 Rn. 10.

I.	Einleitendes	1
II.	Verweis auf die Vorschriften der AG (S. 1, 2)	3
III.	Zustimmungserfordernis der Komplementäre (S. 3)	5
IV.	Rechtsstellung der Komplementäre	7
V.	Barabfindung (S. 4)	13

I. Einleitendes

1 Nach § 78 S. 1 gelten die Vorschriften über die Verschmelzung von Aktiengesellschaften, wenn eine KGaA als Rechtsträger an einer solchen Verschmelzung beteiligt ist. Da der Wortlaut keine Einschränkungen macht, gilt der Anwendungsbereich der AG sowohl bei Verschmelzungen zur Aufnahme als auch zur Neugründung. Die KGaA kann demnach entweder übertragender, übernehmender oder neu gegründeter Rechtsträger sein.[1] Gemäß § 125 Abs. 1 gilt die Norm auch für die Spaltung unter Beteiligung einer KGaA.

2 Zudem stellt § 78 klar, dass es für die Verschmelzung einer KGaA der Zustimmung der persönlich haftenden Gesellschafter bedarf, § 78 S. 3. Außerdem gelten nach § 78 S. 4 KGaA und AG im Rahmen der §§ 29 und 34 nicht als Rechtsträger anderer Rechtsformen.

II. Verweis auf die Vorschriften der AG (S. 1, 2)

3 Soweit eine KGaA an der Verschmelzung beteiligt ist, gelten gemäß § 78 S. 1 die Vorschriften der §§ 60–76 entsprechend. Ebenso anwendbar sind die allgemeinen Vorschriften über die Verschmelzung.[2] Die KGaA wird im UmwG als Sonderform der AG betrachtet, was auch sachgerecht erscheint, da die Rechtsstellung der Kommanditaktionäre mit der der Aktionäre einer AG vergleichbar ist.[3] Demnach gelten die Vorschriften über die Hauptversammlung, die Kapitalerhöhung, den Umtausch von Aktien und die Neugründung gleichermaßen.[4]

4 Nach § 78 S. 2 wird die Position des Vorstandes der AG in der KGaA durch die persönlich haftenden Gesellschafter (Komplementäre) ersetzt (vgl. § 283 AktG). Im Rahmen der Vertretungsmacht der Komplementäre können bei der KGaA – anders als gegenüber dem Vorstand bei der AG – jedoch Einschränkungen oder Ausschlüsse gemäß § 278 Abs. 2 AktG iVm § 125 HGB vorgenommen werden. Insofern stellt § 78 S. 2 klar, dass an die Stelle des Vorstandes nur die zur Vertretung ermächtigten Komplementäre treten.

III. Zustimmungserfordernis der Komplementäre (S. 3)

5 Nach § 78 S. 3 Hs. 1 bedarf der Verschmelzungsbeschluss neben der erforderlichen Dreiviertelmehrheit nach § 65 Abs. 1 S. 1 auch der Zustimmung aller persönlich haftenden Gesellschafter. Davon erfasst sind auch die evtl. nicht vertretungsberechtigten Komplementäre.[5] Sofern es mehrere Komplementäre gibt, hat der Zustimmungsbeschluss einstimmig zu erfolgen.[6] Das Zustimmungserfordernis spiegelt die hervorgehobene

---

1 Semler/Stengel/Leonard/*Krebs* § 78 Rn. 1; Kallmeyer/Marsch-Barner/Oppenhoff § 78 Rn. 1.
2 Maulbetsch/Klumpp/Rose/*Maulbetsch* § 78 Rn. 5; Kallmeyer/Marsch-Barner/Oppenhoff § 78 Rn. 2 f.
3 Vgl. § 278 Abs. 3 AktG; Kallmeyer/Marsch-Barner/Oppenhoff § 78 Rn. 2.
4 Semler/Stengel/Leonard/*Krebs* § 78 Rn. 6 f.
5 Maulbetsch/Klumpp/Rose/*Maulbetsch* § 78 Rn. 9.
6 Keßler/Kühnberger/*Brügel* § 78 Rn. 3; Kallmeyer/Marsch-Barner/Oppenhoff § 78 Rn. 5; Widmann/Mayer/*Rieger* § 78 Rn. 17; Lutter/*Grunewald* § 78 Rn. 4; Kölner Komm UmwG/*Simon* § 78 Rn. 9; Schmitt/Hörtnagl/*Hörtnagl*/Ollech § 78 Rn. 5; Semler/Stengel/Leonard/*Krebs* § 78 Rn. 14.

Stellung der Komplementäre in der Hauptversammlung nach § 285 Abs. 2 AktG wider. Dahin gehend spielt es keine Rolle, ob die KGaA übernehmender oder übertragender Rechtsträger ist oder die Verschmelzung nur zwischen KGaA stattfindet und die Komplementäre der übertragenden KGaA ihre Rechtsstellung bei der übernehmenden KGaA unverändert weiterführen.[7] Sollten hingegen die Komplementäre ihre Funktion als persönlich haftender Gesellschafter bei der übernehmenden KGaA nicht weiterführen, ist dennoch die Zustimmung der betroffenen Komplementäre notwendig.[8]

Von dem Erfordernis der Einstimmigkeit im Fall des Vorhandenseins mehrerer Komplementäre sieht § 78 S. 3 Hs. 2 eine Erleichterung vor. In der Satzung kann festgelegt werden, dass bereits eine Entscheidung mit einfacher Mehrheit ausreicht.[9] Soll von der Erleichterung der Einführung der Mehrheitsentscheidung in der Satzung Gebrauch gemacht werden, müssen dies alle Komplementäre einstimmig beschließen.[10] Das Zustimmungsrecht kann durch die Satzung weder eingeschränkt noch ausgeschlossen werden.[11] Die Zustimmung bedarf gemäß § 13 Abs. 3 S. 1 der notariellen Beurkundung. Möglich ist es auch, gemäß § 285 Abs. 3 S. 2 AktG die Zustimmung in der Niederschrift über die Hauptversammlung der Kommanditaktionäre zu beurkunden, sofern diese Versammlung nach den Vorschriften des § 8 BeurkG protokolliert wird. Die Zustimmung kann vor, gemeinsam mit oder nach dem Beschluss der Kommanditaktionäre erklärt werden.[12]

IV. Rechtsstellung der Komplementäre

Eine übertragende KGaA geht im Zuge der Verschmelzung unter (§ 20 Abs. 1 Nr. 2). Gleichzeitig erlischt auch die Organstellung der Komplementäre.[13] Sofern der übernehmende Rechtsträger eine KGaA, KG oder OHG ist, können die Komplementäre in ihrer Stellung als persönlich haftenden Gesellschafter dem übernehmenden Rechtsträger beitreten.[14] Eine diesbezügliche Vereinbarung ist bereits im Verschmelzungsvertrag zu treffen.[15] Erforderlich ist dafür eine entspr. Änderung der Satzung nach § 281 Abs. 1 AktG. Die Satzungsänderung kann, muss aber nicht vor Vollzug der Verschmelzung erfolgen.[16]

Entsteht durch die Verschmelzung zweier Rechtsträger zur Neugründung eine KGaA, muss sich daran mind. ein persönlich haftender Gesellschafter der übertragenden Rechtsträger beteiligen (§§ 280 Abs. 2, 281 Abs. 1 AktG). Sofern dieser Gesellschafter bisher nicht mit seinem Vermögen am übertragenden Rechtsträger beteiligt war, muss er im Vorfeld (treuhänderisch) einen Gesellschaftsanteil übernehmen.[17] Ebenso kann auch ein Dritter Komplementär der neu zu gründenden KGaA werden.[18]

Komplementäre können neben ihrer Stellung als persönlich haftende Gesellschafter auch als Kommanditaktionäre an der KGaA beteiligt sein.[19] Ihnen erwächst durch

---

7 Kallmeyer/*Marsch-Barner*/*Oppenhoff* § 78 Rn. 4; Maulbetsch/Klumpp/Rose/*Maulbetsch* § 78 Rn. 8 f.
8 Maulbetsch/Klumpp/Rose/*Maulbetsch* § 78 Rn. 10.
9 Schmitt/Hörtnagl/*Hörtnagl*/*Ollech* § 78 Rn. 5; Widmann/Mayer/*Rieger* § 78 Rn. 17.
10 Maulbetsch/Klumpp/Rose/*Maulbetsch* § 78 Rn. 13.
11 Vgl. § 23 Abs. 1 S. 1 AktG; Lutter/*Grunewald* § 78 Rn. 4; Semler/Stengel/Leonard/*Krebs* § 78 Rn. 13.
12 So auch Maulbetsch/Klumpp/Rose/*Maulbetsch* § 78 Rn. 14.
13 Kallmeyer/*Marsch-Barner*/*Oppenhoff* § 78 Rn. 7; Semler/Stengel/Leonard/*Krebs* § 78 Rn. 21 ff.
14 Schmitt/Hörtnagl/*Hörtnagl*/*Ollech* § 78 Rn. 7; Semler/Stengel/Leonard/*Krebs* § 78 Rn. 21; Widmann/Mayer/*Rieger* § 78 Rn. 22, 23; Lutter/*Grunewald* § 78 Rn. 8.
15 Keßler/Kühnberger/*Brügel* § 78 Rn. 4.
16 Kallmeyer/*Marsch-Barner*/*Oppenhoff* § 78 Rn. 7.
17 Maulbetsch/Klumpp/Rose/*Maulbetsch* § 78 Rn. 18.
18 Maulbetsch/Klumpp/Rose/*Maulbetsch* § 78 Rn. 18.
19 Keßler/Kühnberger/*Brügel* § 78 Rn. 5.

die Doppelstellung kein Nachteil gegenüber reinen Kommanditaktionären.[20] Insofern erhält dieser Kommanditaktionär entsprechend dem Umtauschverhältnis Anteile am übernehmenden Rechtsträger.[21] Leistet der Kommanditaktionär zusätzlich oder ausschließlich eine Vermögenseinlage, die nach § 281 Abs. 2 AktG nicht zum Grundkapital gezählt wird, wird diese gemäß § 278 Abs. 2 AktG iVm §§ 161 Abs. 2, 105 Abs. 3 HGB, § 738 BGB abgefunden, wenn übernehmender Rechtsträger eine KGaA, KG oder OHG ist und der Komplementär persönlich haftender Gesellschafter wird.[22]

10 Anstelle einer Barabfindung können nach Absprache mit dem übernehmenden Rechtsträger auch Anteile an ihm gewährt werden.[23] Denkbar ist dies durch Einbringung des Abfindungsanspruchs als Sacheinlage im Wege einer Kapitalerhöhung.[24] Für eine diesbezügliche Kapitalerhöhung sind die allgemeinen Vorschriften der Kapitalerhöhung in der Rechtsform des übernehmenden Rechtsträgers zu beachten.[25] Die Erleichterung der §§ 55, 69 kommt somit nicht zur Anwendung.[26]

11 Möchte der Komplementär weder eine Barabfindung noch einen Umtausch in Anteile am übernehmenden Rechtsträger, kann seine Vermögenseinlage nach Absprache bei der übernehmenden Gesellschaft weitergeführt werden.[27]

12 Für die Verbindlichkeiten und Verpflichtungen des übertragenden Rechtsträgers, die bis zur Verschmelzung begründet werden, haften die Komplementäre gemäß § 278 Abs. 2 AktG iVm §§ 161 Abs. 2, 128, 159 HGB weiter.[28]

V. Barabfindung (S. 4)

13 Sofern eine Verschmelzung einer KGaA auf eine AG oder einer AG auf eine KGaA vorgenommen wird, besteht grundsätzlich ein Austrittsrecht gegen Gewährung einer Barabfindung gemäß §§ 29, 34. Durch die Klarstellung in § 78 S. 4, dass AG und KGaA im Verhältnis zueinander nicht als Rechtsträger anderer Rechtsformen gelten, wird deutlich, dass bei einer Mischverschmelzung unter Beteiligung einer AG und einer KGaA eine Barabfindung nicht notwendig ist.[29]

14 Kommt es dagegen beispielsweise zu einer Verschmelzung einer börsennotierten AG auf eine nichtbörsennotierte KGaA nach § 29 Abs. 1 S. 1 Var. 1 oder einer Vinkulierung der Anteile der übernehmenden Gesellschaft nach § 29 Abs. 1 S. 2, muss ein Angebot zur Barabfindung unterbreitet werden.[30]

Hinweis: Die im Detail von der Verschmelzung mit einer AG abweichende Vorschrift für eine Verschmelzung unter Beteiligung einer KGaA erfordert eine klare und frühzeitige Identifizierung der rechtsformspezifischen Besonderheiten. Korrekturen in den abzuschließenden oder gar abgeschlossenen Verträgen bzw. geplanten Beschlüssen sind aufwändiger oder nicht möglich.

---

[20] Maulbetsch/Klumpp/Rose/*Maulbetsch* § 78 Rn. 19.
[21] Keßler/Kühnberger/*Brügel* § 78 Rn. 5.
[22] Schmitt/Hörtnagl/*Hörtnagl*/Ollech § 78 Rn. 8; Widmann/Mayer/*Rieger* § 78 Rn. 23.
[23] Kallmeyer/Marsch-Barner/*Oppenhoff* § 78 Rn. 8.
[24] Maulbetsch/Klumpp/Rose/*Maulbetsch* § 78 Rn. 22.
[25] Kallmeyer/Marsch-Barner/*Oppenhoff* § 78 Rn. 8.
[26] Semler/Stengel/Leonard/*Krebs* § 78 Rn. 26.
[27] Kallmeyer/Marsch-Barner/*Oppenhoff* § 78 Rn. 8; Lutter/Grunewald § 78 Rn. 8; Schmitt/Hörtnagl/*Hörtnagl*/Ollech § 78 Rn. 8.
[28] Maulbetsch/Klumpp/Rose/*Maulbetsch*, § 78 Rn. 23; Widmann/Mayer/*Rieger* § 78 Rn. 27; aALutter/*Grunewald* § 78 Rn. 10; Semler/Stengel/Leonard/*Krebs* § 78 Rn. 32.
[29] So auch Kallmeyer/Marsch-Barner/*Oppenhoff* § 78 Rn. 9.
[30] Maulbetsch/Klumpp/Rose/*Maulbetsch* § 78 Rn. 24; Kallmeyer/Marsch-Barner/*Oppenhoff* § 78 Rn. 9; Semler/Stengel/Leonard/*Krebs* § 78 Rn. 35; Kölner Komm UmwG/*Simon* § 78 Rn. 16.

Fünfter Abschnitt
Verschmelzung unter Beteiligung eingetragener Genossenschaften
Erster Unterabschnitt Verschmelzung durch Aufnahme

§ 79 Möglichkeit der Verschmelzung

Ein Rechtsträger anderer Rechtsform kann im Wege der Aufnahme mit einer eingetragenen Genossenschaft nur verschmolzen werden, wenn eine erforderliche Änderung der Satzung der übernehmenden Genossenschaft gleichzeitig mit der Verschmelzung beschlossen wird.

I. Einordnung der Verschmelzung von eingetragenen Genossenschaften

Die Verschmelzung (auch „Fusion") von eingetragenen Genossenschaften war bis zum Inkrafttreten des UmwG vom 28.10.1994 (BGBl. I 3210) zum 1.1.1995 in §§ 93a–93s GenG aF geregelt. Die Verschmelzung hat insbesondere auch für die eG eine hohe wirtschaftliche Bedeutung. So setzt sich auch der Trend zur Fusion seit 1995, insbesondere im Bereich der Genossenschaftsbanken, unvermindert fort.[1]

Um die Vielzahl der möglichen Umwandlungsarten übersichtlich und anwendbar zu halten, bedient sich der Gesetzgeber im UmwG eines nach gesellschaftsrechtlichen Vereinigungsformen sowie vom Allgemeinen zum Besonderen geordneten „**Baukastensystems**".[2] Gleichfalls zeichnet sich das System durch eine parallele Anwendung mehrerer vereinigungsformspezifischer Vorschriften aus den Organisationsgesetzen aus.

Verschmelzen zB eine AG und eine GmbH zu einer eingetragenen Genossenschaft (eG), dann finden über die allgemeinen Vorschriften (§§ 2–38) hinaus für die AG die §§ 60–77, für die GmbH die §§ 46–59 und für die neu zu gründende eG über die Verweisung in § 36 Abs. 2 die §§ 1–16 GenG sowie die §§ 96–98 Anwendung.

Beratungshinweis: Das Umwandlungsrecht ist regelmäßig zwingend (numerus clausus, § 1 Abs. 2 und 3). So ist etwa eine Verschmelzung der als rechtsfähige Anstalten des öffentlichen Rechts errichteten **Sparkassen auf die als eG verfassten Volks- und Raiffeisenbanken** im Wege der Aufnahme nach § 1 Abs. 1 Nr. 1, § 2 Nr. 1 zwar derzeit nicht möglich, eine solche Möglichkeit kann jedoch durch einzelne Landessparkassengesetze eröffnet werden (s. § 1 Abs. 2).[3] Nach § 1 Abs. 1 Nr. 4, § 191 Abs. 1 Nr. 6 iVm § 301 Abs. 1 und 2 kann eine rechtsfähige Anstalt des öffentlichen Rechts, soweit gesetzlich nichts anderes bestimmt ist,[4] formwechselnd lediglich in eine Kapitalgesellschaft umgewandelt werden. Zudem muss das für sie maßgebliche Bundes- oder Landesgesetz den Formwechsel zulassen (s. § 301 Abs. 2) und feststellen, wer Anteilsinhaber und wer Gründer der Kapitalgesellschaft wird (s. § 302 S. 2). Eine solche **Umwandlungsermächtigung** haben zB die Länder Bremen und Sachsen in ihre Sparkassengesetze aufgenommen und wird auch für andere Bundesländer diskutiert. Erst anschließend kann die als AG verfasste „Sparkasse" auf eine als eG organisierte Genossenschaftsbank im Wege der

---

1 S. Lutter/*Bayer* § 79 Rn. 2.
2 S. BT-Drs. 12/6699, 79 vom 1.2.1994.
3 Ausdrücklich BT-Drs. 12/6699, 80 vom 1.2.1994.
4 Ausweislich der Gesetzesmaterialien schafft dieser Halbsatz des § 301 Abs. 1 die Voraussetzung dafür, dass die Umwandlung in eine eG durch Landesrecht, also etwa auch in den Landessparkassengesetzen, normiert werden kann (s. BT-Drs. 12/7265, 8 (Anlage 2) vom 14.4.1994).

Aufnahme verschmolzen werden (vgl. § 1 Abs. 1 Nr. 1, § 2 Nr. 1, § 3 Abs. 1 Nr. 2 und 3, §§ 60 ff., 79 ff.).[5] Die „Absicht", dies tun zu wollen, muss der **Aufsichtsbehörde** und der Deutschen Bundesbank nach § 24 Abs. 2 KWG frühzeitig angezeigt werden. Weiterhin bedarf es einer Vollzugsanzeige (s. § 24 Abs. 1 Nr. 3 KWG).

II. Norminhalt

4 Das alte Recht (§§ 93a-93s GenG aF) ließ nur die Verschmelzung durch Übernahme und Neubildung unter eingetr. Genossenschaften gleicher Haftart zu. Eine eG mit dem gesetzlichen Regelfall unbeschränkter Nachschusspflicht zur Insolvenzmasse (s. §§ 6 Nr. 3, 105 Abs. 1 S. 1 GenG) konnte nicht mit einer eG verschmolzen werden, bei der die Nachschusspflicht in der Satzung ausgeschlossen oder auf eine bestimmte Haftsumme je Geschäftsanteil beschränkt war (s. § 119 GenG). Auch eine Verschmelzung mit Rechtsträgern anderer gesellschaftsrechtlicher Vereinigungsformen, also die sog. **Mischverschmelzung**, war nicht möglich. Beide Beschränkungen sind durch das UmwG entfallen.

Beratungshinweis: Mischverschmelzung bedeutet konkret eine Fusion mit einer oder auf eine eG, eine AG, eine GmbH, eine Personenhandelsgesellschaft, eine Partnerschaftsgesellschaft und eine KGaA. Mit einem rechtsfähigen Verein kann eine eG nach § 99 Abs. 2 nur in eine andere Rechtsform als diejenige des rechtsfähigen Vereins verschmelzen. Nicht möglich ist die Verschmelzung einer eG mit oder auf einen genossenschaftlichen Prüfungsverband (s. § 105) oder einen Versicherungsverein auf Gegenseitigkeit (s. § 109).

5 Eine Mischverschmelzung setzt voraus, dass die erforderliche Änderung der Satzung der übernehmenden eG gleichzeitig mit der Verschmelzung beschlossen wird. Die Verschmelzung soll nicht wirksam werden, ohne dass aufgrund der unterschiedlichen Rechtsformen notwendige Anpassungen vorgenommen werden. Zwar sind die Anpassungen idR Bestandteile des Verschmelzungsvertrags. Sie wären nach den Verschmelzungsbeschlüssen aber kaum noch durchsetzbar. Dies gilt gerade ab Eintragung und Wirksamwerden der Verschmelzung, da der übertragende Rechtsträger ab diesem Zeitpunkt nicht mehr existiert.

Beratungshinweis: Ein Durchsetzungsinstrument kann darstellen, den Beschluss über die erforderlichen Satzungsänderungen in den Verschmelzungsvertrag als aufschiebende Bedingung aufzunehmen. Eine Verschmelzung kann dann widrigenfalls nicht eingetragen werden.[6]

6 § 79 stellt klar, dass alle gem. § 3 Abs. 1 Nr. 1–4 verschmelzungsfähigen Rechtsträger ihr Vermögen mittels Aufnahme auf eine eG als den übernehmenden Rechtsträger verschmelzen können. Die Vorschrift ergänzt die Bestimmung über die Beschlussfassung nach § 13.

---

5 Eingehender *Geschwandtner/Helios*, Fusion von Sparkassen mit Kreditgenossenschaften – rechtliche Annäherung und steuerliche Folgen, ZfgK 2006, 290 ff.

6 Vgl. Semler/Stengel/Leonard/*Scholderer* § 79 Rn. 6.

III. Normbedeutung

Die von § 79 geregelte Mischverschmelzung durch Aufnahme zB einer AG **ist praktisch nicht relevant**[7] (s. zum Inhalt des Verschmelzungsvertrags auch § 80 Abs. 1 S. 2, → § 80 Rn. 10). Grund dafür sind ua die mit der Umwandlung des die stillen Reserven berücksichtigenden Anteilswerts von Geschäftsanteilen bzw. Aktien gem. § 88 verbundenen Bewertungsschwierigkeiten. In dem seltenen Anwendungsfall der Übernahme einer 100 %igen Tochtergesellschaft durch die Mutter-eG wird eine Satzungsänderung idR nicht „erforderlich" werden. Die Formalvorgabe des § 79 wäre daher ebenfalls nicht einschlägig.

§ 80 Inhalt des Verschmelzungsvertrags bei Aufnahme durch eine Genossenschaft

(1) ¹Der Verschmelzungsvertrag oder sein Entwurf hat bei Verschmelzungen im Wege der Aufnahme durch eine eingetragene Genossenschaft für die Festlegung des Umtauschverhältnisses der Anteile (§ 5 Abs. 1 Nr. 3) die Angabe zu enthalten,

1. daß jedes Mitglied einer übertragenden Genossenschaft mit einem Geschäftsanteil bei der übernehmenden Genossenschaft beteiligt wird, sofern die Satzung dieser Genossenschaft die Beteiligung mit mehr als einem Geschäftsanteil nicht zuläßt, oder
2. daß jedes Mitglied einer übertragenden Genossenschaft mit mindestens einem und im übrigen mit so vielen Geschäftsanteilen bei der übernehmenden Genossenschaft beteiligt wird, wie durch Anrechnung seines Geschäftsguthabens bei der übertragenden Genossenschaft als voll eingezahlt anzusehen sind, sofern die Satzung der übernehmenden Genossenschaft die Beteiligung eines Mitglieds mit mehreren Geschäftsanteilen zuläßt oder die Mitglieder zur Übernahme mehrerer Geschäftsanteile verpflichtet; der Verschmelzungsvertrag oder sein Entwurf kann eine andere Berechnung der Zahl der zu gewährenden Geschäftsanteile vorsehen.

²Bei Verschmelzungen im Wege der Aufnahme eines Rechtsträgers anderer Rechtsform durch eine eingetragene Genossenschaft hat der Verschmelzungsvertrag oder sein Entwurf zusätzlich für jeden Anteilsinhaber eines solchen Rechtsträgers den Betrag des Geschäftsanteils und die Zahl der Geschäftsanteile anzugeben, mit denen er bei der Genossenschaft beteiligt wird.

(2) Der Verschmelzungsvertrag oder sein Entwurf hat für jede übertragende Genossenschaft den Stichtag der Schlußbilanz anzugeben.

I. Normzweck 1	3. Gestaltungsmöglichkeiten (Abs. 1 S. 1 Nr. 2 Hs. 2) 8
II. Norminhalt 3	4. Mischverschmelzung (Abs. 1 S. 2) 10
1. Beteiligung mit einem Geschäftsanteil (Abs. 1 S. 1 Nr. 1) 4	5. Angabe des Stichtags der Schlussbilanz (Abs. 2) 11
2. Beteiligung mit mehreren Geschäftsanteilen (Abs. 1 S. 1 Nr. 2 Hs. 1) 5	

---

[7] S. auch Pöhlmann/Fandrich/Bloehs/*Fandrich* § 79 Rn. 2.

I. Normzweck

1 Die Norm ergänzt die Bestimmungen über den Mindestinhalt des Verschmelzungsvertrages gem. § 5 Abs. 1 und modifiziert § 5 Abs. 1 Nr. 3 hinsichtlich der vertraglichen Regelungen des Umtauschverhältnisses, wenn an der Verschmelzung eine eG als übernehmender Rechtsträger beteiligt ist (→ § 5 Rn. 31).

2 Mit Unsicherheiten belastetes Kernstück des Verschmelzungsverfahrens ist auch bei eingetragenen Genossenschaften die **Anteils- und Mitgliedschaftsbewertung.** Ziel ist ein angemessenes, den Grundsatz der Gleichbehandlung wahrendes Umtauschverhältnis.[1] Gemäß § 5 Abs. 1 Nr. 3 hat daher jeder Verschmelzungsvertrag – sofern sich nicht alle Anteile des übertragenden Rechtsträgers in der Hand des übernehmenden Rechtsträgers befinden (s. § 5 Abs. 2) – Angaben über „das Umtauschverhältnis der Anteile und gegebenenfalls die Höhe der baren Zuzahlung oder Angaben über die Mitgliedschaft bei dem übernehmenden Rechtsträger" zu enthalten. Für eingetr. Genossenschaften wird diese Vorgabe durch § 80 Abs. 1 für den Fall ergänzt, dass der übernehmende Rechtsträger eine eG ist. Ferner setzt das Umwandlungs- auf dem Organisationsrecht der eG auf (s. zB §§ 7, 7a, 73 GenG).

Beratungshinweis: Ist der übertragende, aber nicht übernehmende Rechtsträger eine eG, so liefert das UmwG keine weiteren Anhaltspunkte zur Gestaltung des Umtauschverhältnisses.

II. Norminhalt

3 § 80 Abs. 1 ergänzt für eingetragene Genossenschaften den § 5 Abs. 1 Nr. 3 und regelt die folgenden Fallkonstellationen:

1. Beteiligung mit einem Geschäftsanteil (Abs. 1 S. 1 Nr. 1)

4 Lässt die Satzung der übernehmenden eG die Beteiligung mit nur einem Geschäftsanteil zu (gesetzlicher Regelfall, § 7 Nr. 1 Fall 1 GenG), so wird jedes Mitglied der übertragenden eG mit einem Geschäftsanteil an der übernehmenden eG beteiligt. Übersteigt das bisherige Geschäftsguthaben des Mitglieds[2] die Höhe des Geschäftsanteils der übernehmenden eG, so ist der insoweit überschießende Betrag an das Mitglied auszuzahlen (s. § 87 Abs. 2).

2. Beteiligung mit mehreren Geschäftsanteilen (Abs. 1 S. 1 Nr. 2 Hs. 1)

5 Lässt die Satzung der übernehmenden eG die Beteiligung mit mehreren Geschäftsanteilen zu (s. § 7a Abs. 1 GenG) oder verpflichtet gar hierzu (s. § 7a Abs. 2 GenG; § 87 Abs. 1 S. 2), so muss der Verschmelzungsvertrag die Regelung enthalten, dass jedes Mitglied einer übertragenden eG mit mindestens einem und im Übrigen mit so vielen Geschäftsanteilen beteiligt wird, wie es mit seinem bisherigen Geschäftsguthaben voll einzahlen kann („durch Anrechnung ... als voll eingezahlt anzusehen"). Auch hier gilt: Übersteigt das bisherige Geschäftsguthaben des Mitglieds die Gesamthöhe aller Geschäftsanteile der übernehmenden eG, so ist der insoweit überschießende Betrag an das Mitglied auszuzahlen (s. § 87 Abs. 2). Insofern benötigen Mitglieder der übertragenden eG uU ein höheres Geschäftsguthaben, um dieselbe Anzahl an Geschäftsanteilen zu erreichen.

---

1 Für die Ermittlung s. zB Lutter/*Drygala* § 5 Rn. 27 ff.
2 Zu dessen Höhe s. §§ 80 Abs. 2, 87 Abs. 3.

Beispiel 1: Die Satzung der übernehmenden eG lässt eine Mitgliederbeteiligung mit drei Geschäftsanteilen von bis zu jeweils 400 EUR zu. Das Mitglied mit einem Geschäftsguthaben von 1.000 EUR (EK der eG, s. § 337 Abs. 1 S. 1 HGB) vermag sich also (lediglich) mit zwei „vollen Geschäftsanteilen" zu beteiligen. Die überschießenden 200 EUR sind an das Mitglied auszuzahlen. Noch deutlicher wird die – mit Rücksicht auf das in § 7a Abs. 2 S. 2 GenG normierte Gleichbehandlungsgebot bedenkliche – Diskrepanz zwischen „alten" und „neuen" Mitgliedern, wenn die Satzung der übernehmenden eG eine Pflichtbeteiligung (s. § 7a Abs. 2 S. 1 GenG) vorsieht.

Beispiel 2: Die Satzung der übernehmenden eG verpflichtet zu einer Mitgliederbeteiligung mit zehn Geschäftsanteilen von jeweils 400 EUR, auf die jeweils 100 EUR einzuzahlen sind (vgl. § 7a Abs. 1 GenG). Das Mitglied hat ein Geschäftsguthaben von 1.000 EUR, vermag sich also lediglich mit zwei „vollen Geschäftsanteilen" zu beteiligen. Die überschießenden 200 EUR sind an das Mitglied auszuzahlen (vgl. § 87 Abs. 2). Zugleich wäre es gezwungen, weitere 600 EUR für die noch fehlenden acht Pflichtgeschäftsanteile (Einzahlung ja 100 EUR) aufzubringen. Insgesamt würde also ein „neues" Mitglied für die Beteiligung an der übernehmenden eG 1.600 EUR aufbringen müssen, während ein „Alt-Mitglied" nur 1.000 EUR benötigt, um die Einzahlungsvoraussetzungen zu erfüllen.

3. Gestaltungsmöglichkeiten (Abs. 1 S. 1 Nr. 2 Hs. 2)

Aus den vorgenannten Gründen (→ Rn. 5 ff.) eröffnet § 80 Abs. 1 S. 1 Nr. 2 Hs. 2 Gestaltungsmöglichkeiten. Danach kann der Verschmelzungsvertrag oder sein Entwurf eine andere Art der Berechnung der Zahl der zu gewährenden Geschäftsanteile vorsehen. Naheliegend ist, das bisherige Geschäftsguthaben auf möglichst viele Pflichtbeteiligungen anzurechnen, dem Mitglied also zB die zehn Geschäftsanteile mit jeweils eingezahlten 100 EUR zu gewähren. Bei einer möglichen, aber freiwilligen Beteiligung mit mehreren Geschäftsanteilen schreibt § 15b Abs. 2 GenG ohnehin zwingend eine Volleinzahlung vorhergehender Geschäftsanteile vor.

Bezogen auf vorstehendes Beispiel 2 könnte etwa vereinbart werden, dass jedes Mitglied der übertragenden eG mit mindestens 10 Geschäftsanteilen an der übernehmenden eG beteiligt wird und das Geschäftsguthaben jedes Mitglieds der übertragenden eG auf möglichst viele der insgesamt 10 Pflichtgeschäftsanteile angerechnet wird. Mögliche Rundungsdifferenzen müssen berücksichtigt und gestaltet werden. Ferner würde jedes Mitglied mit so vielen freiwilligen Geschäftsanteilen bei der übernehmenden eG beteiligt, wie durch Anrechnung seines den Gesamtbetrag der Pflichtgeschäftsanteile übersteigenden Geschäftsguthabens bei der übertragenden eG als voll eingezahlt anzusehen wären. Im Übrigen käme § 87 Abs. 2 S. 1 zur Anwendung. Die konkreten Rechtsfolgen und weitere Details wären im Verschmelzungsvertrag (ggf. anhand von Fallkonstellationen) anzuführen.

Auf den ersten Blick ist also nicht zwingend, dass sich das Mitglied der übertragenden eG im Zuge einer Verschmelzung schlechter stellt. Sein Geschäftsguthaben bleibt in voller Höhe erhalten, aber eben beschränkt auf den Nominalwert. Eine Anrechnung oder ein Ausgleich des die Summe der Geschäftsguthaben übersteigenden „**inneren Geschäftswerts**" (offene Rücklagen, stille Reserven, good will) der übertragenden eG findet nicht statt. Hieran hat der Gesetzgeber auch im Rahmen des in 2023 in Kraft getretenen Umsetzungsgesetzes festgehalten.³ Auch insoweit folgt also das Umwandlungs- dem Organisationsrecht: Das vorhandene Geschäftsguthaben ist maßgeblich, Geschäftsanteile iS einer Beteiligung, welche den tatsächlichen Wert der Gesellschaft verkörpern, kennt das Recht der eG ohnehin nicht. Folgerichtig können Geschäftsanteile im genossenschaftsrechtlichen Sinne auch nicht übertragen werden.⁴ Scheidet das Mitglied aus der eG aus, erhält es nach § 73 Abs. 2 S. 2 und 3, Abs. 3 GenG ohne eine Vermögensbeteiligung regelmäßig nur das Geschäftsguthaben ausgezahlt;⁵ so auch für die Ausschlagung der Mitgliedschaft in der übernehmenden eG (s. § 90 Abs. 2 und 3, §§ 91, 93 Abs. 2). Wertausgleichsansprüche anlässlich der Verschmelzung soll es nicht geben; die das laufende Geschäft beendende und auf Vermögensverteilung zielende Liquidation kann mit der substanzerhaltenden Verschmelzung nicht gleichgesetzt werden, obschon in beiden Fällen der Rechtsträger erlischt.

Gleichwohl sollen die Vertragsparteien nach dem Willen der Gesetzesverfasser auf der Grundlage von § 80 Abs. 1 S. 1 Nr. 2 Hs. 2 einvernehmlich ein „angemessenes Umtauschverhältnis" festlegen können („kann"), aber nicht müssen.⁶

Beratungshinweis: § 80 Abs. 1 S. 1 Nr. 2 Hs. 2 soll es also auch ermöglichen, den unterschiedlichen „inneren Wert" der an der Verschmelzung beteiligten eG durch Festlegung eines „angemessenen Umtauschverhältnisses" auszugleichen, etwa durch Abschläge oder Zuschläge auf das in der Schlussbilanz ermittelte Geschäftsguthaben oder durch bare Zuzahlungen. Eine Regelung dazu, wie die Wertermittlung zu vollziehen ist, gibt das Umwandlungsrecht nicht vor. Die gängigen Methoden zur Bewertung von Unternehmen sind im **IDW S 1** festgelegt.

Im Zuge einer Genossenschaftsbewertung für einen möglichen vertraglichen Wertausgleich sind das genossenschaftliche Prinzip der Mitgliederselbstförderung (s. § 1 Abs. 1 GenG), das Gleichbehandlungsgebot sowie der für die eG und deren Geschäftsbetrieb vorherrschende Kostendeckungsgrundsatz (s. §§ 1 Abs. 1, 19 Abs. 1 S. 1 GenG; § 22 KStG) zu beachten.

4. Mischverschmelzung (Abs. 1 S. 2)

10 § 80 Abs. 1 S. 2 regelt in Bezug auf den Verschmelzungsvertrag eigens für die eG die Verschmelzung im Wege der Aufnahme eines Rechtsträgers in anderer gesellschaftsrechtlicher Vereinigungsform (sog. Mischverschmelzung, → § 79 Rn. 7). Mit Wirksamwerden der Verschmelzung werden die Anteilsinhaber einer übertragenden Kapitalgesellschaft (zB deren Aktionäre) Mitglieder der übernehmenden eG. Der Verschmelzungsvertrag hat dann zusätzlich für jeden Anteilsinhaber den Betrag des Geschäftsanteils und deren Zahl anzugeben, mit der er an der übernehmenden eG beteiligt wird. Maßgeblich hierfür ist § 88 Abs. 1.⁷ Danach gilt das Prinzip, dass jedem Anteilsinhaber der Wert seiner Aktien oder Gesellschaftsanteile als Geschäftsguthaben bei der übernehmenden eG gutzuschreiben ist. Die Wertermittlung der Beteiligung erfolgt auf der Grundlage der Schlussbilanz der übertragenden Kapitalgesellschaft. Entscheidend ist die richtige Ermittlung der Relation der Unternehmenswerte zueinander.

---

3 BGBl. 2023 I Nr. 51 (28.2.2023).
4 Vgl. auch LG Nürnberg 17.11.2022 – 1 HK O 7642/21, NZG 2023, 230 (zu § 85, 15 zur Zuzahlung bis zum Erreichen des tatsächlichen wirtschaftlichen Wertes der Genossenschaft heruntergebrochen auf den einzelnen Anteil).
5 S. auch LG Berlin 19.4.2007 – 52 S 359/06, BeckRS 2007, 1547.
6 S. BT-Drs. 13/8808, 13 f. vom 22.10.1997; Lutter/Bayer § 87 Rn. 35 („nicht zwingend").
7 Ferner gelten für die Ausschlagung der Mitgliedschaft nicht die §§ 90 ff., sondern §§ 29 ff.

Beratungshinweis: In der Praxis ist der (auch von § 79) beschriebene Fall (zB Verschmelzung einer AG auf eine eG) selten. Das liegt an den unterschiedlichen Unternehmenszielen, den geltenden Finanzverfassungen, den damit verbundenen **Umtauschverhältnis- und Bewertungs(methoden)problemen**[8] und damit häufig zusammenhängenden baren Zuzahlungen (s. § 85 Abs. 2, § 88 Abs. 1 S. 3, § 12 Abs. 2, § 15). Sie sollen lediglich dem Spitzenausgleich dienen, laufen aber den Motiven für eine Verschmelzung zuwider. Praktikabler kann der umgekehrte Weg sein: Verschmelzung der eG auf die AG (s. § 87 Abs. 1 S. 1).

5. Angabe des Stichtags der Schlussbilanz (Abs. 2)

§ 80 Ab. 2 fordert ergänzend zu § 5 Abs. 1 Nr. 6 lediglich die Angabe des Stichtags der Schlussbilanz, nicht jedoch das Vorliegen der Schlussbilanz selbst bei Aufstellung des Vertragsentwurfs oder Beschlussfassung über den Verschmelzungsvertrag. Damit ist ebenfalls eine Verschmelzung auf einen künftigen Schlussbilanzstichtag möglich.[9] Die Erstellung und Beifügung der Schlussbilanz soll eine willkürliche Bewertung des Vermögens der übertragenen eG durch die übernehmende eG verhindern. Darüber hinaus soll hierdurch auch im Rahmen der Verschmelzung Bilanzkontinuität gewahrt werden.[10]

§ 81 Gutachten des Prüfungsverbandes

(1) ¹Vor der Einberufung der Generalversammlung, die gemäß § 13 Abs. 1 über die Zustimmung zum Verschmelzungsvertrag beschließen soll, ist für jede beteiligte Genossenschaft eine gutachtliche Äußerung des Prüfungsverbandes einzuholen, ob die Verschmelzung mit den Belangen der Mitglieder und der Gläubiger der Genossenschaft vereinbar ist (Prüfungsgutachten). ²Das Prüfungsgutachten kann für mehrere beteiligte Genossenschaften auch gemeinsam erstattet werden.

(2) Liegen die Voraussetzungen des Artikels 25 Abs. 1 des Einführungsgesetzes zum Handelsgesetzbuche in der Fassung des Artikels 21 § 5 Abs. 2 des Gesetzes vom 25. Juli 1988 (BGBl. I S. 1093) vor, so kann die Prüfung der Verschmelzung (§§ 9 bis 12) für die dort bezeichneten Rechtsträger auch von dem zuständigen Prüfungsverband durchgeführt werden.

I. Normzweck 1	2. Verfahren der Begutachtung (Abs. 1 S. 1) 10
II. Norminhalt 3	3. Gemeinsame Erstattung des Prüfungs-
1. Inhalt des Prüfungsgutachtens (Abs. 1 S. 1) 4	gutachtens (Abs. 1 S. 2) 13

I. Normzweck

§ 81 geht den §§ 9–12 als **speziellere Regelung** vor[1] und steht in einem engen Zusammenhang zu den §§ 82, 83. Er knüpft an § 93b Abs. 2 S. 1 GenG aF an und sieht für die an einer Verschmelzung beteiligten eingetr. Genossenschaften eine besondere Ver-

---

8 Im Gegensatz zu den Mitgliedern einer eG sind Aktionäre uneingeschränkt am wirklichen Vermögenswert des übertragenen Rechtsträgers beteiligt, erleiden somit im Falle einer Mischverschmelzung keinerlei Vermögenseinbußen.
9 Str., s. im Einzelnen Pöhlmann/Fandrich/Bloehs/*Fandrich* § 5 Rn. 8, 10.
10 S. Lutter/*Bayer* § 80 Rn. 26.
1 S. Pöhlmann/Fandrich/Bloehs/*Bloehs* § 81 Rn. 1.

schmelzungsprüfung durch den nach §§ 54, 55 Abs. 1 S. 1 GenG jeweils zuständigen Prüfungsverband vor. Für an einer Verschmelzung beteiligte Unternehmen in anderer Rechtsform gelten weiterhin die §§ 9–12 (auch arg. § 63b Abs. 3 GenG). Eine solche Prüfung kann jedoch auch ein zuständiger genossenschaftlicher Prüfungsverband übernehmen, wenn sich an der Verschmelzung beteiligte Kapitalgesellschaften mehrheitlich in der Hand von eingetr. Genossenschaften oder von Prüfungsverbänden befinden (Abs. 2 iVm Art. 25 Abs. 1 EGHGB). Diese Ausnahme ist gerechtfertigt wegen der besonderen Vertrautheit der Prüfungsverbände mit den Verhältnissen der von ihnen betreuten Genossenschaften und deren Tochterunternehmen.[2]

2   Entsprechend den §§ 53 ff. GenG dient das in Abs. 1 S. 1 legaldefinierte „Prüfungsgutachten" dem **Mitglieder- und Gläubigerschutz**. Der Prüfungsverband muss sich gutachterlich dazu äußern, ob die Fusion „mit den Belangen der Mitglieder und der Gläubiger der Genossenschaft vereinbart ist (Prüfungsgutachten)". Das Gutachten hat gem. § 81 umfassend das **Für und Wider** der Verschmelzung zu erörtern und soll damit die Mitglieder über das Vorhaben und dessen Folgen hinreichend informieren und davor bewahren, dem Verschmelzungsvertrag nach § 13 übereilt zuzustimmen.

II. Norminhalt

3   Jede beteiligte eG muss **vor der Einberufung** der über die Verschmelzung beschließenden General- bzw. Vertreterversammlung ein Prüfungsgutachten des für sie nach §§ 53 ff. GenG zuständigen Prüfungsverbandes (s. aber Abs. 1 S. 2, → Rn. 13) einholen.

Beratungshinweis: Weil das Prüfungsgutachten an sich und auch die Zuständigkeitsregelung in § 81 auf die Verbandszuordnung und Pflichtprüfung (s. §§ 53 ff. GenG) zurückreichen und das Gutachten in seiner Zielsetzung und damit inhaltlich über die regelmäßige Verschmelzungsprüfung nach §§ 9 ff. hinausreicht, ist ein **Verzicht** darauf – anders als bei der Verschmelzungsprüfung nach § 9 Abs. 2, § 8 Abs. 3, § 12 Abs. 3 – rechtlich **nicht möglich**.[3] Aber auch praktisch ist ein solcher Verzicht, zumal es einer notariellen Beurkundung bedarf, für die regelmäßig mitgliederstarken Genossenschaften nicht durchführbar. Eine davon zu unterscheidende Tatsache ist, dass die General- bzw. Vertreterversammlung nicht an das Votum des Prüfungsverbandes gebunden ist.

Legt man hingegen die Begründung des Gesetzgebers zu § 105 dafür zugrunde, warum für Prüfungsverbände im Rahmen einer Verschmelzung keine Prüfung nach §§ 9–12 vorgeschrieben ist (→ §§ 105–108 Rn. 7), dann müsste der Gesetzgeber konsequenterweise auch reine Unternehmergenossenschaften oder sog. Sekundärgenossenschaften (vgl. etwa § 43 Abs. 3 S. 3 Nr. 2, 3 GenG) umwandlungsrechtlich von der Prüfungspflicht aus § 81 befreien oder solchen Genossenschaften jedenfalls einen Verzicht auf das Prüfungsgutachten ermöglichen (ohne eine hohe, für eingetr. Genossenschaften praktisch nicht zu erreichende Hürde wie in § 9 Abs. 3, § 8 Abs. 3).

1. Inhalt des Prüfungsgutachtens (Abs. 1 S. 1)

4   § 81 legt auch den **Gegenstand der Prüfung** abweichend zu den §§ 9–12 fest. Während der Schwerpunkt des Prüfungsberichts nach § 12 Abs. 2 darauf liegt, ob das vorgeschla-

---

[2] S. BT-Drs. 12/6699, 107 vom 1.2.1994.
[3] HM, aber str., wie hier s. Schmitt/Hörtnagl/*Hörtnagl*/ Ollech § 81 Rn. 4 mwN; Semler/Stengel/Leonard/*Scholde-* *rer* § 81 Rn. 4; Pöhlmann/Fandrich/Bloehs/*Fandrich/Blo-* *ehs* § 81 Rn. 2; aA Beuthien/*Beuthien/Wolff* §§ 2 ff. Rn. 26.

gene Umtauschverhältnis der Anteile angemessen ist, muss sich das Prüfungsgutachten insbes. damit befassen, „ob die Verschmelzung mit den Belangen der Mitglieder und der Gläubiger der Genossenschaft vereinbar ist" (vgl. auch § 11 Abs. 2 Nr. 3 Hs. 2 GenG). Es geht dabei also nicht um die reine Beurteilung der förderwirtschaftlichen Zweckmäßigkeit des genossenschaftlichen Unternehmens, sondern unter dem Gesichtspunkt der **Mitglieder- und Gläubigersicherheit** um dessen künftige förderwirtschaftliche Chancen und Risiken am Markt. Maßgeblich ist also vor allem die Sorge vor einer negativen Entwicklung des Unternehmens der übernehmenden oder neuen eG. Vor diesem Hintergrund sollen die Mitglieder jeder der beteiligten eingetragenen Genossenschaften ihr Stimmrecht in der General- bzw. Vertreterversammlung hinreichend informiert ausüben können.[4] Das Prüfungsgutachten soll die Mitglieder also davor bewahren, dem Verschmelzungsvertrag nach § 13 übereilt zuzustimmen. Hierzu leistet der Prüfungsverband eine qualifizierte Hilfestellung. Im Mittelpunkt steht somit dessen Für und Wider der förderwirtschaftlichen Aspekte. Maßstab der Mitgliederinteressen ist die **Erfüllbarkeit des umfassenden Förderzwecks** der eG (s. § 1 Abs. 1 GenG; vgl. §§ 53 Abs. 1 S. 1, 11 Abs. 2 Nr. 3 Hs. 2 GenG). Damit einher geht die hinreichende Finanzkraft der übernehmenden oder neuen eG.

In dem Prüfungsgutachten sind daher sämtliche wirtschaftliche und rechtliche Aspekte der Verschmelzung eingehend zu prüfen, zu würdigen und **schriftlich** niederzulegen. Die Belange einzelner Mitglieder sind grundsätzlich nicht zu berücksichtigen, dagegen können aber Individualinteressen zumindest in die Betrachtung einzubeziehen sein, wenn sie grundsätzlich für alle Mitglieder bestehen.[5] Der Inhalt und die Ausgestaltung des Prüfungsgutachtens stehen zwar im pflichtgemäßen Ermessen jedes Prüfungsverbandes, in der **Praxis** sind aber die folgenden Aspekte zwangsläufig Gegenstand der Gutachten:

- Darstellung der Auswirkungen der Verschmelzung auf die Erfüllung des Förderzwecks der eG und die festgelegten Unternehmensgegenstände, soweit diese (zB „Bankgeschäfte", § 1 Abs. 1 S. 2 KWG) nicht identisch sind;
- erläuternde Ausführungen zu den Regelungen über den Anteilstausch, vor allem dann, wenn von den dahin gehenden Vorschriften nach § 80 Abs. 1 abgewichen wird;
- erläuternde Ausführungen zu dem nach § 8 erforderlichen Verschmelzungsbericht und den dortigen Angaben des Vorstands;
- erläuternde Ausführungen dazu, ob die Verschmelzung Gefahren für die Forderungen der Gläubiger birgt, etwa durch Wegfall der Nachschusspflicht in der Insolvenz.[6]

Bei Verschmelzungen zwischen eingetragenen Genossenschaften spielt der Schwerpunkt eines Verschmelzungsberichts (s. § 12 Abs. 2) keine Rolle. Aufgrund der regelmäßigen Umstellung der Geschäftsguthaben nach ihrem Nennwert ist in der Praxis zumeist keine Beurteilung der **Angemessenheit des Umtauschverhältnisses** erforderlich. Anders sieht es hingegen bei Verschmelzungen von Unternehmen unterschiedlicher gesellschaftsrechtlicher Vereinigungsform aus (zB eG auf AG oder umgekehrt).

Wie im Rahmen der gutachterlichen Stellungnahme bei Gründung einer eG nach § 11 Abs. 2 Nr. 3 Hs. 2 GenG haben die Prüfungsverbände ebenfalls bei einer Verschmelzung außer den wirtschaftlichen auch die **persönlichen Verhältnisse** zu überprüfen. Dies

---

[4] S. statt aller Semler/Stengel/Leonard/Scholderer § 81 Rn. 3.
[5] S. Lutter/Bayer § 81 Rn. 11.
[6] Zum Ganzen s. *Fandrich/Graef/Bloehs*, Verschmelzung von Genossenschaften in der Praxis, 2005, S. 56.

betrifft die fachliche und charakterliche Eignung der Vorstands- und Aufsichtsratsmitglieder. Für diese Organmitglieder gibt es zB bei Kreditgenossenschaften besondere Vorgaben im KWG. Gleiches gilt für Wohnungsbaugenossenschaften mit Spareinrichtung. Beide betreiben ein genehmigungspflichtiges Gewerbe und müssen daher frühzeitig die BaFin in ihr Vorhaben einbeziehen (s. § 24 Abs. 2 KWG).

8 Zu den vorgenannten Gesichtspunkten (→ Rn. 4–7) muss der Prüfungsverband für die Genossenschaftsmitglieder **klar und verständlich** Stellung beziehen. Deshalb, und weil das Prüfungsgutachten in der gem. § 13 beschließenden Versammlung im Wortlaut zu verlesen ist (s. § 83 Abs. 2 S. 1), und die Genossenschaftsmitglieder nicht an die Empfehlung des Prüfungsverbandes gebunden sind, bedarf es auch dann einer angemessenen schriftlichen Begründung und einer Stellungnahme des Prüfungsverbandes, wenn dessen Votum hinsichtlich der Verschmelzung insgesamt positiv ausfällt.[7] Umgekehrt sind die Mitglieder für den Fall einer negativen Stellungnahme des Prüfungsverbandes nicht gehindert, die Verschmelzung ihrer Genossenschaft dennoch zu beschließen. In der **Praxis** sind Fälle von nachhaltig erfolgreichen eingetragenen Genossenschaften bekannt, bei denen die Mitglieder bzw. die Vertreter trotz massiver Bedenken des Prüfungsverbandes der Verschmelzung mit überwältigender Mehrheit zugestimmt hatten.

Beratungshinweis: Bei allen wettbewerblich verständlichen Wachstums- und Fusionsbemühungen vor allem im Bereich der **Kreditgenossenschaften** darf daher schutzzweckbezogen das individuelle Marktumfeld sowie gleichfalls nicht übersehen werden, dass Zusammenschlüsse nur dann auch mit dem Genossenschaftsrecht vereinbar sind, wenn sie die **Förderfähigkeit** der beteiligten Kreditgenossenschaften nachhaltig verbessern oder jedenfalls erhalten (s. §§ 1 Abs. 1 und 2, 53 Abs. 1 S. 1 GenG). Allgemeine großbetriebliche Vorzüge vermögen daher lediglich dann zugleich auch eigens genossenschaftliche Vorzüge zu sein, wenn sie tatsächlich der vereinigungsformeigenen **Mitgliederselbstförderung** dienen. Vor allem damit haben sich die jeweiligen Prüfungsverbände in ihren Prüfungsgutachten über Verschmelzungsprüfungen zu befassen. Hierbei und bei der Beschlussfassung durch die Mitglieder sind die finanzwirtschaftlichen **Belange der Nichtmitglieder** nur insoweit zu berücksichtigen, als sie der Förderwirtschaft rechtsformgerecht dienen.[8] Letztendlich aber entscheiden die Mitglieder nach ihrem freien Willen über den Verschmelzungsvertrag und die „optimale Fördergeschäftsbetriebsgröße". Zu Vertretern gewählte Mitglieder sind insoweit an das Gesamtinteresse aller (übrigen) Mitglieder gebunden (s. § 43a GenG; §§ 34, 41 GenG entspr.).

Mitgliederschützend wirken ferner die Strafbewehrung in § 346 Abs. 1 Nr. 1, die **Haftung von Vorstand und Aufsichtsrat** aus §§ 25 ff. für Verschmelzungsschäden sowie diejenige der Prüfungsverbände für ein sorgfaltswidriges Gutachten (→ Rn. 12) und schließlich die Klagen gegen den Verschmelzungsbeschluss (s. § 15 GenG, § 14) oder auf Verbesserung des Umtauschverhältnisses (s. §§ 15, 85, 87).

9 Der Prüfungsverband hat zwar eine wichtige Beratungsfunktion, aber **keine Entscheidungskompetenzen**. Als Selbsthilfeeinrichtung seiner selbstbestimmten Mitglieder hat

---

[7] S. statt aller Pöhlmann/Fandrich/Bloehs/*Fandrich/Bloehs* § 81 Rn. 5 ff.; Beuthien/*Beuthien/Wolff* §§ 2 ff. Rn. 24 (unter Hinweis auf die noch aA des LG Tübingen NJW 1965, 640).

[8] Näher zur selbstbestimmten Dezentralität der Mitgliederkunden *Geschwandtner*, Staatliche Aufsicht, S. 168 ff.; *Geschwandtner*, Bankenfusion wider Willen? – Wenn die Mittel den Zweck nicht heiligen –, Bank intern spezial, Beilage zu Nr. 32/2008.

er eine rein dienende Funktion. Er hat vor allem stets das Primat des Vorstandes nach § 27 Abs. 1 S. 1 GenG zu beachten. Ihm steht kein Initiativrecht zu. Daher dürfen mögliche übergeordnete verbandspolitische Erwägungen und strukturpolitische Konzepte in einem stets einzelfallbezogenen Prüfungsgutachten von vornherein keine Rolle spielen. Das schließt natürlich nicht aus, dass sich deren Ergebnisse decken können.

2. Verfahren der Begutachtung (Abs. 1 S. 1)

Für das Begutachtungsverfahren gelten die §§ 53 ff. GenG, insbes. § 57 GenG, und ergänzend dazu § 11 entspr. Hervorzuheben sind die besondere Rolle des Aufsichtsrats und die Einsichts- und Auskunftsrechte des Verbandes (s. auch § 11 Abs. 1 S. 5).

Das Prüfungsgutachten ist vor der Einberufung der über die Verschmelzung beschließenden General- bzw. Vertreterversammlung einzuholen und bereits von der Einberufung der Versammlung an zur Einsichtnahme auszulegen (s. § 82 Abs. 1). Für die insoweit rechtzeitige **Einholung des Prüfungsgutachtens** ist der **Vorstand** jeder eG zuständig. Weil der Prüfungsverband eine angemessene Vorlaufzeit benötigt, sollte der Verband rechtzeitig in das Verschmelzungsvorhaben eingebunden werden. Das gilt auch für die eine Verschmelzung begleitende Tätigkeit verbandsunabhängiger Berater (zB Gespräche auf Leitungsebene, betriebswirtschaftliche Analysen, interne Kommunikation, Mitarbeiter, Öffentlichkeitsarbeit, Erstellung des Verschmelzungsvertrags und -berichts etc, bis hin zur Begleitung der beschließenden Versammlung und der Umsetzung der Beschlüsse). Um den geplanten Ablauf der Verschmelzung zu gewährleisten, sollte der Prüfungsverband an einen **Termin zur Abgabe des Prüfungsgutachtens** gebunden werden. Die durch den Prüfungsverband vorzunehmende Begutachtung kann an dem Verschmelzungsvertrag oder an dessen Entwurf erfolgen und bereits vor Unterzeichnung des Verschmelzungsberichts durchgeführt werden.[9]

Beratungshinweis: Die besondere Stellung und Prüfungsträgerschaft des Prüfungsverbands (s. §§ 53 ff. GenG) zeigt sich auch darin, dass die eG seine Mitwirkung an der Verschmelzung erzwingen kann. Es besteht ein **vereinsrechtlicher einklagbarer Anspruch** auf Erstattung des Prüfungsgutachtens, der nach § 888 ZPO auch vollstreckbar ist. Ferner kann sich eine eG zur Erstellung des Prüfungsgutachtens an die mit hoheitlichen Mitteln ausgestattete Aufsichtsbehörde (s. § 64 GenG) oder an die nach den §§ 63e ff. GenG für die sog. Qualitätsaufsicht zuständige Wirtschaftsprüferkammer wenden. Insoweit droht letztlich die Entziehung des Prüfungsrechts.

Verletzt ein Prüfungsverband seine Verpflichtung schuldhaft, steht der eG ein vertraglicher Schadensersatzanspruch wegen Nichterfüllung nach § 280 Abs. 1 BGB zu. Für ein fehlerhaftes Prüfungsgutachten haftet der Prüfungsverband den jeweiligen Genossenschaften unmittelbar aus § 62 GenG. Im Fall des Abs. 2 richtet sich die Haftung für ein solches Unternehmen nach § 11 Abs. 2 iVm § 323 HGB. Außerdem ist Abs. 1 S. 1 für die Gläubiger der eG Schutzgesetz iS von § 823 Abs. 2 BGB. Bei schuldhafter Verletzung droht daher zusätzlich eine Haftung aus Delikt.[10]

---

9 S. OLG Hamm DB 2005, 2236.
10 S. Schmitt/Hörtnagl/*Hörtnagl/Ollech* § 81 Rn. 8 unter Hinweis auf Beuthien/*Beuthien/Wolff* §§ 2 ff. Rn. 107.

3. Gemeinsame Erstattung des Prüfungsgutachtens (Abs. 1 S. 2)

13 § 81 Abs. 1 S. 2 ermöglicht ein gemeinsames Prüfungsgutachten für mehrere beteiligte eingetragene Genossenschaften. Hiervon wird in der **Praxis** regelmäßig Gebrauch gemacht. Das setzt nicht voraus, dass die beteiligten Genossenschaften demselben Prüfungsverband angehören. Vielmehr können auch mehrere Prüfungsverbände gemeinsam für die beteiligten Genossenschaften ein gemeinsames Prüfungsgutachten erstatten.[11] Der Wortlaut von § 81 Abs. 1 S. 2 weicht dahin gehend bewusst von § 93b Abs. 2 S. 1 GenG aF ab.

14 Die Mitwirkung mehrerer Prüfungsverbände bedeutet indes nicht, dass eine eG allein von einem Prüfungsverband geprüft und begutachtet würde, dem sie nicht angehört. Es findet lediglich eine übergreifende Zusammenarbeit der jeweils zuständigen Prüfungsverbände statt. Angesichts jedoch der anhaltenden Fusionswelle auf der Ebene der Prüfungsverbände und der nicht mehr fernliegenden Perspektive, dass bundesweit nur noch 1 bis 3 Prüfungsverbände übrig bleiben werden, kommt diesem Gesichtspunkt ohnehin nur noch geringe praktische Bedeutung zu. In der Zukunft werden die beteiligten Genossenschaften also erst recht regelmäßig demselben Prüfungsverband angehören, der dann ein gemeinsames Prüfungsgutachten erstattet.

15 Es sind Zweifel angebracht, ob die **bevorstehende Prüfungsverbandsstruktur** aus Sicht der pflichtprüfungsunterworfenen eingetr. Genossenschaften und vor allem mit Rücksicht auf die Verbandszuordnung und Reichweite der Betreuungsprüfung von Vorteil sein wird. Ggf. ist auch die sog. **Pflichtmitgliedschaft** (s. §§ 54, 54a, 55 Abs. 1 S. 1 GenG) unter solch veränderten Rahmenbedingungen rechtlich neu zu bewerten.

§ 82 Vorbereitung der Generalversammlung

(1) ¹Von der Einberufung der Generalversammlung an, die gemäß § 13 Abs. 1 über die Zustimmung zum Verschmelzungsvertrag beschließen soll, sind auch in dem Geschäftsraum jeder beteiligten Genossenschaft die in § 63 Abs. 1 Nr. 1 bis 4 bezeichneten Unterlagen sowie die nach § 81 erstatteten Prüfungsgutachten zur Einsicht der Mitglieder auszulegen. ²Dazu erforderliche Zwischenbilanzen sind gemäß § 63 Absatz 2 Satz 1 bis 4 aufzustellen.

(2) Auf Verlangen ist jedem Mitglied unverzüglich und kostenlos eine Abschrift der in Absatz 1 bezeichneten Unterlagen zu erteilen.

(3) Die Verpflichtungen nach Absatz 1 Satz 1 und Absatz 2 entfallen, wenn die in Absatz 1 Satz 1 bezeichneten Unterlagen für denselben Zeitraum über die Internetseite der Genossenschaft zugänglich sind.

I. Normzweck

1 § 82 dient, wie auch § 48 Abs. 3 GenG, der Information aller Mitglieder und derjenigen Organmitglieder (General- oder Vertreterversammlung, also allen Mitgliedern oder

---

[11] HM, aber str., wie hier s. Schmitt/Hörtnagl/*Hörtnagl*/ *Ollech* § 81 Rn. 10; Semler/Stengel/Leonard/*Scholderer* § 81 Rn. 32; Pöhlmann/Fandrich/Bloehs/*Fandrich/Bloehs* § 81 Rn. 11; *Geschwandtner*, Staatliche Aufsicht, S. 268; Lutter/*Bayer* § 81 Rn. 7 (Darstellung verschiedener Prüfungen in einem Gutachten); wohl aA Beuthien/*Beuthien/Wolff* §§ 2 ff. Rn. 25 und Lang/Weidmüller/*Holthaus/Lehnhoff* § 81 Rn. 7.

den zu Vertretern gewählten Mitgliedern), die gem. § 13 über die Zustimmung zum Verschmelzungsvertrag Beschluss fassen (Verschmelzungsbeschluss).

II. Norminhalt

Hierzu ordnet die Vorschrift in Abs. 1 S. 1 die Auslage der in § 63 Abs. 1 Nr. 1–4 bezeichneten Unterlagen sowie des Prüfungsgutachtens (s. § 81) in dem Geschäftsraum jeder der beteiligten eingetragenen Genossenschaften an und verpflichtet in Abs. 2 jede der beteiligten eingetr. Genossenschaften dazu, ihren Mitgliedern auf deren Verlangen „unverzüglich" und „kostenlos" eine Abschrift dieser Unterlagen zu erteilen. Das Recht auf **Einsichtnahme** und das Recht auf Erhalt einer **Abschrift** der Unterlagen bestehen also gleichermaßen für alle Genossenschaftsmitglieder und sind bei bestehender Vertreterversammlung nicht auf die nach § 13 dann Beschluss fassenden Vertreter beschränkt. Insoweit ist mit dem § 82 nicht allein die informierte Stimmrechtsausübung bezweckt, sondern mit Rücksicht auf den unterschiedslosen Vermögenswert „Geschäftsguthaben" ein umfassendes Einsichtsrecht gleichermaßen aller Mitglieder. Abs. 1 S. 2 verpflichtet zur Aufstellung „dazu erforderlicher" **Zwischenbilanzen**.

In § 82 wurde durch Gesetz v. 17.7.2017 (BGBl. I 2434) der Abs. 3 neu eingefügt. Nach der Gesetzesbegründung wird der Gleichlauf mit § 63 Abs. 4 hergestellt, wonach die Verpflichtungen entfallen, Unterlagen zur Einsicht auszulegen und auf Verlangen eine Abschrift zu erteilen, wenn die Unterlagen für denselben Zeitraum über die Internetseite der Gesellschaft zugänglich sind. Somit werden auch Genossenschaften von Aufwand und Kosten entlastet.[1]

1. Recht auf Einsichtnahme in Unterlagen (Abs. 1)

Zu den in dem Geschäftsraum der eG auszulegenden **Unterlagen** → § 63 Rn. 4 ff.[2]

Die Verweisung auf den § 63 Abs. 1 Nr. 3 und Abs. 2 beeinflusst den Zeitablauf der Verschmelzung. Nach § 63 Abs. 1 Nr. 3 darf sich der zum Zeitpunkt der Aufstellung des Entwurfs des Verschmelzungsvertrags letzte Jahresabschluss auf ein höchstens sechs Monate zurückliegendes Geschäftsjahr beziehen. Andernfalls muss eine Zwischenbilanz aufgestellt werden.

Beratungshinweis: Die Aufstellung einer Zwischenbilanz ist lästig und mit Aufwand verbunden. Bei den Verhandlungen über die Verschmelzung sollte daher darauf geachtet werden, den Verschmelzungsvertrag oder dessen Entwurf innerhalb von sechs Monaten nach dem letzten Bilanzstichtag (idR bis zum 30.6. des jeweiligen Kalenderjahres) abzuschließen. Es reicht aus, wenn bereits eine Einigung darüber erzielt wurde, dass der ausgehandelte Vertragsentwurf Grundlage der Verschmelzung sein soll. Nicht erforderlich ist eine Paraphierung des Verschmelzungsvertrags bis zu diesem Zeitpunkt. Sie kann vor der Auslegung nachgeholt werden.

Die in Abs. 1 angeführten Unterlagen sind **zeitgleich** mit der Einberufung der über die Verschmelzung beschließenden General- oder Vertreterversammlung in den Geschäftsräumen jeder der beteiligten eingetr. Genossenschaften zur Einsichtnahme auszulegen. Die Einberufung der Versammlung richtet sich nach den allgemeinen Bestimmungen

---

1 S. BT-Drs. 18/11506, 34 vom 13.3.2017.
2 S. im Einzelnen auch Pöhlmann/Fandrich/Bloehs/*Fandrich* § 82 Rn. 2.

(s. §§ 44 ff. GenG). Es gilt also eine Einberufungs- und damit nach § 81 Abs. 1 (anders als regelmäßig nach § 48 Abs. 3 GenG „sollen mindestens eine Woche") eine **Auslegungsfrist** für die Unterlagen „von mindestens zwei Wochen" (§ 46 Abs. 1 S. 1 GenG). Die Verschmelzung könnte zwar nach § 46 Abs. 2 GenG auch erst mindestens eine Woche vor der Versammlung als Verhandlungsgegenstand angekündigt werden; den Wortlaut des Verschmelzungsvertrags braucht die Ankündigung nicht zu enthalten.[3] Eine solche kurze Ankündigungsfrist, ohne vorher auf das Beschlussvorhaben aufmerksam zu machen, dürfte sich aber nicht mit dem klaren Wortlaut des § 82 Abs. 1 S. 1 „Von der Einberufung der Generalversammlung an", dessen Bedeutung und Zwecksetzung – die Mitglieder müssen daher nach Erhalt der Einladung und der damit verbundenen ersten Tagesordnung (s. § 46 Abs. 1 S. 1 und 2 GenG) auch um die geplante Verschmelzung wissen und zur Kenntnis gebracht bekommen, dass die Unterlagen zu ihrer Einsichtnahme ausliegen – und der Einberufungsfrist des § 46 Abs. 1 S. 1 GenG vertragen.

6 Den Genossenschaftsmitgliedern können die Unterlagen alternativ allein über die **Internetseiten** der beteiligten eingetragenen Genossenschaften zugänglich gemacht werden (s. § 82 Abs. 3, vgl. § 63 Abs. 4; s. auch § 48 Abs. 3 S. 1 GenG).[4] Eine Auslegung in sämtlichen Filialen und Zweigstellen der beteiligten Genossenschaften ist nicht erforderlich, wenn die Mitglieder mit zumutbarem Aufwand zum Auslegungsort (idR am Sitz der Gesellschaft) gelangen können. Vertraulichkeit der Unterlagen ist zu gewährleisten. Hierzu reicht es aus, wenn die Mitglieder die Unterlagen nach Anmeldung und Legitimation zur Einsicht vor Ort erhalten.

7 Die Pflicht jeder der beteiligten eingetr. Genossenschaften zur Auslegung und das korrespondierende Recht ihrer Mitglieder auf Einsichtnahme besteht während der **üblichen Geschäftszeiten**. Es endet mit dem Ende der regelmäßigen Geschäftszeit an dem Tag der nach § 13 beschließenden Versammlung, spätestens jedoch mit deren Beginn (für die Versammlung s. § 83). Findet die Versammlung an einem Tag statt, an dem die Geschäftsräume geschlossen sind, endet das Einsichtsrecht mit dem Ende des letzten Öffnungstages vor der Versammlung.[5]

2. Recht auf Erhalt einer Abschrift der Unterlagen (Abs. 2)

8 Die Mitglieder jeder der beteiligten eingetr. Genossenschaften haben Anspruch darauf, auf Verlangen im Einzelfall „unverzüglich" (= ohne schuldhaftes Zögern, § 121 Abs. 1 S. 1 BGB) und „kostenlos" eine Abschrift der auszulegenden Unterlagen zu erhalten (Abs. 2; anders zB § 48 Abs. 3 GenG); es sei denn, die Unterlagen werden allein über die Internetseite(n) zugänglich gemacht (Abs. 3). Insoweit reicht § 82 Abs. 3 offenbar weiter als § 48 Abs. 3 GenG, was kritisch ist, weil eine Grundlagenentscheidung ansteht und nicht jedes Mitglied zwingend über einen Internetanschluss verfügt. Die Unterlagen können dem Mitglied mit dessen Einwilligung auch elektronisch übermittelt werden. Das wollen die Gesetzesverfasser in § 82 Abs. 2 (und § 260 Abs. 3 S. 2) offenbar klarstellen.[6] Das Verlangen ist an die jeweilige eingetr. Genossenschaft, vertreten durch deren Vorstand, zu richten. Eine unverzügliche Übersendung der Abschrift reicht aus.

Beratungshinweis: In der Praxis machen zwar nur wenige Mitglieder von ihrem Recht auf Erhaltung einer Abschrift Gebrauch. Die Genossenschaft muss jedoch auf ein form-

---

[3] S. Beuthien/*Beuthien/Wolff* §§ 2 ff. Rn. 29 mN.
[4] S. auch Beuthien/*Beuthien/Wolff* §§ 2 ff. Rn. 29.
[5] S. *Fandrich/Graef/Bloehs*, Verschmelzung von Genossenschaften in der Praxis, S. 62.
[6] S. Eckpunkte eines RefE für ein Gesetz zur Stärkung der genossenschaftlichen Rechtsform v. 28.7.2023, S. 4.

und fristfrei mögliches Verlangen unverzüglich (= idR sofort) reagieren können. Ratsam ist, während der Auslegungsphase ein paar Exemplare zur Aushändigung und zur – wenn gewünscht – elektronischen Übermittlung Scans/pdf-Dateien der Unterlagen vorzuhalten.

Nach dem Verschmelzungsbeschluss können die Mitglieder gem. § 13 Abs. 3 S. 3 unter denselben Voraussetzungen (unverzüglich und kostenlos) eine **Abschrift des Verschmelzungsvertrags** oder des Vertragsentwurfs sowie der **Niederschrift des Beschlusses** verlangen. Davon unberührt bleibt das Recht jedes Mitglieds auf Erteilung einer Abschrift der Versammlungsniederschrift (s. § 47 Abs. 4 S. 2 GenG).

Das Recht auf Erhalt einer Abschrift der auszulegenden Unterlagen von der Genossenschaft endet mit dem Recht der Mitglieder auf Einsichtnahme. Während der nach § 13 über den Verschmelzungsvertrag beschließenden General- bzw. Vertreterversammlung besteht das Recht auf Erhalt einer Abschrift nicht fort (s. § 83 Abs. 1 und 2 sowie den Wortlaut von § 82 „in dem Geschäftsraum").[7] Die Mitglieder können dann die auszulegenden Unterlagen nur noch einsehen.

§ 83 Durchführung der Generalversammlung

(1) ¹In der Generalversammlung sind die in § 63 Abs. 1 Nr. 1 bis 4 bezeichneten Unterlagen sowie die nach § 81 erstatteten Prüfungsgutachten auszulegen. ²Der Vorstand hat den Verschmelzungsvertrag oder seinen Entwurf zu Beginn der Verhandlung mündlich zu erläutern. ³§ 64 Abs. 2 ist entsprechend anzuwenden.

(2) ¹Das für die beschließende Genossenschaft erstattete Prüfungsgutachten ist in der Generalversammlung zu verlesen. ²Der Prüfungsverband ist berechtigt, an der Generalversammlung beratend teilzunehmen.

I. Normzweck 1	3. Auskunftsrecht der Mitglieder (Abs. 1 S. 3) 6
II. Norminhalt 2	4. Verlesung des Prüfungsgutachtens (Abs. 2 S. 1) 8
1. Pflicht zur Auslegung von Unterlagen (Abs. 1 S. 1) 2	
2. Pflicht zur Erläuterung des Verschmelzungsvertrags (Abs. 1 S. 2) 3	5. Beratende Teilnahme des Prüfungsverbands (Abs. 2 S. 2) 9

I. Normzweck

§ 83 ergänzt die allg. Bestimmungen über die Durchführung der General- bzw. Vertreterversammlung nach den §§ 43 ff. GenG und soll dazu beitragen, die Verschmelzungswirkungen möglichst unangreifbar zu machen.[1] Auch § 83 zielt auf eine umfassende **Aufklärung der Mitglieder** bzw. jedenfalls eine Aufklärung der in der Verschmelzungsversammlung anwesenden Mitglieder bis hin zur Beschlussfassung.

---

7 Dahin gehend offener für die HV der AG Schmitt/Hörtnagl/*Hörtnagl/Olech* § 82 Rn. 4 mN.
1 S. BT-Drs. 12/6699, 86 vom 1.2.1994.

II. Norminhalt

1. Pflicht zur Auslegung von Unterlagen (Abs. 1 S. 1)

2 Nach Abs. 1 S. 1 sind die mit der Einberufung der Versammlung gem. § 82 Abs. 1 S. 1 auszulegenden Unterlagen (→ § 82 Rn. 3 ff.) ebenfalls **während der gesamten Dauer** der über den Verschmelzungsvertrag beschließenden General- bzw. Vertreterversammlung in dem Versammlungsraum selbst auszulegen („in der Generalversammlung"). Es herrscht zwar Versammlungszwang (s. auch § 13 Abs. 1 S. 2), aber eine reine Präsenzversammlung ist nicht zwingend (s. auch § 43b GenG), wenn der zur Beurkundung der Beschlussfassung erforderliche Notar (s. § 13 Abs. 3 S. 1) physisch jedenfalls am Ort des Versammlungsleiters zugegen ist.[2] Jedem anwesenden bzw. an der Versammlung mitwirkenden Mitglied sollen die **Einsichtnahme** und damit die Information bis hin zur Beschlussfassung möglich bleiben. Das gilt auch für virtuell an der Versammlung teilnehmende Mitglieder; „auszulegen" bedeutet dann elektronisch zugänglich machen. Das wollen die Gesetzesverfasser in § 83 Abs. 1 S. 1 (und § 261 Abs. 1 S. 1) offenbar klarstellen.[3] Während der nach § 13 über den Verschmelzungsvertrag beschließenden Versammlung besteht das Recht auf **Erhalt einer Abschrift** der auszulegenden Unterlagen nicht fort (s. § 83 Abs. 1 und 2 sowie den Wortlaut von § 82 „in dem Geschäftsraum").[4] Die Mitglieder können dann die auszulegenden Unterlagen nur noch einsehen.

Beratungshinweis: Damit in der Verschmelzungsversammlung mehrere Mitglieder gleichzeitig Einsicht in die Unterlagen nehmen können – was in der Praxis selten vorkommt –, sollten **mehrere Ansichtsexemplare** ausgelegt werden. Der anwesende Notar sollte darüber wachen, dass die Unterlagen auch tatsächlich während der gesamten Versammlung zur Einsichtnahme bereit liegen. Das schließt spätere **Beweisprobleme** aus. Es besteht keine Pflicht des Versammlungsleiters, auf die ausgelegten Unterlagen explizit hinzuweisen. Ratsam ist dies dennoch und findet in der **Praxis** auch regelmäßig statt.

2. Pflicht zur Erläuterung des Verschmelzungsvertrags (Abs. 1 S. 2)

3 Unter dem Tagesordnungspunkt „Verschmelzung" hat der Vorstand gleich zu Beginn den Verschmelzungsvertrag oder dessen Entwurf mündlich zu erläutern (Abs. 1 S. 2). Wortlautgemäß („mündlich zu erläutern"; anders Abs. 2 S. 1, → Rn. 8) muss der Vorstand den Vertrag **weder im Ganzen noch in Teilen verlesen** (→ § 64 Rn. 5).

4 Erläuterungspflichtig ist der Vorstand. Er kann die Aufgabe **nicht delegieren**, auch nicht an den Aufsichtsrat oder den Prüfungsverband (s. auch Abs. 2 S. 1). Zwar kann sich der Vorstand zB durch externe Sachverständige unterstützen lassen. Die **Verantwortung** für die Erläuterung verbleibt aber beim Vorstand. Er soll den von ihm abgeschlossenen Verschmelzungsvertrag „aus erster Hand" den Mitgliedern vorstellen.

5 Zu erläutern sind die wirtschaftliche und rechtliche Bedeutung der Verschmelzung in knapper und für die Mitglieder klar verständlicher Form. Zudem dient die Vertrags-

---

[2] S. BGH 5.10.2021 – II ZB 7/21, NZG 2021, 1562 (noch zu § 3 COVMG, § 43 Abs. 7 GenG; § 13 Abs. 1 S. 2); Althanns in Althanns/Buth/Ließl, Genossenschafts-Handbuch, Erg.-Lfg. 3/2023, §§ 1–104a Rn. 132 betont, dass die Formen der Generalversammlung in § 43b GenG (BGBl. 2022 I 1166) gleichberechtigt nebeneinanderstehen und jede Form daher eine Versammlung iS von § 13 Abs. 1 S. 2 sei; vgl. Lang/Weidmüller/*Holthaus/Lehnhoff* § 13 Rn. 13 mN.

[3] S. Eckpunkte eines RefE für ein Gesetz zur Stärkung der genossenschaftlichen Rechtsform v. 28.7.2023, S. 4. Dahin gehend offener für die HV der AG Schmitt/Hörtnagl/*Hörtnagl/Olllech* § 83 Rn. 3 mN.

erläuterung dazu, mögliche Veränderungen zu den ausliegenden Unterlagen deutlich zu machen.[5] Hierher gehört auch, auf mögliche **Änderungen der Satzung** der eG einzugehen.

Zu möglichen Alternativen zu der vom Vorstand vorbereiteten und zur Beschlussfassung angekündigten Verschmelzung (zB Asset Deal, Ausgliederung, Abspaltung) müssen in einer solchen Versammlung weder der Vorstand noch der Aufsichtsrat noch gar der Prüfungsverband von sich aus informieren. Eine derartige Pflicht folgt weder aus dem Umwandlungsrecht noch aus dem Genossenschaftsrecht, auch nicht aus der genossenschaftlichen Treuepflicht. Eine andere Frage ist, ob der jeweilige Vorstand – zunächst jedenfalls derjenige der übertragenden Genossenschaft – im Rahmen seiner Entscheidungsfindung Alternativen zu einer Verschmelzung sorgfältig prüfen, beraten und beschließen muss und dies hinreichend dokumentieren sollte. Selbstverständlich steht es jedem Vorstand offen, in einer „Verschmelzungsversammlung" von sich aus auf Alternativen und die Grundzüge seiner Beratungsergebnisse einzugehen.

3. Auskunftsrecht der Mitglieder (Abs. 1 S. 3)

Den anwesenden Mitgliedern ist nach Abs. 1 S. 2 iVm § 64 Abs. 2 während der Beratungen über die Beschlussfassung umfassend Auskunft über alle die Verschmelzung betreffenden Angelegenheiten zu erteilen. Dies gilt ausdrücklich, soweit es die anderen beteiligten eingetr. Genossenschaften betrifft (→ § 64 Rn. 9 f.). Ein die eigene Genossenschaft betreffendes Auskunftsrecht in der Versammlung folgt bereits aus dem Mitgliedschaftsverhältnis.[6]

Ein **Auskunftsverweigerungsrecht** steht dem Vorstand lediglich in engen unternehmensbezogenen Grenzen zu (Rechtsgedanke des § 8 Abs. 2; § 131 Abs. 3 AktG entspr.). Rein pauschale Verweigerungen ohne eine Begründung sind nicht zulässig.

Beratungshinweis: Häufig wird der Vorstand Auskunft zu der für ihn fremden beteiligten Genossenschaft nicht erteilen können und/oder auch nicht wollen. Es empfiehlt sich, den Vorstand der anderen Genossenschaft zu der eigenen Versammlung einzuladen. Auskunftsverantwortlich bleibt aber der eigene Vorstand. Er hat sich dementsprechend vorzubereiten.

4. Verlesung des Prüfungsgutachtens (Abs. 2 S. 1)

Nach Abs. 2 S. 2 ist das für die nach § 13 beschließende eingetr. Genossenschaft erstattete Prüfungsgutachten (s. § 81) in der General- bzw. Vertreterversammlung „zu verlesen", **dh im gesamten Wortlaut vorzutragen.** Es genügen weder eine Wiedergabe des Ergebnisses oder auszugsweise Zitate noch eine Erläuterung des Inhalts (arg. Wortlaut von Abs. 2 S. 1 und Abs. 1 S. 2). Wer das Prüfungsgutachten verliest, ist nicht vorgegeben. Zuständig ist dafür grundsätzlich der **Vorstand.** Er kann aber eine Hilfsperson hinzuziehen. Da der erstattende **Prüfungsverband** ein Anwesenheits- und Beratungsrecht in der Versammlung hat (Abs. 2 S. 2), kann es sich auch empfehlen, dem anwesenden Vertreter des Prüfungsverbandes die Verlesung des Prüfungsgutachtens zu überlassen.[7] Für den Fall eines für mehrere an der Verschmelzung beteiligte eingetr. Genossenschaf-

---

[5] S. Pöhlmann/Fandrich/Bloehs/*Fandrich* § 83 Rn. 3.
[6] S. *Fandrich/Graef/Bloehs*, Verschmelzung von Genossenschaften in der Praxis, S. 67.
[7] S. Pöhlmann/Fandrich/Bloehs/*Fandrich* § 83 Rn. 4.

ten gemeinsam erstatteten Prüfungsgutachtens (→ § 81 Rn. 13 ff.) ist das vollständige Gutachten zu verlesen.⁸

5. Beratende Teilnahme des Prüfungsverbands (Abs. 2 S. 2)

9 Wie bereits allg. nach § 59 Abs. 3 Hs. 1 GenG für den pflichtprüfungszuständigen Prüfungsverband ist der erstattende (= regelmäßig für die betreffende eG pflichtprüfungszuständige) Prüfungsverband auch nach § 83 Abs. 2 S. 2 „berechtigt", an der über die Verschmelzung beschließenden General- bzw. Vertreterversammlung „beratend teilzunehmen". Hierauf hat der Prüfungsverband also einen **Rechtsanspruch**.

10 Ob der Prüfungsverband zur Teilnahme nur berechtigt oder aber abseits der Anforderung durch die Genossenschaft entgegen dem Wortlaut auch ansonsten sogar **verpflichtet ist, ist str.**⁹ Dem eindeutigen Wortlaut folgend wird man aus § 83 Abs. 2 S. 2 wohl keine allg. Teilnahmepflicht des Prüfungsverbandes herleiten können. Entsprechend § 59 Abs. 3 Hs. 1 GenG wird der Prüfungsverband aufgrund der mitgliederbezogenen Schutzfunktion vor allem auch des § 83 Abs. 2 S. 2 und seiner vereinsrechtlichen Betreuungspflicht (s. §§ 53 ff. GenG) aber jedenfalls dann an der Verschmelzungsversammlung teilnehmen müssen, wenn er in seinem Prüfungsgutachten nennenswerte Bedenken gegen die Verschmelzung äußert oder gar gegen die Verschmelzung Stellung bezieht. Insoweit ist nötig, dass sich der Prüfungsverband hierzu schutzzweckgerecht gegenüber den Mitgliedern selbst erklärt und die Verschmelzung betreffende Fragen der Mitglieder beantwortet. Es mag in jedem Fall sinnvoll sein, dass der Prüfungsverband den/die mit der Erstattung des Prüfungsgutachtens befassten Prüfer entsendet, verpflichtet ist er hierzu jedoch nicht; jedenfalls sofern sichergestellt ist, dass die anwesenden Verbandsvertreter nach dem Zweck der §§ 81, 83 entspr. hinreichend „beratend teilnehmen" können.

11 Der Prüfungsverband darf das Prüfungsgutachten erläutern und ergänzen, Fragen stellen und beantworten, zu allen Fragen der Verschmelzung Stellung nehmen und an der Aussprache zu dem entspr. TOP teilnehmen, kurzum: der Umfang seiner Teilnahme steht in seinem pflichtgemäßen Ermessen.¹⁰ Dessen Ausübung wiederum hängt von dem Ergebnis des Prüfungsgutachtens und dem Verlauf der Versammlung ab. Dem Prüfungsverband stehen **keine Stimm- oder Antragsrechte** zu. Er darf keine sachfremden Argumente einbringen und kann einen ihm nicht gefallenden Verschmelzungsbeschluss nicht verhindern.

12 Werden die entsandten Vertreter des Prüfungsverbands nicht zur General- bzw. Versammlung zugelassen, stellt dies einen Grund zur **Anfechtung** des Verschmelzungsbeschlusses nach § 51 GenG dar.¹¹ Gleiches gilt, wenn die Unterlagen nicht ausgelegt werden oder der Verschmelzungsvertrag nicht erläutert bzw. das Prüfungsgutachten nicht verlesen wird. Gem. § 20 Abs. 2 lässt die Verletzung des § 83 Abs. 2 S. 2 die Wirkungen der Eintragung der Verschmelzung jedoch unberührt.

---

8 S. Lutter/*Bayer* § 83 Rn. 16; *Fandrich/Graef/Bloehs*, Verschmelzung von Genossenschaften in der Praxis, S. 68.
9 S. dazu Beuthien/*Beuthien/Wolff* §§ 2 ff. Rn. 34 aE; Schmitt/Hörtnagl/*Hörtnagl/Olech* § 83 Rn. 8.
10 S. auch Schmitt/Hörtnagl/ *Hörtnagl/Olech* § 83 Rn. 8.
11 So zB Beuthien/*Beuthien/Wolff* §§ 2 ff. Rn. 34; Pöhlmann/Fandrich/Bloehs/*Fandrich* § 83 Rn. 4.

§ 84 Beschluß der Generalversammlung

¹Der Verschmelzungsbeschluß der Generalversammlung bedarf einer Mehrheit von drei Vierteln der abgegebenen Stimmen. ²Die Satzung kann eine größere Mehrheit und weitere Erfordernisse bestimmen.

I. Normzweck

Das Verfahren über die Beschlussfassung richtet sich nach den allg. Bestimmungen (s. § 43 GenG; § 13). § 84 ergänzt diese lediglich.

II. Norminhalt

§ 84 S. 1 gibt vor, dass der Verschmelzungsbeschluss einer **Mehrheit von mindestens 75 %** der (gültig) abgegebenen Stimmen bedarf. Die Satzung kann eine größere Mehrheit und weitere Erfordernisse vorsehen (S. 2), wie zB eine Mindestanzahl an der Abstimmung mitwirkender Mitglieder. Der dauerhafte Ausschluss einer Verschmelzung kann in der Satzung nicht vereinbart werden (s. bereits § 16 Abs. 4 GenG), was bei der Gestaltung von Mehrheiten und Erfordernissen entspr. zu berücksichtigen ist. § 84 gilt auch für alle Fälle der Abspaltung einschließlich der Ausgliederung (s. § 125 Abs. 1 S. 1). Zum Formwechsel s. § 262.

Die Form der Abstimmung über die Zustimmung zum Verschmelzungsvertrag (s. § 13) richtet sich nach § 43 GenG. Sieht die Satzung nichts Abweichendes vor, kann das Abstimmungsergebnis bei offener Abstimmung auch durch die sog. **Subtraktionsmethode** ermittelt werden,[1] was sich in der **Praxis** bei der Beschlussfassung im Rahmen der Verschmelzung bewährt hat.[2] Hierbei wird die Anzahl der an der Abstimmung mitwirkenden Mitglieder (= Gesamtstimmen) festgestellt. Im Anschluss daran werden lediglich die Nein-Stimmen und die Enthaltungen abgefragt, wodurch sich im Wege der Subtraktion die Anzahl der Ja-Stimmen errechnen lässt. Die danach idR erfolgende Bitte um die Ja-Stimmen erfolgt nur noch pro forma. Abzulehnen ist allerdings der Vorschlag, Stimmzettel hervorgehoben mit einem Ja-Zeichen oder anderweitigen Entscheidungsalternativen vorzudrucken. Das wäre ein Verstoß gegen den Grundsatz der freien unbeeinflussten Abstimmung.[3]

Mitglieder mit sog. **Mehrstimmrechten** können diese bei der Abstimmung nicht ausüben. Sie verfügen bei zentralen Entscheidungen wie zB einer Verschmelzung wie alle anderen Mitglieder über nur eine Stimme (s. § 43 Abs. 3 S. 2 Nr. 1 S. 3 GenG; s. jedoch die Ausnahmen in § 43 Abs. 3 Nr. 2 und 3 GenG für sog. **Unternehmergenossenschaften** und eingetragene Genossenschaften, deren Mitglieder überwiegend selbst eingetragene Genossenschaften sind).

Probeabstimmungen oder, wenn zB im ersten Anlauf eine Mehrheit nicht zustande gekommen ist, eine erneute Beratung und Abstimmung sind zulässig.

Beratungshinweis: Es kann in besonders gelagerten Fällen auch sinnvoll sein, zunächst vor Abschluss des Verschmelzungsvertrags eine außerordentliche Versammlung

---

[1] S. BGH NJW 2002, 3629 zur WEG; OLG Frankfurt NZG 1999, 119 zur AG.
[2] S. Pöhlmann/Fandrich/Bloehs/*Fandrich* § 84 Rn. 2.
[3] S. Pöhlmann/Fandrich/Bloehs/*Fandrich* § 84 Rn. 2.

einzuberufen und über bestimmte alternative Vertragsinhalte zu beraten und abstimmen zu lassen.⁴

§ 85 Verbesserung des Umtauschverhältnisses

(1) § 14 Absatz 2 und § 15 sind nicht anzuwenden auf Mitglieder einer übernehmenden Genossenschaft.

(2) Bei der Verschmelzung von Genossenschaften miteinander ist § 15 nur anzuwenden, wenn und soweit das Geschäftsguthaben eines Mitglieds in der übernehmenden Genossenschaft niedriger als das Geschäftsguthaben in der übertragenden Genossenschaft ist.

(3) Der Anspruch nach § 15 kann auch durch Zuschreibung auf das Geschäftsguthaben erfüllt werden, soweit nicht der Gesamtbetrag der Geschäftsanteile des Mitglieds bei der übernehmenden Genossenschaft überschritten wird.

I. Normzweck

1 § 85 soll im Hinblick auf die Nennwertbeteiligung verhindern, dass nach § 14 Abs. 2 grds. anfechtungsgesperrte Mitglieder der übertragenden eG über eine verzinsliche bare Zuzahlung (s. § 15), die zur ausgleichenden Verbesserung des Umtauschverhältnisses erfolgt, förderzweck- und damit wesensfremd eine Beteiligung an den Rücklagen und den stillen Reserven der übertragenden Genossenschaft („Wertausgleich") erhalten, die ihnen beim Ausscheiden durch Ausschlagung (s. §§ 90 ff.) oder nach den allgemeinen Bestimmungen für den Fall der Auseinandersetzung mit der Genossenschaft nicht zustünde (vgl. § 73 Abs. 2 S. 3, Abs. 3 GenG).[1] Hieran hat sich durch die Voranstellung eines neuen Abs. 1 durch das Gesetz zur Umsetzung der Umwandlungsrichtlinie und zur Änderung weiterer Gesetze nichts geändert.[2] Sonderansprüche anlässlich der Verschmelzung soll es nicht geben; die das laufende Geschäft beendende und auf Vermögensverteilung zielende Liquidation kann mit der substanzerhaltenden Verschmelzung nicht gleichgesetzt werden, obschon in beiden Fällen der Rechtsträger erlischt. § 85 soll auch eine Abschmelzung des Eigenkapitals verhindern.

II. Norminhalt

2 Der neue **Abs. 1** schließt die Anwendung von § 14 Abs. 2, § 15 für Mitglieder der übernehmenden Genossenschaft aus. Abs. 1 findet auch Anwendung bei der Verschmelzung von in anderer Rechtsform verfassten Rechtsträgern auf eine eingetr. Genossenschaft. **Abs. 2** ist hingegen unverändert nur auf Verschmelzungen unter ausschließlicher Beteiligung von eingetr. Genossenschaften anwendbar und schränkt hierfür die Anwendung des § 15 („wenn und soweit") auf die Fälle ein, in denen das Geschäftsguthaben eines Mitglieds in der übernehmenden eG niedriger ist als in der übertragenden eG. Es findet also eine **Beschränkung des Barzuzahlungsanspruchs** gegen die übernehmende eG auf die Differenz zwischen den jeweiligen Geschäftsguthaben statt.

---

4 S. *Fandrich/Graef/Bloehs*, Verschmelzung von Genossenschaften in der Praxis, S. 65.

1 Kritisch zu § 85 (in alter Fassung) Schmitt/*Hörtnagl/Hörtnagl/Ollech* § 85 Rn. 1 mN.

2 So ausdrücklich auch LG Nürnberg 17.11.2022 – I HK O 7642/21, NZG 2023, 230 unter Verweisung auf den RefE und dessen Begründung; BGBl. 2023 I Nr. 51 (28.2.2023).

Abs. 3 gilt für sämtliche Verschmelzungen mit einer eG als übernehmendem Rechtsträger. Insoweit räumt Abs. 3 der übernehmenden eG ein Wahlrecht dafür ein, ob sie den Anspruch auf den Differenzbetrag durch Barzuzahlung oder durch Zuschreibung auf die Geschäftsguthaben erfüllt, die bis zur Höhe des Gesamtbetrags der Geschäftsanteile des Mitglieds zulässig ist. Das vermeidet eine weitere Verringerung des Eigenkapitals bei der übernehmenden Genossenschaft. Die bare Auszahlung des die Höhe der Geschäftsanteile übersteigenden Geschäftsguthabens nach § 87 Abs. 1 S. 2 (sog. „**Spitzenbetrag**") begründet kein weiteres Barzuzahlungsrecht gem. § 15 Abs. 1. 3

Zur Anfechtung des Verschmelzungsbeschlusses und zum Spruchverfahren s. § 14 Abs. 2, → § 14 Rn. 4 ff. 4

§ 86 Anlagen der Anmeldung

(1) Der Anmeldung der Verschmelzung ist außer den sonst erforderlichen Unterlagen auch das für die anmeldende Genossenschaft erstattete Prüfungsgutachten in Urschrift oder in öffentlich beglaubigter Abschrift beizufügen.

(2) Der Anmeldung zur Eintragung in das Register des Sitzes des übernehmenden Rechtsträgers ist ferner jedes andere für eine übertragende Genossenschaft erstattete Prüfungsgutachten in Urschrift oder in öffentlich beglaubigter Abschrift beizufügen.

I. Normzweck

§ 86 ergänzt für die Anmeldung der Verschmelzung zur Eintragung in das Genossenschaftsregister die §§ 16, 17. 1

II. Norminhalt

Abs. 1 sieht vor, dass zusätzlich zu den allg. Unterlagen das „für die anmeldende Genossenschaft erstattete Prüfungsgutachten" (s. § 81) beizufügen ist. Dies hat in Urschrift oder öffentlich beglaubigter Abschrift zu erfolgen. 2

Die Anmeldung der Verschmelzung erfolgt durch die **Vorstandsmitglieder** der beteiligten eingetragenen Genossenschaften in vertretungsberechtigter Anzahl (s. § 157 GenG; § 16).[1] 3

Nach **Abs. 2** sind bei der Anmeldung zum Genossenschaftsregister des übernehmenden Rechtsträgers (eG oder andere Rechtsform) zusätzlich sämtliche für alle übertragenden eingetr. Genossenschaften erstatteten **Prüfungsgutachten** den übrigen Unterlagen beizufügen. Das reicht über die frühere Regelung in § 93d Abs. 2 GenG aF hinaus. Adressat sind die Mitglieder des Vertretungsorgans des übernehmenden Rechtsträgers; die Vorstände der übertragenden eingetr. Genossenschaften sind ersatzbewehrt (s. §§ 25 ff.) zur Überlassung der Prüfungsgutachten verpflichtet. 4

Zu den übrigen allg. Unterlagen s. die Erläuterungen zu §§ 16, 17.[2] 5

---
1 S. Schmitt/Hörtnagl/*Hörtnagl/Ollech* § 86 Rn. 1 mN.
2 S. auch Pöhlmann/Fandrich/Bloehs/*Fandrich* § 17.

§ 87 Anteilstausch

(1) ¹Auf Grund der Verschmelzung ist jedes Mitglied einer übertragenden Genossenschaft entsprechend dem Verschmelzungsvertrag an dem übernehmenden Rechtsträger beteiligt. ²Eine Verpflichtung, bei einer übernehmenden Genossenschaft weitere Geschäftsanteile zu übernehmen, bleibt unberührt. ³Rechte Dritter an den Geschäftsguthaben bei einer übertragenden Genossenschaft bestehen an den Anteilen oder Mitgliedschaften des übernehmenden Rechtsträgers anderer Rechtsform weiter, die an die Stelle der Geschäftsanteile der übertragenden Genossenschaft treten. ⁴Rechte Dritter an den Anteilen oder Mitgliedschaften des übertragenden Rechtsträgers bestehen an den bei der übernehmenden Genossenschaft erlangten Geschäftsguthaben weiter.

(2) ¹Übersteigt das Geschäftsguthaben, das das Mitglied bei einer übertragenden Genossenschaft hatte, den Gesamtbetrag der Geschäftsanteile, mit denen es nach Absatz 1 bei einer übernehmenden Genossenschaft beteiligt ist, so ist der übersteigende Betrag nach Ablauf von sechs Monaten seit dem Tage, an dem die Eintragung der Verschmelzung in das Register des Sitzes der übernehmenden Genossenschaft nach § 19 Abs. 3 bekannt gemacht worden ist, an das Mitglied auszuzahlen; die Auszahlung darf jedoch nicht erfolgen, bevor die Gläubiger, die sich nach § 22 gemeldet haben, befriedigt oder sichergestellt sind. ²Im Verschmelzungsvertrag festgesetzte bare Zuzahlungen dürfen nicht den zehnten Teil des Gesamtnennbetrags der gewährten Geschäftsanteile der übernehmenden Genossenschaft übersteigen.

(3) Für die Berechnung des Geschäftsguthabens, das dem Mitglied bei einer übertragenden Genossenschaft zugestanden hat, ist deren Schlußbilanz maßgebend.

I. Normzweck

1 § 87 entspricht weitestgehend der Vorgängerregelung des § 93h Abs. 2–4 GenG aF. Die Vorschrift ergänzt den § 20 Abs. 1 und gilt für Verschmelzungen von eingetr. Genossenschaften auf alle möglichen Rechtsträger.

2 Die §§ 87 ff. regeln – anders als die §§ 79 ff. (Zustandekommen der Verschmelzung) – die mit dem Zustandekommen der Verschmelzung verbundenen Folgen.

II. Norminhalt

3 In **Abs. 1 S. 1** regelt § 87 den Erwerb der Beteiligung an dem übernehmenden Rechtsträger (s. auch § 80). Maßgeblich ist der Inhalt des Verschmelzungsvertrags. Für den **Erwerb der Mitgliedschaft** in einer übernehmenden eG ist keine gesonderte Beitrittserklärung erforderlich.

4 Denn mit Eintragung der Verschmelzung in das Register des übernehmenden Rechtsträgers wird dieser **Gesamtrechtsnachfolger** des übertragenden Rechtsträgers (s. § 20 Abs. 1 Nr. 1). Sämtliche Rechte und Pflichten sowie sonstige Rechtsstellungen und Beteiligungen (s. § 1 Abs. 2 GenG) gehen kraft Gesetzes von dem übertragenden auf den übernehmenden Rechtsträger über. Dieser haftet für die auf ihn übergehenden Verbindlichkeiten unmittelbar, ausschließlich und unbeschränkt, dh nicht beschränkt auf das Neuvermögen des übertragenden Rechtsträgers.

Zugleich erlischt der übertragende Rechtsträger mit der Registereintragung (s. § 20 Abs. 1 Nr. 2). Damit entfällt für die Anteilsinhaber des übertragenden Rechtsträgers der Gegenstand ihrer Beteiligung. Als **Ausgleich** sehen § 20 Abs. 1 Nr. 3, §§ 87 f. eine dem Verschmelzungsvertrag entsprechende Beteiligung an dem übernehmenden Rechtsträger vor (s. § 2: „gegen Gewährung von Anteilen oder Mitgliedschaften"). 5

Verschmelzen – wie in der **Praxis** üblich – zwei eingetr. Genossenschaften miteinander, erwerben die Mitglieder der übertragenden (anders als nach § 15 GenG) kraft Gesetzes die Mitgliedschaft in der übernehmenden Genossenschaft. Für die hinzukommenden Mitglieder gilt fortan die – im Zuge der Verschmelzung ggf. angepasste – Satzung der übernehmenden Genossenschaft. Wollen einzelne Mitglieder die Mitgliedschaft in/die Beteiligung an dem übernehmenden Rechtsträger gar nicht erwerben, können sie diese nach Maßgabe von § 90 Abs. 2 und 3, § 91 **ausschlagen**. Die übernehmende Genossenschaft hat sich dann mit dem früheren Mitglied auseinanderzusetzen (s. § 93). Maßgebend ist die **Schlussbilanz** der übertragenden eG (s. auch § 87 Abs. 3 für die Berechnung des Geschäftsguthaben bei Verschmelzungen von eingetr. Genossenschaften). 6

Zwar ist für den Erwerb der Mitgliedschaft oder (bei Rechtsträgern in anderer Rechtsform) die Gewährung von Anteilen die Erfüllung satzungsmäßiger Anforderungen an die Mitgliedschaft oder Beteiligung nicht erforderlich. Die fehlende Erfüllung von satzungsmäßigen Anforderungen an die Mitgliedschaft kann jedoch einen nachfolgenden **Ausschluss** aus der übernehmenden eG rechtfertigen (s. § 68 GenG). 7

Eine **Doppelmitgliedschaft** in der übernehmenden Genossenschaft ist nicht möglich.[1] Auch die Mitgliedschaft der übertragenden eingetr. Genossenschaft in ihrem Prüfungsverband (s. §§ 54, 55 Abs. 1 S. 1 GenG) erlischt daher regelmäßig.[2] 8

Beratungshinweis: Die übernehmende eG tritt in sämtliche Anstellungsverträge – auch in die der **Vorstandsmitglieder** – der übertragenden eG ein.[3] Das gilt selbst für den Fall, dass Vorstandsmitglieder im Zuge der Verschmelzung nicht zu Mitgliedern des Vorstands der übernehmenden eG bestellt werden[4] oder bei als eG verfassten Kreditinstituten mit Rücksicht auf **bankaufsichtsrechtliche Anforderungen** (s. §§ 1 Abs. 2 S. 1, 24 Abs. 1 Nr. 1, 35 Abs. 2 Nr. 3, 33 Abs. 1 Nr. 2 und 4, Abs. 2, 36 KWG) nicht ohne Einwand der BaFin bestellt werden können. Vorstände bilanzsummenschwächerer Kreditgenossenschaften werden dann häufig zu unterhalb des neuen Vorstands angesiedelten „Generalbevollmächtigten" ernannt oder mit Sonderaufgaben betraut. Ob diese Aufsichtspraxis gegenüber den Vorständen „nicht systemrelevanter" sowie besonders verbands- und sicherungseinrichtungsgeprüfter Kreditgenossenschaften[5] angemessen ist, bedarf der Überprüfung in jedem Einzelfall.

---

1 Hierzu ua Beuthien/*Beuthien/Wolff* §§ 2 ff. Rn. 71.
2 Zu Sonderkonstellationen *Fandrich/Graef/Bloehs*, Verschmelzung von Genossenschaften in der Praxis, S. 17 f.
3 Das gilt selbstverständlich auch für die Kündigungsrechte. Das Dienstverhältnis wandelt sich im Zuge der Verschmelzung nicht in ein Arbeitsverhältnis um. Insoweit empfiehlt sich eine dahin gehend rechtzeitige Vertrags(laufzeit)gestaltung oder auch eine nachträgliche Vertragsanpassung (s. § 313 BGB). Den Organmitgliedern kann, sofern sich ihre dienstliche Stellung wesentlich verändert, ein außerordentliches Kündigungsrecht zustehen (§ 626 Abs. 1 BGB). Die Anstellungsverträ-

ge können zudem im Vorfeld mit einer auflösenden Bedingung („Verschmelzung", s. § 158 Abs. 2 BGB) versehen werden.
4 Die Organstellungen – auch die der gewählten Vertreter (s. § 43a Abs. 2 GenG) – in der übertragenden eG erlöschen gem. § 20 Abs. 1 Nr. 2. Jedoch sind die körperschaftliche Organstellung und das schuldrechtliche Anstellungsverhältnis zwingend voneinander zu trennen (s. BGH NJW 1995, 2850 f. unter Verweisung auf BGH NJW-RR 1990, 1123 f.).
5 Eingehend *Geschwandtner*, Staatliche Aufsicht, S. 193 f.

Sollen einzelnen (idR ausscheidenden) Vorstandsmitgliedern des übertragenden Rechtsträgers anlässlich der Verschmelzung „besondere Vorteile" gewährt werden – etwa die Zahlung einer **Abfindung** im Zuge der Dienstvertragsauflösung –, sind nach Maßgabe von § 5 Abs. 1 Nr. 8 im Verschmelzungsvertrag wohl jedenfalls der Name des Begünstigten sowie die Art des Vorteils aufzuführen.

9 Str. ist, ob die Mitglieder der übertragenden Genossenschaft ein in der Satzung der übernehmenden Genossenschaft vorgesehenes **Eintrittsgeld** entrichten müssen.[6]

Beratungshinweis: Im Verschmelzungsvertrag kann eine Anpassung oder Abschaffung der Satzungsbestimmung der übernehmenden Genossenschaft über das Eintrittsgeld vorgesehen werden.[7]

10 **Abs. 1 S. 2** hat klarstellenden Charakter. Danach müssen auch die hinzukommenden Mitglieder eine in der Satzung der übernehmenden eG niedergelegte Pflicht zur Beteiligung mit mehreren Geschäftsanteilen erfüllen (s. § 7a Abs. 2 GenG: „**Pflichtbeteiligung**"). Kraft Satzung ist das Mitglied zur Abgabe einer insoweitigen Beitrittserklärung verpflichtet.

11 **Abs. 2 S. 1** ordnet für die Verschmelzung von eingetr. Genossenschaften an, dass ein übersteigendes Geschäftsguthaben eines hinzukommenden Mitglieds erst dann ausgezahlt werden darf, wenn sich nach § 22 meldende Gläubiger befriedigt oder ihre Ansprüche besichert wurden und die Sechsmonatsfrist des Abs. 2 S. 1 Hs. 1, verstrichen ist. Ihnen soll das Haftkapital (s. § 22 GenG) ungeschmälert zugutekommen. Bleibt das überschießende Geschäftsguthaben in der eG stehen, ist es als Darlehen zu behandeln,[8] ggf. sind Zinsen zu gewähren.

12 **Abs. 2 S. 2** begrenzt im Verschmelzungsvertrag nach § 5 Abs. 1 Nr. 3 festgesetzte bare Zuzahlungen auf den zehnten Teil des Gesamtnennbetrags der gewährten Geschäftsanteile der übernehmenden eG. Hierbei sind nur die Geschäftsanteile zu berücksichtigen, die bei der Verschmelzung an die hinzukommenden Mitglieder gewährt werden.[9]

§ 88 Geschäftsguthaben bei der Aufnahme von Kapitalgesellschaften und rechtsfähigen Vereinen

(1) ¹Ist an der Verschmelzung eine Kapitalgesellschaft als übertragender Rechtsträger beteiligt, so ist jedem Anteilsinhaber dieser Gesellschaft als Geschäftsguthaben bei der übernehmenden Genossenschaft der Wert der Geschäftsanteile oder der Aktien gutzuschreiben, mit denen er an der übertragenden Gesellschaft beteiligt war. ²Für die Feststellung des Wertes dieser Beteiligung ist die Schlußbilanz der übertragenden Gesellschaft maßgebend. ³Übersteigt das durch die Verschmelzung erlangte Geschäftsguthaben eines Mitglieds den Gesamtbetrag der Geschäftsanteile, mit denen es bei der übernehmenden Genossenschaft beteiligt ist, so ist der übersteigende Betrag nach Ablauf von sechs Monaten seit dem Tage, an dem die Eintragung der Verschmelzung in das Register des Sitzes der übernehmenden Genossenschaft nach § 19 Abs. 3 bekannt gemacht worden ist, an das Mitglied

---

[6] Zum Meinungsstand s. Beuthien/*Beuthien/Wolff* §§ 2 ff. Rn. 68 und Pöhlmann/Fandrich/Bloehs/*Fandrich* § 87 Rn. 3.

[7] S. Pöhlmann/Fandrich/Bloehs/*Fandrich* § 87 Rn. 3 aE.

[8] S. Beuthien/*Beuthien/Wolff* §§ 2 ff. Rn. 73.

[9] S. statt aller Lutter/*Bayer* § 87 Rn. 38; Semler/Stengel/Leonard/*Scholderer* § 87 Rn. 51.

auszuzahlen; die Auszahlung darf jedoch nicht erfolgen, bevor die Gläubiger, die sich nach § 22 gemeldet haben, befriedigt oder sichergestellt sind.

(2) Ist an der Verschmelzung ein rechtsfähiger Verein als übertragender Rechtsträger beteiligt, so kann jedem Mitglied dieses Vereins als Geschäftsguthaben bei der übernehmenden Genossenschaft höchstens der Nennbetrag der Geschäftsanteile gutgeschrieben werden, mit denen es an der übernehmenden Genossenschaft beteiligt ist.

I. Normzweck

Der 1994 eingeführte § 88 ergänzt § 20 Abs. 1 Nr. 3 und regelt die (in der Praxis sehr seltenen) Fälle der übertragenden Verschmelzung von **Kapitalgesellschaften** und rechtsfähigen **Vereinen** mittels Aufnahme durch eine übernehmende eG. Anders als bei § 87 tritt die eG in § 88 nicht als übertragender, sondern als übernehmender Rechtsträger auf. Die Vorschrift ist also auf Verschmelzungen unter ausschließlicher Beteiligung von eingetr. Genossenschaften nicht anwendbar. Für die **Personenhandelsgesellschaften** gilt nur § 20 Abs. 1 Nr. 3.

II. Norminhalt

Gem. **Abs. 1** wird den Anteilsinhabern von Aktiengesellschaften, Gesellschaften mbH sowie Aktionären von KGaA im Rahmen der Verschmelzung auf eine eG der **volle Wert** ihrer Aktien oder Geschäftsanteile ihrem Geschäftsguthaben in der übernehmenden eG gutgeschrieben.[1] Für die Ermittlung des Werts ist die Schlussbilanz der übertragenden Kapitalgesellschaft maßgebend (Abs. 1 S. 2). Die Auszahlung des **übersteigenden Geschäftsguthabens** (Abs. 1 S. 3) folgt denselben Vorgaben wie in dem § 87 Abs. 2 S. 1 (→ § 87 Rn. 11), es kommt also zur bedingten Barauszahlung an die hinzukommenden Mitglieder. Die 10 %-Begrenzung des § 87 Abs. 2 S. 3 kennt § 88 jedoch nicht.

Der **Abs. 2** kommt über die §§ 79, 80 Abs. 1 S. 2 hinaus für die Aufnahme rechtsfähiger Vereine (s. §§ 21, 22 BGB) zur Anwendung. Für Vereinsmitglieder steht kein Bewertungsmaßstab für die Höhe der Beteiligung an der übernehmenden eG zur Verfügung, weil Vereinsmitglieder nicht am Vereinsvermögen beteiligt sind. Die Ermittlung bleibt den Verschmelzungspartnern überlassen. Abs. 2 legt lediglich einen **Höchstbetrag** für die Beteiligung fest. Das Geschäftsguthaben eines hinzukommenden Mitglieds kann höchstens der Nennbetrag der Geschäftsanteile sein, mit denen das Mitglied an der übernehmenden eG beteiligt ist. Ein übersteigendes Geschäftsguthaben kann so nicht entstehen. Sollte das Vereinsvermögen den Wert der neu gebildeten Geschäftsguthaben übersteigen, kommt eine Zuführung in die Rücklagen der eG in Betracht.[2]

§ 89 Eintragung der Genossen in die Mitgliederliste; Benachrichtigung

(1) ¹Die übernehmende Genossenschaft hat jedes neue Mitglied nach der Eintragung der Verschmelzung in das Register des Sitzes der übernehmenden Genossenschaft unverzüglich in die Mitgliederliste einzutragen und hiervon unverzüglich zu benachrichtigen. ²Sie hat ferner die Zahl der Geschäftsanteile des Mitglieds einzutragen, sofern das Mitglied mit mehr als einem Geschäftsanteil beteiligt ist.

---

1 Vgl. BVerfG NJW 1999, 3769.
2 S. Pöhlmann/Fandrich/Bloehs/*Fandrich* § 88 Rn. 3 aE.

(2) Die übernehmende Genossenschaft hat jedem Anteilsinhaber eines übertragenden Rechtsträgers, bei unbekannten Aktionären dem Treuhänder der übertragenden Gesellschaft, unverzüglich in Textform mitzuteilen:
1. den Betrag des Geschäftsguthabens bei der übernehmenden Genossenschaft;
2. den Betrag des Geschäftsanteils bei der übernehmenden Genossenschaft;
3. die Zahl der Geschäftsanteile, mit denen der Anteilsinhaber bei der übernehmenden Genossenschaft beteiligt ist;
4. den Betrag der von dem Mitglied nach Anrechnung seines Geschäftsguthabens noch zu leistenden Einzahlung oder den Betrag, der ihm nach § 87 Abs. 2 oder nach § 88 Abs. 1 auszuzahlen ist, sowie
5. den Betrag der Haftsumme der übernehmenden Genossenschaft, sofern deren Mitglieder Nachschüsse bis zu einer Haftsumme zu leisten haben.

I. Normzweck

1 Die Vorschrift führt § 93i GenG aF fort und ergänzt § 30 Abs. 2 GenG. Mit dem Abs. 2 ist die Aufklärung der Mitglieder über deren Rechte und Pflichten sowie deren Prüfung eines Vorgehens nach den §§ 15, 85 oder §§ 90 ff. bezweckt.

II. Norminhalt

2 Abs. 1 S. 1 hat klarstellenden Charakter. Auch die mit der Eintragung der Verschmelzung in das Register der übernehmenden eG neu hinzugetretenen Mitglieder (s. § 20 Abs. 1 Nr. 3) sind „unverzüglich" (s. § 121 Abs. 1 S. 1 BGB „ohne schuldhaftes Zögern") in die Mitgliederliste der Genossenschaft einzutragen und hiervon ebenfalls unverzüglich zu benachrichtigen (vgl. § 15 Abs. 2 S. 1 GenG). Es darf nicht abgewartet werden bis die Ausschlagungsfrist des § 91 Abs. 2 abgelaufen ist.[1] Zum Zwangsgeldverfahren s. § 160 GenG. In die Mitgliederliste eingetragen werden gem. § 30 Abs. 2 GenG der Familienname, Vorname bzw. die Firma, die Anschrift sowie die Anzahl der übernommenen weiteren Geschäftsanteile (s. auch § 89 Abs. 1 S. 2), der Grund für die Eintragung „Verschmelzung" und das Datum des Registereintrags. Die Eintragung ist nur deklaratorisch.

3 Zuständig für die Eintragung und Benachrichtigung ist der Vorstand der übernehmenden Genossenschaft. Die Mitgliederliste ordnungsgemäß zu führen, ist Teil seiner Geschäftsführung (s. auch § 30 Abs. 1 GenG).

4 Die neu hinzukommenden Mitglieder müssen mittels einer ergänzenden „unverzüglichen" Benachrichtigung in Textform über die in Abs. 2 aufgeführten Mitgliedschaftsdaten informiert werden.

§ 90 Ausschlagung durch einzelne Anteilsinhaber

(1) Die §§ 29 bis 34 sind auf die Mitglieder einer übertragenden Genossenschaft nicht anzuwenden.

---

1 S. Pöhlmann/Fandrich/Bloehs/*Fandrich* § 89 Rn. 1.

(2) Auf der Verschmelzungswirkung beruhende Anteile und Mitgliedschaften an dem übernehmenden Rechtsträger gelten als nicht erworben, wenn sie ausgeschlagen werden.

(3) ¹Das Recht zur Ausschlagung hat jedes Mitglied einer übertragenden Genossenschaft, wenn es in der Generalversammlung oder als Vertreter in der Vertreterversammlung, die gemäß § 13 Abs. 1 über die Zustimmung zum Verschmelzungsvertrag beschließen soll,

1. erscheint und gegen den Verschmelzungsbeschluß Widerspruch zur Niederschrift erklärt oder
2. nicht erscheint, sofern es zu der Versammlung zu Unrecht nicht zugelassen worden ist oder die Versammlung nicht ordnungsgemäß einberufen oder der Gegenstand der Beschlußfassung nicht ordnungsgemäß bekanntgemacht worden ist.

²Wird der Verschmelzungsbeschluß einer übertragenden Genossenschaft von einer Vertreterversammlung gefaßt, so steht das Recht zur Ausschlagung auch jedem anderen Mitglied dieser Genossenschaft zu, das im Zeitpunkt der Beschlußfassung nicht Vertreter ist.

I. Normzweck

Genau betrachtet regeln die §§ 90–95 im Ergebnis nichts Neues. Bereits nach dem alten Recht stand den Mitgliedern der übertragenden eG ein Sonderkündigungsrecht zu (s. §§ 93k ff. GenG aF).[1] Das Ausschlagungsrecht ist zwingend und dient dem **Minderheitenschutz**.

Gem. Abs. 1 sind die §§ 29–34 über das Recht zum Widerspruch gegen Gewährung einer Barabfindung auf die Mitglieder einer übertragenden eG nicht anzuwenden. Der Grund hierfür liegt in einer Kombination aus dem § 29, dem vollen Wertansatz und der Begrenzung des Auseinandersetzungsguthabens auf den Nominalbetrag des Geschäftsguthabens. Bei Verschmelzungen mit übertragenden Rechtsträgern anderer Rechtsformen bleiben die §§ 29 ff. anwendbar.

An die Stelle des Widerspruchsrechts tritt die Ausschlagung (Abs. 2 und 3).

II. Norminhalt

1. Wirkung der Ausschlagung (Abs. 2)

Mit der Wirksamkeit der Eintragung der Verschmelzung in das Register erlischt der übertragende Rechtsträger. Dies führt den Anteilstausch herbei (s. § 20 Abs. 1 Nr. 2). Für die Anteilsinhaber des übertragenden Rechtsträgers entfällt der Gegenstand ihrer Beteiligung. Als Ausgleich sehen § 20 Abs. 1 Nr. 3, §§ 87 f. eine dem Verschmelzungsvertrag entsprechende Beteiligung an dem übernehmenden Rechtsträger vor (s. § 2: „gegen Gewährung von Anteilen oder Mitgliedschaften"). Dieser kraft Gesetzes bei zB einer eG herbeigeführte Mitgliedschaftserwerb wird durch die Ausschlagung (Frist in § 91 Abs. 2) **mit Wirkung ex tunc** beseitigt. Bei der Ausschlagung handelt es sich um eine einseitige empfangsbedürftige Willenserklärung. Das Mitglied wird also hinsichtlich der mit der Mitgliedschaft verbundenen Belastungen so gestellt, als sei es nie Mitglied gewesen.

---

[1] S. BT-Drs. 12/6699, 109 vom 1.2.1994.

Bis zu der tatsächlichen Ausschlagung besteht die Mitgliedschaft aber ansonsten fort. In der Zwischenzeit unter Mitwirkung eines später ausschlagenden Mitglieds ergangene Organisationsakte bleiben also trotz der ex tunc-Wirkung wirksam; insbesondere sind solche Beschlüsse nicht anfechtbar.[2]

5 Es ist nicht möglich, die Ausschlagung bei einer übernehmenden eG auf einzelne **Geschäftsanteile** zu begrenzen.[3] Gegenstand der Ausschlagung von Mitgliedern einer übertragenden eingetr. Genossenschaft ist deren unteilbare Mitgliedschaft in der eG und die damit verbundene besondere Bindung.

2. Voraussetzungen der Ausschlagung (Abs. 3)

6 Die Voraussetzungen der Ausschlagung in Abs. 3 sind denjenigen der außerordentlichen Kündigung der Mitgliedschaft in **§ 67a Abs. 1 GenG nachgebildet**. Das Recht zur Ausschlagung steht grundsätzlich jedem Mitglied der übertragenden Genossenschaft zu (Abs. 3 S. 1 und 2). In zeitlicher Hinsicht gilt die Beschränkung des § 91 Abs. 2.

§ 91 Form und Frist der Ausschlagung

(1) Die Ausschlagung ist gegenüber dem übernehmenden Rechtsträger schriftlich zu erklären.

(2) Die Ausschlagung kann nur binnen sechs Monaten nach dem Tage erklärt werden, an dem die Eintragung der Verschmelzung in das Register des Sitzes des übernehmenden Rechtsträgers nach § 19 Abs. 3 bekannt gemacht worden ist.

(3) Die Ausschlagung kann nicht unter einer Bedingung oder einer Zeitbestimmung erklärt werden.

1 Die Ausschlagung ist ein **Gestaltungsrecht**. Sie muss gegenüber dem Vertretungsorgan des übernehmenden Rechtsträgers schriftlich (§ 126 BGB) erklärt werden – bei der eG also gegenüber dem Vorstand (s. § 24 GenG) –, und erkennen lassen, dass sie aus Anlass der Verschmelzung erfolgt. Eine Begründung ist dagegen nicht erforderlich. Es muss sich aber jedenfalls konkludent ergeben, dass keine Kündigung gem. §§ 65 ff. GenG erklärt wird, sondern das Ausscheiden verschmelzungsbedingt erfolgen soll.[1]

2 Als einseitige empfangsbedürftige Willenserklärung wird die Ausschlagung erst mit ihrem **Zugang** wirksam (s. § 92 Abs. 2). Bis zu diesem Zeitpunkt kann sie zurückgenommen werden (s. § 130 Abs. 1 S. 2 BGB); ansonsten wird sie wirksam (s. § 92 Abs. 2) und führt die Wirkung des § 90 Abs. 2 herbei. Eine lediglich in Textform abgegebene oder mündlich erklärte Ausschlagung ist nichtig (s. § 125 S. 1 BGB).

Beratungshinweis: Der zur Niederschrift der Verschmelzungsversammlung erklärte Widerspruch (s. § 90 Abs. 3 S. 1 Nr. 1) vermag die wirksame Erklärung der Ausschlagung nicht zu ersetzen. Es fehlt bereits an einem Zugang der Erklärung.

3 Zeitlich ist das Ausschlagungsrecht nach Abs. 2 auf sechs Monate nach Bekanntmachung der Eintragung der Verschmelzung in das Register des übernehmenden Rechtsträgers begrenzt, also dem Wirksamwerden der Verschmelzung. Es handelt sich um eine

---

[2] S. Lutter/*Bayer* § 90 Rn. 14 f.; Beuthien/*Beuthien/Wolff* §§ 2 ff. Rn. 118.

[3] S. auch Beuthien/*Beuthien/Wolff* §§ 2 ff. Rn. 111a.

[1] S. Lutter/*Bayer* § 91 Rn. 1.

Ausschlussfrist. Für die **Fristberechnung** gelten die allg. §§ 186 ff. BGB. Eine verspätete Erklärung ist unwirksam.

Die Ausschlagung darf nach Abs. 3 nicht unter eine Bedingung oder eine Befristung gestellt werden. Sie ist jedoch von der Eintragung der Verschmelzung in das Register des übernehmenden Rechtsträgers abhängig (vgl. § 90 Abs. 2). 4

§ 92 Eintragung der Ausschlagung in die Mitgliederliste

(1) Die übernehmende Genossenschaft hat jede Ausschlagung unverzüglich in die Mitgliederliste einzutragen und das Mitglied von der Eintragung unverzüglich zu benachrichtigen.

(2) Die Ausschlagung wird in dem Zeitpunkt wirksam, in dem die Ausschlagungserklärung dem übernehmenden Rechtsträger zugeht.

Nach **Abs. 1** muss die übernehmende eG jede Ausschlagung „unverzüglich" (s. § 121 Abs. 1 S. 1 BGB „ohne schuldhaftes Zögern") in die Mitgliederliste der Genossenschaft eintragen und das Mitglied hiervon ebenfalls unverzüglich benachrichtigen (vgl. § 15 Abs. 2 S. 1 GenG). Die Eintragung in die Mitgliederliste ist nur **deklaratorisch**. Deshalb erfolgt in Abs. 2 die wegen des § 130 Abs. 2 BGB eigentlich unnötige Klarstellung. Die Benachrichtigung sollte schriftlich erfolgen. 1

Zuständig für die Eintragung und Benachrichtigung ist der **Vorstand** der übernehmenden Genossenschaft. Die Mitgliederliste ordnungsgemäß zu führen, ist Teil seiner Geschäftsführung (s. auch § 30 Abs. 1 GenG). 2

Anders als § 30 GenG, § 89 gibt § 92 Abs. 1 den **Inhalt** der Eintragung und Benachrichtigung nicht vor. Eingetragen werden sollten (vergleichbar dem „Ausscheiden aus der Genossenschaft", § 30 Abs. 2 S. 1 Nr. 3 GenG) die „Ausschlagung" und das Datum des Zugangs der Erklärung. Die Regelung gilt sowohl für die reine genossenschaftliche Verschmelzung als auch für die Aufnahme einer übertragenden Genossenschaft durch einen übernehmenden Rechtsträger anderer Rechtsform.[1] 3

Maßgeblich für den **Zeitpunkt** der Wirksamkeit der Ausschlagung ist allein der Zugang der Ausschlagungserklärung bei dem Vertretungsorgan des übernehmenden Rechtsträgers (**Abs. 2**), vorausgesetzt die Eintragung der Verschmelzung in das Register ist bereits vollzogen. Eine bereits vor der Eintragung erklärte Ausschlagung, kann selbst erst im Zeitpunkt der wirksamen Eintragung der Verschmelzung ihre Wirksamkeit erlangen. 4

§ 93 Auseinandersetzung

(1) ¹Mit einem früheren Mitglied, dessen Beteiligung an dem übernehmenden Rechtsträger nach § 90 Abs. 2 als nicht erworben gilt, hat der übernehmende Rechtsträger sich auseinanderzusetzen. ²Maßgebend ist die Schlußbilanz der übertragenden Genossenschaft.

---

[1] S. Lutter/*Bayer* § 92 Rn. 2.

(2) Dieses Mitglied kann die Auszahlung des Geschäftsguthabens, das es bei der übertragenden Genossenschaft hatte, verlangen; an den Rücklagen und dem sonstigen Vermögen der übertragenden Genossenschaft hat es vorbehaltlich des § 73 Abs. 3 des Genossenschaftsgesetzes keinen Anteil, auch wenn sie bei der Verschmelzung den Geschäftsguthaben anderer Mitglieder, die von dem Recht zur Ausschlagung keinen Gebrauch machen, zugerechnet werden.

(3) ¹Reichen die Geschäftsguthaben und die in der Schlußbilanz einer übertragenden Genossenschaft ausgewiesenen Rücklagen zur Deckung eines in dieser Bilanz ausgewiesenen Verlustes nicht aus, so kann der übernehmende Rechtsträger von dem früheren Mitglied, dessen Beteiligung als nicht erworben gilt, die Zahlung des anteiligen Fehlbetrags verlangen, wenn und soweit dieses Mitglied im Falle der Insolvenz Nachschüsse an die übertragende Genossenschaft zu leisten gehabt hätte. ²Der anteilige Fehlbetrag wird, falls die Satzung der übertragenden Genossenschaft nichts anderes bestimmt, nach der Zahl ihrer Mitglieder berechnet.

I. Normzweck

1 § 93 knüpft für die Ausschlagung an die allg. nach § 73 GenG mit einem ausgeschiedenen Mitglied vorzunehmende Auseinandersetzung an. Besonderheiten ergeben sich verschmelzungsbedingt vor allem hinsichtlich des Zeitpunkts des Ausscheidens (s. § 92 Abs. 2), der Fälligkeit des Anspruchs auf Auszahlung des Auseinandersetzungsguthabens (s. § 94) und der maßgeblichen Schlussbilanz (Abs. 1 S. 2). § 93 dient der Festsetzung des dann nach Maßgabe von § 94 auszuzahlenden Auseinandersetzungsguthabens.

II. Norminhalt

2 Die Auseinandersetzung findet nach der wirksamen Ausschlagung durch den übernehmenden Rechtsträger, zB eine eG, mit dessen nach § 90 Abs. 2 „früherem Mitglied" statt. Maßgeblich für die Ermittlung des Auseinandersetzungsguthabens ist jedoch die Schlussbilanz der übertragenden eG (**Abs. 1 S. 2**). Auf ihrer Grundlage ist das **Geschäftsguthaben** des (auch hinsichtlich dieser eG) früheren Mitglieds zu ermitteln (s. Abs. 2 Hs. 1). Nach Maßgabe von Abs. 2 Hs. 2 kann dieser Guthabenwert uU erhöht, gem. Abs. 3 aber idR nicht gemindert werden. Wirtschaftliche Entwicklungen nach dem Bilanzstichtag bleiben unberücksichtigt.

3 Eine Teilhabe an den Rücklagen und dem sonstigen Vermögen der übertragenden eingetragenen Genossenschaft findet idR nicht statt (**Abs. 2 Hs. 2**). Die einzige Ausnahme ermöglicht § **73 Abs. 3 GenG**. Hiernach kann die Satzung den Mitgliedern, die ihre Geschäftsanteile voll eingezahlt haben, für den Fall der Beendigung der Mitgliedschaft einen Anspruch auf Auszahlung eines Anteils an einer eigens zu diesem Zweck aus dem Jahresüberschuss zu bildenden **Ergebnisrücklage** einräumen. Ist über die Gewinnverwendung noch nicht beschlossen, scheidet ein dahin gehender Anspruch aus.[1] Eine Beteiligung am sonstigen Vermögen der eG ist ausgeschlossen, wie es auch wegen der besonderen gesetzlichen Zwecksetzung und Wirtschaftsweise (§ 1 Abs. 1 GenG) eingetr. Genossenschaften nicht geboten ist Der Abs. 2 Hs. 2 aE schneidet dem Mitglied den Einwand ab, es sei gegenüber den nicht die Ausschlagung erklärenden Mitgliedern benachteiligt.

---

[1] S. Schmitt/*Hörtnagl*/*Hörtnagl*/*Ollech* § 93 Rn. 2.

In engen Grenzen kommt in Betracht, dass ein Auseinandersetzungsguthaben nicht 4
zustande kommt und stattdessen der übernehmende Rechtsträger von dem ausschlagenden Mitglied die Zahlung eines anteiligen Fehlbetrags verlangen kann. Hierzu muss die Bilanz der übertragenden eG **negatives Eigenkapital** aufweisen und zusätzlich deren Satzung eine Nachschusspflicht in der Insolvenz vorgesehen haben (**Abs. 3 S. 1**; vgl. §§ 6 Nr. 3, 105 ff. GenG). Nur dann und nur soweit die Nachschusspflicht reiche, kann die Zahlung eines anteiligen Fehlbetrags verlangt werden.

Sah die Satzung der übertragenden eG eine solche Regelung nicht vor, wird der anteilige Ausgleichsbetrag gem. **Abs. 3 S. 2** nach der Zahl aller Mitglieder der übertragenden eG ermittelt. 5

Zum 15.12.2004 wurde der Abs. 4 des § 93 gestrichen (so auch § 74 GenG). Der Anspruch 6
auf Auszahlung des Auseinandersetzungsguthabens **verjährt** seither einheitlich nach den allg. Vorschriften innerhalb von drei Jahren nach Ende des Kalenderjahres, in dem der Anspruch entstanden (s. Fälligkeit § 94) und der Anspruchsgrund bekannt ist (s. §§ 195, 199 Abs. 1 BGB).[2]

§ 94 Auszahlung des Auseinandersetzungsguthabens

Ansprüche auf Auszahlung des Geschäftsguthabens nach § 93 Abs. 2 sind binnen sechs Monaten seit der Ausschlagung zu befriedigen; die Auszahlung darf jedoch nicht erfolgen, bevor die Gläubiger, die sich nach § 22 gemeldet haben, befriedigt oder sichergestellt sind, und nicht vor Ablauf von sechs Monaten seit dem Tag, an dem die Eintragung der Verschmelzung in das Register des Sitzes des übernehmenden Rechtsträgers nach § 19 Abs. 3 bekannt gemacht worden ist.

Die Regelung zur Auszahlung des Auseinandersetzungsguthabens in § 94 entspricht 1
im Wesentlichen denjenigen in § 87 Abs. 2 S. 1 und § 88 Abs. 1 S. 3 zum übersteigenden Geschäftsguthaben. Das „Geschäftsguthaben" iS von § 94 ist das Auseinandersetzungsguthaben (s. § 93 Abs. 2; § 73 Abs. 3 GenG).

§ 94 ordnet für die Ansprüche auf Auszahlung des Auseinandersetzungsguthabens 2
nach § 93 Abs. 2 an, dass dies binnen sechs Monaten nach der Ausschlagung von dem übernehmenden Rechtsträger auszuzahlen ist, die Auszahlung aus Gründen des Gläubigerschutzes aber erst dann erfolgen darf, wenn sich nach § 22 meldende Gläubiger befriedigt oder ihre Ansprüche besichert wurden (**Auszahlungssperre**) und die Sechsmonatsfrist verstrichen ist (**Sperrfrist**), beginnend mit dem Wirksamwerden der Verschmelzung. Wird das Guthaben unter Verstoß gegen § 94 ausgezahlt, kann diese Leistung nicht von dem ehemaligen Mitglied zurückgefordert werden.[1]

Der Auseinandersetzungsanspruch des ausschlagenden Mitglieds **entsteht** dem Grunde 3
nach bereits mit der Bildung der Geschäftsguthaben und ist aufschiebend bedingt durch das Ausscheiden aus dem übernehmenden Rechtsträger nach § 90 Abs. 2.[2]

---

2 S. BT-Drs. 15/3653, 19 vom 24.8.2004.
1 Allg. Ansicht s. Schmitt/Hörtnagl/*Hörtnagl/Ollech* § 94 Rn. 1 mN.

2 S. Beuthien/*Beuthien/Wolff* §§ 2 ff. Rn. 123; Pöhlmann/Fandrich/Bloehs/*Fandrich* § 94 Rn. 1.

§ 95 Fortdauer der Nachschußpflicht

(1) ¹Ist die Haftsumme bei einer übernehmenden Genossenschaft geringer, als sie bei einer übertragenden Genossenschaft war, oder haften den Gläubigern eines übernehmenden Rechtsträgers nicht alle Anteilsinhaber dieses Rechtsträgers unbeschränkt, so haben zur Befriedigung der Gläubiger der übertragenden Genossenschaft diejenigen Anteilsinhaber, die Mitglieder der übertragenden Genossenschaft waren, weitere Nachschüsse bis zur Höhe der Haftsumme bei der übertragenden Genossenschaft zu leisten, sofern die Gläubiger, die sich nach § 22 gemeldet haben, wegen ihrer Forderung Befriedigung oder Sicherstellung auch nicht aus den von den Mitgliedern eingezogenen Nachschüssen erlangen können. ²Für die Einziehung der Nachschüsse gelten die §§ 105 bis 115a des Genossenschaftsgesetzes entsprechend.

(2) Absatz 1 ist nur anzuwenden, wenn das Insolvenzverfahren über das Vermögen des übernehmenden Rechtsträgers binnen zwei Jahren nach dem Tage eröffnet wird, an dem die Eintragung der Verschmelzung in das Register des Sitzes dieses Rechtsträgers nach § 19 Abs. 3 bekannt gemacht worden ist.

I. Normzweck

1 Die Vorschrift bezweckt den Schutz der Gläubiger der übertragenden eG für den Fall der Insolvenz des übernehmenden Rechtsträgers. Die praktische Bedeutung dieser Vorschrift ist jedoch äußerst gering, da eine Nachschusspflicht in der Insolvenz durch die Satzung der Genossenschaft in der Regel ausgeschlossen wird.[1]

II. Norminhalt

2 Gem. **Abs. 2** lebt die Nachschusspflicht des Abs. 1 nur für den Fall auf, dass das Insolvenzverfahren über das Vermögen des übernehmenden Rechtsträgers binnen zwei Jahren nach der Bekanntgabe der Verschmelzung im Register des übernehmenden Rechtsträgers über dessen Vermögen eröffnet wird. Maßgeblich ist der Eröffnungsbeschluss (s. § 27 InsO).

3 Dann können nach Maßgabe von **Abs. 1** frühere Mitglieder der übertragenden eG, die jetzt dem übernehmenden Rechtsträger angehören, in engen Grenzen einer **subsidiären Nachschusspflicht** gegenüber den Gläubigern der übertragenden eG unterliegen. § 95 ist nicht anwendbar auf frühere Mitglieder der übertragenden eG, die im Zeitpunkt der Eröffnung des Insolvenzverfahrens bereits gem. § 90 oder §§ 65 ff. GenG aus dem übernehmenden Rechtsträger ausgeschieden sind.[2]

4 Werden ausschließlich eingetr. Genossenschaften miteinander verschmolzen, setzt die Nachschusspflicht voraus, dass die Satzung der übertragenden eG im Zeitpunkt der Verschmelzung eine höhere **Haftsumme** beinhaltete als diejenige der übernehmenden eG in diesem Zeitpunkt. Dazu bedarf es für jedes Mitglied des Vergleichs der Satzungsbestimmungen.

5 **Begünstigt** sind nur solche Gläubiger, deren Ansprüche bei Eintritt der Verschmelzungswirkung (s. § 20 Abs. 1) gegenüber der übertragenden eG begründet waren. Zu-

---

[1] S. Lutter/*Bayer* § 95 Rn. 2.
[2] S. Beuthien/*Beuthien/Wolff* §§ 2 ff. Rn. 129; s. auch Schmitt/Hörtnagl/*Hörtnagl/Ollech* § 95 Rn. 4 begründend auch unter Verweisung auf § 95 Abs. 1 S. 2 und die dortige klarstellende Verweisung nur auf die §§ 105–115a GenG und nicht auch auf §§ 115b, c GenG.

dem muss die Forderung nach § 22 form- und fristgerecht angemeldet worden sein und die übrigen allg. Voraussetzungen dieser Vorschrift erfüllen (→ § 22 Rn. 12 ff.).

Zweiter Unterabschnitt Verschmelzung durch Neugründung

§ 96 Anzuwendende Vorschriften

Auf die Verschmelzung durch Neugründung sind die Vorschriften des Ersten Unterabschnitts entsprechend anzuwenden.

§ 96 ordnet an, dass die §§ 79–95 auch für die Verschmelzung durch Neugründung "entsprechend" anzuwenden sind. Die §§ **97, 98** kommen lediglich ergänzend zur Anwendung. Hinzu treten nach § 36 Abs. 2 S. 1 die §§ 1–16 GenG.

Die §§ 96–98 ergänzen die §§ 2 ff., 36–38 für den Fall, dass übernehmender Rechtsträger eine neu gegründete eG wird. Es vereinigen sich also zwei oder mehrere Rechtsträger zu einer eG, die zuvor nicht bestand.

Beratungshinweis: Das ist in der **Praxis** aufgrund der regelmäßig erhöhten Belastung mit **Grunderwerbsteuer**[1] sowie den mit der Gründung der neuen eingetragenen Genossenschaft verbundenen Zeitverzögerungen und erhöhten Kosten so gut wie nie der Fall.

Für als eingetr. Genossenschaften verfasste Kreditinstitute ist dieser Weg ohnehin praktisch verschlossen. Rein emotionale Gründe, wie zB die Tatsache, dass keiner der Rechtsträger auf eine bereits bestehende Genossenschaft verschmelzen will, rechtfertigen die mit diesem Weg verbundenen Nachteile idR nicht.[2]

§ 97 Pflichten der Vertretungsorgane der übertragenden Rechtsträger

(1) Die Satzung der neuen Genossenschaft ist durch sämtliche Mitglieder des Vertretungsorgans jedes der übertragenden Rechtsträger aufzustellen und zu unterzeichnen.

(2) ¹Die Vertretungsorgane aller übertragenden Rechtsträger haben den ersten Aufsichtsrat der neuen Genossenschaft zu bestellen. ²Das gleiche gilt für die Bestellung des ersten Vorstands, sofern nicht durch die Satzung der neuen Genossenschaft anstelle der Wahl durch die Generalversammlung eine andere Art der Bestellung des Vorstands festgesetzt ist.

Nach **Abs. 1** ist die **Satzung** der neu gegründeten eG durch ausnahmslos alle ("sämtliche") Mitglieder des Vertretungsorgans jedes übertragenden Rechtsträgers aufzustellen und zu unterzeichnen. Wirkt ein Mitglied eines Vertretungsorgans nicht mit, ist die Satzung nicht formgerecht errichtet (zur Heilung s. § 20 Abs. 2). Die neu aufzustellende Satzung ist Bestandteil des Verschmelzungsvertrags (s. auch § 98 S. 1) und bedarf daher der notariellen Beurkundung.

---

1 Dazu *Fandrich/Graef/Bloehs*, Verschmelzung von Genossenschaften in der Praxis, S. 100 f.
2 S. *Pöhlmann/Fandrich/Bloehs/Fandrich* § 96 Rn. 1; *Beuthien/Beuthien/Wolf* §§ 2 ff. Rn. 133 stellen auf die Beweggründe zur Einfügung der Verschmelzung durch Neubildung ab und verweisen auf „Traditions-, Rivalitäts- u Prestigefragen" (*Schultz* NJW 1974, 161 (164)), die in der Praxis aber nicht die erwartet große Rolle spielen.

2 **Gründer** (nicht Mitglieder!) sind die übertragenden Rechtsträger, vertreten durch die Mitglieder der Vertretungsorgane (s. § 97 Abs. 1). § 4 GenG gilt nicht (s. § 36 Abs. 2 S. 3).

3 Der erste **Aufsichtsrat** der neu gegründeten eG (genauer: die ersten, mindestens drei Aufsichtsratsmitglieder) wird durch die Vertretungsorgane aller übertragenden Rechtsträger, also durch die Gründer der eG, bestellt (**Abs. 2 S. 1**). Hierbei ist es – wie auch der gegenüber § 97 Abs. 1 abweichende Wortlaut von § 97 Abs. 2 nahe legt – nicht erforderlich, dass sämtliche Mitglieder der jeweiligen Vertretungsorgane mitwirken und es genügt die einfache Stimmenmehrheit.[1] Dabei ist der Grundsatz der Selbstorganschaft zu wahren (s. § 9 Abs. 2 GenG, § 36 Abs. 2 S. 1). Das Amt ist von der Annahme abhängig (s. auch § 98 S. 2).

4 Auch der erste **Vorstand** der neu gegründeten eG (genauer: die ersten Vorstandsmitglieder) wird unter Berücksichtigung von § 9 Abs. 2 GenG durch die Vertretungsorgane aller übertragenden Rechtsträger, also durch die Gründer der eG, bestellt (**Abs. 2 S. 2 Hs. 1**); es sei denn, die Satzung der neuen Genossenschaft sieht vor, dass die Vorstandsmitglieder nicht durch die General- bzw. Vertreterversammlung, sondern durch den Aufsichtsrat bestellt werden (**Abs. 2 S. 2 Hs. 2**). Dann ist der erste Aufsichtsrat für die Bestellung der Vorstandsmitglieder zuständig.

Beratungshinweis: Für die Bestellung der ersten Aufsichtsrats- und Vorstandsmitglieder nach § 97 Abs. 2 bedarf es – anders als nach § 97 Abs. 1 – nicht der Mitwirkung aller Mitglieder des Vertretungsorgans. Es genügt die Mitwirkung in vertretungsberechtigter Anzahl.

5 Die **Anzahl** der Organmitglieder ergibt sich aus §§ 24 Abs. 2 S. 1, 36 Abs. 1 GenG oder aus einer abweichenden Satzungsregelung. Bei Kreditgenossenschaften wären sowohl hinsichtlich des Vorstands als auch des Aufsichtsrats bankaufsichtliche Bestimmungen aus dem KWG zu beachten.

§ 98 Verschmelzungsbeschlüsse

[1]Die Satzung der neuen Genossenschaft wird nur wirksam, wenn ihm die Anteilsinhaber jedes der übertragenden Rechtsträger durch Verschmelzungsbeschluß zustimmen. [2]Dies gilt entsprechend für die Bestellung der Mitglieder des Vorstands und des Aufsichtsrats der neuen Genossenschaft, für die Bestellung des Vorstands jedoch nur, wenn dieser von den Vertretungsorganen aller übertragenden Rechtsträger bestellt worden ist.

1 Die Satzung der neuen Genossenschaft ist gem. § 97 Abs. 1 durch sämtliche Mitglieder des Vertretungsorgans aufzustellen und zu unterzeichnen.[1] Diese Satzung wird nach **S. 1** nur dann wirksam und die eG kann als neuer Rechtsträger auch nur dann errichtet werden, wenn die Verschmelzungsbeschlüsse der Anteilsinhaber aller übertragenden Rechtsträger (s. § 13 Abs. 1 S. 1) auch die Zustimmung zu der **Satzung** einer neuen eG enthalten. Nach dem letzten Zustimmungsbeschluss bestimmt sich der Zeitpunkt der Wirksamkeit. Der Beschluss bedarf jeweils einer **Mehrheit von 75 %** der abgegebenen

---

1 S. Lutter/*Bayer* § 97 Rn. 3.
1 S. Lutter/*Bayer* § 98 Rn. 1.

Stimmen (s. auch § 84), sofern die Satzung nicht höhere Mehrheitsanforderungen aufstellt. Mit Eintragung in das zuständige Genossenschaftsregister entsteht die neue eG.

Vorgenanntes gilt nach S. 2 auch für die Bestellung von **Aufsichtsrat und Vorstand** (genauer: Aufsichtsrats- und Vorstandsmitgliedern) der neuen eG; für die Vorstandsmitglieder jedoch nur, wenn sie von den Vertretungsorganen aller übertragenden Rechtsträger bestellt worden sind. Sieht die Satzung eine Bestellung der Vorstandsmitglieder durch den ersten Aufsichtsrat vor, muss zuvor die Bestellung der ersten Aufsichtsratsmitglieder in Mindestzahl durch Verschmelzungsbeschluss wirksam werden. Der Beschluss nimmt dann keinen Bezug auf die Bestellung der Vorstandsmitglieder. 2

Sechster Abschnitt
Verschmelzung unter Beteiligung rechtsfähiger Vereine

§ 99 Möglichkeit der Verschmelzung

(1) Ein rechtsfähiger Verein kann sich an einer Verschmelzung nur beteiligen, wenn die Satzung des Vereins oder Vorschriften des Landesrechts nicht entgegenstehen.

(2) Ein eingetragener Verein darf im Wege der Verschmelzung Rechtsträger anderer Rechtsform nicht aufnehmen und durch die Verschmelzung solcher Rechtsträger nicht gegründet werden.

Literatur:
Bergeest, Die Verschmelzung des „Verein Hamburger Assecuradeure" mit dem Verein Bremer Seeversicherer e. V." am 28. November 2000, FS Winter, 2002, 21; *Katschinski*, Verschmelzung von Vereinen, 1999 (zit.: *Katschinski* Verschmelzung); *Neumayer/Schulz*, Die Verschmelzung von rechtsfähigen Vereinen, DStR 1996, 872.

A. Normzweck und systematische Einordnung 1	2. Verschmelzungsbericht 28
B. Verschmelzungsfähigkeit von Vereinen 3	3. Prüfung der Verschmelzung 30
I. Allgemeine Voraussetzungen 3	4. Zustimmungsbeschlüsse 31
II. Besondere Voraussetzungen für alle Arten von Vereinen (Abs. 1) 9	5. Registeranmeldung 32
	6. Registereintragung 34
III. Besondere Voraussetzungen betreffend eingetragene Vereine (Abs. 2) 11	7. Wirkungen der Verschmelzung 35
	8. Kosten 37
C. Verschmelzungsverfahren 13	III. Besonderheiten bei der Verschmelzung zur Neugründung 38
I. Überblick 13	
II. Einzelheiten 14	
1. Verschmelzungsvertrag 14	

A. Normzweck und systematische Einordnung

Eingetragene Vereine (iSv § 21 BGB) sind gemäß § 3 Abs. 1 Nr. 4 als übertragende, übernehmende oder neu entstehende Rechtsträger, **wirtschaftliche Vereine** (iSv § 22 BGB) gemäß § 3 Abs. 2 Nr. 1 hingegen nur als übertragende Rechtsträger verschmelzungsfähig. Durch § 99 wird die Umwandlungsfähigkeit dieser Vereine weiter eingeschränkt. Damit schützt die Norm die **ideelle Zweckbindung eingetragener Vereine**[1] und verhindert – rechtspolitisch gewollt – die erleichterte Gründung und Ausdehnung wirtschaftlicher Vereine, die vom Gesetzgeber aufgrund der mangelhaften Publizitäts- und 1

---
1 Widmann/Mayer/*Vossius* § 99 Rn. 4.

Kapitalerhaltungsvorschriften als Unternehmensträger nach wie vor kritisch betrachtet werden.²

2 Die für die Verschmelzung unter Beteiligung von Vereinen anwendbaren Voraussetzungen ergeben sich zunächst aus den speziellen Regelungen der §§ 99–104a. Soweit sich hieraus keine abweichenden Regelungen ergeben, sind die allgemeinen Vorschriften über die Verschmelzung (§§ 2–38) heranzuziehen. Sofern an den Verschmelzungsvorgängen neben Vereinen auch Rechtsträger anderer Rechtsformen beteiligt sind (**Mischverschmelzung**), sind außerdem die für diese Rechtsträger maßgeblichen besonderen Vorschriften (§§ 39–122) zu beachten. Schlussendlich sind bei einer Verschmelzung zur Neugründung gemäß § 36 Abs. 2 die Gründungsvorschriften des neu entstehenden Rechtsträgers einzuhalten.

Der mit § 99 inhaltsgleiche § 149 regelt wiederum die Voraussetzungen der **Spaltung unter Beteiligung rechtsfähiger Vereine**.

B. Verschmelzungsfähigkeit von Vereinen
I. Allgemeine Voraussetzungen

3 Vereine sind nur insoweit taugliche Objekte umwandlungsrechtlicher Maßnahmen im Sinne des UmwG als es sich um **rechtsfähige Vereine** handelt. Der rechtsfähige Verein wird in Anknüpfung an die Terminologie des BGB als **Oberbegriff** für **eingetragene Vereine** (eV) im Sinne von § 21 BGB sowie für **wirtschaftliche Vereine** im Sinne von § 22 BGB verwendet und wird damit begrifflich von den nicht eingetragenen und nicht konzessionierten Vereinen abgegrenzt. Die Bezeichnungen „rechtsfähiger Verein" und „nicht rechtsfähiger Verein" sind insoweit etwas missverständlich, als dass sich **nicht rechtsfähige Vereine** iSv § 54 BGB von rechtsfähigen Vereinen allein durch das Fehlen der Eintragung im Register unterscheiden. Sie können durch Teilnahme am Rechtsverkehr Rechte und Pflichten erwerben und sind ebenso wie die GbR damit partiell rechtsfähig.³ Sobald ein Verein zB durch Entzug nach §§ 43, 73 BGB seine Rechtsfähigkeit verliert, endet damit auch die Verschmelzungsfähigkeit.⁴

4 Nicht umwandlungsfähig sind damit **Parteien und Gewerkschaften**, soweit sie – meist historisch bedingt – als nicht eingetragene Vereine organisiert und folglich nicht rechtsfähig iSd § 54 BGB sind. Obwohl ihnen eine verfassungsrechtliche Sonderstellung zukommt, ist das umwandlungsrechtliche Analogieverbot des § 1 Abs. 2 (→ § 1 Rn. 44 ff.) auch hier zu beachten, da es seitens des Gesetzgebers in Kenntnis dieser Sachlage im Rahmen der Umwandlungsrechtsreform 1995 so verabschiedet wurde.⁵

Hinweis: Sofern ein nicht rechtsfähiger bzw. nicht eingetragener Verein eine Verschmelzung nach dem UmwG durchführen will, muss zuvor die Rechtsfähigkeit durch Eintragung in das Vereinsregister herbeigeführt werden.

5 Auch der **Vorverein** selbst ist nicht verschmelzungsfähig. Hierbei handelt es sich um einen Verein, der auf Eintragung bzw. Konzessionierung gerichtet und dessen Satzung bereits durch die Gründer verbindlich festgestellt ist. Es fehlt lediglich an der Eintragung im Register. Der Vorverein selbst kann einen Verschmelzungsvertrag abschließen.

---

2 Semler/Stengel/*Leonard*/*Katschinski* § 99 Rn. 11.
3 Grüneberg/*Ellenberger* BGB § 54 Rn. 2.
4 Lutter/*Hennrichs* § 99 Rn. 14.

5 Semler/Stengel/*Leonard*/*Katschinski* § 99 Rn. 41; Lutter/*Hennrichs* § 99 Rn. 9.

Er muss jedoch zum Zeitpunkt der Wirksamkeit der Verschmelzung im Vereinsregister eingetragen sein.[6]

Ferner ist nach hM ein **ausländischer Verein**, also einer, dessen Verwaltungssitz außerhalb der Bundesrepublik Deutschland belegen ist, nicht verschmelzungsfähig.[7] Der Gegenansicht[8] ist zwar zuzugeben, dass auch bei Vereinen ggf. ein Bedürfnis für eine grenzüberschreitende Verschmelzung besteht. Jedoch hat der Gesetzgeber im Zuge der Umwandlungsrechtsreform 2007 lediglich eine grenzüberschreitende Verschmelzung von Kapitalgesellschaften (§§ 306 ff.) vorgesehen, weswegen auch hier das generelle Analogieverbot eingreift. Auch europarechtliche Erwägungen, insbesondere die EuGH-Rechtsprechung zur grenzüberschreitenden Verschmelzung[9] stehen dem nicht entgegen, da die Niederlassungsfreiheit gemäß Art. 49 AEUV lediglich für Gesellschaften gilt, die auf eine Erwerbstätigkeit gerichtet sind, also nicht für (Ideal-)Vereine.[10] Vom ausländischen Verein ist jedoch der **Ausländerverein** nach § 14 Abs. 1 VereinsG zu unterscheiden, dessen Mitglieder oder Leiter sämtlich oder überwiegend nicht deutsche Staatsangehörige sind. Ein solcher Ausländerverein ist ein nach deutschem Recht errichteter Verein mit Sitz im Inland und ist, sofern im Vereinsregister angemeldet, verschmelzungsfähig.[11]

Dagegen können sich **aufgelöste rechtsfähige Vereine** als übertragende Rechtsträger (vgl. § 3 Abs. 3) an Verschmelzungen beteiligen, wenn deren Fortsetzung noch beschlossen werden kann. Voraussetzung dafür ist, dass sich der Verein im Stadium der Abwicklung befindet und noch nicht vollbeendigt (endgültige Verteilung des Vermögens) ist. Ferner muss der Auflösungsgrund beseitigt werden. Bei einem laufenden Insolvenzverfahren über das Vermögen des Vereins muss das Verfahren erst aufgehoben werden, da dieses auf Vollbeendigung des Rechtsträgers gerichtet ist.[12] Anders als bei Kapitalgesellschaften und bei der Genossenschaft steht die bereits begonnene Verteilung des Vereinsvermögens einer möglichen Fortsetzung nicht entgegen. Die analoge Anwendung von § 274 Abs. 1 S. 1 AktG, § 79a Abs. 1 S. 1 GenG, wonach der Beginn der Vermögensverteilung die Fortsetzung der aufgelösten Gesellschaft ausschließt, wird zwar nach hM bei der Gesellschaft mit beschränkter Haftung angenommen, ist aber bei Vereinen nicht sachgerecht. Da bei Vereinen keine Vorschriften zum Schutz von Gläubigern bzw. keine Kapitalerhaltungsvorschriften existieren, ist bereits die Ausgangssituation verschieden, weshalb keine zu einer Analogie berechtigende planwidrige Regelungslücke vorliegt.[13] An einer **Fortsetzungsfähigkeit** fehlt es ferner, wenn aufgrund eines Sonderrechts (§ 35 BGB) ein Anspruch auf Liquidation des Vereins besteht und der Sonderrechtsinhaber nicht der Fortsetzung zustimmt, sowie in den Fällen, in denen das gesamte Vermögen des Vereins bei Auflösung an den Fiskus fällt (entweder kraft Satzungsbestimmung oder nach § 45 Abs. 3 BGB), da dann der Verein gemäß § 47 BGB ohne Liquidation erlischt.

---

6 Semler/Stengel/Leonard/*Katschinski* § 99 Rn. 54.
7 Semler/Stengel/Leonard/*Katschinski* § 99 Rn. 57; Widmann/Mayer/*Vossius* § 99 Rn. 10; Kölner Komm UmwG/*Leuering* § 99 Rn. 13.
8 Lutter/*Hennrichs* § 99 Rn. 3.
9 EuGH 13.12.2005 – C-411/03, NJW 2006, 425 – SEVIC Systems AG.
10 OLG Zweibrücken NJW-RR 2006, 32.
11 Semler/Stengel/Leonard/*Katschinski* § 99 Rn. 58.
12 Semler/Stengel/Leonard/*Katschinski* § 99 Rn. 46.
13 Lutter/*Hennrichs* § 99 Rn. 14; Widmann/Mayer/*Vossius* § 99 Rn. 16.

8 Vereine, die ihre Rechtsfähigkeit vor Inkrafttreten des BGB zum 1.1.1900 erhalten haben, können nach § 317 S. 1 umgewandelt werden.[14] Für derartige sog. **altrechtliche Vereine** gelten die Vorschriften über den wirtschaftlichen Verein entsprechend.

II. Besondere Voraussetzungen für alle Arten von Vereinen (Abs. 1)

9 Ein rechtsfähiger Verein kann sich an Verschmelzungsmaßnahmen nur dann beteiligen, wenn **landesrechtliche Regelungen** nicht entgegenstehen. Diese Beschränkung betrifft zwar sämtliche Formen von Vereinen, wird aber im Ergebnis nur bei wirtschaftlichen Vereinen einschlägig sein, die gemäß § 22 BGB für die Rechtsfähigkeit einer staatlichen Konzession bedürfen. Diese Verleihung steht dem Land zu, in dessen Gebiet der Verein seinen Sitz hat. Da gemäß § 33 Abs. 2 BGB bei diesen Vereinen sämtliche Satzungsänderungen ebenfalls der Genehmigung durch die entsprechende (Landes-)Behörde bedürfen, wollte der Gesetzgeber des UmwG nicht ausschließen, dass sich aus den anwendbaren landesrechtlichen Regelungen weitere Beschränkungen in Bezug auf umwandlungsrechtliche Maßnahmen ergeben können.[15] De lege lata sind aber derartige landesrechtliche Beschränkungen nicht ersichtlich, obgleich dies aufgrund der nicht ausgeschöpften konkurrierenden Gesetzgebungskompetenz für die Zukunft nicht ausgeschlossen ist.[16]

10 § 99 Abs. 1 stellt für alle Arten von Vereinen die **Verschmelzungsfähigkeit unter Satzungsvorbehalt**. Dies gilt nicht nur in den Fällen, in denen die Satzung ausdrücklich die Auflösung des Vereins im Wege der Verschmelzung ausschließt, sondern auch dann, wenn einzelne Satzungsbestimmungen einer Verschmelzung lediglich sinngemäß entgegenstehen.[17] Daher ist zunächst durch Auslegung der entsprechenden Satzungsbestimmung zu ermitteln, ob eine Beschränkung oder der Ausschluss einer Verschmelzungsmaßnahme beabsichtigt ist. Umstritten ist dies insbesondere in den Fällen, in denen die Vereinssatzung im Fall der Auflösung des Vereins vorsieht, dass das Vereinsvermögen einem bestimmten Anfallberechtigten zufällt. Dies kommt in der Praxis bei gemeinnützigen Vereinen vor, bei denen wegen des Grundsatzes der Vermögensbindung für gemeinnützige Zwecke gemäß §§ 55 Abs. 1 Nr. 4, 61 AO in der Regel ein ebenfalls gemeinnütziger Anfallberechtigter in der Satzung genannt wird. Nach einer Ansicht soll zumindest dann, wenn der übernehmende Rechtsträger selbst nicht steuerbegünstigt ist, eine solche Regelung der Verschmelzung entgegenstehen, da ihr Sinn und Zweck in der Sicherstellung der Vermögensbindung für die vom Verein verfolgten steuerbegünstigten Zwecke liegt.[18] Nach anderer, im Ergebnis vorzugswürdiger, Ansicht bewirkt eine solche Regelung keine handelsrechtliche Verschmelzungsbeschränkung, sondern führt – wie ggf. bei anderen Verschmelzungskonstellationen auch – unter Umständen lediglich zu steuerlichen Nachteilen.[19]

Hinweis: Will man derartige steuerliche Nachteile vermeiden oder satzungsbedingte Verschmelzungshindernisse beseitigen, muss man die Satzung im Zusammenhang mit der geplanten Verschmelzung überprüfen und ggf. anpassen. Im Regelfall bedürfen sowohl die Satzungsänderung (§ 33 Abs. 1 BGB) als auch der Zustimmungsbeschluss

---

14 Vgl. Kommentierung zu § 317; *Bergeest* FS Winter, 2002, 21 ff.
15 Lutter/*Hennrichs* § 99 Rn. 4.
16 Lutter/*Hennrichs* § 99 Rn. 13; Semler/Stengel/Leonard/*Katschinski* § 99 Rn. 18.
17 Semler/Stengel/Leonard/*Katschinski* § 99 Rn. 20; Widmann/Mayer/*Vossius* § 99 Rn. 21.
18 Semler/Stengel/Leonard/*Katschinski* § 99 Rn. 21.
19 Lutter/*Hennrichs* § 99 Rn. 11; Widmann/Mayer/*Vossius* § 99 Rn. 26.

für die Verschmelzung einer Dreiviertelmehrheit, weshalb die Beschränkungen des
§ 99 Abs. 1 nur dann zu Problemen führen können, wenn für eine Satzungsänderung
besondere Erfordernisse (zB Zustimmungsvorbehalt bestimmter einzelner Mitglieder)
vorgesehen sind.

III. Besondere Voraussetzungen betreffend eingetragene Vereine (Abs. 2)

Während § 99 Abs. 1 allgemeine Beschränkungen für alle (rechtsfähigen) Vereine auf- 11
stellt, beschränkt § 99 Abs. 2 **spezielle Verschmelzungskonstellationen** beim **eingetragenen Verein (eV)**. Aus der Zusammenschau von § 3 und § 99 ergeben sich somit
zunächst für den eingetragenen Verein die folgenden zulässigen Verschmelzungskonstellationen:

- die Verschmelzung eines eV auf einen anderen, bereits bestehenden eV (Verschmelzung im Wege der Aufnahme);
- die Verschmelzung eines eV auf einen Rechtsträger anderer Rechtsform ((Misch-)Verschmelzung im Wege der Aufnahme);
- die Verschmelzung mehrerer eV auf einen neu entstehenden eV (Verschmelzung im Wege der Neugründung);
- die Verschmelzung von eV auf einen neu entstehenden Rechtsträger anderer Rechtsform ((Misch-)Verschmelzung im Wege der Neugründung);
- die Verschmelzung eines eV mit einem Rechtsträger anderer Rechtsform auf einen bestehenden oder neu entstehenden Rechtsträger anderer Rechtsform ((Misch-)Verschmelzung im Wege der Aufnahme oder der Neugründung).

Daneben bleibt der Zusammenschluss von Rechtsträgern sonstiger Rechtsform auf
einen eingetragenen Verein im Wege der Einzelübertragung der einzelnen Vermögenswerte sowie bei Personengesellschaften der Zusammenschluss durch Anwachsung auf
das Vermögen des einzigen übriggebliebenen Gesellschafters (der eingetragene Verein)
möglich (→ § 1 Rn. 36).[20]

Bereits durch § 3 Abs. 2 Nr. 1 wird die Möglichkeit umwandlungsrechtlicher Maßnah- 12
men für **wirtschaftliche Vereine** iSv § 22 BGB dadurch eingeschränkt, dass diese nur
als **übertragende Rechtsträger** in Frage kommen. Damit sind neben Verschmelzungen
„auf" einen wirtschaftlichen Verein auch Verschmelzungen wirtschaftlicher Vereine untereinander ausgeschlossen.[21] Wie beim eingetragenen Verein stehen beim wirtschaftlichen Verein weder § 3 Abs. 2 Nr. 1 noch § 1 Abs. 2 einem Zusammenschluss im Wege der
Einzelrechtsübertragung oder bei Personengesellschaften durch Anwachsung entgegen.

C. Verschmelzungsverfahren

I. Überblick

Das Verschmelzungsverfahren richtet sich grundsätzlich nach den allgemeinen Vor- 13
schriften über die Verschmelzung gem. §§ 2–38, die ggf. durch die vereinsspezifischen
Regelungen modifiziert werden. Erforderlich sind demnach:

- **Verschmelzungsvertrag**, vgl. §§ 4–7, 29, 30;
- **Verschmelzungsbericht**, vgl. § 8;

---

20 Lutter/*Lutter/Drygala* § 1 Rn. 51.
21 Lutter/*Hennrichs* § 99 Rn. 20; Semler/Stengel/Leonard/
Katschinski § 99 Rn. 37.

- ggf. **Verschmelzungsprüfung**, vgl. § 100 iVm §§ 9–12, 30 Abs. 2;
- Vorbereitung der Mitgliederversammlung, vgl. § 101;
- Durchführung der Mitgliederversammlung (§ 102) sowie Herbeiführung der **Zustimmungsbeschlüsse** durch die Anteilsinhaber der beteiligten Rechtsträger (§ 103 iVm § 13);
- **Anmeldung im Register** oder – bei nicht registrierten Vereinen – Bekanntmachung der Verschmelzung, vgl. §§ 16, 17 bzw. § 104;
- ggf. Kapitalerhöhung bei einer übernehmenden Kapitalgesellschaft (§§ 53–55, 66–69) bzw. Gründungsmaßnahmen bei einer Verschmelzung zur Neugründung, vgl. § 36 Abs. 2, § 37;
- **Eintragung/Bekanntmachung** der Verschmelzung (beim anderen Rechtsträger).

II. Einzelheiten

1. Verschmelzungsvertrag

14 Die Verschmelzung unter Beteiligung rechtsfähiger Vereine erfordert stets den Abschluss eines Verschmelzungsvertrages, der von den **Vertretungsorganen** der beteiligten Rechtsträger geschlossen werden muss. Für den Verein handelt regelmäßig der Vorstand (§ 26 Abs. 1 S. 2 BGB). Die Satzung kann indes bestimmen, dass für bestimmte Aufgabenbereiche, zu denen auch der Abschluss des Verschmelzungsvertrages zählen kann,[22] ein besonderer Vertreter (§ 30 BGB) bestellt wird, der den Verein insoweit neben dem Vorstand vertritt. Höchstpersönliches Handeln ist nicht erforderlich. Ebenso kann ein vollmachtsloser Vertreter unterzeichnen und das Vertretungsorgan genehmigt nach. Dabei bedürfen weder die Vollmacht noch die Genehmigung einer bestimmten Form (vgl. § 167 Abs. 2 BGB), es sei denn, es findet eine Verschmelzung zur Neugründung einer GmbH oder einer AG statt. In diesen Fällen bedarf die Vollmacht oder die Genehmigung zumindest einer notariellen Beglaubigung, vgl. § 36 Abs. 2 iVm § 23 Abs. 1 S. 2 AktG, bzw. § 2 Abs. 2 GmbHG. Der **Verschmelzungsvertrag** selbst muss **notariell beurkundet** werden. Daher empfiehlt es sich, zunächst einen privatschriftlichen Entwurf des Verschmelzungsvertrages aufzustellen und diesen den Anteilsinhabern zur Entscheidung vorzulegen (§ 4 Abs. 2), so dass im Falle eines Negativentscheids die Beurkundungskosten erspart werden können (vgl. Kommentierung zu § 4 Abs. 2 → § 4 Rn. 24 ff.).

15 Der Inhalt des Verschmelzungsvertrages richtet sich nach den allgemeinen Vorgaben gem. **§ 5 Abs. 1 Nr. 1–9**. Neben der genauen Bezeichnung der Vertragsparteien (Name, Sitz, ggf. Vereinsnummer und Beteiligungsform bei der Verschmelzung) (**Nr. 1**) ist zunächst ausdrücklich zu erklären, dass Gegenstand des Vertrages die Durchführung einer Verschmelzungsmaßnahme ist (§ 5 Abs. Nr. 2), also die Übertragung des Vermögens als Ganzes auf den übernehmenden Rechtsträger gem. § 2 Nr. 1 oder Nr. 2.

16 Ferner ist das **Umtauschverhältnis der Anteile** und ggf. die Höhe der baren Zuzahlung anzugeben oder sind **Angaben über die Mitgliedschaft** beim übernehmenden Rechtsträger zu machen (§ 5 Abs. Nr. 3). Bei einer Verschmelzung, bei der lediglich **eingetragene Vereine** beteiligt sind, deren Mitgliedschaften naturgemäß entweder gar

---

22 *Katschinski* Verschmelzung S. 73; Lutter/*Hennrichs* § 99 Rn. 22.

keine oder nur geringfügige Vermögenspositionen vermitteln,[23] wird somit nur die **zweite Alternative** vorliegen. Bei diesen Vereinen bilden meist die Teilhabe- und Verwaltungsrechte den Kern der Mitgliedschaft,[24] weswegen hier ausführliche Angaben über die Mitgliedschaft im übernehmenden Rechtsträger aufzunehmen sind. In Betracht kommen insbesondere Benutzungs-, Leistungs- und Teilhaberechte sowie dem korrespondierend die besonderen Pflichten im Verein, einschließlich der Beitragszahlung.[25]

Hinweis: Um möglichst genau die sich aus der Mitgliedschaft im übernehmenden Rechtsträger ergebenden Rechte und Pflichten beschreiben zu können, empfiehlt sich in der Praxis, die vollständige Satzung des übernehmenden Rechtsträgers als Anlage zum Verschmelzungsvertrag zu nehmen und im Rahmen der Angaben zu Nr. 3 auf diese zu verweisen.[26]

Aufgrund möglicherweise unterschiedlicher Vereinsstrukturen bei übertragendem und übernehmendem Rechtsträger und angesichts des Umstandes, dass nach der Verschmelzung mit Ausnahme etwaiger Sonderrechte (§ 35 BGB) die gleichen einheitlichen Mitgliedschaftsrechte existieren, scheint es oftmals gerechtfertigt zu sein, für eine begrenzte Übergangszeit unterschiedliche Beitragsstaffeln vorzusehen, um die vorgenannten Unterschiede ausgleichen zu können.[27] Dies kann auch in Form einer einmaligen Sonderzahlung geschehen.[28] Es darf sich aber nicht auf Dauer verfestigen und nicht zu einer kapitalistischen Mitgliedschaft entwickeln, im Rahmen derer die Vereinsmitglieder unterschiedlich am wirtschaftlichen Erfolg des Vereins beteiligt sind.[29] Die übrigen Unterschiede in der Mitgliedschaft zwischen den an der Verschmelzung beteiligten Rechtsträgern haben die Mitglieder des übertragenden Vereins grundsätzlich hinzunehmen. Insoweit sind sie an der Umgestaltung ihrer Mitgliedschaftsrechte durch den von ihnen zu erteilenden Zustimmungsbeschluss beteiligt, der gem. § 103 ebenso wie ein satzungsändernder Beschluss nach § 33 Abs. 1 BGB eine Dreiviertelmehrheit erfordert.[30]

Lediglich in den Fällen, in denen beim übertragenden Rechtsträger **Sonderrechte iSv § 35 BGB**, also auf der Mitgliedschaft beruhende, über die allgemeine Rechtsstellung der Mitgliedschaft hinausreichende Rechtspositionen, existieren (zB erhöhtes Stimmrecht, festgeschriebene Mitgliedschaft im Vorstand, Recht zur Bestellung eines Vereinsorgans etc), bedarf es entweder einer ausdrücklichen Zustimmung der jeweiligen Sonderrechtsinhaber zum Erlöschen dieser Rechte oder die Sonderrechte müssen im übernehmenden Rechtsträger fortbestehen. Für das Letztgenannte wiederum bedarf es aus Gründen des vereinsrechtlichen Gleichbehandlungsgrundsatzes der Zustimmung derjenigen (Alt-)Mitglieder des übernehmenden Vereins, denen diese Sonderrechte nicht eingeräumt werden.[31]

Umstritten ist, ob Mitglieder, die vor der Verschmelzung Mitgliedschaften in mehreren, an der Verschmelzung beteiligten, Rechtsträgern innehatten (sog. **Doppelmitgliedschaften**), einen Ausgleich für den Verlust der erlöschenden Mitgliedschaft(en) erhalten müssen. Da wegen des Grundsatzes der Einheit der Mitgliedschaft keine neue

---

23 Semler/Stengel/Leonard/*Katschinski* § 99 Rn. 67; Lutter/*Hennrichs* § 99 Rn. 23.
24 *Katschinski* Verschmelzung S. 83 ff.
25 Lutter/*Hennrichs* § 99 Rn. 23.
26 Kölner Komm UmwG/*Leuering* § 99 Rn. 35; Semler/Stengel/Leonard/*Katschinski* § 99 Rn. 68.
27 Lutter/*Hennrichs* § 99 Rn. 23.
28 Semler/Stengel/Leonard/*Katschinski* § 99 Rn. 71.
29 Semler/Stengel/Leonard/*Katschinski* § 99 Rn. 72.
30 Semler/Stengel/Leonard/*Katschinski* § 99 Rn. 70.
31 Lutter/*Hennrichs* § 99 Rn. 24.

zusätzliche Mitgliedschaft im übernehmenden Rechtsträger gewährt werden kann,[32] wird vertreten, solchen Mitgliedern auf andere Art einen Ausgleich zu verschaffen, etwa durch Einräumung von Sonderrechten, Beitragsreduzierung für eine Übergangsphase oder die Zahlung einer Abfindung analog § 29.[33] Hierfür besteht indes keine Notwendigkeit, da sich mit der Verschmelzung das Vermögen des übernehmenden Vereins um das Vermögen des übertragenden Vereins erhöht und die nunmehr einheitlich bestehende Mitgliedschaft auf das gesamte Spektrum der Vereinseinrichtungen (und Teilhaberechte) zugreifen kann.[34]

20 In den Fällen der Mischverschmelzung (Verschmelzung von Vereinen auf Kapital- oder Personenhandelsgesellschaften) findet ein **Umtausch von Mitgliedschaften des übertragenden Vereins gegen Anteile** des jeweils übernehmenden Rechtsträgers statt. Folglich sind im Verschmelzungsvertrag Angaben über das Umtauschverhältnis und ggf. die Höhe der baren Zuzahlung zu machen (**§ 5 Abs. 1 Nr. 3 Alt. 1**). Bei der Bestimmung des Wertverhältnisses ist hierbei der Wert der Mitgliedschaft aus dem Vereinsvermögen abzuleiten (sog. indirekte Methode),[35] auch wenn strenggenommen die Mitgliedschaft im Idealverein gerade keine Rechte am Vereinsvermögen vermittelt.[36] Für die Bewertung des Vereinsvermögens stehen die herkömmlichen Bewertungsmethoden zur Verfügung (Ertragswert- und Substanzwertmetode sowie Liquidationswertverfahren). Welche der vorgenannten Methoden sachgerecht ist, ist eine Frage des jeweiligen Vereinstyps und wird im Einzelfall zu entscheiden sein; das Gesetz schreibt diesbezüglich nichts vor. Generell lässt sich sagen, dass in den Fällen, in denen der Verein selbst wirtschaftlich tätig ist oder aber im Rahmen des sog. Nebenzweckprivilegs, in dessen Rahmen auch ein Idealverein in untergeordneter Funktion wirtschaftlich tätig sein kann, einen Geschäftsbetrieb unterhält, die Ertragswertmethode häufig sachgerecht ist. Bei einem eingetragenen Verein, der seinen Mitgliedern über Teilhaberechte im Wesentlichen Zugang zu den Vereinseinrichtungen gewährt, wird man eher die Substanzwertmethode bevorzugen.[37] Schlussendlich kann man erwägen, bei einem aufgelösten Verein, der auf einen übernehmenden Rechtsträger verschmolzen werden soll, das Liquidationswertverfahren anzuwenden.[38] Aus dem so ermittelten Vereinswert wird dann der Wert der einzelnen Mitgliedschaft (nach Köpfen)[39] errechnet und dem Umtauschverhältnis zugrunde gelegt. Sonstige qualitative Unterschiede zwischen der ursprünglichen Mitgliedschaft und dem als Gegenleistung zu erwerbenden Anteil (zB persönliche oder betragsmäßige Haftung bei Personengesellschaften) bleiben nach richtiger Ansicht[40] unberücksichtigt, da dies bei Verschmelzungen auf einen Rechtsträger anderer Rechtsform immanent ist und die Mitglieder insoweit durch das Zustimmungserfordernis zur Verschmelzung hinreichend geschützt sind. Zudem steht allen Mitgliedern nach erklärtem Widerspruch gegen den Zustimmungsbeschluss die Möglichkeit offen, gegen eine angemessene Abfindung gem. § 29 auszuscheiden.

21 Des Weiteren sind die **Einzelheiten für die Übertragung der Anteile** des übernehmenden Rechtsträgers im Verschmelzungsvertrag anzugeben (**§ 5 Abs. 1 Nr. 4**). Da bei

---

32 *K. Schmidt* GesR § 24 IV 2 a).
33 Kölner Komm UmwG/*Leuering* § 99 Rn. 41; *Katschinski* Verschmelzung S. 86 f.; differenzierend: Semler/Stengel/Leonard/*Katschinski* § 99 Rn. 73.
34 Lutter/*Hennrichs* § 99 Rn. 24.
35 Lutter/*Hennrichs* § 99 Rn. 28.
36 Semler/Stengel/Leonard/*Katschinski* § 99 Rn. 74.
37 Lutter/*Hennrichs* § 99 Rn. 28.
38 Semler/Stengel/Leonard/*Katschinski* § 99 Rn. 74.
39 Semler/Stengel/Leonard/*Katschinski* § 99 Rn. 75.
40 Semler/Stengel/Leonard/*Katschinski* § 99 Rn. 76; Lutter/*Hennrichs* § 99 Rn. 28; Kölner Komm UmwG/*Leuering* § 99 Rn. 45.

einer reinen Verschmelzung von Vereinen die neuen Mitgliedschaften automatisch mit Wirksamwerden der Verschmelzung entstehen, hat diese Vorschrift lediglich bei Mischverschmelzungen, insbesondere bei Verschmelzungen auf Kapitalgesellschaften, Bedeutung.[41] Bei einer Verschmelzung auf eine Aktiengesellschaft wäre beispielsweise anzugeben, ob die zu gewährenden Anteile am übernehmenden Rechtsträger aus eigenen oder aus durch eine Kapitalerhöhung neu zu schaffenden Anteilen erfolgen soll. Ferner wäre hier die Bestellung des Treuhänders zu nennen, der die Aktien gem. § 71 Abs. 1 für den übertragenden Rechtsträger in Empfang zu nehmen hat.

Bei der Verschmelzung von eingetragenen Vereinen untereinander passt § 5 Abs. 1 Nr. 5 vom Wortlaut her nicht, da ein **Gewinnbezugsrecht** beim Idealverein nicht existiert. In diesen Fällen wird man daher den Zeitpunkt angeben, an dem die Teilhaberechte oder – falls ausnahmsweise vorhanden – die sonstigen Vermögensrechte am übernehmenden Verein wirksam werden und die Mitglieder die Einrichtungen des Vereins nutzen können.[42] Bei Mischverschmelzungen ergeben sich keine vereinsspezifischen Besonderheiten (vgl. insoweit die Kommentierung zu § 5 Abs. 1 Nr. 5 → § 5 Rn. 45 ff.). 22

Besonderheiten in Bezug auf die Angabe des **Verschmelzungsstichtags** gibt es bei Vereinen nicht (§ 5 Abs. 1 Nr. 6). Hierunter ist allgemein der Zeitpunkt zu verstehen, ab wann die Handlungen des übertragenden Rechtsträgers im Innenverhältnis als für Rechnung des übernehmenden Rechtsträgers vorgenommen gelten. 23

Weiter sind im Verschmelzungsvertrag die einzelnen Mitgliedern beim übernehmenden Rechtsträger einzuräumenden **Sonderrechte** iSv § 35 BGB aufzuführen (§ 5 Abs. 1 Nr. 7). Die Einführung solcher Sonderrechte bedarf der Zustimmung der nicht begünstigten Mitglieder im übernehmenden Rechtsträger.[43] Ebenfalls aufführungspflichtig sind diejenigen **Vorteile** (§ 5 Abs. 1 Nr. 8), die Mitgliedern eines Vertretungsorgans (Vereinsvorstand) oder in vergleichbaren herausgehobenen Positionen im Rahmen der Verschmelzung gewährt werden. 24

Daneben muss der Verschmelzungsbericht Angaben über die **Folgen der Verschmelzung für Arbeitnehmer** sowie deren Arbeitnehmervertreter (sofern vorhanden) enthalten (§ 5 Abs. Nr. 9). Diese Angaben müssen auch dann erfolgen, wenn keiner der an der Verschmelzung beteiligten Rechtsträger einen Betriebsrat besitzt, da die Folgen für die Arbeitnehmer grundsätzlich für die Willensbildung im Rahmen der Mitgliederversammlung von Relevanz sein kann.[44] Anzugeben sind insbesondere automatisch mit der Verschmelzung eintretende Veränderungen der Arbeitsverhältnisse, wie geänderte Kündigungsschutzbestimmungen, Tarifbindung oder Verbandszugehörigkeit.[45] 25

Schlussendlich ist gem. § 29 ein **Barabfindungsangebot** in den Verschmelzungsvertrag aufzunehmen. Bei **Mischverschmelzungen** (§ 29 Abs. 1 S. 1 Alt. 1) ist ein solches Angebot stets an diejenigen zu richten, die der Verschmelzung widersprechen. Dies gilt auch in den Fällen, in denen die Mitgliedschaft in dem übertragenen Verein selbst keine Wertrechte vermittelt.[46] Insoweit kommt es gem. § 30 Abs. 1 lediglich auf die „Verhältnisse" des übertragenden Rechtsträgers an, mithin auch auf das „Wertverhältnis", welches sich durch den Substanzwert des übertragenen Vereins ausdrücken lässt. Bei 26

---

41 Kölner Komm UmwG/*Leuering* § 99 Rn. 49.
42 Lutter/*Hennrichs* § 99 Rn. 33.
43 Semler/Stengel/*Leonard/Katschinski* § 99 Rn. 83.
44 Lutter/*Hennrichs* § 99 Rn. 33.
45 Kölner Komm UmwG/*Leuering* § 99 Rn. 55.
46 Lutter/*Hennrichs* § 99 Rn. 31; Semler/Stengel/*Leonard/Katschinski* § 99 Rn. 86.

reinen Vereinsverschmelzungen bedarf es eines Barabfindungsangebots nur dann, wenn die Mitgliedschaften im übernehmenden Rechtsträger Verfügungsbeschränkungen unterliegen (§ 29 Abs. 1 S. 2). Das gilt grundsätzlich auch dann, wenn sich die Verfügungsbeschränkungen lediglich aus gesetzlichen Regelungen ergeben, was bei Vereinen gem. § 38 BGB der Regelfall ist.[47] Eine Ausnahme hingegen besteht in den Fällen, in denen bei den an der Verschmelzung beteiligten Rechtsträgern exakt die gleichen Verfügungsbeschränkungen bestehen, zB nur die gesetzliche Regelung nach § 38 BGB. Hier ist nach allgemeiner Ansicht[48] eine teleologische Reduktion des insoweit zu weit gefassten Wortlauts des § 29 Abs. 1 S. 2 vorzunehmen, da die Mitglieder des übertragenden Vereins gegenüber der vorherigen Situation keinerlei Nachteile erleiden. Schließlich sind die §§ 29 ff. gem. § 104a nicht bei der Verschmelzung eines eingetragenen Vereins, der nach **§ 5 Abs. 1 Nr. 9 des Körperschaftsteuergesetzes** steuerbefreit ist (zB gemeinnütziger Verein), anzuwenden (→ § 104a Rn. 1). Ein Barabfindungsangebot ist hier nicht im Verschmelzungsvertrag aufzunehmen.

27 Die Berechnung, Nachprüfung (Spruchverfahren) sowie die Annahme des Angebots richten sich nach den §§ 30 ff. (vgl. dortige Kommentierung).

2. Verschmelzungsbericht

28 Gem. § 8 haben die Vertretungsorgane der an der Verschmelzung beteiligten Rechtsträger einen ausführlichen schriftlichen Verschmelzungsbericht zu erstatten. Bei Vereinen trifft diese Pflicht den Vorstand. Sinn und Zweck des Verschmelzungsberichts ist der Schutz der Anteilsinhaber (Vereinsmitglieder) durch Informationen über die Folgen der Verschmelzung, so dass diese bei der Entscheidung über die Verschmelzung berücksichtigt werden können.[49] Erläuterungspflichtig sind gem. § 8 Abs. 1 S. 1 insbesondere das Umtauschverhältnis oder die Angabe über die neuen Mitgliedschaften beim übernehmenden Rechtsträger sowie die Höhe der Barabfindung nach § 29. Ansonsten bezieht sich die Berichtspflicht auf die Erläuterung sämtlicher rechtlich und wirtschaftlich relevanten Aspekte der Verschmelzung. Bei Vereinen sind dies neben Sondervorteilen einzelner Mitglieder auch sonstige Unterschiede in den Satzungen von übertragenden und übernehmenden Rechtsträger, so dass es sich in Praxis empfiehlt, die Satzungen der beteiligten Vereine dem Verschmelzungsbericht als Anlagen beizufügen.[50]

29 Soweit die Erstellung des Verschmelzungsberichts nicht ausnahmsweise entbehrlich ist (sämtliche Anteilsinhaber der an der Verschmelzung beteiligten Rechtsträger müssten in notariell beurkundeter Form auf die Erstattung des Berichts verzichten), kann die Verletzung der Berichtspflicht mit einer Klage gegen die Wirksamkeit der Verschmelzung insgesamt gerügt werden.[51] § 14 Abs. 2 schließt nur den Einwand der Klage gegen ein nicht angemessenes Umtauschverhältnis aus. Daher ist den Vertretungsorganen der beteiligten Rechtsträger anzuraten, den Verschmelzungsbericht äußerst sorgfältig zu erstellen.

3. Prüfung der Verschmelzung

30 Eine Pflicht zur Prüfung des Verschmelzungsvertrages bei Vereinen richtet sich nach § 100, so dass auf die dortige Kommentierung verwiesen wird.

---

[47] Semler/Stengel/Leonard/*Katschinski* § 99 Rn. 86.
[48] Semler/Stengel/Leonard/*Katschinski* § 99 Rn. 90; Lutter/*Hennrichs* § 99 Rn. 30; Kölner Komm UmwG/*Leuering* § 99 Rn. 65.
[49] Lutter/*Hennrichs* § 99 Rn. 34.
[50] Semler/Stengel/Leonard/*Katschinski* § 99 Rn. 98.
[51] Lutter/*Hennrichs* § 99 Rn. 34.

4. Zustimmungsbeschlüsse

Die Wirksamkeit des Verschmelzungsvertrages hängt von der Zustimmung der Anteilsinhaber ab. Auf Seiten eines Vereins bedarf dieser Verschmelzungsbeschluss einer Mehrheit von mindestens drei Vierteln der bei der Mitgliederversammlung erschienen Mitglieder, sofern die Satzung für diesen Fall nicht eine höhere Mehrheit vorzieht. Der Verschmelzungsbeschluss muss notariell beurkundet werden (§ 13). Das Verfahren zur Vorbereitung und Durchführung der Mitgliederversammlung ist in den §§ 100–103 geregelt (vgl. die dortige Kommentierung). 31

5. Registeranmeldung

Schlussendlich muss die Verschmelzung durch den Vorstand zur **Eintragung in das entsprechende Register angemeldet** werden, beim eV in das Vereinsregister, beim wirtschaftlichen Verein in das Handelsregister (§ 16 Abs. 1). Es genügt, wenn die Anmeldung seitens des Vorstands in vertretungsberechtigter Anzahl in notariell beglaubigter Form (§ 77 BGB bzw. § 12 HGB) unterzeichnet wird; eine Unterzeichnung sämtlicher Vorstandsmitglieder ist nicht erforderlich.[52] Der Anmeldung ist gem. § 16 Abs. 2 eine Erklärung beizufügen, dass keine Klage gegen die Wirksamkeit des Verschmelzungsbeschlusses erhoben bzw. eine solche Klage rechtskräftig abgewiesen oder zurückgenommen wurde. Sofern nicht sämtliche klageberechtigten Anteilsinhaber durch notariell beurkundete Erklärung auf ihr Klagerecht verzichtet haben, wirkt das Fehlen der vorgenannten Erklärung des Vorstands als Registersperre.[53] 32

Der Anmeldung sind die in **§ 17 Abs. 1 genannten Anlagen** beizufügen (Verschmelzungsvertrag, Niederschriften der Verschmelzungsbeschlüsse, ggf. erforderliche Zustimmungserklärungen, Verschmelzungsbericht, Prüfungsbericht bzw. Verzichtserklärungen, ggf. Nachweis über die rechtzeitige Zuleitung des Verschmelzungsvertrages an den Betriebsrat). Des Weiteren ist nach § 17 Abs. 2 der Registeranmeldung die Schlussbilanz des übertragenden Rechtsträgers beizufügen, die auf einen höchstens acht Monate vor der Anmeldung liegenden Stichtag aufzustellen ist. Da jedoch Vereine nicht in allen Fällen bilanzierungspflichtig sind (Ausnahmen: § 141 Abs. 1 AO bei Umsätzen von mehr als EUR 600.000 od. Gewinn von mehr als EUR 60.000; Kaufmann nach §§ 1 ff. HGB; politische Parteien gem. § 28 PartG), sondern regelmäßig nur Aufzeichnungspflichten (Einnahmen-Überschuss-Rechnung nach § 8 Abs. 3 KStG, § 4 Abs. 3 EStG sowie die Rechenschaftspflicht nach §§ 27 Abs. 3, 666, 259 BGB) unterliegen, ist fraglich, ob § 17 Abs. 2 eine **eigenständige Bilanzierungspflicht** begründet. Dies ist umstritten. Eine Mindermeinung, der sich allerdings das OLG Köln angeschlossen hat,[54] verlangt die Einreichung einer Schlussbilanz grundsätzlich auch in den Fällen, in denen die an der Verschmelzung beteiligten Vereine selbst nicht bilanzierungspflichtig sind.[55] Nach herrschender und zutreffender Ansicht begründet § 17 Abs. 2 keine eigenständige Bilanzierungspflicht, so dass in den Fällen, in denen sich keine Bilanzierungspflicht aus anderen Regelungen ergibt oder der übertragende Rechtsträger freiwillig eine solche Schlussbilanz aufstellt (zB um beim übernehmenden Rechtsträger eine Buchwertfortführung nach § 24 zu ermöglichen), die Einreichung der steuerlichen Einnahmen-Über- 33

---

52 Semler/Stengel/Leonard/*Katschinski* § 99 Rn. 107.
53 Kölner Komm UmwG/*Leuering* § 99 Rn. 76.
54 OLG Köln ZIP 2020, 1072.
55 Widmann/Mayer/*Vossius* § 99 Rn. 119 ff.

schuss-Rechnung sowie die Vermögensaufstellung nach §§ 27 Abs. 3, 666, 259 BGB ausreichend ist.[56]

6. Registereintragung

34 Das Verfahren zur Eintragung in das Register richtet sich nach § 19 (vgl. dortige Kommentierung). Die Verschmelzung wird zunächst in das Register des übertragenden Rechtsträgers eingetragen, ergänzt durch den Vermerk, dass die Verschmelzung erst mit der Eintragung im Register des übernehmenden Rechtsträgers wirksam wird.

7. Wirkungen der Verschmelzung

35 Mit der Eintragung der Verschmelzung in das Register des übernehmenden Rechtsträgers wird die Verschmelzung wirksam, das Vermögen mit allen Verbindlichkeiten geht auf den übernehmenden Rechtsträger über und der übertragende Rechtsträger erlischt – Prinzip der **rechtsgeschäftlichen Gesamtrechtsnachfolge** (§ 20). Umstritten ist, ob auch Vereinsmitgliedschaften, die der übertragende Rechtsträger innehatte, auf den übernehmenden Rechtsträger übergehen. Nach zutreffender Ansicht[57] ist aufgrund des insoweit eindeutigen Wortlauts des § 38 BGB die Vereinsmitgliedschaft als höchstpersönliches Recht von der Gesamtrechtsnachfolge ausgeschlossen, soweit die Satzung nicht ausnahmsweise die Übertragbarkeit ermöglicht. Die Mitgliedschaft des übertragenden Rechtsträgers in einem (Dritt-)Verein erlischt somit zum Zeitpunkt der Wirksamkeit der Verschmelzung.

36 Auch im Rahmen der Verschmelzung von Gewerkschaften untereinander gehen die Tarifverträge nur dann auf den übernehmenden Rechtsträger über, wenn dieser die notwendige Tarifzuständigkeit besitzt.[58]

8. Kosten

37 Bezüglich der Kosten für die Verschmelzung bestehen in Bezug auf Vereine keine Besonderheiten. Insofern sei auf die Kommentierung in → § 2 Rn. 28 ff. verwiesen.

III. Besonderheiten bei der Verschmelzung zur Neugründung

38 Gem. § 99 Abs. 2 kann ein eV nur durch die Verschmelzung zweier oder mehrerer eV im Wege der **Verschmelzung zur Neugründung** entstehen. Dabei sind neben den allgemeinen Vorschriften über die Verschmelzung zur Aufnahme die für den eV geltenden Gründungsvorschriften anzuwenden (§ 36), mit Ausnahme der Vorschriften, die eine Mindestzahl der Gründer vorsehen (§ 36 Abs. 2 S. 3). Somit kann abweichend von § 56 BGB ein eV auch mit weniger als sieben Gründungsmitgliedern entstehen. § 36 Abs. 2 ist jedoch nur auf die Gründungsphase selbst anwendbar und gewährt keinen Bestandschutz, so dass einem Verein, der dauerhaft weniger als drei Mitglieder hat, nach § 73 BGB die Rechtsfähigkeit wieder entzogen werden kann.[59]

39 Nach § 37 muss die neue Satzung des entstehenden eV im Verschmelzungsvertrag enthalten oder festgestellt sein. Sie wird zugleich mit dem Verschmelzungsbeschluss und

---

56 Lutter/*Hennrichs* § 99 Rn. 40 ff.; Semler/Stengel/Leonard/*Katschinski* § 99 Rn. 115; Kölner Komm UmwG/*Leuering* § 99 Rn. 86 ff.; Fischer BB 2020, 2096.
57 Semler/Stengel/Leonard/*Katschinski* § 99 Rn. 123; Kölner Komm UmwG/*Leuering* § 99 Rn. 93.
58 Semler/Stengel/Leonard/*Katschinski* § 99 Rn. 124.
59 Semler/Stengel/Leonard/*Katschinski* § 99 Rn. 125; Kölner Komm UmwG/*Leuering* § 99 Rn. 95.

der hierfür erforderlichen Dreiviertelmehrheit beschlossen. Die Bestellung des neuen Vorstands kann entweder durch die Satzung des neu gegründeten eV erfolgen oder bereits vor Wirksamwerden der Verschmelzung im Verschmelzungsvertrag vorgenommen werden.[60] Da die Gründer und die zukünftigen Vereinsmitglieder nicht deckungsgleich sind, müssen die Mitgliederversammlungen der übertragenden Rechtsträger der Bestellung des Vorstands zustimmen. Für die Anmeldung des neu gegründeten Rechtsträgers sind allein die Vorstände der übertragenden Vereine zuständig, der neu bestellte Vorstand ist nicht zu beteiligen.[61]

§ 100 Prüfung der Verschmelzung

¹Der Verschmelzungsvertrag oder sein Entwurf ist für einen wirtschaftlichen Verein nach den §§ 9 bis 12 zu prüfen. ²Bei einem eingetragenen Verein ist diese Prüfung nur erforderlich, wenn mindestens zehn vom Hundert der Mitglieder sie schriftlich verlangen.

I. Überblick

Sinn und Zweck der Prüfung des Verschmelzungsvertrages ist die **Information der Mitglieder** und Anteilsinhaber, damit diese in Kenntnis der Wertrelation der beteiligten Rechtsträger eine pflichtgemäße Entscheidung über die Verschmelzung treffen können.[1] Folgerichtig unterscheidet § 100 hinsichtlich der Prüfungspflicht zwischen wirtschaftlichen und eingetragenen Vereinen, da insoweit ein unterschiedliches Schutzbedürfnis besteht. § 100 gilt für alle Arten der Verschmelzung unter Beteiligung von Vereinen und über die Verweisung nach § 125 auch für deren Auf- und Abspaltung. 1

Die Vorschrift verweist auf die Regelungen der Verschmelzungsprüfung nach den §§ 9–12, nicht jedoch auf die Prüfung der Angemessenheit der Barabfindung nach § 30 Abs. 2. Daher ist die letztgenannte Prüfung stets durchzuführen, auch wenn nach § 100 S. 2 eine Prüfung des Verschmelzungsvertrages selbst entbehrlich ist.[2] 2

II. Verschmelzungsprüfung beim wirtschaftlichen Verein

§ 100 S. 1 ordnet für wirtschaftliche Vereine stets eine **Prüfung des Verschmelzungsvertrages** an. Ausnahmen hiervon bestehen nur, wenn der übernehmende Rechtsträger das einzige Vereinsmitglied ist (§ 9 Abs. 2) oder wenn sämtliche Mitglieder der an der Verschmelzung beteiligten Rechtsträger in notariell beurkundeter Form auf die Prüfung verzichten (§ 9 Abs. 3, § 8 Abs. 3). 3

Entgegen einer Mindermeinung[3] besteht auch kein Bedürfnis für eine teleologische Reduktion der Vorschrift für den Fall, dass die Satzung des wirtschaftlichen Vereins für die Verschmelzung einen **einstimmigen Zustimmungsbeschluss** vorsieht, da insoweit kein Schutzbedürfnis der Mitglieder bestehe. Diese Ansicht steht im Widerspruch zur gesetzlichen Wertung in § 9 Abs. 3, § 8 Abs. 3, wonach die Verzichtserklärungen sämtlicher Mitglieder erst dann die Prüfungspflicht entfallen lassen, wenn diese in notariell beurkundeter Form erfolgen. Gerade der Schutz der Mitglieder durch die Belehrungs- 4

---

60 Semler/Stengel/Leonard/*Katschinski* § 99 Rn. 127.
61 Semler/Stengel/Leonard/*Katschinski* § 99 Rn. 130.
1 Kölner Komm UmwG/*Leuering* § 100 Rn. 1.
2 Semler/Stengel/Leonard/*Katschinski* § 100 Rn. 4.
3 Lutter/*Hennrichs* § 100 Rn. 4.

pflicht des Notars würde durch den insoweit nicht formgebundenen Zustimmungsbeschluss entfallen.[4]

III. Verschmelzungsprüfung bei eingetragenen Vereinen

5 Bei einem eV besteht die Prüfungspflicht nur dann, wenn mindestens 10 % der Mitglieder dies gegenüber dem Verein, vertreten durch den Vorstand, in Schriftform (§ 126 BGB) bzw. in elektronischer Form gem. § 126a BGB verlangen. Damit ist gegenüber dem wirtschaftlichen Verein das Regel-Ausnahme-Verhältnis umgekehrt; es besteht grundsätzlich Prüfungsfreiheit. Der Gesetzgeber ging davon aus, dass die Mitglieder eines eV nur ein geringes Interesse an ihrer vermögensrechtlichen Beteiligung haben und dass es in der Praxis aufgrund der regelmäßig hohen Mitgliederzahl eingetragener Vereine schwer sein wird, von jedem Mitglied eine notariell beurkundete Verzichtserklärung zu bekommen. Das Verlangen selbst ist eine einseitige Willenserklärung und kann somit von jedem Mitglied einzeln gestellt werden.[5]

6 § 100 S. 2 verlangt ein **Quorum in Höhe von 10 % der Mitglieder** des Vereins; ein Quorum von 10 % der in einer Mitgliederversammlung erschienenen Mitglieder reicht nicht aus (sofern nicht sämtliche Mitglieder erschienen sind). Entscheidend ist die Anzahl der Vereinsmitglieder zum Zeitpunkt des Zugangs des Prüfungsverlangens, wobei der Vorstand über die genaue Zahl der Vereinsmitglieder darlegungs- und beweispflichtig ist.[6]

7 Nicht ausdrücklich im Gesetz geregelt ist der **Zeitpunkt, bis wann spätestens ein Prüfungsverlangen** gestellt werden muss (anders bei Personenhandelsgesellschaften und GmbH – hier innerhalb einer Woche nach Erhalt der Unterlagen, vgl. §§ 44, 48). Damit ist ein Prüfungsverlangen grundsätzlich noch bis zur Fassung des Zustimmungsbeschlusses über die Verschmelzung möglich.[7] Nach der Beschlussfassung ist – entgegen einer teilweise vertretenen Ansicht[8] – die Stellung eines Prüfungsverlangens nicht mehr möglich, da die Verschmelzungsprüfung auf den vorwirkenden Schutz der Informationsinteressen der Vereinsmitglieder gerichtet ist. Da aber der Prüfungsbericht eine der Entscheidungsgrundlagen für die Beschlussfassung über die Verschmelzung darstellt, kann dieses Ziel im Nachhinein nicht mehr erreicht werden, weswegen sich dann der vorwirkende Schutz durch Information in eine nachwirkende Klagemöglichkeit (in den gesetzlich engen Grenzen) gegen die Wirksamkeit der Verschmelzung wandelt.[9]

8 Allerdings führt ein erst in der Mitgliederversammlung, in der über die Verschmelzung beschlossen werden soll, gestelltes Prüfungsverlangen regelmäßig dazu, dass die Beschlussfassung verschoben werden muss, da ansonsten der gefasste Beschluss aufgrund der Verletzung der Informationsrechte gem. §§ 101, 102 anfechtbar wäre.[10] Aus diesem Grund wird in der Literatur erwogen, den spätesten Zeitpunkt für die Stellung eines Prüfungsverlangens trotz mangelnder Regelung im Gesetz anderweitig zu bestimmen. Eine analoge Anwendung der für die Personenhandelsgesellschaften und der GmbH geltenden Einwochenfrist nach §§ 44, 48 wird regelmäßig abgelehnt, da es insoweit an

---

4 Semler/Stengel/Leonard/*Katschinski* § 100 Rn. 6; Kölner Komm UmwG/*Leuering* § 100 Rn. 6.
5 Lutter/*Hennrichs* § 100 Rn. 4.
6 Semler/Stengel/Leonard/*Katschinski* § 100 Rn. 10.
7 Lutter/*Hennrichs* § 100 Rn. 4.
8 Widmann/Mayer/*Vossius* § 44 Rn. 17.
9 Lutter/*Hennrichs* § 100 Rn. 6.
10 Semler/Stengel/Leonard/*Katschinski* § 100 Rn. 13.

einer planwidrigen Regelungslücke fehlt. Der Gesetzgeber hat die vorgenannte Frist durch das Zweite Gesetz zur Änderung des UmwG eingeführt und ausdrücklich auf eine entsprechende Regelung bei der Verschmelzung unter Beteiligung von Vereinen verzichtet. Weitestgehend Einigkeit besteht indes in der Annahme, dass sich eine Frist zur Stellung eines Prüfungsverlangens aus dem **Grundsatz der vereinsrechtlichen Treuepflicht** ergeben kann.[11] Hierfür hat der Vorstand die Vereinsmitglieder auf die rechtliche Bedeutung der Verschmelzungsprüfung hinzuweisen und eine angemessene Frist für ein Prüfungsverlangen zu setzen. Nach Ablauf dieser Frist soll die Stellung eines Prüfungsverlangens unzulässig sein.[12] Dies setzt jedoch voraus, dass die Mitglieder umfassend über ihre Rechte aus § 100 S. 2 belehrt wurden und ausreichend Zeit hatten, sich über die Umstände und Bedingungen der Verschmelzung zu informieren und sich rechtlich beraten zu lassen.[13] Ferner kann ein Prüfungsverlangen dann rechtsmissbräuchlich sein, wenn offensichtlich ist, dass die Stellung nur dem Zweck dient, eine Verzögerung der Verschmelzung zu erreichen.[14]

Unter dem Gesichtspunkt des Minderheitenschutzes trägt die **Kosten der Verschmelzungsprüfung** der Verein und nicht diejenigen Mitglieder, die die Verschmelzungsprüfung verlangt haben.[15]

§ 101 Vorbereitung der Mitgliederversammlung

(1) ¹Von der Einberufung der Mitgliederversammlung an, die gemäß § 13 Abs. 1 über die Zustimmung zum Verschmelzungsvertrag beschließen soll, sind in dem Geschäftsraum des Vereins die in § 63 Abs. 1 Nr. 1 bis 4 bezeichneten Unterlagen sowie ein nach § 100 erforderlicher Prüfungsbericht zur Einsicht der Mitglieder auszulegen. ²Dazu erforderliche Zwischenbilanzen sind gemäß § 63 Absatz 2 Satz 1 bis 4 aufzustellen.

(2) Auf Verlangen ist jedem Mitglied unverzüglich und kostenlos eine Abschrift der in Absatz 1 bezeichneten Unterlagen zu erteilen.

§ 102 Durchführung der Mitgliederversammlung

¹In der Mitgliederversammlung sind die in § 63 Abs. 1 Nr. 1 bis 4 bezeichneten Unterlagen sowie ein nach § 100 erforderlicher Prüfungsbericht auszulegen. ²§ 64 Abs. 1 Satz 2 und Abs. 2 ist entsprechend anzuwenden.

I. Allgemeines

Die §§ 101, 102 ergänzen die Vorschriften über die Beschlussfassung nach §§ 13, 103 und dienen ebenfalls dem Schutz der Vereinsmitglieder durch ein weitreichendes Informationsrecht. Ausgangspunkt dessen ist die gesetzgeberische Annahme, dass Mitglieder von Vereinen ebenso wie Aktionäre bei einer AG grundsätzlich nur beschränkte Einsichtsrechte in die laufenden geschäftlichen Aktivitäten des Vereins haben. Dies soll dadurch

---

11 *Katschinski* Verschmelzung S. 131.
12 Lutter/*Hennrichs* § 100 Rn. 7; *Katschinski* Verschmelzung S. 131.
13 Semler/Stengel/Leonard/*Katschinski* § 100 Rn. 15.
14 Kölner Komm UmwG/*Leuering* § 100 Rn. 13.
15 Semler/Stengel/Leonard/*Katschinski* § 100 Rn. 18; Lutter/*Hennrichs* § 100 Rn. 14.

1 kompensiert werden, dass die für die wirtschaftliche und rechtliche Beurteilung maßgeblichen Dokumente (§ 63 Abs. 1 Nr. 1–4) bereits im Vorfeld der Beschlussfassung über die Zustimmung zur Verschmelzung zur Einsichtnahme durch die Mitglieder ausgelegt werden müssen.[1]

2 Die Regelungen über die Vorbereitung und Durchführung der Mitgliederversammlung gelten für alle Arten von Vereinen und aufgrund der Verweisung in § 125 auch für die Auf- und Abspaltung.

II. Informationsrechte im Vorfeld der Mitgliederversammlung

3 Die **Einberufung zur Mitgliederversammlung** selbst richtet sich nach den allgemeinen Regelungen und den hierfür maßgeblichen Satzungsbestimmungen. Die §§ 101, 102 enthalten hierzu keine besonderen Regelungen. Soweit die Satzung keine spezielle **Einberufungsfrist** enthält, sollte diese großzügig bemessen werden (mindestens 30 Tage – analog § 132 Abs. 1 AktG), da es sich bei der Beschlussfassung über die Verschmelzung um ein Grundlagengeschäft handelt, worauf sich die Vereinsmitglieder angemessen vorbereiten können müssen.[2]

4 Gem. §§ 101, 63 Abs. 1 Nr. 1–4 sind die folgenden Unterlagen auszulegen:

- Verschmelzungsvertrag oder dessen Entwurf (§ 63 Abs. 1 Nr. 1);
- Jahresabschlüsse und Lageberichte der beteiligten Rechtsträger der letzten drei Geschäftsjahre (§ 63 Abs. 1 Nr. 2);
- Zwischenbilanz, sofern sich der letzte Jahresabschluss auf ein Geschäftsjahr bezieht, welches mehr als sechs Monate vor dem Abschluss des Verschmelzungsvertrages oder der Erstellung des Entwurfs abgelaufen ist (§ 63 Abs. 1 Nr. 3);
- Verschmelzungsberichte nach § 8 (§ 63 Abs. 1 Nr. 4);
- ggf. Prüfungsberichte (§ 63 Abs. 1 Nr. 2).

Ebenso wie § 17 Abs. 2 begründen die §§ 101, 63 Abs. 1 Nr. 2 und Nr. 3 **keine eigenständige Bilanzierungspflicht**, sondern setzen eine solche voraus. Sofern sich also die Bilanzierungspflicht nicht aus anderen Vorschriften ergibt oder die Rechtsträger freiwillig bilanzieren, sind die Vereine nur verpflichtet, ihre Rechnungsunterlagen (Einnahmen-Überschuss-Rechnung, Rechnungslegung nach §§ 27 Abs. 3, 666, 259 BGB) der letzten drei „Geschäftsjahre" sowie eine Aufstellung des Vereinsvermögens auszulegen.[3]

5 Die vorgenannten Unterlagen sind in den **Geschäftsräumen des Vereins** (Sitz des Vereins, vgl. § 27 BGB) den Mitgliedern **zur Einsichtnahme auszulegen**. Die Pflicht beginnt mit der Einberufung der Mitgliederversammlung, also spätestens mit Zugang der Einladung beim ersten Mitglied.[4] Die Unterlagen müssen den Mitgliedern während der üblichen Geschäftszeiten zugänglich sein. Zudem ist jedem Mitglied auf dessen Verlangen unverzüglich auf Kosten des Vereins eine Abschrift der vorgenannten Unterlagen zu erstellen und auszuhändigen (§ 101 Abs. 2).

III. Informationsrechte in der Mitgliederversammlung

6 Die gem. § 101 Abs. 1, § 63 Abs. 1 Nr. 1–4 bereits im Vorfeld der Mitgliederversammlung auszulegenden Unterlagen sind ferner in der Mitgliederversammlung selbst in **ausrei-**

---

[1] Semler/Stengel/Leonard/*Katschinski* § 102 Rn. 3.
[2] *Katschinski* Verschmelzung S. 137; Lutter/*Hennrichs* § 102 Rn. 2.
[3] Semler/Stengel/Leonard/*Katschinski* § 102 Rn. 5.
[4] Semler/Stengel/Leonard/*Katschinski* § 102 Rn. 10.

chender Menge auszulegen, um denjenigen Mitgliedern, die zuvor ihre Informationsrechte nicht wahrgenommen haben oder nicht wahrnehmen konnten, abschließend die Möglichkeit einzuräumen, dies noch vor der Beschlussfassung über die Verschmelzung zu tun.

Zusätzlich zur Auslage der Dokumente hat der Vorstand den Verschmelzungsbericht oder dessen Entwurf zu Beginn der Mitgliederversammlung den Mitgliedern **mündlich zu erläutern**. Notwendig sind hierbei Erläuterungen zu den Motiven, zur Durchführung der Verschmelzung sowie zu besonderen Schwierigkeiten; eine bloße Verlesung des Verschmelzungsvertrages genügt nicht.[5] Daneben ist nach §§ 102, 64 Abs. 1 S. 2 über jede wesentliche Veränderung des Vereinsvermögens zu unterrichten, die seit dem Abschluss des Verschmelzungsvertrages oder der Aufstellung des Entwurfs eingetreten ist.

Schließlich hat der Vorstand den Mitgliedern auf deren Verlangen Auskunft über alle für die Verschmelzung wesentlichen Angelegenheiten der anderen beteiligten Rechtsträger zu geben. Da nur der Vorstand des eigenen Vereins seinen Mitgliedern auskunftspflichtig ist, hat sich dieser über die Umstände der anderen Rechtsträger im Vorfeld der Mitgliederversammlung ausreichend zu informieren. In der Praxis ist es zweckmäßig, dass auch die Vertretungsorgane der anderen Rechtsträger bei der Mitgliederversammlung anwesend sind und dort ggf. Informationen erteilen können.[6]

Eine Verletzung der Informationsrechte nach §§ 101, 102 berechtigt die Mitglieder zur Anfechtung des Verschmelzungsbeschlusses. Ferner ist die vorsätzliche Verletzung der Erläuterungs- und Auskunftspflicht gem. § 346 Abs. 1 Nr. 1 strafbewehrt.

§ 103 Beschluß der Mitgliederversammlung

¹**Der Verschmelzungsbeschluß der Mitgliederversammlung bedarf einer Mehrheit von drei Vierteln der abgegebenen Stimmen.** ²**Die Satzung kann eine größere Mehrheit und weitere Erfordernisse bestimmen.**

I. Allgemeines

§ 103 ergänzt in Bezug auf die **Mehrheitsanforderung** die allgemeine Regelung in § 13. Die für den Zustimmungsbeschluss zur Verschmelzung erforderliche Mehrheit von drei Vierteln der erschienenen Mitglieder entspricht dem Mindestquorum für eine Satzungsänderung und die Vereinsauflösung gem. §§ 33 Abs. 1 S. 1, 41 S. 2 BGB. § 103 gilt sowohl für wirtschaftliche als auch für eingetragene Vereine und ist über die Verweisung in § 125 ebenfalls im Rahmen der Spaltung anwendbar.

II. Zustimmungsbeschluss

Der Zustimmungsbeschluss zur Verschmelzung wird von den Mitgliedern **im Rahmen der Mitgliederversammlung** gefasst. Eine Beschlussfassung im schriftlichen Umlaufverfahren ist unzulässig.[1] Anstelle der Mitgliederversammlung kann – sofern dies in der

---

5 Lutter/*Hennrichs* § 102 Rn. 3; Semler/Stengel/Leonard/*Katschinski* § 102 Rn. 14.

6 Lutter/*Hennrichs* § 102 Rn. 4.
1 Semler/Stengel/Leonard/*Katschinski* § 103 Rn. 3.

Satzung vorgesehen ist (vgl. auch §§ 9, 13 PartG) – eine Delegiertenversammlung treten.[2] Eine Übertragung der Zuständigkeit auf ein anderes Vereinsorgan ist unzulässig. Der Zustimmungsbeschluss ist **notariell zu beurkunden** (§ 13 Abs. 3 S. 1), wobei die Beurkundung sowohl in Form des Taschenprotokolls (§§ 36 ff. BeurkG) als auch in Form der Beurkundung von Willenserklärungen (§§ 8 ff. BeurkG) erfolgen kann.[3]

3 Die in § 103 genannte Mehrheit stellt eine **Mindestanforderung** dar. Die Satzung kann eine höhere Mehrheit, bis hin zur Einstimmigkeit vorsehen.[4] Ob dies der Fall ist, ist durch Auslegung der entsprechenden Satzungsbestimmung zu ermitteln. Sieht zB die Satzung eine höhere Mehrheit für Satzungsänderungen vor, so gilt dies im Zweifel auch für den Verschmelzungsbeschluss, da die Verschmelzung im Ergebnis stärker in die Rechtspositionen der Mitglieder eingreift als eine schlichte Satzungsänderung.[5] Fraglich ist in diesem Zusammenhang, wie das Verhältnis der Regelung zum Mehrheitserfordernis beim Verschmelzungsbeschluss zu den Regelungen der Mehrheitserfordernisse für **Änderungen des Vereinszwecks** zu beurteilen ist. Für eine Änderung des Vereinszwecks sieht § 33 Abs. 1 S. 2 BGB eine Zustimmung sämtlicher Mitglieder vor. Im Rahmen des Formwechsels eines Vereins in eine Kapitalgesellschaft sieht § 275 ebenfalls die Zustimmung sämtlicher Mitglieder vor, sofern der Zweck des Rechtsträgers geändert werden soll. Eine entsprechende Regelung bei der Verschmelzung fehlt indes. Einigkeit besteht weitestgehend darin, dass für den Fall einer Zweckänderung beim übernehmenden Rechtsträger faktisch zwei Beschlussgegenstände miteinander kombiniert werden: Einmal der Zustimmungsbeschluss zur Verschmelzung und einmal ein Beschluss zur Änderung des Vereinszwecks.[6] Insofern bleibt es bei der Regelung in § 33 Abs. 1 S. 2 BGB mit der Folge, dass die Zweckänderung nur einstimmig beschlossen werden kann.[7] Streitig dagegen ist die Behandlung einer Verschmelzung eines Vereins auf einen anderen Rechtsträger, der einen vom Verein abweichenden Vereins- oder Gesellschaftszweck verfolgt. Nach einer Ansicht verbleibt es in diesem Fall bei dem Erfordernis einer Dreiviertelmehrheit. § 33 Abs. 1 S. 2 BGB sei hier nicht einschlägig, da mit dem Vollzug der Verschmelzung der Verein aufgelöst ist (was nach § 41 S. 2 BGB ebenfalls nur einer Dreiviertelmehrheit bedarf) und für eine analoge Anwendung des § 275 sei kein Raum, da bei einem Formwechsel der Verein gerade bestehen bleibt (Fortbestehensfiktion gem. § 202 Abs. 1 Nr. 1). Daher sei hier eine andere Betrachtungsweise geboten.[8] Diese Ansicht verkennt indes den Umstand, dass bei einer Auflösung des Vereins die Mitgliedschaft schlicht erlischt, während bei der Verschmelzung die Mitgliedschaft in dem übernehmenden Rechtsträger „fortgeführt" wird. Daher sind die Mitglieder ebenso wie beim Formwechsel schutzwürdig. Ihnen darf gegen ihren Willen nicht die Mitgliedschaft in einem Rechtsträger aufgedrängt werden, der einen völlig anderen Vereins- oder Gesellschaftszweck hat. Verfolgt somit der übernehmende Rechtsträger einen grundlegend anderen Zweck als der übertragende Verein, scheint eine analoge Anwendung des § 275 sachgerecht zu sein, so dass sämtliche – auch die in der Mitgliederversammlung nicht erschienen – Mitglieder der Verschmelzung zustimmen müssen.[9]

---

[2] Lutter/*Hennrichs* § 103 Rn. 5.
[3] Lutter/*Hennrichs* § 103 Rn. 7.
[4] Semler/Stengel/Leonard/*Katschinski* § 103 Rn. 11.
[5] Semler/Stengel/Leonard/*Katschinski* § 103 Rn. 14.
[6] Semler/Stengel/Leonard/*Katschinski* § 103 Rn. 18.
[7] Lutter/*Hennrichs* § 103 Rn. 16; Semler/Stengel/Leonard/*Katschinski* § 103 Rn. 18.
[8] Lutter/*Hennrichs* § 103 Rn. 15; Widmann/Mayer/*Vossius* § 103 Rn. 18.
[9] Semler/Stengel/Leonard/*Katschinski* § 103 Rn. 19; Kölner Komm UmwG/*Leuering* § 103 Rn. 13.

§ 104 Bekanntmachung der Verschmelzung

(1) ¹Ist ein übertragender wirtschaftlicher Verein nicht in ein Handelsregister eingetragen, so hat sein Vorstand die bevorstehende Verschmelzung durch den Bundesanzeiger bekanntzumachen. ²Die Bekanntmachung im Bundesanzeiger tritt an die Stelle der Eintragung im Register. ³Sie ist mit einem Vermerk zu versehen, daß die Verschmelzung erst mit der Eintragung im Register des Sitzes des übernehmenden Rechtsträgers wirksam wird. ⁴Die §§ 16 und 17 Abs. 1 und § 19 Abs. 1 Satz 2, Abs. 2 und Abs. 3 sind nicht anzuwenden, soweit sie sich auf die Anmeldung und Eintragung dieses übertragenden Vereins beziehen.

(2) Die Schlußbilanz eines solchen übertragenden Vereins ist der Anmeldung zum Register des Sitzes des übernehmenden Rechtsträgers beizufügen.

I. Allgemeines

§ 104 ergänzt die §§ 16–19 in den Fällen, in denen ein wirtschaftlicher Verein als übertragender Rechtsträger nicht im Handelsregister (und somit in keinem Register) eingetragen ist. Die Vorschrift ist daher nicht auf eingetragene und nach § 33 HGB registrierte wirtschaftliche Vereine anwendbar.

II. Bekanntmachung

Anstelle der Registereintragung tritt die Bekanntmachung im Bundesanzeiger. Erst danach darf die Eintragung der Verschmelzung im Register des übernehmenden Rechtsträgers erfolgen. Dieser Hinweis ist zwingend in die Bekanntmachung aufzunehmen. Ebenso der Hinweis an die Gläubiger auf ihr Recht, Sicherheitsleistung nach Maßgabe des § 22 verlangen zu können.[1] Zeitpunkt der Bekanntmachung ist entsprechend der Regelung zur Registereintragung nach Abschluss des Verschmelzungsvertrages und Fassung der Verschmelzungsbeschlüsse.[2]

III. Schlussbilanz

Gem. § 104 Abs. 2 hat der übertragende Verein eine Schlussbilanz der Registeranmeldung des übernehmenden Rechtsträgers beizufügen. Anders als zB § 17 Abs. 2 begründet die Vorschrift eine selbstständige Bilanzierungspflicht für den Fall, dass diese sich nicht bereits aus anderen Vorschriften ergibt.[3]

§ 104a Ausschluß der Barabfindung in bestimmten Fällen

Die §§ 29 bis 34 sind auf die Verschmelzung eines eingetragenen Vereins, der nach § 5 Abs. 1 Nr. 9 des Körperschaftsteuergesetzes von der Körperschaftsteuer befreit ist, nicht anzuwenden.

I. Allgemeines

§ 104a ist eine Sondervorschrift für steuerbegünstigte Vereine iSv § 5 Abs. 1 Nr. 9 KStG, also solche, die ausschließlich und unmittelbar gemeinnützige, mildtätige oder kirchli-

---

1 Semler/Stengel/Leonard/*Katschinski* § 104 Rn. 5.
2 Lutter/*Hennrichs* § 104 Rn. 3.
3 Semler/Stengel/Leonard/*Katschinski* § 104 Rn. 9.

che Zwecke iSd §§ 51–68 AO verfolgen. Da die Gewährung von Abfindungszahlungen die Steuerbegünstigung dieser Vereine gefährden können, erklärt die Vorschrift die §§ 29–34 für nicht anwendbar. § 104a gilt aufgrund der Verweisung nach § 125 auch für die Spaltung unter Beteiligung steuerbegünstigter Vereine.

II. Anwendungsvoraussetzungen

2 Aufgrund des vorgenannten Normzwecks ist der Anwendungsbereich der Vorschrift auf diejenigen Fälle zu beschränken, bei denen „durch" die Abfindungszahlung die Steuerbegünstigung gefährdet werden kann, also nicht bei einer Verschmelzung eines steuerbegünstigten Vereins auf einen nicht steuerbegünstigten Rechtsträger (hier würde der Verein bereits durch die Verschmelzung seine Steuerbegünstigung verlieren) und auch nicht bei der Verschmelzung eines nicht steuerbegünstigten Vereins auf einen steuerbegünstigten Verein (hier würden die Abfindungszahlungen allein vom übertragenden, selbst nicht steuerbegünstigten Rechtsträger zu leisten sein).[1]

3 Die Vorschrift selbst regelt nicht den Zeitpunkt, wann die Voraussetzungen für eine Steuerbegünstigung vorliegen müssen. Maßgeblich wird hier die Eintragung der Verschmelzung in das Register des übernehmenden Rechtsträgers (Wirksamkeit der Verschmelzung) sein, unabhängig davon, wann die Voraussetzungen des § 5 Abs. 1 Nr. 9 KStG von den Behörden letztmalig festgestellt wurden.[2] Die Voraussetzungen für eine Steuerbegünstigung müssen ferner noch so lange fortbestehen, bis die Frist nach § 31 abgelaufen ist. Verliert der Verein die Steuerbegünstigung während dieses Zeitraums, so ist es nicht (mehr) gerechtfertigt, den Schutz der Mitglieder nach den §§ 29 ff. für nicht anwendbar zu erklären.[3]

4 Der Nachweis der Steuerbegünstigung ist gegenüber dem Registergericht durch geeignete Unterlagen der Steuerbehörden (Bescheinigung, Feststellungsbescheid) zu erbringen.[4]

Siebenter Abschnitt
Verschmelzung genossenschaftlicher Prüfungsverbände

§ 105 Möglichkeit der Verschmelzung

¹**Genossenschaftliche Prüfungsverbände können nur miteinander verschmolzen werden.** ²**Ein genossenschaftlicher Prüfungsverband kann ferner als übernehmender Verband einen rechtsfähigen Verein aufnehmen, wenn bei diesem die Voraussetzungen des § 63b Absatz 2 des Genossenschaftsgesetzes bestehen und die in § 107 Abs. 2 genannte Behörde dem Verschmelzungsvertrag zugestimmt hat.**

§ 106 Vorbereitung, Durchführung und Beschluß der Mitgliederversammlung

Auf die Vorbereitung, die Durchführung und den Beschluß der Mitgliederversammlung sind die §§ 101 bis 103 entsprechend anzuwenden.

---

1 Semler/Stengel/Leonard/*Katschinski* § 104a Rn. 3; Lutter/*Hennrichs* § 104a Rn. 2.
2 Lutter/*Hennrichs* § 104a Rn. 3.
3 Semler/Stengel/Leonard/*Katschinski* § 104a Rn. 5.
4 Semler/Stengel/Leonard/*Katschinski* § 104a Rn. 6.

§ 107 Pflichten der Vorstände

(1) ¹Die Vorstände beider Verbände haben die Verschmelzung gemeinschaftlich unverzüglich zur Eintragung in die Register des Sitzes jedes Verbandes anzumelden, soweit der Verband eingetragen ist. ²Ist der übertragende Verband nicht eingetragen, so ist § 104 entsprechend anzuwenden.

(2) Die Vorstände haben ferner gemeinschaftlich den für die Verleihung des Prüfungsrechts zuständigen obersten Landesbehörden die Eintragung unverzüglich mitzuteilen.

(3) Der Vorstand des übernehmenden Verbandes hat die Mitglieder unverzüglich von der Eintragung zu benachrichtigen.

§ 108 Austritt von Mitgliedern des übertragenden Verbandes

Tritt ein ehemaliges Mitglied des übertragenden Verbandes gemäß § 39 des Bürgerlichen Gesetzbuchs aus dem übernehmenden Verband aus, so sind Bestimmungen der Satzung des übernehmenden Verbandes, die gemäß § 39 Abs. 2 des Bürgerlichen Gesetzbuchs eine längere Kündigungsfrist als zum Schlusse des Geschäftsjahres vorsehen, nicht anzuwenden.

I. Einordnung der Verschmelzung von genossenschaftlichen Prüfungsverbänden ... 1	2. Anzeige der Verschmelzung an die Staatsaufsicht (Abs. 2) ... 11
II. Formwechsel bei genossenschaftlichen Prüfungsverbänden ... 5	3. Benachrichtigung der Verbandsmitglieder (Abs. 3) ... 12
III. Vorbereitung, Durchführung und Beschluss über die Verschmelzung (§ 106) ... 6	V. Austritt von Mitgliedern des übertragenden Prüfungsverbandes (§ 108) ... 13
IV. Pflichten der Prüfungsverbandsvorstände (§ 107) ... 9	
1. Anmeldung zur Eintragung in das Register (Abs. 1) ... 9	

I. Einordnung der Verschmelzung von genossenschaftlichen Prüfungsverbänden

Die nach § 63b Abs. 1 GenG idR als eV verfassten genossenschaftlichen Prüfungsverbände sind verschmelzungsfähige Rechtsträger (s. § 3 Abs. 1 Nr. 5). Für sie gelten außer den allg. Verschmelzungsvorschriften der §§ 2–35 die besonderen der §§ 105–108 (zuvor §§ 63e–63i GenG aF). 1

Die Möglichkeiten, miteinander zu verschmelzen, sind für die Prüfungsverbände entgegen dem Wortlaut von § 3 Abs. 1 Nr. 5 nach wie vor begrenzt. Nach § 105 aF iVm § 2 Nr. 1 konnten genossenschaftliche Prüfungsverbände zunächst nur untereinander im Wege der **Aufnahme** eines Verbandes durch einen anderen Verband verschmolzen werden. Eine Verschmelzung durch Neugründung wie nach § 2 Nr. 2 war nicht vorgesehen. Seit 2007 ist das anders. Die Gesetzesverfasser haben auch die **Verschmelzung zur Neugründung** erlaubt und zudem die Beschränkung auf zwei beteiligte Rechtsträger aufgegeben. Es können nun also auch mehrere genossenschaftliche Prüfungsverbände übertragende Rechtsträger sein.[1] 2

---

1 S. das Zweite UmwGÄndG vom 19.4.2007 (BGBl. I 542).

3 Desgleichen soll die in § 105 S. 2 zugelassene Aufnahme eines nach Maßgabe von § 63b Abs. 2 S. 1 GenG rechtsfähigen Vereins praktisch geboten sein.[2] Hierzu bedarf es jedoch der Zustimmung der nach § 63 GenG für die Verleihung des Prüfungsrechts zuständigen obersten Landesbehörde (s. § 105 S. 2). Nicht zulässig ist weiterhin die Verschmelzung in eine andere gesellschaftsrechtliche Vereinigungsform hinein.[3] Die Verweisung in § 105 S. 2 aF auf § 63b Abs. 2 S. 1 GenG wurde durch Gesetz v. 17.7.2017 (BGBl. I 2434) geändert (Streichung des S. 1). Für die Änderung hatte sich in der verschmelzungsrechtlichen Praxis ein Bedürfnis gezeigt. So musste für den Fall, dass ein genossenschaftlicher Prüfungsverband einen eingetragenen Verein aufnehmen will, zweifelsfrei feststehen, dass der Verein eine Vereinigung ist, die sich ganz oder überwiegend in der Hand eingetr. Genossenschaften befindet oder dem Genossenschaftswesen dient. Durch die nunmehr bestehende Verweisung nur noch auf § 63 Abs. 2 GenG kann künftig die Aufsichtsbehörde im Zweifelsfall entscheiden, ob die Voraussetzungen vorliegen. Ebenso kann die Aufsichtsbehörde Ausnahmen von den Voraussetzungen zulassen, wenn ein wichtiger Grund vorliegt.[4]

4 Die §§ 105–108, 3 Abs. 1 Nr. 5 lassen offen, in welcher Rechtsform die genossenschaftlichen Prüfungsverbände verfasst sind. Zugleich unterstellt das UmwG mit dem § 63b Abs. 1 GenG („sollen"), dass die Prüfungsverbände idR als eV verfasst sind[5] und verweist zB in § 106 auf die vereinsrechtlichen Bestimmungen. Das UmwG behandelt den genossenschaftlichen Prüfungsverband als einen **Rechtsträger eigener Art**.[6]

II. Formwechsel bei genossenschaftlichen Prüfungsverbänden

5 Über die Möglichkeit zur Verschmelzung hinaus kann ein idR als eV verfasster Prüfungsverband nach Maßgabe von §§ 190, 272 auch formwechselnder Rechtsträger sein. Mögliche Zielrechtsform sind nach § 272 Abs. 1 eine **Kapitalgesellschaft oder eine eG.** Der Formwechsel und die weitere Entwicklung des sowohl ideell als auch wirtschaftlich tätigen Verbandes hin zu einer „Gesamt-eG" kann für Prüfungsverbände aus verschiedenen Gründen durchaus erwägenswert sein, ist aber mit Rücksicht auf das Einstimmigkeitserfordernis des § 284 S. 1 eine Frage der konkreten Gestaltung.

III. Vorbereitung, Durchführung und Beschluss über die Verschmelzung (§ 106)

6 Für die genossenschaftlichen Prüfungsverbände verweist § 106 zur Vorbereitung der (rechtsformunabhängig) „Mitgliederversammlung" umfassend auf die Vorschriften eines rechtsfähigen Vereins in den **§§ 101–103** (s. dort).

7 In Abweichung von § 101 Abs. 1 S. 1, § 102 S. 1 ist die **Auslegung** eines nach § 100 erforderlichen **Prüfungsberichts** zur Vorbereitung auf die Mitgliederversammlung nicht erforderlich. Bei der Verschmelzung genossenschaftlicher Prüfungsverbände ist eine Prüfung nach §§ 9–12 nicht vorgeschrieben. Eine Verweisung auf § 100 ist daher in § 106 bewusst unterblieben. Der Prüfungsverband ist nicht Verein iSd UmwG (→ Rn. 4). Zudem sei davon auszugehen, dass die Leitungsorgane der Mitglieder der Prüfungsverbände – regelmäßig eingetr. Genossenschaften und andere Unternehmen – aus eigener Sachkenntnis heraus in der Lage seien, die Interessen der von ihnen vertretenen Un-

---

2 S. BT-Drs. 16/2919, 14 vom 12.10.2006.
3 S. Beuthien/*Beuthien/Wolff* §§ 105 ff. Rn. 1.
4 S. BT-Drs. 18/11506, 34 vom 13.3.2017.
5 S. BT-Drs. 12/6699, 112 vom 1.2.1994.
6 Zu den weiteren rechtlichen Folgen Beuthien/*Beuthien/Wolff* §§ 105 ff. Rn. 1 aE (krit.).

ternehmen zu wahren.[7] Das ist – auch mit Blick auf Gläubigerbelange – kritisch zu würdigen und rechtlich im Übrigen nicht stringent. Denn mit dieser Begründung müsste der Gesetzgeber auch reine Unternehmergenossenschaften oder sog. Sekundärgenossenschaften (vgl. etwa § 43 Abs. 3 S. 3 Nr. 2, 3 GenG) umwandlungsrechtlich zB von der Prüfungspflicht aus § 81 befreien oder solchen Genossenschaften jedenfalls einen Verzicht auf das Prüfungsgutachten ermöglichen (ohne eine hohe, für eingetr. Genossenschaften praktisch nicht zu erreichende Hürde wie in § 9 Abs. 3, § 8 Abs. 3).

Allg. zum **Ablauf der Verschmelzung** unter Einbeziehung der §§ 2 ff. Beuthien/Beuthien/Wolff §§ 105 ff. Rn. 2.

IV. Pflichten der Prüfungsverbandsvorstände (§ 107)
1. Anmeldung zur Eintragung in das Register (Abs. 1)

Die „unverzügliche" (= ohne schuldhaftes Zögern, § 121 Abs. 1 S. 1 BGB) Anmeldung zur Eintragung der Verschmelzung in die (Vereins-)Register des Sitzes jedes an der Verschmelzung beteiligten Prüfungsverbands müssen die Vorstände der Verbände **gemeinschaftlich** vornehmen. Aus welchem Grund der besondere § 107 Abs. 1 die allg. Regelung in § 16 Abs. 1 durchbricht und die Vorstände eigens zum gemeinschaftlichen Handeln verpflichtet, erschließt sich nicht. Eine Unterzeichnung der Anmeldung in jeweils vertretungsberechtigter Zahl reicht im Übrigen aus. Die **gegenseitige Mitwirkungspflicht** der Verbandsvorstände folgt aus § 107 Abs. 1 sowie aus dem Verschmelzungsvertrag. Sie ist einklagbar und unterliegt der Vollstreckung nach § 894 ZPO. Der Anmeldung sind die in § 17 angeführten Unterlagen beizufügen.

Ist der übertragende Prüfungsverband nicht eingetragen, gilt § 104 entspr. und es tritt die **öffentliche Bekanntmachung** an die Stelle der Anmeldung (s. § 107 Abs. 1 S. 2). Jeder Vorstand vertritt nun seinen Verband, aber die Bekanntmachung ist von beiden Vorständen zu veranlassen.[8]

2. Anzeige der Verschmelzung an die Staatsaufsicht (Abs. 2)

Ebenfalls gemeinschaftlich und unverzüglich haben die Vorstände der beteiligten Prüfungsverbände die Eintragung der nach § 63 GenG für die Verleihung des Prüfungsrechts zuständigen obersten Landesbehörde mitzuteilen. Sind sitzbedingt Behörden unterschiedlicher Bundesländer zuständig, ist jede Verleihungsbehörde zu informieren. **Sinn von § 107 Abs. 2** ist, dass die Verleihungsbehörden vom Eintritt der Verschmelzungswirkungen Kenntnis erlangen, zumal sich die Verschmelzung aufgrund der sog. Pflichtmitgliedschaft (s. §§ 54, 54a GenG) auch auf die jeweilige vereinsrechtliche Beziehung auswirken wird. Die Mitteilung dient vor allem dazu, die fortwährende Erfüllungsgewähr (s. §§ 63 ff. GenG) überprüfen zu können.

Beratungshinweis: Aus diesem Grund dürfte mit Rücksicht auf die mittlerweile ebenfalls stattfindende und mit der Staatsaufsicht aus §§ 64, 64a GenG rechtlich verzahnte **Qualitätsaufsicht** (s. §§ 63e ff. GenG) auch eine Benachrichtigung der **Wirtschaftsprüferkammer** erforderlich sein.

---

[7] S. BT-Drs. 12/6699, 112 vom 1.2.1994; kritisch Lutter/*Bayer* § 106 Rn. 12 f.
[8] S. Semler/Stengel/Leonard/*Katschinski* § 107 Rn. 3.

3. Benachrichtigung der Verbandsmitglieder (Abs. 3)

12 Auch die Pflicht des Vorstands des übernehmenden Prüfungsverbandes, seine (bisherigen und neuen)[9] Mitglieder unverzüglich von der Eintragung zu benachrichtigen, dient der Information über den Eintritt der Verschmelzungswirkungen.[10] Für die Benachrichtigung ist keine Form vorgeschrieben.

V. Austritt von Mitgliedern des übertragenden Prüfungsverbandes (§ 108)

Beratungshinweis: § 108 hat aufgrund der in §§ 54, 54a GenG normierten sog. Pflichtmitgliedschaft jeder eG in einem genossenschaftlichen Prüfungsverband **keine große praktische Relevanz.** Einschränkend wirken im Übrigen auf den Sitz der Mitglieder bezogene und gebietsbeschränkende Satzungsregelungen der regionalen Prüfungsverbände.

13 Aus Gründen der Rechtsbereinigung wurde das Sonderkündigungsrecht des § 63h Abs. 2 GenG aF, bei dessen Ausübung die Mitgliedschaft in dem übernehmenden Prüfungsverband als nicht erworben galt, durch § 108 und das Austrittsrecht des § 39 Abs. 1 BGB ersetzt. § 108 soll die Mitglieder des übertragenden Prüfungsverbands davor schützen, dass ihnen eine Mitgliedschaft aufgenötigt wird und sie gegen ihren Willen in dem übernehmenden Prüfungsverband (ggf. vom status quo abweichende) Rechte und Pflichten übernehmen müssen. Diesem **Schutzzweck** entsprechend wird ein Verbandsmitglied den § 108 und damit die befreiende Erleichterung von § 39 Abs. 2 nur in einem **engen zeitlichen Zusammenhang** mit der Verschmelzung beanspruchen können.[11]

14 In Anbetracht derselben Interessenlage findet § 108 abseits seines Wortlauts **entspr. Anwendung** auf die ehemaligen Mitglieder eines nach § 105 S. 2 aufgenommenen rechtsfähigen Vereins.[12]

Beratungshinweis: Die Kündigung bedarf keiner Form und ist gegenüber dem Vorstand des übernehmenden Prüfungsverbands zu erklären. Die Austrittserklärung wird § 108 als zeitlich befristete Erleichterung jedenfalls konkludent in Form der stattgefundenen Verschmelzung in Bezug nehmen, aber darüber hinaus nicht gesondert begründet werden müssen.

Achter Abschnitt
Verschmelzung von Versicherungsvereinen auf Gegenseitigkeit

Erster Unterabschnitt Möglichkeit der Verschmelzung

§ 109 Verschmelzungsfähige Rechtsträger

¹Versicherungsvereine auf Gegenseitigkeit können nur miteinander verschmolzen werden. ²Sie können ferner im Wege der Verschmelzung durch eine Aktiengesellschaft, die den Betrieb von Versicherungsgeschäften zum Gegenstand hat (Versicherungs-Aktiengesellschaft), aufgenommen werden.

---

9 S. Beuthien/*Beuthien/Wolff* §§ 105 ff. Rn. 5; Schmitt/Hörtnagl/*Hörtnagl/Olloch* §§ 105–108 Rn. 7.
10 Kritisch zur Pflicht aus § 107 Abs. 3 im Verhältnis zur Begründung für die Ausnahme in den §§ 106, 100 Beuthien/*Beuthien/Wolff* §§ 105 ff. Rn. 5.
11 Dennoch str., s. Schmitt/Hörtnagl/*Hörtnagl/Olloch* §§ 105–108 Rn. 8; Beuthien/*Beuthien/Wolff* §§ 105 ff. Rn. 6.
12 S. Beuthien/*Beuthien/Wolff* §§ 105 ff. Rn. 6 aE.

Verschmelzungsfähige Rechtsträger § 109 UmwG

Literatur:
Benkel, Der Versicherungsverein auf Gegenseitigkeit, 2002 (zit.: *Benkel* VVaG); *Biewer*, Die Umwandlung eines Versicherungsvereins auf Gegenseitigkeit in eine Aktiengesellschaft, 1998 (zit.: *Biewer* Umwandlung Versicherungsverein); *Kaulbach/Bähr/Pohlmann*, VAG Kommentar, 6. Aufl. 2019; *Gerner*, Demutualisierung eines VVaG: Die Umwandlung eines Versicherungsvereins auf Gegenseitigkeit in eine Aktiengesellschaft, 2003 (zit.: *Gerner* Demutualisierung); *Gesamtverband der Deutschen Versicherungswirtschaft*, Statistiken zur deutschen Versicherungswirtschaft („Statistisches Taschenbuch") September 2023; *Hersch*, Verschmelzung von Versicherungsvereinen auf Gegenseitigkeit nach dem Umwandlungsgesetz, NZG 2016, 611; *Petersen*, Versicherungsunternehmensrecht, 2003 (zit.: *Petersen* VersicherungsunternehmensR); *Prölss/Dreher*, Versicherungsaufsichtsgesetz: VAG, 13. Aufl. 2018; *Schmid*, Bestandsübertragung und Umwandlung von Versicherungsunternehmen, 2010; *Sieger/Bank*, Probleme bei der Kooperation von Versicherungsvereinen auf Gegenseitigkeit, VersR 2012, 270; *Venohr/Naujoks/Zinke*, Größe als Chance? Konzentrationstendenzen in der Versicherungswirtschaft, VW 1998, 1120; *Weber*, Die Demutualisierung von Versicherungsvereinen, VW 1998, 1274; *Weber-Rey/Guinomet*, Wege zur Demutualisierung, AG 2002, 278; *Wirsing*, Die Demutualisierung: Dazu das Beispiel der Standard Life, 2007 (zit.: *Wirsing* Demutualisierung).

I. Normzweck	1	a) Verschmelzung mit Körperschaften oder Anstalten des öffentlichen Rechts	31
1. Versicherungsunternehmen und Rechtsformzwang	1	b) Verschmelzung einer Versicherungs-Aktiengesellschaft/SE auf einen VVaG	32
2. Versicherungsverein auf Gegenseitigkeit (VVaG)	8	**III. Aufsichtsrechtliche Anforderungen**	35
3. Weitere VVaG-Arten	10	**IV. Besonderheiten bei den Rechtsfolgen**	40
a) Kleinerer Verein (§ 210 VAG)	11	**V. Haftung**	46
b) Kleinstverein (§ 5 VAG)	14	**VI. Bestandsübertragung als Alternative zur Verschmelzung?**	49
c) Rückversicherungsverein	17	1. Vorteile einer Bestandsübertragung	52
d) Pensions-Sicherungs-Verein (§ 14 BetrAVG)	18	2. Nachteile der Bestandsübertragung als solche	55
4. Versicherungs-Aktiengesellschaft	19	a) Fortbestehen des übertragenden Versicherungsunternehmens	55
II. Inhalt und Anwendungsbereich	21	b) Zurückbleiben sonstiger Vertragsverhältnisse	56
1. Verschmelzung von VVaG miteinander (S. 1)	21	c) Betriebsübergang gem. § 613a BGB?	57
2. Verschmelzung auf eine Versicherungs-Aktiengesellschaft (S. 2)	23	3. Liquidation des verbleibenden VVaG	59
3. Grenzüberschreitende Verschmelzung eines VVaG	25		
4. Unzulässige Verschmelzungssachverhalte	31		

I. Normzweck

1. Versicherungsunternehmen und Rechtsformzwang

Gem. § 8 Abs. 2 VAG[1] besteht für Versicherungsunternehmen ein Rechtsformzwang. Unternehmen, die das Versicherungsgeschäft betreiben und die entsprechende Erlaubnis von der Versicherungsaufsichtsbehörde, idR der Bundesanstalt für Finanzdienstleistungsaufsicht (kurz „**BaFin**"), erhalten wollen, müssen entweder die Rechtsform einer Aktiengesellschaft, einer Europäischen Gesellschaft (Societas Europeae, „**SE**"), eines Versicherungsvereins auf Gegenseitigkeit oder aber einer Körperschaft oder Anstalt des öffentlichen Rechts haben (**Rechtsformzwang**). Dh, eine GmbH oder auch eine Personengesellschaft kann keine Erlaubnis zum Betreiben des Versicherungsgeschäfts in Deutschland erhalten. § 8 Abs. 2 VAG erfasst erst seit der Novelle von 2009 (Gesetz zur Stärkung der Finanzmarkt- und der Versicherungsaufsicht vom 29.7.2009)[2] auch die SE neben der Aktiengesellschaft.

---

[1] Versicherungsaufsichtsgesetz in der Fassung des Gesetzes zur Modernisierung der Finanzaufsicht über Versicherungen vom 1.4.2015 (BGBl. I 434), das zuletzt durch Art. 31 ZukunftsfinanzierungsG vom 11.12.2023 (BGBl. 2023 I Nr. 354) geändert worden ist.

[2] BGBl. 2009 I 2305.

2 Bei Verabschiedung des Gesetzes über die Umwandlung von Kapitalgesellschaften und bergrechtlichen Gewerkschaften vom 12.11.1956[3] gab es insges. 841 Versicherungsunternehmen in Deutschland, die das Privatversicherungsgeschäft unter deutscher Aufsicht betrieben: Die ganz überwiegende Zahl, nämlich 684, dieser Versicherungsunternehmen hatten die Rechtsform des VVaG, nur 110 waren **Versicherungs-Aktiengesellschaften** und nur 22 waren **öffentlich-rechtliche Versicherungsunternehmen**. Als das UmwG in der neuen, auf Art. 1 des Gesetzes zur Bereinigung des Umwandlungsrechts beruhenden Fassung vom 28.10.1994[4] am 1.1.1995 in Kraft trat, gab es insges. noch 692 das Privatversicherungsgeschäft in Deutschland betreibende Versicherungsunternehmen unter Aufsicht der damaligen Aufsichtsbehörde, dem Bundesaufsichtsamt für das Versicherungswesen:[5] Davon waren allerdings nur noch 324 VVaG, dagegen bereits 320 Versicherungs-Aktiengesellschaften und 31 öffentlich-rechtliche Versicherungsunternehmen. Während sich in den fast 40 Jahren die Zahl der VVaG also halbierte, hat sich die Zahl der Versicherungs-Aktiengesellschaften verdreifacht und die der öffentlich-rechtlichen Versicherungsunternehmen verdoppelt. Der Trend hält gerade im Hinblick auf die VVaG bis heute an: Im Jahre 2021 gab es von insgesamt 524 Versicherungsunternehmen noch 235 VVaG. Die Zahl der Versicherungs-Aktiengesellschaften sank auf 272 und die der öffentlich-rechtlichen Versicherungsunternehmen sank auf 14.[6]

3 Angesichts der vor allem in den 90er-Jahren stark zunehmenden Konsolidierung innerhalb der deutschen Versicherungswirtschaft[7] sah der deutsche Gesetzgeber einen Bedarf, nicht nur die Umwandlung von Aktiengesellschaften und VVaG miteinander, sondern explizit auch für die Umwandlung eines VVaG in eine Aktiengesellschaft zu regeln.[8] Bis dahin war ausschließlich die Verschmelzung von VVaG miteinander gesetzlich vorgesehen (vgl. § 44a Abs. 1 VAG aF). Diese Bestimmung wurde sodann in den neuen § 109 S. 1 übernommen, und es wurde ein S. 2 angefügt, der zusätzlich die Verschmelzung des VVaG mit einer Aktiengesellschaft regelte (**Mischverschmelzung**).[9] Als Aktiengesellschaft iSv § 151 S. 1 gilt auch die SE (dies folgt aus Art. 3 Abs. 1 SE-VO und Art. 10 SE-VO, § 8 Abs. 2 VAG); die SE mit Sitz und Hauptverwaltung im Inland ist also ebenfalls tauglicher Rechtsträger für Versicherungsgeschäfte.[10] Mit den Vorschriften der §§ 109 ff. verschaffte der Gesetzgeber also vor allem den Versicherungsunternehmen in der Rechtsform des VVaG einen gesetzlichen Rahmen für die neue Form der Umwandlung des VVaG in eine Versicherungs-Aktiengesellschaft/SE (sog. „**Demutualisierung**"), dies insbes. unter den Aspekten der Verbesserung der Wettbewerbsfähigkeit bei der Abwägung der wirtschaftlichen Vor- und Nachteile von VVaG im Vergleich zur Versicherungs-Aktiengesellschaft/SE.

4 Einerseits haben Aktiengesellschaften/SE einen wesentlich besseren Zugang zum Kapitalmarkt, als dies bei VVaG der Fall ist: Denn VVaG können außer den eigenen Versicherungsnehmern, die zugleich gem. § 176 VAG die Mitglieder, also die Gesellschafter, sind, grds. keine Fremdinvestoren in den Gesellschafterkreis aufnehmen (**Mitgliedschaftsprinzip**). Es kommt somit nur die Ausgabe von Genussrechtskapital in

---

3 BGBl. 1956 I 844.
4 BGBl. 1994 I 3210.
5 Dieses bestand bis 2002 und wurde durch Verschmelzung mit der damaligen Bankenaufsichtsbehörde zur heutigen BaFin.
6 Zum Vorstehenden *Gesamtverband der Deutschen Versicherungswirtschaft*, Statistisches Taschenbuch September 2023, Tabelle 3; BaFin-Statistik abrufbar unter: https://www.bafin.de/SharedDocs/Downloads/DE/Statistik/Erstversicherer/dl_st_21_erstvu_gesamtentwicklung_va.html.
7 *Venohr/Naujoks/Zinke* VW 1998, 1120.
8 BT-Drs. 12/6699, 113.
9 BGBl. 1994 I 3210 (3228).
10 *Widmann/Mayer/Vossius* § 109 Rn. 1.

Betracht.[11] Die Zeichner des Genussrechtskapitals an einem VVaG haben aber keine rechtliche Möglichkeit der Einflussnahme auf den VVaG in Form von Stimmrechten oÄ, wie dies die Mitglieder oder Mitgliedervertreter haben. Zudem begründet die Kapitaleinzahlung eine Verbindlichkeit des VVaG, dh die Zeichner haben einen Anspruch auf Rückzahlung des eingezahlten Kapitalbetrags.[12] Die Aufnahme von Genussrechtskapital erfolgt grundsätzlich durch Ausgabe von Genussscheinen. Einzelheiten können im Genussrechtsvertrag bestimmt werden.[13] Andererseits sind die Vorstände eines VVaG sehr viel freier vom Rendite- und Shareholder Value-Druck und den Berichterstattungspflichten, dem Aktiengesellschaften – insbes. wenn Sie börsennotiert sind – ausgesetzt sind.[14]

Die Verschmelzung von VVaG mit Körperschaften oder Anstalten des öffentlichen Rechts hat der Gesetzgeber allerdings bis heute nicht geregelt, sie ist nach wie vor nicht möglich. Lediglich die Vermögensübertragung vom VVaG auf ein öffentlich-rechtliches Versicherungsunternehmen ist in den §§ 174 ff. vorgesehen und im Einzelnen geregelt. Somit besteht insoweit auch keine planwidrige Gesetzeslücke. 5

Die **grenzüberschreitende Verschmelzung** eines VVaG auf eine Aktiengesellschaft oder SE ist ebenfalls nicht ausdr. in den §§ 109 ff. geregelt. Nach Inkrafttreten der Europäischen Richtlinie zur Verschmelzung von Kapitalgesellschaften aus verschiedenen Mitgliedstaaten,[15] die im April 2007 durch das Zweite Gesetz zur Änderung des UmwG mit den neu eingefügten §§ 122a ff. umgesetzt wurde,[16] ist die grenzüberschreitende Verschmelzung von Kapitalgesellschaften für die in § 122b iVm Art. 2 Nr. 1 der Richtlinie definierten Kapitalgesellschaften auch nach dem UmwG (§§ 122a ff.) gesetzlich möglich.[17] Durch Art. 1 des Gesetzes zur Umsetzung der Umwandlungsrichtlinie vom 22.2.2023[18] wurden die §§ 122a ff. aufgehoben, und die Regelungen zur grenzüberschreitenden Umwandlung finden sich nunmehr im Sechsten Buch ab den §§ 305 ff. Eine grenzüberschreitende Verschmelzung ist nach der Legaldefinition des § 305 Abs. 1 eine Verschmelzung, bei der mind. eine der beteiligten Gesellschaften dem Recht eines anderen Mitgliedstaats der Europäischen Union oder eines anderen Vertragsstaats des Abkommens über den Europäischen Wirtschaftsraum unterliegt. Weder die ursprüngliche Richtlinie (EU) 2017/1132 noch die neue Richtlinie (EU) 2019/2121 noch § 306 definieren eindeutig, ob der VVaG von dem darin verwendeten Kapitalgesellschafts-Begriff erfasst wird. Es sprechen gute Gründe dafür, dass dies so ist und somit eine grenzüberschreitende Verschmelzung eines VVaG auf eine Aktiengesellschaft oder SE innerhalb der EU/des EWR möglich ist (im Einzelnen → Rn. 25). 6

Gleiches gilt für die grenzüberschreitende Verschmelzung von VVaG miteinander innerhalb der EU/des EWR: Die von der EU-Kommission, vor allem auf Initiative Frankreichs, seit 1992 bereits mehrfach angestoßene, aber bislang stets am Widerstand Deutschlands bzw. der starken Lobby der deutschen VVaG gescheiterte Einführung 7

---

11 *Sieger/Bank* VersR 2012, 270.
12 *Benkel* VVaG S. 226.
13 *Benkel* VVaG S. 227 f.
14 *Wirsing* Demutualisierung S. 27; *Weber-Rey/Guinomet* AG 2002, 278; *Weber* VW 1998, 1274.
15 Richtlinie 2005/56/EG des Europäischen Parlaments und des Rates vom 26.10.2005, ABl. L 310, 1 ff. vom 25.11.2005.
16 Zweites Gesetz zur Änderung des Umwandlungsgesetzes vom 19.4.2007, BGBl. I 542, in Kraft seit 25.4.2007.
17 Vgl. Kurzüberblick bei *Herrler* EuZW 2007, 295 ff.
18 BGBl. 2023 I Nr. 51, 1 ff. vom 28.2.2023; das Gesetz setzt die Richtlinie (EU) 2019/2121 des Europäischen Parlaments und des Rates vom 27.11.2019 zur Änderung der Richtlinie (EU) 2017/1132 in Bezug auf grenzüberschreitende Umwandlungen, Verschmelzungen und Spaltungen (ABl. 2019 L 321, 1 vom 12.12.2019; ABl. 2020 L 20, 24 vom 24.1.2020) um.

einer **Europäischen Gegenseitigkeitsgesellschaft** (**EUGGES**) oder Mutualité Européenne (ME) lässt weiter auf sich warten. Das Europäische Parlament hat aufgrund des hohen Anteils der Gegenseitigkeitsgesellschaften auf dem europäischen Versicherungsmarkt (ca. 25 %) die hohe Relevanz dieser Rechtsform hervorgehoben und dies als Anlass genommen, ein erneutes Gesetzgebungsverfahren zur Statuierung der Europäischen Gegenseitigkeitsgesellschaft anzuregen, und der Europäische Wirtschafts- und Sozialausschuss sprach in 2014 eine ausdrückliche Empfehlung an die EU-Kommission aus.[19] Wenn die grenzüberschreitende Verschmelzung eines VVaG auf eine SE zulässig ist, sollten auch die grenzüberschreitenden Verschmelzungen von Gegenseitigkeitsvereinen innerhalb der EU/des EWR aufgrund der §§ 305 ff. zulässig sein. Es fehlt jedoch auch insoweit noch an der Rechtssicherheit (→ Rn. 28 ff.).

2. Versicherungsverein auf Gegenseitigkeit (VVaG)

8   Die Geschichte des VVaG reicht weit zurück:[20] Die erste privatrechtliche Gegenseitigkeitsgesellschaft wurde 1762 in Großbritannien mit der heute nicht mehr in dieser Rechtsform existierenden Equitable Life, die sich allerdings im Run-off befindet, gegründet. Der erste in Deutschland heute noch bestehende Lebensversicherungsverein a. G. (nämlich die Gothaer) wurde bereits 1827 gegründet, damals allerdings noch ohne spezielle gesetzliche Grundlage, vielmehr auf Grundlage der allg. Gesetzesbestimmungen des bürgerlichen Rechts über Korporationen und Gesellschaften. Erst das Reichs-Versicherungsaufsichtsgesetz vom 12.5.1901 regelte den VVaG als Rechtsform gesetzlich und schaffte damit eine Gesetzesgrundlage. Trotz mehrfacher Reform des VAG sind die gesetzlichen Regelungen zum VVaG nach wie vor enthalten, und zwar in den §§ 171 ff. VAG.

9   Gem. § 171 VAG ist der VVaG ein privatrechtlicher auf die Versicherung seiner Mitglieder nach dem Gegenseitigkeitsprinzip ausgerichteter, rechtsfähiger Verein, der seine Rechtsfähigkeit erst mit **Erlaubniserteilung** durch die Aufsichtsbehörde BaFin gem. § 8 Abs. 1 VAG erlangt.[21] Da der VVaG einerseits aufgrund des Mitgliedschaftsprinzips ein Merkmal der Genossenschaft aufweist, andererseits seine Organisation an aktienrechtliche Vorgaben angelehnt wird und zudem das VAG spezielle Vorschriften für diese Rechtsform vorsieht, ist der VVaG als **Rechtsträger sui generis** anzusehen.[22] Den VVaG zeichnen die folgenden wesentlichen Kriterien aus:

- Die Versicherungsnehmer werden laut Satzung mit Abschluss eines Versicherungsvertrags mit dem VVaG zugleich Mitglieder des VVaG. Das Gesetz sieht somit eine Identität von Versicherungsnehmer und Mitglied vor (**Mitgliedschaftsprinzip**). Da also auch Interessenidentität zwischen den Versicherungsnehmern, die günstige Prämien und größtmöglichen Versicherungsschutz anstreben, und denselben Personen als Mitglieder, die eine möglichst hohe Überschussbeteiligung erzielen wollen, besteht, kann sich ein VVaG bei seinem Versicherungsgeschäft ganz an den Interessen seiner Mitglieder und deren Förderung orientieren.[23] Die Mitgliedschaft besteht, solange ein Versicherungsverhältnis zwischen Versicherungsnehmer und VVaG besteht (§ 176

---

19 Bericht mit Empfehlung an die EU-Kommission zum Statut der Europäischen Gegenseitigkeitsgesellschaft (2012/2039(INI)) vom 28.1.2013, Plenarsitzungsdok. lit. Q der Erwägungsgründe. Stellungnahme des Europäischen Wirtschafts- und Sozialausschusses, INT/734 vom 25.3.2014. Ein Verordnungsvorschlag der Kommission zur Statuierung wurde bereits einmal 1992 vorgelegt, jedoch 2005 zurückgezogen; → Rn. 26 f. mwN.
20 Ausf. dazu: *Benkel* VVaG S. 21 ff.
21 Prölss/Dreher/*Weigel* VAG § 171 Rn. 9 ff.
22 *Benkel* VVaG S. 40 f.
23 *Wirsing* Demutualisierung S. 11.

VAG). Ausnahmsweise zulässig sind daneben grds. auch Versicherungsgeschäfte gegen feste Entgelte ohne Erwerb der Mitgliedschaft, soweit die Satzung solche ausdr. gestattet (§ 177 Abs. 2 VAG); prominentestes Beispiel ist der Pensions-Sicherungs-Verein (→ Rn. 18).

- Aus dem Mitgliedschaftsprinzip folgt, dass ein VVaG nach dem **Gegenseitigkeitsprinzip** wirtschaftet:[24] Er betreibt seine Versicherungsgeschäfte für seine Mitglieder und durch seine Mitglieder zugleich, während seine Mitglieder die Verluste und Risiken, aber auch die Gewinne gemeinsam tragen, indem sie durch Begründung eines Versicherungsverhältnisses in eine wirtschaftliche und rechtliche Beziehung zum Verein treten.[25] Der Vereinszweck liegt somit in der Gegenseitigkeit, die in der beständigen Ausübung von möglichst schadenfreien Versicherungsgeschäften und nicht wie bei einer Versicherungs-Aktiengesellschaft/SE gleichermaßen auch in der Gewinnerzielung zum Ausdruck kommt. Die Gegenseitigkeit schließt ein Gewinnstreben zwecks notwendiger Bildung von Eigenkapital des VVaG nicht aus, im Gegensatz zu einer Aktiengesellschaft/SE fließt der Gewinn allerdings den Versicherten selbst und nicht dritten Anteilseignern zu.[26]
- Ein VVaG unterliegt dem **Gleichbehandlungsgrundsatz** gem. § 177 Abs. 1 VAG, wonach Mitgliederbeiträge und Vereinsleistungen bei gleichen Voraussetzungen nach gleichen Grundsätzen zu bemessen sind.[27] Daraus folgt die Pflicht des Vorstands als geschäftsführendem Organ, gleiche Versicherungsbedingungen für gleichartige Versicherungsrisiken zu schaffen, aber auch Gleichbehandlung in der Schadenbearbeitung zu gewährleisten.[28]
- Oberstes Organ des VVaG ist die **oberste Vertretung**, welche entweder eine Mitgliedervollversammlung oder eine Mitgliedervertreterversammlung ist (§§ 184, 191 VAG). Der Regelfall in der Praxis ist die Mitgliedervertreterversammlung, die satzungsgemäß nur in ihrer ersten Zusammensetzung tatsächlich von den Mitgliedern, dh allen Versicherungsnehmern, gewählt wird; danach werden die Nachfolger ausscheidender Mitgliedervertreter im Wege der satzungsmäßigen sog. **Kooptation** durch die verbleibenden Mitgliedervertreter selbst oder durch den Vorstand gewählt.[29] Geschäftsführendes Organ des VVaG ist der Vorstand, der aus mindestens zwei Personen besteht (§ 188 VAG). Aufsichtsorgan ist der Aufsichtsrat, der mindestens aus drei Personen und maximal aus 21 Personen besteht (§ 189 Abs. 1 VAG). Er bestellt die Mitglieder des Vorstands und überwacht diesen. Bzgl. aller drei Organe verweisen die §§ 188, 189 und 191 VAG weitgehend auf die Bestimmungen des AktG, wodurch die gesellschaftsrechtliche Parallele zwischen Aktiengesellschaft/SE und VVaG in der Regelung der Organisation und deren Entscheidungsverfahren hergestellt wird.[30]
- Da die Mitglieder des VVaG zugleich Versicherungsnehmer sind, ergeben sich für sie Rechte und Pflichten sowohl aus der Mitgliedschaft als auch aus dem Versicherungsvertragsverhältnis: Der Versicherungsvertrag, insbes. die Allgemeinen Versicherungsbedingungen, bestimmt den Umfang der Beitragszahlungspflichten und die

---

24 Da das Gegenseitigkeitsprinzip zwar in § 171 VAG erwähnt ist, das VAG aber keine Legaldefinition oder zumindest Ansätze für eine Beschreibung der Gegenseitigkeit liefert, wurden verschiedene Theorien zum Verständnis der Gegenseitigkeit im VVaG entwickelt, s. dazu ausf. *Benkel* VVaG S. 42 ff.
25 *Petersen* VersicherungsunternehmensR Rn. 44.
26 *Benkel* VVaG S. 53, zur Interpretation des Prinzips der Gegenseitigkeit beim VVaG S. 42 ff.
27 *Wirsing* Demutualisierung S. 12.
28 *Benkel* VVaG S. 133.
29 Vgl. zur Zulässigkeit des Kooptationsverfahrens im VVaG: LG Köln 24.8.2007 – 82 O 212/06, VersR 2008, 665.
30 *Benkel* VVaG S. 40.

Leistungsansprüche des Mitglieds im Versicherungsfall. § 179 VAG sieht vor, dass in der Satzung bestimmt werden muss, ob die Ausgaben des VVaG durch im Voraus zu zahlende einmalige oder wiederkehrende Beiträge oder durch Beiträge, die je nach Bedarf umgelegt werden, gedeckt werden sollen. Da die Beiträge der Mitglieder die wesentliche Finanzierungsquelle für den VVaG darstellen, muss die Beitragspflicht nicht auf Versicherungsbeiträge beschränkt sein, sondern der VVaG kann über das Versicherungsverhältnis hinaus Beiträge verlangen, soweit dies in der Satzung ausdr. vorgesehen ist. Ebenso kann eine Nachschusspflicht in der Satzung begründet werden, wenn die Beiträge im Voraus erhoben werden (§ 179 Abs. 2 VAG). Zu den wesentlichen **vermögenswerten Rechten** der Mitglieder zählt das Recht auf Beteiligung am Überschuss, der grds. an die in der Satzung bestimmten Mitglieder zu verteilen ist (§ 194 Abs. 1 VAG) und das Recht auf Teilhabe am verbleibenden Vermögen bei Liquidation des VVaG, das auf den Maßstab, nach dem der Überschuss verteilt wird, verweist (§ 205 Abs. 2 VAG). Diesbzgl. und allg. bzgl. des **Verwaltungsrechts** bestehen Wahl- und Stimmrechte, Informationsrechte und Schutzrechte der Mitglieder zur Teilhabe an geschäftsführenden Entscheidungen und Verwaltungsabläufen des VVaG.[31] Zudem besteht im Insolvenzfall eine Haftung solcher Mitglieder, die die Satzung zu einer Beitragspflicht iSv §§ 179 ff. VAG verpflichtet (§ 207 Abs. 1 VAG).

- Der VVaG hat bei seiner Gründung einen **Gründungsstock** zu bilden. Der Gründungsstock dient dazu, die Kosten der Vereinserrichtung zu decken und den Betrieb des VVaG zu sichern (§ 178 Abs. 1 S. 1 VAG). Garanten, dh die Zeichner des Gründungsstocks, können auch dritte Personen sein. Der Gründungsstock ist zu tilgen, dh als eine Verbindlichkeit an die Garanten zurückzuzahlen. Die Modalitäten der Tilgung sind neben möglichen Rechten der Garanten zur Teilnahme an der Vereinsverwaltung in der Satzung zu bestimmen (§ 178 Abs. 1 S. 2 VAG). Aufgrund der Tilgungspflicht gegenüber den Garanten, die nicht zwangsläufig Mitglieder des VVaG sind, ist der Gründungsstock im Wesentlichen als Fremdkapital einzuordnen, wenn er auch wegen seiner Gewährfunktion in der Insolvenz des VVaG wie Eigenkapital als Haftungsvermögen behandelt wird.[32] Im Übrigen hat der VVaG wie alle Versicherungsunternehmen auch den Eigenmittelanforderungen (**Solvabilität**), insbesondere nach §§ 89 ff. VAG, zu genügen.

- Auf den VVaG sind gem. § 172 VAG teilweise die Vorschriften des HGB entsprechend anwendbar, wobei für die **Anwendbarkeit des HGB** auf den VVaG nicht dessen Kaufmannseigenschaft Voraussetzung ist: §§ 1–7 HGB sind ausdr. von der Verweisung ins HGB ausgeschlossen. Es finden insbes. die Vorschriften über das Handelsregister, die Eintragung und deren Bekanntmachung gem. §§ 8 ff. HGB Anwendung, welche bei einer Umwandlung (vgl. § 110 bei der Verschmelzung) zu beachten sind. Da ein VVaG seine Rechtsfähigkeit nicht durch Eintragung ins Handelsregister, sondern durch Erteilung der Erlaubnis zum Geschäftsbetrieb durch die Aufsichtsbehörde gem. § 171 VAG erlangt, hat die Eintragung, welche in § 187 VAG näher bestimmt wird, allerdings lediglich deklaratorische Wirkung.[33]

---

31 *Wirsing* Demutualisierung S. 17 mit weiteren Details.
32 *Benkel* VVaG 224.
33 Kaulbach/Bähr/Pohlmann/*Kaulbach* VAG § 187 Rn. 1.

3. Weitere VVaG-Arten

Neben dem allgemeinen in §§ 171 ff. VAG geregelten VVaG gibt es weitere Ausformungen des VVaG: 10

a) Kleinerer Verein (§ 210 VAG)

Ein VVaG, der einen sachlich, örtlich oder dem Personenkreis nach eng begrenzten Wirkungskreis hat, ist in § 210 VAG als sog. kleinerer Verein definiert. Wirtschaftlich betrachtet ist dies ein VVaG, der wegen seines geringen Marktanteils, Beitragsvolumens, Geschäftsumfangs und seiner geringen Bedeutung für eine bestimmte Versicherungssparte wirtschaftlich **kaum Einfluss auf den Versicherungsmarkt** ausübt, was sich aus dem kleinen Personenkreis der Versicherten, („persönlich"), der Art und der Größe des Versicherungsgeschäfts („sachlich") oder dem Geschäftsgebiet („örtlich") ergibt.[34] Letztlich entscheidet über die Einstufung als kleinerer Verein die Aufsichtsbehörde (§ 210 Abs. 4 VAG).[35] 11

Im Zusammenhang mit Verschmelzungen ist zu beachten, dass die große Mehrheit, nämlich gut zwei Drittel aller VVaG, in Deutschland kleinere Vereine sind.[36] Für einen kleineren Verein gelten die Vorschriften über den VVaG nur eingeschränkt gem. dem in § 210 Abs. 1 VAG definierten Geltungsbereich. Soweit die Bestimmungen im VAG nichts anderes regeln, ist zudem das **Vereinsrecht** (nämlich die §§ 24–53 BGB) anwendbar, allerdings mit der Modifizierung, dass im Fall einer Notbestellung der Vorstandsmitglieder (§ 29 BGB) und im Fall der Ermächtigung zur Berufung der Mitgliederversammlung (§ 37 Abs. 2 BGB) an die Stelle des AG die Aufsichtsbehörde tritt (§ 210 Abs. 2 VAG). Eine weitere Besonderheit bei dem kleineren Verein besteht in der Verweisung auf Vorschriften des Genossenschaftsgesetzes gem. § 210 Abs. 2 S. 3 VAG für den Fall, dass nach der Satzung ein Aufsichtsrat bestellt werden soll. Der Gesetzgeber hat sich hier für eine Anlehnung an das Verbandsrecht und nicht an das Aktienrecht entschieden. Denn § 189 VAG, der auf das AktG verweist, ist gem. § 210 Abs. 1 VAG nicht auf den kleineren Verein anwendbar.[37] Weitere Erleichterungen befinden sich außerhalb des § 210 VAG in § 5 VAG. 12

Ein kleinerer Verein unterliegt den Verweisungen ins HGB nur hinsichtlich der Rechnungslegung (vgl. § 210 Abs. 1 iVm 172 S. 2 VAG). Da kleinere Vereine somit auch nicht den Bestimmungen des HGB unterliegen, die eine Eintragung voraussetzen, und für sie zudem auch nicht § 187 VAG (Eintragung) gilt (§ 210 Abs. 1 VAG), sind sie **nicht im Handelsregister** eingetragen. Für die Verschmelzung kleinerer Vereine gelten daher hinsichtlich Anmeldung und Bekanntmachung einer Verschmelzung die auf den kleineren Verein zugeschnittenen Sonderregelungen der §§ 118 und 119 (Einzelheiten s. dort). 13

b) Kleinstverein (§ 5 VAG)

Weiterhin gibt es VVaG, die aufgrund der Art der betriebenen Geschäfte durch die BaFin sogar von der laufenden Versicherungsaufsicht freigestellt werden können. Dies sind kleinere Vereine iSd § 210 VAG, bei denen nach der Art der betriebenen Geschäfte 14

---

34 Prölss/Dreher/Weigel VAG § 210 Rn. 5 f.
35 Petersen VersicherungsunternehmensR Rn. 134.
36 Vgl. Benkel VVaG S. 5 ff.; zur Anzahl der VVaG insgesamt → Rn. 2.
37 Petersen VersicherungsunternehmensR Rn. 144.

und den sonstigen Umständen eine Beaufsichtigung zur Wahrung der Belange der Versicherten nicht erforderlich ist. Das Gesetz selbst nennt Fallgestaltungen, die diese Kriterien erfüllen können: Sterbekassen oder Vereine mit örtlich begrenztem Wirkungskreis, geringer Mitgliederzahl und geringem Beitragsaufkommen (§ 5 Abs. 1 S. 2 VAG). Gemäß gemeinsamer Verwaltungsvorschrift der BaFin und der Länder als Ergänzung zu den Richtlinien über die Freistellung der Kleinstunternehmen von der Versicherungsaufsicht beträgt die Grenze der Mitgliederzahl 750 und des Beitragsvolumens idR 40.000 EUR bei vergleichbar geringem Versicherungsrisiko.[38] Diese Norm dient der Vereinfachung der Aufsicht über sog. **Kleinstunternehmen**, indem diese von der Aufsicht ganz ausgenommen werden.[39]

15 Zwecks einheitlicher Handhabung der Freistellung wurden von den Aufsichtsbehörden des Bundes und der Länder „Richtlinien über die Freistellung der Kleinstunternehmen von der Versicherungsaufsicht" vereinbart.[40] Demgemäß kommt keine **Freistellung von der Aufsichtspflicht** bei dem Betrieb bestimmter Versicherungssparten, nämlich der Haftpflicht-, Kraftfahrt-, Rechtschutz-, Kredit-, Kautions-, Hagel- und Schiffversicherung in Betracht (Abschn. II Nr. 1 der Richtlinien). Weiter wird die Freistellung nicht gewährt für kleinere Vereine mit komplizierten Tarifsystemen, hohen Vermögensbeständen oder mangelhafter Geschäftsführung in den vergangenen Jahren. Auch wird die Freistellung für unvertretbar gehalten, wenn ein Verein aufgrund der bisherigen Entwicklung in absehbarer Zeit die bekanntgegebenen Grenzwerte (Mitgliederzahl und Beitragseinnahmen) überschreiten wird.[41]

16 Die Freistellung von der Aufsicht beruht auf behördlicher Entscheidung in Form eines Verwaltungsakts gem. § 35 VwVfG.[42] Ist ein kleinerer Verein freigestellt, finden auf ihn die Vorschriften der laufenden Aufsicht keine Anwendung (§ 5 Abs. 2 Hs. 1 VAG). Solange der betreffende Freistellungsbescheid der BaFin gilt, ist eine **Verschmelzung** des Kleinstvereins **nicht zulässig** (§ 5 Abs. 2 Hs. 2 VAG). Denn eine Umwandlung bedarf grds. der Genehmigung gem. §§ 14, 13 Abs. 1 S. 2, Abs. 2, 4 und 5 VAG. Für die Umwandlung eines Kleinstvereins ist daher zunächst die Aufhebung des Freistellungsbescheids erforderlich.[43] Die Regelung in § 5 Abs. 2 VAG beruht auf der Änderung des VAG im Zuge der Novellierung des UmwG von 1994.[44] Die Gesetzesbegründung erläutert, dass es sich dabei um „redaktionelle Folgeänderungen" handelt.[45] Da der Genehmigungs- und Prüfungsvorbehalt im Fall der Bestandsübertragung gem. § 13 VAG auf den Kleinstverein keine Anwendung findet, ist es nur folgerichtig, dass auch die Genehmigung und Prüfung im Rahmen einer Umwandlung gem. § 14 VAG nicht stattfindet, mithin der Kleinstverein gänzlich an der Versicherungsaufsicht vorbei umgewandelt werden darf. In der Praxis erfordert die Umwandlung, dass ein Kleinstverein die Eigenschaften eines „normalen" kleineren Vereins gem. § 210 VAG aufgrund der Entscheidung der BaFin gem. § 210 Abs. 4 VAG annimmt. Der kleinere Verein ist dann nach §§ 118, 119 verschmelzungsfähig.

---

38 VerBaFin, Ausg. August 2006, 4.
39 Prölss/Dreher/*Präve* VAG § 5 Rn. 4.
40 Prölss/Dreher/*Präve* VAG § 5 Rn. 6 f., der anmerkt, dass die Bezeichnung „Kleinstunternehmen" dabei nicht mit der Begrifflichkeit „Kleine Versicherungsunternehmen" (§§ 198 ff. VAG) gleichzusetzen ist. Kleinstunternehmen können basierend auf § 6 Abs. 1 S. 1 VAG aber nur kleinere Vereine im Sinne von § 197 VAG sein. Er empfiehlt zu Recht, dass die Richtlinien insofern entsprechend umzubenennen und zu aktualisieren seien.
41 VerBaFin, Ausg. August 2006, 4.
42 Prölss/Dreher/*Präve* VAG § 5 Rn. 5.
43 Semler/Stengel/Leonard/*Niemeyer* § 109 Rn. 20.
44 Art. 8 Nr. 3 c) des Gesetzes zur Bereinigung des Umwandlungsrechts vom 28.10.1994 (BGBl. I 3210).
45 BT-Drs. 12/6699, 180.

c) Rückversicherungsverein

Wenn ein VVaG ausschließlich das Rückversicherungsgeschäft betreibt,[46] sind auf diesen die §§ 165 ff. VAG anwendbar. Gemäß Art. 13 Nr. 7 der EU-Richtlinie 2009/138/EG betreffend die Aufnahme und Ausübung der Versicherungs- und der Rückversicherungstätigkeit (Solvency II) vom 25.11.2009[47] bezeichnet der Begriff „Rückversicherung" eine der beiden folgenden Tätigkeiten: a) die Tätigkeit der Übernahme von Risiken, die von einem Versicherungsunternehmen oder einem Drittland-Versicherungsunternehmen oder einem anderen Rückversicherungsunternehmen oder Drittland-Rückversicherungsunternehmen abgegeben werden; oder b) im Falle der als Lloyd's bezeichneten Vereinigung von Versicherern die Tätigkeit der Übernahme von Risiken, die von einem Mitglied von Lloyd's abgetreten werden, durch ein nicht der als Lloyd's bezeichneten Vereinigung von Versicherern angehörendes Versicherungs- oder Rückversicherungsunternehmen. Rückversicherung ist also im engeren Sinne die **Versicherung des Erstversicherers**, der die von ihm gezeichneten versicherten Risiken ganz oder zum Teil gegen Zahlung einer Rückversicherungsprämie an den Rückversicherer weiterreicht resp. zediert. Die Regelungen in den §§ 109 ff. finden somit auf Rückversicherungsvereine grds. uneingeschränkt Anwendung. Es gibt derzeit allerdings **kaum Praxisrelevanz**: Bei der BaFin sind fast ausschließlich Rückversicherer in der Rechtsform der Aktiengesellschaft/SE registriert, als VVaG existiert demnach lediglich der Kieler Rückversicherungsverein auf Gegenseitigkeit.[48]

d) Pensions-Sicherungs-Verein (§ 14 BetrAVG)

Dieser VVaG wurde im Jahr 1974 aufgrund des zeitgleich in Kraft getretenen Gesetzes zur Verbesserung der betrieblichen Altersversorgung gegründet mit dem Zweck, laufende Versorgungsleistungen an Arbeitnehmer sowie unverfallbare Versorgungsanwartschaften von Arbeitnehmern gegen die **Gefahr der Insolvenz des Arbeitgebers** abzusichern. Er ist eine Art Selbsthilfeeinrichtung der deutschen Wirtschaft, und Mitglieder dieses VVaG sind die ca. 101.300 Arbeitgeber, die der betreffenden gesetzlichen Insolvenzsicherungspflicht nach dem BetrAVG unterliegen. Es handelt sich um die besondere Form des VVaG in Gestalt der sog. Versicherung gegen festes Entgelt, ohne dass die Versicherungsnehmer, dh die Arbeitnehmer, Mitglieder werden (§ 177 Abs. 2 VAG).[49] Die Regelungen der §§ 109 ff. finden auf den Pensions-Sicherungs-Verein uneingeschränkt Anwendung.

4. Versicherungs-Aktiengesellschaft

Ein Versicherungsunternehmen in der Rechtsform der Aktiengesellschaft unterliegt zum einen wie jede andere Aktiengesellschaft dem Aktienrecht, insbes. also dem AktG, zum anderen aber auch der versicherungsrechtlichen Aufsicht nach dem VAG, welches insbes. für Eigenmittelanforderungen (§§ 89 ff. VAG), Rechnungslegung (§§ 37 f., 139 VAG), die Jahresabschlussprüfung (§§ 35–37 VAG) und den Insolvenzfall (§§ 311 ff. VAG) spezielle Vorschriften enthält.[50] Anders als beim VVaG existieren bei der Versicherungs-

---

46 Früher in § 779 Abs. 1 HGB aF enthaltene Legaldefinition zum 1.1.2008 aufgehoben.
47 Richtlinie 2009/138/EG vom 25.11.2009, ABl. L 335, 1 vom 17.12.2009.
48 Vgl. Gesamtliste aller zugelassenen Versicherungsunternehmen und Pensionsfonds mit Geschäftstätigkeit, https://portal.mvp.bafin.de/database/InstInfo/institutDetails.do?cmd=loadInstitutAction&institutId=6925.
49 Er wird deshalb auch als VVaG kraft Fiktion bezeichnet: Semler/Stengel/Leonard/*Niemeyer* § 109 Rn. 18.
50 Vgl. *Wirsing* Demutualisierung S. 25 f.

Aktiengesellschaft **zwei Interessengruppen**: Die Anteilseigner (Aktionäre) als Eigentümer der Aktiengesellschaft und die Versicherungsnehmer, welche allein aufgrund eines Vertragsverhältnisses mit der Gesellschaft verbunden sind und auf die Geschäftsentscheidungen und die Verwaltung der Gesellschaft keinen Einfluss nehmen können.

20 Nur die Aktionäre haben **Verwaltungs- und vermögenswerte Rechte** an der Gesellschaft, die sie grds. in der Hauptversammlung ausüben (§ 118 Abs. 1 AktG). Während der VVaG grundsätzlich einen Nachschuss zur Bedarfsdeckung verlangen kann, erlangen Versicherungsnehmer der Aktiengesellschaft Versicherungsschutz gegen Zahlung einer festen Prämie. Nicht sie, sondern die Aktionäre tragen das Risiko der ungenügenden Beitragsdeckung und sind dementsprechend am Bilanzgewinn beteiligt (§§ 175 f. AktG). Ausnahmen von dieser Trennung bildet der versicherungsvertragliche Anspruch des Versicherungsnehmers auf Überschussbeteiligung in der Lebensversicherung und in der Berufsunfähigkeitsversicherung gem. § 153 (iVm § 176) VVG bzw. auf Beitragsrückerstattung in der Krankenversicherung.[51] Eine Versicherungs-Aktiengesellschaft wirtschaftet mit dem Abschluss von Versicherungsverhältnissen nicht – wie ein VVaG – nur zum Zweck der Deckung des Bedarfs an Versicherungsschutz für die Versicherungsnehmer, sondern auch zwecks Erzielung eines möglichst hohen Gewinns und damit einer Dividende zur Befriedigung der Aktionäre. Dagegen steht das Interesse der Versicherungsnehmer, die Versicherungsprämie bei möglichst breiter Risikoabdeckung möglichst gering zu halten. Anders als ein nach dem Gegenseitigkeitsprinzip wirtschaftender VVaG muss also die Versicherungs-Aktiengesellschaft die Interessen zu beiden Seiten hin berücksichtigen.[52] Dasselbe gilt für die SE.

II. Inhalt und Anwendungsbereich

1. Verschmelzung von VVaG miteinander (S. 1)

21 Die Verschmelzung von VVaG miteinander ist grds. sowohl als Verschmelzung durch Aufnahme (§ 2 Nr. 1) als auch durch Neugründung (§ 2 Nr. 2) möglich.[53] Zwar erwähnt S. 1 nicht ausdr. die Verschmelzung durch Neugründung, diese Art der Verschmelzung wird jedoch in § 115 S. 1 und § 116 Abs. 1 S. 1 vorausgesetzt. Daraus ergibt sich im Umkehrschluss, dass S. 1 nicht nur die Verschmelzung durch Aufnahme, sondern auch durch Neugründung erfasst.[54] Der Wortlaut des S. 1 ist zudem nicht beschränkt auf eine Verschmelzung von nur zwei VVaG miteinander. Vielmehr deckt er auch die Verschmelzung mehrerer VVaG im Wege der Aufnahme durch einen weiteren VVaG in einem einzigen Rechtsakt ab.[55]

22 Ein sich in Liquidation befindlicher VVaG (§ 206 Abs. 1, 2 VAG) kann als übertragender Rechtsträger noch mit einem anderen VVaG verschmolzen werden, solange zwar das Vermögen festgestellt, aber noch nicht mit seiner Verteilung an die verbliebenen bzw. ehemaligen Mitglieder begonnen wurde.[56] Näheres dazu → Rn. 59 ff.

---

[51] *Wirsing* Demutualisierung S. 26 f.
[52] *Petersen* VersicherungsunternehmensR Rn. 161 f.
[53] Semler/Stengel/Leonard/*Niemeyer* § 109 Rn. 4; Widmann/Mayer/*Vossius* § 109 Rn. 5.
[54] Kölner Komm UmwG/*Beckmann* § 109 Rn. 9; Lutter/*Wilm* § 109 Rn. 2; Semler/Stengel/Leonard/*Niemeyer* § 109 Rn. 25.
[55] Kölner Komm UmwG/*Beckmann* § 109 Rn. 9; Widmann/Mayer/*Vossius* § 109 Rn. 18; Semler/Stengel/Leonard/*Niemeyer* § 109 Rn. 24.
[56] Semler/Stengel/Leonard/*Niemeyer* § 109 Rn. 27.

2. Verschmelzung auf eine Versicherungs-Aktiengesellschaft (S. 2)

Der Wortlaut des S. 2 regelt ausdr. die Verschmelzung eines oder mehrerer VVaG **im Wege der Aufnahme** (s. § 2 Nr. 1) durch eine bereits bestehende, dh das Versicherungsgeschäft bereits betreibende, Versicherungs-Aktiengesellschaft/SE. Der Fall der Verschmelzung von zwei oder mehreren VVaG **durch Neugründung** (§ 2 Nr. 1) einer Versicherungs-Aktiengesellschaft/SE ist nicht ausdr. im Wortlaut enthalten, wird aber vom Gesetzgeber als zulässige Verschmelzungsform ausdr. angesehen.[57] Eine betreffende Entscheidung eines Registergerichts besteht bislang ersichtlich nicht.[58]

Bei der Verschmelzung im Wege der Aufnahme oder durch Neugründung einer Versicherungs-Aktiengesellschaft gehen die Mitgliedschaftsrechte der Versicherungsnehmer in Aktionärsrechte über, während sie Versicherungsnehmer bleiben.[59]

3. Grenzüberschreitende Verschmelzung eines VVaG

Für grenzüberschreitende Verschmelzungen, dh Verschmelzungen unter Beteiligung mind. zweier Versicherungsunternehmen unterschiedlicherer EU-Staaten bietet sich als Zielgesellschaft die **Europäische Aktiengesellschaft (SE)**[60] an. Für das Betreiben von Versicherungsgeschäften nennt § 8 Abs. 2 VAG die SE ausdr. als zulässige Rechtsform. Eine Verschmelzung im Wege der Aufnahme eines VVaG durch eine bestehende SE wird von § 109 als erfasst und daher zulässig angesehen.[61] Kennzeichnend für die SE ist, dass sie aufgrund grenzüberschreitender Aktivität innerhalb der EU/des EWR unter Beteiligung von Aktiengesellschaften gegründet wird.[62] Folglich kann ein VVaG nicht an einer Verschmelzung beteiligt sein, die zur Neugründung einer SE durchgeführt wird. Ein VVaG ließe sich jedoch in einem Zwischenschritt in eine Versicherungs-Aktiengesellschaft und diese dann in eine SE iS der SE-VO[63] umwandeln, um eine Verschmelzung durch Neugründung innerhalb des Anwendungsbereichs der SE-VO zu ermöglichen. Teilweise wird schon unmittelbar aus Art. 9 Abs. 1 lit. c SE-VO – wonach nationales Recht der Aktiengesellschaft Anwendung findet, soweit die SE-VO bestimmte Bereiche nicht abschließend regelt – gefolgert, dass die SE neben der nationalen Aktiengesellschaft gleichsam verschmelzungsfähig ist, dh sowohl übertragender als auch aufnehmender Rechtsträger sein kann.[64] Für beide Ansätze ist aber letztlich die Beteiligung von Unternehmen in der Rechtsform einer Aktiengesellschaft erforderlich und

---

57 Gem. der Gesetzesbegr. zu § 114 UmwBerG ist die Verschmelzung durch Neugründung einer Versicherungs-Aktiengesellschaft ausdr. von § 114 (und damit auch den folgenden Vorschriften) erfasst, BT-Drs. 12/6699, 113.
58 Widmann/Mayer/*Vossius* § 109 Rn. 20 und 24 ff.; Semler/Stengel/Leonard/*Niemeyer* § 109 Rn. 5 vertreten sogar die Auffassung, dass die doppelte Mischverschmelzung (dh Verschmelzung eines VVaG und einer Versicherungs-Aktiengesellschaft mit einer neu zu gründenden Versicherungs-Aktiengesellschaft) zulässig sein müsste.
59 Lutter/*Wilm* § 109 Rn. 7.
60 Die Schaffung dieser Rechtsform durch EU-Recht zielte im Wesentlichen darauf ab, Gesellschaften verschiedener EU-Mitgliedstaaten die Fusion oder die Gründung einer Holdinggesellschaft oder gemeinsamer Tochtergesellschaften innerhalb europaweiter Unternehmensverbunde zu ermöglichen. Ebenso sollte die Gründung einer SE ohne vorherige Auflösung ermöglicht werden, wenn Mutter- und Tochterunternehmen in verschiedenen Mitgliedsaaten ansässig sind (vgl. Erwägungsgrund Nr. 10, 11 SE-VO).
61 Kölner Komm UmwG/*Beckmann* § 109 Rn. 7.
62 Art. 2 Abs. 1 iVm Anhang I SE-VO.
63 Es handelt sich um die Verordnung (EG) Nr. 2157/2001 des Rates vom 8.10.2001 über das Statut der Europäischen Gesellschaft. Ergänzende Vorgaben für die Umwandlung in eine SE ergeben sich aus dem SE-Einführungsgesetz (SEEG), wonach das (Gesellschafts-)Recht des Staates Anwendung findet, in dem die SE ihren Sitz hat. Bei dem Gründungsakt sind aufgrund des Verweises des Art. 9 Abs. 3 SE-VO die aufsichtsrechtlichen Bestimmungen des Mitgliedsstaates (in Deutschland mithin AktG und Versicherungsaufsichtsrecht, die für die Versicherungs-Aktiengesellschaft gelten) zu beachten.
64 Kölner Komm UmwG/*Beckmann* § 109 Rn. 6 f.; Lutter/*Wilm* § 109 Rn. 8.

mindestens zwei dieser Unternehmen müssen dem Recht verschiedener Mitgliedstaaten unterliegen.[65]

26 Die EU-Kommission hat bereits 1992 mit dem Vorschlag über ein Statut für eine **Europäische Gegenseitigkeitsgesellschaft (EUGGES)** eine Rechtsform für Personenvereinigungen schaffen wollen, die ua speziell für das Versicherungswesen als supranationale, mitgliedschaftlich auf Gegenseitigkeit gegründete Gesellschaftsform dienen und damit deren Besonderheiten gegenüber der SE Rechnung tragen sollte.[66] Vereinen in verschiedenen Mitgliedsstaaten, insbes. einer Muttergesellschaft mit Sitz in einem Mitgliedstaat und Tochtergesellschaften mit Sitz in anderen Mitgliedstaaten, wie auch nationalen Gegenseitigkeitsgesellschaften sollte ermöglicht werden, grenzüberschreitend eine EUGGES zu gründen bzw. sich ohne Auflösung in eine EUGGES umzuwandeln.[67] In 2013 wurde dieser Verordnungsvorschlag, der bislang keinen Niederschlag in einem Gesetz fand, vom Europäischen Parlament wieder aufgegriffen, um infolge der EU-Richtlinie, die die grenzüberschreitende Verschmelzung von Kapitalgesellschaften ermöglicht, grenzüberschreitende Fusionen auch für Gegenseitigkeitsgesellschaften zu legitimieren.[68]

27 Bislang ist die europäische Gegenseitigkeitsgesellschaft also gesetzlich nicht konstituiert. Wenn die grenzüberschreitende Verschmelzung eines VVaG auf eine SE letztlich möglich ist, sollte auch die grenzüberschreitende Verschmelzung von Gegenseitigkeitsvereinen innerhalb der EU/des EWR zulässig sein. Nach Auffassung eines Teils der Lit. war der VVaG als Gesellschaft iSd Art. 2 Nr. 1 lit. b RL 2005/56/EG[69] über die Verschmelzung von Kapitalgesellschaften aus verschiedenen Mitgliedstaaten („**Verschmelzungsrichtlinie**") von dem Begriff der „**Kapitalgesellschaft**" erfasst und damit schon vom Wortlaut her grenzüberschreitend verschmelzungsfähig.[70] Nach dieser Bestimmung galten auch solche Gesellschaften als „Kapitalgesellschaft" iS der Richtlinie, welche Rechtspersönlichkeit besitzen und über gesondertes Gesellschaftskapital verfügen, das allein für Verbindlichkeiten der Gesellschaft haftet, und die nach dem für sie maßgebenden nationalen Recht Schutzbestimmungen iS der Richtlinie 68/151/EWG[71] im Interesse der Gesellschafter sowie Dritter einhalten muss. Auch die Nachfolge-Richtlinie (EU) 2017/1132 über bestimmte Aspekte des Gesellschaftsrechts enthielt diese Definition der Kapitalgesellschaft. Und auch die aktuelle Richtlinie (EU) 2019/2121 vom 27.11.2019 enthält den Anhang II mit dieser Definition der Kapitalgesellschaft unverändert. Deshalb wurden und werden dem Begriff der Kapitalgesellschaft auch vergleichbare Gesellschaften, ua auch der VVaG, zugeordnet. Denn der VVaG besitzt eine eigene Rechtspersönlichkeit und verfügt über ein gesondertes Vereinsvermögen als Haftungskapital.

---

65 Art. 2 Abs. 1 iVm Anh. I SE-VO.
66 Vorschlag für eine Verordnung des Rates über das Statut der Europäischen Gegenseitigkeitsgesellschaft, ABl. 1992 C 99, 40 vom 21.4.1992. Zum Wesen der EUGGES s. Dauses/*Behrens*, EU-Wirtschaftsrecht, 2012, Rn. 186 ff. Dieser Vorschlag wurde allerdings nach langjährigem, nicht erfolgreichem Gesetzgebungsverfahren zurückgenommen (ABl. 2006 C 64, 3 vom 17.3.2006).
67 S. Erwägungsgründe der EUGES-VO.
68 Empfehlung 1 der Anlage der Entschließung des Europäischen Parlaments vom 14.3.2013 mit Empfehlungen an die Kommission zum Statut der Europäischen Gegenseitigkeitsgesellschaft. (2012/2039(INL), P7_TA(2013)0094.
69 Verschmelzungsrichtlinie vom 25.10.2005, ABl. L 310, 1 vom 25.11.2005.
70 Semler/Stengel/Leonard/*Niemeyer* § 109 Rn. 12; *Lüttringhaus* VersR 2008, 1040; EuGH 13.12.2005 – C-411/03, NJW 2006, 425 – SEVIC Systems AG; aA Lutter/*Wilm* § 109 Rn. 27; *Weber-Rey/Guinomet* AG 2002, 284.
71 ABl. 1968 L 65, 8 vom 14.3.1968. Zudem wird dort in Art. 1b) auf die Richtlinie 68/151/EWG verwiesen, welche die Koordinierung zu Publizitätspflichten der Gesellschaft ausdr. nur für die Aktiengesellschaft, die KGaA und die GmbH regelte (vgl. Art. 1). Bei solchen Gesellschaften sieht der EU-Gesetzgeber das dringende Bedürfnis zum Schutz von Interessen Dritter, weil diese gerade nur aus dem Gesellschaftskapital befriedigt werden können (vgl. auch die Erwägungsgründe).

Grds. haften auch die Mitglieder eines VVaG nicht für Verbindlichkeiten gegenüber Dritten (§ 175 VAG). Allerdings wird die prinzipielle „gesellschaftliche" Haftung des VVaG durch Beitrags- und Nachschusspflichten sowie die Haftung der Mitglieder im Insolvenzfall (§§ 179 ff., 207, 209 VAG) durchbrochen.[72]

28 Aus der Umsetzung der alten Richtlinie zur Verschmelzung von Kapitalgesellschaften aus verschiedenen Mitgliedstaaten in den §§ 122a ff. aF ergibt sich aber, dass der deutsche Gesetzgeber nur die in § 3 Abs. 1 Nr. 2 genannten Rechtsträger als **verschmelzungsfähige Rechtsträger iSd § 122b aF** anerkennt.[73] Die gilt unverändert für die aktuellen §§ 305 ff., denn insoweit äußert sich der deutsche Gesetzgeber auch nicht zum VVaG, sondern verweist lediglich auf die Überführung von § 122b aF in den neuen § 306.[74] Den VVaG, der als Rechtsform sui generis (→ Rn. 9) uneingeschränkt weder als von einer grenzüberschreitenden Verschmelzung ausdr. ausgenommene Genossenschaft (§ 122b Abs. 2 Nr. 1 aF) noch als Kapitalgesellschaft iSd Art. 2 Nr. 1 der Richtlinie eindeutig qualifiziert werden kann, hat der deutsche Gesetzgeber somit nicht eindeutig als verschmelzungsfähigen Rechtsträger zugelassen. Dies kann in anderen Mitgliedstaaten anders sein.

29 Die unklare europäische und die enge deutsche Gesetzgebung zum Umwandlungsrecht für grenzüberschreitende Verschmelzungen von VVaG werden im Lichte der Niederlassungsfreiheit gem. Art. 49 AEUV zunehmend kritisiert, und die Zulässigkeit der grenzüberschreitenden Verschmelzung in Anlehnung an die **EuGH**-Rspr. von 2005 im Fall „**SEVIC Systems AG**" auch für VVaG gefordert.[75] Das EuGH befasste sich zu einem Zeitpunkt, als die §§ 122a ff. noch nicht ins UmwG eingefügt waren, mit dem Fall, dass die Verschmelzung einer Aktiengesellschaft mit Sitz in Deutschland mit einer in einem anderen Mitgliedstaat ansässigen Gesellschaft in der Rechtsform S.A. (société anonyme) vom Registergericht mit Berufung auf § 1 Abs. 1 Nr. 1 und der Begründung verweigert wurde, dass nach damals geltendem UmwG nur die Verschmelzung zwischen inländischen Gesellschaften möglich sei. Zu entscheiden hatte der EuGH die Frage, ob eine aus dem § 1 Abs. 1 Nr. 1 resultierende unterschiedliche Behandlung grenzüberschreitender und inländischer Verschmelzungen eine zulässige Beschränkung der Niederlassungsfreiheit gem. Art. 49, 54 AEUV (ex-Art. 43, 48 EGV) darstellt. Der EuGH entschied, dass diese Beschränkung mangels gerechtfertigter Beschränkung im Widerspruch zur Niederlassungsfreiheit steht, da auch solche grenzüberschreitenden Verschmelzungen verhindert würden, die den Schutzzweck des § 1 – nämlich den Schutz der Interessen von Gläubigern, Minderheitsgesellschaftern und Arbeitnehmern, dem Funktionieren einer wirksamen Steueraufsicht sowie der Lauterkeit des Handelsverkehrs – nicht beeinträchtigen. Insoweit gehe die Bestimmung des UmwG über das zur Erreichung dieses Schutzziels Erforderliche hinaus. Dieses Urteil ist daher als Forderung des EuGH der grds. **Öffnung des UmwG für grenzüberschreitende Verschmelzungen** anzusehen.[76]

30 Auch wenn der VVaG als Rechtsform nicht ausdr. vom Anwendungsbereich der Verschmelzungsrichtlinie und des § 306 erfasst ist, ist mit Blick auf die europäische Nieder-

---

72 *Petersen* VersicherungsunternehmensR Rn. 61 ff.
73 BT-Drs. 16/2919, 14.
74 BT-Drs. 20/3822, 88 oben (zu § 306 Verschmelzungsfähige Gesellschaften) verweist auf die Begründung zur Einfügung des Sechsten Buches (auf S. 87).

75 EuGH 13.12.2005 – C-411/03, Slg 2005 I-10825 = EuZW 2006, 81; Kölner Komm UmwG/*Beckmann* § 109 Rn. 15; Semler/Stengel/Leonard/*Niemeyer* § 109 Rn. 11 f.; *Herrler* EuZW 2007, 974.
76 Vgl. dazu auch die Rspr. des EuGH im Fall Vale Epitesi: EuGH 12.7.2012 – C-378/10, EuZW 2012, 621.

lassungsfreiheit eine zukünftige Öffnung des UmwG zugunsten grenzüberschreitender Verschmelzungen von VVaG miteinander wünschenswert und zu erwarten.[77] Weiteren Antrieb dazu wird vor allem der Wille des EU-Gesetzgebers geben, der sich derzeit schwerpunktmäßig mit den Hürden befasst, die einen funktionierenden Binnenmarkt auch in der Versicherungswirtschaft behindern.[78] Ein dem SEVIC-Fall entsprechender Präzedenzfall für den VVaG könnte zwar schon früher Klarheit schaffen, ist jedoch hinsichtlich des in der Praxis angestrebten Ziels einer zügigen Verschmelzung nicht zu empfehlen und daher auch nicht zu erwarten.

4. Unzulässige Verschmelzungssachverhalte

a) Verschmelzung mit Körperschaften oder Anstalten des öffentlichen Rechts

31 Es wurde bereits erwähnt, dass die Verschmelzung mit Körperschaften oder Anstalten des öffentlichen Rechts nicht vom Anwendungsbereich des § 109 erfasst wird.

b) Verschmelzung einer Versicherungs-Aktiengesellschaft/SE auf einen VVaG

32 Ebenso ist auch die Verschmelzung einer Versicherungs-Aktiengesellschaft/SE im Wege der Aufnahme durch einen VVaG oder durch Neugründung eines VVaG unzulässig. Zum einen sieht das der Wortlaut nicht vor, zum anderen würde dies auch gegen Versicherungsaufsichtsrecht verstoßen, da gem. § 176 VAG die Mitgliedschaft in einem VVaG nur durch Begründung eines Versicherungsverhältnisses und damit nicht durch Verschmelzung entstehen kann.[79]

33 In den Fällen, die von § 109 nicht gedeckt sind, kommen daher nur die folgenden vertraglichen **Alternativen** zur rechtswirksamen Übertragung des Vermögens bzw. der versicherten Risiken durch einen VVaG in Betracht:

- Vermögensübertragung gem. § 174 ff. (s. dort);
- Bestandsübertragung gem. §§ 13, 200, 201 VAG: Weiterhin kann das übertragende Versicherungsunternehmen seinen gesamten Versicherungsbestand oder einen Teil davon zusammen mit den die versicherungstechnischen Rückstellungen bedeckenden Vermögenswerten im Wege der Einzelrechtsübertragung übertragen (dazu ausf. → Rn. 49 ff.);
- Outsourcing: Wenn eine Übertragung des gesamten Vermögens bzw. der Versicherungsverträge nicht gewollt ist, können auch einzelne Funktionen auf ein anderes Versicherungsunternehmen übertragen werden (Ausgliederung iSv § 32 VAG), es kann bspw. auch ein sog. Abwicklungsvertrag mit einem professionellen Run-off Unternehmen abgeschlossen werden;
- Schließlich kann das gesamte versicherte Risiko auch im Wege eines proportionalen Rückversicherungsvertrages zu 100 % auf einen Rückversicherer gegen Zahlung einer Rückversicherungsprämie weitergegeben werden.

34 Bei den drei erstgenannten Konzepten sind aufsichtsrechtliche Maßnahmen, insbes. die Genehmigung der Aufsichtsbehörde nach den §§ 14, 13 VAG (Vermögens- und Bestands-

---

[77] So auch Lutter/*Wilm* § 109 Rn. 27.
[78] Vgl. Beschl. der Kommission vom 17.1.2013 zur Einsetzung einer Expertengruppe der Kommission für europäisches Versicherungsvertragsrecht, ABl. 2013 C 16, 6 vom 19.1.2013. Während die Expertengruppe zunächst das Versicherungsvertragsrecht betrifft, ist die Ausweitung auf das Gesellschaftsrecht nur der nächste logische Schritt.
[79] Die Gesetzesbegr. stützt sich auf das fehlende Bedürfnis von Aktionären der übertragenden Aktiengesellschaft, da diese kaum die Begr. eines Versicherungsverhältnisses beabsichtigen (BT-Drs. 12/6699, 113); s. auch Lutter/*Wilm* § 109 Rn. 10.

übertragung) und die Einordnung in das Risikomanagement nach § 26 VAG und § 32 VAG (Ausgliederung) zu beachten.

III. Aufsichtsrechtliche Anforderungen

Der Versicherungssektor ist – ähnlich wie Banken, Energieunternehmen, Telekommunikationsunternehmen – eine regulierte Branche. Wie eingangs schon erwähnt, darf ein Unternehmen das Versicherungsgeschäft in Deutschland nur unter der Voraussetzung betreiben, dass die Aufsichtsbehörde BaFin die Erlaubnis hierzu erteilt hat (§ 8 Abs. 1 VAG). Auch die vorstehend dargestellten Verschmelzungsvorgänge sind gem. Versicherungsaufsichtsrecht nur dann wirksam, wenn die Aufsichtsbehörde die Genehmigung der Verschmelzung erteilt hat. Gem. §§ 14, 13 VAG bedarf die Verschmelzung von Versicherungsunternehmen der Genehmigung durch die zuständige Aufsichtsbehörde. Die Aufsichtsbehörde ist im Regelfall die BaFin.[80] Bei kleineren Vereinen kann die Kompetenz zur Erteilung der erforderlichen Genehmigung auf die zuständige Landesbehörde übertragen werden (§ 321 VAG). Die Prüfung der Aufsichtsbehörde umfasst dabei die Abklärung versicherungsaufsichtsrechtlicher Kriterien (Wahrung der Belange der Versicherten und Erfordernis der Solvabilität gem. § 13 VAG Abs. 1 S. 2) und der umwandlungsrechtlichen[81] Anforderungen. 35

Als **Belange der Versicherten** gelten die Rechte, die Versicherte aufgrund des Versicherungsverhältnisses haben. Zu denken ist hierbei insbes. an den Anspruch auf Beteiligung am Überschuss gem. § 153 VVG in der Lebensversicherung oder nach §§ 176, 153 VVG in der Berufsunfähigkeitsversicherung.[82] Nach ständiger Rspr. sind die Belange der Versicherten nicht ausreichend gewahrt, wenn schutzwürdige Interessen der Versicherten beeinträchtigt werden, indem die Versicherten durch die Umwandlung tatsächlich oder rechtlich schlechter gestellt werden und dies zusätzlich unter Berücksichtigung der Gesamtheit der beteiligten Interessen und der Besonderheiten des Versicherungszweigs derart unangemessen ist, dass ein Eingreifen der Behörde, also eine Versagung der Genehmigung der Umwandlung, gerechtfertigt ist.[83] 36

Das Erfordernis der **Solvabilität** ist erfüllt, wenn durch die Verschmelzung (oder jede andere nach § 14 VAG genehmigungsbedürftige Umwandlung) die dauerhafte Erfüllbarkeit der Forderungen aus den Versicherungsverträgen nicht gefährdet ist. Die Erfüllbarkeit bemisst sich danach, wie sich der Zeitwert der Vermögensgegenstände auf der Aktivseite seiner Bilanz, auf die das Versicherungsunternehmen zur Erfüllung seiner versicherungsvertraglichen Pflichten zurückgreifen kann, zu dem Zeitwert dieser Pflichten verhält. Je mehr sich beide Werte annähern, desto geringer wird die Erfüllbarkeit als vorliegend betrachtet. Das Mindestmaß regeln §§ 89 ff. VAG: Demgemäß müssen Versicherungsunternehmen zur Sicherstellung der dauernden Erfüllbarkeit ihrer Verträge stets über die gesetzlich geforderte Solvabilität verfügen. Die Erfüllbarkeit kann bereits geschmälert sein, selbst wenn die gesetzlich geforderte Solvabilität noch nicht unterschritten ist.[84] Eine Schmälerung oder Unterschreitung ist dann möglich, wenn die Gegenleistung, die der übernehmende Rechtsträger den Mitgliedern oder An- 37

---

[80] § 320 VAG iVm §§ 1, 4 FinDAG.
[81] Die Genehmigung kann versagt werden, wenn Vorschriften über die Umwandlung nicht beachtet wurden (§ 14 Abs. 2 VAG).
[82] *Biewer* Umwandlung Versicherungsverein S. 144.
[83] BVerwG VersR 1994, 542.
[84] Vgl. *Schmid* Bestandsübertragung und Umwandlung Rn. 428 f.

teilseignern des übertragenden Rechtsträgers zu gewähren hat, in Barabfindungen und nicht in Anteilen besteht – so bspw. zwingend im Fall einer Vermögensübertragung gem. § 174.[85]

38 Werden deutsche Versicherungsunternehmen mit ausländischen Versicherungsunternehmen verschmolzen, so kann auch die Genehmigung der betreffenden **ausländischen Aufsichtsbehörde** erforderlich sein, sofern das jeweilige ausländische Aufsichtsrecht eine betreffende Genehmigungspflicht vorsieht.[86] Innerhalb der EU/des EWR ist dies stets der Fall. Aus der Verweisung des § 14 Abs. 1 S. 2 VAG auf § 13 Abs. 2 S. 2 VAG ergibt sich, dass bei grenzüberschreitender Verschmelzung, soweit deutsches Aufsichtsrecht Anwendung findet, jedenfalls die Genehmigung der Aufsichtsbehörde erforderlich ist, in dessen Zuständigkeitsbereich das übertragende Versicherungsunternehmen seinen Sitz hat. Wird also ein im EU-Ausland ansässiges Unternehmen auf Unternehmen mit Sitz in Deutschland verschmolzen, ist die Genehmigung der ausländischen Aufsichtsbehörde maßgebend.[87]

39 Seit Inkrafttreten des Gesetzes zur Umsetzung der Aktionärsrechte-Richtlinie (ARUG)[88] verlangt § 17 Abs. 1 nicht mehr ausdrücklich, dass die aufsichtsbehördliche Genehmigung mit der Anmeldung zum **Handelsregister** als Anlage vorzulegen ist. Daraus könnte nunmehr gefolgert werden, dass die aufsichtsrechtliche Genehmigung auch nicht mehr Eintragungsvoraussetzung ist. Die hM geht jedoch davon aus, dass es sich bei der Gesetzesänderung von 2009 um ein editorisches Versehen des Gesetzgebers handelt, da die Genehmigung nach § 14 VAG jedenfalls Wirksamkeitsvoraussetzung für die Verschmelzung nach Versicherungsaufsichtsrecht ist. Ein deutsches Handelsregister wird sich also auch weiterhin vor der Eintragung der Verschmelzung iSd § 109 davon überzeugen wollen, dass die Wirksamkeitsvoraussetzung nach § 14 VAG erfüllt ist. Die aufsichtsbehördliche Genehmigung sollte also auch weiterhin der Anmeldung zum Handelsregister beigefügt werden.[89]

IV. Besonderheiten bei den Rechtsfolgen

40 Neben den allg. Rechtsfolgen der Eintragung der Verschmelzung gem. § 20 (Vermögensübergang auf den übernehmenden Rechtsträger, Erlöschen des übertragenden Rechtsträgers, Anteilsinhaberschaft am übernehmenden Rechtsträger, Heilung von Formmängeln) sind bei Versicherungsunternehmen zusätzlich die folgenden **Besonderheiten** zu beachten:

41 Alle Versicherungsunternehmen mit Sitz in Deutschland haben gem. § 125 VAG ein sog. Sicherungsvermögen zu bilden. Gem. den §§ 130, 315 Abs. 1 S. 1 VAG sind Versicherungsnehmer im Falle der Insolvenz eines Versicherungsunternehmens als bevorrechtigte Gläubiger iSd § 22 Abs. 2 anzusehen. Daraus folgt, dass Versicherungsnehmer keinen Anspruch auf Sicherheitsleistung gem. § 22 Abs. 1 haben.[90]

42 Sämtliche Mitglieder eines VVaG haben gem. § 194 VAG einen gesetzlichen Anspruch auf Beteiligung am Überschuss des Unternehmens, soweit der Überschuss nicht nach der Satzung anderweitig verwendet wird (Zuführung zu Rücklagen, Verteilung von

---

85 *Gerner* Demutualisierung S. 177; s. a. Kommentierung zu §§ 174 ff.
86 Semler/Stengel/Leonard/*Niemeyer* § 109 Rn. 39.
87 Vgl. Kaulbach/Bähr/Pohlmann/*Pohlmann* VAG § 14 Rn. 8; *Lüttringhaus* VersR 2008, 1041.
88 Gesetz vom 20.7.2009, BGBl. I 2479.
89 Semler/Stengel/Leonard/*Niemeyer* § 109 Rn. 40.
90 Semler/Stengel/Leonard/*Niemeyer* § 109 Rn. 44.

Vergütungen oder Übertrag auf das nächste Geschäftsjahr). Dieser versicherungsaufsichtsrechtliche Anspruch der Versicherungsnehmer des VVaG, der keine Stimmrechte gewährt, ist als Sonderrecht gem. § 23 anzusehen. Das heißt, dass den Versicherungsnehmern des übertragenden VVaG grds. gem. § 23 gleichwertige Rechte im übernehmenden Rechtsträger, ob VVaG oder Versicherungs-Aktiengesellschaft/SE, zu gewähren sind.[91] Denn durch die Verschmelzung verlieren die Versicherungsnehmer als Gläubiger des Anspruchs auf Überschussbeteiligung mit dem übertragenden und sich auflösenden VVaG nicht nur den Schuldner ihres Anspruchs, sondern auch den Gegenstand zur Bestimmung der Überschussbeteiligung. Damit der Anspruch nicht entwertet, insbes. verwässert, wird und weiterhin erfüllbar bleibt, müssen die Versicherungsnehmer also ein gleichwertiges Recht an der Überschussbeteiligung am übernehmenden Rechtsträger erlangen.[92] Als Maßstab für die Gleichwertigkeit bietet sich ein Gleichlauf mit dem Verfahren an, nach dem die Wahrung der Belange der Versicherungsnehmer gem. §§ 14 Abs. 1 S. 2, 13 Abs. 4 VAG geprüft wird.[93]

43 Ein rein versicherungsvertragliches Recht auf Überschussbeteiligung (in der Lebensversicherung gem. § 153 VVG und in der Berufsunfähigkeitsversicherung gem. §§ 176, 153 VVG) ist dagegen nicht als ein stimmrechtloses Sonderrecht iSd § 23 anzusehen.[94] Denn der Versicherungsvertrag des einzelnen Versicherungsnehmers geht unverändert mit der Umwandlung auf den übernehmenden Rechtsträger über und besteht weiter, es handelt sich nicht um ein stimmrechtloses gesellschafterähnliches Recht iSv § 23. Zudem prüft bereits die Aufsichtsbehörde bei der Genehmigung der Verschmelzung, ob die Belange der Versicherten gewahrt sind (→ Rn. 36).

44 Anders als eine Versicherungs-Aktiengesellschaft/SE verfügt ein VVaG nicht über ein gezeichnetes Grundkapital, da die Versicherungsnehmer die Mitglieder des Vereins sind. Gem. § 178 VAG hat der VVaG lediglich einen sog. Gründungsstock, der die Kosten der Vereinserrichtung als auch die Anlaufkosten und die zur Deckung von Versicherungsansprüchen notwendigen Mittel zu decken hat. Die Zeichnung des Gründungsstocks durch die sog. Garanten, die nicht unbedingt Mitglieder des VVaG sein müssen, erfolgt durch einen schuldrechtlichen Vertrag. Der Gründungsstock ist gem. §§ 89 ff. VAG somit als Bestandteil der Eigenmittel des VVaG anzusehen. Bei einer Verschmelzung von VVaG miteinander ist zu ermitteln, ob und in welchem Umfang der Gründungsstock bereits aus den Jahreseinnahmen getilgt wurde (§ 178 Abs. 4 VAG). Besteht zB beim übertragenden VVaG noch der Gründungsstock ganz oder zum Teil, so geht die Tilgungspflicht des übertragenden VVaG gegenüber den Garanten auf den übernehmenden VVaG über. Weiterhin ist eine etwaige Verlustrücklage des übertragenden VVaG der Rücklage des übernehmenden VVaG hinzuzurechnen (§ 193 VAG). Bei den Tilgungsrechten der Garanten handelt es sich nach hL um Sonderrechte iSv § 23.[95] Das heißt, den Versicherungsnehmern des übertragenden VVaG ist gem. § 23 ein gleich-

---

91 Kölner Komm UmwG/*Beckmann* § 109 Rn. 12; *Gerner* Demutualisierung S. 31; *Enzian/Schleifenbaum* ZVersW 1996, 521 (538); entgegen der Vorauflage nunmehr aA Lutter/*Wilm* § 109 Rn. 26, der weder den versicherungsvertraglichen Anspruch noch den versicherungsaufsichtsrechtlichen Anspruch auf Überschussbeteiligung als Sonderrecht iSd § 23 UmwG ansieht; → Rn. 43.
92 *Schmid* Bestandsübertragung und Umwandlung Rn. 699.
93 *Schmid* Bestandsübertragung und Umwandlung Rn. 707.
94 Lutter/*Wilm* § 109 Rn. 26; aA *Schmid* Bestandsübertragung und Umwandlung Rn. 699; *Gerner* Demutualisierung S. 31 f.; Kölner Komm UmwG/*Beckmann* § 109 Rn. 12; differenzierend Semler/Stengel/*Leonard/Niemeyer* § 109 Rn. 45.
95 Semler/Stengel/*Leonard/Niemeyer* § 109 Rn. 49; Widmann/Mayer/*Vossius* § 109 Rn. 94, 99 ff.; aA *Schmitt/Hörtnagl/Ollech* § 112 Rn. 4, der Garanten als normale Gläubiger ansieht, die unter den Gläubigerschutz des § 22 fallen.

wertiges Recht im übernehmenden Rechtsträger, ob VVaG oder Versicherungs-Aktiengesellschaft/SE, zu gewähren.

45 Ist der Gründungsstock beim übertragenden VVaG bereits getilgt, nicht aber beim übernehmenden VVaG, so richtet sich die Tilgung nach Verrechnung der Verlustrücklagen beider Unternehmen nach der beim übernehmenden VVaG bestehenden Verlustrücklage. Wenn bei beiden an der Verschmelzung beteiligten VVaG noch ein Gründungsstock vorhanden ist, bedarf es einer Änderung der Satzung des übernehmenden VVaG, die dann das Verhältnis der Tilgungen an die betreffenden Garanten des übertragenden VVaG und des übernehmenden VVaG regelt.

V. Haftung

46 Zu beachten ist die allg. Bestimmung des § 25 zur Haftung für Schäden im Zusammenhang mit der Verschmelzung. Demgemäß trifft die Schadensersatzpflicht die einzelnen **Mitglieder des Vorstands und des Aufsichtsrats** des übertragenden VVaG gegenüber dem VVaG, den Mitgliedern und Gläubigern als Gesamtschuldner. Gegenstand dieser Ansprüche sind Sorgfaltspflichten, die bei der Prüfung der Vermögenslage der beteiligten Rechtsträger und beim Abschluss des Verschmelzungsvertrags schuldhaft verletzt werden. Diese Schadensersatzansprüche verjähren in fünf Jahren. Die Verjährungsfrist beginnt mit dem Tag der Bekanntmachung der Eintragung in das Handelsregister des Sitzes des übernehmenden Rechtsträgers (§ 25 Abs. 3).

47 Weiter lässt der Gesetzgeber den übertragenden Rechtsträger als Fiktion für Schadensersatzansprüche und andere Ansprüche nach allg. Vorschriften fortbestehen (§ 25 Abs. 2 S. 1). Eine Vereinigung von Forderungen und Verbindlichkeiten zwischen übertragendem und übernehmendem Rechtsträger findet insoweit infolge der Verschmelzung nicht statt (§ 25 Abs. 2 S. 2).[96]

48 Der übernehmende Rechtsträger kann sich dagegen, soweit er Schäden erleidet, nicht auf § 25, sondern nur auf die allg. Haftungsvorschriften berufen.[97]

VI. Bestandsübertragung als Alternative zur Verschmelzung?

49 Die Bestandsübertragung bezeichnet die Übertragung einer Gesamtheit von Versicherungsverträgen, wodurch im Wege der Einzelrechtsnachfolge die vertraglichen Rechte und Pflichten – meist zusammen mit den die betreffenden versicherungstechnischen Rückstellungen bedeckenden Vermögenswerten – auf den Erwerber übertragen werden; wie die Verschmelzung bedarf die Bestandsübertragung zu ihrer Wirksamkeit der Genehmigung der zuständigen Aufsichtsbehörde (§§ 200, 201, 13 Abs. 1 S. 1, Abs. 5 VAG). Der Bestandsübertragungsvertrag stellt einen **Vertrag sui generis** dar.[98] Die Bestandsübertragung durch einen VVaG ist gesondert in den §§ 200 f. VAG geregelt, wobei sich das aufsichtsrechtliche Genehmigungsverfahren zusätzlich nach den Vorgaben des § 13 VAG richtet.[99] Zur Wirksamkeit der Bestandsübertragung bedarf es außer der aufsichtsbehördlichen Genehmigung keiner Zustimmung der Versicherungsnehmer, obwohl eine Schuldübernahme durch das übernehmende Versicherungsunternehmen als Drittem gem. § 415 BGB vorliegt (§ 13 Abs. 5 Hs. 2 VAG). Die Interessen und Belange der

---

[96] Semler/Stengel/Leonard/*Leonard* § 25 Rn. 25, 30.
[97] Semler/Stengel/Leonard/*Leonard* § 25 Rn. 12.
[98] Prölss/Dreher/*Weigel* VAG § 200 Rn. 1.
[99] Prölss/Dreher/*Weigel* VAG § 200 Rn. 1.

Versicherungsnehmer hat die Aufsichtsbehörde im Rahmen des Genehmigungsverfahrens gem. § 13 Abs. 1 VAG zu berücksichtigen.[100] Insoweit besteht also kein Unterschied zur Verschmelzung.

Mitglieder eines VVaG verlieren bei der Bestandsübertragung auf eine Versicherungs-Aktiengesellschaft/SE ihre Mitgliedschaft im übertragenden VVaG, da diese mit dem Übergang des Versicherungsverhältnisses endet (§ 176 S. 3 VAG). § 201 VAG sieht dafür einen Anspruch des Mitglieds auf **angemessene Barabfindung** vor, deren Höhe in dem Zustimmungsbeschluss unter Berücksichtigung der Verhältnisse des VVaG zum Zeitpunkt der Beschlussfassung zu bestimmen ist. Soweit das übernehmende Versicherungsunternehmen nicht auch VVaG ist und die betroffenen Mitglieder keine Mitgliedschaft an einem übernehmenden VVaG erwerben, muss also der Bestandsübertragungsvertrag das angemessene Abfindungsentgelt gem. § 13 Abs. 3 Hs. 1 VAG regeln. Dieses Entgelt dient dem Ausgleich des Vermögenswerts der Mitgliedschaft im Zeitpunkt der Übertragung.[101] Die Genehmigung der Aufsichtsbehörde ist von der Vereinbarung der Barabfindung im Bestandsübertragungsvertrag abhängig.[102]

50

Die Bestandsübertragung ist ein für Versicherungsunternehmen spezielles Instrument der Reorganisation, das als Alternative zu den Umwandlungsformen nach dem UmwG, zwecks Sanierung eines Unternehmens oder auch einzelner Vertragsbestände, der Neustrukturierung eines Konzerns oder auch der Aufgabe einer Versicherungssparte eingesetzt werden kann. Sie stellt sich nicht von vornherein und unbedingt als wirtschaftlich und rechtlich gleichwertige Alternative zu einer Verschmelzung dar. Die folgenden Vor- und Nachteile, die die Bestandsübertragung gegenüber einer Verschmelzung hat, sind sorgfältig im Vorfeld einer Entscheidung der beteiligten Versicherungsunternehmen über den Durchführungsweg abzuwägen:

51

1. Vorteile einer Bestandsübertragung

Ein Bestandsübertragungsvertrag bedarf lediglich der **Schriftform** gem. § 126 BGB, nicht wie der Verschmelzungsvertrag (§ 6) der notariellen Beurkundung (§ 13 Abs. 6 VAG).

52

Weiter stellt sich die Durchführung einer Bestandsübertragung für die beteiligten Rechtsträger als ein idR **kürzeres Verfahren** im Vergleich mit einer Verschmelzung dar: Eine Erläuterung des Vertrags, der Barabfindung und der Rechtsfolgen für die Mitgliedschaft bzw. Versicherungsnehmer bei dem übernehmenden Versicherungsunternehmen in Form eines dem Verschmelzungsbericht nach § 8 entsprechenden Berichts sieht das Gesetz für eine Bestandsübertragung nicht vor. Auch eine Prüfung der Bestandsübertragung ist nicht erforderlich.

53

Zu beachten ist lediglich eine **Informationspflicht** des übernehmenden Versicherungsunternehmens **nach Wirksamwerden** der Bestandsübertragung: Die Versicherungsnehmer müssen demnach über Anlass, Ausgestaltung und Folgen der Bestandsübertragung informiert werden (§ 13 Abs. 7 S. 2 VAG). Schließlich erfordert das Publizitätsgebot

54

---

100 Vgl. dazu die Verpflichtung des Gesetzgebers, ein ausreichendes Schutzniveau für die Belange der Versicherten im Wege einer Novellierung des § 14 VAG aF bis Ende 2007 herzustellen, BVerfG 26.7.2005 – 1 BvR 782/94, 1 BvR 957/96. Aufgrund dieser Rspr. wurde der § 13 VAG in der heute geltenden Fassung neu gefasst.

101 BVerfG 26.7.2005 – 1 BvR 957/96, BVerfGE 114, 1–72.
102 Kaulbach/Bähr/Pohlmann/*Kaulbach* VAG § 13 Rn. 38; zur Vorgabe der vertraglichen Festsetzung eines angemessenen Entgelts und damit einer Neuregelung des bis 2007 geltenden § 14 VAG aF: BVerfG 26.7.2005 – 1 BvR 957/96, BVerfGE 114, 1–72.

für die Bestandsübertragung lediglich die Veröffentlichung der aufsichtsbehördlichen Genehmigung im **Bundesanzeiger** (§ 13 Abs. 7 S. 1 VAG). Eine Eintragung ins Handelsregister findet nicht statt.

2. Nachteile der Bestandsübertragung als solche

a) Fortbestehen des übertragenden Versicherungsunternehmens

55 Wesentliche Rechtsfolge der Bestandsübertragung ist, dass grds. nur die Rechte und Pflichten aus den Versicherungsverträgen im Wege der Abtretung übergehen. Im Gegensatz zu einer Verschmelzung geht weder das gesamte Vermögen des übertragenden Rechtsträgers auf den übernehmenden Rechtsträger über, noch erlischt der übertragende Rechtsträger automatisch (vgl. § 20 Abs. 1 Nr. 1, 2). Übrig bleibt der übertragende Rechtsträger mit allen Aktiva und Passiva, soweit nicht alle Vermögenswerte zusammen mit den Rechten und Pflichten aus den Versicherungsverträgen ebenfalls im Wege der Einzelrechtsnachfolge übertragen werden.[103] Da eine Konnexität zwischen den versicherungstechnischen Rückstellungen und den mit den Versicherungsverträgen übernommenen versicherten Risiken besteht, werden die Vermögenswerte, die die versicherungstechnischen Rückstellungen bedecken, hinsichtlich der übertragenen Verträge idR zusammen mit den Verträgen an das übernehmende Versicherungsunternehmen durch Einzelübertragungsakt übertragen.[104] Sonstige Aktiva und Passiva, die nicht dem Versicherungsbestand zuzuordnen sind, gehen dagegen grds. nicht mit über.[105]

b) Zurückbleiben sonstiger Vertragsverhältnisse

56 Sonstige Verträge des Versicherungsunternehmens sind also nicht Gegenstand der Bestandsübertragung, sondern bestehen bei dem übertragenden Versicherungsunternehmen fort. Folglich müssen diese einzeln abgewickelt werden: Dazu gehören Rückversicherungsverträge, Verträge mit Versicherungsvertretern und Maklern, IT- und Serviceverträge, Outsourcing-Verträge, Mietverträge, Unternehmensverträge etc.

c) Betriebsübergang gem. § 613a BGB?

57 Weiterhin sind die Regelungen zum Betriebsübergang gem. § 613a BGB und dessen Folgen zu beachten: Eine Bestandsübertragung kann als Übergang eines Betriebs oder Betriebsteils zu qualifizieren sein mit der Folge, dass der übernehmende Rechtsträger in die Rechte und Pflichten aus den im Zeitpunkt des Übergangs bestehenden Arbeitsverhältnissen eintritt und die übergehenden **Arbeitsverhältnisse** zunächst nicht gekündigt werden können (§ 613a Abs. 4 BGB). Ein Betriebsübergang ist gegeben, wenn eine auf Dauer angelegte wirtschaftliche Einheit, dh eine organisatorische Gesamtheit von Personen und Sachen zur Ausübung einer wirtschaftlichen Tätigkeit mit eigener Zielsetzung übergeht.[106] Ob eine Bestandsübertragung diese Kriterien erfüllt, ist nach dem jeweiligen Einzelfall in einer Gesamtschau aller betrieblichen Umstände zu beurteilen, wobei die Übertragung des gesamten Versicherungsbestandes idR einen Betriebsübergang darstellt.[107] Im Hinblick auf die Übertragung von Lebens-, Unfall- oder Krankenversicherungsverträgen kann der Betriebsübergang, dh das Mitgehen der betreffenden

---

103 *Schmid* Bestandsübertragung und Umwandlung Rn. 303.
104 Prölss/Dreher/*Präve* VAG § 13 Rn. 11; eine Pflicht zur Übertragung der Bedeckungswerte ablehnend: *Schmid* Bestandsübertragung und Umwandlung Rn. 551 ff.
105 Semler/Stengel/Leonard/*Niemeyer* Anh. § 119 Rn. 6.
106 Grüneberg/*Weidenkaff* BGB § 613a Rn. 9.
107 Prölss/Dreher/*Präve* VAG § 13 Rn. 60.

vertragsverwaltenden Arbeitnehmer, aber auch von Vorteil sein, indem dies zugleich eine Lösung für das anderenfalls aus der Datenübertragung an den übernehmenden Rechtsträger ergebende Datenschutzthema gem. § 203 Abs. 1 Nr. 7 StGB darstellt, wobei dieses durch die Einfügung des § 203 Abs. 3 StGB durch das Gesetz zur Neuregelung des Schutzes von Geheimnissen bei der Mitwirkung Dritter an der Berufsausübung schweigepflichtiger Personen vom 30.10.2017 (BGBl. I 3618) zum 9.11.2017 deutlich entschärft wurde.

Ein Versicherungsunternehmen, das eine Gesamtübertragung beabsichtigt, so dass lediglich der Mantel des VVaG bestehen bleibt, muss daher noch mit der Abwicklung von Widersprüchen von Arbeitnehmern gem. § 613a Abs. 6 BGB rechnen. Zusätzlich hat das Fortbestehen des übertragenden Rechtsträgers bei der Bestandsübertragung zur Folge, dass dieser – anders als bei einer Verschmelzung, bei der der übertragende Rechtsträger automatisch erlischt (vgl. auch § 613a Abs. 3 BGB) – gesamtschuldnerisch neben dem übernehmenden Rechtsträger für Verpflichtungen aus den Arbeitsverhältnissen haftet, soweit diese vor dem Zeitpunkt des Übergangs entstanden sind und vor Ablauf von einem Jahr nach diesem Zeitpunkt fällig werden (§ 613a Abs. 2 BGB). 58

3. Liquidation des verbleibenden VVaG

Wenn ein VVaG als Alternative zur Verschmelzung seine kompletten Versicherungsbestände gem. §§ 200, 201, 13 VAG auf einen anderen Risikoträger überträgt, so besteht er also grds. als Rechtsperson fort, bis er vollständig liquidiert, dh abgewickelt, worden ist. Auch wenn der VVaG durch die vollständige Übertragung seiner Versicherungsverträge und die Einstellung des Neugeschäfts ieS kein Versicherungsgeschäft mehr betreibt, erstreckt sich die Aufsicht der BaFin grds. auch auf die Abwicklung des VVaG (§ 294 VAG). 59

Durch die Bestandsübertragung, die sämtliche Versicherungsverträge betrifft, wird der VVaG zwar mitgliederlos, die Mitglieder verlieren ihre Mitgliedschaftsrechte aber erst mit vollständiger Abwicklung.[108] Um die Situation zu vermeiden, dass das oberste Organ, idR die Mitgliedervertreterversammlung, während der Abwicklung aufgrund des Ablaufs der Wahlperiode, für die die Mitglieder bestellt sind, noch neu gewählt werden muss, ist Folgendes zu empfehlen: Die Auflösung des VVaG sollte vor der Bewirkung der Bestandsübertragung aktiv betrieben werden. Gem. § 198 Nr. 2 VAG beschließt grds. die oberste Vertretung, idR die Mitgliedervertreterversammlung, die Auflösung. Dies sollte gleichzeitig mit dem Beschluss, den gesamten Versicherungsbestand des VVaG auf einen anderen Risikoträger zu übertragen, erfolgen. Der Auflösungsbeschluss ist gem. § 199 Abs. 1 S. 1 VAG mit mindestens drei Vierteln der abgegebenen Stimmen zu fassen. Er ist zudem von der BaFin zu genehmigen (§ 199 Abs. 1 S. 1 VAG). Die BaFin-Erlaubnis ist gem. § 304 Abs. 2 VAG nach Ablauf von sechs Monaten seit Einstellung des Versicherungsgeschäfts von der BaFin zu widerrufen. Insofern bleibt die BaFin bis zum Abschluss der Abwicklung involviert.[109] 60

Gem. § 203 VAG findet infolge des Auflösungsbeschlusses der obersten Vertretung die Abwicklung statt. Der Ablauf der Abwicklung des VVaG ergibt sich aus den §§ 202–204 VAG: Der VVaG erhält gem. § 204 Abs. 3 S. 1 VAG iVm § 268 Abs. 4 S. 1 AktG den 61

---

108 Vgl. Prölss/Dreher/*Weigel* VAG § 203 Rn. 5.
109 Vgl. auch Kaulbach/Bähr/Pohlmann/*Bähr* VAG § 304 Rn. 9.

Firmenzusatz „i. L.", wodurch die Publizitätswirkung darüber hergestellt wird, dass der VVaG sich in Liquidation befindet. Die Abwicklung besorgen gem. § 204 Abs. 1 VAG grds. die Vorstandsmitglieder als Abwickler, wenn nicht die oberste Vertretung andere Personen für diese Funktion bestellt. Für die Abwicklung verweist § 204 VAG ansonsten auf die §§ 265 Abs. 4, 266–269, 270 Abs. 1, 2 S. 1, 272 und 273 AktG. Im Einzelnen haben die Abwickler demnach folgende Schritte durchzuführen, um die Liquidation des VVaG herbeizuführen:[110]

- Gem. § 267 AktG haben die Abwickler unter Hinweis auf die Auflösung die Gläubiger des VVaG i. L. aufzufordern, ihre Ansprüche anzumelden. Dies erfolgt durch dreimalige Bekanntmachung in den Gesellschaftsblättern, dh im elektronischen Bundesanzeiger und ggf. in einem satzungsgemäß vorgesehenen weiteren Blatt. Nach dreimaliger Bekanntmachung beginnt das sog. Sperrjahr gem. § 272 AktG, vor dessen Ablauf kein Vermögen an die Mitglieder verteilt werden darf.
- Gem. § 268 Abs. 1 AktG beenden die Abwickler das laufende Geschäft, ziehen sämtliche noch bestehenden Forderungen des VVaG ein, setzen etwaig noch vorhandene Vermögensgegenstände in Geld um und befriedigen etwaig noch vorhandene Gläubiger. In diesem Zusammenhang stellt sich in der Praxis vor allem die Frage, ob es noch Arbeitnehmer in dem VVaG gibt, denen mit allen arbeitsrechtlichen Konsequenzen zu kündigen ist. Weiterhin ist abzuklären, ob es noch Steuerverbindlichkeiten des VVaG gibt. Hier ist anzuraten, nicht auf eine etwaige Betriebsprüfung des zuständigen Finanzamtes zu warten, sondern proaktiv auf das betreffende Finanzamt zuzugehen und eine vorzeitige Klärung herbeizuführen. Denn das Handelsregister wird die Liquidation erst dann eintragen, wenn es die Freigabe vom betreffenden Finanzamt erhält.
- Gem. § 270 Abs. 1 und Abs. 2 S. 1 AktG erstellen die Abwickler die Liquidationseröffnungsbilanz und den betreffenden erläuternden Bericht, über deren Feststellung die oberste Vertretung beschließt. Da § 204 VAG ausdr. nicht auf § 270 Abs. 2 S. 2 AktG verweist, wird kein Prüfer von der Mitgliedervertreterversammlung gewählt, und der Aufsichtsrat erteilt auch keinen Prüfungsauftrag an einen Wirtschaftsprüfer.
- Wenn ein Jahr seit dem Tag verstrichen ist, an dem die Liquidation dreimal bekannt gemacht worden ist, darf das Vermögen gem. § 272 AktG an die (ehemaligen) Mitglieder verteilt werden. Sollten Gläubiger bekannt sein, die noch nicht befriedigt wurden, so erfolgt eine Hinterlegung gem. § 272 Abs. 2 AktG, wenn ein Recht zur Hinterlegung besteht. Sollten Verbindlichkeiten des VVaG noch streitig oder noch nicht erfüllbar sein, so ist gem. § 272 Abs. 3 AktG eine Verteilung des Vermögens nur möglich, wenn dem Gläubiger eine Sicherheit geleistet wird.
- Wenn gem. § 273 AktG die Vorlage der Schlussrechnung der Abwickler durch Beschluss der obersten Vertretung gebilligt wurde und die Entlastung der Abwickler erteilt wurde, so kann der Schluss der Abwicklung zur Eintragung ins Handelsregister von den Abwicklern gem. § 273 Abs. 1 S. 2 AktG angemeldet werden.

62 Es zeigt sich, dass eine Bestandsübertragung des gesamten Versicherungsgeschäfts von einem VVaG auf einen anderen VVaG oder ein anderes Versicherungsunternehmen zwar relativ zügig durchzuführen ist. Es bleibt aber die Abwicklung des zurückgelassenen und eben nicht automatisch aufgelösten VVaG zu erledigen. Insbesondere wenn noch ungeklärte Forderungen oder Verbindlichkeiten, insbesondere gegenüber Arbeit-

---

110 Kaulbach/Bähr/Pohlmann/*Kaulbach* VAG § 204 Rn. 3.

nehmern oder den Finanzbehörden, in dem verbleibenden VVaG enthalten sind, kann sich dieser Abwicklungsvorgang über Jahre hinziehen. Vor diesem Hintergrund ist es also denkbar, dass eine Verschmelzung gem. den §§ 109 ff. sogar wesentlich schneller und effizienter durchführbar ist.

Zweiter Unterabschnitt Verschmelzung durch Aufnahme

§ 110 Inhalt des Verschmelzungsvertrags

Sind nur Versicherungsvereine auf Gegenseitigkeit an der Verschmelzung beteiligt, braucht der Verschmelzungsvertrag oder sein Entwurf die Angaben nach § 5 Abs. 1 Nr. 3 bis 5 und 7 nicht zu enthalten.

I. Normzweck und Anwendungsbereich 1	2. Keine Angaben zur Gewährung von Sonderrechten 6
II. Inhalt 4	3. Form des Verschmelzungsvertrags (§ 6) .. 7
1. Erforderliche Angaben im Verschmelzungsvertrag (§ 5) 4	

I. Normzweck und Anwendungsbereich

Die §§ 110–113 enthalten besondere Regelungen für die Verschmelzung eines VVaG im Wege der Aufnahme durch einen anderen bereits bestehenden übernehmenden Rechtsträger. § 110 betrifft allerdings nur den Fall der Verschmelzung eines VVaG im Wege der Aufnahme durch einen anderen VVaG. Die Bestimmung stellt für diesen Fall klar, dass die ansonsten gem. § 5 Abs. 1 Nr. 3–5 und Nr. 7 erforderlichen Angaben zum Umtauschverhältnis, zur Übertragung der Mitgliedsrechte und zur Gewährung von Sonderrechten im Verschmelzungsvertrag grds. entbehrlich sind. Hintergrund dieser Einschränkung ist die Annahme, dass die **Mitgliedschafts- und Sonderrechte** der Mitglieder, die zugleich Versicherungsnehmer sind, vorrangig im jeweiligen Versicherungsvertrag, der jeweils unverändert mit der Verschmelzung übergeht,[1] und iÜ im VAG geregelt sind. Der Übergang der Versicherungsverträge vollzieht sich im Wege des Verschmelzungsakts; für die Mitglieder entsteht eine neue Mitgliedschaft beim übernehmenden VVaG.[2] Der Umtausch der Anteile soll daher gem. Gesetzesbegr. nicht berücksichtigt werden.[3]

Seit 2008 ist allerdings im neu eingefügten § 201 VAG (damals § 44a VAG aF) geregelt, dass jedem Mitglied bei Verlust seiner Mitgliedschaft durch Bestandsübertragung eine Barabfindung zusteht, die nach bestimmten Kriterien zu berechnen ist. Diese Bestimmung ist zwar nicht unmittelbar auf die Verschmelzung anwendbar, sie stellt aber klar, dass der Mitgliedschaft nicht nur eine rein gesellschaftsrechtliche Bedeutung zukommt, sondern dass diese auch einen vermögenswerten Charakter hat.[4] Daraus folgt, dass insbes. in dem Fall, in dem zwei VVaG mit unterschiedlichen Vermögenswerten miteinander verschmolzen werden, entweder eine vertragliche Vereinbarung mit den Mitgliedern des höherwertigen übertragenden VVaG über eine Barabfindung zu treffen ist, oder die Satzung des übernehmenden VVaG im Hinblick auf die Regelung der Verteilung des Überschusses (gem. § 194 Abs. 1 VAG) und eines etwaigen Liquidationser-

---

1 Widmann/Mayer/*Vossius* § 110 Rn. 2; Lutter/*Wilm* § 110 Rn. 4.
2 Kölner Komm UmwG/*Beckmann* § 110 Rn. 4.
3 BT-Drs. 12/6699, 113.
4 Semler/Stengel/Leonard/*Niemeyer* § 110 Rn. 3.

löses (gem. § 205 Abs. 2 VAG) des höherwertigen übernehmenden VVaG entsprechend anzupassen ist.[5] Und die Satzung des übernehmenden VVaG ist gem. § 37 jedenfalls zwingender Bestandteil des Verschmelzungsvertrags.

3 § 110 stellt klar, dass die Angaben gem. § 5 Abs. 1 Nr. 3–5 und Nr. 7 entbehrlich sind, die Aufnahme dieser Angaben in den Verschmelzungsvertrag ist umgekehrt aber nicht verboten.[6] Insbes. in dem vorgenannten Fall, in dem zwei VVaG mit unterschiedlichen Vermögenswerten miteinander verschmolzen werden, ist sogar anzuraten, dass die Berechnung der vertraglich zu gewährenden Barabfindung bzw. die Berechnung des anzupassenden Verteilungsmaßstabs in der Satzung des übernehmenden VVaG in den Verschmelzungsvertrag aufgenommen wird. Ebenso sollten etwaige Tilgungsrechte der Garanten des Gründungsstocks aufgenommen werden.[7]

II. Inhalt

1. Erforderliche Angaben im Verschmelzungsvertrag (§ 5)

4 Der Verschmelzungsvertrag zwischen übertragendem/-n VVaG und übernehmenden VVaG hat im Umkehrschluss von § 110 also nur die folgenden Mindestangaben gem. § 5 Abs. 1 Nr. 1, 2, 6, 8 und 9 zu enthalten:

- **Nr. 1:** Die Firma und Sitz der an der Verschmelzung beteiligten VVaG;
- **Nr. 2:** Vereinbarung über die Übertragung des Vermögens jedes übertragenden VVaG als Ganzes gegen Gewährung von Mitgliedschaften an dem übernehmenden VVaG;
- **Nr. 6:** Verschmelzungsstichtag;
- **Nr. 8:** Jeden besonderen Vorteil, der einem Mitglied des Vorstands oder des Aufsichtsrats der an der Verschmelzung beteiligten VVaG, einem geschäftsführenden Mitglied, einem Partner, einem Abschlussprüfer oder einem Verschmelzungsprüfer gewährt wird; und
- **Nr. 9:** die Folgen der Verschmelzung für die Arbeitnehmer und ihre Vertretungen sowie die insoweit vorgesehenen Maßnahmen.

5 Bei der Verschmelzung von VVaG auf eine Versicherungs-Aktiengesellschaft/SE sind dagegen im Verschmelzungsvertrag alle nach § 5 geforderten Angaben zu machen. Grds. käme auch eine Anwendbarkeit des § 29 Abs. 1 S. 1 in Betracht, wonach einem Anteilsinhaber, der gegen den Verschmelzungsbeschluss des übertragenden Rechtsträgers einen Widerspruch zur Niederschrift erklärt, ein Abfindungsangebot zu machen ist. Da der Verschmelzungsbeschluss bei einem übertragenden VVaG allerdings in der Praxis stets von einer Vertreterversammlung gefasst wird, wird das einzelne durch dieses Organ vertretene Mitglied wohl gar kein solches Widerspruchsrecht haben. Dies ist im Einzelfall auf der Grundlage der betreffenden Versicherungsverträge und der Satzung des übertragenden VVaG zu klären. Sollte ein Widerspruchsrecht bestehen, so sollte dieses analog § 260 Abs. 1 S. 1 in die Bekanntmachung des Verschmelzungsvertrags gem. § 111 aufgenommen werden.

2. Keine Angaben zur Gewährung von Sonderrechten

6 Inhalt des Verschmelzungsvertrags sind nicht Angaben über Rechte, die der übernehmende Rechtsträger einzelnen Anteilsinhabern oder Inhabern besonderer Rechte ge-

---

[5] Vgl. Kölner Komm UmwG/*Beckmann* § 110 Rn. 5.
[6] Semler/Stengel/Leonard/*Niemeyer* § 110 Rn. 5.
[7] Dazu Widmann/Mayer/*Vossius* § 109 Rn. 93 ff.

währt, oder über die für diese Personen vorgesehenen Maßnahmen. Entgegen des Wortlauts des § 110 betreffend die Angaben nach § 5 Abs. 1 Nr. 7 wird teilweise die Auffassung vertreten, dass Angaben zu vertraglich geregelten Ansprüchen auf Überschussbeteiligung auch bei einer Verschmelzung erforderlich sind, an der ausschließlich VVaG beteiligt sind, da es sich um Sonderrechte nach § 23 handele.[8] Die Gesetzesbegründung schweigt hierzu.

3. Form des Verschmelzungsvertrags (§ 6)

Der Verschmelzungsvertrag bedarf der notariellen Beurkundung gem. § 6. Dies gilt für alle Verschmelzungen, ob im Wege der Aufnahme oder durch Neugründung, an denen ein VVaG beteiligt ist, also auch für den kleineren VVaG.

§ 111 Bekanntmachung des Verschmelzungsvertrags

¹Der Verschmelzungsvertrag oder sein Entwurf ist vor der Einberufung der obersten Vertretung, die gemäß § 13 Abs. 1 über die Zustimmung zum Verschmelzungsvertrag beschließen soll, zum Register einzureichen. ²Das Gericht hat in der Bekanntmachung nach § 10 des Handelsgesetzbuchs einen Hinweis darauf bekanntzumachen, daß der Vertrag oder sein Entwurf beim Handelsregister eingereicht worden ist.

I. Normzweck und Anwendungsbereich....	1	2. Bekanntmachung.................	6
II. Inhalt......................	3	III. Rechtsfolgen bei fehlerhafter Einreichung und/oder Bekanntmachung........	7
1. Einreichungspflicht................	4		

I. Normzweck und Anwendungsbereich

Anders als § 110 betrifft die Bestimmung des § 111 die Verschmelzung im Wege der Aufnahme sowohl durch einen VVaG als auch durch eine Versicherungs-Aktiengesellschaft/SE. Aufgrund der Verweisung des § 114 findet sie zudem auf die Verschmelzung durch Neugründung unter Beteiligung von VVaG (also auch auf die Mischverschmelzung) Anwendung.

§ 111 ist das Pendant zur Regelung für die Verschmelzung unter Beteiligung von Aktiengesellschaften in § 61. Beim VVaG ist der Verschmelzungsvertrag bzw. sein Entwurf so rechtzeitig vor der Einberufung der obersten Vertretung – das ist beim VVaG die Versammlung der Mitglieder oder die Versammlung der Vertreter der Mitglieder (§ 184 VAG) – zum Handelsregister einzureichen und die Einreichung ist bekanntzumachen, dass jedes Mitglied die Unterlage beim Handelsregister gem. § 9 Abs. 1 HGB einsehen und sich auf die Sitzung der obersten Vertretung auf die Beschlussfassung vorbereiten kann.[1] Zudem sollen auch noch Vertragsänderungen aufgrund von Beanstandungen des Handelsregistergerichts vor der Einberufung der obersten Vertretung berücksichtigt werden können.[2] § 111 dient also dem Mitgliederschutz und der Transparenz des Verschmelzungsverfahrens.[3]

---

8 So Kölner Komm UmwG/*Beckmann* § 110 Rn. 5; Semler/Stengel/Leonard/*Niemeyer* § 110 Rn. 13.
1 Lutter/*Wilm* § 111 Rn. 2.
2 Semler/Stengel/Leonard/*Diekmann* § 61 Rn. 6.
3 Kölner Komm UmwG/*Beckmann* § 111 Rn. 1.

II. Inhalt

3 Die wesentlichen Verfahrensschritte im Zusammenhang mit der Einreichung des Verschmelzungsvertrags sind:
- Einreichung beim Handelsregister (§ 111 S. 1)
- Bekanntmachung durch das Registergericht (§ 111 S. 2)
- Einberufung der obersten Vertretung
  (§ 191 VAG iVm §§ 121 Abs. 1–4, 123 Abs. 1 AktG)

1. Einreichungspflicht

4 S. 1 regelt die Pflicht des Vorstands des VVaG (§ 188 VAG), den Verschmelzungsvertrag oder seinen Entwurf einzureichen, um den Mitgliedern die Einsichtnahme zu ermöglichen (Publizitätserfordernis).[4] Da die Norm ausschließlich dem Schutz der Mitglieder dient, ist ein Verzicht auf die Einreichung und Bekanntmachung zulässig; es müssen allerdings sämtliche Mitglieder bzw. Mitgliedervertreter den Verzicht erklären.[5] Zuständig ist das Registergericht, in dessen Bezirk der VVaG seinen Sitz hat (§ 185 Abs. 1 VAG).[6] Bei Verschmelzungen kleinerer Vereine (§ 210 VAG) erfolgt die Einreichung bei der zuständigen Aufsichtsbehörde (§ 118 S. 2). Die Einreichung muss vor der Einberufung der obersten Vertretung erfolgen, dh vor Bekanntmachung in den Gesellschaftsblättern oder Absenden der eingeschriebenen Briefe an die Mitglieder des VVaG oder im Fall einer Vertreterversammlung an die Vertreter der Mitglieder.[7] Mithin muss der Verschmelzungsvertrag bzw. sein Entwurf spätestens in dem Zeitpunkt dem Registergericht vorliegen, in dem die Einberufung wirksam erfolgt ist.

5 Die Einreichung zum Handelsregister hat elektronisch zu erfolgen.[8] Die Einreichung umfasst den Verschmelzungsvertrag oder seinen Entwurf mit sämtlichen Anlagen, die wesentlicher Vertragsbestandteil sind.[9] Auch Änderungen des Vertrags müssen unverzüglich und grds. vor Einberufung der Versammlung eingereicht werden.[10]

2. Bekanntmachung

6 S. 2 regelt die Art und Weise der Bekanntmachung durch das Registergericht und entspricht § 61 S. 2. Bekanntgemacht wird (lediglich) die Tatsache, dass der Verschmelzungsvertrag bzw. sein Entwurf zum Handelsregister eingereicht wurde, ohne dass der Inhalt des Verschmelzungsvertrags selbst bekanntgemacht wird.[11] Die Bekanntmachung erfolgt im elektronischen Informations- und Kommunikationssystem gem. § 10 HGB (abzurufen über www.handelsregister.de). Das Registergericht hat den Hinweis zu erteilen, dass der Verschmelzungsvertrag bzw. sein Entwurf beim Handelsregister eingereicht worden ist und eingesehen werden kann. Im Fall der Verschmelzung kleinerer VVaG nimmt die Aufsichtsbehörde die Aufgaben des Registergerichts wahr und prüft

---

[4] Lutter/*Wilm* § 111 Rn. 1 f.
[5] Kölner Komm UmwG/*Beckmann* § 111 Rn. 4; Semler/Stengel/Leonard/*Niemeyer* § 111 Rn. 23; zur Frage, ob ein Verzicht notariell beurkundet werden muss, näher Semler/Stengel/Leonard/*Diekmann* § 61 Rn. 17.
[6] Semler/Stengel/Leonard/*Niemeyer* § 111 Rn. 14.
[7] Widmann/Mayer/*Vossius* § 111 Rn. 13; Semler/Stengel/Leonard/*Niemeyer* § 111 Rn. 15, zur Einberufung ausf. Rn. 8 ff.
[8] Semler/Stengel/Leonard/*Diekmann* § 61 Rn. 16.
[9] Widmann/Mayer/*Vossius* § 111 Rn. 5 ff.; Semler/Stengel/Leonard/*Diekmann* § 61 Rn. 10.
[10] Semler/Stengel/Leonard/*Diekmann* § 61 Rn. 11.
[11] Widmann/Mayer/*Vossius* § 111 Rn. 19; Semler/Stengel/Leonard/*Diekmann* § 61 Rn. 18.

die Einhaltung der mit der Anmeldung zur Eintragung in das Handelsregister verbundenen Anforderungen des Umwandlungsrechts (§§ 118 S. 2, 119).[12]

III. Rechtsfolgen bei fehlerhafter Einreichung und/oder Bekanntmachung

Kommt der Vorstand seiner Pflicht zur Einreichung nicht oder nicht ausreichend nach, kann das Registergericht ihn durch Festsetzung von Zwangsgeld dazu anhalten (§ 14 HGB; § 350 Abs. 1 S. 1). Des Weiteren führt der Pflichtverstoß zur Anfechtbarkeit des Verschmelzungsbeschlusses (§ 191 VAG iVm § 243 AktG), wenn Kausalität zwischen der Zustimmung und dem Fehler bei der Einreichung besteht. Diese Rechtsfolge tritt auch bei mangelnder Bekanntmachung ein. Die Kausalität wird aber regelmäßig nicht vorliegen, wenn die Tatsache der Verschmelzung auf die Tagesordnung gem. § 191 VAG iVm § 124 AktG gesetzt wurde und die Mitglieder bereits hierdurch über die Verschmelzung informiert wurden und/oder wenn die Mitglieder ab Einberufung der Versammlung anderweitig vom Verschmelzungsvertrag Kenntnis erlangen konnten, zB durch Einsichtnahme in den in den Geschäftsräumen des VVaG ausliegenden Verschmelzungsvertrag bzw. Entwurf.[13] Bei einem kleineren VVaG kann der Verstoß gegen die Bekanntmachungspflichten nach § 111 in Anwendung des § 32 BGB sogar zur Nichtigkeit des Verschmelzungsbeschlusses führen.[14] 7

Zudem kommt in Betracht, dass die Aufsichtsbehörde die Genehmigung nach § 14 VAG versagt, soweit diese im Rahmen ihrer Prüfung die Verletzung von Mitgliederinteressen aufgrund Nichtbeachtung von Vorschriften über die Umwandlung feststellt.[15] 8

§ 112 Vorbereitung, Durchführung und Beschluß der Versammlung der obersten Vertretung

(1) ¹Von der Einberufung der Versammlung der obersten Vertretung an, die gemäß § 13 Abs. 1 über die Zustimmung zum Verschmelzungsvertrag beschließen soll, sind in dem Geschäftsraum des Vereins die in § 63 Abs. 1 bezeichneten Unterlagen zur Einsicht der Mitglieder auszulegen. ²Dazu erforderliche Zwischenbilanzen sind gemäß § 63 Absatz 2 Satz 1 bis 4 aufzustellen.

(2) ¹In der Versammlung der obersten Vertretung sind die in § 63 Abs. 1 bezeichneten Unterlagen auszulegen. ²§ 64 Abs. 1 Satz 2 und Abs. 2 ist entsprechend anzuwenden.

(3) ¹Der Verschmelzungsbeschluß der obersten Vertretung bedarf einer Mehrheit von drei Vierteln der abgegebenen Stimmen. ²Die Satzung kann eine größere Mehrheit und weitere Erfordernisse bestimmen.

I. Normzweck und Anwendungsbereich 1	2. Durchführung der Versammlung (Abs. 2) 7
II. Inhalt 3	3. Beschlussfassung (Abs. 3) 9
1. Vorbereitung der Versammlung (Abs. 1) 3	

---

12 *Hersch* NZG 2016, 611 (616).
13 Semler/Stengel/*Leonard/Niemeyer* § 111 Rn. 24 f.; Kölner Komm UmwG/*Beckmann* § 111 Rn. 5. So regelt § 112 Abs. 1 S. 1 iVm § 63 Abs. 1 Nr. 1, dass der Verschmelzungsvertrag ab Einberufung der Versammlung in dem Geschäftsraum des Vereins zur Einsicht der Mitglieder auszulegen ist. Das Gleiche gilt während der Mitgliederversammlung (§ 112 Abs. 2).
14 BGHZ 59, 369 auch zit. in NJW 1973, 2101.
15 Widmann/Mayer/*Vossius* § 111 Rn. 24 f.

III. Rechtsfolgen bei Verstoß gegen Pflichten nach § 112 12

I. Normzweck und Anwendungsbereich

1 Vor Durchführung der Versammlung der obersten Vertretung des VVaG, welche über die Zustimmung zum Verschmelzungsvertrag beschließen soll, soll dem Recht der Mitglieder, sich vor der Beschlussfassung über die Verschmelzung zu informieren, dadurch Rechnung getragen werden, dass ihnen die Einsichtnahme in die im Zusammenhang mit der Verschmelzung relevanten Unterlagen durch deren Auslegung ermöglicht wird (Abs. 1). Die Auslegungspflicht setzt sich während der Durchführung der Versammlung fort (Abs. 2), um eine Einsichtnahme noch während der Versammlung für die Mitglieder zu ermöglichen, die die Möglichkeit vorher in den Geschäftsräumen nicht wahrgenommen haben.[1] Abs. 2 verweist entgegen früherer Regelungen[2] nicht mehr auf § 63 Abs. 3 und schließt somit ein Recht der Mitglieder auf Erteilung von Abschriften der in § 63 Abs. 1 genannten Unterlagen aus. Ein solches Recht wurde im Hinblick auf die Mitglieder eines VVaG vom Gesetzgeber als entbehrlich angesehen, da sich die Stellung der Mitglieder, die zugleich Versicherungsnehmer sind, schwerpunktmäßig aus dem Versicherungsvertragsverhältnis ergibt.[3]

2 § 112 findet genau wie § 111 Anwendung auf die Verschmelzung im Wege der Aufnahme sowohl durch einen VVaG als auch durch eine Versicherungs-Aktiengesellschaft/SE. Aufgrund der Verweisung des § 114 findet die Bestimmung zudem auf die Verschmelzung durch Neugründung unter Beteiligung von VVaG (also auch auf die Mischverschmelzung) Anwendung.

II. Inhalt

1. Vorbereitung der Versammlung (Abs. 1)

3 Die **oberste Vertretung** setzt sich entweder aus der Versammlung aller Mitglieder oder – in der Praxis der Regelfall – aus der Versammlung der Vertreter der Mitglieder zusammen (§ 184 VAG). Sie verfügt über organschaftliche Befugnisse entsprechend der Hauptversammlung einer Aktiengesellschaft/SE, ua die Befugnis, gem. § 13 Abs. 1 über die Zustimmung zum Verschmelzungsvertrag zu beschließen. Garanten[4] nehmen an der Versammlung der obersten Vertretung nicht teil, besitzen keine Stimmrechte für die Beschlussfassung und erwerben auch nicht kraft gesetzlicher Wirkung der Verschmelzung (§ 20) eine Mitgliedschaft in dem übernehmenden VVaG im Fall der reinen VVaG-Verschmelzung.[5]

---

1 Lutter/*Wilm* § 112 Rn. 8.
2 § 44a Abs. 3 VAG aF iVm § 340d Abs. 4 AktG aF.
3 So die Gesetzesbegr. zu § 112, BT-Drs. 12/6699, 113; krit. dazu, ein Bedürfnis der Mitglieder auf Abschriften bejahend und Herleitung eines Anspruchs auf Erteilung von Abschriften aus §§ 101 Abs. 2: Semler/Stengel/Leonard/*Niemeyer* § 112 Rn. 5 ff.; Widmann/Mayer/*Vossius* § 112 Rn. 11 ff., der auch eine systematisch-teleologische Herleitung aus § 292 Abs. 1 vornimmt und daher in § 112 einen Verweis auf § 63 Abs. 3 hineinliest, Rn. 18; ebenfalls krit., aber eine analoge Anwendung mangels planwidriger Regelungslücke abl.: Kölner Komm UmwG/*Beckmann* § 112 Rn. 4.
4 Dies sind die Personen, die den Gründungsstock gezeichnet haben (§ 178 VAG).
5 Schmitt/Hörtnagl/*Hörtnagl/Ollech* § 112 Rn. 4; teilweise werden Garanten allerdings als Inhaber von Sonderrechten gem. § 23 angesehen, Semler/Stengel/Leonard/*Niemeyer* § 109 Rn. 49.

Ab Einberufung der Versammlung der obersten Vertretung[6] sind die folgenden in § 63 Abs. 1 genannten Dokumente durch den Vorstand (als Vertretungsorgan des VVaG) zur Einsicht für die Mitglieder **auszulegen:**

- Verschmelzungsvertrag oder dessen Entwurf (Nr. 1)
- Jahresabschlüsse und Lageberichte der an der Verschmelzung beteiligten Rechtsträger für die letzten drei Geschäftsjahre (Nr. 2)
- Zwischenbilanz, falls sich der letzte Jahresabschluss auf ein Geschäftsjahr bezieht, das mehr als sechs Monate vor dem Abschluss des Verschmelzungsvertrags oder der Aufstellung des Entwurfs abgelaufen ist (Nr. 3).[7] Auf diese kann bei der Verschmelzung unter ausschließlicher Beteiligung von VVaG durch sämtliche Mitglieder bzw. Mitgliedervertreter des übertragenden VVaG verzichtet werden.[8]
- Verschmelzungsberichte (Nr. 4): Die Vertretungsorgane jedes der an der Verschmelzung beteiligten Rechtsträger (VVaG und im Fall der Mischverschmelzung die Versicherungs-Aktiengesellschaft/SE) haben grds. gem. § 8 S. 1 einen ausführlichen schriftlichen Bericht zu erstatten, in dem a) die Verschmelzung, b) der Verschmelzungsvertrag oder sein Entwurf und c) das Umtauschverhältnis und ggf. das Barabfindungsangebot nach § 29[9] rechtlich und wirtschaftlich erläutert und begründet werden.

Die vorgenannten Unterlagen sind in dem Geschäftsraum des VVaG auszulegen. Dieser befindet sich am Sitz des VVaG, wie er in der Satzung bestimmt ist. Befinden sich an diesem Sitz Geschäftsräume an mehreren Orten, so ist der Geschäftsraum in der Hauptverwaltung maßgeblich, dh der Ort, an dem der Vorstand Geschäftsräume hat.[10]

Bei Verschmelzung unter ausschließlicher Beteiligung von VVaG ist eine **Verschmelzungsprüfung** grds. entbehrlich mangels Verweisung des § 112 Abs. 1 auf § 60.[11] Ein Bedarf an einer Verschmelzungsprüfung ist jedoch ausnahmsweise anzunehmen, wenn der in der Satzung des übernehmenden VVaG festgelegte Verteilungsmaßstab für Überschüsse und den Liquidationserlös zu ändern ist oder wenn Barabfindungen an die Mitglieder des VVaG mit höherem Unternehmenswert zu leisten sind, um unterschiedliche Unternehmenswerte der an der Verschmelzung beteiligten VVaG auszugleichen (Näheres dazu → § 110 Rn. 2). Bei einer Mischverschmelzung ist eine Verschmelzungsprüfung sowohl bei der Versicherungs-Aktiengesellschaft/SE als auch bei dem übertragenden VVaG zur Überprüfung des Umtauschverhältnisses der Anteile erforderlich; ein Verschmelzungsbericht ist auch für den VVaG zu erstellen (§ 63 Abs. 1 Nr. 5, § 60 iVm §§ 9–12 AktG).[12] Möglich ist auch eine Prüfung auf Verlangen der Aufsichtsbehörde im Rahmen des Genehmigungsverfahrens nach § 14 VAG. Wenn eine Verschmelzungsprüfung erforderlich ist, sind Prüfungsberichte auszulegen.[13]

---

6 Der Zeitpunkt der Einberufung der Versammlung (Mitgliederversammlung oder Vertreterversammlung) richtet sich nach § 191 VAG iVm §§ 121 Abs. 1–4, 123 AktG und erfolgt durch Bekanntmachung in den Gesellschaftsblättern oder per eingeschriebenem Brief (§ 121 Abs. 4 AktG).

7 Dies ist bei reinen Rückversicherungsvereinen idR erforderlich, da diese zunächst den Erhalt der Angaben der Schadenrückstellungen von den Erstversicherungsunternehmen abwarten müssen: Semler/Stengel/Leonard/*Niemeyer* § 112 Rn. 12.

8 Vgl. Widmann/Mayer/*Vossius* § 112 Rn. 6.

9 Erl. zu Umtauschverhältnis auch bei ausschließlicher Beteiligung von VVaG: → § 110 Rn. 1.

10 Semler/Stengel/Leonard/*Diekmann* § 63 Rn. 9.

11 Widmann/Mayer/*Vossius* § 112 Rn. 7; Lutter/*Wilm* § 112 Rn. 5; Kölner Komm UmwG/*Beckmann* § 112 Rn. 3; gem. Gesetzesbegr. kommt die Auslegung von Prüfungsberichten nur bei Mischverschmelzungen in Betracht, BT-Drs. 12/6699, 113. AA: Semler/Stengel/Leonard/*Niemeyer* § 112 Rn. 17 ff.

12 Semler/Stengel/Leonard/*Niemeyer* § 112 Rn. 20; Widmann/Mayer/*Vossius* § 112 Rn. 7; Lutter/*Wilm* § 112 Rn. 6.

13 Widmann/Mayer/*Vossius* § 112 Rn. 7.

2. Durchführung der Versammlung (Abs. 2)

7 In der Versammlung der obersten Vertretung sind die in § 63 Abs. 1 genannten Unterlagen so auszulegen, dass jedes Mitglied dieser Versammlung Einsicht nehmen kann.[14] Den Vorstand trifft zusätzlich eine **Erläuterungs- und Informationspflicht** gegenüber den Mitgliedern (§ 112 Abs. 2 iVm § 64 Abs. 1 S. 2): Er hat den wesentlichen Inhalt des Verschmelzungsvertrags, die Gründe für die Verschmelzung und die wirtschaftlichen und rechtlichen Folgen der Verschmelzung zu erläutern. Zudem hat er die Mitglieder bzw. die Mitgliedervertreter über jede wesentliche Veränderung des Vermögens der Gesellschaft zu unterrichten, die seit dem Vertragsabschluss oder der Aufstellung des Vertragsentwurfs eingetreten ist. Die Erläuterungspflicht umfasst auch bei ausschließlicher Beteiligung von VVaG die Darlegung der Maßstäbe der Unternehmensbewertung und des Ausgleichs durch die Änderungen des Verteilungsmaßstabs für den Liquidationserlös und den Überschuss oder durch Barabfindung im Fall, dass unterschiedliche Unternehmenswerte bestehen.

8 Als Gegenstück zur Erläuterungspflicht des Vorstands haben die Mitglieder bzw. die Mitgliedervertreter das Recht, in der Versammlung über die für die Verschmelzung wesentlichen Angelegenheiten der anderen an der Verschmelzung beteiligten Rechtsträger **Auskunft** zu erlangen (§ 112 Abs. 2 S. 2 iVm § 64 Abs. 2). Dieses Auskunftsrecht hinsichtlich der anderen an der Verschmelzung beteiligten Rechtsträger ergänzt das Auskunftsrecht der Mitglieder hinsichtlich Angelegenheiten des VVaG (§ 191 VAG iVm § 131 Abs. 1 S. 1 AktG) und besteht, soweit die Auskunft zur sachgemäßen Beurteilung der Verschmelzung erforderlich ist.[15] Der Vorstand kann unter den Voraussetzungen des § 131 Abs. 3 AktG die Auskunft verweigern, wobei der Umfang der Auskunftspflicht der gerichtlichen Entscheidung unterworfen werden kann (§ 191 VAG iVm § 132 AktG). Teilweise wird vertreten, dass auch das einzelne Mitglied das Auskunftsrecht außerhalb der Mitgliederversammlung, dh insbes. außerhalb der Mitgliedervertreterversammlung, ausüben könne, so vor allem im Fall der Mischverschmelzung im Hinblick auf die Entscheidung über die Annahme eines Abfindungsangebots oder im Fall der Verschmelzung unter Beteiligung von VVaG die Entscheidung über die Geltendmachung einer baren Zuzahlung oder die Anfechtung des Verschmelzungsbeschlusses.[16] Dies ist jedoch weder nach dem Gesetzeswortlaut noch nach der Gesetzesbegründung zu rechtfertigen; die Frage bestimmt sich vielmehr im Einzelfall nach dem Wortlaut des jeweiligen Versicherungsvertrags und der Satzung des betreffenden VVaG.[17]

3. Beschlussfassung (Abs. 3)

9 Abs. 3 entspricht der Regelung des § 65 Abs. 1 betreffend den Beschluss der Hauptversammlung einer Aktiengesellschaft/SE. Für die Beschlussfassung durch die oberste Vertretung sind drei Viertel der abgegebenen Stimmen der Mitglieder bzw. der Mitgliedervertreter erforderlich (S. 1). Die Satzung des VVaG kann eine größere Mehrheit und strengere Abstimmungserfordernisse vorsehen. Wurden Widersprüche gegen die Verschmelzung erhoben, so wird teilweise bei Mischverschmelzung in analoger Anwendung des § 293 S. 2 eine Mehrheit von neun Zehnteln der abgegebenen Stimmen verlangt, wenn spätestens bis zum Ablauf des dritten Tages vor der Versammlung mind.

---

14 Semler/Stengel/Leonard/*Niemeyer* § 112 Rn. 25.
15 Semler/Stengel/Leonard/*Niemeyer* § 112 Rn. 30.
16 Semler/Stengel/ Leonard/*Niemeyer* § 112 Rn. 31 f.
17 Vgl. auch Kölner Komm UmwG/*Beckmann* § 112 Rn. 10.

100 Mitglieder des VVaG der Verschmelzung widersprochen haben, da die Verschmelzung mit der Änderung des Mitgliedschaftsrechts bei einem Formwechsel vergleichbar sei.[18] Diese Auffassung ist jedoch abzulehnen, da keine Anhaltspunkte für eine planwidrige Gesetzeslücke in § 112 bestehen.[19]

Während die Ausübung des Stimmrechts eines Mitglieds durch einen Bevollmächtigten möglich ist (§ 191 S. 3 VAG verweist auf § 134 Abs. 3 AktG), ist eine Vertretung bei der Vertreterversammlung nicht zulässig.[20] Der Beschluss beinhaltet die Zustimmung zum Abschluss des Verschmelzungsvertrags und zugleich die Entscheidung darüber, dass der übertragende VVaG durch die Verschmelzung automatisch, dh ohne Liquidation gem. den §§ 203 ff. VAG, aufgelöst wird.

Die fortwährenden Veränderungen im Mitgliederbestand eines VVaG sind unproblematisch, da neue Mitglieder an den einmal gefassten Verschmelzungsbeschluss gebunden sind.[21]

III. Rechtsfolgen bei Verstoß gegen Pflichten nach § 112

Werden die in § 63 genannten Unterlagen nicht oder nicht vollständig ausgelegt, verstößt der Vorstand gegen seine Erläuterungspflicht (§ 64 Abs. 1 S. 2) oder gegen seine Auskunftspflicht (§ 64 Abs. 2), so ist der Verschmelzungsbeschluss gem. § 191 VAG iVm §§ 243 ff. AktG grds. anfechtbar, beim kleineren VVaG ggf. sogar nichtig (→ § 111 Rn 7).

Die unrichtige Wiedergabe oder Verschleierung von Angaben zur Verschmelzung sowie ein Verstoß gegen die Prüfungspflicht sind gem. §§ 346, 347 strafbewehrt.

§ 113 Keine gerichtliche Nachprüfung

Sind nur Versicherungsvereine auf Gegenseitigkeit an der Verschmelzung beteiligt, findet eine gerichtliche Nachprüfung des Umtauschverhältnisses der Mitgliedschaften nicht statt.

I. Normzweck und Anwendungsbereich

§ 113 ist lediglich auf Verschmelzungen im Wege der Aufnahme anwendbar, an denen ausschließlich VVaG beteiligt sind. Er hat aus Sicht des Gesetzgebers lediglich klarstellenden Charakter. Laut der Gesetzesbegründung hält der Gesetzgeber eine gerichtliche Nachprüfung der Umtauschverhältnisse der Mitgliedschaften entsprechend der Regelung des § 110 für entbehrlich, da sich bei Verschmelzungen, an denen ausschließlich VVaG beteiligt sind, die Mitgliedschaft schwerpunktmäßig durch das Versicherungsvertragsverhältnis gestaltet, welches unverändert von dem neuen Rechtsträger übernommen wird.[1] Ein Umtauschverhältnis wird grds. nicht festgesetzt, da keine Anteile zwischen übertragendem und übernehmendem Rechtsträger ausgetauscht werden, so dass die Regelung lediglich der Klarstellung dient.[2]

---

18 Semler/Stengel/*Leonard/Niemeyer* § 112 Rn. 34.
19 Vgl. Widmann/Mayer/*Vossius* § 112 Rn. 27.
20 Prölss/Dreher/*Weigel* VAG § 191 Rn. 17.
21 Semler/Stengel/*Leonard/Niemeyer* § 112 Rn. 45; Widmann/Mayer/*Vossius* § 112 Rn. 28.
1 Vgl. Begr. zu § 110 und § 112, BT-Drs. 12/6699, 113.
2 Kölner Komm UmwG/*Beckmann* § 113 Rn. 2.

II. Inhalt

2 Allgemein besteht bei Verschmelzungen durch Aufnahme das Recht der Anteilsinhaber des übertragenden Rechtsträgers, die Angemessenheit des Umtauschverhältnisses oder des Gegenwerts der Mitgliedschaft beim übernehmenden Rechtsträger – im Wege des Spruchverfahrens nach dem SpruchG – auf Antrag gerichtlich überprüfen zu lassen. § 15 ergänzt das Recht des Anteilsinhabers des übertragenden Rechtsträgers aus § 14, Klage gegen die Wirksamkeit des Verschmelzungsbeschlusses zu erheben, wobei diese nicht auf die Unangemessenheit des Umtauschverhältnisses oder des Gegenwerts der Mitgliedschaft bei dem übernehmenden Rechtsträger gestützt werden kann (§ 14 Abs. 2). Für diese Fälle gewährt § 15 Abs. 1 S. 1 dem Anteilsinhaber des übertragenden Rechtsträgers einen Anspruch auf bare Zuzahlung. Die angemessene Zuzahlung wird auf Antrag vom Gericht bestimmt (§ 15 Abs. 1 S. 2). Eine solche gerichtliche Überprüfung der Angemessenheit des Umtauschverhältnisses schließt § 113 für Verschmelzungen im Wege der Aufnahme unter ausschließlicher Beteiligung von VVaG aus.

3 Die o. a. Gesetzesbegründung ist seit dem Urteil des BVerfG vom 26.7.2005[3] als überholt zu betrachten: Aufgrund des Urteils wurde § 13 VAG, der die Genehmigung von Bestandsübertragungen durch die BaFin regelt und auf welchen § 14 VAG für Umwandlungen verweist, dahin gehend geändert, dass gem. § 13 Abs. 3 VAG nF die Genehmigung nur zu erteilen ist, wenn im Bestandsübertragungsvertrag vorgesehen ist, dass den Mitgliedern eines VVaG, die ihre Mitgliedschaft verlieren und keine neue Mitgliedschaft in einem übernehmenden VVaG erhalten, ein angemessenes Entgelt zu zahlen ist.

4 Entsprechendes sollte bei der Verschmelzung durch Aufnahme unter ausschließlicher Beteiligung von VVaG gelten, wenn Mitglieder des übertragenden VVaG aufgrund unterschiedlicher Unternehmenswerte der beteiligten VVaG vermögenswerte Nachteile hinsichtlich der Beteiligung an Überschüssen und an dem Liquidationserlös erleiden.[4] Diese Nachteile sind durch entsprechende Änderung der Satzung des übernehmenden VVaG auszugleichen.[5] Die Überprüfung der Satzungsänderung auf die Existenz oder die Angemessenheit einer solchen satzungsmäßigen Ausgleichsregelung ist von § 113 nicht ausdrücklich erfasst und mithin nicht ausgeschlossen. Zumindest im Rahmen des aufsichtsrechtlichen Genehmigungsverfahrens gem. §§ 14, 13 VAG hat die BaFin die Belange der Versicherten und damit auch die Wertrelation positiv zu prüfen.[6] Die Genehmigung ist gem. §§ 14, 13 Abs. 1 S. 2 VAG dann zu erteilen, wenn die Belange der Versicherten sowohl des übertragenden als auch des übernehmenden VVaG gewahrt sind und bei der Entscheidung ausreichend gewürdigt wurden.[7]

Dritter Unterabschnitt Verschmelzung durch Neugründung

§ 114 Anzuwendende Vorschriften

Auf die Verschmelzung durch Neugründung sind die Vorschriften des Zweiten Unterabschnitts entsprechend anzuwenden, soweit sich aus den folgenden Vorschriften nichts anderes ergibt.

---

3 BVerfG 26.7.2005 – 1 BvR 782/94, 1 BvR 957/96, NJW 2005, 2363 (2371 ff.).
4 Widmann/Mayer/*Vossius* § 113 Rn. 6.
5 Semler/Stengel/Leonard/*Niemeyer* § 113 Rn. 7; Kölner Komm UmwG/*Beckmann* § 113 Rn. 2.
6 Semler/Stengel/Leonard/*Niemeyer* § 113 Rn. 6.
7 Prölss/Dreher/*Präve* VAG § 14 Rn. 11 f.

I. Normzweck und Anwendungsbereich

Die Bestimmung leitet den Unterabschnitt mit den speziellen Regelungen für die Verschmelzung durch Neugründung ein und bestimmt, dass grds. die §§ 110–113 auch auf diese Verschmelzungsart Anwendung finden, soweit in den besonderen Bestimmungen der §§ 115–117 nichts anderes geregelt ist. Anders als § 110 beschränkt § 114 den Anwendungsbereich aber nicht auf Verschmelzungen unter ausschließlicher Beteiligung von VVaG, sondern erfasst auch die nach § 109 zulässige Mischverschmelzung zwischen VVaG durch Neugründung einer Versicherungs-Aktiengesellschaft/SE.[1]

II. Inhalt

Folgende Verschmelzungskonstellationen sind möglich:

Zwei oder mehrere VVaG werden auf einen anderen VVaG verschmolzen durch **Neugründung des anderen VVaG**: Es gelten die §§ 114–117 sowie aufgrund Verweisung die §§ 110–113. Insbes. § 112 wird durch die §§ 115 und 116 ergänzt. Die §§ 110–113 gelten allerdings nur für die existierenden übertragenden VVaG, da der neu zu gründende VVaG erst im Wege der Eintragung ins Handelsregister rechtlich existent wird (§§ 36 Abs. 1, 19 Abs. 1). Die als lex specialis vorrangig geltende Bestimmung des § 117 regelt in Abweichung von § 171 VAG, dass der neu zu gründende VVaG nämlich erst mit Eintragung ins Handelsregister und nicht schon mit Erteilung der BaFin-Erlaubnis zum Geschäftsbetrieb rechtsfähig wird.[2]

Zwei oder mehrere VVaG werden auf eine Versicherungs-Aktiengesellschaft verschmolzen durch **Neugründung einer Versicherungs-Aktiengesellschaft**: Auch in diesem Fall gelten die §§ 110–113 und die §§ 115, 116 nur für die übertragenden VVaG. Gem. § 36 Abs. 2 sind für die neu zu gründende Aktiengesellschaft die Gründungsvorschriften des AktG zu beachten. Die Gründungsvorschriften des AktG und die Regelungen der §§ 115, 116 sind jedoch im Wesentlichen deckungsgleich, so dass dahinstehen kann, welche Bestimmungen letztlich Vorrang haben.

Im zusammenfassenden Überblick regeln die nachfolgenden §§ 115–117 Folgendes:

- Die Vorstände der übertragenden VVaG bestellen Aufsichtsrat und Abschlussprüfer des neu zu gründenden Rechtsträgers; die Bestellung ist notariell zu beurkunden (§ 115).
- Die Satzung des neu zu gründenden Rechtsträgers und die Bestellung seiner Aufsichtsratsmitglieder bedürfen der Zustimmung durch den Verschmelzungsbeschluss der übertragenden VVaG (§ 116 Abs. 1).
- Ein im Wege der Verschmelzung neu zu gründender VVaG erlangt erst mit Eintragung ins Handelsregister Rechtspersönlichkeit (§ 117).

§ 115 Bestellung der Vereinsorgane

¹Die Vorstände der übertragenden Vereine haben den ersten Aufsichtsrat des neuen Rechtsträgers und den Abschlußprüfer für das erste Voll- oder Rumpfgeschäftsjahr zu bestellen. ²Die Bestellung bedarf notarieller Beurkundung. ³Der Aufsichtsrat bestellt den ersten Vorstand.

---

1 Begr. zu § 114, BT-Drs. 12/6699, 113.
2 Semler/Stengel/Leonard/*Niemeyer* § 117 Rn. 1; Kölner Komm UmwG/*Beckmann* § 114 Rn. 3.

I. Normzweck und Anwendbarkeit	1	4. Bestellung des Vorstands durch den Aufsichtsrat (S. 3)	7
II. Inhalt	3		
1. Bestellung des ersten Aufsichtsrats (S. 1)	3	III. Rechtsfolgen der unterlassenen Bestellung	9
2. Bestellung des Abschlussprüfers (S. 1) ...	5		
3. Formerfordernis (S. 2)	6		

I. Normzweck und Anwendbarkeit

1 § 115 soll sicherstellen, dass der neu zu gründende VVaG handlungsfähig ist, da im Zeitpunkt der Registeranmeldung und damit der Entstehung des neu zu gründenden Rechtsträgers das Organ der obersten Vertretung noch nicht existiert. Die Vorstände der übertragenden VVaG bestellen den ersten Aufsichtsrat und den Abschlussprüfer, und der bestellte Aufsichtsrat bestellt den ersten Vorstand. Bei der Verschmelzung durch Neugründung einer Versicherungs-Aktiengesellschaft ist die Regelung des § 115 nicht erforderlich, da sich bereits aus § 36 Abs. 2 UmwG iVm § 30 Abs. 1 und 4 AktG ergibt, dass die Gründer den ersten Aufsichtsrat und den Abschlussprüfer bestellen und der bestellte Aufsichtsrat den ersten Vorstand bestellt.[1] Teilweise wird auch vertreten, dass § 115 die Spezialvorschrift zu § 76 S. 2 ist und dass insbesondere die Formvorschrift des § 115 S. 2 zu beachten sei; diese gilt nach § 30 Abs. 1 S. 1 AktG aber auch für die Aktiengesellschaft als neu zu gründender Rechtsträger, nicht dagegen für den VVaG (§ 189 Abs. 1 S. 1 VAG).[2]

2 Die Bestellung des Abschlussprüfers des neu zu gründenden Rechtsträgers durch die Vorstände der übertragenden VVaG ändert aber nichts an der aufsichtsrechtlichen Verpflichtung nach § 36 VAG, wonach der sodann durch den Aufsichtsrat bestellte Vorstand des neu gegründeten Rechtsträgers der BaFin den Abschlussprüfer unverzüglich anzuzeigen hat und die BaFin ggf. die Bestimmung eines anderen Prüfers verlangen kann. Die Spezialregelung in § 115 führt letztlich nur zu einer Vereinfachung und Beschleunigung des Gründungsprozesses. Indem der Abschlussprüfer bereits im Zusammenhang mit dem Verschmelzungsvertrag durch notariell beurkundeten Beschluss bestimmt wird und die BaFin den Verschmelzungsvorgang gem. §§ 14, 13 VAG genehmigt, wird eine doppelte Involvierung der Aufsichtsbehörde zwar nicht vermieden, aber die nachgelagerte Involvierung nach § 36 VAG ist dann letztlich nur noch eine Formsache.

II. Inhalt

1. Bestellung des ersten Aufsichtsrats (S. 1)

3 Die Wirksamkeit der Bestellung der Mitglieder des ersten Aufsichtsrats des neu zu gründenden Rechtsträgers ist aufschiebend bedingt durch den Verschmelzungsbeschluss.[3] Daher bietet es sich aufgrund der Bestimmung des § 116 an, die Bestellung vor Beschlussfassung gem. § 115 durchzuführen. Die persönlichen Voraussetzungen der zu bestellenden Mitglieder des Aufsichtsrats des neu zu gründenden Rechtsträgers ergeben sich bei einer Versicherungs-Aktiengesellschaft unmittelbar aus § 100 AktG, bei einem neu zu gründenden VVaG aus § 189 Abs. 3 S. 1 VAG iVm § 100 AktG.

4 Zu beachten sind grds. die Bestimmungen der **Arbeitnehmermitbestimmung** nach dem DrittelbG, welches auch in diesem Fall für die Wahl der Arbeitnehmervertreter im Aufsichtsrat Anwendung findet. Dh die Mitglieder des Aufsichtsrats werden nur

---

1 So auch Semler/Stengel/Leonard/*Niemeyer* § 115 Rn. 7, 20; Kölner Komm UmwG/*Beckmann* § 115 Rn. 2.
2 Widmann/Mayer/*Vossius* § 115 Rn. 2 ff.
3 Widmann/Mayer/*Vossius* § 115 Rn. 3.

zu zwei Dritteln durch die Vorstände der übertragenden VVaG besetzt (gem. § 115) und zu einem Drittel durch die Arbeitnehmerschaft (gem. §§ 1, 4 ff. DrittelbG).[4] § 189 Abs. 3 S. 1 VAG verweist zwar nicht auf § 31 AktG, die Verweisungskette ergibt sich aber aus §§ 116 Abs. 1 S. 2, 76 S. 2. Demnach ist es bei Neugründung eines mitbestimmten Rechtsträgers ratsam, im Rahmen des Verschmelzungsvorgangs zunächst nur einen sog. Rumpfaufsichtsrat mit mind. drei Mitgliedern des neu zu gründenden Rechtsträgers zu bestellen, damit das Organ zunächst einmal beschluss- und damit handlungsfähig ist und den Vorstand bestellen kann. Dann können die Arbeitnehmervertreter durch die Arbeitnehmerschaft gem. DrittelbG gewählt werden. Die Mitglieder des ersten (Rumpf-)Aufsichtsrats sind gem. § 115 nur bis zur Beendigung der Mitgliedervertreterversammlung bzw. Hauptversammlung bestellt, die über die Entlastung für das erste Voll- oder Rumpfgeschäftsjahr beschließt. Insoweit ist § 30 Abs. 3 S. 1 AktG entweder über die Verweisung in § 189 Abs. 3 S. 1 VAG oder unmittelbar anwendbar.

2. Bestellung des Abschlussprüfers (S. 1)

§ 115 überträgt im Fall der Verschmelzung durch Neugründung die Befugnis und Pflicht zur Bestellung des Abschlussprüfers auf die Vorstände der übertragenden VVaG. Die Voraussetzungen bei der Auswahl des Abschlussprüfers nach § 341k HGB sollten dabei aber unbedingt beachtet werden, weil anderenfalls eine Einwendung seitens der BaFin und damit eine Verzögerung des Genehmigungsprozesses nach §§ 13, 14 VAG droht.

3. Formerfordernis (S. 2)

Die Bestellung des Aufsichtsrats und des Abschlussprüfers muss jeweils **notariell beurkundet** werden. Da es sich jeweils um eine Willenserklärung handelt, sind die §§ 6 ff. BeurkG anzuwenden.[5] Aus Effizienzgründen sollte die Beurkundung bei Gelegenheit der Beurkundung des Verschmelzungsvertrags erfolgen.

4. Bestellung des Vorstands durch den Aufsichtsrat (S. 3)

Der nach S. 1 bestellte Aufsichtsrat bestellt den ersten Vorstand. Die Bestellung kann bereits vor Fassung des Verschmelzungsbeschlusses durch die jeweilige Mitgliedervertreterversammlung der übertragenden VVaG erfolgen. Sie ist allerdings aufschiebend bedingt durch die Zustimmung der übertragenden VVaG mit Verschmelzungsbeschluss (§ 116 Abs. 1).[6] Es ist also die Frage, ob die Bestellung des Vorstands vor Fassung des jeweiligen Verschmelzungsbeschlusses erfolgen sollte. In jedem Fall ist es sinnvoll, wenn der erste Aufsichtsrat im Vorfeld die möglichen Kandidaten für den Vorstand identifiziert und auch bereits anspricht. Denn die Bestellung zum Vorstand ist nur mit Einverständnis des betreffenden künftigen Vorstandsmitglieds wirksam,[7] und ein Vorstand muss bestellt sein, damit der neu zu gründende Rechtsträger im Handelsregister eingetragen werden kann (§§ 186, 187 VAG und § 37 Abs. 4 Nr. 3 AktG).

Der Aufsichtsratsbeschluss über die Bestellung der Vorstandsmitglieder erfolgt gem. § 189 Abs. 3 VAG iVm § 108 Abs. 1 AktG bzw. unmittelbar gem. § 108 Abs. 1 AktG. Die persönlichen und fachlichen Voraussetzungen der Vorstände sind in den §§ 188, 24 VAG

---

4 Hierzu näher Widmann/Mayer/*Vossius* § 115 Rn. 14 ff.
5 Widmann/Mayer/*Vossius* § 115 Rn. 12, der die Bestellung als einseitige, nicht empfangsbedürftige Willenserklärung ansieht, Rn. 10.
6 Widmann/Mayer/*Vossius* § 115 Rn. 28; Semler/Stergel/Leonard/*Niemeyer* § 115 Rn. 20; Kölner Komm UmwG/*Beckmann* § 115 Rn. 6; Lutter/Wilm § 115 Rn. 9.
7 *Koch* AktG § 84 Rn. 3. Auf den VVaG ist § 84 AktG über die Verweisung in § 188 Abs. 1 S. 2 VAG anzuwenden.

III. Rechtsfolgen der unterlassenen Bestellung

9   Die fehlende oder (form)fehlerhafte Bestellung des Aufsichtsrats und des Vorstands stellt ein Eintragungshindernis dar, so dass ohne gesetzmäßige Bestellung der neue VVaG oder die neue Versicherungs-Aktiengesellschaft mangels Eintragung ins Register nicht rechtsfähig wird (§ 117 S. 1 und § 36 Abs. S. 1; § 41 Abs. 1 S. 1 AktG). Eine gerichtliche Abberufung und Ersatzbestellung ist nicht möglich. Die pflichtwidrig handelnden Aufsichtsratsmitglieder müssen in einem solchen Fall aber abzuberufen, und ein neuer Aufsichtsrat analog den §§ 115, 116 zu bestellen sein.[8]

§ 116 Beschlüsse der obersten Vertretungen

(1) ¹Die Satzung des neuen Rechtsträgers und die Bestellung seiner Aufsichtsratsmitglieder bedürfen der Zustimmung der übertragenden Vereine durch Verschmelzungsbeschlüsse. ²Die §§ 76 und 112 Absatz 3 sind entsprechend anzuwenden.

(2) ¹In der Bekanntmachung der Tagesordnung eines Vereins ist der wesentliche Inhalt des Verschmelzungsvertrags bekanntzumachen. ²In der Bekanntmachung haben der Vorstand und der Aufsichtsrat, zur Wahl von Aufsichtsratsmitgliedern und Prüfern nur der Aufsichtsrat, Vorschläge zur Beschlußfassung zu machen. ³Hat der Aufsichtsrat auch aus Aufsichtsratsmitgliedern der Arbeitnehmer zu bestehen, so bedürfen Beschlüsse des Aufsichtsrats über Vorschläge zur Wahl von Aufsichtsratsmitgliedern nur der Mehrheit der Stimmen der Aufsichtsratsmitglieder der Mitglieder des Vereins.

I. Normzweck und Anwendungsbereich

1   Die Norm tritt ergänzend neben die §§ 111, 112, indem sie Regelungen zu den Gründungsbeschlüssen bzgl. des neuen VVaG bzw. der neuen Versicherungs-Aktiengesellschaft trifft. § 116 Abs. 1 S. 1 schafft eine zusätzliche Legitimationsgrundlage für die gem. § 115 bestellten Aufsichtsratsmitglieder. § 116 Abs. 1 S. 2 verweist zum einen auf § 76 und stellt damit klar, dass die Satzung des neu zu gründenden Rechtsträgers nur mit der Zustimmung der obersten Vertretungen der übertragenden VVaG durch Verschmelzungsbeschluss wirksam wird (§ 76 S. 1) und dass die Bestellung von Aufsichtsratsmitgliedern nach § 31 AktG (Bestellung bei Sachgründung) ebenfalls der Zustimmung der jeweiligen obersten Vertretung bedarf (§ 76 S. 2). Zudem berücksichtigt der Verweis die Voraussetzungen der Gründung einer Versicherungs-Aktiengesellschaft.[1] Weiterhin verweist § 116 Abs. 1 S. 2 zum anderen nochmals ausdr. auf die Regelung des § 112 Abs. 3 (Erfordernis der Dreiviertel-Mehrheit für Verschmelzungsbeschluss), der aber auch ohne diesen Verweis gem. § 114 Anwendung findet.

2   Lediglich klarstellend sind auch die Regelungen des § 116 Abs. 2, die die ansonsten ohnehin geltenden § 191 Abs. 1 S. 1 VAG; § 124 Abs. 3 AktG entsprechend wiederholen.

---

8   Semler/Stengel/Leonard/Niemeyer § 115 Rn. 26, 30; Widmann/Mayer/Vossius § 115 Rn. 31.
1   Lutter/Wilm § 116 Rn. 4.

II. Regelungsinhalt

1. Zustimmung der übertragenden VVaG durch Verschmelzungsbeschluss (Abs. 1)

Die Regelung ergänzt §§ 111, 112, indem sie den Inhalt des Verschmelzungsbeschlusses näher bestimmt: So erfasst die Beschlussfassung die Zustimmung zu

- dem Verschmelzungsvertrag bzw. zu dessen Entwurf (§ 13 Abs. 1)
- der Satzung des neu zu gründenden Rechtsträgers (§ 116 Abs. 1 S. 1 bzw. allg. geregelt in § 37) und
- der Bestellung der Mitglieder des ersten Aufsichtsrats (§ 115 S. 1).[2]

Beschlussfassendes Organ ist jeweils die **oberste Vertretung**, dh die Mitgliedervertreterversammlung, der übertragenden VVaG. Zur Abstimmung bedarf es einer Mehrheit von drei Vierteln der abgegebenen Stimmen, soweit die Satzung der übertragenden VVaG keine größere Mehrheit oder weitere Erfordernisse bestimmt (§ 112 Abs. 3). Der jeweilige Verschmelzungsbeschluss ist notariell zu beurkunden (§ 13 Abs. 3 S. 1).

Da § 116 Abs. 1 ergänzend neben den §§ 111, 112 gilt, müssen die dort genannten Voraussetzungen zusätzlich erfüllt sein (Einreichung zum Handelsregister, Bekanntmachung gem. § 111, Auslage der in § 112 genannten Unterlagen vor und während der Versammlung, Erläuterungspflicht, Auskunftspflicht).[3]

2. Bekanntmachungen in der Tagesordnung (Abs. 2)

Die allg. Regelungen über die Einberufung der Versammlung gem. § 191 VAG iVm den dort genannten Bestimmungen des AktG werden durch § 116 Abs. 2 insoweit ergänzt, als der Inhalt der bekanntzumachenden Tagesordnung im Vergleich zu § 124 Abs. 3 AktG verkürzt die folgenden Elemente zu enthalten hat:

- **S. 1:** den wesentlichen Inhalt des Verschmelzungsvertrags: Da die Satzung des neu zu gründenden Rechtsträgers Bestandteil des Verschmelzungsvertrags ist, ist auch deren wesentlicher Inhalt anzugeben.
- **S. 2:** Vorschläge des Vorstands und des Aufsichtsrats der übertragenden VVaG zur Beschlussfassung: Konkret sind dies die Vorschläge des Aufsichtsrats zur Wahl von Aufsichtsratsmitgliedern und Abschlussprüfern des neu zu gründenden Rechtsträgers (gem. § 115 S. 1)[4] und die Vorschläge des Vorstands bzw. des Aufsichtsrats zum Beschluss des Verschmelzungsvertrags und der Satzung des neuen Rechtsträgers.

Bei den Beschlüssen zu den vorgenannten Beschlussvorschlägen handelt es sich um einen einheitlichen Verschmelzungsbeschluss, der gem. § 13 Abs. 3 S. 1 notariell zu beurkunden ist.

S. 3 stellt zudem für den Fall, dass der Aufsichtsrat des neu zu gründenden Rechtsträgers auch aus Arbeitnehmervertretern gem. DrittelbG zu bestehen hat, klar, dass die Beschlüsse des Aufsichtsrats der übertragenden VVaG über Vorschläge der Wahl

---

2 Henssler/Strohn/*Galla/Cé. Müller* § 116 Rn. 1; Widmann/Mayer/*Vossius* § 116 Rn. 9.
3 Widmann/Mayer/*Vossius* § 116 Rn. 16 f.; s. dazu ausf. die Kommentierung zu §§ 111, 112.
4 Wenn die Bestellung des Aufsichtsrats und des Abschlussprüfers des neuen Rechtsträgers durch den Vorstand bereits stattgefunden hat (§ 115 S. 1), macht diese Regelung in der Praxis wenig Sinn, sondern der Vorschlag des Aufsichtsrats wird eher bestätigend wirken und keine korrigierende Wirkung haben, vgl. Kölner Komm UmwG/*Beckmann* § 116 Rn. 9.

von Aufsichtsratsmitgliedern lediglich der Mehrheit derjenigen Aufsichtsratsmitglieder bedürfen, die nicht die Arbeitnehmer vertreten.[5]

§ 117 Entstehung und Bekanntmachung des neuen Vereins

[1]Vor der Eintragung in das Register besteht ein neuer Verein als solcher nicht. [2]Wer vor der Eintragung des Vereins in seinem Namen handelt, haftet persönlich; handeln mehrere, so haften sie als Gesamtschuldner.

I. Normzweck und Anwendungsbereich	1	2. Persönliche Haftung vor der Eintragung (S. 2)	3
II. Inhalt	2	3. Bekanntmachung der Eintragung	5
1. Keine Rechtsfähigkeit vor der Eintragung (S. 1)	2		

I. Normzweck und Anwendungsbereich

1 Nach allg. Versicherungsaufsichtsrecht wird ein VVaG grds. dadurch rechtsfähig, dass ihm die Aufsichtsbehörde BaFin erlaubt, als „Versicherungsverein auf Gegenseitigkeit" Geschäfte zu betreiben (§ 171 VAG). Abweichend davon sieht § 117 vor, dass für die Erlangung der Rechtsfähigkeit die Eintragung in das Handelsregister erforderlich ist (§ 117), dh vor der Eintragung hat der VVaG allenfalls den Status eines nichtrechtsfähigen Vereins iSd § 54 BGB inne.[1] Das auf dem Gesetzesentwurf von 1994 basierende Umwandlungsrecht regelte zusätzlich Anforderungen an die Bekanntmachung der Eintragung,[2] die zum 1.1.2007 aber aufgehoben wurden.[3] Die Norm hat lediglich für Verschmelzungen im Wege der Neugründung eines VVaG Bedeutung, da die Versicherungs-Aktiengesellschaft ohnehin gem. § 41 Abs. 1 S. 1 AktG erst mit Eintragung in das Handelsregister rechtsfähig wird, diesbezüglich hat § 117 also nur deklaratorische Wirkung.

II. Inhalt

1. Keine Rechtsfähigkeit vor der Eintragung (S. 1)

2 Die Anmeldung des neu zu gründenden VVaG richtet sich grds. nach § 186 VAG, der insbes. die einzureichenden Unterlagen bestimmt, sowie nach § 38. Besondere Bestimmungen zur Anmeldung trifft § 117 nicht. Neben der Rechtsfähigkeit treten mit Eintragung des neu zu gründenden VVaG die allg. Wirkungstatbestände der §§ 20 ff., soweit nicht in den §§ 109–

119 ausgeschlossen, ein. Zusätzlich geht auch die durch die Aufsichtsbehörde den übertragenden VVaG erteilte Erlaubnis zum Geschäftsbetrieb (gem. § 8 VAG) auf den neu zu gründenden Rechtsträger über.[4]

---

5 Kölner Komm UmwG/*Beckmann* § 116 Rn. 8.
1 Semler/Stengel/Leonard/*Niemeyer* § 117 Rn. 1 und Widmann/Mayer/*Vossius* § 117 Rn. 8 ordnen den Status nach § 54 BGB lediglich der Phase vor Eintragung und vor Erteilung der Erlaubnis gem. § 171 VAG zu und halten bzgl. der Phase zwischen Erteilung der Erlaubnis und der Eintragung die Regelungen des Verbandsrechts zur werdenden juristischen Person für anwendbar.
2 BT-Drs. 12/6699, 28.
3 Semler/Stengel/Leonard/*Niemeyer* § 117 Rn. 3.
4 Kölner Komm UmwG/*Beckmann* § 117 Rn. 3; Semler/Stengel/Leonard/*Niemeyer* § 117 Rn. 6.

2. Persönliche Haftung vor der Eintragung (S. 2)

Gem. § 117 S. 2 können auch vor der Eintragung des neu zu gründenden Rechtsträgers für diesen Verbindlichkeiten eingegangen werden. Der jeweils Handelnde haftet dafür jedoch persönlich. Handeln mehrere, haften diese gesamtschuldnerisch. Diese Haftungsregelung entspricht der Regelung für neu zu gründende Aktiengesellschaften gem. § 41 Abs. 1 S. 2 AktG,[5] diese ist also nur für den neu zu gründenden VVaG relevant, für die neu zu gründende Versicherungs-Aktiengesellschaft rein deklaratorisch. Unabhängig davon darf das Versicherungsgeschäft erst mit Erteilung der aufsichtsrechtlichen Erlaubnis aufgenommen werden; anderenfalls liegt eine Straftat gem. § 331 Abs. 1 Nr. 1 VAG vor. Die ohne BaFin-Erlaubnis abgeschlossenen Versicherungsverträge sind dennoch wirksam, so dass auch insoweit die persönliche Haftung der Handelnden gem. § 117 S. 2 eingreift.[6] Der Handelnde haftet daneben gem. § 823 Abs. 2 BGB iVm § 331 Abs. 1 Nr. 1 VAG.[7] Eine persönliche Haftung iSv § 117 S. 2 wird bspw. relevant bei der vertraglichen Begründung des Innenverhältnisses zwischen den neu bestellten Vorstandsmitgliedern und den Mitgliedern des ersten Aufsichtsrats in Form von Dienstverträgen.[8]

Die persönliche Haftung der im Rahmen ihrer Vertretungsmacht Handelnden erlischt und geht über auf den neu zu gründenden Rechtsträger mit der Eintragung und dem Entstehen der Rechtsfähigkeit des neuen Rechtsträgers.

3. Bekanntmachung der Eintragung

Für die Bekanntmachung der Eintragung des neu zu gründenden Rechtsträgers gelten die allg. Bestimmungen der §§ 36 Abs. 1, 19 Abs. 3 iVm § 10 HGB.

Vierter Unterabschnitt Verschmelzung kleinerer Vereine

§ 118 Anzuwendende Vorschriften

¹Auf die Verschmelzung kleinerer Vereine im Sinne des § 210 des Versicherungsaufsichtsgesetzes sind die Vorschriften des Zweiten und des Dritten Unterabschnitts entsprechend anzuwenden. ²Dabei treten bei kleineren Vereinen an die Stelle der Anmeldung zur Eintragung in das Register der Antrag an die Aufsichtsbehörde auf Genehmigung, an die Stelle der Eintragung in das Register und ihrer Bekanntmachung die Bekanntmachung im Bundesanzeiger nach § 119.

I. Normzweck und Anwendungsbereich

Kleinere Vereine iSv § 210 VAG[1] sind nicht im Handelsregister eingetragen, so dass die Bestimmungen des UmwG zu Anmeldung, Eintragung und Bekanntmachung bei diesen keinen Sinn machen. Die Bestimmungen der §§ 118 und 119 regeln daher für die gem. § 109 zulässige Verschmelzung durch Aufnahme bzw. durch Neugründung unter Beteiligung kleinerer Vereine die betreffenden Anknüpfungspunkte: Antrag an die Aufsichtsbehörde statt Anmeldung zur Eintragung ins Handelsregister bzw. Bekanntmachung durch die Aufsichtsbehörde im Bundesanzeiger statt Eintragung im Handels-

---

5 Widmann/Mayer/*Vossius* § 117 Rn. 2 f.
6 Semler/Stengel/Leonard/*Niemeyer* § 117 Rn. 7.
7 Kölner Komm UmwG/*Beckmann* § 117 Rn. 4.
8 Widmann/Mayer/*Vossius* § 117 Rn. 11.
1 Zur Definition des „kleineren Vereins" s. in dieser Kommentierung unter § 109.

register. Kleinstvereine iSd § 5 VAG fallen nicht in den Anwendungsbereich, da sie gem. § 5 Abs. 2 Hs. 2 VAG nicht umwandlungsfähig sind.

II. Inhalt

1. Entsprechende Anwendung der §§ 110–113 und §§ 114–117 (S. 1)

2 Da die Einordnung als kleinerer Verein durch Entscheidung der Aufsichtsbehörde erfolgt (§ 210 Abs. 4 VAG), sind bei deren Verschmelzung die Bestimmungen der §§ 110–117 entsprechend und zusätzlich die §§ 118, 119 anzuwenden. Dies gilt auch für einen im Wege der Aufnahme übernehmenden neu zu gründenden kleineren Verein. Auf einen neu zu gründenden VVaG, der aus der Verschmelzung zweier oder mehrerer kleinerer Vereine hervorgeht und kein kleinerer Verein iSd § 210 VAG ist, sind §§ 118, 119 folgerichtig nicht anwendbar.[2]

3 Soweit die Regelungen nach dem UmwG keine Anwendung auf kleinere Vereine finden, gelten die in § 210 VAG genannten Bestimmungen des VAG sowie die allg. Bestimmungen des rechtsfähigen Vereins (§ 210 Abs. 2 VAG iVm §§ 24–53 BGB).[3]

4 Aus der entsprechenden Anwendung des Zweiten und Dritten Unterabschnitts im Zusammenspiel mit den Bestimmungen des VAG und BGB ergeben sich folgende Besonderheiten:

- Die Einreichung des Verschmelzungsvertrags zum Handelsregister und deren Bekanntmachung nach § **111** wird ersetzt durch die Einreichung bei der zuständigen Aufsichtsbehörde und durch die Bekanntmachung der Einreichung durch die Aufsichtsbehörde im Bundesanzeiger.[4]
- Bei einem **kleineren Verein** können Beschlüsse ohne Versammlung durch Zustimmung der Mitglieder im schriftlichen Verfahren gefasst werden (§ 210 Abs. 2 VAG iVm § 32 Abs. 2 BGB). Im Fall der Umwandlung geht jedoch § 112 iVm § 13 Abs. 1 S. 2, 3 S. 1 vor, so dass eine Beschlussfassung der Versammlung der Mitglieder oder der Mitgliedervertreter und deren notarielle Beurkundung erforderlich und eben nicht im schriftlichen Umlaufverfahren möglich sind.[5]

2. Substitution von Anmeldung, Eintragung und Bekanntmachung

5 Anmeldung, Eintragung und Bekanntmachung sind typische Verfahren bei Verschmelzungen unter Beteiligung von Rechtsträgern, die der Publizitätspflicht unterliegen.[6] Da der kleinere Verein iSd § 210 VAG nicht eintragungspflichtig ist, werden diese Verfahren ersetzt: An die Stelle der Anmeldung zum Handelsregister (§§ 16,17) tritt der **Antrag an die zuständige Aufsichtsbehörde** auf Genehmigung der Verschmelzung gem. §§ 14, 13 VAG. Bei der Verschmelzung durch Neugründung ist zusätzlich § 186 VAG zu beachten, der die mit dem Antrag einzureichenden Unterlagen für den neu zu gründenden VVaG regelt.[7] Zuständig ist idR die BaFin (§ 320 VAG iVm §§ 1 und 4 FinDAG), eine Übertragung der Zuständigkeit auf eine Landesbehörde unter den Voraussetzungen des § 321 Abs. 1 VAG ist möglich. Da bei kleineren Vereinen keine Prüfung durch das Registergericht erfolgt, kommt der Aufsichtsbehörde insoweit die Rechtsaufsicht zu. Gem.

---

2 Semler/Stengel/Leonard/*Niemeyer* § 118 Rn. 8.
3 Kölner Komm UmwG/*Beckmann* § 118 Rn. 4.
4 § 111 ist gem. 118 S. 2 also analog anzuwenden, Widmann/Mayer/*Vossius* § 118 Rn. 13 f.; Semler/Stengel/Leonard/*Niemeyer* § 118 Rn. 5.
5 Semler/Stengel/Leonard/*Niemeyer* § 118 Rn. 10; Lutter/*Wilm* § 118 Rn. 3.
6 Vgl. § 16 für die Anmeldung und § 19 für die Eintragung und Bekanntmachung der Verschmelzung.
7 Semler/Stengel/Leonard/*Niemeyer* § 118 Rn. 11.

§ 14 Abs. 2 VAG überprüft sie die Beachtung der umwandlungsrechtlichen Vorgaben in vollem Umfang.

An die Stelle der Eintragung und ihrer Bekanntmachung (§ 10 HGB) tritt die Genehmigung der Verschmelzung durch die Aufsichtsbehörde und die Bekanntmachung im Bundesanzeiger (§ 119). 6

§ 119 Bekanntmachung der Verschmelzung

Sobald die Verschmelzung von allen beteiligten Aufsichtsbehörden genehmigt worden ist, macht die für den übernehmenden kleineren Verein zuständige Aufsichtsbehörde, bei einer Verschmelzung durch Neugründung eines kleineren Vereins die für den neuen Verein zuständige Aufsichtsbehörde die Verschmelzung und ihre Genehmigung im Bundesanzeiger bekannt.

I. Normzweck und Anwendungsbereich

Die Norm regelt die Zuständigkeit der die Verschmelzung und Genehmigung bekanntmachenden Aufsichtsbehörde für den Fall, dass für die an der Verschmelzung beteiligten kleineren Vereine unterschiedliche (Landes-)Aufsichtsbehörden für die Genehmigung der Verschmelzung zuständig sind.[1] Die Bestimmung findet wie § 118 lediglich auf kleinere Vereine Anwendung, auch wenn an der Verschmelzung andere VVaG beteiligt sind, die nicht kleinere Vereine sind; für diese gelten aber die §§ 110 ff.[2] 1

II. Inhalt

1. Genehmigung der Verschmelzung aller beteiligten Aufsichtsbehörden

Das Genehmigungsverfahren richtet sich nach §§ 14, 13 VAG. Die originäre Zuständigkeit liegt grds. bei der Bundesaufsichtsbehörde BaFin (§ 320 VAG iVm §§ 1 und 4 FinDAG). Sie kann auf Antrag der BaFin unter den Voraussetzungen des § 321 VAG vom Bundesfinanzministerium auf die Landesaufsicht übertragen werden. 2

2. Bekanntmachung der Genehmigung und Verschmelzung

Im Fall der Verschmelzung durch Aufnahme macht die Aufsichtsbehörde, die für den übernehmenden kleineren Verein zuständig ist (§§ 320, 321 VAG), die Genehmigung und die Verschmelzung bekannt. Findet eine Verschmelzung durch Neugründung eines kleineren Vereins statt, erfolgt die Bekanntmachung durch die für diesen zuständige Aufsichtsbehörde (§§ 320, 321 VAG). Die Bekanntmachung beinhaltet die aufsichtsrechtliche Genehmigung, die Verschmelzung und den Hinweis an die Gläubiger auf deren Recht auf Sicherheitsleistung (§ 22 Abs. 1 S. 3).[3] Sie ersetzt die Registereintragung (§ 19).[4] Medium der Bekanntmachung ist der elektronische Bundesanzeiger.[5] 3

Mit der Bekanntmachung der Verschmelzung für den übernehmenden bzw. neu zu gründenden kleineren Verein tritt der Tatbestand der Verschmelzungswirkung gem. § 20 sowie die besondere Wirkung des § 117 (Erlangung der Rechtsfähigkeit des neuen 4

---

[1] Semler/Stengel/*Niemeyer* § 119 Rn. 1.
[2] Henssler/Strohn/*Wardenbach* § 119 Rn. 1; s. Anwendungsbereich in der Kommentierung zu § 118.
[3] Semler/Stengel/*Niemeyer* § 119 Rn. 5.
[4] S. § 118 S. 2 und die Kommentierung dazu.
[5] Ein Formulierungsbeispiel einer Bekanntmachung liefert Widmann/Mayer/*Vossius* § 119 Rn. 9.

Vereins) ein. Die letzte vorzunehmende Bekanntmachung löst zudem den Beginn der Frist für die Geltendmachung der Gläubigerrechte gem. § 22 Abs. 1 aus.[6] Zu beachten ist, dass ein übernehmender oder neu zu gründender VVaG, der kein kleinerer Verein iSd § 210 VAG ist, dagegen der Publizität des Handelsregisters, dh den allg. Vorschriften der Eintragung und Bekanntmachung unterliegt.[7]

Neunter Abschnitt
Verschmelzung von Kapitalgesellschaften mit dem Vermögen eines Alleingesellschafters

§ 120 Möglichkeit der Verschmelzung

(1) Ist eine Verschmelzung nach den Vorschriften des Ersten bis Achten Abschnitts nicht möglich, so kann eine Kapitalgesellschaft im Wege der Aufnahme mit dem Vermögen eines Gesellschafters oder eines Aktionärs verschmolzen werden, sofern sich alle Geschäftsanteile oder alle Aktien der Gesellschaft in der Hand des Gesellschafters oder Aktionärs befinden.

(2) Befinden sich eigene Anteile in der Hand der Kapitalgesellschaft, so werden sie bei der Feststellung der Voraussetzungen der Verschmelzung dem Gesellschafter oder Aktionär zugerechnet.

Literatur:
Bärwaldt/Schabacker, Ein Dauerbrenner: Die Verschmelzung einer Kapitalgesellschaft mit dem Vermögen ihres Alleingesellschafters, NJW 1997, 93; *Freier*, Die Löschung einer GmbH aus dem Handelsregister ohne vorherige Einhaltung eines Sperrjahres – Status Quo und Ausblick, NZG 2020, 812; *Heckschen/Weitbrecht*, Sicherungsrechte an Gesellschaftsanteilen und Unternehmensumwandlung, ZIP 2019, 1189; *Heckschen/Weitbrecht*, Aktuelle Probleme der Umwandlung in der Krise, ZIP 2021, 179; *Lohr*, Verschmelzung der GmbH auf den Alleingesellschafter. Gestaltungsempfehlungen für Verschmelzungsvertrag und -beschluss, GmbH-StB 2021, 95; *Priester*, Verschmelzung einer GmbH auf ihren Alleingesellschafter, NZG 2021, 1011; *Schmidt*, Ein neues Zuhause für das Recht der Personengesellschaften – Zum Regierungsentwurf eines MoPeG, ZHR 2021, 16; *Tettinger*, UG (umwandlungsbeschränkt)? – Die Unternehmergesellschaft nach dem MoMiG-Entwurf und das UmwG, DK 2008, 75.

A. Normzweck	1	III. Übernehmender Rechtsträger	8
B. Inhalt	4	1. Natürliche Person	8
I. Unmöglichkeit anderweitiger Verschmelzung	4	2. Alleingesellschafter/Alleinaktionär	9
II. Kapitalgesellschaft als übertragender Rechtsträger	5	C. Verfahren	14

A. Normzweck

1 Verschmelzungen einer Kapitalgesellschaft auf ihren Alleingesellschafter/-aktionär bereiten dann keine Probleme, wenn der Alleingesellschafter/-aktionär seinerseits juristische Person ist; die Verschmelzung folgt in diesem Fall den allgemeinen Vorschriften (§§ 46 ff.; 60 ff.).[1] Demgegenüber können natürliche Personen grundsätzlich weder übertragende noch aufnehmende Rechtsträger einer Verschmelzung sein. Eine Ausnahme gilt nach § 3 Abs. 2 Nr. 2 für den Fall der Verschmelzung einer Kapitalgesellschaft auf

---

[6] Widmann/Mayer/*Vossius* § 119 Rn. 12.
[7] Lutter/*Wilm* § 119 Rn. 1.

[1] Vgl. etwa Lutter/*Karollus/Schwab* § 120 Rn. 1; Kallmeyer/*Marsch-Barner/Oppenhoff* § 120 Rn. 1.

das Vermögen ihres Alleingesellschafters, die durch die §§ 120–122 mit Leben gefüllt wird. Wirtschaftlich entspricht eine solche Verschmelzung einer Liquidation, bei der der Alleingesellschafter das Unternehmen aus der Liquidationsmasse erwirbt;[2] dem Alleingesellschafter wird über das Instrument der Verschmelzung der Rückzug aus der Kapitalgesellschaft („disincorporation") ermöglicht.[3] Der Vorteil zur Liquidation liegt insbesondere in der Vermeidung des kosten- und aufgrund der Sperrfristen zeitintensiven Liquidationsverfahrens (§§ 60 ff. GmbHG, §§ 262 ff. AktG [iVm Art. 63 SE-VO]) sowie in der Steuerneutralität dieser Gestaltungsvariante.[4] Dies gilt nicht zuletzt unter Berücksichtigung des Umstands, dass die Rechtsprechung nicht durchgängig eine sog. Blitzlöschung (Wachter),[5] dh eine Liquidation ohne Berücksichtigung der Sperrfrist auch bei fehlendem verteilungsfähigen Vermögen, für zulässig erachtet.[6]

In Abgrenzung zur Vorgängerregelung des UmwG 1969 erlauben die §§ 120 ff. nur die Verschmelzung auf den Allein-, nicht hingegen auch auf den Mehrheitsgesellschafter/-aktionär, der eine Beteiligung von mindestens 90 % hält.[7] Als Instrument zum Herausdrängen von Minderheitsgesellschaftern scheidet die Verschmelzung mit dem Vermögen des Alleingesellschafters nach heutiger Rechtslage damit aus: hierzu ist nach der lex lata der Weg des aktien- (§§ 327a ff. AktG), verschmelzungs- (§ 62 Abs. 5) oder übernahmerechtlichen (§§ 39a ff. WpÜG) Squeeze-out zu gehen, wobei bei einer Kapitalgesellschaft in der Rechtsform der GmbH ein vorgeschalteter Formwechsel in die Rechtsform der AG zulässig, aber auch erforderlich ist.[8]

In dogmatischer Hinsicht ist die Verschmelzung mit dem Vermögen auf einen Alleingesellschafter eine Ausnahme bzw. ein **atypischer Verschmelzungsvorgang**.[9] Da aufnehmender „Rechtsträger" zwingend eine natürliche Person ist, scheidet die ansonsten die Verschmelzung prägende Anteilsgewährung ex definitione aus.[10]

B. Inhalt

I. Unmöglichkeit anderweitiger Verschmelzung

Eine Verschmelzung zur Aufnahme mit dem Vermögen des Alleingesellschafters gem. §§ 120 ff. setzt zunächst voraus, dass eine Verschmelzung nach den Vorschriften des ersten bis achten Abschnitts nicht möglich ist. Richtigerweise ist darunter zu verstehen, dass eine Verschmelzung nach den allgemeinen Vorschriften (§§ 39–119 ff.) deshalb nicht möglich ist, weil der Alleingesellschafter natürliche Person ist;[11] demgegenüber eröffnet § 120 Abs. 1 nicht die Möglichkeit, unter Umgehung des Verbots des § 109 einen VVaG mit einem Rechtsträger anderer Rechtsform zu verschmelzen.[12]

---

2   Kölner Komm UmwG/*Simon* § 120 Rn. 10.
3   Lutter/*Karollus/Schwab* § 120 Rn. 13; Maulbetsch/Klumpp/Rose/*Haggeney* § 120 Rn. 4.
4   Kölner Komm UmwG/*Simon* § 120 Rn. 10; Widmann/Mayer/*Heckschen* § 120 Rn. 1; Maulbetsch/Klumpp/Rose/*Haggeney* § 120 Rn. 5; *Lohr* GmbH-StB 2021, 95.
5   *Wachter* GmbHR 2017, 931.
6   Eine solche Blitz-Löschung ausnahmsweise für denkbar haltend etwa OLG Hamm, 2.9.2016 – 27 W 63/16, BeckRS 2016, 124896, ablehnend etwa OLG Celle NZG 2018, 1425; vgl. hierzu auch *Heckschen/Weitbrecht* ZIP 2021, 179 (180); *Freier* NZG 2020, 812 (812 ff.).
7   Kölner Komm UmwG/*Simon* § 120 Rn. 4; Widmann/Mayer/*Heckschen* § 120 Rn. 3.1; Habersack/Wicke/*Leitzen* § 120 Rn. 6.

8   OLG Hamburg NZG 2012, 944 zum verschmelzungsrechtlichen Squeeze-out; die Zulässigkeit der bewussten Herbeiführung der Squeeze-out-Voraussetzungen grundsätzlich bejahend auch BGH NZG 2009, 585 („Lindner"), aA noch mit beachtlichen Argumenten etwa *Lieder/Stange* DK 2008, 617.
9   Maulbetsch/Klumpp/Rose/*Haggeney* § 120 Rn. 2; Habersack/Wicke/*Leitzen* § 120 Rn. 8.
10 Maulbetsch/Klumpp/Rose/*Haggeney* § 120 Rn. 2; Habersack/Wicke/*Leitzen* § 120 Rn. 8.
11 Schmitt/Hörtnagl/*Hörtnagl/Olech* § 120 Rn. 6.
12 Lutter/*Karollus/Schwab* § 120 Rn. 23; Habersack/Wicke/*Leitzen* § 120 Rn. 9; Schmitt/Hörtnagl/*Hörtnagl/Olech* § 120 Rn. 7; Kölner Komm UmwG/*Simon* § 120 Rn. 16, aA Semler/Stengel/*Leonard/Seulen* § 120 Rn. 18.

II. Kapitalgesellschaft als übertragender Rechtsträger

5 Als übertragender Rechtsträger kommen nur **Kapitalgesellschaften**, also GmbH/UG, AG, KGaA und SE (Art. 10 SE-VO) in Betracht,[13] wobei bei Verschmelzung einer SE auf das Vermögen ihres Alleinaktionärs nach zutreffender und zunehmend vertretener Ansicht die zweijährige Sperrfrist des Art. 66 SE-VO (analog) nicht zu beachten ist (hierzu ausführlich → Umwandlungsrecht der SE Rn. 168 ff.).[14] Die Kapitalgesellschaft muss im Zeitpunkt des Wirksamwerdens der Verschmelzung als solche bestehen; die Verschmelzung einer nicht eingetragenen Vorgesellschaft auf ihren Alleingesellschafter ist damit nicht möglich.[15] Unschädlich ist in diesem Zusammenhang, wenn die Eintragung der Kapitalgesellschaft der Eintragung und damit dem Wirksamwerden der Verschmelzung unmittelbar vorausgeht,[16] was in der Praxis dadurch gesichert werden kann, dass das zuständige Registergericht um Eintragung der Verschmelzung erst nach Eintragung der Gründung der Kapitalgesellschaft gebeten wird.[17]

6 Die **Auflösung** der übertragenden Kapitalgesellschaft steht einer Verschmelzung auf ihren Alleingesellschafter nach allgemeinen Grundsätzen (§ 3 Abs. 3) dann nicht entgegen, wenn noch die Fortsetzung beschlossen werden könnte.[18] Gleiches gilt nach zutreffender hM für eine **Überschuldung iSd § 19 InsO**[19] des übertragenden Rechtsträgers, da der Gläubigerschutz im Rahmen der Verschmelzung in § 22 eine abschließende Regelung erfahren hat.[20] Zudem ist eine Umgehung der Insolvenzantragspflicht nicht zu gewärtigen, da die Insolvenzantragspflicht der übertragenden Beschränkthafterin durch die unbeschränkte persönliche Haftung des Alleingesellschafters substituiert wird.[21] Nach Umsetzung der Umwandlungs-Richtlinie durch das UmRUG wird man zusätzlich darauf verweisen können, dass die Regelung des § 315 Abs. 3 Nr. 4, wonach in der Anmeldung einer grenzüberschreitenden Verschmelzung zu versichern ist, dass sich die übertragende Gesellschaft nicht im Zustand der Zahlungsunfähigkeit, der drohenden Zahlungsunfähigkeit oder der Überschuldung gem. §§ 17 Abs. 2; 18 Abs. 2; 19 Abs. 2 InsO befindet, nicht für die rein nationale Verschmelzung (§ 16) übernommen worden ist.

---

13 Lutter/*Karollus/Schwab* § 120 Rn. 18 f.; Kallmeyer/*Marsch-Barner/Oppenhoff* § 120 Rn. 2; Widmann/Mayer/*Heckschen* § 120 Rn. 2.1; Habersack/Wicke/*Leitzen* § 120 Rn. 10; speziell zur UG *Tettinger* DK 2008, 75 (76 f.) AA bzgl. der KGaA mit unzutreffendem Hinweis, dass die Ein-Mann-KGaA nicht denkbar sei, *Bärwaldt/Schabacker* NJW 1997, 93 (94).

14 Kölner Komm UmwG/*Simon* § 120 Rn. 18; Widmann/Mayer/*Heckschen* § 120 Rn. 6.2; Henssler/Strohn/*Galla/Cé. Müller* § 120 Rn. 1. AA Lutter/*Karollus/Schwab* § 120 Rn. 18a; Kallmeyer/*Marsch-Barner/Oppenhoff* § 120 Rn. 2.

15 Lutter/*Karollus/Schwab* § 120 Rn. 19; Kallmeyer/*Marsch-Barner/Oppenhoff* § 120 Rn. 2; Semler/Stengel/Leonard/*Seulen* § 120 Rn. 10; Kölner Komm UmwG/*Simon* § 120 Rn. 19; Maulbetsch/Klumpp/Rose/*Haggeney* § 120 Rn. 8.

16 Lutter/*Karollus/Schwab* § 120 Rn. 19; Kallmeyer/*Marsch-Barner/Oppenhoff* § 120 Rn. 2; Semler/Stengel/Leonard/*Seulen* § 120 Rn. 10.

17 Vgl. auch Habersack/Wicke/*Leitzen* § 120 Rn. 15.

18 Lutter/*Karollus/Schwab* § 120 Rn. 19a; Semler/Stengel/Leonard/*Seulen* § 120 Rn. 11; Kallmeyer/*Marsch-Barner/Oppenhoff* § 120 Rn. 2; Habersack/Wicke/*Leitzen* § 120 Rn. 16; Maulbetsch/Klumpp/Rose/*Haggeney* § 120 Rn. 8; *Lohr* GmbH-StB 2021, 95 (96).

19 Eine bloß rechnerische Überschuldung ist für sich unbedenklich; vgl. ausführlich Widmann/Mayer/*Heckschen* § 120 Rn. 8.3 ff.

20 OLG Stuttgart NZG 2006, 159 (160); LG Leipzig BeckRS 2010, 22831; Kallmeyer/*Marsch-Barner/Oppenhoff* § 120 Rn. 2; Kölner Komm UmwG/*Simon* § 120 Rn. 22; Semler/Stengel/Leonard/*Seulen* § 120 Rn. 13; Lutter/*Karollus/Schwab* § 120 Rn. 21; Habersack/Wicke/*Leitzen* § 120 Rn. 17; vgl. auch *Heckschen/Weitbrecht* ZIP 2021, 179 (180); *Lohr* GmbH-StB 2021, 95 (96). AA aus jüngerer Zeit *Priester* NZG 2021, 1011 (1012); ablehnend auch Maulbetsch/Klumpp/Rose/*Haggeney* § 120 Rn.12, der von einer gesamtwirtschaftlichen Bereinigungsfunktion der Insolvenzantragspflicht ausgeht und gleichzeitig Schutzlücken zulasten der Altgläubiger des übernehmenden Alleingesellschafters erkennt. Anders als das deutsche entscheidet etwa das Schweizer Recht, das eine Fusion eines überschuldeten Rechtsträgers nur dann zulässt, wenn entsprechende Deckungszusagen vorliegen, vgl. Art. 6 FusG.

21 Kallmeyer/*Marsch-Barner/Oppenhoff* § 120 Rn. 2.

Ausnahmsweise beachtlich soll nach wohl hM die Überschuldung im Falle einer bereits aufgelösten übertragenden Kapitalgesellschaft sein, da in diesem Fall die Überschuldung dem nach § 3 Abs. 3 erforderlichen Fortsetzungsbeschluss entgegen stehe.[22] Zwingend erscheint auch dieses Ergebnis nicht. Zunächst muss auch einem rechtlich überschuldeten Rechtsträger innerhalb der dreiwöchigen Sanierungshöchstfrist (§ 15a Abs. 1 InsO) die Fassung eines Fortsetzungsbeschlusses möglich sein, wenn durch die Verschmelzung die Überschuldung als causa des Fortführungsverbots beseitigt werden soll. Außerhalb des Anwendungsbereichs der Sanierungsfrist ist zwar im Ausgangspunkt zutreffend, dass der Fortsetzungsbeschluss eines iSv § 19 Abs. 2 InsO überschuldeten Rechtsträgers rechtlich keine Anerkennung verdient, da er inhaltlich auf eine Insolvenzverschleppung gerichtet wäre. Nicht einsichtig ist allerdings, weshalb hieraus ein registerrechtliches Verschmelzungshindernis folgen soll. Die betroffenen Gläubigerbelange können hinreichend dadurch berücksichtigt werden, dass eventuelle Schäden, die mit einem möglichen Scheitern der Verschmelzung verbunden sind, über die Insolvenzverschleppungshaftung nach § 823 Abs. 2 BGB iVm § 15a Abs. 1 InsO aufgefangen werden, während im Falle erfolgreicher Verschmelzung die Insolvenzantragspflicht ohnehin entfällt. Die §§ 120 ff. verlangen schließlich nicht, dass die übertragende Kapitalgesellschaft ein vollkaufmännisches Gewerbe betreibt.[23]

III. Übernehmender Rechtsträger

1. Natürliche Person

Übernehmender „Rechtsträger" muss eine **natürliche Person** sein; insbesondere kann auch ein VVaG nicht nach § 120 verschmolzen werden;[24] ist übernehmender Rechtsträger eine Kapitalgesellschaft gelten, auch wenn diese Alleingesellschafter/-aktionär ist, die allgemeinen Regeln der §§ 45 ff., 60 ff.

Auch (teil-)rechtsfähige **Personengesellschaften** scheiden als aufnehmender Alleingesellschafter einer Verschmelzung nach den Sondervorschriften der §§ 120 ff. aus.[25] Gleiches gilt für nicht rechtsfähige **Gesamthandsgemeinschaften** wie die Erbengemeinschaft;[26] wobei dieses Ergebnis nicht absolut zwingend ist, da es der Hybridcharakter der Erbengemeinschaft durchaus zulässt, diese unter den Alleingesellschafterbegriff der §§ 120–122 zu subsumieren.[27] Für die GbR ist in diesem Zusammenhang zusätzlich zu beachten, dass mit dem Inkrafttreten des Gesetzes zur Modernisierung des Personengesellschaftsrechts (MoPeG) zum 1.1.2024 das Konzept eines Gesellschaftsvermögens zur gesamten Hand der Gesellschafter ohnehin aufgegeben wurde.[28]

---

22 Lutter/*Karollus/Schwab* § 120 Rn. 21; Schmitt/Hörtnagl/*Hörtnagl/Ollech* § 120 Rn. 4.
23 Lutter/*Karollus/Schwab* § 120 Rn. 19b; Kallmeyer/*Marsch-Barner/Oppenhoff* § 120 Rn. 2; Kölner Komm UmwG/*Simon* § 120 Rn. 21. Die übertragende Kapitalgesellschaft wird allerdings Kaufmann kraft Rechtsform gem. § 6 Abs. 1 HGB sein.
24 OLG Schleswig NZG 2001, 418; Lutter/*Karollus/Schwab* § 120 Rn. 23; Kallmeyer/*Marsch-Barner/Oppenhoff* § 120 Rn. 2; Schmitt/Hörtnagl/*Hörtnagl/Ollech* § 120 Rn. 7; Kölner Komm UmwG/*Simon* § 120 Rn. 29; Maulbetsch/Klumpp/Rose/*Haggeney* § 120 Rn. 14; aA Semler/Stengel/Leonard/*Seulen* § 120 Rn. 18.
25 Habersack/Wicke/*Leitzen* § 120 Rn. 18.
26 Maulbetsch/Klumpp/Rose/*Haggeney* § 120 Rn. 15; Habersack/Wicke/*Leitzen* § 120 Rn. 18 f.
27 Habersack/Wicke/*Leitzen* § 120 Rn. 18.1.
28 Vgl. hierzu etwa *Schmidt* ZHR 2021, 16 (27 ff.).

2. Alleingesellschafter/Alleinaktionär

9 Die übernehmende natürliche Person muss **Vollrechtsinhaber sämtlicher Geschäftsanteile bzw. Aktien** sein.[29] Eigene Anteile der übertragenden Kapitalgesellschaft sind dabei der übernehmenden natürlichen Person zuzurechnen, da sie wirtschaftlich in deren Eigentum stehen;[30] nicht zugerechnet werden demgegenüber Anteile, die von einem Beteiligungsunternehmen oder einem Treuhänder für Rechnung des Alleingesellschafters/-aktionärs gehalten werden.[31] Beschränkt dingliche Rechte (Pfandrechte, Nießbrauch) an den Geschäftsanteilen oder Aktien der übertragenden Kapitalgesellschaft stehen einer Verschmelzung nach §§ 120 ff. nicht entgegen;[32] da eine Anteilsgewährung nicht erfolgt, setzen sich bestehende Pfandrechte nicht im Wege der Surrogation fort, sondern erlöschen mit Wirksamwerden der Verschmelzung.[33] Ausreichend ist, dass die – gegebenenfalls kraft Zurechnung bestehende – Alleingesellschafterstellung bei Eintragung der Verschmelzung vorliegt.[34]

10 § 122 Abs. 2 stellt seit 1998 klar, dass der übernehmende Alleingesellschafter **kein Kaufmann** iSd HGB sein muss; die diesbezüglich früher geführte Debatte hat sich damit erledigt.[35] Spätestens seit der Sevic-Entscheidung des EuGH sollte zudem nichts dagegen sprechen, dass der **Alleingesellschafter** seinen **Wohnsitz im Ausland** hat.[36]

11 Nach hM steht auch eine **Überschuldung** des Vermögens des übernehmenden Alleingesellschafters einer Verschmelzung nach § 120 nicht entgegen; allenfalls wird im Einzelfall ein Verstoß gegen § 138 BGB diskutiert.[37] Die Gegenansicht will demgegenüber in analoger Anwendung der Vorgaben für die Ausgliederung des von einem Einzelkaufmann betriebenen Unternehmens eine Verschmelzung auf den Alleingesellschafter nur dann zulassen, wenn dessen Verbindlichkeiten sein Vermögen nicht übersteigen (vgl. § 152 S. 2).[38] Für die hM spricht zunächst das Fehlen einer § 152 S. 2 entsprechenden Regelung, auch wenn die Rechtsfigur des (vermeintlich) beredten Schweigens des historischen Gesetzgebers grundsätzlich nur vorsichtig verwendet werden sollte. Zudem konzentriert § 22 den Gläubigerschutz bei Umwandlungen grundsätzlich abschließend.[39] Der von der Gegenansicht betonte Umstand, dass der durch § 22 gewährte Gläubigerschutz aufgrund seines nachlaufenden Charakters höchst unvollständig sei,[40] kann im Ergebnis nicht durchdringen. Der nachgelagerte Gläubigerschutz des § 22 ist kein Spezifikum der Verschmelzung auf den Alleingesellschafter, sondern ein bewusst gewähltes Grundkonzept des Umwandlungsrechts; ob man dieses als (nicht)

---

29 Lutter/*Karollus/Schwab* § 120 Rn. 32; Kölner Komm UmwG/*Simon* § 120 Rn. 38; Habersack/Wicke/*Leitzen* § 120 Rn. 21.
30 Kallmeyer/*Marsch-Barner/Oppenhoff* § 120 Rn. 5; Schmitt/Hörtnagl/*Hörtnagl/Olleck* § 120 Rn. 9; *Lohr* GmbH-StB 2021, 95.
31 Kallmeyer/*Marsch-Barner/Oppenhoff* § 120 Rn. 5; Kölner Komm UmwG/*Simon* § 120 Rn. 42.
32 Habersack/Wicke/*Leitzen* § 120 Rn. 32.
33 *Heckschen/Weitbrecht* ZIP 2019, 1189 (1192).
34 Lutter/*Karollus/Schwab* § 120 Rn. 37; Kallmeyer/*Marsch-Barner/Oppenhoff* § 120 Rn. 5; Habersack/Wicke/*Leitzen* § 120 Rn. 20.
35 Lutter/*Karollus/Schwab* § 120 Rn. 28 f.; Kallmeyer/*Marsch-Barner/Oppenhoff* § 120 Rn. 3; Habersack/Wicke/*Leitzen* § 120 Rn. 20; *Lohr* GmbH-StB 2021, 95.
36 So auch Widmann/Mayer/*Heckschen* § 122 Rn. 4.1 ff., der davon ausgeht, dass der EuGH auch die Herausverschmelzung ohne Weiteres als zulässig erachtet. Gleiches Ergebnis auch bei Habersack/Wicke/*Leitzen* § 120 Rn. 22.
37 OLG Hamm NZG 2021, 238 (239); Kallmeyer/*Marsch-Barner/Oppenhoff* § 120 Rn. 3; gegen ein Verschmelzungsverbot auch Kölner Komm UmwG/*Simon* § 120 Rn. 33 f.; Widmann/Mayer/*Heckschen* § 120 Rn. 23.9; *Heckschen* GWR 2021, 51. AA Lutter/*Karollus/Schwab* § 120 Rn. 30, die die Verschmelzung auf einen überschuldeten Alleingesellschafter zumindest dann als unzulässig ansehen, wenn der Alleingesellschafter nach Verschmelzung (voraussichtlich) nicht in der Lage ist, seine persönlichen Verbindlichkeiten wie die der Kapitalgesellschaft zu bedienen.
38 Maulbetsch/Klumpp/Rose/*Haggeney* § 120 Rn. 17; *Priester* NZG 2021, 1011 (1011 ff.).
39 OLG Hamm NZG 2021, 238 (239); im Ergebnis auch *Heckschen/Weitbrecht* ZIP 2021, 179 (180).
40 *Priester* NZG 2021, 1011 (1012 f.).

ausreichend erachtet, erscheint primär eine rechtspolitische Frage. Auch im Übrigen wird man der hM zu folgen haben: Als natürliche Person ist der Alleingesellschafter/Alleinaktionär gerade nicht Adressat des Überschuldungstatbestandes. Weder eine bloß rechnerische Überschuldung noch eine Überschuldung im Rechtssinne (§ 19 InsO) ist für den Alleingesellschafter/Alleinaktionär rechtserheblich. Auch den Vorwurf des Rechtsmissbrauchs wird man bei Verschmelzung des Vermögens der Kapitalgesellschaft auf einen zumindest rechnerisch überschuldeten Alleingesellschafter nicht vorschnell erheben können: Zu berücksichtigen ist das Korrektiv der unbeschränkten Haftung des Alleingesellschafters, der grundsätzlich mit seinem Lebenseinkommen für die Ansprüche nicht nur seiner Privatgläubiger, sondern auch der Gläubiger der Kapitalgesellschaft einzustehen hat, soweit er sich nicht durch ein Restschuldbefreiungsverfahren entschuldet.[41]

Nach allgemeinen Grundsätzen möglich ist allerdings, die Gesamtgestaltung ausnahmsweise als **vorsätzliche sittenwidrige Schädigung** (§ 826 BGB) zu qualifizieren.[42] Diskutiert wird im vorliegenden Kontext insbesondere, die Verschmelzung eines rechtlich überschuldeten Rechtsträgers auf einen anderen Rechtsträger, der in der Folge der Vermögensfusion seinerseits insolvent wird, als existenzvernichtenden Eingriff zu behandeln.[43] Für die §§ 120 ff. scheidet die Anwendung der Rechtsfigur des existenzvernichtenden Eingriffs allerdings aus, da die Verschmelzung eines überschuldeten Rechtsträgers hier nicht zur Existenzvernichtung eines Beschränkthafters bzw. überhaupt eines Rechtsträgers führen kann, allenfalls kann der aufnehmende Alleingesellschafter hierdurch in die Privatinsolvenz gezwungen werden. Zudem würde eine entsprechende Anwendung der Grundsätze über die Existenzvernichtungshaftung bei der Verschmelzung einer Kapitalgesellschaft auf ihren Alleingesellschafter letztlich leerlaufen, da sich die Existenzvernichtungshaftung als Gesellschafterhaftung an den übernehmenden Alleingesellschafter wendet und dieser annahmegemäß insolvent ist.

Die Voraussetzungen des § 120 müssen richtiger Ansicht nach erst **bei Wirksamwerden der Verschmelzung** vorliegen, nicht bereits bei Abschluss des Verschmelzungsvertrages.[44]

C. Verfahren

Nach Eintragung der Verschmelzung können Verstöße gegen § 120 nicht mehr geltend gemacht werden.[45] Dies gilt selbst dann, wenn die übernehmende natürliche Person im Verschmelzungszeitpunkt nicht Vollrechtsinhaber sämtlicher Geschäftsanteile/Aktien gewesen ist; da eine Fortsetzung der Beteiligung des übergangenen bisherigen Minderheitsgesellschafters am Vermögen des übernehmenden „Alleingesellschafters" nicht in Betracht kommt, sind Minderheitsgesellschafter auf Schadensersatzansprüche gegen die Geschäftsleitung der Kapitalgesellschaft (§ 25) und gegen die übernehmende natürliche Person verwiesen.[46]

---

41 So auch OLG Hamm NZG 2021, 238 (239).
42 *Lohr* GmbH-StB 2021, 95 (96).
43 Vgl. hierzu *Heckschen/Weitbrecht* ZIP 2021, 179 (180).
44 Kölner Komm UmwG/*Simon* § 120 Rn. 43; Kallmeyer/Marsch-Barner/Oppenhoff § 120 Rn. 5.
45 Lutter/*Karollus/Schwab* § 120 Rn. 42; Kölner Komm UmwG/*Simon* § 120 Rn. 46.
46 Lutter/*Karollus/Schwab* § 120 Rn. 42; Kölner Komm UmwG/*Simon* § 120 Rn. 46.

§ 121 Anzuwendende Vorschriften

Auf die Kapitalgesellschaft sind die für ihre Rechtsform geltenden Vorschriften des Ersten und Zweiten Teils anzuwenden.

A. Zweck	1	III. Verschmelzungsbericht, Verschmelzungsprüfung(sbericht)	5
B. Inhalt	2	IV. Verschmelzungsbeschluss	6
I. Anwendung der allgemeinen Regeln	2	C. Kosten	8
II. Verschmelzungsvertrag	3		

A. Zweck

1 § 121 besitzt rein deklaratorischen Charakter. Auch ohne ausdrücklichen Anwendungsbefehl würde sich die Verschmelzung für die übertragende Kapitalgesellschaft nach den allgemeinen Vorgaben für Verschmelzungen zur Aufnahme unter Beteiligung von Kapitalgesellschaften richten, soweit nicht die §§ 120 ff. Abweichendes regeln.[1] Insoweit ist § 121 lediglich eine Klarstellung des Inhalts zu entnehmen, dass auch für die von der Legaltypik abweichende Verschmelzung auf den Alleingesellschafter keine Besonderheiten gelten, soweit nicht die §§ 120, 122 etwas anderes bestimmen.[2]

B. Inhalt

I. Anwendung der allgemeinen Regeln

2 § 121 stellt klar, dass auf die Verschmelzung einer Kapitalgesellschaft auf das Vermögen ihres Alleingesellschafters (a) die allgemeinen Regeln über die Verschmelzung zur Aufnahme (§§ 2–35a) und (b) in Abhängigkeit von der Rechtsform der übertragenden Kapitalgesellschaft die §§ 46 ff. (GmbH), §§ 60 ff. (AG und SE), § 78 iVm §§ 60 ff. (KGaA) anzuwenden sind.[3] Der Verfahrensablauf der Verschmelzung einer Kapitalgesellschaft auf ihren Alleingesellschafter folgt damit auf Seiten des übertragenden Rechtsträgers im Grundsatz dem für Kapitalgesellschaften typischen Muster (siehe sogleich). Für das Verfahren auf Seiten des Alleingesellschafters, das in § 121 keine ausdrückliche Erwähnung erfahren hat, sind nach wohl unbestrittener Ansicht die allgemeinen, nicht rechtsformspezifischen Regeln für die Verschmelzung zur Aufnahme (§§ 4–35a) maßgeblich, soweit sie ihrem Telos nach auf einen Alleingesellschafter anwendbar sind.[4]

II. Verschmelzungsvertrag

3 Auch am Anfang der Verschmelzung einer Kapitalgesellschaft auf das Vermögen ihres Alleingesellschafters steht ein zwischen der übertragenden Kapitalgesellschaft und dem aufnehmenden Alleingesellschafter abzuschließender und notariell zu beurkundender (§ 6) Verschmelzungsvertrag.[5] Die Pflichtangaben über einen Umtausch von Anteilen

---

[1] Widmann/Mayer/*Heckschen* § 121 Rn. 2.1.
[2] Kölner Komm UmwG/*Simon* § 121 Rn. 2; Henssler/Strohn/*Galla/Cé. Müller* § 121 Rn. 1 f.; vgl. auch Kallmeyer/*Zimmermann* § 121 Rn. 1; Maulbetsch/Klumpp/Rose/*Haggeney* § 121 Rn. 1.
[3] Kölner Komm UmwG/*Simon* § 121 Rn. 5 ff.; Kallmeyer/*Zimmermann* § 121 Rn. 1; Henssler/Strohn/*Galla/Cé. Müller* § 121 Rn. 1 f.
[4] Kölner Komm UmwG/*Simon* § 121 Rn. 3; Widmann/Mayer/*Heckschen* § 121 Rn. 2.2; zu Details vgl. etwa Schmitt/Hörtnagl/*Hörtnagl/Ollech* § 121 Rn. 1 ff. sowie Habersack/Wicke/*Leitzen* § 121 Rn. 32 ff.
[5] Kölner Komm UmwG/*Simon* § 121 Rn. 8; Kallmeyer/*Zimmermann* § 121 Rn. 2; Maulbetsch/Klumpp/Rose/*Haggeney* § 121 Rn. 3; Habersack/Wicke/*Leitzen* § 121 Rn. 3.

(§ 5 Abs. 1 Nr. 2–5) entfallen (§ 5 Abs. 2).[6] Da der Alleingesellschafter regelmäßig zugleich Geschäftsleiter bzw. Komplementär (KGaA) der übertragenden Gesellschaft sein wird, wird der Abschluss des Verschmelzungsvertrages häufig ein In-Sich-Geschäft darstellen, so dass den Anforderungen des § 181 BGB und § 112 AktG Rechnung zu tragen ist.[7]

Der Verschmelzungsvertrag oder sein Entwurf ist sowohl dem Betriebsrat der übertragenden Kapitalgesellschaft als auch einem eventuell bestehenden Betriebsrat eines Unternehmens des aufnehmenden Alleingesellschafters zuzuleiten.[8] Da auf Ebene des übernehmenden Alleingesellschafters kein Zustimmungsbeschluss gefasst wird (→ Rn. 7), berechnet sich die Monatsfrist für beide Zuleitungspflichten vom Zeitpunkt des Zustimmungsbeschlusses der übertragenden Kapitalgesellschaft.[9] Die Zuleitungspflicht gegenüber dem Betriebsrat eines Unternehmens des Alleingesellschafters entfällt ausnahmsweise, wenn das Unternehmen der übertragenden Kapitalgesellschaft und das Unternehmen des Alleingesellschafters auch nach Wirksamwerden der Verschmelzung jeweils als separate Einheiten geführt werden; es fehlt an einem Informationsbedürfnis des Betriebsrats, so dass § 5 Abs. 3 insoweit teleologisch zu reduzieren ist.[10] Ist übertragender Rechtsträger eine AG, SE oder KGaA, ist der Verschmelzungsvertrag zudem zum Handelsregister der Kapitalgesellschaft einzureichen, das die Einreichung durch Hinweisbekanntmachung veröffentlicht (§ 61).[11]

III. Verschmelzungsbericht, Verschmelzungsprüfung(sbericht)

Verschmelzungsbericht, Verschmelzungsprüfung und Bericht über die Verschmelzungsprüfung sind qua Natur der Sache entbehrlich, da sich alle Anteile des übertragenden Rechtsträgers notwendig in der Hand des übernehmenden Rechtsträgers befinden bzw. ihm nach § 120 Abs. 2 zuzurechnen sind (§ 8 Abs. 3 S. 2 Alt. 2, § 9 Abs. 3, § 12 Abs. 3); einen formbedürftigen Verzicht entsprechend § 8 Abs. 3 S. 1 Alt. 1 wird man als gekünstelten Formalismus deshalb nicht zu verlangen haben.[12]

IV. Verschmelzungsbeschluss

Die übertragende Kapitalgesellschaft hat nach den jeweils einschlägigen Vorschriften einen **Zustimmungsbeschluss** zu fassen; eine Befreiung nach § 62 Abs. 4 S. 1 kommt nicht in Betracht, da die Entbehrlichkeit des Zustimmungsbeschlusses voraussetzt, dass aufnehmender Rechtsträger eine AG oder SE ist.[13] Da es sich allerdings im Regelfall eo ipso um eine Vollversammlung handelt, können die entsprechenden form- und

---

6 Schmitt/Hörtnagl/*Hörtnagl/Ollech* § 121 Rn. 1; Kallmeyer/*Zimmermann* § 120 Rn. 2; Maulbetsch/Klumpp/Rose/ *Haggeney* § 121 Rn. 4; Habersack/Wicke/*Leitzen* § 121 Rn. 7.1.
7 Lutter/*Karollus/Schwab* § 121 Rn. 4; Schmitt/Hörtnagl/ *Hörtnagl/Ollech* § 121 Rn. 2; Kallmeyer/*Zimmermann* § 120 Rn. 2; Henssler/Strohn/*Galla/Cé. Müller* § 121 Rn. 2; Maulbetsch/Klumpp/Rose/*Haggeney* § 121 Rn. 4; Habersack/Wicke/*Leitzen* § 121 Rn. 6; *Lohr* GmbH-StB 2021, 95 (96).
8 Lutter/*Karollus/Schwab* § 121 Rn. 8; Kallmeyer/*Zimmermann* § 121 Rn. 3; Widmann/Mayer/*Heckschen* § 121 Rn. 17.1; Maulbetsch/Klumpp/Rose/*Haggeney* § 121 Rn. 11. AA wohl Habersack/Wicke/*Leitzen* § 121 Rn. 9.1: Mangels Anteilseignerversammlung beim übernehmenden Alleingesellschafter könne die Zuleitung ihren eigentlichen Zweck (Artikulation von Arbeitnehmerbelangen vor Beschlussfassung) nicht erfüllen.
9 Lutter/*Karollus/Schwab* § 121 Rn. 8; Kölner Komm UmwG/*Simon* § 121 Rn. 14; Maulbetsch/Klumpp/Rose/ *Haggeney* § 121 Rn. 11.
10 Gleiches Ergebnis bei Lutter/*Karollus/Schwab* § 121 Rn. 8; Kölner Komm UmwG/*Simon* § 121 Rn. 14; Kallmeyer/*Zimmermann* § 120 Rn. 3.
11 Kölner Komm UmwG/*Simon* § 121 Rn. 11; Widmann/ Mayer/*Heckschen* § 121 Rn. 3.
12 Lutter/*Karollus/Schwab* § 121 Rn. 6 f.; Kallmeyer/*Zimmermann* § 121 Rn. 4; Kölner Komm UmwG/*Simon* § 121 Rn. 1; Widmann/Mayer/*Heckschen* § 121 Rn. 3; Maulbetsch/Klumpp/Rose/*Haggeney* § 121 Rn. 5.
13 Widmann/Mayer/*Heckschen* § 120 Rn. 6.

verfahrensrechtlichen Erleichterungen (§ 121 Abs. 6 AktG; § 48 Abs. 2, 3 GmbHG, § 51 Abs. 3, 4 GmbHG) in Anspruch genommen werden; anderes gilt nur dann, wenn die übernehmende natürliche Person im Zeitpunkt des Verschmelzungsbeschlusses noch nicht Alleingesellschafter ist.[14] Da die Stimmverbote des § 47 Abs. 4 GmbHG und § 136 Abs. 1 AktG allein den Schutz des Gesellschaftsvermögens zugunsten der Gesellschaftergesamtheit, nicht aber auch der Gläubiger bezwecken, finden sie weder auf den Alleingesellschafter einer GmbH[15] noch auf den Alleinaktionär einer AG Anwendung;[16] selbst wenn man diesbezüglich grundsätzlich anderer Ansicht wäre,[17] müsste dies im Anwendungsbereich der §§ 120 ff. gelten, da anderenfalls die Verschmelzung auf den Alleingesellschafter nicht rechtswirksam möglich wäre. Der Beschluss ist notariell zu beurkunden und bedarf einer Mehrheit von 3/4 der abgegebenen Stimmen bzw. des vertretenen Grundkapitals. Ist übertragender Rechtsträger eine KGaA, bedarf es zusätzlich einer Zustimmung des Komplementärs gem. § 78 S. 3.[18]

7 Nach zutreffender hM ist ein Zustimmungsbeschluss des übernehmenden Alleingesellschafters nicht erforderlich.[19] An die Beschlussfassung schließen sich die Anmeldung der Verschmelzung und Eintragung zu den betroffenen Handelsregistern an (→ § 122 Rn. 7 ff.).

C. Kosten

8 Für die **Beurkundung des Verschmelzungsvertrages** fällt eine doppelte (20/10) Gebühr auf den Geschäftswert an (Nr. 21100 KV GNotKG).[20] Der Geschäftswert berechnet sich nach dem Bruttoaktivvermögen der übertragenden Gesellschaft, wobei ein Mindestgeschäftswert von 30.000 EUR und ein Höchstwert von 10.000.000 EUR zu beachten sind (§§ 97, 107 Abs. 1 S. 1 GNotKG).[21] Für die **Beurkundung des Verschmelzungsbeschlusses** ist gleichfalls eine doppelte (20/10)-Gebühr auf den Geschäftswert zu entrichten (Nr. 21100 KV GNotKG).[22] Der Geschäftswert bestimmt sich auch insoweit nach dem Wert des Vermögens des übertragenden Rechtsträgers; maßgeblich ist allein der Wert des Aktivvermögens, Passiva sind nicht vermögensmindernd in Ansatz zu bringen.[23] Der Geschäftswert beträgt mindestens 30.000 EUR (§ 108 Abs. 2 iVm § 105 Abs. 1 S. 21 GNotKG) und höchstens 5 Mio. EUR (§ 108 Abs. 5 GNotKG).[24]

§ 122 Eintragung in das Handelsregister

(1) Ein noch nicht in das Handelsregister eingetragener Alleingesellschafter oder Alleinaktionär ist nach den Vorschriften des Handelsgesetzbuchs in das Handelsregister einzutragen; § 18 Abs. 1 bleibt unberührt.

---

14 Kölner Komm UmwG/*Simon* § 121 Rn. 17.
15 BGH NJW 1989, 295 (297); vgl. auch Widmann/Mayer/*Heckschen* § 121 Rn. 36.1.
16 BGH NZG 2011, 950 (951); Widmann/Mayer/*Heckschen* § 121 Rn. 36.1.
17 Ein Stimmverbot auch in der Einmann-Gesellschaft unter bestimmten Voraussetzungen für denkbar haltend LG München I NZG 2009, 1311 (1313).
18 Kölner Komm UmwG/*Simon* § 121 Rn. 21; Maulbetsch/Klumpp/Rose/*Haggeney* § 121 Rn. 8; Habersack/Wicke/*Leitzen* § 121 Rn. 12, 46.
19 LG Dresden GmbHR 1997, 175; Kölner Komm UmwG/ *Simon* § 121 Rn. 17; Kallmeyer/*Zimmermann* § 122 Rn. 3;
Maulbetsch/Klumpp/Rose/*Haggeney* § 121 Rn. 10; aA AG Dresden GmbHR 1997, 33.
20 Habersack/Wicke/*Leitzen* § 120 Rn. 41; *Fackelmann* Notarkosten Rn. 861; *Lohr* GmbH-StB 2021, 95 (96).
21 Habersack/Wicke/*Leitzen* § 120 Rn. 41; *Pfeiffer* NZG 2013, 244 (247).
22 Vgl. Habersack/Wicke/*Leitzen* § 120 Rn. 42; *Fackelmann* Notarkosten Rn. 861; *Pfeiffer* NZG 2013, 244 (245); *Lohr* GmbH-StB 2021, 95 (96).
23 *Pfeiffer* NZG 2013, 244 (247).
24 *Fackelmann* Notarkosten Rn. 865.

(2) Kommt eine Eintragung nicht in Betracht, treten die in § 20 genannten Wirkungen durch die Eintragung der Verschmelzung in das Register des Sitzes der übertragenden Kapitalgesellschaft ein.

A. Normzweck 1	2. Eintragung bei dem Alleingesellschafter als übernehmendem Rechtsträger 9
B. Inhalt 2	C. Verfahren 11
I. Eintragung des Alleingesellschafters als Kaufmann (Abs. 1) 3	I. Anmeldung zum Register der übertragenden Kapitalgesellschaft 11
1. Bereits eingetragener Alleingesellschafter 3	II. Anmeldung zum Register des Alleingesellschafters 12
2. Noch nicht eingetragener Alleingesellschafter 4	1. Alleingesellschafter bereits Kaufmann .. 12
a) Übertragung eines qualifizierten Gewerbes nach § 1 Abs. 2 HGB 4	2. Alleingesellschafter wird Kaufmann 13
b) Übertragung eines minderkaufmännischen Gewerbes 5	3. Alleingesellschafter ist und bleibt Nicht-Kaufmann 14
c) Kein Unternehmen/Gewerbe 6	III. Der Anmeldung beizufügende Unterlagen 15
II. Eintragung der Verschmelzung 7	IV. Eintragung der Verschmelzung 16
1. Eintragung beim Register der übertragenden Kapitalgesellschaft 8	V. Bekanntmachung der Verschmelzung 18
	D. Kosten 19

A. Normzweck

Zu den allgemeinen Grundsätzen des Umwandlungsrechts gehört, dass eine Verschmelzung zu den Registern aller beteiligten Rechtsträger anzumelden ist (§ 16). Bei Verschmelzung auf das Vermögen des Alleingesellschafters lässt sich dieser Grundsatz allerdings nicht unmodifiziert durchhalten. Der Alleingesellschafter, der zwingend eine natürliche Person ist, ist nur dann im Handelsregister eingetragen, wenn er entweder Kaufmann kraft Betreibens eines Handelsgewerbes ist oder aber von der Möglichkeit einer fakultativen und konstitutiven Registereintragung Gebrauch gemacht hat (vgl. §§ 2 f. HGB). § 122 bildet die damit verbundenen firmen- und registerrechtlichen Besonderheiten der Verschmelzung auf das Vermögen des Alleingesellschafters ab und regelt zudem das Wirksamwerden der Verschmelzung, wenn eine Eintragung im für den übernehmenden Alleingesellschafter zuständigen Register nicht in Betracht kommt.[1]

B. Inhalt

§ 122 zerfällt in zwei unterschiedliche Regelungsbereiche. § 122 Abs. 1 befasst sich mit den firmenrechtlichen Auswirkungen der Verschmelzung auf den Alleingesellschafter, während § 122 Abs. 2 die Wirksamkeit der Verschmelzung für den Fall regelt, dass abweichend von den allgemeinen Regeln eine Eintragung im Register des übernehmenden Rechtsträgers, also des Alleingesellschafters, nicht in Betracht kommt. § 122 ist insoweit Ergänzung der allgemeinen Regeln über die Verschmelzung unter Beteiligung von übertragenden Kapitalgesellschaften.

I. Eintragung des Alleingesellschafters als Kaufmann (Abs. 1)
1. Bereits eingetragener Alleingesellschafter

Ist der Alleingesellschafter bereits bisher als Kaufmann im Handelsregister eingetragen, ist die Verschmelzung im Prinzip ohne firmenrechtliche Konsequenzen. Allerdings wird dem Alleingesellschafter ein unternehmerisches Ermessen dahin gehend einge-

---

[1] Vgl. auch Maulbetsch/Klumpp/Rose/*Haggeney* § 121 Rn. 1.

räumt, ob er sein als Einzelkaufmann bereits bisher betriebenes Einzelunternehmen und das im Rahmen der Verschmelzung zu übertragende Unternehmen der Kapitalgesellschaft organisatorisch und firmenrechtlich zusammenfassen oder aber getrennt führen will.[2] In letztgenanntem Fall ist die Verschmelzung nicht zum bestehenden Einzelunternehmen einzutragen, die Eintragungspflicht richtet sich in diesem Fall nach den Grundsätzen, die für den bisher nicht eingetragenen Alleingesellschafter gelten (→ Rn. 4 ff.).[3]

2. Noch nicht eingetragener Alleingesellschafter

a) Übertragung eines qualifizierten Gewerbes nach § 1 Abs. 2 HGB

4 Ist der Alleingesellschafter bisher nicht Kaufmann, erlangt die Kaufmannseigenschaft aber durch Übertragung eines iSv § 1 Abs. 2 HGB qualifizierten Unternehmens durch die Kapitalgesellschaft, ist er mit Wirksamwerden der Verschmelzung in das Handelsregister (HRA) einzutragen.[4]

b) Übertragung eines minderkaufmännischen Gewerbes

5 Betreibt der Alleingesellschafter ein gewerbliches Unternehmen, das nach Art oder Umfang einen in kaufmännischer Weise eingerichteten Geschäftsbetrieb nicht erfordert (§ 2 HGB), oder einen forst- oder landwirtschaftlichen Gewerbebetrieb (§ 3 HGB), steht es ihm grundsätzlich frei, die Kaufmannseigenschaft durch fakultative und konstitutive Eintragung herbeizuführen. Dieses Wahlrecht wird richtiger Ansicht nach durch die Verschmelzung nicht tangiert.[5] Übt der Alleingesellschafter sein Wahlrecht zulässigerweise nicht aus, bleibt die Verschmelzung firmenrechtlich ohne Auswirkungen (zum Zeitpunkt des Wirksamwerdens der Verschmelzung in diesem Fall → Rn. 10). Optiert er hingegen für die Eintragung ins Handelsregister, ist die Eintragung mit Wirksamwerden der Verschmelzung vorzunehmen.[6] Eine unechte Ausnahme von diesem Grundsatz der fakultativen Eintragung gilt für die Fälle, in denen durch Zusammenführung des bisher nach § 2 HGB qualifizierenden Unternehmens des Alleingesellschafters und des Unternehmens der Kapitalgesellschaft die Voraussetzungen nach § 1 Abs. 2 HGB erfüllt werden bzw. wenn hierdurch der land- und forstwirtschaftliche Charakter eines bereits bisher vollkaufmännischen Unternehmens verloren geht.

c) Kein Unternehmen/Gewerbe

6 Betreibt ein Alleingesellschafter bisher kein Unternehmen und wird im Rahmen der Verschmelzung entweder kein Unternehmen oder aber ein freiberuflich tätiges Unternehmen bzw. bloß vermögensverwaltendes Unternehmen übertragen, scheidet eine Eintragung aus.[7] Firmenrechtlich hat die Verschmelzung in diesem Fall keine Auswirkungen (zum Zeitpunkt ihres Wirksamwerdens → Rn. 10).

---

2 Lutter/*Karollus/Schwab* § 122 Rn. 5 (sog. Firmenvereinigung); Habersack/Wicke/*Leitzen* § 122 Rn. 5; Schmitt/Hörtnagl/*Hörtnagl/Olleck* § 122 Rn. 4; Henssler/Strohn/*Galla/Cé. Müller* § 122 Rn. 2; *Lohr* GmbH-StB 2021, 95. Zur Zulässigkeit der Fortführung der zusammengeführten Unternehmen unter einer bisherigen Firma des übernehmenden Gesellschafters vgl. OLG Schleswig NJW-RR 2002, 461.
3 Lutter/*Karollus/Schwab* § 122 Rn. 5; Semler/Stengel/Leonard/*Seulen* § 122 Rn. 6; Kölner Komm UmwG/*Simon* § 122 Rn. 9 f.
4 Lutter/*Karollus/Schwab* § 122 Rn. 4; Semler/Stengel/Leonard/*Seulen* § 122 Rn. 8; Kölner Komm UmwG/*Simon* § 122 Rn. 4; Habersack/Wicke/*Leitzen* § 122 Rn. 9.
5 Lutter/*Karollus/Schwab* § 122 Rn. 4; Semler/Stengel/Leonard/*Seulen* § 122 Rn. 10; *Lohr* GmbH-StB 2021, 95.
6 Semler/Stengel/Leonard/*Seulen* § 122 Rn. 10 iVm Rn. 8.
7 Semler/Stengel/Leonard/*Seulen* § 122 Rn. 9; Lutter/*Karollus/Schwab* § 122 Rn. 6; Kölner Komm UmwG/*Simon* § 122 Rn. 5; Habersack/Wicke/*Leitzen* § 122 Rn. 10, 12.

II. Eintragung der Verschmelzung

Von der Eintragung des Alleingesellschafters aufgrund Kaufmannseigenschaft begrifflich und gedanklich zu trennen ist die Eintragung der Verschmelzung selbst. Das Wirksamwerden einer Verschmelzung setzt die Eintragung zu den Registern sämtlicher beteiligter Rechtsträger voraus (§ 16 Abs. 1 S. 1).[8] Diese Grundregel beansprucht grundsätzlich auch für die Verschmelzung auf das Vermögen des Alleingesellschafters Geltung: Erforderlich sind prinzipiell sowohl die Eintragung beim Register der übertragenden Kapitalgesellschaft als auch beim Register des aufnehmenden Alleingesellschafters.[9] Da der Alleingesellschafter allerdings nicht zwingend in ein Register eingetragen sein muss, bedarf diese Grundregel bei einer Verschmelzung gem. §§ 120 ff. im Einzelfall Korrekturen, wobei wie folgt zu differenzieren ist.

1. Eintragung beim Register der übertragenden Kapitalgesellschaft

Notwendige Voraussetzung des Wirksamwerdens der Verschmelzung ist deren Eintragung in das Register des übertragenden Rechtsträgers. Insoweit gelten im Rahmen der §§ 120 ff. keine Besonderheiten.[10]

2. Eintragung bei dem Alleingesellschafter als übernehmendem Rechtsträger

Auch bei Verschmelzung auf den Alleingesellschafter ist die Eintragung in dessen Register (HRA) grundsätzlich Voraussetzung des Wirksamwerdens der Verschmelzung, wobei zwischen den oben dargestellten Fallgruppen zu unterscheiden ist. Ist der **Alleingesellschafter bereits bisher in das Handelsregister eingetragen**, ist die Verschmelzung zu dem bereits bestehenden und eingetragenen Einzelunternehmen einzutragen,[11] es sei denn, der Alleingesellschafter macht von dem ihm zustehenden Wahlrecht (→ Rn. 3) Gebrauch, das Unternehmen der Kapitalgesellschaft und sein bisheriges einzelkaufmännisches Unternehmen unter getrennten Firmen zu führen. Wird der Alleingesellschafter, der bisher nicht in das Handelsregister eingetragen ist, **durch die Verschmelzung Ist-Kaufmann**, setzt das Wirksamwerden seine Eintragung als Kaufmann und die Eintragung der Verschmelzung zu seinem Register voraus. Ist der **Alleingesellschafter vor bzw. mit Verschmelzung Kann-Kaufmann** und möchte sich eintragen lassen, ist die Verschmelzung gleichzeitig mit der Ausübung des Wahlrechts zum Register anzumelden. Es bleibt dem Alleingesellschafter allerdings unbenommen, in dieser Konstellation zunächst die Verschmelzung zu realisieren und erst zu einem späteren Zeitpunkt seine fakultative Eintragung als Kaufmann zu initiieren.

Lediglich wenn eine Eintragung nicht in Betracht kommt, lässt § 122 Abs. 2 abweichend von § 20 die Eintragung in das Register des übertragenden Rechtsträgers genügen, womit gleichzeitig klargestellt wird, dass die Eintragungsfähigkeit nicht notwendige Voraussetzung einer Verschmelzung auf den Alleingesellschafter ist.[12] Das ist zunächst dann der Fall, wenn der Alleingesellschafter bisher kein Unternehmen betreibt und auch im Rahmen der Vermögensübertragung entweder kein Unternehmen oder aber ein freiberuflich tätiges Unternehmen bzw. bloß vermögensverwaltendes Unternehmen

---

8 Lutter/Karollus/Schwab § 122 Rn. 3.
9 Lutter/Karollus/Schwab § 122 Rn. 3.
10 Semler/Stengel/Leonard/Seulen § 122 Rn. 3; Maulbetsch/Klumpp/Rose/Haggeney § 121 Rn. 2.
11 Lutter/Karollus/Schwab § 122 Rn. 5.
12 Kölner Komm UmwG/Simon § 122 Rn. 12.

übertragen wird.[13] Gleiches gilt, wenn der Alleingesellschafter zulässigerweise auf eine fakultative Eintragung verzichtet; auch hier wird die Verschmelzung nach § 122 Abs. 2 nach ganz überwiegender zutreffender Ansicht im Schrifttum bereits mit Eintragung im Register der Kapitalgesellschaft wirksam.[14]

C. Verfahren
I. Anmeldung zum Register der übertragenden Kapitalgesellschaft

11 Immer erforderlich ist die Anmeldung der Verschmelzung zum Handelsregister der übertragenden Kapitalgesellschaft durch deren Vertretungsorgane in vertretungsberechtigter Zahl (§ 16 Abs. 1). Nach § 16 Abs. 1 S. 2 ist auch der Alleingesellschafter als übernehmender Rechtsträger berechtigt, die Verschmelzung zum Handelsregister der übertragenden Kapitalgesellschaft vorzunehmen.[15]

II. Anmeldung zum Register des Alleingesellschafters
1. Alleingesellschafter bereits Kaufmann

12 Ist der Alleingesellschafter bereits als Kaufmann in das Handelsregister eingetragen und will er das durch die Kapitalgesellschaft übertragene Unternehmen mit dem bereits bisher betriebenen Einzelunternehmen zusammenführen, ist die Verschmelzung zur Firma des bisherigen Einzelunternehmens vorzunehmen.[16] Sollen bisheriges Einzelunternehmen und übertragenes Unternehmen getrennt geführt werden, hat die Anmeldung der Verschmelzung zu dem Register zu erfolgen, in dessen Bezirk sich die Niederlassung des übertragenden Unternehmens (§ 29 HGB) befindet.[17]

2. Alleingesellschafter wird Kaufmann

13 Der bisher nicht eingetragene Alleingesellschafter, der durch die Verschmelzung ein vollkaufmännisches Unternehmen erwirbt, ist nach allgemeinen Grundsätzen in das Handelsregister einzutragen.[18] Der Alleingesellschafter hat dementsprechend einen dahin gehenden Antrag auf Eintragung in das Handelsregister zu stellen. Die Eintragung als Kaufmann wird in diesem Fall durch das Registergericht gleichzeitig mit der Eintragung der Verschmelzung vorgenommen.[19]

3. Alleingesellschafter ist und bleibt Nicht-Kaufmann

14 War der Alleingesellschafter vor der Verschmelzung weder Kaufmann kraft Betriebs eines in kaufmännischer Weise eingerichteten Geschäftsbetriebs noch kraft konstitutiver Eintragung, besteht kein Anknüpfungspunkt für eine Eintragung. Richtigerweise entfällt in diesem Fall die Pflicht zur Anmeldung der Verschmelzung.[20] Nach aA soll es aus Aspekten der Rechtssicherheit auch in diesem Fall einer Anmeldung durch den

---

13 Semler/Stengel/Leonard/*Seulen* § 122 Rn. 9; Lutter/*Karollus/Schwab* § 122 Rn. 4; Kölner Komm UmwG/*Simon* § 122 Rn. 5.
14 Lutter/*Karollus/Schwab* § 122 Rn. 7; Semler/Stengel/Leonard/*Seulen* § 122 Rn. 10; Schmitt/Hörtnagl/*Hörtnagl/Ollech* § 122 Rn. 4 f. Vgl. auch BGH NJW 1998, 2536. AA Maulbetsch/Klumpp/Rose/*Haggeney* § 121 Rn. 9: aus Gründen des Gläubigerschutzes bleibe die Eintragung in beiden Registern Wirksamkeitsvoraussetzung auch in diesem Fall.
15 Lutter/*Karollus/Schwab* § 122 Rn. 10; Kallmeyer/*Zimmermann* § 122 Rn. 2; Henssler/Strohn/*Galla/Cé. Müller* § 122 Rn. 1; Habersack/Wicke/*Leitzen* § 121 Rn. 16.2.
16 Kallmeyer/*Zimmermann* § 122 Rn. 3.
17 Kallmeyer/*Zimmermann* § 122 Rn. 3.
18 Kallmeyer/*Zimmermann* § 122 Rn. 3.
19 Semler/Stengel/Leonard/*Seulen* § 122 Rn. 8.
20 Lutter/*Karollus/Schwab* § 122 Rn. 10.

Alleingesellschafter bedürfen; dieser Verpflichtung soll der Alleingesellschafter durch Anmeldung zum Register der übertragenden Kapitalgesellschaft nachkommen.[21]

III. Der Anmeldung beizufügende Unterlagen

Als Anlagen sind der Anmeldung beizufügen: der Verschmelzungsvertrag und der Verschmelzungsbeschluss der übertragenden Kapitalgesellschaft jeweils in Ausfertigung oder öffentlich beglaubigter Abschrift, Nachweise über die Zuleitung des (Entwurfs des) Verschmelzungsvertrags an eventuelle Betriebsräte, die Schlussbilanz der Kapitalgesellschaft in Urschrift oder einfacher Abschrift (§ 17 Abs. 1).[22] Umstritten ist, ob eine Negativerklärung nach § 16 Abs. 2 abzugeben ist. Dagegen spricht auf den ersten Blick, dass auf beiden Seiten der Transaktion wirtschaftlich dieselbe Person steht. Denkbar bleibt allerdings eine Anfechtung durch Fremdorgane der Kapitalgesellschaft, die insoweit selbst bei einer Einpersonengesellschaft von Bedeutung bleibt, als die durch die Beschlussanfechtung eröffnete Rechtmäßigkeitskontrolle nicht in sämtlichen Fällen der Wahrung der Interessen der Anteilseigner dient, sondern im Einzelfall auch dem „öffentlichen Interesse", sprich den Interessen der Gläubiger oder sonstiger Dritter (vgl. etwa § 241 Nr. 3, 4 AktG).[23] Nicht übersehen werden darf allerdings auch, dass § 16 Abs. 2 S. 2 generell Verzichtserklärungen durch die Anteilseigner genügen lässt,[24] und es vor diesem Hintergrund durchaus begründbar ist, das Anfechtungsrecht der Organmitglieder hinsichtlich der Notwendigkeit einer Negativerklärung als unbeachtlich zu behandeln.

IV. Eintragung der Verschmelzung

Nach allgemeinen Grundsätzen wird die Verschmelzung zunächst beim Register der Kapitalgesellschaft (incl. Vorläufigkeitsvermerk) und sodann bei dem Register des übernehmenden Alleingesellschafters eingetragen (§ 19).[25] Der Vorläufigkeitsvermerk entfällt, soweit eine Eintragung beim übernehmenden Alleingesellschafter nicht in Betracht kommt.[26] Entsprechend wird die Verschmelzung im Regelfall mit Eintragung der Verschmelzung bei dem Register des übernehmenden Alleingesellschafters wirksam, im Anwendungsbereich von § 122 Abs. 2 hingegen bereits durch Eintragung bei der übertragenden Kapitalgesellschaft.[27]

Für die Rechtswirkungen der Verschmelzung gelten im Übrigen keine Besonderheiten. Auch bei der Verschmelzung mit dem Vermögen des Alleingesellschafters kommt es zur Gesamtrechtsnachfolge des Alleingesellschafters, während die Kapitalgesellschaft erlischt.[28]

V. Bekanntmachung der Verschmelzung

Die Verschmelzung ist durch die Registergerichte der übertragenden Kapitalgesellschaft und des Alleingesellschafters gem. § 19 bekanntzumachen. Kommt eine Eintragung

---

21 So Semler/Stengel/Leonard/*Seulen* § 122 Rn. 12 f. Einen Hinweis an das Registergericht der übertragenden Kapitalgesellschaft empfehlend auch *Lohr* GmbH-StB 2021, 95 (96 f.).

22 OLG Köln GmbHR 1998, 1085; Habersack/Wicke/*Leitzen* § 121 Rn. 21; *Lohr* GmbH-StB 2021, 95 (97).

23 Für Negativerklärung Lutter/*Karollus/Schwab* § 122 Rn. 11. AA Kallmeyer/*Zimmermann* § 122 Rn. 7.

24 Hierauf zu Recht hinweisend Habersack/Wicke/*Leitzen* § 121 Rn. 17.

25 Semler/Stengel/Leonard/*Seulen* § 122 Rn. 15.

26 Lutter/*Karollus/Schwab* § 122 Rn. 13.

27 Lutter/*Karollus/Schwab* § 122 Rn. 15; Habersack/Wicke/*Leitzen* § 121 Rn. 22.

28 Semler/Stengel/Leonard/*Seulen* § 122 Rn. 21.

bei dem übernehmenden Alleingesellschafter nicht in Betracht, erfolgt die Bekanntmachung ausschließlich durch das Registergericht der übertragenden Kapitalgesellschaft, die dann auch allein maßgeblich für den Fristablauf nach § 22 Abs. 1, § 25 Abs. 4 ist.[29]

D. Kosten

19 Im Rahmen des Eintragungsverfahrens ist für die notarielle Beglaubigung der Anmeldung (§ 12 Abs. 1 S. 1 HGB) eine Höchstgebühr von 70 EUR vorgesehen (Nr. 25100 KV GNotKG), während für die Eintragung der Verschmelzung bei der übertragenden Kapitalgesellschaft und für eine eventuell erforderliche Eintragung beim zuständigen Register des übernehmenden Alleingesellschafters jeweils gem. § 58 Abs. 1 S. 1 Nr. 1 GNotKG iVm Nr. 1400/1401 GV HRegGebV eine Gerichtsgebühr in Höhe von 180 EUR anfällt.

Zehnter Abschnitt
[aufgehoben]

§§ 122a–122m [aufgehoben]

Drittes Buch Spaltung

Erster Teil
Allgemeine Vorschriften

Erster Abschnitt
Möglichkeit der Spaltung

§ 123 Arten der Spaltung

(1) Ein Rechtsträger (übertragender Rechtsträger) kann unter Auflösung ohne Abwicklung sein Vermögen aufspalten

1. zur Aufnahme durch gleichzeitige Übertragung der Vermögensteile jeweils als Gesamtheit auf andere bestehende Rechtsträger (übernehmende Rechtsträger) oder
2. zur Neugründung durch gleichzeitige Übertragung der Vermögensteile jeweils als Gesamtheit auf andere, von ihm dadurch gegründete neue Rechtsträger

gegen Gewährung von Anteilen oder Mitgliedschaften dieser Rechtsträger an die Anteilsinhaber des übertragenden Rechtsträgers (Aufspaltung).

(2) Ein Rechtsträger (übertragender Rechtsträger) kann von seinem Vermögen einen Teil oder mehrere Teile abspalten

1. zur Aufnahme durch Übertragung dieses Teils oder dieser Teile jeweils als Gesamtheit auf einen bestehenden oder mehrere bestehende Rechtsträger (übernehmende Rechtsträger) oder

---

29 Kallmeyer/Zimmermann § 122 Rn. 10.

2. zur Neugründung durch Übertragung dieses Teils oder dieser Teile jeweils als Gesamtheit auf einen oder mehrere, von ihm dadurch gegründeten neuen oder gegründete neue Rechtsträger

gegen Gewährung von Anteilen oder Mitgliedschaften dieses Rechtsträgers oder dieser Rechtsträger an die Anteilsinhaber des übertragenden Rechtsträgers (Abspaltung).

(3) Ein Rechtsträger (übertragender Rechtsträger) kann aus seinem Vermögen einen Teil oder mehrere Teile ausgliedern

1. zur Aufnahme durch Übertragung dieses Teils oder dieser Teile jeweils als Gesamtheit auf einen bestehenden oder mehrere bestehende Rechtsträger (übernehmende Rechtsträger) oder
2. zur Neugründung durch Übertragung dieses Teils oder dieser Teile jeweils als Gesamtheit auf einen oder mehrere, von ihm dadurch gegründeten neuen oder gegründete neue Rechtsträger

gegen Gewährung von Anteilen oder Mitgliedschaften dieses Rechtsträgers oder dieser Rechtsträger an den übertragenden Rechtsträger (Ausgliederung).

(4) Die Spaltung kann auch durch gleichzeitige Übertragung auf bestehende und neue Rechtsträger erfolgen.

Literatur:
Kallmeyer, Das neue Umwandlungsgesetz, ZIP 1994, 1746 ff.; *Mayer*, Erste Zweifelsfragen bei der Unternehmensspaltung, DB 1995, 861 ff.; *Schmidt*, Totalausgliederung nach § 123 Abs. 3 UmwG, AG 2005, 26 ff.

I. Normzweck 1	II. Die Spaltungsarten
1. Entstehungsgeschichte 3	(Abs. 1–3) 16
2. Regelungsgegenstand 5	1. Die Aufspaltung (Abs. 1) 17
3. Grundprinzipien der Spaltung 8	2. Die Abspaltung (Abs. 2) 18
a) Übertragung von Vermögensteilen „als Gesamtheit" 9	3. Die Ausgliederung (Abs. 3) 21
b) Die Anteilsgewährung 12	III. Kombinationsmöglichkeiten iSv Abs. 4 ... 24

I. Normzweck

Eine weitere Art der Umwandlung ist gemäß § 1 Abs. 1 Nr. 2 die Spaltung. Die gesetzlichen Regelungen zu dieser Art der Umwandlung finden sich innerhalb des dritten Buches des Umwandlungsgesetzes (§§ 123–173). Dabei bilden die §§ 123–137 den allgemeinen Teil und beinhalten die rechtsformunabhängigen Grundsätze. Über die Grundverweisung nach § 125 sind die Vorschriften zur Verschmelzung – von Ausnahmen abgesehen – auf Spaltungsvorgänge entsprechend anzuwenden. Die besonderen Vorschriften der §§ 138–173 regeln schließlich die rechtsformabhängigen Vorschriften der Spaltung. 1

Die Spaltung ist dadurch gekennzeichnet, dass **Vermögensteile** eines Rechtsträgers **als Gesamtheit** auf einen oder auch mehrere übernehmende Rechtsträger **übertragen werden**. Als übertragender Rechtsträger kann dabei immer nur ein einziger Rechtsträger am Spaltungsvorgang beteiligt sein.[1] 2

---

1 Semler/Stengel/Leonard/*Schwanna* § 123 Rn. 1; Kallmeyer/*Sickinger* § 123 Rn. 1.

1. Entstehungsgeschichte

3 Eine erstmalige gesetzliche Normierung erfuhr die Spaltung von Gesellschaften in Europa wohl in Frankreich[2] in den 1960er-Jahren.[3] Auf europäischer Ebene folgte dann nach der Verschmelzungsrichtlinie[4] aus dem Jahre 1978 die Spaltungsrichtlinie[5] im Jahre 1982. Die Spaltungsrichtlinie hatte jedoch keine Umsetzungspflicht zum Inhalt und war dementsprechend nur dann anzuwenden, wenn die Spaltung durch nationales Recht der Mitgliedstaaten bereits vorgesehen war.[6] Ferner sind ihre Vorgaben in Deutschland nur bei der Beteiligung von Aktiengesellschaften zu beachten.[7]

4 In Deutschland entwickelte sich seit Mitte der 1970er-Jahre eine Diskussion bezüglich eines „Spaltungsgesetzes".[8] Hieran anschließend und an den Bedürfnissen der Praxis orientiert wurde die Spaltung in Westdeutschland durch das Steuerrecht bereits teilweise anerkannt.[9] Vor dem Inkrafttreten des Umwandlungsgesetzes am 1.1.1995 war die Möglichkeit der Spaltung nach gesellschaftsrechtlichen Regeln aber dennoch nur für bestimmte Rechtsträger im SpTrUG[10] und im LAnpG[11] vorgesehen. Diese gesetzlichen Normierungen waren jedoch den spezifischen Verhältnissen der Wiedervereinigung geschuldet, so dass sie auch nur eine eingeschränkte Vorbildwirkung für die aktuellen Regelungen der Spaltung haben konnten.[12] Als Vorbild fungierten vielmehr die bereits angesprochenen Vorschriften des französischen Rechts.[13] Mit der Einführung der §§ 123 ff. wurde dann erstmalig in Deutschland ein einheitliches und umfassendes gesellschaftsrechtliches Spaltungsrecht etabliert, welches die Spaltung verschiedenster Rechtsträger (vgl. § 124 iVm § 3 Abs. 1) im Wege der Gesamtrechtsnachfolge erlaubt.[14]

2. Regelungsgegenstand

5 § 123 definiert in den Abs. 1–3 zunächst die drei zulässigen Arten der Spaltung. Dies sind die **Aufspaltung** (Abs. 1), die **Abspaltung** (Abs. 2) und die **Ausgliederung** (Abs. 3). Bei jeder dieser Spaltungsmöglichkeiten ist eine solche zur Aufnahme (§§ 126 ff.) sowie zur Neugründung (§§ 135 ff.) durchführbar.[15] Gemäß Abs. 4 kann eine Spaltung gleichzeitig zur Aufnahme und zur Neugründung erfolgen, womit sich also Kombinationsmöglichkeiten konstruieren lassen.

6 Die **Motive und Gründe**, welche ausschlaggebend für eine Spaltung sein können, sind in der Praxis von vielschichtiger Natur. Grundsätzlich soll nach der Intention des Gesetzgebers die Spaltung – wie auch die anderen Umwandlungsarten – die Umstrukturierung von Rechtsträgern erleichtern, um den Unternehmen die notwendigen

---

2 Gesetz Nr. 66–537 vom 24.7.1966 über die Handelsgesellschaften.
3 Lutter/*Teichmann*, 5. Aufl. 2014, § 123 Rn. 1; Semler/Stengel/Leonard/*Schwanna* § 123 Rn. 9.
4 Dritte RL 78/855/EWG vom 9.10.1978, ABl. L 295, 36 vom 20.10.1978.
5 Sechste RL 82/891/EWG vom 17.12.1982, ABl. L 378, 47 vom 31.12.1982. Die Regelungen der Spaltungsrichtlinie wurden zusammen mit weiteren gesellschaftsrechtlichen Regelungen im Rahmen der Richtlinie (EU) 2017/1132 vom 14.6.2017 über bestimmte Aspekte des Gesellschaftsrechts (sog. EU-Gesellschaftsrechtsrichtlinie) konsolidiert. In diesem Zuge wurde die Vorgängerrichtlinien, einschließlich die Spaltungsrichtlinie, formell aufgehoben.
6 Vgl. Art. 1 Abs. 1 Spaltungsrichtlinie aF.
7 Vgl. Art. 1 Abs. 1 Spaltungsrichtlinie aF nunmehr Art. 135 Abs. 1 EU-Gesellschaftsrechtsrichtlinie.
8 Lutter/*Teichmann*, 5. Aufl. 2014, § 123 Rn. 2 mit weiteren Nachweisen.
9 BR-Drs. 75/94, 74.
10 Gesetz über die Spaltung von der Treuhandanstalt verwalteten Unternehmen vom 5.4.1991.
11 Landwirtschaftsanpassungsgesetz idF vom 3.7.1991.
12 Lutter/*Teichmann*, 5. Aufl. 2014, § 123 Rn. 4; Semler/Stengel/Leonard/*Schwanna* § 123 Rn. 8 f.
13 BR-Drs. 75/94, 115.
14 Kölner Komm UmwG/*Simon* § 123 Rn. 3.
15 Schmitt/Hörtnagl/*Hörtnagl* Vor §§ 123–173 Rn. 3; Schmitt/Hörtnagl/*Hörtnagl* § 123 Rn. 1.

Möglichkeiten einzuräumen, ihre rechtliche Strukturierung an den Erfordernissen des Wirtschaftslebens auszurichten.[16]

Bereits der Gesetzgeber hatte die maßgeblichen, von betriebswirtschaftlichen Aspekten beeinflussten Zielsetzungen für eine Spaltung, welche sich aus der Unternehmenspraxis herauskristallisiert haben, vor Augen.[17] Diese sind zum einen die Schaffung von kleineren, selbstständigen Einheiten, die Vorbereitung einer Teilveräußerung des Unternehmens sowie die Isolierung von Haftungsrisiken. Ferner sind auch die Umwandlung in eine Holding und die Spaltung zur Regelung von Auseinandersetzungen zwischen Erben oder Anteilseignern zu den Spaltungsgründen zu zählen. Als Spaltungsmotive kommen daneben auch das Rückgängigmachen von erfolglosen oder fehlerhaften Verschmelzungen und von sonstigen Entflechtungsmaßnahmen in Betracht.[18] Schlussendlich wird in der Literatur auch die Privatisierung von Unternehmen der öffentlichen Hand als ein weiterer Grund für eine Spaltung angeführt.[19]

3. Grundprinzipien der Spaltung

Die verschiedenen Spaltungsarten werden allesamt durch das Grundprinzip der Übertragung von Vermögensteilen „als Gesamtheit" sowie durch das Prinzip der Gewährung von Anteilen geprägt.

a) Übertragung von Vermögensteilen „als Gesamtheit"

Das wohl charakteristischste Prinzip der Spaltung ist die Übertragung von Vermögen bzw. Teilvermögen **„jeweils als Gesamtheit"**, wie es § 131 Abs. 1 Nr. 1 zum Ausdruck bringt. Dies bedeutet, dass die in der Regel umständlichere **Einzelrechtsnachfolge**, welche dem sachenrechtlichen Bestimmtheitsgrundsatz unterliegt und zudem im Falle der Übertragung von Verbindlichkeiten oder von Dauerschuldverhältnissen der Zustimmung der Gläubiger bedarf, **entbehrlich** ist.[20] Vielmehr gehen die betreffenden Vermögensbestandteile mit der Wirksamkeit der Spaltung durch einen einzigen Rechtsakt auf den übernehmenden Rechtsträger über. Diese Vermögensübertragung wird verbreitet als **partielle Gesamtrechtsnachfolge**[21] bezeichnet, wobei mit partiell gemeint ist, dass bei der Spaltung im Gegensatz zur Verschmelzung nicht notwendigerweise das gesamte Vermögen des übertragenden Rechtsträgers betroffen sein muss.[22]

Obwohl der gesetzliche Wortlaut „jeweils als Gesamtheit" Gegenteiliges vermuten lässt, entspricht es verbreiteter Ansicht, dass sich das zu übertragende Vermögen auch auf nur einen **einzigen Gegenstand** beschränken kann, welcher dann unter Anwendung der §§ 123 ff. auf den übernehmenden Rechtsträger übertragen wird.[23] Dies ergibt sich auch vor dem Hintergrund, dass – der noch im Referentenentwurf vom 15.4.1992 enthaltene – § 123 Abs. 5 keine Berücksichtigung im Gesetz gefunden hat. Hiernach sollten die Spaltungsvorschriften dann keine Anwendung finden, wenn „im Wesentlichen nur

---

16 BR-Drs. 75/94, 1, 75; BT-Drs. 12/6699, 1, 75.
17 BR-Drs. 75/94, 74; BT-Drs. 12/6699, 74.
18 Semler/Stengel/Leonard/*Schwanna* § 123 Rn. 7; Kölner Komm UmwG/*Simon* § 123 Rn. 16.
19 Lutter/*Lieder* § 123 Rn. 8.
20 Kölner Komm UmwG/*Simon* § 123 Rn. 7 f.; Lutter/*Lieder* § 123 Rn. 16; Widmann/Mayer/*Weiler* § 123 Rn. 32.
21 Die Gesetzesbegründung spricht auch von Sonderrechtsnachfolge, teilweiser Gesamtrechtsnachfolge, partieller Universalsukzession oder Spezialsukzession, vgl. BR-Drs. 75/94, 75.
22 Semler/Stengel/Leonard/*Schwanna* § 123 Rn. 6; Kölner Komm UmwG/*Simon* § 123 Rn. 7 ff.; Lutter/*Lieder* § 123 Rn. 1; Widmann/Mayer/*Weiler* § 123 Rn. 20.
23 Kallmeyer/*Sickinger* § 123 Rn. 6; Semler/Stengel/Leonard/*Schwanna* § 123 Rn. 6; Kölner Komm UmwG/ *Simon* § 123 Rn. 11; Lutter/*Lieder* § 123 Rn. 22; Widmann/Mayer/*Weiler* § 123 Rn. 20.

ein einzelner Gegenstand übertragen" werden würde.[24] Hintergrund war die Befürchtung, dass die Spaltungsvorschriften zu einer Umgehung der Vorschriften bezüglich der Einzelrechtsnachfolge, insbesondere der vorhandenen Schutzvorschriften, führen könnten. Dieser Befürchtung wurde jedoch mit dem Hinweis auf § 126 Abs. 2 und der Vergleichbarkeit der jeweiligen Anforderungen zwischen den Übertragungsvorgängen entgegengetreten.[25] Dennoch erscheint es zumindest nicht ausgeschlossen zu sein, dass eine Spaltung eines einzelnen Vermögensgegenstandes, die allein zu dem Zweck durchgeführt wird, das Zustimmungserfordernis eines Dritten zu umgehen, als rechtsmissbräuchlich deklariert werden könnte und somit unzulässig wäre.[26]

11 **Hinweis:** Trotz der beschriebenen Entbehrlichkeit der **Einzelrechtsnachfolge** besteht diese Möglichkeit der Vermögensübertragung neben der partiellen Gesamtrechtsnachfolge gemäß den §§ 123 ff. weiterhin fort und wird in der Praxis insbesondere zur Haftungsbegrenzung (Ausschluss der gesamtschuldnerischen Nachhaftung der beteiligten Rechtsträger, vgl. §§ 133 f.) eingesetzt.[27]

b) Die Anteilsgewährung

12 Ein weiteres Grundprinzip der Spaltung ist der **Anteilserwerb** bzw. der Anteilstausch kraft Gesetzes; vgl. § 131 Abs. 1 Nr. 3. Als **Gegenleistung für die Vermögensübertragung** sind in sämtlichen Fällen der Spaltung Anteile am übernehmenden Rechtsträger entweder den Anteilseignern des übertragenden Rechtsträgers (bei der Auf- und Abspaltung) oder dem übertragenden Rechtsträger selbst (bei der Ausgliederung) zu gewähren.[28]

13 Der Grundsatz der Anteilsgewährung setzt allerdings nicht voraus, dass die Beteiligungen am übertragenden Rechtsträger denen am übernehmenden Rechtsträger entsprechen müssen. Vielmehr ist neben der verhältniswahrenden Spaltung auch eine **nichtverhältniswahrende Spaltung** zulässig (→ § 128 Rn. 4 ff.).

14 Die Anteilsgewähr kann grundsätzlich weder durch bare Zuzahlungen noch durch anderweitige Ausgleichszahlungen vollständig ersetzt werden. Die Spaltungsmaßnahme soll gerade nicht die Möglichkeit eröffnen, einzelne unbequeme Gesellschafter aus dem Kreis der Anteilsinhaber auszuschließen. Das Prinzip der Anteilsgewähr dient demnach ausschließlich dem **Schutz der einzelnen Anteilsinhaber**. Aus diesem Grund kann seitens der einzelnen Gesellschafter hierauf verzichtet werden (vgl. §§ 125, 54 Abs. 1 S. 3, § 68 Abs. 1 S. 3), so dass auch eine **Spaltung zu Null** mit einem vollständigen Anteilsverzicht möglich ist.[29]

15 Nach überwiegender Ansicht ist es trotz der diversen Freiheiten bezüglich der Gewährung von Gesellschaftsanteilen nicht möglich, außenstehende Dritte an den übernehmenden oder neuen Rechtsträgern unmittelbar im Rahmen der Spaltungsmaßnahme zu beteiligen. Anteile am übernehmenden Rechtsträger können dementsprechend nur solchen Gesellschaftern gewährt werden, die bereits im jeweiligen Spaltungszeitpunkt dem Gesellschafterkreis des übertragenden Rechtsträgers angehörten.[30]

---

24 BR-Drs. 75/94, 116; Lutter/*Lieder* § 123 Rn. 22.
25 BR-Drs. 75/94, 116.
26 Kölner Komm UmwG/*Simon* § 123 Rn. 11.
27 Semler/Stengel/Leonard/*Schwanna* § 123 Rn. 4; Lutter/*Lieder* § 123 Rn. 22.
28 Kölner Komm UmwG/*Simon* § 123 Rn. 13 ff.; Widmann/Mayer/*Weiler* § 123 Rn. 54.
29 Kallmeyer/*Sickinger* § 123 Rn. 5.
30 Kallmeyer/*Sickinger* § 123 Rn. 6; Semler/Stengel/Leonard/*Schwanna* § 123 Rn. 21.

II. Die Spaltungsarten (Abs. 1–3)

§ 123 Abs. 1–3 beinhaltet drei verschiedene Arten der Spaltung. Das Gesetz spricht von „aufspalten", „abspalten", und „ausgliedern" des Vermögens eines Rechtsträgers. Aus dem Grund, dass jede dieser Spaltungsarten sowohl zur Aufnahme als auch zur Neugründung erfolgen kann, ergeben sich also insgesamt sechs Variationen der Spaltung. 16

1. Die Aufspaltung (Abs. 1)[31]

Die Aufspaltung gemäß § 123 Abs. 1 ist dadurch gekennzeichnet, dass der übertragende Rechtsträger sein **gesamtes Vermögen auf mindestens zwei** andere, **übernehmende Rechtsträger** überträgt. Bei der **Aufspaltung zur Aufnahme** nach § 123 Abs. 1 Nr. 1 existiert der übernehmende Rechtsträger bereits vor der Spaltung und die Vermögensübernahme erfolgt durch eine Kapital- oder Anteilserhöhung. Durch die **Aufspaltung zur Neugründung** gemäß § 123 Abs. 1 Nr. 2 entsteht der übernehmende Rechtsträger erstmalig und die Übernahme des Vermögens geschieht idR durch eine Sacheinlage.[32] Das Gesetz sieht ferner vor, dass sich der aufspaltende, das gesamte Vermögen **übertragende Rechtsträger ohne Abwicklung auflöst**. Diese Rechtsfolge tritt, wie sich aus § 131 Abs. 1 Nr. 2 ergibt, mit der Registereintragung der Spaltung ein und unterscheidet die Aufspaltung von den weiteren Spaltungsarten. Ferner werden die ehemaligen Anteilsinhaber des übertragenden Rechtsträgers **Anteilsinhaber** der übernehmenden Rechtsträger nach den im Spaltungsvertrag bzw. -plan festgelegten Verhältnissen.[33] Die Aufspaltung gemäß § 123 Abs. 1 Nr. 1 und Nr. 2 entspricht der Spaltung durch Übernahme in Art. 136 Abs. 1 EU-Gesellschaftsrechtsrichtlinie (Art. 2 Abs. 1 Spaltungsrichtlinie aF) und der Spaltung durch Gründung neuer Gesellschaften in Art. 155 Abs. 1 EU-Gesellschaftsrechtsrichtlinie (Art. 21 Abs. 1 Spaltungsrichtlinie aF).[34] 17

2. Die Abspaltung (Abs. 2)[35]

§ 123 Abs. 2 normiert als weitere Spaltungsart die Abspaltung. Anders als bei der Aufspaltung ist bei dieser **nicht das gesamte Vermögen** des übertragenden Rechtsträgers betroffen, sondern nur ein Teil des Vermögens, so dass der **übertragende Rechtsträger** nach der Abspaltung mit dem übrigen Vermögensteil **fortbesteht**. Als weiterer Unterschied zur Aufspaltung kann an der Abspaltung auch nur ein übernehmender Rechtsträger involviert sein.[36] Je nach Gestaltung ist auch die Abspaltung nach der Intention des Gesetzes zur Aufnahme (§ 123 Abs. 2 Nr. 1) und zur Neugründung (§ 123 Abs. 2 Nr. 2) möglich. Wie bei der Aufspaltung sind die Gesellschafter des übertragenden Rechtsträgers als Gegenleistung für den Vermögensübergang an dem übernehmenden Rechtsträger zu beteiligen.[37] Die Abspaltung nach deutschem Recht wird von Art. 159 EU-Gesellschaftsrechtsrichtlinie (Art. 25 Spaltungsrichtlinie aF) erfasst.[38] 18

---

31 BR-Drs. 75/94, 71, 115.
32 Kölner Komm UmwG/*Simon* § 123 Rn. 18 f.; Semler/Stengel/Leonard/*Schwanna* § 123 Rn. 12; Lutter/*Lieder* § 123 Rn. 48.
33 Kölner Komm UmwG/*Simon* § 123 Rn. 20 f.; Lutter/*Lieder* § 123 Rn. 48; Widmann/Mayer/*Weiler* § 123 Rn. 159.
34 Schmitt/Hörtnagl/*Hörtnagl* § 123 Rn. 8.
35 BR-Drs. 75/94, 71, 115.
36 Schmitt/Hörtnagl/*Hörtnagl* § 123 Rn. 9; Kölner Komm UmwG/*Simon* § 123 Rn. 24; Semler/Stengel/Leonard/*Schwanna* § 123 Rn. 14; Lutter/*Lieder* § 123 Rn. 59.
37 Kölner Komm UmwG/*Simon* § 123 Rn. 23; Lutter/*Lieder* § 123 Rn. 54.
38 Richtlinie (EU) 2017/1132 vom 14.06.2017 über bestimmte Aspekte des Gesellschaftsrechts.

19 Sofern es sich bei dem übertragenden Rechtsträger um eine Kapitalgesellschaft handelt, ist im Rahmen der Abspaltung der **Kapitalerhaltungsgrundsatz** zu beachten.[39] Die Abspaltung mit ihrer kapitalabfließenden Wirkung darf somit das eingetragene Stammkapital nicht beeinträchtigen. Auch deshalb setzt die Registereintragung der Abspaltung voraus, dass die geschäftsleitenden Organe der übertragenden Gesellschaften erklären, dass die Gründungsvoraussetzungen auch nach der Spaltungsmaßnahme weiterhin gegeben sind, vgl. §§ 140, 146. Insbesondere umfasst dies auch eine Erklärung bezüglich der Erhaltung des Mindeststammkapitals auch nach der jeweiligen Abspaltungsmaßnahme (→ § 146 Rn. 4).

20 In der Praxis ist die Abspaltung im Vergleich zur Aufspaltung die häufiger vorkommende Variante der Spaltung.[40] Dies hängt damit zusammen, dass bei der Abspaltung nicht das gesamte Vermögen einer Gesellschaft übertragen wird, sondern nur Vermögensteile. Dies kann sich kostenmäßig dann auswirken, wenn Grundstücke, bei deren Übertragung ansonsten Grunderwerbsteuer anfallen würde, sich im Vermögen des übertragenden Rechtsträgers befinden. Der Ausschluss von Grundstücken aus dem zu übertragenden Vermögensteil kann bei einer Abspaltung – bei welcher Schwestergesellschaften (= horizontale Spaltung) entstehen – somit ein kostensparender Faktor sein.[41]

Hinweis: Die Abspaltung ist im Ergebnis in der Regel mit geringeren Aufwendungen und Kosten verbunden als die Aufspaltung.

3. Die Ausgliederung (Abs. 3)[42]

21 Die dritte Spaltungsart ist nach § 123 Abs. 3 die Ausgliederung. Wie die beiden anderen Spaltungsarten, kann auch die Ausgliederung zur Aufnahme (§ 123 Abs. 3 Nr. 1) und zur Neugründung (§ 123 Abs. 2 Nr. 2) – genannt Ausgründung – erfolgen. Entscheidendes Merkmal der Ausgliederung, welche bezüglich des Übertragungsaktes der Vermögenswerte mit der Abspaltung identisch ist, ist die **Gewährung von Anteilen** des übernehmenden Rechtsträgers **an den übertragenden Rechtsträger**. Die Anteile werden also nicht – wie bei der Auf- und Abspaltung – „an die Anteilsinhaber des übertragenden Rechtsträgers" übertragen, sondern „an den übertragenden Rechtsträger" selbst. Seitens der übertragenden Gesellschaft kommt es demnach – anders als bei den übrigen Spaltungsarten – nicht zu einem Vermögensverlust. Vielmehr findet eine **Vermögensumschichtung** statt, da dem Verlust von Sachwerten auf der einen Seite der Zuwachs von Beteiligungsbesitz auf der anderen Seite gegenübersteht.[43] Durch das Institut der Ausgliederung kann demnach eine Unternehmensverbindung iSd §§ 15 ff. AktG hergestellt werden.[44] Die Ausgliederung wird auch als vertikale Spaltung bezeichnet, da insbesondere bei der Ausgliederung zur Neugründung eine 100 %ige Tochtergesellschaft entsteht.

---

[39] MüKoAktG/*Bayer* § 57 Rn. 1; Altmeppen/*Altmeppen* GmbHG § 30 Rn. 1.
[40] „Die Abspaltung erscheint daher rationeller.", *Kallmeyer* ZIP 1994, 1746 (1748).
[41] BR-Drs. 75/94, 71; Semler/Stengel/Leonard/*Schwanna* § 123 Rn. 14; Lutter/*Lieder* § 123 Rn. 51.
[42] BR-Drs. 75/94, 71, 115.
[43] Kölner Komm UmwG/*Simon* § 123 Rn. 25 f.; Semler/Stengel/Leonard/*Schwanna* § 123 Rn. 15 f.; Lutter/*Lieder* § 123 Rn. 57.
[44] Widmann/Mayer/*Weiler* § 123 Rn. 166.

Nach überwiegender, aber nicht unbestrittener[45] Auffassung ist auch eine sog. **Total-** 22
ausgliederung auf einen übernehmenden Rechtsträger zulässig.[46] Bei einer solchen
Totalausgliederung wird das gesamte Vermögen des übertragenden Rechtsträgers ausgegliedert, wodurch dieser als reine **Holdinggesellschaft** fortbesteht. Mit dieser Totalausgliederung geht dann seitens der übertragenden Gesellschaft eine Änderung des
Unternehmensgegenstandes einher. Die Formulierung „kann aus seinem Vermögen
einen Teil oder mehrere Teile ausgliedern" in § 123 Abs. 3, welche identisch mit der
Formulierung in § 123 Abs. 2 ist, steht einer solchen Totalausgliederung nicht entgegen.
Mit einem Teil des Vermögens kann bei § 123 Abs. 3 – anders als bei der Abspaltung
nach § 123 Abs. 2 – daher auch das gesamte Vermögen des übertragenden Rechtsträgers
gemeint sein. Im Gegensatz zur Abspaltung besteht bei der Ausgliederung nicht die Gefahr eines vollständig vermögenslosen Rechtsträgers, da es beim übertragenden Rechtsträger nicht zu einem Vermögensverlust, sondern lediglich zu einer Vermögensumschichtung kommt. Dieser generelle Unterschied zwischen der Ausgliederung und der
Abspaltung rechtfertigt die unterschiedliche Auslegung des identischen Gesetzeswortlautes in § 123 Abs. 2 und in § 123 Abs. 3.[47] Das aufgezeigte Ergebnis und damit die Zulässigkeit der Totalausgliederung wird auch durch die Gesetzesbegründung bekräftigt,
welche die Umwandlung in eine Holding oder Teilholding als Anwendungsfall der
Spaltung ausdrücklich hervorhebt.[48]

Die Ausgliederung wird – mit dem Hinweis auf die Rechtswirkungen, die den über- 23
tragenden Rechtsträger betreffen – systematisch auch als ein eigenes Rechtsinstitut
angesehen und damit nicht als Unterfall der Spaltung verstanden.[49] Die Ausgliederung
nach deutschem Recht findet sich auch weder in der EU-Gesellschaftsrechtsrichtlinie
noch in der frühere europäischen Spaltungsrichtlinie.

III. Kombinationsmöglichkeiten iSv Abs. 4

§ 123 Abs. 4 stellt ausdrücklich klar, dass ein einheitlicher Spaltungsvorgang auch teil- 24
weise als **Spaltung zur Aufnahme** und teilweise als **Spaltung zur Neugründung**
durchgeführt werden kann. Ein Teil des Vermögens wird hier auf einen oder mehrere
bestehende Rechtsträger und ein anderer Teil auf mindestens einen neu zu gründenden
Rechtsträger übertragen.[50]

Daneben ist fraglich, ob § 123 Abs. 4 auch die **Kombinationen der verschiedenen** 25
Spaltungsarten iSd Abs. 1–3 zulässt. Zunächst ist diesbezüglich festzuhalten, dass die
Kombinationsmöglichkeiten von Aufspaltung und Abspaltung sowie von Aufspaltung
und Ausgliederung bereits rein wesenstechnisch nicht miteinander kombinierbar sind.
Dies ergibt sich schon aus dem Aspekt, dass sowohl die Abspaltung als auch die
Ausgliederung das Fortbestehen des übertragenden Rechtsträgers voraussetzen. Im Gegensatz hierzu ist bei der Aufspaltung aber gerade die Auflösung des übertragenden

---

45 *Mayer* DB 1995, 861 (861 f.).
46 Semler/Stengel/Leonard/*Schwanna* § 123 Rn. 17; Kölner Komm UmwG/*Simon* § 123 Rn. 27; Lutter/*Lieder* § 123 Rn. 56; *K. Schmidt* GesR § 13, IV, 6 b; *H. Schmidt* AG 2005, 26 (31).
47 Instruktiv zur Totalausgliederung: *Schmidt* AG 2005, 26 (27), 31; Semler/Stengel/Leonard/*Schwanna* § 123 Rn. 17;
Kölner Komm UmwG/*Simon* § 123 Rn. 27; Lutter/*Lieder* § 123 Rn. 56; *K. Schmidt* GesR § 13, IV, 6 b.
48 BR-Drs. 75/94, 74.
49 *Schmidt* AG 2005, 26 (30).
50 Semler/Stengel/Leonard/*Schwanna* § 123 Rn. 18; Kölner Komm UmwG/*Simon* § 123 Rn. 28; Lutter/*Lieder* § 123 Rn. 30; Widmann/Mayer/*Schwarz* § 123 Rn. 6.

Rechtsträgers ein charakteristisches Merkmal. Demnach ist also nur die Möglichkeit der Kombination von Abspaltung und Ausgliederung näher zu betrachten.[51]

26 Hierzu wird vertreten, dass diese Kombination von Abspaltung und Ausgliederung immer dann möglich sein soll, wenn sich der gesamte Vorgang in die jeweiligen Spaltungsarten zerlegen lässt. Entscheidend sei demnach, ob verschiedene Vermögensteile des übertragenden Rechtsträgers betroffen seien. Unzulässig sei somit die Kombination von Abspaltung und Ausgliederung immer dann, wenn dasselbe Teilvermögen betroffen ist.[52]

27 Nach anderer vorzugswürdiger Ansicht ist eine solche Differenzierung zu formalistisch und im Interesse der Pluralität der Gestaltungsmöglichkeiten abzulehnen. Eine Gefährdung der Interessen Beteiligter (Anteilseigner sowie Gläubiger) ist nicht ersichtlich, so dass die **Kombination von Abspaltung und Ausgliederung** auch dann möglich ist, wenn lediglich dasselbe Teilvermögen betroffen ist.[53] Im Ergebnis sind bei dieser Kombination als Rechtsfolge sowohl dem übertragenden Rechtsträger selbst als auch den Anteilsinhabern des übertragenden Rechtsträgers Anteile an der übernehmenden Gesellschaft zu gewähren.[54]

28 Eine zeitgleiche Beteiligung **mehrerer übertragender Rechtsträger** an einem Spaltungsvorgang ist weder bei der Spaltung zur Aufnahme noch bei der Spaltung zur Neugründung möglich. Trotz eines unzweifelhaft bestehenden praktischen Bedürfnisses (zB bei der Gründung eines Gemeinschaftsunternehmens) steht der insoweit eindeutige Wortlaut des § 123 („Ein Rechtsträger (übertragender Rechtsträger…)") einer solchen Spaltungskonstellation entgegen. Ferner lässt sich auch der Entstehungsgeschichte entnehmen, dass die Beteiligung mehrerer übertragender Rechtsträger an einem Spaltungsvorgang nicht dem Willen des Gesetzgebers entspricht. Nach § 123 Abs. 4 RefE war eine Beteiligung von mehreren Rechtsträgern noch ausdrücklich vorgesehen. Dies wurde in der endgültigen Gesetzesfassung nicht umgesetzt.

Hinweis: In der praktischen Gestaltung bleibt aus diesen Gründen nur die Option, aufeinander abgestimmte, einzelne Spaltungsvorgänge hintereinander zu schalten, damit zumindest eine faktische Verbindung der Spaltungsvorgänge erreicht werden kann.[55]

§ 124 Spaltungsfähige Rechtsträger

(1) An einer Aufspaltung oder einer Abspaltung können als übertragende, übernehmende oder neue Rechtsträger die in § 3 Abs. 1 genannten Rechtsträger sowie als übertragende Rechtsträger wirtschaftliche Vereine, an einer Ausgliederung können als übertragende, übernehmende oder neue Rechtsträger die in § 3 Abs. 1 genannten Rechtsträger sowie als übertragende Rechtsträger wirtschaftliche Ver-

---

51 Keßler/Kühnberger/*Gündel* § 123 Rn. 16 f.; Semler/Stengel/Leonard/*Schwanna* § 123 Rn. 20; Kölner Komm UmwG/*Simon* § 123 Rn. 35 („Eine Kombination von Aufspaltung und Ausgliederung ist somit nicht unzulässig, sondern logisch nicht denkbar."); Lutter/*Lieder* § 123 Rn. 30; Widmann/Mayer/*Schwarz* § 123 Rn. 7 ff.; *Mayer* DB 1995, 861 (861 f.); aA wohl Kallmeyer/*Sickinger* § 123 Rn. 13 („Auch die Kombination von Aufspaltung und Ausgliederung ist möglich, …").

52 Semler/Stengel/Leonard/*Schwanna* § 123 Rn. 20.

53 Kölner Komm UmwG/*Simon* § 123 Rn. 33; Widmann/Mayer/*Schwarz* § 123 Rn. 7.2; Kallmeyer DB 1995, 81 (82); *Mayer* DB 1995, 861.

54 Lutter/*Lieder* § 123 Rn. 30.

55 Kölner Komm UmwG/*Simon* § 123 Rn. 36; Lutter/*Lieder* § 123 Rn. 32; Semler/Stengel/Leonard/*Schwanna* § 123 Rn. 19; Widmann/Mayer/*Schwarz* § 123 Rn. 9.

eine, Einzelkaufleute, Stiftungen sowie Gebietskörperschaften oder Zusammenschlüsse von Gebietskörperschaften, die nicht Gebietskörperschaften sind, beteiligt sein.

(2) § 3 Abs. 3 und 4 ist auf die Spaltung entsprechend anzuwenden.

I. Bestimmung der Spaltungsfähigkeit verschiedener Rechtsträger (Abs. 1 iVm § 3 Abs. 1)	1	3. Beteiligtenfähigkeit der Gesellschaft bürgerlichen Rechts (GbR)	6
1. Beteiligtenfähigkeit der Societas Europaea (SE)	2	II. Beteiligungsfähigkeit aufgelöster Rechtsträger (Abs. 2 iVm § 3 Abs. 3)	7
2. Beteiligtenfähigkeit der Unternehmergesellschaft (UG)	3	III. Die Mischspaltung (Abs. 2 iVm § 3 Abs. 4)	10

I. Bestimmung der Spaltungsfähigkeit verschiedener Rechtsträger (Abs. 1 iVm § 3 Abs. 1)

§ 124 bestimmt abschließend den Kreis derjenigen Rechtsträger, die an einer Spaltung beteiligt sein können.[1] Aufgrund der Verweisung auf § 3 Abs. 1 sind alle dort genannten Rechtsträger sowohl als übertragende wie auch als übernehmende Rechtsträger uneingeschränkt beteiligungsfähig, mithin Personenhandelsgesellschaften, Partnerschaftsgesellschaften, eingetragene GbR, Kapitalgesellschaften, eingetragene Genossenschaften, eingetragene Idealvereine, genossenschaftliche Prüfungsverbände sowie Versicherungsverbände auf Gegenseitigkeit. Den Kreis der möglichen Rechtsträger, die an einer Spaltung als übertragende Rechtsträger beteiligt sein können, wird jedoch in § 124 Abs. 1 im Vergleich zu § 3 Abs. 1 erweitert. Als übertragende Rechtsträger können demnach zusätzlich an sämtlichen Spaltungsvorgängen wirtschaftliche Vereine und an einer Ausgliederung Einzelkaufleute, Stiftungen, Gebietskörperschaften oder Zusammenschlüsse von Gebietskörperschaften beteiligt sein. Bezüglich ggf. bestehender rechtsformspezifischer Besonderheiten ist auf die §§ 141, 149 Abs. 2, §§ 150, 151, 152, 161, 168 zu verweisen.[2]

1. Beteiligtenfähigkeit der Societas Europaea (SE)

Ferner ist auch die **Beteiligung einer SE** mit Sitz im Inland möglich, da diese grundsätzlich als vollwertiger spaltungsfähiger Rechtsträger – neben den in § 3 Abs. 1 genannten – angesehen werden kann. Die SE kann daher sowohl als übertragender Rechtsträger als auch als übernehmender Rechtsträger an einer Spaltung beteiligt sein. **Ausnahmen** sind jedoch bei der **Spaltung zur Neugründung** zu berücksichtigen. So ist eine Auf- und Abspaltung zur Neugründung einer SE nicht möglich, da in Art. 2 Abs. 1–4, Art. 3 Abs. 2 SE-VO[3] die Gründungstatbestände einer SE abschließend normiert sind und eine solche Form der SE-Neugründung dort nicht vorgesehen ist. Eine Ausgliederung zur Neugründung einer SE ist nur insoweit zulässig, als es sich bei dem übertragenden Rechtsträger ebenfalls um eine SE handelt (vgl. Art. 3 Abs. 2 SE-VO zur Gründung einer Tochter-SE).[4]

---

1 Semler/Stengel/Leonard/*Schwanna* § 124 Rn. 1; Kölner Komm UmwG/*Simon* § 124 Rn. 1.
2 Widmann/Mayer/*Weiler* § 124 Rn. 8; Semler/Stengel/Leonard/*Schwanna* § 124 Rn. 1; Kölner Komm UmwG/*Simon* § 124 Rn. 1, 8 ff.
3 Verordnung (EG) Nr. 2157/2001 vom 8.10.2001.
4 Semler/Stengel/Leonard/*Schwanna* § 124 Rn. 9; Kölner Komm UmwG/*Simon* § 124 Rn. 5; Lutter/*Lieder* § 124 Rn. 5 ff.

2. Beteiligtenfähigkeit der Unternehmergesellschaft (UG)

3 Die **Unternehmergesellschaft (UG)** als Sonderfall der GmbH kann an einer Spaltung zur Neugründung nicht als neu entstehender Rechtsträger beteiligt sein. Der BGH hat mit Beschluss vom 11.4.2011 in Übereinstimmung mit der innerhalb des juristischen Schrifttums vorherrschenden Ansicht[5] diesbezüglich festgestellt, dass die **Neugründung** einer UG im Wege einer **Abspaltung** gegen das Sacheinlagenverbot aus § 135 Abs. 2 S. 1, § 5a Abs. 2 S. 2 GmbHG verstößt.[6]

4 Darüber hinaus ist die UG auch bei einer **Spaltung zur Aufnahme** als übernehmender Rechtsträger grundsätzlich nicht beteiligtenfähig. Anders ist dies nur, wenn ihr Stammkapital durch den Vermögenstransfer im Wege der Spaltung auf mindestens 25.000 EUR erhöht wird und die UG so zur GmbH erwächst. Diese Beschränkungen ergeben sich aus dem Verbot der Sacheinlage gemäß § 5a Abs. 2 S. 2 GmbHG, welches sowohl bei der Gründung der UG als auch bei der späteren Kapitalerhöhung zu beachten ist.[7]

5 In Bezug auf die Beteiligtenfähigkeit der UG als übertragender Rechtsträger gibt es demgegenüber keinerlei Beschränkungen.[8]

3. Beteiligtenfähigkeit der Gesellschaft bürgerlichen Rechts (GbR)

6 Durch Art. 60 Abs. 2 des Gesetzes zur Modernisierung des Personengesellschaftsrechts (MoPeG) vom 10.8.2021 wurde die eingetragene Gesellschaft bürgerlichen Rechts in den Kreis der umwandlungsrechtsfähigen Rechtsträger gemäß § 3 Abs. 1 Nr. 1 aufgenommen. Diese Regelung ist am 1.1.2024 in Kraft getreten. Die **nicht** eingetragene **GbR** hingegen ist nach wie vor aufgrund der fehlenden Registerpublizität **nicht spaltungsfähig**. Ausführlich hierzu die Kommentierung zu § 3 Abs. 1 Nr. 1 (→ § 3 Rn. 3 f.).

II. Beteiligungsfähigkeit aufgelöster Rechtsträger (Abs. 2 iVm § 3 Abs. 3)

7 Durch den Verweis in § 124 Abs. 2 auf § 3 Abs. 3 können auch **aufgelöste Rechtsträger** als **übertragende** Rechtsträger grundsätzlich an Spaltungsvorgängen beteiligt sein, sofern deren Fortsetzung beschlossen werden kann. Entscheidend ist demnach – insbesondere bei der Abspaltung und Ausgliederung – lediglich die **Fortsetzungsfähigkeit** und nicht die tatsächlich durchgeführte Fortsetzung.[9]

8 Charakteristisch für eine aufgelöste Gesellschaft ist die **Wandlung des Gesellschaftszweckes** von einer aktiven werbenden Gesellschaft in eine solche, deren Zweck auf die Beendigung ihrer Existenz (Vollbeendigung) ausgerichtet ist.[10] Die Auflösungsgründe sind beispielsweise bei der AG in § 262 AktG, bei der GmbH in § 60 GmbHG und für die OHG in § 138 HGB beschrieben. Die Fortsetzung der Gesellschaft nach der Auflösung setzt dementsprechend die Rückkehr zur aktiven werbenden Gesellschaft voraus, womit eine erneute Zweckänderung einhergeht.[11]

---

[5] Noack/Servatius/Haas/*Servatius* GmbHG § 5a Rn. 17; Lutter/*Lieder* § 124 Rn. 4; Lutter/*Priester* § 138 Rn. 3; weitere Nachweise bei BGH NZG 2011, 666 (667).
[6] BGH NZG 2011, 666 (in Übereinstimmung mit OLG Frankfurt a. M. NZG 2010, 1429 in dieser Sache).
[7] BGH NZG 2011, 664 (664 f.); Altmeppen/*Altmeppen* GmbHG § 5a Rn. 19.
[8] Kölner Komm UmwG/*Simon* § 124 Rn. 7; Semler/Stengel/Leonard/*Schwanna* § 124 Rn. 8a; Lutter/*Lieder* § 124 Rn. 3.
[9] Semler/Stengel/Leonard/*Schwanna* § 124 Rn. 11; Kölner Komm UmwG/*Simon* § 124 Rn. 2, 11.
[10] *Koch* AktG § 262 Rn. 2.
[11] Lutter/Hommelhoff/*Kleindiek* GmbHG § 60 Rn. 28; *Koch* AktG § 274 Rn. 2.

Die Möglichkeit der Fortsetzung eines Rechtsträgers entfällt, wenn das Stadium der Vollbeendigung bereits eingetreten ist, also das Gesellschaftsvermögen verteilt und eine Löschung im Handelsregister vorgenommen wurde. Wurde bereits mit der Verteilung des Vermögens begonnen oder wurde ein Insolvenzverfahren eröffnet, so scheidet die Fortsetzungsfähigkeit ebenfalls aus (vgl. für die AG § 274 AktG).[12]

III. Die Mischspaltung (Abs. 2 iVm § 3 Abs. 4)

Ferner sind gemäß § 124 Abs. 2 iVm § 3 Abs. 4 auch sog. **Mischspaltungen** zulässig, so dass mehrere Rechtsträger mit unterschiedlichen Rechtsformen gleichzeitig an einem Spaltungsvorgang teilnehmen können. Bezüglich der jeweiligen spezifischen Kombinationssituation gilt es, ggf. bestehende Einschränkungen innerhalb der besonderen Vorschriften zur Spaltung zu beachten.[13]

§ 125 Anzuwendende Vorschriften

(1) ¹Soweit sich aus diesem Buch nichts anderes ergibt, sind die Vorschriften des Zweiten Buches auf die Spaltung mit folgenden Ausnahmen entsprechend anzuwenden:
1. mit Ausnahme des § 62 Absatz 5,
2. bei Aufspaltung mit Ausnahme der § 9 Absatz 2 und § 12 Absatz 3 jeweils in Verbindung mit § 8 Absatz 3 Satz 3 Nummer 1 Buchstabe a,
3. bei Abspaltung und Ausgliederung mit Ausnahme des § 18,
4. bei Ausgliederung mit Ausnahme der §§ 29 bis 34, des § 54 Absatz 1 Satz 1, des § 68 Absatz 1 Satz 1 und des § 71 und für die Anteilsinhaber des übertragenden Rechtsträgers mit Ausnahme des § 14 Absatz 2 und des § 15.

²Eine Prüfung im Sinne der §§ 9 bis 12 findet bei Ausgliederung nicht statt. ³Bei Abspaltung ist § 133 für die Verbindlichkeit nach § 29 anzuwenden.

(2) An die Stelle der übertragenden Rechtsträger tritt der übertragende Rechtsträger, an die Stelle des übernehmenden oder neuen Rechtsträgers treten gegebenenfalls die übernehmenden oder neuen Rechtsträger.

I. Normzweck 1	4. Rechtsformspezifische Bestimmungen zur Abspaltung 9
II. Bestimmung der auf die Spaltung anwendbaren Vorschriften 3	5. Allgemeine Bestimmungen zur Ausgliederung 10
1. Allgemeine Bestimmungen zur Aufspaltung (§§ 2–38) 6	6. Rechtsformspezifische Bestimmungen zur Ausgliederung 11
2. Rechtsformspezifische Bestimmungen zur Aufspaltung (§§ 39–122) 7	III. Sprachliche Anpassungen in Abs. 2 12
3. Allgemeine Bestimmungen zur Abspaltung 8	

I. Normzweck

§ 125 wurde durch das UmRUG[1] mit Wirkung vom 1.3.2023 vollständig neu gefasst. Die vormaligen S. 1 und 2 wurden zu Abs. 1, wobei der vormalige S. 1 mit teilweise

---

12 Kölner Komm UmwG/*Simon* § 3 Rn. 53 f.; 12; Semler/Stengel/Leonard/*Schwanna* § 3 Rn. 37 f.
13 Kölner Komm UmwG/*Simon* § 124 Rn. 2, 12; Semler/Stengel/Leonard/*Schwanna* § 124 Rn. 12.

1 Gesetz zur Umsetzung der Umwandlungsrichtlinie und zur Änderung weiterer Gesetze (UmRUG) v. 22.2.2023, BGBl. 2023 I Nr. 51.

inhaltlichen Änderungen zur besseren Übersicht nach Anwendungsfällen numerisch untergliedert wurde. Der vormalige S. 3 wurde ohne inhaltliche Änderung zu Abs. 2. Mit der Neufassung hat der Gesetzgeber vor allem den Kreis der für unanwendbar erklärten Regelungen beschränkt und so der teilweise in der Literatur diskutierten teleologischen Reduktion bezüglich einzelner Ausnahmen Rechnung getragen.

Die Spaltung weist deutliche systematische Parallelen zum Vorgang der Verschmelzung auf. Die Spaltung wird daher oftmals plakativ als **Spiegelbild der Verschmelzung** beschrieben, da bei der Verschmelzung Vermögen zusammengeführt, wohingegen bei einer Spaltung Vermögen auf andere Rechtsträger aufgeteilt wird. Diese Betrachtung kann jedoch nur für die Auf- und Abspaltung im Vergleich zur Verschmelzung zutreffen. Die Ausgliederung hingegen findet sich nicht unmittelbar spiegelbildlich in der Verschmelzung wieder.[2]

2 Aufgrund der ausgeführten typologischen Nähe von Verschmelzung und Spaltung sieht § 125 Abs. 1 für die Spaltung eine entsprechende Anwendung der Vorschriften des zweiten Buchs (§§ 2–122) mit wenigen Ausnahmen vor. Aufgrund dieser umfassenden Grundverweisung gilt § 125 als **zentrale Norm** innerhalb des Spaltungsrechts.[3]

II. Bestimmung der auf die Spaltung anwendbaren Vorschriften

3 Die umfassende Verweisungstechnik des Gesetzgebers führt zu der Notwendigkeit, die anwendbaren Vorschriften in jedem konkreten Spaltungsfall herausfiltern zu müssen, was mitunter recht mühsam sein kann. Hinzu kommt, dass aufgrund der in § 125 Abs. 1 beschriebenen **entsprechenden** Anwendung der Verschmelzungsvorschriften gerade den spaltungsspezifischen Besonderheiten und Modifikationen sowie der besonderen Terminologie der Spaltung Rechnung zu tragen ist.[4] Eine entsprechende Anwendung der Verschmelzungsvorschriften kommt deshalb immer nur dann in Betracht, **wenn sich aus den Vorschriften des dritten Buchs nichts anderes ergibt** (vgl. § 125 Abs. 1 S. 1). **Abweichungen** zur entsprechenden Anwendbarkeit ergeben sich dabei teilweise schon **explizit aus § 125 Abs. 1** sowie **aus dem Gesamtkontext**.[5]

4 Explizit ausgenommen von einer entsprechenden Anwendung sind gemäß § 125 Abs. 1 Nr. 1 die Regelungen in **§ 62 Abs. 5** (eingefügt durch das dritte Gesetz zur Änderung des UmwG vom 11.7.2011).

Zudem wird allein für die Aufspaltung gemäß § 125 Abs. 1 Nr. 2 die Anwendbarkeit von § 9 Abs. 2 und § 12 Abs. 3 iVm § 8 Abs. 3 S. 3 Nr. 1 lit. a ausgeschlossen. Der Ausschluss der Entbehrlichkeit der Verschmelzungsprüfung bei der Verschmelzung der Tochter- auf die Muttergesellschaft (sog. Konzernprivileg) ist folgerichtig, da eine Aufspaltung notwendigerweise mehrere Rechtsträger voraussetzt und somit keiner von ihnen Alleingesellschafter sein kann. Dagegen kann bei einer Abspaltung auf einen einzigen Anteilsinhaber eine 100%-Beteiligung bestehen. Die der Verfahrenserleichterung der § 9 Abs. 2 und § 12 Abs. 3 iVm § 8 Abs. 3 S. 3 Nr. 1 lit. a zugrunde liegenden Erwägungen

---

2 Widmann/Mayer/*Mayer* § 125 Rn. 2; Kölner Komm UmwG/*Simon* § 125 Rn. 1.
3 Widmann/Mayer/*Mayer* § 125 Rn. 1; Lutter/*Lieder* § 125 Rn. 1.
4 Semler/Stengel/Leonard/*Schwanna* § 125 Rn. 3; Lutter/*Lieder* § 125 Rn. 3.
5 Kölner Komm UmwG/*Simon* § 125 Rn. 7.

greifen für diesen Fall der Abspaltung gleichermaßen Platz. Mit der nunmehr erfolgten Klarstellung hat der Gesetzgeber auf die frühere Kritik in der Literatur reagiert.[6]

Ferner findet in den Fällen, welche Abspaltungen und Ausgliederungen betreffen, § 18 keine entsprechende Anwendung.

Durch die Neuregelung im Rahmen des UmRUG wurde zudem in Ausgliederungsfällen den Anteilsinhabern des übernehmenden Rechtsträger gemäß § 14 Abs. 2 und § 15 die Möglichkeit eines Spruchverfahrens eröffnet; der Ausschluss gilt nunmehr nur noch für die Anteilsinhaber des übertragenden Rechtsträgers.

Im Rahmen des § 125 S. 1 aF wurde bei Ausgliederungen der vollständige Ausschluss der Regelungen in § 54 und § 68 kritisiert und teilweise für das Kapitalerhöhungswahlrecht und den Verzicht auf die Anteilsgewährung bei GmbH und AG eine analoge Anwendung der Regelungen befürwortet.[7] Der Gesetzgeber ist dem gefolgt und erklärt nunmehr nur noch die Regelungen gemäß § 54 Abs. 1 S. 1 und § 68 Abs. 2 S. 1 für unanwendbar.

Hinsichtlich des Ausschlusses der §§ 29–34, 71 sowie der §§ 9–12 bei der Ausgliederung hat sich durch die Neufassung nichts geändert.

Schlussendlich wurde im Rahmen der Neufassung in § 125 Abs. 1 S. 3 eine Klarstellung eingefügt, wonach die gesamtschuldnerische Haftung der beteiligten Rechtsträger bei der Abspaltung ausdrücklich für den Barabfindungsanspruch nach § 29 gilt. Dies ist im Ergebnis keine Neuerung, da das Barabfindungsangebot zwingend bereits im Spaltungsvertrag bzw. dessen Entwurf enthalten sein muss,[8] und somit das dem Anspruch zugrunde liegende Rechtsverhältnis bereits vor Vollzug der Spaltung begründet wurde. Es handelt sich bei dem Barabfindungsanspruch mithin um eine Altverbindlichkeit, bei der die gesamtschuldnerische Haftung nach § 133 unmittelbar greift (→ § 133 Rn. 15).

Die nachfolgenden tabellarischen Übersichten[9] sollen einen Überblick über die jeweilige entsprechende Anwendbarkeit der §§ 2–122 auf die konkrete Art der Spaltung geben. Nicht aufgeführte Normen des zweiten Buches des Umwandlungsgesetzes (exklusive des zehnten Abschnitts) sind auf Spaltungsvorgänge entsprechend anzuwenden.

1. Allgemeine Bestimmungen zur Aufspaltung (§§ 2–38)

§ 2	ersetzt durch	§ 123 Abs. 1–3
§ 3	ersetzt durch	§ 124 (teilweise Rückverweisung auf § 3)
§ 4	ersetzt durch	§ 136 (bei Aufspaltung z. Neugr., § 135)
§ 5	ersetzt durch	§ 126 (zur Aufn.), § 136 S. 2 (zur Neugr.)
§ 7	entfällt	s. § 135 Abs. 1 (bei Aufspaltung z. Neugr.)
§ 8	ersetzt durch	§§ 127, (135) (teilw. Rückverweisung auf § 8)
§ 9 Abs. 2	entfällt ausdr.	s. § 125 Abs. 1 Nr. 2

---

[6] Vgl. zur alten Rechtslage: Kölner Komm UmwG/*Simon* 1. Aufl. 2009, § 125 Rn. 9.
[7] Vgl. Lutter/*Lieder* § 125 Rn. 63 ff., 68.
[8] Lutter/*Grunewald* § 29 Rn. 21.
[9] Inhaltlich Bezug nehmend auf Widmann/Mayer/*Mayer* § 125 Rn. 13 ff.; Semler/Stengel/Leonard/*Schwanna* § 125 Rn. 5 ff., 11; Kölner Komm UmwG/*Simon* § 125 Rn. 22 ff.; Lutter/*Lieder* § 125 Rn. 5 ff.

§§ 13–15	ergänzt durch	§§ 128, (135)
§ 16 Abs. 1	entfällt	s. § 135 Abs. 1 (bei Aufspaltung z. Neugr.)
§§ 16 Abs. 2, Abs. 3, 17	ergänzt durch	§§ 129 (zur Aufnahme), 137 (zur Neugr.)
§ 19 Abs. 1, Abs. 2	ersetzt durch	§ 130 (bei Aufspaltung zur Aufnahme)
		§§ 130 Abs. 1, 137 (bei Aufspaltung z. Neugr.)
§ 20	ersetzt durch	§§ 131 (135)
§ 22	ergänzt durch	§§ 133, 134 (135)
§ 23	ergänzt durch	§ 133
§ 27	entfällt	s. § 135 Abs. 1 (bei Aufspaltung z. Neugr.)
§ 36	ersetzt durch	§ 135 (bei Aufspaltung z. Neugr.)
§ 37	ergänzt durch	§ 136 (bei Aufspaltung z. Neugr.)
§ 38	ersetzt durch	§ 137 (bei Aufspaltung z. Neugr.)

2. Rechtsformspezifische Bestimmungen zur Aufspaltung (§§ 39–122)

7

§§ 51, 52, 53, 54 Abs. 1–3, 55	entfallen	§§ 135, 125, 56 (bei Aufspaltung z. Neugr.)
§ 58 Abs. 2	ersetzt durch	§ 138 (bei Aufspaltung z. Neugr.)
§§ 60–69	ergänzt durch	§§ 141, 142 (bei Aufspaltung z. Aufnahme)
§§ 60–65	ergänzt durch	§§ 141, 143, 144 (bei Aufspaltung z. Neugr.)
§ 62 Abs. 5	entfällt ausdr.	/ s. § 125 Abs. 1 Nr. 1
§§ 66, 67, 68 Abs. 1 u. 2, 69	entfallen	§§ 135, 125, 73 (bei Aufspaltung z. Neugr.)
§ 75 Abs. 2	ersetzt durch	§ 144 (bei Aufspaltung z. Neugr.)
§ 79	ersetzt durch	§ 147
§ 99	ersetzt durch	§ 149
§ 105	ersetzt durch	§ 150
§ 109	ersetzt durch	§ 151
§§ 120–122	entfallen	/

3. Allgemeine Bestimmungen zur Abspaltung

8 Hinsichtlich der nachfolgenden tabellarischen Übersicht zur abspaltungsrechtlichen Modifikation der §§ 2–122 ist zunächst auf die beiden obenstehenden Übersichten zur Aufspaltung zu verweisen. Ausgeführt werden deshalb nur weitergehende Besonderheiten bezüglich der Abspaltung. Bei der Suche nach den auf die Abspaltung entsprechend anwendbaren Vorschriften ist demnach auch die Übersicht zur Aufspaltung hinzuzuziehen.

| § 18 | entfällt ausdr. | / s. § 125 Abs. 1 Nr. 3 |
| § 28 | nicht anwendbar | / |

4. Rechtsformspezifische Bestimmungen zur Abspaltung

§§ 46–55	ergänzt durch	§§ 139, 140 (bei Abspaltung z. Aufnahme)
§§ 46–50	ergänzt durch	§§ 139, 140 (bei Abspaltung z. Neugr.)
§§ 60–69	ergänzt durch	§§ 145, 146 (bei Abspaltung z. Aufnahme)
§§ 80–95	ergänzt durch	§ 148 (bei Abspaltung z. Aufnahme)
§§ 80–98	ergänzt durch	§ 148 (bei Abspaltung z. Neugr.)

9

5. Allgemeine Bestimmungen zur Ausgliederung

Auch der folgende tabellarische Überblick zur entsprechenden Anwendbarkeit der verschmelzungsrechtlichen Normen auf die Ausgliederung ergänzt die Ausführungen zur Auf- und Abspaltung und nimmt sinngemäß auf diese Bezug. Die nachstehende Tabelle enthält dementsprechend lediglich die zusätzlichen Besonderheiten bezogen auf die Ausgliederung.

10

§§ 9–12	entfallen ausdr.	/ s. § 125 Abs. 1 S. 2
§§ 14 Abs. 2, 15	entfallen ausdr.	/ s. § 125 Abs. 1 Nr. 4
§ 27	entfällt	/ (nur bei Ausgliederung zur Neugründung)
§§ 29–34	entfallen ausdr.	/ s. § 125 Abs. 1 Nr. 4

6. Rechtsformspezifische Bestimmungen zur Ausgliederung

§ 48	nicht anwendbar	/
§ 54 Abs. 1 S. 1	entfällt ausdr.	/ s. § 125 Abs. 1 Nr. 4
§ 60	nicht anwendbar	/
§§ 68 Abs. 1 S. 1, 71	entfallen ausdr.	/ s. § 125 Abs. 1 Nr. 4

11

III. Sprachliche Anpassungen in Abs. 2

§ 125 Abs. 2 hat lediglich die Funktion, die entsprechend anzuwendenden Normen des Verschmelzungsrechts **sprachlich** an die Eigenarten des Spaltungsrechts **anzupassen**. Eine solche terminologische Anpassung ist dem bereits beschriebenen spiegelbildlichen Charakter der Spaltung im Vergleich zum Vorgang der Verschmelzung geschuldet. Bei der Spaltung ist notwendigerweise nur ein übertragender Rechtsträger beteiligt und möglicherweise eine Mehrzahl von übernehmenden Rechtsträgern. Bei der Verschmelzung ist dies umgekehrt. Nach § 125 Abs. 2 ist es für eine entsprechende Anwendung einer verschmelzungsrechtlichen Norm **völlig unerheblich**, ob diese den jeweils aufgeführten Rechtsträger im Plural oder im Singular bezeichnet.[10]

12

---

10 Widmann/Mayer/*Mayer* § 125 Rn. 2; Kölner Komm UmwG/*Simon* § 125 Rn. 38; Lutter/*Lieder* § 125 Rn. 11; Semler/Stengel/Leonard/*Schwanna* § 125 Rn. 12.

Zweiter Abschnitt
Spaltung zur Aufnahme

§ 126 Inhalt des Spaltungs- und Übernahmevertrags

(1) Der Spaltungs- und Übernahmevertrag oder sein Entwurf muß mindestens folgende Angaben enthalten:

1. den Namen oder die Firma und den Sitz der an der Spaltung beteiligten Rechtsträger;
2. die Vereinbarung über die Übertragung der Teile des Vermögens des übertragenden Rechtsträgers jeweils als Gesamtheit gegen Gewährung von Anteilen oder Mitgliedschaften an den übernehmenden Rechtsträgern;
3. bei Aufspaltung und Abspaltung das Umtauschverhältnis der Anteile und gegebenenfalls die Höhe der baren Zuzahlung oder Angaben über die Mitgliedschaft bei den übernehmenden Rechtsträgern;
4. bei Aufspaltung und Abspaltung die Einzelheiten für die Übertragung der Anteile der übernehmenden Rechtsträger oder über den Erwerb der Mitgliedschaft bei den übernehmenden Rechtsträgern;
5. den Zeitpunkt, von dem an diese Anteile oder die Mitgliedschaft einen Anspruch auf einen Anteil am Bilanzgewinn gewähren, sowie alle Besonderheiten in bezug auf diesen Anspruch;
6. den Zeitpunkt, von dem an die Handlungen des übertragenden Rechtsträgers als für Rechnung jedes der übernehmenden Rechtsträger vorgenommen gelten (Spaltungsstichtag);
7. die Rechte, welche die übernehmenden Rechtsträger einzelnen Anteilsinhabern sowie den Inhabern besonderer Rechte wie Anteile ohne Stimmrecht, Vorzugsaktien, Mehrstimmrechtsaktien, Schuldverschreibungen und Genußrechte gewähren, oder die für diese Personen vorgesehenen Maßnahmen;
8. jeden besonderen Vorteil, der einem Mitglied eines Vertretungsorgans oder eines Aufsichtsorgans der an der Spaltung beteiligten Rechtsträger, einem geschäftsführenden Gesellschafter, einem Partner, einem Abschlußprüfer oder einem Spaltungsprüfer gewährt wird;
9. die genaue Bezeichnung und Aufteilung der Gegenstände des Aktiv- und Passivvermögens, die an jeden der übernehmenden Rechtsträger übertragen werden, sowie der übergehenden Betriebe und Betriebsteile unter Zuordnung zu den übernehmenden Rechtsträgern;
10. bei Aufspaltung und Abspaltung die Aufteilung der Anteile oder Mitgliedschaften jedes der beteiligten Rechtsträger auf die Anteilsinhaber des übertragenden Rechtsträgers sowie den Maßstab für die Aufteilung;
11. die Folgen der Spaltung für die Arbeitnehmer und ihre Vertretungen sowie die insoweit vorgesehenen Maßnahmen.

(2) ¹Soweit für die Übertragung von Gegenständen im Falle der Einzelrechtsnachfolge in den allgemeinen Vorschriften eine besondere Art der Bezeichnung bestimmt ist, sind diese Regelungen auch für die Bezeichnung der Gegenstände des Aktiv- und Passivvermögens (Absatz 1 Nr. 9) anzuwenden. ²§ 28 der Grundbuchordnung ist zu beachten. ³Im übrigen kann auf Urkunden wie Bilanzen und Inventare Bezug genommen werden, deren Inhalt eine Zuweisung des einzelnen

Gegenstandes ermöglicht; die Urkunden sind dem Spaltungs- und Übernahmevertrag als Anlagen beizufügen.

(3) Der Vertrag oder sein Entwurf ist spätestens einen Monat vor dem Tag der Versammlung der Anteilsinhaber jedes beteiligten Rechtsträgers, die gemäß § 125 in Verbindung mit § 13 Abs. 1 über die Zustimmung zum Spaltungs- und Übernahmevertrag beschließen soll, dem zuständigen Betriebsrat dieses Rechtsträgers zuzuleiten.

Literatur:
Berner/Klett, Die Aufteilung von Vertragsverhältnissen – Ein Beitrag zu mehr Rechtssicherheit bei umwandlungsrechtlichen Spaltungen, NZG 2008, 601; *Bork/Jacoby*, Das Schicksal des Zivilprozesses bei Abspaltungen, ZHR 2003, 440; *Reiß*, Die Spaltung im Zivilprozeß: Partielle Gesamtrechtsnachfolge im Spannungsfeld zwischen Umwandlungs- und Prozeßrecht, Diss. 2010; *Teichmann*, Die Spaltung von Rechtsträgern als Akt der Vermögensübertragung, ZGR 1993, 396; *Thiele/König*, Die Anforderungen an die Bezeichnung der zu übertragenden Gegenstände des Aktiv- und Passivvermögens gem. § 126 I Nr. 9 UmwG, NZG 2015, 178.

I. Normzweck	1
II. Allgemeines zum Spaltungsvertrag	3
III. Spaltungs- und Übernahmevertrags des Spaltungs- und Übernahmevertrags	8
IV. Die notwendigen Inhalte des Spaltungs- und Übernahmevertrages (Abs. 1)	10
1. Die Bezeichnungspflicht (Abs. 1 Nr. 1)	11
2. Der Vermögensübergang (Abs. 1 Nr. 2)	12
3. Das Umtauschverhältnis (Abs. 1 Nr. 3)	15
4. Weitere Einzelheiten zur Übertragung der Anteile bzw. der Mitgliedschaften (Abs. 1 Nr. 4)	19
5. Zeitpunkt der Beteiligung am Bilanzgewinn (Abs. 1 Nr. 5)	20
6. Der Spaltungsstichtag (Abs. 1 Nr. 6)	21
7. Sonderrechte (Abs. 1 Nr. 7)	22
8. Sondervorteile (Abs. 1 Nr. 8)	24
9. Bezeichnung der zu übertragenden Vermögensteile (Abs. 1 Nr. 9)	27
a) Gegenstände des Aktiv- und Passivvermögens	28
aa) Bewegliche Sachen	30
bb) Grundstücke und Rechte an Grundstücken	31
cc) Anteile an Kapital- oder Personengesellschaften	34
dd) Forderungen	35
ee) Verbindlichkeiten	37
ff) Vertragsverhältnisse	40
gg) Arbeitsverhältnisse	43
hh) Unternehmensverträge	45
ii) Öffentlich-rechtliche Rechtspositionen	46
jj) Prozessrechtsverhältnisse	47
kk) „Vergessene" Vermögensgegenstände	48
b) Betriebe und Teilbetriebe	49
10. Die Aufteilung der Anteile bei Auf- und Abspaltung (Abs. 1 Nr. 10)	55
11. Folgen der Spaltung für die Arbeitnehmer und ihre Vertretungen (Abs. 1 Nr. 11)	60
12. Weitere zwingende Inhalte des Spaltungs- und Übernahmevertrages	62
V. Mögliche fakultative Bestandteile des Spaltungs- und Übernahmevertrages	65
1. Die Absicherung der Bewertungsgrundlage	66
2. Mögliche Haftungsfreistellungen	67
3. Satzungsänderung bzw. Satzungsanpassung	68
4. Organbestellung beim übernehmenden Rechtsträger	69
5. Vermeidung der Aufdeckung stiller Reserven	70
6. Reaktionen auf das Erfordernis einer Genehmigung oder Zustimmung	71
7. Auffangbestimmungen	73
8. Kostentragungspflichten	74
VI. Zuleitung des Spaltungsvertrages an den zuständigen (Abs. 3)	75

I. Normzweck

Mit § 126 beginnt der zweite Abschnitt des ersten Teils des dritten Buches. Die Abs. 1 und 2 regeln die **inhaltlichen Anforderungen an den Spaltungsvertrag**. Abs. 3 normiert das Erfordernis der **rechtzeitigen Information der zuständigen Betriebsräte**. Es handelt sich bei § 126 um die speziellere Parallelregelung zu § 5, weshalb die verschmelzungsrechtliche Norm vollständig verdrängt wird.[1]

---

[1] Kölner Komm UmwG/*Simon* § 126 Rn. 1; Semler/Stengel/Leonard/*Schröer/Greitemann* § 126 Rn. 1 f.

2 Aus der Systematik des Gesetzes ergibt sich, dass § 126 **unmittelbar nur auf die Spaltung zur Aufnahme**, wovon auch die Ausgliederung zur Aufnahme erfasst wird, anzuwenden ist. Bei der Spaltung zur Neugründung gibt es als Äquivalent den erforderlichen **Spaltungsplan**, vgl. § 136 S. 2. Der Verzicht auf einen Spaltungsvertrag ist schon denklogisch, da es bei der Spaltung zur Neugründung keine zweite Partei gibt, mit welcher ein vertragliches Verhältnis eingegangen werden könnte. Dennoch **gelten auch für den Spaltungsplan die inhaltlichen Anforderungen aus § 126** mit leichten Modifikationen über den Verweis des § 135 Abs. 1.[2]

II. Allgemeines zum Spaltungsvertrag

3 § 126 listet die für die Aufstellung eines Spaltungsvertrages erforderlichen **Mindestanforderungen** auf. Der Spaltungsvertrag enthält vor allem die Einigung der Parteien über die **Bedingungen der Spaltung** und legt fest, welche Vermögenswerte betroffen sein sollen. Der Spaltungsvertrag soll weiterhin die **Anteilseigner** über die wesentlichen Modalitäten der Spaltung **informieren**, weshalb § 126 auch dem Schutz der Anteilsinhaber dient.[3] Die Rechtsnatur des Spaltungsvertrages ist jedoch nicht eindeutig eingrenzbar. Obwohl er unzweifelhaft ausgeprägte **schuldrechtliche Komponenten** beinhaltet, ist seine Bedeutung als **gesellschaftsrechtlicher Organisationsakt** vorrangig. Die nicht ausschließlich das schuldrechtliche Verhältnis der beteiligten Rechtsträger, sondern die Anteilsinhaber oder den allgemeinen Rechtsverkehr betreffenden Regelungen sind demnach nach objektiven Kriterien aus der Sicht eines verständigen Dritten auszulegen.[4] Daneben entfaltet er selbst keine unmittelbare **dingliche Wirkung**,[5] sondern stellt lediglich die Grundlage hierfür dar.[6]

4 Der Spaltungs- und Übernahmevertrag ist von den **Organen** der beteiligten Rechtsträger abzuschließen, vgl. § 125, § 4 Abs. 1 S. 1. Die Organe müssen dabei in vertretungsberechtigter Anzahl handeln, die sich aus dem jeweiligen Statut des Rechtsträgers ergibt.[7] Ferner ist auch eine Bevollmächtigung Dritter zum Abschluss eines Spaltungs- und Übernahmevertrages möglich.[8] Weitere Details ergeben sich aus den Erläuterungen zu § 4 (→ § 4 Rn. 12).

5 Gemäß § 125 iVm § 6 ist der Spaltungsvertrag **notariell zu beurkunden.** Der Beurkundungspflicht unterliegt dabei nicht nur der Spaltungsvertrag selbst, sondern sämtliche Abreden, die nach dem Willen der Beteiligten mit dem Spaltungsvertrag ein einheitliches Ganzes bilden, also mit ihm stehen und fallen sollen.[9] Die **Wirksamkeit** nach § 125, § 13 Abs. 1 S. 1 tritt allerdings erst durch die **Zustimmung der Anteilsinhaber** im Wege eines **Spaltungsbeschlusses** ein. Zuvor ist der Spaltungsvertrag schwebend unwirksam. Sollte es unklar sein, ob überhaupt ein Spaltungsbeschluss gefasst wird, so kann der Gesellschafterversammlung auch ein noch nicht notariell beurkundeter **Entwurf des Spaltungsvertrages** zur Entscheidung vorgelegt werden, um unnötige

---

[2] Kölner Komm UmwG/*Simon* § 126 Rn. 4; Semler/Stengel/Leonard/*Schröer/Greitemann* § 126 Rn. 2.
[3] Semler/Stengel/Leonard/*Schröer/Greitemann* § 126 Rn. 5.
[4] BGH ZIP 2008, 600 (601).
[5] AA Schmitt/Hörtnagl/*Hörtnagl* § 126 Rn. 6 (zur dinglichen Wirkung).
[6] Lutter/*Priester* § 126 Rn. 7; Kölner Komm UmwG/*Simon* § 126 Rn. 4; Semler/Stengel/Leonard/*Schröer/Greitemann* § 126 Rn. 6.
[7] Semler/Stengel/Leonard/*Schröer/Greitemann* § 126 Rn. 7; Kölner Komm UmwG/*Simon* § 126 Rn. 10.
[8] Kölner Komm UmwG/*Simon* § 126 Rn. 10.
[9] BGH ZIP 2021, 738 (745).

Beurkundungskosten zu vermeiden.[10] Eine solche Entwurfsfassung ist vom zuständigen Organ schriftlich aufzustellen und muss in jedem Fall inhaltlich vollständig sein. Stimmen die Anteilsinhaber dem Vertragsentwurf zu, so ist die notarielle Beurkundung zu veranlassen.[11]

Aus einem wirksamen Spaltungsvertrag ergibt sich für die jeweils beteiligten Rechtsträger ein **vollstreckbarer Anspruch**, diejenigen Handlungen durchzusetzen, die zur Realisierung der Spaltung erforderlich sind. Insbesondere ist die **Eintragung der Spaltung** in das Register des übertragenden Rechtsträgers zu bewirken, damit die beabsichtigten Wirkungen der Spaltung eintreten, vgl. §§ 130, 131. **Anspruchsberechtigte** sind allerdings nur die **beteiligten Rechtsträger**. Die Anteilseigner erlangen aus dem Spaltungsvertrag selbst keine unmittelbaren Ansprüche, da sie weder Vertragsparteien sind noch der Vertrag zu ihren Gunsten drittschützende Wirkung entfaltet.[12]

Trotz der Beteiligung mehrerer übernehmender Rechtsträger ist als Spaltungs- und Übernahmevertrag **ein einheitliches Vertragswerk** erforderlich. Die Beteiligten können allerdings mehrere, voneinander getrennte Spaltungsvorgänge und somit auch getrennte Spaltungsverträge durch die Aufnahme von Bedingungen in den einzelnen Verträgen miteinander verknüpfen.[13]

III. Spaltungs- und Übernahmevertrags des Spaltungs- und Übernahmevertrags

Der Spaltungs- und Übernahmevertrag kann aufgrund verschiedenster Aspekte an einem Mangel leiden. Beim Fehlen oder einer nicht vollständigen notariellen Beurkundung ergibt sich die **Nichtigkeit wegen Formmangels** bereits aus § 125 S. 1 BGB. Nach § 131 Abs. 1 Nr. 4 wird dieser Mangel aber durch die Eintragung der Spaltung in das Register des übernehmenden Rechtsträgers **geheilt**. Ferner kann sich die Nichtigkeit des Spaltungs- und Übernahmevertrages auch aus den §§ 134, 138 BGB ergeben. Doch auch diese Mängel haben grundsätzlich keine Auswirkungen auf die Wirksamkeit der Spaltung, wenn die Registereintragung erfolgt ist, vgl. § 131 Abs. 2.[14] Die Nichtigkeit des Spaltungs- und Übernahmevertrages kann auch darin begründet liegen, dass die in **§ 126 Abs. 1 Nr. 1–3 geforderten Mindestangaben** fehlen. In diesem Falle ist eine **Heilung** durch die Eintragung der Spaltung allerdings **nicht möglich**.[15]

Ferner kann ein Mangel des Spaltungsvertrages auch dessen **Anfechtbarkeit** begründen. Nach einer erfolgreichen Anfechtung ist der Vertrag dann nichtig, jedoch kommt auch hier der Registereintragung heilende Wirkung zu, vgl. § 131 Abs. 2.[16] Im Ergebnis sollen diese Heilungswirkungen verhindern, dass eine bereits vollzogene Spaltung rückgängig zu machen wäre. Eventuell bestehende Ansprüche auf Schadenersatz bleiben indes unberührt.[17]

---

10 Die Kosten der Beurkundung ergeben sich seit dem 1.8.2013 aus dem Gerichts- und Notarkostengesetz (GNotKG). Der Geschäftswert richtet sich dabei nach dem übergehenden Aktivvermögen und ist der Höhe nach auf 10 Mio. EUR begrenzt (§ 107 Abs. 1 GNotKG).
11 Semler/Stengel/Leonard/*Schröer/Greitemann* § 126 Rn. 8, 10, 13 f.; Kölner Komm UmwG/*Simon* § 126 Rn. 11, 13 ff.
12 Semler/Stengel/Leonard/*Schröer/Greitemann* § 126 Rn. 17, ff.; Kölner Komm UmwG/*Simon* § 126 Rn. 16, 19; aA Schmitt/Hörtnagl/*Hörtnagl* § 126 Rn. 12; wie hier Lutter/*Priester* § 126 Rn. 99.
13 Semler/Stengel/Leonard/*Schröer/Greitemann* § 126 Rn. 9; Kölner Komm UmwG/*Simon* § 126 Rn. 9.
14 Semler/Stengel/Leonard/*Schröer/Greitemann* § 126 Rn. 19 f.
15 Semler/Stengel/Leonard/*Schröer/Greitemann* § 126 Rn. 21.
16 Semler/Stengel/Leonard/*Schröer/Greitemann* § 126 Rn. 23.
17 Semler/Stengel/Leonard/*Leonard* § 131 Rn. 65.

IV. Die notwendigen Inhalte des Spaltungs- und Übernahmevertrages (Abs. 1)

10 § 126 Abs. 1 beinhaltet die **gesetzlich geforderten Mindestangaben**, die in einem Spaltungs- und Übernahmevertrag enthalten sein müssen. Die Nr. 1–8 und 11 entsprechen ihrem Inhalt nach den Mindestanforderungen, die auch an einen Verschmelzungsvertrag zu stellen sind, vgl. § 5 Abs. 1 Nr. 1–9. Die spaltungsspezifischen Mindestinhalte finden sich in Nr. 9 und 10 wieder.[18]

1. Die Bezeichnungspflicht (Abs. 1 Nr. 1)

11 Der Spaltungsvertrag muss die beteiligten Vertragsparteien genau bezeichnen. Zwingende Bezeichnungsmerkmale sind nach § 126 Abs. 1 Nr. 1 der **Name** oder die **Firma** und der **Sitz** der beteiligten Rechtsträger. Ferner ist aufzuführen, wer der übertragende Rechtsträger und welcher der übernehmende Rechtsträger ist.[19] Bei der Spaltung zur Neugründung sind die Firma und der Sitz der neuen Rechtsträger im Spaltungsvertrag anzugeben.[20]

2. Der Vermögensübergang (Abs. 1 Nr. 2)

12 Weiterhin muss der Spaltungsvertrag die Vereinbarung der beteiligten Parteien zum Ausdruck bringen, dass **Teile des Vermögens** des übertragenden Rechtsträgers – **jeweils als Gesamtheit** gegen die Gewährung von Anteilen oder Mitgliedschaften – auf den übernehmenden Rechtsträgern übertragen werden. Neben den weiter konkretisierenden Angaben, die in Nr. 9 sowie Nr. 3 und Nr. 10 gefordert werden, bringt § 126 Abs. 1 Nr. 2 damit das **Hauptmerkmal der Spaltung** zum Ausdruck.[21]

Hinweis: Bezüglich der Vertragsformulierung ist aus Gründen der Klarheit eine größtmögliche Anlehnung an den Gesetzeswortlaut erstrebenswert. Dies ist allerdings keine Wirksamkeitsvoraussetzung der Spaltung.[22]

13 Neben der Vermögensübertragung ist die Spaltung auch durch die Pflicht zur **Anteilsgewährung** gekennzeichnet. Das Gesetz spricht dabei von Anteilen oder Mitgliedschaften, welche zu gewähren sind. Diese Begrifflichkeit ist darauf zurückzuführen, dass die Beteiligung an einigen Rechtsträgern (zB eV, eG, VVaG) als Mitgliedschaft bezeichnet wird. Ein weitergehender Unterschied ergibt sich aus dieser Terminologie für die Spaltung jedoch nicht.[23]

14 Trotz dieses Prinzips der Anteilsgewährung ist bei einer entsprechenden Erklärung sämtlicher Anteilseigner neben der **nichtverhältniswahrenden Spaltung** (vgl. § 128) auch eine sog. **Spaltung zu Null** zulässig. Hiernach werden den einzelnen Anteilsinhabern überhaupt keine Anteile am übernehmenden Rechtsträger gewährt. Solche Ausnahmen vom Prinzip der Anteilsgewährung sind mit Zustimmung der Anteilseigner zulässig, da die Anteilsgewährung dem Schutz der Anteilseigner selbst dient und somit auch zu deren Disposition stehen muss.[24] Die damit gegebenenfalls verbundene Benachteiligung der Gläubiger der Anteilseigner ist hinzunehmen, zumal das UmwG

---

18 Lutter/*Priester* § 126 Rn. 21.
19 Widmann/Mayer/*Mayer* § 126 Rn. 44.
20 Kölner Komm UmwG/*Simon* § 126 Rn. 22; Lutter/*Priester* § 126 Rn. 19.
21 Lutter/*Priester* § 126 Rn. 22.
22 Kölner Komm UmwG/*Simon* § 126 Rn. 23.
23 Lutter/*Priester* § 126 Rn. 31.
24 Semler/Stengel/Leonard/*Schröer/Greitemann* § 126 Rn. 29; Kölner Komm UmwG/*Simon* § 126 Rn. 31.

nirgends die Höhe der Anteilsgewährung regelt und auch sonst im Prinzip der Anteilsgewährung kein wesensnotwendiges Merkmal der Spaltung sieht.[25]

3. Das Umtauschverhältnis (Abs. 1 Nr. 3)

§ 126 Abs. 1 Nr. 3 fordert bei einer Auf- und Abspaltung die **Angabe des Umtauschverhältnisses** und ggf. eine Aussage über die **Höhe der baren Zuzahlung** oder Angaben über die **Mitgliedschaft** beim übernehmenden Rechtsträger.

Zu einem **Anteilsumtausch** im eigentlichen Sinne kommt es jedoch nur bei der Aufspaltung. Bei der Abspaltung muss hingegen festgelegt werden, in welchem Verhältnis die Anteile am übertragenden Rechtsträger solche am übernehmenden Rechtsträger vermitteln. Wird bei einer Auf- bzw. Abspaltung das Umtauschverhältnis verhältniswahrend bestimmt, so ergibt sich seitens der Anteilseigner überhaupt keine Wertveränderung ihres Vermögens. Bei der Ausgliederung hingegen bedarf es keiner Ausführungen zum Umtauschverhältnis, da der übertragende Rechtsträger selbst sämtliche Anteile am übernehmenden Rechtsträger erhält.[26]

Insgesamt geht es bei der Festlegung des Umtauschverhältnisses um die Kompensation des mit der Aufspaltung stets einhergehenden Beteiligungsverlustes bzw. der mit der Abspaltung einhergehenden Wertminderung seitens der Anteilseigner.[27] Das Umtauschverhältnis muss dabei aber nicht unbedingt angemessen sein, sondern steht ebenfalls zur Disposition der Anteilseigner.[28] Weitergehende Angaben über die Ermittlung des Umtauschverhältnisses sind hingegen nicht im Spaltungsvertrag, sondern vielmehr im Spaltungsbericht aufzunehmen.[29] Die Festlegung des konkreten Umtauschverhältnisses stellt sich in der Praxis oftmals als einer der schwierigsten Punkte innerhalb des Spaltungsvorgangs dar.[30]

Neben dem Umtauschverhältnis muss der Spaltungsvertrag auch Angaben zur **Höhe etwaiger barer Zuzahlungen** an die Gesellschafter des übertragenden Rechtsträgers enthalten. Bare Zuzahlungen kommen zB zur Glättung des Umtauschverhältnisses, aber auch zum Ausgleich von Anteilen mit unterschiedlichen Rechten in Betracht. Handelt es sich bei der übernehmenden Gesellschaft um eine GmbH (vgl. § 125 iVm § 54 Abs. 4), um eine AG (vgl. § 125 iVm § 68 Abs. 3), um eine KGaA (vgl. § 125 iVm § 78 iVm § 54 Abs. 4) oder um eine Genossenschaft (vgl. § 125 iVm § 87 Abs. 2 S. 2), so sind die baren Zuzahlungen jeweils auf **10 % des Gesamtnennbetrages der gewährten Anteile zu begrenzen.**[31]

4. Weitere Einzelheiten zur Übertragung der Anteile bzw. der Mitgliedschaften (Abs. 1 Nr. 4)

§ 126 Abs. 1 Nr. 4 fordert bei der Auf- und Abspaltung Angaben über die Einzelheiten bezüglich der **Übertragung von Anteilen oder Mitgliedschaften der übernehmenden Rechtsträger**. Hierbei geht es um Angaben, **in welcher Form die Anteile bzw. Mitgliedschaften zu übertragen** sind und **wer die Kosten dieser Übertragung zu tragen hat.** Insbesondere ist anzugeben, ob die Anteile aus einer Kapitalerhöhung (neu

---

25 LG Konstanz ZIP 1998, 1226.
26 Semler/Stengel/Leonard/*Schröer/Greitemann* § 126 Rn. 35 f.
27 Semler/Stengel/Leonard/*Schröer/Greitemann* § 126 Rn. 37.
28 Kölner Komm UmwG/*Simon* § 126 Rn. 38; Semler/Stengel/Leonard/*Schröer/Greitemann* § 126 Rn. 37.
29 Kölner Komm UmwG/*Simon* § 126 Rn. 36.
30 Lutter/*Priester* § 126 Rn. 32.
31 Semler/Stengel/Leonard/*Schröer/Greitemann* § 126 Rn. 41.

geschaffene Anteile) oder aus dem Bestand (schon bestehende Anteile) resultieren.[32] Weiterführende zwingende Ausführungen im Spaltungsvertrag sind jeweils abhängig von der speziellen Rechtsform des übernehmenden Rechtsträgers. Praktisch bedeutsam ist diesbezüglich die Bestellung eines Treuhänders (vgl. §§ 125, 71, 73, 78), wenn es sich bei der übernehmenden Gesellschaft um eine AG oder eine KGaA handelt. Die Vorschrift entspricht § 5 Abs. 1 Nr. 4, so dass auf die dortigen Erläuterungen verwiesen wird (→ § 5 Rn. 41ff.).

5. Zeitpunkt der Beteiligung am Bilanzgewinn (Abs. 1 Nr. 5)

20 Ferner hat der Spaltungsvertrag den **Zeitpunkt der Gewinnberechtigung** bezogen auf den übernehmenden Rechtsträger anzugeben sowie etwaige Besonderheiten, vgl. § 126 Abs. 1 Nr. 5. Dieser für die Gewinnberechtigung maßgebliche Zeitpunkt kann von den beteiligten Parteien **beliebig festgelegt werden**. In der Regel wird er mit dem **Spaltungsstichtag** nach § 126 Abs. 1 Nr. 6 zusammenfallen. Eine erst spätere Beteiligung am Bilanzgewinn kann zB als Ausgleich für ein besonders günstiges Umtauschverhältnis in Betracht kommen und vereinbart werden.

6. Der Spaltungsstichtag (Abs. 1 Nr. 6)

21 Eine weitere Mindestangabe im Spaltungs- und Übernahmevertrag ist gemäß § 126 Abs. 1 Nr. 6 die **Festlegung des Spaltungsstichtages**. Dies ist laut der Legaldefinition der Zeitpunkt, „von dem an die Handlungen des übertragenden Rechtsträgers als für Rechnung jedes der übernehmenden Rechtsträger vorgenommen gelten" und markiert somit den **wirtschaftlichen** Eigentumsübergang (im Gegensatz zum Zeitpunkt des **rechtlichen** Eigentumsübergangs, der mit Eintragung der Spaltung in das Register des Sitzes des übertragenden Rechtsträgers eintritt, § 131 Abs. 1 Nr. 1). Im Rahmen der Abspaltung und der Ausgliederung bezieht sich der Spaltungsstichtag selbstverständlich lediglich auf die zu übertragenden Vermögensmassen.[33] Inhaltlich geht es bei dem Spaltungsstichtag um den **Wechsel** und die Abgrenzung der **Rechnungslegung**.[34] Der Spaltungsstichtag legt nach überwiegender Ansicht den Schlussbilanzstichtag fest, da dieser dem Spaltungsstichtag unmittelbar vorausgeht.[35] Einigkeit besteht über die Möglichkeit, einen **variablen Spaltungsstichtag** vereinbaren zu können. Dies eröffnet den Parteien insbesondere die Möglichkeit, auf abzusehende Verzögerungen, welche die Eintragung der Spaltung betreffen, adäquat reagieren zu können.[36] Der Spaltungsstichtag findet im Verschmelzungsstichtag (§ 5 Abs. 1 Nr. 6) sein Äquivalent.

7. Sonderrechte (Abs. 1 Nr. 7)

22 § 126 Abs. 1 Nr. 7 fordert im Spaltungsvertrag zwingend die Angabe über vorhandene gesellschaftsrechtliche oder schuldrechtliche **Sonderrechte**, welche zugunsten **einzelner Anteilseigner** der übernehmenden Rechtsträger gewährt werden. Weiter wird die Auskunft über die Inhaberschaft besonderer Rechte zugunsten **Dritter** (vgl. hierzu § 23)

---

32 Semler/Stengel/Leonard/*Schröer/Greitemann* § 126 Rn. 44; Kölner Komm UmwG/*Simon* § 126 Rn. 42; Lutter/*Priester* § 126 Rn. 36.
33 Lutter/*Priester* § 126 Rn. 39; Kölner Komm UmwG/*Simon* § 126 Rn. 46.
34 Widmann/Mayer/*Mayer* § 126 Rn. 161.
35 BFW Sonderbilanzen/*Klingberg* I Rn. 55; Semler/Stengel/Leonard/*Schröer/Greitemann* § 126 Rn. 48; Schmitt/

Hörtnagl/*Hörtnagl* § 126 Rn. 58; § 17 Rn. 37; nach Lutter/*Priester* § 126 Rn. 39 sind die beiden Stichtage „identisch"; aA Widmann/Mayer/*Mayer* § 126 Rn. 161.
36 Widmann/Mayer/*Mayer* § 126 Rn. 166; Semler/Stengel/Leonard/*Schröer/Greitemann* § 126 Rn. 48; Lutter/*Priester* § 126 Rn. 40.

verlangt. Hierunter fallen neben Schuldverschreibungen und Genussrechten auch – soweit aus rechtsformspezifischen Gesichtspunkten möglich – Mehrstimmenrechte, Gewinnvorzüge, Vorerwerbsrechte sowie Bestellungs- und Entsendungsrechte als jeweils eingeräumte Sonderrechte.[37] Die Sonderrechte müssen in jedem Falle **rechtsgeschäftlich** mit einem der beteiligten Rechtsträger vereinbart worden sein, weshalb Vereinbarungen zwischen den einzelnen Anteilseignern (zB bezüglich Stimmrechtsbindungen) oder gesetzliche Sonderrechte nicht aufgeführt werden müssen.[38]

Mitteilungspflichtig sind neben Sonderrechten, die gerade **mit dem Spaltungsvorgang eingeräumt werden** sollen, auch solche, die bereits **vor der Spaltung gewährt wurden** und sich nunmehr an der übernehmenden Gesellschaft fortsetzen (weitestgehende Informationspflicht).[39] Denn nur auf der Basis ausreichender Information ist den Anteilseignern eine Überprüfung dahin gehend möglich, ob der gesellschaftsrechtliche **Gleichbehandlungsgrundsatz** durch die Einräumung von Sonderrechten beeinträchtigt wird.[40] Werden bestehende Sonderrechte entgegen der gesetzlichen Vorgabe nicht im Spaltungs- und Übernahmevertrag aufgeführt, ergibt sich daraus ein **Eintragungshindernis**. Des Weiteren können die Anteilsinhaber den Spaltungsvertrag bis zur tatsächlich erfolgten Eintragung unter Berufung auf ein solches Versäumnis anfechten (→ § 5 Rn. 108).

Hinweis: Bestehen keinerlei Sonderrechte im vorstehend genannten Sinne, so ist es in Praxis ratsam, dies schon aus klarstellenden Gründen im Spaltungsvertrag auszudrücken. Vom Gesetz gefordert wird eine solche **feststellende Negativaussage** hingegen nicht.[41]

8. Sondervorteile (Abs. 1 Nr. 8)

Neben den zuvor erörterten Sonderrechten verlangt § 126 Abs. 1 Nr. 8 Angaben über sog. **besondere Vorteile**, welche einem Mitglied eines Vertretungsorgans oder eines Aufsichtsorgans eines an der Spaltung beteiligten Rechtsträgers, einem geschäftsführenden Gesellschafter, einem Partner, einem Abschlussprüfer oder einem Spaltungsprüfer gewährt werden. Sondervorteile anderer als den vorgenannten Personen müssen hingegen nicht im Spaltungsvertrag offengelegt werden. Unter **Aufsichtsorganen** gemäß § 126 Abs. 1 Nr. 8 sind neben den obligatorischen und fakultativen Aufsichtsräten außerdem solche Organe zu verstehen, welchen zumindest auch eine echte Überwachungsfunktion (zB Beiräten und Gesellschafterausschüssen) zukommt.[42]

Als Sondervorteile gelten neben **finanziellen Vorteilen** (zB Abfindungen) auch Zusagen an den genannten Personenkreis bezüglich **entsprechender Positionen** innerhalb des übernehmenden Rechtsträgers.[43] Dieses weit gefasste Verständnis des Begriffes Sondervorteil wird in Teilen des Schrifttums dahin gehend eingeschränkt, dass eine angabepflichtige Zuwendung gerade **aus Anlass der Spaltung** und ohne sonstigen

---

37 Lutter/*Priester* § 126 Rn. 41.
38 Semler/Stengel/Leonard/*Schröer/Greitemann* § 126 Rn. 49; § 5 Rn. 65.
39 Lutter/*Priester* § 126 Rn. 42; Semler/Stengel/Leonard/*Schröer/Greitemann* § 126 Rn. 49.
40 Semler/Stengel/Leonard/*Schröer/Greitemann* § 126 Rn. 49; § 5 Rn. 65; Kölner Komm UmwG/*Simon* § 126 Rn. 48.
41 Semler/Stengel/Leonard/*Schröer/Greitemann* § 126 Rn. 52.
42 Widmann/Mayer/*Mayer* § 126 Rn. 170; Lutter/*Priester* § 126 Rn. 44; Semler/Stengel/Leonard/*Schröer/Greitemann* § 126 Rn. 53.
43 Lutter/*Priester* § 126 Rn. 44; Semler/Stengel/Leonard/*Schröer/Greitemann* § 126 Rn. 54.

Anspruch gewährt werden muss.⁴⁴ Insgesamt liege der Sinn und Zweck der Regelung darin begründet, den Anteilseignern die Möglichkeit zu eröffnen, bestehende **Interessenkonflikte** der spaltungsentscheidenden Personen erkennen zu können.⁴⁵ Erkennt das Registergericht fehlende Angaben über bestehende Sondervorteile im Spaltungsvertrag, so darf eine Eintragung der Spaltung nicht erfolgen. Ferner kann die fehlende Angabe zu Schadensersatzansprüchen gegen das Vertretungsorgan führen.⁴⁶

Hinweis: Wie bereits zu den Sonderrechten ausgeführt, erscheint auch bei einem völligen Fehlen von Sondervorteilen eine dementsprechende **Negativaussage** im Spaltungsvertrag sinnvoll und empfehlenswert.

26 Uneinigkeit herrscht darüber, ob die fehlende Angabe eines gewährten Sondervorteils im Spaltungsvertrag Auswirkungen auf die **Wirksamkeit dieses Sondervorteils** iSv § 126 Abs. 1 Nr. 8 hat. Einerseits wird vertreten, dass ein Verstoß gegen die Angabepflicht zugleich die Unwirksamkeit der Zusage bedingt.⁴⁷ In einer Entscheidung, welche sich allerdings auf eine Verschmelzung und somit auf die Parallelvorschrift des § 5 Abs. 1 Nr. 8 bezieht, begründet das LAG Nürnberg diese Rechtsfolge mit dem Hinweis auf eine Formnichtigkeit gemäß § 125 S. 1 BGB.⁴⁸ Vorzugswürdig erscheint jedoch die Ansicht, welche von einer zivilrechtlichen Wirksamkeit des Sondervorteils ausgeht, auch wenn keine Angaben hierzu im Spaltungsvertrag gemacht wurden.⁴⁹ Es ist bereits nicht ersichtlich, woraus sich die zivilrechtliche Unwirksamkeit herleiten lässt, da der Spaltungsvertrag selbst nicht der Rechtsgrund für den jeweiligen Sondervorteil ist,⁵⁰ sondern dieser gerade außerhalb des Spaltungsvertrages vereinbart wurde und daher auch grundsätzlich keiner Formvorschrift unterfällt.⁵¹

9. Bezeichnung der zu übertragenden Vermögensteile (Abs. 1 Nr. 9)

27 § 126 Abs. 1 Nr. 9 verlangt „die genaue Bezeichnung und Aufteilung der Gegenstände des Aktiv- und Passivvermögens, die an jeden der übernehmenden Rechtsträger übertragen werden sowie der übergehenden Betriebe und Betriebsteile unter Zuordnung zu den übernehmenden Rechtsträgern". Im Unterschied zur Verschmelzung ist die Spaltung durch die **partielle Gesamtrechtsnachfolge** gekennzeichnet. Einerseits muss gerade nicht notwendigerweise das gesamte Vermögen des übertragenden Rechtsträgers von der Spaltung umfasst sein. Andererseits können aber auch mehrere übernehmende Rechtsträger an der Spaltung beteiligt sein, so dass eine vertragliche Regelung dahin gehend erforderlich ist, wie sich die einzelnen Vermögensteile nach der Spaltung den beteiligten Rechtsträgern zuordnen lassen. Insoweit ist dem **sachenrechtlichen Bestimmtheitsgrundsatz** bei der Beschreibung der betroffenen Vermögensbestandteile – entsprechend den Vorgaben bei der Einzelrechtsnachfolge – zu genügen.⁵² Diese Bezeichnungsanforderungen ähneln denen bei der Sicherungsübereignung und beim Asset-Deal.⁵³

---

44 Semler/Stengel/Leonard/*Schröer/Greitemann* § 126 Rn. 54.
45 Kölner Komm UmwG/*Simon* § 126 Rn. 50.
46 Widmann/Mayer/*Mayer* § 126 Rn. 171.
47 LAG Nürnberg ZIP 2005, 398 (zum Verschmelzungsvertrag); Widmann/Mayer/*Mayer* § 126 Rn. 171.
48 LAG Nürnberg ZIP 2005, 398 (400).
49 Semler/Stengel/Leonard/*Schröer/Greitemann* § 126 Rn. 107; Hensler/Strohn/*Wardenbach* § 126 Rn. 21.
50 Hensler/Strohn/*Wardenbach* § 126 Rn. 21.
51 Semler/Stengel/Leonard/*Schröer/Greitemann* § 5 Rn. 74 (zur Verschmelzung).
52 Lutter/*Priester* § 126 Rn. 46; Semler/Stengel/Leonard/*Schröer/Greitemann* § 126 Rn. 55; Kölner Komm UmwG/*Simon* § 126 Rn. 52; Hensler/Strohn/*Wardenbach* § 126 Rn. 22.
53 Lutter/*Priester* § 126 Rn. 50; Semler/Stengel/Leonard/*Schröer/Greitemann* § 126 Rn. 61; Hensler/Strohn/*Wardenbach* § 126 Rn. 22.

Inhalt des Spaltungs- und Übernahmevertrags   § 126 UmwG **1**

a) Gegenstände des Aktiv- und Passivvermögens

Aus § 126 Abs. 1 Nr. 9 ergibt sich, dass **sämtliche Gegenstände des Aktiv- und Passivvermögens**, die im Wege der Spaltung übertragen werden sollen, genau im Spaltungsvertrag zu bezeichnen und zuzuordnen sind. Grundsätzlich kommt es bei der beschreibenden Individualisierung entscheidend darauf an, ob ein **sachkundiger Dritter** die Vermögensbestandteile anhand der vorgenommenen Kennzeichnung eindeutig den verschiedenen Rechtsträgern zuordnen kann. Wie bei der Einzelrechtsnachfolge **genügt dabei insgesamt die Bestimmbarkeit**.[54] — 28

Es ist auch nicht erforderlich, sämtliche Einzelgegenstände zB im Rahmen von Sachgesamtheiten aufzuführen, so dass bei der Beschreibung der Vermögensgegenstände neben sog. **Allklauseln**[55] auch **Negativabgrenzungen** verwendet werden können.[56] Im Rahmen der Auslegung gemäß §§ 133, 157 BGB ist dann zu ermitteln, ob der konkrete Einzelgegenstand zur jeweiligen Sachgesamtheit gehört oder nicht.[57] Weiter kann auf separate Urkunden wie Bilanzen und Inventare verwiesen werden.[58] — 29

aa) Bewegliche Sachen

Einzelne **bewegliche Sachen** können entweder tabellenartig erfasst werden oder im Rahmen einer räumlichen oder sachlichen Verbindung gekennzeichnet werden. Entscheidend ist die Identifizierbarkeit der beweglichen Sachen, die von der Vermögensübertragung im Rahmen der Spaltung betroffen sein sollen.[59] — 30

bb) Grundstücke und Rechte an Grundstücken

Bei **Grundstücken** sowie bei **Rechten an Grundstücken** (zB Grundpfandrechte oder Dienstbarkeiten) ist zusätzlich § 126 Abs. 2 S. 2 mit dem Verweis auf **§ 28 GBO** zu beachten. Hiernach wird für die Bezeichnung eines Grundstücks die Übereinstimmung mit dem Grundbuch oder der Hinweis auf das entsprechende Grundbuchblatt verlangt. Wird der Kennzeichnungspflicht gemäß § 28 GBO nicht entsprochen, so findet nach in Teilen der Literatur[60] bestrittener Ansicht des BGH[61] auch kein Eigentumsübergang mit der Eintragung der Spaltung statt. Diese Rechtsfolge soll selbst dann zum Tragen kommen, wenn das Grundstück aus anderen Anhaltspunkten eindeutig dem übernehmenden Rechtsträger zugeordnet werden kann.[62] — 31

Bei Einhaltung der Anforderungen gemäß § 28 GBO erfolgt der dingliche Übergang der Grundstücke mit der Eintragung der Spaltung in das Handelsregister. Dieser Eigentumsübergang findet somit außerhalb des Grundbuches statt, weshalb dieses zwangsläufig unrichtig wird und im Nachgang berichtigt werden muss. — 32

---

54 OLG Hamburg DB 2002, 572 (573); Lutter/*Priester* § 126 Rn. 50, 55; Semler/Stengel/Leonard/*Schröer/Greitemann* § 126 Rn. 61; Kölner Komm UmwG/*Simon* § 126 Rn. 57.
55 BGH NZG 2003, 1172 (1174); diesem folgend BAG DB 2005, 954.
56 Lutter/*Priester* § 126 Rn. 55; Semler/Stengel/Leonard/*Schröer/Greitemann* § 126 Rn. 61; Kölner Komm UmwG/*Simon* § 126 Rn. 58 f.; Thiele/König NZG 2015, 178 (179).
57 BGH NZG 2003, 1172 (1174).
58 *Thiele/König* NZG 2015, 178 (185).
59 Semler/Stengel/Leonard/*Schröer/Greitemann* § 126 Rn. 62.
60 Widmann/Mayer/*Mayer* § 126 Rn. 212; Lutter/*Priester* § 126 Rn. 53.
61 BGHZ 175, 123 (131).
62 BGHZ 175, 123 (131); Semler/Stengel/Leonard/*Schröer/Greitemann* § 126 Rn. 64; Kölner Komm UmwG/*Simon* § 126 Rn. 60; Henssler/Strohn/*Wardenbach* § 126 Rn. 25; aA Widmann/Mayer/*Mayer* § 126 Rn. 212; Schmitt/Hörtnagl/*Hörtnagl* § 126 Rn. 81.

Hinweis: Ein dahin gehender Berichtigungsantrag sollte bereits in den Spaltungsvertrag aufgenommen werden.[63]

33 Umfasst die Spaltung hingegen **Teilflächen eines Grundstücks**, so ist eine Bezeichnung dieser Grundstücksteile im Spaltungsvertrag nach den Kriterien des § 28 GBO noch gar nicht möglich, da das Teilgrundstück zu diesem Zeitpunkt grundbuchmäßig noch gar nicht erfasst ist. In einem solchen Fall genügt zur Individualisierung der Teilflächen ausnahmsweise die Kennzeichnung und Skizzierung innerhalb eines katastertauglichen Lageplanes. Der Eigentumsübergang bezüglich dieser Teilflächen vollzieht sich jedoch erst mit der grundbuchmäßigen Erfassung. Bis zu dieser Erfassung ist der Eigentumsübergang – unabhängig vom Zeitpunkt der Spaltungseintragung – schwebend unwirksam.[64]

cc) Anteile an Kapital- oder Personengesellschaften

34 Sind von der Spaltung Vermögenswerte in Form von **Beteiligungen an Kapital- oder Personengesellschaften** betroffen, so müssen diese durch Bezeichnung der Firma inklusive ihres Sitzes und ihrer Handelsregisternummer sowie der Beteiligungshöhe individualisiert und den jeweiligen Rechtsträgern zugewiesen werden.[65]

dd) Forderungen

35 Bei **Forderungen** ist zur ausreichenden Individualisierung die Bezeichnung nach Betrag, Art, Grund, Schuldner und Fälligkeit innerhalb des Spaltungsvertrages vorzunehmen. Mehrere Forderungen können gemeinsam in solcher Weise individualisiert werden, dass eine Zusammenfassung bezüglich bestimmter Geschäftsbereiche, bezüglich spezieller Geschäftsarten oder in Bezug auf bestimmte zeitliche Abschnitte vorgenommen werden kann.[66] Die Aufteilung von einzelnen Forderungen auf mehrere verschiedene Rechtsträger ist immer dann möglich, wenn die Forderung insgesamt (ihrer Rechtsnatur nach) teilbar ist. Eine solche Teilbarkeit ist bei auf Geldzahlung gerichteten Forderungen grundsätzlich möglich, sofern sich die Unteilbarkeit nicht aus einer entgegenstehenden Vereinbarung (vgl. § 399 BGB) ergibt.[67]

36 Eine von der jeweiligen Hauptforderung losgelöste Übertragung von akzessorischen Sicherungsrechten sowie von unselbstständigen Nebenrechten ist stets ausgeschlossen. Fehlt es dem übertragenden Rechtsträger bereits an der Rechtsinhaberschaft, wie dies bei zedierten Forderungen der Fall ist, so können diese Forderungen auch nicht im Rahmen der Spaltung übertragen werden.[68]

ee) Verbindlichkeiten

37 Bei der Übertragung von **Verbindlichkeiten** durch eine Spaltung ist eine Mitwirkung der jeweiligen Gläubiger, im Gegensatz zur Einzelrechtsübertragung (vgl. §§ 414, 415 BGB), nicht erforderlich. Solche von der Spaltung berührte Verbindlichkeiten sind

---

63 Widmann/Mayer/*Mayer* § 126 Rn. 214.
64 BGHZ 175, 123 (132); Widmann/Mayer/*Mayer* § 126 Rn. 213; Kölner Komm UmwG/*Simon* § 126 Rn. 61.
65 Widmann/Mayer/*Mayer* § 126 Rn. 221; Semler/Stengel/Leonard/*Schröer/Greitemann* § 126 Rn. 66.
66 Widmann/Mayer/*Mayer* § 126 Rn. 218; Semler/Stengel/Leonard/*Schröer/Greitemann* § 126 Rn. 67.
67 Widmann/Mayer/*Mayer* § 126 Rn. 218; Semler/Stengel/Leonard/*Schröer/Greitemann* § 126 Rn. 67; Lutter/*Priester* § 126 Rn. 62.
68 Schmitt/Hörtnagl/*Hörtnagl* § 126 Rn. 89; Semler/Stengel/Leonard/*Schröer/Greitemann* § 126 Rn. 67; Kölner Komm UmwG/*Simon* § 126 Rn. 64; Lutter/*Priester* § 126 Rn. 62.

dann im gleichen Umfang innerhalb des Spaltungsvertrages zu individualisieren, wie dies bei den Forderungen beschrieben wurde.[69] Eine erschöpfende Individualisierung von Verbindlichkeiten ist insbesondere dann entscheidend, wenn eine zeitlich begrenzte gesamtschuldnerische Haftung für einzelne Rechtsträger konstruiert werden soll. Nur bei solchen Verbindlichkeiten, die dem übernehmenden Rechtsträger ausdrücklich nicht im Spaltungsvertrag zugewiesen wurden, kommt eine Enthaftung nach § 133 Abs. 3 überhaupt in Betracht.[70]

Hinweis: Wird in der Praxis insbesondere bei der Aufspaltung eine zeitlich begrenzte Haftung bezüglich einzelner beteiligter Rechtsträger angestrebt, ist es ferner unerlässlich, auch die sog. „unbekannten" Verbindlichkeiten einem bestimmten Rechtsträger im Spaltungsvertrag zuzuordnen. Bei „unbekannten" Verbindlichkeiten handelt es sich um solche Ansprüche, die im Zeitpunkt der Spaltung zwar noch gar nicht entstanden sind und deshalb auch nicht individualisiert werden können, deren ursächliches Moment sich aber zu dieser Zeit bereits realisiert hat.[71]

Ob die Aufteilung einzelner Verbindlichkeiten auf unterschiedliche Rechtsträger möglich ist, ist umstritten. Eine solche Teilungsmöglichkeit ist ausweislich der Gesetzesbegründung, mit dem Hinweis auf die Grundsätze des bürgerlichen Rechts, nicht vorgesehen.[72] Nach vorzugswürdiger Ansicht ist eine solche Aufteilung von einzelnen Verbindlichkeiten allerdings immer dann zulässig, wenn die Ansprüche schon ihrem Inhalt nach teilbar sind.[73]

Bei der Zuweisung von Verbindlichkeiten im Rahmen der Gestaltung des Spaltungsvertrages ist eine ggf. bestehende Haftung eines übernehmenden Rechtsträgers aus der Fortführung der Firma des übertragenden Rechtsträgers zu berücksichtigen, vgl. § 133 Abs. 1 S. 2 iVm § 25 HGB. Nicht nur aufgrund der Möglichkeit, dieser Haftung unter Beachtung der Voraussetzungen von § 25 Abs. 2 HGB zu entgehen, kann es dennoch sinnvoll sein, eine zusätzliche umwandlungsrechtliche Nachhaftung anderer übernehmender Rechtsträger im Spaltungsvertrag zu begründen.[74]

ff) Vertragsverhältnisse

Ebenfalls keiner Mitwirkung durch die am Spaltungsvorgang unbeteiligten Vertragspartner setzt die Übertragung von Vertragsverhältnissen als Gesamtheit voraus. Diese Schuldverhältnisse sind allerdings so zu spezifizieren, dass auch in diesen Fällen ihre individuelle Bestimmbarkeit gewährleistet ist. Hierbei ist es grundsätzlich erforderlich, aber auch ausreichend, wenn im Spaltungsvertrag der Vertragsgegenstand, der Vertragspartner und das Datum des Vertragsschlusses enthalten sind.[75]

Umstritten ist nach wie vor, ob ein einheitliches Vertragsverhältnis durch die Spaltung **aufgeteilt** werden kann. Dies wird in Teilen der Literatur vollständig abgelehnt.[76] Die-

---

69 Schmitt/Hörtnagl/*Hörtnagl* § 126 Rn. 93; Semler/Stengel/Leonard/*Schröer/Greitemann* § 126 Rn. 68.
70 Widmann/Mayer/*Mayer* § 126 Rn. 239; Semler/Stengel/Leonard/*Schröer/Greitemann* § 126 Rn. 68.
71 Widmann/Mayer/*Mayer* § 126 Rn. 239; Semler/Stengel/Leonard/*Schröer/Greitemann* § 126 Rn. 68.
72 BR-Drs. 75/94, 1, 118.
73 Widmann/Mayer/*Mayer* § 126 Rn. 249; Lutter/*Priester* § 126 Rn. 63; Semler/Stengel/Leonard/*Schröer/Greitemann* § 126 Rn. 69.
74 Kölner Komm UmwG/*Simon* § 126 Rn. 65; Widmann/Mayer/*Mayer* § 126 Rn. 250.1; unklar Semler/Stengel/Leonard/*Schröer/Greitemann* § 126 Rn. 71 (spricht davon, dass die Aufteilung von Verbindlichkeiten bei Firmenfortführung limitiert sei).
75 Widmann/Mayer/*Mayer* § 126 Rn. 225 f.; Semler/Stengel/Leonard/*Schröer/Greitemann* § 126 Rn. 72.
76 Lieder ZGR 1993, 396 (413 f.); Henssler/Strohn/*Wardenbach* § 126 Rn. 31.

se strikte Ablehnung überrascht angesichts der grundsätzlichen Teilbarkeit einzelner Forderungen und Verbindlichkeiten.[77] Mit Blick auf die allgemeine Spaltungsfreiheit und vor dem Hintergrund, dass keinerlei gesetzliche Beschränkungen zur Teilbarkeit von Vertragsverhältnissen existieren, erscheint es insgesamt vorzugswürdiger, von der Teilbarkeit einzelner Vertragsverhältnisse auszugehen.[78] Der Vertragspartner ist im Falle der Unzumutbarkeit der Fortführung des Vertragsverhältnisses mit den nunmehr übernehmenden Rechtsträgern durch ein außerordentliches Kündigungsrecht hinlänglich geschützt. Ein praktisches Bedürfnis für eine Aufteilung von Vertragsverhältnissen besteht zB bei Miet- und Pachtverträgen im Rahmen von Konzernumstrukturierungen, im Zuge derer mehrere (neue) Rechtsträger ein zuvor einheitlich genutztes Betriebsgrundstück nutzen wollen.

42 Durch die Aufteilung eines ursprünglich einheitlichen Vertrages dürfen dem Vertragspartner keine unzumutbaren Rechtsnachteile entstehen.[79] Differenzierend wird aus diesem Grund die reale Aufteilung eines Schuldverhältnisses ohne Mitwirkung des Vertragspartners gesehen, wenn in diesen Fällen mehrere selbstständige Schuldverhältnisse entstehen würden.[80] In allen anderen Aufteilungskonstellationen wird der an der Spaltung unbeteiligte Vertragspartner jedoch schon durch ein mögliches außerordentliches Kündigungsrecht bei vorliegender Unzumutbarkeit bezüglich einer Fortsetzung des Vertragsverhältnisses sowie durch die gesamtschuldnerische Nachhaftung der an der Spaltung beteiligten Rechtsträger hinreichend geschützt.[81]

gg) Arbeitsverhältnisse

43 Bezüglich der Bedeutung von individualisierenden Angaben zu einzelnen **Arbeitsverhältnissen** im Spaltungsvertrag ist zu differenzieren. Wird im Wege der Spaltung ein Betrieb oder ein Betriebsteil übertragen, so gehen die betroffenen Arbeitsverhältnisse automatisch und zwingend auf den übernehmenden Rechtsträger über, solange die betroffenen Arbeitnehmer nicht widersprechen (vgl. §§ 125, 35a Abs. 2 iVm § 613a Abs. 1 S. 1 BGB).[82] Eine individualisierte Zuweisung im Spaltungsvertrag ist in diesem Fall somit nicht notwendig und könnte überhaupt nur deklaratorisch vorgenommen werden. Eine von der gesetzlichen Regelung abweichende Festlegung im Spaltungsvertrag wäre nichtig, so dass diesbezüglich die Zuordnungsfreiheit eingeschränkt ist.[83]

44 Eine bestimmbare Beschreibung und Zuweisung ist jedoch immer dann erforderlich, wenn Arbeitsverhältnisse unabhängig von einem Betriebsübergang übertragen werden sollen oder die Arbeitsverhältnisse nicht einem speziellen Betriebsteil zugeordnet werden können. Vor dem Hintergrund, dass § 613a BGB auf die Beschäftigungsverhältnisse der Organmitglieder keine Anwendung findet, sind auch diese im Spaltungsvertrag genau zu bezeichnen und zuzuweisen.[84]

---

77 So auch Berner/Klett NZG 2008, 601 (602).
78 Widmann/Mayer/*Mayer* § 126 Rn. 227; Widmann/Mayer/*Vossius* § 131 Rn. 98; Semler/Stengel/Leonard/*Schröer/Greitemann* § 126 Rn. 72; § 131 Rn. 38; Kölner Komm UmwG/*Simon* § 126 Rn. 62; Berner/Klett NZG 2008, 601 (604).
79 Semler/Stengel/Leonard/*Schröer/Greitemann* § 126 Rn. 72.
80 Nicht zulässig nach Schmitt/Hörtnagl/*Hörtnagl* § 131 Rn. 57; wohl zulässig nach Semler/Stengel/Leonard/*Schröer/Greitemann* § 131 Rn. 38.
81 Semler/Stengel/Leonard/*Schröer/Greitemann* § 126 Rn. 72; Berner/Klett NZG 2008, 601 (604).
82 Lutter/*Priester* § 126 Rn. 68; Semler/Stengel/Leonard/*Schröer/Greitemann* § 126 Rn. 73; Kölner Komm UmwG/*Simon* § 126 Rn. 66.
83 Widmann/Mayer/*Mayer* § 126 Rn. 183; Lutter/*Priester* § 126 Rn. 69; Semler/Stengel/Leonard/*Schröer/Greitemann* § 126 Rn. 73; BR-Drs. 75/94, 118.
84 Widmann/Mayer/*Mayer* § 126 Rn. 184; Lutter/*Priester* § 126 Rn. 69; § 131 Rn. 59, 64; Semler/Stengel/Leonard/*Schröer/Greitemann* § 126 Rn. 73; Kölner Komm UmwG/*Simon* § 126 Rn. 67 f.

Hinweis Zur Individualisierung der Arbeitsverhältnisse kann in der Praxis mit Blick auf die Registerpublizität auf die Mitarbeiternummer zurückgegriffen werden.[85]

hh) Unternehmensverträge

Zur Individualisierung von **Unternehmensverträgen** iSv § 291 AktG (Beherrschungsvertrag bzw. Gewinnabführungsvertrag) sind Ausführungen zu den beteiligten Unternehmen und zu der speziellen Vertragsurkunde inklusive des Vertragsdatums und des Tages der Registereintragung im Spaltungsvertrag zu machen.[86] Bei der Zuweisung von Unternehmensverträgen iSv § 291 AktG im Rahmen des Spaltungsvertrages ist allerdings zu beachten, dass diese – aufgrund ihrer Eigenschaft als Statusrechte – nur **eingeschränkt übertragbar** sind. Zu unterscheiden sind dabei die Fälle, bei denen es sich bei dem übertragenden Rechtsträger um ein herrschendes oder um ein beherrschtes Unternehmen handelt[87] (Einzelheiten hierzu → § 131 Rn. 33 ff.). 45

ii) Öffentlich-rechtliche Rechtspositionen

Öffentlich-rechtliche Rechtspositionen, die an einen bestimmten Gegenstand (zB dingliche Genehmigungen) gebunden sind, gehen automatisch mit diesem Gegenstand über, wenn dieser von der Spaltung erfasst wird. Einer gesonderten Bezeichnung oder Zuweisung im Spaltungsvertrag bedarf es dazu nicht. Bei an den Rechtsträger gebundenen (höchstpersönlichen) Rechtspositionen entfällt die Möglichkeit der Übertragbarkeit.[88] 46

jj) Prozessrechtsverhältnisse

Prozessrechtsverhältnisse – sowohl in aktiver als auch in passiver Form – sowie Verfahrensstellungen sind nicht unter den allgemeinen Vermögensbegriff zu subsumieren. Der Spaltungsvorgang knüpft als besondere Form der Vermögensübertragung aber gerade an diesen Vermögensbegriff an. Aus diesem Grunde kann bei der Übertragung von Prozessrechtsverhältnissen auch nicht auf die umwandlungsrechtlichen Vorschriften zurückgegriffen werden, sondern es ist auf die allgemeinen prozessrechtlichen Grundsätze (insbesondere § 265 ZPO zur Veräußerung oder Abtretung der Streitsache) abzustellen.[89] Eine isolierte Zuordnung und Übertragung von Prozessrechtsverhältnissen steht somit **nicht zur Disposition** der an der Spaltung beteiligten Parteien.[90] Enthält der Spaltungsvertrag dennoch solche Zuweisungen bezüglich einzelner Prozessrechtsverhältnisse, so ist diesen lediglich deklaratorische Wirkung beizumessen. Zur Individualisierung des jeweiligen Prozessrechtsverhältnisses sollten dabei jedenfalls das Aktenzeichen sowie der Prozessgegner aufgeführt werden.[91] Praktisch sinnvoll erscheinen aber spaltungsvertragliche Regelungen, welche den Innenausgleich von möglichen prozessualen Folgen zwischen dem übertragenden und übernehmenden Rechtsträger berücksichtigen.[92] Weitere Details finden sich in → § 131 Rn. 41 ff. 47

---

85 Kölner Komm UmwG/*Simon* § 126 Rn. 67.
86 Henssler/Strohn/*Wardenbach* § 126 Rn. 27.
87 Widmann/Mayer/*Mayer* § 126 Rn. 232 f.; Semler/Stengel/Leonard/*Schröer/Greitemann* § 126 Rn. 74 f.; Kölner Komm UmwG/*Simon* § 131 Rn. 24 f.
88 Semler/Stengel/Leonard/*Schröer/Greitemann* § 126 Rn. 77; Henssler/Strohn/*Wardenbach* § 126 Rn. 32.
89 Semler/Stengel/Leonard/*Leonard* § 131 Rn. 10; Kölner Komm UmwG/*Simon* § 131 Rn. 35; *Bork/Jacoby* ZHR 2003, 440 (442).
90 BFH NJW 2003, 1479; Kölner Komm UmwG/*Simon* § 131 Rn. 35; *Reiß*, Die Spaltung im Zivilprozeß, S. 166; unklar diesbezüglich Semler/Stengel/Leonard/*Schröer/Greitemann* § 126 Rn. 78.
91 Semler/Stengel/Leonard/*Schröer/Greitemann* § 126 Rn. 78.
92 Schmitt/Hörtnagl/*Hörtnagl* § 126 Rn. 100.

kk) „Vergessene" Vermögensgegenstände

48 ■ Bezüglich der Zuordnung von sog. **„vergessenen" Gegenständen** → § 131 Rn. 67 ff.

b) Betriebe und Teilbetriebe

49 Die zuvor dargestellten Bezeichnungserfordernisse aus § 126 Abs. 1 Nr. 9 erstrecken sich nicht nur auf die Gegenstände des Aktiv- und Passivvermögens, sondern betreffen auch **übergehende Betriebe und Betriebsteile.** Diese im Gesetz verwendeten Begrifflichkeiten (Betrieb und Betriebsteil), sind § 613a BGB entnommen. Aus diesem Grunde sind die Begrifflichkeiten in einem arbeitsrechtlichen Sinne zu verstehen und es ist nicht etwa auf den steuerlich geprägten Ausdruck des Teilbetriebes zurückzugreifen.[93]

50 Diese arbeitsrechtliche Klassifizierung erscheint auch vor dem Hintergrund richtig und konsequent, dass die maßgeblichen Rechtsfolgen aus der individualisierenden Zuweisung eines Betriebes bzw. Betriebsteiles gerade arbeitsrechtlicher Natur sind. So folgen dem Betriebsübergang im Rahmen der Spaltung – wie bereits oben beschrieben – nach § 35a Abs. 2 iVm § 613a BGB automatisch die innerhalb des Betriebes bestehenden Arbeitsverhältnisse. Weiterhin hat der Betriebsübergang auch Auswirkungen darauf, ob und bei welchem Rechtsträger der Betriebsrat und einzelne Betriebsvereinbarungen fortgesetzt werden.[94]

51 Als Betrieb wird allgemein „[...] die organisatorische Einheit von Arbeitsmitteln, mit deren Hilfe der Arbeitgeber allein oder in Gemeinschaft mit seinen Arbeitnehmern mithilfe von technischen und immateriellen Mitteln einen bestimmten arbeitstechnischen Zweck fortgesetzt verfolgt [...]"[95] bezeichnet. Ein Betriebsteil ist daran anknüpfend ein gewisser Anteil von Betriebsmitteln eines Betriebes, welcher eine organisatorische Untergliederung des gesamten Betriebs darstellt, womit ein betrieblicher Teilzweck verfolgt wird.[96] Charakteristisch für den **Übergang** eines Betriebes bzw. eines Betriebsteils ist die „Wahrung der Identität der betreffenden wirtschaftlichen Einheit".[97] Die Verwendung der Begriffe Betrieb oder Betriebsteil im Spaltungsvertrag haben allerdings keinen konstitutiven Charakter. Entscheidend kommt es vielmehr auf den tatsächlichen Inhalt der Vermögensübertragung an.[98]

52 Zur individualisierenden Bezeichnung des Betriebes bzw. des Betriebsteiles muss dieser im Rahmen des Spaltungsvertrages funktional bestimmt werden. Ferner sollten generalklauselartig sämtliche Vermögensgegenstände beschrieben werden, die nach wirtschaftlicher Betrachtungsweise dem Betrieb bzw. Betriebsteil zuzuordnen und somit von dem Vermögenstransfer betroffen sind.[99] Zur Individualisierung des Betriebs bzw. des Betriebsteils kann ferner auch auf die den Betrieb betreffenden Teile der Bilanzen zurückgegriffen werden (§ 126 Abs. 2 S. 2).[100]

53 Die abstrakte Bezeichnung eines übergehenden Betriebes bzw. Betriebsteiles im Rahmen des Spaltungsvertrages ist für die Zuordnung der Vermögensgegenstände zwar ein

---

93 Widmann/Mayer/*Mayer* § 126 Rn. 258; Lutter/*Priester* § 126 Rn. 48, 70; Semler/Stengel/Leonard/*Schröer/Greitemann* § 126 Rn. 57.
94 Semler/Stengel/Leonard/*Schröer/Greitemann* § 126 Rn. 57.
95 BAG NJW 2005, 90 (91); angelehnt an BAG NZA 2001, 831; so auch Lutter/*Priester* § 126 Rn. 48; Grüneberg/*Weidenkaff* BGB Einf. v. § 611 Rn. 14.
96 BAG NJW 2000, 1589 (1590); Lutter/*Priester* § 126 Rn. 48; Semler/Stengel/Leonard/*Schröer/Greitemann* § 126 Rn. 57; Grüneberg/*Weidenkaff* BGB § 613a Rn. 10.
97 BAG NJW 1998, 2994 (2995); BAG NJW 2000, 1589 (1590).
98 Kölner Komm UmwG/*Simon* § 126 Rn. 56.
99 Widmann/Mayer/*Mayer* § 126 Rn. 204; Semler/Stengel/Leonard/*Schröer/Greitemann* § 126 Rn. 58.
100 Widmann/Mayer/*Mayer* § 126 Rn. 204.

maßgebliches Indiz, wird aber meist zur Individualisierung der einzelnen Vermögensgegenstände noch nicht ausreichend sein.

Hinweis: Neben der zusammenfassenden Betriebsbezeichnung sollte zur präzisen Zuordnung eine individualisierende Darstellung der einzelnen, übergehenden Vermögenspositionen erfolgen, welche den zuvor beschriebenen Kriterien entspricht.[101]

In der Praxis wird trotz der vorgenannten Ausführungen häufig auch der engere Begriff des **Teilbetriebs** im Sinne des Steuerrechts von Bedeutung sein. Als Teilbetrieb ist nach ständiger Rechtsprechung und unter Zustimmung der Literatur „ein mit einer gewissen Selbstständigkeit ausgestatteter, organisch geschlossener Teil eines Gesamtbetriebs zu verstehen, der als solcher lebensfähig ist".[102] Nach § 15 Abs. 1 S. 2 UmwStG iVm §§ 11 Abs. 2, 13 Abs. 2 UmwStG besteht die Möglichkeit einer Buchwertfortführung und somit der Vermeidung einer steuerauslösenden Wertaufstockung (durch Aufdeckung stiller Reserven) immer nur dann, wenn ein Teilbetrieb[103] im steuerrechtlichen Sinn auf den übernehmenden Rechtsträger auf- oder abgespalten wird. Bei der Abspaltung muss zusätzlich auch noch der Vermögensteil, der bei dem übertragenden Rechtsträger verbleibt, als Teilbetrieb zu klassifizieren sein (sog. doppeltes Teilbetriebserfordernis),[104] um dieses steuerliche Ergebnis zu erzielen.

Hinweis: Lediglich die Anknüpfung an den steuerlich geprägten Begriff des Teilbetriebs ermöglicht eine steuerneutrale Vermögensübertragung, sowohl auf Seiten der Gesellschaft als auch auf Seiten der Anteilseigner.[105]

10. Die Aufteilung der Anteile bei Auf- und Abspaltung (Abs. 1 Nr. 10)

§ 126 Abs. 1 Nr. 10 hat einen spezifisch spaltungsrechtlichen Charakter[106] und bestimmt, dass im Spaltungs- und Übernahmevertrag sowohl bei Aufspaltung als auch bei Abspaltung die Aufteilung der Anteile oder Mitgliedschaften jedes der beteiligten Rechtsträger auf die Anteilsinhaber des übertragenden Rechtsträgers sowie der zugrunde liegende Maßstab für die Aufteilung enthalten sein müssen.

Im Falle einer **verhältniswahrenden Spaltung** ist hierzu bereits ausreichend, wenn der Spaltungsvertrag ausführt, dass den Anteilsinhabern des übertragenden Rechtsträgers die zu gewährenden Anteile oder Mitgliedschaften am übernehmenden Rechtsträger in einem solchen Verhältnis zugewiesen werden, wie es ihren ursprünglichen Anteilen bzw. Mitgliedschaften am übertragenden Rechtsträger entspricht. Zusammenfassend bedeutet dies, dass für die Anteilsgewähr der Maßstab des bisherigen Beteiligungsverhältnisses entscheidend ist. Indes können diese Angaben zur Anteilsaufteilung bei einer verhältniswahrenden Spaltung in der Regel bereits den erforderlichen Ausführungen zum maßgeblichen Umtauschverhältnis aus § 126 Abs. 1 Nr. 3 entnommen werden.[107]

Ist der übernehmende Rechtsträger eine Personenhandelsgesellschaft oder eine GmbH, so ergeben sich auch schon aus § 125 iVm § 40 Abs. 1 bzw. nach § 125 iVm § 46 weiterge-

---

101 Semler/Stengel/Leonard/*Schröer*/*Greitemann* § 126 Rn. 58.
102 BFH BStBl. II 1989, 458 (460); Lutter/*Priester* § 126 Rn. 70; Semler/Stengel/Leonard/*Schröer*/*Greitemann* § 126 Rn. 57; Kölner Komm UmwG/*Simon* § 126 Rn. 55.
103 Nach § 15 Abs. 1 S. 3 UmwStG gilt allerdings auch ein Mitunternehmerteil und die 100 %-Beteiligung an einer Kapitalgesellschaft als Teilbetrieb.
104 Schmitt/Hörtnagl/*Hörtnagl* UmwStG § 15 Rn. 62.
105 Semler/Stengel/Leonard/*Schröer*/*Greitemann* § 126 Rn. 57; Kölner Komm UmwG/*Simon* § 126 Rn. 55; § 126 Rn. 57; Lutter/*Priester* § 126 Rn. 70.
106 Kölner Komm UmwG/*Simon* § 126 Rn. 76.
107 Kallmeyer/*Sickinger* § 126 Rn. 41; Kölner Komm UmwG/*Simon* § 126 Rn. 73; Kölner Komm UmwG/*Simon* § 126 Rn. 76; Semler/Stengel/Leonard/*Schröer*/*Greitemann* § 126 Rn. 83.

hende, **rechtsformspezifische Beschreibungsanforderung** bezüglich der Verteilung der Gesellschaftsanteile.

58 Tatsächlich eigenständige Bedeutung erlangt § 126 Abs. 1 Nr. 10 immer nur dann, wenn es sich um eine **nichtverhältniswahrende** Auf- bzw. Abspaltung iSv § 128 handelt und sich keinerlei rechtsformspezifische Verpflichtung zur Beschreibung der Gesellschaftsanteile – wie insbesondere bei der AG oder KGaA – im Gesetz finden lassen.[108] Bei einer solchen nichtverhältniswahrenden Spaltung sind immer weitergehende, zusätzliche Angaben im Spaltungsvertrag erforderlich. In jedem Falle ist der Aufteilungsmaßstab abstrakt anzugeben. Vielfach wird jedoch die konkrete Aufteilung der Beteiligungsanteile – unter der individualisierenden Angabe ihrer Inhaber – anzugeben sein, um den Anforderungen aus § 126 Abs. 1 Nr. 10 zu genügen. Aus dem Spaltungsvertrag muss stets ersichtlich sein, „wem wie viele Anteile an den beteiligten Rechtsträgern im Zuge der Spaltung zugewiesen werden."[109] Ferner fallen auch vereinbarte Ausgleichszahlungen zwischen den Anteilsinhabern unter den Begriff des Aufteilungsmaßstabes und sind deshalb in den Spaltungsvertrag aufzunehmen.[110]

59 Aufgrund der klarstellenden Gesetzesänderung im Jahre 1998 sind auch Beteiligungsveränderungen an einem übertragenden Rechtsträger im Spaltungsvertrag anzugeben, welche als Kompensationsmittel einer nichtverhältniswahrenden Spaltung eingesetzt werden. Das Gesetz spricht nunmehr von „beteiligten" Rechtsträgern und nicht wie zuvor von „übernehmenden" Rechtsträgern.[111]

11. Folgen der Spaltung für die Arbeitnehmer und ihre Vertretungen (Abs. 1 Nr. 11)

60 § 126 Abs. 1 Nr. 11 ist die spaltungsrechtliche Parallelvorschrift zu § 5 Abs. 1 Nr. 9. Demnach sind „die Folgen der Spaltung für die Arbeitnehmer und ihre Vertretungen sowie die insoweit vorgesehenen Maßnahmen" als notwendiger Inhalt in den Spaltungsvertrag aufzunehmen. Die Regierungsbegründung zu § 5 Abs. 1 Nr. 9 spricht von einem Aufzeigen der eintretenden individual- und kollektivarbeitsrechtlichen Änderungen.[112] Demnach geht es vornehmlich um den Schutz der Arbeitnehmer. Fehlt es den beteiligten Gesellschaften schon an Arbeitnehmern, was dann möglichst im Spaltungsvertrag klargestellt werden sollte, so spielt § 126 Abs. 1 Nr. 11 auch keine Rolle für den Spaltungsvertrag (vgl. Kommentierung zu § 5 Abs. 1 Nr. 9, → § 5 Rn. 72 ff.).

61 In der Praxis sind die nachfolgend – nicht abschließend – aufgeführten Aspekte im Spaltungsvertrag zu behandeln:[113]

- Tarifvertragssituation der Arbeitnehmer
- Unternehmensmitbestimmung im Aufsichtsrat durch die Arbeitnehmer
- Existenz und Fortbestand der Betriebsräte
- Übergangsmandat des Betriebsrats nach § 21a BetrVG
- Entstehung eines gemeinsamen Betriebsrates § 132 Abs. 1
- Mitbestimmungsbeibehaltung nach § 132a Abs. 1
- Fortgeltung von Rechten nach § 132a Abs. 2

---

[108] Semler/Stengel/Leonard/*Schröer*/Greitemann § 126 Rn. 82.
[109] Kölner Komm UmwG/*Simon* § 126 Rn. 78.
[110] Schmitt/Hörtnagl/*Hörtnagl* § 126 Rn. 106.
[111] Kölner Komm UmwG/*Simon* § 126 Rn. 77; Lutter/*Priester* § 126 Rn. 75.
[112] RegBegr. *Ganske* Umwandlungsrecht S. 50.
[113] Aufzählung entnommen bei Lutter/*Priester* § 126 Rn. 78.

- Besonderer Kündigungsschutz nach § 132
- Haftung nach § 134 bei einer Betriebsaufspaltung

Bezüglich des Übergangs von Arbeitsverhältnissen sind die Ausführungen zu § 126 Abs. 1 Nr. 9 zu beachten. Weitergehend wird auf die Kommentierung der Parallelvorschrift im Verschmelzungsrecht § 5 Abs. 1 Nr. 9 verwiesen (→ § 5 Rn. 72 ff.).

12. Weitere zwingende Inhalte des Spaltungs- und Übernahmevertrages

Neben den in § 126 Abs. 1 Nr. 1–11 ausdrücklich genannten Angaben können sich aus den rechtsformabhängigen Besonderheiten der beteiligten Rechtsträger für den Spaltungsvertrag weitere zwingende Inhaltsanforderungen ergeben.

Insbesondere muss der Spaltungsvertrag bei der Auf- und Abspaltung in den folgenden drei Konstellationen ein **Abfindungsangebot** nach § 125 iVm § 29 Abs. 1 S. 1 enthalten:[114]

- Der übernehmende Rechtsträger weist im Unterschied zum übertragenden Rechtsträger eine andere Rechtsform auf (vgl. § 29 Abs. 1 S. 1 Alt. 1).
- Die übernehmende Aktiengesellschaft unterscheidet sich von der übertragenden Aktiengesellschaft durch ihre fehlende Börsennotierung (vgl. § 29 Abs. 1 S. 1 Alt. 2).
- Die Anteile am übernehmenden Rechtsträger unterliegen einer Verfügungsbeschränkung (vgl. § 29 Abs. 1 S. 2).

Auf das Abfindungsangebot kann seitens der Anteilsinhaber verzichtet werden.[115]

Weitere notwendige Inhalte im Spaltungsvertrag können sich aus den **rechtsformspezifischen Regelungen** ergeben. Auch diesbezüglich wird auf die entsprechenden Stellen der Kommentierung zur Verschmelzung hingewiesen.[116]

V. Mögliche fakultative Bestandteile des Spaltungs- und Übernahmevertrages

Neben den zwingenden Vertragsbestandteilen des § 126 Abs. 1 können weitere fakultative Regelungen im Spaltungsvertrag sinnvoll sein. Gemäß § 1 Abs. 3 sind ergänzende Bestimmungen in Verträgen immer dann zulässig, wenn im Rahmen dieses Gesetzes keine abschließende Regelung vorgesehen ist. Nachfolgend werden beispielhaft fakultative Regelungen angeführt, welche typischerweise im Rahmen eines Spaltungsvertrages zu finden sind.

1. Die Absicherung der Bewertungsgrundlage

Zunächst kann die **Absicherung der Bewertungsgrundlagen** im Spaltungsvertrag für beide Seiten sinnvoll sein. Hierzu sind Zusicherungen bezüglich der Richtigkeit und Vollständigkeit sämtlicher Umstände, die sich auf die Bewertung des eingebrachten Vermögens und den Maßstab der Anteilsgewähr ausgewirkt haben, in den Spaltungsvertrag aufzunehmen. Insbesondere sollte das buchmäßige Eigenkapital garantiert werden. Zusätzlich kann der Spaltungs- und Übernahmevertrag für den Fall der Verletzung einer

---

114 Lutter/*Priester* § 126 Rn. 83; Semler/Stengel/Leonard/ Schröer/Greitemann § 126 Rn. 92; Kölner Komm UmwG/ *Simon* § 126 Rn. 81.
115 Widmann/Mayer/*Mayer* § 126 Rn. 289; Lutter/*Priester* § 126 Rn. 83; Semler/Stengel/Leonard/Schröer/Greitemann § 126 Rn. 92.
116 Zur GmbH § 125 iVm §§ 46 Abs. 1, 52 Abs. 2; zur AG/ KGaA § 125 iVm § 35; zur Personenhandelsgesellschaft § 125 iVm § 40 Abs. 1; zur PartG § 125 iVm § 45b Abs. 1; zur eG zur AG/KGaA § 125 iVm § 80.

solchen vertraglichen Zusicherung oder Bestandsgarantie vorsehen, dass der jeweilige Rechtsträger so zu stellen ist, wie es der Fall wäre, wenn die gemachte Zusicherung oder Garantie den tatsächlichen Gegebenheiten entsprechen würde.[117]

2. Mögliche Haftungsfreistellungen

67 Weiterhin können auch **Haftungsfreistellungen** im Rahmen des Spaltungsvertrages interessengerecht sein. Wird einem Rechtsträger eine bestimmte bestehende Verbindlichkeit im Rahmen der Spaltung zugewiesen, dann erscheint auch eine Freistellung der jeweils anderen beteiligten Rechtsträger von der Haftung des § 133 Abs. 1 S. 1, Abs. 3 im Innenverhältnis konsequent. Entspricht eine solche Freistellung nicht den beteiligten Parteiinteressen, so sollte jedenfalls das Haftungsverhältnis zwischen den Gesamtschuldnern normiert werden. Handelt es sich bei der übertragenden Gesellschaft um eine KG, ist zu erwägen, ob die jeweiligen Kommanditisten von einer möglichen Haftung aus § 172 Abs. 4 HGB, welche sich aufgrund der Abspaltung ergeben kann, freigestellt werden sollen.[118]

3. Satzungsänderung bzw. Satzungsanpassung

68 Entsteht durch die Spaltung ein Bedarf zur **Satzungsänderung** bzw. zur **Satzungsanpassung** beim übertragenden oder übernehmenden Rechtsträger, beispielsweise bezüglich der Firmierung oder eines veränderten Unternehmensgegenstands sowie bei **Erhöhung oder Herabsetzung des Gesellschaftskapitals**, so kann auch eine diesbezügliche Regelung im Spaltungsvertrag interessengerecht sein. Für die wirksame Änderung der Satzung ist jedoch nach wie vor ein nach den allgemeinen Vorschriften gefasster Gesellschafterbeschluss erforderlich.[119]

4. Organbestellung beim übernehmenden Rechtsträger

69 Der Spaltungsvertrag kann auch eine Vereinbarung zur **Organbestellung** beim übernehmenden Rechtsträger beinhalten. Wird angestrebt, dass die geschäftsführenden Organe, die Mitglieder des Aufsichtsrates oder eines Beirates in dieser Funktion auch beim übernehmenden Rechtsträger eingesetzt werden sollen, so ist es sinnvoll, dies im Spaltungsvertrag festzulegen, da die Organstellungen nicht automatisch übergeleitet werden. Der Bestellungsbeschluss des zuständigen Organs beim übernehmenden Rechtsträger wird dadurch allerdings nicht entbehrlich. Ferner sollte sich der Spaltungsvertrag über das Schicksal der zugehörigen Anstellungsverträge der Organmitglieder äußern.[120]

5. Vermeidung der Aufdeckung stiller Reserven

70 Nach gewissen in § 15 Abs. 3 UmwStG festgelegten Voraussetzungen, kann die Veräußerung von Geschäftsanteilen einer Kapitalgesellschaft, die an einer Auf- oder Abspaltung beteiligt gewesen ist, in einem Zeitraum von bis zu fünf Jahren nach der Spaltung zu einer steuerlich relevanten Aufdeckung von stillen Reserven führen (→ UmwStG § 15 Rn. 93). Um einen solchen steuerlichen Nachteil zu vermeiden, kann eine **Anteilsvinkulierung** im Spaltungsvertrag vereinbart werden, wozu allerdings die Zustimmung

---

[117] Kallmeyer/*Sickinger* § 126 Rn. 44 ff.; Semler/Stengel/Leonard/*Schröer/Greitemann* § 126 Rn. 95.
[118] Lutter/*Priester* § 126 Rn. 91; Semler/Stengel/Leonard/*Schröer/Greitemann* § 126 Rn. 96.
[119] Lutter/*Priester* § 126 Rn. 87; Semler/Stengel/Leonard/*Schröer/Greitemann* § 126 Rn. 97 f.
[120] Lutter/*Priester* § 126 Rn. 88; Semler/Stengel/Leonard/*Schröer/Greitemann* § 126 Rn. 99.

sämtlicher Anteilsinhaber erforderlich ist. Wenn dies insbesondere aufgrund der Vielzahl von Gesellschaftern als nicht praktikabel erscheint, könnte der Spaltungs- und Übernahmevertrag – für den Fall einer nachträglich entstehenden Steuerlast aufgrund des § 15 Abs. 3 UmwStG – eine **Ausgleichsverpflichtung** beinhalten.[121]

6. Reaktionen auf das Erfordernis einer Genehmigung oder Zustimmung

Im Rahmen einer Spaltungsmaßnahme können **behördliche Genehmigungen** oder **Zustimmungen** Dritter erforderlich werden. In einem solchen Fall kann es Sinn machen, eine sog. „Bemühungsklausel" in das Vertragswerk aufzunehmen. Ferner könnte der Vertrag für den Fall, dass eine Genehmigung bzw. Zustimmung endgültig nicht erteilt wird, eine Alternative aufzeigen. Ist die behördliche Genehmigung bzw. die Zustimmung eines Dritten für die Spaltung von besonderem Gewicht, so sollte der Spaltungsvertrag durch eine **aufschiebende Bedingung** ausdrücken, dass erst nach der Erteilung der Genehmigung bzw. Zustimmung die Spaltung zum Handelsregister anzumelden ist.[122] Für den Fall, dass die Spaltung ausnahmsweise die Kartellbehörden zu einer Fusionskontrolle veranlasst, sollte der Spaltungsvertrag mit Blick auf die Freigabe durch die Kartellbehörden **aufschiebend bedingt** werden.[123]

71

Der Gefahr, dass zwischen dem Abschluss des Spaltungsvertrages und der Eintragung im Handelsregister ein recht langer Zeitraum liegen kann, und gerade durch diesen Zeitablauf die getroffenen Vertragsregeln als dann nicht mehr interessengerecht und angemessen erscheinen mögen, kann mit einer **auflösenden Bedingung** oder einem **Kündigungsrecht bzw. einem Rücktrittsrecht** begegnet werden.[124]

72

7. Auffangbestimmungen

Scheitert der Vermögensübergang bei einzelnen Gegenständen, ist es wünschenswert, wenn der Spaltungsvertrag auch diesbezüglich eine **Auffangbestimmung** enthält. Umfasst die Spaltungsmasse auch **Auslandsvermögen**, ist für den Fall, dass die jeweilige ausländische Rechtsordnung die dingliche Spaltungswirkung nicht berücksichtigt, eine Verpflichtung zur Einzelübertragung als Vertragsbestandteil vorzusehen.[125] Auch eine vertragliche Auslegungshilfe für **„vergessene" Gegenstände** ist besonders dann sinnvoll, wenn in Zweifelfällen nicht die Regelung des § 131 Abs. 3 eintreten soll.[126]

73

8. Kostentragungspflichten

In der Praxis von Bedeutung ist auch eine vertragliche Vereinbarung über die **Pflicht zur Übernahme der Kosten** des Spaltungsvorganges. Der Spaltungsvertrag sollte weiterhin auch eine Kostenregelung für den Fall des Scheiterns der Spaltung enthalten.[127] Die Kosten des Spaltungsvorgangs bestehen im Wesentlichen aus den Notarkosten für die Beurkundung des Spaltungsvertrages (§§ 97 Abs. 1, 107 Abs. 1 GNotKG) sowie den Kosten für die Eintragung des Spaltungsvorgangs in die Register der betroffenen Rechtsträger.

74

---

121 Lutter/*Priester* § 126 Rn. 92; Semler/Stengel/Leonard/*Schröer/Greitemann* § 126 Rn. 100.
122 Lutter/*Priester* § 126 Rn. 89; Semler/Stengel/Leonard/*Schröer/Greitemann* § 126 Rn. 102.
123 Semler/Stengel/Leonard/*Schröer/Greitemann* § 126 Rn. 103.
124 Semler/Stengel/Leonard/*Schröer/Greitemann* § 126 Rn. 101; Kallmeyer/*Sickinger* § 126 Rn. 57a.
125 Lutter/*Priester* § 126 Rn. 93; Semler/Stengel/Leonard/*Schröer/Greitemann* § 126 Rn. 104.
126 Schmitt/Hörtnagl/*Hörtnagl* § 126 Rn. 111; Semler/Stengel/Leonard/*Schröer/Greitemann* § 126 Rn. 104.
127 Lutter/*Priester* § 126 Rn. 95; Semler/Stengel/Leonard/*Schröer/Greitemann* § 126 Rn. 105.

VI. Zuleitung des Spaltungsvertrages an den zuständigen (Abs. 3)

75 § 126 Abs. 3 erfordert die rechtzeitige Zuleitung des Spaltungs- bzw. Übernahmevertrages an den zuständigen Betriebsrat. Diese Zuleitung hat dabei spätestens einen Monat vor der jeweiligen Anteilsinhaberversammlung stattzufinden. Nach § 125 iVm § 17 Abs. 1 ist die fristgerechte Zuleitung als **Voraussetzung für die Eintragung** zu qualifizieren, weshalb ein Zuleitungsnachweis der Registeranmeldung als Anlage beizufügen ist. Bezüglich der weiteren Erörterungen kann auf die inhaltsgleiche Parallelvorschrift des § 5 Abs. 3 und die dortige Kommentierung verwiesen werden (→ § 5 Rn. 115 ff.).

§ 127 Spaltungsbericht

¹Die Vertretungsorgane jedes der an der Spaltung beteiligten Rechtsträger haben einen ausführlichen schriftlichen Bericht zu erstatten, in dem die Spaltung, der Vertrag oder sein Entwurf im einzelnen und bei Aufspaltung und Abspaltung insbesondere das Umtauschverhältnis der Anteile und die bei seiner Ermittlung gewählten Bewertungsmethoden oder die Angaben über die Mitgliedschaften bei den übernehmenden Rechtsträgern, der Maßstab für ihre Aufteilung sowie die Höhe einer anzubietenden Barabfindung und die zu ihrer Ermittlung gewählten Bewertungsmethoden rechtlich und wirtschaftlich erläutert und begründet werden (Spaltungsbericht); der Bericht kann von den Vertretungsorganen auch gemeinsam erstattet werden. ²§ 8 Absatz 1 Satz 3 bis 5, Absatz 2 und 3 ist entsprechend anzuwenden; bei Aufspaltung ist § 8 Absatz 3 Satz 3 Nummer 1 Buchstabe a nicht anzuwenden.

Literatur:
Lutter, Zur Vorbereitung und Durchführung von Grundlagenbeschlüssen in Aktiengesellschaften, Festschrift für Hans-Joachim Fleck, 1988, S. 169.

I. Allgemeine Anforderungen an den Spaltungsbericht ... 1	a) Hinweis auf besondere Schwierigkeiten bei der Bewertung sowie auf die Folgen für die Beteiligung der Anteilsinhaber (S. 2 iVm § 8 Abs. 1 S. 3) ... 26
II. Inhalt des Spaltungsberichts ... 9	b) Informationen bei verbundenen Unternehmen (S. 2 iVm § 8 Abs. 1 S. 4, 5) ... 28
1. Information bezüglich der Spaltungsmaßnahme ... 10	c) Begrenzung der Berichtspflicht (S. 2 iVm § 8 Abs. 2) ... 30
2. Erläuterung des Spaltungsvertrages ... 14	d) Entbehrlichkeit des Spaltungsberichts (S. 2 iVm § 8 Abs. 3) ... 31
3. Beschreibung des Umtauschverhältnisses und Angaben zum Aufteilungsmaßstab ... 15	III. Fehlerhafter Spaltungsbericht ... 35
4. Angaben über die Mitgliedschaften ... 22	
5. Angaben zur Barabfindung ... 23	
6. Hinweis bei der AG auf den Bericht über die Prüfung der Sacheinlage ... 24	
7. Verweisung auf die Vorschriften zum Verschmelzungsbericht (S. 2) ... 25	

I. Allgemeine Anforderungen an den Spaltungsbericht

1 Der in § 127 normierte **Spaltungsbericht** hat die Aufgabe, die Anteilsinhaber bereits vor der entscheidenden Versammlung über die maßgeblichen Inhalte und Beweggründe der Spaltung in Kenntnis zu setzen. Nur im Falle einer **ausreichenden Information** sind die Anteilseigner in der Lage, insbesondere die Wirtschaftlichkeit und Zweckmäßigkeit der Spaltung einschätzen zu können, um daraufhin eine sachgerechte Ent-

scheidung in der beschlussfassenden Versammlung treffen zu können. Dem Spaltungsbericht kommt demnach eine dem **Verschmelzungsbericht** (vgl. § 8) entsprechende Funktion zu.[1] Ausdrücklich verlangt § 127 S. 1, dass sich im Falle einer Auf- oder Abspaltung der Spaltungsbericht auch über den **Maßstab der Aufteilung der Anteile** zu verhalten hat. Dieser Aspekt ist spaltungsspezifisch und findet sich daher nicht im Verschmelzungsbericht. Im Rahmen des UmRUG[2] wurde der Wortlaut an die Neufassung des § 8 angepasst und klargestellt, dass neben dem Umtauschverhältnis die zur Ermittlung desselben gewählte Bewertungsmethode beziehungsweise die gewählten Bewertungsmethoden rechtlich und wirtschaftlich erläutert und begründet werden müssen (→ § 8 Rn. 19). 1

Die Pflicht, einen Spaltungsbericht aufstellen zu müssen, gilt für **sämtliche Spaltungsarten** und **unabhängig davon, welche Rechtsform** die beteiligten Rechtsträger aufweisen. Ausnahmen sieht das Gesetz nur in besonderen Ausgliederungsfällen vor, zB beim Einzelkaufmann (§ 153), bei einer rechtsfähigen Stiftung (§ 162) und bei einer Gebietskörperschaft (§ 169). Eine Berichtspflicht ist ferner gegenüber den geschäftsführenden Organen einer Personenhandelsgesellschaft zu verneinen, vgl. § 125 iVm § 41.[3] 2

Die europarechtliche Grundlage stellt Art. 141 EU-Gesellschaftsrechtsrichtline (Art. 7 der Spaltungsrichtlinie)[4] dar, wobei sich die Umsetzungspflicht aus dieser Richtlinie lediglich auf die Auf- bzw. Abspaltung der Aktiengesellschaft bezieht. Der Anwendungsbereich des § 127 geht somit weit über die unionsrechtlichen Vorgaben hinaus.[5] 3

Umstritten ist, ob auch im Falle einer **Ausgliederung im Wege der Einzelrechtsnachfolge** die Berichtspflichten aus **§ 127 entsprechend anzuwenden** sind. Die Rechtsprechung hat diesbezüglich eine entsprechende Anwendung der Vorschriften über den Spaltungsbericht auf eine Ausgliederung im Wege der Einzelrechtsübertragung – mit dem Hinweis auf die Gleichheit der Interessenlage – bejaht. Eine solche analoge Anwendung sei aber immer nur dann vorzunehmen, falls aufgrund der Wesentlichkeit des zu übertragenden Vermögensgegenstandes eine ungeschriebene Hauptversammlungszuständigkeit gegeben ist.[6] Eine **vermittelnde Ansicht** hält eine solche Berichtspflicht nach dem Vorbild des § 127 immer nur dann für notwendig, wenn der Spaltungsvertragsentwurf nicht vor der entscheidenden Gesellschafterversammlung vorgelegt wird, und die Anteilseigner demnach nur durch einen Ausgliederungsbericht iSd § 127 ausreichend informiert werden können.[7] Nach vorzugswürdiger, anderer Ansicht wird eine entsprechende Anwendung der Berichtspflichten aus § 127 auf die Ausgliederung im Wege der Einzelrechtsübertragung insgesamt **abgelehnt**. Die besonderen Vorschriften des Umwandlungsrechts sind gerade nicht auf die Einzelrechtsnachfolge zu übertragen.[8] Auch der BGH tendiert in seiner Gelatine-Entscheidung zur Begründung von ungeschriebenen Mitwirkungsbefugnissen der Hauptversammlung bei wesentlichen 4

---

1 Lutter/*Schwab* § 127 Rn. 4; Semler/Stengel/Leonard/*Gehling* § 127 Rn. 1; Kölner Komm UmwG/*Simon* § 127 Rn. 1.
2 Gesetz zur Umsetzung der Umwandlungsrichtlinie und zur Änderung weiterer Gesetze (UmRUG) v. 22.2.2023, BGBl. 2023 I Nr. 51.
3 Lutter/*Schwab* § 127 Rn. 1; Semler/Stengel/Leonard/*Gehling* § 127 Rn. 2; Kölner Komm UmwG/*Simon* § 127 Rn. 2.
4 Richtlinie (EU) 2017/1132 vom 14.6.2017 über bestimmte Aspekte des Gesellschaftsrechts.
5 Lutter/*Schwab* § 127 Rn. 3; Semler/Stengel/Leonard/*Gehling* § 127 Rn. 4; Kölner Komm UmwG/*Simon* § 127 Rn. 4.
6 LG Karlsruhe NZG 1998, 393 (395); *Lutter* FS Fleck, 1988, 169 (179 f.); grundsätzliche Bejahung der Analogie LG Frankfurt NJW-RR 1997, 1464 (1466).
7 Lutter/*Schwab* § 127 Rn. 2.
8 Semler/Stengel/Leonard/*Gehling* § 127 Rn. 3; Kölner Komm UmwG/*Simon* § 127 Rn. 3.

Umstrukturierungen zur Ablehnung einer Gesetzesanalogie. Das Ergebnis einer offenen Rechtsfortbildung sei vielmehr als Rechtsgrundlage für die ungeschriebenen Mitwirkungsbestimmungen, mit welchen auch Informationsrechte der Aktionäre einhergehen, anzusehen.[9]

Hinweis: Trotz einer generellen Ablehnung der analogen Anwendung von § 127 auf eine Ausgliederung im Wege der Einzelrechtsnachfolge, sollte man – zur Vermeidung von Unsicherheiten – sich bei der **Information der Anteilsinhaber** vor der beschlussfassenden Versammlung inhaltlich **an den Berichtspflichten des § 127 orientieren**.[10]

5 Die Pflicht zur Erstellung des Spaltungsberichts trifft die jeweiligen Verwaltungsorgane der beteiligten Rechtsträger. Es handelt sich bei dieser Pflicht um eine **höchstpersönliche Verpflichtung des Gesamtorgans**.[11]

6 Wie § 127 S. 1 aE zum Ausdruck bringt, ist auch ein **gemeinschaftlicher Spaltungsbericht** der Vertretungsorgane sämtlicher an der Spaltung beteiligter Rechtsträger möglich. Bei einem solchen gemeinsamen Spaltungsbericht darf es allerdings nicht zu einer verringerten Informationsdichte für die Anteilsinhaber kommen.[12]

7 Der Spaltungsbericht ist in **schriftlicher Form** iSd § 126 BGB aufzustellen. Streitig ist allerdings, ob der Spaltungsbericht von sämtlichen Organmitgliedern zu unterzeichnen ist oder ob die **Unterzeichnung in vertretungsberechtigter Anzahl** genügt. Der BGH hat im Rahmen eines obiter dictums diesbezüglich angedeutet, dass aufgrund einer fehlenden Manipulationsgefahr die Unterzeichnung durch eine vertretungsberechtigte Anzahl der Organmitglieder ausreichend ist.[13] Diese Ansicht wird indes nur von Teilen im Schrifttum vertreten.[14] Nach anderer – jedoch abzulehnender – Ansicht wird auch weiterhin die Unterzeichnung des Spaltungsberichts durch sämtliche Organmitglieder gefordert.[15]

8 Der Spaltungsbericht ist den Gesellschaftern je nach Gesellschaftsform in unterschiedlicher Art und Weise **zugänglich zu machen**. Den Gesellschaftern einer GmbH ist der Bericht spätestens mit der Einberufung der Gesellschafterversammlung zu übersenden (vgl. § 125 iVm § 47). In gleicher Weise sind die Gesellschafter einer Personengesellschaft zu unterrichten (vgl. § 125 iVm § 42). Bei der AG, der KGaA und der Genossenschaft ist der Spaltungsbericht ab der Einberufung der Hauptversammlung bzw. der Generalversammlung in den Geschäftsräumen des Rechtsträgers zur Einsicht der Anteilsinhaber auszulegen (vgl. für die AG § 125 iVm § 63 Abs. 1).[16]

II. Inhalt des Spaltungsberichts

9 § 127 S. 1 verlangt einen „**ausführlichen Bericht**", in welchem die Strukturmaßnahmen „**rechtlich und wirtschaftlich** erläutert und begründet werden". Entscheidend sind dabei aufgrund der Vielschichtigkeit der Spaltungsmöglichkeiten stets die Umstände des Einzelfalls,[17] wobei dem jeweiligen Vertretungsorgan ein **Ermessensspielraum** be-

---

9 BGH NZG 2004, 571 (574); Lutter/*Lieder* § 123 Rn. 28.
10 Semler/Stengel/Leonard/*Gehling* § 127 Rn. 3.
11 Semler/Stengel/Leonard/*Gehling* § 127 Rn. 5; Kölner Komm UmwG/*Simon* § 127 Rn. 5.
12 Lutter/*Schwab* § 127 Rn. 14; Semler/Stengel/Leonard/ *Gehling* § 127 Rn. 6; Kölner Komm UmwG/*Simon* § 127 Rn. 11.
13 BGH NZG 2007, 714 (717).
14 Kölner Komm UmwG/*Simon* § 127 Rn. 9; Semler/Stengel/Leonard/*Gehling* § 127 Rn. 7.
15 Lutter/*Schwab* § 127 Rn. 10 f.; Kallmeyer/*Sickinger* § 127 Rn. 4.
16 Semler/Stengel/Leonard/*Gehling* § 127 Rn. 9.
17 Semler/Stengel/Leonard/*Gehling* § 127 Rn. 10 f.; Kölner Komm UmwG/*Simon* § 127 Rn. 14.

züglich des Umfangs des Spaltungsberichts eingeräumt wird. Als Orientierungsrahmen dient diesbezüglich der Zweck des Spaltungsberichts, nämlich den Anteilsinhabern eine ausreichende Informationsbasis und einen Gesamtüberblick über die Strukturmaßnahme zu vermitteln, wobei ein „verständiger Gesellschafter" als Maßstab zu nehmen ist.[18]

1. Information bezüglich der Spaltungsmaßnahme

Zunächst ist die **Spaltungsmaßnahme in ihrer rechtlichen und wirtschaftlichen Gesamtheit** darzustellen und zu begründen. Der Spaltungsbericht hat demnach die Ausgangslage der beteiligten Rechtsträger darzustellen und anschließend die mit der Spaltung angestrebte Zielkonstellation abzubilden.[19] Die Darstellung der **Ist-Situation** erfordert Ausführungen zur gesellschaftsrechtlichen Struktur, zu den Organen und zur Gesellschafterstruktur der beteiligten Unternehmen. Zudem sind Angaben zu den bedeutsamen Geschäftsfeldern, zu den entscheidenden unternehmerischen Tätigkeiten, zu den Umsätzen sowie zu den Marktanteilen[20] zu machen. Ferner sind die Mitarbeiterstrukturen sowie die mitbestimmungsrechtlichen Einrichtungen im jeweiligen Unternehmen darzustellen.[21]

An die Erläuterung der Ist-Situation hat eine genügende Darstellung der mit der Spaltung einhergehenden unternehmerischen **Chancen und Risiken** anzuknüpfen.[22] Hierbei ist der Fokus auf gesellschaftsrechtliche, steuerrechtliche, bilanzielle und finanzwirtschaftliche Potentiale und Gefahren zu legen.[23] Damit die Anteilseigner einen solchen umfassenden Einblick erhalten, ist es unausweichlich im Spaltungsbericht auf die Kapitalsituation und den Grad der Verschuldung der beteiligten Rechtsträger hinzuweisen. Diese zukünftige Kapitallage wird entscheidend geprägt durch die **Zuweisung der Gegenstände des Aktiv- und Passivvermögens** im Rahmen der angestrebten Spaltungsmaßnahme, weshalb der Spaltungsbericht diesbezügliche Angaben zu enthalten hat.[24]

Besondere Bedeutung hat dabei die Darstellung der **Haftungssituation** der beteiligten Rechtsträger im Rahmen des Spaltungsberichtes. Als spaltungsspezifische Besonderheit ist zunächst auf die Gläubigerschutzvorschriften der §§ 133, 134 und die grundsätzliche Begründung einer zeitlich befristeten **gesamtschuldnerischen Haftung** im Außenverhältnis hinzuweisen.[25] Ferner ist die **Zuordnung der Verbindlichkeiten** im Innenverhältnis darzustellen, um eine Klassifizierung nach „Hauptschuldner" und „Mithafter" vornehmen zu können. Die ausreichende Abbildung der Haftungssituation setzt weiterhin die Prognose voraus, ob der vorgesehene „Hauptschuldner" die ihm zugewiesene Verbindlichkeit bei Fälligkeit auch erfüllen können wird. Entscheidende Kriterien sind diesbezüglich der Umfang der jeweiligen Verbindlichkeit sowie die zukünftige Leistungsfähigkeit des „Hauptschuldners".[26] Die Kriterien sind aber nicht nur den Anteilsin-

---

18 Semler/Stengel/Leonard/*Gehling* § 127 Rn. 11.
19 Lutter/*Schwab* § 127 Rn. 18 f.; Semler/Stengel/Leonard/ *Gehling* § 127 Rn. 16.
20 Lutter/*Schwab* § 127 Rn. 19; Kallmeyer/*Sickinger* § 127 Rn. 5; aA Semler/Stengel/Leonard/*Gehling* § 127 Rn. 15, Fn. 49 („Eine Angabe zu Marktanteilen wird idR [...] nicht erfoderlich sein").
21 Lutter/*Schwab* § 127 Rn. 19; Semler/Stengel/Leonard/ *Gehling* § 127 Rn. 15.
22 Kallmeyer/*Sickinger* § 127 Rn. 5.
23 Schmitt/Hörtnagl/*Hörtnagl* § 127 Rn. 13 ff.; Semler/Stengel/Leonard/*Gehling* § 127 Rn. 17.
24 Semler/Stengel/Leonard/*Gehling* § 127 Rn. 18; Lutter/ *Schwab* § 127 Rn. 19.
25 Lutter/*Schwab* § 127 Rn. 21; Semler/Stengel/Leonard/ *Gehling* § 127 Rn. 19; Kölner Komm UmwG/*Simon* § 127 Rn. 15.
26 Lutter/*Schwab* § 127 Rn. 22 f.; Semler/Stengel/Leonard/ *Gehling* § 127 Rn. 19; Kölner Komm UmwG/*Simon* § 127 Rn. 15.

habern des „Hauptschuldners" mitzuteilen, sondern in Bezug auf die Gesamtschuldnerstellung im Außenverhältnis auch den Gesellschaftern der „nur mithaftenden" Rechtsträger.[27]

13 Bedingt die Spaltung seitens des übertragenden Rechtsträgers eine Kapitalherabsetzung oder seitens des übernehmenden Rechtsträgers eine Kapitalerhöhung, so sind diese Maßnahmen im Spaltungsbericht zu erläutern.[28]

2. Erläuterung des Spaltungsvertrages

14 § 127 fordert weiter die **Erläuterung des Spaltungsvertrages bzw. der Entwurfsversion „im Einzelnen"**. Die konkreten Vertragsbestandteile „sind nach Sinngehalt und wirtschaftlicher Funktion zu erklären".[29] Die Erklärungstiefe hat sich dabei anhand des Adressatenkreises zu orientieren, der sich in der Regel aus juristisch nicht vorgebildeten Anteilsinhabern zusammensetzt. Besondere Bedeutung bei der Darstellung des Spaltungsvertrages, haben die Ausführungen bezüglich der Aufteilung der Gegenstände des Aktiv- und Passivvermögens.[30]

3. Beschreibung des Umtauschverhältnisses und Angaben zum Aufteilungsmaßstab

15 Weiterhin verlangt § 127 S. 1 Angaben zum **Umtauschverhältnis** sowie zum **Aufteilungsmaßstab** der Anteile sowie der zu ihrer Ermittlung gewählten Bewertungsmethoden. Der Gesetzeswortlaut nimmt allerdings nur auf die **Auf- und Abspaltung** Bezug und fordert im Spaltungsbericht demnach bei diesen Spaltungsarten Ausführungen zur Bestimmung der Relationen zwischen den bisherigen Beteiligungen und der Gewährung der neuen Anteile.[31]

16 Im Fall einer **Ausgliederung** verlangt § 127 S. 1 somit ausdrücklich keine Angaben zum maßgeblichen Umtauschverhältnis. Diese abweichende Behandlung der Ausgliederung erscheint zunächst folgerichtig, da bei dieser Spaltungsart keine Anteilsgewähr im eigentlichen Sinne erfolgt. Eine mit der Auf- und Abspaltung vergleichbare Interessenlage ergibt sich allerdings im Falle einer **Ausgliederung zur Aufnahme** immer dann, wenn der übertragende Rechtsträger nicht zu 100 % an der übernehmenden Gesellschaft beteiligt ist oder die Beteiligungen der Gesellschafter nicht im selben Verhältnis zueinander stehen bzw. der Gesellschafterkreis schon nicht personenidentisch ist. In diesen Ausgliederungsfällen ist es für die Anteilsinhaber ebenfalls wichtig zu erkennen, ob der Vermögensübertragung eine angemessene Anteilsgewähr gegenübersteht. Aufgrund dieser vergleichbaren Interessenlage und gleichzeitigem Vorliegen einer planwidrigen Regelungslücke[32] ist § 127 S. 1 mit seinen Berichtspflichten zum Umtauschverhältnis auf die beschriebenen Fälle der Ausgliederung **entsprechend anzuwenden**.[33]

17 Die Angaben und Erläuterungen zum Umtauschverhältnis sind so zu gestalten, dass den Anteilsinhabern die Möglichkeit zur **Plausibilitätskontrolle** gegeben wird. Aus dem Spaltungsbericht müssen sich demnach die zur Festlegung des Umtauschverhältnisses erforderlichen **Unternehmensbewertungen nachvollziehbar** entnehmen las-

---

[27] Lutter/*Schwab* § 127 Rn. 24; Kölner Komm UmwG/*Simon* § 127 Rn. 15.
[28] Semler/Stengel/Leonard/*Gehling* § 127 Rn. 20.
[29] Lutter/*Schwab* § 127 Rn. 27.
[30] Semler/Stengel/Leonard/*Gehling* § 127 Rn. 24; Kölner Komm UmwG/*Simon* § 127 Rn. 17.
[31] Semler/Stengel/Leonard/*Gehling* § 127 Rn. 25; Lutter/*Schwab* § 127 Rn. 28.
[32] Kallmeyer/*Sickinger* § 127 Rn. 7, spricht von einem „Redaktionsversehen".
[33] Lutter/*Schwab* § 127 Rn. 29; Kölner Komm UmwG/*Simon* § 127 Rn. 18, 20.

sen. Als Grundlage für eine eigenständige Unternehmensbewertung seitens der Anteilsinhaber muss der Spaltungsbericht allerdings nicht dienen.[34]

Die Tiefe sowie der Umfang der Berichtspflichten zum Umtauschverhältnis werden wiederum durch die Umstände des Einzelfalls geprägt, wobei es insbesondere von Bedeutung ist, ob es sich um eine verhältniswahrende oder eine nichtverhältniswahrende Spaltung handelt.[35] Mit Blick auf eine mögliche nichtverhältniswahrende Spaltung (vgl. § 128) verlangt § 127 S. 1 im Spaltungsbericht neben den Ausführungen zum Umtauschverhältnis auch solche zum **Maßstab der Anteilsaufteilung**.[36] 18

Relativ wenige Erläuterungen sind demnach erforderlich, wenn es sich um eine **verhältniswahrende Spaltung** handelt. Grundsätzlich sollte in diesen Fällen der Hinweis genügen, dass die bisherigen Beteiligungen den Maßstab für die Anteilsgewähr am übernehmenden Rechtsträger abbilden. Neben den reinen Anteilsquoten sollten allerdings auch keine rechtlichen Veränderungen der Anteile (zB durch den Erwerb oder den Verlust von Sonderrechten) mit der Spaltung einhergehen. Andernfalls hat der Spaltungsbericht zu diesen rechtlichen Veränderungen Stellung zu nehmen und etwaige Kompensationen zu beziffern.[37] Herrscht bei einer verhältniswahrenden Spaltung zugleich seitens der übertragenden und der übernehmenden Gesellschaft eine Beteiligungsidentität, so ist weder das Umtauschverhältnis noch der Aufteilungsmaßstab erklärungsbedürftig.[38] 19

Die **nichtverhältniswahrende** Spaltung verlangt im Spaltungsbericht eine angemessene Darstellung des Umtauschverhältnisses und eine Erläuterung des Aufteilungsmaßstabes. Die Gründe für die unverhältnismäßige Anteilsgewähr müssen deutlich zum Ausdruck kommen. Hierzu ist insbesondere eine plausible Darstellung der Unternehmensbewertung notwendig.[39] 20

Weiterhin muss der Spaltungsbericht darlegen, dass die gewährten Anteile einen angemessenen Ausgleich in der angestrebten Vermögensübertragung finden. Dies ist – mit Bezugnahme auf die Unternehmensbewertungen – besonders erklärungsbedürftig, wenn der Anteilsinhaberkreis zwischen dem übertragenden und übernehmenden Rechtsträger personenverschieden ist.[40] 21

4. Angaben über die Mitgliedschaften

Ergibt sich aus der Rechtsform des übernehmenden Rechtsträgers (insbesondere bei Genossenschaften und Vereinen), dass nicht etwa Anteile, sondern vielmehr **Mitgliedschaften** zu gewähren sind, so haben sich die Angaben im Rahmen des Spaltungsberichts auf diese Mitgliedschaften zu beziehen.[41] Der Wortlaut des Gesetzes begründet ein Alternativverhältnis („oder") zwischen den Angaben zum Umtauschverhältnis und den Angaben zu den Mitgliedschaften. Im Ergebnis besteht jedoch Einigkeit, dass seitens der berichtspflichtigen Organe kein Wahlrecht bestehen kann, so dass neben den Angaben bezüglich der Mitgliedschaften auch solche zum Umtauschverhältnis 22

---

34 Lutter/*Schwab* § 127 Rn. 33; Semler/Stengel/Leonard/*Gehling* § 127 Rn. 26; Kölner Komm UmwG/*Simon* § 127 Rn. 22.
35 Semler/Stengel/Leonard/*Gehling* § 127 Rn. 27, 29.
36 Kölner Komm UmwG/*Simon* § 127 Rn. 19.
37 Lutter/*Schwab* § 127 Rn. 31.
38 Kölner Komm UmwG/*Simon* § 127 Rn. 23; Lutter/*Schwab* § 127 Rn. 30.

39 Lutter/*Schwab* § 127 Rn. 32.
40 Semler/Stengel/Leonard/*Gehling* § 127 Rn. 32, 34, 36; Lutter/*Schwab* § 127 Rn. 32.
41 Semler/Stengel/Leonard/*Gehling* § 127 Rn. 37; Kölner Komm UmwG/*Simon* § 127 Rn. 26; Lutter/*Schwab* § 127 Rn. 35 f.

zwingend erforderlich sein können. Teilweise wird die Gesetzesformulierung als Redaktionsversehen bewertet und das „oder" durch „und ggf." ersetzt.[42] Andernorts wird zwar das Alternativverhältnis anerkannt, die entsprechenden Berichts- und Informationspflichten dann aber aus § 127 S. 2 iVm § 8 Abs. 1 S. 2 hergeleitet.[43] Unterschiedliche Ergebnisse ergeben sich aus den vorgenannten Ansichten somit nicht.

5. Angaben zur Barabfindung

23 Der Spaltungsbericht muss ferner **Angaben zu Barabfindungsangeboten** enthalten. Dies ist natürlich immer nur dann erforderlich, wenn solche Barabfindungen überhaupt im Rahmen des Spaltungsvertrages notwendig sind (vgl. §§ 125, 29). Im Spaltungsbericht sind dabei insbesondere Ausführungen zur Höhe bzw. zur Angemessenheit der Zahlung zu machen.[44]

6. Hinweis bei der AG auf den Bericht über die Prüfung der Sacheinlage

24 Nach § 142 Abs. 2 ist bei einer übernehmenden Aktiengesellschaft im Spaltungsbericht auf den Bericht zur Prüfung von Sacheinlagen (vgl. § 183 Abs. 3 AktG) hinzuweisen. Weiter ist auch anzugeben, bei welchem Register dieser Prüfbericht zu hinterlegen ist. Aus dieser Hinweispflicht ergibt sich allerdings, dass im Spaltungsbericht selbst keine Berichtspflichten bezüglich der Prüfung von Sacheinlagen bestehen.[45]

7. Verweisung auf die Vorschriften zum Verschmelzungsbericht (S. 2)

25 Die **Ähnlichkeit zwischen dem Spaltungsbericht und dem Verschmelzungsbericht**, wird nochmals durch die **umfassende Verweisung in § 127 S. 2** verdeutlicht. Dort heißt es: „§ 8 Absatz 1 Satz 3 bis 5, Absatz 2 und 3 ist entsprechend anzuwenden; bei Aufspaltung ist § 8 Absatz 3 Satz 3 Nummer 1 Buchstabe a nicht anzuwenden". Grundsätzlich gelten bezüglich dieser Vorgaben sowohl beim Spaltungsbericht als auch beim Verschmelzungsbericht gleichartige Darstellungsmaßstäbe.[46] Insgesamt kann somit an dieser Stelle auf die Erläuterungen zu § 8 verwiesen werden (→ § 8 Rn. 10 ff.).

a) Hinweis auf besondere Schwierigkeiten bei der Bewertung sowie auf die Folgen für die Beteiligung der Anteilsinhaber (S. 2 iVm § 8 Abs. 1 S. 3)

26 Nach § 127 S. 2 iVm § 8 Abs. 1 S. 3 ist im Spaltungsbericht ein Hinweis „auf **besondere Schwierigkeiten bei der Bewertung der Rechtsträger**" aufzunehmen. Solche Probleme, welche über die Standardprobleme der Unternehmensbewertung hinausgehen, müssen aber nicht in einem besonderen Teil des Spaltungsberichts dargestellt werden, sondern können in die allgemeine Unternehmensbewertung integriert werden. Spezielle Probleme bei der Unternehmensbewertung können sich beispielsweise aus einem Sanierungsfall oder einem sehr jungen Unternehmen ergeben.[47] Weiter kann die Anwendung unterschiedlicher Unternehmensbewertungsverfahren oder die Übertragung von einzelnen Vermögensgegenständen zu besonderen Schwierigkeiten führen.[48]

---

42 Lutter/*Schwab* § 127 Rn. 36; Widmann/Mayer/*Mayer* § 127 Rn. 41.
43 Kölner Komm UmwG/*Simon* § 127 Rn. 26.
44 Semler/Stengel/Leonard/*Gehling* § 127 Rn. 38; Kölner Komm UmwG/*Simon* § 127 Rn. 27.
45 Semler/Stengel/Leonard/*Gehling* § 127 Rn. 45; Kölner Komm UmwG/*Simon* § 127 Rn. 32.
46 Kölner Komm UmwG/*Simon* § 127 Rn. 28, 29, 31, 33, 35.
47 Semler/Stengel/Leonard/*Gehling* § 127 Rn. 39 f.; Kölner Komm UmwG/*Simon* § 127 Rn. 28.
48 Schmitt/Hörtnagl/*Hörtnagl* § 127 Rn. 17.

Ferner verlangt die Norm einen Hinweis **"auf die Folgen für die Beteiligung der** 27
Anteilsinhaber". Dies bedeutet, dass den Anteilsinhabern im Spaltungsbericht aufzuzeigen ist, wie sich ihre Beteiligungsquote sowie ihre rechtliche Position durch die Spaltung verändert. Besonders bei nichtverhältniswahrenden Spaltungen, bei Rechtsformwechseln und bei rechtsqualitativen Veränderungen (Entstehung oder Untergang von Sperrminoritäten oder von einfachen bzw. qualifizierten Mehrheiten) besteht Erläuterungsbedarf im Spaltungsbericht.[49]

b) Informationen bei verbundenen Unternehmen (S. 2 iVm § 8 Abs. 1 S. 4, 5)

Das Gesetz erweitert die Berichtspflichten in § 127 S. 2 iVm § 8 Abs. 1 S. 4 immer 28
dann, wenn an der Spaltung ein **Rechtsträger als verbundenes Unternehmen** (vgl. § 15 AktG) beteiligt ist. Der Gesetzeswortlaut spricht von "für die [Spaltung] wesentlichen Angelegenheiten", so dass lediglich Informationen der anderen verbundenen Unternehmen, welche **für die Spaltung von Relevanz** sind, in den Spaltungsbericht aufzunehmen sind.[50] Bei der Spaltung einer abhängigen Gesellschaft sind nur wenige Zusatzinformationen erforderlich. Handelt es sich hingegen um die Spaltung eines konzernherrschenden Rechtsträgers, so muss der Spaltungsbericht sich zu den Spaltungsfolgen für sämtliche abhängige Gesellschaften äußern, wobei insbesondere auf die Struktur und Form des Konzerns sowie auf die Verpflichtungen gegenüber den abhängigen Gesellschaften einzugehen ist.[51]

Den Berichtspflichten stehen Auskunftspflichten der Organe der anderen verbundenen 29
Unternehmen gegenüber (vgl. § 127 S. 2 iVm § 8 Abs. 1 S. 5).

c) Begrenzung der Berichtspflicht (S. 2 iVm § 8 Abs. 2)

Mit der entsprechenden Anwendung von § 8 Abs. 2 S. 1 auf den Spaltungsbericht wird 30
deutlich, dass solche **Tatsachen nicht offenkundig gemacht werden müssen**, die geeignet sind, "einem der beteiligten Rechtsträger oder einem verbundenen Unternehmen einen **nicht unerheblichen Nachteil zuzufügen.**" Die Gründe für die Geheimhaltung sind allerdings im Spaltungsbericht in der Form anzugeben, dass diese von den Anteilsinhabern jedenfalls nachvollzogen werden können, vgl. § 127 S. 2 iVm § 8 Abs. 2 S. 2.[52] Diese Begrenzung der Berichtspflichten ist aufgrund des Informationsbedürfnisses der Anteilsinhaber auf Ausnahmefälle zu begrenzen, weshalb die Tatbestandsvoraussetzungen eng auszulegen sind.[53]

d) Entbehrlichkeit des Spaltungsberichts (S. 2 iVm § 8 Abs. 3)

Für den Fall, dass "**alle Anteilsinhaber aller beteiligten Rechtsträger**" auf den Spal- 31
tungsbericht verzichten, ist dieser nach § 127 S. 2 iVm § 8 Abs. 3 S. 1 entbehrlich. Die Verzichtserklärungen sind dabei notariell zu beurkunden, vgl. § 8 Abs. 3 S. 2. Ist allerdings nur ein einziger Anteilsinhaber einer der beteiligten Rechtsträger nicht zu einem solchen Verzicht bereit, so haben sämtliche Organe für ihre Gesellschaft einen

---

49 Lutter/*Schwab* § 127 Rn. 37; Semler/Stengel/Leonard/Gehling § 127 Rn. 41; Kölner Komm UmwG/*Simon* § 127 Rn. 29.
50 Lutter/*Schwab* § 127 Rn. 41; Semler/Stengel/Leonard/Gehling § 127 Rn. 43; Kölner Komm UmwG/*Simon* § 127 Rn. 31.
51 Schmitt/Hörtnagl/*Hörtnagl* § 127 Rn. 18; Lutter/*Schwab* § 127 Rn. 43 f.
52 Lutter/*Schwab* § 127 Rn. 47 f.; Semler/Stengel/Leonard/Gehling § 127 Rn. 46; Kölner Komm UmwG/*Simon* § 127 Rn. 33.
53 Lutter/*Schwab* § 127 Rn. 47.

Spaltungsbericht anzufertigen.⁵⁴ Bei großen Publikumsgesellschaften wird ein solcher Verzicht daher praktisch kaum durchführbar sein.⁵⁵

32 Die Verzichtserklärung muss sich auf ein konkretes Spaltungsverfahren beziehen, weshalb ein genereller Verzicht auf einen Spaltungsbericht im Vorhinein zB im Rahmen des Gesellschaftsvertrages oder der Satzung nicht zulässig ist. Ob es zur Konkretisierung der Spaltungsmaßnahmen erforderlich ist, dass bereits ein Entwurf des Spaltungsvertrages vorliegt, ist zweifelhaft.⁵⁶ In jedem Falle muss einem Verzicht auf den Spaltungsbericht eine individualisierte Beschreibung der Spaltung, insbesondere unter Benennung der involvierten Gesellschaften, vorausgehen.⁵⁷

33 Der Verweis in § 127 S. 2 bezieht sich auch auf § 8 Abs. 3 S. 3, der im Rahmen des UmRUG neu gefasst wurde. § 8 Abs. 3 S. 3 enthält dabei Tatbestände für Ausnahmen von der Berichtspflicht in Konzernkonstellationen. Unterschieden werden Fälle, in denen der Spaltungsbericht für den übertragenden sowie den übernehmenden Rechtsträger entbehrlich ist (§ 8 Abs. 3 S. 3 Nr. 1), und Fälle, in denen der Spaltungsbericht ausschließlich für den jeweils beteiligten Rechtsträger entbehrlich ist (§ 8 Abs. 3 S. 3 Nr. 2). In den Fällen, in denen der Spaltungsbericht für den übertragenden sowie den übernehmenden Rechtsträger entbehrlich ist (§ 8 Abs. 3 S. 3 Nr. 1), findet die Ausnahmevorschrift nur für solche an der Spaltung beteiligten Rechtsträger Anwendung, zwischen denen die Konzernkonstellation besteht (→ § 8 Rn. 10 ff.).

34 Schlussendlich wurde im Zuge des UmRUG an § 127 S. 2 ein zweiter Halbsatz eingefügt. Dieser dient der Klarstellung. Das Konzernprivileg § 8 Abs. 3 S. 3 Nr. 1 lit. a findet bei der Aufspaltung keine Anwendung. Da an der Aufspaltung mehrere übernehmende Rechtsträger beteiligt sein müssen, sind Aufspaltungen unter ausschließlicher Beteiligung der Tochter- und Muttergesellschaft nicht vorstellbar.

III. Fehlerhafter Spaltungsbericht

35 Fehlen im Spaltungsbericht zwingend erforderliche Ausführungen bzw. wurden die vorgeschriebenen Inhalte in unzureichender Art und Weise dargestellt, so ist der **Spaltungsbericht fehlerhaft**. Eine solche Fehlerhaftigkeit berechtigt immer dann zur **Anfechtung des Spaltungsbeschlusses**, wenn dieser auf den mangelhaften Ausführungen im Rahmen des Spaltungsberichtes beruht. Solche Anfechtungsgründe stehen der Registereintragung entgegen, wenn nicht die Klagefrist von einem Monat (vgl. §§ 125, 14 Abs. 1) bereits abgelaufen ist und der Spaltungsbeschluss damit unanfechtbar geworden ist.⁵⁸

36 Zuletzt ist auf eine mögliche **strafrechtliche Verantwortlichkeit** bei unrichtigen Darstellungen oder Verschleierung im Spaltungsbericht gemäß § 346 Abs. 1 Nr. 1 hinzuweisen (→ § 346 Rn. 4 ff.).⁵⁹

---

54 Lutter/*Schwab* § 127 Rn. 51; Semler/Stengel/Leonard/*Gehling* § 127 Rn. 48; Kölner Komm UmwG/*Simon* § 127 Rn. 34 f.
55 Semler/Stengel/Leonard/*Gehling* § 127 Rn. 50; Kölner Komm UmwG/*Simon* § 127 Rn. 35.
56 Semler/Stengel/Leonard/*Gehling* § 127 Rn. 48 (Spaltungsvertrag bzw. sein Entwurf für Verzicht nicht erforderlich); Lutter/*Schwab* § 127 Rn. 52 (Spaltungs- und Übernahmevertrag bzw. Spaltungsplan im Entwurf regelmäßig Voraussetzung eines wirksamen Verzichts).
57 Semler/Stengel/Leonard/*Gehling* § 127 Rn. 48; Lutter/*Schwab* § 127 Rn. 52.
58 Semler/Stengel/Leonard/*Gehling* § 127 Rn. 53; Lutter/*Schwab* § 127 Rn. 56 ff.
59 Semler/Stengel/Leonard/*Gehling* § 127 Rn. 53; Kölner Komm UmwG/*Simon* § 127 Rn. 37.

§ 128 Zustimmung zur Spaltung in Sonderfällen

¹Werden bei Aufspaltung oder Abspaltung die Anteile oder Mitgliedschaften der übernehmenden Rechtsträger den Anteilsinhabern des übertragenden Rechtsträgers nicht in dem Verhältnis zugeteilt, das ihrer Beteiligung an dem übertragenden Rechtsträger entspricht, so wird der Spaltungs- und Übernahmevertrag nur wirksam, wenn ihm alle Anteilsinhaber des übertragenden Rechtsträgers zustimmen. ²Bei einer Spaltung zur Aufnahme ist der Berechnung des Beteiligungsverhältnisses der jeweils zu übertragende Teil des Vermögens zugrunde zu legen.

I. Normzweck

§ 128 regelt die **nichtverhältniswahrende Spaltung**, deren Zulässigkeit bereits durch § 126 Abs. 1 Nr. 10 zum Ausdruck kommt. Die Vorschrift betrifft ausweislich ihres Wortlautes lediglich die Auf- und Abspaltung in den Formen zur Aufnahme und zur Neugründung, nicht aber auch die Ausgliederung.[1] Sieht der Spaltungsvertrag eine nichtverhältniswahrende Spaltung vor, verlangt § 128 S. 1 aE, dass alle Anteilsinhaber des übertragenden Rechtsträgers diesem Spaltungs- und Übernahmevertrag zustimmen müssen. Die Vorschrift verfolgt dabei den Zweck, die Gesellschafter des übertragenden Rechtsträgers vor Beschränkungen oder Verlusten ihrer organschaftlichen Rechte zu schützen.[2]

Die Zustimmungserfordernisse des § 128 beziehen sich allerdings immer nur auf die **Anteilsinhaber des übertragenden Rechtsträgers**. Für die Gesellschafter des übernehmenden Rechtsträgers ergeben sich aus § 128 unmittelbar keine Folgen.[3] Da die Zustimmung sämtlicher Anteilseigner vorausgesetzt wird, ist die nichtverhältnismäßige Spaltung für **Publikumsgesellschaften** praktisch kaum durchführbar.[4]

Eine nichtverhältniswahrende Auf- bzw. Abspaltung liegt immer dann vor, „wenn die Anteile oder Mitgliedschaften der übernehmenden Rechtsträger den Anteilsinhabern des übertragenden Rechtsträgers nicht in dem Verhältnis zugeteilt werden, das ihrer Beteiligung an dem übertragenden Rechtsträger entspricht."[5] Eine **nichtverhältniswahrende Spaltung zur Neugründung** zeichnet sich dadurch aus, dass die rechnerischen Beteiligungsquoten der Gesellschafter des übertragenden Rechtsträgers an der übernehmenden Gesellschaft nicht mit den ursprünglichen Beteiligungsquoten an der übertragenden Gesellschaft übereinstimmen.[6]

Bei einer **Spaltung zur Aufnahme** verringern sich die reinen Beteiligungsquoten der Anteilseigner des übertragenden Rechtsträgers am übernehmenden Rechtsträger naturgemäß, denn deren Beteiligungen treten neben diejenigen der bisherigen Gesellschafter am übernehmenden Rechtsträger. Diese mangelnde direkte Übertragbarkeit der Beteiligungsquote im Falle der Spaltung zur Aufnahme führt allerdings nicht unmittelbar zu einer nichtverhältniswahrenden Spaltung und damit zu einem Zustimmungserfordernis. § 128 S. 2 stellt diesbezüglich klar, dass in einem solchen Fall für

---

1 Lutter/*Priester* § 128 Rn. 3; Semler/Stengel/Leonard/*Schröer*/Greitemann § 128 Rn. 2.
2 Lutter/*Priester* § 128 Rn. 2; Kölner Komm UmwG/*Simon* § 128 Rn. 2; Semler/Stengel/Leonard/*Schröer*/Greitemann § 128 Rn. 3.
3 Lutter/*Priester* § 128 Rn. 22; Kölner Komm UmwG/*Simon* § 128 Rn. 5; Semler/Stengel/Leonard/*Schröer*/Greitemann § 128 Rn. 16.
4 Semler/Stengel/Leonard/*Schröer*/Greitemann § 128 Rn. 3.
5 Lutter/*Priester* § 128 Rn. 8.
6 Kallmeyer/*Sickinger* § 128 Rn. 2; Lutter/*Priester* § 128 Rn. 8; Kölner Komm UmwG/*Simon* § 128 Rn. 7; Semler/Stengel/Leonard/*Schröer*/Greitemann § 128 Rn. 5.

das Beteiligungsverhältnis der jeweils zu übertragende Vermögensteil als Basis dienen soll. Eine **nichtverhältniswahrende Spaltung zur Aufnahme** ist somit gegeben, wenn die Anteilsinhaber des übertragenden Rechtsträgers untereinander nicht im Verhältnis ihrer ursprünglichen Beteiligungsquoten am übernehmenden Rechtsträger beteiligt werden.[7]

5 Unbeachtlich bei der Frage nach einer nichtverhältniswahrenden Spaltung ist der Aspekt, ob die Anteilsgewährungen an die Gesellschafter des übertragenden Rechtsträgers in einem angemessenen Verhältnis zu den Beteiligungen der bisherigen Anteilsinhaber am übernehmenden Rechtsträger stehen. Denn diese Frage betrifft die Angemessenheit des Umtauschverhältnisses (§ 126 Abs. 1 S. 3).[8]

6 Als erste Erscheinungsform der nichtverhältniswahrenden Spaltung können die Gesellschafter des übertragenden Rechtsträgers im Rahmen der Spaltung in von der Beteiligungsquote am übertragenden Rechtsträger abweichenden Verhältnissen an den übernehmenden Rechtsträgern beteiligt werden. Im Ergebnis findet in diesen Fällen eine **Verschiebung der Beteiligungsquote** statt.[9] Eine weitere Art der nichtverhältniswahrenden Spaltung ist die sog. **Spaltung zu Null**. Bei dieser Art der Spaltung werden Gesellschafter des übertragenden Rechtsträgers an einem oder mehreren übernehmenden Rechtsträgern überhaupt nicht beteiligt, an einem oder mehreren anderen Rechtsträgern im Ausgleich dafür jedoch überproportional.[10] Erhalten einzelne Anteilseigner des übertragenden Rechtsträgers überhaupt keine Beteiligungen an der oder den aufnehmenden Gesellschaften, ist von einer **Spaltung zu Null mit vollständigem Verzicht** die Rede. Eine solche Art der Spaltung zu Null stellt eine ausnahmsweise zulässige Durchbrechung des Grundprinzips der Anteilsgewähr im Rahmen der Spaltung dar.[11] Dies ist freilich nur mit Zustimmung der Betroffenen möglich, deren Schutz durch § 128 gerade sichergestellt werden soll.

7 Ein Zustimmungserfordernis iSv § 128 besteht jedoch immer dann nicht, wenn die verminderte Beteiligung durch **bare Zuzahlungen** iSd §§ 125, 54 Abs. 4, § 68 Abs. 3 **des übernehmenden Rechtsträgers** kompensiert wird.[12] Ob in diesem Fall dogmatisch betrachtet bereits tatbestandlich eine nichtverhältniswahrende Spaltung ausscheidet[13] oder eine teleologische Reduktion vorzunehmen ist,[14] spielt in der Praxis keine Rolle. Beachtet werden muss allerdings, dass die baren Zuzahlungen lediglich als Mittel zum Spitzenausgleich herangezogen werden dürfen, so dass jedenfalls die 10 %-Grenze aus den §§ 125, 54 Abs. 4, § 68 Abs. 3 zu unterschreiten ist.[15]

8 **Ausgleichszahlungen** durch begünstigte Anteilsinhaber an benachteiligte Gesellschafter stellen allerdings keine baren Zuzahlungen im obigen Sinne dar. Solche Zahlungen sind zwar im Spaltungsvertrag anzugeben, aber in beliebiger Höhe zulässig. Trotz sol-

---

7 BGH ZIP 2021, 738 (740); Kallmeyer/*Sickinger* § 128 Rn. 3; Lutter/*Priester* § 128 Rn. 9; Kölner Komm UmwG/*Simon* § 128 Rn. 8 ff.; Semler/Stengel/Leonard/*Schröer/Greitemann* § 128 Rn. 5.
8 Lutter/*Priester* § 128 Rn. 9; Semler/Stengel/Leonard/*Schröer/Greitemann* § 128 Rn. 5.
9 Lutter/*Priester* § 128 Rn. 12; Kölner Komm UmwG/*Simon* § 128 Rn. 15; Semler/Stengel/Leonard/*Schröer/Greitemann* § 128 Rn. 6.
10 Lutter/*Priester* § 128 Rn. 13; Kölner Komm UmwG/*Simon* § 128 Rn. 16; Semler/Stengel/Leonard/*Schröer/Greitemann* § 128 Rn. 6.
11 LG Essen NZG 2002, 736 (737); im Ergebnis auch schon LG Konstanz DB 1998, 1177 (1177 f.); Lutter/*Priester* § 128 Rn. 15; Kölner Komm UmwG/*Simon* § 128 Rn. 17; Semler/Stengel/Leonard/*Schröer/Greitemann* § 128 Rn. 6; aA Widmann/Mayer/*Mayer* § 128 Rn. 29.
12 AA Kallmeyer/*Sickinger* § 128 Rn. 2.
13 Schmitt/Hörtnagl/*Hörtnagl* § 128 Rn. 21; Semler/Stengel/Leonard/*Schröer/Greitemann* § 128 Rn. 9.
14 Kölner Komm UmwG/*Simon* § 128 Rn. 37.
15 Lutter/*Priester* § 128 Rn. 11; Kölner Komm UmwG/*Simon* § 128 Rn. 39; Semler/Stengel/Leonard/*Schröer/Greitemann* § 128 Rn. 9.

cher Ausgleichszahlungen bleibt das Zustimmungserfordernis iSv § 128 aber bestehen, da die Spaltung trotzdem als nichtverhältniswahrend zu qualifizieren ist.[16]

II. Die Zustimmung sämtlicher Anteilsinhaber des übertragenden Rechtsträgers

Damit eine nichtverhältniswahrende Spaltung tatsächlich wirksam wird, müssen **sämtliche Anteilseigner des übertragenden Rechtsträgers** dem Spaltungs- und Übernahmevertrag **zustimmen**. Erforderlich ist demnach ein einstimmiger Spaltungsbeschluss, wobei die Zustimmung in notariell beurkundeter Form zu erfolgen hat (vgl. §§ 125, 13 Abs. 3 S. 1). Das Zustimmungserfordernis aus § 128 S. 1 erstreckt sich auch auf die **Inhaber stimmrechtloser Anteile** sowie auf solche Personen, die eine **dingliche Berechtigung** (zB Nießbrauch oder Pfandrechte) an den Anteilen des übertragenden Rechtsträgers halten.[17]

Bevor nicht sämtliche Anteilsinhaber und dinglich Berechtigte ihre Zustimmung zur nichtverhältniswahrenden Spaltung erklärt haben, ist der Spaltungs- und Übernahmevertrag **schwebend unwirksam**. Fehlt es schlussendlich auch nur an einer einzelnen erforderlichen Zustimmung, so ist der Spaltungsvertrag insgesamt **unwirksam**.[18]

Die Zustimmung zu einer nichtverhältniswahrenden Spaltung steht allein im **freien Ermessen** der jeweiligen Anteilsinhaber. Nur in Ausnahmefällen und unter besonderen Voraussetzungen kann sich aus der **gesellschaftsrechtlichen Treuepflicht** eine Pflicht zur Zustimmung ergeben. Dies ist vor allem dann in Betracht zu ziehen, wenn die Spaltungsmaßnahme in einem überwiegenden Interesse der Gesellschaft steht und der betreffende Anteilsinhaber für seinen Rechtsverlust eine angemessene Kompensation erhält. Da aufgrund des insoweit eindeutigen Wortlauts der Vorschrift („alle Anteilsinhaber … zustimmen") diese Zustimmung nicht einfach fingiert werden kann, müssen die übrigen Anteilsinhaber die sich weigernden Anteilsinhaber auf Zustimmung verklagen.[19] Die Zustimmung gilt dann nach Erlangung der Rechtskraft des stattgebenden Urteils gemäß § 894 ZPO als abgegeben.

§ 129 Anmeldung der Spaltung

Zur Anmeldung der Spaltung ist auch das Vertretungsorgan jedes der übernehmenden Rechtsträger berechtigt.

I. Das zusätzliche Anmelderecht der übernehmenden Rechtsträger

§ 129 ist lediglich eine **Klarstellung und Ergänzung** zu § 16 Abs. 1 S. 2.[1] Die Details der Registeranmeldung der Spaltung ergeben sich bereits aus den §§ 125, 16, 17 und somit also durch eine entsprechende Anwendung der verschmelzungsrechtlichen Vorschriften. Inhaltlich räumt § 129 dem Vertretungsorgan jedes der **übernehmenden Rechtsträger die Berechtigung** ein, die Spaltung auch zur **Eintragung in das Regis-**

---

16 Kallmeyer/*Sickinger* § 128 Rn. 5; Lutter/*Priester* § 128 Rn. 16; Kölner Komm UmwG/*Simon* § 128 Rn. 35; Semler/Stengel/Leonard/*Schröer/Greitemann* § 128 Rn. 10.
17 Lutter/*Priester* § 128 Rn. 17 f.; Semler/Stengel/Leonard/ *Schröer/Greitemann* § 128 Rn. 11 ff.; Schmitt/Hörtnagl/ *Hörtnagl* § 128 Rn. 29.
18 Lutter/*Priester* § 128 Rn. 18, 20; Semler/Stengel/Leonard/ *Schröer/Greitemann* § 128 Rn. 11, 17.

19 Kallmeyer/*Sickinger* § 128 Rn. 6; Lutter/*Priester* § 128 Rn. 19; Semler/Stengel/Leonard/*Schröer/Greitemann* § 128 Rn. 14.
1 Lutter/*Priester* § 129 Rn. 2; Semler/Stengel/Leonard/ *Schwanna* § 129 Rn. 1; Kölner Komm UmwG/*Simon* § 129 Rn. 5.

1 ter des übertragenden Rechtsträgers anzumelden. Diese spaltungsspezifische Ergänzung zu § 16 Abs. 1 S. 2, der im Singular vom Vertretungsorgan des übernehmenden Rechtsträgers spricht, ist notwendig, da an einer Spaltungsmaßnahme – anders als an einer Verschmelzung – mehrere übernehmende Rechtsträger beteiligt sein können. Die Vorschrift des § 129 findet – wie sich aus § 135 Abs. 1 ergibt – allerdings nur auf die Spaltungsarten **zur Aufnahme** Anwendung.[2]

2 Aufgrund des engen Bezuges zu § 16 Abs. 1 S. 2 betrifft das zusätzliche Anmelderecht der Vertretungsorgane der übernehmenden Rechtsträger aber nur die Spaltungsanmeldung, welche sich auf den übertragenden Rechtsträger bezieht. Bezüglich eines weiteren, anderen, übernehmenden Rechtsträgers besteht keine Berechtigung zur Anmeldung der Spaltung seitens der Vertretungsorgane des jeweils anderen, übernehmenden Rechtsträgers.[3] Neben diesem **zusätzlichen Anmelderecht** bleibt natürlich die **Anmeldepflicht** bezüglich der eigenen Gesellschaft, seitens der Vertretungsorgane jedes der an der Spaltung beteiligten Rechtsträgers, bestehen, vgl. §§ 129, 16 Abs. 1 S. 1.[4] Zweck der § 129 iVm §§ 125, 16 Abs. 1 S. 2 ist eine **Beschleunigung des Verfahrens** im Interesse der übernehmenden Rechtsträger.[5]

Mit der Vorschrift des § 129 wurde die Vorgabe aus Art. 16 Abs. 2 Spaltungs-RL umgesetzt.[6]

II. Die Spaltungsanmeldung

3 Inhaltlich geht es um die **Anmeldung der Spaltung selbst**, wobei **Firma**, **Sitz** der beteiligten Rechtsträger sowie **Art der Spaltungsmaßnahme** angegeben werden müssen. Weitere Angaben sind nicht zwingend, können aber zur Fehlerminimierung bei der Eintragung und zur Vermeidung von Zwischenverfügungen zweckmäßig und sinnvoll sein. Gehen mit der Umwandlungsmaßnahme insbesondere Kapitalerhöhungen oder Kapitalherabsetzungen einher, sind diese nach den rechtsformspezifischen Grundsätzen anzumelden.[7]

4 Die Spaltungsanmeldung hat in das **Register am Sitz des jeweiligen Rechtsträgers** zu erfolgen, vgl. § 16 Abs. 1 S. 1. Die Anmeldung ist gemäß § 12 Abs. 1 HGB elektronisch in öffentlich beglaubigter Form vorzunehmen.[8] Bei dem übertragenden Rechtsträger muss die **Achtmonatsfrist** aus § 17 Abs. 2 S. 4 beachtet werden. Demnach muss die Spaltungsanmeldung innerhalb dieser Frist nach dem Stichtag der Bilanz beim Registergericht erfolgen.[9]

Bezüglich der weiteren Einzelheiten → § 16 Rn. 3 ff.

---

[2] Lutter/*Priester* § 129 Rn. 1 f.; Semler/Stengel/Leonard/*Schwanna* § 129 Rn. 1; Kölner Komm UmwG/*Simon* § 129 Rn. 3.

[3] Lutter/*Priester* § 129 Rn. 2; Semler/Stengel/Leonard/*Schwanna* § 129 Rn. 5; Kölner Komm UmwG/*Simon* § 129 Rn. 6; Kallmeyer/*Zimmermann* § 129 Rn. 3.

[4] Lutter/*Priester* § 129 Rn. 3; Semler/Stengel/Leonard/*Schröer/Greitemann* § 129 Rn. 2.

[5] Lutter/*Priester* § 129 Rn. 2 (kritisch); Semler/Stengel/Leonard/*Schwanna* § 16 Rn. 9.

[6] Lutter/*Priester* § 129 Rn. 2; Semler/Stengel/Leonard/*Schwanna* § 129 Rn. 1.

[7] Lutter/*Priester* § 129 Rn. 6; Semler/Stengel/Leonard/*Schwanna* § 129 Rn. 7 f.; Kölner Komm UmwG/*Simon* § 129 Rn. 7.

[8] Lutter/*Priester* § 129 Rn. 4, 7; Semler/Stengel/Leonard/*Schwanna* § 129 Rn. 7; Kölner Komm UmwG/*Simon* § 129 Rn. 8.

[9] Lutter/*Priester* § 129 Rn. 5; Semler/Stengel/Leonard/*Schwanna* § 129 Rn. 16; Kölner Komm UmwG/*Simon* § 129 Rn. 9; Kallmeyer/*Zimmermann* § 129 Rn. 10.

III. Die Anlagen der Spaltungsanmeldung

Welche besonderen **Anlagen der Spaltungsanmeldung** jeweils beizufügen sind, ergibt sich aus den §§ 125, 17. Demnach sind Spaltungsvertrag, Niederschriften der Spaltungsbeschlüsse, etwaige Zustimmungserklärungen, Spaltungsbericht oder die entsprechenden Verzichtserklärungen, Spaltungsprüfungsbericht, Nachweis über die Zuleitung des Spaltungsvertrages an den Betriebsrat sowie die Schlussbilanz des übertragenden Rechtsträgers bei der Anmeldung miteinzureichen.[10] Weitere Anlagen sind insbesondere dann erforderlich, wenn im Falle der Beteiligung von Kapitalgesellschaften eine Satzungsänderung mit der Spaltungsmaßnahme einhergeht.[11] 5

In Bezug auf die einzelnen Details zu den erforderlichen Anlagen bei der Anmeldung der Spaltung → § 17 Rn. 3 ff.

§ 130 Eintragung der Spaltung

(1) ¹Die Spaltung darf in das Register des Sitzes des übertragenden Rechtsträgers erst eingetragen werden, nachdem sie im Register des Sitzes jedes der übernehmenden Rechtsträger eingetragen worden ist. ²Die Eintragung im Register des Sitzes jedes der übernehmenden Rechtsträger ist mit dem Vermerk zu versehen, daß die Spaltung erst mit der Eintragung im Register des Sitzes des übertragenden Rechtsträgers wirksam wird, sofern die Eintragungen in den Registern aller beteiligten Rechtsträger nicht am selben Tag erfolgen.

(2) ¹Das Gericht des Sitzes des übertragenden Rechtsträgers hat von Amts wegen dem Gericht des Sitzes jedes der übernehmenden Rechtsträger den Tag der Eintragung der Spaltung mitzuteilen sowie einen Registerauszug und den Gesellschaftsvertrag, den Partnerschaftsvertrag oder die Satzung des übertragenden Rechtsträgers in Abschrift, als Ausdruck oder elektronisch zu übermitteln. ²Nach Eingang der Mitteilung hat das Gericht des Sitzes jedes der übernehmenden Rechtsträger von Amts wegen den Tag der Eintragung der Spaltung im Register des Sitzes des übertragenden Rechtsträgers zu vermerken.

I. Normzweck	1	V. Rechtsmittel	13
II. Prüfungskompetenz der Registergerichte	4	VI. Mitteilung der Eintragung und Verbleib der Registerakten (Abs. 2)	14
III. Die Spaltungseintragung	8	VII. Bekanntmachung	16
IV. Verstöße gegen die Eintragungsreihenfolge	12	VIII. Kostenaspekte	17

I. Normzweck

§ 130 **ersetzt § 19 Abs. 1, Abs. 2**. Die Bekanntmachung iSv § 19 Abs. 3 bleibt über § 125 allerdings auch auf die Spaltung anwendbar.[1] Für die Spaltung zur Neugründung ist, wie sich aus § 135 Abs. 1 ergibt, die Regelung des § 130 Abs. 2 nicht anwendbar. Hier ist vielmehr § 137 Abs. 3 einschlägig.[2] 1

---

10 Lutter/*Priester* § 129 Rn. 10; Semler/Stengel/Leonard/ *Schwanna* § 129 Rn. 11; Kölner Komm UmwG/*Simon* § 129 Rn. 15.
11 Lutter/*Priester* § 129 Rn. 11 f.; Semler/Stengel/Leonard/ *Schröer*/Greitemann § 129 Rn. 12 ff.

1 Lutter/*Priester* § 130 Rn. 2; Semler/Stengel/Leonard/ *Schwanna* § 130 Rn. 1; Kallmeyer/*Zimmermann* § 130 Rn. 1.
2 Schmitt/Hörtnagl/*Hörtnagl* § 130 Rn. 1.

2 § 130 Abs. 1 kehrt gegenüber § 19 Abs. 1 die **Eintragungsreihenfolge bei der Spaltung** um. Nach § 19 Abs. 1 ist die Verschmelzungsmaßnahme zwingend zunächst bei den übertragenden Rechtsträgern einzutragen und erst danach bei dem übernehmenden Rechtsträger. Die umgekehrte Eintragungsreihenfolge ergibt sich aus § 130 Abs. 1, so dass die Spaltung immer zuerst in das Register der beteiligten übernehmenden Rechtsträger eingetragen werden muss. Erst nachfolgend darf und muss dann die Eintragung beim übertragenden Rechtsträger vorgenommen werden.[3]

3 Grund für die veränderte Eintragungsreihenfolge ist, dass an einer Spaltung zwar mehrere übernehmende Rechtsträger beteiligt sein können, aber stets nur ein übertragender Rechtsträger. Bei einer Verschmelzung ist dies genau umgekehrt. Vor diesem Hintergrund sind auch die unterschiedlichen Regelungen in § 20 Abs. 1 und § 131 Abs. 1 zu verstehen. Demnach treten die Wirkungen der Verschmelzung mit der Eintragung in das Register des übernehmenden Rechtsträgers ein, vgl. § 20 Abs. 1, wohingegen die Wirkungen der Spaltung mit der Eintragung in das Register des übertragenden Rechtsträgers eintreten, vgl. § 131 Abs. 1. Der Gesetzgeber bezweckt damit, dass die **konstitutive Maßnahme für die jeweilige Umwandlungsart immer zuletzt** erfolgt, so dass deren Zeitpunkt einheitlich beurteilt werden kann.[4]

II. Prüfungskompetenz der Registergerichte

4 Vor der Eintragung der Spaltung hat das Registergericht – wie bei der Verschmelzung – das Vorliegen der **formellen und materiellen Voraussetzungen** für diese Eintragung zu prüfen.[5] Zu den formellen Prüfungspunkten gehören die Zuständigkeit des Registergerichts, die Ordnungsmäßigkeit der Anmeldung, die Form der Anmeldung sowie die Vollständigkeit der eingereichten Unterlagen. Zum materiellen Prüfungsumfang gehören die Einhaltung der gesetzlichen Mindeststandards bezüglich des Spaltungsvertrages, die Ordnungsmäßigkeit des Spaltungsbeschlusses, die Zuleitung an den Betriebsrat, die Wirksamkeit ggf. erforderlicher Zustimmungen sowie die formelle Ordnungsmäßigkeit der Schlussbilanz.[6]

5 Der Prüfungsumfang des Registergerichtes bezieht sich allerdings nur auf die **Vollständigkeit und Ordnungsmäßigkeit der Spaltungsmaßnahme**, nicht hingegen auf deren Zweckmäßigkeit. Auch das Umtauschverhältnis wird nicht vom Registergericht überprüft. Diese Punkte können nur im Rahmen des Spruchverfahrens überprüft werden.[7] Werden im Rahmen der Umwandlungsmaßnahme ordentliche Kapitalherabsetzungen oder Kapitalerhöhungen durchgeführt, so sind auch diese auf Vollständigkeit und Ordnungsmäßigkeit zu überprüfen.[8]

6 Das Registergericht hat über die Spaltungseintragung stets unverzüglich zu entscheiden, bzw. beim Vorliegen eines behebbaren Eintragungshindernisses unverzüglich eine Zwischenverfügung zu erlassen (§ 25 Abs. 1 Handelsregisterverordnung).[9] Sind alle Vor-

---

3 Lutter/*Priester* § 130 Rn. 3; Schmitt/Hörtnagl/*Hörtnagl* § 130 Rn. 2; Kölner Komm UmwG/*Simon* § 130 Rn. 4.
4 Lutter/*Priester* § 130 Rn. 4; Semler/Stengel/Leonard/ *Schwanna* § 130 Rn. 8; Kölner Komm UmwG/*Simon* § 130 Rn. 4.
5 Lutter/*Priester* § 130 Rn. 5; Semler/Stengel/Leonard/ *Schwanna* § 130 Rn. 2; Kallmeyer/*Zimmermann* § 130 Rn. 2.
6 Semler/Stengel/Leonard/*Schwanna* § 130 Rn. 3.
7 Lutter/*Priester* § 130 Rn. 5 f.; Semler/Stengel/Leonard/ *Schwanna* § 130 Rn. 7.
8 Semler/Stengel/Leonard/*Schwanna* § 130 Rn. 5 f.; Kallmeyer/*Zimmermann* § 130 Rn. 3, 5.
9 Lutter/*Priester* § 130 Rn. 5.

aussetzungen für die Eintragung der Spaltung erfüllt, muss diese auch seitens des Registergerichts eingetragen werden.¹⁰

Sind für die beteiligten Rechtsträger **mehrere Registergerichte** zuständig, so entscheiden diese grundsätzlich unabhängig voneinander. Allerdings ergeben sich **wechselseitige Bindungswirkungen**. So ist das Registergericht des übertragenden Rechtsträgers an die Voreintragungen beim übernehmenden Rechtsträger bezüglich der Spaltung und einer möglichen Kapitalerhöhung gebunden. Eine inhaltlich anderweitige Entscheidung ist diesbezüglich nicht möglich.¹¹ 7

III. Die Spaltungseintragung

Die in § 130 Abs. 1 S. 1 vorgesehene und oben bereits dargelegte **Eintragungsreihenfolge ist zwingend**. Demnach ist die Spaltung immer zuerst bei jedem der beteiligten **übernehmenden Rechtsträger** einzutragen, wobei diesen Eintragungen aber nur deklaratorische Bedeutung zukommt. Diese Eintragungen sind dann grundsätzlich nach § 130 Abs. 1 S. 2 mit einem **Vorläufigkeitsvermerk** zu versehen, aus welchem sich ergibt, „dass die Spaltung erst mit der Eintragung im Register des Sitzes des übertragenden Rechtsträgers wirksam wird …". Ein solcher Vermerk ist nur dann **nicht notwendig**, wenn sämtliche Eintragungen an einem Tag erfolgen, vgl. § 130 Abs. 1 S. 2 aE. Die Eintragung einer ggf. erforderlichen **Kapitalerhöhung** bei einem übernehmenden Rechtsträger, welche grundsätzlich auch mit einem Vorläufigkeitsvermerk zu versehen ist, muss der Eintragung der Spaltungsmaßnahme stets vorausgehen, vgl. §§ 53 (GmbH), §§ 66, 69 (AG), §§ 78 iVm 66, 69 (KGaA).¹² 8

Wird die Eintragung der Umwandlungsmaßnahme im Register des **übertragenden Rechtsträgers** nicht am selben Tage vorgenommen, ist immer nachzuweisen, dass die Spaltungseintragung bei den beteiligten übernehmenden Rechtsträgern tatsächlich erfolgt ist. Eine Information von Amts wegen erfolgt diesbezüglich nicht. Der Eintragung beim übertragenden Rechtsträger kommt dann die konstitutive Wirkung zu, vgl. § 131 Abs. 1. Auch bei dem übertragenden Rechtsträger ist eine **Kapitalherabsetzung** im Vorhinein einzutragen, vgl. § 139 (GmbH), § 145 (AG/KGaA).¹³ 9

Inhaltlich hat die Spaltungseintragung die Art der Spaltung, eine Umschreibung des betroffenen Vermögensteils, die beteiligten Rechtsträger und die Daten zum Spaltungsvertrag sowie zu den Spaltungsbeschlüssen zu enthalten.¹⁴ 10

Die Zuständigkeit für die Spaltungseintragung bleibt bei Kapitalgesellschaften dem Richter vorbehalten. In sämtlichen anderen Fällen wird diese auf den Rechtspfleger übertragen, vgl. §§ 3 Nr. 2 lit. d, 17 Nr. 1 lit. c RpflG.¹⁵ 11

IV. Verstöße gegen die Eintragungsreihenfolge

Wird die vorgeschriebene Eintragungsreihenfolge bei der Spaltung **nicht eingehalten**, so hat dieser Verstoß **keine Konsequenzen für die Wirksamkeit der Spaltungsmaß- 12

---

10 Kallmeyer/Zimmermann § 130 Rn. 7.
11 Schmitt/Hörtnagl/Hörtnagl § 130 Rn. 10 ff.
12 Lutter/Priester § 130 Rn. 9; Semler/Stengel/Leonard/Schwanna § 130 Rn. 9; Kölner Komm UmwG/Simon § 130 Rn. 14; Kallmeyer/Zimmermann § 130 Rn. 8 f.
13 Lutter/Priester § 130 Rn. 10; Semler/Stengel/Leonard/Schwanna § 130 Rn. 11; Kölner Komm UmwG/Simon § 130 Rn. 15.
14 Lutter/Priester § 130 Rn. 8; Kölner Komm UmwG/Simon § 130 Rn. 7; Kallmeyer/Zimmermann § 130 Rn. 10.
15 Schmitt/Hörtnagl/Hörtnagl § 130 Rn. 17.

nahme. Wird die Spaltung in Abweichung von § 130 Abs. 1 zuerst beim übertragenden Rechtsträger eingetragen, so treten die Wirkungen der Spaltung bereits in diesem Zeitpunkt ein. Die Registereintragungen bezüglich der übernehmenden Rechtsträger sind dann nachzuholen.[16] Gleiches gilt für die Eintragung einer ggf. erforderlichen Kapitalerhöhung.[17]

V. Rechtsmittel

13 Ein statthaftes **Rechtsmittel** gegen die Spaltungseintragung ist **nicht vorhanden**. Vor der Eintragung in das Register des übertragenden Rechtsträgers ist eine Löschung der bereits erfolgten Eintragungen in die Register der übernehmenden Rechtsträger lediglich von Amts wegen (§ 395 FamFG) möglich, sofern wesentliche Mängel an den Voraussetzungen der Spaltung vorliegen.[18]

Anders ist die Situation, wenn die Eintragung der Spaltung vollständig abgelehnt oder eine Zwischenverfügung erlassen wird. In diesen Fällen kann das Rechtsmittel der **Beschwerde** (§ 58 FamFG) eingelegt werden.[19]

VI. Mitteilung der Eintragung und Verbleib der Registerakten (Abs. 2)

14 Gemäß § 130 Abs. 2 S. 1 hat das Registergericht des übertragenden Rechtsträgers von Amts wegen den **Tag der Eintragung der Spaltung** jedem Registergericht der übernehmenden Rechtsträger **mitzuteilen**. Die Registergerichte an den Sitzen der übernehmenden Rechtsträger haben diesen Zeitpunkt nach § 130 Abs. 2 S. 2 dann in die maßgeblichen Register einzutragen, so dass der Zeitpunkt der Wirksamkeit der Spaltungsmaßnahmen aus den Registern sämtlicher an der Umwandlungsmaßnahme beteiligter Rechtsträger ersichtlich ist.[20]

15 Im Unterschied zur Verschmelzung, bei welcher nach § 19 Abs. 2 die Registerakten stets an das für den übernehmenden Rechtsträger zuständige Gericht zu übermitteln sind, verbleiben die **Registerunterlagen** bei allen Spaltungsarten (auch bei der Aufspaltung) bei dem für den übertragenden Rechtsträger zuständigen Registergericht. § 130 Abs. 1 S. 1 sieht stattdessen vor, dass seitens des Registergerichts am Sitz des übertragenden Rechtsträgers von Amts wegen ein Registerauszug und der Gesellschaftsvertrag, der Partnerschaftsvertrag oder die Satzung des übertragenden Rechtsträgers in Abschrift, als Ausdruck oder elektronisch zu übermitteln ist. Eine Übermittlung des Gesellschaftsvertrages bzw. der Satzung kann allerdings nur dann erfolgen, sofern solche – meistens aufgrund von Einreichungspflichten bei der Gründung (so bei Kapitalgesellschaften) oder bei einem Formwechsel in eine Kommanditgesellschaft, im Zuge dessen ein Gesellschaftsvertrag einzureichen ist – überhaupt im Register des übertragenden Rechtsträgers vorhanden sind. Bei Personengesellschaften wird dies normalerweise nicht der Fall sein, weshalb der Wortlaut des § 130 Abs. 1 S. 2 auch als Redaktionsversehen anzusehen ist.[21]

§ 130 Abs. 2 ist nach § 135 Abs. 1 – wie bereits oben beschrieben – auf die Spaltung zur Neugründung nicht anwendbar.

---

16 Lutter/*Priester* § 130 Rn. 11; Semler/Stengel/Leonard/*Schwanna* § 130 Rn. 12; Kölner Komm UmwG/*Simon* § 130 Rn. 22.
17 Lutter/*Priester* § 130 Rn. 11; Semler/Stengel/Leonard/*Schwanna* § 130 Rn. 12; Kölner Komm UmwG/*Simon* § 130 Rn. 23.
18 Semler/Stengel/Leonard/*Schwanna* § 130 Rn. 13.
19 Semler/Stengel/Leonard/*Schwanna* § 130 Rn. 14.
20 Lutter/*Priester* § 130 Rn. 12.
21 Lutter/*Priester* § 130 Rn. 14; Kölner Komm UmwG/*Simon* § 130 Rn. 20; Kallmeyer/*Zimmermann* § 130 Rn. 12.

VII. Bekanntmachung

Die Eintragungen bezüglich der Spaltungsmaßnahme sind von jedem Registergericht von Amts wegen nach § 10 HGB ihrem **ganzen Inhalt nach bekannt zu machen**, vgl. § 125 S. 1, § 19 Abs. 3. Die Bekanntmachung muss den Hinweis enthalten, dass die Gläubiger berechtigt sind, Sicherheiten zu verlangen, § 125 S. 1, § 22 Abs. 1 S. 3.[22]

16

VIII. Kostenaspekte

Die bei einer Spaltungsmaßnahme entstehenden Kosten setzten sich vorwiegend aus den Gerichtskosten und den Notargebühren zusammen. Im Rahmen der Anlage zu § 1 HRegGebV (Gebührenverzeichnis) wird nicht zwischen den verschiedenen Umwandlungsmaßnahmen unterschieden. Die Kosten entsprechen demnach grundsätzlich den Kosten, die auch bei der Verschmelzung anfallen, weshalb auf die dortigen Ausführungen verwiesen werden kann (→ § 16 Rn. 52 ff.). Weitere Kosten entstehen durch eine gleichzeitige Kapitalerhöhung oder Kapitalherabsetzung.[23]

17

§ 131 Wirkungen der Eintragung

(1) Die Eintragung der Spaltung in das Register des Sitzes des übertragenden Rechtsträgers hat folgende Wirkungen:

1. Das Vermögen des übertragenden Rechtsträgers, bei Abspaltung und Ausgliederung der abgespaltene oder ausgegliederte Teil oder die abgespaltenen oder ausgegliederten Teile des Vermögens einschließlich der Verbindlichkeiten gehen entsprechend der im Spaltungs- und Übernahmevertrag vorgesehenen Aufteilung jeweils als Gesamtheit auf die übernehmenden Rechtsträger über.
2. ¹Bei der Aufspaltung erlischt der übertragende Rechtsträger. ²Einer besonderen Löschung bedarf es nicht.
3. ¹Bei Aufspaltung und Abspaltung werden die Anteilsinhaber des übertragenden Rechtsträgers entsprechend der im Spaltungs- und Übernahmevertrag vorgesehenen Aufteilung Anteilsinhaber der beteiligten Rechtsträger; dies gilt nicht, soweit der übernehmende Rechtsträger oder ein Dritter, der im eigenen Namen, jedoch für Rechnung dieses Rechtsträgers handelt, Anteilsinhaber des übertragenden Rechtsträgers ist oder der übertragende Rechtsträger eigene Anteile innehat oder ein Dritter, der im eigenen Namen, jedoch für Rechnung dieses Rechtsträgers handelt, dessen Anteilsinhaber ist. ²Rechte Dritter an den Anteilen oder Mitgliedschaften des übertragenden Rechtsträgers bestehen an den an ihre Stelle tretenden Anteilen oder Mitgliedschaften der übernehmenden Rechtsträger weiter. ³Bei Ausgliederung wird der übertragende Rechtsträger entsprechend dem Ausgliederungs- und Übernahmevertrag Anteilsinhaber der übernehmenden Rechtsträger.
4. Der Mangel der notariellen Beurkundung des Spaltungs- und Übernahmevertrags und gegebenenfalls erforderlicher Zustimmungs- oder Verzichtserklärungen einzelner Anteilsinhaber wird geheilt.

---

[22] Lutter/*Priester* § 130 Rn. 14; Semler/Stengel/Leonard/*Schwanna* § 130 Rn. 20.
[23] Semler/Stengel/Leonard/*Schwanna* § 130 Rn. 15 f.

(2) Mängel der Spaltung lassen die Wirkungen der Eintragung nach Absatz 1 unberührt.

(3) Ist bei einer Aufspaltung ein Gegenstand im Vertrag keinem der übernehmenden Rechtsträger zugeteilt worden und läßt sich die Zuteilung auch nicht durch Auslegung des Vertrags ermitteln, so geht der Gegenstand auf alle übernehmenden Rechtsträger in dem Verhältnis über, das sich aus dem Vertrag für die Aufteilung des Überschusses der Aktivseite der Schlußbilanz über deren Passivseite ergibt; ist eine Zuteilung des Gegenstandes an mehrere Rechtsträger nicht möglich, so ist sein Gegenwert in dem bezeichneten Verhältnis zu verteilen.

I. Normzweck 1	9. Anteile an Personengesellschaften 28
II. Der Übergang des Vermögens (Abs. 1 Nr. 1) 2	10. Anteile an Kapitalgesellschaften 31
	11. Firma 33
III. Die Beschränkungen und Grenzen der partiellen Gesamtrechtsnachfolge 3	12. Unternehmensverträge 34
	13. Immaterialgüterrechte 38
1. Die mangelnde Übertragbarkeit von Vermögenspositionen 4	14. Prozessrechtsverhältnisse 41
	15. Öffentlich-rechtliche Rechtspositionen . 45
2. Die fehlende Trennbarkeit von Vermögenspositionen 8	16. Wettbewerbsverbote 47
	17. Arbeitsverhältnisse 48
3. Der Missbrauchseinwand 10	18. Versorgungsverbindlichkeiten/Pensionsverpflichtungen 50
IV. Die partielle Gesamtrechtsnachfolge und ihre Auswirkungen bezüglicher einzelner Vermögenspositionen 11	19. Organstellungen 52
	V. Das Erlöschen des aufgespaltenen Rechtsträgers (Abs. 1 Nr. 2) 54
1. Bewegliche Sachen 11	VI. Der Anteilserwerb (Abs. 1 Nr. 3) 56
2. Grundstücke 13	VII. Die Heilung von Beurkundungsmängeln (Abs. 1 Nr. 4) 64
3. Rechte an Grundstücken (Grundpfandrechte und Nutzungsrechte) 15	VIII. Die Unbeachtlichkeit sonstiger Spaltungsmängel (Abs. 2) 65
4. Forderungen 18	IX. Die Zuordnung sog. „vergessener" Vermögensgegenstände (Abs. 3) 67
5. Verbindlichkeiten 21	
6. Verträge bzw. Schuldverhältnisse 23	
7. Mitgliedschaften in Vereinen 26	
8. Genossenschaftsanteile 27	

I. Normzweck

§ 131 ist eine der **Kernvorschriften** des Spaltungsrechtes.[1] Die Norm orientiert sich am Regelungskonzept der Verschmelzung nach § 20 und wandelt es unter Berücksichtigung der spaltungsspezifischen Besonderheiten um.[2] Die Vorschrift regelt die Rechtsfolgen der Spaltungseintragung, welche ab dem Zeitpunkt der Eintragung im Register des übertragenden Rechtsträgers eintreten. Essentielle Bedeutung erlangt dabei der **Vermögensübergang (Abs. 1 Nr. 1) im Wege der partiellen Gesamtrechtsnachfolge**. Weitere in § 131 enthaltene Rechtsfolgen sind das Erlöschen des übertragenden Rechtsträgers bei der Aufspaltung (Abs. 1 Nr. 2), die Anteilsübertragung nach den Vorgaben im Spaltungs- und Übernahmevertrag (Abs. 1 Nr. 3), die Mängelheilung (Abs. 1 Nr. 4, Abs. 2) sowie die Zuteilung von „vergessenen" Vermögensgegenständen (Abs. 3).[3] Die Vorschrift ist grundsätzlich auf sämtliche Spaltungsarten anzuwenden,[4] was sich für die Spaltung zur Neugründung aus § 135 Abs. 1 S. 1 ergibt.

---

[1] Lutter/*Lieder* § 131 Rn. 1.
[2] Semler/Stengel/Leonard/*Leonard* § 131 Rn. 1; Kölner Komm UmwG/*Simon* § 131 Rn. 4; Lutter/*Lieder* § 131 Rn. 1.
[3] Semler/Stengel/Leonard/*Leonard* § 131 Rn. 1a; Kölner Komm UmwG/*Simon* § 131 Rn. 1 ff.
[4] Kölner Komm UmwG/*Simon* § 131 Rn. 5.

II. Der Übergang des Vermögens (Abs. 1 Nr. 1)

Mit der Spaltungseintragung beim übertragenden Rechtsträger vollzieht sich der **Vermögensübergang** in der Art und Weise, wie er im Spaltungsvertrag vorgesehen ist, im Wege der partiellen Gesamtrechtsnachfolge. Der Wortlaut des § 131 Abs. 1 Nr. 1 unterscheidet dabei zwischen der Aufspaltung einerseits und der Abspaltung sowie der Ausgliederung andererseits. Dies lässt sich aufgrund der Systematik der Spaltungsarten erklären. Im Gegensatz zur Aufspaltung verbleibt nämlich sowohl bei der Abspaltung als auch bei der Ausgliederung Vermögen beim übertragenden Rechtsträger.[5]

III. Die Beschränkungen und Grenzen der partiellen Gesamtrechtsnachfolge

Fraglich ist, ob das Prinzip der **partiellen Gesamtrechtsnachfolge zu beschränken** ist. Das UmwG idF v. 28.10.1994 enthielt diesbezügliche Beschränkungen insbesondere im Rahmen des § 132 aF.[6] Diese Norm sollte vornehmlich verhindern, dass es im Rahmen der Spaltung zu einer Umgehung spezieller Hindernisse kommen würde, welche bei der Einzelrechtsnachfolge bestehen würden. Durch das 2. Gesetz zur Änderung des UmwG vom 19.4.2007 ist § 132 aF allerdings ersatzlos weggefallen.[7] Nach dieser Streichung des § 132 aF enthält das UmwG nun keine gesetzlichen Beschränkungen der partiellen Gesamtrechtsnachfolge mehr. Doch auch de lege lata sind gewisse Schranken der Vermögensübertragung im Wege der partiellen Gesamtrechtsnachfolge anzuerkennen, die im Rahmen einer Auslegung zu ermitteln sind.[8]

1. Die mangelnde Übertragbarkeit von Vermögenspositionen

Die **mangelnde Übertragbarkeit** von Vermögensbestandteilen beurteilt sich bei der Spaltung nach den gleichen Grundsätzen, wie dies bei der Verschmelzung der Fall ist (→ § 20 Rn. 8 ff.). Diesbezüglich stellte bereits der Gesetzentwurf zum 2. Gesetz zur Änderung des UmwG fest, dass **höchstpersönliche Rechte und Pflichten**, also solche, die gerade nicht durch ein Rechtsgeschäft auf einen anderen übertragen werden können (zB Mitgliedschaft in einem Verein, Nießbrauch etc), von der Rechtsnachfolge ausgenommen sind.[9]

Als **Rechtsfolge** führt eine mangelnde Übertragbarkeit idR aufgrund der Höchstpersönlichkeit der jeweiligen Vermögensposition unabhängig von der Zuweisung im Spaltungsvertrag – nach freilich nicht unbestrittener Ansicht – dazu, dass diese bei der **Ausgliederung und Abspaltung beim übertragenden Rechtsträger verbleibt**.[10] Auf die geänderten Rahmenbedingungen ist dann möglicherweise auf sekundärer Ebene mit Gestaltungsrechten (zB Kündigung, Rücktritt, Vertragsanpassung im Rahmen der Grundsätze zur Störung der Geschäftsgrundlage gemäß § 313 BGB) zu reagieren.

---

[5] Semler/Stengel/Leonard/*Leonard* § 131 Rn. 7; Kölner Komm UmwG/*Simon* § 131 Rn. 9 ff.

[6] § 132 aF lautete: „Allgemeine Vorschriften, welche die Übertragbarkeit eines bestimmten Gegenstandes ausschließen oder an bestimmte Voraussetzungen knüpfen oder nach denen die Übertragung eines bestimmten Gegenstandes einer staatlichen Genehmigung bedarf, bleiben durch die Wirkungen der Eintragung nach § 131 unberührt. § 399 des Bürgerlichen Gesetzbuchs steht der Aufspaltung nicht entgegen."

[7] BT-Drs. 16/2919, 19; Semler/Stengel/Leonard/*Schröer/Greitemann* § 131 Rn. 12.

[8] Semler/Stengel/Leonard/*Leonard* § 131 Rn. 9; 12; Lutter/*Lieder* § 131 Rn. 13.

[9] BT-Drs. 16/2919, 19.

[10] Lutter/*Lieder* § 131 Rn. 16; aA Semler/Stengel/Leonard/*Schröer/Greitemann* § 131 Rn. 19, die die betroffenen Vermögensgegenstände gemäß der Zuweisung im Spaltungs- und Übernahmevertrag zunächst übergehen lassen, dann aber ebenfalls eine Korrektur über die Ausübung von Gestaltungsrechten vornehmen wollen

6 Im Falle einer **Aufspaltung erlischt die Vermögensposition** jedenfalls dann, wenn diese aufgrund ihrer Höchstpersönlichkeit gerade nicht verwertbar ist.[11] In Ausnahmefällen, zB bei unübertragbaren Beteiligungen an Personengesellschaften, kommt neben dem Erlöschen der Vermögensposition allerdings die **Übertragung eines Abfindungsanspruches** in Betracht.[12] In den praxisrelevanten Fällen ist, wie nachfolgend noch zu zeigen sein wird, gerade die **Höchstpersönlichkeit** entscheidend für die mangelnde Übertragbarkeit der Vermögensposition. Demnach ist auch die Diskussion[13] zur Lösung der möglichen Diskrepanz zwischen ggf. verbleibenden Vermögenspositionen einerseits und der zwingenden Auflösung des übertragenden Rechtsträgers bei der Aufspaltung nach § 131 Abs. 1 Nr. 2 andererseits für die Praxis nicht wesentlich.

7 Sonstige Übertragungshindernisse, die im Rahmen der Einzelrechtsnachfolge zu beachten wären (zB relative Übertragungshindernisse), spielen in Bezug auf den Vermögensübergang im Rahmen der partiellen Gesamtrechtsnachfolge keine Rolle. An der Spaltung nichtbeteiligten Dritten, die aber durch die Rechtsfolgen der Spaltung betroffen sind, werden allerdings auf **Sekundärebene** Gestaltungsrechte zugestanden.[14] Der Gesetzesentwurf spricht diesbezüglich von Kündigung, Rücktritt und von einer Berufung auf den Wegfall der Geschäftsgrundlage.[15]

2. Die fehlende Trennbarkeit von Vermögenspositionen

8 Als spezifisches spaltungsrechtliches Problem tritt die Frage nach der **Trennbarkeit von Vermögenspositionen** auf. Im Unterschied zur Verschmelzung stellt sich bei der Spaltung die Frage, ob Vermögenspositionen, welche in einer Vermögensmasse miteinander vereint sind, auf verschiedene Rechtsträger aufgeteilt werden können.[16] Die Untrennbarkeit eines Vermögensgegenstandes müsste sich dabei wiederum aus den allgemeinen Vorschriften bezüglich des jeweiligen Vermögensgegenstandes ergeben und nicht etwa direkt aus dem UmwG.[17] Als Beispiel für untrennbare Vermögensgegenstände werden die akzessorischen Sicherungsrechte iSv § 401 BGB sowie die Ausübung von Gestaltungsrechten (zB Anfechtung oder Kündigung) genannt, bei denen das zu gestaltende Rechtsverhältnis auf einen anderen Rechtsträger übertragen werden soll.[18]

9 Als Rechtsfolge ergibt sich bei einer Untrennbarkeit von Vermögenspositionen, **dass das abhängige Recht zwingend der übergeordneten Rechtsposition folgen muss**. Eine Zuordnung zu verschiedenen Rechtsträgern dieser untrennbaren Vermögenspositionen ist nicht möglich, weshalb beide Vermögenspositionen stets in einer Vermögensmasse zu vereinen sind.[19] So folgt damit zB idR die Bürgschaft der abgesicherten Darlehnsforderung. Ggf. muss durch Auslegung des Parteiwillens ermittelt werden, welchem Rechtsträger die gemeinsam zu behandelnden Vermögenspositionen zugeordnet werden sollen.

---

[11] Schmitt/Hörtnagl/*Hörtnagl* § 131 Rn. 85; Lutter/*Lieder* § 131 Rn. 135.
[12] Semler/Stengel/Leonard/*Schröer/Greitemann* § 131 Rn. 26.
[13] Semler/Stengel/Leonard/*Schröer/Greitemann* § 131 Rn. 18 ff.
[14] Semler/Stengel/Leonard/*Schröer/Greitemann* § 131 Rn. 31, 36; Kölner Komm UmwG/*Simon* § 131 Rn. 27.
[15] BT-Drs. 16/2919, 19.
[16] Kölner Komm UmwG/*Simon* § 131 Rn. 17; Lutter/*Lieder* § 131 Rn. 20.
[17] Semler/Stengel/Leonard/*Schröer/Greitemann* § 131 Rn. 14, 21.
[18] Semler/Stengel/Leonard/*Schröer/Greitemann* § 131 Rn. 14; Kölner Komm UmwG/*Simon* § 131 Rn. 17; Lutter/*Lieder* § 131 Rn. 20.
[19] Semler/Stengel/Leonard/*Schröer/Greitemann* § 131 Rn. 14.

3. Der Missbrauchseinwand

Der Einwand der missbräuchlichen Vertragsgestaltung kann im Rahmen der Spaltung als Korrektiv von Bedeutung werden, da es sich bei dem Missbrauchsverbot um ein allgemeines Rechtsprinzip handelt.[20] Offenkundig wird dies in den Fällen, in denen der Vermögensmasse eines Rechtsträgers lediglich Passiva zugewiesen werden und somit zumindest in Kauf genommen wird, dass dieser Rechtsträger insolvent wird. Da das UmwG gerade nicht regelt, dass im Rahmen von Spaltungsmaßnahmen stets ein ausgewogenes Verhältnis von Aktiva zu Passiva einzuhalten ist,[21] wird man für einen Missbrauchseinwand zusätzlich eine konkrete Schädigungsabsicht der an der Spaltungsmaßnahme Beteiligten fordern müssen.[22]

IV. Die partielle Gesamtrechtsnachfolge und ihre Auswirkungen bezüglicher einzelner Vermögenspositionen

1. Bewegliche Sachen

Die im Spaltungsvertrag vorgesehenen Eigentumsübertragungen von **beweglichen Sachen** finden mit Eintragung der Spaltung beim übertragenden Rechtsträger statt. Einer besonderen Übergabe bzw. eines Übergabesurrogates bedarf es diesbezüglich nicht.[23] Ein gutgläubiger Erwerb ist allerdings im Rahmen dieser Form der Vermögensübertragung nicht möglich.

Auch **Anwartschaften** – insbesondere an Sachen, die unter **Vorbehaltseigentum** geliefert worden sind – können übertragen werden. Eine Trennung des Anwartschaftsrechtes von der dazugehörigen Verbindlichkeit ist zwar möglich, aber wohl nur selten sinnvoll.[24] Diese Grundsätze sind dann aus umgekehrter Perspektive auch auf das **Sicherungseigentum** an beweglichen Sachen zu übertragen.[25]

2. Grundstücke

Der Übergang des Eigentums vollzieht sich bei **Grundstücken** (und grundstücksgleichen Rechten) ebenfalls im Zeitpunkt des Wirksamwerdens der Spaltung und findet daher außerhalb des Grundbuches statt, weshalb dieses im Nachgang zur Spaltungsmaßnahme zu berichtigen ist. Ferner können im Rahmen der Spaltung auch nur **Teilflächen** eines Grundstücks übertragen werden. Neben der Einräumung von Alleineigentum kann ein Grundstück auch in Form von **Miteigentum** auf mehrere Rechtsträger im Rahmen der Spaltung aufgeteilt werden.[26] Die **wesentlichen Bestandteile** eines Grundstückes iSv § 94 BGB können immer nur der Vermögensmasse zugeordnet werden, zu welcher auch das Grundstück selbst zugewiesen wird, vgl. § 93 BGB.[27] Bereits **existierende Belastungen** eines Grundstücks mit Grundpfandrechten oder Nutzungsrechten zugunsten Dritter bleiben durch die Spaltung unverändert bestehen.[28]

---

20 Kölner Komm UmwG/*Simon* § 131 Rn. 19.
21 AA LG Hamburg ZIP 2005, 2331 (2332).
22 Lutter/*Lieder* § 131 Rn. 26; Semler/Stengel/Leonard/ Schröer/Greitemann § 131 Rn. 17.
23 Kallmeyer/*Sickinger* § 131 Rn. 6.
24 Schmitt/Hörtnagl/*Hörtnagl* § 131 Rn. 28.
25 Kallmeyer/*Sickinger* § 131 Rn. 6.
26 Lutter/*Lieder* § 131 Rn. 57; Semler/Stengel/Leonard/Schröer/Greitemann § 131 Rn. 22.
27 Lutter/*Lieder* § 131 Rn. 57; Semler/Stengel/Leonard/Schröer/Greitemann § 131 Rn. 22.
28 Lutter/*Lieder* § 131 Rn. 57.

14 Eine Trennbarkeit vom Grundstück ist zu bejahen für **Scheinbestandteile** (§ 95 BGB) und **Zubehör** (§ 97 BGB), so dass diese Vermögenspositionen einem anderen Rechtsträger zugeordnet werden können.[29]

3. Rechte an Grundstücken (Grundpfandrechte und Nutzungsrechte)

15 **Grundpfandrechte** sind grundsätzlich im Wege der partiellen Gesamtrechtsnachfolge frei übertragbar. Bei verbrieften Grundpfandrechten vollzieht sich der Vermögensübergang ohne Rücksicht auf die Übergabe des jeweiligen Briefes.[30] Es ist jedoch zu beachten, dass eine **Hypothek** immer untrennbar mit der zugrunde liegenden Forderung verbunden ist. Wird die gesicherte Forderung im Spaltungsvertrag einem bestimmten Rechtsträger zugewiesen, so folgt die Hypothek unausweichlich dieser Forderung (vgl. § 1153 BGB). Sowohl die **Grundschuld** als auch die **Rentenschuld** können im Gegensatz dazu aufgrund ihrer mangelnden Akzessorietät von den jeweiligen Forderungen getrennt und unterschiedlichen Vermögensmassen zugeordnet werden.[31]

16 Grundsätzlich nicht übertragbar sind **Nießbrauch** (§ 1059 S. 1 BGB) und **beschränkt persönliche Dienstbarkeiten** (§ 1092 Abs. 1 BGB). Ausnahmen können sich jedoch in beiden Fällen aus den §§ 1059a ff. BGB ergeben, deren Anwendbarkeit sich für die beschränkt persönliche Dienstbarkeit aus § 1092 Abs. 2 BGB ergibt.[32] Nach den tatbestandlichen Voraussetzungen des **§ 1059a Abs. 1 Nr. 1 BGB** ist eine Übertragung immer dann möglich, wenn der Nießbrauch bzw. die beschränkt persönliche Dienstbarkeit aus dem Vermögen einer juristischen Person (bzw. einer rechtfähigen Personengesellschaft, vgl. § 1059a Abs. 2 BGB) im Wege der **Gesamtrechtsnachfolge** übertragen wird, wobei ein solcher Übergang nicht ausdrücklich ausgeschlossen sein darf. Nach vorherrschender, aber nicht unbestrittener Ansicht greift diese Ausnahmeregelung im Grundsatz **auch im Falle der partiellen Gesamtrechtsnachfolge** im Rahmen der Spaltung ein.[33] *Schröer/Greitemann* beschränken die Übertragungsmöglichkeit allerdings nach diesen Grundsätzen auf die Aufspaltung und fordern für die Übertragung des Nutzungsrechtes bei der Abspaltung und Ausgliederung die Beachtung des Rechtsgedankens des § 1059a Abs. 1 Nr. 2 S. 1 BGB.[34] Diese Vorschrift enthält eine weitere Ausnahme von der grundsätzlichen Unübertragbarkeit der angesprochenen Rechte. Nach § 1059a Abs. 1 Nr. 2 S. 1 BGB ist die Übertragung des Nießbrauchs oder der beschränkt persönlichen Dienstbarkeit möglich, wenn eine juristische Person ein Unternehmen oder einen Unternehmensteil überträgt und das Nutzungsrecht den Zwecken des übertragenden Unternehmens **zu dienen geeignet** ist. Das Vorliegen dieser Voraussetzungen ist dabei von der zuständigen Landesbehörde festzustellen, vgl. § 1059a Abs. 1 Nr. 2 S. 2 BGB.[35]

17 Die Ausführungen zum Nießbrauch und zur persönlichen Dienstbarkeit sind auch auf das **dingliche Vorkaufsrecht** zu übertragen, wobei § 1098 Abs. 3 BGB die entsprechende Anwendung der §§ 1059a ff. BGB anordnet.[36]

---

29 Lutter/*Lieder* § 131 Rn. 58; Semler/Stengel/Leonard/*Schröer/Greitemann* § 131 Rn. 22.
30 Lutter/*Lieder* § 131 Rn. 63.
31 Lutter/*Lieder* § 131 Rn. 63; Semler/Stengel/Leonard/*Schröer/Greitemann* § 131 Rn. 34.
32 Semler/Stengel/Leonard/*Schröer/Greitemann* § 131 Rn. 42.
33 Lutter/*Lieder* § 131 Rn. 64 f.
34 Semler/Stengel/Leonard/*Schröer/Greitemann* § 131 Rn. 42.
35 Kallmeyer/*Sickinger* § 131 Rn. 8.
36 Kallmeyer/*Sickinger* § 131 Rn. 8.

4. Forderungen

Der **Übergang von Forderungen** im Rahmen der Spaltung erfolgt nach Maßgabe der Festlegungen im Spaltungsvertrag. Grundsätzlich wird dem Schuldnerschutz durch die Anwendung der §§ 404 ff. BGB Rechnung getragen. Generell nicht übertragbar sind allerdings Forderungen mit **höchstpersönlichem Charakter**.[37]

Umfasst die zu übertragende Forderung eine **teilbare Leistung**, so kann die einzelne Forderung auch auf unterschiedliche Rechtsträger aufgeteilt werden.[38] Untrennbar mit der jeweiligen Forderung verbunden sind aber die **unselbstständigen Nebenrechte** iSv § 401 BGB (Hypotheken, Pfandrechte, Bürgschaften), die **Hilfsrechte** (zB Anspruch auf Quittungserteilung nach § 368 BGB) sowie solche **Gestaltungsrechte**, die ihre Grundlage in der zu übertragenden Forderung finden.[39]

Die in § 399 BGB enthalten **Abtretungsverbote** aufgrund einer Inhaltsänderung (1. Alt.) oder einer Vereinbarung (2. Alt.) **stehen** einer Forderungsübertragung im Wege der partiellen Gesamtrechtsnachfolge nach der Abschaffung von § 132 aF **nicht mehr entgegen**. Vielmehr finden diese Einzelübertragungshindernisse aus § 399 BGB de lege lata auf sämtliche Spaltungsarten keine Anwendung mehr und entfalten demnach auch keinerlei dingliche Wirkung.[40] Den Schuldnerinteressen wird jedoch im Falle einer Forderungsübertragung im Rahmen der Spaltung, trotz Vorliegens einer der Alternativen aus § 399 BGB, dadurch Rechnung getragen, dass auf Sekundärebene **Kündigungs- oder Vertragsanpassungsrechte** begründet sein können.[41]

5. Verbindlichkeiten

Neben den Forderungen einerseits können auch **Verbindlichkeiten** im Spaltungsvertrag frei zugewiesen und bei Teilbarkeit auf verschiedene Rechtsträger aufgeteilt werden. Die Mitwirkungsrechte der Gläubiger aus den **§§ 414, 415 BGB** sind aufgrund der partiellen Gesamtrechtsnachfolge **nicht zu beachten**. Schutz erlangen die Gläubiger vielmehr durch die postventiv wirkenden Sukzessionsschutzregeln im Umwandlungsrecht, nämlich durch die gesamtschuldnerische Haftung der beteiligten Rechtsträger aus § 133 sowie aus der Möglichkeit, Sicherheiten nach § 22 verlangen zu können.[42]

Wurden für die zu übertragende Verbindlichkeit Sicherheiten bestellt, so gelten diese auch nach der Spaltung fort. § 418 BGB findet demnach nach vorherrschender Ansicht keine Anwendung.[43]

6. Verträge bzw. Schuldverhältnisse

Vertragsverhältnisse können im Rahmen der partiellen Gesamtrechtsnachfolge auf übernehmende Rechtsträger übertragen werden, wobei in der Regel **sämtliche Rechtspositionen** übergehen.[44] Dem außenstehenden Vertragspartner werden für den Fall der

---

37 Semler/Stengel/Leonard/*Schröer/Greitemann* § 131 Rn. 32.
38 Semler/Stengel/Leonard/*Schröer/Greitemann* § 131 Rn. 32.
39 Kallmeyer/*Sickinger* § 131 Rn. 9.
40 Semler/Stengel/Leonard/*Schröer/Greitemann* § 131 Rn. 31; Kölner Komm UmwG/*Simon* § 131 Rn. 27; Widmann/Mayer/*Vossius* § 131 Rn. 28; *Heckschen* GmbHR 2017, 953 (958).
41 Semler/Stengel/Leonard/*Schröer/Greitemann* § 131 Rn. 31; Widmann/Mayer/*Vossius* § 131 Rn. 28.
42 Semler/Stengel/Leonard/*Schröer/Greitemann* § 131 Rn. 33; Kölner Komm UmwG/*Simon* § 131 Rn. 28; Lutter/*Lieder* § 131 Rn. 77; ausführlich: *Lieder/Koch* GmbHR 2022, 389.
43 Semler/Stengel/Leonard/*Schröer/Greitemann* § 131 Rn. 34; Kölner Komm UmwG/*Simon* § 131 Rn. 28.
44 BGH WM 2003, 2335 (2336); OLG Dresden WM 2008, 1273 (1274).

Unzumutbarkeit seines neuen (aufgezwungenen) Vertragspartners verschiedene Gestaltungsrechte gewährt, insbesondere das Recht zur außerordentlichen Kündigung.[45]

24 Spezielle, im Gesetz normierte Übertragungstatbestände (zB § 566 BGB – Mietvertrag folgt dem Immobilieneigentum) gehen allerdings den Zuweisungen im Spaltungsvertrag vor, so dass diese Verträge der zugehörigen Vermögensposition folgen.[46]

25 Die **Aufteilbarkeit einzelner Vertragsverhältnisse** ist grundsätzlich möglich. Es ist jedoch zu beachten, dass sich aufgrund dieser Teilung keine weitergehenden Verpflichtungen (Änderung der Leistungspflicht) seitens des unbeteiligten Vertragspartners ergeben dürfen.[47]

Als Aufteilungsvarianten können dabei einmal **Leistungs- und Gegenleistungspflichten** voneinander getrennt und unterschiedlichen Vermögensmassen zugeordnet werden. Ferner können aber auch **einheitliche Vertragspflichten insgesamt** auf mehrere Rechtsträger verteilt werden. In diesem Falle würden die verschiedenen Rechtsträger zu Gesamtschuldnern bzw. Gesamtgläubigern des einheitlichen Vertragsverhältnisses.[48] Ferner besteht die Möglichkeit, den **einzelnen Anspruch oder die einzelne Verbindlichkeit an sich aufzuteilen, sofern der** jeweilige Anspruch bzw. die jeweilige Verbindlichkeit ihrer Natur nach überhaupt teilbar ist. So ist zB die Abtrennung von unselbstständigen Nebenpflichten und abhängigen Gestaltungsrechten von den jeweiligen Hauptpflichten nicht möglich (→ Rn. 8f.). Streitig ist schließlich, ob ein einzelnes Vertragsverhältnis dabei auch real in mehrere selbstständige Schuldverhältnisse aufgeteilt werden kann[49] oder ob es vielmehr stets bei einem einheitlichen Schuldverhältnis bleibt.[50] Für die Zulässigkeit der Realteilung spricht dabei, dass sämtliche an dem Spaltungsvorgang beteiligte Rechtsträger als Gesamtschuldner haften, so dass die Annahme eines einheitlichen Schuldverhältnisses nicht erforderlich ist.

7. Mitgliedschaften in Vereinen

26 Aus § 38 S. 1 BGB ergibt sich, dass die Mitgliedschaft in einem Verein selbst **nicht übertragbar** ist. Diese Vorschrift findet allerdings gemäß § 40 S. 1 BGB dann keine Anwendung, wenn sich aus der **Satzung des jeweiligen Vereins etwas Abweichendes ergibt**.

Trotz des klaren Wortlauts des Gesetzes will ein Teil der Literatur dennoch eine Übertragungsmöglichkeit der Vereinsmitgliedschaft annehmen, wenn dem übernehmenden Rechtsträger gerade die Vermögensmasse zugeordnet wird, welche ursprünglich im Zusammenhang mit der Vereinsmitgliedschaft steht.[51] Diese Ansicht ist im Ergebnis abzulehnen. Die Mitgliedschaft im Verein ist als höchstpersönliches Recht konzipiert. Solange nicht die vorgenannte Ausnahmevorschrift des § 40 S. 1 BGB greift (Übertragbarkeit aufgrund Satzungsbestimmung), ist das gesetzliche Übertragungshindernis ge-

---

[45] Semler/Stengel/Leonard/*Schröer*/*Greitemann* § 131 Rn. 35 f.; Kölner Komm UmwG/*Simon* § 131 Rn. 30; Lutter/*Lieder* § 131 Rn. 81.
[46] Semler/Stengel/Leonard/*Schröer*/*Greitemann* § 131 Rn. 36.
[47] Semler/Stengel/Leonard/*Schröer*/*Greitemann* § 131 Rn. 38; Schmitt/Hörtnagl/*Hörtnagl* § 131 Rn. 52; Kölner Komm UmwG/*Simon* § 131 Rn. 31.
[48] Semler/Stengel/Leonard/*Schröer*/*Greitemann* § 131 Rn. 38; Kölner Komm UmwG/*Simon* § 131 Rn. 31; Lutter/*Lieder* § 131 Rn. 47.
[49] Semler/Stengel/Leonard/*Schröer*/*Greitemann* § 131 Rn. 38; Kölner Komm UmwG/*Simon* § 131 Rn. 31.
[50] Schmitt/Hörtnagl/*Hörtnagl* § 131 Rn. 57.
[51] Lutter/*Lieder* § 131 Rn. 97; Kölner Komm UmwG/*Simon* § 131 Rn. 23; aA Semler/Stengel/Leonard/*Schröer*/*Greitemann* § 131 Rn. 24.

mäß § 38 S. 1 BGB in Übereinstimmung mit der gesetzgeberischen Begründung zur Änderung des UmwG[52] zu respektieren.

8. Genossenschaftsanteile

Im Rahmen einer Gesamtrechtsnachfolge bestimmt § 77a S. 2 GenG, dass die Mitgliedschaft zwar mit dem Gesamtrechtsnachfolger fortgesetzt wird, aber nur bis zum Ende des jeweiligen Geschäftsjahres. Dieser Rechtsgedanke ist auch auf die partielle Gesamtrechtsnachfolge im Rahmen von Spaltungsvorgängen zu übertragen.[53]

9. Anteile an Personengesellschaften

Eine Beteiligung als **persönlich haftender Gesellschafter an einer Personengesellschaft** ist grundsätzlich von **höchstpersönlichem Charakter**. Soweit im Gesellschaftsvertrag diesbezüglich ausdrücklich keine anderweitige Regelung getroffen wurde bzw. die Mitgesellschafter nicht ihre Zustimmung erteilen, sind solche Beteiligungen im Rahmen der Spaltung **nicht übertragbar**.[54]

Im Falle der Abspaltung und Ausgliederung bleibt es somit bei der Beteiligung als persönlich haftender Gesellschafter am übertragenden Rechtsträger. Bei der Aufspaltung kann nur der Abfindungs- und Liquidationsanspruch dem übernehmenden Rechtsträger zugewiesen werden; die Gesellschafterstellung erlischt.[55] Dem übernehmenden Rechtsträger muss ggf. ein neuer persönlich haftender Gesellschafter zur Seite gestellt werden.

Anders ist die Situation in Bezug auf die Übertragbarkeit von **Kommanditanteilen und stillen Beteiligungen**. Die Gesamtrechtsnachfolge ist in den §§ 177, 234 Abs. 2 HGB geregelt. Auch im Wege der partiellen Gesamtrechtsnachfolge sind diese Beteiligungsformen ohne Zustimmung der übrigen Gesellschafter **frei übertragbar**. Dies soll nur dann nicht möglich sein, wenn der Gesellschaftsvertrag explizit eine Übertragbarkeit ausschließt.[56]

10. Anteile an Kapitalgesellschaften

Die Beteiligungen an Kapitalgesellschaften sind grundsätzlich in Rahmen der partiellen Gesamtrechtsnachfolge frei übertragbar. Die Übertragbarkeit im Rahmen der Spaltungsmaßnahme wird auch nicht durch Vinkulierungen der Anteile iSv § 68 Abs. 2 S. 1 AktG bzw. § 15 Abs. 5 GmbHG im Rahmen der Satzung eingeschränkt. Diese Einzelübertragungshindernisse werden im Rahmen der partiellen Gesamtrechtsnachfolge überwunden.[57]

Bei der Zuweisung der Beteiligungen sind jedoch die besonderen Vorschriften des GmbHG und des AktG zu beachten.[58] Einzelne Aktien sind gemäß § 8 Abs. 5 AktG unteilbar und können somit nicht in mehrere separate Beteiligungen aufgeteilt werden. Auch eine getrennte Zuweisung der Verwaltungsrechte, losgelöst von der eigentlichen

---

52 BT-Drs. 16/2919, 19.
53 Kölner Komm UmwG/*Simon* § 131 Rn. 23; Semler/Stengel/Leonard/*Schröer/Greitemann* § 131 Rn. 25.
54 Semler/Stengel/Leonard/*Schröer/Greitemann* § 131 Rn. 26; im Ergebnis, aber aufgrund des Prinzips der negativen Kontrahentenfreiheit: Lutter/*Lieder* § 131 Rn. 98; aA Kölner Komm UmwG/*Simon* § 131 Rn. 22.
55 Schmitt/Hörtnagl/*Hörtnagl* § 131 Rn. 38; Semler/Stengel/Leonard/*Schröer/Greitemann* § 131 Rn. 26.
56 Semler/Stengel/Leonard/*Schröer/Greitemann* § 131 Rn. 26.
57 OLG Hamm NZG 2014, 783; Kölner Komm UmwG/*Simon* § 131 Rn. 21; Semler/Stengel/Leonard/*Schröer/Greitemann* § 131 Rn. 26.
58 Schmitt/Hörtnagl/*Hörtnagl* § 131 Rn. 41; Semler/Stengel/Leonard/*Schröer/Greitemann* § 131 Rn. 26.

Beteiligung, ist unzulässig.[59] Daneben besteht aber die Möglichkeit der Rechtsgemeinschaft an einer Aktie nach § 69 AktG. Zur Aufteilung eines GmbH-Geschäftsanteils bedarf es nach der Aufhebung von § 17 GmbHG aF eines Gesellschafterbeschlusses, vgl. § 46 Nr. 4 GmbHG.[60] Kommt ein solcher nicht zustande, ist die Aufteilung nicht möglich. Die Möglichkeit der Mitberechtigung an einem Geschäftsanteil wird durch § 18 GmbHG eingeräumt.

11. Firma

33 Im Rahmen der **Aufspaltung** ergibt sich die Möglichkeit der separaten Firmenübertragung aus § 125 S. 1 iVm § 18 (explizit ausgeschlossen bei Abspaltung und Ausgliederung). Eine Sperrwirkung bezüglich der Fortführung der Firma seitens des übernehmenden Rechtsträgers ergibt sich daraus allerdings nicht. Vielmehr kann die Firma auch im Rahmen der **Abspaltung und Ausgliederung** übertragen werden. Dazu müssen allerdings die Voraussetzungen nach §§ 22 ff. HGB vorliegen. Hierbei sind insbesondere die Firmenkontinuität sowie die Zustimmung des übertragenden Rechtsträgers erforderlich.[61]

12. Unternehmensverträge

34 Bei der **Übertragbarkeit von Rechtspositionen aus Unternehmensverträgen** iSd § 291 AktG ist zu unterscheiden, ob es sich bei dem übertragenden Rechtsträger um ein herrschendes oder ein beherrschtes Unternehmen handelt.[62]

35 Zunächst kann grundsätzlich seitens eines **herrschenden Unternehmens** ein Unternehmensvertrag gemeinsam mit den jeweiligen Beteiligungsanteilen an der beherrschten Gesellschaft auf einen übernehmenden Rechtsträger übertragen werden.[63] Fraglich ist, ob diesbezüglich Zustimmungen seitens des übernehmenden Rechtsträgers bei der Spaltung zur Aufnahme über die Zuordnung im Spaltungsvertrag hinaus[64] und seitens der abhängigen Gesellschaft[65] zwingend erforderlich werden. Solche Zustimmungserfordernisse bei der Übertragung von Unternehmensverträgen im Rahmen der partiellen Gesamtrechtsnachfolge werden aber überwiegend **abgelehnt**.[66]

36 Handelt es sich bei dem übertragenden Unternehmen um eine **abhängige Gesellschaft**, so werden die Spaltungsformen zur Aufnahme und zur Neugründung unterschiedlich betrachtet. Die Möglichkeit der Erstreckung des Unternehmensvertrages iSd § 291 AktG auf den übernehmenden Rechtsträger wird bei der **Spaltung zur Aufnahme** grundsätzlich **abgelehnt**. Vielmehr bleibt bei der Abspaltung und der Ausgliederung zur Aufnahme der Unternehmensvertrag zwischen der übertragenden, abhängigen Gesellschaft und der herrschenden Gesellschaft bestehen. Im Falle einer Aufspaltung erlischt der Unternehmensvertrag dann konsequenterweise. Wird eine Erstreckung des Unternehmensvertrages auch auf die aufnehmende Gesellschaft angestrebt, so ist dieser in neuer Form abzuschließen (→ § 131 Rn. 28).[67]

---

59 *Koch* AktG § 8 Rn. 29.
60 Noack/Servatius/Haas/*Noack* GmbHG § 46 Rn. 31.
61 Semler/Stengel/Leonard/*Schröer/Greitemann* § 131 Rn. 44; Lutter/*Lieder* § 131 Rn. 96.
62 Kölner Komm UmwG/*Simon* § 131 Rn. 24 f.
63 Semler/Stengel/Leonard/*Schröer/Greitemann* § 131 Rn. 29; Kölner Komm UmwG/*Simon* § 131 Rn. 24.
64 Lutter/*Priester* § 126 Rn. 111.
65 Lutter/*Lieder* § 131 Rn. 57.
66 Semler/Stengel/Leonard/*Schröer/Greitemann* § 131 Rn. 29; Kölner Komm UmwG/*Simon* § 131 Rn. 24.
67 Kölner Komm UmwG/*Simon* § 131 Rn. 25.

Im Gegensatz dazu wird nach vorherrschender Ansicht bei der **Spaltung zur Neugründung** die Übertragungsmöglichkeit des Unternehmensvertrages inklusive der Rechtsposition des abhängigen Unternehmens aufgrund wirtschaftlicher Identität der Vermögensmassen eröffnet.[68] Da in diesen Fällen keine Vermischung mit anderen Vermögensmassen eintreten kann, ist es gerechtfertigt, den Unternehmensvertrag und die Rechtsstellung als abhängiges Unternehmen auch ohne ausdrückliche Zuweisung im Spaltungsvertrag automatisch auf sämtliche übernehmende Rechtsträger zu erstrecken.[69]

13. Immaterialgüterrechte

Immaterialgüterrechte in Form von Patenten (§ 15 PatG), Marken (§ 27 MarkenG), Gebrauchsmustern (§ 22 GebrMG), Geschmacksmustern (§ 29 DesignG) sind grundsätzlich übertragbar und gehen entsprechend den Festlegungen im Spaltungsvertrag mit der Wirksamkeit der Spaltungsmaßnahme auf den übernehmenden Rechtsträger über.[70] Allerdings sind hier ggf. die vorgenannten öffentlich-rechtlichen Voraussetzungen für die Übertragbarkeit zu beachten. Liegen diese Voraussetzungen nicht vor, so erlischt das entsprechende Immaterialgüterrecht. Ist das zu übertragende Immaterialgüterrecht in einem Register erfasst, so ist das betreffende Register nach der wirksamen Spaltungsmaßnahme zu berichtigen. Einfluss auf den tatsächlichen Übergang des jeweiligen Rechtes hat die registerrechtliche Situation nicht.[71]

Grundsätzlich nicht übertragbar ist das Urheberrecht (vgl. § 29 Abs. 1 UrhG), welches als höchstpersönliches Recht dem Schöpfer des Werkes zusteht. Dem übernehmenden Rechtsträger können aber die Nutzungsrechte an dem durch das Urheberrecht geschützten Werk eingeräumt (§ 31 UrhG) oder übertragen werden (vgl. § 34 Abs. 1, 3 UrhG).[72]

Die aufgeführten Immaterialgüterrechte sind einer Realteilung nicht zugänglich. Sie können allerdings mehreren übernehmenden Rechtsträgern zur gemeinsamen Ausübung übertragen werden.[73]

14. Prozessrechtsverhältnisse

Wie bereits oben festgestellt wurde (→ § 126 Rn. 47), sind Prozessrechtsverhältnisse nicht vom allgemeinen Vermögensbegriff umfasst. Demnach kann auch nicht auf die spaltungsrechtlichen Vorschriften zurückgegriffen werden, da diese gerade eine spezielle Art der Vermögensübertragung abbilden. Die Zuordnung von verfahrensrechtlichen Stellungen zum übertragenden oder übernehmenden Rechtsträger bestimmt sich vielmehr nach den allgemeinen prozessualen Bestimmungen.[74]

Die partielle Gesamtrechtsnachfolge im Rahmen der **Abspaltung und Ausgliederung** hat keine Auswirkungen auf einen **Aktivprozess**, vgl. § 265 ZPO.[75] Trotz Übertragung der streitbefangenen Sache wird der Prozess **mit dem übertragenden Rechtsträger, der als Prozessstandschafter agiert, fortgesetzt**. Die Rechtskraft des Urteils erstreckt sich

---

68 Semler/Stengel/Leonard/Schröer/Greitemann § 131 Rn. 28; Kölner Komm UmwG/Simon § 131 Rn. 25; Lutter/Lieder § 131 Rn. 113.
69 Semler/Stengel/Leonard/Schröer/Greitemann § 126 Rn. 74, § 131 Rn. 28; aA Schmitt/Hörtnagl/Hörtnagl § 131 Rn. 61.
70 Semler/Stengel/Leonard/Schröer/Greitemann § 131 Rn. 41.
71 Kallmeyer/Sickinger § 131 Rn. 16; Schmitt/Hörtnagl/Hörtnagl § 131 Rn. 43.
72 Semler/Stengel/Leonard/Schröer/Greitemann § 131 Rn. 41.
73 Schmitt/Hörtnagl/Hörtnagl § 131 Rn. 44.
74 Kallmeyer/Sickinger § 131 Rn. 19; Kölner Komm UmwG/Simon § 131 Rn. 35.
75 BGH ZIP 2001, 305 (306).

dabei auch auf den übernehmenden Rechtsträger, vgl. § 325 ZPO. Die Möglichkeit der Titelumschreibung zugunsten des übernehmenden Rechtsträgers eröffnet § 727 Abs. 1 ZPO.[76] Der übernehmende Rechtsträger kann dem Verfahren zwar als Nebenintervenient beitreten, aber nur im Wege einer Klageänderung iSv § 263 ZPO Partei des Aktivprozesses werden.[77]

43 Wird im Zuge eines **Aktivprozesses** ein beteiligter Rechtsträger **aufgespalten**, so ist der Prozess in entsprechender Anwendung von § 239 ZPO ohne Unterbrechung **mit den übernehmenden Rechtsträgern fortzuführen**. In diesem Fall handelt es sich um einen gesetzlichen Parteiwechsel.[78]

44 Im Passivprozess sind die dargestellten Grundsätze zum Aktivprozess im Hinblick auf die streitgegenständliche Verbindlichkeit entsprechend anzuwenden.[79]

15. Öffentlich-rechtliche Rechtspositionen

45 Entscheidendes Kriterium bei der Frage nach der Übertragbarkeit einer öffentlich-rechtlichen Rechtsposition ist die Einordnung als eine sachbezogene oder als eine personenbezogene Rechtsposition.[80] **Sachbezogene Rechte und Pflichten** (zB Baugenehmigung oder Zustandshaftung) sind stets **untrennbar** mit dem jeweiligen Vermögensgegenstand verknüpft und folgen diesem unabhängig von der getroffenen Zuweisung im Spaltungsvertrag.[81]

46 Ist die öffentlich-rechtliche Rechtsstellung jedoch an den Rechtsträger gebunden, so **entfällt die Übertragungsmöglichkeit**. Eine solche **personenbezogene Rechtsposition** (zB Gaststättenerlaubnis) hat höchstpersönlichen Charakter und verbleibt bei der Abspaltung und der Ausgliederung stets beim übertragenden Rechtsträger. Erfüllt dieser jedoch nach der Spaltung die tatbestandlichen Voraussetzungen nicht mehr, so erlischt die öffentlich-rechtliche Rechtsposition oder kann widerrufen werden.[82]

Hinweis: In der Praxis sollten diese unübertragbaren Rechtsstellungen – soweit diese benötigt werden – bereits vor der Spaltung zugunsten des übernehmenden Rechtsträgers neu beantragt werden.[83]

16. Wettbewerbsverbote

47 Wettbewerbsverbote, Kartellverpflichtungen oder andere Unterlassungsverpflichtungen sind grundsätzlich übertragbar. Die Interessenlage des Gläubigers kann jedoch eine Erstreckung auf mehrere Rechtsträger erfordern, wenn ansonsten die Verpflichtung nicht wirksam begründet werden kann. Demgegenüber kann sich auch im Wege der

---

[76] Kallmeyer/*Sickinger* § 131 Rn. 16; Schmitt/Hörtnagl/*Hörtnagl* § 131 Rn. 73; Semler/Stengel/Leonard/*Leonard* § 131 Rn. 10.
[77] Semler/Stengel/Leonard/*Leonard* § 131 Rn. 10; Kölner Komm UmwG/*Simon* § 131 Rn. 36; Lutter/*Lieder* § 131 Rn. 128.
[78] Kallmeyer/*Sickinger* § 131 Rn. 19; Schmitt/Hörtnagl/*Hörtnagl* § 131 Rn. 73; Kölner Komm UmwG/*Simon* § 131 Rn. 37; Lutter/*Lieder* § 131 Rn. 129.
[79] Kallmeyer/*Sickinger* § 131 Rn. 19; Schmitt/Hörtnagl/*Hörtnagl* § 131 Rn. 74; Semler/Stengel/Leonard/*Leonard* § 131 Rn. 10.
[80] Krit. Lieder/*Roth* GmbHR 2022, 389 ff., die für einen grundsätzlichen Übergang öffentlich-rechtlicher Positionen plädieren, flankiert durch (i) präventiven Sukzessionsschutz im Rahmen vereinzelner spezialgesetzlicher Beschränkungen und (ii) postventivem Sukzessionsschutz durch die Möglichkeit von Widerrufen.
[81] Semler/Stengel/Leonard/*Schröer/Greitemann* § 131 Rn. 43; Lutter/*Lieder* § 131 Rn. 65.
[82] Lutter/*Lieder* § 131 Rn. 65.
[83] Kallmeyer/*Sickinger* § 131 Rn. 17; Schmitt/Hörtnagl/*Hörtnagl* § 131 Rn. 85.

Auslegung eine Einschränkung der Verpflichtungen auf bestimmte, übernommene Betriebsteile ergeben.[84]

17. Arbeitsverhältnisse

Die Übertragbarkeit von einzelnen **Arbeitsverhältnissen** wird immer dann eingeschränkt, wenn ein **Betrieb oder ein Betriebsteil im Rahmen der Spaltung übertragen** wird. In diesen Fällen sind die jeweils dem Betrieb bzw. Betriebsteil zugeordneten Arbeitsverhältnisse **nicht abtrennbar**. Dies ergibt sich aus §§ 125, 35a Abs. 2 iVm § 613a Abs. 1 S. 1 BGB.[85] Den Arbeitnehmern steht im Falle einer Übertragung ein Widerspruchsrecht nach § 613a Abs. 6 BGB zu. Dies hat bei der Abspaltung und Ausgliederung zur Folge, dass der Arbeitsvertrag mit dem übertragenden Rechtsträger zunächst einmal fortbesteht, wobei sich dann seitens des übertragenden Rechtsträgers ein Kündigungsrecht ergeben kann. Bei der Aufspaltung führt der Widerspruch zum Erlöschen des jeweiligen Arbeitsvertrages.[86]

48

Wird allerdings kein Betrieb oder Betriebsteil übertragen, können die Arbeitsverhältnisse **grundsätzlich frei übertragen** werden, was auch gilt, wenn die betreffenden Arbeitsverhältnisse bei einem Betriebsübergang diesem nicht zugeordnet werden können.[87] Die Auslegungsregel des § 613 S. 2 BGB, wonach der Anspruch auf die Dienste **im Zweifel** nicht übertragbar ist, steht der Übertragbarkeit nicht grundsätzlich im Wege. Erklärt der Dienstverpflichtete seine Zustimmung, ist eine Übertragung des Arbeitsvertrages unproblematisch möglich.[88]

49

18. Versorgungsverbindlichkeiten/Pensionsverpflichtungen

Die partielle Gesamtrechtsnachfolge wirkt sich auch auf die Zuordnung von bestehenden **Pensionsverpflichtungen** aus. Die Versorgungsansprüche **aktiver Arbeitnehmer** fallen beim Übergang eines Betriebes oder eines Betriebsteiles in den Anwendungsbereich von § 613a Abs. 1 S. 1 BGB und gehen zwingend mit dem zugehörigen Betrieb oder Betriebsteil auf den übernehmenden Rechtsträger über.[89]

50

Außerhalb des Anwendungsbereiches von § 613a BGB können Anwartschaften auf Versorgungsleistungen sowie bereits bestehende Pensionsverpflichtungen grundsätzlich frei übertragen werden. § 4 BetrAVG findet auf die partielle Gesamtrechtsnachfolge keine Anwendung, so dass keine Zustimmungserfordernisse zu beachten sind.[90] Die an der Spaltung beteiligten Rechtsträger haften allerdings gemäß § 133 Abs. 3 S. 3 zehn Jahre für die bereits bestehenden Versorgungsverpflichtungen als Gesamtschuldner.[91]

51

19. Organstellungen

Bei der Aufspaltung eines Rechtsträgers erlischt der übertragende Rechtsträger, so dass die bestehenden **Organstellungen** ebenfalls untergehen. Allerdings behalten bei der Abspaltung und bei der Ausgliederung die Organe grundsätzlich ihre Stellung.[92]

52

---

84 Semler/Stengel/Leonard/Schröer/Greitemann § 131 Rn. 30.
85 Semler/Stengel/Leonard/Simon § 131 Rn. 46.
86 Semler/Stengel/Leonard/Simon § 131 Rn. 46.
87 Semler/Stengel/Leonard/Simon § 131 Rn. 46.
88 Grüneberg/Weidenkaff BGB § 613 Rn. 5.
89 Semler/Stengel/Leonard/Simon § 131 Rn. 47.
90 AA LG Hamburg ZIP 2005, 2331 (2332) (allerdings mit Blick auf § 132 aF).
91 Semler/Stengel/Leonard/Simon § 131 Rn. 49.
92 Kallmeyer/Sickinger § 131 Rn. 12; Semler/Stengel/Leonard/Simon § 131 Rn. 57; Kölner Komm UmwG/Simon § 131 Rn. 20.

53 Unabhängig von diesen Organstellungen können die Arbeitsverträge der jeweiligen Organe frei übertragen werden. § 613a BGB findet dabei keine Anwendung. Indes wird den betroffenen Organen, sollten diese einer Übertragung ihrer Dienstverträge nicht zustimmen, ein Kündigungsrecht oder ein Recht zur Vertragsanpassung zugestanden.[93]

V. Das Erlöschen des aufgespaltenen Rechtsträgers (Abs. 1 Nr. 2)

54 Das Gesetz ordnet in § 131 Abs. 1 Nr. 2 S. 1 das **Erlöschen des aufgespaltenen Rechtsträgers** an, wenn die Spaltung in das Register des übertragenden Rechtsträgers eingetragen wird. Diese Rechtsfolge betrifft nur die Aufspaltung, da bei der Abspaltung und der Ausgliederung der übertragende Rechtsträger nur einen Teil seines Vermögens überträgt und ansonsten weiter fortbesteht.[94] Das Erlöschen erfolgt automatisch (ipso iure), ein Liquidationsverfahren hat nicht zu erfolgen.[95] Auch hier ergeben sich wiederum Parallelen zur Verschmelzung, weshalb insbesondere auf die Kommentierung zum inhaltsgleichen § 20 Abs. 1 Nr. 2 verwiesen wird (→ § 20 Rn. 34).

55 Ausnahmsweise wird das **Fortbestehen** des übertragenden Rechtsträgers im Rahmen der Aufspaltung **fingiert**, vgl. §§ 125, 25 Abs. 2. Diese Fortbestandsfiktion tritt für den Fall ein, dass sich die Organmitglieder des übertragenden Rechtsträgers iSv § 25 Abs. 1 schadenersatzpflichtig gemacht haben. Eine solche Schadenersatzpflicht kann sich dabei aber nur aus der Spaltungsmaßnahme an sich ergeben, wobei der Haftungsgrund nur in einer Verletzung von Sorgfaltspflichten in Bezug auf die Vermögenslage der beteiligten Rechtsträger oder bezüglich des Abschlusses des Spaltungsvertrages liegen kann.[96]

VI. Der Anteilserwerb (Abs. 1 Nr. 3)

56 Bereits in der Kommentierung zu § 123 wurde die Anteilsgewährung als ein wesentliches Grundprinzip der Spaltung vorgestellt (→ § 123 Rn. 12 ff.). § 131 Abs. 1 Nr. 3 drückt diesbezüglich aus, dass sämtliche **neu zu gewährenden Anteile** an den jeweils beteiligten[97] Rechtsträgern kraft Gesetzes im Zeitpunkt der Spaltungseintragung beim übertragenden Rechtsträger übergehen.[98] Die tatsächliche Aufteilung der neuen Beteiligungsverhältnisse ergibt sich dabei aus den **Festlegungen im Spaltungsvertrag bzw. im Ausgliederungsvertrag** (vgl. § 126 Abs. 1 Nr. 3, 9).

57 § 131 Abs. 1 Nr. 3 unterscheidet aufgrund der unterschiedlichen Systematik der Spaltungsarten zwischen der **Auf- und Abspaltung (S. 1 Hs. 1)** und der **Ausgliederung (S. 3)**. Bei der Auf- und Abspaltung werden **den Gesellschaftern** des übertragenden Rechtsträgers die jeweiligen Anteile gewährt. Bei der Ausgliederung erlangt der übertragende **Rechtsträger** selbst die Beteiligungen an den übernehmenden Rechtsträgern.[99]

58 Weder der Spaltungsvertrag noch der Spaltungsbeschluss bewirkt vor der tatsächlichen Wirksamkeit der Spaltungsmaßnahme eine Beschränkung der **Veräußerungsmöglich-**

---

[93] Semler/Stengel/Leonard/Schröer/Greitemann § 131 Rn. 23.
[94] Semler/Stengel/Leonard/Leonard § 131 Rn. 58; Kölner Komm UmwG/Simon § 131 Rn. 42; Lutter/Lieder § 131 Rn. 135.
[95] Semler/Stengel/Leonard/Leonard § 131 Rn. 58; Kölner Komm UmwG/Simon § 131 Rn. 43.
[96] Semler/Stengel/Leonard/Leonard § 131 Rn. 58; Kölner Komm UmwG/Simon § 131 Rn. 43.
[97] Das Gesetz spricht nach der klarstellenden Änderung des Wortlautes im Jahre 1998 nicht mehr von „übernehmenden" sondern von „beteiligten" Rechtsträgern. Diese Änderung ist auch bei dem korrespondierenden § 126 Abs. 1 Nr. 10 vorgenommen worden (→ § 126 Rn. 59).
[98] Semler/Stengel/Leonard/Leonard § 131 Rn. 59.
[99] Semler/Stengel/Leonard/Leonard § 131 Rn. 59; Kölner Komm UmwG/Simon § 131 Rn. 45.

keit der von der Spaltungsmaßnahme betroffenen Anteile. Bis zur Spaltungseintragung können die Beteiligungen somit ohne Rücksicht auf die Spaltung frei veräußert werden.[100] Der neue Anteilsinhaber partizipiert dann an den Regelungen und Auswirkungen der Spaltung.

Vom Grundsatz der automatischen Anteilsgewährung enthält § 131 Abs. 1 Nr. 3 S. 1 Hs. 2 **zwei Ausnahmealternativen**, die allerdings **nur auf die Auf- und Abspaltung anzuwenden sind**.[101] Eine Übertragung von Anteilen ist immer dann ausgeschlossen, wenn der übernehmende Rechtsträger Anteilsinhaber des übertragenden Rechtsträgers ist (1. Alt.) oder der übertragende Rechtsträger eigene Anteile innehat (2. Alt.). Das Gleiche gilt für die Fälle, in denen zwar ein Dritter im eigenen Namen handelt, aber auf Rechnung des jeweiligen Rechtsträgers, da diese Konstellation, zumindest wirtschaftlich betrachtet, zum gleichen Ergebnis führt.[102] Diese speziellen Anteile können allerdings anderen Anteilsinhabern des übertragenden Rechtsträgers zu Ausgleichszwecken sehr wohl zugewiesen werden.[103]

Die beschriebenen Ausnahmen verhindern, dass der übernehmende Rechtsträger **Anteile an sich selbst erwerben kann**. Im Rahmen der Verschmelzung ergeben sich diese Ausnahmen aus § 20 Abs. 1 Nr. 3 S. 2 Hs. 2. Die Ausnahmetatbestände korrespondieren mit den Kapitalerhöhungsverboten aus § 54 Abs. 1 Nr. 1 (für die GmbH) und aus § 68 Abs. 1 Nr. 1 AktG (für die AG).[104]

Die Übertragung von Anteilen am übernehmenden Rechtsträger unterbleibt auch dann, wenn per notariell beurkundeter Erklärung darauf verzichtet wurde, wobei die Zustimmung aller Anteilsinhaber hierzu erforderlich ist.[105] Sind die Beteiligungsverhältnisse beim übertragenden und übernehmenden Rechtsträger identisch, kann eine Anteilsgewährung uU auch ohne Verzichtserklärung entfallen.

§ 131 Abs. 1 Nr. 3 **S. 2** (entspricht § 20 Abs. 1 Nr. 3 S. 2) bestimmt, dass sich die **Rechte Dritter**, welche an den Anteilen oder Mitgliedschaften des übertragenden Rechtsträgers bestehen, an den an ihre Stelle tretenden Anteilen oder Mitgliedschaften am übernehmenden Rechtsträger fortsetzen. Trotz der Formulierung „an ihre Stelle tretenden Anteilen" ist § 131 Abs. 1 Nr. 3 S. 2 **neben der Aufspaltung auch auf Abspaltung anzuwenden**, obwohl hierbei gerade kein tatsächlicher Anteilsumtausch vollzogen wird.[106]

Inhaltlich geht es um eine **dingliche Surrogation**, so dass auch nur dingliche Belastungen (zB Pfandrecht, Nießbrauch) der Anteile und Mitgliedschaften eine Fortsetzung an den eingeräumten Beteiligungen erfahren. Schuldrechtliche Belastungen bezüglich der Nutzung und Verwaltung der Anteile erstrecken sich aus diesem Grunde nicht automatisch auf die neuen Anteile. Vielmehr sind dabei die Regelungen im Spaltungsvertrag ausschlaggebend.[107]

---

100 Semler/Stengel/Leonard/*Leonard* § 131 Rn. 59; Lutter/*Lieder* § 131 Rn. 138.
101 Semler/Stengel/Leonard/*Leonard* § 131 Rn. 60; Kölner Komm UmwG/*Simon* § 131 Rn. 47.
102 Kölner Komm UmwG/*Simon* § 131 Rn. 50.
103 Lutter/*Lieder* § 131 Rn. 70.
104 Semler/Stengel/Leonard/*Leonard* § 131 Rn. 60; Kölner Komm UmwG/*Simon* § 131 Rn. 47.
105 Semler/Stengel/Leonard/*Leonard* § 131 Rn. 61.
106 Semler/Stengel/Leonard/*Leonard* § 131 Rn. 62a; Kölner Komm UmwG/*Simon* § 131 Rn. 54.
107 Semler/Stengel/Leonard/*Leonard* § 131 Rn. 63; Kölner Komm UmwG/*Simon* § 131 Rn. 57.

VII. Die Heilung von Beurkundungsmängeln (Abs. 1 Nr. 4)

64 Mit der Eintragung der Spaltung werden solche Mängel, welche die **notarielle Beurkundung** des Spaltungsvertrages (§§ 125, 6), des Spaltungsbeschlusses[108] und ggf. erforderliche Zustimmungserklärungen (§§ 125, 13 Abs. 3) sowie ggf. erforderliche Verzichterklärungen betreffen, geheilt.[109] Die Vorschrift entspricht § 20 Abs. 1 Nr. 4, so dass auf die dortige Kommentierung verwiesen werden kann (→ § 20 Rn. 39 ff.). Aufgrund dieser **Heilungswirkung der Spaltungseintragung** kann die fehlende notarielle Beurkundung weder die Wirksamkeit der Spaltung noch einen Anspruch auf Schadensersatz begründen.[110]

VIII. Die Unbeachtlichkeit sonstiger Spaltungsmängel (Abs. 2)

65 § 131 Abs. 2 entspricht § 20 Abs. 2. Die Vorschrift beruht auf der Intention, dass eine Rückabwicklung einer bereits vollzogenen Spaltung praktisch kaum durchzuführen ist bzw. zu erheblichen Unsicherheiten im Rechtsverkehr führen würde. Demnach können die **Spaltungswirkungen** nach der konstitutiven Eintragung grundsätzlich unabhängig von der Art des Mangels weder mit *ex tunc*-Wirkung noch mit *ex nunc*-Wirkung rückgängig gemacht werden.[111]

Bezüglich der möglichen einzelnen Spaltungsmängel sowie zu weiteren Einzelheiten wird auf die Kommentierung zu § 20 Abs. 2 verwiesen (→ § 20 Rn. 42 ff.).

66 Anders als die Beurkundungsmängel im Rahmen des § 131 Abs. 1 Nr. 4 können die von § 131 Abs. 2 umfassten sonstigen Spaltungsmängel insbesondere **im Rahmen von Schadenersatzansprüchen geltend gemacht werden**. Die in § 131 Abs. 2 beschriebene Unbeachtlichkeit dieser Mängel bezieht sich nämlich nur auf die Spaltungswirkungen iSd § 131 Abs. 1.[112]

IX. Die Zuordnung sog. „vergessener" Vermögensgegenstände (Abs. 3)

67 In § 131 Abs. 3 geht es um solche **Lücken im Spaltungsvertrag**, die immer dann entstehen, wenn ein Vermögensgegenstand keinem der übernehmenden Rechtsträger zugewiesen worden ist. Der Wortlaut des § 131 Abs. 3 bezieht sich dabei allerdings nur auf die Aufspaltung. Eine weitere Begrenzung findet die Regelung dahin gehend, dass diese nach vorwiegender Ansicht nur auf „vergessenes" Aktivvermögen und nicht auch auf „vergessene" Verbindlichkeiten anzuwenden ist.[113] Schon die Gesetzesbegründung hielt eine besondere Regelung bezüglich „vergessener" Verbindlichkeiten für entbehrlich, da eine gesamtschuldnerische Haftung aller beteiligten Rechtsträger nach § 133 Abs. 1 entstehen würde.[114] Dies entspricht auch der überwiegenden Meinung,[115] wobei § 131 Abs. 3 allerdings teilweise im Rahmen des Innenausgleichs (§ 426 Abs. 1 BGB) zu berücksichtigen sein wird.[116]

---

[108] AA Kallmeyer/*Sickinger* § 131 Rn. 27, „Nicht erfasst werden jedoch Mängel bei der Beurkundung von Zustimmungsbeschlüssen".
[109] Semler/Stengel/Leonard/*Leonard* § 131 Rn. 64; Kölner Komm UmwG/*Simon* § 131 Rn. 58.
[110] Kölner Komm UmwG/*Simon* § 131 Rn. 59.
[111] Semler/Stengel/Leonard/*Leonard* § 131 Rn. 65.
[112] Semler/Stengel/Leonard/*Leonard* § 131 Rn. 65; Kölner Komm UmwG/*Simon* § 131 Rn. 60.
[113] Semler/Stengel/Leonard/*Leonard* § 131 Rn. 70; Kölner Komm UmwG/*Simon* § 131 Rn. 61 f.
[114] BR-Drs. 75/64, 121.
[115] Semler/Stengel/Leonard/*Leonard* § 131 Rn. 72; Kölner Komm UmwG/*Simon* § 131 Rn. 61; aA Schmitt/Hörtnagl/*Hörtnagl* § 131 Rn. 111.
[116] Semler/Stengel/Leonard/*Leonard* § 131 Rn. 72.

§ 131 Abs. 3 reagiert auf die ausgebliebene Zuweisung von Aktivvermögen im Rahmen der Aufspaltung mit folgendem **dreistufigen Regelungskonzept**. Zunächst gibt es auf **erster Stufe** den Spaltungsvertrag nach den allgemeinen Kriterien **auszulegen**. Im Rahmen der Auslegung sind dann beispielsweise die Zugehörigkeit zu einem Teilbetrieb oder die wirtschaftliche Verbundenheit einzelner Vermögensgegenstände zu berücksichtigen.[117]

Ergibt sich allerdings aus einer solchen Auslegung des Vertrages keine Zuordnung der „vergessenen" Aktiva, dann sollen auf **zweiter Stufe** diese **auf sämtliche übernehmenden Rechtsträger** übergehen. § 131 Abs. 3 Hs. 1 aE sieht ein **Aufteilungsverhältnis** vor, welches „sich aus dem Vertrag für die Aufteilung des Überschusses der Aktivseite der Schlussbilanz über deren Passivseite ergibt". Der Zuteilungsmaßstab orientiert sich somit am sog. Reinvermögen,[118] welches sich aus den übertragenen Aktiva unter Abzug der Verbindlichkeiten und Rückstellungen ergibt.[119]

Grundsätzlich geht § 131 Abs. 3 Hs. 1 von einem **teilbaren Vermögensgegenstand** aus, so dass eine Aufteilung unproblematisch erfolgen könnte.[120] Nach einer bestrittenen Ansicht kann bei nicht teilbaren Vermögensgegenständen allerdings eine Gesamtberechtigung in Form einer Bruchteilsgemeinschaft[121] oder einer Gesamthandsgemeinschaft[122] begründet werden. Hierzu wird jedoch die Zustimmung sämtlicher Rechtsträger, welche an der Spaltung beteiligt sind, gefordert.[123] Nach anderer Ansicht ist eine solche Gesamtberechtigung nicht möglich, da ansonsten § 131 Abs. 3 Hs. 2 leerlaufen würde.[124] Die zuletzt genannte Ansicht ist abzulehnen, da § 131 Abs. 3 Hs. 2 sehr wohl seine Berechtigung für den Fall behält, dass eine Zustimmung sämtlicher beteiligter Rechtsträger unterbleibt; eine Gesamtberechtigung ist häufig eine sachgerechte Lösung.

Auf **dritter Stufe** ergibt sich aus § 131 Abs. 3 Hs. 2, dass wenn der betreffende Gegenstand nicht mehreren Rechtsträgern zugeordnet werden kann, der **Gegenwert verhältnismäßig zu verteilen** ist. Aus dem Gesetz ergibt sich nicht, wie der Gegenwert zu realisieren ist. Demnach kann der Vermögensgegenstand im Rahmen einer Nachtragsliquidation **veräußert** und der Erlös aufgeteilt werden. Genauso kann der Gegenstand aber auch **einem Rechtsträger zugeteilt** werden, welcher dann entsprechende **Ausgleichzahlungen** zu leisten hat.[125]

Die Gesetzesbegründung beschreibt die dargestellte Auffangregel des § 131 Abs. 3 als „unentbehrliche Regelung" in Bezug auf die Aufspaltung. Eine solche sei aber für die **Abspaltung und Ausgliederung** gerade nicht erforderlich, da ein „vergessener" Vermögensgegenstand in diesen Fällen **bei dem übertragenden Rechtsträger verbleiben würde**.[126] Dennoch hat auch hier vorrangig eine (ergänzende) **Auslegung des Spaltungsvertrages** zu erfolgen, die ggf. zu einem anderen Ergebnis kommen kann.[127]

---

117 Schmitt/Hörtnagl/*Hörtnagl* § 131 Rn. 100 f.
118 RegBegr. *Ganske* Umwandlungsrecht S. 162.
119 Semler/Stengel/Leonard/*Leonard* § 131 Rn. 70 (siehe auch Fn. 252); Kölner Komm UmwG/*Simon* § 131 Rn. 64 f.
120 Semler/Stengel/Leonard/*Leonard* § 131 Rn. 70; Kölner Komm UmwG/*Simon* § 131 Rn. 66.
121 Lutter/*Lieder* § 131 Rn. 87.
122 Lutter/*Lieder* § 131 Rn. 87; aA Schmitt/Hörtnagl/*Hörtnagl* § 131 Rn. 104: „Eine gesamthänderische Berechtigung erscheint indes zweifelhaft".
123 Semler/Stengel/Leonard/*Leonard* § 131 Rn. 70.
124 Kölner Komm UmwG/*Simon* § 131 Rn. 67.
125 Kallmeyer/*Sickinger* § 131 Rn. 30; Schmitt/Hörtnagl/*Hörtnagl* § 131 Rn. 107; Kölner Komm UmwG/*Simon* § 131 Rn. 68.
126 BR-Drs. 75/64, 120 f.
127 Semler/Stengel/Leonard/*Leonard* § 131 Rn. 71; Kölner Komm UmwG/*Simon* § 131 Rn. 63.

§ 132 Kündigungsschutzrecht

(1) Führen an einer Spaltung beteiligte Rechtsträger nach dem Wirksamwerden der Spaltung einen Betrieb gemeinsam, so gilt dieser als Betrieb im Sinne des Kündigungsschutzrechts.

(2) Die kündigungsrechtliche Stellung eines Arbeitnehmers, der vor dem Wirksamwerden einer Spaltung zu dem übertragenden Rechtsträger in einem Arbeitsverhältnis steht, verschlechtert sich auf Grund der Spaltung für die Dauer von zwei Jahren ab dem Zeitpunkt ihres Wirksamwerdens nicht.

Literatur:
Bauer/Lingemann, Das neue Umwandlungsrecht und seine arbeitsrechtlichen Auswirkungen, NZA 1994, 1057; *Bonanni*, Der gemeinsame Betrieb mehrerer Unternehmen, 2003; *Borho*, Zum maßgeblichen Zeitpunkt für das Eingreifen des Bestandsschutzes nach § 323 Abs. 1 UmwG, RdA 2022, 159; *Düwell*, Umwandlung von Unternehmen und arbeitsrechtliche Folgen, NZA 1996, 393; *Heinze*, Arbeitsrechtliche Fragen bei der Übertragung und Umwandlung von Unternehmen, ZfA 1997, 1; *Kallmeyer*, Das neue Umwandlungsgesetz, ZIP 1994, 1746; *Kraft*, Unternehmensumwandlung und Arbeitsrecht, ZfA 2007, 303; *Kreßel*, Arbeitsrechtliche Aspekte des neuen Umwandlungsbereinigungsgesetzes, BB 1995, 925; *Mengel*, Umwandlungen im Arbeitsrecht, 1997 (zit.: *Mengel* Umwandlungen); *Mückl/Götte*, Gestaltungsmöglichkeiten bei der Übertragung von Arbeitsverhältnissen nach dem UmwG, DB 2017, 966; *Pfaff*, Dispositivität der Betriebsratsunterrichtung im Umwandlungsverfahren, DB 2002, 686; *Preis*, Legitimation und Grenzen des Betriebsbegriffes im Arbeitsrecht, RdA 2000, 257; *Schmädicke/Glaser/Altmüller*, Die Rechtsprechung zum gemeinsamen Betrieb mehrerer Unternehmen in den Jahren 2001 bis 2004, NZA-RR 2005, 393; *Tonikidis*, Der maßgebliche Zeitpunkt für das Bestehen eines Arbeitsverhältnisses zum übertragenden Rechtsträger – Ein Beitrag zum persönlichen Anwendungsbereich des § 323 Abs. 1 UmwG, DB 2022, 2798; *Willemsen/Annuß*, Kündigungsschutz nach der Reform, NJW 2004, 177; *Zöllner*, Gemeinsame Betriebsnutzung – Kritische Bemerkungen zur Rechtsfigur des gemeinsamen Betriebs, in: FS Semler, 1993, S. 995.

I. Normzweck 1	cc) Erfordernis einer rechtlichen Führungsvereinbarung 11
1. Kündigungsschutzrechtlicher Gemeinschaftsbetrieb (Abs. 1) 3	c) Darlegungs- und Beweislastverteilung 12
2. Kündigungsrechtliches Verschlechterungsverbot (Abs. 2) 5	2. Rechtsfolge 14
II. Kündigungsschutzrechtlicher Gemeinschaftsbetrieb (Abs. 1) 6	III. Kündigungsrechtliches Verschlechterungsverbot (Abs. 2) 21
1. Gemeinsamer Betrieb nach Spaltung oder Teilübertragung 6	1. Spaltung oder Teilübertragung 23
a) Betriebsbegriff 7	2. Arbeitsverhältnisse 25
b) Besonderheiten eines gemeinsamen Betriebs 8	3. Kündigung 27
aa) Mindestens zwei selbstständige Arbeitgeber 9	4. Kündigungsrechtliche Stellung 28
bb) Gemeinsame Führung 10	5. Kausalität 32
	6. Rechtsfolgen 33
	7. Praktische Einzelfälle 36

I. Normzweck

1 Das UmRuG hat an dieser Stelle des UmwG, die seit vielen Jahren verwaist war, zwei vormals über verschiedene Paragrafen (§ 322 aF, § 323 Abs. 1 aF) verteilte arbeitsrechtliche Vorschriften zum **Kündigungsschutz** bei einer Spaltung zusammengeführt. Gegenüber ihrer vorherigen Stellung in getrennten Vorschriften im Siebten Buch des UmwG sind diese inhaltlich verwandten Regelungen nun an systematisch zutreffender Stelle sinnvoll vereint. Inhaltliche Änderungen gegenüber der vorherigen Rechtslage ergeben sich daraus nicht.[1]

---
[1] BT-Drs. 20/3822, 72; ErfK/*Oetker* § 322 Rn. 6, ErfK/*Oetker* § 323 Rn. 12.

Der Wortlaut der Vorschrift bezieht sich, anders als ihre Ausgangsnormen des § 322 aF und § 323 Abs. 1 aF, nur noch auf die Umwandlungsvariante **Spaltung** (§ 123). Wie bei § 132a Abs. 2 ist dieser gegenüber den Ausgangsnormen reduzierte Wortlaut jedoch nur der neuen Stellung der Vorschrift im Dritten Buch geschuldet. Beide Absätze gelten, gegenüber § 322 aF und § 323 Abs. 1 aF unverändert, auch für **Teilübertragungen** (§ 174 Abs. 2) und zwar über die Verweisungsvorschriften in § 177 (von Kapitalgesellschaft auf öffentliche Hand), § 179 (von Aktiengesellschaft auf VVaG oder öffentlich-rechtliches Versicherungsunternehmen), § 184 (von VVaG auf Aktiengesellschaft oder öffentlich-rechtliches Versicherungsunternehmen) und § 189 (von öffentlich-rechtlichem Versicherungsunternehmen auf Aktiengesellschaft oder VVaG).

Die Vorschrift verfolgt im Sinne des Kündigungsschutzes zwei Zwecke:

1. Kündigungsschutzrechtlicher Gemeinschaftsbetrieb (Abs. 1)

Anknüpfend an das schon seit langem von der Rechtsprechung[2] entwickelte Institut des **gemeinsamen Betriebs mehrerer Unternehmen**,[3] das der Gesetzgeber sodann sukzessive im BetrVG (§ 1 Abs. 2 BetrVG, bis zur BetrVG-Novelle[4] zunächst im UmwG in § 322 Abs. 1 aF) bzw. im Kündigungsschutzrecht (§ 322 aF) anerkannt hat, stellt Abs. 1 nach wie vor klar, dass der im Zuge einer Spaltung oder Teilübertragung geschaffene gemeinsame Betrieb mehrerer an der Umwandlung beteiligter Unternehmen auch kündigungsschutzrechtlich als ein (gemeinsamer) Betrieb gilt. Der Vorschrift des § 132 kommt damit eine rein klarstellende, die Rechtsprechung des BAG wiedergebende Funktion zu.[5]

Die Vorschrift trifft dabei auf eine in der Praxis bei Spaltungen häufig zu beobachtende Gestaltung, wonach die aus der Spaltung hervorgehenden Rechtsträger die vormalige Organisation ihrer Betriebe von der nur auf Unternehmensebene wirkenden Spaltung unberührt lassen wollen, beispielsweise um eine interessenausgleichspflichtige **Betriebsänderung** (**Betriebsspaltung** gem. § 111 S. 3 Nr. 3 BetrVG) zu vermeiden, und deshalb diese Betriebe fortan gemeinsam als neue Betriebsinhaber führen.[6] Diese Möglichkeit steht den Rechtsträgern offen, denn eine Spaltung (§ 123) oder Teilübertragung (§ 174 Abs. 2) spaltet zwar einen Rechtsträger, muss aber nicht zwangsläufig auch einen vom umwandelnden Rechtsträger zuvor allein geführten Betrieb spalten. Rechtsträger- und Betriebsebene sind streng voneinander zu trennen (**Trennungstheorie**).[7]

Die handelnden Rechtsträger haben demnach über den **Spaltungsvertrag** Gestaltungsspielraum: Verbleibt der Betrieb nach der Spaltung alleine beim übertragenden Rechtsträger oder wird er vollständig auf einen übernehmenden bzw. neuen Rechtsträger übertragen, so dass der Betrieb nach wie vor nur einen Betriebsinhaber hat, bleibt die Betriebsorganisation unverändert; Abs. 1 hat in diesem Fall keine Bedeutung. Wird ein Betrieb im Spaltungsvertrag jedoch mehreren Rechtsträgern als Betriebsinhaber zugewiesen (§ 126 Abs. 1 Nr. 9), werden diese Rechtsträger jeweils Inhaber einzelner Betriebsteile und die Spaltung auf Unternehmensebene bringt eine Spaltung auf Betriebs-

---

2 BAG NZA 1990, 977; NZA 1986, 600; NZA 1984, 88; vgl. auch MHdB ArbR/*Richardi* § 22 Rn. 48 ff.
3 Beim Begriff des „gemeinsamen Betriebs mehrerer Unternehmen" (auch Gemeinschaftsbetrieb genannt) wird der betriebsverfassungsrechtliche Gemeinschaftsbetrieb vom kündigungsschutzrechtlichen Gemeinschaftsbetrieb unterschieden.
4 S. Gesetz zur Reform des BetrVG vom 23.7.2001 (3GBl. I 1852).
5 Semler/Stengel/Leonard/*Simon* § 322 Rn. 1; Kölner Komm UmwG/*Hohenstatt/Schramm* § 322 Rn. 1.
6 ErfK/*Kania* BetrVG § 111 Rn. 16; MAH ArbR/*Cohnen* § 53 Rn. 75.
7 Vgl. *Mückl/Götte* DB 2017, 966 (967).

ebene mit sich – es sei denn, die Rechtsträger belassen es trotz auseinandergehender Inhaberschaft der Betriebsteile bei der bisherigen einheitlichen Organisation als Betrieb (siehe § 1 Abs. 2 Nr. 2 BetrVG) und führen ihn als gemeinsamen Betrieb mehrerer Unternehmen fort. Für diesen Fall ordnet Abs. 1 an, dass dieser gemeinsame Betrieb auch im Sinne des Kündigungsschutzes ein einheitlicher Betrieb ist.

2. Kündigungsrechtliches Verschlechterungsverbot (Abs. 2)

Abs. 2 hat den befristeten (fiktiven) Erhalt der kündigungsrechtlichen Stellung eines Arbeitnehmers im Blick (**Verschlechterungsverbot**) und zielt damit auf den Schutz eines von einer Spaltung (§ 123) oder Teilübertragung (§ 174 Abs. 2) seines Arbeitgebers betroffenen Arbeitnehmers.

II. Kündigungsschutzrechtlicher Gemeinschaftsbetrieb (Abs. 1)

1. Gemeinsamer Betrieb nach Spaltung oder Teilübertragung

Für das Eingreifen der kündigungsschutzrechtlich relevanten Grundsätze zum Gemeinschaftsbetrieb ist das Vorliegen eines von den an einer Spaltung (§ 123) oder Teilübertragung (§ 174 Abs. 2) beteiligten Rechtsträgern **gemeinsam geführten Betriebs** erforderlich. Eine Definition hierfür findet sich in der Vorschrift indes nicht.

a) Betriebsbegriff

Von zentraler Bedeutung ist zunächst einmal der Begriff des „Betriebs". Der **Betriebsbegriff** wird allgemein definiert als organisatorische Einheit, mittels derer ein Arbeitgeber allein oder in Gemeinschaft mit Arbeitnehmern und unter Zuhilfenahme von sächlichen und/oder immateriellen Mitteln bestimmte arbeitstechnische Zwecke fortgesetzt verfolgt, die sich nicht in der Befriedigung des Eigenbedarfs erschöpfen.[8]

b) Besonderheiten eines gemeinsamen Betriebs

Damit ein gemeinsamer Betrieb iSd Abs. 1 vorliegt, müssen weitere Kriterien erfüllt sein, die im Einzelnen umstritten sind.

aa) Mindestens zwei selbstständige Arbeitgeber

In aller Regel wird ein Betrieb von einem einzigen Arbeitgeber geführt. Ein gemeinsamer Betrieb erfordert hingegen, dass mindestens zwei **rechtlich selbstständige Arbeitgeber** ihre Arbeitnehmer in dem Betrieb beschäftigen.[9]

bb) Gemeinsame Führung

Voraussetzung für das Vorliegen eines gemeinsamen Betriebs ist im Weiteren dessen gemeinsame Führung durch die kooperierenden Arbeitgeber. Erforderlich ist insoweit ein **einheitlicher Leitungsapparat**, durch den die gemeinschaftlichen Strukturen geführt und die maßgeblichen personellen, materiellen und immateriellen Betriebsmittel, die in der Betriebsstätte vorhanden sind, eingesetzt werden.[10] Die hierdurch geschaffene

---

[8] BAG NZA 2002, 1300 ff.; Schaub ArbR-HdB/*Linck* § 17 Rn. 2.
[9] BAG NZA 1990, 977 (mehrere Unternehmen); Kallmeyer/*Willemsen* § 322 Rn. 2.
[10] BAG NZA-RR 2009, 255; vgl. Semler/Stengel/Leonard/*Simon* § 322 Rn. 4; Widmann/Mayer/*Wälzholz* § 322 Rn. 8.

einheitliche Organisation muss sich auf alle Angelegenheiten sozialer oder personeller Natur erstrecken, die die wesentlichen Arbeitgeberfunktionen betreffen.[11]

cc) Erfordernis einer rechtlichen Führungsvereinbarung

Die ständige Rechtsprechung des BAG verlangt weiter das Vorliegen einer rechtlichen **Führungsvereinbarung**.[12] Unproblematisch ist die Form, in der diese abgeschlossen wird. So ist eine ausdrückliche oder gar schriftliche Vereinbarung nicht zwingend erforderlich. Vielmehr ist höchstrichterlich anerkannt, dass sich eine Führungsvereinbarung auch aus den tatsächlichen Umständen als stillschweigende, konkludente Abmachung ergeben kann.[13] Welche tatsächlichen Umstände die Rechtsprechung als zur Annahme einer konkludenten Führungsvereinbarung hinreichend ansieht, ist einzelfallabhängig[14] und deshalb mit einiger rechtlicher Unsicherheit belastet. Maßgeblich werden meist der arbeitgeberübergreifende Personaleinsatz,[15] eine Personenidentität in der Geschäftsführung der beteiligten Betriebsinhaber und die gemeinsame Nutzung der Betriebsmittel und Räumlichkeiten sein.[16] Für die Praxis ist es vorzugswürdig, eine ausdrückliche Fortführungsvereinbarung zu treffen.

c) Darlegungs- und Beweislastverteilung

Macht ein Arbeitnehmer in einem Kündigungsschutzverfahren das Vorliegen eines kündigungsschutzrechtlich bedeutsamen gemeinsamen Betriebs iSd Abs. 1 geltend, zB für die Prüfung einer anderweitigen Beschäftigungsmöglichkeit gem. § 1 Abs. 2 S. 2 Nr. 1 lit. b, S. 3 KSchG oder bei der Frage der Sozialauswahl gem. § 1 Abs. 3 KSchG, so trägt er hierfür auch grundsätzlich die **Darlegungs- und Beweislast**.[17]

Nach inzwischen hM kann die **Vermutungsregel** aus § 1 Abs. 2 Nr. 1 BetrVG nicht analog für den kündigungsschutzrechtlichen gemeinsamen Betrieb angewandt werden.[18] Hierzu mangelt es bereits an einer dafür erforderlichen Regelungslücke.[19] In der Praxis dürfte dies jedoch von untergeordneter Bedeutung sein, soweit ein gemeinsamer Betrieb über einen gem. § 1 Abs. 2 Nr. 2 BetrVG gebildeten Betriebsrat verfügt. Das Arbeitsgericht dürfte dann an der betrieblichen Realität anknüpfen und aufgrund der betriebsverfassungsrechtlichen Situation eine Umkehr der Beweislast ableiten.[20] Anders dürfte der Fall liegen, soweit sich Arbeitgeber und Betriebsrat zum Zeitpunkt des Kündigungsschutzprozesses noch über das Vorliegen eines Gemeinschaftsbetriebs iSd § 1 Abs. 2 Nr. 2 BetrVG gerichtlich streiten.[21] In diesem Fall fehlt es an einer eindeutig geklärten betriebsverfassungsrechtlichen Situation, an der sich das Gericht orientieren könnte.

---

11 BAG NZA-RR 2009, 255; NZA 2004, 618; vgl. Semler/Stengel/Leonard/*Simon* § 322 Rn. 4; Kallmeyer/*Willemsen* § 322 Rn. 3.
12 BAG NZA 2013, 277 (279); NZA 2002, 56; NZA 2001, 321 (324); Kallmeyer/*Willemsen* § 322 Rn. 3.
13 BAG NZS 2011, 712; NZA 2001, 321 (324); Kölner Komm UmwG/*Hohenstatt/Schramm* § 322 Rn. 4.
14 BAG NZA 1990, 977 (978).
15 BAG NZA 1996, 1110 (1111).
16 Weitere Beispiele bei Widmann/Mayer/*Wälzholz* § 322 Rn. 10.1 und Semler/Stengel/Leonard/*Simon* § 322 Rn. 5.
17 Lutter/*Sagan* § 322 Rn. 9; Schmädicke/Glaser/*Altmüller* NZA-RR 2005, 393 (398); zur abgestuften Darlegungs- und Beweislast vgl. BAG NZA 2013, 277 (279).
18 Kölner Komm UmwG/*Hohenstatt/Schramm* § 322 Rn. 5; Semler/Stengel/Leonard/*Simon* § 322 Rn. 7; Widmann/Mayer/*Wälzholz* § 322 Rn. 12; aA Lutter/*Sagan* § 322 Rn. 10.
19 Kölner Komm UmwG/*Hohenstatt/Schramm* § 322 Rn. 5.
20 Semler/Stengel/Leonard/*Simon* § 322 Rn. 8; Kölner Komm UmwG/*Hohenstatt/Schramm* § 322 Rn. 5.
21 Kölner Komm UmwG/*Hohenstatt/Schramm* § 322 Rn. 5.

2. Rechtsfolge

14 Das Vorliegen eines gemeinsamen Betriebs iSd Abs. 1 hat im Kündigungsschutzrecht zur Folge, dass dieser wie ein einziger Betrieb angesehen wird. Insofern führt die Vorschrift dazu, dass die **kündigungsschutzrechtlichen Folgen** der Umwandlung „neutralisiert" werden.[22] Diese Wirkung, dass der Betrieb im Rahmen des KSchG so zu behandeln ist, als ob er weiterhin nur einem Rechtsträger zugeordnet wäre, ist weder abdingbar noch zeitlich begrenzt.[23]

15 Praktische Relevanz hat die Rechtsfolge für mehrere Vorschriften des KSchG: Zunächst einmal sind bei der Ermittlung des **sachlichen Geltungsbereichs des KSchG** gem. § 23 Abs. 1 S. 2, 3 KSchG alle in einem Arbeitsverhältnis stehenden Beschäftigten des gemeinsamen Betriebs zu berücksichtigen.[24] Unbeachtlich ist hierfür, welchem Unternehmen als Arbeitgeber das einzelne Arbeitsverhältnis zuzuordnen ist.

16 Weiter hat der gemeinsame Betrieb Auswirkungen, wenn eine **betriebsbedingte Kündigung** im Sinne des § 1 Abs. 2 S. 1 KSchG ausgesprochen werden soll. Bei der Beurteilung, ob anderweitige Weiterbeschäftigungsmöglichkeiten bestehen, ist dann der gesamte gemeinsame Betrieb zu berücksichtigen und nicht nur der Bereich, der dem kündigenden Arbeitgeber zuzurechnen ist.[25]

17 Die **Prüfung freier Weiterbeschäftigungsmöglichkeiten** in einem anderen Betrieb beschränkt sich nach den allgemeinen Regeln des § 1 Abs. 2 S. 2 Nr. 1 lit. b KSchG auf Betriebe des kündigenden Arbeitgebers und bezieht nicht zusätzlich weitere Betriebe der anderen Rechtsträger ein.[26] Die Vorschrift des Abs. 1 betrifft nur einen gemeinsamen Betrieb, aber schafft kein gemeinsames Unternehmen.[27]

18 Für die **Sozialauswahl** gem. § 1 Abs. 3 S. 1 KSchG im Rahmen einer betriebsbedingten Kündigung gilt im gemeinsamen Betrieb, dass diese auf alle Arbeitnehmer des gemeinsamen Betriebs zu erstrecken ist.[28] Eine Sozialauswahl, die sich prinzipiell auf die Mitarbeiter des kündigenden Unternehmens beschränken würde, ist unzulässig. Hierdurch kann die Situation entstehen, dass ein zu kündigender Arbeitnehmer eines der beiden beteiligten Unternehmen sozial schutzwürdiger als ein vergleichbarer Arbeitnehmer des anderen beteiligten Unternehmens ist. In diesem Fall kann eine Austauschkündigung erforderlich sein, um den Grundsätzen der Sozialauswahl Rechnung zu tragen.[29] Durch das Erfordernis der Führungsvereinbarung und des einheitlichen Leitungsapparats steht die rechtliche Selbstständigkeit der Rechtsträger der Umsetzung nicht entgegen. Die im gemeinsamen Betrieb nach Abs. 1 unternehmensübergreifende soziale Auswahl ist das Spiegelbild zur einheitlichen Leitung der beteiligten Rechtsträger.

19 Soweit eine Betriebsabteilung stillgelegt wird, ist hinsichtlich **betriebsverfassungsrechtlicher Funktionsträger** darauf zu achten, dass diese gem. § 15 Abs. 5 KSchG in eine andere Betriebsabteilung übernommen werden müssen. In einem gemeinsamen

---

22 Kölner Komm UmwG/*Hohenstatt/Schramm* § 322 Rn. 7; Kallmeyer/*Willemsen* § 322 Rn. 10.
23 Semler/Stengel/Leonard/*Simon* § 322 Rn. 12; Kölner Komm UmwG/*Hohenstatt/Schramm* § 322 Rn. 7.
24 Lutter/*Sagan* § 322 Rn. 13; Kölner Komm UmwG/*Hohenstatt/Schramm* § 322 Rn. 8; zum kündigungsrechtlichen Schutz → Rn. 36.
25 Lutter/*Sagan* § 322 Rn. 13; Kölner Komm UmwG/*Hohenstatt/Schramm* § 322 Rn. 9.
26 Semler/Stengel/Leonard/*Simon* § 322 Rn. 14; Kölner Komm UmwG/*Hohenstatt/Schramm* § 322 Rn. 10; aA Lutter/*Sagan* § 322 Rn. 14.
27 Semler/Stengel/Leonard/*Simon* § 322 Rn. 14.
28 Widmann/Mayer/*Wälzholz* § 322 Rn. 16; Kallmeyer/*Willemsen* § 322 Rn. 10.
29 Kallmeyer/*Willemsen* § 322 Rn. 12; Semler/Stengel/Leonard/*Simon* § 322 Rn. 15.

Betrieb besteht diese Übernahmepflicht der beteiligten Rechtsträger übergreifend.[30] Auch hier kann es dazu kommen, dass eine Austauschkündigung erforderlich wird, um den Funktionsträger in eine Abteilung des anderen beteiligten Unternehmens zu übernehmen.[31]

Zuletzt gilt bei der Frage nach der **Anzeigepflicht von Massenentlassungen** (§ 17 KSchG) bei einem gemeinsamen Betrieb, dass hier auf die Anzahl aller dort beschäftigten Arbeitnehmer und nicht nur auf die Mitarbeiter des betroffenen Unternehmens abzustellen ist.[32]

Hinweis: Infolge der die Rechtsträger übergreifend treffenden Rechtsfolgen bei der Führung eines gemeinsamen Betriebs iSd Abs. 1 stellt sich in der Praxis oft die Frage nach Regelungen zum internen Ausgleich entstehender Nachteile und Kosten. Ein Ausgleich richtet sich mangels besonderer Vereinbarungen grundsätzlich nach den allgemeinen Vorschriften der Gesellschaft bürgerlichen Rechts oder den gesetzlichen Ausgleichsschuldverhältnissen. Aus Gründen der Rechtssicherheit und Rechtsklarheit empfiehlt es sich in der Praxis, interne Ausgleichsregelungen zu vereinbaren.[33] Insbesondere erfasst werden sollten Abfindungskosten, die im Rahmen der §§ 9, 10 KSchG oder aufgrund arbeitsgerichtlicher Vergleiche entstehen.[34]

III. Kündigungsrechtliches Verschlechterungsverbot (Abs. 2)

Abs. 2 ist ein Beispiel für missglückte Gesetzgebung. Sein Wortlaut ist gleich in mehrfacher Hinsicht misslich und die **Anwendungsreichweite der Bestimmung** ist umstritten.[35] Vornehmlich zielt die Vorschrift darauf ab, für eine befristete Zeit den Kündigungsschutz eines von einer Spaltung oder Teilübertragung betroffenen Arbeitnehmers aufrechtzuerhalten, wenn die Voraussetzungen für den Kündigungsschutz durch die Umwandlung entfallen sind.[36] Allgemeine Einigkeit besteht demnach dahin gehend, dass eine aus der Spaltung oder Teilübertragung resultierende Verkleinerung der Beschäftigtenzahl im Betrieb einem betroffenen Arbeitnehmer nach Abs. 2 für einen befristeten Zeitraum von zwei Jahren den Kündigungsschutz nach dem Kündigungsschutzgesetz nicht entzieht.

Der maßgebliche Streitpunkt liegt bei der Feststellung, ob und inwieweit das Verschlechterungsverbot nach Abs. 2 nur zu einer befristeten Konservierung von **rechtlichen** Begebenheiten führt oder ob daneben auch die zum Zeitpunkt des Wirksamwerdens der Spaltung oder Teilübertragung bestehenden **tatsächlichen** Verhältnisse für die Dauer von zwei Jahren als eingefroren gelten. Nach hM, insbesondere nach Ansicht der Rechtsprechung, erfolgt nur ein gewisser **rechtlicher Bestandsschutz**, die Kündigung ist darüber hinaus aber nicht auch anhand der tatsächlichen Gegebenheiten zu messen, die zum Zeitpunkt des Wirksamwerdens der Spaltung oder Teilübertragung herrschten. Nicht zuletzt wegen der misslungenen Formulierung der Vorschrift bleibt Vieles umstritten.

---

30 Semler/Stengel/Leonard/*Simon* § 322 Rn. 17; Kölner Komm UmwG/*Hohenstatt/Schramm* § 322 Rn. 15.
31 Kölner Komm UmwG/*Hohenstatt/Schramm* § 322 Rn. 15.
32 Semler/Stengel/Leonard/*Simon* § 322 Rn. 16; Widmann/Mayer/*Wälzholz* § 322 Rn. 18.
33 Semler/Stengel/Leonard/*Simon* § 322 Rn. 18; Kölner Komm UmwG/*Hohenstatt/Schramm* § 322 Rn. 7.
34 Kölner Komm UmwG/*Hohenstatt/Schramm* § 322 Rn. 7; Kallmeyer/*Willemsen* § 322 Rn. 11.
35 Vgl. Schmitt/Hörtnagl/*Langner* § 323 Rn. 2; nach Kallmeyer/*Willemsen* § 323 Rn. 1 ist die Vorschrift die „rätselhafteste Bestimmung des ganzen Umwandlungsgesetzes"; Widmann/Mayer/*Wälzholz* § 323 Rn. 3.1 nennt den Absatz „ein Musterbeispiel missglückter Normsetzung".
36 Lutter/*Sagan* § 323 Rn. 1.

1. Spaltung oder Teilübertragung

23 Neben der in Abs. 2 ausdrücklich genannten Umwandlungsvariante der **Spaltung** findet die Vorschrift über die Verweisungsvorschriften der §§ 177, 179, 184 und 189 auch bei **Teilübertragungen** (§ 174 Abs. 2) Anwendung. Eine analoge Anwendung auf die Verschmelzung (§ 2) oder den Formwechsel (§ 190) scheidet ebenso aus[37] wie eine analoge Anwendung auf Umstrukturierungsfälle außerhalb des UmwG.[38]

24 Eine Spaltung oder Teilübertragung nach dem UmwG hat unmittelbar nur gesellschaftsrechtliche Auswirkungen, dh verändert die rechtliche Struktur des Unternehmensträgers. Eine **Änderung der betrieblichen Organisation** ist mit der Umwandlung nicht zwangsläufig verbunden, etwa wenn die an einer Spaltung beteiligten Rechtsträger sich dazu entscheiden, den Betrieb nach der Umwandlung als gemeinsamen Betrieb zu führen (s. Abs. 1).[39] Die Rechtsfolgen von Abs. 2 werden erst dann eine Rolle spielen, wenn zugleich mit („auf Grund") der rein umwandlungsrechtlichen Spaltung oder Teilübertragung eine Veränderung in der betrieblichen Organisation verbunden ist (→ Rn. 4).[40]

2. Arbeitsverhältnisse

25 Der kündigungsrechtliche Bestandsschutz des Abs. 2 erfasst nur **Arbeitsverhältnisse** und schließt damit arbeitnehmerähnliche Personen, Organmitglieder oder andere Personen, die nicht als Arbeitnehmer anzusehen sind, aus.

26 Damit der Arbeitnehmer dem Bestandsschutz des Abs. 2 unterfällt, muss er in **zeitlicher Hinsicht** beim Wirksamwerden[41] einer Spaltung oder Teilübertragung in einem Arbeitsverhältnis zum übertragenden Rechtsträger gestanden haben. In diesem Sinne steht ein Arbeitnehmer vor dem Wirksamwerden auch dann in einem Arbeitsverhältnis mit dem übertragenden Rechtsträger, wenn der Arbeitsvertrag bereits abgeschlossen wurde, die tatsächliche Arbeitsaufnahme aber erst nach dem Wirksamwerden erfolgen soll.[42] Für die Anwendung von Abs. 2 spielt es ferner keine Rolle, ob der Arbeitnehmer nach dem Wirksamwerden der Spaltung oder Teilübertragung bei dem übertragenden Rechtsträger verbleibt oder mit einem anderen der an der Umwandlung beteiligten Rechtsträger in einem Arbeitsverhältnis steht. Bereits bei einem übernehmenden Rechtsträger vorhandene Arbeitsverhältnisse werden vom kündigungsrechtlichen Bestandschutz nicht erfasst; Gleiches gilt erst recht für nach dem Wirksamwerden der Umwandlung begründete Arbeitsverhältnisse.[43]

3. Kündigung

27 Abs. 2 schützt den betroffenen Arbeitnehmer nur bei der einseitigen Beendigung des Arbeitsverhältnisses durch eine **Kündigung des Arbeitgebers**, nicht aber gegen andere

---

[37] Lutter/*Sagan* § 323 Rn. 2 verneint für diese Fälle die in Abs. 1 geforderte Kausalität („auf Grund") zwischen Umwandlung und Verschlechterung der kündigungsrechtlichen Stellung; aA Ascheid/Preis/Schmidt/*Steffan* § 323 Rn. 17.

[38] BAG NZA 2007, 739 ff.; *Willemsen* NZA 1996, 791 (800); aA *Däubler* RdA 1995, 136 (146); *Buschmann* AuR 1993, 285 (287).

[39] In diesem Fall ist ein Schutz des weiterhin im unveränderten Betrieb beschäftigten Arbeitnehmers durch Abs. 2 grds. nicht erforderlich.

[40] Vgl. dazu unter dem Aspekt der Kausalität Kölner Komm UmwG/*Hohenstatt/Schramm* § 323 Rn. 24.

[41] Ist ein Arbeitsverhältnis bereits vor dem Wirksamwerden der Umwandlung beendet, ist für eine Anwendung von Abs. 2 kein Raum.

[42] Schmitt/Hörtnagl/*Langner* § 323 Rn. 5 („logische Sekunde" vor dem Wirksamwerden einer Spaltung oder Teilübertragung); Kölner Komm UmwG/*Hohenstatt/Schramm* § 323 Rn. 3; *Tonikidis* DB 2022, 2798; aA *Borho* RdA 2022, 159 (vereinbarter Zeitpunkt der Arbeitsaufnahme).

[43] Lutter/*Sagan* § 323 Rn. 3; Semler/Stengel/Leonard/*Simon* § 323 Rn. 4.

Beendigungen des Arbeitsverhältnisses (etwa durch einen Aufhebungsvertrag, durch Befristungsablauf, Anfechtung etc). Gegen diese Beendigungen bietet Abs. 2 auch während des zweijährigen Verschlechterungsverbots keinen Schutz.

4. Kündigungsrechtliche Stellung

Streitig ist, in welchem Umfang die Vorschrift den von der Spaltung oder Teilübertragung betroffenen Arbeitnehmern einen kündigungsrechtlichen Bestandsschutz gewährt. Der in Abs. 2 verwendete Begriff der **„kündigungsrechtlichen Stellung"** ist im Arbeitsrecht nämlich einzigartig.[44] Die Undifferenziertheit des Wortlauts hat eine lebhafte Diskussion zum Inhalt und zur Reichweite des Verschlechterungsverbots ausgelöst und die Anwendung der Vorschrift in der Praxis gleich in mehrfacher Hinsicht problematisch gemacht. Im Spektrum der dazu vertretenen Meinungen finden sich enge, weite und vermittelnde Positionen. 28

Nach einer engen Auslegung des Begriffs der kündigungsrechtlichen Stellung erschöpft sich der Schutzumfang der Vorschrift ausschließlich in der befristeten **Anwendung von Normen des KSchG**. Die Vertreter dieser Meinung geben dem Terminus „kündigungsrechtlich" den beschränkten Inhalt „kündigungsschutzrechtlich".[45] 29

Nach der entgegengesetzten Auffassung ist der Begriff der kündigungsrechtlichen Stellung weit zu verstehen.[46] Jede nur denkbare Schlechterstellung des zu Kündigenden durch die Umwandlung soll demnach vom befristeten Bestandsschutz erfasst sein. Diese Auffassung würde im Ergebnis auf ein Zementieren des für eine Kündigung bedeutsamen **tatsächlichen status quo**, einschließlich der sämtlichen indirekten Vorteile oder faktischen Begleitumstände, hinauslaufen. Dies würde allerdings zu einer uferlosen, vom Gesetzeswortlaut nicht mehr gestützten Anwendung eines als bloßes Verschlechterungsverbot ausgestalteten Bestandsschutzes führen. Außerdem würde die Konservierung des gesamten Kündigungsumfelds dem Arbeitgeber einschneidende Kündigungsbeschränkungen auferlegen, ohne dass diese mit entsprechenden rechtlichen Handlungsmöglichkeiten korrespondieren.[47] Im Extremfall wäre nach dieser Auffassung beispielsweise selbst dann eine Betriebsratsanhörung nach § 102 BetrVG (beispielsweise eines beim übertragenden Rechtsträger fortbestehenden Betriebsrats) erforderlich, wenn im konkreten Betrieb nach der Spaltung mangels Betriebsratsfähigkeit gar kein Betriebsrat mehr existiert.[48] 30

Mit der Rechtsprechung ist stattdessen zutreffend der Begriff der „kündigungsrechtlichen Stellung" nach Wortlaut, systematischer Stellung und Sinn und Zweck so zu verstehen, dass das **„Ob" der Kündigung** noch vom Bestandsschutz erfasst ist, nicht mehr aber das „Wie".[49] Mit anderen Worten erfasst das Verschlechterungsverbot des Abs. 1 nur solche Kündigungsschutzeinbußen, die sich unmittelbar mit dem Wirksamwerden der Spaltung bzw. Teilübertragung aktualisieren. Demnach sind kündigungsrechtliche Einbußen, die sich erst später bei Ausspruch der Kündigung aktualisieren (wie etwa ein 31

---

44 Kölner Komm UmwG/*Hohenstatt/Schramm* § 323 Rn. 1.
45 *Bauer/Lingemann* NZA 1994, 1057 (1060).
46 *Bachner* NJW 1995, 2881 (2884); *Däubler* RdA 1995, 136 (143); *Düwell* NZA 1996, 393 ff.; diese Auffassung liefe im Ergebnis auf ein Meistbegünstigungsprinzip hinaus, vgl. Widmann/Mayer/*Wälzholz* § 323 Rn. 3.3.
47 So zutreffend Willemsen/Hohenstatt/Schweibert/Seibt Umstrukturierung/*Willemsen/Sittard* H Rn. 154.
48 Das fordern allerdings *Däubler* RdA 1995, 136 (145) in Fn. 114; Däubler/Klebe/Wedde/*Buschmann* BetrVG § 21a Rn. 56; nach Willemsen/Hohenstatt/Schweibert/Seibt Umstrukturierung/*Willemsen/Sittard* H Rn. 157 würde das einen schweren Wertungswiderspruch zu § 21a BetrVG bedeuten.
49 BAG NZA 2006, 658 ff.; Kallmeyer/*Willemsen* § 323 Rn. 10.

veränderter Kreis der in eine Sozialauswahl nach § 1 Abs. 3 KSchG einzubeziehenden Arbeitnehmer), nicht vom zweijährigen Bestandsschutz erfasst. Diese vermittelnde Auffassung berücksichtigt zutreffend, dass der Terminus „kündigungsrechtliche Stellung" nicht allein auf eine „kündigungs**schutz**rechtliche Stellung" zu beschränken ist,[50] wie ein Vergleich mit dem Wortlaut des Abs. 1 zeigt, und somit nicht nur Vorschriften des KSchG eingeschlossen sind. Zugleich ist über Abs. 1 aber auch nur eine kündigungs**rechtliche** und damit nicht eine bloß faktische Stellung des Arbeitnehmers geschützt. Bloß indirekte bzw. reflexartige Vorteile, die sich allein aus der tatsächlichen Situation im Ursprungsbetrieb ergeben haben, fallen demnach nicht unter Abs. 2.[51]

5. Kausalität

32 Der kündigungsrechtliche Bestandsschutz greift nur, wenn und soweit aufgrund der Spaltung oder Teilübertragung die kündigungsrechtliche Stellung beeinträchtigt würde. Zwischen der Spaltung bzw. Teilübertragung und der Verschlechterung der kündigungsrechtlichen Stellung muss eine **unmittelbare Kausalität** bestehen.[52] Nicht mehr aufgrund der Spaltung oder Teilübertragung wird die kündigungsrechtliche Stellung beeinträchtigt, wenn ein Umstand zeitlich erst nach dem Wirksamwerden der Umwandlungsmaßnahme entsteht.[53] So schützt Abs. 2 betroffene Arbeitnehmer beispielsweise auch dann nicht vor einer (unter Abkürzung einer vertraglichen, tarifvertraglichen oder gesetzlichen Kündigungsfrist ausgesprochenen) Kündigung durch den Insolvenzverwalter wegen Betriebsstilllegung, wenn die Stilllegung des Betriebs bei weggedachter Spaltung nicht erfolgt wäre. In dieser Konstellation erfolgt die Kündigung nicht aufgrund der Spaltung, sondern aufgrund der Betriebsstilllegung durch den Insolvenzverwalter.[54]

6. Rechtsfolgen

33 Als Rechtsfolge von Abs. 2 wird die zum Zeitpunkt des Wirksamwerdens der Spaltung oder Teilübertragung bestehende kündigungsrechtliche Stellung für einen Zeitraum von zwei Jahren zugunsten des Arbeitnehmers aufrechterhalten.

34 Der maßgebliche **Zweijahreszeitraum** des Verschlechterungsverbots beginnt mit dem Wirksamwerden der Spaltung oder Teilübertragung, dh mit der Eintragung der Verschmelzung bzw. Teilübertragung im Handelsregister am Sitz des übertragenden Rechtsträgers (§§ 130, 131, 176 Abs. 3, § 177 Abs. 2). Sie berechnet sich nach §§ 187 Abs. 1, 188 Abs. 2 BGB.[55] Maßgeblicher Zeitpunkt für die Bestimmung, ob die kündigungsrechtliche Stellung des Arbeitnehmers noch nach Abs. 2 geschützt ist, ist der Zugang der Kündigungserklärung beim Arbeitnehmer.[56]

35 Der Schutz des Abs. 2 ist zwingendes Recht, auf das ein Arbeitnehmer nicht im Voraus verzichten kann.[57] Nach dem Wirksamwerden der Spaltung oder Teilübertragung ist eine **einvernehmliche Verschlechterung** der kündigungsrechtlichen Position inner-

---

50 So aber *Bauer/Lingemann* NZA 1994, 1057 (1060).
51 BAG NZA 2006, 658 ff.; Lutter/*Sagan* § 323 Rn. 13.
52 Kölner Komm UmwG/*Hohenstatt/Schramm* § 323 Rn. 24.
53 Lutter/*Sagan* § 323 Rn. 13; Semler/Stengel/Leonard/*Simon* § 323 Rn. 8.
54 BAG NZA 2006, 658 ff.; Kölner Komm UmwG/*Hohenstatt/Schramm* § 323 Rn. 9, 25.
55 Ascheid/Preis/Schmidt/*Steffan* § 323 Rn. 4; Semler/Stengel/Leonard/*Simon* § 323 Rn. 17.
56 Schmitt/Hörtnagl/*Langner* § 323 Rn. 11.
57 Ascheid/Preis/Schmidt/*Steffan* § 323 Rn. 16; Lutter/*Sagan* § 323 Rn. 15; Kallmeyer/*Willemsen* § 323 Rn. 17; Semler/Stengel/Leonard/*Simon* § 323 Rn. 18.

halb der vom Tarif- und Betriebsverfassungsrecht gesetzten Grenzen, insbesondere aber eine Aufhebung eines ordentlich unkündbaren Arbeitsverhältnisses zulässig.[58]

7. Praktische Einzelfälle

Nach der hier vertretenen Auffassung gilt für die maßgeblichen praktischen Einzelfälle Folgendes: Das Kündigungsschutzgesetz bleibt im Fall einer Spaltung oder Teilübertragung befristet für zwei weitere Jahre anwendbar, selbst wenn der **Schwellenwert des § 23 Abs. 1 KSchG** nach der Umwandlung nicht mehr erreicht ist.[59] Ein Bestandsschutz nach Abs. 2, § 23 Abs. 1 KSchG scheidet aber schon begriffsnotwendig aus, wenn das Arbeitsverhältnis zum Zeitpunkt des Wirksamwerdens der Spaltung oder Teilübertragung noch nicht länger als sechs Monate bestanden hat (§ 1 Abs. 1 KSchG), da der Arbeitnehmer in diesem Fall keine Einbuße seiner kündigungsrechtlichen Stellung aufgrund der Umwandlung erleidet.[60]

Der besondere Kündigungsschutz nach § 15 KSchG für **Mitglieder des Betriebsrats** und die anderen dort genannten Amtsträger ist eine von Abs. 2 geschützte kündigungsrechtliche Stellung. Bleibt die Identität des Betriebs von der Spaltung oder Teilübertragung unberührt und deshalb die Amtsstellung erhalten, folgt der besondere Kündigungsschutz weiterhin unmittelbar aus § 15 KSchG. Wird ein Amtsträger allerdings durch die Spaltung oder Teilübertragung einem anderen Betrieb zugeordnet und verliert deshalb sein Amt nach § 15 KSchG, verlängert Abs. 2 den eigentlich nur für ein Jahr nachwirkenden Sonderkündigungsschutz auf zwei Jahre.[61] Einer Zustimmung des Betriebsrats nach § 103 BetrVG bedarf die Kündigung eines Amtsträgers allerdings trotz Abs. 2 nur dann, wenn die Kündigung innerhalb des Zeitraums eines Übergangsmandats nach § 21a BetrVG erfolgt.[62]

Bei einer **sozialen Auswahl** nach § 1 Abs. 3 KSchG ist nicht auf die Verhältnisse abzustellen, die zum Zeitpunkt des Kündigungsausspruchs ohne Spaltung oder Teilübertragung gelten würden.[63] Bei den Rahmenbedingungen für eine soziale Auswahl handelt es sich insoweit um unbeachtliche indirekte, reflexartige Vorteile und nicht um eine kündigungsrechtliche Stellung im Sinne von Abs. 2.[64] Müsste der Arbeitgeber in diesem Fall eine fiktive Sozialauswahl unter Einbeziehung eines anderen Betriebs vornehmen, ohne dass er eine rechtliche Handhabe hat, den von der Kündigung betroffenen Arbeitnehmer an den Arbeitsplatz des sozial weniger schutzwürdigen Arbeitnehmers zu versetzen und dessen Arbeitsverhältnis zu kündigen, wäre er im Ergebnis daran gehindert, das Arbeitsverhältnis zu kündigen und ihm würde praktisch ein zweijähriges Kündigungsverbot aufgebürdet.[65] Zur Vermeidung dieser Folge wäre er gewissermaßen

---

58 Lutter/*Sagan* § 323 Rn. 15; Semler/Stengel/Leonard/*Simon* § 323 Rn. 18.
59 So der in der Gesetzesbegründung genannte Beispielsfall, vgl. Begr.-RegE BT-Drs. 12/6699, 175; Kölner Komm UmwG/*Hohenstatt/Schramm* § 323 Rn. 2, 5; Widmann/Mayer/*Wälzholz* § 323 Rn. 3.2; Bauer/Lingemann NZA 1994, 1057 (1060); vgl. auch BAG NZA 2007, 739 für den Fall einer Einzelrechtsnachfolge.
60 Kölner Komm UmwG/*Hohenstatt/Schramm* § 323 Rn. 13.
61 Willemsen/Hohenstatt/Schweibert/Seibt Umstrukturierung/*Willemsen/Sittard* H Rn. 153; wird ein Betriebsratsmitglied ein Übergangsmandat nach § 21a BetrVG wahr und verbleibt somit zunächst noch in seiner Amtsstellung, verlängert sich der nachwirkende Kündi-

gungsschutz gemäß § 132 Abs. 2 auf die Dauer von zwei Jahren, wobei allerdings die Zeit der durch § 21a BetrVG verlängerten Amtsführung anzurechnen ist, vgl. Semler/Stengel/Leonard/*Simon* § 323 Rn. 13.
62 Willemsen/Hohenstatt/Schweibert/Seibt Umstrukturierung/*Willemsen/Sittard* H Rn. 153; aA Däubler/Deinert/Zwanziger/*Zwanziger* § 323 Rn. 12.
63 BAG NZA 2006, 658 (660).
64 BAG NZA 2006, 658 ff. mAnm Hohenstatt/Schramm BB 2006, 1281 ff.; Schmitt/Hörtnagl/*Langner* § 323 Rn. 10; Lutter/*Sagan* § 323 Rn. 13; Linck/Krause/Bayreuther/*Bayreuther* KSchG § 23 Rn. 17.
65 Ascheid/Preis/Schmidt/*Steffan* § 323 Rn. 7; LAG München 21.9.2004 – 11 Sa 29/04 Rn. 53.

gezwungen, mit dem anderen beteiligten Unternehmen einen gemeinsamen Betrieb mehrerer Unternehmen zu gründen.[66] Das stünde aber im unauflösbaren Widerspruch zur auch im Abs. 1 zum Ausdruck kommenden Wahlfreiheit des Arbeitgebers, gespaltene Betriebe als getrennte Betriebe oder als einen gemeinsamen Betrieb fortzuführen.[67]

39 Ähnliche Überlegungen führen dazu, dass sich von einer Kündigung betroffene Arbeitnehmer nicht gemäß § 1 Abs. 2 KSchG auf **Weiterbeschäftigungsmöglichkeiten** bei anderen, an der Spaltung oder Teilübertragung beteiligten Unternehmen berufen können, selbst wenn diese Konzernunternehmen sein sollten.[68] Auch für diesen Fall hat der Vertragsarbeitgeber keine rechtliche Möglichkeit, dem Arbeitnehmer eine Weiterbeschäftigungsmöglichkeit bei einem anderen Arbeitgeber anzubieten.[69]

40 Ein arbeitsvertraglicher oder tarifvertraglicher **Kündigungsausschluss** ist von Abs. 2 geschützt. Allerdings wird sich die Rechtsfolge zumeist aus der spezielleren Norm des § 613a BGB iVm § 35a Abs. 2 ergeben (→ § 35a Rn. 50 ff.). Soweit demnach der neue Betriebsinhaber nach § 35a Abs. 2, § 613a Abs. 1 BGB bereits verpflichtet ist, vereinbarte Kündigungsausschlüsse zu beachten, hat Abs. 1 keine eigenständige Bedeutung.[70] Das gilt selbst dann, wenn ein kollektivrechtlich geltender tarifvertraglicher Kündigungsausschluss nach § 613a Abs. 1 S. 2 BGB Bestandteil des Arbeitsverhältnisses wird und damit eine nur einjährige Veränderungssperre ausgelöst wird.[71] Einzig für den Fall, dass ein nach § 613a Abs. 1 S. 3 oder 4 BGB ablösender Tarifvertrag keinen Kündigungsausschluss mehr enthält, hat Abs. 2 einen eigenständigen Anwendungsbereich und verhindert für zwei Jahre den Ausspruch einer ordentlichen Kündigung.[72] Eine Kündigung durch den Insolvenzverwalter ist nach § 113 S. 1 InsO allerdings trotz Kündigungsausschluss und Abs. 2 zulässig.[73]

41 Auch bei der Berechnung von **Kündigungsfristen** nach § 622 BGB wird in der Regel der Eintritt des neuen Betriebsinhabers mit der Spaltung oder Teilübertragung in die Arbeitsverhältnisse gemäß § 613a Abs. 1 BGB und die daraus resultierende Übernahme der Betriebszugehörigkeit dem Arbeitnehmer Bestandsschutz geben. Tarifvertragliche Kündigungsfristen, die an eine bestimmte Betriebszugehörigkeit anknüpfen, bleiben gemäß Abs. 1 auch dann geschützt, wenn ein nach § 613a Abs. 1 S. 3 oder 4 BGB ablösender Tarifvertrag keine besonderen Kündigungsfristen mehr gewährt und der Arbeitnehmer vor der Spaltung oder Teilübertragung die für eine bestimmte tarifvertragliche Kündigungsfrist erforderliche Betriebszugehörigkeit bereits erreicht hatte.[74]

42 Ebenfalls keine Frage des „Ob", sondern nur des „Wie" einer Kündigung ist die Anwendung von § 17 KSchG (**Konsultationsverfahren** und **Anzeige von Massenentlassun-**

---

66 Soweit die an der Spaltung oder Vermögensübertragung beteiligten Rechtsträger den Betrieb gemeinsam fortführen (s. § 132 Abs. 1), ändert sich durch die Umwandlung für die soziale Auswahl nach § 1 Abs. 3 KSchG und die zu beachtenden Weiterbeschäftigungsmöglichkeiten nach § 1 Abs. 2 KSchG zunächst nichts.
67 Vgl. Semler/Stengel/*Leonard*/*Simon* § 323 Rn. 11; nach *Willemsen* NZA 1996, 791 (800) folgt das Ergebnis aus dem systematischen Zusammenhang mit § 322 aF = § 132 Abs. 1 nF.
68 Ascheid/Preis/Schmidt/*Steffan* § 323 Rn. 6; Willemsen/Hohenstatt/Schweibert/Seibt Umstrukturierung/*Willemsen*/*Sittard* H Rn. 154; aA KR/*Friedrich* § 323 Rn. 41; offengelassen von BAG NZA 2013, 277 Rn. 39. Gegen eine grundsätzliche konzernweite Prüfungspflicht der Weiterbeschäftigungsmöglichkeit BAG NZA 2013, 1007 (1012).
69 Lutter/*Sagan* § 323 Rn. 13; Kallmeyer/*Willemsen* § 323 Rn. 10.
70 Kallmeyer/*Willemsen* § 323 Rn. 16; Kölner Komm UmwG/*Hohenstatt*/*Schramm* § 323 Rn. 22; *Kreßel* BB 1995, 925 (928).
71 Ascheid/Preis/Schmidt/*Steffan* § 323 Rn. 11.
72 Ascheid/Preis/Schmidt/*Steffan* § 323 Rn. 11; aA wohl Kallmeyer/*Willemsen* § 323 Rn. 16.
73 BAG NZA 2006, 658 (659 f.).
74 Ascheid/Preis/Schmidt/*Steffan* § 323 Rn. 12; aA *Kreßel* BB 1995, 925 (928) (§ 324 aF = § 35a Abs. 2 nF, § 613a BGB sind lex specialis zu § 323 aF = § 132 Abs. 2 nF); Schmitt/Hörtnagl/*Langner* § 323 Rn. 8.

gen). Für die Anwendung von § 17 KSchG kommt es auf die konkreten Verhältnisse im Betrieb des Arbeitnehmers, nicht aber auf die vor dem Wirksamwerden der Spaltung oder Teilübertragung herrschenden Umstände an.[75]

Allein in der Person des Arbeitnehmers liegende Voraussetzungen für einen kündigungsrechtlichen Sonderschutz (etwa die **Kündigungsverbote** bei Schwangeren und Müttern nach § 17 MuSchG, bei Elternzeit nach § 18 BEEG oder bei einer Pflegezeit nach § 5 Abs. 1 PflegeZG) sind keine von Abs. 2 geschützten kündigungsrechtlichen Stellungen.[76] 43

Auch **betriebsverfassungsrechtliche Regelungen** (§§ 95, 99, 102, 111 ff. BetrVG) werden als nur indirekt mit der Kündigung zusammenhängende Bestimmungen nicht durch Abs. 2 als Bestandteil der „kündigungsrechtlichen Stellung" geschützt. Ob die Vorschriften zu beachten sind, bestimmt sich nach den aktuellen Verhältnissen im Betrieb bei einer Kündigung, personeller Einzelmaßnahme oder Betriebsänderung. Bei einer Fortgeltung der Beteiligungsrechte des Betriebsrats über Abs. 2 käme es schließlich zu einem unlösbaren Konflikt mit § 132a Abs. 2, wonach entfallende Beteiligungsrechte nur über eine Betriebsvereinbarung oder einen Tarifvertrag fortgeschrieben werden können.[77] 44

Das Anschlussverbot des § 14 Abs. 2 S. 2 TzBfG bei **Befristungen** ist keine von Abs. 2 geschützte kündigungsrechtliche Stellung.[78] Auch die Gesamtrechtsnachfolge nach dem UmwG führt nicht dazu, dass übertragender und übernehmender Rechtsträger rechtlich als derselbe Arbeitgeber im Sinne des § 14 Abs. 2 S. 2 TzBfG anzusehen sind.[79] Einer analogen Anwendung des Abs. 2 bedarf es nicht.[80] Wenn das Arbeitsverhältnis bereits vor der Spaltung oder Teilübertragung beendet war, ist der übernehmende Rechtsträger für den Arbeitnehmer ein neuer Arbeitgeber. Der Schutz des beim Wirksamwerden der Spaltung oder Teilübertragung in einem unbefristeten oder befristeten Arbeitsverhältnis stehenden Arbeitnehmers wird über § 35a Abs. 2, § 613a BGB abschließend erreicht, da der übernehmende Rechtsträger in diesem Fall in das Arbeitsverhältnis eintritt und im Fall einer anschließend vereinbarten Befristung schon „bereits zuvor" ein Arbeitsverhältnis mit „demselben Arbeitgeber" (§ 14 Abs. 2 S. 2 TzBfG) bestanden hat. 45

§ 132a Mitbestimmungsbeibehaltung

(1) ¹**Entfallen durch Abspaltung oder Ausgliederung bei einem übertragenden Rechtsträger die gesetzlichen Voraussetzungen für die Beteiligung der Arbeitnehmer im Aufsichtsrat, so sind die vor der Spaltung geltenden Vorschriften noch für einen Zeitraum von fünf Jahren nach dem Wirksamwerden der Abspaltung oder Ausgliederung anzuwenden.** ²**Dies gilt nicht, wenn die betreffenden Vorschriften eine Mindestzahl von Arbeitnehmern voraussetzen und die danach berechnete**

---

75 Widmann/Mayer/*Wälzholz* § 323 Rn. 10; Kallmeyer/*Willemsen* § 323 Rn. 12; Ascheid/Preis/Schmidt/*Steffan* § 323 Rn. 14; *Bauer/Lingemann* NZA 1994, 1057 (1061); aA *Mengel* Umwandlungen S. 266; Schmitt/Hörtnagl/*Langner* § 323 Rn. 8.
76 Kölner Komm UmwG/*Hohenstatt/Schramm* § 323 Rn. 23; *Mengel* Umwandlungen S. 269.
77 Semler/Stengel/Leonard/*Simon* § 323 Rn. 15 mwN; Kallmeyer/*Willemsen* § 323 Rn. 14; aA *Herbst* AiB 1995, 5 (9, 12); *Mengel* Umwandlungen S. 266 ff.

78 AA *Haas/Hilgenstock* FA 2005, 200, deren Auffassung allerdings verkennt, dass es nach dem TzBfG für die Unwirksamkeit einer Befristung nicht auf die mögliche Umgehung eines Kündigungsschutzes ankommt, vgl. BAG NJOZ 2009, 671; ErfK/*Müller-Glöge* TzBfG § 14 Rn. 7 f.
79 BAG NZA 2005, 514.
80 Vgl. Kölner Komm UmwG/*Hohenstatt/Schramm* § 324 Rn. 25; aA *Haas/Hilgenstock* FA 2005, 200.

Zahl der Arbeitnehmer des übertragenden Rechtsträgers auf weniger als in der Regel ein Viertel dieser Mindestzahl sinkt.

(2) ¹Hat die Spaltung eines Rechtsträgers die Spaltung eines Betriebes zur Folge und entfallen für die aus der Spaltung hervorgegangenen Betriebe Rechte oder Beteiligungsrechte des Betriebsrats, so kann durch Betriebsvereinbarung oder Tarifvertrag die Fortgeltung dieser Rechte oder Beteiligungsrechte vereinbart werden. ²Die §§ 9 und 27 des Betriebsverfassungsgesetzes bleiben unberührt.

Literatur:
Däubler, Das Arbeitsrecht im neuen Umwandlungsgesetz, RdA 1995, 136; *Gaul*, Beteiligungsrechte von Wirtschaftsausschuß und Betriebsrat bei Umwandlung und Betriebsübergang, DB 1995, 2265; *Henssler*, Umstrukturierung von mitbestimmten Unternehmen, ZfA 2000, 241; *Ihrig/Schlitt*, Vereinbarungen über eine freiwillige Einführung oder Erweiterung der Mitbestimmung, NZG 1999, 333; *Joost*, Arbeitsrechtliche Angaben im Umwandlungsvertrag, ZIP 1995, 976; *Joost*, Umwandlungsrecht und Arbeitsrecht in: Lutter (Hrsg.), Kölner Umwandlungstage: Verschmelzung, Spaltung, Formwechsel nach neuem Umwandlungsrecht und Umwandlungssteuerrecht, 1995, S. 297; *Kallmeyer*, Das neue Umwandlungsgesetz, ZIP 1994, 1746; *Mengel*, Umwandlungen im Arbeitsrecht, 1997 (zit: *Mengel* Umwandlungen); *Schaub*, Tarifverträge und Betriebsvereinbarungen beim Betriebsübergang und Umwandlung von Unternehmen in: FS Wiese, 1998, S. 535; *Trittin/Gilles*, Mitbestimmungsbeibehaltung nach Umstrukturierung, RdA 2011, 45; *Willemsen*, Arbeitsrecht im Umwandlungsgesetz – Zehn Fragen aus der Sicht der Praxis, NZA 1996, 791; *Wlotzke*, Arbeitsrechtliche Aspekte des neuen Umwandlungsrechts, DB 1995, 40.

I. Normzweck 1	d) Zwingender Charakter 24
1. Sicherung der unternehmerischen Mitbestimmung (Abs. 1) 1	III. Beibehaltung betrieblicher Beteiligungsrechte (Abs. 2) 25
2. Beibehaltung betrieblicher Beteiligungsrechte (Abs. 2) 5	1. Tatbestandsvoraussetzungen 25
II. Sicherung der unternehmerischen Mitbestimmung (Abs. 1) 6	a) Spaltung oder Teilübertragung und Betriebsspaltung 25
1. Tatbestandsvoraussetzungen 6	b) Entfall von Rechten oder Beteiligungsrechten 30
a) Geltungsbereich 6	c) Vereinbarung der Fortgeltung der Rechte und Beteiligungsrechte durch Betriebsvereinbarung oder Tarifvertrag 33
b) Entfallen der Voraussetzungen des Mitbestimmungsstatuts 10	
c) Kausalität 15	
d) Keine Ausnahme nach S. 2 18	aa) Tarifvertrag 35
2. Rechtsfolgen 21	bb) Betriebsvereinbarung 37
a) Befristete Beibehaltung der Unternehmensmitbestimmung 21	2. Rechtsfolgen 40
b) Umfang der Weitergeltung 22	
c) Spezialitätsverhältnis zu § 1 Abs. 3 MontanMitBestG und § 16 Abs. 2 MitbestErgG 23	

I. Normzweck

1. Sicherung der unternehmerischen Mitbestimmung (Abs. 1)

1 Im Gesetzgebungsprozess war eine Vorschrift zur **Sicherung der unternehmerischen Mitbestimmung** zunächst nicht vorgesehen. Der mit einer Umwandlung verbundene Verlust der Mitbestimmung sollte nach dem Regierungsentwurf als bloße Folge der unternehmerischen Selbstbestimmung im Rahmen der Unternehmensorganisation in Kauf genommen werden.[1] Der Bundesrat hingegen sprach sich dafür aus, die Mitbestimmung in sämtlichen Konstellationen der Umwandlung abzusichern.[2] Die jetzige Vorschrift wurde daher erst im Vermittlungsausschuss aufgrund der befürchteten Zu-

---
1 Regierungsentwurf BT-Drs. 12/6699, 76.
2 Standpunkt des Bundesrats, BT-Drs. 12/7265, 5.

stimmungsverweigerung durch den Bundesrat als Kompromiss eingeführt und hat ihr Vorbild in § 1 Abs. 3 MontanMitbestG und § 16 Abs. 2 MitbestErgG. Diese Vorschriften wurden vom BVerfG als verfassungsgemäß bestätigt,[3] so dass davon auszugehen ist, dass auch die vorliegende Vorschrift einer Überprüfung standhielte.[4]

Durch das UmRuG wurde die vormals unter § 325 aF und damit an systematisch sinnwidriger Stelle geregelte Vorschrift nunmehr zutreffend ins Dritte Buch (Spaltung) verlagert, wobei ihr Regelungsgehalt unverändert bleibt.[5]

Zweck der Vorschrift ist die **befristete Beibehaltung der Unternehmensmitbestimmung** im Rahmen von spaltenden Umstrukturierungsmaßnahmen und zwar für die Varianten Abspaltung (§ 123 Abs. 2) und Ausgliederung (§ 123 Abs. 3). Bei diesen beiden Varianten einer Spaltung bleibt der übertragende Rechtsträger zwar erhalten, aber weil die Zahl der von ihm beschäftigten Arbeitnehmer dadurch sinken kann, erfüllt er nach der Spaltung nicht mehr für die bisherige unternehmerische Mitbestimmung (Beteiligung der Arbeitnehmer im Aufsichtsrat) maßgeblichen Schwellenwert an beschäftigten Arbeitnehmern. Für diesen Fall perpetuiert die Vorschrift für eine Übergangszeit den vorherigen Mitbestimmungszustand.

Die Regelung zielt jedoch nur auf die Beibehaltung der Mitbestimmung beim **übertragenden Rechtsträger** ab, während im übernehmenden bzw. neuen Rechtsträger (der Schwester- oder Tochtergesellschaft) die allgemeinen gesetzlichen Vorschriften Anwendung finden,[6] und bezieht sich zudem nicht auf andere Varianten der Umwandlung, selbst wenn es auch bei diesen zu einem Verlust der Mitbestimmungsrechte kommen kann.[7]

2. Beibehaltung betrieblicher Beteiligungsrechte (Abs. 2)

Abs. 2 ermöglicht die **Beibehaltung von bestehenden Rechten oder Beteiligungsrechten des Betriebsrats** durch kollektivrechtliche Vereinbarung, wenn diese als Folge einer Spaltung des Betriebs in Zusammenhang mit einer umwandlungsrechtlichen Spaltung oder Teilübertragung entfallen. Anders als in Abs. 1 wird keine gesetzliche Fortgeltung angeordnet, sondern nur die Möglichkeit eröffnet, diese in einem Tarifvertrag oder einer Betriebsvereinbarung zu vereinbaren. Die Regelung trägt der Tatsache Rechnung, dass einige Mitbestimmungs- und Mitwirkungsrechte an die vorhandene Anzahl von regelmäßig beschäftigten Arbeitnehmern im Unternehmen oder Betrieb gekoppelt sind. Beispielhaft seien hier die Mitbestimmungsrechte des Betriebsrats bei personellen Einzelmaßnahmen (§§ 99 ff. BetrVG) und bei Betriebsänderungen (§§ 111 ff. BetrVG) genannt. Sinkt die Anzahl infolge der Betriebsspaltung unter die Mindestwerte, würden ohne Vereinbarung die entsprechenden Rechte erlöschen. Die Privatautonomie der beteiligten Rechtsträger bleibt bei Abs. 2 gewahrt.

---

3 BVerfG ZIP 1999, 410 (418).
4 Ebenfalls Lutter/*Sagan* § 325 Rn. 3; Kölner Komm UmwG/*Hohenstatt/Schramm* § 325 Rn. 1; *Henssler* ZfA 2000, 241 (252).
5 BT-Drs. 20/3822, 83; ErfK/*Oetker* § 325 Rn. 20.
6 *Joost* ZIP 1995, 976 (983); Kölner Komm UmwG/*Hohenstatt/Schramm* § 325 Rn. 3; Henssler/Willemsen/Kalb/*Willemsen* § 325 Rn. 3.
7 Willemsen/Hohenstatt/Schweibert/Seibt Umstrukturierung/*Seibt* F Rn. 111; Kölner Komm UmwG/*Hohenstatt/Schramm* § 325 Rn. 2.

II. Sicherung der unternehmerischen Mitbestimmung (Abs. 1)

1. Tatbestandsvoraussetzungen

a) Geltungsbereich

6 Der Geltungsbereich der Norm ist gemäß dem eindeutigen Wortlaut gleich in zweifacher Weise eingeschränkt.

7 Zum einen bezieht sich die befristete Wahrung der Mitbestimmungsrechte nur auf den **übertragenden Rechtsträger**. Ob beim übernehmenden bzw. neuen Rechtsträger eine unternehmerische Mitbestimmung greift, bestimmt sich ausschließlich danach, ob dieser Rechtsträger selbst die Voraussetzungen für eine Unternehmensmitbestimmung erfüllt.[8] Gegen eine erweiterte Auslegung spricht neben dem klaren Wortlaut auch der Vergleich mit der Regelung des § 1 MitbestBeiG, der sowohl ein „an dem Vorgang beteiligtes oder ein an ihm nicht beteiligtes Unternehmen" erfasst.[9] Abs. 1 ist im Gegensatz dazu enger gefasst.[10] Diese Auslegung ist auch für die Fälle von Bedeutung, in denen es zu einer Abspaltung oder Ausgliederung in einem Unternehmen kommt, dessen Arbeitnehmer vorher gemäß § 5 MitbestG der Konzernmuttergesellschaft oder gemäß §§ 1 Abs. 1, 4 Abs. 1 MitbestG der Komplementär-Gesellschaft zugerechnet wurden. Selbst wenn die Mutter- oder die Komplementär-Gesellschaft durch die Abspaltung im anderen Unternehmen unter den Schwellenwert der Unternehmensmitbestimmung sinken sollte, findet § 132a Abs. 1 keine Anwendung, da sie in dieser Konstellation nicht als übertragender Rechtsträger anzusehen ist.[11]

8 Zum anderen findet die Vorschrift nur Anwendung, wenn es sich um Spaltungsvarianten einer **Abspaltung** (§ 123 Abs. 2) oder einer **Ausgliederung** (§ 123 Abs. 3) handelt. Die Streichung der ausdrücklichen Verweise auf die gesetzlichen Vorschriften („im Sinne des § 123 Abs. 2 und Abs. 3") durch das UmRuG hat keine inhaltliche Auswirkung. Über den Verweis in § 320 Abs. 2 gilt die Vorschrift auch bei einer **grenzüberschreitenden Abspaltung** oder **grenzüberschreitenden Ausgliederung** für beteiligte Kapitalgesellschaften.

9 Der ausdrückliche Verweis im Wortlaut des Abs. 1 spricht gegen die Möglichkeit einer analogen Anwendung der Vorschrift.[12] Daher ist der Verlust der Mitbestimmungsrechte bei **anderen Formen der Umwandlung**[13] hinzunehmen. Zudem kommt eine Beibehaltung der Mitbestimmungsrechte ohnehin nur in den umwandlungsrechtlichen Konstellationen in Betracht, in denen der übertragende Rechtsträger erhalten bleibt, da ansonsten mit dem Rechtsträger und dessen Aufsichtsorgan der rechtliche Anknüpfungspunkt für die unternehmerische Mitbestimmung erlischt.

b) Entfallen der Voraussetzungen des Mitbestimmungsstatuts

10 Die Anwendbarkeit des Abs. 1 setzt weiter voraus, dass beim übertragenden Rechtsträger die **Voraussetzungen des Mitbestimmungsstatuts** entfallen. Dies wird in der Regel auf das Absinken der Arbeitnehmerzahl unter die Schwellenwerte zurückzuführen

---

[8] Kallmeyer/*Willemsen* § 325 Rn. 3; Semler/Stengel/Leonard/*Simon* § 325 Rn. 2; *Willemsen* NZA 1996, 791 (803).
[9] Semler/Stengel/Leonard/*Simon* § 325 Rn. 2; Kölner Komm UmwG/*Hohenstatt/Schramm* § 325 Rn. 4.
[10] Willemsen/Hohenstatt/Schweibert/Seibt Umstrukturierung/*Seibt* F Rn.122; Kölner Komm UmwG/*Hohenstatt/Schramm* § 325 Rn. 4.
[11] Willemsen/Hohenstatt/Schweibert/Seibt Umstrukturierung/*Seibt* F Rn. 122; *Mengel* Umwandlungen S. 419; Kölner Komm UmwG/*Hohenstatt/Schramm* § 325 Rn. 5.
[12] Kölner Komm UmwG/*Hohenstatt/Schramm* § 325 Rn. 6; Lutter/*Sagan* § 325 Rn. 6; *Kallmeyer* ZIP 1994, 1746 (1757 f.); aA *Trittin/Gilles* RdA 2011, 46 (48).
[13] So auch Lutter/*Sagan* § 325 Rn. 6; Kölner Komm UmwG/*Hohenstatt/Schramm* § 325 Rn. 6.

sein, die sich nach den entsprechenden Vorschriften des DrittelbG (§ 1 Abs. 1 DrittelbG = 500 Arbeitnehmer), MitbestG (§ 1 Abs. 1 Nr. 2 = 2.000 Arbeitnehmer) und des Montan-MitbestG (§ 1 Abs. 2 = 1.000 Arbeitnehmer) bestimmen.

Fällt die Mitbestimmung beim übertragenden Rechtsträger aufgrund Eingreifens des **Tendenzschutzes** nach § 1 Abs. 2 Nr. DrittelbG oder § 1 Abs. 4 MitbestG weg, ist aus verfassungsrechtlichen Gründen kein Raum für eine Anwendung von Abs. 1.[14] 11

Der Wortlaut der Vorschrift lässt nicht eindeutig erkennen, ob Abs. 1 nur dann anwendbar sein soll, wenn die Voraussetzungen jeglicher Mitbestimmungsstatute entfallen oder schon dann, wenn diejenigen des vorher einschlägigen Statuts entfallen sind. So könnte beispielsweise eine befristete Fortgeltung der paritätischen Mitbestimmung nach dem MitbestG zu verneinen sein, wenn weiterhin die Voraussetzungen für eine drittelparitätische Mitbestimmung nach dem DrittelbG bestehen. Die Vorschrift bezweckt jedoch gerade den Schutz der Arbeitnehmer vor einem Verlust der bisherigen Mitbestimmungsrechte, da der Wortlaut auf die Anwendung der vor der Spaltung geltenden Vorschriften abhebt. Abs. 1 ist daher bereits beim Entfall der Voraussetzungen des vor der Umwandlung anzuwendenden Statuts einschlägig.[15] Bloße **Veränderungen in der Anwendung desselben Mitbestimmungsstatuts** lösen die Folgen des Abs. 1 nicht aus.[16] Vielmehr sind dann gegebenenfalls nur noch die Voraussetzungen für einen kleineren Aufsichtsrat mit verringerter Arbeitnehmerzahl gegeben. 12

Bei der Prüfung, ob der übertragende Rechtsträger nach der Abspaltung oder Ausgliederung die für das Mitbestimmungsstatus maßgeblichen Schwellenwerte unterschreitet, ist vorrangig eine etwaige **konzernrechtliche Zurechnung von Arbeitnehmern** zu beachten.[17] So entfallen die Voraussetzungen der Unternehmensmitbestimmung nicht, wenn eine Abspaltung oder Ausgliederung zwar dazu führt, dass der übertragende Rechtsträger zahlenmäßig unter die gesetzlichen Voraussetzungen fällt, eine Zurechnung gemäß § 5 MitbestG und § 2 Abs. 2 DrittelbG jedoch ergibt, dass der Schwellenwert weiter erreicht wird. Hierbei ist der Schutzbereich des Abs. 1 nicht tangiert, so dass eine befristete Beibehaltung nach dieser Vorschrift nicht notwendig ist. 13

Umstritten ist, ob Abs. 1 nur dann anzuwenden ist, wenn bereits vor der Abspaltung oder der Ausgliederung ein Aufsichtsrat unter arbeitnehmerseitiger Mitbestimmung auch tatsächlich eingerichtet war oder ob es auf die bloße (aber unter Umständen nicht genutzte) Möglichkeit dazu ankommt. Von der **Beibehaltung einer Mitbestimmung** kann nach dem Sinn und Zweck der Vorschrift aber nicht gesprochen werden, wenn gar keine Mitbestimmung beim übertragenden Rechtsträger stattgefunden hat. Eine Schutzbedürftigkeit der Arbeitnehmervertreter ist in diesem Fall nicht hinreichend erkennbar. War demnach kein Aufsichtsrat eingerichtet, obwohl die gesetzlichen Voraussetzungen dazu gegeben waren, ist eine spätere Errichtung im Fünfjahreszeitraum unter Berufung auf Abs. 1 nicht möglich.[18] Die Beibehaltung der Mitbestimmung nach Abs. 1 14

---

14 Henssler/Willemsen/Kalb/*Willemsen* § 325 Rn. 7; Kölner Komm UmwG/*Hohenstatt/Schramm* § 325 Rn. 11; aA Widmann/Mayer/*Wißmann* § 325 Rn. 23, 27.

15 Lutter/*Sagan* § 325 Rn. 10; Lutter Kölner Umwandlungstage/*Joost* S. 297 (315); Kölner Komm UmwG/*Hohenstatt/Schramm* § 325 Rn. 9; Widmann/Mayer/*Wißmann* § 325 Rn. 11; Kallmeyer/*Willemsen* § 325 Rn. 5; aA Henssler ZfA 2000, 241 (253).

16 *Mengel* Umwandlungen S. 421; Kölner Komm UmwG/ *Hohenstatt/Schramm* § 325 Rn. 12.

17 Henssler/Strohn/*Moll* § 325 Rn. 6.

18 Kölner Komm UmwG/*Hohenstatt/Schramm* § 325 Rn. 8; vgl. auch BGM ArbR Unternehmensumwandlung/Betriebsübergang/*Köstler/Bachner* Kap. 3 Rn. 62; aA Semler/Stengel/Leonard/*Simon* § 325 Rn. 4 mit Verweis auf den unterschiedlichen Wortlaut des § 1 MitbestBeiG.

kommt allerdings dann zum Tragen, wenn eine unternehmerische Mitbestimmung beim übertragenden Rechtsträger dadurch „greifbare Formen"[19] angenommen hatte, indem das Statusfeststellungsverfahren nach §§ 98, 99 AktG zum Zeitpunkt des Wirksamwerdens der Abspaltung oder Ausgliederung bereits eingeleitet war. In diesem Fall darf der übertragende Rechtsträger nach dem Normzweck nicht durch eine überholende Spaltungsmaßnahme aus der konkret im Entstehen befindlichen Mitbestimmung fliehen. Hat hingegen der übertragende Rechtsträger bereits einen Spaltungsvertrag abgeschlossen oder den Beschluss über seinen Entwurf gefasst (§ 125 S. 1, § 4), führt eine nachträgliche Einleitung des Statusfeststellungsverfahrens (§§ 98, 99 AktG) nicht mehr zu einer Beibehaltung der Mitbestimmung gemäß Abs. 1.[20] Ein übertragender Rechtsträger kann demnach einer unternehmerischen Mitbestimmung unter Nutzung einer Abspaltung oder Ausgliederung unter den vorgenannten Umständen entgehen, ohne dass ein solches Vorgehen rechtsmissbräuchlich wäre.

c) Kausalität

15 Der Schutzzweck von Abs. 1 ist nur dann betroffen, wenn gerade die Abspaltung oder Ausgliederung zum Entfall der mitbestimmungsrechtlichen Voraussetzungen führt.[21] An dieser vom Gesetz geforderten **Kausalität** fehlt es, wenn das Absinken der Arbeitnehmerzahl auf anderen umwandlungsunabhängigen Maßnahmen – beispielsweise Rationalisierungsmaßnahmen – beruht. Problematisch erscheinen in diesem Zusammenhang Konstellationen, in denen es im unmittelbaren Zusammenhang mit der Spaltung zu Rationalisierungsmaßnahmen beim übertragenden Rechtsträger kommt und es allein von der zeitlichen Gestaltung oder dem Zufall abhängig ist, ob die Abspaltung oder die Rationalisierungsmaßnahme zur Unterschreitung des Schwellenwerts der Mitbestimmung führt.

16 Hierbei ist umstritten, inwieweit **missbräuchlichen Gestaltungen** vorgebeugt werden muss. So wird teilweise vertreten, die Spaltung im Rahmen einer Gesamtbetrachtung auch dann als kausal anzunehmen, wenn erst die sich unmittelbar anschließende Rationalisierungsmaßnahme zum Abfall der Arbeitnehmeranzahl unter den Schwellenwert führt.[22] Zudem müsse Abs. 1 Anwendung finden, wenn Sinn der Umwandlung sei, einen Wegfall der Unternehmensmitbestimmung durch spätere Rationalisierungsmaßnahmen erst zu ermöglichen.[23]

17 Zutreffend ist hingegen der Wortlaut des Abs. 1 ernst zu nehmen und aus Gründen der Rechtssicherheit für die Feststellung der Mitbestimmung ausschließlich auf das Wirksamwerden der Spaltung (§ 131 Abs. 1) abzustellen (sog. **Stichtagsprinzip**).[24]

d) Keine Ausnahme nach S. 2

18 Nach Abs. 1 S. 2 ist die Mitbestimmung nicht befristet beizubehalten, wenn die Anzahl der Arbeitnehmer auf weniger als in der Regel ein Viertel der gesetzlichen Mindestzahl absinkt, da sich die dann bestehende Arbeitnehmerstruktur zu weit vom gesetzlichen

---

19 Ähnlich für § 111 BetrVG ArbG Reutlingen EzA BetrVG 1972 § 112 Nr. 100: Rechtsgedanke des § 1923 Abs. 2 BGB.
20 Vgl. zur Parallelproblematik bei § 111 BetrVG Richardi BetrVG/*Annuß* § 111 Rn. 27.
21 Lutter/*Sagan* § 325 Rn. 13; Kallmeyer/*Willemsen* § 325 Rn. 8; Semler/Stengel/Leonard/*Simon* § 325 Rn. 11.
22 Widmann/Mayer/*Wißmann* § 325 Rn. 16 f.; *Boecken* Unternehmensumwandlung Rn. 432.
23 Lutter/*Sagan* § 325 Rn. 15.
24 Willemsen/Hohenstatt/Schweibert/Seibt Umstrukturierung/*Seibt* F Rn. 124; Kallmeyer/*Willemsen* § 325 Rn. 8; Kölner Komm UmwG/*Hohenstatt/Schramm* § 325 Rn. 19.

Leitbild des vorher einschlägigen Mitbestimmungsstatuts entfernt hat.[25] Der **Schwellenwert** richtet sich dabei nach dem vorher einschlägigen Statut und orientiert sich nicht an der jeweils geringsten 1/4 Grenze, da Abs. 1 der Sicherung des bisherigen Statuts und nicht der Sicherung irgendeines Mitbestimmungsstatuts dient.[26]

Mit dem Absinken der regelmäßigen Arbeitnehmerzahl unter den Schwellenwert des S. 2 entfällt die bisherige Mitbestimmung, so dass das **Statusverfahren nach §§ 97 ff. AktG** eingeleitet werden kann.[27]

19

War der Schwellenwert des S. 2 beim Wirksamwerden der Spaltung zunächst noch nicht unterschritten, sinkt die Zahl später aber unter die 25 %-Marke, endet unmittelbar die Pflicht zur Beibehaltung der Mitbestimmung.[28] Dies rechtfertigt sich aus dem Zweck der einschränkenden Regelung von S. 2, der eine Mitbestimmung verhindern soll, wenn zu sehr von den gesetzlichen Voraussetzungen abgewichen wird und eine Mitbestimmung nach dem jeweilgen Statut nicht mehr als legitimiert angesehen werden kann.[29] Sollte nach dem Wegfall der Voraussetzungen die Arbeitnehmerzahl wieder über die 1/4 Grenze ansteigen, kommt es nicht zu einem **Wiederaufleben** des Mitbestimmungsschutzes. Zu einer Mitbestimmungsverpflichtung kommt es dann erst, wenn die jeweiligen gesetzlichen Mindestvoraussetzungen erfüllt sind.[30]

20

2. Rechtsfolgen

a) Befristete Beibehaltung der Unternehmensmitbestimmung

Die Regelung des Abs. 1 führt dazu, dass die bisherigen gesetzlichen Regelungen zur Mitbestimmung während einer **Frist von 5 Jahren** nach dem Wirksamwerden der Abspaltung oder Ausgliederung Anwendung finden. Das Wirksamwerden der Abspaltung oder Ausgliederung markiert den Fristbeginn und bestimmt sich nach § 131 Abs. 1, das heißt der Eintragung der Spaltung ins Handelsregister des Sitzes des übertragenden Rechtsträgers. Ein bereits bestehender Aufsichtsrat verbleibt im Amt. Für gegebenenfalls anstehende Neuwahlen gelten die bisher anzuwendenden Vorschriften. Nach Ablauf der fünf Jahre ist das **Statusverfahren** nach §§ 97 ff. AktG in Gang zu setzen, um die dann maßgeblichen Vorschriften zur Anwendung zu bringen.[31] Für die GmbH gelten die entsprechenden Regelungen per Verweisung (§ 1 Abs. 1 Nr. 3 DrittelbG; § 6 MitbestG; § 3 Abs. 2 MontanMitbestG; § 3 Abs. 1 S. 2 MitbestErgG).

21

b) Umfang der Weitergeltung

Unterschiedliche Auffassungen bestehen zum **Umfang der angeordneten Weitergeltung**. So wird teilweise aus der Gesetzesformulierung, die vom Entfall der gesetzlichen Voraussetzungen für die Beteiligung der Arbeitnehmer „im Aufsichtsrat" spricht, geschlossen, dass auch nur die Mitbestimmung im Aufsichtsrat beibehalten werden soll.[32]

22

---

25 Lutter/*Sagan* § 325 Rn. 16.
26 Semler/Stengel/Leonard/*Simon* § 325 Rn. 8; Kallmeyer/*Willemsen* § 325 Rn. 5; Kölner Komm UmwG/*Hohenstatt/Schramm* § 325 Rn. 16.
27 Lutter/*Sagan* § 325 Rn. 18; Kölner Komm UmwG/*Hohenstatt/Schramm* § 325 Rn. 16; *Henssler* ZfA 2000, 241 (248).
28 Kölner Komm UmwG/*Hohenstatt/Schramm* § 325 Rn. 16; *Boecken* Unternehmensumwandlung Rn. 434; Lutter/*Sagan* § 325 Rn. 18; Schmitt/Hörtnagel/*Langner* § 325 Rn. 10; Semler/Stengel/Leonard/*Simon* § 325 Rn. 24.

29 Kölner Komm UmwG/*Hohenstatt/Schramm* § 325 Rn. 16.
30 Kölner Komm UmwG/*Hohenstatt/Schramm* § 325 Rn. 16; *Mengel* Umwandlungen S. 424; Widmann/Mayer/*Waißmann* § 325 Rn. 33.
31 Vgl. Lutter/*Sagan* § 325 Rn. 21; Kölner Komm UmwG/*Hohenstatt/Schramm* § 325 Rn. 23.
32 Kölner Komm UmwG/*Hohenstatt/Schramm* § 325 Rn. 22; Henssler/Willemsen/Kalb/*Willemsen* § 325 Rn. 10; Willemsen/Hohenstatt/Schweibert/Seibt Umstrukturierung/*Seibt* F Rn. 120.

Die Gesetze über die Mitbestimmung der Arbeitnehmer sind allerdings als Einheit zu verstehen, so dass auch die Vorschriften über den Arbeitsdirektor gemäß § 33 MitbestG, § 13 MontanMitbestG und § 13 MitbestErgG anzuwenden wären.[33] Der Wortlaut des Abs. 1 ordnet allgemein die Fortgeltung der vor der Spaltung geltenden Vorschriften an. Nur die einheitliche Erhaltung des Mitbestimmungsstatus wird diesem Schutzzweck gerecht.

c) Spezialitätsverhältnis zu § 1 Abs. 3 MontanMitBestG und § 16 Abs. 2 MitbestErgG

23 Neben Abs. 1 enthalten auch die **Regelungen anderer Mitbestimmungsvorschriften**, nämlich § 1 Abs. 3 MontanMitBestG und § 16 Abs. 2 MitbestErgG, die Mitbestimmung im Unternehmen betreffende Übergangsvorschriften, die die Mitbestimmung erst dann entfallen lassen, wenn die entsprechenden Voraussetzungen in sechs aufeinander folgenden Geschäftsjahren nicht vorgelegen haben. Da die angeordnete Fortwirkung unabhängig vom Ursprung des Wegfalls der Voraussetzungen ist und somit auch die Fälle des Abs. 1 erfasst werden, stellt sich die Frage nach dem Verhältnis der Vorschriften zueinander. Vereinzelt wird von einem Vorrang des Abs. 1 ausgegangen, der in seinem Anwendungsbereich die Materie abschließend regele.[34] Überwiegend werden jedoch § 1 Abs. 3 MontanMitBestG und § 16 Abs. 2 MitbestErgG als speziellere Regelungen angesehen, so dass Abs. 1 nicht zur Anwendung gelangt. Hierfür spricht, dass der Gesetzgeber mit der Einführung von Abs. 1 die Position der Arbeitnehmer nicht verschlechtern wollte,[35] so dass die günstigere sechsjährige Regelung Anwendung finden sollte. Zudem entfällt nach den beiden Vorschriften das Mitbestimmungsstatut ohnehin erst nach sechs aufeinanderfolgenden Jahren, so dass es schon tatbestandlich nicht zu einem Entfall der Voraussetzungen der Mitbestimmung im Sinne des Abs. 1 kommt.[36]

d) Zwingender Charakter

24 Die Vorschrift stellt gemäß § 1 Abs. 3 S. 1 **zwingendes Recht** dar, so dass keine abweichenden Vereinbarungen, beispielsweise über Verkürzungen der fünfjährigen Auslauffrist, getroffen werden können.[37] Ob darüber hinaus ergänzende Vereinbarungen in tariflichen oder außertariflichen Vereinbarungen getroffen werden können, wird uneinheitlich beurteilt. Nach überwiegender Ansicht sind wegen der abschließenden Regelung des Abs. 1 keine ergänzenden Vereinbarungen zuzulassen.[38] Richtigerweise enthält Abs. 1 jedoch keine abschließende Regelung im Sinne von § 1 Abs. 3 S. 2. Demnach sind ergänzende Vereinbarungen nach den allgemeinen Regeln der Gesetze zur unternehmerischen Mitbestimmung zulässig.[39]

---

33 Semler/Stengel/Leonard/*Simon* § 325 Rn. 19.
34 *Boecken* Unternehmensumwandlung Rn. 437.
35 Kölner Komm UmwG/*Hohenstatt/Schramm* § 325 Rn. 21; Semler/Stengel/Leonard/*Simon* § 325 Rn. 14; Widmann/Mayer/*Wißmann* § 325 Rn. 45.
36 So Lutter/*Sagan* § 325 Rn. 23.

37 Lutter/*Sagan* § 325 Rn. 22; Semler/Stengel/Leonard/*Simon* § 325 Rn. 25.
38 Semler/Stengel/Leonard/*Simon* § 325 Rn. 25; *Mengel* Umwandlungen S. 415 f.; *Boecken* Unternehmensumwandlung Rn. 438 ff.
39 Detailliert dazu *Ihrig/Schlitt* NZG 1999, 333 (334 ff.).

III. Beibehaltung betrieblicher Beteiligungsrechte (Abs. 2)

1. Tatbestandsvoraussetzungen

a) Spaltung oder Teilübertragung und Betriebsspaltung

Um den Anwendungsbereich des Abs. 2 zu eröffnen, muss es zur **Spaltung eines Betriebs** infolge der umwandlungsrechtlichen Spaltung (§ 123) – in Erweiterung zu Abs. 1 ist hier auch die Aufspaltung als zusätzliche Variante der Spaltung umfasst – eines Rechtsträgers kommen. Ein Betrieb wird in anderen umwandlungsrechtlichen Fällen wie der Verschmelzung und dem Formwechsel in der Regel nicht gespalten, da diese ohne Einfluss auf die Betriebsstruktur bleiben.[40]

Der Wortlaut von Abs. 2 bezieht sich, anders als § 325 Abs. 2 aF, nur noch auf die **Umwandlung durch Spaltung**. Dieser reduzierte Wortlaut ist jedoch nur der neuen Stellung der Vorschrift im Dritten Buch geschuldet. Die Vorschrift gilt weiterhin, wie unter § 325 Abs. 2 aF, auch für **Teilübertragungen** und zwar über die Verweisungsvorschriften in § 177 (von Kapitalgesellschaft auf öffentliche Hand), § 179 (von Aktiengesellschaft auf VVaG oder öffentlich-rechtliches Versicherungsunternehmen), § 184 (von VVaG auf Aktiengesellschaft oder öffentlich-rechtliches Versicherungsunternehmen) und § 189 (von öffentlich-rechtlichem Versicherungsunternehmen auf Aktiengesellschaft oder VVaG).

Die Regelung findet jedoch weder auf Betriebsspaltungen innerhalb eines Rechtsträgers noch auf durch Einzelrechtsnachfolge ausgelöste Betriebsspaltungen Anwendung.[41] Eine analoge Anwendung auf andere umwandlungsrechtliche Tatbestände oder die Einzelrechtsnachfolge ist nicht angezeigt.[42] Die Betriebsspaltung muss gemäß dem Gesetzeswortlaut Folge der Spaltung oder Teilübertragung sein, so dass solche Betriebsspaltungen nicht erfasst werden, die innerhalb eines Rechtsträgers erst nach der Unternehmensspaltung vorgenommen werden.[43]

Zudem muss es zu einer Spaltung des Betriebs, also einer **wesentlichen Veränderung der betrieblichen Organisation**, kommen, aufgrund derer die Voraussetzungen für Rechte oder Beteiligungsrechte des Betriebsrats entfallen.[44] Keine Anwendung findet Abs. 2 daher, wenn die beteiligten Rechtsträger den bisherigen Betrieb als gemeinsamen Betrieb iSd § 1 Abs. 2 Nr. 2 BetrVG fortführen[45] oder der aus der Spaltung hervorgegangene Betrieb in einen anderen Betrieb mit Betriebsrat eingegliedert wird.[46]

Die neu entstehenden Betriebsteile müssen gemäß § 1 Abs. 1 S. 1 BetrVG **betriebsratsfähig** sein. Dies ergibt sich aus der Ausnahmeregelung von Abs. 2 S. 2, der bestimmt, dass §§ 9 und 27 BetrVG unberührt bleiben. Diese Vorschriften können weder durch Tarifvertrag noch durch Betriebsvereinbarung abgeändert werden. Die Zahl der zu wählenden Betriebsräte (§ 9 BetrVG) und die Bildung des Betriebsausschusses (§ 27 BetrVG)

---

[40] Lutter/*Sagan* § 325 Rn. 25; Kölner Komm UmwG/*Hohenstatt/Schramm* § 325 Rn. 29; Semler/Stengel/Leonard/*Simon* § 325 Rn. 27.
[41] Kölner Komm UmwG/*Hohenstatt/Schramm* § 325 Rn. 29; *Boecken* Unternehmensumwandlung Rn. 406.
[42] Semler/Stengel/Leonard/*Simon* § 325 Rn. 27; Kölner Komm UmwG/*Hohenstatt/Kalb/Reichhold* § 325 Rn. 29; *Boecken* Unternehmensumwandlung Rn. 406; aA BGM ArbR Unternehmensumwandlung/Betriebsübergang/*Bachner* Kap. 4 Rn. 109. Nach ErfK/*Oetker* § 325 Rn. 15 soll die Vorschrift analog auf Fälle anwendbar sein, bei denen der Betrieb zwar nicht infolge einer Spaltung oder Teilübertragung gespalten wird, sondern unverändert bleibt, aber unternehmensbezogene Schwellenwerte (vgl. § 106 Abs. 1 BetrVG, § 99 Abs. 1 BetrVG, § 111 BetrVG) nicht mehr erreicht werden.
[43] Kölner Komm UmwG/*Hohenstatt/Schramm* § 325 Rn. 33; Semler/Stengel/Leonard/*Simon* § 325 Rn. 29; Schmitt/Hörtnagel/*Langner* § 325 Rn. 16.
[44] Henssler/Willemsen/Kalb/*Reichhold* BetrVG § 21a Rn. 5; Kölner Komm UmwG/*Hohenstatt/Schramm* § 325 Rn. 30.
[45] Lutter/*Sagan* § 325 Rn. 26; *Bachner* NJW 1995, 2881 (2886); Schmitt/Hörtnagel/*Langner* § 325 Rn. 17.
[46] Semler/Stengel/Leonard/*Simon* § 325 Rn. 30; Kölner Komm UmwG/*Hohenstatt/Schramm* § 325 Rn. 32.

sind demnach gesetzlich zwingend ausgestaltet, so dass es in Betrieben mit weniger als fünf wahlberechtigten Arbeitnehmern zu keiner vereinbarten Fortgeltung der Rechte nach Abs. 2 S. 1 kommen kann.[47] Zudem kann nur dann eine Weitergeltung von Rechten vereinbart werden, wenn ein entsprechender Betriebsrat zu deren Wahrnehmung besteht, so dass im entstandenen neuen Betrieb ein Betriebsrat zu wählen ist, wenn kein Übergangsmandat gemäß § 21a BetrVG (mehr) besteht.[48]

b) Entfall von Rechten oder Beteiligungsrechten

30 Aufgrund der Spaltung oder Teilübertragung muss es zu einem **Entfall von Rechten oder Beteiligungsrechten** des Betriebsrates kommen, was vor allem der Fall ist, wenn die für bestimmte Rechte gesetzlich vorgesehenen Mindestgrößen der Arbeitnehmerbelegschaft nicht mehr erreicht werden.[49] Die Möglichkeit der vereinbarten Fortgeltung gilt immer nur für den hervorgegangenen Betrieb, für den es zu einem Wegfall von Rechten kommt.[50]

31 Zu dem vorgenannten Entfall von Rechten oder Beteiligungsrechten des Betriebsrates kommt es hingegen nicht, wenn die neuen Rechtsträger die entstandenen Betriebsteile als **gemeinsamen Betrieb** gemäß § 1 Abs. 2 BetrVG führen und es somit ohnehin zu einer Zurechnung der Arbeitnehmer kommt (→ § 132 Rn. 3).[51]

32 Zum anderen kann der Betriebsrat aufgrund der Spaltung des Betriebs solcher Rechte verlustig gehen, die in über das Gesetz hinausgehenden **Betriebsvereinbarungen**[52] oder **Tarifverträgen** geregelt waren.[53] Auch für diese Rechte kann eine Fortgeltung vereinbart werden.

c) Vereinbarung der Fortgeltung der Rechte und Beteiligungsrechte durch Betriebsvereinbarung oder Tarifvertrag

33 Das Gesetz sieht in Abs. 2 zwei Möglichkeiten für die Fortgeltung der Rechte und Beteiligungsrechte durch **Kollektivvereinbarung** vor. Im Unterschied zur gesetzlich angeordneten Weitergeltung der unternehmensrechtlichen Mitbestimmung in Abs. 1 muss für die betriebsverfassungsrechtliche Ebene erst ein Tarifvertrag oder eine Betriebsvereinbarung abgeschlossen werden, um einen Wegfall der Rechte zu verhindern.

34 Anders als Abs. 1 verhält sich Abs. 2 auch nicht zu der Frage, welche zeitlichen Grenzen für eine Fortwirkung zu gelten haben oder in welchem Zeitraum eine solche zu vereinbaren ist. Um tatsächlich von einer Fortwirkung der Rechte und Mitbestimmungsrechte sprechen zu können, muss die Vereinbarung jedoch im **zeitlichen Zusammenhang** mit der umwandlungsrechtlichen Maßnahme getroffen werden.[54] Die Dauer der Fortwirkung wird nicht gesetzlich bestimmt, so dass die Regelungen von den Parteien befristet oder unbefristet geschlossen werden können.[55]

---

47 *Wlotzke* DB 1995, 40 (46); Semler/Stengel/Leonard/*Simon* § 325 Rn. 30.
48 Vgl. Kölner Komm UmwG/*Hohenstatt/Schramm* § 325 Rn. 48.
49 Beteiligungsrechte ergeben sich v. a. aus: §§ 92a, 95 Abs. 2, 99, 106, 110, 111 ff. BetrVG; sonstige Rechte aus § 38 Abs. 1 BetrVG oder § 28a BetrVG.
50 Widmann/Mayer/*Wißmann* § 325 Rn. 60; Kölner Komm UmwG/*Hohenstatt/Schramm* § 325 Rn. 34.
51 Kölner Komm UmwG/*Hohenstatt/Schramm* § 325 Rn. 30.
52 Bspw. §§ 38 Abs. 1 S. 5, 102 Abs. 6 BetrVG.
53 Lutter/*Sagan* § 325 Rn. 28; *Wlotzke* DB 1995, 40 (46); *Däubler* RdA 1995, 136 (145); Henssler/Willemsen/Kalb/*Willemsen* § 325 Rn. 13.
54 So auch Lutter/*Sagan* § 325 Rn. 31; Semler/Stengel/Leonard/*Simon* § 325 Rn. 41.
55 Semler/Stengel/Leonard/*Simon* § 325 Rn. 42; Widmann/Mayer/*Wißmann* § 325 Rn. 68.

aa) Tarifvertrag

Für den Abschluss des **Tarifvertrags** gelten die allgemeinen gesetzlichen Vorschriften. In Betracht kommen sowohl der Abschluss eines Verbands- als auch eines Firmentarifvertrages, wobei sich in der Praxis Letzterer anbietet, um den jeweiligen Besonderheiten der Betriebe Rechnung zu tragen.[56] Die Fortschreibung der Mitbestimmungsrechte des Betriebsrats betrifft betriebsverfassungsrechtliche Fragen, so dass es für die allgemeine Weitergeltung gemäß § 3 Abs. 2 TVG nur auf die Tarifbindung des Arbeitgebers ankommt.[57] 35

Ob diese Tarifverträge durch Streik erkämpfbar sind, wird unterschiedlich beurteilt. So wird teilweise die **Erstreikbarkeit** aufgrund allgemeiner Vorschriften bejaht,[58] während andere diese ablehnen, da sich die zu regelnde Materie außerhalb der eigentlichen tarifautonomen Zuständigkeit der Gewerkschaften befinde.[59] Bis jetzt ist die Frage in der Praxis nicht aktuell geworden. 36

bb) Betriebsvereinbarung

Als weitere Möglichkeit nennt Abs. 2 den Abschluss einer **Betriebsvereinbarung**, was entweder anstelle oder neben einem bereits abgeschlossenen Tarifvertrag möglich ist, da im Rahmen von betriebsverfassungsrechtlichen Normen (vgl. § 3 Abs. 2 TVG) kein Vorrang nach § 77 Abs. 3 BetrVG besteht[60] und das Günstigkeitsprinzip gemäß § 4 Abs. 3 TVG anzuwenden ist.[61] Die Betriebsvereinbarung ist schriftlich abzufassen und kann nur freiwillig vereinbart werden. Sie kann nicht über eine Einigungsstelle erzwungen werden,[62] auch diesbezügliche Arbeitskampfmaßnahmen des Betriebsrats sind gemäß § 74 Abs. 2 BetrVG unzulässig.[63] 37

Das Gesetz trifft keine Regelungen über die **Zuständigkeit des Betriebsrats** zum Abschluss einer solchen Vereinbarung. In Betracht kommt die Zuständigkeit des Betriebsrats des zu spaltenden Betriebs oder des neu entstehenden Betriebs. Nur vereinzelt wird Ersterem eine generelle Zuständigkeit[64] zugesprochen, während überwiegend davon ausgegangen wird, dass dieser nur im Rahmen eines Übergangsmandats gemäß § 21a BetrVG[65] zuständig ist und ansonsten der im aus der Spaltung hervorgegangenen Betrieb neu zu wählende Betriebsrat zuständig ist.[66] Eine generelle Zuständigkeit des übertragenden Rechtsträgers ist zur Vermeidung von Zuständigkeitskonflikten abzulehnen. Aus der allgemeinen Zuständigkeitsverteilung gemäß §§ 50, 58 BetrVG kann sich auch eine Zuständigkeit des Gesamt- oder Konzernbetriebsrats ergeben.[67] 38

---

56 *Wlotzke* DB 1995, 40 (46); Henssler/Willemsen/Kalb/ *Willemsen* § 325 Rn. 15; Kölner Komm UmwG/*Hohenstatt/Schramm* § 325 Rn. 43.
57 Lutter/*Sagan* § 325 Rn. 32; Kölner Komm UmwG/*Hohenstatt/Schramm* § 325 Rn. 44; Semler/Stengel/Leonard/ *Simon* § 325 Rn. 34.
58 Semler/Stengel/Leonard/*Simon* § 325 Rn. 34; Widmann/ Mayer/*Wißmann* § 325 Rn. 71; *Boecken* Unternehmensumwandlung Rn. 416; Lutter/*Sagan* § 325 Rn. 33.
59 Kölner Komm UmwG/*Hohenstatt/Schramm* § 325 Rn. 43 mwN.
60 Kölner Komm UmwG/*Hohenstatt/Schramm* § 325 Rn. 42; *Boecken* Unternehmensumwandlung Rn. 415; *Fitting* BetrVG § 77 Rn. 73.
61 Widmann/Mayer/*Wißmann* § 325 Rn. 69; Semler/Stengel/Leonard/*Simon* § 325 Rn. 33; *Boecken* Unternehmensumwandlung Rn. 415.
62 Widmann/Mayer/*Wißmann* § 325 Rn. 70; Henssler/Willemsen/Kalb/*Willemsen* § 325 Rn. 15 mwN; Lutter/*Sagan* § 325 Rn. 35; *Schaub* FS Wiese, 1998, 545.
63 Lutter/*Sagan* § 325 Rn. 35.
64 *Schaub* FS Wiese, 1998, 545.
65 Kallmeyer/*Willemsen* § 325 Rn. 16; Kölner Komm UmwG/*Hohenstatt/Schramm* § 325 Rn. 48. *Boecken* Unternehmensumwandlung Rn. 418.
66 *Schaub* FS Wiese, 1998, 545; Lutter/*Sagan* § 325 Rn. 34; Kölner Komm UmwG/*Hohenstatt/Schramm* § 325 Rn. 48; Semler/Stengel/Leonard/*Simon* § 325 Rn. 36.
67 Vgl. Lutter/*Sagan* § 325 Rn. 34.

39 Um die Entstehung einer Übergangszeit ohne Regelung bezüglich der Fortgeltung der betriebsverfassungsrechtlichen Rechte zu vermeiden, ist von einer Zuständigkeit des vorigen Betriebsrats schon bei Absehbarkeit des Entstehens eines **Übergangsmandats** nach § 21a BetrVG auszugehen.[68]

2. Rechtsfolgen

40 Von Abs. 2 wird allein die Fortgeltung der bisher bestehenden Rechte der Disposition der Parteien unterstellt, so dass die Regelung keine Neuschaffung von bisher nicht existenten Rechten des Betriebsrats ermöglicht.[69] Um dem **Kausalitätserfordernis** zwischen der Betriebsspaltung und dem Wegfall von Rechten Rechnung zu tragen, ist es ebenfalls nicht zugelassen, solche Rechte wieder zu begründen, die als Folge späterer, von der ursprünglichen Spaltung unabhängigen Maßnahmen entfallen.

41 Beibehaltungsfähig ist neben anderen Beteiligungsrechten auch der Wirtschaftsausschuss, bei dem es sich um ein „Hilfsorgan" des Betriebsrats handelt.[70] Dagegen kann die weitere Entsendung von Mitgliedern in den vorherigen **Gesamtbetriebsrat** nicht vereinbart werden, wenn der neu hervorgegangene Betrieb nicht mehr zum ursprünglichen Unternehmen gehört.[71]

§ 133 Schutz der Gläubiger und der Inhaber von Sonderrechten

(1) ¹Für die Verbindlichkeiten des übertragenden Rechtsträgers, die vor dem Wirksamwerden der Spaltung begründet worden sind, haften die an der Spaltung beteiligten Rechtsträger als Gesamtschuldner. ²Die §§ 25, 26 und 28 des Handelsgesetzbuchs sowie § 125 in Verbindung mit § 22 bleiben unberührt; zur Sicherheitsleistung ist nur der an der Spaltung beteiligte Rechtsträger verpflichtet, gegen den sich der Anspruch richtet.

(2) ¹Für die Erfüllung der Verpflichtung nach § 125 in Verbindung mit § 23 haften die an der Spaltung beteiligten Rechtsträger als Gesamtschuldner. ²Bei Abspaltung und Ausgliederung können die gleichwertigen Rechte im Sinne des § 125 in Verbindung mit § 23 auch in dem übertragenden Rechtsträger gewährt werden.

(3) ¹Diejenigen Rechtsträger, denen die Verbindlichkeiten nach Absatz 1 Satz 1 im Spaltungs- und Übernahmevertrag nicht zugewiesen worden sind, haften für diese Verbindlichkeiten, wenn sie vor Ablauf von fünf Jahren nach der Spaltung fällig und daraus Ansprüche gegen sie in einer in § 197 Abs. 1 Nr. 3 bis 5 des Bürgerlichen Gesetzbuchs bezeichneten Art festgestellt sind oder eine gerichtliche oder behördliche Vollstreckungshandlung vorgenommen oder beantragt wird; bei öffentlich-rechtlichen Verbindlichkeiten genügt der Erlass eines Verwaltungsakts. ²Die Haftung der in Satz 1 bezeichneten Rechtsträger ist beschränkt auf den Wert des ihnen am Tag des Wirksamwerdens zugeteilten Nettoaktivvermögens. ³Für vor dem Wirksamwerden der Spaltung begründete Versorgungsverpflichtungen auf Grund des Betriebsrentengesetzes beträgt die in Satz 1 genannte Frist zehn Jahre.

---

[68] Kölner Komm UmwG/*Hohenstatt/Schramm* § 325 Rn. 48; Hensseler/Willemsen/Kalb/*Willemsen* § 325 Rn. 16; aA *Boecken* Unternehmensumwandlung Rn. 418 unter Hinweis auf das fehlende Übergangsmandat.

[69] Semler/Stengel/Leonard/*Simon* § 325 Rn. 37.

[70] Semler/Stengel/Leonard/*Simon* § 325 Rn. 37; *Däubler* RdA 1995, 136 (145); *Gaul* DB 1995, 2265.

[71] Kallmeyer/*Willemsen* § 325 Rn. 13; Semler/Stengel/Leonard/*Simon* § 325 Rn. 38; Lutter/*Sagan* § 325 Rn. 37; aA *Däubler* RdA 1995, 136 (145).

(4) ¹Die Frist beginnt mit dem Tage, an dem die Eintragung der Spaltung in das Register des Sitzes des übertragenden Rechtsträgers nach § 125 in Verbindung mit § 19 Abs. 3 bekannt gemacht worden ist. ²Die für die Verjährung geltenden §§ 204, 206, 210, 211 und 212 Abs. 2 und 3 des Bürgerlichen Gesetzbuchs sind entsprechend anzuwenden.

(5) Einer Feststellung in einer in § 197 Abs. 1 Nr. 3 bis 5 des Bürgerlichen Gesetzbuchs bezeichneten Art bedarf es nicht, soweit die in Absatz 3 bezeichneten Rechtsträger den Anspruch schriftlich anerkannt haben.

(6) ¹Die Ansprüche nach Absatz 2 verjähren in fünf Jahren. ²Für den Beginn der Verjährung gilt Absatz 4 Satz 1 entsprechend.

Literatur:

Habersack, Grundfragen der Spaltungshaftung nach § 133 Abs. 1 S. 1 UmwG, in: Festschrift für Gerold Bezzenberger, 2000, S. 93; *Heckschen*, Die umwandlungsrechtliche Universalsukzession und ihre haftungsrechtliche Kompensation, GmbHR 2017, 953; *Gattringer*, Die rätselhafte Begrenzung der Nachhaftung auf das Nettoaktivvermögen bei der Spaltung, NZG 2023, 443.

I. Normzweck 1	h) Der Ausgleich im Innenverhältnis .. 37
II. Unionsrechtliche Vorgaben 5	6. Die Haftung aus § 133 im Rahmen der
III. Das Haftungssystem bzw. das Gläubigerschutzsystem 6	Bilanzen 40
1. Der Begriff des Hauptschuldners und des Mithafters 10	IV. Weitere Haftungstatbestände 41
2. Altverbindlichkeiten/Neuverbindlichkeiten 12	1. Firmenfortführungshaftung (Abs. 1 S. 2 Hs. 1) 42
3. Die Begründung der Verbindlichkeit iSv Abs. 1 S. 1 14	2. Kommanditistenhaftung 44
4. Die Haftung für „vergessene" Verbindlichkeiten 19	V. Die Sicherheitsleistung (Abs. 1 S. 2 Hs. 2) ... 45
5. Gesamtschuld oder akzessorisches Haftungssystem 21	VI. Der Schutz der Inhaber von Sonderrechten (Abs. 2) 50
a) Allgemeine Aspekte zu Einreden bzw. Einwendungen 22	VII. Enthaftung nach fünf Jahren und summenmäßige Begrenzung (Abs. 3) 56
b) Die Gestaltungsrechte der beteiligten Rechtsträger 26	1. Mangelnde Fälligkeit innerhalb von fünf Jahren als Enthaftungsgrund ... 60
aa) Das Anfechtungs- und Rücktrittsrecht 27	2. Enthaftung aufgrund mangelnder Feststellung oder mangelnder Vollstreckung ... 61
bb) Aufrechnung bzw. das Bestehen einer Aufrechnungslage .. 28	a) Feststellung iSv Abs. 3 iVm § 197 Abs. 1 Nr. 3–5 62
c) Rechtshandlungen des Gläubigers . 30	b) Gerichtliche oder behördliche Vollstreckungshandlung 63
d) Verjährung 31	c) Erlass eines Verwaltungsaktes (Abs. 3 S. 1 Hs. 2) 64
e) Verzicht 32	d) Schriftliches Anerkenntnis (Abs. 5) ... 66
f) Die Sachleistungspflicht und der Einwand der Unmöglichkeit nach § 275 Abs. 1 BGB 33	3. Die Enthaftungsfrist und eine mögliche Hemmung 67
g) Die bestehenden Wettbewerbsverbote 36	4. Beschränkung der Haftung auf das Nettovermögen 70
	5. Sicherheiten 71

I. Normzweck

§ 133 bezweckt seiner Überschrift folgend den „Schutz der Gläubiger und der Inhaber von Sonderrechten". Ein **spaltungsspezifisches Gläubigerschutzsystem** ist erforderlich, da Spaltungsmaßnahmen Gläubigerinteressen massiv beeinträchtigen können. Die umfassende **Spaltungsfreiheit** erlaubt es, Aktiva und Passiva ungleichmäßig auf verschiedene Rechtsträger zu verteilen. Als Reaktion auf diese Gestaltungsmöglichkeiten und zur Vermeidung von Missbräuchen wurde in den §§ 133, 134 ein umfangreicher

1 Gläubigerschutz festgeschrieben. § 133 wird aus diesen Gründen vielfach als „**Korrelat zur Spaltungsfreiheit**" umschrieben.¹

2 Das Haftungssystem aus § 133 Abs. 1 S. 1 zeichnet sich durch eine **Mithaftung sämtlicher an der Spaltung beteiligter Rechtsträger** aus. Bezugspunkt hierfür sind freilich nur die **(Alt-)Verbindlichkeiten des übertragenden Rechtsträgers** und nicht etwa auch solche des übernehmenden Rechtsträgers. Die Zuweisungen der Verbindlichkeiten im Spaltungsvertrag sind für die Begründung der Haftung der an der Spaltung beteiligten Rechtsträger zunächst ohne Bedeutung. Jedoch kann eine spätere **Enthaftung** eines Rechtsträgers **nach fünf Jahren** nur dann in Betracht kommen, wenn die konkrete Verbindlichkeit diesem gerade nicht durch den Spaltungsvertrag (dauerhaft) zugewiesen wurde, vgl. § 133 Abs. 3 S. 1.² Zugunsten der Gläubiger sowohl des übertragenden als auch des übernehmenden Rechtsträgers tritt gemäß § 133 Abs. 1 S. 2, § 125 S. 1, § 22 noch ein **Anspruch auf Sicherheitsleistung** hinzu.³

3 Anwendung findet § 133 auf **sämtliche Arten der Spaltung**, was sich für die Spaltung zur Neugründung über den Verweis in § 135 Abs. 1 ergibt. Nur in besonderen Fällen der Ausgliederung können sich aus den spezielleren Normen (§§ 156, 157, 166, 167, 172, 173) Abweichungen zu dem allgemeinen Haftungskonzept ergeben.⁴

4 § 133 wird insbesondere bei einer Beteiligung von Personengesellschaften an der Spaltung ergänzt durch die **Fortsetzung der Haftung der persönlich haftenden Gesellschafter** nach §§ 125, 45. Bei der Haftungsausgestaltung von § 45 ergeben sich Parallelen zu § 133.⁵

II. Unionsrechtliche Vorgaben

5 Die EU-Gesellschaftsrechtsrichtlinie⁶ fordert in Art. 146 Abs. 1 **ein angemessenes Schutzsystem für die Interessen der Gläubiger**. Art. 146 enthält diesbezüglich verschiedene Wahlmöglichkeiten, nach welchen die Mitgliedstaaten ihr jeweiliges Haftungssystem ausgestalten können. Trotz der Kombination aus gemeinschaftlicher Haftung (Art. 146 Abs. 6 Gesellschaftsrechts-RL) und dem Recht auf Sicherheitsleistung (Art. 146 Abs. 2 Gesellschaftsrechts-RL) hat der deutsche Gesetzgeber anfangs nicht von der Möglichkeit Gebrauch gemacht, die **Haftung auf das zugeteilte Nettoaktivvermögen zu beschränken** (Art. 146 Abs. 7 Gesellschaftsrechts-RL).⁷ Dies wurde indes im Rahmen der Änderungen durch das UmRUG durch eine entsprechende Hinzufügung in § 133 Abs. 3 S. 2 nachgeholt. Somit sieht die deutsche Umsetzung in § 133 Abs. 3 neben einer **zeitlichen Schranke der Haftung** jener Rechtsträger, denen die Verbindlichkeit gerade nicht im Spaltungsvertrag zugewiesen wurde, auch eine summenmäßige Begrenzung der gesamtschuldnerischen Haftung vor.

---

1 Kölner Komm UmwG/*Simon* § 133 Rn. 1; Lutter/*Schwab* § 133 Rn. 1, 12.
2 Semler/Stengel/Leonard/*Seulen* § 133 Rn. 3 f.; Kölner Komm UmwG/*Simon* § 133 Rn. 2; Lutter/*Schwab* § 133 Rn. 11.
3 Lutter/*Schwab* § 133 Rn. 11.
4 Semler/Stengel/Leonard/*Seulen* § 133 Rn. 2 f.; Kölner Komm UmwG/*Simon* § 133 Rn. 4; Lutter/*Schwab* § 133 Rn. 1.
5 Kölner Komm UmwG/*Simon* § 133 Rn. 5.
6 Richtlinie (EU) 2017/1132 vom 14.06.2017 über bestimmte Aspekte des Gesellschaftsrechts.
7 Kölner Komm UmwG/*Simon* § 133 Rn. 9 ff.; Lutter/*Schwab* § 133 Rn. 4 ff.

III. Das Haftungssystem bzw. das Gläubigerschutzsystem

Das Haftungssystem nach § 133 Abs. 1 verfolgt das **grundsätzliche Ziel, die Gläubiger des übertragenden Rechtsträgers wirtschaftlich** – jedenfalls für fünf Jahre – in eine solche Position zu versetzen, als seien die Wirkungen **der Spaltungsmaßnahme tatsächlich nicht eingetreten.** Um dieser Zielsetzung gerecht zu werden, verhindert das Regelungskonzept eine wirtschaftliche Trennung der maßgeblichen Haftungsmasse von den Altverbindlichkeiten des übertragenden Rechtsträgers. Auf sachenrechtlicher Ebene spielt dieses Haftungssystem allerdings keine Rolle, so dass die dinglichen Trennungen von Vermögenspositionen im Wege der Spaltungsmaßnahme ohne Rücksicht auf § 133 vollzogen werden.[8]

Dieser Schutz der Gläubiger des übertragenden Rechtsträgers wird in § 133 Abs. 1 S. 1 umfassend gewährleistet, wenn es dort wörtlich heißt: „Für die Verbindlichkeiten des übertragenden Rechtsträgers, die vor dem Wirksamwerden der Spaltung begründet worden sind, haften die an der Spaltung beteiligten Rechtsträger als Gesamtschuldner."

Die Regelung hat einmal zur Folge, dass sich **der übertragende Rechtsträger** sowohl bei der Abspaltung als auch bei der Ausgliederung – jedenfalls nicht vor Ablauf der fünfjährigen Frist – **von einer Mithaftung für Altverbindlichkeiten befreien kann.** Dies gilt auch für den Fall, dass diese Verbindlichkeiten im Spaltungsvertrag ausdrücklich einem übernehmenden Rechtsträger zugewiesen wurden. Zweitens **haften alle übernehmenden Rechtsträger** für solche Altverbindlichkeiten, welche entweder beim übertragenden Rechtsträger verbleiben oder auf andere übernehmende Rechtsträger übertragen wurden.[9] Durch dieses „Konzept der gegenständlich und summenmäßig unbegrenzten, aber zeitlich beschränkten Gesamtschuld"[10] entsteht für einen gewissen Zeitraum daher eine „**Risiko- und Schicksalsgemeinschaft**"[11] der beteiligten Rechtsträger. Den Gläubigern des übertragenden Rechtsträgers stehen folglich größere Gesamthaftungsmassen zur Verfügung.

Diesen Schutz nach § 133 erlangen aber nur die Gläubiger des übertragenden Rechtsträgers und **nicht etwa auch die Gläubiger des übernehmenden Rechtsträgers.** Dies gilt trotz der Tatsache, dass durch die Spaltungsmaßnahme auch die **Interessen der Gläubiger des übernehmenden Rechtsträgers** in nicht unerheblichem Maße tangiert sein können. Die Gläubiger des aufnehmenden Rechtsträgers können dadurch beeinträchtigt sein, dass dem Rechtsträger mehr Passiva als Aktiva zugeordnet werden. Eine Beeinträchtigung der Gläubiger ergibt sich auch aus der Mithaftung für die Verbindlichkeiten sämtlicher an der Spaltung beteiligter Rechtsträger. Trotz dieser Gefahren für die Gläubiger des übernehmenden Rechtsträgers findet das **Schutzsystem des § 133 auf diese keine Anwendung.** Es verbleibt lediglich ein **Anspruch auf Sicherheitsleistung** nach §§ 125, 22.[12]

1. Der Begriff des Hauptschuldners und des Mithafters

Wird einem Rechtsträger durch den Spaltungsvertrag bzw. -plan eine Verbindlichkeit zugewiesen, was sich auch durch Auslegung des Vertragswerkes ergeben kann, so wird

---

8 Kölner Komm UmwG/*Simon* § 133 Rn. 17; Lutter/*Schwab* § 133 Rn. 11.
9 Semler/Stengel/*Leonard/Seulen* § 133 Rn. 3, 26.
10 Lutter/*Schwab* § 133 Rn. 16.
11 Lutter/*Schwab* § 133 Rn. 13.
12 Lutter/*Schwab* § 133 Rn. 140 ff.; Semler/Stengel/*Seulen* § 133 Rn. 117 f.; Kölner Komm UmwG/*Simon* § 133 Rn. 84 f.

dieser üblicherweise als **Hauptschuldner** und die anderen beteiligten Rechtsträger werden als **Mithafter** bezeichnet.[13] Die Hauptschuldnereigenschaft bezüglich einer konkreten Verbindlichkeit kann sich losgelöst vom Spaltungsvertrag auch aus §§ 25, 28 HGB ergeben (vgl. § 133 Abs. 1 S. 2). Insbesondere bei „vergessenen" Verbindlichkeiten iSv § 131 Abs. 3 kann die Position des Hauptschuldners vervielfacht werden.[14]

11 Dem als Mithafter bezeichneten Rechtsträger wird die Verbindlichkeit gerade nicht im Rahmen der Spaltungsmaßnahme zugeordnet. Eine Haftung dieser Rechtsträger bezüglich dieser Verbindlichkeit ergibt sich dennoch aus § 133 Abs. 1 S. 1. Allerdings wird diese Mithaftung durch § 133 Abs. 3 S. 1 auf eine Dauer von fünf Jahren begrenzt.[15] Im Außenverhältnis gehen mit diesen Einstufungen innerhalb der ersten fünf Jahre nach der Spaltungsmaßnahme keine relevanten Rechtsfolgen einher. Die Klassifizierung als Hauptschuldner und Mithafter ist vielmehr **für das Innenverhältnis von Bedeutung**.[16]

2. Altverbindlichkeiten/Neuverbindlichkeiten

12 Das Gläubigerschutzsystem des § 133 bezieht sich allerdings nur auf solche Verbindlichkeiten seitens des übertragenden Rechtsträgers, „die vor dem Wirksamwerden der Spaltung begründet worden sind", vgl. § 133 Abs. 1 S. 1. Die bereits **vor der Wirksamkeit der Spaltungsmaßnahme** entstandenen Verbindlichkeiten des übertragenden Rechtsträgers können auch als sog. **Altverbindlichkeiten** bezeichnet werden. Die Spaltung wird gemäß § 131 Abs. 1 mit der Eintragung in das Register des übertragenden Rechtsträgers wirksam. Dieser **Zeitpunkt der Eintragung ist** daher nach überwiegender Ansicht **maßgeblich**, ob die Verbindlichkeit in das Haftungssystem des § 133 fällt oder eben nicht.[17]

13 Eine Abgrenzung zwischen den Altverbindlichkeiten und Neuschulden beim übertragenden Rechtsträger kommt naturgemäß nur bei der Abspaltung und der Ausgliederung in Betracht, da bei der Aufspaltung der übertragende Rechtsträger erlischt. Die sog. **Neuverbindlichkeiten**, welche nach der Eintragung der Abspaltung und Ausgliederung entstehen, werden **nicht vom Haftungssystem des § 133 erfasst**.[18]

3. Die Begründung der Verbindlichkeit iSv Abs. 1 S. 1

14 Ferner stellt sich die Frage, wann die konkreten Verbindlichkeiten „**begründet** worden sind". Entscheidend ist dabei, dass **die jeweilige Rechtsgrundlage der Verbindlichkeit** vor Eintragung der Spaltung entstanden ist. Keine Rolle spielt dabei die Fälligkeit der Verbindlichkeit[19] oder bei einer bedingten Verbindlichkeit der tatsächliche Bedingungseintritt.[20]

15 Der **Rechtsgrund für vertragliche Ansprüche liegt im Vertragsabschluss selbst**, so dass dieser vor der Spaltungseintragung erfolgen muss, damit die (auch später erst entstehenden) vertraglichen Verbindlichkeiten zu den Altschulden zu zählen sind.

---

13 Lutter/*Schwab* § 133 Rn. 16 f.
14 Lutter/*Schwab* § 133 Rn. 18; Semler/Stengel/Leonard/*Seulen* § 133 Rn. 37, 39.
15 Lutter/*Schwab* § 133 Rn. 19; Semler/Stengel/Leonard/*Seulen* § 133 Rn. 27.
16 Lutter/*Schwab* § 133 Rn. 20; Semler/Stengel/Leonard/*Seulen* § 133 Rn. 27.
17 Kallmeyer/*Sickinger* § 133 Rn. 6; Lutter/*Schwab* § 133 Rn. 81; Kölner Komm UmwG/*Simon* § 133 Rn. 25; aA Semler/Stengel/Leonard/*Seulen* § 133 Rn. 11: „Im praktischen Ergebnis ist daher der Zeitpunkt der Bekanntmachung der Eintragung maßgeblich".
18 Lutter/*Schwab* § 133 Rn. 83.
19 Lutter/*Schwab* § 133 Rn. 81; Semler/Stengel/Leonard/*Seulen* § 133 Rn. 12; Kölner Komm UmwG/*Simon* § 133 Rn. 22.
20 Semler/Stengel/Leonard/*Seulen* § 133 Rn. 15.

Neben den Primäransprüchen erfasst die gemeinsame Haftung aller an der Spaltung beteiligten Rechtsträger auch Sekundäransprüche, welche aus dem jeweilgen Vertragsverhältnis resultieren. Insbesondere betrifft dies Schadenersatzansprüche statt der Leistung.[21] Umstritten ist die Klassifizierung bei Ansprüchen aus einer **Verletzung von vertraglichen Schutzpflichten.** Nach einer Ansicht kommt es dabei entscheidend auf den Zeitpunkt der Verletzungshandlung an,[22] die überwiegende Ansicht stellt zur Einordnung als Altverbindlichkeit wiederum auf den Zeitpunkt des Vertragsschlusses ab.[23] Der überwiegenden Ansicht ist im Ergebnis zu folgen, da dieser Anspruch auf dem Anspruch auf Einhaltung von Nebenpflichten basiert und somit ebenfalls zum Zeitpunkt des Vertragsschlusses begründet wurde.

Altverbindlichkeiten werden auch dann begründet, wenn der Gläubiger bereits vor der Spaltungsmaßnahme ein **bindendes Vertragsangebot** unterbreitet hat. Dies gilt gerade auch für den Fall, dass der übertragende Rechtsträger dieses Angebot erst nach der Spaltungsmaßnahme annimmt.[24] Vertragsangebote des übertragenden Rechtsträgers, die seitens des Gläubigers erst nach Vollzug der Spaltung angenommen wurden, begründen indes neue Verbindlichkeiten, da dem Gläubiger der Vertragspartner nicht mehr „aufgedrängt" wird und er insoweit nicht schutzwürdig ist.[25]

Erfolgt der Vertragsabschluss bezüglich eines **Dauerschuldverhältnisses** vor der Spaltungsmaßnahme, so gelten sämtliche damit verbundene Verbindlichkeiten unabhängig von deren Entstehungszeitpunkt oder Fälligkeit als solche, die vor der Spaltung begründet wurden.[26]

Verbindlichkeiten, welche aus einem **gesetzlichen Schuldverhältnis** (zB auf unerlaubter Handlung) resultieren, sind immer dann Altverbindlichkeiten, wenn die jeweils **haftungsbegründende Handlung** bereits vor der Spaltungsmaßnahme stattfand.[27] Verbindlichkeiten aus **Produkt- und Umwelthaftung** sind dann Altverbindlichkeiten, wenn einerseits das Produkt vor der Spaltung in den Verkehr gebracht wurde, oder andererseits die Verunreinigungen oder Emissionen vor der Spaltungsmaßnahme geschehen sind, auch wenn schlussendlich der Schaden erst nach Eintragung der Spaltung eintritt.[28]

4. Die Haftung für „vergessene" Verbindlichkeiten

Sind Verbindlichkeiten im Spaltungsvertrag bzw. im Spaltungsplan keinem der beteiligten Rechtsträger ausdrücklich zugeordnet, stellt sich die Frage nach der Haftung für diese sog. **„vergessenen Verbindlichkeiten".** In einem ersten Schritt ist eine **allgemeinen Auslegung** der Vertragswerke vorzunehmen (→ § 131 Rn. 68). Hierbei ist der Blick darauf zu richten, ob die fraglichen Verbindlichkeiten nicht konkludent einem der beteiligten Rechtsträger zugeordnet wurden bzw. werden können. Ergeben sich allerdings auch aus einer allgemeinen Vertragsauslegung keine Kriterien zur Bestimmung der

---

21 Schmitt/Hörtnagl/*Hörtnagl* § 133 Rn. 11; Lutter/*Schwab* § 133 Rn. 82; Kölner Komm UmwG/*Simon* § 133 Rn. 22.
22 Semler/Stengel/Leonard/*Seulen* § 133 Rn. 13.
23 Kölner Komm UmwG/*Simon* § 133 Rn. 22.
24 Lutter/*Schwab* § 133 Rn. 82; Semler/Stengel/Leonard/*Seulen* § 133 Rn. 14; Kölner Komm UmwG/*Simon* § 133 Rn. 24; aA Schmitt/Hörtnagl/*Hörtnagl* § 133 Rn. 11.
25 Lutter/*Schwab* § 133 Rn. 82; Kölner Komm UmwG/*Simon* § 133 Rn. 24.
26 BGH NZG 2015, 1277 (1280) in Bezug auf nach Wirksamwerden der Ausgliederung entstandene Handelsvertreterausgleichsansprüche gemäß § 89b HGB; Semler/Stengel/Leonard/*Seulen* § 133 Rn. 21; Kölner Komm UmwG/*Simon* § 133 Rn. 23; Heckschen GmbHR 2017, 953 (956).
27 Semler/Stengel/Leonard/*Seulen* § 133 Rn. 18; Kölner Komm UmwG/*Simon* § 133 Rn. 23.
28 Kallmeyer/*Sickinger* § 133 Rn. 9; Schmitt/Hörtnagl/*Hörtnagl* § 133 Rn. 14; Lutter/*Schwab* § 133 Rn. 84.

Haftung für diese „vergessenen Verbindlichkeiten", so muss zwischen der Abspaltung und Ausgliederung einerseits und der Aufspaltung andererseits unterschieden werden.[29]

20 Bei der **Abspaltung und Ausgliederung verbleiben die „vergessenen" Verbindlichkeiten bei dem übertragenden Rechtsträger**, so dass dieser als Hauptschuldner gegenüber den Gläubigern haftet und die anderen beteiligten Rechtsträger als Mithafter anzusehen sind. Im Falle einer **Aufspaltung** erlischt der übertragende Rechtsträger, so dass zweifelhaft erscheint, wer nun dem Gläubiger als Hauptschuldner oder als Mithafter gegenübertritt. Wie bereits erwähnt (→ § 131 Rn. 67), ist die Regelung zur Aufteilung von „vergessenen" Gegenständen gemäß § 131 Abs. 3 – nach überwiegender Auffassung – nicht auf „vergessene" Verbindlichkeiten anzuwenden. Vielmehr begründet die vorherrschende Ansicht in der Kommentarliteratur für die „vergessenen" Verbindlichkeiten eine **Haftung sämtlicher an der Spaltung beteiligter Rechtsträger**. Alle Rechtsträger haften dann als Hauptschuldner, ohne die Möglichkeit einer zeitlichen Haftungsbegrenzung iSv § 133 Abs. 3 S. 1.[30]

5. Gesamtschuld oder akzessorisches Haftungssystem

21 Fraglich ist, ob das skizzierte Haftungssystem eine **gesamtschuldnerische Haftung iSd § 421 ff. BGB** oder eine **akzessorische Haftung entsprechend §§ 126 ff. HGB** begründet.[31]

In beiden Fällen hat der Gläubiger der jeweiligen Verbindlichkeit stets ein **Wahlrecht, welchen der jeweiligen Schuldner er in Anspruch nimmt**.[32] Ein Mithafter kann den Gläubiger somit nicht auf eine vorrangige Inanspruchnahme des Hauptschuldners verweisen, denn im **Außenverhältnis besteht eine gleichrangige und eben nicht subsidiäre Haftung** der an der Spaltungsmaßnahme beteiligten Rechtsträger.[33] Auch ist in beiden Fällen sowohl die Haftung des Hauptschuldners als auch die des Mithafters auf die Erfüllung der jeweiligen Verbindlichkeit und nicht lediglich auf die Erfüllung des Interesses gerichtet (**Erfüllungshaftung**).[34] Unterschiede können sich indes aufgrund der konkreten **inhaltlichen Haftungsausgestaltung** ergeben, da diese sich maßgeblich nach der Art des jeweiligen Anspruches des Gläubigers und den möglichen Gegenrechten der beteiligten Rechtsträger richtet, wie im Folgenden näher zu zeigen ist.

a) Allgemeine Aspekte zu Einreden bzw. Einwendungen

22 Praktische Unterschiede zwischen den beiden Haftungssystemen ergeben sich vor allem mit Blick auf solche **Einreden und Einwendungen der haftenden Rechtsträger**, die das Schuldverhältnis inhaltlich verändern. Für das Modell der Gesamtschuld ergibt sich aus § 425 Abs. 1 BGB das **Prinzip der Einzelwirkung** (Ausnahmen in §§ 422–424 BGB), wonach Einwendungen und Einreden nur für denjenigen Rechtsträger gelten,

---

[29] Semler/Stengel/Leonard/*Seulen* § 133 Rn. 37; Kölner Komm UmwG/*Simon* § 133 Rn. 26; Lutter/*Schwab* § 133 Rn. 88.
[30] *Habersack* FS Bezzenberger, 2000, 93 (104); Kallmeyer/*Sickinger* § 133 Rn. 17; Semler/Stengel/Leonard/*Seulen* § 133 Rn. 37 f.; Kölner Komm UmwG/*Simon* § 133 Rn. 26; Lutter/*Schwab* § 133 Rn. 88; aA Schmitt/Hörtnagl/*Hörtnagl* § 131 Rn. 111.
[31] Eine Gesamtschuld befürworten: Schmitt/Hörtnagl/*Hörtnagl* § 133 Rn. 2; Semler/Stengel/Leonard/*Seulen* § 133 Rn. 33; Kölner Komm UmwG/*Simon* § 133 Rn. 19, 21; für eine akzessorischen Haftung *Habersack* FS Bezzenberger, 2000, 93 (96 ff.); Kallmeyer/*Sickinger* § 133 Rn. 3; Lutter/*Schwab* § 133 Rn. 23; Widmann/Mayer/*Vossius* § 133 Rn. 25.
[32] Lutter/*Schwab* § 133 Rn. 28; Erman/*Böttcher* BGB § 421 Rn. 1; Hopt/*Roth* HGB § 128 Rn. 21.
[33] Lutter/*Schwab* § 133 Rn. 28.
[34] *Habersack* FS Bezzenberger, 2000, 93 (107); Kallmeyer/*Sickinger* § 133 Rn. 4; Schmitt/Hörtnagl/*Hörtnagl* § 133 Rn. 7, 9; Semler/Stengel/Leonard/*Seulen* § 133 Rn. 40; Kölner Komm UmwG/*Simon* § 133 Rn. 28.

in dessen Person sie auch tatsächlich vorliegen. Dies hat zur Folge, dass sich die Forderungen gegen die einzelnen Gesamtschuldner in unterschiedlicher Weise entwickeln können.[35] Die Annahme einer akzessorischen Haftung führt dazu, dass Einwendungen und Einreden, welche **in der Person des Hauptschuldners vorliegen, auch seitens des Mithafters vorgetragen werden können (Prinzip der Gesamtwirkung).** Dies entspricht dem Regelungsgedanken des § 128 HGB.[36] Trotz dieser eigentlich konträren Ansätze ergeben sich einige Parallelen zwischen den Haftungsmodellen im Hinblick auf die Rechtsfolgen bestimmter Einreden und Einwendungen.

Das **Einzelwirkungsprinzip**, welches der gesamtschuldnerischen Haftung immanent ist, wird im gesamtschuldnerischen Haftungsmodell letztlich **durch die §§ 422–424 BGB durchbrochen.** Hiernach ergibt sich, dass die Erfüllung sowie die Erfüllungssurrogate inklusive der Aufrechnung (§ 422 BGB), der Erlass (§ 423 BGB) und der Verzug des Gläubigers (§ 424 BGB) Gesamtwirkung entfalten. Dies hat zur Folge, dass sich nun doch sämtliche an der Spaltung beteiligten Rechtsträger auf diese Einreden und Einwendungen berufen können, auch wenn die Voraussetzungen dieser Einwendungen und Einreden nur bei einem der haftenden Rechtsträger vorliegen.[37] Nach dem gesamtschuldnerischen Haftungssystem kommt ferner solchen Einwendungen und Einreden Gesamtwirkung zu, die bereits **vor der Spaltungsmaßnahme begründet wurden.**[38] 23

Im Rahmen des akzessorischen Haftungsmodells sind grundsätzlich sämtlichen Gegenrechten – die dem jeweiligen Hauptschuldner zukommen – **Gesamtwirkung beizumessen.** Liegen die Voraussetzungen der jeweiligen Einreden und Einwendungen aber nur in der Person des Mithafters vor, so kann sich auch nur dieser Rechtsträger auf das jeweilige Gegenrecht berufen.[39] 24

Aufgrund des eindeutigen Wortlauts von § 133 Abs. 1 S. 1, welcher von einer Haftung als „Gesamtschuldner" spricht, schließt sich ein bedeutsamer Teil der Literatur dem Konzept der **gesamtschuldnerischen Haftung gemäß §§ 421 ff. BGB** an.[40] Auch hier wird eine terminologische Unterscheidung von Hauptschuldner und Mithafter vorgenommen,[41] was nicht zuletzt durch § 133 Abs. 1 S. 2, Abs. 3 S. 1 vorgezeichnet wird. Bereits diese unterschiedliche Terminologie spricht aber letztlich für eine **abgestufte – also akzessorische – Haftung**, die im Ergebnis eher dem Sinn und Zweck von § 133 Abs. 1 S. 1 entspricht, nämlich der vorrangigen Bewahrung der Rechte der Gläubiger des übertragenden Rechtsträgers.[42] Dieser Schutzgedanke setzt voraus, dass die Gläubigerrechte in ihrem Umfang weder beschränkt noch erweitert werden.[43] Vor diesem Hintergrund müssen Einreden und Einwendungen des Hauptschuldners auch durch den Mithafter geltend zu machen sein, weshalb das Prinzip der Einzelwirkung des § 425 BGB vielfach nicht angemessen ist. Trotz des insoweit eindeutigen Wortlautes ergibt sich im Wege einer teleologischen Auslegung des § 131 Abs. 1 S. 1 daher ein 25

---

35 Semler/Stengel/Leonard/*Seulen* § 133 Rn. 30, 49 f.; Grüneberg/*Grüneberg* BGB § 425 Rn. 1; Erman/*Böttcher* BGB § 425 Rn. 1.
36 Schmitt/Hörtnagl/*Hörtnagl* § 133 Rn. 2; Lutter/*Schwab* § 133 Rn. 22, 62 f.; Kölner Komm UmwG/*Simon* § 133 Rn. 18.
37 Schmitt/Hörtnagl/*Hörtnagl* § 133 Rn. 9; Semler/Stengel/Leonard/*Seulen* § 133 Rn. 49 f.
38 Semler/Stengel/Leonard/*Seulen* § 133 Rn. 50; Kölner Komm UmwG/*Simon* § 133 Rn. 31.
39 Lutter/*Schwab* § 133 Rn. 62 f.
40 Semler/Stengel/Leonard/*Seulen* § 133 Rn. 31, 33; Kölner Komm UmwG/*Simon* § 133 Rn. 21.
41 Schmitt/Hörtnagl/*Hörtnagl* § 133 Rn. 7; Semler/Stengel/Leonard/*Seulen* § 133 Rn. 27.
42 *Habersack* FS Bezzenberger, 2000, 93 (96 f.); Lutter/*Schwab* § 133 Rn. 23; Widmann/Mayer/Vossius § 133 Rn. 25.
43 *Habersack* FS Bezzenberger, 2000, 93 (102 f.); dies sehen auch die Anhänger des gesamtschuldnerischen Haftungssystems so. Semler/Stengel/Leonard/*Seulen* § 133 Rn. 43; Kölner Komm UmwG/*Simon* § 133 Rn. 17.

akzessorisches Haftungsmodell, was sich an den Grundsätzen der §§ 126 ff. HGB bzw. der §§ 767–770, 774 BGB orientiert.[44]

b) Die Gestaltungsrechte der beteiligten Rechtsträger

26 Nachfolgend werden im Rahmen der Darstellung der Rechtsfolgen bei **Gestaltungsrechten** aufgrund fehlender höchstrichterlicher Rechtsprechung die Auswirkungen nach beiden Haftungssystemen (gesamtschuldnerisch/akzessorisch) erläutert.

aa) Das Anfechtungs- und Rücktrittsrecht

27 In Bezug auf das **Anfechtungsrecht und das Rücktrittsrecht** gelangen beide Haftungsmodelle zu den **gleichen Ergebnissen**. Nach beiden Konzepten können sich alle haftenden Rechtsträger auf diese Gestaltungsrechte berufen, auch wenn sie selbst diese Rechte nicht ausüben können, solange nur der Hauptschuldner zur Anfechtung bzw. zum Rücktritt berechtigt ist.[45] Eine solche **Gesamtwirkung** ist auch dann anzunehmen, wenn das Gestaltungsrecht durch den Hauptschuldner bereits **wirksam ausgeübt wurde**.[46] Nach vorwiegender Ansicht können sowohl Anfechtung als auch Rücktritt aber immer nur von demjenigen Rechtsträger tatsächlich ausgeübt werden, welchem das dazugehörige Vertragsverhältnis im Rahmen der Spaltung auch zugewiesen wurde.[47]

bb) Aufrechnung bzw. das Bestehen einer Aufrechnungslage

28 In Bezug auf eine tatsächlich ausgeübte Aufrechnung kommen beide Konzepte zu den gleichen Ergebnissen. Die **Gesamtwirkung** ergibt sich im gesamtschuldnerischen Haftungskonzept aus § 421 Abs. 1 S. 2 BGB und beim akzessorischen Haftungssystem aus dem Gedanken des § 128 Abs. 1 HGB bzw. § 767 Abs. 1 S. 1 BGB.[48]

29 Besteht seitens des Hauptschuldners lediglich eine **Aufrechnungslage,** ist es fraglich, ob sich auch ein in Anspruch genommener mithaftender Rechtsträger auf die Aufrechnungsmöglichkeit berufen kann. Nach dem akzessorischen Modell besteht seitens der Mithafter in einem solchen Fall ein Leistungsverweigerungsrecht, so dass die Aufrechnungslage seitens des Hauptschuldners Gesamtwirkung entfaltet.[49] Dieses Ergebnis wird teilweise auch von den Anhängern des gesamtschuldnerischen Haftungssystems befürwortet.[50] Allerdings soll eine Gesamtwirkung zugunsten der Mithafter dann ausscheiden, wenn die Aufrechnungslage erst nach der Spaltung entstanden ist.[51]

c) Rechtshandlungen des Gläubigers

30 Wirkt der Gläubiger durch eigene Handlungen umgestaltend auf seinen Anspruch ein, so ergeben sich gegensätzliche Ergebnisse. Nach dem akzessorischen Haftungssystem entfalten die Mahnung und die sonstigen verzugsbegründenden Handlungen, die Fristsetzung sowie das Schadenersatzverlangen gegenüber dem Hauptschuldner

---

44 *Habersack* FS Bezzenberger, 2000, 93 (102 f., 105 f.); Lutter/*Schwab* § 133 Rn. 23; Widmann/Mayer/*Vossius* § 133 Rn. 25.
45 *Habersack* FS Bezzenberger, 2000, 93 (106 f.); Lutter/*Schwab* § 133 Rn. 53, 71; Semler/Stengel/Leonard/*Seulen* § 133 Rn. 53; Kölner Komm UmwG/*Simon* § 133 Rn. 36.
46 Dies darstellend: Lutter/*Schwab* § 133 Rn. 66, 69, 73.
47 Lutter/*Schwab* § 133 Rn. 72; Semler/Stengel/Leonard/*Seulen* § 133 Rn. 53; Kölner Komm UmwG/*Simon* § 133 Rn. 36.
48 *Habersack* FS Bezzenberger, 2000, 93 (106); Lutter/*Schwab* § 133 Rn. 69.
49 Lutter/*Schwab* § 133 Rn. 70 f.
50 Semler/Stengel/Leonard/*Seulen* § 133 Rn. 51; Kölner Komm UmwG/*Simon* § 133 Rn. 36.
51 Semler/Stengel/Leonard/*Seulen* § 133 Rn. 52.

Gesamtwirkung. Das gesamtschuldnerische System führt bei diesen rechtsgestaltenden Gläubigerhandlungen nur zur Wirkung gegenüber dem Rechtsträger, welcher Adressat der Handlung war.[52]

d) Verjährung

Sämtliche Aspekte, welche die Einrede der Verjährung beeinflussen, wie beispielsweise der Beginn oder die Hemmung der Verjährungsfrist, sind im Rahmen des gesamtschuldnerischen Haftungssystems gemäß § 425 Abs. 2 BGB für jeden Rechtsträger getrennt zu beurteilen.[53] Doch auch das Modell der akzessorischen Haftung kommt teilweise zu diesem Ergebnis und verneint die Gesamtwirkungen der Verjährungsaspekte, wenn diese nach der Wirksamkeit der Spaltung eintreten.[54]

e) Verzicht

Zu gegensätzlichen Ergebnissen kommen die beiden Haftungssysteme dann, wenn der Hauptschuldner auf die Einwendungen bzw. Einreden verzichtet. Einen solchen Verzicht des Hauptschuldners müssten nach der akzessorischen Haftung auch die Mithafter gegen sich gelten lassen,[55] wohingegen im Rahmen der Gesamtschuld der Verzicht grundsätzlich nur gegenüber dem verzichtenden Hauptschuldner Einzelwirkung erlangt.[56]

f) Die Sachleistungspflicht und der Einwand der Unmöglichkeit nach § 275 Abs. 1 BGB

Handelt es sich bei dem Anspruch des Gläubigers um eine **Pflicht zur Sachleistung**, wird es im Hinblick auf die grundsätzliche Erfüllungshaftung sämtlicher an der Spaltung beteiligter Rechtsträger immer dann problematisch, wenn der konkret in Anspruch genommene Rechtsträger gar **nicht selbst erfüllen kann**. Dies kommt insbesondere dann in Betracht, wenn dem Rechtsträger die erforderlichen Mittel oder Vermögensgegenstände im Rahmen der Spaltungsmaßnahme gerade nicht zugewiesen wurden.[57]

Nach einer Auffassung könne in dieser Konstellation der in Anspruch genommene Rechtsträger den Einwand der nachträglichen bzw. anfänglichen **Unmöglichkeit iSv § 275 BGB** gegen den Primäranspruch erheben. Dieser Unmöglichkeitseinwand sei allerdings erst dann begründet, wenn tatsächlich der in Anspruch genommene Hauptschuldner nicht leistungsfähig oder der Freistellungsanspruch des in Anspruch genommenen mithaftenden Rechtsträgers nicht durchsetzbar ist. Dem Gläubiger würden dann gegen die beteiligten Rechtsträger allerdings **Schadenersatzansprüche** verbleiben.[58] Nach dem gesamtschuldnerischen Haftungssystem kann der Unmöglichkeitseinwand aber jeweils nur von demjenigen Rechtsträger geltend gemacht werden, in dessen Person die Voraussetzungen vorliegen, vgl. § 425 BGB.[59]

---

52 Lutter/*Schwab* § 133 Rn. 47 ff.; Kölner Komm UmwG/*Simon* § 133 Rn. 35.
53 Semler/Stengel/Leonard/*Seulen* § 133 Rn. 56.
54 BGHZ 104, 76 (80) zu § 129 HGB aF; Lutter/*Schwab* § 133 Rn. 64.
55 *Habersack* FS Bezzenberger, 2000, 93 (106); Lutter/*Schwab* § 133 Rn. 62.
56 Semler/Stengel/Leonard/*Seulen* § 133 Rn. 57; Erman/*Böttcher* BGB § 425 Rn. 1, 12.
57 Lutter/*Schwab* § 133 Rn. 31; Schmitt/Hörtnagl/*Hörtnagl* § 133 Rn. 9.
58 Schmitt/Hörtnagl/*Hörtnagl* § 133 Rn. 9; Kölner Komm UmwG/*Simon* § 133 Rn. 33.
59 Schmitt/Hörtnagl/*Hörtnagl* § 133 Rn. 9; Semler/Stengel/Leonard/*Seulen* § 133 Rn. 41, 54; Erman/*Böttcher* BGB § 425 Rn. 11.

35 Nach dem **akzessorischen Haftungsmodell** müsste eine Befreiung des Hauptschuldners von der Primärleistungspflicht dazu führen, dass auch die Mithafter lediglich auf das Erfüllungsinteresse in Anspruch genommen werden können. Wäre das Unvermögen des Hauptschuldners allerdings spaltungsbedingt und würde der bestimmte Vermögensgegenstand einem mithaftenden Rechtsträger zugeteilt, so könnte dieser Mithafter dennoch auf Erfüllung in Anspruch genommen werden.[60] Davon abweichend wird eine **Haftung sämtlicher Rechtsträger auf die Primärleistung** angenommen.[61] **Vorzugswürdig erscheint jedoch das Konzept,** wonach die Mithafter nur auf das jeweilige Interesse in Anspruch genommen werden können, wenn den Hauptschuldner selbst aufgrund des Unmöglichkeitseinwands lediglich eine Pflicht zum Schadenersatz trifft.[62] Dies gilt aber nicht für den mithaftenden Rechtsträger, welcher aufgrund der spaltungsbedingten Zuweisung der Vermögensgegenstände gerade zur Erfüllung der Sachleistungspflicht in der Lage ist.

g) Die bestehenden Wettbewerbsverbote

36 Von der grundsätzlichen Erfüllungshaftung sämtlicher beteiligter Rechtsträger ist mit Blick auf bestehende **Wettbewerbsverbote** eine weitere Ausnahme zu machen. Lediglich der jeweilige Hauptschuldner ist zur Unterlassung des Wettbewerbs verpflichtet. Die mithaftenden Rechtsträger können bei Verstößen gegen Wettbewerbsverbote nur auf Schadenersatz in Anspruch genommen werden.[63] Dem Gläubigerschutz wird allerdings auch dadurch Genüge getan, dass ein Wettbewerbsverbot in der Regel nicht vom zugehörigen Unternehmensteil getrennt werden darf. Eine solche Trennung würde nämlich als missbräuchliche Spaltungsgestaltung betrachtet werden.[64]

h) Der Ausgleich im Innenverhältnis

37 Im Innenverhältnis der haftenden Rechtsträger kommen die beiden Haftungssysteme, auf der Grundlage unterschiedlicher dogmatischer Herleitungen, **zu identischen Ergebnissen.** Dem **Hauptschuldner**, welchem die Verbindlichkeit im Spaltungsvertrag zugewiesen wurde, stehen durch die Erfüllung der Verbindlichkeit **keine Ausgleichsansprüche gegen die mithaftenden Rechtsträger** zu. Nach den spaltungsvertraglichen Vereinbarungen soll der Hauptschuldner im Innenverhältnis gerade alleine haften.[65]

38 Diese Zuweisung der Verbindlichkeit im Spaltungsvertrag prägt dann auch das Innenverhältnis zwischen **Hauptschuldner und Mithafter.** Um den vertraglichen Regelungen Geltung zu verschaffen, muss seitens des Mithafters die Möglichkeit der Schadloshaltung gegenüber dem Hauptschuldner bestehen. Hierbei sind die Fälle zu unterscheiden, in welchen erstens der Mithafter den Gläubigeranspruch bereits befriedigt hat, und zweitens der Mithafter zwar noch nicht erfüllt hat, aber seine Inanspruchnahme bezüglich der fälligen Forderung droht.[66] Auf der Grundlage der akzessorischen Haftung steht dem mithaftenden Rechtsträger im ersten Fall ein **vollumfänglicher Erstattungsanspruch** gegen den Hauptschuldner zu. Der Gläubigeranspruch gegen

---

60 *Habersack* FS Bezzenberger, 2000, 93 (108).
61 Lutter/*Schwab* § 133 Rn. 36, 39.
62 *Habersack* FS Bezzenberger, 2000, 93 (108).
63 Lutter/*Schwab* § 133 Rn. 46; Kölner Komm UmwG/*Simon* § 133 Rn. 30.
64 Lutter/*Schwab* § 133 Rn. 45.
65 Lutter/*Schwab* § 133 Rn. 146; Semler/Stengel/Leonard/Seulen § 133 Rn. 66; Kölner Komm UmwG/*Simon* § 133 Rn. 63.
66 Lutter/*Schwab* § 133 Rn. 147 f.; Semler/Stengel/Leonard/Seulen § 133 Rn. 66.

den Hauptschuldner ist nun in analoger Anwendung des § 774 Abs. 1 S. 1 BGB auf den Mithafter – inklusive möglicher bestehender Sicherheiten – übergegangen.[67] Die Haftung nach dem gesamtschuldnerischen Ansatz kommt in Anwendung des § 426 BGB zum gleichen Ergebnis.[68] In der zweiten Fallgestaltung, in welcher dem Mithafter eine Inanspruchnahme für eine fällige Verbindlichkeit des Hauptschuldners bevorsteht, erwächst seitens des mithaftenden Rechtsträgers gegenüber dem Hauptschuldner ein **Freistellungsanspruch**. Dieser ergibt sich nach dem Akzessorietätsmodell aus der Auslegung des Spaltungsvertrages[69] und nach dem Konzept der Gesamtschuldnerschaft aus § 426 BGB.[70]

Mithaftende Rechtsträger untereinander haften dann als Gesamtschuldner (§ 426 BGB), wenn der Hauptschuldner nicht solvent ist und der Erstattungsanspruch bzw. der Freistellungsanspruch deshalb ins Leere geht. Der Maßstab der Haftung unter den mithaftenden Rechtsträgern wird allerdings unterschiedlich festgelegt. Zum einen wird bezüglich dieses Maßstabes auf die Haftung **zu gleichen Teilen** nach § 426 Abs. 1 S. 1 BGB zurückgegriffen.[71] Anderer Ansicht nach soll der Haftungsmaßstab „nach dem **Verhältnis des übertragenden Reinvermögens** zu bestimmen" sein.[72] Daher ist es empfehlenswert, den Maßstab der Innenhaftung für die mithaftenden Gesellschaften bereits im **Spaltungsvertrag ausdrücklich zu regeln**.

6. Die Haftung aus § 133 im Rahmen der Bilanzen

Unzweifelhaft ist zunächst der **Hauptschuldner verpflichtet**, die jeweilige Verbindlichkeit im Rahmen seiner Bilanz **zu passivieren**.[73] Die mithaftenden Rechtsträger müssen die Verbindlichkeit zunächst nicht in ihren Bilanzen aufnehmen. Dies verändert sich allerdings immer dann, wenn eine **Inanspruchnahme des Mithafters konkret droht**. In diesem Fall ist eine Rückstellung iSd § 249 Abs. 1 S. 1 HGB zu bilden. Weiter können die bestehenden Freistellungs- und Erstattungsansprüche abhängig von ihrer Werthaltigkeit aktiviert werden.[74] Bevor allerdings eine konkrete Inanspruchnahme der Mithafter droht, ist auch ein Vermerk unter der Bilanz gemäß § 251 HGB nicht verpflichtend, da dessen abschließender Anwendungsbereich nicht eröffnet ist. Für mithaftende Kapitalgesellschaften ergibt sich aber eine Angabepflicht aus § 285 Nr. 3a HGB, wenn die Verbindlichkeit für die Beurteilung der Finanzlage von Bedeutung ist, so dass die Haftung aus § 133 im **Anhang der Bilanz aufzuführen** ist.[75]

IV. Weitere Haftungstatbestände

Erfüllen sich durch die Spaltungsmaßnahme weitere Haftungstatbestände, so werden diese nicht durch § 133 verdrängt. Neben den in § 133 Abs. 1 S. 2 Hs. 1 lediglich erwähnten §§ 25, 26, 28 HGB sind auch noch weitere allgemein gültige Haftungsgrundlagen

---

67 Lutter/*Schwab* § 133 Rn. 148; Kölner Komm UmwG/*Simon* § 133 Rn. 64.
68 Semler/Stengel/Leonard/*Seulen* § 133 Rn. 66; Kölner Komm UmwG/*Simon* § 133 Rn. 63.
69 Lutter/*Schwab* § 133 Rn. 148.
70 Semler/Stengel/Leonard/*Seulen* § 133 Rn. 66; Kölner Komm UmwG/*Simon* § 133 Rn. 63; Erman/*Böttcher* BGB § 426 Rn. 7.
71 Lutter/*Schwab* § 133 Rn. 150.
72 Semler/Stengel/Leonard/*Seulen* § 133 Rn. 67.
73 Lutter/*Schwab* § 133 Rn. 85; Semler/Stengel/Leonard/*Seulen* § 133 Rn. 69; Kölner Komm UmwG/*Simon* § 133 Rn. 66.
74 Lutter/*Schwab* § 133 Rn. 86; Semler/Stengel/Leonard/*Seulen* § 133 Rn. 69; Kölner Komm UmwG/*Simon* § 133 Rn. 67.
75 Semler/Stengel/Leonard/*Seulen* § 133 Rn. 69; Kölner Komm UmwG/*Simon* § 133 Rn. 68; aA Lutter/*Schwab* § 133 Rn. 85 (Unterstrichvermerk oder Anhangsangabe unverzichtbar).

denkbar. Beispielhaft soll nur auf § 75 **AO** hingewiesen werden, der eine Haftung für Steuern des Übernehmers eines Betriebes enthält.[76]

1. Firmenfortführungshaftung (Abs. 1 S. 2 Hs. 1)

42 § 133 Abs. 1 S. 2 Hs. 1 bestimmt ausdrücklich, dass die **Haftung nach §§ 25, 26, 28 HGB wegen Fortführung der Firma** trotz des Haftungssystems in § 133 unberührt bestehen bleibt. Sind die handelsrechtlichen Haftungsvoraussetzungen erfüllt, ergibt sich demnach eine Anspruchskonkurrenz zur spaltungsrechtlichen Haftung. Ein Ausschluss der handelsrechtlichen Haftung ist nach § 25 Abs. 2 HGB durch abweichende Vereinbarungen, worunter auch solche im Spaltungsvertrag zu subsumieren sind, möglich. Außenwirkung erlangt ein solcher handelsrechtlicher Haftungsausschluss allerdings nur, wenn dieser ins Handelsregister eingetragen und bekanntgemacht wird oder dem Dritten mitgeteilt wird, vgl. § 25 Abs. 2 HGB.[77] Die Haftung aus einer Firmenfortführung hat neben der spaltungsrechtlichen Haftung **selbstständige Bedeutung**, denn sie ist – anders als die spaltungsrechtliche Haftung für nicht zugewiesene Verbindlichkeiten – **nicht zeitlich begrenzt**.[78]

43 Im Falle der Abspaltung und Ausgliederung kann seitens eines nur noch mithaftenden, übertragenden Rechtsträgers eine Haftung auch aus **§ 26 HGB** hinzutreten, die allerdings, wie die spaltungsrechtliche Mithaftung, auf fünf Jahre beschränkt ist.[79] Ob sich durch eine Spaltungsmaßnahme ein Fall des **§ 28 HGB** überhaupt ergeben kann, wird teilweise angezweifelt[80] bzw. vollständig abgelehnt.[81]

2. Kommanditistenhaftung

44 Bei der Spaltung einer KG kann es nach überwiegender Ansicht grundsätzlich nicht zu einem Wiederaufleben der Kommanditistenhaftung gemäß § 172 Abs. 4 HGB kommen.[82] Es ist zwar insbesondere im Fall der Abspaltung unbestritten, dass einerseits Gesellschaftsvermögen abfließt, und andererseits gerade auch die Kommanditisten Beteiligungen am übernehmenden Rechtsträger erhalten. In einigen dieser Fälle wird dementsprechend eine Einlagenrückgewähr gesehen, weswegen die persönliche Haftung der Kommanditisten wiederaufleben könnte.[83] Dies wird jedoch zu Recht überwiegend abgelehnt, da der Gläubigerschutz im Rahmen der Spaltung ausreichend und abschließend verankert ist, so dass eine erneute Haftung aus § 172 Abs. 4 HGB nicht in Betracht kommt.[84]

V. Die Sicherheitsleitung (Abs. 1 S. 2 Hs. 2)

45 Neben der Haftung sämtlicher an der Spaltungsmaßnahme beteiligter Rechtsträger komplettiert das **Recht zur Sicherheitsleitung** als weiteres Element den Schutz der Gläubiger. § 133 Abs. 1 S. 2 Hs. 1 bringt dabei zum Ausdruck, dass dieser Sicherheitsleis-

---

[76] Lutter/*Schwab* § 133 Rn. 96; Kölner Komm UmwG/*Simon* § 133 Rn. 70.
[77] Schmitt/Hörtnagl/*Hörtnagl* § 133 Rn. 17; Lutter/*Schwab* § 133 Rn. 97; Kölner Komm UmwG/*Simon* § 133 Rn. 69.
[78] Schmitt/Hörtnagl/*Hörtnagl* § 133 Rn. 19; Kölner Komm UmwG/*Simon* § 133 Rn. 69.
[79] Lutter/*Schwab* § 133 Rn. 98; Semler/Stengel/Leonard/*Seulen* § 133 Rn. 112.
[80] Semler/Stengel/Leonard/*Seulen* § 133 Rn. 111.
[81] Schmitt/Hörtnagl/*Hörtnagl* § 133 Rn. 18: („Der Hinweis auf § 28 HGB ist überflüssig, …").
[82] Lutter/*Schwab* § 133 Rn. 99; Kölner Komm UmwG/*Simon* § 133 Rn. 86.
[83] Schmitt/Hörtnagl/*Hörtnagl* § 133 Rn. 42 f.
[84] Lutter/*Schwab* § 133 Rn. 99; Semler/Stengel/Leonard/*Seulen* § 133 Rn. 116; Kölner Komm UmwG/*Simon* § 133 Rn. 86.

tungsanspruch **unabhängig von der allgemeinen Haftung** aus § 133 Abs. 1 S. 1 zu beurteilen ist.[85]

Die Sicherheitsleistung kann **von sämtlichen Gläubigern** der an der Spaltung beteiligten Rechtsträger geltend gemacht werden. Im Unterschied zu § 133 Abs. 1 S. 1 können auch die Gläubiger des übernehmenden Rechtsträgers Schutz erlangen.[86] Der Anspruch auf Sicherheitsleistung ist – wie sich aus § 133 Abs. 1 S. 2 Hs. 2 ergibt – immer nur gegen den Rechtsträger zu richten, welchem die **Verbindlichkeit im Rahmen des Spaltungsvertrages zugewiesen wurde (Hauptschuldner)**.[87]

Die Einzelheiten und Besonderheiten zum Anspruch auf Sicherheitsleistung wurden bereits im Rahmen der Kommentierung zu § 22 dargestellt, weshalb auf die dortigen Ausführungen verwiesen werden kann (→ § 22 Rn. 2 ff.). An dieser Stelle sind deshalb nur die Grundzüge sowie die spaltungsspezifischen Unterschiede darzustellen.

Das Recht des Gläubigers, Sicherheiten zu verlangen, ist immer dann ausgeschlossen, wenn diesem bereits ein Erfüllungsanspruch zusteht, vgl. §§ 125, 22 Abs. 1 S. 1. Demnach muss es sich bei der abzusichernden Forderung um eine **noch nicht fällige Verbindlichkeit** handeln.[88] Neben dem Beweis für die tatsächliche Existenz der abzusichernden Forderung muss der Anspruchsteller ferner **glaubhaft machen**, dass durch die Spaltungsmaßnahme die Erfüllung **der erst später fällig werdenden Forderung gefährdet** wird, vgl. §§ 125, 22 Abs. 1 S. 2.[89]

Eine **Gefährdung der Gläubigerinteressen** kann sich durch die Spaltung insbesondere aufgrund der **Enthaftungsregelung** aus § 133 Abs. 3 ergeben, wenn die abzusichernde Forderung erst nach mehr als fünf Jahren fällig wird.[90] Für die Gläubiger solcher Rechtsträger, welchen durch die Spaltung eine größere Anzahl an Verbindlichkeiten zugeordnet worden ist, kann diese **Vervielfältigung der Haftung** ebenfalls eine Gefährdung ihrer noch nicht fälligen Forderung bedeuten.[91] Der Gefährdungsgrund kann allerdings niemals allein in der einer Spaltung immanenten Vermögensumschichtung wurzeln. Andernfalls würden nämlich mit jeder Spaltungsmaßnahme Ansprüche auf Sicherheitsleistungen einhergehen.[92]

VI. Der Schutz der Inhaber von Sonderrechten (Abs. 2)

Gemäß §§ 125, 23 sind „den Inhabern von Rechten in einem übertragenden Rechtsträger, die kein Stimmrecht gewähren", auch bei der Spaltung **gleichwertige Rechte einzuräumen**. § 23 benennt als solche Rechte insbesondere die Anteile ohne Stimmrecht, die Wandelschuldverschreibungen, die Gewinnschuldverschreibungen und die Genussrechte. Bezüglich der weiteren Einzelheiten wird auf die Kommentierung zu § 23 verwiesen (→ § 23 Rn. 3 ff.). Insgesamt soll der Vermögenswert, welcher durch ein solches Recht verkörpert wird, durch die Spaltungsmaßnahme nicht ersatzlos entfallen

---

[85] Lutter/*Schwab* § 133 Rn. 90; Kölner Komm UmwG/*Simon* § 133 Rn. 71.
[86] Schmitt/Hörtnagl/*Hörtnagl* § 133 Rn. 22; Semler/Stengel/Leonard/*Seulen* § 133 Rn. 119; Kölner Komm UmwG/*Simon* § 133 Rn. 71.
[87] Lutter/*Schwab* § 133 Rn. 90; Semler/Stengel/Leonard/*Seulen* § 133 Rn. 123; Kölner Komm UmwG/*Simon* § 133 Rn. 74.
[88] Lutter/*Schwab* § 133 Rn. 90 f.; Kölner Komm UmwG/*Simon* § 133 Rn. 72.
[89] Lutter/*Schwab* § 133 Rn. 92; Kölner Komm UmwG/*Simon* § 133 Rn. 72.
[90] Lutter/*Schwab* § 133 Rn. 92; Semler/Stengel/Leonard/*Seulen* § 133 Rn. 121.
[91] Semler/Stengel/Leonard/*Seulen* § 133 Rn. 122.
[92] Lutter/*Schwab* § 133 Rn. 92.

oder an Wert verlieren können. Durch § 133 Abs. 2 wird dieser Schutz der Sonderrechtsinhaber aufgrund der **spaltungsspezifischen Besonderheiten** ergänzt.[93]

51 Bei welchem der beteiligten Rechtsträger die jeweiligen Sonderrechte einzuräumen sind, muss **zwingend im Spaltungsvertrag** (vgl. § 126 Abs. 1 Nr. 7) geregelt werden. Die Parteien des Spaltungsvertrages können dabei **frei festlegen**, welchen Rechtsträger sie zum **Hauptschuldner** dieser Verbindlichkeiten erklären wollen.[94] Dieser Zuordnungsfreiheit begegnet § 133 Abs. 2 S. 1 mit einer **gesamtschuldnerischen Haftung** von sämtlichen an der Spaltung beteiligten Rechtsträgern, wobei wiederum zwischen Hauptschuldner und Mithafter zu unterscheiden ist. Diese neuerliche Haftungsanordnung wurde notwendig, da die Verpflichtungen, die sich im Hinblick auf die Einräumung von Sonderrechten ergeben, nicht schon von § 133 Abs. 1 erfasst werden.[95] § 133 Abs. 2 S. 2 reagiert auf die Unterschiede zwischen der Verschmelzung einerseits und der Abspaltung bzw. Ausgliederung andererseits. Da bei Letzteren der **übertragende Rechtsträger** bestehen bleibt, kann auch dieser **Hauptschuldner für eine Verbindlichkeit iSd §§ 125, 23 sein**.[96]

52 Inhaltlich spricht sowohl § 23 als auch § 133 Abs. 2 S. 2 von der Pflicht, **gleichwertige Rechte** einzuräumen. Um einen effektiven Schutz der in den Sonderrechten verkörperten Werte zu gewährleisten, sind – soweit dies möglich ist – die Sonderrechte in **gleichartiger** Form an dem jeweiligen Rechtsträger zu gewähren.[97] In jedem Fall müssen die eingeräumten Sonderrechte nach der Spaltungsmaßnahme **wirtschaftlich einen vollwertigen Ersatz** für die vormals bestehenden Sonderrechte darstellen.[98]

53 So eindeutig der Inhalt der beschriebenen Hauptschuld ist, ergeben sich bei der **inhaltlichen Ausgestaltung der Mithaftung** allerdings unterschiedliche Ansichten. Inhaltlich geht es um die Frage, ob die Mithafter bei einem vollständigen oder teilweisen Ausfall des Hauptschuldners auf die **primäre Erfüllung** in Anspruch genommen werden können. Dies würde bedeuten, dass die jeweiligen Sonderrechte nicht etwa an dem Hauptschuldner einzuräumen wären, sondern an dem jeweils mithaftenden Rechtsträger selbst.[99] Nach wohl überwiegender Meinung haften die Mithafter allerdings grundsätzlich nur auf das **Erfüllungsinteresse**. Die Einräumung der Sonderrechte an sich selbst würde nämlich ein **Aliud** zur eigentlich geschuldeten Leistung, der Einräumung von Sonderrechten am Hauptschuldner, darstellen. Demnach ist der Inhalt der Verpflichtung der mithaftenden Rechtsträger darauf ausgerichtet, zunächst auf den Hauptschuldner einzuwirken, seiner Pflicht zur Einräumung der jeweiligen Sonderrechte nachzukommen. Verweigert der Hauptschuldner allerdings endgültig die Leistung, so **haften sämtliche Mithafter auf Schadensersatz**. Das Verhältnis der mithaftenden Rechtsträger untereinander wird dabei durch eine gesamtschuldnerische Haftung geprägt.[100]

54 **Fehlt es im Spaltungsvertrag auch nach verständiger Auslegung an einer Regelung** bezüglich einzelner Sonderrechte, und wird die Spaltung trotzdem eingetragen und da-

---

93 Lutter/*Schwab* § 133 Rn. 127; Semler/Stengel/Leonard/*Seulen* § 133 Rn. 70.
94 Lutter/*Schwab* § 133 Rn. 129; Kölner Komm UmwG/*Simon* § 133 Rn. 76.
95 Lutter/*Schwab* § 133 Rn. 129; Semler/Stengel/Leonard/*Seulen* § 133 Rn. 73.
96 Lutter/*Schwab* § 133 Rn. 130; Semler/Stengel/Leonard/*Seulen* § 133 Rn. 70.
97 Lutter/*Schwab* § 133 Rn. 131.
98 Semler/Stengel/Leonard/*Seulen* § 133 Rn. 72.
99 Schmitt/Hörtnagl/*Hörtnagl* § 133 Rn. 28.
100 Lutter/*Schwab* § 133 Rn. 133 f.; Semler/Stengel/Leonard/*Seulen* § 133 Rn. 73; aA Schmitt/Hörtnagl/*Hörtnagl* § 133 Rn. 28.

durch wirksam, kann der Sonderrechtsinhaber bestimmen, an welchem der beteiligten Rechtsträger ihm ein gleichwertiges Sonderrecht eingeräumt werden soll.[101]

Sowohl die Ansprüche auf Gewährung der Sonderrechte gegen den Hauptschuldner als auch die Haftung der mithaftenden Rechtsträger **verjähren** gemäß § 133 Abs. 6 S. 1 **in fünf Jahren**. Nach § 133 Abs. 6 S. 2 iVm Abs. 4 S. 1 beginnt diese Sonderverjährungsfrist, wenn die Eintragung der Spaltung in das Register des übertragenden Rechtsträgers bekannt gemacht wurde.[102]

VII. Enthaftung nach fünf Jahren und summenmäßige Begrenzung (Abs. 3)

Bereits bei der Erläuterung des Haftungskonzepts aus § 133 Abs. 1 S. 1 wurde auf die Unterscheidung zwischen **Hauptschuldner und Mithafter** hingewiesen. Charakteristisch für die Mithaftung ist dabei, dass die vor der Spaltung begründete Verbindlichkeit dem mithaftenden Rechtsträger gerade nicht im Spaltungsvertrag zugewiesen wurde. § 133 Abs. 3 S. 1 bringt nunmehr den Grundsatz zum Ausdruck, dass die mithaftenden Rechtsträger mit dem Ablauf eines Zeitraums von **fünf Jahren** nach der jeweiligen Spaltungsmaßnahme von dieser **Mithaft befreit** werden.

Damit eine Haftung der Mithafter innerhalb der fünfjährigen Frist überhaupt in Betracht kommt, verlangt das Gesetz zwei Voraussetzungen, welche kumulativ erfüllt sein müssen. Die Verbindlichkeit muss innerhalb der fünfjährigen Frist **fällig** werden und der Gläubiger muss seine Forderung in einer in § 133 Abs. 3 S. 1 iVm § 197 Abs. 1 Nr. 3–5 BGB vorgesehenen Form **feststellen lassen** oder eine **Vollstreckungshandlung vornehmen oder beantragen**.[103]

Bei der nach fünf Jahren eintretenden Enthaftung handelt es sich um eine **rechtsvernichtende Einwendung**, so dass eine Leistung trotz dieser Enthaftung rechtsgrundlos erfolgen würde, weshalb ein Kondiktionsanspruch des Mithafters aus § 812 Abs. 1 S. 1 BGB begründet sein würde.[104]

§ 133 Abs. 3 S. 3 enthält eine zehnjährige Enthaftungsfrist für Versorgungsverpflichtungen aus dem Betriebsrentengesetz, was allerdings nur für solche Spaltungen gilt, die nach dem 25.4.2007 Wirksamkeit erlangt haben.[105]

1. Mangelnde Fälligkeit innerhalb von fünf Jahren als Enthaftungsgrund

Der mithaftende Rechtsträger wird **stets enthaftet**, wenn der Anspruch des Gläubigers **nicht innerhalb von fünf Jahren nach der Spaltung fällig wird**, vgl. § 133 Abs. 3 S. 1. Im Unterschied zum Hauptschuldner scheidet eine Inanspruchnahme des Mithafters dann aus. Diese Fünfjahresfrist gilt für sämtliche Altverbindlichkeiten unabhängig von der jeweiligen Rechtsnatur der Verbindlichkeit.[106] Der Verweis auf die Hemmungsvorschriften des BGB in § 133 Abs. 4 S. 2 hat keine Auswirkung auf die fünfjährige Enthaf-

---

101 Lutter/*Schwab* § 133 Rn. 137; Semler/Stengel/Leonard/*Seulen* § 133 Rn. 74.
102 Lutter/*Schwab* § 133 Rn. 138; Semler/Stengel/Leonard/*Seulen* § 133 Rn. 76.
103 Lutter/*Schwab* § 133 Rn. 103 f.; Semler/Stengel/Leonard/*Seulen* § 133 Rn. 77, 79 ff.; Kölner Komm UmwG/*Simon* § 133 Rn. 37 ff.
104 Lutter/*Schwab* § 133 Rn. 104, 114; Kölner Komm UmwG/*Simon* § 133 Rn. 59.
105 Semler/Stengel/Leonard/*Seulen* § 133 Rn. 77a; Kölner Komm UmwG/*Simon* § 133 Rn. 41.
106 Lutter/*Schwab* § 133 Rn. 105; Kölner Komm UmwG/*Simon* § 133 Rn. 40, 43.

tungsfrist, da sich dieser Verweis lediglich auf die gerichtliche Feststellung bzw. auf die gleichgestellten Maßnahmen bezieht.[107]

2. Enthaftung aufgrund mangelnder Feststellung oder mangelnder Vollstreckung

61 Wird die jeweilige Verbindlichkeit zwar in einem Zeitraum von fünf Jahren nach der Spaltung fällig, **droht gleichwohl eine Enthaftung** der mithaftenden Rechtsträger, wenn der Gläubiger seine Ansprüche nicht in einer in § 197 Abs. 1 Nr. 3–5 BGB bezeichneten Art **feststellen lässt** oder **Vollstreckungshandlungen vornimmt oder beantragt**, vgl. § 133 Abs. 3 S. 1.[108]

a) Feststellung iSv Abs. 3 iVm § 197 Abs. 1 Nr. 3–5

62 Der Gläubiger kann zur Vermeidung einer Enthaftung seine Verbindlichkeit nach § 133 Abs. 3 S. 1 iVm § 197 Abs. 1 Nr. 3–5 BGB **feststellen lassen**. Dies bedeutet, dass er eine rechtskräftige Feststellung des Anspruchs (§ 197 Abs. 1 Nr. 3), eine Feststellung in einem vollstreckbaren Vergleich oder einer vollstreckbaren Urkunde (§ 197 Abs. 1 Nr. 4) oder eine vollstreckbare Feststellung im Insolvenzverfahren (§ 197 Abs. 1 Nr. 5) erwirken muss. Im Ergebnis setzt die Haftungserhaltung also einen vollstreckbaren Titel gegen den Mithafter voraus.[109] Da diese Feststellung gegenüber dem Mithafter zu erfolgen hat, muss diese also zu einem Zeitpunkt geschehen, in welchem die Spaltung bereits Wirksamkeit erlangt hat, welche ursächlich für die Mithaft war.[110]

b) Gerichtliche oder behördliche Vollstreckungshandlung

63 Eine Enthaftung ist auch dann ausgeschlossen, wenn der Gläubiger gegen den mithaftenden Rechtsträger eine **gerichtliche oder behördliche Vollstreckungshandlung** vorgenommen oder beantragt hat, vgl. § 133 Abs. 3 S. 1 Alt 2. Diese Alternative der Haftungsbewahrung ist dann entscheidend, wenn zugunsten des Gläubigers **ein vollstreckbarer Titel vorliegt, der bereits vor der Spaltungsmaßnahme erwirkt wurde**.[111] Existiert ein solcher rechtskräftiger Titel **vor** der Spaltung, so muss der Gläubiger also zur Vermeidung einer Enthaftung – trotz des vorliegenden, rechtskräftigen Titels – gegen die mithaftenden Rechtsträger vollstrecken.[112] Ein nach der Spaltungsmaßnahme erwirkter rechtskräftiger Titel (iSv § 197 Abs. 1 Nr. 3–5 BGB) genügt allerdings, um die Haftung zu erhalten, so dass in diesen Fällen keine zusätzlichen Vollstreckungshandlungen notwendig sind.[113] Wird die Vollstreckung aufgehoben oder dem Antrag hinsichtlich der Vollstreckung nicht stattgegeben oder wird dieser zurückgenommen, vgl. § 133 Abs. 4 S. 2 iVm § 212 Abs. 2 und Abs. 3 BGB, so entfällt die haftungserhaltende Wirkung.[114]

c) Erlass eines Verwaltungsaktes (Abs. 3 S. 1 Hs. 2)

64 Grundsätzlich ergibt sich auch bei öffentlich-rechtlichen Verpflichtungen die Möglichkeit einer Enthaftung. Dies gilt vom Grundsatz her auch für die polizeilichen Zustands-

---

107 Semler/Stengel/Leonard/*Seulen* § 133 Rn. 81; Kölner Komm UmwG/*Simon* § 133 Rn. 42.
108 Lutter/*Schwab* § 133 Rn. 106; Semler/Stengel/Leonard/*Seulen* § 133 Rn. 82; Kölner Komm UmwG/*Simon* § 133 Rn. 44.
109 Kölner Komm UmwG/*Simon* § 133 Rn. 46.
110 Semler/Stengel/Leonard/*Seulen* § 133 Rn. 92 ff.
111 Kölner Komm UmwG/*Simon* § 133 Rn. 53.
112 Lutter/*Schwab* § 133 Rn. 112 f.; Kölner Komm UmwG/*Simon* § 133 Rn. 45.
113 Lutter/*Schwab* § 133 Rn. 112 f.
114 Lutter/*Schwab* § 133 Rn. 109; Kölner Komm UmwG/*Simon* § 133 Rn. 54.

verpflichtungen. Fraglich ist allerdings, ob die Zustandshaftung überhaupt als Altverbindlichkeit eingestuft werden kann oder aufgrund der Nähe zur Störungsquelle als Neuverbindlichkeit, so dass sich die Frage nach einer Enthaftung nicht stellt.[115]

Mit Blick auf diese öffentlich-rechtlichen Pflichten genügt zur Vermeidung der Enthaftungswirkung gemäß § 133 Abs. 3 S. 1 Hs. 2 der **Erlass eines Verwaltungsaktes**. Dieser Verwaltungsakt, in dem der Anspruch festgelegt wird, muss allerdings innerhalb der fünfjährigen Frist dem mithaftenden Rechtsträger zugehen. Eine Enthaftung ist erst dann wieder möglich, wenn der Verwaltungsakt entweder zurückgenommen oder aufgehoben wird.[116]

d) Schriftliches Anerkenntnis (Abs. 5)

Nach § 133 Abs. 5 ist eine Enthaftung ferner ausgeschlossen, wenn der mithaftende Rechtsträger den Anspruch **in schriftlicher Form anerkennt**. Ein solches Anerkenntnis entfaltet jedoch nur Auswirkungen gegen den anerkennenden Rechtsträger selbst und strahlt nicht auf die anderen Mithafter aus.[117]

3. Die Enthaftungsfrist und eine mögliche Hemmung

Die Enthaftung nach § 133 Abs. 3 S. 1 ist ferner vom **Ablauf der Fünfjahresfrist** abhängig, in welcher die Verbindlichkeit fällig werden muss und der Anspruch des Gläubigers festgestellt oder die Vollstreckungshandlung vorgenommen, das Anerkenntnis abgegeben oder der Verwaltungsakt erlassen werden muss.[118] Gemäß § 133 Abs. 4 beginnt die Frist „mit dem Tage, an dem die Eintragung der Spaltung in das Register des Sitzes des übertragenden Rechtsträgers nach § 125 in Verbindung mit § 19 Abs. 3 bekannt gemacht worden ist." Dies gilt sowohl für die Spaltung zur Aufnahme als auch für die Spaltung zur Neugründung.[119] Die Fristberechnung erfolgt nach den Vorgaben der §§ 187, 188 BGB.[120]

Hinweis: Die Frist des § 133 Abs. 3 S. 1 ist allerdings **nicht zwingend**. Die Gläubiger können mit den mithaftenden Rechtsträgern vielmehr eine verkürzte oder verlängerte Enthaftungsfrist vereinbaren. Im Rahmen des Spaltungsvertrages können die beteiligten Rechtsträger naturgemäß aber nur eine Verlängerung der Frist bezüglich der Mithaftung festlegen.[121]

Beachtlich ist weiter, dass die fünfjährige Frist nach § 133 Abs. 4 S. 2 iVm §§ 204, 206, 210 und 211 BGB einer **Hemmung** unterliegen kann. Die Enthaftungsfrist wird zunächst einmal durch **Maßnahmen der Rechtsverfolgung** iSv § 204 Abs. 1 BGB gehemmt. Die Hemmung endet dabei stets sechs Monate nach einer rechtskräftigen Entscheidung bzw. nach einer anderweitigen Beendigung des Verfahrens, vgl. § 204 Abs. 2 BGB.[122] Von praktischer Relevanz für die Hemmung ist dabei insbesondere die rechtzeitige[123]

---

115 Lutter/*Schwab* § 133 Rn. 120; Semler/Stengel/Leonard/*Seulen* § 133 Rn. 110.
116 Lutter/*Schwab* § 133 Rn. 119; Kölner Komm UmwG/*Simon* § 133 Rn. 55.
117 Lutter/*Schwab* § 133 Rn. 118; Kölner Komm UmwG/*Simon* § 133 Rn. 52.
118 Semler/Stengel/Leonard/*Seulen* § 133 Rn. 88.
119 Lutter/*Schwab* § 133 Rn. 122 f.
120 Lutter/*Schwab* § 133 Rn. 124.
121 Lutter/*Schwab* § 133 Rn. 125; Kölner Komm UmwG/*Simon* § 133 Rn. 56.
122 Lutter/*Schwab* § 133 Rn. 106; Kölner Komm UmwG/*Simon* § 133 Rn. 48.
123 Nach § 167 ZPO ist es ausreichend, wenn die Klage vor Fristablauf bei Gericht eingeht, auch wenn die Zustellung erst nach Ablauf der Frist stattfindet, sofern die Zustellung jedenfalls demnächst erfolgt. Siehe hierzu: Lutter/*Schwab* § 133 Rn. 107.

Klageerhebung iSv § 204 Abs. 1 Nr. 1 BGB. Der Ablauf der Enthaftungsfrist ist auch dann gehemmt, wenn der Gläubiger aufgrund **höherer Gewalt** in den letzten sechs Monaten der Frist an der Inanspruchnahme des mithaftenden Rechtsträgers gehindert wurde, vgl. § 206 BGB.[124] Abschließend kommt eine Ablaufhemmung bei nicht voll Geschäftsfähigen (§ 210 BGB) sowie in Nachlassfällen (§ 211) in Betracht. Aufgrund einer fehlenden Verweisung auf § 203 BGB führen **Verhandlungen** zwischen dem Gläubiger und dem Mithafter über die jeweilige Verbindlichkeit jedoch gerade **nicht zu einer Hemmung** der Verjährung.[125]

69 Als **Rechtsfolge** bewirkt die Verjährungshemmung, dass der Zeitraum der jeweiligen Hemmung entsprechend § 209 BGB nicht im Rahmen der fünfjährigen Enthaftungsfrist miteingerechnet wird. Mit dem Wegfall des jeweiligen Hemmungsgrundes läuft dann die restliche Frist, welche vor dem Eintritt des hemmenden Ereignisses noch nicht abgelaufen war, weiter.[126] Ein Neubeginn der Enthaftungsfrist iSd § 212 Abs. 1 BGB kommt nicht in Betracht. Vielmehr verhindert ein Anerkenntnis, ein bestandskräftiger Titel oder eine wirksame Vollstreckung endgültig die Enthaftung.[127]

4. Beschränkung der Haftung auf das Nettovermögen

70 § 133 Abs. 3 S. 2 beschränkt die gesamtschuldnerische Haftung der spaltungsbeteiligten Rechtsträger auf den Wert des ihnen am Tag des Wirksamwerdens der Spaltung zugeteilten Nettoaktivvermögens. Dies ist für grenzüberschreitende Spaltungen in Art. 160j Abs. 2 S. 2 GesR-RL unionsrechtlich vorgegeben und wurde entsprechend vom Gesetzgeber auf alle Spaltungen erstreckt. Der Gesetzgeber hat dabei den Begriff „Nettoaktivvermögen" nicht weiter definiert und ausweislich der Begründung der Beschlussempfehlung des Rechtsausschusses bewusst die nähere Konturierung Rechtsprechung und Lehre überlassen.[128] Allgemein lässt sich das Nettoaktivvermögen als Wert der Gegenstände des Aktivvermögens (sämtliche Vermögenswerte und Vermögenspositionen) abzüglich des Wertes der Gegenstände des Passivvermögens (sämtliche Verbindlichkeiten gemäß § 133 Abs. 1 S. 1) beschreiben.[129]

5. Sicherheiten

71 Unterschiedlich beantwortet wird die Frage, welches Schicksal **Sicherheiten** erleiden, die gerade mit Blick auf die enthaftete Verbindlichkeit bestellt wurden. Nach einer Ansicht würden Dritte, welche zugunsten des mithaftenden Rechtsträgers Sicherheiten gestellt hätten, in entsprechender Anwendung von § 418 BGB von einer möglichen Haftung befreit werden. Diese Rechtsfolge würde allerdings nicht für solche Sicherheiten gelten, die vom Mithafter selbst gestellt worden seien.[130] Nach vorherrschender Ansicht findet § 418 BGB allerdings im Rahmen der Spaltung keine Anwendung. Im Ergebnis **bleiben die akzessorischen Sicherheiten auch im Falle einer Enthaftung** nach § 133 Abs. 3, Abs. 5 somit weiterhin **bestehen**.[131]

---

124 Lutter/*Schwab* § 133 Rn. 106; Kölner Komm UmwG/*Simon* § 133 Rn. 49.
125 Lutter/*Schwab* § 133 Rn. 106.
126 Lutter/*Schwab* § 133 Rn. 110; Kölner Komm UmwG/*Simon* § 133 Rn. 51.
127 Lutter/*Schwab* § 133 Rn. 109 f.; Kölner Komm UmwG/*Simon* § 133 Rn. 51.
128 Vgl. Beschlussempfehlung und Bericht des Rechtsausschusses (6. Ausschuss), Drs. 20/4806, 105.
129 *Gattringer* NZG 2023, 443 (454).
130 Lutter/*Schwab* § 133 Rn. 116 f.
131 Semler/Stengel/Leonard/*Seulen* § 133 Rn. 101; Kölner Komm UmwG/*Simon* § 133 Rn. 61 f.

§ 134 Schutz der Gläubiger in besonderen Fällen

(1) ¹Spaltet ein Rechtsträger sein Vermögen in der Weise, daß die zur Führung eines Betriebes notwendigen Vermögensteile im wesentlichen auf einen übernehmenden oder mehrere übernehmende oder auf einen neuen oder mehrere neue Rechtsträger übertragen werden und die Tätigkeit dieses Rechtsträgers oder dieser Rechtsträger sich im wesentlichen auf die Verwaltung dieser Vermögensteile beschränkt (Anlagegesellschaft), während dem übertragenden Rechtsträger diese Vermögensteile bei der Führung seines Betriebes zur Nutzung überlassen werden (Betriebsgesellschaft), und sind an den an der Spaltung beteiligten Rechtsträgern im wesentlichen dieselben Personen beteiligt, so haftet die Anlagegesellschaft auch für die Forderungen der Arbeitnehmer der Betriebsgesellschaft als Gesamtschuldner, die binnen fünf Jahren nach dem Wirksamwerden der Spaltung auf Grund der §§ 111 bis 113 des Betriebsverfassungsgesetzes begründet werden. ²Dies gilt auch dann, wenn die Vermögensteile bei dem übertragenden Rechtsträger verbleiben und dem übernehmenden oder neuen Rechtsträger oder den übernehmenden oder neuen Rechtsträgern zur Nutzung überlassen werden.

(2) Die gesamtschuldnerische Haftung nach Absatz 1 gilt auch für vor dem Wirksamwerden der Spaltung begründete Versorgungsverpflichtungen auf Grund des Betriebsrentengesetzes.

(3) Für die Ansprüche gegen die Anlagegesellschaft nach den Absätzen 1 und 2 gilt § 133 Abs. 3 Satz 1, Abs. 4 und 5 entsprechend mit der Maßgabe, daß die Frist fünf Jahre nach dem in § 133 Abs. 4 Satz 1 bezeichneten Tage beginnt.

I. Normzweck 1	V. Die Betriebsübertragung nach Abs. 1 S. 2 . 22
II. Die Betriebsaufspaltung iSv Abs. 1 4	VI. Die Rechtsfolgen 23
III. Die von Abs. 1 erfassten Spaltungsarten ... 7	1. Betriebsverfassungsrechtliche Ansprüche der Arbeitnehmer 24
IV. Die tatbestandlichen Elemente von Abs. 1 S. 1 11	a) Der Arbeitnehmerbegriff in Abs. 1 S. 1 25
1. Die zur Führung eines Betriebes notwendigen Vermögensteile 12	b) Die Haftung der Anlagegesellschaft 28
2. Die Übertragung „im wesentlichen" 14	c) Der sog. Bemessungsdurchgriff 29
3. Die Beschränkung auf die Verwaltung der Vermögensteile „im wesentlichen" .. 16	2. Die Versorgungsansprüche (Abs. 2) 32
4. Die Nutzungsüberlassung 17	3. Die Enthaftung nach Abs. 3 34
5. Die Beteiligung der „im wesentlichen" selben Personen 18	

I. Normzweck

Das spaltungsspezifische Gläubigerschutzsystem des § 133 wird durch § 134 (Schutz der 1 Gläubiger in besonderen Fällen) für den Sonderfall der sog. **Betriebsaufspaltung ergänzt und erweitert**.[1] Die Gesetzesbegründung sieht in einer solchen Betriebsaufspaltung, welche durch die Spaltung eines Rechtsträgers in eine Anlage- und eine Betriebsgesellschaft geprägt ist und insoweit nicht mit dem umwandlungsrechtlichen Begriff der Aufspaltung identisch ist, erhebliche **Nachteile für die Arbeitnehmer** der Betriebsgesellschaft, weshalb diese in besonderem Maße geschützt werden müssen.[2]

Aus diesem Grunde wird die **Haftung aller beteiligten Anlagegesellschaften und** 2 **Betriebsgesellschaften** nach § 134 Abs. 1 im Vergleich zu § 133 insbesondere mit Blick

---

[1] Kölner Komm UmwG/*Hohenstatt/Schramm* § 134 Rn. 1; Lutter/*Schwab* § 134 Rn. 1.

[2] BR-Drs. 75/94, 122; Semler/Stengel/Leonard/*Seulen* § 134 Rn. 2.

auf Sozialplan- und Nachteilsausgleichsansprüche (vgl. §§ 111 ff. BetrVG) erweitert. Die beteiligten Anlagegesellschaften haften neben den beteiligten Betriebsgesellschaften für die genannten Verbindlichkeiten gegenüber den Arbeitnehmern aus dem BetrVG auch dann, wenn die Ansprüche in einem Zeitraum von fünf Jahren **nach der Spaltung** entstanden sind. Somit **verlängert sich die Nachhaftungspflicht** für die Ansprüche aus dem Betriebsverfassungsgesetz auf insgesamt **zehn Jahre**, vgl. § 134 Abs. 3.

3 § 134 ist rechtspolitisch umstritten und wird im Hinblick auf den unbestimmten Tatbestand teilweise als „vollkommen missglückt" bezeichnet.[3] Daneben wird die praktische Bedeutung aufgrund der schwindenden Attraktivität der Betriebsaufspaltung als gering bzw. als rückläufig eingestuft.[4]

II. Die Betriebsaufspaltung iSv Abs. 1

4 § 134 Abs. 1 enthält **zwei grundsätzliche Formen der Betriebsaufspaltung**. Zunächst beschreibt **§ 134 Abs. 1 S. 1** den Fall, dass ein Rechtsträger das wesentliche Betriebsvermögen auf eine oder mehrere Anlagegesellschaften überträgt, der übertragende Rechtsträger aber dennoch den Betrieb fortsetzt, weshalb ihm das Anlagevermögen vom übernehmenden Rechtsträger wiederum zur Nutzung überlassen wird. Der übertragende Rechtsträger als Betriebsgesellschaft verbleibt dabei in der Position des Arbeitgebers.[5]

5 § 134 Abs. 1 S. 2 beschreibt den umgekehrten Fall. Demnach verbleibt das wesentliche Betriebsvermögen beim übertragenden Rechtsträger, so dass dieser nun als Anlagegesellschaft fungiert. Der übernehmende Rechtsträger wird durch die Spaltungsmaßnahme zur Betriebsgesellschaft,[6] weshalb diesem das Anlagevermögen zur Nutzung überlassen wird. In der praktischen Fallgestaltung ist diese zweite Konstellation die **häufiger anzutreffende Variante**, da aufgrund der fehlenden Übertragung des Anlagevermögens die Transaktionskosten in der Regel geringer ausfallen dürften.[7] Nur im Falle von § 134 Abs. 1 S. 2 liegt ein **Betriebsübergang iSv § 613a BGB** vor, so dass die übernehmende Betriebsgesellschaft nunmehr als Arbeitgeber fungiert.[8]

6 Die zuvor beschriebene Betriebsaufspaltung führt in beiden von § 134 Abs. 1 vorgesehenen Alternativen jeweils zu einer **Trennung der betrieblichen Aktivität** (inklusive der haftungsrelevanten Risiken) einerseits **und dem wesentlichen Anlagevermögen** andererseits. In der Literatur wird derweil auch von einer „Abschottung der Haftungsmassen" bzw. von einer künstlichen Trennung gesprochen, woraus die besondere Schutzbedürftigkeit der Arbeitnehmer erwächst.[9]

III. Die von Abs. 1 erfassten Spaltungsarten

7 Fraglich ist, welche der verschiedenen Spaltungsarten von § 134 Abs. 1 erfasst werden. Unstreitig ist die **Abspaltung** vom Wortlaut des § 134 Abs. 1 umfasst, unabhängig ob es sich dabei um eine solche zur Aufnahme oder zur Neugründung handelt.[10]

---

3 Kölner Komm UmwG/*Hohenstatt/Schramm* § 134 Rn. 1.
4 Kölner Komm UmwG/*Hohenstatt/Schramm* § 134 Rn. 3.
5 Semler/Stengel/*Leonard/Seulen* § 134 Rn. 5.
6 Als Betriebsgesellschaft können nach § 134 Abs. 1 S. 2 auch mehrere übernehmende Rechtsträger eingesetzt werden.
7 Kölner Komm UmwG/*Hohenstatt/Schramm* § 134 Rn. 2; Widmann/Mayer/*Vossius* § 134 Rn. 28 f.
8 Kölner Komm UmwG/*Hohenstatt/Schramm* § 134 Rn. 6; 16; Lutter/*Schwab* § 134 Rn. 13 f.
9 Kölner Komm UmwG/*Hohenstatt/Schramm* § 134 Rn. 2; Lutter/*Schwab* § 134 Rn. 1.
10 Kölner Komm UmwG/*Hohenstatt/Schramm* § 134 Rn. 4; Lutter/*Schwab* § 134 Rn. 8, 65; Kallmeyer/*Willemsen* § 134 Rn. 4.

Da eine grundsätzliche Identität der Gesellschafter – wie in § 134 Abs. 1 gefordert – auch im Wege einer mittelbaren Beteiligung erreicht werden kann, fällt auch die Spaltungsvariante der **Ausgliederung** in den Anwendungsbereich von § 134.[11] Von praktischer Bedeutung ist allerdings nur eine **Ausgliederung des Betriebs** (§ 134 Abs. 1 S. 2), so dass der Anlagegesellschaft Anteile an der Betriebsgesellschaft erwachsen. Nur im Rahmen einer solchen Ausgliederungskonstellation kann die Trennung der Haftungsmassen zuungunsten der Gläubiger überhaupt erreicht werden.[12]

Umstritten ist die Frage, ob auch die **Aufspaltung** in den Anwendungsbereich von § 134 Abs. 1 fällt. Die Spaltungsvariante der Aufspaltung wird vom **Wortlaut** der Norm allerdings **nicht erfasst**, da dieser vom Fortbestand des übertragenden Rechtsträgers ausgeht. Nach der wohl vorherrschenden Ansicht wird aber eine **analoge Anwendung** des § 134 Abs. 1 auch auf die Fälle der Aufspaltung befürwortet, wenn die sonstigen Voraussetzungen der Betriebsaufspaltung gegeben sind. Dies ist immer dann der Fall, wenn der Betrieb auf einen Rechtsträger und das wesentliche Anlagevermögen auf einen anderen Rechtsträger aufgespalten wird. Diese Analogie erfolgt mit Blick auf die Schutzbedürftigkeit der Arbeitnehmer auch in einer solchen Aufspaltungsvariante und zur Verhinderung einer möglichen Umgehung des Schutzkonzepts aus § 134.[13]

Erfolgt die Betriebsaufspaltung im Wege der **Einzelrechtsnachfolge**, so findet nach herrschender Ansicht § 134 **keine Anwendung**. Die Regelungen des UmwG zum Gläubigerschutz setzten nämlich stets eine partielle Gesamtrechtsnachfolge voraus, so dass für eine analoge Anwendung der Vorschrift auf die Fälle der Einzelrechtsnachfolge kein Raum besteht.[14]

IV. Die tatbestandlichen Elemente von Abs. 1 S. 1

Sämtliche der nachfolgend dargestellten Tatbestandsmerkmale aus § 134 Abs. 1 S. 1 müssen im Zeitpunkt des Wirksamwerdens der Spaltung vorliegen, damit eine erweiterte Haftung der Anlagegesellschaft eintritt.[15]

1. Die zur Führung eines Betriebes notwendigen Vermögensteile

Der Begriff des Betriebs in § 134 Abs. 1 S. 1 ist im **arbeitsrechtlichen Sinne** und nicht etwa nach der steuerlichen Begriffsprägung zu verstehen. Er folgt demnach der bereits im Rahmen der Kommentierung zu § 126 Abs. 1 Nr. 9 gefundenen Definition (→ § 126 Rn. 51). Aus diesen Gründen kommt es auf die **organisatorische Einheit** von Arbeitsmitteln an, mit welchen ein bestimmter arbeitstechnischer Zweck fortgesetzt verfolgt wird.[16]

Weiterhin muss die Spaltung die zur Führung des Betriebes **notwendigen Vermögensbestandteile** umfassen. Bei dieser Bewertung muss eine **funktionale Betrachtung des konkreten Zwecks des entstehenden Betriebes** in der Betriebsgesellschaft erfolgen. Ein für den Betrieb notwendiger Vermögensbestandteil liegt somit immer dann vor,

---

11 Kölner Komm UmwG/*Hohenstatt/Schramm* § 134 Rn. 4; Lutter/*Schwab* § 134 Rn. 8, 63 ff. (allerdings in analoger Anwendung); Kallmeyer/*Willemsen* § 134 Rn. 5.
12 Lutter/*Schwab* § 134 Rn. 67; Kallmeyer/*Willemsen* § 134 Rn. 5.
13 Lutter/*Schwab* § 134 Rn. 64 ff.; Semler/Stengel/Leonard/*Seulen* § 134 Rn. 34; Kallmeyer/*Willemsen* § 134 Rn. 4; aA

Kölner Komm UmwG/*Hohenstatt/Schramm* § 134 Rn. 4; Widmann/Mayer/*Vossius* § 134 Rn. 5.
14 Kölner Komm UmwG/*Hohenstatt/Schramm* § 134 Rn. 5; Lutter/*Schwab* § 134 Rn. 21; Kallmeyer/*Willemsen* § 134 Rn. 6.
15 Semler/Stengel/Leonard/*Seulen* § 134 Rn. 33.
16 Kölner Komm UmwG/*Hohenstatt/Schramm* § 134 Rn. 7; Kallmeyer/*Willemsen* § 134 Rn. 7.

wenn aufgrund des Betriebszweckes dieser nicht entbehrlich ist.[17] Der Wert der jeweiligen Vermögensposition ist auf Grundlage dieser funktionalen Betrachtung nicht von Relevanz, so dass insbesondere Produkte zur reinen Finanzanlage nicht zum notwendigen Vermögen iSd § 134 Abs. 1 S. 1 zu zählen sind. Etwas anderes gilt nur dann, wenn der Betrieb gerade auf solche Produkte ausgerichtet ist, wie zB bei Versicherungen oder Banken.[18] Unter dem Begriff des notwendigen Vermögens fallen in der Regel das materielle und immaterielle **Anlagevermögen** (vgl. § 266 Abs. 2 HGB). Dies können beispielsweise Betriebsgrundstücke, Gebäude, technische Produktionsanlagen oder gewerbliche Schutzrechte sein.[19] Fraglich ist jedoch, ob auch das **Umlaufvermögen** unter das zur Führung des Betriebes notwendige Vermögen fällt. Dies wird teilweise unter Berufung auf die rasche Austauschbarkeit und Wandelbarkeit des Umlaufvermögens, ohne dass damit jemals eine Beeinträchtigung des Betriebs verbunden sei, abgelehnt.[20]

2. Die Übertragung „im wesentlichen"

14 Die Übertragung des betriebsnotwendigen Vermögens hat nach § 134 Abs. 1 S. 1 „im wesentlichen" zu erfolgen. Unklarheiten ergeben sich zunächst dahin gehend, wie der Maßstab der Wesentlichkeit konkret auszugestalten ist. Nach der wohl überwiegenden Ansicht ist dieses Kriterium – im Unterschied zum Kriterium der Notwendigkeit – **wertmäßig zu bestimmen.** Hierbei gilt es, das zu übertragende Vermögen in Relation zu den verbleibenden Vermögensbestandteilen zu setzen.[21]

15 Streitig ist, ab wann das Merkmal der „Wesentlichkeit" tatsächlich erfüllt ist. Teilweise wird hierfür in Anlehnung an den früheren § 419 BGB sowie an § 1365 BGB die Übertragung von mindestens 85–90 % des betriebsnotwendigen Vermögens auf die Anlagegesellschaft gefordert.[22] Teilweise soll die Grenze bereits bei zwei Dritteln des betriebsnotwendigen Vermögens liegen,[23] oder eine fixe Wertziffer wird insgesamt für nicht überzeugend erachtet.[24] Angesichts des Tatbestandsmerkmals „im wesentlichen" und der insoweit bei vergleichbaren Tatbestandsmerkmalen zu anderen Normen ergangenen Rechtsprechung[25] erscheint ein erster Orientierungsrahmen von 85–90 % des betriebsnotwendigen Vermögens sachgerecht zu sein. Freilich ist immer der konkrete Einzelfall zu berücksichtigen, der ggf. eine andere Betrachtungsweise erfordert.

3. Die Beschränkung auf die Verwaltung der Vermögensteile „im wesentlichen"

16 Als weiteres Tatbestandsmerkmal muss die Tätigkeit des übernehmenden Rechtsträgers „im wesentlichen auf die Verwaltung dieser Vermögensteile beschränkt" sein. Nach einer Ansicht würde jede anderweitige, nicht unerhebliche Tätigkeit der Anlagegesellschaft und insbesondere die Führung eines anderen Betriebes zum **Ausschluss der**

---

17 Kallmeyer/Willemsen § 134 Rn. 7 ff.
18 Kölner Komm UmwG/Hohenstatt/Schramm § 134 Rn. 7; Kallmeyer/Willemsen § 134 Rn. 10.
19 Semler/Stengel/Leonard/Seulen § 134 Rn. 12; Kallmeyer/Willemsen § 134 Rn. 7.
20 Lutter/Schwab § 134 Rn. 32; Semler/Stengel/Leonard/Seulen § 134 Rn. 12; aA Kölner Komm UmwG/Hohenstatt/Schramm § 134 Rn. 8; Widmann/Mayer/Vossius § 134 Rn. 32; Kallmeyer/Willemsen § 134 Rn. 7; 10.
21 Widmann/Mayer/Vossius § 134 Rn. 43 f.; Kallmeyer/Willemsen § 134 Rn. 11; aA Kölner Komm UmwG/Hohenstatt/Schramm § 134 Rn. 12 (erforderlich sei eine operativ-funktionale Betrachtung, so dass dem Merkmal neben dem Kriterium der Notwendigkeit keine eigenständige Bedeutung mehr zukäme; aA auch Lutter/Schwab § 134 Rn. 38 (zu berücksichtigen sei das unternehmerische Erfolgspotential des Vermögensteils).
22 Semler/Stengel/Leonard/Seulen § 134 Rn. 14; Widmann/Mayer/Vossius § 134 Rn. 44.
23 Kallmeyer/Willemsen § 134 Rn. 11.
24 Lutter/Schwab § 134 Rn. 35.
25 So BGH FamRZ 1991, 669 zu § 1365 BGB.

Mithaftung nach § 134 Abs. 1 führen.[26] Richtigerweise legt die überwiegende Meinung dieses Tatbestandmerkmal – unter Berücksichtigung der arbeitnehmerschützenden Intention der Vorschrift – dahin gehend aus, dass die Verwaltungstätigkeit des übernehmenden Rechtsträgers sich „im wesentlichen" nur auf jenes Vermögen zu beschränken hat, welches gerade zu dem maßgeblichen Betrieb zu zählen ist und im Rahmen der konkreten Spaltungsmaßnahme übertragen wurde. Anderweitige Tätigkeiten, die sich nicht auf den konkreten Betrieb beziehen, unabhängig ob es sich dabei um operative oder vermögensverwaltende Aktivitäten handelt, sind für die Anwendung von § 134 unbeachtlich. Entscheidend ist demnach nicht, welche sonstigen Tätigkeiten die Anlagegesellschaft ausübt. Vielmehr kommt es gerade darauf an, dass diese nach den Regelungen des Spaltungsvertrages bezüglich der betriebsnotwendigen Vermögensbestandteile nur verwaltende Aufgaben wahrnimmt.[27]

4. Die Nutzungsüberlassung

Ferner setzt das erweiterte Gläubigerschutzsystem nach § 134 Abs. 1 S. 1 voraus, dass „dem übertragenden Rechtsträger diese Vermögensteile bei der Führung seines Betriebes **zur Nutzung überlassen werden**". Demnach muss also zwischen der Anlagegesellschaft und der Betriebsgesellschaft ein Rechtsverhältnis begründet werden, wonach der Betriebsgesellschaft eine **Nutzung des betriebsnotwendigen Vermögens**, welches durch die Spaltung in das Eigentum der Anlagegesellschaft gelangt ist, gestattet wird. Die Art der Nutzungsüberlassung spielt dabei keine Rolle, so dass auch ein rein **faktisches Nutzungsverhältnis ausreichend ist**.[28] Die Nutzungsüberlassung hat nach dem Gesetzeswortlaut im Hinblick auf die Führung des Betriebes zu erfolgen. Dies bedeutet zwar nicht, dass der Betrieb nach der Spaltung unverändert fortgeführt werden müsste, was zB im Falle einer Betriebsteilung nicht der Fall wäre. Jedoch ist der Tatbestand von § 134 Abs. 1 immer dann nicht erfüllt, wenn die betriebsnotweniegen Vermögensgegenstände einem anderen Betrieb oder einem Dritten überlassen werden.[29]

5. Die Beteiligung der „im wesentlichen" selben Personen

Endlich müssen nach § 134 Abs. 1 S. 1 an der Betriebsgesellschaft und an der Anlagegesellschaft „**im wesentlichen dieselben Personen beteiligt**" sein. Die Haftungserweiterung des § 134 soll ihrem Schutzzweck nach immer dann eintreten, wenn Haftungsmasse gezielt von der Betriebsgesellschaft getrennt wird.[30] Eine solche **Gefahr des Entzugs der Haftungsmasse** – insbesondere für die Arbeitnehmer der Betriebsgesellschaft – besteht typischerweise gerade dann, wenn die Tätigkeiten sowohl der Anlagegesellschaft als auch der Betriebsgesellschaft **von den identischen Gesellschaftern bestimmt werden können.**[31]

Durch das Erfordernis der Identität „im wesentlichen" wird wiederum deutlich, dass eine vollständige Kongruenz nicht vom Gesetz gefordert wird.[32] Der Anwendungsbereich von § 134 ist vielmehr immer schon dann eröffnet, wenn die identischen Gesell-

---

26 Kallmeyer/*Willemsen* § 134 Rn. 15 (dieser hält allerdings § 134 für anwendbar, wenn die Anlagegesellschaft weiteres Vermögen verwalte).
27 Kölner Komm UmwG/*Hohenstatt/Schramm* § 134 Rn. 14; Lutter/*Schwab* § 134 Rn. 46 f.; Semler/Stengel/*Leonard/Seulen* § 134 Rn. 15 f.; Widmann/Mayer/*Vossius* § 134 Rn. 53.
28 Kölner Komm UmwG/*Hohenstatt/Schremm* § 134 Rn. 15 f.; Kallmeyer/*Willemsen* § 134 Rn. 12.
29 Kallmeyer/*Willemsen* § 134 Rn. 14.
30 Kölner Komm UmwG/*Hohenstatt/Schremm* § 134 Rn. 17; Kallmeyer/*Willemsen* § 134 Rn. 16.
31 Kölner Komm UmwG/*Hohenstatt/Schremm* § 134 Rn. 17.
32 Semler/Stengel/*Leonard/Seulen* § 134 Rn. 27.

schafter in der Anlage- und Betriebsgesellschaft einen einheitlichen geschäftlichen Betätigungswillen ausüben können, so dass die **Beherrschungsidentität** als entscheidendes Kriterium bei diesem Tatbestandsmerkmal zu werten ist.[33] Die im Rahmen von § 134 erforderliche Beherrschungsidentität ist erreicht, wenn die **Mehrheiten** (also mehr als 50 %) **in den betroffen Gesellschaften identisch sind**. Eine leichte Disproportionalität der Beteiligung im Rahmen der jeweiligen Mehrheiten ist dann unschädlich, wenn die Mehrheiten in der Gesamtschau wiederum identisch sind, so dass die Leitung der beteiligten Gesellschaften von den identischen Gesellschaftergruppen ausgeübt wird.[34]

20 Entscheidend ist bei der Bestimmung dieser Beherrschungsidentität in der Anlage- und Betriebsgesellschaft auf die **Beteiligungen nach Anteilsquoten** und nicht etwa nach Köpfen abzustellen. Demnach ist es denkbar, dass trotz vollständiger Identität des Gesellschafterkreises, aufgrund besonders unterschiedlicher Beteiligungsquoten, eine Identität iSd § 134 Abs. 1 S. 1 zu verneinen ist.[35] Fallen Stimmrechte und Kapital- bzw. Gewinnbeteiligungen auseinander, so ist mit Blick auf den Schutzzweck der Norm bei der Bestimmung der Beteiligungsquoten der einzelnen Gesellschafter nach herrschender Ansicht **auf die jeweiligen Stimmrechte abzustellen**.[36]

21 Ferner sind auch mittelbare Beherrschungsmöglichkeiten, zB durch konzernrechtliche Gestaltungen oder Treuhandvereinbarungen, bei der Bestimmung der Beherrschungsidentität zu berücksichtigen.[37]

V. Die Betriebsübertragung nach Abs. 1 S. 2

22 § 134 Abs. 1 S. 2 enthält – wie bereits beschrieben (→ Rn. 5) – den umgekehrten Fall, so dass der übertragende Rechtsträger zur Anlagegesellschaft und der übernehmende Rechtsträger zur Betriebsgesellschaft werden. Bei dieser in der Praxis häufiger anzutreffenden Gestaltungsform wird der **Betrieb selbst** und nicht das Anlagevermögen **übertragen**.[38] Die Übertragung muss sich dabei bereits auf eine **bestehende organisatorische Einheit** im Sinne eines Betriebes oder eines Betriebsteiles beziehen.[39] § 134 Abs. 1 S. 2 stellt dabei klar, dass die tatbestandlichen Voraussetzungen wie zuvor bei § 134 Abs. 1 S. 1 gelten. Besonderheiten ergeben sich bis auf die veränderte Rollenverteilung des übertragenden und des übernehmenden Rechtsträgers nicht.

VI. Die Rechtsfolgen

23 Die Rechtsfolgen, welche sich aus § 134 ergeben, wurden bereits oben in einem kurzen Überblick skizziert (→ Rn. 2). Inhaltlich werden **Arbeitnehmeransprüche aufgrund der §§ 111–113 BetrVG** (§ 134 Abs. 1 S. 1) sowie **Versorgungsverpflichtungen aufgrund des Betriebsrentengesetzes** der Arbeitnehmer erfasst (§ 134 Abs. 2). Im Hinblick auf diese Ansprüche wird die Mithaftung der Anlagegesellschaft im Vergleich zu der Haftung aus § 133 erweitert.[40]

---

[33] Kölner Komm UmwG/*Hohenstatt/Schramm* § 134 Rn. 17.
[34] Lutter/*Schwab* § 134 Rn. 60 ff.; Kallmeyer/*Willemsen* § 134 Rn. 16.
[35] Kölner Komm UmwG/*Hohenstatt/Schramm* § 134 Rn. 18; Semler/Stengel/Leonard/*Seulen* § 134 Rn. 26; Kallmeyer/*Willemsen* § 134 Rn. 16.
[36] Kölner Komm UmwG/*Hohenstatt/Schramm* § 134 Rn. 20; Lutter/*Schwab* § 134 Rn. 60; Kallmeyer/*Willemsen* § 134 Rn. 16; aA Semler/Stengel/Leonard/*Seulen* § 134 Rn. 26.
[37] Kölner Komm UmwG/*Hohenstatt/Schramm* § 134 Rn. 17; Lutter/*Schwab* § 134 Rn. 57.
[38] Semler/Stengel/Leonard/*Seulen* § 134 Rn. 20 f.
[39] Kallmeyer/*Willemsen* § 134 Rn. 13.
[40] Lutter/*Schwab* § 134 Rn. 79; Semler/Stengel/Leonard/*Seulen* § 134 Rn. 35.

1. Betriebsverfassungsrechtliche Ansprüche der Arbeitnehmer

Der Tatbestand des § 134 Abs. 1 beinhaltet solche betriebsverfassungsrechtlichen Ansprüche, die **innerhalb von fünf Jahren nach der jeweiligen Spaltungsmaßnahme** begründet werden. Bei diesen geschützten Ansprüchen der Arbeitnehmer handelt es sich vornehmlich um solche aus einem erzwingbaren **Sozialplan** (§ 112 BetrVG) oder um gesetzliche **Nachteilsausgleichsansprüche** (§ 113 BetrVG). Für die Begründung dieser Ansprüche ist die sozialplanpflichtige Betriebsänderung (§§ 111, 112a BetrVG) der entscheidende Zeitpunkt. Wurden die betriebsverfassungsrechtlichen Ansprüche allerdings bereits vor der jeweiligen Spaltungsmaßnahme begründet, so ergibt sich eine Haftung der beteiligten Rechtsträger aus § 133.[41]

a) Der Arbeitnehmerbegriff in Abs. 1 S. 1

Die erweiterte Haftung der Anlagegesellschaft bezüglich der genannten betriebsverfassungsrechtlichen Ansprüche schützt nach dem Wortlaut des Gesetzes die „**Arbeitnehmer der Betriebsgesellschaft**". Der Arbeitnehmerbegriff in § 134 Abs. 1 S. 1 ist an § 5 BetrVG angelehnt. Der Vorteil der Haftungserweiterung entfällt daher für leitende Angestellte (§ 5 Abs. 3 BetrVG), freie Mitarbeiter, Organmitglieder und mitarbeitende, persönlich haftende Gesellschafter einer Personengesellschaft, da Mitglieder dieser Personengruppe bereits keine Ansprüche aus §§ 111–113 BetrVG erworben haben können.[42]

Unzweifelhaft werden von § 134 solche Arbeitnehmer geschützt, deren Arbeitsverhältnisse bereits vor der Spaltungsmaßnahme bestanden haben (sog. **Altarbeitnehmer**). Zweifel bestehen allerdings dahin gehend, ob auch solche Arbeitnehmer in den Schutzbereich von § 134 fallen, **deren Arbeitsverhältnisse erst nach der Spaltung begründet worden sind** (sog. **Neuarbeitnehmer**).

Dies wird teilweise mit dem Hinweis auf den eindeutigen Wortlaut von § 134 Abs. 1 S. 1 und dem qualifizierten Arbeitnehmerschutzkonzept des § 134 bejaht.[43] Die vorherrschende Ansicht lehnt die Einbeziehung von Neuarbeitnehmern allerdings ab und eröffnet den erweiterten Schutz des § 134 nur solchen Arbeitnehmern der Betriebsgesellschaft, deren Arbeitsverhältnisse bereits vor der Spaltung bestanden haben.[44] Die Vorschrift sei insoweit **einschränkend auszulegen**. Dies ergebe sich mit Blick auf den Schutzzweck der Norm, der gerade darauf gerichtet sei, solche Arbeitnehmer zu schützen, deren Ansprüche durch die Spaltung eine nachteilige Entwicklung genommen hätten. Dies könne aber nur bei sog. Altarbeitnehmern der Fall sein. Denn nur solchen Arbeitnehmern könne gerade nicht zugemutet werden, wegen der Spaltungsmaßnahme einen Arbeitsplatzwechsel zu vollziehen. Einen grundsätzlichen Schutz vor Betriebsgesellschaften als Arbeitgeber insbesondere für Neuarbeitnehmer sei in § 134 nämlich gerade nicht vorgesehen.[45]

b) Die Haftung der Anlagegesellschaft

Liegen sämtliche der genannten Voraussetzungen vor, so **haften** die Betriebsgesellschaft und die Anlagegesellschaft für die betriebsverfassungsrechtlichen Ansprüche **gemeinsam**. In Anlehnung an die Ausführungen zur gesamtschuldnerischen und der vom

---

41 Kölner Komm UmwG/*Hohenstatt/Schramm* § 134 Rn. 21 f.; Kallmeyer/*Willemsen* § 134 Rn. 17.
42 Lutter/*Schwab* § 134 Rn. 71.
43 Lutter/*Schwab* § 134 Rn. 74.
44 Kölner Komm UmwG/*Hohenstatt/Schramm* § 134 Rn. 21; Widmann/Mayer/*Vossius* § 134 Rn. 89.
45 Semler/Stengel/Leonard/*Seulen* § 134 Rn 37 f.

Verfasser bevorzugten akzessorischen Haftung (→ § 133 Rn. 25) haftet die **Betriebsgesellschaft als Hauptschuldner** und die **Anlagegesellschaft übernimmt die Rolle als Mithafter**.[46]

c) Der sog. Bemessungsdurchgriff

29 Fraglich ist ferner, ob bei der **Bemessung des finanziellen Gesamtbetrages der Sozialplanleistungen** (§ 112 Abs. V BetrVG) die wirtschaftlichen Verhältnisse nur der Betriebsgesellschaft oder der **Betriebsgesellschaft und der Anlagegesellschaft (sog. Bemessungsdurchgriff) zu berücksichtigen sind**.

30 Einer Ansicht nach ist ein solcher Bemessungsdurchgriff **abzulehnen** und im Rahmen von § 134 gerade nicht geregelt. Dies ergebe sich schon im Hinblick auf die Regressmöglichkeit der Anlagegesellschaft im Innenverhältnis zur Betriebsgesellschaft. Ferner fehle jegliche arbeitsrechtliche oder gesellschaftsrechtliche Grundlage für die Annahme eines solchen Durchgriffes.[47]

31 Unter Berücksichtigung der Gewährung eines ausreichenden Arbeitnehmerschutzes **erscheint es allerdings vorzugswürdig, einen solchen Bemessungsdurchgriff vorzunehmen**.[48] Dieser Ansatz wird auch vom Bundesarbeitsgericht (BAG) vertreten. Das BAG führt in einem Urteil vom 15.3.2011 aus, dass der Schutzzweck des § 134 immer nur dann erreicht werden könne, „wenn schon bei der Bemessung der Sozialplanleistungen auch das Vermögen der Anlagegesellschaft zur Verfügung steht, denn eine infolge der Spaltung vermögenslose Betriebsgesellschaft kann keinen Sozialplan aufstellen, der den berechtigten Belangen ihrer Beschäftigten genügt."[49] Nach dem BAG ist der Bemessungsdurchgriff allerdings dahin gehend zu beschränken, dass nur solches Vermögen zu berücksichtigen ist, welches der Betriebsgesellschaft gerade durch die Spaltungsmaßnahme entzogen wurde.[50]

2. Die Versorgungsansprüche (Abs. 2)

32 § 134 Abs. 2 erstreckt die gesamtschuldnerische Haftung der Anlagegesellschaft nach § 134 Abs. 1 auch auf **Versorgungsverpflichtungen aufgrund des Betriebsrentengesetzes**, wenn diese vor dem Wirksamwerden der Spaltung begründet wurden. Diese Haftungsfolge ergibt sich allerdings bereits aus § 133 Abs. 1 S. 1, so dass § 134 Abs. 2 bis ins Jahr 2007 lediglich die **Verlängerung der Haftungsfrist** der Anlagegesellschaft von fünf auf zehn Jahre als eigenständigen Regelungsgehalt enthielt.[51]

33 Durch das zweite Gesetz zur Änderung des UmwG vom 19.4.2007 hat § 134 Abs. 2 allerdings auch diesen einzigen, eigenständigen Regelungsgehalt verloren. **§ 133 Abs. 3 S. 2** bestimmt nunmehr eine zehnjährige Enthaftungspflicht für die genannten Versorgungspflichten bei sämtlichen Spaltungsmaßnahmen und nicht nur in den Fällen einer Betriebsaufspaltung.[52] Aus diesem Grund hat § 134 Abs. 2 somit nur noch eine **Bedeutung für Altfälle**.[53] Auf eine weitergehende Kommentierung zu § 134 Abs. 2 wird daher verzichtet.

---

46 Lutter/*Schwab* § 134 Rn. 79.
47 Kölner Komm UmwG/*Hohenstatt/Schramm* § 134 Rn. 23; Kallmeyer/*Willemsen* § 134 Rn. 19.
48 Lutter/*Schwab* § 134 Rn. 83; Semler/Stengel/Leonard/Seulen § 134 Rn. 41.
49 BAG NZA 2011, 1112 (1115).
50 BAG NZA 2011, 1112 (1115).
51 Schmitt/Hörtnagl/*Hörtnagl* § 134 Rn. 42; Kallmeyer/*Willemsen* § 134 Rn. 20.
52 BGBl. 2007 I 542 (546).
53 Schmitt/Hörtnagl/*Hörtnagl* § 134 Rn. 42; Kallmeyer/*Willemsen* § 134 Rn. 20.

3. Die Enthaftung nach Abs. 3

Bezüglich der Enthaftung der Anlagegesellschaft **verweist § 134 Abs. 3 auf § 133 Abs. 3 S. 1, Abs. 4 und Abs. 5.** Auf die dort gemachten Ausführungen bezüglich der Tatbestandmerkmale, der Frist sowie den möglichen Hemmungstatbeständen wird daher verwiesen (→ § 133 Rn. 56 ff.). 34

§ 134 Abs. 3 aE **verschiebt jedoch den Zeitpunkt des Fristbeginns um fünf Jahre** nach der Bekanntmachung der Spaltung, so dass sich für die Ansprüche aus § 134 Abs. 1 und 2 eine **verlängerte Enthaftungsfrist von zehn Jahren** ergibt.[54] § 134 Abs. 3 verweist allerdings nicht auf § 133 Abs. 3 S. 2, weshalb sich für Versorgungsverpflichtungen nicht etwa eine fünfzehnjährige Enthaftungsfrist ergibt, sondern es bei der zehnjährigen Frist verbleibt.[55] 35

Dritter Abschnitt
Spaltung zur Neugründung

§ 135 Anzuwendende Vorschriften

(1) ¹Auf die Spaltung eines Rechtsträgers zur Neugründung sind die Vorschriften des Zweiten Abschnitts entsprechend anzuwenden, jedoch mit Ausnahme der §§ 129 und 130 Abs. 2 sowie der nach § 125 entsprechend anzuwendenden §§ 4, 7 und 16 Abs. 1 und des § 27. ²An die Stelle der übernehmenden Rechtsträger treten die neuen Rechtsträger, an die Stelle der Eintragung der Spaltung im Register des Sitzes jeder der übernehmenden Rechtsträger tritt die Eintragung jedes der neuen Rechtsträger in das Register.

(2) ¹Auf die Gründung der neuen Rechtsträger sind die für die jeweilige Rechtsform des neuen Rechtsträgers geltenden Gründungsvorschriften anzuwenden, soweit sich aus diesem Buch nichts anderes ergibt. ²Den Gründern steht der übertragende Rechtsträger gleich. ³Vorschriften, die für die Gründung eine Mindestzahl der Gründer vorschreibt, sind nicht anzuwenden.

(3) Bei einer Ausgliederung zur Neugründung ist ein Spaltungsbericht nicht erforderlich.

I. Normzweck 1	V. Verweis auf die Gründungsvorschriften (Abs. 2 S. 1) 14
II. Die nach Abs. 1 S. 1 entsprechend anzuwendenden Vorschriften 3	VI. Die Gründereigenschaft (Abs. 2 S. 2, 3) 15
III. Die terminologischen Anpassungen des Abs. 1 S. 2 9	VII. Kein Spaltungsbericht bei Ausgliederung zur Neugründung (Abs. 3) 21
IV. Die Elemente der Spaltung zur Neugründung 10	

I. Normzweck

Mit § 135 beginnt der dritte Abschnitt des ersten Teils des dritten Buches (Spaltung) des UmwG, welcher mit „Spaltung zur Neugründung" überschrieben ist. Die §§ 135–137 sind dabei als **allgemeiner Teil der Spaltung zur Neugründung** zu bezeichnen. 1

---

54 Schmitt/Hörtnagl/*Hörtnagl* § 134 Rn. 45 f.; Lutter/ Schwab § 134 Rn. 83; Kallmeyer/Willemsen § 134 Rn. 27.

55 Schmitt/Hörtnagl/*Hörtnagl* § 134 Rn. 46; Kallmeyer/Willemsen § 134 Rn. 27.

1 § 135, welcher durch seine **umfassende Verweisungstechnik** insbesondere die Normen bestimmt, die bei einer Spaltung zur Neugründung Anwendung finden, kann dabei als Grundregelung der Spaltung zur Neugründung verstanden werden.[1] Diese Regelung ähnelt insgesamt § 36, der thematisch die Verschmelzung durch Neugründung beinhaltet. § 135 Abs. 2 und § 36 Abs. 2 stimmen darüber hinaus sogar wörtlich überein.

2 Die Möglichkeit, eine Unternehmensumwandlung in der Form einer Spaltung zur Neugründung durchzuführen, wurde erst durch Inkrafttreten des UmwG im Jahre 1995 geschaffen. Vergleichbare Rechtsfolgen konnten zuvor ausschließlich im Wege der Einzelrechtsnachfolge herbeigeführt werden.[2]

Heute ist die Spaltung zur Neugründung im Vergleich zu der Verschmelzung durch Neugründung die in der **Praxis häufiger anzutreffende Gestaltungsform**.[3]

II. Die nach Abs. 1 S. 1 entsprechend anzuwendenden Vorschriften

3 Das Recht der Spaltung zur Neugründung beginnt in § 135 Abs. 1 S. 1 mit einer umfassenden Verweisung auf die Vorschriften, welche gerade auf diese Art der Spaltung entsprechend anzuwenden sind. Hierbei stellt die Norm zunächst die entsprechende Anwendbarkeit der Vorschriften des zweiten Abschnitts (§§ 126–134 – Spaltung zur Aufnahme) fest. Ferner werden die Ausnahmen von dieser generellen Anwendbarkeit festgelegt, welche sowohl die Normen zur Spaltung zur Aufnahme als auch die gemäß § 125 auf sämtliche Spaltungsarten entsprechend anzuwendenden Regelungen des Verschmelzungsrechtes (§§ 2–122) betreffen.

4 Zunächst werden in § 135 Abs. 1 S. 1 die §§ 129 und 130 Abs. 2 von einer entsprechenden Anwendung auf die Spaltung zur Neugründung explizit ausgenommen. Das in § 129 – den Vertretungsorganen der übernehmenden Rechtsträger – zusätzlich eingeräumte Recht zur Anmeldung der Spaltung würde auch wenig Sinn machen. Denn bei der Spaltung zur Neugründung ist der übernehmende Rechtsträger im Zeitpunkt der Anmeldung entweder noch gar nicht oder nur als Vor-Gesellschaft existent, so dass diese Ausnahme nur konsequent ist.[4] Die Nichtanwendbarkeit von § 130 Abs. 2 beruht auf der **Sonderregelung des § 137 Abs. 3**, worin das Registerverfahren für die Spaltung zur Neugründung eigenständig geregelt wird.[5]

5 Weiterhin finden § 4 (Verschmelzungsvertrag), § 7 (Kündigung des Verschmelzungsvertrags), § 16 Abs. 1 (Anmeldung der Verschmelzung) und § 27 (Schadensersatzpflicht der Verwaltungsträger des übernehmenden Rechtsträgers) neben solchen Vorschriften, die bereits im Rahmen von § 125 explizit ausgeschlossen worden sind, auf die Spaltung eines Rechtsträgers zur Neugründung keine Anwendung.

6 Zweifelhaft erscheint allerdings der **Ausschluss von § 4 Abs. 2**. Dies wird allgemein als **Redaktionsversehen** betrachtet, da keinerlei Grund besteht, nicht über den Spaltungsplan als Entwurf zu beschließen. § 4 Abs. 2 ist somit trotz des klaren Wortlauts des § 135 Abs. 1 S. 1 auch auf die Spaltung zur Neugründung anwendbar. Somit könnte der

---

[1] Semler/Stengel/Leonard/*Bärwaldt* § 135 Rn. 1; Kölner Komm UmwG/*Simon/Nießen* § 135 Rn. 4.

[2] Semler/Stengel/Leonard/*Bärwaldt* § 135 Rn. 2; Kölner Komm UmwG/*Simon/Nießen* § 135 Rn. 5.

[3] Widmann/Mayer/*Mayer* § 135 Rn. 2; Semler/Stengel/Leonard/*Bärwaldt* § 135 Rn. 2; Kölner Komm UmwG/*Simon/Nießen* § 135 Rn. 3.

[4] Kölner Komm UmwG/*Simon/Nießen* § 135 Rn. 18; Semler/Stengel/Leonard/*Bärwaldt* § 135 Rn. 4.

[5] Kölner Komm UmwG/*Simon/Nießen* § 135 Rn. 19; Semler/Stengel/Leonard/*Bärwaldt* § 135 Rn. 4.

Spaltungsbeschluss bei der Spaltung zur Neugründung auch auf der Grundlage eines schriftlichen Entwurfs des Spaltungsplans gefasst werden.[6]

Mit Blick auf das gesondert geregelte **Verfahren zur Anmeldung und Eintragung** der Spaltung zur Neugründung in § 137 Abs. 1 und Abs. 2 entfällt weiterhin eine entsprechende Berücksichtigung von § 16 Abs. 1.[7] Eine mögliche **Haftung der Organe des übernehmenden Rechtsträgers** iSv § 27 kommt bei einer Spaltung zur Neugründung schon mangels Existenz eines solchen Rechtsträgers nicht in Betracht.[8]

Aus dem dargestellten umfassenden Verweisungssystem des § 135 Abs. 1 S. 1 ergibt sich bei der Spaltung zur Neugründung nunmehr folgendes **Prüfungssystem**. Zunächst sind die in den §§ 138 ff. enthaltenen besonderen rechtsformabhängigen Vorschriften zu berücksichtigen. Danach folgt der allgemeine Teil zur Spaltung zur Neugründung gemäß §§ 135–137 sowie über § 135 Abs. 1 S. 1 die Anwendung der §§ 126–134. Auf der nächsten Stufe müssen die §§ 123–125 beachtet werden, und gemäß § 135 Abs. 1 S. 1, § 125 S. 1 sind abschließend die besonderen und allgemeinen Regelungen des Verschmelzungsrechts auf ihre Anwendbarkeit bezüglich der Spaltung zur Neugründung zu überprüfen.[9]

III. Die terminologischen Anpassungen des Abs. 1 S. 2

In § 135 Abs. 1 S. 2 werden terminologische Anpassungen aufgrund der Besonderheiten der Spaltung zur Neugründung vorgenommen. Statt „der übernehmenden Rechtsträger" heißt es „die neuen Rechtsträger" und aus der Formulierung „der Eintragung der Spaltung im Register des Sitzes jeder der übernehmenden Rechtsträger" wird bei der Spaltung zur Neugründung „die Eintragung jedes der neuen Rechtsträger in das Register".

IV. Die Elemente der Spaltung zur Neugründung

Bei der Spaltung zur Neugründung können sämtliche der in § 3 Abs. 1 genannten Rechtsträger neu gegründet werden und als übernehmende Rechtsträger fungieren.[10] Ferner kann die Spaltung zur Neugründung im Rahmen einer einzigen Spaltungsmaßnahme mit der Spaltung zur Aufnahme **kombiniert werden**, vgl. § 123 Abs. 4.[11]

Bezüglich des Ablaufs der Spaltung zur Neugründung ergeben sich keine wesentlichen Unterschiede im Vergleich zur Spaltung zur Aufnahme. Ein Unterscheidungsmerkmal liegt allerdings darin, dass an einer Spaltung zur Neugründung nur ein Rechtsträger – nämlich der übertragende Rechtsträger – beteiligt ist und somit **der Spaltungsplan iSv § 136 den Spaltungsvertrag ersetzt**.[12] Dieser ist vom Vertretungsorgan des übertragenden Rechtsträgers aufzustellen und bedarf der notariellen Beurkundung, vgl. § 125 S. 1 iVm § 6.[13]

---

6 Widmann/Mayer/*Mayer* § 136 Rn. 6; Lutter/*Priester* § 136 Rn. 6; Semler/Stengel/Leonard/*Bärwaldt* § 135 Rn. 4, Fn. 13; Semler/Stengel/Leonard/*Schröer/Greitemann* § 136 Rn. 5.
7 Kölner Komm UmwG/*Simon/Nießen* § 135 Rn. 23; Semler/Stengel/Leonard/*Bärwaldt* § 135 Rn. 4.
8 Kölner Komm UmwG/*Simon/Nießen* § 135 Rn. 23; Semler/Stengel/Leonard/*Bärwaldt* § 135 Rn. 4.
9 Schmitt/Hörtnagl/*Hörtnagl* § 135 Rn. 3; Kölner Komm UmwG/*Simon/Nießen* § 135 Rn. 13.
10 Semler/Stengel/Leonard/*Bärwaldt* § 135 Rn. 6; Kölner Komm UmwG/*Simon/Nießen* § 135 Rn. 7.
11 Semler/Stengel/Leonard/*Bärwaldt* § 135 Rn. 8; Kölner Komm UmwG/*Simon/Nießen* § 135 Rn. 9.
12 Semler/Stengel/Leonard/*Bärwaldt* § 135 Rn. 9; Kölner Komm UmwG/*Simon/Nießen* § 135 Rn. 10.
13 Kallmeyer/*Sickinger* § 135 Rn. 12; Semler/Stengel/Leonard/*Bärwaldt* § 135 Rn. 10; Kölner Komm UmwG/*Simon/Nießen* § 135 Rn. 10.

12 Der **Spaltungsbericht** ist von den Organen des übertragenden Rechtsträgers aufzustellen, vgl. § 135 Abs. 1 S. 1, § 127. Im Falle einer Aufspaltung und einer Abspaltung ist grundsätzlich auch eine **Spaltungsprüfung** iSd § 125 S. 1, §§ 9–12 durchzuführen. Die Entbehrlichkeit des Berichts und der Prüfung der Spaltung kann sich wie bei der Verschmelzung aus den allgemeinen Bestimmungen ergeben.[14]

13 Die Wirksamkeit des Spaltungsplanes bedingt einen **zustimmenden Beschluss** der Anteilsinhaber des übertragenden Rechtsträgers, vgl. § 125 S. 1, § 13 Abs. 1.[15]

Das Verfahren zur **Anmeldung und Eintragung** der Spaltung zur Neugründung ist in § 137 geregelt, weshalb bezüglich der Details auf die dortige Kommentierung verwiesen wird (→ § 137 Rn. 16 ff.).

V. Verweis auf die Gründungsvorschriften (Abs. 2 S. 1)

14 § 135 Abs. 2 S. 1 (die Parallelvorschrift ist § 36 Abs. 2 S. 1) sieht in Bezug auf die Gründung der neuen Rechtsträger die **Anwendung der jeweils einschlägigen Gründungsvorschriften** vor, solange sich aus dem Spaltungsrecht und den ggf. anzuwendenden verschmelzungsrechtlichen Vorschriften nichts anderes ergibt. Hierbei sind die Vorschriften zur **Sachgründung** gemeint, da es sich bei der Neugründung eines Rechtsträgers im Rahmen der Spaltung immer nur um eine Sachgründung handeln kann. Insbesondere bei einer Neugründung von Kapitalgesellschaften sind die **Vorschriften zur Kapitalaufbringung** einzuhalten.[16]

VI. Die Gründereigenschaft (Abs. 2 S. 2, 3)

15 Gemäß § 135 Abs. 2 S. 2 ist der übertragende Rechtsträger und nicht etwa dessen Anteilsinhaber als Gründer des neuen Rechtsträgers anzusehen. Somit handelt es sich bei der Neugründung eines Rechtsträgers durch eine Spaltungsmaßnahme immer um eine sog. **Einpersonen-Gründung**.[17] Den übertragenden Rechtsträger als Gründer trifft folglich eine mögliche Gründungshaftung (zB nach § 46 AktG oder § 9a GmbHG).[18]

16 Errichtet wird der neue Rechtsträger schon mit dem zustimmenden Beschluss zum Spaltungsplan. Die eigentliche **Gründung** des neuen Rechtsträgers geht allerdings erst mit der Wirksamkeit der Spaltungsmaßnahme, also mit der Eintragung der Spaltung in das Register des übertragenden Rechtsträgers, einher. Bei Kapitalgesellschaften befindet sich der neue Rechtsträger in dieser Zeitspanne in dem Stadium einer **Vor-Gesellschaft**.[19]

17 Abschließend erklärt § 135 Abs. 2 S. 3 solche Vorschriften für nicht anwendbar, die für eine Gründung eine Mindestzahl der Gründerpersonen vorschreiben. Nicht anwendbar sind demnach beispielsweise § 56 BGB und § 4 GenG. Dieses **Privileg** ist allerdings auf die **Gründungsphase beschränkt** und basiert auf dem Umstand, dass Gründer

---

[14] Schmitt/Hörtnagl/*Hörtnagl* § 135 Rn. 21 f.; Semler/Stengel/Leonard/*Bärwaldt* § 135 Rn. 11 f.; Kölner Komm UmwG/*Simon/Nießen* § 135 Rn. 10, 16.
[15] Semler/Stengel/Leonard/*Bärwaldt* § 135 Rn. 13; Kölner Komm UmwG/*Simon/Nießen* § 135 Rn. 10.
[16] Semler/Stengel/Leonard/*Bärwaldt* § 135 Rn. 16.
[17] Semler/Stengel/Leonard/*Bärwaldt* § 135 Rn. 29; Kölner Komm UmwG/*Simon/Nießen* § 135 Rn. 25; Lutter/*Lieder* § 135 Rn. 7.
[18] Semler/Stengel/Leonard/*Bärwaldt* § 135 Rn. 29.
[19] Semler/Stengel/Leonard/*Bärwaldt* § 135 Rn. 29; Kölner Komm UmwG/*Simon/Nießen* § 135 Rn. 27; Lutter/*Lieder* § 135 Rn. 20 f.

nicht die Anteilsinhaber sind. Ein dauerhaftes Unterschreiten der Mindestmitgliederzahl wird damit nicht legalisiert.[20]

Fraglich ist, ob eine **Personenhandelsgesellschaft** sowohl durch eine Ausgliederung zur Neugründung als auch durch eine Auf- und Abspaltung zur Neugründung gegründet werden kann, wenn an dem übertragenden Rechtsträger nur ein einziger Anteilsinhaber beteiligt ist.

Nach einer Ansicht scheiden diese Möglichkeiten aus. Eine Personenhandelsgesellschaft könne wesensnotwendig nur mit mindestens zwei Gesellschaftern existieren. Dies sei in den genannten Spaltungsfällen nicht gegeben. Insbesondere könne die Spaltungsmaßnahme **nicht mit dem Beitritt Dritter verbunden werden**, ohne gegen den Identitätsgrundsatz[21] zu verstoßen.[22]

Nach anderer Ansicht ist jedoch die **Kombination der Spaltungsmaßnahme mit dem gleichzeitigen Beitritt eines bislang nicht am übertragenden Rechtsträger beteiligten Gesellschafters sehr wohl möglich**, da insbesondere Drittinteressen nicht beeinträchtigt würden. Aus diesem Grund ergibt sich in den oben genannten Zweifelsfällen also die Möglichkeit, eine Personenhandelsgesellschaft im Rahmen der Spaltung neu zu gründen.[23] Diese Ansicht stützt sich dabei auf ein **Urteil des BGH** aus dem Jahre 2005, in welchem der Beitritt eines weiteren Gesellschafters im Rahmen eines **Formwechsels** für zulässig erachtet wurde;[24] ihr ist im Ergebnis zu folgen.

VII. Kein Spaltungsbericht bei Ausgliederung zur Neugründung (Abs. 3)

Bei einer Ausgliederung zur Neugründung ist kein Spaltungsbericht erforderlich. Diese Regelung wurde ebenfalls durch das UmRUG neu eingeführt. Begründet wird dies damit, dass bei einer Ausgliederung zur Neugründung die Beteiligung der Anteilsinhaber des übertragenden Rechtsträgers weder formal noch wertmäßig verändert wird und somit das Schutzbedürfnis entfällt. Die neue Rechtslage entspricht jetzt derjenigen für die grenzüberschreitende Ausgliederung zur Neugründung, für die gemäß Art.160s GesR-RL ebenfalls kein Spaltungsbericht erforderlich ist (vgl. § 324 Abs. 2 S. 1).

§ 136 Spaltungsplan

¹**Das Vertretungsorgan des übertragenden Rechtsträgers hat einen Spaltungsplan aufzustellen.** ²**Der Spaltungsplan tritt an die Stelle des Spaltungs- und Übernahmevertrags.**

I. Normzweck

Die Regelung des § 136 zum Spaltungsplan hat **ausschließliche Bedeutung** für die Spaltung zur Neugründung. Charakteristisch für eine Spaltung zur Neugründung ist die **Beteiligung nur eines Rechtsträgers**, da der übernehmende Rechtsträger erst durch die Spaltungsmaßnahme entsteht. Deshalb **fehlt es für einen Spaltungs- und**

---

[20] Semler/Stengel/Leonard/*Bärwaldt* § 135 Rn. 29; Kölner Komm UmwG/*Simon/Nießen* § 135 Rn. 26.
[21] Schmitt/Hörtnagl/*Hörtnagl* § 136 Rn. 14.
[22] Widmann/Mayer/*Mayer* § 135 Rn. 14; Schmitt/Hörtnagl/*Hörtnagl* § 135 Rn. 14.
[23] Lutter/*Lieder* § 135 Rn. 19; Semler/Stengel/Leonard/*Bärwaldt* § 135 Rn. 18; Kölner Komm UmwG/*Simon/Nießen* § 135 Rn. 47.
[24] BGH NZG 2005, 722 (723).

Übernahmevertrag an dem erforderlichen Vertragspartner, so dass der Spaltungsplan an dessen Stelle tritt, vgl. § 136 S. 2.[1]

II. Die grundsätzlichen Besonderheiten des Spaltungsplans

2 Nach allgemeiner Ansicht ist der Spaltungsplan iSd § 136 eine **einseitige, nicht empfangsbedürftige Willenserklärung**, was insbesondere bei einer möglichen Auslegung zu beachten ist.[2]

3 **§ 136 S. 1** bestimmt, dass dieser Spaltungsplan **vom jeweiligen Vertretungsorgan** des übertragenden Rechtsträgers **aufzustellen** ist. Das vertretende Organ muss dabei in **vertretungsberechtigender Anzahl** handeln und den Spaltungsplan unterzeichnen.[3]

4 Der Spaltungsplan ist gemäß §§ 125, 6 **notariell zu beurkunden**. Die notarielle Beurkundung kann dabei nach richtiger Auffassung auch erst nach dem Spaltungsbeschluss erfolgen, da der Ausschluss von § 4 Abs. 2 im Rahmen von § 135 Abs. 1 S. 1 als Redaktionsversehen zu behandeln ist.[4]

5 Wie ein Spaltungs- und Übernahmevertrag ist auch der Spaltungsplan nach 135 Abs. 1 S. 1, § 126 Abs. 3 dem zuständigen **Betriebsrat fristgerecht und ordnungsgemäß zuzuleiten**.[5]

6 Grundsätzlich kann der Spaltungsplan bis zur Wirksamkeit der Spaltung durch das aufstellende Vertretungsorgan in vertretungsberechtigter Anzahl **widerrufen oder abgeändert** werden. Dies ergibt sich aufgrund seiner Rechtsnatur als einseitige, nicht empfangsbedürftige Willenserklärung. Ein **Zustimmungsbeschluss** seitens der Gesellschafter des übertragenden Rechtsträgers ändert an dieser grundsätzlichen Widerrufsmöglichkeit nichts. Die Anteilsinhaber müssen allerdings in diesem Falle dem Widerruf bzw. der Abänderung des Spaltungsplanes zustimmen. Diese **Zustimmung hat mit der gleichen Mehrheit zu erfolgen**, mit welcher der ursprüngliche Spaltungsplan beschlossen wurde. Die **Widerrufs- und Änderungsmöglichkeit entfällt**, sobald die Spaltung durch Eintragung in das Register des übertragenden Rechtsträgers Wirksamkeit erlangt hat.[6]

III. Die inhaltlichen Besonderheiten des Spaltungsplans

7 Da der Spaltungsplan an die Stelle des Spaltungsvertrages tritt, muss dieser grundsätzlich auch denselben inhaltlichen Anforderungen genügen. Die **inhaltlichen Mindestanforderungen** ergeben sich dabei aus § 135 Abs. 1 S. 1, § 126.[7] An dieser Stelle sind demnach lediglich einige Besonderheiten des Spaltungsplanes herauszustellen.

8 Ein Umtauschverhältnis iSd § 126 Abs. 1 Nr. 3 gibt es bei der Auf- und Abspaltung zur Neugründung nicht, da die Anteilsinhaber des übertragenden Rechtsträgers sämtliche

---

1 Lutter/*Priester* § 136 Rn. 2.
2 Semler/Stengel/Leonard/*Schröer/Greitemann* § 136 Rn. 3; Kölner Komm UmwG/*Simon/Nießen* § 136 Rn. 4.
3 Kölner Komm UmwG/*Simon/Nießen* § 136 Rn. 4.
4 Lutter/*Priester* § 136 Rn. 6.
5 Semler/Stengel/Leonard/*Schröer/Greitemann* § 136 Rn. 7; Kölner Komm UmwG/*Simon/Nießen* § 136 Rn. 9.
6 Widmann/Mayer/*Mayer* § 135 Rn. 58 ff.; Lutter/*Priester* § 136 Rn. 7; Semler/Stengel/Leonard/*Schröer/Greitemann* § 136 Rn. 8; Kölner Komm UmwG/*Simon/Nießen* § 136 Rn. 9 ff.
7 Semler/Stengel/Leonard/*Schröer/Greitemann* § 136 Rn. 10; Kölner Komm UmwG/*Simon/Nießen* § 136 Rn. 15.

Anteile erhalten. Der Spaltungsplan hat sich daher lediglich zur **Höhe der Beteiligung** zu verhalten.⁸

Ferner muss der Spaltungsplan den Gesellschaftsvertrag, den Partnerschaftsvertrag oder die Satzung des neuen Rechtsträgers beinhalten, vgl. §§ 125, 37. Die umwandlungsrechtlichen Besonderheiten sowie die rechtsformspezifischen Anforderungen sind dabei zu beachten.⁹ Sinnvoll ist es, bereits im Spaltungsplan auch die Organe des neuen Rechtsträgers zu bestimmen.¹⁰

Auch für den Fall, dass im Rahmen einer einzelnen Spaltungsmaßnahme mehrere neue Rechtsträger entstehen sollen, ist stets ein **einheitlicher Spaltungsplan** erforderlich.¹¹

§ 137 Anmeldung und Eintragung der neuen Rechtsträger und der Spaltung

(1) Das Vertretungsorgan des übertragenden Rechtsträgers hat jeden der neuen Rechtsträger bei dem Gericht, in dessen Bezirk er seinen Sitz haben soll, zur Eintragung in das Register anzumelden.

(2) Das Vertretungsorgan des übertragenden Rechtsträgers hat die Spaltung zur Eintragung in das Register des Sitzes des übertragenden Rechtsträgers anzumelden.

(3) ¹Das Gericht des Sitzes jedes der neuen Rechtsträger hat von Amts wegen dem Gericht des Sitzes des übertragenden Rechtsträgers den Tag der Eintragung des neuen Rechtsträgers mitzuteilen. ²Nach Eingang der Mitteilungen für alle neuen Rechtsträger hat das Gericht des Sitzes des übertragenden Rechtsträgers die Spaltung einzutragen sowie von Amts wegen den Zeitpunkt der Eintragung den Gerichten des Sitzes jedes der neuen Rechtsträger mitzuteilen sowie ihnen einen Registerauszug und den Gesellschaftsvertrag, den Partnerschaftsvertrag oder die Satzung des übertragenden Rechtsträgers in Abschrift, als Ausdruck oder elektronisch zu übermitteln. ³Der Zeitpunkt der Eintragung der Spaltung ist in den Registern des Sitzes jedes der neuen Rechtsträger von Amts wegen einzutragen.

I. Normzweck

§ 137 regelt seiner Überschrift entsprechend die „Anmeldung und Eintragung der neuen Rechtsträger und der Spaltung". Das Verfahren stimmt dabei in weiten Teilen mit dem Verfahren bei der Spaltung zur Aufnahme überein.¹ § 137 reagiert jedoch auf die **Besonderheiten der Spaltung zur Neugründung**, welche sich insbesondere daraus ergeben, dass der übernehmende Rechtsträger erst mit der Wirksamkeit der Spaltung entsteht.²

Inhaltlich werden die Vertretungsorgane des übertragenden Rechtsträgers verpflichtet, **„jeden der neuen Rechtsträger"** (§ 137 Abs. 1) sowie **die Spaltungsmaßnahme** (§ 137 Abs. 2) anzumelden. In § 137 Abs. 3 werden dann die **Eintragungsreihenfolge** und

---

8 Lutter/*Priester* § 136 Rn. 8; Semler/Stengel/Leonard/ Schröer/Greitemann § 136 Rn. 11; Kölner Komm UmwG/ Simon/Nießen § 136 Rn. 19.
9 Lutter/*Priester* § 136 Rn. 9.
10 Widmann/Mayer/*Mayer* § 135 Rn. 30; Semler/Stengel/Leonard/Schröer/Greitemann § 136 Rn. 14; Kölner Komm UmwG/Simon/Nießen § 136 Rn. 23.
11 Lutter/*Priester* § 136 Rn. 6; Semler/Stengel/Leonard/ Schröer/Greitemann § 136 Rn. 15; Kölner Komm UmwG/ Simon/Nießen § 136 Rn. 7.
1 RegBegr. *Ganske* Umwandlungsrecht S. 170.
2 Lutter/*Priester* § 137 Rn. 2; Semler/Stengel/Leonard/ *Schwanna* § 137 Rn. 1.

die **Zusammenarbeit der unterschiedlichen Registergerichte** bei der Spaltung zur Neugründung geregelt.

§ 137 Abs. 3 verdrängt dabei § 130 Abs. 2. Auf das Anmelde- und Registerverfahren bei der Spaltung zur Neugründung sind **§ 130 Abs. 1 und § 16 Abs. 2, 3, § 17** jedoch entsprechend anzuwenden. Weiterhin sind die rechtsformspezifischen Vorschriften sowie die Gründungsvorschriften des neuen Rechtsträgers beim Anmeldeverfahren zu beachten.[3]

II. Die Anmeldung des neuen Rechtsträgers (Abs. 1)

Nach **§ 137 Abs. 1** hat „das Vertretungsorgan des übertragenden Rechtsträgers […] jeden der neuen Rechtsträger bei dem Gericht, in dessen Bezirk er seinen Sitz haben soll, zur Eintragung in das Register anzumelden." Dies unterscheidet das Anmeldeverfahren bei der Spaltung zur Neugründung von dem der Spaltung zur Aufnahme, bei welchem lediglich die Spaltungsmaßnahme selbst anzumelden ist.[4]

Zur Anmeldung des neuen Rechtsträgers ist das **Vertretungsorgan des übertragenden Rechtsträgers** verpflichtet. Bei dieser Anmeldezuständigkeit handelt es sich um eine **ausschließliche Zuständigkeit**, weshalb eine mögliche Anmeldebefugnis aus den im Übrigen anwendbaren Gründungsvorschriften durch § 137 Abs. 1 verdrängt wird, vgl. § 135 Abs. 2. Insbesondere die zukünftigen Organe des neuen Rechtsträgers können die Anmeldung des neuen Rechtsträgers nicht vornehmen. Diese ausschließliche Zuständigkeit der Vertretungsorgane des übertragenden Rechtsträgers umfasst dabei sämtliche zur Gründung und Anmeldung erforderlichen Erklärungen und Handlungen.[5] Ausnahmsweise sind jedoch bestimmte höchstpersönliche Erklärungen, wie solche iSd § 8 Abs. 3 GmBHG und des § 37 Abs. 2 AktG, von den zukünftigen Organen und nicht von dem anmeldeberechtigten Vertretungsorgan zu erbringen.[6] Diese können jedoch als Anlage der Anmeldung beigefügt werden.[7]

Die Mitglieder des Vertretungsorgans müssen in vertretungsberechtigter Anzahl auftreten, wobei sowohl eine unechte Gesamtvertretung als auch eine Bevollmächtigung möglich und zulässig ist.[8] Eine Vertretung der Organe des übertragenden Rechtsträgers kommt jedoch in Bezug auf die negative Wissenserklärung nach § 16 Abs. 2 und auf eine mögliche strafbewehrte Erklärung nach § 140 bzw. § 146 Abs. 1 nicht in Betracht.[9]

Bei der Ausgliederung zur Neugründung einer Kapitalgesellschaft aus dem Vermögen eines Einzelkaufmanns ergibt sich die Besonderheit, dass die Anmeldung vom jeweiligen Einzelkaufmann mit den Geschäftsführern oder mit den Mitgliedern des Vorstandes und des Aufsichtsrates der neuen Gesellschaft vorzunehmen ist, vgl. § 160 Abs. 1.[10]

Gemäß § 137 Abs. 1 ist **der neue Rechtsträger** bei dem Registergericht anzumelden, in dessen Bezirk der zukünftige Sitz dieses Rechtsträgers liegen wird. Die konkrete Ausgestaltung der Anmeldung des neuen Rechtsträgers und die konkret beizufügenden Unterlagen richten sich – soweit sich aus den umwandlungsrechtlichen Normen nichts

---

[3] Semler/Stengel/Leonard/*Schwanna* § 137 Rn. 1; Kölner Komm UmwG/*Simon/Nießen* § 137 Rn. 4.
[4] Schmitt/Hörtnagl/*Hörtnagl* § 137 Rn. 2; Kölner Komm UmwG/*Simon/Nießen* § 137 Rn. 2.
[5] Semler/Stengel/Leonard/*Schwanna* § 137 Rn. 2; Kölner Komm UmwG/*Simon/Nießen* § 137 Rn. 8; Kallmeyer/*Zimmermann* § 137 Rn. 3.
[6] Lutter/*Priester* § 137 Rn. 12; Kölner Komm UmwG/*Simon/Nießen* § 137 Rn. 9.
[7] Kölner Komm UmwG/*Simon/Nießen* § 137 Rn. 15.
[8] Lutter/*Priester* § 137 Rn. 11; Kölner Komm UmwG/*Simon/Nießen* § 137 Rn. 8; Kallmeyer/*Zimmermann* § 137 Rn. 5.
[9] Kölner Komm UmwG/*Simon/Nießen* § 137 Rn. 9.
[10] Kölner Komm UmwG/*Simon/Nießen* § 137 Rn. 10.

anderes ergibt – nach den einschlägigen **Gründungsvorschriften**. In jedem Fall muss sich aus der Anmeldung ergeben, dass die Neugründung des Rechtsträgers **auf einer Spaltungsmaßnahme beruht und welche Form der Spaltung vorliegt.**[11] Der Anmeldung sind die nach § 125 S. 1, § 17 erforderlichen **Anlagen** beizufügen.[12] Weiterhin ist die Negativerklärung iSv § 16 Abs. 2 bei der Anmeldung abzugeben.[13]

Handelt es sich um eine **kombinierte Spaltung iSv § 123 Abs. 4**, muss es dem Registergericht am Sitz des neuen Rechtsträgers möglich sein, die Wirksamkeit der gesamten Spaltungsmaßnahme zu überprüfen. Aus diesem Grund sind auch diesem Registergericht die Spaltungsbeschlüsse und Unterlagen bezüglich der aufnehmenden Rechtsträger im Rahmen der Anmeldung zuzuleiten.[14]

Weitere **Anmeldedetails sowie die Notwendigkeit weiterer Anlagen** bei der AG ergeben sich aus §§ 141 ff. und den §§ 36, 37 AktG, bei der GmbH aus den §§ 138 ff. sowie den §§ 7 f. GmbHG und bei den Personenhandelsgesellschaften aus §§ 106, 162 Abs. 1 HGB.

In Abweichung zu § 123 Abs. 3 HGB ist die **Entstehung der Personenhandelsgesellschaft kraft Geschäftsbeginn** im Rahmen der Spaltung zur Neugründung **unmöglich**, so dass diese erst im Zeitpunkt des Wirksamwerdens der Spaltung entsteht.[15]

Der Anmeldung einer Ausgliederung zur Neugründung einer Kapitalgesellschaft aus dem Vermögen eines Einzelkaufmanns ist die Erklärung, dass die Verbindlichkeiten des Kaufmanns sein Vermögen nicht übersteigen, beizufügen, vgl. § 160 Abs. 2.[16]

III. Die Anmeldung der Spaltung (Abs. 2)

Weiter hat das Vertretungsorgan des übertragenden Rechtsträgers nach § 137 Abs. 2 die **Spaltung** zur Eintragung in das Register des Sitzes des übertragenden Rechtsträgers **anzumelden**. Vom Grundsatz her erfolgt die Anmeldung der Spaltungsmaßnahme bei einer Spaltung zur Neugründung wie bei einer Spaltung zur Aufnahme nach § 129, mit den folgenden zwei Unterschieden: Zum einen ist nur das Vertretungsorgan des übertragenden Rechtsträgers zur jeweiligen Spaltungsanmeldung berechtigt, und zum anderen wird die Spaltung zur Neugründung nur bei einem Registergericht – nämlich bei dem am Sitz des übertragenden Rechtsträgers – angemeldet.[17]

Bezüglich der Einzelheiten zur Vertretung der geschäftsführenden Organe, den ggf. notwendigen Erklärungen nach § 16 Abs. 2, 3, § 140, oder § 146 und den beizufügenden Anlagen, ist auf die zuvor gemachten Ausführungen bezüglich der Anmeldung der neuen Rechtsträger zu verweisen (→ Rn. 5 ff.).

Aus der Spaltungsanmeldung müssen sich inhaltlich jedenfalls die **beteiligten Rechtsträger** und die konkrete **Art der Spaltungsmaßnahme** ergeben.[18] Die Anmeldung der Spaltung bei dem Register am Sitz des übertragenden Rechtsträgers muss allerdings

---

11 Lutter/*Priester* § 137 Rn. 4 f.; Kölner Komm UmwG/*Simon/Nießen* § 137 Rn. 11.
12 Lutter/*Priester* § 137 Rn. 5; Semler/Stengel/Leonard/ *Schwanna* § 137 Rn. 9.
13 Kölner Komm UmwG/*Simon/Nießen* § 137 Rn. 11.
14 Lutter/*Priester* § 137 Rn. 5; Semler/Stengel/Leonard/ *Schwanna* § 137 Rn. 13; Kölner Komm UmwG/*Simon/ Nießen* § 137 Rn. 13; Kallmeyer/*Zimmermann* § 137 Rn. 12.
15 Lutter/*Priester* § 137 Rn. 6; Semler/Stengel/Leonard/ *Schwanna* § 137 Rn. 7; aA Kölner Komm UmwG/*Simon/ Nießen* § 137 Rn. 24.
16 Kölner Komm UmwG/*Simon/Nießen* § 137 Rn. 26.
17 Semler/Stengel/Leonard/*Schwanna* § 137 Rn. 4; Kölner Komm UmwG/*Simon/Nießen* § 137 Rn. 29 f.; Eallmeyer/*Zimmermann* § 137 Rn. 18.
18 Kölner Komm UmwG/*Simon/Nießen* § 137 Rn. 32.

nicht die Gründungsunterlagen des neuen Rechtsträgers enthalten, da diese dort in der Regel nicht geprüft werden.[19]

IV. Eintragungsreihenfolge und das Zusammenwirken der Registergerichte (Abs. 3)

16 § 137 Abs. 3 enthält die Regelungen zum **Registerverfahren** und normiert die **Zusammenarbeit der beteiligten Registergerichte** im Rahmen der Eintragung einer Spaltung zur Neugründung. Durch die Abhängigkeit der einzelnen Eintragungsakte wird ein **einheitlicher Wirksamkeitszeitpunkt** gewährleistet, der sowohl für die Spaltungsmaßnahme als auch für die Eintragung der neuen Rechtsträger gilt.[20]

17 Das Verfahren zur Eintragung der Spaltung zur Neugründung vollzieht sich in **drei Schritten**.[21] Zuerst sind die **neuen Rechtsträger** von den zuständigen Registergerichten **einzutragen**. Nur diesen Registergerichten obliegt es dann, die ordnungsgemäße Gründung der neuen Rechtsträger zu überprüfen.[22] Ferner haben die Registergerichte der neuen Rechtsträger aber auch die Rechtmäßigkeit der Spaltungsmaßnahme zu überprüfen.[23] Die Eintragung der neuen Rechtsträger hat zunächst lediglich **deklaratorische Bedeutung**, da diese erst mit der Spaltungseintragung im Register des Sitzes des übertragenden Rechtsträgers entstehen, wenn nicht sämtliche Eintragungen am selben Tag erfolgen. Daher ist die Eintragung der neuen Rechtsträger mit einem dahin gehenden **Vorläufigkeitsvermerk** zu verbinden, vgl. § 135 Abs. 1 S. 1, § 130 Abs. 1 S. 2.[24] Die Registergerichte der neuen Rechtsträger haben nun nach § 137 Abs. 3 S. 1 von Amts wegen den Registergerichten des übertragenden Rechtsträgers den Tag der Eintragung der neuen Rechtsträger mitzuteilen. Im Unterschied zur Spaltung zur Aufnahme haben die beteiligten Rechtsträger die Voreintragungen also nicht selbst nachzuweisen.[25]

18 Nach der Eintragung der neuen Rechtsträger und den entsprechenden Mitteilungen kann im zweiten Schritt die Spaltung in das Register des übertragenden Rechtsträgers eingetragen werden, vgl. § 135 Abs. 1 S. 1, § 130 Abs. 1 S. 1. Diese Eintragung wirkt **konstitutiv**, so dass die Spaltungswirkungen (vgl. § 131) unumkehrbar eintreten. Demnach entstehen die neuen Rechtsträger, die Beteiligungen an diesen werden erworben und der Vermögensübergang vollzieht sich.[26] Nunmehr teilt das Registergericht des übertragenden Rechtsträgers den Registergerichten der neuen Rechtsträger gemäß § 137 Abs. 3 S. 2 von Amts wegen den **Zeitpunkt der Eintragung der Spaltung** mit. Ferner wird den Registergerichten am Sitz der neuen Rechtsträger der Registerauszug und der Gesellschaftsvertrag, der Partnerschaftsvertrag oder die Satzung des übertragenden Rechtsträgers übermittelt, vgl. § 137 Abs. 3 S. 2 aE.[27]

19 Abschließend ist gemäß **§ 137 Abs. 3 S. 3** im Register der neuen Rechtsträger der **Zeitpunkt der Spaltungseintragung** beim übertragenden Rechtsträger von Amts wegen zu vermerken. Schlussendlich ist der Vorläufigkeitsvermerk aus dem Register zu löschen.[28]

---

19 Kölner Komm UmwG/*Simon/Nießen* § 137 Rn. 35.
20 RegBegr. *Ganske* Umwandlungsrecht S. 170; Kölner Komm UmwG/*Simon/Nießen* § 137 Rn. 40.
21 Kölner Komm UmwG/*Simon/Nießen* § 137 Rn. 36.
22 Lutter/*Priester* § 137 Rn. 14; Kölner Komm UmwG/ *Simon/Nießen* § 137 Rn. 37.
23 Kölner Komm UmwG/*Simon/Nießen* § 137 Rn. 37; Kallmeyer/*Zimmermann* § 137 Rn. 20.
24 Lutter/*Priester* § 137 Rn. 14; Semler/Stengel/Leonard/ *Schwanna* § 137 Rn. 18; Kölner Komm UmwG/*Simon/ Nießen* § 137 Rn. 37.
25 Lutter/*Priester* § 137 Rn. 14.
26 Lutter/*Priester* § 137 Rn. 14, 16; Kölner Komm UmwG/ *Simon/Nießen* § 137 Rn. 38; Kallmeyer/*Zimmermann* § 137 Rn. 23.
27 Lutter/*Priester* § 137 Rn. 18; Kölner Komm UmwG/ *Simon/Nießen* § 137 Rn. 41.
28 Kölner Komm UmwG/*Simon/Nießen* § 137 Rn. 39.

Die in § 137 dargestellte **Eintragungsreihenfolge** bei der Spaltung zur Neugründung ist **zwingend**. Ein **Verstoß** gegen diese Abfolge hat jedoch **auf die Wirksamkeit der Spaltungsmaßnahme keine Auswirkungen**. Die Spaltungswirkungen treten bereits dann ein, wenn die Spaltung in das Register des übertragenden Rechtsträgers eingetragen wird, vgl. § 131 Abs. 2. Für den Fall, dass die neuen Rechtsträger entgegen § 137 zu diesem Zeitpunkt noch nicht eingetragen waren, sind diese Eintragungen nachzuholen.[29]

20

Zweiter Teil
Besondere Vorschriften

Erster Abschnitt
Spaltung unter Beteiligung von Gesellschaften mit beschränkter Haftung

§ 138 Sachgründungsbericht

Ein Sachgründungsbericht (§ 5 Abs. 4 des Gesetzes betreffend die Gesellschaften mit beschränkter Haftung) ist stets erforderlich.

I. Normzweck

Mit § 138 beginnt der zweite Teil des dritten Buches des UmwG. Die §§ 138–140 normieren dabei die besonderen Vorschriften bezüglich einer **Spaltung unter Beteiligung von Gesellschaften mit beschränkter Haftung**. Gemäß §§ 125, 46–59 sind aber auch die besonderen, verschmelzungsrechtlichen Vorschriften zur GmbH auf die Spaltung entsprechend anzuwenden.[1]

1

§ 138 beschränkt sich auf die Anordnung, dass ein **Sachgründungsbericht iSv § 5 Abs. 4 GmbHG** stets erforderlich ist. Auf den ersten Blick erscheint diese Regelung jedenfalls bei der Spaltung zur Neugründung überflüssig zu sein, da über **§ 135 Abs. 2 S. 1 die jeweiligen Gründungsvorschriften** anzuwenden sind, wovon auch § 5 Abs. 4 GmbHG umfasst ist. Daneben ordnet § 125 aber auch die entsprechende Anwendung von **§ 58 Abs. 2** an. Dieser beinhaltet die **Entbehrlichkeit eines Sachgründungsberichts** bei der Verschmelzung durch Neugründung, wenn als übertragender Rechtsträger eine Kapitalgesellschaft bzw. eine eingetragene Genossenschaft fungiert. Durch § 138 wird somit **klarstellend festgestellt**, dass die Ausnahmeregelung des § 58 Abs. 2 bei der Spaltung zur Neugründung **nicht gilt**, weshalb in diesem Fall ein Sachgründungsbericht losgelöst vom Gesellschaftstyp des übertragenden Rechtsträgers stets zu erfolgen hat.[2]

2

Die Pflicht zur Erstellung eines Sachgründungsberichtes ist dem **Gläubigerschutz** geschuldet, weshalb ein **Verzicht nicht in Betracht** kommt.[3]

3

---

29 Lutter/*Priester* § 137 Rn. 17; Kölner Komm UmwG/*Simon/Nießen* § 137 Rn. 42; Kallmeyer/*Zimmermann* § 137 Rn. 28.
1 Lutter/*Priester* Vor § 138 Rn. 2; Kölner Komm UmwG/*Simon/Nießen* § 138 Rn. 1.
2 Kallmeyer/*Sickinger* § 138 Rn. 1; Lutter/*Priester* § 138 Rn. 2 f.; Schmitt/Hörtnagl/*Hörtnagl* § 138 Rn. 2; Kölner Komm UmwG/*Simon/Nießen* § 138 Rn. 3; Semler/Stengel/*Leonard/Reichert* § 138 Rn. 1.
3 Lutter/*Priester* § 138 Rn. 4; Kölner Komm UmwG/*Simon/Nießen* § 138 Rn. 4, 7.

II. Die Anwendung des § 138

4   Zunächst ist der Anwendungsbereich des § 138 immer dann nicht eröffnet, wenn lediglich auf der Seite des übertragenden Rechtsträgers eine GmbH an der Spaltung beteiligt ist. Unzweifelhaft ist § 138 hingegen dann anzuwenden, wenn eine GmbH durch eine Spaltung zur Neugründung entsteht.[4]

5   Fraglich ist, ob § 138 auch bei einer **Spaltung zur Aufnahme bedeutsam** ist. In diesem Falle würde es sich nicht um einen Sachgründungsbericht, sondern um einen **Kapitalerhöhungsbericht** handeln.[5] Teilweise wird ein solcher Sachkapitalerhöhungsbericht bei der Spaltung zur Aufnahme gefordert, unter Verweisung auf die auf rechtsdogmatische Diskussion zur regulären Kapitalerhöhung einer GmbH.[6] Die **vorherrschende Ansicht verneint** allerdings die **Anwendung von § 138 auf die Spaltung zur Aufnahme**.[7] Dies erscheint mit Blick auf den Wortlaut und unter Berücksichtigung des Willens des Gesetzgebers vorzugswürdig. § 138 spricht lediglich von einem Sachgründungsbericht. Ferner beginnt die Regierungsbegründung zu § 138 mit den Worten: „Wird eine GmbH im Wege der Spaltung **neu gegründet**, …".[8] Demnach erstreckt sich der Anwendungsbereich von § 138 ausschließlich auf die Spaltung zur Neugründung einer GmbH.

6   Für die Praxis wird allerdings empfohlen, einen solchen Kapitalerhöhungsbericht bei der Spaltung zur Aufnahme dennoch zu erstellen, da ein solcher von einigen Registergerichten eingefordert wird,[9] oder zumindest dies im Vorfeld mit dem zuständigen Registergericht abzuklären.

III. Die formelle und inhaltliche Ausgestaltung des Sachgründungsberichts

7   Der Sachgründungsbericht ist nach § 5 Abs. 4 S. 2 GmbHG von den Gründungsgesellschaftern aufzustellen. Bei der Spaltung zur Neugründung ist der übertragende Rechtsträger gemäß § 135 Abs. 2 S. 2 als Gründungsgesellschafter anzusehen. Demnach hat das **Vertretungsorgan des übertragenden Rechtsträgers den Bericht zu erstellen**, und – unter Beachtung der Regelungen zur Vertretungsberechtigung – persönlich zu unterzeichnen.[10]

8   Der Sachgründungsbericht ist in **schriftlicher Form** zu erstellen und durch die Vertretungsorgane des übertragenden Rechtsträgers persönlich zu unterzeichnen. Eine notarielle Beurkundung ist nicht erforderlich, da der Bericht insbesondere nicht als Teil des Spaltungsplanes oder des Spaltungsbeschlusses anzusehen ist.[11] Er ist der **Registeranmeldung** des neuen Rechtsträgers anliegend **beizufügen**, vgl. §§ 135 Abs. 2 S. 1, 8 Abs. 1 Nr. 4 GmbHG.[12]

9   Die **inhaltlichen Anforderungen** des Sachgründungsberichtes haben sich an dem grundsätzlichen Ziel zu orientieren, dem **Registergericht die Überprüfung der Kapitalaufbringungsgrundsätze** bezüglich des Stammkapitals zu ermöglichen, vgl. § 5 Abs. 4 S. 2 GmbHG.[13] Demnach muss der Bericht die wesentlichen Umstände aufzei-

---

4   Kölner Komm UmwG/*Simon/Nießen* § 138 Rn. 5.
5   Kölner Komm UmwG/*Simon/Nießen* § 138 Rn. 6.
6   Lutter/*Priester* § 138 Rn. 8.
7   Widmann/*Mayer* § 138 Rn. 2.1; Kölner Komm UmwG/*Simon/Nießen* § 138 Rn. 6.
8   RegBegr. *Ganske* Umwandlungsrecht S. 173.
9   So zB OLG Stuttgart BB 1982, 398; vgl. Semler/Stengel/Leonard/*Reichert* § 138 Rn. 2.
10 Lutter/*Priester* § 138 Rn. 5; Kölner Komm UmwG/*Simon/Nießen* § 138 Rn. 9.
11 Lutter/*Priester* § 138 Rn. 5; Semler/Stengel/Leonard/*Reichert* § 138 Rn. 9.
12 Schmitt/Hörtnagl/*Hörtnagl* § 138 Rn. 5; Kölner Komm UmwG/*Simon/Nießen* § 138 Rn. 8.
13 Noack/Servatius/Haas/*Servatius* GmbHG § 5 Rn. 54; Kölner Komm UmwG/*Simon/Nießen* § 138 Rn. 7.

gen, die zur Einschätzung erforderlich sind, ob die zu **gewährenden Geschäftsanteile** auf der einen Seite den zu **übertragenden Vermögensbestandteilen** auf der anderen Seite wertmäßig **entsprechen**.[14]

Für den bei der Spaltung häufig anzutreffenden Fall, dass ein **Unternehmen bzw. ein Unternehmensteil übertragen werden soll**, sind zur Ermittlung des Wertes die Jahresergebnisse[15] der letzten beiden Geschäftsjahre (vgl. § 5 Abs. 4 S. 2 Hs. 2 GmbHG) des Unternehmens bzw. des selbstständigen Unternehmensteils anzugeben.[16]

10

Im Spaltungsbericht ist nach § 125 S. 1 iVm § 58 Abs. 1 auch der **Geschäftsverlauf und die Lage des übertragenden Rechtsträgers** darzustellen. Aufgrund der lediglich entsprechenden Anwendung der Vorschriften des Verschmelzungsrechts bei der Spaltung gilt dies aber nur bei der Übertragung eines gesamten Unternehmens bzw. im Hinblick auf den Geschäftsverlauf eines selbstständigen Unternehmensteils.[17]

11

IV. Der mangelhafte Sachgründungsbericht und die Differenzhaftung

Ist der **Sachgründungsbericht mangelhaft** oder **fehlt** dieser vollständig, kann das Registergericht die **Eintragung der neuen Gesellschaft ablehnen**, vgl. § 135 Abs. 2 S. 1, § 9c GmbHG.[18] Der Prüfungsumfang des Registergerichts erstreckt sich nach § 9c Abs. 1 S. 2 GmbHG dabei auch auf die Frage, ob die **Sacheinlagen nicht unwesentlich überbewertet** wurden.[19] Allerdings können sämtliche Mängel des Sachgründungsberichts noch nachträglich geheilt werden bzw. kann der Bericht nachgereicht werden.[20]

12

Wird die neue GmbH trotz eines mangelhaften Sachgründungsberichts oder trotz einer nicht unwesentlichen Überbewertung der Sacheinlagen in das Register eingetragen, so entsteht dieser neue Rechtsträger dennoch.[21] In diesen Fällen kommt als Ausgleich eine **Differenzhaftung** nach § 9 Abs. 1 S. 1 GmbHG in Betracht. Ein solcher Anspruch richtet sich **gegen den übertragenden Rechtsträger**, da dieser als Gründer der neuen GmbH anzusehen ist, vgl. § 135 Abs. 2 S. 2. Bei der **Ausgliederung** gilt dies uneingeschränkt. Im Falle einer **Abspaltung** zur Neugründung der GmbH treten die Gesellschafter des übertragenden Rechtsträgers als Mithafter hinzu. Im Innenverhältnis bleibt es aber auch dann bei der alleinigen Haftung des übertragenden Rechtsträgers. Handelt es sich bei der Spaltungsmaßnahme um eine **Aufspaltung**, so erlischt der übertragende Rechtsträger. Der Ausgleichsanspruch aus § 9 Abs. 1 S. 1 GmbHG trifft dann ausschließlich die Anteilsinhaber des neuen Rechtsträgers.[22]

13

§ 139 Herabsetzung des Stammkapitals

¹Ist zur Durchführung der Abspaltung oder der Ausgliederung eine Herabsetzung des Stammkapitals einer übertragenden Gesellschaft mit beschränkter Haftung

---

14 Lutter/*Priester* § 138 Rn. 6; Kölner Komm UmwG/*Simon/Nießen* § 138 Rn. 10.
15 Mit dem Jahresergebnis ist der Jahresüberschuss oder Jahresfehlbetrag iSv § 275 Abs. 2 Nr. 17 bzw. Abs. 3 Nr. 16 HGB gemeint.
16 Lutter/*Priester* § 138 Rn. 6; Kölner Komm UmwG/*Simon/Nießen* § 138 Rn. 11 ff.
17 Lutter/*Priester* § 138 Rn. 7; Kölner Komm UmwG/*Simon/Nießen* § 138 Rn. 15 ff.

18 Noack/Servatius/Haas/*Servatius* GmbHG § 5 Rn. 56; Kölner Komm UmwG/*Simon/Nießen* § 138 Rn. 19.
19 Semler/Stengel/Leonard/*Reichert* § 138 Rn. 6.
20 Noack/Servatius/Haas/*Servatius* GmbHG § 5 Rn. 56; Kölner Komm UmwG/*Simon/Nießen* § 138 Rn. 19.
21 Noack/Servatius/Haas/*Servatius* GmbHG § 5 Rn. 56; Kölner Komm UmwG/*Simon/Nießen* § 138 Rn. 20; Schmitt/Hörtnagl/*Hörtnagl* § 138 Rn. 5.
22 Lutter/*Priester* § 138 Rn. 10; Schmitt/Hörtnagl/*Hörtnagl* § 138 Rn. 5; Semler/Stengel/Leonard/*Reichert* § 138 Rn. 7.

erforderlich, so kann diese auch in vereinfachter Form vorgenommen werden. ²Wird das Stammkapital herabgesetzt, so darf die Abspaltung oder die Ausgliederung erst eingetragen werden, nachdem die Herabsetzung des Stammkapitals im Register eingetragen worden ist.

I. Überblick 1	3. Der Tatbestand des S. 1 9
II. Die Voraussetzungen einer vereinfachten Kapitalherabsetzung nach S. 1 5	4. Die Bedeutung der §§ 58a-58f GmbHG im Kontext des S. 1 15
1. Die unter S. 1 fallenden Spaltungsmaßnahmen 5	III. Der Verfahrensgang bei der spaltungsbedingten Kapitalherabsetzung 19
2. Rechtsfolgen- oder Rechtsgrundverweisung 7	IV. Die Eintragungsreihenfolge des S. 2 23

I. Überblick

1 Handelt es sich bei der übertragenden Gesellschaft um eine GmbH, so hat die jeweilige Spaltungsmaßnahme stets das **System der Kapitalerhaltung iSv § 30 GmbHG** zu beachten. Die Übertragung des Vermögens im Wege der partiellen Gesamtrechtsnachfolge darf nicht zu einer Verringerung des Stammkapitals der übertragenden GmbH und somit zu einer **Unterbilanz** führen.[1] Ohne Bedeutung ist dies bei der Aufspaltung, da in diesem Falle der übertragende Rechtsträger erlischt. Das System der Kapitalerhaltung kann allerdings durch eine Abspaltung oder eine Ausgliederung beeinträchtigt werden.[2]

2 Um Verstöße gegen die Kapitalerhaltungsregelungen vermeiden zu können, ermöglicht § 139 S. 1 zur Durchführung einer Abspaltung oder einer Ausgliederung, das **Stammkapital auch in vereinfachter Form herabzusetzen.** § 139 S. 1 verweist damit indirekt auf die §§ 58a ff. GmbHG, ohne diese Normen ausdrücklich zu benennen.[3] Neben dieser Herabsetzung des Stammkapitals in vereinfachter Form besteht ferner die Möglichkeit einer ordentlichen Stammkapitalherabsetzung gemäß § 58 GmbHG. In der Praxis hat eine solche ordentliche Kapitalherabsetzung zur Durchführung einer Spaltung aber nur eine sehr geringe Relevanz. Dies beruht insbesondere auf dem einzuhaltenden Sperrjahr, vgl. § 58 Abs. 1 Nr. 3 GmbHG, welches bei der vereinfachten Kapitalherabsetzung nicht zu beachten ist.[4]

3 § 139 S. 1 steht dabei in einem direkten Kontext zu den Erklärungspflichten der Geschäftsführer iSv § 140, die insbesondere auch eine Erklärung zur Kapitaldeckung einschließen.[5]

4 § 139 S. 2 legt fest, dass die **vereinfachte Kapitalherabsetzung vor der eigentlichen Spaltungsmaßnahme** in das Register **einzutragen** ist. Dieser entspricht damit der Eintragungsreihenfolge des § 53 bei der Erhöhung des Stammkapitals im Rahmen einer Verschmelzung.[6]

---

1 Kölner Komm UmwG/*Simon/Nießen* § 139 Rn. 2.
2 Lutter/*Priester* § 139 Rn. 3.
3 Lutter/*Priester* § 139 Rn. 1; Kölner Komm UmwG/*Simon/Nießen* § 139 Rn. 3.
4 Semler/Stengel/*Leonard/Reichert* § 139 Rn. 2; Kölner Komm UmwG/*Simon/Nießen* § 139 Rn. 3 f.
5 Lutter/*Priester* § 139 Rn. 1; Kölner Komm UmwG/*Simon/Nießen* § 139 Rn. 5.
6 Semler/Stengel/*Leonard/Reichert* § 139 Rn. 5; Kölner Komm UmwG/*Simon/Nießen* § 139 Rn. 6.

II. Die Voraussetzungen einer vereinfachten Kapitalherabsetzung nach S. 1

1. Die unter S. 1 fallenden Spaltungsmaßnahmen

Der Wortlaut von § 139 S. 1 umfasst jede Form der **Abspaltung und der Ausgliederung**, unabhängig, ob diese **zur Neugründung** oder **zur Aufnahme** erfolgen. Probleme im Zusammenhang mit dem Gebot der Kapitalerhaltung bestehen vorrangig bei der **Abspaltung**. Bei dieser Spaltungsform wird das **Vermögen** der übertragenden GmbH **in tatsächlicher Form gemindert**, da die beim Vermögenstransfer entstehenden kompensierenden Beteiligungen am übernehmenden Rechtsträger gerade nicht der übertragenden GmbH, sondern ihren Gesellschaftern gewährt werden.[7]

Bei der **Ausgliederung** findet dagegen beim übertragenden Rechtsträger **kein Vermögensverlust** statt. Der übertragende Rechtsträger selbst erhält die Gesellschaftsanteile am übernehmenden Rechtsträger (**ergebnisneutraler Aktivtausch**).[8] Im Regelfall ist demnach bei der Ausgliederung eine Kapitalherabsetzung nicht durchzuführen.[9] Eine tatsächliche Vermögensminderung kann bei der Ausgliederung jedoch dann eintreten, wenn **die gewährten Anteile wertmäßig nicht dem übertragenden Vermögen entsprechen**. Eine solche Vermögensminderung kann insbesondere bei der Ausgliederung zur Aufnahme entstehen, wenn der aufnehmende Rechtsträger überschuldet ist. In diesem Ausgliederungsfall kann somit die Herabsetzung des Stammkapitals notwendig werden.[10]

2. Rechtsfolgen- oder Rechtsgrundverweisung

Umstritten ist die Qualifikation von § 139 S. 1 als Rechtsfolgenverweisung oder als Rechtsgrundverweisung. Nach herrschender Ansicht[11] handelt es sich um eine **Rechtsfolgenverweisung**. Der Gegenansicht,[12] welche von einer Rechtsgrundverweisung ausgeht, ist nicht zu folgen.

Gegen die Einordnung als Rechtsgrundverweisung spricht insbesondere, dass eine vereinfachte Kapitalherabsetzung dann nur zum Ausgleich von Wertminderungen oder zur Deckung von sonstigen Verlusten vorgenommen werden könnte, vgl. § 58a Abs. 1 GmbHG. Der Vermögensverlust, welche mit der Spaltung einhergehen kann, stellt aber gerade keinen Verlust iSv § 58a Abs. 1 GmbHG dar, denn im Zeitpunkt der Kapitalherabsetzung wurde die Spaltung noch gar nicht durchgeführt und somit kann auch ein etwaiger Vermögensverlust durch die Spaltungsmaßnahme noch gar nicht eingetreten sein. Demnach müsste bei der übertragenden GmbH schon vor der eigentlichen Spaltungsmaßname eine Unterbilanz vorliegen, um eine vereinfachte Kapitalherabsetzung durchführen zu können. Da dies in der Regel nicht der Fall ist, wäre die Anwendung von § 139 S. 1 zweckwidrig stark eingeschränkt.

---

[7] Lutter/*Priester* § 139 Rn. 3; Semler/Stengel/Leonard/*Reichert* § 139 Rn. 3; Kölner Komm UmwG/*Simon/Nießen* § 139 Rn. 10.

[8] Kallmeyer/*Sickinger* § 139 Rn. 4; Lutter/*Priester* § 139 Rn. 4; Semler/Stengel/Leonard/*Reichert* § 139 Rn. 4; Kölner Komm UmwG/*Simon/Nießen* § 139 Rn. 11.

[9] Kallmeyer/*Sickinger* § 139 Rn. 4; Kölner Komm UmwG/*Simon/Nießen* § 139 Rn. 11.

[10] Lutter/*Priester* § 139 Rn. 4; Kölner Komm UmwG/*Simon/Nießen* § 139 Rn. 12.

[11] Lutter/*Priester* § 139 Rn. 5; Semler/Stengel/Leonard/*Reichert* § 139 Rn. 6; Kölner Komm UmwG/*Simon/Nießen* § 139 Rn. 13.

[12] Schmitt/Hörtnagl/*Hörtnagl* § 139 Rn. 8 f.

3. Der Tatbestand des S. 1

9 Da § 139 S. 1 somit nur auf die Rechtsfolgen, aber nicht auch auf die tatbestandlichen Voraussetzungen der §§ 58a GmbHG verweist, sind nur dessen Voraussetzungen bei der vereinfachten Herabsetzung des Stammkapitals zu beachten. Demnach muss die Herabsetzung des Stammkapitals zur Durchführung der Abspaltung oder der Ausgliederung **erforderlich** sein. Dies ist dann der Fall, wenn die Spaltungsmaßnahme ohne Absenkung des Stammkapitals nicht vollzogen werden könnte, da mangels verfügbaren Eigenkapitals (zB in Form von Rücklagen oder Gewinnvorträgen) der Vermögensabfluss nicht kompensiert werden kann.[13] Hieraus ergibt sich zwingend das Erfordernis, **vorhandenes Eigenkapital vorrangig zu verwenden**. Anders ausgedrückt bedeutet dies, dass vorhandenes Eigenkapital, welches den durch die Spaltung aufgetretenen Vermögensverlust ausgleichen kann, einer vereinfachten Kapitalherabsetzung entgegensteht.[14]

10 Ausnahmsweise nicht vorrangig zu verwenden sind hingegen die gesetzlichen Rücklagen für eigene Anteile (§ 272 Abs. 4 HGB) und das Nachschusskapital iSv § 42 Abs. 2 S. 3 GmbHG;[15] ferner **stille Reserven**, da nur das buchmäßige Eigenkapital zu berücksichtigen ist.[16]

11 Aus der Qualifikation des § 139 S. 1 als Rechtsfolgenverweisung folgt ferner, dass § 58a Abs. 2 GmbHG auf die vereinfachte Kapitalherabsetzung im Rahmen einer Spaltungsmaßnahme nicht anzuwenden ist. Demnach steht auch eine Rücklage in Höhe von bis zu 10 % des nach der Kapitalherabsetzung vorhandenen Stammkapitals einer vereinfachten Herabsetzung des Stammkapitals entgegen.[17]

12 Als ausschlaggebender Beurteilungszeitpunkt bezüglich der Erforderlichkeit einer vereinfachten Kapitalherabsetzung ist auf den Zeitpunkt des Wirksamwerdens der Spaltungsmaßnahme abzustellen. Deshalb ist seitens der Geschäftsführer der Zeitraum zwischen der Anmeldung und der Wirksamkeit der Spaltung hinsichtlich der Kapitalentwicklung und einer ggf. erforderlichen Herabsetzung des Stammkapitals besonders zu beachten.[18]

13 Streitig ist, ob das **Kriterium der Erforderlichkeit** daneben noch eine **weitere Bedeutung** bezüglich der Kapitalausstattung des übernehmenden Rechtsträgers hat. Nach einer Ansicht ist die **vereinfachte Herabsetzung des Stammkapitals immer nur in der Höhe zulässig, in welcher beim übernehmenden Rechtsträger neues Stammkapital gebildet wird**. Aus Gründen des Gläubigerschutzes sei es nicht möglich, einen Betrag aus der Stammkapitalherabsetzung bei der neuen Gesellschaft als Rücklage und somit nicht als Nennkapital zu verbuchen. Wäre dies durchführbar, so bestünde die **Gefahr**, dass im Wege der Spaltungsmaßnahme eine **Ausschüttung an die Anteilsinhaber** durchgeführt werden könnte.[19]

---

13 Lutter/*Priester* § 139 Rn. 6; Kölner Komm UmwG/*Simon/Nießen* § 139 Rn. 14.
14 Semler/Stengel/Leonard/*Reichert* § 139 Rn. 8; Kölner Komm UmwG/*Simon/Nießen* § 139 Rn. 14.
15 Lutter/*Priester* § 139 Rn. 6; Kölner Komm UmwG/*Simon/Nießen* § 139 Rn. 15.
16 Lutter/*Priester* § 139 Rn. 8; Schmitt/Hörtnagl/*Hörtnagl* § 139 Rn. 6; Kölner Komm UmwG/*Simon/Nießen* § 139 Rn. 17.
17 Lutter/*Priester* § 139 Rn. 6; Kölner Komm UmwG/*Simon/Nießen* § 139 Rn. 16; aA Widmann/Mayer/*Mayer* § 139 Rn. 20, 34.
18 Kölner Komm UmwG/*Simon/Nießen* § 139 Rn. 19 f.
19 Lutter/*Priester* § 139 Rn. 10 f.; Semler/Stengel/Leonard/*Reichert* § 139 Rn. 10.

Nach anderer Meinung besteht eine solche **Abhängigkeit zwischen der Höhe der** **14** **Herabsetzung des Stammkapitals** beim übertragenden Rechtsträgers und der **Höhe des neuen Stammkapitals** beim übernehmenden Rechtsträger aber **gerade nicht.** Eine solche Begrenzung des Kapitalherabsetzungsbetrages würde sich weder aus dem Gesetz noch aus der Gesetzesbegründung ergeben. Es sei **allein die Kapitallage der übertragenden GmbH zu betrachten.** Einen Summengrundsatz, wonach das Stammkapital insgesamt erhalten bleiben müsste, würde es im Umwandlungsrecht gerade nicht geben.[20]

Hinweis: Der erstgenannten Ansicht ist zu folgen und der Kapitalherabsetzungsbetrag ist demnach nur zur Bildung von Stammkapital bei der übernehmenden Gesellschaft einzusetzen. Andernfalls könnte man so Ausschüttungen an die Anteilsinhaber bewirken, die ansonsten eine ordentliche Kapitalherabsetzung iSd § 58 GmbHG erfordern. Dies wird zu Recht auch in der Rechtsprechung kritisch gesehen.[21]

4. Die Bedeutung der §§ 58a-58f GmbHG im Kontext des S. 1

Trotz der Einordnung von § 139 S. 1 als Rechtsfolgenverweisung finden die §§ 58a-58f **15** GmbHG auch auf die vereinfachte Herabsetzung des Stammkapitals im Rahmen der Spaltung Anwendung. Es ist jedoch im Einzelnen zu prüfen, ob eine Anwendung insbesondere wegen der spaltungsrechtlichen Eigenarten interessengerecht ist.[22]

Wie bereits oben festgestellt, findet § **58a Abs. 1 und Abs. 2 GmbHG** im Rahmen der Spaltung keine Anwendung (→ § 138 Rn. 8, 11). Anwendbar ist hingegen § 58a Abs. 3–5 GmbHG.[23]

Aus § 58b Abs. 1 GmbHG ergibt sich eine **Zweckbindung des freiwerdenden Kapitals,** **16** so dass insbesondere eine Auszahlung an die Gesellschafter nicht zulässig ist. Dies gilt grundsätzlich auch bei einer vereinfachten Kapitalherabsetzung nach § 139 S. 1, wobei sich diese Zweckbindung bereits aus dem Kriterium der Erforderlichkeit ergibt. Demnach verbleibt für § 58b Abs. 1 GmbHG kaum ein eigener Anwendungsbereich.[24] Ferner ergibt sich aus § 58b Abs. 1 GmbHG in entsprechender Anwendung das **Verbot der Bildung auszahlbarer Rücklagen** auch beim übernehmenden Rechtsträger.[25]

Wird bei der Beschlussfassung zur Herabsetzung des Stammkapitals ein höherer Fehl- **17** betrag angenommen als der im Zeitpunkt der Wirksamkeit der Spaltungsmaßnahme tatsächlich vorliegende Betrag, so ist dieser **Unterschiedsbetrag** in entsprechender Anwendung von § 58c S. 1 GmbHG in die Rücklage aufzunehmen.[26] Ob dann allerdings auch die Verwendungsbeschränkungen aus § 58c S. 2 GmbHG zu beachten sind, ist umstritten,[27] jedoch auch bei der Kapitalherabsetzung im Rahmen der Spaltung aufgrund der insoweit vergleichbaren Konstellation sachgerecht. Ein solcher Fall liegt zB vor, wenn bei der Beschlussfassung über die Kapitalherabsetzung noch keine Bilanz des übertragenden Rechtsträgers vorliegt und sich hinterher herausstellt, dass der Fehlbetrag geringer ist als ursprünglich angenommen.

---

20 Widmann/Mayer/*Mayer* § 139 Rn. 21; Kölner Komm UmwG/*Simon/Nießen* § 139 Rn. 23.
21 AG Charlottenburg GmbHR 2008, 993 (994).
22 Lutter/*Priester* § 139 Rn. 13; Kölner Komm UmwG/ *Simon/Nießen* § 139 Rn. 24.
23 Kölner Komm UmwG/*Simon/Nießen* § 139 Rn. 26.
24 Lutter/*Priester* § 139 Rn. 14; Kölner Komm UmwG/ *Simon/Nießen* § 139 Rn. 27.

25 Lutter/*Priester* § 139 Rn. 14; Semler/Stenge/Leonard/*Reichert* § 139 Rn. 15; aA Kölner Komm UmwG/*Simon/ Nießen* § 139 Rn. 29.
26 Kölner Komm UmwG/*Simon/Nießen* § 139 Rn. 30.
27 Bejahend: Semler/Stengel/Leonard/*Reichert* § 139 Rn. 15; verneinend: Kölner Komm UmwG/*Simon/Nießen* § 139 Rn. 31.

18 Nach überwiegender und im Ergebnis zu folgender Ansicht finden § 58d GmbHG (Begrenzung der Gewinnausschüttung), § 58e GmbHG (bilanzielle Rückbeziehung der Kapitalherabsetzung), sowie § 58f GmbHG (Gleichzeitige Kapitalerhöhung) auf die spaltungsbedingte, vereinfachte Kapitalherabsetzung keine Anwendung.[28] Diese Vorschriften setzen ihrer ursprünglichen Intention nach Unternehmen voraus, die in wirtschaftliche Schwierigkeiten geraten sind und insoweit Vorsorge gegen weitere Verluste treffen sollen. Dies trifft im Regelfall bei Spaltungsmaßnahmen nicht zu. Hier steht der Gedanke der gesellschaftsrechtlichen Restrukturierung im Vordergrund.

III. Der Verfahrensgang bei der spaltungsbedingten Kapitalherabsetzung

19 Die Gesellschafter der übertragenden GmbH müssen zunächst einen entsprechenden **Kapitalherabsetzungsbeschluss** fassen. Dieser Beschluss bedarf einer **satzungsändernden Mehrheit** (drei Vierteln der abgegebenen Stimmen) und einer **notariellen Beurkundung**, vgl. §§ 58a Abs. 5, 53 Abs. 2 GmbHG.[29] Aus Zweckmäßigkeitsgründen sollte der Kapitalherabsetzungsbeschluss mit dem Spaltungsbeschluss verknüpft werden.[30] Aus dem Beschluss über die Herabsetzung des Stammkapitals muss sich ergeben, dass es sich **um eine vereinfachte Form der Kapitalherabsetzung** handelt. Ferner ist ein Hinweis bezüglich des Betrages und des Zweckes („zur Durchführung der Spaltung") der Kapitalherabsetzung in den Beschluss mit aufzunehmen. Daneben sind auch noch die Nennbeträge der Geschäftsanteile gemäß dem herabgesetzten Stammkapital in dem Beschluss anzupassen, vgl. § 58a Abs. 3 S. 1 GmbHG.[31]

20 Die **Anmeldung** der Kapitalherabsetzung muss durch **sämtliche Geschäftsführer** in öffentlich beglaubigter Form durchgeführt werden, vgl. § 78 GmbHG.[32]

21 Nach der Handelsregisteranmeldung **überprüft das Registergericht die vereinfachte Kapitalherabsetzung**. Hierbei wird insbesondere nachgeprüft, ob die Herabsetzung erforderlich iSv § 139 S. 1 ist.[33]

22 Entspricht die Kapitalherabsetzung nicht den gesetzlichen Voraussetzungen, wie es insbesondere bei einer fehlenden Erforderlichkeit der Fall ist, so ist der Kapitalherabsetzungsbeschluss **anfechtbar**. Das Registergericht hat in einem solchen Fall die **Eintragung** der Kapitalherabsetzung auch dann **zu verweigern**, wenn eine Anfechtung nicht erklärt worden ist.[34]

IV. Die Eintragungsreihenfolge des S. 2

23 In § 139 S. 2 wird die **Eintragungsreihenfolge** in der Weise festgelegt, dass zunächst die Herabsetzung des Stammkapitals und dann erst die Abspaltung oder die Ausgliederung in das Register eingetragen werden. § 139 S. 2 entspricht dabei spiegelbildlich § 53.[35] Die Voreintragung der Herabsetzung des Stammkapitals bewirkt, dass Spaltungsmaßnahme

---

[28] Lutter/Priester § 139 Rn. 16 f. (aber: § 58e GmbHG erscheint nicht unanwendbar); Schmitt/Hörtnagl/Hörtnagl § 139 Rn. 29 f. (aber: § 58d GmbHG ist nicht auszuschließen); Semler/Stengel/Leonard/Reichert § 139 Rn. 16 f.; Kölner Komm UmwG/Simon/Nießen § 139 Rn. 32 f.

[29] Lutter/Priester § 139 Rn. 18; Kölner Komm UmwG/Simon/Nießen § 139 Rn. 34.

[30] Semler/Stengel/Leonard/Reichert § 139 Rn. 12.

[31] Lutter/Priester § 139 Rn. 18; Semler/Stengel/Leonard/Reichert § 139 Rn. 12; Kölner Komm UmwG/Simon/Nießen § 139 Rn. 34.

[32] Lutter/Priester § 139 Rn. 19; Kölner Komm UmwG/Simon/Nießen § 139 Rn. 35.

[33] Kölner Komm UmwG/Simon/Nießen § 139 Rn. 37.

[34] Lutter/Priester § 139 Rn. 12; Semler/Stengel/Leonard/Reichert § 139 Rn. 11; Kölner Komm UmwG/Simon/Nießen § 139 Rn. 37.

[35] Lutter/Priester § 139 Rn. 21; Kölner Komm UmwG/Simon/Nießen § 139 Rn. 38.

und Kapitalherabsetzung im gleichen Zeitpunkt Wirksamkeit erlangen. Denn die Kapitalherabsetzung wird nicht schon mit ihrer Eintragung wirksam. Vielmehr ist diese aufschiebend bedingt. Die Herabsetzung wird erst wirksam, wenn auch die Ausgliederung bzw. die Aufspaltung wirksam wird.[36] Wird die Spaltungsmaßnahme endgültig nicht eingetragen, so ist die Eintragung der Kapitalherabsetzung von Amts wegen zu löschen.[37]

Bei einem Verstoß gegen die Eintragungsreihenfolge des § 139 S. 2 wird die jeweilige Spaltungsmaßnahme dennoch wirksam. Vom Registergericht ist die Eintragung der Kapitalherabsetzung allerdings **unverzüglich nachzuholen**, um die bei der übertragenden GmbH entstandene Unterbilanz aufzulösen.[38]

§ 140 Anmeldung der Abspaltung oder der Ausgliederung

Bei der Anmeldung der Abspaltung oder der Ausgliederung zur Eintragung in das Register des Sitzes einer übertragenden Gesellschaft mit beschränkter Haftung haben deren Geschäftsführer auch zu erklären, daß die durch Gesetz und Gesellschaftsvertrag vorgesehenen Voraussetzungen für die Gründung dieser Gesellschaft unter Berücksichtigung der Abspaltung oder der Ausgliederung im Zeitpunkt der Anmeldung vorliegen.

I. Normzweck

§ 140 enthält eine **Erklärungspflicht,** wonach die Geschäftsführer einer übertragenden GmbH bei der Anmeldung einer Abspaltung oder einer Ausgliederung erklären müssen, „dass die durch Gesetz und Gesellschaftsvertrag vorgesehenen Voraussetzungen für die Gründung dieser Gesellschaft unter Berücksichtigung der Abspaltung oder der Ausgliederung im Zeitpunkt der Anmeldung vorliegen."

Der Zweck des § 140 liegt darin, die **Kapitalausstattung der übertragenden GmbH zu schützen**. Die Erklärungspflicht soll dabei bewirken, dass die jeweilige Spaltungsmaßnahme nicht ohne Kapitalherabsetzungsmaßnahme (vgl. § 139) das satzungsmäßige Stammkapital beeinträchtigt und das gesetzliche Mindeststammkapital nicht unterschritten wird.[1]

Einen umfassenden Schutz der Kapitallage der übertragenden GmbH hätte auch durch eine Prüfung des Registergerichts im Rahmen der Spaltungsmaßnahme erreicht werden können. Der Gesetzgeber hat als Schutzmechanismus jedoch die Erklärungspflicht nach § 140 gewählt. Er führt diesbezüglich aus, dass der Spaltungsvorgang durch eine weitere richterliche Überprüfung zu förmlich bzw. zu teuer geworden wäre.[2]

Nicht zuletzt aufgrund dieser fehlenden richterlichen Prüfung wurde die Erklärungspflicht durch **§ 346 Abs. 2 strafrechtlich sanktioniert**.

---

36 Lutter/*Priester* § 139 Rn. 22; Semler/Stengel/Leonard/*Reichert* § 139 Rn. 18; Kölner Komm UmwG/*Simon/Nießen* § 139 Rn. 39.
37 Lutter/*Priester* § 139 Rn. 22; Schmitt/Hörtnagl/*Hörtnagl* § 139 Rn. 35; Semler/Stengel/Leonard/*Reichert* § 139 Rn. 19; Kölner Komm UmwG/*Simon/Nießen* § 139 Rn. 39.

38 Kölner Komm UmwG/*Simon/Nießen* § 139 Rn. 40; aA Lutter/*Priester* § 139 Rn. 23 („Die Spaltung wird [...] erst mit Eintragung der Kapitalherabsetzung wirksam").
1 RegBegr. *Ganske* Umwandlungsrecht S. 174 f.; Lutter/*Priester* § 140 Rn. 2; Kölner Komm UmwG/*Simon/Nießen* § 140 Rn. 2.
2 RegBegr. *Ganske* Umwandlungsrecht S. 175; Lutter/*Priester* § 140 Rn. 2; Kölner Komm UmwG/*Simon/Nießen* § 140 Rn. 3.

II. Die Erklärung nach § 140

4 Zunächst ist § 140 auf **sämtliche Fälle der Abspaltung und Ausgliederung** anzuwenden, wenn es sich bei der übertragenden Gesellschaft um eine GmbH handelt.[3] Demnach sind die Anwendungsbereiche von § 140 und § 139 deckungsgleich.

5 Der **Erklärungsinhalt** hat sich mit Blick auf den Zweck der Norm in erster Linie auf die **Kapitalerhaltung** zu beziehen. Entscheidend ist dabei eine bilanzielle Betrachtungsweise, so dass stille Reserven nicht zu berücksichtigen sind. Aus diesen Gründen muss die Erklärung iSv § 140 zwingend zum Ausdruck bringen, dass das Stammkapital der übertragenden GmbH auch nach der durchgeführten Spaltungsmaßnahme durch ausreichend vorhandenes Nettobuchvermögen weiterhin abgedeckt ist.[4] Dieser zwingende Inhalt der Erklärung in Bezug auf den Kapitalerhalt ergibt sich einmal aus der Begründung des Gesetzgebers,[5] aber auch aus der korrespondierenden strafrechtlichen Sanktion in § 346 Abs. 2, die sich gerade auf eine unrichtige Erklärung zur Deckung des Stammkapitals bezieht (→ § 346 Rn. 21 f.).[6]

6 Für den Sonderfall, dass bereits **vor der Spaltung** bei der übertragenden GmbH eine **Unterbilanz** besteht, ist der Inhalt der Erklärung dahin gehend abzuwandeln, dass mit der Spaltung **keine weitergehende Verringerung des Stammkapitals** einhergeht.[7]

7 Trotz des weitergehenden Wortlautes in § 140, welcher von Voraussetzungen spricht, die für die Gründung der Gesellschaft durch Gesetz und Gesellschaftsvertrag vorgesehen sind, sind neben den Erklärungen zur Kapitallage nach überwiegender Ansicht **keine weiteren Erklärungen bezüglich der sonstigen Gründungsvoraussetzungen der übertragenden GmbH abzugeben**.[8] Durch die Abspaltung oder die Ausgliederung würden nämlich neben dem Vermögensabfluss keine weiteren Veränderungen bezüglich der Gründungsvoraussetzungen der übertragenden Gesellschaft eintreten, so dass ein weitergehender Erklärungsinhalt reiner Formalismus wäre.[9]

8 Die Erklärung nach § 140 kann **zweckmäßigerweise in die Spaltungsanmeldung integriert** werden. Zwingend ist eine solche Verbindung allerdings nicht. Denn die gesetzliche Formulierung lautet „bei der Anmeldung", so dass die Erklärung nach § 140 **auch in einer gesonderten Anlage** gegenüber dem Registergericht abgegeben werden kann.[10] Für eine isolierte Erklärung iSv § 140 ergibt sich dann **keine besondere Formvorschrift**. Die Schriftform ist insgesamt ausreichend, und eine notarielle Beglaubigung ist nicht erforderlich.[11]

Hinweis: Im Unterschied zur Regelung in § 139 ist bei der Erklärung gemäß § 140 der **Zeitpunkt der Anmeldung** der entscheidende Bezugspunkt.[12]

---

3 Lutter/*Priester* § 140 Rn. 3; Kölner Komm UmwG/*Simon/Nießen* § 140 Rn. 8.
4 Lutter/*Priester* § 140 Rn. 4 f.; Semler/Stengel/Leonard/*Reichert* § 140 Rn. 2; Kölner Komm UmwG/*Simon/Nießen* § 140 Rn. 10.
5 RegBegr. *Ganske* Umwandlungsrecht S. 175 („Es muss aber auch sichergestellt werden, dass das im Gesellschaftsvertrag der übertragenden GmbH vorgesehene Stammkapital, das über dem gesetzlichen Mindestkapital liegen kann, durch die Aktiva weiter gedeckt ist.").
6 Lutter/*Priester* § 140 Rn. 4; Schmitt/Hörtnagl/*Hörtnagl* § 140 Rn. 7.
7 Kölner Komm UmwG/*Simon/Nießen* § 140 Rn. 13.
8 Lutter/*Priester* § 140 Rn. 6 f.; Schmitt/Hörtnagl/*Hörtnagl* § 140 Rn. 7 f.; Semler/Stengel/Leonard/*Reichert* § 140 Rn. 2; aA Kölner Komm UmwG/*Simon/Nießen* § 140 Rn. 16.
9 Semler/Stengel/Leonard/*Reichert* § 140 Rn. 2; einschränkend Kölner Komm UmwG/*Simon/Nießen* § 140 Rn. 15.
10 Lutter/*Priester* § 140 Rn. 11; Kölner Komm UmwG/*Simon/Nießen* § 140 Rn. 21.
11 Semler/Stengel/Leonard/*Reichert* § 140 Rn. 7; Kölner Komm UmwG/*Simon/Nießen* § 140 Rn. 21; aA Lutter/*Priester* § 140 Rn. 11.
12 Kölner Komm UmwG/*Simon/Nießen* § 140 Rn. 22.

III. Die zur Erklärung nach § 140 verpflichteten Personen

§ 140 verlangt die beschriebene Erklärung von den **Geschäftsführern der übertragenden GmbH**. Es handelt sich dabei gerade wegen der Strafbewehrtheit um eine **höchstpersönliche Erklärung**, weshalb **weder eine unechte Gesamtvertretung noch eine Bevollmächtigung** zur Erklärungsabgabe zulässig ist.[13]

Für den Fall, dass die **Spaltungsanmeldung durch das Vertretungsorgan des übernehmenden Rechtsträgers** vorgenommen wird (vgl. § 129), ist fraglich, wer nunmehr zur Erklärung iSv § 140 verpflichtet ist. Teilweise soll dem Vertretungsorgan des übernehmenden Rechtsträgers neben der Spaltungsanmeldung auch zugestanden werden, die Erklärung iSv § 140 abgeben zu können, wobei eine solche dann nicht strafbewehrt sein würde.[14] Dem ist jedoch mit der überwiegenden Ansicht nicht zuzustimmen. **Auch im Falle des § 129 haben die Geschäftsführer der übertragenden GmbH die Erklärung iSv § 140 abzugeben**. Andernfalls würde es der Erklärung aufgrund der mangelnden Strafandrohung an Gewicht fehlen, was angesichts der Intention des § 140 – nämlich die richterliche Überprüfung der Kapitallage zu ersetzen – nicht hinnehmbar wäre.[15]

Streitig ist ferner, ob die Erklärung iSv § 140 **von allen Geschäftsführern** abzugeben ist, oder ob es ausreicht, wenn dies die Geschäftsführer **in vertretungsberechtigter Anzahl** tun. Aufgrund einer mangelnden gesetzlichen Anordnung soll es einerseits – wie bei der Spaltungsanmeldung – genügen, wenn die Geschäftsführer in vertretungsberechtigter Zahl die relevante Erklärung abgeben.[16] **Vorzugswürdig** erscheint hingegen die Ansicht, die eine **Erklärung nach § 140 von sämtlichen Geschäftsführern verlangt**. Dies ergibt sich aus der besonderen Formulierung in § 140 („deren Geschäftsführer") und aus der Strafandrohung des § 346 Abs. 2.[17] Ferner kann nur so verhindert werden, dass gutgläubige Geschäftsführer von bösgläubigen Mit-Geschäftsführern zur alleinigen Erklärung gedrängt und vorgeschoben würden.[18]

IV. Die richterliche Prüfungskompetenz und die fehlende Erklärung

Vor dem aufgezeigten Hintergrund, dass die Erklärung nach § 140 die erneute richterliche Überprüfung insbesondere der Kapitalausstattung der übertragenden GmbH ersetzen soll, hat das Registergericht **den Inhalt der Erklärung als inhaltlich korrekt und vollständig hinzunehmen**. Hat das Registergericht allerdings **begründete Zweifel** an der Richtigkeit der Erklärung, ist es nicht gehindert, im Rahmen von Amtsermittlungen weitere Nachweise einzufordern.[19]

Mangelt es an der Erklärung iSv § 140, so hat das Registergericht im Rahmen einer Zwischenverfügung nach einer solchen Erklärung zu verlangen. Wird die Erklärung auch dann nicht abgegeben, so ist die Eintragung der Spaltungsmaßnahme abzulehnen.[20]

---

13 Kölner Komm UmwG/*Simon/Nießen* § 140 Rn. 19; Kallmeyer/*Zimmermann* § 140 Rn. 6.
14 Schmitt/Hörtnagl/*Hörtnagl* § 140 Rn. 5 f.
15 Lutter/*Priester* § 140 Rn. 9; Kölner Komm UmwG/*Simon/Nießen* § 140 Rn. 18.
16 Semler/Stengel/Leonard/*Reichert* § 140 Rn. 4.
17 Lutter/*Priester* § 140 Rn. 8; Kölner Komm UmwG/*Simon/Nießen* § 140 Rn. 20.
18 Kallmeyer/*Zimmermann* § 140 Rn. 6.
19 Lutter/*Priester* § 140 Rn. 13; Semler/Stengel/Leonard/*Reichert* § 140 Rn. 8; Kölner Komm UmwG/*Simon/Nießen* § 140 Rn. 23.
20 Kallmeyer/*Zimmermann* § 140 Rn. 9.

Wird die Spaltung allerdings trotz des Fehlens der Erklärung eingetragen, so ist die Spaltungsmaßnahme dennoch wirksam, vgl. § 131 Abs. 2.[21]

Zweiter Abschnitt
Spaltung unter Beteiligung von Aktiengesellschaften und Kommanditgesellschaften auf Aktien

§ 141 Ausschluss der Spaltung

Eine Aktiengesellschaft oder eine Kommanditgesellschaft auf Aktien, die noch nicht zwei Jahre im Register eingetragen ist, kann außer durch Ausgliederung zur Neugründung nicht gespalten werden.

Literatur:
Diekmann, Die Nachgründung der Aktiengesellschaft, ZIP 1996, 2149; *Engelmeyer*, Das Spaltungsverfahren bei der Spaltung von Aktiengesellschaften, AG 1996, 193; *Schnorbus*, Die Direktabspaltung – eine Untersuchung zur Ausschüttung von Aktien an Tochtergesellschaften und an die Aktionäre der Muttergesellschaft nach dem Umwandlungsrecht, ZGR 2019, 780; *Scholer*, § 141 UmwG – Auslegungsfragen in Literatur und Praxis, ZIP 2022, 2056.

1. Allgemeines

1 Das in § 141 verankerte **Spaltungsverbot** für Aktiengesellschaften und Kommanditgesellschaften auf Aktien, die noch nicht zwei Jahre im Handelsregister eingetragen sind, hat zum Zweck, eine Umgehung der aktienrechtlichen Nachgründungsvorschriften in § 52 AktG auszuschließen. Dagegen ist das in § 76 Abs. 1 aF geregelte Verschmelzungsverbot für Aktiengesellschaften für die ersten beiden Jahre ihres Bestehens durch das UmRuG[1] aufgehoben worden. Der Gesetzgeber geht davon aus, dass das absolute Verschmelzungsverbot zur Erfüllung des Zwecks der Umgehung der aktienrechtlichen Nachgründungsvorschriften nicht erforderlich sei und sogar sinnvolle unternehmerische Strukturmaßnahmen blockieren könne. Um künftig eine Umgehung der aktienrechtlichen Nachgründungsvorschriften auch ohne die pauschale Verschmelzungssperre des § 76 Abs. 1 aF zu vermeiden, schließt § 73 nF die Anwendung des § 67 für die Verschmelzung zur Neugründung nicht mehr aus.[2]

Aus Sicht der Praxis ist die Aufhebung des absoluten Verschmelzungsverbots zu begrüßen. Es wäre wünschenswert gewesen, in diesem Zuge auch das Spaltungsverbot zu überdenken. Die Gläubiger der beteiligten Rechtsträger sind bei einer Spaltung bereits durch die gesamtschuldnerische Haftung nach § 133 geschützt, während Aktionäre im Rahmen des Spaltungsbeschlusses frei entscheiden können, ob sie der Spaltung zustimmen.[3] Genauso wie für das aufgehobene Verschmelzungsverbot gilt, dass sinnvolle unternehmerische Strukturmaßnahmen, wie zB der Aufbau von Holdingstrukturen, durch das Spaltungsverbot unnötig erschwert werden.

2 § 52 AktG verbietet der Gesellschaft den Abschluss von Verträgen über den Erwerb von Vermögensgegenständen, die sie innerhalb von zwei Jahren nach ihrer Entstehung

---

21 Lutter/*Priester* § 140 Rn. 14.
1 Gesetz zur Umsetzung der Umwandlungsrichtlinie und zur Änderung weiterer Gesetze (UmRuG), BGBl. 2023 I Nr. 51 vom 28.2.2023.
2 Vgl. BT-Drs. 20/3822, 81.
3 BeckOGK/*Brellochs*, 1.1.2023, § 141 Rn. 25.

mit Gründern oder mit solchen Aktionären abschließt, die mehr als 10 % des Grundkapitals halten, sofern nicht die Hauptversammlung dem Abschluss zugestimmt hat und eine entsprechende Eintragung ins Handelsregister erfolgt ist.[4] Eine solche Gefährdung kann auch durch eine Spaltung bewirkt werden, wenn die im Rahmen der Spaltung gewährten Anteile wertmäßig nicht dem übertragenen Vermögen entsprechen.[5] § 141 schützt auch das Geschäftsführungsorgan der AG bzw. der KGaA vor einer übermäßigen Einflussnahme der Gründer.[6] Hs. 2 des § 141 macht von diesem Spaltungsverbot eine Ausnahme, soweit es sich um eine **Ausgliederung zur Neugründung** handelt. Die Gefahr eines Vermögensverlustes, vor dem § 52 AktG schützen soll, kann im Rahmen solcher Umwandlungsmaßnahmen nicht entstehen. Vielmehr verkörpern die im Zusammenhang mit der Ausgliederung zur Neugründung geschaffenen Anteile den Wert der übertragenen Vermögensgegenstände.[7]

Damit gilt das Spaltungsverbot des § 141 im Fall einer Ab- und Aufspaltung zur Aufnahme und zur Neugründung, sowie im Rahmen einer Ausgliederung zur Aufnahme, sofern eine neu gegründete AG oder KGaA als übertragender Rechtsträger beteiligt ist. Erfasst werden ferner Aktiengesellschaften oder KGaAs, die aus einem Formwechsel hervorgegangen sind, da auf sie Gründungs- und damit auch die Nachgründungsvorschriften des AktG anzuwenden sind.[8] Aus Sicht der Praxis ist noch relevant, ob § 141 auch nach Aktivierung einer bereits seit mehr als zwei Jahren bestehenden Vorratsgesellschaft gilt. Soweit man § 52 AktG auch auf die Aktivierung einer Vorratsgesellschaft anwendet,[9] ist § 141 dort ebenfalls zu beachten.[10]

Die Rechtsform des übernehmenden oder neuen Rechtsträgers ist für Zwecke des § 141 hingegen nicht erheblich.[11] Die Einhaltung von Nachgründungsvorschriften beim übernehmenden Rechtsträger wird bereits durch die §§ 125 S. 1, 67 S. 1 gewährleistet.[12] Über Art. 9 Abs. 1 lit. c Ziff. ii SE-VO[13] findet § 141 auch auf die SE Anwendung.

2. Inhalt

a) Zweijahresfrist, Fristbeginn

Verboten sind Spaltungen während der ersten zwei Jahre ab Eintragung des jeweiligen Rechtsträgers in das Handelsregister. Damit wird ein Gleichlauf zu den Nachgründungsfristen der §§ 52, 53 AktG hergestellt, die ebenfalls zwei Jahre betragen.

Die Fristberechnung richtet sich nach §§ 187 Abs. 2 S. 1, 188 Abs. 2 S. 1 Alt. 1 BGB.[14] Fristbeginn ist damit der Tag, der im Register der Gesellschaft als Tag der Eintragung vermerkt ist (§ 187 Abs. 2 S. 1 BGB).[15] Dies gilt für eine aus einem Formwechsel hervorgegangene AG oder KGaA mit der Maßgabe, dass für den Fristbeginn auf der Tag der

Eintragung des Formwechsels gem. § 202 Abs. 1 abzustellen ist.[16] Die Zweijahresfrist wird allerdings nicht erneut ausgelöst bei einem Formwechsel, bei dem der übertragende Rechtsträger bereits die Rechtsform einer AG bzw. KGaA innehatte, sondern die Ersteintragung bleibt der maßgebliche Zeitpunkt für den Fristbeginn.[17] Etwas anderes gilt, sofern die AG bzw. KGaA aus einer Verschmelzung durch Neugründung hervorgegangen ist. Selbst für den Fall, dass die an der Verschmelzung beteiligten übertragenden Rechtsträger ihrerseits die Rechtsform einer AG bzw. KGaA hatten, beginnt die Frist zwingend mit Eintragung des neuen Rechtsträgers, da, anders als beim Formwechsel, ein neuer Rechtsträger geschaffen und nicht nur die Rechtsidentität gewechselt wird.[18]

b) Fristende

7 Hinsichtlich des Zeitpunkts für den Ablauf der Zweijahresfrist gibt § 141 – im Gegensatz zum § 76 Abs. 1 aF, der darauf abstellte, ob der Verschmelzungsbeschluss nach Ablauf der Nachgründungsfrist gefasst wurde – keine Hinweise. Rspr. zu dieser Frage ist bislang nicht ergangen. Im Schrifttum werden unterschiedliche Anknüpfungspunkte verfolgt.[19]

8 Nach zum Teil vertretener Meinung soll der Rechtslage des § 52 entsprechend auf den Abschluss des Spaltungs- und Übernahmevertrages bzw. die Aufstellung des Spaltungsplans abgestellt werden.[20] Als weiterer Anknüpfungspunkt wird der Spaltungsstichtag ins Spiel gebracht.[21] Folglich wäre eine Spaltung nach § 141 verboten, wenn der Spaltungsstichtag innerhalb von zwei Jahren seit Eintragung der übertragenden AG bzw. KGaA liegt.[22] Weiter finden sich Stimmen im Schrifttum, die dem Leitbild des § 76 folgend auf den Tag des Spaltungsbeschlusses abstellen.[23] Anders als in den Parallelvorschriften hat der Gesetzgeber in § 141 aber bewusst einen abweichenden Wortlaut gewählt.[24] Richtigerweise wird man daher allein auf die **Eintragung der Spaltung im Handelsregister** abstellen müssen, da die Spaltung erst zu diesem Zeitpunkt wirksam wird und damit erst der „Erfolg" eintritt.[25]

Hinweis: Da die Eintragung im Handelsregister nicht steuerbar ist und damit die Eintragung auch vor Ablauf der Zweijahresfrist erfolgen kann,[26] sollte der Spaltungsbeschluss die Vollzugsordnung an den Vorstand enthalten, die Eintragung der Spaltung erst nach Ablauf der Frist zum Handelsregister anzumelden.[27] Zum Teil wird auch empfohlen, den Spaltungsvertrag unter der aufschiebenden Bedingung des Fristablaufs nach § 141 abzuschließen und die weiteren Vorbereitungshandlungen ebenfalls erkennbar auf den Zeitpunkt des Fristablaufs abstellen zu lassen.[28]

---

[16] Lutter/*Schwab* § 141 Rn. 10; Semler/Stengel/Leonard/*Diekmann* § 141 Rn. 10; Widmann/Mayer/*Rieger* § 141 Rn. 8; *Scholer* ZIP 2022, 2056 (2057).

[17] Wie hier Widmann/Mayer/*Rieger* § 141 Rn. 9; Kölner Komm UmwG/*Simon* § 141 Rn. 8; *Scholer* ZIP 2022, 2056 (2057); aA GroßkommAktG *Priester* § 52 Rn. 21.

[18] Widmann/Mayer/*Rieger* § 141 Rn. 10; Semler/Stengel/Leonard/*Diekmann* § 141 Rn. 11; *Scholer* ZIP 2022, 2056 (2058); aA Kallmeyer/*Sickinger* § 141 Rn. 1.

[19] Überblick bei BeckOGK/*Brellochs*, 1.1.2023, § 141 Rn. 35.

[20] Lutter/*Schwab* § 141 Rn. 13; Schmitt/Hörtnagl/*Hörtnagl* § 141 Rn. 3.

[21] Widmann/Mayer/*Rieger* § 141 Rn. 11, der diesen Zeitpunkt aber iE ablehnt.

[22] Widmann/Mayer/*Rieger* § 141 Rn. 11 f., der diesen Zeitpunkt aber iE ablehnt.

[23] Kallmeyer/*Sickinger* § 141 Rn. 3; Semler/Stengel/Leonard/*Diekmann* § 141 Rn. 14.

[24] *Scholer* ZIP 2022, 2056 (2059).

[25] BeckOGK/*Brellochs*, 1.1.2023, § 141 Rn. 37; Widmann/Mayer/*Rieger* § 141 Rn. 15; Kölner Komm UmwG/*Simon* § 141 Rn. 14. *Schnorbus* ZGR 2019, 780 Fn. 86.

[26] So der Einwand von Semler/Stengel/Leonard/*Diekmann* § 141 Rn. 13.

[27] Kölner Komm UmwG/*Simon* § 141 Rn. 14.

[28] *Scholer* ZIP 2022, 2056 (2059); Henssler/Strohn/*Galla/Müller* § 141 Rn. 7.

Der Vorteil der letztgenannten Meinung liegt für die Praxis auf der Hand, da es hierdurch möglich wird, die Spaltung in vollem Umfang bereits während der Zweijahresfrist des § 141 vorzubereiten und auch – bis auf die Eintragung – durchzuführen.[29] Ausreichend ist es daher, wenn die Spaltung erst nach Ablauf der Zweijahresfrist zur Eintragung ins Handelsregister bei der übertragenden AG oder KGaA angemeldet wird und auf diese Weise sichergestellt ist, dass eine Eintragung vor Fristablauf ausgeschlossen ist.[30] Das zuständige Registergericht darf aber eine bereits vor Fristablauf angemeldete Spaltung nicht wegen Verstoßes gegen § 141 zurückweisen, sondern es müsste vielmehr den Ablauf der Sperrfrist abwarten.[31] Es ist allerdings zwingend zu raten, die Vorgehensweise mit dem zuständigen Registergericht vorab abzustimmen, da aufgrund fehlender Rspr. zu dieser Frage das Risiko verbleibt, dass alle vor Ablauf der Frist umgesetzten Maßnahmen wegen Verstoßes gegen § 141 als nichtig angesehen werden (§ 134 BGB). Sollte die Spaltung trotz Verstoßes gegen § 141 eingetragen werden, ist sie wegen § 131 Abs. 2 (ggf. iVm § 135 Abs. 1 S. 1) wirksam und dementsprechend nicht rückgängig zu machen.[32]

Fraglich bleibt zudem, ob der Spaltungsstichtag innerhalb der Nachgründungsphase liegen darf. Wirtschaftlich gesehen erfolgt in einem solchen Fall der Vermögensabgang beim übertragenden Rechtsträger bereits innerhalb der Nachgründungsphase.[33] Hiergegen wird man allerdings einwenden können, dass auch § 52 AktG nur auf den Zeitpunkt des Abschlusses des Rechtsgeschäfts abstellt und keine Anwendung findet, wenn dieser nach dem Ablauf der Frist liegt, selbst wenn das Geschäft eine Rückwirkung vorsieht.[34]

§ 142 Spaltung mit Kapitalerhöhung; Spaltungsbericht

(1) § 69 ist mit der Maßgabe anzuwenden, daß eine Prüfung der Sacheinlage nach § 183 Abs. 3 des Aktiengesetzes stets stattzufinden hat; § 183a des Aktiengesetzes ist anzuwenden.

(2) In dem Spaltungsbericht ist gegebenenfalls auf den Bericht über die Prüfung von Sacheinlagen bei einer übernehmenden Aktiengesellschaft nach § 183 Abs. 3 des Aktiengesetzes sowie auf das Register, bei dem dieser Bericht zu hinterlegen ist, hinzuweisen.

Literatur:
DAV, Stellungnahme zum Referentenentwurf eines Gesetzes zur Umsetzung der Umwandlungsrichtlinie, NZG 2022, 849; *Engelmeyer*, Das Spaltungsverfahren bei der Spaltung von Aktiengesellschaften, AG 1996, 193; *Heckschen/Knaier*, Reform des Umwandlungsrechts kurz vor dem Ziel, ZIP 2022, 2205; *Schmidt*, Der UmRUG-Referentenentwurf: grenzüberschreitende Umwandlungen 2.0 – und vieles mehr, NZG 2022, 635.

I. Allgemeines ... 1	b) Ablauf der Prüfung ... 5
II. Inhalt ... 3	c) Bericht über die Prüfung ... 7
1. Prüfung der Sacheinlagen, Abs. 1 ... 3	2. Hinweise im Spaltungsbericht, Abs. 2 ... 8
a) Ausnahme von der Prüfungspflicht ... 4	3. Rechtsfolgen eines Verstoßes ... 10

---

29 Kölner Komm UmwG/*Simon* § 141 Rn. 16.
30 BeckOGK/*Brellochs*, 1.1.2023, § 141 Rn. 37.
31 So auch BeckOGK/*Brellochs*, 1.1.2023, § 141 Rn. 38; Lutter/*Schwab* § 141 Rn. 19; Kölner Komm UmwG/*Simon* § 141 Rn. 16; aA Kallmeyer/*Sickinger* § 141 Rn. 8; Semler/Stengel/Leonard/*Diekmann* § 141 Rn. 17.
32 BeckOGK/*Brellochs*, 1.1.2023, § 141 Rn. 38.
33 Widmann/Mayer/*Rieger* § 141 Rn. 11.
34 Henssler/Strohn/*Galla/Müller* § 141 Rn. 6; iE auch Schmitt/Hörtnagl/*Hörtnagl* § 141 Rn. 4.

I. Allgemeines

1 Abs. 1 des § 142 schreibt für Spaltungen mit Kapitalerhöhung bei einer übernehmenden AG oder KGaA zwingend eine **Sacheinlagenprüfung** vor. Hiermit wird unter Gläubigerschutzgesichtspunkten, aber auch zum Schutz der existierenden Anteilsinhaber des übernehmenden Rechtsträgers, eine Überprüfung der Werthaltigkeit der im Rahmen der Spaltung übertragenen Vermögensgegenstände bezweckt.[1]

2 Nach Abs. 2 ist im Spaltungsbericht der übernehmenden AG auf den Bericht über die Sacheinlagenprüfung sowie auf dessen Hinterlegung beim Register hinzuweisen, damit sich alle Anteilsinhaber umfassend über die Sacheinlageprüfung informieren können. Trotz des insoweit einschränkenden Wortlauts des Abs. 2 („übernehmende Aktiengesellschaft") erstreckt sich die Hinweispflicht des Abs. 2 auch auf die KGaA.[2] In der Gesetzesbegründung zu § 142 ist von der Hinweispflicht bei dem „übernehmenden Rechtsträger" die Rede,[3] weshalb die Einschränkung im Wortlaut des § 142 als redaktionelles Versehen zu qualifizieren ist.[4]

II. Inhalt

1. Prüfung der Sacheinlagen, Abs. 1

3 Sofern eine Kapitalerhöhung bei der übernehmenden AG oder KGaA zur Schaffung neuer Aktien als Gegenleistung im Rahmen der Spaltung erforderlich ist (→ § 126 Rn. 13, 19), schreibt § 142 als zwingendes Gesetzesrecht eine Sacheinlagenprüfung vor. Im Hinblick auf die Gefahr, dass nicht ausreichende Vermögensgegenstände im Zuge der Spaltung übertragen werden, weicht der Gesetzgeber damit von der Rechtslage einer Kapitalerhöhung im Rahmen einer Verschmelzung ab. Hier sieht § 125 iVm § 69 eine Reihe von Erleichterungen[5] gegenüber einer ordentlichen Kapitalerhöhung nach §§ 182 ff. AktG vor.[6]

a) Ausnahme von der Prüfungspflicht

4 Eine Ausnahme von der Prüfungspflicht ergibt sich nunmehr nach Ergänzung des § 142 im Rahmen des UmRuG[7] aus § 142 Abs. 1 Hs. 2, der § 183a AktG für anwendbar erklärt.[8] Der bereits im Rahmen des ARUG[9] eingeführte § 183a AktG erstreckt die ebenfalls mit dem ARUG eingeführten Erleichterungen des § 33a AktG hinsichtlich der Sacheinlagenprüfung auch auf die Kapitalerhöhungen mit Sacheinlage. Dies sind Fälle, in denen unter einem Börsenkurs gehandelte Wertpapiere oder Gegenstände, denen bereits eine aktuelle Bewertung eines Sachverständigen zugrunde liegt, eingebracht werden. In solchen Konstellationen liegen bereits ausreichende Anhaltspunkte zur Bewertung des eingebrachten Vermögens vor, weshalb eine zusätzliche Bewertung im Rahmen einer

---

[1] Vgl. Semler/Stengel/Leonard/*Diekmann* § 142 Rn. 1; Lutter/*Schwab* § 142 Rn. 5.
[2] BeckOGK/*Brellochs*, 1.1.2023, § 142 Rn. 11; Schmitt/Hörtnagl/*Hörtnagl* § 142 Rn. 2; Lutter/*Schwab* § 142 Rn. 7; Kölner Komm UmwG/*Simon* § 142 Rn. 12; aA Widmann/Mayer/*Rieger* § 142 Rn. 3 ff.
[3] Vgl. BR-Drs. 75/94, 126.
[4] So auch Kölner Komm UmwG/*Simon* § 142 Rn. 12.
[5] ZB ist die Prüfung der Sacheinlage grundsätzlich ausgeschlossen und nur unter bestimmten Voraussetzungen angeordnet; Kölner Komm UmwG/*Simon* § 142 Rn. 4.
[6] Lutter/*Schwab* § 142 Rn. 1; *Engelmeyer* AG 1996, 193 (203).
[7] Gesetz zur Umsetzung der Umwandlungsrichtlinie und zur Änderung weiterer Gesetze (UmRuG), BGBl. 2023 I Nr. 51 vom 28.2.2023.
[8] Der Gesetzgeber trägt damit der berechtigten Kritik der Literatur Rechnung, welche die fehlende Anwendbarkeit des § 183a AktG als „rechtspolitisch fragwürdig" bezeichnet hat; siehe BeckOGK/*Brellochs*, 1.1.2023, § 142 Rn. 7 mwN.
[9] Gesetz zur Umsetzung der Aktionärsrichtlinie BGBl. 2009 I 2479.

Sacheinlagenprüfung nicht erforderlich ist.¹⁰ Von dieser gesetzgeberischen Erwägung soll auch im Hinblick auf die spaltungsbedingte Kapitalerhöhung nicht abgewichen werden, was aus Sicht der Praxis sehr zu begrüßen ist.¹¹

b) Ablauf der Prüfung

Die Prüfung hat entsprechend den Gründungsvorschriften des AktG zu erfolgen, vgl. §§ 69 Abs. 1, 142 Abs. 1 iVm § 183 Abs. 3 S. 2 AktG. Danach hat die Prüfung nach § 33 Abs. 2 AktG grds. durch einen **gerichtlich bestellten Gründungsprüfer** stattzufinden, der die in § 33 Abs. 4 AktG aufgeführten Qualifikationen aufweist. Der Prüfer wird auf einen Antrag (§ 135 Abs. 2 S. 1 iVm § 33 Abs. 3 S. 2 AktG) hin, mit dem ein entsprechender Vorschlag zur Person des Prüfers verbunden werden sollte und nach Anhörung der Industrie- und Handelskammer, durch das Amtsgericht bestellt, in dessen Bezirk der Sitz des übernehmenden Rechtsträgers liegt. Antragsberechtigt sind der übertragende Rechtsträger (als Gründer) sowie der Vorstand der neu zu gründenden AG bzw. KGaA.¹²

Das Gericht muss dem Vorschlag nicht folgen. Die Auswahl erfolgt vielmehr nach pflichtgemäßem Ermessen des Gerichts, wobei nach der hM einer Bestellung des Spaltungsprüfers zugleich zum Gründungsprüfer nichts entgegensteht (→ § 144 Rn. 7).¹³ Zu prüfen ist, ob der Wert der aufgrund der Spaltung zu übernehmenden Gegenstände den Nennbetrag der als Gegenleistung auszugebenen Aktien insgesamt erreicht.¹⁴

c) Bericht über die Prüfung

Nach § 34 Abs. 2 AktG ist über die Prüfung ein **schriftlicher Bericht** zu verfassen, der alle Umstände zu erfassen hat, die Gegenstand der Prüfung waren. Obwohl ein Bestätigungsvermerk nicht vorgeschrieben ist, sollte das Ergebnis der Prüfung zumindest in einer Schlussbemerkung zusammengefasst werden.¹⁵ Der Bericht ist bei dem für die Eintragung zuständigen Registergericht und beim Vorstand jedes übernehmenden Rechtsträgers einzureichen, § 34 Abs. 3 S. 1 AktG.

2. Hinweise im Spaltungsbericht, Abs. 2

Die Spaltungsberichte der an der Umwandlungsmaßnahme beteiligten Rechtsträger haben einen Hinweis auf den Bericht über die Prüfung von Sacheinlagen beim übernehmenden Rechtsträger zu enthalten.¹⁶ Die Verpflichtung besteht nur dann nicht (s. Wortlaut „gegebenenfalls"), wenn eine Kapitalerhöhung beim übernehmenden Rechtsträger unterbleibt.¹⁷ Darüber hinaus greift Abs. 2 nicht ein, wenn ein Spaltungsbericht ausnahmsweise nicht erforderlich ist.¹⁸ Das ist der Fall, wenn alle Anteilsinhaber der beteiligten Rechtsträger einen notariell beurkundeten Verzicht hierauf erklärt haben, sich alle Anteile des übertragenden Rechtsträgers in der Hand des oder der übernehmenden Rechtsträger befinden oder sich alle Anteile des übertragenden und des übernehmenden Rechtsträgers in der Hand desselben Rechtsträgers befinden, sowie für denjenigen

---

10 BT-Drs. 20/3822, 84.
11 *DAV* NZG 2022, 849 (855); *Heckschen/Knaier* ZIP 2022, 2205 (2213); *Schmidt* NZG 2022, 635 (642).
12 MüKoAktG/*Pentz* § 33 Rn. 30; *Koch* AktG § 33 Rn. 7.
13 BeckOGK/*Brellochs*, 1.1.2023, § 142 Rn. 8; Kallmeyer/*Sickinger* § 144 Rn. 3 ff.
14 Lutter/*Schwab* § 142 Rn. 3; Kölner Komm UmwG/*Simon* § 142 Rn. 6.
15 MüKoAktG/*Pentz* § 34 Rn. 20; Kölner Komm UmwG/*Simon* § 142 Rn. 6.
16 Schmitt/Hörtnagl/*Hörtnagl* § 142 Rn. 2; Kallmeyer/*Sickinger* § 142 Rn. 2; Widmann/Mayer/*Rieger* § 142 Rn. 11.
17 Semler/Stengel/Leonard/*Diekmann* § 142 Rn. 7; Schmitt/Hörtnagl/*Hörtnagl* § 142 Rn. 2; Lutter/*Schwab* § 142 Rn. 6.
18 Statt aller Lutter/*Schwab* § 142 Rn. 6.

an der Spaltung beteiligten Rechtsträger, der nur einen Anteilsinhaber hat (§ 127 iVm § 8 Abs. 3). Diese im Zuge des UmRuG erweiterten Ausnahmetatbestände erfassen damit insbesondere die praxisrelevanten Fälle, in denen der beteiligte Rechtsträger in eine Konzernstruktur eingebunden ist,[19] und nunmehr auch Umwandlungen wie beispielsweise die Spaltung der Mutter- auf die Tochtergesellschaft oder der Enkel- auf die Muttergesellschaft.

9 Die **Einsichtnahme** in den Prüfungsbericht erfolgt allein beim zuständigen Handelsregister. Es ist nicht erforderlich, dass der Prüfungsbericht im Spaltungsbericht als Anlage enthalten oder nach seinem wesentlichen Inhalt wiedergegeben ist. Da der Prüfungsbericht nicht zu den in §§ 125, 63 aufgezählten Dokumenten zählt, muss er ferner nicht in den Geschäftsräumen des übernehmenden Rechtsträgers ausliegen.[20] Im Hinblick auf § 63 Abs. 4 ist für die Praxis allerdings zu empfehlen, den Bericht über die Sacheinlageprüfung zumindest auf der Internetseite der beteiligten Rechtsträger zu veröffentlichen.[21] Dies kann sinnvoll sein, um Fragen in der Hauptversammlung vorzubeugen.[22]

3. Rechtsfolgen eines Verstoßes

10 Das Fehlen einer Sacheinlagenprüfung nach Abs. 1 stellt ein Eintragungshindernis dar. Der Verstoß wird nach § 131 aber dennoch geheilt, sobald die Eintragung (unzulässigerweise) erfolgt ist (→ § 131 Rn. 4, 6). Ein Verstoß gegen Abs. 2 begründet nach hM ein Anfechtungsrecht bzgl. des Beschlusses, da unter den Begriff der Informationspflichten auch Verletzungen von Auslegungspflichten subsumiert werden können.[23] Ob die Anforderungen des Anfechtungsausschlusses nach § 243 Abs. 4 S. 1 AktG im Fall des unterbliebenen Hinweises im Spaltungsbericht wegen fehlender Relevanz erfüllt sind, ist zweifelhaft. Der Spaltungsbericht gehört zu den nach § 63 Abs. 1 (iVm § 125 S. 1) auszulegenden Unterlagen und die Verletzung von wesentlichen Berichtspflichten vor und außerhalb der Hauptversammlung bildet in der Regel einen Anfechtungsgrund, sofern nicht bewertungsrelevante Informationsmängel vorliegen, für die das Gesetz das Spruchverfahren vorsieht.[24]

§ 142a Verpflichtungen nach § 72a

Verpflichtungen des übertragenden Rechtsträgers zur Gewährung zusätzlicher Aktien gemäß § 72a Absatz 1 Satz 1 und Absatz 2 Satz 1 gehen ungeachtet ihrer Zuweisung im Spaltungs- und Übernahmevertrag oder im Spaltungsplan entsprechend der Aufteilung der Anteile der anspruchsberechtigten Aktionäre gemäß § 126 Absatz 1 Nummer 10, auch in Verbindung mit § 135 Absatz 1 und § 136 Satz 2, ganz oder teilweise auf die übernehmende oder neue Aktiengesellschaft oder Kommanditgesellschaft auf Aktien über.

Literatur:
DAV, Stellungnahme zum Referentenentwurf eines Gesetzes zur Umsetzung der Umwandlungsrichtlinie, NZG 2022, 849; *Goette*, Das Gesetz zur Umsetzung der Umwandlungsrichtlinie – Ein Überblick, DStR 2023,

---

19 Vgl. BT-Drs. 20/3822, 69.
20 Anstatt vieler Schmitt/Hörtnagl/*Hörtnagl* § 142 Rn. 2.
21 Vgl. Kölner Komm UmwG/*Simon* § 142 Rn. 11.
22 BeckOGK/*Brellochs*, 1.1.2023, § 142 Rn. 15.

23 Schmitt/Hörtnagl/*Hörtnagl* § 142 Rn. 2; Lutter/*Schwab* § 142 Rn. 7; Semler/Stengel/Leonard/*Diekmann* § 142 Rn. 8.
24 BeckOGK/*Brellochs*, 1.1.2023, § 142 Rn. 16.

157; *Schmidt*, Der UmRUG-Referentenentwurf: grenzüberschreitende Umwandlungen 2.0 – und vieles mehr, NZG 2022, 579.

I. Allgemeines

§ 142a wurde durch das Gesetz zur Umsetzung der Umwandlungsrichtlinie und zur Änderung weiterer Gesetze vom 20.1.2023[1] neu in das UmwG aufgenommen. § 142a schreibt vor, dass Verpflichtungen des übertragenden Rechtsträgers zur **Gewährung zusätzlicher Aktien** gemäß § 72a Abs. 1 S. 1 und Abs. 2 S. 1 ungeachtet ihrer Zuweisung im Spaltungs- und Übernahmevertrag oder im Spaltungsplan auf die übernehmende oder neue AG oder KGaA übergehen.

Nach § 72a besteht nunmehr die Möglichkeit, im Rahmen einer Verschmelzung anstelle einer baren Zuzahlung zusätzliche Aktien der übernehmenden Gesellschaft zu gewähren. Den nachbesserungspflichtigen Gesellschaften wird damit unter Liquiditätsaspekten mehr Flexibilität gewährt.[2] § 142a dient der Ergänzung des § 72a für den Fall, dass die aus einer Verschmelzung hervorgehende Gesellschaft nach Eintragung der Verschmelzung gespalten wird, bevor die Ansprüche der Aktionäre aus § 72a auf Gewährung zusätzlicher Aktien erfüllt wurden. Eine solche nachfolgende Spaltung lässt die Ansprüche auf Gewährung zusätzlicher Aktien gemäß § 72a unberührt, wenn die neue oder übernehmende Gesellschaft eine AG oder KGaA ist. Zweck des § 142a ist es zu verhindern, dass die spaltungsbeteiligten Gesellschaften die Verbindlichkeiten nach § 72a Abs. 1 S. 1 und Abs. 2 S. 1 abweichend von der Aufteilung der Anteile der anspruchsberechtigten Aktionäre im Rahmen der nachgelagerten Spaltung zuordnen und damit den Anspruch nach § 72a Abs. 1 S. 1 und Abs. 2 S. 1 ganz oder teilweise verunmöglichen.[3] Die damit einhergehende Einschränkung der Spaltungsfreiheit erscheint systemgerecht.[4]

II. Inhalt

1. Zwingende Zuordnung von Ansprüchen auf Gewährung zusätzlicher Aktien

Die Ansprüche auf Gewährung zusätzlicher Aktien werden gemäß § 142a bei der Vermögensaufteilung zwingend derjenigen Gesellschaft zugeordnet, der auch die insoweit anspruchsberechtigten Aktionäre angehören sollen. Die Verpflichtungen der Gesellschaft aus § 72a Abs. 1 S. 1 und Abs. 2 S. 1 sind damit einer abweichenden Vermögenszuordnung im Spaltungs- und Übernahmevertrag oder Spaltungsplan entzogen. Da die Verbindlichkeiten nach § 72a Abs. 1 S. 1 und Abs. 2 S. 1 zwingend entsprechend der Aufteilung der Anteile übergehen, können sie beispielsweise auch nicht im Wege der Ausgliederung übertragen werden. Bei einer verhältniswahrenden Spaltung entspricht die Zuweisung der Verpflichtungen dem Verhältnis der Anteile der berechtigten Aktionäre an den neuen Gesellschaften beziehungsweise der übertragenden und der übernehmenden Gesellschaft. Im Falle einer nicht verhältniswahrenden Spaltung sind sie zudem durch § 128 und § 326 Abs. 3 geschützt.

---

[1] Vgl. BT-Drs. 20/5237, 17.
[2] *Goette* DStR 2023, 157 (159); *Schmidt* NZG 2022, 579 (584).
[3] Vgl. BT-Drs. 20/3822, 84.
[4] Vgl. *DAV* NZG 2022, 849 (855).

2. Rechtsfolgen eines Verstoßes

3 Eine abweichende Vermögenszuordnung der Verpflichtungen der Gesellschaft aus § 72a Abs. 1 S. 1 und Abs. 2 S. 1 im Spaltungs- und Übernahmevertrag oder Spaltungsplan ist unbeachtlich und führt zur **Unwirksamkeit** der entsprechenden Regelung.

§ 143 Verhältniswahrende Spaltung zur Neugründung

Erfolgt die Gewährung von Aktien an der neu gegründeten Aktiengesellschaft oder an den neu gegründeten Aktiengesellschaften (§ 123 Absatz 1 Nummer 2, Absatz 2 Nummer 2) im Verhältnis zur Beteiligung der Aktionäre an der übertragenden Aktiengesellschaft, so sind die §§ 8 bis 12 sowie 63 Absatz 1 Nummer 3 bis 5 nicht anzuwenden.

1. Allgemeines

1 § 143 regelte in seiner alten Fassung, die bis zum 15.7.2011 galt, eine Unterrichtungspflicht der Organe bei wesentlichen Vermögensveränderungen, die zwischen Abschluss des Spaltungsvertrags oder der Aufstellung des Entwurfs und der Beschlussfassung auftreten konnten.[1] Sie erweiterte damit die Pflichten des § 64 Abs. 1 S. 2 aF um eine Nachinformationspflicht für den Vorstand der übertragenden AG bzw. die persönlich haftenden Gesellschafter der übertragenden KGaA.[2] Das 3. UmwGÄndG hat diese Nachinformationspflicht in Umsetzung von Art. 9 Abs. 2 RL 2011/35/EU (nunmehr GesR-RL) idF der Änderungs-RL 2009/109/EG (nunmehr Art. 95 Abs. 2 GesR-RL) in § 64 Abs. 1 S. 2 verankert.

2 Der Norminhalt des § 143 aF war damit entbehrlich und wurde ersetzt durch eine Regelung, die für den Fall einer verhältniswahrenden Spaltung zur Neugründung **Erleichterungen** vorsieht, wonach der Bericht der Vertretungsorgane nach § 8 sowie die Prüfung mit einem entsprechenden Prüfungsbericht nach §§ 9–12 nicht zu erfolgen haben. Ferner sieht § 143 letzter Hs. als logische Folge eine Befreiung von der Verpflichtung des § 63 Abs. 1 Nr. 3–5 vor, diese (nicht erforderlichen) Unterlagen vor der Hauptversammlung auszulegen.[3] Diese Erleichterungen sind dadurch gerechtfertigt, dass bei einer verhältniswahrenden Spaltung zur Neugründung den Aktionären der übertragenden AG kein Nachteil droht. Da es keine Altgesellschafter des übernehmenden Rechtsträgers gibt, bleiben die Aktionäre in gleicher Weise am übertragenen Vermögen beteiligt wie vor der Spaltung. Das Vermögen verteilt sich lediglich auf unterschiedliche Rechtsträger.[4]

Die Schutzinstrumente, die ansonsten zur Sicherung der Anteilsinhaber des übertragenden Rechtsträgers erforderlich sind (Unternehmensbewertungen, Spaltungsbericht, Spaltungsprüfung und Zwischenbilanz) sind deshalb entbehrlich.[5]

3 Nach dem eindeutigen Wortlaut des § 143 ist die Vorschrift nur auf Spaltungen anwendbar, wenn **sowohl** der **übertragende** als auch der **übernehmende Rechtsträger** die **Rechtsform einer AG** hat. Damit gilt § 143 nicht für die KGaA als übertragender oder übernehmender Rechtsträger. Ferner gilt § 143 nicht für die SE als übernehmender

---

[1] Lutter/*Schwab* § 143 Rn. 1.
[2] Kallmeyer/*Sickinger* § 143 Rn. 1.
[3] Semler/Stengel/Leonard/*Diekmann* § 143 Rn. 1.
[4] BeckOGK/*Brellochs*, 1.1.2023, § 143 Rn. 4.
[5] BeckOGK/*Brellochs*, 1.1.2023, § 143 Rn. 4.

Rechtsträger, weil eine SE nicht im Wege einer Auf- oder Abspaltung zur Neugründung errichtet werden kann.[6] Aufseiten des übertragenden Rechtsträgers ist eine SE allerdings denkbar und § 143 insoweit potenziell anwendbar.[7] Weiter müssen der oder die übernehmenden Rechtsträger jeweils im Zuge der Spaltung neu gegründet worden sein. Eine Anwendung des § 143 im Rahmen einer Spaltung auf bestehende Rechtsträger scheidet folglich aus.[8]

Aufgrund des Erfordernisses der Neugründung des oder der übernehmenden Rechtsträger werden nur die Spaltungsvarianten der §§ 123 Abs. 1 Nr. 2 und 123 Abs. 2 Nr. 2 vom Anwendungsbereich des § 143 erfasst. Die Vorschrift wird folglich nur für Spaltungen relevant, bei denen unter Auflösung des alten Rechtsträgers alle Vermögensteile als Gesamtheit auf die neu gegründeten Aktiengesellschaften übertragen werden oder ein Teil des Vermögens der übertragenden Aktiengesellschaft auf eine oder mehrere Aktiengesellschaften übertragen wird.[9]

2. Inhalt

Die Erleichterung des § 143 greift, wenn die Spaltung nach § 123 Abs. 1 Nr. 2 bzw. § 123 Abs. 2 Nr. 2 **verhältniswahrend** erfolgt. Dies ist der Fall, wenn sich das Verhältnis, nach dem Aktionäre des übertragenden Rechtsträgers an dem oder den übernehmenden Rechtsträgern beteiligt werden, an dem Maßstab ihrer Beteiligungsquoten am übertragenden Rechtsträger ausrichtet. Das heißt, allen Anteilsinhabern des übertragenden Rechtsträgers werden entsprechend ihrer bisherigen Quote Anteilsrechte an dem übernehmenden Rechtsträger gewährt. Maßstab hierfür ist allein das Grundkapital der beteiligten Rechtsträger.[10]

Da die Abspaltung im Fall des § 143 nur auf neu gegründete Aktiengesellschaften erfolgt, ist es anders als bei anderen Spaltungen ausgeschlossen, dass bei einer Spaltung zur Aufnahme die künftige Beteiligungsquote der Gesellschafter der übertragenden Gesellschaft an der übernehmenden Gesellschaft gegenüber ihrer bisherigen Quote an der übertragenden Gesellschaft absinkt, weil ihre Beteiligungen neben die schon bestehenden Beteiligungen der Altgesellschafter der übernehmenden Gesellschaft treten.

Fraglich ist, ob eine verhältniswahrende Spaltung dann nicht mehr vorliegt, wenn zwar die Beteiligungsverhältnisse am Grundkapital identisch sind, aber die Mitgliedschaft der Aktionäre in der übernehmenden AG anders ausgestaltet ist, zB durch stimmrechtslose Vorzugsaktien oder durch den Wegfall von Sonderrechten (§ 26 AktG) in der übernehmenden AG. Aufgrund des klaren Wortlauts wird man trotz des bestehenden Informations- und Kontrollbedürfnisses der Aktionäre in einem solchen Fall von einer verhältniswahrende Spaltung iSd § 143 ausgehen können.[11]

Liegen die Voraussetzungen vor, ist weder der Bericht der Vertretungsorgane noch die Prüfung mit einem entsprechenden Prüfungsbericht erforderlich. Ferner entfällt die entsprechende Auslagepflicht nach § 63 Abs. 1 Nr. 3–5. Dementsprechend ist auch keine Zwischenbilanz nach § 63 Abs. 1 Nr. 3 aufzustellen.[12]

---

6 BeckOGK/*Brellochs*, 1.1.2023, § 143 Rn. 7.
7 BeckOGK/*Brellochs*, 1.1.2023, § 143 Rn. 7.
8 Semler/Stengel/Leonard/*Diekmann* § 143 Rn. 2.
9 Semler/Stengel/Leonard/*Diekmann* § 143 Rn. 3.
10 Begr. RegE 3. UmwÄndG vom 1.1.2010, BT-Drs. 17/3122, 15; Semler/Stengel/Leonard/*Diekmann* § 143 Fn. 4.
11 BeckOGK/*Brellochs*, 1.1.2023, § 143 Rn. 11.
12 Henssler/Strohn/*Galla/Cé. Müller* § 143 Rn. 5.

Sofern die Voraussetzungen zur verhältniswahrenden Spaltung nicht vorliegen und trotzdem keine Berichterstattung und Prüfung erfolgt und folglich auch keine Dokumente ausgelegt werden können, ist der Spaltungsbeschluss anfechtbar.[13]

§ 144 Gründungsbericht und Gründungsprüfung

Ein Gründungsbericht (§ 32 des Aktiengesetzes) und eine Gründungsprüfung (§ 33 Abs. 2 des Aktiengesetzes) sind stets erforderlich.

Literatur:
Engelmeyer, Das Spaltungsverfahren bei der Spaltung von Aktiengesellschaften, AG 1996, 193.

I. Allgemeines	1	2. Mängel des Berichts	5
II. Inhalt	4	3. Gründungsprüfung	7
1. Gründungsbericht	4		

I. Allgemeines

1 Nach § 144 ist bei einer Spaltung unter Beteiligung einer AG bzw. KGaA stets ein Gründungsbericht zu erstellen und eine Gründungsprüfung gem. §§ 32, 33 Abs. 2 AktG durchzuführen. Nach ganz herrschender Ansicht gilt diese Verpflichtung allerdings nur, sofern der neu entstehende übernehmende Rechtsträger eine AG oder KGaA ist.[1] § 144 kommt damit die Funktion einer Gegenausnahme zu, die bestimmt, dass die im Rahmen einer Verschmelzung geltenden Ausnahmen (§ 75 Abs. 2) bei einer Spaltung zur Neugründung einer AG bzw. KGaA nicht gelten. Die Klarstellung ist insoweit erforderlich, da § 135 Abs. 2 zwar bereits die Anwendung von Gründungsvorschriften vorschreibt (→ § 135 Rn. 14), über § 125 S. 1 allerdings auch § 75 Abs. 2 Anwendung findet, wonach ein Sachgründungsbericht nicht erforderlich ist, soweit eine Kapitalgesellschaft oder eine eingetragene Genossenschaft übertragender Rechtsträger ist (→ § 75 Rn. 8 f.).

2 Mit der **Gründungsprüfung** soll der Gefahr einer Zuteilung nicht ausreichender Vermögensgegenstände entgegengetreten werden.[2] § 144 dient damit in erster Linie dem Schutz der Aktionäre, Gläubiger und Inhaber sonstiger Rechte der an der Spaltung beteiligten Gesellschaften.[3]

3 Nach bislang zum Teil vertretener Ansicht ist der Anwendungsbereich des § 144 dahin gehend teleologisch zu reduzieren mit der Folge, dass ein **Gründungsbericht** nur bei Vorliegen der Voraussetzungen des § 33 Abs. 2 AktG, insbes. bei einer Sachgründung, erforderlich sein soll.[4] Zur Begründung wurde auf Art. 22 Abs. 4 der europäischen Spaltungsrichtlinie[5] aF verwiesen, der eine Gründungsprüfung nur für Einlagen vorsieht, die nicht Bareinlagen sind.[6] Mit der Streichung von Art. 22 Abs. 4 der Spaltungsrichtlinie durch die Richtlinie 2009/109/EG ist die Begründung der teleologischen Reduktion

---

13 Semler/Stengel/Leonard/*Diekmann* § 143 Rn. 7.
1 Widmann/Mayer/*Rieger* § 144 Rn. 1 ff.; Semler/Stengel/Leonard/*Diekmann* § 144 Rn. 2; Schmitt/Hörtnagl/*Hörtnagl* § 144 Rn. 1; Lutter/*Schwab* § 144 Rn. 1; Kölner Komm UmwG/*Simon* § 144 Rn. 1.
2 Vgl. Begr. Referentenentwurf zu § 145 UmwG (= § 144 UmwG), BMJ III A 1 – 3501/1, S. 185, 187.
3 Lutter/*Schwab* § 144 Rn. 6.
4 Lutter/*Schwab* § 144 Rn. 11 ff.; Semler/Stengel/Leonard/*Diekmann* § 144 Rn. 7; aA Kölner Komm UmwG/*Simon* § 144 Rn. 10 f. mit ausf. Begr.
5 Sechste RL 82/891/EWG vom 17.12.1982, ABl. L 378, 47–54 vom 31.12.1982.
6 Semler/Stengel/Leonard/*Diekmann* § 144 Rn. 7; Lutter/*Schwab* § 144 Rn. 10.

des Anwendungsbereichs der Vorschrift allerdings hinfällig geworden. Der Gesetzgeber hat das Erfordernis der Gründungsprüfung trotz des Wegfalls der entsprechenden europäischen Vorgabe beibehalten. Vor diesem Hintergrund, und angesichts des eindeutigen Wortlauts der Norm, dürfte für eine einschränkende Auslegung kein Raum bestehen. Sofern eine isolierte Übertragung von Barmitteln im Wege der Spaltung in der Praxis überhaupt einmal relevant werden sollte, zB zur Schaffung einer nur Barmittel haltenden Gesellschaft (sog. Cash Box) im Rahmen der Trennung von Gesellschafterstämmen oder zur Vermeidung des Kapitalertragsteuerabzugs als Alternative zur Gewinnausschüttung an die EU/EWR-Konzernmutter durch Schaffung einer Cash Box gefolgt von einer Aufwärtsverschmelzung der Cash Box über die Grenze,[7] kann daher derzeit, da Rspr. zu diesem Thema bisher nicht ergangen ist, nicht empfohlen werden, in diesem Fall von einem Gründungsbericht abzusehen.

II. Inhalt

1. Gründungsbericht

Der Gründungsbericht entspricht seinem Inhalt nach den bei einer „normalen" Gründung geltenden Anforderungen. Er muss dementsprechend Angaben enthalten, die dem Registergericht eine Beurteilung erlauben, ob die an der neuen AG bzw. KGaA gewährten Anteile durch den Zeitwert der im Zuge der Spaltung übergehenden Vermögensgegenstände gedeckt sind.[8] Ferner ist nach §§ 135, 125 S. 1 iVm § 75 Abs. 1 der Geschäftsverlauf und die Lage des übertragenden Rechtsträgers darzustellen, sofern ein gesamtes Unternehmen übertragen wird.[9]

2. Mängel des Berichts

Nach Ansicht des BayObLG kann der Registerrichter die Eintragung der AG bzw. KGaA ablehnen (vgl. § 38 Abs. 2 AktG), wenn der Gründungsprüfer zu dem Ergebnis kommt, dass der Gründungsbericht fehlerhaft ist oder er vollständig fehlt.[10] Es besteht allerdings die Möglichkeit, Mängel am Sachgründungsbericht nachträglich zu heilen oder die Berichte insgesamt nachzuholen.[11] Weder das Fehlen noch Mängel am Bericht stehen einer wirksamen Anmeldung der Spaltung nach § 16 f. entgegen (→ § 17 Rn. 5).

Da dingliche Bestandskraft der Eintragung unabhängig davon besteht, ob Rechtshandlungen im Rahmen des Umwandlungsverfahrens mit Mängeln behaftet sind und wie schwer diese Mängel wiegen (→ § 20 Rn. 45 ff.), führt eine Eintragung der Spaltung trotz Vorhandensein der vorstehenden Mängel zu einer wirksam entstandenen neuen AG bzw. KGaA.[12] Die aus den Mängeln des Gründungsberichts bzw. des Berichts über die Gründungsprüfung resultierende Fehlerhaftigkeit der Spaltung wird gemäß § 131 Abs. 2 geheilt.

---

7 Zweifelnd im Hinblick auf Anwendungsfälle Schmitt/Hörtnagl/*Hörtnagl* § 144 Rn. 3; Kölner Komm UmwG/*Simon* § 144 Rn. 11.
8 Kölner Komm UmwG/*Simon* § 144 Rn. 3.
9 Lutter/*Schwab* § 144 Rn. 7; Semler/Stengel/Leonard/Diekmann § 144 Rn. 6; Schmitt/Hörtnagl/*Hörtnagl* § 144 Rn. 2; Widmann/Mayer/*Rieger* § 144 Rn. 4; *Engelmeyer* AG 1996, 193 (206); zum Umfang der Darstellung → § 138 Rn. 11.
10 BayObLG GmbHR 1999, 295; Kölner Komm UmwG/*Simon* § 144 Rn. 6.
11 *Koch* AktG § 38 Rn. 5; BeckOGK/*Brellochs*, 1.1.2023, § 144 Rn. 16; Kallmeyer/*Sickinger* § 144 Rn. 2; Kölner Komm UmwG/*Simon* § 144 Rn. 7.
12 Kölner Komm UmwG/*Simon* § 144 Rn. 7.

3. Gründungsprüfung

7 Die Prüfung hat entsprechend den Gründungsvorschriften des AktG zu erfolgen, vgl. §§ 69 Abs. 1, 142 Abs. 1 iVm § 183 Abs. 3 S. 2 AktG. Danach hat die Prüfung nach § 33 Abs. 2 AktG grds. durch einen gerichtlich bestellten Gründungsprüfer stattzufinden, der die in § 33 Abs. 4 AktG aufgeführten Qualifikationen aufweist. Der Prüfer wird auf einen Antrag (§ 135 Abs. 2 S. 1 iVm § 33 Abs. 3 S. 2 AktG) hin, mit dem ein entsprechender Vorschlag zur Person des Prüfers verbunden werden sollte, nach Anhörung der Industrie- und Handelskammer durch das Amtsgericht bestellt, in dessen Bezirk der Sitz des übernehmenden Rechtsträgers liegt. Antragsberechtigt sind der übertragende Rechtsträger (als Gründer) sowie der Vorstand der neu zu gründenden AG bzw. KGaA.[13] Das Gericht muss dem Vorschlag nicht folgen. Die Auswahl erfolgt vielmehr nach pflichtgemäßem Ermessen des Gerichts, wobei nach herrschender Meinung einer Bestellung des Spaltungsprüfers zugleich auch zum Gründungsprüfer nichts entgegensteht.[14]

8 Der Umfang der Gründungsprüfung ergibt sich aus § 135 Abs. 2 S. 1 iVm § 34 Abs. 1 AktG.[15] Zu prüfen ist, ob die Angaben der übertragenden Aktiengesellschaft bzgl. der Übernahme der Aktien, über die Einlagen auf das Grundkapital sowie über die Festsetzungen nach §§ 26, 27 AktG richtig und vollständig sind (§ 34 Abs. 1 Nr. 1 AktG). Ferner ist Gegenstand der Prüfung, ob der Wert der Sacheinlage, also das im Zuge der Spaltung zu übertragende Vermögen, den Nennbetrag der dafür zu gewährenden Aktien erreicht.[16]

9 Der Gründungsprüfer hat über die Ergebnisse seiner Prüfung einen schriftlichen Gründungsprüfungsbericht zu verfassen, vgl. § 135 Abs. 2 S. 1 iVm § 34 Abs. 2 S. 1 AktG. Nach § 135 Abs. 1 S. 1 iVm § 34 Abs. 3 S. 1 AktG muss der Prüfungsbericht bei dem Amtsgericht der neu zu gründenden AG bzw. KGaA als auch bei deren Vorstand eingereicht werden. Obwohl nicht durch den Gesetzeswortlaut verlangt, ist der übertragende Rechtsträger ebenfalls Adressat des Berichts.[17]

§ 145 Herabsetzung des Grundkapitals

¹Ist zur Durchführung der Abspaltung oder der Ausgliederung eine Herabsetzung des Grundkapitals einer übertragenden Aktiengesellschaft oder Kommanditgesellschaft auf Aktien erforderlich, so kann diese auch in vereinfachter Form vorgenommen werden. ²Wird das Grundkapital herabgesetzt, so darf die Abspaltung oder die Ausgliederung erst eingetragen werden, nachdem die Durchführung der Herabsetzung des Grundkapitals im Register eingetragen worden ist.

Literatur:
Groß, Deckung eines Spaltungsverlustes bei einer Aktiengesellschaft durch Auflösung nach § 150 III und IV AktG gebundener Rücklagen, NZG 2010, 770; *Ihrig*, Zum Kapitalschutz bei der Spaltung von Aktiengesellschaften, in: FS für Karsten Schmidt, 2009, S. 779; *Priester*, in: FS für Schippel, 1996, S. 487; *Prinz/Rösner*, Der Ausgleich eines spaltungsbedingten Bilanzverlusts einer Aktiengesellschaft; AG 2021, 148; *W. Müller*, Zweifelsfragen zum Umwandlungsrecht, WPg 1996, 857.

---

[13] MüKoAktG/*Pentz* § 33 Rn. 30; *Koch* AktG § 33 Rn. 7.
[14] Kallmeyer/*Sickinger* § 144 Rn. 3; Kölner Komm UmwG/*Simon* § 144 Rn. 7.
[15] Hierzu statt vieler MüKoAktG/*Pentz* § 34 Rn. 7 ff.
[16] Lutter/*Schwab* § 144 Rn. 12.
[17] Lutter/*Schwab* § 144 Rn. 12; Kölner Komm UmwG/*Simon* § 144 Rn. 9.

I. Allgemeines	1	2. Durchführung der Kapitalherabsetzung	6
II. Inhalt	2	3. Voraussetzungen	7
1. Erfordernis einer Kapitalherabsetzung ..	2		

I. Allgemeines

Das UmwG ermöglicht der AG in § 145 die Durchführung einer vereinfachten Kapitalherabsetzung, wenn diese für die Durchführung der Abspaltung erforderlich ist. Die Vorschrift des § 145 entspricht § 139, der die Regelung zur Herabsetzung des Stammkapitals für die Spaltung einer GmbH aufstellt. Auf die dortigen Ausführungen kann daher weitgehend verwiesen werden. Soweit für AG bzw. KGaA Besonderheiten bestehen, sind diese nachfolgend dargestellt.

II. Inhalt

1. Erfordernis einer Kapitalherabsetzung

Eine Kapitalherabsetzung wird im Rahmen der **Spaltung** erforderlich, wenn durch den spaltungsbedingten Abzug des Eigenkapitals eine **Unterbilanz** herbeigeführt würde.[1] Die Unterbilanz muss grds. durch die Spaltung eingetreten oder zumindest durch die Spaltung vertieft worden sein.[2] Eine Unterbilanz liegt vor, wenn die Summe der auf der Aktivseite der Bilanz (iSd § 266 Abs. 2 A. und B. HGB) ausgewiesenen Vermögensgegenstände des Anlage- und Umlaufvermögens abzüglich aller auf der Passivseite der Bilanz (iSd § 266 Abs. 3 B., C., D. HGB) ausgewiesenen Verbindlichkeiten, Rückstellungen und Rechnungsabgrenzungen das gezeichnete Kapital im Sinne von § 266 Abs. 3 A. I. HGB nicht mehr decken.

Eine Unterbilanz scheidet aus, soweit die AG bzw. KGaA **frei verwendbare Rücklagen** und Gewinnvorträge (§ 266 Abs. 3 A IV HGB) hat und diese für den spaltungsbedingten Vermögensabgang verbraucht werden können.[3] Weiter ist ein den Nennbetrag oder den rechnerischen Wert übersteigender Differenzbetrag aus dem spaltungsbedingten Abgang eigener Anteile (vgl. § 272 Abs. 1b HGB) mit dem spaltungsbedingten Eigenkapitalabgang zu verrechnen.[4]

Darüber hinaus sollte auch eine Verrechnung mit satzungsmäßigen Rücklagen möglich sein.[5] Fraglich ist, ob hiervon auch die **gebundenen Rücklagen** nach § 150 Abs. 3, 4 AktG iVm § 272 Abs. 2 Nr. 1–2 HGB erfasst sind. Nach wohl herrschender Meinung stehen die gebundenen Rücklagen, im Gegensatz zur Rechtslage bei der GmbH, für eine Auflösung zur Vermeidung einer Unterbilanz nicht zur Verfügung.[6] Nach zum Teil vertretener Auffassung sind die gebundenen Rücklagen dagegen vollständig aufzulösen und nur in dem Umfang, in dem dann noch eine Unterdeckung verbleibt, sei eine vereinfachte Kapitalherabsetzung zulässig.[7] Nach einer vermittelnden Auffassung ist eine Auflösung der gebundenen Rücklagen nach § 150 Abs. 3, 4 AktG zulässig und

---

1 Lutter/*Schwab* § 145 Rn. 10; Semler/Stengel/Leonard/*Diekmann* § 145 Rn. 4 f.
2 Kölner Komm UmwG/*Simon* § 144 Rn. 6; weitergehend Semler/Stengel/Leonard/*Diekmann* § 145 Rn. 6, der keine Vertiefung verlangt; aA Widmann/Mayer/*Rieger* § 145 Rn. 13.
3 Lutter/*Schwab* § 145 Rn. 17; Prinz/*Rösner* AG 2021, 148 (149).
4 Kölner Komm UmwG/*Simon* § 145 Rn. 4.
5 Kölner Komm UmwG/*Simon* § 145 Rn. 5; zum AktG vgl. Koch AktG § 229 Rn. 14; KölnKomm-AktG/*Lutter* § 229 Rn. 27.
6 Semler/Stengel/Leonard/*Diekmann* § 145 Rn. 5; Lutter/*Schwab* § 145 Rn. 18; Kallmeyer/*Sickinger* § 145 Rn. 1; Kölner Komm UmwG/*Simon* § 145 Rn. 3; Ihrig FS K. Schmidt, 2009, 779 (789 f.).
7 W. Müller WPg 1996, 857 (866); HFA des IDW, WPg 1998, 508 (510); Schmitt/Hörtnagl/*Hörtnagl* § 145 Rn. 4.

auch vor einer Kapitalherabsetzung nach § 145 erforderlich, soweit die 10 %-Grenze des § 229 Abs. 2 AktG überschritten wird.[8] Auch wenn die besseren Argumente für die vermittelnde Ansicht sprechen, sollte in der Praxis bis zu einer gerichtlichen Klärung der ersten Ansicht gefolgt werden. Dies hat allerdings zur Konsequenz, dass sofern die Kapitalherabsetzung zu einer Unterschreitung des Mindestkapitals nach § 7 AktG führen würde, zuvor eine Kapitalerhöhung aus Gesellschaftsmitteln über § 208 AktG zu erfolgen hat.[9]

5 Weiterhin ist eine **Auflösung der Rücklagen** für eigene Aktien unzulässig,[10] sofern diese nicht im Zuge der Spaltung mit übertragen werden.[11]

2. Durchführung der Kapitalherabsetzung

6 Die **Hauptversammlung** der übertragenden Gesellschaft beschließt über die Kapitalherabsetzung, § 145 S. 1 iVm §§ 229 Abs. 3, 222 Abs. 1 AktG. Eine ggf. erforderliche Auflösung von Rücklagen hat in einem separaten Hauptversammlungsbeschluss vor dem Beschluss über die Kapitalherabsetzung zu erfolgen.[12] Der Beschluss über und die Durchführung der Kapitalherabsetzung sind zur Eintragung anzumelden, §§ 229 Abs. 3, 223, 227 AktG. Die Anmeldung wird im Hinblick auf § 145 S. 2 zweckmäßigerweise zusammen mit der Anmeldung der Abspaltung oder Ausgliederung bei der übertragenden AG oder KGaA vorgenommen, wobei ein Hinweis sinnvoll ist, dass die Kapitalherabsetzung voreingetragen werden soll.[13] Dabei kann die Anmeldung der Kapitalherabsetzung durch den Vorstand in vertretungsberechtigter Zahl vorgenommen werden.[14] Zwar ist die erforderliche Solidaritätserklärung nach § 146 durch sämtliche Vorstandsmitglieder abzugeben. Diese Erklärung kann jedoch zusammen mit der Anmeldung der Spaltung zum Handelsregister oder gesondert abgegeben werden und bedarf auch nicht der öffentlichen Beglaubigung.[15]

Die Bekanntmachung der Eintragungen im Handelsregister erfolgt gem. § 10 HGB. Der Herabsetzungsbeschluss kann gem. § 243 Abs. 1 AktG angefochten werden, wenn die Voraussetzungen für eine vereinfachte Herabsetzung nicht vorlagen.[16] Daneben kann der Registerrichter die Registereintragung unabhängig von einer Anfechtungsklage nach Maßgabe von § 382 Abs. 3 und 4 FamFG ablehnen.[17]

Hinweis: Es sprechen gute Argumente dafür, dass eine Eintragung der Durchführung der Kapitalherabsetzung vor Eintragung einer sich anschließenden Spaltung bzw. Ausgliederung nicht notwendig ist.[18] Dem steht allerdings der eindeutige Wortlaut des § 145 S. 2 entgegen, wonach die Abspaltung oder die Ausgliederung erst eingetragen werden darf, nachdem die Durchführung der Herabsetzung des Grundkapitals im Register eingetragen worden ist. Für die Praxis ist deshalb zwingend zu raten, die vorstehende Thematik vorab mit dem zuständigen Registergericht zu besprechen.

---

8 *Groß* NZG 2010, 770 ff.
9 So selbst die Vertreter der hM Kallmeyer/*Sickinger* § 145 Rn. 1.
10 Widmann/Mayer/*Rieger* § 145 Rn. 11; *Groß* NZG 2010, 770 (772); zur hM im Aktienrecht vgl. Kölner Komm AktG/*Lutter* § 229 Rn. 27; *Koch* AktG § 229 Rn. 14.
11 Kölner Komm UmwG/*Simon* § 145 Rn. 4.
12 Schmitt/Hörtnagl/*Hörtnagl* § 145 Rn. 5; Kölner Komm UmwG/*Simon* § 145 Rn. 7.
13 Widmann/Mayer/*Rieger* § 145 Rn. 19.
14 AA offensichtlich BeckOGK/*Brellochs*, 1.1.2023, § 145 Rn. 27: „sämtliche Vorstandsmitglieder".
15 Semler/Stengel/Leonard/*Diekmann* § 146 Rn. 9.
16 BeckOGK/*Brellochs*, 1.1.2023, § 145 Rn. 18; Lutter/*Schwab* § 145 Rn. 19; Kölner Komm UmwG/*Simon* § 145 Rn. 8; aA Semler/Stengel/Leonard/*Diekmann* § 145 Rn. 16, der die Nichtigkeit des Beschlusses annimmt.
17 Kölner Komm UmwG/*Simon* § 145 Rn. 8.
18 So Kölner Komm UmwG/*Simon* § 145 Rn. 14 ff. mit ausf. Begr.

3. Voraussetzungen

Gem. § 145 S. 1 ist eine Kapitalherabsetzung aufgrund einer Abspaltung/Ausgliederung nur insoweit zulässig, wie sie „erforderlich" ist. Das Kriterium der **Erforderlichkeit** bestimmt auch den Umfang der Kapitalherabsetzung, ist aber unklar. Hierzu ist zunächst festzustellen, ob § 145 einen Rechtsgrund- oder einen Rechtsfolgenverweis auf die Vorschriften der aktienrechtlichen vereinfachten Kapitalherabsetzung (§§ 229 ff. AktG) enthält. Wie § 139 ist jedoch auch § 145 eine Rechtsfolgenverweisung,[19] da die verweisende Norm selbst die zu erfüllenden Voraussetzungen aufstellt. Die Zulässigkeit der vereinfachten Kapitalherabsetzung ist daher nicht von der Erfüllung der Voraussetzungen des § 229 Abs. 1 AktG abhängig. Es kommt allein darauf an, ob sie iSv § 145 S. 1 erforderlich ist.[20] In diesem Zusammenhang stellt sich die Frage, ob (gebundene) Rücklagen zunächst aufgelöst werden dürfen bzw. müssen, damit eine Kapitalherabsetzung für die Abspaltung „erforderlich" ist.[21] Dabei ist zu berücksichtigen, dass der Kapitalschutz in einer AG über den bloßen Schutz des Grundkapitals hinausgeht. Da mit der Kapitalherabsetzung auf das Grundkapital zugegriffen wird, ist es nur folgerichtig, dabei auch den Zugriff auf gebundene Rücklagen zu fordern.[22] Die „Erforderlichkeit" einer vereinfachten Kapitalherabsetzung nach § 145 S. 1 ist daher erst dann gegeben, wenn zunächst die frei verfügbaren Rücklagen, danach die Kapitalrücklagen nach § 272 Abs. 2 Nr. 1–3 HGB und die gesetzliche Rücklage nach § 150 Abs. 1 AktG aufgelöst sind, soweit die gesetzliche Rücklage und die Kapitalrücklage zusammen oberhalb der 10 %-Grenze des nach der Abspaltung verbleibenden Grundkapitals liegen.[23] Der Gläubigerschutz gebietet dabei, dass der Reservefonds von 10 %, welcher als Schutz vor das Grundkapital der Gesellschaft gesetzt wird und gebildet werden muss, bestehen bleibt.[24] Im Übrigen darf das Grundkapital nur insoweit herabgesetzt werden, wie es erforderlich ist, um eine Unterbilanz zu verhindern.[25] Ein Verstoß ist insoweit unproblematisch, weil die Differenz zum richtigen Betrag nachträglich entsprechend § 232 AktG in die Kapitalrücklage des übertragenden Rechtsträgers eingestellt werden kann, wo sie gem. § 150 Abs. 3, 4 AktG gebunden ist.[26]

Nach wohl noch herrschender Ansicht ist § 233 Abs. 1, 2 AktG auch bei der vereinfachten Kapitalherabsetzung zur Durchführung einer Abspaltung anzuwenden.[27] Hiernach wird die Ausschüttung künftiger Gewinne im Fall einer vereinfachten Kapitalherabsetzung begrenzt. Gewinne dürfen nur ausgeschüttet werden, wenn die gesetzliche Rücklage und die Kapitalrücklage zusammen 10 % des Grundkapitals erreicht haben. Darüber hinaus ist die Zahlung eines Gewinnanteils von mehr als 4 % erst nach Ablauf von zwei Jahren zulässig.

---

19 BeckOGK/*Brellochs*, 1.1.2023, § 145 Rn. 13; Henssler/Strohn/*Galla/Cé. Müller* § 145 Rn. 5.
20 Zutreffend BeckOGK/*Brellochs*, 1.1.2023, § 145 Rn. 13; Henssler/Strohn/*Galla/Cé. Müller* § 145 Rn. 5; *Prinz/Rösner* AG 2021, 148 (150).
21 *Prinz/Rösner* AG 2021, 148 (149).
22 *Prinz/Rösner* AG 2021, 148 (152).
23 BeckOGK/*Brellochs*, 1.1.2023, § 145 Rn. 13 f.; IDW RS HFA 43, Rn. 14; *Groß* NZG 2010, 770 (771); *Prinz/Rösner* AG 2021, 148 (153); aA Lutter/*Schwab* § 145 Rn. 18; Kölner Komm UmwG/*Simon* § 145 Rn. 3; Kallmeyer/*Zimmermann* § 145 Rn. 1.
24 BeckOGK/*Brellochs*, 1.1.2023, § 145 Rn. 13 f.
25 Kölner Komm UmwG/*Simon* § 145 Rn. 10.
26 Kölner Komm UmwG/*Simon* § 145 Rn. 10.
27 Schmitt/Hörtnagl/*Hörtnagl* § 145 Rn. 6; Semler/Stengel/Leonard/*Diekmann* § 145 Rn. 9; Widmann/Mayer/*Rieger* § 145 Rn. 14; aA Lutter/*Schwab* § 145 Rn. 20; Kölner Komm UmwG/*Simon* § 145 Rn. 12.

9 Eine **Rückwirkung** der Kapitalherabsetzung analog § 234 AktG ist hingegen nicht möglich.[28] Die Vorschrift ermöglicht, wie auch § 58e GmbHG für die GmbH, das Grundkapital der AG bereits in der der Kapitalherabsetzung vorangegangenen Jahresbilanz in verminderter Höhe auszuweisen. Im Fall des § 145 wäre die Aussage der Jahresbilanz damit allerdings verfälscht, weil zwar die Kapitalherabsetzung, nicht aber der spaltungsbedingte Vermögensabgang ausgewiesen werden würde.[29]

§ 146 Anmeldung der Abspaltung oder der Ausgliederung

(1) Bei der Anmeldung der Abspaltung oder der Ausgliederung zur Eintragung in das Register des Sitzes einer übertragenden Aktiengesellschaft hat deren Vorstand oder einer Kommanditgesellschaft auf Aktien haben deren zu ihrer Vertretung ermächtigten persönlich haftenden Gesellschafter auch zu erklären, daß die durch Gesetz und Satzung vorgesehenen Voraussetzungen für die Gründung dieser Gesellschaft unter Berücksichtigung der Abspaltung oder der Ausgliederung im Zeitpunkt der Anmeldung vorliegen.

(2) Der Anmeldung der Abspaltung oder der Ausgliederung sind außer den sonst erforderlichen Unterlagen auch beizufügen:
1. der Spaltungsbericht nach § 127;
2. bei Abspaltung der Prüfungsbericht nach § 125 in Verbindung mit § 12.

Literatur:
Engelmeyer, Das Spaltungsverfahren bei der Spaltung von Aktiengesellschaften, AG 1996, 193; *Mayer*, Erste Zweifelsfragen bei der Unternehmensspaltung, DB 1995, 861; *Schnorbus*, Die Direktabspaltung, ZGR 2019, 780; *Stindt*, Ausgliederung bei Unterbilanz der übertragenden GmbH – zur Erklärung gem. § 140 UmwG, NZG 2017, 174.

I. Allgemeines 1	3. Form und Zeitpunkt der Erklärung 11
1. Inhalt und Zweck 1	4. Weitere Unterlagen, Abs. 2 13
2. Anwendungsbereich 4	III. Verschiedenes 15
II. Solidaritätserklärung 6	1. Prüfung durch das Registergericht ... 15
1. Erklärungsinhalt 6	2. Folgen einer fehlerhaften Erklärung ... 16
2. Erklärungsverpflichteter 9	

I. Allgemeines

1. Inhalt und Zweck

1 § 146 Abs. 1 entspricht dem Wortlaut des § 140, weshalb insoweit auf die Ausführungen bei der GmbH verwiesen werden kann. Die Vorschrift sieht vor, dass die Organe des übertragenden Rechtsträgers (AG bzw. KGaA) zu erklären haben, dass die in Gesetz und Satzung vorgesehenen Voraussetzungen für die Gründung der Gesellschaft auch unter Berücksichtigung der Abspaltung/Ausgliederung noch vorliegen.

2 § 146 bezweckt damit, dass die Kapitalausstattung des übertragenden Rechtsträgers nicht unter die gesetzlichen Mindesterfordernisse absinkt und die gesetzlichen sowie

---

[28] Schmitt/Hörtnagl/*Hörtnagl* § 145 Rn. 6; Semler/Stengel/Leonard/*Diekmann* § 145 Rn. 11; Widmann/Mayer/*Rieger* § 145 Rn. 13.4; Kölner Komm UmwG/*Simon* § 145 Rn. 13; aA Lutter/*Schwab* § 145 Rn. 27; *Priester* FS Schippel, 1996, 487 (499 f.).

[29] Kölner Komm UmwG/*Simon* § 145 Rn. 13.

satzungsmäßigen Voraussetzungen für die Gründung nicht nachträglich unterlaufen werden.[1]

Die Erklärung der Organe macht nach dem Willen des Gesetzgebers eine neue registergerichtliche Prüfung der Gründungsvorschriften obsolet.[2] Die Erklärung ist dementsprechend gem. § 346 Abs. 2 strafbewehrt.[3]

2. Anwendungsbereich

§ 146 ist auf jegliche Abspaltung und Ausgliederung zur Aufnahme und Neugründung anwendbar, an denen eine **AG** oder **KGaA** als übertragender Rechtsträger beteiligt ist. Nach zum Teil vertretener Ansicht soll die Vorschrift jedoch nach ihrem Sinn und Zweck nicht auf Ausgliederungen anwendbar sein, da hier lediglich ein Aktivtausch (Anteile gegen übertragendes Vermögen) stattfände.[4] Ein Bedürfnis für den Schutz des § 146 bestehe somit nicht. Aufgrund des eindeutigen Wortlauts des § 146 und der Tatsache, dass der Gesetzgeber die Norm trotz Kenntnis des Streits keiner Einschränkung unterworfen hat, wie etwa beim § 141 (→ § 141 Rn. 2 zur Ausklammerung der Ausgliederung zur Neugründung vom Spaltungsverbot), kann dieser Ansicht in der Praxis nicht gefolgt werden.[5] Die Vertretungsorgane der übertragenden AG oder KGaA tragen daher auch im Falle der Ausgliederung die Verantwortung für die Deckung des Grundkapitals.

Für eine übernehmende AG bzw. KGaA oder einen neu gegründeten Rechtsträger dieser Rechtsformen gilt § 146 dagegen nicht. Nicht erfasst wird die Aufspaltung, weil der übertragende Rechtsträger nicht fortbesteht, sondern aufgelöst wird, weshalb die Erklärung hier ins Leere gehen würde.

II. Solidiätserklärung

1. Erklärungsinhalt

Wie oben festgehalten, haben die Organe des übertragenden Rechtsträgers (AG bzw. KGaA) zu erklären, dass die in Gesetz und Satzung vorgesehenen Voraussetzungen für die Gründung der Gesellschaft auch unter Berücksichtigung der Abspaltung bzw. Ausgliederung noch vorliegen.

Entgegen dem Wortlaut des § 146, der nur von den „Voraussetzungen für die Gründung" der Gesellschaft spricht, sind weitergehende Angaben zur Einhaltung der Gründungsvoraussetzungen im Rahmen der Erklärung nicht erforderlich.[6] Es ist ausreichend, wenn die Solidiätserklärung die Aussage enthält, dass die sonstigen für die Gründung der AG bzw. KGaA vorgesehenen Voraussetzungen (→ § 140 Rn. 5 ff.) unter Berücksichtigung der Abspaltung oder Ausgliederung nach wie vor erfüllt sind. Das heißt, die übertragende AG bzw. KGaA muss weiterhin das gesetzliche Mindestgrundkapital aufweisen (§ 7 AktG), die Höhe der neuen Aktien muss den gesetzlichen Anforderungen entsprechen (§ 8 AktG) und mit Blick auf die Regelung des § 346 Abs. 2 muss das satzungsmäßige Grundkapital durch das verbleibende Nettobuchvermögen gedeckt sein.

---

1 RegBegr. bei *Ganske* Umwandlungsrecht S. 174 f.
2 BR-Drs. 75/94, 125, 127.
3 Semler/Stengel/Leonard/*Diekmann* § 146 Rn. 12; → § 140 Rn. 3, 5 zur GmbH.
4 Semler/Stengel/Leonard/*Diekman* § 146 Rn. 3; Widmann/Mayer/*Rieger* § 146 Rn. 1.
5 Lutter/*Schwab* § 146 Rn. 5; Kallmeyer/*Zimmermann* § 146 Rn. 2; Schmitt/Hörtnagl/*Hörtnagl* § 146 Rn. 2; Kölner Komm UmwG/*Simon* § 146 Rn. 6 mit ausf. Begr.
6 Lutter/*Priester* § 140 Rn. 7; Schmitt/Hörtnagl/*Hörtnagl* § 140 Rn. 8; Kallmeyer/*Zimmermann* § 140 Rn. 3; Semler/Stengel/Leonard/*Reichert* § 140 Rn. 2; Kölner Komm UmwG/*Simon* § 146 Rn. 10.

8   Ebenso wie bei § 140 ist im Rahmen des § 146 Abs. 1 bei der Erklärung auf die **Kapitalerhaltung** beim übertragenden Rechtsträger abzustellen, dh es ist eine bilanzielle Betrachtung vorzunehmen, ohne dass stille Reserven zu berücksichtigen sind (sog. Nettobuchvermögen).[7] So auch die flankierende Vorschrift des § 346 Abs. 2, der auf die Kapitaldeckung und nicht die Kapitalaufbringung abstellt. Eine andere Auslegung würde zu einem Auseinanderfallen von Erklärung und Strafbarkeit führen und ist in der Praxis nicht zu empfehlen.[8]

2. Erklärungsverpflichteter

9   Sämtliche Vorstandsmitglieder bzw. sämtliche vertretungsberechtigten persönlich haftenden Gesellschafter haben die Soliditätserklärung abzugeben.[9] Es handelt sich dabei nicht um eine Erklärung in Vertretung der Gesellschaft, sondern um eine eigene Erklärung der Vorstandsmitglieder bzw. der persönlich haftenden Gesellschafter als solche.

10 Im Hinblick auf den strafbewehrten Charakter der Vorschrift scheiden eine unechte Gesamtvertretung oder Bevollmächtigung zur Erklärungsabgabe genauso wie ein Handeln der Organe des übernehmenden Rechtsträgers aus.[10]

3. Form und Zeitpunkt der Erklärung

11 Die Soliditätserklärung bedarf grundsätzlich keiner besonderen Form.[11] Insbesondere bedarf sie keiner öffentlichen Beglaubigung.[12] In der Praxis wird sie aber regelmäßig als Bestandteil der Handelsregisteranmeldung des übertragenden Rechtsträgers mit beglaubigt. Alternativ erfolgt die Soliditätserklärung in einer separaten Erklärung, die dann als Anlage der Anmeldung beigefügt wird.[13]

12 Nach dem eindeutigen Wortlaut des § 146 muss sich die Erklärung auf den Zeitpunkt der Anmeldung beziehen. Das heißt, dass nach diesem Zeitpunkt, aber doch vor Eintragung der Abspaltung bzw. Ausgliederung eintretende Veränderungen nicht mehr zu berücksichtigen sind. Ebenso wenig begründen neu eintretende Tatsachen die Pflicht zur Abgabe einer neuen (aktuellen) Erklärung.[14]

4. Weitere Unterlagen, Abs. 2

13 Der Handelsregisteranmeldung sind neben der Soliditätserklärung der Spaltungsbericht nach § 127 und bei Abspaltung der Prüfungsbericht nach § 125 iVm § 12 in Urschrift oder Abschrift beizufügen.

---

[7] So auch → § 140 Rn. 5; Kallmeyer/*Zimmermann* § 146 Rn. 3; Lutter/*Schwab* § 146 Rn. 10; Widmann/Mayer/*Rieger* § 146 Rn. 9; Kölner Komm UmwG/*Simon* § 146 Rn. 8; *Mayer* DB 1995, 861 (866); *Schnorbus* ZGR 2019, 780 (805).
[8] Schmitt/Hörtnagl/*Hörtnagl* § 146 Rn. 7.
[9] Widmann/Mayer/*Rieger* § 146 Rn. 6; Kallmeyer/*Zimmermann* § 146 Rn. 4; Kölner Komm UmwG/*Simon* § 146 Rn. 11.
[10] AA Semler/Stengel/Leonard/*Diekmann* § 146 Rn. 5; Schmitt/Hörtnagl/*Hörtnagl* § 146 Rn. 2.
[11] BeckOGK/*Brellochs*, 1.1.2023, § 146 Rn. 11; Semler/Stengel/Leonard/*Diekmann* § 146 Rn. 9; Schmitt/Hörtnagl/*Hörtnagl* § 146 Rn. 7; Lutter/*Schwab* § 146 Rn. 12; Kallmeyer/*Zimmermann* § 146 Rn. 5; Widmann/Mayer/*Rieger* § 146 Rn. 8; MHdB GesR VIII/*Oppenhoff* § 29 Rn. 115.
[12] Kallmeyer/*Zimmermann* § 146 Rn. 5; Semler/Stengel/Leonard/*Diekmann* § 146 Rn. 9; Schmitt/Hörtnagl/*Hörtnagl* § 146 Rn. 7; Widmann/Mayer/*Rieger* § 146 Rn. 8; MHdB GesR VIII/*Oppenhoff* § 29 Rn. 115; aA *Engelmeyer* AG 1996, 193 (204): „Bestandteil der Anmeldung".
[13] Widmann/Mayer/*Rieger* § 146 Rn. 8; Kallmeyer/*Zimmermann* § 146 Rn. 5; Schmitt/Hörtnagl/*Hörtnagl* § 146 Rn. 7; Kölner Komm UmwG/*Simon* § 146 Rn. 12.
[14] Widmann/Mayer/*Rieger* § 146 Rn. 12; Schmitt/Hörtnagl/*Hörtnagl* § 146 Rn. 6.

Wurde auf diese Berichte im Rahmen der Umwandlung wirksam verzichtet, kann aus Abs. 2 keine (eigenständige) Verpflichtung hergeleitet werden.¹⁵

III. Verschiedenes

1. Prüfung durch das Registergericht

Der Gesetzgeber hat zwar keine gesetzlich vorgeschriebene Prüfung der Erklärung durch das zuständige Registergericht vorgesehen. Das Gericht kann also grds. davon ausgehen, dass die Erklärung nach § 146 Abs. 1 zutreffend ist.¹⁶ Allerdings hat das Gericht eine summarische Überprüfung der Schlüssigkeit der abgegebenen Erklärung und der eingereichten Unterlagen vorzunehmen. Bei begründeten Zweifeln an deren Richtigkeit, kann es Amtsermittlungen vornehmen (zB Anfordern von weiteren Nachweisen zur Kapitaldeckung).¹⁷

2. Folgen einer fehlerhaften Erklärung

Die Folgen einer fehlerhaften Erklärung oder des Fehlens der Unterlagen nach Abs. 2 sind die gleichen wie bei einem Verstoß gegen § 140, weshalb auf die dortigen Ausführungen entsprechend verwiesen werden kann (→ § 140 Rn. 13).

Hinweis: Die Erklärung nach § 146 kann nachgeholt werden. Das Registergericht hat die Erklärung zunächst durch Zwischenverfügung (§ 382 Abs. 4 S. 1 FamFG) anzufordern. In der Praxis besteht daher die Möglichkeit, eine Unterbilanz beim übertragenden Rechtsträger (zB durch Kapitalherabsetzung) auszuräumen.¹⁸

Dritter Abschnitt
Spaltung unter Beteiligung eingetragener Genossenschaften

Vor §§ 147, 148

Eingetragene Genossenschaften können an **Spaltungen** als übertragender, übernehmender oder neuer Rechtsträger beteiligt sein. Die besonderen genossenschaftlichen Vorschriften des Dritten Buchs bestehen nur aus den §§ **147, 148**. Ferner sind die §§ 79–98 entsprechend anzuwenden (s. §§ 125, 135).

Die Mindestanforderungen an den **Spaltungs- und Übernahmevertrag** bestimmt § 126. Bei der Beteiligung einer eingetr. Genossenschaft an einer Spaltung als übernehmender Rechtsträger gilt über die Verweisungen in § 125 hinaus zusätzlich § 80. Das berührt die nach § 126 Abs. 1 Nr. 3 zum Umtauschverhältnis zu machenden Angaben.

Genossenschaftliche Besonderheiten ergeben sich in Bezug auf die **Spaltungsprüfung** aus den §§ 125, 135 iVm § 81. Anstelle der Spaltungsprüfung tritt nach § 81 Abs. 1 das für sämtliche beteiligte eingetragene Genossenschaften zu erstattende **Prüfungsgutachten** des zuständigen genossenschaftlichen Prüfungsverbandes, welches auch bei einer Ausgliederung zu erstatten ist (anders allg. für andere Rechtsformen § 125 Abs. 1 S. 2). Das Prüfungsgutachten muss auch dann erstattet werden, wenn alle Mitglieder einverneh-

---

15 Semler/Stengel/Leonard/*Diekmann* § 146 Rn. 10; Kallmeyer/*Zimmermann* § 146 Rn. 6; Schmitt/Hörtnagl/*Hörtnagl* § 146 Rn. 9.
16 BeckOGK/*Brellochs*, 1.1.2023, § 146 Rn. 14.
17 → § 140 Rn. 12; Kölner Komm UmwG/*Simon* § 146 Rn. 14; Schmitt/Hörtnagl/*Hörtnagel* § 140 Rn 12; Semler/Stengel/Leonard/*Reichert* § 140 Rn. 8.
18 Kölner Komm UmwG/*Simon* § 146 Rn. 15.

lich darauf verzichten (arg. e. § 148 Abs. 2 S. 2 „sind beizufügen", → § 148 Rn. 5). Zum Prüfungsgutachten s. § 81.

4 Nach § 127 müssen die Vertretungsorgane der beteiligten Rechtsträger jeweils einen **Spaltungsbericht** aufstellen. Dieser kann auch als ein gemeinsamer verfasst sein. Der Bericht ist der Anmeldung der Spaltung beizufügen (s. § 148 Abs. 2 Nr. 1).

5 Die Spaltung bedarf eines zustimmenden **Spaltungsbeschlusses** in einer General- oder Vertreterversammlung (s. §§ 125, 84, 13 Abs. 1 S. 2) oder in der Versammlung der Anteilsinhaber weiterer beteiligter Rechtsträger. Die Einberufung und Durchführung einer General- oder Vertreterversammlung richten sich nach den allg. Regelungen des GenG (s. §§ 43 ff. GenG). In den Versammlungen sind sämtliche Unterlagen auszulegen. Der Spaltungsbeschluss bedarf einer Mehrheit von mindestens 75 % der (gültig) abgegebenen Stimmen, soweit die Satzung nicht höhere Mehrheitserfordernisse vorsieht (s. §§ 125, 135, 84).

6 Die **Anmeldung** einer Spaltung richtet sich nach den §§ 125, 16 f., 86, 129 und 148 und erfolgt durch den Vorstand in vertretungsberechtigter Anzahl (s. § 157 GenG).

7 Für den **Anteilstausch** bei der Auf- oder Abspaltung einer eingetr. Genossenschaft gilt § 87 (s. §§ 125, 135). Bei der Spaltung einer Kapitalgesellschaft oder eines rechtsfähigen Vereins auf eine eingetr. Genossenschaft ist § 88 zu beachten (s. §§ 125, 135).

8 Die §§ 29–34 finden auf eine Auf- oder Abspaltung einer eingetr. Genossenschaft keine Anwendung. An die Stelle des Abfindungsangebots tritt das **Ausschlagungsrecht** nach den §§ 90–94 (s. §§ 125, 135).

9 Schließlich ist an die mitgliederbezogenen **Eintragungs- und Benachrichtigungspflichten** des § 89 zu denken, wenn es sich bei dem übernehmenden Rechtsträger um eine eingetr. Genossenschaft handelt (s. §§ 125, 135).

§ 147 Möglichkeit der Spaltung

Die Spaltung eines Rechtsträgers anderer Rechtsform zur Aufnahme von Teilen seines Vermögens durch eine eingetragene Genossenschaft kann nur erfolgen, wenn eine erforderliche Änderung der Satzung der übernehmenden Genossenschaft gleichzeitig mit der Spaltung beschlossen wird.

I. Einordnung der Spaltungen von eingetragenen Genossenschaften

1 Mit Rücksicht auf den Gehalt der Grundnorm des § 1 Abs. 1 und 2 GenG, die Förderzweckgeschäfts- und Mitgliederstruktur sowie die idR lokale/regionale Verwurzelung von Genossenschaften, sind **Spaltungen** bei eingetr. Genossenschaften **in der Praxis selten**. Das gilt insbes. für Aufspaltungen und Abspaltungen. Eine Abspaltung zur Neugründung kann zB erwogen werden, wenn keine Tochtergesellschaft, sondern eine Schwestergesellschaft zur eG entstehen und auf diese zB Immobilien oder ein Teilbetrieb im Rahmen einer „partiellen Gesamtrechtsnachfolge" ausgelagert werden sollen. Die Umsetzung wäre einer Verschmelzung in vielen Punkten ähnlich (Spaltungsplan, -bericht, -prüfung und -beschluss).

2 Durchaus **gängig** war bereits vor der Neuordnung des Umwandlungsrechts die **Ausgliederung** von Vermögensteilen einer eG etwa zur Gründung von Tochtergesellschaf-

ten. Hier schafft die partielle Gesamtrechtsnachfolge gegenüber der Einzelrechtsnachfolge Erleichterung. So können zB auch im Paket Forderungen und Verbindlichkeiten übertragen werden, deren Einzelübertragung mangels einer aus zivil-, datenschutz- oder bankaufsichtsrechtlichen Gründen erforderlichen Zustimmung der schuldrechtlichen Partner ausgeschlossen wäre.[1]

Umwandlungsrechtlich kann eine Ausgliederung im Gegensatz zu einer Abspaltung auch in Form einer **Totalausgliederung** erfolgen. Hiernach hält die übertragende eG als Holdinggenossenschaft noch lediglich die Anteile am übernehmenden Rechtsträger. Dabei stellt sich jedoch stets die Frage nach der genossenschaftsrechtlichen Zulässigkeit. Denn nach § 1 Abs. 1 GenG betreibt die eG einen eigenen Fördergeschäftsbetrieb. Die übertragende eG muss noch ihren Förderzweck erfüllen können. Würde zB die **Ausgliederung sämtlicher Kredite** einer Genossenschaftsbank bei gleichzeitiger Einstellung des Fördergeschäftsbetriebs nur zu dem Zweck erfolgen, die danach übrigbleibende Hülle einfacher liquidieren zu können, so wäre das unzulässig.[2]

Beratungshinweis: Umstritten ist, ob auch laufende Pensionsverpflichtungen ausgegliedert werden können.[3]

II. Norminhalt

Die Vorschrift entspricht inhaltlich § 79. Sie gilt bei Spaltungen zur Aufnahme von Teilen des Vermögens, an denen eine eG als übernehmender Rechtsträger und ein gesellschaftsrechtlich anders verfasster übertragender Rechtsträger beteiligt sind. In anderen Fällen ist die gleichzeitige Beschlussfassung nicht Eintragungsvoraussetzung, selbst wenn Änderungen der Satzung „erforderlich" sind.

„Erforderlich" bedeutet nicht, dass die Satzungsänderung zur Durchführung der Spaltung notwendig ist. Erforderlich ist vielmehr jede Änderung, die im Spaltungsvertrag vereinbart ist[4] oder bei Beschlussfassung über die Spaltung in der Versammlung der Anteilsinhaber einer der beteiligten Rechtsträger als (zulässige) Bedingung aufgestellt wurde.[5] Praktisch bedeutsam kann insoweit im Einzelfall die Aufnahme einer Regelung zur Beteiligung eines Genossenschaftsmitglieds mit mehr als einem Geschäftsanteil sein. Es können aber auch andere Änderungen der Satzung vereinbart werden, wie zB Unternehmensgegenstand, Firma, Beitrittsvoraussetzungen, etc.

Die Änderung der Satzung der übernehmenden eG ist „gleichzeitig" mit der Spaltung zu beschließen. **Getrennte Beschlüsse** in derselben General- bzw. Vertreterversammlung reichen nicht. Vielmehr müssen die Beschlüsse zu einem gemeinsamen Beschlussgegenstand zusammengefasst werden.[6]

§ 148 Anmeldung der Abspaltung oder der Ausgliederung

(1) Bei der Anmeldung der Abspaltung oder der Ausgliederung zur Eintragung in das Register des Sitzes einer übertragenden Genossenschaft hat deren Vorstand

---

1 S. Pöhlmann/Fandrich/Bloehs/*Fandrich* Anm. zu §§ 123 bis 137, 147, 148 Rn. 2.
2 Eingehender dazu Pöhlmann/Fandrich/Bloehs/*Fandrich* Anm. zu §§ 123 bis 137, 147, 148 Rn. 4.
3 S. Pöhlmann/Fandrich/Bloehs/*Fandrich* Anm. zu §§ 123 bis 137, 147, 148 Rn. 7 mit Hinweis auf BAG NJW 2005, 3371 (dafür) und LG Hamburg ZIP 2005, 2331 (dagegen).
4 S. Schmitt/Hörtnagl/*Hörtnagl* § 147 Rn. 2.
5 S. Lutter/*Bayer* § 147 Rn. 20.
6 S. Schmitt/Hörtnagl/*Hörtnagl* § 147 Rn. 3.

auch zu erklären, daß die durch Gesetz und Satzung vorgesehenen Voraussetzungen für die Gründung dieser Genossenschaft unter Berücksichtigung der Abspaltung oder der Ausgliederung im Zeitpunkt der Anmeldung vorliegen.

(2) Der Anmeldung der Abspaltung oder der Ausgliederung sind außer den sonst erforderlichen Unterlagen auch beizufügen:

1. der Spaltungsbericht nach § 127;
2. das Prüfungsgutachten nach § 125 in Verbindung mit § 81.

1 Die Vorschrift entspricht inhaltlich § 146, in Bezug auf den Abs. 1 auch § 140. Ebenso wie der Vorstand einer AG oder der Geschäftsführer einer GmbH hat der Vorstand einer übertragenden eG anlässlich der Anmeldung einer Abspaltung oder Ausgliederung zu erklären, dass trotz der Vermögensübertragung die gesetzlichen und satzungsmäßigen Voraussetzungen für die Gründung der eG unverändert gegeben sind.

I. Norminhalt

2 Der Gesetzgeber hielt die Erklärung für erforderlich, obschon bei der eG keine den Kapitalgesellschaften vergleichbaren Kapitalaufbringungs- oder Kapitalerhaltungsvorschriften existieren.[1] In Anlehnung an § 11a Abs. 2 GenG wird sich der Vorstand einer eG vor allem dazu erklären müssen, ob nach der Spaltung oder Ausgliederung die persönlichen oder wirtschaftlichen Verhältnisse eine **Gefährdung der Belange der Mitglieder oder der Gläubiger** besorgen lassen. Der Text der Erklärung sollte sich an § 11a Abs. 2 GenG orientieren. Zudem ist von Bedeutung, ob ein nach § 8a GenG ggf. in der Satzung vorgesehenes **Mindestkapital** unterschritten wird. Die weiteren satzungsmäßigen Angaben des Vorstands umfassen die Inhalte der §§ 6, 7 GenG (Sitz der eG, Unternehmensgegenstand). Ebenso hat das Vertretungsorgan, das die Spaltung anmeldet, gem. § 125 Abs. 1 S. 1, § 16 Abs. 2 Hs. 1 zu erklären, dass die Spaltungsbeschlüsse aller beteiligten Rechtsträger innerhalb der gesetzlichen Fristen nicht durch Klage angegriffen worden sind bzw., dass eine erhobene Klage rechtskräftig abgewiesen oder zurückgenommen wurde.[2]

3 Die Erklärung zur Eintragung in das Register ist jedoch nicht strafbewehrt (s. § 346).[3] Bei einer Aufspaltung entfällt die Erklärungspflicht, weil die übertragende eG erlischt.

II. Form der Anmeldung

4 Die Erklärung teilt idR die Form der Anmeldung. Das ist aber nicht zwingend, weil die Erklärung nicht Bestandteil der Anmeldung ist. Sie erfolgt „bei" der Anmeldung, muss also auch nicht öffentlich beglaubigt sein (s. § 157 GenG). Sie bedarf **keiner besonderen Form**. Aus diesen Gründen braucht die Erklärung auch nicht durch sämtliche Mitglieder des Vorstands, sondern nur durch Vorstandsmitglieder in vertretungsberechtigter Anzahl abgegeben zu werden.[4] In der **Praxis** ist die Erklärung regelmäßig Bestandteil des Anmeldungstextes.

---

1 S. BT-Drs. 12/6699, 127 vom 1.2.1994.
2 S. Lutter/*Bayer* § 148 Rn. 3.
3 S. Semler/Stengel/Leonard/*Bonow* § 148 Rn. 8.
4 So auch Lutter/*Bayer* § 148 Rn. 19; Kölner Komm UmwG/*Schöpflin* § 148 Rn. 4; aA Semler/Stengel/Leonard/*Bonow* § 148 Rn. 4.

III. Beifügung zusätzlicher Unterlagen

Abs. 2 entspricht § 146 Abs. 2. Nach dem Willen der Gesetzesverfasser soll es Abs. 2 ermöglichen, die Solidität der verbleibenden Genossenschaft auch im Interesse der Gläubiger zu prüfen.[5] Stets sind der Anmeldung daher der Spaltungsbericht (Nr. 1) und das nach § 81 zu erstellende Prüfungsgutachten (Nr. 2) beizufügen.[6]

Vierter Abschnitt
Spaltung unter Beteiligung rechtsfähiger Vereine

§ 149 Möglichkeit der Spaltung

(1) Ein rechtsfähiger Verein kann sich an einer Spaltung nur beteiligen, wenn die Satzung des Vereins oder Vorschriften des Landesrechts nicht entgegenstehen.

(2) Ein eingetragener Verein kann als übernehmender Rechtsträger im Wege der Spaltung nur andere eingetragene Vereine aufnehmen oder mit ihnen einen eingetragenen Verein gründen.

I. Normzweck und systematische Einordnung

Eingetragene Vereine (iSv § 21 BGB) können sich als übertragende, übernehmende oder neu entstehende Rechtsträger, **wirtschaftliche Vereine** (iSv § 22 BGB) hingegen nur als übertragende Rechtsträger an Spaltungsvorgängen beteiligen. Ebenso wie durch die Parallelvorschrift zur Verschmelzung unter Beteiligung von rechtsfähigen Vereinen (§ 99) wird die Möglichkeit dieser Vereine, sich an Spaltungsvorgängen zu beteiligen, durch § 149 weiter eingeschränkt (**ideelle Zweckbindung eingetragener Vereine**) (→ § 99 Rn. 1).

Bei Vereinen besteht ein besonderes Interesse sich an Spaltungsvorgängen zu beteiligen, um ihnen die Trennung von wirtschaftlichen Betätigungen (zB Profiabteilung bei Fußball- oder Handballvereinen, die regelmäßig ebenfalls Amateursport anbieten) zu ermöglichen, die nicht mehr von dem sog. Nebenzweckprivileg gedeckt werden und somit entweder die steuerliche Begünstigung (§§ 51–68 AO) oder sogar den rechtlichen Fortbestand des gesamten Vereins gefährden. Solchen Vereinen droht aufgrund der wirtschaftlichen Betätigung eine Löschung aus dem Vereinsregister (§ 395 FamFG), mithin der Verlust ihrer Rechtsfähigkeit.[1] Nach hM in der Literatur und entgegen der Rechtsprechung des BGH im sog. ADAC-Urteil[2] löst allein eine Ausgliederung des wirtschaftlichen Geschäftsbetriebs eines Idealvereins dieses Problem zumindest dann nicht, wenn die durch die Ausgliederung geschaffene Tochterkapitalgesellschaft vom Verein beherrscht wird und die Voraussetzungen des konzernrechtlichen Unternehmensbegriffs erfüllt werden.[3] Bei einer Ab- oder Aufspaltung hingegen können die Bereiche sauber getrennt werden, da nicht der Verein unmittelbar Anteilseigner des „ausgelagerten" Geschäftsbetriebs wird, sondern die Anteilsinhaber des übertragenden Rechtsträgers (i. e. die Mitglieder).

---

5 S. BT-Drs. 12/6699, 127 vom 1.2.1994.
6 Näher Beuthien/*Beuthien/Wolff* §§ 123 ff. Rn. 14.
1 Semler/Stengel/Leonard/*Katschinski* § 149 Rn. 2.
2 BGHZ 85, 84.
3 Semler/Stengel/Leonard/*Katschinski* § 149 Rn. 2; *Wagner* NZG 1999, 471 ff.; *Steinbeck/Menke* NJW 1998, 2170 f.;

weitergehend, ohne die Voraussetzung des konzernrechtlichen Unternehmensbegriffs verlangend: MüKo-BGB/*Reuter* § 22 Rn. 15 f., 26; *K. Schmidt* NJW 1983, 543 (546).

Fischer

3 Für die Spaltung unter Beteiligung von Vereinen gilt primär § 149. Soweit sich hieraus keine abweichenden Regelungen ergeben, sind die allgemeinen Vorschriften über die Spaltung (§§ 123 ff.) sowie über die Verweisungsnormen der §§ 125, 135 die Vorschriften über die Verschmelzung unter Beteiligung rechtsfähiger Vereine heranzuziehen. Sofern an den Spaltungsvorgängen neben Vereinen auch Rechtsträger anderer Rechtsformen beteiligt sind (**Mischspaltung**), sind außerdem die für diese Rechtsträger maßgeblichen besonderen Vorschriften zu beachten.

II. Voraussetzungen der Spaltung unter Beteiligung von Vereinen

4 Rechtsfähige Vereine können sich grundsätzlich, auch unter Beteiligung von Rechtsträgern andere Rechtsformen (Mischspaltung), an allen drei Spaltungsarten (**Aufspaltung, Abspaltung und Ausgliederung**) beteiligen. § 124 Abs. 1 führt dabei die möglichen Spaltungskonstellationen auf, die wiederum durch § 149 weiter eingeschränkt werden. So kann sich ein **eingetragener Verein** als übernehmender Rechtsträger nur dann an Spaltungsvorgängen beteiligen, wenn als übertragender Rechtsträger wiederum ausschließlich eingetragene Vereine beteiligt sind; **Mischspaltungen sind hierbei ausgeschlossen**.

5 § 149 Abs. 1 stellt für alle Arten von Vereinen die **Spaltungsfähigkeit unter Satzungsvorbehalt**. Dies gilt nicht nur in den Fällen, in denen die Satzung ausdrücklich die Spaltung des Vereins ausschließt, sondern auch dann, wenn einzelne Satzungsbestimmungen einer Spaltung lediglich sinngemäß entgegenstehen, was durch eine entsprechende Auslegung der jeweiligen Satzungsbestimmung zu ermitteln ist. Ebenfalls wie bei der Verschmelzung bewirkt eine Regelung, die der Sicherstellung der Vermögensbindung eines von einem steuerbegünstigten Verein verfolgten steuerbegünstigten Zwecks dient, **keine handelsrechtliche Spaltungsbeschränkung**. Eine entgegen einer solchen Regelung durchgeführte Spaltung kann jedoch zu steuerlichen Nachteilen führen (→ § 99 Rn. 10). Einer Spaltung entgegenstehende Satzungsbestimmungen können im Regelfall durch eine vorherige oder gleichzeitig mit der Spaltung durchgeführte Satzungsänderung überwunden werden (→ § 99 Rn. 10).

6 Schließlich ist eine Spaltung dann unzulässig, wenn landesrechtliche Vorschriften der Spaltung entgegenstehen (→ § 99 Rn. 9). De lege lata sind derartige Regelungen nicht ersichtlich, obgleich dies aufgrund der nicht ausgeschöpften konkurrierenden Gesetzgebungskompetenz für die Zukunft nicht völlig ausgeschlossen werden kann.

III. Durchführung des Spaltungsverfahrens

7 Das Verfahren zur Spaltung unter Beteiligung rechtsfähiger Vereine richtet sich grundsätzlich nach den allgemeinen Vorschriften über die Spaltung gem. §§ 123 ff., die ggf. durch die vereinsspezifischen Regelungen modifiziert werden. Erforderlich sind demnach:

- **Spaltungs- und Übernahmevertrag** bzw. **Spaltungsplan**, vgl. § 126;
- **Spaltungsbericht**, vgl. § 127 (Ausnahme: § 127 S. 2 iVm § 8 Abs. 3);
- ggf. **Spaltungsprüfung**, vgl. § 125 iVm §§ 100, 9–12, 30 Abs. 2;
- Vorbereitung der Mitgliederversammlung, vgl. § 125 iVm § 101;
- Durchführung der Mitgliederversammlung (§ 125 iVm § 102) sowie Herbeiführung der **Zustimmungsbeschlüsse** durch die Anteilsinhaber der beteiligten Rechtsträger (§ 125 iVm §§ 103, 13);

- **Anmeldung zum Register** oder – bei nicht registrierten Vereinen – Bekanntmachung der Spaltung, vgl. § 125 iVm §§ 16, 17 bzw. § 125 iVm § 104;
- ggf. Kapitalerhöhung bei einer übernehmenden Kapitalgesellschaft (§ 125 iVm §§ 53–55, 66–69) bzw. Gründungsmaßnahmen bei einer Spaltung zur Neugründung, vgl. § 125 iVm §§ 36 Abs. 2, 37;
- **Eintragung/Bekanntmachung** der Spaltung (beim anderen Rechtsträger).

In Bezug auf die Einzelheiten der vorgenannten Verfahrensschritte und die sich für die Spaltung unter Beteiligung rechtsfähiger Vereine ergebenden Besonderheiten gelten die Ausführungen zur Verschmelzung entsprechend (→ § 99 Rn. 14 ff.).

Fünfter Abschnitt
Spaltung unter Beteiligung genossenschaftlicher Prüfungsverbände

§ 150 Möglichkeit der Spaltung

Die Aufspaltung genossenschaftlicher Prüfungsverbände oder die Abspaltung oder Ausgliederung von Teilen eines solchen Verbandes kann nur zur Aufnahme der Teile eines Verbandes (übertragender Verband) durch einen anderen Verband (übernehmender Verband), die Ausgliederung auch zur Aufnahme von Teilen des Verbandes durch eine oder zur Neugründung einer Kapitalgesellschaft erfolgen.

I. Einordnung der Spaltungen von genossenschaftlichen Prüfungsverbänden

Für die Spaltung von genossenschaftlichen Prüfungsverbänden ist § 150 die einzige Regelung innerhalb des Dritten Buchs. Die Vorschrift regelt nur die zulässigen Spaltungskombinationen.

Auch wenn die Spaltung genossenschaftlicher Prüfungsverbände selten ist bzw. nicht vorkommt, hat der Gesetzgeber dennoch ein praktisches Bedürfnis gesehen.[1] Die nach § 63b Abs. 1 GenG idR als eV verfassten genossenschaftlichen Prüfungsverbände sind spaltungsfähige Rechtsträger (s. § 124 Abs. 1, § 3 Abs. 1 Nr. 5). Das UmwG erlaubt in § 150 aber **nur Spaltungen, an denen andere Prüfungsverbände beteiligt sind**. Der Gesetzgeber hat die Spaltung von Prüfungsverbänden anders als deren Verschmelzung (s. §§ 105 ff.) nicht geöffnet. Nur an der Ausgliederung eines Prüfungsverbandes zur Aufnahme oder Neugründung kann auch eine GmbH, AG oder KGaA als übernehmender oder neuer Rechtsträger beteiligt sein. Damit sollte vor allem die Verselbstständigung von technischen Hilfsfunktionen mithilfe von Kapitalgesellschaften ermöglicht werden.[2] Das Prüfungsrecht würde einer solchen Kapitalgesellschaft grds. nicht verliehen. Nicht möglich ist deshalb eine **Spaltung zur Neugründung** eines Prüfungsverbandes.[3] Es können stets nur Teile des Prüfungsverbandes ausgegliedert oder abgespalten werden. Von Spaltungsvorgängen sind die **Aufsichtsbehörden** (s. §§ 64 f. GenG; zweckgerecht inzwischen wohl auch die Wirtschaftsprüferkammer, s. §§ 63e ff. GenG) einheitlich zu benachrichtigen.

---

1 S. Lutter/*Bayer* § 150 Rn. 1.
2 S. BR-Drs. 75/94 vom 4.2.1994 zu § 150.
3 S. Beuthien/*Beuthien*/*Wolff* §§ 123 ff. Rn. 2.

II. Anwendbare Vorschriften

3 Ergänzend zu § 150 sind die allg. Vorschriften der §§ 123 ff. und über die §§ 125, 135 die §§ 105–108 anwendbar. Ist an der Spaltung über den genossenschaftlichen Prüfungsverband hinaus noch ein Rechtsträger anderer Rechtsform beteiligt, so sind darüber hinaus auch die besonderen Vorschriften zu beachten, die speziell auf diesen Rechtsträger Anwendung finden.

III. Besonderes Austrittsrecht

4 Die Mitglieder eines übertragenden Prüfungsverbands können gem. § 39 Abs. 1 BGB nach Maßgabe der §§ 125, 135, 108 aus dem sie aufnehmenden Prüfungsverband vorzeitig austreten. Wortlautgemäß ist § 108 nur auf die Auf- und Abspaltung anwendbar, nicht jedoch auf die Ausgliederung. Zu § 108 → §§ 105–108 Rn. 13 f.

5 Eine neue Mitgliedschaft in dem aufnehmenden Rechtsträger erhält **nur der übertragende Prüfungsverband und nicht auch dessen Mitglieder.** In einem solchen Fall besteht nach den allg. Regeln für die Verbandsmitglieder nur dann ein außerordentliches Austrittsrecht, sofern die Ausgliederung auf Verbandsebene eigens die Rechtsposition der betroffenen Verbandsmitglieder in dem übernehmenden Prüfungsverband wesentlich verschlechtert und ihnen ein Verbleiben in dem für sie neuen Prüfungsverband nicht zumutbar ist.[4]

Sechster Abschnitt
Spaltung unter Beteiligung von Versicherungsvereinen auf Gegenseitigkeit

§ 151 Möglichkeit der Spaltung

¹Die Spaltung unter Beteiligung von Versicherungsvereinen auf Gegenseitigkeit kann nur durch Aufspaltung oder Abspaltung und nur in der Weise erfolgen, daß die Teile eines übertragenden Vereins auf andere bestehende oder neue Versicherungsvereine auf Gegenseitigkeit oder auf Versicherungs-Aktiengesellschaften übergehen. ²Ein Versicherungsverein auf Gegenseitigkeit kann ferner im Wege der Ausgliederung einen Vermögensteil auf eine bestehende oder neue Gesellschaft mit beschränkter Haftung oder eine bestehende oder neue Aktiengesellschaft übertragen, sofern damit keine Übertragung von Versicherungsverträgen verbunden ist.

Literatur:
S. Literaturverzeichnis zu § 109.

I. Normzweck	1
II. Inhalt und Anwendungsbereich	7
1. Auf- oder Abspaltung (S. 1)	7
a) Anwendung der Vorschriften über die Verschmelzung	8
b) Gewährung von Mitgliedschaften oder Anteilen	10
c) Entschädigung der verbleibenden Mitglieder des übertragenden VVaG	12
d) Durchführung der Auf- bzw. Abspaltung	14
e) Zustimmung zur Spaltung gem. § 128	15
f) Gläubigerschutz	17
g) Wirksamwerden der Spaltung	18

---

4 S. Semler/Stengel/Leonard/*Katschinski* § 150 Rn. 15.

h) Gesamtschuldnerische Haftung	19	III. Kleinere Vereine und Kleinstvereine	30
2. Ausgliederung (S. 2)	20		
3. Bestandsübertragung als Alternative zur Spaltung	25		

I. Normzweck

§ 151 regelt die zulässigen Formen der Spaltung unter Beteiligung eines Versicherungsvereins auf Gegenseitigkeit („**VVaG**") als übertragendem Rechtsträger auf einen VVaG oder eine Versicherungs-Aktiengesellschaft als übernehmendem Rechtsträger. Der Gesetzgeber stellte im Zusammenhang mit den Bestimmungen zur Verschmelzung unter Beteiligung von VVaG (§§ 109 ff.) fest, dass VVaG dieselben Umwandlungsmöglichkeiten erhalten sollten wie Versicherungs-Aktiengesellschaften.[1] Allerdings beschränkt **S. 1** den VVaG im Hinblick auf eine Spaltung auf die Aufspaltung gem. § 123 Abs. 1 und auf die Abspaltung gem. § 123 Abs. 2, soweit die Übertragung von Versicherungsverhältnissen betroffen ist. Die Ausgliederung (§ 123 Abs. 3) vom Versicherungsgeschäft eines VVaG ist nicht zulässig. Diese Beschränkung der Spaltungsmöglichkeiten des VVaG folgt zwingend aus dem Versicherungsaufsichtsrecht: Gem. § 176 VAG gilt für den VVaG das sog. **Mitgliedschaftsprinzip**, dh Versicherungsnehmer und Mitglieder des Vereins sind bis auf wenige Ausnahmen identisch (→ § 109 Rn. 4, 9 mit den Details). Bei einer Ausgliederung von Versicherungsverträgen würden die Versicherungsnehmer ihre Mitgliedschaft im übertragenden Rechtsträger verlieren, die Anteile oder Mitgliedschaften am übernehmenden Rechtsträger (entweder einem VVaG oder einer Versicherungs-Aktiengesellschaft) würde aber der übertragende VVaG und nicht dessen ausscheidenden Mitglieder erhalten. Nur bei einer Auf- oder Abspaltung (§ 123 Abs. 1 bzw. 2) erhalten die ausscheidenden Mitglieder des VVaG unmittelbar keine Anteile oder Mitgliedschaften am übernehmenden Rechtsträger.[2] Dementsprechend ist der vom Gesetzgeber gewählte Wortlaut des § 151 S. 1 auch eindeutig und lässt keinen Auslegungsspielraum zu.[3]

Als Alternativen zur unzulässigen Ausgliederung vom Versicherungsgeschäft eines VVaG kommen also nur die Spaltung, eine Bestandsübertragung gem. § 13 VAG oder eine Vermögensübertragung gem. den §§ 174 ff.; 180 ff. in Betracht, da diese Übertragungsformen sämtlich einen Ausgleich für den Verlust der Mitgliedschaftsrechte im übertragenden VVaG in der Form vorsehen, dass die ausscheidenden Mitglieder entweder Anteile an der aufnehmenden Versicherungs-Aktiengesellschaft, Mitgliedschaftsrechte am aufnehmenden VVaG und/oder eine sonstige **Entschädigungsleistung** erhalten.

Die weitere Beschränkung der Rechtsform des aufnehmenden Rechtsträgers auf die VVaG bzw. die Versicherungs-Aktiengesellschaft folgt ebenfalls aus dem Versicherungsaufsichtsrecht: Gem. § 8 Abs. 2 VAG (für Erstversicherungsunternehmen und für Rückversicherungsunternehmen) dürfen nur Aktiengesellschaften, SEs, VVaG oder Körperschaften und Anstalten des öffentlichen Rechts das Versicherungsgeschäft betreiben. Auch wenn der § 151 S. 1 die Europäische Aktiengesellschaft (**SE**) nicht ausdr. erwähnt, ist davon auszugehen, dass eine (grenzüberschreitende) Ab- oder Aufspaltung auf SEs zulässig ist (→ § 109 Rn. 25). Die **Spaltung auf Körperschaften oder Anstalten des öffentlichen Rechts** hat der Gesetzgeber zwar auch nicht ausdrücklich genannt, sie

---

1 BT-Drs. 12/6699, 113.
2 *Schmid* Bestandsübertragung und Umwandlung Rn. 1236.
3 BT-Drs. 12/6699, 128.

ist aber unzulässig, da der Gesetzgeber diesbzgl. lediglich die Vermögensübertragung vom VVaG auf ein öffentlich-rechtliches Versicherungsunternehmen gem. den §§ 174 ff. vorgesehen und im Einzelnen geregelt hat (→ § 109 Rn. 5 und 31).

4 Die im Wortlaut des § 151 S. 1 enthaltene Wortfolge „auf andere bestehende oder neue" bezieht sich nicht nur auf die nachstehenden VVaG, sondern auch auf die Versicherungs-Aktiengesellschaften. Auf- und Abspaltung des VVaG dürfen also nicht nur auf einen bestehenden oder neu gegründeten VVaG, sondern auch auf eine bestehende oder neu gegründete Versicherungs-Aktiengesellschaft erfolgen.[4]

5 In **S. 2** der Regelung wird nochmals klargestellt, dass sich eine **Ausgliederung** bei einem VVaG nicht auf Versicherungsverträge beziehen darf. Dagegen dürfen andere Geschäftsbereiche oder Vermögenswerte eines VVaG ausgegliedert werden. Übernehmender Rechtsträger kann danach aber nur eine GmbH oder eine Aktiengesellschaft sein, wobei letztere Rechtsform erst durch die Novelle des UmwG von 2007 in den § 151 S. 2 eingefügt wurde.[5] Im Jahr 1994 sah der Gesetzgeber das praktische Bedürfnis für die Ausgliederung von „Hilfsfunktionen", sah als übernehmenden Rechtsträger aber nur die GmbH vor,[6] im Jahr 2007 sah er dann das zusätzliche Bedürfnis für die Ausgliederung eines „Vermögensteils" auch auf eine Aktiengesellschaft.[7] Als Aktiengesellschaft iSv § 151 S. 1 gilt auch die SE (dies folgt aus Art. 3 Abs. 1 SE-VO und Art. 10 SE-VO, § 8 Abs. 2 VAG).[8] Somit dürfen alle Geschäftsbereiche, die keine Versicherungsverträge beinhalten, also keine aufsichtsrechtliche Erlaubnis zum Betrieb des Versicherungsgeschäfts (§ 8 Abs. 1 VAG) durch die Versicherungsaufsichtsbehörde BaFin erfordern, an eine GmbH oder eine Aktiengesellschaft/SE ausgegliedert werden. Es können zB die Schadenbearbeitung oder die Immobilien oder die Anlagenverwaltung auf eine bestehende oder neu gegründete GmbH oder Aktiengesellschaft übertragen werden. Sowohl der Gesetzeswortlaut als auch die Begründung des Gesetzgebers sind insoweit eindeutig, dh andere in § 3 Abs. 1 genannte Rechtsformen sind für das aufnehmende Unternehmen bislang leider nicht zulässig, obwohl es keinen sachlichen Grund dafür gibt.[9]

6 Die **grenzüberschreitende Spaltung** eines VVaG auf einen VVaG oder eine Versicherungs-Aktiengesellschaft/SE ist nicht ausdrücklich in § 151 geregelt, ähnlich wie die grenzüberschreitende Verschmelzung nicht ausdrücklich in den §§ 109 ff. geregelt ist (→ § 109 Rn. 6 f.). Mit der Umwandlungs-Richtlinie (EU) 2019/2121 vom 27.11.2019 ist nun aber auch die grenzüberschreitende Spaltung von Kapitalgesellschaften in den §§ 320 ff. umgesetzt worden. Eine grenzüberschreitende Spaltung ist nach der Legaldefinition des § 320 eine Spaltung, bei der mindestens eine der beteiligten Gesellschaften dem Recht eines anderen Mitgliedstaats der Europäischen Union oder eines anderen Vertragsstaats des Abkommens über den Europäischen Wirtschaftsraum unterliegt und eine Spaltung zur Neugründung oder zur Aufnahme erfolgt; eine grenzüberschreitende Ausgliederung ist nicht vorgesehen. Weder die ursprüngliche Richtlinie (EU) 2017/1132 noch die neue Richtlinie (EU) 2019/2121 noch §§ 321, 306 definieren eindeutig, ob der

---

[4] Semler/Stengel/Leonard/*Niemeyer* § 151 Rn. 4; Widmann/Mayer/*Vossius* § 151 Rn. 1, 7.
[5] Zweites Gesetz zur Änderung des Umwandlungsgesetzes vom 19.4.2007, BGBl. I 542 (546), in Kraft seit 25.4.2007.
[6] BT-Drs. 12/69699, 128.
[7] BT-Drs. 16/2919, 19.
[8] Widmann/Mayer/*Vossius* § 151 Rn. 1.
[9] Lutter/*Wilm* § 151 Rn. 8; aA: Widmann/Mayer/*Vossius* § 151 Rn. 1, der wegen der großen praktischen Relevanz vertritt, dass auch die KGaA von dem Anwendungsbereich erfasst und deren Nichterwähnung ein bloßes Redaktionsversehen sei.

VVaG von dem darin verwendeten Kapitalgesellschafts-Begriff erfasst wird. Es sprechen gute Gründe dafür, dass dies so ist und somit eine grenzüberschreitende Spaltung eines VVaG auf eine Aktiengesellschaft oder SE innerhalb der EU/des EWR möglich ist (im Einzelnen → § 109 Rn. 25).

II. Inhalt und Anwendungsbereich

1. Auf- oder Abspaltung (S. 1)

S. 1 findet Anwendung auf Auf- oder Abspaltungen, bei denen der übertragende Rechtsträger ein VVaG, der übernehmender Rechtsträger ein VVaG oder eine Versicherungs-Aktiengesellschaft ist. Auch eine SE ist wie bereits erwähnt nach § 151 spaltungsfähiger aufnehmender Rechtsträger. Damit lehnt sich der Anwendungsbereich für die Spaltung dem der Verschmelzung (vgl. §§ 109 ff.) an, indem ein numerus clausus der Rechtsformen für die verschmelzungs- bzw. spaltungsfähigen Rechtsträger, nämlich VVaG und Versicherungs-Aktiengesellschaft bzw. SE, bestimmt wird.

a) Anwendung der Vorschriften über die Verschmelzung

Die Auf- oder Abspaltung besteht in der Übertragung von Teilen des Vermögens des übertragenden Rechtsträgers jeweils als Gesamtheit (partielle Gesamtrechtsnachfolge),[10] wobei ganze oder auch partielle Vermögenseinheiten eines VVaG auf einen anderen VVaG oder eine Versicherungs-Aktiengesellschaft/SE übergehen können.[11] Zu beachten sind dafür die allgemeinen und besonderen Vorschriften der Verschmelzung, also auch die §§ 109–119, die gemäß der **Verweisung in § 125 Abs. 1** auf die Spaltung entsprechend anzuwenden sind. Insbes. ist eine Auf- oder Abspaltung im Wege der Übertragung auf einen bestehenden Rechtsträger oder der Neugründung des übernehmenden Rechtsträgers möglich. Für die Spaltung zur Neugründung eines Rechtsträgers gilt § 135: Die Vorschriften der §§ 126 ff. finden mit Ausnahme des § 129 (Anmeldung der Spaltung durch den übernehmenden Rechtsträger) und § 130 Abs. 2 (Eintragung der Spaltung) Anwendung (s. § 135 Abs. 1). Der Vorstand hat einen Spaltungsplan, auch Spaltungsbericht genannt, aufzustellen (§ 136).

Bei der **Spaltung zur Neugründung** sind zudem die Gründungsvorschriften für die jeweilige Rechtsform des neuen Rechtsträgers und die Spezialbestimmungen in den §§ 114–117 zu beachten.[12]

b) Gewährung von Mitgliedschaften oder Anteilen

S. 1 regelt die Auf- oder Abspaltung auf bestehende Rechtsträger (§§ 151 S. 1, 123 Abs. 1 Nr. 1, 123 Abs. 2 Nr. 1). Den Anteilsinhabern des übertragenden Rechtsträgers sind Anteile oder Mitgliedschaften an den übernehmenden Rechtsträgern zu gewähren. Sind allerdings ausschließlich VVaG beteiligt, so können nur diejenigen Mitglieder des übertragenden VVaG Mitglieder des übernehmenden VVaG werden, deren Versicherungsverhältnis auf den übernehmenden VVaG übertragen, dh auf- oder abgespalten, werden. Sie scheiden zugleich aus dem übertragenden VVaG als Mitglieder und Versicherungsnehmer aus.[13] Bei der Auf- oder Abspaltung, an der nur VVaG beteiligt sind, erhalten diejenigen Mitglieder, deren Versicherungsverhältnis von dem Umwandlungs-

---

10 Semler/Stengel/Leonard/*Schwanna* § 123 Rn. 6.
11 Kölner Komm UmwG/*Beckmann* § 151 Rn. 1.
12 Kölner Komm UmwG/*Beckmann* § 151 Rn. 14.
13 Semler/Stengel/Leonard/*Niemeyer* § 151 Rn. 14.

prozess nicht berührt wird, allerdings weder Mitgliedschaftsrechte am übernehmenden Rechtsträger noch Anteile.[14] Dies folgt aus dem Mitgliedschaftsprinzip beim VVaG (→ Rn. 1). Bei der Auf- oder Abspaltung auf übernehmende VVaG stellt sich also die Frage, wie die in dem übertragenden VVaG verbleibenden Mitglieder und Versicherungsnehmer ggf. zu entschädigen sind (→ Rn. 12 f.).

11 Bei der Auf- oder Abspaltung eines übertragenden VVaG auf Versicherungs-Aktiengesellschaften/SEs erhalten dagegen alle Mitglieder des übertragenden VVaG – ob ihre Versicherungsverhältnisse auf die übernehmende Aktiengesellschaft/SE übertragen werden oder nicht – Aktien an den übernehmenden Versicherungs-Aktiengesellschaften/SEs.[15]

c) Entschädigung der verbleibenden Mitglieder des übertragenden VVaG

12 Bei der Auf- oder Abspaltung eines VVaG auf einen anderen VVaG ergibt sich die Aufteilung der Mitgliedschaften automatisch durch die Aufteilung in verbleibende Versicherungsverhältnisse und in zu übertragende Versicherungsverhältnisse (§ 126 Abs. 1 Nr. 9). Es ist dann sicherzustellen, dass die Beteiligung der Mitglieder des übertragenden VVaG an dessen versicherungstechnischen Rückstellungen und damit an dessen stillen Reserven und letztlich Überschüssen gleichmäßig zwischen den verbleibenden und den übergehenden Mitgliedern verteilt wird. Ggf. ist also im Spaltungs- und Übernahmevertrag eine bare Zuzahlung entweder an die Ausscheidenden oder an die verbleibenden Versicherungsnehmer des übertragenden VVaG zu regeln (→ § 113 Rn. 2 ff.).[16]

13 Es ist somit das Verhältnis der durch Auf- oder Abspaltung zu übertragenden Vermögenswerte des übertragenden VVaG zu den dort verbleibenden Vermögenswerten festzustellen. In dem Maße, in dem die die betreffenden versicherungstechnischen Rückstellungen bedeckenden Vermögenswerte auf den aufnehmenden VVaG übertragen werden und ggf. stille Reserven enthalten, die zT auch den verbleibenden Versicherungsnehmern und Mitgliedern des übertragenden VVaG zustehen, hat der aufnehmende VVaG an die verbleibenden Mitglieder des übertragenden VVaG Ausgleichszahlungen zu leisten. Umgekehrt hat der übertragende VVaG den ausscheidenden Mitgliedern bei verhältnismäßig zu hohem Verbleib stiller Reserven in dem übertragenden VVaG eine Entschädigung in entsprechender Höhe auszuzahlen.[17]

d) Durchführung der Auf- bzw. Abspaltung

14 Folgende Schritte sind bei der Auf- oder Abspaltung eines übertragenden VVaG durchzuführen:

- **Spaltungs- und Übernahmevertrag** (§ 126): Im Spaltungs- und Übernahmevertrag sind auch bei nicht verhältniswahrender Spaltung keine Angaben über die Aufteilung der Mitgliedschaften zu machen. Diese ergeben sich, wie nachstehend unter → Rn. 25 ff. ausgeführt, automatisch aus der Aufteilung der Versicherungsverhältnisse, die im Spaltungs- und Übernahmevertrag zu bestimmen sind. Ggf. sind Entschädigungszahlungen an verbleibende oder ausscheidende Mitglieder des übertragenden

---

[14] Kölner Komm UmwG/*Beckmann* § 151 Rn. 5; Semler/Stengel/Leonard/*Niemeyer* § 151 Rn. 15.
[15] Kölner Komm UmwG/*Beckmann* § 151 Rn. 5; Lutter/*Wilm* § 151 Rn. 10.
[16] Semler/Stengel/Leonard/*Niemeyer* § 151 Rn. 19, 29.
[17] Semler/Stengel/Leonard/*Niemeyer* § 151 Rn. 19, 29.

VVaG in dem Spaltungs- und Übernahmevertrag gesondert zu regeln (vgl. §§ 29 Abs. 1, 125 Abs. 1 S. 1).[18] Wie bei der Verschmelzung (dort § 110) sind bei einer Spaltung unter ausschließlicher Beteiligung von VVaG die Angaben nach § 126 Abs. 1 Nr. 3–5 zum Umtauschverhältnis der Anteile, zur Höhe der baren Zuzahlung und über die Mitgliedschaft bei den übernehmenden Rechtsträgern nicht erforderlich,[19] wenn sie auch praktisch sinnvoll sind.

- Der Spaltungs- und Übernahmevertrag wird gem. §§ 125 Abs. 1 S. 1, 111 **bekannt gemacht**.[20]
- **Spaltungsbericht:** Die Vertretungsorgane des übertragenden VVaG haben einen ausführlichen schriftlichen Bericht zu erstellen, in dem sie die Spaltung und – allerdings nur bei Auf- oder Abspaltung auf eine Versicherungs-Aktiengesellschaft/SE – das Umtauschverhältnis der Anteile oder – bei reiner Beteiligung von VVaG – die Angaben über die Mitgliedschaftsrechte bzw. die zu übertragenden Versicherungsverhältnisse erläutern und begründen. Dem Spaltungsbericht wird zu diesem Zweck regelmäßig der Spaltungs- und Übernahmevertrag oder sein Entwurf beigefügt. Zu erläutern sind außerdem die Unternehmensbewertung, Regelungen über die Änderung des satzungsmäßigen Verteilungsmaßstabs bzw. über eine bare Zuzahlung zwecks Ausgleichs unterschiedlicher Unternehmenswerte.
- **Spaltungsprüfung:** Bei der Auf- oder Abspaltung findet anders als bei der Verschmelzung grds. eine Spaltungsprüfung gem. den §§ 125 Abs. 1 S. 1, 9 Abs. 1 und 3, 10–12 Abs. 1 und 2 statt. Lediglich bei der Ausgliederung ist diese entbehrlich (§ 125 S. 2).[21]
- **Spaltungsbeschluss der Versammlung der obersten Vertretung:** Für die Vorbereitung und Durchführung der Versammlung sowie deren Beschlussfassung finden über die Verweisung des § 125 die §§ 111, 112 und 116 Anwendung. Bei der Auf- oder Abspaltung auf eine Versicherungs-Aktiengesellschaft/SE sind wegen der vergleichbaren Interessenlage wie bei einem Formwechsel die Vorschriften der §§ 293 S. 2,[22] 294 Abs. 1 S. 2[23] entsprechend anzuwenden. Nur bei der Ausgliederung, bei der eine Spaltungsprüfung nicht stattfindet (§ 125 Abs. 1 S. 2), werden lediglich die in § 63 Abs. 1 Nr. 1–4 genannten Unterlagen im Geschäftsraum des übertragenden VVaG und in der Versammlung der obersten Vertretung, die über die Ausgliederung beschließen soll, zur Einsicht ausgelegt.[24]

e) Zustimmung zur Spaltung gem. § 128

Bei einer Spaltung unter ausschließlicher Beteiligung von VVaG, die die Vermögens- und Anspruchsverhältnisse zwischen verbleibenden und ausscheidenden Mitgliedern des übertragenden VVaG trotz Erwerbs von Mitgliedschaften im übertragenden VVaG nicht wahrt, könnte grds. gem. § 128 eine **Zustimmung aller Mitglieder** erforderlich sein. Dies wäre in der Praxis jedoch nicht durchführbar und kann daher vom Gesetzgeber nicht so gemeint sein. Die Auf- oder Abspaltung ist hinsichtlich ihrer Rechtsfolgen

---

18 *Schmid* Bestandsübertragung und Umwandlung Rn. 1265.
19 Semler/Stengel/Leonard/*Niemeyer* § 151 Rn. 17 f.; aA *Schmid* Bestandsübertragung und Umwandlung Rn. 1258.
20 S. auch Kommentierung zu § 111.
21 Semler/Stengel/Leonard/*Niemeyer* § 151 Rn. 23.
22 Erfordernis einer Mehrheit von neun Zehnteln der abgegebenen Stimmen bei wirksamem Widerspruch gegen Umwandlung.
23 Das bedeutet: Eine Regelung eines Ausschlusses von Mitgliedern von der Beteiligung an der übernehmenden Versicherungs-Aktiengesellschaft ist im Umwandlungsbeschluss möglich.
24 Semler/Stengel/Leonard/*Niemeyer* § 151 Rn. 24.

mit einer Teilbestandsübertragung vergleichbar, welche nur die Zustimmung der obersten Vertretung des übertragenden VVaG mit einer qualifizierten Mehrheit erfordert. Die Zustimmung umfasst auch einen Ausgleich unterschiedlicher Vermögenswerte hinsichtlich der Zuordnung der stillen Reserven durch bare Zuzahlung. Es erscheint daher praxisgerecht, wenn auch bei der Spaltung unter Beteiligung von VVaG nicht die Zustimmung aller Mitglieder erforderlich ist, sondern eine Zustimmung der obersten Vertretung mit qualifizierter Mehrheit ausreicht.[25]

16 Die Vergleichbarkeit fehlt allerdings bei einer entsprechenden nichtverhältniswahrenden Auf- oder Abspaltung auf eine Versicherungs-Aktiengesellschaft/SE. Hier können alle Mitglieder des übertragenden VVaG Aktien an der übernehmenden Aktiengesellschaft/SE erwerben. Hier liegt deshalb ein Fall des § 128 vor, und es bedarf der Zustimmung aller Mitglieder des übertragenden VVaG. In der Praxis ist die nichtverhältniswahrende Auf- oder Abspaltung also kaum durchführbar[26] bzw. kommt nur dann in Betracht, wenn der übertragende VVaG ohnehin kaum noch Versicherungsnehmer und damit Mitglieder hat.

f) Gläubigerschutz

17 Gläubigerrechte richten sich wie bei der Verschmelzung nach den §§ 22, 23. Für die Frage, ob die versicherungsvertragliche Überschussbeteiligung als Sonderrecht iSd § 23 zu behandeln ist und für die Tilgung des etwaig noch vorhandenen Gründungsstocks des VVaG wird auf → § 109 Rn. 42 ff. verwiesen.

g) Wirksamwerden der Spaltung

18 Gem. § 131 wird die Spaltung durch Eintragung im Handelsregister wirksam. Zu beachten ist jedoch, dass zunächst die **Genehmigung der BaFin** gem. §§ 14, 13 VAG einzuholen ist (→ § 109 Rn. 35 ff.). Bei der Neugründung eines Rechtsträgers haften vor der Eintragung die Handelnden nach § 117.

h) Gesamtschuldnerische Haftung

19 Bei der Spaltung von Versicherungsunternehmen sind die §§ 131 Abs. 3, 133 Abs. 1 S. 1 zu beachten: Werden bei der Aufspaltung (versehentlich) Vermögenswerte, die nicht automatisch den betreffenden versicherungstechnischen Rückstellungen zugeordnet sind, nicht eindeutig dem übertragenden oder dem übernehmenden Rechtsträger zugeteilt, so gehen diese entsprechend dem Verhältnis der Verteilung der stillen Reserven auf die übernehmenden Rechtsträger über.[27] Zudem haften alle an der Spaltung beteiligten Rechtsträger für die vor der Spaltung von dem VVaG begründeten Verbindlichkeiten gesamtschuldnerisch.

2. Ausgliederung (S. 2)

20 S. 2 ist anwendbar auf VVaG, die Teile ihres Vermögens, die nicht die Versicherungsverträge betreffen, auf eine bestehende oder neu zu gründende Gesellschaft übertragen, wobei wie bereits dargestellt ein numerus clausus hinsichtlich der Rechtsform der übernehmenden bestehenden bzw. neuen Rechtsträger besteht (→ Rn. 3 ff.).[28]

---

[25] Kölner Komm UmwG/*Beckmann* § 151 Rn. 12; Lutter/*Wilm* § 151 Rn. 12.
[26] Semler/Stengel/Leonard/*Niemeyer* § 151 Rn. 28.
[27] Semler/Stengel/Leonard/*Niemeyer* § 151 Rn. 31 f.
[28] Widmann/Mayer/*Vossius* § 151 Rn. 1.

Die Spaltung im Wege der Ausgliederung eines VVaG auf eine bestehende oder neue GmbH oder eine bestehende oder neue Aktiengesellschaft/SE kommt zB bzgl. der folgenden Geschäftsbereiche in Betracht:[29]

- Schadenbearbeitung,
- IT-Dienstleistungen,
- Personalwesen,
- Rechnungswesen,
- Vermögensverwaltung oder
- Vermögensanlage.[30]

Wenn der betreffende Geschäftsbereich allerdings nicht endgültig auf die andere Gesellschaft übergehen soll, so ist die bloße vertragliche Funktionsausgliederung nach den Voraussetzungen des § 32 VAG (**Outsourcing**), die der VVaG durch Kündigung beenden kann, der richtige Weg.

Bei der umwandlungsrechtlichen Ausgliederung von Funktionen eines Versicherungsunternehmens (§ 32 VAG) ist stets das Genehmigungserfordernis gem. §§ 14, 13 VAG zu beachten, nicht dagegen bei der bloßen vertraglichen Ausgliederung an einen Outsourcing-Partner. Bei dem vertraglichen Outsourcing ist dagegen zu beachten, dass der ausgegliederte Geschäftsbereich Teil des Risikomanagements des ausgliedernden VVaG bleibt (§ 26 VAG).

Eine Prüfung der umwandlungsrechtlichen Ausgliederung, wie sie bei einer Verschmelzung nach §§ 9–12 durchzuführen ist, findet nicht statt (§ 125 Abs. 1 S. 2). Im Übrigen gelten die Ausführungen zu Auf- und Abspaltung (→ Rn. 7 ff.).

3. Bestandsübertragung als Alternative zur Spaltung

Die Umstrukturierung eines VVaG kann auf verschiedene Weise durchgeführt werden. Will sich ein VVaG von einem Teil seines Versicherungsportfolios trennen – bspw. um sein Versicherungsgeschäft auf bestimmte Versicherungsprodukte zu konzentrieren – hat er folgende Optionen:

- die Abspaltung gem. § 151, ggf. auch als Vorstufe zu einem Share Deal, wenn der VVaG den oder die Geschäftsbereich/e zunächst auf eine oder mehrere von ihm selbst neu gegründete Versicherungs-Aktiengesellschaften abspaltet,
- die Vermögensübertragung (Teilübertragung) gem. §§ 174, 180 ff. (s. dort),
- die Bestandsübertragung gem. §§ 13, 200, 201 VAG oder
- den Risikotransfer im Wege eines proportionalen Rückversicherungsvertrages zu 100 % auf einen Rückversicherer gegen Zahlung einer Rückversicherungsprämie.

Die Übertragung auf eine selbst neu gegründete Versicherungs-Aktiengesellschaft kann auch schlicht dem Zweck dienen, in den Genuss freien und schnellen Zugangs zum Kapitalmarkt zu kommen (vgl. die Merkmale eines VVaG in Abgrenzung zur Versicherungs-Aktiengesellschaft in → § 109 Rn. 8 ff., 19 ff.). Die Übernahme eines Versicherungsportfolios von einem VVaG kann umgekehrt wirtschaftlich sinnvoll sein, um bspw. das eigene Versicherungsangebot zu ergänzen und/oder die für die Diversifizierung kritische Größe an Versicherungsverträgen zu erreichen.

---

29 Kölner Komm UmwG/*Beckmann* § 151 Rn. 6.
30 Kölner Komm UmwG/*Beckmann* § 151 Rn. 7.

27 Für die Übertragung eines abgrenzbaren Versicherungsportfolios durch einen VVaG, der iÜ bestehen bleiben soll, bietet sich eine Teil-Bestandsübertragung gem. den §§ 200, 13 VAG, dh die privatschriftliche Abtretung von Rechten und Pflichten aus den Versicherungsverträgen an (zur Bestandsübertragung im Einzelnen → § 109 Rn. 49 ff.). Sowohl die Abspaltung als auch die Teil-Bestandsübertragung haben zur Folge, dass der übertragende VVaG als Rechtsträger bestehen bleibt und das verbleibende Versicherungsgeschäft samt den betreffenden Versicherungsverträgen fortführen kann. Bei der Entscheidung für die Abspaltung oder für die Bestandsübertragung haben sich die beteiligten Rechtsträger insbes. über die Folgen für die Rechte der Mitglieder Klarheit zu verschaffen (zu Gewährung von Anteilen oder Mitgliedschaften und von Entschädigung → Rn. 10, 12):

28 Bei der Abspaltung erhalten die Mitglieder, deren Versicherungsverträge übergehen, schon aufgrund der Verbindung von Versicherungsverhältnis und Mitgliedschaft neue Mitgliedschaften beim übernehmenden VVaG, worin zugleich auch die gem. § 123 Abs. 2 erforderliche Gegenleistung besteht. Die verbleibenden Mitglieder erhalten dagegen qua Gesetzes (Mitgliedschaftsprinzip, § 176 VAG) keine Mitgliedschaftsrechte am übernehmenden VVaG. So kann sich eine Abspaltung als Nachteil für die verbleibenden Mitglieder auswirken, die vertreten durch ihre oberste Vertretung ihre Zustimmung für den Spaltungsbeschluss verweigern können, wenn der Spaltungsvertrag keine entsprechenden Entschädigungen vorsieht. Ist Zielrechtsträger dagegen eine Versicherungs-Aktiengesellschaft/SE, sind den verbleibenden und übergehenden Mitgliedern Aktien von Gesetzes wegen an der Gesellschaft zu gewähren (→ Rn. 10 ff.).[31] Auch wenn der Umtausch in gleichwertige Aktien nicht zwangsläufig sichergestellt ist, erlangen alle Mitglieder grundsätzlich Vermögens- und Stimmrechte am neuen Rechtsträger.

29 Bei einer Teil-Bestandsübertragung auf einen VVaG werden die Mitglieder, die ihre Mitgliedschaft aufgrund der Übertragung verlieren, neue Mitglieder des übernehmenden VVaG und erhalten ggf. zusätzlich von Gesetzes wegen eine angemessene Barabfindung (§ 201 VAG). Bei der Übertragung auf eine Aktiengesellschaft/SE erhalten die ausscheidenden Mitglieder keine neue Mitgliedschaft und auch keine Anteile, sondern nur eine Barabfindung. Es kommt also ganz auf die Beurteilung der Angemessenheit des Kaufpreises an, ob sich für die verbleibenden Mitglieder die nichtverhältniswahrende Abspaltung wirtschaftlich günstiger darstellt. Da eine Abspaltung im Wesentlichen den Verfahrensvorschriften einer Verschmelzung unterliegt, stellt sich die Teil-Bestandsübertragung idR als die schneller und kostengünstiger durchführbare Übertragungsvariante dar (vgl. dazu die Vor- und Nachteile einer Bestandsübertragung gegenüber einer Verschmelzung, → § 109 Rn. 49 ff.). Da der übertragende VVaG in jedem Fall bestehen bleibt, entstehen auch keine Komplikationen durch eine bei einer Gesamtbestandsübertragung noch durchzuführende Liquidation des verbleibenden VVaG-Mantels. § 151 erscheint daher für die Übertragung von Versicherungsportfolios von geringer praktischer Bedeutung (für einen Vergleich zwischen Abspaltung, Bestandsübertragung und einer Teilübertragung des Vermögens gem. § 174 Abs. 2 → § 174 Rn. 14 ff.).

III. Kleinere Vereine und Kleinstvereine

30 Aus der Verweisung des § 125 Abs. 1 ergibt sich, dass auf Spaltungen kleinerer Vereine iSv § 210 VAG die für die Verschmelzung geltenden Regelungen für kleinere Vereine

---

[31] Lutter/*Wilm* § 151 Rn. 10; Kölner Komm UmwG/*Beckmann* § 151 Rn. 5.

in den §§ 118, 119 hinsichtlich der Ersetzung von Anmeldung und Eintragung in das Register sowie hinsichtlich der Bekanntmachung im Bundesanzeiger Anwendung finden. Eine Auf- oder Abspaltung von Kleinstvereinen ist ebenso wie die Verschmelzung von Kleinstvereinen unzulässig, da diese gem. § 5 Abs. 2 Hs. 2 VAG nicht umwandlungsfähig sind.

Folgende Konstellationen der Spaltung unter Beteiligung kleinerer Vereine sind ebenfalls als unzulässig zu betrachten:[32]   31

- Gem. § 185 kann ein kleinerer Verein sein Vermögen nur im Wege der Vollübertragung, dh nicht durch Übertragung partieller Vermögenseinheiten, übertragen. Dadurch soll die Neuentstehung von Kleinstvereinen vermieden werden. Für die Teilübertragung von Vermögen finden die Spaltungsvorschriften entsprechend Anwendung (§ 177 Abs. 1), und die Beschränkung des § 185 stellt dazu eine lex specialis dar. Im Umkehrschluss erscheint es sinnvoll, den **§ 185 analog** auf die Spaltung eines kleineren Vereins anzuwenden.
- Ähnliches gilt für die Spaltung eines kleineren Vereins durch Neugründung einer Aktiengesellschaft: Da der Formwechsel eines VVaG in eine Aktiengesellschaft für den kleineren Verein gem. § 291 Abs. 1 ausdrücklich ausgeschlossen ist, ist es nur folgerichtig, diese Beschränkung auch für die Spaltung analog anzuwenden, da ansonsten die Vorschrift des § 291 Abs. 1 umgangen werden könnte.

Siebenter Abschnitt
Ausgliederung aus dem Vermögen eines Einzelkaufmanns
Erster Unterabschnitt Möglichkeit der Ausgliederung

§ 152 Übernehmende oder neue Rechtsträger

¹Die Ausgliederung des von einem Einzelkaufmann betriebenen Unternehmens, dessen Firma im Handelsregister eingetragen ist, oder von Teilen desselben aus dem Vermögen dieses Kaufmanns kann nur zur Aufnahme dieses Unternehmens oder von Teilen dieses Unternehmens durch Personenhandelsgesellschaften, Kapitalgesellschaften oder eingetragene Genossenschaften oder zur Neugründung von Kapitalgesellschaften erfolgen. ²Sie kann nicht erfolgen, wenn die Verbindlichkeiten des Einzelkaufmanns sein Vermögen übersteigen.

Literatur:

Aha, Einzel- oder Gesamtrechtsnachfolge bei der Ausgliederung, AG 1997, 345; *Eich/Carlé*, Ausgliederung durch ein Einzelunternehmen zur Ausgliederung auf eine bestehende GmbH, FR 2003, 764; *Felix*, Fusion von Einzelunternehmen nach neuem Umwandlungs(steuer)recht, BB 1995, 1509; *Ihrig*, Gläubigerschutz durch Kapitalaufbringung bei Verschmelzung und Spaltung nach neuem Umwandlungsrecht, GmbHR 1995, 622 *Jung*, Die stille Gesellschaft in der Spaltung, ZIP 1996, 1734; *Leitzen*, Die „partielle Gesamtrechtsnachfolge" und der Übergang von Steuerverbindlichkeiten, DStR 2009, 1853; *Lüdicke*, Nachfolgeplanung und neues Umwandlungsrecht/Umwandlungssteuerrecht, ZEV 1995, 132; *Maier-Reimer*, Nachhaftungsbegrenzung und Neues Verjährungsrecht, DB 2002, 1818; *D. Mayer*, Unternehmensnachfolge und Umwandlung, ZEV 2005, 325; *N. Mayer*, Handelsrechtliche Fragen bei der Umwandlung eines einzelkaufmännischen Unternehmens in eine GmbH und bei vergleichbaren Umwandlungsfällen, DStR 1994, 432; *Patt*, Errichtung einer Betriebsaufspaltung durch Umwandlung eines Einzelunternehmens, DStR 1994, 1383; *Perwein*, Vom Einzelunternehmen in die GmbH – Einzelrechtsnachfolge oder Gesamtrechtsnachfolge als besserer Weg?, GmbHR 2007, 1214.

---

32 Ebenso Semler/Stengel/*Leonard/Niemeyer* § 151 Rn. 35 f.

I. Überblick	1	2. Die Ausgliederung aus dem Vermögen eines Einzelkaufmanns zur Neugründung	21
II. Zweckbestimmung der Ausgliederung beim Einzelkaufmann	3	3. Vielzahl von übernehmenden Rechtsträgern	22
III. Europarechtliche Ansätze	4	4. Der übernehmende Rechtsträger im Ausland	23
IV. Der Ausgliedernde	5	VI. Der Ausgliederungsgegenstand	24
1. Die Eigenschaft als Einzelkaufmann	6	VII. Die Ausgliederungssperre nach S. 2	28
a) Die Rechtsform des Einzelkaufmanns	7	1. Der Schutzzweck von S. 2	29
b) Besondere Zustimmungserfordernisse	9	2. Die Überschuldung des Einzelkaufmanns	31
c) Der Einzelkaufmann mit ausländischem Bezug	10	3. Beteiligung Dritter	34
d) Anzahl der ausgliedernden Einzelkaufleute	11	VIII. Die Ausgliederungswirkungen	35
2. Der Betrieb eines Unternehmens und die Unternehmensinhaberschaft	12	IX. Die grundsätzliche Unbeachtlichkeit von Ausgliederungsmängeln	36
3. Die Eintragung der Firma im Handelsregister	18		
V. Der aufnehmende Rechtsträger	19		
1. Die Ausgliederung aus dem Vermögen eines Einzelkaufmanns zur Aufnahme	20		

I. Überblick

1 Im Rahmen des zweiten Teils des dritten Buches (Spaltung) beinhaltet der siebente Abschnitt die **„Ausgliederung aus dem Vermögen eines Einzelkaufmanns"**. Der siebente Abschnitt ist dabei wiederrum in drei Unterabschnitte aufgegliedert. Der erste Unterabschnitt (§ 152) regelt die generelle „Möglichkeit der Ausgliederung", der zweite Unterabschnitt (§§ 153–157) beschreibt die „Ausgliederung zur Aufnahme" und der dritte Unterabschnitt (§§ 158–160) betrifft die „Ausgliederung zur Neugründung".[1] Von den drei grundsätzlich vorgesehenen Spaltungsarten (vgl. § 123 Abs. 1–3) steht dem Einzelkaufmann lediglich die Ausgliederung zur Verfügung. Die Spaltungsarten der Auf- und Abspaltung passen bereits systematisch nicht, da der Einzelkaufmann keine Anteilsinhaber hat, an welche die Gewährung von Anteilen erfolgen könnte.[2] § 152 beinhaltet zunächst die tatbestandlichen Voraussetzungen, welche zur Ausgliederung aus dem Vermögen eines Einzelkaufmannes vorliegen müssen. Ferner ergänzen die §§ 153–160 die allgemeinen Regelungen zur Ausgliederung im Hinblick auf die Durchführung und die Rechtsfolgen bei der Ausgliederung durch einen Einzelkaufmann.[3] Die §§ 152–160 sind eine Fortbildung der §§ 50–56 UmwG 1969/1980.[4]

Das Gesetz zur Modernisierung des Personengesellschaftsrechts (**MoPeG**)[5] hat, ebenso wie das Gesetz zur Umsetzung der Umwandlungsrichtlinie (**UmRUG**)[6], keine materiellrechtlichen Auswirkungen auf den Prozess der Ausgliederung aus dem Vermögen eines Einzelkaufmannes.

2 Inhaltlich beschreiben die §§ 152 ff. die **Übertragung des vom Einzelkaufmann betriebenen Unternehmens** bzw. von Teilen desselben auf eine oder auf eine Vielzahl von Personenhandelsgesellschaften, Kapitalgesellschaften oder eingetragene Genossenschaften. Als Gegenleistung werden dem übertragenden Einzelkaufmann Anteile an dem aufnehmenden Rechtsträger gewährt.[7] Die Übertragung des Unternehmens eines Ein-

---

1 Lutter/*Karollus/Schwab* § 152 Rn. 2 f.
2 KölneKomm-UmwG/*Simon* § 152 Rn. 1.
3 KölnKomm-UmwG/*Simon* § 152 Rn. 2.
4 Widmann/Mayer/*Mayer* § 152 Rn. 1; Henssler/Strohn/*Büteröwe* § 152 Rn. 1.
5 BGBl. 2021 I 3436.
6 BGBl. 2023 I Nr. 51.
7 Lutter/*Karollus/Schwab* § 152 Rn. 7; Henssler/Strohn/*Büteröwe* § 152 Rn. 1.

zelkaufmannes gem. §§ 152 ff. erfolgt – wie bei sämtlichen Spaltungsarten iSd UmwG – im Wege der **partiellen Gesamtrechtsnachfolge**. **Alternativ** steht nur eine Unternehmensübertragung im Wege der **Einzelrechtsnachfolge** zur Verfügung, wobei es sich in der Regel um die Einbringung einer Sacheinlage handeln dürfte. In der Praxis werden oftmals die Vorteile und Vereinfachungen durch die Gesamtrechtsnachfolge überwiegen.[8] Hervorzuheben sind insbesondere die Überleitung von Verträgen ohne die notwendige Zustimmung der Gläubiger[9] – § 415 BGB findet folglich keine Anwendung[10] – sowie die Unbeachtlichkeit des sachenrechtlichen Bestimmtheitsgebots (insbesondere im Kontext einer Totalausgliederung mittels „Catch-All-Klausel"). Beachtet werden muss allerdings das im Vergleich zur Einzelrechtsnachfolge **erschwerte Verfahren**, wobei an dieser Stelle nur auf die zwingend erforderliche Zustimmung der Gesellschafter des aufnehmenden Rechtsträgers (vgl. §§ 125 iVm 13 Abs. 1) und auf die Involvierung der jeweils zuständigen Betriebsräte (vgl. §§ 125 iVm 5 Abs. 3) hingewiesen werden soll.[11] Ferner kann die Ausgliederung iSd §§ 152 ff. im Vergleich zur Einzelrechtsnachfolge eine Verschärfung der Haftung mit sich bringen.[12] Die Ausgliederung aus dem Vermögen eines Einzelkaufmannes ist das Spiegelbild zur Verschmelzung von Kapitalgesellschaften mit dem Vermögen eines Alleingesellschafters gem. §§ 120–122.[13] Nur in diesen beiden Fällen ist es möglich, eine natürliche Person an einem Umwandlungsvorgang zu beteiligen.[14]

Im Ergebnis bedeutet dies, dass eine Ausgliederung nach §§ 152 ff. (i) eines Einzelkaufmannes oder einer sonstig berechtigten Rechtsform bedarf (→ Rn. 6 ff.), dessen Firma im Handelsregister eingetragen ist (→ Rn. 12 ff.) und ein Unternehmen betreibt (→ Rn. 18 ff.); (ii) der übertragende Rechtsträger muss zudem klar festlegen, welchen Teil des Unternehmens oder ob er das gesamte Unternehmen ausgliedern möchte (→ Rn. 24 ff.); (iii) weiterhin müssen einer oder mehrere übernehmende Rechtsträger (entweder zur Aufnahme → Rn. 20 oder zur Neugründung → Rn. 21) bestimmt werden; und (iv) schließlich darf kein Ausgliederungsverbot bestehen (→ Rn. 28 ff.).

II. Zweckbestimmung der Ausgliederung beim Einzelkaufmann

Mit der besonderen Form der Ausgliederung durch den Einzelkaufmann wird vielfach eine **Haftungsbegrenzung** angestrebt, die durch das UmwG zur Verfügung gestellt wird.[15] Um dies zu erreichen, muss als aufnehmender Rechtsträger freilich ein solcher mit beschränkter Haftung gewählt werden. In der Praxis ist die Ausgliederung zur Neugründung einer GmbH der häufigste Anwendungsfall der §§ 152 ff.[16] Weiter kann mit der Ausgliederung eine **Fremdgeschäftsführung** bzw. die **Nachfolge** des Unternehmens vorbereitet oder durchgeführt werden. Die Umwandlungsmaßnahme kann auch im Vorfeld eines angestrebten **Verkaufs**, eines **Börsenganges** oder aufgrund steu-

---

8 Lutter/Karollus/Schwab § 152 Rn. 9 f.; Semler/Stengel/Leonard/Seulen § 152 Rn. 3, 5; Kölner Komm UmwG/Simon § 152 Rn. 7, 9; Kallmeyer/Sickinger § 152 Rn. 2.
9 Henssler/Strohn/Büteröwe § 152 Rn. 1; Semler/Stengel/Leonard/Seulen § 152 Rn. 5; Kallmeyer/Sickinger § 152 Rn. 2; Widmann/Mayer/Mayer § 152 Rn. 16.
10 Kallmeyer/Sickinger § 152 Rn. 2.
11 Lutter/Karollus/Schwab § 152 Rn. 10; Semler/Stengel/Leonard/Seulen § 152 Rn. 6; Kölner Komm UmwG/Simon § 152 Rn. 10; BeckOGK/Leitzen § 152 Rn. 13; Kallmeyer/Sickinger § 152 Rn. 3.
12 Semler/Stengel/Leonard/Seulen § 152 Rn. 8; Kölner Komm UmwG/Simon § 152 Rn. 10.
13 Lutter/Karollus/Schwab § 152 Rn. 1.
14 Lutter/Karollus/Schwab § 152 Rn. 13.
15 Widmann/Mayer/Mayer § 152 Rn. 4; Lutter/Karollus/Schwab § 152 Rn. 8; Kallmeyer/Sickinger § 152 Rn. 2; OLG Karlsruhe RNotZ 2008, 628 (629).
16 Lutter/Karollus/Schwab § 152 Rn. 2; Kallmeyer/Sickinger § 152 Rn. 2; Henssler/Strohn/Büteröwe § 152 Rn. 6; BeckOGK/Leitzen § 152 Rn. 10.

erlicher Erwägungen durchgeführt werden. Mit der Ausgliederung aus dem Vermögen eines Einzelkaufmannes kann ferner auch die **Zusammenlegung mehrerer Unternehmen des Einzelkaufmannes** oder die **Integration eines neuen Partners bzw. Gesellschafters** bezweckt werden.[17]

III. Europarechtliche Ansätze

4 Konkrete **europarechtliche Vorgaben** für die Ausgliederung aus dem Vermögen des Einzelkaufmannes **existieren nicht**. Die europäische Spaltungsrichtlinie[18] wurde durch die nun geltende Gesellschaftsrechtsrichtlinie[19] ersetzt. Die Ausgliederung aus dem Vermögen des Einzelkaufmannes wird allerdings weiterhin nicht von Titel II (Verschmelzung und Spaltung von Kapitalgesellschaften) der Gesellschaftsrechtsrichtlinie erfasst. Andere Bestimmungen im Hinblick auf eine Ausgliederung sieht die Richtlinie ebenso wenig vor. Lediglich eine Empfehlung der Kommission[20] schlägt die „Umwandlung" von Einzelunternehmen vor. Die §§ 152 ff. setzen diese Empfehlung im deutschen Recht um.[21] Diese Empfehlung der Kommission ist gem. Art. 288 Abs. 5 AEUV für Mitgliedstaaten jedoch nicht verbindlich, so dass es folglich weiterhin bei grenzüberschreitenden Verfahren entscheidend darauf ankommt, dass eine Ausgliederung entsprechend der §§ 152 ff. in der Rechtsordnung des anderen Mitgliedstaates vorgesehen ist.

IV. Der Ausgliedernde

5 Nach dem Gesetzeswortlaut des § 152 S. 1 muss es sich bei dem Ausgliedernden um einen **Einzelkaufmann** handeln, welcher ein **Unternehmen betreibt** und dessen **Firma im Handelsregister** eingetragen ist.

1. Die Eigenschaft als Einzelkaufmann

6 Bei dem Ausgliedernden muss es sich also um einen **Einzelkaufmann** handeln, was sich nach überwiegender Auffassung in der Literatur stets nach den Vorschriften des HGB bemisst,[22] vgl. §§ 1 ff. HGB. Gemäß § 1 Abs. 1 HGB ist Kaufmann, wer ein Handelsgewerbe betreibt. Die Prüfung der Kaufmannseigenschaft ist jedoch nur in Ausnahmefällen tatsächlich bedeutsam, denn § 152 setzt auch voraus, dass eine **Handelsregistereintragung** vorliegt.[23] Ist die Firma des Betreibers eines Gewerbes bereits im Handelsregister eingetragen, so ist er entweder **Kannkaufmann** gem. §§ 2, 3 Abs. 2 HGB oder **Kaufmann kraft Eintragung** gem. § 5 HGB.[24] Ein Ausnahmefall liegt dann vor, wenn trotz der Registereintragung gerade kein Gewerbe (mehr) betrieben wird, so dass § 5 HGB nicht einschlägig ist.[25] Die Norm dient ausschließlich dem Verkehrsschutz, so dass eine Anwendung im Rahmen der §§ 152 ff., die gerade das Betreiben

---

17 Semler/Stengel/Leonard/*Seulen* § 152 Rn. 4; Kölner Komm UmwG/*Simon* § 152 Rn. 6; Kallmeyer/*Sickinger* § 152 Rn. 2; Henssler/Strohn/*Büteröwe* § 152 Rn. 3.
18 Sechste RL 82/891/EWG vom 17.12.1982 (ABl. L 378/47 vom 31.12.1982).
19 RL (EU) 2017/1132 vom 14.6.2017 (ABl. L 169/46 vom 30.6.2017).
20 Empfehlung der Kommission vom 7.12.1994 zur Übertragung von kleinen und mittleren Unternehmen (ABl. 1994 L 385, 14 vom 31.12.1994), Art. 4 lit. a.
21 Lutter/Karollus/*Schwab* § 152 Rn. 5; Kölner Komm UmwG/*Simon* § 152 Rn. 5; Semler/Stengel/Leonard/*Seulen* § 152 Rn. 11.
22 Der „Einzelkaufmann" ist weder im UmwG noch im HGB legaldefiniert; es werden gleichwohl die §§ 1 ff. HGB maßgeblich herangezogen; Widmann/Mayer/*Mayer* § 152 Rn. 23 f.; Schmitt/Hörtnagl/*Hörtnagl* § 152 Rn. 3.
23 Semler/Stengel/Leonard/*Seulen* § 152 Rn. 20; Kölner Komm UmwG/*Simon* § 152 Rn. 11.
24 Hopt/Merkt HGB § 2 Rn. 1 f.; Hopt/Merkt HGB § 5 Rn. 1; Semler/Stengel/Leonard/*Seulen* § 152 Rn. 22; BeckOGK/*Leitzen* § 152 Rn. 27 f., 30 f.
25 Schmitt/Hörtnagl/*Hörtnagl* § 152 Rn. 10; Henssler/Strohn/*Büteröwe* § 152 Rn. 14; Semler/Stengel/Leonard/*Seulen* § 152 Rn. 21; Widmann/Mayer/*Mayer* § 152 Rn. 27.

eines Unternehmens voraussetzen, daher nicht in Betracht kommt.[26] Dann ergibt sich die Kaufmannseigenschaft nicht bereits aus der Eintragung, so dass die Tatbestandsvoraussetzungen des § 152 nicht erfüllt wären.[27] Ist die **Handelsregistereintragung** im Falle eines Unternehmens iSv §§ 2, 3 Abs. 2 HGB (Kannkaufmann) nicht auf Antrag des Unternehmers – also **ohne dessen Willen** – erfolgt, so ist eine Ausgliederung nach § 152 dennoch unproblematisch möglich. Dies ergibt sich bereits mit Blick auf § 5 HGB, weil im Unterschied dazu dennoch in jedem Fall ein Unternehmen betrieben werden würde. Ferner beruft sich der Unternehmer im Falle einer angestrebten Ausgliederung gerade auf die Handelsregistereintragung seines Unternehmens, weshalb in diesem Falle eine fehlende Registereintragung geheilt wird.[28]

a) Die Rechtsform des Einzelkaufmanns

Der in § 152 verwendete Begriff des Einzelkaufmannes umfasst also in jedem Fall eine **natürliche Person**, welche ein Handelsgewerbe (iSd §§ 1, 2, 3 Abs. 2 HGB) betreibt.[29] Im Hinblick auf die Kaufmannseigenschaft von **Gesamthandsgemeinschaften** ist zwischen den einzelnen Erscheinungsformen zu unterscheiden. Nicht unter diesen Begriff zu subsumieren ist jedenfalls die **Gesellschaft bürgerlichen Rechts**, da diese im Zeitpunkt der Handelsregistereintragung zur OHG bzw. zur KG wird (§ 123 Abs. 1 bzw. §§ 161 Abs. 2, 123 Abs. 1 HGB).[30] Im Hinblick auf die **Gütergemeinschaft** ist eine Ausgliederung iSd §§ 152 ff. immer dann möglich, wenn das Handelsgeschäft in das **Vorbehaltseigentum** (§ 1418 BGB) eines Ehegatten fällt.[31] Gehört das Unternehmen allerdings zum **Gesamtgut** der Eheleute (§ 1416 BGB), dann entfällt nach herrschender Meinung grundsätzlich die Möglichkeit der Ausgliederung nach §§ 152 ff., da die Gütergemeinschaft bereits handelsrechtlich einem Einzelkaufmann nicht gleichgestellt ist.[32] Auf Freiberufler ist eine entsprechende Anwendung der §§ 152 ff. nicht vorgesehen. Es besteht insofern keine planwidrige Regelungslücke seitens des Gesetzgebers.[33]

Uneinigkeit besteht in der Kommentarliteratur allerdings bei der Frage, ob auch die **Erbengemeinschaft** als Einzelkaufmann zu bewerten ist, und ob somit für diese der Anwendungsbereich der §§ 152 ff. eröffnet ist. Zunächst ist anerkannt, dass die Erbengemeinschaft ein in die Erbmasse gefallenes Handelsgeschäft fortführen kann.[34] Umstritten ist allerdings bereits die Frage, ob in diesen Fällen die Erbengemeinschaft die

---

26 Henssler/Strohn/*Büteröwe* § 152 Rn. 14; Schmitt/Hörtnagl/*Hörtnagl* § 152 Rn. 10; Widmann/Mayer/*Mayer* § 152 Rn. 27.
27 So auch Lutter/*Karollus/Schwab* § 152 Rn. 26; Kölner Komm UmwG/*Simon* § 152 Rn. 11; aA MüKoHGB/*K. Schmidt* § 5 Rn. 22 ff., der auch ein nicht gewerbliches Unternehmen einschließen will.
28 Ein einfacher Eintragungsantrag würde diesen Mangel zudem beseitigen; so auch Lutter/*Karollus/Schwab* § 152 Rn. 27; Semler/Stengel/Leonard/*Seulen* § 152 Rn. 22.
29 Widmann/Mayer/*Mayer* § 152 Rn. 24; Kölner Komm UmwG/*Simon* § 152 Rn. 14.
30 Semler/Stengel/Leonard/*Seulen* § 152 Rn. 24; Kölner Komm UmwG/*Simon* § 152 Rn. 15.
31 Widmann/Mayer/*Mayer* § 152 Rn. 36; Kölner Komm UmwG/*Simon* § 152 Rn. 17; Lutter/*Karollus/Schwab* § 152 Rn. 15; Schmitt/Hörtnagl/*Hörtnagl* § 152 Rn. 5.

32 Semler/Stengel/Leonard/*Seulen* § 152 Rn. 27; Kölner Komm UmwG/*Simon* § 152 Rn. 17; Widmann/Mayer/*Mayer* § 152 Rn. 35 f. (eine Ausgliederungsmöglichkeit bestehe allerdings bei einvernehmlichem Handeln der Ehegatten); aA Lutter/*Karollus/Schwab* § 152 Rn. 15, der die handelsrechtlichen Folgen von den familienrechtlichen Rechtsfolgen abstrahiert und die Ausgliederung bei einverständlichem Handeln der Ehegatten zulässt.
33 Henssler/Strohn/*Büteröwe* § 152 Rn. 8; Schmitt/Hörtnagl/*Hörtnagl* § 152 Rn. 3; BeckOGK/*Leitzen* § 152 Rn. 22; mit einem alternativen Lösungsvorschlag: Widmann/Mayer/*Mayer* § 152 Rn. 29.
34 BGHZ 92, 259 (263); Hopt/*Merkt* HGB § 1 Rn. 37, Hopt/*Merkt* HGB § 22 Rn. 2.

Kaufmannseigenschaft erlangt[35] oder ob diese bei den Miterben als natürliche Personen liegt.[36] Die Rechtsprechung des BGH tendiert zur letztgenannten Alternative.[37]

Bezüglich einer Anwendung der §§ 152 ff. auf die Erbengemeinschaft werden hieraus unterschiedliche Schlüsse gezogen. Die eine Seite des Meinungsspektrums negiert die Möglichkeit einer Ausgliederung iSd § 152 für eine Erbengemeinschaft. Die Erbengemeinschaft sei nämlich eine Abwicklungsgesellschaft, weshalb eine umwandlungsrechtliche Gleichstellung mit dem Einzelkaufmann nicht notwendig sei. Weiterhin werde die Erbengemeinschaft gerade nicht in § 124 Abs. 1, § 3 Abs. 1 als ausgliederungsfähiger Rechtsträger genannt.[38]

Nach der wohl aktuell vorherrschenden Ansicht besteht auch für die Erbengemeinschaft eines Einzelkaufmannes die Möglichkeit einer Ausgliederung gem. den §§ 152 ff. Gerade aufgrund der handelsrechtlichen Gleichstellung der Erbengemeinschaft mit dem Einzelkaufmann sei diese nämlich sehr wohl in den Anwendungsbereich der §§ 152 ff. einzubeziehen.[39] Insbesondere die Charakterisierung als Abwicklungsgesellschaft spreche für die Ausgliederungsmöglichkeit der Erbengemeinschaft, da die Abwicklung in diesen Fällen sogar erleichtert würde.[40] So hat die Erbengemeinschaft in ihrer Rechtsnatur als Abwicklungsgesellschaft ein schutzwürdiges Interesse an der Auflösung durch eine Ausgliederung nach §§ 152 ff. Dieser Ansicht ist zu folgen, da das Analogieverbot einer sinnvollen Ausweitung des § 124 Abs. 1 nicht entgegensteht.[41]

b) Besondere Zustimmungserfordernisse

9   In einigen besonderen Situationen, welche sich aus der Person des Einzelkaufmannes ergeben, kann die Zustimmung dritter Personen zur Ausgliederung erforderlich werden. Befindet sich der Einzelkaufmann zB im gesetzlichen Güterstand der **Zugewinngemeinschaft**, ist unter den Voraussetzungen des § 1365 Abs. 1 BGB – also immer dann, wenn von der Ausgliederung (beinahe) das gesamte Vermögen des Einzelkaufmannes betroffen ist[42] – die Zustimmung des anderen Ehegatten erforderlich.[43] Die übergehenden Anteile bleiben als Kompensation bzw. wirtschaftliche Gegenleistung nach herrschender Meinung außer Acht.[44] Fehlt die erforderliche Zustimmung allerdings, so wird dieser Mangel durch die Eintragung geheilt, vgl. § 131 Abs. 2.[45] Eine revokatorische Klage des anderen Ehegatten gem. § 1368 BGB tangiert die Rechtsfolge der Ausgliederung nicht (→ § 131 Rn. 64 f.). Die Zustimmung kann durch das Familiengericht gem. § 1365 Abs. 2 BGB ersetzt werden, wenn die Ausgliederung den Grundsätzen einer or-

---

35 Semler/Stengel/Leonard/*Seulen* § 152 Rn. 26; MüKoH-GB/*K. Schmidt* § 1 Rn. 52; MüKoHGB/*Thiessen* § 27 Rn. 70.

36 Widmann/Mayer/*Mayer* § 152 Rn. 31; Kölner Komm UmwG/*Simon* § 152 Rn. 16; Hopt/*Merkt* HGB § 1 Rn. 37; Koller/Kindler/Roth/Drüen/*Roth* HGB § 1 Rn. 22; für eine vorherige (Teil-)Auseinandersetzung: Schmitt/Hörtnagl/*Hörtnagl* § 152 Rn. 4.

37 BGHZ 92, 259 (265), „Bei der Fortführung des Handelsgeschäfts in ungeteilter Erbengemeinschaft sind dagegen die minderjährigen Erben Mitinhaber und Träger des Unternehmens."

38 Widmann/Mayer/*Mayer* § 152 Rn. 32 f.; Henssler/Strohn/*Büterowe* § 152 Rn. 15.

39 Lutter/Karollus/*Schwab* § 152 Rn. 14; Semler/Stengel/Leonard/*Seulen* § 152 Rn. 26; Kölner Komm UmwG/*Simon* § 152 Rn. 16.

40 Kölner Komm UmwG/*Simon* § 152 Rn. 16.

41 So auch Semler/Stengel/Leonard/*Seulen* § 152 Rn. 26; aA Henssler/Strohn/*Büterowe* § 152 Rn. 15; anders freilich ist diese Frage im Rahmen der Verschmelzungsfähigkeit gemäß § 3 zu beantworten (→ § 3 Rn. 2).

42 Nach hM bei Verfügungen über 85–90 % des gesamten Vermögens; Jauernig/*Budzikiewicz* BGB § 1365 Rn. 2 mwN; BGHZ 77, 293 (299); BGH FamRZ 2013, 607; FamRZ 2015, 121; FamRZ 1991, 670.

43 Lutter/Karollus/*Schwab* § 152 Rn. 16; Widmann/Mayer/*Mayer* § 152 Rn. 87; Kölner Komm UmwG/*Simon* § 152 Rn. 24.

44 Henssler/Strohn/*Büterowe* § 152 Rn. 17; Schmitt/Hörtnagl/*Hörtnagl* § 152 Rn. 33; Widmann/Mayer/*Mayer* § 152 Rn. 87; Semler/Stengel/Leonard/*Seulen* § 152 Rn. 81.

45 Semler/Stengel/Leonard/*Seulen* § 152 Rn. 43.

dentlichen Verwaltung entspricht.[46] Maßgeblich ist, ob der Zugewinnausgleich des anderen Ehegatten gefährdet wird.[47] Ist der Einzelkaufmann hingegen **geschäftsunfähig oder nur beschränkt geschäftsfähig,** so kann die Ausgliederung nur mit Zustimmung des gesetzlichen Vertreters bzw. durch diesen erfolgen. Häufig wird darüber hinaus auch noch eine Genehmigung des Familiengerichtes einzuholen sein, vgl. § 1852 Nr. 1, Nr. 2 BGB bzw. § 1854 Nr. 4 BGB.[48] Diese Ausführungen gelten entsprechend für den unter **Betreuung** stehenden Einzelkaufmann.[49]

c) Der Einzelkaufmann mit ausländischem Bezug

Ausgehend von § 1 Abs. 1 findet das deutsche Umwandlungsrecht immer nur dann Anwendung, wenn es sich um solche Rechtsträger handelt, die einen **Sitz im Inland** vorzuweisen haben. Hiermit kann im Kontext des § 152 nur der Sitz des jeweils auszugliedernden Unternehmens gemeint sein. Entscheidend für die Anwendung des deutschen Rechts ist demnach die Eintragung des jeweiligen Unternehmens in ein **deutsches Handelsregister.**[50] Ohne Bedeutung ist dabei, ob der Einzelkaufmann selbst eine **ausländische Staatsangehörigkeit** besitzt oder sich sein **Wohnsitz** gerade nicht in Deutschland befindet.[51] Nach vorherrschender Ansicht ist auch auf die Ausgliederung einer ins deutsche Handelsregister eingetragenen **Zweigniederlassung** eines ausländischen Einzelkaufmannes deutsches Umwandlungsrecht anzuwenden.[52] Ob eine grenzüberschreitende Ausgliederung möglich ist, richtet sich nach dem Recht des Landes des Ausgliedernden oder übernehmenden Rechtsträgers.[53]

d) Anzahl der ausgliedernden Einzelkaufleute

Die allgemeine Systematik sämtlicher Spaltungsvorgänge sieht vor, dass an einer Spaltungsmaßnahme immer **nur ein übertragender Rechtsträger beteiligt** ist.[54] Demnach können auch bei der Ausgliederung aus dem Vermögen eines Einzelkaufmannes **niemals zwei oder mehr Einzelkaufleute beteiligt sein.** In der Praxis können jedoch mehrere Kaufleute hintereinander eine Ausgliederung auf einen identischen aufnehmenden Rechtsträger vornehmen (sog. **Kettenausgliederung**), um damit die angestrebten Rechtsfolgen zu erreichen.[55] Anders gelagert ist der Fall, wenn der Einzelkaufmann **selbst mehrere Unternehmen mit unterschiedlichen Firmierungen** betreibt. In dieser Konstellation ist es nunmehr möglich, dass mehrere Unternehmen in einem einheitlichen Spaltungsvorgang ausgegliedert werden, da weiterhin nur ein einziger übertragender Rechtsträger beteiligt ist.[56] Anders zu beurteilen ist allerdings der Fall, bei dem die Unternehmen zwar alle von einem Einzelkaufmann betrieben werden, aber

---

46 So Widmann/Mayer/*Mayer* § 152 Rn. 87; Schmitt/Hörtnagl/*Hörtnagl* § 152 Rn. 33; Lutter/*Karollus/Schwab* § 152 Rn. 16.
47 Widmann/Mayer/*Mayer* § 152 Rn. 87.
48 Lutter/*Karollus/Schwab* § 152 Rn. 17; Widmann/Mayer/*Mayer* § 152 Rn. 84; Kölner Komm UmwG/*Simon* § 152 Rn. 23; Semler/Stengel/Leonard/*Seulen* § 152 Rn. 30; Schmitt/Hörtnagl/*Hörtnagl* § 152 Rn. 32.
49 Schmitt/Hörtnagl/*Hörtnagl* § 152 Rn. 32; Kölner Komm UmwG/*Simon* § 152 Rn. 23.
50 Lutter/*Karollus/Schwab* § 152 Rn. 29; Kölner Komm UmwG/*Simon* § 152 Rn. 25.
51 Widmann/Mayer/*Mayer* § 152 Rn. 21; Semler/Stengel/Leonard/*Seulen* § 152 Rn. 16, 28; Kölner Komm UmwG/*Simon* § 152 Rn. 25.
52 Semler/Stengel/Leonard/*Seulen* § 152 Rn. 17, 29; Kölner Komm UmwG/*Simon* § 152 Rn. 25; aA Widmann/Mayer/*Mayer* § 152 Rn. 21 (aus § 1 Abs. 1 folge, dass der Rechtsträger selbst in das deutsche Handelsregister eingetragen sein müsste); so auch BeckOGK/*Leitzen* § 152 Rn. 26 (es fehle am Vorhandensein eines Einzelkaufmannes im Sinne des Gesetzes).
53 Semler/Stengel/Leonard/*Seulen* § 152 Rn. 57; BeckOGK/*Leitzen* § 152 Rn. 60 mwN.
54 So auch BeckOGK/*Leitzen* § 152 Rn. 7.
55 Lutter/*Karollus/Schwab* § 152 Rn. 46; Kölner Komm UmwG/*Simon* § 152 Rn. 13; BeckOGK/*Leitzen* § 152 Rn. 8.
56 Lutter/*Karollus/Schwab* § 152 Rn. 12; Semler/Stengel/Leonard/*Seulen* § 152 Rn. 47.

in unterschiedlichen Registern eigetragen sind⁵⁷ oder die Unternehmen auf verschiedene Rechtsträger ausgegliedert werden sollen;⁵⁸ dann sind die Vorgänge erneut isoliert zu betrachten.⁵⁹

2. Der Betrieb eines Unternehmens und die Unternehmensinhaberschaft

12   Gemäß § 152 S. 1 muss der ausgliedernde Einzelkaufmann ferner ein **Unternehmen betreiben.** Dieses Tatbestandmerkmal hat allerdings **gegenüber der Kaufmannseigenschaft keine eigenständige Bedeutung.** Dies ergibt sich daraus, dass die Eigenschaft des Einzelkaufmannes stets den Betrieb eines Handelsgewerbes verlangt, vgl. § 1 HGB. Der Begriff des **Gewerbes** ist dabei enger auszulegen als der gesetzlich nicht definierte, aber durch den BGH weit ausgelegte **Unternehmensbegriff**,⁶⁰ so dass die Prüfung dieses Tatbestandsmerkmals keine besonderen Schwierigkeiten aufweisen dürfte.⁶¹ Karollus/Schwab bringen dies auf den Punkt, indem sie schreiben: „Immer wenn ein Gewerbe angenommen wird, muss auch die Tatbestandsvoraussetzung des „Unternehmens" gegeben sein."⁶²

13   Zweifel können sich jedoch immer dann ergeben, wenn der Einzelkaufmann **nicht der uneingeschränkte Inhaber** des Unternehmens ist.⁶³ Hierbei sind verschiedene Konstellationen denkbar, die nachfolgend darzustellen sind.

14   Zunächst ist auf die **Unternehmenspacht** einzugehen. Im Zusammenhang mit der **Pacht** eines Unternehmens ist der Pächter als Unternehmensbetreiber und somit als Kaufmann anzusehen. Nur dieser und nicht etwa der Verpächter ist zur Ausgliederung berechtigt.⁶⁴ Zu beachten ist jedoch, dass die Vermögensgegenstände, welche gerade **nicht im Eigentum des Unternehmenspächters** stehen – in der Regel wird dies insbes. das Anlagevermögen sein – **nicht im Wege der Gesamtrechtsnachfolge** auf den übernehmenden Rechtsträger übertragen werden können. Auch die Zustimmung des Verpächters (§ 185 BGB) ändert hieran nichts. Ein Übergang dieser Vermögensbestandteile kann nur im Wege der Einzelrechtsnachfolge erreicht werden.⁶⁵ Nach der Abschaffung des § 132 aF ist es nunmehr allerdings möglich, das Unternehmen unabhängig von der Zustimmung des Verpächters inklusive oder exklusive des Pachtvertrages zu übertragen.⁶⁶ Im Hinblick auf die **schuldrechtlichen Verpflichtungen des Pächters** wird die **Zustimmung des Verpächters zur Ausgliederung** allerdings wohl stets erforderlich sein. Fehlt eine solche Zustimmung, entfallen zwar nicht die dinglichen Wirkungen der Spaltungsmaßnahme, aber der Verpächter besitzt dann in der Regel ein außerordentliches Kündigungsrecht.⁶⁷

15   Im Falle des **Unternehmensnießbrauchs** ist der Nießbraucher Betreiber des Unternehmens und selbst Kaufmann.⁶⁸ Es gilt jedoch zu beachten, dass grundsätzlich nur

---

57 Widmann/Mayer/*Mayer* § 152 Rn. 66.
58 Schmitt/Hörtnagl/*Hörtnagl* § 152 Rn. 17.
59 Schmitt/Hörtnagl/*Hörtnagl* § 152 Rn. 17; Widmann/Mayer/*Mayer* § 152 Rn. 66.
60 BGHZ 31, 105 (109); 69, 334; 74, 359 (365); 121, 138 (146); 135, 107 (113); 148, 123.
61 Semler/Stengel/Leonard/*Seulen* § 152 Rn. 33; Kölner Komm UmwG/*Simon* § 152 Rn. 18; Kallmeyer/*Sickinger* § 152 Rn. 5. Ferner kann § 14 BGB mit seiner Definition von „Unternehmer" herangezogen werden.
62 Lutter/*Karollus/Schwab* § 152 Rn. 21; iErg Semler/Stengel/Leonard/*Seulen* § 152 Rn. 33.
63 Semler/Stengel/Leonard/*Seulen* § 152 Rn. 33.
64 Widmann/Mayer/*Mayer* § 152 Rn. 43; Kölner Komm UmwG/*Simon* § 152 Rn. 19.
65 Widmann/Mayer/*Mayer* § 152 Rn. 43; Semler/Stengel/Leonard/*Seulen* § 152 Rn. 37; Kölner Komm UmwG/*Simon* § 152 Rn. 19; Lutter/*Karollus/Schwab* § 152 Rn. 18.
66 Semler/Stengel/Leonard/*Seulen* § 152 Rn. 38; Kölner Komm UmwG/*Simon* § 152 Rn. 19.
67 Widmann/Mayer/*Mayer* § 152 Rn. 43; Semler/Stengel/Leonard/*Seulen* § 152 Rn. 38; Lutter/*Karollus/Schwab* § 152 Rn. 18.
68 Widmann/Mayer/*Mayer* § 152 Rn. 38.

die Ausübung des Nießbrauchrechts einem anderen überlassen werden kann (vgl. § 1059 S. 2 BGB), wenn dies nicht gerade mit dinglicher Wirkung ausgeschlossen wurde.[69] Grundsätzlich besteht somit eine Ausgliederungsmöglichkeit iSv § 152 durch den Nießbraucher.[70] § 1059a BGB ist als eng auszulegende Ausnahmevorschrift auf den Einzelkaufmann weder direkt noch analog anwendbar.[71] Bezüglich der Vermögensgegenstände, die nicht im Eigentum des Nießbrauchers stehen, ist auf die entsprechenden Ausführungen zur Unternehmenspacht hinzuweisen (→ Rn. 14).

Die Beteiligung eines **stillen Gesellschafters** am Unternehmen hat keine negativen Auswirkungen auf die Ausgliederungsmöglichkeit des Einzelkaufmannes nach § 152 ff., da diese lediglich eine schuldrechtliche Beschränkung darstellt und insofern nur Auswirkung auf das Innenverhältnis hat.[72] Der Einzelkaufmann bleibt somit im Außenverhältnis der uneingeschränkte Unternehmensinhaber. Zur Wirksamkeit der Spaltungsmaßnahme ist nicht einmal die Zustimmung des stillen Teilhabers erforderlich, jedoch kann dieser die Einräumung gleichwertiger Rechte am übernehmenden Rechtsträger verlangen, vgl. § 23 (→ § 23 Rn. 13).[73] Im Hinblick auf das Innenverhältnis wird eine Zustimmung des stillen Anteilsinhabers im Gegensatz dazu grundsätzlich erforderlich sein,[74] so dass bei Übergehung des stillen Gesellschafters Rechtsfolgen wie bspw. Schadensersatz zumindest möglich sind.[75]

Ein **Testamentsvollstrecker**, welcher das Unternehmen im eigenen Namen und nicht etwa im Namen der Erben fortführt und aus diesem Grunde im Handelsregister eingetragen ist, ist selbst Kaufmann bzw. Unternehmensinhaber, weshalb er auch selbst ausgliedern kann.[76]

3. Die Eintragung der Firma im Handelsregister

Die **Firma** des Einzelkaufmannes muss als weitere Voraussetzung gem. § 152 S. 1 in einem deutschen Handelsregister eingetragen sein (→ Rn. 10). Hierbei geht es tatsächlich nur um die Eintragung der Firma iSd §§ 8a Abs. 1, 17 Abs. 1 HGB, so dass die Eintragung des Einzelkaufmannes nicht verlangt wird.[77] Die Eintragung einer inländischen Zweigniederlassung genügt.[78] Der entscheidende Zeitpunkt, in dem die Eintragung vorliegen muss, ist der Augenblick der Eintragung der Ausgliederung. Demnach kann die Anmeldung der Firma gemeinsam mit der Anmeldung der Ausgliederung erfolgen.[79] Überträgt der Einzelkaufmann sein ganzes Unternehmen, so stellt § 155 klar, dass die Firma erlischt[80] (→ § 155 Rn. 1 ff.).

---

69 Widmann/Mayer/*Mayer* § 152 Rn. 39; Semler/Stengel/Leonard/*Seulen* § 152 Rn. 39; Kölner Komm UmwG/*Simon* § 152 Rn. 20.
70 Widmann/Mayer/*Mayer* § 152 Rn. 39; Kölner Komm UmwG/*Simon* § 152 Rn. 20.
71 So auch OLG Nürnberg NZG 2013, 750 (753); Widmann/Mayer/*Mayer* § 152 Rn. 39; Semler/Stengel/Leonard/*Seulen* § 152 Rn. 39; Grüneberg/*Herrler* BGB § 1059a Rn. 1; aA MüKoBGB/*Pohlmann* § 1059a Rn. 3.
72 Semler/Stengel/Leonard/*Seulen* § 152 Rn. 36.
73 Lutter/Karollus/*Schwab* § 152 Rn. 19; Widmann/Mayer/*Mayer* § 152 Rn. 49; Semler/Stengel/Leonard/*Seulen* § 152 Rn. 40.
74 Widmann/Mayer/*Mayer* § 152 Rn. 48; Semler/Stengel/Leonard/*Seulen* § 152 Rn. 40; Kölner Komm UmwG/*Simon* § 152 Rn. 21; aA Lutter/Karollus/*Schwab* § 152 Rn. 19.
75 Hierzu auch Widmann/Mayer/*Mayer* § 152 Rn. 56; Schmitt/Hörtnagl/*Hörtnagl* § 152 Rn. 31 mwN; *Jung* ZIP 1996, 1738.
76 Lutter/Karollus/*Schwab* § 152 Rn. 20; Schmitt/Hörtnagl/*Hörtnagl* § 152 Rn. 6 (Treuhandlösung), 15; Kölner Komm UmwG/*Simon* § 152 Rn. 22.
77 Semler/Stengel/Leonard/*Seulen* § 152 Rn. 31; Kölner Komm UmwG/*Simon* § 152 Rn. 26 f.; Henssler/Strohn/*Büteröwe* § 152 Rn. 14.
78 Schmitt/Hörtnagl/*Hörtnagl* § 152 Rn. 8 mwN; Lutter/Karollus/*Schwab* § 152 Rn. 24, 28 f.; Semler/Stengel/Leonard/*Seulen* § 152 Rn. 29; aA Widmann/Mayer/*Mayer* § 152 Rn. 21; BeckOGK/*Leitzen* § 152 Rn. 25 f.
79 Lutter/Karollus/*Schwab* § 152 Rn. 48; Kölner Komm UmwG/*Simon* § 152 Rn. 26; BeckOGK/*Leitzen* § 152 Rn. 85.
80 Kallmeyer/*Sickinger* § 152 Rn. 5.

V. Der aufnehmende Rechtsträger

19 Im Hinblick auf den **aufnehmenden Rechtsträger** unterscheidet § 152 S. 1 zwischen einer Ausgliederung aus dem Vermögen eines Einzelkaufmannes zur Aufnahme und einer solchen zur Neugründung. Gemäß § 152 S. 1 kommen, unabhängig von der jeweiligen Art der Ausgliederung, die GbR, die PartG und die Stiftung niemals als übernehmender Rechtsträger in Betracht.[81]

Auch nach Inkrafttreten des MoPeG und des UmRUG, ist eine GbR, unabhängig von ihrer Eintragung, aus dem Kreis der übernehmenden Rechtsträger ausgeschlossen. Dies ergibt sich bereits aus dem unveränderten Wortlaut des § 152, der eine abschließende Aufzählung der zulässigen Unternehmensformen für den übernehmenden Rechtsträger vorsieht.[82] Dagegen spricht ebenso § 124 Abs. 1 mit seiner Verweisung auf § 3, der die Gleichstellung mit den Personenhandelsgesellschaften ausdrücklich auf Aufspaltungen und Abspaltungen beschränkt.[83] Dies lässt sich auch insofern gut begründen, als eine GbR, die ein Handelsgewerbe betreibt, sich dadurch de lege lata in eine kaufmännische Personengesellschaft wandelt. Insofern ist eine GbR auch nach neusten Entwicklungen kein ausgliederungsfähiger Rechtsträger iSd §§ 152 ff.

Eine **Analogie** der §§ 152 ff. auf solche nicht erfassten Rechtsträger ist auch nicht angebracht, da eine solche gegen den **numerus clausus** des Umwandlungsgesetzes verstieße. Eine die Analogie rechtfertigende planwidrige Regelungslücke besteht auch nicht.[84] Der Gesetzgeber hatte die Möglichkeit, in der aktuellen Gesetzgebung eine solche Regelung (überschießend) umzusetzen, hat jedoch klar davon abgesehen.

1. Die Ausgliederung aus dem Vermögen eines Einzelkaufmanns zur Aufnahme

20 Bei der Ausgliederung im Kontext der §§ 152 ff. **zur Aufnahme** (§§ 153–157) können als aufnehmende Rechtsträger Personenhandelsgesellschaften, Kapitalgesellschaften oder eingetragene Genossenschaften fungieren. Als **aufnehmende Personenhandelsgesellschaften** kommen bei der Ausgliederung zur Aufnahme die **OHG**, die **KG** (vgl. § 3 Abs. 1 Nr. 1) und die **EWiV** in Betracht.[85] Mit den **Kapitalgesellschaften** meint § 152 S. 1 neben der **GmbH**, der **AG** und der **KGaA** (vgl. § 3 Abs. 1 Nr. 2) auch die **SE**.[86] Lediglich bei der **UG** sind Einschränkungen zu beachten.

Die UG kann als aufnehmender Rechtsträger auftreten, wenn eine Stammkapitalerhöhung auf mindestens 25.000 EUR vorgenommen wird, weshalb die UG durch die Ausgliederung zur Aufnahme dann zur regulären GmbH erwächst. Im Falle einer Stammkapitalerhöhung, die unter der Schwelle von 25.000 EUR verbleibt, würde gegen das Sacheinlageverbot aus § 5a Abs. 2 S. 2 GmbHG verstoßen werden, so dass eine solche Ausgliederung nicht zulässig wäre (→ § 124 Rn. 3, 4).[87] Wird wiederum keine Erhöhung des Stammkapitals der UG vorgenommen, ist die Ausgliederung nur möglich, wenn

---

[81] Lutter/*Karollus/Schwab* § 152 Rn. 30; Semler/Stengel/Leonard/*Seulen* § 152 Rn. 50 (zur Partnerschaftsgesellschaft); RegBegr. *Ganske* Umwandlungsrecht S. 151 („Dagegen sollen Stiftungen nicht die Rolle des übernehmenden Rechtsträgers übernehmen können."); Kallmeyer/*Sickinger* § 152 Rn. 6; Henssler/Strohn/*Büteröwe* § 152 Rn. 8; Widmann/Mayer/*Mayer* § 152 Rn. 72.1.
[82] BeckOGK/*Leitzen* § 152 Rn. 50.
[83] BeckOGK/*Leitzen* § 152 Rn. 50.
[84] BeckOGK/*Leitzen* § 152 Rn. 58.
[85] Lutter/*Karollus/Schwab* § 152 Rn. 30; Widmann/Mayer/*Mayer* § 152 Rn. 72.1; Kölner Komm UmwG/*Simon* § 152 Rn. 30; Kallmeyer/*Sickinger* § 152 Rn. 7; Semler/Stengel/Leonard/*Seulen* § 152 Rn. 50.
[86] Lutter/*Karollus/Schwab* § 152 Rn. 30; Widmann/Mayer/*Mayer* § 152 Rn. 72; Kölner Komm UmwG/*Simon* § 152 Rn. 30; Kallmeyer/*Sickinger* § 152 Rn. 7; Henssler/Strohn/*Büteröwe* § 152 Rn. 23.
[87] Widmann/Mayer/*Mayer* § 152 Rn. 72; Kölner Komm UmwG/*Simon* § 152 Rn. 29.

die UG als Gegenleistung eigene Anteile gewähren kann, da in diesem Fall auch keine verbotene Sacheinlage iSv § 5a Abs. 2 S. 2 GmbHG vorliegt.[88]

Neben einer **eingetragenen Genossenschaft** kann auch eine **SCE** übernehmender Rechtsträger sein.[89]

2. Die Ausgliederung aus dem Vermögen eines Einzelkaufmanns zur Neugründung

Erfolgt die Ausgliederung aus dem Vermögen eines Einzelkaufmannes allerdings **zur Neugründung**, so können gem. § 152 S. 1 als übernehmende Rechtsträger **lediglich Kapitalgesellschaften** eingesetzt werden.[90] Im Unterschied zur Ausgliederung zur Aufnahme kann es sich dabei allerdings **weder um eine SE noch um eine UG** handeln. Bei der SE werden die Gründungsmöglichkeiten nämlich abschließend in der SE-VO[91] aufgezählt (→ § 124 Rn. 2),[92] und bei der UG steht das Sacheinlagenverbot aus § 5a Abs. 2 S. 2 GmbHG einer Ausgliederung zur Neugründung entgegen (→ § 124 Rn. 3, 4).[93] Demnach können bei einer Ausgliederung zur Neugründung die **Personenhandelsgesellschaften und die eingetragenen Genossenschaften nicht als übernehmende Rechtsträger** gewählt werden. Nach vorherrschender Ansicht müssen bei diesen beiden Gesellschaftsformen stets **mindestens zwei Gesellschafter** beteiligt sein.[94] Weder die Einmann-Personengesellschaft noch die Einmann-Genossenschaft ist demnach denkbar.[95] In der praktischen Fallgestaltung kann das Ergebnis, welches aus einer Ausgliederung zur Neugründung auf eine Personenhandelsgesellschaft folgen würde, aber dennoch auf einem zulässigen Umweg erreicht werden. Hierzu müsste der Einzelkaufmann mit den hinzutretenden Gesellschaftern vorab eine Personenhandelsgesellschaft errichten. Diese nunmehr bestehende Personengesellschaft könnte danach als übernehmender Rechtsträger im Rahmen einer Ausgliederung zur Aufnahme eingesetzt werden.[96] Auch im Falle der GmbH & Co. KG ist die eben beschriebene Abfolge erforderlich. Die GmbH & Co. KG muss folglich erst wirksam gegründet werden, damit dann anschließend die Ausgliederung zur Aufnahme erfolgen kann.[97]

3. Vielzahl von übernehmenden Rechtsträgern

Die Ausgliederung des Unternehmens (oder Teilen dieses Unternehmens) des Einzelkaufmannes kann in einem Spaltungsvorgang[98] auch auf eine **Vielzahl von Rechtsträgern** gleichzeitig erfolgen. Die aufnehmenden Rechtsträger können dabei durchaus **unterschiedliche Rechtsformen** aufweisen, sofern die jeweilige Rechtsform – nach dem zuvor beschriebenen – als aufnehmender Rechtsträger in Betracht kommt. Ferner ist

---

[88] Lutter/*Karollus/Schwab* § 152 Rn. 30; BeckOGK/*Leitzen* § 152 Rn. 46; Henssler/Strohn/*Büteröwe* § 152 Rn. 23; Semler/Stengel/Leonard/*Seulen* § 152 Rn. 49.
[89] Lutter/*Karollus/Schwab* § 152 Rn. 30.
[90] Lutter/*Karollus/Schwab* § 152 Rn. 31; Kölner Komm UmwG/*Simon* § 152 Rn. 31.
[91] Verordnung (EG) Nr. 2157/2001 vom 8.10.2001.
[92] Lutter/*Karollus/Schwab* § 152 Rn. 30; Widmann/Mayer/*Mayer* § 152 Rn. 72; Kallmeyer/*Sickinger* § 152 Rn. 8; Kölner Komm UmwG/*Simon* § 152 Rn. 31.
[93] Widmann/Mayer/*Mayer* § 152 Rn. 72 aE; Kölner Komm UmwG/*Simon* § 152 Rn. 31.
[94] Widmann/Mayer/*Mayer* § 152 Rn. 72.1 f.; Semler/Stengel/Leonard/*Seulen* § 152 Rn. 51; Kölner Komm UmwG/*Simon* § 152 Rn. 32; Kallmeyer/*Sickinger* § 152 Rn. 8.
[95] Lutter/*Karollus/Schwab* § 152 Rn. 31; RegBegr. *Ganske* Umwandlungsrecht S. 183.
[96] Widmann/Mayer/*Mayer* § 152 Rn. 72.1; Semler/Stengel/Leonard/*Seulen* § 152 Rn. 52; Kölner Komm UmwG/*Simon* § 152 Rn. 32.
[97] Kallmeyer/*Sickinger* § 152 Rn. 8.
[98] Semler/Stengel/Leonard/*Seulen* § 152 Rn. 58 stellen die Einheitlichkeit des Spaltungsvorganges zunächst in Frage, tendieren dann freilich unter Verweis auf § 123 Abs. 4 mit Recht zu einem einheitlichen Vorgang.

auch eine **Kombination der Ausgliederung zur Aufnahme und zur Neugründung** zulässig, vgl. § 123 Abs. 4.⁹⁹

4. Der übernehmende Rechtsträger im Ausland

23 Wird eine Ausgliederung auf einen **ausländischen aufnehmenden Rechtsträger** angestrebt, so ist bezüglich dieses Rechtsträgers die Rechtsordnung des jeweiligen Heimatstaates ausschlaggebend. Für die Zulässigkeit der konkreten Form der Ausgliederung ist demnach entscheidend, ob die jeweils betroffene Rechtsordnung eine solche anerkennt.¹⁰⁰ Unter das deutsche Umwandlungsrecht fällt der übernehmende Rechtsträger gem. § 1 Abs. 1 immer nur dann, wenn sich dessen (Satzungs-)Sitz im Inland befindet.¹⁰¹ Die meisten ausländischen Rechtsordnungen kennen eine Ausgliederung in der Form allerdings nicht.¹⁰²

VI. Der Ausgliederungsgegenstand

24 Der Wortlaut des § 152 S. 1 spricht im Hinblick auf den Ausgliederungsgegenstand vom **Unternehmen bzw. von Teilen desselben.** Dies unterscheidet die Regelung von § 123, in welchem der Gegenstand der Ausgliederung mit dem Begriff **Vermögen** umschrieben wird.¹⁰³ Für den hier verwendeten Begriff des Unternehmens findet sich aber keine gesetzliche Definition (→ Rn. 12). Nach dem **handelsrechtlichen Begriffsverständnis** setzt sich das Unternehmen aus solchen Sachen, Rechten (wie zB Forderungen, Beteiligungen oder Rechten wie etwa die Firma) und sonstigen bedeutsamen Positionen (wie zB Geschäftsbeziehungen, Kundenstamm, Ruf, Personal, Know-how usw) zusammen, die dem Zwecke der wirtschaftlichen Betätigung zu dienen bestimmt sind.¹⁰⁴

25 Bei der Festlegung des Ausgliederungsgegenstandes besteht eine **weitgehende Zuordnungsfreiheit.**¹⁰⁵ Demnach kann das **vollständige Unternehmen** des Einzelkaufmannes auf einen oder mehrere aufnehmende Rechtsträger ausgegliedert werden. Bei der Übertragung von **Unternehmensteilen** im Rahmen des § 152 S. 1 muss es sich ferner nicht um einen Teilbetrieb iSd Steuerrechts oder um eine sonstige wirtschaftliche Einheit handeln.¹⁰⁶ Vielmehr können auch **lediglich einzelne Vermögenspositionen**, unabhängig ob dies Aktiva oder Passiva betrifft, übertragen werden.¹⁰⁷ Die von der jeweiligen Spaltungsmaßnahme erfassten Positionen können dabei sowohl **positiv bestimmt** werden als auch durch die **negative Aufzählung** der nicht erfassten Vermögensgegenstände definiert werden.¹⁰⁸

26 Als Ausgliederungsgegenstand können auch Positionen aus dem **Privatvermögen des Einzelkaufmannes** in die Ausgliederung einbezogen werden. Dies ergibt sich zwar

---

99 Widmann/Mayer/*Mayer* § 152 Rn. 72.3; Semler/Stengel/Leonard/*Seulen* § 152 Rn. 58; Kölner Komm UmwG/*Simon* § 152 Rn. 34; Kallmeyer/*Sickinger* § 152 Rn. 9.
100 Lutter/*Karollus/Schwab* § 152 Rn. 34; Widmann/Mayer/*Mayer* § 152 Rn. 72.5; Semler/Stengel/Leonard/*Seulen* § 152 Rn. 57.
101 Lutter/*Karollus/Schwab* § 152 Rn. 33 f. (inkl. Ausführungen zur Sitz- und Gründungstheorie); Semler/Stengel/Leonard/*Seulen* § 152 Rn. 15.
102 Widmann/Mayer/*Mayer* § 152 Rn. 72.5.
103 Widmann/Mayer/*Mayer* § 152 Rn. 58; Kölner Komm UmwG/*Simon* § 152 Rn. 35.
104 Hopt/*Merkt* HGB Einl. vor § 1 Rn. 31 ff.; Widmann/Mayer/*Mayer* § 152 Rn. 58, 60; Schmitt/Hörtnagl/*Hörtnagl* § 152 Rn. 11; BeckOGK/*Leitzen* § 152 Rn. 62.
105 Widmann/Mayer/*Mayer* § 152 Rn. 59; Lutter/*Karollus/Schwab* § 152 Rn. 35, 37; Semler/Stengel/Leonard/*Seulen* § 152 Rn. 61; Kölner Komm UmwG/*Simon* § 152 Rn. 36.
106 Widmann/Mayer/*Mayer* § 152 Rn. 62; Semler/Stengel/Leonard/*Seulen* § 152 Rn. 61.
107 Widmann/Mayer/*Mayer* § 152 Rn. 62; Lutter/*Karollus/Schwab* § 152 Rn. 39; Schmitt/Hörtnagl/*Hörtnagl* § 152 Rn. 22.
108 Lutter/*Karollus/Schwab* § 152 Rn. 37; Kölner Komm UmwG/*Simon* § 152 Rn. 36.

nicht direkt aus dem Wortlaut des § 152 S. 1, aber die erforderliche Umwidmung zum Unternehmensvermögen erfolgt durch die jeweilige Integration in den Ausgliederungsvertrag bzw. den Ausgliederungsplan.[109] Dem Einzelkaufmann ist es demnach möglich, sein gesamtes Vermögen im Sinne einer **Totalausgliederung** zu übertragen.[110] Ausgegliedert kann jedoch nur werden, was überhaupt übertragbar ist. Dies scheidet zB bei beschränkten persönlichen Dienstbarkeiten aus dem Vermögen des Einzelkaufmannes aus.[111]

Es bestehen jedoch Ausnahmen zur grundsätzlich bestehenden Gestaltungsfreiheit bei der Bestimmung des Ausgliederungsgegenstandes. Zunächst sind die **Arbeitsverhältnisse grundsätzlich an den zugehörigen Betrieb gebunden** (§ 613a BGB).[112] Ferner sind Restriktionen bei der Übertragung **höchstpersönlicher Verbindlichkeiten** zu beachten. Aus diesem Grund werden zB Unterhaltsverbindlichkeiten und persönliche Einkommensteuerverbindlichkeiten teilweise vollständig[113] und teilweise im Hinblick auf solche, die erst in der Zukunft entstehen,[114] als nicht übertragungsfähig behandelt. Andererseits können Aktiva und Passiva nicht-kaufmännischer Unternehmen (zB Vermögensverwaltung, freiberufliche Unternehmen) mit übertragen werden, sofern zumindest ein Teil des zu übertragenden Vermögens als kaufmännisches (Teil-)Unternehmen zu qualifizieren ist.[115] 27

VII. Die Ausgliederungssperre nach S. 2

In § 152 S. 2 ist eine **Ausgliederungssperre für den Fall der Überschuldung** des Einzelkaufmannes vorgesehen. Demnach kann die Ausgliederung dann nicht durchgeführt werden, „wenn die Verbindlichkeiten des Einzelkaufmannes sein Vermögen übersteigen". 28

1. Der Schutzzweck von S. 2

Bei der Bestimmung des eigentlichen **Zwecks** des § 152 S. 2 sind im Schrifttum unterschiedliche Gewichtungen zu erkennen. Einerseits wird auf den **Schutz der Gläubiger** des Einzelkaufmannes vor missbräuchlichen Vermögensverschiebungen zu ihren Lasten hingewiesen.[116] Diese Zweckbestimmung ist dabei aber wohl der Vorgängerregelung (vgl. § 50 S. 2 Nr. 2 UmwG 1969) entnommen worden.[117] Andererseits wird demnach zu Recht hervorgehoben, dass ein solcher Gläubigerschutz de lege lata nicht mehr notwendig sei. Der übertragende Rechtsträger erhält nämlich im Falle einer Ausgliederung entsprechende Anteile am übernehmenden Rechtsträger, weshalb es lediglich zu einer Vermögensumschichtung beim Einzelkaufmann kommt. Ferner haftet nach der Ausgliederung neben dem Einzelkaufmann auch der übernehmende Rechtsträger ge- 29

---

109 OLG Brandenburg NZG 2014, 713 f. (Auflassungsvormerkung); Widmann/Mayer/*Mayer* § 152 Rn. 62; Lutter/Karollus/Schwab § 152 Rn. 41; Schmitt/Hörtnagl/*Hörtnagl* § 152 Rn. 22; Kölner Komm UmwG/*Simon* § 152 Rn. 37; Kallmeyer/*Sickinger* § 152 Rn. 5.
110 Widmann/Mayer/*Mayer* § 152 Rn. 67; Lutter/Karollus/Schwab § 152 Rn. 42; Semler/Stengel/Leonard/*Seulen* § 152 Rn. 59; Kölner Komm UmwG/*Simon* § 152 Rn. 35; Kallmeyer/*Sickinger* § 152 Rn. 5.
111 Zum Ausgliederungshindernis bei einer beschränkten persönlichen Dienstbarkeit, § 1092 Abs. 1 BGB: OLG Naumburg 4.3.2019 – 2 U 41/18, NJ 2019, 342.
112 Widmann/Mayer/*Mayer* § 152 Rn. 63; Lutter/Karollus/Schwab § 152 Rn. 37.
113 Lutter/Karollus/Schwab § 152 Rn. 41.
114 Widmann/Mayer/*Mayer* § 152 Rn. 62; Semler/Stengel/Leonard/*Seulen* § 152 Rn. 68.
115 Widmann/Mayer/*Mayer* § 152 Rn. 25; Lutter/Karollus/Schwab § 152 Rn. 41a.
116 Lutter/Karollus/Schwab § 152 Rn. 43; Widmann/Mayer/*Mayer* § 152 Rn. 76; Semler/Stengel/Leonard/*Seulen* § 152 Rn. 73.
117 Semler/Stengel/Leonard/*Seulen* § 152 Rn. 73; Kölner Komm UmwG/*Simon* § 152 Rn. 39.

samtschuldnerisch für die jeweiligen Altverbindlichkeiten gegenüber den Gläubigern, vgl. § 133 Abs. 1 S. 1.[118]

30 Aus diesen Gründen ist es richtig, wenn der hauptsächliche Zweck des § 152 S. 2 nun im **Schutz des übernehmenden Rechtsträgers und dessen Kapitalaufbringung** gesehen wird. Besondere Gefahren für den aufnehmenden Rechtsträger ergeben sich daraus, dass die privaten Verbindlichkeiten des übertragenden Einzelkaufmannes nicht aus der Unternehmensbilanz ersichtlich sind, der aufnehmende Rechtsträger aber gleichwohl für diese gesamtschuldnerisch mithaftet. Ferner folgt eine Gefährdung aus dem Aspekt, dass eine Überschuldung des Einzelkaufmannes keinen Insolvenzgrund darstellt.[119] Die Ausgliederungssperre des § 152 S. 2 ist jedoch eine abstrakte Schranke der Ausgliederungsmöglichkeiten, so dass es auf eine tatsächliche Gefährdung nicht ankommen kann.[120] Kein Ausgliederungshindernis stellt hingegen eine Ausgliederung unter einem Insolvenzplan dar[121] (→ § 154 Rn. 4).

2. Die Überschuldung des Einzelkaufmanns

31 Bei der Prüfung einer möglichen Überschuldung des Einzelkaufmannes iSv § 152 S. 2 ist auf einen **Vermögensvergleich von Aktiva und Passiva** abzustellen. Bei diesem Vergleich ist der Einzelkaufmann insgesamt in den Fokus zu nehmen. Demnach gilt es neben den jeweiligen Vermögenspositionen des Unternehmens auch das **private Vermögen** des Einzelkaufmannes mit zu berücksichtigen.[122] Bei der Bewertung, ob die Verbindlichkeiten das Vermögen des ausgliedernden Einzelkaufmannes übersteigen und somit eine Überschuldung vorliegt, hat die Bemessung der Vermögenspositionen nicht nach den Buchwerten sondern nach den **Verkehrswerten** zu erfolgen.[123] Maßgeblicher Zeitpunkt für die Bewertung ist unmittelbar vor dem Wirksamwerden der Ausgliederung.[124]

32 Der insolvenzrechtliche Überschuldungsbegriff des § 19 InsO wird zwar von § 152 S. 2 nicht verwendet, jedoch sind die Fragestellungen ähnlich. Fraglich ist somit, ob im Rahmen des anzustellenden Vermögensvergleiches auf die **Fortführungswerte oder auf die Liquidationswerte** abzustellen ist. Nach einer Ansicht komme es auf eine Fortführungsprognose und somit auf die Fortführungswerte nicht an, sondern stets nur auf die Liquidationswerte.[125] Bei der Aufstellung des Vermögensvergleiches sollen die Vermögensgegenstände jedoch gerade in tatsächlicher Hinsicht abgebildet werden. Demnach zeigt eine **positive oder negative Fortführungsprognose** des jeweiligen Unternehmens durchaus Auswirkungen bezüglich der Bewertung der einzelnen Vermögenspositionen. Die Fortführungsprognose hinsichtlich des ausgegliederten Unternehmens hat natürlich immer mit Blick auf den übernehmenden Rechtsträger zu erfolgen. Die Vermögensgegenstände, welche beim Einzelkaufmann verbleiben, können über-

---

118 Lutter/*Karollus/Schwab* § 152 Rn. 43; Semler/Stengel/Leonard/*Seulen* § 152 Rn. 73; Kölner Komm UmwG/*Simon* § 152 Rn. 40.
119 S. § 19 InsO; Widmann/Mayer/*Mayer* § 152 Rn. 73; Lutter/*Karollus/Schwab* § 152 Rn. 43; Semler/Stengel/Leonard/*Seulen* § 152 Rn. 74; Kölner Komm UmwG/*Simon* § 152 Rn. 40; auf Details eingehend und differenzierend Schmitt/Hörtnagl/*Hörtnagl* § 152 Rn. 24 ff.
120 Lutter/*Karollus/Schwab* § 152 Rn. 43.
121 Lutter/*Karollus/Schwab* § 152 Rn. 46b; mwN AG Norderstedt 7.11.2016 – 66 IN 226/15, ZIP 2017, 586; Henssler/Strohn/*Büteröwe* § 152 Rn. 24; Widmann/Mayer/*Mayer* § 152 Rn. 79.
122 Widmann/Mayer/*Mayer* § 152 Rn. 78; Semler/Stengel/Leonard/*Seulen* § 152 Rn. 75; Kölner Komm UmwG/*Simon* § 152 Rn. 41.
123 Lutter/*Karollus/Schwab* § 152 Rn. 44; Kölner Komm UmwG/*Simon* § 152 Rn. 42.
124 BeckOGK/*Leitzen* § 152 Rn. 73; Semler/Stengel/Leonard/*Seulen* § 152 Rn. 75.
125 Kallmeyer/*Sickinger* § 152 Rn.10; Lutter/*Karollus/Schwab* § 152 Rn. 46; zum Streitstand auch Semler/Stengel/Leonard/*Seulen* § 152 Rn. 76.

haupt nur dann mit den Fortführungswerten bemessen werden, wenn dieser weiterhin einen Gewerbebetrieb unterhält.[126] Demnach kommt es stets auf die Umstände des Einzelfalles an, welche Werte im Rahmen des Vermögensvergleiches anzusetzen sind. Sofern eine positive Fortführungsprognose besteht, sind daher richtigerweise die Fortführungswerte anstelle der Liquidationswerte in Ansatz zu bringen.[127]

Entscheidend für die Ausgliederungssperre nach § 152 S. 2 ist immer der direkte Zeitpunkt vor der jeweiligen Ausgliederung. Unerheblich ist es demnach, wenn durch die Ausgliederung beim Einzelkaufmann eine Überschuldung eintritt, weil das verbleibende Aktivvermögen die Verbindlichkeiten nicht mehr deckt.[128] Die offensichtliche Überschuldung des Einzelkaufmannes stellt ein **spezielles Hindernis** sowohl der Eintragung der Ausgliederungsmaßnahme gem. § 154 als auch der Eintragung des neuen Rechtsträgers nach § 160 Abs. 2 dar. Ferner ist die Überschuldung im Rahmen der Gründung einer AG oder einer KGaA zu überprüfen, vgl. § 159 Abs. 2, 3.[129]

3. Beteiligung Dritter

Umstritten ist, ob ein Dritter neben dem Einzelkaufmann innerhalb einer Ausgliederung am übernehmenden Rechtsträger wirksam Mitgesellschafter werden kann.[130]

Während nach herrschender Meinung bei einer **Ausgliederung zur Aufnahme** ein Dritter am übernehmenden Rechtsträger durch seinen Eintritt – zB aufschiebend bedingt auf die Wirksamkeit der Ausgliederung oder durch Teilnahme an einer Kapitalerhöhung – beteiligt werden kann,[131] ist diese Ausgestaltung bei der Ausgliederung zur Neugründung problematischer.

Eine **Ausgliederung zur Neugründung** erfolgt stets auf Kapitalgesellschaften. Durch die Ausgliederung wird der Einzelkaufmann alleiniger Gesellschafter. Für das Hinzutreten eines Dritten verweist eine Ansicht innerhalb der Literatur auf eine fehlende gesetzliche Grundlage.[132] Diese Ansicht ist jedoch abzulehnen. Leitzen formuliert es treffend: Eine restriktive Auffassung, wobei die Beteiligten keinen Gebrauch von Gestaltungsmöglichkeiten des Umwandlungsgesetzes machen können, wird im Ergebnis nur zu komplexeren und kostenintensiveren Umstrukturierungen führen.[133] Weder für die gestaltende Praxis noch für den Rechtsverkehr wird hierdurch etwas gewonnen. In der Praxis ist es dennoch empfehlenswert, das Vorgehen in enger Absprache mit den Registergerichten durchzuführen.[134]

VIII. Die Ausgliederungswirkungen

Die Ausgliederung wird mit Eintragung im Register des Einzelkaufmannes wirksam.[135] Die **Wirkungen einer Ausgliederung** aus dem Vermögen eines Einzelkaufmannes

---

126 Widmann/Mayer/*Mayer* § 152 Rn. 78; Semler/Stengel/Leonard/*Seulen* § 152 Rn. 77; Kölner Komm UmwG/*Simon* § 152 Rn. 43; enger fassend Schmitt/Hörtnagl/*Hörtnagl* § 152 Rn. 28.
127 So iErg auch die mittlerweile wohl überwiegende Auffassung: Widmann/Mayer/*Mayer* § 152 Rn. 78; Semler/Stengel/Leonard/*Seulen* § 152 Rn. 77; Kölner Komm UmwG/*Simon* § 152 Rn. 43; Schmitt/Hörtnagl/*Hörtnagl* § 152 Rn. 78.
128 Widmann/Mayer/*Mayer* § 152 Rn. 78; Lutter/*Karollus/Schwab* § 152 Rn. 44; Kölner Komm UmwG/*Simon* § 152 Rn. 44; Kallmeyer/*Sickinger* § 152 Rn. 10.
129 Lutter/*Karollus/Schwab* § 152 Rn. 47.
130 Widmann/Mayer/*Mayer* § 152 Rn. 81.
131 BeckOGK/*Leitzen* § 152 Rn. 84; Lutter/*Karollus/Schwab* § 152 Rn. 32a.
132 Widmann/Mayer/*Mayer* § 152 Rn. 81.
133 BeckOGK/*Leitzen* § 152 Rn. 84.2.
134 BeckOGK/*Leitzen* § 152 Rn. 84.3; Lutter/*Karollus/Schwab* § 152 Rn. 32a.
135 Widmann/Mayer/*Mayer* § 152 Rn. 146 f.; Henssler/Strohn/*Büteröwe* § 152 Rn. 14.

gem. § 152 sind identisch mit jenen bei einem Ausgliederungsvorgang nach den allgemeinen Regeln. Im Kern gehen mit der Eintragung der Ausgliederung die im Ausgliederungsvertrag bzw. Ausgliederungsplan aufgeführten **Vermögenspositionen im Wege der partiellen Gesamtrechtsnachfolge auf den übernehmenden Rechtsträger über**, vgl. § 131 Abs. 1 Nr. 1 (→ § 131 Rn. 2 ff.)[136] Im Gegenzug werden dem Einzelkaufmann **Anteile am jeweils übernehmenden Rechtsträger gewährt**, vgl. § 131 Abs. 1 Nr. 3 S. 3 (→ § 131 Rn. 56 ff.).[137] Der Einzelkaufmann haftet für einen Zeitraum von fünf Jahren weiter, §§ 156, 157. Insoweit wird auf die Ausführungen zu § 131 verwiesen.

IX. Die grundsätzliche Unbeachtlichkeit von Ausgliederungsmängeln

36 Weiter gilt auch bei der Ausgliederung des Einzelkaufmannes der allgemeine Grundsatz, dass nach der konstitutiven Eintragung deren Wirkungen nicht mehr durch Mängel des Ausgliederungsvorganges beeinträchtigt werden können, vgl. § 131 Abs. 2 (→ § 131 Rn. 64 f.). Demnach wird eine eigentlich unzulässige Ausgliederung **mit der konstitutiven Eintragung** insbes. auch dann wirksam **geheilt**, wenn der Einzelkaufmann aufgrund eines **fehlenden Gewerbes zu Unrecht im Handelsregister** eingetragen war, einer **Verfügungsbeschränkung** unterlag oder der Einzelkaufmann **überschuldet** war, § 152 S. 2.[138]

37 Nicht heilbar ist jedoch eine gänzlich fehlende Eintragung des ausgliedernden Einzelkaufmannes im Handelsregister. Denn in einem solchen Fall kann eine konstitutive Eintragung der Ausgliederung in das Register des übertragenden Rechtsträgers – mit der heilenden Wirkung – gerade nicht erfolgen.[139]

Zweiter Unterabschnitt Ausgliederung zur Aufnahme

§ 153 Ausgliederungsbericht

Ein Ausgliederungsbericht ist für den Einzelkaufmann nicht erforderlich.

I. Überblick 1	2. Information der stillen Gesellschafter ... 5
II. Informationspflichten des Einzelkaufmanns 2	III. Informationspflichten des übernehmenden Rechtsträgers 6
1. Information des Betriebsrats 3	

I. Überblick

1 Der zweite Unterabschnitt (§§ 153–157) konkretisiert die Ausgliederung zur Aufnahme. § 158 des dritten Unterabschnittes (§§ 158–160) stellt als Verweisungsnorm klar, dass die entsprechenden Regelungen auch auf die Ausgliederung zur Neugründung anwendbar sind (insofern im Ergebnis allerdings nur auf Kapitalgesellschaften). Als lex specialis bestimmt § 153 in Abweichung von der allgemeinen Regel des § 127, dass der Einzel-

---

[136] Semler/Stengel/Leonard/*Seulen* § 152 Rn. 83; Kölner Komm UmwG/*Simon* § 152 Rn. 45; zur partiellen Gesamtrechtsnachfolge: LG Berlin 10.12.2020 – 19 O 298/17, BeckRS 2020, 58793; und im Zusammenhang mit einer Störung der Geschäftsgrundlage durch SARS-CoV-2: KG 22.8.2022 – 8 U 1156/20, BeckRS 2022, 42789.

[137] Semler/Stengel/Leonard/*Seulen* § 152 Rn. 91; Kölner Komm UmwG/*Simon* § 152 Rn. 45.

[138] Widmann/Mayer/*Mayer* § 152 Rn. 28 (zur fälschlichen Handelsregistereintragung); Lutter/*Karollus/Schwab* § 152 Rn. 49; Schmitt/Hörtnagl/*Hörtnagl* § 152 Rn. 30 (zur Überschuldung); Semler/Stengel/Leonard/*Seulen* § 152 Rn. 82.

[139] Lutter/*Karollus/Schwab* § 152 Rn. 49; Kölner Komm UmwG/*Simon* § 152 Rn. 46.

kaufmann nicht verpflichtet ist, im Rahmen der Ausgliederung aus seinem Vermögen einen **Ausgliederungsbericht** zu erstellen. Dem liegt die gesetzgeberische Überlegung zugrunde, dass der Einzelkaufmann nicht über seine eigenen Gründe für die Ausgliederung unterrichtet werden muss.[1] Daraus wird zudem deutlich, dass der Ausgliederungsbericht ausschließlich dem Informationsinteresse der Anteilseigner zu dienen bestimmt ist, nicht jedoch Gläubigerinteressen. In Ermangelung von Anteilseignern am Betrieb des Einzelkaufmannes wird für diesen die Erstellung eines Ausgliederungsberichts obsolet.[2] Die Norm betrifft nur den Einzelkaufmann. Der übernehmende Rechtsträger wird e contrario nicht von der Erstellung eines Ausgliederungsberichts befreit.[3]

II. Informationspflichten des Einzelkaufmanns

Unabhängig davon, dass der Einzelkaufmann keinen Ausgliederungsbericht zu erstellen hat, obliegen ihm gleichwohl gewisse **Informationspflichten**. Soweit vorhanden, besteht aus umwandlungsrechtlicher Sicht eine Informationspflicht gegenüber dem Betriebsrat, welche sich aus dem Betriebsverfassungsrecht begründet.[4] Darüber hinaus kann auch gegenüber etwaigen stillen Gesellschaftern die Ausgliederung im Vorfeld anzuzeigen sein.[5]

1. Information des Betriebsrats

Gemäß § 126 Abs. 3 ist der Spaltungs- und Übernahmevertrag bzw. dessen Entwurf bereits vor dem Ausgliederungszeitpunkt dem **Betriebsrat** vorzulegen.[6] Dies kann, je nach Struktur des Betriebes des Einzelkaufmannes, auch der Gesamtbetriebsrat oder der Konzernbetriebsrat sein.[7] Zwar ist die Regelung, wie sich aus der Bezugnahme auf den Zustimmungsbeschluss der Anteilseigner ergibt, nicht für den Einzelkaufmann konzipiert, es ist aber kein sachlicher Grund ersichtlich, weshalb dem im Betrieb eines Einzelkaufmannes eingerichteten Betriebsrat ein geringeres Informationsinteresse zugebilligt werden sollte als dem einer Gesellschaft.[8]

Anknüpfungspunkt für die in § 126 Abs. 3 festgelegte **Monatsfrist** kann im Rahmen der Ausgliederung aus dem Vermögen des Einzelkaufmannes naturgemäß nicht der Zustimmungsbeschluss der (nicht existenten) Anteilseigner sein. Es entspricht heute allgemeiner Ansicht, stattdessen auf den Zeitpunkt der rechtlichen Bindung abzustellen.[9] Bei der Ausgliederung zur Aufnahme ist dies der Abschluss des Ausgliederungsvertrags. Insbesondere ist nicht der Zeitpunkt des Zustimmungsbeschlusses in der aufnehmenden Gesellschaft heranzuziehen. Dies erscheint vor dem Hintergrund sachgerecht, als durch die rechtzeitige Unterrichtung des Betriebsrats über die geplante Ausgliederung dessen Möglichkeit der Einflussnahme auf gerade diesen Betrieb gewahrt werden soll.[10]

---

1 Begr. RegE, BT-Drs. 75/94, 129.
2 *Ganske* Umwandlungsrecht S. 184; Lutter/*Karollus/Schwab* § 153 Rn. 2; Kölner Komm UmwG/*Simon* § 153 Rn. 3; Widmann/Mayer/*Mayer* § 153 Rn. 1.
3 Der Ausgliederungsbericht ist für den übernehmenden Rechtsträger nicht verzichtbar, OLG Rostock 10.2.2021 – 1 W 37/20, NJW-RR 2021, 490; zum Erfordernis auch das OLG Brandenburg 5.2.2018 – 7 W 86/17, BeckRS 2018, 4269.
4 Kallmeyer/*Sickinger* § 153 Rn. 4; Lutter/*Karollus/Schwab* § 153 Rn. 4.
5 Lutter/*Karollus/Schwab* § 153 Rn. 3; Kölner Komm UmwG/*Simon* § 153 Rn. 5 f.
6 Lutter/*Karollus/Schwab* § 153 Rn. 4; BeckOGK/*Leitzen* § 153 Rn. 5 f.; Widmann/Mayer/*Mayer* § 153 Rn. 6.
7 Semler/Stengel/Leonard/*Seulen* § 153 Rn. 4.
8 Keßler/Kühnberger/*Dahlke* § 153 Rn. 5.
9 So Kölner Komm UmwG/*Simon* § 153 Rn. 5; nunmehr auch Lutter/*Karollus/Schwab* § 153 Rn. 5; Semler/Stengel/Leonard/*Seulen* § 153 Rn. 5; Henssler/Strohn/*Büteröwe* § 153 Rn. 4; BeckOGK/*Leitzen* § 153 Rn. 6; Kallmeyer/*Sickinger* § 153 Rn. 4.
10 Semler/Stengel/Leonard/*Seulen* § 153 Rn. 5; Kölner Komm UmwG/*Simon* § 153 Rn. 5.

Etwas anderes gilt im Rahmen der Ausgliederung zur Neugründung. Dort ist auf den Zeitpunkt der Anmeldung zum Handelsregister abzustellen.[11]

2. Information der stillen Gesellschafter

5 Berichtspflichten gegenüber **stillen Gesellschaftern** kennt das UmwG nicht. Zwar können Informationspflichten grundsätzlich zwischen den Beteiligten individualvertraglich festgelegt werden; ein Verstoß gegen solche im Innenverhältnis begründeten Pflichten wird jedoch weder umwandlungsrechtlich sanktioniert noch durch das Registergericht geprüft und bleibt ohne Auswirkung auf die Ausgliederung an sich (→ § 152 Rn. 16).[12]

III. Informationspflichten des übernehmenden Rechtsträgers

6 Auf den übernehmenden Rechtsträger findet § 153 keine Anwendung, da es sich hierbei, wie sich aus § 152 ergibt, niemals um einen Einzelkaufmann handeln kann. Der übernehmende Rechtsträger bleibt nach der allgemeinen Regelung des § 127 berichtspflichtig (→ § 127 Rn. 2 ff.).[13] Für die Pflicht zur Zuleitung an den Betriebsrat gem. § 126 Abs. 3 ergeben sich ebenfalls keine Besonderheiten.[14]

§ 154 Eintragung der Ausgliederung

Das Gericht des Sitzes des Einzelkaufmanns hat die Eintragung der Ausgliederung auch dann abzulehnen, wenn offensichtlich ist, daß die Verbindlichkeiten des Einzelkaufmanns sein Vermögen übersteigen.

I. Überblick	1	III. Registergerichtliche Prüfung	4
II. Das Eintragungshindernis der Überschuldung	2	IV. Fristen	9
1. Überschuldung	2	V. Anmeldung	10
2. Offensichtlichkeit	3	VI. Eintragung und Bekanntmachung	11

I. Überblick

1 Die Anmeldung der Ausgliederung erfolgt gem. §§ 125, 135, 16, 17 nach den allgemeinen Vorschriften und ist bei dem zuständigen Registergericht am Sitz des Einzelkaufmannes und durch diesen einzureichen.[1] Übersteigen die Verbindlichkeiten des Einzelkaufmannes dessen Vermögen, stellt dies gem. § 152 S. 2 bereits ein **materielles Ausgliederungshindernis** dar.[2] Auch ohne die spezielle Anordnung in § 154 hätte die Eintragung einer nicht den gesetzlichen Vorgaben genügenden Ausgliederung nach allgemeinen Grundsätzen zu unterbleiben.[3] § 154 knüpft gleichwohl an diesen Umstand an und konkretisiert für das Registergericht des Einzelkaufmannes eine **Eintragungssperre** für

---

11 Semler/Stengel/*Leonard/Seulen* § 158 Rn. 9; Kölner Komm UmwG/*Simon* § 153 Rn. 5; Widmann/Mayer/*Mayer* § 153 Rn. 6; Kallmeyer/*Sickinger* § 153 Rn. 4.
12 Widmann/Mayer/*Mayer* § 153 Rn. 8; Lutter/*Karollus/Schwab* § 153 Rn. 3; Widmann/Mayer/*Mayer* § 153 Rn. 8; Semler/Stengel/*Leonard/Seulen* § 158 Rn. 3; Kallmeyer/*Sickinger* § 153 Rn. 6.
13 Begr. RegE, BT-Drs. 75/94, 129; Keßler/Kühnberger/*Dahlke* § 153 Rn. 6; Semler/Stengel/*Leonard/Seulen* § 154 Rn. 6; Schmitt/Hörtnagl/*Hörtnagl* § 153 Rn. 1.
14 Kölner Komm UmwG/*Simon* § 153 Rn. 7; Semler/Stengel/*Leonard/Seulen* § 153 Rn. 9.
1 Henssler/Strohn/*Büteröwe* § 154 Rn. 1; Kallmeyer/*Zimmermann* § 154 Rn. 3; Lutter/*Karollus/Schwab* § 154 Rn. 1; Kölner Komm UmwG/*Simon* § 154 Rn. 2.
2 Widmann/Mayer/*Mayer* § 154 Rn. 1; Kölner Komm UmwG/*Simon* § 154 Rn. 1.
3 Lutter/*Karollus/Schwab* § 154 Rn. 2.

den Fall, dass eine offensichtliche Überschuldung des Einzelkaufmannes vorliegt.[4] Die Vorschrift besitzt keinen abschließenden Charakter.[5]

Bezüglich des Anmeldeverfahrens und der Prüfungskompetenz des für den übernehmenden Rechtsträger zuständigen Registergerichts im Rahmen der Ausgliederung zur Neugründung wird zusätzlich auf §§ 159, 160 verwiesen.

II. Das Eintragungshindernis der Überschuldung

1. Überschuldung

Überschuldung liegt vor, wenn die Verbindlichkeiten das Vermögen, also die Passiva die Aktiva übersteigen.[6] Bei der Bemessung kommt es nicht allein auf den auszugliedernden Geschäftsbetrieb des Einzelkaufmannes an, sondern auch auf die verbleibenden Unternehmensteile sowie auf die persönlichen Verhältnisse des Einzelkaufmannes (→ § 152 Rn. 28 ff.).[7]

2. Offensichtlichkeit

§ 154 lässt als Eintragungshindernis das bloße Missverhältnis zwischen Verbindlichkeiten und Vermögen nicht genügen, sondern verlangt zusätzlich, dass dieses auch **offensichtlich** in Erscheinung tritt. Diese Voraussetzung ist erfüllt, wenn das Missverhältnis aus der maßgeblichen Sicht des Registergerichts zweifelsfrei feststeht.[8] Eine sofortige Erkennbarkeit auf den ersten Blick ist demgegenüber nicht erforderlich.[9] Grundsätzlich darf das Gericht von der Richtigkeit der Angaben ausgehen. Falls das Gericht begründete Zweifel hegt, darf es Nachweise verlangen (→ Rn. 4).[10]

III. Registergerichtliche Prüfung

Grundsätzlich obliegt jedem der beteiligten Registergerichte die Pflicht, die eingereichten Unterlagen auf ihre **Vollständigkeit** hin zu überprüfen sowie die materiellen Ausgliederungsvoraussetzungen festzustellen.[11] Aus dem in § 154 angelegten Kriterium der Zweifelsfreiheit folgt, dass das Registergericht des Einzelkaufmannes darüber hinaus dazu verpflichtet ist, erkennbaren Anhaltspunkten nachzugehen, die auf eine **Überschuldung** des Einzelkaufmannes hindeuten. Zu diesem Zweck ist es auch berechtigt, gem. § 26 FamFG weitere Nachweise anzufordern. Verbleibende Restzweifel, die trotz vorangegangener Aufklärungsversuche des Registergerichts fortbestehen, wirken nicht zulasten des um Eintragung ersuchenden Einzelkaufmannes. Ohne konkrete Anhaltspunkte dahin gehend, dass sich für das Registergericht in absehbarer Zeit neue Erkenntnisse ergeben werden, ist dieses nicht berechtigt, die Ermittlungen zeitlich unbegrenzt

---

4 Kölner Komm UmwG/*Simon* § 154 Rn. 1; Widmann/Mayer/*Mayer* § 154 Rn. 1; Henssler/Strohn/*Büteröwe* § 154 Rn. 2; Kallmeyer/*Zimmermann* § 154 Rn. 1.
5 Mit weiteren Ausführungen siehe Lutter/*Karollus/Schwab* § 154 Rn. 1, 13.
6 So auch Henssler/Strohn/*Büteröwe* § 154 Rn. 2.
7 Henssler/Strohn/*Büteröwe* § 154 Rn. 2.
8 Schmitt/Hörtnagl/*Hörtnagl* § 154 Rn. 5; Kallmeyer/*Zimmermann* § 154 Rn. 4; BeckOGK/*Leitzen* § 154 Rn. 11; Semler/Stengel/Leonard/*Seulen* § 154 Rn. 15; Lutter/*Karollus/Schwab* § 154 Rn. 3.
9 Kölner Komm UmwG/*Simon* § 154 Rn. 4; Lutter/*Karollus/Schwab* § 154 Rn. 3; Henssler/Strohn/*Büteröwe* § 154 Rn. 3; BeckOGK/*Leitzen* § 154 Rn. 12.
10 Schmitt/Hörtnagl/*Hörtnagl* § 154 Rn. 5; Widmann/Mayer/*Mayer* § 154 Rn. 12; Semler/Stengel/Leonard/*Seulen* § 154 Rn. 14 ff.; Lutter/*Karollus/Schwab* § 154 Rn. 3.
11 Lutter/*Karollus/Schwab* § 154 Rn. 13.

weiterzuführen. Der Registerrichter hat die Eintragung in derartigen Fällen – trotz verbleibender Zweifel – vorzunehmen.[12]

Das materielle Ausgliederungshindernis nach § 152 S. 2 ist nach allgemeiner Auffassung im Insolvenzplanverfahren nicht anwendbar, da weder der Einzelkaufmann noch der übernehmende Rechtsträger schutzbedürftig sind.[13]

5 Als Grundlage der Beurteilung dient zunächst die Bilanz des Einzelkaufmannes, zu deren Einreichung dieser gem. § 125 S. 1 iVm § 17 Abs. 2 verpflichtet ist. Diese muss den allgemeinen Rechnungslegungsvorschriften genügen. Zur Vorlage einer durch einen unabhängigen Prüfer geprüften und testierten **Bilanz** ist der Einzelkaufmann, wie sich aus §§ 316 Abs. 1 iVm 267 Abs. 2 und 3 HGB ergibt,[14] grundsätzlich nicht verpflichtet. Derartige Maßnahmen kann das Registergericht lediglich bei Vorhandensein substantiierter Zweifel anordnen.[15] Ein Prüfbericht gem. § 159 Abs. 2 steht dem Registergericht lediglich im Falle der Ausgliederung zur Neugründung einer AG oder einer KGaA zur Verfügung.[16]

6 Die dem Registergericht im Rahmen seiner Prüfung qua Gesetz zur Verfügung stehenden Unterlagen bieten freilich keinerlei Aufschluss über die privaten finanziellen Verhältnisse des Einzelkaufmannes. Die herrschende Ansicht im Schrifttum nimmt daher eine Verpflichtung desselben zur **Abgabe einer Versicherung** mit dem Inhalt an, dass seine Verbindlichkeiten das Vermögen nicht übersteigen.[17] Hierfür spricht, dass die Abgabe einer entsprechenden Versicherung bereits im Rahmen des § 56e UmwG 1969 von der überwiegenden Auffassung als erforderlich erachtet wurde.[18] Sofern mitunter die Pflicht zur Abgabe einer Versicherung negiert wird, soll das Registergericht zumindest infolge des Amtsermittlungsgrundsatzes (§ 26 FamFG) zur Einholung einer solchen befugt sein.[19] Nach der Gegenauffassung, wonach in der Anmeldung zum Registergericht das Vorliegen der Eintragungsvoraussetzungen und damit auch das Nichtvorliegen einer Überschuldung konkludent miterklärt wird, besteht für die Einforderung einer zusätzlichen positiven Versicherung mangels eigenständigen Aussagegehalts und mangels Strafbewehrung einer solchen Versicherung kein Raum.[20] Freilich erfüllt auch eine nicht strafbewehrte Versicherung ihren Zweck, da sich der Einzelkaufmann über seine finanzielle Situation Gedanken machen muss.[21]

7 Nimmt man mit der herrschenden Ansicht die Pflicht zur Abgabe einer Versicherung bezüglich Verbindlichkeiten und Vermögen des Einzelkaufmannes an, kann diese Erklärung grundsätzlich ohne die Einhaltung besonderer Formvorschriften erfolgen.[22] Die Versicherung kann gesondert oder gemeinsam mit der Anmeldung zum Handelsregister abgegeben oder nachgereicht werden.[23] In keinem Fall ist die höchstpersönliche

---

12 Kölner Komm UmwG/*Simon* § 154 Rn. 4; Lutter/*Karollus/Schwab* § 154 Rn. 3; Schmitt/Hörtnagl § 154 Rn. 5; Widmann/Mayer/*Mayer* § 154 Rn. 12; Kallmeyer/*Zimmermann* § 154 Rn. 4.
13 Henssler/Strohn/*Büterowe* § 154 Rn. 2 mwN; AG Norderstedt 7.11.2016 – 66 IN 226/15, BeckRS 2016, 116734.
14 Semler/Stengel/Leonard/*Seulen* § 154 Rn. 10.
15 Vgl. zur Umwandlung eines Einzelunternehmens in eine „kleine" GmbH OLG Düsseldorf NJW 1995, 2927 f.
16 Lutter/*Karollus/Schwab* § 154 Rn. 4; Schmitt/Hörtnagl § 154 Rn. 4.
17 Keßler/Kühnberger/*Dahlke* § 154 Rn. 4; Semler/Stengel/Leonard/*Seulen* § 154 Rn. 3; Henssler/Strohn/*Büterowe* § 154 Rn. 3; Kallmeyer/*Zimmermann* § 154 Rn. 5.
18 So Schmitt/Hörtnagl/*Hörtnagl* § 154 Rn. 4; Kallmeyer/*Zimmermann* § 154 Rn. 5 unter Verweis auf Begr. RegE bei *Ganske* Umwandlungsrecht S. 182.
19 Kölner Komm UmwG/*Simon* § 154 Rn. 6; Widmann/Mayer/*Mayer* § 154 Rn. 12.
20 Lutter/*Karollus/Schwab* § 154 Rn. 11.
21 So auch Semler/Stengel/Leonard/*Seulen* § 154 Rn. 3.
22 Kallmeyer/*Zimmermann* § 154 Rn. 5; Schmitt/Hörtnagl/*Hörtnagl* § 154 Rn. 4.
23 Keßler/Kühnberger/*Dahlke* § 154 Rn. 4.

Pflicht zur Abgabe der Versicherung zu fordern.²⁴ Es ist daher grundsätzlich auch ausreichend, wenn das Vertretungsorgan des übernehmenden Rechtsträgers das Nichtvorliegen einer Überschuldung des ausgliedernden Einzelkaufmannes versichert.²⁵ Dieses ist schließlich gem. § 129 auch zur Anmeldung der Spaltung beim Registergericht für den Einzelkaufmann befugt.²⁶ In diesem Fall setzt die Glaubhaftmachung allerdings voraus, dass zugleich eine valide Grundlage mitgeteilt wird, auf der die Versicherung beruht. Dies wird regelmäßig eine Erklärung des Einzelkaufmannes selbst sein, wobei eine solche bereits im Ausgliederungsvertrag enthalten sein kann.²⁷ Da der Schutzzweck des § 152 und folglich auch des § 154 in der **Kapitalaufbringung** des übernehmenden Rechtsträgers begründet ist (→ § 152 Rn. 30), sollte die Versicherung (auch) gegenüber dem Register des übernehmenden Rechtsträgers abgegeben werden, auch wenn – wie Seulen im Anschluss an Maier-Reimer zu Recht ausführt – eine diesbezügliche gesetzliche Verpflichtung nicht besteht und der Wortlaut des § 154 dem entgegensteht.²⁸ Insgesamt ist zu konstatieren, dass eine eindeutige gesetzliche Verpflichtung zur Abgabe und Einreichung einer solchen **Versicherung** nicht besteht und die Argumentation der herrschenden Ansicht sich auf Zweckmäßigkeitsgesichtspunkte beschränkt, ohne jedoch zwingende Gründe hierfür ins Feld zu führen.²⁹

Hinweis: Um Verzögerungen bei der Eintragung zu vermeiden, sollte der Einzelkaufmann die Versicherung nach Maßgabe der herrschenden Meinung abgeben; diese sollte aus Beschleunigungsgründen sowohl zum Register des übertragenden als auch des übernehmenden Rechtsträgers eingereicht werden.

Eine Befugnis, die Eintragung aus Gründen der Überschuldung des Einzelkaufmannes zurückzuweisen, steht nach dem eindeutigen Wortlaut der Norm nur dem Registergericht des Sitzes des Einzelkaufmannes zu und mithin ausdrücklich nicht dem für den übernehmenden Rechtsträger zuständigen Registergericht.³⁰

IV. Fristen

Aufgrund § 125 S. 1 iVm § 17 Abs. 2 S. 4 darf das Registergericht eine Eintragung nur vornehmen, wenn die Bilanz des Einzelkaufmannes auf einen höchstens acht Monate vor der Anmeldung liegenden Stichtag aufgestellt ist. Gemeint ist damit im vorliegenden Fall, wie sich aus § 17 Abs. 2 S. 1 ergibt, ausschließlich das Registergericht des Einzelkaufmannes. Selbstverständlich ist es dem Registergericht des übernehmenden Rechtsträgers nicht verwehrt, sich im Rahmen seiner Prüfungspflicht nach allgemeinen Vorschriften die **Bilanz des Einzelkaufmannes** vorlegen zu lassen.³¹ Das Fristerfordernis des § 17 Abs. 2 S. 4 findet hierauf jedoch keine Anwendung.³² Für die Fristberechnung gelten sinngemäß die Bestimmungen in § 188 Abs. 2 und 3 BGB.

---

24 So auch Lutter/Karollus/Schwab § 154 Rn. 11; Kallmeyer/Zimmermann § 154 Rn. 5, 11; BeckOGK/Leitzen § 154 Rn. 16.1 für die Abgabe einer höchstpersönlichen Versicherung; Widmann/Mayer/Mayer § 154 Rn. 12.
25 Semler/Stengel/Leonard/Seulen § 154 Rn. 4; Kölner Komm UmwG/Simon § 154 Rn. 7.
26 Lutter/Karollus/Schwab § 154 Rn. 6.
27 Semler/Stengel/Leonard/Seulen § 154 Rn. 4; Kölner Komm UmwG/Simon § 154 Rn. 7.
28 Semler/Stengel/Leonard/Seulen § 154 Rn. 3; so auch Kölner Komm UmwG/Simon § 154 Rn. 8.
29 So iErg auch Lutter/Karollus/Schwab § 154 Rn. 11.
30 Kölner Komm UmwG/Simon § 154 Rn. 8.
31 BayObLG NZG 1999, 321 mit zustimmender Anm. Kleindiek.
32 BayObLG NZG 1999, 321 mit zustimmender Anm. Kleindiek; Kölner Komm UmwG/Simon § 154 Rn. 11.

V. Anmeldung

10 Art und Umfang der Ausgliederung müssen klar bezeichnet werden, also insbesondere die beteiligten Rechtsträger, die zu übertragenden Vermögensteile des Einzelkaufmannes und die hierfür gewährten Anteile am übernehmenden Rechtsträger müssen eindeutig bezeichnet sein. Ausgliederungs- und Übernahmevertrag müssen mit einem Datum versehen sein, ebenso wie die Zustimmungsbeschlüsse aller übernehmenden Rechtsträger. Der Umfang der beizubringenden Unterlagen ergibt sich grundsätzlich aus der allgemeinen Regelung nach § 125 S. 1 iVm § 16 Abs. 2 und 3.[33] Auf die dortigen Ausführungen wird hiermit verwiesen. Das Registergericht prüft die **Vollständigkeit** der Anmeldung sowie der beigefügten Unterlagen und fordert die Einreichung fehlender Unterlagen mittels Zwischenverfügung an. Eine gesonderte, dem grundsätzlich nach § 125 S. 1 iVm § 13 Abs. 1 erforderlichen Beschluss der Anteilsinhaber entsprechende Ausgliederungserklärung brächte keinen Mehrwert und ist daher nicht erforderlich. Der Ausgliederungswille des Einzelkaufmannes kommt bereits hinreichend durch die Unterzeichnung des Ausgliederungs- und Übernahmevertrages zum Ausdruck.[34]

VI. Eintragung und Bekanntmachung

11 Hinsichtlich Eintragung und Bekanntmachung sowie deren Reihenfolge gelten die allgemeinen spaltungs- und verschmelzungsrechtlichen Regelungen, insbesondere sind die Regelungen der §§ 130, 131 zu beachten.[35] Auf die dortigen Ausführungen wird verwiesen. Mit der **Eintragung** der Ausgliederung im Handelsregister des Einzelkaufmannes wird die Ausgliederung wirksam und das Vermögen geht auf den übernehmenden Rechtsträger über. Der Einzelkaufmann erhält im Gegenzug die **Anteile** am übernehmenden Rechtsträger. Hinsichtlich der Heilung von Mängeln gilt § 131 Abs. 1 Nr. 4, Abs. 2.

12 Die **Bekanntmachung** der Ausgliederung hat gem. § 125 S. 1 iVm § 19 Abs. 3 durch jedes der beteiligten Registergerichte nach den Vorgaben des § 10 HGB zu erfolgen.[36] Mit der Bekanntmachung beginnt die fünfjährige **Nachhaftungsfrist** iSd § 157 für die im Ausgliederungs- und Übernahmevertrag aufgeführten Verbindlichkeiten des Einzelkaufmannes.[37] Die Gläubiger sind zudem auf ihr Recht, **Sicherheitsleistung** zu fordern, hinzuweisen (§ 125 Abs. 1 S. 3, § 22 S. 1).

§ 155 Wirkungen der Ausgliederung

¹Erfaßt die Ausgliederung das gesamte Unternehmen des Einzelkaufmanns, so bewirkt die Eintragung der Ausgliederung nach § 131 das Erlöschen der von dem Einzelkaufmann geführten Firma. ²Das Erlöschen der Firma ist von Amts wegen in das Register einzutragen.

---

33 Lutter/*Karollus/Schwab* § 154 Rn. 7 f.
34 Lutter/*Karollus/Schwab* § 154 Rn. 12; Semler/Stengel/Leonard/*Seulen* § 154 Rn. 11.
35 Kölner Komm UmwG/*Simon* § 154 Rn. 13.
36 Semler/Stengel/Leonard/*Seulen* § 154 Rn. 20; Widmann/Mayer/*Mayer* § 154 Rn. 9; Lutter/*Karollus/Schwab* § 154 Rn. 17.
37 Kallmeyer/*Zimmermann* § 154 Rn. 12.

I. Überblick

Die Norm tritt ergänzend neben die allgemeine spaltungsrechtliche Regelung des § 131 und behandelt den speziellen, nur bei einem ausgliedernden Einzelkaufmann möglichen Fall, dass dieser durch die Ausgliederung die **Firmenfähigkeit** verliert. Es handelt sich daher um eine rein firmenrechtliche Spezialbestimmung; die weiteren Wirkungen der Ausgliederung bestimmen sich nach § 131.[1] Die allgemeinen firmenrechtlichen Regelungen bleiben durch § 155 unberührt.[2] Sind die Tatbestandsvoraussetzungen erfüllt, erlischt die **Firma des Einzelkaufmannes** automatisch ohne vorherigen Antrag.[3]

§ 155 entspricht den historischen §§ 55 Abs. 1 S. 3 u. 4, 56f Abs. 1 S. 3 u. 5 UmwG 1969/1980.[4]

II. Erlöschen der Firma des Einzelkaufmanns

1. Übertragung des gesamten Unternehmens

§ 155 findet ausschließlich in den Fällen Anwendung, in denen der Einzelkaufmann sein gesamtes Unternehmen ausgliedert. Bereits das Zurückbehalten eines nur unwesentlichen Restteils seines Unternehmens schließt die Anwendbarkeit der Vorschrift aus.[5] Betreibt der Einzelkaufmann mehrere Unternehmen unter verschiedenen Firmen, bezieht sich das Erfordernis der vollständigen Ausgliederung jeweils nur auf das konkret ausgegliederte Unternehmen. Das Weiterführen der übrigen Unternehmen bleibt dann für die Anwendbarkeit des § 155 ohne Bedeutung.[6] Die Vorschrift regelt insbesondere nicht das Firmenrecht beim übernehmenden Rechtsträger, insofern wird auf die allgemeinen Vorschriften verwiesen.[7]

Eine Ausgliederung des gesamten Unternehmens liegt nach allgemeiner Auffassung auch dann vor, wenn der Einzelkaufmann im Vorfeld einzelne Vermögensgegenstände aus dem Unternehmen im Wege einer **Entwidmung** derart „herauslöst", dass diese keinem unternehmerischen Zweck mehr zuzuordnen sind.[8] Kontrovers wird demgegenüber beurteilt, wie zu verfahren ist, wenn solche Vermögensgegenstände ohne ausdrückliche vorherige Entwidmung der Unternehmensmasse entzogen werden. In diesem Fall ist streitig, ob in dem Zurückbehalten der Vermögensgegenstände zugleich eine konkludent erklärte Entwidmung zu sehen ist.[9] Im Ergebnis führen beide Auffassungen zum selben Ergebnis, da beide die Anwendbarkeit von § 155 auf Fälle beschränken, in denen ein entsprechender Wille des Einzelkaufmannes auch ohne expliziten Antrag auf **Löschung der Firma** für das Registergericht eindeutig erkennbar wird.[10] Dies ist regelmäßig der Fall, wenn der Einzelkaufmann gegenüber dem Registergericht erklärt, dass bestimmte Vermögensgegenstände fortan keinem unternehmerischen Zweck mehr dienen sollen.[11] Trägt das Registergericht das Erlöschen der Firma ohne ausdrückliche Erklärung des Einzelkaufmannes ein, so ist § 155 nicht anwendbar, da der Schutz des Einzelkaufmannes Vorrang vor dem Grundsatz der Richtigkeit des Registers hat.[12]

Das Registergericht wird regelmäßig anhand des Ausgliederungs- und Übernahmevertrags bzw. des Ausgliederungsplans und der Schlussbilanz nicht eindeutig feststellen können, ob durch die Ausgliederung das gesamte Unternehmen des Einzelkaufmannes übertragen wird. Aus praktischen Gesichtspunkten ist es daher empfehlenswert, entsprechende Angaben wie zB eine „Catch-All-Klausel" bereits in den Ausgliederungs- und Übernahmevertrag bzw. Ausgliederungsplan aufzunehmen oder eine separate Erklärung der Registeranmeldung beizufügen.[13]

2. Rechtsfolgen

4 Die Firma des Einzelkaufmannes erlischt – soweit diese nicht von dem übernehmenden Rechtsträger fortgeführt wird – ipso jure mit erfolgter Ausgliederung, also mit deren Eintragung im Register des Einzelkaufmannes. Eines entsprechenden Antrages bedarf es nicht. Die gem. § 155 S. 2 von Amts wegen vorzunehmende Eintragung des Erlöschens der Firma in das Register besitzt lediglich deklaratorischen Charakter.[14] Wird die Firma von dem neuen Rechtsträger fortgeführt, erlischt diese als solche nicht. Die **Firmenfortführung** folgt dann allgemeinen Grundsätzen (§ 22 Abs. 1 HGB, § 18 Abs. 1). Im Register erfolgt die Löschung der Eintragung des Einzelkaufmannes mit der Firma gem. § 42 S. 1 HRV mittels Rötung.[15]

5 Zur zweifelsfreien Klärung der Frage, ob die Voraussetzungen des § 155 vorliegen, hat das Registergericht gem. § 26 FamFG notfalls eigene Nachforschungen anzustellen.[16] Anhaltspunkte kann vor allem der Abgleich des Ausgliederungs- und Übernahmevertrags mit der Schlussbilanz des Einzelkaufmannes liefern. Da sich aus den genannten Unterlagen nicht zwangsläufig ergibt, ob sich die Ausgliederung auf das gesamte Unternehmen des Einzelkaufmannes bezieht, ist dieser zweckmäßigerweise selbst hierüber zu befragen. Es bietet sich aus diesem Grund an, bereits in den Ausgliederungs- und Übernahmevertrag eine entsprechende Erklärung des Einzelkaufmannes mit aufzunehmen.[17]

6 Die Eintragung der Ausgliederung erfolgt gänzlich unabhängig von der Eintragung der **Löschung der Firma**. § 5 HGB findet vor Eintragung der Löschung keine Anwendung, da der Einzelkaufmann unter der bisherigen Firma kein Gewerbe mehr betreibt. Eine

---

10 Lutter/*Karollus/Schwab* § 155 Rn. 2; Semler/Stengel/Leonard/*Seulen* § 155 Rn. 4; iErg Widmann/Mayer/*Mayer* § 155 Rn. 5.
11 Lutter/*Karollus/Schwab* § 155 Rn. 2; Kölner Komm UmwG/*Simon* § 155 Rn. 4.
12 Kölner Komm UmwG/*Simon* § 155 Rn. 4; Widmann/Mayer/*Mayer* § 155 Rn. 5; so nunmehr auch Lutter/*Karollus/Schwab* § 155 Rn. 2 (unter Aufgabe der Ansicht aus der Voraufl.).
13 BeckOGK/*Leitzen* § 155 Rn. 9.1; Kallmeyer/*Sickinger* § 155 Rn. 4 mwN.
14 Lutter/*Karollus/Schwab* § 155 Rn. 4; Kölner Komm UmwG/*Simon* § 155 Rn. 5; BeckOGK/*Leitzen* § 155 Rn. 10; Kallmeyer/*Sickinger* § 155 Rn. 5.
15 Semler/Stengel/Leonard/*Seulen* § 155 Rn. 5.
16 Schmitt/Hörtnagl/*Hörtnagl* § 155 Rn. 1; Semler/Stengel/Leonard/*Seulen* § 155 Rn. 6.
17 Lutter/*Karollus/Schwab* § 155 Rn. 4; Schmitt/Hörtnagl/*Hörtnagl* § 155 Rn. 1.

Anwendung des § 15 Abs. 1 HGB scheidet ebenfalls aus, da ein hierfür erforderlicher Antrag des Einzelkaufmannes gerade nicht vorliegt.[18]

3. Teilübertragungen

Keine Anwendung findet die Norm, wenn nur eine **Teilausgliederung** vollzogen wird. Insoweit ergeben sich keine Besonderheiten und der Einzelkaufmann bleibt unter seiner Firma im Register eingetragen. Zu einer Weiterführung ist er allerdings nur so lange befugt, als er mit dem Restbestand seines Unternehmens weiterhin in kaufmännischer Weise tätig ist. Bleibt er dieses Erfordernis schuldig, ist er gem. § 31 Abs. 2 S. 1 HGB zur Beantragung der Löschung seiner Firma verpflichtet.[19] Darüber hinaus steht es ihm gem. § 22 HGB grundsätzlich frei, sein Handelsgeschäft zu veräußern, wobei bei entsprechendem Parteiwillen auch die Übertragung der Firma damit einhergehen kann.[20] Bei einer Teilübertragung ist § 15 HGB unstreitig anwendbar.[21]

III. Firmenbildung beim übernehmenden Rechtsträger

Nach erfolgter Übertragung steht dem übernehmenden Rechtsträger zur Wahl, nach allgemeinen Grundsätzen[22] eine neue **Firma** zu bilden oder die eigene Firma oder die des übertragenden Rechtsträgers fortzuführen.[23] Der letztgenannten Möglichkeit steht insbesondere § 125 S. 1 nicht entgegen, der für den Fall der Abspaltung und Ausgliederung die Anwendbarkeit von § 18 ausschließt. Richtigerweise muss in § 125 S. 1 Hs. 2 zumindest in Bezug auf die §§ 152 ff. ein Redaktionsversehen des Gesetzgebers gesehen werden, da es dem übernehmenden Rechtsträger freistehen muss, den in der Firma liegenden Wert mit zu übertragen.[24] Vielmehr verbleibt es bei der allgemeinen Regelung des § 22 HGB. Demnach besteht gem. § 22 Abs. 1 HGB das **Recht zur Firmenfortführung** unter anderem dann, wenn ein Handelsgeschäft unter Lebenden übertragen wird. Dies ist bei der Ausgliederung aus dem Vermögen des Einzelkaufmannes grundsätzlich der Fall. Der Grund für die Nichtanwendbarkeit des § 18 auf die Abspaltung und Ausgliederung ist – im Gegensatz zur Verschmelzung und Aufspaltung – darin zu sehen, dass hiermit nicht notwendigerweise die Übertragung des gesamten Handelsgeschäfts einhergeht.[25] Die darüber hinausgehende Annahme der gesetzgeberischen Intention, dass § 22 HGB durch § 125 S. 1 gesperrt sei und damit die Annahme einer gravierenden Bereichsausnahme vom Grundsatz der Firmenbeständigkeit vorläge, ist in Ermangelung eindeutiger Anhaltspunkte nicht angezeigt.[26] In jedem Fall ist jedoch auf die Verwendung des korrekten Rechtsformzusatzes und auf das allgemeine Firmenrecht[27] zu achten.[28]

---

18 So auch Lutter/*Karollus/Schwab* § 155 Rn. 4; Kölner Komm UmwG/*Simon* § 155 Rn. 5.
19 Lutter/*Karollus/Schwab* § 155 Rn. 5; Schmitt/Hörtnagl/*Hörtnagl* § 155 Rn. 3; Kallmeyer/*Sickinger* § 155 Rn. 6; Semler/Stengel/Leonard/*Seulen* § 155 Rn. 7.
20 Semler/Stengel/Leonard/*Seulen* § 155 Rn. 7.
21 BeckOGK/*Leitzen* § 155 Rn. 12.
22 Vgl. §§ 4, 279 AktG; Art. 11 SE-VO; § 4 GmbHG; § 3 GenG; § 19 HGB; Vgl. Lutter/*Karollus/Schwab* § 155 Rn. 6.
23 Lutter/*Karollus/Schwab* § 155 Rn. 6; Kölner Komm UmwG/*Simon* § 155 Rn. 8; Widmann/Mayer/*Mayer* § 155 Rn. 11 f.; Henssler/Strohn/*Büteröwe* § 155 Rn. 1 f.; iErg BeckOGK/*Leitzen* § 155 Rn. 13 ff.
24 So auch die hM, LG Hagen GmbHR 1996, 127; Widmann/Mayer/*Mayer* § 155 Rn. 12; Kölner Komm UmwG/*Simon* § 155 Rn. 8; Lutter/*Karollus/Schwab* § 155 Rn. 6; einschränkend Semler/Stengel/Leonard/*Seulen* § 155 Rn. 9; *Kögel* GmbHR 1996, 168 (173).
25 Semler/Stengel/Leonard/*Seulen* § 155 Rn. 9.
26 Lutter/*Karollus/Schwab* § 155 Rn. 6; Kallmeyer/*Sickinger* § 155 Rn. 7; Widmann/Mayer/*Mayer* § 155 Rn. 12.
27 Hierzu BeckOGK/*Leitzen* § 155 Rn. 13 ff.
28 Semler/Stengel/Leonard/*Seulen* § 155 Rn. 9.

§ 156 Haftung des Einzelkaufmanns

¹Durch den Übergang der Verbindlichkeiten auf übernehmende oder neue Gesellschaften wird der Einzelkaufmann von der Haftung für die Verbindlichkeiten nicht befreit. ²§ 418 des Bürgerlichen Gesetzbuchs ist nicht anzuwenden.

I. Überblick 1	III. Haftung des übernehmenden Rechtsträgers 8
II. Haftung des Einzelkaufmanns 3	1. Übertragene Verbindlichkeiten 8
1. Übertragene Verbindlichkeiten 3	2. Nicht übertragene Verbindlichkeiten ... 9
2. Nicht übertragene Verbindlichkeiten ... 4	3. Neuverbindlichkeiten 10
3. Neuverbindlichkeiten 5	4. Haftung aus weiteren Vorschriften ... 11
4. Betriebsaufspaltung 6	
5. Sicherheiten 7	

I. Überblick

1 Die Bestimmungen in §§ 156, 157 sind im Zusammenhang zu betrachten und regeln die **Haftung des Einzelkaufmannes** nach dem Ausgliederungsvorgang sowie die gesetzliche **Begrenzung dieser Haftung**.[1] Der Normzweck der §§ 156, 157 besteht im Gläubigerschutz.[2] Auch nach Übergang der übertragenen Verbindlichkeiten auf den übernehmenden Rechtsträger haftet der Einzelkaufmann weiterhin bis zum Ablauf der in § 157 geregelten Zeitspanne. Keine Aussage treffen §§ 156, 157 über die Haftung des übernehmenden Rechtsträgers sowie insbesondere über dessen Haftung im Verhältnis zum übertragenden Einzelkaufmann.[3] Insoweit verbleibt es bei den allgemeinen spaltungsrechtlichen Haftungsvorschriften der §§ 133 f.[4] Die haftungsrechtliche Behandlung nicht übertragbarer Verbindlichkeiten ist ebenfalls nicht Regelungsgegenstand des § 156.[5] Dem Verweis auf § 418 BGB in S. 2 kommt eine rein deklaratorische Bedeutung zu.[6]

2 Für den Einzelkaufmann stellen die §§ 156, 157 leges speciales im Verhältnis zu den §§ 133 f. dar, soweit sie denselben Regelungsgegenstand betreffen.[7] Im Speziellen bedeutet dies, dass § 133 Abs. 1 S. 1, Abs. 3 S. 1, Abs. 4, 5 verdrängt wird und dass § 133 Abs. 1 S. 2, Abs. 2, Abs. 3 S. 2, Abs. 6, § 134 weiterhin Anwendung finden.[8]

Die Ausgliederung wirkt grundsätzlich wie ein gesetzlicher Schuldbeitritt. Allerdings ist in der exakten Wirkung zu differenzieren: Bei übertragenen Verbindlichkeiten wirkt die Ausgliederung wie ein Schuldbeitritt, der in einer befreienden Schuldübernahme endet, bei nicht übertragenen Verbindlichkeiten wirkt sie hingegen wie ein befristeter Schuldbeitritt.[9]

---

[1] Widmann/Mayer/*Mayer* § 156 Rn. 1; BeckOGK/*Leitzen* § 156 Rn. 1.
[2] BT-Drs. 12/6699, 129; Henssler/Strohn/*Büteröwe* § 156 Rn. 1; BeckOGK/*Leitzen* § 156 Rn. 1.
[3] Semler/Stengel/Leonard/*Seulen* § 156 Rn. 1; Kölner Komm UmwG/*Simon* § 156 Rn. 1; Lutter/*Karollus/Schwab* § 156 Rn. 1.
[4] Kölner Komm UmwG/*Simon* § 156 Rn. 3; Schmitt/Hörtnagl/*Hörtnagl* § 156 Rn. 6 f.
[5] Semler/Stengel/Leonard/*Seulen* § 156 Rn. 1; Kölner Komm UmwG/*Simon* § 156 Rn. 1.
[6] Schmitt/Hörtnagl/*Hörtnagl* § 156 Rn. 2; BeckOGK/*Leitzen* § 156 Rn. 16.
[7] Kölner Komm UmwG/*Simon* § 156 Rn. 2; Lutter/*Karollus/Schwab* § 156 Rn. 2; Widmann/Mayer/*Mayer* § 156 Rn. 4; BAG ZIP 2013, 1433; BeckOGK/*Leitzen* § 156 Rn. 4; Kallmeyer/*Sickinger* § 156 Rn. 1.
[8] Lutter/*Karollus/Schwab* § 156 Rn. 2; Kölner Komm UmwG/*Simon* § 156 Rn. 2.
[9] Semler/Stengel/Leonard/*Seulen* § 156 Rn. 24.

II. Haftung des Einzelkaufmanns

1. Übertragene Verbindlichkeiten

Durch die Ausgliederung von Verbindlichkeiten kann sich der Einzelkaufmann, wie § 156 S. 1 ausdrücklich klarstellt, von seiner Haftung zunächst nicht befreien. Die Ausgliederung bewirkt vielmehr einen bloßen **Schuldbeitritt** des übernehmenden Rechtsträgers.[10] Ob eine Verbindlichkeit übertragen wird, bemisst sich anhand des Ausgliederungs- und Übernahmevertrags. Dazu zählen nicht nur diejenigen Verbindlichkeiten, die im Zeitpunkt der Ausgliederung bereits entstanden waren. Es genügt, wenn konkrete Rechtsverhältnisse übertragen werden, aus denen heraus sich erst nach dem künftigen Eintritt einer oder mehrerer Bedingungen Verbindlichkeiten ergeben.[11] Durch die Novellierung des § 10 HGB kann die in der Literatur diskutierte Zuweisung von Neuverbindlichkeiten im Zeitraum zwischen Eintragung und Bekanntmachung aufgrund praktischer Erwägungen fortan dahinstehen. Einzelkaufmann und übernehmender Rechtsträger haften Dritten gegenüber als **Gesamtschuldner**.[12] Davon unberührt bleibt die haftungsrechtliche Ausgestaltung im Innenverhältnis, wonach grundsätzlich der übernehmende Rechtsträger zum Ausgleich der mit übernommenen Verbindlichkeiten verpflichtet ist. Eine entsprechende Zuweisung wird allerdings meist bereits im Ausgliederungs- und Übernahmevertrag konkretisiert.[13] Der Einzelkaufmann kann bei Inanspruchnahme durch den Gläubiger bereits vor Forderungsübergang nach § 426 Abs. 2 S. 1 BGB vom übernehmenden Rechtsträger Freistellung verlangen.[14]

Erst nach Ablauf der in § 157 bestimmten Frist tritt nach den Grundzügen einer befreienden Schuldübernahme die **Enthaftung** des Einzelkaufmannes ein.[15]

2. Nicht übertragene Verbindlichkeiten

Der Einzelkaufmann haftet auch weiterhin für Verbindlichkeiten, die nicht übertragen worden sind. Die nach § 133 Abs. 1 angeordnete Mithaftung des übernehmenden Rechtsträgers führt im **Außenverhältnis** zu einer gesamtschuldnerischen Haftung. Für das **Innenverhältnis** ist dies jedoch ohne Belang. Hier bleibt der Einzelkaufmann – sofern der Ausgliederungs- und Übernahmevertrag keine abweichende Vereinbarung enthält – nach den Grundsätzen der Gesamtschuld zum Ausgleich verpflichtet.[16] Da das UmwG hinsichtlich nicht übertragener Forderungen keine Regelungen über eine Enthaftung enthält, verbleibt es diesbezüglich bei den allgemeinen Vorschriften. Demnach tritt unter der Voraussetzung, dass der übernehmende Rechtsträger nach § 25 HGB haftet, gem. § 26 HGB nach Ablauf von fünf Jahren die **Enthaftung** des Einzelkaufmannes ein.[17] Diese gilt jedoch lediglich im Verhältnis zu Dritten. Im Innenverhältnis

---

10 Widmann/Mayer/*Mayer* § 156 Rn. 6; Lutter/*Karollus*/Schwab § 156 Rn. 3; Kölner Komm UmwG/*Simon* § 156 Rn. 6.
11 Semler/Stengel/Leonard/*Seulen* § 156 Rn. 4 f.; Kölner Komm UmwG/*Simon* § 156 Rn. 7; BeckOGK/*Leitzen* § 156 Rn. 7; Kallmeyer/*Sickinger* § 156 Rn. 4 mit dem Beispiel von Pensionszusagen.
12 Lutter/*Karollus*/Schwab § 156 Rn. 3; Kölner Komm UmwG/*Simon* § 156 Rn. 6; Schmitt/Hörtnagl/*Hörtnagl* § 156 Rn. 4; OVG Magdeburg 9.7.2019 – 1 L 85/18, BeckRS 2019, 17862.
13 Widmann/Mayer/*Mayer* § 156 Rn. 7, 19 f.; Lutter/*Karollus*/Schwab § 156 Rn. 3, 19 f.; Semler/Stengel/Leonard/*Seulen* § 156 Rn. 25; Schmitt/Hörtnagl/*Hörtnagl* § 156 Rn. 5; Hensler/Strohn/*Büteröwe* § 156 Rn. 7; Kallmeyer/*Sickinger* § 156 Rn. 3.
14 Hensler/Strohn/*Büteröwe* § 156 Rn. 2; Schmitt/Hörtnagl/*Hörtnagl* § 156 Rn. 5; Lutter/*Karollus*/Schwab § 156 Rn. 19.
15 Lutter/*Karollus*/Schwab § 156 Rn. 3; Kölner Komm UmwG/*Simon* § 156 Rn. 6; Schmitt/Hörtnagl/*Hörtnagl* § 156 Rn. 7.
16 Lutter/*Karollus*/Schwab § 156 Rn. 4; Kölner Komm UmwG/*Simon* § 156 Rn. 8.
17 Semler/Stengel/Leonard/*Seulen* § 156 Rn. 14, 17; Kölner Komm UmwG/*Simon* § 156 Rn. 8 f.; Schmitt/Hörtnagl/*Hörtnagl* § 156 Rn. 3; Kallmeyer/*Sickinger* § 156 Rn. 6.

wird – obwohl ein Regress aufgrund nicht mehr vorliegender Gesamtschuld nunmehr ausscheidet – eine ergänzende Auslegung des Ausgliederungs- und Übernahmevertrags regelmäßig ergeben, dass der Einzelkaufmann dem übernehmenden Rechtsträger auch weiterhin zum Ausgleich verpflichtet bleibt.[18]

3. Neuverbindlichkeiten

5 Für Verbindlichkeiten, die beim übernehmenden Rechtsträger nach erfolgter Ausgliederung (= Eintragung der Ausgliederung im Register am Sitz des Einzelkaufmannes) entstehen, haftet der Einzelkaufmann nicht mehr persönlich. Für die Beurteilung maßgeblich ist der Zeitpunkt, in dem der Rechtsgrund gelegt wird; bei Dauerschuldverhältnissen ist dies grundsätzlich bereits der Vertragsschluss.[19] Entsteht der Rechtsgrund vor dem Vollzug der Ausgliederung, liegt eine Altverbindlichkeit vor, die nach den in vorstehender → Rn. 3 aufgeführten Grundsätzen zu behandeln ist. Entsteht der Rechtsgrund nach dem Vollzug der Ausgliederung, handelt es sich demgegenüber um eine **Neuverbindlichkeit**, bezüglich derer der Einzelkaufmann keiner persönlichen Haftung mehr ausgesetzt ist. Die Möglichkeit einer Rechtsscheinhaftung bleibt hiervon unberührt, soweit der Einzelkaufmann einen Vertrauenstatbestand gesetzt hat.[20]

4. Betriebsaufspaltung

6 Beschränkt sich der Einzelkaufmann nach einer **Betriebsaufspaltung** auf die Verwaltung der zur Führung des Betriebes notwendigen Vermögensteile, haftet er grundsätzlich nach § 134 für **Neuverbindlichkeiten** aus Arbeitsverhältnissen, die binnen fünf Jahren nach Ausgliederung mit der Betreibergesellschaft geschlossen werden. Er gilt in diesem Fall als Anlagegesellschaft, kann jedoch grundsätzlich auch als Betreibergesellschaft agieren.[21] Zwar passen diese Begrifflichkeiten nicht reibungslos auf den Einzelkaufmann, es ist indes kein Grund ersichtlich, diesen im Rahmen einer Betriebsaufspaltung im Vergleich zu anderen Rechtsträgern besser zu stellen.[22] Anlagegesellschaft und Betreibergesellschaft haften Dritten gegenüber als Gesamtschuldner.[23]

5. Sicherheiten

7 Gemäß § 156 S. 2 ist § 418 BGB nicht anzuwenden.[24] Die für die ausgegliederte Forderung bestellten **Sicherungs- und Vorzugsrechte** erlöschen daher gerade nicht, sondern bestehen auch ohne Einwilligung des Sicherungsgebers fort.[25] Dies gilt nicht nur für die in § 418 BGB namentlich genannten Rechte, sondern darüber hinaus auch für alle anderen akzessorischen Sicherheiten sowie die Sicherungsgrundschuld.[26] Regelmäßig geht mit Übertragung der Verbindlichkeit auch der Freistellungsanspruch des Sicherungsgebers gegen den Einzelkaufmann mit über. Nach Ablauf der in § 157 bestimmten

---

18 Lutter/*Karollus/Schwab* § 156 Rn. 5.
19 BAG ZIP 2013, 1433 Rn. 23; Lutter/*Karollus/Schwab* § 156 Rn. 12; Henssler/Strohn/*Büteröwe* § 156 Rn. 1.
20 Lutter/*Karollus/Schwab* § 156 Rn. 13, 27; Semler/Stengel/Leonard/*Seulen* § 156 Rn. 23; Kölner Komm UmwG/*Simon* § 156 Rn. 10; Kallmeyer/*Sickinger* § 156 Rn. 7; Widmann/Mayer/*Mayer* § 156 Rn. 24.
21 Lutter/*Karollus/Schwab* § 156 Rn. 27; Semler/Stengel/Leonard/*Seulen* § 156 Rn. 28; Kölner Komm UmwG/*Simon* § 156 Rn. 12; Kallmeyer/*Sickinger* § 156 Rn. 8.
22 Lutter/*Karollus/Schwab* § 156 Rn. 6; iErg BeckOGK/*Leitzen* § 156 Rn. 4.4.
23 Semler/Stengel/Leonard/*Seulen* § 156 Rn. 28.
24 § 156 S. 2 hat freilich nur klarstellende Funktion, da § 418 BGB im Rahmen der Gesamtrechtsnachfolge ohnehin nicht anwendbar ist; so auch Widmann/Mayer/*Mayer* § 156 Rn. 10; MüKoBGB/*Bydlinski* BGB Vor § 414 Rn. 27 ff.
25 Widmann/Mayer/*Mayer* § 156 Rn. 1, 10; Schmitt/Hörtnagl/*Hörtnagl* § 156 Rn. 9; Kallmeyer/*Sickinger* § 156 Rn. 12.
26 Kölner Komm UmwG/*Simon* § 156 Rn. 13; für die Sicherungsgrundschuld: Lutter/*Karollus/Schwab* § 156 Rn. 21; BeckOGK/*Leitzen* § 156 Rn. 17.

Zeitspanne und der damit verbundenen Enthaftung des Einzelkaufmannes ist dem Sicherungsgeber der Rückgriff auf seinen ursprünglichen Rückgriffschuldner verwehrt. Der Freistellungsanspruch kann dann nur noch gegen den übernehmenden Rechtsträger gerichtet werden. Es ist daher nur billig, dem Sicherungsgeber das Recht einzuräumen, gem. § 22 iVm § 133 Abs. 1 S. 2 Hs. 2 Sicherheit vom übernehmenden Rechtsträger für den Fall zu verlangen, dass der Rückgriffanspruch durch die Veränderung der ursprünglichen Haftungssituation gefährdet scheint.[27]

III. Haftung des übernehmenden Rechtsträgers

1. Übertragene Verbindlichkeiten

Die Haftung des übernehmenden Rechtsträgers für übernommene Verbindlichkeiten folgt aus § 131 Abs. 1 Nr. 1. Insoweit ergeben sich keinerlei Besonderheiten.[28] Übernehmender Rechtsträger und Einzelkaufmann haften Dritten gegenüber als **Gesamtschuldner**. Im Innenverhältnis wird der übernehmende Rechtsträger durch die Ausgliederung zum primären Schuldner.

Ein gegen den Einzelkaufmann anhängiger Rechtsstreit hat keine Auswirkung auf die Ausgliederung. Der übernehmende Rechtsträger tritt nicht in den Passivprozess ein.[29] Dagegen ist anerkannt, dass ein vor Ausgliederung erwirktes Urteil auch gegen den neuen Rechtsträger vollstreckbar ist.[30] Ist ein Rechtsstreit vor Ausgliederung anhängig, ist dieser trotz des von § 155 S. 1 angeordneten und im Handelsregister eingetragenen Erlöschens der Firma des Beklagten nicht nach § 239 Abs. 1 ZPO (analog) unterbrochen, sondern der Beklagte führt den Rechtsstreit nunmehr unter seinem bürgerlichen Namen weiter.[31]

2. Nicht übertragene Verbindlichkeiten

Verbindlichkeiten, die vom Einzelkaufmann nicht ausgegliedert werden, verbleiben weiterhin bei diesem. Aufgrund § 133 Abs. 1 S. 1 haftet der übernehmende Rechtsträger gleichwohl gesamtschuldnerisch neben dem Einzelkaufmann (→ Rn. 4). Dem Wortlaut nach erstreckt sich die Haftung auf „die Verbindlichkeiten" des übertragenden Rechtsträgers und damit auf sämtliche Verbindlichkeiten des Einzelkaufmannes, unabhängig von deren Rechtsgrund. Umfasst sind daher sowohl die aus seinem Gewerbebetrieb herrührenden als auch die in seiner Eigenschaft als Privatperson begründeten Verbindlichkeiten.[32] Dies gilt nach allgemeiner Auffassung selbst für solche **Verbindlichkeiten**, die in einem anderen als dem übertragenen Unternehmen des Einzelkaufmannes entstanden sind.[33] Den übernehmenden Rechtsträger trifft insofern ein besonderes Haftungsrisiko, welches er vor einer Ausgliederung zu bedenken hat.[34] Im Innenverhältnis bleibt der Einzelkaufmann primärer Schuldner.³⁵ Er hat den übernehmenden Rechtsträger im Innenverhältnis regelmäßig freizustellen.

3. Neuverbindlichkeiten

10 Hinsichtlich der eingegangenen **Neuverbindlichkeiten** (→ Rn. 5) ergeben sich keine Besonderheiten. Es haftet stets der Rechtsträger, der die Verpflichtung eingegangen ist.

4. Haftung aus weiteren Vorschriften

11 Wie § 133 Abs. 1 S. 2 ausdrücklich regelt, sind §§ 25, 26, 28 HGB durch die umwandlungsrechtlichen Vorschriften nicht gesperrt. Sie finden auch weiterhin Anwendung. Gemäß §§ 25 Abs. 1, 26 HGB haftet der übernehmende Rechtsträger fünf Jahre für Verbindlichkeiten des Unternehmens des Einzelkaufmannes, soweit die Ausgliederung den Kern dessen Handelsgeschäfts betrifft, der übernehmende Rechtsträger die bisherige Firma fortführt und kein Haftungsausschluss nach § 25 Abs. 2 HGB einschlägig ist. Auf eine anderslautende, mit dem Einzelkaufmann getroffene Vereinbarung kann sich der übernehmende Rechtsträger Dritten gegenüber nicht berufen.³⁶ Auch eine Haftung für betriebliche Steuern gem. § 75 AO bleibt unberührt.

12 Trotz des Verweises auf § 28 HGB findet die Norm im Fall der Ausgliederung mangels Vorliegen der Tatbestandsvoraussetzungen keine Anwendung. § 28 HGB regelt nämlich den Fall, dass jemand als Gesellschafter in das Geschäft eines Einzelkaufmannes eintritt und damit die Gründung einer Personenhandelsgesellschaft herbeiführt. Demgegenüber wird in § 152 das Vorhandensein einer Personenhandelsgesellschaft gerade vorausgesetzt. Auch eine analoge Anwendung scheidet in Anbetracht der Existenz von § 133 und damit in Ermangelung einer Regelungslücke aus.³⁷

§ 157 Zeitliche Begrenzung der Haftung für übertragene Verbindlichkeiten

(1) ¹Der Einzelkaufmann haftet für die im Ausgliederungs- und Übernahmevertrag aufgeführten Verbindlichkeiten, wenn sie vor Ablauf von fünf Jahren nach der Ausgliederung fällig und daraus Ansprüche gegen ihn in einer in § 197 Abs. 1 Nr. 3 bis 5 des Bürgerlichen Gesetzbuchs bezeichneten Art festgestellt sind oder eine gerichtliche oder behördliche Vollstreckungshandlung vorgenommen oder beantragt wird; bei öffentlich-rechtlichen Verbindlichkeiten genügt der Erlass eines Verwaltungsakts. ²Eine Haftung des Einzelkaufmanns als Gesellschafter des aufnehmenden Rechtsträgers nach § 126 des Handelsgesetzbuchs bleibt unberührt.

(2) ¹Die Frist beginnt mit dem Tage, an dem die Eintragung der Ausgliederung in das Register des Sitzes des Einzelkaufmanns nach § 125 in Verbindung mit § 19 Abs. 3 bekannt gemacht worden ist. ²Die für die Verjährung geltenden §§ 204, 206, 210, 211 und 212 Abs. 2 und 3 des Bürgerlichen Gesetzbuchs sind entsprechend anzuwenden.

(3) Einer Feststellung in einer in § 197 Abs. 1 Nr. 3 bis 5 des Bürgerlichen Gesetzbuchs bezeichneten Art bedarf es nicht, soweit der Einzelkaufmann den Anspruch schriftlich anerkannt hat.

---

35 Lutter/*Karollus/Schwab* § 156 Rn. 4; Semler/Stengel/Leonard/*Seulen* § 156 Rn. 14.
36 Semler/Stengel/Leonard/*Seulen* § 156 Rn. 17.
37 Kölner Komm UmwG/*Simon* § 156 Rn. 15; Semler/Stengel/Leonard/*Seulen* § 156 Rn. 18.

(4) Die Absätze 1 bis 3 sind auch anzuwenden, wenn der Einzelkaufmann in dem Rechtsträger anderer Rechtsform geschäftsführend tätig wird.

I. Überblick

Die Bestimmungen in §§ 156, 157 sind im Zusammenhang zu betrachten und regeln die **Haftung des Einzelkaufmannes** nach dem Ausgliederungsvorgang sowie die gesetzliche **Begrenzung dieser Haftung**.[1] Die Haftungsmodalitäten des übernehmenden Rechtsträgers regelt die Norm hingegen nicht (→ § 133 Rn. 2 ff.).[2] In §§ 156, 157 wird ein von §§ 133, 134 für andere Fälle der Spaltung abweichendes und diesen im Rahmen ihres beschränkten Regelungsgehaltes als lex specialis vorgehendes Haftungsregime statuiert.[3] § 157 verdrängt die Haftung gem. § 134 allerdings nur, soweit Ansprüche aus § 156 betroffen sind. Insgesamt ist § 157 eng an das Nachhaftungsbegrenzungsgesetz angelehnt. Aufgrund der lex posterior-Regel greift freilich die zehnjährige Enthaftungsfrist des § 133 Abs. 3 S. 2 für Versorgungsverpflichtungen gem. Betriebsrentengesetz.[4] Verfassungsrechtliche Bedenken gegen § 157 greifen nicht durch.[5] Die Norm lässt kürzere Verjährungs- oder Ausschlussfristen allerdings unberührt.[6] Hinsichtlich nicht übergegangener Verbindlichkeiten ist eine Enthaftung nach §§ 25, 26 HGB möglich.[7] 1

Durch das Inkrafttreten des Gesetzes zur Modernisierung des Personengesellschaftsrechts – **MoPeG** – zum 1.1.2024 wurde in Abs. 1 die Verweisung zur Haftung der OHG-Gesellschafter von § 128 HGB zu § 126 HGB abgeändert, wobei sich hieraus in Bezug auf §§ 152 ff. keine materiellen Änderungen ergeben.[8]

§ 157 ist eine selbstständige **Enthaftungsgrundlage** für die Haftung aus § 156. Daneben gelten insbesondere die Haftungsregeln der §§ 25, 28, 126 HGB (bis zum 31.12.2023 § 128 HGB) (s. § 157 Abs. 1 S. 2), 826 BGB und der Insolvenzordnung. Im Hinblick auf die zeitliche Anwendbarkeit gilt § 353 (siehe die dortigen Ausführungen) und betreffend die Neuregelung der **Verjährung** durch das Schuldrechtsmodernisierungsgesetz ist Art. 29 § 6 EGBGB zu beachten. § 157 ist dispositiv und kann durch Vereinbarungen mit dem Gläubiger – nicht dem übernehmenden Rechtsträger – abbedungen werden.[9] Auf Teilübertragungen ist § 157 gem. § 175 nicht anwendbar. 2

Im Innenverhältnis zwischen übertragendem und übernehmendem Rechtsträger wird die Haftung grundsätzlich speziell (regelmäßig im Ausgliederungs- und Übernahmevertrag) geregelt, so dass interne **Freistellungs- und Ausgleichsansprüche** bestehen.[10] Im Außenverhältnis sind diese freilich ohne Belang; insbesondere stellt § 157 keine Schutznorm für den übernehmenden Rechtsträger dar.[11] 3

---

1 Widmann/Mayer/*Mayer* § 156 Rn. 1.
2 BeckOGK/*Leitzen* § 157 Rn. 1.
3 Semler/Stengel/Leonard/*Seulen* § 157 Rn. 3 iVm § 156 Rn. 2; Widmann/Mayer/*Mayer* § 156 Rn. 1.
4 So auch Semler/Stengel/Leonard/*Seulen* § 157 Rn. 9a; iErg BeckOGK/*Leitzen* § 157 Rn. 18; ausführlicher: Lutter/*Karollus/Schwab* § 157 Rn. 18; zum Übergang der Verbindlichkeiten: Henssler/Strohn/*Büteröwe* § 157 Rn. 1 mwN; BAG 22.2.2005 – 3 AZR 499/03, NJW 2005, 3371.
5 Anders jedoch *Canaris* FS Odersky, 1996, 753 (775 f.); wie hier Semler/Stengel/Leonard/*Seulen* § 157 Rn. 4.
6 Lutter/*Karollus/Schwab* § 157 Rn. 22; Semler/Stengel/Leonard/*Seulen* § 157 Rn. 18; BeckOGK/*Leitzen* § 157 Rn. 3.
7 Semler/Stengel/Leonard/*Seulen* § 157 Rn. 21; BeckOGK/*Leitzen* § 157 Rn. 5.
8 So auch: Widmann/Mayer/*Vossius* § 157 Rn. 3.1; BeckOGK/*Leitzen* § 157 Rn. 1.
9 Semler/Stengel/Leonard/*Seulen* § 157 Rn. 19; Widmann/Mayer/*Vossius* § 157 Rn. 32 f.; Lutter/*Karollus/Schwab* § 157 Rn. 21.
10 Hierzu: Semler/Stengel/Leonard/*Seulen* § 157 Rn. 23 f.
11 Widmann/Mayer/*Vossius* § 157 Rn. 8 ff. mit Beispielen und weiteren Nachweisen.

II. Voraussetzungen

4 Zunächst muss eine Ausgliederung aus dem Vermögen eines Einzelkaufmannes vorliegen (→ § 152 Rn. 35 f.). Übernehmender Rechtsträger ist bei einer Ausgliederung zur Aufnahme entweder eine bereits bestehende Personenhandels-, Kapitalgesellschaft oder Genossenschaft bzw. bei einer Ausgliederung zur Neugründung eine Kapitalgesellschaft.

5 Nach überwiegender Auffassung muss eine gem. Ausgliederungsvertrag zu übertragende **Altverbindlichkeit** vorhanden sein, die bereits zum Zeitpunkt der Ausgliederung begründet ist und innerhalb von fünf Jahren ab dem Tag der letzten Bekanntmachung der Ausgliederung im elektronischen Bundesanzeiger (§ 157 Abs. 2, §§ 125, 19 Abs. 3 UmwG, § 10 HGB) fällig geworden ist.[12] Eine andere Auffassung in der Literatur stellt, entgegen des klaren Wortlauts, auf die positive Kenntnis des Gläubigers von der Ausgliederung ab.[13] Insofern kommt ein früherer Fristbeginn in Betracht. Doch auch nach dieser Ansicht soll die Frist spätestens mit der Eintragung der Ausgliederung zu laufen beginnen. Diese Ansicht ist jedoch abzulehnen. Sie verkennt, dass es sich bei der Eintragung der Ausgliederung, anders als bei dem Eintrag eines Gesellschafterwechsels, um eine konstitutive und nicht rein deklaratorische Vorschrift handelt,[14] so dass Rechtssicherheit für die Gläubiger erst mit wirksam erfolgter Ausgliederung entstehen kann. Zudem ist es schon aus rein praktischen Gesichtspunkten heraus wenig sinnvoll, auf eine frühere positive Kenntnis der Gläubiger abzustellen, da damit ein aufwendiger Prozess der Gläubigerbenachrichtigung und etwaige Beweisschwierigkeiten einhergehen dürften.

Neben den üblichen Verbindlichkeiten werden nach herrschender Meinung auch Verbindlichkeiten öffentlich-rechtlicher Art erfasst, soweit sie auf den übernehmenden Rechtsträger nach ihrer Art übertragbar sind.[15] Die **Fünfjahresfrist** stellt hierbei eine Ausschlussfrist dar. Innerhalb dieser Frist muss der Gläubiger einen Manifestationsakt[16] gem. § 157 Abs. 1 S. 1 vornehmen; ein vor der Ausgliederung vorgenommener Akt ist hierbei allerdings nur dann ausreichend, wenn der Anspruch auch bereits tituliert wurde.[17] Dies ist entweder ein rechtskräftiges Urteil, ein vollstreckbarer Vergleich, eine vollstreckbare Urkunde, die insolvenzverfahrensrechtliche Feststellung, der Erlass eines Verwaltungsaktes, eine gerichtliche oder behördliche Vollstreckungshandlung gem. § 157 Abs. 1 oder ein schriftliches Anerkenntnis des Einzelkaufmannes gem. § 157 Abs. 3. Die Einreichung der Klage oder der Antrag auf Erlass eines Mahnbescheides hemmen die Frist.[18] Für **Neuverbindlichkeiten** haftet der Einzelkaufmann nicht, so dass § 157 nicht eingreift.[19] **Vergessene Verbindlichkeiten** werden ebenfalls nicht von § 157 umfasst, da diese stets beim Einzelkaufmann bleiben.[20]

---

12 Lutter/*Karollus/Schwab* § 157 Rn. 7; Semler/Stengel/Leonard/*Seulen* § 157 Rn. 6; BeckOGK/*Leitzen* § 157 Rn. 8.
13 Dafür: Kallmeyer/*Sickinger* § 157 Rn. 5; aA zutreffend: Lutter/*Karollus/Schwab* § 157 Rn. 8; Widmann/Mayer/*Mayer* § 156 Rn. 20.
14 Vgl. BeckOGK/*Leitzen* § 157 Rn. 14.
15 Kallmeyer/*Sickinger* § 157 Rn. 2; Lutter/*Karollus/Schwab* § 157 Rn. 5; Semler/Stengel/Leonard/*Seulen* § 157 Rn. 5; BeckOGK/*Leitzen* § 157 Rn. 6.
16 So eingängig Widmann/Mayer/*Vossius* § 157 Rn. 21.
17 So im Ergebnis auch *Maier-Reimer* DB 2002, 1818 (1820); Semler/Stengel/Leonard/*Seulen* § 157 Rn. 16; ähnlich und auf § 204 Abs. 2 S. 2 BGB verweisend Kölner Komm UmwG/*Simon* § 157 Rn. 12, 14; BeckOGK/*Leitzen* § 157 Rn. 12.2; aA Lutter/*Karollus/Schwab* § 157 Rn. 10, 13 mwN.
18 Lutter/*Karollus/Schwab* § 157 Rn. 17; BeckOGK/*Leitzen* § 157 Rn. 12.3.
19 Semler/Stengel/Leonard/*Seulen* § 157 Rn. 6.
20 Widmann/Mayer/*Vossius* § 157 Rn. 12; Lutter/*Karollus/Schwab* § 157 Rn. 4.

Nach allgemeiner Auffassung ist § 157 dispositiv.[21] Der Einzelkaufmann kann deshalb mit den Gläubigern eine abweichende Abrede zur Verjährung der Ansprüche treffen. Während in der Literatur vereinzelt vertreten wird, eine solche Vereinbarung sei nur auf eine verlängerte Haftung anwendbar, ist dies im Ergebnis eindeutig abzulehnen. Eine solche Vereinbarung zugunsten der Gläubiger wird der Einzelkaufmann in der Praxis – gerade aufgrund der bereits extensiven Nachhaftung gem. § 157 – nicht gegen sich abschließen. Gerade wenn man der Auffassung folgt, § 157 sei abdingbar, müsste man konsequent beide Richtungen zulassen. Eine andere Bewertung lässt der Wortlaut der Norm auch nicht zu. Zudem ist es dem Gläubiger überlassen, ob er sich einer die Verjährung verkürzenden Abrede anschließt. Darüber hinaus ist der Gläubiger schließlich auch durch die Gesamtrechtsnachfolge und Mithaftung des übernehmenden Rechtsträgers hinreichend geschützt.

III. Rechtsfolgen

Der Einzelkaufmann haftet **akzessorisch** mit dem übernehmenden Rechtsträger, sofern der Anspruch innerhalb der Fünfjahresfrist ordnungsgemäß geltend gemacht wurde (→ § 133 Rn. 6 ff., 21 ff.). Der Einzelkaufmann haftet von vornherein nicht für übertragene Verbindlichkeiten, die erst nach Ablauf von fünf Jahren fällig werden.[22] Dem Einzelkaufmann steht jedoch ein Freistellungs- bzw. Ausgleichsanspruch gegenüber dem übernehmenden Rechtsträger aus dem Ausgliederungsvertrag oder – sofern dieser nichts regelt – nach den allgemeinen Grundsätzen der Gesamtschuld zu.[23] Zwar greift § 128 HGB (bis 31.12.2023 § 129 HGB) nicht zugunsten des Einzelkaufmannes, jedoch kann er anderweitige Einreden und Einwendungen gem. §§ 422 ff., 768, 770 BGB geltend machen.[24]

Sofern die Fünfjahresfrist abläuft, ohne dass der Gläubiger einen der vorgenannten Manifestationsakte vorgenommen oder eingeleitet hat, wird der Einzelkaufmann frei von dieser Verbindlichkeit.[25] § 157 stellt eine rechtsvernichtende Einwendung dar, welche ohne Zutun des Einzelkaufmannes von Amts wegen zu beachten ist.[26] Leistet er trotz Fristablauf, so kann er das Geleistete freilich in analoger Anwendung der §§ 813, 214 BGB nicht zurückverlangen, da der Rechtsgrund der Leistung auch nach Fristablauf fortbesteht.[27]

Klarstellend regelt § 157 Abs. 1 S. 2, dass eine Haftung des Einzelkaufmannes aus einem anderen Rechtsgrund als § 126 HGB (bis zum 31.12.2023 § 128 HGB) als persönlich haftender Gesellschafter unbeschadet fortbesteht.[28] Zu einer faktischen Enthaftung des Einzelkaufmannes käme es daher nur, wenn er durch die Ausgliederung und nach Ablauf der in § 157 bestimmten Frist, nicht mehr im Außen- oder Innenverhältnis haften würde, bspw. als Gesellschafter einer GmbH.[29]

---

21 Kallmeyer/*Sickinger* § 157 Rn. 9; Lutter/*Karollus/Schwab* § 157 Rn. 21; BeckOGK/*Leitzen* § 157 Rn. 20; Widmann/Mayer/*Mayer* § 157 Rn. 33; aA zur Abdingbarkeit nur zugunsten der Gläubiger Semler/Stengel/Leonard/*Seulen* § 157 Rn. 19.
22 Kallmeyer/*Sickinger* § 157 Rn. 3; Lutter/*Karollus/Schwab* § 157 Rn. 6; Widmann/Mayer/*Vossius* § 157 Rn. 20.
23 Widmann/Mayer/*Vossius* § 157 Rn. 27.
24 Widmann/Mayer/*Vossius* § 157 Rn. 29.
25 Lutter/*Karollus/Schwab* § 157 Rn. 20; Kallmeyer/*Sickinger* § 157 Rn. 3; Lutter/*Karollus/Schwab* § 157 Rn. 10 ff.
26 Kallmeyer/*Sickinger* § 157 Rn. 10; Lutter/*Karollus/Schwab* § 157 Rn. 20; BeckOGK/*Leitzen* § 157 Rn. 3, 16.
27 Semler/Stengel/Leonard/*Seulen* § 157 Rn. 17; Widmann/Mayer/*Vossius* § 157 Rn. 31; aA BeckOGK/*Leitzen* § 157 Rn. 16; Lutter/*Karollus/Schwab* § 157 Rn. 20.
28 So auch Henssler/Strohn/*Büteröwe* § 157 Rn. 1; Schmitt/Hörtnagl/*Hörtnagl* § 157 Rn. 3; Lutter/*Karollus/Schwab* § 157 Rn. 23; BeckOGK/*Leitzen* § 157 Rn. 17; Semler/Stengel/Leonard/*Seulen* § 157 Rn. 9.
29 Lutter/*Karollus/Schwab* § 157 Rn. 23.

IV. Geschäftsführende Tätigkeit

8 Während zu § 159 HGB aF früher vertreten wurde, dass eine Enthaftung nicht einträte, sofern der Einzelkaufmann auch in dem übernehmenden Rechtsträger eine **geschäftsführende Position** bekleidet, stellt § 157 Abs. 4 eindeutig klar, dass eine solche Tätigkeit die Enthaftung nicht verhindert.[30]

Dritter Unterabschnitt Ausgliederung zur Neugründung

§ 158 Anzuwendende Vorschriften

Auf die Ausgliederung zur Neugründung sind die Vorschriften des Zweiten Unterabschnitts entsprechend anzuwenden, soweit sich aus diesem Unterabschnitt nichts anderes ergibt.

I. Überblick

1 Der Dritte Unterabschnitt (§§ 158–160) betrifft ausschließlich die Ausgliederung zur Neugründung. § 158 erklärt die Vorschriften des Zweiten Abschnitts über die Ausgliederung zur Aufnahme (§§ 153–157) für die Ausgliederung zur Neugründung für entsprechend anwendbar, soweit sich aus den Bestimmungen der §§ 159, 160 nichts anderes ergibt. Es sind allerdings in den §§ 159, 160 keine abweichenden Regelungen enthalten, sondern ausschließlich ergänzende Regelungen hinsichtlich der neu gegründeten Gesellschaft. § 160 verdrängt § 154 insofern nicht, da § 160 die Anmeldung und Eintragung des neuen Rechtsträgers zum Inhalt hat und § 154 hingegen lediglich die davon abweichende Eintragung der Ausgliederung beim Register des Einzelkaufmannes betrifft.[1] Folglich sind die §§ 153–157 insgesamt entsprechend anzuwenden.[2] § 159 behandelt den Sachgründungsbericht, Gründungsbericht und die Gründungsprüfung. § 160 normiert besondere Anforderungen an das Registerverfahren. Ferner gelten grundsätzlich auch die Regelung des § 152 und die allgemeinen Vorschriften des Spaltungsrechts sowie die rechtsformspezifischen Regelungen der neu zu gründenden Kapitalgesellschaft.[3]

2 Im früheren Recht waren entsprechende Regelungen in den §§ 51 Abs. 2 S. 1 UmwG 1969, 56b Abs. 2 UmwG 1969/1980 enthalten.

3 Da eine Ausgliederung zur Neugründung aus dem Vermögen eines Einzelkaufmannes gem. § 152 ausschließlich auf eine Kapitalgesellschaft (AG, KGaA oder GmbH, nicht jedoch SE[4] oder UG (zur UG jedoch → § 152 Rn. 20 f.)) als neuem Rechtsträger erfolgen kann, stellt diese aus Sicht der übernehmenden Kapitalgesellschaft stets eine **Sachgründung** dar.[5] Hierbei wird die Sacheinlage durch vollständige oder anteilige Übertragung des einzelkaufmännischen Unternehmens im Wege der Gesamtrechtsnachfolge auf die

---

30 Kölner Komm UmwG/*Simon* § 157 Rn. 19; Lutter/*Karollus/Schwab* § 157 Rn. 2; BeckOGK/*Leitzen* § 157 Rn. 19; Henssler/Strohn/*Büteröwe* § 157 Rn. 1; Kallmeyer/*Sickinger* § 157 Rn. 8; Semler/Stengel/Leonard/*Seulen* § 157 Rn. 8; Schmitt/Hörtnagl/*Hörtnagl* § 157 Rn. 4; zum früheren Recht BGH NJW 1981, 175.

1 Lutter/*Karollus/Schwab* § 158 Rn. 1; Widmann/Mayer/*Mayer* § 158 Rn. 1.

2 Kölner Komm UmwG/*Simon* § 158 Rn. 1; Widmann/Mayer/*Mayer* § 158 Rn. 1; Lutter/*Karollus/Schwab* § 158 Rn. 1; Semler/Stengel/Leonard/*Seulen* § 158 Rn. 3; Schmitt/Hörtnagl/*Hörtnagl* § 158 Rn. 1; Henssler/Strohn/*Büteröwe* § 158 Rn. 1; BeckOGK/*Leitzen* § 158 Rn. 1.

3 Semler/Stengel/Leonard/*Seulen* § 158 Rn. 3; BeckOGK/*Leitzen* § 158 Rn. 3.

4 Widmann/Mayer/*Mayer* § 158 Rn. 2; aA Semler/Stengel/Leonard/*Seulen* § 158 Rn. 1; BeckOGK/*Leitzen* § 158 Rn. 3.

5 Lutter/*Karollus/Schwab* § 158 Rn. 2; Semler/Stengel/Leonard/*Seulen* § 158 Rn. 4; Widmann/Mayer/*Mayer* § 158 Rn. 4; BeckOGK/*Leitzen* § 158 Rn. 5.

neu gegründete Kapitalgesellschaft gegen Übernahme sämtlicher im Wege der Gründung zu schaffender Gesellschaftsanteile übertragen.⁶ Zulässig ist auch eine zusätzliche Bareinlage des Einzelkaufmannes, so dass eine **Mischgründung** vorläge.⁷

II. Verfahren

Im Rahmen einer Ausgliederung zur Neugründung wird anstelle eines Ausgliederungsvertrages vom Einzelkaufmann gem. § 136 S. 2 ein **Ausgliederungsplan** aufgestellt; dessen Inhalt ist im Wesentlichen der Gleiche, allerdings muss der Ausgliederungsplan den Gesellschaftsvertrag der neu zu gründenden Kapitalgesellschaft enthalten bzw. diesen feststellen.⁸ Der Ausgliederungsplan bedarf der notariellen Beurkundung (§ 136 S. 2, § 125 Abs. 1 S. 1 iVm § 6).

Weder der Ausgliederungsplan noch dessen Entwurf bedürfen einer **Prüfung** (§ 125 Abs. 1 S. 2).⁹ Auch ein Ausgliederungsbericht ist durch den Einzelkaufmann nicht zu erstellen (§ 153). Da dieser zudem der einzige Gesellschafter der neuen Kapitalgesellschaft sein wird und er den Ausgliederungsplan erstellt hat, ist auch für diesen kein **Ausgliederungsbericht** zu erstellen.¹⁰ Aus Gründen der Vorsicht kann ein **Verzicht** gem. § 8 Abs. 3 erklärt werden, notwendig ist dies freilich nicht.¹¹ Seitens der Kapitalgesellschaft ist gem. § 159 ein Sachgründungsbericht (GmbH)¹² bzw. ein Gründungsbericht sowie eine Gründungsprüfung (AG bzw. KGaA) notwendig.

Sofern im Unternehmen des Einzelkaufmannes ein **Betriebsrat** (oder gar ein Konzernbetriebsrat) vorhanden ist, muss diesem der Ausgliederungsplan bzw. dessen Entwurf innerhalb der Monatsfrist des § 126 Abs. 3 zugeleitet werden. Anstelle des Tages der beim Einzelkaufmann nicht vorgesehenen Versammlung ist für die Berechnung der **Monatsfrist** auf den Tag der Einreichung der Handelsregisteranmeldung abzustellen.¹³

Die Ausgliederung bedarf nach überwiegender Auffassung innerhalb der Literatur weder eines **Zustimmungsbeschlusses** des Einzelkaufmannes oder des übernehmenden Rechtsträgers noch einer **Ausgliederungserklärung** des Einzelkaufmannes.¹⁴ Bereits mit der Beurkundung des Ausgliederungsplans entsteht nach herrschender Meinung eine Vorgesellschaft, die jedoch erst durch die Eintragung der Ausgliederung mit einem Unternehmen ausgestattet wird.¹⁵ Denkbar ist auch eine Kombination aus Ausgliederung zur Aufnahme (§§ 153 ff.) und der Ausgliederung zur Neugründung (§§ 158 ff.).¹⁶

---

6 Widmann/Mayer/*Mayer* § 158 Rn. 4; Lutter/*Karollus/Schwab* § 158 Rn. 2; Semler/Stengel/Leonard/*Seulen* § 158 Rn. 4.
7 So bereits *Priester* BB 1978, 1291 (1292); OLG Oldenburg DB 1994, 88 (zum alten Recht); Kölner Komm UmwG/ *Simon* § 158 Rn. 3.
8 Widmann/Mayer/*Mayer* § 158 Rn. 4; Semler/Stengel/Leonard/*Seulen* § 158 Rn. 5; Lutter/*Karollus/Schwab* § 158 Rn. 5; Kölner Komm UmwG/*Simon* § 158 Rn. 5; BeckOGK/*Leitzen* § 158 Rn. 6.
9 Lutter/*Karollus/Schwab* § 158 Rn. 6; Semler/Stengel/Leonard/*Seulen* § 158 Rn. 6; Hennsler/Strohn/*Büteröwe* § 158 Rn. 2.
10 Lutter/*Karollus/Schwab* § 158 Rn. 7; Kölner Komm UmwG/*Simon* § 158 Rn. 7; Widmann/Mayer/*Mayer* § 158 Rn. 3; Kallmeyer/*Sickinger* § 158 Rn. 4; BeckOGK/*Leitzen* § 158 Rn. 21.
11 Semler/Stengel/Leonard/*Seulen* § 158 Rn. 7; Kölner Komm UmwG/*Simon* § 158 Rn. 7.
12 BayObLG NZG 1999, 321 (mAnm *Kleindiek*).
13 Semler/Stengel/Leonard/*Seulen* § 158 Rn. 7; Lutter/*Karollus/Schwab* § 158 Rn. 8; Kölner Komm UmwG/*Simon* § 158 Rn. 8; aA Schmitt/Hörtnagl/*Hörtnagl* Vor §§ 152–160 Rn. 5, der grundsätzlich auf den Tag der Beurkundung des Ausgliederungsplans abstellt, bei der Spaltung zur Neugründung jedoch auch auf die Registeranmeldung abstellt.
14 Kölner Komm UmwG/*Simon* § 158 Rn. 9; Lutter/*Karollus/Schwab* § 158 Rn. 9 f.; Semler/Stengel/Leonard/*Seulen* § 158 Rn. 10 f.; aA Widmann/Mayer/*Mayer* § 158 Rn. 4, § 152 Rn. 94; Kallmeyer/*Sickinger* § 158 Rn. 2; zum Streitstand im Detail siehe BeckOGK/*Leitzen* § 158 Rn. 12 ff.
15 S. hierzu *Wilken* DStR 1999, 677 (678 f.); zum Streitstand siehe im Detail Widmann/Mayer/*Mayer* § 158 Rn. 4; auch BeckOGK/*Leitzen* § 158 Rn. 8.1 f.
16 Widmann/Mayer/*Mayer* § 158 Rn. 4; Kallmeyer/*Sickinger* § 158 Rn. 4.

III. Gründung, Anmeldung und Eintragung

8 Gemäß § 135 sind hinsichtlich der Gründung des neuen Rechtsträgers die Gründungsvorschriften der jeweiligen Rechtsform (GmbHG, AktG) zu beachten. § 159 sieht entsprechende Weiterungen vor (→ § 159 Rn. 1 ff.). Handelsregisteranmeldung und -eintragung werden in § 160 geregelt (→ § 160 Rn. 1 ff.). Die Wirkungen der Ausgliederung zur Neugründung sind im Wesentlichen identisch mit denen der Ausgliederung zur Aufnahme mit der einzigen Ausnahme, dass im Wege der Ausgliederung zur Neugründung der neue Rechtsträger erst mit wirksamer Eintragung der Ausgliederung im Handelsregister des Einzelkaufmannes entsteht.[17]

§ 159 Sachgründungsbericht, Gründungsbericht und Gründungsprüfung

(1) Auf den Sachgründungsbericht (§ 5 Abs. 4 des Gesetzes betreffend die Gesellschaften mit beschränkter Haftung) ist § 58 Abs. 1, auf den Gründungsbericht (§ 32 des Aktiengesetzes) § 75 Abs. 1 entsprechend anzuwenden.

(2) Im Falle der Gründung einer Aktiengesellschaft oder einer Kommanditgesellschaft auf Aktien haben die Prüfung durch die Mitglieder des Vorstands und des Aufsichtsrats (§ 33 Abs. 1 des Aktiengesetzes) sowie die Prüfung durch einen oder mehrere Prüfer (§ 33 Abs. 2 des Aktiengesetzes) sich auch darauf zu erstrecken, ob die Verbindlichkeiten des Einzelkaufmanns sein Vermögen übersteigen.

(3) ¹Zur Prüfung, ob die Verbindlichkeiten des Einzelkaufmanns sein Vermögen übersteigen, hat der Einzelkaufmann den Prüfern eine Aufstellung vorzulegen, in der sein Vermögen seinen Verbindlichkeiten gegenübergestellt ist. ²Die Aufstellung ist zu gliedern, soweit das für die Prüfung notwendig ist. ³§ 320 Abs. 1 Satz 2 und Abs. 2 Satz 1 des Handelsgesetzbuchs gilt entsprechend, wenn Anlaß für die Annahme besteht, daß in der Aufstellung aufgeführte Vermögensgegenstände überbewertet oder Verbindlichkeiten nicht oder nicht vollständig aufgeführt worden sind.

I. Überblick 1	IV. Vermögensaufstellung gemäß Abs. 3 7
II. Gründungsberichte gemäß Abs. 1 3	V. Vorlage- und Auskunftspflichten gemäß
III. Gründungsprüfung gemäß Abs. 2 5	Abs. 3 S. 3 10

I. Überblick

1 Da eine Ausgliederung zur Neugründung aus dem Vermögen eines Einzelkaufmannes gem. § 152 Abs. 1 ausschließlich auf eine Kapitalgesellschaft (AG, KGaA oder GmbH, nicht jedoch SE und UG (zur UG jedoch → § 152 Rn. 20 f.)) als neuem Rechtsträger erfolgen kann und diese aus Sicht der übernehmenden Kapitalgesellschaft stets eine **Sachgründung** darstellt,[1] verweist § 159 Abs. 1 (lediglich klarstellend)[2] auf die hierfür einschlägigen Rechtsnormen des UmwG, AktG und GmbHG und erweitert entsprechend § 159 Abs. 2 und 3 für bestimmte Teilaspekte der Sachgründung die bereits be-

---

[17] Lutter/Karollus/Schwab § 158 Rn. 13; Widmann/Mayer/Mayer § 158 Rn. 4; Semler/Stengel/Leonard/Seulen § 158 Rn. 13.

[1] Lutter/Karollus/Schwab § 158 Rn. 2; Semler/Stengel/Leonard/Seulen § 158 Rn. 4; Kölner Komm UmwG/Simon § 158 Rn. 3; Widmann/Mayer/Mayer § 158 Rn. 4.

[2] Semler/Stengel/Leonard/Seulen § 159 Rn. 1; Kölner Komm UmwG/Simon § 159 Rn. 1.

stehenden Anforderungen bei der Neugründung einer AG oder KGaA. Dies betrifft aufgrund des in § 152 S. 2 kodifizierten Ausgliederungsverbotes bei Überschuldung des Einzelkaufmannes vor allem die Prüfmaßnahmen beim **Gründungsbericht** und der **Gründungsprüfung**. § 159 ist im UmwG die einzige Spezialvorschrift betreffend den Inhalt des Sachgründungsberichtes der Kapitalgesellschaften.[3] Die Regelungen der Abs. 2 und 3 statuieren, dass sich die interne und externe Gründungsprüfung auch auf die Überschuldung des Einzelkaufmannes beziehen muss.[4] Im Gegensatz zu § 154 kommt es hier nicht auf die Offensichtlichkeit der Überschuldung an; die Eintragung der Ausgliederung zur Neugründung ist vielmehr abzulehnen, wenn eine **Überschuldung** vorliegt, so dass diese Frage vom Registergericht stets konkret zu prüfen ist.[5] Abs. 2 und 3 sind auf die Neugründung einer GmbH nicht anwendbar.[6]

Im früheren Recht waren entsprechende Regelungen in § 53 Abs. 2, 3 UmwG 1969, § 56d UmwG 1969/1980 enthalten.

II. Gründungsberichte gemäß Abs. 1

Die Ausgliederung zur Neugründung einer GmbH ist der praktisch häufigste Anwendungsfall der §§ 152 ff. Die Notwendigkeit zur Erstellung eines **Sachgründungsberichtes** bei der Sachgründung einer GmbH ergibt sich aus § 5 Abs. 4 S. 2 GmbHG und zur Erstellung eines **Gründungsberichts** bei einer AG aus § 32 AktG. Gemäß § 135 Abs. 2 S. 2 hat der Einzelkaufmann als Gründer diese Berichte aufzustellen. Der Gründungsbericht ist die Grundlage für die Gründungsprüfungen durch Vorstand, Aufsichtsrat und Gründungsprüfer der AG sowie durch das Registergericht. Die in § 159 Abs. 1 aufgeführten Regelungen der § 58 Abs. 1 und § 75 Abs. 1 haben zur Folge, dass im jeweiligen Gründungsbericht der **Geschäftsverlauf** und die **Lage des Einzelkaufmannes** als übertragendem Rechtsträger darzustellen sind; hierbei sind die Jahresergebnisse der letzten beiden vollständigen Geschäftsjahre anzugeben.[7] Sofern die entsprechenden Anlagen dem Antrag an das Registergericht nicht beigefügt werden, hat das Gericht eine Zwischenverfügung nach § 382 Abs. 4 FamFG, § 25 HRV zu erlassen.[8]

Hierbei ist streitig, ob nur der **Unternehmensbereich** des Einzelkaufmannes darzulegen ist oder auch dessen **Privatbereich**. Nach einem Teil des Schrifttums soll nur der unternehmerische Teil in diese Darstellung einzubeziehen sein, da die Überschuldung des Einzelkaufmannes allein auf Grundlage dieser Vermögensaufstellung zu beurteilen sei.[9] Da das Registergericht jedoch einerseits zu prüfen hat, ob die Verbindlichkeiten des Einzelkaufmannes dessen Vermögen übersteigen, und andererseits sicherzustellen hat, dass die im Rahmen der Ausgliederung zur Neugründung erbrachte Sacheinlage werthaltig ist, kommt es – insbes. aufgrund der **Haftungsrisiken** gem. § 133 Abs. 1 – auch auf die Vermögensverhältnisse des Einzelkaufmannes im Privatbereich an.[10] Einigkeit innerhalb der Literatur besteht insofern, als der Berichtsinhalt aufgrund der

---

3 BeckOGK/*Leitzen* § 159 Rn. 3.
4 Widmann/Mayer/*Mayer* § 159 Rn. 1.
5 Kölner Komm UmwG/*Simon* § 159 Rn. 2; Widmann/Mayer/*Mayer* § 159 Rn. 2.
6 Zur entsprechenden Anwendung: Semler/Stengel/Leonard/*Seulen* § 159 Rn. 22; gegen eine Analogie mit entsprechender Begründung BeckOGK/*Leitzen* § 159 Rn. 7.
7 Semler/Stengel/Leonard/*Reichert* § 58 Rn. 7; Semler/Stengel/Leonard/*Seulen* § 159 Rn. 3; Lutter/Karollus/*Schwab* § 159 Rn. 7.

8 Hierzu Henssler/Strohn/*Büteröwe* § 159 Rn. 1; BayObLG 10.12.1998 – 3Z BR 237–98, NJW-RR 1999, 333.
9 Lutter/Karollus/*Schwab* § 159 Rn. 7; aA Semler/Stengel/Leonard/*Seulen* § 159 Rn. 4 für den Privatbereich; Kallmeyer/*Sickinger* § 159 Rn. 2; Widmann/Mayer/*Mayer* § 159 Rn. 4.
10 So auch Semler/Stengel/Leonard/*Seulen* § 159 Rn. 5 f.; Widmann/Mayer/*Mayer* § 159 Rn. 4; im Ergebnis auch Kölner Komm UmwG/*Simon* § 159 Rn. 6.

Handelsregisterpublizität (§ 9 Abs. 1 S. 1 HGB) zum Schutz der Privatsphäre des Einzelkaufmannes freilich teleologisch auf etwaige Haftungsrisiken, welche die Werthaltigkeit beeinträchtigen und zu Haftungsrisiken des neuen Rechtsträgers führen können, zu beschränken ist.[11] Als für die Praxis tauglicher Lösungsweg wird daher teilweise vorgeschlagen, der Einzelkaufmann solle eine Erklärung abgeben, wonach seine gesamten Verbindlichkeiten sein gesamtes Vermögen nicht übersteigen.[12]

III. Gründungsprüfung gemäß Abs. 2

5   Ist der neu zu gründende Rechtsträger eine AG oder KGaA, so gelten einerseits die allgemeinen aktienrechtlichen Prüfungsbestimmungen der §§ 33, 34 AktG und andererseits das zusätzliche Prüfungserfordernis im Hinblick darauf, ob die Verbindlichkeiten das Vermögen übersteigen. Hierdurch soll die ordnungsgemäße **Kapitalaufbringung** der neu gegründeten Kapitalgesellschaft sichergestellt werden.[13] Die dazu sachdienlichen Unterlagen bezüglich des Privat- und Betriebsvermögens des Einzelkaufmannes sind nur den Prüfern vorzulegen.[14] Die **vereinfachte Sachgründung** gem. § 33a AktG ist bei der Ausgliederung zur Neugründung aufgrund des fehlenden Verweises in § 159 Abs. 2 nicht anwendbar.[15] Der Prüfungsbericht ist mit der Anmeldung zum Registergericht einzureichen (§ 135 Abs. 2 UmwG, § 37 Abs. 4 Nr. 4 AktG) und ermöglicht dem Registergericht neben der Prüfung der ordnungsgemäßen **Gründung** auch die Prüfung der **Überschuldung** des Einzelkaufmannes.

6   Die **Gründungsprüfung** umfasst die Frage, ob der Einzelkaufmann ohne das auszugliedernde Vermögen überschuldet ist, richtigerweise nicht. Diese Frage sollte im Ergebnis auch nicht zu einem anderen Ergebnis führen als die insgesamt durchzuführende Überschuldungsprüfung, da die dem Einzelkaufmann im Gegenzug zu gewährenden Gesellschaftsanteile hierbei zu berücksichtigen wären.[16]

IV. Vermögensaufstellung gemäß Abs. 3

7   Bei der Ausgliederung zur Neugründung einer AG oder KGaA hat der Einzelkaufmann eine vollständige **Vermögensaufstellung** seines gesamten Aktivvermögens und seiner gesamten Verbindlichkeiten in gegliederter Form vorzulegen, also sowohl des Unternehmens- als auch des Privatbereiches.[17] Diese Aufstellung stellt keine **Bilanz** im handelsrechtlichen Sinne dar. Aus der Aufstellung müssen sich jedoch die **Werthaltigkeit** des ausgegliederten Vermögens und die fehlende Überschuldung des Einzelkaufmannes ergeben.[18] Da sich die Pflicht zur Vorlage der Vermögensaufstellung auf die Gründungsprüfung gem. § 159 Abs. 2 bezieht, ist im Rahmen einer Ausgliederung auf eine neue GmbH grundsätzlich keine Aufstellung notwendig. § 159 Abs. 3 ist auch nicht analog

---

11 Für dieses Ergebnis im Wege der teleologischen Reduktion ebenfalls Semler/Stengel/Leonard/*Seulen* § 159 Rn. 6; Widmann/Mayer/*Mayer* § 159 Rn. 4; Kölner Komm UmwG/*Simon* § 159 Rn. 6; Kallmeyer/*Sickinger* § 159 Rn. 2; Schmitt/Hörtnagl/*Hörtnagl* § 159 Rn. 9.

12 Kallmeyer/*Sickinger* § 159 Rn. 2; Widmann/Mayer/*Mayer* § 159 Rn. 4; Semler/Stengel/Leonard/*Seulen* § 159 Rn. 6; hierfür auch Lutter/*Karollus*/Schwab § 159 Rn. 7.

13 Lutter/*Karollus*/Schwab § 159 Rn. 9; Widmann/Mayer/*Mayer* § 159 Rn. 7; Semler/Stengel/Leonard/*Seulen* § 159 Rn. 7.

14 Henssler/Strohn/*Büteröwe* § 160 Rn. 2.

15 So auch Widmann/Mayer/*Mayer* § 159 Rn. 7; Semler/Stengel/Leonard/*Seulen* § 159 Rn. 8.

16 In diesem Sinne auch Kölner Komm UmwG/*Simon* § 159 Rn. 8; aA Semler/Stengel/Leonard/*Seulen* § 159 Rn. 20 f., der den Wert der Anteile nicht berücksichtigt.

17 Lutter/*Karollus*/Schwab § 159 Rn. 11; Kölner Komm UmwG/*Simon* § 159 Rn. 11; Widmann/Mayer/*Mayer* § 159 Rn. 12; Semler/Stengel/Leonard/*Seulen* § 159 Rn. 13.

18 Kölner Komm UmwG/*Simon* § 159 Rn. 7; Widmann/Mayer/*Mayer* § 159 Rn. 9.

anwendbar; allerdings kann das Registergericht bei Zweifeln an der Überschuldung des Einzelkaufmannes eine solche im Rahmen seiner Prüfung verlangen.[19]

Die Vermögensaufstellung muss die gesamten **Aktiva** und **Passiva** des Einzelkaufmannes enthalten; diese sind mit dem **Verkehrswert** unter Aufdeckung etwaiger **stiller Lasten** sowie unter Aufdeckung **stiller Reserven** in Ansatz zu bringen.[20] Da eine Gesamtvermögensbetrachtung notwendig ist, sind neben den **Privatverbindlichkeiten** auch **ungewisse Verbindlichkeiten**, die in einem bilanzierungspflichtigen Unternehmen als Rückstellungen ausgewiesen würden, aufzuführen.[21] Gleiches gilt für Verpflichtungen aus Dauerschuldverhältnissen, nicht jedoch für ungewisse künftige Ansprüche und Verbindlichkeiten.[22] Eine Trennung der Aufstellung nach **unternehmerischem Vermögen** und **Privatvermögen** wird zwar als sinnvoll betrachtet, ist aber gesetzlich nicht gefordert.[23]

Die Vermögensaufstellung ist sowohl den **externen Gründungsprüfern** als auch den zur Prüfung verpflichteten **Organen** der neuen Gesellschaft vorzulegen. Zwar spricht der Wortlaut des § 159 Abs. 3 S. 1 für eine Einschränkung der Vorlagepflicht auf die „Prüfer" iSd § 159 Abs. 2, womit nur die externen Gründungsprüfer gemeint sind;[24] jedoch ist diese Auslegung nicht zwingend. Zur Prüfung gem. § 159 Abs. 2 verpflichtet sind sowohl die externen Gründungsprüfer als auch die Mitglieder des Vorstandes und des Aufsichtsrates als interne Prüfer. Das Wortlautargument verfängt hierbei ebenso wenig wie der Verweis auf die in § 159 Abs. 3 S. 3 in Bezug genommene Norm des § 320 HGB, der schließlich auch nur als entsprechend anwendbar erklärt wird. Aufgrund des gleichen **Prüfungsauftrages** und derselben **Prüfungstiefe** der internen und externen Prüfer ist daher die Vorlagepflicht der Vermögensaufstellung auch im Hinblick auf die Organe der Aktiengesellschaft aufgrund teleologischer Auslegung als zwingend zu erachten.[25]

V. Vorlage- und Auskunftspflichten gemäß Abs. 3 S. 3

Besteht Anlass für die Annahme, dass Vermögensgegenstände überbewertet oder Verbindlichkeiten in der Vermögensaufstellung nicht vollständig aufgeführt wurden, so verweist § 159 Abs. 3 S. 3 auf die handelsrechtlichen Bestimmungen in § 320 Abs. 1 S. 2, Abs. 2 S. 1 HGB, nach denen der Prüfer (nach richtiger Auffassung die internen und externen Prüfer, → Rn. 9) die Bücher und Schriften sowie Vermögensgegenstände und Verbindlichkeiten – wie zB die Kasse, Bestände, Saldenstände und Wertpapiere – prüfen dürfen. Dieses Prüfungsrecht schließt sowohl das **Unternehmensvermögen** als auch das **Privatvermögen** mit ein.[26] Hierbei sind freilich die Privatsphäre des Einzelkaufmannes zu schützen und insbes. die **Verschwiegenheitspflichten** gem. § 323 Abs. 1 HGB zu beachten.[27] Die erforderliche Befürchtung einer nicht ordnungsgemäßen Vermögensaufstellung muss zunächst durch eine **Plausibilitätskontrolle** überprüft werden, bevor die **Vorlage- und Auskunftsrechte** geltend gemacht werden dürfen.[28]

11 Die Prüfer können zur Verifizierung der Angaben des Einzelkaufmannes stets **Vollständigkeitserklärungen** hinsichtlich sämtlicher Vermögensgegenstände und Verbindlichkeiten sowie der **Vermögensaufstellung** an sich fordern.[29] Sofern Meinungsverschiedenheiten zwischen den Prüfern und dem Einzelkaufmann über den Umfang der notwendigen Informationen und erforderliche Nachweise bestehen, ist gem. § 35 Abs. 2 AktG im Zweifel eine gerichtliche Entscheidung einzuholen.[30]

12 Den Auskunftsrechten der Prüfer steht eine gleichlautende **Nachforschungspflicht** gegenüber.[31] Im zum Handelsregister einzureichenden Prüfungsbericht ist lediglich das aus der Prüfung der Vermögensaufstellung sowie etwaiger zusätzlicher Unterlagen des Einzelkaufmannes abgeleitete Ergebnis anzugeben, ob eine Überschuldung vorliegt und ob die Einlage werthaltig ist. Die **Vermögensaufstellung** ist hingegen dem zum Registergericht einzureichenden Prüfungsbericht nicht beizufügen und nicht im Handelsregister zu veröffentlichen.[32]

§ 160 Anmeldung und Eintragung

(1) Die Anmeldung nach § 137 Abs. 1 ist von dem Einzelkaufmann und den Geschäftsführern oder den Mitgliedern des Vorstands und des Aufsichtsrats einer neuen Gesellschaft vorzunehmen.

(2) Die Eintragung der Gesellschaft ist abzulehnen, wenn die Verbindlichkeiten des Einzelkaufmanns sein Vermögen übersteigen.

I. Überblick	1	IV. Registerverfahren	6
II. Anmeldebefugnis	3	V. Eintragung und Bekanntmachung	10
III. Inhalt der Anmeldung	4		

I. Überblick

1 § 160 normiert die Voraussetzungen an die Anmeldung und Eintragung für den Fall der Neugründung einer Kapitalgesellschaft durch Ausgliederung aus dem Vermögen eines Einzelkaufmannes. Gemäß Abs. 1 erfolgt die Anmeldung durch den übernehmenden Rechtsträger in Form des Einzelkaufmannes zusammen mit dem jeweiligen Vertretungsorgan der neu gegründeten Gesellschaft.[1] Die Abgrenzung zur Anmeldung der Ausgliederung nach § 137 Abs. 2, 3, §§ 154, 158 kann insofern auf personeller Ebene erfolgen, da in diesem Fall, mangels Bestehens eines vertretungsberechtigten Organs,

---

27 So auch Kölner Komm UmwG/*Simon* § 159 Rn. 15.
28 Lutter/*Karollus/Schwab* § 159 Rn. 15; Schmitt/Hörtnagl/*Hörtnagl* § 159 Rn. 10.
29 Henssler/Strohn/*Büterowe* § 160 Rn. 3; Schmitt/Hörtnagl/*Hörtnagl* § 159 Rn. 10; BeckOGK/*Leitzen* § 159 Rn. 37.
30 Lutter/*Karollus/Schwab* § 159 Rn. 15; Semler/Stengel/Leonard/*Seulen* § 159 Rn. 18; Kallmeyer/*Sickinger* § 159 Rn. 7;
Widmann/Mayer/*Mayer* § 159 Rn. 19; Schmitt/Hörtnagl/*Hörtnagl* § 159 Rn. 11.
31 Kölner Komm UmwG/*Simon* § 159 Rn. 14; Lutter/*Karollus/Schwab* § 159 Rn. 15.
32 Widmann/Mayer/*Mayer* § 159 Rn. 15; Kölner Komm UmwG/*Simon* § 159 Rn. 18; Lutter/*Karollus/Schwab* § 159 Rn. 10; Schmitt/Hörtnagl/*Hörtnagl* § 159 Rn. 9.
1 Widmann/Mayer/*Mayer* § 160 Rn. 1; Schmitt/Hörtnagl/*Hörtnagl* § 160 Rn. 2.

alleiniger Antragsteller der Einzelkaufmann ist. Für die Anmeldung zuständig ist das Gericht, in dessen Bezirk die neu gegründete Gesellschaft ihren Sitz hat. Dies muss nicht zwangsläufig das Gericht des Einzelkaufmannes sein.[2] § 160 Abs. 2 konkretisiert die in § 152 S. 2 kodifizierte Ausgliederungssperre parallel zu § 154.[3] Konträr zu der Regelung in § 154 kommt es dabei nicht auf die Offensichtlichkeit der Überschuldung an (→ Rn. 6). Bei der Spaltung zur Neugründung ist zwischen der (zunächst deklaratorischen) Eintragung des neuen Rechtsträgers und der (konstitutiven) Eintragung der Ausgliederung im Register des Einzelkaufmannes zu unterscheiden. Die neu gegründete Gesellschaft entsteht erst wirksam mit Eintragung der Ausgliederung im Register des Einzelkaufmannes.[4]

Entsprechende Regelungen fanden sich früher in § 54 UmwG 1969, § 56e UmwG 1969/1980.[5]

II. Anmeldebefugnis

§ 160 Abs. 1 ergänzt § 137 Abs. 1 dahin gehend, dass neben dem Einzelkaufmann auch die **Organmitglieder** des neuen Rechtsträgers die **Anmeldung zum Handelsregister** zu bewirken haben.[6] Dies sind bei der GmbH sämtliche Geschäftsführer, bei der AG sämtliche Mitglieder des Vorstandes und des Aufsichtsrates sowie bei der KGaA anstelle der Vorstandsmitglieder alle persönlich haftenden Gesellschafter.[7] Die Anmeldung ist in **öffentlich beglaubigter** Form einzureichen (§ 12 Abs. 1 HGB). Einigkeit besteht dahin gehend, dass die Anmeldung nicht zwingend in einem Dokument erfolgen muss, sofern der Inhalt sämtlicher Dokumente identisch ist.[8] Der Einzelkaufmann kann sich bei der Anmeldung rechtsgeschäftlich vertreten lassen, dies kann auch konkludent durch das zukünftige Vertretungsorgan erfolgen.[9] Bei den Geschäftsführern und Vorstandsmitgliedern ist dies für die Anmeldung zwar auch möglich, jedoch müssen diese die höchstpersönliche Erklärung über das Nichtvorliegen von Bestellungshindernissen (§ 8 Abs. 3 GmbHG, § 37 Abs. 2 AktG) selber abgeben.[10] Die **Vollmacht** bedarf der notariellen Beglaubigung (§ 12 Abs. 1 HGB, § 129 BGB).[11]

III. Inhalt der Anmeldung

Für den Inhalt der Anmeldung sind die §§ 135, 137 mit den jeweiligen Gründungsvorschriften und die Sondervorschriften des § 159 HGB maßgebend.[12] Die Anmeldung der neuen Gesellschaft hat die gemäß deren Rechtsform einschlägigen Bestimmungen in § 8 GmbHG, § 37 AktG zu beachten.[13] Neben der Einreichung des den Gesellschaftsvertrag beinhaltenden **Ausgliederungsplanes** und der darin konkludent enthaltenen Aus-

---

2 So Lutter/Karollus/Schwab § 160 Rn. 2.
3 Semler/Stengel/Leonard/Seulen § 160 Rn. 1; BeckOGK/Leitzen § 160 Rn. 1.
4 BeckOGK/Leitzen § 160 Rn. 2.
5 RegBegr. bei Ganske Umwandlungsrecht S. 187; Widmann/Mayer/Mayer § 160 Rn. 2; BeckOGK/Leitzen § 160 Rn. 2.
6 Semler/Stengel/Leonard/Seulen § 160 Rn. 2; Henssler/Strohn/Büteröwe § 160 Rn. 1 mwN; LG Berlin 8.9.2003 – 93 O 47/03, NZG 2004, 337; Widmann/Mayer/Mayer § 160 Rn. 3.
7 Widmann/Mayer/Mayer § 160 Rn. 3; Kölner Komm UmwG/Simon § 160 Rn. 5; Lutter/Karollus/Schwab § 160 Rn. 3; BeckOGK/Leitzen § 160 Rn. 4.1.
8 Lutter/Karollus/Schwab § 160 Rn. 3; Kölner Komm UmwG/Simon § 160 Rn. 8; Semler/Stengel/Leonard/Seulen § 160 Rn. 3; BeckOGK/Leitzen § 160 Rn. 5.
9 Semler/Stengel/Leonard/Seulen § 160 Rn. 3; Henssler/Strohn/Büteröwe § 160 Rn. 1 mwN; BayObLG 16.2.2000 – 3Z BR 389/98, NJW-RR 2000, 990 (991).
10 Widmann/Mayer/Mayer § 160 Rn. 4; Kölner Komm UmwG/Simon § 160 Rn. 6; Semler/Stengel/Leonard/Seulen § 160 Rn. 3; BeckOGK/Leitzen § 160 Rn. 7.
11 Semler/Stengel/Leonard/Seulen § 160 Rn. 3; Widmann/Mayer/Mayer § 160 Rn. 4.
12 BeckOGK/Leitzen § 160 Rn. 9.
13 Kölner Komm UmwG/Simon § 160 Rn. 7; Widmann/Mayer/Mayer § 160 Rn. 13.

gliederungserklärung, sind sämtliche dort aufgeführten Erklärungen abzugeben und Anlagen beizufügen. Der Gesellschaftsbeschluss über die Bestellung der Vertretungsorgane sowie die jeweiligen Versicherungen sind jedenfalls bei allen Gesellschaftsformen der Anmeldung beizufügen.[14] Eine Erklärung über die **Erbringung der Sacheinlage** gem. § 8 Abs. 2 GmbHG, § 37 Abs. 1 AktG ist aufgrund der einer Ausgliederung immanenten Übertragung des einzelkaufmännischen Unternehmens, welches die Sacheinlage darstellt, allerdings nicht notwendig.[15] In der Anmeldung ist darauf hinzuweisen, dass es sich um eine Neugründung durch Ausgliederung handelt, damit das Registergericht zusätzlich das Prüfverfahren gem. § 137 Abs. 3 durchführt.[16]

5 Ist der übernehmende Rechtsträger eine GmbH, so müssen die Geschäftsführer die den Einzelkaufmann als einzigen Gesellschafter ausweisende **Gesellschafterliste** gem. § 8 Abs. 1 Nr. 3 GmbHG unterzeichnen;[17] eine Notarzuständigkeit gem. § 40 Abs. 2 GmbHG liegt nicht vor.[18] Die **Schlussbilanz** des Einzelkaufmannes ist freilich nicht zum Registergericht des übernehmenden, sondern ausschließlich zu demjenigen des übertragenden Rechtsträgers einzureichen. Eine solche Bilanz ist nur einzureichen, wenn das Registergericht sie anlässlich der Prüfung des Verfahrens und innerhalb der ihm zustehenden Kompetenz zum Ausschluss der Überschuldung anfordert.[19]

IV. Registerverfahren

6 Das Registergericht prüft grundsätzlich anhand der gemäß der Rechtsform der neuen Gesellschaft einschlägigen Bestimmungen (§ 9c GmbHG, § 38 AktG) und kontrolliert die Einhaltung sämtlicher **Gründungsvorschriften**, insbesondere der **Werthaltigkeit der Sacheinlage** (zur Überschuldung → § 152 Rn. 31).[20]

7 Zusätzlich hat das Registergericht des übernehmenden Rechtsträgers gemäß § 160 Abs. 2 eine etwaige **Überschuldung des Einzelkaufmannes** zu prüfen. Mithin liegt eine doppelte Prüfung der Überschuldung des Einzelkaufmannes vor, da auch das Registergericht des übertragenden Rechtsträgers gemäß § 154 die Überschuldung des Einzelkaufmannes zu prüfen hat.[21] Ob diese doppelte Prüfungskompetenz sinnvoll ist, kann aufgrund des klaren Wortlauts dahinstehen. Die Prüfungskompetenz der Gerichte nach § 154 und § 160 steht nicht in Konkurrenz.[22] Der Prüfungsmaßstab des § 160 Abs. 2 weicht allerdings von demjenigen des § 154 ab, da dieser lediglich bei einer **offensichtlichen Überschuldung** die Eintragung der Ausgliederung verbietet (→ § 154 Rn. 3), während jener die Eintragung der neuen Gesellschaft bereits ausschließt, wenn das Registergericht die Überschuldung des Einzelkaufmannes nicht zweifelsfrei feststellen kann, jedoch deutliche Anhaltspunkte vorliegen, die darauf schließen lassen, dass die

---

14 Für eine Übersicht aller benötigten Unterlagen nach Gesellschaftsform siehe BeckOGK/*Leitzen* § 160 Rn. 12 f.
15 Semler/Stengel/Leonard/*Seulen* § 160 Rn. 4; Lutter/*Karollus/Schwab* § 160 Rn. 4; Kölner Komm UmwG/*Simon* § 160 Rn. 7.
16 So zu Recht Lutter/*Karollus/Schwab* § 160 Rn. 4; Widmann/Mayer/*Mayer* § 160 Rn. 7.2.
17 Semler/Stengel/Leonard/*Seulen* § 160 Rn. 5; Lutter/*Karollus/Schwab* § 160 Rn. 4.
18 Widmann/Mayer/*Mayer* § 160 Rn. 7.1.
19 BayObLG NZG 1999, 321 (mAnm *Kleindiek*); Ihrig GmbHR 1995, 622 (627 f.); Semler/Stengel/Leonard/*Seulen* § 160 Rn. 5; Widmann/Mayer/*Mayer* § 160 Rn. 7.3; Lutter/*Karollus/Schwab* § 160 Rn. 5, der unter Bezugnahme auf BayObLG NZG 1999, 321 darauf hinweist, dass das Registergericht des übernehmenden Rechtsträgers diese im Rahmen seiner Prüfungspflicht gemäß § 160 Abs. 2 verlangen kann. Hierzu auch Schmitt/Hörtnagl/*Hörtnagl* § 160 Rn. 3.
20 Lutter/*Karollus/Schwab* § 160 Rn. 6; Widmann/Mayer/*Mayer* § 160 Rn. 8.
21 Schmitt/Hörtnagl/*Hörtnagl* § 160 Rn. 1.
22 Widmann/Mayer/*Mayer* § 160 Rn. 10.

Verbindlichkeiten das Vermögen des Einzelkaufmannes übersteigen.[23] Der Unterschied erklärt sich daher, dass das Registergericht des übernehmenden Rechtsträgers eine etwaige Überschuldung des Einzelkaufmannes aufgrund der **gesamtschuldnerischen Haftung** der neuen Gesellschaft für die beim Einzelkaufmann verbleibenden Verbindlichkeiten im Rahmen der Bewertung der Sacheinlage zu berücksichtigen hat.[24] Gerade hierzu und insbesondere aufgrund der durch § 159 an das Gericht des übernehmenden Rechtsträgers vorzulegenden Unterlagen stehen dem Gericht (gegenüber dem Verfahren nach § 154) bessere Erkenntnismöglichkeiten zu, eine Überschuldung festzustellen.[25] Das Gericht hat das Recht (entgegen der Ausführungen zu § 154) bei bleibenden Zweifeln weitere Nachweise vom Einzelkaufmann anzufordern.[26] Diese doppelte Prüfungs- und Ablehnungskompetenz hätte zur Vereinfachung des Registerverfahrens vermieden werden können, zumal unterschiedliche Maßstäbe normiert wurden. Eine Konzentration der Prüfung bei dem für die konstitutive Eintragung zuständigen Registergericht hätte sich angeboten. Die eindeutige Regelung ist jedoch zu akzeptieren.[27]

Sofern der Einzelkaufmann unterschiedliche Teile seines Vermögens im Rahmen einer einheitlichen Ausgliederung auf mehrere neu zu gründende Gesellschaften ausgliedert, haben alle Registergerichte der übernehmenden Rechtsträger die **Überschuldungsprüfung** durchzuführen. Kommt auch nur ein Register nicht zu der Überzeugung, dass keine Überschuldung vorliegt, so scheitert die gesamte Ausgliederung, da nicht alle neuen Rechtsträger eingetragen werden.[28] Die Gefahr divergierender Entscheidungen besteht hierbei also im Ergebnis selbst bei divergierenden Beurteilungen der Überschuldung ebenso wenig wie bei der Neugründung nur eines übernehmenden Rechtsträgers.[29]

Maßgeblicher Zeitpunkt für die Beurteilung der Werthaltigkeit der **Sacheinlage** ist nach herrschender Meinung in Rechtsprechung und Literatur nicht der Zeitpunkt der Handelsregisteranmeldung, sondern der Zeitpunkt der wirksamen **Entstehung** der neuen Gesellschaft.[30] Dies ist bei der Ausgliederung zur Neugründung folglich der Zeitpunkt der Eintragung der Ausgliederung im Handelsregister des übertragenden Rechtsträgers.[31] Daraus folgt die Frage, ob das Registergericht des Einzelkaufmannes eine Ermittlungspflicht iSd § 26 FamFG aufgrund etwaiger Änderungen der Werthaltigkeit der Sacheinlage für die neu gegründete Kapitalgesellschaft als übernehmender Rechtsträger trifft.[32] Manche Stimmen in der Literatur[33] bejahen eine solche Pflicht, merken jedoch zu Recht an, dass in der Praxis das Gericht ohne konkrete Anhaltspunkte keine weiteren Ermittlungsmaßnahmen durchführen wird. Dies ist jedoch im Ergebnis abzulehnen, da dem Registergericht des Einzelkaufmannes diese Kompetenz –

---

23 So auch Kölner Komm UmwG/*Simon* § 160 Rn. 10; Semler/Stengel/*Leonard/Seulen* § 160 Rn. 8; Widmann/Mayer/*Mayer* § 160 Rn. 9; während Lutter/*Karollus/Schwab* § 160 Rn. 8; Kallmeyer/*Zimmermann* § 160 Rn. 7 auf „ernste Zweifel" abstellt; Schmitt/Hörtnagl/*Hörtnagl* § 160 Rn. 6.
24 Semler/Stengel/*Leonard/Seulen* § 160 Rn. 8; Kölner Komm UmwG/*Simon* § 160 Rn. 10.
25 Henssler/Strohn/*Büteröwe* § 160 Rn. 2; BeckOGK/*Leitzen* § 160 Rn. 17.
26 Widmann/Mayer/*Mayer* § 160 Rn. 9; Lutter/*Karollus/Schwab* § 160 Rn. 7.
27 Schmitt/Hörtnagl/*Hörtnagl* § 160 Rn. 5.
28 Semler/Stengel/*Leonard/Seulen* § 160 Rn. 11.
29 Widmann/Mayer/*Mayer* § 160 Rn. 11; Semler/Stengel/*Leonard/Seulen* § 160 Rn. 11.
30 BGHZ 80, 129 (136 f.) (zur GmbH); Lutter/*Karollus/Schwab* § 160 Rn. 6; Kölner Komm UmwG/*Simon* § 160 Rn. 12; Schmitt/Hörtnagl/*Hörtnagl* § 160 Rn. 2; Ulmer/Habersack/Winter/*Ulmer* GmbHG § 9c Rn. 21, 41; aA Widmann/Mayer/*Mayer* § 160 Rn. 12; § 36 Rn. 29 ff.; Baumbach/Hueck/*Fastrich* GmbHG § 9c Rn. 8; Noack/Servatius/Haas/*Servatius* GmbHG § 9c Rn. 7 ff. mwN; s. mit einer differenzierenden Auffassung Semler/Stengel/*Leonard/Seulen* § 160 Rn. 10.
31 Kölner Komm UmwG/*Simon* § 160 Rn. 12; BeckOGK/*Leitzen* § 160 Rn. 21; BGH 9.3.1981 – II ZR 54/80, BGHZ 80, 129 (136) = NJW 1981, 1373.
32 In diesem Sinne *Ihrig* GmbHR 1995 622 (638).
33 BeckOGK/*Leitzen* § 160 Rn. 21 mwN; Kölner Komm UmwG/*Simon* § 160 Rn. 12.

gerade auch aufgrund fehlender Hinweise im Wortlaut des § 154 – nicht zusteht.[34] Jedenfalls wird das Registergericht am Sitz des Einzelkaufmannes regelmäßig keine eigenen Nachforschungen anstellen, wenn nicht ausnahmsweise konkrete Verdachtsmomente vorliegen (→ § 154 Rn. 2 ff.).[35]

V. Eintragung und Bekanntmachung

10 Die neue Gesellschaft entsteht mit Eintragung der Ausgliederung im Register des Einzelkaufmannes.[36] Nach der **Eintragung** der neuen Gesellschaft ins Handelsregister (§ 10 HGB) unter Beifügung eines Ausgliederungsvermerks (§ 135 Abs. 1, § 130 Abs. 1 S. 2) erfolgt zunächst die Eintragung der Ausgliederung im Register des Einzelkaufmannes und danach erst die Eintragung des Zeitpunktes der Ausgliederung im Register der neuen Gesellschaft (§ 137 Abs. 3).[37] Erst wenn diese Eintragungen sämtlich bewirkt sind, erfolgt die **Bekanntmachung** der neuen Gesellschaft im elektronischen Bundesanzeiger.[38] Zur Wirkung der Ausgliederung wird auf → § 152 Rn. 34 verwiesen.

11 Trägt das Registergericht die Ausgliederung zur Neugründung trotz des Verstoßes gegen § 160 Abs. 2 ein, obwohl das Vermögen des Einzelkaufmannes die Verbindlichkeiten nicht deckt, so sind sowohl die Ausgliederung als auch die Gründung der neuen Gesellschaft **wirksam** erfolgt (§ 131 Abs. 2). Zum Schutz der Gläubiger greifen die Eigenkapitalschutzregelungen sowie die gesamtschuldnerische Haftung der an der Ausgliederung beteiligten Rechtsträger.[39]

Achter Abschnitt
Ausgliederung aus dem Vermögen rechtsfähiger Stiftungen

§ 161 Möglichkeit der Ausgliederung

Die Ausgliederung des von einer rechtsfähigen Stiftung (§ 80 des Bürgerlichen Gesetzbuchs) betriebenen Unternehmens oder von Teilen desselben aus dem Vermögen dieser Stiftung kann nur zur Aufnahme dieses Unternehmens oder von Teilen dieses Unternehmens durch Personenhandelsgesellschaften oder Kapitalgesellschaften oder zur Neugründung von Kapitalgesellschaften erfolgen.

I. Anwendungsbereich der Vorschrift	1	2. Die Ausgliederung zur Neugründung	15
II. Regelungsgehalt	4	3. Notwendige Schritte bei der Ausgliederung	16
1. Rechtsfähige Stiftung im Sinne des § 80 BGB	4	4. Folgen der Ausgliederung	19
2. Handelsregistereintragung der Stiftung	8	V. Stiftungsrechtliche Besonderheiten bei der Ausgliederung	21
III. Gegenstand der Ausgliederung	9	VI. Weitere stiftungsrechtliche Umwandlungsmöglichkeiten	22
IV. Ausgliederungsmöglichkeiten	13		
1. Die Ausgliederung zur Aufnahme	14		

---

[34] So auch Semler/Stengel/Leonard/*Seulen* § 160 Rn. 10, der vorschlägt, dieses Problem durch eine interne Abstimmung der beteiligten Registergerichte zu lösen, die dafür Sorge zu tragen haben, dass die Eintragungen möglichst zeitnah erfolgen.
[35] So Lutter/*Karollus/Schwab* § 160 Rn. 16 mwN.
[36] Semler/Stengel/Leonard/*Seulen* § 160 Rn. 13.
[37] Hierzu auch: Kallmeyer/*Zimmermann* § 160 Rn. 12; Semler/Stengel/Leonard/*Seulen* § 160 Rn. 15; Lutter/*Karollus/Schwab* § 160 Rn. 10.
[38] *Neye* GmbHR 1995, 565 (566).
[39] Widmann/Mayer/*Mayer* § 160 Rn. 16.

I. Anwendungsbereich der Vorschrift

Die §§ 161–167 regeln die Umwandlung von Stiftungen. Gemäß dem eindeutigen Wortlaut des § 161 ist die einzige Umwandlungsmöglichkeit bei Stiftungen die Ausgliederung von Betriebsvermögen einer rechtsfähigen Stiftung in eine Personenhandels- oder Kapitalgesellschaft. Diese Vorschrift ist abschließend.[1] Alle anderen Arten der Umwandlung nach dem UmwG, also die **Verschmelzung**, die **Auf- oder Abspaltung** oder der **Formwechsel**, sind **auf die Stiftung nicht anwendbar**. Diese Beschränkung des Gesetzgebers findet ihren Grund in der Rechtsform der Stiftung, die als eigentümerloses Rechtssubjekt ein zweckgebundenes Vermögen verwaltet.[2] Die Stiftung hat weder Mitglieder noch Gesellschafter, denen die Anteile an dem übernehmenden Rechtsträger zugewiesen werden könnten. Das hat zur Folge, dass sich die Ausgliederungsmöglichkeiten auf eine bloße Vermögensverschiebung beschränken, bei der das übertragende Vermögen gegen Anteile am übernehmenden Rechtsträger getauscht wird.[3] Eine derartige Vermögensverschiebung ist allein bei der Ausgliederung möglich. Zu beachten sind ferner die **im BGB eigens für Stiftungen geregelten Umwandlungsmöglichkeiten**, namentlich die **Zulegung** sowie die **Zusammenlegung** nach §§ 86 ff. BGB (→ Rn. 22).

Die **Stiftung** kann lediglich als **übertragende Rechtsträgerin** tätig sein. Die Rolle der aufnehmenden Rechtsträgerin bleibt ihr aus rechtspolitischen Gründen verwehrt, denn die Stiftung war ursprünglich vom Gesetzgeber nicht als Unternehmensträgerin gedacht.[4]

Die **Ausgliederungsmöglichkeiten** beschränken sich auf die **Aufnahme durch Personenhandels- oder Kapitalgesellschaften** oder zur **Neugründung von Kapitalgesellschaften**. Einschlägige Vorschriften sind die allgemeinen Regeln zur Spaltung, die in § 125 wiederum auf die Verschmelzungsregelungen verweisen. §§ 161–167 stellen dazu vorrangige Sonderregelungen dar. Um den Anwendungsbereich des § 161 zu eröffnen, ist die Eintragung der Stiftung in das Handelsregister notwendig; dies kann folglich nur geschehen, wenn ein Handelsgewerbe betrieben wird. Welche Auswirkungen die Stiftungsrechtsreform mit der Einführung eines **Stiftungsregisters bis spätestens 31.12.2026** auf dieses Erfordernis hat, bleibt abzuwarten. Nach dem Wortlaut des UmwG dürfte die Eintragung in ein Stiftungsregister nicht ausreichen (→ Rn. 8).

II. Regelungsgehalt

1. Rechtsfähige Stiftung im Sinne des § 80 BGB

Von § 161 werden **bürgerlich-rechtliche rechtsfähige Stiftungen** im Sinne des **§ 80 BGB** erfasst. Nach der Legaldefinition des § 80 Abs. 1 BGB ist die Stiftung eine mit einem Vermögen zur dauernden und nachhaltigen Erfüllung eines vom Stifter vorgegebenen Zwecks ausgestattete, mitgliederlose juristische Person. Die Stiftung wird in der Regel auf unbestimmte Zeit errichtet, sie kann aber auch auf bestimmte Zeit errichtet werden, innerhalb derer ihr gesamtes Vermögen zur Erfüllung ihres Zwecks zu verbrauchen ist (Verbrauchsstiftung).

---

[1] Widmann/Mayer/*Rieger* § 161 Rn. 5; Maulbetsch/Klumpp/Rose/*Schmidt* § 161 Rn. 2.
[2] BGH 22.1.1987 – III ZR 26/85, BGHZ 99, 344 (350); Lutter/Hüttemann/*Rawert* § 161 Rn. 5.
[3] Lutter/Hüttemann/*Rawert* § 161 Rn. 5; Semler/Stengel/Leonard/*Stengel* § 161 Rn. 5.
[4] RegBegrE, *Ganske* Umwandlungsrecht S. 151; Kölner Komm UmwG/*Leuering* § 161 Rn. 22; Lutter/Hüttemann/*Rawert* § 161 Rn. 6.

5 **Nicht** unter diesen Begriff fallen die **nicht rechtsfähigen** oder **auch unselbstständigen Stiftungen**. Zwar sieht auch diese Stiftungsform die Förderung eines bestimmten Zwecks durch ein Vermögen vor. Hier steht allerdings die Zuwendung eines zweckgebundenen Vermögens durch den Stifter an eine existierende natürliche oder juristische Person im Fokus.[5] Der unselbstständigen Stiftung kommt dadurch keine eigene Rechtssubjektivität zu; ihr mangelt es mithin an Rechtsfähigkeit.[6] Die Wahrnehmung des mit der Vermögenszuwendung verbundenen Zwecks einer unselbstständigen Stiftung obliegt stets einem Treuhänder.[7] Die Ausgliederung des Vermögens richtet sich daher immer nach den für die jeweilige Rechtsform des Treuhänders geltenden Regularien.[8]

6 Auch die **öffentlich-rechtliche Stiftung** stellt **keine rechtsfähige Stiftung** im Sinne **des § 80 BGB** dar, selbst wenn einschlägiges Landesrecht auf die §§ 80 ff. BGB verweist.[9] Zwar bestehen kaum Unterschiede zwischen öffentlich-rechtlicher und privatrechtlicher Stiftung – diese erschöpfen sich allein in ihrem jeweils unterschiedlichen Entstehungsakt.[10] Dennoch bezieht sich der Wortlaut des § 161 eindeutig und ausschließlich auf die privatrechtlichen Stiftungen und schließt somit die Anwendung auf öffentlich-rechtliche Stiftungen aus.[11] Bei kirchlichen Stiftungen kommt es wiederum auf die Rechtsnatur der betreffenden Stiftung an. Sie fallen unter § 161, sofern sie als rechtsfähige Stiftung des BGB organisiert sind. Anderes gilt für kirchliche Stiftungen nach kirchlichem Recht.[12]

7 **Stiftungsvereine und -gesellschaften** erfüllen auch **nicht** die Tatbestandsmerkmale einer **Stiftung nach § 80 BGB**. Rechtsträger dieser Stiftungsorganisationen ist regelmäßig ein eingetragener Verein oder eine GmbH, so dass sich die Umwandlung in diesem Falle nach den allgemeinen Regeln für den jeweiligen Rechtsträger richtet.[13]

2. Handelsregistereintragung der Stiftung

8 Die Anforderung der **Handelsregistereintragung** ergibt sich zwar nicht aus dem Wortlaut von § 161, wird jedoch als **ungeschriebenes Tatbestandsmerkmal** allgemein vorausgesetzt.[14] Diese Erkenntnis basiert unter anderem auf § 164 Abs. 2, der von einem für die Stiftung zuständigen Registergericht ausgeht. Mangels Existenz eines bundeseinheitlichen Stiftungsregisters bedarf es bisher folglich zur Bestimmung des Registergerichts der Eintragung in das Handelsregister gemäß § 33 HGB.[15] Auch wenn das UmwG an anderer Stelle im Gegensatz zu den §§ 161–167 explizite Regelungen für die Löschung der Firma des Umwandlungssubjekts im Handelsregister vorsieht (vgl. § 155), steht diese Tatsache dem Verlangen nach einer Handelsregistereintragung nicht entgegen. Die Löschung der Firma erfolgt im Falle der Stiftung nach allgemeinen Regeln (§ 31 HGB). Einer gesonderten Regelung hätte es hier also lediglich aus Klarstellungsgesichtspunkten bedurft, sie ist jedoch nicht konstitutiv erforderlich.[16] Darüber hinaus knüpft auch

---

[5] *Ebersbach*, Handbuch des dt. Stiftungsrechts, 1972, S. 24, 170.
[6] AA wohl *Koos*, Fiduziarische Person und Widmung, 2004, S. 168 ff., 184 ff.
[7] Semler/Stengel/Leonard/*Stengel* § 161 Rn. 18 mwN.
[8] Widmann/Mayer/*Rieger* § 161 Rn. 23.
[9] Lutter/*Hüttemann*/Rawert § 161 Rn. 13; Kölner Komm UmwG/*Leuering* § 161 Rn. 8.
[10] So Schmitt/Hörtnagl/*Hörtnagl* § 124 Rn. 48, der deswegen die §§ 161 ff. auch auf öffentlich-rechtlichen Stiftungen anwenden will.
[11] Semler/Stengel/Leonard/*Stengel* § 161 Rn. 18; Widmann/Mayer/*Rieger* § 161 Rn. 25; s. auch *Kirmse* NJW 2006, 3325 ff.
[12] Lutter/*Hüttemann*/Rawert § 161 Rn. 14.
[13] Kölner Komm UmwG/*Leuering* § 161 Rn. 8; Widmann/Mayer/*Rieger* § 161 Rn. 24.
[14] Kölner Komm UmwG/*Leuering* § 161 Rn. 10; Semler/Stengel/Leonard/*Stengel* § 161 Rn. 21; Lutter/*Hüttemann*/Rawert § 161 Rn. 15 ff.
[15] Vgl. Staudinger/*Hüttemann*/Rawert BGB Vor § 80 Rn. 158; Semler/Stengel/Leonard/*Stengel* § 161 Rn. 21.
[16] Lutter/*Hüttemann*/Rawert § 161 Rn. 20.

die allgemeine, auf die Stiftung anwendbare Vorschrift des § 131 Rechtsfolgen an die Eintragung der Spaltung in das Handelsregister.¹⁷ In zeitlicher Hinsicht muss die Eintragung der Stiftung spätestens bis zur Eintragung der Ausgliederung aus ihrem Vermögen erfolgen, denn die Ausgliederung wird erst mit Eintragung in das Handelsregister der übertragenden Stiftung wirksam.¹⁸

Ab dem 1.1.2026 wird im Wege der Stiftungsrechtsreform ein **Stiftungsregister** eingeführt. Im Gegensatz zum Handelsregister wird dieses nicht von den Gerichten geführt, sondern unterliegt der **Zuständigkeit des Bundesamtes für Justiz (§ 1 Abs. 1 StiftRG nF)**. Welche **Auswirkungen** dies auf das Erfordernis der **Handelsregistereintragung** hat, im Besonderen, ob diese durch eine Listung im Stiftungsregister trotz der verschieden gelagerten Zuständigkeiten ersetzt werden kann, bleibt **abzuwarten**. Nach dem Wortlaut des § 164 Abs. 2, der nach wie vor von einem für die Stiftung zuständigen Registergericht ausgeht, müsste es bei der Anforderung einer Handelsregistereintragung bleiben. Hier ist daher der Gesetzgeber gefordert.

III. Gegenstand der Ausgliederung

Gemäß § 161 kann **Gegenstand der Ausgliederung** das von der Stiftung betriebene **Unternehmen** oder ein **Teil dieses Unternehmens** sein. Mangels jeglicher gesetzlichen Definition ist zur Bestimmung des Unternehmensbegriffs auf das allgemeine handelsrechtliche Verständnis abzustellen. Es besteht Einigkeit darüber, dass das Handelsgewerbe eines Kaufmanns stets ein Unternehmen ist.¹⁹ Wegen der Eintragung der Stiftung in das Handelsregister (→ Rn. 8) ist dieser Grundsatz auch auf den Unternehmensbegriff im Sinne des § 161 anwendbar.²⁰ Zudem ist eine Eintragung nach § 33 HGB ohnehin nur bei Betrieb eines Handelsgewerbes möglich.²¹

Besonderheiten bei der Stiftung ergeben sich im Vergleich zu den allgemeinen Regeln zur Spaltung daraus, dass sich die Ausgliederung aus der Stiftung lediglich auf das Unternehmen oder Teile desselben bezieht. Die §§ 123 ff. ermöglichen hingegen die Ausgliederung jeglichen Teils des Vermögens. § 161 ist jedoch als lex specialis zu verstehen, so dass die **Ausgliederung jeglichen Vermögens der Stiftung nicht möglich** sein soll.²² Parallel zur Stiftung treffen diese Besonderheiten auch den Einzelkaufmann nach § 152 und die Gebietskörperschaften nach § 168. Begründet liegt dieser Unterschied in der Tatsache, dass bei der Stiftung genauso wie beim Einzelkaufmann zwischen Unternehmensvermögen der Stiftung und dem weiteren Privatvermögen differenziert werden muss.²³

Hinsichtlich der **Ausgliederung eines Teils des Unternehmens** ist auf § 123 Abs. 3 abzustellen. Dabei gibt es keine Beschränkung auf die Ausgliederung eines wirtschaftlich sinnvollen Teils des Unternehmens, vielmehr kann **jeder beliebige Teil, also auch ein einzelner Gegenstand**, ausgegliedert werden.²⁴ Die Ausgliederung von Privatvermögen

---

17 Semler/Stengel/Leonard/*Stengel* § 161 Rn. 21; Widmann/Mayer/*Rieger* § 161 Rn. 31.
18 Lutter/*Hüttemann*/Rawert § 161 Rn. 15; Widmann/Mayer/*Rieger* § 161 Rn. 34.
19 Hopt/*Merkt* HGB Einl. vor § 1 Rn. 50.
20 Schmitt/Hörtnagl/*Hörtnagl* § 161 Rn. 1; Kölner Komm UmwG/*Leuering* § 161 Rn. 14; Semler/Stengel/Leonard/*Stengel* § 161 Rn. 25; Lutter/*Hüttemann*/Rawert § 161 Rn. 22.
21 Hopt/*Merkt* HGB § 33 Rn. 1.
22 Krit. *Raupach*/Böckstiegel FS Widmann, 2000, 485.
23 Lutter/*Hüttemann*/Rawert § 161 Rn. 21, 23; Kölner Komm UmwG/*Leuering* § 161 Rn. 15; Widmann/Mayer/*Rieger* § 161 Rn. 57.
24 Lutter, Kölner Umwandlungsrechtstage/*Kazollus* S. 157 (159 f.); Semler/Stengel/Leonard/*Stengel* § 161 Rn. 26; Lutter/*Hüttemann*/Rawert § 161 Rn. 23.

der Stiftung ist nicht möglich, jedoch kann das Privatvermögen durch Widmung an das Unternehmen zu Unternehmensvermögen werden und über diese Hilfskonstruktion sodann ausgegliedert werden. Die Umwidmung ist durch Aufnahme in den Ausgliederungs- und Übernahmevertrag zu erreichen.[25]

12 Darüber hinaus ist auch die **Ausgliederung mehrerer Unternehmen unter verschiedenen Firmen möglich.** Sofern die Firmen in unterschiedlichen Handelsregistern eingetragen sind, wird die Ausgliederung erst mit dem Zeitpunkt wirksam, zu dem sie in allen Handelsregistern eingetragen ist.[26]

Praxistipp: Komplexere Ausgliederungen sollten vor der Ausgliederung mit den Registergerichten besprochen werden.

IV. Ausgliederungsmöglichkeiten

13 Für die **Ausgliederung aus dem Unternehmensvermögen** einer Stiftung stehen nur zwei Szenarien zur Verfügung: zum einen die Ausgliederung zur **Aufnahme durch Personenhandels- oder Kapitalgesellschaften,** zum anderen die Ausgliederung zur **Neugründung von Kapitalgesellschaften.** Diese Einschränkung basiert auf der Struktur der Stiftung, die ohne Gesellschafter oder Anteilsinhaber auskommt. Die Umwandlung kann hier folglich nicht dadurch erfolgen, dass die Gegenleistung für die Umwandlung an Anteilsinhaber ausgekehrt wird, vielmehr kann sie nur dem übertragenden Rechtsträger selbst zugutekommen.[27] Das ist nur im Wege der Ausgliederung möglich. Die genannten Zielrechtsträger sind abschließend, eine Ausgliederung des Unternehmensvermögens auf andere bestehende oder neu gegründete Stiftungen kommt nach dem Umwandlungsgesetz nicht in Betracht.[28] Wie bereits oben (→ Rn. 3) erläutert, finden die allgemeinen Vorschriften zur Spaltung, die in § 125 wiederum auf die Verschmelzungsregeln verweisen, Anwendung.

1. Die Ausgliederung zur Aufnahme

14 Die Ausgliederung zur Aufnahme erfolgt durch die Beteiligung eines Rechtsträgers auf der übertragenden Seite und eines bestehenden Rechtsträgers oder mehrerer bestehender Rechtsträger als übernehmende Rechtsträger (§ 123 Abs. 3). Dabei ist auch die Kombination einer Ausgliederung zur Aufnahme und zur Neugründung erlaubt (§ 123 Abs. 4). Zwingend **zu beachten** ist jedoch der bisher in landesrechtlichen Stiftungsgesetzen und nun auch in § 83c Abs. 1 BGB festgelegte **Grundsatz der Vermögenserhaltung,** aus dem folgt, dass die **zu gewährenden Anteile und Mitgliedschaftsrechte** dem **Wert des übertragenen Vermögens entsprechen** müssen. Bei der Aufnahme durch **Personengesellschaften** ist neben dem Betrag der Einlage festzulegen, ob die Stiftung die Stellung eines Kommanditisten oder des persönlich haftenden Gesellschafters einnimmt. Die Stellung des persönlich haftenden Gesellschafters ist bei entsprechender Regelung in der Stiftungssatzung möglich.[29] Die Aufnahme durch **Kapitalgesellschaften** kann etwa durch eine Kapitalerhöhung erfolgen oder durch die Gewährung vorhandener Anteile. Die in §§ 54 und 68 niedergelegten Kapitalerhöhungsverbote finden dabei wegen § 125 Abs. 1 S. 1 Nr. 4 auf die Stiftung keine Anwendung.

---

25 Widmann/Mayer/*Rieger* § 161 Rn. 63 f.
26 Widmann/Mayer/*Rieger* § 161 Rn. 67 f.
27 Kölner Komm UmwG/*Leuering* § 161 Rn. 19.
28 Kölner Komm UmwG/*Leuering* § 161 Rn. 22; nach allgemeinem Stiftungsrecht ist jedoch eine Zulegung oder eine Zusammenlegung möglich, → Rn. 22.
29 Vgl. dazu Semler/Stengel/Leonard/*Stengel* § 161 Rn. 33; Lutter/*Hüttemann*/Rawert § 161 Rn. 35, 49.

2. Die Ausgliederung zur Neugründung

Die **Ausgliederung zur Neugründung** erschöpft sich in der **Errichtung** von **Kapitalgesellschaften**. Diese Einschränkung ist dem Umstand geschuldet, dass nur Kapitalgesellschaften als Einpersonengesellschaft gegründet werden können.[30] Sofern das Unternehmensvermögen auf eine neu zu gründende Personenhandelsgesellschaft ausgegliedert werden soll, bedarf es wiederum der Ausgliederung zur Aufnahme durch diese soeben entstandene Personenhandelsgesellschaft. Die Neugründung der Kapitalgesellschaften richtet sich nach den für die jeweilige Rechtsform geltenden Gründungsvorschriften, wie der Verweis in § 135 Abs. 2 S. 1 klarstellt.

3. Notwendige Schritte bei der Ausgliederung

Nach den allgemeinen Regeln sind bestimmte Schritte im Rahmen einer Ausgliederung regelmäßig vorzunehmen.

Für die **Ausgliederung zur Neugründung** sind dies die Folgenden:
- Erstellen des Ausgliederungsplans bei Neugründung gemäß § 136 durch den Stiftungsvorstand;
- Errichtung der Kapitalgesellschaft entsprechend der jeweils geltenden Gründungsvorschriften und Aufnahme in den Ausgliederungsplan nach § 125 Abs. 1 S. 1 iVm § 37;
- Erstellen eines Ausgliederungsberichts gemäß § 162;
- Fassen eines Ausgliederungsbeschlusses gemäß § 163;
- Anmeldung und Eintragung des neuen Rechtsträgers gemäß § 137 Abs. 1;

und bei der **Ausgliederung zur Aufnahme:**
- Abschluss des Ausgliederungsvertrags bei Aufnahme gemäß § 126 in Form einer notariellen Beurkundung gemäß § 125 Abs. 1 S. 1 iVm § 6;
- Erstellen eines Ausgliederungsberichts durch den übernehmenden Rechtsträger gemäß § 127 und gegebenenfalls auch gemäß § 162 (siehe dort);
- Fassen eines Ausgliederungsbeschlusses gemäß § 163, für den übernehmenden Rechtsträger gelten die allgemeinen Regeln nach § 125 Abs. 1 S. 1 iVm §§ 13, 43, 50, 65, 78.

In beiden Fällen müssen Ausgliederungsvertrag bzw. Ausgliederungsplan einem etwaig vorhandenen Betriebsrat zugeleitet werden (§ 126 Abs. 3). Für die Aktiengesellschaft gilt die Besonderheit, dass die Ausgliederung im Sinne des § 10 HGB bekannt gemacht werden muss (siehe § 125 Abs. 1 S. 1 iVm § 61).

Die **Ausgliederung** muss zudem in jedem Fall **angemeldet und eingetragen** werden (§§ 129, 130, 137, 125 Abs. 1 S. 1 iVm §§ 16, 17). Sofern die Ausgliederung einer behördlichen Genehmigung bedarf, ist das entsprechende Verfahren durchzuführen. Die Genehmigungsbestätigung ist bei der Anmeldung vorzulegen (§ 164).

4. Folgen der Ausgliederung

Die Folgen der Ausgliederung sind in § 131 geregelt. Danach geht das Vermögen einschließlich der Verbindlichkeiten der Stiftung mit der Registereintragung im Wege der **partiellen Gesamtrechtsnachfolge** auf den übernehmenden Rechtsträger über. Die Modalitäten, zB die Stellung der Stiftung als persönlich haftende Gesellschafterin, sind den Regelungen im Ausgliederungsplan bzw. -vertrag zu entnehmen.

---

[30] Kölner Komm UmwG/*Leuering* § 161 Rn. 20.

20 Eine Regelung entsprechend § 155, nach der die Handelsregistereintragung der Ausgliederung des gesamten Unternehmens des Einzelkaufmanns das Erlöschen der Firma bewirkt, gibt es speziell in Bezug auf die Ausgliederung bei Stiftungen nicht. Hier greifen jedoch mit identischer Wirkung die allgemeinen firmenrechtlichen Grundsätze.[31] Aufgrund des Umstandes, dass die das gesamte Unternehmen übertragende **Stiftung** nach der Ausgliederung kein Handelsgewerbe mehr betreibt, **verliert** die Stiftung ihre **Firmenfähigkeit. Anders** ist dies jedoch zu beurteilen, sofern nur ein **Teilvermögen ausgegliedert** wird, welches allein eigenständig noch als Handelsgewerbe anerkannt bleibt und demgemäß auch firmenfähig ist. Die allgemeinen Regeln, etwa zur Firmenfortführung in § 22 HGB und zur Löschung der Firma nach § 31 HGB sind analog auf die Stiftung anzuwenden.

V. Stiftungsrechtliche Besonderheiten bei der Ausgliederung

21 Die besondere Ausprägung der Stiftung als vermögensverwaltende Organisation ohne Anteilsinhaber, die einen besonderen Stiftungszweck verfolgt, kann im Rahmen der Umwandlung Beschränkungen hervorbringen. **Unterschieden** wird hier zwischen dem Stiftungsunternehmen als **Zweckverwirklichungsbetrieb** und dem Stiftungsunternehmen als **Dotationsquelle**.[32] Im ersten Fall wird der Stiftungszweck durch das Betreiben des Unternehmens selbst erreicht; so etwa im Falle sozialer Einrichtungen in der Trägerschaft von Stiftungen. In letzterem Fall steht das Unternehmen nicht im Zusammenhang mit der Verwirklichung des Stiftungszwecks. Hier werden lediglich die erzielten Erträge für die Verwirklichung des Stiftungswecks eingesetzt. Da die Erfüllung des Stiftungszwecks bei Erhaltung des Stiftungsvermögens oberstes Gebot der Stiftung ist, können unterschiedlich gewährte gesellschaftsrechtliche Eingriffsrechte die Einhaltung des Stiftungszwecks erschweren. Die Gefahr besteht insbesondere bei der Ausgliederung auf einen bestehenden Rechtsträger, da die Stiftung nicht automatisch Alleingesellschafterin wird.[33] In diesem Fall ist dafür Sorge zu tragen, dass die Stiftung durch entsprechende vertragliche Regelungen beherrschenden Einfluss auf die Unternehmensführung erlangt. Die Zulässigkeit solcher Regelungen haben die Stiftungsbehörden im Rahmen ihrer allgemeinen Aufsicht und Genehmigungserteilung nach § 164 zu überprüfen.

VI. Weitere stiftungsrechtliche Umwandlungsmöglichkeiten

22 Neben den umwandlungsrechtlichen Umstrukturierungsmaßnahmen gibt es **weitere, wesentlich praxisrelevantere Möglichkeiten.** Dazu zählen die **Sachgründung** und die **Sacheinlage** mittels derer eine Ausgliederung aus der Stiftung gegen entsprechende Beteiligung an einer Gesellschaft erreicht werden kann. Darüber hinaus kann die Stiftung nach § 85 Abs. 1 BGB eine Zweckänderung im Wege der Satzungsänderung vornehmen, wenn die Erfüllung des Stiftungszwecks unmöglich geworden ist oder das Gemeinwohl gefährdet. Mit der Stiftungsrechtsreform wurden zum 1.7.2023 auch die **Zulegung** von Vermögen auf eine bestehende Stiftung und die **Zusammenlegung** mehrerer, auf vergleichbare Zwecke ausgelegter Stiftungen bundesgesetzlich in §§ 86 ff. BGB geregelt.

---

[31] S. zu den firmenrechtlichen Grundsätzen: Hopt/*Merkt* HGB § 17 Rn. 23 ff.

[32] Grundlegend *Trops* AG 1970, 367 ff.; Staudinger/*Hüttemann/Rawert* Vor §§ 80 ff. Rn. 208; Widmann/Mayer/*Rieger* § 161 Rn. 105.

[33] Vgl. dazu Lutter/*Hüttemann/Rawert* § 161 Rn. 49 ff.; Kölner Komm UmwG/*Leuering* § 161 Rn. 24.

Die Vermögensübertragung erfolgt im Wege der **Gesamtrechtsnachfolge**.[34] Ein Nebeneinander dieser unterschiedlichen Maßnahmen ist vom Gesetzgeber gesehen worden und ausdrücklich gewollt.[35]

§ 162 Ausgliederungsbericht

(1) Ein Ausgliederungsbericht ist nur erforderlich, wenn die Ausgliederung nach § 164 Abs. 1 der staatlichen Genehmigung bedarf oder wenn sie bei Lebzeiten des Stifters von dessen Zustimmung abhängig ist.

(2) Soweit nach § 164 Abs. 1 die Ausgliederung der staatlichen Genehmigung oder der Zustimmung des Stifters bedarf, ist der Ausgliederungsbericht der zuständigen Behörde und dem Stifter zu übermitteln.

I. Anwendungsbereich der Vorschrift 1	III. Inhalt des Ausgliederungsberichts 7
II. Regelungsgehalt 3	IV. Verzicht auf den Erhalt des Ausgliederungsberichts 8
1. Erforderlichkeit des Ausgliederungsberichts nach Abs. 1 3	V. Informationsrecht der Stiftungsbehörden 10
2. Übermittlungspflicht nach Abs. 2 5	

I. Anwendungsbereich der Vorschrift

§ 162 trifft eine **Sonderregelung** über die Erstellung eines **Berichts** bei der Ausgliederung aus dem Vermögen von Stiftungen. Die allgemeinen Vorschriften sehen stets die Erstellung eines Ausgliederungsberichts aller an der Ausgliederung beteiligten Rechtsträger vor (vgl. § 127). Im Gegensatz dazu ist ein Ausgliederungsbericht gemäß § 162 nur dann **erforderlich, wenn** die **Ausgliederung genehmigungs- oder zustimmungspflichtig** ist. Zweck des Berichts ist es, Dritte über die Umstrukturierung zu informieren. Wegen der Rechtsform der Stiftung als anteils- und inhaberlose Vermögensverwaltung kann es bei der Ausgliederung aber lediglich der Information der Genehmigungsbehörde oder des Stifters bedürfen. Ein Bericht nach § 127 sieht dagegen die Information der Anteilsinhaber vor, weil diese der Spaltung zustimmen müssen. 1

Der Anwendungsbereich des § 162 bezieht sich nur auf die Stiftung als übertragende Rechtsträgerin. Im Falle der Ausgliederung zur Aufnahme ist jedoch der übernehmende Rechtsträger nach § 127 verpflichtet, den Anteilsinhabern zu berichten.[1] Der Ausgliederungsbericht wird von dem zuständigen Geschäftsführungs- und Vertretungsorgan der Stiftung aufgestellt. 2

II. Regelungsgehalt
1. Erforderlichkeit des Ausgliederungsberichts nach Abs. 1

Die Stiftung hat einen Ausgliederungsbericht zu erstellen, wenn die Ausgliederung nach § 164 genehmigungsbedürftig ist. Das **Erfordernis** dieser **Genehmigung** ergab sich bisher insbesondere aus den Landesstiftungsgesetzen. Diese regeln die Ausgliederung nicht im Speziellen, sondern lediglich genehmigungspflichtige Satzungsänderungen oder teilweise auch Rechtsgeschäfte mit Genehmigungsvorbehalt. Auch im 3

---

34 *Kirchhain* in Schauhoff/Mehren, Stiftungsrecht nach der Reform, 2022, Kap. 9 Rn. 92.
35 RegBegrE, *Ganske* Umwandlungsrecht S. 43, 44. S. hierzu und zur Abgrenzung zu anderen Umstrukturierungsmaßnahmen *Lepper* RNotZ 2006, 313 (314).

1 Semler/Stengel/Leonard/*Stengel* § 162 Rn. 3; Kölner Komm UmwG/*Leuering* § 162 Rn. 2.

Rahmen der Stiftungsrechtsreform wurde betreffend die Ausgliederung keine explizite bundesgesetzliche Regelung getroffen. Doch finden sich nun **auch bspw. in § 85a BGB** Regelungen zu genehmigungspflichtigen Satzungsänderungen, die vergleichend herangezogen werden können (zu den einzelnen Voraussetzungen siehe § 164).

4 Ein **Ausgliederungsbericht** ist darüber hinaus auch dann zu erstellen, wenn die Ausgliederung **bei Lebzeiten des Stifters** von dessen **Zustimmung** abhängig ist.[2] Dies ist entweder der Fall, wenn die Stiftungssatzung eine entsprechende Regelung vorbehält oder das anzuwendende Landesrecht dies vorschreibt. Einige Länder machen die Satzungsänderung von der Zustimmung des Stifters abhängig, so dass hier entscheidend ist, ob die Ausgliederung eine Satzungsänderung nach sich zieht. Eine bundesrechtliche Regelung diesbezüglich existiert auch nach der Stiftungsrechtsreform nicht.

2. Übermittlungspflicht nach Abs. 2

5 Soweit einer der Tatbestände des Abs. 1 erfüllt ist, fordert Abs. 2 die **Übermittlung** des **Ausgliederungsberichts** an die staatliche Behörde und den Stifter. Der Wortlaut der Vorschrift ist zunächst so zu verstehen, dass in jedem Fall immer beide möglichen Empfänger, die Behörde und der Stifter, informiert werden sollen. Für diese Auslegung ergeben sich aber keine weiteren Anhaltspunkte. Vielmehr ist der Sicherstellung des Informationsbedürfnisses durch die Übermittlung des Berichts entweder an die Behörde oder den Stifter ausreichend Rechnung getragen, je nachdem ob die Genehmigung der Behörde oder die Zustimmung des Stifters erforderlich ist. Die Vorschrift ist dementsprechend teleologisch zu reduzieren.[3] Dies schließt nicht aus, dass im Falle einer Satzungsänderung ggf. beide Parteien ihr Einverständnis erklären müssen und dementsprechend an beide zu berichten ist.

6 Die Übermittlung des Ausgliederungsberichts wird ebenso wie dessen Erstellung durch das zur Geschäftsführung und Vertretung berechtigte Organ durchgeführt. Der Zeitpunkt der Übermittlung ist nicht von dem Beschluss nach § 163 abhängig, weil die Wirksamkeit der Ausgliederung von der Genehmigung der Behörde bzw. der Zustimmung des Stifters abhängt und die Information der Vorbereitung der entsprechenden Einverständniserklärung dient.

III. Inhalt des Ausgliederungsberichts

7 Der **Inhalt des Ausgliederungsberichts** richtet sich nach § 127 iVm § 8 Abs. 1 und 2. Da bei der Ausgliederung aus dem Vermögen der Stiftung kein Anteilstausch stattfindet, bedarf es grundsätzlich keiner Ausführungen zum Umtauschverhältnis. Wird allerdings auf ein Unternehmen ausgegliedert, an dem Dritte beteiligt sind, müssen ein Beteiligungswert für den Wert des übertragenen Stiftungsvermögens und der erlangte Gegenwert in Anteilen am Unternehmen angegeben werden.[4] Das gebietet der Grundsatz des Erhalts des Stiftungsvermögens.

---

2 Widmann/Mayer/*Rieger* § 162 Rn. 7.
3 So schon: Widmann/Mayer/*Rieger* § 162 Rn. 22; iE auch Semler/Stengel/Leonard/*Stengel* § 162 Rn. 9.
4 Lutter/*Hüttemann/Rawert* § 162 Rn. 6; Schmitt/Hörtnagl/*Hörtnagl* § 127 Rn. 9 f.

IV. Verzicht auf den Erhalt des Ausgliederungsberichts

Durch den Verweis in § 127 auf § 8 Abs. 3 ist auch ein **Verzicht** der Zustimmungsberechtigten auf den Erhalt des Ausgliederungsberichts möglich. Die Verzichtserklärung ist notariell zu beurkunden (§ 8 Abs. 3 S. 2). Die Berichterstattung gegenüber dem Stifter kann auch dann obsolet sein, wenn dieser gleichzeitig Organ der Stiftung ist und dem Ausgliederungsbeschluss nach § 163 zugestimmt hat. Das Organ ist schließlich selbst für die Erstellung und Übermittlung des Berichts zuständig. Anders verhält es sich, wenn der Stifter gegen den Beschluss gestimmt hat.[5]

Hinsichtlich der **genehmigungspflichtigen Behörde** ist **umstritten**, ob diese auf die Berichterstattung **verzichten** kann. Hier wird teilweise[6] argumentiert, die Behörde dürfe sich ihrer Informationsmöglichkeiten, die zur Wahrnehmung ihrer hoheitlichen Befugnisse dienen, nicht begeben. Mangels ausdrücklich abweichender Regelung und der Tatsache, dass die Behörde bei ordnungsgemäßer Sachverhaltsermittlung selbst über den Umfang der Informationswege entscheiden kann, ist dieser Meinung nicht zu folgen. Die Pflicht der Behörde besteht darin, eine rechtmäßige Entscheidung über die Genehmigung oder Versagung der Ausgliederung nach § 164 iVm mit den anwendbaren stiftungsrechtlichen Vorschriften zu treffen. Diese setzt eine sachgerechte Informationsbasis voraus. Darüber, welche Informationsquellen die Behörde zur sorgfältigen Abwägung ihrer Entscheidung heranzieht, kann sie selbst im Rahmen ihres pflichtgemäßen Ermessens entscheiden.[7]

V. Informationsrecht der Stiftungsbehörden

Den **Stiftungsbehörden** steht generell ein **Informationsrecht** zu. Dies betrifft sämtliche Stiftungsangelegenheiten, so dass die Behörde über eine einfache Auskunft hinaus auch Berichte und Unterlagen anfordern kann. Daran gekoppelt ist die Pflicht der Stiftung, dem Informationsverlangen nachzukommen. Ein „allgemeines Ausforschungsrecht", nach dem bspw. die Herausgabe sämtlicher Unterlagen mehrerer Geschäftsjahre gefordert werden könnte, hat die Aufsichtsbehörde jedoch nicht.[8] Weitergehende Details zur Ausgestaltung der Befugnisse der Stiftungsbehörde können die Landesgesetzgeber regeln.[9] Auch wenn also keine Pflicht zur Erstellung eines Ausgliederungsberichts im engeren Sinne besteht, sind die Informationen über die Ausgliederung dennoch an die Behörde weiterzuleiten.[10] Die Stiftung treffen somit weitere Unterrichtungspflichten.

§ 163 Beschluß über den Vertrag

(1) Auf den Ausgliederungsbeschluß sind die Vorschriften des Stiftungsrechts für die Beschlußfassung über Satzungsänderungen entsprechend anzuwenden.

---

5 So Widmann/Mayer/*Rieger* § 162 Rn. 12.
6 Lutter/*Hüttemann/Rawert* § 162 Rn. 4, die die Verzichtserklärung nur für den Stifter zulassen.
7 So auch: Kölner Komm UmwG/*Leuering* § 162 Rn. 6; Semler/Stengel/Leonard/*Stengel* § 162 Rn. 6; Widmann/Mayer/*Rieger* § 162 Rn. 13.
8 *Rohn* in Schauhoff/Mehren, Stiftungsrecht nach der Reform, 2022, Kap. 8 Rn. 20; OVG Saarlouis 15.1.2021 – 2 B 365/20, NVwZ-RR 2021, 237.
9 *Rohn* in Schauhoff/Mehren, Stiftungsrecht nach der Reform, 2022, Kap. 8 Rn. 19.
10 Das bis zur Novellierung durch die Stiftungsrechtsreform geltende nordrhein-westfälische Stiftungsgesetz wurde beispielsweise im Jahre 2010 dahin gehend geändert, dass für diese Unterrichtungspflicht eine Frist von einem Monat gilt, § 5 Abs. 1 S. 2 StiftG NRW; vgl. auch § 9 Abs. 1 S. 2 StiftG BW; § 7 Abs. 1 StiftG Bbg.

(2) Sofern das nach Absatz 1 anzuwendende Stiftungsrecht nicht etwas anderes bestimmt, muß der Ausgliederungsbeschluß von dem für die Beschlußfassung über Satzungsänderungen nach der Satzung zuständigen Organ oder, wenn ein solches Organ nicht bestimmt ist, vom Vorstand der Stiftung einstimmig gefaßt werden.

(3) Der Beschluß und die Zustimmung nach den Absätzen 1 und 2 müssen notariell beurkundet werden.

I. Anwendungsbereich der Vorschrift 1	3 Formerfordernisse nach Abs. 3 4
II. Regelungsgehalt	III. Mehrheitserfordernisse 5
1. Anwendbarkeit des Stiftungsrechts für Beschlussfassung über Satzungsänderungen (Abs. 1) 2	IV. Zustimmungsvorbehalte 6
	V. Rechtsbehelf gegen den Ausgliederungsbeschluss 8
2. Kompetenzzuweisung für den Ausgliederungsbeschluss nach Abs. 2 3	

I. Anwendungsbereich der Vorschrift

1 Nach den allgemeinen Vorschriften bedarf der Umwandlungsakt eines Beschlusses der Anteilsinhaber (§ 125 iVm § 13). Da die Stiftung als einziges Rechtskonstrukt keine Anteilsinhaber hat, trifft **§ 163** eine **gesonderte Regelung** zum Ausgliederungsbeschluss bei Umwandlungen von **Stiftungen**.

II. Regelungsgehalt

1. Anwendbarkeit des Stiftungsrechts für Beschlussfassung über Satzungsänderungen (Abs. 1)

2 Für den Ausgliederungsbeschluss schreibt § 163 Abs. 1 die entsprechende Anwendung der Stiftungsvorschriften über Satzungsänderungen vor. Diese sind seit der Stiftungsrechtsreform in den §§ 85 f. BGB niedergelegt. Dadurch wird die **Kompetenz**, über den Ausgliederungsbeschluss zu bestimmen, entweder den **Stiftungsorganen** zugewiesen **oder** eine derartige **Kompetenzzuweisung** kann **durch** die **Stiftungssatzung** erfolgen. § 163 Abs. 1 ist nicht direkt anwendbar, weil nicht jede Ausgliederung eine Satzungsänderung nach sich zieht.[1] Ist dies aber der Fall und liegt damit eine Satzungsänderung vor, so ist gem. § 85a Abs. 1 S. 2 BGB die Genehmigung der Stiftungsbehörde erforderlich.

2. Kompetenzzuweisung für den Ausgliederungsbeschluss nach Abs. 2

3 Den Beschluss trifft – so § 85a Abs. 1 S. 1 BGB – das **zuständige Stiftungsorgan**. Welches Stiftungsorgan für Satzungsänderungen und damit auch für den Ausgliederungsbeschluss zuständig ist, regelt die Satzung. Fehlt eine solche Regelung, ist der Vorstand der Stiftung für den Ausgliederungsbeschluss zuständig und hat diesen einstimmig zu fassen (§ 163 Abs. 2).

3 Formerfordernisse nach Abs. 3

4 § 163 Abs. 3 schreibt vor, dass sowohl der Ausgliederungsbeschluss als auch die Zustimmungen Dritter der notariellen Beurkundung bedürfen. Das **Beurkundungserfordernis** ergibt sich bereits aus § 125 Abs. 1 S. 1 iVm § 13 Abs. 3. Da dieser jedoch von Anteilsinhabern spricht und die Zustimmung bei der Ausgliederung aus Stiftungsvermögen

---

[1] Lutter/*Hüttemann/Rawert* § 163 Rn. 2.

nur von Dritten erfolgen kann, war hier eine Klarstellung durch eine eigenständige Regelung geboten.[2] Die Beurkundungspflicht ist im Zuge der Gleichbehandlung aller Umwandlungsvorgänge vom Gesetzgeber gewollt. Weder die Gründung der Stiftung noch Beschlüsse über Satzungsänderungen bedürfen sonst der notariellen Form.[3]

III. Mehrheitserfordernisse

Da weder die Landesgesetze noch die §§ 80 ff. BGB eine Bestimmung über die Mehrheitserfordernisse treffen, findet sich eine Vorgabe regelmäßig in der Satzung der Stiftung. Ist dies nicht der Fall und findet sich auch keine Regelung über die Zuständigkeit der Beschlussfassung, gilt das Einstimmigkeitserfordernis aus § 163 Abs. 2.

IV. Zustimmungsvorbehalte

Bisher schrieben einige Landesstiftungsgesetze zu Lebzeiten des Stifters dessen Zustimmung zu Satzungsänderungen vor.[4] Dies galt dann auch für den Ausgliederungsbeschluss. Nach der Stiftungsrechtsreform ist so eine Regelung im BGB nicht vorgesehen. § 85 Abs. 4 BGB regelt die Möglichkeiten des Stifters zur Beschränkung von Satzungsänderungen. Die Einräumung eines Zustimmungserfordernisses ist dort nicht aufgeführt. Werden gegenteilige Regelungen in Landesgesetzen getroffen, so stehen diese im Widerspruch zum Bundesrecht und sind daher unwirksam.[5] Die Satzung kann andere Zustimmungsvorbehalte, etwa von weiteren Stiftungsorganen, begründen.[6]

Bei der Ausgliederung durch Aufnahme gelten die allgemeinen Vorschriften für den übernehmenden Rechtsträger. Gemäß § 125 Abs. 1 S. 1 iVm § 13 bedarf es der Zustimmung der Anteilsinhaber zu dem Umwandlungsvorhaben.

V. Rechtsbehelf gegen den Ausgliederungsbeschluss

Gegen Beschlüsse über Umwandlungsmaßnahmen kann gemäß § 125 Abs. 1 iVm § 14 Abs. 1 **Klage** erhoben werden. Die Struktur der Stiftung bedingt es, dass einer Klage gegen den Ausgliederungsbeschluss wenig Praxisrelevanz zukommt. Mangels Anteilsinhabern an der Stiftung können Kläger allenfalls Stiftungsorgane oder Dritte sein, denen es in der Regel an einem einklagbaren Anspruch fehlen wird.[7] Stiftungsorganen steht der Klageweg nämlich nur offen, wenn sie in ihren organschaftlichen Rechten verletzt wurden[8] und Destinatären – den durch den Stiftungszweck begünstigten Personen – nur, sofern ihnen aufgrund von Landesrecht oder Satzung einklagbare Rechte zugestanden wurden.[9] Der Beschluss unterliegt jedoch in jedem Fall der allgemeinen Aufsicht der Stiftungsbehörde, die ihn beanstanden und aufheben kann (vgl. dazu auch § 164).

---

2 So die Intention des Gesetzgebers, s. RegBegrE, *Ganske* Umwandlungsrecht S. 191.
3 Gemäß § 81 **Abs. 3** BGB bedarf die Errichtung der Stiftung lediglich der schriftlichen Form.
4 Vgl. zB § 8 Abs. 1 S. 3 BremStiftG; § 5 Abs. 1 S. 3 SchlHolStiftG. Die neue Formulierung in § 5 Abs. 2 StiftG NRW sieht nur noch die Anhörung der Stifterinnen und Stifter vor.
5 MüKoBGB/*Weitemeyer* § 85 Rn. 35; bestätigend *Schienke-Ohletz* in Schauhoff/Mehren, Stiftungsrecht nach der Reform, 2022, Kap. 3 Rn. 23.
6 So auch Widmann/Mayer/*Rieger* § 163 Rn. 10 f.
7 Lutter/*Hüttemann/Rawert* § 163 Rn. 10; Semler/Stengel/*Leonard/Stengel* § 163 Rn. 6.
8 BGH 14.10.1993 – III ZR 157/91, NJW 1994, 184 (185); *Ebersbach*, Handbuch des dt. Stiftungsrechts, S. 105.
9 OLG Hamburg 31.8.1994 – 13 U 33/93, ZIP 1994, 1950.

§ 164 Genehmigung der Ausgliederung

(1) **Die Ausgliederung bedarf der staatlichen Genehmigung, sofern das Stiftungsrecht dies vorsieht.**

(2) **Soweit die Ausgliederung nach Absatz 1 der staatlichen Genehmigung nicht bedarf, hat das Gericht des Sitzes der Stiftung die Eintragung der Ausgliederung auch dann abzulehnen, wenn offensichtlich ist, daß die Verbindlichkeiten der Stiftung ihr Vermögen übersteigen.**

1. Anwendungsbereich der Vorschrift

1 § 164 regelt die staatliche Genehmigung der Ausgliederung aus dem Stiftungsvermögen. Adressat dieser Vorschrift sind in erster Linie die zuständigen Behörden der Stiftungsaufsicht. Wird die Genehmigung nicht erteilt oder wird die Ausgliederung beanstandet, so ist sie nicht zulässig und damit nicht eintragungsfähig. Anwendbar ist die Vorschrift sowohl auf die Ausgliederung zur Aufnahme als auch auf die Ausgliederung zur Neugründung.

2. Regelungsgehalt

a) Genehmigungspflicht gemäß Abs. 1

2 Das Erfordernis **einer staatlichen Genehmigung** der Ausgliederung aus dem Stiftungsvermögen ergibt sich seit der Stiftungsrechtsreform aus den **Landesstiftungsgesetzen bzw. den §§ 85 f. BGB**. Diese regeln die Ausgliederung nicht direkt, sondern lediglich die genehmigungspflichtigen Satzungsänderungen oder teilweise auch Rechtsgeschäfte mit Genehmigungsvorbehalt. Da die Ausgliederung häufig eine Satzungsänderung nach sich zieht oder die Ausgliederung unter einen der genehmigungsbedürftigen Sondertatbestände fallen kann, ist demnach in all diesen Fällen eine staatliche Genehmigung des Ausgliederungsbeschlusses gem. 85a Abs. 1 S. 2 BGB notwendig. **Rechtsgeschäftliche Genehmigungsvorbehalte** gelten etwa für die Veräußerung und die Belastung von Grundstücken, die Aufnahme von Darlehen oder die Entgegennahme unentgeltlicher Zuwendungen.

Hinweis: Die Ausgliederung im Sinne des Umwandlungsrechts ist nicht mit der Zulegung oder der/dem Zusammenlegung/Zusammenschluss gleichzuziehen (→ § 161 Rn. 22). Diese Regelungen befinden sich in den §§ 86 ff. BGB und betreffen regelmäßig nicht die Umwandlung nach dem UmwG.

3 Denkbar ist allerdings, dass die Umwandlung unter den Genehmigungsvorbehalt der Zulegung/Zusammenlegung zu subsumieren ist, weil der Gesetzgeber gerade größere Eingriffe in das Stiftungsgebaren beaufsichtigen wollte und eine Unterscheidung zwischen den umwandlungsrechtlichen und den stiftungsrechtlichen Umwandlungsmöglichkeiten eine reine Formalie ist.

4 Sind in der Satzung Regelungen über das Unternehmen der Stiftung, insbesondere über einen bestimmten Betrieb oder die Rechtsform des Unternehmens enthalten, kann dies zur Notwendigkeit einer **Satzungsänderung** führen.

Es wird zwischen **einfachen und qualifizierten Satzungsänderungen** unterschieden. 5
Bei einer einfachen Satzungsänderung bleibt der Stiftungszweck unberührt.[1] Ob und
wann eine Satzungsänderung zulässig ist, regelt nun § 85 BGB. Eine einfache Satzungsänderung ist gerechtfertigt, wenn sie der **Erfüllung des Stiftungszwecks** dient (§ 85
Abs. 3 BGB). Die qualifizierte Satzungsänderung setzt höhere Maßstäbe, da der Stiftungszweck betroffen ist. Damit ein derart weiter Eingriff zulässig ist, muss gem.
§ 85 Abs. 2 S. 1 BGB eine wesentliche Veränderung der Verhältnisse vorliegen. Darüber
hinaus muss die **Satzungsänderung erforderlich** sein, um die Stiftung an die veränderten Verhältnisse anzupassen (§ 85 Abs. 2 S. 1 BGB). Da die Ausgliederung jedoch immer
nur das Stiftungsvermögen und gerade nicht den davon losgelösten Stiftungszweck betrifft, kann im Zuge der Ausgliederung nur eine einfache Satzungsänderung in Betracht
kommen.[2] Entscheidend ist also, ob die aufgrund der Ausgliederung notwendige Satzungsänderung im Interesse der Leistungs- und Funktionsfähigkeit der Stiftung liegt.

Die **Genehmigungsvoraussetzungen**, deren Einhaltung die zuständige Stiftungsbehör- 6
de zu überprüfen hat, sind zum einen **das Nichtvorliegen einer Überschuldung** und
zum anderen die **Rechtmäßigkeit des Ausgliederungsbeschlusses**.

b) Genehmigungsfreie Ausgliederung nach Abs. 2

Ist für die jeweilige Ausgliederung nach Landesrecht oder kraft Satzung **keine Geneh-** 7
migung erforderlich, hat das zuständige Registergericht die Ausgliederung zu überprüfen. Inhaltlich wird sich das Gericht dabei zunächst mit den formellen Anforderungen an die Eintragung in das Handelsregister und den materiellen Anforderungen aus
dem UmwG auseinandersetzen und in einem weiteren Schritt prüfen, ob die Verbindlichkeiten der Stiftung ihr Vermögen nicht übersteigen (§ 164 Abs. 2). Ist dies der Fall,
muss das Gericht die Eintragung der Ausgliederung ablehnen. Der Prüfungsumfang
umfasst auch die Feststellung der Genehmigungsfreiheit, nicht jedoch die Vereinbarkeit der Ausgliederung mit dem Stiftungsrecht. Da die Ausgliederung zumeist eine
Satzungsänderung erforderlich macht, ist in diesen Fällen gemäß § 85a Abs. 1 S. 2 BGB
stets ein Genehmigungserfordernis seitens der Stiftungsbehörde gegeben, so dass eine
gerichtliche Prüfung nach § 164 Abs. 2 entfallen wird.

Praxistipp: Aus diesem Grund ist es sinnvoll, dem Gericht ein Negativattest der Stiftungsbehörde vorzulegen, um den reibungslosen Ablauf der Ausgliederung zu sichern.[3]
Gleichzeitig ist eine Erklärung der Stiftung hilfreich, dass keine Überschuldung vorliegt.

§ 165 Sachgründungsbericht und Gründungsbericht

**Auf den Sachgründungsbericht (§ 5 Abs. 4 des Gesetzes betreffend die Gesellschaf-
ten mit beschränkter Haftung) ist § 58 Abs. 1, auf den Gründungsbericht (§ 32 des
Aktiengesetzes) § 75 Abs. 1 entsprechend anzuwenden.**

---

1 Lutter/Hüttemann/Rawert § 164 Rn. 5.
2 Ausf. hierzu: Lutter/Hüttemann/Rawert § 164 Rn. 9; Widmann/Mayer/Rieger § 164 Rn. 19.
3 Lutter/Hüttemann/Rawert § 164 Rn. 22; Hof in Seifart/Campenhausen, Handbuch des Stiftungsrechts, 3. Aufl., § 10 Rn. 44 f.

1. Anwendungsbereich der Vorschrift

1 Bei der Ausgliederung aus dem Stiftungsvermögen sind bestimmte Berichtspflichten zu beachten. § 165 nimmt Bezug auf den Sachgründungsbericht für eine GmbH und den Gründungsbericht für eine AG. Mithin findet die Vorschrift ausschließlich Anwendung auf die Ausgliederung zur Neugründung einer Kapitalgesellschaft.[1]

2. Regelungsgehalt

2 Die Vorschrift verweist neben den für die Kapitalgesellschaften zu veröffentlichenden Gründungsberichten nach § 5 Abs. 4 GmbHG bzw. § 32 AktG auf die Notwendigkeit von Darlegungen zum Geschäftsverlauf und zur Lage des übertragenden Rechtsträgers (§ 58 Abs. 1, § 75 Abs. 1). Die **Berichtspflichten** werden dadurch zwar erweitert, die Vorschrift hat jedoch wegen des sich bereits in den allgemeinen Vorschriften (§ 135 Abs. 1 iVm § 125) befindlichen Verweises lediglich klarstellenden Charakter.

3 Zweck der erweiterten Berichtspflichten ist die Kapitalsicherung des neuen Rechtsträgers, da eine vorhergehende Prüfung der Kapitalaufbringung bei der Stiftung nicht vorgesehen ist.[2] Ob im Rahmen einer Teilausgliederung aus dem Vermögen der Stiftung die Berichtspflichten lediglich das auszugliedernde (Teil-)Unternehmen treffen oder die gesamte Stiftung als übertragenden Rechtsträger, ist umstritten. Wegen der im Wortlaut des § 165 verankerten „entsprechenden" Anwendung von § 58 Abs. 1, § 75 Abs. 1 ist wohl davon auszugehen, dass lediglich der auszugliedernde Teil gemeint ist.[3] Die speziellen Regeln der §§ 161 ff. stellen nämlich entgegen den allgemeinen Verschmelzungsregeln auf den Unternehmensbegriff ab und nicht auf den ausgliedernden Rechtsträger.

§ 166 Haftung der Stiftung

¹Durch den Übergang der Verbindlichkeiten auf übernehmende oder neue Gesellschaften wird die Stiftung von der Haftung für die Verbindlichkeiten nicht befreit. ²§ 418 des Bürgerlichen Gesetzbuchs ist nicht anzuwenden.

I. Anwendungsbereich der Vorschrift	1	2. Ausschluss von § 418 BGB gemäß S. 2	3
II. Regelungsgehalt	2	III. Haftung des übernehmenden Rechtsträgers	4
1. Haftung der Stiftung nach S. 1	2		

I. Anwendungsbereich der Vorschrift

1 § 166 S. 1 regelt die **Haftung der Stiftung** für alle im Wege der partiellen Gesamtrechtsnachfolge auf den neuen Rechtsträger übergegangenen Verbindlichkeiten. Die Vorschrift ist lex specialis zu den allgemeinen Haftungsvorschriften in §§ 133 f.[1] und gilt sowohl für die Ausgliederung zur Neugründung als auch zur Aufnahme. § 166 entspricht der Vorschrift des § 156,[2] die die Haftung des Einzelkaufmanns in gleicher Weise beschreibt.

---

1 Widmann/Mayer/*Rieger* § 165 Rn. 5.
2 RegBegrE, *Ganske* Umwandlungsrecht S. 194; Kölner Komm UmwG/*Leuering* § 165 Rn. 2.
3 Lutter/*Hüttemann/Rawert* § 165 Rn. 4; Kölner Komm UmwG/*Leuering* § 165 Rn. 2; Semler/Stengel/Leonard/Stengel § 165 Rn. 2; Maulbetsch/Klumpp/Rose/*Schmidt* § 165 Rn. 2; aA Widmann/Mayer/*Rieger* § 165 Rn. 7, 9, der auch die Darstellung des Geschäftsverlaufs und der Lage der übertragenden Stiftung verlangt.

1 Lutter/*Hüttemann/Rawert* § 166 Rn. 1; Kölner Komm UmwG/*Leuering* § 166 Rn. 1.
2 RegBegrE, *Ganske* Umwandlungsrecht S. 194.

II. Regelungsgehalt

1. Haftung der Stiftung nach S. 1

Die Ausgliederung bewirkt den **Übergang sämtlicher Vermögenswerte** auf den übernehmenden Rechtsträger. § 166 macht eine Ausnahme für Verbindlichkeiten, welche zum Zeitpunkt der Eintragung der Ausgliederung in das Handelsregister Gegenstand des Ausgliederungsplans bzw. -vertrags sind. Für diese Verbindlichkeiten haftet die Stiftung als übertragende Rechtsträgerin weiterhin neben dem neuen oder übernehmenden Rechtsträger, und zwar für einen Zeitraum von fünf Jahren (§ 167). Stiftung und übernehmender Rechtsträger haften dann gegenüber dem Gläubiger – dessen Schutz die Vorschrift im Blick hat[3] – als Gesamtschuldner. Im Innenverhältnis bestimmt der Ausgliederungsplan bzw. -vertrag im Sinne einer anderweitigen Bestimmung nach § 426 Abs. 1 S. 1 Hs. 2 BGB die primäre Haftung des übernehmenden Rechtsträgers.[4] Die Verbindlichkeiten gehen in ihrem jeweiligen Bestand über, die Verjährung beeinflusst die Ausgliederung mithin nicht.[5]

2. Ausschluss von § 418 BGB gemäß S. 2

Gemäß § 418 BGB erlöschen die für die Forderung **bestellten Bürgschaften und Pfandrechte**, und die **Hypothek** wird einem **Gläubigerverzicht gleichgestellt**. § 166 Abs. 2 schließt die Anwendbarkeit dieser Regelung auf die Ausgliederung aus dem Vermögen der Stiftung aus. Wegen dieser Sonderregelung bleiben die Sicherungsrechte an den Verbindlichkeiten des auszugliedernden Unternehmens trotz Umwandlung weiterhin fortbestehen. Die Regelung greift analog auch für Sicherungsgrundschulden.[6]

III. Haftung des übernehmenden Rechtsträgers

Die **Haftung des übernehmenden Rechtsträgers** richtet sich nach den allgemeinen Vorschriften (§ 131 Abs. 1 Nr. 1). Für bereits vor der Spaltung begründete Verbindlichkeiten gelten § 133 Abs. 1, § 25 HGB, wonach die an der Ausgliederung beteiligten Rechtsträger als Gesamtschuldner haften. Besonderheiten gelten bei Ansprüchen von Sonderrechtsinhabern.[7]

§ 167 Zeitliche Begrenzung der Haftung für übertragene Verbindlichkeiten

Auf die zeitliche Begrenzung der Haftung der Stiftung für die im Ausgliederungs- und Übernahmevertrag aufgeführten Verbindlichkeiten ist § 157 entsprechend anzuwenden.

1. Haftungszeitraum

Die **Haftung der Stiftung** für die im Ausgliederungsvertrag bzw. -plan vorgesehenen Verbindlichkeiten ist nicht un**begrenzt**. § 167 verweist auf die entsprechende Anwendung des für den Einzelkaufmann geltenden § 157. Auch wenn § 157 den Ausgliederungsplan nicht erwähnt, ist kein Grund ersichtlich, der gegen seine Einbeziehung

---

[3] Kölner Komm UmwG/*Leuering* § 166 Rn. 2; Lutter/*Hüttemann/Rawert* § 166 Rn. 1.
[4] Semler/Stengel/Leonard/*Stengel* § 166 Rn. 2 mwN.
[5] Widmann/Mayer/*Rieger* § 166 Rn. 8.
[6] Widmann/Mayer/*Rieger* § 166 Rn. 20.
[7] S. ausf. Lutter/*Hüttemann/Rawert* § 166 Rn. 5; Widmann/Mayer/*Rieger* § 166 Rn. 27.

spricht.¹ Gegenstand der Haftung sind demnach lediglich Ansprüche, die vor Ablauf von fünf Jahren nach der Ausgliederung fällig werden und bereits im Wege eines gerichtlichen oder eines Insolvenzverfahrens tituliert sind, bzw. aus öffentlich-rechtlichen Streitigkeiten, über die ein Verwaltungsakt erlassen wurde (§ 157 Abs. 1 S. 1). Dies gilt nicht für Ansprüche, welche die Stiftung schriftlich anerkannt hat (§ 157 Abs. 3). Einbezogen sind aber alle Verbindlichkeiten, deren Rechtsgrund zum Zeitpunkt der Ausgliederung bereits vorlag.²

2. Fünfjahresfrist

2 Maßgeblich für die Berechnung der Fünfjahresfrist ist der Tag, an dem die **Eintragung** der Ausgliederung **in** das **Handelsregister** des Sitzes des Unternehmens der ausgliedernden Stiftung nach § 125 iVm § 19 Abs. 3 bekannt gemacht worden ist (§ 157 Abs. 2 S. 1).

3 Im Übrigen gibt es keine stiftungsrechtlichen Besonderheiten bei der zeitlichen Haftungsbegrenzung des UmwG (→ § 157 Rn. 1 ff.).

Neunter Abschnitt
Ausgliederung aus dem Vermögen von Gebietskörperschaften oder Zusammenschlüssen von Gebietskörperschaften

§ 168 Möglichkeit der Ausgliederung

Die Ausgliederung eines Unternehmens, das von einer Gebietskörperschaft oder von einem Zusammenschluß von Gebietskörperschaften, der nicht Gebietskörperschaft ist, betrieben wird, aus dem Vermögen dieser Körperschaft oder dieses Zusammenschlusses kann nur zur Aufnahme dieses Unternehmens durch eine Personenhandelsgesellschaft, eine Kapitalgesellschaft oder eine eingetragene Genossenschaft oder zur Neugründung einer Kapitalgesellschaft oder einer eingetragenen Genossenschaft sowie nur dann erfolgen, wenn das für die Körperschaft oder den Zusammenschluß maßgebende Bundes- oder Landesrecht einer Ausgliederung nicht entgegensteht.

I. Anwendungsbereich der Vorschrift 1	c) Ausgliederung mehrerer Unternehmen 12
II. Regelungsgehalt 4	3. Ausgliederungsmöglichkeiten 13
1. Ausgliederungsfähige Rechtsträger 4	a) Ausgliederung zur Aufnahme 13
a) Gebietskörperschaften 4	b) Ausgliederung zur Neugründung .. 16
b) Zusammenschluss von Gebietskörperschaften 5	c) Ausgliederung auf mehrere Unternehmen 18
c) Beteiligung mehrerer übertragender Rechtsträger 7	4. Kein entgegenstehendes Bundes- oder Landesrecht 19
2. Gegenstand der Ausgliederung 9	
a) Unternehmensbegriff 9	
b) Ausgliederung des ganzen Unternehmens 11	

---

1 So auch Kölner Komm UmwG/*Leuering* § 167 Rn. 2; Semler/Stengel/Leonard/*Stengel* § 167 Rn. 1; Widmann/Mayer/*Rieger* § 167 Rn. 3.

2 Kölner Komm UmwG/*Leuering* § 167 Rn. 1.

I. Anwendungsbereich der Vorschrift

Die §§ 168 ff. regeln die Ausgliederung aus dem Vermögen von Gebietskörperschaften sowie von Zusammenschlüssen von Gebietskörperschaften. Die praktische Relevanz dieser Vorschriften liegt in der Privatisierung von Unternehmen der öffentlichen Hand, insbesondere von Regie- und Eigenbetrieben, die in der Vergangenheit aber auch in der Zukunft von tragender Bedeutung ist.[1] Prominenteste Beispiele sind etwa die Deutsche Bahn AG, die Deutsche Post AG oder die Deutsche Telekom AG.

Die Vorschriften regeln für diese Fälle Besonderheiten im Verhältnis zu den allgemeinen Vorschriften des UmwG. § 168 beschränkt die Umwandlungsmöglichkeit auf die Ausgliederung – als einzige Form der Spaltung von (ganzen) Unternehmen – als einziges Ausgliederungssubjekt. Darüber hinaus kommen als übernehmende Rechtsträger bei der Ausgliederung zur Aufnahme allein Personenhandelsgesellschaften, Kapitalgesellschaften oder eingetragene Genossenschaften und im Falle der Ausgliederung zur Neugründung Kapitalgesellschaften und eingetragene Genossenschaften in Betracht. Der **übernehmende Rechtsträger** ist damit **stets privatrechtlicher Natur**.[2] Der Ausgliederung darf kein für die Körperschaft oder den Zusammenschluss maßgebendes Bundes- oder Landesrecht entgegenstehen. Dennoch sind etwaige öffentlich-rechtliche Voraussetzungen nicht Gegenstand des Regelungsumfangs der §§ 168 ff. Diese regeln lediglich die zivilrechtlichen Voraussetzungen. Die Zulässigkeit der Privatisierung richtet sich ausschließlich nach öffentlich-rechtlichen Vorschriften.[3]

Neben den besonderen Regelungen des 9. Abschnitts finden die allgemeinen Vorschriften des Spaltungsrechts Anwendung (§§ 123–137). § 125 verweist ergänzend auf verschiedene Verschmelzungsregeln.

II. Regelungsgehalt

1. Ausgliederungsfähige Rechtsträger

a) Gebietskörperschaften

Als ausgliederungsfähige Rechtsträgerin nennt § 168 die **Gebietskörperschaft**. Diese ist eine juristische Person des öffentlichen Rechts, deren Mitgliedschaft sich durch alle anhand des registrierten Wohnsitzes erfassten Bewohner eines bestimmten räumlich abgegrenzten Teils des Staatsgebietes definiert.[4] Zu den Gebietskörperschaften zählen die Gemeinden, Kreise, Landkreise, kreisfreie Städte sowie andere kommunale Körperschaften und Verbände mit Selbstverwaltungscharakter. Einzelheiten sind dem jeweiligen Landesrecht zu entnehmen. Auch wenn § 175 Nr. 1 zwischen den Begrifflichkeiten unterscheidet, gehören nach allgemeinem Verständnis zu den Gebietskörperschaften im Sinne der §§ 168 ff. auch der Bund und die Bundesländer.[5] Daneben finden die Vorschriften ebenfalls auf kirchenrechtliche Gebietskörperschaften Anwendung.[6] Auch wenn der Wortlaut der Vorschrift diese nicht vorsieht, gibt es keine zwingenden entge-

---

[1] RegBegrE, *Ganske* Umwandlungsrecht S. 151, 195.
[2] So klarstellend BAG 8.5.2001 – 9 AZR 95/00, NJW 2002, 916 (917).
[3] *Krölls* GewArch 1995, 129 (130 f.); ebenso: Widmann/Mayer/*Heckschen* § 168 Rn. 38 f.; Kölner Komm UmwG/*Leuering* § 168 Rn. 11.
[4] Wolff/Bachof VerwR III/*Stöber* § 87 Rn. 5 ff., 31; Semler/Stengel/Leonard/*Krebs* § 168 Rn. 17.
[5] Kölner Komm UmwG/*Leuering* § 168 Rn. 12; Semler/Stengel/Leonard/*Krebs* § 168 Rn. 17; Widmann/Mayer/*Heckschen* § 168 Rn. 135.
[6] S. nur Widmann/Mayer/*Heckschen* § 168 Rn. 135.

genstehenden Gründe, kirchenrechtliche Gebietskörperschaften von dieser Regelung auszunehmen.[7]

b) Zusammenschluss von Gebietskörperschaften

5 Auch **Zusammenschlüsse von Gebietskörperschaften** kommen als **übertragende Rechtsträger** in Betracht. Unter solchen Zusammenschlüssen sind höhere, bundkörperschaftliche Gemeindeverbände – zu denen auch kommunale Zweckverbände zählen – zu verstehen, die selbst keine Gebietskörperschaft sind und gemeinsam soziale oder kulturelle Aufgaben wahrnehmen.[8] Hier ist nicht die Gebietszugehörigkeit ausschlaggebend, vielmehr steht die Bewältigung gemeinsamer Aufgaben im Mittelpunkt. Zu den Zusammenschlüssen von Gebietskörperschaften zählen beispielsweise Versorgungskassen, Sparkassenverbände oder Landeswohlfahrtsverbände.[9] Darüber hinaus muss der Zusammenschluss eine rechtsfähige Einheit darstellen, die Trägerin des auszugliedernden Unternehmens sein kann. Das ist etwa bei bloßer Aufgabenübertragung an einzelne Gebietskörperschaften oder bei einer rein internen Kooperation nicht gegeben.[10]

6 Landesrechtliche Vorschriften lassen auch **Kapitalgesellschaften als Mitglieder von Zweckverbänden** zu. Da die Zuordnung eines solchen Zweckverbandes zur öffentlichen Hand unproblematisch weiterhin möglich ist, ist es sachgerecht, auch diese Zweckverbände unter den Anwendungsbereich des § 168 fallen zu lassen.[11]

c) Beteiligung mehrerer übertragender Rechtsträger

7 Diskutiert wird die Frage, ob an einem Ausgliederungsvorgang **mehrere übertragende Rechtsträger** beteiligt sein können. Der Wortlaut sowohl des § 168 als auch der allgemeinen Regelung zur Spaltung (§ 123) sprechen jeweils nur von einem einzelnen übertragenden Rechtsträger. Für die allgemeinen Spaltungsvorschriften ist dies auch anerkannt.

8 Die Ausgliederung bedarf zu ihrer Wirksamkeit der **Eintragung ins Handelsregister am Sitz des übertragenden Rechtsträgers**. Würde es sich um mehr als einen übertragenden Rechtsträger handeln, müsste zumindest festgelegt werden, welche der Eintragungen verbindlich ist. Obwohl es an einer solchen Regelung fehlt, wird die Beteiligung mehrerer öffentlich-rechtlicher Rechtsträger an einer Ausgliederung befürwortet.[12] Denn entgegen der allgemeinen Regelung des § 131 treten die Wirkungen der Ausgliederung aus dem Vermögen von Gebietskörperschaften und deren Zusammenschlüssen gemäß § 171 mit Eintragung in das Register des Sitzes des übernehmenden Rechtsträgers ein. Aufgrund dieser abweichenden Norm ist eine gesonderte Behandlung der Ausgliederung aus dem Vermögen öffentlich-rechtlicher Rechtsträger gerechtfertigt.

Hinweis: Um Ungewissheiten vorzubeugen, sollte die Ausgliederung aus dem Vermögen zweier oder mehrerer Gebietskörperschaften oder Zusammenschlüsse in einem gemeinsamen Ausgliederungsvertrag geregelt sein. Darin sollte ein Wirksamkeitsstich-

---

7 Vgl. Diskussion bei *Pfeiffer* NJW 2000, 3694 f.; *Lepper* RNotZ 2006, 313 (316 f.); Lutter/*H. Schmidt* § 168 Rn. 6; Kölner Komm UmwG/*Leuering* § 168 Rn. 16 ff.
8 Wolff/Bachof VerwR III/*Stober* § 87 Rn. 34.
9 Näher dazu Semler/Stengel/Leonard/*Krebs* § 168 Rn. 19.
10 Lutter/*H. Schmidt* § 168 Rn. 8.
11 S. dazu ausf. Widmann/Mayer/*Heckschen* § 168 Rn. 137; Kölner Komm UmwG/*Leuering* § 168 Rn. 14.
12 Kölner Komm UmwG/*Leuering* § 168 Rn. 20; Widmann/Mayer/*Heckschen* § 168 Rn. 144; aA Lutter/*H. Schmidt* § 168 Rn. 9.

tag festgelegt werden.[13] Die vorherige Abklärung mit dem zuständigen Registerrichter empfiehlt sich.[14]

2. Gegenstand der Ausgliederung

a) Unternehmensbegriff

Anders als § 123 Abs. 3, der die Ausgliederung von jeglichen Teilen des Vermögens vorsieht, erlaubt § 168 lediglich die **Ausgliederung von Unternehmen aus dem Vermögen der Gebietskörperschaft** bzw. des Zusammenschlusses von Gebietskörperschaften. Das beruht ähnlich wie beim Einzelkaufmann und der Stiftung darauf, dass Teile des Vermögens nicht als ausgliederungsfähig angesehen werden. Anders als bei der Stiftung kann allerdings für die Definition des Unternehmensbegriffs nicht ohne Weiteres auf das handelsrechtliche Verständnis zurückgegriffen werden. Denn die kommunalen Unternehmen sind nicht in jedem Fall zur Handelsregistereintragung verpflichtet und agieren nicht immer nur mit Gewinnerzielungsabsicht. Für die Ausgliederung aus dem Vermögen von Gebietskörperschaften und deren Zusammenschlüssen bedarf es mithin einer eigenen Definition des Unternehmensbegriffs.

Insbesondere hat eine **Abgrenzung** zu den **privatrechtlich organisierten Unternehmen der öffentlichen Hand** stattzufinden, die bereits aufgrund ihrer Gesellschaftsform, etwa als AG oder GmbH, unter die allgemeinen Spaltungsregeln (§§ 3, 124 Abs. 1, § 191 Abs. 1) fallen. Für rechtsfähige Körperschaften und Anstalten des öffentlichen Rechts greift der Formwechsel nach § 301. Sinn und Zweck der §§ 168 ff. ist insbesondere, der öffentlichen Hand die Möglichkeit der Privatisierung zu geben. Anhand dieser Zweckausrichtung ist der umwandlungsrechtliche Unternehmensbegriff funktional zu ermitteln.[15] In diesen Begriff können der kommunalverfassungsrechtliche Unternehmensbegriff[16] und der steuerlich geprägte Begriff des kommunalen Betriebs gewerblicher Art[17] zwar hineinspielen, die Grundsätze dienen jedoch weder für sich genommen noch gemeinsam dazu, den umwandlungsrechtlichen Unternehmensbegriff zu bestimmen. Die Regierungsbegründung nimmt hinsichtlich des Anwendungsbereichs der §§ 168 ff. explizit Bezug auf die Eigen- und Regiebetriebe der Kommunen.[18] Eigenbetriebe sind organisatorisch verselbstständigte Einrichtungen, die auch haushaltsrechtlich abgegrenzt sind. Regiebetriebe erfüllen zwar eigenständig und gegen Entgelt ihre Aufgaben innerhalb der Körperschaft, sind dabei jedoch weniger selbstständig als die Eigenbetriebe.

In Abgrenzung zu den privatrechtlich organisierten Einrichtungen der öffentlichen Hand und den rechtsfähigen Körperschaften und Anstalten des öffentlichen Rechts lässt sich folgender Rückschluss für den hier maßgeblichen **umwandlungsrechtlichen Unternehmensbegriff** ziehen: Unter Unternehmen im Sinne des § 168 sind Einrichtungen zu verstehen, die allein nicht rechtsfähig sind, eine gewisse organisatorische Selbstständigkeit aufweisen, auf Dauer angelegte Aufgaben wahrnehmen und am Markt tätig sind.[19] Darüber hinaus ist entscheidend, ob die Wahrnehmung der öffentlich-

---

13 *Heckschen/Simon*, Umwandlungsrecht, 2003, § 5 Rn. 22 ff.
14 *Lepper* RNotZ 2006, 313 (317).
15 *Schindhelm/Stein* DB 1999, 1375 (1377).
16 *Westermann*, Kommunale Unternehmen, 6. Aufl. 2016, Rn. 25 ff.; Lutter/H. Schmidt § 168 Rn. 10.
17 Kölner Komm UmwG/*Leuering* § 168 Rn. 22.
18 RegBegrE, *Ganske* Umwandlungsrecht S. 151, 195.
19 *Steuck* NJW 1995, 2887 (2888); Kölner Komm UmwG/ *Leuering* § 168 Rn. 23.

rechtlichen Ziele auch in privater Rechtsform betrieben werden kann.[20] Letzteres greift insbesondere auch für die nicht rechtsfähigen Anstalten des öffentlichen Rechts, die deswegen Gegenstand der Ausgliederung nach dem Umwandlungsrecht sein können.[21]

b) Ausgliederung des ganzen Unternehmens

11 § 168 erwähnt – im Gegensatz zu §§ 152, 161 – ausdrücklich nur das „Unternehmen" als Ausgliederungsobjekt und nicht auch Teile dessen. Ausweislich der Regierungsbegründung ist die Ausgliederung des Unternehmens als Ganzes gewollt.[22] Gerade in Abgrenzung zu den Vorschriften betreffend den Einzelkaufmann und die Stiftungen ist eine Erweiterung des Tatbestandes auf Teile des Unternehmens grundsätzlich nicht angezeigt. Aus Praktikabilitätsgründen und um der Funktion der Ausgliederung, nämlich der Privatisierung von öffentlich-rechtlichen Betrieben, gerecht zu werden, ist die Beschränkung auf das Unternehmen als Ganzes nicht zu eng zu verstehen. Zwar können einzelne Teile von Betrieben lediglich im Wege der Einzelrechtsnachfolge ausgegliedert werden, möglich ist jedoch das Zusammenführen von Vermögensgegenständen mit dem Unternehmen, indem diese in den Ausgliederungsplan aufgenommen werden, bzw. eine Verselbstständigung von Einrichtungen, die sodann als eigenes Unternehmen ausgegliedert werden können.[23]

Krebs[24] und Heckschen[25] halten aus Praktikabilitätsgründen die **Ausgliederung des Unternehmenskerns** für **ausreichend**, demgegenüber will H. Schmidt[26] den **Unternehmensbegriff nicht so weit ausdehnen**. Letzterer hält es jedoch auch für wenig praktikabel, einzelne Vermögensgegenstände mit ausgliedern zu müssen, um diese im Anschluss wieder gemäß §§ 174 ff. zurück zu übertragen. Im Ergebnis sind die Vertreter der beiden Ansichten nicht weit voneinander entfernt, mit der Folge, dass der Unternehmensbegriff nach beiden Ansätzen flexibel und funktional auszulegen ist. Als Maßstab können hierzu die Grundsätze des Betriebsübergangs nach § 613a BGB dienen.[27] Es soll also möglich sein, betriebsnotwendige Grundstücke nicht mit auszugliedern, um sie an den übernehmenden Rechtsträger zu verpachten oder die Ausgliederung einer Kantine aus dem Großkrankenhaus als selbstständige Einheit vorzunehmen.[28]

c) Ausgliederung mehrerer Unternehmen

12 Auch wenn der Gesetzestext von der Ausgliederung „eines" Unternehmens spricht, ergibt sich kein Grund, warum nicht **parallel mehrere Unternehmen** aus einer Gebietskörperschaft oder einem Zusammenschluss von Gebietskörperschaften **ausgegliedert** werden sollten. Dies entspricht allgemeiner Meinung.[29]

---

20 Lutter/*H. Schmidt* § 168 Rn. 10; Semler/Stengel/Leonard/*Krebs* § 168 Rn. 30.
21 S. nur Lutter/*H. Schmidt* § 168 Rn. 10 mwN.
22 RegBegrE, *Ganske* Umwandlungsrecht S. 196.
23 Lutter/*H. Schmidt* § 168 Rn. 12; Semler/Stengel/Leonard/*Krebs* § 168 Rn. 31 f.; Schmitt/Hörtnagl/*Hörtnagl* § 168 Rn. 6.
24 Semler/Stengel/Leonard/*Krebs* § 168 Rn. 31 f.
25 Widmann/Mayer/*Heckschen* § 168 Rn. 126.
26 Lutter/*H. Schmidt* § 168 Rn. 12.
27 So Widmann/Mayer/*Heckschen* § 168 Rn. 127; *Steuck* NJW 1995, 2887 (2889); zu § 613a BGB s. NK-BGB/*Klappstein*, 4. Aufl. 2021, § 613a BGB Rn. 1 ff.
28 Beide Beispiele bei Widmann/Mayer/*Heckschen* § 168 Rn. 126, 128.
29 Widmann/Mayer/*Heckschen* § 168 Rn. 132; Semler/Stengel/Leonard/*Krebs* § 168 Rn. 34; Lutter/*H. Schmidt* § 168 Rn. 13; Schmitt/Hörtnagl/*Hörtnagl* § 168 Rn. 5.

3. Ausgliederungsmöglichkeiten

a) Ausgliederung zur Aufnahme

Gemäß § 168 kann die **Ausgliederung** des Unternehmens zur Aufnahme nur **auf** eine **Personenhandelsgesellschaft**, eine **Kapitalgesellschaft** oder eine **eingetragene Genossenschaft** erfolgen. Diese Aufzählung ist gemäß § 1 Abs. 2 und 3 abschließend. Im Wege der Umwandlung ist die Ausgliederung auf die Gesellschaft bürgerlichen Rechts, die Stiftung, den Verein, den Einzelkaufmann und Körperschaften öffentlichen Rechts daher nicht möglich, hier käme lediglich eine Gestaltung durch Einzelrechtsübertragung in Frage. 13

Vom **Umfang** der genannten möglichen **übernehmenden Rechtsträger** sind auch die Kommanditgesellschaft auf Aktien, die GmbH & Co. KG, die Europäische wirtschaftliche Interessenvereinigung (EWIV)[30] sowie in Gründung befindliche Rechtsträger umfasst, etwa die Vor-GmbH und die Vor-AG. Der deutschen AG wird die europäische SE gleichgestellt (Art. 10 SE-VO), so dass diese auch übernehmende Rechtsträgerin sein kann. **Nicht** übertragbar ist dieser Gedanke auf die **Vorgründungsgesellschaften**. Sie sind regelmäßig Gesellschaften bürgerlichen Rechts und damit keine potenziellen übernehmenden Rechtsträgerinnen nach dem Verständnis des neunten Abschnitts des UmwG.[31] 14

Eingeschränkt werden die Umwandlungsmöglichkeiten zudem meist **durch** das jeweils geltende **Kommunalrecht**. Hiernach wird die Umwandlung auf diejenigen Möglichkeiten reduziert, bei denen die Gebietskörperschaft nicht unbeschränkt haftet. Eine Umwandlung zur Aufnahme in eine OHG oder eine KG, bei der der übertragende Rechtsträger Komplementär werden soll, ist deswegen in den meisten Bundesländern praktisch ausgeschlossen.[32] 15

b) Ausgliederung zur Neugründung

Die Ausgliederung eines Unternehmens von Gebietskörperschaften bzw. von deren Zusammenschlüssen kann auch zur Neugründung erfolgen. Als **neu zu gründende Rechtsträgerinnen** kommen nur **Kapitalgesellschaften** und **eingetragene Genossenschaften** in Betracht. Personengesellschaften sind generell bei der Neugründung nicht zulässig, im Wege der Umgehung können Personenhandelsgesellschaften jedoch erst gegründet werden, so dass auf diese dann im Wege der Ausgliederung zur Aufnahme auszugliedern wäre. Im Rahmen der Neugründung finden die Gründungsvorschriften des jeweiligen Rechtsträgers Anwendung.[33] Zwar muss bei der Ausgliederung auf eine neu zu gründende Genossenschaft die Mindestzahl der Mitglieder (gemäß § 4 GenG sind das drei) wegen § 135 Abs. 2 S. 3 nicht eingehalten werden. Um jedoch die Amtslöschung gemäß § 80 Abs. 1 GenG der Genossenschaft zu vermeiden, müssen zeitnah drei Gründungsmitglieder vorhanden sein.[34] 16

---

30 Lutter/*H. Schmidt* § 168 Rn. 15; Kölner Komm UmwG/*Leuering* § 168 Rn. 31.
31 Widmann/Mayer/*Heckschen* § 168 Rn. 88, 88.1, Semler/Stengel/Leonard/*Krebs* § 168 Rn. 36; Kölner Komm UmwG/*Leuering* § 168 Rn. 29; krit. zu den in der Gründung befindlichen Gesellschaften Lutter/*Lutter/Drygala* § 3 Rn. 7.
32 Semler/Stengel/Leonard/*Krebs* § 168 Rn. 38; mit einzelnen Gesetzeshinweisen: Widmann/Mayer/*Heckschen* § 168 Rn. 92 Fn. 6.
33 Kölner Komm UmwG/*Leuering* § 168 Rn. 30.
34 Lutter/*H. Schmidt* § 168 Rn. 14a; Semler/Stengel/Leonard/*Krebs* § 168 Rn. 43.

17 Bei der Ausgliederung zur Neugründung erhält die Gebietskörperschaft sämtliche Anteile an der neu gegründeten Gesellschaft, bei der Ausgliederung zur Aufnahme erhält sie nur einen dem Unternehmenswert entsprechenden Anteil.[35]

c) Ausgliederung auf mehrere Unternehmen

18 Der **Anwendungsbereich des § 168** ist hinsichtlich der übernehmenden Rechtsträger enger als der des § 123 Abs. 3. Bei Gebietskörperschaften und deren Zusammenschlüssen ist die Ausgliederung allein auf einen, und nicht auf mehrere Rechtsträger, möglich. Ausweislich der Regierungsbegründung hat der Gesetzgeber dies ausdrücklich gewollt, um registergerichtliche Probleme zu verhindern.[36] Es mangelt jedoch regelmäßig auch an einem praktischen Bedürfnis für derartige Ausgliederungen im Bereich der öffentlichen Hand. Sollte die Ausgliederung auf mehrere Unternehmen erforderlich sein, wäre die Übertragung von Vermögen im Wege der Einzelrechtsnachfolge eine mögliche Gestaltungsalternative.[37]

4. Kein entgegenstehendes Bundes- oder Landesrecht

19 Am Ende wird in § 168 ein **Negativvorbehalt** formuliert, wonach etwaiges Bundes- oder Landesrecht der Ausgliederung aus dem Vermögen der Gebietskörperschaften bzw. deren Zusammenschlüssen nicht entgegenstehen darf. Diese Regelung bezieht sich lediglich auf die öffentlich-rechtliche Zulässigkeit der Ausgliederung, da der Regelungsgegenstand der §§ 168 ff. nur privatrechtliche Voraussetzungen betrifft (→ Rn. 2). Im Bundes- oder Landesrecht sind derzeit keine Vorschriften ersichtlich, welche die Ausgliederung in Gänze untersagen.[38] Partielle Einschränkungen der Ausgliederung nach öffentlichem Recht befinden sich jedoch sowohl auf landesrechtlicher als auch auf kommunaler Ebene. So können insbesondere Gemeindeordnungen die Zulässigkeit der Ausgliederung an weitergehende Voraussetzungen knüpfen.[39] Daneben sind allgemeine Grundsätze zu beachten, nach denen originär hoheitliche Aufgaben nicht privatisiert werden können. Dies gilt insbesondere für die Kernbereiche der Eingriffsverwaltung wie etwa Polizei oder Justiz, Beschränkungen kann es auch aufgrund von Verfassungs- oder Haushaltsrecht geben.[40]

§ 169 Ausgliederungsbericht; Ausgliederungsbeschluß

¹Ein Ausgliederungsbericht ist für die Körperschaft oder den Zusammenschluß nicht erforderlich. ²Das Organisationsrecht der Körperschaft oder des Zusammenschlusses bestimmt, ob und unter welchen Voraussetzungen ein Ausgliederungsbeschluß erforderlich ist.

I. Anwendungsbereich der Vorschrift 1	2. Ausgliederungsbeschluss nach S. 2 4
II. Regelungsgehalt 2	3. Weitergehende Zustimmungserfordernisse 6
1. Kein Ausgliederungsbericht nach S. 1 ... 2	

---

35 Kölner Komm UmwG/*Leuering* § 168 Rn. 34.
36 RegBegrE, *Ganske* Umwandlungsrecht S. 196.
37 Semler/Stengel/Leonard/*Krebs* § 168 Rn. 44; Lutter/*H. Schmidt* § 168 Rn. 16.
38 Kölner Komm UmwG/*Leuering* § 168 Rn. 43; Lutter/*H. Schmidt* § 168 Rn. 17; Semler/Stengel/Leonard/*Krebs* § 168 Rn. 87; Widmann/Mayer/*Heckschen* § 168 Rn. 38.
39 Zu den Voraussetzungen des § 108 Abs. 3 Gemeindeordnung NRW *Böttcher/Krömker* NZG 2001, 590 ff.
40 Semler/Stengel/Leonard/*Krebs* § 168 Rn. 87.

I. Anwendungsbereich der Vorschrift

Entgegen den allgemeinen Vorschriften des Umwandlungsrechts regelt § 169 S. 1 für die Gebietskörperschaften und deren Zusammenschlüsse eine Ausnahme hinsichtlich der Erstellung eines Ausgliederungsberichts. Da die **öffentlich-rechtlichen Rechtsträger** keine Anteilseigner haben, ist hier mangels Informationsbedarfs **kein Ausgliederungsbericht erforderlich**. S. 2 unterstellt, dass ein Ausgliederungsbeschluss mangels Anteilsinhabern aus umwandlungsrechtlichen Gesichtspunkten nicht notwendig ist. Deshalb sind etwaige Voraussetzungen für einen Ausgliederungsbeschluss dem öffentlichen Recht zu entnehmen.

II. Regelungsgehalt

1. Kein Ausgliederungsbericht nach S. 1

S. 1 befreit also abweichend von § 127 den übertragenden Rechtsträger von der Pflicht zur Erstellung des Ausgliederungsberichts. Eine Informationspflicht liefe ins Leere, weil die in dem Bericht typischerweise enthaltenen Angaben etwa über das Umtauschverhältnis der Anteile sowie die Höhe der anzubietenden Barabfindung bei der Ausgliederung keine Rolle spielen.[1]

Für den **übernehmenden Rechtsträger** bleibt es freilich **weiterhin** bei der **Pflicht zur Erstellung des Berichts**, soweit nicht von der Ausnahme in § 8 Abs. 3 S. 1 Gebrauch gemacht worden ist.[2] Abweichungen auch für den übertragenden Rechtsträger können sich im Einzelfall jedoch aus öffentlich-rechtlichen Vorschriften ergeben.

2. Ausgliederungsbeschluss nach S. 2

Die allgemeinen Vorschriften aus § 13 Abs. 1 iVm § 125 Abs. 1 S. 1 zur Erforderlichkeit eines **Ausgliederungsbeschluss**es treten hinter § 169 S. 2 zurück und finden **keine Anwendung**. Der Grund hierfür ist, dass die Gebietskörperschaft oder der Zusammenschluss keine Anteilsinhaber haben, die den Beschluss fassen könnten.

Der **übernehmende Rechtsträger** muss neben dem Ausgliederungsbericht jedoch weiterhin den **Ausgliederungsbeschluss** treffen. Ihn befreit S. 2 nicht von dieser Pflicht, so dass die allgemeinen Vorschriften gelten. Das öffentlich-rechtliche Organisationsrecht kann weitergehende Regelungen für die Erforderlichkeit eines Ausgliederungsbeschlusses vorsehen. Dies umfasst auch Form- und Verfahrensvorgaben.[3] Eine **notarielle Beurkundung** nach § 13 Abs. 3 **greift** deshalb – sofern das öffentliche Recht nicht gleiche Anforderungen stellt – **nicht durch**. Dies ist dem öffentlichen Recht bei internen Willensbildungen jedoch grundsätzlich fremd.[4] Die Ausgliederung kann in vielen Fällen dennoch ohne eine erforderliche Zustimmung wirksam sein: Sofern die Zustimmung nach öffentlichem Recht lediglich eine interne Willensbildung darstellt, steht sie dem Handeln der relevanten Vertretungsorgane und damit der Ausgliederung nach dem Umwandlungsrecht nicht entgegen.[5] Die Vorlage eines Nachweises beim Handelsregister ist entbehrlich.

---

1 Lutter/*H. Schmidt* § 169 Rn. 1; Semler/Stengel/Leonard/*Krebs* § 169 Rn. 3.
2 Lutter/*H. Schmidt* § 169 Rn. 5.
3 Widmann/Mayer/*Heckschen* § 169 Rn. 15; Semler/Stengel/Leonard/*Krebs* § 169 Rn. 8; Lutter/*H. Schmidt* § 169 Rn. 6.
4 Semler/Stengel/Leonard/*Krebs* § 169 Rn. 8; mit Beispielen: Widmann/Mayer/*Heckschen* § 169 Rn. 12 ff.
5 Semler/Stengel/Leonard/*Krebs* § 169 Rn. 9.

3. Weitergehende Zustimmungserfordernisse

6 Über den Ausgliederungsbeschluss hinausgehende Genehmigungsvorbehalte anderer Behörden, etwa der Rechts- oder Fachaufsichtsbehörde, fallen nicht unter den Tatbestand des § 169. Dennoch werden sie vom Umwandlungsrecht in § 168 erfasst, wonach die Ausgliederung aus dem Vermögen der Gebietskörperschaft oder deren Zusammenschlüsse unter dem Vorbehalt der Einhaltung bundes- oder landesrechtlicher Vorgaben hinsichtlich der Ausgliederung steht.[6] Für die Wirksamkeit der Ausgliederung kommt es darauf an, ob diesen Zustimmungen Außenwirkung zukommt. Ist diese nicht gegeben – handelt es sich also lediglich um eine interne Willensbildung –, so ist die Ausgliederung wirksam. Dies hat zur Folge, dass es auch keines Nachweises der Zustimmung beim Handelsregister bedarf.[7]

§ 170 Sachgründungsbericht und Gründungsbericht

Auf den Sachgründungsbericht (§ 5 Abs. 4 des Gesetzes betreffend die Gesellschaften mit beschränkter Haftung) ist § 58 Abs. 1, auf den Gründungsbericht (§ 32 des Aktiengesetzes) § 75 Abs. 1 entsprechend anzuwenden.

1. Anwendungsbereich der Vorschrift

1 § 170 trifft Regelungen zu den Berichtspflichten des übernehmenden Rechtsträgers bei der Ausgliederung zur Neugründung einer GmbH oder einer AG (und der KGaA).[1] Damit stellt die Vorschrift zunächst klar, dass es für die Ausgliederung aus dem Vermögen der Gebietskörperschaft bzw. deren Zusammenschlüsse eines **Gründungs- bzw.** eines **Sachgründungsberichts des übernehmenden Rechtsträgers** bedarf.[2]

2. Regelungsgehalt

2 Die Pflicht zur Erstellung dieser Berichte ergibt sich originär bereits aus §§ 125, 135 Abs. 2 S. 1. Die Verweisung auf § 58 Abs. 1 und § 75 Abs. 1 erweitert lediglich den **Umfang der Berichte**. Danach sind auch der Geschäftsverlauf und die Lage der übertragenden Rechtsträger darzulegen. Da sich die genannten Vorschriften des allgemeinen Teils jedoch auf den Fall beziehen, dass der übertragende Rechtsträger vollständig übergeht, müssen sich die Angaben bei der Ausgliederung nach §§ 167 ff. lediglich auf das auszugliedernde Unternehmen beziehen und nicht auf die ausgliedernde Gebietskörperschaft selbst.[3] Die Erweiterung der Berichtspflicht trägt dem Umstand Rechnung, dass das auszugliedernde Vermögen der Gebietskörperschaft keiner vorherigen Prüfung unterzogen wurde. Durch die Berichtspflicht sollen die Kapitalaufbringung und die Nachprüfbarkeit durch das Registergericht sichergestellt werden.[4]

3 Hinsichtlich des Inhalts des Sachgründungs- und Gründungsberichts ist auf die einschlägige Literatur zu der entsprechenden Rechtsform zu verweisen.

---

6 Kölner Komm UmwG/*Leuering* § 169 Rn. 5; Widmann/Mayer/*Heckschen* § 169 Rn. 20; Lutter/*H. Schmidt* § 169 Rn. 7.
7 Lutter/*H. Schmidt* § 169 Rn. 7.
1 Semler/Stengel/Leonard/*Krebs* § 170 Rn. 5.

2 Schmitt/Hörtnagl/*Hörtnagl* § 170 Rn. 1; Lutter/*H. Schmidt* § 170 Rn. 1.
3 Semler/Stengel/Leonard/*Krebs* § 170 Rn. 1, 8 mwN.
4 RegBegrE, *Ganske* Umwandlungsrecht S. 196 iVm S. 194; Lutter/*H. Schmidt* § 170 Rn. 2; Semler/Stengel/Leonard/*Krebs* § 170 Rn. 1.

§ 171 Wirksamwerden der Ausgliederung

Die Wirkungen der Ausgliederung nach § 131 treten mit deren Eintragung in das Register des Sitzes des übernehmenden Rechtsträgers oder mit der Eintragung des neuen Rechtsträgers ein.

I. Anwendungsbereich der Vorschrift 1	2. Gegenstand der Anmeldung 5
II. Regelungsgehalt 2	3. Heilung einer mangelhaften Ausgliederung 8
1. Anmeldung 3	

I. Anwendungsbereich der Vorschrift

§ 171 regelt den Zeitpunkt des **Eintritts der Ausgliederungswirkungen** bei der Ausgliederung aus dem Vermögen einer Gebietskörperschaft oder eines Zusammenschlusses von Gebietskörperschaften. 1

II. Regelungsgehalt

Anders als § 131 stellt die Vorschrift für den Zeitpunkt des Eintritts der Wirkungen der Ausgliederung auf die Eintragung in das Register des Sitzes des übernehmenden oder des neuen Rechtsträgers ab. Die Unterscheidung liegt begründet in der Natur der öffentlich-rechtlichen Beteiligung. Gemäß einer in § 36 HGB aF verankerten gesetzlichen Privilegierung bedurften gewerbliche Unternehmen der öffentlichen Hand zunächst **keiner Eintragung** in das **Handelsregister**.[1] Um die Wirkungen der Ausgliederung von einer Eintragung abhängig machen zu können und auch alle umwandlungsfähigen Unternehmen einer Eintragungspflicht zu unterziehen, wurde auf die Eintragung in das Register des Sitzes des aufnehmenden Rechtsträgers abgestellt. Mit Wegfall des § 36 HGB aF ist die Notwendigkeit der Eintragung bei der Zielgesellschaft eigentlich überholt. Im Regelfall erfolgt ohnehin eine Eintragung nach § 33 HGB. Dennoch findet die Vorschrift weiterhin Anwendung.[2] 2

1. Anmeldung

Die Eintragung der Ausgliederung erfolgt aufgrund einer Anmeldung beim zuständigen Registergericht. Die Anmeldung richtet sich nach den allgemeinen Spaltungsvorschriften, die für die Ausgliederung zur Aufnahme in §§ 125, 16, 17 und für die Ausgliederung zur Neugründung in §§ 137, 125, 16, 17 zu finden sind. 3

Zuständig für die Anmeldung zur Eintragung bei der Ausgliederung zur Aufnahme ist das Vertretungsorgan des aufnehmenden Rechtsträgers, bei der Ausgliederung zur Neugründung jedoch das Vertretungsorgan der Gebietskörperschaft oder des Zusammenschlusses. Nicht zuständig sind hier die Geschäftsführer der neuen Gesellschaft.[3] Es ist jedoch sinnvoll, die zukünftigen Geschäftsführer der neuen Gesellschaft an der Anmeldung zu beteiligen, damit diese die weiteren Eintragungsanforderungen, die an die jeweilige Rechtsform der neuen Gesellschaft gestellt werden, erfüllen können.[4] Die Anmeldung zur Eintragung hat bei dem Registergericht zu erfolgen, an dessen Ort der 4

---

[1] RegBegrE, *Ganske* Umwandlungsrecht S. 196; *Lepper* RNotZ 2006, 313 (334). S. zur Konstellation auch Widmann/Mayer/*Heckschen* § 171 Rn. 2 f.
[2] Lutter/*H. Schmidt* § 171 Rn. 1.
[3] Semler/Stengel/Leonard/*Krebs* § 171 Rn. 3.
[4] Semler/Stengel/Leonard/*Krebs* § 171 Rn. 3; Kölner Komm UmwG/*Leuering* § 171 Rn. 3.

Sitz des neuen Rechtsträgers vorgesehen ist. Die **Eintragung** des **neuen Rechtsträgers** ist **unverzüglich bekannt zu machen**.[5]

2. Gegenstand der Anmeldung

5 **Angemeldet** werden muss die **Eintragung der Ausgliederung**. Es wird diskutiert, ob bei der Ausgliederung zur Neugründung allein die Anmeldung des neuen Rechtsträgers ausreicht oder auch der Tatbestand der Ausgliederung selbst eintragungspflichtig ist. Für die zusätzliche Eintragung des Tatbestands der Ausgliederung spricht der Ausnahmecharakter des § 171. Die Eintragung erfolgt abweichend zur generellen Regelungssystematik und soll insbesondere die Eintragung der Ausgliederung sicherstellen.[6] Aus Gründen der Rechtssicherheit ist deshalb auch die Ausgliederung selbst anzumelden.

6 Eine **Negativerklärung** im Sinne des § 16 Abs. 2 findet mangels Anteilsinhabern **keine Anwendung auf Gebietskörperschaften** oder Zusammenschlüsse von Gebietskörperschaften.[7] Es wird kein Ausgliederungsbeschluss gefasst, gegen den gemäß § 14 Klage erhoben werden könnte. Ein Ausgliederungsbeschluss erfolgt lediglich bei der Ausgliederung zur Aufnahme aufseiten des aufnehmenden Rechtsträgers, so dass die Bestimmungen vollumfänglich gelten. Das ausgegliederte Unternehmen trifft nicht die Pflicht aus § 17 Abs. 2, eine Schlussbilanz zu erstellen. § 17 Abs. 2 gilt nur für den übertragenden Rechtsträger, für den bei der Ausgliederung nach § 168 jedoch keine Anmeldepflicht besteht.

7 Der Anmeldung zum Handelsregister ist ein Nachweis über die erfolgten Zustimmungsbeschlüsse übergeordneter Organe oder bei der Ausgliederung in eine Genossenschaft das Prüfungsgutachten des genossenschaftlichen Prüfungsverbandes beizufügen.

3. Heilung einer mangelhaften Ausgliederung

8 **Durch** die **Eintragung** in das Register des zuständigen Gerichts werden Mängel der Ausgliederung **geheilt**. Dies gilt sowohl für Form- als auch für Zustimmungsmängel.[8]

§ 172 Haftung der Körperschaft oder des Zusammenschlusses

¹Durch den Übergang der Verbindlichkeiten auf den übernehmenden oder neuen Rechtsträger wird die Körperschaft oder der Zusammenschluß von der Haftung für die Verbindlichkeiten nicht befreit. ²§ 418 des Bürgerlichen Gesetzbuchs ist nicht anzuwenden.

I. Anwendungsbereich der Vorschrift 1	3. Haftung des übernehmenden Rechtsträgers 5
II. Regelungsgehalt 2	
1. Haftung nach S. 1 2	
2. Fortbestand der akzessorischen Sicherungsrechte (S. 2) 4	

---

[5] Schmitt/Hörtnagl/*Hörtnagl* § 171 Rn. 1.
[6] So auch Kölner Komm UmwG/*Leuering* § 171 Rn. 4; differenzierter: Semler/Stengel/Leonard/*Krebs* § 171 Rn. 4; aA Lutter/*H. Schmidt* § 171 Rn. 4.
[7] Semler/Stengel/Leonard/*Krebs* § 171 Rn. 6; Lutter/*H. Schmidt* § 171 Rn. 5.
[8] Vgl. iE Semler/Stengel/Leonard/*Krebs* § 171 Rn. 14; Kölner Komm UmwG/*Leuering* § 171 Rn. 10; Lutter/*H. Schmidt* § 170 Rn. 8, 9; *Lepper* RNotZ 2006, 313 (334).

I. Anwendungsbereich der Vorschrift

Die Vorschrift befasst sich mit der Haftung der übertragenden Gebietskörperschaft oder des Zusammenschlusses von Gebietskörperschaften nach der Ausgliederung. Die Vorschrift tritt **neben** die **allgemeinen Haftungsvorschriften** aus §§ 133 ff. und findet **Anwendung** sowohl auf die **Ausgliederung zur Aufnahme** als auch auf die **Ausgliederung zur Neugründung**. Die Vorschrift entspricht dem für den Einzelkaufmann geltenden § 156.

II. Regelungsgehalt

1. Haftung nach S. 1

Die Dauer der **Nachhaftung** für Verbindlichkeiten des ausgegliederten Unternehmens beträgt für die Gebietskörperschaften bzw. deren Zusammenschlüsse vom Zeitpunkt der Ausgliederung an **fünf Jahre** (§ 173). Der übertragende Rechtsträger haftet weiterhin im Wege der Gesamtschuld neben dem aufnehmenden Rechtsträger für alle übergegangenen Verbindlichkeiten. Auch wenn die partielle Gesamtrechtsnachfolge dazu führt, dass die Verbindlichkeiten grundsätzlich auf den aufnehmenden Rechtsträger übergehen, liegt der Grund in der hier getroffenen Haftungsregelung darin, die Gläubiger vollumfänglich zu schützen.

Die **Gesamtschuld** greift nur für die **Verbindlichkeiten**, die **zum Zeitpunkt der Eintragung Bestandteil des Ausgliederungsvertrags oder -plans** waren.[1] Die Vorschrift ist lex specialis zu dem allgemein Haftungssystem des § 133.[2]

2. Fortbestand der akzessorischen Sicherungsrechte (S. 2)

Nach S. 2 ist § 418 BGB nicht anzuwenden. Das hat zur Folge, dass etwaige akzessorische Sicherungsrechte an den Verbindlichkeiten fortbestehen. Sie werden auch nicht von der zeitlichen Einschränkung der §§ 173, 157 erfasst.

3. Haftung des übernehmenden Rechtsträgers

Der **übernehmende Rechtsträger haftet nach allgemeinen Grundsätzen** zum einen **unbeschränkt** für die im Ausgliederungsvertrag oder -plan aufgezählten Verbindlichkeiten und zum anderen für Verbindlichkeiten, die zum Zeitpunkt der Ausgliederung begründet sind (§ 133 Abs. 1, 3, § 25 HGB).[3] Im Innenverhältnis haftet primär der übernehmende Rechtsträger, was als vertragliche Ausnahmeregelung zu § 426 Abs. 1 BGB zu verstehen ist. Es besteht bei vorrangiger Inanspruchnahme der Gebietskörperschaft bzw. des Zusammenschlusses ein vollumfänglicher Erstattungsanspruch gegen den übernehmenden Rechtsträger. Dieses Recht kann auch vorab durch einen Freistellungsanspruch geltend gemacht werden.[4]

§ 173 Zeitliche Begrenzung der Haftung für übertragene Verbindlichkeiten

Auf die zeitliche Begrenzung der Haftung für die im Ausgliederungs- und Übernahmevertrag aufgeführten Verbindlichkeiten ist § 157 entsprechend anzuwenden.

---

[1] Kölner Komm UmwG/*Leuering* § 172 Rn. 3; Semler/Stengel/Leonard/*Krebs* § 172 Rn. 8.
[2] Lutter/*H. Schmidt* § 172 Rn. 2; Semler/Stengel/Leonard/*Krebs* § 172 Rn. 3.
[3] Widmann/Mayer/*Heckschen* § 172 Rn. 11.
[4] Lutter/*H. Schmidt* § 172 Rn. 6.

1. Anwendungsbereich der Vorschrift

1 Die Vorschrift regelt die **zeitliche Befristung der Haftung** des **übertragenden Rechtsträgers** für übertragene Verbindlichkeiten.

2. Regelungsgehalt

2 Aus der Verweisung auf § 157 folgt, dass die Haftung der Gebietskörperschaft oder des Zusammenschlusses für übertragene Verbindlichkeiten auf einen Zeitraum von **fünf Jahren** begrenzt ist. Anknüpfungspunkt für den **Beginn** der Frist ist der Zeitpunkt der **Bekanntmachung der Eintragung der Ausgliederung** im Register des übernehmenden Rechtsträgers (§ 157 Abs. 2).

3 Auch sachlich erfährt die Haftung durch die Vorschrift eine Einschränkung. Die **Verbindlichkeiten** müssen nämlich **innerhalb** der **Fünfjahresfrist** auch **fällig** sein[1] **und geltend gemacht** werden.[2]

4 Auch wenn die Vorschrift nur auf den Ausgliederungsvertrag Bezug nimmt, ist die Anwendung auf die Verbindlichkeiten aus einem Ausgliederungsplan genauso angezeigt. Hier liegt – parallel zu § 167 – lediglich ein redaktionelles Versehen vor.[3] Zudem ist die Vorschrift weit zu verstehen: Es kommt nicht auf die Aufführung im Ausgliederungsplan oder -vertrag an, sondern die Frist gilt für alle übertragenen Verbindlichkeiten, die sich aus den Unterlagen, zB Anhängen zum Plan oder zu Bilanzen, ergeben.[4]

Viertes Buch Vermögensübertragung

Erster Teil
Möglichkeit der Vermögensübertragung

§ 174 Arten der Vermögensübertragung

(1) Ein Rechtsträger (übertragender Rechtsträger) kann unter Auflösung ohne Abwicklung sein Vermögen als Ganzes auf einen anderen bestehenden Rechtsträger (übernehmender Rechtsträger) gegen Gewährung einer Gegenleistung an die Anteilsinhaber des übertragenden Rechtsträgers, die nicht in Anteilen oder Mitgliedschaften besteht, übertragen (Vollübertragung).

(2) Ein Rechtsträger (übertragender Rechtsträger) kann

1. unter Auflösung ohne Abwicklung sein Vermögen aufspalten durch gleichzeitige Übertragung der Vermögensteile jeweils als Gesamtheit auf andere bestehende Rechtsträger,
2. von seinem Vermögen einen Teil oder mehrere Teile abspalten durch Übertragung dieses Teils oder dieser Teile jeweils als Gesamtheit auf einen oder mehrere bestehende Rechtsträger oder
3. aus seinem Vermögen einen Teil oder mehrere Teile ausgliedern durch Übertragung dieses Teils oder dieser Teile jeweils als Gesamtheit auf einen oder mehrere bestehende Rechtsträger

---

1 Semler/Stengel/Leonard/*Krebs* § 173 Rn. 2; Kölner Komm UmwG/*Leuering* § 173 Rn. 1.
2 Semler/Stengel/Leonard/*Krebs* § 173 Rn. 7; Lutter/*H. Schmidt* § 172 Rn. 7.
3 Maulbetsch/Klumpp/Rose/*Peus/Stenneken* § 173 Rn. 1; Lutter/*H. Schmidt* § 172 Rn. 4.
4 Lutter/*H. Schmidt* § 172 Rn. 4.

gegen Gewährung der in Absatz 1 bezeichneten Gegenleistung in den Fällen der Nummer 1 oder 2 an die Anteilsinhaber des übertragenden Rechtsträgers, im Falle der Nummer 3 an den übertragenden Rechtsträger (Teilübertragung).

I. Entstehungsgeschichte und Normzweck . 1	II. Inhalt und Anwendungsbereich 11
1. Historie 1	1. Vollübertragung 11
2. Vermögensübertragung als dritte Umwandlungsart 3	2. Teilübertragung in drei Formen 14
3. Systematik und Praxisrelevanz 9	3. Gegenleistung 18
	III. Aufsichtsrechtliche Anforderungen 24

I. Entstehungsgeschichte und Normzweck

1. Historie

Die §§ 174 ff. fassen gesetzliche Bestimmungen zusammen, die bis zur **UmwG-Novelle von 1994** im AktG[1] und im VAG[2] enthalten waren: Schon bis dahin konnten Aktiengesellschaften oder KGaA ihr Vermögen als Ganzes unter Auflösung ohne Abwicklung auf den Bund, ein Land, einen Gemeindeverband oder eine Gemeinde übertragen. Der § 175 Nr. 1 erweiterte die Regelung auf alle Kapitalgesellschaften, also insbes. auf die GmbH. Für die Übertragung des gesamten Vermögens einer Aktiengesellschaft, die nicht nach den Umwandlungsbestimmungen, sondern im Wege der Einzelrechtsnachfolge durchgeführt wird, gilt weiterhin **§ 179a AktG**, die einzige Bestimmung, die von dem im AktG aF enthaltenen Umwandlungsrecht (früher war dies der § 361 AktG aF) im AktG verblieben ist.

Nach den alten VAG-Bestimmungen konnten auch VVaG schon vor 1994 ihr Vermögen als Ganzes unter Auflösung ohne Abwicklung auf eine Versicherungs-Aktiengesellschaft oder ein öffentlich-rechtliches Versicherungsunternehmen übertragen. Der § 175 Nr. 2 lit. a und lit. c regelt zusätzlich die Vermögensübertragung von der Versicherungs-Aktiengesellschaft auf den VVaG bzw. von dem öffentlich-rechtlichen Versicherungsunternehmen auf die Versicherungs-Aktiengesellschaft oder auf den VVaG. Das **öffentlich-rechtliche Versicherungsunternehmen** (weitere Einzelheiten zu dem öffentlich-rechtlichen Versicherungsunternehmen in → § 175 Rn. 8 ff.) ist durch die Novelle von 1994 im Hinblick auf die Vermögensübertragung erstmals den anderen beiden Rechtsformen für Versicherungsunternehmen, dem VVaG und der Versicherungs-Aktiengesellschaft, gleichgestellt worden. Die 1994 aufgehobenen Bestimmungen des AktG und des VAG sahen nur die Übertragung des Vermögens als Ganzes vor. Die sie ersetzenden §§ 174 ff. lassen dagegen zusätzlich die Teilübertragung zu.[3]

2. Vermögensübertragung als dritte Umwandlungsart

Der Gesetzgeber hat mit der Vermögensübertragung gem. den §§ 174 ff. in Ergänzung zur Verschmelzung und zur Spaltung eine **dritte Form der Umwandlung** geschaffen, die insbes. für Übertragungen oder Umstrukturierungen von Unternehmen gedacht ist, die wegen ihrer rechtlichen Struktur weder die Verschmelzung noch die Spaltung zulassen. Dies ist zB dann der Fall, wenn kein Anteilsaustausch zwischen den Anteilsinhabern oder Mitgliedern der beteiligten Rechtsträger möglich ist wie bei der Übertragung vom Geschäft eines privatrechtlichen Unternehmens auf einen Träger der öffentlichen Hand. In diesem Fall ist die Verschmelzung oder Spaltung eines privatrechtlichen

---

1 Nämlich insbes. die §§ 359 f. AktG aF.
2 Nämlich die §§ 44b und 44c, 53a VAG aF.
3 Semler/Stengel/Leonard/*Stengel* § 174 Rn. 9.

Unternehmens auf einen Träger der öffentlichen Hand grds. nicht zulässig, lediglich die §§ 168 ff. sehen auf dem umgekehrten Weg eine Ausgliederung aus dem Vermögen von Gebietskörperschaften auf ein privatrechtliches Unternehmen vor. Deshalb wird bei der Vermögensübertragung die Gewährung von Anteilen oder Mitgliedschaften durch die **Gegenleistung anderer Art** ersetzt.

4 Zudem ist für **Versicherungsunternehmen** in der Rechtsform des VVaG eine Verschmelzung oder Spaltung nur auf andere VVaG oder Versicherungs-Aktiengesellschaften/SEs zulässig (vgl. §§ 109 ff., 151). § 175 Nr. 2 lit. b und lit. c macht zusätzlich eine Vermögensübertragung eines VVaG auch auf ein öffentlich-rechtliches Versicherungsunternehmen und umgekehrt möglich. Bei allen Vermögensübertragungen zwischen Versicherungsunternehmen ist der Grundsatz der **Spartentrennung** zu wahren.[4] Vermögensübertragungen im Bereich der Lebensversicherungsunternehmen bzw. der Krankenversicherungsunternehmen sind nur jeweils zwischen Unternehmen derselben Sparte möglich. Dagegen ist eine Übertragung von Vermögensgegenständen zulässig, soweit der übernehmende Rechtsträger seiner bisherigen Versicherungssparte unverändert zugeordnet werden kann.[5]

5 Die dritte Umwandlungsart der Vermögensübertragung dient also idR als **Auffangrechtsinstitut** für solche Vorgänge, die zwar mit der Verschmelzung oder Spaltung vergleichbar, aber nach den betreffenden Bestimmungen nicht zulässig sind. Anders als bei der Verschmelzung ist die Vollvermögensübertragung jedoch auf die Beteiligung von maximal **zwei bereits bestehenden Rechtsträgern** beschränkt, dh sie kann nur von einem einzigen Rechtsträger auf einen anderen bereits bestehenden Rechtsträger erfolgen.[6] Die Teilübertragung erfolgt aber wie die Spaltung auf einen oder mehrere Rechtsträger, die allerdings auch bereits bestehen müssen; die Teilübertragung zur Neugründung ist ebenfalls nicht möglich. Zudem müssen beide beteiligten Unternehmen **Rechtsträger unterschiedlicher Rechtsform** sein, ansonsten sind die betreffenden Verschmelzungs- oder Spaltungsbestimmungen anzuwenden. Es fällt allerdings auf, dass der Gesetzgeber die Verschmelzung, Spaltung oder Vermögensübertragung unter ausschließlicher Beteiligung von öffentlich-rechtlichen Versicherungsunternehmen gar nicht im UmwG regelt (im Einzelnen dazu → § 175 Rn. 8 ff., 26 f.).

6 Wie bei der Verschmelzung und Spaltung kann auch ein bereits in Auflösung befindlicher Rechtsträger an einer Vermögensübertragung beteiligt sein, wenn der **aufgelöste Rechtsträger** Vermögen überträgt und nicht zugleich aufnimmt. Denn § 176 Abs. 1 verweist auf die Vorschriften der Verschmelzung und damit auch auf die allg. Regelung des § 3 Abs. 3, nach der auch ein in Auflösung befindlicher Rechtsträger als übertragender Rechtsträger in Betracht kommt, solange er noch nicht voll abgewickelt ist, also noch übertragbares Vermögen hat, und seine Fortsetzung noch beschlossen werden könnte.[7]

7 Die Vermögensübertragung kann ähnlich wie die Verschmelzung durch Vollübertragung (Gesamtrechtsnachfolge) oder ähnlich wie die Spaltung durch Teilübertragung (partielle Gesamtrechtsnachfolge oder Sonderrechtsnachfolge) erfolgen. Wie bei der Spaltung sind drei Unterarten der Teilübertragung, nämlich die aufspaltende, abspaltende und die ausgliedernde Teilübertragung, geregelt. Bei einer ausgliedernden Teil-

---

4 Gem. § 8 Abs. 4 VAG schließen die Erlaubnis zum Betrieb der Lebensversicherung und die Erlaubnis zum Betrieb anderer Versicherungssparten einander aus. Das Gleiche gilt für die Erlaubnis zum Betrieb der Krankenversicherung iSd § 146 Abs. 1 VAG.
5 Widmann/Mayer/*Heckschen* § 175 Rn. 18.
6 BT-Drs. 12/6699, 133.
7 Vgl. Lutter/*H. Schmidt* § 174 Rn. 6.

übertragung eines VVaG ist die Spaltungsbestimmung des § 151 S. 2 zu beachten; dh auch bei einer ausgliedernden Teilübertragung darf der VVaG keine Versicherungsverträge, sondern nur andere Geschäftsbereiche übertragen (→ § 151 Rn. 1 ff., 20 ff. und Kommentierung zu § 184).

Schließlich ist eine Vermögensübertragung im Wege der **Neugründung nicht zulässig**.[8]

3. Systematik und Praxisrelevanz

Der aus den §§ 174, 175 bestehende **Erste Teil** des Vierten Buches bildet den Allgemeinen Teil zur Vermögensübertragung:[9] § 174 bestimmt zunächst den Begriff der Vermögensübertragung und die zulässigen Arten der Vermögensübertragung. § 175 benennt die beteiligungsfähigen Rechtsträger. Der aus den §§ 176 und 177 bestehende **Zweite Teil** enthält darauf aufbauend besondere Bestimmungen zur Vermögensübertragung einer Kapitalgesellschaft auf die öffentliche Hand, und der aus den §§ 178–189 bestehende **Dritte Teil** stellt die Spezialbestimmungen zu den verschiedenen Konstellationen der Vermögensübertragung unter Versicherungsunternehmen dar. Die Bestimmungen des Zweiten und Dritten Teils verweisen sämtlich auf die Bestimmungen des Allgemeinen Teils sowie auf die allgemeinen Bestimmungen zur Verschmelzung bzw. zur Spaltung im Wege der Aufnahme. Durch diese **verschachtelte Verweisungstechnik** wird die Lesbarkeit der §§ 177–189 und damit die praktische Anwendbarkeit der Vermögensübertragung erheblich erschwert. Die Verweisungsketten finden jeweils ihr maximales Maß bei der Teilübertragung, indem auch die in Bezug genommenen Spaltungsbestimmungen wiederum auf die Bestimmungen zur Verschmelzung verweisen.[10]

Es wird aber nicht nur daran liegen, dass bislang die Vermögensübertragung **in der Praxis kaum Relevanz** hatte: Zum einen sind seit Inkrafttreten der Bestimmungen keine (Rück-)Umwandlungen von Kapitalgesellschaften auf die öffentliche Hand (§ 175 Abs. 2 Nr. 1) erfolgt. Zum anderen hat auch die Versicherungswirtschaft kaum von der Vermögensübertragung (§ 175 Abs. 2 Nr. 2) Gebrauch gemacht: Bis 2001 hatte die Versicherungsaufsichtsbehörde (damals noch das BAV) ganze sieben relativ bedeutungslose Vermögensübertragungen in der Versicherungswirtschaft gem. §§ 14, 13 VAG genehmigt. Schaut man sich die Veröffentlichungen der BaFin von ihrer Gründung in 2002 bis heute an, so blieb die Vermögensübertragung in diesem Zeitraum ein selten gewähltes Instrument der Umwandlung von Versicherungsunternehmen: Im Zeitraum 2002 bis heute wurden ersichtlich im Versicherungssektor ganze fünf Vermögensübertragungen, dreimal von einer Versicherungs-Aktiengesellschaft auf einen VVaG, einmal von einem VVaG auf eine Versicherungs-Aktiengesellschaft und einmal grenzüberschreitend von einer belgischen Rückversicherungs-S.A.R.L auf eine deutsche Versicherungs-Aktienge-

---

8 BT-Drs. 12/6699, 133.
9 Vgl. Lutter/*H. Schmidt* Vor § 174 Rn. 2.
10 Vgl. die treffende Beschreibung von *Bayer/Wirth*, Eintragung der Spaltung und Eintragung der neuen Rechtsträger – oder – Pfadsuche im Verweisungsdschungel des neuen Umwandlungsrechts ZIP 1996, 817; auch die Kommentierung des Vierten Buches erfordert daher Wiederholungen.

sellschaft, genehmigt.[11] Selbst die bislang wohl nach Geschäftsvolumen größte Umwandlung im deutschen Versicherungssektor, nämlich zwischen der Provinzial Rheinland Holding Ein Unternehmen der Sparkassen AöR auf die Provinzial NordWEst Holding AG[12] (heute firmierend als Provinzial Holding AG), erfolgte im Wege der Ausgliederung, wodurch der übertragende Rechtsträger Anteile an der Provinzial Holding AG erwarb. Auch hinsichtlich der für das Jahr 2024 angekündigten Fusion der Gothaer- mit der Barmenia-Versicherungsgruppe mit mehreren VVaG ist keine Vermögensübertragung angekündigt.[13] Dagegen erfreuen sich in der Versicherungswirtschaft die **alternativen Umstrukturierungsformen**, nämlich die Bestandsübertragung – bis heute wurden hunderte Bestandsübertragungen von der Aufsichtsbehörde genehmigt – und, allerdings schon deutlich weniger, auch die Verschmelzung deutlich größerer Beliebtheit.[14] Insbes. für die Übertragung von Versicherungsgeschäft zwischen Versicherungs-Aktiengesellschaften, SEs, VVaG und öffentlich-rechtlichen Versicherungsunternehmen wird die **Bestandsübertragung** als deutlich effizientere Umstrukturierungsform gesehen, vor allem wenn der übertragende Rechtsträger nicht abgewickelt werden, sondern bestehen bleiben soll. Eine Bestandsübertragung ist die Übertragung einer Gesamtheit von Versicherungsverträgen, wodurch im Wege der Einzelrechtsnachfolge die vertraglichen Rechte und Pflichten – idR zusammen mit den die versicherungstechnischen Rückstellungen und Beitragsüberträge bedeckenden Vermögenswerten – auf den Erwerber übergehen (→ § 109 Rn. 49 ff. mit weiteren Details zu Besonderheiten, Vor- und Nachteilen der Bestandsübertragung im Vergleich zur Verschmelzung und damit entspr. auch zur Vermögensübertragung).

II. Inhalt und Anwendungsbereich

1. Vollübertragung

11 Für die Vollübertragung einer Kapitalgesellschaft auf einen Träger der öffentlichen Hand (§ 175 Nr. 1) verweist § 176, für die Vollübertragung von Versicherungsunternehmen untereinander verweisen die §§ 178, 180, 188 jeweils auf die Bestimmungen zur Verschmelzung. Somit erfolgt die Vollübertragung grds. wie eine Verschmelzung, es sind aber folgende Besonderheiten zu beachten:

- **Beteiligungsfähige Rechtsträger** sind nur Kapitalgesellschaften, der Bund, ein Land, eine Gebietskörperschaft oder ein Zusammenschluss von Gebietskörperschaf-

---

11 BaFinJournal Ausgabe September 2016, S. 40 (BAVARIA Versicherungsverein a. G. auf Rheinisch-Westfälische Sterbekasse Lebensversicherung AG); BaFinJournal Ausgabe September 2016, S. 40 (Concordia Rechtsschutz-Versicherungs-AG als übertragende Gesellschaft und der Concordia Versicherungs-Gesellschaft a. G.); BaFinJournal Ausgabe Februar 2015, S. 34 f. (P&V Réassurance S.A.R.L. auf DARAG Deutsche Versicherungs- und Rückversicherungs-AG); BaFinJournal Ausgabe Dezember 2012, S. 23 (LVM-Rechtsschutzversicherungs-Aktiengesellschaft auf LVM Landwirtschaftlicher Versicherungsverein); BaFinJournal Ausgabe September 2011, S. 24 (KRAVAG-Holding AG auf KRAVAG-SACH Versicherung des Deutschen Kraftverkehrs VVaG), ohne Erhebung etwaiger Vermögensübertragungen unter Beteiligung von durch Landesbehörden beaufsichtigte kleine Versicherungsunternehmen; so im Übrigen auch schon *Thode*, Veräußerung öffentlich-rechtlicher Versicherungsunternehmen, 131; auch *Beyer/Hoffmann* AG 2021, R36, bescheinigen der Vermögensübertragung ein „Schattendasein", weisen aber darauf hin, dass laut Handelsregister-Auswertung bis 2021 immerhin 135 Vermögensübertragungen von Kapitalgesellschaften (stets GmbHs, nur in einem Fall eine Aktiengesellschaft) auf öffentlich-rechtliche Rechtsträger, hauptsächlich Gebietskörperschaften, meist als Vollvermögensübertragung durchgeführt worden sind.
12 BaFinJournal Ausgabe September 2020, S. 37.
13 Versicherungsmonitor vom 1.10.2023: „Gothaer und Barmenia zurren Fusions-Fahrplan fest", abrufbar unter: https://versicherungsmonitor.de/2023/10/01/gothaer-und-barmenia-zurren-fusions-fahrplan-fest/.
14 Zum Stand 2010 zählte Semler/Stengel/Leonard/*Stengel* § 174 Rn. 10 insgesamt 542 Bestandsübertragungen und insgesamt 158 Verschmelzungen.

ten (§ 175 Nr. 1) oder die Versicherungs-Aktiengesellschaft/SE, der VVaG und das öffentlich-rechtliche Versicherungsunternehmen (§ 175 Nr. 2).
- Die Neugründung eines übernehmenden Rechtsträgers ist nicht zulässig, dh nur auf **bestehende Rechtsträger** kann Vermögen übertragen werden. Dies folgt jeweils aus dem Verweis in den §§ 176 Abs. 1, 178 Abs. 1, 180 Abs. 1, 188 Abs. 1 auf die Vorschriften der Verschmelzung „durch Aufnahme".
- Es kann nur einen übertragenden und einen übernehmenden Rechtsträger geben, wobei diese **Rechtsträger unterschiedlicher Rechtsform** sein müssen.
- Die **Gegenleistung** muss aus anderen Vermögenswerten als Anteilen und Mitgliedschaften bestehen. Sie wird nicht kraft Eintragung gem. § 20 Abs. 1 Nr. 3, sondern **durch Leistung** gem. § 362 BGB bewirkt.

Vollübertragung bedeutet, dass das gesamte Vermögen als Ganzes im Wege der Gesamtrechtsnachfolge übertragen wird und im Zuge dessen der übertragende Rechtsträger ohne Abwicklung erlischt. Es ist Wirksamkeitsvoraussetzung der Vollübertragung, dass keinerlei Vermögen bei dem übertragenden Rechtsträger verbleibt. Anderenfalls ist der Übertragungsvertrag unwirksam.[15] Es kommt stattdessen nur die Teilübertragung in Betracht.

Gegenstand der Vollübertragung ist die Gesamtheit der Vermögenswerte (alle Aktiva und Passiva) des übertragenden Rechtsträgers im Zeitpunkt des Vollzugs, dh des Wirksamwerdens der Übertragung.[16] Die Vollübertragung wird mit ihrer Eintragung in das Handelsregister am Sitz des übertragenden Rechtsträgers wirksam. Dessen Vermögen geht auf den übernehmenden Rechtsträger über, der übertragende Rechtsträger erlischt (§ 176 Abs. 3). Veränderungen der Vermögensverhältnisse des übertragenden Rechtsträgers, die in der Zeit zwischen Abschluss des Übertragungsvertrags und Wirksamwerden der Übertragung stattfinden, sind unbedenklich, solange sie aus der unveränderten Fortführung des übertragenden Rechtsträgers resultieren und somit in der Berechnung der Gegenleistung berücksichtigt sind. Anderenfalls kommen Schadensersatz oder Rücktritt in Betracht.[17]

2. Teilübertragung in drei Formen

Die Teilübertragung vollzieht sich grds. im Wege der partiellen Gesamtrechtsnachfolge oder – mit Ausnahme der ausgliedernden Teilübertragung – der Sonderrechtsnachfolge. Die Bestimmungen der Spaltung sind gem. den Verweisungen in den §§ 177, 179, 184, 189 entspr. anzuwenden. Die Teilübertragung ist also in den drei Varianten der Spaltung, der Auf-, Abspaltung oder Ausgliederung, möglich. Wesentlich sind auch hier folgende Besonderheiten im Vergleich zur Spaltung:

- **Beteiligungsfähige Rechtsträger** sind nur Kapitalgesellschaften, der Bund, ein Land, eine Gebietskörperschaft oder ein Zusammenschluss von Gebietskörperschaften (§ 175 Nr. 1) oder die Versicherungs-Aktiengesellschaft/SE, der VVaG und das öffentlich-rechtliche Versicherungsunternehmen (§ 175 Nr. 2).
- Die Neugründung eines übernehmenden Rechtsträgers ist nicht zulässig, dh nur auf **bestehende Rechtsträger** kann Vermögen teilweise übertragen werden. Dies folgt aus dem jeweiligen Verweis in den §§ 177 Abs. 1, 179 Abs. 1, 184 Abs. 1, 189 Abs. 1 auf die Vorschriften der Verschmelzung „zur Aufnahme".

---

15 Semler/Stengel/Leonard/*Stengel* § 174 Rn. 12.
16 Kölner Komm UmwG/*Leuering* § 174 Rn. 7.
17 Semler/Stengel/Leonard/*Stengel* § 174 Rn. 13.

- Übertragender Rechtsträger kann wie bei der Spaltung nur ein einziger Rechtsträger sein, der oder die übernehmenden Rechtsträger müssen aber **Rechtsträger unterschiedlicher Rechtsform** sein.
- Die **Gegenleistung** muss wie bei der Vollübertragung aus anderen Vermögenswerten als Anteilen und Mitgliedschaften bestehen. Sie wird auch hier nicht kraft Eintragung gem. § 20 Abs. 1 Nr. 3, sondern durch Leistung gem. § 362 BGB bewirkt.

15 Bei einer Teilübertragung werden Vermögensteile als Gesamtheit von dem übertragenden Rechtsträger auf einen oder mehrere übernehmende Rechtsträger gegen Gewährung einer Gegenleistung übertragen. Folgende Konstellationen sind vorgesehen:
- Bei der **aufspaltenden Teilübertragung** (§ 174 Abs. 2 Nr. 1) wird in einem Vorgang das gesamte Vermögen des übertragenden Rechtsträgers auf mehrere, mind. zwei übernehmende Rechtsträger übertragen, und der übertragende Rechtsträger erlischt. Die Gegenleistung erhalten die Anteilsinhaber des übertragenden Rechtsträgers;
- Bei der **abspaltenden Teilübertragung** (§ 174 Abs. 2 Nr. 2) wird ein Teil oder werden Teile des Vermögens des übertragenden Rechtsträgers auf einen oder mehrere übernehmende Rechtsträger übertragen, und der übertragende Rechtsträger besteht fort. Auch hierbei wird die Gegenleistung an die Anteilsinhaber des übertragenden Rechtsträgers erbracht;
- Bei der **ausgliedernden Teilübertragung** (§ 174 Abs. 2 Nr. 3) wird ein Teil oder werden mehrere Teile des Vermögens ausgegliedert, indem diese/-r auf einen oder mehrere übernehmende Rechtsträger übertragen werden und der übertragende Rechtsträger fortbesteht. Der übertragende Rechtsträger selbst erhält die Gegenleistung, nicht seine Anteilsinhaber. Entsprechend der Gesetzesbegründung soll der Vorteil in der Wirkung der Übertragung als partielle Gesamtrechtsnachfolge darin liegen, dass keine mit den Risiken des Unternehmenskaufs (Asset Deal) verbundenen Einzelübertragungen erforderlich sind. Ein Unternehmenskauf nach allg. Zivilrecht bleibt daneben aber zulässig.[18]

16 Eine **Beschränkung hinsichtlich der Art und des Umfangs der Vermögensteile** sieht das Gesetz nicht vor. Daher kann auch ein einzelner Gegenstand gleich welcher Art übertragen werden.[19]

17 Eine **Totalausgliederung**, dh die Ausgliederung des gesamten Vermögens des übertragenden Rechtsträgers durch Übertragung auf einen oder mehrere Rechtsträger wird als Umwandlungsmöglichkeit neben der Vollübertragung allg. als zulässig angesehen und ist von dieser abzugrenzen.[20] Während bei der Vollübertragung der übertragende Rechtsträger erlischt, bleibt dieser bei der Totalausgliederung bestehen und erwirbt als Gegenleistung Vermögenswerte, so dass dieser trotz Totalausgliederung weiterhin über Vermögen in entspr. Höhe, aber anderer Art verfügt.[21] Damit stellt das Gesetz ein geeignetes Mittel zur Konzern(um)bildung und zugleich zur Vermögensumschichtung innerhalb eines Konzerns zur Verfügung.[22]

---

[18] BT-Drs. 12/6699, 133.
[19] Widmann/Mayer/*Heckschen* § 174 Rn. 31; Lutter/*H. Schmidt* § 174 Rn. 12.
[20] Widmann/Mayer/*Heckschen* § 174 Rn. 37; Semler/Stengel/*Stengel* § 174 Rn. 19; Lutter/*H. Schmidt* § 174 Rn. 16.
[21] Widmann/Mayer/*Heckschen* § 174 Rn. 37; s. hier auch ausf. zu der Argumentation für eine Totalausgliederung.
[22] Semler/Stengel/Leonard/*Stengel* § 174 Rn. 18 mwN.

3. Gegenleistung

Durch die negative Formulierung des Gesetzeswortlauts („Gegenleistung (...), die nicht in Anteilen oder Mitgliedschaften besteht") lässt der Gesetzgeber bzgl. der Form der Gegenleistung unbegrenzten Spielraum.[23] Die Gegenleistung kann also zB bestehen in:

- Geld als „Barabfindung";
- Anteilen und Mitgliedschaften an einem Beteiligungsunternehmen des übertragenden Rechtsträgers;
- Beteiligungen an dritten Unternehmen;[24]
- ggf. sogar versicherungstechnischen Abfindungen wie Prämienfreiheit über einen gewissen Zeitraum, Erhöhung der Versicherungssumme oder der Überschussbeteiligung; diese Konstellation ist denkbar, wenn die Empfänger die verbleibenden Mitglieder und zugleich Versicherten des übertragenden VVaG sind und der übernehmende Rechtsträger den übertragenden Rechtsträger als eigentlichen Risikoträger entsprechend im Innenverhältnis freistellt.[25]

§ 174 verlangt nicht ausdrücklich die **Angemessenheit der Gegenleistung**. Lediglich für die Vermögensübertragung von VVaG wird ausdr. die Verpflichtung zur „Gewährung einer angemessenen Gegenleistung" erwähnt (§ 181 Abs. 1). Daraus folgt aber nicht, dass in den übrigen Fällen der Vermögensübertragung keine Angemessenheit gefordert wird. Dass der Begriff der Angemessenheit nur in § 181 und ansonsten nicht in den §§ 174 ff. erwähnt ist, hat seine Ursache schlicht darin, dass die alten Bestimmungen aus dem AktG und dem VAG unverändert übernommen wurden. Die Angemessenheit ist jedenfalls ein **Prinzip des Umwandlungsrechts**, das über die Verweisung auf das Verschmelzungsrecht auf alle Formen der Vermögensübertragung anzuwenden ist:[26] So ist der Begriff der **Angemessenheit** als Gegenwert in § 12 Abs. 2 S. 1 (bzgl. Umtauschverhältnis und ggf. barer Zuzahlung oder Mitgliedschaft) und in § 29 Abs. 1 S. 1 (angemessene Barabfindung bei Verschmelzung) niedergelegt.

Ob die Gegenleistung **angemessen** ist, bestimmt sich nach dem Verkehrswert, der nach den Regeln ordnungsgemäßer Unternehmensbewertung (wie auch bei der Berechnung von Umtauschverhältnissen und Barabfindungen bei einer Verschmelzung) zu ermitteln ist.[27] Die Gegenleistung ist grds. also dann angemessen, wenn der Wert der Gegenleistung dem Gegenwert des übertragenden Gesamt- oder Teilgeschäfts entspricht.[28] Bei einer ausgliedernden Teilübertragung bestimmt sich die Angemessenheit nach dem Verkehrswert des zu übertragenden Vermögens. Bei der Vermögensübertragung durch einen VVaG sind die Besonderheiten nach § 181 zu beachten. In der Literatur wird die Frage diskutiert, ob die Gegenleistung durch Dritte, also eine andere Person als dem übertragenden und dem übernehmenden Rechtsträger als Vertragsparteien, iSv § 317 BGB bestimmt werden kann; so zB im Fall, dass die beteiligten Rechtsträger sich nicht einigen können und ein Schiedsgutachten erforderlich ist. Dies wird grds. für zulässig angesehen, wobei auch der Dritte das Kriterium der Angemessenheit zu beachten hat.[29]

---

23 Semler/Stengel/Leonard/*Stengel* § 174 Rn. 20 f.
24 So Kölner Komm UmwG/*Leuering* § 174 Rn. 9; Widmann/Mayer/*Heckschen* § 174 Rn. 23; Semler/Stengel/Leonard/*Stengel* § 174 Rn. 20.
25 Vgl. Semler/Stengel/Leonard/*Stengel* § 174 Rn. 21; Widmann/Mayer/*Heckschen* § 174 Rn. 24.
26 Semler/Stengel/Leonard/*Stengel* § 174 Rn. 22; Widmann/Mayer/*Heckschen* § 174 Rn. 26.
27 Semler/Stengel/Leonard/*Stengel* § 174 Rn. 22 f., Widmann/Mayer/*Heckschen* § 174 Rn. 27.
28 Kölner Komm UmwG/*Leuering* § 174 Rn. 10; Lutter/*H. Schmidt* § 174 Rn. 9.
29 Semler/Stengel/Leonard/*Stengel* § 174 Rn. 27; Widmann/Mayer/*Heckschen* § 174 Rn. 25; Lutter/*H. Schmidt* § 174 Rn. 7.

21 Einen Sonderfall stellt die **Konzernumstrukturierung** dar, bei dem die Anteilsinhaber des übertragenden und des übernehmenden Rechtsträgers identisch sind: Hier werden bei einer Verschmelzung die Anteile am übertragenden Rechtsträger mit den Anteilen an dem übernehmenden Rechtsträger nicht wirklich getauscht, und es besteht daher keine Gegenleistungspflicht. Ebenso kann sich bei einer Vermögensübertragung der Anteilsinhaber grds. nicht aus seinem eigenen Vermögen eine Gegenleistung verschaffen. Abhängig von dem Umfang der Vermögensübertragung **entfällt** daher **die Gegenleistungspflicht** teilweise oder ganz.[30] In dem Fall, dass das Gesamtvermögen einer Tochtergesellschaft auf die Muttergesellschaft übertragen wird, ist die Gegenleistung bspw. gänzlich ausgeschlossen.[31]

22 Einen **Anspruch auf die Gegenleistung** hat der übertragende Rechtsträger als Partei des Übertragungsvertrags, nicht dessen Anteilsinhaber. Der Vertrag ist jedoch insofern als echter Vertrag zugunsten Dritter (§ 328 BGB) auszulegen, als auch die Anteilsinhaber unmittelbar von dem übernehmenden Rechtsträger die Gegenleistung verlangen können. Diese Leistungsberechtigung besteht unbestritten, wenn der übertragende Rechtsträger mit Wirkung der Vermögensübertragung durch Registereintragung erlischt. Die Gegenleistung wird bewirkt gem. § 362 BGB durch Übereignung oder Abtretung und nicht kraft Gesetzes durch Wirkung der Eintragung gem. § 20 Abs. 1 Nr. 3.[32] Soweit nicht vertraglich geregelt, bestimmt sich die Fälligkeit dieses Anspruchs nach § 271 BGB.[33] Etwas anderes gilt, wenn ein **Treuhänder** zum Empfang der Gegenleistung bestellt wurde: In diesem Fall ist der Zeitpunkt der Zahlung bzw. Übergabe der Gegenleistung entscheidend, da sie Voraussetzung für die Eintragung der Vermögensübertragung in das Register ist (s. § 71).[34]

23 Ein **Verzicht auf die Gegenleistung** durch die Anteilsinhaber des übertragenden Rechtsträgers im Rahmen einer Vermögensübertragung ist gesetzlich nicht ausdr. ausgeschlossen. Es sprechen gute Gründe dafür, unter Heranziehung der §§ 54 Abs. 1 S. 3, 68 Abs. 1 S. 3 eine Verzichtserklärung auch durch die Anteilsinhaber des aufnehmenden Rechtsträgers zuzulassen.[35]

III. Aufsichtsrechtliche Anforderungen

24 Zu einer wirksamen Vermögensübertragung zwischen Versicherungsunternehmen bedarf es nach § 175 Nr. 2 der Genehmigung durch die zuständige Versicherungsaufsichtsbehörde gem. §§ 14, 13 VAG. Diese kann die Umwandlung nicht nur aus Gründen des Versicherungsaufsichtsrechts (Wahrung der Belange der Versicherten, der dauerhaften Erfüllbarkeit der Verpflichtungen aus den Versicherungsverträgen, des Grundsatzes der Spartentrennung), sondern auch dann versagen, wenn die Vorschriften über die Umwandlung nicht beachtet worden sind (§ 14 Abs. 2 VAG). Näheres zum Erfordernis der Genehmigung → § 109 Rn. 35 ff.

---

30 Semler/Stengel/Leonard/*Stengel* § 174 Rn. 23 ff.
31 Widmann/Mayer/*Heckschen* § 174 Rn. 29.
32 Widmann/Mayer/*Heckschen* § 174 Rn. 28.
33 Semler/Stengel/Leonard/*Stengel* § 174 Rn. 28.
34 Widmann/Mayer/*Heckschen* § 174 Rn. 28.
35 Dazu näher Widmann/Mayer/*Heckschen* § 174 Rn. 30. Da zu dieser Frage jedoch keine Rechtsklarheit besteht, wird übereinstimmend mit *Heckschen* die Gewährung einer Gegenleistung empfohlen, um eine Unwirksamkeit des Vertrags insoweit zu vermeiden.

§ 175 Beteiligte Rechtsträger

Eine Vollübertragung ist oder Teilübertragungen sind jeweils nur möglich
1. von einer Kapitalgesellschaft auf den Bund, ein Land, eine Gebietskörperschaft oder einen Zusammenschluß von Gebietskörperschaften;
2. a) von einer Versicherungs-Aktiengesellschaft auf Versicherungsvereine auf Gegenseitigkeit oder auf öffentlich-rechtliche Versicherungsunternehmen;
   b) von einem Versicherungsverein auf Gegenseitigkeit auf Versicherungs-Aktiengesellschaften oder auf öffentlich-rechtliche Versicherungsunternehmen;
   c) von einem öffentlich-rechtlichen Versicherungsunternehmen auf Versicherungs-Aktiengesellschaften oder auf Versicherungsvereine auf Gegenseitigkeit.

Literatur:
Bähr, Handbuch des Versicherungsaufsichtsrechts, 2011; *Beyer/Hoffmann*, Empirie zur Vermögensübertragung gem. §§ 174 ff. UmwG, AG 2021, R36; *Brand/Baroch Castellvi*, Versicherungsaufsichtsgesetz, Kommentar, 2018; *Hebeler*, Die Vereinigung, Auflösung und Schließung von Sozialversicherungsträgern, NZS 2008, 238; *Petersen*, Versicherungsunternehmensrecht, 2003; *Renger*, Gesetz zur Überleitung landesrechtlicher Gebäudeversicherungsverhältnisse, VersR 1993, 942; *Thode*, Veräußerung öffentlich-rechtlicher Versicherungsunternehmen in der Bundesrepublik Deutschland, Diss. 1994; *Wille/Hamilton/Graf von der Schulenburg/Thüsing*, Privatrechtliche Organisation der gesetzlichen Krankenkassen, 2012.

I. Normzweck 1	cc) Tätigkeitsfelder 15
II. Inhalt und Anwendungsbereich 2	dd) Abgrenzung von Sozialversicherungsträgern 17
1. Beteiligungsfähige Rechtsträger 2	2. Übertragungsvarianten 21
a) Kapitalgesellschaft 2	a) Übertragung von einer Kapitalgesellschaft auf die öffentliche Hand (Nr. 1) 22
b) Öffentliche Hand 3	
c) Versicherungs-Aktiengesellschaft/SE 6	b) Übertragung durch Versicherungs-Aktiengesellschaft/SE (Nr. 2 lit. a) .. 23
d) Versicherungsverein auf Gegenseitigkeit (VVaG) 7	c) Übertragung durch VVaG (Nr. 2 lit. b) 26
e) Öffentlich-rechtliches Versicherungsunternehmen 8	d) Übertragung durch öffentlich-rechtliches Versicherungsunternehmen .. 28
aa) Konstituierung 13	
bb) Versicherungsaufsicht 14	

I. Normzweck

In Anlehnung an § 3 (verschmelzungsfähige Rechtsträger) und § 124 (spaltungsfähige Rechtsträger) enthält § 175 eine **abschließende Aufzählung der Rechtsträger**, die an einer Vermögensübertragung (Voll- oder Teilübertragung) beteiligt sein können.[1] Aus der Aufzählung ergeben sich zugleich die zulässigen Konstellationen einer Vermögensübertragung. Hier wird auch klargestellt, dass übertragender und übernehmender Rechtsträger stets unterschiedlicher Rechtsform sein müssen. § 175 unterscheidet die folgenden zwei Konstellationen von beteiligten Rechtsträgern:

- Zum einen schafft die Bestimmung ein rechtliches Instrument für die öffentliche Hand, Vermögen einer Kapitalgesellschaft zu übernehmen (Nr. 1);
- Zum anderen bietet sie für Versicherungsunternehmen die Möglichkeit der Vermögensübertragung untereinander (Nr. 2). Die Vermögensübertragung ergänzt diesbzgl. die anderen zulässigen Umwandlungsformen für Versicherungsunternehmen, dh die Verschmelzung zweier Versicherungs-Aktiengesellschaften/SEs gem. §§ 2 ff. oder zwei-

---
[1] BT-Drs. 12/6699, 133.

er VVaG miteinander oder die Mischverschmelzung von VVaG auf Versicherungs-Aktiengesellschaft/SE gem. §§ 109 ff.[2]

II. Inhalt und Anwendungsbereich

1. Beteiligungsfähige Rechtsträger

a) Kapitalgesellschaft

Das UmwG definiert in § 3 Abs. 1 Nr. 2 die Kapitalgesellschaft ausdrücklich als GmbH, Aktiengesellschaft und die KGaA. Erfasst sind aber auch die (haftungsbeschränkte) Unternehmergesellschaft und die SE. Die Beteiligungsfähigkeit der SE lässt sich aus Art. 9 Abs. 1 lit. c Ziff. ii SE-VO[3] ableiten, da die SE danach den auf eine Aktiengesellschaft anwendbaren nationalen Vorschriften unterliegt, soweit die SE-VO keine Regelung trifft.[4]

b) Öffentliche Hand

Die Regelung enthält für die zugelassenen übernehmenden Rechtsträger der öffentlichen Hand ebenfalls die folgende abschließende Aufzählung:

- den Bund,
- ein Land,
- eine Gebietskörperschaft (Gemeinde, Landkreis, Stadt),
- einen Zusammenschluss von Gebietskörperschaften (Zweckverband wie zB Landschaftsverbände).

Überwiegend wird der Wortlaut der „Gebietskörperschaft" iSv § 168 dahin gehend ausgelegt, dass auch kirchliche Gebietskörperschaften erfasst sind.[5]

Der abschließende Charakter der Norm und das Analogieverbot des § 1 Abs. 2 schließen die analoge Anwendung auf andere öffentlich-rechtliche Rechtsformen wie die Körperschaft, Stiftung oder Anstalt des öffentlichen Rechts aus. Die Öffnungsklausel des § 1 Abs. 2 ermöglicht lediglich dem Landesgesetzgeber, Abweichungen von den in § 175 genannten Formen der Vermögensübertragung zu regeln.[6] Rechtsträger der öffentlichen Hand in der Form des Privatrechts fallen ebenfalls nicht in den Kreis der Rechtsträger, die als übernehmende Rechtsträger der öffentlichen Hand für eine Vermögensübertragung in Betracht kommen. Für sie stehen aber die anderen Umwandlungsformen der Verschmelzung und Spaltung zur Verfügung.[7]

c) Versicherungs-Aktiengesellschaft/SE

In § 109 ist die Versicherungs-Aktiengesellschaft als Aktiengesellschaft, die den Betrieb von Versicherungsgeschäften zum Gegenstand hat, definiert. Die Versicherungs-Aktiengesellschaft (ebenso wie die Versicherungs-SE) hat also die versicherungsaufsichtsrechtlichen Voraussetzungen eines Versicherungsunternehmens zu erfüllen, insbes. die Erlaubnis zum Betrieb des Versicherungsgeschäfts gem. § 8 Abs. 1 VAG zu besitzen. Für weitere Einzelheiten zu den Merkmalen einer Versicherungs-Aktiengesellschaft/SE wird auf → § 109 Rn. 19 ff. verwiesen.

---

2 Semler/Stengel/Leonard/*Stengel* § 175 Rn. 3.
3 VO (EG) Nr. 2157/2001 des Rates vom 8.10.2001, ABl. L 294, 1.
4 Widmann/Mayer/*Heckschen* § 175 Rn. 15.
5 Widmann/Mayer/*Heckschen* § 175 Rn. 14 mwN.
6 Widmann/Mayer/*Heckschen* § 175 Rn. 16; Kölner Komm UmwG/*Leuering* § 175 Rn. 1.
7 Widmann/Mayer/*Heckschen* § 175 Rn. 17.

d) Versicherungsverein auf Gegenseitigkeit (VVaG)

Der VVaG wird als Rechtsform im UmwG nicht definiert. Die Gründungsvoraussetzungen sind im VAG geregelt (vgl. §§ 171–210 VAG). Kennzeichnend für den VVaG ist, dass die Mitgliedschaft die Begründung eines Versicherungsverhältnisses mit dem VVaG voraussetzt (§ 176 S. 2 VAG) und dass das Versicherungsgeschäft den Grundsätzen der Gegenseitigkeit und der Gleichbehandlung (§ 177 Abs. 1 VAG) unterliegt. Für weitere Einzelheiten zu den Merkmalen eines VVaG wird auf → § 109 Rn. 8 f., 10 ff. verwiesen. Kleinere Vereine iSv § 210 VAG können zumindest als übertragende Rechtsträger an einer Vermögensübertragung beteiligt sein. Diesbzgl. sind die Sonderregelungen in den §§ 185–187 zu beachten.

e) Öffentlich-rechtliches Versicherungsunternehmen

Öffentlich-rechtliche Rechtsträger können als übernehmende Rechtsträger keine Anteile gewähren und sind somit **weder verschmelzungs- noch spaltungsfähig**. Dies gilt auch für öffentlich-rechtliche Versicherungsunternehmen, da letztlich die Länder deren alleinige Eigentümer sind. Ein öffentlich-rechtliches Versicherungsunternehmen kann dagegen an der Vermögensübertragung sowohl als übernehmender (§ 175 Abs. 2 lit. a und b) als auch als übertragender (§ 175 Abs. 2 lit. c) Rechtsträger beteiligt sein.

Bei dem öffentlich-rechtlichen Versicherungsunternehmen handelt es sich um ein Versicherungsunternehmen, das – wie ein privatrechtlicher Versicherer – den Betrieb von Privatversicherungsgeschäften zum Gegenstand hat und **nicht Träger der Sozialversicherung**[8] ist (§ 7 Nr. 33 VAG). Für die Anwendbarkeit der Legaldefinition des VAG im Umwandlungsrecht und damit für die Nichtanwendbarkeit des UmwG auf Sozialversicherungsträger spricht die Gesetzesbegründung zum Entwurf des UmwG von 1994: Ziel der Gesetzgebung war es, Umwandlungsformen für Unternehmen aus mehreren Gesetzen – nämlich dem UmwG von 1969, dem AktG, dem Kapitalerhöhungsgesetz, dem GenG und eben dem VAG – für gleichgelagerte Sachverhalte in einem Gesetz zusammenzufassen.[9] So verweist die Gesetzesbegründung zu § 175 auf die alte Vorschrift des § 44c VAG aF (Übertragung des Vermögens eines VVaG auf ein öffentlich-rechtliches Versicherungsunternehmen),[10] die auch schon den Begriff des öffentlich-rechtlichen Versicherungsunternehmens verwendet.[11] Dessen Bedeutung ergab sich schon damals aus der Legaldefinition des Versicherungsunternehmens des § 1 VAG aF bzw. dem danach bis zum 31.12.2015 geltenden § 1 Abs. 1 Nr. 1 VAG aF entspricht. Zudem verweist auch die Gesetzesbegründung zu § 178 auf den § 44c VAG aF.[12] Eine umwandlungsrechtliche Vermögensübertragung auf einen Sozialversicherungsträger ist also nicht zulässig; für den Gesetzgeber kam es bei dieser Abgrenzung also nicht allein auf die Rechtsform, sondern auf das privatrechtliche Versicherungsgeschäft an.[13]

Das öffentlich-rechtliche Versicherungsunternehmen darf die Rechtsform der **Körperschaft oder Anstalt** des öffentlichen Rechts haben (§ 8 Abs. 2 VAG). Die bestehenden öffentlich-rechtlichen Versicherungsunternehmen stehen ausnahmslos im Eigentum der Bundesländer. Dies ist durch die **Historie** der öffentlich-rechtlichen Versicherungs-

---

8 Dies sind die gesetzliche Kranken- Renten- und Unfallversicherungen, deren Tätigkeit sich nach dem öffentlichen Sozialversicherungsrecht bestimmt.
9 BT-Drs. 12/6699, 1.
10 Fassung von 1983, BGBl. I 1269.
11 BT-Drs. 12/6699, 133.
12 BT-Drs. 12/6699, 134.
13 So auch hA: Widmann/Mayer/*Heckschen* § 175 Rn. 25; Semler/Stengel/Leonard/*Stengel* § 175 Rn. 15.

unternehmen bedingt: Insbes. Feuer- und Gebäudeversicherer übten das Versicherungsgeschäft ab dem 19. Jahrhundert als staatliche Pflicht- und Monopolanstalten aus. Die Hamburger Feuerkasse war das erste öffentlich-rechtliche Versicherungsunternehmen in Deutschland und wurde von Rat und Bürgerschaft der Stadt Hamburg bereits im Jahr 1676 gegründet. Die öffentlich-rechtlichen Monopolversicherer behielten ihren Status auch mit Einführung des VVG im Jahre 1908 bei, da dieses die Geltung landesrechtlicher Bestimmungen unberührt ließ.[14] Mit Umsetzung von Art. 3 der Dritten Richtlinie Schadenversicherung[15] zum 1.7.1994 wurde ihre Monopolstellung in der Gebäudeversicherung in Deutschland allerdings abgeschafft, da diese nicht mit der europarechtlichen Dienstleistungsfreiheit (Art. 56 AEUV, seinerzeit noch Art. 50 EGV) vereinbar war. Die davon betroffenen Monopolversicherer sind in Art. 4 RL 73/239/EWG[16] aufgelistet. Die bis dahin landesrechtlich geregelten Versicherungsverhältnisse wurden aufgrund des Gesetzes zur Überleitung landesrechtlicher Gebäudeversicherungsverhältnisse in Versicherungsvertragsverhältnisse iSd VVG umgewandelt.

11 Somit wurden die einstigen öffentlich-rechtlichen Monopolversicherer im 20. Jahrhundert in den privatwirtschaftlichen **Versicherungswettbewerb** überführt.[17] Seit den 1950er-Jahren ist dadurch die Anzahl der öffentlich-rechtlichen Versicherungsunternehmen im Vergleich zu privaten Versicherern (insbes. in der Form des VVaG und der Aktiengesellschaft) gering geblieben: Die Anzahl stieg zwar bis 1990 von 15 auf immerhin 47, nahm jedoch seitdem wieder stark ab auf 14 Versicherungsunternehmen im Jahre 2020. Zu diesem Zeitpunkt bestanden dagegen 272 Versicherungs-Aktiengesellschaften bzw. -SEs und 240 VVaG.[18] Heute existieren **neun öffentlich-rechtliche Erst-Versicherungsgruppen**, deren Träger die Sparkassen und Sparkassenverbände sind und die das Versicherungsgeschäft inzwischen ganz überwiegend durch Beteiligungen an Versicherungs-Aktiengesellschaften betreiben.[19] Als ihre Interessen- und Dachorganisation fungiert der Verband öffentlicher Versicherer.[20]

12 Während früher die öffentlich-rechtlichen Versicherungsanstalten also eine Monopolstellung innehatten, nehmen sie heute neben privaten Versicherungsunternehmen am Versicherungswettbewerb teil.[21] Dabei kommt ihnen nicht nur eine wettbewerbskorrigierende Funktion, sondern aufgrund der Pflicht der Länder zur **Wahrnehmung öffentlicher Aufgaben** (s. Art. 30 GG) auch die Funktion zu, Kontinuität in den Versicherungssparten zu gewährleisten, die ertragsorientiert wirtschaftende private Versicherer wegen geringer Gewinnaussichten meiden, deren Bestehen jedoch im öffentlichen Interesse ist.[22] Umgekehrt kann ein öffentlich-rechtlicher Versicherer dann die Tätigkeit einstellen, wenn das öffentliche Interesse an der Wahrnehmung seiner Versicherungstätigkeit entfällt, zB wegen ausreichenden Bedarfs an privaten Versicherungsangeboten.[23]

---

14 *Renger* VersR 1993, 942 f.
15 Richtlinie 92/49/EWG des Rates vom 18.6.1992 zur Koordinierung der Rechts- und Verwaltungsvorschriften für die Direktversicherung (mit Ausnahme der Lebensversicherung) sowie zur Änderung der Richtlinien 73/239/EWG und 88/357/EWG, ABl. 1992 L 228, 1 vom 11.8.1992.
16 Auf diese Richtlinie nimmt Art. 3 der Dritten Richtlinie Schadenversicherung Bezug.
17 *Petersen* VersicherungsunternehmensR Rn. 172; *Renger* VersR 1993, 944.
18 *Gesamtverband der Deutschen Versicherungswirtschaft*, Statistisches Taschenbuch der Versicherungswirtschaft 2013, Tabelle 3.
19 *Verband öffentlicher Versicherer*, https://www.voev.de/oeffentliche-versicherer/, für eine Liste der Gemeinschaftsunternehmen s. dessen Jahrbuch 2017, 38 ff. und aktuell: *Schier/Schnell*, Für öffentliche Versicherer wächst der Fusionsdruck, Handelsblatt vom 12.4.2023, 28.
20 Vgl. https://www.voev.de/verband-oeffentlicher-versicherer/.
21 *Prölss/Dreher/Präve* VAG § 3 Rn. 9.
22 *Thode*, Veräußerung öffentlich-rechtlicher Versicherungsunternehmen, 65.
23 *Thode*, Veräußerung öffentlich-rechtlicher Versicherungsunternehmen, 66 f.

aa) Konstitutuierung

Öffentlich-rechtliche Versicherungsunternehmen können als Anstalten oder Körperschaften des öffentlichen Rechts nur **durch Landesrecht** oder **durch hoheitlichen Akt gegründet** werden.[24] Sie stehen im Eigentum eines Trägers der öffentlichen Hand (zB Land oder auch andere öffentlich-rechtliche Anstalten oder Körperschaften). Träger von Versicherungsanstalten bringen zur Errichtung kein Stammkapital auf, weshalb es auch ieS keine Anteilseigner am Kapital gibt.[25] Diese Struktur erklärt, dass öffentlich-rechtliche Versicherungsunternehmen als übernehmende Rechtsträger im Rahmen einer Umwandlung keine eigenen Anteile als Gegenleistung gewähren können. Das Handeln im öffentlichen Auftrag hat zur Folge, dass die heute existierenden **öffentlich-rechtlichen Versicherungsgruppen** stets nur regionalgebunden im Hoheitsgebiet ihres Trägers ihr Versicherungsgeschäft ausüben können, welches durch die Landeserrichtungsgesetze oder Satzungen näher bestimmt wird.[26]

bb) Versicherungsaufsicht

Die öffentlich-rechtlichen Versicherungsunternehmen unterliegen in mehrfacher Form einer **Aufsicht**: Zum einen werden sie wie private Versicherer rechtlich und fachlich iSv **§ 294 VAG** durch die **BaFin** bzw. aufgrund von Kompetenzübertragung an die jeweils zuständige Landesaufsichtsbehörde (§ 321 Abs. 1 VAG) beaufsichtigt. Sie haben damit auch die Mindestanforderungen an die Kapitalausstattung und Vermögensanlage (§ 89 ff. VAG) zu erfüllen, jedoch können die Länder ihren Versicherungseinrichtungen über das Bundesaufsichtsrecht hinausgehende strengere oder einfach zusätzliche weitere Regelungen für die Aufgabenerfüllung (zB nach länderspezifischer Politik) auferlegen.[27] Von der Aufsicht nach VAG sind allerdings die in **§ 3 VAG** abschließend aufgezählten öffentlich-rechtlichen Versicherungsträger ausgeschlossen (dazu zählen die nach dem System der Selbstversicherung funktionierenden Gemeindezusammenschlüsse oder auch die Sozialversicherungsträger). Zudem üben die Länder ihre Aufsicht über die Einhaltung der landesrechtlichen Vorgaben für die Wahrnehmung öffentlicher Aufgaben durch staatliche Einflussnahme, bspw. im Wege der Vertretung in Aufsichtsgremien im Unternehmen (zB Verwaltungsrat), aus.[28]

cc) Tätigkeitsfelder

Öffentlich-rechtliche Versicherungsunternehmen betreiben Versicherungsgeschäfte in allen Geschäftsbereichen, in denen auch private Versicherer tätig sind. Ihre Hauptversicherungssparten bilden somit ebenfalls die Lebensversicherung (47,3 %) und die Schaden- und Unfallversicherung (41,6 %). Auf dem privaten Versicherungsmarkt hat die Gruppe der öffentlich-rechtlichen Versicherer insges. einen Marktanteil von 11,1 %, wobei sie – alter Gebäudeversicherungstradition folgend – mit 14,4 % die stärksten

---

24 Prölss/Dreher/*Präve* VAG § 8 Rn. 17.
25 *Thode*, Veräußerung öffentlich-rechtlicher Versicherungsunternehmen, 97 f.
26 *Thode*, Veräußerung öffentlich-rechtlicher Versicherungsunternehmen, 62 f.
27 Brand/Baroch Castellvi/*Brand* Einf. Rn. 87, Brand/Baroch Castellvi/*Wendt* VAG § 321 Rn. 5.
28 Brand/Baroch Castellvi/*Wendt* VAG § 321 Rn. 6, der darauf verweist, dass die Landesbehörden ca. 900 regionale kleinere Versicherungsvereine auf Gegenseitigkeit (vermutlich einschl. der über 300 kommunalen und kirchlichen Zusatzversorgungskassen sowie berufsständischen Versorgungswerke) beaufsichtigen; aktuelle BaFin-Statistik abrufbar unter: https://www.bafin.de/SharedDocs/Downloads/DE/Statistik/Erstversicherer/dl_st_21_erstvu_gesamtentwicklung_va.html; *Thode*, Veräußerung öffentlich-rechtlicher Versicherungsunternehmen, 122.

Umsätze in der Schaden- und Unfallversicherung generieren.[29] Typische Versicherungsanstalten sind bspw. die Feuerversicherungsanstalten.[30] Um ihre Position im Versicherungswettbewerb gegenüber privaten Versicherern zu stärken, schließen sich öffentlich-rechtliche Versicherer zusammen, indem sie Kooperationen, Gemeinschaftsunternehmen oder größere Unternehmenseinheiten in der Rechtsform einer Aktiengesellschaft bilden.[31]

16 § 1 Abs. 3 VAG nennt darüber hinaus ausdr. die Alters-, Invaliditäts- oder Hinterbliebenenversorgung des öffentlichen Dienstes oder der Kirchen als Gegenstand der öffentlich-rechtlichen Versicherungsunternehmen. Hier besteht die Besonderheit, dass für öffentlich-rechtliche Versicherer des öffentlichen Dienstes oder der Kirchen (**öffentlich-rechtliche Versorgungseinrichtungen**), die ausschließlich in der Alters-, Invaliditäts- oder Hinterbliebenenversicherung tätig sind, nur bestimmte Vorschriften des VAG gelten (s. Aufzählung in § 1 Abs. 3 VAG). Für diese der Landesaufsicht unterliegenden Einrichtungen kann zudem der Landesgesetzgeber vom VAG abw. Regelungen treffen (§ 2 Abs. 2 VAG). Alters-, Invaliditäts- und Hinterbliebenenversorgung umfasst insbes. Zusatzleistungen zu solchen Leistungen der Lebens- und Unfallversicherung, die von Sozialversicherungsträgern erbracht werden.[32]

dd) Abgrenzung von Sozialversicherungsträgern

17 Von den vorstehend beschriebenen öffentlich-rechtlichen Wettbewerbsversicherungsunternehmen sind die sog. **Sozialversicherungsträger** zu unterscheiden. Zu diesen zählt die gesetzliche Krankenversicherung (SGB V), die gesetzliche Rentenversicherung (SGB VI) und die gesetzliche Unfallversicherung (SGB VII). Diese sind **rechtsfähige Körperschaften des öffentlichen Rechts** mit Selbstverwaltung und erfüllen ihre vom Gesetz vorgeschriebenen oder zugelassenen Aufgaben in eigener Verantwortung (§§ 29 Abs. 1 und 3, 30 Abs. 1 SGB IV). Ihre Versicherungsgeschäfte sind somit – anders als das Privatversicherungsgeschäfts – an gesetzliche Aufgabenerfüllung im Rahmen des **staatlichen Sozialleistungssystems** gebunden.

18 Öffentlich-rechtliche Versicherungsunternehmen finanzieren sich durch die Beiträge der Versicherten, Sozialversicherungsträger dagegen sind Teil der staatlichen Fürsorgepflicht und werden grds. durch Abgaben und Steuern finanziert.[33] Sozialversicherungsträger unterliegen nicht dem VAG (vgl. negative Legaldefinition in § 7 Nr. 33 VAG)[34] und damit nicht der Aufsicht der BaFin, soweit sie ausschließlich Sozialversicherungsgeschäfte betreiben.[35] Handelt es sich um bundesunmittelbare Versicherungsträger, unterliegen sie grds. der staatlichen Aufsicht des **Bundesversicherungsamtes** (§ 90 Abs. 1 S. 1 Hs. 1 SGB IV).[36] Die landesunmittelbaren Versicherungsträger werden von den zuständi-

---

29 *Verband öffentlicher Versicherer* Jahrbuch 2017, 9 f.
30 Bähr/*Armbrüster* § 11 Rn. 14.
  S. Überblick der Gemeinschaftsunternehmen des Verbands öffentlicher Versicherer:
31 *Verband öffentlicher Versicherer* Jahrbuch 2017, 55 ff., s. vorstehende Fn.
32 Kaulbach/Bähr/Pohlmann/*Kaulbach* VAG § 3 Rn. 14.
33 Zur Zuordnung zu Privat- bzw. Sozialversicherung → Rn. 52 ff.
34 Die negative Abgrenzung war erforderlich, da öffentlich-rechtliche Versicherungsunternehmen allg. in das VAG einbezogen wurden, Prölss/Dreher/*Präve* VAG § 1 Rn. 44.
35 Kaulbach/Bähr/Pohlmann/*Kaulbach* VAG § 3 Rn. 14.
36 Auf dem Gebiet der Prävention in der gesetzlichen Unfallversicherung ist dies das Bundesministerium für Arbeit und Soziales (§ 90 Abs. 1 S. 1 Hs. 2 SGB IV). Die Aufsicht über die Unfallversicherung Bund und Bahn auf dem Gebiet der Prävention führt das Bundesministerium des Innern und für Heimat (§ 90 Abs. 1 S. 2 SGB IV). Versicherungsträger, deren Zuständigkeitsbereich sich über das Gebiet eines Landes, aber nicht über mehr als drei Länder hinaus erstreckt, unterliegen der Aufsicht von Landesverwaltungsbehörden (§ 90 Abs. 3 SGB IV).

gen obersten Verwaltungsbehörden der Länder oder von Landesbehörden beaufsichtigt, die von den Landesregierungen durch Rechtsverordnung bestimmt werden (§ 90 Abs. 2 SGB IV).

Das **Regelwerk der SGB** regelt die Begründung, Auflösung oder Schließung sowie die Fusion von als Körperschaften des öffentlichen Rechts organisierten Sozialversicherungsträgern.[37] Die Auflösung einer Betriebskrankenkasse kann auf Antrag des Arbeitgebers bei der Aufsichtsbehörde erfolgen (§ 153 SGB V). Die Schließung einer Krankenkasse erfolgt durch die Aufsichtsbehörde, wenn ihre Leistungsfähigkeit nicht mehr auf Dauer gesichert ist (vgl. § 159 SGB V). Eine Vereinigung (Fusion) kann sowohl als freiwilliger Organisationsakt, so etwa durch Beschluss der Verwaltungsräte der betreffenden Krankenkassen (aktuell kommt dies häufig bei Ortskrankenkassen vor) gem. § 155 SGB V, als auch durch einen von außen einwirkenden Akt stattfinden.[38] Die Umstrukturierung von Sozialversicherungsträgern unterliegt also einem eigenen sozialversicherungsrechtlichen Regelwerk und ist nicht für das private Gesellschaftsrecht zugänglich.

Allerdings sind seit Beginn des neuen Jahrtausends Tendenzen in der Gesundheitspolitik erkennbar, die Trennung zwischen Sozialversicherungsträgern und den privaten Versicherungsanbietern aufzubrechen, was zu Diskussionen über die **Konsolidierung** innerhalb der gesetzlichen Krankenversicherung, deren **Kooperation** von gesetzlichen mit privaten Krankenversicherern oder auch über die **Privatisierung von Sozialversicherungsträgern** führt. Es geht letztlich um die Frage, kräftemäßig einen Gleichlauf der gesetzlichen mit privaten Krankenversicherern im Wettbewerb herzustellen.[39] Es ist daher nicht ganz auszuschließen, dass der Gesetzgeber zukünftig eine Öffnung des Regelsystems für Sozialversicherungsträger dahin gehend schafft, dass der Anwendungsbereich des UmwG auch auf Sozialversicherungsträger erweitert wird und diese Versicherungs- und andere Geschäftsrisiken[40] durch Restrukturierung im Wege der (Teil- oder Voll-)Vermögensübertragung (oder alternativ Bestandsübertragung) minimieren und sich attraktiver im Wettbewerb darstellen können. Das würde die Praxisrelevanz der §§ 174 ff. im Hinblick auf die Vermögensübertragung auf oder von öffentlich-rechtlichen Versicherungsunternehmen deutlich erhöhen. Es bleibt mithin abzuwarten, ob und inwieweit der Gesetzgeber eine neue Interpretation des Begriffs des öffentlich-rechtlichen Versicherungsunternehmens als beteiligungsfähiges Unternehmen der Vermögensübertragung vornehmen wird.

---

37 So sind für gesetzliche Krankenkassen Vereinigungs-, Auflösungs- und Schließungstatbestände im SGB V, für die gesetzliche Rentenversicherung und Unfallversicherung in §§ 141, 142 SGB VI bzw. §§ 117 ff. SGB VII lediglich die Vereinigung geregelt.
38 *Hebeler* NZS 2008, 238 (242).
39 S. zB: *Haft* ZRP 2002, 457 ff.; *Kamann/Gey* PharmR 2006, 255 ff.; *Molt* Die Krankenversicherung November 2010, 332 ff.; zu den Nachteilen der gegenwärtigen Organisation gesetzlicher Krankenkassen und zum Vorschlag, ihnen eine rechtliche Grundlage für Unternehmensumstrukturierungen und für die Privatisierung durch Gründung von Versicherungs-Aktiengesellschaften oder VVaG bzw. durch Beleihung zu bereiten: *Wille ua*, Privatrechtliche Organisation der gesetzlichen Krankenkassen, 117 ff.; zur Unterwerfung der Krankenkassen unter das GWB: *Thüsing/Sternberg* GWR 2012, 555.
40 Zu derartigen Risiken im Fall der Krankenkassen: *Wille ua*, Privatrechtliche Organisation der gesetzlichen Krankenkassen, 90 ff.

2. Übertragungsvarianten

21 § 175 sieht im Einzelnen die folgenden Vermögensübertragungsvarianten vor:

a) Übertragung von einer Kapitalgesellschaft auf die öffentliche Hand (Nr. 1)

22 Während § 168 die Möglichkeit für die öffentliche Hand schafft, ein Unternehmen auszugliedern und in eine private Rechtsform zu überführen, bietet § 175 den Rückweg zu einem Eigenbetrieb ohne Auflösung und Abwicklung der Gesellschaft im Wege der Gesamtrechtsnachfolge.[41] Aus § 124 Abs. 2 iVm § 3 Abs. 4 ergibt sich, dass bei einer Teilübertragung gem. § 174 Abs. 2, an der mehrere übernehmende Rechtsträger beteiligt sein können, auch eine Beteiligung verschiedener Träger der öffentlichen Hand zulässig ist.[42] Weitere Einzelheiten sind in den §§ 176, 177 geregelt.

b) Übertragung durch Versicherungs-Aktiengesellschaft/SE (Nr. 2 lit. a)

23 Eine Versicherungs-Aktiengesellschaft/SE kann ihr Vermögen auf einen VVaG oder ein öffentlich-rechtliches Versicherungsunternehmen übertragen.

24 Ob auch ein **kleinerer Verein** iSv § 210 VAG als aufnehmender Rechtsträger erfasst ist, wird in der Lit. unterschiedlich gesehen. Für einen Ausschluss spricht die Regelung des § 185, soweit man darin eine abschließende Beteiligungsfähigkeit des kleineren – nämlich lediglich als übertragenden Rechtsträger – sieht. Auch wird argumentiert, dass der kleinere Verein nicht dem Registerverfahren der Anmeldung, Eintragung und Bekanntmachung unterliegt, welches aufgrund der Verweisung auf die Verschmelzungsvorschriften Anwendung findet.[43] Dem ist aber entgegenzuhalten, dass der Gesetzgeber diese Besonderheiten des kleineren Vereins für die Verschmelzung gesehen und diesem einen eigenen Regelungsabschnitt in den §§ 118, 119 gewidmet hat.[44] Zudem lässt sich aus der Regelung der §§ 185–187, die nur die Fälle erfassen, in denen ein kleinerer Verein eine Vermögensübertragung als übertragender Rechtsträger vornimmt, nicht deren abschließenden Charakter für die Beteiligungsfähigkeit des kleineren Vereins insges. folgern.[45] Demnach kann auch ein kleinerer Verein übernehmender Rechtsträger sein und durch die Vermögensübertragung ggf. zu einem regulären VVaG werden. Wenn ein kleinerer Verein im Wege der Vermögensübertragung durch Aufnahme einer Versicherungs-Aktiengesellschaft/SE seine Eigenschaft als kleinerer Verein verliert und die Aufsichtsbehörde noch vor der Eintragung der Vermögensübertragung im Genehmigungsverfahren nach den §§ 14, 13 VAG zugleich eine Entscheidung über die entsprechende Einstufung als VVaG getroffen hat (§ 210 Abs. 4 VAG), kann eine Vermögensübertragung mit einem „normalen" VVaG durchgeführt werden.[46] **Kleinstvereine** sind dagegen von der Regelung nicht erfasst, da sie grds. nicht umwandlungsfähig sind (§ 5 Abs. 2 VAG).

25 Die Einzelheiten des Verfahrens der Vermögensübertragung von einer Versicherungs-Aktiengesellschaft/SE regeln die §§ 178, 179.

c) Übertragung durch VVaG (Nr. 2 lit. b)

26 Ein VVaG kann sein Vermögen auf eine Versicherungs-Aktiengesellschaft/SE oder ein öffentlich-rechtliches Versicherungsunternehmen übertragen. Für die Beteiligung des

---

[41] Semler/Stengel/Leonard/*Stengel* § 175 Rn. 5.
[42] Lutter/*H. Schmidt* § 175 Rn. 4.
[43] Lutter/*H. Schmidt* § 175 Rn. 8.
[44] Semler/Stengel/Leonard/*Stengel* § 175 Rn. 11.
[45] Kölner Komm UmwG/*Leuering* § 175 Rn. 7; Widmann/Mayer/*Heckschen* § 175 Rn. 23.
[46] Widmann/Mayer/*Heckschen* § 175 Rn. 23.

kleineren Vereins bzw. des Kleinstvereins gilt das unter vorstehendem Abschnitt bereits Gesagte.

Die Einzelheiten des Verfahrens der Vermögensübertragung von einem VVaG regeln die §§ 180–184. 27

d) Übertragung durch öffentlich-rechtliches Versicherungsunternehmen

Anders als privatrechtlich organisierte Versicherungsunternehmen, bei denen eine Vermögensübertragung eindeutig gesellschaftsrechtlich geprägt ist und auf dem Willen der Gesellschafter bzw. Mitglieder des übertragenden Rechtsträgers beruht, unterliegen öffentlich-rechtliche Versicherungsunternehmen den Vorgaben der Landesverfassungen, welche insbes. einen Gesetzesvorbehalt für die Organisation und den Aufbau der Verwaltung,[47] mithin auch für deren Auflösung bzw. Umstrukturierung in Form der Voll- bzw. Teilvermögensübertragung, vorsehen können. Außerdem können landesorganisationsrechtliche Verfahrensvorschriften Pflichten zur Einbindung der entspr. Organe bestimmen.[48] 28

Dies gilt im Übrigen ebenso für eine Bestandsübertragung nach § 13 VAG, welche öffentlich-rechtliche Versicherungsunternehmen als Alternative zur Vermögensübertragung durchführen können.[49] Für die Vermögensübertragung verweist § 178 Abs. 3 ausdrücklich auf maßgebendes Bundes- und Landesrecht, das bestimmen kann, ob und wie neben dem Beschluss des zur Vertretung befugten Organs eine weitere Zustimmung zum Übertragungsvertrag erforderlich ist.[50] 29

Die Einzelheiten des Verfahrens der Vermögensübertragung von einem öffentlich-rechtlichen Versicherungsunternehmen regeln die §§ 188, 189. 30

Zweiter Teil
Übertragung des Vermögens oder von Vermögensteilen einer Kapitalgesellschaft auf die öffentliche Hand

Erster Abschnitt
Vollübertragung

§ 176 Anwendung der Verschmelzungsvorschriften

(1) Bei einer Vollübertragung nach § 175 Nr. 1 sind auf die übertragende Kapitalgesellschaft die für die Verschmelzung durch Aufnahme einer solchen übertragenden Gesellschaft jeweils geltenden Vorschriften des Zweiten Buches entsprechend anzuwenden, soweit sich aus den folgenden Vorschriften nichts anderes ergibt.

(2) ¹Die Angaben im Übertragungsvertrag nach § 5 Abs. 1 Nr. 4, 5 und 7 entfallen. ²An die Stelle des Registers des Sitzes des übernehmenden Rechtsträgers tritt das Register des Sitzes der übertragenden Gesellschaft. ³An die Stelle des Umtauschverhältnisses der Anteile treten Art und Höhe der Gegenleistung. ⁴An die Stelle des

---

47 Vgl. zB § 18 iVm § 21 Landesorganisationsgesetz NRW, demgemäß Körperschaften und Anstalten nur durch Gesetz oder aufgrund eines Gesetzes errichtet werden können. Dem lässt sich ein Vorbehalt auch für die Aufhebung und Umstrukturierung entnehmen.
48 Prölss/Dreher/*Präve* VAG § 13 Rn. 19.
49 *Thode*, Veräußerung öffentlich-rechtlicher Versicherungsunternehmen, 133.
50 Widmann/Mayer/*Heckschen* § 178 Rn. 41.

Anspruchs nach § 23 tritt ein Anspruch auf Barabfindung; auf diesen sind § 29 Abs. 1, § 30 und § 34 entsprechend anzuwenden.

(3) ¹Mit der Eintragung der Vermögensübertragung in das Handelsregister des Sitzes der übertragenden Gesellschaft geht deren Vermögen einschließlich der Verbindlichkeiten auf den übernehmenden Rechtsträger über. ²Die übertragende Gesellschaft erlischt; einer besonderen Löschung bedarf es nicht.

(4) Die Beteiligung des übernehmenden Rechtsträgers an der Vermögensübertragung richtet sich nach den für ihn geltenden Vorschriften.

I. Normzweck und Systematik ... 1	c) Vollübertragungsprüfung und Prüfungsbericht (Abs. 1 iVm §§ 9–12) ... 9
II. Inhalt und Anwendungsbereich ... 4	d) Vollübertragungsbeschluss (Abs. 1 iVm § 13) ... 11
1. Substitution von allgemeinen Verschmelzungsbestimmungen (Abs. 2) ... 4	e) Anmeldung, Eintragung und Bekanntmachung (Abs. 1 iVm §§ 16, 17) ... 12
2. Ablauf der Vollübertragung im Überblick (Abs. 1) ... 5	3. Wirkung der Eintragung (Abs. 3) ... 15
a) Vollübertragungsvertrag (Abs. 1 iVm §§ 4, 5) ... 5	4. Anwendung öffentlich-rechtlicher Vorschriften (Abs. 4) ... 16
b) Vollübertragungsbericht (Abs. 1 iVm § 8) ... 8	

I. Normzweck und Systematik

1 § 176 bildet mit § 177 den zweiten Teil der Vorschriften über die Vermögensübertragung von einer Kapitalgesellschaft auf die öffentliche Hand und regelt deren Ablauf im Einzelnen. So bestimmt § 176 die **Vollübertragung** iSv § 175 Nr. 1, während § 177 die Teilübertragung iSv § 175 Nr. 1 regelt.

2 Aufgrund der bereits beschriebenen Verweisungstechnik finden auf die übertragende Kapitalgesellschaft die Bestimmungen des Zweiten Buches, welche im Fall der Verschmelzung durch Aufnahme einer solchen übertragenden Gesellschaft gelten, entsprechend Anwendung. Dies umfasst die Allgemeinen Vorschriften (§§ 2–38) und die Besonderen Vorschriften für die GmbH, die Aktiengesellschaft und die KGaA.

3 Auf den § 176 Abs. 2–4 verweisen wiederum die §§ 177 Abs. 2, 178 Abs. 2, 179 Abs. 2, 180 Abs. 2, 184 Abs. 2, 188 Abs. 2.

II. Inhalt und Anwendungsbereich

1. Substitution von allgemeinen Verschmelzungsbestimmungen (Abs. 2)

4 Einige der Allgemeinen Vorschriften über die Verschmelzung bedürfen der Anpassung an die Vermögensübertragung und **entfallen** oder werden **ersetzt** wie folgt:

- Angaben im Übertragungsvertrag zur Übertragung von Anteilen nach § 5 Nr. 4 und 5 und der Gewährung von Rechten an die Anteilsinhaber nach § 5 Nr. 7 entfallen (S. 1);
- An die Stelle des Registers des Sitzes des übernehmenden Rechtsträgers tritt das Register des Sitzes der übertragenden Gesellschaft (S. 2). Damit wird der Besonderheit Rechnung getragen, dass die öffentliche Hand als übernehmender Rechtsträger nicht in einem Register eingetragen ist.[1]
- Ein Anteilsumtausch findet bei der Vermögensübertragung nicht statt (vgl. § 174). Daher bestimmt S. 3, dass anstelle des Umtauschverhältnisses Art und Höhe der Gegenleistung treten.

---

[1] BT-Drs. 12/6699, 134.

- Inhabern von Sonderrechten wird statt des Anspruchs auf gleichwertige Rechte nach § 23 ein Anspruch auf Barabfindung gewährt (S. 4). Auch hier wird die durch die öffentliche Hand als übernehmender Rechtsträger gegebene Besonderheit berücksichtigt, dass gegen diese keine gleichwertigen Sonderrechte erlangt werden können.[2]

2. Ablauf der Vollübertragung im Überblick (Abs. 1)

a) Vollübertragungsvertrag (Abs. 1 iVm §§ 4, 5)

Gem. § 176 Abs. 1 iVm § 4 ist der Abschluss eines Vertrags über die Vermögensübertragung durch die gesetzlichen Vertreter der beteiligten Rechtsträger (Kapitalgesellschaft und Träger der öffentlichen Hand) erforderlich.[3] Welches Organ für den übernehmenden Träger der öffentlichen Hand zuständig ist, richtet sich gem. § 176 Abs. 4 nach öffentlich-rechtlichem Organisationsrecht. Alternativ kann gem. § 4 Abs. 2 als Grundlage für den Beschluss lediglich ein Vertrags-Entwurf aufgestellt werden, wenn der endgültige Vertrag erst nach Beschluss geschlossen und notariell beurkundet werden soll.

Der **Mindestinhalt** des **Übertragungsvertrags** richtet sich nach § 5 und muss folgende Angaben umfassen:

- Firma und Sitz der übertragenden Kapitalgesellschaft und Name und Ort des übernehmenden Trägers der öffentlichen Hand (Nr. 1);
- die Vereinbarung über die Übertragung des Vermögens des übertragenden Rechtsträgers als Ganzes gegen Gewährung einer Gegenleistung durch den übernehmenden Rechtsträger, welche nicht in Anteilen oder Mitgliedschaften am übernehmenden Rechtsträger besteht (Nr. 2);[4]
- anstelle der Angaben zum Umtauschverhältnis (Nr. 3) müssen Angaben zur Art und Höhe der Gegenleistung gemacht werden (§ 176 Abs. 2 S. 1 und 3). Angaben nach § 5 Abs. 1 Nr. 4, 5 und 7 entfallen, so dass die Erbringung der Gegenleistung vertraglich nicht zwingend geregelt werden muss. Als zweckmäßig wird es jedoch angesehen, die Bewirkung der Gegenleistung, den Zeitpunkt der Erfüllung und ggf. die Benennung eines Treuhänders für die Empfangnahme der Gegenleistung (vgl. § 71) anzugeben.[5] Hält der übernehmende Träger der öffentlichen Hand alle Anteile der übertragenden Kapitalgesellschaft, sind die Angaben zur Gegenleistung in entsprechender Anwendung des § 5 Abs. 2 entbehrlich;[6]
- weiterhin muss der Übertragungsstichtag, dh der Zeitpunkt, ab dem Handlungen der übertragenden Gesellschaft als für Rechnung der öffentlichen Hand gelten, vertraglich festgehalten werden (§ 5 Abs. 1 Nr. 6).[7] Der Vertrag ist notariell zu beurkunden (§ 6);
- jeder besondere Vorteil, der einem Mitglied eines Vertretungs- oder Aufsichtsorgans, einem Abschluss- oder Verschmelzungsprüfer (§ 5 Abs. 1 Nr. 8) gewährt wird, ist im Vertrag anzugeben;
- Eine Besonderheit hinsichtlich des Vertragsinhalts ergibt sich aus § 176 Abs. 2 S. 4: Da Inhaber von Sonderrechten einen Anspruch auf angemessene Barabfindung haben,

---

[2] BT-Drs. 12/6699, 134.
[3] Semler/Stengel/Leonard/*Stengel* § 176 Rn. 7 f.
[4] Widmann/Mayer/*Heckschen* § 176 Rn. 9.
[5] Semler/Stengel/Leonard/*Stengel* § 176 Rn. 11; Widmann/Mayer/*Heckschen* § 176 Rn. 37.
[6] Widmann/Mayer/*Heckschen* § 176 Rn. 10.
[7] Widmann/Mayer/*Heckschen* § 176 Rn. 12.

muss diese im Vertrag geregelt sein. Die Angemessenheit bestimmt sich in entspr. Anwendung der §§ 29 und 30 und ist gerichtlich nachprüfbar gem. § 34.[8]

- Der Vertrag muss zudem die Folgen der Vermögensübertragung für die Arbeitnehmer und die Arbeitnehmervertretungen sowie die insoweit vorgesehenen Maßnahmen darlegen (Nr. 9). Damit gehen auch Informationspflichten gegenüber dem Betriebsrat einher (§ 5 Abs. 3). Strittig ist die Frage, ob auch die Arbeitnehmer des übernehmenden Trägers der öffentlichen Hand informiert werden müssen. Die Pflicht ließe sich mit dem Argument verneinen, dass für die Beschäftigten des übernehmenden Rechtsträgers das Personalvertretungsgesetz (PersVG), dh die Bestimmungen über die Personalvertretungen im öffentlichen Dienst gelten, die Informationspflicht nach dem UmwG erfasse aber nicht die Personalvertretung. Beschäftigte im öffentlichen Dienst, die sich auf das Personalvertretungsgesetz berufen können, erscheinen jedoch nicht weniger schutzbedürftig und haben ein ebenso großes Bedürfnis nach rechtzeitiger Information wie die Beschäftigten bei einem übernehmenden Rechtsträger des Privatrechts. Deren Information ist zwar nicht nach UmwG erforderlich, aber dennoch ratsam.[9]

- Auch gegenüber den Anteilsinhabern des übertragenden Rechtsträgers bestehen darüber hinaus Informationspflichten, die sich nach den besonderen Verschmelzungsvorschriften des jeweiligen Rechtsträgers richten (für die GmbH: §§ 47, 49; für die Aktiengesellschaften (auch SE) und KGaA: §§ 61 ff.).[10]

7 Für Einzelheiten zum Vertragsinhalt s. auch die Kommentierung zu § 5. Aus § 176 Abs. 1 iVm § 6 ergibt sich zudem das Erfordernis der **notariellen Beurkundung** des Vertrags.

b) Vollübertragungsbericht (Abs. 1 iVm § 8)

8 Entsprechend § 8 muss das Vertretungsorgan der übertragenden Gesellschaft einen ausführlichen schriftlichen Bericht erstatten, in dem die Vermögensübertragung, der Übertragungsvertrag oder sein Entwurf im Einzelnen sowie die Angemessenheit der Gegenleistung rechtlich und wirtschaftlich erläutert und begründet werden. Diese Verpflichtung trifft nur den übertragenden Rechtsträger, da für den übernehmenden Träger der öffentlichen Hand und somit auch für dessen Berichterstattung die öffentlich-rechtlichen Vorschriften gelten (§ 176 Abs. 4).[11] Ein notariell zu beurkundender Verzicht auf den Bericht durch alle Anteilsinhaber der übertragenden Kapitalgesellschaft ist entsprechend § 8 Abs. 3 möglich. Ist der übernehmende Träger der öffentlichen Hand sogar bereits der alleinige Anteilsinhaber, ist ein Bericht entsprechend § 8 Abs. 3 entbehrlich.

c) Vollübertragungsprüfung und Prüfungsbericht (Abs. 1 iVm §§ 9–12)

9 Wie die Verschmelzung unterliegt auch die Vermögensübertragung einer Prüfung zum Schutz der Anteilsinhaber des übertragenden Rechtsträgers (§ 176 iVm § 9). Neben dem Übertragungsvertrag sind die Angemessenheit der Gegenleistung und die Barabfindung (§ 176 Abs. 2 S. 4) zentrale Gegenstände der Prüfung.[12] Je nach Form der Kapitalgesellschaft ergeben sich besondere Bestimmungen hierfür: Ist eine GmbH übertragender Rechtsträger, ist eine Prüfung nach §§ 9–12 nur dann erforderlich, wenn einer der

---

[8] Widmann/*Mayer*/*Heckschen* § 176 Rn. 38.
[9] Widmann/*Mayer*/*Heckschen* § 176 Rn. 15.
[10] Dazu ausf. Widmann/*Mayer*/*Heckschen* § 176 Rn. 16 f.
[11] Widmann/*Mayer*/*Heckschen* § 176 Rn. 39.
[12] Kölner Komm UmwG/*Leuering* § 176 Rn. 7.

Gesellschafter dies entsprechend § 48 innerhalb einer Frist von einer Woche verlangt, nachdem er die in § 47 genannten Unterlagen erhalten hat. Aus der Unterrichtungspflicht der Gesellschaft gegenüber den Gesellschaftern nach § 47 folgt eine Pflicht zum Übersenden des Prüfungsberichts an die Gesellschafter.[13] Ist eine Aktiengesellschaft/SE oder eine KGaA übertragende Gesellschaft, ist eine Prüfung des Übertragungsvertrags oder seines Entwurfs jedenfalls gesetzlich erforderlich (§ 60 bzw. § 78).

Ein Verzicht aller Anteilsinhaber auf Prüfung und Erstattung des Prüfberichts ist möglich, und die Prüf- und Berichtspflicht entfällt, wenn der übernehmende Rechtsträger, hier also der Träger der öffentlichen Hand bereits alleiniger Anteilsinhaber der Gesellschaft ist.[14] Zu den einzelnen Voraussetzungen s. Kommentierung zu §§ 9 bis 12. 10

d) Vollübertragungsbeschluss (Abs. 1 iVm § 13)

Für eine wirksame Vermögensübertragung ist weitere Voraussetzung die Zustimmung der Anteilseigner der übertragenden Gesellschaft gem. § 13 iVm § 176 Abs. 1.[15] Ein Verzicht auf den Beschluss ist nicht möglich.[16] Im Überblick sind für den Beschluss folgende Schritte zu beachten: 11

- **Vorbereitung des Beschlusses und Einberufung der Anteilseignerversammlung**: Für die Ladung der Anteilseigner und die Voraussetzungen der Tagesordnung gilt GmbH- bzw. Aktienrecht.
- Weiter sind **für die GmbH** § 47 (Unterrichtung der Gesellschafter) und § 49 (Vorbereitung der Gesellschafterversammlung, insbes. Pflicht zur Auslage von Jahresabschlüssen und Lageberichte im Geschäftsraum der Gesellschaft) und **für die Aktiengesellschaft/SE und KGaA** § 61 (Einreichung des Übertragungsvertrags zum Handelsregister vor Einberufung der Hauptversammlung) und § 63 (Vorbereitung der Hauptversammlung, grds. Pflicht zur Auslage der in Nr. 1–5 genannten Unterlagen in dem Geschäftsraum der Gesellschaft, soweit nicht auf der Internetseite der Gesellschaft veröffentlicht, Abs. 4) zu beachten.
- **Versammlung der Anteilseigner** zur Beschlussfassung und notarielle Beurkundung: Auch insoweit sind besondere Regelungen für die jeweilige übertragende Kapitalgesellschaft zu beachten: **Für die GmbH** richtet sich die erforderliche Beschlussmehrheit nach § 51, soweit der Gesellschaftsvertrag keine größere Mehrheit regelt; auch gelten besondere Zustimmungsrechte von Anteilsinhabern nach § 13 Abs. 2 und § 50 Abs. 2 (s. dazu die Kommentierung dort).[17] Für die **Aktiengesellschaft/SE und KGaA** gilt § 64 (Durchführung der Hauptversammlung); das Mehrheitserfordernis bestimmt sich nach § 65, soweit die Satzung keine größere Kapitalmehrheit vorsieht. Ist eine KGaA übertragende Gesellschaft, bedarf der Beschluss auch der Zustimmung der persönlich haftenden Gesellschafter. Die Satzung kann jedoch eine Mehrheitsentscheidung dieser Gesellschafter vorsehen (§ 78).

e) Anmeldung, Eintragung und Bekanntmachung (Abs. 1 iVm §§ 16, 17)

Die Anmeldung zur Eintragung erfolgt durch das Vertretungsorgan der übertragenden Gesellschaft bei dem Registergericht ihres Sitzes. Eine Anmeldung und Eintragung bei 12

---

13 Widmann/Mayer/*Heckschen* § 176 Rn. 22 mwN.
14 Widmann/Mayer/*Heckschen* § 176 Rn. 23.
15 § 13 setzt zwar die Zustimmung der Anteilsinhaber aller beteiligten Rechtsträger voraus, § 176 Abs. 1 verweist aber auch bzgl. dieser Norm auf die Verschmelzungsvorschriften für die übertragende Gesellschaft.
16 Semler/Stengel/Leonard/*Stengel* § 176 Rn. 21.
17 Zur Diskussion, ob Inhaber von Sonderrechten ein Recht auf Zustimmung zur Vermögensübertragung haben, s. Widmann/Mayer/*Heckschen* § 176 Rn. 29.

dem Register des übernehmenden Rechtsträgers – wie § 16 Abs. 1 S. 1 vorsieht – findet nicht statt, da der übernehmende Rechtsträger, die öffentliche Hand, nicht eingetragen ist; § 176 Abs. 2 S. 2 regelt daher, dass die Anmeldung und Eintragung bei dem Register des Sitzes der übertragenden Gesellschaft vorzunehmen ist. Auch im Fall, dass das auf den öffentlich-rechtlichen Rechtsträger übertragene Vermögen einem eingetragenen Eigenbetrieb zugeordnet wird, findet die Anmeldung und Eintragung im Register des Sitzes der übertragenden Gesellschaft statt.

13 Aus dem Wortlaut des § 16 Abs. 1 S. 2 folgt aber, dass auch das Vertretungsorgan des übernehmenden Trägers der öffentlichen Hand zur Anmeldung berechtigt ist.[18] Dies ist auch folgerichtig, da der übernehmende Träger der öffentlichen Hand ggf. erforderliche **Genehmigungen der Aufsichtsbehörde** beim Registergericht einzureichen hat. Zu beachten sind Bestimmungen in Gemeindeordnungen, welche die Unwirksamkeit oder Nichtigkeit der Vermögensübertragung im Fall der fehlenden Genehmigung vorsehen. Allerdings wird eine Prüfungspflicht des Registergerichts hinsichtlich der öffentlich-rechtlichen Bestimmungen abgelehnt und lediglich ein Prüfungsrecht zuerkannt.[19] Eine Negativerklärung nach § 16 Abs. 2 muss durch den übernehmenden öffentlich-rechtlichen Rechtsträger aber nicht abgegeben werden.

14 Ein Anspruch der Gläubiger auf **Sicherheitsleistung** gem. § 22 ist zwar nicht ausgeschlossen, jedoch wird hierfür praktisch ein geringes Bedürfnis aufgrund der geringen Gefahr der Insolvenz des übernehmenden Trägers der öffentlichen Hand bzw. der Schwierigkeit ihrer Glaubhaftmachung bestehen.[20]

3. Wirkung der Eintragung (Abs. 3)

15 Eine entspr. Anwendung des § 20 Abs. 1 Nr. 3 passt bei der öffentlichen Hand aufgrund der fehlenden Anteilsinhaberschaft nicht. Daher stellt § 176 Abs. 3 für die Vollübertragung nach § 175 Nr. 1 klar, dass das Vermögen mit Eintragung im Handelsregister automatisch auf die öffentliche Hand übergeht und die übertragende Kapitalgesellschaft erlischt, ohne dass es einer Löschung bedarf. **Mängel** der Vermögensübertragung führen nicht zu einer Rückübertragung.

4. Anwendung öffentlich-rechtlicher Vorschriften (Abs. 4)

16 Für die einzelnen Verfahrensschritte der Vermögensübertragung (insbes. Vertragsschluss, Übertragungsprüfung, Erfordernis eines Zustimmungsbeschlusses, etwaige Zustimmungs- oder Genehmigungsvorbehalte oder Berichts- und Anzeigepflichten)[21] sind gem. § 176 Abs. 4 hinsichtlich des übernehmenden Trägers der öffentlichen Hand die auf den jeweiligen Träger (Bund, Land, Gebietskörperschaft oder ein Zusammenschluss von Gebietskörperschaften) anwendbaren öffentlich-rechtlichen Vorschriften zu beachten.[22] Hier sind insbes. Berichts- und Prüfungspflichten sowie Zustimmungs- und Genehmigungsvorbehalte gemeint.

---

18 Kölner Komm UmwG/*Leuering* § 176 Rn. 9; Lutter/*H. Schmidt* § 176 Rn. 25.
19 Semler/Stengel/Leonard/*Stengel* § 176 Rn. 32; Widmann/Mayer/*Heckschen* § 176 Rn. 41.
20 Kölner Komm UmwG/*Leuering* § 176 Rn. 9; Lutter/*H. Schmidt* § 176 Rn. 27.
21 Lutter/*H. Schmidt* § 176 Rn. 14 ff. und 3 f.; Widmann/Mayer/*Heckschen* § 176 Rn. 6 ff.
22 BT-Drs. 12/6699, 134.

Zweiter Abschnitt
Teilübertragung

§ 177 Anwendung der Spaltungsvorschriften

(1) Bei einer Teilübertragung nach § 175 Nr. 1 sind auf die übertragende Kapitalgesellschaft die für die Aufspaltung, Abspaltung oder Ausgliederung zur Aufnahme von Teilen einer solchen übertragenden Gesellschaft geltenden Vorschriften des Dritten Buches sowie die dort für entsprechend anwendbar erklärten Vorschriften des Zweiten Buches auf den vergleichbaren Vorgang entsprechend anzuwenden, soweit sich aus den folgenden Vorschriften nichts anderes ergibt.

(2) [1]§ 176 Abs. 2 bis 4 ist entsprechend anzuwenden. [2]An die Stelle des § 5 Abs. 1 Nr. 4, 5 und 7 tritt § 126 Abs. 1 Nr. 4, 5, 7 und 10.

I. Normzweck 1	b) Teilübertragungsbericht (Abs. 1 iVm § 127) 7
II. Inhalt und Anwendungsbereich 2	c) Teilübertragungsprüfung (Abs. 1 iVm §§ 125, 9) 8
1. Überblick 2	d) Teilübertragungsbeschluss (Abs. 1 iVm § 13) 9
a) Entsprechende Anwendung der Spaltungs- und Verschmelzungsvorschriften (Abs. 1) 2	e) Anmeldung, Eintragung und Bekanntmachung (§ 177 iVm §§ 129, 130) 10
b) Entsprechende Anwendung des § 176 Abs. 2–4 (Abs. 2) 4	3. Gesamtschuldnerische Haftung nach § 133 11
2. Ablauf der Teilübertragung im Überblick 6	4. Anwendung des § 176 Abs. 2–4 13
a) Teilübertragungsvertrag (Abs. 1 iVm 126) 6	

I. Normzweck

Die Norm bildet das zur Vollübertragung nach § 176 komplementäre Gegenstück für eine **Teilübertragung** einer Kapitalgesellschaft (Aktiengesellschaft/SE, KGaA und GmbH)[1] auf die öffentliche Hand im Wege der partiellen Gesamtrechtsnachfolge. Die Systematik der einzelnen Regelungen lehnt sich an § 176 mit entspr. Regelungen an,[2] indem zum einen in Abs. 1 die Vorschriften über die Spaltung (Ab-, Aufspaltung und Ausgliederung) für anwendbar erklärt werden.[3] Aufgrund der doppelten Verweisung ist daneben aus dem Spaltungsrecht heraus Verschmelzungsrecht anzuwenden. Zum anderen wird in Abs. 2 den Besonderheiten hinsichtlich der öffentlichen Hand als übernehmendem Rechtsträger Rechnung getragen und diesbzgl. auf § 176 Abs. 2–4 verwiesen.[4] Der Gesetzgeber von 1994 hatte bei der Gestaltung dieser Norm insbes. die Übertragung von Vermögensteilen eines **Energieversorgungsunternehmens** auf eine oder mehrere Gemeinden im Blick.[5]

II. Inhalt und Anwendungsbereich

1. Überblick

a) Entsprechende Anwendung der Spaltungs- und Verschmelzungsvorschriften (Abs. 1)

Die Vorschriften über die Aufspaltung, Abspaltung und Ausgliederung zur Aufnahme von Vermögensteilen, dh im Allgemeinen Teil die §§ 123–134 und im Besonderen Teil

---

[1] Widmann/Mayer/*Heckschen* § 177 Rn. 2. Zum Anwendungsbereich des § 175 Nr. 1 s. Kommentierung dort.
[2] BT-Drs. 12/6699, 134.
[3] Widmann/Mayer/*Heckschen* § 177 Rn 1.
[4] Kölner Komm UmwG/*Leuering* § 177 Rn. 1.
[5] BT-Drs. 12/6699, 134.

die §§ 138–146 sind entsprechend anzuwenden. Auf die Regelungen über die Spaltung durch Neugründung wird – wie bei der Vollübertragung – nicht verwiesen, so dass eine Übertragung zur Neugründung nicht zulässig ist.

3 Welche Spaltungsvorschriften anzuwenden sind, richtet sich nach dem Typ der Vermögensübertragung (aufspaltend, abspaltend oder ausgliedernd), wie sie § 174 Abs. 2 jeweils vorsieht. Bei der Wahl des Typs kommt es darauf an, ob die übertragende Gesellschaft aufgelöst werden oder bestehen bleiben und ob den Anteilsinhabern oder der übertragenden Gesellschaft die Gegenleistung gewährt werden soll.[6] Zu beachten ist die **spezielle Spaltungsregelung des § 141**, wonach eine Aktiengesellschaft/SE und eine KGaA nicht gespalten werden kann, wenn die Gesellschaft noch nicht länger als zwei Jahre im Register eingetragen ist. Zusätzlich zum Spaltungsrecht erklärt § 177 Abs. 1 die Vorschriften des Verschmelzungsrechts für anwendbar, auf die § 125 mit Ausnahmen verweist. Die Verweisungen in Abs. 1 gelten nur für die übertragende Kapitalgesellschaft, für den übernehmende Träger der öffentlichen Hand gilt die Verweisung in Abs. 2 auf die öffentlich-rechtlichen Vorschriften entsprechend § 176 Abs. 4.

b) Entsprechende Anwendung des § 176 Abs. 2–4 (Abs. 2)

4 Durch die Verweisung auf § 176 Abs. 2–4 trägt der Gesetzgeber wie bei der Vollübertragung den Besonderheiten der Gegenleistung, die nicht in Anteilen oder Mitgliedschaften am übernehmenden Rechtsträger besteht, und der öffentlich-rechtlichen Natur des übernehmenden Rechtsträgers Rechnung. Allerdings wird die danach entfallende Verschmelzungsvorschrift über den Vertragsinhalt nach § 5 Abs. 1 Nr. 4, 5 und 7 durch die entfallenden Spaltungsregelungen des § 126 Abs. 1 Nr. 4, 5, 7 und 10 ausdrücklich ersetzt; im Übrigen gelten die Ausführungen zu § 176 Abs. 2–4 entsprechend für die Teilübertragung. Insoweit wird auf die Kommentierung zu § 176 verwiesen.

5 Zu beachten ist, dass § 176 Abs. 2 S. 4 (Anspruch auf Barabfindung anstelle der Gewährung von Sonderrechten) abschließend und daher ein Anspruch auf Ausgleich durch Gewährung gleichwertiger Sonderrechte bei Abspaltung und Ausgliederung nach § 133 Abs. 2 S. 2 ausgeschlossen ist.[7]

2. Ablauf der Teilübertragung im Überblick

a) Teilübertragungsvertrag (Abs. 1 iVm 126)

6 Der **Mindestinhalt** des Vertrags bestimmt sich nach § 126 mit der Einschränkung, dass die Angaben nach § 126 Abs. 1 Nr. 4, 5, 7 und 10 entfallen (§ 177 Abs. 2 S. 2). Da Gegenstand die Übertragung von einzelnen Vermögensteilen jeweils als Gesamtheit ist, müssen die Vermögensteile im Vertrag benannt werden.[8] Das bedeutet, dass die zu übertragenden Vermögensteile nach Aktiv- und Passivvermögen aufgeteilt und den jeweiligen übernehmenden Rechtsträgern zweifelsfrei zugeordnet werden müssen, wobei diese Zuordnung grds. frei wählbar ist.[9] Die Informationspflichten gegenüber der Arbeitnehmervertretung ergeben sich aus § 126 Abs. 3. Zu den weiteren Voraussetzungen s. die Ausführungen zum Vollübertragungsvertrag in der Kommentierung zu § 176.

---

[6] BT-Drs. 12/6699, 134.
[7] Kölner Komm UmwG/*Leuering* § 177 Rn. 3.
[8] Kölner Komm UmwG/*Leuering* § 177 Rn. 5.
[9] Ausnahmen bestehen bei der Übertragung von Arbeitsverhältnissen, s. dazu Semler/Stengel/Leonard/*Stengel* § 177 Rn. 8; näher zur Kennzeichnung der Vermögensteile auch Widmann/Mayer/*Heckschen* § 177 Rn. 17.

b) Teilübertragungsbericht (Abs. 1 iVm § 127)

Parallel zur Vollübertragung ist auch für die Teilübertragung ein ausführlicher schriftlicher Bericht in entsprechender Anwendung des § 127 erforderlich. Dieser umfasst neben der rechtlichen und wirtschaftlichen Erläuterung und Begründung der Übertragung und des Vertrags bzw. seines Entwurfs auch Ausführungen zur Art, Höhe und Angemessenheit der Gegenleistung bei der Aufspaltung, Abspaltung und auch der Ausgliederung.[10] Für weitere Einzelheiten s. die Ausführungen zum Vollübertragungsbericht in der Kommentierung zu § 176.

c) Teilübertragungsprüfung (Abs. 1 iVm §§ 125, 9)

Durch die Verweisung des § 125 auf § 9 Abs. 1 und 3 ergibt sich das Erfordernis einer Übertragungsprüfung für eine Abspaltung und Aufspaltung. Bei einer Ausgliederung findet die Prüfung nicht statt (§ 125 S. 2). Die Prüfung samt Prüfungsbericht ist auch dann erforderlich, wenn der übernehmende Rechtsträger alle Anteile an dem übertragenden Rechtsträger hält, was sich aus der ausdrücklich ausgenommenen Anwendbarkeit des § 9 Abs. 2 ergibt.

d) Teilübertragungsbeschluss (Abs. 1 iVm § 13)

Auch bei der Teilübertragung ist zum einen die Vorbereitung der Beschlussfassung und der Einberufung der Versammlung der Anteilsinhaber, zum anderen die Durchführung der Versammlung und der Beschlussfassung vorgesehen. Die grundsätzliche Pflicht zur Auslage des Prüfungsberichts sowohl in dem Geschäftsraum vor der Versammlung als auch in der Versammlung entfällt bei einer Ausgliederung, da für sie kein Prüfungsbericht erforderlich ist (§ 125 S. 2).[11] Das Einstimmigkeitserfordernis nach § 128 ist auf Teilübertragungen nicht anwendbar, da ein Austausch von Anteilen oder Mitgliedschaften bei dieser gerade nicht stattfindet, sondern die Gegenleistung in anderen Vermögenswerten, idR einer Barabfindung, besteht.[12]

e) Anmeldung, Eintragung und Bekanntmachung (§ 177 iVm §§ 129, 130)

Die Anmeldung und Eintragung der Teilübertragung erfolgt nur zum Handelsregister des Sitzes der übertragenden Kapitalgesellschaft (§ 177 Abs. 2 iVm § 176 Abs. 2 S. 2). Ausdrücklich kann das Vertretungsorgan des übernehmenden Rechtsträgers die Anmeldung vornehmen (§ 129).

3. Gesamtschuldnerische Haftung nach § 133

Von Bedeutung ist die die Gläubiger schützende Regelung des § 133, da sie spaltungsspezifisch eine gesamtschuldnerische Haftung aller beteiligten Rechtsträger für Verbindlichkeiten des übertragenden Rechtsträgers, die vor Wirksamwerden der Teilübertragung begründet worden sind, vorsieht.

Für die vertraglich bestimmte Gegenleistung haftet nur der übernehmende Träger der öffentlichen Hand allein; bei Teilübertragung auf mehrere Rechtsträger haftet jeder übernehmende Rechtsträger für die von ihm jeweils zu gewährende Gegenleistung.

---

10 Semler/Stengel/Leonard/*Stengel* § 177 Rn. 10; Widmann/Mayer/*Heckschen* § 177 Rn. 23.

11 Semler/Stengel/Leonard/*Stengel* § 178 Rn. 12.

12 Widmann/Mayer/*Heckschen* § 177 Rn. 26.

4. Anwendung des § 176 Abs. 2–4

13 Um den Besonderheiten des fehlenden Anteilsumtauschs und der Beteiligung eines öffentlich-rechtlichen Rechtsträgers Rechnung zu tragen, müssen die Verweisungen des Abs. 1 auf das Spaltungs- und Verschmelzungsrecht teilweise modifiziert werden. Daher verweist Abs. 2 auf § 176 Abs. 2–4 (s. dazu die Kommentierung zu § 176 Abs. 2–4). Die Wirkung der Eintragung bestimmt sich nach der Art der Teilübertragung. Die übertragende Kapitalgesellschaft erlischt nur im Fall der Aufspaltung, da in diesem Fall das gesamte Vermögen mit der Eintragung auf die übernehmenden Rechtsträger übergeht. Bei der Abspaltung und Ausgliederung bleibt die übertragende Gesellschaft jedoch bestehen, nur der vertraglich zu übertragende Teil des Vermögens geht als Gesamtheit auf den übernehmenden Rechtsträger über. Die Wirkung des § 176 Abs. 3 S. 2, nämlich das automatische Erlöschen der übertragenden Kapitalgesellschaft tritt daher nur bei der Aufspaltung ein. Die Formmängel heilende Wirkung der Eintragung bestimmt sich nach § 131 Abs. 1 Nr. 4 und Abs. 2.[13]

Dritter Teil
Vermögensübertragung unter Versicherungsunternehmen

Erster Abschnitt
Übertragung des Vermögens einer Aktiengesellschaft auf Versicherungsvereine auf Gegenseitigkeit oder öffentlich-rechtliche Versicherungsunternehmen

Erster Unterabschnitt Vollübertragung

Vor §§ 178 ff.

1 Der Dritte Teil des Vierten Buches ermöglicht die Vermögensübertragung (Voll- oder Teilübertragung) unter Versicherungsunternehmen.

2 Die **Vollübertragung** (Übertragung des Vermögens im Ganzen) ist einer Verschmelzung ähnlich,[1] als Gegenleistung für die Übertragung werden jedoch keine Anteile oder Mitgliedschaften gewährt (§ 174 Abs. 1).

3 Die **Teilübertragung** entspricht dem umwandlungsrechtlichen Vorgang der Spaltung.[2] Möglich sind also folgende Arten der Teilvermögensübertragung:[3]

- Bei der **Teilübertragung nach Art der Aufspaltung** wird der übertragende Rechtsträger aufgelöst und die Gegenleistung kommt seinen Gesellschaftern zugute.
- Bei der **Teilübertragung nach Art der Abspaltung** besteht der übertragende Rechtsträger weiter fort und die Gegenleistung kommt seinen Gesellschaftern zugute.
- Bei der **Teilübertragung nach Art der Ausgliederung** besteht der übertragende Rechtsträger weiter fort und dieser erhält auch selbst die Gegenleistung.

---

13 Widmann/Mayer/*Heckschen* § 177 Rn. 42.
1 Lutter/*Wilm* § 178 Rn. 4 mit Verweis auf *Lüttge*, Das neue Umwandlungs- und Umwandlungssteuerrecht NJW 1995, 417 (422); Bähr/*Wilm* § 20 Rn. 183.
2 *Lüttge*, Das neue Umwandlungs- und Umwandlungssteuerrecht NJW 1995, 417; Bähr/*Wilm* § 20 Rn. 186.
3 BT-Drs. 75/94, 134; Lutter/*Wilm* § 179 Rn. 1; Kölner Komm UmwG/*Beckmann* § 179 Rn. 1; Semler/Stengel/Leonard/*Stengel* § 179 Rn. 1; Widmann/Mayer/*Heckschen* § 179 Rn. 2 ff.

Die **praktische Bedeutung** der Vermögensübertragung unter Versicherungsunternehmen ist gering. Dies liegt zum einen daran, dass in vielen Fällen eine Vermögensübertragung bereits aus steuerrechtlichen Gründen nicht in Betracht kommt.[4] Das UmwStG sieht eine Steuerneutralität nur dann vor, wenn die Gegenleistung in Gesellschaftsrechten besteht oder die Übertragung ohne Gegenleistung erfolgt (§§ 15, 20 UmwStG).[5]

Außerdem ist eine **Bestandsübertragung**, also die vollständige oder teilweise Übertragung des Versicherungsbestandes, gem. § 13 VAG (für Erstversicherungsunternehmen) bzw. § 166 VAG (für Rückversicherungsunternehmen) oftmals eine attraktivere Alternative:[6] Anders als Vermögensübertragungen sind Bestandsübertragungen sowohl zwischen rechtsformgleichen als auch rechtsformverschiedenen Unternehmen zulässig. Weiterhin bedarf der Bestandsübertragungsvertrag lediglich der Schriftform und die einzelnen Folgewirkungen der Bestandsübertragung müssen nicht im Vertrag aufgezeigt werden. Schließlich sind bei einer Bestandsübertragung im Vorfeld weniger Publizitätspflichten einzuhalten als bei einer Vermögensübertragung.

§ 178 Anwendung der Verschmelzungsvorschriften

(1) Bei einer Vollübertragung nach § 175 Nr. 2 Buchstabe a sind auf die beteiligten Rechtsträger die für die Verschmelzung durch Aufnahme einer Aktiengesellschaft und die für einen übernehmenden Versicherungsverein im Falle der Verschmelzung jeweils geltenden Vorschriften des Zweiten Buches entsprechend anzuwenden, soweit sich aus den folgenden Vorschriften nichts anderes ergibt.

(2) § 176 Abs. 2 bis 4 ist entsprechend anzuwenden.

(3) Das für ein übernehmendes öffentlich-rechtliches Versicherungsunternehmen maßgebende Bundes- oder Landesrecht bestimmt, ob der Vertrag über die Vermögensübertragung zu seiner Wirksamkeit auch der Zustimmung eines anderen als des zur Vertretung befugten Organs des öffentlich-rechtlichen Versicherungsunternehmens oder einer anderen Stelle und welcher Erfordernisse die Zustimmung bedarf.

I. Normzweck	1	b) Übertragungsbericht	15
II. Inhalt	3	c) Übertragungsprüfung	16
1. Versicherungs-AG als übertragender Rechtsträger	4	d) Übertragungsbeschluss	17
2. Bestehender VVaG als übernehmender Rechtsträger	5	e) Aufsichtsbehördliche Genehmigung gemäß § 14 VAG	18
3. Bestehendes öffentlich-rechtliches Versicherungsunternehmen als übernehmender Rechtsträger	8	f) Bestellung eines Treuhänders	19
4. Voraussetzungen der Vollübertragung	9	g) Anmeldung, Eintragung und Bekanntmachung der Vollübertragung	21
a) Übertragungsvertrag	10	5. Rechtsfolgen der Vollübertragung	22

---

[4] Semler/Stengel/*Stengel* § 178 Rn. 6.
[5] Widmann/Mayer/*Heckschen* § 178 Rn. 6.
[6] Vgl. Widmann/Mayer/*Heckschen* § 178 Rn. 5; Schmitt/Hörtnagl/*Winter* § 175 Rn. 5; Lutter/*Wilm* Anh. 1 nach § 189; Kölner Komm UmwG/*Beckmann* Anh. I §§ 178–189, Semler/Stengel/Leonard/*Stengel* § 178 Rn. 4.

I. Normzweck

1 § 178 regelt die Vollübertragung des Vermögens einer Versicherungs-AG auf einen bestehenden VVaG oder ein bestehendes öffentlich-rechtliches Versicherungsunternehmen. Für rechtsformgleiche Versicherungsunternehmen ist die Vollübertragung unzulässig.[1]

2 In den Anwendungsbereich der Vorschrift ist auch die **SE** als übertragender Rechtsträger einbezogen, da diese über Art. 10 der SE-VO der AG gleichgestellt ist.[2]

II. Inhalt

3 Anwendbar auf die Vollübertragung sind durch den Verweis in Abs. 1 alle allgemeinen Vorschriften mit Ausnahme der Vorschriften über die Verschmelzung durch Neugründung der §§ 4–35a und die besonderen Vorschriften der §§ 60 ff.[3]

1. Versicherungs-AG als übertragender Rechtsträger

4 Übertragender Rechtsträger einer Vollübertragung gem. § 178 ist eine Versicherungs-AG oder eine Versicherungs-SE (→ § 178 Rn. 2).

2. Bestehender VVaG als übernehmender Rechtsträger

5 Übernehmender Rechtsträger einer Vollübertragung gem. § 178 kann ein bestehender VVaG sein. Eine Vollübertragung durch Neugründung eines VVaG ist nicht möglich.

6 Es ist streitig, ob eine Vollübertragung auf **kleinere VVaG** rechtlich zulässig ist.[4] Kleinere VVaG sind nach der Definition des § 210 Abs. 1 S. 1 VAG solche, die bestimmungsgemäß einen sachlich, örtlich oder dem Personenkreis nach eng begrenzten Wirkungskreis haben. Ob ein VVaG ein kleinerer VVaG ist, entscheidet gem. § 210 Abs. 4 VAG die Aufsichtsbehörde.

7 Nach § 185 kann ein kleinerer VVaG sein Vermögen im Wege der Vollübertragung nur auf eine Versicherungs-AG (bzw. eine Versicherungs-SE) (→ § 178 Rn. 2) oder auf ein öffentlich-rechtliches Versicherungsunternehmen übertragen. Diese Regelung wird von einigen Vertretern der Literatur als abschließende Sonderregelung für Vermögensübertragungen unter Beteiligung kleinerer VVaG verstanden. Dafür spreche auch, dass – da die kleineren VVaG nicht im Handelsregister eingetragen sind (§ 210 Abs. 1 VAG verweist nicht auf § 185 Abs. 1 S. 1 VAG) – die umwandlungsrechtlichen Vorschriften über die Bekanntmachung im Handelsregister für kleinere VVaG ins Leere gingen.[5] Gegen diese Auffassung wird zu Recht eingewandt, dass sich § 185 ausdrücklich nur auf die Übertragung des Vermögens eines kleineren VVaG bezieht und es für eine weitergehende Auslegung der Norm keinen Grund gebe. Die fehlende Handelsregistereintragung von kleineren VVaG stellt kein Hindernis für die Vollübertragung dar, da § 118 S. 2 insoweit mit der aufsichtsbehördlichen Genehmigung und deren Veröffentlichung eine Alternative bereithält.[6] Anerkannt ist die Zulässigkeit der Vollübertragung auf einen

---

1 Semler/Stengel/Leonard/*Stengel* § 178 Rn. 2; Schmitt/Hörtnagl/*Winter* § 178 Rn. 1; Widmann/Mayer/*Heckschen* § 178 Rn. 2.
2 Widmann/Mayer/*Heckschen* § 178 Rn. 2.
3 Vgl. die Übersicht der anzuwendenden Vorschriften bei Schmitt/Hörtnagl/*Winter* § 178 Rn. 4 ff.
4 Dafür: Widmann/Mayer/*Heckschen* § 178 Rn. 8; Semler/Stengel/Leonard/*Stengel* § 175 Rn. 10 f.; Henssler/Strohn/*Decker* § 175 Rn. 2; Kölner Komm UmwG/*Leuering* § 175 Rn. 7; aA Lutter/*Wilm* § 178 Rn. 5; Kölner Komm UmwG/*Beckmann* § 178 Rn. 3.
5 Lutter/*Schmidt* § 175 Rn. 8.
6 Semler/Stengel/Leonard/*Stengel* § 175 Rn. 11; Kölner Komm UmwG/*Leuering* § 175 Rn. 7.

kleineren VVaG, wenn der kleinere VVaG hierdurch zu einem großen VVaG wird und eine entsprechende Anerkennung der Aufsichtsbehörde gem. § 210 Abs. 4 VAG vorliegt.[7]

3. Bestehendes öffentlich-rechtliches Versicherungsunternehmen als übernehmender Rechtsträger

Auch ein bestehendes öffentlich-rechtliches Versicherungsunternehmen (Anstalt oder Körperschaft des öffentlichen Rechts)[8] kann übernehmender Rechtsträger einer Vollübertragung gem. § 178 sein. Auf das übernehmende öffentlich-rechtliche Versicherungsunternehmen findet das maßgebliche Bundes- oder Landesrecht Anwendung (§ 178 Abs. 3, 2 iVm § 176 Abs. 4). Das maßgebliche Recht bestimmt auch, ob der Übertragungsvertrag zu seiner Wirksamkeit der Zustimmung eines anderen als des zur Vertretung befugten Organs des öffentlich-rechtlichen Versicherungsunternehmens oder einer anderen Stelle bedarf und welche Erfordernisse einzuhalten sind. Insbesondere die jeweiligen Satzungen und Anstaltsordnungen können besondere Zustimmungserfordernisse vorsehen. Darin kann beispielsweise bestimmt werden, dass ein Verwaltungsrat oder die Dienstaufsichtsbehörde ihre Zustimmung zu erteilen haben. Auch ein Gesetz kann als Zustimmungsvoraussetzung verlangt werden. Fehlt es in der Satzung/Anstaltsordnung an einer ausdrücklichen Zustimmungskompetenz, sind die Beschlussorgane des öffentlich-rechtlichen Versicherungsunternehmens zuständig.[9]

4. Voraussetzungen der Vollübertragung

Grundsätzlich sind für eine Vollübertragung folgende Schritte notwendig:
- Übertragungsvertrag,
- Übertragungsbericht,
- Übertragungsprüfung,
- Übertragungsbeschluss,
- Bestellung eines Treuhänders,
- Anmeldung, Eintragung und Bekanntmachung der Übertragung,
- aufsichtsbehördliche Genehmigung gem. § 14 VAG.

Diese Voraussetzungen werden nun im Einzelnen ausführlich dargestellt:

a) Übertragungsvertrag

Die satzungsmäßigen Vertreter von übertragendem und übernehmendem Rechtsträger schließen einen **Übertragungsvertrag** in der Form der §§ 4, 6. Satzungsmäßige Vertreter der Versicherungs-AG und des VVaG sind die Vorstände (§ 78 AktG bzw. § 188 VAG). Satzungsmäßige Vertreter eines öffentlich-rechtlichen Versicherungsunternehmens sind die vertretungsbefugten Organe, die nicht zwingend als Vorstände bezeichnet werden.[10]

Der gesetzliche Mindestinhalt des Übertragungsvertrags ergibt sich aus § 5, wobei anstelle der Angaben zum Umtauschverhältnis der Aktien Art und Höhe der **Gegenleistung** anzugeben sind (§ 176 Abs. 2 S. 3). Nach der Gesetzesbegründung soll es der Praxis

---

7 Kölner Komm UmwG/*Beckmann* § 178 Rn. 3; Semler/Stengel/Leonard/*Stengel* § 175 Rn. 12.
8 Semler/Stengel/Leonard/*Stengel* § 175 Rn. 15; Lutter/*Wilm* § 178 Rn. 24.
9 Widmann/Mayer/*Heckschen* § 178 Rn. 4.
10 Widmann/Mayer/*Heckschen* § 178 Rn. 9; Semler/Stengel/Leonard/*Stengel* § 178 Rn. 10.

überlassen bleiben, welche Art der Gegenleistung gewährt wird.[11] In der Regel wird die Gegenleistung eine Barabfindung sein. Es kommen allerdings grundsätzlich auch andere Arten der Gegenleistung in Betracht. Genannt werden in diesem Zusammenhang versicherungstechnische Abfindungen (wie zeitweise Prämienfreiheit oder Erhöhung der Versicherungssumme).[12] Diese Alternativen werden sich jedoch nicht in allen Konstellationen anbieten.[13]

12 Es ist streitig, ob die Aktionäre der übertragenden Versicherungs-AG auf eine Gegenleistung verzichten können.[14] Angesichts der derzeit unklaren Rechtslage sollte in der Praxis ein **Gegenleistungsverzicht** nur nach Absprache mit dem zuständigen Registergericht vereinbart werden.[15]

13 Bei einer Vermögensübertragung unter Beteiligung eines **öffentlich-rechtlichen Versicherungsunternehmens** liegt die Bestimmung der Gegenleistung im Ermessen der Beteiligten. Im Falle einer Barzahlung ist jedoch sehr sorgfältig die Rechtfertigung der Höhe zu prüfen, da die Mittel ausschließlich aus den Beiträgen der Versicherten stammen. Es ist bedenklich, wenn diese Mittel ohne Rechtfertigung für die Aktionäre der Versicherungs-AG verwendet werden.[16]

14 **Inhaber von Sonderrechten** (§ 23) in der übertragenden Versicherungs-AG sollen gem. §§ 178 Abs. 2, 176 Abs. 2 S. 4 eine Barabfindung erhalten, die gem. § 30 auf ihre Angemessenheit zu überprüfen ist. Es ist inzwischen hM, dass der vertragliche Überschussbeteiligungsanspruch nicht zu den Sonderrechten gem. § 23 zählt.[17] Die von der Vollübertragung betroffenen Versicherungsverhältnisse gehen inhaltlich unverändert auf den übernehmenden Rechtsträger über, so dass es insoweit einer Barabfindung nicht bedarf.[18]

b) Übertragungsbericht

15 Die Vertretungsorgane aller an der Vollübertragung beteiligter Rechtsträger haben gem. § 178 Abs. 1 iVm § 8 einen ausführlichen schriftlichen **Übertragungsbericht** zu erstatten, wobei ein gemeinsamer Bericht gem. § 8 Abs. 1 S. 2 zulässig ist. Der Übertragungsbericht ist unter den Voraussetzungen des § 8 Abs. 3 entbehrlich.

c) Übertragungsprüfung

16 Gem. § 178 Abs. 1 iVm §§ 60, 9 Abs. 1 ist eine **Prüfung** des Übertragungsvertrags bzw. dessen Entwurf durch sachverständige Prüfer nur für die übertragende Versicherungs-AG notwendig. Die hM bejaht die Frage, ob trotz fehlender ausdrücklicher gesetzlicher Normierung auch eine Prüfung der Angemessenheit der Gegenleistung zu erfolgen hat.[19] Unter den Voraussetzungen des § 9 iVm § 8 Abs. 3 ist die Übertragungsprüfung

---

[11] BT-Drs. 75/94, 134.
[12] Vgl. Widmann/Mayer/*Heckschen* § 178 Rn. 11; Lutter/*Wilm* § 178 Rn. 8.
[13] Vgl. hierzu Meinungsstand Kölner Komm UmwG/*Beckmann* § 178 Fn. 8.
[14] Vgl. zum Meinungsstand Widmann/Mayer/*Heckschen* § 178 Rn. 13.
[15] Widmann/Mayer/*Heckschen* § 178 Rn. 13.
[16] Lutter/*Wilm* § 178 Rn. 27; Widmann/Mayer/*Heckschen* § 178 Rn. 36.
[17] Hensller/Strohn/*Galla/Cé. Müller* § 151 Rn. 5; Lutter/*Wilm* § 151 Rn. 18; differenzierend Semler/Stengel/Leonard/*Niemeyer* § 109 Rn. 45.
[18] Vgl. hierzu ausführlich Kölner Komm UmwG/*Beckmann* § 178 Rn. 10; aA wohl Widmann/Mayer/*Heckschen* § 178 Rn. 38.
[19] Vgl. Lutter/*Wilm* § 178 Rn. 11; Kölner Komm UmwG/*Beckmann* § 178 Rn. 9; aA Widmann/Mayer/*Heckschen* § 178 Rn. 25.

entbehrlich. Für den VVaG und das öffentlich-rechtliche Versicherungsunternehmen besteht unstreitig keine Pflicht zur Übertragungsprüfung.[20]

d) Übertragungsbeschluss

Wirksam wird der Übertragungsvertrag nach zustimmenden **Übertragungsbeschlüssen** (§§ 178 Abs. 1, 13 Abs. 1) der zuständigen Organe der beteiligten Rechtsträger.[21] Vorbereitung und Durchführung der Versammlungen erfolgen nach den entsprechenden verschmelzungsrechtlichen Vorschriften. Dies sind für die Versicherungs-AG die Vorschriften der § 178 Abs. 1 iVm §§ 61, 63, 64 und für den VVaG die Vorschriften der § 178 Abs. 1 iVm §§ 111, 112.[22] Der Beschluss der Hauptversammlung der Versicherungs-AG bedarf einer Mehrheit von mindestens drei Vierteln des bei der Beschlussfassung vertretenen Grundkapitals (§ 178 Abs. 1 iVm § 65 Abs. 1 S. 1). Der Beschluss der obersten Vertretung des VVaG[23] bedarf einer Mehrheit von mind. drei Vierteln der abgegebenen Stimmen (§§ 178 Abs. 1, 112 Abs. 3 S. 1). Die oberste Vertretung ist gem. § 184 VAG die Versammlung der Mitglieder (Mitgliederversammlung) oder die Versammlung von Vertretern der Mitglieder (Vertreterversammlung) des VVaG. Eine größere Mehrheit und die Notwendigkeit weiterer Erfordernisse können in der Satzung vorgegeben sein (§§ 178 Abs. 1, 112 Abs. 3 S. 2). Für das öffentlich-rechtliche Versicherungsunternehmen gilt das maßgebliche öffentlich-rechtliche Unternehmensrecht.[24]

17

e) Aufsichtsbehördliche Genehmigung gemäß § 14 VAG

Die Vollübertragung bedarf gem. § 14 Abs. 1 S. 1 VAG der **Genehmigung** der Aufsichtsbehörde (idR die Bundesanstalt für Finanzdienstleistungsaufsicht).[25] Dies betrifft sowohl die übertragende Versicherungs-AG als auch den übernehmenden VVaG bzw. das übernehmende öffentlich-rechtliche Versicherungsunternehmen. Der Umfang der Prüfungskompetenz der Aufsichtsbehörde – insbesondere in Bezug auf die Angemessenheit der Gegenleistung im Rahmen der Beachtung der umwandlungsrechtlichen Vorschriften (§ 14 Abs. 2 VAG) – ist streitig.[26] Für die Vollübertragung ist der Streit von geringer Bedeutung, da die Angemessenheit der Gegenleistung nur die Aktionäre der übertragenden Versicherungs-AG betrifft. Selbst wenn diese gleichzeitig Versicherte sind, betrifft die Angemessenheit der Gegenleistung den Wert der Aktie. Diesen zu beurteilen gehört nach hM nicht zu den Aufgaben der Aufsichtsbehörde.[27]

18

f) Bestellung eines Treuhänders

Der Vorstand der übertragenden Versicherungs-AG hat zum Schutze der Aktionäre einen **Treuhänder** zu bestellen (§ 178 Abs. 1 iVm § 71).[28] Der Treuhänder hat die Gegenleistung entgegenzunehmen und an die Aktionäre auszukehren.[29] Den Empfang

19

---

20 Semler/Stengel/Leonard/*Stengel* § 178 Rn. 15; Kölner Komm UmwG/*Beckmann* § 178 Rn. 8; Widmann/Mayer/*Heckschen* § 178 Rn. 21.
21 Lutter/*Wilm* § 178 Rn. 13; Kölner Komm UmwG/*Beckmann* § 178 Rn. 11; Widmann/Mayer/*Heckschen* § 178 Rn. 22.
22 Kölner Komm UmwG/*Beckmann* § 178 Rn. 11; Semler/Stengel/Leonard/*Stengel* § 178 Rn. 16.
23 Vgl. ausführlich zur obersten Vertretung: *Lüer*, Corporate Governance im VVaG und im VVaG-Konzern VersR 2000, 407 ff.
24 Henssler/Strohn/*Decker* § 178 Rn. 3.
25 § 320 VAG.
26 Vgl. mit jeweils weiteren Ausführungen Semler/Stengel/Leonard/*Stengel* § 178 Rn. 19; Widmann/Mayer/*Heckschen* § 178 Rn. 28; Kölner Komm UmwG/*Beckmann* § 178 Rn. 9.
27 Semler/Stengel/Leonard/*Stengel* § 178 Rn. 19; Kölner Komm UmwG/*Beckmann* § 178 Rn. 9.
28 Vgl. Widmann/Mayer/*Heckschen* § 178 Rn. 29, 35; Semler/Stengel/Leonard/*Stengel* § 178 Rn. 20; kritisch hierzu Schmitt/Hörtnagl/*Winter* § 178 Rn. 5.
29 Lutter/*Wilm* § 178 Rn. 17; Kölner Komm UmwG/*Beckmann* § 178 Rn. 15.

der Gegenleistung hat der Treuhänder dem Registergericht anzuzeigen. Diese Anzeige ist auch Voraussetzung für die Eintragung der Vollübertragung im Handelsregister; → Rn. 21.

20 Die Vergütung/Auslagenerstattung des Treuhänders regelt sich über den Verweis in § 71 Abs. 2 nach § 26 Abs. 4. Zur Rechtsstellung des Treuhänders im Übrigen vgl. auch die Kommentierung zu § 71.

g) Anmeldung, Eintragung und Bekanntmachung der Vollübertragung

21 Die Vollübertragung ist zur Eintragung ins **Handelsregister** am Sitz der Versicherungs-AG und des VVaG anzumelden (§§ 178 Abs. 1, 16 ff.) und bekannt zu machen (§§ 178 Abs. 1, 19 Abs. 3). Zu den einzureichenden Unterlagen (§ 17) gehört auch die Genehmigung der Aufsichtsbehörde gem. § 14 VAG. Die Eintragung im Handelsregister erfolgt, wenn die Anzeige des Treuhänders über den Besitz der Gegenleistung an das Gericht vorliegt (§§ 178 Abs. 1, 71 Abs. 1 S. 2). Bei der Vollübertragung auf ein öffentlich-rechtliches Versicherungsunternehmen erfolgt die Eintragung nur am Sitz der übertragenden Versicherungs-AG, da öffentlich-rechtliche Versicherungsunternehmen nicht im Handelsregister geführt werden.[30]

5. Rechtsfolgen der Vollübertragung

22 Mit der Eintragung der Vollübertragung geht das Vermögen der Versicherungs-AG im Wege der **Gesamtrechtsnachfolge** auf den VVaG bzw. das öffentlich-rechtliche Versicherungsunternehmen über und die Versicherungs-AG erlischt (§ 178 Abs. 1 iVm § 20 Abs. 1 Nr. 1 und 2 S. 1).

23 Die **Versicherungsverhältnisse** bleiben inhaltlich unverändert bei dem übernehmenden Rechtsträger bestehen. Den Versicherungsnehmern steht kein Sonderkündigungsrecht oder Rücktrittsrecht allein auf Basis der Vollübertragung zu.[31] Es ist jedoch denkbar, dass durch die Vollübertragung Umstände eintreten, die zu einem Sonderkündigungsrecht für die Versicherungsnehmer nach allgemeinen Regeln führen. Die Versicherungsnehmer der Versicherungs-AG werden auch nicht automatisch zu Mitgliedern des VVaG.[32] Daher muss die Satzung des VVaG Versicherungsgeschäfte gegen feste Entgelte (§ 177 Abs. 2 VAG) vorsehen.[33] Gegebenenfalls ist die Satzung vor Durchführung der Vollübertragung entsprechend anzupassen. Der übernehmende VVaG ist an Vertragsangebote der Versicherungs-AG nicht gebunden.[34]

24 Soweit die Erfüllung ihrer Forderungen durch die Vermögensübertragung gefährdet wird, können Gläubiger nach § 22 eine **Sicherheitsleistung** verlangen. Dieses Recht steht Gläubigern nicht zu, soweit sie im Fall der Insolvenz ein Recht auf vorzugsweise Befriedigung aus einer Deckungsmasse haben, die nach gesetzlicher Vorschrift zu ihrem

---

[30] BT-Drs. 75/94; Semler/Stengel/Leonard/*Stengel* § 178 Rn. 21.
[31] Kölner Komm UmwG/*Beckmann* § 178 Rn. 18; Henssler/Strohn/*Decker* § 178 Rn. 4; Semler/Stengel/Leonard/*Stengel* § 178 Rn. 22.
[32] Widmann/Mayer/*Heckschen* § 178 Rn. 39.
[33] Widhofer-Mohnen, Die Übernahme eines VVaG durch einen VVaG oder durch eine Versicherungsaktiengesellschaft VersR 1972, 236; Kölner Komm UmwG/*Beckmann* § 178 Rn. 18.
[34] AG Mannheim VersR 1982, 481; Kölner Komm UmwG/*Beckmann* § 178 Rn. 19; Widmann/Mayer/*Heckschen* § 178 Rn. 39.

Schutz errichtet und staatlich überwacht ist (§ 22 Abs. 2). Dazu zählen die Versicherungsnehmer mit den gem. §§ 128, 130, 315 VAG geschützten Forderungen (str.).[35]

Zweiter Unterabschnitt Teilübertragung

§ 179 Anwendung der Spaltungsvorschriften

(1) Bei einer Teilübertragung nach § 175 Nr. 2 Buchstabe a sind auf die beteiligten Rechtsträger die für die Aufspaltung, Abspaltung oder Ausgliederung zur Aufnahme von Teilen einer Aktiengesellschaft und die für übernehmende Versicherungsvereine auf Gegenseitigkeit im Falle der Aufspaltung, Abspaltung oder Ausgliederung von Vermögensteilen geltenden Vorschriften des Dritten Buches und die dort für entsprechend anwendbar erklärten Vorschriften des Zweiten Buches auf den vergleichbaren Vorgang entsprechend anzuwenden, soweit sich aus den folgenden Vorschriften nichts anderes ergibt.

(2) § 176 Abs. 2 bis 4 sowie § 178 Abs. 3 sind entsprechend anzuwenden.

I. Normzweck 1	d) Übertragungsbeschluss 11
II. Inhalt 4	e) Aufsichtsbehördliche Genehmigung gemäß § 14 VAG 12
1. Beteiligte Rechtsträger 4	f) Bestellung eines Treuhänders 14
2. Voraussetzungen für die Teilübertragung 6	g) Anmeldung, Eintragung und Bekanntmachung der Teilübertragung 15
a) Übertragungsvertrag 7	
b) Übertragungsbericht 9	
c) Übertragungsprüfung 10	3. Rechtsfolgen der Teilübertragung 16

I. Normzweck

§ 179 regelt die Teilübertragung des Vermögens einer Versicherungs-AG (bzw. einer Versicherungs-SE, → § 178 Rn. 2) auf einen VVaG oder ein öffentlich-rechtliches Versicherungsunternehmen. Die Norm verweist auf die für die jeweilige Übertragungsmethode einschlägigen Vorschriften des Dritten Buches.[1] Also kommt es bei der Bestimmung der anwendbaren Vorschrift auf die Art der Teilübertragung an (Teilübertragung nach Art der **Abspaltung**, nach Art der **Aufspaltung** bzw. nach Art der **Ausgliederung**).[2] 1

Eine echte Spaltung (§ 123 ff.) auf einen VVaG ist nicht möglich, da den Aktionären der übertragenden Versicherungs-AG als Gegenleistung Anteile oder Mitgliedschaften an dem VVaG zu gewähren wären. Die Mitgliedschaft an einem VVaG ist jedoch an das Bestehen von Versicherungsverhältnissen geknüpft. Dieses Problem besteht bei der Teilübertragung hingegen nicht, da hier die Gegenleistung nicht in Anteilen oder Mitgliedschaften besteht.[3] 2

Die Einschränkungen des § 151 für Spaltungen unter Beteiligung von VVaG gelten bei der Teilübertragung nicht, da die Gegenleistung nicht in Anteilen bzw. Mitgliedschaf- 3

---

35 Kölner Komm UmwG/*Beckmann* § 178 Rn. 20 mwN; Lutter/*Wilm* § 178 Rn. 22; aA Widmann/Mayer/*Heckschen* § 178 Rn. 32.
1 Vgl. zu den anwendbaren Vorschriften Schmitt/Hörtnagl/*Winter* § 179 Rn. 4.
2 Lutter/*Wilm* § 179 Rn. 1; Widmann/Mayer/*Heckschen* § 179 Rn. 5; Kölner Komm UmwG/*Beckmann* § 179 Rn. 1.
3 *Diehl*, Übertragung von Versicherungsbeständen im Konzern unter Beteiligung von VVaG, VersR 2000, 268; Semler/Stengel/Leonard/*Stengel* § 179 Rn. 3.

ten besteht (§ 151 S. 1) bzw. die Norm nur den übertragenden VVaG betrifft (§ 151 S. 2).[4] Der Verweis auf § 151 S. 2 ist wohl ein Redaktionsversehen des Gesetzgebers.

II. Inhalt

1. Beteiligte Rechtsträger

4 Die übertragende Versicherungs-AG muss seit mindestens zwei Jahren im Handelsregister eingetragen sein (§ 179 Abs. 1 iVm § 141). Dabei ist streitig, ob es insoweit auf den Zeitpunkt des Abschlusses des Übertragungsvertrags[5] oder auf den Übertragungsbeschluss[6] ankommt. In der Praxis sollten also bis zur endgültigen obergerichtlichen Klärung zur Vermeidung von Rechtsunsicherheit sämtliche für die Teilübertragung erforderlichen Rechtshandlungen erst nach Ablauf der Zweijahresfrist durchgeführt werden. Reine Vorbereitungshandlungen können bereits vor Ablauf der Zweijahresfrist durchgeführt werden. Auch die Übertragungsbeschlüsse können – aber nur auf Basis des Entwurfs eines Übertragungsvertrags – bereits gefasst werden.

5 Als übernehmende Rechtsträger kommen bestehende VVaG und bestehende öffentlich-rechtliche Versicherungsunternehmen in Betracht. Wie bei der Vollübertragung gem. § 178 ist auch bei der Teilübertragung streitig, ob wegen § 151 der übernehmende VVaG ein kleinerer VVaG sein kann (→ § 178 Rn. 6 f.).[7]

2. Voraussetzungen für die Teilübertragung

6 Im Grunde hat die Teilübertragung gem. § 179 vergleichbare Voraussetzungen wie die Vollübertragung gem. § 178.

a) Übertragungsvertrag

7 Es ist ein **Übertragungsvertrag** mit dem Mindestinhalt gem. § 126 erforderlich.[8] Der fehlende Verweis in Abs. 2 auf § 177 Abs. 2 S. 3 ist als Redaktionsversehen zu verstehen.[9] Der Übertragungsvertrag ist von den Vorständen der Versicherungs-AG und den Vorständen des VVaG bzw. den Vertretungsorganen des öffentlich-rechtlichen Versicherungsunternehmens abzuschließen und notariell zu beurkunden (§ 6), wobei auch zunächst ein Entwurf angefertigt werden kann (§ 4 Abs. 2).[10] An die Stelle der vertraglichen Regelungen zum Umtauschverhältnis der Anteile treten Aussagen zu Art und Höhe der Gegenleistung (idR eine Geldzahlung)[11] (§ 179 Abs. 2 iVm § 176 Abs. 2 S. 3).[12]

8 Zu dem Erfordernis der sorgfältigen Prüfung der Angemessenheit der Gegenleistung bei Teilübertragungen auf öffentlich-rechtliche Versicherungsunternehmen und der Behandlung von **Inhabern von Sonderrechten** (§ 23) → § 178 Rn. 14.

---

[4] *Diehl* VersR 2000, 268; Widmann/Mayer/*Heckschen* § 179 Rn. 6; Lutter/*Wilm* § 179 Rn. 2; Kölner Komm UmwG/*Beckmann* § 179 Rn. 2; Henssler/Strohn/*Decker* § 179 Rn. 1.
[5] So Schmitt/Hörtnagl/*Hörtnagl* § 141 Rn. 2 f.
[6] So Semler/Stengel/Leonard/*Diekmann* § 141 Rn. 14.
[7] Vgl. Semler/Stengel/Leonard/*Stengel* § 179 Rn. 3; Kölner Komm UmwG/*Beckmann* § 179 Rn. 3.
[8] Lutter/*Wilm* § 179 Rn. 3; Widmann/Mayer/*Heckschen* § 179 Rn. 8; Kölner Komm UmwG/*Beckmann* § 179 Rn. 5; Henssler/Strohn/*Decker* § 179 Rn. 2.
[9] Kölner Komm UmwG/*Beckmann* § 179 Rn. 5; Widmann/Mayer/*Heckschen* § 179 Rn. 19.
[10] Kölner Komm UmwG/*Beckmann* § 179 Rn. 4; Lutter/*Wilm* § 179 Rn. 3.
[11] *Diehl*, Übertragung von Versicherungsbeständen im Konzern unter Beteiligung von VVaG, VersR 2000, 268.
[12] Kölner Komm UmwG/*Beckmann* § 179 Rn. 5; Lutter/*Wilm* § 179 Rn. 4.

b) Übertragungsbericht

Die Vertretungsorgane der beteiligten Rechtsträger haben (ggf. gemeinsam) einen **Übertragungsbericht** zu erstellen (§ 179 Abs. 1 iVm § 127).[13] Dieser ist unter den Voraussetzungen des § 8 Abs. 3 entbehrlich.[14]

c) Übertragungsprüfung

Die übertragende Versicherungs-AG hat gem. §§ 179 Abs. 1, 125 S. 1, 9 Abs. 1, 60 ff. bei einer Teilübertragung nach Art der Aufspaltung und Abspaltung eine **Übertragungsprüfung** durch sachverständige Prüfer durchführen zu lassen. Die Übertragungsprüfung ist gem. § 9 unter den Voraussetzungen des § 8 Abs. 3 entbehrlich. Die Übertragungsprüfung ist in jedem Fall entbehrlich, soweit es sich um eine Teilübertragung nach Art der Ausgliederung handelt (vgl. § 125 Abs. 1 S. 2).

d) Übertragungsbeschluss

Die zuständigen Organe aller beteiligten Rechtsträger haben dem Übertragungsvertrag durch Beschluss zuzustimmen. Für Einzelheiten zum **Übertragungsbeschluss** → § 178 Rn. 17.

e) Aufsichtsbehördliche Genehmigung gemäß § 14 VAG

Die Teilübertragung bedarf für alle beteiligten Versicherungsgesellschaften der **aufsichtsbehördlichen Genehmigung** gem. § 14 VAG (→ § 178 Rn. 18). Das Genehmigungserfordernis soll jedoch nur bestehen, wenn durch die Teilübertragung auch Versicherungsverträge übertragen werden.[15] Maßnahmen, bei denen beispielsweise nur IT-Dienstleistungen, Asset Management oder Vertriebssteuerung an andere Unternehmen übertragen werden, sollen von der Pflicht zur aufsichtsbehördlichen Genehmigung gem. § 14 VAG befreit sein. Allerdings ist zu bedenken, dass diese Maßnahmen nach dem VAG im Regelfall eine Ausgliederung im Sinne von § 32 VAG darstellen und damit wiederum speziellen aufsichtsrechtlichen Anforderungen unterliegen.

Wenn durch die Teilübertragung **Lebensversicherungsverträge** übertragen werden, hat die Aufsichtsbehörde gem. § 14 Abs. 1 S. 2 iVm § 13 Abs. 1 S. 2 VAG zu prüfen, ob die Belange der Versicherten gewahrt werden.[16] Die Versicherten dürfen durch die Teilübertragung nicht schlechter gestellt werden als bei unveränderter Fortführung ihrer Verträge. Bei der Teilübertragung gehen nicht alle Vermögensposten der Versicherungs-AG auf den übernehmenden Rechtsträger über. Daher wird die Aufsichtsbehörde die Genehmigung nur erteilen, wenn den übertragenen Versicherungsverträgen ungekürzte Überschussquellen gegenüberstehen. Dies gilt auch für die bei der Versicherungs-AG verbleibenden Versicherungsverträge.[17]

f) Bestellung eines Treuhänders

Die Bestellung eines **Treuhänders** ist nur bei einer Teilübertragung nach Art der Auf- und Abspaltung erforderlich, nicht hingegen bei einer Teilübertragung nach Art der

---

13 Semler/Stengel/Leonard/*Stengel* § 179 Rn. 7.
14 Lutter/*Wilm* § 179 Rn. 5.
15 Vgl. *Wolf*, Das Genehmigungserfordernis nach § 14a VAG für Umwandlungen von Versicherern VersR 2008, 1441.
16 Henssler/Strohn/*Decker* § 179 Rn. 2; Kölner Komm UmwG/*Beckmann* § 179 Rn. 11, jeweils mit Verweis auf BVerfG NJW 2005, 2363.
17 Kölner Komm UmwG/*Beckmann* § 179 Rn. 11.

g) Anmeldung, Eintragung und Bekanntmachung der Teilübertragung

15 Wegen der Anmeldung zum **Handelsregister**, der Eintragung und der Bekanntmachung (§§ 16 ff.) → § 178 Rn. 21. Insbesondere sind der Anmeldung der Nachweis der erfolgten Zuleitung an den Betriebsrat und die aufsichtsbehördliche Genehmigung gem. § 14 VAG beizufügen.[19]

3. Rechtsfolgen der Teilübertragung

16 Durch die Eintragung ins Handelsregister der übertragenden Versicherungs-AG wird die Teilübertragung wirksam (§ 179 Abs. 1 iVm § 131). Der entsprechende Vermögensteil geht im Wege der **partiellen Gesamtrechtsnachfolge** auf den übernehmenden VVaG bzw. das übernehmende öffentlich-rechtliche Versicherungsunternehmen über.[20] Bei einer Teilvermögensübertragung nach Art der Aufspaltung erlischt die übertragende Versicherungs-AG (§ 131 Abs. 1 Nr. 2), ansonsten bleibt sie bestehen.

17 Soweit sie zu dem übertragenden Vermögensteil gehören, gehen die bestehenden **Versicherungsverhältnisse** der Versicherungs-AG auf den VVaG bzw. das öffentlich-rechtliche Versicherungsunternehmen über und bestehen dort unverändert fort.[21] Wegen der Einzelheiten → § 178 Rn. 23.

Zweiter Abschnitt
Übertragung des Vermögens eines Versicherungsvereins auf Gegenseitigkeit auf Aktiengesellschaften oder öffentlich-rechtliche Versicherungsunternehmen

Erster Unterabschnitt Vollübertragung

§ 180 Anwendung der Verschmelzungsvorschriften

(1) Bei einer Vollübertragung nach § 175 Nr. 2 Buchstabe b sind auf die beteiligten Rechtsträger die für die Verschmelzung durch Aufnahme eines Versicherungsvereins und die für eine übernehmende Aktiengesellschaft im Falle der Verschmelzung jeweils geltenden Vorschriften des Zweiten Buches entsprechend anzuwenden, soweit sich aus den folgenden Vorschriften nichts anderes ergibt.

(2) § 176 Abs. 2 bis 4 sowie § 178 Abs. 3 sind entsprechend anzuwenden.

(3) Hat ein Mitglied oder ein Dritter nach der Satzung des Vereins ein unentziehbares Recht auf den Abwicklungsüberschuß oder einen Teil davon, so bedarf der Beschluß über die Vermögensübertragung der Zustimmung des Mitglieds oder des Dritten; die Zustimmung muß notariell beurkundet werden.

---

18 Henssler/Strohn/*Decker* § 179 Rn. 3; Kölner Komm UmwG/*Beckmann* § 179 Rn. 12.
19 Lutter/*Wilm* § 179 Rn. 8.
20 Lutter/*Wilm* § 179 Rn. 10; Kölner Komm UmwG/*Beckmann* § 179 Rn. 13.
21 Widmann/Mayer/*Heckschen* § 179 Rn. 20; Lutter/*Wilm* § 179 Rn. 10; Kölner Komm UmwG/*Beckmann* § 179 Rn. 14.

I. Normzweck	1	f) Bestellung eines Treuhänders	10
II. Inhalt	4	g) Aufsichtsbehördliche Genehmigung gemäß § 14 VAG	11
1. Voraussetzungen für eine Vollübertragung	4	h) Anmeldung, Eintragung und Bekanntmachung der Vollübertragung	12
a) Übertragungsvertrag	5	2. Rechtsfolgen der Vollübertragung	13
b) Übertragungsbericht	6		
c) Übertragungsprüfung	7		
d) Übertragungsbeschluss	8		
e) Zustimmung durch Inhaber unentziehbarer Rechte auf den Abwicklungsüberschuss	9		

I. Normzweck

§ 180 regelt die Vollübertragung des Vermögens eines großen VVaG auf eine bestehende Versicherungs-AG (bzw. eine Versicherungs-SE, → § 178 Rn. 2) bzw. ein bestehendes öffentlich-rechtliches Versicherungsunternehmen. 1

Gem. Abs. 1 sind bei der Vollübertragung des Vermögens eines VVaG auf eine Versicherungs-AG bzw. ein öffentlich-rechtliches Versicherungsunternehmen grundsätzlich die Regelungen über die Verschmelzung durch Aufnahme (§ 109 S. 2) anwendbar.[1] Besonderheiten ergeben sich insbes. im Hinblick auf die zu gewährende Gegenleistung (§ 181) und die Sicherung der Mitgliederrechte (§§ 182, 183).[2] 2

Die Regelungen des § 180 – wie auch die Regelungen der §§ 181–183 – gelten nur für große VVaG. Für kleinere VVaG (§ 210 VAG) gelten die Sonderregelungen der §§ 185–187.[3] 3

II. Inhalt

1. Voraussetzungen für eine Vollübertragung

Im Grunde hat die Vollübertragung gem. § 180 vergleichbare Voraussetzungen wie die Vollübertragung gem. § 178. Eine Besonderheit besteht darin, dass gem. Abs. 3 Inhaber unentziehbarer Rechte auf den Abwicklungsüberschuss der Vollübertragung zustimmen müssen. 4

a) Übertragungsvertrag

Die Vertretungsorgane der beteiligten Rechtsträger haben einen **Übertragungsvertrag** abzuschließen und notariell zu beurkunden, wobei auch zunächst ein Entwurf angefertigt werden kann (§ 180 Abs. 1 iVm § 4 Abs. 1 S. 1, § 6). Bei einer Vermögensübertragung auf eine Versicherungs-AG erfolgt der Vertragsschluss zwischen demnach zwischen den Vorständen des VVaG und der Versicherungs-AG als jeweiligen Vertretungsorganen. Ist der übernehmende Rechtsträger ein öffentlich-rechtliches Versicherungsunternehmen, erfolgt der Vertragsschluss zwischen dem Vorstand des VVaG und dem vertretungsberechtigten Organ des öffentlich-rechtlichen Versicherungsunternehmens.[4] Der Mindestinhalt des Übertragungsvertrags ergibt sich aus § 5, wobei an die Stelle des Umtauschverhältnisses die Art und Höhe der Gegenleistung treten (§ 180 Abs. 2 iVm 176 Abs. 2 S. 3). Wegen der zu gewährenden Gegenleistung vgl. auch die Kommentierung zu § 181. 5

---

1 Vgl. zu den anwendbaren Vorschriften Schmitt/Hörtnagl/*Winter* § 180 Rn. 3 ff.
2 Lutter/*Wilm* § 180 Rn. 1.
3 Henssler/Strohn/*Decker* § 180 Rn. 1.
4 Kölner Komm UmwG/*Beckmann* § 180 F.n. 16.

b) Übertragungsbericht

6 Die Erforderlichkeit eines **Übertragungsberichts** sowie dessen Mindestinhalte ergeben sich aus § 180 Abs. 1 iVm § 8. Der Übertragungsbericht ist von den Vertretungsorganen aller beteiligten Rechtsträger (auch eines beteiligten öffentlich-rechtlichen Versicherungsunternehmen) zu erstatten[5] und kann auch gemeinsam erstattet werden (§ 8 Abs. 1 S. 2). Unter den Voraussetzungen von § 8 Abs. 3 ist der Übertragungsbericht entbehrlich.

c) Übertragungsprüfung

7 Bei der übernehmenden Versicherungs-AG hat eine **Übertragungsprüfung** durch unabhängige sachverständige Prüfer zu erfolgen (§ 180 Abs. 1 iVm §§ 60, 9 Abs. 1).[6] Bei den übrigen beteiligten Rechtsträgern ist dies nicht erforderlich (→ § 178 Rn. 16). Unter den Voraussetzungen der §§ 9, 8 Abs. 3 ist die Übertragungsprüfung entbehrlich.

d) Übertragungsbeschluss

8 Weiterhin ist ein zustimmender **Übertragungsbeschluss** durch die zuständigen Organe der beteiligten Rechtsträger erforderlich (→ § 178 Rn. 17). Zur Vorbereitung des Übertragungsbeschlusses ist der Übertragungsvertrag bzw. sein Entwurf für die Versicherungs-AG und den VVaG gem. § 180 Abs. 1 iVm §§ 61 S. 1, 111 S. 1 zum Handelsregister einzureichen. Das Registergericht hat den Vorgang gem. § 180 Abs. 1 iVm §§ 61 S. 2, 111 S. 2 bekannt zu machen.[7] Für das öffentlich-rechtliche Versicherungsunternehmen gilt bezüglich der Vorbereitung des Übertragungsbeschlusses das maßgebliche öffentlich-rechtliche Unternehmensrecht gem. § 180 iVm § 178 Abs. 3.[8]

e) Zustimmung durch Inhaber unentziehbarer Rechte auf den Abwicklungsüberschuss

9 Abs. 3 sieht vor, dass Mitglieder des VVaG oder Dritte, die nach der Satzung des VVaG ein **unentziehbares Recht** auf den Abwicklungsüberschuss oder einen Teil davon haben, dem Übertragungsbeschluss zustimmen müssen. Das Bestehen eines unentziehbaren Rechts auf den Abwicklungsüberschuss oder Teile davon bedarf einer Satzungsregelung (§ 194 Abs. 1 VAG). Die Zustimmung ist notariell zu beurkunden und kann sowohl vor, während oder nach dem Übertragungsbeschluss der obersten Vertretung des VVaG erfolgen. Die Zustimmung muss jedoch bei Erteilung der aufsichtsbehördlichen Genehmigung (→ Rn. 11) vorliegen und ist der Anmeldung der Vollübertragung zum Handelsregister (→ Rn. 12) beizufügen.[9]

f) Bestellung eines Treuhänders

10 Für die Bestellung eines Treuhänders gilt die Sonderregelung des § 183.

g) Aufsichtsbehördliche Genehmigung gemäß § 14 VAG

11 Die Vollübertragung bedarf der **aufsichtsbehördlichen Genehmigung** (§ 14 Abs. 1 S. 1 VAG; → § 178 Rn. 18. Allerdings sind bei der Vollübertragung nach § 180 – anders als bei

---

[5] Semler/Stengel/Leonard/*Stengel* § 180 Rn. 7.
[6] Semler/Stengel/Leonard/*Stengel* § 180 Rn. 8; Kölner Komm UmwG/*Beckmann* § 180 Rn. 7.
[7] Semler/Stengel/Leonard/*Stengel* § 180 Rn. 9; Kölner Komm UmwG/*Beckmann* § 180 Rn. 8.
[8] Semler/Stengel/Leonard/*Stengel* § 180 Rn. 9.
[9] Widmann/Mayer/*Heckschen* § 180 Rn. 19; Henssler/Strohn/*Decker* § 180 Rn. 3; Lutter/*Wilm* § 180 Rn. 6; Semler/Stengel/Leonard/*Stengel* § 180 Rn. 10.

Vollübertragung nach § 178 – Versichertenbelange betroffen. Schließlich verlieren die Mitglieder des VVaG durch den Vorgang ihre Mitgliedschaft. Daher wird von der hM angenommen, dass die Aufsichtsbehörde in diesem Fall auch die Angemessenheit der Gegenleistung zu beurteilen hat.[10]

h) Anmeldung, Eintragung und Bekanntmachung der Vollübertragung

Die Vollübertragung ist im **Handelsregister** des übertragenden VVaG sowie der übernehmenden Versicherungs-AG einzutragen. Die Anmeldung erfolgt durch die jeweiligen Vorstände (§ 180 Abs. 1 iVm § 16).[11] Ist der übernehmende Rechtsträger ein öffentlich-rechtliches Versicherungsunternehmen, ist die Teilvermögensübertragung nur im Handelsregister des übertragenden VVaG einzutragen (§§ 180 Abs. 1 und 2, 176 Abs. 2 S. 2), wobei auch das öffentlich-rechtliche Versicherungsunternehmen die Anmeldung vornehmen darf (§§ 180 Abs. 1, 129).[12] Die Eintragung ist in jedem Fall gem. § 19 Abs. 3 bekannt zu machen.

2. Rechtsfolgen der Vollübertragung

Mit der Eintragung der Vollübertragung in das Handelsregister der Versicherungs-AG erlischt der VVaG (§ 180 Abs. 1 iVm § 20 Abs. 1 Nr. 2). Sein Vermögen geht im Wege der Gesamtrechtsnachfolge auf den übernehmenden Rechtsträger über.[13] Die **Versicherungsverträge** werden inhaltlich unverändert bei dem übernehmenden Rechtsträger fortgeführt;[14] → § 178 Rn. 23. Die Mitgliedschaften der Versicherten bei dem VVaG enden mit der Eintragung.[15] Für den Kompensationsanspruch der Mitglieder für den Verlust ihrer Mitgliedschaft vgl. § 181.

§ 181 Gewährung der Gegenleistung

(1) Der übernehmende Rechtsträger ist zur Gewährung einer angemessenen Gegenleistung verpflichtet, wenn dies unter Berücksichtigung der Vermögens- und Ertragslage des übertragenden Vereins im Zeitpunkt der Beschlußfassung der obersten Vertretung gerechtfertigt ist.

(2) ¹In dem Beschluß, durch den dem Übertragungsvertrag zugestimmt wird, ist zu bestimmen, daß bei der Verteilung der Gegenleistung jedes Mitglied zu berücksichtigen ist, das dem Verein seit mindestens drei Monaten vor dem Beschluß angehört hat. ²Ferner sind in dem Beschluß die Maßstäbe festzusetzen, nach denen die Gegenleistung auf die Mitglieder zu verteilen ist.

(3) ¹Jedes berechtigte Mitglied erhält eine Gegenleistung in gleicher Höhe. ²Eine andere Verteilung kann nur nach einem oder mehreren der folgenden Maßstäbe festgesetzt werden:

---

10 Henssler/Strohn/*Decker* § 180 Rn. 2; Kölner Komm UmwG/*Beckmann* § 180 Rn. 13; Widmann/Mayer/*Heckschen* § 180 Rn. 11.
11 Kölner Komm UmwG/*Beckmann* § 180 Rn. 14.
12 Kölner Komm UmwG/*Beckmann* § 180 Rn. 17; Semler/Stengel/*Leonard/Stengel* § 180 Rn. 13.
13 *Novotny/Basold/Gründler-Mundt/Haß*, Die „indirekte" Umwandlung eines großen Versicherungsvereins auf Gegenseitigkeit (VVaG) in eine Versicherungs-AG, DB 1974, 448; Kölner Komm UmwG/*Beckmann* § 180 Rn. 15; Widmann/Mayer/*Heckschen* § 180 Rn. 16.
14 *Neye*, Verschmelzung und Vermögensübertragung bei Versicherungsvereinen nach neuem Recht VersR 1983, 1001; *Novotny/Basold/Gründler-Mundt/Haß* DB 1974, 448; Lutter/*Wilm* § 180 Rn. 11.
15 *Neye* VersR 1983, 1001; Widmann/Mayer/*Heckschen* § 180 Rn. 16; Lutter/*Wilm* § 180 Rn. 12.

1. die Höhe der Versicherungssumme,
2. die Höhe der Beiträge,
3. die Höhe der Deckungsrückstellung in der Lebensversicherung,
4. der in der Satzung des Vereins bestimmte Maßstab für die Verteilung des Überschusses,
5. der in der Satzung des Vereins bestimmte Maßstab für die Verteilung des Vermögens,
6. die Dauer der Mitgliedschaft.

(4) Ist eine Gegenleistung entgegen Absatz 1 nicht vereinbart worden, so ist sie auf Antrag vom Gericht zu bestimmen; § 30 Abs. 1 und § 34 sind entsprechend anzuwenden.

I. Normzweck 1	3. Art der Abfindung 9
II. Inhalt 2	4. Verteilungsmaßstäbe 10
1. Anspruchsberechtigte Mitglieder 2	5. Gerichtliche Bestimmung oder Überprüfung der Abfindung 12
2. Höhe der Abfindung 5	

I. Normzweck

1 Durch die Regelungen des § 181 wird gewährleistet, dass die Mitglieder des übertragenden VVaG eine Gegenleistung für den Verlust ihrer Mitgliedschaft in Form einer die Vermögens- und Ertragslage berücksichtigenden Abfindung erhalten.[1]

II. Inhalt

1. Anspruchsberechtigte Mitglieder

2 Der Anspruch auf die Abfindung steht allen Mitgliedern zu, die dem VVaG im Zeitpunkt der Beschlussfassung mindestens drei Monate angehört haben (§ 181 Abs. 2 S. 1). Bei der Fristberechnung werden der Tag des Beginns der Mitgliedschaft und der Tag der Beschlussfassung nicht mitgerechnet.[2]

3 Der obersten Vertretung als Beschlussorgan steht es jedoch frei, geringere Anforderungen für die Anspruchsberechtigung zu bestimmen.[3] Nicht anspruchsberechtigt sind Versicherte, die nicht gleichzeitig Mitglieder des VVaG sind (§ 177 Abs. 2 VAG), und solche, die die gesetzliche oder anderweitig bestimmte Mindestmitgliedschaftsdauer nicht erreichen.[4]

4 Der Anspruch auf die Abfindung wird im Zeitpunkt der Eintragung der Vollübertragung im Handelsregister **fällig**.[5]

---

1 Widmann/Mayer/*Heckschen* § 181 Rn. 1; Kölner Komm UmwG/*Beckmann* § 181 Rn. 2; Lutter/*Wilm* § 181 Rn. 1; Henssler/Strohn/*Decker* § 181 Rn. 1.
2 Schmitt/Hörtnagl/*Winter* § 181 Rn. 2; Widmann/Mayer/*Heckschen* § 181 Rn. 12.
3 Kölner Komm UmwG/*Beckmann* § 181 Rn. 7; Lutter/*Wilm* § 181 Rn. 3; Henssler/Strohn/*Decker* § 181 Rn. 1; Widmann/Mayer/*Heckschen* § 181 Rn. 12.
4 Lutter/*Wilm* § 181 Rn. 2; Henssler/Strohn/*Decker* § 181 Rn. 1.
5 Lutter/*Wilm* § 181 Rn. 4; aA Henssler/Strohn/*Decker* § 181 Rn. 1, der auf den Zeitpunkt der Anmeldung zum Handelsregister abstellt.

2. Höhe der Abfindung

Da die Abfindung im Verhältnis zur Vermögens- und Ertragslage angemessen zu sein hat (§ 181 Abs. 1), bestimmt sich die Höhe nach dem Unternehmenswert[6] und muss wirtschaftlich ein voller Ersatz für den Verlust der Mitgliedschaft sein.[7]

Die Abfindung ist angemessen, wenn sie dem Verkehrswert der Beteiligung am VVaG entspricht.[8] Allerdings macht das Gesetz keine Angaben dazu, wie der Verkehrswert des VVaG zu ermitteln ist. Denkbar ist der Rückgriff auf die sogenannte **Ertragswertmethode**, also die Kapitalisierung des Zukunftsertrags.[9] Die Ertragswertmethode ist jedoch uU für VVaG nur bedingt aussagekräftig, da die Gewinnmaximierung nicht Unternehmenszweck eines VVaG ist.[10] Eine Alternative stellt die **Substanzwertmethode** dar, bei der die stillen Reserven einzubeziehen sind.[11] Weiterhin kann versucht werden, den am Markt erzielbaren **Verkaufswert** des VVaG zu bestimmen.[12] Dies wird jedoch in der Regel nur mit großem Aufwand möglich sein und nur dann zu aussagekräftigen Ergebnissen führen, wenn Vergleichswerte aus entsprechenden Transaktionen mit vergleichbaren Portefeuilles vorliegen.[13]

Stichtag für die Bewertung der Höhe der Abfindung ist der Tag der Beschlussfassung der obersten Vertretung des VVaG (§ 181 Abs. 1).[14] Allerdings werden in vielen Fällen der Stichtag der Vollübertragung und der Stichtag der Schlussbilanz von dem Zeitpunkt der Beschlussfassung der obersten Vertretung des VVaG abweichen. In diesem Fall ist der für den VVaG ermittelte Unternehmenswert auf den Zeitpunkt der Beschlussfassung fortzurechnen, wobei außerordentliche Entwicklungen zu berücksichtigen sind.[15]

Die Abfindung **entfällt**, wenn die Verbindlichkeiten des VVaG das Aktivvermögen übersteigen oder der VVaG nicht mehr im Stande ist, seine Verpflichtungen aus den Versicherungsverhältnissen zu erfüllen (§ 314 VAG).[16] Das gilt auch, wenn nur so geringe Abfindungen zu erbringen wären, dass die Kosten der Ermittlung der Höhe der Abfindung und die Auszahlung sie (jedenfalls fast) vollständig verbrauchen würden.[17]

3. Art der Abfindung

Das Gesetz stellt keine Anforderungen an die **Art der Abfindung**. Üblich ist die Zahlung einer Barabfindung. Sie kann jedoch in jedem vermögenswerten Gegenstand bestehen,[18] zB zeitweilige Prämienfreiheit, Rückstellung für Beitragsrückerstattungen, Erhöhung der Versicherungssumme, Erhöhung der Gewinnanteile.[19] Die Abfindung darf allerdings nicht in Aktien der übernehmenden Versicherungs-AG bestehen (§ 174 Abs. 1).

---

6 Zur Berechnung des Unternehmenswerts vgl. Lutter/Wilm § 181 Rn. 7 f.; Semler/Stengel/Leonard/Stengel § 181 Rn. 7 ff.
7 Widmann/Mayer/Heckschen § 181 Rn. 8; Novotny/Basold/Gründler-Mundt/Haß, Die „indirekte" Umwandlung eines großen Versicherungsvereins auf Gegenseitigkeit (VVaG) in eine Versicherungs-AG, DB 1974, 448.
8 Semler/Stengel/Leonard/Stengel § 181 Rn. 7.
9 Kölner Komm UmwG/Beckmann § 181 Rn. 5; Lutter/Wilm § 181 Rn. 7; vgl. auch für die Versicherungs-AG OLG Düsseldorf NZG 2004, 429 und OLG Düsseldorf AG 2006, 278 (speziell zur Lebensversicherungs-AG).
10 Semler/Stengel/Leonard/Stengel § 181 Rn. 8; Widmann/Mayer/Heckschen § 181 Rn. 8.
11 Semler/Stengel/Leonard/Stengel § 181 Rn. 9; Widmann/Mayer/Heckschen § 181 Rn. 8.
12 Semler/Stengel/Leonard/Stengel § 181 Rn. 9.
13 Semler/Stengel/Leonard/Stengel § 181 Rn. 9.
14 Lutter/Wilm § 181 Rn. 4; Henssler/Strohn/Decker § 181 Rn. 2; Widmann/Mayer/Heckschen § 181 Rn. 9.
15 Semler/Stengel/Leonard/Stengel § 181 Rn. 10; Kölner Komm UmwG/Beckmann § 181 Rn. 6.
16 Lutter/Wilm § 181 Rn. 9; Henssler/Strohn/Decker § 181 Rn. 2.
17 Novotny/Basold/Gründler-Mundt/Haß, Die „indirekte" Umwandlung eines großen Versicherungsvereins auf Gegenseitigkeit (VVaG) in eine Versicherungs-AG, DB 1974, 448; Lutter/Wilm § 181 Rn. 9.
18 Semler/Stengel/Leonard/Stengel § 181 Rn. 5.
19 Novotny/Basold/Gründler-Mundt/Haß DB 1974, 448; Bähr/Wilm § 20 Rn. 183; Lutter/Wilm § 181 Rn. 5.

4. Verteilungsmaßstäbe

10 Die Verteilung hat nach den Verteilungsmaßstäben in § 181 Abs. 3 zu erfolgen. Dabei stellt die **Verteilung nach Köpfen** gem. § 181 Abs. 3 S. 1 den Grundfall dar.

11 Weitere mögliche **Verteilungsmaßstäbe** (§ 181 Abs. 3 S. 2 Nr. 1–6) sind die Höhe der Versicherungssumme (Nr. 1), die Höhe der Beiträge (Nr. 2), die Höhe der Deckungsrückstellung in der Lebensversicherung (Nr. 3), der in der Satzung des VVaG bestimmte Maßstab für die Verteilung des Überschusses (Nr. 4), der in der Satzung des VVaG bestimmte Maßstab für die Verteilung des Vereinsvermögens (Nr. 5) und die Dauer der Mitgliedschaft (Nr. 6). Die Verteilungsmaßstäbe sind abschließend, können jedoch untereinander kombiniert werden.[20] Dabei ist der Verteilungsmaßstab zu wählen bzw. sind die Verteilungsmaßstäbe zu kombinieren, die nach den besonderen Verhältnissen des VVaG und des von ihm betriebenen Versicherungsgeschäft zu einer gerechten Verteilung führen.[21]

5. Gerichtliche Bestimmung oder Überprüfung der Abfindung

12 Fehlt es in Übertragungsvertrag und -beschluss an einer Bestimmung der Abfindung oder ist ein anspruchsberechtigtes Mitglied der Ansicht, dass die Abfindung zu gering ist, kann es einen Antrag auf **gerichtliche Bestimmung** oder **gerichtliche Überprüfung** (§ 181 Abs. 4) stellen. Das Gericht darf Höhe, Verteilungsmaßstab und Art der Abfindung überprüfen.[22] Die Entscheidung ergeht im Spruchverfahren gem. §§ 1 Nr. 4, 11 SpruchG.[23] Dass daneben auch die Aufsichtsbehörde (idR die Bundesanstalt für Finanzdienstleistungsaufsicht)[24] die Angemessenheit der Abfindung zu prüfen hat, wird von der hM bejaht. Dadurch besteht jedoch die Gefahr divergierender Entscheidungen im Spruchverfahren und im Verwaltungsverfahren.[25] Diese Gefahr zu beseitigen ist Aufgabe des Gesetzgebers.

§ 182 Unterrichtung der Mitglieder

¹Sobald die Vermögensübertragung wirksam geworden ist, hat das Vertretungsorgan des übernehmenden Rechtsträgers allen Mitgliedern, die dem Verein seit mindestens drei Monaten vor dem Beschluß der obersten Vertretung über die Vermögensübertragung angehört haben, den Wortlaut des Vertrags in Textform mitzuteilen. ²In der Mitteilung ist auf die Möglichkeit hinzuweisen, die gerichtliche Bestimmung der angemessenen Gegenleistung zu verlangen.

I. Normzweck 1	2. Inhalt der Mitteilung 3
II. Inhalt 2	3. Formelle Voraussetzungen der Mitteilung 4
1. Adressatenkreis der Mitteilung 2	

---

[20] Semler/Stengel/Leonard/*Stengel* § 181 Rn. 12; Lutter/*Wilm* § 181 Rn. 11; Widmann/Mayer/*Heckschen* § 181 Rn. 14.
[21] Schmitt/Hörtnagl/*Winter* § 181 Rn. 4.
[22] Lutter/*Wilm* § 181 Rn. 16; Henssler/Strohn/*Decker* § 181 Rn. 3; Widmann/Mayer/*Heckschen* § 181 Rn. 25 ff.
[23] Kölner Komm UmwG/*Beckmann* § 181 Rn. 10.
[24] § 320 VAG.
[25] Vgl. Semler/Stengel/Leonard/*Stengel* § 181 Rn. 21; Widmann/Mayer/*Heckschen* § 181 Rn. 29; Kölner Komm UmwG/*Beckmann* § 181 Rn. 12 f.

I. Normzweck

Durch die Mitteilungspflicht gem. § 182 wird gewährleistet, dass alle Mitglieder des übertragenden VVaG über die Vermögensübertragung informiert werden. Die Mitteilung dient damit auch dem Zweck, dass die Mitglieder ihre Rechte fristgemäß wahren können.[1] Dies ist gerade für solche VVaG bedeutsam, in denen die oberste Vertretung[2] (§ 184 VAG) nicht die Versammlung der Mitglieder (Mitgliederversammlung), sondern die Versammlung von Vertretern der Mitglieder (Mitgliedervertretung) ist. In diesem Fall entscheiden nicht alle Mitglieder über die Vermögensübertragung, sondern nur einige Vertreter.[3] Ohne die Mitteilungspflicht des § 182 bestünde die Gefahr, dass einige Mitglieder gar nicht oder zu spät von dem Vorgang erfahren.

II. Inhalt

1. Adressatenkreis der Mitteilung

Die Mitteilung erhalten alle Mitglieder, die dem VVaG seit mind. drei Monaten vor dem Beschluss der obersten Vertretung über die Vermögensübertragung angehört haben, selbst wenn ihnen keine Abfindung (§ 181) zugesprochen wurde. Wenn Mitgliedern jedoch trotz Unterschreitung der Dreimonatsfrist eine Abfindung zugeteilt wurde, dann sind auch diese Mitglieder zu informieren.[4]

2. Inhalt der Mitteilung

Die Mitteilung hat zunächst den **Wortlaut** des Übertragungsvertrags zu enthalten.[5] Außerdem wird angenommen, dass die Mitglieder über den Übertragungsbeschluss, mit dem die Verteilungsmaßstäbe für die Gegenleistung bestimmt wurden, zu informieren sind.[6] Daneben ist in der Mitteilung auf die Möglichkeit hinzuweisen, dass ein Antrag auf gerichtliche Festsetzung bzw. Überprüfung der Abfindung (§ 181) gestellt werden kann (§ 182 S. 2). Hierzu genügt ein einfacher Hinweis, eine förmliche Rechtsbehelfsbelehrung ist nicht notwendig.[7]

3. Formelle Voraussetzungen der Mitteilung

Die Mitteilung hat durch das Vertretungsorgan der übernehmenden Versicherungs-AG bzw. des öffentlich-rechtlichen Versicherungsunternehmens in **Textform** (§ 126b BGB) zu erfolgen, und zwar „sobald" die Vermögensübertragung mit Eintragung ins Handelsregister wirksam geworden ist. Teilweise nimmt die Literatur eine Pflicht zur unverzüglichen Unterrichtung an – auch wegen der dreimonatigen Antragsfrist im Spruchverfahren (§ 4 SpruchG) zur Vermeidung von Ersatzansprüchen.[8] Inzwischen wird von der hM vertreten, dass eine Delegation der Mitteilungspflicht auf andere Organe zulässig sei.[9] Die insoweit noch in der Vorauflage vertretene Gegenmeinung wird nunmehr auch aufgegeben.

---

1 Widmann/Mayer/*Heckschen* § 182 Rn. 1.
2 Vgl. ausführlich zur obersten Vertretung: *Lüer*, Corporate Governance im VVaG und im VVaG-Konzern VersR 2000, 407 ff.
3 Kölner Komm UmwG/*Beckmann* § 182 Rn. 1; Henssler/Strohn/*Decker* § 182 Rn. 1.
4 Kölner Komm UmwG/*Beckmann* § 182 Rn. 3; Lutter/*Wilm* § 182 Rn. 2; Henssler/Strohn/*Decker* § 182 Rn. 1.
5 Widmann/Mayer/*Heckschen* § 182 Rn. 6.
6 Lutter/*Wilm* § 182 Rn. 3; Henssler/Strohn/*Decker* § 182 Rn. 1; Semler/Stengel/Leonard/*Stengel* § 182 Rn. 3; Widmann/Mayer/*Heckschen* § 182 Rn. 6.
7 Lutter/*Wilm* § 182 Rn. 3.
8 Widmann/Mayer/*Heckschen* § 182 Rn. 8; Kölner Komm UmwG/*Beckmann* § 182 Rn. 4; Lutter/*Wilm* § 182 Rn. 5; Semler/Stengel/Leonard/*Stengel* § 182 Rn. 5.
9 Vgl. Semler/Stengel/Leonard/*Stengel* § 182 Rn. 1; Schmitt/Hörtnagl/*Winter* § 182 Rn. 1.

§ 183 Bestellung eines Treuhänders

(1) ¹Ist für die Vermögensübertragung eine Gegenleistung vereinbart worden, so hat der übertragende Verein einen Treuhänder für deren Empfang zu bestellen. ²Die Vermögensübertragung darf erst eingetragen werden, wenn der Treuhänder dem Gericht angezeigt hat, daß er im Besitz der Gegenleistung ist.

(2) ¹Bestimmt das Gericht nach § 181 Abs. 4 die Gegenleistung, so hat es von Amts wegen einen Treuhänder für deren Empfang zu bestellen. ²Die Gegenleistung steht zu gleichen Teilen den Mitgliedern zu, die dem Verein seit mindestens drei Monaten vor dem Beschluß der obersten Vertretung über die Vermögensübertragung angehört haben. ³§ 26 Abs. 4 ist entsprechend anzuwenden.

I. Normzweck

1   Es ist ein Treuhänder für den Empfang der zu gewährenden Gegenleistung zu bestellen. Dadurch soll sichergestellt werden, dass der VVaG nicht erlischt, bevor die Gegenleistung für die Berechtigten geleistet wurde.[1] Die Bestellung eines Treuhänders für die Gegenleistung ist keine Besonderheit, sondern für die Verschmelzung auch durch § 71 vorgesehen.

II. Inhalt

2   **Treugeber** der Gegenleistung ist in jedem Falle allein der übertragende VVaG, nicht hingegen die einzelnen Vereinsmitglieder oder das bestellende Gericht.[2]

1. Bestellung des Treuhänders

3   Im Falle einer vereinbarten Gegenleistung (§ 181 Abs. 1) ist der Treuhänder durch den Vorstand des übertragenden VVaG zu bestellen. Treuhänder können sowohl natürliche als auch juristische Personen (zB Banken oder Treuhandgesellschaften) sein.[3] Es kann zweckmäßig sein, den Treuhänder bereits im Übernahmevertrag zu bestimmen. Allerdings wird eine vertragliche Bindung erst durch den Abschluss eines **Geschäftsbesorgungsvertrags** oder **Auftragsverhältnisses** zwischen dem Vorstand des VVaG und dem Treuhänder erreicht.[4]

4   Wird die Gegenleistung gerichtlich bestimmt (§ 181 Abs. 4), erfolgt die Bestellung des Treuhänders durch das Gericht vom Amts wegen (§ 183 Abs. 2 S. 1).

5   Zweckdienlich ist die Aushändigung einer **Legitimationsurkunde** an den Treuhänder.[5]

2. Aufgaben und Vergütung des Treuhänders

6   Der Treuhänder hat für den treugebenden VVaG die Gegenleistung in **Empfang** zu nehmen und dieses dem Registergericht des übertragenden VVaG anzuzeigen. Diese Anzeige ist auch gem. § 183 Abs. 1 S. 2 Voraussetzung für die Eintragung im Handelsre-

---

[1] Widmann/Mayer/*Heckschen* § 183 Rn. 1.
[2] BFH VersR 1979, 581; Widmann/Mayer/*Heckschen* § 183 Rn. 5.
[3] Lutter/*Wilm* § 183 Rn. 2; Semler/Stengel/Leonard/*Stengel* § 183 Rn. 3; Widmann/Mayer/*Heckschen* § 183 Rn. 4.
[4] BFH VersR 1979, 581; Henssler/Strohn/*Decker* § 183 Rn. 1; Lutter/*Wilm* § 183 Rn. 3.
[5] Widmann/Mayer/*Heckschen* § 183 Rn. 4.

gister. Keinen Einfluss auf den Empfang der Gegenleistung oder die Eintragung im Handelsregister hat ein etwaiges laufendes Spruchverfahren.[6]

Weiterhin hat der Treuhänder die Gegenleistung nach der Eintragung im Handelsregister zu **verteilen**.[7] Die Verteilung erfolgt gemäß dem Beschluss der obersten Vertretung des VVaG oder – sofern die Gegenleistung im Spruchverfahren bestimmt wird – nach dem gesetzlichen Verteilungsmaßstab.[8] Dies ist bei der Barabfindung unproblematisch. Wenn es sich bei der Gegenleistung nicht um eine Barabfindung, sondern um **versicherungsspezifische Leistungen** handelt, ist eine Empfangnahme und Verteilung schwieriger. In diesem Fall soll der Treuhänder für eine **vereinbarungsgemäße Umsetzung** zu sorgen haben.[9] Besteht die Gegenleistung in einer Verbesserung der Versicherungsverträge, soll der Treuhänder die Abgabe verbindlicher Angebote durch die übernehmende Versicherungs-AG oder das übernehmende öffentlich-rechtliche Versicherungsunternehmen zu prüfen haben.[10]

Wird die Abfindung durch das Gericht korrigiert, ist für die Empfangnahme und Verteilung nicht mehr der Treuhänder, sondern allein das Vertretungsorgan des übernehmenden Rechtsträgers zuständig.[11]

Der Treuhänder hat Anspruch auf **Auslagenersatz** und eine **angemessene Vergütung** aus dem der Bestellung zugrunde liegenden Geschäftsbesorgungsvertrag/Auftrag bzw. im Falle seiner gerichtlichen Bestellung gem. § 183 Abs. 2 S. 3 iVm § 26 Abs. 4.[12] Nach Erlöschen des übertragenden VVaG haftet der übernehmende Rechtsträger dem Treuhänder als Rechtsnachfolger.[13]

Zweiter Unterabschnitt Teilübertragung

§ 184 Anwendung der Spaltungsvorschriften

(1) Bei einer Teilübertragung nach § 175 Nr. 2 Buchstabe b sind auf die beteiligten Rechtsträger die für die Aufspaltung, Abspaltung oder Ausgliederung zur Aufnahme von Teilen eines Versicherungsvereins auf Gegenseitigkeit und die für übernehmende Aktiengesellschaften im Falle der Aufspaltung, Abspaltung oder Ausgliederung geltenden Vorschriften des Dritten Buches und die dort für entsprechend anwendbar erklärten Vorschriften des Zweiten Buches auf den vergleichbaren Vorgang entsprechend anzuwenden, soweit sich aus den folgenden Vorschriften nichts anderes ergibt.

(2) § 176 Abs. 2 bis 4 sowie § 178 Abs. 3 sind entsprechend anzuwenden.

I. Normzweck 1	b) Anmeldung, Eintragung und Bekanntmachung der Teilübertragung 6
II. Inhalt 3	
1. Voraussetzungen einer Teilübertragung . 3	
a) Notwendigkeit einer Abfindung ... 4	2. Rechtsfolgen der Teilübertragung 7

---

6 Henssler/Strohn/*Decker* § 183 Rn. 2; Lutter/*Wilm* § 183 Rn. 6; Kölner Komm UmwG/*Beckmann* § 183 Rn. 5.
7 BFH VersR 1979, 581; FG Düsseldorf 22.2.2011 – 6 K 3060/08 K, F; Lutter/*Wilm* § 183 Rn. 7.
8 Semler/Stengel/Leonard/*Stengel* § 183 Rn. 5; Kölner Komm UmwG/*Beckmann* § 183 Rn. 6.
9 Henssler/Strohn/*Decker* § 183 Rn. 2; Kölner Komm UmwG/*Beckmann* § 183 Rn. 7; Widmann/Mayer/*Heckschen* § 183 Rn. 2.
10 Semler/Stengel/Leonard/*Stengel* § 183 Rn.; Kölner Komm UmwG/*Beckmann* § 183 Rn. 7.
11 Semler/Stengel/Leonard/*Stengel* § 183 Rn. 6.
12 Widmann/Mayer/*Heckschen* § 183 Rn. 6.
13 Lutter/*Wilm* § 183 Rn. 8; Kölner Komm UmwG/*Beckmann* § 183 Rn. 8; Widmann/Mayer/*Heckschen* § 183 Rn. 6.

I. Normzweck

1 § 184 regelt die Teilübertragung des Vermögens eines VVaG auf eine bestehende Versicherungs-AG oder ein bestehendes öffentlich-rechtliches Versicherungsunternehmen.

2 Die Teilübertragung nach Art der Abspaltung wie auch die Teilübertragungen nach Art der Aufspaltung und Ausgliederung auf ein öffentlich-rechtliches Versicherungsunternehmen ist trotz des Verweises auf § 151 S. 1 nach der hM möglich.[1] § 184 ist insoweit lex specialis zu § 151.[2]

II. Inhalt

1. Voraussetzungen einer Teilübertragung

3 Die Regelung des 184 entspricht im Wesentlichen der Regelung des § 179.[3] Wegen der anwendbaren Vorschriften kommt es daher auf die Art der Teilübertragung (nach Art der Ausgliederung, nach Art der Abspaltung und nach Art der Aufspaltung) an.[4] Erforderlich für eine Teilübertragung sind **Übertragungsvertrag**, **Übertragungsbericht**, **Übertragungsprüfung**, **Übertragungsbeschluss**, **Bestellung eines Treuhänders** und **aufsichtsbehördliche Genehmigung** (§ 14 VAG).[5] Insoweit kann auf die Kommentierung zu § 179 verwiesen werden.

a) Notwendigkeit einer Abfindung

4 Trotz Fehlens einer gesetzlichen Regelung sind die Mitglieder des VVaG bei einer Teilübertragung nach Art der Aufspaltung und Abspaltung für den Verlust ihrer Mitgliedschaft durch eine angemessene **Abfindung** zu entschädigen.[6] Dieser Grundsatz gilt bei der Teilübertragung nach Art der **Abspaltung** jedoch nur, soweit Mitglieder ihre Mitgliedschaft wirklich vollständig oder zumindest annähernd vollständig verlieren. Das BVerwG hat im Rahmen eines Urteils vom 21.12.1993[7] jedenfalls für die Bestandsübertragung gem. § 14 VAG aF bestätigt, dass die Satzung eines VVaG den betroffenen Mitgliedern eine Art **Restmitgliedschaft** (bezogen auf das Vereinsvermögen) gewähren kann. In einem solchen Fall soll das Fehlen einer Entschädigungsregelung nicht zwangsläufig eine zu beanstandende Benachteiligung der betroffenen Mitglieder darstellen, soweit gewährleistet ist, dass die Mitglieder hinsichtlich des Vereinsvermögens so gestellt werden, als ob ihr Versicherungsverhältnis mit dem VVaG weiterhin bestehe. Diese Grundsätze will die Literatur auch auf die Teilübertragung anwenden.[8] Danach soll eine Entschädigung nicht erforderlich sein, wenn die Mitglieder ihre Mitgliedschaft tatsächlich nicht verlieren, sondern insbesondere der Anspruch auf Überschussbeteiligung, die Stimmrechte und das Recht auf einen Anteil am Liquidationserlös erhalten bleiben.

---

1 *Diehl*, Übertragung von Versicherungsbeständen im Konzern unter Beteiligung von VVaG, VersR 2000, 268; Lutter/*Wilm* § 184 Rn. 2 f.; Henssler/Strohn/*Decker* § 184 Rn. 3.
2 Schmitt/Hörtnagl/*Winter* § 184 Rn. 3.
3 BT-Drs. 75/94, 135; Widmann/Mayer/*Heckschen* § 184 Rn. 9.
4 Vgl. zu den anwendbaren Vorschriften Schmitt/Hörtnagl/*Winter* § 184 Rn. 2 ff.
5 Lutter/*Wilm* § 184 Rn. 5 ff.; Kölner Komm UmwG/*Beckmann* § 184 Rn. 3 ff.; Semler/Stengel/Leonard/*Stengel* § 184 Rn. 8 ff.; Widmann/Mayer/*Heckschen* § 184 Rn. 11 ff.
6 Semler/Stengel/Leonard/*Stengel* § 184 Rn. 2; Henssler/Strohn/*Decker* § 184 Rn. 2; Widmann/Mayer/*Heckschen* § 184 Rn. 2.
7 BVerwG VersR 1994, 797.
8 Vgl. ausführlich Semler/Stengel/Leonard/*Stengel* § 184 Rn. 3 f.; Widmann/Mayer/*Heckschen* § 184 Rn. 6; so wohl auch *Weber-Ray/Guinomet*, Wege zur Demutualisierung, Umstrukturierungsbedarf bei den Versicherungsvereinen auf Gegenseitigkeit, AG 2002, 278.

Bei einer Teilübertragung nach Art der Ausgliederung steht die Gegenleistung dem übertragenden VVaG zu. Die ausscheidenden Mitglieder erhielten in dieser Konstellation keine Entschädigung, so dass die verbleibenden Mitglieder unangemessen übervorteilt würden. Daher wird angenommen, dass eine Teilübertragung nach Art der Ausgliederung unter Einschluss von Versicherungsverträgen ausgeschlossen ist.[9] Allerdings wäre dies in der Regel auch aus steuerlichen Gründen unattraktiv, so dass diese Frage in der Praxis kaum Relevanz haben dürfte.[10]

b) Anmeldung, Eintragung und Bekanntmachung der Teilübertragung

Die Teilübertragung ist im **Handelsregister** des übertragenden VVaG sowie der übernehmenden Versicherungs-AG einzutragen. Die Anmeldung erfolgt durch die jeweiligen Vorstände (§§ 184 Abs. 1, 125 S. 1 iVm § 16).[11] Ist der übernehmende Rechtsträger ein öffentlich-rechtliches Versicherungsunternehmen gelten Besonderheiten, da dieses nicht im Handelsregister eingetragen ist. In diesem Fall ist die Teilvermögensübertragung nur im Handelsregister des übertragenden VVaG einzutragen (§§ 184 Abs. 1, 176 Abs. 2 S. 2), wobei auch das öffentlich-rechtliche Versicherungsunternehmen die Anmeldung vornehmen darf (§§ 184 Abs. 1, 129).[12] Die Eintragung ist gem. § 19 Abs. 3 bekannt zu machen.

2. Rechtsfolgen der Teilübertragung

Durch die Eintragung ins Handelsregister des übertragenden VVaG wird die Teilübertragung wirksam (§ 184 Abs. 1 iVm § 131). Der entsprechende Vermögensteil geht im Wege der **partiellen Gesamtrechtsnachfolge** auf die übernehmende Versicherungs-AG bzw. das übernehmende öffentlich-rechtliche Versicherungsunternehmen über.[13] Bei einer Vermögensübertragung nach Art der Aufspaltung erlischt der übertragende VVaG (§ 131 Abs. 1 Nr. 2), ansonsten bleibt er bestehen.[14]

Soweit sie zu dem übertragenden Vermögensteil gehören, gehen die bestehenden **Versicherungsverhältnisse** des VVaG auf die Versicherungs-AG bzw. das öffentlich-rechtliche Versicherungsunternehmen über und bestehen dort unverändert fort.[15] Wegen der Einzelheiten → § 178 Rn. 23.

---

9 Henssler/Strohn/*Decker* § 184 Rn. 3; die juristische Problematik offenlassend Semler/Stengel/Leonard/*Stengel* § 184 Rn. 5.
10 *Diehl*, Übertragung von Versicherungsbeständen im Konzern unter Beteiligung von VVaG, VersR 2000, 268; Semler/Stengel/Leonard/*Stengel* § 184 Rn. 5; Widmann/Mayer/*Heckschen* § 184 Rn. 8.
11 Lutter/*Wilm* § 184 Rn. 11; Kölner Komm UmwG/*Beckmann* § 184 Rn. 8.
12 Kölner Komm UmwG/*Beckmann* § 184 Rn. 12.
13 Kölner Komm UmwG/*Beckmann* § 184 Rn. 9.
14 Semler/Stengel/Leonard/*Stengel* § 184 Rr. 13; Lutter/*Wilm* § 184 Rn. 12.
15 Lutter/*Wilm* § 184 Rn. 12; Widmann/Mayer/*Heckschen* § 184 Rn. 21.

Dritter Abschnitt
Übertragung des Vermögens eines kleineren Versicherungsvereins auf Gegenseitigkeit auf eine Aktiengesellschaft oder auf ein öffentlich-rechtliches Versicherungsunternehmen

§ 185 Möglichkeit der Vermögensübertragung

Ein kleinerer Versicherungsverein auf Gegenseitigkeit kann sein Vermögen nur im Wege der Vollübertragung auf eine Versicherungs-Aktiengesellschaft oder auf ein öffentlich-rechtliches Versicherungsunternehmen übertragen.

1 §§ 185–187 betreffen die Vermögensübertragung durch einen kleineren VVaG. Kleinere VVaG sind solche, die bestimmungsgemäß einen sachlich, örtlich oder dem Personenkreis nach eng begrenzten Wirkungskreis haben (§ 210 Abs. 1 S. 1 VAG). Ob ein VVaG ein kleiner VVaG ist, entscheidet die Aufsichtsbehörde (§ 210 Abs. 4 VAG).

2 Allein zulässig ist die **Vollübertragung**, nicht hingegen eine Teilübertragung durch einen kleineren VVaG,[1] was auch an der fehlenden Größe liegen soll. Übernehmende Rechtsträger können nur eine bestehende Versicherungs-AG (bzw. eine Versicherungs-SE, → § 178 Rn. 2) oder ein bestehendes öffentlich-rechtliches Versicherungsunternehmen sein. Eine Übertragung auf einen großen VVaG ist also unzulässig.[2]

3 Es ist streitig, ob die §§ 185–187 **abschließende Regelungen** für die Beteiligung kleinerer VVaG an Vermögensübertragungen beinhalten, oder ob kleinere VVaG auch als übernehmende Rechtsträger in Betracht kommen.[3] Der Wortlaut ist insoweit nicht zwingend. Es sind auch keine zwingenden sachlichen Gründe für eine einschränkende Auslegung ersichtlich. Somit ist anzunehmen, dass kleinere VVaG auch übernehmende Rechtsträger sein können.

§ 186 Anzuwendende Vorschriften

¹Auf die Vermögensübertragung sind die Vorschriften des Zweiten Abschnitts entsprechend anzuwenden. ²Dabei treten bei kleineren Vereinen an die Stelle der Anmeldung zur Eintragung in das Register der Antrag an die Aufsichtsbehörde auf Genehmigung, an die Stelle der Eintragung in das Register und ihrer Bekanntmachung die Bekanntmachung im Bundesanzeiger nach § 187.

I. Normzweck

1 § 186 regelt die Vollübertragung von einem kleineren VVaG auf eine bestehende Versicherungs-AG (bzw. eine Versicherungs-SE, → § 178 Rn. 2) oder ein bestehendes öffentlich-rechtliches Versicherungsunternehmen.

---

1 BT-Drs. 75/94, 135; Kölner Komm UmwG/*Beckmann* § 185 Rn. 2; Widmann/Mayer/*Heckschen* § 185 Rn. 1.

2 Semler/Stengel/Leonard/*Stengel* § 185 Rn. 3; Henssler/Strohn/*Decker* § 185 Rn. 1.

3 Vgl. Kölner Komm UmwG/*Beckmann* § 185 Rn. 2; Semler/Leonard/Stengel/*Stengel* § 185 Rn. 4; Widmann/Mayer/*Heckschen* § 185 Rn. 5.

II. Inhalt

1. Voraussetzungen der Vollübertragung

§ 186 verweist auf die für große VVaG geltenden Verfahrensregelungen der §§ 180–183. Vgl. daher im Wesentlichen die Kommentierung zu §§ 180–183. Erforderlich sind **Übertragungsvertrag, Übertragungsbericht, Übertragungsprüfung, Übertragungsbeschluss** und **aufsichtsbehördliche Genehmigung** (§ 14 VAG).[1]

Den notariell zu beurkundenden[2] **Übertragungsbeschluss** zur Vollübertragung hat die oberste Vertretung[3] (vgl. § 184 VAG) des VVaG zu fassen. Das gilt auch dann, wenn die Satzung eine Beschlussfassung im schriftlichen Verfahren (§ 210 Abs. 2 VAG, § 32 Abs. 2 BGB) vorsieht.[4] Der Beschluss bedarf einer Mehrheit von drei Vierteln der abgegebenen Stimmen (§§ 186 S. 1, 180 Abs. 1 iVm § 112 Abs. 3 S. 1), wobei in der Satzung höhere Mehrheitserfordernisse festgelegt werden können (§ 112 Abs. 3 S. 2). Verstöße gegen zwingende Bestimmungen des Gesetzes oder der Satzung können zur **Nichtigkeit** des Beschlusses führen. Die Sondervorschriften des AktG über die Anfechtbarkeit und Nichtigkeit von Beschlüssen gelten für fehlerhafte Beschlüsse der obersten Vertretung nach hM nicht.[5] Allerdings sind Klagen gegen die Wirksamkeit von Verschmelzungsbeschlüssen gem. § 14 zeitlich limitiert und diese Regelung gilt auch im Rahmen der Vollübertragung durch einen kleineren VVaG.[6] Die Klage kann nicht wegen möglicherweise unzureichender Gegenleistung erhoben werden, da dies ausschließlich im Spruchverfahren (vgl. § 1 Nr. 4 SpruchG) zu klären ist.[7]

Da kleinere VVaG nicht im Handelsregister eingetragen werden (§ 210 Abs. 1 VAG verweist nicht auf § 185 Abs. 1 S. 1 VAG), tritt gem. § 186 S. 2 an die Stelle der Handelsregistereintragung die aufsichtsbehördliche Genehmigung gem. § 14 VAG und deren Bekanntmachung im Bundesanzeiger gem. 187. Insoweit kommt der aufsichtsbehördlichen Genehmigung eine **Doppelfunktion** zu.[8] Zu den erforderlichen Erklärungen des Vorstands gehört die Versicherung, dass die Unwirksamkeit des Übertragungsbeschlusses nicht klageweise geltend gemacht wurde.[9]

2. Rechtsfolgen der Vollübertragung

In Folge der Vollübertragung geht das gesamte Vermögen des übertragenden VVaG im Wege der **Gesamtrechtsnachfolge** auf den übernehmenden Rechtsträger über (§ 20 Abs. 1 Nr. 1). Der übertragende VVaG erlischt mit der Bekanntmachung (§§ 186, 180 Abs. 2, 176 Abs. 3 S. 2). Die **Versicherungsverhältnisse** gehen unverändert auf den übernehmenden Rechtsträger über[10] (→ § 178 Rn. 23). Die Mitglieder des übertragenden VVaG sind für den Verlust ihrer Mitgliedschaft gem. §§ 186 S. 1, 181 zu entschädigen.[11] Die Rechtsfolgen treten gem. §§ 186, 187, 176 Abs. 3 im **Zeitpunkt** der die Handelsre-

---

1 Lutter/Wilm § 186 Rn. 2 ff.; Semler/Stengel/Leonard/Stengel § 186 Rn. 2 ff.; Kölner Komm UmwG/Beckmann § 186 Rn. 2 ff.
2 §§ 186 S. 1, 180 Abs. 1 iVm § 13 Abs. 3.
3 Die oberste Vertretung kann die Versammlung der Mitglieder (Mitgliederversammlung) oder die Versammlung von Vertretern der Mitglieder (Vertreterversammlung) sein (§ 184 VAG).
4 Kölner Komm UmwG/Beckmann § 186 Rn. 4; Lutter/Wilm § 186 Rn. 2.
5 Widmann/Mayer/Heckschen § 186 Rn. 5 mwN.
6 Vgl. Lutter/Wilm § 186 Rn. 3.
7 Semler/Stengel/Leonard/Stengel § 186 Rn. 4.
8 Henssler/Strohn/Decker § 186 Rn. 1; Semler/Stengel/Leonard/Stengel § 186 Rn. 5; Lutter/Wilm § 186 Rn. 4; Widmann/Mayer/Heckschen § 186 Rn. 6.
9 Semler/Stengel/Leonard/Stengel § 186 Rn. 5; Lutter/Wilm § 186 Rn. 4.
10 Kölner Komm UmwG/Beckmann § 186 Rn. 10.
11 Kölner Komm UmwG/Beckmann § 186 Rn. 10; Lutter/Wilm § 186 Rn. 9.

gistereintragung ersetzende Bekanntmachung der aufsichtsbehördlichen Genehmigung im Bundesanzeiger ein.[12]

§ 187 Bekanntmachung der Vermögensübertragung

Sobald die Vermögensübertragung von allen beteiligten Aufsichtsbehörden genehmigt worden ist, macht bei einer Vermögensübertragung auf ein öffentlich-rechtliches Versicherungsunternehmen die für den übertragenden kleineren Verein zuständige Aufsichtsbehörde die Vermögensübertragung und ihre Genehmigung im Bundesanzeiger bekannt.

I. Normzweck

1 Weder der übertragende kleinere VVaG[1] noch das übernehmende öffentlich-rechtliche Versicherungsunternehmen[2] sind im Handelsregister eingetragen. Daher ersetzen gem. § 187 auch bei der Vollübertragung von einem kleineren VVaG auf ein öffentlich-rechtliches Versicherungsunternehmen die Genehmigung der Aufsichtsbehörde und deren Veröffentlichung im Bundesanzeiger die Eintragung im Handelsregister und deren Bekanntmachung.[3]

II. Inhalt

2 Die Veröffentlichung im Bundesanzeiger hat die Vermögensübertragung, die aufsichtsbehördliche Genehmigung und den Hinweis an die Gläubiger gem. § 22 Abs. 1 S. 3 zu enthalten. Die Unterrichtung der Mitglieder des VVaG über die Möglichkeiten des Spruchverfahrens ist in diesem Rahmen nicht erforderlich, da insoweit gem. §§ 186 S. 1, 182 das übernehmende öffentlich-rechtliche Versicherungsunternehmen zuständig bleibt.[4] Mit der Veröffentlichung im Bundesanzeiger treten die Rechtsfolgen der Vollübertragung (im Sinne von § 20) vom VVaG auf das öffentlich-rechtliche Versicherungsunternehmen ein.[5]

3 Bei Vollübertragung unter Beteiligung einer Versicherungs-AG fehlt es an einer ausdrücklichen gesetzlichen Regelung für die Bekanntgabe. Da die Versicherungs-AG im Handelsregister geführt wird, bleibt es bei den allgemeinen Regelungen: Die für den übertragenden kleineren VVaG zuständige Aufsichtsbehörde hat die Bekanntmachung zu veranlassen. Daneben wird die Vollübertragung durch das Registergericht am Sitz der übernehmenden Versicherungs-AG eingetragen und bekannt gemacht. Mit dieser Eintragung treten dann die Rechtsfolgen im Sinne des § 20 ein.[6]

---

12 Kölner Komm UmwG/*Beckmann* § 186 Rn. 10; Henssler/Strohn/*Decker* § 186 Rn. 1; Lutter/*Wilm* § 186 Rn. 7.
1 § 210 Abs. 1 VAG verweist nicht auf § 185 Abs. 1 S. 1 VAG.
2 BT-Drs. 75/94.
3 Henssler/Strohn/*Decker* § 187 Rn. 1; Widmann/Mayer/*Heckschen* § 187 Rn. 4.
4 Kölner Komm UmwG/*Beckmann* § 187 Rn. 2.
5 Semler/Stengel/Leonard/*Stengel* § 187 Rn. 3; Henssler/Strohn/*Decker* § 187 Rn. 1.
6 Henssler/Strohn/*Decker* § 187 Rn. 1; Semler/Stengel/Leonard/*Stengel* § 187 Rn. 3.

Vierter Abschnitt
Übertragung des Vermögens eines öffentlich-rechtlichen Versicherungsunternehmens auf Aktiengesellschaften oder Versicherungsvereine auf Gegenseitigkeit

Erster Unterabschnitt Vollübertragung

§ 188 Anwendung der Verschmelzungsvorschriften

(1) Bei einer Vollübertragung nach § 175 Nr. 2 Buchstabe c sind auf die übernehmenden Rechtsträger die für die Verschmelzung durch Aufnahme geltenden Vorschriften des Zweiten Buches sowie auf das übertragende Versicherungsunternehmen § 176 Abs. 3 entsprechend anzuwenden, soweit sich aus den folgenden Vorschriften nichts anderes ergibt.

(2) § 176 Abs. 2 und 4 sowie § 178 Abs. 3 sind entsprechend anzuwenden.

(3) ¹An die Stelle der Anmeldung zur Eintragung in das Register treten bei den öffentlich-rechtlichen Versicherungsunternehmen der Antrag an die Aufsichtsbehörde auf Genehmigung, an die Stelle der Eintragung in das Register und ihrer Bekanntmachung die Bekanntmachung nach Satz 2. ²Die für das öffentlich-rechtliche Versicherungsunternehmen zuständige Aufsichtsbehörde macht, sobald die Vermögensübertragung von allen beteiligten Aufsichtsbehörden genehmigt worden ist, die Übertragung und ihre Genehmigung im Bundesanzeiger bekannt.

I. Normzweck 1	2. Voraussetzungen der Vollübertragung .. 4
II. Inhalt 2	3. Rechtsfolgen der Vollübertragung 6
1. Streit um Verweisung auf öffentlich-rechtliches Unternehmensrecht 3	

I. Normzweck

§ 188 regelt die Vollübertragung des Vermögens eines öffentlich-rechtlichen Versicherungsunternehmens auf eine Versicherungs-AG (bzw. eine Versicherungs-SE, → § 178 Rn. 2) bzw. einen VVaG.

II. Inhalt

Für die Vollübertragung des Vermögens eines öffentlich-rechtlichen Versicherungsunternehmens auf eine bestehende Versicherungs-AG bzw. einen bestehenden VVaG gelten im Wesentlichen die verfahrenstechnischen Anforderungen des § 178.[1]

1. Streit um Verweisung auf öffentlich-rechtliches Unternehmensrecht

Streitig ist in der Literatur, wie die Verweisung des § 188 Abs. 2 auf § 178 Abs. 3 und damit auf das für die öffentlich-rechtlichen Versicherungsunternehmen anwendbare **öffentlich-rechtlichen Unternehmensrecht** zu verstehen ist. Dem Wortlaut nach bezieht sich § 178 Abs. 3 auf öffentlich-rechtliche Versicherungsunternehmen als übernehmende Rechtsträger. Eine Ansicht nimmt daher an, dass die Norm des § 188 insoweit

---

[1] Henssler/Strohn/*Decker* § 188 Rn. 1; Lutter/*Wilm* § 188 Rn. 3 ff.; Semler/Stengel/Leonard/*Stengel* § 188 Rn. 3 ff.; Kölner Komm UmwG/*Beckmann* § 188 Rn. 2 ff.

unvollständig ist und die Voraussetzungen für eine Vermögensübertragung von öffentlich-rechtlichen Versicherungsunternehmen nicht normiert sind. Dies führt nach einer Ansicht zu einer materiellrechtlichen Unvollständigkeit der Norm, da die anzuwendenden Vorschriften nicht zu bestimmen sind.[2] Das entspricht aus meiner Sicht nicht dem gesetzgeberischen Willen.[3] Vielmehr ist der Ansicht zu folgen, dass die Verweisung nur missverständlich ist und sich nicht nur auf öffentlich-rechtliche Versicherungsunternehmen als übernehmende, sondern auch als übertragende Rechtsträger bezieht.[4] Folglich ergeben sich die Voraussetzungen aus dem für das öffentlich-rechtliche Versicherungsunternehmen geltenden öffentlich-rechtlichen Unternehmensrecht.

2. Voraussetzungen der Vollübertragung

4 Erforderlich sind für die Vollübertragung nach § 188 – ebenso wie bei der Vollübertragung nach § 178 – **Übertragungsvertrag, Übertragungsbericht, Übertragungsprüfung, Übertragungsbeschluss** und die **aufsichtsbehördliche Genehmigung** (§ 14 VAG).[5] Insoweit kann auf die Kommentierung zu § 178 verwiesen werden.

5 Grundsätzlich wäre für die Empfangnahme und die Verteilung der Gegenleistung auch ein **Treuhänder** zu bestellen, von dessen Anzeige gegenüber dem Registergericht auch die Eintragung ins Handelsregister abhängt (vgl. § 71 S. 1, 2). Allerdings ist das öffentlich-rechtliche Versicherungsunternehmen nicht im Handelsregister eingetragen, so dass die Anzeige eines Treuhänders insoweit nicht erforderlich ist. Vor diesem Hintergrund wird eine Pflicht zur Treuhänderbestellung auch verneint.[6] Dennoch wird in der Literatur empfohlen, für Empfangnahme und Verteilung der Gegenleistung einen Treuhänder zu bestellen, der die Mitteilung über den Empfang der Gegenleistung an die Aufsichtsbehörde machen soll.[7] In der Praxis sollte das sinnvolle Vorgehen vor Durchführung der Maßnahme mit der Aufsichtsbehörde abgesprochen werden.

3. Rechtsfolgen der Vollübertragung

6 Die Vollübertragung führt zum Übergang des Vermögens des öffentlich-rechtlichen Versicherungsunternehmens auf den übernehmenden Rechtsträger im Wege der **Gesamtrechtsnachfolge** (§ 188 Abs. 1 iVm § 20 Abs. 1 Nr. 1). Das übertragende öffentlich-rechtliche Versicherungsunternehmen erlischt (§ 188 Abs. 1 iVm § 20 Abs. 1 Nr. 2 S. 1).

7 Die **Versicherungsverhältnisse** gehen unverändert auf den übernehmenden Rechtsträger über[8] (→ § 178 Rn. 23). Die Rechtsfolgen treten gem. § 188 Abs. 1 iVm § 176 Abs. 3 im Zeitpunkt der die Handelsregistereintragung ersetzenden Bekanntmachung der aufsichtsbehördlichen Genehmigung im Bundesanzeiger (§ 188 Abs. 3 S. 2) ein.[9]

---

2 Schmitt/Hörtnagl/*Winter* § 188 Rn. 1.
3 Ablehnend auch Widmann/Mayer/*Heckschen* § 188 Rn. 1.
4 Henssler/Strohn/*Decker* § 188 Rn. 1.
5 Lutter/*Wilm* § 188 Rn. 3 ff.; Semler/Stengel/Leonard/*Stengel* § 188 Rn. 3 ff.; Kölner Komm UmwG/*Beckmann* § 188 Rn. 2 ff.; Widmann/Mayer/*Heckschen* § 188 Rn. 5 ff.
6 Semler/Stengel/Leonard/*Stengel* § 188 Rn. 8; Widmann/Mayer/*Heckschen* § 188 Rn. 14.
7 Semler/Stengel/Leonard/*Stengel* § 188 Rn. 8; Widmann/Mayer/*Heckschen* § 188 Rn. 14.
8 Kölner Komm UmwG/*Beckmann* § 188 Rn. 11.
9 Kölner Komm UmwG/*Beckmann* § 188 Rn. 12; Henssler/Strohn/*Decker* § 188 Rn. 2.

Zweiter Unterabschnitt Teilübertragung

§ 189 Anwendung der Spaltungsvorschriften

(1) Bei einer Teilübertragung nach § 175 Nr. 2 Buchstabe c sind auf die übernehmenden Rechtsträger die für die Aufspaltung, Abspaltung oder Ausgliederung zur Aufnahme geltenden Vorschriften des Dritten Buches und die dort für entsprechend anwendbar erklärten Vorschriften des Zweiten Buches auf den vergleichbaren Vorgang sowie auf das übertragende Versicherungsunternehmen § 176 Abs. 3 entsprechend anzuwenden, soweit sich aus den folgenden Vorschriften nichts anderes ergibt.

(2) § 176 Abs. 2 und 4, § 178 Abs. 3 sowie § 188 Abs. 3 sind entsprechend anzuwenden.

I. Normzweck

§ 189 regelt die Teilübertragung von einem öffentlich-rechtlichen Versicherungsunternehmen auf eine bestehende Versicherungs-AG (bzw. eine Versicherungs-SE, → § 178 Rn. 2) oder einen bestehenden VVaG.

Die Teilübertragung auf eine Versicherungs-AG ist in allen drei Varianten (nach Art der Aufspaltung, nach Art der Abspaltung und nach Art der Ausgliederung) möglich.[1]

Bei einer Teilübertragung auf einen **VVaG** ist streitig, ob die Ausgliederung wegen der Beschränkungen des § 151 zulässig ist. Einige Vertreter der juristischen Literatur meinen, dass die Ausgliederung unter Beteiligung von VVaG durch § 151 allgemein sehr stark eingeschränkt wird. Bei dem pauschalen Verweis in § 189 Abs. 1 auf den Spaltungstyp der Ausgliederung handele es sich um einen Redaktionsfehler.[2] Dies wird von der hM jedoch zu Recht abgelehnt.[3] Es besteht kein Grund, die Spaltungsmöglichkeiten unter Beteiligung von VVaG entgegen dem klaren Wortlaut des § 189 Abs. 1 unnötig zu beschränken. Allerdings hat diese Frage in der Praxis kaum Relevanz, da die Teilübertragung nach Art der Ausgliederung auf einen VVaG schon aus steuerrechtlichen Gründen kaum durchgeführt wird.[4]

Ebenso wie bei § 188 ist im Rahmen von § 189 auch streitig, wie die Verweisung auf § 178 Abs. 3 und das für das übernehmende öffentlich-rechtliche Versicherungsunternehmen geltende **Bundes- oder Landesrecht** zu verstehen ist und ob vor diesem Hintergrund nach aktuellem Recht die Teilübertragung überhaupt zulässig ist.[5] Eine solche Einschränkung entspricht aus meiner Sicht nicht dem gesetzgeberischen Willen. Vielmehr ist der Ansicht zu folgen, dass die Verweisung nur missverständlich ist und sich nicht nur auf öffentlich-rechtliche Versicherungsunternehmen als übernehmende, sondern auch als übertragende Rechtsträger bezieht.[6] Folglich ergeben sich die Voraussetzungen aus dem für das öffentlich-rechtliche Versicherungsunternehmen geltenden öffentlich-rechtlichen Unternehmensrecht (→ § 188 Rn. 3).

---

1 Lutter/*Wilm* § 189 Rn. 2; Henssler/Strohn/*Decker* § 189 Rn. 1; Semler/Stengel/Leonard/*Stengel* § 189 Rn. 3.
2 Vgl. zum Meinungssand Widmann/Mayer/*Heckschen* § 189 Rn. 2 mwN.
3 Henssler/Strohn/*Decker* § 189 Rn. 1; Kölner Komm UmwG/*Beckmann* § 189 Rn. 2; Semler/Stengel/Leonard/*Stengel* § 189 Rn. 3; Lutter/*Wilm* § 189 Rn. 2.
4 Semler/Stengel/Leonard/*Stengel* § 189 Rn. 3; Widmann/Mayer/*Heckschen* § 189 Rn. 2.
5 Als unzulässig angesehen von Schmitt/Hörtnagl/*Winter* § 189 Rn. 1.
6 Henssler/Strohn/*Decker* § 189 Rn. 1.

II. Inhalt

5 Das Verfahren der Teilübertragung von einem öffentlich-rechtlichen Versicherungsunternehmen entspricht im Wesentlichen dem bei der Teilübertragung durch eine Versicherungs-AG (§ 179) und durch einen VVaG (§ 184;[7] → § 179 Rn. 6 ff. und → § 184 Rn. 3 ff.).

1. Voraussetzungen der Teilübertragung

6 Erforderlich sind für die Teilübertragung folgende Schritte: **Übertragungsvertrag**, **Übertragungsbericht**, **Übertragungsprüfung**, **Übertragungsbeschluss**, **Bestellung eines Treuhänders** und die **aufsichtsbehördliche Genehmigung** (§ 14 VAG).[8]

7 Da das übertragende öffentlich-rechtliche Versicherungsunternehmen nicht im Handelsregister eingetragen ist, erfolgt die **Bekanntmachung** insoweit durch die Aufsichtsbehörde (§ 189 Abs. 2 iVm § 188 Abs. 3). Für die übernehmende Versicherungs-AG bzw. den übernehmenden VVaG erfolgt die Bekanntmachung der Eintragung im **Handelsregister** durch das Registergericht (§ 189 Abs. 1 iVm § 125 und § 19 Abs. 3).[9]

2. Rechtsfolgen der Teilübertragung

8 Als Rechtsfolge der Teilübertragung gehen die betroffenen Vermögensteile im Wege der partiellen **Gesamtrechtsnachfolge** auf den übernehmenden Rechtsträger über (§ 189 Abs. 1 iVm § 131 Abs. 1 Nr. 1).

9 Soweit sie zu dem übertragenden Vermögensteil gehören, gehen die bestehenden **Versicherungsverhältnisse** der Versicherungs-AG unverändert auf den übernehmenden Rechtsträger über. Bei der Vermögensübertragung nach Art der Aufspaltung erlischt das übertragende öffentlich-rechtliche Versicherungsunternehmen (§ 189 Abs. 1 iVm § 131 Abs. 1 Nr. 2). Wegen der Einzelheiten → § 178 Rn. 23.

Fünftes Buch Formwechsel

Literatur:

Altmeppen, Schutz vor „europäischen" Kapitalgesellschaften, NJW 2004, 97; *Arbeitskreis Europäisches Unternehmensrecht*, Thesen zum Erlass einer europäischen Sitzverlegungsrichtlinie, NZG 2011, 98; *Bärwaldt/Schabacker*, Der Formwechsel als modifizierte Neugründung, ZIP 1998, 1293; *Bayer*, Die EuGH-Entscheidung „Inspire Art" und die deutsche GmbH im Wettbewerb der europäischen Rechtsordnungen, BB 2003, 2357; *Bayer*, 1000 Tage neues Umwandlungsrecht – eine Zwischenbilanz, ZIP 1997, 1613; *Bayer/Schmidt*, Grenzüberschreitende Sitzverlegung und grenzüberschreitende Restrukturierungen nach MoMiG, Cartesio und Trabrennbahn, ZHR 2009, 735; *Bayer/Schmidt*, Wer ist mit welchen Anteilen bei Strukturveränderungen abfindungsberichtigt, ZHR 178 (2014), 150; *Behme*, Der grenzüberschreitende Formwechsel von Gesellschaften nach Cartesio und VALE, NZG 2012, 936; *Behrens*, Die grenzüberschreitende Sitzverlegung von Gesellschaften in der EWG, IPRax 1989, 354; *Bergjan/Klotz*, Formale Fallstricke bei der Vollmachtserteilung in M&A-Transaktionen, ZIP 2016, 2300; *Berninger*, Die Unternehmergesellschaft (haftungsbeschränkt) – Sachkapitalerhöhungsverbot und Umwandlungsrecht, GmbHR 2010, 63; *Böhringer*, Grundbuchberichtigung bei Umwandlungen nach dem Umwandlungsgesetz, RPfleger 2001, 59; *Böttcher/Kraft*, Grenzüberschreitender Formwechsel und tatsächliche Sitzverlegung – Die Entscheidung VALE des EuGH, NJW 2012, 2701; *Bungert*, Grenzüberschreitende Verschmelzungsmobilität – Anmerkung zur Sevic-Entscheidung des EuGH, BB 2006, 53; *Bungert/Leyendecker-Langner*, Umwandlungsverträge und ausländische Arbeitnehmer – Umfang der arbeitsrechtlichen Pflichtangaben, ZIP 2014, 1112; *Dorn/Langeloh*, Gewerblicher Grundstückshandel durch Formwechsel einer Personen- in eine Ka-

---

[7] Semler/Stengel/Leonard/*Stengel* § 189 Rn. 4 ff.; Lutter/*Wilm* § 189 Rn. 3; Henssler/Strohn/*Decker* UmwG § 189 Rn. 1.

[8] Semler/Stengel/Leonard/*Stengel* § 189 Rn. 4 ff.; Kölner Komm UmwG/*Beckmann* § 189 Rn. 3 ff.; Widmann/Mayer/*Heckschen* § 189 Rn. 4 ff.

[9] Kölner Komm UmwG/*Beckmann* § 189 Rn. 7 f.

pitalgesellschaft in mehrstufigen Strukturen?, DStR 2016, 1455; *Drinhausen/Gesell*, Gesellschaftsrechtliche Gestaltungsmöglichkeiten grenzüberschreitender Mobilität von Unternehmen in Europa, BB-Special 8/2006, 3; *Drinhausen/Gesell*, Die innereuropäische Verlegung des Gesellschaftssitzes als Ausfluß der Niederlassungsfreiheit? (Teil II), DB 1989, 413; *Ebenroth/Eyles*, Die innereuropäische Verlegung des Gesellschaftssitzes als Ausfluß der Niederlassungsfreiheit? (Teil I), DB 1989, 363; *Ege/Klett*, Praxisfragen der grenzüberschreitenden Mobilität von Gesellschaften, DStR 2012, 2442; *Eidenmüller*, Wettbewerb der Gesellschaftsrechte in Europa, ZIP 2002, 2233; *Even/Vera*, Die Techniken des Going Private in Deutschland, DStR 2002, 1315; *Feddersen/Kiem*, Die Ausgliederung zwischen „Holzmüller" und neuem Umwandlungsrecht, ZIP 1994, 1078; *Feldhaus*, Das Erfordernis wirtschaftlicher Inlandstätigkeit beim grenzüberschreitenden (Herein-)Formwechsel nach „Po bud", BB 2017, 2819; *Finken/Decher*, Die Umstrukturierung des Familienunternehmens in eine Aktiengesellschaft, AG 1989, 391; *Freitag/Korch*, Gedanken zum Brexit – Mögliche Auswirkungen im internationalen Gesellschaftsrecht, ZIP 2016, 1361; *Geck*, Die Spaltung von Unternehmen nach dem neuen Umwandlungsrecht, DStR 1995, 416; *Gottschalk*, Der „erste" Aufsichtsrat bei Umwandlung einer Anstalt öffentlichen Rechts in eine mitbestimmte Aktiengesellschaft, NZG 2008, 713; *Göttsche*, Das Centros-Urteil des EuGH und seine Auswirkungen. Eine Bestandsaufnahme aus gesellschafts-, handels- und steuerrechtlicher Sicht, DStR 1999, 1403; *Grohmann/Gruschinske*, Beschränkungen des Wegzugs von Gesellschaften innerhalb der EU – die Rechtssache Cartesio, EuZW 2008, 463; *Heckschen*, Grenzüberschreitender Formwechsel, ZIP 2015, 2049; *Heckschen/Weitbrecht*, Formwechsel öffentlicher Rechtsträger in private Rechtsformen, NZG 2018, 761; *Heckschen/Strnad*, Aktuelles zum grenzüberschreitenden Formwechsel und seiner praktischen Umsetzung, notar 2018, 68; *Hermanns*, Die grenzüberschreitende Sitzverlegung in der notariellen Praxis, MittBayNot 2016, 297; *Hoor*, Das Centros-Urteil des EuGH und seine Auswirkungen auf die Anknüpfung des Gesellschaftsstatuts, NZG 1999, 984; *Hushahn*, Grenzüberschreitende Formwechsel im EU/EWR-Raum – die identitätswahrende statutenwechselnde Verlegung des Satzungssitzes in der notariellen Praxis, RNotZ 2014, 137; *Joost*, Arbeitsrechtliche Angaben im Umwandlungsvertrag, ZIP 1995, 976; *Kallmeyer*, Der Einsatz von Spaltung und Formwechsel nach dem UmwG 1995 für die Zukunftssicherung von Familienunternehmen, DB 1996, 28; *Kallmeyer*, Der Formwechsel der GmbH oder GmbH & Co. in die AG oder KGaA zur Vorbereitung des Going public, GmbHR 1995, 888; *Kersting*, Rechtswahlfreiheit im Europäischen Gesellschaftsrecht nach Überseering, NZG 2003, 9; *Kindler*, „Inspire Art" – Aus Luxemburg nichts Neues zum internationalen Gesellschaftsrecht, NZG 2003, 1086; *Kindler*, Auf dem Weg zur Europäischen Briefkastengesellschaft? Die „Überseering"-Entscheidung des EuGH und das internationale Privatrecht, NJW 2003, 1073; *Kindler*, Der reale Niederlassungsbegriff nach dem VALE-Urteil des EuGH, EuZW 2012, 888; *Kindler*, Ende der Diskussion über die so genannte Wegzugsfreiheit, NZG 2009, 130; *Kossmann/Heinrich*, Möglichkeiten der Umwandlung einer bestehenden SE, ZIP 2007, 164; *Kovács*, Der grenzüberschreitende (Herein-)Formwechsel in der Praxis nach dem Polbud-Urteil des EuGH, ZIP 2018, 253; *Lindemeier*, Fragen der „Umschreibung" der Vollstreckungsklausel ohne Rechtsnachfolge, RNotZ 2002, 41; *Mayer*, Erste Zweifelsfragen bei der Unternehmensspaltung, DB 1995, 861; *Lutz*, Formwechsel eines eingetragenen Vereins in eine GmbH, BWNotZ 2013, 106; *Meister*, Die Auswirkungen des MoMiG auf das Umwandlungsrecht, NZG 2008, 767; *Melchior*, Die Beteiligung von Betriebsräten an Umwandlungsvorgängen aus Sicht des Handelsregisters, GmbHR 1996, 833; *Melchior*, Vollmachten bei Umwandlungsvorgängen – Vertretungshindernisse und Interessenkollisionen, GmbHR 1999, 520; *Meyer-Landrut/Kiem*, Der Formwechsel einer Publikumsgesellschaft. Erste Erfahrungen aus der Praxis, WM 1997, 1413; *Neye*, Anm. zu OLG Nürnberg Beschl. v. 19.6.2013, EWiR 2014, 45; *Oechsler*, Die Zulässigkeit grenzüberschreitender Verschmelzungen – Die Sevic-Entscheidung des EUGH, NJW 2006, 812; *Oplustil/Schneider*, Zur Stellung der Europäischen Aktiengesellschaft im Umwandlungsrecht, NZG 2003, 13; *Paefgen*, „Cartesio": Niederlassungsfreiheit minderer Güte, WM 2009, 529; *Pfaff*, Angaben zu den arbeitsrechtlichen Folgen einer Umwandlung sind auch bei fehlendem Betriebsrat erforderlich, BB 2002, 1604; *Pfaff*, Dispositivität der Betriebsratsunterrichtung im Umwandlungsverfahren, DB 2002, 686; *Priester*, Das neue Umwandlungsrecht aus notarieller Sicht, DNotZ 1995, 427; *Raiser*, Gesamthand und juristische Person im Licht des neuen Umwandlungsrechts, AcP 1994, 459; *Reichert*, Folgen der Anteilsvinkulierung für Umstrukturierungen von Gesellschaften mit beschränkter Haftung und Aktiengesellschaften nach dem Umwandlungsgesetz 1995, GmbHR 1995, 176; *Roth*, Internationalprivatrechtliche Aspekte der Personengesellschaften; *Schaper*, Grenzüberschreitender Formwechsel und Sitzverlegung: Die Umsetzung der VALE-Rechtsprechung des EuGH, ZIP 2014, 810; *Schaper*, Eigene Anteile im Formwechsel, ZGR 2018, 126; *Schnorbus*, Analogieverbot und Rechtsfortbildung im Umwandlungsrecht. Ein Beitrag zum Verständnis des § 1 Abs. 2 UmwG, DB 2001, 1654; *Schöne*, Die Klagefrist des § 14 Abs. 1 UmwG: Teils Rechtsfortschritt, teils „Aufforderung" zu sanktionslosen Geheimbeschlüssen?, DB 1995, 1317; *Schönhaus*, Grenzüberschreitender Formwechsel aus gesellschafts- und steuerrechtlicher Sicht, IStR 2013, 174; *Schwedhelm*, Die Umstrukturierung von Kapitalgesellschaften in Personengesellschaften zur Vorbereitung der Unternehmensnachfolge, ZEV 2003, 8; *Schulze*, Innereuropäische formwechselnde Sitzverlegung nach der VALE-Entscheidung des EuGH, IWRZ 2016 3; *Seibold*, Der grenzüberschreitende Herein-Formwechsel in eine deutsche GmbH – Geht doch!, ZIP 2017, 456; *Siems*, Der letzte Mosaikstein im Internationalen Gesellschaftsrecht der EU? EuZW 2006, 135; *Spahlinger/Wegen*, Deutsche

Gesellschaften in grenzüberschreitenden Umwandlungen nach „SEVIC" und der Verschmelzungsrichtlinie in der Praxis, NZG 2006, 721; *Stohlmeier*, Zuleitung der Umwandlungsdokumentation und Einhaltung der Monatsfrist: Verzicht des Betriebsrats?, BB 1999, 1394; *Tettinger*, UG (umwandlungsbeschränkt)? Die Unternehmergesellschaft nach dem MoMiG-Entwurf und das UmwG, Der Konzern 2008, 75; *Teichmann*, Cartesio: Die Freiheit zum formwechselnden Wegzug, ZIP 2009, 393; *Teichmann*, Grenzüberschreitender Formwechsel kraft vorauseilender Eintragung im Aufnahmestaat, ZIP 2017, 1190; *Tiedtke*, Kostenrechtliche Behandlung von Umwandlungsvorgängen unter Berücksichtigung der Kostenrechtsänderung zum 27.6.1997, MittBayNot 1999, 209; *Timm*, Die Rechtsfähigkeit der Gesellschaft bürgerlichen Rechts und ihre Haftungsverfassung, NJW 1995, 3209; *Timm*, Einige Zweifelsfragen zum neuen Umwandlungsrecht, ZGR 1996, 247; *Usler*, Der Formwechsel nach dem neuen Umwandlungsrecht, MittRhNotK 1998, 21; *Vossius*, Der verlorene Sohn oder die Limited nach dem Brexit, notar 2016, 314; *Wansleben*, Anmerkung zu EuGH, Urteil vom 16.12.08, Rs C-210/06 („Cartesio"), StudZR 2009, 365; *Weller*, Internationales Unternehmensrecht 2010. IPR-Methodik für grenzüberschreitende gesellschaftsrechtliche Sachverhalte, ZGR 2010, 679; *Wicke*, Zulässigkeit des grenzüberschreitenden Formwechsels. Rechtssache „Vale" des Europäischen Gerichtshofs zur Niederlassungsfreiheit, DStR 2012, 1756; *Wied*, Der Umgang mit unbekannten Minderheitsaktionären nach dem Formwechsel in eine GmbH, GmbHR 2016, 15; *Winter/Marx/De Decker*, Von Paris nach Charlottenburg – zur Praxis grenzüberschreitender Formwechsel, DStR 2016, 1997; *Winter/Marx/De Decker*, Von Frankfurt nach Rom – zur Praxis grenzüberschreitender „Hinausformwechsel", DStR 2017, 1664; *Zimmer/Neandrup*, Das Cartesio-Urteil des EuGH: Rück- oder Fortschritt für das internationale Gesellschaftsrecht?, NJW 2009, 545.

Erster Teil
Allgemeine Vorschriften

§ 190 Allgemeiner Anwendungsbereich

(1) Ein Rechtsträger kann durch Formwechsel eine andere Rechtsform erhalten.

(2) Soweit nicht in diesem Buch etwas anderes bestimmt ist, gelten die Vorschriften über den Formwechsel nicht für Änderungen der Rechtsform, die in anderen Gesetzen vorgesehen oder zugelassen sind.

I. Einführung	1
1. Historische Grundlagen	1
a) GmbHG 1892 und UmwG 1934	2
b) Formwechselnde und übertragende Umwandlung	4
c) Rechtsdogmatische Relevanz – Absage an die Gesamthand?	7
d) Grenzüberschreitender Formwechsel	8
2. Gesetzesaufbau	9
3. Motive für einen Formwechsel	10
a) Wechsel einer GmbH in eine AG	11
b) Wechsel einer AG in eine GmbH	13
c) Wechsel einer Kapitalgesellschaft in eine Personengesellschaft	14
d) Wechsel einer Personengesellschaft in eine Kapitalgesellschaft	15
4. Der grenzüberschreitende Formwechsel	16
a) Ausgangspunkt: Die Trilogie Centros, Überseering und Inspire Art	18
b) Die Entscheidungen des EuGH in den Rechtssachen SEVIC und Cartesio	19
c) Die Entscheidung des EuGH in den Rechtssachen VALE und Polbud	21
d) Die obergerichtlichen Entscheidungen zum grenzüberschreitenden Formwechsel	22
e) Auswirkungen des UmRUG	23
f) Grenzüberschreitende Formwechsel von Personengesellschaften	24
g) Praktische Konsequenzen	25
II. § 190 Abs. 1	26
1. Inhalt der Norm	26
a) Definition des Formwechsels	26
b) Wirtschaftliche Identität	27
c) Rechtliche Identität	28
2. Verfahren	29
a) Vorbereitung	30
b) Beschlussfassung	34
c) Vollzug	35
III. § 190 Abs. 2	36
1. Allgemeines	36
2. Numerus clausus und Analogieverbot	37
a) Numerus clausus	37
b) Analogieverbot	38
3. Formwechsel außerhalb des UmwG	39
a) AG wird zur SE	40
b) SE wird zur AG oder zu einer anderen der AG offenstehenden Rechtsform	42
c) Sonstige gesetzlich anerkannte Fälle	43
IV. Kostenrechtliche Behandlung	46
1. Gerichtskosten	47
2. Notarkosten	48
3. Prüfungskosten	50

I. Einführung

1. Historische Grundlagen

Der **Begriff** des Formwechsels wurde mit Inkrafttreten des UmwG am 1.1.1995[1] (UmwG 1994) erstmals gesetzlich festgeschrieben und wird inhaltlich in den §§ 190–304 des Fünften Buches des UmwG konkretisiert sowie, soweit es grenzüberschreitende Formwechsel betrifft, seit dem 1.3.2023 in den §§ 333–345 nF im Sechsten Buch des UmwG. Nachdem im Umwandlungsrecht vor 1995 die Bezeichnungen „Formwechsel" und „Umwandlung" einheitlich für einen Vorgang verwendet wurden, wird der Formwechsel nunmehr neben der Verschmelzung (Zweites Buch), der Spaltung (Drittes Buch) sowie der Vermögensübertragung (Viertes Buch) als vierte Art und damit Unterfall der Umwandlung nach § 1 Abs. 1 Nr. 4 qualifiziert. Diese Entwicklung hat das UmRUG begrüßenswerterweise fortgesetzt und mit Wirkung zum 1.3.2023 den (Ober-)Begriff der Umwandlung durch den Begriff des Formwechsels in allen Vorschriften der §§ 190–304 ersetzt, ohne dass damit jedoch eine inhaltliche Änderung verbunden gewesen ist.[2]

a) GmbHG 1892 und UmwG 1934

Trotz der verhältnismäßig späten Kodifizierung des Formwechsels im UmwG 1994 konnten Aktiengesellschaften bereits weitaus früher einen (mit dem heutigen Verständnis vergleichbaren) **identitätswahrenden Wechsel** in die Rechtsform der GmbH herbeiführen: Wurde eine AG zum Zwecke der Umwandlung in eine GmbH aufgelöst, konnte nach § 78 GmbHG 1892[3] unter bestimmten Voraussetzungen von einer Liquidation des Ausgangsrechtsträgers abgesehen werden. § 79 GmbHG 1892 ordnete dann an, dass das Vermögen der AG von Rechts wegen mit der Eintragung der neuen Gesellschaft in das Handelsregister auf die GmbH übergeht.

Einen Schritt weiter ging das Umwandlungsgesetz von 1934.[4] Um in geeigneten Fällen die Abkehr von anonymen Kapitalformen zur Eigenverantwortung des Unternehmers zu erleichtern, ermöglichte es Unternehmen den Weg zu einer identitätswahrenden Umwandlung.[5] Bei Vorliegen bestimmter Kriterien konnte nach den §§ 9 ff. UmwG 1934 eine AG, KGaA oder GmbH unter gleichzeitiger Errichtung des Rechtsträgers in die Rechtsform der **offenen Handelsgesellschaft** wechseln. Das als Provisorium angedachte UmwG 1934 wurde niemals aufgehoben, sondern durch das UmwG 1956, UmwG 1965 und UmwG 1969 lediglich novelliert.

b) Formwechselnde und übertragende Umwandlung

Vor dem heute geltenden UmwG 1994 wurde begrifflich zwischen der **formwechselnden Umwandlung** und der **übertragenden Umwandlung** differenziert.

Vorschriften zur **formwechselnden Umwandlung** fanden sich insbes. in den §§ 362 ff. AktG aF[6] und (bereits) im HGB 1897.[7] Bei dieser Form der Umwandlung fand der Rechtsformwechsel ohne Liquidation und ohne Einzelübertragung der Aktiva und Passiva statt. Der Formwechsel war jedoch lediglich zwischen Unternehmen derselben

---

1 BGBl. 1994 I 3210.
2 Vgl. stellvertretend Begr. RegE zu § 192, BT-Drs. 20/3822, 85.
3 Gesetz betreffend die Gesellschaften mit beschränkter Haftung v. 20.4.1892, RGBl. S. 477 v. 26.4.1892.
4 Gesetz über die Umwandlung von Kapitalgesellschaften v. 5.7.1934, RGBl. I 569.
5 Erwägungsgrund zum Gesetz über die Umwandlung von Kapitalgesellschaften v. 5.7.1934, RGBl. I 569.
6 Aktiengesetz v. 6.9.1965, BGBl. I 1089.
7 Handelsgesetzbuch v. 10.5.1897, RGBl. S. 219 v. 21.5.1897; etwa §§ 105 Abs. 1, 161 HGB aF.

„Kategorie" möglich.[8] Dementsprechend sah das frühere Recht formwechselnde Umwandlungen nur innerhalb von Kapitalgesellschaften, Personengesellschaften und für den Wechsel einer Personengesellschaft zu einem Einzelunternehmen vor.

5 Die **übertragende Umwandlung** war hingegen insbes. im UmwG 1969 geregelt. Im Gegensatz zur formwechselnden Umwandlung fand hier eine Vermögensübertragung im Wege der Gesamtrechtsnachfolge statt.[9] Das Institut der übertragenden Umwandlung konnte zudem dazu eingesetzt werden, Umwandlungen zwischen Unternehmen unterschiedlicher Kategorien zu ermöglichen. So war etwa ein Wechsel einer Personengesellschaft in die Rechtsform einer Kapitalgesellschaft und umgekehrt realisierbar.

6 Rechtstechnisch entsprach lediglich die **formwechselnde Umwandlung** dem heutigen Formwechsel.[10] Die Unterscheidung zwischen den beiden Begrifflichkeiten wurde im UmwG 1994 aufgegeben. Darüber hinaus sieht das UmwG nunmehr auch den identitätswahrenden Formwechsel von Personengesellschaften in Kapitalgesellschaften (§§ 241 ff.) und Kapitalgesellschaften in Personengesellschaften (§§ 226, 228) vor.

c) Rechtsdogmatische Relevanz – Absage an die Gesamthand?

7 Die mit der Kodifizierung des identitätswahrenden Formwechsels zwischen Personen- und Kapitalgesellschaften einhergehende Gleichbehandlung beider Rechtsformen wurde in der Lehre zum Anlass genommen, einen heftigen Streit unter dem Stichwort **„Absage an die Gesamthand"** zu führen.[11] Ursächlich für die Auseinandersetzung war die Anerkennung der GbR als Rechtsträger neuer Rechtsform im Sinne von § 191 Abs. 2 Nr. 1. Nach Bestätigung der (Teil-)Rechtsfähigkeit der GbR-Außengesellschaft durch den BGH hat sich die Relevanz dieser Debatte für die Praxis jedoch erledigt.[12] Das MoPeG hat schließlich mit Wirkung zum 1.1.2024 die GbR in Form der **eingetragenen GbR** erstmals als formwechselnden Rechtsträger (§ 191 Abs. 1 Nr. 1 nF) anerkannt sowie die GbR als Zielrechtsform nur noch auf die Rechtsform einer eingetragenen GbR beschränkt (§ 191 Abs. 2 Nr. 1 nF).

d) Grenzüberschreitender Formwechsel

8 Das UmRUG hat die Vorschriften §§ 333–345 zum grenzüberschreitenden Formwechsel mit Wirkung zum 1.3.2023 eingefügt und setzt damit die EU-Richtlinie 2029/2121 vom 27.11.2019 zur Änderung der EU-Richtlinie 2017/1132 in Bezug auf grenzüberschreitende Umwandlungen, Verschmelzungen und Spaltungen und gleichzeitig die Rechtsprechung des EuGH zur grenzüberschreitenden Mobilität von Unternehmen im Binnenmarkt um.[13]

2. Gesetzesaufbau

9 Die §§ 190–304 des Fünften Buches des UmwG sind weitestgehend ein in sich geschlossenes Regelwerk, finden sich in diesem Teilabschnitt doch nur wenige Verweise auf andere Vorschriften des UmwG wieder. Wie auch bei der Verschmelzung und der Spaltung liegt dem Recht des Formwechsels ein **dreigliedriger Gesetzesaufbau** zugrunde. § 1 sieht als allgemeine Vorschrift den Formwechsel als mögliche Unterart der

---

8 Lutter/*Lutter/Bayer* Einl. I Rn. 6.
9 Semler/Stengel/Leonard/*Schwanna* § 190 Rn. 9.
10 Semler/Stengel/Leonard/*Schwanna* § 190 Rn. 9.
11 Vgl. etwa *Timm* NJW 1995, 3209 ff.; *Timm* ZGR 1996, 247 (251); *Raiser* AcP 1994, 459 (458); zum Diskussionsstand mwN: Lutter/*Hoger* § 190 Rn. 3.
12 BGHZ 146, 341 (346).
13 Vgl. Begr. RegE UmRUG, BT-Drs. 20/3822, 1.

Umwandlung vor. Die §§ 190–213 bauen hierauf auf und stellen rechtsformübergreifend den Allgemeinen Teil, die §§ 214–304 rechtsformspezifisch den Besonderen Teil des Formwechselrechts dar.

3. Motive für einen Formwechsel

Die **Motive** für einen Formwechsel können vielfältig sein. Gemeinhin unterliegt ein Unternehmen ständigen strukturellen Veränderungen. Deshalb ist die Entscheidung für die zweckmäßigste Rechtsform nicht nur bei der Unternehmensgründung relevant, sondern ist unter Berücksichtigung seiner Unternehmensentwicklung und seines Gesellschafterkreises regelmäßig neu zu bewerten.

a) Wechsel einer GmbH in eine AG

Der Wechsel in die Rechtsform der AG findet häufig als Vorstufe zum Börsengang („**going public**") statt.[14] Deshalb kann die Umwandlung einer GmbH in eine AG bei begünstigenden Finanzmarktstrukturen ein wirksames Instrument darstellen, Eigenkapital über die Börse zu günstigeren Konditionen zu beziehen, als vergleichsweise bei der Beschaffung von Fremdkapital. Dieser Vorteil kann (abgesehen von der Gefahr einer Überfremdung) insbes. Familienunternehmen zugutekommen, wenn der Kapitalbedarf des Unternehmens durch die Familiengesellschafter nicht mehr allein gedeckt werden kann.[15]

Zudem ist die Rechtsform der AG auch aus Sicht eines Geschäftsleiters attraktiv: Der Handlungsspielraum eines Geschäftsführers einer GmbH ist aufgrund des Weisungsrechts der Gesellschafter gem. § 47 GmbHG eingeschränkt; zudem kann der Geschäftsführer jederzeit abberufen werden, § 38 Abs. 1 GmbHG. Das Aktiengesetz sieht hingegen für den Vorstand nach § 76 AktG ein solches Weisungsrecht gerade nicht vor; ein Abberufen ist nur bei Vorliegen eines wichtigen Grundes möglich, § 84 Abs. 3 AktG. Aufgrund der relativ unabhängigen Stellung des Vorstands ist die Rechtsform der AG deshalb oftmals attraktiver für **qualifizierte Fremdgeschäftsleitung**.[16]

b) Wechsel einer AG in eine GmbH

Der strukturelle Charakter einer AG ist durch eine zwingende Kompetenzverteilung zwischen Vorstand, Aufsichtsrat und Hauptversammlung geprägt.[17] Das GmbH-Recht räumt hingegen (abgesehen von dem Geschäftsführer bzw. den Geschäftsführern und der Gesellschafterversammlung als zwingend notwendige Organe) den Gesellschaftern wegen der weitreichenden Satzungsautonomie (im Gegensatz zur Satzungsstrenge bei der AG) eine große Gestaltungsfreiheit für die innere Organisation der Gesellschaft ein und erlaubt eine individuell ausgerichtete Ausformung der Rechte und Pflichten der Gesellschafter. Das wichtigste Motiv für eine Umwandlung in eine GmbH liegt deshalb in dem überschaubaren, gestrafften und flexiblen Aufbau der Gesellschaftsform, so dass die GmbH insbes. für kleine und mittelständische Unternehmen mit einem beschränkten Kreis von Gesellschaftern attraktiv ist.[18] Nicht zuletzt deshalb ist die GmbH die am häufigsten gewählte Gesellschaftsform unter den Kapitalgesellschaften. Ferner erfolgt

---

14 Lutter/*Hoger* Einführung § 190 Rn. 18; *Finken/Decher* AG 1989, 391 (392); *Kallmeyer* GmbHR 1995, 888; *Kallmeyer* DB 1996, 28 (29).
15 *Kallmeyer* DB 1996, 28.
16 *Kallmeyer* GmbHR 1995, 888.
17 Henssler/Strohn/*Wöstmann* AktG § 1 Rn. 5.
18 *Veil*, Umwandlung einer Aktiengesellschaft, S. 7.

der Formwechsel einer AG in eine GmbH im Anschluss an ein Delisting (**"going private"**), sprich die Aufgabe der Börsenzulassung auf entsprechenden Antrag.[19]

c) Wechsel einer Kapitalgesellschaft in eine Personengesellschaft

14 Der Formwechsel einer Kapitalgesellschaft in eine Personengesellschaft erfolgt meist mit dem Ziel eines **steuerlichen Systemwechsels**. Während Kapitalgesellschaften im Ertragsteuerrecht als eigenständige Steuersubjekte behandelt werden, sind Personengesellschaften zwar souveräne Gewinnerzielungs- und Gewinnermittlungssubjekte, ertragsteuerpflichtig sind jedoch nur ihre Gesellschafter.[20] Zudem ist die Umwandlung von Kapitalgesellschaften in Personengesellschaften zur Vorbereitung der Unternehmensnachfolge attraktiv, da mit dem Wechsel der Rechtsform Bewertungsvorteile bei der Erbschafts- und Schenkungssteuer erzielt werden können.[21] Zuletzt kann der Wunsch nach Vermeidung der Arbeitnehmermitbestimmung im Aufsichtsrat den Formwechsel attraktiv machen.[22]

d) Wechsel einer Personengesellschaft in eine Kapitalgesellschaft

15 Die Umwandlung einer Personengesellschaft in eine Kapitalgesellschaft lässt sich vorwiegend mit haftungsrechtlichen Erwägungen begründen. Zudem muss das Vertretungsorgan einer AG oder GmbH nicht auch selbst Anteilsinhaber bzw. Gesellschafter sein. Die Geschäftsführung bei der Personengesellschaft ist hingegen nach dem **Prinzip der Selbstorganschaft** zwingend durch die Gesellschafter wahrzunehmen.

4. Der grenzüberschreitende Formwechsel

16 Ein grenzüberschreitender Formwechsel war bis zum Inkrafttreten des UmRUG am 1.3.2023 vor dem Hintergrund des abschließenden Charakters von § 1 Abs. 1 Nr. 4 nach dem UmwG grundsätzlich nicht möglich. Danach konnten am Umwandlungsvorgang nur **Rechtsträger mit Sitz im Inland** beteiligt sein. Formwechsel ausländischer Rechtsträger in Unternehmen inländischer Rechtsform und umgekehrt waren nach dem UmwG nicht möglich.[23] Mit dem **UmRUG** sind die Vorschriften §§ 333–345 neu mit Wirkung zum 1.3.2023 ins UmwG eingeführt worden und ermöglichen nunmehr auch normativ – unter Verlegung des satzungsmäßigen Sitzes nach Deutschland – den grenzüberschreitenden Formwechsel einer nach dem Recht eines Mitgliedstaates der EU oder des EWR gegründeten Gesellschaft in eine deutsche Rechtsform (**Herein-Formwechsel**) sowie in die andere Richtung einer nach deutschem Recht gegründeten Gesellschaft in eine Rechtsform nach dem Recht eines Mitgliedstaates der EU oder des EWR – unter Verlegung ihres satzungsmäßigen Sitzes in diesen Staat (**Heraus-Formwechsel**). Allerdings sind die dafür in Deutschland noch zulässigen Gesellschaftsformen auf Kapitalgesellschaften (AG, KGaA und GmbH) beschränkt; die Personengesellschaften oder gar die GbR sind ausgenommen. Das ist bedingt durch den entsprechenden Verweis in § 334 S. 1 auf die Auflistung der Gesellschaftsformen in Anhang II der EU-Richtlinie 2017/1132.

---

19 Zu den Techniken des „going private" in Deutschland allgemein *Even/Vera* DStR 2002, 1315.
20 *Lutter/Schumacher* Anh. 1 nach § 122m Rn. 8. Durch das KöMoG, BGBl. 2021 I 2050 ff., besteht seit 1.7.2021 jedoch die Option („Optionsmodell") für Personenhandels- und Partnerschaftsgesellschaften wie eine Kapitalgesellschaft und ihre Gesellschafter wie die nicht persönlich haftenden Gesellschafter einer Kapitalgesellschaft behandelt zu werden, § 1a Abs. 1 S. 1 KStG nF.
21 Eingehend *Schwedhelm* ZEV 2003, 8 ff.
22 *Jung*, Umwandlungen unter Mitbestimmungsverlust, S. 76 ff.; Lutter/*Hoger* Einführung § 190 Rn. 23.
23 Lutter/*Hoger* Einführung § 190 Rn. 33.

Die Unzulässigkeit eines grenzüberschreitenden Formwechsels galt vor dem UmRUG 17
jedoch bereits ohnehin nicht (mehr) bedingungslos für Formwechsel von Unternehmen mit Sitz innerhalb des Hoheitsgebiets der **Europäischen Union** und des **EWR**. Unter Zugrundelegung der vom EuGH seit der „Daily Mail"-Entscheidung[24] fortwährend ausgeweiteten Rechtsprechung zur Niederlassungsfreiheit von Gesellschaften gem. Art. 49, 54 AEUV wurde der abschließende § 1 Abs. 1 Nr. 4 unter bestimmten Voraussetzungen von vorrangigem Unionsrecht überlagert.

a) Ausgangspunkt: Die Trilogie Centros, Überseering und Inspire Art

Ausgangspunkt der unionsrechtlichen Behandlung grenzüberschreitender Strukturmaßnahmen sind die Entscheidungen des EuGH zur **Mobilität von Gesellschaften** in den Rechtssachen Centros",[25] Überseering[26] und Inspire Art".[27] Betraf die Daily Mail-Entscheidung noch den Fall einer grenzüberschreitenden Sitzverlegung in einer Wegzugskonstellation, konnte sich der EuGH in der Rechtssache Centros erstmalig zu deren Zulässigkeit in Zuzugsfällen äußern. Der Gerichtshof sah in der verweigernden Haltung des Zuzugsstaates eine Verletzung der sekundären Niederlassungsfreiheit. Folgerichtig ging der EuGH in der sich anschließenden Überseering-Entscheidung davon aus, dass die Aberkennung der Rechts- und damit der Parteifähigkeit einer europäischen Gesellschaft nach der Verlegung ihres Verwaltungssitzes in einen anderen Mitgliedstaat mit der primären Niederlassungsfreiheit nicht vereinbar ist. Vielmehr sei die Rechtsfähigkeit zu achten, die diese Gesellschaft nach dem Recht ihres Gründungsstaats besitze.[28] Schließlich bestätigte der Gerichtshof in der Rechtssache Inspire Art seine Rechtsprechung und präzisiert sie für den Fall zuziehender Gesellschaften dahin gehend, dass die Eintragung einer ausländischen Zweigniederlassung nicht von der Erfüllung bestimmter gesetzlich festgelegter Kriterien abhängig gemacht werden darf. 18

b) Die Entscheidungen des EuGH in den Rechtssachen SEVIC und Cartesio

In der SEVIC-Entscheidung[29] hatte der EuGH die Zulässigkeit einer grenzüberschreitenden Verschmelzung zwischen der in Deutschland ansässigen SEVIC Systems AG und der Security Vision Concept SA mit Sitz in Luxemburg zu beurteilen. Der Gerichtshof entschied für diesen speziellen Fall einer „**Herein-Verschmelzung**", dass die auf § 1 Abs. 1 Nr. 1 gestützte Eintragungsverweigerung durch das AG Neuwied gegen die Niederlassungsfreiheit der Gesellschaft verstößt. Zur Begründung führt der EuGH an, dass sich der Eingriff in die Grundfreiheit aus der Ungleichbehandlung innerstaatlicher und grenzüberschreitender Verschmelzungen durch das UmwG ergebe.[30] Eine Rechtfertigung des Eingriffs scheitere bereits an der generellen Verweigerung der Eintragung in das Handelsregister.[31] 19

---

24 EuGH 27.9.1988 – C-81/87, Slg 1988, I-5483 = NJW 1989, 2186 ff. – Daily Mail, hierzu ua *Behrens* IPRax 1989, 354 ff.; *Ebenroth/Eyles* DB 1989, 363 ff. und 413 ff.
25 EuGH 9.3.1999 – C-212/97, Slg 1999, I-1459 = NJW 1999, 2027 ff. – Centros, hierzu ua *Hoor* NZG 1999, 984 ff.; *Göttsche* DStR 1999, 1403 ff.
26 EuGH 5.11.2002 – C-208/00, Slg 2002, I-9919 = NJW 2002, 3614 ff. – Überseering, hierzu ua *Kersting* NZG 2003, 9 ff.; *Kindler* NJW 2003, 1073 ff.; *Eidenmüller* ZIP 2002, 2233 ff.
27 EuGH 30.9.2003 – C-167/01, Slg 2003, I-10155 = NJW 2003, 3331 ff. – Inspire Art, hierzu ua *Kindler* NZG 2003, 1086 ff.; *Altmeppen* NJW 2004, 97 ff.; *Bayer* BB 2003, 2357 ff.
28 In dieser Feststellung manifestiert sich zudem die vom EuGH vertretenen „Gründungstheorie" für die Bestimmung des einschlägigen Gesellschaftsstatuts bei Fragen des transnationalen Gesellschaftsrechts.
29 EuGH 13.12.2005 – C-411/03, Slg 2005, I-10805 = NJW 2006, 425 ff. – Sevic, hierzu ua *Oechsler* NJW 2006, 812 ff.; *Siems* EuZW 2006, 135 ff.; *Bungert* BB 2006, 53 ff.
30 EuGH NJW 2006, 425 (426) Rn. 20.
31 EuGH NJW 2006, 425 (426) Rn. 30.

Ein bedeutender Teil in der Literatur nahm die Diskriminierungsargumentation des EuGH aus der SEVIC-Entscheidung zum Anlass, die Rechtsprechung des Gerichtshofs auch auf die Fälle des **„Herein-Formwechsels"** auszuweiten.[32] Der Zuzugsstaat habe dann einen grenzüberschreitenden Formwechsel in eine seinem nationalen Recht entsprechende Rechtsform bei gleichzeitiger Verlegung des Verwaltungssitzes zu dulden, wenn nach dem nationalen Recht des Zielstaats eine solche Umwandlungsmöglichkeit eröffnet sei.[33]

20 In der Rechtssache „Cartesio"[34] konnte sich der EuGH hingegen erstmals direkt zur Frage nach der Zulässigkeit identitätswahrender (mit dem deutschen Rechtsverständnis eines Formwechsels vergleichbarer) Umwandlungsvorgänge äußern. Der EuGH betont, dass die Niederlassungsfreiheit grundsätzlich Rechtsvorschriften eines Mitgliedstaates nicht entgegenstehe, die es einer nach dessen nationalem Recht gegründeten Gesellschaft verwehre, ihren Sitz in einen anderen Mitgliedstaat unter Wahrung des Gesellschaftsstatuts zu verlegen.[35] Inhaltlich differenziert der Gerichtshof jedoch (obiter) zwischen der Sitzverlegung unter Wahrung des Gesellschaftsstatuts und der Sitzverlegung mit grenzüberschreitendem Formwechsel.[36] In diesem zweiten Fall dürfe die vorgenannte Befugnis nicht dazu führen, dass der Gründungsmitgliedstaat die Gesellschaft daran hindert, sich in eine Gesellschaft nach dem nationalen Recht des Zuzugsstaates umzuwandeln, soweit dies nach diesem Recht auch möglich sei.[37] Versagt der Wegzugstaat einen solchen **„Heraus-Formwechsel"**, sei in dieser Maßnahme eine Beschränkung der Niederlassungsfreiheit der betreffenden Gesellschaft zu sehen, welche, wenn sie nicht zwingenden Gründen des Allgemeininteresses entspreche, nach Art. 43 EG (nunmehr Art. 49 AEUV) verboten sei.[38]

c) Die Entscheidung des EuGH in den Rechtssachen VALE und Polbud

21 Mit der VALE-Entscheidung[39] schreibt der EuGH seinen in der Cartesio-Entscheidung für Wegzugskonstellationen eingeschlagenen Kurs fort. Der Entscheidung lag ein **Zuzugssachverhalt** zugrunde. Die italienische VALE-S. a. r. l. wollte unter Beibehaltung ihrer unternehmerischen Tätigkeit ihren Sitz nach Ungarn verlegen und dabei die Rechtsform einer ungarischen GmbH annehmen. Das zuständige ungarische Registergericht verweigerte die Eintragung, was die nachfolgende gerichtliche Instanz mit dem Hinweis bestätigte, die ungarischen Umwandlungsvorschriften seien nur auf innerungarische Sachverhalte anwendbar und das ungarische Recht sehe eine grenzüberschreitende Sitzverlegung im Ausland gegründeter Gesellschaften nach Ungarn nicht vor. Dem ist der EuGH mit Verweis auf seine Cartesio-Entscheidung entgegengetreten. Eine nationale Regelung, die inländischen Gesellschaften eine Umwandlung ermögliche, aber die Umwandlung einer dem Recht eines anderen Mitgliedstaates unterliegenden Gesellschaft in eine inländische Gesellschaft mittels Gründung untersage, verstoße ge-

---

32 *Zimmer/Neandrup* NJW 2009, 545 (549); *Wansleben* StudZR 2009, 365 (374); *Teichmann* ZIP 2009, 393 (402); *Spahlinger/Wegen* NZG 2006, 721 (725); *Bayer/Schmidt* ZHR 173 (2009), 735 (760 f.); *Drinhausen/Gesell* BB-Special 8/2006, 3 (7); aA *Kindler* NZG 2009, 130 (132).
33 *Zimmer/Neandrup* NJW 2009, 545 (548).
34 EuGH 16.12.2008 – C-210/06, Slg 2008, I 9641 = NJW 2009, 569 ff. – Cartesio; hierzu ua *Zimmer/Neandrup* NJW 2009, 545 ff.; *Paefgen* WM 2009, 529 ff.; *Grohmann/Gruschinske* EuZW 2008, 463 ff.
35 EuGH NJW 2009, 569 Ls.
36 EuGH NJW 2009, 569 (571) Rn. 111.
37 EuGH NJW 2009, 569 (571) Rn. 112.
38 EuGH NJW 2009, 569 (571) Rn. 113.
39 EuGH 12.7.2012 – C-378, NJW 2012, 2715 ff. – VALE; hierzu ua *Böttcher/Kraft* NJW 2012, 2701 ff.; *Behme* NZG 2012, 936 ff.; *Kindler* EuZW 2012, 888 ff.; *Wicke* DStR 2012, 1756 ff.

gen die Niederlassungsfreiheit.⁴⁰ Vielmehr müssten die Umwandlungsmöglichkeiten für inländische Gesellschaften auch denjenigen Gesellschaften offenstehen, die dem Recht eines anderen Mitgliedstaates unterliegen und sich in Gesellschaften nach dem Recht des Zuzugsstaates umwandeln möchten, weil anderenfalls inländische Gesellschaften bevorzugt werden würden (Äquivalenzgrundsatz).⁴¹ Eine grenzüberschreitende Umwandlung setze allerdings die sukzessive Anwendung der Rechtsvorschriften des Wegzugs- und des Zuzugsstaates voraus.⁴² Der Zuzugsstaat müsse daher den von den Behörden des Wegzugsstaates ausgestellten Dokumenten im Eintragungsverfahren „gebührend Rechnung tragen" (Effektivitätsgrundsatz).⁴³ Das Fehlen unionsrechtlicher Regelungen für grenzüberschreitende Umwandlungen stehe dem nicht entgegen und dürfe keine Vorbedingung für die Umsetzung der Niederlassungsfreiheit sein.⁴⁴ Zwar könnten zwingende Gründe des Allgemeininteresses (zB der Schutz von Gläubigern, Minderheitsgesellschaftern und Arbeitnehmern sowie die Wahrung der Wirksamkeit steuerlicher Kontrollen und der Lauterkeit des Handelsverkehrs) Beschränkungen der Niederlassungsfreiheit rechtfertigen. Dies gelte jedoch nicht bei einem – wie im vorliegenden Fall in Ungarn – generellen Ausschluss grenzüberschreitender Umwandlungen, denn dies gehe über das zur Erreichung dieser allgemeinen Schutzziele und -interessen Erforderliche hinaus.⁴⁵

In seiner Polbud-Entscheidung⁴⁶ hat der EuGH den grenzüberschreitenden Formwechsel weiter vereinfacht. Der Entscheidung lag eine nach polnischem Recht gegründete Gesellschaft zugrunde. Deren Gesellschafter hatten beschlossen, den Satzungssitz nach Luxemburg zu verlegen und die Gesellschaft in eine luxemburgische S.à r.l. umzuwandeln. Nach polnischem Recht ist dafür jedoch die Durchführung eines Liquidationsverfahrens notwendig, damit die Gesellschaft im polnischen Handelsregister gelöscht werden kann. Der Verwaltungssitz bzw. Ort der wirtschaftlichen Betätigung sollte jedoch nicht verlegt werden. Der EuGH hat die isolierte Verlegung des Satzungssitzes als zulässig angesehen und das nach polnischem Recht hierfür erforderliche Liquidationsverfahren als Verstoß gegen die Niederlassungsfreiheit gem. Art. 49, 54 AEUV erachtet. Die Niederlassungsfreiheit umfasse den Anspruch auf Umwandlung in eine dem Recht des anderen Mitgliedstaats unterliegende Gesellschaft ohne Verlust ihrer Rechtspersönlichkeit, so dass die Verlegung des Verwaltungssitzes oder die Ausübung einer wirtschaftlichen Tätigkeit im Zuzugsstaat grundsätzlich nicht mehr erforderlich sei, soweit die Voraussetzungen des Rechts des Zuzugsstaats eingehalten werden, insbesondere die dort geforderte Verbundenheit mit der Rechtsordnung des Zuzugsstaates. Die Mitgliedstaaten könnten nach derzeitiger Rechtslage jedoch die Anforderungen für die Verknüpfung mit ihrer Rechtsordnung selbst festlegen. Der Beweggrund, durch den grenzüberschreitenden Formwechsel vorteilhaftere Rechtsvorschriften nutzen zu wollen, sei für sich allein noch kein Missbrauch der Niederlassungsfreiheit, auch wenn zwingende Gründe des Allgemeininteresses (wie zB Schutz der Gläubiger, Minderheitsgesellschafter und Arbeitnehmer) eine Beschränkung des grenzüberschreitenden – hier – Formwechsels zulasse. Das nach polnischem Recht erforderliche Liquidationsverfahren sei jedoch eine unangemessene und damit ungerechtfertigte Beschränkung der Nie-

---

40 EuGH NJW 2012, 2715 Rn. 41.
41 EuGH NJW 2012, 2715 Rn. 47, 54 ff. und 62.
42 EuGH NJW 2012, 2715 Rn. 37 unter Verweis auf die SE-VIC-Entscheidung EuGH NJW 2006, 425.
43 EuGH NJW 2012, 2715 Rn. 58 ff. und 62.
44 Vgl. zum Ganzen EuGH NJW 2012, 2715 Rn. 38 ff.
45 EuGH NJW 2012, 2715 Rn. 40.
46 EuGH 25.10.2017 – C-106/16 (Polbud), EuZW 2017, 906 ff., insbesondere Rn. 33 ff.

d) Die obergerichtlichen Entscheidungen zum grenzüberschreitenden Formwechsel

22 Teilweise noch unter Berufung auf die VALE-Entscheidung haben mittlerweile die folgenden sechs OLGs die Zulässigkeit eines grenzüberschreitenden Formwechsels bejaht:

- das OLG Nürnberg[47] zum Hinein-Formwechsel einer luxemburgischen S.à.r.l. in eine deutsche GmbH,
- das KG[48] zum Hinein-Formwechsel einer französischen S.à.r.l. in eine deutsche GmbH,
- erstmalig das OLG Frankfurt a. M.[49] zu einem Heraus-Formwechsel einer deutschen GmbH in eine italienische S. r. l.,
- das OLG Düsseldorf[50] zum Hinein-Formwechsel einer niederländischen B.V. in eine deutsche GmbH,
- das OLG Saarbrücken[51] zum Heraus-Formwechsel einer deutschen GmbH in eine französische Societé par actions simplifée,
- das OLG Oldenburg[52] zum Hinein-Formwechsel einer luxemburgischen Société en commandite simple (S.C.S.) in eine deutsche KG und
- wohl zuletzt nochmal das KG[53] zum Hinein-Formwechsel eines österreichischen eingetragenen Vereins in einen deutschen eingetragenen Verein.

Alle sechs OLGs wenden auf diese Konstellationen die §§ 190 ff. analog an.[54] Das OLG Frankfurt a. M. schließt in letzter Konsequenz auch die Heilungswirkung des § 198 Abs. 3 bei Mängeln des Formwechsels mit ein, obwohl in dem zu entscheidenden Fall der Formwechsel auf italienischer Seite ohne vorherige Prüfung der deutschrechtlichen Formwechselvorschriften eingetragen worden war. Zu Recht wird dies in der Literatur vehement kritisiert.[55] Der Verzicht auf die Überprüfung der deutschen Formwechselvorschriften erlaubt es, die Schutzvorschriften der §§ 190 ff. für insbesondere Gläubiger und Arbeitnehmer missbräuchlich zu umgehen.[56] In der Literatur werden stattdessen die Anwendung der früheren, seit 1.3.2023 aufgehobenen §§ 122a ff. (teilweise auch nur deren partielle ergänzende Anwendung) und des MgVG diskutiert,[57] während andere die analoge Anwendung des Art. 8 SE-VO (iVm §§ 13 f. SE-AG) favorisieren.[58]

e) Auswirkungen des UmRUG

23 Seit dem 1.3.2023 hat das UmRUG und die damit einhergehenden neuen Vorschriften der §§ 333–345 diese Rechtsprechung – beschränkt auf den Formwechsel von Kapitalgesellschaften – obsolet gemacht.

---

47 OLG Nürnberg ZIP 2014, 128 ff.
48 KG GmbHR 2016, 763 ff.
49 OLG Frankfurt DNotZ 2017, 381 ff.
50 OLG Düsseldorf DStR 2017, 2345 ff.
51 OLG Saarbrücken BWNotZ, 70 ff.
52 OLG Oldenburg DNotZ 2021, 148 ff.
53 KG DNotZ 2021, 536 ff. (wenngleich im Ergebnis ablehnend, jedoch nur weil ein eingetragener Verein keine zulässige Zielrechtsform nach deutschem Recht sei).
54 Siehe auch die Checkliste der Richterinnen und Richter des AG Charlottenburg zu grenzüberschreitenden Sitzverlegungen GmbHR 2014, R311 f., auch abrufbar unter http://www.gmbhr.de/media/Checkliste_Sitzverleg_2014.pdf.
55 Winter/Marx/De Decker DStR 2017, 1664 (1666 f.); Teichmann ZIP 2017, 1190 (1191 ff.).
56 Teichmann ZIP 2017, 1190 (1191 ff.).
57 Winter/Marx/De Decker DStR 2017, 1664 (1666 f.); Teichmann ZIP 2017, 1190 (1191 ff.); Wicke DStR 2012, 1756 (1758 f.).
58 Seibold ZIP 2017, 456 (459); Bayer/Schmidt ZIP 2012, 1481 (188); Behme NZG 2012, 936 (939); Kindler EuZW 2012, 888 (890); Checkliste der Richterinnen und Richter des AG Charlottenburg zu grenzüberschreitenden Sitzverlegungen GmbHR 2014, R311 f., auch abrufbar unter http://www.gmbhr.de/media/Checkliste_Sitzverlegung_2014.pdf.

f) Grenzüberschreitende Formwechsel von Personengesellschaften

Offen bleibt jedoch die Frage, was für den Formwechsel von bzw. in Personengesellschaften gilt. Hier kann sicherlich weiterhin gesagt werden, dass der grenzüberschreitende Formwechsel auch von Personengesellschaften mit der VALE-Entscheidung des EuGH und den darauf aufbauenden EuGH-Entscheidungen und der obergerichtlichen Entscheidungen des OLG Oldenburg und KG mittlerweile als allgemein auch anerkannt gelten darf, auch wenn der obergerichtlichen Rechtsprechung überwiegend Sachverhalte mit Kapitalgesellschaften zugrunde lagen.[59] Dies zeigt die Entscheidung des OLG Oldenburg sehr deutlich.[60] Der **„grenzüberschreitende Formwechsel von Personengesellschaften"**[61] einer EU-/EWR-Auslandspersonengesellschaft in eine deutsche Gesellschaftsform und umgekehrt ist „in beide Richtungen" ebenso von der Niederlassungsfreiheit aus Art. 49, 54 AEUV geschützt.[62] Diese erfasst nämlich explizit auch Gesellschaften des bürgerlichen Rechts und des Handelsrechts, soweit diese einen Erwerbszweck verfolgen.[63] Dies setzt allerdings voraus, dass die betreffende Gesellschaft (teil-)rechtsfähig nach der auf sie anwendbaren Rechtsordnung ist.[64] Daraus ergibt sich die unionsrechtliche Verpflichtung Deutschlands, trotz der noch fehlenden Regelungen im UmwG solche grenzüberschreitende Hereinformwechsel von EU-Auslandspersonengesellschaften sowie den Heraus-Formwechsel deutscher Personengesellschaften nach den Bestimmungen des UmwG zu gestatten, auch wenn weder der europäische noch der deutsche Gesetzgeber dies bislang auch nach Inkrafttreten des UmRUG leider immer noch nicht kodifiziert hat.[65] Das EU-Recht stellt zwar in Form der GesR-RL (zuvor der IntVerschm-RL),[66] der Umwandlungsrichtlinie[67] und der SE-VO hierfür bislang noch kein taugliches Instrumentarium zur Verfügung. Es stellt sich daher für die Praxis die Frage, nach welchen Bestimmungen ein solcher grenzüberschreitender Formwech-

---

59 So bereits *Roth* ZGR 2014, 168 (206 ff.).
60 OLG Düsseldorf DNotZ 2021, 148 ff.
61 Es ist unerheblich, ob die Rechtsform des Ausgangsrechtsträgers im Wegzugsstaat derjenigen des Zuzugsstaats (bspw. einer Gesellschaft mit beschränkter Haftung) entspricht. Der EuGH nimmt in terminologischer Hinsicht auch im Falle der Rechtsformkongruenz einen Formwechsel an – vgl. *Ege/Klett* DStR 2012, 2442 (2443).
62 Ausführlich zur Thematik des grenzüberschreitenden Formwechsels: *Heckschen* ZIP 2015, 2049; vgl. auch *Behme* NZG 2012, 936 (939). Zu den Besonderheiten, welche sich im Zuge des „Brexit" für den Formwechsel deutscher und englischer Rechtsträger ergeben bzw. potenziell ergeben könnten *Freitag/Korch* ZIP 2016, 1361 (1363 ff.).
63 Heidel/Schall/*Schall* Anh. IntPersGesR Rn. 67; Calliess/Ruffert/*Bröhmer* AEUV Art. 54 Rn. 9; tendenziell zu eng wohl OLG Nürnberg ZIP 2014, 128 (129), wenn es den Kreis der dem Formwechsel zugänglichen Ausgangsrechtsträger in Anwendung des numerus clausus des UmwG gem. § 191 Abs. 1 analog auf die dort genannten Gesellschaftsformen beschränkt.
64 Heidel/Schall/*Schall* Anh. IntPersGesR Rn. 68.
65 *Schönhaus* DStR 2013, 174 (177); so auch *Kindler* EuZW 2012, 888 (890); *Behme* NZG 2012, 936 (939); *Wicke* DStR 2012, 1756 (1758); so auch für den Fall des identitätswahrenden Zuzugs OLG Nürnberg ZIP 2014, 128 ff.; kritisch *Neye* EwiR 2014, 45 f. in Bezug auf den der VALE-Entscheidung zugrunde liegenden Sachverhalt.
66 Richtlinie (EU) 2017/1132 des Europäischen Parlaments und des Rates vom 14.06.2017 über bestimmte Aspekte des Gesellschaftsrechts (ABl. L 169/46 v. 30.06.2017), geändert durch die Richtlinie (EU) 2019/2121 des Europäischen Parlamentes und des Rates v. 27.11.2019 zur Änderung der Richtlinie (EU) 2017/1132 in Bezug auf grenzüberschreitende Umwandlungen, Verschmelzungen und Spaltungen (ABl. 2019 L 321, 1 vom 12.12.2019; ABl. 2020 L 20, 24 vom 24.1.2020); als Nachfolgerin der Richtlinie 2005/56/EG des Europäischen Parlaments und des Rates v. 26.10.2005 über die Verschmelzung von Kapitalgesellschaften aus verschiedenen Mitgliedstaaten (ABl. L 310 v. 25.11.2005, 1), die durch die Umwandlungsrichtlinie aufgehoben wurde).
67 Richtlinie (EU) 2019/2121 des Europäischen Parlamentes und des Rates v. 27.11.2019 zur Änderung der Richtlinie (EU) 2017/1132 in Bezug auf grenzüberschreitende Umwandlungen, Verschmelzungen und Spaltungen (ABl. 2019 L 321, 1 vom 12.12.2019; ABl. 2020 L 20, 24 vom 24.1.2020).

sel von Personengesellschaften zu erfolgen hat.[68] Nach den bisherigen obergerichtlichen Entscheidungen, insbesondere der des OLG Oldenburg, zur analogen Anwendung der §§ 190 ff. darf dies für die Praxis in Deutschland als mittlerweile geklärt gelten (→ Rn. 22).[69] Der obergerichtlichen Rechtsprechung ist insoweit auch zuzustimmen. Das deutsche Umwandlungsrecht hält für den Formwechsel die §§ 190 ff. vor, insbesondere für den grenzüberschreitende Formwechsel die §§ 333 ff. nach Inkrafttreten UmRUG. In Abwesenheit einer spezifisch deutschrechtlichen Regelung sind daher die §§ 190 ff. analog bzw. wohl besser die §§ 333 ff. analog auch auf grenzüberschreitende Formwechsel von Personengesellschaften im Einklang mit der obergerichtlichen Rechtsprechung bzw. deren Weiterentwicklung anzuwenden. Es widerspricht dem Grundgedanken der VALE-Entscheidung generell, andere Regelungen als die Formwechselvorschriften auf einen grenzüberschreitenden Formwechsel anzuwenden. Die umstrittene Entscheidung des OLG Frankfurt a. M.[70] zur analogen Anwendung der Heilungswirkung des § 202 Abs. 3 trotz unterbliebener Prüfung in Deutschland als Wegzugsstaat zeigt jedoch mehr als deutlich, dass eine gesetzliche Regelung immer noch erforderlich ist, um den Schutzinteressen von Gläubigern und Arbeitnehmern in Wegzugsfällen auch von Personengesellschaften hinreichend gerecht zu werden. Denn berechtigt ist bei Heraus-Formwechseln die Frage, wie die Einhaltung der deutschrechtlichen Formwechselvorschriften und die hinreichende Berücksichtigung von Gläubiger- und Arbeitnehmerinteressen, die bei grenzüberschreitenden Sachverhalten in besonderem Maße berührt werden, auch bei grenzüberschreitenden Formwechseln von Personengesellschaften sichergestellt werden können. Nach dem UmRUG stellt sich umso drängender die Frage, ob nicht die §§ 333 ff. auch auf den grenzüberschreitenden Formwechsel von Personengesellschaften analog anzuwenden sind. Der Gesetzgeber bleibt aufgerufen, diese gesetzliche Lücke zur Erhöhung der Rechtssicherheit schnellstmöglich zu schließen.

Sollten die anwendbaren ausländischen Vorschriften höhere Anforderungen an den Ablauf des Formwechsels stellen und/oder mit den analog anzuwendenden Normen des UmwG kollidieren, so müssen die sich überschneidenden Rechtsordnungen mittels

---

68 In Rechtsprechung und Literatur finden sich allerdings zuletzt vermehrt Vorschläge für Ablaufpläne und Checklisten, welche die anzuwendenden Vorschriften im Falle eines grenzüberschreitenden Formwechsels problematisieren – vgl. ua AG Berlin GmbHR 2014, R311, R311 f. (Checkliste für den grenzüberschreitenden Formwechsel in Zuzugs- und Wegzugskonstellationen); *Winter/Marx De Decker* DStR 2016, 1997 (1998) (Checkliste für den Fall der Hineinverlegung einer EU/EWR-Gesellschaft nach Deutschland unter Anwendung der Vorschriften des UmwG); *Schulte* IWRZ 2016, 3 (5 ff.) („Technischer Ablauf einer innereuropäischen Sitzverlegung"); *Hushahn* RNotZ 2014, 137 (142 ff.) (Beschreibung des Verfahrensablaufs im Falle des grenzüberschreitenden Formwechsels am Beispiel des Herausformwechsels einer deutschen GmbH in eine schwedische Aktiebolag).
69 Vgl. auch *Feldhaus* BB 2017, 2819 (2821); s. auch Habersack/Drinhausen/*Kiem* Vor UmwG Rn. 10. Zum Verhältnis der §§ 190 ff. und der Vorschriften der SE-VO in Wegzugskonstellationen sowie eingehend zur Erstellung des Verlegungsplans nach Art. 8 SE-VO *Hermanns* MittBayNot 2016, 297 (298 f.). Für eine Anwendung der Vorschriften der SE-VO ferner *Schulte* IWRZ 2016, 3 (5); *Hushahn* RNotZ 2014, 137. Zur Anwendung der deutschen Vorschriften zum Formwechsel und zugleich ablehnend hinsichtlich der Anwendung der Vorschriften der SE-VO im Falle des Formwechsels einer französischen S.à.r.l. in eine deutsche GmbH KG DStR 2016, 1427 (1428). Ablehnend hinsichtlich der Anwendung der Vorschriften der SE-VO *Winter/Marx De Decker* DStR 2016, 1997 (1999); *Vossius* notar 2016, 314 (316). So wohl auch *Heckschen/Strnad* notar 2018, 83 (87) mit Verweis auf die registerrechtliche Praxis. Differenzierter *Kovács* ZIP 2018, 253 (257).
70 OLG Frankfurt a. M. DNotZ 2017, 381.

der bekannten Grundsätze der kollisionsrechtlichen Adaption und Substitution miteinander in Einklang gebracht werden.[71]

Im Ergebnis ist daher ein grenzüberschreitender Formwechsel von Personengesellschaften unter Beteiligung der deutschen Rechtsordnung zulässig, wenn die folgenden Voraussetzungen gegeben sind:

- Es liegt ein Unionssachverhalt vor, an dem eine EU-/EWR-Auslandspersonengesellschaft oder ein inländischer Rechtsträger beteiligt ist.
- Es handelt sich um einen identitätswahrenden Vorgang, bei dem ein Wechsel der Rechtsform bei gleichzeitiger Verlegung von Satzungssitz (nicht aber zwingend auch Verwaltungssitz) erforderlich ist.[72]
- Auf die Unterscheidung zwischen Wegzugs- oder Zuzugskonstellation kommt es nicht an.
- Allerdings greift die in Art. 49 Abs. 2 AEUV verankerte Inländergleichbehandlung nur dann, wenn die Rechtsordnung des Zuzugsstaates einen mit dem Formwechsel vergleichbaren innerstaatlichen Umwandlungsvorgang vorsieht. Daneben sind nach der VALE-Rechtsprechung des EuGH die Gründungsvorschriften für die jeweilige Rechtsform im Zuzugsstaat zu befolgen, da der Gerichtshof den grenzüberschreitenden Formwechsel als Gründung im Zuzugsstaat qualifiziert.[73] Dies ist auch konsequent, weil andernfalls die Gründungsvorschriften im Zuzugsstaat, aber auch ggf. drittschützende umwandlungsrechtliche Vorschriften umgangen werden könnten. Dh bei Zuzügen nach bzw. Wegzügen aus Deutschland sind die §§ 190 ff. bzw. §§ 333 ff. nach Inkrafttreten des UmRUG am 1.3.2023 anzuwenden.
- Unschädlich ist es dabei, dass die Gesellschaft im Zeitpunkt des Umwandlungsbeschlusses im ursprünglichen Handelsregister bereits gelöscht ist.[74]
- Der Zuzug ist schließlich auch dann von der Niederlassungsfreiheit geschützt, wenn die Gesellschaft keinerlei Aktivitäten im Gründungsstaat ausgeübt hat (sog. „Briefkastengesellschaft").[75] Durch die grenzüberschreitende Sitzverlegung wird der Anwendungsbereich der Niederlassungsfreiheit eröffnet.[76]
- Solange keine sekundärrechtliche unionsrechtliche Regelung die grenzüberschreitende Mobilität auch von Personengesellschaften einheitlich regelt, sind für Sachverhalte unter deutscher Beteiligung die umwandlungsrechtlichen Vorschriften für den grenzüberschreitenden Formwechsel (§§ 333 ff.) und ergänzend für den Formwechsel (§§ 190 ff.) analog anzuwenden.
- Die Richterinnen und Richter des AG Charlottenburg haben dazu – noch vor Inkrafttreten des UmRUG – eine „Checkliste" für die Anwendung der relevanten Rechtsnormen bei grenzüberschreitenden Sitzverlegungen (Wegzug und Zuzug) ver-

---

71 *Kindler* EuZW 2012, 888 (890); MüKoBGB/*Kindler* IntGesR Rn. 199. Zur IPR-Methodik bei Sachverhalten des internationalen Unternehmensrechts eingehend *Weller* ZGR 2010, 679 (695 ff.); kritisch hierzu *Neye* EwiR 2014, 45 (46), der eine „exterritoriale Anwendung" des UmwG beim grenzüberschreitenden Formwechsel innerhalb der Union auf die ausländische Gesellschaft ablehnt; im Gegensatz dazu OLG Nürnberg ZIP 2014, 128 (129). Ähnlich im Ergebnis *Kovács* ZIP 2018, 253 (257).
72 EuGH 25.10.2017 – C-106/16, EuZW 2017, 906 Rn. 33 ff. – Polbud; *Stelmaszczyk* EuZW 2017, 890 (892 ff.); *Kieninger* NJW 2017, 3624 (3626); *Feldhaus* BB 2017, 2819 (2821 ff.); *Heckschen/Strnad* notar 2018, 83 ff.

73 EuGH NJW 2012, 2715 Rn. 51; bestätigt durch OLG Nürnberg, welches hierzu § 197 analog anwendet ZIP 2014, 128 (129); eine eingehende Entscheidungsanalyse liefert *Schaper* ZIP 2014, 810 ff.; wenige Monate vor der VALE-Entscheidung hatte das OLG Nürnberg noch entschieden, dass das deutsche Sachrecht einen „grenzüberschreitenden Formwechsel" nicht kenne und ein solcher Vorgang daher unzulässig sei, vgl. OLG Nürnberg NZG 2012, 468 (469).
74 OLG Nürnberg ZIP 2014, 128 (129).
75 EuGH NJW 2012, 2715 Rn. 34; EuZW 2017, 906 ff. Rn. 33 ff.
76 *Schaper* ZIP 2014, 810 (814) mwN.

öffentlich, die allerdings in Abweichung zur oberlandesgerichtlichen Rechtsprechung teilweise noch auf Art. 8 SE-VO (Umwandlungsbericht, Umwandlungsbeschluss) und § 13 Abs. 3 SEAG (Gläubigerschutz) verweist, was auf den Zeitpunkt ihrer Erstellung zurückzuführen ist.[77]

g) Praktische Konsequenzen

25 **Hinweis:** Es ist daher dringend zu empfehlen, jeden grenzüberschreitenden Formwechsel von Personengesellschaften vorab mit den beteiligten Registergerichten in beiden Mitgliedstaaten eng abzustimmen.

II. § 190 Abs. 1

1. Inhalt der Norm

a) Definition des Formwechsels

26 Der Begriff Formwechsel ist im UmwG nicht legaldefiniert. Nach § 190 Abs. 1 kann „ein Rechtsträger" durch den Formwechsel eine andere Rechtsform erhalten. Hiermit stellt der Gesetzgeber klar, dass am Formwechsel – im Gegensatz zu den weiteren drei Umwandlungsarten – lediglich ein Rechtsträger beteiligt sein kann.[78] Zentrales Wesensmerkmal des Formwechsels ist deshalb die **Identitätswahrung**. Der Vorgang des Formwechsels lässt sich deshalb als Wechsel der Rechtsform unter Wahrung der rechtlichen und wirtschaftlichen Identität des Rechtsträgers beschreiben.[79] Es ändert sich lediglich das auf den Rechtsträger anwendbare Recht. Im übertragenen Sinne wird der Vorgang des Formwechsels bildlich damit verglichen, dass der Rechtsträger lediglich sein „Rechtskleid" oder seine „rechtliche Hülle" wechselt.[80] Die richtige dogmatische Einordnung des Formwechsels ist seit jeher umstritten und wird von der hM aufgrund der Verweisung in § 197 auf die rechtsformspezifischen Gründungsvorschriften nunmehr als **modifizierte Neugründung** angesehen.[81]

b) Wirtschaftliche Identität

27 Die **wirtschaftliche Identität** wird deshalb gewahrt, weil eine Vermögensübertragung nicht stattfindet. Der Vermögensbestand bleibt somit vor und nach dem Formwechsel derselbe.

c) Rechtliche Identität

28 Die **rechtliche Identität** geht mit der wirtschaftlichen Identität einher und bewirkt, dass der Rechtsträger fortbesteht. Damit kann, um einige Konsequenzen dieser Regel zu nennen,[82] beispielsweise gegen den neuen Rechtsträger aus einem auf den alten Rechtsträger lautenden Titel vollstreckt werden.[83] Aus mietrechtlicher Sicht kommt es durch den Formwechsel nicht zu einem Mieter- bzw. Pächterwechsel,[84] und auch

---

[77] Abrufbar unter http://www.gmbhr.de/media/Checkliste_Sitzverlegung_2014.pdf bzw. GmbHR 2014, R311 f.
[78] Begr. RegE zu § 190, BR-Drs. 75/94, 137.
[79] Semler/Stengel/Leonard/*Schwanna* § 190 Rn. 3; Lutter/*Hoger* § 190 Rn. 1.
[80] Lutter/*Hoger* Einführung § 190 Rn. 2; Schmitt/Hörtnagl/*Winter* § 190 Rn. 1.
[81] Widmann/Mayer/*Mayer* § 197 Rn. 3; *Bärwaldt*/Schabacker ZIP 1998, 1293 (1297); Semler/Stengel/Leonard/*Bärwaldt* § 197 Rn. 3; wohl auch Lutter/*Hoger* § 197 Rn. 6.
[82] Vgl. zu umwandlungssteuerrechtlichen Aspekten bei Formwechseln von Personen- in Kapitalgesellschaften *Dom/Langeloh* DStR 2016, 1455 ff.
[83] BGH EWiR 2011, 723 (723).
[84] BGH JuS 2010, 446 (447).

aus wettbewerbsrechtlicher Sicht führt der Formwechsel nicht zu einem Wegfall der Wiederholung eines Wettbewerbsverstoßes.[85]

Hiervon unbenommen ändert sich das auf den Rechtsträger anwendbare Recht mit den daraus resultierenden Konsequenzen, wie zB eine geänderte Haftung der Gesellschafter oder das Verhältnis der Gesellschafter untereinander.

2. Verfahren

Der Formwechsel vollzieht sich nach der traditionellen Struktur des UmwG in **drei Phasen**: Die Vorbereitung, die Beschlussfassung und den Vollzug.

a) Vorbereitung

Ausgehend von der Frage, ob der Rechtsträger umwandlungsberechtigt (§ 191 Abs. 1) ist und die angestrebte Zielrechtsform zulässig ist (§ 191 Abs. 2 iVm §§ 214, 225a, 272, 291), ist in der **Vorbereitungsphase** ein Formwechselbericht (§ 192 Abs. 1 S. 1) durch das gesellschaftsrechtliche Vertretungsorgan zu verfassen, welcher einen Entwurf des Formwechselbeschlusses enthalten muss (§§ 192 Abs. 1 S. 3, 194).[86] Allerdings entfällt die Pflicht zur Anfertigung des Formwechselberichts, sofern an dem Rechtsträger nur ein Anteilsinhaber beteiligt ist, oder wenn alle Anteilsinhaber auf seine Erstattung verzichten (§ 192 Abs. 2). Sind im Falle des Formwechsels einer Personengesellschaft alle Gesellschafter der formwechselnden Gesellschaft zur Geschäftsführung berechtigt, ist ein Formwechselbericht ebenfalls entbehrlich (§ 215).

Die Pflicht zur Führung einer **Vermögensaufstellung** gem. § 194 Abs. 2 aF ist im Zuge der Gesetzesnovellierung im Jahre 2007 durch das Zweite Gesetz zur Änderung des UmwG entfallen.[87]

Im Gegensatz zur Verschmelzung und Spaltung ist beim Formwechsel eine **sachverständige Prüfung** des Formwechsels selbst grundsätzlich nicht erforderlich. Eine Ausnahme gilt nur für den Formwechsel einer eG in die Rechtsform einer Kapitalgesellschaft (§ 259). Hiervon unabhängig sind beim Formwechsel jedoch die Gründungsvorschriften der neuen Rechtsform anzuwenden, soweit die Regelungen im UmwG zum Formwechsel nicht etwas anderes vorgeben, § 197 S. 1. Weil der Formwechsel damit als Sachgründung qualifiziert wird, entfaltet die Regelung insbes. bei der Umwandlung einer Personengesellschaft oder eG in die Rechtsform einer Kapitalgesellschaft praktische Relevanz. Eine Gründungsprüfung für die neue Rechtsform findet aber nur beim Formwechsel in die Rechtsform einer AG oder KGaA statt (§§ 220 Abs. 3, 264 Abs. 3).[88]

Zuletzt muss der formwechselnde Rechtsträger dem **Betriebsrat** (soweit vorhanden) den Entwurf des Formwechselbeschlusses spätestens einen Monat vor dem Tage der Anteilsinhaberversammlung zuleiten (§ 194 Abs. 2).

b) Beschlussfassung

Die Gesellschafter des formwechselnden Rechtsträgers haben in der Anteilsinhaberversammlung über den Formwechsel **Beschluss** zu fassen (§ 193 Abs. 1). Beschlüsse

---

85 BGH ZIP 2015, 1608 (1608).
86 Zudem sind die Sondervorschriften der §§ 218, 234, 243, 253, 263, 276, 285 und § 294 zu beachten.
87 Zweites Gesetz zur Änderung des UmwG v. 19.4.2007, BGBl. I 542.
88 Lutter/Joost/Hoger § 220 Rn. 24 f.

außerhalb der Anteilsinhaberversammlung sind unzulässig (§ 193 Abs. 1 S. 2). Zu den erforderlichen Mehrheiten trifft das UmwG für die einzelnen Rechtsformen unterschiedliche Regelungen (§§ 217, 233, 240, 252, 262, 275, 284, 293). Darüber hinaus kann die Zustimmung einzelner Anteilsinhaber erforderlich sein, wenn bspw. die Anteile des formwechselnden Rechtsträgers vinkuliert sind (§ 193 Abs. 2) oder der Anteilsinhaber durch den Formwechsel die Stellung eines persönlich haftenden Gesellschafters erhalten soll (§§ 217 Abs. 3, 233 Abs. 1, Abs. 2 S. 3). Das Verfahren der Beschlussfassung richtet sich nach den jeweiligen rechtsformspezifischen Vorschriften des formwechselnden Rechtsträgers.[89]

c) Vollzug

35 Die letzte Phase des Formwechsels bildet der **Vollzug**. Gem. § 198 Abs. 1 muss nach Beschlussfassung der Formwechsel bei dem Register, in dem der formwechselnde Rechtsträger eingetragen ist, zur Eintragung angemeldet werden. Wird erst durch den Formwechsel eine Eintragungspflicht begründet (198 Abs. 2 S. 1) oder wechselt die Art oder (aufgrund Sitzverlegung) die Zuständigkeit des für den Rechtsträger maßgebenden Registers (§ 198 Abs. 2 S. 2), hat die Anmeldung bei dem neuen Register zu erfolgen. In den Fällen des § 198 Abs. 2 S. 2 ist der Formwechsel dann zusätzlich auch bei dem alten Register anzumelden, § 198 Abs. 2 S. 3. Die sich daran anschließende Eintragung des Formwechsels im (ggf. neuen) Register hat konstitutive Wirkung (§ 202). Die Eintragung ist vom zuständigen Gericht bekannt zu machen (§ 201).

III. § 190 Abs. 2

1. Allgemeines

36 Nach § 190 Abs. 2 ist ein Formwechsel nur insoweit möglich, wie er nach den Bestimmungen des UmwG zulässig oder nach anderen Gesetzen vorgesehen ist. Hieraus lassen sich zwei Grundaussagen herleiten: Einerseits sind die Regelungen des UmwG zum Formwechsel abschließend (**numerus clausus**).[90] Andererseits sind Umwandlungen außerhalb des UmwG zulässig.

2. Numerus clausus und Analogieverbot

a) Numerus clausus

37 Nach § 1 Abs. 2 sind Umwandlungen iSv § 1 Abs. 1 nur in den gesetzlich vorgesehenen Fällen zulässig. Hierauf nimmt § 190 Abs. 2 Bezug und konkretisiert dies für den Bereich des Formwechsels: „Soweit nicht in diesem Buch etwas anderes bestimmt ist, gelten die Vorschriften über den Formwechsel nicht [...]". Aus der konkreten Auflistung der in den Formwechsel einbezogenen Rechtsträger in § 191 leitet sich schließlich der **abschließende Charakter** der §§ 190 ff. ab. Mit Inkrafttreten des MoPeG zum 1.1.2024 sind nunmehr auch eingetragene GbRs formwechselfähig. Weiterhin nicht formwechselfähig im Sinne des UmwG bleibt weiterhin der Einzelkaufmann als Ausgangsrechtsträger.

Ein weiterer gesetzlicher Fall des im UmwG vorgesehenen Formwechsels ist der Hinein- bzw. Herausformwechsel von Kapitalgesellschaften (AG, KGaA und GmbH) gem. §§ 333–345 (s. die dortige Kommentierung).

---

89 Das UmwG enthält insofern nur vereinzelte Sonderregelungen, wie bspw. die Pflicht, den Formwechselbericht in der Versammlung auszulegen, §§ 232, 261 Abs. 1, 274 Abs. 2.

90 Kallmeyer/Meister/Klöcker § 190 Rn. 12; Lutter/Hoger § 190 Rn. 9 f.

b) Analogieverbot

Aus dem Zusammenspiel der bezeichneten Vorschriften ergibt sich auch ein umfassendes **Analogieverbot** der §§ 190 ff. auf nicht in § 191 erwähnte Rechtsträger (bzw. der in § 334 erwähnten Rechtsträger).[91]

3. Formwechsel außerhalb des UmwG

Trotz numerus clausus und Analogieverbot ist ein Formwechsel nach Vorschriften **außerhalb des UmwG** möglich (§ 190 Abs. 2). Diese können ausdrücklich durch Gesetz zugelassen oder danach anerkannt worden sein.

a) AG wird zur SE

Den Hauptanwendungsfall der Ausnahmeregelung in § 190 Abs. 2 bildet die Umwandlung einer AG in eine SE. Nach Inkrafttreten der **SE-VO**[92] sind gem. Art. 2 Abs. 4 SE-VO iVm Art. 37 ff. SE-VO Formwechsel einer AG in eine SE möglich, sofern die AG nach dem Recht eines Mitgliedstaates gegründet wurde. Am Vorgang ist nur eine Gesellschaft beteiligt, nämlich die formwechselnde AG. Diese muss allerdings mindestens zwei Jahre eine dem Recht eines anderen Mitgliedstaates unterliegende Tochtergesellschaft unterhalten haben, Art. 2 Abs. 4 SE-VO. Zur Schließung etwaiger Regelungslücken gelten neben den Gründungsvorschriften die nationalen Regelungen über den Formwechsel ergänzend. Art. 15 Abs. 1 SE-VO ordnet an, dass auf die Gründung einer SE neben den speziellen Vorschriften das für Aktiengesellschaften geltende, nationale Recht des Sitzstaates der SE Anwendung findet.[93]

Der Formwechsel einer sonstigen inländischen Rechtsform in eine SE ist im Hinblick auf Art. 37 SE-VO iVm Art. 2 Abs. 4 SE-VO, der die Umwandlung einer AG in eine SE insoweit abschließend regelt, ausgeschlossen (→ § 191 Rn. 16).

b) SE wird zur AG oder zu einer anderen der AG offenstehenden Rechtsform

Teilweise wird die Umwandlung einer SE in eine AG oder sonstige Rechtsform, in die eine AG umgewandelt werden kann, nach dem deutschen UmwG als zulässig angesehen, da eine SE gem. Art. 10 SE-VO nicht gegenüber einer inländischen AG diskriminiert werden dürfe. Dies ist jedoch kein Fall des Formwechsels außerhalb des UmwG, sondern innerhalb des UmwG (→ § 191 Rn. 5).

c) Sonstige gesetzlich anerkannte Fälle

Ein weiterer gesetzlich anerkannter Fall ist der Rechtsformwechsel einer GbR in die Rechtsform einer OHG durch Aufnahme eines **Handelsgewerbes** (§ 105 Abs. 1 HGB). Dieselbe Rechtswirkung entfaltet die Eintragung der Firma des Unternehmens in das Handelsregister, sofern die Gesellschaft noch nicht im Gesellschafts- oder Partnerschaftsregister eingetragen ist (§ 106 Abs. 3 HGB nF).

Ferner ist hier der Wechsel zwischen verschiedenen – in einem Register eingetragenen – Formen der Personengesellschaften bzw. Personenhandelsgesellschaften und die damit

---

91 Lutter/*Hoger* § 190 Rn. 11; Lutter/*Drygala* § 1 Rn. 59; Kallmeyer/*Meister/Klöcker* § 190 Rn. 12; Semler/Stengel/Leonard/*Schwanna* § 190 Rn. 24; *Schnorbus* DB 2001, 1654 (1656).

92 Verordnung (EG) Nr. 2157/2001 des Rates v. 8.10.2001 über das Statut der Europäischen Gesellschaft (ABl. 2001 L 294 v. 10.11.2001).

93 Semler/Stengel/Leonard/*Drinhausen* Einl. C Rn. 54, insbes. Fn. 139; Habersack/Drinhausen/*Bücker* SE-VO Art. 37 Rn. 4.

einhergehenden Wechsel der Eintragung der betreffenden Gesellschaft von einem zum anderen Register zu nennen (Statuswechsel, § 707c BGB nF), wie es seit Inkrafttreten des MoPeG am 1.1.2024 möglich ist.

In gewissem Grad ist hier auch die Eintragung einer GbR ins Gesellschaftsregister und der damit einhergehende Wechsel des Status einer rechtsfähigen GbR zu einer rechtsfähigen „eingetragenen GbR" zu nennen, womit die GbR in die Lage versetzt wird, bestimmte, in öffentlichen Registern einzutragende Rechte zu erwerben, wie zB beim Erwerb von Grundstücken (§ 47 Abs. 2 GBO nF) oder GmbH-Gesellschaftsanteilen (§ 40 Abs. 1 S. 3 GmbHG nF).

44 Tritt der OHG ein beschränkt haftender Gesellschafter bei, wandelt sich ihre Rechtsform zur **KG** (§ 161 Abs. 1 HGB). Scheiden hingegen sämtliche Kommanditisten aus der KG aus, wird sie kraft Gesetzes zur OHG, wenn die KG mindestens zwei persönlich haftende Gesellschafter hat.

45 Ein Rechtsformwechsel findet darüber hinaus auch dann statt, wenn alle Gesellschafter, bis auf einen unbeschränkt haftenden Gesellschafter, aus einer GbR, OHG oder KG ausscheiden. Dann wandelt sich die Gesellschaft in ein **einzelkaufmännisches Unternehmen**.[94]

IV. Kostenrechtliche Behandlung

46 Nachdem die KostO durch das KostRMoG,[95] das HRegGebNeuOG[96] und die HRegGebV[97] mehrfach punktuell nachgebessert wurde, hat die kostenrechtliche Behandlung des Formwechsels durch das **2. KostRMoG**[98] eine umfassende Reform erfahren. Der Gesetzgeber knüpft mit dem 2. KostRMoG an die fortgesetzte Modernisierung des Justizkostenrechts an und ersetzt durch das neu strukturierte GNotKG die KostO vollumfänglich.[99] Wenngleich die KostO damit das Jahr 2013 nicht überlebte, bleibt sie wegen der Übergangsregelung in § 136 GNotKG auf sämtliche Altfälle vor dem 1.7.2013 anwendbar.

1. Gerichtskosten

47 Bei einem Formwechsel löst die Registeranmeldung nach § 198 **Gerichtskosten** aus. Die Höhe der Gerichtsgebühren richtet sich wegen § 58 Abs. 1 GNotKG nach der HRegGebV iVm dem GebVerZ. § 58 GNotKG tritt damit an die Stelle von § 79a KostO, so dass die frühere Systematik der Gebührenberechnung beibehalten wird.

2. Notarkosten

48 Daneben sind der Umwandlungsbeschluss (§ 193 Abs. 1) und etwaige Zustimmungserklärungen der Anteilsinhaber (§§ 193 Abs. 2, Abs. 3, 233, 241, 303 Abs. 2) nach § 193 Abs. 3 S. 1 zwingend notariell zu beurkunden, so dass **Beurkundungsgebühren** anfallen. Weitere Gebühren entstehen zudem durch die für die Anmeldung zum Register erforderliche **Beglaubigung der Unterschriften** und ggf. wegen zu beurkundender

---

94 Hopt/*Roth* HGB Einl. v. § 105 Rn. 22.
95 Gesetz zur Modernisierung des Kostenrechts v. 5.5.2004, BGBl. I 718.
96 Gesetz zur Neuordnung der Gebühren in Handels-, Partnerschafts- und Genossenschaftsregistersachen v. 3.7.2004, BGBl. I 1410.
97 Verordnung über Gebühren in Handels-, Partnerschafts- und Genossenschaftsregistersachen v. 30.9.2004, BGBl. I 2562.
98 Zweites Gesetz zur Modernisierung des Kostenrechts v. 23.7.2013 (2. KostRMoG), BGBl. I 2586.
99 Begr. RegE, BT-Drs. 17/11471, 1.

Verzichtserklärungen einzelner Gesellschafter hinsichtlich der Erstattung eines Umwandlungsberichts (§ 192 Abs. 2 S. 1). Daneben können im Einzelfall auch Gebühren für die Beurkundung von Verzichtserklärungen auf Vorlage eines Abfindungsangebotes nach § 207 anfallen.

Sämtliche Zustimmungs- und Verzichtserklärungen sind **neben dem Formwechselbeschluss** zusätzlich kostenrechtlich zu bewerten, unabhängig davon, ob diese in der gleichen Urkunde enthalten sind, oder in einem separaten Dokument. Das gilt, weil die Erklärungen, die in die Urkunde über den Zustimmungsbeschluss aufgenommen werden, nicht gegenstandsgleich sind, weshalb die Anwendung von § 109 GNotKG ausgeschlossen ist.[100] Im Einzelfall können die für die Beurkundung anfallenden Kosten deshalb erheblich sein (s. im Einzelnen die Ausführungen nebst Beispielsrechnung → § 192 Rn. 14 f.; → § 193 Rn. 22 f.). 49

3. Prüfungskosten

Prüfungskosten fallen in der Regel nicht an. Die prüfungspflichtige Gesellschaft hat zwar eine steuerliche Übertragungsbilanz aufzustellen; diese ist jedoch keiner Prüfung zu unterziehen.[101] Allenfalls die etwa anzubietende Barabfindung unterliegt einer Prüfung, sofern diese nicht wegen §§ 208, 30 Abs. 2 entbehrlich oder nach § 225 schon nicht notwendig ist. 50

§ 191 Einbezogene Rechtsträger

(1) Formwechselnde Rechtsträger können sein:
1. eingetragene Gesellschaften bürgerlichen Rechts, Personenhandelsgesellschaften (offene Handelsgesellschaft, Kommanditgesellschaft) und Partnerschaftsgesellschaften;
2. Kapitalgesellschaften (§ 3 Abs. 1 Nr. 2);
3. eingetragene Genossenschaften;
4. rechtsfähige Vereine;
5. Versicherungsvereine auf Gegenseitigkeit;
6. Körperschaften und Anstalten des öffentlichen Rechts.

(2) Rechtsträger neuer Rechtsform können sein:
1. eingetragene Gesellschaften bürgerlichen Rechts, Personenhandelsgesellschaften (offene Handelsgesellschaft, Kommanditgesellschaft) und Partnerschaftsgesellschaften;
2. Kapitalgesellschaften;
3. eingetragene Genossenschaften.

(3) Der Formwechsel ist auch bei aufgelösten Rechtsträgern möglich, wenn ihre Fortsetzung in der bisherigen Rechtsform beschlossen werden könnte.

---

[100] Korintenberg/*Tiedtke* GNotKG § 109 Rn. 109 ff.; Limmer Unternehmensumwandlung-HdB/*Tiedtke* Teil 8 Rn. 86 (noch zu § 44 KostO).

[101] MAH GmbHR/*Meister* § 22 Rn. 291.

I. Normzweck	1	6. Körperschaften und Anstalten des öffentlichen Rechts	10
II. Formwechselnder Rechtsträger (Abs. 1)	2	7. Gesellschaft des bürgerlichen Rechts	11
1. Eingetragene Gesellschaften bürgerlichen Rechts, Personenhandelsgesellschaften und Partnerschaftsgesellschaften	2	8. Sonstige Rechtsformen	13
		III. Rechtsträger neuer Rechtsform (Abs. 2)	14
2. Kapitalgesellschaften	4	IV. Formwechsel außerhalb des UmwG	18
3. Eingetragene Genossenschaften	7	V. Formwechsel bei aufgelösten Rechtsträgern (Abs. 3)	19
4. Rechtsfähige Vereine	8		
5. Versicherungsvereine auf Gegenseitigkeit	9		

I. Normzweck

1 § 191 führt in **abschließender Form** die am Formwechsel beteiligungsfähigen Rechtsträger auf und entspricht in struktureller und systematischer Hinsicht den §§ 3, 124 zur innerstaatlichen Verschmelzung und Spaltung. Abs. 1 führt enumerativ die zulässigen Ausgangsrechtsformen auf. Abs. 2 legt den Kreis der zulässigen Zielrechtsformen fest. In Gleichlauf zu § 3 Abs. 3 stellt § 191 Abs. 3 zudem klar, dass am Formwechsel auch bereits aufgelöste Rechtsträger beteiligt sein können, sofern eine Fortsetzung der Gesellschaft in der bisherigen Rechtsform beschlossen werden könnte. Letztendlich entscheidet § 191 nicht allein über die Zulässigkeit des angestrebten Formwechsels; vielmehr stellt die Regelung lediglich die „erste Stufe" der Prüfungsreihenfolge dar.[1] Ob der Formwechsel tatsächlich realisierbar ist, beurteilt sich schlussendlich erst aus dem Zusammenspiel mit den rechtsformspezifischen und damit speziellen Vorschriften der §§ 214 ff.

Das MoPeG hat mit Wirkung zum 1.1.2024 die GbR in Form einer eingetragenen GbR als formwechselnden Rechtsträger (§ 191 Abs. 1 Nr. 1 nF) eingeführt sowie die GbR als Rechtsträger neuer Rechtsform (§ 191 Abs. 2 Nr. 1 nF) auf die Form einer eingetragenen GbR beschränkt.

II. Formwechselnder Rechtsträger (Abs. 1)

1. Eingetragene Gesellschaften bürgerlichen Rechts, Personenhandelsgesellschaften und Partnerschaftsgesellschaften

2 Zunächst zählen nach § 191 Abs. 1 Nr. 1 nF **eingetragene GbRs, Personenhandelsgesellschaften** (**OHG und KG**) und **Partnerschaftsgesellschaften** zum Kreise der formwechselnden Ausgangsrechtsträger. Darunter fallen die OHG und KG (inklusive die Kapitalgesellschaft & Co. KG, wie die GmbH & Co. KG, aber auch die Stiftung & Co. KG.[2] Darüber hinaus sind seit der Änderung des UmwG von 1998[3] auch Partnerschaftsgesellschaften iSv § 1 Abs. 1 PartGG als formwechselnde Rechtsträger beteiligungsfähig und seit 1.1.2024 mit dem MoPeG auch die eingetragene GbR (§ 191 Abs. 1 Nr. 1 nF).

3 Zudem fällt nach hM auch die Europäische Wirtschaftliche Interessenvereinigung (**EWIV**) in den Anwendungsbereich von § 191 Abs. 1 Nr. 1 iVm § 3 Abs. 1 Nr. 1 (und Abs. 2 Nr. 1).[4] Denn nach § 1 EWIVAG[5] wird die EWIV in Deutschland grundsätzlich als

---

[1] Widmann/Mayer/Vossius § 191 Rn. 3.
[2] Semler/Stengel/Leonhard/Schwanna § 191 Rn. 2; Lutter/Hoger § 191 Rn. 2; Ganske Umwandlungsrecht S. 212; Begr. RegE zu § 191 Abs. Nr. 1, BR-Drs. 75/94, 137.
[3] Gesetz zur Änderung des Umwandlungsgesetzes, des Partnerschaftsgesetzes und anderer Gesetze v. 22.7.1998, BGBl. I 1878.
[4] Semler/Stengel/Leonhard/Schwanna § 191 Rn. 11; Schmitt/Hörtnagl/Winter § 191 Rn. 10; Lutter/Hoger § 191 Rn. 2 mwN; aA Widmann/Mayer/Vossius § 191 Rn. 10, mit der Begründung, § 1 Abs. 2 EWIVAG stelle lediglich einen Rechtsfolgenverweis dar.
[5] Gesetz zur Ausführung der EWG-Verordnung über die Europäische wirtschaftliche Interessenvereinigung (EWIV-Ausführungsgesetz) v. 14.4.1988, BGBl. I 514.

OHG behandelt, soweit nicht die aus der EWIV-VO geltenden Vorschriften vorrangig anwendbar sind.[6] Für die Zwecke des Formwechsels ist die EWIV daher als OHG und damit als Personengesellschaft zu behandeln. Daran hat sich durch das MoPeG nichts geändert.

2. Kapitalgesellschaften

Weiterhin können sich nach § 191 Abs. 1 Nr. 2 auch **Kapitalgesellschaften** an einem Formwechsel als formwechselnde Rechtsträger beteiligen. Nach § 3 Abs. 1 Nr. 2 fallen hierunter die AG mitsamt der KGaA sowie die GmbH (inkl. der UG, § 5a GmbHG, die als Unterfall der GmbH mit umfasst ist).[7] Die Umwandlung einer UG in eine GmbH ist allerdings bereits deshalb ausgeschlossen, weil insofern die Regelung des § 5a GmbHG abschließend ist.[8] Vorteile kann auch ein „Kettenformwechsel" haben, bei dem zwei Formwechsel, im zeitlichen Abstand von einer juristischen Sekunde, vollzogen werden.[9]

Bei der **SE** hat die Beurteilung der Beteiligungsfähigkeit differenzierter auszufallen. Aufgrund der Gleichbehandlungsklausel in Art. 10 SE-VO[10] ist eine in Deutschland gegründete SE wie eine deutsche AG zu behandeln, mit der Folge, dass der SE konsequenterweise auch die Umwandlungsmöglichkeiten einer AG zur Verfügung stehen. Umstritten ist jedoch, ob die SE deshalb auch formwechselfähig iSv § 191 Abs. 1 Nr. 2 ist, sprich, ob die SE auch in andere Rechtsformen als die einer AG umgewandelt werden kann. Das würde voraussetzen, dass bei der Umwandlung einer SE neben den Sondervorschriften der SE-VO auch deutsches Umwandlungsrecht anwendbar ist. Ob das möglich ist, hängt von der Auslegung von Art. 66 Abs. 1 S. 1 SE-VO ab. Die Vorschrift sieht vor, dass eine SE in eine dem Recht ihres Sitzstaates unterliegende Aktiengesellschaft umgewandelt werden kann. Hätte diese Regelung abschließenden Charakter, wäre eine Umwandlung außerhalb der SE-Verordnung nicht denkbar. Die überwiegende Ansicht legt Art. 66 Abs. 1 S. 1 SE-VO jedoch dahin gehend teleologisch aus, dass der Formwechsel einer SE mit Sitz in Deutschland nach den Vorschriften des UmwG parallel neben Art. 66 SE-VO möglich ist.[11] Dem ist zuzustimmen. Es sind keine triftigen Gründe ersichtlich, warum der europäische Verordnungsgesetzgeber die Möglichkeit des Formwechsels in andere Rechtsformen als die nationale AG ausklammern und abschließend regeln wollte. Davon abgesehen wäre es eine reine Förmelei, die SE zunächst in die Rechtsform einer AG nach Art. 66 SE-VO umzuwandeln, welcher dann ohnehin sämtliche nach dem UmwG existierende Umwandlungsvarianten zur Verfügung stünden.[12] Daraus folgt, dass die SE als Ausgangsrechtsträger einem

---

6 LG Frankfurt a. M. BB 1991, 496; *Fey* in Beck'sches Steuer- und Bilanzrechtslexikon, Edition 3/12, Europäische Kooperationsformen Rn. 3.

7 HM, Lutter/*Hoger* § 191 Rn. 2; Semler/Stengel/*Leonard*/ *Bärwaldt* § 197 Rn. 35a; Noack/Servatius/Haas/*Servatius* GmbHG § 5a Rn. 7, 32; Kallmeyer/*Meister*/*Klöcker*/*Berger* § 191 Rn. 2.

8 Semler/Stengel/Leonard/*Schwanna* § 191 Rn. 4; *Tettinger* Der Konzern 2008, 75 (76); *Meister* NZG 2008, 767 (768); *Berninger* GmbHR 2010, 63 (67); Lutter/*Drygala* § 3 Rn. 11; Lutter/*Hoger* § 191 Rn. 2; → § 226 Rn. 5.

9 Vgl. zum Kettenformwechsel in eine SE als finaler Zielgesellschaft: *von der Höh* AG 2018, 185 ff.

10 Verordnung (EG) Nr. 2157/2001 des Rates v. 8.10.2001 über das Statut der Europäischen Gesellschaft (ABl. 2001 L 294 v. 10.11.2001).

11 Lutter/*Göthel* § 226 Rn. 3; Kallmeyer/*Meister*/*Klöcker*/*Berger* § 191 Rn. 5; Widmann/Mayer/*Vossius* § 191 Rn. 14.1; Spindler/Stilz/*Casper* SE-VO Art. 3 Rn. 39; *Oplustil*/*Schneider* ZIP 2007, 164 (168); Habersack/Drinhausen/*Drinhausen* SE-VO Art. 66 Rn. 7, dabei zurecht darauf hinweist, dass nur der EuGH diese Frage abschließend beantworten kann; differenzierend Semler/Stengel/Leonard/*Schwanna* § 191 Rn. 12.

12 *Kossmann/Heinrich* ZIP 2007, 164 (163); *Oplustil/Schneider* NZG 2003, 13 (15).

Formwechsel so lange zugänglich ist, wie dies auch einer inländischen AG möglich wäre. Allerdings müssen dabei die Vorgaben des Art. 66 SE-VO beachtet werden, die ansonsten umgangen werden könnten (wie zB die Sperrfrist nach Art. 66 Abs. 1 S. 2 SE-VO).[13] Streng davon zu trennen ist naturgemäß dann der Formwechsel einer SE in eine AG, der sich exklusiv nach Art. 66 SE-VO richtet.

6 Die **Vorgesellschaft** einer Kapitalgesellschaft ist hingegen nicht beteiligungsfähig. Denn der Beginn der Umwandlungsfähigkeit setzt die vorherige konstitutive Eintragung der Kapitalgesellschaft voraus, § 41 Abs. 1 S. 1 AktG bzw. §§ 278 Abs. 3 iVm 41 Abs. 1 S. 1 AktG sowie § 11 Abs. 1 GmbHG.[14]

3. Eingetragene Genossenschaften

7 Gemäß § 191 Abs. 1 Nr. 3 sind zudem als Ausgangsrechtsträger **eingetragene Genossenschaften** umwandlungsfähig. Dazu zählen alle Genossenschaften iSd Legaldefinition des § 1 Abs. 1 GenG. Wie bei den Kapitalgesellschaften ist die Genossenschaft erst ab ihrer konstitutiven Eintragung in das Genossenschaftsregister (§ 13 GenG) einem Formwechsel zugänglich.[15] Die europäische Sonderform der SCE ist jedoch keine Genossenschaft iSv § 191 Abs. 1 Nr. 3. Die Umwandlung einer SCE ist in Art. 76 SCE-VO abschließend geregelt.[16]

4. Rechtsfähige Vereine

8 Ferner bezeichnet § 191 Abs. 1 Nr. 4 den **rechtsfähigen Verein** als formwechselnden Rechtsträger.[17] Anders als bei der Verschmelzung (vgl. § 3 Abs. 1 Nr. 4) unterscheidet der Gesetzgeber beim Formwechsel nicht zwischen Idealverein und wirtschaftlichem Verein. Als formwechselnde Rechtsträger kommen deshalb alle eingetragenen, nicht wirtschaftlichen Vereine iSv §§ 21, 55 ff. BGB und alle rechtsfähigen wirtschaftlichen Vereine iSv § 22 BGB in Betracht.[18] Dazu zählen auch alle (nicht eingetragenen) altrechtlichen Vereine iSv Art. 163 EGBGB.[19] Vom Formwechsel ausgeschlossen sind, in Ermangelung eines inländischen Sitzes, ausländische Vereine iSv § 23 BGB sowie aufgrund fehlender Rechtsfähigkeit, vgl. § 191 Abs. 1 Nr. 4, alle nichtrechtsfähigen Vereine gemäß § 54 BGB.[20]

5. Versicherungsvereine auf Gegenseitigkeit

9 Auch der Versicherungsverein auf Gegenseitigkeit (**VVaG**) kann sich an einer Umwandlung als formwechselnder Rechtsträger nach § 191 Abs. 1 Nr. 5 beteiligen. Das sind alle Vereine iSv § 171 VAG. Der Formwechsel eines Erstversicherungsunternehmens erfordert jedoch die Genehmigung der Aufsichtsbehörde (§ 14 Abs. 1 VAG iVm § 1 UmwG).

---

13 Semler/Stengel/Leonard/*Drinhausen* Einl. C Rn. 63.
14 Schmitt/Hörtnagl/*Winter* § 191 Rn. 14.
15 Schmitt/Hörtnagl/*Winter* § 191 Rn. 19.
16 Verordnung (EG) Nr. 1435/2003 des Rates v. 22.7.2003 über das Statut der Europäischen Genossenschaft (SCE) (ABl. 2003 L 207, 1 v. 18.8.2003); so auch Semler/Stengel/Leonard/*Drinhausen* Einl. C Rn. 68; wohl auch Lutter/*Hoger* § 190 Rn. 17.
17 Ausführlich zum Fall des Formwechsels eines eingetragenen Vereins in eine GmbH: *Lutz* BWNotZ 2013, 106.
18 Lutter/*Hoger* § 191 Rn. 2 und 5; Semler/Stengel/Leonard/*Schwanna* § 191 Rn. 6.
19 Semler/Stengel/Leonard/*Schwanna* § 191 Rn. 6.
20 Semler/Stengel/Leonard/*Schwanna* § 191 Rn. 6.

6. Körperschaften und Anstalten des öffentlichen Rechts

Zuletzt eröffnet § 191 Abs. 1 Nr. 6 Körperschaften und Anstalten des öffentlichen Rechts die Möglichkeit zum Formwechsel.[21] Eine **öffentlich-rechtliche Körperschaft** ist eine rechtsfähige, mitgliedschaftlich verfasste Organisation, die durch staatlichen Hoheitsakt geschaffen wurde und unter staatlicher Aufsicht öffentliche Aufgaben wahrnimmt.[22] Dazu zählen in erster Linie alle Personalkörperschaften wie Ärztekammern, Rechtsanwaltskammern oder Hochschulen. Unter einer **Anstalt des öffentlichen Rechts** wird hingegen eine zu einer rechtsfähigen Verwaltungseinheit verselbstständigte Zusammenfassung von Bediensteten und Sachmitteln verstanden, die auf die dauerhafte Erfüllung von Verwaltungsaufgaben ausgerichtet ist.[23] Das sind zB öffentlich-rechtlich organisierte Kreditinstitute, Hallenbäder, Bibliotheken oder Betriebe der Daseinsvorsorge (→ § 301 Rn. 12).

7. Gesellschaft des bürgerlichen Rechts

Seit dem 1.1.2024 ist aufgrund des MoPeG nunmehr auch die eingetragene GbR ausdrücklich als Ausgangsgesellschaft eines Formwechsels nach dem UmwG zulässig.[24] Als Zielrechtsträger iSv § 191 Abs. 2 Nr. 1 kam die GbR ohnehin bereits in Betracht (→ Rn. 14), ab 2024 jedoch nur noch in der Form einer eingetragenen GbR.

Die unter der alten Rechtslage als Ausweg bestehende Möglichkeit, die GbR in eine OHG (also einen dem Formwechsel zugänglichen Rechtsträger) als „**Zwischenstation**" umzuwandeln, ist daher nicht mehr erforderlich.

8. Sonstige Rechtsformen

Sonstige Rechtsformen können nicht formwechselnde Rechtsträger eines Formwechsels sein, abgesehen von den in § 334 vorgesehenen Rechtsträgern eines Mitgliedstaats der EU oder des EWR. Die Regelung ist also abschließend (sog. numerus clausus des UmwG).[25] Eine analoge Anwendung der Norm ist aufgrund des in § 1 Abs. 2 verankerten Analogieverbots ausgeschlossen.[26]

III. Rechtsträger neuer Rechtsform (Abs. 2)

Als **Rechtsträger neuer Rechtsform** werden nach § 191 Abs. 2 Nr. 1 die GbR, Personenhandelsgesellschaften, Partnerschaftsgesellschaften, nach § 191 Abs. 2 Nr. 2 Kapitalgesellschaften und nach § 191 Abs. 2 Nr. 3 eingetragene Genossenschaften genannt. Dh im Umkehrschluss, dass ein Formwechsel in einen rechtsfähigen Verein, Versicherungsverein auf Gegenseitigkeit, eine Stiftung sowie Körperschaft oder Anstalt des öffentlichen Rechts ausgeschlossen ist, obgleich diese Rechtsformen Ausgangsträger für einen Formwechsel sein können.

---

21 Vgl. allgemein *Heckschen/Weitbrecht*, Formwechsel öffentlicher Rechtsträger in private Rechtsformen NZG 20188, 761 ff.

22 → § 301 Rn. 11; vgl. a. Maurer/Waldhoff AllgVerwR § 23 Rn. 37; Dürig/Herzog/Scholz/*Ibler* GG Art. 86 Rn. 71; Schmitt/Hörtnagl/*Winter* § 191 Rn. 30.

23 → § 301 Rn. 11; vgl. a. Maurer/Waldhoff AllgVerwR § 23 Rn. 47; Dürig/Herzog/Scholz/*Ibler*, GG Art. 86 Rn. 71.

24 Widmann/Mayer/*Vossius* § 191 Rn. 5; Lutter/*Hoger* § 191 Rn. 3 f. Anders noch zum alten Recht bis 31.12.2023: Semler/Stengel/Leonard/*Schwanna* § 191 Rn. 11; Schmitt/Hörtnagl/*Winter* § 191 Rn. 33; aA Goutier/Knopf/Tulloch/*Laumann* § 190 Rn. 36.

25 Lutter/*Hoger* § 191 Rn. 1; Kallmeyer/Meister/Klöcker/Berger § 191 Rn. 1.

26 Semler/Stengel/Leonard/*Schwanna* § 191 Rn. 11; Kallmeyer/*Meister/Klöcker/Berger* § 190 Rn. 12; vgl. jedoch die Darstellung zum grenzüberschreitenden Formwechsel von Personengesellschaften (→ § 190 Rn. 24 f.).

15 Anderes gilt freilich im Hinblick auf **grenzüberschreitende Formwechsel**. Hier stehen für solche von Kapitalgesellschaften seit 1.3.2023 aufgrund des UmRUG die §§ 333 ff. zur Verfügung. Beim grenzüberschreitenden Formwechsel von Personengesellschaften dürfte jedenfalls in Konstellationen, in denen das nationale Recht des Zuzugsstaates, nicht aber das deutsche Umwandlungsrecht, die Umwandlungsfähigkeit eines bestimmten Rechtsträgers annimmt, ein Heraus-Formwechsel dennoch unproblematisch möglich sein.[27] Und auch in Fällen des Hinein-Formwechsels dürfte der numerus clausus des § 191 Abs. 1 bzw. § 334 zu erweitern sein: Ist eine analoge Anwendung des UmwG nach europäischem Recht angezeigt, so können diejenigen ausländischen Rechtsträger formwechselnder Rechtsträger im Sinne des § 191 Abs. 1 bzw. § 334 sein, die den dort genannten Rechtsformen entsprechen.[28] Vgl. auch die Kommentierung zu → § 19 Rn. 24.

16 Soweit eine **SE Rechtsträger neuer Rechtsform** werden soll, so richtet sich dies ausschließlich nach der insoweit abschließenden SE-VO (vgl. Art. 37 SE-VO iVm Art. 2 Abs. 4 SE-VO), die nur den Formwechsel einer AG in eine SE vorsieht.[29] Teilweise wird vertreten, dass beim Formwechsel einer AG in eine SE gemäß Art. 2 Abs. 4, Art. 37 SE-VO das UmwG ergänzend als Teil der zu beachtenden Gründungsvorschriften herangezogen werden kann.[30] Tatsächlich erlaubt Art. 15 Abs. 1 SE-VO den Rückgriff auf das für die AG geltende nationale Recht, so dass in entsprechender Anwendung der Normen des UmwG die lückenhafte Gestaltung des Formwechsels der SE überwunden werden kann.[31] Das ändert jedoch nicht den Vorrang von Art. 37 SE-VO.[32] Nach hier vertretener Auffassung handelt es sich daher bei einem Formwechsel nach Art. 37 SE-VO um einen Fall des Formwechsels außerhalb des UmwG (§ 190 Abs. 2). S. hierzu bereits die Erläuterungen → § 190 Rn. 39 ff.

17 Während der numerus clausus der Ausgangsrechtsträger des § 191 Abs. 1 im Falle eines **grenzüberschreitenden Formwechsels** – sowohl im Falle des Heraus-Formwechsels als auch in Fällen des Hinein-Formwechsels – im Einzelfall zu erweitern bzw. zu ignorieren sein kann (→ Rn. 14), bestehen solche im Falle des § 191 Abs. 2 nicht: der Kreis der dort genannten Zielrechtsträger ist in jedem Fall als abschließend anzusehen.[33]

IV. Formwechsel außerhalb des UmwG

18 Trotz numerus clausus und Analogieverbot existieren auch **außerhalb des UmwG** weitere Kombinationsmöglichkeiten. Insofern kann auf die Ausführungen zu § 190 verwiesen werden (→ § 190 Rn. 39 ff.).

V. Formwechsel bei aufgelösten Rechtsträgern (Abs. 3)

19 In Gleichlauf zur Regelung in § 3 Abs. 3 für die Verschmelzung kann sich nach § 191 Abs. 3 auch ein bereits **aufgelöster Rechtsträger** an einem Formwechsel als Ausgangsrechtsträger beteiligen, wenn die Gesellschafter eine Fortsetzung der aufgelösten

---

[27] Ege/Klett DStR 2012, 2442 (2444).
[28] KG DStR 2016, 1427 (1428); Vossius notar 2016, 314 (314). Ausführlich zur Anwendung der Vorschriften des UmwG im Falle der formwechselnden Umwandlung eines ausländischen Rechtsträgers OLG Nürnberg ZIP 2014, 128 (129).
[29] Semler/Stengel/Leonard/Drinhausen Einl. C Rn. 54.
[30] Habersack/Drinhausen/Bücker SE-VO Art. 37 Rn. 4 mwN.
[31] Semler/Stengel/Leonard/Drinhausen Einl. C Rn. 54, insbes. Fn. 119; vgl. auch Habersack/Drinhausen/Bücker SE-VO Art. 37 Rn. 4.
[32] Vgl. zur ergänzenden Anwendung nationalen Rechts Semler/Stengel/Leonard/Drinhausen Einl. C Rn. 54.
[33] Heckschen ZIP 2015, 2049 (2053). So auch das KG DNotZ 2021, 536 (538).

Gesellschaft in der bisherigen Rechtsform beschließen könnten. Telos der Norm ist der Gläubigerschutz.[34] Danach ist der Formwechsel ausschließlich solchen aufgelösten Rechtsträgern gestattet, die über genügend Vermögen verfügen, um die Gläubiger nach dem Formwechsel aus der Haftungsmasse befriedigen zu können.[35] Voraussetzung ist grundsätzlich, dass noch nicht mit der Verteilung des Vermögens an die Anteilsinhaber begonnen wurde.[36] Für die AG (bzw. KGaA über § 278 Abs. 3 AktG) ist für die Bestimmung des Zeitpunktes der Fortsetzungsfähigkeit deshalb § 274 Abs. 1 S. 1 AktG einschlägig. Für die GmbH gilt im Hinblick auf § 60 GmbHG § 274 Abs. 1 S. 1 AktG entsprechend.[37] § 79a Abs. 1 GenG enthält eine Parallelregelung für die eG. Die Fortsetzung einer OHG und KG ist bis zum Beginn der Liquidation möglich, § 138 Abs. 1, Abs. 2 HGB nF (§ 131 Abs. 1, Abs. 2 HGB aF).[38]

Auch im Falle des **grenzüberschreitenden Formwechsels** ist es sowohl nach der Rechtsprechung[39] als auch nach der Literatur[40] unerheblich, falls der Ausgangsrechtsträger zum Zeitpunkt der Umwandlung nicht mehr besteht. Empfohlen wird insofern, im Vorhinein eine Abstimmung mit den beteiligten Registergerichten herbeizuführen, um herauszufinden, ob eine Löschung des Ausgangsrechtsträgers, welche nach nationalem Recht erforderlich ist, gegebenenfalls erst nach Eintragung im Register des Zuzugsstaates erfolgen kann.[41] 20

Nach **Eröffnung des Insolvenzverfahrens** sind eine Fortsetzung und auch ein Formwechsel regelmäßig ausgeschlossen. Eine Ausnahme besteht nur dann, wenn das Verfahren auf Antrag des Schuldners eingestellt, oder nach Bestätigung eines Insolvenzplans aufgehoben worden ist.[42] 21

§ 192 Formwechselbericht

(1) ¹Das Vertretungsorgan des formwechselnden Rechtsträgers hat einen ausführlichen schriftlichen Bericht zu erstatten, in dem der Formwechsel und insbesondere die künftige Beteiligung der Anteilsinhaber an dem Rechtsträger sowie die Höhe einer anzubietenden Barabfindung und die zu ihrer Ermittlung gewählten Bewertungsmethoden rechtlich und wirtschaftlich erläutert und begründet werden (Formwechselbericht). ²§ 8 Absatz 1 Satz 3 bis 5 und Abs. 2 ist entsprechend anzuwenden. ³Der Formwechselbericht muß einen Entwurf des Formwechselbeschlusses enthalten.

(2) ¹Ein Formwechselbericht ist nicht erforderlich, wenn an dem formwechselnden Rechtsträger nur ein Anteilsinhaber beteiligt ist oder wenn alle Anteilsinhaber auf seine Erstattung verzichten. ²Die Verzichtserklärungen sind notariell zu beurkunden.

---

34 Semler/Stengel/Leonard/*Schwanna* § 191 Rn. 16; Lutter/*Hoger* § 191 Rn. 9.
35 Lutter/*Hoger* § 191 Rn. 9.
36 Begr. RegE zu § 3 Abs. 3, BR-Drs. 75/94, 82.
37 OLG Düsseldorf GmbHR 1979, 276 (277); Semler/Stengel/Leonard/*Schwanna* § 191 Rn. 18.

38 Widmann/Mayer/*Vossius* § 191 Rn. 17; Semler/Stengel/Leonard/*Schwanna* § 191 Rn. 17.
39 OLG Nürnberg ZIP 2014, 128 (129).
40 *Heckschen* ZIP 2015, 2049 (2053).
41 *Ege/Klett* DStR 2012, 2442 (2443).
42 Lutter/*Hoger* § 191 Rn. 11; Semler/Stengel/Leonard/*Schwanna* § 191 Rn. 19.

I. Normzweck 1	c) Besondere Schwierigkeiten bei der Bewertung 9
II. Pflicht zur Erstattung eines Formwechselberichts (Abs. 1) 3	d) Verbundene Unternehmen 10
1. Schuldner der Berichtspflicht 3	e) Nicht offenlegungspflichtige Tatsachen 11
2. Inhalt des Formwechselberichts 4	f) Entwurf des Formwechselbeschlusses 12
a) Rechtliche und wirtschaftliche Gründe für den Formwechsel 5	III. Verzicht (Abs. 2) 13
b) Rechtliche und wirtschaftliche Folgen für die Anteilsinhaber 7	1. Allgemein 13
aa) Qualitative Veränderungen ... 7	2. Kosten 14
bb) Erläuterung und Begründung der Barabfindung 8	

I. Normzweck

1 In Gleichlauf zu den Parallelvorschriften über die Spaltung (§ 127) und Verschmelzung (§ 8) verpflichtet § 192 Abs. 1 das Vertretungsorgan des formwechselnden Rechtsträgers einen **Formwechselbericht** (**Umwandlungsbericht**) zu erstatten. Die Vorschrift bezweckt primär den Schutz der Anteilsinhaber und entspricht deshalb dem Grundgedanken von § 51a GmbHG sowie § 131 AktG.[1] Dieses Auskunftsrecht der Anteilsinhaber soll den Gebrauch ihrer mitgliedschaftlichen Rechte in der Gesellschaft ermöglichen.[2] Für den Formwechsel soll deshalb mit Abs. 1 den Anteilsinhabern die Möglichkeit zur Vorabinformation über die Folgen des Formwechsels für ihre Anteile oder sonstige Mitgliedschaftsrechte eröffnet werden.[3] Konsequenterweise hat das UmRUG mit Wirkung zum 1.3.2013 (parallel ebenso in § 8 Abs. 1 S. 1) die Berichtspflichten erweitert („klargestellt"), dass nicht nur das Umtauschverhältnis und die Höhe einer anzubietenden Barabfindung (§ 207), sondern auch die zur Ermittlung gewählte(n) Bewertungsmethode(n) rechtlich und wirtschaftlich zu erläutern und begründen sind.[4] Dass das UmRUG zum gleichen Zeitpunkt den (Ober-)Begriff der Umwandlung durch den Begriff des Formwechsels ersetzt hat, ohne dass damit jedoch eine inhaltliche Änderung verbunden gewesen ist, erscheint daneben marginal.[5]

2 Nach Abs. 2 können alle Anteilsinhaber in notariell beurkundeter Form auf die Erstattung eines Umwandlungsberichts verzichten. Die mit einem Verzicht verbundenen Notarkosten sollten hierbei beachtet werden (→ Rn. 14 f.).

II. Pflicht zur Erstattung eines Formwechselberichts (Abs. 1)

1. Schuldner der Berichtspflicht

3 Nach § 192 Abs. 1 S. 1 ist das **Vertretungsorgan** des formwechselnden Rechtsträgers verpflichtet, einen Formwechselbericht zu erstatten. Der Formwechselbericht stellt keine Willens-, sondern eine Wissenserklärung dar, so dass rechtsgeschäftliche Vertretung unzulässig ist.[6] Der Bericht muss hinsichtlich der Form den Anforderungen von § 126 BGB genügen, wobei nur das Original eigenhändig zu unterschreiben ist. Dem Schrifterfor-

---

[1] Lutter/*Hoger* § 192 Rn. 2.
[2] MüKoAktG/*Kubis* § 131 Rn. 1.
[3] Begr. RegE zu § 192, BR-Drs. 75/94, 138.
[4] Begr. RegE zu § 192, BT-Drs. 20/3822, 85 mit Verweis auf § 8 Abs. 1 und dem Hinweis, dass dieses Verständnis der Reichweite der Berichtspflicht gemäß der GesRRL für grenzüberschreitende Verschmelzungen, Spaltungen und Formwechsel entspreche (dort Art. 124 Abs. 3 lit. a und b der Richtlinie (EU) 2017/1132 des Europäischen Parlaments und des Rates vom 14.6.2017 über bestimmte Aspekte des Gesellschaftsrechts (ABl. L 169/46 v. 30.06.2017), geändert durch die Richtlinie (EU) 2019/2121 des Europäischen Parlamentes und des Rates v. 27.11.2019 zur Änderung der Richtlinie (EU) 2017/1132 in Bezug auf grenzüberschreitende Umwandlungen, Verschmelzungen und Spaltungen (ABl. 2019 L 321, 1 vom 12.12.2019; ABl. 2020 L 20, 24 vom 24.1.2020).
[5] Begr. RegE zu § 192, BT-Drs. 20/3822, 85.
[6] Schmitt/Hörtnagl/*Winter* § 192 Rn. 4; Widmann/Mayer/*Mayer* § 192 Rn. 26.

dernis ist genügt, wenn die Urheberschaft auf sämtlichen Kopien damit erkenntlich gemacht wird, dass das Dokument mit der Kennzeichnung „der Vorstand" oä signiert ist.[7]

Hinweis: Bislang hatte die hM für die Unterzeichnung des Verschmelzungsberichts (§ 8 Abs. 1) angenommen, dass alle Mitglieder des Vertretungsorgans den Verschmelzungsbericht unterzeichnen müssten. In einer Entscheidung hat sich jedoch der BGH für die (damalige) Mindermeinung ausgesprochen, dass eine Unterzeichnung durch Organmitglieder in vertretungsberechtigter Zahl nach § 8 ausreichend sei, hat aber diese Frage ausdrücklich nicht abschließend entschieden.[8] Sicherheitshalber sollten daher derzeit für den Formwechsel noch sämtliche Mitglieder des Vertretungsorgans den Formwechselbericht für den Formwechsel unterzeichnen.

2. Inhalt des Formwechselberichts

§ 192 Abs. 1 S. 1 definiert den **Formwechselbericht**: Das Vertretungsorgan des Ausgangsrechtsträgers hat danach einen ausführlichen schriftlichen Bericht zu erstatten, in dem der Formwechsel und insbes. die künftige Beteiligung der Anteilsinhaber an dem Rechtsträger sowie die Höhe einer anzubietenden Barabfindung und die zu ihrer Ermittlung gewählten Bewertungsmethoden rechtlich und wirtschaftlich erläutert und begründet werden. § 192 Abs. 1 S. 2 verweist auf § 8 Abs. 1 S. 3–5 (bis 28.2.2023 Verweis auf § 8 Abs. 1 S. 2–4) und Abs. 2 und normiert damit die Anforderungen an Inhalt und Form des Formwechselberichts. Nach § 192 Abs. 1 S. 3 hat der Formwechselbericht einen Entwurf des Formwechselbeschlusses zu enthalten. Damit ist noch keine Aussage getroffen, wie umfassend und detailreich der Formwechselbericht zu verfassen ist. Vom Schutzzweck der Norm her betrachtet muss der Formwechselbericht dem Anteilsinhaber zumindest eine angemessene Beurteilungsgrundlage geben, um sich ein eigenes Urteil über den geplanten Formwechsel zu bilden.[9] Eine rein formelhafte Darstellung wäre daher unzureichend.[10] So genügt beispielsweise die Angabe, der Vorstand habe sich mit Alternativen zum Formwechsel beschäftigt und diese verworfen, ohne die gleichzeitige Angabe, wie diese Alternativen ausgesehen hätten, nicht den Anforderungen des § 192 Abs. 1.[11] Hinsichtlich der inhaltlichen Ausgestaltung ist Sorgfalt geboten, denn aus einem inhaltlich nicht vollständigen Formwechselbericht folgt bei Kapitalgesellschaften, eG und VvaG die Anfechtbarkeit des Formwechselbeschlusses.[12] Bei Personenhandelsgesellschaften und eV führen Mängel im Formwechselbericht hingegen zu dessen Nichtigkeit.[13]

a) Rechtliche und wirtschaftliche Gründe für den Formwechsel

Zunächst sind im Formwechselbericht nach § 192 Abs. 1 S. 1 die **rechtlichen und wirtschaftlichen Gründe** für den Formwechsel ausführlich darzulegen. Dh der Formwech-

---

7 Semler/Stengel/Leonard/*Bärwaldt* § 192 Rn. 22; Lutter/*Hoger* § 192 Rn. 5.
8 BGH NJW-RR 2007, 1409 (1411); so auch wohl die hM, vgl. Semler/Stengel/Leonard/*Bärwaldt* § 192 Rn. 21; Schmitt/Hörtnagl/*Winter* § 192 Rn. 4; Widmann/Mayer/ *Mayer* § 192 Rn. 25; Lutter/*Hoger* § 192 Rn. 5; aA *Hager* RNotZ 2011, 565 (577).
9 Lutter/*Hoger* § 192 Rn. 10; *Meyer-Landrut/Kiem* WM 1997, 1413 (1416).
10 *Meyer-Landrut/Kiem* WM 1997, 1413 (1416).
11 LG Mannheim GWR 2014, 283 (283) Vgl. hierzu *Rahlmeyer/von Eiff* EWirR 2014, 317.
12 Zum Formwechsel einer AG: LG Mannheim ZIP 2014, 970 (971); Semler/Stengel/Leonard/*Bärwaldt* § 192 Rn. 33.
13 Semler/Stengel/Leonard/*Bärwaldt* § 192 Rn. 33.

selbericht muss alle relevanten und sonst entscheidungserheblichen Tatsachen in gebotenem Umfang aufführen.[14]

6 Hinsichtlich des konkreten **Inhalts** wird in der Literatur regelmäßig empfohlen, die folgenden Punkte im Bericht aufzunehmen:

> **Checkliste:**
> – Darstellung des Rechtsträgers, seine bisherige Entwicklung und sein jetziger Ist-Zustand, seine Einbindung in einen Konzern sowie die mit dem Formwechsel verfolgten, unternehmerischen Ziele.[15]
> – Rechtliche und wirtschaftliche Zweckmäßigkeit der neuen Rechtsform für den Rechtsträger und seine Anteilsinhaber.[16]
> – Darlegung der rechtlichen und wirtschaftlichen Nachteile, die dem Rechtsträger und seinen Anteilsinhabern durch die neue Rechtsform entstehen.[17]
> – Erläuterung, warum die Vorteile des Formwechsels die Nachteile überwiegen.[18]
> – Darlegung alternativer Strukturmaßnahmen und der Gründe, warum der Formwechsel vorgezogen wird.[19]
> – Darlegung der ggf. steuerlichen Motive sowie insbes. der steuerlichen Folgen des Formwechsels für den Rechtsträger, wobei eine abstrakte Darstellung genügen sollte.[20]

b) Rechtliche und wirtschaftliche Folgen für die Anteilsinhaber

aa) Qualitative Veränderungen

7 Der Gesetzeswortlaut verlangt auch in rechtlicher und wirtschaftlicher Hinsicht eine ausführliche Berichterstattung über die qualitativen Veränderungen für die **Anteile oder sonstigen Mitgliedschaftsrechte** der Anteilsinhaber.[21] Das schließt Angaben über die künftige Rechtsstellung der Anteilsinhaber, aber auch Informationen über die Gewährung von Minderheitenrechten in der Ausgangs- und Zielgesellschaft mit ein.[22] Sollte mit dem Formwechsel auch eine quantitative Veränderung der Beteiligungsverhältnisse einhergehen („nicht-verhältniswahrender Formwechsel"), so sind auch diese zu erläutern. Relevant wird dies insbes. für den Fall des Formwechsels einer Kapitalgesellschaft in die Rechtsform einer GmbH & Co. KG aufgrund des erforderlichen Beitritts eines persönlich haftenden Gesellschafters oder bei der Gewährung zusätzlicher Anteile zur Abgeltung von Sonderrechten.[23]

bb) Erläuterung und Begründung der Barabfindung

8 Für den Fall eines Widerspruchs der Anteilsinhaber gegen den Formwechselbeschluss muss der Formwechselbericht auch die Einzelheiten für die Gewährung einer **Barabfindung** iSv § 207 erläutern und begründen.[24] Im Gegensatz zu § 8 Abs. 1 S. 1 sieht § 192 Abs. 1 eine solche Verpflichtung zwar nicht vor; sie ergibt sich jedoch mittelbar aus der Tatsache, dass die Barabfindung zwingender Bestandteil des Formwechselbeschlusses ist

---

14 Schmitt/Hörtnagl/*Winter* § 192 Rn. 7; Semler/Stengel/Leonard/*Bärwaldt* § 192 Rn. 9.
15 Semler/Stengel/Leonard/*Bärwaldt* § 192 Rn. 6.
16 Semler/Stengel/Leonard/*Bärwaldt* § 192 Rn. 6; Lutter/*Hoger* § 192 Rn. 18.
17 Semler/Stengel/Leonard/*Bärwaldt* § 192 Rn. 6; Lutter/*Hoger* § 192 Rn. 18.
18 BGHZ 83, 319 (326); Lutter/*Hoger* § 192 Rn. 18; Schmitt/Hörtnagl/*Winter* § 192 Rn. 9; dabei genügt die Darlegung, dass der Formwechsel die geeignetere und zweckmäßigere Lösung darstellt: Lutter/*Hoger* § 192 Rn. 19; Widmann/Mayer/*Mayer* § 192 Rn. 36.
19 BGHZ 83, 319 (326); Lutter/*Hoger* § 192 Rn. 19; Semler/Stengel/Leonard/*Bärwaldt* § 192 Rn. 6.
20 Meyer-Landrut/*Kiem* WM 1997, 1413 (1416).
21 Begr. RegE zu § 192, BR-Drs. 75/94, 138.
22 LG Heidelberg AG 1996, 523 ff.; Semler/Stengel/Leonard/*Bärwaldt* § 192 Rn. 10; Meyer-Landrut/*Kiem* WM 1997, 1413 (1416).
23 Widmann/Mayer/*Mayer* § 192 Rn. 43; Lutter/*Hoger* § 192 Rn. 23; Semler/Stengel/Leonard/*Bärwaldt* § 192 Rn. 11.
24 KG AG 1999, 126 (128); Schmitt/Hörtnagl/*Winter* § 192 Rn. 14; Widmann/Mayer/*Mayer* § 192 Rn. 44; Lutter/*Hoger* § 192 Rn. 29; Semler/Stengel/Leonard/*Bärwaldt* § 192 Rn. 12; *Bayer* ZIP 1997, 1613 (1622); Meyer-Landrut/*Kiem* WM 1997, 1413 (1416).

(§ 194 Abs. 1 Nr. 6), und dieser wiederum als Entwurf im Formwechselbericht enthalten sein muss (§ 192 Abs. 1 S. 3).[25]

Hinweis: In der Praxis ist es auch hier empfehlenswert, die Informationen eher ausführlicher als zu knapp zu halten. Eine fehlerhafte Erläuterung und Begründung der Barabfindung führt nach der Rechtsprechung des BGH zwar nicht zur Anfechtbarkeit des Formwechselbeschlusses.[26] Etwaige Mängel des Formwechselberichts können jedoch im Spruchverfahren zur Überprüfung der Angemessenheit des Abfindungsangebotes gerügt werden.[27]

c) Besondere Schwierigkeiten bei der Bewertung

Die Auskunftspflicht des Vertretungsorgans des formwechselnden Rechtsträgers nach §§ 192 Abs. 1 S. 2, 8 Abs. 1 S. 2 erstreckt sich auch auf etwaige **Schwierigkeiten bei der Bewertung** des Rechtsträgers. Vor dem Hintergrund des identitätswahrenden Charakters des Formwechsels ist diesem Verweis jedoch lediglich marginale Bedeutung beizumessen, so dass die Vorschrift lediglich beim „nicht-verhältniswahrenden Formwechsel" relevant wird.[28]

d) Verbundene Unternehmen

Darüber hinaus ist über den Verweis in § 192 Abs. 1 S. 2 auf § 8 Abs. 1 S. 4 (bis 28.2.2023 auf § 8 Abs. 1 S. 4) zu **verbundenen Unternehmen** entsprechend anwendbar. Ist am Formwechsel ein verbundenes Unternehmen iSv § 15 AktG beteiligt, sind im Bericht damit auch Angaben über alle für den Formwechsel wesentlichen Angelegenheiten der anderen verbundenen Unternehmen zu machen.

Hinweis: Im Gegensatz zur Verschmelzung ändern sich beim Formwechsel die Rechtsverhältnisse zu den verbundenen Unternehmen grundsätzlich nicht, so dass idR von der Offenlegung abgesehen werden kann.[29]

e) Nicht offenlegungspflichtige Tatsachen

Auskünfte über Tatsachen, welche geeignet sind, dem formwechselnden Rechtsträger oder einem verbundenen Unternehmen einen **nicht unerheblichen Nachteil** zuzufügen, sind jedoch nicht erforderlich (§§ 192 Abs. 1, 8 Abs. 2). Die Sonderregelung knüpft an die aktienrechtliche Regelung des Auskunftsverweigerungsrechts nach § 131 Abs. 3 Nr. 1 AktG an.[30] Für die Annahme eines nicht unerheblichen Nachteils kommt es deshalb nicht auf das Vorliegen eines drohenden Schadens iSd §§ 249 ff. BGB an. Vielmehr genügt jede gewichtige Beeinträchtigung des Gesellschaftsinteresses.[31] Darüber hinaus kann sich das Vertretungsorgan auch auf die weiteren Auskunftsverweigerungsrechte des § 131 Abs. 3 Nr. 2–6 AktG berufen.[32] Denn diese stellen lediglich einen Unterfall der Generalklausel des § 131 Abs. 3 Nr. 1 AktG dar.[33]

---

25 Teilweise wird dies darüber hinaus auch aus der Verweisung in § 192 Abs. 1 S. 2 auf § 8 Abs. 1 S. 2 herausgelesen; so etwa Lutter/*Hoger* § 192 Rn. 29; Widmann/Mayer/*Mayer* § 192 Rn. 44.
26 BGH NJW 2001, 1425 (1426); 1428, 1430.
27 BGH NJW 2001, 1425; Semler/Stengel/Leonard/*Bärwaldt* § 192 Rn. 14.
28 Lutter/*Hoger* § 192 Rn. 36; Semler/Stengel/Leonard/*Bärwaldt* § 192 Rn. 15.
29 Lutter/*Hoger* § 192 Rn. 40; Semler/Stengel/Leonard/*Bärwaldt* § 192 Rn. 16.
30 Begr. RegE zu § 8 Abs. 2, BR-Drs. 75/94, 84.
31 MüKoAktG/*Kubis* § 131 Rn. 110; *Koch* AktG § 131 Rn. 24.
32 Lutter/*Hoger* § 192 Rn. 44; Semler/Stengel/Leonard/*Bärwaldt* § 192 Rn. 18.
33 Semler/Stengel/Leonard/*Bärwaldt* § 192 Rn. 18.

f) Entwurf des Formwechselbeschlusses

12 Schließlich ist nach § 192 Abs. 1 S. 3 dem Formwechselbericht ein Entwurf des Formwechselbeschlusses beizufügen.

Hinweis: Es empfiehlt sich eine gesonderte Erläuterung des Beschlusses, sofern dies nicht bereits Teil der Darstellung der rechtlichen und wirtschaftlichen Folgen des Formwechsels war.

III. Verzicht (Abs. 2)

1. Allgemein

13 Der Formwechselbericht bezweckt den Schutz der Anteilsinhaber (→ Rn. 1). Dementsprechend ist ein solcher dann entbehrlich, wenn nach § 192 Abs. 2 S. 1 an dem formwechselnden Rechtsträger nur ein Anteilsinhaber beteiligt ist (Alt. 1), oder wenn alle Anteilsinhaber auf seine Erstattung verzichten (Alt. 2). In letzterem Fall bedarf es gem. § 192 Abs. 2 S. 2 der notariellen Beurkundung der Verzichtserklärungen. Bei einem solchen Verzicht sollten jedoch die Notarkosten bedacht werden, die im Einzelfall nicht unerheblich sein können (→ Rn. 14 f.). Zudem kann bei **Personenhandelsgesellschaften** auch dann auf die Erstattung eines Formwechselberichts verzichtet werden, wenn alle Gesellschafter zur Geschäftsführung berechtigt sind (→ § 215 Rn. 12).

Hinweis: Die Verzichtserklärung ist eine Willenserklärung, die nach Maßgabe der §§ 6 ff. BeurkG zu beurkunden ist.[34] Eine Beurkundung des Verzichts im Rahmen der Hauptversammlung einer AG nach Maßgabe des § 130 Abs. 1 AktG erfüllt diese Voraussetzungen nicht. Denn die notarielle Niederschrift nach § 130 Abs. 1 AktG ist ein Ergebnisprotokoll, aber kein Wortprotokoll iSd §§ 6 ff. BeurkG.[35]

2. Kosten

14 Die Beurkundung der **Verzichtserklärungen** löst gem. § 97 Abs. 1 GNotKG iVm Nr. 21200 KV GNotKG eine 1,0 Gebühr aus, mindestens aber 60 EUR. Werden die Verzichtserklärungen in die Urkunde über den Formwechselbeschluss aufgenommen, ist die Anwendung des § 109 GNotKG ausgeschlossen, weshalb diese stets separat vom Formwechselbeschluss zu bewerten sind.[36] Der Bezugswert ist der Anteil des Erklärenden am Vermögen des formwechselnden Rechtsträgers, § 97 Abs. 1 GNotKG. Der Abzug eines Teilwerts iHv 10–20 %, wie noch im Rahmen von § 36 Abs. 1 KostO notwendig war, kommt nicht mehr in Betracht.[37]

15 **Beispiel:** Beträgt der Anteil des Verzichtenden dann etwa 500.000 EUR am Vermögen des formwechselnden Rechtsträgers, so löst die Beurkundung gem. § 34 GNotKG (Tabelle B) iVm Nr. 21200 KV GNotKG Gebühren iHv 935 EUR aus.

---

34 Semler/Stengel/Leonard/*Bärwaldt* § 192 Fn. 78 mit Hinweis auf LG Stuttgart GmbHR 2001, 977.
35 MüKoAktG/*Kubis* § 130 Rn. 16; BeckOK BGB/*Litzenburger* BeurkG § 6 Rn. 1 mwN.
36 So zur früheren Rechtslage Korintenberg/Lappe/Bengel/Reimann/*Bengel/Tiedtke* KostO § 44 Rn. 66; § 41c Rn. 62; Limmer/*Tiedtke* Unternehmensumwandlung HdB Teil 8 Rn. 86; so wohl auch BeckOK KostR/*Bachmayer* GNotKG § 109 Rn. 93. Anders wohl Korintenberg/*Diehn* GNotKG § 109 Rn. 109.
37 Zur alten Rechtslage OLG Stuttgart 16.6.2006 – W 283/05; Limmer/*Tiedtke* Unternehmensumwandlung HdB Teil 8 Rn. 90.

§ 193 Formwechselbeschluss

(1) ¹Für den Formwechsel ist ein Beschluß der Anteilsinhaber des formwechselnden Rechtsträgers (Formwechselbeschluss) erforderlich. ²Der Beschluß kann nur in einer Versammlung der Anteilsinhaber gefaßt werden.

(2) Ist die Abtretung der Anteile des formwechselnden Rechtsträgers von der Genehmigung einzelner Anteilsinhaber abhängig, so bedarf der Formwechselbeschluss zu seiner Wirksamkeit ihrer Zustimmung.

(3) ¹Der Formwechselbeschluss und die nach diesem Gesetz erforderlichen Zustimmungserklärungen einzelner Anteilsinhaber einschließlich der erforderlichen Zustimmungserklärungen nicht erschienener Anteilsinhaber müssen notariell beurkundet werden. ²Auf Verlangen ist jedem Anteilsinhaber auf seine Kosten unverzüglich eine Abschrift der Niederschrift des Beschlusses zu erteilen.

I. Normzweck ... 1	b) Mehrheitserfordernisse ... 9
II. Ablauf des Beschlussverfahrens ... 2	c) Stellvertretung ... 12
1. Vorbereitung der Versammlung ... 2	3. Mängel im Beschlussverfahren ... 13
a) Personen- und Partnerschaftsgesellschaften ... 3	III. Zustimmung einzelner Anteilsinhaber (Abs. 2) ... 14
b) eG, VVaG und rechtsfähige Vereine ... 4	IV. Form und Abschriftenerteilung (Abs. 3) ... 19
c) Formwechsel von GmbH, AG und KGaA in eine Personengesellschaft oder Kapitalgesellschaft ... 5	V. Kosten ... 21
2. Durchführung der Versammlung ... 8	1. Beurkundung des Formwechselbeschlusses, Abs. 1, Abs. 3 ... 21
a) Mündliche Erläuterung ... 8	2. Beurkundung der Zustimmungserklärungen, Abs. 2 ... 22

I. Normzweck

§ 193 Abs. 1 S. 1 schreibt vor, dass die Anteilsinhaber einen **Formwechselbeschluss** zu fassen haben, und ähnelt somit der Parallelregelung in § 13 Abs. 1 S. 1 zur Zustimmung zum Verschmelzungsvertrag. Im Gegensatz zur Verschmelzung und Spaltung, die zweiaktig erfolgen (Umwandlungsvertrag und Beschluss), liegt dem Formwechsel aufgrund seines identitätswahrenden Charakters nur ein einaktiger Geschehensablauf zugrunde. Ein gesonderter „Vertragsschluss" ist nicht notwendig. In Gleichlauf zur Verschmelzung und Spaltung ist auch hier die Eintragung des Formwechselbeschlusses im Handelsregister für das Wirksamwerden des Formwechsels konstitutiv.[1]

II. Ablauf des Beschlussverfahrens

1. Vorbereitung der Versammlung

Da der Formwechselbeschluss in einer Versammlung der Anteilseigner zu fassen ist (§ 193 Abs. 1 S. 2), sind diese hierzu auch ordentlich zu laden. Die dabei zu beachtenden Vorgaben für Form und Frist und die zu übersendenden Unterlagen richten sich nach den gesetzlichen und gesellschaftsvertraglichen bzw. satzungsrechtlichen Vorschriften für den betreffenden Ausgangsrechtsträger. Ergänzend sind die die einzelnen weiteren, rechtsformabhängigen Vorgaben nach den §§ 214 ff. zu beachten. Dies führt dazu, dass die vorherige **Übersendung des Formwechselbeschlusses und des Formwechselberichts** erforderlich ist. Auf diese Regelungen soll im Folgenden summarisch eingegangen werden; weitergehende Informationen finden sich in der Kommentierung der jeweiligen Einzelvorschrift.

---

[1] Widmann/Mayer/*Weiler* § 193 Rn. 1, Semler/Stengel/Leonard/*Bärwaldt* § 193 Rn. 1.

a) Personen- und Partnerschaftsgesellschaften

3 Das Vertretungsorgan des formwechselnden Rechtsträgers von **Personenhandelsgesellschaften und PartG** hat nach § 216 bzw. § 225b iVm § 126b BGB den Formwechsel allen von der Geschäftsführung ausgeschlossenen Gesellschaftern spätestens zusammen mit der Einberufung der Gesellschafterversammlung bzw. der Partnerversammlung, die den Formwechsel beschließen soll, als Gegenstand der Beschlussfassung in Textform anzukündigen. Spätestens mit der Einberufung hat auch die Übermittlung des Formwechselberichts mitsamt Beschlussentwurf (§ 192 Abs. 1 S. 3) zu erfolgen. Ein Abfindungsangebot iSv § 207 ist stets beizufügen.[2]

b) eG, VVaG und rechtsfähige Vereine

4 Für **eG, VVaG und rechtsfähige Vereine** ist nach §§ 260 Abs. 1 S. 2, 292 Abs. 1, 274 Abs. 1 S. 1 in der Ankündigung der Beschlussfassung auf die nach § 262 Abs. 1 erforderlichen Mehrheiten sowie auf die Möglichkeit der Erhebung eines Widerspruchs und die sich daraus ergebenden Rechte hinzuweisen. Zwingend notwendig ist zudem die Übersendung des Abfindungsangebotes nach § 207. Auf die Übermittlung des Formwechselberichts kann verzichtet werden, wenn der Bericht ab der Einberufung der Anteilsinhaberversammlung im Geschäftsraum des Rechtsträgers zur Einsicht ausgelegt wird, Rückschluss aus §§ 251 Abs. 1, 292 Abs. 1, 274 Abs. 1 S. 1 iVm 230 Abs. 1 S. 2.

c) Formwechsel von GmbH, AG und KGaA in eine Personengesellschaft oder Kapitalgesellschaft

5 Soll eine **GmbH** in eine Personen- oder andere Kapitalgesellschaft umgewandelt werden, so ist allen Gesellschaftern spätestens zusammen mit der Einberufung der Gesellschafterversammlung der Formwechsel als Gegenstand der Beschlussfassung in Textform anzukündigen (§§ 230 Abs. 1, 238 S. 1).

6 Ebenso ist bei einem Formwechsel einer **AG** oder **KGaA** in eine Personen- oder andere Kapitalgesellschaft der Formwechselbericht im Geschäftsraum der Gesellschaft zur Einsicht der Aktionäre von der Einberufung der Hauptversammlung auszulegen (§§ 230 Abs. 2 S. 1, 238 S. 1) und auf Verlangen eines Aktionärs und eines von der Geschäftsführung ausgeschlossenen persönlich haftenden Gesellschafters zu übersenden, ggf. auch elektronisch (§§ 230 Abs. 2, 238 S. 1). Allerdings ist die Auslegung wie auch die Übersendung des Formwechselberichts entbehrlich, wenn der Formwechselbericht im selben Zeitraum über die Internetseite der Gesellschaft zugänglich ist (§§ 230 Abs. 2 S. 4, 238 S. 1).

7 Sowohl beim Formwechsel einer **GmbH**, einer **AG** oder **KGaA** in eine Personen- oder andere Kapitalgesellschaft hat das Vertretungsorgan der formwechselnden Kapitalgesellschaft das Abfindungsangebot nach § 207 spätestens zusammen mit der Einberufung der Gesellschafter- bzw. Hauptversammlung zu übersenden oder es alternativ im (elektronischen) Bundesanzeiger und in den sonstigen Gesellschaftsblättern bekanntzumachen (§§ 231 S. 2, 238 S. 1).

---

[2] Lutter/*Hoger* § 193 Rn. 5.

2. Durchführung der Versammlung

a) Mündliche Erläuterung

Auch die **Durchführung** der Anteilsinhaberversammlung richtet sich nach den rechtsformspezifischen Vorschriften des UmwG, die auf den formwechselnden Rechtsträger Anwendung finden. Für den Formwechsel einer AG, einer KGaA, eines VVaG und eines rechtsfähigen Vereins bedeutet das, dass der Entwurf des Formwechselbeschlusses durch das betreffende Vertretungsorgan zu Beginn der Verhandlung, abhängig von der Rechtsform, in die gewechselt werden soll, zum Teil mündlich erläutert werden muss, §§ 232 Abs. 2, 239 Abs. 2, 251 Abs. 2, 261 Abs. 2 S. 2, 274 Abs. 2, 283 Abs. 2 bzw. 292 Abs. 2.

b) Mehrheitserfordernisse

Die Bestimmung des **erforderlichen Quorums** für die Beschlussfassung hängt von der Rechtsform des formwechselnden Rechtsträgers und seiner zukünftigen Rechtsform ab. Daher empfiehlt es sich, die gesetzlichen Vorgaben des UmwG, die zum Teil abweichende gesellschaftsvertragliche Bestimmungen zulassen, genau zu lesen.

Bei dem Formwechsel einer **Kapitalgesellschaft** ist grds. eine Mehrheit von drei Vierteln der bei der Versammlung abgegebenen Stimmen erforderlich, wobei Gesellschaftsvertrag bzw. Satzung ein strengeres Mehrheitserfordernis vorsehen können, §§ 233 Abs. 2, 240 Abs. 1, 252 Abs. 2, 262 Abs. 1, 275 Abs. 2, 284 S. 2, 293. Führt der Formwechsel dazu, dass einer der Gesellschafter eine unbeschränkte Haftung für die Verbindlichkeiten des Rechtsträgers übernimmt (zB als Gesellschafter einer Personengesellschaft oder als Partner einer Partnergesellschaft), so resultiert hieraus ein Einstimmigkeitserfordernis bzw. ein Zustimmungserfordernis des betroffenen Gesellschafters, §§ 240 Abs. 2 S. 1, Abs. 3 S. 1, 251 Abs. 1, Abs. 2 S. 1.

Ist der formwechselnde Rechtsträger eine **Personenhandelsgesellschaft**, so gilt grds. das Primat der Einstimmigkeit, § 217 Abs. 1 S. 1. Der Gesellschaftsvertrag kann jedoch eine Mehrheitsentscheidung vorsehen, die mindestens drei Viertel der abgegebenen Stimmen erfordert, § 217 Abs. 1. S. 2, 3.

Hinweis: Der Formwechselbeschluss weist eine Doppelnatur auf:[3] Neben dem Formwechsel bewirkt er auch stets eine Satzungsänderung.[4] Als Faustregel gilt deshalb: Die für Gesellschaftsvertrags- und Satzungsänderungen vorgesehene Mehrheit ist auch für den Formwechselbeschluss ausschlaggebend.

c) Stellvertretung

Stellvertretung ist bei der Abstimmung grundsätzlich zulässig und richtet sich nach dem rechtsformspezifischen Recht (etwa § 47 Abs. 3 GmbHG, § 134 Abs. 3 S. 1 AktG).[5] Abweichende Bestimmungen im Gesellschaftsvertrag bzw. der Satzung sind zu beachten. Die Vollmacht muss jedoch nicht notariell beurkundet werden, § 167 Abs. 2 BGB. Die Abstimmung durch Einschaltung eines Boten ist nicht zulässig.[6] Nach § 193 Abs. 1 S. 2 ist der Beschluss „in" der Versammlung der Anteilsinhaber zu fassen. Erklärungs-

---

3 Lutter/Hoger § 193 Rn. 8.
4 BGH ZIP 2005, 1318 (1322); Lutter/Hoger § 193 Rn. 8.
5 Semler/Stengel/Leonhard/Bärwaldt § 193 Rn. 12, Lutter/Hoger § 193 Rn. 4; Schmitt/Hörtnagl/Winter § 193 Rn. 8; Melchior GmbHR 1999, 520.
6 Semler/Stengel/Leonhard/Bärwaldt § 193 Rn. 14.

botenschaft ist deshalb ausgeschlossen. Denn der Erklärungsbote übermittelt – im Gegensatz zur Stellvertretung – lediglich eine bereits getätigte Willenserklärung.[7]

Hinweis: Sollte ein Anteilsinhaber nicht nur selbst abstimmen, sondern auch als Stellvertreter auftreten, ist in die Vollmachturkunde eine Befreiung vom Selbstkontrahierungsverbot des § 181 BGB aufzunehmen.

3. Mängel im Beschlussverfahren

13 Die Eintragung des Formwechsels im Handelsregister führt zwar rechtlich nicht zu einer Heilung etwaiger Mängel bei der Beschlussfassung.[8] Die Eintragung lässt etwaige **Beschlussmängel** dennoch unbeachtlich, da ein einmal im Handelsregister eingetragener Formwechsel „trotz Mängel des Formwechsels" wirksam bleibt, § 202 Abs. 3.

III. Zustimmung einzelner Anteilsinhaber (Abs. 2)

14 § 193 Abs. 2 fordert immer dann die (gesonderte) **Zustimmung** einzelner Anteilsinhaber zum Formwechselbeschluss, wenn die Abtretung von Anteilen an dem formwechselnden Rechtsträger die Genehmigung einzelner Anteilsinhaber erfordert.

15 Das von § 193 Abs. 2 vorgesehene **Zustimmungserfordernis** ist Ausdruck des allgemeinen Rechtsgedankens, dass Sonderrechte eines Anteilsinhabers nicht ohne dessen Zustimmung beeinträchtigt werden dürfen (§ 35 BGB).[9] Konkret bedeutet dies, dass bei vinkulierten Anteilen die Wirksamkeit des Formwechselbeschlusses, unabhängig von den festgelegten Mehrheitsverhältnissen, zusätzlich die Zustimmung der betreffenden Anteilsinhaber erfordert, ohne deren Genehmigung eine Anteilsabtretung bei dem formwechselnden Rechtsträger nicht wirksam erfolgen könnte. Dies ist wörtlich zu verstehen, dh es kommt auf das rechtliche, nicht auf das faktische Zustimmungserfordernis des einzelnen Anteilsinhabers an, das sich aus einer gesetzlichen Regelung oder dem Gesellschaftsvertrag bzw. der Satzung ergeben muss.

16 Das Zustimmungserfordernis besteht bei **Personenhandelsgesellschaften** immer dann, wenn entgegen § 717 Abs. 2 BGB der Gesellschaftsvertrag eine Abtretung unter der Bedingung der Zustimmung einzelner Gesellschafter vorsieht.[10] Bei der **GmbH** sind die Anteile nur dann vinkuliert, wenn der Gesellschaftsvertrag bzw. die Satzung dies regelt (sog. Vinkulierungsklausel).[11] Nach § 68 Abs. 2 S. 1 AktG kann bei der **AG** zwar die Übertragung von Namensaktien an eine Zustimmung der Gesellschaft gebunden werden, § 193 Abs. 2 erfasst diese Form der Vinkulierung jedoch nicht.[12] Allenfalls der Zustimmungsvorbehalt der Hauptversammlung nach § 68 Abs. 2 S. 3 AktG kann bei der AG ein Zustimmungserfordernis nach § 193 Abs. 2 auslösen.[13]

17 Eine etwaige erforderliche Zustimmung des formwechselnden Rechtsträgers oder seiner Organe ist unbeachtlich. Eine Zustimmungspflicht folgt auch nicht aus schuldrechtlichen Vereinbarungen außerhalb des Gesellschaftsvertrages bzw. der Satzung. Das gilt auch für solche Satzungsbestandteile, die ein **Vorkaufs-** oder **Vorerwerbsrecht** für die Anteilsinhaber vorsehen.

---

[7] Jauernig/*Mansel* BGB § 164 Rn. 13.
[8] Semler/Stengel/Leonard/*Bärwaldt* § 193 Rn. 31; Widmann/Mayer/*Weiler* § 193 Rn. 118.
[9] Begr. RegE zu § 193 Abs. 2, BR-Drs. 75/94, 139.
[10] Lutter/*Hoger* § 193 Rn. 12.
[11] Lutter/*Hoger* § 193 Rn. 15; Semler/Stengel/Leonard/*Bärwaldt* § 193 Rn. 20; *Reichert* GmbHR 1995, 176 (179); aA *Veil*, Umwandlung einer Aktiengesellschaft, S. 101.
[12] Lutter/*Hoger* § 193 Rn. 13.
[13] Lutter/*Hoger* § 193 Rn. 13.

Die Verwendung des Begriffs der „Genehmigung" in § 193 Abs. 2 ist missverständlich. So könnte angenommen werden, dass etwa die Abtretung solcher Anteile, deren Abtretbarkeit von einer vorherigen Zustimmung (Einwilligung iSv § 183 BGB) abhängt, vom Zustimmungserfordernis des § 193 Abs. 2 ausgenommen ist, und die Vorschrift lediglich Fälle der nachträglichen Zustimmung (Genehmigung iSv § 184 BGB) erfasst. Die Wortwahl des Gesetzgebers ist jedoch als **Redaktionsversehen** zu werten, so dass hierunter sowohl die Einwilligung, als auch die spätere Genehmigung fallen.[14]

IV. Form und Abschriftenerteilung (Abs. 3)

In formeller Hinsicht muss der Formwechselbeschluss nach § 193 Abs. 3 S. 1 **notariell beurkundet** werden. Die Beurkundung erstreckt sich sowohl auf den Mindestinhalt des Formwechselbeschlusses nach § 194 Abs. 1, als auch auf die Zustimmungserklärungen.[15] Es gelten die §§ 36 ff. BeurkG.[16] Mängel bei der Beurkundung führen zur Unwirksamkeit des gesamten Beschlusses.[17] Allerdings ordnet § 202 Abs. 1 Nr. 3 die Heilung der Mängel durch Eintragung des Formwechsels in das Register an. Nach § 193 Abs. 3 S. 2 ist jedem Anteilsinhaber, der danach verlangt, auf dessen Kosten unverzüglich eine Abschrift der Niederschrift des Beschlusses zu erteilen.

Hinweis: Trotz der missverständlichen Formulierung ist für die Übersendung der Abschrift nicht der Notar zuständig, sondern ausschließlich der formwechselnde Rechtsträger.[18]

Im Falle eines **grenzüberschreitenden Formwechsels in einer Zuzugskonstellation** ist fraglich, ob – nachdem im Vorfeld bereits ein den Vorgaben des Wegzugsstaates genügender Formwechselbeschluss gefasst worden ist – ein zweiter Formwechselbeschluss nach Maßgabe des deutschen Umwandlungsrechts und auch des deutschen Beurkundungsrechts erforderlich ist. Teilweise wird eine nachträgliche deutsch-rechtliche Beurkundung des ausländischen Beschlusses für ausreichend erachtet.[19] In der Praxis wird es sich empfehlen, sicherheitshalber einen zweiten Formwechselbeschluss nach deutschen Vorgaben zu fassen oder diese Frage zumindest vorab mit dem zuständigen Handelsregister zu klären.

V. Kosten

1. Beurkundung des Formwechselbeschlusses, Abs. 1, Abs. 3

Nach dem GNotKG[20] bestimmen sich die Kosten der Beurkundung weiterhin nach dem Geschäftswert. Für den zu beurkundenden Formwechselbeschluss bestimmt er sich gem. § 108 Abs. 3 GNotKG nach dem **Vermögen des formwechselnden Rechtsträgers**. Grundlage ist die (für den Formwechsel ansonsten nicht erforderliche) Formwechselbilanz, die auf den Stichtag des Formwechsels lautet.[21] Der Geschäftswert beträgt nach § 107 Abs. 1 GNotKG mindestens 30.000 EUR und höchstens 10 Millionen EUR.

---

14 So auch Semler/Stengel/Leonard/*Bärwaldt* § 193 Rn. 18 Fn. 59.
15 Teilweise wird entgegen § 167 Abs. 2 BGB auch für eine Stimmrechtsvollmacht die notarielle Beglaubigung oder gar Beurkundung gefordert oder zumindest empfohlen; vgl. Lutter/*Hoger* § 193 Rn. 4; Bergjan/*Klotz* ZIP 2016, 2300 (2303).
16 Lutter/*Hoger* § 193 Rn. 10.
17 Schmitt/Hörtnagl/*Winter* § 193 Rn. 22; Semler/Stengel/Leonard/*Bärwaldt* § 193 Rn. 28.
18 Widmann/Mayer/*Weiler* § 193 Rn. 110; Semler/Stengel/Leonard/*Bärwaldt* § 193 Rn. 29; Lutter/*Hoger* § 193 Rn. 11; Usler MittRhNotK 1998, 21 (43 .
19 *Siebold* ZIP 2017, 456 (460).
20 BGBl. 2013 I 2586.
21 Korintenberg/*Tiedtke* GNotKG § 108 Rn. 70.

Nach Nr. 21100 KV GNotKG wird eine 2,0 Gebühr fällig, mindestens jedoch 120 EUR. Bei der Wertbestimmung berechnet sich der Bezugswert nach dem in der Formwechselbilanz ausgewiesenen Aktivvermögen, allerdings gem. § 38 GNotKG ohne Schuldenabzug.[22]

Im Einzelfall kann die Bilanz dennoch im Hinblick auf etwaige **Abzugsposten** korrekturbedürftig sein, etwa bei einem nicht durch Eigenkapital gedecktem Fehlbetrag.[23] Der Notar hat zudem zu überprüfen, ob die Grundstücke und/oder die Gebäude mit einem geringeren Wert als dem Verkehrswert (§ 46 Abs. 1 GNotKG) in der Bilanz enthalten sind.[24]

Beispiel: Bei einer Beurkundung des Formwechselbeschlusses einer formwechselnden GmbH mit einer Bilanzsumme von 25.000 EUR würde nach § 108 Abs. 3 GNotKG iVm Nr. 21100 KV GNotKG eine 2,0 Gebühr iHv 230 EUR fällig; bei einem Aktivvermögen von 3.000.000 EUR würde die Beurkundung hingegen eine 2,0 Gebühr iHv 9.870 EUR auslösen.

2. Beurkundung der Zustimmungserklärungen, Abs. 2

22 Die **Zustimmung** nach § 193 Abs. 2 ist eine Willenserklärung.[25] Die Beurkundung richtet sich deshalb nach den §§ 6 ff. BeurkG. Maßgebend für die Wertberechnung ist der Geschäftswert des Geschäfts der Zustimmungserklärung, § 98 Abs. 1 GNotKG. Ausschlaggebend ist dann die Hälfte des Anteils des Zustimmenden am Vermögen der formwechselnden Gesellschaft. Der Geschäftswert beträgt nach § 98 Abs. 4 GNotKG höchstens 1 Mio. EUR. Werden die Zustimmungserklärungen in die Urkunde über den Formwechselbeschluss aufgenommen, ist die Anwendung des § 109 GNotKG ausgeschlossen, weshalb diese ggf. separat vom Formwechselbeschluss zu bewerten sind.[26] Fällig wird gem. Nr. 21200 KV GNotKG eine 1,0 Gebühr, mindestens aber 60 EUR.

23 **Beispiel:** Beträgt der Anteil des Zustimmenden 500.000 EUR am Vermögen des formwechselnden Rechtsträgers, so löst die Beurkundung gem. § 34 GNotKG (Tabelle B) iVm Nr. 21200 KV GNotKG Gebühren iHv 935 EUR aus.

§ 194 Inhalt des Formwechselbeschlusses

(1) In dem Formwechselbeschluss müssen mindestens bestimmt werden:
1. die Rechtsform, die der Rechtsträger durch den Formwechsel erlangen soll;
2. der Name oder die Firma des Rechtsträgers neuer Rechtsform;
3. eine Beteiligung der bisherigen Anteilsinhaber an dem Rechtsträger nach den für die neue Rechtsform geltenden Vorschriften, soweit ihre Beteiligung nicht nach diesem Buch entfällt;
4. Zahl, Art und Umfang der Anteile oder der Mitgliedschaften, welche die Anteilsinhaber durch den Formwechsel erlangen sollen oder die einem beitretenden persönlich haftenden Gesellschafter eingeräumt werden sollen;
5. die Rechte, die einzelnen Anteilsinhabern sowie den Inhabern besonderer Rechte wie Anteile ohne Stimmrecht, Vorzugsaktien, Mehrstimmrechtsaktien,

---

[22] Korintenberg/*Bormann* GNotKG § 38 Rn. 2 f.
[23] Limmer/*Tiedtke* Unternehmensumwandlung-HdB Teil 8 Rn. 84.
[24] Eingehend *Tiedtke* MittBayNot 1997, 209 (211); Korintenberg/*Tiedtke* GNotKG § 46 Rn. 9 ff.
[25] Semler/Stengel/Leonard/*Bärwaldt* § 193 Rn. 27.
[26] Korintenberg/*Diehn* GNotKG § 109 Rn. 113.

Schuldverschreibungen und Genußrechte in dem Rechtsträger gewährt werden sollen, oder die Maßnahmen, die für diese Personen vorgesehen sind;

6. ein Abfindungsangebot nach § 207, sofern nicht der Formwechselbeschluss zu seiner Wirksamkeit der Zustimmung aller Anteilsinhaber bedarf oder an dem formwechselnden Rechtsträger nur ein Anteilsinhaber beteiligt ist;

7. die Folgen des Formwechsels für die Arbeitnehmer und ihre Vertretungen sowie die insoweit vorgesehenen Maßnahmen.

(2) Der Entwurf des Formwechselbeschlusses ist spätestens einen Monat vor dem Tage der Versammlung der Anteilsinhaber, die den Formwechsel beschließen soll, dem zuständigen Betriebsrat des formwechselnden Rechtsträgers zuzuleiten.

I. Normzweck 1	b) Beteiligungsart 8
II. Inhalt des Formwechselbeschlusses (Abs. 1) 2	c) Beteiligungsumfang 9
1. Zielrechtsform (Nr. 1) 2	5. Rechte einzelner Anteilsinhaber und Sonderrechte (Nr. 5) 10
2. Name oder Firma des Rechtsträgers neuer Rechtsform (Nr. 2) 3	6. Angebot der Barabfindung (Nr. 6) 12
3. Beteiligung der bisherigen Anteilsinhaber an der Zielgesellschaft (Nr. 3) 4	7. Folgen für die Arbeitnehmer und ihre Vertretungen (Nr. 7) 14
4. Modalitäten zu den Anteilen an der Zielgesellschaft (Nr. 4) 6	III. Zuleitung an den Betriebsrat (Abs. 2) 17
a) Beteiligungszahl 7	IV. Rechtsfolgen bei Fehlen der Mindestangaben 19

I. Normzweck

§ 194 Abs. 1 sieht den zwingenden **Mindestinhalt** des Formwechselbeschlusses vor. Mit Wirkung zum 1.3.2023 hat das UmRUG den (Ober-)Begriff der Umwandlung durch den Begriff des Formwechsels ersetzt, ohne dass damit jedoch eine inhaltliche Änderung verbunden gewesen ist.[1] Die Vorschrift ist nicht abschließend, indem darüber hinaus die rechtsformspezifischen Regelungen der §§ 218, 225c, 234, 243, 253, 263, 276, 285, 294 ergänzend hinzutreten. Ist beim formwechselnden Rechtsträger ein Betriebsrat eingerichtet, muss nach § 194 Abs. 2 der Entwurf des Formwechselbeschlusses der Arbeitnehmervertretung zugeleitet werden. Die Vorschrift entspricht den Parallelregelungen in §§ 5 Abs. 3, 126 Abs. 3 und dient der umfassenden Information der Beschäftigten über die Folgen des Formwechsels (§ 194 Abs. 1 Nr. 7).

II. Inhalt des Formwechselbeschlusses (Abs. 1)

1. Zielrechtsform (Nr. 1)

Zunächst ist nach § 194 Abs. 1 Nr. 1 im Formwechselbeschluss die **Zielrechtsform** des Formwechsels anzugeben. Das Wort „Formwechsel" muss dabei nicht zwingend in den Beschluss aufgenommen werden.[2]

Hinweis: Um Missverständnisse beim Registergericht von vornherein zu vermeiden, ist die ausdrückliche Bezugnahme auf die angestrebte Formwechselart im Formwechselbeschluss dennoch stets anzuraten.

Formulierung:
Die A-GmbH wird durch den Formwechsel in eine Aktiengesellschaft umgewandelt.

---

[1] Begr. RegE zu § 194, BT-Drs. 20/3822, 85.
[2] Semler/Stengel/Leonard/*Bärwaldt* § 194 Rn. 5; Schmitt/Hörtnagl/*Winter* § 194 Rn. 3. Vgl. *Lohr* GmbH-StR 2019, 85 ff. mit weiteren Vorschlägen zur Gestaltung von Formwechselbeschlüssen.

2. Name oder Firma des Rechtsträgers neuer Rechtsform (Nr. 2)

3 Darüber hinaus hat der Formwechselbeschluss den **Namen** oder die **Firma** des Rechtsträgers neuer Rechtsform aufzuführen, § 194 Abs. 1 Nr. 2. Zulässigkeit und Umfang der künftigen Firmierung richten sich nach § 200. Daneben sind die einzelnen einschlägigen rechtsformspezifischen Vorschriften, namentlich § 4 AktG, § 4 GmbHG, § 3 GenG, §§ 17 ff. HGB und § 2 PartGG zu beachten.

> Formulierung:
> Die Firma des Rechtsträgers neuer Rechtsform lautet A-AG.

3. Beteiligung der bisherigen Anteilsinhaber an der Zielgesellschaft (Nr. 3)

4 Weiterhin ist im Formwechselbeschluss die künftige **Beteiligung** der bisherigen Anteilsinhaber am Rechtsträger neuer Rechtsform zu bezeichnen, soweit ihre Beteiligung aufgrund der Regelungen für den Formwechsel nicht entfällt, § 194 Abs. 1 Nr. 3.

> Formulierung:
> Die vormaligen Gesellschafter der A-GmbH sind nach dem Formwechsel als Aktionäre an der A-AG beteiligt.

5 Die explizite **namentliche Nennung** der einzelnen Anteilsinhaber ist nicht zwingend.[3] Dennoch sind solche Anteilsinhaber namentlich aufzunehmen, die durch den Formwechsel dem neuen Rechtsträger beitreten.[4] Das gilt auch für solche, die mit dem Formwechsel aus dem Rechtsträger ausscheiden.[5]

4. Modalitäten zu den Anteilen an der Zielgesellschaft (Nr. 4)

6 Im Gegensatz zu § 194 Abs. 1 Nr. 3 regelt § 194 Abs. 1 Nr. 4 nicht die Frage, „ob" ein bisheriger Gesellschafter auch an der Zielgesellschaft beteiligt sein wird, sondern „wie" diese Beteiligung ausfallen soll. Deshalb muss der Formwechselbeschluss festhalten, welche **Zahl, Art und Umfang** die Anteile oder Mitgliedschaften der ehemaligen und zukünftigen Anteilsinhaber der Zielgesellschaft erlangen sollen.

Hinweis: Im Interesse einer „schlankeren Lösung" empfiehlt sich, an dieser Stelle auf den Inhalt des Gesellschaftsvertrags bzw. der Satzung zu verweisen, soweit dies sinnvoll erscheint.[6] Der Gesellschaftsvertrag bzw. die Satzung sind zwingender Bestandteil des Formwechselbeschlusses (§§ 218, 234, 243, 253, 263, 276, 285, 294).

a) Beteiligungszahl

7 Der Formwechselbeschluss muss die **Anzahl** der zu gewährenden Anteile oder Mitgliedschaften enthalten. Zu den Strukturprinzipien der Personengesellschaft gehört die Unteilbarkeit der Mitgliedschaft.[7] Bei dem Formwechsel in eine Personengesellschaft hat deshalb im Formwechselbeschluss lediglich die Feststellung zu erfolgen, dass jeder künftige Gesellschafter auch nur eine Mitgliedschaft an der künftigen Personengesellschaft erhält.[8] Beim Formwechsel in eine Kapitalgesellschaft oder eine Genossenschaft

---

[3] Semler/Stengel/Leonard/*Bärwaldt* § 194 Rn. 7; Lutter/*Hoger* § 194 Rn. 6.
[4] Semler/Stengel/Leonard/*Bärwaldt* § 194 Rn. 8; Lutter/*Hoger* § 194 Rn. 7.
[5] Semler/Stengel/Leonard/*Bärwaldt* § 194 Rn. 8; Lutter/*Hoger* § 194 Rn. 7.
[6] Lutter/*Hoger* § 194 Rn. 9; Widmann/Mayer/*Weiler* § 194 Rn. 15.
[7] MüKoHGB/*K. Schmidt* § 105 Rn. 75.
[8] Usler MittRhNotK 1998, 22 (32).

können einem Anteilsinhaber hingegen mehrere Anteile gewährt werden. Der Formwechselbeschluss hat dann nach § 194 Abs. 1 Nr. 4 anzugeben, wie viele Anteile jeder Anteilsinhaber erhalten soll.[9]

b) Beteiligungsart

Welche Angaben zur „Art" der Beteiligung zu treffen sind, richtet sich nach den für die Rechtsform der Zielgesellschaft einschlägigen Bestimmungen.[10] Der Formwechselbeschluss hat dann eine Aussage darüber zu treffen, ob am künftigen Rechtsträger Mitgliedschaften, Geschäftsanteile oder Aktien vermittelt werden. Treten an die Stelle der bisherigen Beteiligung Aktien, so hat der Formwechselbeschluss anzugeben, welche konkrete Aktienart bzw. Aktiengattungen den Anteilsinhabern gewährt werden soll.[11]

c) Beteiligungsumfang

Den „Umfang" der künftigen Beteiligung legt sowohl das rechtsformspezifische Recht der Zielgesellschaft, besonders aber auch das UmwG selbst fest. Bei dem Formwechsel in eine Personengesellschaft sind über die Zuordnung der Kapitalkonten zum gezeichneten Kapital bzw. zu Kapitalrücklagen Aussagen treffen (bei Kommanditisten nach § 234 Nr. 2 die je Anteil eingeräumte Hafteinlage).[12] Werden den Anteilsinhabern am künftigen Rechtsträger Aktien gewährt, sind deren Nennbeträge (§§ 243 Abs. 3, 263 Abs. 3, 276 Abs. 1, 294 Abs. 1), beim Formwechsel in eine GmbH der Betrag der Stammeinlage (§§ 243 Abs. 3, 263 Abs. 1, Abs. 3 S. 1, 276 Abs. 1) und bei der künftigen Beteiligung an einer eG der Betrag der Geschäftsanteile (§§ 218 Abs. 3, 253 Abs. 2, 285) anzugeben. Im Gegensatz zu § 128 enthält § 194 Abs. 1 Nr. 4 für den Fall, dass sich die Beteiligungsquoten durch den Formwechsel ändern, keine Regelung. Dennoch steht § 194 Abs. 1 Nr. 4 der Möglichkeit eines „nichtverhältnis-wahrenden Formwechsels" nicht entgegen (→ § 202 Rn. 13).

5. Rechte einzelner Anteilsinhaber und Sonderrechte (Nr. 5)

Daneben hat der Formwechselbeschluss nach § 194 Abs. 1 Nr. 5 Aussagen zu **Sonderrechten** zu treffen, welche die Anteilsinhaber beim Rechtsträger neuer Rechtsform erhalten sollen. Die nähere qualitative Bestimmung der künftigen Beteiligung der Anteilsinhaber entspricht der Regelung in § 5 Abs. 1 Nr. 7 und ist Ausdruck des gesellschaftsrechtlichen Gleichbehandlungsgrundsatzes.[13] Deshalb sind Aussagen zu Sonderrechten einzelner Anteilsinhaber auch nur dann zu treffen, wenn nur einige (und nicht alle) Anteilsinhaber Sonderrechte erhalten sollen.[14] Die Aufzählung in § 194 Abs. 1 Nr. 5 ist jedoch nicht abschließend, so dass freilich auch andere Sonderrechte gewährt werden können, die dann ebenfalls aufzunehmen sind.[15]

Hinweis: Sollten alle Anteilsinhaber gleich behandelt werden, empfiehlt es sich dennoch, eine entsprechende Negativerklärung in den Formwechselbeschluss aufzunehmen.[16] Eine solche könnte wie folgt formuliert sein:

> Die A-AG gewährt ihren Aktionären keine Sonderrechte iSv § 194 Abs. 1 Nr. 5. Zudem sind auch keine ähnlichen Rechte für diese Personen vorgesehen.

---

9 Usler MittRhNotK 1998, 22 (32).
10 Lutter/Hoger § 194 Rn. 14.
11 Lutter/Hoger § 194 Rn. 14.
12 Widmann/Mayer/Weiler § 194 Rn. 13.
13 Semler/Stengel/Leonard/Bärwaldt § 194 Rn. 22; Lutter/Hoger § 194 Rn. 17.
14 Lutter/Hoger § 194 Rn. 17.
15 Usler MittRhNotK 1998, 22 (32).
16 Kallmeyer/Meister/Klöcker/Becker § 194 Rn. 37.

11 Die Gewährung von Sonderrechten muss nach dem Recht des zukünftigen Rechtsträgers **zulässig** sein; ein unzulässiges Recht sollte durch ein entsprechendes zulässiges Recht der Zielgesellschaft kompensiert werden.[17]

6. Angebot der Barabfindung (Nr. 6)

12 Der Formwechselbeschluss hat zudem nach § 194 Abs. 1 Nr. 6 für den Fall eines Widerspruchs der Anteilsinhaber iSv § 207 Abs. 1 ein **Barabfindungsangebot** zu enthalten. Das Barabfindungsangebot muss die Höhe der angebotenen Abfindung pro Anteil genau festlegen.[18]

> **Formulierung:**
> Jedem Gesellschafter, der gegen den Formwechselbeschluss Widerspruch zur Niederschrift erklärt, wird der Erwerb der eigenen Anteile gegen eine Abfindung von 1.000 Euro pro Anteil angeboten. Das Angebot unterliegt einer Befristung. Die Frist endet mit der Bekanntmachung des Formwechsels durch das Registergericht iSv § 201 UmwG.

13 Nach § 194 Abs. 1 Nr. 6 ist die Mitteilung des Barabfindungsangebotes dann **entbehrlich**, wenn der Formwechselbeschluss zu seiner Wirksamkeit der Zustimmung aller Anteilsinhaber bedarf oder an dem formwechselnden Rechtsträger nur ein Anteilsinhaber beteiligt ist.

Hinweis: Den Anteilsinhabern bleibt es unbenommen, auf die Erstattung eines Angebots auf bare Abfindung zu verzichten.[19] Die Möglichkeit eines Verzichts enthält das Gesetz zwar nur für dessen Prüfung, §§ 208, 30 Abs. 2 S. 3. Im Verzicht auf das Abfindungsangebot manifestiert sich jedoch der Wille der Anteilsinhaber, dem Formwechsel nicht widersprechen zu wollen. Die Aufnahme eines Abfindungsangebots wäre dann eine bloße Förmelei.[20] Allerdings ist der Verzicht notariell zu beurkunden, § 30 Abs. 2 S. 3.[21] Lässt sich ein Verzicht nicht durchsetzen, ist die Durchführung der zeit- und kostenintensiven Prüfung der Angemessenheit der Barabfindung durch den Sachverständigen nach §§ 208, 30 unvermeidbar.

7. Folgen für die Arbeitnehmer und ihre Vertretungen (Nr. 7)

14 Zuletzt hat der Formwechselbeschluss nach § 194 Abs. 1 Nr. 7 Aussagen zu den **Folgen des Formwechsels** für die Arbeitnehmer und ihre Vertretungen zu treffen. Die Vorschrift bezweckt den Schutz der Arbeitnehmer durch frühzeitige Information über die mit dem Formwechsel einhergehenden individual- und kollektivrechtlichen Veränderungen. Im Gegensatz zur Verschmelzung und Spaltung hat die Regelung für den Formwechsel marginale Bedeutung, da aufgrund des identitätswahrenden Charakters des Formwechsels Veränderungen für die Arbeitnehmerschaft in der Regel kaum feststellbar sein dürften.[22] Dies ist jedoch anders, wenn der Formwechsel zu einer Änderung des anwendbaren Mitbestimmungsregimes führt, zB wenn bei der neuen Rechtsform der mitbestimmte Aufsichtsrat entfällt.[23] In allen anderen Fällen dürfte deshalb regelmäßig eine Negativerklärung mit folgendem Inhalt ausreichen:

---

[17] *Feddersen/Kiem* ZIP 1994, 1078 (1082).
[18] *Lutter/Hoger* § 194 Rn. 20; *Semler/Stengel/Leonard/Bärwaldt* § 194 Rn. 28.
[19] *Priester* DNotZ 1995, 427 (434); *Kallmeyer/Meister/Klöcker/Becker* § 194 Rn. 46; *Semler/Stengel/Leonard/Bärwaldt* § 194 Rn. 29.
[20] *Semler/Stengel/Leonard/Bärwaldt* § 194 Rn. 29.
[21] *Kallmeyer/Meister/Klöcker/Becker* § 194 Rn. 46.
[22] *Schmitt/Hörtnagl/Winter* § 194 Rn. 9.
[23] *Schmitt/Hörtnagl/Winter* § 194 Rn. 9.

Der Formwechsel hat auf die Arbeitnehmer und ihre Vertretungen keine Auswirkungen. Zudem sind insoweit keine Maßnahmen vorgesehen.

§ 194 Abs. 1 Nr. 7 trifft keine Aussage, ob die Darstellungspflicht sich auch auf **ausländische Arbeitnehmer** erstreckt, die an Standorten des formwechselnden Rechtsträgers außerhalb Deutschlands beschäftigt sind.[24] Im Ergebnis ist dies zu verneinen. Die Regelung ist im Zusammenhang mit der notwendigen Unterrichtung des Betriebsrats nach § 194 Abs. 2 zu interpretieren, der nur für im Inland beschäftigte Arbeitnehmer zuständig ist.[25] In Bezug auf im EU-Ausland beschäftigte Arbeitnehmer ist dies keine europarechtlich unzulässige Diskriminierung.[26] Die Gefahr der Zurückweisung durch das Registergericht sollte daher praktisch gering sein, insbesondere auch als die Prüfungskompetenz des Registergerichts auf offensichtlich fehlende und unzureichende Angaben beschränkt ist.[27]

Für den Fall, dass beim formwechselnden Rechtsträger **kein Betriebsrat** eingerichtet ist, dürfte § 194 Abs. 1 Nr. 7 praktisch leerlaufen.[28] Denn grundsätzlich gilt: Die Arbeitnehmer werden nach § 194 Abs. 2 nach Zuleitung des Entwurfes des Formwechselbeschlusses ausschließlich durch den Betriebsrat über die Folgen des Formwechsels informiert. Dennoch ist es notwendig, die in § 194 Abs. 1 Nr. 7 geforderten Informationen (ggf. in gebotener Kürze) auch dann in den Formwechselbeschluss mit aufzunehmen, wenn kein Betriebsrat existiert.[29] Anderenfalls würde die Gefahr bestehen, dass das Registergericht die Eintragung des Formwechsels zurückweist oder ein Anteilsinhaber den Formwechselbeschluss wegen inhaltlicher Mängel anficht.

III. Zuleitung an den Betriebsrat (Abs. 2)

Nach § 194 Abs. 2 ist der Entwurf des Formwechselbeschlusses bis spätestens einen Monat vor dem Tage der Anteilsinhaberversammlung, die den Formwechsel beschließen soll, dem zuständigen **Betriebsrat** zuzuleiten. Verzichten kann der Betriebsrat allein auf die Rechtzeitigkeit der Zuleitung des Formwechselbeschlusses und damit auf die Einhaltung der Einmonatsfrist des § 194 Abs. 2, nicht hingegen auf die Zuleitung des Entwurfs als solchen.[30] Die rechtzeitige Zuleitung ist Eintragungsvoraussetzung (§ 199).[31]

Die Frage, welcher Betriebsrat konkret zuständig ist (**Einzelbetriebsrat, Konzernbetriebsrat, Gesamtbetriebsrat**), richtet sich allein nach den §§ 50, 58 BetrVG.[32] Soweit ein unternehmenseinheitlicher Betriebsrat iSv § 3 Abs. 1 Nr. 1 lit. a BetrVG gebildet ist, ist der Entwurf nur diesem zuzuleiten.[33] Der Entwurf ist an den Betriebsratsvorsitzen-

---

24 Gleiches gilt für die Parallelnormen zu den Darstellungspflichten im Falle der Verschmelzung (§ 5 Abs. 1 Nr. 9) sowie im Falle der Spaltung (§ 126 Abs. 1 Nr. 11).
25 So *Bungert/Leyendecker-Langner* ZIP 2014, 1112 (1114) mit Verweis auf § 5 Abs. 1 Nr. 9.
26 So EuGH NZG 2017, 1769 ff. zum zulässigen Ausschluss von im EU-Ausland beschäftigten Arbeitnehmern eines Konzerns vom aktiven und passiven Wahlrecht bei Aufsichtsratswahlen.
27 *Bungert/Leyendecker-Langner* ZIP 2014, 1112 (1116).
28 LG Stuttgart WiB 1997, 32; WiB 1996, 994 (zu § 5 Abs. 1 Nr. 9); Lutter/*Decher/Hoger* § 194 Rn. 31; zur Spaltung: *Geck* DStR 1995, 416 (420); allgemein: *Joost* ZIP 1995, 976 (985).
29 So auch *Usler* MittRhNotK 1998, 22 (33); Kallmeyer/*Meister/Klöcker/Berger/Willemsen* § 194 Rn. 59; Schmitt/Hörtnagl/*Winter* § 194 Rn. 12, der hier eine bewusste Entscheidung des Gesetzgebers unterstellt; aABeckOGK/*Simons*, 1.10.2023, § 194 Rn. 62 mit Hinweis auf die entgegenstehende hL; Lutter/*Hoger* § 194 Rn. 39 f.; *Pfaff* BB 2002, 1604 f. mwN in Fn. 7, 8.
30 LG Stuttgart GmbHR 2000, 622 f. Abs. 2; Lutter/*Hoger* § 194 Rn. 42; *Pfaff* DB 2002, 686 (688 f.); *Melchior* GmbHR 1996, 833 (837); aA *Stohlmeier* BB 1999, 1394 (1396 f.).
31 Lutter/*Hoger* § 194 Rn. 41.
32 Begr. RegE zu § 5, BR-Drs. 75/94, 83.
33 Semler/Stengel/Leonard/*Simon* § 5 Rr. 142; → § 5 Rn. 115 ff.

den bzw. im Falle seiner Verhinderung an dessen Stellvertreter (§ 26 Abs. 2 BetrVG) zu adressieren, alternativ dem Betriebsrat als Gesamtgremium vorzulegen. Keine Zuleitung iSd Vorschrift erfolgt hingegen bei der Entgegennahme durch ein nicht vertretungsbefugtes Betriebsratsmitglied; dieses wird dann lediglich als bloßer Empfangsbote tätig.[34]

Hinweis: Nach § 199 ist der Nachweis über die rechtzeitige Zuleitung der Anmeldung als Anlage beizufügen. Wie dies zu erfolgen hat, lässt der Gesetzgeber offen.[35] In Betracht kommt etwa die Vorlage eines Übersendungsschreibens, versehen mit einer Empfangsbestätigung über die Zuleitung vom Betriebsratsvorsitzenden bzw. dessen Stellvertreter.[36] Ist hingegen beim formwechselnden Rechtsträger kein Betriebsrat eingerichtet, haben die Vertretungsorgane hierüber eine Negativerklärung abzugeben, welche der Anmeldung beigefügt wird (→ § 199 Rn. 9).

IV. Rechtsfolgen bei Fehlen der Mindestangaben

19 Fehlen die in § 194 Abs. 1 Nr. 1, 2, 4 und 6 vorgesehenen Angaben, ist der Formwechselbeschluss **nicht eintragungsfähig**.[37] Fehlen Angaben zur Beteiligung der bisherigen Anteilsinhaber an dem Rechtsträger neuer Rechtsform nach Nr. 3, ist dies für den Formwechselvorgang so lange ohne Auswirkung, als Mitteilungen nach Nr. 4 existieren.[38] Das gilt, weil die Angaben über das „Wie" der Beteiligung iSv Nr. 4 regelmäßig auch Aufschluss über das „Ob" der Beteiligung iSv Nr. 3 geben werden. Das Fehlen von Angaben zu Nr. 5 steht der Eintragung nicht entgegen.[39] Denn im Rückschluss bedeutet das Fehlen von solchen Angaben schlichtweg, dass keine Sonderrechte eingeräumt wurden. Trifft der Formwechselbeschluss keine Aussagen zu Nr. 7, liegt es wohl im Ermessen des Registergerichts, die Eintragung zu verweigern. Selbiges gilt wohl für den Fall, dass die Angaben unrichtig sind.[40]

§ 195 Befristung und Ausschluß von Klagen gegen den Formwechselbeschluss

(1) Eine Klage gegen die Wirksamkeit des Formwechselbeschlusses muß binnen eines Monats nach der Beschlußfassung erhoben werden.

(2) Eine Klage gegen die Wirksamkeit des Formwechselbeschlusses kann nicht darauf gestützt werden, daß die in dem Beschluß bestimmten Anteile an dem Rechtsträger neuer Rechtsform nicht angemessen sind oder daß die Mitgliedschaft kein ausreichender Gegenwert für die Anteile oder die Mitgliedschaft bei dem formwechselnden Rechtsträger ist.

1. Normzweck

1 In Übereinstimmung mit der verschmelzungsrechtlichen Regelung in § 14 Abs. 1 ist auch für die Anfechtung eines Beschlusses über den Formwechsel eine **einheitliche**,

---

34 Semler/Stengel/Leonard/*Simon* § 5 Rn. 141.
35 Begr. RegE zu § 17, BR-Drs. 75/94, 285.
36 *Jung*, Umwandlungen unter Mitbestimmungsverlust, S. 193 ff.
37 Widmann/Mayer/*Weiler* § 194 Rn. 155.
38 Widmann/Mayer/*Weiler* § 194 Rn. 156.
39 Widmann/Mayer/*Weiler* § 194 Rn. 157.
40 Widmann/Mayer/*Mayer* § 5 Rn. 205; für die Verschmelzung Kallmeyer/*Willemsen* § 5 Rn. 60; *Priester* DNotZ 1995, 427 (435); ähnlich für die Spaltung *Mayer* DB 1995, 861 (864).

rechtsformunabhängige Frist eingeführt worden.[1] Dementsprechend sieht § 195 Abs. 1 vor, dass eine Klage gegen die Wirksamkeit des Formwechselbeschlusses binnen eines Monats nach der Beschlussfassung erhoben werden muss. Denn: Die Klageerhebung hat nach §§ 198 Abs. 3, 16 Abs. 2 eine Registersperre zur Folge. Sinn und Zweck der Ausschlussfrist von Abs. 1 liegt deshalb in der Verhinderung des Hinausschiebens der Eintragung und damit des Wirksamwerdens des Formwechsels durch rechtsmissbräuchliche Klageerhebung.[2] In Gleichlauf zu § 14 Abs. 2 kann nach § 195 Abs. 2 zudem eine Klage nicht darauf gestützt werden, dass die Beteiligung an dem Rechtsträger neuer Rechtsform nicht angemessen bemessen ist oder sonst kein ausreichender Gegenwert für die Anteile bzw. die Mitgliedschaft bei dem formwechselnden Rechtsträger gewährt wird. Der Gesetzgeber gleicht diese Einschränkung des Klagerechts dadurch aus, dass die Angemessenheit der neuen Beteiligung bzw. des Gegenwerts in einem Spruchverfahren nach § 196 iVm dem SpruchG überprüft werden kann.

Mit Wirkung zum 1.3.2023 hat das UmRUG den (Ober-)Begriff der Umwandlung durch den Begriff des Formwechsels ersetzt, ohne dass damit jedoch eine inhaltliche Änderung verbunden gewesen ist.[3] Bis zum UmRUG hieß es auch noch in Abs. 2, dass die Klage nicht darauf gestützt werden könne, dass die im Formwechselbeschluss bestimmten Anteile „zu niedrig bemessen" seien. Ab 1.3.2023 sind die Worte „zu niedrig bemessen" durch die Worte „nicht angemessen" ersetzt worden; auch mit dieser Änderung soll keine inhaltliche Änderung verbunden sein.[4] Auch wenn dies wohl angesichts der Heterogenität der Klageberechtigten nicht richtig sein kann, so ist diese Änderung im Hinblick auf die unterschiedliche Motivation der einzelnen Klageberechtigten (→ Rn. 2) aber zu begrüßen.

2. Einschränkung des Klagerechts bei Klagen gegen die Wirksamkeit des Formwechselbeschlusses (Abs. 1)

Der **Klageausschluss** des § 195 Abs. 1 betrifft nicht nur die Anfechtungsklage, sondern alle Klagearten, mit denen ein Klageberechtigter die Nichtigkeit, Unwirksamkeit oder Anfechtbarkeit des Formwechselbeschlusses geltend machen könnte.[5] Klageberechtigt sind einerseits Anteilsinhaber bzw. Mitglieder, andererseits Organe und Organmitglieder formwechselnder Rechtsträger, wenn diese verhindern wollen, einen nichtigen oder anfechtbaren Hauptversammlungsbeschluss ausführen zu müssen.[6]

Es ist nahezu unbestritten, dass § 195 Abs. 1 auch auf **allgemeine Feststellungsklagen** eines Anteilsinhabers gem. § 256 Abs. 1 ZPO anzuwenden ist.[7] Zwar ist im Geltungsbereich des § 249 Abs. 1 S. 1 AktG, der auch im Recht der GmbH und eG anwendbar ist,[8] die allgemeine Feststellungsklage in der Regel unzulässig.[9] Die Einbeziehung der allgemeinen Feststellungsklage in § 195 ist aber für das Personengesellschaftsrecht von Bedeutung, wo zur Geltendmachung nichtiger Beschlüsse nur die allgemeine Feststel-

---

1 Begr. RegE zu § 195, BR-Drs. 75/94, 140.
2 Begr. RegE zu § 14, BR-Drs. 75/94, 87.
3 Begr. RegE zu § 195, BT-Drs. 20/3822, 85.
4 Begr. RegE zu § 195, BT-Drs. 20/3822, 85 mit Verweis auf Begr. RegE zu § 14 Abs. 2.
5 Begr. RegE zu § 210, BR-Drs. 75/94, 147; Semler/Stengel/*Leonard/Bärwaldt* § 195 Rn. 4.
6 BGH NJW 1966, 1458 (1459); s. auch Lutter/*Hoger* § 195 Rn. 3; Kallmeyer/*Meister/Klöcker/Becker* § 195 Rn. 9 f.
7 Lutter/*Decher* § 14 Rn. 6; Lutter/*Hoger* § 195 Rn. 6; Semler/Stengel/*Leonard/Bärwaldt* § 195 Rn. 8; Kallmeyer/*Meister/Klöcker* § 195 Rn. 9; Schmitt/Hörtnagl/*Winter* § 195 Rn. 4; *Schöne* DB 1995, 1317; aA K. *Schmidt* DB 1995, 1850.
8 Hensller/Strohn/*Drescher* AktG § 249 Rn. 3.
9 MüKoAktG/*Schäfer* § 249 Rn. 7; *Koch* AktG § 249 Rn. 2; OLG Düsseldorf AG 1968, 19 (22); OLG Koblenz NZG 2006, 270 (271) (GmbH); BGHZ 70, 384 (388) (eG).

lungsklage zur Verfügung steht.[10] Die Anwendbarkeit des § 195 Abs. 1 auch auf allgemeine Feststellungsklagen ergibt sich nicht nur aus dem Gesetzeswortlaut („Klage gegen die Wirksamkeit des Formwechselbeschlusses"), da der Feststellungsantrag auf die Feststellung der Nichtigkeit abzielt.[11] Auch die Gesetzesbegründung lässt den Schluss zu, dass eine solche Klage von § 195 Abs. 1 erfasst ist. Nach ihr erfasst die Norm nicht nur die Fälle der Anfechtung eines Formwechselbeschlusses „bei Kapitalgesellschaften, Genossenschaften und Versicherungsvereinen auf Gegenseitigkeit, sondern auch Klagen gegen die Wirksamkeit von Beschlüssen übertragender Personengesellschaften [...]. [Es] muss eine Fassung [...] gewählt werden, die alle Klagetypen erfasst, mit denen die Nichtigkeit, Unwirksamkeit oder Anfechtbarkeit eines Beschlusses der Anteilsinhaber geltend gemacht werden kann."[12] Das Gleiche gilt auch für Klagen von Organen und Organmitgliedern.[13]

4 Die hM nimmt hingegen an, dass der Klageausschluss für Klagen Dritter nicht gilt. Da Klagen Dritter gem. § 256 Abs. 1 ZPO aufgrund ihrer bloßen **inter-partes-Wirkung** keine Auswirkung auf die Bestandskraft des Formwechsels hätten, widerspreche die Anwendung der von § 195 Abs. 1 vorgesehenen Präklusionsfrist dem Normzweck.[14] Entgegen der hM muss aber auch in diesen Fällen von einer Anwendbarkeit des § 195 ausgegangen werden. Sie ist widersprüchlich, wenn sie Klagen Dritter gem. § 256 ZPO mit ihrem Verweis auf die bloße inter-partes-Wirkung ablehnt, gleichzeitig aber Klagen von Gesellschaftern und Organen bzw. Organmitgliedern gem. § 256 Abs. 1 ZPO, die auch nur inter partes wirken, zulässt. Für eine Anwendbarkeit des Klageausschlusses spricht schließlich, dass anderenfalls bei Klagen von Gesellschaftsgläubigern die formwechselrechtlichen Nachhaftungsregelungen, bei dem Formwechsel einer Personengesellschaft in eine Kapitalgesellschaft zB § 224, umgangen werden könnten. Allerdings wird es bei allgemeinen Feststellungsklagen Dritter häufig am Feststellungsinteresse fehlen.

5 Anders verhält es sich bei **Unterlassungsklagen** sowie **einstweiligen Verfügungen** gegen die Durchführung des Formwechsels. Diese kommen zB in Betracht, wenn gegen Maßnahmen zur faktischen Vollziehung des Formwechselbeschlusses (evtl. trotz fristgemäß erhobener Anfechtungsklage) vorgegangen werden soll. Nach der Gesetzesbegründung sollen nur diejenigen Klagetypen umfasst sein, „mit denen die Nichtigkeit, Unwirksamkeit oder Anfechtbarkeit eines Beschlusses der Anteilsinhaber geltend gemacht werden kann." Eine Unterlassungsklage kann hierzu nicht gezählt werden. Bei einstweiligen Verfügungen handelt es sich von vornherein nicht um eine Klage iSd Norm.

6 Die Monatsfrist ist der aktienrechtlichen Regelung in § 246 Abs. 1 AktG entlehnt. Ihrer **Rechtsnatur** nach ist sie deshalb keine prozessuale, sondern eine materiellrechtliche Ausschlussfrist.[15] Eine verfristete Klage wird somit nicht als unzulässig, sondern als unbegründet abgewiesen.[16] Konsequenterweise richtet sich die Fristberechnung daher nicht nach §§ 221 ff. ZPO und §§ 203 ff. BGB, sondern nach §§ 187 ff. BGB.[17] Die Frist

---

10 So zumindest vor Inkrafttreten des MoPeG: vgl. Hopt/Roth HGB § 119 Rn. 31 f.; BGH NJW 1999, 3113 (3114); vgl. auch die entsprechende Anmerkung von Brandes BGH NZG 1999, 935 (937).
11 Vgl. Saenger/*Saenger* ZPO § 256 Rn. 4.
12 Die Begr. RegE zu § 195, BR-Drs. 75/94, 140 verweist auf die hier zitierte Begr. RegE zu § 14, BR-Drs. 75/94, 87.
13 Kallmeyer/*Meister/Klöcker/Becker* § 195 Rn. 10; Lutter/*Hoger* § 195 Rn. 3.
14 Vgl. *Schöne* DB 1995, 1317; iE auch *K. Schmidt* DB 1995, 1849, 1850.
15 Semler/Stengel/Leonard/*Bärwaldt* § 195 Rn. 13; Widmann/Mayer/*Wälzholz* § 195 Rn. 12.
16 OLG Frankfurt a. M. DB 1998, 1222; Widmann/Mayer/*Wälzholz* § 195 Rn. 12.
17 Semler/Stengel/Leonard/*Bärwaldt* § 195 Rn. 13.

beginnt am Tage der Beschlussfassung, wobei bei mehrtägigen Versammlungen der letzte Tag der Versammlung das fristauslösende „Ereignis" iSv § 187 BGB darstellt.[18] Die Monatsfrist endet nach §§ 188 Abs. 2 BGB mit Ablauf desjenigen Tages des nächsten Monats, der durch seine Zahl dem Tage entspricht, in den die Beschlussfassung fällt. Zudem ist die Sonn- und Feiertagsregelung des § 193 BGB zu beachten.

Die Monatsfrist ist **zwingend** und kann weder von den Anteilsinhabern durch abweichende Regelung im Gesellschaftsvertrag oder Satzung noch von den Prozessparteien verlängert oder durch Verzichtserklärung verkürzt werden.[19] Allerdings steht es den Klageberechtigten frei, auf ihr Klagerecht zu verzichten (ggf. bereits im Formwechselbeschluss).[20] Dies ermöglicht im Hinblick auf § 198 Abs. 3, 16 Abs. 2 aber nur dann eine frühere Einreichung der Handelsregisteranmeldung, wenn sichergestellt ist, dass jeder einzelne Klageberechtigte auf sein Klagerecht verzichtet hat und dem Handelsregister alle Personen der Klageberechtigten nachgewiesen werden können.

3. Einschränkung der Klagegründe (Abs. 2)

§ 195 Abs. 2 beschränkt das Klagerecht auf solche Klagegründe, mit denen die Anteilsinhaber **nicht** eine mit dem Formwechsel einhergehende **wirtschaftliche Schlechterstellung** geltend machen können. Denn durch Einreichung der Klage wird die Eintragung des Formwechsels im Handelsregister blockiert, §§ 198 Abs. 3, 16 Abs. 2 S. 2. Dem Rechtsträger steht dann das Freigabeverfahren vor dem OLG zur Verfügung, das durch unanfechtbaren Beschluss entscheidet (nach der Gesetzesintention innerhalb von 3 Monaten („soll")), ob die Klage gegen den Formwechselbeschluss der Eintragung entgegensteht, §§ 198 Abs. 2, 16 Abs. 3 (zum Freigabeverfahren → § 16 Rn. 27 ff.?). Deshalb greift der Klageausschluss grundsätzlich selbst dann, wenn bei der Berechnung des Umtauschverhältnisses krasse Fehler gemacht wurden.[21] Die Grenze des Willkürverbotes ist bei der Berufung auf § 195 Abs. 2 jedoch dann erreicht, wenn ein vorsätzliches schädigendes Verhalten nach § 826 BGB nahe liegt.[22]

Trotz der Einschränkung des Klagerechts verbleiben dem Kläger die allgemeinen gerichtlichen Möglichkeiten bei der Klage gegen die Wirksamkeit des Formwechselbeschlusses. Dazu zählt in erster Linie die Rüge von **Verfahrensfehlern**. Daneben kann der Formwechselbeschluss samt Formwechselbericht inhaltlich vollumfänglich – mit Ausnahme einer mit dem Formwechsel einhergehenden wirtschaftlichen Schlechterstellung – auf etwaige Fehler überprüft werden, wie zB Verstöße gegen die Mindestanforderungen des § 194 Abs. 1.[23]

Eine Klage gegen die Wirksamkeit des Formwechselbeschlusses kann daneben auch darauf gestützt werden, dass die **Beteiligungsverhältnisse** im Formwechselbericht oder in der Anteilsinhaberversammlung **unzureichend erläutert** wurden.[24] Dies betrifft zwar mittelbar Fragen über die wirtschaftliche Schlechterstellung der Anteilsinhaber, so dass der Klageausschluss eigentlich greifen müsste. Das führte auch der Bundesrat im Gesetzgebungsverfahren in seiner Stellungnahme zur Parallelregelung in § 14 Abs. 2

---

18 Semler/Stengel/Leonard/*Bärwaldt* § 195 Rn. 14.
19 Widmann/Mayer/*Wälzholz* § 195 Rn. 17; Semler/Stengel/Leonard/*Bärwaldt* § 195 Rn. 18.
20 Lutter/*Hoger* § 195 Rn. 9; Kallmeyer/Meister/Klöcker/*Becker* § 195 Rn. 12.
21 OLG Düsseldorf WM 1999, 1671 (1672); Lutter/*Hoger* § 195 Rn. 13.
22 OLG Düsseldorf WM 1999, 1671 (1673); Semler/Stengel/Leonard/*Bärwaldt* § 195 Rn. 25.
23 Lutter/*Hoger* § 195 Rn. 15 ff. mit näheren Beispielen.
24 Vgl. die Gegenäußerung der Bundesregierung zur Stellungnahme des Bundesrates zu Nr. 4 BT-Drs. 12/7265, Anlage 3, 11; s. auch Lutter/*Hoger* § 195 Rn. 16.

an. Nach Ansicht des Bundesrates sollte eine unzureichende Erläuterung des Umtauschverhältnisses keine Klageerhebung ermöglichen.[25] Der Gesetzgeber widersprach der vorgeschlagenen Erweiterung jedoch damit, dass eine derart umfängliche Einschränkung des Anfechtungsrechts nicht durch andere Rechtsbehelfe kompensiert werden könnte.[26] Insbes. das Spruchverfahren sei als Verteidigungsmittel unzulänglich.[27]

11 In Ausnahmefällen kann zudem die Rechtmäßigkeit des Formwechselbeschlusses unter dem Aspekt eines Verstoßes gegen das **Willkürverbot** beanstandet werden.[28] In seiner „FPB"-Entscheidung hat der BGH klargestellt, dass eine sachwidrige Ungleichbehandlung der Anteilsinhaber und damit ein Verstoß gegen das Willkürverbot zumindest dann vorliegt, wenn der Formwechsel von der Mehrheit der Anteilsinhaber funktionswidrig eingesetzt wird, um die Rechte der Minderheit im Vergleich zum Zustand vor dem Formwechsel zu schmälern.[29]

§ 196 Verbesserung des Beteiligungsverhältnisses

¹Sind die in dem Formwechselbeschluss bestimmten Anteile an dem Rechtsträger neuer Rechtsform nicht angemessen oder ist die Mitgliedschaft bei diesem kein ausreichender Gegenwert für die Anteile oder die Mitgliedschaft bei dem formwechselnden Rechtsträger, so kann jeder Anteilsinhaber, dessen Recht, gegen die Wirksamkeit des Formwechselbeschlusses Klage zu erheben, nach § 195 Abs. 2 ausgeschlossen ist, von dem Rechtsträger einen Ausgleich durch bare Zuzahlung verlangen. ²Die angemessene Zuzahlung wird auf Antrag durch das Gericht nach den Vorschriften des Spruchverfahrensgesetzes bestimmt. ³§ 15 Abs. 2 ist entsprechend anzuwenden.

I. Normzweck 1	a) Nicht angemessene Bemessung des Beteiligungsverhältnisses 6
II. Anspruch auf bare Zuzahlung (S. 1) 2	b) Kein ausreichender Gegenwert der Mitgliedschaft 7
1. Sämtliche allgemeinen Klagevoraussetzungen 3	III. Durchführung des Spruchverfahrens (S. 2) 8
2. Der Ausschluss der Klagemöglichkeit wegen § 195 Abs. 2 4	
3. Ein Nachteil nach § 196 S. 1 5	

I. Normzweck

1 § 196 hat die verschmelzungsrechtliche Regelung des § 15 als Vorbild und gewährt nach S. 1 jedem durch den Klageausschluss des § 195 Abs. 2 benachteiligten Anteilsinhaber einen **Anspruch auf Ausgleichszahlung** bei zu niedriger Bemessung oder sonst unzureichender Beteiligung am Rechtsträger neuer Rechtsform.[1] Mit Wirkung zum 1.3.2023 hat das UmRUG den (Ober-)Begriff der Umwandlung durch den Begriff des Formwechsels ersetzt, ohne dass damit jedoch eine inhaltliche Änderung verbunden gewesen ist.[2] Die Geltendmachung des Anspruchs erfolgt nach dem – im Nachhinein eingeführten – S. 2 in einem Spruchverfahren nach dem SpruchG. In Gleichlauf zur Verschmelzung sieht S. 3 die Verzinsung der baren Zuzahlung nach dem Ablauf des

---

25 Stellungnahme des Bundesrates zu § 14 Abs. 2, BR-Drs. 75/94, S.
26 Gegenäußerung der Bundesregierung zur Stellungnahme des Bundesrates zu Nr. 4, BT-Drs. 12/7265, Anlage 3, 11.
27 Gegenäußerung der Bundesregierung zur Stellungnahme des Bundesrates zu Nr. 4, BT-Drs. 12/7265, Anlage 3, 11.
28 Lutter/*Hoger* § 195 Rn. 20.
29 BGH NZG 2005, 722 (723).
1 Begr. Reg zu § 196, BR-Drs. 75/94, 140.
2 Begr. RegE zu § 196, BT-Drs. 20/3822, 85.

Tages der Bekanntmachung der Registereintragung (§ 201) mit 5 %-Punkten über dem jeweiligen Basiszinssatz nach § 247 BGB vor.

II. Anspruch auf bare Zuzahlung (S. 1)

Für die Begründung eines **Anspruchs auf bare Zuzahlung** nach § 196 S. 1 müssen sämtliche allgemeine Klagevoraussetzungen vorliegen, die Klage ausschließlich aufgrund von § 195 Abs. 2 ausgeschlossen sein und ein Nachteil iSv § 196 S. 1 vorliegen.

1. Sämtliche allgemeinen Klagevoraussetzungen

Zunächst kommt es auf das Vorliegen sämtlicher **allgemeiner Voraussetzungen einer Klage** an. Antragsberechtigt sind alle Anteilsinhaber, die nicht durch den Formwechsel aus dem Rechtsträger ausscheiden. Das heißt, ausscheidende Anteilsinhaber haben keinen Anspruch auf bare Zuzahlung.[3] Der Anspruch kann unabhängig von einem etwaigen Widerspruch gegen den Formwechselbeschluss oder eine etwaige Zustimmung zu dem Formwechselbeschluss geltend gemacht werden, es sei denn, dies ist bereits als Verzicht auszulegen.[4]

Hinweis: Es empfiehlt sich daher, im Formwechselbeschluss ggf. klarzustellen, dass mit einer Zustimmung zum Formwechselbeschluss ggf. kein Verzicht auf einen etwaigen Anspruch auf bare Zuzahlung verbunden ist.

Da die wirtschaftliche Schlechterstellung erst mit dem Wirksamwerden des Formwechsels, sprich dessen Eintragung im Handelsregister, entsteht (§ 202), richtet sich der Anspruch auf bare Zuzahlung gegen den Rechtsträger neuer Rechtsform.[5] Teilweise wird gefordert, dass eine Geltendmachung dieses Anspruchs aufgrund des weiten Wortlauts der Vorschrift bereits gegen den formwechselnden Rechtsträger zulässig sei.[6]

2. Der Ausschluss der Klagemöglichkeit wegen § 195 Abs. 2

Weiterhin muss die Klage aufgrund von § 195 Abs. 2 **ausgeschlossen** sein.

3. Ein Nachteil nach § 196 S. 1

Zuletzt muss einer der unter § 196 S. 1 aufgezählten **Nachteile** vorliegen. Das sind entweder die nicht angemessene und damit zu niedrige Bemessung des Beteiligungsverhältnisses beim Rechtsträger neuer Rechtsform (quantitative Benachteiligung) oder die Gewährung eines nicht ausreichenden Gegenwertes beim Rechtsträger neuer Rechtsform für die Anteile oder die Mitgliedschaft am formwechselnden Rechtsträger (qualitative Benachteiligung).

a) Nicht angemessene Bemessung des Beteiligungsverhältnisses

Eine **quantitative Benachteiligung** liegt dann vor, wenn das Beteiligungsverhältnis eines Anteilsinhabers am Rechtsträger neuer Rechtsform nicht angemessen bemessen ist (§ 195). Das ist idR anhand eines Vergleichs der Beteiligungsquote für den Anspruchsteller individuell zu ermitteln.[7]

---

[3] Kallmeyer/Meister/Klöcker/Becker § 196 Rn. 12; Lutter/Hoger § 196 Rn. 5.
[4] Schmitt/Hörtnagl/Winter § 196 Rn. 4; Semler/Stengel/Leonard/Bärwaldt § 196 Rn. 8.
[5] Semler/Stengel/Leonard/Bärwaldt § 196 Rn. 10.
[6] Semler/Stengel/Leonard/Bärwaldt § 196 Rn. 10; Kallmeyer/Meister/Klöcker/Becker § 196 Rn. 14, 23.
[7] Widmann/Mayer/Weiler § 196 Rn. 18 ff.

Hinweis: Angesichts des identitätswahrenden Charakters des Formwechsels wird eine quantitative Benachteiligung, sprich ein „nicht-verhältniswahrender Formwechsel", allerdings nur in Einzelfällen vorliegen (→ § 202 Rn. 13 ff.).

b) Kein ausreichender Gegenwert der Mitgliedschaft

7 Um eine **qualitative Benachteiligung** handelt es sich, wenn die Beteiligung am bzw. Mitgliedschaft beim Rechtsträger neuer Rechtsform keinen ausreichenden Gegenwert für die Anteile oder die Mitgliedschaft am formwechselnden Rechtsträger darstellt. Auch hier müssen die Anteilsinhaber eine individuelle Benachteiligung nachweisen, wie bspw. den Verlust von Sonderrechten.[8] Der Anspruchsberechtigte kann sich deshalb nicht auf eine Schlechterstellung berufen, die alle Anteilsinhaber gleichermaßen trifft. Die mit einem Formwechsel einhergehende etwaige geringere Fungibilität von Anteilen stellt deshalb zB keine qualitative Benachteiligung im Sinne der Vorschrift dar.[9]

III. Durchführung des Spruchverfahrens (S. 2)

8 Der Antrag auf gerichtliche Entscheidung über die Gewährung einer Ausgleichszahlung muss nach § 4 Abs. 1 S. 1 Nr. 4 SpruchG iVm § 196 innerhalb einer **Frist** von drei Monaten erfolgen, nachdem die Eintragung des Formwechsels im Handelsregister (§ 201) bekannt gemacht worden ist. Sinn und Zweck dieser materiellrechtlichen Ausschlussfrist ist eine weitestgehende Rechts- und Planungssicherheit.[10] Der Antrag setzt die vorherige Geltendmachung des Anspruchs beim Rechtsträger alter (oder neuer) Rechtsform voraus.[11] Das Gericht prüft das Vorliegen eines Nachteils iSv § 196 S. 1 und spricht dem Anspruchsteller bei Vorliegen einer quantitativen oder qualitativen Abweichung der Anteile oder Mitgliedschaften beim Rechtsträger neuer Rechtsform einen Anspruch auf Zuzahlung zu, § 1 Nr. 4 SpruchG. Aufgrund des eindeutigen Wortlauts ist eine Gewährung weiterer Anteilsrechte durch das Gericht allerdings nicht möglich.[12]

Hinweis: Der Beschluss des Landgerichts entfaltet Wirkung *erga omnes* und kann erst auf Grundlage einer weiteren Leistungsklage zwangsweise durchgesetzt werden.[13]

§ 197 Anzuwendende Gründungsvorschriften

¹Auf den Formwechsel sind die für die neue Rechtsform geltenden Gründungsvorschriften anzuwenden, soweit sich aus diesem Buch nichts anderes ergibt. ²Vorschriften, die für die Gründung eine Mindestzahl der Gründer vorschreiben, sowie die Vorschriften über die Bildung und Zusammensetzung des ersten Aufsichtsrats sind nicht anzuwenden. ³Beim Formwechsel eines Rechtsträgers in eine Aktiengesellschaft ist § 31 des Aktiengesetzes anwendbar.

---

8 OLG Düsseldorf NZG 2005, 280; Semler/Stengel/Leonard/*Bärwaldt* § 196 Rn. 13; Lutter/*Hoger* § 196 Rn. 10.
9 OLG Düsseldorf NZG 2005, 280 (282); Lutter/*Hoger* § 196 Rn. 11; *Meyer-Landrut/Kiem* WM 1997, 1413 (1420); zum vergleichbaren Fall zu § 28 Abs. 2 LwAnpG BGH WM 1997, 890 (891).
10 Vgl. OLG Düsseldorf NZG 2005, 719.
11 Semler/Stengel/Leonard/*Bärwaldt* § 196 Rn. 18.
12 Lutter/*Hoger* § 196 Rn. 15; Semler/Stengel/Leonard/*Bärwaldt* § 196 Rn. 14; Schmitt/Hörtnagl/*Winter* § 196 Rn. 5.
13 §§ 11, 13 S. 2, 16 SpruchG.

I. Normzweck	1	6. Formwechsel in eine EWIV/SE/SCE	10
II. Anzuwendende Gründungsvorschriften (S. 1)	3	III. Nicht anwendbare Gründungvorschriften (S. 2)	11
1. Formwechsel in eine AG	5	1. Gründerzahl (S. 2 Hs. 1)	11
2. Formwechsel in eine GmbH	6	2. Bildung des ersten Aufsichtsrates (S. 2 Hs. 2)	12
3. Formwechsel in eine KGaA	7		
4. Formwechsel in eine Personen(-handels)gesellschaft	8	3. Weitere nicht anwendbare Gründungsvorschriften	14
5. Formwechsel in eine eG	9		

I. Normzweck

§ 197 S. 1 verweist auf die für die neue Rechtsform geltenden Gründungsvorschriften. Dies geht auf den Rechtsgedanken zurück, dass durch den Formwechsel zwar die Notwendigkeit einer Liquidation und Neugründung vermieden werden, jedoch nicht das Unterlaufen der für den Rechtsträger neuer Rechtsform geltenden, strengeren Gründungsvorschriften ermöglicht werden soll.[1] Der Formwechsel ist damit zwar keine **Sachgründung**; der Gesetzgeber behandelt den Vorgang jedoch als Sachgründung, um die Einhaltung der Gründungsvorschriften des Kapitalgesellschaftsrechts und damit insbes. auch den Gläubigerschutz zu gewährleisten.[2]

Um einer mit dem Formwechsel einhergehenden „praktischen Neugründung" entgegenzuwirken sah der Gesetzgeber deshalb einen Kompromiss vor:[3] Die Gründungsvorschriften für die neue Rechtsform sollten auf den Formwechsel zwar anwendbar bleiben, allerdings unter der einschränkenden Berücksichtigung der Besonderheiten des Zweiten Teils.[4] Aufgrund dessen qualifiziert die hM den Formwechsel auch als „**modifizierte Neugründung**".[5]

II. Anzuwendende Gründungsvorschriften (S. 1)

§ 197 S. 1 gibt für den Formwechsel vor, dass die **Gründungsvorschriften** der neuen Rechtsform, soweit sich aus dem Fünften Buch nichts anderes ergibt, anzuwenden sind. Im UmwG ist der Begriff der Gründungsvorschrift nicht näher definiert. Der Verweis ist somit rechtsformspezifisch auszulegen.[6] Es macht dabei keinen Unterschied, ob der formwechselnde Rechtsträger einer der in § 191 Abs. 1 genannten ist oder ob es sich um ein ausländisches Äquivalent handelt, auf das nach den hier darlegten Maßstäben die Vorschriften des UmwG anzuwenden sind (zur analogen Anwendung der Vorschriften des UmwG im Falle des „Hineinformwechsels" ausländischer Rechtsträger für Personengesellschaften → § 190 Rn. 24 f.). Solange ein inländischer Rechtsträger Zielrechtsträger des Formwechsels ist, sind gem. § 197 S. 1 die entsprechenden Gründungsvorschriften anzuwenden.[7]

Mit der Bezugnahme auf die Gründungsvorschriften soll insbes. sichergestellt werden, dass die besonderen Regelungen zur **Kapitalaufbringung** eingehalten und nicht umgangen werden (→ Rn. 5). Dies ist für den Formwechsel in eine Personengesellschaft

---

1 Begr. RegE zu § 197, BR-Drs. 75/94, 141.
2 Lutter/*Hoger* § 197 Rn. 5; *Usler* MittRhNotK 1998, 22 (54).
3 Begr. RegE zu § 197, BR-Drs. 75/94, 141.
4 Begr. RegE zu § 197, BR-Drs. 75/94, 141.
5 Vgl. Widmann/Mayer/*Mayer* § 197 Rn. 3; Semler/Stengel/Leonard/*Bärwaldt* § 197 Rn. 3 mwN; *Bärwaldt/Scha-*

backer ZIP 1998, 1293 (1297); wohl auch Lutter/*Hoger* § 197 Rn. 6.
6 Kallmeyer/Meister/*Klöcker/Berger* § 197 Rn. 7; Schmitt/Hörtnagl/*Winter* § 197 Rn. 1.
7 Ausführlich zum Fall der Umwandlung einer luxemburgischen S.à r. l. in eine deutsche GmbH: OLG Nürnberg ZIP 2014, 128 (129).

naturgemäß weitestgehend gegenstandslos.⁸ Andererseits erscheint beim Formwechsel von einer Kapitalgesellschaft in eine andere Kapitalgesellschaft die erneute Beachtung der Kapitalaufbringungsregelungen überflüssig. Dem steht jedoch der eindeutige Wortlaut der §§ 220, 245 Abs. 3 S. 1 entgegen.⁹

1. Formwechsel in eine AG

5 Beim Formwechsel in die Rechtsform der **AG** sind neben den aktienrechtlichen Gründungsvorschriften der §§ 1–13, 23–53 AktG die besonderen Vorschriften des UmwG der §§ 198 Abs. 1, 199–201 zu beachten. Aus dem Verweis auf das Gründungsrecht der AG folgt auch die Anwendbarkeit von § 41 Abs. 1 S. 1 AktG, wonach vor der Eintragung der AG bzw. des Rechtsträgers neuer Rechtsform in das Handelsregister lediglich eine Vor-AG besteht. Wer nach der Fassung des Formwechselbeschlusses aber noch vor der Eintragung der Gesellschaft in ihrem Namen handelt, haftet deshalb gem. § 41 Abs. 1 S. 2 Hs. 1 AktG persönlich. Zudem kommt eine Haftung der an der Gründung beteiligten Personen nach den §§ 46–49 AktG in Betracht.¹⁰ Daneben gelten die Regelungen der §§ 52, 53 über die Nachgründung.¹¹ Eine Unterbilanzhaftung der Gesellschafter des Rechtsträgers neuer Rechtsform scheidet hingegen aus.¹² Hinzu treten insbes. folgende rechtsformspezifische Regelungen, welche die allgemeinen Gründungsvorschriften ergänzen oder verdrängen:

Checkliste:
– Ist eine Personenhandelsgesellschaft formwechselnder Rechtsträger: §§ 220, 222 Abs. 2.
– Ist eine GmbH formwechselnder Rechtsträger: §§ 243 Abs. 2, 245 Abs. 1 S. 1, 245 Abs. 3 iVm 220 Abs. 1, 246.
– Ist eine KGaA formwechselnder Rechtsträger: §§ 243 Abs. 2, 245 Abs. 3, 245 Abs. 3 iVm 220 Abs. 1, 246.
– Ist eine eG formwechselnder Rechtsträger: § 264.
– Ist ein VVaG formwechselnder Rechtsträger: §§ 295 iVm 264 Abs. 1, Abs. 3.
– Ist eine AöR/KöR formwechselnder Rechtsträger: § 303 Abs. 1 iVm 220.

2. Formwechsel in eine GmbH

6 Beim Formwechsel in die Rechtsform einer **GmbH** sind vorwiegend die Gründungsvorschriften der §§ 1–11 GmbHG zu befolgen. Weiter ist auch im Rahmen des Formwechsels in eine GmbH der Grundsatz der Kapitalaufbringung bzw. -erhaltung iSv § 30 GmbHG zu beachten, dessen Beachtung im Rahmen des UmwG durch § 197 bzw. § 220 sichergestellt wird.¹³ Zudem finden die besonderen Vorschriften der §§ 198 Abs. 1, 199–201 Anwendung. Aus der Anwendbarkeit von § 11 GmbHG folgt insbes. die Möglichkeit einer Handelndenhaftung gem. § 11 Abs. 2 GmbHG für die bis zur Eintragung des Formwechsels existierenden Vor-GmbH.¹⁴ Zudem trifft sämtliche Gesellschafter die verschuldensunabhängige Differenzhaftung des § 9 GmbHG.¹⁵ Eine Un-

---

8 Lutter/*Hoger* § 197 Rn. 7; Widmann/Mayer/*Mayer* § 197 Rn. 6.
9 So auch Widmann/Mayer/*Mayer* § 197 Rn. 82; wohl auch Lutter/*Hoger* § 197 Rn. 8.
10 Semler/Stengel/Leonard/*Bärwaldt* § 197 Rn. 53 f.; Lutter/*Hoger* § 197 Rn. 32, Rn. 41.
11 Semler/Stengel/Leonard/*Bärwaldt* § 197 Rn. 55; Lutter/*Hoger* § 197 Rn. 42.
12 Lutter/*Hoger* § 197 Rn. 40.
13 So ist zB die Übernahme von – im Verhältnis zum Stammkapital – unangemessen hohen Gründungskosten unzulässig (so OLG Celle ZIP 2014, 2387 (2387) im Fall von Gründungskosten, die 60 % des Stammkapitals aufzehren. Den den zulässigen Gründungsaufwand übersteigenden Betrag müssten dann die Gesellschafter tragen, § 197 iVm § 11 Abs. 2 GmbHG, § 219 UmwG (s. hierzu auch Cramer NZG 2015, 373 (378) der die Haftung der Gesellschafter aus den Grundsätzen des § 26 Abs. 2 AktG herleitet).
14 Semler/Stengel/Leonard/*Bärwaldt* § 197 Rn. 35; Lutter/*Hoger* § 197 Rn. 41.
15 Lutter/*Hoger* § 197 Rn. 41, unabhängig davon, ob sie für oder gegen den Formwechsel gestimmt haben; aA Semler/Stengel/Leonard/*Bärwaldt* § 197 Rn. 33.

terbilanzhaftung kommt hingegen nicht in Betracht.¹⁶ Darüber hinaus sind insbes. folgende rechtsformspezifische Regelungen zu berücksichtigen, welche die allgemeinen Gründungsvorschriften ergänzen oder verdrängen:

Checkliste:
– Ist eine Personenhandelsgesellschaft formwechselnder Rechtsträger: § 220 Abs. 1 u. 2.
– Ist eine AG formwechselnder Rechtsträger: §§ 243 Abs. 2, 245 Abs. 3 iVm 220 Abs. 1, 245 Abs. 4, 246.
– Ist eine KGaA formwechselnder Rechtsträger: §§ 243 Abs. 2, 245 Abs. 3 iVm 220 Abs. 1, 245 Abs. 4, 246.
– Ist eine eG formwechselnder Rechtsträger: § 264.
– Ist eine AöR/KöR formwechselnder Rechtsträger: § 303 Abs. 1 iVm 220.

3. Formwechsel in eine KGaA

Beim Formwechsel in eine **KGaA** gelten wegen der Verweisung in § 278 Abs. 3 AktG die Ausführungen zum Formwechsel in eine AG. Die Gründungsvorschriften der §§ 1–13, 23–53 AktG sind auch bei der Beteiligung einer Kapitalgesellschaft anderer Rechtsform als formwechselnder Rechtsträger anwendbar (→ Rn. 5). Ist eine AG Ausgangsrechtsträger, ist zudem § 245 Abs. 2 zu beachten. Ferner ergänzen die §§ 223, 225c die allgemeinen Vorschriften über die Anmeldung (§ 199).

4. Formwechsel in eine Personen(-handels)gesellschaft

Da das Gründungsrecht der **Personen(-handels)gesellschaften** keine Kapitalaufbringungsvorschriften vorsieht, ergeben sich im Hinblick auf den Verweis des § 197 S. 1 keine Besonderheiten. Neben den allgemeinen Vorschriften der §§ 198 Abs. 1, 199–201 ist die einschränkende Vorschrift des § 228 zu beachten. Das heißt, beim Formwechsel in eine GbR darf die Gesellschaft kein Handelsgewerbe gem. § 1 Abs. 2 HGB betreiben (§ 228 Abs. 3 nF).

5. Formwechsel in eine eG

Beim Formwechsel in eine **eG** sind die §§ 1–16 GenG zu beachten.¹⁷ Dies gilt insbes. für § 197 S. 1 iVm § 8a GenG, falls die Satzung ein Mindestkapital vorsieht.¹⁸ Auch sind §§ 198 Abs. 1, 199–201 einzuhalten. Die Satzung muss wegen § 253 Abs. 1 S. 2 nicht durch alle Mitglieder unterzeichnet werden. Ferner enthalten § 254 und §§ 277, 267 weitere Sonderbestimmungen.

6. Formwechsel in eine EWIV/SE/SCE

Die **EWIV** wird als Sonderform der OHG behandelt, § 1 EWIVAG. Deshalb sind die Vorschriften über den Formwechsel von Personengesellschaften anwendbar (→ § 191 Rn. 3).¹⁹ Die **SE** und **SCE** sind hingegen als Zielrechtsträger nach dem UmwG untauglich (allgemein zur Beteiligungsfähigkeit einer SE bzw. SCE nach dem UmwG → § 191 Rn. 5, 16 bzw. 7).

---

16 Lutter/Hoger § 197 Rn. 40.
17 Widmann/Mayer/Vossius § 197 Rn. 9.
18 Henssler/Strohn/Geibel GenG § 8a Rn. 2 f.

19 So auch Henssler/Strohn/Drinhausen/Keinath § 197 Rn. 9; Semler/Stengel/Leonard/Bärwaldt § 197 Rn. 16; aA Widmann/Mayer/Vossius § 226 Rn. 1.

III. Nicht anwendbare Gründungvorschriften (S. 2)

1. Gründerzahl (S. 2 Hs. 1)

11 Für die Bestimmung der **Gründerzahl** trifft § 197 S. 2 Hs. 1 eine rechtsformübergreifende Sonderregelung. Danach sind Vorschriften, die für die Gründung eine Mindestgründerzahl vorsehen, nicht anzuwenden.

Hinweis: Praktische Relevanz entfaltet dieser Tatbestand jedoch nur noch beim Formwechsel in eine eG, da § 4 GenG eine Mindestzahl von 3 Gründungsmitgliedern vorsieht.

2. Bildung des ersten Aufsichtsrates (S. 2 Hs. 2)

12 Ist für den Rechtsträger neuer Rechtsform erstmals ein **Aufsichtsrat** neu zu bilden, bestimmt § 197 S. 2 Hs. 2, dass die Vorschriften über die Bildung und Zusammensetzung des ersten Aufsichtsrates nicht anzuwenden sind. Dies betrifft die Regelungen des § 30 AktG. Somit sind die Regelungen für die Arbeitnehmermitbestimmung im Aufsichtsrat schon zum Zeitpunkt des Wirksamwerdens des Formwechsels zu beachten.[20]

13 Hieraus ergibt sich für die Bestellung des neu oder anders als beim formwechselnden Rechtsträger zu bildenden Aufsichtsrat, dass sich die Bestellung des ersten Aufsichtsrats wie bei einer **Sachgründung** vollzieht, § 31 AktG.[21] Die als Gründer geltenden Personen haben eine solche Anzahl von Aufsichtsratsmitgliedern zu bestellen, die die Hauptversammlung ohne Bindung an Wahlvorschlägen zu wählen hat (nach den Vorschriften, die nach ihrer Ansicht nach dem Formwechsel Anwendung finden), § 197 S. 3 iVm § 31 Abs. 1 S. 1 AktG. Unverzüglich nach Wirksamwerden des Formwechsels hat der Vorstand das Statusverfahren nach §§ 97 ff. AktG durchzuführen, § 197 S. 3 iVm § 31 Abs. 3 S. 1 AktG.[22]

3. Weitere nicht anwendbare Gründungsvorschriften

14 Weitere nicht anwendbare Vorschriften können sich aus den besonderen Vorschriften zum Recht des Formwechsels ergeben. Vgl. hierzu weiter die Erläuterungen im Besonderen Teil, insbes. zu §§ 245, 246, 264, 277 sowie 295.

§ 198 Anmeldung des Formwechsels

(1) Die neue Rechtsform des Rechtsträgers ist zur Eintragung in das Register, in dem der formwechselnde Rechtsträger eingetragen ist, anzumelden.

(2) ¹Ist der formwechselnde Rechtsträger nicht in einem Register eingetragen, so ist der Rechtsträger neuer Rechtsform bei dem zuständigen Gericht zur Eintragung in das für die neue Rechtsform maßgebende Register anzumelden. ²Das gleiche gilt, wenn sich durch den Formwechsel die Art des für den Rechtsträger maßgebenden Registers ändert oder durch eine mit dem Formwechsel verbundene Sitzverlegung die Zuständigkeit eines anderen Registergerichts begründet wird. ³Im Falle des Satzes 2 ist die Umwandlung auch zur Eintragung in das Register

---

[20] Begr. RegE zu § 197, BR-Drs. 75/94, 141.
[21] § 197 S. 3 steht im Ausschlussverhältnis zu § 203 S. 1, dh findet nur dann Anwendung, wenn der Aufsichtsrat des neuen Rechtsträgers die Voraussetzungen des § 203 S. 1 nicht erfüllt, *Leßmann/Glattfeld* ZIP 2013, 2390 (2392).
[22] Semler/Stengel/Leonard/*Bärwaldt* § 197 Rn. 70.

anzumelden, in dem der formwechselnde Rechtsträger eingetragen ist. ⁴Diese Eintragung ist mit dem Vermerk zu versehen, daß die Umwandlung erst mit der Eintragung des Rechtsträgers neuer Rechtsform in das für diese maßgebende Register wirksam wird, sofern die Eintragungen in den Registern aller beteiligten Rechtsträger nicht am selben Tag erfolgen. ⁵Der Rechtsträger neuer Rechtsform darf erst eingetragen werden, nachdem die Umwandlung nach den Sätzen 3 und 4 eingetragen worden ist.

(3) § 16 Abs. 2 und 3 ist entsprechend anzuwenden.

I. Normzweck 1	2. Zusätzliche Anforderungen 10
II. Einzelne Fallvarianten 2	3. Negativerklärung (Abs. 3) 11
1. Übereinstimmende Registerzuständigkeit (Abs. 1) 2	IV. Anmeldepflichtige Personen 12
	V. Form 13
2. Fehlende Voreintragung (Abs. 2 S. 1) 3	VI. Prüfung durch das Registergericht 14
3. Änderung der Art des Registers (Abs. 2 S. 2 Alt. 1) 4	VII. Kosten 15
	1. Gerichtskosten 15
4. Sitzverlegung (Abs. 2 S. 2 Alt. 2) 5	2. Notarkosten 18
III. Anmeldegegenstand 6	
1. Allgemeines 6	

I. Normzweck

Die Wirksamkeit des Formwechsels hängt von **der konstitutiven** Registereintragung ab, § 202. Wegen der zentralen Bedeutung der Eintragung für das Formwechselverfahren (Umwandlungsverfahren) sollte nach der Vorstellung des Gesetzgebers die Eintragung nicht von Amts wegen erfolgen, sondern vielmehr aufgrund einer förmlichen Anmeldung zur Eintragung am Registergericht vorgenommen werden.[1] § 198 regelt deshalb die **Registerzuständigkeit** für sämtliche Fallgruppen: § 198 Abs. 1 geht von dem einfach gelagerten Fall aus, dass der Formwechsel keine abweichende örtliche Registerzuständigkeit begründet. Erfolgt mit dem Formwechsel gleichzeitig eine Änderung des zuständigen Registergerichts bzw. des maßgebenden Registers (zum Beispiel bei einem Formwechsel einer Personengesellschaft (Abteilung A des Handelsregisters) in eine Kapitalgesellschaft (Abteilung B des Handelsregisters), trifft § 198 Abs. 2 Regelungen für alle möglichen Fallvarianten. § 198 Abs. 3 sieht schließlich vor, dass die Vertretungsorgane des formwechselnden Rechtsträgers eine Negativerklärung darüber abzugeben haben, dass eine Klage gegen die Wirksamkeit des Formwechselbeschlusses nicht oder nicht fristgemäß erhoben oder eine solche Klage rechtskräftig abgewiesen worden ist, § 16 Abs. 2, Abs. 3.

II. Einzelne Fallvarianten

1. Übereinstimmende Registerzuständigkeit (Abs. 1)

§ 198 Abs. 1 sieht den Fall vor, dass der formwechselnde Rechtsträger bereits in einem **Handelsregister gleicher Art** eingetragen ist und darin bleiben kann, sich jedoch die maßgebende Abteilung innerhalb desselben Registers ändert (das Handelsregister unterscheidet die zwei Abteilungen: A und B).[2] Die Register lassen sich ihrer „Art" nach in Handelsregister, Vereinsregister, Genossenschaftsregister und Partnerschaftsregister kategorisieren.

---

[1] Begr. RegE zu § 198, BR-Drs. 75/94, 141.
[2] Vgl. hierzu eingehend Schmitt/Hörtnagl/*Winter* § 198 Rn. 6.

2. Fehlende Voreintragung (Abs. 2 S. 1)

3 Für den Fall der **fehlenden Voreintragung** des formwechselnden Rechtsträgers im Handelsregister sieht § 198 Abs. 2 S. 1 vor, dass der Rechtsträger neuer Rechtsform bei dem zuständigen Registergericht seines Satzungssitzes anzumelden ist. Dieser Fall ist in der Praxis weitestgehend irrelevant und etwa in Konstellationen denkbar, in denen sich am Formwechsel eine Körperschaft/Anstalt des öffentlichen Rechts beteiligt.[3] Gemeint dürften auch Formwechsel wirtschaftlicher Vereine sein, die nicht nach §§ 1, 33 HGB in das Handelsregister eingetragen sind.[4]

3. Änderung der Art des Registers (Abs. 2 S. 2 Alt. 1)

4 Ändert sich durch den Formwechsel die **Art** des für den formwechselnden Rechtsträger maßgebenden Registers (zB bei einem Formwechsel einer eingetragenen GbR, Personengesellschaft oder Kapitalgesellschaft in eine eG oder PartG), hat die Anmeldung sowohl bei dem Registergericht zu erfolgen, bei dem der formwechselnde Rechtsträger eingetragen ist als auch bei dem für die neue Rechtsform zuständige Registergericht, § 198 Abs. 2 S. 2 Alt. 1. Nicht erfasst von der Vorschrift sind die Fallvarianten, in denen sich lediglich die Abteilung im Register ändert (→ Rn. 2).[5] Eine Änderung der Art des Registers kommt auch beim Formwechsel eines eingetragenen Vereins oder einer eingetragenen Genossenschaft in eine Kapitalgesellschaft und umgekehrt bei der Umwandlung einer eingetragenen GbR oder Personenhandelsgesellschaft in eine eingetragene Genossenschaft und umgekehrt sowie beim Wechsel einer Partnerschaftsgesellschaft in eine Kapitalgesellschaft und umgekehrt in Betracht.

4. Sitzverlegung (Abs. 2 S. 2 Alt. 2)

5 Schließlich regelt § 198 Abs. 2 S. 2 Alt. 2 den Fall, dass sich durch die **Sitzverlegung** eine abweichende Registerzuständigkeit ergibt, was an sich keiner Regelung bedurft hätte, hier aber der Rechtsklarheit dient. In Gleichlauf zu § 198 Abs. 2 S. 2 Alt. 1 sind dann ebenfalls zwei Anmeldungen erforderlich.

III. Anmeldegegenstand

1. Allgemeines

6 Gegenstand der Anmeldung ist die **neue Rechtsform** des Rechtsträgers, nicht der Formwechselbeschluss selber.[6] Der Formwechselbeschluss ist jedoch der Anmeldung als Anlage beizufügen, § 199. Zusätzlich für den Fall der Änderung der Art des Registers nach § 198 Abs. 2 S. 2 Alt. 1 bzw. der Sitzverlegung iSv § 198 Abs. 2 S. 2 Alt. 2 ist der Formwechsel bei dem Registergericht des formwechselnden Rechtsträgers anzumelden, § 198 Abs. 2 S. 3.[7]

7 Die Eintragung des Formwechsels im **alten** Register ist nach § 198 Abs. 2 S. 4 Hs. 1 mit dem **Vermerk** zu versehen, dass der Formwechsel erst mit der Eintragung des Rechtsträgers neuer Rechtsform in das für diesen maßgebende **neue** Register wirksam wird. Das Erfordernis eines solchen Vermerks entfällt, wenn die Eintragung in den

---

[3] Semler/Stengel/Leonard/*Schwanna* § 198 Rn. 3.
[4] Begr. RegE zu § 198 Abs. 2, BR-Drs. 75/94, 142; Schmitt/Hörtnagl/*Winter* § 198 Rn. 7.
[5] Schmitt/Hörtnagl/*Winter* § 198 Rn. 8.
[6] Begr. RegE zu § 198, BR-Drs. 75/94, 142.
[7] In analoger Anwendung von § 198 Abs. 2 S. 3 ist auch die Eingliederung eines privatrechtlichen Vereins in eine Körperschaft des öffentlichen Rechts zur Eintragung in das Vereinsregister anzumelden BGH NZG 2013, 627 (628).

Registern „aller beteiligten Rechtsträger" noch am selben Tage erfolgt, § 198 Abs. 2 S. 4 Hs. 2. Die Formulierung „aller beteiligter Rechtsträger" ist hierbei irreführend; es bleibt weiterhin nur ein Rechtsträger beteiligt, der lediglich sein Rechtskleid ändert.

Die **Eintragungsreihenfolge**, die in § 198 Abs. 2 S. 2–5 vorgesehen ist, ist registerverfahrensrechtlicher Natur.

Zuletzt unterstreicht § 198 Abs. 2 S. 5 die **konstitutive Wirkung** der Eintragung des Rechtsträgers neuer Rechtsform (§ 202) und stellt klar, dass im Fall von § 198 Abs. 2 S. 2 die Eintragung des Rechtsträgers erst nach Eintragung der Umwandlung erfolgen darf.

2. Zusätzliche Anforderungen

Für die Handelsregisteranmeldung ergeben sich aus dem Zusammenspiel der besonderen Vorschriften des UmwG für den Formwechsel mit den rechtsformspezifischen Gründungsvorschriften der gewählten Zielrechtsform **weitere Anforderungen** an ihren Inhalt. So hat die Anmeldung folgende weitere Angaben zu enthalten:

Checkliste:

a) **AG, KGaA[8] als Zielrechtsträger**
- die Vorstandsmitglieder der AG bzw. die persönlich haftenden Gesellschafter der KGaA, § 246 Abs. 2,
- Versicherung der Vorstandsmitglieder der AG über etwaige bestehende Bestellungshindernisse nach § 76 AktG und die erfolgte Belehrung über ihre unbeschränkte Auskunftspflicht, § 37 Abs. 2 AktG,
- Art und Umfang der abstrakten und konkreten Vertretungsbefugnis der Vorstandsmitglieder der AG bzw. der persönlich haftenden Gesellschafter, § 37 Abs. 3 Nr. 2 AktG,
- inländische Geschäftsanschrift, § 37 Abs. 3 Nr. 1 AktG.

Eine Versicherung, dass die Einlagen iSv § 37 Abs. 1 AktG erbracht sind, ist nicht erforderlich, § 246 Abs. 3.

b) **GmbH als Zielrechtsträger**
- die Geschäftsführer der GmbH, § 246 Abs. 2,
- Versicherung der Geschäftsführer über etwaige bestehende Bestellungshindernisse, § 8 Abs. 3 GmbHG,
- inländische Geschäftsanschrift, § 8 Abs. 4 Nr. 1 GmbHG,
- Art und Umfang der abstrakten und konkreten Vertretungsbefugnis der Geschäftsführer, § 8 Abs. 4 Nr. 2 GmbHG,

Eine Versicherung, dass die Einlagen iSv § 8 Abs. 2 Nr. 2 GmbHG erbracht sind, ist nicht erforderlich, § 246 Abs. 3.

c) **eingetragene GbR als Zielrechtsträger**
- Name, Sitz und Anschrift der Gesellschaft in einem EU-Mitgliedstaat, § 707 Abs. 2 Nr. 1 BGB nF,
- bei natürlichen Personen als Gesellschafter: ihr Name, Vorname, Geburtsdatum und Wohnort, § 707 Abs. 2 Nr. 2 lit. a BGB nF,
- bei juristischen Personen oder rechtsfähigen Personengesellschaften als Gesellschafter: ihre Firma oder Name, Rechtsform Sitz und, soweit gesetzlich vorgesehen, zuständiges Register und Registernummer, § 707 Abs. 2 Nr. 2 lit. b BGB nF,
- Vertretungsbefugnis der Gesellschafter, § 707 Abs. 2 Nr. 3 BGB nF,
- Versicherung, dass die GbR nicht bereits im Handels- oder im Partnerschaftsregister eingetragen ist, § 707 Abs. 2 Nr. 4 BGB nF,
- Angabe iSv § 24 Abs. 4 HRV (Angabe des Unternehmensgegenstandes) sind empfehlenswert.[9]

d) **OHG/KG als Zielrechtsträger**
- Firma, Sitz und Geschäftsanschrift der Gesellschaft in einem EU-Mitgliedstaat, § 106 Abs. 2 Nr. 1 HGB nF,

---

[8] §§ 278 Abs. 3, 283 Nr. 1 AktG.
[9] Kallmeyer/*Zimmermann* § 198 Rn. 12; Lutter/*Hoger* § 198 Rn. 13.

- bei natürlichen Personen als Gesellschafter: ihr Name, Vorname, Geburtsdatum und Wohnort, § 106 Abs. 2 Nr. 2 lit. a HGB nF,
- bei juristischen Personen oder rechtsfähigen Personengesellschaften als Gesellschafter: ihre Firma oder Namen, Rechtsform, Sitz und, soweit gesetzlich vorgesehen, zuständiges Register und Registernummer, § 106 Abs. 2 Nr. 2 lit. b HGB nF,
- Vertretungsbefugnis der Gesellschafter, § 106 Abs. 2 Nr. 3 HGB nF,
- Beim Formwechsel in eine KG zudem die Kommanditisten sowie den Betrag der Haftsumme, § 162 Abs. 1 HGB nF,
- Vertretungsbefugnis der Gesellschafter, § 106 Abs. 2 Nr. 3 HGB nF,
- Versicherung, dass die Gesellschaft nicht bereits im Gesellschafts- oder im Partnerschaftsregister eingetragen ist, § 106 Abs. 2 Nr. 4 HGB nF.
- Angabe iSv § 24 Abs. 4 HRV (Angaben des Unternehmensgegenstandes) sind empfehlenswert.[10]

e) **Partnerschaftsgesellschaft als Zielrechtsträger**

- Name, Vorname, Beruf und Wohnort jedes Partners, § 3 Abs. 2 Nr. 2 PartGG,
- Gegenstand der Partnerschaft, § 3 Abs. 2 Nr. 3 PartGG,
- Geburtsdatum eines jeden Partners und Vertretungsmacht, § 4 Abs. 1 S. 1 PartGG,
- Name und Sitz der Partnerschaft, §§ 4 Abs. 1 S. 2, 3 Abs. 2 Nr. 1 PartGG,
- Berufszugehörigkeit eines jeden Partners in der Partnerschaft, § 4 Abs. 2 PartGG.

f) **eG als Zielrechtsträger**

- das Statut der Genossenschaft
- die Mitglieder des Vorstandes und ihre Vertretungsbefugnis, § 222 Abs. 1 UmwG, § 11 Abs. 3 GenG.

g) **EWIV als Zielrechtsträger**

- Angaben nach § 2 Abs. 2 EWIVAG.[11]

3. Negativerklärung (Abs. 3)

11   Unabhängig von der Zielrechtsform haben die anmeldepflichtigen Personen eine **Negativerklärung** iSv §§ 198 Abs. 3, 16 Abs. 2 Hs. 1 darüber abzugeben, dass eine Klage gegen die Wirksamkeit des Formwechselbeschlusses nicht oder nicht fristgemäß erhoben oder eine solche Klage rechtskräftig abgewiesen oder zurückgenommen worden ist. Der Erklärung steht ein Gerichtsbeschluss iSv §§ 198 Abs. 3, 16 Abs. 3 gleich (→ § 16 Rn. 27 ff.). Diese Negativerklärung ist höchstpersönlicher Natur, so dass eine **Stellvertretung ausgeschlossen** ist.[12] Möglich ist es auch, eine notariell beurkundete Erklärung der betroffenen Gesellschafter beizubringen, in der diese im Vorfeld auf eine Klageerhebung verzichten.[13]

IV. Anmeldepflichtige Personen

12   **Anmeldepflichtig** sind die nach den besonderen Vorschriften der §§ 214 ff. und dem jeweiligen Gründungsrecht zu bestimmenden Personen.[14] Die Anmeldung hat durch die vertretungsberechtigten Personen in vertretungsberechtigter Anzahl zu erfolgen.[15]

Hinweis: Insbes. wenn die Personenzahl der Anmelder relativ umfangreich ist, empfiehlt es sich ggf. in der Handelsregisteranmeldung eine Vollmacht für einen Dritten, zB die Notariatsangestellten des beglaubigenden Notars, vorzusehen. Auf diese Weise lässt es sich vermeiden, dass bei etwaigen notwendigen Ergänzungen der Handelsregis-

---

10 Kallmeyer/*Zimmermann* § 198 Rn. 12; Lutter/*Hoger* § 198 Rn. 13.
11 Gesetz zur Ausführung der EWG-Verordnung über die Europäische wirtschaftliche Interessenvereinigung v. 14.4.1988, BGBl. I 514.
12 Lutter/*Decher* § 16 Rn. 13; *Melchior* GmbHR 1999, 520.
13 *Heckschen* ZIP 2015, 2049 (2062).
14 §§ 222, 225c, 235, 246, 254, 265, 278; eine umfassende Übersicht bietet Widmann/Mayer/*Vossius* § 198 Rn. 26.
15 *Heckschen* ZIP 2015, 2049 (2061).

teranmeldung (zB aufgrund einer Verfügung des Handelsregisters) alle Unterzeichner der Handelsregisteranmeldung ein weiteres Mal ihre Unterschrift notariell beglaubigen lassen müssen. Zu Recht wird in diesem Zusammenhang darauf hingewiesen, dass der Notar gem. § 378 Abs. 2 FamFG ermächtigt ist, eine Eintragung selbst zu beantragen.[16] Die Praxiserfahrung zeigt aber, dass eine Vollmacht der zur Anmeldung berechtigten Personen dennoch eher gewählt wird.

V. Form

Die Anmeldung der neuen Rechtsform erfolgt elektronisch in **öffentlich beglaubigter Form**, § 12 Abs. 1 S. 1 HGB iVm § 129 Abs. 1 S. 1 BGB. Die öffentliche Beglaubigung kann durch die notarielle Beurkundung ersetzt werden, § 12 Abs. 1 HGB iVm § 129 Abs. 2 BGB. Stellvertretung ist zulässig, da die Anmeldung keinen höchstpersönlichen Charakter hat.[17] Da die entsprechende Vollmacht jedoch auch der notariellen Beglaubigung bedarf, § 12 Abs. 1 S. 2 HGB, wird eine Stellvertretung häufig keine Erleichterung darstellen.

VI. Prüfung durch das Registergericht

Der Umfang der **Prüfungspflicht** des Registergerichts erstreckt sich in formeller Hinsicht, neben der Klärung von örtlicher und sachlicher Zuständigkeit, auf das Vorliegen der von § 198 Abs. 2 vorausgesetzten und durch § 199 vorgeschriebenen Unterlagen. Materiell prüft das zuständige Gericht die Wirksamkeit des Formwechselbeschlusses und das Vorliegen der Gründungsvoraussetzungen.

VII. Kosten

1. Gerichtskosten

Die Eintragung des Formwechsels löst **Gerichtskosten** aus, deren Höhe sich nach Maßgabe von § 58 Abs. 1 Nr. 1 GNotKG[18] nach der HRegGebV richtet (insofern auch → § 190 Rn. 47). Entscheidend ist dabei, welche Fallvariante des § 198 Abs. 1, Abs. 2 im Einzelfall vorliegt:

Bei einer **Ersteintragung** (§ 198 Abs. 2 S. 1) entsteht gem. § 58 Abs. 1 Nr. 1 GNotKG iVm §§ 1, 2 HRegGebV eine Gebühr nach Nr. 1103 ff., 2104 ff., 3101 GebVerz.

Ist der formwechselnde Rechtsträger hingegen **bereits** im betreffenden Register **eingetragen** (§ 198 Abs. 1) oder **ändert** sich durch die Umwandlung die **Art** des Registers bzw. begründet die mit dem Formwechsel verbundene Sitzverlegung eine **abweichende Registerzuständigkeit** (§ 198 Abs. 2 S. 2), fallen nach § 58 Abs. 1 Nr. 1 GNotKG iVm §§ 1, 2 HRegGebV Gebühren nach Nr. 1400, 1401, 2402, 2403, 3400 und 3401 GebVerz an.

Bestehende **Prokuren** können durch den Rechtsträger neuer Rechtsform nicht gebührenfrei übernommen werden, auch nicht bei bloßen Anpassungen an die neue Rechtsform.[19] Die Eintragungsgebühr richtet sich dann nach § 2 HRegGebV iVm Nr. 4000–4002 GebVerz.

---

16 Widmann/Mayer/*Vossius* § 201 Rn. 33 f.; vgl. auch OLG Karlsruhe 31.1.2011 – 11 Wx 2/11, BeckRS 2011, 05289 mwN, das allein darauf abstellt, ob der Notar das betreffende Dokument beglaubigt hat.

17 Vgl. Semler/Stengel/Leonard/*Schwanna* § 198 Rn. 12; Lutter/*Hoger* § 198 Rn. 10.

18 Gesetz über Kosten der freiwilligen Gerichtsbarkeit für Gerichte und Notare (Gerichts- und Notarkostengesetz – GNotKG), BGBl. 2013 I 2586.

19 Widmann/Mayer/*Vossius* § 198 Rn. 54.

2. Notarkosten

18 Die Wertberechnung der Notargebühren orientiert sich gem. § 105 Abs. 1 GNotKG am **Geschäftswert** der Anmeldung. Dieser beträgt wegen § 106 GNotKG höchstens 1 Mio. EUR. Wird durch den Formwechsel der Rechtsträger **erstmals** in das Handelsregister **eingetragen**, handelt es sich um eine Anmeldung, die je nach Rechtsform unter § 105 Abs. 1 oder Abs. 3 GNotKG fällt. Ist die Zielgesellschaft eine BGB-Gesellschaft, beschränkt sich die Anmeldung beim Formwechsel darauf, das Erlöschen des Ausgangsrechtsträgers zum Handelsregister anzumelden. Es handelt sich dann um eine spätere Anmeldung iSv § 105 Abs. 4 GNotKG. Eine spätere Anmeldung idS liegt auch dann vor, wenn der Formwechsel einer GmbH in eine AG oder KGaA oder die Umwandlung einer AG oder KGaA in eine GmbH angemeldet wird.

19 Der Geschäftswert für **sonstige Anmeldungen** sowie die Anmeldung zum **Partnerschafts-** oder **Genossenschaftsregister** bewertet sich über § 105 Abs. 2 GNotKG nach § 105 Abs. 3–5 GNotKG.

20 Die für die Anmeldung notwendige **Beglaubigung der Unterschriften** löst nach §§ 121, 97 GNotKG iVm Nr. 25100 KV GNotKG eine 0,2 Gebühr aus, wobei mindestens 20 EUR fällig werden, höchstens jedoch 70 EUR je Beglaubigungsvermerk. Hat der Notar die Anmeldung selbst entworfen, entsteht außerhalb des Beurkundungsverfahrens eine 0,3 bis 0,5 Gebühr nach §§ 121, 97 GNotKG iVm Nr. 24102 KV GNotKG, mindestens jedoch 30 EUR.

§ 199 Anlagen der Anmeldung

Der Anmeldung der neuen Rechtsform oder des Rechtsträgers neuer Rechtsform sind in Ausfertigung oder öffentlich beglaubigter Abschrift oder, soweit sie nicht notariell zu beurkunden sind, in Urschrift oder Abschrift außer den sonst erforderlichen Unterlagen auch die Niederschrift des Formwechselbeschlusses, die nach diesem Gesetz erforderlichen Zustimmungserklärungen einzelner Anteilsinhaber einschließlich der Zustimmungserklärungen nicht erschienener Anteilsinhaber, der Formwechselbericht oder die Erklärungen über den Verzicht auf seine Erstellung, ein Nachweis über die Zuleitung nach § 194 Abs. 2 beizufügen.

I. Normzweck 1	2. GmbH als Zielrechtsträger 13
II. Erforderliche Anlagen 2	3. Eingetragene GbR als Zielrechtsträger .. 14
1. Notariell beglaubigte Form 3	4. OHG, KG, Partnerschaft als Zielrechtsträger 15
2. Urschrift oder Abschrift 8	5. eG als Zielrechtsträger 16
III. Rechtsformabhängige Anlagen 10	
1. AG, KGaA als Zielrechtsträger 11	

I. Normzweck

1 In Übereinstimmung mit der verschmelzungsrechtlichen Vorschrift des § 17 Abs. 1 führt § 199 alle **zwingend erforderlichen Anlagen** auf, die zur Anmeldung der neuen Rechtsform oder des Rechtsträgers neuer Rechtsform dem Registergericht vorzule-

Anlagen der Anmeldung § 199 UmwG

gen sind.¹ Neben der Stärkung des Anteilsinhaberschutzes verfolgt die Regelung den Zweck, den Arbeitsaufwand des Gerichtes bei der Prüfung der Eintragungsvoraussetzungen zu verringern.² § 199 ist insofern nicht abschließend, als dass neben den aufgezählten Dokumenten weitere Anlagen der Anmeldung beizufügen sind. Das richtet sich nach den rechtsformspezifischen Vorschriften des Besonderen Teils der §§ 214 ff. sowie, über den Verweis in § 197 S. 1, nach Maßgabe des einschlägigen Gründungsrechts des Rechtsträgers neuer Rechtsform. Mit dem UmRUG ist mit Wirkung zum 1.3.2023 der Begriff des Umwandlungsbeschlusses und -berichts durch den Begriff Formwechselbeschluss und -bericht ersetzt worden, ohne dass damit eine inhaltliche Änderung verbunden gewesen ist.³

II. Erforderliche Anlagen

§ 199 führt enumerativ alle erforderlichen Anlagen auf, die **unabhängig von der Rechtsform** der Anmeldung anzufügen sind. In formeller Hinsicht lassen sich die relevanten Unterlagen in zwei Kategorien einteilen. Dabei ist zwischen denjenigen Dokumenten zu unterscheiden, die in notarieller Ausfertigung (§ 49 BeurkG) oder öffentlich beglaubigter Abschrift (§ 42 BeurkG) elektronisch einzureichen sind, und solchen, für welche eine Urschrift oder Abschrift ausreichend ist.

1. Notariell beglaubigte Form

Sowohl die Niederschrift des Formwechselbeschlusses als auch die nach dem UmwG erforderlichen Zustimmungserklärungen der einzelnen Anteilsinhaber sind in **notariell beglaubigter Form** iSd §§ 42, 49 BeurkG bei der Anmeldung der neuen Rechtsform oder des Rechtsträgers neuer Rechtsform der Anmeldung als Anlagen beizufügen. Hierunter fallen auch etwaige Zustimmungserklärungen nicht erschienener Anteilsinhaber.

Die **Niederschrift des Umwandlungsbeschlusses** bildet den substantiellsten Teil der Anmeldung. Nach Vorstellung des Gesetzgebers sollte zwar nicht mehr der Formwechselbeschluss als solcher Gegenstand der anzumeldenden Eintragung sein.⁴ Dennoch sollte die Niederschrift des Formwechselbeschlusses der Anmeldung als Anlage beigefügt werden.⁵ Das verhilft in erster Linie dem Registergericht zu einer zeitnäheren Prüfung der Anmeldevoraussetzungen.⁶ Gleichzeitig soll hierdurch auch der Schutz der Anteilsinhaber verstärkt werden.⁷

Ob und in welchem Umfang ggf. die **Zustimmungserklärungen einzelner Anteilsinhaber** beizufügen sind, richtet sich einerseits nach § 193 Abs. 2 (vinkulierungsbegünstigte Gesellschafter), andererseits nach den rechtsformabhängigen Bestimmungen des Besonderen Teils, namentlich den §§ 217 Abs. 3, 233 Abs. 2 S. 3, Abs. 3 S. 1, 240 Abs. 2 S. 1, Abs. 3 S. 1, 241 Abs. 1 S. 1, Abs. 3, 242, 252 Abs. 1, 275 Abs. 1, 284 S. 1, 303 Abs. 2.

Wurde auf die Erstattung eines Formwechselberichts nach § 192 Abs. 2 S. 1 Alt. 1 verzichtet, sind zudem die **Verzichtserklärungen** in notariell beglaubigter Form einzureichen, § 192 Abs. 2 S. 2.

---

1 Die in § 199 genannten Anlagen sind trotz fehlender Regelung auch für den Sonderfall der Anmeldung zum Register des formwechselnden Rechtsträgers iSv § 198 Abs. 2 S. 3 zwingend erforderlich, vgl. Lutter/*Hoger* § 199 Rn. 13; Kallmeyer/*Zimmermann* § 199 Rn. 1.
2 Begr. RegE zu § 199, BR-Drs. 75/94, 142.
3 Begr. RegE zu § 199, BT-Drs. 20/3822, 85.
4 Begr. RegE zu § 199, BR-Drs. 75/94, 142.
5 Begr. RegE zu § 199, BR-Drs. 75/94, 142.
6 Begr. RegE zu § 199, BR-Drs. 75/94, 142.
7 Begr. RegE zu § 199, BR-Drs. 75/94, 142.

7 Ändert sich durch den Formwechsel die Art des Registers oder begründet die mit dem Formwechsel verbundene Sitzverlegung die Zuständigkeit eines anderen Registers (§ 198 Abs. 2 S. 2) ist beim Registergericht **Nachweis über die Eintragung** des Formwechsels beim Register des formwechselnden Rechtsträgers durch Beifügung eines beglaubigten Handelsregisterauszuges zu führen.[8]

2. Urschrift oder Abschrift

8 In Urschrift oder einfacher Abschrift ist zudem gem. §§ 199, 192 Abs. 1 der **Formwechselbericht** beizufügen, sofern am formwechselnden Rechtsträger nicht ein einzelner Anteilsinhaber beteiligt ist, § 192 Abs. 2 S. 1 Alt. 1, oder auf die Erstattung des Formwechselberichtes nach § 192 Abs. 2 S. 2 Alt. 2 verzichtet wurde.

9 Ist bei dem formwechselnden Rechtsträger ein **Betriebsrat** eingerichtet, hat zudem ein Nachweis über die rechtzeitige Zuleitung des Formwechselbeschlusses iSv § 194 Abs. 2 zu erfolgen. Existiert kein Betriebsrat, hat der formwechselnde Rechtsträger hierüber eine Negativerklärung abzugeben.[9]

III. Rechtsformabhängige Anlagen

10 Die für die Anmeldung sonst erforderlichen **rechtsformabhängigen Anlagen** richten sich nach den rechtsformspezifischen Vorschriften des Rechtsträgers neuer Rechtsform. Diese ergeben sich aus den einschlägigen Vorschriften der §§ 214 ff. des Besonderen Teils des UmwG sowie dem jeweilige Gründungsrecht, § 197 S. 1. Danach sind, abhängig von der Zielrechtsform, folgende Unterlagen der Anmeldung beizufügen:

1. AG, KGaA als Zielrechtsträger

11 Checkliste:
- Gründungsbericht, § 220 Abs. 3, §§ 33 Abs. 2, 34 Abs. 3 AktG,
- Nachweis über die Bestellung des Abschlussprüfers für das erste Voll- oder Rumpfgeschäftsjahr, § 197 S. 1 iVm § 30 Abs. 1 AktG,
- Gründungsprüfungsbericht, § 197 S. 1 iVm § 32 AktG,
- Erklärung zur Kapitalaufbringung, § 197 S. 1 iVm § 37 Abs. 1 AktG (beim Formwechsel einer GmbH oder KGaA entbehrlich, § 246 Abs. 3),
- Versicherung, dass keine Umstände der Bestellung entgegenstehen, § 197 S. 1 iVm 37 Abs. 2 AktG,
- notariell beurkundete Satzung (falls nicht bereits im Formwechselbeschluss selbst oder als Anlage enthalten), § 197 S. 1 iVm § 37 Abs. 4 Nr. 1 AktG,
- Berechnungen des der Gesellschaft zur Last fallenden Gründungsaufwands, § 197 S. 1 iVm § 37 Abs. 4 Nr. 2 AktG,
- Urkunden über die Bestellung des Vorstands und des Aufsichtsrats, § 197 S. 1 iVm § 37 Abs. 4 Nr. 3 AktG,
- Liste der Mitglieder des Aufsichtsrats, aus welcher Name, Vorname, ausgeübter Beruf und Wohnort der Mitglieder ersichtlich ist, § 197 S. 1 iVm § 37 Abs. 4 Nr. 3a AktG,
- Gründungsbericht und die Prüfungsberichte der Mitglieder des Vorstands und des Aufsichtsrats sowie der Gründungsprüfer nebst ihren urkundlichen Unterlagen, § 197 S. 1 iVm § 37 Abs. 4 Nr. 4 AktG.

12 Zudem sind beim Formwechsel einer Personenhandelsgesellschaft in eine KGaA nach § 223 **Urkunden über den Beitritt** aller beitretenden persönlich haftenden Gesellschafter in Ausfertigung oder öffentlich beglaubigter Abschrift beizufügen.

---

[8] Semler/Stengel/Leonard/*Schwanna* § 199 Rn. 5; Kallmeyer/*Zimmermann* § 199 Rn. 4.

[9] Lutter/*Hoger* § 199 Rn. 4; Semler/Stengel/Leonard/*Schwanna* § 199 Rn. 4.

2. GmbH als Zielrechtsträger

Checkliste:
- Werthaltigkeitsnachweis, dass der Nennbetrag des Grundkapitals das nach Abzug der Schulden verbleibende Vermögen des formwechselnden Rechtsträgers nicht übersteigt §§ 220 Abs. 1, 245 Abs. 4, 264,
- Auflistung unbekannter Aktionäre, §§ 213, 35,
- von den anmeldenden Geschäftsführern zu unterzeichnende, ausführliche Auflistung der Gesellschafter, §§ 222 Abs. 1, 246 Abs. 1 iVm § 8 Abs. 1 Nr. 3 GmbHG,
- Sachgründungsbericht, § 197 S. 1 iVm § 5 Abs. 4 GmbHG (ist eine AG bzw. KGaA, eG oder eV formwechselnder Rechtsträger, entfällt die Verpflichtung nach §§ 245 Abs. 4, 264 Abs. 2, 277,
- Erklärung zur Kapitalaufbringung, § 197 S. 1 iVm § 8 Abs. 2 GmbHG (ist eine AG bzw. KGaA formwechselnder Rechtsträger, entfällt die Verpflichtung nach § 246 Abs. 3),
- Versicherung, dass keine Umstände der Bestellung entgegenstehen, § 197 S. 1 iVm 8 Abs. 3 GmbHG,
- (privatschriftlicher) Beschluss über die Bestellung der Geschäftsführer und deren Vertretungsbefugnis, § 197 S. 1 iVm § 8 Abs. 4 GmbHG,
- ggf. Urkunde über die Bestellung von Aufsichtsratsmitgliedern vor der Eintragung der Gesellschaft in das Handelsregister § 197 S. 1 iVm § 52 Abs. 2 GmbHG iVm § 37 Abs. 4 Nr. 3 AktG,
- ggf. Liste der Aufsichtsratsmitglieder, § 197 S. 1 iVm § 52 Abs. 2 GmbHG iVm § 37 Abs. 4 Nr. 3a AktG.

3. Eingetragene GbR als Zielrechtsträger

Checkliste:
- Gesellschaftsvertrag.

Hinweis: Der Gesellschaftsvertrag ist beim Formwechsel einer Kapitalgesellschaft in eine eingetragene GbR wegen § 234 Nr. 3 bereits zwingender Bestandteil des Formwechselbeschlusses, so dass die erneute Beifügung als Anlage in diesem Falle entbehrlich ist. Darüber hinaus enthält das Gründungsrecht der GbR keine besonderen Anforderungen an die Anmeldung als die in § 707 BGB nF genannten Angaben.

4. OHG, KG, Partnerschaft als Zielrechtsträger

Checkliste:
- Gesellschaftsvertrag.

Hinweis: Der Gesellschaftsvertrag ist beim Formwechsel einer Kapitalgesellschaft in eine Personengesellschaft wegen § 234 Nr. 3 bereits zwingender Bestandteil des Formwechselbeschlusses, so dass die erneute Beifügung als Anlage in diesem Falle entbehrlich ist. Darüber hinaus enthält das Gründungsrecht der Personengesellschaften keine besonderen Anforderungen an die Anmeldung als die in § 106 HGB nF genannten Angaben.

Bis zum 31.12.2023 war bei der Partnerschaftsgesellschaft als Zielrechtsform die Anwendung des § 213 auf den Partnerschaftsvertrag noch ausgeschlossen (§ 234 Nr. 3 aF).[10]

---

[10] BeckOGK/*Sparfeld*, 1.10.2023, § 234 Rn. 25 weist zu Recht darauf hin, dass die praktische Auswirkung dieser Änderung durch das MoPeG gering ist; eine Umwandlung in eine Partnerschaftsgesellschaft ohne Zustimmung aller Anteilsinhaber ist nicht zulässig, so dass es keine Notwendigkeit gibt, auf die Regelungen zu unbekannten Aktionären in § 35 zurückzugreifen.

5. eG als Zielrechtsträger

16 Checkliste:
- Urschrift oder öffentlich beglaubigte Abschrift des Prüfungsgutachtens iSv § 259, § 265 S. 2,
- Satzung, § 197 S. 1 iVm § 11 Abs. 2 Nr. 1 GenG,[11]
- Abschrift der Urkunden über die Bestellung des Vorstands und des Aufsichtsrats, § 197 S. 1 iVm § 11 Abs. 2 Nr. 2 GenG.

§ 200 Firma oder Name des Rechtsträgers

(1) ¹Der Rechtsträger neuer Rechtsform darf seine bisher geführte Firma beibehalten, soweit sich aus diesem Buch nichts anderes ergibt. ²Zusätzliche Bezeichnungen, die auf die Rechtsform der formwechselnden Gesellschaft hinweisen, dürfen auch dann nicht verwendet werden, wenn der Rechtsträger die bisher geführte Firma beibehält.

(2) Auf eine nach dem Formwechsel beibehaltene Firma ist § 19 des Handelsgesetzbuchs, § 4 des Gesetzes betreffend die Gesellschaften mit beschränkter Haftung, §§ 4, 279 des Aktiengesetzes oder § 3 des Genossenschaftsgesetzes entsprechend anzuwenden.

(3) War an dem formwechselnden Rechtsträger eine natürliche Person beteiligt, deren Beteiligung an dem Rechtsträger neuer Rechtsform entfällt, so darf der Name dieses Anteilsinhabers nur dann in der beibehaltenen bisherigen oder in der neu gebildeten Firma verwendet werden, wenn der betroffene Anteilsinhaber oder dessen Erben ausdrücklich in die Verwendung des Namens einwilligen.

(4) ¹Ist formwechselnder Rechtsträger oder Rechtsträger neuer Rechtsform eine Partnerschaftsgesellschaft, gelten für die Beibehaltung oder Bildung der Firma oder des Namens die Absätze 1 und 3 entsprechend. ²Eine Firma darf als Name einer Partnerschaftsgesellschaft nur unter den Voraussetzungen des § 2 Abs. 1 des Partnerschaftsgesellschaftsgesetzes beibehalten werden. ³§ 1 Abs. 3 und § 11 des Partnerschaftsgesellschaftsgesetzes sind entsprechend anzuwenden.

(5) Durch den Formwechsel in eine Gesellschaft des bürgerlichen Rechts erlischt die Firma der formwechselnden Gesellschaft.

I. Normzweck 1	V. Beteiligung einer Partnerschaftsgesellschaft (Abs. 4) 12
II. Fortführung der Firma (Abs. 1 S. 1) 5	VI. GbR als Rechtsträger neuer Rechtsform .. 13
III. Rechtsformzusätze (Abs. 1 S. 2, Abs. 2) 7	
IV. Ausscheiden einer namensgebenden, natürlichen Person (Abs. 3) 9	

I. Normzweck

1 § 200 fasst die **allgemeinen firmenrechtlichen Grundsätze** zusammen, die bei den verschiedenen Arten des Formwechsels zu beachten sind, und ähnelt der Parallelregelung zur Verschmelzung in § 18.[1] Wegen des identitätswahrenden Charakters des Formwechsels geht § 200 Abs. 1 S. 1 vom Grundsatz der Kontinuität der Firma aus und legt

---

11 Eine Unterzeichnung der eingereichten Satzung durch alle Mitglieder gem. § 11 Abs. 2 Nr. 1 GenG ist nicht erforderlich, § 253 Abs. 1 S. 2.

1 Begr. RegE zu § 200, BR-Drs. 75/94, 143.

fest, dass die Beibehaltung der bisherigen Firma zulässig ist, solange sich aus dem Fünften Buch des UmwG nichts Abweichendes ergibt.[2] Wird die bisherige Firma im Rahmen des Formwechsels geändert (abgesehen von der Rechtsformkennung), handelt es sich um eine Änderung der Firma.[3]

§ 200 Abs. 1 S. 2, Abs. 2 reglementiert die **Beibehaltung des Firmenzusatzes**, um einer Täuschung im Rechtsverkehr vorzubeugen, und stellt die Wahrung des Grundsatzes der Firmenwahrheit (§ 19 HGB) für den Formwechsel sicher.

§ 200 Abs. 3 dient dem **Persönlichkeitsschutz des ausscheidenden Namensgebers** des formwechselnden Rechtsträgers und sieht vor, dass dessen Name ausschließlich mit Einwilligung des Namensgebers oder seiner Erben verwendet werden darf.[4]

Der im Zuge des „Gesetzes zur Änderung des UmwG, PartGG und anderer Gesetze"[5] neu eingeführte § 200 Abs. 4 trifft eine **Sonderregelung zur Namensfortführung** für den Fall, dass am Formwechsel eine Partnerschaftsgesellschaft beteiligt ist. Schließlich erlischt nach § 200 Abs. 5 die Firma der formwechselnden Gesellschaft beim Formwechsel in eine eingetragene GbR.

II. Fortführung der Firma (Abs. 1 S. 1)

Nach § 200 Abs. 1 S. 1 darf der Rechtsträger neuer Rechtsform seine bisher geführte Firma beibehalten, soweit sich aus den §§ 190–304 nichts anderes ergibt. Eine **Firmenfortführung** ist deshalb angezeigt, weil aufgrund der fehlenden Vermögensübertragung beim Formwechsel die rechtliche und wirtschaftliche Identität des formwechselnden Rechtsträgers gewahrt bleibt (→ § 190 Rn. 27 f.). Der Rechtsträger neuer Rechtsform führt deshalb keine fremde Firma fort.[6] Auf die allgemeinen Fortführungsgrundsätze des § 22 HGB sowie die allgemeinen Grundsätze der Firmenfortführung bei Gesamtrechtsnachfolge kommt es deshalb nicht an.[7]

Die Möglichkeit zur **Neubildung der Firma** bleibt durch § 200 unberührt.[8] Aus den §§ 190–304 ergibt sich nichts Abweichendes.[9]

III. Rechtsformzusätze (Abs. 1 S. 2, Abs. 2)

§ 200 Abs. 1 S. 2 stellt unmissverständlich klar, dass **Rechtsformzusätze**, welche auf die bisherige Rechtsform hindeuten, zu streichen sind. Der in § 200 Abs. 1 S. 1 festgeschriebene Grundsatz der Firmenkontinuität wird hierdurch zwar eingeschränkt. Dies ist aber notwendige Konsequenz des Formwechsels und der damit einhergehenden Änderung der Rechtsform. Entsprechend müssen auch die Rechtsformzusätze für die neue Rechtsform gesetzeskonform verwendet werden, § 200 Abs. 2.

Hinweis: Die Fortführung der „X & Y Holzwaren AG" ist nach dem Formwechsel in die Rechtsform der GmbH dann lediglich als „X & Y Holzwaren GmbH" zulässig.

---

2 Lutter/*Hoger* § 200 Rn. 1.
3 So beispielhaft BGH EWiR 2011, 723 (724), der von einer reinen Namensänderung spricht, auch im Zwangsvollstreckungsrecht.
4 Begr. RegE zu § 200, BR-Drs. 75/94, 143.
5 Gesetze zur Änderung des Umwandlungsgesetzes, Partnerschaftsgesellschaftsgesetzes und anderer Gesetze v. 22.7.1998, BGBl. I 1878.
6 Kallmeyer/Meister/Klöcker/Berger § 200 Rn. 22; Semler/Stengel/Leonard/*Schwanna* § 200 F.n. 3.
7 Kallmeyer/Meister/Klöcker/Berger § 200 Rn. 21.
8 Semler/Stengel/Leonard/*Schwanna* § 200 Rn. 7.
9 § 200 Abs. 1 S. 2 aF sah durch den Verweis auf § 18 Abs. 1 S. 2, 3 aF Einschränkungen für die Personenhandelsgesellschaften und die eG vor, vgl. Lutter/*Hoger* § 200 Rn. 5.

8   Unzulässig sind ferner solche Hinweise, die auf die bisherige Rechtsform **Rückschlüsse** erlauben (etwa: „X & Y Holzwaren GmbH – ehemals AG").[10]

IV. Ausscheiden einer namensgebenden, natürlichen Person (Abs. 3)

9   Scheidet eine am formwechselnden Rechtsträger beteiligte, namensgebende natürliche Person im Zuge des Formwechsels aus dem Rechtsträger aus, stellt § 200 Abs. 3 die Fortführung der Firma unter Verwendung des Namens unter den **Einwilligungsvorbehalt** dieser Person oder dessen Erben. Trotz abweichender Stimmen in Literatur[11] und Rechtsprechung[12] muss die Einwilligung aufgrund des klaren Wortlautes der Vorschrift ausdrücklich erfolgen, so dass Duldung und Stillschweigen nicht auskömmlich sind.[13]

10 Streitig ist, ob die Einwilligung auch durch den **Testamentsvollstrecker, Nachlassverwalter** bzw. **-pfleger** oder **Insolvenzverwalter** erteilt werden kann. Ausgangspunkt der Beantwortung dieser Frage sollte der Schutzzweck der Norm sein. § 200 Abs. 3 verfolgt den Persönlichkeitsschutz der an einem Rechtsträger beteiligten natürlichen Person.[14] Die Möglichkeit Dritter (mit Ausnahme der Erben), über den Namen der betreffenden Person verfügen zu können, scheint mit dem absoluten und umfassenden Charakter der Persönlichkeitsrechte schwerlich vereinbar.[15]

11 Die Beteiligung der natürlichen Person an dem Rechtsträger neuer Rechtsform muss **„entfallen"**, so dass ihr Ausscheiden durch das Wirksamwerden des Formwechsels bedingt sein muss. Relevanter Bezugspunkt ist somit die Eintragung der neuen Rechtsform oder des Rechtsträgers neuer Rechtsform im Register. Deshalb greift § 200 Abs. 3 auch nicht für den Fall des Ausscheidens vor Fassung des Formwechselbeschlusses.[16]

V. Beteiligung einer Partnerschaftsgesellschaft (Abs. 4)

12 Ist am Formwechsel eine **Partnerschaftsgesellschaft** beteiligt, gelten für die Beibehaltung oder Bildung der Firma oder des Namens Abs. 1 und Abs. 3 entsprechend, § 200 Abs. 4 S. 1. Zudem muss nach § 200 Abs. 4 S. 2 iVm § 2 Abs. 1 PartGG der Rechtsträger neuer Rechtsform als Partnerschaftsgesellschaft den Namen mindestens eines Partners, den Zusatz „und Partner" oder „Partnerschaft" sowie die Berufsbezeichnungen aller in der Partnerschaft vertretenen Berufe enthalten. Die Beibehaltung der bisherigen Firma ist insoweit daher unzulässig.[17] Darüber hinaus kann nach Maßgabe von § 200 Abs. 4 S. 3 iVm § 1 Abs. 3 PartGG die Ausübung einzelner Berufe von der Partnerschaft ausgeschlossen oder von weiteren Voraussetzungen abhängig gemacht werden. Klarstellend verweist schließlich § 200 Abs. 4 S. 3 auf § 11 PartGG, nach welchem nur Partnerschaften iSd PartGG den Zusatz „Partnerschaft" oder „und Partner" führen dürfen.

VI. GbR als Rechtsträger neuer Rechtsform

13 Nach § 200 Abs. 5 erlischt für den Fall des Formwechsels in die Rechtsform einer GbR die Firma des formwechselnden Rechtsträgers. Diese Durchbrechung des Grundsatzes der Firmenkontinuität ist durch den Umstand bedingt, dass die GbR nicht zur Führung

---

10 Lutter/*Hoger* § 200 Rn. 6; Semler/Stengel/Leonard/*Schwanna* § 200 Rn. 5.
11 Hopt/*Merkt* HGB § 24 Rn. 11.
12 BayObLG NJW 1998, 1158 (1159).
13 So auch Semler/Stengel/Leonard/*Schwanna* § 200 Rn. 10; Lutter/*Hoger* § 200 Rn. 9.
14 Begr. RegE zu § 200, BR-Drs. 75/94, 143.
15 Ähnlich Kallmeyer/Marsch-Barner/*Oppenhoff* § 18 Rn. 12; kritisch auch Lutter/*Hoger* § 200 Rn. 9.
16 Widmann/Mayer/*Weiler* § 200 Rn. 39.
17 Im Ergebnis so auch Lutter/*Hoger* § 200 Rn. 10.

einer Firma berechtigt ist (→ Rn. 1). Das hat sich auch nicht im Zuge des MoPeG geändert. Die GbR ist zwar eintragungsfähig im Gesellschaftsregister, jedoch nur mit ihrem „Namen", nicht mit ihrer „Firma" (§ 707 Abs. 2 Nr. 1 lit. a BGB nF).

Hinweis: Die Regelung ist für die Praxis lediglich von marginaler Bedeutung, kann der GbR doch ein entsprechender Name gegeben werden.[18] Die Gesellschafter der ehemaligen „X & Y Holzwaren AG" können nach dem Formwechsel somit ihre Tätigkeit unter der Bezeichnung „X & Y Holzwaren (GbR)" oder nach Eintragung ins Gesellschaftsregister unter der Bezeichnung „X & Y Holzwaren eGbR" fortführen.

§ 201 Bekanntmachung des Formwechsels

Das für die Anmeldung der neuen Rechtsform oder des Rechtsträgers neuer Rechtsform zuständige Gericht hat die Eintragung der neuen Rechtsform oder des Rechtsträgers neuer Rechtsform nach § 10 des Handelsgesetzbuchs bekanntzumachen.

1. Normzweck

Wie für die Verschmelzung in § 19 Abs. 3 ordnet die Vorschrift des § 201 die **Bekanntmachung des Formwechsels** durch das zuständige Registergericht an. Sie ist eine Wiederholung der ohnehin für Handelsgesellschaften geltenden Vorschrift des § 10 HGB. Insoweit hat sie einerseits klarstellenden Charakter, andererseits ermöglicht sie die Ausdehnung des Regelungsbereichs auf den Formwechsel von Kapitalgesellschaften oder rechtsfähige Vereine in eingetragene Genossenschaften bzw. mit Inkrafttreten des MoPeG zum 1.1.2024 in eingetragene GbRs.[1] Sie wurde durch das Gesetz über elektronische Handelsregister und Genossenschaftsregister sowie das Unternehmensregister (EHUG) vom 10.11.2006 neu gefasst.[2]

2. Vorgehen des Registergerichts

a) Prüfungspflicht

Das zuständige Registergericht prüft nach der Anmeldung des Formwechsels das Vorliegen der Eintragungsvoraussetzungen. Sind diese erfüllt, trifft der Richter bzw. der Rechtspfleger eine **Eintragungsverfügung**, welche Grundlage für die Registereintragung ist. Die Eintragung der neuen Rechtsform in einem anderen Register oder in einer anderen Registerabteilung führt zu einer entsprechenden Löschungseintragung des Rechtsträgers im bisherigen Register, ohne dass es hierzu eine gesonderte Anmeldung erfordert.[3]

b) Bekanntmachung

Sobald die Eintragung des Formwechsels durch das für die Anmeldung der neuen Rechtsform oder des Rechtsträgers neuer Rechtsform zuständige Registergericht erfolgte, hat das Registergericht die Eintragung nach Maßgabe von § 10 HGB bekanntzumachen.[4] Die **Bekanntmachung** ist keine Voraussetzung für die Wirksamkeit des Form-

---

18 Lutter/*Hoger* § 200 Rn. 11.
1 Begr. RegE zu § 201, BR-Drs. 75/94, 143.
2 BGBl. 2006 I 2553.
3 Widmann/Mayer/*Vossius* § 201 Rn. 22.
4 Lutter/*Hoger* § 201 Rn. 2.

wechsels, sondern verkündet lediglich das durch die Eintragung eintretende Wirksamwerden des Formwechsels.[5]

4 Die Bekanntmachung erfolgt ausschließlich in dem von der Landesjustizverwaltung dafür bestimmten **elektronischen Informations- und Kommunikationssystem**. Weitere vom Gesellschaftsvertrag bzw. der Satzung des formwechselnden Rechtsträgers bestimmten Bekanntmachungsmedien sind nicht von Bedeutung.[6] Das Registergericht hat nach § 201 die Eintragung bekanntzumachen – bis zum 31.07.2022 noch „ihrem gesamten Inhalt nach"; diese Streichung hat jedoch keine materielle Auswirkung, da es sich bei § 201 ohnehin um eine Wiederholung von § 10 HGB handelt (→ Rn. 1). Zudem hat es auch diejenigen Bekanntmachungen vorzunehmen, die sich aus dem Gründungsrecht der jeweiligen neuen Rechtsform ergeben.[7] Weiterhin hat das Gericht in der Bekanntmachung die Gläubiger über ihren Anspruch auf Sicherheitsleistung nach §§ 204, 22 Abs. 1 S. 3 zu informieren.[8]

Hinweis: Das Fehlen des Hinweises auf den Anspruch der Gläubiger auf Sicherheitsleistung führt nicht zur Unwirksamkeit der Bekanntmachung. Allerdings kann der Mangel Amtshaftungsansprüche auslösen.[9]

5 Ist die Bekanntmachung durch das Registergericht erfolgt, so löst dies in den Fällen der §§ 267, 268, 281 und 299 die dort geregelten Mitteilungs- und Benachrichtigungspflichten der betreffenden Vertretungsorgane aus.

§ 202 Wirkungen der Eintragung

(1) **Die Eintragung der neuen Rechtsform in das Register hat folgende Wirkungen:**
1. Der formwechselnde Rechtsträger besteht in der in dem Formwechselbeschluss bestimmten Rechtsform weiter.
2. ¹Die Anteilsinhaber des formwechselnden Rechtsträgers sind an dem Rechtsträger nach den für die neue Rechtsform geltenden Vorschriften beteiligt, soweit ihre Beteiligung nicht nach diesem Buch entfällt. ²Rechte Dritter an den Anteilen oder Mitgliedschaften des formwechselnden Rechtsträgers bestehen an den an ihre Stelle tretenden Anteilen oder Mitgliedschaften des Rechtsträgers neuer Rechtsform weiter.
3. Der Mangel der notariellen Beurkundung des Formwechselbeschlusses und gegebenenfalls erforderlicher Zustimmungs- oder Verzichtserklärungen einzelner Anteilsinhaber wird geheilt.

(2) **Die in Absatz 1 bestimmten Wirkungen treten in den Fällen des § 198 Abs. 2 mit der Eintragung des Rechtsträgers neuer Rechtsform in das Register ein.**

(3) **Mängel des Formwechsels lassen die Wirkungen der Eintragung der neuen Rechtsform oder des Rechtsträgers neuer Rechtsform in das Register unberührt.**

---

[5] Semler/Stengel/Leonard/*Schwanna* § 201 Rn. 4; Lutter/*Hoger* § 201 Rn. 6.
[6] Widmann/Mayer/*Vossius* § 201 Rn. 39.
[7] Lutter/*Hoger* § 201 Rn. 3; → § 197 Rn. 3 ff.
[8] Semler/Stengel/Leonard/*Schwanna* § 201 Rn. 3; Lutter/*Hoger* § 201 Rn. 2.
[9] Kallmeyer/*Zimmermann* § 201 Rn. 3.

Wirkungen der Eintragung § 202 UmwG

I. Normzweck 1	IV. Kontinuität der Rechte Dritter (Abs. 1 Nr. 2 S. 2) 17
II. Grundsatz der Identitätswahrung (Abs. 1 Nr. 1) 4	V. Heilung von Formmängeln (Abs. 1 Nr. 3) . 18
III. Kontinuität der Mitgliedschaft (Abs. 1 Nr. 2 S. 1) 10	VI. Sondertatbestände des § 198 Abs. 2 (Abs. 2) 19
1. Identität der Anteilsinhaber 11	VII. Sonstige Mängel (Abs. 3) 20
2. Verhältniswahrender Charakter 14	
3. Diskontinuität der Mitgliedschaftsrechte 15	

I. Normzweck

§ 202 regelt umfassend die **Wirkungen der Eintragung** der neuen Rechtsform oder des Rechtsträgers neuer Rechtsform in das Register und stellt klar, dass der Formwechsel erst mit Eintragung in das Register wirksam wird (konstitutive Wirkung).[1] Die Vorschrift orientiert sich an der Struktur von § 198, so dass ihr durch die Unterscheidung des Grundfalls der übereinstimmenden Registerzuständigkeit nach § 198 Abs. 1 in Abs. 1 und der Behandlung der Sondertatbestände des § 198 Abs. 2 in Abs. 2 ein zweigliedriger Aufbau zugrunde liegt. Die Regelung zielt auf eine rechtsformübergreifende Vereinheitlichung der Rechtslage hinsichtlich der Rechtsfolgen des Formwechsels (→ § 190 Rn. 4). Mit dem UmRUG ist mit Wirkung zum 1.3.2023 der Begriff des Umwandlungsbeschlusses durch den Begriff des Formwechsels ersetzt worden, ohne dass damit eine inhaltliche Änderung verbunden war.[2]

Abs. 1 Nr. 1 legt fest, dass der formwechselnde Rechtsträger mit der Eintragung in der in dem Formwechselbeschluss bestimmten Rechtsform weiterbesteht und unterstreicht damit den **identitätswahrenden Charakter** des Formwechsels. Abs. 1 Nr. 2 enthält allgemeine Regelungen zur Kontinuität der Mitgliedschaft an dem formwechselnden Rechtsträger.[3] In Übereinstimmung mit der verschmelzungsrechtlichen Regelung in § 20 Abs. 1 Nr. 4 regelt Abs. 1 Nr. 3 zudem die Wirkung der Eintragung auf Mängel der notariellen Beurkundung. Abs. 3 betrifft hingegen die allgemeinen Mängel des Formwechsels.

Abs. 2 ordnet an, dass bei mehreren erforderlichen Eintragungen iSv § 198 Abs. 2 die in Abs. 1 bestimmten Wirkungen mit der Eintragung des Rechtsträgers neuer Rechtsform in das Register eintreten. Bei GbR bedeutet dies seit dem 1.1.2024 ihre Eintragung als eingetragene GbR im Gesellschaftsregister. Vor dem 1.1.2024 wurde der Formwechsel bei einem Rechtsträger in der Rechtsform einer GbR mangels Pflicht zur Eintragung der GbR in einem Register – abweichend zu § 198 Abs. 2 – mit der Eintragung des Formwechsels im Register des Ausgangsrechtsträgers wirksam.[4]

II. Grundsatz der Identitätswahrung (Abs. 1 Nr. 1)

Abs. 1 Nr. 1 legt fest, dass der formwechselnde Rechtsträger mit der Eintragung der neuen Rechtsform in der in dem Formwechselbeschluss bestimmten Rechtsform weiterbesteht. Der Gesetzgeber unterstreicht hiermit den **identitätswahrenden Charakter** des Formwechsels. Die umfassende Rechtskontinuität manifestiert sich beim Formwechsel im Fortbestand der Beteiligungen und der Rechte Dritter (rechtliche Identität) sowie der Kontinuität des Vermögens (wirtschaftliche Identität) bei Diskontinuität der anwendbaren Rechtsordnung (→ § 190 Rn. 27 f.).

---

1 Lutter/*Hoger* § 202 Rn. 5; Semler/Stengel/Leonard/*Leonard* § 202 Rn. 5.
2 Begr. RegE zu § 202, BT-Drs. 20/3822, 85.
3 Begr. RegE zu § 202, BR-Drs. 75/94, 144.
4 OLG Bremen NZG 2016, 185 (187).

5 Der Grundsatz der Identitätswahrung findet allerdings durch den mit dem Formwechsel einhergehenden Wechsel der auf den Rechtsträger anwendbaren Rechtsordnung eine signifikante Einschränkung. Aus der **Diskontinuität der anwendbaren Rechtsvorschriften** ergeben sich insbesondere Abweichungen im Verhältnis der Anteilsinhaber untereinander bzw. im Verhältnis der Anteilsinhaber zur Gesellschaft (wie bereits aus dem Wortlaut von § 202 Abs. 1 Nr. 2 S. 1 hervorgeht) und hinsichtlich der Rechtsstellung der Verwaltungsorgane.

6 Exemplarisch für die Wahrung der rechtlichen Identität ist der Fortbestand der **schuldrechtlichen Beziehungen** des formwechselnden Rechtsträgers. Der Rechtsträger neuer Rechtsform tritt hier an die Stelle des formwechselnden Rechtsträgers als Gläubiger und Schuldner bestehender Vertragsverhältnisse. Beteiligungen des Ausgangsrechtsträgers an anderen Unternehmen existieren deshalb unverändert fort.[5] In arbeitsrechtlicher Hinsicht kommt es zu keinem Betriebsübergang iSv § 613a BGB, so dass der Rechtsträger neuer Rechtsform nicht gesondert in die bestehenden Arbeitsverhältnisse eintritt.[6] Die Rechtskontinuität wirkt sich auch auf rechtshängige Verfahren aus.[7] Ggf. bedarf es allerdings der Umschreibung vollstreckbarer Titel.[8]

7 Die Rechtskontinuität wirkt sich ferner auch auf die Stellung des formwechselnden Rechtsträgers als Eigentümer von Grundstücken aus. Das **Grundbuch** (wie auch andere Register) wird zwar durch den Formwechsel unrichtig.[9] Auf eine Berichtigung des Grundbuches iSv § 22 GBO kommt es dann jedoch nicht an. Da sich nur die Bezeichnung des Rechtsträgers geändert hat, steht durch den Formwechsel der Inhalt des Grundbuches nach wie vor mit der wirklichen Rechtslage im Einklang.[10] Dementsprechend liegt gerade kein Fall von § 894 BGB vor. In der Praxis erfolgt dann lediglich eine Richtigstellung der Bezeichnung von Amts wegen.[11] Ggfs. kann auch eine Anregung des formwechselnden Rechtsträgers sinnvoll sein.

Hinweis: Die Kosten für die Namensberichtigung des Eigentümers im Grundbuch ist seit dem 1.8.2013 nunmehr gebührenfrei, da das GNotKG (anders als die KostO) dafür keinen Gebührentatbestand mehr vorsieht[12]

Ist die Grundberichtigung noch nicht erfolgt, so ist für eine etwaige Zwangsvollstreckung in das Grundstück keine titelergänzende Klausel in entsprechender Anwendung von § 727 ZPO erforderlich.[13]

8 Zudem lässt der Wechsel der Rechtsform sämtliche bestehenden **öffentlich-rechtlichen Rechtsverhältnisse** wie Genehmigungen oder Pflichten (etwa Steuerlasten) unberührt. Eine Ausnahme hiervon besteht nur dann, wenn die Berechtigungen an eine

---

5 Lutter/*Hoger* § 202 Rn. 27.
6 Kallmeyer/*Meister/Klöcker/Berger* § 202 Rn. 27; Semler/Stengel/Leonard/*Leonard* § 202 Rn. 9.
7 Schmitt/Hörtnagl/*Hörtnagl/RInke* § 202 Rn. 5.
8 *Lindemeier* RNotZ 2002, 41.
9 Widmann/Mayer/*Vossius* § 202 Rn. 38; Kallmeyer/*Meister/Klöcker/Berger* § 202 Rn. 19; *Böhringer* Rpfleger 2001, 59 (66); aA Semler/Stengel/Leonard/*Leonard* § 202 Rn. 8.
10 Widmann/Mayer/*Vossius* § 202 Rn. 38.
11 Semler/Stengel/Leonard/*Leonard* § 202 Rn. 8; Lutter/*Hoger* § 202 Rn. 33; Widmann/Mayer/*Vossius* § 202 Rn. 38.

Beim Formwechsel einer GbR in eine GmbH & Co. KG ist eine Voreintragung der GmbH als aufgenommene Gesellschafter aber nicht erforderlich, vgl. OLG München ZIP 2016, 269 (269).
12 *Böhringer*, BWNotZ 2016,154 (164). Vgl. zur alten Rechtslage: OLG Nürnberg NZG 2016, 949 (950) mwN; Widmann/Mayer/*Vossius* § 202 Rn. 38 mwN.
13 BGH NZM 2016, 910 (911) für den Fall des Formwechsels einer Kapital- oder Personenhandelsgesellschaft in eine GbR.

bestimmte Rechtsform gebunden sind.¹⁴ Das gilt auch dann, wenn die Erlaubnis personenbezogen erteilt wurde.¹⁵

Die rechtliche Kontinuität wirkt sich zuletzt auch auf erteilte **Prokuren** aus. Diese bestehen nach dem Formwechsel unverändert fort.¹⁶

Hinweis: Da der Formwechsel zu einer Änderung der Art bzw. Abteilung des Registers führen kann, empfiehlt es sich, der Anmeldung des Formwechsels eine Information über den Fortbestand und etwaige Änderungen der Prokuren beizufügen.

Keine Wirkung entfaltet die Rechtskontinuität hingegen auf die **Organe** des formwechselnden Rechtsträgers. Mit Wirksamwerden des Formwechsels erlöschen die organschaftlichen Stellungen als Vorstandsmitglied, Geschäftsführer oder persönlich haftender Gesellschafter, so dass diese beim Rechtsträger neuer Rechtsform neu bestellt werden müssen.¹⁷

III. Kontinuität der Mitgliedschaft (Abs. 1 Nr. 2 S. 1)

Nach § 202 Abs. 1 Nr. 2 S. 1 bleiben die Anteilsinhaber des formwechselnden Rechtsträgers am neuen Rechtsträger nach den für die neue Rechtsform geltenden Vorschriften beteiligt. Der Gesetzgeber schreibt damit (im Zusammenspiel mit § 194 Abs. 1 Nr. 3) das **Gebot der Kontinuität der Mitgliedschaft** fest.¹⁸ Gesellschafter des qua Formwechsel entstandenen Rechtsträgers sind danach alle Personen, die zum **Zeitpunkt der Eintragung** iSv § 202 Gesellschafter des formwechselnden Rechtsträgers waren, weil erst die Eintragung den Formwechsel wirksam macht.¹⁹ Vorherige Gesellschafterwechsel sind also möglich und beachtlich. Das gilt selbst dann, wenn ein vor Eintragung ausgeschiedener Gesellschafter den Formwechselbeschluss noch mit beschlossen hat.²⁰

1. Identität der Anteilsinhaber

Die **Identität der Anteilsinhaber** bleibt beim Formwechsel grundsätzlich erhalten. Ausnahmen hiervon sind durch das UmwG abschließend geregelt (§ 202 Abs. 1 Nr. 2 S. 1) und betreffen die Fälle eines Formwechsels unter Beteiligung einer KGaA und des Formwechsels eines VVaG in eine AG.²¹

Das Prinzip des identitätswahrenden Charakters des Formwechsels stößt zudem bei dem Formwechsel einer **Kapitalgesellschaft in eine GmbH und Co. KG** und umgekehrt auf Anwendungsschwierigkeiten, so dass es uU einer Neuordnung der Beteiligungsverhältnisse beim Rechtsträger neuer Rechtsform bedarf (sog. nichtverhältniswahrender Formwechsel). Im ersten Fall muss dann ein persönlich haftender Gesellschafter der neuen Rechtsform beitreten, beim Wechsel in eine Kapitalgesellschaft muss dieser ausscheiden. Das UmwG hat diese Fallvarianten nicht gesondert geregelt, so dass

---

14 Semler/Stengel/Leonard/*Leonard* § 202 Rn. 17.
15 Bspw. bei der Gaststättenerlaubnis, Widmann/Mayer/*Vossius* § 202 Rn. 107 mit dem Hinweis auf die Möglichkeit eines eventuellen Widerrufs der Erlaubnis; aA Semler/Stengel/Leonard/*Leonard* § 202 Rn. 17; differenzierend Lutter/*Hoger* § 202 Rn. 38.
16 Widmann/Mayer/*Vossius* § 202 Rn. 114; Lutter/*Hoger* § 202 Rn. 40.
17 Widmann/Mayer/*Vossius* § 202 Rn. 110.
18 BGH NZG 2005, 722 (723).
19 BGH ZIP 2017, 14 (15).
20 BGH ZIP 2017, 14 (15).
21 Bei der KGaA kann aus dem Formwechsel die Aufnahme (§§ 194 Abs. 1 Nr. 4, 217 Abs. 3, 219 S. 2, 221) bzw. das Ausscheiden (§§ 236, 247 Abs. 3, 225 Abs. 3) der Komplementäre folgen; nach § 294 Abs. 1 S. 2 können Mitglieder, die dem formwechselnden Verein weniger als drei Jahre vor der Beschlussfassung über den Formwechsel angehören, von der Beteiligung an der AG ausgeschlossen werden.

die Rechtslage lange umstritten war. Nunmehr hat der BGH anerkannt, dass der Ein- und Austritt der Komplementär-GmbH mit Wirksamwerden des Formwechsels zulässig ist, so dass künftig auf komplizierte Ausweichlösungen verzichtet werden kann.[22] Gleichwohl wird bei fehlender einschlägiger örtlicher Registerpraxis mitunter empfohlen, einen Anteilseignerwechsel vor oder nach dem Formwechsel zu vollziehen.[23]

13 Der Grundsatz der **Identität der Anteilsinhaber** gilt auch in Fällen des **Hinein-Formwechsels**. Dies kann zu Problemen führen, wenn einzelfallspezifische Hürden – beispielsweise bestimmte entgegenstehende Normen des Wegzugsstaates – dem entgegenstehen. Es ist in diesen Fällen aber dann der ratio legis dieses Grundsatzes weitestmöglich Rechnung zu tragen.[24]

2. Verhältniswahrender Charakter

14 Neben der Identität der Anteilsinhaber bleibt auch deren Beteiligung grundsätzlich in ihrer bisherigen Proportionalität bestehen, so dass der Formwechsel **verhältniswahrend** erfolgt.[25] Allerdings schreibt § 194 Abs. 1 S. 3 vor, die Beteiligungsverhältnisse der Anteilsinhaber des formwechselnden Rechtsträgers am Rechtsträger neuer Rechtsform im Rahmen des Formwechselbeschlusses zu bestimmen, so dass das UmwG selbst hiervon Ausnahmen zulässt – unter Zustimmung der betroffenen Anteilsinhaber.[26]

3. Diskontinuität der Mitgliedschaftsrechte

15 Der identitäts- und verhältniswahrende Charakter des Formwechsels lässt jedoch die Ausgestaltung der Rechte und Pflichten der Anteilsinhaber beim Rechtsträger neuer Rechtsform nicht unberührt. Aufgrund der durch den Formwechsel bedingten Änderung der anwendbaren rechtsformspezifischen Vorschriften folgt eine **Diskontinuität der Mitgliedschaftsrechte** (aber nicht der Mitgliedschaft selbst), deren Tragweite insbesondere beim Wechsel zwischen Personen- und Kapitalgesellschaften durch die Veränderung des Haftungsregimes deutlich wird.[27]

16 Wurden den Anteilsinhabern beim Ausgangsrechtsträger durch Satzung oder Gesellschaftsvertrag allerdings **Sonderrechte** gewährt, bestehen diese beim Rechtsträger neuer Rechtsform fort, solange sich aus den für die neue Rechtsform anwendbaren rechtsformspezifischen Vorschriften nichts Abweichendes ergibt, wie etwa aus den Bestimmungen zwingender aktienrechtlicher Regelungen.[28]

IV. Kontinuität der Rechte Dritter (Abs. 1 Nr. 2 S. 2)

17 Nach § 202 Abs. 1 Nr. 2 S. 2 bestehen Rechte Dritter an den Anteilen oder Mitgliedschaften des formwechselnden Rechtsträgers an den Anteilen oder Mitgliedschaften des Rechtsträgers neuer Rechtsform fort. Die Regelung bezweckt den Gläubigerschutz und stellt sicher, dass der Grundsatz der Kontinuität der Mitgliedschaft auch die Fortgeltung

---

22 BGH NZG 2005, 722 (723). So auch OLG Oldenburg NZG 2020, 193 (194). Vgl. auch *Weiler* GmbHR 2021, 473 (476).
23 Widmann/Mayer/*Weiler* § 194 Rn. 42.
24 *Ege/Klett* DStR 2012, 2442 (2444), schlagen hierfür Treuhandmodelle vor.
25 Lutter/*Hoger* § 202 Rn. 13; Semler/Stengel/Leonard/*Leonard* § 202 Rn. 23.
26 Semler/Stengel/Leonard/*Bärwaldt* § 194 Rn. 18; Lutter/ *Hoger* § 202 Rn. 15.
27 Werden beim Formwechsel einer GbR in eine GmbH die GbR-Gesellschafter beim Registereintrag des Formwechselbeschlusses im Handelsregister der GmbH unrichtigerweise mit erwähnt, so haften sie entgegen OLG Bremen NZG 2016, 185 (186) nach den Grundsätzen der Rechtsscheinhaftung weiter, vgl. BGH ZIP 2017, 14 (16).
28 Eingehend hierzu Lutter/*Hoger* § 202 Rn. 19.

von Rechten Dritter erfasst.[29] Die Vorschrift hat lediglich klarstellenden Charakter, da der formwechselnde Rechtsträger als Rechtssubjekt fortbesteht.[30] Allerdings handelt es sich letztlich um eine Art dingliche Surrogation, da das belastete Recht umqualifiziert wird.[31] Allerdings schränkt die wohl hM den Anwendungsbereich auf **dingliche Rechte** ein, wie zB das Pfandrecht und den Nießbrauch – teilweise mit dem Zusatz, dass sich aufgrund der Identität des Rechtsträgers die schuldrechtlichen Verpflichtungen am Rechtsträger neuer Rechtsform ohnehin fortsetzen.[32] Teilweise wird aber auch gefordert, dass sich schuldrechtliche Belastungen an den Anteilen oder Mitgliedschaften, wie zB Vorkaufsrechte oder Treuhandvereinbarungen, nach dem Formwechsel an den Anteilen und Mitgliedschaften der neuen Rechtsform fortsetzen – sei es mithilfe der Auslegung der betreffenden schuldrechtlichen Vereinbarung.[33] Im Endergebnis macht es aber keinen Unterschied, ob das Fortbestehen schuldrechtlicher Belastungen an den Anteilen und Mitgliedschaften nach dem Formwechsel auf dem Grundsatz der Kontinuität der Gläubigerrechte oder auf der Anordnung von § 202 Abs. 1 Nr. 2 beruht.

V. Heilung von Formmängeln (Abs. 1 Nr. 3)

§ 202 Abs. 1 Nr. 3 und Abs. 3 regeln die Wirkung der Eintragung auf Mängel des Formwechsels. Mit der isolierten Behandlung von Formmängeln und sonstigen Mängeln folgt der Gesetzgeber dem verschmelzungsrechtlichen Vorbild des § 20 Abs. 1 Nr. 4 und Abs. 2. Der Mangel der **notariellen Beurkundung** des Formwechselbeschlusses und gegebenenfalls erforderlicher Zustimmungs- oder Verzichtserklärungen einzelner Anteilsinhaber wird nach § 202 Abs. 1 Nr. 3 durch die Eintragung geheilt. Im Einzelnen kann hier auf die Ausführungen zu § 20 Abs. 1 Nr. 4 verwiesen werden (→ § 20 Rn. 39 ff.). 18

VI. Sondertatbestände des § 198 Abs. 2 (Abs. 2)

Liegt ein **Sondertatbestand** nach § 198 Abs. 2 vor, ordnet § 202 Abs. 2 an, dass die Wirkungen von § 202 Abs. 1 mit der Eintragung des Rechtsträgers neuer Rechtsform in das Register eintreten. Diese Sondertatbestände sind insbesondere einschlägig bei einem Wechsel des zuständigen Registers im Zuge des Formwechsels oder der erstmaligen Zuständigkeit eines Registers. Siehe insofern die Ausführungen zu § 198 Abs. 2 (→ § 198 Rn. 3 ff.). 19

VII. Sonstige Mängel (Abs. 3)

Schließlich lassen **sonstige Mängel** des Formwechsels die Wirkungen der Eintragung der neuen Rechtsform oder des Rechtsträgers neuer Rechtsform in das Register nach § 202 Abs. 3 unberührt. Die Vorschrift entspricht den verschmelzungs- und spaltungsrechtlichen Parallelregelungen der §§ 20 Abs. 2, 131 Abs. 2 und erfasst grundsätzlich alle Mängel des Formwechselvorganges. Die Regelung garantiert einen umfassenden Bestandsschutz, so dass auch schwerwiegende Mängel der Wirksamkeit des Formwechsels nicht entgegenstehen.[34] Den Anteilsinhabern verbleiben neben dem Klagerecht gegen 20

---

[29] Semler/Stengel/Leonard/*Leonard* § 202 Rn. 27.
[30] Lutter/*Hoger* § 202 Rn. 20.
[31] Schmitt/Hörtnagl/*Winter* § 202 Rn. 8 iVm Schmitt/Hörtnagl/*Winter* § 20 Rn. 19 sieht es als eine rein dingliche Surrogation an.
[32] Lutter/*Hoger* § 202 Rn. 20; Kallmeyer/*Meister/Klöcker/Berger* § 202 Rn. 46; Widmann/Mayer/*Vossius* § 202 Rn. 171; Schmitt/Hörtnagl/*Winter* § 202 Rn. 20.
[33] Semler/Stengel/Leonard/*Leonard* § 202 Rn. 31.
[34] OLG Frankfurt a. M. NZG 2003, 790 (791); Lutter/*Hoger* § 202 Rn. 53; Semler/Stengel/Leonard/*Leonard* § 202 Rn. 35; Kallmeyer/*Meister/Klöcker/Berger* § 202 Rn. 56.

den Formwechselbeschluss aus §§ 198 Abs. 3, 16 Abs. 2 nach erfolgter Eintragung dann lediglich Schadensersatzansprüche nach §§ 205, 206.[35]

21 Ausgenommen von der Vorschrift sind Mängel **außerhalb des Formwechsels**, wie zB die Missachtung von Gründungsvorschriften oder fehlerhafte Beschlüsse abseits des Formwechselbeschlusses.[36] Darüber hinaus existieren weitere Ausnahmefälle, wie zB die gesetzlich ausgeschlossene Umwandlung und der Formwechsel trotz fehlenden Umwandlungsbeschlusses.[37]

§ 203 Amtsdauer von Aufsichtsratsmitgliedern

¹Wird bei einem Formwechsel bei dem Rechtsträger neuer Rechtsform in gleicher Weise wie bei dem formwechselnden Rechtsträger ein Aufsichtsrat gebildet und zusammengesetzt, so bleiben die Mitglieder des Aufsichtsrats für den Rest ihrer Wahlzeit als Mitglieder des Aufsichtsrats des Rechtsträgers neuer Rechtsform im Amt. ²Die Anteilsinhaber des formwechselnden Rechtsträgers können im Formwechselbeschluss für ihre Aufsichtsratsmitglieder die Beendigung des Amtes bestimmen.

1. Normzweck

1 § 203 sieht die **Ämterkontinuität der Aufsichtsratsmitglieder** beim Rechtsträger neuer Rechtsform vor und stellt damit eine gesetzlich normierte Ausnahme vom Grundsatz der Diskontinuität der Amtsstellung von Aufsichtsratsmitgliedern dar.[1] Diese Regelung wurde mit dem UmwG 1994 eingeführt. Davor existierte mit § 65 UmwG 1969 eine vergleichbare Regelung nur für den Fall der Umwandlung einer bergrechtlichen Gewerkschaft mit eigener Rechtspersönlichkeit in eine GmbH. Mit dem UmRUG wurde mit Wirkung zum 1.3.2023 lediglich der Begriff des Umwandlungsbeschlusses durch den Begriff des Formwechselbeschlusses ersetzt, ohne dass damit eine inhaltliche Änderung verbunden war.[2]

Diese Regelung verfolgt – entsprechend der wirtschaftlichen und rechtlichen Kontinuität des formwechselnden Rechtsträgers – die Vereinfachung des Formwechsels und die Einsparung von Kosten und betrifft den besonderen Fall, dass auch beim Rechtsträger neuer Rechtsform ein Aufsichtsrat gebildet werden muss.[3] Aufgrund dessen betrifft sie nur diejenigen Unternehmen, die nach den mitbestimmungsrechtlichen Bestimmungen einen obligatorischen Aufsichtsrat in gleicher Weise vor und nach dem Formwechsel zu bilden haben.[4] Nach S. 1 bleibt der Aufsichtsrat dann für die verbleibende Wahlzeit in der gewohnten Besetzung bestehen. S. 2 sieht vor, dass hiervon durch Beschluss der Anteilsinhaber abgewichen werden kann.

---

35 Kallmeyer/*Meister/Klöcker/Berger* § 202 Rn. 56; Schmitt-Hörtnagl/*Hörtnagl/RInke* § 202 Rn. 11.
36 OLG Düsseldorf ZIP 2001, 1717 (1722); Semler/Stengel/*Leonard/Leonard* § 202 Rn. 40; Lutter/*Hoger* § 202 Rn. 57 f.
37 BGHZ 132, 353 (360); 138, 371, 374; eingehend hierzu Semler/Stengel/*Leonard/Leonard* § 202 Rn. 36 f.

1 *Leßmann/Glattfeld* ZIP 2013, 2390 (2391).
2 Begr. RegE zu § 193 und weitere, BT-Drs. 20/3822, 122.
3 Begr. RegE zu § 203, BR-Drs. 75/94, 144.
4 DrittelbG, MitbestG, Montan-Mitbestimmungsgesetz und MitbestErgG.

2. Kontinuität der Amtsdauer (S. 1)

Aus S. 1 ergibt sich zunächst der Grundsatz, dass mit Wirksamwerden des Formwechsels die **Amtszeit der Aufsichtsratsmitglieder** des formwechselnden Rechtsträgers von Gesetzes wegen automatisch endet.[5] Von diesem Grundsatz weicht § 203 S. 1 nur für den Fall ab, dass der Aufsichtsrat beim Zielrechtsträger „in gleicher Weise" wie beim Ausgangsrechtsträger gebildet und zusammengesetzt werden muss. In einer solchen Konstellation bleiben bzw. werden die Mitglieder des Aufsichtsrats des Ausgangsrechtsträgers für den Rest ihrer Wahlzeit auch Mitglieder des Aufsichtsrates des Rechtsträgers neuer Rechtsform. Zwar trifft § 203 S. 1 keine Aussage, wann diese Kriterien als erfüllt anzusehen sind. Dies sollte allerdings der Fall sein, wenn sich das anwendbare Recht für die Bildung des Aufsichtsrats nicht ändert.[6] Die Vorschrift erfasst auch Ersatzmitglieder, selbst wenn diese erst nach Wirksamwerden des Formwechsels in den Aufsichtsrat nachgerückt sind.[7]

Die Mitglieder des Aufsichtsrates bleiben nach § 203 S. 1 nur dann für den Rest ihrer Wahlzeit im Amt, wenn beim Rechtsträger neuer Rechtsform ein Aufsichtsrat „**in gleicher Weise**" gebildet und zusammengesetzt werden muss. Das ist zum Beispiel der Fall bei dem Formwechsel

- einer AG in eine KGaA und umgekehrt, (§ 278 Abs. 3 AktG) §§ 30, 95 ff. AktG,
- beim Wechsel einer AG/KGaA in eine GmbH, sofern mehr als 500 Arbeitnehmer beschäftigt werden und umgekehrt, § 1 Abs. 1 Nr. 2 DrittelbG,
- beim Wechsel einer AG/KGaA in eine GmbH und umgekehrt, sofern MitbestG, MontanMitbestG oder MitbestErgG die Bildung eines Aufsichtsrates vorsehen,
- beim Wechsel eines VVaG in eine AG/KGaA, sofern mehr als 500 Arbeitnehmer beschäftigt sind, § 1 Abs. 1 Nr. 4 DrittelbG,
- beim Wechsel einer AG/KGaA oder GmbH in eine eG, sofern mehr als 500 Arbeitnehmer beschäftigt sind, § 1 Abs. 1 Nr. 5 S. 1 DrittelbG.[8]

Der Aufsichtsrat wird beim Rechtsträger neuer Rechtsform nicht „in gleicher Weise" gebildet, wenn beim formwechselnden Rechtsträger ein **fakultativer Aufsichtsrat** (etwa nach § 52 Abs. 1 GmbHG) aufgrund gesellschaftsvertraglicher oder satzungsrechtlicher Vorgaben vorgesehen ist.[9] Eine Diskontinuität der Aufsichtsratsmandate liegt auch beim Formwechsel öffentlich-rechtlicher Körperschaften und Anstalten vor.[10]

3. Abberufung der Aufsichtsratsmitglieder (S. 2)

Der Grundsatz der Ämterkontinuität nach § 203 S. 1 wird ferner durchbrochen durch das Recht der Anteilsinhaber des formwechselnden Rechtsträgers, „**im Formwechselbeschluss**" die Beendigung des Amtes ihrer Aufsichtsratsmitglieder zu bestimmen. Die Formulierung legt nahe, dass ein solcher Beschluss der Anteilsinhaber Teil des Formwechselbeschlusses selbst sein muss. Die Vorschrift ist jedoch weit auszulegen, so

---

5 Arg. e contrario ex § 203 S. 1; Lutter/*Hoger* § 203 Rn. 5; Semler/Stengel/Leonard/*Simon* § 203 Rn. 2; Kallmeyer/*Meister/Klöcker/Berger* § 203 Rn. 2; Leßmann/Glattfeld ZIP 2013, 2390 (2391).
6 Lutter//*Hoger* § 203 Rn. 1; Semler/Stengel/Leonard/*Simon* § 203 Rn. 19; Leßmann/Glattfeld ZIP 2013, 2390 (2393).
7 Semler/Stengel/Leonard/*Simon* § 203 Rn. 7.
8 Konstellationen unter Berücksichtigung des Montan-Mitbestimmungsgesetzes und MitbestErgG sind aufgrund ihrer geringen Bedeutung bewusst ausgeklammert worden. Vgl. auch Leßmann/Glattfeld ZIP 2013, 2390 ff. mit weiteren Fallkonstellationen, auch für Fälle eines fehlerhaft gebildeten oder eines rechtswidrig nicht gebildeten Aufsichtsrats.
9 Lutter/*Hoger* § 203 Rn. 10; Semler/Stengel/Leonard/*Simon* § 203 Rn. 3; Kallmeyer/*Meister/Klöcker/Berger* § 203 Rn. 11; Leßmann/Glattfeld ZIP 2013, 2390 (2394).
10 Lutter/*Hoger* § 203 Rn. 8; Gottschalk NZG 2003, 713 (714).

dass eine gesonderte Beschlussfassung ausreichend ist, sofern diese zeitgleich und im inneren Zusammenhang mit dem Formwechselbeschluss steht.[11]

6 Ein wirksamer Beschluss hat die **Beendigung des Amtes** zur Folge, deren Zeitpunkt durch die Anteilsinhaber individuell zwischen dem Tag des Formwechselbeschlusses und dem Ende der Amtszeit angesetzt werden kann.[12]

§ 204 Schutz der Gläubiger und der Inhaber von Sonderrechten

Auf den Schutz der Gläubiger ist § 22, auf den Schutz der Inhaber von Sonderrechten § 23 entsprechend anzuwenden.

1. Normzweck

1 § 204 implementiert die verschmelzungsrechtliche Regelung der §§ 22, 23 in das Fünfte Buch und leistet hierdurch einen veritablen Beitrag zum **Gläubigerschutz** im Recht des Formwechsels. Dazu sieht §§ 204 iVm § 22 S. 1 einen Anspruch der Gläubiger auf Sicherheitsleistung vor. Obwohl beim Formwechsel die Haftungsmasse erhalten bleibt, ist dies notwendig, weil die Beachtung von Kapitalerhaltungsschutzvorschriften (§ 30 GmbHG, § 57 AktG) beim Formwechsel einer Kapitalgesellschaft in eine Personengesellschaft entfällt. Die Anteilsinhaber könnten dann dem Rechtsträger zum Nachteil der Gläubiger Vermögen entziehen.[1] Der Anspruch auf Sicherheitsleistung wird durch einen Anspruch der Inhaber von Sonderrechten auf Gewährung gleichwertiger Rechte beim Rechtsträger neuer Rechtsform nach §§ 204, 23 flankiert.

2. Anspruch auf Sicherheitsleistung (§§ 204 iVm 22 Abs. 1)

2 Den Gläubigern des formwechselnden Rechtsträgers ist nach Maßgabe von §§ 204, 22 Abs. 1 dann ein **Anspruch auf Sicherheitsleistung** zu gewähren, wenn sie Inhaber einer Forderung iSe schuldrechtlichen Anspruchs nach §§ 194, 241 BGB sind und glaubhaft machen, dass die Erfüllung ihrer Forderung gefährdet ist. Dabei kommt es auf die Darlegung einer konkreten Gefährdung ihrer Gläubigeransprüche an.[2] Eine solche Gefährdung ist in erster Linie in den Fällen denkbar, in denen durch den Wechsel der anwendbaren Rechtsvorschriften zwingende Kapitalerhaltungsschutzvorschriften entfallen, wie etwa beim Wechsel einer Kapitalgesellschaft in eine Personengesellschaft sowie bei jeder Schmälerung der haftenden Eigenkapitalbasis ohne eine gleichzeitige werthaltige Substitution.[3] Dennoch ist die Beurteilung über das Vorliegen einer konkreten Gefährdung für jeden Einzelfall gesondert vorzunehmen. Im Hinblick auf den Kreis der anspruchsberechtigten Personen, zur Glaubhaftmachung, zum Begriff der Forderung sowie zur Rechtsfolge des Anspruchs ergeben sich zum Verschmelzungsrecht keine Unterschiede, so dass auf die dortigen Ausführungen zu § 22 verwiesen werden kann (→ § 22 Rn. 2 ff.).

---

11 Lutter/*Hoger* § 203 Rn. 25; Widmann/Mayer/*Vossius* § 203 Rn. 31.
12 Lutter/*Hoger* § 203 Rn. 26; Widmann/Mayer/*Vossius* § 203 Rn. 33 ff.

1 Begr. RegE zu § 204, BR-Drs. 75/94, 145.
2 Lutter/*Hoger* § 204 Rn. 13.
3 Widmann/Mayer/*Vossius* § 204 Rn. 20.

3. Schutz der Inhaber von Sonderrechten (§§ 204 iVm 23)

Zudem gewährt das Recht des Formwechsels über den Verweis in § 204 auf § 23 den **Inhabern von Sonderrechten** beim formwechselnden Rechtsträger einen Anspruch auf gleichwertige Rechte beim Rechtsträger neuer Rechtsform. Geschützt werden hierdurch insbesondere die Inhaber von Wandelschuldverschreibungen, Gewinnschuldverschreibungen und Genussrechten. Die Regelung überrascht etwas, existiert doch wegen der Kontinuität der Beteiligungen beim Formwechsel im Unterschied zur Verschmelzung gerade keine Gefahr der „Verwässerung" solcher Rechte (→ § 23 Rn. 2). Es wird daher vermutet, dass der Gesetzgeber hierdurch den Schutz vor rechtsformbedingten Beeinträchtigungen der Sonderrechte sicherstellen wollte.[4] Zu den Einzelheiten kann aufgrund mangelnder Abweichungen zum Verschmelzungsrecht auf die dortigen Ausführungen zu § 23 verwiesen werden (→ § 23 Rn. 3 ff.).

§ 205 Schadenersatzpflicht der Verwaltungsträger des formwechselnden Rechtsträgers

(1) ¹Die Mitglieder des Vertretungsorgans und, wenn ein Aufsichtsorgan vorhanden ist, des Aufsichtsorgans des formwechselnden Rechtsträgers sind als Gesamtschuldner zum Ersatz des Schadens verpflichtet, den der Rechtsträger, seine Anteilsinhaber oder seine Gläubiger durch den Formwechsel erleiden. ²§ 25 Abs. 1 Satz 2 ist entsprechend anzuwenden.

(2) Die Ansprüche nach Absatz 1 verjähren in fünf Jahren seit dem Tage, an dem die anzumeldende Eintragung der neuen Rechtsform oder des Rechtsträgers neuer Rechtsform in das Register bekannt gemacht worden ist.

I. Normzweck	1	2. Haftungsvoraussetzungen	5
II. Formwechselrechtliche Organhaftung (S. 1)	3	III. Entlastungsmöglichkeit der Organmitglieder (S. 2)	7
1. Anspruchsverpflichtete	3	IV. Verjährung (Abs. 2)	8

I. Normzweck

Der formwechselnde Rechtsträger sowie seine Anteilsinhaber und Gläubiger können durch ein pflichtwidriges Verhalten der Unternehmensorgane bei der Vorbereitung und Durchführung des Formwechsels geschädigt werden. Deshalb ordnet § 205 Abs. 1 für den Formwechsel eine spezialgesetzliche **umwandlungsrechtliche Organhaftung** an.[1] Insbes. vor dem Hintergrund der heilenden Wirkung der Eintragung nach § 202 Abs. 3 erkannte der Gesetzgeber das Bedürfnis für eine verschärfte Haftung der Leitungs- und Aufsichtsorgane.[2] Deshalb gewährt § 205 Abs. 1 S. 1 dem Rechtsträger, seinen Anteilsinhabern und seinen Gläubigern einen umfassenden Anspruch auf Schadensersatz gegen die Mitglieder des Vertretungs- bzw. Aufsichtsorgans für solche Schäden, die ihnen durch den Formwechsel entstanden sind. Neben diese weitreichende Organhaftung tritt aber die Exkulpationsmöglichkeit nach § 205 Abs. 1 S. 2 iVm § 25 Abs. 1 S. 2, die häufig eine Haftung der betreffenden Organmitglieder wieder entfallen lassen wird.

---

[4] Lutter/*Hoger* § 204 Rn. 21; Semler/Stengel/Leonard/*Kalss* § 204 Rn. 4.

[1] Lutter/*Hoger* § 205 Rn. 1.
[2] Begr. RegE zu § 205, BR-Drs. 75/94, 145.

2 Über die allgemeinen Haftungsvorschriften des § 43 GmbHG bzw. §§ 93, 116 AktG hinaus wird dadurch dem Rechtsträger sowie den Gläubigern und Anteilsinhabern eine weitere **eigenständige Anspruchsgrundlage** gegen die handelnden Organe an die Hand gegeben.

II. Formwechselrechtliche Organhaftung (S. 1)

1. Anspruchsverpflichtete

3 Anspruchsverpflichtet sind nach § 205 S. 1 zunächst alle Mitglieder des **Vertretungsorgans** des formwechselnden Rechtsträgers, namentlich:

- bei der AG der Vorstand, § 76 Abs. 1 AktG,
- bei der GmbH die Geschäftsführer, § 35 Abs. 1 S. 1 GmbHG,
- bei der KGaA die persönlich haftenden Gesellschafter, § 278 Abs. 1, 2 AktG iVm §§ 161 ff. HGB,
- bei den Personenhandelsgesellschaften sämtliche vertretungsberechtigte persönlich haftenden Gesellschafter der OHG bzw. KG (§§ 124 Abs. 1, 161 Abs. 2 HGB nF). Die Vorschrift stellt allein auf die existierende Vertretungsmacht ab.[3] Deshalb können auch geschäftsführende Kommanditisten als Mitglieder des Vertretungsorgans haften.[4]
- Bei der eingetragenen GbR sämtliche (vertretungsberechtigten) Gesellschafter der GbR (§ 715 Abs. 1 BGB nF),
- bei der eG und dem eV ist der Vorstand anspruchsverpflichtet, § 24 Abs. 1 GenG bzw. § 26 Abs. 2 BGB.

4 Weiter sind nach § 205 S. 1 die **Mitglieder des Aufsichtsorgans** anspruchsverpflichtet. Darunter fallen sowohl solche eines gesetzlich vorgeschriebenen, als auch für die GmbH nach § 52 GmbHG fakultativ gebildeten Gremiums.[5] Allerdings sind von der Vorschrift nur „echte" Aufsichtsorgane erfasst.[6] Beratende Gremien – wie etwa Beiräte – fallen nicht hierunter.[7]

2. Haftungsvoraussetzungen

5 Als Haftungsvoraussetzung muss dem formwechselnden Rechtsträger, seinen Anteilsinhabern oder seinen Gläubigern, ein durch eine **Pflichtverletzung** der Anspruchsverpflichteten ausgelöster, kausaler Schaden entstanden sein. „Schaden" iSd Vorschrift ist jeder vermögenswerte Nachteil, der sich aus dem Vergleich der Vermögenslage der Anspruchsgläubiger mit und ohne den Formwechsel ergibt.[8] Als mögliche Haftungsvoraussetzung kommt aufgrund des Verweises von § 205 Abs. 1 S. 2 auf § 25 Abs. 1 S. 2 die Verletzung von Sorgfaltspflichten der Organmitglieder bei der Prüfung der Vermögenslage des formwechselnden Rechtsträgers und der Abfassung des Formwechselbeschlusses in Betracht. In diesem Zusammenhang sind dann die Vorschriften über die

---

[3] Kallmeyer/Meister/Klöcker/Berger § 205 Rn. 5.
[4] So auch Semler/Stengel/Leonard/Leonard § 205 Rn. 4; aA Lutter/Hoger § 205 Rn. 2.
[5] Lutter/Hoger § 205 Rn. 7; Semler/Stengel/Leonard/Leonard § 205 Rn. 5. Vgl. zur Frage, ob die Geltendmachung der Organhaftung ehemaliger Geschäftsleiter auch nach dem Formwechsel einer AG in eine GmbH den strengen Maßstäben der „ARAG-Garmenbeck"-Entscheidung des BGH unterliegt, Allmendinger/Lüneborg ZIP 2017, 1842 ff.
[6] Schmitt/Hörtnagl/Winter § 205 Rn. 6.
[7] Lutter/Hoger § 205 Rn. 7; Schmitt/Hörtnagl/Winter § 205 Rn. 6; abweichend Semler/Stengel/Leonard/Leonard § 205 Rn. 5.
[8] Henssler/Strohn/Drinhausen/Keinath § 205 Rn. 4; Schmitt/Hörtnagl/Winter § 205 Rn. 12.

Vorbereitung und Durchführung der Anteilsinhaberversammlung einzuhalten, wozu insbes. die Beachtung etwaiger Zustimmungserfordernisse sowie die Pflicht zur Auskunftserteilung gegenüber den Anteilsinhabern zählen.[9]

Hinweis: In der Praxis wird es aufgrund des identitätswahrenden Charakters des Formwechsels nur in Ausnahmefällen zu einem feststellbaren Schaden kommen. Dies gilt insbes. für den Rechtsträger als Anspruchsinhaber und ist allenfalls in solchen Fällen denkbar, in denen aufgrund von Fehlkalkulationen steuerliche Nachteile entstehen.[10] Wenig wahrscheinlich erscheinen auch Ansprüche der Anteilsinhaber, da die Vorschrift nicht solche Schäden erfasst, die auch Schäden des formwechselnden Rechtsträger selbst sind.[11] Zuletzt erscheint auch eine Schädigung der Gläubiger vor dem Hintergrund des Anspruchs auf Sicherheitsleistung iSv §§ 204, 22 nur dann denkbar, wenn der Rechtsträger vermögenslos ist.[12]

Rechtsfolge des Anspruchs aus § 205 Abs. 1 S. 1 ist eine gesamtschuldnerische Haftung der Organmitglieder iSv § 421 BGB zu gemeinsamen Teilen, § 426 Abs. 1 BGB.[13]

III. Entlastungsmöglichkeit der Organmitglieder (S. 2)

Die §§ 205 Abs. 1 S. 2, 25 Abs. 1 S. 2 garantieren den Mitgliedern der Organe eine Exkulpationsmöglichkeit. Die Haftungsprivilegierung setzt voraus, dass das betreffende Organmitglied bei der Prüfung der Vermögenslage der Rechtsträger und beim Abschluss des Formwechselbeschlusses seine Sorgfaltspflicht beachtet hat. Aus der Formulierung lässt sich entnehmen, dass die Haftung ein **Verschulden** voraussetzt. (Leichte) Fahrlässigkeit reicht daher bereits aus.[14] Beweispflichtig dafür, dass die Voraussetzungen für den Haftungsentfall vorliegen, ist das betreffende Organmitglied (Umkehr der Beweislast bei schuldhaftem bzw. pflichtwidrigem Verhalten).[15] Dies kann im Einzelfall nicht leicht sein, weil das betreffende Organmitglied auch die Einhaltung der ihm konkret obliegenden Sorgfaltspflicht nach allgemeinen Beweisgrundsätzen beweisen muss. In der Literatur wird daher auch überwiegend gefordert, hieran nicht allzu hohe Anforderungen zu stellen.[16]

IV. Verjährung (Abs. 2)

Nach § 205 Abs. 2 **verjähren** die Ersatzansprüche des § 205 Abs. 1 S. 1 innerhalb von fünf Jahren ab dem Tage, an dem der Formwechsel iSv § 10 HGB vom Registergericht bekanntgemacht worden ist.

§ 206 Geltendmachung des Schadenersatzanspruchs

¹Die Ansprüche nach § 205 Abs. 1 können nur durch einen besonderen Vertreter geltend gemacht werden. ²Das Gericht des Sitzes des Rechtsträgers neuer Rechtsform hat einen solchen Vertreter auf Antrag eines Anteilsinhabers oder eines Gläu-

---

9 Eingehend Semler/Stengel/Leonard/*Leonard* § 205 Rn. 9 ff.; Lutter/*Hoger* § 205 Rn. 13 ff.
10 Lutter/*Hoger* § 205 Rn. 7.
11 Lutter/*Hoger* § 205 Rn. 8; Semler/Stengel/Leonard/*Leonard* § 205 Rn. 15.
12 Lutter/*Hoger* § 205 Rn. 12.
13 Kallmeyer/Meister/Klöcker/*Berger* § 205 Rn. 8; Semler/Stengel/Leonard/*Leonard* § 205 Rn. 7.
14 Lutter/*Hoger* § 205 Rn. 19; Kallmeyer/Meister/Klöcker/*Berger* § 205 Rn. 17.
15 Lutter/*Hoger* § 205 Rn. 19; Kallmeyer/Meister/Klöcker/*Berger* § 205 Rn. 17.
16 Widmann/Mayer/*Vossius* § 205 Rn. 30.

bigers des formwechselnden Rechtsträgers zu bestellen. ³§ 26 Abs. 1 Satz 3 und 4, Abs. 2, Abs. 3 Satz 2 und 3 und Abs. 4 ist entsprechend anzuwenden; an die Stelle der Blätter für die öffentlichen Bekanntmachungen des übertragenden Rechtsträgers treten die entsprechenden Blätter des Rechtsträgers neuer Rechtsform.

I. Normzweck 1	2. Bestellung des besonderen Vertreters (S. 2) 4
II. Der besondere Vertreter als Partei kraft Amtes 2	a) Antragsbefugnis 5
1. Die prozessuale Rolle des besonderen Vertreters (S. 1) 2	b) Verfahren 8
	c) Kosten 9

I. Normzweck

1 In Gleichlauf zu § 350 AktG aF regelt § 206 S. 1, dass Schadensersatzansprüche nach § 205 Abs. 1 lediglich durch einen **besonderen Vertreter** geltend gemacht werden können. Um eine Vielzahl schadensersatzrechtlicher Verfahren im Zusammenhang mit dem Formwechsel zu vermeiden, sollte die Geltendmachung der Ansprüche in einem zusammengefassten Verfahren erfolgen.[1] Ziel war die Vermeidung abweichender Entscheidungen über das Verschulden der Organmitglieder.[2] Der besondere Vertreter wird nach § 206 S. 2 auf Antrag durch das Amtsgericht am Sitz des formwechselnden Rechtsträgers bestellt. Soweit nicht Unterschiede zur Verschmelzung einer Verweisung entgegenstehen, verweist 206 S. 3 hinsichtlich der Einzelheiten zur Bestellung des besonderen Vertreters und zur Durchsetzung der Ansprüche umfassend auf die verschmelzungsrechtliche Bestimmung des § 26.

II. Der besondere Vertreter als Partei kraft Amtes

1. Die prozessuale Rolle des besonderen Vertreters (S. 1)

2 Über die richtige rechtsdogmatische Qualifizierung der **prozessualen Rolle** des besonderen Vertreters im Verfahren herrscht Streit. Vossius begreift den besonderen Vertreter als „Prozessgeschäftsführer kraft richterlicher Bestellung".[3] Die wohl hM hingegen definiert den besonderen Vertreter als eine im eigenen Namen handelnde Partei kraft Amtes.[4] Das überzeugt, scheint es doch am ehesten mit dem Wortlaut der Vorschrift vereinbar. Denn die Anordnung in § 206 S. 1 sieht eine ausschließliche Klagebefugnis des besonderen Vertreters vor, die Schadensersatzansprüche im eigenen Namen geltend zu machen und gerade nicht als Vertreter der Anspruchsteller auftreten zu müssen.

3 Der besondere Vertreter wird auf Antrag durch das Gericht und somit **von Amts wegen** bestellt, § 206 S. 2. Aus der öffentlich-rechtlichen Anordnung folgt dessen Rechtsmacht, sich über die Ansprüche der Anspruchsberechtigten ohne deren Zustimmung nach eigenem Ermessen vergleichen zu dürfen.[5] Deshalb haftet der besondere Vertreter im Innenverhältnis auch für die pflichtgemäße Geltendmachung der Ansprüche in entsprechender Anwendung der Haftungsvorschriften, die für Personen gelten, die vom Gericht zur Anspruchsverfolgung bestellt wurden.[6] Hierzu zählen etwa die Regelungen

---

1 Begr. RegE zu § 206, BR-Drs. 75/94, 145.
2 Begr. RegE zu § 26, BR-Drs. 75/94, 93.
3 Widmann/Mayer/*Vossius* § 206 Rn. 34, mit der Konsequenz, dass die Vertretenen Parteien des Rechtsstreits bleiben und diese auch im Rubrum der Klage namentlich Erwähnung finden.
4 OLG Frankfurt a. M. ZIP 2007, 331 (332); Lutter/*Hoger* § 206 Rn. 3; Semler/Stengel/Leonard/*Leonard* § 206 Rn. 8.
5 Lutter/*Hoger* § 206 Rn. 12; Kallmeyer/Meister/Klöcker/*Berger* § 206 Rn. 14; Schmitt/Hörtnagl/*Winter* § 26 Rn. 18, 23.
6 Lutter/*Hoger* § 206 Rn. 4; Kallmeyer/Meister/Klöcker/*Berger* § 206 Rn. 14; Lutter/*Grunewald* § 26 Rn. 16.

über den Vormund (§ 1794 BGB nF), den Betreuer (§ 1826 BGB nF), den Pfleger (§ 1888 Abs. 1 iVm § 1826 BGB nF) oder den Insolvenzverwalter (§ 60 InsO).

2. Bestellung des besonderen Vertreters (S. 2)

Die **Bestellung** des besonderen Vertreters erfolgt auf Antrag eines Anteilsinhabers oder eines Gläubigers des formwechselnden Rechtsträgers bei dem Gericht am Sitz des Rechtsträgers neuer Rechtsform, § 206 S. 2.

a) Antragsbefugnis

Antragsbefugt sind damit die **Anteilsinhaber** des formwechselnden Rechtsträgers, die bereits zum Zeitpunkt des Wirksamwerdens des Formwechsels (§ 202) Anteilsinhaber waren.[7] Wurden die Anteile erst nach Durchführung des Formwechsels erworben, ist eine Antragsberechtigung nicht gegeben. Die nicht abtretbare Antragsberechtigung kann im Wege der Gesamtrechtsnachfolge vererbt werden.[8]

Entsprechend gelten diese Grundsätze für die **Gläubiger** des formwechselnden Rechtsträgers, die ebenfalls antragsbefugt sind. Danach sind die Gläubiger nur dann antragsberechtigt, wenn ihre Forderung bereits vor Wirksamwerden des Formwechsels begründet worden war. Die Antragsbefugnis entfällt für den Fall, dass sie von dem Rechtsträger neuer Rechtsform Befriedigung erlangen können, §§ 206 S. 3, 26 Abs. 1 S. 3.

Obwohl der **formwechselnde Rechtsträger** zum Kreis der anspruchsberechtigten Personen des § 205 Abs. 1 S. 1 zählt, wird er neben den Anteilsinhabern und Gläubigern nicht gesondert von § 206 S. 2 erwähnt. Teilweise wird hieraus gefolgert, dass der Rechtsträger selbst nicht antragsbefugt ist.[9] In Übereinstimmung mit den Ausführungen zum Parallelproblem bei § 26 Abs. 1 S. 2 ist trotz des eindeutigen Wortlauts der Vorschrift von einer Antragsbefugnis des formwechselnden Rechtsträgers auszugehen.[10]

Hinweis: Der Streit ist für die Praxis von marginaler Bedeutung, da beim formwechselnden Rechtsträger nur ausnahmsweise ein Schaden denkbar ist (→ § 205 Rn. 5).

b) Verfahren

Der Antrag auf Zuteilung eines besonderen Vertreters ist an das Gericht am Ort des Sitzes des Rechtsträgers neuer Rechtsform zu adressieren, § 206 S. 2. Dies ist nach § 206 Abs. 1 S. 2 iVm § 23a Abs. 1 S. 1 Nr. 2, Abs. 2 Nr. 4 GVG iVm § 375 Abs. 1 Nr. 5 FamFG das Amtsgericht. Nach erfolgter Bestellung hat der Vertreter nach §§ 206 S. 3, 26 Abs. 2 die Anspruchsteller aufzufordern, die Ansprüche nach § 205 S. 1 binnen einer angemessenen Frist von mindestens einem Monat anzumelden. Nicht fristgerecht angemeldete Ansprüche werden bei der Erlösverteilung nicht berücksichtigt, §§ 206 S. 3, 26 Abs. 3 S. 3. Die Aufforderung erfolgt nach §§ 206 S. 3 Hs. 2, 26 Abs. 2 S. 2 im Bundesanzeiger und ggf. in entsprechenden Geschäftsblättern. Das Gericht prüft das Vorliegen der Antragsvoraussetzungen im **Verfahren** der freiwilligen Gerichtsbarkeit. Der Antragsteller hat deren Vorliegen glaubhaft vorzutragen.[11] Gegen die Entscheidung des Amtsgerichts ist die Beschwerde zulässig, §§ 206 S. 3, 26 Abs. 1 S. 4. Die Erlösverteilung erfolgt nach

---

7 Lutter/Hoger § 206 Rn. 5; Semler/Stengel/Leonard/Leonard § 206 Rn. 5.
8 Lutter/Hoger § 206 Rn. 5.
9 So Kallmeyer/Meister/Klöcker/Berger § 206 Rn. 11; Semler/Stengel/Leonard/Leonard § 206 Rn. 7.
10 So auch Lutter/Hoger § 206 Rn. 7; differenzierend Widmann/Mayer/Vossius § 206 Rn. 18 ff.
11 OLG Hamm DB 1991, 2535 (2536); Semler/Stengel/Leonard/Leonard § 206 Rn. 6.

Maßgabe von §§ 206 S. 3, 26 Abs. 3 S. 2. Die Ansprüche der Anteilsinhaber und Gläubiger sind von der Vorschrift nicht erfasst, so dass etwaige Zahlungen vom besonderen Vertreter direkt an die Anspruchsinhaber abzuführen sind.[12]

c) Kosten

9 Bei der Geltendmachung der Ansprüche nach § 205 S. 1 fallen zunächst **Kosten** für das gerichtliche Verfahren an, welche sich nach den allgemeinen kostenrechtlichen Grundsätzen bestimmen.[13] Zudem hat der besondere Vertreter nach §§ 206 S. 3, 26 Abs. 4 S. 2 einen Anspruch auf Ersatz von Auslagen und die Vergütung seiner Tätigkeit, welche individuell vom Gericht festgesetzt werden.

§ 207 Angebot der Barabfindung

(1) ¹Der formwechselnde Rechtsträger hat jedem Anteilsinhaber, der gegen den Formwechselbeschluss Widerspruch zur Niederschrift erklärt, den Erwerb seiner umgewandelten Anteile oder Mitgliedschaften gegen eine angemessene Barabfindung anzubieten; § 71 Abs. 4 Satz 2 des Aktiengesetzes und die Anordnung der Nichtigkeit des schuldrechtlichen Geschäfts über einen verbotswidrigen Erwerb nach § 33 Absatz 2 Satz 3 des Gesetzes betreffend die Gesellschaften mit beschränkter Haftung sind insoweit nicht anzuwenden. ²Kann der Rechtsträger auf Grund seiner neuen Rechtsform eigene Anteile oder Mitgliedschaften nicht erwerben, so ist die Barabfindung für den Fall anzubieten, daß der Anteilsinhaber sein Ausscheiden aus dem Rechtsträger erklärt. ³Der Rechtsträger hat die Kosten für eine Übertragung zu tragen.

(2) § 29 Abs. 2 ist entsprechend anzuwenden.

I. Normzweck	1	b) AG/KGaA	11
II. Entbehrlichkeit des Abfindungsangebotes	3	c) GmbH	15
III. Anspruch auf Barabfindung (Abs. 1)	4	d) Sonstige Zielrechtsträger (Abs. 1 S. 2)	16
1. Widerspruch	5	4. Fehlendes Angebot	17
2. Angemessenes Abfindungsangebot	8	IV. Kosten (Abs. 1 S. 3)	18
3. Erwerb der eigenen Anteile und Barabfindung gegen Austritt	10	V. Gleichgestellte Fälle (Abs. 2)	19
a) Kapitalgesellschaft als Zielrechtsträger (Abs. 1 S. 1 Hs. 1)	10		

I. Normzweck

1 Die §§ 207–212 regeln die Voraussetzungen und das Verfahren zur Gewährung einer **angemessenen Barabfindung** für den Fall des Widerspruchs einzelner Anteilsinhaber gegen den Formwechselbeschluss. Der Gesetzgeber orientierte sich bei der Ausgestaltung des Regelungsbereichs weitestgehend an dem für den Formwechsel einer AG oder KGaA in eine GmbH geltenden Verfahren der §§ 369 Abs. 4, 375, 388 AktG aF In Gleichlauf zu § 29 soll deshalb den widersprechenden Anteilsinhabern nach § 207 ein Austrittsrecht gegen ein angemessenes Angebot auf den Erwerb der umgewandelten

---

[12] S. zu den weiteren Einzelheiten die Ausführungen zu § 26, wobei jedoch zu beachten ist, dass beim Formwechsel nur ein Rechtsträger beteiligt ist; vgl. insofern die zutreffende Anmerkung in Schmitt/Hörtnagl/Winter § 206 Rn. 1.
[13] Lutter/Hoger § 206 Rn. 15.

Anteile oder Mitgliedschaften am Ausgangsrechtsträger durch den Rechtsträger neuer Rechtsform gewährt werden. Mit dem UmRUG ist mit Wirkung zum 1.3.2023 der Verweis auf die Nichtanwendbarkeit von §§ 33 Abs. 2 S. 3 GmbHG mit aufgenommen worden. Hierdurch soll ein Gleichlauf mit dem Barabfindungsanspruch bei einer Verschmelzung und Spaltung hergestellt werden.[1]

Im Verhältnis zum **Anspruch auf bare Zuzahlung** iSv § 196 S. 1 besteht Anspruchskonkurrenz: Liegen die jeweiligen Voraussetzungen vor, kann der Anteilsinhaber den Anspruch auf bare Zuzahlung lediglich bei Fortbestehen seiner Mitgliedschaft am Rechtsträger neuer Rechtsform geltend machen.

II. Entbehrlichkeit des Abfindungsangebotes

Nach der Vorstellung des Gesetzgebers sollte die Abfindungsregelung grundsätzlich rechtsformübergreifend gelten.[2] Allerdings ergeben sich aus dem Zusammenspiel mit den Bestimmungen des Besonderen Teils des Fünften Buches hiervon einige **Ausnahmen**; die Erstattung eines Angebotes auf bare Abfindung ist dann entbehrlich. Für den Formwechsel einer AG in eine KGaA und umgekehrt schließt § 250 generell die Anwendung der §§ 207–212 aus. Zudem finden nach § 227 beim Formwechsel einer KGaA die § 207–212 nicht auf deren persönlich haftenden Gesellschafter Anwendung. Nach § 302 S. 1 sind die §§ 207–212 nicht auf den Formwechsel einer Körperschaft oder Anstalt des öffentlichen Rechts anwendbar, soweit sich aus dem für die formwechselnde Körperschaft oder Anstalt maßgebenden Bundes- oder Landesrecht nicht etwas anderes ergibt. Wird mit dem Formwechsel die Umwandlung in die Rechtsformen GbR, OHG oder PartG beabsichtigt, ist ohnehin Einstimmigkeit erforderlich (§ 233 Abs. 1). Auf die Abgabe eines Abfindungsangebotes kommt es dann nicht an. Weitere Sonderregelungen finden sich zudem in § 282 Abs. 2, § 216 und § 231.

III. Anspruch auf Barabfindung (Abs. 1)

In weitgehender Übereinstimmung mit § 29 Abs. 1 gewährt § 207 den Anteilsinhabern des formwechselnden Rechtsträgers unter bestimmten **Voraussetzungen** ein Austrittsrecht gegen eine angemessene Barabfindung.

1. Widerspruch

Grundvoraussetzung für die Ausübung des Austrittsrechts nach § 207 Abs. 1 S. 1, dh seines Rechts zum entgeltlichen Verkauf seiner Beteiligung an den formwechselnden Rechtsträger, ist der **Widerspruch** der Anteilsinhaber gegen den Formwechselbeschluss. Dieser hat zur Niederschrift eines Notars zu erfolgen. Der Widerspruch muss zwar grundsätzlich nicht begründet werden; dennoch muss aus dem Widerspruch eindeutig hervorgehen, dass der Anteilsinhaber nicht Anteilsinhaber am Rechtsträger neuer Rechtsform werden will. Die Abgabe einer Gegenstimme allein ist deshalb nicht ausreichend.[3] Insoweit empfiehlt sich folgende Formulierung:

> Ich, …, möchte in der [Gesellschafterversammlung][Hauptversammlung] der … am … anlässlich des Formwechsels der … in … unmissverständlich zur Niederschrift zum Ausdruck bringen, dass ich nicht Anteilsinhaber des Rechtsträgers neuer Rechtsform zu werden wünsche. Zudem behalte ich mir die

---

1 Begr. RegE zu § 207 Abs. 1 S. 1, BT-Drs. 20/3822, 76.
2 Begr. RegE zu §§ 207–212, BR-Drs. 75/94, 146.
3 Widmann/Mayer/*Wälzholz* § 207 Rn. 11.

Geltendmachung meines Rechts hinsichtlich des Angebots zum Erwerb meiner Anteile gegen Zahlung einer angemessenen Barabfindung gemäß § 207 UmwG vor.[4]

6 Sollte ein Anteilsinhaber mehrere Anteile halten, muss ein solcher Widerspruch für jeden dieser Anteile, für den er eine Barabfindung begehrt, gesondert abgegeben werden.[5] Der Widerspruch muss in der betreffenden Anteilsinhaberversammlung abgegeben werden; eine Abgabe vor oder nach der Versammlung ist unwirksam.[6]

7 Streitig ist allerdings, ob der Widerspruch die Abgabe einer **Negativstimme gegen den Formwechsel** voraussetzt. Die wohl herrschende Ansicht in der Literatur bejaht dies.[7] Tragendes Argument ist hierbei, dass anderenfalls eine unkalkulierbare Anzahl von Barabfindungsansprüchen nicht zu verhindern sei; auch die Unerfahrenheit der einzelnen Anteilsinhaber wird mit ins Feld geführt.[8] Überzeugend erscheint jedoch im Ergebnis, keine solche Pflicht zur Abgabe einer ablehnenden Stimme anzunehmen.[9] Es sind durchaus Konstellationen denkbar, in denen der Anteilsinhaber dem Formwechsel zwar nicht im Wege stehen und daher zustimmen will, er aber im Zuge des Formwechsels aus der Gesellschaft ausscheiden will und lediglich mit der Höhe der Barabfindung unzufrieden ist. Wäre er gezwungen, gegen den Formwechsel zu stimmen, so könnte dies aufgrund der Mehrheitserfordernisse und den Stimmrechtsverhältnissen im Einzelfall ggf. den Formwechsel insgesamt verhindern. Auch ergibt sich aus dem Wortlaut von § 212 keine solche Pflicht.

Hinweis: Ausscheidungswillige Gesellschafter sollten allerdings sicherheitshalber gegen den Formwechselbeschluss stimmen, soweit dies nicht den Formwechsel insgesamt verhindert.

2. Angemessenes Abfindungsangebot

8 Der Erwerb der Anteile oder Mitgliedschaften ist gegen eine **angemessene Barabfindung** durch den formwechselnden Rechtsträger anzubieten.[10] Das Abfindungsangebot ist den Anteilsinhabern von dem Vertretungsorgan des formwechselnden Rechtsträgers spätestens zusammen mit der Einberufung der Gesellschafterversammlung zusammen mit dem Formwechselbericht zu übersenden.[11] Die Ermittlung der Angemessenheit der Abfindung richtet sich nach §§ 208, 30 Abs. 1 S. 1.

9 Von dem zwingenden Erfordernis auf Erstattung eines Abfindungsangebots existieren daneben **zwei Ausnahmen**: Bedarf der Formwechselbeschluss zu seiner Wirksamkeit der Zustimmung aller Anteilsinhaber oder ist am formwechselnden Rechtsträger nur ein Anteilsinhaber beteiligt (§ 194 Abs. 1 Nr. 6), ist der formwechselnde Rechtsträger nicht zur Abgabe eines Abfindungsangebotes verpflichtet. Gleiches gilt, wenn alle

---

4 Vgl. hierzu auch BGH NJW 1989, 2693.
5 Lutter/*Hoger* § 207 Rn. 7.
6 Semler/Stengel/Leonard/*Kalss* § 207 Rn. 7; Lutter/*Hoger* § 207 Rn. 7.
7 Schmitt/Hörtnagel/*Winter* § 207 Rn. 4; Semler/Stengel/Leonard/*Kalss* § 207 Rn. 7; Lutter/*Grunewald* § 29 Rn. 11; Widmann/Mayer/*Wälzholz* § 207 Rn. 11; Bayer/Schmidt ZGR 178 (2014), 150 (156); aA Kallmeyer/*Meister/Klöcker/Berger* § 207 Rn. 15; Kallmeyer/Marsch-Barner § 29 Rn. 13; *Veil*, Umwandlung einer Aktiengesellschaft, S. 214 ff.; vgl. auch die Darstellung des Streitstands bei Lutter/*Hoger* § 207 Rn. 8 f., der den Wunsch nach einer entsprechenden Klarstellung durch den Gesetzgeber formuliert; → § 212 Rn. 3.
8 Vgl. aber auch die hörenswerten Gegenargumente bei Lutter/*Hoger* § 207 Rn. 8 f.
9 So wohl auch Lutter/*Hoger* § 207 Rn. 8 f.
10 § 207 Abs. 2 S. 1. Vgl. zur Frage der Barabfindung bei formwechselnden börsennotierten AGs OLG Düsseldorf ZIP 2019, 371 (372).
11 §§ 216, 231 S. 1; 238 S. 1, 251 Abs. 1, 260 Abs. 1 S. 2, 274 Abs. 1 S. 2, 283 Abs. 1 S. 1, 292 Abs. 1.

Anteilsinhaber auf die Abgabe eines Barabfindungsangebotes durch eine notariell beurkundete Erklärung verzichten.[12]

3. Erwerb der eigenen Anteile und Barabfindung gegen Austritt
a) Kapitalgesellschaft als Zielrechtsträger (Abs. 1 S. 1 Hs. 1)

Das Angebot auf Barabfindung erfolgt grundsätzlich gegen Erwerb der eigenen Anteile, § 207 Abs. 1 S. 1 Hs. 1. Ist der Anteilserwerb durch den neuen Rechtsträger aufgrund seiner Rechtsform nicht möglich, ist nach § 207 Abs. 1 S. 2 eine Barabfindung gegen Austritt des Anteilsinhabers anzubieten. Das ist bei Personen(handels-)gesellschaften, Partnerschaftsgesellschaften, Vereinen auf Gegenseitigkeit, eingetragenen Genossenschaften und eingetragenen Vereinen der Fall.[13] Deshalb betrifft § 207 Abs. 1 S. 1 Hs. 1 ausschließlich die Fälle, in denen als **Zielrechtsform eine Kapitalgesellschaft** gewählt wurde.

10

b) AG/KGaA

Beim Formwechsel in die Rechtsform einer AG/KGaA erfolgt der **Erwerb der eigenen Anteile** nach Maßgabe des AktG. Der Erwerb eigener Anteile ist für die AG/KGaA grundsätzlich jedoch nur unter den engen Voraussetzungen der §§ 71 ff. AktG zulässig. § 71 Abs. 1 Nr. 3 AktG erlaubt jedoch explizit der Gesellschaft neuer Rechtsform eigene Aktien zu erwerben, wenn der Erwerb mit der Zielsetzung erfolgt, Aktionäre nach § 207 Abs. 1 S. 1 – wie hier – abzufinden.

11

Allerdings muss der Erwerb dieser eigenen Aktien die Anforderungen des § 71 Abs. 2 AktG erfüllen. Das heißt die solchermaßen erworbenen Aktien dürfen zusammen mit den anderen, bereits gehaltenen, eigenen Aktien der Gesellschaft, nicht mehr als 10 % des Grundkapitals ausmachen, § 71 Abs. 2 AktG. Ferner muss die Gesellschaft im Zeitpunkt des Erwerbs eine Rücklage gem. § 272 Abs. 1a HGB bilden können. Die Frage ist, was passiert, wenn die Vorgaben des § 71 Abs. 2 AktG nicht eingehalten werden können. In der Literatur wird, soweit ersichtlich, nur der Fall diskutiert, dass sich ein Verstoß gegen § 71 Abs. 2 AktG bereits vor Fassung des Formwechselbeschlusses abzeichnet; für diesen Fall soll ein dann eintretender Verstoß gegen § 71 Abs. 2 AktG zur Rechtswidrigkeit und Anfechtbarkeit des Formwechselbeschlusses führen.[14] Die Vertretungsorgane des formwechselnden Rechtsträgers dürften bei einer solchen Erkennbarkeit den Formwechselbeschluss nicht zur Abstimmung bringen lassen und die zur Anmeldung des Formwechsels verpflichteten Personen dürften einen dennoch gefassten Formwechselbeschluss nicht zur Eintragung im Register anmelden.

12

Die Lösung der Konstellation, dass ein Verstoß erst nach dem Formwechselbeschluss erkennbar wird (aufgrund der unerwartet hohen Anzahl von Anteilsinhabern, die das Barabfindungsangebot annehmen), ist noch offen. Ein solcher Fall würde noch verschärft, wenn eine entsprechende Anzahl von Anteilsinhabern das Barabfindungsangebot erst dann annimmt, wenn die regelmäßig einmonatige Anfechtungsfrist zur Anfechtung des Formwechselbeschlusses bereits abgelaufen ist oder der Formwechsel bereits im Handelsregister eingetragen und damit wirksam geworden ist. Die Annahmefristen nach § 209 lassen solchen Konstellationen zu. Als **Lösung** für diese Fälle

13

---

12 Lutter/*Hoger* § 207 Rn. 22; Kallmeyer/*Meister/Klöcker/Berger* § 207 Rn. 45; Semler/Stengel/Leonard/*Kalss* § 207 Rn. 17.
13 Widmann/Mayer/*Wälzholz* § 207 Rn. 29.

14 Kallmeyer/*Meister/Klöcker/Berger* § 207 Rn. 35; Lutter/*Hoger* § 207 Rn. 18; Semler/Stengel/Leonard/*Kalss* § 207 Rn. 11.

bietet sich die (analoge) Anwendung des § 71 Abs. 1 S. 2 AktG an. Diese Norm betrifft gerade den Fall, dass ein Angebot für den Fall abgegeben werden muss, dass der Rechtsträger neuer Rechtsform eigene Anteile nicht erwerben kann. In der hier besprochenen Konstellation kann die AG bzw. KGaA aufgrund ihrer Rechtsform keine eigenen Anteile (mehr) erwerben. Um diesen Weg gehen zu können, muss dies im Barabfindungsangebot von Anfang bereits mit enthalten sein. Ob ein ausscheidungswilliger Anteilsinhaber das Barabfindungsangebot nach § 207 Abs. 1 S. 1 oder S. 2 annehmen kann, darf von der Reihenfolge, in der die Angebotsannahmen beim formwechselnden Rechtsträger eingehen, abhängig gemacht werden.

14 Kommt es nach allem (dennoch) zu einem Verstoß gegen § 71 Abs. 2 AktG, so bleibt die schuldrechtliche Verpflichtung im Barabfindungsangebot wie auch die dingliche Übertragung gleichwohl wirksam.[15] Das gilt ausweislich des ausdrücklichen Verweises in § 207 Abs. 1 S. 1 Hs. 2 auf § 71 Abs. 4 S. 2 AktG bzw. aufgrund des unmissverständlichen Ausschlusses von § 71 Abs. 4 S. 2. AktG.

c) GmbH

15 Erfolgt der Formwechsel in die Rechtsform einer GmbH, richtet sich der **Erwerb der Gesellschaftsanteile** nach § 33 Abs. 3 GmbHG. Danach ist der Erwerb zur Abfindung von Gesellschaftern ua nach § 207 zulässig, sofern er binnen sechs Monaten nach dem Wirksamwerden des Formwechsels oder nach der Rechtskraft der gerichtlichen Entscheidung erfolgt und die Gesellschaft im Zeitpunkt des Erwerbs eine Rücklage (gem. § 272 Abs. 1a HGB) in Höhe der Aufwendungen für den Erwerb bilden könnte, ohne das Stammkapital oder eine nach dem Gesellschaftsvertrag zu bildende Rücklage zu mindern, die nicht zur Zahlung an die Gesellschafter verwandt werden darf. Bei einem Verstoß gegen § 33 Abs. 3 GmbHG findet die Privilegierung des § 207 Abs. 1 S. 1 Hs. 2 seit dem 1.3.2023 mit Inkrafttreten des UmRUG nunmehr Anwendung.[16] Damit ist die unzulängliche Gesetzesbereinigung im 2. UmÄndG vom 19.4.2007 bereinigt worden. Damals wurde nur für die Verschmelzung der § 33 Abs. 2 S. 3 GmbHG von der Anwendung ausgenommen (siehe die verschmelzungsrechtliche Parallelvorschrift des § 29 Abs. 1 S. 1 Hs. 2), unverständlicherweise nicht jedoch für den Formwechsel in § 207.[17] Bereits vor dem UmRUG wurde in der Literatur daher teilweise vertreten, die unterschiedliche Behandlung zu ignorieren.[18] Mit dem UmRUG ist nunmehr ausdrücklich klargestellt, dass ein Verstoß gegen § 33 Abs. 3 GmbHG nicht mehr die Nichtigkeit des schuldrechtlichen Geschäfts über den Erwerb zur Folge hat (§ 207 Abs. 1 S. 1).

d) Sonstige Zielrechtsträger (Abs. 1 S. 2)

16 Erfolgt der Formwechsel hingegen in die Rechtsform einer Personen(handels-)gesellschaft, Partnerschaftsgesellschaft, eingetragenen Genossenschaft oder eines eingetragenen Vereins, ist der Erwerb der eigenen Anteile gesetzlich nicht vorgesehen, so dass nach § 207 Abs. 1 S. 2 den Anteilsinhabern ein Angebot auf Barabfindung gegen **Ausscheiden** als Anteilsinhaber des Rechtsträgers zu machen ist.

---

15 Kallmeyer/Meister/Klöcker/Berger § 207 Rn. 34.
16 Vgl. noch zur alten Rechtslage vor Inkrafttreten des UmRUG: Semler/Stengel/Leonard/Kalss § 207 Rn. 12; Kallmeyer/Meister/Klöcker/Berger § 207 Rn. 38; Lutter/Hoger § 207 Rn. 20; Widmann/Mayer/Wälzholz § 207 Rn. 15.1.
17 Vgl. Art. 1 Nr. 6 des 2. UmÄndG v. 19.4.2007.
18 Vgl. Lutter/Hoger § 207 Rn. 20, der für eine Anpassung von § 207 Abs. 1 S. 1 Hs. 2 an die verschmelzungsrechtliche Regelung plädiert.

Hinweis: Das Ausscheiden erfolgt aus dem Rechtsträger neuer Rechtsform.[19] Die Einzelheiten hinsichtlich des Verfahrens richten sich deshalb nach den auf die Zielrechtsform anwendbaren spezialgesetzlichen Vorschriften.

4. Fehlendes Angebot

Enthält der Formwechselbeschluss – entgegen § 194 Abs. 1 Nr. 6 – **kein Angebot** auf Barabfindung und wurde auf ein solches auch nicht formwirksam verzichtet, so führt dies nicht zur Nichtigkeit, Unwirksamkeit oder Anfechtbarkeit des Formwechselbeschlusses, § 210.[20] Stattdessen führt dies zur Berechtigung des Anteilsinhabers, die Höhe der angemessenen Barabfindung in einem Spruchverfahren nach dem SpruchG gerichtlich bestimmen zu lassen.[21]

IV. Kosten (Abs. 1 S. 3)

Nach § 207 Abs. 1 S. 3 trägt der formwechselnde Rechtsträger die Kosten für die Übertragung der Anteile oder Mitgliedschaften. Da dafür ua die Annahme des Barabfindungsangebots erforderlich ist, werden hiervon wohl auch die für die Übertragung erforderlichen schuldrechtlichen Vereinbarungen mit umfasst sein. Von der Kostenregelung sind insbes. Auslagen für notarielle Tätigkeiten erfasst. Im Gegensatz zur grundsätzlich formfreien Übertragung von Aktien bedarf es zur Abtretung von Geschäftsanteilen einer GmbH eines notariell beurkundeten Vertrages, § 15 Abs. 3 GmbHG.

V. Gleichgestellte Fälle (Abs. 2)

Einem Widerspruch stehen nach §§ 207 Abs. 2, 29 Abs. 2 solche Fälle **gleich**, in denen ein nicht erschienener Anteilsinhaber zur Versammlung der Anteilsinhaber zu Unrecht nicht zugelassen oder die Versammlung nicht ordnungsgemäß einberufen oder der Gegenstand der Beschlussfassung nicht ordnungsgemäß bekanntgemacht worden ist.[22]

§ 208 Inhalt des Anspruchs auf Barabfindung und Prüfung der Barabfindung

Auf den Anspruch auf Barabfindung ist § 30 entsprechend anzuwenden.

I. Normzweck

Der Gesetzgeber verweist in § 208 umfassend auf § 30 und die dort aufgeführten Vorschriften und entscheidet sich damit für die Ermittlung der **angemessenen Barabfindung** (§ 207 Abs. 1 S. 1) (im Gegensatz zum früher geltenden Recht) bewusst gegen die Festlegung einer bestimmten Berechnungsmethode. Indem die Auswahl der verschiedenen Methoden je nach Natur und Gegenstand des Unternehmens variieren kann, will sich der Gesetzgeber mit dem Verweis auf § 30 darauf beschränken, den für die Bewertung der Angemessenheit relevanten Bewertungszeitpunkt festzulegen.[1] Ist aus

---

19 Kallmeyer/*Meister/Klöcker/Berger* § 207 Rn. 41; Semler/Stengel/*Leonard/Kalss* § 207 Rn. 13.
20 Widmann/Mayer/*Wälzholz* § 207 Rn. 31; Kallmeyer/*Meister/Klöcker/Berger* § 207 Rn. 6.
21 Widmann/Mayer/*Wälzholz* § 207 Rn. 31 f.
22 BGHZ 108, 217 (219).
1 Begr. RegE zu § 30, BR-Drs. 75/94, 94 f.

gesetzlichen Gründen kein Barabfindungsangebot nach § 207 abzugeben, so entfällt naturgemäß auch die Anwendung von § 208.[2]

II. Bewertung und Verzinsung der Barabfindung

2 Ob die Barabfindung ihrer Höhe nach **„angemessen"** ist, entscheidet sich nach den wirtschaftlichen Verhältnissen des formwechselnden Rechtsträgers zum Zeitpunkt des Formwechselbeschlusses, §§ 208, 30 Abs. 1 S. 1. Auch für den Formwechsel erfolgt die Ermittlung der Angemessenheit nach den allgemeinen Grundsätzen der Unternehmensbewertung.[3] Verantwortlich für die Durchführung der Bewertung ist das Vertretungsorgan des formwechselnden Rechtsträgers.[4]

3 Nach §§ 208, 30 Abs. 1 S. 2, 15 Abs. 2 S. 1 ist die Barabfindung nach Ablauf des Tages, an dem die Eintragung des Formwechsels im Handelsregister bekanntgegeben wurde (§ 201), mit jährlich **5-Prozentpunkten** über dem jeweiligen Basiszinssatz nach § 247 BGB zu verzinsen. Daneben ist die Geltendmachung eines weiteren Schadens nach §§ 208, 30 Abs. 1 S. 2, 15 Abs. 2 S. 2 nicht ausgeschlossen. Die Verzinsung sowie ein etwaiger Schaden sind dann außerhalb des Spruchverfahrens mit einer Leistungsklage geltend zu machen.[5] Hinsichtlich der weiteren Einzelheiten kann im Übrigen auf die Ausführungen zu § 30 Abs. 1 verwiesen werden.

III. Prüfung der Angemessenheit

4 Die Prüfung der **Angemessenheit der Barabfindung** hat zwingend durch einen externen Umwandlungsprüfer zu erfolgen, §§ 208, 30 Abs. 2 S. 1. Dies gilt naturgemäß nicht, wenn ein Barabfindungsangebot aus gesetzlichen Gründen nicht abgegeben werden muss, dh wenn der Formwechselbeschluss zu seiner Wirksamkeit der Zustimmung aller Anteilsinhaber bedarf oder an dem formwechselnden Rechtsträger nur ein Anteilsinhaber beteiligt ist, § 194 Abs. 1 Nr. 6. Eine Prüfung oder die Erstellung eines Prüfungsberichts ist weiterhin nicht erforderlich, wenn die „Berechtigten" auf die Prüfung oder die Erstellung des Prüfungsberichts durch eine notariell beurkundete **Verzichtserklärung** verzichtet haben, §§ 208, 30 Abs. 2 S. 3. „Berechtigte" sind grundsätzlich alle Anteilsinhaber. In der Literatur wird teilweise gefordert, dass nur die ausscheidenden Anteilsinhaber verzichten müssen.[6] Dies mag vom wirtschaftlichen Ergebnis her verständlich sein. Ob ein Anteilsinhaber ausscheidet, muss sich beim Fassen des Formwechselbeschlusses aber noch nicht herausgestellt haben. Für die Annahme des Barabfindungsangebots haben die Anteilsinhaber schließlich bis zu zwei Monate nach der Bekanntmachung nach der Eintragung des Formwechsels Zeit, § 209 S. 1. Der Prüfungsbericht ist auch Entscheidungsgrundlage für das Fassen des Formwechselbeschlusses. Aus diesem Grunde muss der Verzicht von allen Anteilsinhabern eingeholt werden.

5 Der **Prüfer** wird gem. §§ 208, 30 Abs. 2 S. 2, § 10 Abs. 1 S. 1 auf Antrag des Vertretungsorgans des formwechselnden Rechtsträgers vom Gericht bestellt. Zuständig ist das Landgericht, in dessen Bezirk der formwechselnde Rechtsträger seinen Sitz hat, §§ 208, 30 Abs. 2 S. 2, § 10 Abs. 2 S. 1.

---

2 Vgl. § 194 Abs. 1 Nr. 6 zu den gesetzlichen Voraussetzungen.
3 Eingehend zu den Bewertungsmethoden Lutter/*Hoger* § 208 Rn. 6 f.
4 Lutter/*Hoger* § 208 Rn. 5.
5 OLG Düsseldorf AG 2006, 287 (288); Schmitt/Hörtnagl/*Winter* § 15 Rn. 33.
6 Lutter/*Hoger* § 208 Rn. 22.

§ 209 Annahme des Angebots

¹Das Angebot nach § 207 kann nur binnen zwei Monaten nach dem Tage angenommen werden, an dem die Eintragung der neuen Rechtsform oder des Rechtsträgers neuer Rechtsform in das Register bekannt gemacht worden ist. ²Ist nach § 212 ein Antrag auf Bestimmung der Barabfindung durch das Gericht gestellt worden, so kann das Angebot binnen zwei Monaten nach dem Tage angenommen werden, an dem die Entscheidung im Bundesanzeiger bekanntgemacht worden ist.

1. Normzweck

§ 209 regelt die **Fristen** für die Annahme des Angebots auf bare Abfindung nach § 207 Abs. 1 S. 1 und lehnt sich an die in § 375 Abs. 1 S. 2, S. 3, Abs. 3 S. 2 AktG aF geltenden Regelungen an. Inhaltlich entspricht § 209 weitestgehend der Parallelregelung in § 31.

2. Allgemeines

Die Vorschrift ist **zweigliedrig** aufgebaut: Unterschieden wird zum einen der **Regelfall** (S. 1), nach dem das Abfindungsangebot innerhalb von zwei Monaten nach Bekanntmachung der Eintragung des Formwechsels erfolgen muss. Zum anderen der **Sonderfall** (S. 2), dass ein Anteilsinhaber nach § 212 geltend macht, dass die im Formwechselbeschluss festgelegte Barabfindung zu niedrig bemessen ist. Dann hat die Annahme innerhalb von zwei Monaten nach der Bekanntmachung der Entscheidung des Gerichts, das die Angemessenheit der Barabfindung nach § 212 iVm SpruchG bestimmt hat, im elektronischen Bundesanzeiger zu erfolgen. Die beiden Fristen stehen in keinem Konkurrenzverhältnis zueinander, so dass durchaus Fälle denkbar sind, in denen sich die Regelfrist von § 209 S. 1 um die Sonderfrist des § 209 S. 2 verlängert. Denn für die Ingangsetzung der zweiten Frist ist es unerheblich, ob der Austretende selbst oder ein Dritter den Antrag zur gerichtlichen Überprüfung der Angemessenheit nach § 212 S. 1 gestellt hat.[1]

Beide Fristen stellen **materiellrechtliche Ausschlussfristen** dar.[2] Dh nach Verstreichen dieser Fristen erlischt der Anspruch auf bare Abfindung und eine verspätete Annahme geht ins Leere. Nach Ablauf der Frist stehen dem Anteilsinhaber zudem keine weiteren Rechtsbehelfe zur Verfügung.[3] Die Berechnung der Fristen richtet sich nach den §§ 187 Abs. 2 S. 1, 188 Abs. 2 BGB.

Die Annahmeerklärung ist eine einseitige, empfangsbedürftige Willenserklärung und darf deshalb nicht von einer **Bedingung** abhängig gemacht werden.[4] Ihre Abgabe erfolgt formfrei.[5]

3. Annahmefrist nach S. 1

Die in § 209 S. 1 normierte Frist sieht den **Regelfall** vor, wonach das Barabfindungsangebot nur innerhalb von zwei Monaten nach dem Tage angenommen werden kann, an dem die Eintragung des Formwechsels iSv § 201 bekannt gemacht wurde.

---

1 Semler/Stengel/Leonard/*Kalss* § 209 Rn. 3; Lutter/*Hoger* § 209 Rn. 4.
2 Kallmeyer/*Meister/Klöcker/Becker* § 209 Rn. 12; Lutter/*Hoger* § 209 Rn. 2, 4.
3 Kallmeyer/*Meister/Klöcker/Becker* § 209 Rn. 12; Lutter/*Hoger* § 209 Rn. 2.
4 Semler/Stengel/Leonard/*Kalss* § 209 Rn. 5; Kallmeyer/*Meister/Klöcker/Becker* § 209 Rn. 2.
5 Kallmeyer/*Meister/Klöcker/Becker* § 209 Rn. 4; Lutter/*Hoger* § 209 Rn. 5; schlüssiges Verhalten uU ausreichend, so Kallmeyer/*Marsch-Barner/Oppenhoff* § 31 Rn. 4.

4. Annahmefrist nach S. 2

6 Die zweite Annahmefrist des § 209 S. 2 regelt hingegen den **Sonderfall**, dass ein Anteilsinhaber die gerichtliche Überprüfung des Abfindungsangebots nach § 212 beantragt hat. Dann kann das Angebot binnen zwei Monaten nach dem Tage angenommen werden, nach dem die Entscheidung des Gerichts zur Bestimmung der Angemessenheit der Barabfindung im Bundesanzeiger bekannt gegeben worden ist. Aus dem Wortlaut der Norm ergibt sich, dass die zweite Annahmefrist allen Anteilsinhabern zur Verfügung steht – auch denjenigen, die das Abfindungsangebot innerhalb der ersten Frist nicht angenommen haben.[6]

§ 210 Ausschluß von Klagen gegen den Formwechselbeschluss

Eine Klage gegen die Wirksamkeit des Formwechselbeschlusses kann nicht darauf gestützt werden, daß das Angebot nach § 207 nicht angemessen oder daß die Barabfindung im Formwechselbeschluss nicht oder nicht ordnungsgemäß angeboten worden ist.

I. Normzweck 1	2. Fehlendes Abfindungsangebot 4
II. Einschränkung der Klagegründe 2	3. Mangelhaftes Abfindungsangebot 5
1. Nicht angemessenes Abfindungsangebot 3	4. Erstreckung auf sonstige Klagen 6

I. Normzweck

1 Die **Einschränkung der Klagegründe** des § 210 war bereits nach altem Recht für die Umwandlung einer AG in eine GmbH in § 375 Abs. 2 S. 1 AktG aF sowie in § 13 S. 1 UmwG 1969 vorgesehen und entspricht der verschmelzungsrechtlichen Parallelregelung in § 32. § 210 ist die ergänzende Vorschrift zu § 195. Während § 195 Klagen gegen die Wirksamkeit des Formwechsels im Hinblick auf eine zu geringe („nicht angemessene") Beteiligung beim Rechtsträger neuer Rechtsform ausschließt, schließt § 210 das Klagerecht in Bezug auf die Höhe der Barabfindung aus. Der Gesetzgeber hat daher auch hier den Wortlaut der Vorschrift bewusst ebenso weit gefasst, weshalb die Regelung nicht nur die Anfechtungsklage betrifft, sondern sämtliche Klagetypen, mit denen die Nichtigkeit, Unwirksamkeit und Anfechtbarkeit des Formwechselbeschlusses geltend gemacht werden kann.[1] Mit dem UmRUG sind mit Wirkung zum 1.3.2023 die vorherigen Worte „zu niedrig bemessen" durch die Worte „nicht angemessen" ersetzt worden; ebenso der Begriff Umwandlungsbeschluss durch den Begriff Formwechselbeschluss. Beides soll jedoch nur eine sprachliche Anpassung ohne inhaltliche Änderung darstellen.[2]

II. Einschränkung der Klagegründe

2 Eine Klage gegen die Wirksamkeit des Formwechselbeschlusses kann nach § 210 **nicht** darauf gestützt werden, dass das Barabfindungsangebot zu niedrig („nicht angemessen") bemessen oder dass die Barabfindung im Formwechselbeschluss nicht oder nicht ordnungsgemäß angeboten worden ist.

---

[6] Kallmeyer/Meister/Klöcker/Berger § 209 Rn. 10.
[1] Begr. RegE zu § 210, BR-Drs. 75/94, 147; → § 195 Rn. 2 ff.
[2] Begr. RegE zu § 210, BT-Drs. 20/3822, 78.

1. Nicht angemessenes Abfindungsangebot

Die Klageeinschränkung des § 210 erfasst Klagen, mit denen die Anteilsinhaber die mangelnde **Höhe der Barabfindung** geltend machen. Darunter fallen sämtliche Klagen, mit denen gerügt wird, dass die Abfindung zu niedrig oder aber auch zu hoch bemessen ist.[3] Als Ausgleich für den Verlust des Klagerechts steht dem Einzelnen die Möglichkeit offen, die Angemessenheit der Beteiligung nach § 212 S. 1 in einem Spruchverfahren nach dem SpruchG überprüfen zu lassen.[4]

2. Fehlendes Abfindungsangebot

Das Angebot auf bare Abfindung gehört nach § 194 Abs. 1 Nr. 6 zum zwingenden Mindestinhalt des Formwechselbeschlusses (soweit die dort genannten Ausschlusskriterien nicht vorliegen). Nach § 210 können die Anteilsinhaber jedoch nicht auf dem ordentlichen Rechtsweg mit einer Wirksamkeitsklage das **Fehlen des Abfindungsangebotes** rügen. Die Anteilsinhaber können dann nach § 212 S. 2 iVm dem SpruchG nur die Festsetzung einer angemessenen Barabfindung in einem Spruchverfahren beantragen.

3. Mangelhaftes Abfindungsangebot

Schließlich sieht § 210 den Ausschluss des Klagerechts für solche Klagen vor, mit denen die Anteilsinhaber die Mangelhaftigkeit des Abfindungsangebotes rügen. Hierunter fallen sämtliche **inhaltlichen Mängel**, zB bei einer unklaren, widersprüchlichen oder unvollständigen Formulierung des Abfindungsangebots.[5] Mangelhaft ist das Abfindungsangebot zudem auch dann, wenn die zugunsten der Anteilsinhaber angeordneten Informations- bzw. Mitteilungspflichten der Gesellschaft im Zusammenhang mit dem Barabfindungsangebot verletzt wurden.[6] Bei Informationsrechtsverstößen dieser Art ist die Barabfindung im Formwechselbeschluss sowohl im Wort- als auch im Rechtssinne „nicht ordnungsgemäß angeboten" worden.[7] Die Mangelhaftigkeit ist dann nach § 212 S. 2 auch in einem Verfahren vor den Spruchgerichten geltend zu machen.

4. Erstreckung auf sonstige Klagen

§ 210 erstreckt sich auch auf die **allgemeine Feststellungsklage** nach § 256 Abs. 1 ZPO, entgegen der hM auch dann, wenn es sich um eine Feststellungsklage eines Dritten (zB eines Gläubigers) handelt. Nicht erfasst sind aber Unterlassungsklagen und einstweilige Verfügungen. Hierzu im Einzelnen zur Parallelvorschrift des § 195 → § 195 Rn. 2 ff.

§ 211 Anderweitige Veräußerung

Einer anderweitigen Veräußerung des Anteils durch einen Anteilsinhaber, der nach § 207 Adressat des Abfindungsangebots ist, stehen nach Fassung des Formwechselbeschlusses bis zum Ablauf der in § 209 Satz 1 bestimmten Frist Verfügungsbeschränkungen nicht entgegen.

---

3 Kallmeyer/*Meister/Klöcker/Becker* § 210 Rn. 10; Semler/Stengel/Leonard/*Bärwaldt* § 210 Rn. 5; aA Lutter/*Hoger* § 210 Rn. 5; Widmann/Mayer/*Wälzholz* § 210 Rn. 14.
4 Begr. RegE zu § 195, BR-Drs. 75/94, 140.
5 BGH NJW 2001, 1425 (1426); Semler/Stengel/Leonard/*Bärwaldt* § 210 Rn. 5.
6 BGH NJW 2001, 1425 (1426); Semler/Stengel/Leonard/*Bärwaldt* § 210 Rn. 5.
7 BGH NJW 2001, 1425 (1426).

I. Normzweck	1	4. Einschlägiger Zeitraum	7
II. Inhalt	2	5. Widerspruch iSv	
1. Erstattung eines Abfindungsangebotes	3	§ 207 Abs. 1 S. 1 Hs. 1	8
2. Veräußerung der Beteiligung	4	6. Keine Abdingbarkeit	9
3. Veräußerungsbeschränkung	5		

I. Normzweck

1 Wie die parallele verschmelzungsrechtliche Regelung in § 33 erlaubt § 211 es einem Anteilsinhaber, seine Anteile im Zeitraum zwischen dem Formwechselbeschluss und dem Ablauf der in § 209 bestimmten Fristen zu veräußern, auch wenn er nach dem Formwechselbeschluss widersprochen hat und ihm daher eine Barabfindung anzubieten ist. § 211 dient dem **Minderheitenschutz**, indem er dem mit dem Formwechsel nicht einverstandenen Anteilsinhaber die Bandbreite seiner möglichen Reaktionen erweitert. § 211 ermöglicht dem Anteilsinhaber, seine Beteiligung an einen Dritten zu veräußern, ohne hierbei – und dies ist der entscheidende Unterschied zu seinem Veräußerungsrecht außerhalb des Formwechsels – durch etwaige gesetzliche und/oder gesellschaftsvertragliche bzw. satzungsrechtliche Verfügungsbeschränkungen eingeschränkt zu sein. Ansonsten kann ein solcher Anteilsinhaber seine Beteiligung an den formwechselnden Rechtsträger nur gegen das im Barabfindungsangebot festgelegte Entgelt (die Barabfindung nach § 207 Abs. 1) veräußern, dessen Höhe er allerdings gerichtlich überprüfen lassen kann, § 212. Mit dem UmRUG wurde mit Wirkung zum 1.3.2023 die Möglichkeit der freihändigen Anteilsveräußerung auf die Dauer der originären Annahmefrist gem. § 209 S. 1 beschränkt.[1]

II. Inhalt

2 Nach § 211 stehen einer anderweitigen Veräußerung der Anteile durch den Anteilsinhaber im Zeitraum nach dem Formwechselbeschluss bis zum Ablauf der in § 209 bestimmten jeweiligen Fristen etwaige **Verfügungsbeschränkungen** nicht entgegen. Die Vorschrift findet dann Anwendung, wenn nach § 207 ein Abfindungsangebot erstattet wurde oder hätte erstattet werden müssen und eine Anteilsveräußerung an Dritte erfolgte, obwohl eine Veräußerungsbeschränkung der Verfügung über den Anteil entgegenstand. Wenngleich die Vorschrift hierzu schweigt, muss der verfügende Anteilsinhaber daneben auch gegen den Formwechselbeschluss zur Niederschrift widersprochen haben (§ 207 Abs. 1 S. 1 Hs. 1).[2]

1. Erstattung eines Abfindungsangebotes

3 Die **Veräußerungserleichterung** des § 211 greift nur dann, wenn die Erstattung eines Abfindungsangebots nicht rechtsformbedingt oder nach § 194 Abs. 1 Nr. 6 Hs. 2 entbehrlich war oder darauf nicht formwirksam verzichtet wurde. Voraussetzung ist damit, dass Anteile oder Mitgliedschaften gegen eine angemessene Barabfindung durch den formwechselnden Rechtsträger angeboten worden sind bzw. hätten angeboten werden müssen.

---

[1] Begr. RegE zu § 210, BT-Drs. 20/3822, 78 iVm 60 f.
[2] Semler/Stengel/Leonard/*Kalss* § 211 Rn. 9.

2. Veräußerung der Beteiligung

Weiterhin muss die **Beteiligung veräußert** worden sein. Hierunter fällt jede Form der Anteilsveräußerung einer Beteiligung. Der Begriff der „Veräußerung" ist ungenau. Gemeint ist hier ausschließlich das dingliche Rechtsgeschäft und damit die Verfügung selbst, da diese von der Verfügungsbeschränkung betroffen ist.[3] Welches schuldrechtliche Verpflichtungsgeschäft der Verfügung zugrunde liegt (zB Kauf, Tausch oder Schenkung), ist irrelevant.[4]

3. Veräußerungsbeschränkung

Während des in § 211 bestimmten Zeitraums ordnet § 211 an, dass Verfügungsbeschränkungen für die Veräußerung von Anteilen unbeachtlich sind, soweit es den Adressaten des Abfindungsangebots betrifft. Aus dem Wort „Verfügung" geht hervor, dass § 211 auf nur dinglich wirkende Beschränkungen der Übertragung der Anteile abzielt.[5] Unbeachtlich sind sämtliche Arten von Verfügungsbeschränkungen – **gesetzliche und gesellschaftsvertragliche bzw. satzungsrechtliche Verfügungsbeschränkungen**.[6] Nicht verwechselt werden dürfen hierbei gesetzliche Verfügungsbeschränkungen mit den Erwerbsbeschränkungen für AGs/KGaAs nach §§ 71 ff. AktG bzw. GmbHs nach § 33 GmbH. Hierbei handelt es sich um die Beschränkungen des Erwerbs, nicht der Verfügung an sich. Eine gesetzliche Verfügungsbeschränkung wäre beispielsweise § 68 Abs. 2 AktG, soweit eine entsprechende Satzungsregelung existiert.

Erfasst sind sowohl Verfügungsbeschränkungen beim formwechselnden Rechtsträger als auch solche, die erst beim Rechtsträger neuer Rechtsform vorliegen.[7] Dies ergibt sich auch daraus, dass der in § 211 iVm § 209 bestimmte Zeitraum ohne Verfügungsbeschränkungen vor dem Wirksamwerden des Formwechsels beginnt (Fassen des Formwechselbeschlusses) und nach dem Wirksamwerden des Formwechsels endet (zwei Monate nach Bekanntmachung des Formwechsels bzw. zwei Monate nach Bekanntmachung der gerichtlichen Entscheidung über die Höhe der Barabfindung im Spruchverfahren).

Hinweis: In Gesellschaftervereinbarungen finden sich häufig bestimmte Mitverkaufsrechte und -pflichten von einzelnen Gesellschaftern, wenn insbesondere der Mehrheitsgesellschafter seine Beteiligung veräußert (sog. „Tag-along Rights" und „Drag-along Rights"). Solche rein schuldrechtlichen Vereinbarungen werden von § 211 nicht ausgehebelt und sind weiter zu beachten. Gleiches gilt für nur schuldrechtlich vereinbarte Verfügungsbeschränkungen.

4. Einschlägiger Zeitraum

Darüber hinaus muss die Anteilsveräußerung innerhalb der von § 211 bestimmten **Frist** nach dem Formwechselbeschluss bis zum Ablauf einer der zwei in § 209 festgelegten Fristen erfolgen, wenn sie ohne Einhaltung der betreffenden Verfügungsbeschränkungen erfolgen soll. Eine Verfügung über die Beteiligung, die noch vor der Beschlussfassung erfolgt, fällt daher nicht unter § 211.[8] Das heißt, alle Verfügungen vor Fassen

---

3 Semler/Stengel/Leonard/*Kalss* § 211 Rn. 5; Widmann/Mayer/*Wälzholz* § 211 Rn. 22.
4 Ausdrücklich nur Semler/Stengel/Leonard/*Kalss* § 211 Rn. 5.
5 Lutter/*Hoger* § 211 Rn. 6; Semler/Stengel/Leonard/*Kalss* § 211 Rn. 5.
6 Lutter/*Hoger* § 211 Rn. 5.
7 Lutter/*Hoger* § 211 Rn. 4.
8 Widmann/Mayer/*Wälzholz* § 211 Rn. 25.

des Formwechselbeschlusses unterliegen noch den gesetzlichen sowie gesellschaftsvertraglichen bzw. satzungsrechtlichen Verfügungsbeschränkungen (wie zB eine etwaig erforderliche Zustimmung der Gesellschaft oder der Gesellschafterversammlung). Eine Ausnahme hiervon ist jedoch für den Fall denkbar, dass die Verfügung aufschiebend bedingt auf den Zeitpunkt der Beschlussfassung erfolgte.[9]

5. Widerspruch iSv § 207 Abs. 1 S. 1 Hs. 1

8 Zuletzt muss der betroffene Anteilsinhaber auch dem Formwechselbeschluss iSv § 207 Abs. 1 S. 1 Hs. 1 **widersprochen** haben. Dieses Erfordernis findet zwar im Wortlaut des § 211 keinen Anklang. Es ergibt sich jedoch aus der systematischen Stellung von § 211 im Regelungsgefüge der §§ 207–212.[10] Dem Widerspruch steht es daher gleich, wenn ein nicht erschienener Anteilsinhaber zu der Versammlung der Anteilsinhaber zu Unrecht nicht zugelassen worden ist oder die Versammlung nicht ordnungsgemäß einberufen oder der Gegenstand der Beschlussfassung nicht ordnungsgemäß bekanntgemacht worden ist, § 207 Abs. 2, § 29 Abs. 2.

6. Keine Abdingbarkeit

9 § 211 ist als **zwingende Vorschrift** nicht abdingbar.[11]

§ 212 Gerichtliche Nachprüfung der Abfindung

¹Macht ein Anteilsinhaber geltend, daß eine im Formwechselbeschluss bestimmte Barabfindung, die ihm nach § 207 Abs. 1 anzubieten war, nicht angemessen sei, so hat auf seinen Antrag das Gericht nach den Vorschriften des Spruchverfahrensgesetzes die angemessene Barabfindung zu bestimmen. ²Das gleiche gilt, wenn die Barabfindung nicht oder nicht ordnungsgemäß angeboten worden ist.

I. Normzweck

1 § 212 ist die logische Konsequenz aus § 210, der die Klage gegen die Wirksamkeit eines Formwechselbeschlusses wegen der Höhe der Barabfindung nach § 207 ausschließt. § 212 ordnet die **gerichtliche Bestimmung der angemessenen Barabfindung** in einem Spruchverfahren an, die der formwechselnde Rechtsträger gem. § 207 angeboten hat. § 212 ist insoweit die Parallelvorschrift zu § 196, der zur Bestimmung der angemessenen Zuzahlung, falls der Gegenwert der neuen Anteile am Rechtsträger neuer Rechtsform nach Ansicht des betroffenen Anteilsinhabers zu niedrig bemessen worden sein sollte, ebenso ins Spruchverfahren verweist. Das rechtsformübergreifend für alle Arten der Umwandlung geltende Verfahren entspricht der verschmelzungsrechtlichen Parallelregelung in § 34 und geht auf die bereits bestehenden Regelungen der §§ 375 Abs. 2 S. 2, S. 3, 388 AktG aF und §§ 13, 19 Abs. 3, 20 S. 1, 22 Abs. 2, 23 S. 1, 24 Abs. 1 S. 1 UmwG 1969 zurück.[1] Mit dem UmRUG sind mit Wirkung zum 1.3.2023 die vorherigen Worte „zu niedrig bemessen" durch die Worte „nicht angemessen" ersetzt worden, ebenso der

---

9 Widmann/Mayer/*Wälzholz* § 211 Rn. 25.
10 Semler/Stengel/Leonard/*Kalss* § 211 Rn. 9; Kallmeyer/*Meister/Klöcker/Becker* § 211 Rn. 9; Lutter/*Hoger* § 211 Rn. 3.
11 Kallmeyer/*Meister/Klöcker/Becker* § 211 Rn. 5; Lutter/*Hoger* § 211 Rn. 9.
1 Begr. RegE zu § 190, BR-Drs. 75/94, 147.

Begriff Umwandlungsbeschluss durch den Begriff Formwechselbeschluss. Beides soll jedoch nur eine sprachliche Anpassung ohne inhaltliche Änderung darstellen.[2]

II. Inhalt

In Gleichlauf zu § 34 greift die Vorschrift lediglich dann, wenn Anteile oder Mitgliedschaften gegen eine angemessene Barabfindung durch den formwechselnden Rechtsträger angeboten worden sind bzw. hätten angeboten werden müssen (→ § 207 Rn. 8 f.). Ein antragsberechtigter Anteilsinhaber kann dann binnen einer dreimonatigen Frist (§§ 4 Abs. 1 S. 1 Nr. 4 iVm 1 Nr. 4 SpruchG) ab dem Tage, an dem die Eintragung des Formwechsels bekannt gegeben worden ist (§ 201), auf Antrag bei Gericht die **Festlegung einer angemessenen Barabfindung** iSv § 207 Abs. 1 S. 1 Hs. 1 erwirken.

Die Antragstellung ist nur dann wirksam, wenn der betreffende Anteilsinhaber gegen den Formwechselbeschluss **Widerspruch zur Niederschrift** gem. § 207 Abs. 1 S. 1 erklärt hat oder gem. § 29 Abs. 2 iVm § 207 Abs. 2 entsprechend gleich behandelt wird. Umstritten ist, ob dies auch erfordert, gegen den Formwechselbeschluss zu stimmen. Die wohl hM in der Literatur befürwortet dies.[3] Überzeugend erscheint jedoch im Ergebnis, keine solche Pflicht zur Abgabe einer ablehnenden Stimme anzunehmen.[4] Es sind durchaus Konstellationen denkbar, in denen der Anteilsinhaber dem Formwechsel zwar nicht im Weg sein und daher zustimmen will, er aber im Zuge des Formwechsels aus der Gesellschaft ausscheiden will und lediglich mit der Höhe der Barabfindung unzufrieden ist. Wäre er gezwungen, gegen den Formwechsel zu stimmen, so könnte dies aufgrund der Mehrheitserfordernisse und den Stimmrechtsverhältnissen im Einzelfall ggf. den Formwechsel insgesamt verhindern. Auch ergibt sich aus dem Wortlaut von § 207 keine solche Pflicht.

Hinweis: Ausscheidungswillige Gesellschafter sollten allerdings sicherheitshalber gegen den Formwechselbeschluss stimmen, soweit dies nicht den Formwechsel insgesamt verhindert.

Hat der Anteilsinhaber das Barabfindungsangebot **bereits angenommen**, so ist seine Antragsberechtigung endgültig erloschen.[5] Umstritten ist, ob die Zustimmung zu einem Formwechsel ebenso zu einem Erlöschen der Antragsberechtigung führt (→ § 207 Rn. 7).

§ 213 Unbekannte Aktionäre

Auf unbekannte Aktionäre ist § 35 entsprechend anzuwenden.

1. Normzweck

§ 213 trifft mit einem umfassenden Verweis auf § 35 eine **Sonderregelung** für die Fälle, in denen die Aktionäre des formwechselnden Rechtsträgers unbekannt sind und deshalb nicht benannt werden können. Dies ist der Fall beim Formwechsel einer

---

2 Begr. RegE zu § 210, BT-Drs. 20/3822, 78.
3 Kallmeyer/*Meister/Klöcker/Becker* § 212 Rn. 6; Widmann/Mayer/*Wälzholz* § 207 Rn. 11; Semler/Stengel/Leonard/*Kalss* § 212 Rn. 7; → § 207 Rn. 9.
4 So wohl auch Lutter/*Hoger* § 207 Rn. 8 f.
5 OLG Düsseldorf ZIP 2001, 158; Semler/Stengel/Leonard/*Kalss* § 212 Rn. 9.

AG oder KGaA, die Inhaberaktien ausgegeben hat und deshalb keine Angaben über ihre Aktionäre machen kann. Dann genügt nach §§ 213, 35 S. 1 Hs. 1 die Angabe des insgesamt auf sie entfallenden Teils des Grundkapitals der Gesellschaft und der auf sie nach dem Formwechsel entfallenden Anteile. Die verschmelzungsrechtliche Regelung des § 35 geht ihrerseits auf § 33 Abs. 2 S. 3 KapErhG zurück.[1]

2. Tatbestandsvoraussetzung

§§ 213, 35 greifen dann, wenn die Aktionäre einer formwechselnden **AG** aufgrund gesetzlicher Regelungen im Formwechselbeschluss, bei der Anmeldung des Formwechsels zum Register und ggf. bei der Eintragung in eine Liste von Anteilsinhabern für den Rechtsträger neuer Rechtform benannt werden müssen, sie dem formwechselnden Rechtsträger jedoch unbekannt sind. § 213 spricht zwar nur von „Aktionären" des formwechselnden Rechtsträgers. Erfasst sind aber auch Kommanditaktionäre einer **KGaA**.[2] Voraussetzung ist, dass die Aktionäre der Gesellschaft tatsächlich unbekannt sind. Die formwechselnde AG bzw. KGaA muss daher grundsätzlich alle zumutbaren Anstrengungen unternehmen, um die namentliche Nennung der Aktionäre zu ermöglichen – beispielsweise durch die Überprüfung von Namenslisten früherer Hauptverhandlungen oder – nach stark umstrittener Meinung des BayObLG – durch die Aufforderung zur Offenlegung des Aktienbesitzes in der Einladung zur Hauptverhandlung.[3]

Hinweis: In der Praxis empfiehlt es sich, in der Anmeldung des Formwechsels zum Handelsregister der formwechselnden AG bzw. KGaA ggf. mit anzugeben, dass alle zumutbaren Anstrengungen zur Ermittlung der Anteilsinhaber unternommen worden seien.[4]

Ob die Anteilsinhaber zu benennen sind, ergibt sich aus den rechtsformspezifischen Vorschriften der Zielgesellschaft:

Checkliste:
– Beim Formwechsel in eine GmbH nach den Vorschriften zur Anmeldung sowie der Erstellung der Gesellschafterliste, § 197 iVm §§ 8 Abs. 1 Nr. 3, 40 GmbHG,
– beim Formwechsel in eine KG nach § 234 Nr. 2 und nach den Vorschriften zur Anmeldung, § 197 iVm §§ 106 Abs. 2 Nr. 2, 162 Abs. 1 HGB nF,
– beim Formwechsel in eine Personenhandelsgesellschaft nach den Vorschriften zur Anmeldung, § 197 iVm §§ 106 Abs. 2 Nr. 2, 162 Abs. 1 HGB nF,
– beim Formwechsel in eine eingetragene GbR nach den Vorschriften zur Anmeldung, § 197 iVm § 707 Abs. 2 Nr. 2 BGB nF,
– beim Formwechsel in eine eG nach § 253 Abs. 2 S. 1 und aus der Pflicht zur Führung einer Mitgliederliste nach § 197 iVm § 30 GenG.

3. Rechtsfolgen

Bleiben der formwechselnden AG bzw. KGaA die namentlich zu bezeichnenden (Kommandit-)Aktionäre unbekannt, genügt nach §§ 213, 35 S. 1 Hs. 1 die Angabe des insgesamt auf sie entfallenden Teils des Grundkapitals der Gesellschaft und der auf sie nach dem Formwechsel entfallenden Anteile. Diese **Ausnahme** gilt jedoch nur für die Fälle, in denen die Beteiligung maximal 5 % des Grundkapitals des formwechselnden Rechts-

---

[1] Begr. RegE zu § 35, BR-Drs. 75/94, 35.
[2] Vgl. die Begr. RegE zu § 213, BR-Drs. 75/94, 147: „unbekannte Aktionäre einer formwechselnden AG oder KGaA".
[3] BayObLG NJW 1997, 1814 (1815); → § 35 Rn. 12 mwN.
[4] *Wied* GmbHR 2016, 15 (15).

trägers ausmacht, §§ 213, 35 S. 1 Hs. 2. Nach §§ 213, 35 S. 2 sind die Register oder Listen nach späterem Bekanntwerden der Aktionäre von Amts wegen zu berichtigen. Die im Nachhinein bekannt gewordenen Namen der Anteilsinhaber sind daher mitzuteilen. Bis zu diesem Zeitpunkt ruht das Stimmrecht der betroffenen Anteile, §§ 213, 35 S. 3. Bei einer größeren Zahl unbekannt gebliebener Aktionäre kann dies ggf. zur merklich faktischen Verschiebung der Mehrheitsverhältnisse führen.

Umstritten ist, ob die unbekannt gebliebenen früheren Aktionäre, nun Gesellschafter, trotz Ruhens ihres Stimmrechts zu den Gesellschafterversammlungen des formgewechselten Rechtsträgers einzuladen sind, was von der wohl ganz hM in der Literatur abgelehnt wird.[5] Das Risiko einer ggf. erforderlichen nicht ordnungsgemäßen Ladung auch der unbekannten Gesellschafter ist jedoch die Nichtigkeit der in einer solchen Versammlung gefassten Beschlüsse.[6]

Hinweis: In der Literatur wird zur Vermeidung dieses Risikos diskutiert, in solchen Fällen einen Abwesenheitspfleger zu bestellen oder eine öffentliche Zustellung durch Veröffentlichung im Bundesanzeiger vorzunehmen.[7] Ergänzend sollte überlegt werden, im Gesellschaftsvertrag zusätzlich die Bekanntmachung der Einladung im Bundesanzeiger (vorübergehend) vorzusehen.

Zweiter Teil
Besondere Vorschriften

Erster Abschnitt
Formwechsel von Personengesellschaften

Erster Unterabschnitt Formwechsel von Gesellschaften bürgerlichen Rechts und Personenhandelsgesellschaften

Literatur:
Bayer, 1000 Tage neues Umwandlungsrecht – eine Zwischenbilanz, ZIP 1997, 1613; *Bärwaldt/Schabacker*, Das Ausscheiden des Kommanditisten ohne Nachhaftung, NJW 1998, 1909; *Bärwaldt/Schabacker*, Der Formwechsel als modifizierte Neugründung, ZIP 1998, 1293; *Bärwaldt/Schabacker*, Der vorsorgliche Formwechsel in eine OHG beim Formwechsel einer Kapitalgesellschaft in eine GbR, NJW 1999, 623; *Binnewies*, Formelle und materielle Voraussetzungen von Umwandlungsbeschlüssen – Beschlossen ist beschlossen?, GmbHR 1997, 727; *Blasche*, Individualisierung sowie Über- und Unterschreitung des Unternehmensgegenstandes, DB 2011, 517; *Bork*, Mitgliedschaftsrechte unbekannter Aktionäre während des Zusammenlegungsverfahrens nach § 226 AktG, Festschrift für Carsten Peter Claussen, 1997, S. 49; *Bormann*, Die Kapitalaufbringung nach dem Regierungsentwurf des MoMiG, GmbHR 2007, 897; *Busch*, Die Deckung des Grundkapitals bei Formwechsel einer GmbH in eine Aktiengesellschaft, AG 1995, 555; *Carlé/Bauschatz*, Der Ausgleichsposten nach § 220 Abs. 1 UmwG im Umwandlungs- und Umwandlungssteuerrecht, GmbHR 2001, 1149; *Dirksen/Möhrle*, Die kapitalistische Kommanditgesellschaft auf Aktien, ZIP 1998, 1377; *Ebenroth/Müller*, Die Abfindungsklausel im Recht der Personengesellschaft und der GmbH – Grenzen privatautonomer Gestaltung, BB 1993, 1153; *Fischer*, Formwechsel zwischen GmbH und GmbH & Co. KG, BB 1995, 2173; *Halm*, Notwendigkeit der Bildung des mitbestimmten Aufsichtsrats bei der GmbH vor Eintragung in das Handelsregister?, BB 2000, 1849 ff.; *Happ*, Immer Ärger mit den Fristen – Zu einigen Fristenfragen des Umwandlungsgesetzes in: Grunewald/Westermann (Hrsg.), Festschrift für Georg Maier-Reimer, 2010, S. 173; *Heckschen*, Die Entwicklung des Umwandlungsrechts aus Sicht der Rechtsprechung und Praxis, DB 1998, 1385; *Heckschen*, Die Reform des Umwandlungsrechts, DNotZ 2007, 444 ff.; *Heinemann*, Die Unternehmergesellschaft als Zielgesellschaft

---

5 Vgl. zum Streitstand ausführlich *Wied* GmbHR 2016, 15 (16 ff.).
6 Noack/Servatius/Haas/*Noack* GmbHG § 51 Rn. 28 mwN.
7 Rowedder/Schmidt-Leithoff/*Koppensteiner/Gruber* GmbHG § 51 Rn. 7; MüKoGmbHG/*Liebscher* § 51 Rn. 16; *Wied* GmbHR 2016, 15 (17).

von Formwechsel, Verschmelzung und Spaltung nach dem Umwandlungsgesetz, NZG 2008, 820; *Hergeth/Mingau*, Mitbestimmung und Aufsichtsratsbesetzung bei Umwandlung einer Personengesellschaft in eine Aktiengesellschaft, DStR 1999, 1948; *Joost*, Arbeitsrechtliche Angaben im Umwandlungsvertrag, ZIP 1995, 976; *Kallmeyer*, Der Ein- und Austritt der Komplementär-GmbH einer GmbH & Co. KG bei Verschmelzung, Spaltung und Formwechsel nach dem UmwG 1995, GmbHR 1996, 80; *Kallmeyer*, Der Formwechsel der GmbH oder GmbH & Co. in die AG oder KGaA zur Vorbereitung des Going public, GmbHR 1995, 888; *Kiem*, Die Stellung der Vorzugsaktionäre bei Umwandlungsmaßnahmen, ZIP 1997, 1627; *Kögel*, Firmenrechtliche Besonderheiten des neuen Umwandlungsrechts, GmbHR 1996, 168; *Meister*, Die Auswirkungen des MoMiG auf das Umwandlungsrecht, NZG 2008, 767; *Melchior*, Vollmachten bei Umwandlungsvorgängen – Vertretungshindernisse und Interessenkollisionen, GmbHR 1999, 520; *Merkt*, Unternehmensleistung und Interessenkollision, ZHR 159, 423; *Mertens*, Die formwechselnde Umwandlung einer GmbH in eine Aktiengesellschaft mit Kapitalerhöhung und die Gründungsvorschriften, AG 1995, 561; *Meyer-Landrut/Kiem*, Der Formwechsel einer Publikumsaktiengesellschaft – Erste Erfahrungen aus der Praxis, WM 1997, 1361; *Piltz*, Rechtspraktische Überlegungen zu Abfindungsklauseln in Gesellschaftsverträgen, BB 1994, 1021; *Priester*, Das neue Umwandlungsrecht aus notarieller Sicht, DNotZ 1995, 427; *Priester*, Kapitalgrundlage beim Formwechsel – Zwang zur Buchwertfortführung?, DB 1995, 911; *Priester*, Personengesellschaften im Umwandlungsrecht – Praxisrelevante Fragen und offene Posten, DStR 2005, 788; *Reichert*, Folgen der Anteilsvinkulierung für Umstrukturierungen von Gesellschaften mit beschränkter Haftung und Aktiengesellschaften nach dem Umwandlungsgesetz 1995, GmbHR 1995, 176. *Richard/Weinheimer*, Der Weg zurück: Going Private, BB 1999, 1613; *Schlitt/Beck*, Spezielle Probleme bei stillen Beteiligungen im Vorfeld eines Börsengangs, NZG 2001, 688; *Schmidt, H.*, Mehrheitsklauseln für Umwandlungsbeschlüsse in Gesellschaftsverträgen von Personenhandelsgesellschaften in: Pfeiffer, Gerd et al. (Hrsg.), Festschrift für Hans Erich Brandner, 1996, S. 133; *Schmidt, J.*, Die Änderung der umwandlungsrechtlichen Informationspflichten durch das ARUG, NZG 2008, 734; *Schmidt, K.*, Die freiberufliche Partnerschaft, NJW 1995, 1; *Schmidt, K.*, Die Umwandlung einer GmbH in eine AG zu Kapitaländerungszwecken – Kontinuitätsprobleme bei der formwechselnden Umwandlung, AG 1985, 150; *Schmidt, K.*, Formwechsel zwischen GmbH und GmbH & Co. KG – Zur Gesellschafteridentität bei der Beteiligung einer Personengesellschaft am Formwechsel, GmbHR 1995, 693; *Schmidt, K.*, Umwandlung von Vorgesellschaften? §§ 41 AktG, 11 GmbHG und umwandlungsrechtlicher numerus clausus in: Lieb, Manfred et al. (Hrsg.), Festschrift für Wolfgang Zöllner, 1998, S. 521; *Schmidt, K.*, Volleinzahlungsgebot beim Formwechsel in die AG oder GmbH? – Zugleich zum Verständnis des Formwechsels nach altem und neuem Umwandlungsrecht, ZIP 1995, 1385; *Seibold*, Der grenzüberschreitende Herein-Formwechsel in eine deutsche GmbH – geht doch!: Theorie vs. Praxis, ZIP 2017, 456; *Streck/Mack/Schwedhelm*, Verschmelzung und Formwechsel nach dem neuen Umwandlungsgesetz, GmbHR 1995, 161; *Tettinger*, Der hilfsweise Umwandlungsbeschluss als Gestaltungsoption – Konserviert die beabsichtigte Streichung des § 228 Abs. 2 UmwG ein Missverständnis?, Der Konzern 2006, 844; *Tettinger*, UG (umwandlungsbeschränkt)? – Die Unternehmergesellschaft nach dem MoMiG-Entwurf und das UmwG, Der Konzern 2008, 75; *Timmermans*, Kapitalaufbringung und Kapitalsetzung bei dem Formwechsel einer Personenhandelsgesellschaft in eine Kapitalgesellschaft, DB 1999, 948; *Vetter*, Verpflichtung zur Schaffung von 1 Euro-Aktien?, AG 2000, 193; *Wälzholz*, Aktuelle Probleme der Unterbilanz- und Differenzhaftung bei Umwandlungsvorgängen, AG 2006, 469; *Wertenbruch*, Partnerschaftsgesellschaft und neues Umwandlungsrecht, ZIP 1995, 712; *Wiedemann*, Identität beim Formwechsel, ZGR 1999, 568; *Wolf*, Die Haftung des Kommanditisten beim Formwechsel in die GmbH, ZIP 1996, 1200.

§ 214 Möglichkeit des Formwechsels

(1) Eine Gesellschaft bürgerlichen Rechts oder eine Personenhandelsgesellschaft kann aufgrund eines Umwandlungsbeschlusses nach diesem Gesetz nur die Rechtsform einer Kapitalgesellschaft oder einer eingetragenen Genossenschaft erlangen.

(2) Eine aufgelöste Gesellschaft bürgerlichen Rechts und eine aufgelöste Personenhandelsgesellschaft können die Rechtsform nicht wechseln, wenn die Gesellschafter eine andere Art der Auseinandersetzung als die Abwicklung durch Liquidation oder als den Formwechsel vereinbart haben.

I. Normzweck	1	b) Eingetragene Genossenschaft	14
II. Formwechsel bestehender Personengesellschaften (Abs. 1)	4	III. Formwechsel aufgelöster Personengesellschaften (Abs. 2)	15
1. Ausgangsrechtsträger	4	1. Aufgelöste Personengesellschaft	17
a) PartG	7	2. Möglichkeit eines Fortsetzungsbeschlusses	19
b) EWIV	8		
c) Sonstige Personenvereinigungen ...	9	3. Andere Art der Auseinandersetzung	21
2. Zielrechtsträger	10	IV. Verstöße	23
a) Kapitalgesellschaft	11		

I. Normzweck

Mit § 214 eröffnet der Gesetzgeber den Zweiten und Besonderen Teil der Vorschriften über den Formwechsel von Rechtsträgern. Der Regelungskonzeption liegt dabei eine kategorische Unterscheidung von Personengesellschaften und Kapitalgesellschaften als Ausgangsrechtsträger zugrunde. Während die §§ 214–225c den Formwechsel von **Personengesellschaften** zum Gegenstand haben, behandeln die §§ 226–250 den Formwechsel von Kapitalgesellschaften. 1

§ 214 stellt als Norm des Besonderen Teils eine **spezielle Vorschrift** für den Formwechsel einer Personengesellschaft in eine Kapitalgesellschaft oder eG dar. Die Norm genießt nach allgemeinen Grundsätzen Vorrang vor dem Allgemeinen Teil und konkretisiert § 190 und § 191.[1] Sie gliedert sich in zwei Absätze, die jeweils unterschiedliche Stadien der Gesellschaft betreffen. Abs. 1 behandelt allein den Formwechsel einer bestehenden, Abs. 2 hingegen befasst sich mit der bereits aufgelösten Personengesellschaft. 2

Bereits nach altem Recht war die Umwandlung einer Personenhandelsgesellschaft in eine AG, KGaA oder GmbH zulässig.[2] Der Normgehalt des Abs. 1 hat sich diesbezüglich nicht geändert. Wesentlich neu hingegen ist, dass die **Identität** des Rechtsträgers auch bei einem Formwechsel einer Personenhandelsgesellschaft erhalten bleibt.[3] Eine Vermögensübertragung ist daher ausgeschlossen.[4] Der Formwechsel einer aufgelösten Personenhandelsgesellschaft (Abs. 2) konnte nach altem Recht nur vollzogen werden, wenn eine Liquidation stattfand.[5] Dies wird vom Gesetz nicht aufrechterhalten. Der Gesetzgeber hielt das Festhalten an dieser Vorschrift für entbehrlich, da die Gläubiger des Ausgangsrechtsträgers durch die Haftung des Rechtsträgers neuer Rechtsform und die Nachhaftung der Gesellschafter des Ausgangsrechtsträgers für Verbindlichkeiten, die vor Ablauf von fünf Jahren fällig sind (vgl. § 224), hinreichend geschützt sind.[6] 3

Ab dem 1.1.2024 ist es nun auch möglich, bei einer eingetragenen Gesellschaft bürgerlichen Rechts einen Formwechsel durchzuführen.

II. Formwechsel bestehender Personengesellschaften (Abs. 1)

1. Ausgangsrechtsträger

Ausgangsrechtsträger eines Formwechsels nach § 214 Abs. 1 ist eine Gesellschaft bürgerlichen Rechts oder eine **Personenhandelsgesellschaft**. Der Begriff der Personenhandelsgesellschaft wird durch § 191 Abs. 1 Nr. 1 iVm § 3 Abs. 1 Nr. 1 legaldefiniert. Demnach 4

---

1 Begr. RegE zu § 214, BR-Drs. 75/94, 147 f. erwähnt nur § 190; Begr. RegE zu § 226, BR-Drs. 75/94, 152 nennt hingegen auch explizit § 191 als konkretisierte Norm.
2 §§ 40 ff. UmwG 1969; §§ 46 ff. UmwG 1969.
3 Zur Kritik an dem Konzept einer umfassenden Erhaltung der Gesellschaftsidentität vgl. *Bärwaldt/Schabacker* ZIP 1998, 1293 (1297).
4 Vgl. *K. Schmidt* GesR § 12 IV. 2; *Wiedemann* ZGR 1999, 568 (579 f.).
5 Vgl. §§ 40 Abs. 2, 46 S. 2 UmwG 1969.
6 Begr. RegE zu § 214, BR-Drs. 75/94, 147 f.

sind dies allein die OHG und die KG. Nach einhelliger Auffassung kommt es auf die Rechtspersönlichkeit der Gesellschafter für einen Formwechsel nicht an.[7] Diese können also natürliche oder juristische Personen sein.[8] Auch Kapitalgesellschaften & Co. KG (etwa die praktisch häufig umzuwandelnde GmbH & Co. KG oder die AG & Co. KG) kommen folglich als Personenhandelsgesellschaft in Betracht.[9]

5 Die Legaldefinition des § 191 Abs. 1 Nr. 1 iVm § 3 Abs. 1 Nr. 1 aF umfasste nicht die GbR. Diese konnte bis zum 31.12.2023 **nicht Ausgangsrechtsträger eines Formwechsels** nach den §§ 191 ff. sein. Der Gesetzgeber hatte ein Bedürfnis für eine Einbeziehung der GbR ursprünglich nicht sehen können.[10] Auch eine analoge Anwendung kam aufgrund des in § 1 Abs. 2 verankerten Grundsatzes des numerus clausus der Umwandlungsmöglichkeiten und des hieraus abzuleitenden Analogieverbots nicht in Betracht.[11]

6 Bis zum 1.1.2024 blieb demnach nur die Möglichkeit einer Umwandlung **außerhalb des UmwG**, etwa durch Eintragung der GbR in das Handelsregister nach § 105 Abs. 2 HGB.[12] Auf diesem Umwege konnten die Gesellschafter die Voraussetzungen des Vorliegens einer Personenhandelsgesellschaft iSd UmwG (hier der OHG) auch selbst schaffen, um in die Vorzüge des UmwG zu kommen.[13] Die praktische Relevanz dieser Möglichkeit lag nicht zuletzt im Sinn und Zweck des UmwG, der Vereinfachung.[14] Die Gesellschafter vermieden aufwändigere Liquidations- und Neugründungsvorgänge zugunsten der rechtspraktisch einfacheren direkten Umwandlung der Gesellschaft in die Zielgesellschaft.[15]

Hinweis: Eine in der Praxis häufig vorzufindende Form der Umwandlung außerhalb des UmwG ist die Einbringung der Anteile an einer GbR in eine GmbH oder AG im Wege einer Sachgründung oder Sachkapitalerhöhung.[16]

a) PartG

7 Auch die Partnerschaftsgesellschaft ist nicht Personenhandelsgesellschaft iSd § 214.[17] Für die Umwandlung einer Partnerschaftsgesellschaft hält das UmwG aber in den §§ 225a ff. **gesonderte Regelungen** bereit.

b) EWIV

8 Die EWIV ist nicht in den Kreis der in § 191 Abs. 1 Nr. 1 iVm § 3 Abs. 1 Nr. 1 aufgeführten Personenhandelsgesellschaften integriert. Den Gesetzesmaterialien zum UmwG ist ein Hinweis hinsichtlich der Umwandlungsfähigkeit der EWIV nicht zu entnehmen. Auf die EWIV sind aber gem. § 1 EWIVAG neben den Normen des EWIVAG ergänzend die §§ 105 ff. HGB **entsprechend anwendbar**. Die EWIV ist damit als besondere Form der OHG ausgestaltet.[18] Sie gilt deshalb als Handelsgesellschaft und kann nach hM somit tauglicher Rechtsträger für einen Formwechsel nach § 214 sein.[19]

---

7 Lutter/Joost/Hoger § 214 Rn. 2.
8 Semler/Stengel/Leonard/Schlitt § 214 Rn. 11; Kallmeyer/Blasche § 214 Rn. 3.
9 Priester DStR 2005, 788 (793); K. Schmidt GesR § 13 II 3. e); Lutter Kölner Umwandlungsrechtstage/Joost S. 245, 246.
10 Begr. RegE zu § 214, BR-Drs. 75/94, 147 f.
11 Lutter/Joost/Hoger § 214 Rn. 3.
12 Begr. RegE zu § 214, BR-Drs. 75/94, 147 f.; insofern auch → § 190 Rn. 39 ff.
13 Lutter/Joost/Hoger § 214 Rn. 3.
14 K. Schmidt GesR § 12 I 5. a).
15 K. Schmidt GesR § 12 I 5. b).
16 Vgl. Semler/Stengel/Leonard/Schlitt § 214 Rn. 15.
17 Semler/Stengel/Leonard/Schlitt § 214 Rn. 13; vgl. auch Widmann/Mayer/Vossius § 214 Rn. 6.
18 Semler/Stengel/Leonard/Schlitt § 214 Rn. 12; Lutter/Joost/Hoger § 214 Rn. 4.
19 Semler/Stengel/Leonard/Schlitt § 214 Rn. 12; Lutter/Joost/Hoger § 214 Rn. 4.

c) Sonstige Personenvereinigungen

Die **stille Gesellschaft** ist keine Personenhandelsgesellschaft iSd § 124 Abs. 1.[20] Auch auf sonstige Gesamthandsgemeinschaften, etwa die eheliche Gütergemeinschaft oder die Erbengemeinschaft, findet § 214 keine Anwendung.[21]

2. Zielrechtsträger

Zielrechtsträger kann nach dem Wortlaut des Gesetzes nur die Rechtsform einer **Kapitalgesellschaft oder einer eG** sein. Umwandlungen zwischen OHG, KG und GbR sind damit innerhalb des UmwG nicht vorgesehen.[22]

a) Kapitalgesellschaft

Als Kapitalgesellschaften gelten gem. der Legaldefinition des § 191 Abs. 1 Nr. 1 iVm § 3 Abs. 1 Nr. 2 allein die **GmbH**, die **AG** sowie die **KGaA**.

Ein Formwechsel in eine **UG** ist unzulässig. Dies ergibt sich aus dem Verweis auf die Gründungsvorschriften in § 197 S. 1.

Dieser Verweis erfasst auch § 5a Abs. 2 S. 2 GmbHG, der bei Gründung einer UG Sacheinlagen zur Erbringung des Stammkapitals ausschließt. Da aber in § 220 Abs. 2 und § 245 Abs. 4 ausdrücklich auf einen Sachgründungsbericht Bezug genommen wird, hat der Gesetzgeber verdeutlicht, dass er den Formwechsel in eine GmbH, eine AG oder eine KGaA als Sachgründung verstanden wissen will, so dass ein Formwechsel in die UG nicht vollzogen werden kann.[23]

Nicht erfasst ist trotz ihrer Eigenschaft als Kapitalgesellschaft die Societas Europea (SE), deren Entstehung sich nach der dem UmwG vorrangigen VO (EG) Nr. 2157/2001 richtet.[24]

b) Eingetragene Genossenschaft

Auch die **eG** kann Zielrechtsträger eines Formwechsels sein (§ 191 Abs. 1 Nr. 3, und zwar unabhängig davon, ob eine volle, beschränkte oder gar keine Nachschusspflicht vorgesehen ist.[25] Auch hier gilt, dass ein Formwechsel in die europäische Societas Cooperation Europea (SCE) nach deutschem Umwandlungsrecht ausgeschlossen und lediglich ein Wechsel aus der deutschen Genossenschaft in die europäische Erscheinungsform nach der VO (EG) Nr. 1435/2003 möglich ist.[26]

III. Formwechsel aufgelöster Personengesellschaften (Abs. 2)

Während § 214 Abs. 1 sich mit dem Formwechsel noch bestehender Personengesellschaften befasst, regelt § 214 Abs. 2 den Formwechsel einer bereits aufgelösten Personengesellschaft. Der Absatz betrifft damit ein anderes **Stadium der Gesellschaft**.

---

20 Widmann/Mayer/*Vossius* § 214 Rn. 15; Semler/Stengel/Leonard/*Schlitt* § 214 Rn. 16.
21 Ganz hM, so etwa Widmann/Mayer/*Vossius* § 214 Rn. 15, 16; Semler/Stengel/Leonard/*Schlitt* § 214 Rn. 16.
22 *Priester* DStR 2005, 788 (792); vgl. aber die Möglichkeit einer Umwandlung außerhalb des UmwG unter → Rn. 6 sowie → § 190 Rn. 39 ff.
23 *Meister* NZG 2008, 767 (768); *Tettinger* Der Konzern 2008, 75 (77); vgl. auch *Heinemann* NZG 2008, 820 (821).
24 Art. 1 Abs. 2, Art. 2 VO (EG) Nr. 2157/2001 ABl. 2001 L 294, 1; vgl. dazu Gesetz über die Einführung der Europäischen Gesellschaft (SEEG) vom 22.12.2004, BGBl. I 3675; so auch Semler/Stengel/Leonard/*Schlitt* § 214 Rn. 17.
25 Semler/Stengel/Leonard/*Schlitt* § 214 Rn. 17.
26 Art. 2 fünfter Gedankenstrich VO (EG) Nr. 1435/2003. ABl. 2003 L 207, 1; so auch Semler/Stengel/Leonard/*Schlitt* § 214 Rn. 17.

16 Auch eine aufgelöste Personengesellschaft kann noch umgewandelt werden. Durch die Auflösung wird die Eigenschaft der Gesellschaft, Ausgangsrechtsträger einer Umwandlung sein zu können, nicht berührt.[27] Allerdings sind die Gesellschafter in der Möglichkeit eines Formwechsels beschränkt.

1. Aufgelöste Personengesellschaft

17 Die Auflösung einer Gesellschaft beschreibt den Beginn ihres **Beendigungsstadiums**.[28] Erst mit dem Erlöschen der Gesellschaft ist dieses Stadium endgültig abgeschlossen.[29]

18 Zur Auflösung der Personengesellschaft können führen:
- Zeitablauf (§ 138 Abs. 1 Nr. 1 HGB/§ 161 Abs. 2 iVm § 138 Abs. 1 Nr. 1 HGB),
- Gesellschafterbeschluss (§ 138 Abs. 1 Nr. 4 HGB/§ 161 Abs. 2 iVm § 138 Abs. 1 Nr. 4 HGB),
- Eröffnung des Insolvenzverfahrens über das Vermögen der Gesellschaft (§ 138 Abs. 1 Nr. 2 HGB/§ 161 Abs. 2 iVm § 138 Abs. 1 Nr. 2 HGB),
- Gerichtliche Entscheidung (§ 138 Abs. 1 Nr. 3 HGB/§ 161 Abs. 2 iVm § 138 Abs. 1 Nr. 3 HGB),
- im Falle der Kommanditgesellschaft: das Ausscheiden des einzigen Komplementärs.[30]

2. Möglichkeit eines Fortsetzungsbeschlusses

19 Zwingende Voraussetzung für die Umwandlung einer bereits aufgelösten Gesellschaft ist die noch bestehende **Möglichkeit eines Fortsetzungsbeschlusses**. Das ergibt sich aus der allgemeinen Regelung des § 191 Abs. 3. Die Umwandlung des Ausgangsrechtsträgers ist damit ausgeschlossen, wenn ein Fortsetzungsbeschluss nicht mehr gefasst werden kann. Dies ist etwa der Fall, wenn die Eröffnung des Insolvenzverfahrens mangels Masse abgelehnt worden ist (vgl. §§ 141 Abs. 1, 138 Abs. 2 Nr. 1 HGB) oder das Insolvenzverfahren nach dem Schlusstermin (§ 200 InsO) oder mangels Masse (§ 207 InsO) eingestellt wurde.[31]

20 Wurde mit der **Verteilung des Gesellschaftsvermögens** im Rahmen der Liquidation bereits begonnen, ist zu differenzieren: Anders als bei den Kapitalgesellschaften ist bei den Personengesellschaften nicht der Zeitpunkt des Beginns der Vermögensverteilung, sondern der Zeitpunkt der Vollbeendigung entscheidend.[32] Ein Fortsetzungsbeschluss wird erst nach diesem Zeitpunkt unmöglich. Anders soll es bei Personengesellschaften liegen, bei denen der Komplementär keine natürliche Person ist, etwa der GmbH & Co. KG.[33]

3. Andere Art der Auseinandersetzung

21 Ausgeschlossen ist ein Formwechsel im Stadium der bereits aufgelösten Gesellschaft, wenn die Gesellschafter eine **andere Art der Auseinandersetzung** als die Liquidation oder als den Formwechsel vereinbart haben. Der Ausschluss des Formwechsels in diesem Fall dient vor allem dem Gläubigerschutz. Der Gesetzgeber wollte hiermit der Gefahr entgegenwirken, dass bei der im Recht der Personengesellschaften zulässigen

---

[27] Semler/Stengel/Leonard/Schlitt § 214 Rn. 20.
[28] Windbichler GesR § 12 Rn. 22.
[29] Windbichler GesR § 12 Rn. 22.
[30] Windbichler GesR § 17 Rn. 9.
[31] Kallmeyer/Meister/Klöcker § 191 Rn. 20.
[32] MüKoHGB/K. Schmidt § 145 Rn. 77; ohne weitere Differenzierung: Kallmeyer/Meister/Klöcker § 191 Rn. 20 sowie noch K. Schmidt GesR § 11 V 5.
[33] MüKoHGB/K. Schmidt § 145 Rn. 77.

anderen Art der Auseinandersetzung das Vermögen der aufgelösten Gesellschaft im Zeitpunkt des Formwechselbeschlusses zur Befriedigung der Gläubiger der Gesellschaft nicht mehr vorhanden ist.[34]

Eine **Vereinbarung einer anderen Art der Auseinandersetzung** kann im Gesellschaftsvertrag vorgesehen sein, aber auch ad hoc getroffen werden.[35] Sie kann bspw. in der Veräußerung des Unternehmens an einen Dritten[36] oder in der Realteilung der aufgelösten Gesellschaft, etwa durch Spaltung, liegen.[37] Anders liegt es, wenn sich die Gesellschafter dieser Vereinbarung durch Aufhebung wieder entledigt haben.[38] Eine solche Aufhebung ist jedenfalls dann möglich, wenn mit der Verteilung des Vermögens noch nicht begonnen wurde.[39]   22

IV. Verstöße

§ 214 ist zwingendes Recht (vgl. § 1 Abs. 3 S. 1). Wird gleichwohl ein Formwechsel in eine andere als die vom Gesetz vorgesehene Rechtsform durchgeführt, ist dieser Formwechsel **unwirksam**; die Eintragung in das Handelsregister darf dann nicht erfolgen.[40] Erfolgt sie dennoch, ist eine Heilung gem. § 202 Abs. 3 ausgeschlossen.[41]   23

§ 215 Umwandlungsbericht

Ein Formwechselbericht ist nicht erforderlich, wenn alle Gesellschafter der formwechselnden Gesellschaft zur Geschäftsführung berechtigt sind.

I. Normzweck 1	3. EWIV 11
II. Formwechselbericht 3	IV. Rechtsfolge 12
III. Geschäftsführungsbefugnis aller Gesellschafter 5	1. Formwechselbericht 12
1. Gesellschaft bürgerlichen Rechts und OHG 6	2. Entwurf des Formwechselbeschlusses ... 13
	3. Abfindungsangebot 15
2. KG 8	V. Verzicht auf den Formwechselbericht 16

I. Normzweck

§ 215 entspricht dem für die Verschmelzung geltenden § 41. Er stellt eine **Ausnahmeregelung** zu der allgemeinen Norm des § 192 Abs. 1 dar und erweitert damit die in § 192 Abs. 2 vorgesehenen Gründe der Entbehrlichkeit des Formwechselberichts. Eine entsprechende Regelung existierte im alten Recht nicht; die Norm ist mit dem UmwG 1994 neu aufgenommen worden.[1]   1

Nach der allgemeinen Regelung des § 192 Abs. 1 hat das Vertretungsorgan des formwechselnden Rechtsträgers einen ausführlichen schriftlichen **Formwechselbericht** zu erstatten. So soll dem besonderen Interesse von Gesellschaftern ohne Geschäftsfüh-   2

---

34 Begr. RegE zu § 214, BR-Drs. 75/94, 148.
35 MüKoHGB/*K. Schmidt* § 145 Rn. 46; Hopt/*Roth* HGB § 145 Rn. 8; Staub/*Habersack* HGB § 145 Rn. 24.
36 Semler/Stengel/Leonard/*Schlitt* § 214 Rn. 27.
37 Widmann/Mayer/*Vossius* § 214 Rn. 31.
38 Semler/Stengel/Leonard/*Schlitt* § 214 Rn. 28.
39 Kallmeyer/*Blasche* § 214 Rn. 14; Lutter/Joost/*Hoger* § 214 Rn. 9; weiter geht Semler/Stengel/Leonard/*Schlitt* § 214 Rn. 28, der, mit dem Gesetzeszweck argumentierend, eine Aufhebung auch noch nach Beginn der Vermögensverteilung für zulässig hält, um das erforderliche

Stamm- bzw. Grundkapital des Zielrechtsträgers aufzubringen.
40 Lutter/Joost/*Hoger* § 214 Rn. 13; Semler/Stengel/Leonard/*Schlitt* § 214 Rn. 30.
41 Kallmeyer/*Blasche* § 214 Rn. 15; hinsichtlich des Formwechsels einer GmbH OLG München AG 2010, 458 (459); hinsichtlich der Eintragung einer Ausgliederung in das Handelsregister vgl. weiterhin OLG Stuttgart AG 2004, 271 (273).

1 Semler/Stengel/Leonard/*Schlitt* § 215 Rn. 3.

rungsbefugnis an einer ausführlichen Vorabinformation entsprochen werden.[2] § 215 hebt diesen Grundsatz auf, wenn alle Gesellschafter der Personengesellschaft geschäftsführungsbefugt sind, da den Gesellschaftern in diesem Fall bereits kraft ihrer Geschäftsführungsbefugnis die Informationsbeschaffung möglich ist.[3]

II. Formwechselbericht

3 Die Gesellschafter haben gem. § 192 einen **ausführlichen schriftlichen Bericht** zu erstatten, in dem der Formwechsel und insbes. die künftige Beteiligung der Anteilsinhaber an dem Rechtsträger rechtlich und wirtschaftlich erläutert und begründet werden. Der Entwurf des Formwechselbeschlusses (§ 192 Abs. 1 S. 3) sowie der zukünftige Gesellschaftsvertrag oder die zukünftige Satzung (§ 218) sind Teil des Formwechselberichts. Auch muss der Formwechselbericht ein Barabfindungsangebot gem. § 207 enthalten (§ 194).

4 **Keines Formwechselberichts** bedarf es, wenn die Gesellschafter auf die Erstattung eines solchen Berichts verzichtet haben oder alle Gesellschafter geschäftsführungsbefugt sind (§§ 192 Abs. 2 S. 1; 215). Dabei sind das Einverständnis oder etwaige Berechtigungen stiller Gesellschafter, unabhängig von der Rechtsform, außer Acht zu lassen, da diese nicht als Gesellschafter im Sinne von § 215 gelten.[4]

III. Geschäftsführungsbefugnis aller Gesellschafter

5 Nach § 215 wird von dem Erfordernis des Formwechselberichtes bei Vorliegen einer **Geschäftsführungsbefugnis sämtlicher Gesellschafter** eine Ausnahme gemacht. Je nach Gesellschaftsform des Ausgangsrechtsträgers ist das gesetzliche Leitbild bzgl. der Geschäftsführungsbefugnis unterschiedlich ausgestaltet. Auch kommt eine anderweitige einzelvertragliche Regelung in Betracht.

1. Gesellschaft bürgerlichen Rechts und OHG

6 Der gesetzliche Regelfall der Geschäftsführungsbefugnis ist im Recht der Gesellschaft bürgerlichen Rechts in § 715 BGB und im Recht der OHG in § 116 Abs. 1 HGB niedergelegt. Demzufolge sind **alle Gesellschafter** zur Geschäftsführungsbefugnis berechtigt und verpflichtet. Ist die Gesellschaft, mangels einer anderweitigen einzelvertraglichen Regelung, nach diesem gesetzlichen Leitbild organisiert, ist ein Formwechselbericht entbehrlich. Durch Gesellschaftsvertrag kann aber die Geschäftsführungsbefugnis einem Gesellschafter oder mehreren Gesellschaftern übertragen worden sein, so dass die übrigen Gesellschafter von der Geschäftsführung ausgeschlossen sind. Ist dies der Fall, liegt der Regelfall des § 192 Abs. 1 vor und der Formwechselbericht muss erstattet werden.[5]

7 Umstritten ist, ob § 215 auch dann anzuwenden ist, wenn ein Gesellschafter nicht geschäftsführungsbefugt ist, dieser aber von einem anderen Gesellschafter **beherrscht** wird, der seinerseits über Geschäftsführungsbefugnis verfügt.[6] Richtigerweise ist dies abzulehnen. Die gegenteilige Auffassung übersieht, dass es sich bei dem Geschäfts-

---

[2] Begr. RegE zu § 192, BR-Drs. 75/94, 138.
[3] Begr. RegE zu § 41, BR-Drs. 75/94, 98.
[4] Semler/Stengel/Leonard/*Schlitt* § 215 Rn. 12.
[5] Lutter/*Joost/Hoger* § 215 Rn. 2; Semler/Stengel/Leonard/*Schlitt* § 215 Rn. 6.
[6] Zustimmend Goutier/Knopf/Tulloch/*Laumann* § 215 Rn. 7; aA Lutter/*Joost/Hoger* § 215 Rn. 2; differenzierend Semler/Stengel/Leonard/*Schlitt* § 215 Rn. 7.

führungsrecht um ein pflichtgebundenes Recht des Gesellschafters handelt.[7] Bei der Ausübung dieses Rechts ist der Gesellschafter nicht frei. Vielmehr hat er bei allen Angelegenheiten, die das Interesse der Gesellschaft berühren, zu deren Wohl und nicht zum eigenen Vorteil zu handeln.[8] Eine ausführliche Vorabinformation ist aber für die beherrschte Gesellschaft von eminenter Bedeutung. Es bleibt deshalb dem herrschenden Unternehmen nur die Möglichkeit, auf einen Verzicht auf den Formwechselbericht hinzuwirken.[9]

2. KG

Die Kommanditgesellschaft lässt ihrer Natur nach verschiedenartige Beteiligungsformen zu. Der Gesellschafter kann sowohl Komplementär als auch Kommanditist sein. Während der persönlich haftende Gesellschafter zur Geschäftsführung berechtigt ist, ist der Kommanditist von dieser ausgeschlossen (§ 164 HGB). Ist demnach die betreffende KG nach diesem **gesetzlichen Leitbild** ausgerichtet, ist die Erstattung eines Formwechselberichts zwingend erforderlich, um dem Informationsinteresse des Kommanditisten gerecht zu werden.

Haben hingegen die Gesellschafter, was ohne Weiteres möglich ist,[10] die Geschäftsführungsbefugnis **abweichend vom gesetzlichen Leitbild** ausgestaltet, etwa indem auch sämtliche Kommanditisten zur Geschäftsführung befugt sind, ist die Erstattung eines Berichts entbehrlich. Freilich muss die Geschäftsführungsbefugnis dabei allen Kommanditisten erteilt worden sein. Eine Verleihung an einzelne Kommanditisten ist nicht hinreichend.[11] Auch die Erteilung nur beschränkter Mitwirkungsrechte macht die Erstattung eines Formwechselberichts nicht entbehrlich.[12]

Für eine **GmbH & Co. KG** kann nichts anderes gelten. Im Regelfall liegt es hier so, dass der GmbH als Komplementärin entsprechend dem gesetzlichen Leitbild die Vertretung und Geschäftsführungsbefugnis zusteht (§ 164 S. 1 HGB). Da die GmbH durch ihren Geschäftsführer handelt, ist dieser in der GmbH & Co. KG mittelbar zur Vertretung und Geschäftsführung berufen.[13] Ob die Kommanditisten der KG zeitgleich Gesellschaftsanteile an der GmbH halten, ist für die Frage nach der Pflicht zur Erstattung des Formwechselberichts unerheblich.[14] Allein hierdurch ist ihnen die Möglichkeit der von § 215 bezweckten Informationsgewinnung noch nicht eröffnet.[15] Die Sache liegt aber anders, wenn die Kommanditisten zeitgleich Geschäftsführer der GmbH sind. Hier ist ihrem Informationsinteresse bereits Genüge getan, so dass ein Bericht entbehrlich ist.[16]

3. EWIV

Die EWIV gilt gem. § 1 EWIVAG als Handelsgesellschaft. Auf sie ist das Recht des EWIVAG und der §§ 105 ff. HGB anwendbar, soweit nicht in der Verordnung (EWG) Nr. 2137/85 des Rates eine Regelung getroffen wurde. Die Geschäftsführung indes ist dort abweichend geregelt. In der EWIV wird die Geschäftsführung nicht, wie im Recht

---

7 *K. Schmidt* GesR § 47 V. 1. c).
8 BGH NJW 1986, 584 (585); vgl. auch *Merkt* ZHR 159 (1995), 425 ff.
9 Lutter/Joost/*Hoger* § 215 Rn. 2.
10 BGHZ 51, 198 (201).
11 Semler/Stengel/Leonard/*Schlitt* § 215 Rn. 9.
12 Semler/Stengel/Leonard/*Schlitt* § 215 Rn 9; vgl. auch Lutter/Joost/*Hoger* § 215 Rn. 3.
13 *Windbichler* GesR § 37 Rn. 14.
14 Lutter/Joost/*Hoger* § 215 Rn. 4.
15 Lutter/Joost/*Hoger* § 215 Rn. 4.
16 Lutter/Joost/*Hoger* § 215 Rn. 4; Kallmeyer/*Blasche* § 215 Rn. 3; Streck/Mack/*Schwedhelm* GmbHR 1995, 161 (174).

der OHG, von allen Gesellschaftern ausgeübt, sondern es wird für die EWIV, wie bei der GmbH, ein Geschäftsführer bestellt (**Grundsatz der Fremdorganschaft**).[17] Sofern nicht abweichend sämtliche Gesellschafter zu Geschäftsführern bestellt werden, ist die Erstattung eines Formwechselberichts deshalb erforderlich.[18]

IV. Rechtsfolge

1. Formwechselbericht

12 Sind **alle Gesellschafter** der formwechselnden Gesellschaft zur Geschäftsführung berechtigt, ist ein Formwechselbericht nicht erforderlich, da ein Informationsinteresse nur seitens nicht geschäftsführender Gesellschafter besteht.[19]

2. Entwurf des Formwechselbeschlusses

13 § 192 Abs. 1 S. 3 schreibt vor, dass der Formwechselbericht einen Entwurf des Formwechselbeschlusses zu enthalten habe. Damit ist der Entwurf des Formwechselbeschlusses **Teil des Formwechselberichts** und unterfällt somit auch der Ausnahmeregelung des § 215. Ist nach dieser Norm kein Formwechselbericht zu erstatten, bedarf es, vorbehaltlich der unter → Rn. 14 genannten Ausnahme, auch nicht der Erstellung eines Entwurfs des Formwechselbeschlusses.[20]

14 Zu beachten ist in diesem Zusammenhang aber der Gesetzeszweck des § 192 Abs. 1 S. 3. Die Norm dient nicht allein der Unterrichtung der Gesellschafter, sondern soll, falls vorhanden, ebenso dem **Betriebsrat** des Unternehmens die Zuleitung des Formwechselbeschlusses sichern, damit dieser über den bevorstehenden Formwechsel informiert ist.[21] Vertreten wird deshalb, dass dem Betriebsrat auch dann gem. § 194 Abs. 2 ein Entwurf des Formwechselbeschlusses zuzuleiten ist, wenn sämtliche Gesellschafter über Geschäftsführungsbefugnis verfügen.[22] Der Ansicht ist zuzustimmen, da Gegenteiliges zu einer Aushöhlung der Informationsrechte des Betriebsrates und schließlich zu einer Gefährdung der kollektiven Rechte der Arbeitnehmer führen würde, was der Gesetzgeber verhindern wollte.[23] Verfügt der Ausgangsrechtsträger nicht über einen Betriebsrat, entfällt die Pflicht zur Zuleitung des Entwurfs des Formwechselbeschlusses.[24] Ein Verstoß gegen die Informationspflicht kann, da die fristgerechte Zuleitung Voraussetzung für die Eintragung des Formwechsels in das Handelsregister ist, zu einer Nichteintragung des Formwechsels führen (→ § 194 Rn. 17).

3. Abfindungsangebot

15 Fasst der formwechselnde Rechtsträger den Beschluss zur Umwandlung, hat er dem Gesellschafter ein angemessenes **Angebot der Barabfindung** zu machen (§ 207). Diese Verpflichtung lässt § 215 unberührt, da das Abfindungsangebot, im Gegensatz zum Entwurf des Formwechselbeschlusses, keinen Bestandteil des Formwechselberichtes darstellt.[25]

---

[17] Vgl. *K. Schmidt* GesR § 66 II 2. b).
[18] Vgl. Semler/Stengel/*Leonard/Schlitt* § 215 Rn. 11.
[19] Begr. RegE zu § 41, BR-Drs. 75/94, 98.
[20] Semler/Stengel/*Leonard/Schlitt* § 215 Rn. 14.
[21] § 194 Abs. 2; Lutter/*Joost/Hoger* § 215 Rn. 8; Semler/Stengel/*Leonard/Schlitt* § 215 Rn. 15.
[22] Lutter/*Joost/Hoger* § 215 Rn. 8; *Joost* ZIP 1995, 976 (977); Semler/Stengel/*Leonard/Schlitt* § 215 Rn. 15.
[23] Vgl. Begr. RegE zu § 5, BR-Drs. 75/94, 83.
[24] Lutter/*Joost/Hoger* § 215 Rn. 9.
[25] Lutter/*Joost/Hoger* § 215 Rn. 10; Goutier/Knopf/Tulloch/ *Laumann* § 215 Rn. 3.

V. Verzicht auf den Formwechselbericht

Die allgemeine Regelung des § 192 Abs. 2, nach der ein Formwechselbericht dann nicht erforderlich ist, wenn alle Gesellschafter auf die Erstattung mit Verzichtserklärung in **notarieller Form** verzichten, wird durch § 215 nicht berührt.[26]

Hinweis: Diese Möglichkeit hat praktische Relevanz, da mit ihr einflussreicheren Gesellschaftern, die regelmäßig über Geschäftsführungsbefugnis verfügen werden, die Möglichkeit verbleibt, Gesellschafter ohne Geschäftsführungsbefugnis zum Verzicht auf die Erstattung des Formwechselberichts zu bewegen.[27] Sie können so diesen ggf. zeitintensiven Schritt aussparen.

Ob der Verzicht hingegen von **sämtlichen Gesellschaftern** erklärt werden muss, ist zweifelhaft. Gem. § 192 Abs. 2 haben „alle Anteilsinhaber" auf die Erstattung zu verzichten. Der Wortlaut ist hier nicht eindeutig, da sowohl alle Anteilsinhaber (überhaupt), als auch alle nicht geschäftsführungsbefugten Anteilsinhaber als Anteilsinhaber iSd § 192 Abs. 2 in Betracht kommen. Die Pflicht zur Erstattung des Formwechselberichts dient aber nur dazu, dem Informationsinteresse des nicht geschäftsführungsbefugten Gesellschafters entgegenzukommen, so dass nach Sinn und Zweck der Norm eine Verzichtserklärung der geschäftsführungsbefugten Gesellschafter unterbleiben kann.[28]

Unberührt hiervon bleibt der Grundsatz, dass, sofern vorhanden, dem **Betriebsrat** des Rechtsträgers ein Entwurf des Formwechselbeschlusses zugeleitet wird, § 194 Abs. 2. Verzichten kann der Betriebsrat allein auf die Rechtzeitigkeit der Zuleitung des Formwechselbeschlusses und damit auf die Einhaltung der Einmonatsfrist des § 194 Abs. 2, nicht hingegen auf die Zuleitung des Entwurfs als solchen (→ § 194 Rn. 17).

§ 216 Unterrichtung der Gesellschafter

Das Vertretungsorgan der formwechselnden Gesellschaft hat allen von der Geschäftsführung ausgeschlossenen Gesellschaftern spätestens zusammen mit der Einberufung der Gesellschafterversammlung, die den Formwechsel beschließen soll, diesen Formwechsel als Gegenstand der Beschlußfassung in Textform anzukündigen und einen nach diesem Buch erforderlichen Formwechselbericht sowie ein Abfindungsangebot nach § 207 zu übersenden.

I. Normzweck ... 1	a) Ankündigung des Formwechsels als Gegenstand der Beschlussfassung .. 13
II. Vertretungsorgan des Ausgangsrechtsträgers ... 3	b) Formwechselbericht (§ 192) ... 14
1. Gesellschaft bürgerlichen Rechts und OHG ... 4	c) Abfindungsangebot (§ 207) ... 16
2. KG ... 6	2. Zeitpunkt der Unterrichtung ... 18
3. EWIV ... 8	3. Form ... 21
III. Unterrichtung der Gesellschafter ... 10	V. Verzicht ... 22
IV. Gegenstand, Zeitpunkt und Form der Unterrichtung ... 12	VI. Fehlerhaftigkeit der Unterrichtung ... 24
1. Gegenstand der Unterrichtung ... 12	1. Rechtsfolgen ... 24
	2. Heilung ... 26

---

[26] Kallmeyer/Blasche § 215 Rn. 6; Lutter/Joost/Hoger § 215 Rn. 11; Semler/Stengel/Leonard/Schlitt § 215 Rn. 17.

[27] Lutter/Joost/Hoger § 215 Rn. 11.

[28] Lutter/Joost/Hoger § 215 Rn. 11; Semler/Stengel/Leonard/Schlitt § 215 Rn. 17.

I. Normzweck

1 Die Norm entspricht der verschmelzungsrechtlichen Parallelvorschrift des § 42. Sie ergänzt die allgemeinen Regelungen, insbesondere die §§ 192 und 207 für das Recht des Formwechsels von Personengesellschaften. Die Regelung dient der **Entscheidungsfindung der Gesellschafter**. Stehen diese vor der Entscheidung des Formwechsels, zeitigt das für den einzelnen Gesellschafter weitgehende Konsequenzen und bedarf einer genauen Abwägung, ob dem Formwechselbeschluss zugestimmt und damit die Rechtsstellung als Gründer übernommen werden, oder ob der Formwechsel abgelehnt werden soll.[1] Dabei hat die Regelung nur dann einen Anwendungsbereich, wenn mindestens ein Gesellschafter von der Geschäftsführung ausgeschlossen ist.

2 In der ursprünglichen Fassung des UmwG 1994 waren die Worte „in Textform" durch das Wort „schriftlich" ersetzt. Diese Vorgabe wurde durch Art. 26 FormAnpG vom 13.7.2001 geändert.[2] Nunmehr ließ der Gesetzgeber die **Textform** zur Unterrichtung eines Gesellschafters ohne Geschäftsführungsbefugnis genügen, vor allem, um eine wesentliche Vereinfachung des Rechtsverkehrs zu ermöglichen.[3]

II. Vertretungsorgan des Ausgangsrechtsträgers

3 Die Unterrichtung der Gesellschafter hat durch das **Vertretungsorgan des Ausgangsrechtsträgers** zu erfolgen (§ 216).

1. Gesellschaft bürgerlichen Rechts und OHG

4 Das Gesetz geht im Recht der Gesellschaft bürgerlichen Rechts und der OHG grundsätzlich davon aus, dass **jeder Gesellschafter** der GbR sowie der OHG Vertretungsorgan der Gesellschaft ist (§ 720 BGB und § 124 HGB). Grundsätzlich besteht Einzelvertretungsmacht.[4] Sieht der Gesellschaftsvertrag keinerlei weitere Regelung vor, bleibt es bei diesem Grundsatz und Vertretungsorgan iSd § 216 ist der einzelne Gesellschafter.

5 Im Gesellschaftsvertrag kann aber auch eine von der gesetzlichen Regelkonzeption **abweichende Bestimmung** hinsichtlich der Vertretung der Gesellschaft getroffen worden sein. So können etwa einzelne Gesellschafter von der Vertretung ausgeschlossen werden, oder es kann vereinbart werden, dass alle oder mehrere Gesellschafter nur in Gemeinschaft zur Vertretung der Gesellschafter ermächtigt sein sollen, ihnen also Gesamtvertretungsmacht eingeräumt wurde. Die Unterrichtung hat in diesem Fall durch diese Gesellschafter gemeinsam zu erfolgen. Auch kann der Gesellschaftsvertrag einer OHG eine gemischte Gesamtvertretung vorsehen. Dies meint die Vertretung der Gesellschaft durch einen einzelnen Gesellschafter gemeinsam mit einem Prokuristen (§ 124 Abs. 3 HGB). Vertretungsorgan sind dann nur Gesellschafter und Prokurist gemeinsam; eine Unterrichtung durch einen einzelnen Prokuristen ist in diesem Fall nicht hinreichend.[5]

---

[1] Lutter/*Joost/Hoger* § 216 Rn. 1; Semler/Stengel/Leonard/*Schlitt* § 216 Rn. 1.

[2] Gesetz zur Anpassung der Formvorschriften des Privatrechts und anderer Vorschriften an den modernen Rechtsgeschäftsverkehr v. 13.7.2001, BGBl. I 1542.

[3] Begr. RegE zu Art. 26 FormAnpG, BT-Drs. 14/4987, 1.

[4] *K. Schmidt* GesR § 48 II. 3. a); vgl. auch Semler/Stengel/Leonard/*Schlitt* § 216 Rn. 6.

[5] Lutter/*Joost/Hoger* § 216 Rn. 6; Semler/Stengel/Leonard/*Schlitt* § 216 Rn. 6.

2. KG

Im Recht der KG hat nur der **Komplementär** organschaftliche Vertretungsmacht. Diese ist wie im Recht der OHG ausgestaltet (§§ 161 Abs. 2, 124 HGB). Der Kommanditist ist von der organschaftlichen Vertretung per Gesetz ausgeschlossen, obgleich ihm Geschäftsführungsbefugnis eingeräumt werden kann (§ 170 HGB). Selbst aber wenn dies geschehen ist, kommt eine Unterrichtung iSd § 216 durch ihn mangels organschaftlicher Vertretungsmacht nicht in Betracht.[6]

Für die GmbH & Co. KG gilt nichts anderes. Der Kommanditist ist zur Vertretung der Gesellschaft nicht ermächtigt (§ 170 HGB). Organschaftliche Vertretungsmacht hat hier ebenso die **GmbH** als Komplementär, die durch ihren Geschäftsführer vertreten wird. Durch diesen hat auch die Unterrichtung zu erfolgen.

3. EWIV

In der EWIV erfolgt die Vertretung der Gesellschaft durch den **Geschäftsführer**. Dieser wird von der Gesellschaft bestellt (Grundsatz der Fremdorganschaft).[7] Der Geschäftsführer hat auch die Unterrichtung auszuführen.

Wurden mehrere Geschäftsführer bestellt, obliegt die Vertretung im Zweifel **jedem der Geschäftsführer allein** (Art. 20 Abs. 1 VO (EWG) Nr. 2137/85). Dementsprechend wird es auch im Regelfall so liegen, dass die Verpflichtung zur Unterrichtung jedem Geschäftsführer einzeln obliegt. Durch den Gründungsvertrag kann allerdings vorgesehen werden, dass die Gesellschaft nur durch zwei oder mehr Gesellschafter wirksam verpflichtet werden kann (Art. 20 Abs. 2 VO (EWG) Nr. 2137/85). Bei vertraglich vorgesehener Vertretungsmacht nur durch mehrere Gesellschafter hat die Unterrichtung durch die jeweiligen Gesellschafter gemeinsam zu erfolgen.

III. Unterrichtung der Gesellschafter

Zu unterrichten ist derjenige Gesellschafter, der **von der Geschäftsführung ausgeschlossen** ist. Zur Frage des Ausschlusses der Geschäftsführungsbefugnis in den einzelnen Gesellschaftsformen siehe bereits die Erläuterungen zu § 215 (→ § 215 Rn. 6).

Hinsichtlich der **geschäftsführenden Gesellschafter** sieht § 216 eine Unterrichtungspflicht nicht vor. Das Gesetz geht davon aus, dass diese schon kraft ihrer Organstellung weitgehende Informationsmöglichkeiten haben.[8] Wenn allerdings die den Formwechsel initiierenden geschäftsführenden Gesellschafter den Zugang zu Informationen pflichtwidrig verweigern, besteht trotz des § 216 eine Unterrichtungspflicht, deren Missachtung treuwidriges Handeln darstellt und eine Unwirksamkeit des Formwechselbeschlusses nach sich zieht.[9]

IV. Gegenstand, Zeitpunkt und Form der Unterrichtung

1. Gegenstand der Unterrichtung

Das Unterrichten umfasst nach dem Wortlaut des Gesetzes die **Ankündigung des Formwechsels** als Gegenstand der Beschlussfassung in Textform sowie (kumulativ) die

---

6 Semler/Stengel/Leonard/*Schlitt* § 216 Rn. 7.
7 K. Schmidt GesR § 66 II 2. b).
8 Vgl. Semler/Stengel/Leonard/*Schlitt* § 216 Rn. 10; Widmann/Mayer/*Vossius* § 216 Rn. 3.
9 Semler/Stengel/Leonard/*Schlitt* § 216 Rn. 13; Widmann/Mayer/*Vossius* § 216 Rn. 3.

Übersendung des Formwechselberichts und des Abfindungsgebots (§ 192 S. 1 u. 3, § 207).

Hinweis: Das Vertretungsorgan des Ausgangsrechtsträgers hat somit Folgendes zu veranlassen:

- Ankündigung des Formwechsels als Gegenstand der Beschlussfassung
- Übersendung des Formwechselberichts (§ 192)
- Übersendung des Abfindungsangebots (§ 207)

a) Ankündigung des Formwechsels als Gegenstand der Beschlussfassung

13 Das Vertretungsorgan des Ausgangsrechtsträgers hat den Formwechsel als Gegenstand der Beschlussfassung **anzukündigen**. Die Ankündigung unterliegt keinen besonderen inhaltlichen Anforderungen.[10] Es genügt eine Formulierung wie etwa „Umwandlung" oder „Beschlussfassung über einen Formwechsel".[11] Die Ankündigung wird regelmäßig in der Übersendung einer Einladung zur Gesellschafterversammlung mit einem entsprechenden Tagesordnungspunkt liegen.[12] Spätestens hat sie zu erfolgen zusammen mit der Einberufung der Gesellschafterversammlung, die den Formwechsel beschließen soll (§ 216). Weder eine solche Einladung noch eine separiert übersandte Ankündigung ist eine Willenserklärung.[13] Vielmehr handelt es sich jeweils um eine rein innergesellschaftliche Verfahrenshandlung.[14] Dies hat zur Folge, dass die allgemeinen Regelungen über Willenserklärungen nicht anwendbar sind.

b) Formwechselbericht (§ 192)

14 Weiterhin hat das Vertretungsorgan des Ausgangsrechtsträgers den Formwechselbericht zu übersenden. Dies hat **spätestens mit der Einberufung** der Gesellschafterversammlung, die den Formwechsel beschließen soll, zu geschehen. Ein Formwechselbericht ist zwingend dann zu erstellen, wenn nicht alle Gesellschafter geschäftsführungsbefugt sind oder in notariell beurkundeter Form auf seine Erstellung verzichten.[15] Zudem müssen der Entwurf des Formwechselbeschlusses und somit auch der zukünftige Gesellschaftsvertrag bzw. die zukünftige Satzung als Bestandteil des Formwechselberichts übersandt werden.[16]

15 Die Gesetzesformulierung lässt im Unklaren, welchen **Formanforderungen** die Übersendung des Formwechselberichts genügen muss. Teilweise wird angenommen, dass dieser schriftlich, mithin in Schriftform iSd § 126 BGB, übersandt werden muss.[17] Zu Recht ist darauf hingewiesen worden, dass durch eine solche Einschränkung die vom Gesetzgeber durch Einführung der Textform angestrebte Vereinfachung untergraben würde.[18] Auch die Gesetzesbegründung zum Formanpassungsgesetz geht davon aus, dass den Gesellschaftern der Formwechsel „unter Beifügung weiterer Unterlagen anzukündigen" ist und dass für diese Ankündigung „die Textform genügen" soll.[19] Man

---

10 Semler/Stengel/Leonard/*Schlitt* § 216 Rn. 11.
11 Schmitt/Hörtnagl/*Hörtnagl/Rinke* § 216 Rn. 4; Semler/Stengel/Leonard/*Schlitt* § 216 Rn. 11.
12 Widmann/Mayer/*Vossius* § 216 Rn. 6; Semler/Stengel/Leonard/*Schlitt* § 216 Rn. 11.
13 Scholz/*Seibt* GmbHG § 49 Rn. 3; MüKoGmbHG/*Liebscher* § 49 Rn. 9.
14 Scholz/*Seibt* GmbHG § 49 Rn. 3; MüKoGmbHG/*Liebscher* § 49 Rn. 9.
15 § 215, § 192 Abs. 2; s. auch Semler/Stengel/Leonard/*Schlitt* § 216 Rn. 17.
16 § 218; s. auch Semler/Stengel/Leonard/*Schlitt* § 216 Rn. 17.
17 Semler/Stengel/Leonard/*Schlitt* § 216 Rn. 18.
18 Lutter/Joost/*Hoger* § 216 Rn. 4.
19 Begr. RegE zu § 216, BT-Drs. 14/4987, 29.

wird deshalb auch für die Übersendung des Formwechselberichts die Textform als hinreichend betrachten müssen.

c) Abfindungsangebot (§ 207)

Dem von der Geschäftsführung ausgeschlossenen Gesellschafter ist schließlich ein **angemessenes Barabfindungsangebot** nach § 207 zu übersenden (§ 216 aE). Jedem Gesellschafter, der gegen den Formwechselbeschluss Widerspruch zur Niederschrift erklärt, hat der Rechtsträger den Erwerb seiner umgewandelten Anteile oder Mitgliedschaften gegen eine angemessene Barabfindung anzubieten (§ 207 S. 1 Hs. 1).

Das Barabfindungsangebot ist **Bestandteil des Entwurfs des Formwechselbeschlusses** (§ 194 Abs. 1 Nr. 6). Da der Entwurf des Formwechselbeschlusses wiederum Teil des Formwechselberichts ist (§ 192 Abs. 1 S. 3), ist die Erwähnung des Abfindungsangebots in § 216 im Regelfall nur deklaratorischer Natur.[20] Eine eigenständige Bedeutung soll die Erwähnung des Abfindungsangebots in § 216 aber dann erlangen, wenn separat auf die Zusendung des Formwechselberichtes verzichtet wurde, nicht aber auf die Zusendung des Abfindungsangebots.[21]

2. Zeitpunkt der Unterrichtung

Die Unterrichtung der von der Geschäftsführung ausgeschlossenen Gesellschafter hat spätestens zusammen **mit der Einberufung der Gesellschafterversammlung**, die den Formwechsel beschließen soll, zu erfolgen (§ 216).

Nicht allein hinreichend ist, dass die **Unterrichtung** spätestens zusammen mit der Einberufung der Gesellschafterversammlung erfolgt. Eine solche Verpflichtung könnte dem Informationsinteresse der von der Geschäftsführung ausgeschlossenen Gesellschafter nicht gerecht werden. Es wird deshalb über den Wortlaut des Gesetzes hinaus durchgängig gefordert, dass auch die Einberufung der Gesellschafterversammlung rechtzeitig zu erfolgen hat.[22] Für die Einberufung bei Personengesellschaften existiert freilich eine gesetzliche Frist nicht.[23] Dementsprechend hat auch der Gesetzgeber von der Vorgabe einer Frist abgesehen.[24] Oft wird der Gesellschaftsvertrag vertragliche Bestimmungen zur Einberufung der Gesellschafterversammlung ausweisen, die jedoch zumeist nicht lückenlos sind.[25] Zu beachten ist jedenfalls immer der Grundsatz, dass zwischen Einladung und dem vorgeschlagenen Termin eine zur hinreichenden Vorbereitung angemessene Frist liegen muss, die je nach Beschlussgegenstand unterschiedlich ausfallen kann.[26] Sieht der Gesellschaftsvertrag keinerlei Frist vor, wird hier eine Frist von einer Woche als erforderlich, aber auch ausreichend angesehen.[27] Anderes gilt, wenn die Gesellschaft einen Betriebsrat hat. Diesem ist ein Entwurf des Formwechselberichts spätestens einen Monat vor der Gesellschafterversammlung zur Verfügung zu stellen und aufgrund des Gleichzeitigkeitsanspruchs der Gesellschafter hinsichtlich gesellschaftsrelevanter Informationen wird diese Frist dann in der Regel auch für die Gesellschafter gelten.[28]

---

20 Lutter/Joost/Hoger § 216 Rn. 5.
21 Lutter/Joost/Hoger § 216 Rn. 5.
22 Semler/Stengel/Leonard/Schlitt § 216 Rn. 13; Goutier/Knopf/Tulloch/Laumann § 216 Rn. 7.
23 Vgl. MAH PersGesR/Plückelmann § 8 Rn. 102.
24 Begr. RegE zu § 42, BR-Drs. 75/94, 98.
25 MüKoHGB/Enzinger § 119 Rn. 48.
26 MüKoHGB/Enzinger § 119 Rn. 49.
27 Semler/Stengel/Leonard/Schlitt § 216 Rn. 14.
28 Semler/Stengel/Leonard/Schlitt § 216 Rn. 16.; Kallmeyer/Blasche § 216 Rn. 10; Streck/Mack/Schwedhelm GmbHR 1995, 161 (173).

20 Ein Erfordernis der **zeitgleichen Übersendung** von Ankündigung des Formwechsels und Formwechselbericht ist dem Gesetz nicht zu entnehmen.[29] Der Einfachheit halber wird aber in der Praxis so verfahren.[30] Allerdings darf die Unterrichtung der Einberufung nicht nachfolgen, wobei es zur Bestimmung der Rechtmäßigkeit auf die Absendung, nicht aber auf den Zugang ankommt.[31]

3. Form

21 Gem. § 216 ist der Formwechsel als Gegenstand der Beschlussfassung in **Textform** anzukündigen. Die Erklärung muss somit in einer Urkunde oder auf eine andere zur dauerhaften Wiedergabe in Schriftzeichen geeigneten Weise abgegeben, die Person des Erklärenden genannt und der Abschluss der Erklärung durch Nachbildung der Namensunterschrift oder anders erkennbar gemacht werden (§ 126b BGB). Telefax und E-Mail genügen diesen Anforderungen genauso wie eine Übersendung als CD-ROM.[32] Die gesetzliche Formulierung, nach welcher der „Formwechsel ... in Textform" anzukündigen ist und die für die Übersendung des Formwechselberichts sowie des Abfindungsangebots nach § 207 eine explizite Regelung nicht enthält, ist, um die vom Gesetzgeber angestrebte Formvereinfachung nicht zu vereiteln, so zu lesen, dass auch hierfür die Textform genügt.[33]

V. Verzicht

22 Bzgl. der Frage, ob es Gesellschaftern möglich sein soll, auf die Unterrichtung nach § 216 zu **verzichten**, muss differenziert werden. Ein genereller Verzicht, etwa im Gesellschaftsvertrag, ist unzulässig; § 216 ist nicht im Vorhinein abdingbar.[34] Anders verhält es sich mit einem Verzicht auf die Unterrichtung im konkreten Fall. Ein solcher konkreter Verzicht ist dem Gesellschafter möglich, da die Unterrichtung gem. § 216 nur dem Schutz des Gesellschafters selbst dient und damit zu seiner Disposition steht.[35]

23 Einer **notariellen Beurkundung** bedarf ein solcher konkreter Verzicht nicht.[36] Insoweit ist auch nicht das in § 192 Abs. 2 S. 2 enthaltende Formerfordernis analog heranzuziehen.[37] Im Falle des § 192 Abs. 2 S. 2 besteht seitens des Registergerichts eine Notwendigkeit zur Dokumentation, um zu überprüfen, ob die Bestimmungen über den Formwechselbeschluss (§ 199) eingehalten wurden, was gesetzlich in einer Pflicht zur notariellen Beurkundung seinen Niederschlag gefunden hat.[38] Einen solchen Nachweis sieht § 216 gerade nicht vor.[39] Zudem kann der Gesellschafter seine Zustimmung zum Formwechselbeschluss in der Gesellschafterversammlung verweigern, so dass auch die Warnfunktion einer notariellen Beurkundung hier nicht weiter von Bedeutung ist.[40]

---

[29] Semler/Stengel/Leonard/*Schlitt* § 216 Rn. 15, 17.
[30] Semler/Stengel/Leonard/*Schlitt* § 216 Rn. 17.
[31] Lutter/Joost/*Hoger* § 216 Rn. 8.; Semler/Stengel/Leonard/*Schlitt* § 216 Rn. 15.
[32] Grüneberg/*Ellenberger* BGB § 126b Rn. 3.
[33] Lutter/Joost/*Hoger* § 216 Rn. 4.
[34] Semler/Stengel/Leonard/*Schlitt* § 216 Rn. 24.
[35] Lutter/Joost/*Hoger* § 216 Rn. 9; Semler/Stengel/Leonard/*Schlitt* § 216 Rn. 25; vgl. auch Schmitt/Hörtnagl/*Hörtnagl/Rinke* § 216 Rn. 8 („begrenzt dispositiv").
[36] Lutter/Joost/*Hoger* § 216 Rn. 9; Semler/Stengel/Leonard/*Schlitt* § 216 Rn. 27.
[37] Lutter/Joost/*Hoger* § 216 Rn. 9.
[38] Lutter/Joost/*Hoger* § 216 Rn. 9.
[39] Lutter/Joost/*Hoger* § 216 Rn. 9.
[40] Semler/Stengel/Leonard/*Schlitt* § 216 Rn. 27; Lutter/Joost/*Hoger* § 216 Rn. 9.

VI. Fehlerhaftigkeit der Unterrichtung

1. Rechtsfolgen

Ist ein Gesellschafter über den Formwechsel **fehlerhaft unterrichtet** worden, indem die Unterrichtung entweder nicht rechtzeitig oder unvollständig geschehen ist, kann er die Zustimmung zum Formwechsel auf der Gesellschafterversammlung verweigern. Zudem gelten die allgemeinen Regeln des Beschlussmängelrechts bei Personengesellschaften:[41] Ein Beschluss, der trotz fehlerhafter Ladung gefasst wird, ist aus formellen Gründen rechtsfehlerhaft und unwirksam.[42]

Soweit es sich dagegen um eine Fehlerhaftigkeit der Unterrichtung handelt, die sich auf das **Abfindungsgebot** bezieht, hat dies nach der Rspr. des BGH keine Fehlerhaftigkeit des Beschlusses zur Folge, da dieser Mangel nur im Rahmen des Spruchverfahrens gerügt werden kann.[43]

2. Heilung

Uneinheitlich wird die Frage beurteilt, ob ein Beschluss, der trotz einer fehlerhaften Unterrichtung gefasst wurde, einer **Heilung** zugänglich ist. Teilweise wird dies bestritten.[44] Richtigerweise ist jedoch eine Heilung bei Eintragung der neuen Rechtsform in das Handelsregister aus Gründen der Rechtssicherheit anzuerkennen. Die Heilungswirkung des § 202 Abs. 3 umfasst sämtliche Mängel in der Unterrichtung im Vorfeld der Gesellschafterversammlung.[45]

§ 217 Beschluß der Gesellschafterversammlung

(1) ¹**Der Formwechselbeschluss der Gesellschafterversammlung bedarf der Zustimmung aller anwesenden Gesellschafter; ihm müssen auch die nicht erschienenen Gesellschafter zustimmen.** ²**Der Gesellschaftsvertrag der formwechselnden Gesellschaft kann eine Mehrheitsentscheidung der Gesellschafter vorsehen.** ³**Die Mehrheit muß mindestens drei Viertel der abgegebenen Stimmen betragen.**

(2) **Die Gesellschafter, die im Falle einer Mehrheitsentscheidung für den Formwechsel gestimmt haben, sind in der Niederschrift über den Formwechselbeschluss namentlich aufzuführen.**

(3) **Dem Formwechsel in eine Kommanditgesellschaft auf Aktien müssen alle Gesellschafter zustimmen, die in dieser Gesellschaft die Stellung eines persönlich haftenden Gesellschafters haben sollen.**

I. Normzweck ... 1	b) Nicht erschienene Gesellschafter (Abs. 1 Hs. 2) ... 10
II. Formwechselbeschluss der Gesellschafterversammlung ... 4	c) Stimmrechtsausschluss nach Gesellschaftsvertrag ... 11
III. Mehrheitsanforderungen ... 6	d) Zustimmungspflicht ... 13
1. Regel: Zustimmung aller anwesenden Gesellschafter ... 6	2. Ausnahme: Mehrheitsentscheidung der Gesellschafter ... 16
a) Anwesende Gesellschafter ... 6	

---

41 Vgl. etwa *K. Schmidt* GesR § 15 II.
42 Kallmeyer/*Blasche* § 216 Rn. 13.
43 BGHZ 146, 179 (182 ff.); BGH WM 2001, 306 (307 ff.).
44 Kallmeyer/*Blasche* § 216 Rn. 13, die insofern differenzieren, als dass sie gleichwohl von einer Bestandskraft des Formwechsels durch die Eintragung in das Handelsregister gemäß § 202 Abs. 3 ausgehen.
45 Lutter/*Joost/Hoger* § 216 Rn. 10; Semler/Stengel/Leonard/*Schlitt* § 216 Rn. 30.

a)	Vorsehen im Gesellschaftsvertrag ...	16	
b)	Qualifizierte Mehrheit (Abs. 1 S. 3) .	18	
c)	Mehrheitsmacht und ihre Schranken: Materielle Überprüfung des Gesellschafterbeschlusses?	19	
d)	Nicht erschienene Gesellschafter ...	20	

IV. Mitwirkung Dritter 21
    1. Zustimmung mittelbar Beteiligter 21
    2. Weitere Dritte 22
V. Beschlussmängel 25
VI. Namentliche Aufführung der Gesellschafter (Abs. 2) 26
VII. Formwechsel in eine KGaA (Abs. 3) 27

I. Normzweck

1 Bei der Norm handelt es sich um eine **Parallelvorschrift** zu § 43 im Recht der Verschmelzung. Sie konkretisiert als spezielle Regelung für den Formwechsel von Personengesellschaften die allgemeine Vorschrift des § 193.

2 Die Bestimmung regelt speziell für das Recht der Personengesellschaften, welche **Anforderungen an den Formwechselbeschluss** der Gesellschafterversammlung zu stellen sind. Im Grundsatz geht sie dabei von dem im gesamten Recht der Personengesellschaften herrschenden Prinzip der Einstimmigkeit bei der Beschlussfassung aus.[1] Formwechsel durch Mehrheitsbeschluss sind damit im Ausgangspunkt kraft Gesetzes ausgeschlossen.[2] Von diesem Grundsatz löst sich das Gesetz in § 217 Abs. 1 S. 2, indem es ihn zur Disposition der Gesellschafter stellt, die im Gesellschaftsvertrag von dieser strengen Anforderung bedingt abweichen können.

3 Ein Formwechselbeschluss konnte nach altem Recht ausschließlich einstimmig gefasst werden.[3] Die den Gesellschaftern zur Disposition stehende Mehrheitsentscheidung führt zu einer **erheblichen Erleichterung** der Möglichkeit eines Formwechsels von Personengesellschaften.[4] Der Gesetzgeber war bereit, diese Erleichterung trotz der damit zugleich in Kauf genommenen Vernachlässigung des Minderheitenschutzes umzusetzen, da im Gesellschaftsvertrag auch für andere wesentliche Entscheidungen, wie etwa der Auflösung der Gesellschaft oder der Änderung des Gesellschaftsvertrags, Mehrheitsbeschlüsse zugelassen werden können.[5]

II. Formwechselbeschluss der Gesellschafterversammlung

4 Die Gesellschafter haben, um den Formwechsel herbeizuführen, einen entsprechenden **Beschluss** zu fassen. Dieser muss den Formwechsel der Personengesellschaft zu einer GmbH, AG, KGaA oder eG zum Gegenstand haben.

Hinweis: Der Formwechselbeschluss muss den Anforderungen des § 194 genügen und bedarf nach § 193 Abs. 3 S. 1 zwingend der notariellen Beurkundung.

5 Der Beschluss muss **in der Gesellschafterversammlung** gefasst werden. Dies schreibt § 193 Abs. 1 S. 2 vor, der damit von dem Grundsatz der Formfreiheit für das Zustandekommen von Gesellschafterbeschlüssen im Recht der Personengesellschaften abweicht.[6] Die Beschlussfassung im Umlaufverfahren ist damit ausgeschlossen.[7] Gleichwohl müssen nicht alle Gesellschafter in der Gesellschafterversammlung anwesend sein. Hinreichend ist, wenn die nicht erschienenen Gesellschafter ihre Zustimmungserklärung au-

---

[1] Grundlegend zu den Grundsätzen der Einstimmigkeit und Mehrstimmigkeit im Gesellschaftsrecht *K. Schmidt* GesR § 16 I.
[2] Begr. RegE zu § 217, BR-Drs. 75/94, 149.
[3] §§ 42 Abs. 1, 48 Abs. 1 S. 1 UmwG 1969.
[4] Semler/Stengel/Leonard/*Schlitt* § 217 Rn. 5.
[5] Begr. RegE zu § 217, BR-Drs. 75/94, 149.
[6] Vgl. MAH PersGesR/*Schneider* § 4 Rn. 7; Staub/*Schäfer* § 119 Rn. 22.
[7] Lutter/*Joost/Hoger* § 217 Rn. 3; Semler/Stengel/Leonard/ *Schlitt* § 217 Rn. 6.

ßerhalb der Gesellschafterversammlung in notariell beglaubigter Form abgeben (§ 193 Abs. 3 S. 1). Jedoch werden die außerhalb der Gesellschafterversammlung abgegebenen Stimmen bei der Fassung des Formwechselbeschlusses mit qualifizierter Mehrheit gem. § 217 Abs. 1 S. 3 nicht mitgezählt, sofern der Gesellschaftsvertrag eine solche Möglichkeit vorsieht (→ Rn. 18).

Hinweis: Es entspricht einer verbreiteten Auffassung, dass bei Gesellschafterbeschlüssen, die nicht in einem Akt gefasst werden, sondern bei denen die Wirksamkeit des Beschlusses noch von der Zustimmung weiterer Gesellschafter abhängt, die bereits erfolgten Stimmabgaben nicht bindend seien.[8] Nach Ansicht des BGH soll dies jedenfalls dann nicht gelten, wenn die zustimmenden Gesellschafter ausdrücklich oder stillschweigend erklären, sich an die Stimmabgabe gebunden zu fühlen.[9] In der Praxis sollte vor diesem Hintergrund ausdrücklich zu Protokoll des beurkundenden Notars gegeben werden, dass die anwesenden Gesellschafter bis zum Ablauf einer bestimmten Frist an das Abstimmungsergebnis gebunden sind.[10] Das führt zu Rechtsklarheit und beugt etwaigen Unsicherheiten kautelarjuristisch vor.

III. Mehrheitsanforderungen

1. Regel: Zustimmung aller anwesenden Gesellschafter

a) Anwesende Gesellschafter

Das Gesetz verlangt für den Formwechselbeschluss gem. § 217 Abs. 1 im Grundsatz die **Zustimmung aller anwesenden Gesellschafter**.[11] Anwesend sind sowohl diejenigen Gesellschafter, die in der Gesellschafterversammlung persönlich zugegen sind, als auch diejenigen, die sich in der Gesellschafterversammlung von einem anderen Gesellschafter oder durch einen Dritten vertreten lassen.[12] Sofern in der Satzung vorgesehen, gelten solche Gesellschafter ebenfalls als anwesend, die fernmündlich oder digital an der Versammlung teilnehmen.[13] Eine Vertretung ist nur statthaft, wenn sie entweder bereits durch Stimmvollmacht im Gesellschaftsvertrag vorgesehen ist, oder ihr ad hoc durch die Gesellschafterversammlung zugestimmt wird.[14] Dabei bedarf es, anders als die Gründungsvorschriften der Kapitalgesellschaften vorschreiben, bei einer solchen Vollmachtsausstellung keiner notariellen Form, da die Regelungen des UmwG insoweit lex specialis sind.[15]

Hinweis: Es empfiehlt sich deshalb, bereits im Gesellschaftsvertrag Vorsorge zu treffen und eine ausdrückliche Regelung bzgl. der Vertretung anderer Gesellschafter zu treffen.[16]

Vertritt ein Gesellschafter einen anderen Gesellschafter oder ein Dritter zeitgleich zwei Gesellschafter, sind die **Grenzen des § 181 BGB** zu beachten.[17]

---

8 Vgl. RGZ 128, 172 (177); MüKoBGB/*Schäfer* § 709 Rn. 75.
9 BGH BB 1990, 869 (871).
10 Widmann/Mayer/*Vossius* § 217 Rn. 92, 98; Kallmeyer/*Blasche* § 217 Rn. 3.
11 Semler/Stengel/Leonard/*Schlitt* § 217 Rn. 8; Lutter/*Joost/Hoger* § 217 Rn. 5, der nur von „Zustimmung aller Gesellschafter" spricht.
12 Semler/Stengel/Leonard/*Schlitt* § 217 Rn. 8.
13 Semler/Stengel/Leonard/*Schlitt* § 217 Rn. 8.
14 Hopt/*Roth* HGB § 119 Rn. 21; MüKoHGB/*Enzinger* HGB § 119 Rn. 19.
15 Näher dazu Semler/Stengel/Leonard/*Schlitt* § 217 Rn. 8.
16 Kallmeyer/*Blasche* § 217 Rn. 3.
17 Semler/Stengel/Leonard/*Schlitt* § 217 Rn. 8; Kallmeyer/*Blasche* § 217 Rn. 3.

8 Die anwesenden Gesellschafter müssen ihre **Zustimmung** erklären. Stimmenthaltungen zählen nicht als Zustimmung und führen bei einem Einstimmigkeitserfordernis zum Scheitern des Formwechsels.[18] Nicht einheitlich beantwortet wird die Frage, ob anwesende Gesellschafter ihre Stimme notwendig in der Gesellschafterversammlung abgeben müssen. Während teilweise vertreten wird, alle anwesenden Gesellschafter müssten zur positiven Beschlussfassung ihre Stimme abgeben,[19] wird vereinzelt befürwortet, dass der Gesellschafter im Falle seiner Unentschlossenheit auch noch im Nachhinein in notariell beurkundeter Form abstimmen kann.[20] Richtigerweise ist von einer Notwendigkeit der Stimmabgabe noch in der Gesellschafterversammlung auszugehen. Die Gesellschafter haben im Vorhinein der Versammlung hinreichend Zeit, sich auf die Beschlussfassung vorzubereiten. Es besteht deshalb keine Notwendigkeit, den Beschluss, der grundsätzlich einstimmig gefasst werden muss, durch ein Herauszögern der Stimmabgabe zu gefährden und die übrigen Gesellschafter im Unklaren zu lassen. Eine rechtliche Verpflichtung zu einer solchen Rücksichtnahme dürfte schon aus der allgemeinen Treuepflicht der Gesellschafter erwachsen.[21]

9 Handelt es sich bei dem Rechtsträger alter Rechtsform um eine **GmbH & Co. KG**, wird regelmäßig zwischen den Gesellschaftern der Komplementär-GmbH und den Kommanditisten Personenidentität bestehen.[22] In dieser Konstellation soll die Zustimmung der Komplementär-GmbH entbehrlich sein.[23]

Hinweis: In der Praxis ist eine Zustimmung auch der Komplementär-GmbH ratsam, um mögliche Beanstandungen durch das Registergericht zu vermeiden.[24]

b) Nicht erschienene Gesellschafter (Abs. 1 Hs. 2)

10 Auch die **nicht in der Gesellschafterversammlung erschienenen Gesellschafter** müssen dem Formwechselbeschluss zustimmen (§ 217 Abs. 1 Hs. 2). Die Zustimmung kann sowohl vor als auch nach dem Beschluss erteilt werden.[25] Jedoch muss auch diese Erklärung zwingend notariell beurkundet werden (§ 193 Abs. 3 S. 1). Wird die Zustimmungserklärung durch den bei Beschlussfassung nicht erscheinenden Gesellschafter vor dem Formwechselbeschluss erteilt, muss ersichtlich sein, auf welchen Beschluss sie sich bezieht.[26] Bei nachträglicher Stimmabgabe ist der Beschluss gefasst, wenn die letzte außerhalb der Gesellschafterversammlung abgegebene Erklärung der Gesellschaft oder der Gesellschafterversammlung zugegangen ist.[27]

Hinweis: Die anwesenden Gesellschafter können bis zur Beschlussfassung ihre Willenserklärung widerrufen.[28] Ratsam ist es deshalb, in der Gesellschaftsversammlung die Vereinbarung einer festen Frist, bis zu der die anwesenden Gesellschafter an ihre Erklärung gebunden sind, durch den Notar protokollieren zu lassen.[29]

---

18 Lutter/Joost/Hoger § 217 Rn. 4.
19 Kallmeyer/Blasche § 217 Rn. 3.
20 So früher bspw. Widmann/Mayer/Vossius, Stand August 2008, § 217 Rn. 92.
21 Grundsätzlich hierzu Windbichler GesR § 7 Rn. 3.
22 Windbichler GesR § 37 Rn. 10.
23 Kallmeyer GmbHR 1996, 80 (82); Kallmeyer/Blasche § 217 Rn. 4.
24 Semler/Stengel/Leonard/Schlitt § 217 Rn. 9.
25 Lutter/Joost/Hoger § 217 Rn. 3; Kallmeyer/Blasche § 217 Rn. 3.
26 Widmann/Mayer/Vossius § 217 Rn. 36; Semler/Stengel/Leonard/Schlitt § 217 Rn. 10.
27 Semler/Stengel/Leonard/Schlitt § 217 Rn. 10.
28 Widmann/Mayer/Vossius § 217 Rn. 91; differenzierter Semler/Stengel/Leonard/Schlitt § 217 Rn. 10, der zusätzlich das Abwarten einer angemessenen Frist fordert.
29 Widmann/Mayer/Vossius § 217 Rn. 92; Semler/Stengel/Leonard/Schlitt § 217 Rn. 11.

c) Stimmrechtsausschluss nach Gesellschaftsvertrag

Umstritten ist, welche Auswirkungen ein im Gesellschaftsvertrag vereinbarter **Ausschluss des Stimmrechts** auf das Zustimmungserfordernis hat. Ein solcher Ausschluss ist nach Ansicht des BGH grundsätzlich zulässig.[30] Nach einer Mindermeinung soll dieser Ausschluss dazu führen, dass ein Zustimmungserfordernis zum Formwechselbeschluss nicht besteht.[31] Dies wird jedoch von der hM zu Recht abgelehnt.[32] Der Formwechselbeschluss betrifft eine so umfassende Umstrukturierung der bestehenden Gesellschafterstellung, dass er damit den Kernbereich der Mitgliedschaft tangiert. Auch der BGH hatte bereits Gelegenheit, sich zu einem Stimmrechtsausschluss im Falle einer Beeinträchtigung des Kernbereichs der Mitgliedschaft zu äußern und hat sich dafür ausgesprochen, dass dem Gesellschafter insoweit sein Stimmrecht in der Gesellschafterversammlung erhalten bleibt.[33] Auch ein stimmrechtsloser Gesellschafter muss also am Formwechselbeschluss mitwirken.

Anders liegt es, wenn im Falle der GmbH & Co. KG die Gesellschafter der Komplementär-GmbH zugleich Kommanditisten der KG sind. Hier hat der BGH von der oben genannten Regel eine Ausnahme gemacht. Eine Zustimmung seitens der nichtstimmberechtigten Komplementär-GmbH zu einem den **Kernbereich der Mitgliedschaft betreffenden Beschluss** soll danach entbehrlich sein, da anderenfalls in KG und Komplementär-GmbH eine gleichmäßige Willensbildung in der Gesellschafterversammlung, die unerlässlich für eine „Verzahnung der Gesellschaften" ist, nicht stattfinden kann.[34]

d) Zustimmungspflicht

Eine Zustimmungspflicht zum Formwechselbeschluss ist nur in sehr engen Grenzen anzunehmen. Die **allgemeine Treuepflicht** unter Gesellschaftern kann nach hM grundsätzlich zu einer Pflicht führen, seine Stimme gebunden abzugeben.[35] Diese Verpflichtung findet aber dort ihre Grenze, wo die Beschlussfassung ein Grundlagengeschäft betrifft, da davon ausgegangen wird, dass der Gesellschafter den Gesellschaftsvertrag nur zu den dort niedergelegten Konditionen akzeptiert hat.[36] Ausnahmsweise soll dennoch eine aus der Treuepflicht erwachsene Zustimmungspflicht bestehen, wenn der Formwechsel im Interesse der Gesellschaft dringend erforderlich ist.[37] Ein dringendes Erfordernis soll bspw. in der Angewiesenheit auf Mittel aus dem Kapitalmarkt liegen.[38]

Von der Zustimmungspflicht streng zu unterscheiden ist die **tatsächliche Zustimmungserklärung**. Die Zustimmungspflicht ersetzt die tatsächliche Erklärung nicht.[39] Der Gesellschafter kann also einer aus der Treuepflicht abgeleiteten Verpflichtung entgegen dieser Verpflichtung abstimmen und so den Formwechsel zum Scheitern bringen. Die übrigen Gesellschafter können dann nur im Klagewege Abhilfe schaffen, indem die Stimmabgabe durch Rechtskraft eines entsprechenden Urteils fingiert wird.[40]

---

30 BGH NJW 1960, 963 (964).
31 Goutier/Knopf/Tulloch/*Laumann* § 217 Rn. 19 f.
32 Lutter/*Joost/Hoger* § 217 Rn. 6; Widmann/Mayer/*Vossius* § 217 Rn. 42; Semler/Stengel/Leonard/*Schlitt* § 217 Rn. 12; jetzt auch: Sagasser/Bula/Brünger Umwandlungen/*Sagasser/Luke* § 26 Rn. 135.
33 BGHZ 20, 363 (369 f.).
34 BGH NJW 1993, 2100 (2100 f.).
35 MüKoHGB/*Enzinger* § 119 Rn. 25.
36 *Hueck*, Das Recht der OHG, 1971, § 11 III 3.
37 Mit gleicher Argumentation aber allgemein zur Änderung des Gesellschaftsvertrags statt vieler BGHZ 44, 40 (41 f.).
38 Semler/Stengel/Leonard/*Schlitt* § 217 Rn. 13.
39 Semler/Stengel/Leonard/*Schlitt* § 217 Rn. 14; Kallmeyer/*Blasche* § 217 Rn. 5.
40 § 894 ZPO; vgl. BGHZ 48, 163 (174); MüKoZPO/*Gruber* § 894 Rn. 1.

15 Eine Verpflichtung des Gesellschafters zu einer gebundenen Stimmabgabe kann auch aus einem **Stimmbindungsvertrag** erwachsen. Ein solcher Vertrag ist zulässig, allerdings handelt es sich hierbei ausschließlich um eine schuldrechtliche Vereinbarung, die die gesellschaftsrechtlichen Rechtsverhältnisse unberührt lässt.[41] Die schuldrechtliche Verpflichtung ersetzt auch hier die tatsächliche Abgabe der Stimme nicht. Eine pflichtwidrig abgegebene Stimme macht die Stimmabgabe nicht unwirksam.[42] Sie kann den Formwechselbeschluss zum Scheitern bringen. Der Beschluss ist nicht anfechtbar, der Gesellschafter macht sich aber ggf. schadensersatzpflichtig.[43] Auch können die übrigen Gesellschafter im Klageweg die Fiktion der Stimmabgabe herbeiführen (→ Rn. 14).

2. Ausnahme: Mehrheitsentscheidung der Gesellschafter
a) Vorsehen im Gesellschaftsvertrag

16 Im Grundsatz gilt: Die Beschlussfassung bei der Herbeiführung eines Formwechselbeschlusses hat einstimmig zu erfolgen (§ 217 Abs. 1 S. 1 Hs. 1). § 217 Abs. 1 S. 1 hält damit an dem im gesamten Recht der Personengesellschaften aufzufindenden Grundsatz fest.[44] Das Gesetz macht aber von dieser Regel eine Ausnahme, indem es in § 217 Abs. 1 S. 2 und 3 eine **Mehrheitsentscheidung der Gesellschafter** anerkennt. Bedingung ist, dass eine solche Mehrheitsentscheidung im Gesellschaftsvertrag der Personengesellschaft vorgesehen ist. Es ist hinreichend, wenn der Gesellschaftsvertrag gezielt noch einmal geändert wird, um den Formwechselbeschluss zu ermöglichen.[45] Aufgrund der Formwechsel antizipierenden Wirkung haben bei einer solchen kurzfristigen Änderung des Gesellschaftsvertrags alle Gesellschafter zuzustimmen.[46]

Hinweis: Auf diese Weise kann die Gründerverantwortlichkeit eines Gesellschafters, der zwar nicht prinzipiell den Formwechsel ablehnt, aber das Risiko der Gründerhaftung scheut, umgangen werden.[47] Der Gesellschafter stimmt dann der Änderung des Gesellschaftsvertrags zu und enthält sich schließlich in der Abstimmung zum Formwechselbeschluss. Er gilt dann nicht als Gründer iSd § 219, gleichwohl aber kann der Formwechsel durchgeführt werden, was bei dem Erfordernis der Einstimmigkeit nach § 217 Abs. 1 S. 1 aufgrund seiner Enthaltung nicht möglich gewesen wäre.[48]

17 Welche **Anforderungen an gesellschaftsvertragliche Bestimmungen**, nach der die Umwandlung durch Mehrheitsentscheidung herbeigeführt werden kann, zu stellen sind, ist unklar. Teilweise wird verlangt, dass neben der Zulassung von Mehrheitsentscheiden auch die Art der Umwandlung (Verschmelzung, Spaltung oder Formwechsel) näher bezeichnet wird.[49] Dieses Erfordernis wird aus dem Bestimmtheitsgrundsatz abgeleitet. Zu Recht lehnen andere diese sehr weitgehende Anforderung aber ab.[50] Zwar kann das Argument, die Gesellschaft bestehe bei einem Formwechsel fort, nicht überzeugen.[51] Denn freilich handelt es sich auch bei einem Formwechsel um eine massive Beeinträchtigung mitgliedschaftlicher Rechte. Es ist aber nicht ersichtlich, welchen gravierenden Unterschied es machen soll, wenn die Klausel „Umwandlungen" zulässt

---

41 BGH NJW 1951, 268 f.; MüKoHGB/*Enzinger* § 119 Rn. 36.
42 HM; RGZ 107, 67 (70); BGH WM 1973, 842 (844); Lutter/*Joost*/*Hoger* § 217 Rn. 8.
43 MüKoHGB/*Enzinger* § 119 Rn. 38.
44 Vgl. Begr. RegE zu § 217, BR-Drs. 75/94, 149.
45 Lutter/*Joost*/*Hoger* § 217 Rn. 11.
46 Semler/Stengel/*Leonard*/*Schlitt* § 217 Rn. 17.
47 Lutter/*Joost*/*Hoger* § 219 Rn. 5; Kallmeyer/*Blasche* § 217 Rn. 7.
48 Lutter/*Joost*/*Hoger* § 219 Rn. 5; Kallmeyer/*Blasche* § 217 Rn. 7; Semler/Stengel/*Leonard*/*Schlitt* § 219 Rn. 7.
49 Zur Verschmelzung diesbezüglich ausdrücklich *Streck*/*Mack*/*Schwedhelm* GmbHR 1995, 161 (169).
50 Semler/Stengel/*Leonard*/*Schlitt* § 217 Rn. 16a; *H. Schmidt* FS Brandner, 1996, 145 f.
51 Semler/Stengel/*Leonard*/*Schlitt* § 217 Rn. 16a; Widmann/*Mayer*/*Vossius*, Stand August 2008, § 217 Rn. 42.

oder „Umwandlungen wie Verschmelzung, Spaltung und Formwechsel". Das Argument, der rechtsungewandte Anteilsinhaber sei bei nicht weiterer Ausdifferenzierung der Umwandlungsmöglichkeiten überfordert, kann deshalb auch nicht überzeugen. Für den rechtlichen Laien wird es keinen Unterschied machen, ob die gesellschaftsvertragliche Klausel die Termini „Verschmelzung, Spaltung und Umwandlung" oder den Begriff „Umwandlung" verwendet. § 1 enthält darüber hinaus eine Legaldefinition des Begriffs „Umwandlung", so dass auch aus diesem Grund eine weitere Ausdifferenzierung nicht geboten erscheint. Den Anforderungen des Bestimmtheitsgrundsatzes ist deshalb mit Angabe der Mehrheitsentscheidung zur „Umwandlung" im Gesellschaftsvertrag entsprochen.

Hinweis: Um dem Risiko einer fehlerhaften Beschlussfassung zu entgehen, ist, da die Auffassung streitig ist, gleichwohl zu empfehlen, die Arten der Umwandlung in der Bestimmung des Gesellschaftsvertrags mit anzugeben.[52]

b) Qualifizierte Mehrheit (Abs. 1 S. 3)

Eine Mehrheitsbeschlussfassung über einen Formwechselbeschluss ist ausschließlich mit einer qualifizierten Mehrheit von mindestens **drei Vierteln der abgegebenen Stimmen** möglich (§ 217 Abs. 1 S. 3). Der Gesetzgeber hielt dies aufgrund der hohen Bedeutung des Vorgangs für notwendig.[53] § 217 Abs. 1 S. 3 ist als Mindestanforderung zwingendes Recht.[54] Eine höhere Mehrheitsanforderung kann jedoch bedenkenlos im Gesellschaftsvertrag vereinbart werden.[55] Richtigerweise muss die qualifizierte Mehrheit in der Gesellschafterversammlung erreicht werden.[56] Dies lässt sich aus dem insoweit eindeutigen Wortlaut des § 217 Abs. 1 S. 3 schließen, der sich auf die in der Gesellschafterversammlung abgegebenen Stimmen bezieht.[57] In der Praxis ist, entgegen der Gesetzeskonzeption, eine Abstimmung nach Kapitalanteilen das übliche Vorgehen, was unter dem Gesichtspunkt der Vertragsfreiheit unbedenklich ist.[58] Für die Berechnung der erforderlichen Mehrheit ist immer auf die abgegebenen Stimmen abzustellen. Die Zustimmung der Mehrheit der Gesellschafter ist nicht entscheidend.[59]

c) Mehrheitsmacht und ihre Schranken: Materielle Überprüfung des Gesellschafterbeschlusses?

Sehr umstritten ist die Frage, ob ein durch Mehrheitsentscheidung herbeigeführter Formwechselbeschluss noch einer weiteren **materiellen Überprüfung** unterliegt. Nach Ansicht des BGH ist eine solche materielle Überprüfung grundsätzlich dann erforderlich, wenn es sich um Beschlussgegenstände handelt, die in „schlechthin unverzichtbare oder in relativ unentziehbare, dh nur mit (ggf. antizipierter) Zustimmung des einzelnen Gesellschafters oder aus wichtigem Grund entziehbare Mitgliedschaftsrechte" eingreift.[60] Der Formwechselbeschluss stellt nach einer teilweise vertretenen Ansicht einen solchen Beschluss dar, so dass auch dieser einer besonderen materiellen Überprüfung

---

52 Semler/Stengel/Leonard/Schlitt § 217 Rn. 16a.
53 Begr. RegE zu § 217, BR-Drs. 75/94, 149.
54 Semler/Stengel/Leonard/Schlitt § 217 Rn. 21; Lutter/Joost/Hoger § 217 Rn. 16.
55 Semler/Stengel/Leonard/Schlitt § 217 Rn. 21; Lutter/Joost/Hoger § 217 Rn. 16.
56 Lutter/Joost/Hoger § 217 Rn. 16 f.; Kallmeyer/Blasche § 217 Rn. 8; Semler/Stengel/Leonard/Schlitt § 217 Rn. 20 f.
57 Lutter/Joost/Hoger § 217 Rn. 17; Kallmeyer/Blasche § 217 Rn. 8; Semler/Stengel/Leonard/Schlitt § 217 Rn. 20 f.
58 Semler/Stengel/Leonard/Schlitt § 217 Rn 21; Widmann/Mayer/Vossius § 217 Rn. 86.1.
59 Lutter/Joost/Hoger § 217 Rn. 18.
60 BGH NJW 2007, 1685 (1687).

bedarf.[61] Die hM will dagegen keine materielle Kontrolle des Formwechselbeschlusses vornehmen.[62] Dieser Ansicht ist zu folgen. Denn auch der Gesetzgeber hat sogar ausdrücklich zum Ausdruck gebracht, dass er es für ausgeschlossen hält, eine materielle Beschlusskontrolle speziell nur für eine Beschlussart, etwa den Verschmelzungsbeschluss oder Formwechselbeschluss, zu regeln.[63] Im Übrigen ist der Gesellschafter durch die umwandlungsrechtlichen Informations- und Ausgleichsrechte weitgehend geschützt.[64] Auch das hiergegen ins Feld geführte Argument, dass die Sicherung der Gesellschafter die Frage unberührt lasse, ob der Gesellschafter die Umwandlung überhaupt hinzunehmen habe, geht schon deswegen ins Leere, weil der Gesellschafter sich mit Abschluss des Gesellschaftsvertrags bewusst auf das Risiko eingelassen hat, dass ein Formwechselbeschluss auch entgegen seiner eigenen Stimme mit Mehrheitsbeschluss herbeigeführt werden kann.

d) Nicht erschienene Gesellschafter

20 Wie auch im Falle der einstimmigen Beschlussfassung müssen auch **nicht erschienene Gesellschafter** dem Beschluss zustimmen (§ 217 Abs. 1 S. 1 Hs. 2). Die Stimmen nicht erschienener Gesellschafter können allerdings nicht auch noch im Nachhinein einen Formwechselbeschluss zustande bringen, selbst wenn durch die Stimmabgabe die erforderliche qualifizierte Mehrheit komplettiert wird.[65] Diese früher teilweise vertretene Meinung ist allerdings deshalb problematisch, da eine nachträgliche Zu- oder Ablehnungsmöglichkeit immer eine Unklarheit über den Zeitpunkt der Beschlussfassung zur Folge haben würde. Wenn es dann allerdings für die Wirksamkeit wieder auf nachträgliche Gesellschafterzustimmung ankommen würde, würde es wieder auf die Mehrheit der Gesellschafter ankommen. Umgehen lässt sich das, wenn für die Wirksamkeit des Beschlusses auf das Abstimmungsergebnis in der Versammlung abgestellt wird.[66]

IV. Mitwirkung Dritter
1. Zustimmung mittelbar Beteiligter

21 **Mittelbar Beteiligte** müssen als Dritte dem Formwechsel grundsätzlich nicht zustimmen.[67] Dies ist dem Gesetz zu entnehmen, das in § 217 Abs. 1 S. 1 nur von „Gesellschafter" spricht. Eine mittelbare Unternehmensbeteiligung kann etwa in einem Nießbrauch an Anteilen, einer Treuhand an Anteilen oder einer stillen Beteiligung liegen.[68] Hat der Gesellschafter einem Dritten ein Nießbrauch an einer Mitgliedschaft bestellt, wie es praktisch besonders häufig zur Absicherung des künftigen Erblassers bei der Realisierung einer vorweggenommenen Erbfolge passiert, kommt es für den Formwechselbeschluss nicht auf die Zustimmung des Nießbrauchers an, da das Stimmrecht nach hM bei dem Nießbrauchbesteller verbleibt.[69] Bei einer treuhänderischen Beteiligung wird der Gesellschaftsanteil an einen Dritten, den Treuhänder, übertragen. Dieser wird

---

61 Lutter/Joost/Hoger § 217 Rn. 15; vgl. auch Goutier/Knopf/Tulloch/Laumann § 217 Rn. 12.
62 Semler/Stengel/Leonard/Schlitt § 217 Rn. 19; Lutter/Decher/Hoger § 193 Rn. 9; Kallmeyer/Zimmermann § 193 Rn. 10; Binnewies GmbHR 1997, 727 (733); Bayer ZIP 1997, 1613 (1624); Heckschen DB 1998, 1385 (1392); Meyer-Landrut/Kiem WM 1997, 1361 (1364 f.).
63 Begr. RegE zu § 13, BR-Drs. 75/94, 86.
64 Lutter/Decher/Hoger § 193 Rn. 9.
65 Semler/Stengel/Leonard/Schlitt § 217 Rn. 22.
66 Semler/Stengel/Leonard/Schlitt § 217 Rn. 21; Lutter/Drygala § 13 Rn. 14; Lutter/H. Schmidt § 43 Rn. 6; Kallmeyer/Zimmermann § 43 Rn. 14; Lutter/Joost/Hoger § 217 Rn. 16.
67 Semler/Stengel/Leonard/Schlitt § 217 Rn. 26.
68 Vgl. hierzu detailliert MüKoHGB/K. Schmidt Vor § 230; K. Schmidt GesR § 61 I 1.
69 MüKoBGB/Pohlmann § 1068 Rn. 20, 71; Semler/Stengel/Leonard/Schlitt § 217 Rn. 26.

Mitglied des Verbandes und ist durch Treuhandvertrag mit dem Treugeber intern gebunden.[70] In dieser Konstellation ändert sich also die dingliche Rechtslage, so dass es auf die Zustimmung des Treugebers nicht mehr ankommt.[71] Im Falle einer stillen Beteiligung kommt dem stillen Gesellschafter aufgrund des Grundlagencharakters der Umwandlung ein Zustimmungsrecht zum Formwechsel zu.[72] Diese wirkt indes nur intern und ist für die Wirksamkeit des Formwechselbeschlusses unerheblich.[73]

2. Weitere Dritte

Bei einer Beteiligung von **Minderjährigen** wird im Schrifttum durchgängig eine entsprechende Anwendung der §§ 1643, 1852 Nr. 2, 1854 Nr. 4 BGB auch für die Fassung eines Formwechselbeschlusses befürwortet.[74] Demnach bedarf es zu einer Stimmabgabe durch die Eltern als gesetzliche Vertreter zusätzlich der Genehmigung des Familiengerichts, sofern der Minderjährige durch den Formwechselbeschluss Gefahr läuft, einer persönlichen Haftung ausgesetzt zu werden.[75] Dies ist etwa der Fall, wenn er gem. §§ 197 S. 1, 219 als Gründer haften würde oder bei einem Formwechsel in die Rechtsform der KGaA gem. § 217 Abs. 3 die Stellung eines persönlich haftenden Gesellschafters einnehmen soll. Einer Zustimmung des Familiengerichts bedarf es bei einer Stimmabgabe gegen den Formwechsel nicht, da § 219 S. 2 nur von einer Haftung der für den Formwechsel stimmenden Gesellschafter ausgeht.[76]

Einer Einwilligung des im gesetzlichen Güterstand der Zugewinngemeinschaft lebenden **Ehepartners** bedarf es nach neuem Recht nicht mehr. Nach früherem Recht war der Formwechsel konzeptionell als übertragende Umwandlung ausgestaltet, so dass von einer Verfügung iSd § 1365 BGB auszugehen war.[77] Nach der heutigen rechtlichen Ausgestaltung gilt jedoch bei einem Formwechsel das Prinzip der Identitätswahrung, so dass der Rechtsträger erhalten bleibt und von einer Verfügung nicht mehr auszugehen ist.[78]

Aufgrund des Grundlagencharakters eines Formwechsels ist, soweit **Testamentsvollstreckung** angeordnet ist, neben der Zustimmung des Testamentsvollstreckers die Zustimmung der Erben einzuholen.[79]

V. Beschlussmängel

Zu der **Einordnung** als Nichtbeschluss, nichtiger, unwirksamer oder anfechtbarer Beschluss sowie zu den **Rechtsfolgen** von Mängeln des Formwechselbeschlusses → § 193 Rn. 13.

VI. Namentliche Aufführung der Gesellschafter (Abs. 2)

Gem. § 193 Abs. 3 S. 1 ist der Formwechselbeschluss notariell zu beurkunden. Im Falle der Mehrheitsentscheidung sind gem. § 217 Abs. 2 die Gesellschafter, die für den

---

70 K. Schmidt GesR § 61 III 2.
71 Widmann/Mayer/Vossius § 217 Rn. 50; Semler/Stengel/Leonard/Schlitt § 217 Rn. 26.
72 Semler/Stengel/Leonard/Schlitt § 217 Rn. 26; Schlitt/Beck NZG 2001, 688 (689 f.).
73 Semler/Stengel/Leonard/Schlitt § 217 Rn. 26; vgl. auch Lutter/Joost/Hoger § 217 Rn. 4.
74 Kallmeyer/Blasche § 217 Rn. 16; Semler/Stengel/Leonard/Schlitt § 217 Rn. 27; Lutter/Joost/Hoger § 217 Rn. 9.

75 Kallmeyer/Blasche § 217 Rn. 16; Semler/Stengel/Leonard/Schlitt § 217 Rn. 27; Lutter/Joost/Hoger § 217 Rn. 9.
76 Vgl. Semler/Stengel/Leonard/Schlitt § 217 Rn. 27.
77 Lutter/Joost/Hoger § 217 Rn. 10.
78 Lutter/Joost/Hoger § 217 Rn. 10; Semler/Stengel/Leonard/Schlitt § 217 Rn. 28.
79 Kallmeyer/Blasche § 217 Rn. 16; Semler/Stengel/Leonard/Schlitt § 217 Rn. 29.

Formwechsel gestimmt haben, in der Niederschrift **namentlich aufzuführen**. Diese Regelung dient der Transparenz hinsichtlich einer Haftung nach § 219 S. 2, da nur diejenigen als Gründer iSd Vorschrift gelten, die dem Formwechsel zugestimmt haben.[80] Entbehrlich ist die namentliche Aufführung allerdings immer dann, wenn der Formwechselbeschluss einstimmig gefasst wurde.[81]

VII. Formwechsel in eine KGaA (Abs. 3)

27 Wird die Personengesellschaft in eine KGaA umgewandelt, so müssen dem Formwechsel alle Gesellschafter zustimmen, die in der Gesellschaft die **Stellung eines persönlich haftenden Gesellschafters** erhalten sollen (§ 217 Abs. 3). Der Gesetzgeber wollte dem zukünftigen persönlich haftenden Gesellschafter die Übernahme dieser Haftung ohne sein Einverständnis nicht zumuten.[82] § 217 Abs. 3 findet nur Anwendung, wenn sich ein bisheriger Gesellschafter zur persönlichen Haftung bereit erklärt. Der Fall, dass ein neuer Gesellschafter der Gesellschaft als persönlich haftender Gesellschafter hinzutritt, ist hingegen von § 217 Abs. 3 nicht erfasst, da die Norm nach ihrem eindeutigen Wortlaut nur für „Gesellschafter" gilt. Vielmehr findet hier § 221 Anwendung.[83] Das Zustimmungserfordernis besteht auch dann, wenn der Gesellschafter bereits im Ausgangsrechtsträger die Stellung eines persönlich haftenden Gesellschafters innehatte.[84]

§ 218 Inhalt des Formwechselbeschlusses

(1) ¹In dem Formwechselbeschluss muß auch der Gesellschaftsvertrag der Gesellschaft mit beschränkter Haftung oder die Satzung der Genossenschaft enthalten sein oder die Satzung der Aktiengesellschaft oder der Kommanditgesellschaft auf Aktien festgestellt werden. ²Eine Unterzeichnung der Satzung durch die Mitglieder ist nicht erforderlich.

(2) Der Beschluss zum Formwechsel in eine Kommanditgesellschaft auf Aktien muß vorsehen, daß sich an dieser Gesellschaft mindestens ein Gesellschafter der formwechselnden Gesellschaft als persönlich haftender Gesellschafter beteiligt oder daß der Gesellschaft mindestens ein persönlich haftender Gesellschafter beitritt.

(3) ¹Der Beschluss zum Formwechsel in eine Genossenschaft muß die Beteiligung jedes Mitglieds mit mindestens einem Geschäftsanteil vorsehen. ²In dem Beschluß kann auch bestimmt werden, daß jedes Mitglied bei der Genossenschaft mit mindestens einem und im übrigen mit so vielen Geschäftsanteilen, wie sie durch Anrechnung seines Geschäftsguthabens bei dieser Genossenschaft als voll eingezahlt anzusehen sind, beteiligt wird.

I. Normzweck 1	2. Nähere Anforderungen an den Formwechselbeschluss 6
II. Der Gesellschaftsvertrag und Satzung als Teil des Formwechselbeschlusses 5	III. Formwechsel in eine AG oder KGaA 8
1. Enthalten/festgestellt sein 5	1. Formwechsel in eine AG 9

---

[80] Begr. RegE zu § 217, BR-Drs. 75/94, 149.
[81] Kallmeyer/*Blasche* § 217 Rn. 14; Semler/Stengel/Leonard/*Schlitt* § 217 Rn. 39.
[82] Begr. RegE § zu 217, BR-Drs. 75/94, 149.
[83] Widmann/Mayer/*Vossius* § 217 Rn. 132; Semler/Stengel/Leonard/*Schlitt* § 217 Rn. 40.
[84] Widmann/Mayer/*Vossius* § 217 Rn. 133; Lutter/*Joost/Hoger* § 217 Rn. 21.

	a)	Firma und Sitz der Gesellschaft (§ 194 Abs. 1 Nr. 2, § 23 Abs. 3 Nr. 1 AktG)	9	**IV. Formwechsel in eine GmbH**	28
	b)	Gegenstand des Unternehmens (§ 23 Abs. 3 Nr. 2 AktG)	11	1. Firma und Sitz der Gesellschaft (§ 194 Abs. 1 Nr. 2, § 3 Abs. 1 Nr. 1 GmbHG)	29
	c)	Höhe des Grundkapitals (§ 23 Abs. 3 Nr. 3 AktG)	12	2. Unternehmensgegenstand (§ 3 Abs. 1 Nr. 2 GmbHG)	31
	d)	Zerlegung in Nennbetrags- oder Stückaktien (§ 23 Abs. 3 Nr. 4 AktG)	13	3. Betrag des Stammkapitals (§ 3 Abs. 1 Nr. 3 GmbHG)	32
	e)	Ausstellung als Inhaber- oder Namensaktien (§ 23 Abs. 3 Nr. 5 AktG)	15	4. Zahl und Nennbeträge der Geschäftsanteile (§ 3 Abs. 1 Nr. 4 GmbHG)	34
	f)	Einlagen	16	5. Bestellung der Geschäftsführer	35
	g)	Vorstand (§ 23 Abs. 3 Nr. 6 AktG)	17	6. Bestellung des Aufsichtsrats	36
	h)	Aufsichtsrat	18	**V. Formwechsel in eine eG**	38
	i)	Bekanntmachungen (§ 23 Abs. 4 AktG)	20	1. Firma und Sitz (§ 194 Abs. 1 Nr. 2, 200; § 6 Nr. 1 GenG)	39
	j)	Abweichungen, Ergänzende Bestimmungen (§ 23 Abs. 5 AktG)	21	2. Unternehmensgegenstand (§ 6 Nr. 2 GenG)	40
2.		Formwechsel in eine KGaA	22	3. Nachschussbestimmungen (§ 6 Nr. 3 GenG)	41
	a)	Persönlich haftender Gesellschafter (Abs. 2)	23	4. Generalversammlung (§ 6 Nr. 4 GenG)	42
	b)	Satzungsinhalt	24	5. Bekanntmachungen (§ 6 Nr. 5 GenG)	43
		aa) Firma (§ 194 Abs. 1 Nr. 2, § 279 Abs. 1 AktG)	24	6. Vorstand (§ 197 S. 1 iVm §§ 9 Abs. 1 S. 1, 24 Abs. 2 S. 1 GenG)	44
		bb) Eintragung der persönlich haftenden Gesellschafter (§§ 281, 282 AktG)	25	7. Aufsichtsrat (§ 197 S. 1 iVm §§ 9 Abs. 1 S. 1, 36 Abs. 1 GenG)	45
		cc) Vermögenseinlage (§ 281 Abs. 2 AktG)	26	8. Bestimmungen über Geschäftsanteile (Abs. 3)	46
		dd) Aufsichtsrat (§ 197 S. 3, § 31 AktG)	27	9. Gesetzliche Rücklagebildung (§ 197 S. 1 iVm § 7 Nr. 2 GenG)	48
				10. Unterzeichnung der Satzung durch die Mitglieder (Abs. 1 S. 2)	49

I. Normzweck

Die Norm stellt eine **spezielle Regelung** zu § 194 dar. Während Abs. 1 eine Regelung für einen Formwechsel in eine Kapitalgesellschaft oder eine eG trifft, befasst sich Abs. 2 nur mit dem Beschluss eines Formwechsels in eine KGaA. Abs. 3 hat nur den Formwechsel in eine eG zum Gegenstand.

§ 218 regelt im Speziellen weitere, über § 194 hinausgehende **Anforderungen an den Inhalt des Formwechselbeschlusses**. § 218 Abs. 1 S. 1 statuiert dabei, dass in dem Formwechselbeschluss auch der Gesellschaftsvertrag der GmbH, die Satzung der eG enthalten sein oder die Satzung der AG bzw. der KGaA festgestellt werden muss (§ 218 Abs. 1 S. 1). Diese Einbeziehung in den Formwechselbeschluss hat der Gesetzgeber aufgrund der erheblichen strukturellen Unterschiede zwischen Personenhandelsgesellschaften einerseits und Kapitalgesellschaften andererseits bei einem Formwechsel für notwendig erachtet.[1] § 218 Abs. 1 S. 2 bestimmt, dass eine **Unterzeichnung** der Satzung der Zielgesellschaft **nicht erforderlich** ist. Diese Bestimmung betrifft ausweislich der eindeutigen gesetzgeberischen Intention nur die Satzung der eG.[2] Die Norm soll in Anbetracht eines ggf. hohen Gesellschafterkreises und der im Regelfall obligatorischen Unterzeichnung der Satzung durch alle Mitglieder der eG dieses Formwechselerschwernis beseitigen.[3]

---

[1] Begr. RegE zu § 218, BR-Drs. 75/94, 149.
[2] Begr. RegE zu § 218, BR-Drs. 75/94, 149; vgl. Schmitt/Hörtnagl/Hörtnagl/Rinke § 218 Rn. 5; Semler/Stengel/Leonard/Schlitt § 218 Rn. 1; Widmann/Mayer/Vossius § 217 Rn. 28.
[3] Begr. RegE zu § 218, BR-Drs. 75/94, 149.

3 § 218 Abs. 2 regelt, der Rechtsnatur der KGaA entsprechend, dass der Beschluss eines **Formwechsels einer Personengesellschaft in eine KGaA** vorsehen muss, dass sich an der Gesellschaft neuer Rechtsform mindestens ein Gesellschafter der formwechselnden Gesellschaft als persönlich haftender Gesellschafter beteiligen muss (§ 218 Abs. 2 S. 1 Var. 1). Er kann auch vorsehen, dass der Gesellschaft ein neuer, persönlich haftender Gesellschafter beitritt (§ 218 Abs. 2 S. 1 Var. 2). Letztere Variante war – für den Formwechsel einer GmbH oder einer AG in eine KGaA – bereits in § 362 Abs. 2 S. 1 und § 389 Abs. 2 S. 1 AktG aF vorgesehen, nach dessen Regelungsgehalt ein persönlich haftender Gesellschafter bei einer formwechselnden Umwandlung einer GmbH oder einer AG in eine KGaA auch neu beitreten konnte.

4 Abs. 3 konkretisiert § 194 Abs. 1 Nr. 3 und bestimmt, dass die Mitgliedschaft in der Genossenschaft die Beteiligung mit mindestens einem Geschäftsanteil voraussetzt.[4]

II. Der Gesellschaftsvertrag und Satzung als Teil des Formwechselbeschlusses

1. Enthalten/festgestellt sein

5 Die Norm geht, je nach in Rede stehender Gesellschaftsform der Zielgesellschaft, davon aus, dass das jeweilige Statut im Formwechselbeschluss enthalten sein (so bei der GmbH oder der Genossenschaft) oder dort festgestellt sein muss (so bei der AG oder der KGaA). Diese differierende Bezeichnung ist der **unterschiedlichen Nomenklatur** im Recht der jeweiligen Rechtsform geschuldet.[5] Während im Aktienrecht, also bei AG und KGaA, der Abschluss des Gesellschaftsvertrags als „Satzungsfeststellung" bezeichnet wird,[6] wird bei den übrigen Gesellschaftsformen der Gesellschaftsvertrag „geschlossen". Eine weitere Bedeutung hat die sprachliche Nuance nicht.

2. Nähere Anforderungen an den Formwechselbeschluss

6 In dem Formwechselbeschluss muss gem. § 218 Abs. 1 S. 1 der Gesellschaftsvertrag oder die Satzung des Zielrechtsträgers **vollständig** enthalten bzw. festgestellt sein. Auch nicht zwingende Regelungen, die das Statut in der Praxis regelmäßig enthalten wird, sind hiervon erfasst.[7] Eine Angabe bloß der gesetzlichen Mindestbestimmungen, wenn außerhalb des Formwechselbeschlusses weitere Abreden getroffen werden, ist nicht hinreichend.[8]

7 Gem. § 193 Abs. 3 ist der Formwechselbeschluss **notariell zu beurkunden**. Nach hM ist eine Unterzeichnung des Statuts der Zielgesellschaft nicht erforderlich.[9] Eine aA hegt hiergegen trotz praktischer Vorzüge Bedenken, da das UmwG in § 197 Abs. 1 die Anwendung der Gründungsvorschriften des Zielrechtsträgers regelt, in denen die Unterzeichnung des Statuts ausdrücklich angeordnet wird.[10] Dem ist dennoch nicht zuzustimmen. § 197 S. 1 ordnet die Gründungsvorschriften nur an, „soweit sich" aus dem Fünften Buch des UmwG „nichts anderes ergibt" (§ 197 S. 1). Gerade aus § 218 aber ergibt sich insoweit „etwas anderes", da der Formwechsel nicht durch Gründungsakt, sondern durch Beschlussfassung einer bereits bestehenden und auch bestehen bleiben-

---

[4] Begr. RegE zu § 219, BR-Drs. 75/94, 149.
[5] Schmitt/Hörtnagl/*Hörtnagl/Rinke* § 218 Rn. 4.
[6] *Koch* AktG § 23 Rn. 6.
[7] Semler/Stengel/Leonard/*Schlitt* § 218 Rn. 5.
[8] Schmitt/Hörtnagl/*Hörtnagl/Rinke* § 218 Rn. 3; Semler/Stengel/Leonard/*Schlitt* § 218 Rn. 5.
[9] Semler/Stengel/Leonard/*Schlitt* § 218 Rn. 6; Kallmeyer/*Blasche* § 218 Rn. 2; Schmitt/Hörtnagl/*Hörtnagl/Rinke* § 218 Rn. 5.
[10] Lutter/Joost/*Hoger* § 218 Rn. 3.

den Gesellschaft geschieht.[11] Auch ist der aus der Existenz der § 218 Abs. 1 S. 2 und § 244 Abs. 2 gezogene Rückschluss auf die Notwendigkeit einer Unterzeichnung in den vom Gesetz hier nicht geregelten Fällen keinesfalls zwingend, etwa wenn man von einer Normierung bloß deklaratorischer Art ausginge, was der Gesetzgeber iE auch tut.[12] Mehr noch: In der gesetzgeberischen Deklaration des § 244 Abs. 2 als „Klarstellung" liegt das entscheidende Argument gegen eine grundsätzliche Unterzeichnungspflicht der Gesellschafter.

Hinweis: Zwar entspricht es der hM, dass es einer Unterzeichnung des Gesellschaftsstatuts des Zielrechtsträgers nicht bedarf. In der Praxis ist jedoch zu empfehlen, eine Unterzeichnung durch die dem Beschluss zustimmenden Gesellschafter vornehmen zu lassen, um kautelarjuristisch rechtlichen Konflikten schon im Vorhinein zu begegnen.

III. Formwechsel in eine AG oder KGaA

Wird eine Personengesellschaft in eine AG oder KGaA umgewandelt, muss die künftige Satzung im Formwechselbeschluss der Gesellschafterversammlung festgestellt werden (§ 218 Abs. 1 S. 1). Da § 197 S. 1 die Gründungsvorschriften des Zielrechtsträgers für anwendbar erklärt, soweit sich aus dem Fünften Buch des UmwG nichts anderes ergibt, muss die Satzung neben den Vorschriften des UmwG auch den **Mindestanforderungen des AktG** entsprechen (§ 23 Abs. 3, 4 AktG).

1. Formwechsel in eine AG

a) Firma und Sitz der Gesellschaft (§ 194 Abs. 1 Nr. 2, § 23 Abs. 3 Nr. 1 AktG)

Für die Voraussetzung der Bestimmung der Firma der Gesellschaft ist auf § 194 Abs. 1 Nr. 2 abzustellen, der vorrangig Anwendung findet. Demnach muss die **Firma der Gesellschaft neuer Rechtsform** angegeben werden. Es sind die üblichen Voraussetzungen des § 18 HGB einzuhalten. So muss die Firma Unterscheidungskraft haben und darf nicht irreführend sein.[13] Die Firma muss zwingend den Rechtsformzusatz „Aktiengesellschaft" oder eine allgemein verständliche Abkürzung dieser Bezeichnung, idR „AG" (§ 4 AktG), enthalten.[14] Der vorige Rechtsformzusatz ist insoweit zu ändern.[15]

Die Satzung muss weiterhin gem. § 23 Abs. 3 Nr. 1 den **Sitz der Gesellschaft** bestimmen. Hierbei muss es sich grundsätzlich um einen Ort im Inland handeln (§ 5 AktG). Nur die satzungsmäßigen Bestimmungen sind für den Sitz maßgeblich. Unerheblich sind tatsächliche Gegebenheiten, insbes. der Ort des Betriebes oder der Sitz der Geschäftsleitung.[16]

b) Gegenstand des Unternehmens (§ 23 Abs. 3 Nr. 2 AktG)

Es muss der **Gegenstand des Unternehmens** in der Satzung angegeben werden (§ 23 Abs. 3 Nr. 2 AktG). Hierbei darf es sich nicht um eine zu allgemeine Bezeichnung handeln. Der Unternehmensgegenstand muss vielmehr hinreichend individualisiert sein.[17] Nach den von der Rechtsprechung hierzu entwickelten Grundsätzen muss in groben Zügen erkennbar sein, welchem Tätigkeitsbereich sich die Gesellschaft widmet und

---

11 Widmann/Mayer/*Vossius* § 217 Rn. 31.
12 Begr. RegE zu § 244, BR-Drs. 75/94, 157.
13 *Windbichler* GesR § 26 Rn. 2; *K. Schmidt* HandelsR § 12 III. 1. b).
14 *K. Schmidt* HandelsR § 12 III. 1. c).
15 *Kögel* GmbHR 1996, 168 (174).
16 *Koch* AktG § 5 Rn. 8.
17 *Blasche* DB 2011, 517 f.

welchem Geschäftszweig als Sachbereich des Wirtschaftslebens bzw. nichtwirtschaftlichen Bereichs sie zuzuordnen ist.[18] Bei Industrie- und Handelsunternehmen muss die Art der Erzeugnisse und Waren, die hergestellt und gehandelt werden sollen, näher angegeben werden (§ 23 Abs. 3 Nr. 2 Hs. 2 AktG).

c) Höhe des Grundkapitals (§ 23 Abs. 3 Nr. 3 AktG)

12 Die Satzung muss die **Höhe des Grundkapitals** bestimmen (§ 23 Abs. 3 Nr. 3 AktG). Das Grundkapital einer AG muss auf einen Nennbetrag in Euro lauten (§ 6 AktG). Bei einem Formwechsel ist ein bestimmter Rahmen des Grundkapitals der Ziel-AG zwingend vorgeben. Die Untergrenze beträgt mindestens 50.000 EUR (§ 7 AktG). Die Obergrenze definiert § 220 Abs. 1, nach dem der Nennbetrag des Grundkapitals einer AG das nach Abzug der Schulden verbleibende Reinvermögen der formwechselnden Gesellschaft nicht übersteigen darf. Die das Grundkapital der AG übersteigende Beträge werden den Kapital- und Gewinnrücklagen zugeordnet.[19]

d) Zerlegung in Nennbetrags- oder Stückaktien (§ 23 Abs. 3 Nr. 4 AktG)

13 Die Satzung muss Angaben darüber enthalten, ob das Grundkapital in **Nennbetrags- oder Stückaktien** zerlegt ist (§ 23 Abs. 3 Nr. 4 AktG). Handelt es sich um **Nennbetragsaktien**, hat die Satzung die Nennbeträge und die Zahl der Aktien jedes Nennbetrages zu enthalten (§ 23 Abs. 3 Nr. 4 AktG). Weitere Anforderungen an Nennbetragsaktien ergeben sich aus § 8 Abs. 2 AktG: die Nennbetragsaktien müssen danach mindestens auf 1 EUR lauten. Aktien über einen geringeren Nennbetrag sind nichtig (§ 8 Abs. 2 S. 2 AktG).

14 Auch bei **Stückaktien** muss die Zahl der Aktien genannt werden (§ 23 Abs. 3 Nr. 4 AktG). Stückaktien können in bestimmte Aktiengattungen eingeteilt werden, wenn die Aktien verschiedene Rechte bzgl. der Verteilung des Gewinns und des Gesellschaftsvermögens gewähren (§ 11 AktG). Aktien mit gleichen Rechten bilden jeweils eine Gattung (§ 11 S. 2 AktG). Sofern bei der in Rede stehenden Ziel-AG Stückaktien mit verschiedenen Gattungen entstehen sollen, müssen auch die Gattung der Aktien und die Zahl der Aktien jeder Gattung in der Satzung genannt werden (§ 23 Abs. 3 Nr. 4 AktG).

e) Ausstellung als Inhaber- oder Namensaktien (§ 23 Abs. 3 Nr. 5 AktG)

15 Aktien können gem. § 10 Abs. 1 AktG auf den Inhaber oder auf Namen lauten. Werden die Aktien vor der vollen Leistung des Ausgabebetrags ausgegeben, müssen sie gem. § 10 Abs. 2 S. 1 AktG auf den Namen lauten. Eine Angabe, in welcher **Aktienform** die Aktien ausgestellt werden, ist in der Satzung zwingend (§ 23 Abs. 3 Nr. 5 AktG).

f) Einlagen

16 **Bareinlagen** können durch bare oder unbare Zahlungen an die Gesellschaft erbracht werden.[20] Die Pflicht zu einer solchen Einlage ist Hauptpflicht des Aktionärs und entsteht mit der Übernahme der Aktien bei Gründung.[21] In Ausnahme zu diesem Grundsatz erkennt das Aktienrecht unter bestimmten Voraussetzungen aber auch die

---

18 OLG Düsseldorf DB 2011, 168 (169); OLG Hamm DB 2005, 2292 (2293).
19 *Timmermans* DB 1999, 948 (949).
20 *K. Schmidt* GesR § 29 II. 1. a).
21 *Koch* AktG § 54 Rn. 2.; Hölters/Weber/Mayer/Albrecht vom Kolke AktG § 54 Rn. 1.

Sacheinlage als Möglichkeit der Kapitalaufbringung an.[22] Bei einem Formwechsel in eine AG muss seitens der Gesellschafter eine besondere Bareinlage grundsätzlich nicht mehr geleistet werden.[23] Vielmehr können die Gesellschafter ihre **Einlage durch Formwechsel** der Gesellschaft alter Rechtsform in die Rechtsform der AG als Sacheinlage erbringen.[24] Dies ist entsprechend in der Satzung aufzunehmen.[25]

g) Vorstand (§ 23 Abs. 3 Nr. 6 AktG)

Die Satzung muss auch Angaben über die **Zahl der Mitglieder des Vorstandes** oder die Regel, nach denen diese Zahl festgelegt wird, enthalten (§ 23 Abs. 3 Nr. 6 AktG). Als „Regel" iSd § 23 Abs. 3 Nr. 6 AktG genügt auch eine Satzungsbestimmung, nach der die Zahl der Vorstandsmitglieder durch den Aufsichtsrat bestimmt wird.[26] Der Vorstand kann dabei aus einem oder mehreren Mitgliedern bestehen.[27] Die Festlegung des Vorstandes selbst erfolgt nicht in der Satzung, sondern wird vom Aufsichtsrat durchgeführt.[28] Unterfällt die Gesellschaft dem Anwendungsbereich des MitbestG, ist ein Arbeitsdirektor als eines der gleichberechtigten Vorstandsmitglieder zu bestellen.[29] Da gem. § 222 Abs. 1 der Vorstand die Anmeldung des Formwechsels zur Eintragung im Handelsregister vorzunehmen hat, ist im Rückschluss zu folgern, dass seine Bestellung **vor** dem Formwechsel zu erfolgen hat.[30] Bestehen beim Ausgangsrechtsträger Sonderrechte hinsichtlich der Geschäftsführung lassen sich diese aufgrund des nicht-dispositiven Aktienrechts nicht auf die AG übertragen, sondern bedürfen einer gesonderten schuldrechtlichen Regelung in einer Aktionärsvereinbarung.[31]

17

h) Aufsichtsrat

Gem. § 222 Abs. 1 S. 1 hat die Anmeldung des Formwechsels zur Eintragung in das Handelsregister durch alle **Mitglieder des künftigen Vertretungsorgans**, sowie, wenn der Rechtsträger nach den für die neue Rechtsform geltenden Vorschriften über einen Aufsichtsrat verfügen muss, auch durch die **Mitglieder des Aufsichtsrates** zu erfolgen. Für die AG, die zwingend über einen Aufsichtsrat verfügt, bedeutet dies, dass sowohl der Vorstand als Vertretungsorgan, als auch der Aufsichtsrat die Anmeldung zur Eintragung in das Handelsregister durchführen muss. Für den Aufsichtsrat lässt sich hieraus ableiten, dass er jedenfalls vor der Eintragung zu bestellen ist.[32] Diese Bestellung erfolgt außerhalb der Satzung im Formwechselbeschluss.[33]

18

Hinweis: Bei dem Formwechsel in eine AG sollte deshalb Wert auf die rechtzeitige Bestellung des Aufsichtsrates gelegt werden.

Bei der Neugründung einer AG geschieht die Bestellung des Aufsichtsrats als **erster Aufsichtsrat** nach dem Verfahren der §§ 30, 31 AktG. Der mit § 197 S. 2 statuierte Grundsatz der Nichtanwendbarkeit der Vorschriften über die Bildung und Zusammensetzung des ersten Aufsichtsrats gilt gem. § 197 S. 3 nicht für den Formwechsel eines

19

---

22 *Koch* AktG § 27 Rn. 2.
23 Semler/Stengel/*Leonard/Schlitt* § 218 Rn. 40; vgl. auch Kallmeyer/*Blasche* § 218 Rn. 26.
24 Semler/Stengel/*Leonard/Schlitt* § 218 Rn. 40; Kallmeyer/*Blasche* § 218 Rn. 26.
25 Semler/Stengel/*Leonard/Schlitt* § 218 Rn. 40.
26 Hölters/Weber/*Solveen* AktG § 23 Rn. 27.
27 § 76 Abs. 2 S. 1 AktG; vgl. Lutter/*Joost/Hoger* § 218 Rn. 26.
28 § 84 AktG; Semler/Stengel/*Leonard/Schlitt* § 218 Rn. 41.
29 Semler/Stengel/*Leonard/Schlitt* § 218 Rn. 41.
30 Lutter/*Joost/Hoger* § 218 Rn. 27.
31 Semler/Stengel/*Leonard/Schlitt* § 218 Rn. 41.
32 Lutter/*Joost/Hoger* § 218 Rn. 27.
33 Semler/Stengel/*Leonard/Schlitt* § 218 Rn. 42.

Rechtsträgers in eine AG, bei dem § 31 AktG Anwendung findet.[34] Die Gründer haben hiernach nur so viele Aufsichtsratsmitglieder zu bestellen, wie nach den gesetzlichen Vorschriften, die ihrer Ansicht nach der Einbringung oder Übernahme für die Zusammensetzung des Aufsichtsrats maßgebend sind, von der Hauptversammlung ohne Bindung an Wahlvorschläge zu wählen sind. Mindestens aber müssen es drei sein.[35] Dieser Aufsichtsrat bestellt dann den ersten Vorstand (§ 30 Abs. 4 AktG). Der Vorstand ist gem. § 31 Abs. 3 S. 1 AktG verpflichtet, unverzüglich nach der Einbringung des Unternehmens – dh hier nach der Eintragung des Formwechsels in das Handelsregister – bekanntzumachen, nach welchen gesetzlichen Vorschriften seiner Ansicht nach der Aufsichtsrat zusammengesetzt sein muss.[36]

i) Bekanntmachungen (§ 23 Abs. 4 AktG)

20 Die Satzung muss schließlich Bestimmungen über die Form der **Bekanntmachung der Gesellschaft** enthalten (§ 23 Abs. 4 AktG).

j) Abweichungen, Ergänzende Bestimmungen (§ 23 Abs. 5 AktG)

21 Eine Abweichung von den Vorschriften des AktG kann in der Satzung nur vorgenommen werden, wenn dies **ausdrücklich zugelassen** ist (Grundsatz der Satzungsstrenge).[37] Ergänzende Bestimmungen der Satzung sind dann zulässig, wenn das Gesetz keine abschließende Regelung enthält (§ 23 Abs. 5 S. 2 AktG).

2. Formwechsel in eine KGaA

22 Für den Formwechsel in eine KGaA gelten grundsätzlich die Ausführungen zum Formwechsel in die AG entsprechend (§ 278 Abs. 3 AktG). Jedoch sind einige **Besonderheiten** zu beachten:

a) Persönlich haftender Gesellschafter (Abs. 2)

23 Gem. § 218 Abs. 2 muss bei einem Formwechsel in die KGaA diese ihrem Wesen nach über mindestens einen persönlich haftenden Gesellschafter verfügen. Dieser kann dem bereits an der formwechselnden Gesellschaft beteiligten Gesellschafterkreis entstammen (→ § 217 Rn. 27). Der Gesellschaft kann aber auch ein bisher nicht beteiligter Dritter als persönlich haftender Gesellschafter beitreten (→ § 221 Rn. 1 ff.). Als **persönlich haftender Gesellschafter** kommen natürliche Personen, aber auch Personenhandelsgesellschaften und Kapitalgesellschaften in Betracht.[38] Vor allem bei dem Formwechsel einer Kapitalgesellschaft & Co. KG in eine KGaA ist diese Möglichkeit von besonderer Relevanz, da oftmals auch nach dem Formwechsel keine natürliche Person die Stellung eines persönlich haftenden Gesellschafters übernehmen soll. Ggf. steht den Kommanditisten der Kapitalgesellschaft & Co. KG ein Anspruch auf Beteiligung an der hinzutretenden GmbH zu.[39]

---

34 Vgl. Lutter/*Joost/Hoger* § 217 Rn. 28; anders noch *Hergeth/Mingau* DStR 1999, 1948 ff.
35 Lutter/*Joost/Hoger* § 218 Rn. 29.
36 *Happ* FS Maier-Reimer, 2010, 173 (178).
37 *Koch* AktG § 23 Rn. 34.
38 Kallmeyer/*Blasche* § 218 Rn. 32.
39 Vgl. Kallmeyer/*Blasche* § 218 Rn. 32 Fn. 5; *Dirksen/Möhrle* ZIP 1998, 1377 (1381 f.).

b) Satzungsinhalt

aa) Firma (§ 194 Abs. 1 Nr. 2, § 279 Abs. 1 AktG)

Das Erfordernis einer Angabe der **Firma des neuen Rechtsträgers** ergibt sich bereits aus § 194 Abs. 1 Nr. 2. Die Firma einer KGaA muss gem. § 279 Abs. 1 AktG die Bezeichnung „Kommanditgesellschaft auf Aktien" oder eine allgemein verständliche Abkürzung dieser Bezeichnung enthalten (für gewöhnlich „KGaA"). Wenn in der Gesellschaft keine natürliche Person haftet, muss die Firma eine Bezeichnung enthalten, welche die Haftungsbeschränkung kennzeichnet (§ 279 Abs. 2 AktG).

24

bb) Eintragung der persönlich haftenden Gesellschafter (§§ 281, 282 AktG)

Gem. §§ 281, 282 AktG sind in der Satzung die **persönlich haftenden Gesellschafter** mit Namen, Vornamen und Wohnort anzugeben.[40] Die Kommanditaktionäre müssen dagegen nicht benannt werden.

25

cc) Vermögenseinlage (§ 281 Abs. 2 AktG)

Der KGaA neu beitretende persönlich haftende Gesellschafter können im Zuge ihres Beitritts **Vermögenseinlagen** leisten.[41] Diese müssen nach Höhe und Art in der Satzung festgelegt werden, wenn sie nicht auf das Grundkapital geleistet werden (§ 281 Abs. 2 AktG).

26

dd) Aufsichtsrat (§ 197 S. 3, § 31 AktG)

Für die **Bestellung des Aufsichtsrates** gelten keine Unterschiede zur AG. Dass die KGaA in § 193 S. 3 keine Erwähnung findet, ist eine ungewollte Gesetzeslücke, die im Wege der teleologischen Reduktion zu schließen ist.[42] Der Aufsichtsrat wird also im Verfahren nach § 31 AktG gebildet.

27

IV. Formwechsel in eine GmbH

Bei einem Formwechsel des Rechtsträgers alter Rechtsform in eine GmbH muss gem. § 218 Abs. 1 S. 1 der Gesellschaftsvertrag im Formwechselbeschluss enthalten sein. Der Gesellschaftsvertrag muss dabei – neben den Anforderungen des UmwG – den im **GmbHG aufgestellten Mindestanforderungen** entsprechen.[43]

28

1. Firma und Sitz der Gesellschaft (§ 194 Abs. 1 Nr. 2, § 3 Abs. 1 Nr. 1 GmbHG)

Das Erfordernis der Bestimmung der **Firma** der GmbH ergibt sich unmittelbar aus § 194 Abs. 1 Nr. 2. Zu weiteren Anforderungen an die Firma → § 194 Rn. 3.

29

Der Gesellschaftsvertrag hat weiterhin einen bestimmten Ort als **Firmensitz** zu bestimmen (§ 3 Abs. 1 Nr. 1 GmbHG). Es handelt sich hierbei um einen Satzungssitz; die Gesellschafter sind in der Wahl dieses Sitzes frei.[44] Der bisherige Gesellschaftssitz kann beibehalten, aber auch im Zuge des Formwechsels verlegt werden.[45]

30

---

40 Vgl. Lutter/*Joost/Hoger* § 218 Rn. 44.
41 Vgl. Semler/Stengel/Leonard/*Schlitt* § 218 Rn. 54; Lutter/ *Joost/Hoger* § 218 Rn. 45.
42 Lutter/*Joost/Hoger* § 218 Rn. 46.
43 Semler/Stengel/Leonard/*Schlitt* § 218 Rn. 10.
44 Altmeppen/*Altmeppen* GmbHG § 4a Rn. 6
45 Kallmeyer/*Blasche* § 218 Rn. 6; Semler/Stengel/Leonard/ *Schlitt* § 218 Rn. 12.

2. Unternehmensgegenstand (§ 3 Abs. 1 Nr. 2 GmbHG)

31 Der **Gegenstand des Unternehmens** muss in dem Gesellschaftsvertrag bestimmt sein (§ 3 Abs. 1 Nr. 2 GmbHG). Hierunter ist die Art der gesellschaftlichen Betätigung zu verstehen, die durch den Zweck der Gesellschaft geprägt wird.[46] Im Rahmen des durch § 1 GmbHG vorgegebenen Maßstabes („jeder gesetzlich zulässige Zweck") können die Gesellschafter den Unternehmensgegenstand frei wählen. Regelmäßig wird es so liegen, dass der Unternehmensgegenstand mit demjenigen der Personengesellschaft übereinstimmt.[47] Die Gesellschafter des formwechselnden Rechtsträgers können aber auch den Formwechsel zum Anlass nehmen, den Unternehmensgegenstand zu variieren.[48] Zur hinreichenden Individualisierung des Unternehmensgegenstandes → Rn. 11.

Hinweis: In der Praxis wird man regelmäßig den Unternehmensgegenstand dem Gesellschaftsvertrag der formwechselnden Personenhandelsgesellschaft entnehmen, um ihn in den Gesellschaftsvertrag der GmbH aufzunehmen. Gleichwohl sollte immer der Maßstab des § 3 GmbHG beachtet werden, insbes., dass die bloße Angabe des Gesellschaftszwecks nicht hinreicht.

3. Betrag des Stammkapitals (§ 3 Abs. 1 Nr. 3 GmbHG)

32 Der Gesellschaftsvertrag muss den **Betrag des Stammkapitals** angeben (§ 3 Abs. 1 Nr. 3 GmbHG). Dieser beträgt gem. § 5 Abs. 1 GmbHG mindestens 25.000 EUR. Da bei einer Personengesellschaft ein Stammkapital im Sinne einer Kapitalgesellschaft nicht existiert, handelt es sich bei der Festsetzung im Falle des Formwechsels um die erstmalige Festsetzung dieses Kapitalbetrags.[49]

33 Zu beachten ist, wie bei einem Formwechsel in eine AG, dass weitergehende Anforderungen an die Höhe des Stammkapitals gestellt werden, als bei einer einfachen Neugründung (→ Rn. 12). So gibt § 220 Abs. 1 einen Rahmen für die Höhe des Nennbetrages auch nach oben vor: Der Nennbetrag des Stammkapitals einer GmbH darf das nach Abzug der Schulden verbleibende Reinvermögen des Rechtsträgers alter Rechtsform nicht übersteigen (§ 220 Abs. 1). Das Stammkapital darf also nicht niedriger als der Mindestbetrag von 25.000 EUR sein und die Höchstgrenze des Reinvermögens des Ausgangsrechtsträgers nicht überschreiten. Übersteigt dagegen das Reinvermögen der Gesellschaft die festgesetzten Stammeinlagen, können die entsprechenden Mehrwerte als Rücklagen eingestellt, in ein Gesellschafterdarlehn umgewandelt oder an die Gesellschafter ausgezahlt werden.[50]

4. Zahl und Nennbeträge der Geschäftsanteile (§ 3 Abs. 1 Nr. 4 GmbHG)

34 Der Gesellschaftsvertrag hat die **Zahl der Geschäftsanteile und deren einzelne Nennbeträge** zu enthalten (§ 3 Abs. 1 Nr. 4). Die Beteiligung der Gesellschafter an der Gesellschaft erfolgt in Geschäftsanteilen, deren Nennbeträge jeweils auf volle Euro lauten müssen und die in der Summe mit dem Stammkapital iHv mindestens 25.000 EUR übereinstimmen müssen (§ 5 Abs. 2 S. 1 GmbHG; § 5 Abs. 1 GmbHG). Dabei können die einzelnen Gesellschafter auch mehrere Geschäftsanteile halten (§ 5 Abs. 2 S. 2 GmbHG).

---

[46] Altmeppen/*Altmeppen* GmbHG § 3 Rn. 5.
[47] Semler/Stengel/Leonard/*Schlitt* § 218 Rn. 13; Lutter/*Joost/Hoger* § 218 Rn. 7.
[48] Semler/Stengel/Leonard/*Schlitt* § 218 Rn. 13; Lutter/*Joost/Hoger* § 218 Rn. 7.
[49] Lutter/*Joost/Hoger* § 218 Rn. 8.
[50] Lutter/*Joost/Hoger* § 218 Rn. 19; Kallmeyer/*Blasche* § 218 Rn. 9; Semler/Stengel/Leonard/*Schlitt* § 218 Rn. 16.

Mit der Angabe des Geschäftsanteils muss auch der Name des ihn haltenden Gesellschafters verbunden sein.[51]

5. Bestellung der Geschäftsführer

Im Rahmen des Formwechsels sind Geschäftsführer der GmbH zu bestellen.[52] Die Bestellung der Geschäftsführer kann entweder gem. § 197 S. 1 iVm § 6 Abs. 3 S. 2 GmbHG im Formwechselbeschluss erfolgen oder gem. § 197 S. 1 iVm §§ 6 Abs. 3 S. 2, 46 Nr. 5 GmbHG im Gesellschaftsvertrag vorgesehen sein.[53] Soweit die Gesellschaft in den Anwendungsbereich des MitbestG fällt, erfolgt die Bestellung der Geschäftsführer durch den Aufsichtsrat.[54] Dies gilt auch für eine GmbH & Co. KG, die selbst oder mit ihrem Konzernunternehmen die Grenzen des MitbestG von 2.000 Beschäftigten übersteigt und deshalb eines mitbestimmten Aufsichtsrats in der Komplementär-Gesellschaft bedarf. In diesem Fall erfolgt die Bestellung der Geschäftsführer durch eben diesen Aufsichtsrat der Komplementär-Gesellschaft.[55]

6. Bestellung des Aufsichtsrats

Die Gesellschaft hat, wenn sie gem. § 1 Abs. 1 Nr. 3 DrittelbG mehr als 500 Arbeitnehmer bzw. gem. § 1 MitbestG mehr als 2000 Arbeitnehmer beschäftigt, verpflichtend einen **mitbestimmten Aufsichtsrat** zu bilden.[56] Die Anteilseignervertreter werden dabei im Formwechselbeschluss durch die Gesellschafter der formwechselnden Gesellschaft bestellt.[57] Ob auch die Arbeitnehmervertreter vor dem Wirksamwerden des Formwechsels zu bestellen sind, ist hingegen umstritten. Nach einer hierzu vertretenen Auffassung hat auch die Bestellung der Arbeitnehmervertreter vor der Eintragung des Formwechsels in das Handelsregister zu erfolgen, soll aber ggf. durch gerichtliche Bestellung gem. § 104 AktG analog geschehen können.[58] Richtigerweise ist in diesem Zusammenhang auf § 31 AktG abzustellen, der in doppelter Analogie auch auf den Formwechsel einer GmbH Anwendung findet.[59] Der Formwechsel einer GmbH ist grundsätzlich mit dem Formwechsel einer AG vergleichbar, für den der Gesetzgeber die analoge Anwendung des § 31 AktG in § 197 S. 3 vorgesehen hat.[60] Eine abweichende Behandlung der GmbH wäre in diesem Fall nicht einleuchtend. Zum weiteren Verfahren → Rn. 18 f.

Die GmbH kann nach dem Gesellschaftsvertrag auch über einen fakultativen **Aufsichtsrat** verfügen.[61] Die Mitglieder des Aufsichtsrats werden in diesem Fall durch die Gesellschafter der formwechselnden Gesellschaft bestellt.[62]

V. Formwechsel in eine eG

Wird der Rechtsträger alter Rechtsform in eine eG umgewandelt, muss gem. § 218 Abs. 1 auch die **Satzung der eG** im Formwechselbeschluss enthalten sein. Auf die normaler-

---

51 Altmeppen/*Altmeppen* GmbHG § 3 Rn. 12.
52 Semler/Stengel/Leonard/*Schlitt* § 218 Rn. 24; Kallmeyer/*Blasche* § 218 Rn. 16; Lutter/*Joost*/Hoger § 218 Rn. 14.
53 Semler/Stengel/Leonard/*Schlitt* § 218 Rn. 24; Kallmeyer/*Blasche* § 218 Rn. 16; Lutter/*Joost*/Hoger § 218 Rn. 14.
54 Semler/Stengel/Leonard/*Schlitt* § 218 Rn. 25; Kallmeyer/*Blasche* § 218 Rn. 16; Lutter/*Joost*/Hoger § 218 Rn. 14.
55 Kallmeyer/*Blasche* § 218 Rn. 18; Semler/Stengel/Leonard/*Schlitt* § 218 Rn. 25.
56 Grundsätzlich zur Bildung des mitbestimmten Aufsichtsrats bei der GmbH *Halm* BB 2000, 1849 ff.
57 Semler/Stengel/Leonard/*Schlitt* § 218 Rn. 27; Kallmeyer/*Blasche* § 218 Rn. 17.
58 Semler/Stengel/Leonard/*Schlitt* § 218 Rn. 27; Maulbetsch/Klumpp/Rose/*Rose* § 218 Rn. 14.
59 Vgl. Kallmeyer/*Blasche* § 218 Rn. 17; Semler/Stengel/*Schlitt* § 218 Rn. 27.
60 Kallmeyer/*Blasche* § 218 Rn. 17; Lutter/*Joost*/Hoger § 218 Rn. 16.
61 Vgl. § 52 GmbHG; Kallmeyer/*Blasche* § 218 Rn. 17.
62 Kallmeyer/*Blasche* § 218 Rn. 17; Semler/Stengel/Leonard/*Schlitt* § 218 Rn. 30.

weise notwendige Mindestzahl von Gründern (drei Gründer bei der eG) kann gem. § 197 S. 2 ausnahmsweise verzichtet werden. Weitere Anforderungen an die Satzung der Genossenschaft statuieren § 218 Abs. 3 sowie die Vorschriften des GenG.

1. Firma und Sitz (§ 194 Abs. 1 Nr. 2, 200; § 6 Nr. 1 GenG)

39 In der Satzung sind zwingend **Firma und Sitz** der eG anzugeben. Für die **Firma** ergibt sich dies bereits aus § 194 Abs. 1 Nr. 2. § 3 GenG, der gem. § 200 Abs. 2 Anwendung findet, konkretisiert diese Bestimmung. Demzufolge muss die Firma der Genossenschaft die Bezeichnung „eingetragene Genossenschaft" oder „eG" enthalten. Die Firma muss sich zudem von allen anderen an demselben Ort oder in derselben Gemeinde bereits bestehenden und in das Genossenschaftsregister eingetragenen Firmen deutlich unterscheiden (§ 3 S. 2 GenG iVm § 30 Abs. 1 HGB). Die von dem Ausgangsrechtsträger bisher geführte Firma darf gem. § 200 Abs. 1 S. 1 weiter verwendet werden, jeder Hinweis auf die Rechtsform des bisherigen Rechtsträgers muss aber gem. § 200 Abs. 1 S. 2 unterbleiben.[63] Auch der **Sitz** der eG muss gem. §§ 197 S. 1 iVm 6 Nr. 1 GenG in der Satzung angegeben werden (§ 6 Nr. 1 GenG). Es handelt sich um einen Satzungssitz, den die Gesellschafter frei wählen können, wenn es sich um eine im Inland befindliche Gemeinde handelt.[64]

2. Unternehmensgegenstand (§ 6 Nr. 2 GenG)

40 In der Satzung ist der **Gegenstand des Unternehmens** anzugeben (§ 6 Nr. 2 GenG). Hierdurch wird das Tätigkeitsfeld der eG beschrieben.[65] Wie bei den Anforderungen, die die hM an den Unternehmenszweck bei einer GmbH stellt, ist auch hier der Unternehmensgegenstand nicht identisch mit dem Förderzweck.[66] Eine allgemeine, abstrakte Umschreibung des Gegenstandes ist nicht hinreichend, vielmehr müssen die Tätigkeiten und Geschäftsbereiche, mit denen der Förderzweck erreicht werden soll, allgemein verständlich und konkret umschrieben werden.[67]

3. Nachschussbestimmungen (§ 6 Nr. 3 GenG)

41 Gem. § 6 Nr. 3 GenG muss die Satzung auch Bestimmungen darüber enthalten, ob die Mitglieder für den Fall, dass die Gläubiger im Insolvenzverfahren über das Vermögen der Genossenschaft nicht befriedigt werden, **Nachschüsse** zur Insolvenzmasse unbeschränkt, beschränkt auf eine Haftsumme oder gar nicht zu leisten haben.

4. Generalversammlung (§ 6 Nr. 4 GenG)

42 In der Satzung sind Bestimmungen aufzunehmen, die die Form für die Einberufung der **Generalversammlung** der Mitglieder sowie für die Beurkundung ihrer Beschlüsse und über den Vorsitz in der Versammlung enthalten (§ 6 Nr. 4 Hs. 1 GenG). Die Generalversammlung muss durch unmittelbare Benachrichtigung sämtlicher Mitglieder oder durch Bekanntmachung in einem öffentlichen Blatt einberufen werden (§ 6 Nr. 4 Hs. 2 GenG). Das Gericht kann hiervon Ausnahmen zulassen (§ 6 Nr. 4 Hs. 3 GenG). Die Bekanntmachung im Bundesanzeiger oder in einem anderen öffentlich zugänglichen elektronischen Informationsmedium genügt gem. § 6 Nr. 4 Hs. 4 GenG nicht.

---

[63] Vgl. Lutter/*Joost/Hoger* § 218 Rn. 48.
[64] Pöhlmann/Fandrich/Bloehs/*Fandrich* GenG § 6 Rn. 5.
[65] Pöhlmann/Fandrich/Bloehs/*Fandrich* GenG § 6 Rn. 6.
[66] Pöhlmann/Fandrich/Bloehs/*Fandrich* GenG § 6 Rn. 6.
[67] Pöhlmann/Fandrich/Bloehs/*Fandrich* GenG § 6 Rn. 6.

5. Bekanntmachungen (§ 6 Nr. 5 GenG)

Die Satzung hat gem. § 6 Nr. 5 Bestimmungen über die Form der **Bekanntmachung** der Genossenschaft sowie Bestimmungen der öffentlichen Blätter für Bekanntmachungen, deren Veröffentlichung in öffentlichen Blättern durch Gesetz oder Satzung vorgeschrieben ist, zu enthalten (§ 6 Nr. 5 GenG).

6. Vorstand (§ 197 S. 1 iVm §§ 9 Abs. 1 S. 1, 24 Abs. 2 S. 1 GenG)

Der **Vorstand** wird nicht durch Satzung bestellt.[68] Er besteht aus zwei Personen und wird von der Generalversammlung gewählt und abberufen (§ 24 Abs. 2 S. 1 GenG). Die Satzung kann allerdings eine höhere Personenzahl und eine andere Art der Bestellung der Vorstandsmitglieder bestimmen (§ 24 Abs. 2 S. 2 GenG). Da die Anmeldung des Formwechsels durch den Vorstand zu erfolgen hat, muss dieser durch die Generalversammlung schon zuvor bestimmt worden sein.[69]

7. Aufsichtsrat (§ 197 S. 1 iVm §§ 9 Abs. 1 S. 1, 36 Abs. 1 GenG)

Die eG muss weiterhin über einen **Aufsichtsrat** verfügen (§ 9 Abs. 1 S. 1 GenG). Dieser besteht aus drei Personen und wird, wie der Vorstand, von der Generalversammlung gewählt (§ 197 S. 1 iVm § 36 Abs. 1 S. 1 GenG). Die Satzung kann eine höhere Zahl der Aufsichtsratsmitglieder bestimmen (§ 197 S. 1 iVm § 36 Abs. 1 S. 1 GenG). Die zu einer Beschlussfassung des Aufsichtsrates erforderlichen Mehrheitsanforderungen sind durch die Satzung zu bestimmen (§ 197 S. 1 iVm § 36 Abs. 1 S. 2 GenG). Hat die entstehende Genossenschaft nicht mehr als 20 Mitglieder, kann durch Bestimmung in der Satzung auf einen Aufsichtsrat verzichtet werden (§ 197 S. 1 iVm § 9 Abs. 1 S. 2 GenG). In diesem Fall nimmt die Generalversammlung die Rechte und Pflichten des Aufsichtsrats wahr, soweit im GenG nichts anderes bestimmt ist (§ 197 S. 1 iVm § 9 Abs. 1 S. 3 GenG).

8. Bestimmungen über Geschäftsanteile (Abs. 3)

§ 218 Abs. 3 statuiert eine Sonderregelung für die von den Gesellschaftern zu haltenden **Geschäftsanteile**.[70] Der Begriff des Geschäftsanteils ist in § 7 Nr. 1 GenG legaldefiniert. Hierunter versteht man den Betrag, bis zu welchem sich die einzelnen Mitglieder mit Einlagen an der Genossenschaft beteiligen können (§ 7 Nr. 1 GenG). Während das GenG in § 7a Abs. 1 GenG vorsieht, dass sich ein Genosse mit mehr als einem Geschäftsanteil beteiligen kann, sieht § 218 Abs. 3 vor, dass jeder Genosse mit mindestens einem Geschäftsanteil an der Genossenschaft beteiligt sein muss und sich insoweit iSv § 197 S. 1 „etwas anderes ergibt". Ohne Beteiligung kann die Mitgliedschaft in einer Genossenschaft nicht erlangt werden.[71]

Der Formwechselbeschluss kann gem. § 218 Abs. 3 S. 2 vorsehen, dass jeder Gesellschafter bei dem Formwechsel mit mindestens einem und im Übrigen mit so vielen Geschäftsanteilen, wie sie durch die Anrechnung seines Geschäftsguthabens bei dieser Genossenschaft als voll eingezahlt anzusehen sind, beteiligt wird (§ 218 Abs. 3 S. 2). Die bisherige Beteiligung am Vermögen des Rechtsträgers alter Rechtsform ist nach dieser

---

68 Lutter/Joost/Hoger § 218 Rn. 53.
69 Lutter/Joost/Hoger § 218 Rn. 53.
70 Lutter/Joost/Hoger § 218 Rn. 57.
71 Lutter/Joost/Hoger § 218 Rn. 57.

Regelung zu einer **gestaffelten Beteiligung** festzustellen und verhältniswahrend in Geschäftsanteile der Ziel-eG umzurechnen.[72]

9. Gesetzliche Rücklagebildung (§ 197 S. 1 iVm § 7 Nr. 2 GenG)

48 Gem. § 197 S. 1 iVm § 7 Nr. 2 GenG muss die Satzung die Bildung einer **gesetzlichen Rücklage** vorsehen, welche zur Deckung eines sich aus der Bilanz ergebenden Verlustes dient. Insbes. hat die Satzung Bestimmungen zu treffen, wie die Bildung der gesetzlichen Rücklage vorzunehmen ist (§ 7 Nr. 2 GenG). Sie hat sowohl klarzustellen, welcher Teil des Jahresüberschusses in die Rücklage einzustellen ist, als auch den Mindestbetrag der Bildung der Rücklage zu bestimmen, bis zu dessen Erreichung die Einstellung in die Rücklage zu erfolgen hat (§ 7 Nr. 2 GenG).

10. Unterzeichnung der Satzung durch die Mitglieder (Abs. 1 S. 2)

49 Nach wohl hM enthält § 218 Abs. 1 S. 2 eine besondere Regelung nur für die **Unterzeichnung der Satzung** einer eG.[73] Gem. § 11 Abs. 2 Nr. 1 GenG ist die Satzung der eG bei einer Neugründung grundsätzlich von den Gesellschaftern zu unterzeichnen. Auf dieses Erfordernis verzichtet § 218 Abs. 1 S. 2 aufgrund der Erwägung, dass ein Formwechsel einer Personengesellschaft mit vielen Mitgliedern in eine Genossenschaft ansonsten unnötig erschwert würde.[74] Nach hier vertretener Auffassung ist eine Unterzeichnung des Gesellschaftsstatuts bei einem Formwechsel einer Personenhandelsgesellschaft in eine Kapitalgesellschaft grundsätzlich nicht erforderlich. Die Bestimmung des § 218 Abs. 1 S. 2 hat vor diesem Hintergrund nur deklaratorischen Charakter.

§ 219 Rechtsstellung als Gründer

¹Bei der Anwendung der Gründungsvorschriften stehen den Gründern die Gesellschafter der formwechselnden Gesellschaft gleich. ²Im Falle einer Mehrheitsentscheidung treten an die Stelle der Gründer die Gesellschafter, die für den Formwechsel gestimmt haben, sowie beim Formwechsel in eine Kommanditgesellschaft auf Aktien auch beitretende persönlich haftende Gesellschafter.

I. Normzweck 1	b) Differenzhaftung des Kommanditisten? 6
II. Rechtsstellung als Gründer (S. 1) 3	3. Vorbelastungshaftung 7
1. Gesamtschuldnerische Verschuldenshaftung unter Beweislastumkehr (§ 9a GmbHG/§ 46 AktG) 4	4. Handelndenhaftung (§ 11 Abs. 2 GmbHG/§ 41 Abs. 1 S. 2 AktG) 8
2. Differenzhaftung 5	III. Mehrheitsentscheidung (S. 2 Hs. 1) 9
a) Allgemeines 5	IV. KGaA (S. 2 Hs. 2) 10

I. Normzweck

1 § 219 stellt eine Konkretisierung des § 197 S. 1 für den Formwechsel einer Personengesellschaft in eine Kapitalgesellschaft dar.[1] Die Norm geht dabei über den Regelungsgehalt des § 197 S. 1 hinaus, indem sie nicht nur die **Gründungsvorschriften** für anwendbar erklärt, sondern zudem fingiert, wer als Gründer iSd Vorschriften gilt. Da der Form-

---

72 Begr. RegE zu § 218, BR-Drs. 75/94, 149.
73 Begr. RegE zu § 218, BR-Drs. 75/94, 149; vgl. Schmitt/Hörtnagl/*Hörtnagl/Rinke* § 218 Rn. 5; Semler/Stengel/Leonard/*Schlitt* § 218 Rn. 1; Widmann/Mayer/*Vossius* § 217 Rn. 28.
74 Lutter/*Joost/Hoger* § 218 Rn. 59.
1 Begr. RegE zu § 219, BR-Drs. 75/94, 150.

wechsel eines Rechtsträgers seit der Novelle des UmwG 1994 keine (Neu-)Gründung mehr darstellt, sondern die Identität des Rechtsträgers erhalten bleibt, muss sich das Gesetz einer Fiktion bedienen. Dies leistet § 219, indem er bestimmt, dass als Gründer die Gesellschafter der formwechselnden Gesellschaft gelten.

Eine der Regelung des § 219 S. 1 äquivalente Regelung existierte bereits im alten Recht.[2] Neu war allerdings die Vorschrift des § 219 S. 2, nach der bei einer **Mehrheitsentscheidung** zur Fassung des Formwechselbeschlusses nur diejenigen als Gründer gelten, die dem Beschluss zugestimmt haben oder bei einem Formwechsel in eine KGaA als persönlich haftende Gesellschafter beitreten.[3]

II. Rechtsstellung als Gründer (S. 1)

Mit § 219 S. 1 normiert der Gesetzgeber den Grundsatz, dass alle Gesellschafter iSd Gründungsvorschriften als Gründer gelten. Von besonderer Tragweite ist diese Feststellung für die **Zuweisung der sog. Gründerhaftung**.

1. Gesamtschuldnerische Verschuldenshaftung unter Beweislastumkehr (§ 9a GmbHG/§ 46 AktG)

Das GmbH- und das Aktienrecht weisen in § 9a GmbHG bzw. § 46 AktG den Gründern der Gesellschaft eine **gesamtschuldnerische Verschuldenshaftung unter Beweislastumkehr** zu, wenn zum Zweck der Errichtung der Gesellschaft falsche Angaben gemacht wurden.[4] Diese Haftung besteht darüber hinaus auch im Falle des Formwechsels, etwa, wenn der nach § 220 Abs. 2 zu erstellende Sachgründungsbericht falsche Angaben enthält.[5] Die Haftung umfasst die Differenz zwischen dem wirklichen gemeinen Wert und dem auf Grundlage der falschen Angaben festgesetzten Wert.[6]

2. Differenzhaftung

a) Allgemeines

Nach § 9 GmbHG kommt es zu einer sog. **Differenzhaftung**, wenn der Wert einer Sacheinlage im Zeitpunkt der Anmeldung der Gesellschaft zur Eintragung in das Handelsregister nicht den Nennbetrag des dafür übernommenen Geschäftsanteils erreicht. Der Gesellschafter hat dann in Höhe des Fehlbetrags eine Einlage in Geld zu leisten (§ 9 Abs. 1 S. 1 GmbHG). In Rechtsprechung und Literatur wird für das Aktienrecht eine gleichartige verschuldensunabhängige Differenzhaftung angenommen.[7] Da das Mitglied einer formwechselnden Gesellschaft als Gründer gilt, greift im Falle des Formwechsels eben diese Haftung.

b) Differenzhaftung des Kommanditisten?

Ein besonderes Problem ergibt sich hinsichtlich einer möglichen **Haftung des Kommanditisten** einer formwechselnden KG. Die Problematik liegt in der Tatsache begründet, dass das übliche Haftungsregime im Recht der Kommanditgesellschaft dem

---

2 § 41 Abs. 2 S. 2 UmwG 1969 (AG/KGaA); §§ 47 Abs. 1 S. 2 Nr. 1, 47 Abs. 2 UmwG 1969 (GmbH).
3 Semler/Stengel/Leonard/*Schlitt* § 219 Rn. 3.
4 Vgl. § 9a Abs. 3 GmbHG, § 46 Abs. 3 AktG; s. auch MüKoGmbHG/*Herrler* § 9a Rn. 33; *Koch* AktG § 46 Rn. 14.
5 Semler/Stengel/Leonard/*Schlitt* § 219 Rn. 11.
6 *Wälzholz* AG 2006, 469 (474).
7 BGHZ 64, 52 (62); 68, 191 (195); *Priester* DB 1995, 911 (914); *Priester* DNotZ 1995, 427 (452); *Koch* AktG § 9 Rn. 6.

Kommanditisten eine Beschränkung seiner Haftung auf seine Einlagesumme gewährt, während § 219 eine gänzlich unbeschränkte persönliche Haftung für die fiktiven Gründer vorsieht. Die hM geht vom Wortlaut der Norm aus und will auch dem Kommanditisten der formwechselnden KG eine unbeschränkte Gründerhaftung zuweisen.[8] Der Kommanditist haftet demnach selbst dann unbeschränkt, wenn er die Kommanditeinlage erbracht hat und demnach im Normalfall der KG von der weiteren Haftung befreit wäre.[9] Dies ist von einer mM mit dem Argument angegriffen worden, ein Wechsel der Haftungsverhältnisse in der Person des Kommanditisten passe nicht zur Konzeption des Identitätsprinzips.[10] Diese Argumentation vermag indes nicht zu überzeugen. Der Identitätsgrundsatz im Formwechsel besagt letztlich nur, dass der Rechtsträger identisch bleibt, jedoch im neuen „Rechtskleide" erscheint.[11] Selbstverständlich müssen sich mit dem Formwechsel die Haftungsmodalitäten ändern. Deren Neuregelung ist oftmals gerade Anlass für den Formwechsel. Im Übrigen ist dem Kommanditisten mit Zustimmung zum Formwechselbeschluss das Risiko einer Gründerverantwortlichkeit bewusst. Ihm bleibt insbesondere auch die Möglichkeit, dem Formwechselbeschluss nicht zuzustimmen, so dass der Formwechsel entweder gar nicht zustande kommt, oder der Kommanditist im Falle eines Mehrheitsbeschlusses in den Genuss der Haftungsfreistellung des § 219 S. 2 kommt.

Hinweis: Die ganz hM geht ohnehin von einer unbeschränkten Haftung des Kommanditisten aus. In der Praxis ist deshalb der letztgenannte aufgezeigte Weg zu empfehlen, um eine Gründerhaftung des Kommanditisten nicht entstehen zu lassen.

3. Vorbelastungshaftung

7 Deckt das Aktivvermögen zum Zeitpunkt der Eintragung in das Handelsregister die Stammkapitalziffer rechnerisch-wertmäßig nicht, ist unabhängig von der Differenzhaftung auch eine sog. **Vorbelastungshaftung** anerkannt.[12] Der gleiche Grundsatz gilt auch im Aktienrecht.[13] Auch bei einem Formwechsel kann es ob der Gründerfiktion deshalb zu einer solchen Vorbelastungshaftung kommen. Dies kommt insbesondere dann in Betracht, wenn in dem Handelsgeschäft Verbindlichkeiten entstehen, die dem Stamm- bzw. Grundkapital zum Zeitpunkt der Eintragung die wertmäßige Deckung entziehen.[14]

4. Handelndenhaftung (§ 11 Abs. 2 GmbHG/§ 41 Abs. 1 S. 2 AktG)

8 Eine **Handelndenhaftung** iSd § 11 Abs. 2 GmbHG bzw. § 41 Abs. 1 S. 2 AktG kommt nicht in Betracht, da bis zum Zeitpunkt des Formwechsels das Handeln eines Gesellschafters des Ausgangsrechtsträgers noch diesem zugerechnet wird.[15]

---

[8] Widmann/Mayer/*Vossius* § 197 Rn. 65; Schmitt/Hörtnagl/*Hörtnagl/Rinke* § 219 Rn. 3; Kallmeyer/*Blasche* § 219 Rn. 3; *Kallmeyer* GmbHR 1995, 888 (890); *Priester* DNotZ 1995, 427 (452); Kallmeyer/Meister/Klöcker/Berger § 197 Rn. 26.

[9] Kallmeyer/*Blasche* § 219 Rn. 3; Schmitt/Hörtnagl/*Hörtnagl/Rinke* § 219 Rn. 3.

[10] Lutter/Joost/*Hoger* § 219 Rn. 4; *Joost*, Formwechsel von Personenhandelsgesellschaften, S. 245, 256; *Wolf* ZIP 1996, 1200 (1203).

[11] Lutter/*Decher* Vor § 190 Rn. 2; Schmitt/Hörtnagl/*Rinke* § 190 Rn. 1; → § 190 Rn. 26 ff.

[12] BGHZ 134, 333 (338); BGHZ 105, 300 (302); Semler/Stengel/Leonard/*Schlitt* § 219 Rn. 15; Lutter/Joost/*Hoger* § 219 Rn. 3.

[13] Lutter/Joost/*Hoger* § 219 Rn. 3; *Koch* AktG § 41 Rn. 8.

[14] Lutter/Joost/*Hoger* § 219 Rn. 3; Semler/Stengel/Leonard/*Schlitt* § 219 Rn. 15.

[15] Lutter/Joost/*Hoger* § 219 Rn. 3; Semler/Stengel/Leonard/*Schlitt* § 219 Rn. 16.

III. Mehrheitsentscheidung (S. 2 Hs. 1)

Der Formwechselbeschluss wird grundsätzlich von der Gesellschafterversammlung einstimmig gefasst (§ 217 Abs. 1 S. 1). Ausnahmsweise kann aber der Formwechselbeschluss auch durch **Mehrheitsentscheidung** zustande kommen, wenn der Gesellschaftsvertrag der formwechselnden Gesellschaft dies vorsieht (§ 217 Abs. 1 S. 2). § 219 S. 2 Hs. 2 bestimmt für den Fall der Mehrheitsbeschlussfassung, dass nur diejenigen Gesellschafter als Gründer iSd Norm gelten, die für den Formwechsel gestimmt haben. So wird ein differenziertes Haftungsregime erreicht, das im Falle der Mehrheitsbeschlussfassung die überstimmten Gesellschafter einer Haftung entledigt.

Hinweis: Der Mechanismus des § 219 S. 2 Hs. 2 kann in der Praxis auch dazu genutzt werden, dem Gesellschafter, der zwar Gesellschafter der formwechselnden Gesellschaft bleiben möchte, aber die Gründerverantwortlichkeit scheut, ein attraktives Modell zum Verbleib in der Gesellschaft zu offerieren.[16]

IV. KGaA (S. 2 Hs. 2)

§ 218 Abs. 2 sieht vor, dass bei einem **Formwechsel in eine KGaA** mindestens ein Gesellschafter der Ausgangsgesellschaft als persönlich haftender Gesellschafter fungieren muss bzw. mindestens ein persönlich haftender Gesellschafter neu beitreten muss. Hinsichtlich dieses neu beitretenden Gesellschafters bestimmt § 221 S. 2 ergänzend, dass die Satzung des Zielrechtsträgers, hier der KGaA, von dem neu beitretenden unbeschränkt haftenden Gesellschafter zu genehmigen ist. Korrespondierend hierzu sieht § 219 S. 2 Hs. 2 vor, dass bei einem Formwechsel in eine KGaA der beitretende persönlich haftende Gesellschafter als Gründer gilt (vgl. auch § 280 Abs. 3 AktG).

Die Verantwortlichkeit als Gründer gilt sowohl bei einem einstimmigen Beschluss als auch bei einem Beschluss durch Mehrheit.[17] Auch für **Altverbindlichkeiten** haftet der persönlich haftende Gesellschafter nach allgemeinen Grundsätzen akzessorisch gem. § 278 Abs. 2 AktG, §§ 161 Abs. 2, 126, 127 HGB. Eine ausdrückliche Regelung dessen, wie sie in §§ 391 S. 4 aF und 365 S. 2 aF AktG niedergelegt war, ist in das UmwG nicht aufgenommen worden, weil man dies für überflüssig hielt.[18]

Tritt ein persönlich haftender Gesellschafter nach Wirksamwerden des Formwechsels der Gesellschaft bei, gilt § 219 S. 2 nicht.[19] Der beitretende Gesellschafter haftet dann aber **akzessorisch** gem. § 278 Abs. 2 AktG, §§ 161 Abs. 2, 127 HGB auch für Verbindlichkeiten der Gesellschaft, die vor seinem Beitritt entstanden sind.

§ 220 Kapitalschutz

(1) Der Nennbetrag des Stammkapitals einer Gesellschaft mit beschränkter Haftung oder des Grundkapitals einer Aktiengesellschaft oder einer Kommanditgesellschaft auf Aktien darf das nach Abzug der Schulden verbleibende Vermögen der formwechselnden Gesellschaft nicht übersteigen.

---

16 Lutter/*Joost/Hoger* § 219 Rn. 5.
17 Semler/Stengel/Leonard/*Schlitt* § 219 Rn. 8; Lutter/*Joost/Hoger* § 219 Rn. 6; Goutier/Knopf/Tulloch/*Laumann* § 219 Rn. 4.
18 Begr. RegE zu § 218, BR-Drs. 75/94, 149.
19 Semler/Stengel/Leonard/*Schlitt* § 219 Rn. 9; Lutter/*Joost/Hoger* § 219 Rn. 8; Kallmeyer/*Blasche* § 219 Rn. 6.

(2) In dem Sachgründungsbericht beim Formwechsel in eine Gesellschaft mit beschränkter Haftung oder in dem Gründungsbericht beim Formwechsel in eine Aktiengesellschaft oder in eine Kommanditgesellschaft auf Aktien sind auch der bisherige Geschäftsverlauf und die Lage der formwechselnden Gesellschaft darzulegen.

(3) ¹Beim Formwechsel in eine Aktiengesellschaft oder in eine Kommanditgesellschaft auf Aktien hat die Gründungsprüfung durch einen oder mehrere Prüfer (§ 33 Abs. 2 des Aktiengesetzes) in jedem Fall stattzufinden. ²Die für Nachgründungen in § 52 Abs. 1 des Aktiengesetzes bestimmte Frist von zwei Jahren beginnt mit dem Wirksamwerden des Formwechsels.

I. Normzweck 1	III. Sachgründungsbericht und Gründungs-
II. Kapitaldeckung (Abs. 1) 6	bericht (Abs. 2) 16
1. Begriff von Stammkapital, Grundkapital	1. Formwechsel in eine GmbH
und Vermögen 6	(Abs. 2 Var. 1) 16
2. Kapitalschutz 8	2. Formwechsel in eine AG oder KGaA
3. Berechnung des Aktivvermögens 9	(Abs. 2 Var. 2) 18
4. Bilanzierung 11	IV. Gründungsprüfung und Frist zur Nach-
5. Versicherung bzw. Erklärung 15	gründung (Abs. 3) 21

I. Normzweck

1 § 220 stellt eine den § 197 S. 1 konkretisierende Vorschrift dar. Die Norm ist unglücklich formuliert und missverständlich. Besser hätte man folgende Formulierung gewählt: „Das nach Abzug der Schulden verbleibende Vermögen der formwechselnden Gesellschaft muss seinem Werte nach mindestens dem Nennbetrag des Stammkapitals einer Gesellschaft mit beschränkter Haftung oder dem Grundkapital einer Aktiengesellschaft oder einer Kommanditgesellschaft auf Aktien entsprechen."

2 § 220 Abs. 1 bezweckt, das für die Gründung einer AG, KGaA und GmbH grundlegende **Prinzip der Kapitaldeckung** auch im Falle des Formwechsels zu verwirklichen.[1] Die Norm hat vor allem den Schutz der Gläubiger der Zielgesellschaft zum Zweck, denen eine hinreichende Haftungsmasse zur Verfügung stehen soll.[2] Die gesetzliche Kapitalbindung tritt damit als Surrogat an die Stelle der bei Personengesellschaft charakteristischen persönlichen Haftung.[3]

3 Auch § 220 Abs. 2 dient – wie Abs. 1 – der Konkretisierung des § 197 S. 1. Im Falle einer Neugründung wäre gem. § 5 Abs. 4 S. 2 GmbHG bzw. gem. § 32 AktG ein **Sachgründungsbericht** anzufertigen. Dass dieser Sachgründungsbericht auch im Falle des Formwechsels angefertigt werden muss, ergibt sich bereits aus § 197 S. 1. § 220 Abs. 2 erweitert aber die an ihn zu stellenden Anforderungen dahin gehend, dass auch der bisherige Geschäftsverlauf und die Lage der formwechselnden Gesellschaft darzulegen sind. Dieser Gedanke beruht auf der Tatsache, dass für den Ausgangsrechtsträger eine Kontrolle der Aufbringung des Vermögens bisher nicht stattgefunden hat.[4] Die Vorschrift dient damit ebenso dem Schutz der Gläubiger des Zielrechtsträgers.[5]

4 Gem. § 220 Abs. 3 S. 1 hat bei einem Formwechsel in eine AG oder eine KGaA die **Gründungsprüfung** gem. § 33 AktG durch einen oder mehrere Prüfer (§ 33 Abs. 2

---

1 Vgl. Kallmeyer/*Blasche* § 220 Rn. 1; Semler/Stengel/Leonard/*Schlitt* § 220 Rn. 1.
2 Begr. RegE zu § 220, BR-Drs. 75/94, 150; Lutter/*Joost*/Hoger § 220 Rn. 2; Semler/Stengel/Leonard/*Schlitt* § 220 Rn. 1.
3 Semler/Stengel/Leonard/*Schlitt* § 220 Rn. 1.
4 Lutter/*Joost*/Hoger § 220 Rn. 3; Semler/Stengel/Leonard/*Schlitt* § 220 Rn. 2.
5 Semler/Stengel/Leonard/*Schlitt* § 220 Rn. 2.

AktG) in jedem Fall stattzufinden. Die Regelung ist schon dem Wortlaut der Norm nach nur deklaratorischer Natur. Nicht anders liegt es bei § 220 Abs. 3 S. 2. Danach beginnt die für Nachgründungen in § 52 Abs. 1 AktG bestimmte Frist von zwei Jahren mit dem Wirksamwerden des Formwechsels, also gem. § 202 mit Eintragung in das Handelsregister. Auch im Falle einer Neugründung ist der Zeitpunkt der Eintragung in das Handelsregister entscheidend (§ 54 Abs. 1 AktG).

Die Regelung des Abs. 1, die den Formwechsel einer Personengesellschaft in eine AG, KGaA oder GmbH betrifft, war neu.[6] Die vorhergehende Regelung betraf nur den Formwechsel einer eG oder eines VVaG in die Rechtsform der AG.[7] Der Regelungsgehalt des § 220 Abs. 2 war – was den Formwechsel in eine AG oder KGaA betrifft – bereits im alten Recht normiert.[8] Die Norm ist nach der Novelle des UmwG 1994 dahin gehend ergänzt worden, dass sie auch den Formwechsel in eine GmbH erfasst.[9] Eine dem § 220 Abs. 3 S. 1 entsprechende Regelung fand sich bereits im alten Recht für den Formwechsel in eine AG oder KGaA (§ 43 Abs. 2 UmwG). **Neu** ist im UmwG 1994 hingegen § 220 Abs. 3 S. 2, dessen Parallelvorschriften sich in den früheren aktienrechtlichen Bestimmungen für die Umwandlung einer GmbH in die AG oder KGaA finden.[10]

II. Kapitaldeckung (Abs. 1)

1. Begriff von Stammkapital, Grundkapital und Vermögen

Die Unternehmer einer GmbH müssen sich ihr Haftungsprivileg verdienen.[11] Dies geschieht nicht schon durch die Festlegung des Stammkapitals in der Satzung, sondern vor allem dadurch, dass das zur Deckung des Stammkapitals benötigte Vermögen aufgebracht, der Gesellschaft zugeführt und nicht wieder entzogen wird.[12] Letzteres manifestiert sich in § 30 GmbHG, der den **Grundsatz der Kapitalerhaltung** statuiert. Die Norm bestimmt, dass das zur Erhaltung des Stammkapitals erforderliche Vermögen der Gesellschaft an die Gesellschafter nicht ausgezahlt werden darf. Die Begriffe Stammkapital und Vermögen verwendet das Gesetz dabei differenziert. Das Stammkapital stellt einen bloßen Rechnungsposten im Vermögen der Gesellschaft dar, während das Vermögen das nach Abzug der Schulden verbleibende Aktivreinvermögen der Gesellschaft meint.[13] Diese begriffliche Trennung ist entscheidend für das Verständnis des sog. Prinzips der Kapitaldeckung, nach dem ein „Wertdeckungszusammenhang" zwischen dem Vermögen und dem Kapital einer GmbH bestehen, also der Betrag des Stammkapitals rechnerisch, wertmäßig und bilanziell gedeckt sein muss durch das aktive Reinvermögen der Gesellschaft.[14]

Auch im Recht der **AG** gelten mit §§ 27, 36a AktG entsprechende Regelungen, die aber über die Anforderungen des GmbH-Rechts noch hinausgehen.[15] Ihre besondere Strenge erweist sich darin, dass nicht nur das zur Deckung des Grundkapitals erforderliche Kapital nicht an die Gesellschafter ausgezahlt werden darf, sondern das Vermögen schlechthin einer Auszahlung an die Gesellschafter nicht zugänglich ist.[16]

---

6 Semler/Stengel/Leonard/*Schlitt* § 220 Rn. 5.
7 §§ 385m Abs. 4 S. 2, 385d Abs. 4 S. 1 AktG 1965; vgl. Semler/Stengel/Leonard/*Schlitt* § 220 Rn. 5.
8 § 43 Abs. 1 UmwG 1969.
9 Semler/Stengel/Leonard/*Schlitt* § 220 Rn. 5.
10 § 378 Abs. 4, § 289 Abs. 4 S. 3 AktG 1965; vgl. Semler/Stengel/Leonard/*Schlitt* § 220 Rn. 5.
11 *K. Schmidt* GesR § 37 I 2.
12 *K. Schmidt* GesR § 37 I 2.
13 Semler/Stengel/Leonard/*Schlitt* § 220 Rn. 9.
14 Lutter/*Joost*/Hoger § 220 Rn. 5.
15 Lutter/*Joost*/Hoger § 220 Rn. 6; *Joost* ZHR 149 (1985), 419 ff.
16 Lutter/*Joost*/Hoger § 220 Rn. 6.

2. Kapitalschutz

8   Die Zulässigkeit der Umwandlung ist nach alledem vom **Grundsatz der Kapitaldeckung** abhängig. Das Kapitaldeckungsprinzip dient der Verhinderung eines Formwechsels bei einer materiellen Unterbilanz der Gesellschaft.[17] Hierunter versteht man den Fall, dass das Reinvermögen (→ Rn. 6) der Personengesellschaft im Wert geringer ist, als der Nennbetrag des in der Satzung der Ziel-AG oder -GmbH bestimmten Grund- oder Stammkapitals.[18] Streng zu unterscheiden ist dieser Fall von der formellen Unterbilanz, welche vorliegt, wenn der Nennbetrag des Stamm- oder Grundkapitals zwar vom Reinvermögen, aber nicht vom Vermögen nach Buchwerten gedeckt ist.[19] Durch die Verhinderung der materiellen Unterbilanzierung erhalten die Gläubiger des Zielrechtsträgers eine zusätzliche Sicherheit, da außer dem zur rechnerischen Deckung der Schulden notwendigen Vermögen noch weiteres Vermögen als haftende Vermögensmasse zur Verfügung steht.[20] Dieses Vermögen kann aufgrund des Grundsatzes der Kapitalerhaltung überdies den Gesellschaftern nicht zur Auszahlung gebracht werden (§ 30 GmbHG). In der Aktiengesellschaft verbietet sich ohnehin eine Auszahlung des Vermögens an die Gesellschafter außerhalb des Bilanzgewinns (§ 57 Abs. 3 AktG). Zu erwähnen ist, dass im Falle des Formwechsels einer GmbH in eine AG eine Volleinzahlung von vormals lediglich teileingezahlten GmbH-Anteilen nicht erforderlich ist.[21]

3. Berechnung des Aktivvermögens

9   § 220 Abs. 1 enthält keinerlei Angaben, wie der **Wert des Aktivvermögens** der Gesellschaft zu berechnen ist. Dessen Ermittlung ist für den Ausschluss einer möglichen Unterbilanz und somit zur Wahrung des Kapitaldeckungsprinzips von erheblicher Bedeutung. Da der Formwechsel gesetzlich wie eine Sachgründung behandelt wird, ist auch im Rahmen des § 220 Abs. 1 der Wert des Aktivvermögens – wie bei einer Sachgründung – nach allgemeinen Grundsätzen der Unternehmensbewertung zu ermitteln – es ist nicht etwa der Buchwert, sondern der Verkehrswert für die Ermittlung des Aktivvermögens ausschlaggebend.[22] Maßgebender Zeitpunkt für die Wertermittlung ist dabei die Anmeldung des Formwechsels zum Handelsregister.[23]

10 Problematisch ist in diesem Zusammenhang, welche Bedeutung **rückständige Einlageansprüche** der Personengesellschaft gegen ihre Gesellschafter haben. Die Frage wird dann relevant, wenn das sonstige Vermögen zur Kapitaldeckung nicht hinreicht.[24] Richtigerweise kann der rückständige Einlageanspruch der Gesellschaft gegen den Gesellschafter nicht als Reinvermögen des Ausgangsrechtsträgers angesehen werden. Denn der Formwechsel wird rechtlich wie eine Sachgründung behandelt. Bei Sacheinlagen gilt aber das Gebot der Volleinzahlung, so dass auch für den Formwechsel nichts anderes gelten kann.[25]

---

17 Vgl. Lutter/*Joost*/*Hoger* § 220 Rn. 8.
18 Henssler/Strohn/*Drinhausen*/*Keinath* § 220 Rn. 5; vgl. auch § 7 AktG (mind. 50.000 EUR) sowie § 5 Abs. 1 GmbHG (mind. 25.000 EUR).
19 Henssler/Strohn/*Drinhausen*/*Keinath* § 220 Rn. 5; zur Zulässigkeit der formellen Unterbilanz → Rn. 14.
20 Lutter/*Joost*/*Hoger* § 220 Rn. 8.
21 *Priester* Beilage zu ZIP 2016, 57 (60).
22 HM; *Busch* AG 1995, 555 (556 ff.); *Mertens* AG 1995, 561, Fn. 3; Schmitt/Hörtnagl/*Hörtnagl*/*Rinke* § 220 Rn. 6; Semler/Stengel/*Leonard*/*Schlitt* § 220 Rn. 13; Lutter/*Joost*/*Hoger* § 220 Rn. 10; Kallmeyer/*Blasche* § 220 Rn. 6; OLG Frankfurt a. M. NZG 2015, 1318 (1319).
23 *Priester* FS Zöllner, 1998, 449 (458).
24 Lutter/*Joost*/*Hoger* § 220 Rn. 11.
25 Lutter/*Joost*/*Hoger* § 220 Rn. 12; Semler/Stengel/*Leonard*/*Schlitt* § 220 Rn. 16.

4. Bilanzierung

Es besteht keine rechtliche Pflicht, im Rahmen des Formwechsels eine Schluss- und eine Eröffnungsbilanz zu ziehen.[26] Der Rechtsträger bleibt vor und nach dem Formwechsel derselbe (sog. Identitätsprinzip) (→ § 190 Rn. 26 ff.). Vielmehr sind nach dem **Grundsatz der Bilanzkontinuität** die bilanziellen Bewertungsansätze der bisherigen Personengesellschaft fortzuführen.[27]

Auch eine Umwandlungsbilanz ist grundsätzlich nicht erforderlich.[28] Sie kann gleichwohl aufgestellt werden, ist dann aber lediglich Kapitalnachweisbilanz und somit unabhängig vom Jahresabschluss.[29] Allerdings kann hierdurch dem Erfordernis einer hinreichenden **Kapitalnachweisrechnung** entsprochen werden, die zum Nachweis der Deckung des Stammkapitals (bei der GmbH) bzw. des Grundkapitals (bei der AG) durch das Aktivvermögen der Gesellschaft erforderlich ist.[30]

Im Falle einer **materiellen Unterbilanz** ist der Differenzbetrag zum festgesetzten Nennbetrag des Stammkapitals bzw. Grundkapitals nach den Grundsätzen der Differenzhaftung (→ § 219 Rn. 5) in bar zu leisten.[31] Bilanziell ist dieser Differenzbetrag als „ausstehende Einlage" iSd § 272 Abs. 1 HGB auszuweisen.

Bisher noch ungeklärt ist der Fall, dass die fortgeführten Buchwerte für eine Deckung des Stamm-, bzw. Grundkapitals nicht ausreichen (sog. **formelle Unterbilanz**). Hinsichtlich dieses zu den umstrittensten Fragen des Rechts des Formwechsels gehörenden Problemfeldes sind verschiedene Lösungswege vorgeschlagen worden. Hörtnagl/Rinke nehmen an, dass eine bloß formelle Unterbilanz einem Formwechsel grundsätzlich nicht entgegensteht, der Differenzbetrag bilanziell aber als „formwechselbedingter Unterschiedsbetrag" auszuweisen ist, der eine Ausschüttungssperre zur Folge hat und mit zukünftigen Gewinnen zu verrechnen ist.[32] Eine vergleichbare Position bezieht die Stellungnahme des HFA 1/1996, nach der in der Bilanz die Einstellung eines „Abzugspostens" zulässig sein soll, welcher wie ein Verlustvortrag vor einer etwaigen Gewinnausschüttung zu tilgen ist.[33] Andere wollen unter Vernachlässigung des Grundsatzes der Bilanzkontinuität eine Buchwertaufstockung bis zur Höhe des zur Deckung erforderlichen Kapitals bzw. bis zur Höhe nachgewiesener Verkehrswerte zulassen.[34] Richtigerweise ist den erstgenannten Ansichten zu folgen. Sie haben den Vorzug der Systemkonformität und vermeiden eine übermäßige Benachteiligung der durch § 220 geschützten Gläubiger der Zielgesellschaft.[35]

5. Versicherung bzw. Erklärung

Die Gründungsvorschriften der AG und der GmbH schreiben vor, dass bei der Anmeldung der Kapitalgesellschaft zu erklären bzw. zu versichern ist, dass die **Leistungen auf die Einlagen bzw. die Geschäftsanteile bewirkt** sind und sich der eingezahlte Betrag endgültig zur freien Verfügung des Vorstandes bzw. der Geschäftsführer befindet (§ 37 Abs. 1, 36a AktG; § 8 Abs. 2 GmbHG). Diskutabel ist, ob eine solche Versicherung bzw.

---

26 Fischer BB 1995, 2173 (2178); Lutter/Joost/Hoger § 220 Rn. 18; Semler/Stengel/Leonard/Schlitt § 220 Rn. 19.
27 Busch AG 1995, 555 (560); Kallmeyer/Lanfermann § 220 Rn. 11.
28 Busch AG 1995, 555 (560).
29 Busch AG 1995, 555 (560).
30 Lutter/Joost/Hoger § 220 Rn. 18.
31 Schmitt/Hörtnagl/Hörtnagl/Rinke § 220 Rn. 13.
32 Schmitt/Hörtnagl/Hörtnagl/Rinke § 220 Rn. 14.
33 Hauptfachausschuss des Instituts der Wirtschaftsprüfer; s. auch Müller WPg 1996, 507; differenzierter Carlé/Bauschatz GmbHR 2001, 1149 (1150).
34 Priester DB 1995, 911 (915).
35 Vgl. Kallmeyer/Lanfermann § 220 Rn. 1.

Erklärung auch im Zuge des Formwechsels einer Gesellschaft abzugeben ist. Dies wird von einer Auffassung bejaht.[36] Eine Erforderlichkeit der Abgabe dieser Versicherung bzw. Erklärung sei schon § 197 S. 1 zu entnehmen, der die Gründungsvorschriften des Zielrechtsträgers für anwendbar erklärt. Die wohl hM geht allerdings davon aus, dass eine Abgabe einer solchen Versicherung bzw. Erklärung nicht notwendig ist.[37] Man begründet dies damit, dass das Vermögen nicht anders zugeordnet wird.[38]

Hinweis: Die zuvor aufgeworfene Streitfrage ist höchstrichterlich nicht geklärt. Es dürfte daher in der Praxis ratsam sein, eine solche Versicherung bzw. Erklärung abzugeben, welche aber inhaltlich die spezifischen Eigenheiten des Formwechsels berücksichtigen muss. Die Mitglieder des Vertretungsorgans des Zielrechtsträgers können nur versichern, dass sich das Vermögen derzeit im gesamthänderisch gebundenen Vermögen der Gesellschafter befindet und bei Eintragung des Formwechsels in die freie Verfügung der Mitglieder des Vertretungsorgans übergehen wird.[39]

III. Sachgründungsbericht und Gründungsbericht (Abs. 2)

1. Formwechsel in eine GmbH (Abs. 2 Var. 1)

16 § 197 S. 1 iVm § 5 Abs. 4 S. 2 GmbHG statuiert bei einem Formwechsel in eine GmbH die Pflicht, einen **Sachgründungsbericht** zu erstellen. Der Sachgründungsbericht ist nicht Bestandteil des Formwechselberichts und deshalb einem Verzicht gem. § 192 Abs. 2 nicht zugänglich.[40] In dem Sachgründungsbericht sind Angaben über die Vorbereitung und Auswirkungen des Formwechsels zu machen und die wesentlichen Umstände anzugeben, aus denen sich ergibt, dass dem Kapitaldeckungsprinzip genügt wurde.[41] Ein Verweis auf den Werthaltigkeitsnachweis zur Reinvermögensdeckung ist idR ausreichend.[42] Auch wenn es sich nicht um den Übergang eines Unternehmens iSd § 5 Abs. 4 S. 2 GmbHG handelt, sind auch die Jahresergebnisse der letzten beiden Geschäftsjahre anzugeben.[43] Die bloß betragsmäßige Nennung der Jahresergebnisse genügt indes nicht.[44] Im Falle eines grenzüberschreitenden Formwechsels sind beglaubigte Übersetzungen der Jahresabschlüsse beizufügen.[45]

17 § 220 Abs. 2 nimmt eine **Konkretisierung** der Gründungsbestimmungen nach § 197 S. 1 iVm § 5 Abs. 4 S. 2 vor. Demnach sind bei einem Formwechsel in die GmbH auch der bisherige Geschäftsverlauf und die Lage der formwechselnden Gesellschaft zu offenbaren. Die Angaben haben dabei wahrheitsgetreu zu erfolgen und müssen auf alle Vorgänge von besonderer Bedeutung, die sich nach dem Formwechselstichtag ergeben haben, eingehen.[46] Dies können insbes. sein: die voraussichtliche Produktentwicklung, soweit die Firma Produkte vertreibt, der Erwerb oder Verlust bedeutender Kunden, wesentliche Rechtsstreitigkeiten sowie die Wettbewerbssituation der Gesellschaft.[47] Wie sich aus den allgemeinen Gründungsbestimmungen, insbes. § 5 Abs. 4 S. 2 GmbHG,

---

36 Widmann/Mayer/*Vossius* § 222 Rn. 58, 63; Schmitt-Hörtnagl/*Hörtnagl/Rinke* § 222 Rn. 11 aE; *K. Schmidt* ZIP 1995, 1385 (1391).
37 Lutter/Joost/*Hoger* § 220 Rn. 17; Kallmeyer/*Blasche* § 220 Rn. 12; Semler/Stengel/Leonard/*Schlitt* § 220 Rn. 18.
38 Semler/Stengel/Leonard/*Schlitt* § 220 Rn. 18.
39 Semler/Stengel/Leonard/*Schlitt* § 220 Rn. 18.
40 Lutter/Joost/*Hoger* § 220 Rn. 21; Kallmeyer/*Blasche* § 220 Rn. 15; Semler/Stengel/Leonard/*Schlitt* § 220 Rn. 26.
41 Semler/Stengel/Leonard/*Schlitt* § 220 Rn. 24; Kallmeyer/*Blasche* § 220 Rn. 16.
42 Semler/Stengel/Leonard/*Schlitt* § 220 Rn. 24.
43 § 5 Abs. 4 S. 2 GmbHG; Semler/Stengel/Leonard/*Schlitt* § 220 Rn. 24; Kallmeyer/*Blasche* § 220 Rn. 16.
44 *Seibold* ZIP 2017, 456 (462).
45 *Seibold* ZIP 2017, 456 (462).
46 Semler/Stengel/Leonard/*Schlitt* § 220 Rn. 25.
47 Lutter/Joost/*Hoger* § 220 Rn. 23; Semler/Stengel/Leonard/*Schlitt* § 220 Rn. 25.

der über § 197 S. 1 Anwendung findet, entnehmen lässt, muss die Darlegung aber nur die letzten beiden Geschäftsjahre umfassen.[48] Für die Erteilung des Sachgründungsberichts sind gem. § 197 S. 1 iVm § 5 Abs. 4 S. 2 GmbHG die Gesellschafter zuständig. Der Sachgründungsbericht hat schriftlich zu erfolgen und ist von den Gesellschaftern der formwechselnden Gesellschaft eigenhändig zu unterzeichnen.[49] Eine gewillkürte Stellvertretung ist unzulässig.[50]

2. Formwechsel in eine AG oder KGaA (Abs. 2 Var. 2)

Auch bei einem Formwechsel in eine AG oder KGaA ist aufgrund des Verweises in § 197 S. 1 auf die Gründungsvorschriften der Zielgesellschaft ein **Gründungsbericht** zu erstellen.[51] Nach der Legaldefinition in § 32 AktG ist Bericht über den Hergang des Formwechsels zu erstatten.[52] Insbes. sind Ausführungen zum Inhalt des Formwechselbeschlusses, zur Feststellung der künftigen Satzung, zur Höhe des Grundkapitals und der Beteiligungsverhältnisse, zur Bestellung der Mitglieder des Vorstandes und des Aufsichtsrates und zur Übernahme von Aktien für Rechnung von Mitgliedern des Vorstandes oder Aufsichtsrates zu machen.[53] Gem. § 32 Abs. 2 S. 1 AktG sind im Gründungsbericht darüber hinaus die wesentlichen Umstände darzulegen, von denen die Angemessenheit der Leistungen für Sacheinlagen oder Sachübernahmen abhängt.

§ 220 Abs. 2 Var. 2 statuiert zudem die **Pflicht**, den bisherigen Geschäftsverlauf und die Lage der formwechselnden Gesellschaft darzulegen (→ Rn. 17).

Bzgl. der formellen Anforderungen an den **Gründungsbericht** ergeben sich im Vergleich zum Formwechsel in eine GmbH keine Unterschiede. Der Gründungsbericht ist schriftlich zu verfassen und von allen Gesellschaftern zu unterzeichnen. Bei einer Mehrheitsbeschlussfassung iSv § 217 Abs. 1 S. 2 ist die Unterzeichnung durch die zustimmenden Gesellschafter hinreichend (s. § 219). Bei einem Formwechsel in die KGaA müssen auch die beitretenden persönlich haftenden Gesellschafter unterzeichnen (§ 217 Abs. 3).

IV. Gründungsprüfung und Frist zur Nachgründung (Abs. 3)

Da im Falle eines Formwechsels gem. § 197 S. 1 die Gründungsvorschriften der Zielgesellschaft Anwendung finden, hat auch eine interne **Gründungsprüfung** gem. § 33 Abs. 1 AktG zu erfolgen. Die Gründungsprüfung wird durch die Mitglieder des Vorstandes oder Aufsichtsrates ausgeführt. Handelt es sich um einen Formwechsel in eine KGaA, treten an die Stelle der Mitglieder des Vorstandes die persönlich haftenden Gesellschafter als Prüfer der Gründung.[54] Die Prüfung durch die Mitglieder des Vorstandes und des Aufsichtsrates hat sich insbes. darauf zu erstrecken, ob die Angabe der Gründer über die Übernahme der Aktien, über die Einlagen auf das Grundkapital und über die Festsetzungen bzgl. Sondervorlagen und Sacheinlagen etc (§§ 26 f. AktG) richtig sind und ob der Wert der Sacheinlagen oder Sachübernahmen den geringsten Ausgabebetrag der dafür zu gewährenden Aktien oder den Wert der dafür zu gewähren-

---

[48] Semler/Stengel/Leonard/*Schlitt* § 220 Rn. 25.
[49] Widmann/Mayer/*Vossius* § 220 Rn. 35 f.; Semler/Stengel/Leonard/*Schlitt* § 220 Rn. 26.
[50] Semler/Stengel/Leonard/*Schlitt* § 220 Rn. 26; *Melchior* GmbHR 1999, 520 (521).
[51] § 197 S. 1 iVm § 32 AktG bzw. 197 S. 1 iVm §§ 278 Abs. 3, 32 AktG.
[52] § 197 S. 1 iVm § 32 Abs. 1 AktG bzw. 197 S. 1 iVm §§ 278 Abs. 3, 32 Abs. 1 AktG.
[53] Semler/Stengel/Leonard/*Schlitt* § 220 Rn. 27.
[54] Semler/Stengel/Leonard/*Schlitt* § 220 Rn. 29.

den Leistungen erreicht (§ 34 Abs. 1 AktG). Die Gründungsprüfung hat schriftlich zu geschehen (§ 34 Abs. 2 S. 1 AktG).

22 § 220 Abs. 3 enthält eine Regelung zur Überprüfung der Gründung für den Fall eines Formwechsels in eine **AG** oder **KGaA**. Die Regelung wiederholt nur die Anforderungen, die bereits das AktG in § 33 Abs. 2 statuiert. Bei einem Formwechsel in eine AG oder KGaA hat (kumulativ) die Gründungsprüfung durch einen oder mehrere externe Prüfer (§ 33 Abs. 2 AktG) stattzufinden.[55] Bei einer regulären Gründung ist dies vorgesehen, wenn eine Gründung mit Sacheinlagen oder Sachübernahmen vorliegt (§ 33 Abs. 2 Nr. 4 AktG). Dies ist bei einem Formwechsel, der wie eine Sachgründung behandelt wird, immer der Fall. Die Regelung ist deshalb deklaratorischer Natur.[56] Die Gründungsprüfer werden gem. § 33 Abs. 3 S. 2 AktG durch das zuständige Registergericht bestellt. Der Verweis auf die Gründungsvorschriften umfasst auch die Vorschriften über die **Nachgründung**, zu denen Abs. 3 S. 2 klarstellt, dass die Zweijahresfrist erst mit Wirksamwerden Formwechsels zu laufen beginnt. Zwingend vorgesehen ist zudem, dass ein etwaiger Nachgründungsvertrag erst mit Zustimmung der Hauptversammlung und einer Handelseintragung wirksam wird. Andere Regelungen können nicht getroffen werden.[57]

23 Bei einem Formwechsel in eine **GmbH** findet eine Gründungsprüfung durch die Geschäftsführung oder einen Gründungsprüfer nicht statt, da sie gesetzlich nicht vorgesehen ist.[58] Gleiches gilt für die Nachgründungsvorschriften.[59]

§ 221 Beitritt persönlich haftender Gesellschafter

¹Der in einem Beschluss zum Formwechsel in eine Kommanditgesellschaft auf Aktien vorgesehene Beitritt eines Gesellschafters, welcher der formwechselnden Gesellschaft nicht angehört hat, muß notariell beurkundet werden. ²Die Satzung der Kommanditgesellschaft auf Aktien ist von jedem beitretenden persönlich haftenden Gesellschafter zu genehmigen.

I. Normzweck 1	IV. Rechtsstellung des beitretenden persönlich haftenden Gesellschafters 6
II. Beitritt (S. 1) 3	
III. Genehmigung der Satzung (S. 2) 5	V. Mängel der Beitrittserklärung 7

I. Normzweck

1 Die Norm enthält ergänzende Bestimmungen zu § 217 Abs. 2 und § 218 Abs. 2 für den Fall des **Formwechsels in eine KGaA**. Insbes. betrifft sie den Fall des Beitrittes eines persönlich haftenden Gesellschafters, der zuvor noch nicht Mitglied des formwechselnden Rechtsträgers war. Bei einem Formwechsel in eine KGaA schreibt § 218 Abs. 2 vor, dass der Formwechselbeschuss die Beteiligung mindestens eines persönlich haftenden Gesellschafters an der zu gründenden KGaA vorsehen muss. Alternativ kann auch ein neuer, noch nicht am Ausgangsrechtsträger beteiligter Gesellschafter als persönlich haftender Gesellschafter beitreten (§ 218 Abs. 2 Var. 2). Diesen letzten Fall betrifft § 221.

---

55 Vgl. diesbezüglich den Wortlaut des § 33 Abs. 2 AktG: „Außerdem ...".
56 Semler/Stengel/Leonard/*Schlitt* § 220 Rn. 30; Lutter/ *Joost/Hoger* § 220 Rn. 24.
57 Semler/Stengel/Leonard/*Schlitt* § 220 Rn. 32.
58 Semler/Stengel/Leonard/*Schlitt* § 220 Rn. 31; Lutter/ *Joost/Hoger* § 220 Rn. 25.
59 Lutter/*Joost/Hoger* § 220 Rn. 27.

Er statuiert für diesen Fall das Erfordernis einer notariellen Beurkundung, das für den Fall der bloßen Übernahme der persönlichen Haftung durch einen bereits an der Ausgangsgesellschaft beteiligten Gesellschafter (§ 218 Abs. 2 Var. 1) bereits über § 193 Abs. 3 S. 1, § 218 Abs. 1 S. 1 klargestellt ist. Dieses Formerfordernis dient der Rechtssicherheit und dem Schutz des beitretenden, persönlich haftenden Dritten.[1]

Eine Vorgängerregelung zur Norm, jedoch bzgl. der Umwandlung einer GmbH bzw. einer AG in die KGaA, fand sich bereits im AktG aF (§§ 389 Abs. 2. S. 2 u. 3, 362 Abs. 2 S. 5 u. 6 AktG aF). Die Norm ist im UmwG so aber neu. Die Bestimmung im AktG aF stand hinter der jetzigen Regelung insoweit zurück, als die **Beitretenden nunmehr als Gründer** behandelt werden.[2]

II. Beitritt (S. 1)

Bei einem Formwechsel in eine KGaA kann dem rechtsformbedingten Vorhandensein eines Komplementärs der KGaA entweder dadurch entsprochen werden, dass ein bereits im Ausgangsrechtsträger vorhandener Gesellschafter nunmehr persönlich haftet, oder ein **neuer Gesellschafter beitritt**, der sich zur persönlichen Haftung bereit erklärt (§ 218 Abs. 2). Der Beitritt eines Dritten muss gem. § 218 Abs. 2 im Formwechselbeschluss vorgesehen sein. § 221 S. 1 geht von diesem Grundsatz aus. Beitretender Dritter kann dabei nicht nur eine natürliche, sondern ebenso eine juristische Person oder eine Personengesellschaft sein.[3]

Gem. § 221 S. 1 bedarf die Beitrittserklärung des Externen der **notariellen Beurkundung**. Diese Beurkundung richtet sich nach dem BeurkG, insbes. nach den §§ 8 ff. BeurkG. Die Beitrittserklärung kann als separierte Erklärung abgegeben oder direkt mit dem Formwechselbeschluss beurkundet werden.[4] Allerdings ist nach dem Wortlaut des § 221 der früheste Zeitpunkt zur Erklärung des Beitritts der Zeitpunkt des Formwechselbeschlusses, denn nach der Norm muss der Beitritt im Formwechselbeschluss vorgesehen sein (§ 221 S. 1).

III. Genehmigung der Satzung (S. 2)

In dem Formwechselbeschluss muss die Satzung der Ziel-KGaA festgestellt werden. Ferner muss gem. § 221 S. 2 der extern beitretende persönlich haftende Gesellschafter das Statut **genehmigen**. Die Erklärung der Genehmigung muss in Bezug auf den Formwechselbeschluss sowie die Satzung in notariell beurkundeter Form erfolgen.[5]

Hinweis: Die Satzungsgenehmigung wird in der Praxis regelmäßig in Verbindung mit der Beitrittserklärung des persönlich haftenden Gesellschafters erfolgen.[6]

IV. Rechtsstellung des beitretenden persönlich haftenden Gesellschafters

Der beitretende persönlich haftende Gesellschafter gilt gem. § 219 S. 2 als Gründer. Er haftet mit Wirksamkeit des Formwechsels gem. § 278 Abs. 1 AktG für die **Verbindlichkeiten des neuen Rechtsträgers unbeschränkt**. Aber auch für die Altverbindlichkeiten des Ausgangsrechtsträgers haftet er akzessorisch gem. § 278 Abs. 2 AktG, §§ 161

---

1 Semler/Stengel/Leonard/*Schlitt* § 221 Rn. 1.
2 Semler/Stengel/Leonard/*Schlitt* § 221 Rn. 3.
3 BGHZ 132, 392 ff.
4 Lutter/*Joost*/*Hoger* § 221 Rn. 7.
5 Widmann/Mayer/*Vossius* § 221 Rn. 18; Semler/Stengel/Leonard/*Schlitt* § 222 Rn. 11.
6 Kallmeyer/*Blasche* § 221 Rn. 4.

Abs. 2, 127, 126 HGB. § 224 findet auf den beitretenden persönlich haftenden Gesellschafter einer KGaA keine Anwendung.[7]

V. Mängel der Beitrittserklärung

7 Ist der beitretende Dritte als einziger Komplementär der KGaA vorgesehen und ist seine Beitrittserklärung oder aber die Genehmigungserklärung mängelbehaftet und mithin anfechtbar oder nichtig, muss das Registergericht von einer Eintragung des Formwechsels absehen. Denn die Existenz eines persönlich haftenden Gesellschafters ist ein konstitutives Element der KGaA. Erfolgt trotzdem eine Eintragung liegt ein Auflösungsgrund vor und die Regeln über den fehlerhaften Beitritt eines Gesellschafters greifen ein.[8] Die Wirksamkeit wird dadurch zunächst nicht berührt.[9]

§ 222 Anmeldung des Formwechsels

(1) ¹Die Anmeldung nach § 198 einschließlich der Anmeldung der Satzung der Genossenschaft ist durch alle Mitglieder des künftigen Vertretungsorgans sowie, wenn der Rechtsträger nach den für die neue Rechtsform geltenden Vorschriften einen Aufsichtsrat haben muß, auch durch alle Mitglieder dieses Aufsichtsrats vorzunehmen. ²Zugleich mit der Genossenschaft sind die Mitglieder ihres Vorstandes zur Eintragung in das Register anzumelden.

(2) Ist der Rechtsträger neuer Rechtsform eine Aktiengesellschaft oder eine Kommanditgesellschaft auf Aktien, so haben die Anmeldung nach Absatz 1 auch alle Gesellschafter vorzunehmen, die nach § 219 den Gründern dieser Gesellschaft gleichstehen.

(3) Die Anmeldung der Umwandlung zur Eintragung in das Register nach § 198 Abs. 2 Satz 3 kann auch von den zur Vertretung der formwechselnden Gesellschaft ermächtigten Gesellschaftern vorgenommen werden.

I. Normzweck 1	b) KGaA als Zielrechtsträger 9
II. Anmeldung des Formwechsels 6	2. GmbH als Zielrechtsträger 11
1. AG und KGaA als Zielrechtsträger ... 6	3. eG als Zielrechtsträger 15
a) AG als Zielrechtsträger 6	III. Sitzverlegung 17

I. Normzweck

1 Bei dieser Norm handelt es sich um eine den **§ 198 ergänzende Vorschrift.** Die Regelung legt den Personenkreis fest, der für die Anmeldung des Formwechsels nach § 198 zuständig ist. Bzgl. des für die Anmeldung zuständigen Gerichts, des Inhalts der Anmeldung und der anzufügenden Unterlagen trifft § 222 keine weitere Regelung, weshalb es insoweit bei den Bestimmungen des allgemeinen Teils, sprich § 198 bleibt.[1]

2 Gem. § 222 Abs. 1 S. 1 hat die Anmeldung des Formwechsels durch alle **Mitglieder des künftigen Vertretungsorgans** sowie – wenn der Rechtsträger nach den für die neue Rechtsform geltenden Vorschriften einen Aufsichtsrat haben muss – auch durch die

---

[7] Widmann/Mayer/*Vossius* § 221 Rn. 28.
[8] Lutter/*Joost/Hoger* § 221 Rn. 8; Goutier/Knopf/Tulloch/ *Laumann* § 221 Rn. 7, Semler/Stengel/Leonard/*Schlitt* § 222 Rn. 14.
[9] Semler/Stengel/Leonard/*Schlitt* § 222 Rn. 14.
[1] Semler/Stengel/Leonard/*Schlitt* § 222 Rn. 1.

Anmeldung des Formwechsels § 222 UmwG

Mitglieder des Aufsichtsrates zu erfolgen. Das Vertretungsorgan des Ausgangsrechtsträgers trifft bzgl. der Anmeldung des Formwechsels – sofern nicht Abs. 3 einschlägig ist – keine Verpflichtung.[2] Hintergrund ist wohl die Umwandlung von Publikumspersonengesellschaften zu erleichtern.[3] Anders lässt es sich auch nicht interpretieren, dass der handelsrechtliche Grundsatz, dass Anmeldungen von Personengesellschaften von allen Gesellschaftern zu unterzeichnen sind, §§ 106 Abs. 7, 161 Abs. 2 HGB, hier durchbrochen worden ist.

Handelt es sich bei der Zielgesellschaft um eine **eG**, bestimmt § 222 Abs. 1 S. 2, dass mit der Anmeldung des Formwechsels zugleich die Mitglieder ihres Vorstandes zur Eintragung in das Register anzumelden sind. Es soll hiermit hinreichende Klarheit über die Vertretungsverhältnisse erreicht werden.[4]

§ 222 Abs. 2 bestimmt für den Formwechsel in eine **AG** oder **KGaA**, dass die Anmeldung gem. § 222 Abs. 1 auch alle Gesellschafter vorzunehmen haben, die gem. § 219 als Gründer zählen. Dies entspricht den Vorgaben der allgemeinen Vorschriften, insbes. dem über § 197 anwendbaren § 36 Abs. 1 AktG. Allerdings konterkariert diese Vorgabe das gesetzgeberische Ziel von Abs. 1, den Formwechsel von Publikums-Personengesellschaften zu erleichtern. Für den Formwechsel in eine GmbH ist eine solche Mitwirkung der Gesellschafter an der Anmeldung nicht vorgeschrieben, da dies auch sonst eine Angelegenheit der Geschäftsführer ist (vgl. §§ 7 Abs. 1, 78 GmbHG). Aufgrund dessen empfiehlt es sich insoweit, Publikumspersonengesellschaften in eine GmbH umzuwandeln und nicht in eine AG oder KGaA.

Mit § 222 Abs. 3 wird bestimmt, dass die Anmeldung der Umwandlung zur Eintragung in das Register nach § 198 Abs. 2 S. 3 auch von den **zur Vertretung** der formwechselnden Gesellschaft **ermächtigten Gesellschafter** vorgenommen werden darf. Dies dient einer Erleichterung des Anmeldevorgangs – beschränkt jedoch auf die Fälle, dass sich durch den Formwechsel die Art des maßgebenden Registers ändert oder durch eine mit dem Formwechsel einhergehende Sitzverlegung ein anderes Register zuständig wird.[5]

II. Anmeldung des Formwechsels

1. AG und KGaA als Zielrechtsträger

a) AG als Zielrechtsträger

§ 222 bestimmt, dass die Anmeldung des Formwechsels durch alle **Mitglieder des künftigen Vertretungsorgans** sowie durch die **Mitglieder des Aufsichtsrats** vorzunehmen ist. Im Falle des Formwechsels einer AG hat somit die Anmeldung durch den Vorstand als ihr Vertretungsorgan (§ 78 Abs. 1. S. 1 AktG) und den Aufsichtsrat zu geschehen.

Für die **AG** trifft das Gesetz in § 222 Abs. 2 darüber hinaus eine Sonderregelung. Es haben demnach neben Vorstand und Aufsichtsrat auch alle Gesellschafter mitzuwirken, die nach § 219 den Gründern der AG gleichstehen. Dies sind bei einer einstimmigen Beschlussfassung iSd § 217 Abs. 1 S. 1 alle Gesellschafter und bei einer zugelassenen Mehrheitsentscheidung iSd § 217 Abs. 1 S. 2 diejenigen Gesellschafter, die dem Formwechselbeschluss zugestimmt haben. Eine Vertretung bei der Anmeldung ist unzuläs-

---

2 Semler/Stengel/Leonard/*Schlitt* § 222 Rn. 2.
3 Semler/Stengel/Leonard/*Schlitt* § 222 Rn. 2.
4 Begr. RegE zu § 222, BR-Drs. 75/94, 150.
5 Semler/Stengel/Leonard/*Schlitt* § 222 Rn. 4.

Narr

sig.⁶ Allerdings ermöglicht das Gesetz, dass die Anmeldepflichtigen die Anmeldung getrennt voneinander vornehmen.⁷

Hinweis: Bei einem Formwechsel einer Publikumspersonengesellschaft in eine AG ist es aus praktischen Erwägungen empfehlenswert die Anmeldung im Anschluss an die Gesellschafterversammlung zu unterzeichnen und zu beglaubigen lassen.⁸

8 Der **Anmeldungsinhalt** richtet sich nach den allgemeinen Vorschriften; → § 198 Rn. 6 ff. bzw. → Rn. 9; → § 199 Rn. 2 ff. bzw. → Rn. 11.

b) KGaA als Zielrechtsträger

9 Das zur AG Ausgeführte gilt in gleicher Weise für den Formwechsel in eine KGaA, allerdings mit der rechtsformbedingten Modifikation, dass an die Stelle des Vorstandes die **persönlich haftenden Gesellschafter** treten.⁹ Die Anmeldung ist daher von den persönlich haftenden Gesellschaftern, den Mitgliedern des Aufsichtsrates sowie von denjenigen Gesellschaftern, die gem. § 219 als Gründer gelten, vorzunehmen. Tritt der KGaA ein neuer Gesellschafter als persönlich haftender Gesellschafter bei (§ 218 Abs. 2 Var. 2), steht auch dieser einem Gründer gleich (§ 219 S. 2) und ist somit anmeldepflichtig.

10 Der **Anmeldungsinhalt** richtet sich auch bei der KGaA nach den allgemeinen Vorschriften; → § 198 Rn. 6 ff. bzw. → Rn. 9; → § 199 Rn. 2 ff. bzw. → Rn. 11.

2. GmbH als Zielrechtsträger

11 Auch für den Formwechsel in eine GmbH gelten grundsätzlich die Erläuterungen zum Recht des Formwechsels in eine AG (→ Rn. 6 ff.). Demnach sind zur Anmeldung gem. § 222 grundsätzlich alle Mitglieder des Vertretungsorgans des Zielrechtsträgers sowie, wenn die GmbH einen Aufsichtsrat haben muss, auch die Mitglieder dieses Aufsichtsrats verpflichtet.¹⁰ Im Recht der GmbH ist zur Vertretung der Gesellschaft grundsätzlich der Geschäftsführer zuständig (§ 35 Abs. 1 S. 1 GmbHG). Diesen trifft zunächst auch die Anmeldepflicht. Verfügt die Gesellschaft über mehrere Geschäftsführer, so hat die Anmeldung entsprechend durch **alle zukünftigen Geschäftsführer** zu erfolgen.¹¹

12 In der Literatur wird bzgl. des Mitwirkungserfordernisses des **Aufsichtsrates** gem. § 222 Abs. 1 S. 1 zum Teil bestritten, dass dessen Mitglieder bei der Anmeldung mitzuwirken haben. Dies wird mit dem Hinweis begründet, die Situation sei ähnlich gelagert wie in den Fällen einer völligen Neugründung, wo es einer solchen Mitwirkung auch nicht bedürfe.¹² Diese Auslegung steht jedoch im Widerspruch zum klaren Wortlaut der Norm und überzeugt daher nicht.¹³ Soll die Ziel-GmbH hingegen nur über einen fakultativen Aufsichtsrat verfügen, so besteht darüber Einigkeit, dass dessen Mitglieder bei der Anmeldung nicht mitzuwirken haben.¹⁴

---

6 Semler/Stengel/Leonard/*Schlitt* § 222 Rn. 18; Schmitt/Hörtnagl/*Hörtnagl*/Rinke § 222 Rn. 5; Kallmeyer/*Blasche* § 222 Rn. 1, 4.
7 Semler/Stengel/Leonard/*Schlitt* § 222 Rn. 18.
8 Semler/Stengel/Leonard/*Schlitt* § 222 Rn. 18.
9 Semler/Stengel/Leonard/*Schlitt* § 222 Rn. 21.
10 Dies ist bei einer GmbH nur der Fall, wenn die entsprechenden Voraussetzungen des DrittelbG, MitbestG, MitbestErgG oder MontanMitbestG erfüllt sind.
11 Semler/Stengel/Leonard/*Schlitt* § 222 Rn. 8; auch Lutter/*Joost*/Hoger § 222 Rn. 4.
12 Widmann/Mayer/*Vossius* § 222 Rn. 18; Schmitt/Hörtnagl/*Rinke* § 222 Rn. 3.
13 So auch Lutter/*Joost*/Hoger § 222 Rn. 4; Semler/Stengel/Leonard/*Schlitt* § 222 Rn. 9; Kallmeyer/*Blasche* § 222 Rn. 2.
14 Lutter/*Joost*/Hoger § 222 Rn. 4; Semler/Stengel/Leonard/*Schlitt* § 222 Rn. 10; Kallmeyer/*Blasche* § 222 Rn. 2.

Hinweis: Die Frage einer Mitwirkungspflicht der Mitglieder eines obligatorischen Aufsichtsrates bei der Anmeldung ist gleichwohl umstritten. Es empfiehlt sich deshalb eine vorherige Abstimmung mit dem zuständigen Handelsregister.[15]

Eine **Vertretung** ist auch bei der Anmeldung des Formwechsels in eine GmbH unzulässig.[16] Allerdings können die notariell zu beglaubigenden Anmeldeerklärungen getrennt voneinander abgegeben werden.[17]

Bzgl. des **Inhalts** der Anmeldung gelten die allgemeinen Bestimmungen über die Anmeldung des Formwechsels; → § 198 Rn. 6 ff. bzw. → Rn. 9; → § 199 Rn. 2 ff. bzw. → Rn. 13.

3. eG als Zielrechtsträger

Bei einem Formwechsel in eine eG tritt ein Registerwechsel ein, da die eG nicht in das Handels-, sondern in das Genossenschaftsregister eingetragen wird (§ 10 GenG). Der Formwechsel ist deshalb in diesem Fall **sowohl zum Handelsregister der formwechselnden Gesellschaft als auch zum Genossenschaftsregister** anzumelden (§ 198 Abs. 2 S. 2, 3). Zunächst hat allerdings die Eintragung zum Handelsregister zu erfolgen.[18] Der Formwechsel wird wirksam, wenn der Rechtsträger neuer Rechtsform in das Genossenschaftsregister eingetragen wird.[19]

Anmeldungsverpflichtet sind gem. § 222 der **Vorstand** und, da die Genossenschaft verpflichtend über einen Aufsichtsrat verfügt, auch die Mitglieder des **Aufsichtsrates**.[20]

III. Sitzverlegung

Beschließen die Gesellschafter der Ausgangsgesellschaft zeitgleich mit dem Formwechsel eine **Sitzverlegung**, muss die Anmeldung des Formwechsels sowohl bei dem bislang zuständigen, als auch bei dem zukünftig zuständigen Registergericht erfolgen, § 198 Abs. 2 S. 2 u. S. 3. § 222 Abs. 3 sieht hierzu vor, dass die Anmeldung der Umwandlung zur Eintragung in das Register nach § 198 Abs. 2 S. 3 auch von den zur Vertretung der formwechselnden Gesellschaft ermächtigten Gesellschaftern vorgenommen werden kann. Der Gesetzgeber hielt dies für angebracht, da diese Eintragung nur das Register betrifft, in welchem die formwechselnde Gesellschaft bislang eingetragen war und sie keine konstitutive Wirkung für den Formwechsel hat.[21]

§ 223 Anlagen der Anmeldung

Der Anmeldung der neuen Rechtsform oder des Rechtsträgers neuer Rechtsform sind beim Formwechsel in eine Kommanditgesellschaft auf Aktien außer den sonst erforderlichen Unterlagen auch die Urkunden über den Beitritt aller beitretenden persönlich haftenden Gesellschafter in Ausfertigung oder öffentlich beglaubigter Abschrift beizufügen.

---

15 Kallmeyer/*Blasche* § 222 Rn. 2.
16 Lutter/*Joost/Hoger* § 222 Rn. 2; Kallmeyer/*Blasche* § 222 Rn. 1.
17 Semler/Stengel/Leonard/*Schlitt* § 222 Rn. 12.
18 Semler/Stengel/Leonard/*Schlitt* § 222 Rn. 24.
19 Lutter/*Joost/Hoger* § 222 Rn. 10; Semler/Stengel/Leonard/*Schlitt* § 222 Rn. 24.
20 Lutter/*Joost/Hoger* § 222 Rn. 7; Semler/Stengel/Leonard/*Schlitt* § 222 Rn. 25.
21 Begr. RegE zu § 222, BR-Drs. 75/94, 151.

I. Normzweck	1
II. Anlagen zur Anmeldung	3
1. Formwechsel in eine AG, GmbH und eG	3
2. Formwechsel in eine KGaA	4
3. Sonst erforderliche Unterlagen	6

I. Normzweck

1 Die Norm ergänzt § 202. Sie ist eine Vorschrift des besonderen Teils und enthält eine spezielle Regelung zur Anmeldung des Formwechsels einer Personenhandelsgesellschaft in eine KGaA. § 223 legt fest, welche **weiteren Unterlagen** neben den bereits in § 202 genannten der Anmeldung des Formwechsels beizufügen sind. Die Regelung ist erforderlich, da bei einem Formwechsel in eine KGaA auch neue persönlich haftende Gesellschafter der Gesellschaft beitreten können.[1] Dem Registergericht soll so die Prüfung des Gesellschafterbestandes ermöglicht werden.[2]

2 Die Bestimmung war neu, insoweit es sich um den Formwechsel einer **Personengesellschaft in eine Kapitalgesellschaft** handelt.[3] Sie entspricht aber der Sache nach der früheren Regelung (§ 390 S. 2, § 364 S. 2 AktG aF) für den Fall einer Umwandlung einer GmbH oder AG in eine KGaA.[4]

II. Anlagen zur Anmeldung

1. Formwechsel in eine AG, GmbH und eG

3 Bei einem Formwechsel in eine **AG**, **GmbH** und **eG** bedarf es der Beifügung der in § 199 genannten Anlagen; → § 199 Rn. 2 ff. bzw. → Rn. 11.

2. Formwechsel in eine KGaA

4 Soll der Formwechsel in die Rechtsform einer **KGaA** erfolgen, sind zunächst grundsätzlich auch die in § 199 genannten Unterlagen beizufügen (→ § 199 Rn. 2 ff. bzw. → Rn. 11). Bei einem Formwechsel in eine KGaA sieht das Gesetz als Variante der unbeschränkten Haftungsübernahme durch einen bereits vorhandenen Gesellschafter auch die Möglichkeit des Neubeitritts eines persönlich unbeschränkt haftenden Gesellschafters vor. In diesem Fall muss der Anmeldung, neben den schon gem. § 199 erforderlichen Unterlagen, gem. § 223 auch die Urkunde über den Beitritt des neuen persönlich haftenden Gesellschafters beigefügt werden. Beitritt in diesem Sinne meint die Beitrittserklärung des bisher nicht an der Gesellschaft beteiligten persönlich haftenden Gesellschafters der Ziel-KGaA, die auf den vorherigen Formwechselbeschluss bezogen ist.[5] Hinzugefügt werden muss die Ausfertigung oder die öffentlich beglaubigte Abschrift der Urkunde.[6]

5 Der beitretende Gesellschafter muss gem. § 221 S. 2 die Satzung der KGaA **genehmigen**. Über den Wortlaut des § 223 hinaus ist der Anmeldung auch eine Urkunde über diese Genehmigungserklärung der Anmeldung beizufügen.[7]

---

1 Lutter/*Joost*/*Hoger* § 223 Rn. 1; Semler/Stengel/Leonard/ *Schlitt* § 223 Rn. 1.
2 Lutter/*Joost*/*Hoger* § 223 Rn. 1; Semler/Stengel/Leonard/ *Schlitt* § 223 Rn. 1.
3 Semler/Stengel/Leonard/*Schlitt* § 223 Rn. 4.
4 Semler/Stengel/Leonard/*Schlitt* § 223 Rn. 4.
5 Vgl. Lutter/*Joost*/*Hoger* § 223 Rn. 2.
6 Semler/Stengel/Leonard/*Schlitt* § 223 Rn. 7.
7 Lutter/*Joost*/*Hoger* § 223 Rn. 4; Semler/Stengel/Leonard/ *Schlitt* § 223 Rn. 8.

3. Sonst erforderliche Unterlagen

Unter den „**sonst erforderlichen Unterlagen**" iSd § 223 sind diejenigen Unterlagen zu verstehen, aus denen sich gem. §§ 192 ff. ergibt, dass die Voraussetzungen des Formwechsels vorliegen.[8] Insbesondere sind dies der Formwechselbericht, die Niederschrift über den Formwechselbeschluss, die Zustimmungserklärungen gem. § 199 sowie die Unterlagen, die zur Einhaltung der Gründungsvorschriften erforderlich sind.[9]

§ 224 Fortdauer und zeitliche Begrenzung der persönlichen Haftung

(1) Der Formwechsel berührt nicht die Ansprüche der Gläubiger der Gesellschaft gegen einen ihrer Gesellschafter aus Verbindlichkeiten der formwechselnden Gesellschaft, für die dieser im Zeitpunkt des Formwechsels nach § 721 des Bürgerlichen Gesetzbuchs oder nach § 126 des Handelsgesetzbuchs persönlich haftet.

(2) Der Gesellschafter haftet für diese Verbindlichkeiten, wenn sie vor Ablauf von fünf Jahren nach dem Formwechsel fällig und daraus Ansprüche gegen ihn in einer in § 197 Abs. 1 Nr. 3 bis 5 des Bürgerlichen Gesetzbuchs bezeichneten Art festgestellt sind oder eine gerichtliche oder behördliche Vollstreckungshandlung vorgenommen oder beantragt wird; bei öffentlich-rechtlichen Verbindlichkeiten genügt der Erlass eines Verwaltungsakts.

(3) ¹Die Frist beginnt mit dem Tage, an dem die Eintragung der neuen Rechtsform oder des Rechtsträgers neuer Rechtsform in das Register bekannt gemacht worden ist. ²Die für die Verjährung geltenden §§ 204, 206, 210, 211 und 212 Abs. 2 und 3 des Bürgerlichen Gesetzbuchs sind entsprechend anzuwenden.

(4) Einer Feststellung in einer in § 197 Abs. 1 Nr. 3 bis 5 des Bürgerlichen Gesetzbuchs bezeichneten Art bedarf es nicht, soweit der Gesellschafter den Anspruch schriftlich anerkannt hat.

(5) Die Absätze 1 bis 4 sind auch anzuwenden, wenn der Gesellschafter in dem Rechtsträger anderer Rechtsform geschäftsführend tätig wird.

I. Normzweck 1	2. Voraussetzungen der Haftungslimitierung 9
II. Haftung des Ausgangsrechtsträgers 3	a) Verbindlichkeit 9
III. Akzessorische Haftung der Gesellschafter des Ausgangsrechtsträgers 4	b) Fälligkeit 11
1. Gesellschaft bürgerlichen Rechts und OHG 4	c) Keine Hinderung der Enthaftung gem. Abs. 2 12
2. KG 5	d) Beginn und Ablauf der Fünfjahresfrist (Abs. 3) 13
a) Komplementäre 5	3. Rechtsfolge 14
b) Kommanditisten 6	VI. Innenverhältnis 17
IV. Besondere Haftungsgründe 7	1. Ansprüche gegen die Gesellschaft 17
V. Haftungslimitierung (Abs. 2–4) 8	2. Ansprüche gegen die Mitgesellschafter .. 18
1. Grundsatz 8	

I. Normzweck

Die Norm trifft in Abs. 1 eine Bestimmung über die Erhaltung der akzessorischen Haftung der Gesellschafter der formwechselnden Gesellschaft für deren Altverbindlich-

---

[8] Lutter/*Joost/Hoger* § 223 Rn. 5; Semler/Stengel/Leonard/*Schlitt* § 223 Rn. 9.

[9] Lutter/*Joost/Hoger* § 223 Rn. 5; Semler/Stengel/Leonard/*Schlitt* § 223 Rn. 9.

keiten nach dem Formwechsel. Ein Formwechsel, dem oftmals auch eine haftungsrechtliche Motivation zugrunde liegen wird, berührt demnach die akzessorische Haftung für Altverbindlichkeiten nicht (**Grundsatz der Haftungskontinuität**). Zugleich trifft die Norm in Abs. 2–4 eine den durch das NachhBG eingeführten Bestimmungen nachempfundene Regelung, die eine Enthaftung der Gesellschafter zum Gegenstand hat.[1]

2 Die Regelung war neu. Allerdings hat sie an den Haftungsverhältnissen, die bereits zur Zeit des UmwG aF galten, nichts geändert. Lediglich eine **konzeptionelle Änderung** hat sich mit dem UmwG nF ergeben.[2] Das UmwG aF ging noch von dem Prinzip aus, dass mit dem Formwechsel die Auflösung der Altgesellschaft verbunden war, was ebenfalls zu einer Haftung für die Verbindlichkeiten des Ausgangsrechtsträgers durch die Gesellschafter führte, die nach einer Frist von fünf Jahren verjährte.[3] Die Enthaftungsfrist begann nach altem Recht mit dem Ende des Tages, an dem die Auflösung der Personengesellschaft und das Erlöschen der Firma in das Handelsregister eingetragen worden sind.[4] Nach neuem Recht beginnt die Enthaftungsfrist erst mit dem Tag, an dem die Eintragung der neuen Rechtsform oder des Rechtsträgers neuer Rechtsform in das Register bekannt gemacht worden ist (§ 224 Abs. 3 S. 1).

II. Haftung des Ausgangsrechtsträgers

3 § 224 regelt nicht die Haftung des Ausgangsrechtsträgers selbst. Vielmehr ergibt sich schon aus dem **Identitätsgrundsatz**, dass eine durch den Ausgangsrechtsträger begründete Verbindlichkeit ab dem Zeitpunkt der Eintragung in das Register zu einer Verbindlichkeit des Zielrechtsträgers wird.[5] Der Rechtsträger behält seine Identität, auch im Hinblick auf seine Verbindlichkeiten.[6]

III. Akzessorische Haftung der Gesellschafter des Ausgangsrechtsträgers

1. Gesellschaft bürgerlichen Rechts und OHG

4 § 224 sieht vor, dass der **Grundsatz der Haftungskontinuität** auch für den Fall des Formwechsels des Ausgangsrechtsträgers Bestand haben soll. Für die Verbindlichkeiten der Gesellschaft, die bis zur Eintragung des Formwechsels begründet wurden, haften Gesellschafter einer Gesellschaft bürgerlichen Rechts und einer OHG damit auch nach dem Wechsel der Rechtsform fort. Das in § 721 BGB und § 126 HGB geregelte Akzessorietätsprinzip wird damit auch über den Formwechsel hinaus für anwendbar erklärt. Fraglich ist, ob die alleinige Anordnung der Forthaftung gem. § 721 BGB bzw. § 126 HGB in § 224 den Rückschluss zulässt, dass eine Haftung nach § 127 HGB für Verbindlichkeiten, welche vor dem Eintritt des Gesellschafters in die Ausgangs-OHG entstanden sind, ausscheiden soll. Dieser Rückschluss ginge aber zu weit. § 224 weist insoweit eine Regelungslücke auf, die im Wege der Analogie zu schließen ist. Auch eine Forthaftung für die Fälle des § 127 HGB ist deshalb von § 224 erfasst.

---

1 Gesetz zur zeitlichen Begrenzung der Nachhaftung von Gesellschaftern v. 18.3.1994, BGBl. I 560 ff.; Semler/Stengel/Leonard/*Schlitt* § 224 Rn. 2.
2 Semler/Stengel/Leonard/*Schlitt* § 224 Rn. 4.
3 § 45 Abs. 1 UmwG aF; §§ 49 Abs. 4, 45 Abs. 1 UmwG aF; Semler/Stengel/Leonard/*Schlitt* § 224 Rn. 4.
4 § 45 Abs. 2 UmwG aF; §§ 49 Abs. 4, 45 Abs. 2 UmwG aF.
5 Lutter/Joost/*Hoger* § 224 Rn. 11.
6 Lutter/Joost/*Hoger* § 224 Rn. 11.

2. KG

a) Komplementäre

Für die **Komplementäre** einer KG als persönlich haftende Gesellschafter gilt das bereits unter → Rn. 4 Gesagte entsprechend.

b) Kommanditisten

Die mögliche Forthaftung der **Kommanditisten** für Verbindlichkeiten der Ausgangs-KG wird von § 224 nicht explizit geregelt. Nach hM soll aber auch eine eventuelle Haftung des Kommanditisten durch einen Formwechsel nicht erlöschen.[7] Diese besteht, über den Wortlaut des § 224 hinaus, nach den einschlägigen gesetzlichen Vorschriften fort.[8] Ein gegenteiliger Rückschluss kann § 224 nicht entnommen werden.[9] § 224 weist insoweit eine Regelungslücke auf, die im Wege der Analogie zu schließen ist. Voraussetzung einer Forthaftung ist allerdings, dass die Haftung des Kommanditisten zum Zeitpunkt des Formwechsels schon besteht.[10] Einer Haftung gegenüber den Gesellschaftsgläubigern unterliegen Kommanditisten grundsätzlich unmittelbar bis zur Höhe ihrer Einlage, solange die Einlage nicht geleistet ist (§ 171 Abs. 1 HGB). Eine Haftung des Kommanditisten entsteht ferner, soweit seine Einlage zurückbezahlt wurde (§ 172 Abs. 4 S. 1 HGB). Auch kann etwa den Kommanditisten eine unbeschränkte Haftung treffen, wenn die Gesellschaft ihre Geschäfte vor der Eintragung in das Handelsregister aufgenommen und der Kommanditist dem zugestimmt hat (§ 176 Abs. 1 HGB). Infrage kommt überdies eine Haftung für Verbindlichkeiten, die in der Zeit zwischen Eintritt in eine bestehende Gesellschaft und der Eintragung des Kommanditisten im Handelsregister begründet werden (§ 176 Abs. 2 HGB).

IV. Besondere Haftungsgründe

Die Norm findet keine Anwendung auf Verbindlichkeiten, die nicht die Gesellschaft, sondern der **einzelne Gesellschafter** begründet hat.[11] Dies können beispielsweise Bürgschaften, Garantien oder abstrakte Schuldversprechen sein.[12] Selbst dann, wenn solche Sicherheiten zugunsten der Gesellschaft gegeben werden, ist eine Anwendbarkeit der Norm ausgeschlossen.[13]

V. Haftungslimitierung (Abs. 2–4)

1. Grundsatz

Die Gesellschafter des Ausgangsrechtsträgers haften grundsätzlich akzessorisch für die Verbindlichkeiten des Ausgangsrechtsträgers gem. § 721 BGB bzw. § 126 HGB, auch wenn der Formwechsel wirksam geworden ist (§ 224 Abs. 1). Konzeptionell entspricht diese Weiterhaftung derjenigen, die den Gesellschafter beim **Ausscheiden aus der**

---

7 Semler/Stengel/Leonard/*Schlitt* § 224 Rn. 8; Lutter/*Joost/Hoger* § 224 Rn. 9; Kallmeyer/*Blasche* § 224 Rn. 8; Schmitt/Hörtnagl/*Hörtnagl/Rinke* § 224 Rn. 1; Bärwaldt/Schabacker NJW 1998,1909.
8 Semler/Stengel/Leonard/*Schlitt* § 224 Rn. 9; Lutter/*Joost/Hoger* § 224 Rn. 9.
9 So auch Lutter/*Joost/Hoger* § 224 Rn. 9.
10 *Bärwaldt/Schabacker* NJW 1998,1909.
11 Semler/Stengel/Leonard/*Schlitt* § 224 Rn. 12; Lutter/*Joost/Hoger* § 224 Rn. 10; Kallmeyer/*Blasche* § 224 Rn. 3.
12 Semler/Stengel/Leonard/*Schlitt* § 224 Rn. 12; Lutter/*Joost/Hoger* § 224 Rn. 10.
13 Semler/Stengel/Leonard/*Schlitt* § 224 Rn. 12; Kallmeyer/*Blasche* § 224 Rn. 3.

Gesellschaft treffen würde.[14] Die zu § 160 HGB aF entwickelten Grundsätze können bei der Auslegung des § 224 Abs. 2–4 ergänzend herangezogen werden.[15]

2. Voraussetzungen der Haftungslimitierung
a) Verbindlichkeit

9   Die **Haftungslimitierung** gilt für alle Verbindlichkeiten, die die Gesellschaft ab ihrem Bestehen bis zur Wirksamkeit des Formwechsels begründet hat.[16] Auf welcher Rechtsgrundlage etwaige Ansprüche beruhen, ist für die Forthaftung der Gesellschafter unerheblich. Es kommen diesbezüglich also sowohl Ansprüche aus rechtsgeschäftlichen und rechtsgeschäftsähnlichen Schuldverhältnissen als auch aus gesetzlichen Schuldverhältnissen in Betracht.[17] Dies können etwa sein: Ansprüche aus einem Schuldverhältnis wegen Aufnahme von Vertragsverhandlungen oder Anbahnung eines Vertrages gem. § 311 Abs. 2 BGB, Primär- und Sekundäransprüche aus Verträgen (Erfüllungs-, Nacherfüllungs-, Schadensersatz- und Rückgewähransprüche), deliktische Ansprüche oder Ansprüche aus Kondiktion.[18]

10 Die Verbindlichkeit muss **vor dem Formwechsel begründet** worden sein.[19] Entscheidend ist somit der Zeitpunkt der Eintragung des Formwechsels in das Handelsregister (§ 202 Abs. 1, 2). § 224 enthält diese Voraussetzung nicht. Sie ist aber den zu § 126 HGB anerkannten Grundsätzen zu entnehmen.[20] Begründet ist die Verbindlichkeit, wenn ihre Rechtsgrundlage bereits gelegt worden ist, auch wenn die einzelnen Verpflichtungen erst später fällig werden.[21] Handelt es sich um einen Anspruch aus Vertrag, ist der Vertragsschluss maßgeblich; bei deliktischen Ansprüchen kommt es auf die Vollendung des Deliktes an.[22]

b) Fälligkeit

11 Nur für **fällige Verbindlichkeiten** haften die Gesellschafter (§ 224 Abs. 2 Hs. 1). Ob die Fälligkeit vor oder nach dem Formwechsel eintritt, ist nicht von Belang, soweit nicht die Fünfjahresfrist gem. § 224 Abs. 2 überschritten ist.[23] Fälligkeit meint den Zeitpunkt, zu dem der Gläubiger eine Leistung verlangen kann.[24] § 271 BGB bestimmt insoweit, dass, wenn eine Zeit zur Leistung weder vereinbart, noch aus den Umständen zu entnehmen ist, diese sofort, also mit der Entstehung der Forderung, verlangt werden kann.[25] Dieser Zeitpunkt kann eine Modifikation erfahren, indem durch Vertrag die Fälligkeit über den an sich üblichen Zeitpunkt (dh „sofort") hinaus verschoben wird (Stundung).[26]

Hinweis: In der Praxis ist die Haftungslimitierung vor allem bei Dauerschuldverhältnissen, etwa Miet-, Pacht- und Arbeitsverträgen, von Belang.[27] Insbes. aber auch bei

---

14 Lutter/Joost/Hoger § 224 Rn. 12; Semler/Stengel/Leonard/Schlitt § 224 Rn. 13.
15 Lutter/Joost/Hoger § 224 Rn. 12; Semler/Stengel/Leonard/Schlitt § 224 Rn. 13.
16 Semler/Stengel/Leonard/Schlitt § 224 Rn. 11; Widmann/Mayer/Vossius § 224 Rn. 9.
17 Semler/Stengel/Leonard/Schlitt § 224 Rn. 10; Lutter/Joost/Hoger § 224 Rn. 4; Widmann/Mayer/Vossius, § 224 Rn. 10.
18 Vgl. Semler/Stengel/Leonard/Schlitt § 224 Rn. 10.
19 Semler/Stengel/Leonard/Schlitt § 224 Rn. 11; Kallmeyer/Blasche § 224 Rn. 4.
20 Vgl. MüKoHGB/K. Schmidt/Drescher § 128 Rn. 49.
21 BGH NJW 1971, 1268; vgl. auch BGH NJW 1986, 1690.
22 Kallmeyer/Blasche § 224 Rn. 4; Semler/Stengel/Leonard/Schlitt § 224 Rn. 11.
23 Vgl. Semler/Stengel/Leonard/Schlitt § 224 Rn. 17.
24 Jauernig/Stadler BGB § 271 Rn. 2.
25 Semler/Stengel/Leonard/Schlitt § 224 Rn. 17; Lutter/Joost/Hoger § 224 Rn. 17.
26 Vgl. BGHZ 95, 369.
27 Semler/Stengel/Leonard/Schlitt § 224 Rn. 17; Lutter/Joost/Hoger § 224 Rn. 17.

Ansprüchen aus Direktzusagen des Arbeitgebers im Rahmen der betrieblichen Altersversorgung, die regelmäßig erst mit Eintritt des Versorgungsfalles fällig werden (§§ 1 ff. BetrAVG), kommt der Regelung Bedeutung zu.[28]

c) Keine Hinderung der Enthaftung gem. Abs. 2

Unter bestimmten Umständen kann es zu einer **Hinderung der Enthaftung** kommen, namentlich, wenn der Gläubiger eines Anspruchs gegen die Gesellschaft diesen innerhalb der Fünfjahresfrist gem. § 197 Abs. 1 Nr. 3–5 BGB feststellen lässt, oder eine gerichtliche oder behördliche Vollstreckungshandlung vorgenommen oder beantragt wird (§ 224 Abs. 2 Hs. 1). Bei öffentlich-rechtlichen Verbindlichkeiten genügt der Erlass eines Verwaltungsakts (§ 224 Abs. 2 Hs. 2).

d) Beginn und Ablauf der Fünfjahresfrist (Abs. 3)

Die Frist nach § 224 Abs. 2 beginnt gem. § 224 Abs. 3 S. 1 mit dem Tage, an dem die Eintragung der neuen Rechtsform oder des Rechtsträgers neuer Rechtsform in das Register **bekannt gemacht** worden ist. Die Bekanntmachung richtet sich nach § 201, § 10 HGB. Gem. §§ 187 Abs. 1, 188 Abs. 2 BGB endet die Frist mit Ablauf des Tages, der durch seine Zahl dem Tag des Fristbeginns entspricht.

3. Rechtsfolge

Liegen die Voraussetzungen des § 224 Abs. 2 vor, **erlischt** der akzessorische Anspruch aus § 721 BGB bzw. § 126 HGB gegen den Gesellschafter und dieser wird von der Haftung für die Gesellschaftsverbindlichkeit frei. Die genannte Frist ist keine Verjährungs-, sondern eine **Enthaftungsfrist**.[29] Der wesentliche Unterschied liegt darin, dass ein verjährter Anspruch bei Einrede der Verjährung lediglich nicht durchsetzbar ist, während die Enthaftung gem. § 224 Abs. 2 zu einem Erlöschen des Anspruchs aus § 721 BGB bzw. § 126 HGB führt und als rechtsvernichtende Einwendung von Amts wegen zu berücksichtigen ist.[30]

Die Enthaftungsfrist gem. § 224 Abs. 2 lässt die Möglichkeit der Geltendmachung anderer Einwendungen oder Einreden, die dem Gesellschafter persönlich oder der Gesellschaft zustehen (vgl. § 128 HGB) unberührt. Insbes. kann sich der Gesellschafter auch auf die Einrede der **Verjährung** berufen. Da es sich bei der regelmäßigen Verjährungsfrist (drei Jahre, s. § 195 BGB) um einen kürzeren Zeitraum als die Enthaftungsfrist des § 224 Abs. 2 handelt, wird es in praxi oft so liegen, dass der Gesellschafter sich zeitlich zuerst auf die Einrede der Verjährung berufen kann.[31]

Die Enthaftungsregelung des § 224 Abs. 2 betrifft allein die akzessorische Haftung des Gesellschafters. Eine **Inanspruchnahme der Zielgesellschaft**, die aufgrund des Identitätsprinzips Schuldner des Anspruchs bleibt, ist daneben weiterhin möglich.[32]

---

28 Semler/Stengel/Leonard/*Schlitt* § 224 Rn. 17; Lutter/*Joost/Hoger* § 224 Rn. 18.
29 Lutter/*Joost/Hoger* § 224 Rn. 32.
30 *K. Schmidt/Schneider* BB 2003, 1961; Lutter/*Joost/Hoger* § 224 Rn. 32; Kallmeyer/*Blasche* § 224 Rn. 11; Semler/Stengel/Leonard/*Schlitt* § 224 Rn. 34.
31 Semler/Stengel/Leonard/*Schlitt* § 224 Rn. 35.
32 Lutter/*Joost/Hoger* § 224 Rn. 35; Semler/Stengel/Leonard/*Schlitt* § 224 Rn. 37.

VI. Innenverhältnis

1. Ansprüche gegen die Gesellschaft

17 Im Regelfall hätte der Gesellschafter bei akzessorischer Inanspruchnahme seitens eines Gesellschaftsgläubigers einen Ersatzanspruch gem. § 716 BGB gegen die Gesellschaft. Der § 716 BGB wurde dem bis zum 31.12.2023 geltenden § 110 HGB nachgebildet. Dieser ist allerdings, da nach dem Formwechsel eine Personengesellschaft nicht mehr besteht, nicht unmittelbar anwendbar. Hierzu wird einhellig vorgeschlagen, **§ 716 BGB, § 670 BGB analog** anzuwenden.[33] Dies gilt ebenso für die persönliche Haftung des Kommanditisten.[34]

2. Ansprüche gegen die Mitgesellschafter

18 Die Gesellschafter haften gem. § 126 HGB den Gesellschaftsgläubigern akzessorisch als **Gesamtschuldner**. Es finden somit im Innenverhältnis zwischen den Gesellschaftern die Regelungen der §§ 421 ff. BGB Anwendung. Es steht dem Gesellschafter damit subsidiär ein Ausgleichsanspruch gegen seine Mitgesellschafter gem. § 426 Abs. 1 BGB zu. Die Inanspruchnahme der Mitgesellschafter kann nur pro rata und unter Abzug der eigenen Verlustbeteiligung geschehen.[35] Zudem steht dem Gesellschafter der aus der cessio legis übergegangene Anspruch des Gläubigers gem. § 426 Abs. 2 BGB zu.[36]

§ 225 Prüfung des Abfindungsangebots

¹Im Falle des § 217 Abs. 1 Satz 2 ist die Angemessenheit der angebotenen Barabfindung nach § 208 in Verbindung mit § 30 Abs. 2 nur auf Verlangen eines Gesellschafters zu prüfen. ²Die Kosten trägt die Gesellschaft.

I. Normzweck 1	2. Form 8
II. Angebotene Barabfindung 3	3. Frist 9
1. Einstimmiger Beschluss (§ 217 Abs. 1 S. 1) 4	IV. Prüfung 10
2. Mehrheitsbeschluss (§ 217 Abs. 1 S. 2) 6	V. Kosten (S. 2) 11
III. Verlangen eines Gesellschafters (S. 1) 7	
1. Berechtigter Gesellschafter 7	

I. Normzweck

1 Die Norm findet Anwendung auf den Formwechsel einer Personengesellschaft in eine Kapitalgesellschaft oder eG. Die Vorschrift enthält eine Bestimmung zur Prüfung der Angemessenheit der in § 207 Abs. 1 S. 1 vorgesehenen **Barabfindung** sowie eine Kostenregelung bzgl. dieser Prüfung. Eine angemessene Barabfindung hat der Ausgangsrechtsträger grundsätzlich jedem Gesellschafter, der dem Formwechselbeschluss widerspricht, anzubieten (§ 207 Abs. 1 S. 1). Die Prüfung der Angemessenheit der Barabfindung haben gem. § 208 iVm § 30 Abs. 2 S. 2 iVm § 10 gerichtlich bestellte Prüfer durchzuführen.

---

[33] Lutter/Joost/Hoger § 224 Rn. 36; Kallmeyer/Blasche § 224 Rn. 18; Semler/Stengel/Leonard/Schlitt § 224 Rn. 38.

[34] Semler/Stengel/Leonard/Schlitt § 224 Rn. 38; Kallmeyer/Blasche § 224 Rn. 18.

[35] BGHZ 37, 299 (302 ff.); BGHZ 103, 73 (76); Kallmeyer/Blasche § 224 Rn. 18; Semler/Stengel/Leonard/Schlitt § 224 Rn. 39; Lutter/Joost/Hoger § 224 Rn. 37.

[36] Kallmeyer/Blasche § 224 Rn. 18; Semler/Stengel/Leonard/Schlitt § 224 Rn. 39; Lutter/Joost/Hoger § 224 Rn. 37.

Die Vorschrift bezweckt eine **Einschränkung** des im allgemeinen Teil etablierten Grundsatzes der obligatorischen Prüfung der Barabfindung (§ 208 iVm § 30). Durch § 225 S. 1 wird dieser Grundsatz von dem Prinzip einer fakultativen Prüfung durchbrochen, da das Gesetz von den Gesellschaftern einer Personengesellschaft erwartet, dass diese selbst einschätzen können, ob das Abfindungsangebot hinreichend ist.[1] Weiterhin dient die Vorschrift dem Minderheitenschutz.[2]

II. Angebotene Barabfindung

Im Falle eines Mehrheitsbeschlusses steht der formwechselnde Rechtsträger in der Pflicht, einem Gesellschafter, der Widerspruch zur Niederschrift erklärt hat, ein **angemessenes Barabfindungsangebot** zu unterbreiten (§ 207 Abs. 1 S. 1). Dieses Angebot ist gem. § 194 Abs. 1 Nr. 6 notwendiger Bestandteil des Formwechselbeschlusses.

1. Einstimmiger Beschluss (§ 217 Abs. 1 S. 1)

Der gesetzliche Regelfall der **einstimmigen Beschlussfassung** gem. § 217 Abs. 1 S. 1 sieht die Unterbreitung eines Abfindungsangebots nicht vor. Dies ist nur konsequent, da es in diesem Falle bei Widerspruch eines Gesellschafters gegen den Formwechselbeschluss überhaupt nicht zum Formwechsel kommen kann.[3] Dementsprechend ist auch § 225 auf den Fall der einstimmigen Beschlussfassung schon seinem Wortlaut nach nicht anwendbar („Im Falle des § 217 Abs. 1 Satz 2", vgl. § 225 S. 1 am Anfang).

Teilweise wird erwogen, § 225 im Falle einer einstimmigen Beschlussfassung dann **analog** anzuwenden, wenn die Einstimmigkeit nur aufgrund einer Rechtspflicht zur Zustimmung mindestens eines Gesellschafters und damit für diesen unfreiwillig zustande gekommen ist.[4]

2. Mehrheitsbeschluss (§ 217 Abs. 1 S. 2)

Nur wenn der Gesellschaftsvertrag eine **mehrheitliche Beschlussfassung** für zulässig erklärt, kann es zu einem Widerspruch eines Gesellschafters gegen den Formwechselbeschluss kommen. In diesem Fall muss dem widersprechenden Gesellschafter ein Barabfindungsangebot unterbreitet werden (§ 207 Abs. 1 S. 1).

III. Verlangen eines Gesellschafters (S. 1)

1. Berechtigter Gesellschafter

§ 225 setzt voraus, dass ein Gesellschafter die Prüfung der Angemessenheit des Abfindungsangebots verlangt. Der Wortlaut der Norm ist offen formuliert. Ein solches Prüfungsverlangen kann danach von jedem **beliebigen Gesellschafter** geäußert werden.[5] In diesem Zusammenhang wird diskutiert, ob ein solches Prüfungsverlangen nur von einem solchen Gesellschafter geäußert werden kann, der dem Formwechselbeschluss widersprochen hat und dem deshalb einen Abfindungsanspruch gem. § 207 Abs. 1 S. 1 zusteht.[6] Zu Recht wird dies allgemein abgelehnt. Denn die Angemessenheit der Barabfindung muss nicht zwingend nur den ausscheidenden Gesellschafter betreffen. Auch

---

1 Lutter/*Joost/Hoger* § 225 Rn. 1.
2 Begr. RegE zu § 44, BR-Drs. 75/94, 98 f.; Semler/Stengel/Leonard/*Schlitt* § 225 Rn. 1.
3 Lutter/*Joost/Hoger* § 225 Rn. 2; Semler/Stengel/Leonard/*Schlitt* § 225 Rn. 5.
4 Widmann/Mayer/*Vossius* § 225 Rn. 11.
5 Semler/Stengel/Leonard/*Schlitt* § 225 Rn. 7; Lutter/*Joost/Hoger* § 225 Rn. 3.
6 Semler/Stengel/Leonard/*Schlitt* § 225 Rn. 7.

der in der Gesellschaft verbleibende Gesellschafter kann ein Interesse daran haben, die Angemessenheit überprüfen zu lassen, etwa, wenn die Barabfindung zu hoch ist, aber auch, wenn sie zu niedrig ist und die Gesellschaft dem Risiko der Verfahrenskosten des Spruchverfahrens ausgesetzt wird.[7]

2. Form

8 Eine **Form der Äußerung** des Verlangens sieht das Gesetz nicht vor. Das Verlangen kann somit mündlich, schriftlich oder zu Protokoll der Gesellschafterversammlung geäußert werden.[8] Der Erklärung muss ihrem Inhalt nach dabei eindeutig zu entnehmen sein, dass das Abfindungsangebot überprüft werden soll.[9]

Hinweis: Aus Gründen der Rechtssicherheit ist dem Gesellschafter, insbesondere bei Äußerung außerhalb der Gesellschafterversammlung, zu empfehlen, das Verlangen schriftlich zu erklären und einen hinreichenden Nachweis des Zugangs der Erklärung sicherzustellen.

3. Frist

9 Das Gesetz sieht auch **keine Frist** zur Äußerung des Prüfungsverlangens vor. Das Verlangen kann deshalb sowohl vor, als auch nach der Fassung des Formwechselbeschlusses erklärt werden.[10] Spätestens aber ist das Prüfungsverlangen zu erklären bis zu dem Zeitpunkt, an dem das Angebot der Barabfindung selbst überhaupt noch angenommen werden kann, also innerhalb von zwei Monaten nach dem Tage, an dem die Eintragung der neuen Rechtsform im Register bekannt gemacht worden ist.[11] Das Verlangen muss dabei so rechtzeitig vorgebracht werden, dass noch hinreichend Zeit zur eigentlichen Prüfung verbleibt.[12] Die Rechtzeitigkeit des Vorbringens hängt hierbei einzelfallabhängig vom Umfang der Prüfung ab.[13] Schließlich kann auch der Gesellschaftsvertrag eine Frist vorsehen, innerhalb der das Prüfungsverlangen des Gesellschafters geäußert werden muss.[14]

IV. Prüfung

10 Die eigentliche Prüfung erfolgt durch **Prüfer**, die auf Antrag des Vertretungsorgans vom Gericht bestellt werden (§ 208 iVm § 30 Abs. 2 S. 2 iVm § 10). Die Prüfer haben über das Ergebnis der Prüfung schriftlich zu berichten (§ 208 iVm § 30 Abs. 2 S. 2 iVm § 12). Nach zutreffender hM ist dieser Prüfungsbericht den Gesellschaftern nicht zu übermitteln.[15]

V. Kosten (S. 2)

11 Für die Angemessenheitsprüfung fallen **Kosten** an. Die Kosten der Prüfung trägt gem. § 225 S. 1 der formwechselnde Rechtsträger.

---

7 Semler/Stengel/*Leonard*/*Schlitt* § 225 Rn. 7; Kallmeyer/*Lanfermann* § 225 Rn. 3.
8 Semler/Stengel/*Leonard*/*Ihrig* § 44 Rn. 12; Lutter/*Joost*/*Hoger* § 225 Rn. 4.
9 Schmitt/Hörtnagl/*Hörtnagl*/*Rinke* § 225 Rn. 2, 8-.
10 Lutter/*Joost*/*Hoger* § 225 Rn. 5; vgl. auch Kallmeyer/*Lanfermann* § 225 Rn. 4.
11 § 209 S. 1; vgl. Schmitt/Hörtnagl/*Hörtnagl*/*Rinke* § 225 Rn. 4; Lutter/*Joost*/*Hoger* § 225 Rn. 5.
12 Schmitt/Hörtnagl/*Hörtnagl*/*Rinke* § 225 Rn. 4.
13 Semler/Stengel/*Leonard*/*Schlitt* § 225 Rn. 9; aA Schmitt/Hörtnagl/*Hörtnagl*/*Rinke* § 225 Rn. 4.
14 Kallmeyer/*Lanfermann* § 225 Rn. 4; Semler/Stengel/*Leonard*/*Schlitt* § 225 Rn. 9.
15 Semler/Stengel/*Leonard*/*Schlitt* § 225 Rn. 11; Kallmeyer/*Blasche* § 216 Rn. 5; Lutter/*Hoger* § 208 Rn. 20; vgl. auch BGH WM 2001, 467 (470); aA Widmann/Mayer/*Vossius* § 225 Rn. 33; vermittelnd Kallmeyer/*Meister*/*Klöcker*/*Berger* § 207 Rn. 21.

Zweiter Unterabschnitt Formwechsel von Partnerschaftsgesellschaften

§ 225a Möglichkeit des Fomwechsels

Eine Partnerschaftsgesellschaft kann auf Grund eines Formwechselbeschlusses nach diesem Gesetz nur die Rechtsform einer Kapitalgesellschaft oder einer eingetragenen Genossenschaft erlangen.

I. Normzweck 1	IV. Formwechsel außerhalb des UmwG 5
II. Ausgangsrechtsträger 3	V. Formwechsel aufgelöster PartGen 6
III. Zielrechtsträger 4	VI. Verstöße 7

I. Normzweck

Mit den §§ 225a ff. eröffnet der Gesetzgeber den zweiten Unterabschnitt des Formwechsels von Personengesellschaften, der den **Formwechsel von PartGen** betrifft. Die Umwandlung in eine PartG sah auch das UmwG 1994 noch nicht vor. Erst durch die UmwG-Novelle vom 22.7.1998 wurde diese Möglichkeit in das Gesetz eingeführt, da der Gesetzgeber das Bedürfnis erkannt hatte, aufgrund der zunehmenden Verbreitung der PartG auch eine entsprechende umwandlungsrechtliche Regelung in das UmwG aufzunehmen.[1] 1

§ 225a weist, außer dass es sich um eine PartG als Ausgangsrechtsträger handelt, **keinen inhaltlichen Unterschied** zu § 214 Abs. 1 auf. Die Norm ist wortgleich. Die Umwandlung einer PartG ist, der Regelung zur Folge, wie auch bei § 214 Abs. 1 nur in die Rechtsform einer Kapitalgesellschaft oder einer eG möglich, da ein weitergehendes Bedürfnis nach Ansicht des Gesetzgebers nicht besteht.[2] 2

II. Ausgangsrechtsträger

Als **Ausgangsrechtsträgers** eines Formwechsels nach §§ 225a ff. kommt nur eine PartG iSd §§ 1 ff. PartGG in Betracht. Darunter fällt auch die seit Juli 2013 zur Verfügung stehende PartG mbB iSv § 8 Abs. 4 PartGG, bei der es sich um keine andere Rechtsform, sondern lediglich um eine gleichgestellte Rechtsformvariante der PartG handelt.[3] Gem. § 7 Abs. 1 PartGG wird die PartG mit ihrer Eintragung in das Partnerschaftsregister wirksam. Bis zum Zeitpunkt der Eintragung handelt es sich hierbei lediglich um eine GbR.[4] Eine Umwandlung nach § 225a scheidet dann aus.[5] 3

III. Zielrechtsträger

Zielrechtsträger einer Umwandlung gem. § 225a kann nur eine **Kapitalgesellschaft** oder eine **eG** sein. 4

IV. Formwechsel außerhalb des UmwG

Neben einer Umwandlung gem. § 225a bleibt, wie auch bei einem Formwechsel nach § 214, eine anderweitige **Umwandlung außerhalb des UmwG** denkbar. Besondere 5

---

1 Begr. RegE zu § 225a, BT-Drs. 13/8808, 8; vgl. noch zum alten Recht eingehend *Wertenbruch* ZIP 1995, 712 ff.; ferner *K. Schmidt* NJW 1995, 1 (7).
2 Begr. RegE zu § 225a, BT-Drs. 13/8808, 15.
3 OLG Nürnberg ZIP 2014, 420.
4 *K. Schmidt* GesR § 64 II 3 b).
5 Semler/Stengel/Leonard/*Schlitt* § 225a Rn. 4.

praktische Relevanz hat dabei der Rechtsformwechsel zwischen PartG und GbR.[6] Durch Eintragung in das Partnerschaftsregister können Angehörige freier Berufe, etwa Architekten oder Rechtsanwälte, eine bisher bestehenden GbR in eine PartG umwandeln.[7] Umgekehrt entsteht durch Löschung des entsprechenden Registereintrags eine GbR.[8] Ein Rechtsformwechsel in eine Kapitalgesellschaft ist zudem möglich, wenn sämtliche Gesellschafteranteile simultan auf eine Kapitalgesellschaft übertragen werden.[9] Dies führt zum Erlöschen der PartG und zum Übergang des Vermögens auf die Kapitalgesellschaft.[10]

V. Formwechsel aufgelöster PartGen

6   Eine Regelung betreffend **aufgelöste PartGen** trifft § 214 Abs. 2, der über die Verweisnorm des § 225c Anwendung findet (→ § 214 Rn. 16 ff.).

VI. Verstöße

7   § 225a ist gem. § 1 Abs. 3 S. 1 **zwingendes Recht**.[11] Ein Formwechselbeschluss, der einen Formwechsel in eine andere Rechtsform als eine Kapitalgesellschaft oder eine eG vorsieht, ist unwirksam; die Registereintragung darf in diesem Fall nicht vorgenommen werden[12] (→ § 214 Rn. 23).

§ 225b Formwechselbericht und Unterrichtung der Partner

¹Ein Formwechselbericht ist nur erforderlich, wenn ein Partner der formwechselnden Partnerschaft gemäß § 6 Abs. 2 des Partnerschaftsgesellschaftsgesetzes von der Geschäftsführung ausgeschlossen ist. ²Von der Geschäftsführung ausgeschlossene Partner sind entsprechend § 216 zu unterrichten.

I. Normzweck 1	2. Verzicht (§ 192 Abs. 2) 6
II. Formwechselbericht 4	III. Unterrichtung der Partner (S. 2) 7
1. Erforderlichkeit (S. 1) 4	

I. Normzweck

1   Der Formwechsel einer PartG vollzieht sich grundsätzlich unter der gleichen Maßgabe wie ein Formwechsel einer Personengesellschaft (§§ 214 ff.). Dies ergibt sich aus der mit § 214 **wortgleichen Norm** des § 225a sowie der Verweisnorm des § 225c.

2   § 225b S. 1 trifft eine dem Wesen nach mit § 215 identische Regelung, die aber die Eigenarten der PartG berücksichtigt. Ein Formwechselbericht ist demnach nur erforderlich, wenn ein Partner der formwechselnden PartG gem. § 6 Abs. 2 PartGG **von der Geschäftsführung ausgeschlossen** ist. Dies hat, wie bereits bei § 215, den Anlass, dass der nach § 192 zu erstellende Formwechselbericht nur dann notwendig ist, wenn einzelne Partner von der Geschäftsführung ausgeschlossen sind, da diese in der Möglichkeit

---

[6] Lutter/Joost/Hoger § 225a Rn. 5; Semler/Stengel/Leonard/Schlitt § 225a Rn. 7.
[7] Vgl. K. Schmidt GesR § 64 II 3 b).
[8] Lutter/Joost/Hoger § 225a Rn. 5.
[9] K. Schmidt NJW 1995, 1 (7); Lutter/Joost/Hoger § 225a Rn. 5; vgl. auch Semler/Stengel/Leonard/Schlitt § 225a Rn. 7.
[10] K. Schmidt NJW 1995, 1 (7); Lutter/Joost/Hoger § 225a Rn. 5.
[11] Lutter/Joost/Hoger § 225a Rn. 4.
[12] Lutter/Joost/Hoger § 225a Rn. 4.

einer Informationsbeschaffung im Vergleich zu geschäftsführenden Partnern benachteiligt sind.[1] § 225b S. 1 stellt damit – wie § 215 – eine den § 192 modifizierende Regelung dar.

Mit § 225b S. 2 hat der Gesetzgeber eine dem § 216 entsprechende Regelung normiert. Von der Geschäftsführung ausgeschlossene Partner sind demnach entsprechend § 216 zu **unterrichten**. Wie auch bei § 216 soll auf diese Weise sichergestellt werden, dass sich die von der Geschäftsführung ausgeschlossenen Partner ausreichend über die Einzelheiten des geplanten Formwechsels informieren können.[2]

II. Formwechselbericht

1. Erforderlichkeit (S. 1)

Gem. § 225b S. 1 ist ein **Formwechselbericht** nur dann erforderlich, wenn ein Partner der formwechselnden PartG von der Geschäftsführung ausgeschlossen ist. Die Geschäftsführung steht in der PartG gem. § 6 Abs. 3 S. 2 PartGG, § 116 Abs. 1 HGB grundsätzlich allen Gesellschaftern zu. Dabei ist zu berücksichtigen, dass der Begriff der Geschäftsführung im PartGG im Hinblick auf den Begriff der Geschäftsführung im übrigen Gesellschaftsrecht eine Modifikation erfährt. Das PartGG unterscheidet in § 6 die Erbringung der beruflichen Leistungen der Partner von der Führung der sonstigen neutralen Geschäfte.[3] Während die Erbringung der beruflichen Leistungen als Geschäftsführung im Gesellschaftsvertrag nicht ausgeschlossen werden kann, ist ein Ausschluss der Geschäftsführungsbefugnis für neutrale Geschäfte möglich (§ 6 Abs. 2 PartGG).[4]

§ 225b S. 1 bezieht sich schon kraft seines ausdrücklichen Verweises auf § 6 Abs. 2 PartGG nur auf die **sonstigen Geschäfte**.[5] Die Erstellung eines Formwechselberichtes ist demnach immer dann erforderlich, wenn die Geschäftsführungsbefugnis für sonstige Geschäfte gesellschaftsvertraglich ausgeschlossen wurde.[6] Der Formwechselbericht ist nur dann entbehrlich, wenn allen Partnern die Geschäftsführungsbefugnis für diese sonstigen Geschäfte zusteht.[7]

2. Verzicht (§ 192 Abs. 2)

Die allgemeinen Vorschriften des Rechts des Formwechsels sehen in § 192 Abs. 2 die Möglichkeit vor, dass alle Anteilsinhaber auf die Erstattung eines Formwechselberichts in notariell beurkundeter Form **verzichten**. Diese Option bleibt auch im Falle des Formwechsels einer PartG bestehen.[8]

III. Unterrichtung der Partner (S. 2)

§ 225b S. 2 normiert, dass alle Partner, die gem. § 6 Abs. 2 PartGG von der Führung neutraler Geschäfte ausgeschlossen sind, entsprechend § 216 zu **unterrichten** sind. S. hierzu bereits § 216.

---

1 Lutter/Joost/Hoger § 225b Rn. 1.
2 Begr. RegE zu § 45c, BT-Drs. 13/8808, 12.
3 MüKoBGB/*Schäfer* PartGG § 6 Rn. 10.
4 MüKoBGB/*Schäfer* PartGG § 6 Rn. 14.
5 Vgl. Lutter/Joost/Hoger § 225b Rn. 4; Semler/Stengel/Leonard/*Schlitt* § 225b Rn. 3.
6 Begr. RegE zu § 45c, BT-Drs. 13/8808, 12.
7 Lutter/Joost/Hoger § 225b Rn. 4.
8 Lutter/Joost/Hoger § 225b Rn. 6.

§ 225c Anzuwendende Vorschriften

Auf den Formwechsel einer Partnerschaftsgesellschaft sind § 214 Abs. 2 und die §§ 217 bis 225 entsprechend anzuwenden.

I. Normzweck 1	IV. Unterrichtung der Partner 5
II. Aufgelöste PartG 3	V. Haftung 6
III. Formwechselbericht 4	

I. Normzweck

1 § 225c erklärt für einen Formwechsel einer PartG ergänzend zu den in § 225a und § 225b getroffenen Regelungen das Recht über den Formwechsel einer Personengesellschaft für anwendbar. Die Norm zeitigt damit die Konsequenz der weitgehenden **Anwendbarkeit des Rechts der OHG** für die PartG.[1]

2 Der Gesetzgeber hat, außer der leicht modifizierenden Vorschrift des § 225b, weitere besondere Maßgaben für die Regelung eines Formwechsels der PartG für **nicht erforderlich** gehalten.[2] Schlüssiger wäre es gewesen, den gesamten zweiten Unterabschnitt nicht auszulagern, sondern in die §§ 214 ff. zu integrieren. Diese Ansicht wird überwiegend befürwortet.[3]

II. Aufgelöste PartG

3 § 225c verweist auf die Regelung des § 214 Abs. 2, die bestimmt, unter welchen Voraussetzungen eine bereits aufgelöste Personengesellschaft einen Formwechsel vollziehen kann. Auch der **aufgelösten PartG** ist damit ein Formwechsel möglich. Der Formwechsel ist ausgeschlossen, wenn die Partner gem. § 143 Abs. 2 HGB, der auch auf die PartG Anwendung findet (§ 10 PartGG), eine andere Art der Auseinandersetzung als die Abwicklung oder den Formwechsel vereinbart haben.[4]

III. Formwechselbericht

4 § 225c verweist nicht auf § 215, der für die Personengesellschaft eine Bestimmung trifft, wann ein **Formwechselbericht** erforderlich ist. Hierzu trifft das Recht des Formwechsels der PartG mit § 225b S. 1 eine modifizierte Regelung. Für weitere Hinweise → § 225b Rn. 2.

IV. Unterrichtung der Partner

5 § 225c nimmt keinen Verweis auf § 216 vor, der die **Unterrichtung** der von der Geschäftsführung ausgeschlossenen Gesellschafter betrifft. Eine entsprechende Regelung sieht das Recht des Formwechsels der PartG in § 225b S. 2 vor. Für weitere Hinweise → § 225b Rn. 3 ff.

---

1 § 2 ff. PartGG.
2 Begr. RegE § zu 225a, BT-Drs. 13/8808, 15.
3 Semler/Stengel/Leonard/*Schlitt* § 225a Rn. 1; Lutter/*Joost/Hoger* § 225c Rn. 1; Schmitt/Hörtnagl/*Hörtnagl/Rinke* § 225c Rn. 2: „keinen eigenständigen Regelungsgehalt"; kritisch Lutter/*Joost/Hoger* § 225c Rn. 1.
4 §§ 225c, 214 Abs. 2.

V. Haftung

Durch den Verweis auf die §§ 217–225 ist auch § 224 umfasst, der die Fortdauer und zeitliche Begrenzung der **akzessorischen Haftung** der Gesellschafter für Verbindlichkeiten des Ausgangsrechtsträgers regelt. Der Verweis ist zutreffend als „missglückt" bezeichnet worden.[5] Die akzessorische Haftung der Partner für die Verbindlichkeiten der PartG bestimmt sich nicht nach § 126 HGB, sondern nach § 8 Abs. 1 PartGG, der lediglich am Regelungsvorbild des § 126 S. 1 HGB orientiert ist.[6] Dem Gesetzgeber mag zugutegehalten werden, dass er nach dem Wortlaut des § 225c nur eine „entsprechende" Anwendung der §§ 217–225 anordnet, so dass § 224 dahin gehend abzuändern ist. Für die PartG bedeutet dies, dass der Formwechsel nicht die Ansprüche der Gläubiger der PartG gegen einen ihrer Partner aus Verbindlichkeiten der formwechselnden Partnerschaft, für die dieser im Zeitpunkt des Formwechsels nach § 8 Abs. 1 PartGG persönlich haftet, berührt.[7] Dabei ist zu beachten, dass das Haftungsregime der PartG vorsieht, dass die Haftung auf denjenigen Partner beschränkt wird, der mit der Bearbeitung eines Auftrages befasst war, § 8 Abs. 2 PartGG. Mit dem PartGGuaÄndG[8] hat der Gesetzgeber zudem mit der PartG mbB nach § 8 Abs. 4 PartGG eine weitere Möglichkeit der Haftungsbeschränkung für berufliche Fehler vorgesehen.

Zweiter Abschnitt
Formwechsel von Kapitalgesellschaften
Erster Unterabschnitt Allgemeine Vorschriften

§ 226 Möglichkeit des Formwechsels

Eine Kapitalgesellschaft kann auf Grund eines Formwechselbeschlusses nach diesem Gesetz nur die Rechtsform einer Gesellschaft des bürgerlichen Rechts, einer Personenhandelsgesellschaft, einer Partnerschaftsgesellschaft, einer anderen Kapitalgesellschaft oder einer eingetragenen Genossenschaft erlangen.

I. Normzweck 1	III. Formwechsel aufgelöster Kapitalgesellschaften 12
II. Formwechsel bestehender Kapitalgesellschaften 5	IV. Rechtsformänderung nach anderen Gesetzen 13
1. Ausgangsrechtsträger 5	
2. Zielrechtsträger 8	

I. Normzweck

Mit § 226 leitet der Gesetzgeber den zweiten Abschnitt des fünften Buches und damit die Vorschriften über den Formwechsel von Kapitalgesellschaften ein. Die Norm soll festlegen, welche Zielrechtsformen in dem Formwechselbeschluss nach § 194 Abs. 1 Nr. 1 bestimmt werden können. Dies sind die Rechtsformen einer GbR, einer Personenhandelsgesellschaft, einer PartG, einer Kapitalgesellschaft anderer Rechtsform oder einer eG. Damit gibt § 226 inhaltlich lediglich die Regelung des § 191 Abs. 2 wieder; die Norm ist also nur **deklaratorischer Natur**. Dennoch wurde mit dem UmRUG mit Wirkung

---

5 Lutter/Joost/Hoger § 225c Rn. 5.
6 MüKoBGB/Schäfer PartGG § 8 Rn. 5.
7 §§ 225c, 224 Abs. 1.
8 Gesetz zur Einführung einer Partnerschaftsgesellschaft mit beschränkter Berufshaftung und zur Änderung des Berufsrechts der Rechtsanwälte, Patentanwälte, Steuerberater und Wirtschaftsprüfer vom 15.7.2013, BGBl. I 2386.

1 zum 1.3.2023 der (Ober-)Begriff des Umwandlungsbeschlusses durch den Begriff des Formwechselbeschlusses ersetzt, ohne dass hiermit eine inhaltliche Änderung verbunden war.[1] Es bedeutet aber im Umkehrschluss auch, dass eine Kapitalgesellschaft nicht die Rechtsform eines rechtsfähigen Vereins, eines VVaG oder einer Körperschaft oder Anstalt des öffentlichen Rechts annehmen kann. Der Gesetzgeber begründete diesen Ausschluss lediglich damit, dass „die Zulassung neuer Möglichkeiten des Formwechsels bei besonderen Rechtsformen der unternehmerischen Betätigung wie eingetragenen Genossenschaften, rechtsfähigen Vereinen und Versicherungsvereinen auf Gegenseitigkeit im Wesentlichen auf Fälle beschränkt werden" soll, „für die in der Praxis ein Bedürfnis geltend gemacht worden ist."[2]

2 Die Norm entspricht strukturell § 214, als sie einen zwingend **begrenzten Kreis** von Rechtsformen als mögliche Zielrechtsformen definiert. Es handelt sich hier gegenüber den allgemeinen Vorschriften zwar um eine spezielle Regelung, welche nach der Gesetzesbegründung § 190 und § 191 konkretisiert.[3] Inhaltlich geht § 226 über die Regelung des § 191 Abs. 2 jedoch nicht hinaus, so dass § 226 auch entfallen könnte. Bis zur Reform des Umwandlungsrechts 1994 war der Formwechsel einer Kapitalgesellschaft in eine Personengesellschaft oder Kapitalgesellschaft anderer Rechtsform im Falle eines Formwechsels in eine Personengesellschaft als übertragende Umwandlung und im Falle eines Formwechsels in eine Kapitalgesellschaft als identitätswahrende Umwandlung konzipiert. Mit dem Prinzip der übertragenden Umwandlung hat der Gesetzgeber mit dem UmwG 1994 gebrochen. Die Identität des Rechtsträgers bleibt nunmehr in allen Fällen erhalten.[4]

3 Die **Gründe** für einen Formwechsel von der Rechtsform einer Kapitalgesellschaft zu einer Personengesellschaft oder Kapitalgesellschaft anderer Rechtsform können vielfältig sein. In Betracht kommen unter anderem folgende Motive:

- Steuerliche Einsparungen (etwa die Umgehung der Erbschaftssteuer),[5]
- im Falle einer AG als Ausgangsrechtsträger: die Umgehung der Formstrenge bei der Satzung der AG, die Vermeidung von Kostenverursachung durch Aufsichtsrat und ggf. Hauptversammlung,[6]
- Vermeidung der strengen Kapitalaufbringungs- und Erhaltungsregelungen,[7]
- Vermeidung der Publizitätsvorschriften für Kapitalgesellschaften (§§ 325–329 HGB),[8]
- Herbeiführung eines „kalten Delistings", um auf diese Weise einen Rückzug von der Börse zu erreichen.[9]

4 Zu den **Motiven** eines Formwechsels im Allgemeinen → § 190 Rn. 10 ff.

---

[1] Begr. RegG zu § 225a und weitere, BT? Drs. 122.
[2] Begr. RegE, BR-Drs. 75/94, 136.
[3] Begr. RegE zu § 226, BR-Drs. 75/94, 152; vgl. auch Begr. RegE zu § 226, BR-Drs. 75/94, 147.
[4] Semler/Stengel/Leonard/Ihrig § 226 Rn. 4.
[5] *K. Schmidt* GesR § 12 I. 3. a); Semler/Stengel/Ihrig § 226 Rn. 7; Kallmeyer/Blasche § 226 Rn. 3; Lutter/Göthel § 226 Rn. 5.
[6] Semler/Stengel/Ihrig § 226 Rn. 7; Lutter/Göthel § 226 Rn. 6. Für die Niederschrift von Hauptversammlungsbeschlüssen einer nicht-börsennotierten AG gibt es jedoch Erleichterungen, vgl. § 130 Abs. 1 S. 3 AktG.
[7] Semler/Stengel/Ihrig § 226 Rn. 7.
[8] Semler/Stengel/Ihrig § 226 Rn. 7; Kallmeyer/Blasche § 226 Rn. 3; Lutter/Göthel § 226 Rn. 8.
[9] Lutter/Göthel § 226 Rn. 9; Kallmeyer/Blasche § 226 Rn. 3; s. auch Richard/Weinheimer BB 1999, 1613 (1616).

II. Formwechsel bestehender Kapitalgesellschaften

1. Ausgangsrechtsträger

Ausgangsrechtsträger muss gem. § 226 eine Kapitalgesellschaft sein. Als **Kapitalgesellschaften** gelten gem. der Legaldefinition des § 191 Abs. 1 Nr. 1 iVm § 3 Abs. 1 Nr. 2 allein die **GmbH**, die **AG** sowie die **KGaA**. Auch die **UG** kann formwechselnder Rechtsträger sein, da es sich um eine Unterform der GmbH handelt.[10] Bei dem Fall eines Formwechsels einer UG in die Rechtsform der GmbH ist eine Umwandlung jedoch ausgeschlossen, weil § 5a GmbHG insofern abschließend ist.[11]

Fraglich ist, ob auch eine **SE** Ausgangsrechtsträger sein kann. Da Art. 10 SE-VO eine unterschiedliche Behandlung einer SE gegenüber einer inländischen AG untersagt, soweit die SE-VO nicht etwas anderes vorgibt, muss die SE nach richtiger Ansicht als Ausgangsrechtsträger anerkannt werden (→ § 191 Rn. 5).

Das **Bestehen** einer Kapitalgesellschaft setzt die Eintragung im Handelsregister voraus, vgl. § 11 Abs. 1 GmbHG und § 41 Abs. 1 S. 1 AktG. Ein Formwechsel im Stadium zwischen Gründung und Eintragung der Gesellschaft im Handelsregister ist damit ausgeschlossen.[12]

2. Zielrechtsträger

Zielrechtsträger eines Formwechsels gem. § 226 kann nur eine eingetragene GbR (§ 191 Abs. 2 Nr. 1), eine Personenhandelsgesellschaft, eine PartG, eine Kapitalgesellschaft anderer Rechtsform oder eine eG sein. Warum das UmRUG in § 226 nicht das Wort „eingetragene" vor den Begriff Gesellschaft des bürgerlichen Gesetzes eingefügt hat, ist unklar; dies wäre der besseren Transparenz wegen wünschenswert gewesen.

Die Formwechselfähigkeit findet ihre Grenzen, wenn eine **Ein-Personen-Gesellschaft** in eine Personengesellschaft umgewandelt werden soll. Voraussetzung für einen Formwechsel ist, dass der Ausgangsrechtsträger mindestens zwei Gesellschafter hat.[13] Hat er nur einen Gesellschafter, muss entweder vor dem Formwechsel oder nach Fassung des Umwandlungsbeschlusses und vor Eintragung des Formwechsels im Handelsregister ein weiterer Gesellschafter der Gesellschaft beitreten.[14]

Die GmbH als Zielrechtsträger ist ausgeschlossen, sofern es sich bei dem Ausgangsrechtsträger um eine UG handelt (→ Rn. 5). Der umgekehrte Weg des Formwechsels einer GmbH in eine UG ist gesetzlich nicht vorgesehen.[15]

Auch die **EWIV** kommt als Zielrechtsträger in Betracht, da diese gem. § 1 EWIVAG als Handelsgesellschaft iSd HGB gilt.[16]

III. Formwechsel aufgelöster Kapitalgesellschaften

Während § 214 Abs. 2 auch nach Einführung des MoPeG für den Formwechsel einer aufgelösten Personengesellschaft eine spezielle Regelung bereithält, findet sich eine vergleichbare Bestimmung zum Formwechsel einer **aufgelösten Kapitalgesellschaft** im Recht der §§ 226 ff. nicht. Es findet in Ermangelung einer besonderen Vorschrift deshalb die allgemeine Norm des § 191 Abs. 3 Anwendung.[17] Demnach kann auch eine aufgelöste Kapitalgesellschaft einen Formwechsel vollziehen, solange nicht bereits mit der Verteilung des Vermögens unter den Anteilseignern begonnen wurde.[18]

Hinweis: Als Praxisbeispiel wird häufig eine Konstellation genannt, in der eine Gesellschaft über einen längeren Zeitraum zum Verkauf stand, die Gesellschaft mangels eines Kaufinteressenten schließlich liquidiert wird und sich während der Liquidation doch noch ein Käufer findet, der die Gesellschaft aber nur in einer anderen Rechtsform zu übernehmen bereit ist.[19]

IV. Rechtsformänderung nach anderen Gesetzen

13 Die im UmwG vorgesehenen Möglichkeiten des Formwechsels eines Rechtsträgers sind zwar abschließend (sog. numerus clausus des UmwG, § 1 Abs. 2). Wie auch bei § 214 bleibt die Möglichkeit eines **Formwechsels außerhalb des UmwG** aber bestehen (§ 190 Abs. 2). Dies gilt insbesondere für die Einbringung sämtlicher Aktiva und Passiva einer Kapitalgesellschaft in einen anderen Rechtsträger, so dass wegen Vermögenslosigkeit die Löschung des Ausgangsrechtsträgers im Handelsregister beantragt werden kann.[20]

§ 227 Nicht anzuwendende Vorschriften

Die §§ 207 bis 212 sind beim Formwechsel einer Kommanditgesellschaft auf Aktien nicht auf deren persönlich haftende Gesellschafter anzuwenden.

I. Normzweck 1	2. Anspruchsgrundlage 3
II. Abfindung des ausscheidenden Komplementäraktionärs 2	III. Nachhaftung des ausscheidenden Komplementäraktionärs 4
1. Anspruch auf Abfindung 2	

I. Normzweck

1 § 227 betrifft ausschließlich den Formwechsel einer KGaA und normiert eine Ausnahmeregelung zur Abfindung ausscheidender Gesellschafter. Die Norm bestimmt, dass die §§ 207–212, welche Regelungen zur Barabfindung eines bei dem Formwechsel aus der Gesellschaft ausscheidenden Gesellschafters enthalten, für persönlich haftende Gesellschafter nicht anwendbar sind. Im früheren Recht war die Bestimmung nicht enthalten.[1] Sie bezweckt, dass die Abfindung des aus der Gesellschaft ausscheidenden persönlich haftenden Gesellschafters der KGaA sich nicht nach dem UmwG, sondern nach den allgemeinen Grundsätzen regelt.[2] Aufgrund dessen bestimmt sich der **Abfindungsanspruch** nach den §§ 728 ff. BGB nF (§§ 738–740 BGB aF) iVm § 278 Abs. 2 AktG, §§ 161 Abs. 2, 105 Abs. 2 HGB, soweit in der Satzung der KGaA nicht etwas anderes vorgesehen ist.[3]

---

17 Widmann/Mayer/*Vossius* § 226 Rn. 12.
18 § 191 Abs. 3; Widmann/Mayer/*Vossius* § 226 Rn. 12; Semler/Stengel/*Ihrig* § 226 Rn. 9.
19 Vgl. Widmann/Mayer/*Vossius* § 226 Rn. 12.
20 Widmann/Mayer/*Vossius* § 226 Rn. 14.

1 §§ 368 S. 2, 387 Abs. 2 S. 1 AktG aF regelten nur das Ausscheiden der Gesellschafter.
2 Begr. RegE zu § 227, BR-Drs. 75/94, 152.
3 Begr. RegE zu § 227, BR-Drs. 75/94, 152.

II. Abfindung des ausscheidenden Komplementäraktionärs

1. Anspruch auf Abfindung

Bei einem Formwechsel einer KGaA in eine Personenhandelsgesellschaft kann der Komplementäraktionär gem. § 233 Abs. 3 S. 3 sein Ausscheiden auf den Zeitpunkt erklären, zu dem der Formwechsel wirksam wird. Da § 227 die umwandlungsrechtlichen Abfindungsregelungen für ein Ausscheiden des Komplementäraktionärs ausschließt, richtet sich die **Höhe der Abfindung** nach den allgemeinen Grundsätzen gem. §§ 728 ff. BGB nF (§§ 738–740 BGB aF) iVm § 278 Abs. 2 AktG iVm §§ 161 Abs. 2, 105 Abs. 3 HGB. Der ausscheidende persönlich haftende Gesellschafter einer KGaA kann danach eine Abfindung in Höhe des Auseinandersetzungsguthabens nach Maßgabe der §§ 728 ff. BGB nF (§§ 738–740 BGB aF) verlangen, soweit die Satzung nichts anderes vorgibt.[4]

Hinweis: Für die Reichweite der Dispositionsfreiheit bei der Bestimmung der Abfindung gelten die allgemeinen Grenzen, insbesondere die des § 138 BGB.[5]

2. Anspruchsgrundlage

Anspruchsgrundlage des Abfindungsanspruchs eines Komplementäraktionärs ist im gesetzlichen Regelfall § 278 Abs. 2 AktG iVm §§ 161 Abs. 2, 105 Abs. 3 HGB, §§ 728 ff. BGB nF (§§ 738–740 BGB aF), bzw., wenn eine abweichende Regelung in der Satzung der KGaA vorhanden ist, die entsprechende Satzungsregelung. Der Anspruch entsteht mit Wirksamwerden des Formwechsels, dh gem. § 202 Abs. 1 Nr. 1 mit Eintragung des Formwechsels in das Register.[6] Er ist, vorbehaltlich einer anderweitigen Satzungsbestimmung, auch zu diesem Zeitpunkt fällig.[7]

III. Nachhaftung des ausscheidenden Komplementäraktionärs

§ 227 regelt nur die Frage des Abfindungsanspruchs des ausscheidenden Komplementäraktionärs und trifft somit keine Bestimmung hinsichtlich seiner **Nachhaftung**. Die Nachhaftung des ausscheidenden Komplementäraktionärs richtet sich nach den allgemeinen Vorschriften.[8] Das hat sich durch das MoPeG nicht geändert. Er haftet deshalb für die zum Zeitpunkt der Wirksamkeit des Formwechsels seitens des Ausgangsrechtsträgers bereits eingegangenen Verbindlichkeiten des formwechselnden Rechtsträgers gem. § 278 Abs. 2 AktG, §§ 161 Abs. 2, 160 HGB. Verbleibt der Komplementäraktionär im Rahmen eines Formwechsels einer KGaA in eine KG in der Gesellschaft und erwirbt er dabei die Stellung eines Kommanditisten, so richtet sich seine Nachhaftung nach § 224 iVm § 237.[9] Auf die diesbezügliche Kommentierung zu § 224 wird verwiesen.

---

4 Kallmeyer/*Blasche* § 227 Rn. 2.
5 Semler/Stengel/Leonard/*Ihrig* § 227 Rn. 8 mwN; Lutter/*Göthel* § 227 Rn. 3; Widmann/Mayer/*Vossius* § 227 Rn. 11 ff.; s. auch allgemein *Ebenroth/Müller* BB 1993, 1153; *Piltz* BB 1994, 1021 (1022).
6 Lutter/*Göthel* § 227 Rn. 4; Semler/Stengel/Leonard/*Ihrig* § 227 Rn. 10.
7 § 271 Abs. 1 BGB; s. auch Lutter/*Göthel* § 227 Rn. 4; Semler/Stengel/Leonard/*Ihrig* § 227 Rn. 10; Kallmeyer/*Blasche* § 227 Rn. 2.
8 Widmann/Mayer/*Vossius* § 227 Rn. 10; Lutter/*Göthel* § 227 Rn. 5; Semler/Stengel/Leonard/*Ihrig* § 227 Rn. 11; Kallmeyer/*Blasche* § 227 Rn. 4.
9 Lutter/*Göthel* § 227 Rn. 5; Semler/Stengel/Leonard/*Ihrig* § 227 Rn. 11; Kallmeyer/*Blasche* § 227 Rn. 4.

Zweiter Unterabschnitt Formwechsel in eine Personengesellschaft

§ 228 Möglichkeit des Formwechsels

(1) Durch den Formwechsel kann eine Kapitalgesellschaft die Rechtsform einer Personenhandelsgesellschaft nur erlangen, wenn der Unternehmensgegenstand im Zeitpunkt des Wirksamwerdens des Formwechsels den Vorschriften über die Gründung einer offenen Handelsgesellschaft (§ 105 Absatz 1 und § 107 Absatz 1 des Handelsgesetzbuchs) genügt.

(2) ¹Ein Formwechsel in eine Partnerschaftsgesellschaft ist nur möglich, wenn im Zeitpunkt seines Wirksamwerdens alle Anteilsinhaber des formwechselnden Rechtsträgers natürliche Personen sind, die einen Freien Beruf ausüben (§ 1 Abs. 1 und 2 des Partnerschaftsgesellschaftsgesetzes). ²§ 1 Abs. 3 des Partnerschaftsgesellschaftsgesetzes bleibt unberührt.

(3) Ein Formwechsel in eine Gesellschaft bürgerlichen Rechts ist nur möglich, wenn die Gesellschaft kein Handelsgewerbe gemäß § 1 Absatz 2 des Handelsgesetzbuchs betreibt.

I. Normzweck ... 1	a) Fakultativer Formwechsel in eine GbR ... 12
II. Formwechsel in eine Personenhandelsgesellschaft (Abs. 1) ... 3	b) Obligatorischer Formwechsel in eine GbR ... 13
1. Unternehmensgegenstand ... 3	3. Zulässige Rechtssubjekte als Gesellschafter ... 14
2. Zulässige Rechtssubjekte als Gesellschafter ... 4	4. Akzessorische Haftung für Altverbindlichkeiten? ... 15
3. Firma ... 7	5. Hilfsweiser Formwechsel ... 16
4. Formwechsel einer Ein-Personen-Kapitalgesellschaft ... 8	IV. Formwechsel in eine Kapitalgesellschaft & Co. KG ... 17
III. Formwechsel in eine GbR (Abs. 3) ... 10	V. Formwechsel in eine Partnerschaftsgesellschaft (Abs. 2) ... 18
1. Zulässigkeit der GbR als Zielrechtsform ... 10	
2. GbR als fakultative oder obligatorische Zielrechtsform ... 11	

I. Normzweck

1 Die Norm leitet den zweiten Unterabschnitt (5. Buch, 2. Abschnitt) des UmwG ein, der den Formwechsel einer Kapitalgesellschaft in Personenhandelsgesellschaften betrifft. Sie normiert bestimmte **Anforderungen** an den Ausgangsrechtsträger eines Formwechsels, die im Zeitpunkt des Wirksamwerdens des Formwechsels vorliegen müssen. Damit konkretisiert sie als spezielle Norm für den Formwechsel einer Kapitalgesellschaft in eine Personenhandelsgesellschaft die allgemeine Regelung des § 197 S. 1. In ihr findet sich zugleich der Charakter des Formwechsels als modifizierte Neugründung wieder.[1]

2 § 228 Abs. 1 ist inhaltlich an § 21 UmwG 1969 orientiert.[2] Abs. 2 wurde durch Gesetz vom 22.6.1998 als Abs. 3 eingefügt und trat nach erneuter Änderung durch das Zweite Gesetz zur Änderung des UmwG an die Stelle des damaligen Abs. 2.[3] Mit dem MoPeG wurden mit Wirkung zum 1.1.2024 ein neuer Abs. 3 eingefügt sowie in Abs. 1 die Verweise ins HGB aktualisiert.[4]

---

[1] Semler/Stengel/Leonard/*Ihrig* § 228 Rn. 1; → § 190 Rn. 26.
[2] Semler/Stengel/Leonard/*Ihrig* § 228 Rn. 6.
[3] Semler/Stengel/Leonard/*Ihrig* § 228 Rn. 6.
[4] BGBl. 2021 I 3436 (3470).

II. Formwechsel in eine Personenhandelsgesellschaft (Abs. 1)

1. Unternehmensgegenstand

Die Norm macht die Zulässigkeit eines Formwechsels einer Kapitalgesellschaft in eine Personenhandelsgesellschaft davon abhängig, ob der **Unternehmensgegenstand** im Zeitpunkt des Wirksamwerdens des Formwechsels den Vorschriften über die Gründung einer offenen Handelsgesellschaft (§§ 105 Abs. 1, 107 Abs. 1 HGB nF) genügt. Strenggenommen hätte es dieses Hinweises nicht bedurft, da § 197 S. 1 ohnehin die Gründungsvorschriften des jeweiligen Zielrechtsträgers für anwendbar erklärt. In der bis 30.6.1998 geltenden Fassung der Norm wurde bei Verweis auf die Gründungsvorschriften einer oHG durch mit einem Klammerzusatz ua noch auf § 4 Abs. 1 HGB aF Bezug genommen. Die Handelsrechtsreform vom 22.6.1998 hat allerdings unter anderem die Vorschriften der §§ 4 und 105 HGB aF weggefallen lassen bzw. sie maßgeblich geändert.[5] Insbes. sind die nichteintragungsfähigen kleingewerblichen Gesellschaften sowie nichtgewerbliche Gesellschaften jetzt auch eintragungsfähig, so dass sie durch Registereintragung den Status einer OHG erlangen können.[6] Damit hat auch der Formwechsel einer Kapitalgesellschaft in eine Personenhandelsgesellschaft gem. § 228, der auf § 107 Abs. 1 HGB nF Bezug nimmt, eine praktische Erleichterung erfahren.[7]

2. Zulässige Rechtssubjekte als Gesellschafter

Gesellschafter einer Personenhandelsgesellschaft können sein: natürliche Personen (auch wenn sie in der Geschäftsfähigkeit beschränkt sind),[8] juristische Personen,[9] Vor-Gesellschaften[10] und Genossenschaften (soweit die Voraussetzungen des § 1 Abs. 2 GenG erfüllt sind).[11] Auch die OHG und KG selbst kommen als Gesellschafter in Betracht wie auch die eingetragene GbR. Die in diesem Kontext lange Zeit umstrittene Frage nach der Rechtsfähigkeit dieser Gesellschaften hat sich erledigt, da OHG und KG ex lege rechtsfähig sind, § 105 Abs. 2 HGB nF (§ 124 Abs. 1 HGB aF), bzw. §§ 161 Abs. 2, 105 Abs. 2 HGB nF (§ 124 Abs. 1 HGB aF), bzw. die eingetragene GbR gem. §§ 705 Abs. 2, 707a Abs. 2 S. 1 BGB nF spätestens mit dem Inkrafttreten des MoPeG am 1.1.2024.[12] Ihre Mitgliedschaft in einer OHG oder KG ist daher zulässig.

Als Gesellschafter einer Personenhandelsgesellschaft kommen neben inländischen auch **ausländische Gesellschaften** in Betracht. Voraussetzung ist, dass sie rechtlich so strukturiert sind, dass sie einer Gesellschaft des deutschen Rechts entsprechen, die als Gesellschafterin an einer OHG beteiligt sein kann.[13] Ihre im Ausland erworbene Rechtsfähigkeit muss folglich auch im Inland anerkannt sein.[14]

---

5 Kallmeyer/Blasche § 228 Rn. 3.
6 MüKoHGB/Fleischer § 105 Rn. 53; Lutter/Göthel § 228 Rn. 3; Kallmeyer/Blasche § 228 Rn. 3.
7 MüKoHGB/Fleischer § 105 Rn. 53.
8 Windbichler GesR § 13 Rn. 2.
9 Vgl. etwa zur Fähigkeit einer GmbH, Komplementärin einer KG zu sein RGZ 105, 101; Windbichler GesR § 13 Rn. 3.
10 Vgl. zur Eignung der Vor-GmbH als Komplementärin einer KG BGHZ 80, 129 (132 ff.); s. auch BGH WM 1985, 165 f.
11 Lutter/Göthel § 228 Rn. 5; Semler/Stengel/Leonard/Ihrig § 228 Rn. 17.
12 MüKoHGB/K. Schmidt/Fleischer § 105 Rn. 92 f. Aber auch vor Inkrafttreten des MoPeG war die Außen-GbR als Trägerin von Rechten und Pflichten bereits anerkannt. Allerdings hatte die höchstrichterliche Rechtsprechung offen gelassen, ob eine Außen-GbR auch Gesellschafter einer oHG oder KG werden kann, vgl. statt vieler MüKoGmbHG/Gummert § 17 Rn. 43.
13 Lutter/Göthel § 228 Rn. 6; Kallmeyer/Blasche § 228 Rn. 4.
14 BayObLG NJW 1986, 3029; s. auch Lutter/Göthel § 228 Rn. 6; Kallmeyer/Blasche § 228 Rn. 4; Semler/Stengel/Leonard/Ihrig § 228 Rn. 18.

6 Als **Gesellschafter einer OHG oder KG** kommen hingegen nicht in Betracht:[15] die eheliche Gütergemeinschaft,[16] die Erbengemeinschaft,[17] die Bruchteilsgemeinschaft[18] sowie der nichtrechtsfähige Verein.[19]

3. Firma

7 Für die **Firmierung** des Rechtsträgers hält § 200 eine allgemeine Regelung bereit, die auch im Recht des Formwechsels einer Kapitalgesellschaft in eine Personengesellschaft Anwendung findet (→ § 200 Rn. 5 ff.).[20]

4. Formwechsel einer Ein-Personen-Kapitalgesellschaft

8 Während eine Personengesellschaft auf dem Prinzip der Verbundenheit ihrer Mitglieder fußt, ist die juristische Person als Rechtsträger gegenüber ihren Mitgliedern verselbstständigt.[21] Vereinigen sich bei einer juristischen Person alle Anteile an ihr in einer Person, bleibt die juristischen Person als Rechtsträgerin erhalten.[22] Anders liegt es bei der Personengesellschaft. Werden alle Mitgliedschaften in einer Person vereinigt, führt dies zu einem liquidationslosen Erlöschen der Gesellschaft und zu einer Gesamtrechtsnachfolge auf den letzten verbliebenen Gesellschafter.[23] Im Falle des Formwechsels einer **Ein-Personen-Kapitalgesellschaft** ist dieser Grundsatz zu berücksichtigen. Demgemäß kann aus einer Ein-Personen-Kapitalgesellschaft im Wege eines Formwechsels keine Personengesellschaft werden.[24] Trifft eine Ein-Personen-Kapitalgesellschaft einen entsprechenden Formwechselbeschluss, ist dieser wegen eines grundlegenden Inhaltsmangels nichtig.[25]

9 Für einen Formwechsel einer **Ein-Personen-Kapitalgesellschaft** in eine Personenhandelsgesellschaft ist es notwendig, dass mindestens ein zweiter Gesellschafter dem Rechtsträger beitritt. Dies ist unproblematisch, solange der Beitritt vor dem Formwechsel erfolgt. Umstritten ist allerdings, wie zu verfahren ist, wenn der Beitritt uno actu mit dem Formwechselbeschluss geschehen soll. Der Zulässigkeit einer solchen Verfahrensweise ist entgegengehalten worden, dass der Beitritt eines oder mehrerer Gesellschafter mit dem Formwechsel einen Verstoß gegen den in § 202 Abs. 1 Nr. 2 niedergelegten Grundsatz der Kontinuität der Mitgliedschaft darstelle.[26] Als tragendes Argument führt diese Auffassung den Wortlaut des § 202 Abs. 1 Nr. 2 S. 1 Hs. 2 an, der die gesetzlichen Ausnahmen von diesem Grundsatz – namentlich bei einem Formwechsel einer KGaA bzw. eines VVaG – eng begrenzt halte.[27] Nach vorzugswürdiger Auffassung sind die Bedenken eines Verstoßes gegen den Kontinuitätsgrundsatz jedoch unbegründet.[28] Zwar hinterlassen sowohl der Gesetzeswortlaut als auch die Begr. RegE zu § 202 Abs. 1 Nr. 2 S. 1 den Eindruck, dass der Gesetzgeber neben der im Gesetz vorgesehene Ausnahme keine weiteren Ausnahmen zulassen wollte. Unterdessen hat jedoch auch der BGH

---

15 Vgl. zur Problematik der Umwandlung im Fall einer Steuerberatungs- und Wirtschaftsprüfer-GmbH in eine KG KG ZIP 2013, 2156.
16 Westermann/Wertebruch PersGes-HdB/*Tröger* I Rn. 150 f.
17 BGHZ 58, 316 (317); BGH NJW 1983, 2376 (2377).
18 MüKoHGB/*Fleischer* § 105 Rn. 106.
19 *Windbichler* GesR § 13 Rn. 5.
20 Widmann/Mayer/*Vossius* § 228 Rn. 41; Lutter/*Göthel* § 228 Rn. 9.
21 *Flume*, Personengesellschaft, § 7 II.
22 *K. Schmidt* GesR § 8 IV 2 b).
23 *K. Schmidt* GesR § 8 IV 2 b).
24 Semler/Stengel/Leonard/*Ihrig* § 228 Rn. 13; Kallmeyer/*Blasche* § 228 Rn. 8; Lutter/*Göthel* § 228 Rn. 27.
25 Semler/Stengel/Leonard/*Ihrig* § 228 Rn. 13.
26 Kallmeyer/Meister/Klöcker/*Berger* § 191 Rn. 10 ff., § 202 Rn. 28 ff.
27 Kallmeyer/Meister/Klöcker/*Berger* § 202 Rn. 29; Lutter/*Göthel* § 228 Rn. 25.
28 Semler/Stengel/Leonard/*Ihrig* § 228 Rn. 23; Lutter/*Göthel* § 228 Rn. 24 ff.; Kallmeyer/*Blasche* § 228 Rn. 8; Schmitt/Hörtnagl/*Hörtnagl/Rinke* § 226 Rn. 3; *K. Schmidt* GmbHR 1995, 693 (695 f.); *Bayer* ZIP 1997, 1616 (1617).

in einer Entscheidung zum Formwechsel einer AG in eine GmbH & Co. KG im Wege eines obiter dictums zu der Thematik Stellung bezogen und hervorgehoben, dass aus dem Kontinuitätsgrundsatz des § 202 Abs. 1 Nr. 2 lediglich folge, dass die an der Gesellschaft Berechtigten, die bei Eintragung des Formwechsels Anteilsinhaber sind, auch Mitglieder des neuen Rechtsträgers sein müssten.[29] Ein Gesellschafterbeitritt uno actu mit dem Formwechselbeschluss ist nach der höchstrichterlichen Rechtsprechung somit als zulässig zu betrachten. In gleicher Weise hat das OLG Oldenburg mit Verweis auf diese BGH-Rechtsprechung das nun bestätigt: Es würde der Schutzzweck des § 202 nicht tangiert, wenn sich sämtliche Beteiligte über die Änderung des Gesellschafterbestandes einig seien.[30]

Hinweis: Es ist dennoch noch ratsam, mit dem Registergericht den präferierten Weg vorab abzustimmen, insbesondere bei noch fehlender einschlägiger Erfahrung des örtlichen Registergerichts.[31] Will das Registergericht den vom BGH in seinem obiter dictum und vom OLG Oldenburg aufgezeigten Weg nicht mitgehen, so verbleibt nur formaljuristisch dafür zu sorgen, dass bei Fassen des Formwechselbeschlusses die erforderliche Anzahl von Anteilsinhabern an dem formwechselnden Rechtsträger bereits beteiligt ist – oder nach Wirksamwerden des Formwechsel die Beteiligung erwirbt. Ob diese weiteren Beteiligung nur treuhänderisch erfolgt oder eine Kleinstbeteiligung ist, ist dann eine Frage der Einzelfallgestaltung. Bei Zustimmung aller Anteilsinhaber ist auch ein nichtverhältniswahrender Formwechsel zulässig, so dass dies genügend Flexibilität gewähren sollte.[32]

III. Formwechsel in eine GbR (Abs. 3)

1. Zulässigkeit der GbR als Zielrechtsform

Das UmwÄndG vom 19.4.2007 (BGBl. I 542) hat § 228 Abs. 2 aF, der eine Regelung zur hilfsweisen Umwandlung in die GbR enthielt, aufgehoben. Der Gesetzgeber sah die Regelung vor dem Hintergrund der Änderung des § 105 Abs. 2 HGB aF durch das HRefG vom 22.6.1998 als entbehrlich an.[33] Seitdem nannte § 228 die GbR nicht mehr als Zielgesellschaft eines Formwechsels. Dies hat sich durch Einführung des § 228 Abs. 3 nF im Zuge des MoPeG mit Wirkung zum 1.1.2004 geändert. Aber auch davor war ein Formwechsel einer Kapitalgesellschaft in eine GbR gem. § 226 bereits zulässig.[34]

2. GbR als fakultative oder obligatorische Zielrechtsform

§§ 105 Abs. 1, 107 Abs. 1 HGB nF statuieren bestimmte Anforderungen, die an den **Unternehmensgegenstand** einer Gesellschaft zu stellen sind, damit diese zur OHG werden kann. § 228 macht diese Anforderungen zur Maßgabe auch für den Formwechsel. Erfüllt die formwechselnde Gesellschaft die Anforderungen nicht, bleibt den Gesellschaftern fakultativ oder ggf. auch obligatorisch der Formwechsel in eine GbR.[35]

---

29 BGH NZG 2005, 722 (723).
30 OLG Oldenburg NZG 2020, 193 (194); Weiler GmbHR 2021, 473 (476).
31 Widmann/Mayer/Weiler § 194 Rn. 42.
32 Lutter/Göthel § 228 Rn. 28; Semler/Stengel/Leonard/Ihrig § 228 Rn. 25; anders Kallmeyer/Blasche § 228 Rn. 7 f., die grundsätzlich zu einem Beitritt vor dem Formwechsel raten.
33 Begr. RegE zu Art. 1 des 2. UmwÄndG, BT-Drs. 16/2919, 19.
34 Lutter/Göthel § 228 Rn. 10; Semler/Stengel/Leonard/Ihrig § 228 Rn. 35 f.; Kallmeyer/Blasche § 228 Rn. 11 ff.
35 Lutter/Göthel § 228 Rn. 10.

a) Fakultativer Formwechsel in eine GbR

12 Den Gesellschaftern ist eine Umwandlung in eine GbR **fakultativ** möglich, wenn das Unternehmen ein Handelsgewerbe ist, das nach Art und Umfang keinen in kaufmännischer Weise eingerichteten Geschäftsbetrieb erfordert.[36] Nach Ansicht der (neueren) Rspr. und hL ist hierunter eine selbstständige, planmäßig auf gewisse Dauer angelegte, marktorientierte, entgeltliche und nicht freiberufliche Tätigkeit zu verstehen.[37] Der Formwechsel in eine GbR ist hier deshalb nicht zwingend, da es den Gesellschaftern unbenommen bleibt, durch konstitutive Registereintragung als neue Rechtsform die OHG zu wählen.[38]

b) Obligatorischer Formwechsel in eine GbR

13 In manchen Fällen ist ein Formwechsel in eine GbR jedoch auch nach der Novellierung der §§ 1 ff., 105 HGB sowie des § 228 **obligatorisch**.[39] Hierzu zählen etwa freiberufliche Kapitalgesellschaften, wenn nicht eine PartG als Zielgesellschaft in Betracht kommt, oder reine Innengesellschaften, die keine Vermögensverwaltungsgesellschaften iSd § 105 Abs. 2 sind (etwa Ehegatten-Grundstücks-GbRs).[40] Die Eintragung im Grundbuch erfordert aber zukünftig die Form einer eingetragenen GbR (§ 47 Abs. 2 GBO nF).

3. Zulässige Rechtssubjekte als Gesellschafter

14 Bei einem Formwechsel sind die für die Zielrechtsform geltenden Gründungsvorschriften einzuhalten. Dies ergibt sich aus § 197 S. 1. Insbes. richtet sich nach den Gründungsvorschriften auch die **Beteiligungsfähigkeit** der Gesellschafter.[41] Bei einem Formwechsel in eine GbR ist deshalb zu fragen, welche Rechtssubjekte an einer GbR beteiligt sein können. Neben natürlichen Personen sind dies auch juristische Personen und Personengesellschaften.[42] Nicht beteiligungsfähig sind hingegen die Erbengemeinschaft, die eheliche Gütergemeinschaft sowie die Bruchteilsgemeinschaft.[43] Bei einem Wechsel in eine Gesellschaft, bei der eine GbR beteiligt sein soll, ist ab 1.1.2024 zu beachten, dass eine GbR als Gesellschafter einer anderen Gesellschaft nur dann eingetragen werden „soll", wenn sie im Gesellschaftsregister eingetragen ist (§ 707a Abs. 1 S. 2 BGB nF); die Eintragung ist jedoch als zwingend anzusehen.[44]

4. Akzessorische Haftung für Altverbindlichkeiten?

15 Der BGH hat mit Urteil vom 29.1.2001 die Rechts- und Parteifähigkeit der Außen-GbR sowie eine akzessorische Haftung der GbR-Gesellschafter für Verbindlichkeiten der Gesellschaft gem. § 128 HGB analog anerkannt.[45] Die bis dato vertretene Doppelverpflichtungslehre wurde damit seitens der Rechtsprechung aufgegeben. Konsequenterweise ließ der BGH später auch eine Haftung des in eine bestehende GbR eintretenden Gesellschafters für vor seinem Beitritt begründete Verbindlichkeiten gem. § 130 analog

---

36 So noch zur Rechtslage vor Inkrafttreten des MoPeG Lutter/*Göthel* § 228 Rn. 10; Semler/Stengel/Leonard/*Ihrig* § 228 Rn. 29; *Tettinger* Der Konzern 2006, 844 (845).
37 Vgl. etwa BGHZ 57, 191 (199); OLG München NJW 1988, 1036 (1037); Oetker/*Körber* HGB § 1 Rn. 19 mwN.
38 Lutter/*Göthel* § 228 Rn. 10; Semler/Stengel/Leonard/*Ihrig* § 228 Rn. 29.
39 Semler/Stengel/Leonard/*Ihrig* § 228 Rn. 30; Lutter/*Göthel* § 228 Rn. 11.
40 Lutter/*Göthel* § 228 Rn. 11; *Tettinger* Der Konzern 2006, 844 (845).
41 Semler/Stengel/Leonard/*Bärwaldt* § 197 Rn. 8.
42 MüKoBGB/*Schäfer* § 705 Rn. 76 ff.
43 MüKoBGB/*Schäfer* § 705 Rn. 81 ff.
44 Begr. RegE, BT- Drs. 19/27635, 136.
45 BGH NJW 2001, 1056.

zu.[46] Mit dem MoPeG ist dies seit dem 1.1.2024 nunmehr kodifiziert (§ 721a BGB nF). Auch bei einem Formwechsel kann deshalb nichts anderes gelten. Von einer unterschiedlichen Haftung der Gesellschafter einer GbR und einer OHG kann vor diesem Hintergrund nicht mehr ausgegangen werden.[47] Bei einem Formwechsel in eine GbR haften deshalb die Gesellschafter für **Altverbindlichkeiten** des Rechtsträgers persönlich und unbeschränkt (§§ 721, 721b BGF nF).[48]

5. Hilfsweiser Formwechsel

Der durch das UmwÄndG vom 19.4.2007 weggefallene § 228 Abs. 2 aF sah eine Regelung zum sog. **Hilfsformwechsel** vor. Danach konnte der Umwandlungsbeschluss bestimmen, dass der formwechselnde Rechtsträger die Rechtsform einer GbR erhalten soll, wenn der Gegenstand des Unternehmens den Vorschriften über die Gründung einer Handelsgesellschaft (§ 105 Abs. 1, 2 HGB aF) nicht genügte.[49] Ob ein solcher Hilfsformwechsel nach der Neufassung des § 228 noch zulässig ist, war in der umwandlungsrechtlichen Literatur umstritten; Rechtsprechung hierzu gab es, soweit ersichtlich, noch nicht.[50] Mit Einführung des § 228 Abs. 3 nF infolge des MoPeG ist dieses aber ex lege nunmehr unzulässig.

IV. Formwechsel in eine Kapitalgesellschaft & Co. KG

Ein Formwechsel einer Kapitalgesellschaft in eine Kapitalgesellschaft & Co. KG ist nach § 226 grundsätzlich möglich, da es sich bei der Kapitalgesellschaft & Co. KG um eine KG handelt.[51] Wenn mit einem solchen Formwechsel gleichzeitig der Beitritt eines neuen Gesellschafters (idR die Komplementär-GmbH ohne Kapitalbeteiligung) erfolgen soll, stellt sich wegen des in § 202 Abs. 1 Nr. 2 verankerten **Kontinuitätsprinzips der Mitgliedschaft** hier das gleiche Problem wie bei einem Formwechsel einer Ein-Personen-Kapitalgesellschaft in eine Personengesellschaft. Beides wird hier im Ergebnis als zulässig angesehen (→ Rn. 8 f.).[52]

V. Formwechsel in eine Partnerschaftsgesellschaft (Abs. 2)

228 Abs. 2 S. 1 knüpft den nach § 226 grundsätzlich zulässigen Formwechsel einer Kapitalgesellschaft in eine PartG an die **Bedingung**, dass im Zeitpunkt des Wirksamwerdens des Formwechsels, also der Eintragung in das Partnerschaftsregister (§ 202 Abs. 1 Nr. 1), alle Mitglieder der Kapitalgesellschaft natürliche Personen sind, die einen freien Beruf ausüben (§ 1 Abs. 1, 2 PartGG). Erfüllt einer der Gesellschafter der formwechselnden Ka-

---

46 Vgl. zur Rechtslage vor MoPeG Hopt/*Roth* HGB § 130 Rn. 3. Im Ergebnis auch Erman/*Lieder* BGB § 721a Rn. 4, wenn eine Haftung für Altverbindlichkeiten den Erwerber eines GbR-Anteils im Fall einer Anteilsübertragung trifft.
47 So auch zur Rechtlage vor Inkrafttreten des MoPeG: Semler/Stengel/Leonard/*Ihrig* § 228 Rn. 46; Lutter/*Göthel* § 228 Rn. 16.
48 So auch zur Rechtlage vor Inkrafttreten des MoPeG: Semler/Stengel/Leonard/*Ihrig* § 228 Rn. 46; Lutter/*Göthel* § 228 Rn. 16.
49 § 228 Abs. 2 aF lautete: „Genügt der Gegenstand des Unternehmens diesen Vorschriften nicht, kann durch den Umwandlungsbeschluß bestimmt werden, daß die formwechselnde Gesellschaft die Rechtsform einer Gesellschaft des bürgerlichen Rechts erlangen soll."
50 Vgl. zum alten Meinungsstreit Lutter/*Göthel* § 228 Rn. 17; differenzierend *Tettinger* Der Konzern 2006, 844 (847 f.), der auf die gesetzgeberische Motivation und die hieraus erwachsene Signalwirkung abstellte; Semler/Stengel/Leonard/*Ihrig* § 228 Rn. 36; Kallmeyer/*Blasche* § 228 Rn. 11 ff.; Widmann/Mayer/*Vossius* § 228 Rn. 22 ff.; *Bärwaldt/Schabacker* NJW 1999, 623 (624); *Streck/Schwedhelm/Mack* GmbHR 1995, 161 (175); Schmitt/Hörtnagl/*Hörtnagel/Rinke* § 228 Rn. 7.
51 Vgl. Begr. RegE zu § 191, BR-Drs. 75/94, 137; s. auch Semler/Stengel/*Ihrig* § 228 Rn. 22.
52 Lutter/*Göthel* § 228 Rn. 25; Semler/Stengel/Leonard/*Ihrig* § 228 Rn. 23; Kallmeyer/*Blasche* § 228 Rn. 7; Schmitt/Hörtnagl/*Hörtnagel/Rinke* § 226 Rn. 3; *K. Schmidt* GmbHR 1995, 693 (695 f.); *Bayer* ZIP 1997, 1616 (1617).

pitalgesellschaft diese Anforderungen nicht, kann der Formwechsel nur dann wirksam vollzogen werden, wenn er mit dem Formwechsel aus der Gesellschaft ausscheidet.[53] Dies kollidiert zwar mit dem Grundsatz der Mitgliederkontinuität. Richtigerweise ist der Austritt eines Gesellschafters mit der Umwandlung als Folge der gesetzgeberischen Anordnung jedoch anzuerkennen.[54] Es wäre ein unnötiger Formalismus, wenn der betreffende Gesellschafter ansonsten vor Wirksamwerden des Formwechsels anderweitig aus der Gesellschaft ausscheiden müsste.

19 Scheiden Gesellschafter, die **keinen freien Beruf** ausüben, nicht aus der Gesellschaft aus, darf der Formwechsel seitens des Registergerichts nicht eingetragen werden.[55] Erfolgt die Eintragung trotz fehlender Partnereignung, entsteht durch die Eintragung der Gesellschaft eine OHG oder GbR – trotz ihrer Eintragung im Partnerschaftsregister.[56] Die unzulässige Eintragung als PartG kann das Partnerschaftsregister gem. § 395 FamFG löschen.[57]

§ 229 (aufgehoben)

§ 230 Vorbereitung der Versammlung der Anteilsinhaber

(1) Die Geschäftsführer einer formwechselnden Gesellschaft mit beschränkter Haftung haben allen Gesellschaftern spätestens zusammen mit der Einberufung der Gesellschafterversammlung, die den Formwechsel beschließen soll, diesen Formwechsel als Gegenstand der Beschlußfassung in Textform anzukündigen und den Formwechselbericht zu übersenden.

(2) ¹Der Formwechselbericht einer Aktiengesellschaft oder einer Kommanditgesellschaft auf Aktien ist von der Einberufung der Hauptversammlung an, die den Formwechsel beschließen soll, in dem Geschäftsraum der Gesellschaft zur Einsicht der Aktionäre auszulegen. ²Auf Verlangen ist jedem Aktionär und jedem von der Geschäftsführung ausgeschlossenen persönlich haftenden Gesellschafter unverzüglich und kostenlos eine Abschrift des Formwechselberichts zu erteilen. ³Der Formwechselbericht kann dem Aktionär und dem von der Geschäftsführung ausgeschlossenen persönlich haftenden Gesellschafter mit seiner Einwilligung auf dem Wege elektronischer Kommunikation übermittelt werden. ⁴Die Verpflichtungen nach den Sätzen 1 und 2 entfallen, wenn der Formwechselbericht für denselben Zeitraum über die Internetseite der Gesellschaft zugänglich ist.

I.	Normzweck	1	b) Formwechselbericht (§§ 230 Abs. 1, 192)	7
II.	Einberufung der Versammlung der Anteilsinhaber	4	c) Abfindungsangebot (§ 207)	8
III.	Unterrichtung der GmbH-Gesellschafter (Abs. 1)	5	2. Zeitpunkt der Unterrichtung	9
	1. Gegenstand der Unterrichtung	5	3. Form der Unterrichtung	10
			IV. Unterrichtung der Aktionäre/Kommanditaktionäre (Abs. 2)	13
	a) Ankündigung des Formwechsels als Gegenstand der Beschlussfassung (Abs. 1)	6	1. Allgemeines	13
			2. Auslegung (Abs. 2 S. 1)	14
			3. Erteilung einer Abschrift (Abs. 2 S. 2)	16

---

[53] Semler/Stengel/Leonard/*Ihrig* § 228 Rn. 48; Kallmeyer/*Blasche* § 228 Rn. 10; Lutter/*Göthel* § 228 Rn. 29.
[54] Semler/Stengel/Leonard/*Ihrig* § 228 Rn. 48; Lutter/*Göthel* § 228 Rn. 29.
[55] Semler/Stengel/Leonard/*Ihrig* § 228 Rn. 49.
[56] Kallmeyer/*Blasche* § 228 Rn. 16; Semler/Stengel/Leonard/*Ihrig* § 228 Rn. 49; Lutter/*Göthel* § 228 Rn. 31.
[57] Lutter/*Göthel* § 228 Rn. 31; Semler/Stengel/Leonard/*Ihrig* § 228 Rn. 49.

| a) Abschrift 16
| b) Zugang der Abschrift 18
| aa) Art der Übersendung 18
| bb) Kosten bei der Einschaltung eines Gerichtsvollziehers für die Sicherstellung des Zugangs 19
| 4. Übermittlung auf dem Wege elektronischer Kommunikation und Zugänglichmachung im Internet (Abs. 2 S. 3, 4) 20
| V. Verzicht 22
| VI. Fehlerhaftigkeit der Unterrichtung 23
| 1. Rechtsfolgen 23
| 2. Heilung 24

I. Normzweck

§ 230 entspricht dem im Recht der Verschmelzung vorgesehenen Verfahren.[1] Die Vorschrift soll die rechtzeitige **Unterrichtung der Anteilsinhaber** sicherstellen.[2] Sie stellt damit eine Ergänzung der im Aktien- und GmbH-Recht gewährten Informationsrechte der Gesellschafter dar.[3] Mit dem UmRUG erfolgte mit Wirkung zum 1.3.2023 lediglich die Änderung des Begriffs Umwandlungsbericht in Formwechselbericht, womit jedoch keine inhaltliche Änderung verbunden war.[4]

Abs. 1 ist nahezu wortgleich mit § 216, regelt aber explizit eine Unterrichtung aller Gesellschafter der **GmbH**. Dies ist schlüssig, da die Binnenverfassung der GmbH eine gemeinsame Geschäftsführung aller Gesellschafter nicht vorsieht, sondern mit dieser ein oder mehrere Geschäftsführer betraut.[5] § 230 Abs. 1 stellt insoweit eine Konkretisierung des allgemeinen Auskunfts- und Einsichtsrechts der GmbH-Gesellschafter dar.[6]

Abs. 2 konkretisiert – in Entsprechung zu Abs. 1 – das allgemeine Auskunfts- und Einsichtsrecht für die Gesellschafter einer formwechselnden **AG bzw. KGaA**, indem auch dieser eine Regelung bzgl. der rechtzeitigen Unterrichtung der Anteilsinhaber einer formwechselnden AG oder KGaA trifft.[7]

II. Einberufung der Versammlung der Anteilsinhaber

§ 230 normiert keine spezielle Regelung zur Einberufung der Gesellschafter- bzw. Hauptversammlung.[8] Vielmehr richtet sich diese nach den **allgemeinen Vorschriften** des GmbH- und Aktienrechts bzw. nach speziellen in dem Gesellschaftsvertrag oder der Satzung bestimmten Besonderheiten.[9]

III. Unterrichtung der GmbH-Gesellschafter (Abs. 1)

1. Gegenstand der Unterrichtung

Die Geschäftsführer haben gem. § 230 Abs. 1 den Formwechsel als Gegenstand der Beschlussfassung in Textform anzukündigen sowie (kumulativ) den **Formwechselbericht** und gem. § 231 auch ein **Barabfindungsgebot** zu übersenden.

---

1 §§ 47, 49 Abs. 1, 63 Abs. 1.
2 Begr. RegE zu § 230, BR-Drs. 75/94, 153.
3 Semler/Stengel/Leonard/*Ihrig* § 230 Rn. 2; Widmann/Mayer/*Vossius* § 230 Rn. 1.
4 Begr. RegE zu § 230, BT-Drs. 20/3822, 86.
5 § 6 Abs. 1 GmbHG.
6 Begr. RegE zu § 230, BR-Drs. 75/94, 153.
7 Begr. RegE zu § 230, BR-Drs. 75/94, 153.
8 Widmann/Mayer/*Vossius* § 230 Rn. 2.
9 Widmann/Mayer/*Vossius* § 230 Rn. 2; Semler/Stengel/Leonard/*Ihrig* § 230 Rn. 5; Lutter/*Göthel* § 230 Rn. 2, 19.

Checkliste:

Das Vertretungsorgan der GmbH als Ausgangsrechtsträgers, sprich die Geschäftsführer, haben Folgendes durchzuführen:
- Ankündigung des Formwechsels als Gegenstand der Beschlussfassung (Abs. 1),
- Übersendung des Formwechselberichts (§§ 230 Abs. 1, 192),
- Übersendung des Abfindungsangebots (§§ 231 S. 1, 207).

a) Ankündigung des Formwechsels als Gegenstand der Beschlussfassung (Abs. 1)

6 Die Geschäftsführer als Vertretungsorgan der formwechselnden GmbH haben den Formwechsel als Gegenstand der Beschlussfassung **anzukündigen**. Die Ankündigung unterliegt keinen besonderen inhaltlichen Anforderungen. Es muss aber unmissverständlich klargestellt sein, dass in der Gesellschafterversammlung ein Beschluss über einen Formwechsel gefasst werden soll.[10] Insofern bestehen keine Besonderheiten zu den ohnehin bestehenden gesetzlichen Anforderungen für die Einberufung einer Gesellschafterversammlung einer GmbH nach § 51 Abs. 2 GmbHG.[11]

Hinweis: Hinreichend ist regelmäßig die Übersendung einer Einladung zur Gesellschafterversammlung mit einem entsprechenden Tagesordnungspunkt.[12] Der ebenfalls zu übersendende Formwechselbericht enthält weitere Ausführungen zum avisierten Formwechsel (→ § 192 Rn. 4 ff.).[13]

b) Formwechselbericht (§§ 230 Abs. 1, 192)

7 Weiterhin haben die Geschäftsführer der Ausgangs-GmbH den **Formwechselbericht** zu übersenden. Dies hat spätestens mit der Einberufung der Gesellschafterversammlung, die den Formwechsel beschließen soll, zu geschehen. § 51 Abs. 4 GmbHG findet insoweit für den Formwechselbeschluss keine Anwendung.[14] Auch der Entwurf des Formwechselbeschlusses und somit der zukünftige Gesellschaftsvertrag bzw. die zukünftige Satzung sind Bestandteil des Formwechselberichts und müssen übersandt werden (→ § 234 Rn. 2, 6).[15]

c) Abfindungsangebot (§ 207)

8 Den Gesellschaftern oder Aktionären ist schließlich spätestens zusammen mit der Einberufung der Gesellschafterversammlung ein angemessenes **Barabfindungsangebot** nach § 207 zu übersenden. Dies ergibt sich aus der Pflicht zur Übersendung des Formwechselbeschlusses, der das Abfindungsangebot enthält.[16] § 231, der die Mitteilung des Abfindungsangebots an die Gesellschafter explizit regelt, hat beim Formwechsel einer GmbH daher nur klarstellende Bedeutung (→ § 231 Rn. 3).[17]

2. Zeitpunkt der Unterrichtung

9 Die Unterrichtung der Gesellschafter hat spätestens zusammen mit der **Einberufung der Gesellschafterversammlung**, die den Formwechsel beschließen soll, zu erfolgen

---

[10] Semler/Stengel/Leonard/Ihrig § 230 Rn. 10; vgl. auch Lutter/Göthel § 230 Rn. 17; Widmann/Mayer/Vossius § 230 Rn. 9.
[11] MüKoGmbHG/Liebscher § 51 Rn. 39.
[12] Kallmeyer/Blasche § 230 Rn. 3; Semler/Stengel/Leonard/Ihrig § 230 Rn. 8, 10; Widmann/Mayer/Vossius § 230 Rn. 9.
[13] Widmann/Mayer/Vossius § 230 Rn. 10.
[14] Widmann/Mayer/Vossius § 230 Rn. 7, 12; Semler/Stengel/Leonard/Ihrig, § 230 Rn. 9; Lutter/Göthel § 230 Rn. 13.
[15] § 192 Abs. 1 S. 3; § 234; Widmann/Mayer/Vossius § 230 Rn. 13; Kallmeyer/ Blasche § 230 Rn. 4.
[16] Widmann/Mayer/Vossius § 231 Rn. 2.
[17] Widmann/Mayer/Vossius § 231 Rn. 2; Semler/Stengel/Leonard/Ihrig § 231 Rn. 1.

(§ 230). Sie kann auch früher erfolgen.[18] Der Zeitpunkt der Einberufung dieser Gesellschafterversammlung richtet sich dabei nach § 51 Abs. 1 S. 2 GmbHG. Die Einberufung der Gesellschafterversammlung einer GmbH ist danach mit einer Frist von mindestens einer Woche zu bewirken, soweit der Gesellschaftsvertrag nicht eine andere Einberufungsfrist vorgibt. Nach den zu § 51 Abs. 1 S. 2 GmbHG von der Rechtsprechung entwickelten Grundsätzen beginnt die Frist mit dem Tag, an dem bei normaler postalischer Beförderung mit dem Zugang beim letzten Gesellschafter zu rechnen ist.[19] Ergibt sich aus dem Gesellschaftsvertrag der GmbH eine längere Frist zur Einberufung der Gesellschafterversammlung, gilt diese auch für die Unterrichtung der Gesellschafter iSd § 230 Abs. 1.[20]

3. Form der Unterrichtung

Gem. § 230 ist der Formwechsel als Gegenstand der Beschlussfassung in **Textform** anzukündigen. Ist durch Gesetz Textform vorgeschrieben, so muss gem. § 126b BGB die Erklärung in einer Urkunde oder auf andere zur dauerhaften Wiedergabe in Schriftzeichen geeigneten Weise abgegeben, die Person des Erklärenden genannt und der Abschluss der Erklärung durch Nachbildung der Namensunterschrift oder anders erkennbar gemacht werden. E-Mail genügt diesen Anforderungen genauso wie eine Übersendung eines USB-Sticks oder einer Speicherkarte.[21]

In einem gewissen Widerspruch steht der Vereinfachungsgedanke, der den Gesetzgeber zur Einführung der Textform veranlasst hat, zu der GmbH-spezifischen Besonderheit der Einberufung mittels **eingeschriebenen Briefs** gem. § 51 Abs. 1 S. 1 GmbHG.[22] Die Anordnung der Textform in § 230 Abs. 1 kann jedenfalls nicht dazu führen, dass die Anforderung des § 51 Abs. 1 S. 1 GmbHG ausgehebelt wird.[23]

Die Gesetzesformulierung, nach der der „Formwechsel [...] in Textform anzukündigen" ist, lässt im Unklaren, welchen Formanforderungen die Übersendung des **Formwechselberichts** genügen muss. Gleichwohl geht die Gesetzesbegründung zu Art. 26 des Formanpassungsgesetzes, das zur aktuellen Formulierung von § 230 geführt hat, entsprechend der Änderung des § 216 davon aus, dass den Gesellschaftern der Formwechsel „unter Beifügung weiterer Unterlagen anzukündigen" ist und dass für diese Ankündigung „die Textform genügen" soll.[24] Auch für die Übersendung des Formwechselberichts ist demzufolge die Textform hinreichend.[25] Dennoch ist § 51 Abs. 1 GmbHG für die Einberufung der Gesellschafterversammlung parallel zu befolgen.[26]

---

18 Kallmeyer/*Blasche* § 230 Rn. 2; Semler/Stengel/Leonard/*Ihrig* § 230 Rn. 20.
19 BGHZ 100, 264 (267).
20 Semler/Stengel/Leonard/*Ihrig* § 230 Rn. 20; Kallmeyer/*Blasche* § 230 Rn. 2.
21 Erman/*Arnold* BGB, § 126b Rn 6 mit Verweis auf BT-Drs. 17/12637 S. 44.
22 Begr. RegE zu § 126b BGB, BT-Drs. 14/4987, 18.
23 Semler/Stengel/Leonard/*Ihrig* § 230 Rn. 7; Kallmeyer/*Blasche* § 230 Rn. 7, die der Textformerleichterung – konsequent – nur dann Bedeutung beimessen, wenn die Ankündigung vor der Einladung zur Gesellschafterversammlung erfolgt.
24 Begr. RegE zu Art. 26 FormAnpG, BT-Drs. 14/4987, 29.
25 IE so auch Kallmeyer/*Blasche* § 230 Rn 7.
26 Kallmeyer/*Blasche* § 230 Rn. 7; Semler/Stengel/Leonard/*Ihrig* § 230 Rn. 21, der auch im Falle der Ankündigung vor der Einladung zur Gesellschafterversammlung die Einhaltung der Anforderungen des § 51 Abs. 1 GmbHG verlangt.

IV. Unterrichtung der Aktionäre/Kommanditaktionäre (Abs. 2)

1. Allgemeines

13 § 230 Abs. 2 regelt nicht die Einberufung, sondern die Vorbereitung der Hauptversammlung der **AG** bzw. **KGaA**. Für die Einberufung gelten die allgemeinen Bestimmungen der 121 ff. AktG.[27]

2. Auslegung (Abs. 2 S. 1)

14 § 230 Abs. 2 dient der **rechtzeitigen Unterrichtung** der Anteilsinhaber.[28] Ab dem Zeitpunkt der Einberufung der Hauptversammlung, auf der der Formwechsel einer AG oder KGaA beschlossen werden soll, ist der Formwechselbericht in dem Geschäftsraum des Rechtsträgers auszulegen (§ 230 Abs. 2 S. 1). Zeitpunkt der Einberufung iSd Norm ist gem. § 121 Abs. 4 S. 1 AktG die Bekanntmachung in den Gesellschaftsblättern. Sind die Aktionäre bzw. Kommanditaktionäre der Gesellschaft namentlich bekannt, kann die Einberufung auch mittels eingeschriebenen Briefs erfolgen, sofern die Satzung keine anderweitige Bestimmung trifft (§ 121 Abs. 4 S. 2 Hs. 1 AktG). Für diesen Fall gilt der Tag der Absendung als Tag der Bekanntmachung (§ 121 Abs. 4 S. 2 Hs. 2 AktG). Die Auslegungspflicht besteht ab dem Zeitpunkt der Einberufung zu Beginn der üblichen Geschäftszeiten und endet mit dem Ablauf der Hauptversammlung, die den Formwechselbeschluss fassen soll.[29]

Hinweis: Als „übliche Geschäftszeit" soll nach eA in der Regel der Zeitraum zwischen 9:00 Uhr und 16:00 Uhr gelten.[30]

15 Der **Formwechselbericht** ist gem. § 230 Abs. 2 S. 1 zur Einsichtnahme auszulegen. Dies umfasst gem. § 192 Abs. 1 S. 3 auch den Formwechselbeschluss, der unter anderem ein Angebot über eine angemessene Barabfindung gem. § 207 enthalten und den Anforderungen des § 234 entsprechen muss. Diskutiert wird, ob über § 230 Abs. 2 S. 1 hinaus neben dem Barabfindungsangebot (§ 207) auch der Prüfungsbericht über die angemessene Barabfindung (§§ 208, 30 Abs. 2) auszulegen ist, obwohl dies im Gesetz nicht vorgesehen ist. Dies wird nach ganz hM zu Recht mit Hinweis auf den Wortlaut der Norm abgelehnt, obgleich es sich aus atmosphärischen Gründen anbieten kann.[31] Der Prüfungsbericht ist, soweit erforderlich, dennoch in der Hauptversammlung zu erörtern und Gegenstand des Auskunftsrechts des Aktionärs.[32]

3. Erteilung einer Abschrift (Abs. 2 S. 2)

a) Abschrift

16 Eine **Abschrift** des Formwechselberichtes ist jedem Aktionär und jedem von der Geschäftsführung ausgeschlossenen persönlich haftenden Gesellschafter auf Verlangen unverzüglich und kostenfrei zu übermitteln (§ 230 Abs. 2 S. 2). Die Abschrift des Formwechselberichtes muss ausdrücklich verlangt werden, wie sich aus dem klaren Wortlaut der Norm ergibt. Damit unterscheidet sich die Art der Unterrichtung erheblich von

---

27 Widmann/*Mayer*/Vossius § 230 Rn. 26.
28 Begr. RegE zu § 230, BR-Drs. 75/94, 153.
29 Widmann/*Mayer*/Vossius § 230 Rn. 38 f.
30 Widmann/*Mayer*/Vossius § 230 Rn. 40; vgl. auch zur Parallelfrage der Auslegung der in § 175 Abs. 2 S. 2 AktG genannten Unterlagen *Koch* AktG § 175 Rn. 5.
31 Lutter/*Göthel* § 230 Rn. 42; Semler/Stengel/Leonard/*Ihrig* § 230 Rn. 29; Widmann/*Mayer*/Vossius § 230 Rn. 41; Kallmeyer/*Blasche* § 230 Rn. 11; dahinstehenlassend LG Heidelberg DB 1996, 1768 (1769).
32 BGH WM 2001, 467 (470); Widmann/*Mayer*/Vossius § 230 Rn. 41; Semler/Stengel/Leonard/*Ihrig* § 230 Rn. 29; Lutter/*Göthel* § 230 Rn. 42; Kallmeyer/*Blasche* § 230 Rn. 12.

der Unterrichtung eines GmbH-Gesellschafters, der ohne Äußerung eines Verlangens zu informieren ist. Ein solches Verlangen kann formfrei geäußert werden.

Hinweis: Zu Beweiszwecken empfiehlt es sich, ein solches Verlangen schriftlich zu äußern.

Unverzüglich iSd Norm heißt auch hier, dass die Erteilung der Abschrift **ohne schuldhaftes Zögern** zu erfolgen hat (§ 121 Abs. 1 S. 1 BGB). Neben dem eigentlichen Formwechselbericht umfasst die zu erteilende Abschrift gem. § 192 S. 3, § 194 auch sämtliche Anlagen des Formwechselberichts, insbesondere also den Entwurf des Formwechselbeschlusses nebst dem Gesellschaftsvertrag des Rechtsträgers neuer Rechtsform sowie das Abfindungsangebot nach §§ 231, 207. 17

b) Zugang der Abschrift
aa) Art der Übersendung

Auslegungsmängel und Mängel bei der Abschrifterteilung stellen einen **Beschlussmangel** dar, der zur Anfechtung des Formwechselbeschlusses berechtigt.[33] Die Wahl der Art der Übersendung, die einen hinreichenden Nachweis der Abschrifterteilung ermöglicht, ist deshalb von besonderer praktischer Bedeutung. 18

Hinweis: Es ist zu empfehlen sicherzustellen, dass der Zugang der Abschrift bei den anfordernden Aktionären nachgewiesen werden kann (zB durch Einschreiben mit Rückschein oder Kurier). Ggf. sollte auch die Zustellung durch einen Gerichtsvollzieher gem. § 132 BGB analog iVm §§ 166 ff. ZPO aus Nachweisgründen in Betracht gezogen werden, um nachweisen zu können, dass nicht nur der Briefumschlag, sondern auch der Formwechselbericht selbst zugegangen ist.[34] Bei Zugangsvereitelung können die allgemeinen zivilrechtlichen Grundsätze zur Behandlung von Zugangsstörungen bei Willenserklärungen entsprechend herangezogen werden.[35]

bb) Kosten bei der Einschaltung eines Gerichtsvollziehers für die Sicherstellung des Zugangs

Schaltet der formwechselnde Rechtsträger für die Übermittlung der Unterlagen einen Gerichtsvollzieher ein, so sind die Kosten (zumindest für die einzelne Sendung) überschaubar. Die **Kosten** für eine solche Zustellung richten sich nach dem GVKostG. Für die persönliche Zustellung durch den Gerichtsvollzieher fallen einmalig 11 EUR an.[36] Für Kopien und Beglaubigungen fallen jeweils 0,50 EUR pro Seite für die ersten 50 Seiten und 0,15 EUR für jede Folgeseite an.[37] 19

4. Übermittlung auf dem Wege elektronischer Kommunikation und Zugänglichmachung im Internet (Abs. 2 S. 3, 4)

§ 230 Abs. 2 S. 3 lässt die Möglichkeit zu, dass dem Aktionär und dem von der Geschäftsführung ausgeschlossenen persönlich haftenden Gesellschafter die Unterlagen im Wege **elektronischer Kommunikation** übermittelt werden, wenn sie dieser Verfahrensweise zustimmen. „Elektronische Kommunikation" im Sinne der Norm ist nicht gleichzu- 20

---

33 Semler/Stengel/Leonard/*Ihrig* § 230 Rn. 34; Lutter/*Göthel* § 230 Rn. 49.
34 S. auch Widmann/Mayer/*Vossius* § 230 Rn. 54; MüKoZPO/*Häublein/Müller* § 169 Rn. 9.
35 Vgl. Grüneberg/*Ellenberger* BGB § 130 Rn. 16 ff.
36 § 9 GVKostG iVm Nr. 100 KV-GVKostG.
37 § 9 GVKostG iVm Nr. 102 KV-GVKostG bzw. § 9 GVKostG iVm Nr. 700 KV-GVKostG; bei farbigen Kopien verdoppeln sich die Kosten.

setzen mit „elektronische Form" iSd § 126a BGB, dessen Anforderungen höher sind. Mit Einführung des § 230 Abs. 2 S. 3 wollte der Gesetzgeber es dem formwechselnden Rechtsträger insbesondere ermöglichen, den Formwechselbericht auch per E-Mail mit Dateianhängen in druckfähigem Format zu versenden.[38]

Hinweis: Die hierfür erforderliche Einwilligung des Aktionärs oder persönlich haftenden Gesellschafters bedarf keiner Form. Aus Gründen der Rechtssicherheit ist der formwechselnde Rechtsträger jedoch gut beraten, die erteilte Einwilligung nachvollziehbar zu dokumentieren.[39] Die Satzung kann hierzu jedoch Bestimmungen, wie etwa die Mitteilung der E-Mail-Adresse durch den Empfänger, treffen.[40]

21 Neben der Übermittlung im Wege elektronischer Kommunikation ist auch die Zugänglichmachung des Formwechselberichts über die **Internetseite der Gesellschaft** zulässig (§ 230 Abs. 2 S. 4). Der Abruf über die Internetseite muss dann ab der Einberufung der Hauptversammlung erfolgen (§ 230 Abs. 2 S. 1, 2). Das Erfordernis des Zugänglichmachens während der Geschäftszeiten gilt hier nicht; die Unterlagen sind für den gesamten Zeitraum durchgängig online auf dem Server bereitzuhalten.[41] In welchem elektronischen Format der Formwechselbericht auf der Internetseite abrufbar sein muss, ist nicht festlegt. Die elektronische Bereitstellung in einem druckbaren Format ist daher nicht zwingend erforderlich. Es muss eine Informationsbeschaffung seitens der Gesellschafter stattfinden können; dazu bedarf es nicht einer Druckfassung.[42] Allerdings ist die formwechselnde Gesellschaft im Wege einer „geräuschlosen" Vorbereitung der Hauptversammlung gut beraten, die Einsichtnahme im Internet eher zu erleichtern als zu erschweren.

V. Verzicht

22 Auf die Anforderungen des § 230 Abs. 1 und 2 können die Aktionäre bzw. Kommanditaktionäre und persönlich haftenden Gesellschafter **verzichten**.[43] Ein solcher Verzicht ist zwar nicht in der Satzung der formwechselnden Gesellschaft, jedoch bereits vor der Hauptversammlung formlos möglich.[44] Er muss auch nicht explizit erfolgen. Teilweise wird bereits ein Verzicht angenommen, wenn der betreffende Anteilsinhaber, demgegenüber eine Pflicht aus § 230 verletzt worden ist, auf der Hauptversammlung erscheint und die mangelhafte Ladung rügelos lässt.[45] Richtigerweise ist dies aber ein Fall der fehlenden Anfechtungsbefugnis nach § 245 Nr. 1 AktG.[46]

VI. Fehlerhaftigkeit der Unterrichtung

1. Rechtsfolgen

23 Verstöße gegen § 230 bei der Unterrichtung der Gesellschafter können zu einer **Anfechtbarkeit** des Formwechselbeschlusses führen.[47] Eine Nichtigkeit begründen sie

---

38 Begr. RegE zu Art. 13. UmwGÄndG, BT-Drs. 17/3122, 12.
39 Begr. RegE zu Art. 13. UmwGÄndG, BT-Drs. 17/3122, 12.
40 Begr. RegE zu Art. 13. UmwGÄndG, BT-Drs. 17/3122, 12.
41 Widmann/Mayer/*Vossius* § 230 Rn. 40.
42 Beschlussempfehlung und Bericht des Rechtsausschusses Art. 6 EHUG, BT-Drs. 16/2781, 88; *Koch* AktG § 175 Rn. 6a; vgl. auch K. Schmidt/Lutter/*Drygala* AktG § 175 Rn. 10; kritisch hierzu und zu weiteren ungeklärten Detailfragen *J. Schmidt* NZG 2008, 734 (735).
43 Widmann/Mayer/*Vossius* § 230 Rn. 55.
44 Widmann/Mayer/*Vossius* § 230 Rn. 55 f.
45 Widmann/Mayer/*Vossius* § 230 Rn. 57.
46 S. auch MüKoAktG/*Hennrichs/Pötschke* § 175 Rn. 42 ff. zur parallelen Frage der Anfechtungsbefugnis, wenn die in § 175 AktG genannten Unterlagen nicht ordnungsgemäß zur Einsichtnahme ausgelegt oder auf Verlangen übersandt worden sind.
47 Semler/Stengel/Leonard/*Ihrig* § 230 Rn. 33; Widmann/Mayer/*Vossius* § 230 Rn. 68.

nicht.⁴⁸ Die Anfechtbarkeit kann sich nicht nur bei einer unterlassenen Unterrichtung nach § 230 Abs. 1 u. Abs. 2, sondern ebenso bei einer unvollständigen Unterrichtung ergeben.⁴⁹ Allerdings muss im Falle der Abschrifterteilung (§ 230 Abs. 2 S. 2) die Vollständigkeit der übersandten Abschriften durch den Aktionär selbst überprüft werden.⁵⁰ Eine Anfechtung soll nur dann möglich sein, wenn der Aktionär bzw. Kommanditaktionär die Unvollständigkeit der übersandten Abschriften zuvor gegenüber dem Vorstand gerügt hat.⁵¹

2. Heilung

Während das Aktien- und GmbH-Recht vorsieht, dass eine Heilung der Einberufungsmängel erfolgt, wenn alle Anteilsinhaber erscheinen und keiner der Gesellschafter der Beschlussfassung widerspricht, entbehrt § 230 einer entsprechenden **Heilungsvorschrift**. Da die Vorschrift des § 230 jedoch eine Konkretisierung der GmbH- und aktienrechtlichen Einberufungsvorschriften für den Fall des Formwechsels darstellt, besteht kein Anlass, warum ein Verstoß gegen § 230 bei Erscheinen und Nichtwidersprechen aller Anteilsinhaber nicht geheilt werden sollte.⁵² 24

§ 231 Mitteilung des Abfindungsangebots

¹Das Vertretungsorgan der formwechselnden Gesellschaft hat den Gesellschaftern oder Aktionären spätestens zusammen mit der Einberufung der Gesellschafterversammlung oder der Hauptversammlung, die den Formwechsel beschließen soll, das Abfindungsangebot nach § 207 zu übersenden. ²Der Übersendung steht es gleich, wenn das Abfindungsangebot im Bundesanzeiger und den sonst bestimmten Gesellschaftsblättern bekanntgemacht wird.

I. Normzweck	1	V. Frist zur Übersendung	8
II. Vertretungsorgan	4	VI. Form der Übersendung	9
III. Abfindungsangebot (§ 207)	5	VII. Bekanntmachung (S. 2)	10
IV. Einberufung der Gesellschafterversammlung oder der Hauptversammlung	7	VIII. Verstöße	11

I. Normzweck

Die Norm ergänzt – wie auch schon § 230 – die Aktien- und GmbH-rechtlichen Vorschriften der §§ 49 ff. GmbHG und §§ 121 ff. AktG.¹ Sie regelt die Mitteilung des im Regelfall **obligatorischen Abfindungsangebots** nach § 207. Die Vorschrift findet ausschließlich auf den Formwechsel einer Kapitalgesellschaft in eine Personengesellschaft Anwendung.² 1

§ 231 soll sicherstellen, dass die Anteilsinhaber der formwechselnden Kapitalgesellschaft das **Abfindungsangebot direkt** erhalten, da sie es nur innerhalb von zwei Monaten nach Bekanntmachung der Eintragung des Formwechsels annehmen können, § 209 S. 1. 2

---

48 Kallmeyer/*Blasche* § 230 Rn. 15; Semler/Stengel/Leonard/*Ihrig* § 230 Rn. 34; Widmann/Mayer/*Vossius* § 230 Rn. 68.
49 Widmann/Mayer/*Vossius* § 230 Rn. 69; vgl. auch Schmitt/Hörtnagl/*Hörtnagel/Rinke* § 230 Rn. 6.
50 Lutter/*Göthel* § 230 Rn. 44.
51 LG Frankfurt AG 2002, 356; s. auch Lutter/*Göthel* § 230 Rn. 44.

52 Vgl. § 121 Abs. 6 AktG; § 51 Abs. 3 GmbHG; Semler/Stengel/Leonard/*Ihrig* § 230 Rn. 34; Schmitt/Hörtnagl/*Hörtnagel/Rinke* § 230 Rn. 6; Lutter/*Göthel* § 230 Rn. 54 f.; Kallmeyer/*Blasche* § 230 Rn. 15.

1 Kallmeyer/*Blasche* § 231 Rn. 1.
2 Vgl. die Überschrift des zweiten Unterabschnitts.

Begründet wird dies in der Literatur häufig damit, dass eine direkte Übersendung des Angebots notwendig sei, da dies im Rahmen der gesellschaftsrechtlichen Vorschriften für die Einladung einer Gesellschafterversammlung bzw. Hauptversammlung anderenfalls nicht sichergestellt wäre.[3] Dies ist bei einer AG bzw. KGaA insofern richtig, als dass die Einladung zur Hauptversammlung, die über den Formwechsel beschließt, mit dem Entwurf des Formwechselbeschlusses gem. § 194 Abs. 1 Nr. 6 den Aktionären bzw. Kommanditaktionären regelmäßig nicht zugesandt, sondern im Rahmen der Einladung der Hauptversammlung im Bundesanzeiger und den anderen Gesellschaftsblättern bekannt gemacht wird.[4] Richtig ist auch der Hinweis, dass der Entwurf des Formwechselbeschlusses zwar in den Geschäftsräumen eingesehen oder per Zusendung auf Verlangen übermittelt werden könne, eine automatische Versendung aber nicht erfolge (§ 230 Abs. 2). Die Vertreter dieser Ansicht übersehen jedoch, dass die Vertretungsorgane das Abfindungsangebot gem. § 231 S. 2 dann nicht übersenden müssen, wenn es im Bundesanzeiger und den sonst bestimmten Gesellschaftsblättern bekannt gemacht wird. Aufgrund dessen läuft § 231 S. 1 bei der AG und der KGaA praktisch leer, da der formwechselnde Rechtsträger die Tagesordnung der Hauptversammlung mit den Beschlussvorschlägen der Verwaltung ohnehin im Bundesanzeiger und den anderen Gesellschaftsblättern bekannt zu machen hat.[5] Aufgrund dessen wird der formwechselnde Rechtsträger das Abfindungsangebot als Teil des von der Verwaltung vorgeschlagenen Beschlussvorschlages für den Formwechsel, § 194 Abs. 1 Nr. 6, oder auch separat im Bundesanzeiger und in den anderen Gesellschaftsblättern bekannt machen. Eine direkte Versendung des Abfindungsangebots an die (Kommandit-)Aktionäre wird daher regelmäßig ausbleiben.

3 Im Ergebnis nicht viel anders ist die Situation bei der **GmbH**, bei der die Gesellschafter mittels eingeschriebenen Briefes zur Gesellschafterversammlung eingeladen werden, § 51 Abs. 1 S. 1 GmbHG. Zwar verlangt § 51 Abs. 1 S. 1 GmbH keine Übersendung des genauen Beschlussvorschlags (und damit des Abfindungsangebots).[6] § 230 Abs. 1 sieht jedoch vor, dass die GmbH-Geschäftsführer mit der Einberufung den Gegenstand der Beschlussfassung in Textform ankündigen und den Formwechselbericht übersenden. Der Formwechselbericht muss wiederum einen Entwurf des Formwechselbeschlusses enthalten, der wiederum das Abfindungsangebot enthält, § 194 Abs. 1 Nr. 6, § 192 Abs. 1 S. 3. Aufgrund dessen hat § 231 S. 1 für den Formwechsel einer GmbH nur klarstellende Bedeutung.[7]

---

[3] Semler/Stengel/Leonard/*Ihrig* § 231 Rn. 1; Lutter/*Göthel* § 231 Rn. 1; Kallmeyer/*Blasche* § 231 Rn. 1.

[4] Statt einer solchen Bekanntmachung ist die Einberufung durch eingeschriebenen Brief möglich; dies erfordert aber, dass der Gesellschaft die Namen der (Kommandit-)Aktionäre bekannt sind und die Satzung nicht etwas anderes bestimmt, vgl. § 121 Abs. 4 AktG. Bei börsennotierten AGs und KgaAs tritt hinzu, dass die Einberufung zusätzlich auf der Internetseite der Gesellschaft bekannt gemacht werden muss sowie ggf. für deren mediale Verbreitung in der gesamten Europäischen Union gesorgt werden muss, § 121 Abs. 4a, Abs. 4 AktG iVm § 124a S. 1 Nr. 1 und Nr. 3 AktG.

[5] §§ 121 Abs. 3 S. 2, Abs. 4 S. 1, 124 Abs. 2 S. 2 AktG. S. zudem Fn. 4 hinsichtlich der Möglichkeiten einer AG bzw. KGaA, die Tagesordnung nicht im Bundesanzeiger und den anderen Gesellschaftsblättern bekannt zu machen.

[6] Auch bei der AG bzw. KGaA ist der genaue Beschlussvorschlag der bekannt zu machenden Tagesordnung zu übersenden. Inwiefern die bekannt zu machenden Beschlussvorschläge der Verwaltung nach § 124 Abs. 2 S. 2 AktG, an die die Verwaltung nicht gebunden ist, die Tagesordnung konkretisieren, ist umstritten. Vgl. statt vieler MüKoAktG/*Kubis* § 121 Rn. 46 ff.

[7] Semler/Stengel/Leonard/*Ihrig* § 231 Rn. 1; Widmann/Mayer/*Vossius* § 231 Rn. 2.

II. Vertretungsorgan

Als formwechselnde Rechtsträger kommen bei § 231 nur Kapitalgesellschaften, mithin GmbH, AG und KGaA in Betracht (§ 191 Abs. 1 Nr. 2 iVm § 3 Abs. 1 Nr. 1). Zur Vertretung der GmbH sind gem. § 35 GmbHG die **Geschäftsführer der Gesellschaft** berechtigt und verpflichtet. Während die AG durch ihren Vorstand vertreten wird, ist zur Vertretung der KGaA jeder persönlich haftende **Gesellschafter** befugt, soweit die Satzung nicht etwas anderes bestimmt (§ 78 AktG; § 278 Abs. 2 AktG iVm § 125 Abs. 1 HGB).

III. Abfindungsangebot (§ 207)

Das Abfindungsangebot gem. § 207 ist **jedem Anteilsinhaber** zu übermitteln, der gegen den Formwechselbeschluss Widerspruch zur Niederschrift erklärt. Dies gilt gem. § 194 Abs. 1 Nr. 6 nur dann nicht, wenn der Formwechselbeschluss zu seiner Wirksamkeit der Zustimmung aller Gesellschafter bedarf oder an dem formwechselnden Rechtsträger nur **ein** Gesellschafter beteiligt ist. Die Zustimmung aller Gesellschafter ist erforderlich, wenn eine Kapitalgesellschaft in eine GbR, OHG oder PartG formgewechselt werden soll, § 233 Abs. 1, oder wenn der Gesellschaftsvertrag bzw. die Satzung diesbezüglich Einstimmigkeit für die Beschlussfassung vorsieht (→ § 194 Rn. 13).[8]

Zu den weiteren Voraussetzungen des Abfindungsangebots → § 207 Rn. 4 ff.

IV. Einberufung der Gesellschafterversammlung oder der Hauptversammlung

Das Abfindungsangebot nach § 207 muss gem. § 231 spätestens zusammen mit der **Einberufung der Gesellschafterversammlung oder der Hauptversammlung**, die den Formwechsel beschließen soll, übersandt werden. Das Gesetz lässt in seiner Formulierung die Möglichkeit bestehen, ein solches Barabfindungsangebot auch vor diesem Zeitpunkt zu übersenden.[9] Es ist dem Gesellschafter aber gem. § 192 Abs. 1 S. 3 iVm 194 Abs. 1 Nr. 6 jedenfalls als Anlage zum Formwechselbericht zu übersenden.

V. Frist zur Übersendung

Der späteste Zeitpunkt für die Übersendung des Abfindungsangebots ist gem. § 231 S. 1 die **Einberufung der Gesellschafterversammlung**. Zu diesem Zeitpunkt → § 230 Rn. 4.

VI. Form der Übersendung

Hinsichtlich der **Form** der Übersendung enthält § 231 keine Vorgaben. Teilweise wird in der Literatur in Analogie zu § 121 Abs. 4 S. 2 AktG bzw. § 51 Abs. 1 S. 1 GmbHG die Übersendung des Abfindungsangebots mit eingeschriebenem Brief gefordert.[10] Für eine solche Analogie bleibt vorliegend jedoch kein Raum, da eine planwidrige Regelungslücke nicht ersichtlich ist. Aus praktischen Erwägungen wird aber die Übersendung in derselben Form wie auch die Einberufung der Gesellschafterversammlung oder Hauptversammlung erfolgen. Zur Form der Übersendung → § 230 Rn. 4.

---

8 Kallmeyer/*Blasche* § 231 Rn. 2.
9 Lutter/*Göthel* § 231 Rn. 3; Kallmeyer/*Blasche* § 231 Rn. 4.
10 Semler/Stengel/Leonard/*Ihrig* § 231 Rn. 9.

VII. Bekanntmachung (S. 2)

10 Einer Übersendung steht es gem. § 231 S. 2 wie gesagt gleich, wenn das Abfindungsangebot im Bundesanzeiger und den sonst bestimmten Gesellschaftsblättern **bekannt gemacht** wird, was bei der AG bzw. KGaA – wie oben dargelegt – § 231 S. 1 im Ergebnis praktisch leerlaufen lässt.

VIII. Verstöße

11 Ein Verstoß gegen § 231 führt nicht zur Anfechtbarkeit des Formwechselbeschlusses (§ 210). Der betroffene Anteilsinhaber wird in diesem Fall gem. § 212 S. 2 auf die Möglichkeit verwiesen, bei Gericht nach dem SpruchG einen Antrag auf Bestimmung der angemessenen Barabfindung zu stellen (→ § 212 Rn. 2 ff.).[11] Dies gilt bei einem Formwechsel einer KGaA nicht für den Komplementäraktionär. Dessen Abfindung richtet sich weiterhin nach den allgemeinen gesellschaftsrechtlichen bzw. satzungsrechtlichen Regelungen (→ § 227 Rn. 2 f.).

§ 232 Durchführung der Versammlung der Anteilsinhaber

(1) ¹In der Gesellschafterversammlung oder in der Hauptversammlung, die den Formwechsel beschließen soll, ist der Formwechselbericht auszulegen. ²In der Hauptversammlung kann der Formwechselbericht auch auf andere Weise zugänglich gemacht werden.

(2) Der Entwurf des Formwechselbeschlusses einer Aktiengesellschaft oder einer Kommanditgesellschaft auf Aktien ist von deren Vertretungsorgan zu Beginn der Verhandlung mündlich zu erläutern.

I. Normzweck 1	3. Gegenstand der Zugänglichmachung ... 8
II. Zugänglichmachung des Formwechselberichts (Abs. 1) 4	III. Erläuterung des Formwechselbeschlusses einer AG/KGaA (Abs. 2) 9
1. Auslegung (Abs. 1 S. 1) 4	1. Verhandlung 10
a) AG/KGaA 4	2. Zeitpunkt der Erläuterung 11
b) GmbH 5	3. Inhalt der Erläuterung 12
2. Zugänglichmachung auf andere Weise (Abs. 1 S. 2) 6	4. Erläuterungsverpflichteter 13
	IV. Auskunftsrecht der Gesellschafter 14

I. Normzweck

1 § 232 enthält Vorschriften zur Durchführung der Gesellschafter- bzw. Hauptversammlung der Kapitalgesellschaft, die den Formwechsel in eine Personengesellschaft beschließen soll. Die Norm trifft dabei spezifische Regelungen für die **Zugänglichmachung** des Formwechselberichtes sowie – im Falle des Formwechsels einer AG oder KGaA – für die **Erläuterung** des Formwechselberichtes in der Hauptversammlung.[1] Mit dem UmRUG wurden mit Wirkung zum 1.3.2023 die Begriffe Umwandlungsbericht und Umwandlungsbeschluss durch die Begriffe Formwechselbericht und Formwechselbeschluss ersetzt, ohne dass damit eine inhaltliche Änderung verbunden war.[2]

---

[11] Lutter/*Göthel* § 231 Rn. 9; Semler/Stengel/Leonard/*Ihrig* § 231 Rn. 11; aA Widmann/Mayer/*Vossius* § 231 Rn. 22, der entgegen der hM von der Anfechtbarkeit ausgeht.

[1] Semler/Stengel/Leonard/*Ihrig* § 232 Rn. 1; Kallmeyer/*Blasche* § 232 Rn. 1.
[2] Begr. Reg. Zu § 232, Drs. 20/3822, Begr. RegR zu BT-Drs. 20/3822.

§ 232 findet **ausschließlich Anwendung** auf den Formwechsel einer Kapitalgesellschaft in eine Personengesellschaft. Während Abs. 1 S. 1 auf den Formwechsel einer GmbH wie auch einer AG bzw. KGaA Anwendung findet, beschränkt sich der Anwendungsbereich der Abs. 1 S. 2 und Abs. 2 nach ihrem Wortlaut auf den Formwechsel einer AG oder KGaA.

Die Norm ist mit dem UmwG 1994 neu eingeführt worden, die Regelungsansätze des alten Rechts sind aber mit eingeflossen.[3] Eine entsprechende Bestimmung existierte mit § 340d Abs. 5 AktG aF bereits im Recht der Verschmelzung.[4] § 232 Abs. 1 S. 2 wurde jedoch erst durch das ARUG v. 30.7.2009 eingefügt.[5]

II. Zugänglichmachung des Formwechselberichts (Abs. 1)

1. Auslegung (Abs. 1 S. 1)

a) AG/KGaA

Im Falle des Formwechsels einer AG bzw. KGaA in eine Personengesellschaft sieht § 230 Abs. 2 S. 1 vor, dass der Formwechselbericht nach § 192 Abs. 1 bereits **vor Beginn der Hauptversammlung**, dh ab dem Zeitpunkt ihrer Einberufung, im Geschäftsraum der Gesellschaft ausgelegt werden muss (§ 230 Abs. 2). Diese Einsichtnahmemöglichkeit verlängert § 232 Abs. 1 S. 1, indem er vorgibt, dass der Formwechselbericht **auch in der Hauptversammlung** der Gesellschaft auszulegen ist. Diese Informationsverpflichtung der formwechselnden AG oder KGaA zielt vor allem auf diejenigen Aktionäre ab, die von ihrem Recht auf Abschrifterteilung gem. § 230 Abs. 2 S. 2 keinen Gebrauch gemacht haben.[6]

b) GmbH

Die Pflicht zur Auslegung des Formwechselberichts **während der Gesellschafterversammlung** gilt auch für die formwechselnde GmbH. Schließlich muss dem GmbH-Gesellschafter im Zuge der Vorbereitung der Gesellschafterversammlung, die über den Formwechsel beschließen soll, der Formwechsel als Gegenstand der Beschlussfassung angekündigt und der Formwechselbericht übersandt werden (§ 230 Abs. 1). Dem GmbH-Gesellschafter liegt im Zeitpunkt der Gesellschafterversammlung also der Formwechselbericht bereits vor. Diese Anforderung kann auch nicht durch eine dispositive Regelung des Gesellschaftsvertrages ausgeschlossen werden.[7] Gleichwohl sieht das Gesetz das Auslegen des Formwechselberichts auch in diesem Falle vor, wodurch eine zusätzliche Sicherstellung der Informationsrechte der Anteilsinhaber erreicht wird. Zu weitgehend ist es deshalb, dieser Norm für die GmbH „wenig Sinn" zu attestieren.[8] Auch dem Aktionär einer AG oder dem Kommanditaktionär einer KGaA bleibt die Möglichkeit, sich im Vorfeld der Hauptversammlung in den Geschäftsräumen der Gesellschaft zu informieren oder sich eine Abschrift des Formwechselberichts zusenden zu lassen (§ 230 Abs. 2 S. 1, 2). Gleichwohl hat sich der Gesetzgeber für eine Auslegungspflicht während der Hauptversammlung bzw. Gesellschafterversammlung entschieden, um dem Aktionär wie auch dem GmbH-Gesellschafter die Möglichkeit zu eröffnen,

---

[3] Begr. RegE zu § 232, BR-Drs. 75/94, 154.
[4] Semler/Stengel/Leonard/*Ihrig* § 232 Rn. 4.
[5] Semler/Stengel/Leonard/*Ihrig* § 232 Rn. 4; So noch Kallmeyer/*Dirksen*, 4. Aufl. 2010, § 232 Rn. 1.
[6] Semler/Stengel/Leonard/*Ihrig* § 232 Rn 5.
[7] Semler/Stengel/Leonard/*Ihrig* § 230 Rn. 24.
[8] Semler/Stengel/Leonard/*Ihrig* § 232 Rn 5.

sich während der Gesellschafterversammlung noch einmal umfassend über den Formwechselbericht zu informieren.[9]

2. Zugänglichmachung auf andere Weise (Abs. 1 S. 2)

6 Statt der Auslegung in der Gesellschafter- oder Hauptversammlung lässt das Gesetz auch die Möglichkeit zu, den Formwechselbericht auf **andere Weise** zugänglich zu machen (§ 232 Abs. 1 S. 2). Wie die Zugänglichmachung dort geschehen kann, ist offen. Der Gesetzgeber wollte auf diese Weise zunächst den Bürokratieabbau fördern.[10]

7 Auf der anderen Seite muss vom Sinn und Zweck der Vorschrift dennoch sichergestellt sein, dass die Anteilsinhaber Kenntnis vom Formwechselbericht und seines Inhalts nehmen können. Aufgrund dessen sollte es zulässig sein, den Formwechselbericht mittels anderer Medien, zB **Bildschirm** oder **Tablet-PC** zugänglich zu machen.[11]

3. Gegenstand der Zugänglichmachung

8 **Nur** der **Formwechselbericht** gem. § 192 Abs. 1 S. 1 ist zugänglich zu machen. Er umfasst gem. § 192 Abs. 1 S. 3 auch den Entwurf des Formwechselbeschlusses. Hingegen ist der Prüfungsbericht über die Angemessenheit der Barabfindung (§§ 208, 30 Abs. 2) nach dem eindeutigen Gesetzeswortlaut in der Haupt- bzw. Gesellschafterversammlung nicht auszulegen.[12]

III. Erläuterung des Formwechselbeschlusses einer AG/KGaA (Abs. 2)

9 Der Formwechselbeschluss einer AG oder KGaA muss gem. § 232 Abs. 2 zu **Beginn der Verhandlung** von dem Vertretungsorgan der Gesellschaft erläutert werden.

1. Verhandlung

10 „Verhandlung" iSd Norm meint die Verhandlung des Punktes der Tagesordnung, der den Beschluss des Formwechsels zum Gegenstand hat.[13] Es wäre zu weitgehend und auch nicht zielführend, den Formwechselbeschluss als ersten Tagesordnungspunkt bereits zu Beginn der Hauptversammlung erläutern zu müssen.

2. Zeitpunkt der Erläuterung

11 Die Erläuterung des Formwechselbeschlusses muss durch die Vertretungsorgane gem. § 232 Abs. 2 mündlich **zu Beginn** der Verhandlung erfolgen. Dies ist geboten, damit die Aktionäre noch Gelegenheit haben, den Inhalt des Formwechselbeschlusses in der Diskussion zu berücksichtigen.[14] Der Erläuterungspflicht wird genügt, wenn der Vorstand einer AG vor Beginn der Debatte zu dem betreffenden Punkt bzw. Eintritt in die Generaldebatte berichtet.[15]

---

9 Schmitt/Hörtnagl/*Hörtnagl/Rinke* § 232 Rn. 1.
10 Begr. RefE zu Art. 1 ARUG, 35.
11 Begr. RefE zu Art. 1 ARUG, 36; kritisch hierzu *J. Schmidt* NZG 2008, 734 (735).
12 LG Berlin DB 1997, 969 (970); Lutter/*Göthel* § 232 Rn. 3; Widmann/Mayer/*Vossius* § 232 Rn. 9; Kallmeyer/*Blasche* § 232 Rn. 2.
13 Semler/Stengel/Leonard/*Ihrig* § 232 Rn. 8.
14 Semler/Stengel/Leonard/*Ihrig* § 232 Rn. 8.
15 Widmann/Mayer/*Vossius* § 232 Rn. 21; Semler/Stengel/Leonard/*Ihrig* § 232 Rn. 8; Kallmeyer/*Blasche* § 232 Rn. 3.

3. Inhalt der Erläuterung

Erläutert werden muss der **Entwurf des Formwechselbeschlusses** (§ 232 Abs. 2 S. 2). 12
Da dessen Inhalt sich grundsätzlich nach § 194 Abs. 1 richtet, muss die Erläuterung
die hier genannten Punkte sowie die besonderen Vorschriften für den Formwechselbeschluss je nach Art des Formwechsels umfassen.[16]

4. Erläuterungsverpflichteter

Zur Erläuterung verpflichtet ist gem. § 232 Abs. 2 das **Vertretungsorgan der Gesellschaft**. Im Falle des Formwechsels einer AG ist dies gem. § 78 Abs. 1 S. 1 AktG der 13
Vorstand, im Falle der KGaA gem. § 278 Abs. 2 AktG iVm §§ 161 Abs. 2, 170, 125 HGB die
persönlich haftenden Gesellschafter. Das Vertretungsorgan hat dabei selbst zu entscheiden, welches Mitglied des Vorstands bzw. welcher persönlich haftende Gesellschafter
die Erläuterung vornimmt.[17] Auch kann die Pflicht zur Erläuterung auf Dritte delegiert
werden.[18] Dies findet allerdings seine Grenze, wenn es um die Delegation des Kernbereichs der Erläuterung geht; denn dieser ist von dem Vertretungsberechtigten selbst zu
erläutern.[19]

Hinweis: Als Hilfspersonen kommen etwa die Wirtschaftsprüfer der betreffenden Gesellschaft, aber auch der die Hauptversammlung protokollierende Notar in Betracht,
insbes. dann, wenn er bei der Vorbereitung des Formwechsels mitgewirkt hat.[20]

IV. Auskunftsrecht der Gesellschafter

Die **allgemeinen Auskunftsrechte** des Aktien- und GmbH-Rechts, namentlich gem. 14
§ 131 AktG bzw. § 51a GmbHG, gelten neben § 232 parallel.[21] Vgl. hierzu die allgemeine
Literatur zu den Auskunftsrechten im Aktien- und GmbH-Recht.[22]

§ 233 Beschluß der Versammlung der Anteilsinhaber

(1) **Der Formwechselbeschluss der Gesellschafterversammlung oder der Hauptversammlung bedarf, wenn die formwechselnde Gesellschaft die Rechtsform einer Gesellschaft des bürgerlichen Rechts, einer offenen Handelsgesellschaft oder einer Partnerschaftsgesellschaft erlangen soll, der Zustimmung aller anwesenden Gesellschafter oder Aktionäre; ihm müssen auch die nicht erschienenen Anteilsinhaber zustimmen.**

(2) ¹Soll die formwechselnde Gesellschaft in eine Kommanditgesellschaft umgewandelt werden, so bedarf der Formwechselbeschluss einer Mehrheit von mindestens drei Vierteln der bei der Gesellschafterversammlung einer Gesellschaft mit beschränkter Haftung abgegebenen Stimmen oder des bei der Beschlußfassung einer Aktiengesellschaft oder einer Kommanditgesellschaft auf Aktien vertretenen

---

16 Widmann/Mayer/*Vossius* § 232 Rn. 19; vgl. auch Kallmeyer/*Blasche* § 232 Rn. 3 f.; für eine Erläuterung des gesamten Formwechselberichts Semler/Stengel/Leonard/*Ihrig* § 232 Rn. 7 ff.; Lutter/*Göthel* § 232 Rn. 4 ff.

17 Kallmeyer/*Blasche* § 232 Rn. 3; Semler/Stengel/Leonard/*Ihrig* § 232 Rn. 11; Widmann/Mayer/*Vossius* § 232 Rn. 23.

18 Widmann/Mayer/*Vossius* § 232 Rn. 25; Semler/Stengel/Leonard/*Ihrig* § 232 Rn. 11; Kallmeyer/*Blasche* § 232 Rn. 3.

19 Widmann/Mayer/*Vossius* § 232 Rn. 25; Semler/Stengel/Leonard/*Ihrig* § 232 Rn. 11; Kallmeyer/*Blasche* § 232 Rn. 3.

20 Widmann/Mayer/*Vossius* § 232 Rn. 24.

21 Lutter/*Göthel* § 232 Rn. 10; Semler/Stengel/Leonard/*Ihrig* § 232 Rn. 12; Widmann/Mayer/*Vossius* § 232 Rn. 38, 42.

22 S. etwa *Koch* AktG § 131 Rn. 1 ff.; Noack/Servatius/Haas/*Noack* GmbHG § 51a Rn. 1 ff.

Grundkapitals; § 50 Abs. 2 und § 65 Abs. 2 sind entsprechend anzuwenden. ²Der Gesellschaftsvertrag oder die Satzung der formwechselnden Gesellschaft kann eine größere Mehrheit und weitere Erfordernisse bestimmen. ³Dem Formwechsel müssen alle Gesellschafter oder Aktionäre zustimmen, die in der Kommanditgesellschaft die Stellung eines persönlich haftenden Gesellschafters haben sollen.

(3) ¹Dem Formwechsel einer Kommanditgesellschaft auf Aktien müssen ferner deren persönlich haftende Gesellschafter zustimmen. ²Die Satzung der formwechselnden Gesellschaft kann für den Fall des Formwechsels in eine Kommanditgesellschaft eine Mehrheitsentscheidung dieser Gesellschafter vorsehen. ³Jeder dieser Gesellschafter kann sein Ausscheiden aus dem Rechtsträger für den Zeitpunkt erklären, in dem der Formwechsel wirksam wird.

I. Normzweck 1	aa) Formwechselbeschluss einer GmbH (Abs. 2 S. 1 Hs. 1 Var. 1) ... 16
II. Beschluss der Versammlung der Anteilsinhaber 3	bb) Formwechselbeschluss einer AG oder KGaA (Abs. 2 S. 1 Hs. 1 Var. 2) 17
III. Mehrheitsanforderungen 5	b) Anderweitige Mehrheitsanforderungen und weitere Erfordernisse .. 18
1. Formwechsel in eine GbR, OHG, PartG oder EWIV (Abs. 1) 5	c) Nicht erschienene Gesellschafter ... 19
a) Zustimmung aller anwesenden Gesellschafter 5	3. Formwechsel einer KGaA 20
b) Nicht erschienene Gesellschafter (Abs. 1 Hs. 2) 9	4. Andere Sonderzustimmungen und Sonderbeschlüsse 22
c) Stimmrechtslose Anteilsinhaber 10	a) Zustimmung wegen der Beeinträchtigung von Minderheitsrechten gem. § 50 Abs. 2 (Abs. 2 S. 1 Hs. 2 Var. 1) 22
d) Zustimmungspflicht 11	
e) Formwechsel einer KGaA 13	
f) Unabdingbarkeit 14	
2. Formwechsel in eine KG (Abs. 2) 15	b) Sonderbeschlüsse gem. § 65 Abs. 2 (Abs. 2 S. 1 Hs. 2 Var. 2) 23
a) Beschlussfassung der Gesellschafter mit qualifizierter Mehrheit 15	

I. Normzweck

1 § 233 enthält eine ergänzende Regelung zu § 193 und gilt allein für die Umwandlung einer **Kapitalgesellschaft** in eine **Personengesellschaft**. Bereits das UmwG 1969 sah eine entsprechende Regelung vor.[1] Im Gegensatz zum UmwG 1969 geht § 233 aber nicht mehr von einem zwingenden Ausscheiden der Komplementäre bei einem Formwechsel in eine Personengesellschaft aus.[2] Das UmRUG hat lediglich den Begriff Umwandlungsbeschluss in den Begriff Formwechselbeschluss mit Wirkung zum 1.3.2023 geändert, ohne dass damit eine inhaltliche Änderung verbunden war.[3]

2 Der Formwechselbeschluss bedarf, je nach Ausgangsrechtsform, bestimmter Mehrheiten. § 233 gibt die einzelnen **Mehrheitserfordernisse** vor. Durchgehendes Prinzip hierbei ist, dass diejenigen Anteilsinhaber der Kapitalgesellschaft, die in der neuen Rechtsform trotz erbrachter Einlage einer unbeschränkten Haftung für die Gesellschaftsverbindlichkeiten unterliegen sollen, dem Formwechsel zustimmen müssen. Dies ist auch sachgerecht, da die Anteilsinhaber einer Kapitalgesellschaft nach Erbringung ihrer Einlage grundsätzlich nicht mehr für die Verbindlichkeiten der Gesellschaft haften, ausgenommen der persönlich haftenden Gesellschafter einer KGaA, die aber ohnehin bereits einer unbeschränkten Haftung unterliegen. Dementsprechend ist für den Formwechsel in eine GbR, OHG oder PartG die Zustimmung aller Gesellschafter erforderlich. Eben-

---

[1] §§ 17 Abs. 1, 19 Abs. 2, 23 S. 2 UmwG aF.
[2] Begr. RegE zu § 233, BR-Drs. 75/94, 154; s. auch Semler/Stengel/Leonard/Ihrig § 233 Rn. 5; Schmitt/Hörtnagl/Hörtnagl/Rinke § 233 Rn. 1.
[3] Begr. RegE zu § 233 BT- Drs. 20/3822, 122.

so ist es bei dem Formwechsel in eine KG, bei der zwar eine Dreiviertelmehrheit genügt, jedoch die zukünftigen Komplementäre explizit zustimmen müssen. Dass es nicht auf die Zustimmung aller zukünftigen Kommanditisten ankommt, ist sachgerecht, da sie für die Verbindlichkeiten der KG in Anspruch genommen werden können, soweit ihre Einlage erbracht ist.

II. Beschluss der Versammlung der Anteilsinhaber

Die Anteilsinhaber haben, um den Formwechsel herbeizuführen, einen entsprechenden **Beschluss** zu fassen. Dieser muss den Formwechsel der Kapitalgesellschaft zu einer Personengesellschaft zum Gegenstand haben.

Hinweis: Der Formwechselbeschluss muss den Anforderungen des § 194 genügen und bedarf nach § 193 Abs. 3 S. 1 zwingend der notariellen Beurkundung.

Der Beschluss muss in der **Versammlung der Anteilsinhaber** gefasst werden, § 193 Abs. 1 S. 2. Die Beschlussfassung im Umlaufverfahren ist damit ausgeschlossen. Gleichwohl müssen nicht alle Gesellschafter in der Gesellschafter- bzw. Hauptversammlung anwesend sein. Hinreichend ist es, wenn nur ein einziger anwesender Anteilsinhaber in der Versammlung votiert und die nicht erschienenen Gesellschafter ihre Zustimmungserklärung außerhalb der Gesellschafterversammlung in notariell beurkundeter Form (§ 233 Abs. 1 S. 1 iVm § 193 Abs. 3 S. 1) abgeben.[4] Ob die Erklärung vor oder nach der Gesellschafterversammlung abgegeben wird, ist irrelevant.[5]

Hinweis: Es entspricht einer verbreiteten Auffassung, dass bei Gesellschafterbeschlüssen, die nicht in einem Akt gefasst werden, sondern bei denen die Wirksamkeit des Beschlusses noch von der Zustimmung weiterer Gesellschafter abhängt, die bereits erfolgten Stimmabgaben nicht bindend seien.[6] Nach Ansicht des BGH soll dies jedenfalls dann nicht gelten, wenn die zustimmenden Gesellschafter ausdrücklich oder stillschweigend erklären, sich an die Stimmabgabe gebunden zu fühlen.[7] Vor diesem Hintergrund empfiehlt es sich ausdrücklich im notariellen Protokoll mit aufzunehmen, dass die anwesenden Gesellschafter bis zum Ablauf einer bestimmten Frist an das Abstimmungsergebnis gebunden sind.[8]

III. Mehrheitsanforderungen

1. Formwechsel in eine GbR, OHG, PartG oder EWIV (Abs. 1)

a) Zustimmung aller anwesenden Gesellschafter

Der Formwechsel in eine eingetragene GbR (§ 191 Abs. 2 Nr. 1), OHG, PartG oder EWIV birgt für die Mitglieder einer Kapitalgesellschaft ein **Haftungsrisiko**, da sie für die Verbindlichkeiten ihres jeweiligen Rechtsträgers unbeschränkt haften.[9] § 233 begegnet diesem Risiko dadurch, dass jeder Gesellschafter dem Formwechsel zustimmen muss. § 233 Abs. 1 ist insoweit auch Minderheitenschutz, weil ein einzelner Gesellschafter durch Verweigerung seiner Zustimmung den Formwechsel blockieren kann.[10]

---

4 Lutter/*Göthel* § 233 Rn. 5; Semler/Stengel/Leonard/*Ihrig* § 233 Rn. 12.
5 Lutter/*Göthel* § 233 Rn. 10; Kallmeyer/*Blasche* § 233 Rn. 2.
6 Vgl. RGZ 128, 172 (177); vgl. auch MüKoBGB/*Schäfer* § 709 Rn. 75.
7 BGH BB 1990, 869 (871).
8 Widmann/Mayer/*Vossius* § 233 Rn. 54; Kallmeyer/*Blasche* § 233 Rn. 3.
9 Die EWIV nennt das Gesetz nicht explizit. Sie gilt aber gem. § 1 EWIVAG als Handelsgesellschaft iSd HGB.
10 Semler/Stengel/Leonard/*Ihrig* § 233 Rn. 10.

6 Die einzelne abgegebene Stimme ist eine **Willenserklärung**.[11] Die bürgerlich-rechtlichen Vorschriften über Willenserklärungen, insbes. die Regelungen zum Minderjährigenschutz (§ 104 ff. BGB) und zur Anfechtung (§ 119 ff. BGB) sind damit anwendbar.[12]

7 Anwesende Gesellschafter müssen ihre **Zustimmung** erklären. Stimmenthaltungen zählen nicht als Zustimmung und führen aufgrund des Einstimmigkeitserfordernisses daher zum Scheitern des Formwechsels.[13]

8 **Anwesend** iSd Norm sind sowohl die Gesellschafter, die in der Gesellschafterversammlung persönlich zugegen sind, als auch diejenigen, die sich in der Gesellschafterversammlung von einem anderen Gesellschafter oder durch einen Dritten vertreten lassen.[14] Eine Stellvertretung bei der Stimmabgabe kraft Vollmacht ist bei dem Formwechsel einer Kapitalgesellschaft grundsätzlich möglich.[15] Es sind hierbei die gesellschafts- bzw. satzungsrechtlichen Vorgaben für eine Bevollmächtigung zu beachten.[16]

b) Nicht erschienene Gesellschafter (Abs. 1 Hs. 2)

9 Auch **nicht** in der Gesellschafterversammlung **erschienene Gesellschafter** müssen dem Formwechselbeschluss zustimmen (§ 233 Abs. 1 Hs. 2). Die Zustimmungserklärung muss gem. § 193 Abs. 3 S. 1 notariell beurkundet werden. Erteilt der nichtanwesende Gesellschafter seine Zustimmung bereits vor der Gesellschafterversammlung, die über den Formwechsel entscheidet, so muss aus seiner Zustimmung ersichtlich sein, auf welchen Formwechselbeschluss sie sich bezieht.[17] Bei einer nachträglichen Zustimmung gilt der Formwechselbeschluss als gefasst, wenn die letzte außerhalb der Gesellschafterversammlung abgegebene Erklärung der Gesellschaft oder der Gesellschafterversammlung zugegangen ist.[18] Die anwesenden Gesellschafter können bis zu diesem Zeitpunkt ihre Willenserklärung widerrufen, wenn sie sich bei Abgabe nicht anderweitig erklärt haben (→ Rn. 4 bzw. → § 217 Rn. 10). Ratsam ist es deshalb, in der Gesellschaftsversammlung die Vereinbarung einer festen Frist, bis zu der die anwesenden Gesellschafter an ihre Erklärung gebunden sind, durch den Notar protokollieren zu lassen (→ Rn. 4).

c) Stimmrechtslose Anteilsinhaber

10 Problematisch ist, welche Auswirkungen ein **Ausschluss des Stimmrechts** bei einzelnen Gesellschaftern auf das Zustimmungserfordernis hat. Nach einer verbreiteten Auffassung, die auf den Wortlaut des § 233 Abs. 1 („aller") und den Schutzzweck der Norm rekurriert, hat bei einem Formwechselbeschluss auch der stimmrechtslose Anteilsinhaber, etwa der Inhaber stimmrechtsloser Geschäftsanteile einer GmbH oder der Vorzugsaktionär ohne Stimmrechte, dem Formwechselbeschluss zuzustimmen.[19] Dem ist beizupflichten. Anderenfalls würde der stimmrechtslose Anteilsinhaber schutzlos in die unbeschränkte Haftung für die Gesellschaftsverbindlichkeiten gedrängt werden können, was insbes. bei einem stimmrechtslosen Anteilsinhaber zu einem unbilligen

---

[11] RGZ 118, 67 (69); BGHZ 14, 264 (267); BGHZ 48, 163 (173); *K. Schmidt* GesR § 15 I 2 a); Westermann/Wertenbruch/*Westermann* PersGes-HdB I Rn. 482 f.
[12] *K. Schmidt* GesR § 15 I 2 a).
[13] Lutter/*Göthel* § 233 Rn. 7; Kallmeyer/*Blasche* § 233 Rn. 2.
[14] Vgl. Semler/Stengel/Leonard/*Ihrig* § 233 Rn. 11; Lutter/*Göthel* § 233 Rn. 6, der noch zwischen „anwesend" und „vertreten" differenziert.
[15] Vgl. § 47 Abs. 3 GmbHG (GmbH); §§ 134 Abs. 3, 135 AktG (AG); §§ 278 Abs. 2, 134 Abs. 3, 135 AktG (KGaA).
[16] Widmann/Mayer/*Vossius* § 233 Rn. 14; vgl. auch Kallmeyer/*Blasche* § 233 Rn. 4.
[17] Semler/Stengel/Leonard/*Ihrig* § 233 Rn. 16; Kallmeyer/*Blasche* § 233 Rn. 2; Lutter/*Göthel* § 233 Rn. 12.
[18] Semler/Stengel/Leonard/*Schlitt* § 217 Rn. 10.
[19] Semler/Stengel/Leonard/*Ihrig* § 233 Rn. 11; Lutter/*Göthel* § 233 Rn. 4; Kallmeyer/*Blasche* § 233 Rn. 2.

Ergebnis führen würde. Dem Formwechselbeschluss hat damit auch der stimmrechtslose Anteilsinhaber zuzustimmen.

d) Zustimmungspflicht

Eine **Zustimmungspflicht** zum Formwechselbeschluss ist nur in sehr engen Grenzen anzunehmen. Die gesellschaftsrechtliche Treuepflicht unter Gesellschaftern kann grundsätzlich zu einer Pflicht führen, einen Beschluss mit zu fassen.[20] Dies muss jedoch im Einzelfall entschieden werden. Hierbei ist zu berücksichtigen, dass die gesellschaftsrechtliche Treuepflicht in beide Richtungen wirkt und die Interessen aller Beteiligten zu berücksichtigen sind.[21] Da jedoch der Formwechselbeschluss einer Kapitalgesellschaft in eine Personengesellschaft zur Folge hat, dass der Gesellschafter aufgrund seiner unbeschränkten Haftung für die Gesellschaftsverbindlichkeiten einem hohen Haftungsrisiko ausgesetzt wird, kann dies hier nur sehr eingeschränkt gelten.[22] Eine Pflicht zur positiven Abstimmung kann nur dann bestehen, wenn der Gesellschafter die Möglichkeit erhält, gegen Zahlung einer angemessenen Abfindung aus der Gesellschaft auszuscheiden.[23]

11

Gibt der Anteilsinhaber trotz Zustimmungspflicht seine **Zustimmungserklärung** nicht ab, so muss seine Stimmabgabe durch Rechtskraft eines entsprechenden Urteils fingiert werden.[24]

12

e) Formwechsel einer KGaA

Dem Formwechsel einer KGaA in eine GbR, OHG, PartG oder EWIV müssen gem. § 233 Abs. 1 **alle persönlich haftenden Gesellschafter** der KGaA zustimmen (§ 233 Abs. 3 S. 1). Dem persönlich haftenden Gesellschafter ist so die Möglichkeit gegeben, durch Verweigerung seiner Zustimmung den Formwechsel zu blockieren, etwa um zu verhindern, dass er durch den Formwechsel seine alleinige Geschäftsführungsbefugnis verliert.[25] Die Zustimmung muss gegenüber der Hauptversammlung bzw. gegenüber dem Aufsichtsrat der KGaA erfolgen.[26]

13

f) Unabdingbarkeit

§ 233 Abs. 1 ist **zwingendes Recht** (vgl. § 1 Abs. 3). Von dem Einstimmigkeitserfordernis bei einem Beschluss über den Formwechsel in eine GbR, OHG, PartG oder EWIV kann gesellschaftsvertraglich nicht abgewichen werden.[27]

14

2. Formwechsel in eine KG (Abs. 2)

a) Beschlussfassung der Gesellschafter mit qualifizierter Mehrheit

Anders als bei einem Formwechsel in eine GbR, OHG, PartG oder EWIV bedarf es bei einem Formwechsel in eine KG **keines einstimmigen Formwechselbeschlusses**. Hier genügt eine qualifizierte Mehrheit von drei Vierteln der abgegebenen Stimmen

15

---

20 Vgl. etwa zum Recht der GmbH BGH NJW 1987, 189 (190); *Raiser* in Centrale für GmbH (Hrsg.), Das neue GmbH-Recht in der Diskussion, S. 21, 25.
21 Vgl. etwa zur Treuepflicht der Gesellschafter untereinander in der GmbH BGHZ 65, 15 (18); *K. Schmidt* GesR § 20 IV 2. b).
22 Vgl. Semler/Stengel/Leonard/*Ihrig* § 233 Rn. 18; so wohl auch Kallmeyer/*Blasche* § 233 Rn. 5.

23 Semler/Stengel/Leonard/*Ihrig* § 233 Rn. 18.
24 Semler/Stengel/Leonard/*Schlitt* § 217 Rn. 14; Kallmeyer/*Blasche* § 217 Rn. 5; § 894 ZPO; vgl. BGHZ 48, 163 (169 ff.); vgl. auch MüKoZPO/*Gruber* § 894 Rn. 1.
25 Semler/Stengel/Leonard/*Ihrig* § 233 Rn. 34.
26 Semler/Stengel/Leonard/*Ihrig* § 233 Rn. 35; Widmann/Mayer/*Vossius* § 233 Rn. 107.
27 Lutter/*Göthel* § 233 Rn. 5.

(GmbH) bzw. des bei der Beschlussfassung vertretenen Grundkapitals (AG/KGaA), § 233 Abs. 2 S. 1. Allerdings müssen dem Formwechsel dabei weiterhin alle Gesellschafter oder Aktionäre, die in der KG die Stellung eines Komplementärs einnehmen sollen, zustimmen (§ 233 Abs. 2 S. 3). Tun sie dies nicht, ist der Formwechsel gescheitert.[28]

aa) Formwechselbeschluss einer GmbH (Abs. 2 S. 1 Hs. 1 Var. 1)

16 Soll eine GmbH in eine KG umgewandelt werden, bedarf es zu einer positiven Beschlussfassung vorbehaltlich einer strengeren Regelung im Gesellschaftsvertrag einer Mehrheit von **drei Vierteln der abgegebenen Stimmen** (§ 233 Abs. 2 S. 1 Var. 1). Bei der Berechnung werden die Stimmen abwesender Gesellschafter und Enthaltungen nicht mitgezählt.[29] Auch an sich stimmrechtslose GmbH-Anteile müssen wegen der Tragweite der Entscheidung für die Gesellschafter Berücksichtigung finden.[30] Der Gesellschaftsvertrag kann gem. § 233 Abs. 2 S. 2 auch höhere Anforderungen an die Beschlussfassung vorsehen. So kann etwa Einstimmigkeit vereinbart oder eine Mindestanwesenheitsquote in der Gesellschafterversammlung vorgesehen werden.[31]

bb) Formwechselbeschluss einer AG oder KGaA (Abs. 2 S. 1 Hs. 1 Var. 2)

17 Bei einem Formwechsel einer AG oder KGaA in eine Personengesellschaft bedarf es zur Herbeiführung des Formwechselbeschlusses einer Mehrheit von **drei Vierteln des bei der Beschlussfassung vertretenen Grundkapitals**, soweit keine strengere Regelung in der Satzung getroffen wurde (§ 233 Abs. 2 S. 1 Var. 2). Erforderlich ist außerdem die Mehrheit der abgegebenen Stimmen (§ 133 Abs. 1 AktG; § 278 Abs. 2, § 133 Abs. 1 AktG. Bei der Berechnung des Grundkapitals werden naturgemäß stimmrechtslose Vorzugsaktien nicht berücksichtigt.[32]

b) Anderweitige Mehrheitsanforderungen und weitere Erfordernisse

18 Die **Satzung** oder der **Gesellschaftsvertrag** der formwechselnden Gesellschaft kann eine größere Mehrheit und weitere Erfordernisse bestimmen (§ 233 Abs. 2 S. 2). Diese statuarischen Regelungen zu Mehrheitsanforderungen können den Formwechselbeschluss nur erschweren, nicht erleichtern;[33] sie müssen sich aber nicht explizit auf einen Formwechsel beziehen.[34] Es genügt vielmehr, wenn solche Erfordernisse allgemein zB für Satzungsänderungen vorgesehen sind.[35] Die Regelung hat dann auch Gültigkeit für den Formwechselbeschluss.

c) Nicht erschienene Gesellschafter

19 Umstritten ist, ob bei einem Beschluss über den Formwechsel in eine KG auch **nicht erschienene Gesellschafter** ihre Stimme außerhalb der Gesellschafter- oder Hauptversammlung abgeben können. Dies wird streckenweise verneint, da § 233 Abs. 2 im Gegensatz zu § 233 Abs. 1 eine entsprechende Regelung nicht vorsieht.[36] Richtigerweise ist aber die Zulässigkeit der Stimmabgabe nicht erschienener Gesellschafter außerhalb der

---

[28] Widmann/Mayer/Vossius § 233 Rn. 118.
[29] Lutter/Göthel § 233 Rn. 22.
[30] Kallmeyer/Blasche § 233 Rn. 7; aA noch Kallmeyer/Dirksen, 4. Aufl. 2010, § 233 Rn. 9 sowie Semler/Stengel/Leonard/Ihrig § 233 Rn. 21; Lutter/Göthel § 233 Rn. 24.
[31] Lutter/Göthel § 233 Rn. 19; Widmann/Mayer/Vossius § 233 Rn. 67 ff., 71.
[32] Kallmeyer/Blasche § 233 Rn. 7 mit berechtigtem Hinweis auf den Ausnahmefall des § 140 Abs. 2 S. 2 AktG.
[33] Widmann/Mayer/Vossius § 233 Rn. 68.
[34] Semler/Stengel//Leonard/Ihrig § 233 Rn. 24.
[35] Widmann/Mayer/Vossius § 233 Rn. 73.
[36] Lutter/Göthel § 233 Rn. 23; jetzt auch Kallmeyer/Blasche § 233 Rn. 6.

Gesellschafter- oder Hauptversammlung zu befürworten. Diese Regelungslücke beruht auf einem Versehen des Gesetzgebers und hat keinen sachlichen Grund.[37] Auch ist die Interessenlage der Gesellschafter in Abs. 1 und Abs. 2 vergleichbar, so dass die Lücke im Wege der Analogie geschlossen werden kann.[38] Eine Stimmabgabe nicht erschienener Gesellschafter ist mithin, wie in Abs. 1, zulässig.

3. Formwechsel einer KGaA

Dem Formwechsel einer jeden Kapitalgesellschaft, so auch einer KGaA, in eine GbR, OHG, PartG oder EWIV haben alle Gesellschafter zuzustimmen (§ 233 Abs. 3 S. 1; → Rn. 13). Dies schließt natürlich die **persönlich haftenden Gesellschafter** der KGaA mit ein. Allerdings lässt das Gesetz die Möglichkeit zu, eine Mehrheitsentscheidung der persönlich haftenden Gesellschafter in der Satzung der KGaA vorzusehen (§ 233 Abs. 3 S. 2). Damit ist die Mehrheit aller, nicht allein der anwesenden Komplementäre gemeint.[39] Bei der Berechnung der Mehrheit ist nicht die Beteiligungsquote entscheidend, sondern die Kopfzahl der Komplementäre.[40] Eine solche Satzungsregelung verdrängt aber nicht das Zustimmungserfordernis gem. § 233 Abs. 2 S. 3, dh die Zustimmung derjenigen Anteilsinhaber, die in der Ziel-KG die Stellung eines persönlich haftenden Gesellschafters erhalten sollen. Diese gesonderte Zustimmung ist weiterhin erforderlich.[41] Die Zustimmungserklärung gem. § 233 Abs. 3 S. 1, 2 und diejenige gem. § 233 Abs. 2 S. 3 sind insofern zu unterscheiden.

20

Im Hinblick auf eine solche Satzungsregelung können die persönlich haftenden Gesellschafter einer KGaA ihr **Ausscheiden** aus der KGaA mit Wirksamwerden des Formwechsels erklären (§ 233 Abs. 3 S. 3). Der Formwechsel wird wirksam, wenn die Eintragung der neuen Rechtsform in das Register erfolgt (§ 202 Abs. 1). Die Erklärung des Austritts stellt zugleich notwendig die Zustimmung zum Formwechsel dar.[42] Sie muss spätestens bis zum Zeitpunkt der Beschlussfassung über den Formwechsel formlos abgegeben werden, damit die Hauptversammlung bei der Entscheidung über den Formwechsel berücksichtigen kann, wer als persönlich haftender Gesellschafter an der Gesellschaft neuer Rechtsform teilnehmen wird.[43] Das Gesetz gibt keine besondere Form für diese Ausscheidenserklärung vor, so dass sie formlos erfolgen kann.[44] Aus Nachweisgründen empfiehlt sich jedoch die Einhaltung zumindest der Schriftform. Der Austritt ist gegenüber der Gesellschaft zu erklären.[45]

21

4. Andere Sonderzustimmungen und Sonderbeschlüsse

a) Zustimmung wegen der Beeinträchtigung von Minderheitsrechten gem. § 50 Abs. 2 (Abs. 2 S. 1 Hs. 2 Var. 1)

Gem. § 233 Abs. 2 S. 1 Hs. 2 Var. 1 ist § 50 Abs. 2 entsprechend anzuwenden. Dieser regelt für den Fall des Formwechsels einer GmbH die rechtsgeschäftliche Zustimmung derjenigen Gesellschafter, denen aus dem Gesellschaftsvertrag ein **Minderheitsrecht**

22

---

37 So noch Kallmeyer/*Dirksen*, 4. Aufl. 2010, § 233 Rn. 6.
38 So noch Kallmeyer/*Dirksen*, 4. Aufl. 2010, § 233 Rn. 6.
39 Widmann/Mayer/*Vossius* § 233 Rn. 112; Semler/Stengel/Leonard/*Ihrig* § 233 Rn. 38.
40 Widmann/Mayer/*Vossius* § 233 Rn. 114; Semler/Stengel/Leonard/*Ihrig* § 233 Rn. 38.
41 Lutter/*Göthel* § 233 Rn. 74; Kallmeyer/*Blasche* § 233 Rn. 12.
42 Widmann/Mayer/*Vossius* § 233 Rn. 120; Semler/Stengel/Leonard/*Ihrig* § 233 Rn. 39.
43 So auch Lutter/*Göthel* § 233 Rn. 82; Semler/Stengel/Leonard/*Ihrig* § 233 Rn. 39; aA Widmann/Mayer/*Vossius* § 233 Rn. 136.
44 Lutter/*Göthel* § 233 Rn. 82; Semler/Stengel/Leonard/*Ihrig* § 233 Rn. 39.
45 Widmann/Mayer/*Vossius* § 233 Rn. 130.

zusteht (§ 50 Abs. 2). § 233 Abs. 2 S. 1 Hs. 2 stellt eine Rechtsgrundverweisung dar, so dass die Verweisung nur für den Fall des Formwechsels einer GmbH gilt.[46] Zu den einzelnen Voraussetzungen → § 50 Rn. 16 ff.

b) Sonderbeschlüsse gem. § 65 Abs. 2 (Abs. 2 S. 1 Hs. 2 Var. 2)

23 Auch § 230 Abs. 2 S. 1 Hs. 2 Var. 2 stellt eine Rechtsgrundverweisung dar, die auf den Formwechsel einer AG/KGaA Anwendung findet.[47] Die Vorschrift regelt den Fall, dass in der AG/KGaA **mehrere Aktiengattungen** (§ 11 AktG) vorhanden sind, wie etwa Stammaktien und Vorzugsaktien ohne Stimmrecht. Der Formwechselbeschluss bedarf dann gem. § 65 Abs. 2 S. 1 zu seiner Wirksamkeit der Zustimmung der stimmberechtigen Aktionäre jeder Aktiengattung. Über die Zustimmung haben diese einen Sonderbeschluss zu fassen (§ 65 Abs. 2 S. 2; → § 65 Rn. 13 ff.).

§ 234 Inhalt des Formwechselbeschlusses

In dem Formwechselbeschluss müssen auch enthalten sein:
1. die Bestimmung des Sitzes der Personengesellschaft;
2. beim Formwechsel in eine Kommanditgesellschaft die Angabe der Kommanditisten sowie des Betrages der Einlage eines jeden von ihnen;
3. der Gesellschaftsvertrag der Personengesellschaft.

I. Normzweck 1	a) Angabe der Kommanditisten (Nr. 2 Var. 1) 4
II. Inhalt des Formwechselbeschlusses 2	b) Betrag der Einlage (Nr. 2 Var. 2) 5
1. Allgemeines 2	4. Gesellschaftsvertrag der Personengesellschaft 6
2. Sitz der Personengesellschaft (Nr. 1) 3	
3. Angabe des Kommanditisten und des Betrages der Einlage (Nr. 2) 4	5. Partnerschaftsvertrag 8

I. Normzweck

1 Für den Fall des Formwechsels einer Kapitalgesellschaft in eine Personengesellschaft ergänzt § 234 den Regelungsgehalt von § 194, der den **Inhalt des Formwechselbeschlusses** vorschreibt. Eine den Nrn. 1 und 2 des § 234 entsprechende Regelung fand sich bereits im UmwG 1969 (§ 17 Abs. 2; § 20 S. 2 UmwG aF). § 234 Nr. 3 wurde in seiner früheren Fassung – also bezogen nur auf den Partnerschaftsvertrag – erst durch das 1. UmwGÄndG in das UmwG eingeführt.[1] Mit dem UmRUG wurde mit Wirkung zum 1.3.2023 lediglich der Begriff Umwandlungsbeschluss durch den Begriff Formwechselbeschluss geändert, ohne dass damit eine inhaltliche Änderung verbunden war.[2] Hingegen führte das MoPeG mit Wirkung zum 1.1.2024 zur Aufhebung des § 234 Nr. 3 S. 2 und damit zur Aufhebung des Verweises, dass beim Formwechsel in eine Partnerschaftsgesellschaft § 213 auf den Partnerschaftsvertrag nicht mehr anzuwenden ist.

---

46 Widmann/Mayer/*Vossius* § 233 Rn. 84; so iE so noch Kallmeyer/*Dirksen*, 4. Aufl. 2010, § 233 Rn. 9.
47 Widmann/Mayer/*Vossius* § 233 Rn. 91.

1 Art. 1 Nr. 36 1. UmwÄndG v. 22.7.1998, BGBl. I 1878.
2 Begr. RegE zu § 234, BT-Drs. 20/3822, 122.

II. Inhalt des Formwechselbeschlusses

1. Allgemeines

§ 194 trifft eine detaillierte Regelung über den Mindestinhalt des Formwechselbeschlusses. Für den Formwechsel einer Kapitalgesellschaft in eine Personengesellschaft müssen über diesen Mindestinhalt hinaus die Anforderungen des § 234 erfüllt sein. Insbes. muss gem. § 234 Nr. 3 der **Gesellschaftsvertrag der Personengesellschaft** im Formwechselbeschluss mit enthalten sein. Der Gesetzgeber hielt es für wichtig, dass bestimmte einzelne Festsetzungen nicht nur im Gesellschaftsvertrag erfolgen, sondern zudem auch Niederschlag im Formwechselbeschluss finden.[3]

2. Sitz der Personengesellschaft (Nr. 1)

Der Formwechselbeschluss muss den **Sitz der Personengesellschaft** bestimmen (§ 234 Nr. 1). Dies ist ohnehin notwendig, da der Formwechsel auch in dem für die neue Rechtsform zuständigen Register eingetragen werden muss und sich dessen Zuständigkeit nach dem Sitz des Rechtsträgers neuer Rechtsform richtet (§ 706, 707 Abs. 1 BGB nF, § 106 Abs. 2 Nr. 1 lit. b HGB nF).[4] Der Sitz einer Personengesellschaft bestimmt sich nach dem Ort der tatsächlichen Geschäftsführung der Gesellschaft (§ 706 S. 1 BGB nF).[5] Soweit die Geschäfte an verschiedenen Orten geführt werden, ist der Ort der zentralen Geschäftsführung entscheidend.[6] Der Sitz der Gesellschaft neuer Rechtsform kann abweichend vom Sitz der bisherigen Kapitalgesellschaft festgelegt werden.[7] Der Formwechsel muss dann auch bei dem für den bisherigen Rechtsträger zuständigen Handelsregister angemeldet werden (§ 198 Abs. 2 S. 2, 3).

3. Angabe des Kommanditisten und des Betrages der Einlage (Nr. 2)

a) Angabe der Kommanditisten (Nr. 2 Var. 1)

Gem. § 234 Nr. 2 Var. 1 sind bei einem Formwechsel einer Kapitalgesellschaft in eine Kommanditgesellschaft im Formwechselbeschluss auch die **Kommanditisten** zu bestimmen. Nach hM sind die Kommanditisten mit Namen, Vornamen, Geburtsdatum und Wohnort zu nennen.[8] Insbes. bei dem Formwechsel einer AG/KGaA in eine KG kann dies zu erheblichen Problemen führen, wenn nicht alle Aktionäre bzw. Kommanditaktionäre und damit auch nicht alle zukünftigen Kommanditisten mit Namen bekannt sind.[9] Hinreichend ist hierbei gem. §§ 213, 35 die Bezeichnung des auf diese unbekannten Aktionäre entfallenden Teils des Grundkapitals sowie die Bezeichnung der auf sie nach dem Formwechsel entfallenden Kommanditanteile. Allerdings ist dies nur möglich, solange der Anteil der unbekannten Aktionäre bzw. Kommanditaktionäre zusammen maximal 5 % des Grundkapitals ausmacht. Übersteigt ihr konsolidierter Anteil an dem formwechselnden Rechtsträger diese 5 %-Schwelle, so stellt sich hier die Frage, ob ein dennoch gefasster Formwechselbeschluss unwirksam oder nur anfechtbar ist. Im Hinblick auf § 202 Abs. 3, wonach Mängel des Formwechsels die Wirkung der

---

3 Begr. RegE zu § 234, BR-Drs. 75/94, 154.
4 § 13 Abs. 1 S. 1 HGB. Vgl. auch Begr. RegE zu § 234, BR-Drs. 75/94, 154.
5 Semler/Stengel/Leonard/*Ihrig* § 234 Rn. 5; Lutter/*Göthel* § 234 Rn. 16.
6 Semler/Stengel/Leonard/*Ihrig* § 234 Rn. 5; Lutter/*Göthel* § 234 Rn. 16.
7 Semler/Stengel/Leonard/*Ihrig* § 234 Rn. 5; Lutter/*Göthel* § 234 Rn. 16; Kallmeyer/*Blasche* § 234 Rn. 2.
8 Lutter/*Göthel* § 234 Rn. 18; Widmann/Mayer/*Vossius* § 234 Rn. 9; differenzierend Kallmeyer/*Blasche* § 234 Rn. 3; aA Semler/Stengel/Leonard/*Ihrig* § 234 Rn. 7.
9 Widmann/Mayer/*Vossius* § 234 Rn. 11.1; Lutter/*Göthel* § 234 Rn. 18; Kallmeyer/*Blasche* § 234 Rn. 4.

Eintragung der neuen Rechtsform (und damit die Wirksamkeit des Formwechsels) unberührt lassen, kann hier wohl „nur" die Anfechtbarkeit des Formwechselbeschlusses angenommen werden.[10]

b) Betrag der Einlage (Nr. 2 Var. 2)

5 Neben der Angabe zum jeweiligen Kommanditisten selbst ist gem. § 234 Nr. 2 Var. 2 auch der betreffende **Betrag seiner Einlage** im Formwechselbeschluss festzuhalten. Dies zielt auf den Betrag seiner Hafteinlage, also denjenigen Betrag ab, der den Gläubigern der Kommanditgesellschaft als Haftungssumme zur Verfügung steht.[11]

4. Gesellschaftsvertrag der Personengesellschaft

6 § 234 Nr. 3 bestimmt, dass beim Formwechsel in eine Personengesellschaft der Formwechselbeschluss auch den Gesellschaftsvertrag des Rechtsträgers neuer Rechtsform enthalten muss. Auch der Partnerschaftsvertrag beim Formwechsel in eine Partnerschaftsgesellschaft ist hiervon erfasst. Im Recht der Personengesellschaften ist ein mündlich geschlossener Gesellschaftsvertrag – abweichend vom Grundsatz der Formfreiheit im Recht der Personengesellschaften – nicht ausreichend.[12] Allerdings kann dieser neue Gesellschaftsvertrag sehr kurz ausfallen. Den Anteilsinhabern steht es frei, von ihrem Dispositionsrecht Gebrauch zu machen und die gesetzlichen Regelungen unverändert zu akzeptieren oder sie im Gesellschaftsvertrag im Rahmen des rechtlich Zulässigen anzupassen.

Hinweis: Es ist ratsam, es nicht bei der bloßen Wiedergabe gesetzlicher Regelungen zu belassen, sondern bereits im Zeitpunkt des Formwechsels einen den Bedürfnissen der Gesellschafter angepassten Gesellschaftsvertrag zu vereinbaren.[13] Dies gilt insbes. für die Frage, mit welchen Mehrheiten Gesellschafterbeschlüsse gefasst werden können. Ohne Regelung im Gesellschaftsvertrag greift das gesetzliche Einstimmigkeitserfordernis.[14] Insbesondere seit dem Inkrafttreten des MoPeG zum 1.1.2024 wird es vermutlich verschiedene Auslegungsthemen der neuen gesetzlichen Regelungen geben, die es ratsam erscheinen lassen, im Rahmen des rechtlich Zulässigen eher detailliertere Regelungen im Gesellschaftsvertrag aufzunehmen. Gleiches gilt, falls Pfandrechte an Anteilen des formwechselnden Rechtsträgers bestehen.[15]

7 Bei der Anmeldung zum Handelsregister ist der gesamte Gesellschaftsvertrag – als Teil des gem. § 199 ebenfalls beizufügenden Formwechselbeschlusses – mit einzureichen.[16] Dies ist der einzige Fall, dass der Gesellschaftsvertrag einer Personengesellschaft zum Handelsregister einzureichen ist.

Hinweis: Es sollte geprüft werden, ob der Gesellschaftsvertrag für die Zwecke des Formwechsels zunächst kurz gehalten wird, um ihn dann nach der Eintragung des Formwechsels im Register anzupassen. Auf diese Weise kann es vermieden werden, dass

---

10 Lutter/*Göthel* § 234 Rn. 25 ff. schlägt insofern Lösungsmöglichkeiten vor, wenn die 5%-Schwelle überschritten ist; den Formwechsel bei Überschreitung der 5%-Schwelle ablehnend Kallmeyer/*Blasche* § 234 Rn. 4; zurückhaltend auch Semler/Stengel/Leonard/*Ihrig* § 234 Rn. 12a.

11 Semler/Stengel/Leonard/*Ihrig* § 234 Rn. 5; Kallmeyer/*Blasche* § 234 Rn. 5.

12 Widmann/Mayer/*Vossius* § 234 Rn. 19; Kallmeyer/*Blasche* § 234 Rn. 8; Lutter/*Göthel* § 234 Rn. 39.

13 Semler/Stengel/Leonard/*Ihrig* § 234 Rn. 17; vgl. auch Lutter/*Göthel* § 234 Rn. 40 f.

14 Semler/Stengel/Leonard/*Ihrig* § 234 Rn. 18; Lutter/*Göthel* § 234 Rn. 40.

15 Hecksen/Weitbrecht ZIP 2019, 1189 (1191).

16 Widmann/Mayer/*Vossius* § 234 Rn. 19 mwN; im Ergebnis auch Kallmeyer/*Blasche* § 234 Rn. 8.

bestimmte gesellschaftsvertragliche Regelungen der Öffentlichkeit bekannt werden. Eine parallele vertragliche Vereinbarung der Anteilsinhaber könnte sicherstellen, dass diese nachgelagerte Anpassung des Gesellschaftsvertrages auch tatsächlich erfolgt.[17]

5. Partnerschaftsvertrag

§ 234 Nr. 3 S. 2 aF bestimmte, dass beim Formwechsel in eine Partnerschaftsgesellschaft § 213 und infolgedessen § 35 nicht entsprechend anwendbar ist. Der historische Gesetzgeber wollte bei einem solchen Formwechsel sicherstellen, dass alle Gesellschafter und damit zukünftigen Partner bekannt sind. Dies erreichte er aber bereits durch § 233 Abs. 1, wonach bei einem Formwechsel in eine Partnerschaftsgesellschaft alle anwesenden und auch nicht erschienenen Anteilsinhaber dem Umwandlungsbeschluss zustimmen müssen. § 234 Nr. 3 S. 2 aF dient daher nur der Verdeutlichung, hatte aber keine eigenständige Bedeutung.[18] Dieses Verständnis führte der Gesetzgeber daher auch als Begründung für die Streichung des § 234 Nr. 2 S. 2 aF und hob daher mit Verweis auf ein mangelndes Klarstellungsbedürfnisses diese Regelung mit Wirkung zum 1.1.2014 auf.[19]

§ 235 Anmeldung des Formwechsels

Die Anmeldung nach § 198 ist durch das Vertretungsorgan der formwechselnden Gesellschaft vorzunehmen.

I. Normzweck	1	IV. Anmeldepflichtiger	5
II. Zuständiges Register)	3	V. Form	6
III. Gegenstand der Anmeldung	4	VI. Wirkung der Anmeldung	7

I. Normzweck

Die neue Rechtsform des Rechtsträgers ist gem. § 198 zur Eintragung in dasjenige Register, in dem der formwechselnde Rechtsträger eingetragen ist, anzumelden. Vor Inkrafttreten des MoPeG am 1.1.2024 enthielt § 235 noch einen Abs. 1, wonach von diesem Grundsatz für den Formwechsel in eine GbR der Formwechsel abgewichen wurde, und zwar dergestalt, dass der Formwechsel beim Register der formwechselnden Gesellschaft anzumelden war. Da ab dem 1.1.2024 nach § 191 Abs. 2 Nr. 1 nF eine GbR nur bei vorheriger Eintragung im Gesellschaftsregister als formwechselnder Rechtsträger in Betracht kommt, war die Regelung in § 235 Abs. 1 obsolet geworden und musste gestrichen werden.[1]

§ 235 nF gilt für den Formwechsel einer Kapitalgesellschaft in jede Personengesellschaft.[2]

II. Zuständiges Register)

Für die Anmeldung zur Eintragung des Formwechsels der Gesellschaft ist das Register zuständig, in das die formwechselnde Kapitalgesellschaft eingetragen ist. Bei der eingetragenen GbR ist dies ab dem 1.1.2024 im Gesellschaftsregister vorzunehmen.

---

17 Semler/Stengel/Leonard/*Ihrig* § 234 Rn. 18; Lutter/*Göthel* § 234 Rn. 40.
18 Semler/Stengel/Leonard/*Ihrig* § 234 Rn. 15.
19 Begr. RegE zu § 234, BT- Drs. 19/27635, 268.

1 Begr. RegE zu § 235, BT-Drs. 19/27635, 268.
2 Lutter/*Göthel* § 235 Rn. 2; Semler/Stengel/Leonard/*Ihrig* § 235 Rn. 3.

III. Gegenstand der Anmeldung

4 Gegenstand der Anmeldung gem. § 198 ist die neue Rechtsform des Rechtsträgers.

IV. Anmeldepflichtiger

5 § 235 nF regelt, wer bei dem Formwechsel einer Kapitalgesellschaft in eine Personengesellschaft zur Eintragung in das zuständige Register **Anmeldepflichtiger** ist. Die Anmeldung hat demnach das Vertretungsorgan der formwechselnden Gesellschaft vorzunehmen. Diese Regelung wäre sachgerechter im Ersten Teil (Allgemeine Vorschriften) der Regelungen zum Formwechsel aufgehoben gewesen, zumal sich gleichlautende oder ähnliche Regelungen zB auch in § 222 Abs. 1 S. 1 und § 246 Abs. 1 finden. Bei der AG ist dies der Vorstand (§ 78 Abs. 1 AktG), bei der KGaA der persönlich haftende Gesellschafter (§ 278 Abs. 3 AktG, §§ 161 Abs. 2, 124 HGB nF) und bei der GmbH die Geschäftsführer (§ 35 Abs. 1 GmbHG). Die Unterzeichnung der Anmeldung durch das Vertretungsorgan muss nicht durch sämtliche Mitglieder, sondern nur in vertretungsberechtigter Anzahl erfolgen. Dies ergibt sich aus dem Umkehrschluss aus § 222 Abs. 1 S. 1. Da das Gesetz dort ausdrücklich eine Anmeldung durch sämtliche Mitglieder des neuen Vertretungsorgans vorsieht, kann dies nur bedeuten, dass bei anderen Anmeldungen eine Unterzeichnung durch eine vertretungsberechtigte Anzahl von Organmitgliedern ausreicht, auch im Wege unechter Gesamtvertretung.[3]

V. Form

6 Die Unterzeichnung der Anmeldung bedarf der **notariellen Beglaubigung**, § 12 Abs. 1 S. 1 HGB. Stellvertretung ist auch hier zulässig; die entsprechende Vollmacht bedarf allerdings auch der notariellen Beglaubigung, § 12 Abs. 1 S. 2 HGB. Da die Anmeldung zudem die Negativerklärung gem. §§ 198, 16 Abs. 2, Abs. 3 regelmäßig mit enthalten muss, die höchstpersönlicher Natur ist, wird eine Bevollmächtigung aus praktischen Erwägungen aber häufig ausscheiden (→ § 198 Rn. 12; → § 222 Rn. 7, 13).[4]

VI. Wirkung der Anmeldung

7 Die Anmeldung führt noch nicht zur Wirksamkeit des Formwechsels. Erst mit **Eintragung des Formwechsels** wird dieser wirksam.[5]

§ 236 Wirkungen des Formwechsels

Mit dem Wirksamwerden des Formwechsels einer Kommanditgesellschaft auf Aktien scheiden persönlich haftende Gesellschafter, die nach § 233 Abs. 3 Satz 3 ihr Ausscheiden aus dem Rechtsträger erklärt haben, aus der Gesellschaft aus.

I. Normzweck 1	III. Rechtsfolgen des Ausscheidens 3
II. Ausscheiden aus der Gesellschaft 2	1. Auseinandersetzung 3
	2. Haftung 4

---

[3] Kallmeyer/*Blasche* § 235 Rn. 5; Semler/Stengel/Leonard/*Ihrig* § 235 Rn. 7 f.

[4] Semler/Stengel/Leonard/*Ihrig* § 235 Rn. 8; Lutter/*Decher* § 16 Rn. 13.

[5] Vgl. § 202 Abs. 1. Zur Frage, ob die Eintragung der GbR und ihrer Gesellschafter eine eintragungspflichtige Tatsache iSv § 15 Abs. 3 HGB ist, vgl. OLG Bremen DStR 2016, 489 (492).

I. Normzweck

§ 236 findet ausschließlich auf den Formwechsel einer **KGaA** in eine **Personengesellschaft** Anwendung und regelt die Rechtsfolgen einer Ausscheidenserklärung nach § 233 Abs. 3 S. 3 für aus der KGaA ausscheidende Gesellschafter. Der Gesetzgeber entschied sich dafür, dass der persönlich haftende Gesellschafter im Zeitpunkt des Formwechsels nicht mehr, wie nach altem Recht, automatisch ausscheidet.[1] Dieser sollte nunmehr grundsätzlich in der formwechselnden Gesellschaft verbleiben und nur bei Vorliegen einer entsprechenden Ausscheidenserklärung aus der Gesellschaft ausscheiden.[2] Strenggenommen hätte es der Regelung des § 236 nicht bedurft, da nach § 233 Abs. 3 S. 3 das Ausscheiden ohnehin auf den Zeitpunkt, in dem der Formwechsel wirksam wird, zu erklären ist. Insoweit hat § 236 nur klarstellende Funktion.

II. Ausscheiden aus der Gesellschaft

Der persönlich haftende Gesellschafter einer KGaA scheidet unter der Bedingung einer entsprechenden **Ausscheidenserklärung** gem. § 233 Abs. 3 S. 3 mit Wirksamwerden des Formwechsels aus der Gesellschaft aus. Der Zeitpunkt des Wirksamwerdens des Formwechsels bestimmt sich nach § 202 Abs. 1. Der ausscheidende persönlich haftende Gesellschafter der KGaA ist danach „von Anfang an" nicht mehr Gesellschafter des Rechtsträgers neuer Rechtsform.[3]

III. Rechtsfolgen des Ausscheidens

1. Auseinandersetzung

Scheidet ein Komplementär einer KGaA mit dem Formwechsel aus der Gesellschaft aus, ist unter Berücksichtigung der Satzung der KGaA eine **Auseinandersetzung** nach den allgemeinen und satzungsrechtlichen Bestimmungen durchzuführen.[4] An die Stelle der Mitgliedschaft des Gesellschafters tritt damit, wenn das Gesellschaftsvermögen nicht durch Verluste aufgebraucht ist, ein Anspruch auf Abfindung gegen den formwechselnden Rechtsträger (§ 278 Abs. 2 AktG iVm §§ 161 Abs. 2, 105 Abs. 3 HGB, §§ 728 ff. BGB nF (§§ 738–740 BGB aF), der mit dem Zeitpunkt des Ausscheidens entsteht (→ § 227 Rn. 2 f.).[5]

2. Haftung

Mit dem Ausscheiden aus der Gesellschaft wird der Komplementär nicht von der **akzessorischen Haftung** für Verbindlichkeiten des Ausgangsrechtsträgers, die bis zum Zeitpunkt des Ausscheidens begründet wurden, befreit; diese bleibt vielmehr nach allgemeinen Grundsätzen bestehen.[6] Eine Begrenzung dieser Haftung wird aber durch § 278 Abs. 2 AktG iVm §§ 161 Abs. 2, 160 Abs. 1 HGB gewährleistet. Die Dauer der (Nach-)Haftung beträgt demnach fünf Jahre.[7] Diese Frist beginnt mit dem Zeitpunkt des Ausscheidens aus der Gesellschaft, also der Eintragung der neuen Rechtsform in das Register (§ 202 Abs. 1 Nr. 1) bzw. bei einem Formwechsel in eine GbR mit der Eintragung in das Register, in dem die KGaA eingetragen ist (§ 235).

---

1 Begr. RegE zu § 233, BR-Drs. 75/94, 154.
2 Begr. RegE zu § 233, BR-Drs. 75/94, 154.
3 Widmann/Mayer/*Vossius* § 236 Rn. 6.
4 *K. Schmidt* GesR § 50 IV 1.
5 *K. Schmidt* GesR § 50 IV 1 c).

6 So auch Widmann/Mayer/*Vossius* § 236 Rn. 13; Semler/Stengel/Leonard/*Ihrig* § 236 Rn. 7; Lutter/*Göthel* § 236 Rn. 4; Kallmeyer/*Blasche* § 236 Rn. 3.
7 Vgl. die genauen Voraussetzungen für den Eintritt der Enthaftung nach § 160 Abs. 1 HGB.

5 Entscheidet sich ein persönlich haftender Gesellschafter bei einem Formwechsel der KGaA in eine KG für das Verbleiben in der Gesellschaft als **Kommanditist**, findet § 237 Anwendung. Auf seine Haftung ist daher § 224 entsprechend anzuwenden (→ § 237 Rn. 3).

§ 237 Fortdauer und zeitliche Begrenzung der persönlichen Haftung

Erlangt ein persönlich haftender Gesellschafter einer formwechselnden Kommanditgesellschaft auf Aktien beim Formwechsel in eine Kommanditgesellschaft die Rechtsstellung eines Kommanditisten, so ist auf seine Haftung für die im Zeitpunkt des Formwechsels begründeten Verbindlichkeiten der formwechselnden Gesellschaft § 224 entsprechend anzuwenden.

1. Normzweck

1 § 237 betrifft nur den Formwechsel einer KGaA in eine KG. Die Norm regelt deklaratorisch die Frage der (**Nach-**)**Haftung** für zum Zeitpunkt des Formwechsels begründete Verbindlichkeiten der formwechselnden KGaA, wenn ein persönlich haftender Gesellschafter der KGaA in der Ziel-KG die Stellung eines Kommanditisten einnehmen will.[1] Diese Nachhaftung ergibt sich bereits aus den allgemeinen gesellschaftsrechtlichen Grundsätzen.[2] Der Gesetzgeber hat es gleichwohl für notwendig befunden, dies mit § 237 noch einmal klarzustellen, da nach dem UmwG 1994 die Identität des Rechtsträgers erhalten bleibt und somit Unklarheiten bzgl. der Haftung von Komplementären einer KGaA entstehen können.[3]

2 § 237 ist nach seinem Wortlaut keine Anspruchsgrundlage und verweist wiederum auf § 224. Die Anspruchsgrundlage der Gläubiger, um die Haftung des Komplementärs geltend zu machen, richtet sich weiterhin nach den **allgemeinen Regeln** des Rechts der KGaA, also nach § 278 Abs. 2 AktG iVm §§ 161 Abs. 2, 126 HGB nF.

2. Haftung

3 Durch den Formwechsel wird die **akzessorische Haftung** eines persönlich haftenden Gesellschafters einer KGaA gem. § 278 Abs. 2 AktG iVm §§ 161 Abs. 2, 126 HGB nF für bis zum Zeitpunkt des Formwechsels begründete Gesellschaftsverbindlichkeiten nicht berührt, §§ 237, 224 Abs. 1. Begründet die Ziel-KG nach dem Formwechsel neue Verbindlichkeiten, so richtet sich die Haftung für diese Verbindlichkeiten nach den allgemeinen Haftungsregelungen für Kommanditisten, §§ 171 ff. HGB.

3. Regressanspruch des persönlich haftenden Gesellschafters

4 Wird der ehemalige Komplementär der formwechselnden KGaA aufgrund seiner akzessorischen Haftung für bis zum Formwechsel begründete Gesellschaftsverbindlichkeiten der Ausgangs-KGaA in Anspruch genommen, so kann er bei der Ziel-KG oder den übrigen haftenden Gesellschaftern **Regress** nehmen. Zunächst ist die KG nach § 105 Abs. 3 HGB nF iVm § 716 Abs. 1 BGB nF in Regress zu nehmen. Ist dies erfolglos oder nicht ausreichend, so kann der in Anspruch genommene Gesellschafter die übrigen

---

1 Begr. RegE zu § 237, BR-Drs. 75/94, 155.
2 Begr. RegE zu § 237, BR-Drs. 75/94, 155 mit Verweis auf Begr. RegE zu § 224, BR-Drs. 75/94, 151.
3 Begr. RegE zu § 224, BR-Drs. 75/94, 155.

Gesellschafter nach § 709 Abs. 2 BGB nF iVm § 426 BGB bezogen auf ihren Verlustanteil in Anspruch nehmen.⁴ Allerdings scheidet eine Inanspruchnahme anderer Kommanditisten aus, wenn sie ihre Einlage vollständig erbracht haben.⁵

Dritter Unterabschnitt Formwechsel in eine Kapitalgesellschaft anderer Rechtsform

§ 238 Vorbereitung der Versammlung der Anteilsinhaber

¹Auf die Vorbereitung der Gesellschafterversammlung oder der Hauptversammlung, die den Formwechsel beschließen soll, sind die §§ 230 und 231 entsprechend anzuwenden. ²§ 192 Abs. 2 bleibt unberührt.

I. Normzweck	1	3. Angebot der Barabfindung	6
II. Vorbereitung der Gesellschafterversammlung oder Hauptversammlung (S. 1)	4	III. Entbehrlichkeit der Vermögensaufstellung	7
1. Vorbereitung der Hauptversammlung einer AG/KGaA	4	IV. Entbehrlichkeit bzw. Verzicht auf die Erstattung des Formwechselberichts (S. 2)	8
2. Vorbereitung der Gesellschafterversammlung einer GmbH	5		

I. Normzweck

Mit § 238 leitet der Gesetzgeber den dritten Unterabschnitt (5. Buch, 2. Teil) und damit die Vorschriften zum Formwechsel einer Kapitalgesellschaft in eine Kapitalgesellschaft anderer Rechtsform ein. Die Vorschrift regelt die **Vorbereitung der Versammlung der Anteilsinhaber** und ergänzt so die allgemeinen Vorschriften des Aktien- und GmbH-Rechts über die Einberufung der Hauptversammlung einer AG oder KGaA bzw. der Gesellschafterversammlung einer GmbH.¹

§ 238 findet **nur Anwendung** auf den Formwechsel einer Kapitalgesellschaft in eine Kapitalgesellschaft anderer Rechtsform. Dabei betrifft der Verweis in § 238 S. 1 auf § 230 Abs. 1 allein den Formwechsel einer GmbH und der Verweis in § 238 S. 1 auf § 230 Abs. 2 ausschließlich den Formwechsel einer AG oder KGaA.² Der Verweis auf § 231 gilt weder für den Formwechsel einer AG in eine KGaA noch einer KGaA in eine AG, da § 207 in diesen Fällen keine Anwendung findet.³ Auch bei einem Formwechsel einer KGaA in eine GmbH ist ein Angebot der Barabfindung ausgeschlossen.⁴

Nach dem AktG 1965 war die Vorlage einer Umwandlungsbilanz für den Formwechsel einer KGaA in eine Kapitalgesellschaft anderer Rechtsform und für den Formwechsel einer GmbH oder einer AG in eine KGaA erforderlich.⁵ Der RegE zum UmwBerG sah noch vor, dass eine Vermögensaufstellung, die an die Stelle der nach altem Recht für den Formwechsel einer KGaA in eine Kapitalgesellschaft anderer Rechtsform oder

---

4 Der Innenausgleich nach § 426 BGB gilt wohl auch noch nach Inkrafttreten des MoPeG, da sich die Verweisnormen im BGB materiell insoweit nicht geändert haben, vgl. BGHZ 34, 299 (303), BGH NJW-RR, 455, 455 f., zur Rechtlage vor Inkrafttreten des MoPeG; Kallmeyer/Blasche § 237 Rn. 2; Semler/Stengel/Leonard/Ihrig § 237 Rn. 6.
5 Hopt/Roth HGB § 128 Rn. 11 mit Hinweisen auf Sonderkonstellationen, so auch nach Inkrafttreten des MoPeG.

1 Lutter/Göthel § 238 Rn. 1; Semler/Stengel/Leonard/Arnold § 238 Rn. 1.
2 Semler/Stengel/Leonard/Arnold § 238 Rn. 2; Kallmeyer/Blasche § 238 Rn. 1.
3 Semler/Stengel/Leonard/Arnold § 238 Rn. 2 mit Verweis auf § 250.
4 Semler/Stengel/Leonard/Arnold § 238 Rn. 2 mit Verweis
5 §§ 362 Abs. 3 S. 1, 366 Abs. 3 S. 1, 386 Abs. 2 S. 1, 389 Abs. 3 S. 1 AktG 1965 aF.

umgekehrt treten sollte, auch im Falle des Formwechsels einer GmbH in eine AG oder umgekehrt gelten sollte.⁶ Um eine **Erleichterung des Formwechsels** zwischen Kapitalgesellschaften zu verwirklichen, ist jedoch auf dieses Erfordernis ausdrücklich verzichtet worden (§ 238 S. 2 aF). Mit dem 2. UmwGÄndG ist § 192 Abs. 2 aF für gegenstandslos erklärt worden, so dass es der besonderen Regelung des § 238 S. 2 aF nicht mehr bedurfte und diese daher gestrichen wurde.⁷ Aus dem § 238 S. 3 aF wurde der heutige § 238 S. 2.

II. Vorbereitung der Gesellschafterversammlung oder Hauptversammlung (S. 1)

1. Vorbereitung der Hauptversammlung einer AG/KGaA

4   Auf die Vorbereitung der Hauptversammlung einer **AG/KGaA**, die den Formwechselbeschluss herbeiführen soll, finden die allgemeinen aktienrechtlichen Bestimmungen zur Einberufung Anwendung (§§ 121 ff. AktG). Diese werden durch § 238 S. 1 iVm § 230 Abs. 2 ergänzt.⁸ Danach ist der Formwechselbericht und damit auch der Entwurf des Formwechselbeschlusses von der Einberufung der Hauptversammlung an, die den Formwechsel beschließen soll, in dem Geschäftsraum der Gesellschaft zur Einsicht der Aktionäre bzw. Kommanditaktionäre auszulegen (→ § 230 Rn. 14 f.).

2. Vorbereitung der Gesellschafterversammlung einer GmbH

5   Auch im Falle des Formwechsels einer **GmbH** richtet sich die Einberufung der beschlussfassenden Gesellschafterversammlung nach den allgemeinen Bestimmungen (§§ 49 ff. GmbHG), die durch § 238 S. 1 iVm § 230 Abs. 1 ergänzt werden.⁹ Die Geschäftsführer der formwechselnden GmbH haben demnach allen Gesellschaftern spätestens zusammen mit der Einberufung der Gesellschafterversammlung, die den Formwechsel in eine Kapitalgesellschaft anderer Rechtsform beschließen soll, diesen Formwechsel als Gegenstand der Beschlussfassung in Textform anzukündigen und den Formwechselbericht zu übersenden (→ § 230 Rn. 7).

3. Angebot der Barabfindung

6   Das Vertretungsorgan der formwechselnden Gesellschaft hat den Gesellschaftern oder Aktionären spätestens mit der Einberufung der Gesellschafterversammlung oder der Hauptversammlung, die den Formwechsel beschließen soll, ein **Angebot der Barabfindung** nach § 207 zu übersenden (§§ 238 S. 1 iVm 231 S. 1). Alternativ genügt auch die Bekanntmachung im elektronischen Bundesanzeiger und den sonstigen Gesellschaftsblättern (§§ 238 S. 1 iVm 231 S. 2). Der Gesetzgeber wollte mit der Regelung allen Anteilsinhabern einen unmittelbaren Zugang zu dem Abfindungsangebot sichern (→ § 231 Rn. 2 f.).[10]

III. Entbehrlichkeit der Vermögensaufstellung

7   § 192 Abs. 2 aF sah vor, dass dem Formwechselbericht grundsätzlich eine **Vermögensaufstellung** beizufügen ist. Mit der Novellierung des UmwG durch das Zweite Gesetz zur Änderung des Umwandlungsgesetzes im Jahre 2007 wurde § 192 Abs. 2 aF ersatzlos

---

6   Begr. RegE zu § 238, BR-Drs. 75/94, 155.
7   Widmann/Mayer/*Rieger* § 238 Rn. 2; Semler/Stengel/Leonard/*Arnold* § 238 Rn. 3.
8   Semler/Stengel/Leonard/*Arnold* § 238 Rn. 6; Lutter/*Göthel* § 238 Rn. 1.
9   Semler/Stengel/Leonard/*Arnold* § 238 Rn. 5.
10 Begr. RegE zu § 231, BR-Drs. 75/94, 153.

gestrichen und aus § 238 S. 3 aF wurde der heutige § 238 S. 2.[11] Eine entsprechende Pflicht zur Vermögensaufstellung existiert seitdem nicht mehr.

IV. Entbehrlichkeit bzw. Verzicht auf die Erstattung des Formwechselberichts (S. 2)

Ist an einem Rechtsträger nur **ein Anteilsinhaber beteiligt** oder haben alle Anteilsinhaber auf die Erstattung des Formwechselberichts durch notariell beurkundete Erklärung **verzichtet**, bedarf es gem. § 238 S. 2 iVm § 192 Abs. 2 nicht der Erstattung eines Formwechselberichts. Die Norm hat, da § 192 als allgemeine Regelung auch in dem besonderen Abschnitt über den Formwechsel einer Kapitalgesellschaft in eine Kapitalgesellschaft anderer Rechtsform gilt, nur klarstellende Bedeutung.[12] Der Gesetzgeber hätte sie daher, zuletzt im Jahr 2023 im Zuge des UmRUG auch streichen können.

§ 239 Durchführung der Versammlung der Anteilsinhaber

(1) ¹In der Gesellschafterversammlung oder in der Hauptversammlung, die den Formwechsel beschließen soll, ist der Formwechselbericht auszulegen. ²In der Hauptversammlung kann der Formwechselbericht auch auf andere Weise zugänglich gemacht werden.

(2) Der Entwurf des Formwechselbeschlusses einer Aktiengesellschaft oder einer Kommanditgesellschaft auf Aktien ist von deren Vertretungsorgan zu Beginn der Verhandlung mündlich zu erläutern.

1. Normzweck

§ 239 findet Anwendung nur auf den Formwechsel einer Kapitalgesellschaft in eine Kapitalgesellschaft anderer Rechtsform. Er trifft eine Bestimmung über die **Durchführung der Versammlung** der Anteilsinhaber hinsichtlich der Auslegung des Formwechselberichtes sowie der Erläuterung des Entwurfs des Formwechselbeschlusses. Die Norm ist im Wortlaut identisch mit § 232, der für den Formwechsel einer Kapitalgesellschaft in eine Personengesellschaft gilt.

Die Regelung ist durch das UmwG eingeführt worden. Im früheren Recht war lediglich die Pflicht zur Vorlage der Umwandlungsbilanz bei einem Formwechsel eines Rechtsträgers in die Rechtsform einer KGaA oder bei einem Formwechsel einer KGaA in eine andere Rechtsform normiert.[1] Das UmRUG hat mit Wirkung zum 1.3.2023 lediglich die Begriffe Umwandlungsbericht und Umwandlungsbeschluss in Formwechselbericht und Formwechselbeschluss geändert, womit jedoch keine inhaltliche Änderung verbunden war.[2]

2. Auslegung des Formwechselberichts (Abs. 1 S. 1)

Im Falle des Formwechsels einer AG oder KGaA bzw. GmbH in eine Kapitalgesellschaft anderer Rechtsform sieht das UmwG vor, dass bereits vor Beginn der Hauptversammlung, nämlich ab dem Zeitpunkt ihrer Einberufung, der Formwechselbericht im Ge-

---

11 Art. 1 Nr. 24 2. UmwÄndG; s. auch Semler/Stengel/Leonard/*Arnold* § 238 Rn. 11; Lutter/*Göthel* § 238 Rn. 2; Widmann/Mayer/*Rieger* § 238 Rn. 15.
12 Begr. RegE zu § 238, BR-Drs. 75/94, 156; kritisch zur Relevanz der Norm Lutter/*Göthel* § 238 Rn. 9.

1 §§ 362 Abs. 3, 366 Abs. 3, 386 Abs. 2, 389 Abs. 2 AktG 1965.
2 Begr. RegE zu § 239, BT-Drs. 20/3822, 86.

schäftsraum der Gesellschaft ausgelegt werden muss (§ 238 iVm § 230 Abs. 2). § 239 regelt, dass der Formwechselbericht nach § 192 Abs. 1 auch **in der Hauptversammlung der Gesellschaft** auszulegen ist (im Einzelnen → § 232 Rn. 4 f.).

3. Zugänglichmachung auf andere Weise (Abs. 1 S. 2)

4 Neben der Zugänglichmachung im Wege der Auslegung lässt das Gesetz für den Fall des Formwechsels einer AG oder KGaA auch die Möglichkeit zu, den Umwandlungsbericht **auf andere Weise** zugänglich zu machen. Namentlich kann so den Gesellschaftern der Formwechselbericht zB über Computerbildschirme zugänglich gemacht werden.[3] Auch eine Zugänglichmachung über Tablet-PCs kommt in Betracht (im Einzelnen → § 232 Rn. 6 f.).

4. Erläuterung des Formwechselbeschlusses

5 Der Formwechselbeschluss einer AG oder KGaA muss gem. § 239 Abs. 2 zu Beginn der Verhandlung von dem Vertretungsorgan der Gesellschaft **erläutert** werden. Die Norm entspricht wörtlich § 232 Abs. 2 (im Einzelnen → § 232 Rn. 9 ff.).

§ 240 Beschluß der Versammlung der Anteilsinhaber

(1) ¹Der Formwechselbeschluss bedarf einer Mehrheit von mindestens drei Vierteln der bei der Gesellschafterversammlung einer Gesellschaft mit beschränkter Haftung abgegebenen Stimmen oder des bei der Beschlußfassung einer Aktiengesellschaft oder einer Kommanditgesellschaft auf Aktien vertretenen Grundkapitals; § 65 Abs. 2 ist entsprechend anzuwenden. ²Der Gesellschaftsvertrag oder die Satzung der formwechselnden Gesellschaft kann eine größere Mehrheit und weitere Erfordernisse, beim Formwechsel einer Kommanditgesellschaft auf Aktien in eine Aktiengesellschaft auch eine geringere Mehrheit bestimmen.

(2) ¹Dem Formwechsel einer Gesellschaft mit beschränkter Haftung oder einer Aktiengesellschaft in eine Kommanditgesellschaft auf Aktien müssen alle Gesellschafter oder Aktionäre zustimmen, die in der Gesellschaft neuer Rechtsform die Stellung eines persönlich haftenden Gesellschafters haben sollen. ²Auf den Beitritt persönlich haftender Gesellschafter ist § 221 entsprechend anzuwenden.

(3) ¹Dem Formwechsel einer Kommanditgesellschaft auf Aktien müssen ferner deren persönlich haftende Gesellschafter zustimmen. ²Die Satzung der formwechselnden Gesellschaft kann eine Mehrheitsentscheidung dieser Gesellschafter vorsehen.

I. Normzweck 1	bb) Ausnahme: Anderweitige Mehrheitsanforderungen und weitere Erfordernisse (Abs. 1 S. 2) 8
II. Formwechselbeschluss der Versammlung der Anteilsinhaber 3	
III. Beschlussanforderungen 5	
1. Formwechsel einer AG 6	cc) Nicht erschienene Gesellschafter 10
a) Formwechsel in eine GmbH 6	
aa) Regel: Beschlussfassung der Gesellschafter mit qualifizierter Mehrheit (Abs. 1 S. 1) 6	dd) Sonderbeschluss und stimmrechtslose Mitgliedschaft 11
	ee) Unabdingbarkeit 13

---

[3] Begr. RefE zu Art. 1 ARUG, 36; kritisch hierzu *J. Schmidt* NZG 2008, 734 (735).

b) Formwechsel in eine KGaA (Abs. 2)	14	
aa) Allgemeines	14	
bb) Zustimmung der künftigen persönlich haftenden Gesellschafters (Abs. 2 S. 1)	15	
cc) Beitritt persönlich haftender Gesellschafter (Abs. 2 S. 2)	18	
2. Formwechsel einer KGaA (Abs. 3)	19	
a) Formwechsel in eine AG	19	
aa) Allgemeines	19	
bb) Mehrheitsentscheidung der Gesellschafter (Abs. 1 S. 2 Hs. 2)	20	
cc) Zustimmungserfordernis der persönlich haftenden Gesellschafter (Abs. 3)	21	
b) Formwechsel in eine GmbH	22	
3. Formwechsel einer GmbH	23	
a) Formwechsel in eine AG	23	
aa) Grundsatz: Beschlussfassung der Gesellschafter mit qualifizierter Mehrheit	23	
bb) Ausnahme: Anderweit ge Mehrheitsanforderungen und weitere Erfordernisse	24	
cc) Sonderbeschluss und stimmrechtslose Mitgliedschaft	25	
b) Formwechsel in eine KGaA	29	

I. Normzweck

Das Gesetz gibt vor, dass ein Rechtsträger seinen Willen zum Formwechsel in eine andere Rechtsform durch Formwechselbeschluss in der Gesellschafter- bzw. Hauptversammlung fassen muss (vgl. § 193 Abs. 1 S. 1, 2). Die **Mehrheitsanforderungen**, die an die Beschlussfassung zur wirksamen Herbeiführung des Formwechselbeschlusses bei einem Rechtsformwechsel einer Kapitalgesellschaft in eine Kapitalgesellschaft anderer Rechtsform zu stellen sind, regelt § 240. Diese Regelung enthält – zusammen mit §§ 241 und 242 – alle Regelungen zu den Mehrheitsanforderungen für den Wechsel einer Kapitalgesellschaft in eine andere Kapitalgesellschaftsrechtsform. Hierbei darf jedoch nicht vergessen werden, dass das UmwG weitere Zustimmungserfordernisse einzelner Anteilsinhaber vorsieht.[1] 1

Im Zuge der Novellierung des UmwG durch das Gesetz zur Bereinigung des Umwandlungsrechts vom 28.10.1994 wollte der Gesetzgeber die gesetzlichen Bestimmungen, die die Vorgaben für den Formwechsel getrennt nach der jeweiligen Rechtsform des Rechtsträgers alter und neuer Rechtsform aufführten, **einheitlich regeln**.[2] Dies führte dazu, dass vor allem die strengen Mehrheitserfordernisse für den Formwechsel einer AG bzw. KGaA in eine GmbH aufgegeben wurden.[3] Mit dem UmRUG wurde dann mit Wirkung zum 1.3.2023 lediglich der Begriff Umwandlungsbeschluss in Formwechselbeschluss geändert, ohne das damit jedoch eine inhaltliche Änderung verbunden war.[4] 2

II. Formwechselbeschluss der Versammlung der Anteilsinhaber

Die Gesellschafter haben, um den Formwechsel herbeizuführen, einen entsprechenden **Beschluss** zu fassen. Dieser muss den Formwechsel der Kapitalgesellschaft zu einer Kapitalgesellschaft anderer Rechtsform (GmbH, AG oder KGaA) zum Gegenstand haben. Der Formwechselbeschluss muss den Anforderungen des § 194 genügen und bedarf nach § 193 Abs. 3 S. 1 zwingend der notariellen Beurkundung. 3

Der Beschluss muss **in** der Gesellschafterversammlung gefasst werden. Dies schreibt § 193 Abs. 1 S. 2 vor. Eine Beschlussfassung außerhalb einer Gesellschafterversammlung ist daher unzulässig (vgl. §§ 217, 233). 4

---

1 Vgl. § 193 Abs. 2; etwas missverständlich Semler/Stengel/Leonard/*Arnold* § 240 Rn. 1, der die §§ 240–242 insoweit als abschließende Regelungen bezeichnet.
2 Begr. RegE zu § 240, BR-Drs. 75/94, 156.
3 Semler/Stengel/Leonard/*Arnold* § 240 Rn. 4.
4 Begr. RegE zu § 215 und weitere, BT-Drs. 20/3822, 122.

III. Beschlussanforderungen

5 Die Mehrheitsanforderungen, die an die Beschlussfassung für einen Formwechselbeschluss zu stellen sind, **variieren** je nach Ausgangs- und Zielrechtsform.

1. Formwechsel einer AG

a) Formwechsel in eine GmbH

aa) Regel: Beschlussfassung der Gesellschafter mit qualifizierter Mehrheit (Abs. 1 S. 1)

6 Der Formwechsel einer AG in eine GmbH bedarf gem. § 240 Abs. 1 S. 1 eines Hauptversammlungsbeschlusses, der mit einer Mehrheit von mindestens **drei Vierteln** des bei der Beschlussfassung einer AG vertretenen Grundkapitals gefasst wird; die Satzung kann hierfür allerdings eine größere Mehrheit und weitere Erfordernisse vorsehen (§ 240 Abs. 1 S. 1, 2). Damit entsprechen diese Vorgaben nur scheinbar den Vorgaben für die Änderung der Satzung einer AG (vgl. § 133 Abs. 1 iVm § 179 Abs. 1 AktG). Bei einer Satzungsänderung kann bei entsprechender Satzungsregelung auch eine geringere Kapitalmehrheit für den Hauptversammlungsbeschluss ausreichend sein; es muss jedoch mindestens eine einfache Mehrheit sein.[5] Das Erfordernis der einfachen Mehrheit als Untergrenze ergibt sich aus § 133 Abs. 1 AktG.[6]

7 Bei der Bestimmung der Mehrheit für die Beschlussfassung kommt es nur auf das **vertretene Grundkapital** an (soweit die Satzung dazu nicht andere Vorgaben enthält, § 240 Abs. 1 S. 1). Eine am Grundkapital orientierte Mindestbeteiligung der Aktionäre an der Hauptversammlung, dh ein Mindestquorum, setzt die Beschlussfassung nicht voraus.[7] Entscheidend für eine positive Beschlussfassung ist die Zahl der abgegebenen „Ja"- und „Nein"-Stimmen.[8] Dieses Erfordernis der Kapitalmehrheit tritt dabei neben das Erfordernis der Stimmmehrheit (§ 133 Abs. 1 AktG).[9] Für die Stimmmehrheit genügt eine einfache (absolute) Mehrheit.[10]

bb) Ausnahme: Anderweitige Mehrheitsanforderungen und weitere Erfordernisse (Abs. 1 S. 2)

8 Von der Regel einer Beschlussfassung mit satzungsändernder Mehrheit kann die **Satzung** der formwechselnden AG **abweichen**, indem sie eine größere Mehrheit oder weitere Erfordernisse zur Beschlussfassung vorsieht (§ 240 Abs. 1 S. 2 Hs. 1). Die Regelung ist missverständlich, wenn sie von „größerer Mehrheit und weiteren Erfordernissen" spricht. Beide Elemente müssen nicht kumulativ vorliegen; sie können auch alternativ gegeben sein. Den Aktionären der formwechselnden AG ist es daher unbenommen, in der Satzung eine höhere Anforderung an den Formwechselbeschluss (zB Einstimmigkeit) festzulegen. Durch die Formulierung „größere Mehrheit oder weitere Erfordernisse" ist klargestellt, dass nur eine Verschärfung der Anforderungen zulässig ist. Aufgrund dessen stellt die in § 240 Abs. 1 S. 2 Hs. 1 vorgegebene erforderliche Dreiviertelmehrheit des bei der Beschlussfassung vertretenen Grundkapitals) eine Mindestanforderung dar.[11] „Weitere Erfordernisse", die die Satzung für einen Formwechselbeschluss vorsehen kann,

---

[5] *Koch* AktG § 179 Rn. 19; MüKoAktG/*Stein* § 179 Rn. 90; so auch Semler/Stengel/Leonard/*Arnold* § 240 Rn. 6; Lutter/*Göthel* § 240 Rn. 1; vgl. auch Schmitt/Hörtnagl/ *Hörtnagel/Rinke* § 240 Rn. 1.

[6] *Koch* AktG § 179 Rn. 15; MüKoAktG/*Stein* § 179 Rn. 93 vgl. auch Widmann/Mayer/*Rieger* § 240 Rn. 19; Semler/Stengel/Leonard/*Arnold* § 240 Rn. 6.

[7] Widmann/Mayer/*Rieger* § 240 Rn. 21; Semler/Stengel/Leonard/*Arnold* § 240 Rn. 6.

[8] Widmann/Mayer/*Rieger* § 240 Rn. 18.

[9] RGZ 125, 356 (359 ff.).

[10] Widmann/Mayer/*Rieger* § 240 Rn. 19.

[11] Semler/Stengel/Leonard/*Arnold* § 240 Rn. 8 ff.; Widmann/Mayer/*Rieger* § 240 Rn. 23.

können zB in einem Quorum bestehen.[12] Als unzulässig wird es in der Literatur teilweise angesehen, einen Formwechsel qua Satzung vollständig auszuschließen; die Vertreter dieser Ansicht sehen aber in solchen Fällen die Möglichkeit, die entsprechende Satzungsregelung in das Erfordernis einer einstimmigen Beschlussfassung umzudeuten.[13]

Die entsprechende strengere Bestimmung in der Satzung muss sich nicht explizit auf einen Formwechselbeschluss beziehen. Es genügt vielmehr, dass solche Erfordernisse **allgemein für Satzungsänderungen** vorgesehen sind. Die Regelung hat dann erst recht Gültigkeit für den Formwechselbeschluss, da dieser gegenüber der Satzungsänderung die noch weitergehende Maßnahme darstellt.[14]

cc) Nicht erschienene Gesellschafter

Zu einer positiven Beschlussfassung bedarf es einer Mehrheit des bei der Beschlussfassung **in der Hauptversammlung** der AG vertretenen Grundkapitals (§ 240 Abs. 1 S. 1 Hs. 1 Var. 2). Entscheidend ist die Zahl der abgegebenen „Ja"- und „Nein"-Stimmen.[15] Stimmen nicht erschienener Gesellschafter werden ebenso wenig mitgezählt wie Enthaltungen.[16]

dd) Sonderbeschluss und stimmrechtslose Mitgliedschaft

Sind mehrere Aktiengattungen vorhanden, bedarf der Beschluss der Hauptversammlung zu seiner Wirksamkeit gem. § 240 Abs. 1 S. 1 Hs. 2 iVm § 65 Abs. 2 S. 1 der Zustimmung der stimmberechtigten Aktionäre jeder Gattung. Über diese Zustimmung haben die Aktionäre der jeweiligen Gattung einen **Sonderbeschluss** zu fassen (§ 240 Abs. 1 S. 1 Hs. 2 iVm § 65 Abs. 2 S. 1). Für die Sonderbeschlussfassung bedarf es, vorbehaltlich einer anderweitigen Satzungsregelung, ebenfalls einer Mehrheit von mindestens drei Vierteln des vertretenen Grundkapitals der entsprechenden Aktiengattung.[17]

Einer Zustimmung durch **stimmrechtslose Mitglieder** (Aktionäre von stimmrechtslosen Vorzugsaktien) bedarf es zu einer positiven Beschlussfassung nicht.[18] Diese sind grundsätzlich nicht stimmberechtigt.[19] Allerdings kann ein Sonderbeschluss erforderlich werden, wenn das Stimmrecht der Vorzugsaktionäre gem. § 140 Abs. 2 AktG wieder auflebt, da der Gewinnvorzug nicht bedient wurde.[20]

ee) Unabdingbarkeit

§ 240 Abs. 1 S. 1 ist **bedingt zwingend**. Von der dort bestimmten Mehrheitsanforderung kann in der Satzung nur dahin gehend abgewichen werden, dass eine strengere Regelung bzgl. der Beschlussfassung getroffen wird (§ 240 Abs. 1 S. 2).

b) Formwechsel in eine KGaA (Abs. 2)
aa) Allgemeines

14 § 240 Abs. 2 regelt zwei voneinander zu unterscheidende Fallalternativen. Abs. 2 S. 1 betrifft den Fall der Zustimmung eines künftig persönlich haftenden Gesellschafters, der **bereits Gesellschafter** des Rechtsträgers alter Rechtsform ist. Abs. 2 S. 2 regelt den Fall des Beitritts eines **neuen Gesellschafters**, der künftiger persönlich haftenden Gesellschafter werden soll.

bb) Zustimmung der künftigen persönlich haftenden Gesellschafters (Abs. 2 S. 1)

15 Bei einem Formwechsel einer AG in eine KGaA bedarf es – neben den bereits genannten Anforderungen an den Mehrheitsbeschluss – auch der Zustimmung des künftig persönlich haftenden Gesellschafters (§ 240 Abs. 2 S. 1 Var. 2). Jede KGaA hat mindestens einen persönlich haftenden Gesellschafter (§ 278 Abs. 1 AktG). Grundsätzlich kann die künftige KGaA auf zweierlei Weise einen persönlich haftenden Gesellschafter erhalten. Zum einen kann sich ein **bisheriger Gesellschafter** dazu bereit erklären, persönlich haftender Gesellschafter zu werden. Zum anderen kann auch ein neuer Gesellschafter beitreten, der persönlich haftender Gesellschafter wird. § 240 Abs. 2 S. 1 betrifft nur den Fall, dass ein Gesellschafter bzw. Aktionär des Ausgangsrechtsträgers zum persönlich haftenden Gesellschafter des Rechtsträgers neuer Rechtsform wird.[21] Die Zustimmungserklärung ist ebenso notariell zu beurkunden (§ 193 Abs. 3 S. 1). Sie kann auch vor der Beschlussfassung erteilt werden (→ § 233 Rn. 9).[22]

16 Strikt zu trennen ist das Abstimmungsverhalten des künftigen persönlich haftenden Gesellschafters in der Gesellschafterversammlung bzw. Hauptversammlung von der generellen **Zustimmungserklärung** iSd § 240 Abs. 2 S. 1. Die Zustimmung nach § 240 Abs. 2 S. 1 ist daher grundsätzlich **gesondert zu erteilen**. Sie kann vor oder nach dem Formwechselbeschluss abgegeben werden.[23] Die positive Stimmabgabe zu dem Formwechselbeschluss wird in der Literatur teilweise als konkludente Zustimmung zur Übernahme der Komplementärstellung und damit als Zustimmung iSd § 240 Abs. 2 S. 1 gewertet, da der Formwechselbeschluss aufgrund § 194 Abs. 1 Nr. 3 und Nr. 4 Angaben zum persönlich haftenden Gesellschafter der neuen Rechtsform enthalten muss.[24] Generell könnte gegen eine solche Wertung eingewendet werden, dass eine gesonderte Zustimmung auch eine Art Warnfunktion für den Betroffenen erfüllt, die dadurch ausgehebelt wird. Andererseits steht dem Wortlaut des § 240 Abs. 2 S. 1 und § 193 Abs. 3 S. 1 der Annahme einer konkludenten Zustimmung auch nicht entgegen. Aus Gründen der Rechtssicherheit sollte die Zustimmungserklärung jedoch immer separat abgeben werden; dies kann auch im Rahmen der notariellen Niederschrift des Formwechselbeschlusses erfolgen.

17 Zu beachten ist, dass ein solcher Formwechsel immer auch ein **nichtverhältniswahrender Formwechsel** für denjenigen Gesellschafter bzw. Aktionär werden kann, der persönlich haftender Gesellschafter wird. Nach § 247 Abs. 1 wird das Stammkapital der GmbH durch den Formwechsel zum Grundkapital der KGaA, beim Formwechsel von der AG zur KGaA ohnehin (→ § 247 Rn. 3 ff.). Wird der betreffende Gesellschafter

---

21 Begr. RegE zu § 240, BR-Drs. 75/94, 156.
22 Semler/Stengel/Leonard/*Arnold* § 240 Rn. 22; Lutter/*Göthel* § 240 Rn. 13.
23 Bzgl. einer Abgabe vor dem Formwechselbeschluss: Lutter/*Göthel* § 240 Rn. 13; Semler/Stengel/Leonard/*Arnold* § 240 Rn. 21.
24 Widmann/Mayer/*Rieger* § 240 Rn. 54.

bzw. Aktionär daher nicht zugleich auch Kommanditaktionär, verliert er durch den Formwechsel seine geleistete Kapitaleinlage.[25]

cc) Beitritt persönlich haftender Gesellschafter (Abs. 2 S. 2)

Persönlich haftender Gesellschafter des Rechtsträgers neuer Rechtsform kann auch ein bisher nicht an der Gesellschaft beteiligter Gesellschafter werden. § 240 Abs. 2 S. 2, der § 221 für entsprechend anwendbar erklärt, regelt dessen Beitritt.[26] Demnach muss der in einem Beschluss zum Formwechsel in eine KGaA vorgesehene Beitritt eines Dritten, welcher der formwechselnden Gesellschaft nicht angehörte, notariell beurkundet werden (§ 240 Abs. 2 S. 2 iVm § 221 S. 1). Zudem ist die Satzung der KGaA von jedem beitretenden persönlich haftenden Gesellschafter zu genehmigen (§ 240 Abs. 2 S. 2 iVm § 221 S. 2).

2. Formwechsel einer KGaA (Abs. 3)
a) Formwechsel in eine AG
aa) Allgemeines

Für den Formwechsel einer KGaA bedarf es gem. § 240 Abs. 1 S. 1 Var. 2 neben der einfachen Stimmmehrheit grundsätzlich einer Mehrheit von mindestens **drei Vierteln** des bei der Beschlussfassung vertretenen Grundkapitals (hierzu und zu den weiteren Voraussetzungen → Rn. 6 f.).[27]

bb) Mehrheitsentscheidung der Gesellschafter (Abs. 1 S. 2 Hs. 2)

Soweit die Satzung nicht etwas anderes vorgibt, muss der Formwechselbeschluss mit einer **Mehrheit von Dreivierteln** des bei der Beschlussfassung vertretenen Grundkapitals gefasst werden. Zu den Möglichkeiten, dass die Satzung eine größere Mehrheit und weitere Erfordernisse vorsieht → Rn. 8 f. Abweichend zu den Regelungen für den Formwechsel einer AG kann die Satzung einer KGaA, nur für den Formwechsel in eine AG, auch eine geringere Mehrheit vorsehen, § 240 Abs. 1 S. 2 Hs. 2. Insoweit ist diese Regelung § 179 Abs. 2 S. 2 AktG nachgebildet.[28] Das Erfordernis der Mehrheit der abgegebenen Stimmen (einfache Stimmmehrheit) nach § 133 Abs. 1 AktG als Untergrenze bleibt jedoch bestehen.[29]

cc) Zustimmungserfordernis der persönlich haftenden Gesellschafter (Abs. 3)

Neben dem in § 240 Abs. 1 S. 1 Var. 2 genannten Erfordernis eines Mehrheitsbeschlusses ist bei einem Formwechsel einer KGaA zwingend die **Zustimmung der persönlich haftenden Gesellschafter** einzuholen (§ 240 Abs. 3 S. 1). Die persönlich haftenden Gesellschafter scheiden mit Wirksamwerden des Formwechsels, also bei Eintragung der neuen Rechtsform in das Register (§ 202 Abs. 1), aus der Gesellschaft aus. Diese Rechtsfolge soll nicht ohne ihren Willen erfolgen.[30] Im Grundsatz ist die Zustimmung aller persönlich haftenden Gesellschafter einzuholen. Hiervon kann die Satzung der

---

25 Für den Fall, dass der betreffende Gesellschafter bzw. Aktionär nur persönlich haftender Gesellschafter wird vgl. Semler/Stengel/Leonard/*Arnold* § 240 Rn. 21; Lutter/*Göthel* § 240 Rn. 12.
26 Begr. RegE zu § 240, BR-Drs. 75/94, 156.
27 Semler/Stengel/Leonard/*Arnold* § 240 Rn. 6; Widmann/Mayer/*Rieger* § 240 Rn. 19.
28 Vgl. auch Semler/Stengel/Leonard/*Arnold* § 240 Rn. 9, der jedoch unberücksichtigt lässt, dass § 179 Abs. 2 S. 2 AktG eine geringere Kapitalmehrheit nicht für eine Änderung des Unternehmensgegenstandes zulässt.
29 Semler/Stengel/Leonard/*Arnold* § 240 Rn. 9; Widmann/Mayer/*Rieger* § 240 Rn. 19.
30 Lutter/*Göthel* § 240 Rn. 14; Widmann/Mayer/*Rieger* § 240 Rn. 56.

formwechselnden KGaA gem. § 240 Abs. 3 S. 2 abweichen und die Zustimmung aller persönlich haftenden Gesellschafter durch einen Mehrheitsbeschluss unter ihnen ersetzen. Sowohl die Zustimmungserklärung gem. § 240 Abs. 3 S. 1, als auch der Mehrheitsbeschluss gem. § 240 Abs. 3 S. 2 bedürfen der notariellen Form (§ 193 Abs. 3 S. 1).

b) Formwechsel in eine GmbH

22 Es gelten die gleichen Voraussetzungen wie bei einem Formwechsel der KGaA in eine AG (→ Rn. 19 ff.).

3. Formwechsel einer GmbH

a) Formwechsel in eine AG

aa) Grundsatz: Beschlussfassung der Gesellschafter mit qualifizierter Mehrheit

23 Der Formwechsel einer GmbH in eine AG bedarf gem. § 240 Abs. 1 S. 1 vorbehaltlich einer abweichenden Satzungsregelung einer Mehrheit von mindestens **drei Vierteln** der bei der Gesellschafterversammlung abgegebenen Stimmen. Nur auf die abgegebenen Stimmen kommt es an. Der Begriff der abgegebenen Stimmen entspricht insoweit der im GmbH-Recht bekannten Terminologie.[31] Entscheidend sind Ja- und Nein-Stimmen, nicht Stimmenthaltungen und ungültige Stimmen.[32] Auch die Stimmen abwesender Gesellschafter finden keine Berücksichtigung.[33]

bb) Ausnahme: Anderweitige Mehrheitsanforderungen und weitere Erfordernisse

24 Von der Regel einer Beschlussfassung mit satzungsändernder Mehrheit kann der Gesellschaftsvertrag der GmbH abweichen, indem er eine **größere Mehrheit oder weitere Erfordernisse** zur Beschlussfassung vorsieht (§ 240 Abs. 1 S. 2 Hs. 1; → Rn. 8 f.).

cc) Sonderbeschluss und stimmrechtslose Mitgliedschaft

25 Auch bei der GmbH besteht die Möglichkeit zur Gewährung von **Vorzugsgeschäftsanteilen**, dh Geschäftsanteilen, mit denen zusätzliche Rechte (Vorzugsrechte) verbunden sind, wie zB Mehrstimmrechte, Gewinnvoraus oder Sonderrechte, wie ein Sitz in Gesellschaftsorganen, welche sodann mit der Übertragung des Geschäftsanteils mit übergehen.[34] In der Literatur ist nicht ausdiskutiert, inwiefern die Inhaber von verschiedenen Gattungen von Geschäftsanteilen bei einer GmbH einen Sonderbeschluss fassen müssen. Nach der wohl hL richtet sich diese Frage nicht nach § 65 Abs. 2 iVm § 240 Abs. 1 S. 1 Hs. 2, da es sich bei § 65 Abs. 2 nach seinem Wortlaut um eine spezifische Vorschrift für AG handele.[35] Das mag für § 65 Abs. 2 richtig sein. Der Wortlaut von § 65 Abs. 2 steht jedoch einer „entsprechenden" Anwendung auf den Formwechsel einer GmbH nicht entgegen. Ferner differenziert das UmwG 1994 sehr genau, welche Regelung für welche Rechtsform Anwendung finden soll. § 240 selbst ist dafür das beste Beispiel. Hätte der Gesetzgeber gewollt, dass § 65 Abs. 2 keine „entsprechende" Anwendung auf den Formwechsel einer GmbH findet, so hätte er seine entsprechende Anwendung explizit auf den Formwechsel einer AG beschränkt. Aufgrund dessen ist davon

---

31 Widmann/Mayer/*Rieger* § 240 Rn. 16 unter Verweis auf § 47 Abs. 1 oder § 53 Abs. 2 S. 1 Hs. 2 GmbHG.
32 Widmann/Mayer/*Rieger* § 240 Rn. 18; Lutter/*Göthel* § 240 Rn. 2.
33 Seinerzeit noch Kallmeyer/*Dirksen* 4. Aufl. 2010, § 240 Rn. 2.
34 Lutter/Hommelhoff/*Bayer* GmbHG § 14 Rn. 12; MHdB GesR III/*Böhm* § 31 Rn. 13.
35 Widmann/Mayer/*Rieger* § 240 Rn. 34 ff.; Lutter/*Göthel* § 240 Rn. 8; Semler/Stengel/Leonard/*Arnold* § 240 Rn. 15; aA Goutier/Knopf/Tulloch/*Laumann* § 240 Rn. 17.

auszugehen, dass § 65 Abs. 2 auch auf den Formwechsel einer GmbH anzuwenden ist. Entsprechend haben die Inhaber von Geschäftsanteilen einer jeweiligen Gattung von Geschäftsanteilen jeweils einen **Sonderbeschluss** zu fassen – und dies nach den Vorgaben des § 65 Abs. 2 S. 2. § 65 Abs. 2 S. 3 verweist auf Abs. 1, der an einen Sonderbeschluss die gleichen Anforderungen wie an einen Gesellschafterbeschluss stellt (→ § 65 Rn. 13 ff.). Insoweit kann daher auf die obigen Ausführungen zu den Anforderungen an den Gesellschafterbeschluss verwiesen werden (→ Rn. 23 f.).

Die herrschende Ansicht in der Literatur wird letztlich wohl häufig zum selben Ergebnis gelangen. Nach ihrer Ansicht soll sich die Frage eines solchen **Sonderbeschlusses** nach dem Inhalt des Gesellschaftsvertrages richten.[36] Enthalte der Gesellschaftsvertrag keine entsprechende Regelung, sei analog § 179 Abs. 3 S. 1 AktG ein Sonderbeschluss der entsprechenden Anteilsinhaber erforderlich, wenn der Formwechsel das bisherige Verhältnis der Anteilsgattungen zum Nachteil einer Gattung verändere.[37] Auch wenn infolge des Formwechsels mit einer bestimmten Anteilsgattung verbundene Rechte entfielen, da diese mit dem Aktienrecht nicht vereinbar sind, ist ein entsprechender Sonderbeschluss zwingend.[38] 26

Sind **stimmrechtslose Geschäftsanteile** in der GmbH vorhanden, sind die entsprechenden Anteilsinhaber regelmäßig nicht stimmberechtigt, soweit die Satzung nicht etwas anderes vorsieht.[39] Ein Sonderbeschluss ist dann nicht notwendig.[40] 27

Neben der Gewährung von Vorzugsgeschäftsanteilen können einem GmbH-Gesellschafter auch **Sonderrechte** persönlich, dh unabhängig von einem Geschäftsanteil, gewährt worden sein.[41] Handelt es sich bei diesen Rechten gleichzeitig um **Minderheitsrechte** iSd § 50 Abs. 2, so ist zusätzlich zu einem etwaigen Sonderbeschluss die gesonderte Zustimmung eines jeden Mitgliedes gem. § 241 Abs. 2 erforderlich, soweit der Formwechselbeschluss zu einer Beeinträchtigung dieser Rechte führt (→ § 241 Rn. 14 f.).[42] Handelt es sich um keine Rechte iSd § 50 Abs. 2, so ist dennoch die gesonderte Zustimmung erforderlich – aufgrund des in § 35 BGB niedergelegten allgemeinen Rechtsgrundsatzes, dass die Sonderrechte eines Verbandsmitglieds durch Beschluss der Mitgliederversammlung nur mit Zustimmung des betroffenen Verbandsmitgliedes beeinträchtigt werden dürfen.[43] Dies können etwa gegenüber anderen Gesellschaftern erhöhte Gewinn- oder Stimmrechte sein.[44] 28

b) Formwechsel in eine KGaA

Zu den Voraussetzungen eines Formwechsels in eine KGaA → Rn. 14 ff. 29

---

36 Widmann/Mayer/*Rieger* § 240 Rn. 34 ff.; Lutter/*Göthel* § 240 Rn. 8; Semler/Stengel/Leonard/*Arnold* § 240 Rn. 2, 15.
37 Lutter/*Göthel* § 240 Rn. 8; Semler/Stengel/Leonard/*Arnold* § 240 Rn. 15.
38 Semler/Stengel/Leonard/*Arnold* § 240 Rn. 15; Lutter/*Göthel* § 240 Rn. 8.
39 Semler/Stengel/Leonard/*Arnold* § 240 Rn. 16; Lutter/*Göthel* § 240 Rn. 9.
40 Semler/Stengel/Leonard/*Arnold* § 240 Rn. 16.
41 Lutter/Hommelhoff/*Bayer*, § 14 Rn. 8; MHdB GesR III/*Böhm* § 31 Rn. 13.
42 Lutter/*Göthel* § 240 Rn. 8; Semler/Stengel/Leonard/*Arnold* § 240 Rn. 15.
43 RGZ 165, 129 (133); BGH NJW 1969, 131; vgl. auch Kallmeyer/*Blasche* § 240 Rn. 3; Lutter/*Göthel* § 240 Rn. 8; Semler/Stengel/Leonard/*Arnold* § 240 Rn. 15.
44 Semler/Stengel/Leonard/*Arnold* § 240 Rn. 15; Lutter/*Göthel* § 240 Rn. 8.

§ 241 Zustimmungserfordernisse beim Formwechsel einer Gesellschaft mit beschränkter Haftung

(1) Werden durch den Formwechselbeschluss einer formwechselnden Gesellschaft mit beschränkter Haftung die Aktien in der Satzung der Aktiengesellschaft oder der Kommanditgesellschaft auf Aktien auf einen höheren als den Mindestbetrag nach § 8 Abs. 2 oder 3 des Aktiengesetzes und abweichend vom Nennbetrag der Geschäftsanteile der formwechselnden Gesellschaft gestellt, so muß dem jeder Gesellschafter zustimmen, der sich nicht dem Gesamtnennbetrag seiner Geschäftsanteile entsprechend beteiligen kann.

(2) Auf das Erfordernis der Zustimmung einzelner Gesellschafter ist ferner § 50 Abs. 2 entsprechend anzuwenden.

(3) Sind einzelnen Gesellschaftern außer der Leistung von Kapitaleinlagen noch andere Verpflichtungen gegenüber der Gesellschaft auferlegt und können diese wegen der einschränkenden Bestimmung des § 55 des Aktiengesetzes bei dem Formwechsel nicht aufrechterhalten werden, so bedarf der Formwechsel auch der Zustimmung dieser Gesellschafter.

I. Normzweck 1	2. Sonderrechte 15
II. Zustimmungserfordernis aufgrund der nicht dem Gesamtnennbetrag des Geschäftsanteils entsprechenden Festsetzung des Grundkapitals (Abs. 1) 3	IV. Zustimmungserfordernis aufgrund von anderen Verpflichtungen (Abs. 3) 16
	V. Sonstige Zustimmungserfordernisse 19
1. Allgemeines 3	1. Vinkulierung 19
2. Tatbestandsvoraussetzungen des Abs. 1 .. 5	2. Gesellschaftsvertragliche Regelung ... 20
a) Festsetzung der Aktien auf einen höheren als den Mindestbetrag nach § 8 Abs. 2 oder 3 AktG 6	VI. Zustimmungserklärung 21
	1. Erklärender 21
	2. Erklärungsempfänger 22
b) Festsetzung der Aktien abweichend vom Nennbetrag der Geschäftsanteile der GmbH 10	3. Form 23
	VII. Rechtsfolgen 24
	1. Rechtsfolgen bei erteilter Zustimmungserklärung 24
c) Fehlende Möglichkeit einer dem Gesamtnennbetrag der Geschäftsanteile entsprechenden Beteiligung 12	2. Rechtsfolgen bei Fehlen der Zustimmungserklärung 25
3. Umstellung des Gesellschaftskapitals von DM auf EUR 13	a) Unwirksamkeit des Formwechselbeschlusses (Abs. 2, 3) 25
III. Zustimmungserfordernis bei Minderheits- und Sonderrechten 14	b) Unwirksamkeit der Festsetzung nach Abs. 1 26
1. Minderheitsrechte (Abs. 2) 14	c) Registergerichtliche Eintragung 27
	d) Schadensersatzansprüche 28

I. Normzweck

1 Die Norm betrifft ausschließlich den Formwechsel einer GmbH in eine AG oder KGaA. Sie dient der **Vermeidung von Nachteilen** für Gesellschafter einer GmbH, die bei einem Formwechselbeschluss aufgrund einer Dreiviertelmehrheit überstimmt werden.[1] Dies ist etwa dann der Fall, wenn der vormalige GmbH-Gesellschafter nach dem Formwechsel nicht mehr gleichartig an dem Rechtsträger neuer Rechtsform beteiligt ist oder er durch die Umwandlung seine in dem Gesellschaftsvertrag der GmbH eingeräumten Sonderrechte verliert.[2] Eine solche Verschlechterung der Gesellschafterstellung soll das Mitglied nur mit seinem Willen hinnehmen müssen.[3] § 241 ordnet deshalb diverse

---

1 Vetter AG 2000, 193 (195); Semler/Stengel/Leonard/Mutter § 241 Rn. 1; Kallmeyer/Blasche § 241 Rn. 1.
2 Semler/Stengel/Leonard/Mutter § 241 Rn. 1; Lutter/Göthel § 241 Rn. 1.
3 Lutter/Göthel § 241 Rn. 1; Semler/Stengel/Leonard/Mutter § 241 Rn. 1.

Zustimmungserfordernisse bei einem Formwechsel der GmbH in die Rechtsform der AG oder KGaA an.⁴

Mit § 241 Abs. 1 u. 3 hat der Gesetzgeber das bis zur **Novellierung des UmwG** im Jahre 1994 geltende Recht übernommen.⁵ Das in Abs. 2 geregelte Zustimmungserfordernis ist hingegen neu gewesen.⁶ Mit dem UmRUG wurde dann mit Wirkung zum 1.3.2023 lediglich der Begriff Umwandlungsbeschluss in Formwechselbeschluss geändert, ohne dass damit jedoch eine inhaltliche Änderung verbunden war.⁷

II. Zustimmungserfordernis aufgrund der nicht dem Gesamtnennbetrag des Geschäftsanteils entsprechenden Festsetzung des Grundkapitals (Abs. 1)

1. Allgemeines

Die Eintragung der neuen Rechtsform in das Handelsregister bewirkt, dass die Geschäftsanteile der bisherigen GmbH zu Aktien der neuen AG bzw. KGaA werden (vgl. § 202 Abs. 1 Nr. 2). Die Anteile an dem Rechtsträger neuer Rechtsform sind grundsätzlich so festzusetzen, dass sich jeder Gesellschafter entsprechend dem **Endbetrag seiner Geschäftsanteile** an der Ausgangs-GmbH an der neuen AG bzw. KGaA beteiligen kann.⁸ Ein Herausdrängen (Squeeze-out) von Gesellschaftern bei einem Formwechsel ist unzulässig.⁹

Die Gesellschafter können aber auch den auf ihre Anteile entfallenden Betrag des Grundkapitals der AG abweichend vom Betrag der Anteile der GmbH festsetzen (§ 243 Abs. 3 S. 1). Einer **abweichenden Festsetzung** müssen allerdings diejenigen Gesellschafter zustimmen, die sich nicht dem Gesamtnennbetrag der Geschäftsanteile entsprechend beteiligen können (§ 241 Abs. 1 S. 1).

2. Tatbestandsvoraussetzungen des Abs. 1

Um ein **Zustimmungserfordernis** der Gesellschafter der formwechselnden Gesellschaft auszulösen, müssen Aktien in der Satzung der AG oder KGaA auf einen höheren als den Mindestbetrag nach § 8 Abs. 2 oder 3 AktG und abweichend vom Nennbetrag der Geschäftsanteile der GmbH festgesetzt werden. Diese beiden Voraussetzungen müssen kumulativ vorliegen.¹⁰

a) Festsetzung der Aktien auf einen höheren als den Mindestbetrag nach § 8 Abs. 2 oder 3 AktG

Für eine Zustimmungspflicht nach § 241 Abs. 1 müssen die Aktien der Ziel-AG oder Ziel-KGaA auf einen **höheren als den Mindestbetrag** nach § 8 Abs. 2 oder 3 AktG festgesetzt werden. Es sind damit diejenigen Fälle vom Anwendungsbereich der Norm ausgeschlossen, in denen die Festsetzung der Aktien genau auf den Mindestbetrag nach § 8 Abs. 2 oder 3 AktG erfolgt:

- Bei der Ausgabe von Nennbetragsaktien liegt dieser Mindestbetrag gem. § 8 Abs. 2 AktG bei 1 EUR pro Nennbetragsaktie (§ 8 Abs. 2 S. 1 AktG). Höhere Aktiennennbeträge bei Nennbetragsaktien müssen auf volle Euro lauten (§ 8 Abs. 2 S. 4 AktG).

---

4 Semler/Stengel/Leonard/*Mutter* § 241 Rn. 1; Lutter/*Göthel* § 241 Rn. 1.
5 Begr. RegE zu §§ 241 u. 242, BR-Drs. 75/94, 156; vgl. § 376 Abs. 2 S. 3 und Abs. 4 AktG 1965 aF.
6 Begr. RegE zu §§ 241 u. 242, BR-Drs. 75/94,156.
7 Begr. RegE zu § 215 und weitere, BT-Drs. 20/3822, 122.
8 Vgl. Lutter/*Göthel* § 241 Rn. 5; Semler/Stengel/Leonard/ *Mutter* § 241 Rn. 4.
9 Kallmeyer/*Blasche* § 241 Rn. 1.
10 Semler/Stengel/Leonard/*Mutter* § 241 Rn. 3.

- Bei einer Ausgabe von Stückaktien liegt der Mindestbetrag bei einem auf die einzelne Aktie entfallenden anteiligen Betrag des Grundkapitals von mindestens 1 EUR (§ 8 Abs. 3 S. 3 AktG). Dieser rechnerische anteilige Betrag kann bei Stückaktien eine beliebige Höhe haben, soweit er 1 EUR nicht unterschreitet.[11]

7 Voraussetzung für die Zustimmungspflicht gem. § 241 Abs. 1 ist damit, dass im Falle von **Nennbetragsaktien** der Nennbetrag der einzelnen Aktien mindestens 2 EUR beträgt.

Beispiel: Für die G-GmbH ist ein Formwechsel in die G-AG vorgesehen. Das Grundkapital der G-AG iHv 75.000 EUR soll in 25.000 Nennbetragsaktien mit einem jeweiligen Nennbetrag von 3 EUR gestückelt werden. Die Aktien sind damit auf einen höheren als den Mindestnennbetrag gem. § 241 Abs. 1 iVm § 8 Abs. 2 AktG festgesetzt, da dieser 1 EUR beträgt.

8 Bei **Stückaktien** muss folglich der auf die einzelne Aktie entfallende anteilige Betrag des Grundkapitals mindestens 1,01 EUR betragen, um eine Zustimmungspflicht auszulösen.

Beispiel: Für die G-GmbH ist ein Formwechsel in die G-AG vorgesehen. Das Stammkapital der G-GmbH beträgt 101.000 EUR und soll nach dem Formwechsel als Grundkapital der AG in 100.000 Stückaktien eingeteilt sein. Die Aktien sind damit auf einen höheren als den anteiligen Mindestbetrag des Grundkapitals nach § 8 Abs. 3 AktG festgesetzt, da dieser mindestens 1 EUR beträgt und hier der Betrag einer Stückaktie bei 1,01 EUR liegt.

Betrüge das zukünftige Grundkapital der G-AG 100.000 EUR, läge der anteilige Betrag pro Stückaktie bei 1 EUR. Die Aktien wären damit nicht auf einen höheren als den Mindestnennbetrag gem. § 241 Abs. 1 iVm § 8 Abs. 2 AktG festgesetzt, da dieser 1 EUR beträgt und der genaue Mindestbetrag iSd § 241 Abs. 1 keinen „höheren Betrag" iSd Norm darstellt.

9 Stückaktien können als Nennbetragsaktien oder als Stückaktien ohne Nennwert begründet werden. Zweckmäßig ist die Bildung von **Stückaktien**, die dem Nominalbetrag der Geschäftsanteile der GmbH entsprechen. Dies scheidet aus, wenn die Geschäftsanteile der GmbH nicht gleich groß sind, da Stückaktien nach § 8 Abs. 3 AktG am Grundkapital im gleichen Umfang beteiligt sind, weshalb die Stücke untereinander in ihrer Größe nicht mehr unterscheidbar sind.[12] Ihr Anteil am Grundkapital bestimmt sich gem. § 8 Abs. 4 AktG wiederum nach ihrer Zahl. Um eine verhältniswahrende Beteiligung zu gewährleisten, ist ein gemeinsamer Teiler – regelmäßig wohl der größte gemeinsame Teiler – zu ermitteln, der als Grundlage für die Anzahl der zu begebenen Stückaktien dient.

Beispiel: Für die G-GmbH ist ein Formwechsel in die G-AG angedacht. Das Stammkapital der G-GmbH beträgt 75.000 EUR. Gesellschafter A hält 100 Geschäftsanteile der GmbH zu je 500 EUR, Gesellschafter B hält 50 Geschäftsanteile der GmbH zu je 200 EUR und Gesellschafter C hält 150 Geschäftsanteile der GmbH zu je 100 EUR. Der zu ermittelnde größte gemeinsame Teiler von 500, 200 und 100 ist 100. Es kommen damit nur Stückaktien in Betracht, deren auf die einzelne Aktie entfallender anteiliger Betrag des

---

[11] *Koch* AktG § 8 Rn. 22.
[12] Begr. RegE zum StückAG, BT-Drs. 13/9573, 11 f.

Grundkapitals 100 EUR ist. Folglich sind 750 Stückaktien zu begeben, von denen A 500 Stück, B 100 Stück und C 150 Stück erhalten wird.

b) Festsetzung der Aktien abweichend vom Nennbetrag der Geschäftsanteile der GmbH

Für eine Zustimmungsbedürftigkeit ist weiterhin erforderlich, dass die Aktien der Ziel-AG oder Ziel-KGaA **abweichend vom Nennbetrag** der Geschäftsanteile der formwechselnden GmbH gestellt werden. Das Tatbestandsmerkmal ist erfüllt, wenn der Gesamtnennbetrag des Stammkapitals der GmbH nicht dem Gesamtbetrag des zukünftigen Grundkapitals der zukünftigen Ziel-AG oder Ziel-KGaA entspricht und somit die Beteiligung an der Ziel-AG oder Ziel-KGaA nicht verhältniswahrend erfolgt. 10

Hinweis: Eine solche abweichende Festsetzung kommt etwa vor, wenn die Geschäftsanteile der GmbH-Gesellschafter nicht gänzlich in Aktien umgewandelt werden können, also sog. freie Spitzen entstehen.[13]

Beispiel: Für die G-GmbH ist ein Formwechsel in die G-AG angedacht. Das Stammkapital der G-GmbH beträgt 75.000 EUR. Gesellschafter B hält 2 Geschäftsanteile an der GmbH im Wert von je 15.000 EUR sowie 10 Geschäftsanteile im Wert von je 750 EUR. Nach dem Formwechsel sollen ausschließlich Aktien von 1.000 EUR Nennbetrag ausgegeben werden. Hier verbleibt eine freie Spitze iHv 500 EUR, so dass der Gesamtbetrag der zukünftigen Aktien dem Gesamtnennbetrag der Geschäftsanteile nicht entspricht und aufgrund dessen eine verhältniswahrende Beteiligung an der Ziel-AG nicht möglich ist.

Weiterhin ist eine Festsetzung abweichend, wenn die Anteile an der Ziel-AG oder KGaA die Höhe des Geschäftsanteils der Ausgangs-GmbH überschreiten.

Beispiel: Gesellschafter B der formwechselnden G-GmbH hält einen Geschäftsanteil iHv 500 EUR. Die Satzung der Ziel-AG sieht nur Nennbetragsaktien mit einem Nennbetrag iHv 1.000 EUR vor.

§ 241 Abs. 1 zieht den „**Nennbetrag**" der Geschäftsanteile der formwechselnden GmbH als Referenzgröße heran. Aufgrund dessen muss wohl angenommen werden, dass eine Ausgabe von Stückaktien stets eine Abweichung vom Nennbetrag der Geschäftsanteile mit sich bringt, da eine Stückaktie eine nennwertlose Aktie ist, selbst wenn der auf die einzelne Stückaktie entfallende anteilige Betrag am Grundkapital genauso hoch ist wie der Nennbetrag der Geschäftsanteile der formwechselnden GmbH. 11

c) Fehlende Möglichkeit einer dem Gesamtnennbetrag der Geschäftsanteile entsprechenden Beteiligung

Ferner muss gegeben sein, dass jeder Gesellschafter (= zukünftiger Aktionär) der Ziel-AG bzw. Ziel-KGaA sich entsprechend dem Gesamtnennbetrag seiner GmbH-Geschäftsanteile beteiligen kann; anderenfalls ist seine Zustimmung erforderlich. Aus der abweichenden Festsetzung des Nennbetrages der Aktien der Ziel-AG bzw. Ziel-KGaA wird sich regelmäßig bereits eine nicht verhältniswahrende Beteiligung ergeben. Allerdings sind Konstellationen denkbar, in denen sich zwar der Nennbetrag der einzelnen Anteile ändert, der Gesamtnennbetrag der Anteile aber gleich bleibt. In diesem Fall liegt keine Zustimmungspflicht vor. 12

---

13 Semler/Stengel/Leonard/*Mutter* § 241 Rn. 10.

Beispiel: Für die G-GmbH ist ein Formwechsel in die G-AG angedacht. Ihr Stammkapital beträgt 75.000 EUR und ist in 75.000 Geschäftsanteile mit einem jeweiligen Nennbetrag von 1 EUR eingeteilt. Das Grundkapital der G-AG iHv 75.000 EUR soll hingegen in 1.000 Nennbetragsaktien mit einem jeweiligen Nennbetrag von 75 EUR eingeteilt werden.

3. Umstellung des Gesellschaftskapitals von DM auf EUR

13 → § 247 Rn. 4.

III. Zustimmungserfordernis bei Minderheits- und Sonderrechten

1. Minderheitsrechte (Abs. 2)

14 § 241 Abs. 2 iVm § 50 Abs. 2 sieht vor, dass auch Inhaber von **Minderheitsrechten** dem Formwechselbeschluss zustimmen müssen, wenn eine Beeinträchtigung bzw. ein Verlust dieser Rechte eintreten würde. Hierbei kann es sich etwa um Vorkaufs- und Vorerwerbsrechte handeln.[14] Die Regelung entspricht der Verweisnorm in § 233 Abs. 2 S. 1 Hs. 2. Zu den einzelnen Voraussetzungen → § 50 Rn. 16 ff.

2. Sonderrechte

15 Ebenso wie Inhaber von Minderheitsrechten müssen auch **Sonderrechtsinhaber** dem Formwechselbeschluss zustimmen, wenn der Formwechsel zu einer Beeinträchtigung oder einem Verlust ihrer Rechte führt.[15] Bei Sonderrechten idS handelt es sich um Mitgliedschaftsrechte, die einzelnen oder mehreren Gesellschaftern eine Vorzugsstellung vor anderen Mitgliedern gewähren.[16] Hierbei kann es sich etwa um gegenüber anderen Gesellschaftern erhöhte Gewinn- oder Stimmrechte handeln.[17] Das Erfordernis einer Zustimmung ist hierbei dem allgemeinen verbandsrechtlichen Gedanken des § 35 BGB zu entnehmen.[18] Im Hinblick auf Sonderrechte, die keine Minderheitsrechte iSv § 50 Abs. 2 darstellen, bei denen der Formwechsel aber zu einer Beeinträchtigung oder einem Verlust von Rechten bei dem betreffenden Gesellschafter führt, muss daher ebenso eine gesonderte Zustimmung des betroffenen Gesellschafters erfolgen (→ § 240 Rn. 25 ff.).

IV. Zustimmungserfordernis aufgrund von anderen Verpflichtungen (Abs. 3)

16 Der Gesellschaftsvertrag einer GmbH kann – neben der Leistung von Kapitaleinlagen – noch **andere Verpflichtungen** der Gesellschafter gegenüber der Gesellschaft vorsehen.[19] Während die GmbH den Gesellschaftern hierbei weitestgehend Gestaltungsfreiheit einräumt, ist dies bei einer AG oder KGaA nur eingeschränkt möglich.[20] Das Aktiengesetz erlaubt nur, dass dem Aktionär in der Satzung eine Verpflichtung zur Erbringung wiederkehrender, nicht in Geld bestehender Leistungen auferlegt wird, wenn die Übertragung der Aktien an die Zustimmung der Gesellschaft gebunden ist,

---

[14] *Reichert* GmbHR 1995, 176 (193).
[15] *Lutter/Göthel* § 240 Rn. 8; *Semler/Stengel/Leonard/Mutter* § 240 Rn. 15.
[16] *Scholz/Seibt* GmbHG § 14 Rn. 19; vgl. auch RGZ 165, 129 (133); BGHZ 63, 14 (19).
[17] *Semler/Stengel/Leonard/Mutter* § 240 Rn. 15; *Lutter/Göthel* § 240 Rn. 8.
[18] *Kallmeyer/Blasche* § 241 Rn. 6; *Semler/Stengel/Leonard/Mutter* § 241 Rn. 20.
[19] *Widmann/Mayer/Rieger* § 241 Rn. 42; *Semler/Stengel/Leonard/Mutter* § 241 Rn. 22; *Noack/Servatius/Haas/Servatius* GmbHG § 3 Rn. 31 ff.
[20] Vgl. *Noack/Servatius/Haas/Servatius* GmbHG § 3 Rn. 31 ff.; *Koch* AktG § 54 Rn. 6 u. *Koch* AktG § 55 Rn. 1.

§ 55 Abs. 1 AktG.²¹ Andere Nebenleistungsverpflichtungen in der Satzung sind unzulässig. Würde eine nach GmbH-Recht zulässige Nebenleistungsverpflichtung nach dem Formwechsel bei uneingeschränkter Übertragung in die Satzung der AG bzw. KGaA gegen § 55 AktG verstoßen, so kann sie nicht übertragen werden. Für diese Fälle sieht § 240 Abs. 3 die Zustimmung der hiervon betroffenen GmbH-Gesellschafter zum Formwechsel vor (§ 241 Abs. 3).

Daneben ist die Übertragung der Nebenleistungsverpflichtung bereits dann unzulässig, wenn nach dem Formwechsel keine Namensaktien an die betreffenden ehemaligen GmbH-Gesellschafter ausgegeben werden, wie es dem Wortlaut von § 55 Abs. 1 iVm § 68 Abs. 2, Abs. 1 AktG auch entspricht.²²

Die Norm will mit dem Zustimmungserfordernis den betreffenden Gesellschafter vor einer Benachteiligung schützen. Im Umkehrschluss kann auf seine Zustimmung verzichtet werden, wenn die Nebenleistungsverpflichtung eine reine einseitige Belastung für den Gesellschafter darstellt, der keine Gegenpflicht der Gesellschaft gegenübersteht.²³ In der Literatur wird als Beispiel für eine Nebenleistungsverpflichtung, deren Aufhebung für den betroffenen Aktionär nicht nur Vorteile hätte, die Zustimmung, eine entgeltliche Lieferverpflichtung des Gesellschafters genannt, der im Gegenzug für die Lieferung an die Gesellschaft ein Entgelt von der Gesellschaft verlangen kann.²⁴

V. Sonstige Zustimmungserfordernisse

1. Vinkulierung

Ist die Abtretung der Geschäftsanteile der GmbH nach dem Gesellschaftsvertrag von der **Genehmigung einzelner Gesellschafter abhängig** (Vinkulierung), bedarf der Formwechselbeschluss zu seiner Wirksamkeit der Zustimmung dieser Gesellschafter (→ § 193 Rn. 14 ff.).

2. Gesellschaftsvertragliche Regelung

Auch **besondere gesellschaftsvertragliche Regelungen** können zur Folge haben, dass eine Zustimmung der betroffenen Gesellschafter notwendig ist.²⁵ Der besonderen Erwähnung eines Zustimmungsvorbehalts gerade für Umwandlungen bedarf es im Gesellschaftsvertrag nicht.²⁶ Vielmehr genügt ein einfacher Zustimmungsvorbehalt für Satzungsänderungen.²⁷

VI. Zustimmungserklärung

1. Erklärender

Die Zustimmung ist durch den **betroffenen Gesellschafter** zu erklären. Im Falle des § 241 Abs. 1 ist dies derjenige Gesellschafter, der sich nicht dem Gesamtnennbetrag seiner Geschäftsanteile entsprechend an der Ziel-AG oder Ziel-KGaA beteiligen kann. Im Falle des § 241 Abs. 2 und 3 ist dies der Gesellschafter, dessen Rechte bzw. Pflichten

---

21 Koch AktG § 55 Rn. 2.
22 §§ 55 iVm 68 Abs. 2 AktG; vgl. Semler/Stengel/Leonard/Mutter § 241 Rn. 23.
23 Lutter/Göthel § 241 Rn. 12; Semler/Stengel/Leonard/Mutter § 241 Rn. 24; Kallmeyer/Blasche § 241 Rn. 8.
24 Lutter/Göthel § 241 Rn. 12 ff.; Semler/Stengel/Leonard/Mutter § 241 Rn. 24.
25 Lutter/Göthel § 241 Rn. 17; Kallmeyer/Blasche § 241 Rn. 10; Semler/Stengel/Leonard/Mutter § 241 Rn. 30.
26 Lutter/Göthel § 241 Rn. 17; Kallmeyer/Blasche § 241 Rn. 10.
27 Semler/Stengel/Leonard/Mutter § 241 Rn. 30; Lutter/Göthel § 241 Rn. 17; Kallmeyer/Blasche § 241 Rn. 10.

durch den Formwechsel beeinträchtigt werden würden. Bei einer Anteilsvinkulierung ist Erklärender der Gesellschafter, von dessen Genehmigung die Anteilsübertragung abhängt. Sieht eine gesellschaftsvertragliche Regelung einen Zustimmungsvorbehalt vor, ist Erklärender derjenige Gesellschafter, dem die Zustimmung vorbehalten ist.

2. Erklärungsempfänger

22 Die Zustimmungserklärung ist eine **empfangsbedürftige Willenserklärung**.[28] Es sind damit die für Willenserklärungen einschlägigen Regelungen maßgeblich. Insbes. bedarf die Erklärung eines Zugangs beim Erklärungsempfänger. Dieser ist entweder die den Formwechsel beschließende Gesellschafterversammlung (Abgabe gegenüber dem Vorsitzenden) oder der Rechtsträger selbst (Abgabe gegenüber dem Geschäftsführer).[29]

3. Form

23 Die Zustimmungserklärung ist **notariell zu beurkunden** (§ 193 Abs. 3 S. 1).

VII. Rechtsfolgen

1. Rechtsfolgen bei erteilter Zustimmungserklärung

24 Wird die Zustimmungserklärung von dem Zustimmungsberechtigten erteilt, ist die Festsetzung wirksam bzw. kommt der Formwechselbeschluss **zustande**, soweit keine anderen Beschlusshindernisse entgegenstehen.

2. Rechtsfolgen bei Fehlen der Zustimmungserklärung

a) Unwirksamkeit des Formwechselbeschlusses (Abs. 2, 3)

25 Fehlt die Zustimmung gem. § 241 Abs. 2 oder 3 eines Gesellschafters, hat dies die schwebende Unwirksamkeit des Formwechselbeschlusses zur Folge.[30] Bei einer endgültigen Verweigerung der Zustimmung wird der gesamte Beschluss **unwirksam**.[31]

b) Unwirksamkeit der Festsetzung nach Abs. 1

26 Die Zustimmung iSd § 241 Abs. 1 betrifft ausschließlich die Festsetzung der Anteile am Grundkapital. Zweifelhaft ist, ob eine verweigerte Zustimmung zu dieser Festsetzung zur **Unwirksamkeit des Formwechselbeschlusses** führt. Richtigerweise ist diese Frage mit der herrschenden Meinung in der Literatur zu verneinen. Sofern die Gesellschafter nichts Abweichendes vereinbart haben, sind die Wirksamkeit von Formwechselbeschluss und Festsetzung voneinander unabhängig.[32] Dies hat zur Folge, dass der Formwechselbeschluss bei Erreichen der erforderlichen Mehrheit im Falle der fehlenden Zustimmung zur Festsetzung wirksam ist.[33] Betroffene Gesellschafter sind in diesem Fall dadurch hinreichend geschützt, dass das Gericht nach Anfechtung des Beschlusses

---

28 Semler/Stengel/Leonard/*Bärwaldt* § 193 Rn. 27; Widmann/Mayer/*Rieger* § 241 Rn. 29; Kallmeyer/*Zimmermann* § 193 Rn. 20.
29 Kallmeyer/*Zimmermann* § 193 Rn. 20.
30 Widmann/Mayer/*Rieger* § 241 Rn. 68; Kallmeyer/*Blasche* § 241 Rn. 12.
31 Schmitt/Hörtnagl/*Hörtnagel/Rinke* § 241 Rn. 12; Semler/Stengel/Leonard/*Mutter* § 241 Rn. 21.
32 Lutter/*Göthel* § 241 Rn. 21; Semler/Stengel/Leonard/*Mutter* § 241 Rn. 34.
33 Kallmeyer/*Blasche* § 241 Rn. 12; Semler/Stengel/Leonard/*Mutter* § 241 Rn. 34; vgl. auch Widmann/Mayer/*Rieger* § 241 Rn. 68; Rowedder/Pentz/*Schnorbus* GmbHG Anh. § 77 Rn. 511.

die Grundkapitalanteile so festsetzen kann, dass eine maximale Beteiligung gesichert ist.³⁴

c) Registergerichtliche Eintragung

Eine fehlende Zustimmung zum Formwechselbeschluss gem. § 241 Abs. 2 und 3 bzw. eine fehlende Zustimmung zur Festsetzung gem. § 241 Abs. 1 ist ein **Eintragungshindernis**; der Formwechsel darf seitens des Registergerichts nicht in das Handelsregister eingetragen werden.³⁵ Erfolgt trotz nicht erfolgter Zustimmung der zustimmungsberechtigten Gesellschafter eine Eintragung im Handelsregister, hat dies gem. § 202 Abs. 3 dennoch die Wirksamkeit des Formwechsels zur Folge (→ § 202 Rn. 20 f.). 27

d) Schadensersatzansprüche

Eine wirksame Eintragung trotz fehlender Zustimmung kann zugunsten der zustimmungsberechtigten Gesellschafter einen **Schadensersatzanspruch** gem. §§ 205, 206 auslösen (→ § 205 Rn. 5; → § 206 Rn. 2 ff.).³⁶ 28

§ 242 Zustimmungserfordernis beim Formwechsel einer Aktiengesellschaft oder einer Kommanditgesellschaft auf Aktien

Wird durch den Formwechselbeschluss einer formwechselnden Aktiengesellschaft oder Kommanditgesellschaft auf Aktien der Nennbetrag der Geschäftsanteile in dem Gesellschaftsvertrag der Gesellschaft mit beschränkter Haftung abweichend vom Betrag der Aktien festgesetzt, so muß der Festsetzung jeder Aktionär zustimmen, der sich nicht mit seinem gesamten Anteil beteiligen kann.

I. Normzweck 1	b) Erklärungsempfänger 8
II. Zustimmungserfordernis aufgrund der nicht dem Betrag der Aktien entsprechenden Festsetzung des Geschäftsanteils 3	c) Form 9
1. Allgemeines 3	d) Zeitpunkt 10
2. Tatbestandsvoraussetzung 4	e) Anderweitige Zustimmungserfordernisse 11
a) Festsetzung des Nennbetrags der Geschäftsanteile abweichend vom Betrag der Aktien der formwechselnden AG/KGaA 4	III. Rechtsfolgen 12
	1. Rechtsfolgen bei erteilter Zustimmungserklärung 12
b) Fehlende Möglichkeit einer verhältniswahrenden Beteiligung 5	2. Rechtsfolgen bei Fehlen der Zustimmungserklärung 13
3. Zustimmung 6	a) Unwirksamkeit der Festsetzung nach § 242 13
a) Erklärender 7	b) Registergerichtliche Eintragung ... 14
	c) Schadensersatzansprüche 15

I. Normzweck

Die Norm betrifft **ausschließlich** den Formwechsel einer AG oder KGaA in eine GmbH. § 242 stellt damit ein Korrelat zu § 241 dar, der – umgekehrt – den Formwechsel einer GmbH in eine AG oder KGaA betrifft. Die Regelung dient der Vermeidung von Nachteilen, die die Gesellschafter einer AG oder KGaA erleiden, wenn ihnen durch eine von ihrer bisherigen Beteiligung abweichende Festsetzung der Geschäftsanteile 1

---

34 Lutter/*Göthel* § 241 Rn. 21; Semler/Stengel/Leonard/*Mutter* § 241 Rn. 34.
35 Widmann/Mayer/*Rieger* § 241 Rn. 36; Kallmeyer/*Blasche* § 241 Rn. 12.
36 Widmann/Mayer/*Rieger* § 241 Rn. 36; Kallmeyer/*Blasche* § 241 Rn. 12.

1 der GmbH eine nur verminderte Beteiligungsmöglichkeit eingeräumt wird.[1] Bei einer solchen Verschlechterung der Gesellschafterstellung wird die Wirksamkeit des Formwechsels von einer Willensentscheidung des betroffenen Mitglieds abhängig gemacht und es wird ihm die Möglichkeit eingeräumt, die Zustimmungserklärung zu einem Formwechsel zu verweigern.[2]

2 Mit § 242 hat der Gesetzgeber das bis zur Novellierung des UmwG geltende Recht im Jahr 1994 übernommen.[3] Die Praxisrelevanz dieser Regelung hat jedoch durch das UmwG 1994 dadurch zugenommen, dass das bisherige Erfordernis einer einstimmigen Beschlussfassung für den Formwechselbeschluss einer AG in eine GmbH durch den Grundsatz der Dreiviertelmehrheit abgelöst wurde.[4] Mit dem UmRUG wurde dann mit Wirkung zum 1.3.2023 lediglich der Begriff Umwandlungsbeschluss in Formwechselbeschluss geändert, ohne dass damit jedoch eine inhaltliche Änderung verbunden war.[5]

II. Zustimmungserfordernis aufgrund der nicht dem Betrag der Aktien entsprechenden Festsetzung des Geschäftsanteils

1. Allgemeines

3 Durch den Formwechsel einer AG wird das bisherige **Grundkapital** einer formwechselnden AG oder KGaA **zum Stammkapital** der Ziel-GmbH (§ 247 Abs. 1 Var. 2). Die Aktien der formwechselnden AG oder KGaA werden dabei zu Geschäftsanteilen der Ziel-GmbH (§ 202 Abs. 1 Nr. 2 S. 1). Grundsätzlich geht das UmwG davon aus, dass die Beteiligungsverhältnisse an der AG oder KGaA in Bezug auf diejenigen an der GmbH verhältniswahrend aufrechterhalten bleiben.[6] Das Gesetz statuiert allerdings gegenüber den Gesellschaftern keine Pflicht zur Wahrung der Beteiligungsverhältnisse.[7] Diesen steht es gem. § 242 vielmehr frei, die Beteiligungsverhältnisse mit dem Formwechsel einer Änderung zu unterziehen, wenn die betroffenen Gesellschafter zustimmen.

2. Tatbestandsvoraussetzung

a) Festsetzung des Nennbetrags der Geschäftsanteile abweichend vom Betrag der Aktien der formwechselnden AG/KGaA

4 Voraussetzung für einen Zustimmungsvorbehalt ist, dass der **Nennbetrag** der Geschäftsanteile eines Gesellschafters an der Ziel-GmbH vom Betrag seiner bisherigen Aktien an der formwechselnden AG oder KGaA abweicht. Unter „Betrag der Aktien" versteht der Gesetzgeber dabei sowohl den Nennbetrag von Nennbetragsaktien als auch den rechnerischen Anteil einzelner Stückaktien am Grundkapital.[8] Eine Abweichung vom Nennbetrag der Geschäftsanteile liegt vor, wenn der Gesamtbetrag der Aktien (gerechnet auf den Gesamtnennbetrag bei Nennbetragsaktien bzw. den Gesamtbetrag der anteiligen Beteiligung am Grundkapital bei Stückaktien) eines Gesellschafters vom Gesamtnennbetrag der zukünftig gehaltenen Geschäftsanteile der Ziel-GmbH abweicht.

b) Fehlende Möglichkeit einer verhältniswahrenden Beteiligung

5 Ferner muss gegeben sein, dass der Gesellschafter bei der Ziel-GmbH „sich nicht mit seinem gesamten Anteil beteiligen kann". Aus der **abweichenden Festsetzung** des

---

[1] Kallmeyer/*Blasche* § 242 Rn. 1.
[2] Vgl. auch Semler/Stengel/Leonard/*Mutter* § 241 Rn. 1.
[3] Begr. RegE zu §§ 241 u. 242, BR-Drs. 75/94, 156.
[4] Widmann/Mayer/*Rieger* § 242 Rn. 1; Semler/Stengel/Leonard/*Mutter* § 242 Rn. 4.
[5] Begr. RegE zu § 193 und weitere, BT-Drs. 20/3822, 122.
[6] Arg. e contrario § 242; s. auch Lutter/*Göthel* § 242 Rn. 4.
[7] Lutter/*Göthel* § 242 Rn. 4.
[8] Semler/Stengel/Leonard/*Mutter* § 242 Rn. 6.

Nennbetrages wird sich regelmäßig bereits eine nicht verhältniswahrende Beteiligung ergeben. Allerdings sind Konstellationen denkbar, in denen sich zwar der Nennbetrag der einzelnen Anteile ändert, der Gesamtnennbetrag der Anteile aber gleich bleibt. In diesem Fall liegt keine Zustimmungspflicht vor.

3. Zustimmung

Weicht der Nennbetrag der zukünftigen Geschäftsanteile eines Gesellschafters an der Ziel-GmbH vom Betrag seiner bisherigen Beteiligung an der formwechselnden AG oder KGaA in Aktien ab, liegt also eine **verhältniswahrende Beteiligung** am Rechtsträger neuer Rechtsform **nicht** vor, ist der Formwechsel von der Zustimmung des hierdurch betroffenen Aktionärs abhängig.

a) Erklärender

Erklärender der Zustimmung ist der von der Verhältnisänderung betroffene Gesellschafter.

b) Erklärungsempfänger

Die Zustimmungserklärung ist **empfangsbedürftige Willenserklärung**.[9] Es sind damit die für Willenserklärungen einschlägigen Regelungen maßgeblich. Insbes. bedarf die Erklärung eines Zugangs beim Erklärungsempfänger. Dieser ist entweder die den Formwechsel beschließende Hauptversammlung (Abgabe gegenüber dem Vorsitzenden) oder der Rechtsträger selbst (im Falle der AG: Abgabe gegenüber dem Vorstand als geschäftsführendes Organ bzw. im Falle der KGaA gegenüber dem persönlich haftenden Gesellschafter als geschäftsführendes Organ).[10]

c) Form

Die Zustimmungserklärung ist **notariell zu beurkunden** (§ 193 Abs. 3 S. 1).

d) Zeitpunkt

Der betroffene Gesellschafter kann seine Zustimmungserklärung **vor, während oder nach dem Formwechselbeschluss** erteilen.[11] Spätestens aber bei Anmeldung des Formwechsels zur Eintragung in das Handelsregister muss die Zustimmungserklärung vorliegen.[12]

e) Anderweitige Zustimmungserfordernisse

Das Zustimmungserfordernis des § 193 Abs. 2 findet im Falle des Formwechsels einer AG oder KGaA **keine Anwendung**, da die Übertragung von Aktien nur an die Zustimmung der Gesellschaft und nicht die Zustimmung der einzelnen Gesellschafter gebunden werden kann (§ 68 Abs. 2 S. 1 AktG).

---

9 Semler/Stengel/Leonard/*Bärwaldt* § 193 Rn. 27; Kallmeyer/*Zimmermann* § 193 Rn. 20.
10 Vgl. Kallmeyer/*Zimmermann* § 193 Rn. 20.
11 Vgl. Widmann/Mayer/*Rieger* § 242 Rn. 21; Lutter/*Göthel* § 242 Rn. 12.
12 Lutter/*Göthel* § 242 Rn. 12.

III. Rechtsfolgen

1. Rechtsfolgen bei erteilter Zustimmungserklärung

12   Erteilt der Zustimmungsberechtigte die Zustimmungserklärung, so ist die **Festsetzung wirksam**.

2. Rechtsfolgen bei Fehlen der Zustimmungserklärung

a) Unwirksamkeit der Festsetzung nach § 242

13   Die Zustimmung iSd § 242 betrifft ausschließlich die Festsetzung der Anteile am Stammkapital. Zweifelhaft ist, ob eine verweigerte Zustimmung zu dieser Festsetzung **zur Unwirksamkeit des Formwechselbeschlusses** führt. Nach hier vertretener Auffassung wird die Wirksamkeit des Formwechselbeschlusses von der Verweigerung der Zustimmung gem. § 242 nicht berührt (→ § 241 Rn. 26).

b) Registergerichtliche Eintragung

14   Eine fehlende Zustimmung zur Festsetzung ist ein **Eintragungshindernis**; der Formwechsel darf seitens des Registergerichts nicht in das Handelsregister eingetragen werden.[13] Erfolgt trotz nicht erfolgter Zustimmung der zustimmungsberechtigten Gesellschafter eine Eintragung im Handelsregister, hat dies gem. § 202 Abs. 3 dennoch die Wirksamkeit des Formwechsels zur Folge (→ § 202 Rn. 20 f.).

c) Schadensersatzansprüche

15   Eine wirksame Eintragung trotz fehlender Zustimmung kann zugunsten der zustimmungsberechtigten Gesellschafter einen **Schadensersatzanspruch** gem. § 205 auslösen (→ § 205 Rn. 5).[14]

§ 243 Inhalt des Formwechselbeschlusses

(1) ¹Auf den Formwechselbeschluss ist § 218 entsprechend anzuwenden. ²Festsetzungen über Sondervorteile, Gründungsaufwand, Sacheinlagen und Sachübernahmen, die in dem Gesellschaftsvertrag oder in der Satzung der formwechselnden Gesellschaft enthalten sind, sind in den Gesellschaftsvertrag oder in die Satzung der Gesellschaft neuer Rechtsform zu übernehmen. ³§ 26 Abs. 4 und 5 des Aktiengesetzes bleibt unberührt.

(2) Vorschriften anderer Gesetze über die Änderung des Stammkapitals oder des Grundkapitals bleiben unberührt.

(3) ¹In dem Gesellschaftsvertrag oder in der Satzung der Gesellschaft neuer Rechtsform kann der auf die Anteile entfallende Betrag des Stamm- oder Grundkapitals abweichend vom Betrag der Anteile der formwechselnden Gesellschaft festgesetzt werden. ²Bei einer Gesellschaft mit beschränkter Haftung muss er auf volle Euro lauten.

---

13 Widmann/Mayer/*Rieger* § 242 Rn. 26; Kallmeyer/*Blasche* § 241 Rn. 12; Semler/Stengel/Leonard/*Mutter* § 242 Rn. 18.

14 Widmann/Mayer/*Rieger* § 241 Rn. 26.

Inhalt des Formwechselbeschlusses § 243 UmwG

I. **Normzweck** 1
II. **Formwechselbeschluss** 4
 1. Mindestinhalt (§ 194) 4
 2. Besonderer Inhalt (Abs. 1 S. 1) ... 5
  a) Gesellschaftsvertrag und Satzung des Rechtsträgers neuer Rechtsform als Inhalt des Formwechselbeschlusses (Abs. 1. S. 1 iVm § 218 Abs. 1 S. 1) . 5
  b) Inhalt des Gesellschaftsvertrags bzw. der Satzung des Rechtsträgers neuer Rechtsform 6
  c) Änderungen des Gesellschaftsvertrags oder der Satzung 7
   aa) Obligatorische Änderungen .. 7
   bb) Fakultative Änderungen 9
  d) Besondere Festsetzung in Gesellschaftsvertrag bzw. Satzung (Abs. 1 S. 2, 3) 13
   aa) Übernahme besonderer Festsetzung in Gesellschaftsvertrag bzw. Satzung (Abs. 1 S. 2) 13
   bb) Rechtsfolgen bei Verstoß gegen Abs. 1 S. 2 14
   cc) Abänderung und Beseitigung besonderer Festsetzungen (Abs. 1 S. 3 iVm § 26 Abs. 4, 5 AktG bzw. § 26 Abs. 4, 5 AktG analog) 15
   dd) Beteiligung bzw. Beitritt eines persönlich haftenden Gesellschafters (Abs. 1 S. 1 iVm § 218 Abs. 2) ... 17
III. **Änderung des Stamm- oder Grundkapitals (Abs. 2)** 18
 1. Regel: Äquivalenz der absoluten Beträge von Grund- und Stammkapital 18
 2. Ausnahme: Änderung des Grund- bzw. Stammkapitals im Zuge des Formwechsels (Abs. 2) 19
IV. **Abweichende Festsetzung des Nennbetrags der Anteile am Stamm- oder Grundkapital (Abs. 3)** 24

I. Normzweck

§ 243 trifft eine Regelung über den Inhalt des Formwechselbeschlusses bei einem Formwechsel einer **Kapitalgesellschaft** in eine **Kapitalgesellschaft anderer Rechtsform**. Er stellt damit eine **Ergänzung zu § 194** dar, der die Mindestanforderungen an den Inhalt des Formwechselbeschlusses zum Gegenstand hat.[1] Die Norm verweist dabei auf § 218 und damit auf das Recht des Formwechsels von Personengesellschaften. 1

Die Regelung findet ausschließlich Anwendung auf den Formwechsel einer Kapitalgesellschaft in eine andere Kapitalgesellschaft, dh den Formwechsel einer **AG, KGaA** oder **GmbH** in eine dieser drei Rechtsformen. Soweit § 218 Regelungen zum Formwechsel einer Personengesellschaft in eine eG enthält, sind diese Regelungen vom Verweis in § 243 naturgemäß ausgenommen. Dementsprechend verweist § 243 nicht auf § 218 Abs. 1 S. 2 und § 218 Abs. 3.[2] Der Verweis auf § 218 Abs. 2 gilt nur hinsichtlich des Formwechsels einer KGaA.[3] 2

Eine dem § 218 Abs. 1 und 2 entsprechende Regelung fand sich im AktG 1965 nicht.[4] Lediglich die Regelung des § 218, auf die § 243 verweist, war bereits im Recht des Formwechsels einer Personenhandelsgesellschaft in eine Kapitalgesellschaft des **UmwG aF** vorgesehen.[5] Abs. 1 S. 2 beinhaltet eine Parallelregelung zum Recht der Verschmelzung, die ebenfalls im alten Recht eine Entsprechung fand.[6] Abs. 3 war sinngemäß bereits in § 369 Abs. 6 S. 1 und 2 AktG geregelt.[7] Mit Wirkung zum 1.3.2023 wurde durch das UmRUG lediglich der Begriff Umwandlungsbeschluss in Formwechselbeschluss geändert, ohne dass damit eine inhaltliche Änderung verbunden war.[8] 3

---

1 Lutter/*Göthel* § 243 Rn. 1.
2 Semler/Stengel/Leonard/*Mutter* § 243 Rn. 2; vgl. auch Kallmeyer/*Blasche* § 243 Rn. 1; Widmann/Mayer/*Rieger* § 243 Rn. 16; Schmitt/Hörtnagl/*Hörtnagel/Rinke* § 243 Rn. 1.
3 Semler/Stengel/Leonard/*Mutter* § 243 Rn. 2.
4 Semler/Stengel/Leonard/*Mutter* § 243 Rn. 3; s. auch Begr. RegE zu § 243, BR-Drs. 75/94, 157.
5 §§ 42 Abs. 2 S. 1, 48 Abs. UmwG aF; vgl. Semler/Stengel/Leonard/*Mutter* Rn. 243 Rn. 3.
6 Begr. RegE zu § 243, BR-Drs. 75/94, 156 f.; s. §§ 353 Abs. 4 S. 2 u. 3 AktG 1965.
7 Begr. RegE zu § 243, BR-Drs. 75/94, 156 f.
8 Begr. RegE zu § 243, BT-Drs. 20/3822, 86.

II. Formwechselbeschluss

1. Mindestinhalt (§ 194)

4 § 194 findet als Norm des allgemeinen Teils auch im besonderen Teil des Formwechsels einer **Kapitalgesellschaft** in eine **Kapitalgesellschaft anderer Rechtsform** Anwendung. Damit ist zugleich gesagt, dass bei einem solchen Formwechselbeschluss auch die von § 194 vorgeschriebenen Mindestbestimmungen enthalten sein müssen. Zu den Einzelheiten, insbes. zu Formulierungshinweisen, → § 194 Rn. 2 ff.

2. Besonderer Inhalt (Abs. 1 S. 1)

a) Gesellschaftsvertrag und Satzung des Rechtsträgers neuer Rechtsform als Inhalt des Formwechselbeschlusses (Abs. 1. S. 1 iVm § 218 Abs. 1 S. 1)

5 Nach § 243 Abs. 1 S. 1 muss der Formwechselbeschluss neben den allgemeinen Anforderungen des § 194 inhaltlich den **Anforderungen des § 218** entsprechen, soweit § 218 nicht Regelungen für die eG enthält. Im Formwechselbeschluss müssen folglich deshalb auch der Gesellschaftsvertrag der GmbH enthalten bzw. die Satzung der AG oder der KGaA im festgestellt werden (§ 218 Abs. 1 S. 1). Hierbei ist der vollständige Text des Gesellschaftsvertrags aufzunehmen bzw. der Satzung der Gesellschaft neuer Rechtsform festzusetzen und nicht lediglich die für den Formwechsel unerlässlichen Änderungen gegenüber dem bisherigen Gesellschaftsvertrag bzw. der bisherigen Satzung.[9] So soll klar dokumentiert werden, in welcher Fassung der Gesellschaftsvertrag oder die Satzung vom Zeitpunkt des Formwechsels an gilt.[10] Der Gesetzgeber hielt diese Abweichung vom AktG aF für geboten, um eine Vereinheitlichung des Umwandlungsverfahrens zu gewährleisten.[11] Im Übrigen wird so dem auch im GmbH- und Aktienrecht[12] zum Ausdruck kommenden Willen des Gesetzgebers entsprochen, dass dem Handelsregister stets der vollständige Wortlaut des Gesellschaftsvertrags oder der Satzung zur Verfügung steht.[13]

b) Inhalt des Gesellschaftsvertrags bzw. der Satzung des Rechtsträgers neuer Rechtsform

6 Den Gesellschaftsvertrag bzw. die Satzung des Rechtsträgers neuer Rechtsform müssen die Gesellschafter unter Beachtung der für die neue Rechtsform geltenden **Gründungsvorschriften** ausgestalten.[14] Dies ergibt sich aus § 197 S. 1, § 245. Zudem ergeben sich weitere Anforderungen aus § 243 Abs. 1 S. 2 und 3 sowie aus § 243 Abs. 3 (→ Rn. 13 ff.). Im Übrigen sind die Gesellschafter bei der Gestaltung des Gesellschaftsvertrags frei, soweit die Gründungsvorschriften den Gesellschaftern keine anderweitigen Vorgaben auferlegen.[15]

Hinweis: Nach der Rechtsprechung des BGH kann die Rechtsfehlerhaftigkeit eines Gesellschaftsvertrags, der in dem Umwandlungsbeschluss festgestellt wird, grundsätzlich zu einer Nichtigkeit auch des Umwandlungsbeschlusses selbst gem. § 139 BGB führen.[16] Soll aber nach dem Willen der Gesellschafter bei Vorliegen etwaiger nichtiger Bestimmungen der Gesellschaftsvertrag im Übrigen bestehen bleiben, führt eine solche

---

9 Begr. RegE zu § 243, BR-Drs. 75/94, 156 f.
10 Begr. RegE zu § 243, BR-Drs. 75/94, 156 f.
11 Begr. RegE zu § 243, BR-Drs. 75/94, 156 f.
12 Vgl. § 54 Abs. 1 S. 2 GmbHG; § 181 Abs. 1 S. 2 AktG.
13 Begr. RegE zu § 243, BR-Drs. 75/94, 156 f.
14 Lutter/*Göthel* § 243 Rn. 21; Semler/Stengel/Leonard/*Mutter* § 243 Rn. 8.
15 Lutter/*Göthel* § 243 Rn. 21; Semler/Stengel/Leonard/*Mutter* § 243 Rn. 8.
16 BGH ZIP 2005, 1318 (1321).

Regelung nur zu einer Teilnichtigkeit.[17] Es empfiehlt sich deshalb regelmäßig die Aufnahme einer entsprechenden salvatorischen Klausel im Vertragswerk.[18]

c) Änderungen des Gesellschaftsvertrags oder der Satzung
aa) Obligatorische Änderungen

Der Formwechsel einer Kapitalgesellschaft hat zwingend die **Änderung des Gesellschaftsvertrags oder der Satzung** des Rechtsträgers zur Folge.[19] Die Änderungen betreffen etwa die Firma der Gesellschaft oder die Bezeichnungen der einzelnen Gesellschaftsorgane.[20] Auch muss bei einem Formwechsel einer GmbH in die AG oder KGaA die in § 23 Abs. 5 AktG verankerte Satzungsstrenge berücksichtigt werden. Regelungen des Gesellschaftsvertrags der GmbH, die im Widerspruch zu zwingenden Regelungen des Aktienrechts stehen, sind deshalb zu ändern.[21]

Wird eine obligatorische Änderung bei einem Formwechsel der Gesellschaft nicht durchgeführt, hat dies nicht die Unwirksamkeit des Formwechselbeschlusses zur Folge.[22] Die entsprechenden Regelungen sind vielmehr **unanwendbar** und die so vorliegenden Errichtungsmängel können gem. § 38 Abs. 4 AktG bzw. § 9c Abs. 2 GmbHG dazu führen, dass der Registerrichter die Eintragung verweigert. Voraussetzung dafür, eine Verfügung hinsichtlich der entsprechenden Handelsregisteranmeldung zu erlassen, ist insoweit eine mangelhafte, fehlende oder nichtige Satzungsbestimmung, die Tatsachen oder Rechtsverhältnisse betrifft, die entweder zwingend in der Satzung bestimmt sein müssen, in das Handelsregister einzutragen oder vom Gericht bekannt zu machen sind.[23] Die Ablehnung einer Eintragung kommt zudem auch dann in Betracht, wenn eine solche Bestimmung, ihr Fehlen oder ihre Nichtigkeit Vorschriften verletzt, die ausschließlich oder überwiegend zum Schutze der Gläubiger der Gesellschaft oder sonst im öffentlichen Interesse gegeben sind oder welche die Nichtigkeit der Satzung zur Folge hat.[24]

bb) Fakultative Änderungen

Den Gesellschaftern steht es frei, im Zuge des Formwechsels den Gesellschaftsvertrag oder die Satzung auch hinsichtlich solcher Regelungen zu ändern, die sich nicht unmittelbar aus dem Wechsel der Rechtsform ergeben.[25] Eine vollständige Neufassung des Gesellschaftsvertrags bzw. der Satzung wird im Regelfall ohnehin angezeigt sein.[26]

Umstritten ist, welche Mehrheitserfordernisse bei einer **fakultativen Änderung** des Gesellschaftsvertrags oder der Satzung an den Formwechselbeschluss zu stellen sind, wenn diese Änderung nach dem Gesellschaftsstatut des formwechselnden Rechtsträgers an sich einer **höheren Beschlussmehrheit als der Formwechselbeschluss** bedarf. Nach einer hierzu vertretenen Ansicht soll eine Aufteilung nach obligatorischen und fakultativen Änderungen des Gesellschaftsvertrags bei einem Formwechsel nicht mehr der Gesetzesstruktur entsprechen.[27] Entgegen dem UmwG aF gehe das UmwG nF von einer

---

17 BGH ZIP 2005, 1318 (1321).
18 Semler/Stengel/Leonard/*Mutter* § 243 Rn. 8.
19 Lutter/*Göthel* § 243 Rn. 26; Semler/Stengel/Leonard/*Mutter* § 243 Rn. 9.
20 Lutter/*Göthel* § 243 Rn. 26; Semler/Stengel/Leonard/*Mutter* § 243 Rn. 9.
21 Lutter/*Göthel* § 243 Rn. 27; Semler/Stengel/Leonard/*Mutter* § 243 Rn. 9.
22 Lutter/*Göthel* § 243 Rn. 28; Semler/Stengel/Leonard/*Mutter* § 243 Rn. 10.
23 § 38 Abs. 4 Nr. 1 AktG; § 9c Abs. 2 Nr. 1 GmbHG.
24 § 38 Abs. 4 Nr. 1 AktG; § 9c Abs. 2 Nr. 1 GmbHG.
25 Semler/Stengel/Leonard/*Mutter* § 243 Rn. 11; Widmann Mayer/*Rieger* § 243 Rn. 12.
26 So noch Kallmeyer/*Dirksen*, 4. Aufl. 2010, § 243 Rn. 9.
27 Meyer-Landrut/*Kiem* WM 1997, 1361 (1368).

einheitlich Beschlussfassung über den Formwechsel aus, deren Mehrheitsanforderungen und Verfahrensweisen abschließend im UmwG geregelt seien.[28] Demzufolge würde die für den Formwechselbeschluss einer Kapitalgesellschaft in eine Kapitalgesellschaft anderer Rechtsform notwendige Dreiviertelmehrheit genügen, um auch eine Änderung des Gesellschaftsvertrags oder der Satzung herbeizuführen, die nach einer Bestimmung dieses Statuts eigentlich einer höheren Mehrheitsanforderung bedarf. Hiergegen wendet sich die wohl hM.[29] Eine fakultative Satzungsänderung im Zuge des Formwechselbeschlusses könne demnach grundsätzlich nur unter den Voraussetzungen einer entsprechenden Änderung des Gesellschaftsvertrags oder der Satzung außerhalb des Formwechselbeschlusses, also unter Wahrung der entsprechenden Mehrheitsanforderungen vollzogen werden.[30] Wäre für fakultative Änderungen eine qualifizierte Gesellschaftermehrheit ausreichend, eröffnete dies den betreffenden Gesellschaftern die Möglichkeit, die entsprechenden statuarischen Regelungen des Ausgangsrechtsträgers zu umgehen. Dies widerspricht allgemeinen Grundsätzen des Gesellschaftsrechts.[31] Allerdings lässt sich der hM entgegenhalten, dass eine Differenzierung zwischen fakultativen und obligatorischen Änderungen nicht praxisgerecht ist. Eine solche Differenzierung würde in der Praxis regelmäßig dazu führen, dass stets die Mehrheiten für eine fakultative und die durch den Formwechsel bedingten obligatorischen Änderung des Gesellschaftsvertrages bzw. der Satzung gesondert zu berücksichtigen wären – abgesehen von etwaigen Abgrenzungsschwierigkeiten. Die betreffenden Gesellschafter, auf deren Stimme es bei einer „isolierten" fakultativen Statutenänderung ankäme, wären bei einer einheitlichen Betrachtung, bei der nur die umwandlungsrechtlichen Mehrheitsanforderungen ausschlaggebend sind, nicht schutzlos gestellt. Zum einen sind ihre Minderheiten- und sonstigen Sonderrechten über eine gesonderte Zustimmungspflicht geschützt (→ § 241 Rn. 14 f.). Zum anderen haben sie die Möglichkeit, ggf. das Barabfindungsangebot gem. § 207 anzunehmen und aus der Gesellschaft auszuscheiden.

11 Das Gleiche gilt auch bei fakultativen Statutenänderungen, die nach dem Statut des Ausgangsrechtsträgers der **Zustimmung einzelner Anteilsinhaber** bedürfen.[32]

12 Eine andere Frage ist, wie mit **Statutenänderungen** umzugehen ist, die zu einer Anteilsvinkulierung erst bei der neuen Rechtsform führen.[33] Außerhalb des Umwandlungsrechts ist dies gem. § 180 Abs. 2 AktG, der analog auch im GmbH-Recht Anwendung findet,[34] nur mit Zustimmung der betroffenen Gesellschafter zulässig.[35] Auch hier sind die Gesellschafter durch die Möglichkeit, das Barabfindungsangebot gem. § 207 anzunehmen, ausreichend geschützt.

d) Besondere Festsetzung in Gesellschaftsvertrag bzw. Satzung (Abs. 1 S. 2, 3)

aa) Übernahme besonderer Festsetzung in Gesellschaftsvertrag bzw. Satzung (Abs. 1 S. 2)

13 Festsetzungen über **Sondervorteile, Gründungsaufwand, Sacheinlagen und Sachübernahmen,** die in dem Gesellschaftsvertrag oder in der Satzung der formwechseln-

---

[28] Meyer-Landrut/Kiem WM 1997, 1361 (1368).
[29] Vgl. Semler/Stengel/Leonard/Mutter § 243 Rn. 12; Widmann/Mayer/Rieger § 243 Rn. 14; Lutter/Göthel § 243 Rn. 31 ff.
[30] Semler/Stengel/Leonard/Mutter § 243 Rn. 12; Widmann/Mayer/Rieger § 243 Rn. 14; Lutter/Göthel § 243 Rn. 33.
[31] S. auch Lutter/Göthel § 243 Rn. 33.
[32] Semler/Stengel/Leonard/Mutter § 243 Rn. 13; Widmann/Mayer/Rieger § 243 Rn. 14; Lutter/Göthel § 243 Rn. 33.
[33] Semler/Stengel/Leonard/Mutter § 243 Rn. 13; Lutter/Göthel § 243 Rn. 32.
[34] MüKoAktG/Stein § 180 Rn. 16.
[35] Lutter/Göthel § 243 Rn. 32; Semler/Stengel/Leonard/Mutter § 243 Rn. 13.

den Gesellschaft enthalten sind, sind gem. § 243 Abs. 1 S. 2 in den Gesellschaftsvertrag oder in die Satzung der Gesellschaft neuer Rechtsform zu übernehmen. Die Norm ist Parallelregelung zum Recht der Verschmelzung (vgl. §§ 57, 74). Sie dient der Klarstellung, da die formwechselnde Gesellschaft trotz Gründungsvorschriften der Zielrechtsform ohnehin Anwendung finden (§ 197 S. 1).[36] So haben zukünftige Gesellschafter und Gläubiger die Möglichkeit, sich hinreichend über die sich aus diesen Festsetzungen ergebenden etwaigen Risiken zu unterrichten.[37] § 243 Abs. 1 S. 2 bezieht sich nur auf entsprechende, bereits bestehende Festsetzungen im Gesellschaftsvertrag bzw. der Satzung des formwechselnden Rechtsträgers.[38] Auf neue Festsetzungen, die anlässlich des Formwechsels erstmalig etabliert werden, findet die Norm keine Anwendung.[39]

bb) Rechtsfolgen bei Verstoß gegen Abs. 1 S. 2

Werden Festsetzungen über Sondervorteile, Gründungsaufwand, Sacheinlagen und Sachübernahmen nicht gem. § 243 Abs. 1 S. 2 in den Gesellschaftsvertrag des Rechtsträgers neuer Rechtsform übernommen, **erlöschen** die entsprechenden Rechte.[40]

cc) Abänderung und Beseitigung besonderer Festsetzungen (Abs. 1 S. 3 iVm § 26 Abs. 4, 5 AktG bzw. § 26 Abs. 4, 5 AktG analog)

Grundsätzlich sind besondere Festsetzungen in dem Gesellschaftsvertrag oder der Satzung des Rechtsträgers alter Rechtsform in das Statut des Rechtsträgers neuer Rechtsform zu übernehmen. Der Gesetzgeber hat daneben § 26 Abs. 4 u. 5 AktG, der zeitliche Vorgaben zur Änderung oder Beseitigung besonderer Festsetzungen trifft, für unberührt erklärt (§ 243 Abs. 1 S. 3). Dies ist insbes. bei der „Neufassung" des neuen Statuts zu beachten. Die Änderung bzw. die Unterlassung der Übernahme einer in dem Gesellschaftsvertrag oder der Satzung getroffenen Festsetzung kann danach erst nach einer **Sperrfrist von fünf Jahren** seit Eintragung der AG oder GmbH in das Handelsregister erfolgen.[41] Sollen die Satzungsbestimmungen einer AG über die Festsetzungen aufgrund ihrer Gegenstandslosigkeit ganz gestrichen werden,[42] ist dies erst dann möglich, wenn die Gesellschaft dreißig Jahre im Handelsregister bereits eingetragen ist und wenn die Rechtsverhältnisse, die den Festsetzungen zugrunde liegen, seit mindestens fünf Jahren abgewickelt sind.[43] Ähnlich bei der GmbH, bei der zwar von einer analogen Anwendung des § 26 Abs. 5 AktG ausgegangen wird, jedoch die 30-jährige Sperrfrist für die GmbH als zu lang und Zeiträume von fünf bzw. zehn Jahren als angemessener angesehen werden.[44] Bei einem Formwechsel beginnen diese Fristen nicht neu zu laufen, sondern berechnen sich nach dem Tag der erstmaligen Festsetzung in dem Statut des formwechselnden Rechtsträgers.[45]

Für weitere Hinweise → § 57 Rn. 3 ff. sowie → § 74 Rn. 2 ff.

---

36 Begr. RegE zu § 243, BR-Drs. 75/94, 156 f.
37 Lutter/*Göthel* § 243 Rn. 22; Widmann/Mayer/*Rieger* § 243 Rn. 19; Semler/Stengel/Leonard/*Mutter* § 243 Rn. 14.
38 Lutter/*Göthel* § 243 Rn. 22; Semler/Stengel/Leonard/ *Mutter* § 243 Rn. 14.
39 Lutter/*Göthel* § 243 Rn. 22; Semler/Stengel/Leonard/ *Mutter* § 243 Rn. 14.
40 Widmann/Mayer/*Rieger* § 243 Rn. 25; Schmitt/Hörtnagl/ *Hörtnagl/Rinke* § 243 Rn. 3; Lutter/*Göthel* § 243 Rn. 25; Semler/Stengel/Leonard/*Mutter* § 243 Rn. 19.
41 *Koch* AktG § 26 Rn. 9.
42 *Koch* AktG § 26 Rn. 10.
43 § 243 Abs. 1 S. 3 iVm § 26 Abs. 5 AktG.
44 MüKoGmbHG/*Schwandtner* § 5 Rn. 314 mwN, OLG Oldenburg, NZG 2016, 1265, 1266.
45 Widmann/Mayer/*Rieger* § 243 Rn. 22.

dd) Beteiligung bzw. Beitritt eines persönlich haftenden Gesellschafters (Abs. 1 S. 1 iVm § 218 Abs. 2)

17 Im Falle eines Formwechsels einer Kapitalgesellschaft in eine KGaA muss gem. § 243 Abs. 1 S. 1 iVm § 218 Abs. 2 der Formwechselbeschluss vorsehen, dass sich an dieser Gesellschaft **mindestens** ein Gesellschafter der formwechselnden Gesellschaft als **persönlich haftender Gesellschafter beteiligt** oder dass der Gesellschaft **mindestens** ein persönlich haftender Gesellschafter **beitritt** (→ § 218 Rn. 22 ff.).

III. Änderung des Stamm- oder Grundkapitals (Abs. 2)

1. Regel: Äquivalenz der absoluten Beträge von Grund- und Stammkapital

18 Der Formwechsel bewirkt, dass das bisherige Grundkapital einer formwechselnden AG oder KGaA zum Stammkapital der Ziel-GmbH bzw. das bisherige Stammkapital einer formwechselnden GmbH zum Grundkapital der Ziel-AG oder -KGaA wird (§ 247 Abs. 1 S. 1). Im Fall des Formwechsels einer AG in eine KGaA und umgekehrt wird das Grundkapital der AG zum Grundkapital der KGaA und umgekehrt (→ § 247 Rn. 6). Die Grund- bzw. Stammkapitalziffer ändert sich dabei in der absoluten Höhe grundsätzlich nicht.[46] Grund- und Stammkapital bleiben der absoluten Höhe nach **äquivalent**.

2. Ausnahme: Änderung des Grund- bzw. Stammkapitals im Zuge des Formwechsels (Abs. 2)

19 Wollen die Gesellschafter im Zuge des Formwechsels das Grund- bzw. Stammkapital abweichend von der Kapitalhöhe des Ausgangsrechtsträgers festsetzen, sind sie hierin nicht frei, sondern können dies nur im Wege einer **förmlichen Kapitalerhöhung oder -herabsetzung** nach den allgemeinen Aktien- bzw. GmbH-rechtlichen Vorschriften vornehmen,[47] die gem. § 243 Abs. 2 unberührt bleiben. Solche Änderungen können wegen des differierenden Mindestnennbetrags von Grund- und Stammkapital auch zwingend erforderlich sein.[48]

20 Problematisch ist, ob bei einer **Veränderung des Grund- bzw. Stammkapitals im Zusammenhang mit dem Formwechsel** das Recht des formwechselnden Rechtsträgers oder das für den Rechtsträger neuer Rechtsform geltende Recht zur Anwendung kommt. Maßgeblich hierfür ist im Ausgangspunkt ausschließlich die Rechtsform, welche der Rechtsträger zum Zeitpunkt der Eintragung der Kapitalmaßnahme im Handelsregister hat.[49] Es ist dabei irrelevant, in welcher Reihenfolge die Anmeldungen zum Handelsregister erfolgten.[50]

Hinweis: Die Gesellschafter haben jedoch die Möglichkeit, mit der Anmeldung zur Eintragung in das Handelsregister eine bestimmte, abweichende Eintragungsreihenfolge zu beantragen.[51] Dies ist aus Gründen der Rechtssicherheit erfahrungsgemäß auch zu empfehlen, um die richtige Reihenfolge der Eintragungen sicherzustellen.

21 Nach hM soll das **Recht des Rechtsträgers neuer Rechtsform** auf die Kapitaländerung anzuwenden sein, wenn der Gesellschafterbeschluss vorsieht, dass die Kapitalände-

---

[46] Semler/Stengel/Leonard/*Mutter* § 243 Rn. 21; Lutter/*Göthel* § 243 Rn. 39.
[47] Semler/Stengel/Leonard/*Mutter* § 243 Rn. 21; Kallmeyer/*Blasche* § 243 Rn. 7; Lutter/*Göthel* § 243 Rn. 40.
[48] Begr. RegE zu § 243, BR-Drs. 75/94, 157.
[49] Semler/Stengel/Leonard/*Mutter* § 243 Rn. 23; Widmann/Mayer/*Rieger* § 243 Rn. 47.
[50] Semler/Stengel/Leonard/*Mutter* § 243 Rn. 23; Widmann/Mayer/*Rieger* § 243 Rn. 49.
[51] Semler/Stengel/Leonard/*Mutter* § 243 Rn. 23; Kallmeyer/*Blasche* § 243 Rn. 8.

rung von der Wirksamkeit des Formwechsels abhängig sein soll,[52] da in diesem Fall die Kapitaländerungsmaßnahme nicht ohne den Formwechsel durchgeführt werden kann. Notwendig müsse hierzu aber in dem entsprechenden Kapitalerhöhungsbeschluss die Maßnahme der Kapitalerhöhung ausdrücklich von der Wirksamkeit des Formwechsels abhängig gemacht werden.[53] Dies müsse auch gegenüber dem Handelsregister in der Anmeldung der Kapitalveränderung zum Handelsregister zum Ausdruck gebracht werden.[54] Eine andere Ansicht lehnt die Anwendbarkeit des Rechts des Rechtsträgers neuer Rechtsform in solchen Fällen jedoch ab.[55] Es seien keine Anhaltspunkte ersichtlich, von der Wirksamkeit des Formwechsels als dem hinsichtlich der Anwendbarkeit des Rechts des Ausgangs- oder Zielrechtsträgers entscheidenden Zeitpunkt abzuweichen. Überhaupt ist aber darüber hinaus schon fraglich, ob eine Abhängigkeit des Kapitalerhöhungsbeschlusses von der Wirksamkeit des Formwechsels rechtlich zulässig ist. Denn eine solche aufschiebende, nicht lediglich aufschiebend befristete Bedingung ist nach hM in der aktien- und GmbH-rechtlichen Literatur unzulässig.[56]

Hinweis: Innerhalb der wohl hM (s. oben) wird in diesem Zusammenhang darauf hingewiesen, dass zB bei einer Kapitalerhöhung einer formwechselnden AG vor dem Wirksamwerden des Formwechsels noch Aktien gezeichnet werden könnten, die dann ggf. als Geschäftsanteile des Rechtsträgers neuer Rechtsform zugeteilt werden würden; hierauf wäre im Kapitalerhöhungsbeschluss hinzuweisen.[57] Diese Auffassung ist als widersprüchlich und dogmatisch nicht erklärbar kritisiert worden.[58] Letztlich kristallisiert sich in ihr jedoch nur die Problematik, die aus der (angenommenen) vorgezogenen Anwendbarkeit des Rechts des Rechtsträgers neuer Rechtsform entspringt. Es sollte in solchen Fällen vorher Rücksprache mit dem Handelsregister genommen werden. Diese Widersprüchlichkeit lässt sich vermeiden, wenn sich mit der auch hier vertretenen Auffassung das bei Kapitaländerungen anwendbare Recht danach richtet, wann der Formwechsel bereits wirksam geworden ist. Aus Gründen der Rechtssicherheit sollten Kapitaländerungen daher ggf. bis zum Wirksamwerden des Formwechsels nach dem Recht der alten Rechtsform abgeschlossen werden oder sie sollten erst nach dem Wirksamwerden des Formwechsels begonnen werden.

Problematisch ist die **Änderung des Grundkapitals** einer AG, die den Formwechsel in eine GmbH beschließen will, wenn es sich bei dem Grundkapital um **noch nicht ausgenutztes genehmigtes oder bedingtes Kapital** handelt.[59] Auch das GmbH-Recht sieht nach dem MoMiG 2008 die Möglichkeit der Kapitalerhöhung durch Ausgabe neuer Geschäftsanteile zu einem bestimmten Nennbetrag, dem sog. genehmigten Kapital, in § 55a GmbHG vor. Die entsprechende Ermächtigung endet deshalb bei einem Formwechsel der AG in eine GmbH nur dann, wenn die Fortführung mit § 55a GmbHG nicht zu vereinbaren ist.[60]

22

---

52 Lutter/Göthel § 243 Rn. 44; Mertens AG 1995, 561 (562); K. Schmidt AG 1985, 150 (154 f.); Semler/Stengel/Leonard/Mutter § 243 Rn. 25; so wohl auch Kallmeyer/Blasche § 243 Rn. 8 mit dem Hinweis, dass dann die Kapitalmaßnahme erst nach Eintragung des Formwechsels im Handelsregister eingetragen werden darf.
53 Widmann/Mayer/Rieger § 243 Rn. 51.
54 Semler/Stengel/Leonard/Mutter § 243 Rn. 25; Widmann/Mayer/Rieger § 243 Rn. 51.
55 Kallmeyer/Blasche § 243 Rn. 8.
56 Scholz/Priester GmbHG § 55 Rn. 35; Rowedder/Pentz/Schnorbus GmbHG § 53 Rn. 52; MAH AktR/Sickinger § 29 Rn. 29.
57 Lutter/Göthel § 243 Rn. 44.
58 Semler/Stengel/Leonard/Mutter § 243 Rn. 25.
59 Lutter/Göthel § 243 Rn. 45; Semler/Stengel/Leonard/Mutter § 243 Rn. 26 f.
60 Vgl. Semler/Stengel/Leonard/Mutter § 243 Rn. 26; Kallmeyer/Blasche § 243 Rn. 9.

23 Verfügt die AG noch über **bedingtes Kapital** nach § 192 AktG, welches zB die Ausgabe von Aktien zur Bedienung von Wandelschuldverschreibungen nach § 221 AktG sichert, kann es hierdurch zwischen Formwechselbeschlussfassung und Eintragung des Formwechsels noch zu Kapitalerhöhungen kommen. Denn die Wandelschuldverschreibung gewährt dem Anleihegläubiger das Recht, seinen Rückzahlungsanspruch in Höhe des Nennbetrags gegen Aktien einzutauschen, wenn Voraussetzungen dafür nach den Bedingungen der Wandelschuldverschreibung vorliegen (§ 221 Abs. 1 S. 1 Alt. 1 AktG). Wie regelmäßig in solchen Bedingungen bestimmt, kommt diesbezüglich durch Annahme der Anleihegläubiger ein Zeichnungsvertrag bzgl. der entsprechenden Aktien zustande.[61] In einer solchen Situation ist es der formwechselnden AG in Hinblick auf § 247 unmöglich, das zukünftige Stammkapital mit einer absoluten Ziffer anzugeben, da die Annahme des Zeichnungsvertrags und damit eine mögliche Kapitalerhöhung noch von einem Willensakt des Anleihegläubigers abhängt. Bzgl. des Stammkapitals der Gesellschaft neuer Rechtsform ist deshalb anzugeben, dass sich dessen Höhe aus der im Zeitpunkt der Beschlussfassung feststellbaren Grundkapitalziffer zzgl. der potenziell noch auszugebenden Bezugsaktien zusammensetzt.[62]

Hinweis: Es sollte daher im Einzelfall geprüft werden, ob der Formwechsel ggf. in einem Zeitfenster erfolgt, in dem es dem Anleihegläubiger nicht möglich ist, einen Zeichnungsvertrag abzuschließen. Regelmäßig enthalten die Bedingungen von Wandelschuldverschreibungen jedoch auch spezifischen Regelungen für Umwandlungsmaßnahmen, die es zudem zu beachten gilt.

IV. Abweichende Festsetzung des Nennbetrags der Anteile am Stamm- oder Grundkapital (Abs. 3)

24 Die Eintragung der neuen Rechtsform in das Handelsregister bewirkt, dass die Geschäftsanteile der bisherigen GmbH zu Aktien der neuen AG bzw. KGaA und umgekehrt werden (vgl. § 202 Abs. 1 Nr. 2). Gesellschafter können aber auch den auf die Anteile entfallenden Betrag des Grund- bzw. Stammkapitals einer Kapitalgesellschaft **abweichend vom Betrag der Anteile des Ausgangsrechtsträgers** festsetzen (§ 243 Abs. 3 S. 1). Der abweichenden Festsetzung müssen allerdings die Gesellschafter zustimmen, die sich nicht dem Gesamtnennbetrag der Geschäftsanteile entsprechend beteiligen können (§ 241 Abs. 1 S. 1; § 242, → § 241 Rn. 3 ff.; → § 242 Rn. 3 ff.).

25 Bei einem Formwechsel einer GmbH muss der Nennbetrag eines **Geschäftsanteils auf volle Euro** lauten (§ 243 Abs. 3 S. 2).

§ 244 Niederschrift über den Formwechselbeschluss; Gesellschaftsvertrag

(1) In der Niederschrift über den Formwechselbeschluss sind die Personen, die nach § 245 Abs. 1 bis 3 den Gründern der Gesellschaft gleichstehen, namentlich aufzuführen.

(2) Beim Formwechsel einer Aktiengesellschaft oder einer Kommanditgesellschaft auf Aktien in eine Gesellschaft mit beschränkter Haftung braucht der Gesellschaftsvertrag von den Gesellschaftern nicht unterzeichnet zu werden.

---

[61] *Koch* AktG § 221 Rn. 7.
[62] Lutter/*Göthel* § 243 Rn. 45; Semler/Stengel/Leonard/*Mutter* § 243 Rn. 27.

I. Normzweck	1	2. Reichweite der namentlichen Nennung	5
II. Namentliche Aufführung der den Gründern der Gesellschaft gleichstehenden Personen (Abs. 1)	4	3. Verstoß gegen § 244 Abs. 1	6
		III. Keine Unterzeichnung des Gesellschaftsvertrags (Abs. 2)	7
1. Zu nennende Personen	4		

I. Normzweck

1 § 244 knüpft an das AktG aF an und übernimmt den Grundsatz, dass in der **Niederschrift des Formwechselbeschlusses** die dem Formwechsel zustimmenden Gesellschafter namentlich aufzuführen sind, wenn sie bei der Anwendung der aktienrechtlichen Gründungsvorschriften als Gründer gelten.[1] Bis zur Novellierung des UmwG im Jahr 1994 sah das damalige Recht lediglich eine namentliche Aufführung der Gesellschafter der Zielgesellschaft vor, wenn ein Formwechsel einer GmbH in eine AG bzw. eine KGaA erfolgte.[2] Mit der Novellierung des UmwG erstreckte der Gesetzgeber diese Regelung auch auf den Formwechsel einer KGaA in eine AG.[3]

2 § 244 Abs. 1 nimmt Bezug auf § 245 Abs. 1–3. Der Anwendungsbereich der Norm wird damit auf den Formwechsel einer **Kapitalgesellschaft** in eine **AG** oder **KGaA** beschränkt. Für diese Fälle des Formwechsels dient § 244 Abs. 1 der Feststellung, wer als Gründer iSd § 197 S. 1, § 245 gilt. Indem die als Gründer geltenden Gesellschafter namentlich klar bestimmt werden, soll die Durchsetzung etwaiger Ansprüche aus der aktienrechtlichen Gründerhaftung erleichtert werden.[4] Mit Wirkung zum 1.3.2023 ist in den Formwechselvorschriften der Begriff Umwandlung durch den Begriff Formwechsel ersetzt worden, ohne dass damit eine inhaltliche Änderung verbunden war.[5]

3 § 244 Abs. 2 findet ausschließlich Anwendung auf den Formwechsel einer **AG** oder **KGaA** in eine **GmbH**. Die Norm enthält eine klarstellende Regelung, die dem Gesetzgeber geboten erschien, da das UmwG den Formwechsel nicht mehr als Satzungsänderung behandelt.[6]

II. Namentliche Aufführung der den Gründern der Gesellschaft gleichstehenden Personen (Abs. 1)

1. Zu nennende Personen

4 Nach § 244 Abs. 1 sind in der notariell beurkundeten Niederschrift über den Formwechselbeschluss diejenigen Personen, die nach § 245 Abs. 1–3 den Gründern der Gesellschaft gleichstehen, **namentlich aufzuführen**. Hierbei handelt es sich um die in § 245 bestimmten Gesellschafter der formwechselnden Kapitalgesellschaft.[7] Hinsichtlich der Frage, welche Gesellschafter als Gründer gelten, → § 245 Rn. 4 ff. Aufgrund dessen ist bei einem Formwechsel in eine **KGaA** auch derjenige Dritter zu nennen, der noch kein Gesellschafter ist, aber im Zuge des Formwechsels als persönlich haftender Gesellschafter neu hinzutritt (§ 245 Abs. 1 S. 1). Selbst wenn seine erforderliche Zustimmung gem. § 240 Abs. 2 bzw. § 221 außerhalb der Gesellschafter- bzw. Hauptversammlung erfolgt, ist er in der Niederschrift gleichwohl namentlich aufzuführen. Der Wortlaut des § 244

---

[1] Begr. RegE zu § 244, BR-Drs. 75/94, 157.
[2] § 376 Abs. 3 S. 2 AktG aF; § 392 AktG aF.
[3] Begr. RegE zu § 244, BR-Drs. 75/94, 157.
[4] Lutter/*Göthel* § 244 Rn. 3; Semler/Stengel/Leonard/*Mutter* § 244 Rn. 1.
[5] Begr. RegE zu § 193 und weitere, BT-Drs. 20/3822, 122.
[6] Begr. RegE zu § 244, BR-Drs. 75/94, 157.
[7] Lutter/*Göthel* § 244 Rn. 3.

Abs. 1 iVm § 245 Abs. 1 S. 1, Abs. 2 S. 1 ist in dieser Hinsicht eindeutig. Die eigentliche Beitrittserklärung genügt zur Identifizierung nicht.[8]

2. Reichweite der namentlichen Nennung

5 § 244 Abs. 1 dient der **Feststellung der Gründer** iSd §§ 197 S. 1, 245, um die Durchsetzung der Gründerhaftung zu erleichtern. Diesem Zweck kann nur hinreichend Rechnung getragen werden, wenn die betreffenden „Gründungsgesellschafter" möglichst genau, dh unter Angabe möglichst detaillierter Daten genannt werden, auch wenn sich dies aus dem Wortlaut von § 244 Abs. 1 nicht unmittelbar ergibt.[9] Mutter weist in diesem Zusammenhang richtigerweise darauf hin, dass die Forderung einer detaillierten Angabe aus dem Bedürfnis folge, den Bestimmtheitsanforderungen der ZPO entsprechen zu können (§§ 253 Abs. 4, 130 Nr. 1 ZPO), um etwaige Haftungsansprüche dann unmittelbar gerichtlich durchsetzen zu können.[10]

Hinweis: Aufgrund dessen ist für jeden „Gründer" die Nennung seiner Firma, Anschrift und ggf. Vertretungsorgane erforderlich, bei natürlichen Personen ggf. ihr Geburtsdatum, Wohnort und andere Angaben, die eine genaue Identifizierung ermöglichen.[11] Die Nennung sollte möglichst detailliert erfolgen, da eine fehlende oder unzutreffende namentliche Nennung der Gründer ein Eintragungshindernis darstellen kann (vgl. § 130 Nr. 1 ZPO). Im Fall einer GbR als „Gründer" muss diese seit dem 1.1.2024 mit Inkrafttreten des MoPeG im Gesellschaftsregister als eingetragene GbR eingetragen sein (§ 707a Abs. 1 S. 2 BGB nF). Bei juristischen Personen als „Gründern", die gem. § 15a S. 1 HGB zur Anmeldung einer inländischen Geschäftsanschrift zum Handelsregister verpflichtet sind (GmbH, AG, KGaA, SE), sollte die Angabe der Fima und die Angabe der Handelsregistereintragungsdetails als ausreichend angesehen werden, weil sie eine genaue Identifizierung der betreffenden juristischen Person sowie deren Vertretungsorgane und deren inländische Geschäftsanschrift ermöglicht.[12] Ist eine Zustellung über die im Handelsregister eingetragene inländische Geschäftsanschrift der betreffenden juristischen Person nicht möglich, so kann eine öffentliche Zustellung erfolgen, § 15a S. 1 HGB.

3. Verstoß gegen § 244 Abs. 1

6 Ein Verstoß gegen § 244 Abs. 1 führt nicht zur Nichtigkeit des Formwechselbeschlusses.[13] Auch wird der Beschluss nicht anfechtbar.[14] Jedoch kann eine unzureichende oder gänzlich fehlende namentliche Nennung zu einem Eintragungshindernis mit der Folge führen, dass das Registergericht die Eintragung des Formwechsels verweigert.[15]

III. Keine Unterzeichnung des Gesellschaftsvertrags (Abs. 2)

7 Der Formwechselbeschluss muss gem. § 243 Abs. 1 S. 1 iVm § 218 auch den Gesellschaftsvertrag des Rechtsträgers neuer Rechtsform enthalten. Dieser muss bei einem **Form-**

---

8 Vgl. seinerzeit Kallmeyer/*Dirksen*, 4. Aufl. 2010, § 244 Rn. 2; aA jetzt Kallmeyer/*Blasche* § 244 Rn. 3; Semler/Stengel/Leonard/*Mutter* § 244 Rn. 10.
9 Widmann/Mayer/*Rieger* § 244 Rn. 12.
10 Semler/Stengel/Leonard/*Mutter* § 244 Rn. 8.
11 MüKoZPO/*Becker-Eberhard* § 253 Rn. 50; Anders/Gehle/*Anders* ZPO § 130 Rn. 9.
12 Vgl. § 37 Abs. 3 Nr. 1 AktG, § 8 Abs. 4 Nr. 1 GmbHG, § 37 Abs. 3 Nr. 1 AktG iVm § 3 SEAG, iVm § 24 Abs. 2 HRV.
13 Lutter/*Göthel* § 244 Rn. 12; Widmann/Mayer/*Rieger* Rn. 13; Kallmeyer/*Blasche* § 244 Rn. 8.
14 Lutter/*Göthel* § 244 Rn. 12; Widmann/Mayer/*Rieger* § 244 Rn. 13; Kallmeyer/*Blasche* § 244 Rn. 8.
15 Widmann/Mayer/*Rieger* § 244 Rn. 13; Kallmeyer/*Blasche* § 244 Rn. 8; Lutter/*Göthel* § 244 Rn. 13.

wechsel einer AG oder KGaA in eine GmbH von den Gesellschaftern nicht unterzeichnet werden.[16] Dies stellt – gerade bei gesellschafterreichen Publikumspersonengesellschaften – eine große Erleichterung dar.[17]

Hinweis: Fraglich ist, ob § 244 Abs. 2 den Umkehrschluss zulässt, dass bei einem Formwechsel einer GmbH in eine AG oder KGaA die Unterzeichnung durch die Gesellschafter der neuen AG oder KGaA gem. § 2 Abs. 1 S. 2 GmbHG erforderlich ist. Die wohl hM verneint dies – mit dem überzeugenden Argument, dass § 193 Abs. 3 S. 1 als speziellere Vorschrift den § 2 Abs. 1 S. 2 GmbHG nach § 197 S. 1 verdränge.[18] Für die Praxis ist es aber empfehlenswert, den neuen GmbH-Gesellschaftsvertrag dennoch durch alle neuen GmbH-Gesellschafter unterzeichnen zu lassen.[19] Erfahrungsgemäß ist die Anzahl der Gesellschafter einer GmbH überschaubar, so dass sich der Aufwand in Grenzen halten sollte.

§ 245 Rechtsstellung als Gründer; Kapitalschutz

(1) ¹Bei einem Formwechsel einer Gesellschaft mit beschränkter Haftung in eine Aktiengesellschaft oder in eine Kommanditgesellschaft auf Aktien treten bei der Anwendung der Gründungsvorschriften des Aktiengesetzes an die Stelle der Gründer die Gesellschafter, die für den Formwechsel gestimmt haben, sowie beim Formwechsel einer Gesellschaft mit beschränkter Haftung in eine Kommanditgesellschaft auf Aktien auch beitretende persönlich haftende Gesellschafter. ²§ 220 ist entsprechend anzuwenden. ³§ 52 des Aktiengesetzes ist nicht anzuwenden, wenn die Gesellschaft mit beschränkter Haftung vor dem Wirksamwerden des Formwechsels bereits länger als zwei Jahre in das Register eingetragen war.

(2) ¹Beim Formwechsel einer Aktiengesellschaft in eine Kommanditgesellschaft auf Aktien treten bei der Anwendung der Gründungsvorschriften des Aktiengesetzes an die Stelle der Gründer die persönlich haftenden Gesellschafter der Gesellschaft neuer Rechtsform. ²§ 220 ist entsprechend anzuwenden. ³§ 52 des Aktiengesetzes ist nicht anzuwenden.

(3) ¹Beim Formwechsel einer Kommanditgesellschaft auf Aktien in eine Aktiengesellschaft treten bei der Anwendung der Gründungsvorschriften des Aktiengesetzes an die Stelle der Gründer die persönlich haftenden Gesellschafter der formwechselnden Gesellschaft. ²§ 220 ist entsprechend anzuwenden. ³§ 52 des Aktiengesetzes ist nicht anzuwenden.

(4) Beim Formwechsel einer Aktiengesellschaft oder einer Kommanditgesellschaft auf Aktien in eine Gesellschaft mit beschränkter Haftung ist ein Sachgründungsbericht nicht erforderlich.

---

16 § 244 Abs. 2.
17 Semler/Stengel/Leonard/*Mutter* § 244 Rn. 13; Henssler/Strohn/*Drinhausen/Keinath* § 244 Rn. 2.
18 Widmann/Mayer/*Rieger* § 244 Rn. 17; iE so auch Semler/Stengel/Leonard/*Mutter* § 244 Rn. 15; Henssler/Strohn/*Drinhausen/Keinath* § 244 Rn. 2; Kallmeyer/*Blasche* § 244 Rn. 9; Schmitt/Hörtnagl/*Hörtnagel/Rinke* § 245 Rn. 2; aA Lutter/*Göthel* § 244 Rn. 15, der § 244 Abs. 2 als Ausnahmevorschrift sieht.
19 So auch Kallmeyer/*Blasche* § 244 Rn. 9; Semler/Stengel/Leonard/*Mutter* § 244 Rn. 15.

- I. Normzweck 1
- II. Rechtsstellung als Gründer 4
  - 1. Formwechsel einer GmbH in eine AG (Abs. 1 S. 1 Alt. 1) 4
    - a) „Gesellschafter, die für den Formwechsel gestimmt haben" (Abs. 1 S. 1 Alt. 1) 4
    - b) Zustimmung in Erfüllung der gesellschaftsrechtlichen Treuepflicht 5
    - c) Ausscheiden vor Wirksamwerden des Formwechsels 6
  - 2. Formwechsel einer GmbH in eine KGaA (Abs. 1 S. 1 Alt. 2) 7
  - 3. Formwechsel einer AG in eine KGaA (Abs. 2 S. 1) 9
    - a) Komplementär als Gründer 9
    - b) Informationsanspruch des Komplementärs 10
  - 4. Formwechsel einer KGaA in eine AG (Abs. 3 S. 1) 11
  - 5. Formwechsel in eine GmbH (Abs. 4) 13
- III. Entbehrlichkeit des Sachgründungsberichts (Abs. 4) 14
- IV. Entsprechende Anwendung des § 220 15
  - 1. Deckung des Nennkapitals (§ 220 Abs. 1) 15
    - a) Formwechsel einer GmbH in eine AG oder KGaA (Abs. 1 S. 2) 15
    - b) Formwechsel einer AG in eine KGaA oder umgekehrt (Abs. 2 S. 2, Abs. 3 S. 2) 16
    - c) Formwechsel einer AG oder KGaA in eine GmbH (Abs. 4) 17
  - 2. Angaben im Gründungsbericht (§ 220 Abs. 2) 18
    - a) Formwechsel einer GmbH in eine AG oder KGaA 18
    - b) Formwechsel einer AG in eine KGaA oder umgekehrt 20
    - c) Formwechsel einer AG oder KGaA in eine GmbH 21
  - 3. Gründungsprüfung (§ 220 Abs. 3 S. 1) ... 22
- V. Haftung 24
  - 1. Formwechsel einer GmbH in eine AG oder KGaA 24
  - 2. Formwechsel einer AG in eine KGaA oder umgekehrt 25
  - 3. Formwechsel einer AG oder KGaA in eine GmbH 26
- VI. Nachgründung 27
  - 1. Formwechsel einer GmbH in eine AG oder KGaA 27
  - 2. Formwechsel einer AG in eine KGaA oder umgekehrt 28
  - 3. Formwechsel einer AG oder KGaA in eine GmbH 29

I. Normzweck

1 § 245 konkretisiert § 197 S. 1 für den Formwechsel einer Kapitalgesellschaft in eine Kapitalgesellschaft anderer Rechtsform.[1] Die Norm geht dabei über den Regelungsgehalt des § 197 S. 1 hinaus, indem sie nicht nur die Gründungsvorschriften für anwendbar erklärt, sondern zudem fingiert, wer als **Gründer iSd Gründungsvorschriften** gilt. Da der Formwechsel eines Rechtsträgers seit der Novellierung des UmwG 1994 keine (Neu-)Gründung mehr darstellt, sondern die Identität des Rechtsträgers erhalten bleibt, muss sich das Gesetz dieser Fiktion bedienen.

2 § 245 trifft weiterhin Regelungen zur entsprechenden Anwendbarkeit der **Kapitalschutzvorschrift** des § 220 für alle Formwechsel einer Kapitalgesellschaft in eine Kapitalgesellschaft anderer Rechtsform mit Ausnahme des Formwechsels einer AG in eine GmbH (Abs. 4) sowie des § 52 AktG, der eine Regelung zur Nachgründung enthält.

3 § 245 übernimmt zu Teilen vor der Novellierung im Jahre 1994 bereits geltendes Recht.[2] § 245 Abs. 1 S. 1 und § 245 Abs. 2 S. 1 fanden sich inhaltlich im AktG aF.[3] Abweichend von der bis dahin geltenden Regelungskonzeption enthält § 245 Abs. 3 S. 1 auch eine Vorschrift für den Fall des Formwechsels einer KGaA in eine AG. Der Gesetzgeber ist damit seiner Verpflichtung zur Umsetzung **europäischer Richtlinien** (hier: Art. 13 der Zweiten gesellschaftsrechtlichen EU-Richtlinie)[4] nachgekommen.[5] Auch Abs. 4 ent-

---

1 Vgl. Begr. RegE zu § 245, BR-Drs. 75/94, 157 f.
2 Begr. RegE zu § 245, BR-Drs. 75/94, 157 f.
3 § 245 Abs. 1 S. 1; vgl. § 378 Abs. 1 Hs. 2 und § 389 Abs. 4 S. 2 AktG aF; § 245 Abs. 2 S. 1 UmwG; vgl. § 362 Abs. 4 S. 2 AktG aF.
4 Zweite Richtlinie 77/91/EWG des Rates vom 13.12.1976 zur Koordinierung der Schutzbestimmungen, die in den Mitgliedstaaten den Gesellschaften im Sinne des Artikels 58 Absatz 2 des Vertrages im Interesse der Gesellschafter sowie Dritter für die Gründung der Aktiengesellschaft sowie für die Erhaltung und Änderung ihres Kapitals vorgeschrieben sind, um diese Bestimmungen gleichwertig zu gestalten (ABl. 1977 L 26 vom 31.1.1977).
5 Begr. RegE zu § 245, BR-Drs. 75/94, 157 f.

hält eine neue Regelung, die bis dato aufgrund der Behandlung des Formwechsels einer AG bzw. KGaA in eine GmbH als Satzungsänderung nicht erforderlich war.[6] In Übereinstimmung mit dem geltenden Recht sollte auch weiterhin ein Sachgründungsbericht entbehrlich sein, weshalb es nunmehr aufgrund der über § 197 S. 1 grundsätzlich anwendbaren Gründungsvorschriften einer expliziten Anordnung bedurfte.[7]

II. Rechtsstellung als Gründer

1. Formwechsel einer GmbH in eine AG (Abs. 1 S. 1 Alt. 1)

a) „Gesellschafter, die für den Formwechsel gestimmt haben" (Abs. 1 S. 1 Alt. 1)

Der Formwechselbeschluss einer GmbH in eine AG ist von der Gesellschafterversammlung grundsätzlich **mit Dreiviertelmehrheit** zu fassen (§ 240 Abs. 1 S. 1 Alt. 1). § 245 Abs. 1 S. 1 Alt. 1 bestimmt, dass nur diejenigen Gesellschafter als Gründer iSd Norm gelten, die für den Formwechsel gestimmt haben. Noch nicht abschließend geklärt ist, ob die Stellung als „Gründer" nur durch eine positive Stimmabgabe beim Formwechselbeschluss begründet werden kann oder ob darüber hinaus oder auch nur alternativ eine anderweitige positive Mitwirkung beim Zustandekommen des Formwechselbeschlusses zu einer Stellung als Gründer führt. Virulent wird diese Frage, wenn ein Gesellschafter zwar gegen den Formwechselbeschluss stimmt (zB auch, um sich das Recht zur Annahme des Barabfindungsangebots gem. § 207 vorzubehalten), aber seine Zustimmungserklärung gem. § 241 Abs. 1, Abs. 2 oder Abs. 3 bzw. § 193 Abs. 2 erteilt, um den Formwechsel dennoch zu ermöglichen. Nach dem Wortlaut von § 245 Abs. 1 S. 1 Alt. 1 trifft die Gründerstellung nur diejenigen, die „für den Formwechsel gestimmt" haben, dh die am Formwechselbeschluss unmittelbar teilnehmenden Gesellschafter.[8] Nach hM ist der Gesetzeswortlaut jedoch weit zu verstehen.[9] Sinn und Zweck der Vorschrift geböten es, auch diejenigen Personen als Gründer zu behandeln, die bei der Fassung des Formwechselbeschlusses in anderer Weise positiv mitwirkten, zB durch die gesonderten Zustimmungen nach § 241 Abs. 1–3 und § 193 Abs. 2. Zu Recht wird dieser Auslegung entgegengehalten, dass dies zum Teil zu unbilligen Ergebnissen führt.[10] Insbes. bei einer notwendigen Mitwirkung von Gesellschaftern außerhalb des eigentlichen Formwechselbeschlusses, die aber für die endgültige Wirksamkeit des Formwechselbeschlusses erforderlich ist (§ 241 Abs. 1–3; § 193 Abs. 2) kann die (berechtigte) Sorge, bei Zustimmung wie ein Gründer zu haften, dazu führen, dass ein Formwechsel letztlich scheitert.

Hinweis: Da die unter → Rn. 4 dargestellten Rechtsfragen noch nicht abschließend geklärt sind, sollte bei der Abgabe von gesonderten Zustimmungen durch einzelne Gesellschafter davon ausgegangen werden, dass sie ggf. wie ein Gründer zu behandeln sind. Dieses Risiko könnte dadurch beseitigt werden, dass die zustimmungsbegründenden Regelungen im Gesellschaftsvertrag der formwechselnden Gesellschaft vor dem Formwechselbeschluss aufgehoben werden.[11]

---

6 Vgl. §§ 369 ff., 386 ff. AktG; Widmann/Mayer/*Rieger* § 245 Rn. 4.

7 Begr. RegE zu § 245, BR-Drs. 75/94, 157 f.

8 Lutter/*Göthel* § 245 Rn. 19; Semler/Stengel/Leonard/*Scheel* § 245 Rn. 6.

9 Lutter/*Göthel* § 245 Rn. 19; Schmitt/Hörtnagl/*Hörtnagel/Rinke* § 245 Rn. 3; Widmann/Mayer/*Rieger* § 245 Rn. 28; aA wohl Semler/Stengel/Leonard/*Scheel* § 245 Rn. 9.

10 Vgl. Semler/Stengel/Leonard/*Scheel* § 245 Rn. 9.

11 Bedenken hinsichtlich auch dieser „aktiven Mitwirkung" hegt angesichts der unter → Rn. 4 dargestellten hM Semler/Stengel/Leonard/*Scheel* § 245 Rn. 9.

b) Zustimmung in Erfüllung der gesellschaftsrechtlichen Treuepflicht

5   Dem Risiko einer Haftung als Gründer ist der dem Formwechselbeschluss zustimmende bzw. der eine sonstige positive Mitwirkung leistende Gesellschafter selbst dann ausgesetzt, wenn er die Zustimmung in Erfüllung seiner **gesellschaftsrechtlichen Treuepflicht** gab.[12] Auch in diesem Fall gilt der Gesellschafter als Gründer iSd Gründungsvorschriften des AktG. Aus welchem Anlass der Gesellschafter für den Formwechsel gestimmt hat, kann für die Zuweisung der Gründerstellung nicht von Belang sein, da es sich bei der Gründerhaftung um eine gläubigerschützende Haftung handelt.[13] Auf Basis der hM muss dies konsequenterweise auch dann gelten, wenn der betreffende Gesellschafter aufgrund seiner gesellschaftsrechtlichen Treuepflicht eine gesonderte Zustimmung zum Formwechsel abgibt, aber gleichzeitig gegen den Formwechselbeschluss gestimmt hat.

c) Ausscheiden vor Wirksamwerden des Formwechsels

6   Die Gesellschaft ist nicht verpflichtet, den Anteil des Gesellschafters gegen Zahlung einer angemessenen Barabfindung gem. § 207 Abs. 1 S. 1 zu erwerben, wenn dieser dem Formwechsel zugestimmt hat.[14] Allerdings kommt auch vor Wirksamkeit des Formwechsels jederzeit ein **anderweitiges Ausscheiden** des Gesellschafters in Betracht, zB durch Veräußerung seines Anteils oder durch den Tod des Gesellschafters.[15] In diesen Fällen verbleibt die Gründerstellung beim Anteil; ausschließlich der Rechtsnachfolger gilt als Gründer iSd Norm.[16]

2. Formwechsel einer GmbH in eine KGaA (Abs. 1 S. 1 Alt. 2)

7   Im Falle des Formwechsels einer GmbH in eine KGaA gelten die Erläuterungen zum Formwechsel einer **GmbH in die AG** (→ Rn. 4 ff.) entsprechend.

8   Als **Gründer** iSd Norm gelten nicht allein die dem Formwechsel zustimmenden Gesellschafter, sondern darüber hinaus auch die persönlich haftenden Gesellschafter, die der KGaA als Externe beitreten. Da das Gesetz keine Regelung für den Fall vorsieht, dass ein bereits an dem formwechselnden Rechtsträger beteiligter Gesellschafter die Stellung eines persönlich haftenden Gesellschafters in der Ziel-KGaA übernimmt, wird in der Literatur vorgeschlagen, § 245 Abs. 1 S. 1 Alt. 2 in diesen Fällen analog anzuwenden.[17] Nach hM ist für eine solche Analogie allerdings kein Raum, da schon keine Regelungslücke besteht. Ein bisheriger Gesellschafter, der sich zur Übernahme einer Komplementärstellung bereit erklärt, hat gem. § 240 Abs. 2 S. 1 seine Zustimmung zu erteilen. Die hM versteht den künftigen Komplementär nach Erteilung seiner Zustimmungserklärung gem. § 245 Abs. 1 S. 1 Alt. 1 als „Gesellschafter, der für den Formwechsel gestimmt hat" und bezieht ihn schon deshalb in den Kreis der Gründer mit ein.[18]

---

12   Widmann/Mayer/*Rieger* § 245 Rn. 30; Semler/Stengel/Leonard/*Scheel* § 245 Rn. 13.
13   Semler/Stengel/Leonard/*Scheel* § 245 Rn. 13; Widmann/Mayer/*Rieger* § 245 Rn. 30.
14   Semler/Stengel/Leonard/*Scheel* § 245 Rn. 15; Widmann/Mayer/*Rieger* § 245 Rn. 31; → § 207 Rn. 5.
15   Widmann/Mayer/*Rieger* § 245 Rn. 31; Semler/Stengel/Leonard/*Scheel* § 245 Rn. 15.
16   Semler/Stengel/Leonard/*Scheel* § 245 Rn. 15; Widmann/Mayer/*Rieger* § 245 Rn. 31; aA Lutter/*Göthel* § 245 Rn. 61.
17   Semler/Stengel/Leonard/*Scheel* § 245 Rn. 20 ff.
18   Schmitt/Hörtnagl/Leonard/*Scheel* § 245 Rn. 3; Widmann/Mayer/*Rieger* § 245 Rn. 32.

3. Formwechsel einer AG in eine KGaA (Abs. 2 S. 1)

a) Komplementär als Gründer

Gem. § 245 Abs. 2 S. 1 treten bei einem Formwechsel einer AG in eine KGaA bei der Anwendung der Gründungsvorschriften des AktG ausschließlich die **Komplementäre der Ziel-KGaA** an die Stelle der Gründer. Da der Wortlaut von § 245 Abs. 2 S. 1 (im Gegensatz zu § 245 Abs. 1 S. 1 Alt. 2) nicht auf „beitretende persönlich haftende Gesellschafter" beschränkt ist, erfasst diese Norm sowohl solche Komplementäre, die bereits Gesellschafter der AG sind (§ 240 Abs. 2 S. 1), als auch solche Komplementäre, die der KGaA als Externe im Zuge des Formwechsels erst neu beitreten (§ 240 Abs. 2 S. 2 iVm § 221). Die zukünftigen Kommanditaktionäre sind aufgrund des eindeutigen Wortlauts der Vorschrift jedoch nicht als Gründer zu qualifizieren.[19]

b) Informationsanspruch des Komplementärs

Der zukünftige Komplementär der Ziel-KGaA ist aufgrund seiner unbeschränkten persönlichen Haftung sowie seiner Stellung als Gründer in besonderer Weise darauf angewiesen, sich über den wirtschaftlichen und rechtlichen Zustand der Gesellschaft zu informieren.[20] Ein solches Informationsinteresse haben der aus der Gesellschaft stammende künftige Komplementär wie der neu hinzutretende Komplementär gleichermaßen.[21] Den zukünftigen Komplementären steht deshalb aus dem zwischen Gesellschaft und Komplementär bestehenden Rechtsverhältnis ein **umfassendes Informationsrecht** zu.[22]

Hinweis: Auch wenn ein solches umfassendes Informationsrecht bereits aus dem zwischen Gesellschaft und Komplementär bestehenden Rechtsverhältnis besteht, ist es in der Praxis ratsam, eine gesonderte Vereinbarung, die die genauen Konturen des Informationsrechts klar bestimmt, zu treffen.[23] Dieser Vereinbarung sollten bei kleineren AGs nach Möglichkeit alle Aktionäre beitreten, um einem etwaigen, auf die erweiterte Auskunftspflicht des § 131 Abs. 4 AktG gestützten Verlangen vorzubeugen.[24]

4. Formwechsel einer KGaA in eine AG (Abs. 3 S. 1)

Während noch im AktG aF der Formwechsel einer KGaA in eine AG als Satzungsänderung ausgestaltet war, handelt es sich hierbei seit der Novelle des UmwG im Jahre 1994 nunmehr um einen echten Rechtsformwechsel, so dass gem. § 197 S. 1 auch in diesem Fall die **Gründungsvorschriften des AktG** Anwendung finden. Gem. § 245 Abs. 3 S. 1 treten bei einem Formwechsel einer KGaA in eine AG bei dieser Anwendung der Gründungsvorschriften die persönlich haftenden Gesellschafter der formwechselnden KGaA an die Stelle der Gründer.

Da das Gesetz mit § 245 Abs. 3 S. 1 jedem Gesellschafter, der vor Wirksamkeit des Formwechselbeschlusses eine Komplementärstellung in der formwechselnden KGaA innehat, die Stellung eines Gründers zuweist, kann es bei Mehrheitsentscheidungen zu einer Gründerstellung des Komplementärs kommen, obwohl der Formwechsel **gegen seinen**

---

19 Lutter/*Göthel* § 245 Rn. 22; Widmann/Mayer/*Rieger* § 245 Rn. 34; Semler/Stengel/Leonard/*Scheel* § 245 Rn. 25.
20 Semler/Stengel/Leonard/*Scheel* § 245 Rn. 24; Widmann/Mayer/*Rieger* § 245 Rn. 33.
21 Semler/Stengel/Leonard/*Scheel* § 245 Rn. 24, der insbes. auf § 131 AktG hinweist.
22 Semler/Stengel/Leonard/*Scheel* § 245 Rn. 24; Widmann/Mayer/*Rieger* § 245 Rn. 33.
23 Semler/Stengel/Leonard/*Scheel* § 245 Rn. 24.
24 Semler/Stengel/Leonard/*Scheel* § 245 Rn. 24.

Willen durchgeführt wird.[25] In diesem Zusammenhang wird diskutiert, ob zur Vermeidung von Unbilligkeiten § 245 Abs. 3 S. 1 dahin gehend teleologisch zu reduzieren sei, dass nur diejenigen Komplementäre die Stellung eines Gründers einnähmen, die für den Formwechsel gestimmt haben.[26] Nach anderer Ansicht sei eine Differenzierung nach zustimmendem und ablehnendem Komplementär nicht geboten.[27] Stattdessen solle dem überstimmten Komplementär gem. § 139 Abs. 1 HGB analog ein Anspruch gegen seine Mitgesellschafter zugestanden werden, der es ihm ermöglicht, seine Beteiligung als persönlich haftender Gesellschafter noch vor Wirksamkeit des Formwechsels in die eines Kommanditaktionärs umzuwandeln.[28] Die genannten Ansichten können indes nicht überzeugen. Für eine teleologische Reduktion bleibt an dieser Stelle kein Raum, da die tatsächliche Zuweisung der Gründerstellung auch an den überstimmten Aktionär dem Sinn und Zweck der Norm entspricht. Die besondere Stellung des persönlich haftenden Gesellschafters in der formwechselnden Gesellschaft sowie seine weitgehende Einflussmöglichkeit rechtfertigen es, ihm eine bzgl. der Gründung haftungsrechtlich exponierte Stellung zuzuweisen,[29] die neben seine ohnehin unbegrenzte persönliche Haftung tritt. Auch einer analogen Anwendung des § 139 Abs. 1 HGB wird man schon deshalb entgegentreten müssen, da das Gesetz – aus den unter → Rn. 8 benannten Gründen – insofern keine Regelungslücke aufweist. Jedenfalls ist die Sach- und Rechtslage in § 139 HGB mit der hier genannten nicht vergleichbar. Im Falle der Fortsetzung der Gesellschaft mit dem Erben wird dieser im Regelfall kraft Gesetzes im Wege der Universalsukzession (§ 1922 BGB) Gesamtrechtsnachfolger, während sich der Komplementär der formwechselnden KGaA schon bei Vertragsschluss von der Möglichkeit einer Mehrheitsentscheidung und dem dadurch gegebenen Risiko eines Überstimmtwerdens bewusst sein muss. Nach alledem ist auch der überstimmte persönlich haftende Gesellschafter als Gründer iSd Norm zu behandeln.

5. Formwechsel in eine GmbH (Abs. 4)

13 Im Gegensatz zu den übrigen in § 245 geregelten Varianten des Formwechsels einer Kapitalgesellschaft in eine Kapitalgesellschaft anderer Rechtsform sieht das Gesetz für den Formwechsel in eine GmbH keine Regelung vor, die bestimmten Gesellschaftern eine **Gründerstellung** zuweist. Hieraus wird im Schrifttum durchgängig geschlossen, dass im Falle des Formwechsels einer Kapitalgesellschaft in eine GmbH niemand als Gründer iSd Gründervorschriften gelten soll und somit auch eine etwaige Gründerverantwortlichkeit nach GmbH-Recht ausscheidet.[30]

III. Entbehrlichkeit des Sachgründungsberichts (Abs. 4)

14 Gem. § 197 S. 1 iVm § 5 Abs. 4 GmbHG ist bei einem Formwechsel in eine GmbH grundsätzlich ein **Sachgründungsbericht** erforderlich. Von diesem Grundsatz macht § 245 Abs. 4 eine Ausnahme, sofern es sich um den Formwechsel einer AG oder KGaA in eine GmbH handelt. Diese Ausnahme hat zum Hintergrund, dass die für die AG bzw. KGaA geltenden Kapitalschutzvorschriften ohnehin höhere Anforderungen an die

---

[25] Lutter/*Göthel* § 245 Rn. 25; Semler/Stengel/Leonard/*Scheel* § 245 Rn. 31.
[26] Widmann/Mayer *Rieger* § 245 Rn. 37.
[27] Semler/Stengel/Leonard/*Scheel* § 245 Rn. 32.
[28] Semler/Stengel/Leonard/*Scheel* § 245 Rn. 32.
[29] S. auch Lutter/*Göthel* § 245 Rn. 25.
[30] HM; Semler/Stengel/Leonard/*Scheel* § 245 Rn. 33; Lutter/*Göthel* § 245 Rn. 26; Widmann/Mayer/*Rieger* § 245 Rn. 39 ff.; aA Goutier/Knopf/Tulloch/*Laumann* § 245 Rn. 13.

formwechselnde Gesellschaft stellen, als dies bei der GmbH der Fall ist.[31] Die Norm stellt damit eine dem Recht der Verschmelzung durch Neugründung identische Regelung dar.[32]

IV. Entsprechende Anwendung des § 220

1. Deckung des Nennkapitals (§ 220 Abs. 1)

a) Formwechsel einer GmbH in eine AG oder KGaA (Abs. 1 S. 2)

Nach § 245 Abs. 1 S. 2 ist § 220 entsprechend auf den Formwechsel einer GmbH in eine AG oder KGaA anzuwenden. § 220 Abs. 1 normiert das sog. **Gebot der Reinvermögensdeckung**.[33] Obwohl auf § 220 insgesamt verwiesen wird, ist es bis heute umstritten, ob bei einem Formwechsel einer GmbH in eine AG oder KGaA das Grundkapital der AG bzw. KGaA durch Reinvermögen gedeckt sein muss. Die hM geht, unter Hinweis auf die Mehrdeutigkeit der Gesetzesbegründung mit unterschiedlicher Begründung davon aus, dass ein Formwechsel bei materieller Unterbilanz zum Zeitpunkt der Anmeldung des Formwechsels unzulässig ist.[34] Der Gesellschaft bleibt demnach der Formwechsel verwehrt, wenn der Nennbetrag des Grundkapitals einer AG oder KGaA das nach Abzug der Schulden verbleibende Vermögen der formwechselnden Gesellschaft übersteigt (§ 220 Abs. 1). Verschiedentlich ist versucht worden, den eindeutigen Verweis in § 245 Abs. 1 S. 2 mit der widersprüchlichen Gesetzesbegründung in Einklang zu bringen. Insbes. wurde vorgeschlagen, § 245 teleologisch zu reduzieren.[35] Dieser Vorschlag ist jedoch vor dem Hintergrund, dass der ursprüngliche RefE zum UmwG noch keinen Verweis auf Abs. 1 enthielt und dies durch den RegE bewusst korrigiert wurde, zweifelhaft, da der Gesetzgeber seinen Willen klar zum Ausdruck gebracht hat.[36] Letztlich wird man aufgrund des klaren Wortlautes und der durch nachträgliche Einfügung des Abs. 1 S. 2 eindeutig hervorgegangenen gesetzgeberischen Intention von einer Gültigkeit des Gebots der Reinvermögensdeckung auszugehen haben.[37] Zur Berechnung des Reinvermögens → § 220 Rn. 9 f.

Hinweis: In der Praxis müsste daher vor dem Formwechselbeschluss die materielle Unterbilanz zunächst beseitigt werden, zB durch eine Kapitalherabsetzung.[38]

b) Formwechsel einer AG in eine KGaA oder umgekehrt (Abs. 2 S. 2, Abs. 3 S. 2)

Auch bei einem Formwechsel einer AG in eine KGaA oder umgekehrt kommen kraft der Verweisung in § 245 Abs. 2 S. 2 bzw. Abs. 3 S. 2 die Kapitalaufbringungsvorschriften und somit auch das **Gebot der Reinvermögensdeckung** zur Anwendung. Der Gesetzgeber hat zur Erfüllung europäischer Verpflichtungen, namentlich zur Umsetzung von Art. 13 der Zweiten gesellschaftsrechtlichen Richtlinie, das aktienrechtliche Gründungs-

---

31 Begr. RegE zu § 245, BR-Drs. 75/94, 157 f.
32 § 58 Abs. 2; Widmann/Mayer/*Rieger* § 245 Rn. 44 aE.
33 Vgl. Semler/Stengel/Leonard/*Scheel* § 245 Rn. 36; Widmann/Mayer/*Rieger* § 245 Rn. 49; Kallmeyer/*Blasche* § 245 Rn. 7.
34 Vgl. Begr. RegE zu § 246, BR-Drs. 75/94, 158; Begr. RegE zu § 247, BR-Drs. 75/94, 158. Vgl. Semler/Stengel/Leonard/*Scheel* § 245 Rn. 35 ff.; Widmann/Mayer/*Rieger* § 245 Rn. 49; Kallmeyer/*Blasche* § 245 Rn. 7; Schmitt/Hörtnagl/*Hörtnagel/Rinke* § 245 Rn. 6.
35 Lutter Kölner Umwandlungsrechtstage/*Happ* S. 223, 242 f.
36 *Priester* DB 1995, 911; Semler/Stengel/Leonard/*Scheel* § 245 Rn. 38; Widmann/Mayer *Rieger* § 245 Rn. 50.
37 Vgl. *Schaper* AG 2019, 69 (70 f.) zur Frage, ob sich das Prinzip der Reinvermögensdeckung auch auf korporative und schuldrechtliche Agios erstreckt; vgl. allgemein *Schaper* ZGR 2018, 126 ff. zur Behandlung von eigenen Anteilen im Formwechsel.
38 Lutter/*Göthel* § 245 Rn. 12.

recht auch im Falle des Formwechsels einer AG in eine KGaA und umgekehrt für anwendbar erklärt.[39] Zur Berechnung des Reinvermögens → § 220 Rn. 9 f.

c) Formwechsel einer AG oder KGaA in eine GmbH (Abs. 4)

17 § 245 Abs. 4, der den Formwechsel einer AG oder KGaA in eine GmbH betrifft, enthält keinen Verweis auf § 220. Das in § 220 Abs. 1 normierte Gebot der Reinvermögensdeckung ist damit für solche Fälle **nicht einzuhalten**. Der Gesetzgeber hielt dies nicht für notwendig, da die Kapitalschutzvorschriften der GmbH aufgrund der strengeren Regelungen im Recht der AG bzw. KGaA zu vernachlässigen seien.[40] Diesem Grundgedanken entspricht auch, dass nach § 245 Abs. 4 kein Sachgründungsbericht erforderlich ist.[41] Aufgrund dessen kann auch nicht mit Verweis auf § 5 Abs. 4 GmbHG iVm § 197 S. 1 die Einhaltung des Gebots der Reinvermögensdeckung gefordert werden.[42] Die Gesetzesbegründung ist zwar nicht überzeugend, da auch bei diesen Formwechseln eine materielle Unterbilanz der formwechselnden AG oder KGaA bestehen kann, die sich dann nach dem Formwechsel bei der GmbH fortsetzt.[43] Im Hinblick auf den klaren Gesetzeswortlaut muss somit ein Formwechsel einer AG oder KGaA in eine GmbH im Falle einer materiellen Unterbilanz als zulässig angesehen werden.[44]

2. Angaben im Gründungsbericht (§ 220 Abs. 2)

a) Formwechsel einer GmbH in eine AG oder KGaA

18 Bei einem Formwechsel einer GmbH in eine AG oder KGaA ist es aufgrund des Verweises in § 197 S. 1 auf die Gründungsvorschriften der Zielgesellschaft verpflichtend, einen **„Gründungsbericht"** zu erstellen.[45] Mit dem Gründungsbericht ist nicht der Formwechselbericht gemäß § 192, sondern ein gesonderter Bericht gemeint.[46] Anders als beim Formwechselbericht kann auf die Erstellung des Gründungsberichts auch nicht verzichtet werden.[47] Inhaltlich richtet sich der „Gründungsbericht" nach § 32 AktG. Aufgrund der Legaldefinition in § 32 Abs. 1 AktG ist darunter ein Bericht über den Hergang des Formwechsels zu verstehen.[48] Nach § 32 Abs. 2, Abs. 3 AktG iVm § 197 S. 1 sind darin Ausführungen zum Inhalt des Formwechselbeschlusses, zur Durchführung der Hauptversammlung, zur Bestellung der Mitglieder des Aufsichtsrates und der Abschlussprüfer sowie zur Einhaltung des Grundsatzes der Reinvermögensdeckung zu machen.[49] § 245 Abs. 1 S. 2 iVm 220 Abs. 2 Var. 2 statuiert darüber hinaus die Pflicht, den bisherigen Geschäftsverlauf und die Lage der formwechselnden Gesellschaft darzulegen (→ § 220 Rn. 17).[50]

19 Für die **Erteilung** des Gründungsberichts sind gem. § 197 S. 1 iVm § 32 AktG (ggf. iVm § 278 Abs. 3 AktG) die als Gründer geltenden Gesellschafter zuständig.[51] Eine Unterzeichnung durch sämtliche als Gründer geltenden Gesellschafter ist nach der hM nicht

---

39 Begr. RegE zu § 245, BR-Drs. 75/94, 157 f.
40 Vgl. Begr. RegE zu § 245, BR-Drs. 75/94, 157.
41 Vgl. Begr. RegE zu § 245, BR-Drs. 75/94, 157.
42 Widmann/Mayer/*Rieger* § 245 Rn. 47; Semler/Stengel/Leonard/*Scheel* § 245 Rn. 44.
43 So auch Semler/Stengel/Leonard/*Scheel* § 245 Rn. 45 f.
44 S. auch Semler/Stengel/Leonard/*Scheel* § 245 Rn. 44; Widmann/Mayer/*Rieger* § 245 Rn. 47.
45 § 197 S. 1 iVm § 32 AktG bzw. § 197 S. 1 iVm §§ 278 Abs. 3, 32 AktG.
46 Semler/Stengel/Leonard/*Scheel* § 245 Rn. 47; Lutter/*Göthel* § 245 Rn. 39.
47 Semler/Stengel/Leonard/*Scheel* § 245 Rn. 49; Lutter/*Göthel* § 245 Rn. 39.
48 § 197 S. 1 iVm § 32 Abs. 1 AktG bzw. 197 S. 1 iVm § 278 Abs. 3, 32 Abs. 1 AktG.
49 Widmann/Mayer/*Rieger* § 245 Rn. 64 ff.
50 Widmann/Mayer/*Rieger* § 245 Rn. 72.
51 Vgl. Widmann/Mayer/*Rieger* § 245 Rn. 59; Semler/Stengel/Leonard/*Scheel* § 245 Rn. 50; Lutter/*Göthel* § 245 Rn. 46.

erforderlich; vielmehr genügt es, wenn die für die Fassung eines Formwechselbeschlusses erforderliche Mehrheit dieser Gesellschafter den Gründungsbericht unterzeichnet.[52] Der Gründungsbericht hat schriftlich zu erfolgen und ist von den Gesellschaftern der formwechselnden Gesellschaft, die als Gründer gelten, eigenhändig zu unterzeichnen.[53] Eine Bevollmächtigung ist unzulässig.[54]

b) Formwechsel einer AG in eine KGaA oder umgekehrt

Auch der Formwechsel einer AG in eine KGaA oder umgekehrt erfordert die Erstellung eines **Gründungsberichts**, § 245 Abs. 2 S. 2 iVm § 220 Abs. 2 bzw. § 245 Abs. 3 S. 2.[55] Insoweit gelten die Erläuterungen zu → Rn. 18 entsprechend. 20

c) Formwechsel einer AG oder KGaA in eine GmbH

Beim Formwechsel einer AG oder KGaA in eine GmbH ist die **Erstellung** eines Gründungsberichts gem. § 245 Abs. 4 jedoch **nicht erforderlich**. Der Gesetzgeber hat die Erstellung eines solchen Berichts für nicht erforderlich gehalten, da die Kapitalschutzvorschriften der AG bzw. KGaA strengeren Maßstäben als die für die GmbH geltenden Vorschriften unterlägen (→ Rn. 17).[56] 21

3. Gründungsprüfung (§ 220 Abs. 3 S. 1)

Bei einem Formwechsel einer GmbH in eine AG oder KGaA sowie einem Formwechsel einer AG in eine KGaA hat eine **Gründungsprüfung** durch einen oder mehrere Prüfer gem. § 33 Abs. 2 AktG zu erfolgen (→ § 220 Rn. 4).[57] 22

Bei einem **Formwechsel einer AG oder KGaA in eine GmbH** findet eine Gründungsprüfung allerdings nicht statt, da auch bei der Gründung eine entsprechende Prüfung nicht vorgesehen ist.[58] 23

V. Haftung

1. Formwechsel einer GmbH in eine AG oder KGaA

Bei einem Formwechsel einer GmbH in eine AG oder KGaA kommt eine **Gründerhaftung** gem. § 197 S. 1 iVm Gründungsvorschriften des AktG in Betracht (→ § 197 Rn. 5). 24

2. Formwechsel einer AG in eine KGaA oder umgekehrt

Auch ein Formwechsel einer AG in eine KGaA oder umgekehrt kann zur Folge haben, dass eine **Gründerhaftung** entsteht (→ § 197 Rn. 6). 25

3. Formwechsel einer AG oder KGaA in eine GmbH

Für den Formwechsel einer AG oder KGaA in eine GmbH enthält das UmwG keine Regelung, aufgrund derer ein Gesellschafter der neuen GmbH einem Gründer gleichstellt wird – anders als beim Formwechsel einer GmbH in eine AG oder KGaA (§ 245 Abs. 1), 26

---

[52] Widmann/Mayer/*Rieger* § 245 Rn. 77; Lutter/*Göthel* § 245 Rn. 46; aA Semler/Stengel/Leonard/*Scheel* § 245 Rn. 52 mwN.
[53] *Koch* AktG § 32 Rn. 2.
[54] *Koch* AktG § 32 Rn. 2.
[55] S. auch Semler/Stengel/Leonard/*Scheel* § 245 Rn. 54.
[56] Begr. RegE zu 245, BR-Drs. 75/94, 157 f.
[57] Vgl. § 220 Abs. 3 S. 1 iVm § 245 Abs. 1 S. 2, Abs. 2 S. 2 für den Formwechsel einer GmbH in eine AG oder KGaA sowie § 220 Abs. 3 S. 1 iVm § 245 Abs. 3 S. 2 für den Formwechsel einer AG in eine KGaA oder umgekehrt.
[58] Semler/Stengel/Leonard/*Scheel* § 245 Rn. 57; Lutter/*Göthel* § 245 Rn. 55.

beim Formwechsel einer AG in eine KGaA (§ 245 Abs. 2) oder beim Formwechsel einer KGaA in eine AG (§ 245 Abs. 3). Aufgrund dessen geht die hM davon aus, dass im Falle des Formwechsels einer AG oder KGaA in eine GmbH **kein Gesellschafter** als Gründer iSd § 197 S. 1 zu qualifizieren ist.[59] Eine etwaige Gründerhaftung scheidet folglich aus.[60]

VI. Nachgründung

1. Formwechsel einer GmbH in eine AG oder KGaA

27 Grundsätzlich findet auch bei einem Formwechsel einer GmbH in eine AG oder KGaA die **aktienrechtliche Regelung zur Nachgründung** (§ 52 AktG) auf die Ziel-AG oder Ziel-KGaA Anwendung.[61] Dies ergibt sich nicht nur im Umkehrschluss aus § 245 Abs. 1 S. 3, der die Anwendung des § 52 AktG für solche Formwechsel nur teilweise ausdrücklich ausschließt („ist nicht anzuwenden"),[62] sondern auch aus dem Verweis in § 245 Abs. 1 S. 3 auf § 220 und den dortigen Verweis in § 220 Abs. 3 S. 2 auf § 52 AktG. Die in § 52 AktG bestimmte Zweijahresfrist für Nachgründungen beginnt bereits mit der seinerzeitigen (erstmaligen) Eintragung der formwechselnden GmbH im Handelsregister und nicht erst mit dem Wirksamwerden des Formwechsels.[63] Die Regelung in § 220 Abs. 3 S. 2 (Beginn der Zweijahresfrist mit dem Wirksamwerden des Formwechsels), auf die § 245 pauschal mit verweist, ist unbeachtlich; sie wird durch § 245 Abs. 1 S. 3 verdrängt. Dies ist wichtig, weil anderenfalls auf langjährig bestehende GmbHs, die in eine AG oder KGaA umgewandelt werden, das aktienrechtliche Nachgründungsrecht Anwendung fände. Dies ist zu Recht als unbillig bezeichnet worden.[64]

2. Formwechsel einer AG in eine KGaA oder umgekehrt

28 Bei einem Formwechsel einer AG in eine KGaA oder umgekehrt ist gem. § 245 Abs. 2 S. 3 bzw. § 245 Abs. 3 S. 3 die aktienrechtliche **Regelung zur Nachgründung** hingegen **nicht anwendbar**.[65] Dies wäre auch überflüssig, da AG und KGaA identischen Kapitalaufbringungs- und Kapitalerhaltungsschutzvorschriften unterliegen.[66] Allerdings kann ein Formwechsel eine noch laufende Zweijahresfrist nach § 52 AktG nicht zum Erlöschen bringen; sie läuft über den Formwechsel hinaus weiter bis zu ihrem regulären Ende.[67] Der Ausschluss der Anwendung des § 52 AktG bezieht sich nur auf den Formwechselvorgang als „Gründungsvorgang".

3. Formwechsel einer AG oder KGaA in eine GmbH

29 Beim Formwechsel einer AG oder KGaA in eine GmbH findet **keine Nachgründungsprüfung** statt. Eine Nachgründungsprüfung existiert im Recht der GmbH nicht.[68]

---

59 HM; Semler/Stengel/Leonard/Scheel § 245 Rn. 33; Lutter/Göthel § 245 Rn. 26; Widmann/Mayer/Rieger § 245 Rn. 40; aA Goutier/Knopf/Tulloch/Laumann § 245 Rn. 13.
60 So auch Semler/Stengel/Leonard/Scheel § 245 Rn. 64; Lutter/Göthel § 245 Rn. 60.
61 Semler/Stengel/Leonard/Scheel § 245 Rn. 65; Widmann/Mayer/Rieger § 245 Rn. 89; vgl. auch Kallmeyer/Blasche § 245 Rn. 11.
62 Semler/Stengel/Leonard/Scheel § 245 Rn. 65; Widmann/Mayer/Rieger § 245 Rn. 89.
63 Semler/Stengel/Leonard/Scheel § 245 Rn. 66; Kallmeyer/Blasche § 245 Rn. 11; Widmann/Mayer/Rieger § 245 Rn. 89.
64 Vgl. Lutter/Göthel § 245 Rn. 62 f. mit kursorischen Ausführungen zur Historie.
65 Kritisch Widmann/Mayer/Rieger § 245 Rn. 92 f.
66 Semler/Stengel/Leonard/Scheel § 245 Rn. 69; vgl. diesbezüglich auch die Vorschläge des HRA des DAV, NZG 2000, 802 (808).
67 Lutter/Göthel § 245 Rn. 64.
68 Kallmeyer/Blasche § 245 Rn. 12; Semler/Stengel/Leonard/Scheel § 245 Rn. 70.

§ 246 Anmeldung des Formwechsels

(1) Die Anmeldung nach § 198 ist durch das Vertretungsorgan der formwechselnden Gesellschaft vorzunehmen.

(2) Zugleich mit der neuen Rechtsform oder mit dem Rechtsträger neuer Rechtsform sind die Geschäftsführer der Gesellschaft mit beschränkter Haftung, die Vorstandsmitglieder der Aktiengesellschaft oder die persönlich haftenden Gesellschafter der Kommanditgesellschaft auf Aktien zur Eintragung in das Register anzumelden.

(3) § 8 Abs. 2 des Gesetzes betreffend die Gesellschaften mit beschränkter Haftung und § 37 Abs. 1 des Aktiengesetzes sind auf die Anmeldung nach § 198 nicht anzuwenden.

I. Normzweck	1	
II. Anmeldung	2	
1. Anmeldepflichtiger	2	
2. Zuständiges Registergericht	4	
3. Form	5	
III. Gegenstand der Anmeldung	6	
1. Allgemeiner Gegenstand der Anmeldung	6	
2. Vertretungsorgan (Abs. 2)	7	
3. Negativerklärungen	9	
a) Negativerklärungen zu Klagen gegen den Formwechselbeschluss	9	
b) Negativerklärungen zu Betriebsräten	11	
4. Einlageversicherung (Abs. 3)	12	
5. Rechtsformspezifische Besonderheiten	13	
a) AG/KGaA	13	
b) GmbH	14	
6. Beizufügende Unterlagen	15	
IV. Wirkung der Anmeldung	17	

I. Normzweck

Die neue Rechtsform eines Rechtsträgers ist gem. § 198 grundsätzlich zur Eintragung in das Register, in dem der formwechselnde Rechtsträger einzutragen ist, anzumelden. § 246 ergänzt diese Vorschrift für den Fall des Formwechsels einer Kapitalgesellschaft in eine Kapitalgesellschaft anderer Rechtsform, indem er den **Anmeldepflichtigen** definiert und weitere Modalitäten der Anmeldung regelt.

II. Anmeldung

1. Anmeldepflichtiger

§ 246 Abs. 1 trifft eine Regelung darüber, wer bei dem Formwechsel einer Kapitalgesellschaft in eine andere Kapitalgesellschaft anmeldepflichtig zur Eintragung in das zuständige Register ist. Die Anmeldung ist demnach von dem **Vertretungsorgan der formwechselnden Gesellschaft** vorzunehmen. Bei der AG ist dies gem. § 78 Abs. 1 AktG der Vorstand, bei der KGaA der persönlich haftende Gesellschafter (§ 278 Abs. 3, Abs. 2 AktG, §§ 161 Abs. 2, 125 HGB) und bei der GmbH die Geschäftsführer (§ 35 Abs. 1, Abs. 2 GmbHG).

Die Anmeldung muss nicht durch sämtliche Mitglieder des Vertretungsorgans unterzeichnet werden; vielmehr genügt die Anmeldung in **vertretungsberechtigter Zahl**.[1] Auch unechte Gesamtvertretung ist zulässig.[2] Eine Anmeldung aufgrund – notariell beglaubigter – Vollmacht ist zwar zulässig.[3] Sie wird aber aus praktischen Gründen

---

[1] Semler/Stengel/Leonard/*Scheel* § 246 Rn. 2; Lutter/*Göthel* § 246 Rn. 5; Kallmeyer/*Blasche* § 246 Rn. 2 mit Verweis auf § 222 Abs. 1 S. 1.

[2] Semler/Stengel/Leonard/*Scheel* § 246 Rn. 3; Widmann/Mayer/*Rieger* § 246 Rn. 10.

[3] Lutter/*Göthel* § 246 Rn. 5; Semler/Stengel/Leonard/*Scheel* § 246 Rn. 4.

häufig ausscheiden. Während die Anmeldung keine höchstpersönliche Handlung darstellt, gilt dies nicht für die Negativerklärung der Vertretungsorgane hinsichtlich einer Klage gegen den Formwechselbeschluss gem. § 198 Abs. 3, § 16 Abs. 2, die einen höchstpersönlichen Charakter aufweist und die „bei" der Anmeldung abzugeben ist.[4] Da diese Negativerklärung außerhalb von Konzernsachverhalten regelmäßig erforderlich ist, weil die Vertretungsorgane die Negativerklärung ohnehin in notariell beglaubigter Form abgeben müssen, § 12 Abs. 2 HGB, wird eine Vertretung bei der Anmeldung in der Regel keine Erleichterung darstellen.

2. Zuständiges Registergericht

Für die Anmeldung zur Eintragung des Formwechsels der Gesellschaft ist das Registergericht zuständig, in das die **formwechselnde Kapitalgesellschaft** eingetragen ist (§ 198). Zur Frage des zuständigen Registergerichts im Falle der Sitzverlegung im Zuge des Formwechsels → § 198 Rn. 5.

3. Form

Die Anmeldung zur Eintragung in das Handelsregister ist **elektronisch in öffentlich beglaubigter Form** einzureichen, § 12 Abs. 2 HGB (§ 12 Abs. 1 S. 1 HGB).

III. Gegenstand der Anmeldung

1. Allgemeiner Gegenstand der Anmeldung

Gem. § 198 ist **Gegenstand der Anmeldung** zur Eintragung in das Handelsregister die neue Rechtsform des Rechtsträgers. Hierneben ist zudem der Neuabschluss des Gesellschaftsvertrages bzw. die Feststellung der Satzung anzumelden.[5] Weiterhin sind die inländische Geschäftsanschrift des formwechselnden sowie diejenige des neuen Rechtsträgers mit anzumelden.[6] Bei der Anmeldung ist zudem die Lage der Geschäftsräume anzugeben, dies jedoch nicht, wenn die Lage der Geschäftsräume als inländische Geschäftsanschrift zur Eintragung in das Handelsregister angemeldet wird oder bereits in das Handelsregister eingetragen worden ist (§ 24 Abs. 2 S. 1, 2 HRV). Falls der formwechselnde Rechtsträger Prokuren erteilt haben sollte, ist deren Fortbestand nicht anzumelden, da der Rechtsträger bei einem Formwechsel grundsätzlich bestehen bleibt.[7] Ein Hinweis auf das Fortbestehen der Prokura in der Anmeldung ist sicherheitshalber dennoch anzuraten.[8] Gleiches gilt für den Fortbestand etwaiger bestehender Zweigniederlassungen.[9]

2. Vertretungsorgan (Abs. 2)

Die Anmeldung zur Eintragung in das Handelsregister hat auch das **Vertretungsorgan des Rechtsträgers neuer Rechtsform** zu umfassen (§ 246 Abs. 2). Diese Verpflichtung soll sicherstellen, dass im Zeitpunkt der Wirksamkeit des Formwechsels Klarheit über

---

[4] Lutter/*Göthel* § 246 Rn. 5; Kallmeyer/*Blasche* § 246 Rn. 2; *Melchior* GmbHR 1999, 520.
[5] Widmann/Mayer/*Rieger* § 246 Rn. 15; Semler/Stengel/Leonard/*Scheel* § 246 Rn. 6.
[6] Lutter/*Göthel* § 246 Rn. 17; Widmann/Mayer/*Rieger* § 246 Rn. 21.
[7] OLG Köln GmbHR 1996, 773 f.; Kallmeyer/*Blasche* § 246 Rn. 4; Lutter/*Göthel* § 246 Rn. 18; aA Widmann/Mayer/*Rieger* § 246 Rn. 17.
[8] S. auch Lutter/*Göthel* § 246 Rn. 18; Kallmeyer/*Blasche* § 246 Rn. 4.
[9] Lutter/*Göthel* § 246 Rn. 18; aA Widmann/Mayer/*Rieger* § 246 Rn. 18.

die neuen Vertretungsverhältnisse in der Kapitalgesellschaft besteht.[10] Einzutragen sind deshalb im Falle der AG als Zielrechtsträger die Vorstandsmitglieder (§ 78 Abs. 1 AktG), im Falle der KGaA die persönlich haftenden Gesellschafter (§ 278 Abs. 3 AktG, §§ 161 Abs. 2, 125 HGB) sowie im Falle der GmbH die Geschäftsführer (§ 35 Abs. 1 GmbHG).

Da gem. § 197 S. 1 auch die Gründungsvorschriften der Zielgesellschaft Anwendung finden, ist neben den gesetzlichen Vertretern auch die abstrakte und konkrete **Vertretungsbefugnis** anzugeben.[11] Zudem ist durch die gesetzlichen Vertreter bei der Anmeldung zu versichern, dass keine Umstände ihrer Bestellung entgegenstehen und sie über ihre unbeschränkte Auskunftspflicht gegenüber dem Gericht belehrt worden sind.[12]

3. Negativerklärungen

a) Negativerklärungen zu Klagen gegen den Formwechselbeschluss

Bei der Anmeldung hat das Vertretungsorgan des Rechtsträgers zu erklären, dass eine Klage gegen die Wirksamkeit des Formwechselbeschlusses nicht oder nicht fristgemäß erhoben oder eine solche Klage rechtskräftig abgewiesen oder zurückgenommen worden ist.[13] Zu beachten ist, dass eine solche **Negativerklärung** grundsätzlich erst nach Ablauf der Frist für die Erhebung einer Klage gegen die Wirksamkeit des Formwechselbeschlusses abgegeben werden kann.[14] Zudem ist der Zeitraum einer demnächst erfolgenden Zustellung zu berücksichtigen.[15] Ohne diese negative Erklärung darf der Formwechsel nicht eingetragen werden.[16]

Wird diese **Negativerklärung** nicht erteilt, darf der Formwechsel nur dann eingetragen werden, wenn die klageberechtigten Anteilsinhaber durch notariell beurkundete Verzichtserklärung auf die Klage gegen die Wirksamkeit des Formwechselbeschlusses verzichtet haben oder das zuständige Prozessgericht festgestellt hat, dass die Erhebung der Klage gegen den Formwechsel der Eintragung des Formwechsels nicht entgegensteht.[17]

b) Negativerklärungen zu Betriebsräten

Gem. § 194 Abs. 2 ist der Entwurf des Formwechselbeschlusses spätestens einen Monat vor dem Tage der Versammlung der Anteilsinhaber, die den Formwechselbeschluss zu fassen hat, dem **zuständigen Betriebsrat** des formwechselnden Rechtsträgers zuzuleiten (zur Frage, welchem Betriebsrat der Entwurf des Formwechselbeschlusses zuzuleiten ist, → § 194 Rn. 18). Diese Zuleitung muss bei der Anmeldung nachgewiesen werden. Anderenfalls besteht ein formelles Eintragungshindernis.[18] Besteht in der formwechselnden Gesellschaft ein Betriebsrat nicht, ist stattdessen eine entsprechende Versicherung über das Nichtbestehen des Betriebsrates abzugeben.[19]

---

10 Begr. RegE zu § 246, BR-Drs. 75/94, 158.
11 § 197 S. 1 iVm §§ 37 Abs. 3, 283 Nr. 1 AktG; § 197 S. 1 iVm § 8 Abs. 4 GmbHG und § 43 HRV.
12 § 197 S. 1 iVm §§ 37 Abs. 2 S. 1, 283 Nr. 1 AktG; § 197 S. 1 iVm § 8 Abs. 3 S. 1 GmbHG.
13 § 198 Abs. 3 iVm § 16 Abs. 2 S. 1.
14 BGH NJW-RR 2007, 224; OLG Karlsruhe NJW-RR 2001, 1326 (1327); Widmann/Mayer/*Fronhöfer* § 16 Rn. 73; Lutter/*Decher* § 16 Rn. 18.
15 BGH NJW 2007, 224.
16 BGH NJW 2007, 224; Lutter/*Decher* § 16 Rn. 18.
17 § 198 Abs. 3 iVm § 16 Abs. 2 S. 2 bzw. § 198 Abs. 3 iVm § 16 Abs. 3 S. 1.
18 Semler/Stengel/Leonard/*Scheel* § 246 Rn. 9.
19 Widmann/Mayer/*Rieger* § 246 Rn. 22; Semler/Stengel/Leonard/*Scheel* § 246 Rn. 9; Semler/Stengel/Leonard/*Schröer*/Greitemann § 5 Rn. 148.

4. Einlageversicherung (Abs. 3)

12 Bei Gründung einer AG, KGaA oder GmbH ist zu versichern, dass die Leistungen auf die Gesellschaftsanteile bewirkt sind und dass der Gegenstand der Leistung sich endgültig in der freien Verfügung des jeweiligen Vertretungsorgans befindet.[20] Obwohl bei dem Formwechsel einer Gesellschaft gem. § 197 S. 1 grundsätzlich die Gründungsvorschriften der jeweiligen Gesellschaft neuer Rechtsform anwendbar sind, ist **eine Einlageversicherung nicht erforderlich**. Dies stellt § 246 Abs. 3 unmissverständlich klar. Das Gesetz verzichtet auf eine solche Versicherung, da bereits bei Gründung des formwechselnden Rechtsträgers eine entsprechende Erklärung abgegeben wurde.[21]

5. Rechtsformspezifische Besonderheiten

a) AG/KGaA

13 Falls im Zuge des Formwechsels in eine AG eine **Einpersonen-AG** entsteht, ist dies dem Handelsregister gem. § 42 AktG mitzuteilen. Bzgl. weiterer Einzelheiten → Rn. 16.

b) GmbH

14 Bei einem Formwechsel in eine GmbH ist gem. § 8 Abs. 1 Nr. 3 GmbHG eine **Liste der Gesellschafter** beizufügen (→ Rn. 16).

6. Beizufügende Unterlagen

15 Der Anmeldung sind gem. § 199 zunächst die Anlagen nach den Vorschriften des **Allgemeinen Teils** des UmwG beizufügen (→ § 199 Rn. 2 ff.).

16 Da das UmwG die Gründungsvorschriften der Gesellschaft neuer Rechtsform für anwendbar erklärt, sind zudem **weitere Unterlagen nach Gründungsrecht** beizufügen. Dies sind im Einzelnen:

> **Checkliste:**
> - im Falle des Formwechsels in eine AG/GmbH: die Urkunden über die Bestellung des Vorstands bzw. der Geschäftsführer (§ 37 Abs. 4 Nr. 3 AktG; § 8 Abs. 1 Nr. 2 GmbHG),[22]
> - im Falle des Formwechsels in eine AG/GmbH: die Versicherung der neuen Vertretungsorgane, dass ihrer Bestellung keine Umstände entgegenstehen und sie über ihre unbeschränkte Auskunftspflicht gegenüber dem Gericht belehrt worden sind (§ 37 Abs. 2 AktG; § 8 Abs. 3 GmbHG),
> - im Falle des Formwechsels in eine AG/KGaA: den „Gründungsbericht" nach § 197 S. 1 iVm § 32 AktG, also den Bericht über den Formwechsel (→ § 245 Rn. 18 f.) und die Prüfungsberichte des Vorstands, des Aufsichtsrates und der Gründungsprüfer gem. § 197 S. 1 iVm § 37 Abs. 4 Nr. 4 AktG,[23]
> - im Falle des Formwechsels in eine GmbH: die Liste der Gesellschafter gem. § 8 Abs. 1 Nr. 3 GmbHG.

Hinweis: Die Einreichung der Liste der Gesellschafter kann beim Formwechsel einer AG in die Rechtsform einer GmbH problematisch sein, wenn – etwa bei einer großen Anzahl von Aktionären – nicht alle Gesellschafter bekannt sind. Entscheidend ist in diesem Fall, ob der Anteil eines unbekannten Gesellschafters in irgendeiner Weise, zB

---

20 § 37 Abs. 1 S. 1, 2 AktG; § 8 Abs. 2 S. 1 GmbHG.
21 Semler/Stengel/Leonard/*Scheel* § 246 Rn. 16.
22 Beim Formwechsel in eine GmbH wird der Formwechselbeschluss regelmäßig bereits die Bestellung der Geschäftsführer enthalten, so dass diesbezüglich in der Anmeldung auf den Formwechselbeschluss verwiesen werden kann.
23 Beim Formwechsel einer AG oder KGaA in eine GmbH ist ein Sachgründungsbericht nicht erforderlich, § 245 Abs. 4.

mittels einer laufenden Nummer auf der Aktienurkunde, identifizierbar ist.[24] Es ist dann diese Tatsache in der Gesellschafterliste anzugeben.[25]

IV. Wirkung der Anmeldung

Die Anmeldung führt noch **nicht zur Wirksamkeit des Formwechsels**. Erst mit Eintragung des Formwechsels wird dieser wirksam (vgl. § 202 Abs. 1).

§ 247 Wirkungen des Formwechsels

(1) **Durch den Formwechsel wird das bisherige Stammkapital einer formwechselnden Gesellschaft mit beschränkter Haftung zum Grundkapital der Gesellschaft neuer Rechtsform oder das bisherige Grundkapital einer formwechselnden Aktiengesellschaft oder Kommanditgesellschaft auf Aktien zum Stammkapital der Gesellschaft neuer Rechtsform.**

(2) **Durch den Formwechsel einer Kommanditgesellschaft auf Aktien scheiden deren persönlich haftende Gesellschafter als solche aus der Gesellschaft aus.**

I. Normzweck 1	3. Keine Identität der Anteile 7
II. Verhältnis von Grund- und Stammkapital (Abs. 1) 3	III. Ausscheiden des Komplementärs (Abs. 2) ... 8
1. Formwechsel einer AG/KGaA in eine GmbH oder umgekehrt 3	1. Ausscheiden des Komplementärs ipso iure 8
a) Grundsatz 3	2. Komplementär als Kommanditaktionär ... 9
b) Sondereinlage eines Komplementärs 5	3. Vermögenseinlage des Komplementärs . 10
2. Formwechsel einer AG in eine KGaA oder umgekehrt 6	4. Rechtsfolgen 11

I. Normzweck

§ 247 ist eine den § 202 ergänzende Vorschrift.[1] Er normiert mit Abs. 1 die Wirkung des Formwechsels hinsichtlich des **Grund- bzw. Stammkapitals** des formwechselnden Rechtsträgers. § 247 stellt dabei die identische Umwandlung des vorhandenen Haftkapitals heraus. Abs. 2 bestimmt zudem die Folgen des Formwechsels für den Komplementär einer formwechselnden KGaA.

Der Gesetzgeber hat die Norm an das bisherige Recht angelehnt.[2] Sie ist nach ihrem Wortlaut auf den Formwechsel einer AG oder KGaA in eine GmbH bzw. einer GmbH in eine AG oder KGaA anwendbar. Für den Formwechsel einer AG in eine KGaA bzw. einer KGaA in eine AG enthält das UmwG, wie bereits vor der Novellierung des Umwandlungsrechts, **keine vergleichbare Vorschrift**.[3]

---

24 Semler/Stengel/Leonard/*Scheel* § 246 Rn. 11.
25 Semler/Stengel/Leonard/*Scheel* § 246 Rn. 11.
1 Lutter/*Göthel* § 247 Rn. 1; Kallmeyer/*Blasche* § 247 Rn. 1.

2 Begr. RegE zu § 247, BR-Drs. 75/94, 158.
3 Widmann/Mayer/*Rieger* § 247 Rn. 1.

II. Verhältnis von Grund- und Stammkapital (Abs. 1)

1. Formwechsel einer AG/KGaA in eine GmbH oder umgekehrt

a) Grundsatz

3 § 247 Abs. 1 bestimmt, dass das bisherige Stammkapital einer formwechselnden GmbH zum Grundkapital der Ziel-AG bzw. Ziel-KGaA bzw. das Grundkapital einer formwechselnden AG oder KGaA zum Stammkapital der Ziel-GmbH umqualifiziert wird. Das Nennkapital des Rechtsträgers bleibt also **zwingend gleich**.[4] Damit ist zugleich gesagt, dass eine nominale Änderung des Grundkapitals im Zuge des Formwechsels ausscheidet.[5] In der Literatur wird in diesem Zusammenhang auch von der „Identität" oder gar „erhöhten Identität" des Nennkapitals gesprochen.[6]

4 Nach der **Einführung des Euro** mussten die Kapital- und Personengesellschaften ihr im Handelsregister eingetragenes Stamm-, Grund oder Haftkapital nicht zwingend von DM auf Euro umstellen.[7] Lediglich das AktG und GmbHG sehen eine zwingende Umstellung bei Kapitaländerungen vor.[8] Auch wenn dies in der Praxis nur noch selten vorkommt, kann der Formwechsel einer Gesellschaft, deren im Handelsregister eingetragenes Kapital noch auf DM lautet, Schwierigkeiten bereiten. Der formwechselnde Rechtsträger hat bei dem Formwechsel die Mindestnennbeträge der neuen Rechtsform zu beachten.[9] Eine Kapitaländerung im Zuge des Formwechsels ist jedoch im Hinblick auf § 247 Abs. 1 unzulässig. Das UmwG hält mit § 352 Abs. 2 (§ 318 Abs. 2 aF) eine Überleitungsvorschrift zur Einführung des Euro bereit, dessen S. 2 sich auf Formwechsel bezieht. Danach bleiben die Gründungsvorschriften und entsprechenden Überleitungsvorschriften zur Einführung des Euro unberührt.[10] Dieser Verweis auf die Überleitungsvorschriften führt zu noch ungelösten Schwierigkeiten bei der Auslegung von § 352 Abs. 2 S. 2 (§ 318 Abs. 2 S. 2 aF). Er lässt offen, wie dies mit der Vorgabe des § 247 Abs. 1, die Kapitalziffer im Zuge des Formwechsels nicht zu ändern, in Einklang gebracht werden kann. Zur Lösung dieses Problems will eine in der Literatur vertretene Ansicht die durch die Umrechnung und Rundung auf volle Cent entstehende Differenz zwischen dem Nennkapital vor und nach dem Formwechsel in einem Abgrenzungsposten aus Kapitalumstellung ausweisen.[11] Eine andere Ansicht will die Aktien- und GmbH-rechtlichen Vorschriften zur Umstellung auf den Euro im Rahmen des Formwechsels anwenden und damit eine notwendige Kapitaländerung im Zuge des Formwechsels erlauben.[12] Eine dritte Ansicht will dem Grundsatz der Identität des Kapitals nach § 247 Abs. 1 dadurch Genüge tun, dass der Formwechsel zu „krummen" Kapitalbeträgen in der neuen Rechtsform führen darf, jedoch innerhalb einer logischen Sekunde nach dem Wirksamwerden des Formwechsels die Euro-Umstellung des Kapitals nach den für die neue Rechtsform anwendbaren Übergangsvorschriften vorzunehmen ist.[13] Keine der Lösungen überzeugt vollends mangels fehlender Vereinbarkeit mit dem Wortlaut der Normen des UmwG. Es ist daher zu konstatieren, dass die derzeitige Gesetzeslage

---

[4] Widmann/Mayer/*Rieger* § 247 Rn. 11; Semler/Stengel/Leonhard/*Scheel* § 247 Rn. 125.
[5] Widmann/Mayer/*Rieger* § 247 Rn. 11; Lutter/*Göthel* § 247 Rn. 4; Semler/Stengel/Leonard/*Scheel* § 247 Rn. 1.
[6] Widmann/Mayer/*Rieger* § 247 Rn. 11; Semler/Stengel/Leonard/*Scheel* § 247 Rn. 1.
[7] Vgl. § 1 Abs. 2 EGAktG; § 1 EGGmbHG.
[8] Vgl. § 3 Abs. 5 EGAktG; § 1 Abs. 1 S. 4 EGGmbHG.
[9] § 8 Abs. 2 S. 1 AktG; §§ 243 Abs. 3 S. 2 UmwG, 5 Abs. 2 S. 1 GmbHG.
[10] Semler/Stengel/Leonard/*Krebs* § 318 Rn. 15.
[11] Semler/Stengel/Leonard/*Scheel* § 247 Rn. 6; Lutter/*Göthel* § 247 Rn. 5.
[12] Semler/Stengel/Leonard/*Krebs* § 318 Rn. 20.
[13] *Heidinger* NZG 2000, 532 (532 f.).

keine befriedigende, sprich rechtssichere Lösung vorhält. Rechtssicher ist daher nur die Umstellung auf den Euro vor dem Formwechsel.[14]

Hinweis: Es empfiehlt sich, das präferierte Vorgehen mit dem Registergericht vorab abzustimmen. Der rechtssichere Weg bleibt jedoch die Umstellung der Kapitalziffer auf Euro vor dem Formwechsel.

b) Sondereinlage eines Komplementärs

Dieser Grundsatz der „**gleichbleibenden Identität**" des Nennkapitals gilt beim Formwechsel einer KGaA nur für deren Grundkapital.[15] Er erstreckt sich nicht auf eine etwaige Vermögenseinlage eines persönlich haftenden Gesellschafters gem. § 281 Abs. 2 AktG. Diese führt im Falle des Formwechsels lediglich zu einem Abfindungsanspruch des Gesellschafters gem. § 278 Abs. 2 AktG iVm §§ 161 Abs. 2, 105 Abs. 2 HGB, §§ 721, 721b BGB nF (§§ 738 ff. BGB aF), soweit die Satzung nicht eine abweichende Regelung enthält. Eine Beteiligung eines persönlich haftenden Gesellschafters der KGaA an der Ziel-GmbH oder Ziel-AG kann nur dadurch erreicht werden, dass er vor dem Formwechsel zugleich Kommanditaktionär wird oder nach dem Formwechsel Geschäftsanteile bzw. Aktien erwirbt, ggf. im Rahmen einer Sach- oder Barkapitalerhöhung.[16] Seinen Abfindungsanspruch für die von ihm erbrachte Vermögenseinlage gem. § 281 Abs. 2 AktG kann der persönlich haftende Gesellschafter ggf. bei einer dem Formwechsel nachfolgenden Sachkapitalerhöhung mit einbringen.[17] Eine eigentliche Umwandlung der Vermögenseinlage in Aktien bzw. Geschäftsanteile im Zuge des Formwechsels findet jedoch nicht statt.[18]

2. Formwechsel einer AG in eine KGaA oder umgekehrt

§ 247 Abs. 1 ist ausweislich der Regierungsbegründung nur auf einen Formwechsel anwendbar, bei dem eine **GmbH** entweder Ausgangsrechtsträger oder Zielrechtsträger ist, sprich bei einem Formwechsel einer AG/KGaA in eine GmbH oder umgekehrt.[19] Dies ergibt sich zudem aus dem Wortlaut des § 247 Abs. 1, der ausschließlich eine Umqualifizierung von Stammkapital in Grundkapital und umgekehrt erwähnt; denn das Haftkapital einer AG und einer KGaA wird im Gesetz jeweils „Grundkapital" genannt.[20] Dies ist auch der Grund, warum eine entsprechende Regelung für den Formwechsel einer AG in eine KGaA und umgekehrt dem Gesetzgeber entbehrlich erschien.[21]

3. Keine Identität der Anteile

§ 247 Abs. 1 statuiert den Grundsatz der „Identität" des haftenden Nennkapitals nur hinsichtlich des Gesamtbetrags des Nennkapitals.[22] Eine **Identität des Nennbetrags** der einzelnen Anteile beim Rechtsträger alter und neuer Rechtsform ist nicht zwingend; diesbezüglich können die Gesellschafter eine abweichende Festsetzung der Beteiligung treffen.[23]

---

14 Lutter/*Göthel* § 247 Rn. 5; Kallmeyer/*Blasche* § 247 Rn. 2.
15 Semler/Stengel/Leonard/*Scheel* § 247 Rn. 3; Widmann/Mayer/*Rieger* § 247 Rn. 12.
16 Semler/Stengel/Leonard/*Scheel* § 247 Rn. 3; Widmann/Mayer/*Rieger* § 247 Rn. 12.
17 Semler/Stengel/Leonard/*Scheel* § 247 Rn. 3; Widmann/Mayer/*Rieger* § 247 Rn. 12.
18 Widmann/Mayer/*Rieger* § 247 Rn. 12; Semler/Stengel/Leonard/*Scheel* § 247 Rn. 3.
19 Begr. RegE zu § 247, BR-Drs. 75/94, 158.
20 Vgl. § 1 Abs. 2 AktG, § 278 Abs. 1 AktG.
21 Vgl. Widmann/Mayer/*Rieger* § 247 Rn. 13; Semler/Stengel/Leonard/*Scheel* § 247 Rn. 2.
22 Ebenso Semler/Stengel/Leonard/*Scheel* § 247 Rn. 5; Widmann/Mayer/*Rieger* § 247 Rn. 12.
23 Vgl. § 243; s. auch Widmann/Mayer/*Rieger* § 247 Rn. 18.

III. Ausscheiden des Komplementärs (Abs. 2)

1. Ausscheiden des Komplementärs ipso iure

8 Mit Wirksamwerden des Formwechsels, also mit Eintragung der neuen Rechtsform in das Handelsregister (§ 202 Abs. 1), scheidet jeder **persönlich haftende Gesellschafter** einer formwechselnden KGaA aus der Gesellschaft aus, § 247 Abs. 2. Diese Rechtsfolge ist bei einem Formwechsel in eine andere Kapitalgesellschaft insofern zwingend, als andere Kapitalgesellschaften keinen persönlich haftenden Gesellschafter aufweisen.[24] Diese Rechtsfolge ist denklogisch zwar nicht zwingend. Das Verbleiben eines persönlich haftenden Gesellschafters hätte dann aber einen nichtverhältniswahrenden Formwechsel (zulasten eines anderen Anteilsinhabers) erfordert.

2. Komplementär als Kommanditaktionär

9 § 247 Abs. 2 bezieht sich nur auf die Stellung als persönlich haftender Gesellschafter. Eine gleichzeitige Beteiligung des persönlich haftenden Gesellschafters als **Kommanditaktionär** bleibt von § 247 Abs. 2 unberührt.[25] Für diese erhält der Gesellschafter, anders als für eine als Komplementär etwaig geleistete Vermögenseinlage gem. § 281 Abs. 2 AktG, Geschäftsanteile an der entstehenden GmbH bzw. Aktien an der entstehenden AG.[26]

3. Vermögenseinlage des Komplementärs

10 Sofern ein persönlich haftender Gesellschafter eine Vermögenseinlage gem. § 281 Abs. 2 AktG erbracht hat, wird diese durch den Formwechsel nicht zu Geschäftsanteilen der Ziel-GmbH oder Aktien der Ziel-AG (→ Rn. 5). Der **Abfindungsanspruch** des persönlich haftenden Gesellschafters ist auf Basis einer Auseinandersetzungsbilanz gem. § 278 Abs. 2 AktG iVm §§ 161 Abs. 2, 105 Abs. 2 HGB, § 738 ff. BGB zu berechnen, soweit die Satzung nicht eine abweichende Regelung enthält.[27]

4. Rechtsfolgen

11 Scheidet der Komplementär gem. § 247 Abs. 2 mit Wirksamwerden des Formwechsels aus der Gesellschaft aus, **endet seine persönliche Haftung** für nach dem Formwechsel entstehende Verbindlichkeiten der Gesellschaft. Für die bis zu seinem Ausscheiden entstandenen Verbindlichkeiten haftet der Gesellschafter auch nach dem Formwechsel weiter.[28] Diese akzessorische Haftung ergibt sich aus § 278 Abs. 2 AktG iVm §§ 161 Abs. 2, 128 HGB und ist gem. § 278 Abs. 2 AktG iVm § 137 Abs. 1 HGB (§ 160 Abs. 1 HGB aF) auf fünf Jahre nach dem Ausscheiden begrenzt.[29] Teilweise wird auch ein Fortbestehen der Rechtsscheinhaftung gem. § 15 HGB bejaht.[30] Richtigerweise wird eine solche Rechtsscheinhaftung aber kaum anzunehmen sein, da der Rechtsschein einer persönlichen Haftung des Gesellschafters durch Eintragung des Formwechsels in eine AG oder GmbH beseitigt wird.[31]

---

24 Lutter/*Göthel* § 247 Rn. 18; Semler/Stengel/Leonard/*Scheel* § 247 Rn. 9; Widmann/Mayer/*Rieger* § 247 Rn. 34.
25 Semler/Stengel/Leonard/*Scheel* § 247 Rn. 10; Widmann/Mayer/*Rieger* § 247 Rn. 36.
26 Ebenso Semler/Stengel/Leonard/*Scheel* § 247 Rn. 10; Widmann/Mayer/*Rieger* § 247 Rn. 36.
27 Semler/Stengel/Leonard/*Scheel* § 247 Rn. 12; Widmann/Mayer/*Rieger* § 247 Rn. 42.
28 Lutter/*Göthel* § 247 Rn. 23; Widmann/Mayer/*Rieger* § 247 Rn. 46; Semler/Stengel/Leonard/*Scheel* § 247 Rn. 16.
29 Semler/Stengel/Leonard/*Scheel* § 247 Rn. 15.
30 Vgl. Lutter/*Göthel* § 247 Rn. 22.
31 Vgl. ebenso Semler/Stengel/Leonard/*Scheel* § 247 Rn. 15; Widmann/Mayer/*Rieger* § 247 Rn. 46.

Ein Anspruch des ausscheidenden Komplementärs auf **Beteiligung** an dem Rechts- 12
träger neuer Rechtsform ist weder der gesetzlichen Regelung noch der allgemeinen
gesellschaftsrechtlichen Treuepflicht zu entnehmen.[32] Da aber der Formwechsel einer
KGaA in eine Kapitalgesellschaft anderer Rechtsform ohnehin gem. § 240 Abs. 3 S. 1
der Zustimmung eines jeden persönlich haftenden Gesellschafters bedarf, wird dieser
seine einflussreiche Stellung faktisch zur Erzwingung einer Gesellschafterstellung in
dem Rechtsträger neuer Rechtsform nutzen können.[33]

§ 248 Umtausch der Anteile

(1) Auf den Umtausch der Geschäftsanteile einer formwechselnden Gesellschaft mit beschränkter Haftung gegen Aktien ist § 73 des Aktiengesetzes, bei Zusammenlegung von Geschäftsanteilen § 226 des Aktiengesetzes über die Kraftloserklärung von Aktien entsprechend anzuwenden.

(2) Auf den Umtausch der Aktien einer formwechselnden Aktiengesellschaft oder Kommanditgesellschaft auf Aktien gegen Geschäftsanteile einer Gesellschaft mit beschränkter Haftung ist § 73 Abs. 1 und 2 des Aktiengesetzes, bei Zusammenlegung von Aktien § 226 Abs. 1 und 2 des Aktiengesetzes über die Kraftloserklärung von Aktien entsprechend anzuwenden.

(3) Einer Genehmigung des Gerichts bedarf es nicht.

I. Normzweck 1	aa) Aufforderung zur Einreichung 14
II. Formwechsel einer GmbH in eine AG oder KGaA 2	bb) Zusammenlegung und Veräußerung 16
1. Umtausch 2	cc) Veräußerungserlös 18
a) Begriff des Umtauschs 2	dd) Hinterlegung des Veräußerungserlöses 19
b) Kraftloserklärung der Anteilsscheine für Geschäftsanteile 4	III. Formwechsel einer AG oder KGaA in eine GmbH (Abs. 2) 20
c) Umtauschverfahren 5	1. Begriff des Umtauschs 20
aa) Einfaches Umtauschverfahren 5	2. Umtauschverfahren 22
bb) Aufforderung zur Abholung . 6	3. Hinterlegung 23
cc) Hinterlegung 7	4. Zusammenlegung 24
(1) Recht zur Hinterlegung 7	a) Eingereichte Aktien 25
(2) Kraftloserklärung 8	b) Nicht eingereichte Aktien 27
(3) Hinterlegungspflicht 9	IV. Übertragung der Anteile vor Kraftloserklärung 28
(4) Entbehrlichkeit der Anzeige an das Gericht (Abs. 3) 10	1. Behandlung beim Formwechsel einer GmbH in eine AG oder KGaA 29
2. Zusammenlegung (§ 248 Abs. 1 Var. 2 iVm § 226 AktG)	2. Behandlung beim Formwechsel einer AG oder KGaA in eine GmbH 30
a) Begriff der Zusammenlegung 11	
b) Nicht beteiligungsfähige Spitzen ... 12	
c) Kraftloserklärung 13	
d) Zusammenlegungsverfahren 14	

I. Normzweck

§ 248 regelt für den Formwechsel einer GmbH in eine AG/KGaA und umkehrt die prak- 1
tische Verfahrensweise des **Austausches von GmbH-Geschäftsanteilen** in Aktien einer
AG oder KGaA und umkehrt, wenn der Formwechsel mit seiner Eintragung wirksam
wird und infolgedessen die Anteilsinhaber gem. § 202 Abs. 1 Nr. 2 am Ziel-Rechtsträger

---

32 Semler/Stengel/Leonard/*Scheel* § 247 Rn. 17; Widmann/
Mayer/*Rieger* § 247 Rn. 51; aA Goutier/Knopf/Tulloch/
Laumann § 247 Rn. 14.

33 Semler/Stengel/Leonard/*Scheel* § 247 Rn. 17.

beteiligt werden. Die praktische Relevanz der Norm ist allerdings gering, nicht zuletzt deswegen, weil in der Praxis nur äußerst selten GmbH-Anteilsscheine ausgegeben werden.

II. Formwechsel einer GmbH in eine AG oder KGaA

1. Umtausch

a) Begriff des Umtauschs

2 § 248 Abs. 1 setzt einen **„Umtausch der Geschäftsanteile"** voraus. „Umtausch" iSd Norm meint hierbei nicht den Wechsel der materiellrechtlichen Mitgliedschaft; diese entsteht gem. § 202 Abs. 1 Nr. 2 ohnehin durch Eintragung der neuen Rechtsform in das entsprechende Register.[1] Gemeint ist vielmehr lediglich der „Umtausch" einer ggf. vorhandenen Verbriefung dieser Mitgliedschaft.[2] In der Praxis werden allerdings regelmäßig keine Anteilsscheine für GmbH-Geschäftsanteile ausgegeben, so dass ein „Umtausch" im Sinne eines Austauschs verkörperter Anteilsscheine nicht vorgenommen werden muss und kann.[3] Sollte dennoch ausnahmsweise eine GmbH-Mitgliedschaft durch Anteilsscheine verbrieft worden sein, handelt es sich hierbei nicht um ein Wertpapier, sondern vielmehr um eine Beweisurkunde.[4] Der Besitz des Anteilsscheins ist für die Ausübung von Gesellschafterrechten nicht erforderlich, soweit nicht der GmbH-Gesellschaftsvertrag den Besitz des Anteilsscheins als weitere Voraussetzung für die Ausübung bestimmter Gesellschafterrechte vorschreibt.[5] Aufgrund dessen wäre ein Umtausch strenggenommen auch nicht erforderlich, weil der Anteilsschein aufgrund der nicht mehr vorhandenen GmbH seine Funktion und Wirkung verloren hat. Eine Kraftloserklärung der GmbH-Anteilsscheine wird in der Literatur daher zu Recht als überflüssig bezeichnet.[6]

3 Dementsprechend ist unter „Umtausch" iSd Norm zweierlei zu verstehen: Sofern die Geschäftsanteile der GmbH ausnahmsweise in **verkörperten Anteilsscheinen** vorliegen, ist hiermit der tatsächliche Austausch des GmbH-Anteilsscheins gegen die neuen Aktienurkunden gemeint. Dieser Austausch hat keinen Einfluss auf die eigentliche Mitgliedschaft und somit zunächst keine weitere materiellrechtliche Funktion.[7] Sind hingegen die Geschäftsanteile an der GmbH unverbrieft, fehlt es an einer auswechselungsfähigen Verbriefung der Mitgliedschaft. Es verbleibt dann nur die Zuteilung der neuen Aktien und ggf. Ausgabe der Aktienurkunde nach erfolgtem Formwechsel, soweit die Satzung nicht eine Einzelverbriefung oder Mehrfachverbriefung gem. § 10 Abs. 5 AktG ausschließt.[8]

b) Kraftloserklärung der Anteilsscheine für Geschäftsanteile

4 Da es in der Praxis regelmäßig zu keiner Ausgabe von Anteilsscheinen für die GmbH-Mitgliedschaft kommt, kommt auch dem **gesetzlichen Verweis auf § 73 AktG** nur untergeordnete Bedeutung zu. Selbst für den Fall, dass die formwechselnde GmbH An-

---

1 Semler/Stengel/*Leonard*/*Scheel* § 248 Rn. 2; vgl. auch Lutter/*Göthel* § 248 Rn. 3.
2 Goutier/Knopf/Tulloch/*Laumann* § 248 Rn. 2.
3 Widmann/Mayer/*Rieger* § 248 Rn. 8; Lutter/*Göthel* § 248 Rn. 3; Semler/Stengel/*Leonard*/*Scheel* § 248 Rn. 1.
4 RGZ 57, 415; OLG Köln GmbHR 1995, 293; Widmann/Mayer/*Rieger* § 248 Rn. 9; Semler/Stengel/*Leonard*/*Scheel* § 248 Rn. 1; Kölner Komm AktG/*Zöllner* § 373 Rn. 5; Lutter/Hommelhoff/*Bayer* GmbHG § 14 Rn. 9.
5 Noack/Servatius/Haas/*Fastrich* GmbHG § 14 Rn. 9; Lutter/Hommelhoff/*Bayer* GmbHG § 14 Rn. 9.
6 Widmann/Mayer/*Rieger* § 248 Rn. 11; Semler/Stengel/*Leonard*/*Scheel* § 248 Rn. 8.
7 Lutter/*Göthel* § 248 Rn. 9.
8 Lutter/*Göthel* § 248 Rn. 4; Widmann/Mayer/*Rieger* § 248 Rn. 10.

teilsscheine ausgegeben hat, bleiben Sinn und Zweck der Kraftloserklärung zweifelhaft (→ Rn. 1).[9] Es liegt daher im Ermessen der Gesellschaft, die ausgegeben GmbH-Anteilsscheine nach dem im § 73 AktG vergebenen Verfahren für kraftlos erklären zu lassen.[10]

c) Umtauschverfahren
aa) Einfaches Umtauschverfahren

Das **einfache Umtauschverfahren** stellt den regulären Fall eines Umtauschs von GmbH-Geschäftsanteile in Aktienurkunden dar.[11] Sind die GmbH-Geschäftsanteile, wie es in der Praxis regelmäßig liegen wird, nicht verbrieft, fehlt es an einer auswechselungsfähigen Verbriefung der Mitgliedschaft. Unter „Umtausch" iSd Norm ist dann die Zuteilung und ggf. Ausgabe des Wertpapiers nach erfolgtem Formwechsel zu verstehen.[12] Der Aktionär der Ziel-AG oder -KGaA hat dabei nachzuweisen, dass er zum Zeitpunkt des Formwechsels der GmbH materiellrechtlich Gesellschafter war.[13] Als hinreichend wird in der Literatur insoweit eine Benennung des Gesellschafters im Formwechselbeschluss genannt.[14] Dann muss man konsequenterweise auch die Nennung als Gesellschafter in der im Handelsregister aufgenommenen Gesellschafterliste gem. § 16 Abs. 1 S. 1 GmbHG als ausreichend anerkennen, selbst wenn diese keine Auskunft über die materiellrechtliche Gesellschafterstellung zulässt. Erfolgt keine namentliche Nennung im Formwechselbeschluss, kann der Nachweis der Gesellschafterstellung durch notarielle Urkunden, die eine lückenlose Übertragungskette des Anteils nachweisen, erfolgen.[15]

bb) Aufforderung zur Abholung

Die neu entstandene AG oder KGaA kann die Aktionäre zur **Abholung der Aktien** auffordern, wenn diese sie nicht freiwillig abholen.[16] § 248 sieht mit seinem Verweis auf §§ 73 Abs. 2 S. 2 iVm 64 Abs. 2 AktG das hierfür erforderliche Verfahren vor, allerdings mit der Maßgabe, dass es keiner gerichtlichen Genehmigung bedarf, § 248 Abs. 3 (→ § 72 Rn. 2 ff.).

cc) Hinterlegung
(1) Recht zur Hinterlegung

Gem. § 248 iVm § 73 Abs. 3 AktG können, wenn ein **Recht zur Hinterlegung** besteht, die Aktien an der Ziel-AG oder Ziel-KGaA hinterlegt werden. § 248 iVm § 73 Abs. 3 AktG regelt damit nicht die Voraussetzungen des Rechts zur Hinterlegung. Einschlägig ist insoweit § 372 BGB, der ein Recht zur Hinterlegung bei einer dazu bestimmten öffentlichen Stelle zuerkennt, wenn sich der Gläubiger im Verzug der Annahme von Wertpapieren befindet (§ 293 BGB). Gleiches gilt bei einem anderen Grund, der in der Person des Gesellschafters liegt. Als Beispiele hierfür werden zB genannt: die Unbekanntheit seines Aufenthaltsortes[17] oder die nicht fahrlässige Unkenntnis der Person des Gesellschafters (§ 372).

---

9 Widmann/Mayer/*Rieger* § 248 Rn. 11; stärker seinerzeit noch Kallmeyer/*Dirksen*, 4. Aufl. 2010, § 248 Rn. 2, der sie als „überflüssig" bezeichnete.
10 Widmann/Mayer/*Rieger* § 248 Rn. 11.
11 Widmann/Mayer/*Rieger* § 248 Rn. 13.
12 Lutter/*Göthel* § 248 Rn. 4; Widmann/Mayer/*Rieger* § 248 Rn. 10.
13 Semler/Stengel/Leonard/*Scheel* § 248 Rn. 4; Widmann/Mayer/*Rieger* § 248 Rn. 14.
14 Widmann/Mayer/*Rieger* § 248 Rn. 14; Semler/Stengel/Leonard/*Scheel* § 248 Rn. 4.
15 Widmann/Mayer/*Rieger* § 248 Rn. 14.
16 §§ 73 Abs. 2, 64 Abs. 2 AktG.
17 Grüneberg/*Grüneberg* BGB § 372 Rn. 5.

(2) Kraftloserklärung

8 Nach hM ist vor Vornahme einer Hinterlegung sowohl das Verfahren der Aufforderung zur Einreichung gem. § 73 Abs. 1 und 2 AktG als auch die **Kraftloserklärung** gem. § 73 Abs. 3 AktG durchzuführen.[18] Argumentativ wird hierfür der Wortlaut der Norm angeführt, der eine Hinterlegung der Aktien „anstelle der kraftlos erklärten" Geschäftsanteile zulässt.[19] Da eine Kraftloserklärung bei nicht erfolgter Ausgabe von Anteilsscheinen denklogisch nicht erfolgen kann, ist in diesem Fall auf das Erfordernis einer vorherigen Kraftloserklärung zu verzichten. Hier ist ein Aufforderungsverfahren gem. § 73 Abs. 1 und 2 AktG hinreichend.[20]

(3) Hinterlegungspflicht

9 Ob die Ziel-AG bzw. Ziel-KGaA lediglich ein Recht oder auch die **Pflicht zur Hinterlegung** der Aktien trifft, ist umstritten. Nach einer hierzu vertretenen Ansicht steht ihr eine Hinterlegung der Aktien nicht frei.[21] Die Hinterlegung sei verpflichtend vorzunehmen.[22] Hierfür spricht der Wortlaut des § 73 Abs. 3 AktG, nach dem die Aktien „zu hinterlegen" sind. Überzeugender ist die wohl hM[23] Soll der Gesellschaft die Kraftloserklärung der ggf. erteilten Anteilsscheine freistehen, da der Kraftloserklärung keine materiellrechtliche Funktion zukommt, wäre eine Verpflichtung zur Hinterlegung, die auch die Verpflichtung zur Kraftloserklärung umfassen würde, wenig konsequent.[24] Es ist deshalb davon auszugehen, dass eine Hinterlegung im Ermessen der Gesellschaft steht.

Hinweis: Es ist der Gesellschaft jedoch anzuraten, von ihrem Hinterlegungsrecht Gebrauch zu machen, um in den Genuss der schuldbefreienden Wirkung der Hinterlegung gem. § 378 BGB zu kommen.

(4) Entbehrlichkeit der Anzeige an das Gericht (Abs. 3)

10 Abs. 3 bestimmt, dass eine **Genehmigung der Hinterlegung** durch das Gericht, das in § 73 AktG vorgesehen ist, im Falle einer Aushändigung oder Hinterlegung von Aktien für ehemalige Geschäftsanteile des Gesellschafters nicht erforderlich ist. Ob dann zugleich gefolgert werden kann, dass die Anzeige der Aushändigung oder Hinterlegung beim Gericht gem. § 73 Abs. 3 S. 2 AktG ebenfalls entfällt, ist in Literatur und Rechtsprechung bislang ungeklärt. Für eine Anzeigepflicht spricht, dass sie im Kontext des aktienrechtlichen Verfahrens von § 73 AktG die Erfüllung der ihr zugrunde liegenden Handlungspflicht sicherstellen soll.[25] Mit der herrschenden Ansicht in der Literatur ist jedoch zu konstatieren, dass eine solche Anzeige über die erfolgte Aushändigung oder Hinterlegung hier entbehrlich ist, da das Gericht an der Entscheidung, ob das

---

18 Widmann/Mayer/*Rieger* § 248 Rn. 19; Semler/Stengel/Leonard/*Scheel* § 248 Rn. 11 f.; Kallmeyer/*Blasche* § 248 Rn. 3; Kölner Komm AktG/*Zöllner* § 382 Rn. 3; aA Geßler/Hefermehl/Eckhardt/Kropff/*Semler/Grunewald* AktG § 382 Rn. 2.
19 Semler/Stengel/Leonard/*Scheel* § 248 Rn. 11.
20 Widmann/Mayer/*Rieger* § 248 Rn. 20; Lutter/*Göthel* § 248 Rn. 8.
21 Widmann/Mayer/*Rieger* § 248 Rn. 21; so jetzt wohl auch Kallmeyer/*Blasche* § 248 Rn. 3 („sind ... zu hinterlegen").
22 Widmann/Mayer/*Rieger* § 248 Rn. 21.
23 Semler/Stengel/Leonard/*Scheel* § 248 Rn. 12; Schmitt/Hörtnagl/Hörtnagel/Rinke § 248 Rn. 3 („können ... hinterlegt werden"); Lutter/*Göthel* § 248 Rn. 7 („können ... hinterlegt werden"); so wohl auch noch Kallmeyer/*Dirksen*, 4. Aufl. 2010, § 248 Rn. 3 („kann ... erfolgen").
24 So auch zu Recht Semler/Stengel/Leonard/*Scheel* § 248 Rn. 12.
25 MüKoAktG/*Oechsler* § 73 Rn. 41.

Verfahren nach § 73 AktG durchgeführt wird, nicht beteiligt ist.[26] Aufgrund dessen ist im UmwG auch keine Sanktionierung durch Zwangsgeld für eine unterbliebene Anzeige aufgenommen worden; es fehlt ein entsprechender Anwendungsbefehl des § 407 AktG.[27] Zuständig für die Anzeige wäre das Registergericht.[28]

Hinweis: Es stellt sich in der Praxis daher die Frage, ob es sicherheitshalber überhaupt noch einer solchen Anzeige gegenüber dem Gericht bedarf.

2. Zusammenlegung (§ 248 Abs. 1 Var. 2 iVm § 226 AktG)

a) Begriff der Zusammenlegung

Ist ein GmbH-Gesellschafter mit mehreren Geschäftsanteilen an der formwechselnden GmbH beteiligt, werden die einzelnen Geschäftsanteile des Gesellschafters im Regelfall verhältniswahrend in eine oder mehrere Aktien der Ziel-AG oder Ziel-KGaA umgetauscht (→ § 202 Rn. 14; → § 241 Rn. 3). Hierbei kann es zu einer „**Zusammenlegung**" mehrerer Geschäftsanteile kommen, wenn die einzelnen Geschäftsanteile addiert werden und hierfür gemäß dem festgesetzten Umtauschverhältnis dem Gesellschafter Aktien zugeteilt werden. Dies ist aber kein Fall des § 248 Abs. 1 Var. 2 iVm § 226 AktG.[29]

11

b) Nicht beteiligungsfähige Spitzen

Bedeutung erhält jedoch § 248 Abs. 1 Var. 2 iVm § 226 AktG, wenn bei dem Formwechsel ein Gesellschafter **nicht dem Gesamtnennbetrag** seiner Anteile entsprechend an der Ziel-AG oder Ziel-KGaA beteiligt werden kann, weil nicht beteiligungsfähige Spitzen entstehen. Bei Zusammenlegung dieser Spitzen zu Aktien stehen diese dann den betroffenen Gesellschaftern gemeinsam zu.[30] Die Anteile können gem. § 248 Abs. 1 iVm § 226 Abs. 3 AktG für ihre Rechnung durch öffentliche Versteigerung veräußert werden, nachdem das Verfahren nach § 226 Abs. 2 AktG durchgeführt wurde.[31]

12

c) Kraftloserklärung

Auch im Zusammenlegungsverfahren kommt eine **Kraftloserklärung** der ggf. ausgegebenen GmbH-Anteilsscheine in Betracht. Diese richtet sich nach § 248 Abs. 1 Var. 2 iVm § 226 Abs. 2 AktG. Fraglich ist allerdings, ob die Kraftloserklärung iRd Zusammenlegung von Anteilen von besonderer Relevanz ist. Hierzu wird vertreten, der Kraftloserklärung komme bei der Zusammenlegung eine grundständig andere Bedeutung zu.[32] Sie beziehe sich nicht (anders als im Umtauschverfahren) auf das äußere Abbild der Mitgliedschaft (dh des Anteilsscheins), sondern auf die eigentliche Mitgliedschaft.[33] Es seien also der ursprüngliche Geschäftsanteil selbst und ggf. auch ausgegebene Anteilsscheine für kraftlos zu erklären.[34] Eine solche Differenzierung findet keinen Rückhalt im Gesetz. Es sind keine stichhaltigen Gründe ersichtlich, weshalb der Begriff der Kraftloserklärung bei einer Zusammenlegung der Anteile anders als im Umtauschverfahren

13

---

26 Widmann/Mayer/Rieger § 248 Rn. 22; Lutter/Göthel § 248 Rn. 8; Kallmeyer/Blasche § 248 Rn. 3; Schmitt/Hörtnagl/Hörtnagl/Rinke § 248 Rn. 3; aA Semler/Stengel/Leonard/Scheel § 248 Rn. 14.i.
27 Semler/Stengel/Leonard/Scheel § 248 Rn. 14.
28 Koch AktG § 73 Rn. 4; MüKoAktG/Oechsler § 73 Rn. 40.
29 Semler/Stengel/Leonard/Scheel § 248 Rn. 15; Widmann/Mayer/Rieger § 248 Rn. 24.
30 Lutter/Göthel § 248 Rn. 12; Rowedder/Pentz/Schnorbus GmbHG Anh. § 77 Rn. 505.
31 Semler/Stengel/Leonard/Scheel 248 Rn. 21; Schmitt/Hörtnagl/Hörtnagl/Rinke § 248 Rn. 5.
32 Semler/Stengel/Leonard/Scheel § 248 Rn 17.
33 Semler/Stengel/Leonard/Scheel § 248 Rn 18; Kallmeyer/Blasche § 248 Rn. 5.
34 Lutter/Göthel § 248 Rn. 14 f.; vgl. auch Kallmeyer/Blasche § 248 Rn. 5.

zu verstehen sein sollte. Das Argument, der Gegenstand der Kraftloserklärung im Zusammenlegungsverfahren sei deshalb ein anderer, weil sie den Zeitpunkt markiere, zu dem der Vorstand der AG oder persönlich haftende Gesellschafter der KGaA die Anteile in den „freien Spitzen" durch Zusammenlegung verändere, überzeugt nicht.[35] Es spricht dagegen, dass auch bei § 226 AktG die Kraftloserklärung nach hM ausschließlich auf die Verbriefung der Mitgliedschaft, nicht jedoch auf das Recht selbst wirkt.[36] Bei der Zusammenlegung von Geschäftsanteilen in den „freien Spitzen" erfolgt die Vereinigung der Mitgliedschaftsrechte mit der Zusammenlegungsentscheidung des Vorstandes oder persönlich haftenden Gesellschafters als einseitiges Rechtsgeschäft.[37] Die Vereinigung der Anteile geschieht kraft Zusammenlegungsentscheidung, nicht jedoch aufgrund der Kraftloserklärung. Die Kraftloserklärung ist iRd § 248 iVm § 226 AktG allenfalls dann von Bedeutung, wenn ausnahmsweise für die Geschäftsanteile der GmbH Anteilsscheine ausgestellt wurden.[38] Da es sich bei diesen aber nicht um Wertpapiere handelt, bleibt der Sinn einer Kraftloserklärung auch hier fragwürdig.[39]

d) Zusammenlegungsverfahren
aa) Aufforderung zur Einreichung

14 Auch die Aufforderung zur Einreichung und Androhung der Kraftloserklärung bei der **Zusammenlegung** von Geschäftsanteilen ist in der Praxis nur von untergeordneter Bedeutung.[40] In der Regel werden für GmbH-Geschäftsanteile keine Anteilsscheine ausgegeben. Selbst wenn dies ausnahmsweise geschehen ist, stellen diese weder Wertpapiere dar, noch ist ihr Besitz zur Ausübung von Gesellschafterrechten erforderlich (Letzteres soweit nicht der Gesellschaftsvertrag etwas anderes vorschreibt).[41] Die Aufforderung hat daher nur den Zweck, die Gesellschafter zu einer Meldung bei der Gesellschaft aufzufordern, um das Zusammenlegungsverfahren durchzuführen.[42] Die Gesellschafter sind zudem darauf hinzuweisen, dass diejenigen Geschäftsanteile, die nicht beteiligungsfähige Spitzen darstellen oder enthalten, nach Ablauf des Aufforderungsverfahrens zusammengelegt und für Rechnung der betroffenen Gesellschafter durch öffentliche Versteigerung veräußert werden.[43]

15 Der Gesellschaft steht es trotz der fehlenden materiellrechtlichen Bedeutung für die Anteilsinhaberschaft frei, im Falle der Erteilung von Anteilsscheinen **die Einreichung der Scheine** zu verlangen und die **Kraftloserklärung anzudrohen**.[44]

bb) Zusammenlegung und Veräußerung

16 Zuständig für die Zusammenlegung von Anteilen sind der Vorstand der AG bzw. die persönlich haftenden Gesellschafter der KGaA.[45] Die Zusammenlegung erfolgt durch **Zusammenlegungsentscheidung**, bei der es sich um ein einseitiges Rechtsgeschäft in Form einer nicht empfangsbedürftigen Willenserklärung handelt.[46]

---

35 Semler/Stengel/Leonard/*Scheel* § 248 Rn. 18.
36 Vgl. *Koch* AktG § 226 Rn. 12; MüKoAktG/*Oechsler* § 226 Rn. 17; *Bork* FS Claussen, 1997, 49 (52).
37 *Koch* AktG § 226 Rn. 4.
38 S. auch Widmann/Mayer/*Rieger* § 241 Rn. 26.
39 Widmann/Mayer/*Rieger* § 241 Rn. 26.
40 Anders wohl im Ergebnis Semler/Stengel/Leonard/ *Scheel* § 248 Rn. 20 sowie Lutter/*Göthel* § 248 Rn. 16.
41 Widmann/Mayer/*Rieger* § 248 Rn. 29.
42 Widmann/Mayer/*Rieger* § 248 Rn. 29.
43 § 226 Abs. 3 S. 1 AktG; vgl. auch Widmann/Mayer/*Rieger* § 248 Rn. 30.
44 Vgl. Widmann/Mayer/*Rieger* § 248 Rn. 11.
45 Vgl. Semler/Stengel/Leonard/*Scheel* § 248 Rn. 21; MüKo-AktG/*Oechsler* § 226 Rn. 5.
46 *Koch* AktG § 226 Rn. 12.

Nach der Zusammenlegung der Anteile zu Aktien der Ziel-AG oder Ziel-KGaA werden diese gem. § 226 Abs. 3 S. 1 AktG **öffentlich versteigert**. Haben sich im Zusammenlegungsverfahren die betroffenen Gesellschafter bei der Gesellschaft gemeldet und einer Zusammenlegung zugestimmt, kann zudem auch ein freihändiger Verkauf der Aktien vorgenommen werden.[47] 17

cc) Veräußerungserlös

Zu einer Veräußerung der auf den zusammengelegten Geschäftsanteil entfallenden Aktien ist das **Vertretungsorgan** der Ziel-AG oder Ziel-KGaA verpflichtet.[48] Der Veräußerungserlös steht den die Aktien haltenden Bruchteilsinhabern zu. 18

dd) Hinterlegung des Veräußerungserlöses

Sofern ein Recht zur Hinterlegung besteht, kann gem. § 248 Abs. 1 iVm § 226 Abs. 3 S. 6 AktG der Veräußerungserlös auch **hinterlegt** werden (→ Rn. 7 f.). 19

III. Formwechsel einer AG oder KGaA in eine GmbH (Abs. 2)

1. Begriff des Umtauschs

Wie bereits bei einem Formwechsel einer GmbH in eine AG oder KGaA findet ein **Umtausch der Gesellschaftsanteile** nicht statt. „Umtausch" iSd Norm meint nicht den Wechsel der materiellrechtlichen Mitgliedschaft, sondern lediglich des ggf. vorhandenen verbrieften und damit verkörperten Abbilds dieser Mitgliedschaft.[49] 20

Dementsprechend ist unter „Umtausch" iSd Norm auch hier zweierlei zu verstehen: Sofern vorgesehen ist, dass für die Geschäftsanteile der GmbH ausnahmsweise **Anteilsscheine** erteilt werden sollten, ist hiermit der tatsächliche Austausch der Aktienurkunde gegen einen GmbH-Anteilsschein gemeint. Dieser Austausch hat keinerlei Einfluss auf die eigentliche Mitgliedschaft und somit zunächst keine weitere materiellrechtliche Funktion. Sollen hingegen die Geschäftsanteile an der GmbH **nicht verbrieft** werden, fehlt es an einer auswechselungsfähigen Verbriefung. Unter „Umtausch" iSd Norm wird man dann nur noch die Einreichung der Aktienurkunde gegen Zuteilung zu entsprechenden Geschäftsanteilen und Feststellung der Inhaberschaft verstehen können (→ Rn. 2 f.).[50] 21

2. Umtauschverfahren

Das **Umtauschverfahren** bei einem Formwechsel einer AG bzw. KGaA in eine GmbH weist keine grundlegenden Unterschiede zu dem Verfahren bei einem Formwechsel einer AG bzw. KGaA in eine GmbH auf.[51] Allerdings kommt der Kraftloserklärung der für die neuen Geschäftsanteile der GmbH eingereichten Aktienurkunden eine erhöhte Bedeutung zu. Da es sich bei Aktienurkunden (anders als bei GmbH-Anteilsanscheinen) um Wertpapiere handelt, geht die hM nicht nur von einem Recht, sondern einer Pflicht zu Kraftloserklärung der betreffenden Aktienurkunden aus, um dem öffentlichen Interesse an der Kraftloserklärung, die dem Papier die ihm eigentümliche 22

---

47 Widmann/Mayer/*Rieger* § 248 Rn. 31.
48 Semler/Stengel/Leonard/*Scheel* § 248 Rn. 21; Widmann/Mayer/*Rieger* § 248 Rn. 31.
49 Goutier/Knopf/Tulloch/*Laumann* § 248 Rn. 2.
50 Widmann/Mayer/*Rieger* § 248 Rn. 39.
51 Semler/Stengel/Leonard/*Scheel* § 248 Rn. 24.

Verkehrsfähigkeit entzieht, gerecht zu werden.[52] Besonderes Augenmerk in der Praxis sollte auf den Umtausch eigener Aktien, sofern vorhanden, in eigene GmbH-Anteile gelegt werden.[53]

3. Hinterlegung

23 § 248 Abs. 2 **verweist**, anders als § 248 Abs. 1, **nicht auf § 73 Abs. 3 AktG**. Hieraus ist jedoch nicht zu folgern, dass der Gesellschaft die Möglichkeit einer Hinterlegung nach allgemeinen zivilrechtlichen Grundsätzen (§ 372 Abs. 1 BGB) versagt bleiben soll.[54] Lediglich eine Verpflichtung, dem zuständigen Gericht die Aushändigung oder Hinterlegung anzuzeigen, wird der Gesellschaft nicht auferlegt.[55]

4. Zusammenlegung

24 Zu der **Zusammenlegung von Aktien** gem. § 248 Abs. 2 Var. 2 iVm § 226 AktG kann weitestgehend auf die Erläuterungen zum Formwechsel einer GmbH in eine AG oder KGaA verwiesen werden (→ Rn. 11 ff.). Die Zusammenlegung von Aktien kommt danach bei einem Vorliegen nicht beteiligungsfähiger Spitzen in Betracht. Für das weitere Verfahren der Zusammenlegung ist entscheidend, ob die (Kommandit-)Aktionäre die Aktienurkunden, welche aufgrund freier Spitzen nicht in GmbH-Geschäftsanteile umgewandelt werden können, bei der Gesellschaft eingereicht haben oder diese trotz Aufforderung nicht eingereicht wurden.

a) Eingereichte Aktien

25 **Reicht der (Kommandit-)Aktionär** die zu nicht beteiligungsfähigen Spitzen führenden Aktienurkunden bei der Gesellschaft ein, können der Gesellschaft die Aktien gem. § 226 Abs. 1 S. 2 AktG zur Verwertung zur Verfügung gestellt werden. Auch ist ein Zusammenschluss mit anderen (Kommandit-)Aktionären möglich, denen in gleicher Weise nicht beteiligungsfähige Spitzen zustehen.[56] Die einzelnen Spitzen können so zu Aktien zusammengelegt und in Geschäftsanteile umgetauscht werden, die den Gesellschaftern in Bruchteilsgemeinschaft zustehen, wohl aber nicht als GbR, wenn der Zweck der Rechtsgemeinschaft über die bloße werterhaltende Verwaltung nicht hinausgeht.[57]

26 Soweit die (Kommandit-)Aktionäre die Aktienurkunden zwar einreichen, aber **nicht zur Verwertung zur Verfügung stellen**, kann die Gesellschaft aus den Aktien gemeinschaftliche Geschäftsanteile der Gesellschafter bilden, wobei sie zur Erhaltung der Fungibilität der Anteile so möglichst viele Geschäftsanteile zu bilden hat.[58] Für die Zusammenfassung ist die Geschäftsführung der Ziel-GmbH zuständig.[59]

---

[52] Widmann/Mayer/*Rieger* § 248 Rn. 47; Semler/Stengel/Leonard/*Scheel* § 248 Rn. 24; Lutter/*Göthel* § 248 Rn. 22; Schmitt/Hörtnagl/*Hörtnagel/Rinke* § 248 Rn. 7.
[53] *Kamp* GmbHR 2018, 513 (517) mit dem berechtigten Hinweis einer fehlenden Umwandlungssperre, wenn die strengeren Vorschriften des AktG für eigene Aktien zuvor eingehalten wurden.
[54] Semler/Stengel/Leonard/*Scheel* § 248 Rn. 25.
[55] Semler/Stengel/Leonard/*Scheel* § 248 Rn. 25.
[56] Widmann/Mayer/*Rieger* § 248 Rn. 58; Semler/Stengel/Leonard/*Scheel* § 248 Rn. 28.
[57] Lutter/*Göthel* § 248 Rn. 30; Semler/Stengel/Leonard/*Scheel* § 248 Rn. 27; Jauernig/*Stürner* BGB § 741 Rn. 1.
[58] Widmann/Mayer/*Rieger* § 248 Rn. 59; Lutter/*Göthel* § 248 Rn. 30.
[59] Lutter/*Göthel* § 248 Rn. 30; Widmann/Mayer/*Rieger* § 248 Rn. 59.

b) Nicht eingereichte Aktien

Reichen die (Kommandit-)Aktionären die Aktienurkunden trotz Aufforderung nicht ein, muss die Gesellschaft die betreffenden Aktienurkunden gem. § 226 Abs. 1 S. 1 **für kraftlos erklären**. Auch wenn die Gesellschaft nach dem Wortlaut der Norm hierbei ein Ermessen eingeräumt ist, ist die Kraftloserklärung verpflichtend.[60] Der Wortlaut ist insoweit undeutlich.[61] Die bisherigen Aktienurkunden sollen so zum Schutz der Allgemeinheit ihre Verkehrsfähigkeit verlieren.[62]

IV. Übertragung der Anteile vor Kraftloserklärung

Bis zur Wirksamkeit des Formwechsels (§ 202 Abs. 1 Nr. 1) erfolgt die Übertragung eines Geschäftsanteils an einer formwechselnden GmbH nach den allgemeinen Grundsätzen des GmbH-Rechts.[63] Gleiches gilt entsprechend für die Übertragung der Aktien einer formwechselnden AG bzw. KGaA, die sich nach den allgemeinen Grundsätzen für die Übertragung von verbrieften und unverbrieften Aktien richtet. Strittig ist jedoch die Behandlung von **Anteilsübertragungen** im Zeitraum zwischen Wirksamwerden des Formwechsels und der Kraftloserklärung, wenn einzelne Anteile noch nicht „umgetauscht" worden sind. Hierbei ist zwischen den einzelnen Formwechselvorgängen zu unterscheiden.

1. Behandlung beim Formwechsel einer GmbH in eine AG oder KGaA

Mit **Wirksamkeit des Formwechsels** sind die GmbH-Geschäftsanteile zu Aktien der AG oder KGaA geworden, auch wenn sie in Anteilscheinen verbrieft worden sind. Da GmbH-Anteilsanscheine keinen Wertpapiercharakter aufweisen (→ Rn. 2), besteht – anders als beim umgekehrten Fall eines Formwechsels einer AG bzw. KGaA in eine GmbH (→ Rn. 30) – kein Bedürfnis aus Verkehrsschutzgesichtspunkten eine Übertragung nach GmbH-Grundsätzen weiterhin zuzulassen. Die Übertragung richtet sich mit Wirksamwerden des Formwechsels somit nach den aktienrechtlichen Bestimmungen.[64]

2. Behandlung beim Formwechsel einer AG oder KGaA in eine GmbH

Mit **Wirksamkeit des Formwechsels** werden zwar die Aktien der AG oder KGaA zu Geschäftsanteilen der GmbH. Verbriefte Aktien, die bei Wirksamwerden des Formwechsels noch im Umlauf sind, sollen nach der hM aus Verkehrsschutzgesichtspunkten weiterhin nach den aktienrechtlichen Grundsätzen übertragen werden können, solange die Aktienurkunden noch nicht umgetauscht oder für kraftlos erklärt worden sind.[65] Das heißt im Fall von Inhaberaktien nach §§ 929 ff. BGB und im Fall von Namensaktien durch Indossament gem. § 68 Abs. 1 S. 1 AktG bzw. durch Abtretung nach § 413 BGB iVm § 398 BGB (bzw. nach §§ 929 ff. BGB im Fall der Sammelverwahrung). Bei nicht verbrieften Aktien kommt dieser Grundsatz naturgemäß nicht zu Anwendung; eine Übertragung nach aktienrechtlichen Grundsätzen ist dann ausgeschlossen.[66]

---

60 Semler/Stengel/Leonard/*Scheel* § 248 Rn. 29; Widmann/Mayer/*Rieger* § 248 Rn. 56.
61 Widmann/Mayer/*Rieger* § 248 Rn. 56, 47.
62 Vgl. Widmann/Mayer/*Rieger* § 248 Rn. 47 f.
63 Widmann/Mayer/*Rieger* § 248 Rn. 63.
64 Semler/Stengel/Leonard/*Scheel* § 248 Rn. 32; Widmann/Mayer/*Rieger* § 248 Rn. 67.
65 BGHZ 21, 175 (178); Lutter/*Göthel* § 248 F.n. 36; Widmann/Mayer/*Rieger* § 248 Rn. 73; Semler/Stengel/Leonard/*Scheel* § 248 Rn. 33.
66 Widmann/Mayer/*Rieger* § 248 Rn. 74; Lutter/*Göthel* § 248 Rn. 37.

§ 248a Gewährung zusätzlicher Aktien

¹Die §§ 72a und 72b gelten für einen Formwechsel in eine Aktiengesellschaft oder eine Kommanditgesellschaft auf Aktien entsprechend. ²Der Formwechselbeschluss hat die Erklärung gemäß § 72a Absatz 1 Satz 1 zu enthalten.

I. Normzweck

1 Diese Vorschrift ist erst durch das UmRUG mit Wirkung zum 1.3.2023 eingeführt worden. Sie folgte der parallelen Einführung von § 72a und § 72b; diese ermöglichen erstmals – anstelle eines Ausgleichs durch bare Zuzahlung gemäß § 196 – (**zusätzliche**) **Aktien zu gewähren**.[1] Sie soll dem formwechselnden Rechtsträger helfen, seine Liquidität zu schonen, insbesondere wenn die Höhe einer baren Zuzahlung noch unklar sein sollte.[2]

II. Gewährung zusätzlicher Aktien

2 Der Anwendungsbefehl in Bezug auf § 72a und § 72b stellt klar, dass für die Gewährung der Aktien zumindest im Wege einer Kapitalerhöhung aus Gesellschaftsmitteln (§ 72a Abs. 2) oder – im Fall der Anfechtung der Anzahl der Aktien im Rahmen eines Spruchverfahrens – einer Kapitalerhöhung gegen Sacheinlagen (§ 72b) möglich ist. Ob daneben auch eine Kapitalerhöhung gegen Bareinlage denkbar wäre, bei der die verbleibenden Anteilseigner die Bareinlage erbringen, ist unklar. Der Regelfall wird daher die Kapitalerhöhung aus Gesellschaftsmitteln sein.

3 Allerdings zeigt die Anordnung der entsprechenden Anwendung auch, dass eine Gewährung zusätzlicher Aktien nicht immer zulässig ist – und zwar, wenn ein angemessenes Umtauschverhältnis trotz Gewährung zusätzlicher Aktien nicht hergestellt werden kann (§ 72a Abs. 3 Nr. 1) oder die Gewährung zusätzlicher Aktien unmöglich geworden ist (§ 72a Abs. 3 Nr. 2) – oder wenn ein Anteilsinhaber nach Eintragung des Formwechsels aufgrund einer strukturverändernden Maßnahme aus der Gesellschaft ausgeschieden ist (§ 72a Abs. 4).

4 Ebenso kann es sein, dass – trotz der Gewährung zusätzlicher Aktien – eine ergänzende Entschädigung für nicht ausgeschüttete Gewinne oder eine ergänzende Ausgleichszahlung für Gewinne, die aufgrund eines unangemessenen Umtauschverhältnisses nicht ausgeschüttet oder geleistet worden sind (§ 72a Abs. 5), erforderlich sein kann.

5 Der Verweis in § 1 Nr. 4 SpruchG auf § 72a zeigt, dass auch eine Blockade des Formwechsels nur wegen unterschiedlicher Ansichten der Anteilseigner über die Anzahl der zu gewährenden Aktien nicht möglich ist, sondern die Anzahl der zu gewährenden Aktien im Spruchverfahren zu klären ist.

6 Wichtig ist zu beachten, dass der Formwechselbeschluss die Erklärung gem. § 72a Abs. 1 S. 1, dh die Erklärung der Anteilseigner enthalten muss.

Im Übrigen wird auf die Kommentierung zu § 72a und § 72b verwiesen.

---

[1] Begr. RegE zu § 248a, BT-Drs. 20/3822, 79.
[2] Begr. RegE zu § 72a, BT-Drs. 20/3822, 74.

§ 249 Gläubigerschutz

Auf den Formwechsel einer Kommanditgesellschaft auf Aktien in eine Gesellschaft mit beschränkter Haftung oder in eine Aktiengesellschaft ist auch § 224 entsprechend anzuwenden.

1. Normzweck

§ 249 verweist auf § 224 und garantiert damit den **Gläubigerschutz** auch für den Formwechsel einer KGaA. Dabei handelt es sich nicht um eine lediglich klarstellende Bestimmung. Vielmehr weist § 249 iVm 224 einen eigenständigen Regelungsgehalt auf, da der persönlich haftende Gesellschafter einer KGaA mit dem Wirksamwerden automatisch aus der Gesellschaft ausscheidet, § 247 Abs. 2. Die Frist der gewöhnlichen Nachhaftung im Fall des Ausscheidens beginnt gem. § 278 Abs. 2 AktG, §§ 161 Abs. 2, 137 Abs. 1 S. 2 HGB nF (§ 160 Abs. 1 S. 2 HGB aF) mit der Eintragung in das Handelsregister, während die Nachhaftungsfrist gem. § 249 iVm § 224 mit dem Tag beginnt, an dem die Eintragung des Formwechsels in das Register bekannt gemacht worden ist.[1]

Ob der persönlich haftende Gesellschafter **nach dem Formwechsel** Gesellschafter der AG oder GmbH wird, ist für die Frage der Nachhaftung unerheblich.[2] Die Rechtsstellung eines Gesellschafters in der Ziel-GmbH oder Ziel-AG kann der Komplementär erlangen, indem er entweder bereits Kommanditaktionär der Ausgangs-KGaA geworden war oder dem Rechtsträger neuer Rechtsform nach dem Formwechsel beitritt.[3] Ein „Verbleiben" in dem Rechtsträger als Komplementär ist aufgrund der zwingenden Regelung des § 247 Abs. 2 ausgeschlossen.[4]

2. Tatbestandsvoraussetzungen

§ 249 setzt den Formwechsel einer **KGaA** in eine **GmbH** oder **AG** voraus. Der persönlich haftende Gesellschafter scheidet hierbei gem. § 247 Abs. 2 als solcher aus der KGaA aus (→ § 247 Rn. 8 ff.).

3. Rechtsfolgen

Hinsichtlich der Rechtsfolgen verweist § 249 auf § 224, der im Recht des Formwechsels einer Personengesellschaft in eine Kapitalgesellschaft die Nachhaftung der Gesellschafter für Verbindlichkeiten des Ausgangsrechtsträgers regelt. Hierbei handelt es sich um eine **Rechtsgrundverweisung**,[5] so dass sich die Nachhaftung nach den einzelnen Voraussetzungen des § 224 richtet (→ § 224 Rn. 5).

§ 250 Nicht anzuwendende Vorschriften

Die §§ 207 bis 212 sind auf den Formwechsel einer Aktiengesellschaft in eine Kommanditgesellschaft auf Aktien oder einer Kommanditgesellschaft auf Aktien in eine Aktiengesellschaft nicht anzuwenden.

---

1 § 249 iVm §§ 224 Abs. 3, 201 iVm 10 HGB; vgl. Semler/Stengel/Leonard/*Scheel* § 249 Rn. 3; Kallmeyer/*Blasche* § 249 Rn. 2; Lutter/*Göthel* § 249 Rn. 2; aA Widmann/Mayer/*Vossius* § 249 Rn. 1 (erst mit der letzten Bekanntmachung).

2 Semler/Stengel/Leonard/*Scheel* § 249 Rn. 2.

3 Semler/Stengel/Leonard/*Scheel* § 249 Rn. 2.

4 Semler/Stengel/Leonard/*Scheel* § 248 Rn. 2; Lutter/*Göthel* § 247 Rn. 18; Widmann/Mayer/*Rieger*, , § 247 Rn. 34; aA Goutier/Knopf/Tulloch/*Laumann* § 249 Rn. 3.

5 Widmann/Mayer/*Vossius* § 249 Rn. 4; Lutter/*Göthel* § 249 Rn. 1; Kallmeyer/*Blasche* § 249 Rn. 2.

I. Normzweck

1 § 250 statuiert ein **Anwendungsverbot** der allgemeinen Normen der §§ 207–212 über das Angebot der Barabfindung für den Fall des Formwechsels einer AG in eine KGaA oder vice versa. Der Gesetzgeber hielt es für angemessen, diese dem Schutz der Anteilsinhaber dienende Regelung nicht auf diese Formwechsel anzuwenden, da die Aktionäre der AG bzw. Kommanditaktionäre der KGaA eine im Wesentlichen unveränderte Gesellschafterstellung in dem Rechtsträger neuer Rechtsform erhalten, so dass ihnen bei einem Formwechsel durch Mehrheitsbeschluss das Verbleiben in der Gesellschaft oder eine selbstständige Veräußerung des Anteils zugemutet werden könne.[1] Bereits das AktG aF sah für widersprechende Aktionäre weder ein Abandon- oder Preisgaberecht noch einen Übernahme- und Abfindungsanspruch vor.[2]

II. Nichtanwendbarkeit der Vorschriften über das Angebot einer angemessenen Barabfindung

1. Anspruch auf Übernahme der Aktien und Abfindung

2 Bei einem Formwechsel einer AG in eine KGaA oder einer KGaA in eine AG finden die allgemeinen Vorschriften des Ersten Teils über die **Barabfindung** des dem Formwechsel widersprechenden Aktionärs oder Kommanditaktionärs keine Anwendung (§ 250). Aufgrund dessen muss auch weder der Formwechselbericht noch der Formwechselbeschluss der formwechselnden AG oder KGaA ein solches Angebot enthalten.[3] Zwar enthält § 250 keine dahin gehend explizite Regelung, § 192 Abs. 1 bzw. § 194 Abs. 1 Nr. 6 wird aber dementsprechend teleologisch zu reduzieren sein. Dem mit dem Formwechsel nicht einverstandenen Aktionär bzw. Kommanditaktionär verbleibt lediglich, seine Aktien ggf. zu veräußern.[4]

2. Recht zu einer anderweitigen Veräußerung

3 Der Verweis auf die Nichtanwendbarkeit der §§ 207–212 führt dazu, dass auch die Anwendung von § 211 ausgeschlossen ist, der eine anderweitige Veräußerung durch den Anteilsinhaber bei einer **Anteilsvinkulierung** innerhalb der in § 209 bestimmten Frist ermöglicht. Auch diese Durchbrechung der Verfügungsbeschränkung durch Vinkulierung hat der Gesetzgeber für angemessen gehalten, da sich die Rechtsstellung des Aktionärs bzw. Kommanditaktionärs durch den Formwechsel nicht verändere.[5]

3. Stellung der persönlich haftenden Gesellschafter

4 Für den persönlich haftenden Gesellschafter einer formwechselnden KGaA enthält § 227 eine inhaltlich gleiche Regelung, die – wie auch § 250 – die Anwendbarkeit

---

[1] Begr. RegE zu § 250, BR-Drs. 75/94, 159.
[2] Vgl. §§ 383, 385i, 385m Abs. 5, § 392 AktG aF bzw. §§ 375, 388 AktG aF.
[3] Semler/Stengel/Leonard/*Scheel* § 250 Rn. 3; Lutter/*Göthel* § 250 Rn. 5.
[4] Widmann/Mayer/*Rieger* § 250 Rn. 4.
[5] Begr. RegE zu § 250, BR-Drs. 75/94, 159.

der §§ 207–212 ausschließt. § 227 ist für den Komplementär der KGaA eine **speziellere Regelung** und geht damit dem § 250 vor.

Vierter Unterabschnitt Formwechsel in eine eingetragene Genossenschaft

§ 251 Vorbereitung und Durchführung der Versammlung der Anteilsinhaber

(1) ¹Auf die Vorbereitung der Gesellschafterversammlung oder der Hauptversammlung, die den Formwechsel beschließen soll, sind die §§ 229 bis 231 entsprechend anzuwenden. ²§ 192 Abs. 2 bleibt unberührt.

(2) **Auf die Gesellschafterversammlung oder die Hauptversammlung, die den Formwechsel beschließen soll, ist § 239 Abs. 1 Satz 1, auf die Hauptversammlung auch § 239 Abs. 1 Satz 2 und Abs. 2 entsprechend anzuwenden.**

1. Allgemeines

Auf den Formwechsel einer Kapitalgesellschaft in eine eingetragene Genossenschaft finden nach der Systematik des Gesetzes die Vorschriften des Ersten Teils (§§ 190–213), die Allgemeinen Vorschriften des Zweiten Teils, zweiter Abschnitt, erster Unterabschnitt (§§ 226, 227) und die des vierten Unterabschnittes Anwendung (§§ 251–257). 1

Der Formwechsel einer Kapitalgesellschaft in eine eG ist wenig verbreitet.[1] Dies mag daran liegen, dass die typische Struktur einer Kapitalgesellschaft mit den Besonderheiten der Genossenschaft, nämlich dem Kündigungsrecht der Mitglieder und dem unabhängig von der wirtschaftlichen Beteiligung bestehenden Stimmrecht wenig kompatibel ist. Hinzu kommen mögliche Nachteile durch eine Aufdeckung von stillen Reserven bei der Umwandlung des Wertes der Anteile an der Kapitalgesellschaft in das Geschäftsguthaben der eG.[2] 2

2. Vorbereitung der Versammlung der Anteilsinhaber

Abs. 1 verweist in Bezug auf die Vorbereitung der Gesellschafterversammlung bzw. Hauptversammlung auf §§ 230–231. Der Verweis auf § 229 ist ein Redaktionsversehen, da die dort ursprünglich vorgesehene Vermögensaufstellung seit dem 2. UmwÄndG vom 19.4.2007 entfallen ist. 3

Die Geschäftsführer der formwechselnden GmbH haben allen Gesellschaftern spätestens zusammen mit der Einberufung der Gesellschafterversammlung den Formwechsel in Textform **anzukündigen** und den **Formwechselbericht** zu übersenden (§ 230 Abs. 1). Sofern es sich bei dem formwechselnden Rechtsträger um eine AG oder eine KGaA handelt, ist der Formwechselbericht im Geschäftsraum der Gesellschaft zur Einsicht der Aktionäre auszulegen. Auf Verlangen ist jedem Aktionär und jedem von der Geschäftsführung ausgeschlossenen persönlich haftenden Gesellschafter unverzüglich und kostenlos eine Abschrift des Formwechselberichtes zu erteilen (§ 230 Abs. 2). Zu den Einzelheiten vgl. die Kommentierung zu § 230. 4

Der **Formwechselbericht** ist nach § 192 Abs. 1 durch das Vertretungsorgan des formwechselnden Rechtsträgers zu erstatten. Der Formwechselbericht dient der Informati- 5

---
1 Lutter/*Göthel* § 251 Rn. 1.
2 Lutter/*Göthel* § 251 Rn. 1, näher in der Kommentierung zu § 256.

on der Gesellschafter und soll den rechtlichen und wirtschaftlichen Hintergrund des Formwechsels beleuchten.³ Der Bericht ist **nicht erforderlich, wenn**

- sämtliche Anteilsinhaber in notarieller Form auf diesen **verzichten**, § 192 Abs. 2; dabei ist ausreichend, dass der Beurkundungsverzicht anlässlich der Protokollierung des Formwechselbeschlusses erfolgt,⁴ wobei allerdings eine Beurkundung in Form einer Verhandlungsniederschrift nach § 8 BeurkG erforderlich ist – eine Aufnahme im Rahmen der Beschlussprotokollierung (§§ 36 ff. BeurkG) ist nicht ausreichend, oder
- nur ein Anteilsinhaber an dem formwechselnden Rechtsträger beteiligt ist. (Zwar erlaubt § 197 S. 2 grds. einen Formwechsel einer Ein-Mann-Kapitalgesellschaft trotz der von § 4 GenG vorgeschriebenen Mindestzahl von 3 Mitgliedern. Allerdings droht in diesem Fall eine Auflösung nach § 255 Abs. 2. Hinzu kommt, dass auch Mitglieder zum Vorstand und ggf. Aufsichtsrat bestellt werden müssen.)⁵

6 Außerdem hat das Vertretungsorgan der formwechselnden Gesellschaft den Gesellschaftern bzw. Aktionären spätestens zusammen mit der Einberufung der Gesellschafterversammlung bzw. Hauptversammlung ein **Abfindungsangebot** nach § 207 zu übersenden (§ 231 S. 1). Ausreichend ist auch eine Bekanntmachung im elektronischen Bundesanzeiger und den sonstigen Gesellschaftsblättern (§ 231 S. 2).

7 Der Verweis auf § 192 Abs. 2 stellt zwar klar, dass auf den Formwechselbericht verzichtet werden kann; zu einem möglichen **Verzicht auf das Abfindungsangebot** findet sich in der Bestimmung nichts. Richtigerweise kann aber auch auf das Abfindungsangebot verzichtet werden. Dieses dient nämlich allein dem Schutz der Minderheitsgesellschafter und steht deswegen zu deren Disposition.⁶

3. Durchführung der Gesellschafter-/Hauptversammlung

8 Nach dem in Bezug genommenen § 239 ist der **Formwechselbericht** in der Versammlung **auszulegen**; der Entwurf des Formwechselbeschlusses einer AG oder KGaA ist zudem von dem Vertretungsorgan zu Beginn der Verhandlung mündlich zu erläutern. Die Auslagepflicht entfällt, wenn auf die Erstattung des Berichtes verzichtet wurde.⁷ Dies gilt jedoch nicht für die mündliche Erörterung des Formwechselbeschlusses (obwohl dieser Teil des Formwechselberichtes ist).⁸

§ 252 Beschluß der Versammlung der Anteilsinhaber

(1) Der Formwechselbeschluss der Gesellschafterversammlung oder der Hauptversammlung bedarf, wenn die Satzung der Genossenschaft eine Verpflichtung der Mitglieder zur Leistung von Nachschüssen vorsieht, der Zustimmung aller anwesenden Gesellschafter oder Aktionäre; ihm müssen auch die nicht erschienenen Anteilsinhaber zustimmen.

(2) ¹Sollen die Mitglieder nicht zur Leistung von Nachschüssen verpflichtet werden, so bedarf der Formwechselbeschluss einer Mehrheit von mindestens drei

---

3 Schmitt/Hörtnagl/*Hörtnagl/Rinke* § 251 Rn. 3.
4 Lutter/*Göthel* § 251 Rn. 3; *Streck/Mack/Schwedhelm* GmbHR 1995, 162 (172).
5 S. die Kommentierung zu § 255 sowie §§ 9, 24 Abs. 2, 36 Abs. 1 GenG.
6 Widmann/Mayer/*v. Reichenberg* § 251 Rn. 3; Lutter/*Göthel* § 251 Rn. 10, Schmitt/Hörtnagl/*Hörtnagl/Rinke* § 251 Rn. 6.
7 Schmitt/Hörtnagl/*Hörtnagl/Rinke* § 251 Rn. 7.
8 Schmitt/Hörtnagl/*Hörtnagl/Rinke* § 251 Rn. 7.

Vierteln der bei der Gesellschafterversammlung einer Gesellschaft mit beschränkter Haftung abgegebenen Stimmen oder des bei der Beschlußfassung einer Aktiengesellschaft oder einer Kommanditgesellschaft auf Aktien vertretenen Grundkapitals; § 50 Abs. 2 und § 65 Abs. 2 sind entsprechend anzuwenden. ²Der Gesellschaftsvertrag oder die Satzung der formwechselnden Gesellschaft kann eine größere Mehrheit und weitere Erfordernisse bestimmen.

(3) Auf den Formwechsel einer Kommanditgesellschaft auf Aktien ist § 240 Abs. 3 entsprechend anzuwenden.

Der Formwechsel einer Kapitalgesellschaft in eine eG kann zu **Nachschusspflichten** der Gesellschafter/Mitglieder führen, da die Satzung der eG nach § 6 Abs. 3 GenG Bestimmungen darüber enthalten muss, ob die Mitglieder Nachschüsse zur Insolvenzmasse leisten müssen, wenn Gläubiger im Insolvenzverfahren über das Vermögen der eG nicht befriedigt werden können. Dabei kann die Satzung eine unbeschränkte Haftung oder eine auf eine Haftsumme beschränkte Haftung normieren. Möglich – und in der Praxis weit verbreitet –[1] ist auch ein vollständiger Ausschluss der Nachschusspflicht.

Soweit die Satzung eine Nachschusspflicht vorsieht, bedarf der Formwechselbeschluss der Gesellschafterversammlung oder der Hauptversammlung der **Zustimmung** aller anwesenden Gesellschafter oder Aktionäre und auch der nicht erschienenen Anteilsinhaber (Abs. 1). Damit soll sichergestellt werden, dass dem bislang nicht persönlich haftenden Gesellschafter der Kapitalgesellschaft ohne seine Zustimmung keine persönliche Haftung auferlegt wird.[2] Auch die nicht erschienenen Anteilsinhaber müssen dem Formwechselbeschluss zustimmen, und zwar nach § 193 Abs. 3 S. 1 durch notariell beurkundete Erklärungen. Auf dieses Erfordernis kann **nicht verzichtet** werden. Ein etwaiger Mangel wird jedoch durch die Eintragung des Formwechsels nach § 202 Abs. 3 **unbeachtlich**.[3] Zustimmen müssen auch solche Anteilsinhaber, denen kein Stimmrecht zusteht.[4]

Sieht die Satzung der eG **keine Nachschusspflicht** vor, genügt eine 3/4-Mehrheit der abgegebenen Stimmen. Abs. 2 S. 2 verweist zudem auf die im Verschmelzungsfall für die GmbH (§ 50 Abs. 2) bzw. für die AG (§ 65 Abs. 2) geltenden Vorschriften, nach denen der Beschluss auch die Zustimmung derjenigen Gesellschafter benötigt, denen Minderheits- oder Sonderrechte eingeräumt sind bzw. derjenigen Aktionäre, die Aktien besonderer Gattung halten. Auch insoweit ist die Zustimmung in notarieller Form zu erteilen, § 193 Abs. 3 S. 1.

Die Vorgaben von Abs. 2 stellen lediglich **Mindestanforderungen** dar; Gesellschaftsvertrag oder Satzung können größere Kapitalmehrheiten und weitere Erfordernisse bestimmen.[5]

Bei einem Formwechsel einer **KGaA** verweist Abs. 3 auf § 240 Abs. 3, wonach dem Formwechsel auch die persönlich haftenden Gesellschafter zustimmen müssen. Erforderlich ist zudem ein Beschluss der Kommanditaktionäre nach näherer Maßgabe von Abs. 1 und 2. Die nach Abs. 3 zusätzlich erforderliche Zustimmung der persönlich haftenden Gesellschafter kann (anders als die zwingend vorgeschriebenen Zustimmungs-

---

1 So auch Lutter/*Göthel* § 252 Rn. 5.
2 Lutter/*Göthel* § 252 Rn. 3; Schmitt/Hörtnagl/*Hörtnagl/Rinke* § 252 Rn. 4.
3 Schmitt/Hörtnagl/*Hörtnagl/Rinke* § 252 Rn. 3.
4 Lutter/*Göthel* § 252 Rn. 3.
5 Schmitt/Hörtnagl/*Hörtnagl/Rinke* § 252 Rn. 8.

erfordernisse von Abs. 1 und 2) erleichtert werden, vgl. § 240 Abs. 3 S. 2. Hintergrund ist, dass die Rechtsstellung der persönlich haftenden Gesellschafter durch eine etwaige Nachschusspflicht bei der eG nicht verschlechtert wird.[6]

§ 253 Inhalt des Formwechselbeschlusses

(1) ¹In dem Formwechselbeschluss muß auch die Satzung der Genossenschaft enthalten sein. ²Eine Unterzeichnung der Satzung durch die Mitglieder ist nicht erforderlich.

(2) ¹Der Formwechselbeschluss muß die Beteiligung jedes Mitglieds mit mindestens einem Geschäftsanteil vorsehen. ²In dem Beschluß kann auch bestimmt werden, daß jedes Mitglied bei der Genossenschaft mit mindestens einem und im übrigen mit so vielen Geschäftsanteilen, wie sie durch Anrechnung seines Geschäftsguthabens bei dieser Genossenschaft als voll eingezahlt anzusehen sind, beteiligt wird.

1 Wie bei dem Formwechsel einer Personengesellschaft in eine eG (vgl. § 218) sieht auch § 253 vor, dass der Formwechselbeschluss die **Satzung** der eG enthalten muss. In Abweichung von § 11 Abs. 2 Nr. 1 GenG muss die Satzung jedoch nach Abs. 1 S. 2 durch die Mitglieder nicht unterzeichnet werden. Die weiteren Anforderungen an den Inhalt des Beschlusses ergeben sich aus § 194, auf dessen Kommentierung verwiesen wird.[1]

2 Jedes Mitglied muss mit **mindestens einem Geschäftsanteil** an der eG beteiligt sein, Abs. 2. Möglich ist auch eine Bestimmung dahin gehend, dass jedes Mitglied der eG mit mindestens einem und im Übrigen mit so vielen Geschäftsanteilen, wie durch Anrechnung seines Geschäftsguthabens bei dieser Genossenschaft als voll eingezahlt anzusehen sind, beteiligt wird. Damit soll ermöglicht werden, das Verhältnis der Beteiligung der Anteilsinhaber an der formwechselnden Kapitalgesellschaft in der Rechtsform der eG beizubehalten.[2]

§ 254 Anmeldung des Formwechsels

(1) Die Anmeldung nach § 198 einschließlich der Anmeldung der Satzung der Genossenschaft ist durch das Vertretungsorgan der formwechselnden Gesellschaft vorzunehmen.

(2) Zugleich mit der Genossenschaft sind die Mitglieder ihres Vorstandes zur Eintragung in das Register anzumelden.

1. Allgemeines

1 Die **Anmeldung** des Formwechsels muss durch das Vertretungsorgan der formwechselnden Gesellschaft vorgenommen werden, folglich durch den Geschäftsführer der GmbH, den Vorstand der AG oder den Komplementär der KGaA. Der Vergleich mit

---

[6] Lutter/Göthel § 253 Rn. 11; Schmitt/Hörtnagl/Hörtnagl/Rinke § 252 Rn. 5.
[1] Eine Übersicht findet sich auch bei Lutter/Göthel § 253 Rn. 3 ff.
[2] Lutter/Göthel § 253 Rn. 37 und die Kommentierung zu § 255.

dem Wortlaut des § 222 Abs. 1 für den Fall des Formwechsels einer Personengesellschaft in eine eG ergibt, dass eine Anmeldung des Formwechsels der Kapitalgesellschaft in eine eG nicht der Mitwirkung aller Mitglieder des Vertretungsorganes bedarf; ausreichend ist die Mitwirkung der Mitglieder **in vertretungsberechtigter Zahl**.[1]

Für die Kapitalgesellschaft und die eG sind unterschiedliche Register (Handelsregister und Genossenschaftsregister, § 10 GenG) zuständig. Der Formwechsel ist daher nach § 198 Abs. 2 bei beiden Rechtsträgern anzumelden.

2. Inhalt

Anzumelden ist nach Abs. 1 iVm § 198 der **Formwechsel mit der Satzung** der eG, wobei die Satzung nach § 253 Abs. 1 S. 2 entgegen § 11 Abs. 2 Nr. 1 GenG nicht von allen Mitgliedern unterzeichnet sein muss.

Nach Abs. 2 sind zudem die **Mitglieder des Vorstandes** zur Eintragung in das Register anzumelden, wobei nach § 11 Abs. 3 GenG auch die Vertretungsbefugnis des Vorstandes der eG mitzuteilen ist. Die Vertretungsbefugnis des Vorstandes muss sich dabei zwingend aus einer Regelung in der Satzung ergeben, § 25 Abs. 1 S. 2 GenG; eine Bestimmung der Vertretungsregelung durch die Mitgliederversammlung genügt nicht.

Ferner ist bei der Anmeldung die **Negativerklärung** nach § 198 Abs. 3, § 16 Abs. 2 dahin gehend abzugeben, dass eine Klage gegen den Formwechsel nicht erhoben bzw. abgewiesen oder zurückgenommen ist oder dass sämtliche klageberechtigten Anteilsinhaber durch notariell beurkundete Verzichtserklärung auf eine Klageerhebung verzichtet haben.

3. Anlagen

Der Anmeldung sind beizufügen

- eine notarielle **Niederschrift des Formwechselbeschlusses** (§ 199) mit der Satzung der eG (Abs. 1), enthaltend auch die Bestellung des ersten Vorstandes und ggf. des ersten Aufsichtsrates
- der **Formwechselbericht**, sofern auf diesen nicht verzichtet wurde, § 192
- ggf. der Nachweis über die **Zuleitung an den Betriebsrat**, §§ 199, 194 Abs. 2
- die **Bescheinigung des Prüfungsverbandes** gemäß § 11 Abs. 2 Nr. 3 GenG über die Zulassung der eG zum Beitritt zum Prüfungsverband.[2]

§ 255 Wirkungen des Formwechsels

(1) ¹Jeder Anteilsinhaber, der die Rechtsstellung eines Mitglieds erlangt, ist bei der Genossenschaft nach Maßgabe des Formwechselbeschlusses beteiligt. ²Eine Verpflichtung zur Übernahme weiterer Geschäftsanteile bleibt unberührt. ³§ 202 Abs. 1 Nr. 2 Satz 2 ist mit der Maßgabe anzuwenden, daß die an den bisherigen Anteilen bestehenden Rechte Dritter an den durch den Formwechsel erlangten Geschäftsguthaben weiterbestehen.

---

1 Schmitt/Hörtnagl/*Hörtnagl/Rinke* § 254 Rn. 1; Lutter/*Göthel* § 254 Rn. 5; Semler/Stengel/Leonard/*Bonow* § 254 Rn. 6.

2 Lutter/*Göthel* § 254 Rn. 14.

(2) **Das Gericht darf eine Auflösung der Genossenschaft von Amts wegen nach § 80 des Genossenschaftsgesetzes nicht vor Ablauf eines Jahres seit dem Wirksamwerden des Formwechsels aussprechen.**

(3) **Durch den Formwechsel einer Kommanditgesellschaft auf Aktien scheiden deren persönlich haftende Gesellschafter als solche aus dem Rechtsträger aus.**

1. Beteiligung der Mitglieder (Abs. 1)

1 Abs. 1 konkretisiert die allgemeine Bestimmung des § 202 Abs. 1 Nr. 2 S. 1 dahin gehend, dass jeder Anteilsinhaber der Kapitalgesellschaft die Stellung eines Mitglieds der eG erlangt. Dabei ist im Formwechselbeschluss zu bestimmen, mit **wie vielen Geschäftsanteilen** das Mitglied an der eG beteiligt ist. Die Geschäftsanteile müssen in der Satzung der eG betragsmäßig festgelegt und für alle Mitglieder gleich hoch sein.[1] Die Beteiligungshöhe des einzelnen Anteilsinhabers an der Kapitalgesellschaft kann daher in der Rechtsform der eG nur durch Zuweisung mehrerer Geschäftsanteile an das betreffende Mitglied erreicht werden, wenn die Satzung dies nach § 7a Abs. 1 GenG zulässt und der Formwechselbeschluss nach § 253 Abs. 2 S. 2 eine entsprechende Bestimmung enthält.[2] Etwaige Differenzen zwischen dem Beteiligungswert an der Kapitalgesellschaft und dem Gesamtheitsbetrag der Geschäftsanteile an der eG sind nach § 256 Abs. 2 bzw. Abs. 3 Nr. 3 **auszugleichen**.

2 Abs. 1 S. 3 bestimmt, dass **Rechte Dritter** an dem durch den Formwechsel erlangten Geschäftsguthaben weiter bestehen. Damit wird der Grundsatz des § 202 Abs. 1 Nr. 2 S. 2 dergestalt abgewandelt, dass diese Rechte nicht an dem Geschäftsanteil selbst, sondern wegen der Besonderheiten der eG an dem Geschäftsguthaben fortbestehen. Hintergrund ist, dass der Geschäftsanteil an der eG als solcher nicht verpfändbar ist; auch das Geschäftsguthaben kann nach richtiger Ansicht Dritten nicht verpfändet werden. Pfändbar ist allein der aufschiebend bedingte Anspruch des Mitglieds auf das Auseinandersetzungsguthaben aus § 73 Abs. 2 S. 2 GenG. Nur dieses kann dementsprechend Gegenstand von Rechten Dritter sein.[3]

2. Auflösung der Genossenschaft (Abs. 2)

3 Nach § 80 GenG hat das Registergericht eine eG mit **weniger als drei Mitgliedern** (vgl. § 4 GenG) auf Antrag des Vorstandes oder von Amts wegen durch rechtskräftigen Beschluss zu löschen. Zwar sind beim Formwechsel nach § 197 S. 2 solche Vorschriften, die eine Mindestzahl der Gründer vorschreiben, nicht anwendbar und stünden insofern einem Formwechsel in eine eG mit weniger als drei Mitgliedern nicht entgegen. Davon unberührt bleibt jedoch dann die Möglichkeit der Löschung nach § 80 Abs. 1 GenG, wobei die Frist für den Auflösungsbeschluss auf ein Jahr verlängert wird (§ 80 GenG erlaubt eine solche Löschung bereits nach sechs Monaten). In dieser Zeit muss also die gesetzliche Mindestzahl erreicht sein. Abs. 2 schränkt die Möglichkeit das Recht des Vorstandes, selbst nach § 80 Abs. 1 einen Antrag auf Auflösung zu stellen, nicht ein. Diese Auflösung kann auch vor Ablauf der Jahresfrist erfolgen.[4]

---

1 Lutter/*Göthel* § 255 Rn. 2; RGZ 64, 189 (193).
2 Lutter/*Göthel* § 255 Rn. 2.
3 Beuthien/*Beuthien* GenG § 7 Rn. 5, wie hier Schmitt/Hörtnagl/*Hörtnagl-Rinke* § 255 Rn. 6; aA Habersack/Wicke/*Bloehs* § 255 Rn. 37 der demgegenüber den Umfang auf das Geschäftsguthaben erstrecken will.
4 So auch Lutter/*Göthel* § 255 Rn. 6; Schmitt/Hörtnagl/*Hörtnagl-Rinke* § 255 Rn. 2.

Da die eG grds. mindestens **zwei Vorstandsmitglieder** haben muss (§ 24 Abs. 2 GenG, Ausnahme in S. 3) und (sofern auf die Bildung eines Aufsichtsrates nicht durch die Satzung verzichtet wurde) **drei Aufsichtsratsmitglieder** aufweisen muss (§ 36 Abs. 1 GenG), die darüber hinaus noch personenverschieden und zugleich Mitglieder sein müssen (§ 9 Abs. 2 S. 1 GenG), ist ein Ein-Person-Formwechsel ohne Beitritt weiterer Mitglieder regelmäßig ausgeschlossen.[5]

3. Ausscheiden der persönlich haftenden Gesellschafter (Abs. 3)

In der eG haftet kein Anteilsinhaber persönlich; der Formwechsel führt daher bei einem Formwechsel der KGaA zum **Ausscheiden der persönlich haftenden Gesellschafter** und entspricht somit der in § 247 Abs. 2 angeordneten Rechtsfolge für den Fall des Formwechsels einer KGaA in eine Kapitalgesellschaft anderer Rechtsform. Die persönlich haftenden Gesellschafter haben einen Abfindungsanspruch gegen den in der Rechtsform der eG fortbestehenden Rechtsträger nach § 278 Abs. 2 AktG (näher → § 247 Rn. 5). Ferner haftet der persönlich haftende Gesellschafter nach § 257 nach. Sofern die persönlich haftenden Gesellschafter zugleich Kommanditaktionäre sind, werden sie insoweit allerdings Mitglieder der eG.[6]

§ 256 Geschäftsguthaben; Benachrichtigung der Mitglieder

(1) Jedem Mitglied ist als Geschäftsguthaben der Wert der Geschäftsanteile oder der Aktien gutzuschreiben, mit denen es an der formwechselnden Gesellschaft beteiligt war.

(2) ¹Übersteigt das durch den Formwechsel erlangte Geschäftsguthaben eines Mitglieds den Gesamtbetrag der Geschäftsanteile, mit denen es bei der Genossenschaft beteiligt ist, so ist der übersteigende Betrag nach Ablauf von sechs Monaten seit dem Tage, an dem die Eintragung der Genossenschaft in das Register bekannt gemacht worden ist, an das Mitglied auszuzahlen. ²Die Auszahlung darf jedoch nicht erfolgen, bevor die Gläubiger, die sich nach § 204 in Verbindung mit § 22 gemeldet haben, befriedigt oder sichergestellt sind.

(3) Die Genossenschaft hat jedem Mitglied unverzüglich nach der Bekanntmachung der Eintragung der Genossenschaft in das Register in Textform mitzuteilen:
1. den Betrag seines Geschäftsguthabens;
2. den Betrag und die Zahl der Geschäftsanteile, mit denen es bei der Genossenschaft beteiligt ist;
3. den Betrag der von dem Mitglied nach Anrechnung seines Geschäftsguthabens noch zu leistenden Einzahlung oder den Betrag, der nach Absatz 2 an das Mitglied auszuzahlen ist;
4. den Betrag der Haftsumme der Genossenschaft, sofern die Mitglieder Nachschüsse bis zu einer Haftsumme zu leisten haben.

---

[5] Lutter/Göthel § 255 Rn. 7; Semler/Stengler/Leonard/Bonow § 255 Rn. 14.

[6] Lutter/Göthel § 257 Rn. 9; Schmitt/Hörtnagl/Hörtnagl/Rinke § 255 Rn. 7; Semler/Stengel/Leonard/Bonow § 255 Rn. 6.

1. Geschäftsguthaben, Geschäftsanteile und Ausgleich (Abs. 1, 2)

1 Der **Wert** der Geschäftsanteile oder der Aktien ist dem Mitglied als **Geschäftsguthaben der eG zuzuschreiben**. Soweit das Geschäftsguthaben den Gesamtbetrag der übernommenen Geschäftsanteile übersteigt, ist nach Abs. 2 **auszugleichen**. Für das Mitglied der eG ist das Geschäftsguthaben ausschlaggebend für das Maß der Beteiligung; es stellt den Vermögenswert der Mitgliedschaft dar und hat insbes. Bedeutung für die Gewinn- und Verlustverteilung, § 19 GenG.[1] Der Wert der Geschäftsanteile bzw. der Aktien ist zur Berechnung des Geschäftsguthabens dabei nach §§ 208, 30 nach dem wirklichen Wert zu ermitteln. Dabei ist diejenige Bewertungsmethode zu wählen, die im Einzelfall den Wert bestmöglich aufzeigt.[2] Bei Aktien kann ggf. der Börsenkurs herangezogen werden. Die Ermittlung des wirklichen Wertes und die Buchung als Geschäftsguthaben führt zur Aufdeckung der stillen Reserven der Kapitalgesellschaft.[3]

2 Das Geschäftsguthaben ist auf den oder die im Rahmen des Formwechsels entstehenden Geschäftsanteile gutzuschreiben. Sofern das Geschäftsguthaben den Gesamtnennbetrag der zugeteilten Geschäftsanteile übersteigt, ist dem Mitglied der Differenzbetrag nach Ablauf von sechs Monaten seit der Bekanntmachung der Eintragung der Genossenschaft im Register **auszuzahlen**. Die Auszahlung darf jedoch nach Abs. 2 S. 2 nicht erfolgen, bevor nicht die Sicherstellung der Gläubiger nach §§ 204, 22 erfolgt ist. Im umgekehrten Fall (Gesamtnennbetrag der Geschäftsanteile höher als Geschäftsguthaben) kommt eine **Nachzahlung** nach § 7 Nr. 1 GenG in Betracht, Abs. 3 Nr. 3.

2. Benachrichtigung der Mitglieder (Abs. 3)

3 Der Vorstand der eG hat jedem Mitglied unverzüglich, dh ohne schuldhaftes Zögern, § 121 Abs. 1 S. 1 BGB, nach der Bekanntmachung der Eintragung der eG jedem Mitglied in Textform (§ 126b BGB) die in Abs. 3 genannten **Informationen mitzuteilen**. Die Bestimmung dient der Unterrichtung des Mitgliedes über die Rechtsstellung und Beteiligung, aber auch als Grundlage für die Geltendmachung der Rechte aus § 196 (Verbesserung des Beteiligungsverhältnisses) oder §§ 207 ff. (Barabfindung). Abs. 3 ist daher Schutzgesetz iSv § 823 Abs. 2 BGB.[4]

§ 257 Gläubigerschutz

Auf den Formwechsel einer Kommanditgesellschaft auf Aktien ist auch § 224 entsprechend anzuwenden.

1 Beim Formwechsel einer KGaA in eine eG scheiden deren persönlich haftende Gesellschafter als solche nach § 255 Abs. 3 aus dem Rechtsträger aus. § 257 bestimmt daher durch den Verweis auf § 224, dass der persönlich haftende Gesellschafter für solche Verbindlichkeiten der formwechselnden Gesellschaft **forthaftet**, für die er zum Zeitpunkt des Formwechsels nach § 278 Abs. 2 AktG, §§ 161 Abs. 2, 126 HGB persönlich haftet. Die Nachhaftung ist zeitlich begrenzt auf einen Zeitraum von fünf Jahren gerechnet ab der Bekanntmachung der Eintragung des Rechtsträgers neuer Rechtsform in das Register,

---

[1] Lutter/*Göthel* § 256 Rn. 4; Beuthien/*Beuthien* GenG § 7 Rn. 4.
[2] Schmitt/Hörtnagl/*Winter* § 30 Rn. 10.
[3] Lutter/*Göthel* § 256 Rn. 3; Semler/Stengel/Leonard/*Bonow* § 256 Rn. 7.
[4] Schmitt/Hörtnagl/*Hörtnagl*/Rinke § 256 Rn. 7; Semler/Stengel/Leonard/*Bonow* § 256 Rn. 20.

§ 224 Abs. 3 Nr. 1. Dagegen haften die persönlich haftenden Gesellschafter für solche Verbindlichkeiten nicht, die erst nach ihrem Ausscheiden begründet wurden.[1]

Dritter Abschnitt
Formwechsel eingetragener Genossenschaften

§ 258 Möglichkeit des Formwechsels

(1) Eine eingetragene Genossenschaft kann auf Grund eines Formwechselbeschlusses nach diesem Gesetz nur die Rechtsform einer Kapitalgesellschaft erlangen.

(2) Der Formwechsel ist nur möglich, wenn auf jedes Mitglied, das an der Gesellschaft neuer Rechtsform beteiligt wird, als beschränkt haftender Gesellschafter ein Geschäftsanteil, dessen Nennbetrag auf volle Euro lautet, oder als Aktionär mindestens eine volle Aktie entfällt.

1. Übersicht über Ablauf und Zuständigkeiten

Maßnahme	Erforderlichkeit	Zuständigkeit
Entwurf Formwechselbeschluss mit Gesellschaftsvertrag des neuen Rechtsträgers	Ja	Vorstand
Erstellung Formwechselbericht	Ja, wenn nicht Verzicht aller Mitglieder	Vorstand
Schreiben an Betriebsrat	Ja, wenn vorhanden	Vorstand
Einladung zur Generalversammlung	Ja	Vorstand
Barabfindungsangebot	Ja, wenn nicht Verzicht aller Mitglieder	Vorstand
Gutachterliche Äußerung des Prüfungsverbandes	Ja	Prüfungsverband
Formwechselbeschluss	Ja	Mitglieder
Feststellung des Gesellschaftsvertrages des Rechtsträgers neuer Rechtsform	Ja	Mitglieder
Erstellung Sachgründungsbericht	Nein, § 264 Abs. 2	
Handelsregisteranmeldung	Ja	Vertretungsorgan
Eintragung im Handelsregister	Ja	Amtsgericht (Registergericht)

1

---

[1] Schmitt/Hörtnagl/*Hörtnagl/Rinke* § 257 Rn. 1; Semler/Stengel/Leonard/*Bonow* § 257 Rn. 6.

2. Formwechsel in eine Kapitalgesellschaft

2 Eine eingetragene Genossenschaft kann nur in eine Kapitalgesellschaft, mithin in eine **AG**, eine **KGaA** oder eine **GmbH** formwechselnd umgewandelt werden. Ein Formwechsel in eine Unternehmergesellschaft (haftungsbeschränkt) als Unterform der GmbH ist dagegen wegen des Sacheinlageverbotes des § 5a Abs. 2 S. 2 GmbHG nicht möglich;[1] ließe man einen solchen Formwechsel zu, bestünde die Gefahr des Unterlaufens der für die der Rechtsform der Unternehmergesellschaft geltenden Gründungsvorschriften, die von § 197 gerade verhindert werden soll. Auch ist ein Formwechsel in eine Personengesellschaft grundsätzlich nicht zulässig. Allerdings gelten für eingetragene Genossenschaften, die aus einem Formwechsel einer früheren **LPG** hervorgegangen sind, die Sondervorschriften des Landwirtschaftsanpassungsgesetzes (LwAnpG).[2] Gemäß §§ 38a iVm §§ 23–38 LwAnpG kann eine aus einer LPG entstandene eG in die Rechtsform einer GbR, einer OHG und einer KG umgewandelt werden.

3 Auch eine **aufgelöste Genossenschaft** kann formwechselnder Rechtsträger sein, da wie von § 191 Abs. 3 verlangt, eine Fortsetzung in der bisherigen Rechtsform beschlossen werden könnte.[3] Nach § 79a GenG ist eine Fortsetzung jedoch nur möglich, solange noch nicht mit der Verteilung des Vermögens an die Mitglieder begonnen ist, es sei denn, das bereits verteilte Vermögen wird an die Genossenschaft zurückgewährt;[4] eine Fortsetzung scheidet ferner aus, wenn bereits Mitglieder nach § 87a GenG zur Zahlung wegen Überschuldung herangezogen worden sind.

3. Beteiligung am Rechtsträger neuer Rechtsformen (Abs. 2)

4 Jeder Gesellschafter der Gesellschaft neuer Rechtsform muss einen Anteil erhalten, der den **Mindestgrößenvorschriften** der entsprechenden Gesellschaftsform genügt. Der Gesellschafter einer GmbH muss dementsprechend einen Geschäftsanteil erwerben, der auf mindestens 1 EUR lautet und durch volle Euro teilbar ist, vgl. Abs. 2 und § 5 Abs. 2 GmbHG. Bei einem Formwechsel in eine AG muss jeder Aktionär mindestens eine Aktie erhalten. Dabei müssen Nennbetragsaktien nach § 8 Abs. 2 S. 1 AktG mindestens auf 1 EUR lauten. Bei Stückaktien muss der auf eine einzelne Aktie entfallende anteilige Betrag des Grundkapitals ebenfalls mindestens 1 EUR betragen (§ 8 Abs. 3 S. 3 AktG). Entsprechendes gilt bei einem Formwechsel in die KGaA. Eine Beteiligung eines Gesellschafters nur mit einem **Teilrecht** ist nach dem klaren Wortlaut von Abs. 2 unzulässig (anders Abs. 2 aF). Davon unberührt bleibt die Zulässigkeit der Zuweisung von Vollrechten zusammen mit Teilrechten (→ § 263 Rn. 6 und → 266 Abs. 3).

5 Abs. 2 stellt klar, dass jeder Gesellschafter einen Anteil erhalten muss. Damit werden diejenigen Mitglieder geschützt, die mit nur einem geringen Geschäftsguthaben beteiligt sind.[5] Die Vorgabe, dass jedes Mitglied mit Anteilen an der Gesellschaft neuer Rechtsform beteiligt sein muss, ist eine Selbstverständlichkeit, da die Mitgliedschaft ansonsten durch den Formwechsel systemwidrig verloren ginge.

6 Die **Höhe der Nennbeträge** der dem Gesellschafter zugewiesenen Geschäftsanteile bzw. die Anzahl derselben ergibt sich aus dem Wert der Beteiligung des Mitglieds an

---

1 AA wohl Lutter/*Bayer* § 258 Rn. 4.
2 Widmann/Mayer/*v. Reichenberg* § 258 Rn. 2.
3 Widmann/Mayer/*v. Reichenberg* § 258 Rn. 4.
4 Strittig wie hier Beuthien/*Wolff* GenG § 79a Rn. 4; Lang/Weidmüller/*Hohlthaus/Lehnhoff* GenG § 79a Rn. 3, aA Hillebrandt/Keßler/*Kern* GenG § 79a Rn. 4.
5 Lutter/*Bayer* § 258 Rn. 14; Schmitt/Hörtnagl/*Hörtnagl/Rinke* § 258 Rn. 6.

der Genossenschaft. Nach § 263 Abs. 2 S. 1 ist dabei nicht auf den Nominalbetrag des Geschäftsanteils, sondern auf das Geschäftsguthaben abzustellen.

§ 259 Gutachten des Prüfungsverbandes

Vor der Einberufung der Generalversammlung, die den Formwechsel beschließen soll, ist eine gutachtliche Äußerung des Prüfungsverbandes einzuholen, ob der Formwechsel mit den Belangen der Mitglieder und der Gläubiger der Genossenschaft vereinbar ist, insbesondere ob bei der Festsetzung des Stammkapitals oder des Grundkapitals § 263 Abs. 2 Satz 2 und § 264 Abs. 1 beachtet sind (Prüfungsgutachten).

I. Allgemeines	1	IV. Bedeutung des Gutachtens für das weitere Verfahren	7
II. Aufgabe und Rechte des Prüfungsverbandes	2	V. Verzicht auf Prüfung	8
III. Prüfungsumfang	5		

I. Allgemeines

Eine Umwandlungsprüfung ist im Bereich des Formwechsels grundsätzlich nicht vorgesehen. Eine Ausnahme gilt nur in Bezug auf den Anspruch auf Barabfindung nach § 208. Parallel zu § 81 normiert § 259 die Notwendigkeit einer Begutachtung des Formwechsels durch den Prüfungsverband. Dabei handelt es sich um den Prüfungsverband im Sinne der §§ 53 ff. GenG, dem nach § 54 GenG jede Genossenschaft angehören muss.

II. Aufgabe und Rechte des Prüfungsverbandes

Der Prüfungsverband kann von dem Vorstand der eG gemäß § 11 Abs. 1 S. 1 iVm § 320 Abs. 1 S. 2 HGB die Prüfung der **Bücher und Schriften** der eG sowie der Vermögensgegenstände und Schulden (insbes. die Kasse und die Bestände an Wertpapieren und Barem) verlangen. Nach § 320 Abs. 2 S. 1 HGB kann Aufklärungen und Nachweise verlangt werden, sofern für eine sorgfältige Prüfung notwendig. Über § 11 Abs. 1 S. 5 ist das Auskunftsrecht auch auf **Konzernunternehmen** erweitert.

Das Verhältnis zwischen Prüfungsverband und eG ergibt sich im Wesentlichen aus den Bestimmungen der Satzung des Prüfungsverbandes, der die Rechtsform eines eingetragenen Vereines hat (§ 63b Abs. 1 GenG). Dessen Satzung soll nach § 63c Abs. 2 GenG unter anderem Bestimmungen über die Art und den Umfang der Prüfungen enthalten. Die Ansprüche der eG gegen den Verband auf Erstellung des Prüfungsgutachtens sind klagbar und nach § 888 ZPO vollstreckbar.[1]

§ 259 ist **Schutzgesetz** im Sinne des § 823 Abs. 2 BGB. Bei schuldhafter Pflichtverletzung kommt deswegen eine deliktische Haftung des Prüfungsverbandes in Betracht.[2]

III. Prüfungsumfang

Die genossenschaftsrechtliche Stellung des Prüfungsverbandes und die Betonung seiner Funktion im Formwechselrecht (ua wörtliche Verlesung des Prüfungsgutachtens in der

---

[1] Lutter/*Bayer* § 259 Rn. 5; Schmitt/Hörtnagl/*Hörtnagl/Rinke* § 259 Rn. 4.

[2] Lutter/*Bayer* § 259 Rn. 6; Schmitt/Hörtnagl/*Hörtnagl/Rinke* § 259 Rn. 9.

Generalversammlung, beratende Teilnahme an der Generalversammlung, § 261 Abs. 2) verdeutlichen, dass die Einschaltung des Prüfungsverbandes anders als diejenige des Prüfers im Sinne der §§ 9 ff. nicht nur die Beachtung der Formwechselvorschriften bezweckt, sondern vielmehr eine **umfassende Hilfestellung und Beratung der Genossenschaft** gewährleisten soll. Der Verband prüft nicht nur die im Folgenden näher beschriebenen Voraussetzungen im Hinblick auf die Interessen der Mitglieder und Gläubiger, sondern hat darüber hinaus umfassend das Für und Wider des Formwechsels zu erörtern.[3] Er hat eine materielle Aussage zu Sinn und Zweck des Formwechsels aus Sicht der Mitglieder und der Gläubiger zu treffen.

6 Insbes. erstreckt sich der Prüfungsumfang auf folgende Punkte:
- Anforderungen des § 258 (Zulässigkeit des Formwechsels; jeder Gesellschafter muss zumindest einen Anteil an der Gesellschaft neuer Rechtsform erhalten);
- § 263 Abs. 2 (Festlegung der Höhe der Beteiligung und Sicherung einer möglichst bestandswahrenden Beteiligung der Mitglieder am Rechtsträger der neuen Rechtsform sowie die Vermeidung des Entstehens von Teilrechten; soweit sich Stimm- oder Gewinnbezugsrechte durch den Formwechsel verschieben: Prüfung, welche ausgleichenden Maßnahmen in Betracht kommen);
- § 264 Abs. 1 (Verhinderung einer materiellen Unterpari-Emission);
- Sicherstellung, dass der bisherige Förderungszweck der Genossenschaft auch in der neuen Rechtsform erhalten bleibt,[4]
- Veränderung für die Anteilsinhaber in steuerlicher Hinsicht;[5]
- Prüfung des Formwechselberichtes des Vorstandes;[6]
- Über die Bestimmung des § 264 Abs. 1 zum Verbot der Unterpari-Emission hinaus: Prüfung, ob Belange der Gläubiger dem Formwechsel entgegenstehen. Dabei ist zu beachten, dass die Nachschusspflicht nach § 271 innerhalb von zwei Jahren nach Eintragung des Formwechsels erlischt. Gläubiger sind allerdings auch über § 204 iVm § 22 geschützt.

IV. Bedeutung des Gutachtens für das weitere Verfahren

7 Das Gutachten ist nach § 261 Abs. 2 S. 1 in der Generalversammlung der eG vollständig zu **verlesen**. Der Bericht ist in Sprache und Umfang so zu verfassen, dass er im Rahmen der Versammlung als sinnvolle Entscheidungsgrundlage dienen kann. Zahlenmaterial ist auf das unbedingt Notwendige zu reduzieren. Das Gutachten ist schriftlich zu erstellen, es ist in den Geschäftsräumen der Genossenschaft (§ 260 Abs. 3) und in der Generalversammlung, die über den Formwechsel beschließt (§ 261 Abs. 1 S. 1) **auszulegen** und der **Anmeldung** bei dem Registergericht beizufügen.

V. Verzicht auf Prüfung

8 Ein Verzicht auf die Prüfung ist **nicht möglich**.[7] Sie ist zu erstellen, selbst wenn nach § 192 Abs. 2 auf einen Formwechselbericht verzichtet wurde. Hintergrund ist, dass die Begleitung der Genossenschaft durch den Prüfungsverband im Bereich des Genossenschaftsrechtes zwingend ist und dass der Prüfungsverband bei einem Formwechsel

---

3 Lutter/*Bayer* § 259 Rn. 7; Schmitt/Hörtnagl/*Hörtnagl/Rinke* § 259 Rn. 5.
4 Lutter/*Bayer* § 259 Rn. 9.
5 Lutter/*Bayer* § 259 Rn. 9; Schmitt/Hörtnagl/*Hörtnagl/Rinke* § 259 Rn. 9.
6 Lutter/*Bayer* § 259 Rn. 11; Widmann/Mayer/*v. Reichenberg* § 259 Rn. 5.
7 Widmann/Mayer/*v. Reichenberg* § 259 Rn. 4.

in die Form einer Kapitalgesellschaft auch die Prüfung der Kapitalaufbringung übernimmt (s. § 264 Abs. 1 BGB). Sie dient damit nicht nur den Interessen der Mitglieder.

§ 260 Vorbereitung der Generalversammlung

(1) ¹Der Vorstand der formwechselnden Genossenschaft hat allen Mitgliedern spätestens zusammen mit der Einberufung der Generalversammlung, die den Formwechsel beschließen soll, diesen Formwechsel als Gegenstand der Beschlußfassung in Textform anzukündigen. ²In der Ankündigung ist auf die für die Beschlußfassung nach § 262 Abs. 1 erforderlichen Mehrheiten sowie auf die Möglichkeit der Erhebung eines Widerspruchs und die sich daraus ergebenden Rechte hinzuweisen.

(2) ¹Auf die Vorbereitung der Generalversammlung sind § 230 Absatz 2 und § 231 entsprechend anzuwenden. ²§ 192 Abs. 2 bleibt unberührt.

(3) ¹In dem Geschäftsraum der formwechselnden Genossenschaft ist von der Einberufung der Generalversammlung an, die den Formwechsel beschließen soll, außer den sonst erforderlichen Unterlagen auch das nach § 259 erstattete Prüfungsgutachten zur Einsicht der Mitglieder auszulegen. ²Auf Verlangen ist jedem Mitglied unverzüglich und kostenlos eine Abschrift dieses Prüfungsgutachtens zu erteilen. ³Die Verpflichtungen nach den Sätzen 1 und 2 entfallen, wenn das Prüfungsgutachten für denselben Zeitraum über die Internetseite der Genossenschaft zugänglich ist.

I. Allgemeines	1	IV. Information der Mitglieder vor und während der Generalversammlung	10
II. Einberufung der Versammlung	2	V. Besonderheiten bei der Vertreterversammlung	11
III. Ankündigung des Formwechsels	6		

I. Allgemeines

§ 260 enthält zwei Hauptbestandteile. Er regelt zum einen die **Einberufung** der General- bzw. Vertreterversammlung samt Ankündigung des Formwechsels und normiert darüber hinaus die **Informationspflichten** gegenüber den Mitgliedern. 1

II. Einberufung der Versammlung

Der Formwechselbeschluss ist nach § 193 Abs. 1 in einer Versammlung der Anteilsinhaber, hier der Mitlieder der eG bzw. deren Vertreter, zu fassen. Für die Einberufung gelten die Bestimmungen des GenG, sofern das UmwG keine anderen Vorgaben aufstellt. 2

Zuständig für die Einberufung ist gemäß § 44 Abs. 1 GenG grundsätzlich der Vorstand, soweit nicht in der Satzung anders bestimmt. Das Einberufungsrecht steht den Vorstandsmitgliedern gemeinsam zu, ein einzelvertretungsberechtigter Vorstand kann deshalb die Einberufung nicht alleine vornehmen.[1] Die im Genossenschaftsregister eingetragenen Vorstandsmitglieder sind selbst dann zur Einberufung der Generalversammlung befugt, wenn ihre Bestellung unwirksam war.[2] 3

---

[1] Beuthien/*Schöpflin* GenG § 44 Rn. 1.
[2] BGHZ 18, 334 (340).

4 Der **Versammlungsort** wird vom Einberufenden bestimmt (analog § 121 AktG regelmäßig am Sitz der eG),³ er muss eine sinnvolle Abhaltung in der Versammlung und Ausübung der Mitgliedschaftsrechte gewährleisten. Ebenso muss der **Zeitpunkt** der Versammlung angemessen und ortsüblich sein.⁴

5 Die Einberufung der Versammlung muss nach § 46 Abs. 1 S. 1 GenG mit einer **Frist** von mindestens zwei Wochen vor der Beschlussfassung über den Formwechsel erfolgen. Dabei ist auf den Zugang der Einberufung bei den Mitgliedern abzustellen.⁵ Die Fristberechnung erfolgt gemäß §§ 187 Abs. 1, 188 Abs. 1 BGB. Die **Form** der Einberufung richtet sich nach der Satzung (vgl. § 6 Nr. 4 GenG: unmittelbare Benachrichtigung der Mitglieder und/oder öffentliche Bekanntmachung). Die Tagesordnung ist mitzuteilen, § 46 Abs. 1 S. 2 GenG.

III. Ankündigung des Formwechsels

6 Bei der Einberufung ist der Formwechsel als Gegenstand der Beschlussfassung anzukündigen, Abs. 1 S. 1. Mitzuteilen ist daher in der Tagesordnung auch der zur Abstimmung stehende Formwechselbeschluss im Wortlaut. Da zum Beschluss des Formwechsels zwingend notwendig auch die Aufstellung der **Satzung** des Rechtsträgers der neuen Form gehört, ist auch diese mitzuteilen.⁶ Die Mitglieder können sich ein umfassendes Bild über den Formwechsel nur verschaffen, wenn sie auch ihre Mitgliedsrechte nach der neuen Satzung kennen.

7 Die Ankündigung ist sämtlichen Mitgliedern in **Textform** (§ 126b BGB, E-Mail oder Telefax genügt folglich) mitzuteilen. Dagegen genügt für die Einberufung nach näherer Maßgabe der Satzung auch eine Bekanntmachung in einem öffentlichen Blatt iSd § 6 Nr. 4 GenG. Zweckmäßigerweise wird man Einberufung und Ankündigung aber nicht auf unterschiedliche Medien aufspalten.

8 In der Ankündigung ist nach Abs. 1 S. 2 auf die **erforderliche Mehrheit** und auf die Möglichkeit der Erhebung eines **Widerspruchs** und die sich daraus ergebenden Rechte hinzuweisen. Es ist folglich darauf hinzuweisen, dass der Beschluss grundsätzlich einer Mehrheit von 3/4 der abgegebenen Stimmen bedarf, jedoch eine Mehrheit von 9/10 der abgegebenen Stimmen erforderlich ist, wenn spätestens bis zum Ablauf des dritten Tages vor der Generalversammlung mindestens 100 Mitglieder, bei einer Genossenschaft mit weniger als 1.000 Mitgliedern 1/10 der Mitglieder, durch eingeschriebenen Brief Widerspruch gegen den Formwechsel erhoben haben. Abweichende Regelungen in der Satzung sind ebenfalls mitzuteilen. Die Widerspruchsrechte sind zu erläutern; dabei ist auf die Abfindung nach §§ 207, 270 BGB hinzuweisen.

9 **Einberufungsmängel** oder Mängel der Ankündigung haben nach § 51 GenG die Anfechtbarkeit der getroffenen Beschlüsse zur Folge. Schwerwiegende Verstöße können zur Nichtigkeit führen.⁷

---

3 BayObLG – 2 Z 173/1958, Beschluss vom 24.10.1958, NJW 1959, 485, 485 f; Lutter/*Bayer* § 260 Rn. 2; Widmann/Mayer/*v. Reichenberg* § 260 Rn. 3.
4 Beuthien/*Wolff* GenG § 44 Rn. 5.
5 Lutter/*Bayer* § 260 Rn. 4.
6 So auch Lutter/*Bayer* § 260 Rn. 6, aA allerdings Lutter/*Drygala* § 13 Rn. 5.
7 BGHZ 18, 334 (338); 32, 318 (323); 126, 335 (338); der BGH wendet in st. Rspr. §§ 241 ff. AktG analog an.

IV. Information der Mitglieder vor und während der Generalversammlung

Die Mitgliederversammlung soll zur Beschlussfassung über den Formwechsel umfassend über die Bestimmungen desselben sowie über dessen rechtlichen Folgen und die Zweckmäßigkeit informiert werden. Dem trägt § 260 wie folgt Rechnung:

- Der Formwechsel ist gesondert **anzukündigen,**
- Der **Formwechselbericht des Vorstandes** hat zu erläutern, weshalb die Änderung der Rechtsform als zweckmäßig erscheint und dabei insbes. darauf einzugehen, welche Vorteile die Rechtsform der Kapitalgesellschaft gegenüber der Rechtsform der eG hat. Auch Nachteile sind darzustellen. Dem Bericht ist der Entwurf des Formwechselbeschlusses einschließlich der Satzung des Rechtsträgers der neuen Rechtsform beizufügen. Ein **Verzicht** auf den Formwechselbericht ist nach § 260 Abs. 2 S. 2, 192 Abs. 2 möglich, wenn alle Anteilsinhaber auf seine Erstattung verzichten. Da die Genossenschaft nach § 4 GenG mindestens drei Mitglieder haben muss, hat die Variante in § 192 Abs. 2 Alt. 1 keine praktische Bedeutung.
- Neben dem Bericht des Vorstandes soll auch das **Prüfungsgutachten** des Prüfungsverbandes nach § 259 die rechtlichen und wirtschaftlichen Zustände des Formwechsels einschließlich des Für und Wider für die einzelnen Mitglieder erörtern.
- Bericht des Vorstandes und Prüfungsgutachten sind in den Geschäftsräumen der Genossenschaft von der Einberufung der Versammlung an in den Geschäftsräumen der Gesellschaft zur Einsicht der Mitglieder **auszulegen,** § 260 Abs. 2 S. 1, 230 Abs. 2 S. 1, 260 Abs. 3 S. 1. Durch den in § 260 Abs. 2 eingefügten Verweis[8] auf den gesamten § 230 Abs. 2, sowie den in § 260 Abs. 3 angefügten S. 3 wird den Genossenschaften die Möglichkeit gegeben, die Unterlagen in elektronischer Form auf ihrer Internetseite zugänglich zu machen und so die Verpflichtung zur Auslegung und Übermittlung entfallen zu lassen.[9] Auf Verlangen ist jedem Mitglied unverzüglich und kostenlos eine **Abschrift** des Prüfungsgutachtens (§ 260 Abs. 3 S. 2) und des Berichts des Vorstands (§ 260 Abs. 2 S. 1, § 230 Abs. 2 S. 2) zu erteilen.
- Das später in den Formwechselbeschluss nach § 194 Abs. 1 Nr. 6 aufzunehmende **Abfindungsangebot** iSd § 207 ist gemäß § 260 Abs. 2 S. 1, § 231 S. 1 zusammen mit der Einberufung der Versammlung zu übersenden. Ausweislich des eindeutigen Gesetzeswortlautes genügt dabei eine Veröffentlichung im elektronischen Bundesanzeiger und gesondert zu bestimmenden Gesellschafterblättern nicht.

V. Besonderheiten bei der Vertreterversammlung

Bei einer eG mit mehr als 1.500 Mitgliedern kann die Satzung nach § 43a Abs. 1 GenG bestimmen, dass eine Generalversammlung aus Vertretern der Mitglieder (Vertreterversammlung) gebildet wird. Dabei können bestimmte Beschlüsse durch Satzungsregelung der Generalversammlung vorbehalten werden. Die Vertreterversammlung hat grundsätzlich die gleiche gesetzliche Zuständigkeit wie die Generalversammlung und ist daher auch für die Beschlussfassung über den Formwechsel in eine Kapitalgesellschaft **zuständig,** sofern nicht in der Satzung ausdrücklich diese Zuständigkeit der Generalversammlung zugewiesen ist.[10] Ist eine Vertreterversammlung bestellt, so ist in

---

8 Gesetz zum Bürokratieabbau und zur Förderung der Transparenz bei Genossenschaften v. 7.7.2017, BGBl. I 2434.
9 Gesetzesbegründung BT-Drs. 18/11506.
10 Widmann/Mayer/v. Reichenberg § 260 Rn. 2; Beuthien/Schöpflin GenG § 43a Rn. 2.

Bezug auf Einberufung und Ankündigung zu unterscheiden: Die **Einberufung** ist an alle im Amt befindlichen Vertreter zu richten; Ersatzvertreter müssen nicht eingeladen werden.[11] Die **Ankündigung** ist jedoch an jedes einzelne Mitglied zu richten, da das Widerspruchsrecht gemäß § 262 Abs. 1 S. 2 auch bei der Einrichtung einer Vertreterversammlung jedem Mitglied persönlich und nicht nur den Vertretern zusteht.[12]

§ 261 Durchführung der Generalversammlung

(1) [1]In der Generalversammlung, die den Formwechsel beschließen soll, ist der Formwechselbericht, sofern er nach diesem Buch erforderlich ist, und das nach § 259 erstattete Prüfungsgutachten auszulegen. [2]Der Vorstand hat den Formwechselbeschluss zu Beginn der Verhandlung mündlich zu erläutern.

(2) [1]Das Prüfungsgutachten ist in der Generalversammlung zu verlesen. [2]Der Prüfungsverband ist berechtigt, an der Generalversammlung beratend teilzunehmen.

I. Allgemeines 1	IV. Auskunftsrecht der Mitglieder 6
II. Auslegung des Berichts und des Prüfungsgutachtens 2	V. Prüfungsgutachten und Prüfungsberatung durch den Verband 9
III. Erläuterung durch den Vorstand 4	

I. Allgemeines

1 § 261 dient der Sicherstellung umfassender Informations- und Beratungsmöglichkeiten der Mitglieder. Während in Vorbereitung der Versammlung das Informationsbedürfnis insbes. durch Auslage und Übersendung des Berichts des Vorstandes und des Prüfungsberichts Genüge getan werden soll, soll die Information des Mitglieds während der Versammlung nach § 261 durch die Auslage der vorgenannten Berichte, die mündliche Erläuterung des Beschlusses durch den Vorstand und durch die Verlesung des Prüfungsgutachtens sichergestellt werden. Die hohe Bedeutung des Prüfungsverbandes als eine die eG begleitende Institution findet in § 261 ihren Niederschlag dahin gehend, dass der Prüfungsverband an der Generalversammlung beratend teilnehmen soll.

II. Auslegung des Berichts und des Prüfungsgutachtens

2 Die Auslegung hat in der Generalversammlung, mithin im Versammlungsraum und während der **gesamten Dauer der Versammlung**, zu erfolgen. Insbes. ist eine Auslage auch nach Abhandlung des Tagesordnungspunktes Formwechsel erforderlich, da die Einlegung eines Widerspruchs als Voraussetzung der Anfechtungsklage nach § 51 GenG oder als Voraussetzung für das Ausscheiden eines Mitglieds nach gegen Abfindung nach §§ 207, 270 noch bis zum Ende der Verhandlung möglich ist. Bis zu diesem Zeitpunkt besteht daher ein Informationsbedürfnis des Mitglieds.

3 Umstritten ist, ob die Unterlagen nur zur Einsicht bereit liegen müssen oder auf Verlangen auch **während der Verhandlung Abschriften** erteilt werden müssen. Der Wortlaut des Abs. 1 S. 1 spricht dafür, dass Abschriften nicht erteilt werden müssen.[1]

---

[11] Lutter/*Bayer* § 260 Rn. 3; Widmann/Mayer/*v. Reichenberg* § 260 Rn. 3.
[12] Lutter/*Bayer* § 260 Rn. 3; Widmann/Mayer/*v. Reichenberg* § 260 Rn. 5.

[1] So auch Lutter/*Bayer* § 261 Rn. 3; Widmann/Mayer/*v. Reichenberg* § 261 Rn. 4; aA Schmitt/Hörtnagl/*Hörtnagl/Rinke* § 260 Rn. 10, Schmitt/Hörtnagl/*Hörtnagl/Rinke* § 261 Rn. 2.

Die Abschriftserteilung nach § 260 Abs. 3 S. 2 bezweckt eine umfassende Information des Mitglieds in Vorbereitung der Versammlung. Während der Versammlung ist dem Mitglied zuzumuten, den ausliegenden Bericht einzusehen, ihn also nicht in Abschrift zu seinem Platz nehmen zu können. Nach Abschluss der Versammlung erlischt das Widerspruchsrecht, so dass ein Mitglied keinen Vorteil davon hätte, Abschriften aus der Versammlung mitzunehmen.

III. Erläuterung durch den Vorstand

Der Vorstand hat den Formwechselbeschluss zu Beginn der Verhandlung mündlich zu erläutern. Dies bedeutet nicht, dass er verpflichtet wäre, den von ihm im Vorfeld der Versammlung bereits erstatteten Bericht erneut vorzutragen. Nach Sinn und Zweck der Vorschrift ist vielmehr eine aktualisierte[2] **Wiedergabe der Kernpunkte** der Argumente für und ggf. auch gegen den Formwechselbeschluss vorzutragen. Dabei ist insbes. auf die für die Mitglieder wichtige Thematik des Umtauschs der Anteile und der Gestaltung der Anteilsrechte in dem Rechtsträger neuer Rechtsform einzugehen.

Ein **Verzicht** auf den Formwechselbericht bedeutet nicht zugleich einen Verzicht auf die mündliche Erörterung durch den Vorstand. Es ist nicht anzunehmen, dass Mitglieder, die einen schriftlichen Bericht für nicht erforderlich erachten, auch eine mündliche Erörterung in der Versammlung für obsolet halten.[3] Ein mündlicher Bericht ist jedoch nicht erforderlich, wenn die anwesenden Mitglieder in dieser Versammlung auf den Bericht verzichten. Dieser Verzicht bedarf keiner besonderen Form.

IV. Auskunftsrecht der Mitglieder

Obwohl das Auskunftsrecht der Mitglieder im Rahmen der Versammlung und insbes. im Rahmen der Erläuterungen des Vorstandes gesetzlich nicht normiert ist, sind die Mitglieder berechtigt, über alle **für den Formwechsel wesentlichen Angelegenheiten** Auskunft zu verlangen.[4] Aus dem Umstand, dass anders als in der Parallelvorschrift des § 83 Abs. 1 S. 3 iVm § 64 Abs. 2 das Auskunftsrecht nicht ausdrücklich normiert ist, lässt sich nicht schließen, dass der Gesetzgeber bewusst ein Auskunftsrecht der Mitglieder verneinen wollte. Das Auskunftsrecht ergibt sich vielmehr aus einer analogen Anwendung des § 83 Abs. 1 S. 3[5] bzw. in analoger Anwendung des § 131 AktG[6] oder aus dem allgemeinen genossenschaftsrechtlichen Auskunftsrecht der Mitglieder.[7]

Bei **verbundenen Unternehmen** iSv § 15 AktG erstreckt sich das Auskunftsrecht auch auf die wesentlichen Angelegenheiten der verbundenen Unternehmen (§ 192 Abs. 1 S. 2, § 8 Abs. 1 S. 4 analog).[8] Verantwortlich für die Auskunftserteilung ist der Vorstand, der sich aber vom Vorstand des verbundenen Unternehmens unterstützen lassen kann.[9]

Der Vorstand kann Auskünfte **verweigern**, wenn es sich um solche Umstände handelt, deren Bekanntwerden geeignet ist, dem Rechtsträger oder einem verbundenen Unternehmen einen nicht unerheblichen Nachteil zu verschaffen. Das Auskunftsverweige-

---

2 Lutter/*Bayer* § 261 Rn. 5; Widmann/Mayer/*v. Reichenberg* § 261 Rn. 5.
3 So auch Lutter/*Bayer* § 261 Rn. 5; Widmann/Mayer/*v. Reichenberg* § 261 Rn. 5.
4 Lutter/*Bayer* § 261 Rn. 8; Schmitt/Hörtnagl/*Hörtnagl/Rinke* § 261 Rn. 4; Widmann/Mayer/*v. Reichenberg* § 261 Rn. 6.
5 So Semler/Stengel/Leonard/*Bonow* § 261 Rn. 27.
6 So Lutter/*Bayer* § 261 Rn. 8.
7 So Widmann/Mayer/*v. Reichenberg* § 261 Rn. 6.
8 Lutter/*Bayer* § 261 Rn. 9.
9 Lutter/*Bayer* § 261 Rn. 9.

rungsrecht ergibt sich aus einer analogen Anwendung von § 192 Abs. 1 S. 2, § 8 Abs. 2 S. 1.[10]

V. Prüfungsgutachten und Prüfungsberatung durch den Verband

9 Das Prüfungsgutachten des Prüfungsverbandes soll nicht nur ab dem Zeitpunkt der Einberufung der Versammlung in den Geschäftsräumen der eG (§ 260 Abs. 3 S. 1) und in der Versammlung selbst (§ 261 Abs. 1 S. 1) zur Einsicht ausliegen, sondern auch in der Generalversammlung **verlesen** werden. Damit soll eine Information auch derjenigen Mitglieder erreicht werden, die von der Möglichkeit der Einsichtnahme keinen Gebrauch gemacht haben. Die Pflicht zur Verlesung betont die Bedeutung des Prüfungsgutachtens und konkretisiert die Anforderungen an Form und Inhalt des Gutachtens: Es ist kurz und klar zu verfassen, so dass eine Verlesung sinnvoll möglich ist und dem Informationsinteresse der Mitglieder dienen kann.

10 Ausweislich des Gesetzeswortlauts ist das Prüfungsgutachten zu verlesen, eine Erläuterung der wesentlichen Punkte genügt daher nicht.[11] Ein **Verzicht auf Verlesung** ist wegen der genossenschaftsrechtlichen Bedeutung des Prüfungsverbandes und angesichts des Fehlens einer dem § 192 Abs. 2 vergleichbaren Norm unzulässig.[12] Die Person des Vorlesenden ist gesetzlich nicht benannt. Einschränkungen diesbezüglich bestehen folglich nicht, der Bericht kann vom Vorstand, einem Vertreter des Prüfungsverbandes oder einer dritten Person (nach Beauftragung durch und unter Aufsicht des Vorstandes) vorgetragen werden.[13]

11 Der **Prüfungsverband** hat lediglich ein Anwesenheits- und Beratungs- aber kein Einspruchsrecht.

§ 262 Beschluß der Generalversammlung

(1) ¹**Der Formwechselbeschluss der Generalversammlung bedarf einer Mehrheit von mindestens drei Vierteln der abgegebenen Stimmen.** ²Er bedarf einer Mehrheit von neun Zehnteln der abgegebenen Stimmen, wenn spätestens bis zum Ablauf des dritten Tages vor der Generalversammlung mindestens 100 Mitglieder, bei Genossenschaften mit weniger als 1 000 Mitgliedern ein Zehntel der Mitglieder, durch eingeschriebenen Brief Widerspruch gegen den Formwechsel erhoben haben. ³Die Satzung kann größere Mehrheiten und weitere Erfordernisse bestimmen.

(2) **Auf den Formwechsel in eine Kommanditgesellschaft auf Aktien ist § 240 Abs. 2 entsprechend anzuwenden.**

I. Allgemeines 1	V. Besonderheiten bei Formwechsel in eine KGaA 10
II. Zuständigkeit 2	VI. Anfechtung des Beschlusses 11
III. Mehrheitserfordernisse 4	
IV. Form 9	

---

10 Zu den Einzelheiten des Auskunftsverweigerungsrechts → § 8 Rn. 39 ff.
11 Lutter/*Bayer* § 261 Rn. 12.
12 Lutter/*Bayer* § 261 Rn. 12; Widmann/Bayer/*v. Reichenberg* § 261 Rn. 7.
13 Widmann/Mayer/*v. Reichenberg* § 261 Rn. 7; Lutter/*Bayer* § 261 Rn. 12; Schmitt/Hörtnagl/*Hörtnagl/Rinke* § 261 Rn. 5.

I. Allgemeines

§ 262 bestimmt mit § 193 die Form- und Mehrheitserfordernisse des Beschlusses der Generalversammlung. Das Erfordernis eines Formwechselbeschlusses ergibt sich aus § 193 Abs. 1 S. 2.

II. Zuständigkeit

Die Beschlussfassung ist der **Generalversammlung** der eG vorbehalten (§ 43 Abs. 1 GenG). Sofern nach § 43a GenG durch die Satzung einer eG mit mehr als 1.500 Mitgliedern die Bildung einer **Vertreterversammlung** vorgesehen ist, ist diese auch für die Beschlussfassung über den Formwechsel zuständig. Anders ist es allerdings, wenn ausweislich der Satzung diese Beschlussfassung der Generalversammlung vorbehalten ist (§ 43a Abs. 1 S. 2 GenG), was auch anzunehmen ist, wenn die Beschlussfassung über eine Satzungsänderung der Generalversammlung vorbehalten ist.

Eine **Delegation** der Zuständigkeit zur Beschlussfassung über den Formwechsel auf ein anderes Organ oder auf Dritte ist unzulässig.[1]

III. Mehrheitserfordernisse

Der Beschluss bedarf grundsätzlich einer Mehrheit von mindestens **3/4 der abgegebenen Stimmen**. Die Satzung kann gemäß Abs. 1 S. 3 höhere Mehrheitserfordernisse und auch Einstimmigkeit sowie weitere Erfordernisse (zB Quorum) bestimmen. Stellt die Satzung für eine Satzungsänderung höhere Mehrheitserfordernisse auf, so wird dies regelmäßig dahin gehend auszulegen sein, dass diese Mehrheitserfordernisse auch für den Formwechsel gelten, da mit dem Formwechsel stets auch eine Änderung der Satzung einhergeht (vgl. § 263 Abs. 1, § 218 Abs. 1 S. 1).[2]

Erforderlich ist nach Abs. 1 eine **relative** Dreiviertelmehrheit. Dabei kommt es bei der Berechnung ausschließlich auf die abgegebenen Stimmen an. Stimmenthaltungen und ungültige Stimmen zählen nicht.[3]

Abgestimmt wird grundsätzlich nach dem **Kopfprinzip**. Eine Ausnahme gilt nur im Falle von satzungsmäßigen Mehrstimmrechten in eG, vgl. § 43 Abs. 3 Nr. 2 und 3 GenG.

Die Mehrheitserfordernisse erhöhen sich auf eine **Mehrheit von 9/10** der abgegebenen Stimmen, wenn spätestens bis zum Ablauf des dritten Tages vor der Generalversammlung mindestens 100 Mitglieder, bei Genossenschaften mit weniger als 1.000 Mitgliedern 1/10 der Mitglieder durch eingeschriebenen Brief Widerspruch wegen Formmängeln erhoben haben. Auch diesbezüglich kann die Satzung größere Mehrheiten und weitere Erfordernisse bestimmen. Das Recht Widerspruch zu erheben, steht dabei jedem Mitglied zu. Dies gilt auch dann, wenn die Zuständigkeit zur Beschlussfassung einer Vertreterversammlung zugewiesen ist.[4] Aus diesem Grund sind alle Mitglieder (und nicht lediglich die Vertreter) gemäß § 260 Abs. 1 S. 2 auf die Möglichkeit des Widerspruchs und die sich daraus ergebenden Rechtsfolgen hinzuweisen.

---

1 Lutter/*Bayer* § 262 Rn. 4; Kallmeyer/*Zimmermann* § 193 Rn. 3; Schmitt/Hörtnagl/*Hörtnagl/Rinke* § 262 Rn. 2.
2 So im Ergebnis auch Lutter/*Bayer* § 262 Rn. 10; sowie zu § 65: Kallmeyer/*Zimmermann* § 65 Rn. 7; Schmitt/Hörtnagl/*Hörtnagl/Ollech* § 65 Rn. 12; aA (Auslegung) Schmitt/Hörtnagl/*Hörtnagl/Rinke* § 262 Rn. 3; Lutter/*Grunewald* § 65 Rn. 6.
3 Allgemeine Ansicht Lutter/*Bayer* § 262 Rn. 5; Schmitt/Hörtnagl/*Hörtnagl/Rinke* § 262 Rn. 5.
4 Strittig: Lutter/*Bayer* § 262 Rn. 7; Widmann/Mayer/*v. Reichenberg* § 262 Rn. 4; Schmitt/Hörtnagl/*Hörtnagl/Rinke* § 262 Rn. 7; aA Semler/Stengel/*Leonard/Bonow* § 262 Rn. 29.

8   Der **Widerspruch** muss nicht als solcher bezeichnet und auch nicht begründet sein. Es genügt die Erklärung der Ablehnung des Formwechsels.[5] Der Widerspruch muss der Genossenschaft spätestens bis zum Ablauf des 3. Tages vor der Generalversammlung zugehen. Die Fristberechnung erfolgt nach §§ 187 Abs. 1, 188 Abs. 2 BGB (Beispiel: Versammlung am 13.2., dieser Tag wird nach § 187 Abs. 1 BGB nicht mitgerechnet, das Einschreiben muss am 10.2. zugehen).[6]

IV. Form

9   Der Formwechselbeschluss muss nach § 193 Abs. 3 S. 1 notariell beurkundet werden.

V. Besonderheiten bei Formwechsel in eine KGaA

10 Für diesen Fall ist § 240 Abs. 2 entsprechend anzuwenden. Alle Mitglieder, die in der KGaA die Stellung eines persönlich haftenden Gesellschafters haben sollen, müssen dem Formwechsel zustimmen. Diese besondere Zustimmung ist erforderlich, um zu verhindern, dass dem bislang nur beschränkt haftenden Mitglied eine Vollhaftung ohne sein Zutun auferlegt werden könnte.

VI. Anfechtung des Beschlusses

11 Für die Anfechtung des Beschlusses einer General- oder Vertreterversammlung einer eG ist § 51 GenG anwendbar, der allerdings in Bezug auf den Formwechselbeschluss durch die Bestimmungen des UmwG überlagert wird:

- Eine Anfechtungsklage kann nach § 195 Abs. 2 nicht darauf gestützt werden, dass die im Beschluss bestimmten Anteile an dem Rechtsträger neuer Rechtsform **nicht angemessen sind** oder dass die Mitgliedschaft **keinen ausreichenden Gegenwert** für die Anteile oder die Mitgliedschaft beim formwechselnden Rechtsträger sei. Diese Streitigkeiten sind in das Spruchverfahren gemäß § 196 S. 2 iVm §§ 1 ff. SpruchG ausgelagert (→ § 196 Rn. 1 ff.).
- Nach § 210 kann eine Klage gegen die Wirksamkeit des Formwechselbeschlusses nicht darauf gestützt werden, dass das **Abfindungsangebot nach § 207 nicht angemessen** oder die Barabfindung im Formwechselbeschluss nicht oder nicht ordnungsgemäß angeboten worden ist. Auch insoweit verweist § 212 auf das Spruchverfahren.
- Umstritten ist, ob eine Anfechtung aufgrund der **Verletzung von abfindungsbezogenen Informations-, Auskunfts- oder Berichtspflichten** geltend gemacht werden kann. Analog § 243 Abs. 4 S. 2 AktG kann eine Anfechtungsklage wohl nicht auf unrichtige, unvollständige oder unzureichende Information in der Hauptversammlung über die Ermittlung, Höhe oder Angemessenheit von Ausgleich, Abfindung, Zuzahlung oder über sonstige Kompensation gestützt werden, sofern das Gesetz für Bewertungsrügen ein Spruchverfahren vorsieht. Ob dieser Ausschluss auch für Informationsmängel im Vorfeld der Hauptversammlung gilt, ist streitig.[7]

12 Die **Anfechtungsbefugnis** steht nach § 51 Abs. 2 S. 1 GenG jedem in der Generalversammlung erschienenen Mitglied zu, sofern es gegen den Beschluss Widerspruch zum Protokoll erklärt hat, sowie jedem nicht erschienenen Mitglied, sofern es zu der Gene-

---

[5] Lutter/*Bayer* § 262 Rn. 7; Schmitt/Hörtnagl/*Hörtnagl/Rinke* § 262 Rn. 7.

[6] Gleiches Ergebnis: Schmitt/Hörtnagl/*Hörtnagl/Rinke* § 262 Rn. 8.

[7] S. dazu Lutter/*Bayer* § 262 Rn. 22 mwN.

ralversammlung unberechtigterweise nicht zugelassen worden ist oder sofern es die Anfechtung darauf begründet, dass die Einberufung der Mitgliederversammlung oder die Ankündigung des Gegenstands der Beschlussfassung nicht ordnungsgemäß erfolgt sei. Bei einer Vertreterversammlung sind auch alle Mitglieder anfechtungsbefugt; bei ihnen kommt es lediglich darauf an, ob sie durch einen Vertreter an der Generalversammlung teilgenommen haben.[8] Auch Vorstand und Aufsichtsrat sind zu Anfechtungen befugt.

Adressat der Klage ist die eG, vertreten durch den Vorstand und den Aufsichtsrat. 13

Die Klage kann nur innerhalb einer **Ausschlussfrist** von einem Monat nach § 195 Abs. 1 (s. auch § 55 Abs. 1 S. 2 GenG), beginnend mit dem Tag der Beschlussfassung erhoben werden. Für die Fristberechnung gelten §§ 187 Abs. 1, 188 Abs. 2 BGB. 14

Eine erfolgreiche Anfechtungsklage führt zur **Nichtigkeitserklärung** des Beschlusses, § 51 Abs. 5 GenG. 15

§ 263 Inhalt des Formwechselbeschlusses

(1) Auf den Formwechselbeschluss sind auch die §§ 218, 243 Abs. 3 und § 244 Abs. 2 entsprechend anzuwenden.

(2) ¹In dem Beschluß ist bei der Festlegung von Zahl, Art und Umfang der Anteile (§ 194 Abs. 1 Nr. 4) zu bestimmen, daß an dem Stammkapital oder an dem Grundkapital der Gesellschaft neuer Rechtsform jedes Mitglied, das die Rechtsstellung eines beschränkt haftenden Gesellschafters oder eines Aktionärs erlangt, in dem Verhältnis beteiligt wird, in dem am Ende des letzten vor der Beschlußfassung über den Formwechsel abgelaufenen Geschäftsjahres sein Geschäftsguthaben zur Summe der Geschäftsguthaben aller Mitglieder gestanden hat, die durch den Formwechsel Gesellschafter oder Aktionäre geworden sind. ²Der Nennbetrag des Grundkapitals ist so zu bemessen, daß auf jedes Mitglied möglichst volle Aktien entfallen.

(3) ¹Die Geschäftsanteile einer Gesellschaft mit beschränkter Haftung sollen auf einen höheren Nennbetrag als hundert Euro nur gestellt werden, soweit auf die Mitglieder der formwechselnden Genossenschaft volle Geschäftsanteile mit dem höheren Nennbetrag entfallen. ²Aktien können auf einen höheren Betrag als den Mindestbetrag nach § 8 Abs. 2 und 3 des Aktiengesetzes nur gestellt werden, soweit volle Aktien mit dem höheren Betrag auf die Mitglieder entfallen. ³Wird das Vertretungsorgan der Aktiengesellschaft oder der Kommanditgesellschaft auf Aktien in der Satzung ermächtigt, das Grundkapital bis zu einem bestimmten Nennbetrag durch Ausgabe neuer Aktien gegen Einlagen zu erhöhen, so darf die Ermächtigung nicht vorsehen, daß das Vertretungsorgan über den Ausschluß des Bezugsrechts entscheidet.

I. Allgemeines 1	IV. Festlegung von Zahl, Art und Umfang der Anteile (Abs. 2, 3) 6
II. Inhalt des Formwechselbeschlusses 3	
III. Besonderheiten bei Formwechsel in eine KGaA 5	V. Nicht verhältniswahrende Beteiligung und Identitätswechsel 7

---

[8] Lutter/*Bayer* § 262 Rn. 19, Schmitt/Hörtnagl/*Hörtnagl/Rinke* § 262 Rn. 7, Widmann/Mayer/*v. Reichenberg* § 262 Rn. 4; aA Beuthien/*Schöpflin* GenG § 51 Rn. 29.

I. Allgemeines

1 § 263 bestimmt den Inhalt des Formwechselbeschlusses und ist im Zusammenspiel mit den allgemeinen Vorgaben des § 194 Abs. 1 zu verstehen. In Abs. 1 ist auf § 218 verwiesen, wonach der vollständige Text des Gesellschaftsvertrages bzw. Satzung des Rechtsträgers neuer Rechtsform dem Beschluss beizufügen ist. Der Verweis auf § 218 Abs. 2 stellt klar, dass bei einem Formwechsel in eine KGaA mindestens ein Gesellschafter als persönlich haftender Gesellschafter zu benennen ist.

2 Die Vorgaben der Abs. 2 und 3 in Bezug auf die Beteiligung der Gesellschafter an dem Rechtsträger neuer Rechtsform bezwecken eine möglichst gerechte Verteilung der Anteile sowie den Schutz von Minderheitsgesellschaftern.

II. Inhalt des Formwechselbeschlusses

3 Der Inhalt des Formwechselbeschlusses wird von § 194 Abs. 1 wie folgt vorgegeben:
- Die durch den Formwechsel erlangte neue **Rechtsform** ist anzugeben (Nr. 1)
- Die **Firma** des Rechtsträgers neuer Rechtsform ist zu bestimmen, dabei ist der Rechtsformzusatz der neuen Rechtsform beizusetzen.
- Die Mitglieder müssen **Gesellschafter** an der neuen Kapitalgesellschaft werden.
- Anzahl, Art und Umfang der **Anteile** der Anteilsinhaber am Rechtsträger neuer Rechtsform müssen bestimmt werden; bei der Berechnung der Anteile sind insbes. die Vorgaben unter → Rn. 6 sowie das Verbot der Unterpari-Emission des § 264 Abs. 1 zu beachten. Bei einem Formwechsel in eine KGaA muss mindestens ein Mitglied als Komplementär beteiligt werden oder es muss ein Dritter als Komplementär beitreten (Abs. 1, § 218 Abs. 2).
- Die Rechte, die einzelnen Anteilsinhabern und den Inhabern besonderer Rechte dem Rechtsträger neuer Rechtsform gewährt werden sollen, müssen bestimmt werden. Dabei sind insbes. **Sonderrechte**, die die Mitglieder bereits in der Rechtsform der eG hatten, grundsätzlich beizubehalten.[1]
- Das **Abfindungsangebot** gemäß § 207 muss formuliert sein. Das Angebot ist nicht erforderlich, wenn der Beschluss zu seiner Wirksamkeit der Zustimmung aller Anteilsinhaber bedarf (s. § 194 Abs. 1 Nr. 6) oder wenn sämtliche Mitglieder auf ein Abfindungsangebot in notarieller Form verzichtet haben (§ 192 Abs. 2 analog).[2]
- Darzustellen sind die Folgen des Formwechsels für die **Arbeitnehmer** und ihre Vertretungen und die insoweit vorgesehenen Maßnahmen, Nr. 7.

4 Nach Abs. 1, § 218 Abs. 1 S. 1 ist ferner der **Text des Gesellschaftsvertrages bzw. der Satzung** des Rechtsträgers neuer Rechtsform dem Beschluss beizufügen und als Bestandteil des Beschlusses ebenfalls zu beurkunden. Eine Unterzeichnung der Satzung/des Gesellschaftsvertrages durch alle Gesellschafter ist nicht erforderlich (Abs. 1, § 218 Abs. 1 S. 2, § 244 Abs. 2).

III. Besonderheiten bei Formwechsel in eine KGaA

5 Ein Mitglied der eG muss die Rechtsstellung eines persönlich haftenden Gesellschafters erhalten. Möglich ist auch der Beitritt eines dem Gesellschafterkreis noch nicht angehörenden Dritter als Komplementär, Abs. 1, § 218 Abs. 2.

---

1 Lutter/*Bayer* § 263 Rn. 10.
2 Lutter/*Bayer* § 263 Rn. 11; Beuthien/*Wolff* §§ 190 ff. Rn. 22; Lutter/*Hoger* § 194 Rn. 23.

IV. Festlegung von Zahl, Art und Umfang der Anteile (Abs. 2, 3)

Bei der Festlegung der Höhe der Beteiligung am Rechtsträger neuer Rechtsform ist zum einen die Grenze des § 264 (**Verbot der Unter-Pari-Emission**) zu beachten. Zum Verhältnis der Beteiligung untereinander enthalten darüber hinaus Abs. 2 und 3 Vorgaben: 6

- Der **Nennbetrag** der Aktien oder Geschäftsanteile kann abweichend vom Betrag des Geschäftsguthabens der formwechselnden eG festgesetzt werden (§ 263 Abs. 1, § 243 Abs. 3 S. 1).
- Nach Abs. 2 (der insoweit den Wortlaut des zu fassenden Beschlusses vorgibt) soll der Formwechsel jedoch grundsätzlich **verhältniswahrend** sein; das Verhältnis der Anteile untereinander soll sich also durch den Formwechsel nicht verändern.[3] Maßgeblich ist dabei grundsätzlich das Geschäftsguthaben, das am Ende des letzten abgelaufenen Geschäftsjahres vor der Fassung des Formwechselbeschlusses in der Bilanz abgebildet ist.[4] Gegen Barabfindung ausscheidende Anteilsinhaber werden bei der Berechnung berücksichtigt.[5] Solche Mitglieder, die bei einem Formwechsel in eine KGaA ausschließlich die Stellung eines persönlich haftenden Gesellschafters übernehmen, werden dagegen bei der verhältniswahrenden Zuweisung nicht berücksichtigt.[6] Sofern Mitglieder nach Ablauf des Geschäftsjahres der eG beitreten, ist das grundsätzlich für die verhältniswahrende Zuteilung der Anteile relevante Geschäftsguthaben zum Zeitpunkt des abgelaufenen Geschäftsjahres gleich null. An dem Formwechsel sind jedoch auch solche Mitglieder zu beteiligen. Es ist daher eine Neuberechnung der Anteilsverhältnisse erforderlich.[7]
- Jeder Gesellschafter muss zumindest einen auf **volle Euro** lautenden Geschäftsanteil, jeder Aktionär mindestens eine **volle Aktie** erhalten, § 258 Abs. 2.
- Abs. 2 S. 2 und Abs. 3 verdeutlichen, dass der Gesetzgeber die Entstehung von **Teilrechten vermeiden** will. Da nach § 8 Abs. 2 und 3 AktG Nennbetragsaktien mit dem Mindestbetrag von 1 EUR oder Stückaktien, die diesem Anteil am Grundkapital entsprechen, ausgegeben werden können und auch 1-EUR-Nennbetrags-Geschäftsanteile bei der GmbH seit Inkrafttreten des MoMiG[8] möglich sind, können regelmäßig volle Anteile ausgegeben werden. Dies umso mehr, als jeder Gesellschafter einer GmbH (wie bereits bei der AG) mehrere Geschäftsanteile erwerben kann (vgl. § 5 Abs. 2 S. 2 GmbHG) und das Erfordernis des Mindestnennbetrages von 50 EUR und der Teilbarkeit durch 10 EUR nach § 258 Abs. 2 aF entfallen ist. Höhere Nennbeträge sind nur zulässig, soweit volle Aktien bzw. volle Geschäftsanteile mit dem höheren Betrag auf jedes Mitglied entfallen (Abs. 3 S. 1 und 2). Nur wenn es gar nicht anders geht, verbleibt die Möglichkeit, einem Mitglied (neben einem vollen Geschäftsanteil bzw. Aktie, § 258 Abs. 2) einen Teil eines Geschäftsanteils oder ein Teilrecht zuzugestehen.[9]

---

3 Beuthien/*Wolff* §§ 190 ff. Rn. 20; Lutter/*Bayer* § 263 Rn. 23.
4 Beuthien/*Wolff* §§ 190 ff. Rn. 20.
5 Widmann/Mayer/*v. Reichenberg* § 263 Rn. 8; Schmitt/Hörtnagl/*Hörtnagl/Rinke* § 263 Rn. 7.
6 Lutter/*Bayer* § 263 Rn. 23; Schmitt/Hörtnagl/*Hörtnagl/Rinke* § 263 Rn. 7.
7 Lutter/*Bayer* § 263 Rn. 23; aA Beuthien/*Wolff* §§ 190 ff. Rn. 20a.
8 Gesetz zur Modernisierung des GmbH-Rechts und zur Bekämpfung von Missbräuchen v. 23.10.2008, BGBl. I 2026.
9 Schmitt/Hörtnagl/*Hörtnagl/Rinke* § 263 Rn. 10 mit Beispiel, das jedoch wegen Wegfalls des Erfordernisses der Teilbarkeit eines Geschäftsanteils durch 10 EUR (so § 258 Abs. 2 aF) an Bedeutung verloren hat.

V. Nicht verhältniswahrende Beteiligung und Identitätswechsel

7 Bei **Zustimmung** durch alle Mitglieder kann vom Prinzip der verhältniswahrenden Zuweisung der Anteile abgewichen werden.[10] Ob auch ein Wechsel der Identität der Gesellschafter, also ein **Ausscheiden** von Gesellschaftern oder ein **Beitritt** eines weiteren Gesellschafters im Rahmen des Formwechsels über die gesetzlich zulässigen Fälle (Aufnahme eines Komplementärs bei Formwechsel in eine KGaA gemäß Abs. 1, § 218 Abs. 2) zulässig ist, ist umstritten. Teilweise wird ein solcher Mitgliederwechsel im Rahmen des Formwechsels mit der Begründung zugelassen, dass es im Ergebnis keinen Unterschied machen könne, ob der Anteil eines Gesellschafters mit seinem Einverständnis lediglich reduziert wird oder ob er ganz ausscheidet.[11] Richtigerweise wird man aber aus § 202 Abs. 1 Nr. 2 entnehmen können, dass die Anteilsinhaber des formwechselnden Rechtsträgers am Rechtsträger neuer Rechtsform grundsätzlich beteiligt sind. Dementsprechend bietet das UmwG keine Grundlage für einen Gesellschafterwechsel außerhalb der gesetzlich ausdrücklich bestimmten Fälle. Dadurch ist jedoch ein Gesellschafterwechsel nach den allgemeinen Regeln (Kündigung, Abtretung) nicht ausgeschlossen.[12]

§ 264 Kapitalschutz

(1) Der Nennbetrag des Stammkapitals einer Gesellschaft mit beschränkter Haftung oder des Grundkapitals einer Aktiengesellschaft oder einer Kommanditgesellschaft auf Aktien darf das nach Abzug der Schulden verbleibende Vermögen der formwechselnden Genossenschaft nicht übersteigen.

(2) Beim Formwechsel in eine Gesellschaft mit beschränkter Haftung sind die Mitglieder der formwechselnden Genossenschaft nicht verpflichtet, einen Sachgründungsbericht zu erstatten.

(3) ¹Beim Formwechsel in eine Aktiengesellschaft oder in eine Kommanditgesellschaft auf Aktien hat die Gründungsprüfung durch einen oder mehrere Prüfer (§ 33 Abs. 2 des Aktiengesetzes) in jedem Fall stattzufinden. ²Jedoch sind die Mitglieder der formwechselnden Genossenschaft nicht verpflichtet, einen Gründungsbericht zu erstatten; die §§ 32, 35 Abs. 1 und 2 und § 46 des Aktiengesetzes sind nicht anzuwenden. ³Die für Nachgründungen in § 52 Abs. 1 des Aktiengesetzes bestimmte Frist von zwei Jahren beginnt mit dem Wirksamwerden des Formwechsels.

I. Allgemeines	1	IV. Gründungsprüfung (Abs. 3)	4
II. Verbot der Unter-Pari-Emission (Abs. 1)	2	V. Nachgründung	5
III. Sachgründungsbericht (Abs. 2, 3)	3	VI. Aufsichtsrat und Vorstand	6

I. Allgemeines

1 Der Formwechsel wird nach § 197 im Grundsatz **wie eine Neugründung** behandelt. Die Gründungsvorschriften des Rechtsträgers neuer Rechtsform sind anzuwenden, sofern nicht etwas anderes bestimmt ist. Für einen Formwechsel einer eG in eine

---

10 Lutter/*Bayer* § 263 Rn. 25; Beuthien/*Wolff* §§ 190 ff. Rn. 20c.
11 Lutter/*Bayer* § 263 Rn. 26.
12 *Schmidt* GmbHR 1995, 693 (695); ZIP 1998, 181 (186); *Priester* DB 1997, 560 (562); *Heckschen* DB 2008, 2122.

Kapitalgesellschaft konkretisiert § 264 die Anwendung der Gründungsvorschriften und befasst sich dabei schwerpunktmäßig mit der Kapitalaufbringung.

II. Verbot der Unter-Pari-Emission (Abs. 1)

Der Nennbetrag des Stammkapitals bzw. Grundkapitals darf das nach Abzug der Schulden verbleibende Vermögen des Rechtsträgers nicht übersteigen. Maßgebend ist dabei der Betrag des Stamm- bzw. Grundkapitals, der im Gesellschaftsvertrag bzw. der Satzung des Rechtsträgers neuer Rechtsform bestimmt ist. Der **Wert des Reinvermögens** der eG muss diesen Betrag erreichen. Das Vermögen der eG ist dabei wahlweise unter Zugrundelegung der finanziellen Buchwerte oder aber des wahren Wertes der Vermögensgegenstände zu ermitteln.[1] Etwaige von einer Rangrücktrittserklärung betroffenen Verbindlichkeiten bleiben bei der Berechnung außer Betracht.[2] Die Einhaltung des Verbotes der Unterdeckung wird durch das **Prüfungsrecht des Registergerichtes** (vgl. § 197 iVm § 38 Abs. 2 S. 2 AktG bzw. § 9c Abs. 1 S. 2 GmbHG), die **Differenzhaftung** nach § 197 iVm § 9 Abs. 1 GmbHG, der auch analog auf die AG und die KGaA. Anwendung findet,[3] die sachverständige **Prüfung** bei der AG und der KGaA gemäß § 197 iVm § 33 Abs. 2 Nr. 4 AktG und die Pflicht zur Vorlage von **Wertnachweisen** in Bezug auf das Gesellschaftsvermögen bei einem Formwechsel in eine GmbH gemäß § 197 iVm § 8 Abs. 1 Nr. 5 GmbHG sichergestellt. Soweit das Vermögen des Rechtsträgers trotz Ansatz der wirklichen Werte (und damit Hebung der stillen Reserven) nicht auf den Betrag des Stamm- bzw. Grundkapitals kommt, ist eine ergänzende Barzahlung denkbar.[4]

III. Sachgründungsbericht (Abs. 2, 3)

Bei einem Formwechsel in eine GmbH, AG oder KGaA ist ein Sachgründungsbericht nicht zu verfassen, Abs. 2, Abs. 3 S. 2. Dementsprechend bestimmt Abs. 3 S. 2 auch, dass eine Gründungshaftung nach § 46 AktG ausscheidet.

IV. Gründungsprüfung (Abs. 3)

Bei einem Formwechsel in eine Aktiengesellschaft oder eine KGaA hat eine Gründungsprüfung nach § 33 Abs. 2 AktG in jedem Fall stattzufinden. Die Notwendigkeit einer Gründungsprüfung ergibt sich dabei allerdings auch bereits aus § 197 iVm § 33 Abs. 2, da der Formwechsel im Rahmen der Anwendung der Gründungsvorschriften als Sachgründung verstanden wird und hierfür nach den aktienrechtlichen Vorschriften eine Gründungsprüfung zwingend vorgeschrieben ist. Die Prüfung durch einen externen Gründungsprüfer (regelmäßig Wirtschaftsprüfer oder Prüfungsgesellschaft) umfasst die gesamte Gründung einschließlich des Satzungsinhaltes und der Bestellung der Organe.

V. Nachgründung

§ 197 verweist auch auf die Nachgründungsvorschriften der §§ 52 und 53 AktG. In Konkretisierung dieser Verweisung bestimmt Abs. 3 S. 3, dass der Fristbeginn für die zweijährige Nachgründungszeit an die Eintragung des Formwechsels in das Handelsregister anknüpft.

---

1 Lutter/*Bayer* § 264 Rn. 2; Schmitt/Hörtnagl/*Hörtnagl/Rinke* § 264 Rn. 4; *Priester* DB 1995, 911 ff. (Formwechsel einer Personengesellschaft in eine Kapitalgesellschaft).

2 OLG Naumburg GmbHR 2003, 1432.
3 S. *Koch* AktG § 9 Rn. 6.
4 Lutter/*Bayer* § 264 Rn. 3; Widmann/Mayer/v. *Reichenberg* § 264 Rn. 2; → § 220 Rn. 13.

VI. Aufsichtsrat und Vorstand

6 Zwar bleiben die **Mitglieder des Aufsichtsrates** für den Rest ihrer Wahlzeit grundsätzlich trotz Formwechsel im Amt, § 203 S. 1, § 197 S. 2. Dies gilt jedoch nur, wenn der Aufsichtsrat bei dem Rechtsträger neuer Rechtsform in gleicher Weise wie beim formwechselnden Rechtsträger gebildet wird, § 203 S. 1. Die eG hat grundsätzlich einen Aufsichtsrat, auf welchen bei kleinen eG (nicht mehr als 20 Mitglieder) verzichtet werden kann, § 9 Abs. 1 S. 2 GenG. Zudem können sich aus dem Drittelbeteiligungsgesetz und dem Mitbestimmungsgesetz Vorgaben zur Zusammensatzung des Aufsichtsrates ergeben. Durch den Wechsel der Rechtsform wird jedoch die Beschränkung des Aufsichtsrates auf die Anteilsinhaber der Gesellschaft aufgehoben (vgl. § 9 Abs. 1 S. 2 GenG). Der Aufsichtsrat beim Rechtsträger neuer Rechtsform wird also anders gebildet und zusammengesetzt als bei der eG. Er hat ferner andere Aufgabenbereiche.[5] Er wird somit anders als vor dem Formwechsel gebildet. Im Formwechselbeschluss sollten daher die Beendigung des Aufsichtsratsmandats bestimmt werden und erforderlichenfalls neue Aufsichtsräte bestellt werden.

7 Das Amt des **Vorstands** der eG endet mit Wirksamwerden des Formwechsels; neue Vertretungsorgane sind daher im Rahmen des Formwechsels (spätestens vor der Anmeldung desselben zum Handelsregister) zu bestellen.

§ 265 Anmeldung des Formwechsels

¹Auf die Anmeldung nach § 198 ist § 222 Abs. 1 Satz 1 und Abs. 3 entsprechend anzuwenden. ²Der Anmeldung ist das nach § 259 erstattete Prüfungsgutachten in Urschrift oder in öffentlich beglaubigter Abschrift beizufügen.

1 In Bezug auf die Anmeldung verweist § 265 auf § 222 Abs. 1 S. 1 und Abs. 3. Danach ist eine Anmeldung durch **sämtliche Mitglieder des künftigen Vertretungsorgans** und sofern ein obligatorischer Aufsichtsrat beim Rechtsträger neuer Rechtsform zu bilden ist, auch durch **sämtliche Aufsichtsratsmitglieder** abzugeben. Sofern bei einer GmbH ein fakultativer Aufsichtsrat zu bilden ist, ist die Mitwirkung der Aufsichtsräte an der Anmeldung nicht erforderlich.[1] Anders ist dies, wenn bei der GmbH ein Aufsichtsrat nach Mitbestimmungsgesetz oder Drittelbeteiligungsgesetz (obligatorisch) eingesetzt ist.

2 Da eG und Kapitalgesellschaften in **unterschiedliche Register** eingetragen sind, ist nach § 198 Abs. 2 S. 2 der Rechtsträger neuer Rechtsform zur Eintragung in das für die neue Rechtsform maßgebende Register (dh Handelsregister) anzumelden. Als **Anlagen** sind der Anmeldung beizufügen:

- die Niederschrift des **Formwechselbeschlusses** (§ 199) einschließlich des Gesellschaftsvertrages bzw. der **Satzung** des neuen Rechtsträgers (vgl. § 263 Abs. 1, § 218 Abs. 1 S. 1),
- das **Gutachten** des Prüfungsverbandes (§ 265 S. 2),
- der **Gründungsprüfungsbericht** nach § 264 Abs. 3 S 1 (bei Formwechsel in AG u KGaA nicht aber in GmbH),

---

[5] Lutter/*Bayer* § 264 Rn. 8.
[1] Lutter/*Bayer* § 265 Rn. 3.

- der **Formwechselbericht** des Vorstandes oder der Verzicht auf diesen Bericht (vgl. § 260 Abs. 2, § 230 Abs. 2),
- der Nachweis über die **Zuleitung an den Betriebsrat** nach § 194 Abs. 2.

Rechtsformabhängig sind darüber hinaus die Unterlagen über die Bestellung des Vertretungsorgans (Gesellschafterbeschluss bei der GmbH oder Beschluss des Aufsichtsrates bei der AG bzw. Beitritt der persönlich haftenden Gesellschafter bei der KGaA), die Berechnung der Gründungskosten der AG und der KGaA, die Liste der Gesellschafter bei einem Rechtsformwechsel in eine GmbH sowie die Unterlagen für eine Bestellung des fakultativen Aufsichtsrates bei der GmbH.

Die Vertretungsorgane des neuen Rechtsträgers haben die **Negativerklärung** gemäß § 198 Abs. 3, § 16 Abs. 2 S. 1 abzugeben.

Neben der Anmeldung des neuen Rechtsträgers ist auch die Anmeldung der Umwandlung im **Genossenschaftsregister** erforderlich. Hier ist anzumelden, dass die eG in eine Kapitalgesellschaft umgewandelt ist. Da die Prüfungskompetenz des Genossenschaftsregisters dem des Handelsregisters entspricht, empfiehlt es sich, auch dieser Anmeldung die vorgenannten Anlagen beizufügen. Auch zur Zuständigkeit für diese Anmeldung gilt das Vorgesagte. Empfehlenswert ist, in der Anmeldung auf eine Eintragung dahin gehend hinzuwirken, dass die Eintragung des Formwechsels im Genossenschaftsregister mit dem Vermerk zu versehen ist, dass der Formwechsel erst mit der Eintragung des Rechtsträgers neuer Rechtsform in das für diese maßgebende Register (also das Handelsregister) wirksam wird, § 198 Abs. 2 S. 4. Die eG wird im Genossenschaftsregister gelöscht, sobald der Rechtsträger als Kapitalgesellschaft im Handelsregister eingetragen ist.[2]

§ 266 Wirkungen des Formwechsels

(1) ¹Durch den Formwechsel werden die bisherigen Geschäftsanteile zu Anteilen an der Gesellschaft neuer Rechtsform und zu Teilrechten. ²§ 202 Abs. 1 Nr. 2 Satz 2 ist mit der Maßgabe anzuwenden, daß die an den bisherigen Geschäftsguthaben bestehenden Rechte Dritter an den durch den Formwechsel erlangten Anteilen und Teilrechten weiterbestehen.

(2) Teilrechte, die durch den Formwechsel entstehen, sind selbständig veräußerlich und vererblich.

(3) ¹Die Rechte aus einer Aktie einschließlich des Anspruchs auf Ausstellung einer Aktienurkunde können nur ausgeübt werden, wenn Teilrechte, die zusammen eine volle Aktie ergeben, in einer Hand vereinigt sind oder wenn mehrere Berechtigte, deren Teilrechte zusammen eine volle Aktie ergeben, sich zur Ausübung der Rechte zusammenschließen. ²Der Rechtsträger soll die Zusammenführung von Teilrechten zu vollen Aktien vermitteln.

1. Wirkung des Formwechsels (Abs. 1)

Dem Grundsatz des § 202 Abs. 1 folgend, besteht die eG mit der Eintragung des Formwechsels im Register als Rechtsträger fort, nunmehr in Form der Kapitalgesellschaft.

---

[2] Lutter/*Bayer* § 265 Rn. 14.

1 Aus den Geschäftsanteilen an der eG werden Anteile an der Kapitalgesellschaft und Teilrechte. Etwaige Formmängel des Beschlusses oder von Zustimmungs- und Verzichtserklärungen einzelner Anteilsinhaber sowie Mängel des Formwechsels werden **geheilt** bzw. lassen die Wirksamkeit des Formwechsels **unberührt**, § 202 Abs. 1 Nr. 3, Abs. 3.

2 Etwaige an dem bisherigen Geschäftsguthaben bestehende **Rechte Dritter** bestehen nach § 202 Abs. 1 Nr. 2 S. 2 an den Anteilen der Kapitalgesellschaft fort, wobei bei den Genossenschaftsgeschäftsanteilen nicht auf Rechte Dritter an dem Anteil, sondern an dem Geschäftsguthaben abgestellt wird. Hintergrund ist, dass der Geschäftsanteil an der eG als solcher nicht verpfändbar ist; auch das Geschäftsguthaben kann nach richtiger Ansicht von Dritten nicht verpfändet werden. Pfändbar ist jedoch der aufschiebend bedingte Anspruch des Mitglieds auf das Auseinandersetzungsguthaben aus § 73 Abs. 2 S. 2 GenG.[1] Abs. 1 S. 2 fingiert ein Fortbestehen der Belastung des bisherigen Geschäftsguthabens an dem neuen Geschäftsanteil. Ein Recht Dritter an dem Geschäftsguthaben geht jedoch mit dem Formwechsel unter.[2]

2. Teilrechte (Abs. 2, 3)

3 Die Bedeutung von Teilrechten hat sich zwischenzeitlich reduziert, da nunmehr auch Geschäftsanteile an einer GmbH auf 1 EUR lauten können (§ 263 Abs. 1, § 243 Abs. 3 S. 2 und § 5 Abs. 2 S. 1 GmBHG). Soweit jedoch Spitzenbeträge bei der Umrechnung des Geschäftsguthabens in die Höhe der Beteiligung bestehen, bestimmt Abs. 2 die **Verkehrsfähigkeit** von Teilrechten an Geschäftsanteilen einer GmbH oder an Aktien. Die Teilrechte sind nach Abs. 2 veräußerlich und vererblich. Im Verhältnis zur Gesellschaft bestehen jedoch Einschränkungen, die die Verwaltung der Aktiengesellschaft erleichtern sollen. Diese Beschränkungen sind dem Wortlaut nach auf Aktien beschränkt. Eine analoge Anwendung auf GmbH-Geschäftsanteile wird man annehmen müssen.[3]

4 Teilrechte müssen, um Mitgliedschaftsrechte ausüben zu können, in einer Hand **vereinigt** werden. Möglich ist die Übertragung auf einen Gesellschafter oder der Zusammenschluss mehrerer teilrechtshaltender Gesellschafter in einer GbR.[4] Die Gesellschaft soll die Zusammenführung von Teilrechten vermitteln. Dies kann durch Einrichtung eines Marktes für Teilrechte oder durch Mitwirkung eines Kreditinstitutes erfolgen.

§ 267 Benachrichtigung der Anteilsinhaber

(1) ¹Das Vertretungsorgan der Gesellschaft neuer Rechtsform hat jedem Anteilsinhaber unverzüglich nach der Bekanntmachung der Eintragung der Gesellschaft in das Register deren Inhalt sowie die Zahl und, mit Ausnahme von Stückaktien, den Nennbetrag der Anteile und des Teilrechts, die auf ihn entfallen sind, in Textform mitzuteilen. ²Dabei soll auf die Vorschriften über Teilrechte in § 266 hingewiesen werden.

(2) ¹Zugleich mit der Mitteilung ist deren wesentlicher Inhalt in den Gesellschaftsblättern bekanntzumachen. ²Der Hinweis nach Absatz 1 Satz 2 braucht in die Bekanntmachung nicht aufgenommen zu werden.

---

1 Beuthien/*Beuthien* GenG § 7 Rn. 5.
2 Schmitt/Hörtnagl/*Hörtnagl/Rinke* § 266 Rn. 3.
3 So auch Lutter/*Bayer* § 266 Rn. 10; Widmann/Mayer/*v. Reichenberg* § 266 Rn. 5.
4 Schmitt/Hörtnagl/*Hörtnagl/Rinke* § 266 Rn. 6; Lutter/*Bayer* § 266 Rn. 10.

1. Mitteilung an die Genossen

§ 267 will die **Information** der Mitglieder über Formwechsel und die Art der Beteiligung an dem formgewechselten Rechtsträger sicherstellen. Die Mitteilung hat in Textform (§ 126b BGB) zu erfolgen und sollte zum einen den Inhalt der neuen Registereintragung und nähere Angaben über die Zahl der dem ehemaligen Mitglied zugewiesenen Anteile bzw. Teilrechte enthalten. Außer bei Stückaktien ist der Nennbetrag der Aktien bzw. Geschäftsanteile an der GmbH zu benennen.

Die Mitteilung ist an alle **ehemaligen Mitglieder** zu richten, sofern diese nicht bereits das Angebot auf Gewährung einer Barabfindung angenommen haben.[1] Die Mitteilung soll ferner einen Hinweis auf die Teilrechte nach § 266 enthalten. Aus der Formulierung als Sollvorschrift lässt sich schließen, dass ein Hinweis entfallen kann, wenn lediglich Vollrechte entstanden sind.

2. Bekanntmachung in den Gesellschaftsblättern

Zugleich, dh zeitgleich[2] mit der Mitteilung nach Abs. 1, ist deren wesentlicher Inhalt **in den Gesellschaftsblättern bekannt** zu machen. Entgegen dem Wortlaut von Abs. 2. geht die einhellige Meinung in der Literatur davon aus, dass die Angaben zu der Zahl und Nennbetrag der Anteile und Teilrechte des jeweiligen Mitglieds nicht mitgeteilt werden müssen; ferner genügt die Mitteilung der abstrakten Bestimmungen der Zuweisungen der Beteiligungen, so dass errechenbar ist, wie die Anteile verteilt werden.[3] Überwiegend wird vertreten, dass auch eine Bekanntmachung der Berechnung der Beteiligungsverhältnisse unterbleiben kann, da sich diese aus dem Inhalt der registergerichtlichen Bekanntmachung ergebe.[4] Ein Hinweis auf die Vorschrift zu den Teilrechten braucht in die Bekanntmachung nicht aufgenommen zu werden, Abs. 2 S. 2.

§ 268 Aufforderung an die Aktionäre; Veräußerung von Aktien

(1) ¹In der Mitteilung nach § 267 sind Aktionäre aufzufordern, die ihnen zustehenden Aktien abzuholen. ²Dabei ist darauf hinzuweisen, daß die Gesellschaft berechtigt ist, Aktien, die nicht binnen sechs Monaten seit der Bekanntmachung der Aufforderung in den Gesellschaftsblättern abgeholt werden, nach dreimaliger Androhung für Rechnung der Beteiligten zu veräußern. ³Dieser Hinweis braucht nicht in die Bekanntmachung der Aufforderung in den Gesellschaftsblättern aufgenommen zu werden.

(2) ¹Nach Ablauf von sechs Monaten seit der Bekanntmachung der Aufforderung in den Gesellschaftsblättern hat die Gesellschaft neuer Rechtsform die Veräußerung der nicht abgeholten Aktien anzudrohen. ²Die Androhung ist dreimal in Abständen von mindestens einem Monat in den Gesellschaftsblättern bekanntzumachen. ³Die letzte Bekanntmachung muß vor dem Ablauf von einem Jahr seit der Bekanntmachung der Aufforderung ergehen.

(3) ¹Nach Ablauf von sechs Monaten seit der letzten Bekanntmachung der Androhung hat die Gesellschaft die nicht abgeholten Aktien für Rechnung der Beteilig-

---

1 Schmitt/Hörtnagl/*Hörtnagl*/Rinke § 267 Rn. 2.
2 Schmitt/Hörtnagl/*Hörtnagl*/Rinke § 267 Rn. 4; Lutter/*Bayer* § 267 Rn. 5.
3 Schmitt/Hörtnagl/*Hörtnagl*/Rinke § 267 Rn. 4; Lutter/*Bayer* § 267 Rn. 5.
4 Lutter/*Bayer* § 267 Rn. 5; Beuthien/*Wolff* § 190 ff. Rn. 37.

ten zum amtlichen Börsenpreis durch Vermittlung eines Kursmaklers und beim Fehlen eines Börsenpreises durch öffentliche Versteigerung zu veräußern. ²§ 226 Abs. 3 Satz 2 bis 6 des Aktiengesetzes ist entsprechend anzuwenden.

1 Die Bestimmung soll sicherstellen, dass die bei einem Formwechsel in eine AG oder KGaA neu gebildeten Aktien abgeholt werden und die daraus resultierenden Mitgliedsrechte wahrgenommen werden können. Nicht abgeholte Aktien können nach dreimaliger Androhung veräußert oder versteigert werden.

1. Aufforderung zur Abholung

2 Die Mitteilung nach § 267 in den Gesellschaftsblättern und als persönliche Mitteilung an die Aktionäre ist um die Aufforderung an die Aktionäre zu ergänzen, die ihnen zustehenden Aktien **abzuholen**. Dabei genügt die Wiedergabe des Gesetzestextes von Abs. 2 und 3.[1] Der Hinweis auf die danach mögliche dreimalige Androhung und Veräußerung muss nach Abs. 1 S. 3 nicht in die Bekanntmachung der Aufforderung in den Gesellschaftsblättern aufgenommen werden; insoweit genügt die persönliche Mitteilung an die Aktionäre.

2. Androhung der Veräußerung

3 Die Androhung der Veräußerung kann erst sechs Monate nach Bekanntmachung der Aufforderung in den Gesellschaftsblättern erstmalig erfolgen. Die letzte der drei erforderlichen Androhungen muss innerhalb eines Jahres seit der Bekanntmachung ergehen. Zwischen den Androhungen ist eine Frist von mindestens einem Monat vorgesehen. Die Androhung ist in den Gesellschaftsblättern bekannt zu geben.

3. Veräußerung

4 Abs. 3 ermöglicht die Veräußerung der trotz Androhung nicht abgeholten Aktien. Die Veräußerung darf dabei frühestens nach sechs Monaten nach der letzten Bekanntmachung der Androhung erfolgen. Die Veräußerung erfolgt durch Vermittlung eines **Börsenmaklers** zum amtlichen Börsenpreis oder durch **öffentliche Versteigerung**. Ein **freihändiger Verkauf** ist nur mit Zustimmung des Aktionärs möglich.[2]

5 Bei Fehlern in der Bekanntmachung oder in den Fristen haftet die Gesellschaft aus aktienrechtlicher Treupflicht oder aus § 823 Abs. 2 BGB iVm § 268 UmwG. Inwieweit Aktien durch unzulässige Veräußerung wirksam auf einen Dritten übertragen werden, bestimmt sich nach den Vorschriften über den gutgläubigen Erwerb.

4. Teilrechte

6 Auch die Anteilsinhaber, denen nur ein Teilrecht zusteht, sind zu **informieren**. Auch für sie ist § 268 anwendbar.[3] Daraus folgt, dass eine Veräußerung der Teilrechte vorzunehmen ist, wenn eine Zusammenführung nach § 266 nicht gelingt. Ein besonderer Hinweis auf das Erfordernis der Zusammenlegung ist nicht erforderlich.[4] Jedoch bleibt die Gesellschaft verpflichtet, sich um eine Zusammenlegung zu bemühen, § 266 Abs. 3 S 2.

---

[1] Schmitt/Hörtnagl/*Hörtnagl/Rinke* § 268 Rn. 2.
[2] Lutter/*Bayer* § 268 Rn. 8.
[3] Lutter/*Bayer* § 268 Rn. 10.
[4] Schmitt/Hörtnagl/*Hörtnagl/Rinke* § 268 Rn. 2.

§ 269 Hauptversammlungsbeschlüsse; genehmigtes Kapital

¹Solange beim Formwechsel in eine Aktiengesellschaft oder in eine Kommanditgesellschaft auf Aktien die abgeholten oder nach § 268 Abs. 3 veräußerten Aktien nicht insgesamt mindestens sechs Zehntel des Grundkapitals erreichen, kann die Hauptversammlung der Gesellschaft neuer Rechtsform keine Beschlüsse fassen, die nach Gesetz oder Satzung einer Kapitalmehrheit bedürfen. ²Das Vertretungsorgan der Gesellschaft darf während dieses Zeitraums von einer Ermächtigung zu einer Erhöhung des Grundkapitals keinen Gebrauch machen.

Die Vorschrift verhindert, dass **Grundlagenbeschlüsse** gefasst werden, bevor nicht neue Aktien, die zusammen mindestens 6/10 des Grundkapitals repräsentieren, abgeholt oder nach § 268 Abs. 3 veräußert wurden.[1] In dieser Zeit, in der der Großteil der Aktionäre noch nicht das Stimmrecht und die sonstigen Mitgliedschaftsrechte ausüben kann, sollen keine grundlegenden Beschlüsse gefasst werden. Die Bestimmung übt ergänzend Druck auf die Gesellschaft aus, für eine Abholung der Aktien zu sorgen. Die von der Vorschrift erfassten Beschlüsse der Hauptversammlung sind solche, die nicht nur eine Stimmenmehrheit, sondern auch eine bestimmte Kapitalmehrheit erfordern, wie beispielsweise Satzungsänderungen (§ 179 Abs. 2 AktG) oder Kapitalerhöhungsbeschlüsse (§ 182 Abs. 1 AktG).[2]

Ergänzend verbietet die Bestimmung auch die Ausübung eines **genehmigten Kapitals** (§§ 202 ff. AktG). Hier soll vermieden werden, dass bestimmte Anteilsinhaber an einer Kapitalerhöhung noch gar nicht teilnehmen können, weil die Aktien noch nicht abgeholt wurden.

§ 270 Abfindungsangebot

(1) Das Abfindungsangebot nach § 207 Abs. 1 Satz 1 gilt auch für jedes Mitglied, das dem Formwechsel bis zum Ablauf des dritten Tages vor dem Tage, an dem der Formwechselbeschluss gefaßt worden ist, durch eingeschriebenen Brief widersprochen hat.

(2) ¹Zu dem Abfindungsangebot ist eine gutachtliche Äußerung des Prüfungsverbandes einzuholen. ²§ 30 Abs. 2 Satz 2 und 3 ist nicht anzuwenden.

Das Mitglied, dessen Beteiligung an der eG in eine solche an einer GmbH, AG, KGaA formgewechselt wurde, soll die Möglichkeit haben, aus der Gesellschaft gegen Abfindung auszuscheiden.

1. Voraussetzungen für die Geltendmachung des Abfindungsangebotes

Der ausscheidungswillige Gesellschafter hat die Möglichkeit, entweder in der Gesellschafterversammlung **Widerspruch zur Niederschrift** gegen den Formwechselbeschluss zu erklären (§ 207 Abs. 1) oder aber nach Abs. 1 bis zum Ablauf des dritten Tages vor dem Tage der Beschlussfassung durch **eingeschriebenen Brief** Widerspruch zu erklären. In letzterem Fall ist auf den Zugang der Erklärung bei der Gesellschaft

---

[1] Lutter/*Bayer* § 269 Rn. 2.
[2] Zur Auflistung der getroffenen Beschlüsse s. zB: MüKo-AktG/*Arnold* § 133 Rn. 42.

abzustellen. Der Begriff „Widerspruch" braucht nicht verwendet zu werden; es genügt eine eindeutige Erklärung dahin gehend, dass das Mitglied mit dem Formwechsel nicht einverstanden ist.[1]

3 Nach § 207 Abs. 2, § 29 Abs. 2 steht es dem Widerspruch zur Niederschrift gleich, wenn ein nicht erschienener Anteilsinhaber zu der Versammlung **zu Unrecht nicht zugelassen** worden ist, die Versammlung nicht ordnungsgemäß einberufen wurde oder der Gegenstand der Beschlussfassung **nicht ordnungsgemäß bekannt** gemacht worden ist. Zum Teil wird in analoger Anwendung des § 90 Abs. 3 ein Recht auf Abfindung auch denjenigen Gesellschaftern zugebilligt, die nicht als Vertreter an der Beschlussfassung beteiligt wurden, da eine **Vertreterversammlung** über den Formwechsel entscheidet.[2] Richtigerweise ist angesichts des klaren Wortlautes für eine analoge Anwendung kein Raum. Hinzu kommt, dass dem betroffenen Mitglied die Möglichkeit bleibt, durch eingeschriebenen Brief den Widerspruch zu erklären.[3]

4 Umstritten ist, ob darüber hinaus erforderlich ist, dass das widersprechende Mitglied in der Versammlung **gegen den Formwechsel stimmt**.[4] Dies ist jedoch abzulehnen.[5] Das die Abfindung verlangende und trotzdem dem Formwechsel zustimmende Mitglied mag seine Gründe haben, dem Formwechsel aus Gesellschaftsinteresse zuzustimmen. Sein Verhalten muss daher nicht widersprüchlich sein. Hinzu kommt, dass nicht unbedingt nachvollzogen werden kann, welches Mitglied für und welches Mitglied gegen den Formwechsel stimmt; der Genossenschaft ist nicht zuzumuten, aus diesem Grunde zwingend eine namentliche Abstimmung durchzuführen.

5 Nach Sinn und Zweck der Bestimmungen zur Abfindung kann ein Mitglied die Annahme des Barabfindungsangebots nicht auf einen Teil der gewährten Aktien und Teilrechte beschränken.[6]

2. Durchführung der Abfindung

6 Die Abfindung ist **Gegenleistung** für die Übertragung der erworbenen Anteile an die Gesellschaft.[7] Das Angebot auf Barabfindung gegen Erwerb des Geschäftsanteils/der Aktie kann nach § 209 innerhalb von zwei Monaten nach Bekanntmachung der Eintragung des Formwechsels in das Handelsregister angenommen werden. Sofern nach § 212 ein Antrag auf Bestimmung der Barabfindung durch das Gericht gestellt worden ist, kann das Angebot innerhalb von zwei Monaten nach Bekanntmachung der entsprechenden gerichtlichen Entscheidung im Bundesanzeiger angenommen werden. Nach § 210 kann eine Klage gegen den Formwechselbeschluss nicht darauf gestützt werden, dass das Barabfindungsangebot zu **niedrig bemessen** sei. Insofern findet das Spruchverfahren nach dem Spruchverfahrensgesetz Anwendung.

3. Prüfung des Abfindungsangebotes (Abs. 2)

7 Anders als in den Fällen der §§ 10–12 ist das Abfindungsangebot nach § 270 zwingend vom Prüfungsverband zu prüfen. Diese Prüfung ist **nicht verzichtbar**, Abs. 2 iVm 30

---

1 S. auch Lutter/*Bayer* § 270 Rn. 4.
2 Schmitt/Hörtnagl/Hörtnagl/Rinke § 271 Rn. 2.
3 Lutter/*Bayer* § 270 Rn. 5; Widmann/Mayer/v. Reichenberg § 270 Rn. 5; Beuthien/*Wolff* §§ 190 ff. Rn. 47.
4 Dafür: Lutter/*Bayer* § 270 Rn. 8 und 9.
5 Beuthien/*Wolff* §§ 190 ff. Rn. 47; Lutter/*Hoger* § 207 Rn. 8.
6 Semler/Stengel/Leonard/*Niemeyer* § 300 Rn. 15; aA: Habersack/Wicke/Scheel/Harzenetter § 300 Rn. 17.
7 Lutter/*Bayer* § 270 Rn. 10.

Abs. 2 S. 3.⁸ Das Gutachten muss sich nicht an den Förmlichkeiten der §§ 10–12 ausrichten, da Abs. 2 die Bestimmung des § 30 Abs. 2 S. 2 ausdrücklich für nicht anwendbar erklärt. Der Prüfungsbericht ist Teil des Prüfungsgutachtens nach § 259 und muss deshalb nach den für das Prüfungsgutachten geltenden Bestimmungen **ausgelegt** werden. **Abschriften** müssen erteilt werden. In der Generalversammlung sind eine Auslegung und eine **Verlesung** erforderlich (vgl. § 260 Abs. 3, § 261).

§ 271 Fortdauer der Nachschußpflicht

¹Wird über das Vermögen der Gesellschaft neuer Rechtsform binnen zwei Jahren nach dem Tage, an dem ihre Eintragung in das Register bekannt gemacht worden ist, das Insolvenzverfahren eröffnet, so ist jedes Mitglied, das durch den Formwechsel die Rechtsstellung eines beschränkt haftenden Gesellschafters oder eines Aktionärs erlangt hat, im Rahmen der Satzung der formwechselnden Genossenschaft (§ 6 Nr. 3 des Genossenschaftsgesetzes) zu Nachschüssen verpflichtet, auch wenn es seinen Geschäftsanteil oder seine Aktie veräußert hat. ²Die §§ 105 bis 115a des Genossenschaftsgesetzes sind mit der Maßgabe entsprechend anzuwenden, daß nur solche Verbindlichkeiten der Gesellschaft zu berücksichtigen sind, die bereits im Zeitpunkt des Formwechsels begründet waren.

Nach § 6 Nr. 3 GenG kann die Satzung der eG vorsehen, dass Mitglieder **Nachschüsse** zur Insolvenzmasse leisten müssen, wenn Gläubiger im Insolvenzverfahren über das Vermögen der eG nicht befriedigt werden. Da diese Nachschusspflicht bei einem Formwechsel in eine AG oder GmbH fortfällt (soweit nicht ausnahmsweise Nachschusspflichten begründet wurden) und bei einer KGaA nur den persönlich haftenden Gesellschafter treffen, sieht die Bestimmung eine zeitlich beschränkte Nachschusspflicht vor. 1

Die Nachschusspflicht trifft jedes **vormalige Mitglied der eG**, das GmbH-Gesellschafter oder (Kommandit-)Aktionär des Rechtsträgers neuer Rechtsform geworden ist, nicht aber einen persönlich haftenden Gesellschafter einer KGaA. Die Pflicht trifft auch einen Teilrechtsinhaber.¹ Auch dasjenige Mitglied, welches einem Formwechsel widersprochen hat (§ 207 Abs. 1) und seine Anteile an die Gesellschaft übertragen hat, ist von einer Haftungspflicht nicht befreit.² Etwas anderes gilt nur für solche Gesellschafter, die erst nach dem Formwechsel Gesellschafter geworden sind. 2

Die Nachschusspflicht betrifft nur solche Forderungen gegen die Gesellschaft, die bereits **im Zeitpunkt des Wirksamwerdens des Formwechsels begründet** sind. Erforderlich ist hier, dass die Rechtsgrundlage bereits gelegt war.³ Die Nachschusspflicht besteht nur, wenn das Insolvenzverfahren mit dem Wirksamwerden des Insolvenzbeschlusses des Insolvenzgerichtes innerhalb von zwei Jahren nach Eintragung des Formwechsels in das Handelsregister erfolgt ist.⁴ Die Nachschusspflicht ist auf einen etwaigen **Fehlbetrag** begrenzt. 3

---

8 Schmitt/Hörtnagl/*Hörtnagl/Rinke* § 271 Rn. 2; Lutter/*Bayer* § 270 Rn. 13.
1 Widmann/Mayer/*v. Reichenberg* § 271 Rn. 5; Lutter/*Bayer* § 271 Rn. 3.
2 Lutter/*Bayer* § 271 Rn. 4; Schmitt/Hörtnagl/*Hörtnagl/Rinke* § 271 Rn. 2.
3 Lutter/*Bayer* § 271 Rn. 5.
4 Lutter/*Bayer* § 271 Rn. 7.

4 Grundsätzlich muss die Satzung der eG eine Bestimmung zu der Haftung der Mitglieder enthalten. Ist bei der eG eine Nachschusspflicht durch die Satzung ausgeschlossen, scheidet eine Nachhaftung aus. Fehlt dem widersprechend eine Regelung zur Nachschusspflicht in der Satzung und wird die eG nichtsdestotrotz ins Register eingetragen, besteht nach richtiger Ansicht eine solche Nachschusspflicht.[5] Denn: Die Nachschusspflicht ist nach § 105 Abs. 1 S. 1 GenG gesetzlicher Grundsatz und gilt dementsprechend mangels abweichender Satzungsbestimmung.

Vierter Abschnitt
Formwechsel rechtsfähiger Vereine

Erster Unterabschnitt Allgemeine Vorschriften

§ 272 Möglichkeit des Formwechsels

(1) Ein rechtsfähiger Verein kann auf Grund eines Formwechselbeschlusses nur die Rechtsform einer Kapitalgesellschaft oder einer eingetragenen Genossenschaft erlangen.

(2) Ein Verein kann die Rechtsform nur wechseln, wenn seine Satzung oder Vorschriften des Landesrechts nicht entgegenstehen.

Literatur:
Grüter/Mitsch, Keine Steuerneutralität des Formwechsels eines eingetragenen Vereins in eine Kapitalgesellschaft?, DStR 2001, 1827; *Grziwotz*, Vereinsversammlung – Einberufung durch E-Mail trotz satzungsmäßiger Anordnung der Schriftform, MDR 2012, 741; *Keilbach*, Fragen des Vereinsregisters, DNotZ 2001, 671; *Lettl*, Wirtschaftliche Betätigung und Umstrukturierung von Ideal-Vereinen, DB 2000, 1449; *Lutz*, Formwechsel eines eingetragenen Vereins in eine GmbH, BWNotZ 2013, 106; *Oetker*, Der Wandel vom Ideal- zum Wirtschaftsverein, NJW 1991, 385; *Petersen*, Schenkungsteuer bei der identitätswahrenden Umwandlung eines Vereins in eine AG?, BB 1997, 1981; *Schmidt*, Fehlerhafte Beschlüsse in Gesellschaften und Vereinen (II), AG 1977, 243; *Schwenn*, Praxisleitfaden zum Formwechsel eines eingetragenen Vereins in eine gemeinnützige GmbH, npoR 2017, 192; *Wiedemann/Thüsing*, Gewerkschaftsfusionen nach dem Umwandlungsgesetz. Teil I, WM 1999, 2237.

I. Normzweck 1	IV. Ausschluss des Formwechsels (Abs. 2) 8
II. Anwendungsbereich 3	V. Kein schenkungssteuerpflichtiger Vorgang 11
III. Mögliche Zielrechtsformen (Abs. 1) ... 6	
1. Formwechsel in eine Kapitalgesellschaft 6	
2. Formwechsel in eine eingetragene Genossenschaft 7	

I. Normzweck

1 Der Vierte Abschnitt des Zweiten Teils des Fünften Buches regelt mit den §§ 272–290 den Formwechsel rechtsfähiger Vereine und sieht als Zielrechtsform die Kapitalgesellschaft (§§ 273–282) und die eingetragene Genossenschaft (§§ 283–290) vor. Der Formwechsel in die Rechtsform einer **Personen(-handels)gesellschaft** ist nach den Vorschriften des UmwG hingegen **nicht möglich**. Ausweislich der Gesetzesbegründung teilte der Gesetzgeber insofern die Überlegungen zum Formwechsel von eingetragenen Genossenschaften und sah kein praktisches Bedürfnis für die Einbeziehung von Personen(-handels)gesellschaften in den Kreis der Rechtsträger neuer Rechtsform.[1] Das

---
5 Beuthien/*Beuthien* GenG § 6 Rn. 9; Henssler/Strohn/*Geibel* GenG § 6 Rn. 4.
1 Begr. RegE zu § 272, BR-Drs. 75/94, 163.

überzeugt, steht doch die GmbH und die AG in ihrer Grundstruktur dem Idealverein am nächsten.[2] Schließlich kann die GmbH zu jedem gesetzlich zulässigen Zweck errichtet werden (§ 1 GmbHG) und damit etwa karitative, sportliche oder wissenschaftliche Zwecke verfolgen.[3] Der Unternehmensgegenstand der AG beschränkt sich überdies auch nicht auf gewerbliche oder wirtschaftliche Geschäfte, so dass auch hier jedes Tätigkeitsfeld zulässig ist, solange es nicht gegen ein gesetzliches Verbot oder die guten Sitten verstößt.[4]

§ 272 stellt den Allgemeinen Teil des Vierten Abschnitts dar und ist **zweigliedrig aufgebaut**: Neben der grundsätzlichen Möglichkeit des Formwechsels in Abs. 1 legt Abs. 2 die besonderen Voraussetzungen der Umwandlung fest und macht deren Zulässigkeit von etwaigen entgegenstehenden satzungsrechtlichen oder landesrechtlichen Vorgaben abhängig. Insofern stimmt Abs. 2 inhaltlich mit der verschmelzungsrechtlichen Parallelregelung in § 99 Abs. 1 überein.

II. Anwendungsbereich

Nach § 272 können ausschließlich **rechtsfähige Vereine** umgewandelt werden. Darunter fallen sämtliche eingetragene Idealvereine iSv § 21 BGB und wirtschaftliche Vereine iSv § 22 BGB. Vereine ohne Rechtspersönlichkeit im Sinne von § 54 BGB können sich an einem Formwechsel nach den Vorschriften des UmwG hingegen nicht beteiligen. Gleiches gilt für den Vorverein.[5]

Auf Vereine, deren Zweck auf einen wirtschaftlichen Geschäftsbetrieb gerichtet ist und die nicht durch staatliche Verleihung Rechtspersönlichkeit erlangt haben, finden nach § 54 S. 1 S. 2 BGB zwar die Vorschriften über die Gesellschaft Anwendung. Damit müsste sich der Formwechsel solcher Vereine grundsätzlich nach den Vorschriften des Ersten Abschnitts zum Formwechsel von Personengesellschaften richten. Die GbR ist nun seit dem 1.1.2024 zwar von dem UmwG als möglicher Ausgangsrechtsträger vorgesehen. Dies gilt aber gem. § 191 Abs. 1 Nr. 1 nur für eingetragene GbRs, so dass das Analogieverbot in § 1 Abs. 2 der Umwandlung eines nicht eingetragenen Vereins und damit auch einem Formwechsel nach den §§ 214 ff. weiter entgegensteht.

Hinweis: Freilich lässt sich dennoch in der Praxis ein Formwechsel nichtrechtsfähiger Vereine nach dem UmwG realisieren. Dabei erlangt der nichtrechtsfähige Verein in einem ersten Schritt durch Eintragung Rechtsfähigkeit und kann dann nach den §§ 273–290 in eine Kapitalgesellschaft oder eingetragene Genossenschaft umgewandelt werden.

Außerhalb des UmwG existiert darüber hinaus zwischen den Vereinsformen die Möglichkeit zum sog. **„vereinsrechtlichen Rechtsformwechsel".**[6] Ein solcher liegt grundsätzlich dann vor, wenn der rechtsfähige Verein unter Aufrechterhaltung seiner Existenz die Quelle seiner Rechtsfähigkeit wechselt.[7] Das ist etwa beim Wechsel vom wirtschaftlichen Verein zum eV durch Eintragung oder vom eV zum wirtschaftlichen Verein durch die Aufnahme eines wirtschaftlichen Geschäftsbetriebes und staatliche Verleihung

---

2 *Lettl* DB 2000, 1449 (1453).
3 MüKoGmbHG/*Fleischer* § 1 Rn. 18.
4 MüKoAktG/*Pentz* § 23 Rn. 69.
5 Näheres hierzu: Semler/Stengler/Leonard/*Katschinski* § 272 Rn. 10.
6 *Oetker* NJW 1991, 385 (391 f.).
7 *Reichert/Schimke/Dauernheim* Vereins- und VerbandsR-HdB Rn. 4200; *Oetker* NJW 1991, 385 (391).

denkbar.⁸ Diese Form von Umwandlung verhält sich deshalb identitätswahrend, weil der eV sich bereits vor seiner Löschung um eine Konzession als wirtschaftlicher Verein bemühen kann.⁹ Technisch gesehen begehrt der Verein dann nicht die erstmalige Verleihung der Rechtsfähigkeit, sondern bloß eine Weitergewährung derselben.¹⁰ Eine Vermögensübertragung findet deshalb wegen der Aufrechterhaltung seiner Rechtsfähigkeit nicht statt. Daneben kann sich ein Verein ohne Rechtspersönlichkeit durch Eintragung identitätswahrend in einen Idealverein umwandeln.¹¹ Zuletzt ist allgemein anerkannt, dass der Verlust der Rechtsfähigkeit eines Vereins nicht dessen Auflösung bedeutet, sondern zu dessen Umwandlung in einen nichtrechtsfähigen Verein führt.¹²

III. Mögliche Zielrechtsformen (Abs. 1)

1. Formwechsel in eine Kapitalgesellschaft

6 Bei einem Formwechsel eines rechtsfähigen Vereins in die Rechtsform einer **Kapitalgesellschaft** (AG, GmbH, KGaA) sind die §§ 190–213 des Ersten Teils des Fünften Buches, sowie die §§ 273–282 zu beachten. Für einen Formwechsel sind danach grundsätzlich folgende Schritte einzuhalten:

> Checkliste:
> – Erstattung eines Formwechselberichts, § 192.
> – Prüfung der Barabfindung, § 208, 30 Abs. 2.
> – Vorbereitung und Durchführung der Mitgliederversammlung, § 274 Abs. 1, § 260 Abs. 1, § 230 Abs. 2, § 231 S. 1, einschließlich der Auslegung des Formwechselberichts und Erläuterung des Formwechselvorhabens, § 274 Abs. 2, § 239.
> – Beschlussfassung der Mitgliederversammlung, §§ 193, 194, 275, 276.
> – Gründungsprüfung bei dem Formwechsel in eine AG bzw. KGaA, §§ 197, 277, 264 iVm §§ 33 ff. AktG.
> – Anmeldung des Formwechsels, §§ 198, 199, 278 Abs. 1, § 222 Abs. 1, Abs. 3.
> – Bekanntmachung, § 201.
> – Benachrichtigung der Anteilsinhaber §§ 281, 267, 268.

2. Formwechsel in eine eingetragene Genossenschaft

7 Bei einem Formwechsel eines rechtsfähigen Vereins in die Rechtsform der **eG** sind die §§ 190–213 des Ersten Teils des Fünften Buches sowie die §§ 283–290 einschlägig. Der Ablauf des Formwechsels untergliedert sich dann in die folgenden Handlungsschritte:

> Checkliste:
> – Erstattung eines Formwechselberichts, § 192.
> – Prüfung der Barabfindung, §§ 208, 30 Abs. 2.
> – Vorbereitung und Durchführung der Mitgliederversammlung, § 283 Abs. 1, § 260 Abs. 1, § 230 Abs. 2, § 231 S. 1, einschließlich der Auslegung des Formwechselberichts und Erläuterung des Formwechselvorhabens, § 283 Abs. 2, § 239.
> – Beschlussfassung der Mitgliederversammlung, §§ 193, 194, 275, 276.
> – Anmeldung des Formwechsels, §§ 198, 199, 286, 254, 278 Abs. 2.
> – Bekanntmachung, § 201.
> – Benachrichtigung der Mitglieder, § 289 Abs. 2, § 256 Abs. 3.

---

8 Semler/Stengel/Leonard/*Katschinski* § 272 Rn. 5 mwN in Fn. 6, 7.
9 *Oetker* NJW 1991, 385 (391).
10 *Oetker* NJW 1991, 385 (391).
11 BGH BeckRS 2010, 21418; Semler/Stengel/Leonard/*Katschinski* § 272 Rn. 6; *Wiedemann/Thüsing* WM 1999, 2237 (2238).
12 Jauernig/*Mansel* BGB §§ 41–44 Rn. 5 f.; HK-BGB/*Dörner* § 44 Rn. 1; *K. Schmidt* GesR § 24 VII 2 b); Semler/Stengel/Leonard/*Katschinski* § 272 Rn. 6.

IV. Ausschluss des Formwechsels (Abs. 2)

§ 272 Abs. 2 macht die Wirksamkeit des Formwechsels von entgegenstehenden Satzungsbestimmungen oder landesrechtlichen Vorschriften abhängig. **Entgegenstehende Satzungsbestimmungen** können insbes. bei gemeinnützigen Vereinen vorliegen.[13] Nach Ansicht des Gesetzgebers sollen solche Satzungsregelungen deshalb zunächst geändert werden, um die Interessen der Mitglieder zu berücksichtigen.[14] Dabei ist es ausreichend, wenn zwischen Änderung der Vereinssatzung und Eintragung des Formwechsels eine „logische Sekunde" liegt – die Satzungsänderung kann mithin also gleichzeitig mit dem Formwechsel in das Vereinsregister eingetragen werden.[15]

Das potenzielle Entgegenstehen etwaiger Satzungsregelungen ist von dem beurkundenden Notar ebenso zu überprüfen wie das **Vorliegen von Sonderrechten bestimmter Mitglieder** iSv § 35 BGB, aus denen sich gem. § 13 Abs. 3 S. 1 eine spezielle Zustimmungspflicht ergibt. Das Vorliegen der besagten Zustimmung ist vom Notar ebenfalls zu beurkunden.[16]

Die Verleihung der Rechtsfähigkeit wirtschaftlicher Vereine erfolgt durch das Bundesland, in dessen Gebiet der Verein seinen Sitz hat, § 22 BGB. Wegen des Vorrangs des (bundesrechtlichen) UmwG aus Art. 31 GG berücksichtigt § 272 Abs. 2 deshalb etwaig entgegenstehendes **landesrechtliche Vereinsrecht**.[17]

V. Kein schenkungssteuerpflichtiger Vorgang

§ 7 Abs. 1 Nr. 9 S. 1 ErbStG ordnet an, dass dasjenige, was bei Auflösung eines Vereins, dessen Zweck auf die Bindung von Vermögen gerichtet ist, erworben wird, als **Schenkung unter Lebenden** zu qualifizieren ist. Einige Landesfinanzministerien nahmen diese Regelung zum Anlass, trotz des identitätswahrenden Charakters des Formwechsels, § 7 Abs. 1 Nr. 9 S. 1 ErbStG auf die Umwandlung von Vereinen anzuwenden. Begründet wurde dies mit der Feststellung, dass der bisherige Rechtsträger „Verein" und die damit verbundenen Mitgliedschaftsrechte durch die Umwandlung entschieden ihren Charakter veränderten.[18] Dieser Rechtsauffassung erteilte der Bundesfinanzhof jedoch eine Absage und stellt nunmehr unmissverständlich klar, dass § 7 Abs. 1 Nr. 9 S. 1 ErbStG zwingend die „Auflösung" des Vereins iSv § 41 BGB voraussetzt.[19] Durch einen Formwechsel würde der rechtsfähige Verein jedoch gerade nicht aufgelöst. Vielmehr stünde die Besteuerung des Formwechsels nach § 7 Abs. 1 Nr. 9 S. 1 ErbStG im Widerspruch zum Charakter des Formwechsels, bei dem die rechtliche und wirtschaftliche Identität des Rechtsträgers gewahrt würde.[20] Zuletzt sei auch eine analoge Anwendung der Vorschrift nicht angezeigt.[21] Der Formwechsel rechtsfähiger Vereine stellt deshalb keinen schenkungssteuerpflichtigen Vorgang dar.

---

13 *Schwenn* npoR 2017, 192.
14 Begr. RegE zu § 272 Abs. 2, BR-Drs. 75/94, 164.
15 *Lutz* BWNotZ 2013, 106 (106).
16 *Lutz* BWNotZ 2013, 106 (106).
17 Begr. RegE zu § 272 Abs. 2, BR-Drs. 75/94, 164.
18 S. etwa FM Baden-Württemberg DStR 2000, 2189.
19 BFH NJW-RR 2008, 197 ff.; so auch Troll/Gebel/Jülicher/Gottschalk/*Gebel*, ErbstG, 66. EL ErbStG § 7 Rn. 344; Meincke/Hannes/Holtz/*Hannes/Holtz*, ErbStG, 18. Aufl. 2021, § 7 Rn. 124; *Petersen* BB 1997, 981 (1982); *Grüter/Mitsch* DStR 2001, 1827 (1829).
20 BFH NJW-RR 2008, 197.
21 BFH NJW-RR 2008, 197 (198).

Zweiter Unterabschnitt Formwechsel in eine Kapitalgesellschaft

§ 273 Möglichkeit des Formwechsels

Der Formwechsel ist nur möglich, wenn auf jedes Mitglied, das an der Gesellschaft neuer Rechtsform beteiligt wird, als beschränkt haftender Gesellschafter ein Geschäftsanteil, dessen Nennbetrag auf volle Euro lautet, oder als Aktionär mindestens eine volle Aktie entfällt.

1 Nach § 273 ist ein Formwechsel eines rechtsfähigen Vereins nur möglich, wenn eine bestimmte **Mindestbeteiligung** der Vereinsmitglieder an dem Rechtsträger neuer Rechtsform gewährleistet wird. Beim Formwechsel in eine AG oder KGaA[1] muss ein später beteiligtes Vereinsmitglied mindestens eine Aktie an der Kapitalgesellschaft halten. Nennbetragsaktien müssen auf mindestens 1 EUR lauten, § 8 Abs. 2 S. 1 AktG. Höhere Aktiennennbeträge müssen auf volle Euro lauten, § 8 Abs. 2 S. 4 AktG. Stückaktien sind nach § 8 Abs. 3 S. 2 AktG am Grundkapital in gleichem Umfang zu beteiligen. Der auf die einzelne Aktie entfallende Betrag muss mindestens 1 EUR betragen, § 8 Abs. 3 S. 3 AktG. Bei der Umwandlung in eine GmbH muss jedes Mitglied einen Geschäftsanteil an der Gesellschaft erhalten. Dessen Nennbetrag muss mindestens 1 EUR betragen, § 5 Abs. 2 S. 1 GmbHG.

§ 274 Vorbereitung und Durchführung der Mitgliederversammlung

(1) ¹Auf die Vorbereitung der Mitgliederversammlung, die den Formwechsel beschließen soll, sind die §§ 229, 230 Abs. 2 Satz 1 und 2, § 231 Satz 1 und § 260 Abs. 1 entsprechend anzuwenden. ²§ 192 Abs. 2 bleibt unberührt.

(2) Auf die Mitgliederversammlung, die den Formwechsel beschließen soll, ist § 239 Abs. 1 Satz 1 und Abs. 2 entsprechend anzuwenden.

I. Normzweck 1	b) Einberufung der Mitgliederversammlung 8
II. Vorbereitung und Durchführung 2	2. Durchführung (Abs. 2) 11
1. Vorbereitung (Abs. 1) 2	III. Rechtsfolgen von Verstößen 12
a) Formwechselbericht 3	

I. Normzweck

1 § 274 regelt die **Vorbereitung und Durchführung** der Mitgliederversammlung beim Formwechsel rechtsfähiger Vereine und verweist hierzu auf die Allgemeinen Vorschriften des Zweiten Abschnitts zum Formwechsel von Kapitalgesellschaften, sowie für die Ankündigung des Formwechsels als Beschlussgegenstand der Mitgliederversammlung auf die strengere Regelung des § 260 Abs. 1 zum Formwechsel eingetragener Genossenschaften. Der Verweis auf den vom Schrifttum[1] einhellig kritisierten § 229 aF ist wegen dessen Streichung durch das Zweite Änderungsgesetz zum UmwG[2] obsolet geworden. Im Ergebnis gelten somit für die Umwandlung eines rechtsfähigen Vereins nach Abs. 1 S. 1 dieselben Grundsätze wie für den Formwechsel einer eingetragenen

---

[1] Über § 278 Abs. 3 AktG.
[1] Hierzu etwa Schmitt/Hörtnagl/Stratz/*Stratz*, 4. Aufl. 2006, § 229 Rn. 2; Semler/Stengel/*Katschinski*, 2. Aufl. 2007, § 274 Rn. 3.
[2] Zweites Gesetz zur Änderung des Umwandlungsgesetzes, BT-Drs. 16/2919.

Genossenschaft. Hiervon abweichend verweist Abs. 2 für die Durchführung der Mitgliederversammlung auf § 239 zum Formwechsel von Kapitalgesellschaften.

II. Vorbereitung und Durchführung

1. Vorbereitung (Abs. 1)

Die **Vorbereitung der Mitgliederversammlung** erfolgt gem. § 274 Abs. 1 S. 1 nach Maßgabe § 230 Abs. 2, § 231 S. 1, § 260 Abs. 1. Dabei steht die Anwendung der genannten Normen zwar zur Disposition der Vereinsmitglieder, was sich aus der Tatsache ergibt, dass alle Mitglieder gem. § 192 Abs. 2 auf die Erstellung eines Formwechselberichts verzichten können.[3] Soll allerdings tatsächlich auf die Einhaltung besagter Verfahrensvorschriften verzichtet werden, so empfiehlt es sich, den korrespondierenden Beschluss notariell zu beurkunden, um eine Nichtigkeit des Formwechselbeschlusses aufgrund der Nichtbeachtung wesentlicher Verfahrensvorschriften zu verhindern.[4]

a) Formwechselbericht

Vor der Einberufung der Mitgliederversammlung ist der Formwechselbericht in den Geschäftsräumen des Vereins zur **Einsicht der Mitglieder** auszulegen, §§ 274 Abs. 1 S. 1, 230 Abs. 2 S. 1. Nach § 274 Abs. 1 S. 1, § 230 Abs. 2 S. 2 ist den Mitgliedern auf Verlangen unverzüglich und kostenlos eine Abschrift des Formwechselberichts zu erteilen. Allerdings stellt § 274 Abs. 1 S. 2 klar, dass § 192 Abs. 2 unberührt bleibt, so dass uU schon die Erstattung eines Formwechselberichts entbehrlich ist. Im vereinsrechtlichen Kontext ist lediglich der Mitgliederverzicht nach § 192 Abs. 2 S. 1 Alt. 2 relevant. Zwar ist der Formwechselbericht nach § 192 Abs. 2 S. 1 Alt. 1 auch dann nicht erforderlich, wenn an dem formwechselnden Rechtsträger nur ein Anteilsinhaber beteiligt ist. Ein solcher „Ein-Mann-Verein" ist freilich theoretisch denkbar, das Amtsgericht müsste dann jedoch dem Verein die Rechtsfähigkeit entziehen, § 73 BGB.[5]

In dem von dem Vertretungsorgan des formwechselnden Vereins zu erstattenden Formwechselbericht ist der Formwechsel und insbes. die **künftige Beteiligung** der Vereinsmitglieder am Rechtsträger neuer Rechtsform rechtlich und wirtschaftlich zu erläutern, § 192 Abs. 1 S. 1. Zudem muss der Formwechselbericht einen Entwurf des Formwechselbeschlusses enthalten, § 192 Abs. 1 S. 3.

Daneben ist spätestens zusammen mit der Einberufung den Mitgliedern nach §§ 274 Abs. 1 S. 1, 231 S. 1 durch den Vorstand ein **Abfindungsangebot** nach § 207 zu übersenden. Die bloße Auslegung des Abfindungsangebots in den Vereinsräumen ist unzulänglich.[6] Auch die Bekanntgabe im elektronischen Bundesanzeiger oder in etwaigen Veröffentlichungsblättern iSv § 231 S. 2 ist ungenügend, da Vereinsmitglieder schutzwürdiger sind als Anteilsinhaber von Kapitalgesellschaften.[7]

Schließlich ist nach § 274 Abs. 1 S. 1, § 260 Abs. 1 S. 2 (iVm 262 Abs. 2) in der Ankündigung auf die erforderlichen **Mehrheitsverhältnisse** des § 262 Abs. 1 sowie auf die Möglichkeit der Erhebung eines **Widerspruchs** gegen den Formwechselbeschluss und die sich daraus ergebenden Rechte hinzuweisen.

---

[3] Lutz BWNotZ 2013, 106 (109).
[4] Lutz BWNotZ 2013, 106 (109).
[5] Schmitt/Hörtnagl/*Hörtnagl*/Rinke § 274 Rn. 3.
[6] Begr. RegE zu § 260, BR-Drs. 75/94, 161; Lutter/*Bayer* § 274 Rn. 9.
[7] Begr. RegE zu § 274, BR-Drs. 75/94, 164; Lutter/*Bayer* § 274 Rn. 9.

7 Die Beifügung einer **Vermögensaufstellung** ist seit Abschaffung des § 229 aF nicht mehr notwendig, so dass der Verweis auf diese Vorschrift als Redaktionsfehler zu werten ist.[8]

b) Einberufung der Mitgliederversammlung

8 Über die Einzelheiten zur **Einberufung** der Mitgliederversammlung und deren Form befindet grundsätzlich die Vereinssatzung, § 58 Nr. 4 BGB. Trifft die Satzung keine Regelungen, liegt die Einberufungszuständigkeit beim Vorstand, § 26 BGB.[9] Die Vorgehensweise liegt dann zwar im freien Ermessen des Vorstands, allerdings ist mit Blick auf den Mitgliederschutz eine angemessene Frist zu wahren.[10] Insofern ist es ratsam, der Tatsache, dass der Formwechsel des Vereins eine Strukturmaßnahme darstellt und dessen rechtliche Existenz betrifft, dadurch Rechnung zu tragen, dass den Mitgliedern durch die großzügige Bemessung der Einberufungsfrist genügend Zeit für eine eingehende Prüfung der Sachlage gewährt wird.[11] Ist nicht entsprechend der Satzungsregeln zu laden, könnte die Einberufung wie folgt lauten:

> Betreff: Einladung zur Mitgliederversammlung des ... Vereins zur Beschlussfassung über einen Formwechsel
>
> Sehr geehrte/geehrter ...,
>
> hiermit lädt der ... Verein zu einer außerordentlichen Mitgliederversammlung zur Beschlussfassung über einen Formwechsel des ... Vereins in die Rechtsform einer GmbH/AG/KGaA ein. Der künftige Name soll lauten „Y-GmbH/AG/KGaA".
>
> Der im Rahmen dieser Mitgliederversammlung zu treffende Formwechselbeschluss bedarf einer Mehrheit von mindestens drei Vierteln der abgegebenen Stimmen. Eine Mehrheit von neun Zehnteln der abgegebenen Stimmen ist hingegen erforderlich, wenn spätestens bis zum Ablauf des dritten Tages vor dem Tag der Mitgliederversammlung ein Zehntel der Mitglieder durch eingeschriebenen Brief Widerspruch gegen den Formwechsel erhoben haben.
>
> In der Mitgliederversammlung kann gegen den Formwechselbeschluss Widerspruch zur Niederschrift erklärt werden. Der Widerspruch ist an die Zustimmungsverweigerung zum Formwechsel gekoppelt (→ § 207 Rn. 5 ff.).
>
> Im Falle eines Widerspruchs ist der Erwerb der Beteiligung des Mitglieds gegen eine angemessene Barabfindung anzubieten. Ein solches Abfindungsangebot ist diesem Schreiben in der Anlage beigefügt. Das Angebot kann grundsätzlich innerhalb einer Frist von zwei Monaten nach Bekanntgabe des Formwechsels gegenüber der Y-GmbH/AG/KGaA angenommen werden. Durch Annahme des Angebotes scheidet das Mitglied aus der Y-GmbH/AG/KGaA aus.
>
> Der Formwechsel und die künftige Beteiligung der Vereinsmitglieder an der Y-GmbH/AG/KGaA wird in einem Formwechselbericht ausführliche Erläuterung finden und liegt in den Geschäftsräumen des Vereins zu den gewohnten Öffnungszeiten des Sekretariats zur Einsicht der Mitglieder bereit.

9 Die **Einberufung per E-Mail** ist nur dann zulässig, wenn die Vereinssatzungen zur Form schweigt oder Textform iSv § 126b BGB vorsieht.[12] In der Regel legen die Vereinssatzungen jedoch Schriftform iSv § 126 BGB fest. Das Einladungsschreiben muss dann

---

8 Lutter/*Bayer* § 274 Rn. 3.
9 OLG Hamm NJW-RR 1989, 1532 (1533); Lutter/*Bayer* § 274 Rn. 4; Semler/Stengel/Leonard/*Katschinski* § 274 Rn. 5.
10 So auch *Katschinski*, der hier die Einhaltung einer Dreißigtagesfrist analog § 123 Abs. 1 AktG vorschlägt, Semler/Stengel/Leonard/*Katschinski* § 274 Rn. 5; *Katschinski*, Die Verschmelzung von Vereinen, 1999, S. 137.
11 Vgl. *Lutz* BWNotZ 2013, 106 (107), der für eine sich an § 123 Abs. 1 AktG orientierende Einberufungsfrist plädiert.
12 Sauter/Schweyer/*Waldner* Eingetragener Verein Rn. 171a; Reichert/Schimke/*Dauerheim* Vereins- und VerbandsR-HdB Rn. 1361; aA *Grziwotz* MDR 2012, 741 (742).

vom Aussteller eigenhändig durch Namensunterschrift oder mittels notariell beglaubigten Handzeichens unterschrieben werden, § 126 Abs. 1 BGB.

Die Mitglieder können nicht nur auf die Erstattung eines Formwechselberichts **verzichten** (→ Rn. 3); vielmehr steht es ihnen frei, auch die Einhaltung der Regeln über die Ankündigung formlos abzubedingen.[13]

Hinweis: Aus Beweisgründen ist die Einhaltung der Schriftform dennoch zu empfehlen.

2. Durchführung (Abs. 2)

Die **Durchführung der Mitgliederversammlung** richtet sich über den Verweis in § 274 Abs. 2 nach Maßgabe von § 239 Abs. 1 S. 1, Abs. 2. Danach ist der Formwechselbericht in der Mitgliederversammlung auszulegen (§ 239 Abs. 1 S. 1) und der Entwurf des Formwechselbeschlusses den Vereinsmitgliedern durch den Vorstand zu Beginn der Versammlung mündlich zu erläutern (§ 239 Abs. 2). Die Erläuterung erfasst dabei sämtliche von § 194 Abs. 1 aufgeführte Mindestangaben.

III. Rechtsfolgen von Verstößen

Verstöße gegen die Verfahrensbestimmungen des § 274 sind prinzipiell differenzierend zu bewerten: Grundsätzlich führen Verfahrensverstöße im Vereinsrecht wegen der hohen Schutzbedürftigkeit der Vereinsmitglieder zur Nichtigkeit der betreffenden Beschlüsse.[14] Betrifft der Verfahrensverstoß hingegen nicht übergeordnete Interessen, sondern bezweckt die in Frage stehende Vorschrift lediglich den Schutz einzelner Mitglieder (etwa bei Nichteinhaltung der Ladungsfrist oder Nichtladung eines einzelnen Mitglieds), tritt nur dann Nichtigkeit ein, wenn das betroffene Mitglied den Mangel fristgerecht rügt.[15]

Eine Mindermeinung im Vereinsrecht vertritt die Ansicht, auf Mängel im Verfahren seien die Vorschriften der **§§ 241 ff. AktG analog** anwendbar.[16] Diese Auffassung nehmen einige Stimmen im Umwandlungsrecht zum Anlass, die aktienrechtlichen Bestimmungen bei der Behandlung von Verfahrensverstößen in der Beschlussfassung über Formwechsel ebenfalls heranzuziehen.[17] Danach wären fehlerhafte Beschlüsse im Regelfall lediglich anfechtbar.

Diese Sichtweise ist jedoch nicht mit der **ständigen Rechtsprechung des BGH** vereinbar. Danach kommt im Vereinsrecht bei der Behandlung fehlerhafter Beschlüsse eine entsprechende Anwendung der §§ 241 ff. AktG wegen der „Vielgestaltigkeit vereinsrechtlicher Zusammenschlüsse und der darum anders gelagerten tatsächlichen und rechtlichen Verhältnisse" nicht in Betracht.[18] Zu Recht weist Bayer deshalb darauf hin, dass es lediglich darauf ankomme, § 274 als wesentliche Verfahrensvorschrift einzuordnen.[19] Bei Ablehnung einer entsprechenden Anwendung der §§ 241 ff. AktG führt die Verletzung von § 274 deshalb grundsätzlich zur Nichtigkeit des Beschlusses. Ausnahmen hiervon

---

13 Widmann/Mayer/*Vossius* § 274 Rn. 23; Lutter/*Bayer* § 274 Rn. 8; Semler/Stengel/Leonard/*Katschinski* § 274 Rn. 7.
14 BGH NJW 2008, 69 (72).
15 Grüneberg/*Ellenberger* BGB § 32 Rn. 10; *Keilbach* DNotZ 2001, 671 (681 f.); Soergel/*Hadding* BGB § 32 Rn. 37.
16 MüKoBGB/*Arnold* § 32 Rn. 53; K. Schmidt GesR § 24 III 3 e); *Schmidt* AG 1977, 243 (249 ff.).
17 Semler/Stengel/Leonard/*Katschinski* § 274 Rn. 10; Widmann/Mayer/*Vossius* § 274 Rn. 29.
18 BGH NJW 2008, 69 (72) Rn. 36; BGH NJW 1973, 235 ff.; BGH NJW 1971, 879 ff.
19 Lutter/*Bayer* § 274 Rn. 13.

können allerdings dann bestehen, wenn zwischen dem Verstoß und dem Beschluss keine Kausalität besteht, bzw. wenn der Mangel für den Beschluss nicht relevant ist.[20]

§ 275 Beschluß der Mitgliederversammlung

(1) Der Formwechselbeschluss der Mitgliederversammlung bedarf, wenn der Zweck des Rechtsträgers geändert werden soll (§ 33 Abs. 1 Satz 2 des Bürgerlichen Gesetzbuchs), der Zustimmung aller anwesenden Mitglieder; ihm müssen auch die nicht erschienenen Mitglieder zustimmen.

(2) ¹In anderen Fällen bedarf der Formwechselbeschluss einer Mehrheit von mindestens drei Vierteln der abgegebenen Stimmen. ²Er bedarf einer Mehrheit von mindestens neun Zehnteln der abgegebenen Stimmen, wenn spätestens bis zum Ablauf des dritten Tages vor der Mitgliederversammlung wenigstens hundert Mitglieder, bei Vereinen mit weniger als tausend Mitgliedern ein Zehntel der Mitglieder, durch eingeschriebenen Brief Widerspruch gegen den Formwechsel erhoben haben. ³Die Satzung kann größere Mehrheiten und weitere Erfordernisse bestimmen.

(3) Auf den Formwechsel in eine Kommanditgesellschaft auf Aktien ist § 240 Abs. 2 entsprechend anzuwenden.

I. Normzweck	1	2. Aufrechterhaltung des Vereinszwecks (Abs. 2)	7
II. Inhalt	2		
1. Änderung des Vereinszwecks (Abs. 1)	2	3. Formwechsel in eine KGaA (Abs. 3)	8

I. Normzweck

1 § 275 regelt die **Mehrheitsverhältnisse** in der beschlussfassenden Mitgliederversammlung und unterscheidet nach dem Vorbild des für die Änderung von Vereinssatzungen geltenden Rechts zwischen Formwechseln mit und ohne Änderung des Vereinszwecks.[1] Soweit mit dem Formwechsel auch eine Zweckänderung beabsichtigt wird, bedarf der Beschluss nach § 275 Abs. 1 der Zustimmung aller Vereinsmitglieder. Der Gesetzgeber verfolgt damit das Ziel, eine mögliche Umgehung der zentralen Vorschrift des § 33 Abs. 1 S. 2 BGB im Wege einer formwechselnden Zweckänderung im Ursprung zu unterbinden.[2] Geht mit dem Formwechsel keine Zweckänderung einher, so sieht § 275 Abs. 2 – in Gleichlauf mit § 33 Abs. 1 S. 1 BGB – eine Mehrheit von mindestens drei Vierteln vor. Für den Sonderfall des Formwechsels in die Rechtsform einer KGaA ist nach § 275 Abs. 3, § 240 Abs. 2 anwendbar. Danach bedarf der Formwechselbeschluss der Zustimmung aller persönlich haftenden Gesellschafter der künftigen KGaA. Hintergrund der Verweisung ist, dass einem Komplementär die Haftung ohne dessen Zustimmung nicht zumutbar ist.[3]

---

20 Hinsichtlich der Rechtsfolge stehen sich hier die Relevanz- und Kausalitätstheorie gegenüber, eingehend hierzu Lutter/*Bayer* § 274 Rn. 13.

1 § 33 Abs. 1 BGB; Begr. RegE zu § 275, BR-Drs. 75/94, 164.
2 Begr. RegE zu § 275, BR-Drs. 75/94, 164.
3 Begr. RegE zu § 240 Abs. 2, BR-Drs. 75/94, 165.

II. Inhalt

1. Änderung des Vereinszwecks (Abs. 1)

Soll der Formwechsel nicht darauf beschränkt werden, den bisherigen Vereinszweck durch einen Rechtsträger anderer Rechtsform zu verwirklichen, müssen nach § 275 Abs. 1 dem Formwechselbeschluss **alle Vereinsmitglieder** zustimmen. Das gilt auch für alle nicht erschienenen Mitglieder.[4]

Voraussetzung ist mithin, dass der Formwechsel zu einer Änderung des Vereinszwecks führt. Eine **Zweckänderung** liegt vor, wenn der den Charakter des Vereins festlegende oberste Leitsatz der Vereinstätigkeit eine Wandlung erfährt.[5] Eine Änderung des Vereinszwecks ist damit insbes. dann zu bejahen, wenn der Unternehmensgegenstand eines Idealvereins, dessen Zweck noch nicht auf einen wirtschaftlichen Geschäftsbetrieb gerichtet war, mit dem Formwechsel den Betrieb eines Handelsgewerbes verfolgt.[6]

Nicht aus jeder Umwandlung in eine Kapitalgesellschaft resultiert unweigerlich eine Zweckänderung:[7] Zwar werden Kapitalgesellschaften als Formkaufleute iSd § 6 Abs. 2 HGB behandelt, die handelsrechtliche Dimension ist bei der Ermittlung des Gesellschaftszwecks jedoch nicht ausschlaggebend.[8] Vielmehr ist auf den **Gesellschaftszweck** iSv § 1 GmbHG, § 3 AktG abzustellen.[9] So kann etwa eine GmbH nach § 1 GmbHG durchaus zu ideellen Zwecken gegründet werden.[10]

Hinweis: Im Ergebnis entscheidet die Formkaufmanneigenschaft nicht über den Charakter des Vereins iSv § 275 Abs. 1.

Ändert sich der Vereinszweck, haben **alle** (anwesenden und abwesenden) Mitglieder dem Formwechselbeschluss zuzustimmen. Nach § 193 Abs. 3 sind der Formwechselbeschluss und die Zustimmungserklärungen der Vereinsmitglieder, einschließlich der Erklärungen nicht erschienener Mitglieder, notariell zu beurkunden. Die Zustimmungserklärungen nicht erschienener Mitglieder können vor und nach dem Formwechselbeschluss beurkundet werden.[11] Die Vorschrift ist (im Gegensatz zum reinen Vereinsrecht wegen § 40 BGB) aufgrund von § 1 Abs. 3 S. 1 nicht dispositiv und kann deshalb nicht durch abweichende Satzungsbestimmung abbedungen werden.[12]

Streitig ist, ob das Einstimmigkeitserfordernis dadurch umgangen werden kann, dass der Verein mit der Umwandlung den Vereinszweck zwar beibehält, nach Wirksamwerden des Formwechsels der Unternehmensgegenstand jedoch durch satzungsändernde Mehrheit abgeändert wird. Vossius bejaht die Zulässigkeit einer solchen **„Ausweichlösung"**.[13] Denn der Gegenstand des Unternehmens einer Handelsgesellschaft sei vom Zweck eines Vereins streng zu unterscheiden.[14] Das leuchtet ein, kann jedoch nicht vollends überzeugen, da hierdurch in der Konsequenz § 275 Abs. 1 unzulässigerweise umgangen würde.[15]

---

4 Lutter/*Bayer* § 275 Rn. 2.
5 BGHZ 96, 245; 251; Grüneberg/*Ellenberger* BGB § 33 Rn. 3.
6 Begr. RegE zu § 275, BR-Drs. 75/94, 164.
7 Lutter/*Bayer* § 275 Rn. 3; Semler/Stengel/Leonard/*Katschinski* § 275 Rn. 5.
8 MüKoHGB/*K. Schmidt* § 6 Rn. 9.
9 Semler/Stengel/Leonard/*Katschinski* § 275 Rn. 5.
10 MüKoGmbHG/*Fleischer* § 1 Rn. 10, 18.
11 Lutter/*Bayer* § 275 Rn. 2.
12 Semler/Stengel/Leonard/*Katschinski* § 275 Rn. 4; aA Widmann/Mayer/*Vossius* § 275 Rn. 5.
13 Widmann/Mayer/*Vossius* § 275 Rn. 11 ff.
14 Widmann/Mayer/*Vossius* § 275 Rn. 16.
15 So auch Lutter/*Bayer* § 275 Rn. 5; Semler/Stengel/Leonard/*Katschinski* § 275 Rn. 7.

2. Aufrechterhaltung des Vereinszwecks (Abs. 2)

7 § 275 Abs. 2 normiert den **Regelfall**, dass der Vereinszweck durch die Umwandlung aufrechterhalten bleibt. Dann haben nach § 275 Abs. 2 S. 1 mindestens drei Viertel der anwesenden Mitglieder dem Formwechselbeschluss zuzustimmen. Enthaltungen werden dabei nicht berücksichtigt.[16] Nach § 275 Abs. 2 S. 2 erhöht sich das Quorum auf neun Zehntel der abgegebenen Stimmen, sofern spätestens bis zum Ablauf des dritten Tages vor der Mitgliederversammlung wenigstens hundert Mitglieder – bei Vereinen mit weniger als tausend Mitgliedern ein Zehntel der Mitglieder – durch eingeschriebenen Brief Widerspruch gegen den Formwechsel erhoben haben. Der Widerspruch muss nicht ausdrücklich erklärt werden; vielmehr genügt jede Formulierung, aus der hervorgeht, dass das Mitglied mit dem Formwechsel nicht einverstanden ist.[17] Bei der Bestimmung der Dreitagesfrist gelten die allgemeinen Regeln der §§ 187 ff. BGB.

3. Formwechsel in eine KGaA (Abs. 3)

8 Erfolgt der Formwechsel in die Rechtsform einer **KGaA**, so erklärt § 275 Abs. 3 § 240 Abs. 2 für entsprechend anwendbar. Danach haben alle künftigen Komplementäre dem Formwechselbeschluss zuzustimmen. Zu den Einzelheiten kann an dieser Stelle auf die Ausführungen zu § 240 Abs. 2 verwiesen werden (→ § 240 Rn. 14 ff.).

§ 276 Inhalt des Formwechselbeschlusses

(1) Auf den Formwechselbeschluss sind auch die §§ 218, 243 Abs. 3, § 244 Abs. 2 und § 263 Abs. 2 Satz 2, Abs. 3 entsprechend anzuwenden.

(2) Die Beteiligung der Mitglieder am Stammkapital oder am Grundkapital der Gesellschaft neuer Rechtsform darf, wenn nicht alle Mitglieder einen gleich hohen Anteil erhalten sollen, nur nach einem oder mehreren der folgenden Maßstäbe festgesetzt werden:

1. **bei Vereinen, deren Vermögen in übertragbare Anteile zerlegt ist, der Nennbetrag oder der Wert dieser Anteile;**
2. **die Höhe der Beiträge;**
3. **bei Vereinen, die zu ihren Mitgliedern oder einem Teil der Mitglieder in vertraglichen Geschäftsbeziehungen stehen, der Umfang der Inanspruchnahme von Leistungen des Vereins durch die Mitglieder oder der Umfang der Inanspruchnahme von Leistungen der Mitglieder durch den Verein;**
4. **ein in der Satzung bestimmter Maßstab für die Verteilung des Überschusses;**
5. **ein in der Satzung bestimmter Maßstab für die Verteilung des Vermögens;**
6. **die Dauer der Mitgliedschaft.**

I. Normzweck	1	2. Nennbetrag des Stamm- bzw. Grundkapitals	5
II. Inhalt des Formwechselbeschlusses (Abs. 1)	2	III. Beteiligung der Vereinsmitglieder an der Kapitalgesellschaft (Abs. 2)	8
1. Feststellung der Satzung und Beifügung des Gesellschaftsvertrags	2		

---

[16] Semler/Stengel/*Leonard/Katschinski* § 275 Rn. 8; Lutter/*Bayer* § 275 Rn. 6.

[17] Widmann/Mayer/*Vossius* § 275 Rn. 28; Lutter/*Bayer* § 275 Rn. 7.

I. Normzweck

§ 276 Abs. 1 schreibt für den Formwechsel rechtsfähiger Vereine in die Rechtsform einer Kapitalgesellschaft den **Inhalt des Formwechselbeschlusses** vor und ergänzt damit die von § 194 festgelegten Mindestangaben. Mit dem Verweis auf die Vorschriften zu den weiteren Anforderungen an den Formwechselbeschluss für den Formwechsel unter Kapitalgesellschaften (§§ 218, 243 Abs. 3, § 244 Abs. 2) sowie zum Formwechsel von eingetragenen Genossenschaften (§ 263 Abs. 2 S. 2, Abs. 3) wählt der Gesetzgeber eine schlankere Lösung. § 276 Abs. 2 zählt die zulässigen Verteilungsmaßstäbe auf, die dem Formwechsel der Vereinsmitgliedschaft in eine Beteiligung am künftigen Stamm- oder Grundkapital des Rechtsträgers neuer Rechtsform zugrunde gelegt werden können. Die Regelung entspricht der für die formwechselnde Umwandlung eines VVaG in eine AG geltenden Vorschrift des 385e Abs. 2 AktG aF und hat den Hintergrund, dass den Mitgliedern eines Vereins allein durch ihre Mitgliedschaft im Allgemeinen keine Beteiligung am Vereinsvermögen vermittelt wird.[1]

II. Inhalt des Formwechselbeschlusses (Abs. 1)

1. Feststellung der Satzung und Beifügung des Gesellschaftsvertrags

Bei dem Formwechsel eines rechtsfähigen Vereins in eine Kapitalgesellschaft hat der Formwechselbeschluss **inhaltlich** in erster Linie den Anforderungen des § 194 zu genügen.

Darüber hinaus muss beim Formwechsel in eine AG oder KGaA im Formwechselbeschluss **die Satzung** des Rechtsträgers neuer Rechtsform festgestellt werden, § 276 Abs. 1, § 218 Abs. 1 S. 1 Var. 3. Bei der Umwandlung in eine GmbH muss der Gesellschaftsvertrag der Gesellschaft im Formwechselbeschluss enthalten sein, § 276 Abs. 1, § 218 Abs. 1 S. 1 Var. 1. Der Gesellschaftsvertrag braucht dann nicht durch die Gesellschafter unterzeichnet werden, § 276 Abs. 1, § 244 Abs. 2. Über den Wortlaut der Vorschrift hinaus gilt dies auch beim Formwechsel in eine AG oder KGaA. Denn die Gründung findet hier nicht durch Vertragsunterzeichnung, sondern durch Beschluss statt.[2]

Hinweis: Die Verweisung auf § 218 Abs. 1 S. 2 und Abs. 3 läuft leer, da diese lediglich den Formwechsel in eine eG regeln.[3]

Bei dem Formwechsel in eine **KGaA** muss sich zudem mindestens ein Vereinsmitglied am Rechtsträger neuer Rechtsform als persönlich haftender Gesellschafter beteiligen, oder ein Dritter in die Rechtstellung beitreten, § 276 Abs. 1, § 218 Abs. 2.

2. Nennbetrag des Stamm- bzw. Grundkapitals

Hinsichtlich der Höhe der festzusetzenden **Nennbeträge** der Geschäftsanteile und Aktien sehen § 276 Abs. 1, § 243 Abs. 3 S. 1 vor, dass in dem Gesellschaftsvertrag oder der Satzung des Rechtsträgers neuer Rechtsform der auf die Anteile entfallende Betrag des Stamm- und Grundkapitals abweichend vom Betrag der Anteile der formwechselnden Gesellschaft festgesetzt wird. Indem jedoch die Vereinsmitglieder regelmäßig keine Anteile am formwechselnden Verein halten, ist die Vorschrift für den Formwechsel von rechtsfähigen Vereinen von verschwindend geringer Bedeutung (Näheres → Rn. 8).

---

[1] Begr. RegE zu § 276 Abs. 2, BR-Drs. 75/94, 165.
[2] Schmitt/Hörtnagl/*Hörtnagl/Rinke* § 276 Rn. 2; Semler/Stengel/Leonard/*Katschinski* § 276 Rn. 4.
[3] Schmitt/Hörtnagl/*Hörtnagl/Rinke* § 276 Rn 2; Semler/Stengel/Leonard/*Katschinski* § 276 Rn. 4.

Beim Formwechsel in die Rechtsform der GmbH muss der Nennbetrag nach § 276 Abs. 1, § 243 Abs. 3 S. 2 auf volle Euro lauten.

6 Um die Bildung von **Teilrechten** zu vermeiden, legen § 276 Abs. 1, § 263 Abs. 2 S. 2 beim Formwechsel in eine AG bzw. KGaA fest, den Nennbetrag des Grundkapitals so zu bemessen, dass auf jedes Mitglied möglichst volle Aktien entfallen. Nach § 263 Abs. 3 S. 2 können Aktien mit einem höheren Betrag als dem Mindestbetrag von 1 EUR nach § 8 Abs. 2, Abs. 3 AktG nur ausgegeben werden, soweit volle Aktien mit dem Betrag auf jedes Mitglied entfallen.

7 Beim Formwechsel in eine **GmbH** findet § 263 Abs. 3 S. 2 keinerlei Anwendung.[4] Vielmehr ist § 263 Abs. 3 S. 1 einschlägig, wonach die Anteile mindestens auf einen Nennbetrag von 100 EUR gestellt werden müssen. Durch das am 1.11.2008 in Kraft getretene MoMiG[5] wurde allerdings der vorgeschriebene Mindestbetrag durch die Neufassung des § 5 Abs. 2 S. 1 GmbHG auf 1 EUR je Geschäftsanteil reduziert.[6] § 263 Abs. 3 S. 1 stellt deshalb nunmehr ein Redaktionsversehen dar, so dass auch für die GmbH als Mindestbetrag 1 EUR anzusetzen ist.[7]

III. Beteiligung der Vereinsmitglieder an der Kapitalgesellschaft (Abs. 2)

8 Nach § 276 Abs. 2 darf die Beteiligung der Vereinsmitglieder an der Gesellschaft neuer Rechtsform nur unter bestimmten Maßstäben festgesetzt werden, wenn nicht alle Mitglieder einen gleich hohen Anteil erhalten. Die **Beteiligung nach Köpfen** stellt insbes. im Idealverein den Regelfall dar, dh alle Mitglieder erhalten einen gleich hohen Anteil am Grund- und Stammkapital.[8] Deshalb ist eine individuelle Verteilung der Anteile nur unter den von § 276 Abs. 2 Nr. 1–6 vorgesehenen, abschließenden Maßstäben zulässig.[9] Danach steht es im Ermessen der Vereinsmitglieder, im Formwechselbeschluss unter folgenden Verteilungsmaßstäben zu wählen:[10]

- Nach § 276 Abs. 2 Nr. 1 können die Anteile individuell verteilt werden, wenn sie dem Nennbetrag oder dem Wert der Vereinsanteile entsprechen.

  Hinweis: Indem im Regelfall jedoch am Verein nicht bereits übertragbare Anteile bestehen werden, ist dieser Maßstab nur für die Fälle denkbar, in denen der Verein vor Inkrafttreten des BGB durch staatliche Verleihung Rechtsfähigkeit erlangte und wegen Art. 82 EGBGB fortbesteht.[11]

- Nach § 276 Abs. 2 Nr. 2 kann sich die individuelle Verteilung der Anteile an der Höhe der Beiträge der Vereinsmitglieder orientieren.

- Nach § 276 Abs. 2 Nr. 3 kann bei Vereinen, welche zu ihren Mitgliedern Geschäftsbeziehungen unterhalten, die individuelle Verteilung am Umfang ihrer Tätigkeit ausgerichtet werden.

- Nach § 276 Abs. 2 Nr. 4 und Nr. 5 kann ein etwaig in der Vereinssatzung für den Fall der Verteilung des Überschusses oder Vermögens vorgesehener Verteilungsmaßstab hinzugezogen werden.

---

[4] Semler/Stengel/Leonard/*Katschinski* § 276 Rn. 10.
[5] Gesetz zur Modernisierung des GmbH-Rechts und zur Bekämpfung von Missbräuchen v. 1.11.2008, BGBl. I 2026.
[6] MüKoGmbHG/*Märtens* § 5 Rn. 17 f.
[7] Semler/Stengel/Leonard/*Katschinski* § 276 Rn. 10; Lutter/*Bayer* § 276 Rn. 7.
[8] Maulbetsch/Klumpp/Rose/*Ries* § 276 Rn. 4.
[9] Lutter/*Bayer* § 276 Rn. 15; Semler/Stengel/Leonard/*Katschinski* § 276 Rn. 13.
[10] Semler/Stengel/Leonard/*Katschinski* § 276 Rn. 14.
[11] Lutter/*Bayer* § 276 Rn. 11; vgl. auch Lutz BWNotZ 2013, 106 (107), wonach der Norm „[...] aus heutiger Sicht so gut wie keine Bedeutung zukommt [...]."

■ Nach § 276 Abs. 2 Nr. 6 ist eine individuelle Verteilung der Anteile zulässig, wenn sie die Dauer der Mitgliedschaft als Maßstab der Zuweisung bemüht.

Dennoch sind, entgegen dem Wortlaut von § 276 Abs. 2, dem Ermessen des Vereins bei der Auswahl der Bewertungsmaßstäbe Grenzen gesetzt: Diese ergeben sich aus dem **Willkürverbot** und dem **Prinzip der Gleichbehandlung** der Vereinsmitglieder als Ausfluss des Grundsatzes von Treu und Glauben nach § 242 BGB.[12] Die Anwendung eines Verteilungsmaßstabes muss deshalb stets durch einen sachlichen Grund legitimiert sein.[13]

§ 277 Kapitalschutz

Bei der Anwendung der für die neue Rechtsform maßgebenden Gründungsvorschriften ist auch § 264 entsprechend anzuwenden.

I. Kapitalschutz 1	2. Kein Gründungsbericht (§ 264 Abs. 3 S. 2) 4
II. Formwechsel in eine GmbH (§ 264 Abs. 2) 2	3. Nachgründung (§ 264 Abs. 3 S. 3) 5
III. Formwechsel in eine AG bzw. KGaA (§ 264 Abs. 3) 3	
1. Gründungsprüfung (§ 264 Abs. 3 S. 1) ... 3	

I. Kapitalschutz

Nach § 277 ist bei der Anwendung des für die neue Rechtsform einschlägigen Gründungsrechts auch die Kapitalschutzvorschrift des § 264 entsprechend anzuwenden. Da rechtsfähige Vereine über kein festes Nennkapital verfügen, sollte in Übereinstimmung mit den Überlegungen zum Formwechsel eingetragener Genossenschaften der **Kapitalschutz** dadurch sichergestellt werden, dass der Nennbetrag des Stammkapitals bzw. Grundkapitals des Rechtsträgers neuer Rechtsform nach Abzug der Schulden nicht höher bemessen ist als das Reinvermögen des formwechselnden Vereins, §§ 277, 264 Abs. 1.[1]

II. Formwechsel in eine GmbH (§ 264 Abs. 2)

Indem den Vereinsmitgliedern die Verantwortlichkeit als Gründer und insbesondere die Gründerhaftung nach § 9a GmbHG nicht zugemutet werden soll, verweist § 277 auf § 264 Abs. 2, wonach die Vereinsmitglieder ebenso wie die Genossen von der Pflicht zur Erstattung eines **Sachgründungsberichts** (§ 5 Abs. 4 S. 2 GmbHG) entbunden werden.[2] Obwohl § 264 Abs. 2 (im Gegensatz zu § 264 Abs. 3 S. 2) die Vereinsmitglieder nicht explizit von ihrer Gründerhaftung befreit, entfällt nach § 264 Abs. 3 S. 2 analog auch beim Formwechsel in die Rechtsform einer GmbH die Haftung der Vereinsmitglieder im Gründungsstadium nach § 9a GmbHG.[3]

---

12 Eingehend Widmann/Mayer/*Vossius* § 276 Rn. 31 ff.
13 Widmann/Mayer/*Vossius* § 276 Rn. 33.
1 Begr. RegE zu § 277, BR-Drs. 75/94, 165.
2 Begr. RegE zu § 277, BR-Drs. 75/94, 165.
3 Die hM geht hier zu Recht von einem Redaktionsversehen aus, Lutter/*Bayer* § 277 Rn. 3; Semler/Stengel/Leonard/*Katschinski* § 277 Rn. 7.

III. Formwechsel in eine AG bzw. KGaA (§ 264 Abs. 3)

1. Gründungsprüfung (§ 264 Abs. 3 S. 1)

3 Dem Verweis auf § 264 Abs. 3 S. 1 folgend hat beim Formwechsel eines Vereins in die Rechtsform einer AG oder KGaA zwingend eine **Gründungsprüfung** durch einen oder mehrere Gründungsprüfer iSv § 33 Abs. 2 Nr. 4 AktG zu erfolgen.

2. Kein Gründungsbericht (§ 264 Abs. 3 S. 2)

4 Mit Blick auf die Gründerhaftung nach § 46 AktG gilt allerdings auch hier, dass die Vereinsmitglieder nicht zur Erstellung eines **Gründungsberichts** iSv § 32 AktG verpflichtet sind.[4] Zudem werden die Vereinsmitglieder von ihren Informationspflichten gegenüber den Gründungsprüfern iSv § 35 Abs. 1, Abs. 2 AktG entbunden. Daneben sind die Vereinsmitglieder von der Haftung nach § 46 AktG befreit.

3. Nachgründung (§ 264 Abs. 3 S. 3)

5 Über den Verweis auf § 264 Abs. 3 S. 3 wird zuletzt klargestellt, dass die Regelungen des § 52 AktG über **Nachgründungsverträge** anwendbar sind, allerdings mit der Maßgabe, dass die Zweijahresfrist des § 52 Abs. 1 AktG mit dem Wirksamwerden des Formwechsels beginnt (§ 202).

§ 278 Anmeldung des Formwechsels

(1) Auf die Anmeldung nach § 198 ist § 222 Abs. 1 und 3 entsprechend anzuwenden.

(2) ¹Ist der formwechselnde Verein nicht in ein Handelsregister eingetragen, so hat sein Vorstand den bevorstehenden Formwechsel durch das in der Vereinssatzung für Veröffentlichungen bestimmte Blatt, in Ermangelung eines solchen durch dasjenige Blatt bekanntzumachen, das für Bekanntmachungen des Amtsgerichts bestimmt ist, in dessen Bezirk der formwechselnde Verein seinen Sitz hat. ²Die Bekanntmachung tritt an die Stelle der Eintragung der Umwandlung in das Register nach § 198 Abs. 2 Satz 3. ³§ 50 Abs. 1 Satz 4 des Bürgerlichen Gesetzbuchs ist entsprechend anzuwenden.

1. Hintergrund

1 Ein rechtsfähiger Verein kann aufgrund eines Formwechselbeschlusses nur die Rechtsform einer Kapitalgesellschaft oder eingetragenen Genossenschaft erlangen, § 272 Abs. 1. Beim Formwechsel eines **eingetragenen Vereins** in die Rechtsform einer Kapitalgesellschaft oder eingetragenen Genossenschaft ändert sich allerdings die Art des für den Rechtsträger maßgebenden Registers iSv § 198 Abs. 2 S. 2 Alt. 1. Die Anmeldung hat dann sowohl beim Registergericht zu erfolgen, bei dem der Verein eingetragen ist, als auch bei dem für die neue Rechtsform zuständigen Registergericht (→ § 198 Rn. 4).

2 Ein **wirtschaftlicher Verein** erwirbt nach § 22 S. 1 BGB durch staatliche Genehmigung Rechtsfähigkeit, so dass – in Abgrenzung zu § 21 BGB – eine Eintragung im Vereinsregister gerade nicht erfolgt. Im Hinblick auf die Anmeldepflicht des § 198 sind dabei mehrere Fallvarianten denkbar: Betätigt sich der Verein gewerblich und erfordert des-

---

[4] Begr. RegE zu § 277, BR-Drs. 75/94, 165.

halb eine kaufmännische Einrichtung, erfolgt die Eintragung des Vereins im Handelsregister nach Maßgabe der §§ 1, 33 HGB. Bei der Umwandlung eines eingetragenen wirtschaftlichen Vereins in eine Kapitalgesellschaft folgt die Anmeldepflicht dann aus 198 Abs. 1, bei Sitzverlegung aus § 198 Abs. 2 S. 2 Alt. 2. Beim Formwechsel in eine eingetragene Genossenschaft ändert sich hingegen die Art des maßgebenden Registers, so dass § 198 Abs. 2 S. 2 Alt. 1 einschlägig ist. Betreibt der wirtschaftliche Verein hingegen ein Kleingewerbe, ist die Eintragung dem Verein freigestellt §§ 2, 33 HGB.[1] Die Anmeldepflicht richtet sich dann nach § 198 Abs. 2 S. 1.

§ 278 Abs. 1 **ergänzt** und **modifiziert** durch den Verweis auf § 222 Abs. 1 und Abs. 3 die Anmeldepflicht des § 198 dadurch, dass der Kreis der anmeldepflichtigen Personen konkretisiert wird. Dadurch soll sofort Rechtsklarheit über die Vertretungsverhältnisse beim künftigen Rechtsträger geschaffen werden.[2] Für den Fall, dass der formwechselnde Verein nicht im Handelsregister eingetragen ist, hat nach § 278 Abs. 2 der Formwechsel in besonderer Form durch den Vorstand bekannt gemacht zu werden.

2. Inhalt[3]
a) Anmeldepflichtige Personen (Abs. 1)

Nach §§ 287 Abs. 1, 222 Abs. 1 S. 1 erfolgt die Anmeldung des Formwechsels nach § 198 Abs. 1, Abs. 2 S. 1 und S. 2 durch alle Mitglieder des **künftigen Vertretungsorgans**. Beim Formwechsel in eine AG bzw. KGaA ist die Anmeldung zudem durch alle Mitglieder des Aufsichtsrates vorzunehmen.

Alternativ kann nach Maßgabe von § 278 Abs. 1, § 222 Abs. 3 die Anmeldung der Umwandlung zur Eintragung in das Register nach § 198 Abs. 2 S. 3 auch durch den **scheidenden Vereinsvorstand** erfolgen.

b) Bekanntgabe bei fehlender Voreintragung (Abs. 2)

Soweit der formwechselnde Verein **nicht im Handelsregister** eingetragen ist, hat der Vorstand den Formwechsel nach § 278 Abs. 2 durch das für Veröffentlichungen in der Satzung des Vereins bestimmte Blatt bekannt zu machen. In Ermangelung eines solchen Blattes ist die Bekanntmachung hilfsweise in elektronischer Form nach § 10 HGB vorzunehmen. Die Bekanntmachung könnte folgendermaßen lauten:

> Hiermit gibt der Vorstand des X-Vereins bekannt, dass auf der Mitgliederversammlung vom … mehrheitlich der Formwechsel des Vereins in die Y-GmbH mit Sitz in … beschlossen wurde. Der Formwechsel wird an dem Tage wirksam, an dem der Formwechsel im Handelsregister des Sitzes der Y-GmbH eingetragen wurde.

Durch die Verpflichtung zur Bekanntgabe wird ausweislich der Gesetzesbegründung die vorherige Ankündigung des Formwechsels auch in solchen Fällen gewährleistet, in denen der wirtschaftliche Verein nicht nach § 33 HGB im Handelsregister eingetragen ist.[4] Die Vorschrift erfasst deshalb ausschließlich den **Formwechsel wirtschaftlicher Vereine** und damit die Anmeldung nach 198 Abs. 2 S. 1 (→ § 198 Rn. 3). Nicht erfasst wird hingegen nach allgemeiner Ansicht die Anmeldung des Formwechsels nicht im

---

1 *Sauter/Schweyer/Waldner* Eingetragener Verein Rn. 456.
2 Begr. RegE zu § 222 Abs. 1 S. 1, BR-Drs. 75/94, 150.
3 Für ein ausführliches Muster der Handelsregisteranmeldung im Falle der Umwandlung eines Vereins in eine GmbH siehe *Lutz* BWNotZ 2013, 106 (111).
4 Begr. RegE zu § 286, BR-Drs. 75/94, 167.

Handelsregister eingetragener Idealvereine.⁵ Einerseits kommen diese bereits begriffsnotwendig aufgrund ihrer Eintragung im Vereinsregister nicht als Adressaten der besonderen Bekanntmachungspflicht des § 278 Abs. 2 infrage. Andererseits qualifiziert der Gesetzgeber die Bekanntmachungspflicht als „notwendigen Ergänzung für wirtschaftliche Vereine", so dass auch das Argument von Sinn und Zweck für eine derartige Auslegung streitet.⁶

8 Die **besondere Bekanntmachung** nach § 278 ersetzt nach § 278 Abs. 2 S. 2 die Eintragung nach § 198 Abs. 2 S. 3. Zudem ist nach § 278 Abs. 2 S. 3 die „erste Einrückung" des § 50 Abs. 1 S. 4 BGB entsprechend anzuwenden. Danach gilt die Bekanntmachung erst mit Ablauf des zweiten Tages nach der Veröffentlichung als bewirkt.

§ 279 (aufgehoben)

§ 280 Wirkungen des Formwechsels

¹Durch den Formwechsel werden die bisherigen Mitgliedschaften zu Anteilen an der Gesellschaft neuer Rechtsform und zu Teilrechten. ²§ 266 Abs. 1 Satz 2, Abs. 2 und 3 ist entsprechend anzuwenden.

1. Normzweck

1 Ergänzend zu § 202 Abs. 1 Nr. 2 S. 1 enthält § 280 besondere Bestimmungen für die Umwandlung der vereinsrechtlichen Mitgliedschaft in eine Kapitalbeteiligung.¹ In Übereinstimmung mit den damals geltenden Bestimmungen zur Umwandlung von eG und VVaG sollte eine Beteiligung der Anteilsinhaber durch **Teilrechte** zugelassen werden.² Deshalb fungiert § 280 S. 1 dahin gehend klarstellend, dass auf eine Mitgliedschaft im Verein nicht nur volle Anteile am Rechtsträger neuer Rechtsform entfallen können, sondern auch Teilrechte. Mit dem Verweis von § 280 S. 2 auf § 266 Abs. 1 S. 2, Abs. 2, und Abs. 3 wird deren Handhabe im Einzelnen geregelt.

2. Inhalt

a) Zulässigkeit von Teilrechten (S. 1)

2 Nach § 273 ist der Formwechsel nur zulässig, wenn auf jedes an der Gesellschaft neuer Rechtsform beteiligte Mitglied mindestens ein voller GmbH-Geschäftsanteil bzw. bei der Umwandlung in eine AG bzw. KGaA eine volle Aktie entfällt. Dennoch können durch Formwechselbeschluss **Teilrechte** begründet werden, die als vollgültige und rechtlich selbstständige Mitgliedschaftsrechte mit Wirksamwerden des Formwechsels nach § 280 S. 1 als Surrogat der untergegangenen Mitgliedschaft fortbestehen.³

b) Surrogation (S. 2)

3 Nach §§ 280 S. 2, 266 Abs. 1 S. 2 existieren an den bisherigen Mitgliedschaften bestehende **Rechte Dritter** an den durch den Formwechsel erlangten Anteilen und Teilrechten weiter (→ § 202 Rn. 17.)

---

5 Schmitt/Hörtnagl/Hörtnagl/Rinke § 278 Rn. 2; Lutter/Bayer § 278 Rn. 7; Widmann/Mayer/Vossius § 278 Rn. 9.
6 Begr. RegE zu § 278, BR-Drs. 75/94, 165.

1 Begr. RegE zu § 280, BR-Drs. 75/94, 166.
2 Begr. RegE zu § 280, BR-Drs. 75/94, 166.
3 Widmann/Mayer/Vossius § 280 Rn. 5.

Hinweis: Indem die Vereinsmitgliedschaft in der Regel keine Vermögensbeteiligung vermittelt, ist die Surrogation von Rechten Dritter in der Praxis von geringer Bedeutung.[4]

Die infolge des Formwechsels entstehenden **Teilrechte** sind nach § 280 S. 2, § 266 Abs. 2 selbstständig veräußerlich und vererblich. Allerdings können die aus ihnen resultierenden Rechte nach § 280 S. 2, § 266 Abs. 3 S. 1 nur ausgeübt werden, wenn die Teilrechte in einer Hand einen vollen Anteil ergeben oder sich mehrere Berechtigte zusammenschließen, deren Teilrechte zusammen einen Anteil ergeben. Nach § 280 S. 2, § 266 Abs. 3 S. 2 ist der Verein verpflichtet, die Zusammenführung von Teilrechten zu vollen Anteilen zu vermitteln.

§ 281 Benachrichtigung der Anteilsinhaber; Veräußerung von Aktien; Hauptversammlungsbeschlüsse

(1) Auf die Benachrichtigung der Anteilsinhaber durch die Gesellschaft, auf die Aufforderung von Aktionären zur Abholung der ihnen zustehenden Aktien und auf die Veräußerung nicht abgeholter Aktien sind die §§ 267 und 268 entsprechend anzuwenden.

(2) Auf Beschlüsse der Hauptversammlung der Gesellschaft neuer Rechtsform sowie auf eine Ermächtigung des Vertretungsorgans zur Erhöhung des Grundkapitals ist § 269 entsprechend anzuwenden.

I. Normzweck	1	2. Abholung der Aktien (Abs. 1 iVm § 268)	3
II. Inhalt	2	3. Hauptversammlungsbeschlüsse und nicht abgeholte Aktien	
1. Benachrichtigung der Anteilsinhaber (Abs. 1 iVm § 267)	2	(Abs. 2 iVm § 269)	4

I. Normzweck

§ 281 regelt über den Verweis auf die §§ 267, 268 und 269 die Benachrichtigung der Anteilsinhaber, das Verfahren zur Abholung der Aktien sowie Einzelheiten zur Hauptversammlungsbeschlussfassung in der Übergangszeit. Der Gesetzgeber wählte wegen der Ähnlichkeit der **Interessenlage** dabei den Verweis auf die Vorschriften zum Formwechsel einer eG.[1]

II. Inhalt

1. Benachrichtigung der Anteilsinhaber (Abs. 1 iVm § 267)

Nach § 281 Abs. 1, § 267 Abs. 1 hat das Vertretungsorgan der Gesellschaft neuer Rechtsform jedem Anteilsinhaber unverzüglich nach der Bekanntmachung der Eintragung der Gesellschaft in das Handelsregister den **Inhalt der Bekanntmachung** in Textform iSv § 126b BGB mitzuteilen. Die Informationspflicht bezieht sich darüber hinaus auf die Zahl und – mit Ausnahme von Stückaktien – auf den Nennbetrag der auf die jeweiligen Anteilsinhaber entfallenen Anteile und Teilrechte. Zeitgleich mit der Mitteilung ist nach § 281 Abs. 1, § 267 Abs. 2 S. 1 deren wesentlicher Inhalt in den Geschäftsblättern

---

[4] Semler/Stengel/Leonard/*Katschinski* § 280 Rn. 2; Schmitt/Hörtnagl/*Hörtnagl/Rinke* § 280 Rn. 2.
[1] Begr. RegE zu § 281, BR-Drs. 75/94, 166.

bekannt zu geben. Auf die Vorschriften über Teilrechte iSv § 266 ist jedoch nicht hinzuweisen, § 281 Abs. 1, § 267 Abs. 2 S. 2.

2. Abholung der Aktien (Abs. 1 iVm § 268)

Sowohl in der Mitteilung nach § 267 Abs. 1 als auch in der Bekanntmachung iSv § 267 Abs. 2, sind die Aktionäre der AG oder KGaA nach § 281 Abs. 1, § 268 Abs. 1 S. 1 zur **Abholung ihrer Aktien** aufzufordern. Darüber hinaus sind die Anteilsinhaber darauf hinzuweisen, dass nicht abgeholte Aktien unter den Voraussetzungen des § 268 Abs. 1 S. 2 nach Maßgabe von § 268 Abs. 2 und Abs. 3 veräußert werden können.

3. Hauptversammlungsbeschlüsse und nicht abgeholte Aktien (Abs. 2 iVm § 269)

In der Hauptversammlung können nach § 281 Abs. 2, § 269 S. 1 **Grundlagenbeschlüsse** nur dann gefasst werden, wenn (positiv ausgedrückt) die Nennbeträge der abgeholten (oder nach § 268 Abs. 3 veräußerten) Aktien mindestens sechs Zehntel des Grundkapitals verkörpern.[2] Die hieraus resultierende Gewährleistung einer Mindestbesetzung in der Hauptversammlung dient primär dem Minderheitenschutz.[3] Daneben wird der Vorstand dadurch gezwungen, ggf. das Verfahren nach § 268 durchzuführen.[4]

§ 282 Abfindungsangebot

(1) Auf das Abfindungsangebot nach § 207 Abs. 1 Satz 1 ist § 270 Abs. 1 entsprechend anzuwenden.

(2) Absatz 1 und die §§ 207 bis 212 sind auf den Formwechsel eines eingetragenen Vereins, der nach § 5 Abs. 1 Nr. 9 des Körperschaftsteuergesetzes von der Körperschaftsteuer befreit ist, nicht anzuwenden.

1. Normzweck

Nach § 207 Abs. 1 S. 1 hat der formwechselnde Rechtsträger den gegen den Formwechselbeschluss zur Niederschrift widersprechenden Mitgliedern den Erwerb ihrer Mitgliedschaften oder Anteile **gegen bare Abfindung** anzubieten. Dem Widerspruch steht nach § 207 Abs. 2, § 29 Abs. 2 der Fall gleich, dass ein nicht zur Mitgliederversammlung erschienenes Vereinsmitglied fremdverschuldet der Versammlung fernbleibt. Die Abfindungsregelung erfährt über den Verweis in § 282 Abs. 1 auf § 270 Abs. 1 eine Erweiterung: Danach gilt das Abfindungsangebot auch für jedes Mitglied, das dem Formwechsel bis zum Ablauf des dritten Tages vor dem Tage, an dem der Formwechselbeschluss gefasst worden ist, durch Einschreiben widersprochen hat. Der Gesetzgeber begründet die entsprechende Anwendung von § 270 Abs. 1 mit der vergleichbaren Interessenlage bei dem Formwechsel von eG und VVaG.[1]

2. Inhalt

a) Widerspruch durch eingeschriebenen Brief (Abs. 1)

Die Vereinsmitglieder haben die Möglichkeit gegen bare Abfindung aus dem Rechtsträger neuer Rechtsform auszuscheiden, soweit sie nach § 207 Abs. 1 S. 1 dem Formwechsel-

---

2 Schmitt/Hörtnagl/*Hörtnagl/Rinke* § 281 Rn. 3.
3 Semler/Stengel/Leonard/*Katschinski* § 281 Rn. 4; Schmitt/Hörtnagl/*Hörtnagl/Rinke* § 281 Rn. 3.
4 Semler/Stengel/Leonard/*Katschinski* § 281 Rn. 4.
1 Begr. RegE zu § 282, BR-Drs. 75/94, 166.

beschluss zur Niederschrift widersprochen haben. § 282 Abs. 1 gewährt den Vereinsmitgliedern durch den Verweis auf § 270 Abs. 1 einen weiteren Behelf zur Geltendmachung des Anspruchs auf bare Abfindung. Die Vereinsmitglieder müssen dem Formwechselbeschluss dann per **Einschreibebrief** widersprechen.

Was unter „**eingeschriebenem Brief**" zu verstehen ist, ist den AGB der Deutschen Post Brief National zu entnehmen. Nach § 1 Abs. 1 Nr. 3 der AGB existieren grundsätzlich (neben dem Einschreiben mit Rückschein) die Zustellformen: Einwurfeinschreiben, Übergabeeinschreiben und eigenhändiges Einschreiben. Bei einem Einwurfeinschreiben wird der Brief in den Briefkasten des Adressaten hineingelegt und der Zusteller selbst quittiert den Einwurf durch Unterschrift.[2] Wird die Sendung hingegen vom Zusteller an den Empfänger, seinen Bevollmächtigten oder einem anderen Empfangsberechtigten übergeben („Ersatzempfänger iSv § 4 Abs. 3 S. 3 AGB Brief National), liegt ein Übergabeeinschreiben vor.[3] Bei dem eigenhändigen Einschreiben darf der Zusteller hingegen nach Maßgabe von § 4 Abs. 3 S. 2 der AGB die Sendung keinem Ersatzempfänger aushändigen; die Zustellung erfolgt hier ausschließlich an den Empfänger persönlich. Fraglich ist nun, wann ein Mitglied per „eingeschriebenem Brief" widersprochen hat. Zur Beantwortung dieser Frage ist auf Sinn und Zweck von § 270 Abs. 1 abzustellen. Die erweiterte Abfindungsregelung soll die Position der Mitglieder verbessern. Danach dürfte jede der vorgenannten Formen des eingeschriebenen Briefes iSd § 1 Abs. 1 Nr. 3 AGB Brief National den Anforderungen des § 270 Abs. 1 genügen, da ansonsten die bezweckte Besserstellung der Mitglieder vereitelt würde.

Hinweis: Wegen der bestehenden Rechtsunsicherheit empfiehlt sich dennoch die Wahl des eigenhändigen Einschreibens. Die verlässlichste (gleichwohl kostenintensivste) Zustellform stellt dennoch die Gerichtsvollzieherzustellung nach den §§ 192–194 ZPO dar.

b) Keine Abfindung bei gemeinnützigen Vereinen (Abs. 2)

Dient der formwechselnde Verein nach seiner Satzung und der tatsächlichen Geschäftsführung **gemeinnützigen**, **mildtätigen** oder **kirchlichen** Zwecken iSv § 5 Abs. 1 Nr. 9 S. 1 KStG, besteht für die Mitglieder nach § 282 Abs. 2 keine Möglichkeit auf Ausscheiden gegen Barabfindung. Dabei ist es irrelevant, ob der Verein einen wirtschaftlichen Geschäftsbetrieb unterhält und deshalb die Körperschaftsteuerbefreiung wegen § 5 Abs. 1 Nr. 9 S. 2 KStG nicht greift.[4] Die Vorschrift stimmt mit der verschmelzungsrechtlichen Parallelregelung in § 104a überein. Durch die Regelung soll einer ungerechtfertigten Bereicherung der Mitglieder auf Kosten der öffentlichen Hand entgegengewirkt werden.[5] Denn einerseits stammt das Vermögen gemeinnütziger Vereine oftmals aus öffentlichen Zuwendungen.[6] Andererseits würde die Gewährung von Abfindungen an die Mitglieder die Steuerbegünstigung der Vereine der §§ 51 ff. AO gefährden.[7] Ist ein Abfindungsangebot an die Mitglieder nach § 282 Abs. 2 ausgeschlossen, empfiehlt es sich, dem Formwechselbeschluss einen entsprechenden Passus beizufügen, der dies kenntlich macht.[8]

---

[2] MüKoGmbHG/*Liebscher* § 51 Rn. 20.
[3] MüKoGmbHG/*Liebscher* § 51 Rn. 19 f.
[4] Semler/Stengel/Leonard/*Katschinski* § 282 Rn. 4.
[5] Semler/Stengel/Leonard/*Katschinski* § 282 Rn. 3.
[6] Semler/Stengel/Leonard/*Katschinski* § 282 Rn. 3.
[7] Semler/Stengel/Leonard/*Katschinski* § 282 Rn. 3.
[8] *Lutz* BWNotZ 2013, 106 (110).

5 Die Voraussetzungen des § 5 Abs. 1 Nr. 9 KStG müssen dabei im **Zeitpunkt des Wirksamwerdens** des Formwechsels vorliegen (§ 202).[9] Der Anspruch auf Barabfindung entsteht nach § 209 S. 1 nach dem Tage, an dem die Eintragung der neuen Rechtsform oder des Rechtsträgers neuer Rechtsform in das Register bekannt gemacht worden ist.

6 Den Mitgliedern eines Vereins nach § 5 Abs. 1 Nr. 9 S. 1 KStG ist es ganz davon abgesehen freigestellt, von ihrer ohnehin durch § 39 Abs. 1 BGB gewährleisteten **Möglichkeit zum jederzeitigen Austritt** Gebrauch zu machen.[10] Allerdings sind dann die ggf. statutarisch festgelegten Austrittsfristen zu beachten, § 39 Abs. 2 BGB. Von der Einhaltung der Fristen kann im Einzelfall jedoch abgesehen werden, wenn sich aufgrund des Formwechsels die Rechtsposition der Mitglieder erheblich verschlechtert und ihnen der Erwerb von Anteilen bei der Zielgesellschaft nicht zugemutet werden kann.[11]

7 Der Rechtsgedanke des Abs. 2 lässt sich auch auf **andere steuerbegünstigte Gesellschaftssubjekte** übertragen, da sich die Unvereinbarkeit der Abfindungszahlung bei Formwechsel und die Vermögensbindung nach §§ 51 ff. AO mitnichten als ein der Rechtsform des Vereins spezifisch anhaftendes Problem darstellt. Zu beachten ist dann allerdings, dass nach § 55 Abs. 1 Nr. 2 AO Anteilsinhaber steuerbegünstigter Gesellschaften nicht mehr als ihre eingezahlten Kapitalanteile oder den gemeinen Wert der von ihnen geleisteten Sacheinlage bei ihrem Ausscheiden zurückerhalten dürfen, und somit nur Abfindungszahlungen darüber hinaus analog § 282 Abs. 2 unzulässig wären.[12]

Dritter Unterabschnitt Formwechsel in eine eingetragene Genossenschaft

§ 283 Vorbereitung und Durchführung der Mitgliederversammlung

(1) ¹Auf die Vorbereitung der Mitgliederversammlung, die den Formwechsel beschließen soll, sind die §§ 229 und 230 Abs. 2 Satz 1 und 2, § 231 Satz 1 und § 260 Abs. 1 entsprechend anzuwenden. ²§ 192 Abs. 2 bleibt unberührt.

(2) Auf die Mitgliederversammlung, die den Formwechsel beschließen soll, ist § 239 Abs. 1 Satz 1 und Abs. 2 entsprechend anzuwenden.

1 Die Vorschrift ist **inhaltsgleich** mit § 274, so dass auf die dortigen Ausführungen verwiesen werden kann.

§ 284 Beschluß der Mitgliederversammlung

¹Der Formwechselbeschluss der Mitgliederversammlung bedarf, wenn der Zweck des Rechtsträgers geändert werden soll (§ 33 Abs. 1 Satz 2 des Bürgerlichen Gesetzbuchs) oder wenn die Satzung der Genossenschaft eine Verpflichtung der Mitglieder der Genossenschaft zur Leistung von Nachschüssen vorsieht, der Zustimmung aller anwesenden Mitglieder; ihm müssen auch die nicht erschienenen Mitglieder zustimmen. ²Im übrigen ist § 275 Abs. 2 entsprechend anzuwenden.

---

9 Semler/Stengel/Leonard/*Katschinski* § 282 Rn. 5.
10 Semler/Stengel/Leonard/*Katschinski* § 282 Rn. 8.
11 Semler/Stengel/Leonard/*Katschinski* § 282 Rn. 8.
12 Semler/Stengel/Leonard/*Katschinski* § 282 Rn. 9.

1. Normzweck

§ 284 regelt die **Mehrheitsverhältnisse** für den Formwechselbeschluss beim Formwechsel eines rechtsfähigen Vereins in eine eingetragene Genossenschaft und lehnt sich inhaltlich an die Parallelregelung zum Formwechsel eines rechtsfähigen Vereins in eine Kapitalgesellschaft nach § 275 sowie an den Formwechsel einer Kapitalgesellschaft in eine eingetragene Genossenschaft nach § 252 Abs. 1 an.[1] Die zweigliedrig strukturierte Vorschrift unterscheidet dabei zwischen Beschlüssen, die der Zustimmung aller Vereinsmitglieder bedürfen und solchen, die von einer qualifizierten Mehrheit getroffen werden können.

2. Inhalt

a) Zustimmung aller Mitglieder (S. 1)

Führt der Formwechsel zu einer Zweckänderung bzw. sieht die Satzung der Genossenschaft eine Verpflichtung der Mitglieder zur Leistung von Nachschüssen vor, bedarf der Formwechselbeschluss nach § 284 S. 1 der **Zustimmung aller** anwesenden und abwesenden Mitglieder (→ § 275 Rn. 2 ff.).

Nach § 193 Abs. 3 sind dann der Formwechselbeschluss und die Zustimmungserklärungen der Vereinsmitglieder, einschließlich der Erklärungen nicht erschienener Mitglieder, notariell zu **beurkunden**. Die Zustimmungserklärungen nicht erschienener Mitglieder können vor oder nach dem Formwechselbeschluss beurkundet werden (→ § 275 Rn. 5). In Gleichlauf zu § 275 Abs. 1 ist die Vorschrift aufgrund von § 1 Abs. 3 S. 1 nicht dispositiv und kann deshalb nicht durch abweichende statutarische Bestimmungen abbedungen werden (→ § 275 Rn. 6).

§ 6 Nr. 3 GenG sieht vor, dass die Satzung Bestimmungen darüber enthalten muss, ob die Mitglieder im Insolvenzverfahren ggf. **Nachschüsse** zur Insolvenzmasse zu leisten haben. Das Mehrheitserfordernis des § 284 S. 1 ist dabei ausschließlich für den Fall statthaft, dass die Satzung eine unbeschränkte oder auf eine bestimmte Haftsumme beschränkte Nachschusspflicht anordnet.[2] Sieht die Satzung hingegen ausdrücklich vor, dass die Mitglieder im Falle der Insolvenz überhaupt nicht leisten müssen, gilt das geringere Mehrheitserfordernis nach § 284 S. 2, § 275 Abs. 2.[3]

Streitig ist hingegen, ob die Quorumsanforderung des § 284 S. 1 **analog** auf die Fälle anzuwenden ist, bei denen die Mitglieder nach Anrechnung ihres Geschäftsguthabens noch Einzahlungen auf den Geschäftsanteil zu leisten haben, oder die Satzung die Mitglieder zur Übernahme weiterer Geschäftsanteile verpflichtet. Dies wird zu Recht von der wohl hM mit der Begründung verneint, dass es bereits an einer ausfüllungsbedürftigen Regelungslücke für eine analoge Anwendung fehlt, weil der Gesetzgeber weiterführende Einzahlungspflichten erkannt und mit § 289 Abs. 2, § 256 Abs. 3 Nr. 3 geregelt hat.[4] Zudem kann auch das Argument der Übernahmepflicht weiterer Geschäftsanteile nur schwerlich überzeugen, wenn schon im allgemeinen Genossenschaftsrecht durch solch eine Verpflichtung lediglich ein außerordentliches Kündigungsrecht bei Widerspruch nach §§ 67a, 16 Abs. 2 Nr. 4 GenG ausgelöst wird.[5]

---

1 Begr. RegE zu § 284, BR-Drs. 75/94, 166.
2 Lutter/*Göthel* § 284 Rn. 2.
3 Lutter/*Göthel* § 284 Rn. 2; Semler/Stengel/Leonard/*Katschinski* § 284 Rn. 4.
4 Lutter/*Göthel* § 284 Rn. 2; Semler/Stengel/Leonard/*Katschinski* § 284 Rn. 5; Kölner Komm UmwG/*Leuering* § 284 Rn. 3.
5 Semler/Stengel/Leonard/*Katschinski* § 284 Rn. 5.

b) Qualifizierte Mehrheit (S. 2)

6 Wird im Regelfall mit dem Formwechsel weder eine Zweckänderung verbunden noch eine Nachschusspflicht der Mitglieder der Genossenschaft begründet, sehen § 284 S. 2, § 275 Abs. 2 S. 1 für den Formwechselbeschluss eine **qualifizierte Mehrheit** von mindestens drei Vierteln der erschienenen Mitglieder vor. Dabei erhöhen sich die Anforderungen an das Quorum nach § 284 S. 2, § 275 Abs. 2 S. 2 auf mindestens neun Zehntel, wenn spätestens bis zum Ablauf des dritten Tages vor der Mitgliederversammlung mindestens hundert Mitglieder dem Formwechsel widersprochen haben. Von der Vorschrift kann zugunsten größerer Mehrheiten nach § 284 S. 2, § 275 Abs. 2 S. 3 abgewichen werden.

§ 285 Inhalt des Formwechselbeschlusses

(1) **Auf den Formwechselbeschluss ist auch § 253 Abs. 1 und Abs. 2 Satz 1 entsprechend anzuwenden.**

(2) **Sollen bei der Genossenschaft nicht alle Mitglieder mit der gleichen Zahl von Geschäftsanteilen beteiligt werden, so darf die unterschiedlich hohe Beteiligung nur nach einem oder mehreren der in § 276 Abs. 2 Satz 1 bezeichneten Maßstäbe festgesetzt werden.**

I. Normzweck 1	2. Beteiligung nach Köpfen
II. Inhalt 2	(Abs. 1 iVm § 253 Abs. 2 S. 1) 3
1. Satzung der Genossenschaft und Unterzeichnung durch die Mitglieder (Abs. 1 iVm § 253 Abs. 1) 2	3. Abweichende Beteiligung (Abs. 2) 4

I. Normzweck

1 Grundsätzlich gilt: Die **Besonderheiten der Rechtsform**, die mit dem Formwechsel angestrebt wird, sind beim Inhalt des Formwechselbeschlusses zu berücksichtigen.[1] Nach § 285 Abs. 1 werden deshalb die Anforderungen an den Inhalt iSv § 194 durch den Verweis auf das Recht zum Formwechsel einer Kapitalgesellschaft in eine eingetragene Genossenschaft nach § 253 ergänzt und modifiziert. Sollen an der Genossenschaft nicht alle Mitglieder mit der gleichen Zahl von Geschäftsanteilen beteiligt werden, trifft § 285 Abs. 2 hierfür eine Sonderregelung. Danach ist eine unterschiedlich hohe Beteiligung ausnahmsweise nach Maßgabe der in § 276 Abs. 2 S. 1 bezeichneten Maßstäbe zulässig. Durch die Verweisung auf die Vorschrift zum Formwechsel rechtsfähiger Vereine in die Rechtsform einer Kapitalgesellschaft sollte wegen der vergleichbaren Interessenlagen den Schwierigkeiten bei dem Formwechsel einer vereinsrechtlichen Mitgliedschaft in eine genossenschaftliche Beteiligung hinreichend Rechnung getragen werden.[2]

II. Inhalt

1. Satzung der Genossenschaft und Unterzeichnung durch die Mitglieder (Abs. 1 iVm § 253 Abs. 1)

2 Der Formwechselbeschluss hat inhaltlich grundsätzlich den in § 194 aufgeführten **Mindestanforderungen** zu genügen. Bei dem Formwechsel eines rechtsfähigen Vereins in eine eG sehen § 285 Abs. 1, § 253 Abs. 1 S. 1 zudem vor, dass der Beschluss auch die

---

[1] Begr. RegE zu § 285, BR-Drs. 75/94, 166.
[2] Begr. RegE zu § 285, BR-Drs. 75/94, 167.

Satzung der Genossenschaft enthalten soll. Den Inhalt der Satzung legen die §§ 5 ff. GenG fest. Allerdings treffen § 285 Abs. 1, § 253 Abs. 1 S. 2 gegenüber dem rechtsformspezifischen Gründungsrecht insofern eine Spezialregelung, als dass eine Unterzeichnung der Satzung durch die Mitglieder nach § 11 Abs. 2 Nr. 1 GenG entbehrlich ist.

2. Beteiligung nach Köpfen (Abs. 1 iVm § 253 Abs. 2 S. 1)

Das **Kopfprinzip** ist eines der Grundprinzipien genossenschaftlicher Selbstverwaltung.[3] Der Gesetzgeber ordnet deshalb an, dass im Formwechselbeschluss nach § 285 Abs. 1, § 253 Abs. 2 S. 1 die Beteiligung jedes Mitglieds mit mindestens einem Geschäftsanteil vorgesehen werden muss. Der Geschäftsanteil ist in einer Genossenschaft nach § 7 Nr. 1 GenG der Betrag, bis zu welchem sich die einzelnen Mitglieder mit Einlagen beteiligen können. Dieser muss seiner Höhe nach für alle Mitglieder gleichermaßen bemessen sein.[4] § 285 Abs. 1 verweist bewusst nicht auf § 253 Abs. 2 S. 2; vielmehr tritt an seine Stelle § 285 Abs. 2.

3. Abweichende Beteiligung (Abs. 2)

Ausnahmsweise kann der Grundsatz der Anteilsbemessung nach Köpfen unangemessen sein.[5] Deshalb sieht § 285 Abs. 2 die Möglichkeit einer **abweichenden Beteiligung** nach den in § 276 Abs. 2 S. 1 bezeichneten Maßstäben vor.

§ 286 Anmeldung des Formwechsels

Auf die Anmeldung nach § 198 sind die §§ 254 und 278 Abs. 2 entsprechend anzuwenden.

I. Normzweck 1	2. Bekanntgabe bei fehlender Voreintragung (§ 286 iVm § 278 Abs. 2) 3
II. Inhalt 2	3. Formelle Voraussetzungen 4
1. Anmeldung (§ 286 iVm § 254) 2	

I. Normzweck

Nach § 286 findet auf die Anmeldung des Formwechsels gem. § 198 ergänzend § 254 Anwendung. Danach erfolgt zur **Erleichterung** des Verfahrens – abweichend vom rechtsformspezifischen Gründungsrecht des § 11 Abs. 1 GenG – die Anmeldung durch den Vorstand des formwechselnden Vereins.[1] Durch die Verweisung auf § 278 Abs. 2 wird bei nicht im Handelsregister eingetragenen Vereinen die Eintragung des Formwechsels in das bislang zuständige Register durch die Bekanntmachung ersetzt. Dadurch wird die vorherige Ankündigung des Formwechsels auch in solchen Fällen gewährleistet, in denen der wirtschaftliche Verein nicht nach §§ 1, 33 HGB im Handelsregister eingetragen ist.[2]

II. Inhalt

1. Anmeldung (§ 286 iVm § 254)

Die Anmeldung des Formwechsels erfolgt nach §§ 286, 254 Abs. 1 durch den **Vorstand** des formwechselnden Vereins. Inhaltlich ergänzend sehen die §§ 286, 254 Abs. 2 zudem

---

3 Pöhlmann/Fandrich/Bloehs/*Fandrich* GenG § 43 Rn. 30.
4 RGZ 64, 188 (193); Widmann/Mayer/*Graf Wolffskeel v. Reichenberg* § 285 Rn. 4.
5 Semler/Stengel/Leonard/*Katschinski* § 285 Fn. 4.
1 Begr. RegE zu § 254, BR-Drs. 75/94, 159.
2 Begr. RegE zu § 286, BR-Drs. 75/94, 167.

vor, dass zugleich mit der Anmeldung der Genossenschaft die Mitglieder ihres Vorstands zur Eintragung in das Genossenschaftsregister anzumelden sind.

2. Bekanntgabe bei fehlender Voreintragung (§ 286 iVm § 278 Abs. 2)

3 Ist ein wirtschaftlicher (oder altrechtlicher) Verein nicht im Handelsregister eingetragen, ist der Vereinsvorstand nach §§ 286, 278 Abs. 2 verpflichtet, den Formwechsel durch das für Veröffentlichungen in der **Satzung des Vereins bestimmte Blatt** bekannt zu machen.[3] In Ermangelung eines solchen Blattes ist die Bekanntmachung hilfsweise in elektronischer Form nach § 10 HGB vorzunehmen (→ § 278 Rn. 6).

3. Formelle Voraussetzungen

4 Mit der Anmeldung ist dem Registergericht nach § 199 die **Niederschrift des Formwechselbeschlusses** sowie ggf. die Zustimmungserklärung aller (anwesenden und abwesenden) Mitglieder iSv § 284 S. 1 in notariell beglaubigter Form iSd §§ 42, 49 BeurkG einzureichen.

5 In Urschrift oder einfacher Abschrift ist zudem gem. §§ 199 iVm 192 Abs. 1 der **Formwechselbericht** beizufügen. Wurde auf die Erstattung eines Formwechselberichts nach § 192 Abs. 2 S. 1 Alt. 2 verzichtet, sind die Verzichtserklärungen in notariell beglaubigter Form vorzulegen, vgl. § 192 Abs. 2 S. 2. Nach § 285 Abs. 1 iVm § 253 Abs. 1 S. 1 hat der Formwechselbeschluss die Satzung der Genossenschaft zu enthalten, so dass diese nicht wegen § 11 Abs. 2 Nr. 1 GenG gesondert zu übergeben ist. Als sonst erforderliche Anlagen sind die in § 11 Abs. 1 Nr. 2, Nr. 3 GenG erwähnten Unterlagen einzureichen.

§ 287 (aufgehoben)

§ 288 Wirkungen des Formwechsels

(1) ¹Jedes Mitglied, das die Rechtsstellung eines Mitglieds der Genossenschaft erlangt, ist bei der Genossenschaft nach Maßgabe des Formwechselbeschlusses beteiligt. ²Eine Verpflichtung zur Übernahme weiterer Geschäftsanteile bleibt unberührt. ³§ 255 Abs. 1 Satz 3 ist entsprechend anzuwenden.

(2) Das Gericht darf eine Auflösung der Genossenschaft von Amts wegen nach § 80 des Genossenschaftsgesetzes nicht vor Ablauf eines Jahres seit dem Wirksamwerden des Formwechsels aussprechen.

I. Normzweck 1	3. Surrogation von Rechten Dritter
II. Inhalt 2	(Abs. 1 S. 3) 5
1. Höhe der Beteiligung (Abs. 1 S. 1) 2	4. Auflösung der Genossenschaft (Abs. 2) .. 6
2. Übernahme weiterer Geschäftsanteile (Abs. 1 S. 2) 3	

I. Normzweck

1 § 288 trägt den **Besonderheiten des Genossenschaftsrechts** Rechnung. Deshalb soll, in Konkretisierung von § 202 Abs. 1 Nr. 2 S. 1, nach Abs. 1 S. 1 der Formwechselbeschluss für die Höhe der Beteiligung der Mitglieder an der Genossenschaft ausschlaggebend

---

3 Semler/Stengel/Leonard/*Katschinski* § 286 Rn. 4.

sein.[1] Wie auch sonst beim Formwechsel in eine eingetragene Genossenschaft soll die Beteiligung eines Mitglieds auch mit mehreren Geschäftsanteilen vorgesehen werden können, § 288 Abs. 1 S. 2.[2] Zudem ist nach § 288 Abs. 1 S. 3 § 255 Abs. 1 S. 3 entsprechend anwendbar, welcher die allgemeine Regel des § 202 Abs. 1 Nr. 2 S. 2 über den Fortbestand von Rechten Dritter dahin gehend ergänzt, dass die Rechte nicht am Geschäftsanteil des Mitglieds, sondern an dessen übertragbarem Geschäftsguthaben fortbestehen.[3] Schließlich darf das Gericht eine Auflösung der Genossenschaft von Amts wegen nach § 80 GenG nicht vor Ablauf eines Jahres seit dem Wirksamwerden des Formwechsels aussprechen.

II. Inhalt

1. Höhe der Beteiligung (Abs. 1 S. 1)

Nach § 288 Abs. 1 S. 1 wird jedes Mitglied, das die Rechtsstellung eines Mitglieds der Genossenschaft erlangt, bei der Genossenschaft nach **Maßgabe des Formwechselbeschlusses** beteiligt.

2. Übernahme weiterer Geschäftsanteile (Abs. 1 S. 2)

§ 288 Abs. 1 S. 2 stellt es der Genossenschaft frei, eine Verpflichtung zur Übernahme **weiterer Geschäftsanteile** durch die Satzung vorzusehen. Auf den Formwechsel sind nach § 197 S. 1 die für die neue Rechtsform geltenden Gründungsvorschriften anzuwenden. Danach ist beim Formwechsel in eine Genossenschaft § 7a GenG anwendbar, wonach in der Satzung fakultativ über den Mindestinhalt hinaus Pflichtbeteiligungen mit mehreren Geschäftsanteilen festgelegt bzw. Sacheinlagen als Einzahlungen auf den Geschäftsanteil zugelassen werden können. § 288 Abs. 1 S. 2 kommt insofern lediglich klarstellender Charakter zu. Inhaltlich müssen derartige Satzungsbestandteile dann den Anforderungen von § 285 Abs. 2, § 276 Abs. 2 S. 1 genügen.

Die statutarisch vorgesehenen **Pflichtbeteiligungen** unterliegen zudem weiteren Einschränkungen, welche sich aus dem Grundsatz der Gleichbehandlung und den Schranken der Zumutbarkeit ergeben.[4] Sind einzelne Mitglieder mit der Pflichtbeteiligung nicht einverstanden, können sie von ihrem Austrittsrecht gegen Barabfindung nach §§ 207, 290 Gebrauch machen. Eine analoge Anwendung des in § 67a GenG enthaltenen außerordentlichen Kündigungsrechts ist deshalb mangels planwidriger Regelungslücke nicht angezeigt.[5]

3. Surrogation von Rechten Dritter (Abs. 1 S. 3)

Schließlich findet über § 288 Abs. 1 S. 3 § 255 Abs. 1 S. 3 entsprechend Anwendung, wonach sich **Rechte Dritter** an der Vereinsmitgliedschaft an der Beteiligung an der neuen Genossenschaft fortsetzen.

---

1 Begr. RegE zu § 288, BR-Drs. 75/94, 167.
2 Begr. RegE zu § 288, BR-Drs. 75/94, 167.
3 Begr. RegE zu § 255, BR-Drs. 75/94, 160.
4 BGH NJW 1978, 2595; Widmann/Mayer/*Graf Wolffskeel v. Reichenberg* § 288 Rn. 14; Henssler/Strohn/*Geibel* GenG § 7a Rn. 3; Lutter/*Göthel* § 288 Rn. 2.
5 So auch Lutter/*Göthel* § 288 Rn. 2; Semler/Stengel/*Leonard*/*Katschinski* § 288 Rn. 7; teilweise aA und tiefer zum Streitstand Widmann/Mayer/*Graf Wolffskeel v. Reichenberg* § 288 Rn. 9 ff.

Hinweis: Indem die Vereinsmitgliedschaft in der Regel keine Vermögensbeteiligung vermittelt, ist die Surrogation von Rechten Dritter in der Praxis von geringer Bedeutung.[6]

4. Auflösung der Genossenschaft (Abs. 2)

Nach § 80 GenG hat das Registergericht auf Antrag des Vorstands bzw. von Amts wegen die **Auflösung der Genossenschaft** auszusprechen, soweit die gesetzliche Mindestzahl von drei Mitgliedern nach § 4 GenG unterschritten wurde. Indem beim Formwechsel § 4 GenG wegen § 197 S. 2 keine Anwendung findet, tritt § 288 Abs. 2 ergänzend hinzu und ordnet an, dass die von § 80 GenG vorgesehene gerichtliche Auflösung der Genossenschaft erst innerhalb einer einjährigen Übergangsfrist seit dem Wirksamwerden des Formwechsels angeordnet werden darf. Mit der Herabsetzung der Mindestmitgliederzahl einer Genossenschaft von 7 auf 3 durch das Gesetz zur Einführung der Europäischen Genossenschaft und damit dem Gleichlauf mit der Mindestmitgliederanzahl eines Vereins (vgl. § 73 BGB) hat der Abs. 2 erheblich an praktischer Bedeutung verloren.[7]

§ 289 Geschäftsguthaben; Benachrichtigung der Mitglieder

(1) Jedem Mitglied der Genossenschaft kann als Geschäftsguthaben auf Grund des Formwechsels höchstens der Nennbetrag der Geschäftsanteile gutgeschrieben werden, mit denen es bei der Genossenschaft beteiligt ist.

(2) § 256 Abs. 3 ist entsprechend anzuwenden.

1. Normzweck

Die von § 289 Abs. 1 vorgesehene Höchstgrenze für den Betrag des **Geschäftsguthabens** ergänzt die Regelung des § 194 Abs. 1 Nr. 4, wonach der Formwechselbeschluss für die Festlegung des Betrages des auf die einzelnen Mitglieder der Genossenschaft entfallenden Geschäftsguthabens ausschlaggebend ist.[1] Die Begrenzung des Nennbetrages der Geschäftsanteile entspricht dabei den allgemeinen Grundsätzen des Genossenschaftsrechts.[2] In Gleichlauf zur Informationspflicht des Vorstandes bei der Umwandlung einer Kapitalgesellschaft in eine eG findet nach § 289 Abs. 2 die Mitteilungspflicht des § 256 Abs. 3 Anwendung, die § 93i Abs. 2 GenG aF für die Verschmelzung von Genossenschaften nachgebildet ist.[3] Geschuldet ist diese zusätzliche Informationspflicht den Besonderheiten der genossenschaftlichen Beteiligung sowie dem Umstand, dass der Formwechsel zu Zahlungsansprüchen der Mitglieder gegen die Genossenschaft und umgekehrt führen kann.[4]

---

6 Semler/Stengel/Leonard/*Katschinski* § 280 Rn. 2; Schmitt/Hörtnagl/*Hörtnagl/Rinke* § 280 Rn. 2.
7 Semler/Stengel/Leonard/*Katschinski* § 280 Rn. 8.
1 Begr. RegE zu § 288, BR-Drs. 75/94, 167.
2 Begr. RegE zu § 289, BR-Drs. 75/94, 167.
3 Begr. RegE zu § 256, BR-Drs. 75/94, 160.
4 Begr. RegE zu § 256, BR-Drs. 75/94, 160.

2. Inhalt

a) Geschäftsguthaben (Abs. 1)

Nach § 289 Abs. 1 darf den Mitgliedern der im Zuge des Formwechsels entstehenden Genossenschaft als Geschäftsguthaben **höchstens der Nennbetrag der Geschäftsanteile** gutgeschrieben werden, mit denen sie bei der Genossenschaft beteiligt sind. Der Geschäftsanteil stellt nach § 7 Nr. 1 GenG den Betrag dar, bis zu welchem sich die einzelnen Mitglieder mit Einlagen beteiligen können. In Abgrenzung hierzu ist das Geschäftsguthaben hingegen der tatsächlich auf einen Geschäftsanteil gezahlte Betrag, der um Gewinnzuschreibungen vermehrt und um Verlustabschreibungen gemindert sein kann.[5] § 289 Abs. 1 legt lediglich eine Höchstgrenze fest, so dass die Höhe des Geschäftsguthabens durchaus hinter dem Nennbetrag des Geschäftsanteils zurückbleiben kann. Darüber hinaus darf die Summe der festgesetzten Geschäftsguthaben ihrem Werte nach hinter dem Wert des Vereinsvermögens zurückbleiben.[6] Nach Ansicht des Gesetzgebers sollte eine geringere Beteiligung am Gesellschaftsvermögen möglich sein, weil durch die Mitgliedschaft in einem rechtsfähigen Verein im Allgemeinen keine wertmäßige Beteiligung am Vereinsvermögen vermittelt wird.[7] In einem solchen Fall ist die Differenz den Rücklagen der Genossenschaft zuzuführen.[8] Zu einer Auszahlung des übersteigenden Betrages an die Mitglieder kommt es dann im Unterschied zur Ausgleichszahlung nach § 256 Abs. 2 gerade nicht.[9]

b) Informationspflicht (Abs. 2)

§ 289 Abs. 2 verpflichtet mit dem Verweis auf § 256 Abs. 3 die Genossenschaft, ihre Mitglieder über die von § 256 Abs. 3 Nr. 1–4 bestimmten Tatsachen nach Bekanntmachung des Formwechsels zu informieren. Da beim Formwechsel eines Vereins wegen § 289 Abs. 1 Auszahlungspflichten nach § 256 Abs. 2 nicht in Betracht kommen, umfasst die von § 289 Abs. 2, § 256 Abs. 3 angeordnete **Informationspflicht** nicht den von § 256 Abs. 3 Nr. 3 Alt. 2 vorgesehenen Betrag.[10]

§ 290 Abfindungsangebot

Auf das Abfindungsangebot nach § 207 Abs. 1 Satz 2 sind § 270 Abs. 1 sowie § 282 Abs. 2 entsprechend anzuwenden.

1. Austrittsrecht

Nach § 207 Abs. 1 S. 1 hat der formwechselnde Rechtsträger den gegen den Formwechselbeschluss zur Niederschrift widersprechenden Mitgliedern den Erwerb ihrer Mitgliedschaften oder Anteile gegen bare Abfindung anzubieten. Das **Angebot auf Barabfindung** erfolgt grundsätzlich gegen Erwerb der eigenen Anteile, § 207 Abs. 1 S. 1 Hs. 1. Die Rechtsform der eG erlaubt jedoch keinen eigenen Anteilserwerb, so dass an dessen Stelle das Austrittsrecht des § 207 Abs. 1 S. 2 tritt (→ § 207 Rn. 16). § 290 verweist deshalb klarstellend auf § 207 Abs. 1 S. 2.

---

[5] Henssler/Strohn/*Geibel* GenG § 7 Rn. 1.
[6] Lutter/*Göthel* § 289 Rn. 3; Semler/Stengel/Leonard/*Katschinski* § 289 Rn. 4.
[7] Begr. RegE zu § 289, BR-Drs. 75/94, 167.
[8] Begr. RegE zu § 289, BR-Drs. 75/94, 167.
[9] Lutter/*Göthel* § 289 Rn. 3; Semler/Stengel/Leonard/*Katschinski* § 289 Rn. 4.
[10] Lutter/*Göthel* § 289 Rn. 5.

2. Widerspruch durch eingeschriebenen Brief

2 In Gleichlauf zu § 282 erfährt die Abfindungsregelung über den Verweis auf § 270 Abs. 1 eine **Auflockerung**: Danach gilt das Abfindungsangebot auch für jedes Mitglied, das dem Formwechsel bis zum Ablauf des dritten Tages vor dem Tage, an dem der Formwechselbeschluss gefasst worden ist, durch Einschreiben widersprochen hat. Der Gesetzgeber begründet die entsprechende Anwendung von § 270 mit der vergleichbaren Interessenlage bei dem Formwechsel von eG und VVaG.[1] Zu den weiteren Einzelheiten ist auf die Ausführungen zu § 270 Abs. 1 zu verweisen (→ § 270 Rn. 1 ff.).

3. Keine Abfindung bei gemeinnützigen Vereinen

3 Im Übrigen erfährt die Möglichkeit auf Austritt gegen bare Abfindung nach §§ 290, 282 Abs. 2 beim Formwechsel eines **gemeinnützigen rechtsfähigen Vereins** in eine eG eine Einschränkung: Dient der formwechselnde Verein nach seiner Satzung und der tatsächlichen Geschäftsführung gemeinnützigen, mildtätigen oder kirchlichen Zwecken iSv § 5 Abs. 1 Nr. 9 S. 1 KStG, können die Mitglieder nach § 282 Abs. 2 nicht gegen bare Abfindung ausscheiden. Unberührt bleibt hiervon freilich ihr allgemeines Austrittsrecht nach § 39 BGB. Zu den Einzelheiten kann auf die Ausführungen zu § 282 Abs. 2 verwiesen werden (→ § 282 Rn. 4 ff.).

Fünfter Abschnitt
Formwechsel von Versicherungsvereinen auf Gegenseitigkeit

§ 291 Möglichkeit des Formwechsels

(1) Ein Versicherungsverein auf Gegenseitigkeit, der kein kleinerer Verein im Sinne des § 210 des Versicherungsaufsichtsgesetzes ist, kann auf Grund eines Formwechselbeschlusses nur die Rechtsform einer Aktiengesellschaft erlangen.

(2) Der Formwechsel ist nur möglich, wenn auf jedes Mitglied des Vereins, das an der Aktiengesellschaft beteiligt wird, mindestens eine volle Aktie entfällt.

1 Die Bestimmung begrenzt die Möglichkeit des Formwechsels eines VVaG dahin gehend, dass a) **Ausgangsrechtsform** nur große VVaG in Abgrenzung zum kleinen VVaG nach § 210 VAG sein können und b) als **Zielrechtsform** nur die Aktiengesellschaft in Betracht kommt. In eine umgekehrte Richtung (von einer AG in einen VVaG) ist der Formwechsel dagegen ausgeschlossen.[1]

2 Jedes bisherige Mitglied des VVaG muss **zumindest eine volle Aktie** erhalten. Dementsprechend muss die Anzahl der Aktien mindestens der Kopfzahl der Mitglieder entsprechen, die an der AG zu beteiligen sind.[2] Abgesehen davon – also über die eine Aktie hinausgehend – können auch Teilrechte gebildet werden, arg. ex. § 298.[3]

---

1 Begr. RegE zu § 290, BR-Drs. 75/94, 167.
1 Lutter/*Wilm* § 291 Rn. 2.
2 Lutter/*Wilm* § 291 Rn. 3.
3 AA Widmann/Mayer/*Vossius* § 291 Rn. 13, der von einem Redaktionsversehen ausgeht.

§ 292 Vorbereitung und Durchführung der Versammlung der obersten Vertretung

(1) Auf die Vorbereitung der Versammlung der obersten Vertretung, die den Formwechsel beschließen soll, sind die §§ 229 und 230 Abs. 2 Satz 1 und 2, § 231 Satz 1 und § 260 Abs. 1 entsprechend anzuwenden.

(2) Auf die Durchführung der Versammlung der obersten Vertretung, die den Formwechsel beschließen soll, ist § 239 Abs. 1 Satz 1 und Abs. 2 entsprechend anzuwenden.

Der Verweis auf § 229 ist ein Redaktionsversehen. In Vorbereitung der Versammlung der obersten Vertretung muss nach § 230 Abs. 2 der **Formwechselbericht** (der nach § 192 die künftige Beteiligung der Anteilsinhaber rechtlich und wirtschaftlich erläutern und begründen soll) von der Einberufung der Versammlung an im Geschäftsraum der Gesellschaft zur Einsicht der Mitglieder ausgelegt werden. Auf Verlangen ist ferner jedem Mitglied unverzüglich und kostenlos eine Abschrift des Berichts zu erteilen. Damit auch während der Versammlung eine Information der Mitglieder sichergestellt ist, ist der Bericht in der Versammlung selbst auszulegen; ferner ist der Bericht zu Beginn der Versammlung mündlich vom Vorstand zu erörtern (§ 239 Abs. 2). 1

Ein **Verzicht** auf den Formwechselbericht ist nach § 192 Abs. 2 zulässig, wenn sämtliche Mitglieder einen Verzicht in notariell beurkundeter Form erklären. 2

Zusammen mit der **Einberufung** der Versammlung ist der Gegenstand der Beschlussfassung in Textform allen Mitgliedern mitzuteilen. Dabei ist auch auf die erforderlichen Mehrheiten und auf die Möglichkeit auf die Erhebung eines Widerspruchs und die sich daraus ergebenden Rechte hinzuweisen (§ 260 Abs. 1). 3

Zudem ist den Mitgliedern ein **Abfindungsangebot** nach § 231 S. 1 zu übersenden. Die Möglichkeit, statt einer Übersendung eine Veröffentlichung im elektronischen Bundesanzeiger und den sonstigen Gesellschaftsblättern nach § 231 S. 2 vorzunehmen, ist durch § 292 Abs. 1 ausdrücklich nicht zugelassen.[1] 4

§ 293 Beschluß der obersten Vertretung

¹Der Formwechselbeschluss der obersten Vertretung bedarf einer Mehrheit von mindestens drei Vierteln der abgegebenen Stimmen. ²Er bedarf einer Mehrheit von neun Zehnteln der abgegebenen Stimmen, wenn spätestens bis zum Ablauf des dritten Tages vor der Versammlung der obersten Vertretung wenigstens hundert Mitglieder des Vereins durch eingeschriebenen Brief Widerspruch gegen den Formwechsel erhoben haben. ³Die Satzung kann größere Mehrheiten und weitere Erfordernisse bestimmen.

Grundsätzlich genügt eine 3/4-Mehrheit der abgegebenen Stimmen. Das Mehrheitserfordernis beträgt jedoch 9/10 der abgegebenen Stimmen, wenn bis zum Ablauf des dritten Tages vor der Versammlung wenigstens 100 Mitglieder des Vereins durch eingeschriebenen Brief **Widerspruch** gegen den Formwechsel erhoben haben. Der Wider- 1

---

[1] Lutter/Wilm § 292 Rn. 4.

spruch ist an den Vorstand zu richten. Eine Begründung ist nicht erforderlich.[1] Die Bestimmung entspricht im Übrigen der Vorschrift des § 262 Abs. 1, auf dessen Kommentierung hier verwiesen wird.

§ 294 Inhalt des Formwechselbeschlusses

(1) ¹Auf den Formwechselbeschluss sind auch § 218 Abs. 1 und § 263 Abs. 3 Satz 2 und 3 entsprechend anzuwenden. ²In dem Formwechselbeschluss kann bestimmt werden, daß Mitglieder, die dem formwechselnden Verein weniger als drei Jahre vor der Beschlußfassung über den Formwechsel angehören, von der Beteiligung an der Aktiengesellschaft ausgeschlossen sind.

(2) ¹Das Grundkapital der Aktiengesellschaft ist in der Höhe des Grundkapitals vergleichbarer Versicherungsunternehmen in der Rechtsform der Aktiengesellschaft festzusetzen. ²Würde die Aufsichtsbehörde einer neu zu gründenden Versicherungs-Aktiengesellschaft die Erlaubnis zum Geschäftsbetrieb nur bei Festsetzung eines höheren Grundkapitals erteilen, so ist das Grundkapital auf diesen Betrag festzusetzen, soweit dies nach den Vermögensverhältnissen des formwechselnden Vereins möglich ist. ³Ist eine solche Festsetzung nach den Vermögensverhältnissen des Vereins nicht möglich, so ist der Nennbetrag des Grundkapitals so zu bemessen, daß auf jedes Mitglied, das die Rechtsstellung eines Aktionärs erlangt, möglichst volle Aktien entfallen.

(3) Die Beteiligung der Mitglieder am Grundkapital der Aktiengesellschaft darf, wenn nicht alle Mitglieder einen gleich hohen Anteil erhalten sollen, nur nach einem oder mehreren der folgenden Maßstäbe festgesetzt werden:
1. die Höhe der Versicherungssumme;
2. die Höhe der Beiträge;
3. die Höhe der Deckungsrückstellung in der Lebensversicherung;
4. der in der Satzung bestimmte Maßstab für die Verteilung des Überschusses;
5. ein in der Satzung bestimmter Maßstab für die Verteilung des Vermögens;
6. die Dauer der Mitgliedschaft.

1 Nach Abs. 1 und § 218 Abs. 1 ist in dem Formwechselbeschluss auch die Satzung der AG festzustellen. Zur **Vermeidung von Teilrechten** bestimmt darüber hinaus der Verweis auf § 263 Abs. 3 S. 2 und 3, dass Aktien nur dann auf einen höheren Betrag als den Mindestbetrag nach § 8 Abs. 2 und 3 AktG (1 EUR) bestellt werden können, wenn volle Aktien mit dem höheren Betrag auf die Mitglieder entfallen. Zudem darf bei einer Ermächtigung zur Ausgabe eines genehmigten Kapitals das Bezugsrecht der Aktionäre nicht ausgeschlossen werden.

2 Abs. 1 S. 2 sieht zudem vor, dass bestimmt werden kann, dass Mitglieder, die dem Verein **weniger als drei Jahre** vor Beschlussfassung angehören, von der Beteiligung an der AG ausgeschlossen sind. Die betroffenen Mitglieder scheiden aus dem Rechtsträger folglich mit Wirksamwerden des Formwechsels aus. Ein Anspruch auf Abfindung besteht nach hM nicht.[1]

---
1 Lutter/*Wilm* § 293 Rn. 2.
1 Lutter/*Wilm* § 294 Rn. 3 mwN.

Das **Grundkapital** der AG kann nicht frei festgesetzt werden. Maßgeblich hierfür ist nach Abs. 2 vielmehr die Grundkapitalziffer, die die Aufsichtsbehörde bei einer Neugründung einer Versicherungs-AG für die Erlaubnis zum Geschäftsbetrieb fordern würde. Es ist also das Grundkapital **vergleichbarer Versicherungsunternehmen** festzusetzen.[2] Abs. 2 S. 2 Hs. 2 stellt jedoch klar, dass dies nur gilt, sofern die Grundkapitalhöhe nach den Vermögensverhältnissen des formwechselnden Vereins erreicht werden kann; das Unter-Pari-Emissionsverbot gilt also auch hier.[3]

Abs. 3 bestimmt den Maßstab, nach dem die Aktien an der Versicherungs-AG zu verteilen sind. Dabei geht das Gesetz grundsätzlich von der **gleichen Beteiligung** sämtlicher Mitglieder/Aktionäre aus. Wenn hiervon abgewichen werden soll, muss diese Abweichung sich an den in Abs. 3 näher bestimmten Kriterien orientieren, wobei hier auch eine Kombination aus den verschiedenen Kriterien möglich ist.[4]

§ 295 Kapitalschutz

Bei der Anwendung der Gründungsvorschriften des Aktiengesetzes ist auch § 264 Abs. 1 und 3 entsprechend anzuwenden.

Die Bestimmung ist Ausdruck des Verbotes der **Unter-Pari-Emission**. Das Vermögen des VVaG muss den Kapitalschutzbestimmungen der AG genügen.

Die aktienrechtlichen Gründungsvorschriften sind größtenteils entsprechend anzuwenden. § 197, der die Gründungsvorschriften für entsprechend anwendbar erklärt, wird durch § 264 Abs. 3 dahin gehend modifiziert, dass eine **Gründungsprüfung** durch einen oder mehrere Prüfer nach § 33 Abs. 2 AktG stets stattzufinden hat. Demgegenüber sind §§ 32, 35 Abs. 1 und 2 AktG und § 46 AktG nicht anzuwenden, dementsprechend entfällt der Gründungsbericht durch die Gründer (Mitglieder) sowie deren Haftung für die Richtigkeit der Gründungsprüfung.

Ergänzend zu der Gründungsprüfung findet eine **Prüfung durch die Aufsichtsbehörde** nach § 14 VAG statt.

§ 296 Anmeldung des Formwechsels

Auf die Anmeldung nach § 198 ist § 246 Abs. 1 und 2 entsprechend anzuwenden.

Die Anmeldung des Formwechsels muss durch den Vorstand des VVaG erfolgen. Auch die **Vorstandsmitglieder** der AG sind nach § 246 Abs. 2 zur Eintragung in das Handelsregister anzumelden. Da VVaG und AG beide im Handelsregister geführt werden, kommt dem in § 198 Abs. 2 dargestellten Anmeldungsprocedere nur Bedeutung zu, wenn der Formwechsel mit einer Sitzverlegung kombiniert wird. Im Übrigen wird auf die Kommentierung zu § 246 verwiesen. Ein Verweis auf § 246 Abs. 3 fehlt; dementsprechend ist bei der Anmeldung des Formwechsels des VVaG in eine AG eine Erklärung des Vorstandes zur **Einlagenleistung** abzugeben (§ 197, § 37 Abs. 1 AktG).

---

[2] Lutter/*Wilm* § 294 Rn. 4.
[3] Schmitt/Hörtnagl/*Hörtnagl*/*Rinke* § 294 Rn. 3; Lutter/*Wilm* § 294 Rn. 9.
[4] Schmitt/Hörtnagl/*Hörtnagl*/*Rinke* § 294 Rn. 4.

2 Aus einem Vergleich mit dem Wortlaut des § 222 ergibt sich, dass eine Anmeldung durch den Vorstand in vertretungsberechtigter Zahl ausreicht. Allerdings muss die Erklärung nach § 197, § 37 Abs. 1 AktG von allen Vorstandsmitgliedern abgegeben werden.[1] Gleiches gilt in Bezug auf die Versicherung der Vorstände zu § 37 Abs. 2 AktG. Regelmäßig werden daher **sämtliche Vorstandsmitglieder** die Anmeldung zusammen mit den Erklärungen und Versicherungen unterzeichnen.

§ 297 (aufgehoben)

§ 298 Wirkungen des Formwechsels

[1]Durch den Formwechsel werden die bisherigen Mitgliedschaften zu Aktien und Teilrechten. [2]§ 266 Abs. 1 Satz 2, Abs. 2 und 3 ist entsprechend anzuwenden.

1 Der Formwechsel führt dazu, dass aus den bisherigen Mitgliedschaften Aktien und Teilrechte entstehen. Die Bestimmung macht damit deutlich, dass zwar jedes Mitglied zumindest **eine Aktie** halten muss, darüber hinaus jedoch die Ausgabe von Teilrechten nicht ausgeschlossen ist.[1] Der Verweis auf § 266 Abs. 2 und 3 stellt klar, dass diese Teilrechte selbstständig sind, die Rechte aus einer Aktie nur ausgeübt werden können, wenn die Teilrechte in einer Hand vereinigt oder sich die Inhaber zur Ausübung zusammengeschlossen haben und die Gesellschaft die Zusammenführung der Teilrechte vermitteln soll. Der Verweis auf die Bestimmungen zu den Rechtsfolgen eines Formwechsels der eG in eine Kapitalgesellschaft stellt zudem klar, dass **dingliche Rechte**, die an dem Geschäftsguthaben der VVaG bestanden, an der Aktie fortbestehen.

§ 299 Benachrichtung der Aktionäre; Veräußerung von Aktien; Hauptversammlungsbeschlüsse

(1) Auf die Benachrichtigung der Aktionäre durch die Gesellschaft ist § 267, auf die Aufforderung zur Abholung der ihnen zustehenden Aktien und auf die Veräußerung nicht abgeholter Aktien ist § 268 entsprechend anzuwenden.

(2) [1]Auf Beschlüsse der Hauptversammlung der Aktiengesellschaft sowie auf eine Ermächtigung des Vorstandes zur Erhöhung des Grundkapitals ist § 269 entsprechend anzuwenden. [2]Die Aufsichtsbehörde kann Ausnahmen von der entsprechenden Anwendung des § 269 Satz 1 zulassen, wenn dies erforderlich ist, um zu verhindern, daß der Aktiengesellschaft erhebliche Nachteile entstehen.

1 Abs. 1 und Abs. 2 S. 1 verweisen auf die entsprechenden Bestimmungen des Formwechsels einer eG in eine Kapitalgesellschaft. In Ergänzung bestimmt Abs. 2 S. 2, dass die Aufsichtsbehörde Ausnahmefälle von dem in § 269 S. 1 enthaltenen Verbot erteilen kann, **Grundlagenbeschlüsse** zu fassen, bevor nicht die in § 269 genannten Aktien abgeholt oder veräußert sind. Auf diese Weise kann die Aufsichtsbehörde beispielsweise Satzungsänderungen zulassen, die für die Gesellschaft notwendig erscheinen, selbst wenn bislang noch nicht Aktien abgeholt wurden, die insgesamt mindestens 6/10 des Grundkapitals erreichen.

---

1 *Koch* AktG § 37 Rn. 1 iVm *Koch* AktG § 36 Rn. 3.
1 AA Widmann/Mayer/*Vossius* § 291 Rn. 13.

§ 300 Abfindungsangebot

Auf das Abfindungsangebot nach § 207 Abs. 1 Satz 1 ist § 270 Abs. 1 entsprechend anzuwenden.

Die Mitglieder des VVaG können nach näherer Maßgabe von § 270 Abs. 1, § 207 Abs. 1 gegen **Barabfindung** aus der Gesellschaft ausscheiden, wenn sie dem Formwechsel bis zum Ablauf des dritten Tages vor dem Tag, an dem **Formwechsel**beschluss gefasst worden ist, durch eingeschriebenen Brief **widersprechen**. Genauso ist der Widerspruch in der Versammlung möglich und zwar zur Niederschrift des beurkundenden Notars (§ 207 Abs. 1 S. 1). Zu der Frage, ob auch diejenigen Mitglieder, die an einer Vertreterversammlung nicht teilnehmen können, barabfindungsberechtigt sind, eine zustimmende Stimmabgabe des Barabfindungsberechtigten in der Versammlung schädlich ist und ob das Abfindungsgebot auch lediglich teilweise angenommen werden kann, → § 270 Rn. 3 und 5.

Sechster Abschnitt
Formwechsel von Körperschaften und Anstalten des öffentlichen Rechts

§ 301 Möglichkeit des Formwechsels

(1) Soweit gesetzlich nichts anderes bestimmt ist, kann eine Körperschaft oder Anstalt des öffentlichen Rechts durch Formwechsel nur die Rechtsform einer Kapitalgesellschaft erlangen.

(2) Der Formwechsel ist nur möglich, wenn die Körperschaft oder Anstalt rechtsfähig ist und das für sie maßgebende Bundes- oder Landesrecht einen Formwechsel vorsieht oder zuläßt.

Literatur:
Breymaier, Die Fortgeltung von Betriebsvereinbarungen bei Unternehmensumwandlung, 2003; *Gerick*, Nochmals: Anstaltslast und Gewährträgerhaftung bei kommunalen Sparkassen und Landesbanken, BB 1998, 494; *Gottschalk*, Der „erste" Aufsichtsrat bei Umwandlung einer Anstalt des öffentlichen Rechts in eine mitbestimmte Aktiengesellschaft, NZG 2003, 713; *Hekschen/Weitbrecht*, Formwechsel öffentlicher Rechtsträger in private Rechtsformen, NZG 2018, 761; *Herdegen*, Die vom Bundesrat angestrebte Festschreibung der Privilegien öffentlich-rechtlicher Kreditinstitute: Gefahr für die EG-Wettbewerbsordnung, WM 1997, 1130; *Schwarz*, Das neue Umwandlungsrecht, DStR 1994, 1694; *Spannowsky*, Der Einfluss öffentlich-rechtlicher Zielsetzungen auf das Statut privatrechtlicher Eigengesellschaften in öffentlicher Hand: – Öffentlich-rechtliche Vorgaben, insbesondere zur Ingerenzpflicht, ZGR 1996, 400; *Thode/Peres*, Anstaltslast und Gewährträgerhaftung bei kommunalen Sparkassen und Landesbanken, BB 1997, 1749; *Westermann*, Überlegungen zur Umwandlung einer juristischen Person des öffentlichen Rechts in eine AG, FS Luther, 1976, S. 191.

I. Normzweck 1	IV. Rechtsfähigkeit des Rechtsträgers und gesetzliche Erlaubnis (Abs. 2) 18
II. Praktische Relevanz 5	1. Rechtsfähigkeit 18
III. Beteiligte Rechtsträger (Abs. 1) 10	2. Gesetzliche Erlaubnis 19
1. Ausgangsrechtsträger 11	V. Formulierungsvorschlag 20
2. Zielrechtsträger 14	
3. Weitere Einschränkungen 16	

I. Normzweck

Der Sechste und letzte Abschnitt des Zweiten Teils des Fünften Buches regelt den Formwechsel von Körperschaften und Anstalten des öffentlichen Rechts, welche nach

1 § 191 Abs. 1 Nr. 6 als formwechselnder Rechtsträger an einer Umwandlung beteiligt sein können. Mit der exponierten Regelung in den §§ 301–304 trägt der Gesetzgeber dem **Sondercharakter** öffentlich-rechtlich verfasster Rechtsträger Rechnung.[1] Deshalb tritt der Sechste Abschnitt zu den allgemeinen Vorschriften der §§ 190–213 ergänzend hinzu. Die Regelungen sind weitestgehend übereinstimmend mit den §§ 385a–c AktG aF und § 59 UmwG 1969, nach welchen bereits vor dem UmwG 1994 der Formwechsel rechtsfähiger Körperschaften und Anstalten des öffentlichen Rechts in die Rechtsformen einer AG oder GmbH zulässig war.

2 In **Abweichung** zur geltenden Rechtslage vor dem UmwG 1994 und dem Regierungsentwurf zu § 301 legt die Vorschrift in Abs. 1 Hs. 1 fest, dass der Formwechsel nur zulässig ist „soweit gesetzlich nichts anderes bestimmt ist". Diese Formulierung geht auf die Initiative des Bundesrates zurück. In dessen Stellungnahme zum Regierungsentwurf von § 301 hat der Bundesrat darauf hingewiesen, dass in den Ländern zum Teil das Bedürfnis bestanden habe, genossenschaftlich strukturierte Kreditinstitute, die kraft früherer Verleihung den Status einer Körperschaft oder Anstalt des öffentlichen Rechts besaßen, in eine eG umzuwandeln.[2] Die Änderung des Wortlauts sollte die Möglichkeit zur Umwandlung nach landesrechtlichen Bestimmungen eröffnen.[3]

3 § 301 Abs. 1 Hs. 2 beschränkt den Anwendungsbereich der Vorschrift auf Formwechsel in eine **Kapitalgesellschaft**. Als mögliche Zielrechtsträger kommen nach dem UmwG damit lediglich die Rechtsformen der AG, GmbH und KGaA in Betracht.

4 § 301 Abs. 2 übernimmt wortgleich die Regelungen in § 385a Abs. 2 AktG aF und § 59 Abs. 2 UmwG 1969 und schreibt den Grundsatz des **Primats des öffentlichen Rechts** fest.[4] Danach ist der Formwechsel von Körperschaften oder Anstalten des öffentlichen Rechts nach dem UmwG nur aufgrund expliziter spezialgesetzlicher Ermächtigungsgrundlage möglich.[5]

II. Praktische Relevanz

5 Für öffentlich-rechtlich verfasste Körperschaften und Anstalten kann die mit dem Formwechsel einhergehende **Privatisierung der Rechtsform** in vielfacher Hinsicht vorteilhaft sein. In erster Linie schafft der Formwechsel die Grundvoraussetzungen für eine Unternehmensveräußerung. Zudem kann durch die Wahl der Rechtsform einer AG oder KGaA mit einem Börsengang („going public") Eigenkapital über die Börse zu günstigeren Konditionen bezogen werden, als vergleichsweise bei der Beschaffung von Fremdkapital. Der Formwechsel ermöglicht darüber hinaus Fusionen mit anderen privatrechtlichen Unternehmen.[6] Durch die „Flucht aus den Bindungen des öffentlichen Dienstrechts"[7] ergeben sich aus der privatrechtlich organisierten Rechtsform nicht zuletzt eine Vielzahl struktureller Vorteile, welche aus der Nichtöffentlichkeit, der Effizienzsteigerung oder dem größeren unternehmerischen Spielraum hervorgehen.[8]

---

[1] Begr. RegE zum Sechsten Abschnitt, BR-Drs. 75/94, 169.
[2] Stellungnahme des Bundesrates zu § 301, BR-Drs. 75/94, 11.
[3] Stellungnahme des Bundesrates zu § 301, BR-Drs. 75/94, 11.
[4] Semler/Stengel/*Leonard/Krebs* § 301 Rn. 31.
[5] Lutter/*H. Schmidt* § 301 Rn. 7; Semler/Stengel/*Leonard/Krebs* § 301 Rn. 31; Schmitt/Hörtnagl/*Hörtnagl/Rinke* § 301 Rn. 3.
[6] Lutter/*H. Schmidt* Vor § 301 Rn. 2.
[7] Widmann/Mayer/*Vossius* § 301 Rn. 5.
[8] Eingehend zu den Motiven für einen Formwechsel Widmann/Mayer/*Vossius* § 301 Rn. 5.

Auf der anderen Seite steht der öffentlichen Hand als gewinnbringender Gegenentwurf zur Privatisierung durch Formwechsel die **stille Beteiligung** iSd §§ 230 ff. HGB zur Verfügung.[9] Im Wege einer Satzungsänderung oder durch landesrechtliche Bestimmung kann die Entgegennahme stiller Einlagen von natürlichen und juristischen Personen des Privatrechts vorgesehen werden. Dieses Modell hat sich in der Praxis insbes. bei der Privatisierung von Sparkassen bewährt.[10]

So attraktiv der Formwechsel für einen öffentlich-rechtlich strukturierten Rechtsträger auch sein kann, so schwindend gering lässt sich das **praktische Bedürfnis** qualifizieren, den Formwechsel (komplett) nach den Vorschriften des UmwG abzuwickeln.[11] Denn indem der Formwechsels wegen § 301 Abs. 2 stets eine spezialgesetzliche Ermächtigungsgrundlage verlangt, liegt es nahe, bei der Schaffung eines entsprechenden Landes- oder Bundesgesetzes den bereits betriebenen Aufwand dazu zu nutzen, gleich die gesamte Umwandlung durch Gesetz vorzusehen, um einen Rückgriff auf die Vorschriften des UmwG zu vermeiden. Paradigmatisch hierfür stehen etwa der Formwechsel der Deutschen Genossenschaftsbank[12] oder der Deutschen Siedlungs- und Landesrentenbank,[13] welche unter vollständigem Ausschluss des UmwG nach Bundesgesetz erfolgen.

In diesem Zusammenhang ist allerdings streng zwischen **Landes- und Bundesrecht** zu unterscheiden: Wegen der fehlenden Gesetzgebungskompetenz der Bundesländer für das Umwandlungsrecht kann lediglich der Bund durch Gesetz die Anwendung des UmwG für die vom UmwG zugelassene Fälle vollständig ausschließen.[14] Aufgrund des Grundsatzes „lex posterior derogat legi priori" geht dann das neu geschaffene Bundesrecht dem UmwG vor. Die Länder können jedoch von dem Regelungsvorbehalt des § 302 S. 1 Gebrauch machen und die Anwendbarkeit der Vorschriften des Ersten Teils des Fünften Buches des UmwG ausschließen.[15]

Die Durchführung des Formwechsels außerhalb des UmwG widerspricht auch nicht Sinn und Zweck des Normgefüges, da der Gesetzgeber mit § 1 Abs. 2 gerade ausdrücklich klarstellt, dass **Umwandlungen anderer Art** außerhalb des UmwG durch Bundes- oder Landesgesetz möglich sind. Schwarz qualifiziert deshalb in diesem Zusammenhang das UmwG insgesamt zutreffend als bloßes „Angebot an den Gesetzgeber".[16]

III. Beteiligte Rechtsträger (Abs. 1)

Nach § 301 Abs. 1 Hs. 1 kann eine Körperschaft oder Anstalt des öffentlichen Rechts durch Formwechsel nur die Rechtsform einer Kapitalgesellschaft erlangen, soweit nichts anderes gesetzlich bestimmt ist. Bundes- und Landesrecht können entsprechend einen Formwechsel in eine andere Rechtsform als die einer Kapitalgesellschaft zulas-

---

9 So auch Semler/Stengel/Leonard/*Krebs* § 301 Rn. 14; vgl. etwa die stille Beteiligung des Bundes an der Commerzbank AG.
10 So etwa nach § 15 des Gesetzes über die Errichtung der Landesbank Berlin. Der Deutsche Sparkassen- und Giroverband hat die Möglichkeit einer stillen Beteiligung an den Landessparkassen durch Landesgesetz ausdrücklich gefordert, MHdB GesR II/*Bezzenberger/Keul* § 75 Rn. 21 Fn. 46.
11 So auch Lutter/*H. Schmidt* Vor § 301 Rn. 3; Widmann/Mayer/*Vossius* § 301 Rn. 4; Semler/Stengel/Leonard/*Krebs* § 301 Rn. 11.
12 § 1 Abs. 1 S. 2 des Gesetzes zur Umwandlung der Deutschen Genossenschaftsbank v. 13.8.1998, BGBl. I 2102.
13 § 1 Abs. 1 S. 2 des Gesetzes über die Umwandlung der Deutschen Siedlungs- und Landesrentenbank in eine Aktiengesellschaft v. 16.12.1999, BGBl. I 2441.
14 Lutter/*H. Schmidt* Vor § 301 Rn. 3; Semler/Stengel/Leonard/*Krebs* § 301 Rn. 11.
15 S. auch im Formulierungsvorschlag unter → Rn. 20.
16 *Schwarz* DStR 1994, 1694 (1697).

sen.[17] Ferner beschränkt § 301 Abs. 1 Hs. 2 den Kreis der beteiligungsfähigen Ausgangsrechtsträger auf Körperschaften und Anstalten des öffentlichen Rechts.

1. Ausgangsrechtsträger

11 **Öffentlich-rechtliche Körperschaften** sind alle rechtsfähigen, mitgliedschaftlich verfassten Organisationen, die durch staatlichen Hoheitsakt geschaffen wurden und unter staatlicher Aufsicht öffentliche Aufgaben wahrnehmen.[18] Dazu zählen insbes. Personalkörperschaften wie Ärztekammern, Rechtsanwaltskammern, Hochschulen, Rundfunkanstalten oder Universitäten.

12 **Anstalten des öffentlichen Rechts** sind hingegen zu einer rechtsfähigen Verwaltungseinheit verselbstständigte Zusammenfassungen von Bediensteten und Sachmitteln, die auf die dauerhafte Erfüllung von Verwaltungsaufgaben ausgerichtet sind.[19] Hierzu zählen etwa öffentlich-rechtlich strukturierte Kreditinstitute, Schwimmbäder, Bibliotheken oder allgemein Betriebe der Daseinsvorsorge.

13 **Öffentlich-rechtlich verfasste Stiftungen** können sich hingegen nicht als Ausgangsrechtsträger an einer formwechselnden Umwandlung nach den §§ 301–304 beteiligen.[20] Auch sie sind zwar durch staatlichen Hoheitsakt errichtet. Indem bei der Stiftung jedoch die verselbstständigte Vermögensmasse im Vordergrund steht, bei den Anstalten und Körperschaften hingegen ihre Rechtsbeziehung zu Dritten, unterscheidet sich ihr Wesen maßgeblich von dem der Körperschaften und Anstalten.[21] Das UmwG steht deshalb für Formwechsel öffentlich-rechtlicher Stiftungen nicht zur Verfügung.

2. Zielrechtsträger

14 Als **Zielrechtsträger** kommen nach § 301 Abs. 1 Hs. 2 ausschließlich Kapitalgesellschaften in Betracht. Darunter fallen nach § 191 Abs. 1 Nr. 3 die GmbH, AG und in Erweiterung des früheren Rechts die KGaA. Der Kreis der infrage kommenden Zielrechtsträger wird durch den Regelungsvorbehalt in § 301 Abs. 1 Hs. 1 erweitert. Originär wurde der Regelungsvorbehalt für den Fall des Formwechsels öffentlich-rechtlicher Kreditinstitute in eingetragene Genossenschaften vorgesehen, bezieht sich darüber hinaus jedoch auf sämtliche weitere von § 191 Abs. 2 genannte Rechtsformen.[22] Dabei sind öffentlich-rechtliche Beschränkungen insbesondere bei der AG und der KGaA zu beachten, bei der öffentlich-rechtliche Vorschriften in der Regel die Komplementärstellung eines öffentlich-rechtlich organisierten Rechtsträgers verbieten werden.[23]

15 Streitig ist hingegen, ob ein Formwechsel in eine **andere** als von § 191 Abs. 2 genannte Rechtsform aufgrund von Bundes- oder Landesgesetz zulässig ist.[24] Das praktische Bedürfnis hieran dürfte zwar verschwindend gering sein; dafür spricht in dogmatischer Hinsicht jedoch stark die Wertung von § 1 Abs. 2.[25]

---

17 Semler/Stengel/Leonard/*Krebs* § 301 Rn. 15; Widmann/Mayer/*Vossius* § 301 Rn. 23.
18 *Maurer/Waldhoff* AllgVerwR § 23 Rn. 37; Dürig/Herzog/Scholz/*Ibler* GG Art. 86 Rn. 71.
19 *Maurer/Waldhoff* AllgVerwR § 23 Rn. 47; Dürig/Herzog/Scholz/*Ibler* GG Art. 86 Rn. 71.
20 Semler/Stengel/Leonard/*Krebs* § 301 Rn. 22; Lutter/*H. Schmidt* § 301 Rn. 5.
21 Semler/Stengel/Leonard/*Krebs* § 301 Rn. 22; Widmann/Mayer/*Vossius* § 301 Rn. 21.
22 Semler/Stengel/Leonard/*Krebs* § 301 Rn. 26; Schmitt/Hörtnagl/*Hörtnagl/Rinke* § 301 Rn. 4.
23 Semler/Stengel/Leonard/*Krebs* § 168 Rn. 38, 41.
24 Zum Streitstand eingehend Semler/Stengel/Leonard/*Krebs* § 301 Rn. 28 f.
25 So auch Semler/Stengel/Leonard/*Krebs* § 301 Rn. 30.

3. Weitere Einschränkungen

In aller Regel führt die formwechselnde rechtsfähige Körperschaft oder Anstalt ihre hoheitlichen Aufgaben unverändert in privatrechtlicher Rechtsform fort. Denn in den wenigsten Fällen resultiert aus der Privatisierung eine echte Aufgabenprivatisierung mit einem vollständigen Rückzug des Staates aus der öffentlichen Aufgabenverantwortung.[26] Beschränkungen ergeben sich dann nicht nur wegen § 301 Abs. 1 Hs. 2 im Hinblick auf die realisierbare Zielrechtsform. Vielmehr unterliegt die Zulässigkeit des Formwechsels dann auch immer sämtlichen der **Rechtsordnung immanenten Schranken**.[27] So kann die Aufgabenprivatisierung dann unzweckmäßig sein, wenn hierfür keine Rechtsgrundlage existiert.[28] 16

Probleme ergeben sich insbes. bei Tätigkeiten im Bereich der **Eingriffsverwaltung**, so dass etwa eine Privatisierung auf dem Gebiet der Justiz, Polizei und dem Strafvollzug von vornherein ausscheidet.[29] Zulässig ist hingegen im Allgemeinen die Privatisierung von Aufgaben der **Leistungsverwaltung**, wobei sich dann allerdings die Zielgesellschaft erwerbswirtschaftlich vollständig auf die Ebene der Gleichordnung im Verhältnis zu den konkurrierenden Wirtschaftsunternehmen begeben muss.[30] 17

IV. Rechtsfähigkeit des Rechtsträgers und gesetzliche Erlaubnis (Abs. 2)

1. Rechtsfähigkeit

§ 301 Abs. 2 Hs. 1 ordnet weiterhin an, dass die formwechselnde Körperschaft oder Anstalt **rechtsfähig** sein muss. Die Bewertung der Rechtsfähigkeit erfolgt nach öffentlich-rechtlichem Verständnis und ist gegeben, wenn dem Rechtsträger durch staatlichen Hoheitsakt die Rechtsfähigkeit wirksam verliehen wurde.[31] Bloße Teilrechtsfähigkeit ist ungenügend.[32] 18

2. Gesetzliche Erlaubnis

Zuletzt muss der Formwechsel von dem für den formwechselnden Rechtsträger maßgeblichen Bundes- oder Landesrecht vorgesehen oder zugelassen sein, § 301 Abs. 2 Hs. 2. Notwendig ist eine ausdrückliche Anordnung.[33] In Abweichung zu § 168 wird das bloße Schweigen des Gesetzgebers den Anforderungen des § 301 nicht gerecht.[34] An die inhaltliche Ausgestaltung der **Ermächtigungsgrundlage** sind jedoch nicht allzu hohe Anforderungen zu stellen: Ausreichend ist, wenn das Gesetz den Formwechsel schlichtweg erlaubt.[35] Die inhaltliche Ausgestaltung der Ermächtigungsgrundlage steht dabei im freien Ermessen des Gesetzgebers, der insbesondere einen gewissen Mindestinhalt der Satzung vorschreiben oder bestimmte Organe des öffentlichen Rechtsträgers ermächtigen kann, über den Formwechsel zu entscheiden.[36] 19

---

26 *Spannowsky* ZGR 1996, 400 (401).
27 Semler/Stengel/Leonard/*Krebs* § 301 Rn. 34; Widmann/Mayer/*Vossius* Rn. 11.
28 Widmann/Mayer/*Vossius* § 301 Rn. 12.
29 Semler/Stengel/Leonard/*Krebs* § 301 Rn. 34.
30 Widmann/Mayer/*Vossius* § 301 Rn. 13: „Dies setzt [...] voraus, dass die neuen Aufgaben völlig den Kräften des Marktes überlassen werden können."; zudem wohl auch *Spannowsky* ZGR 1996, 400 (404).
31 Lutter/*H. Schmidt* § 301 Rn. 6; Schmitt/Hörtnagl/*Hörtnagl/Rinke* § 301 Rn. 2.
32 Lutter/*H. Schmidt* § 301 Rn. 6; Semler/Stengel/Leonard/*Krebs* § 301 Rn. 21.
33 Lutter/*H. Schmidt* § 301 Rn. 7; Semler/Stengel/Leonard/*Krebs* § 301 Rn. 31.
34 Semler/Stengel/Leonard/*Krebs* § 301 Rn. 31.
35 Semler/Stengel/Leonard/*Krebs* § 301 Rn. 31.
36 *Westermann* FS Luther, 1976, 191 (196 f.) Lutter/*H. Schmidt* § 301 Rn. 8; Semler/Stengel/Leonard/*Krebs* § 301 Rn. 33.

V. Formulierungsvorschlag

20 In Übereinstimmung mit den bemühten Überlegungen ist es aus Gründen der Verfahrensökonomie ratsam, bei der Umwandlung öffentlich-rechtlicher Körperschaften oder Anstalten die Anwendbarkeit des UmwG weitestgehend **auszuschließen** (→ Rn. 7 ff.). Dabei ist jedoch unbedingt zwischen Bundes- und Landesrecht dahin gehend zu unterscheiden, dass ein vollständig außerhalb des UmwG abgewickelter Formwechsel nur durch den Bund vorgesehen werden kann. Dem Landesgesetzgeber steht jedoch wegen § 302 S. 1 die Möglichkeit offen, die Anwendbarkeit der Vorschriften des Ersten Teils des Fünften Buches des UmwG auszuschließen (→ Rn. 8). Der folgende Formulierungsvorschlag soll beide Optionen vereinen. Notwendig ist zudem grundsätzlich eine den Formwechsel regelnde Rechtsverordnung. Wegen Art. 80 Abs. 1 S. 2 GG benötigt diese ein ermächtigendes Gesetz, welches auch den Anforderungen von § 301 Abs. 2 Hs. 2 genügen muss.

Gesetz zur Umwandlung der „X-Anstalt/Körperschaft"

Vom ...

§ 1 Gesetzeszweck

Dieses Gesetz regelt die Zulässigkeit der Umwandlung der „X-Anstalt/Körperschaft" in die Rechtsform" der ... (GmbH/AG/KGaA).

§ 2 Verordnungsermächtigung zur Umwandlung (und Veräußerung) der „X-Anstalt/Körperschaft"

(1) Die ... (Behörde/Regierung) wird ermächtigt, durch Verordnung den Formwechsel der „X-Anstalt/Körperschaft" in die Rechtsform einer ... (GmbH/AG/KGaA) zu regeln.

(2) Bei dem Formwechsel kann durch die Verordnung von den Vorschriften des Umwandlungsgesetzes abgewichen werden.

Landes-/Bundesverordnung über die formwechselnde Umwandlung der „X-Anstalt/Körperschaft"

Aufgrund des § 2 Abs. 1 des Gesetzes zur Umwandlung der X-Anstalt/Körperschaft verordnet ... (Verordnungsgeber):

§ 1 Formwechsel der „X-Anstalt/Körperschaft"

(1) Die „X-Anstalt/Körperschaft" in ... wird mit dem Tag des Inkrafttretens nach § 3 in eine ... (Zielrechtsform) formwechselnd umgewandelt. Der Formwechsel wird mit der Eintragung der Gesellschaft in das Handelsregister wirksam.

(2) Alt. 1: Das Land ist Verordnungsgeber:

Das Umwandlungsgesetz vom 28.10.1994 (BGBl. I 3210, ber. BGBl. 1995 I 428) ist mit Ausnahme des Ersten Teils des Fünften Buches anzuwenden, soweit diese Verordnung nichts Abweichendes regelt.

(2) Alt. 2: Der Bund ist Verordnungsgeber:

Die Vorschriften des Umwandlungsgesetzes vom 28.10.1994 (BGBl. I 3210, ber. BGBl. 1995 I 428) sind nicht anzuwenden.

(3) Für den Formwechsel gilt:

1. Die neue Rechtsform des umgewandelten Rechtsträgers ist eine ... (Zielrechtsform).
2. Die Firma des umgewandelten Rechtsträgers lautet ...
3. Der umgewandelte Rechtsträger hat seinen Sitz in ...
4. Das Land .../Der Bund gilt als Gründer der A und übernimmt das gesamte Stammkapital (Wirkung der Umwandlung für die Anteilsinhaber).
5. Ggf. Entbehrlichkeit des Formwechselberichts (§ 192 Abs. 2).
6. Die Satzung der A wird im Anhang ... zu diesem Gesetz festgestellt.
7. Die Vertretung des Rechtsträgers erfolgt durch ...

8. Mitglieder des Aufsichtsrates sind die … Ihre Amtszeit endet mit der Wahl des Aufsichtsrates durch die nach § 1 Abs. 3 Nr. 9 einzuberufende Hauptversammlung/Gesellschafterversammlung. Die Zusammensetzung des Aufsichtsrates sowie die Bestellung seiner Mitglieder richten sich nach der maßgeblichen Vorschriften des AktG/GmbHG.[37]
9. Die erste Hauptversammlung/Gesellschafterversammlung ist durch den Vorstand/Geschäftsführer innerhalb von drei Monaten nach Inkrafttreten dieses Gesetzes einzuberufen.
10. Sonstige Einzelheiten, insbes. hinsichtlich der Bestimmung der zukünftigen Anteilsinhaber bzw. der Ausgabe von Aktien oder Schuldverschreibungen etc.

§ 2 Anmeldung und Bekanntmachung des Formwechsels

Der Formwechsel ist zur Eintragung in das Handelsregister und zur Bekanntmachung der Eintragung bei dem zuständigen Gericht anzumelden. Mit dem Ablauf des Tages, an dem das letzte der die Bekanntmachung enthaltenden Blätter erschienen ist, gilt die Bekanntmachung als erfolgt.

§ 3 Inkrafttreten; Geltungsdauer/Außerkrafttreten

Diese Verordnung tritt am Tage nach ihrer Verkündung in Kraft.

§ 302 Anzuwendende Vorschriften

¹Die Vorschriften des Ersten Teils sind auf den Formwechsel nur anzuwenden, soweit sich aus dem für die formwechselnde Körperschaft oder Anstalt maßgebenden Bundes- oder Landesrecht nichts anderes ergibt. ²Nach diesem Recht richtet es sich insbesondere, auf welche Weise der Gesellschaftsvertrag oder die Satzung der Gesellschaft neuer Rechtsform abgeschlossen oder festgestellt wird, wer an dieser Gesellschaft als Anteilsinhaber beteiligt wird und welche Person oder welche Personen den Gründern der Gesellschaft gleichstehen; die §§ 28 und 29 des Aktiengesetzes sind nicht anzuwenden.

I. Normzweck	1	2. Rechtsformspezifische Besonderheiten für das Verfahren	4
II. Vorrang des öffentlich-rechtlichen Umwandlungsrechts (S. 1)	2	a) Vorbereitung	5
III. Konkretisierung des Regelungsvorbehalts (S. 2 Hs. 1)	3	b) Beschluss	6
1. Allgemein	3	c) Vollzug	10
		IV. Ausschluss der §§ 28, 29 AktG (S. 2 Hs. 2)	11

I. Normzweck

§ 302 betont die besondere Bedeutung der öffentlich-rechtlichen Vorschriften für den Formwechsel und geht auf die im Wesentlichen vergleichbaren Regelungen von § 385a Abs. 3, Abs. 4 AktG aF für den Formwechsel einer AG sowie § 59 Abs. 3, Abs. 4 UmwG 1969 für die Umwandlung einer GmbH zurück.[1] Der Gesetzgeber stellt mit § 302 S. 2, wonach die Vorschriften des Ersten Teils des Fünften Buches auf den Formwechsel nur dann anwendbar sind, wenn sich aus dem Bundes- oder Landesrecht nichts Abweichendes ergibt, die eingeschränkte Brauchbarkeit der Regelungen des UmwG für den Formwechsel öffentlich-rechtlich verfasster Rechtsträger klar.[2] Hieraus ergibt sich ein umfassender **Vorrang des öffentlich-rechtlichen Umwandlungsrechts** vor den allgemeinen Vorschriften des Formwechsels. Die fehlende Vergleichbarkeit der Rechtsformen bedingt sich dadurch, dass im Gegensatz zu privatrechtlich organisierten Rechtsträgern bei Körperschaften und Anstalten keine Anteilsinhaber vorhanden sind,

---

37 Sog. „öffentlich-rechtliche Lösung", → § 303 Rn. 3.
1 Begr. RegE zu § 302, BR-Drs. 75/94, 169.
2 Semler/Stengel/Leonard/*Krebs* § 302 Rn. 2.

welche durch die allgemeinen Vorschriften geschützt werden müssen. § 302 enthält deshalb einen – nicht abschließenden – Katalog von Regelbeispielen, bei deren Vorliegen „insbesondere" die öffentlich-rechtlichen Umwandlungsvorschriften vorrangig anwendbar sind.

II. Vorrang des öffentlich-rechtlichen Umwandlungsrechts (S. 1)

2 Nach § 302 S. 1 haben die allgemeinen Vorschriften des Formwechsels den spezielleren bundes- und landesrechtlichen umwandlungsrechtlichen Regelungen zu weichen. Dabei umfasst der Verweis ohnehin nur die genannten allgemeinen Vorschriften der §§ 190–213, die rechtsformspezifischeren §§ 214–300 sind auf den Formwechsel nach §§ 301 ff. mithin nur anzuwenden, wenn eine der bundes- oder landesrechtlichen Regelungen auf diese verweist.[3] Der Gesetzgeber schreibt hiermit den umfassenden **Geltungsvorrang** des öffentlichen Rechts vor, der in formeller Hinsicht nicht nur sämtliche förmliche Gesetze und Rechtsverordnungen erfasst, sondern auch Regelungen in der Satzung des Rechtsträgers selbst und sogar Verwaltungsakte einer Behörde begreift.[4] In materieller Hinsicht gilt der Vorrang jedoch nicht grenzenlos: Die rechtsformspezifischen, zivilrechtlichen Gründungsvorschriften werden hiervon nicht berührt und bleiben uneingeschränkt anwendbar (→ § 303 Rn. 2 ff.).

III. Konkretisierung des Regelungsvorbehalts (S. 2 Hs. 1)
1. Allgemein

3 Der Regelungsvorbehalt von § 302 S. 1 wird durch die exemplarische Aufzählung von **Regelbeispielen** in § 302 S. 2 Hs. 1 präzisiert. Danach haben die §§ 190–213 insbes. beim Abschluss des Gesellschaftervertrages und der Feststellung der Satzung, der Beteiligung der Anteilsinhaber und der Bestimmung der Gründereigenschaft, den spezielleren bundes- und landesrechtliche Bestimmungen zu weichen.

2. Rechtsformspezifische Besonderheiten für das Verfahren

4 Grundsätzlich bleibt es auch beim Formwechsel rechtsfähiger Körperschaften und Anstalten beim traditionellen, dreigliedrigen Ablauf des Formwechselverfahrens, so dass zwischen den **drei Phasen**: Vorbereitung, Beschlussfassung und Vollzug zu unterscheiden ist.[5] Dennoch können sich im Einzelfall aus der öffentlich-rechtlichen Struktur des formwechselnden Rechtsträgers Besonderheiten ergeben:

a) Vorbereitung

5 Das betrifft zum einen in der **Vorbereitungsphase** die Frage, ob und inwiefern auf die Erstattung eines Formwechselberichts nach § 192 Abs. 2 verzichtet werden kann. Schließlich setzt § 192 Abs. 2 die Existenz von Anteilsinhabern voraus, die gerade bei Körperschaften und Anstalten nicht vorhanden sind (→ Rn. 1). Stattdessen sind Körperschaften mitgliedschaftlich organisiert, Anstalten hingegen von Trägern errichtete juristische Personen des öffentlichen Rechts. Der Formwechselbericht ist deshalb verzichtbar, wenn die Anstalt nur über einen Träger verfügt oder an der Körperschaft nur

---

3 *Hekschen/Weitbrecht* NZG 2018, 761 (764).
4 *Lutter/H. Schmidt* § 302 Rn. 3.
5 *Semler/Stengel/Leonard/Krebs* § 302 Rn. 7; → § 192 Rn. 13.

ein Mitglied beteiligt ist (§ 192 Abs. 2 S. 1 Alt. 1).[6] Soweit mehrere Träger bzw. Mitglieder existieren, müssen dann alle auf die Erstattung eines Formwechselberichts verzichten, § 192 Abs. 2 S. 1 Alt 2.[7] In Ermangelung einer Sonderregelung zu § 194 Abs. 2 ist der Entwurf des Formwechselbeschlusses zudem dem **Personalrat** zuzuleiten.[8]

Hinweis: Indem in der überwiegenden Zahl der Fälle bei Anstalten nur ein Träger vorhanden ist, entfällt hier regelmäßig die Erstattung eines Formwechselberichts nach § 192 Abs. 2 S. 1 Alt. 1.

b) Beschluss

Hinsichtlich der Zuständigkeiten und Mehrheitsverhältnisse für den Form wechsel**beschluss** enthält der Sechste Abschnitt keine Sonderregelungen, so dass die auf den Rechtsträger anwendbaren, spezialgesetzlichen Vorschriften einschlägig sind.[9] Das Bundes- oder Landesrecht kann zudem den Formwechselbeschluss durch entsprechende Regelung ersetzen.[10] Was den Inhalt des Formwechselbeschlusses anbelangt, entfallen die auf Personen- und Kapitalgesellschaften zugeschnittenen Mindestangaben des § 194, welche aufgrund der öffentlich-rechtlichen Organisationsstruktur hier leerlaufen würden.[11] Regelt das öffentliche Recht diese Fragen nicht, ist für die Zuständigkeit von Beschlussfassungen auf den Träger der Anstalt oder die Mitglieder oder die Vertreterversammlung der Körperschaft abzustellen.[12] Hinsichtlich der notwendigen Beschlussmehrheiten dagegen auf das für die jeweilige Körperschaft oder Anstalt des öffentlichen Rechts maßgebende Bundes- oder Landesgesetz.[13]

Unterschiedlich beurteilt wurde, ob die Feststellung oder der Abschluss des Gesellschaftsstatuts nach den öffentlich-rechtlichen Umwandlungsnormen oder nach den einschlägigen gesellschaftsrechtlichen Vorschriften zu erfolgen hat. Die hM spricht dem öffentlichen Recht über § 301 S. 1 aber insoweit einen umfassenden Geltungsvorrang zu, so dass der Gesellschaftsvertrag auch durch den Ermächtigungsakt erfolgen kann.[14] Hinsichtlich der **inhaltlichen Ausgestaltung des Gründungsstatuts** sind die Bestimmungen zum Mindestinhalt des GmbHG und AktG dagegen zwingend einzuhalten.[15] Umstritten ist dann, ob der Abschluss des Gesellschaftsvertrages bzw. die Feststellung der Satzung auch notariell beurkundet werden muss.[16] Die wohl hM zum alten Recht verlangte allgemein die Einhaltung der notariellen Form.[17] Mit Blick auf den weiten Charakter des Regelungsvorbehalts dürfte es jedoch zulässig sein, aufgrund gesetzlicher Regelung den Beurkundungszwang auszuschließen.[18] Dies gilt wohl auch dann, wenn der Abschluss des Gesellschaftsvertrages oder die Feststellung der Satzung durch ein Beschlussorgan der Ausgangsgesellschaft oder durch dafür bestimmte Personen erfolgen soll.[19]

---

6 Semler/Stengel/Leonard/*Krebs* § 302 Rn. 9.
7 Semler/Stengel/Leonard/*Krebs* § 302 Rn. 9.
8 Semler/Stengel/Leonard/*Krebs* § 302 Rn. 11.
9 Semler/Stengel/Leonard/*Krebs* § 302 Rn. 12.
10 Semler/Stengel/Leonard/*Krebs* § 302 Rn. 12.
11 Semler/Stengel/Leonard/*Krebs* § 302 Rn. 13.
12 Lutter/*H. Schmidt* Vor § 301 Rn. 6; Widmann/Mayer/*Vossius* § 302 Rn. 13; Semler/Stengel/Leonard/*Krebs* § 302 Rn. 12.
13 Lutter/*H. Schmidt* Vor § 301 Rn. 6; Schmitt/Hörtnagl/*Hörtnagl/Rinke* § 302 Rn. 2; Semler/Stengel/Leonard/*Krebs* § 302 Rn. 12.

14 Ausführlicher zum Streit Semler/Stengel/Leonard/*Krebs* § 302 Rn. 19 ff.
15 Semler/Stengel/Leonard/*Krebs* § 302 Rn. 26.
16 Vgl. § 2 GmbHG, § 23 Abs. 1 AktG.
17 Lutter/*H. Schmidt* § 302 Rn. 7.
18 Lutter/*H. Schmidt* § 302 Rn. 7; Semler/Stengel/Leonard/*Krebs* § 302 Rn. 27.
19 Lutter/*H. Schmidt* § 302 Rn. 7; Semler/Stengel/Leonard/*Krebs* § 302 Rn. 27; Heckschen/Weitbrecht NZG 2018, 761 (766 f.).

8 Weiterhin steht es dem öffentlich-rechtlichen Umwandlungsrecht frei, die **zukünftigen Anteilsinhaber** (Aktionäre der AG, Gesellschafter und Kommanditaktionäre der KGaA und Gesellschafter der GmbH) zu bestimmen.[20] Damit wird das allgemeine Prinzip der Anteilsinhaberidentität durchbrochen.[21] Auch diesbezüglich stellen die rechtsformspezifischen Vorschriften keine besonderen Anforderungen an das öffentliche Bundes- und Landesrecht. Enthält das öffentliche Recht keine Vorgaben, gilt das einschlägige Gründungsrecht vollumfänglich.[22]

9 Mangels existierender Anteilsinhaber bei der Ausgangsgesellschaft müssen zudem die **Gründer** des Zielrechtsträgers gesetzlich benannt werden.[23] Ausreichend ist hierbei die Benennung eines Gründers.[24] Der Handlungsspielraum der öffentlichen Hand ist hierbei nicht limitiert, so dass die Gründer auch mit den zukünftigen Anteilsinhabern personenidentisch sein können.[25]

Hinweis: Soweit die Gründereigenschaft nicht gesetzlich zugewiesen ist, sind diejenigen Personen oder Institutionen als Gründer zu behandeln, die den Gesellschaftsvertrag abgeschlossen bzw. die Satzung festgestellt haben.[26]

c) Vollzug

10 Im Zuge des **Vollzugs** ist die neue Rechtsform beim Register des formwechselnden Rechtsträgers anzumelden oder die neue Rechtsform einzutragen, je nachdem ob eine Voreintragung besteht. Das zuständige Register und wer anmeldeberechtigt bzw. -verpflichtet ist, bestimmt sich nach den allgemeinen Vorschriften.[27] Mit der Eintragung wird der Formwechsel wirksam, soweit das öffentliche Recht nicht gegenteiliges angeordnet hat.[28]

Aus arbeitnehmerischer Sicht ist zu erwähnen, dass der Formwechsel, ausweislich der Regelung in § 324, auch im Bereich öffentlich-rechtlich verfasster Körperschaften und Anstalten nicht zu einem Betriebsübergang nach § 613a BGB führt.[29] Allerdings entfällt der Beamtenstatus der Mitarbeiter nach Art. 33 Abs. 4 GG iVm § 3 BeamtStG, weil der neue Rechtsträger nicht nach § 2 BeamtStG dienstherrenfähig ist. Mit Wirksamwerden des Formwechsels erlischt zudem das Amt des Personalrats.[30]

Hinweis: Vorsicht: Unter Umständen kann die Durchführung des Formwechsels von aufsichtsrechtlichen Genehmigungen abhängig gemacht werden.[31] So setzt etwa § 14 VAG bei der Umwandlung von Versicherungsunternehmen eine Genehmigung der Aufsichtsbehörde voraus. Hier muss insofern stets die Existenz etwaiger Genehmigungsvorbehalte geprüft werden.

---

20 Lutter/*H. Schmidt* § 302 Rn. 8.
21 *Heckschen/Weitbrecht* NZG 2018, 761 (765).
22 Semler/Stengel/Leonard/*Krebs* § 302 Rn. 17.
23 Lutter/*H. Schmidt* § 302 Rn. 11; Semler/Stengel/Leonard/ *Krebs* § 302 Rn. 28.
24 Semler/Stengel/Leonard/*Krebs* § 302 Rn. 28.
25 Lutter/*H. Schmidt* § 302 Rn. 9.
26 Lutter/*H. Schmidt* § 302 Rn. 11; Semler/Stengel/Leonard/ *Krebs* § 302 Rn. 29; Widmann/Mayer/*Vossius* § 302 Rn. 71.
27 Semler/Stengel/Leonard/*Krebs* § 302 Rn. 32 ff.
28 Semler/Stengel/Leonard/*Krebs* § 302 Rn. 37.
29 BAG RdA 2001, 236 (239); für eine analoge Anwendung von § 613a BGB auf den Formwechsel öffentlich-rechtlicher Anstalten und Körperschaften etwa *Breymaier*, Die Fortgeltung von Betriebsvereinbarungen, S. 173.
30 Widmann/Mayer/*Vossius* § 302 Rn. 47; Semler/Stengel/Leonard/*Krebs* § 302 Rn. 39.
31 Semler/Stengel/Leonard/*Krebs* § 302 Rn. 31.

IV. Ausschluss der §§ 28, 29 AktG (S. 2 Hs. 2)

Schließlich ordnet § 302 S. 2 Hs. 2 die Unanwendbarkeit der §§ 28, 29 AktG an, wonach die satzungsfeststellenden Aktionäre und die Gründer der Gesellschaft personenidentisch sein müssen bzw. die Gesellschaft mit der Übernahme aller Aktien durch die Gründer errichtet ist. Hintergrund der Regelung ist die **fehlende Vergleichbarkeit** des Formwechsels mit der Gründung einer AG. Denn im Gegensatz hierzu muss beim Formwechsel zwischen den die Satzung feststellenden Personen und den Gründern der Gesellschaft keine Identität bestehen.[32] § 302 S. 2 Hs. 2 findet dabei auch bei der Umwandlung in eine KGaA Anwendung.[33] Zudem gilt der Ausschluss der §§ 28, 29 AktG entsprechend auch für den Formwechsel in eine GmbH.[34]

§ 303 Kapitalschutz; Zustimmungserfordernisse

(1) Außer den für die neue Rechtsform maßgebenden Gründungsvorschriften ist auch § 220 entsprechend anzuwenden.

(2) ¹Ein Formwechsel in eine Kommanditgesellschaft auf Aktien bedarf der Zustimmung aller Anteilsinhaber, die in dieser Gesellschaft die Stellung eines persönlich haftenden Gesellschafters haben sollen. ²Auf den Beitritt persönlich haftender Gesellschafter ist § 221 entsprechend anzuwenden.

I. Normzweck	1	2. Bildung des Aufsichtsrates	3
II. Vorrang der Gründungsvorschriften (Abs. 1)	2	3. Kapitalschutz	4
1. Allgemeiner Vorrang	2	III. Formwechsel in eine KGaA (Abs. 2)	8

I. Normzweck

§ 303 Abs. 1 nimmt einschränkend auf den Regelungsvorbehalt des § 302 S. 1 Bezug und stellt den Vorrang der rechtsformspezifischen Gründungsvorschriften vor dem öffentlich-rechtlichen Umwandlungsrecht klar. Mit dem Verweis auf § 220 übernimmt die Vorschrift für den **Kapitalschutz** eine Regelung aus dem Abschnitt für die Umwandlung von Personengesellschaften, welche sonst nicht anwendbar wäre. § 303 Abs. 2 sieht hingegen das Zustimmungserfordernis und Einzelheiten zum Beitritt der persönlich haftenden Gesellschafter vor und ist Folge der Zulassung des Formwechsels in eine KGaA.[1]

II. Vorrang der Gründungsvorschriften (Abs. 1)

1. Allgemeiner Vorrang

§ 303 Abs. 1 durchbricht das in § 302 S. 1 festgeschriebene Primat des öffentlichen Rechts dahin gehend, dass für die neue Rechtsform die **rechtsformspezifischen Gründungsvorschriften** maßgeblich sind. Indem bereits § 197 S. 1 die Anwendung der Gründungsvorschriften vorsieht, tritt § 302 S. 1 insofern lediglich klarstellend hinzu.

---

32 Lutter/H. Schmidt § 302 Rn. 12; Semler/Stengel/Leonard/Krebs § 302 Rn. 30; Widmann/Mayer/Vossius § 302 Rn. 69.
33 Lutter/H. Schmidt § 302 Rn. 12; Semler/Stengel/Leonard/Krebs § 302 Rn. 30.
34 Lutter/H. Schmidt § 302 Rn. 12; Semler/Stengel/Leonard/Krebs § 302 Rn. 30; Widmann/Mayer/Vossius § 302 Rn. 70.
1 Begr. RegE zu § 303, BR-Drs. 75/94, 169.

2. Bildung des Aufsichtsrates

3 In aller Regel verfügt die Mehrzahl öffentlich-rechtlich verfasster Einrichtungen bereits über einen Aufsichtsrat. Dennoch gilt der Grundsatz der **Amtskontinuität der Aufsichtsratsmitglieder** nach § 203 S. 1 für öffentlich-rechtlich verfasste Rechtsträger nicht.[2] Hier muss deshalb stets ein neuer Aufsichtsrat gebildet werden. Für die Bestellung des Aufsichtsrates beim Rechtsträger neuer Rechtsform bestehen grundsätzlich zwei Möglichkeiten: Einerseits kann durch Bundes- oder Landesrecht festgelegt werden, dass sich die Bestellung und Zusammensetzung des Aufsichtsrates nach den rechtsformspezifischen Gründungsvorschriften des Rechtsträgers neuer Rechtsform richtet, sog. „öffentlich-rechtliche Lösung".[3] Auf der anderen Seite bietet sich die sog. „privatrechtliche Lösung an, wonach auf eine spezielle gesetzliche Anordnung verzichtet wird.[4] Damit kommt es zur Anwendung von § 197 S. 1, wonach zwar auch die Gründungsvorschriften zu beachten sind, allerdings nicht auf die Bildung und Zusammensetzung des ersten Aufsichtsrates, § 197 S. 2 Hs. 2. Stattdessen findet § 31 AktG zur Bestellung des Aufsichtsrates bei Sachgründung über § 197 S. 3 Anwendung.

3. Kapitalschutz

4 Durch die Einbeziehung der **Kapitalschutzbestimmung** des § 220 in den Sechsten Abschnitt wird die Zulässigkeit des Formwechsels in erster Linie davon abhängig gemacht, dass das Vermögen der Körperschaft oder Anstalt des öffentlichen Rechts nach Abzug der Schulden den Nennbetrag des Stammkapitals der entstehenden GmbH bzw. des Grundkapitals der entstehenden AG/KGaA erreichen muss (→ § 220 Rn. 2). Die Sicherstellung der Reinvermögensdeckung bezweckt die Verhinderung eines Formwechsels bei Vorliegen einer Unterbilanz und wird vom zuständigen Registergericht geprüft. Die ordnungsgemäße Kapitalaufbringung ist Voraussetzung für die Eintragung des Formwechsels im Handelsregister, § 197 iVm § 18 Abs. 1 AktG bzw. § 9c GmbHG. Durch Einreichung eines Sachgründungsberichts beim Wechsel in eine GmbH bzw. eines Gründungsberichts bei dem Formwechsel in eine AG/KGaA ist über ihr Vorliegen Nachweis zu führen (§ 220 Abs. 2).

5 Darüber hinaus ist im Gründungsbericht bzw. Sachgründungsbericht der bisherige Geschäftsverlauf und die Lage des formwechselnden Rechtsträgers darzulegen (§ 220 Abs. 2). Für die **Darlegung der Lage** ist dabei auf die wirtschaftliche Situation im Einreichungszeitpunkt abzustellen.[5]

6 Schwieriger fällt jedoch die Bestimmung des Zeitraumes für die Erläuterung des bisherigen **Geschäftsverlaufes** aus: Dem Wortlaut folgend könnte hierunter der gesamte Zeitraum seit der Entstehung der Körperschaft oder Anstalt fallen. Vossius limitiert hingegen den einschlägigen Zeitraum auf die beiden Kalenderjahre, die dem Jahr des Formwechsels vorausgingen.[6] Das leuchtet ein, kann jedoch nicht vollends überzeugen. Zwar dürfte eine umfängliche Darstellung des gesamten Geschäftsverlaufes (mit teils irrelevanten Informationen) überflüssig sein. § 302 Abs. 1 dient jedoch dem Kapitalschutz. Deshalb sollte der zeitlich grundsätzlich auf die Darstellung der beiden dem Jahr des Formwechsels vorangegangenen Kalenderjahre beschränkte Gründungsbericht

---

2 Lutter/*Hoger* § 203 Rn. 8; *Gottschalk* NZG 2003, 713 (714).
3 *Gottschalk* NZG 2003, 713 (714).
4 *Gottschalk* NZG 2003, 713 (714).
5 Semler/Stengel/*Leonard*/*Krebs* § 303 Rn. 6.
6 Widmann/Mayer/*Vossius* § 303 Rn. 16.

dann auch solche Informationen enthalten, die über die zeitliche Grenze hinausgehen, wenn die Auskünfte für die Bewertung der wirtschaftlichen Lage des formwechselnden Rechtsträgers relevant sind.[7]

Beim Formwechsel in eine AG bzw. KGaA erfolgt zudem eine **Gründungsprüfung** durch externe Sachverständige (→ § 220 Rn. 22). Die Gründungsprüfung ist zwingend und kann nicht durch entgegenstehendes öffentlich-rechtliches Umwandlungsrecht abbedungen werden.[8]

III. Formwechsel in eine KGaA (Abs. 2)

Nach § 303 Abs. 2 S. 1 müssen dem Formwechsel in die Rechtsform einer KGaA alle persönlich haftenden Anteilsinhaber zustimmen.[9] Durch das **Zustimmungserfordernis** soll sichergestellt werden, dass kein Anteilsinhaber gegen seinen Willen den besonderen Rechten und Pflichten des persönlich haftenden Komplementärs der Zielgesellschaft unterworfen wird. Die Zustimmungserklärung ist als Anlage der Anmeldung beizufügen (§ 199).

§ 303 Abs. 2 S. 2 ermöglicht darüber hinaus durch den Verweis auf § 221 den Beitritt nicht am Ausgangsrechtsträger beteiligter **Dritter** in die Stellung des Komplementärs. Die Beitrittserklärung ist notariell zu beurkunden, § 221 S. 1. Zudem ist die Satzung von jedem beitretenden persönlich haftenden Gesellschafter zu genehmigen, § 303 Abs. 2 S. 2, § 221 S. 2.

§ 304 Wirksamwerden des Formwechsels

¹**Der Formwechsel wird mit der Eintragung der Kapitalgesellschaft in das Handelsregister wirksam.** ²**Mängel des Formwechsels lassen die Wirkungen der Eintragung unberührt.**

I. Normzweck	1	3. Anspruch auf Sicherheitsleistung	5
II. Wirkungen des Formwechsels (S. 1)	2	4. Nachhaftung	6
1. Konstitutive Wirkung der Eintragung ...	2	III. Unbeachtlichkeit von Mängeln (S. 2)	8
2. Zuständigkeit, Inhalt und Form der Anmeldung	3		

I. Normzweck

In Gleichlauf zu § 385c AktG aF und § 59 Abs. 5 UmwG 1969 bestimmt § 304 S. 1, dass die **Wirkungen des Formwechsels** auch bei dem Formwechsel einer Körperschaft oder Anstalt des öffentlichen Rechts mit der Eintragung der Kapitalgesellschaft in das Handelsregister eintreten.[1] Dementsprechend unterliegt der Rechtsträger bis zu diesem Zeitpunkt ausschließlich den Vorschriften des öffentlichen Rechts. Die Regelung bindet nur das Landesrecht.[2] Der Bund kann hiervon durch entsprechendes Gesetz Abweichendes bestimmen (→ § 301 Rn. 5 ff.). In Übereinstimmung mit § 202 Abs. 3 betont § 304 S. 2 zudem klarstellend die Unbeachtlichkeit von Mängeln des Formwechsels für die Wirkungen der Eintragung.

---

7 So auch Semler/Stengel/Leonard/*Krebs* § 303 Rn. 9.
8 Lutter/*H. Schmidt* Vor § 301 Rn. 8; Semler/Stengel/Leonard/*Krebs* § 303 Rn. 10.
9 Alle künftigen Komplementäre der Gesellschaft.

1 Begr. RegE zu § 304, BR-Drs. 75/94, 169.
2 Lutter/*H. Schmidt* § 304 Rn. 1; aA Semler/Stengel/Leonard/*Krebs* § 304 Rn. 4.

II. Wirkungen des Formwechsels (S. 1)

1. Konstitutive Wirkung der Eintragung

Die Eintragung der Kapitalgesellschaft im Handelsregister hat für die Bestimmung des Wirksamwerdens des Formwechsels **konstitutive Bedeutung** (→ § 202 Rn. 1). Denn: Bis zum Zeitpunkt der Eintragung findet auf den Rechtsträger ausschließlich öffentliches Recht Anwendung; danach unterliegt die Gesellschaft alleinig dem rechtsformspezifischen Privatrecht.[3]

2. Zuständigkeit, Inhalt und Form der Anmeldung

Zur Bestimmung des **zuständigen Registergerichts** sowie zu **Inhalt** und **Form** der Anmeldung schweigt § 304, so dass § 198 uneingeschränkt gilt. Darüber hinaus sind die rechtsformspezifischen Gründungsvorschriften nach § 302 S. 1, § 197 S. 1 zu beachten. Der Kreis der anmeldebefugten Personen richtet sich für die GmbH dann nach §§ 78, 7 GmbHG; für die AG bzw. KGaA ist hingegen § 36 AktG einschlägig.[4]

Die Abgabe einer **Negativerklärung** durch die Vertretungsorgane iSv § 198 Abs. 3, § 16 Abs. 2 ist nicht erforderlich.[5] Denn bei öffentlich-rechtlich strukturierten Rechtsträgern sind keine Anteilsinhaber vorhanden, welche Klagen gegen die Wirksamkeit des Formwechselbeschlusses erheben könnten.

3. Anspruch auf Sicherheitsleistung

Trotz des identitätswahrenden Charakters des Formwechsels und der fehlenden Vermögensübertragung können die Gläubiger des formwechselnden Rechtsträgers ein berechtigtes Interesse an einer **Sicherheitsleistung** haben (→ § 204 Rn. 2). § 204 Hs. 1 gewährt deshalb mit dem Verweis auf § 22 auch für den Formwechsel einen umfassenden Gläubigerschutz durch Gewährung eines Anspruchs auf Sicherheitsleistung. Nach allgemeiner Ansicht können auch die Gläubiger einer Körperschaft oder Anstalt des öffentlichen Rechts grundsätzlich einen solchen Anspruch nach Maßgabe von § 22 geltend machen.[6] Auch hier greift jedoch der Regelungsvorbehalt in § 302 S. 1.[7]

4. Nachhaftung

Für den Bereich öffentlich-rechtlicher Anstalten wird der Gläubigerschutz über das aufgrund von Gesetz oder Satzung garantierte Institut der **Anstaltslast** und die **Gewährträgerhaftung** realisiert. Die Anstaltslast verpflichtet den Rechtsträger zu einer angemessenen Finanzausstattung.[8] Bei der Gewährträgerhaftung haftet hingegen die öffentliche Hand nach Art einer Ausfallbürgschaft.[9] Beide Institute unterscheiden sich insofern, als dass die Anstaltslast lediglich im Innenverhältnis zwischen der Errichtungskörperschaft und der Anstalt Wirkung entfaltet.[10] Die Gewährträgerhaftung gilt hingegen im Verhältnis gegenüber Dritten und verpflichtet den Träger einer Anstalt zu einer subsidiären Haftung für Verbindlichkeiten der Anstalt.[11] Im Hinblick auf eine etwaige

---

[3] Begr. RegE zu § 304, BR-Drs. 75/94, 169.
[4] Lutter/*H. Schmidt* § 304 Rn. 3.
[5] Lutter/*H. Schmidt* § 304 Rn. 4; Semler/Stengel/Leonard/*Krebs* § 302 Rn. 34.
[6] Lutter/*H. Schmidt* § 304 Rn. 5; Semler/Stengel/Leonard/*Krebs* § 304 Rn. 6; Widmann/Mayer/*Vossius* § 304 Rn. 5.
[7] Semler/Stengel/Leonard/*Krebs* § 304 Rn. 6.
[8] *Herdegen* WM 1997, 1130.
[9] *Herdegen* WM 1997, 1130.
[10] *Gerick* BB 1998, 494 (495); Nomos-BR/v. Stralendorff LwRBankG/*von Stralendorff* § 1 Rn. 7.
[11] Nomos-BR/v. Stralendorff LwRBankG/*von Stralendorff* § 1 Rn. 7.

Nachhaftung der formwechselnden Körperschaft oder Anstalt aus Anstaltslast und Gewährträgerhaftung sieht das UmwG jedoch keine Sonderregelungen vor.[12] Deshalb ist ggf. ein entsprechender Passus zur Haftungskontinuität in das den Formwechsel regelnde Gesetz aufzunehmen.[13]

Über die Zulässigkeit von Anstaltslast und Gewährträgerhaftung bei **Sparkassen und Landesbanken** herrschte wegen teils erheblicher verfassungsrechtlicher und insbes. EU-wettbewerbsrechtlicher Bedenken lange Jahre Streit.[14] Die Bundesrepublik Deutschland hat sich jedoch mit der Europäischen Kommission über die Abschaffung der Gewährträgerhaftung und die Modifizierung der Anstaltslast für das Kreditgeschäft der Sparkassen und Landesbanken geeinigt.

III. Unbeachtlichkeit von Mängeln (S. 2)

Nach § 304 S. 2 lassen Mängel bei einem Formwechsel die (konstitutive) Wirkung der Eintragung unberührt. Hiermit trennt der Gesetzgeber die Wirksamkeit der Entstehung der Gesellschaft von etwaigen Mängeln im Formwechselverfahren und stellt sicher, dass nach der Eintragung ausschließlich privatrechtliche Grundsätze Anwendung finden. Etwaige im Zeitpunkt der Eintragung rechtshängige **verwaltungsrechtliche Streitigkeiten** gegen die Wirksamkeit des Formwechsels erledigen sich mit der Eintragung in der Hauptsache.[15]

Sechstes Buch Grenzüberschreitende Umwandlung

Erster Teil
Grenzüberschreitende Verschmelzung

Literatur:
Ballmann, Der High Court of Justice erschwert die Flucht deutscher Unternehmen ins englische Insolvenzrecht. Der Fall Hans Brochier – Hintergründe und Folgen, BB 2007, 1121; *Baschnagel/Hilser*, Gläubigerschutz bei grenzüberschreitenden Umwandlungen nach dem UmRUG, NZG 2022, 1333; *Baums/Keinath/Gajek*, Fortschritte bei Klagen gegen Hauptversammlungsbeschlüsse? Eine empirische Studie, ZIP 2007, 1629; *Bayer/Schmidt*, Gläubigerschutz bei (grenzüberschreitenden) Verschmelzungen, ZIP 2016, 541; *Bayer/Schmidt*, BB-Rechtsprechungs- und Gesetzgebungsreport im Europäischen Gesellschaftsrecht 2008/09, BB 2010, 387; *Bayer/Schmidt*, Der Regierungsentwurf zur Änderung des Umwandlungsgesetzes, NZG 2006, 841; *Bayer/Schmidt*, Die neue Richtlinie über die grenzüberschreitende Verschmelzung von Kapitalgesellschaften. Inhalt und Anregungen zur Umsetzung in Deutschland, NJW 2006, 401; *Bayer/Schmidt*, Grenzüberschreitende Sitzverlegung und grenzüberschreitende Restrukturierungen nach MoMiG, Cartesio und Trabrennbahn, ZHR 173 (2009), 735; *Behme*, Der grenzüberschreitende Formwechsel von Gesellschaften nach Cartesio und Vale, NZG 2012, 936; *Behme/Nohlen*, „Entscheidung überraschend für die Praxis", BB 2009, 13; *Behrens*, Die Umstrukturierung von Unternehmen durch Sitzverlegung oder Fusion über die Grenze im Licht der Niederlassungsfreiheit im Europäischen Binnenmarkt (Art. 52 und 58 EWGV), ZGR 1994, 1; *Böttcher/Kraft*, Grenzüberschreitender Formwechsel und tatsächliche Sitzverlegung – Die Entscheidung VALE des EuGH, NJW 2012, 2701; *Bork/Jacoby*, Das Ausscheiden des einzigen Komplementärs nach § 131 Abs. 3 HGB, ZGR 2005, 611; *Brandes*, Cross Border Merger mittels der SE, AG 2005, 177; *Brandi/Schmidt*, Der grenzüberschreitende Formwechsel nach dem RegE zum UmRUG, DB 2022, 1880; *Brandi/Schmidt*, Die grenzüberschreitende Spaltung nach dem UmRUG, AG 2023, 297; *Brandi/Schmidt*, Editorial, BB 2023, 513; *Breiteneicher*, Die Anwachsung als steuerliches Umwandlungsinstrument, DStR 2004, 1405; *Bungert*, Grenzüberschreitende Verschmelzungsmobilität –

---

12 Semler/Stengel/Leonard/*Krebs* § 304 Rn. 7.
13 Semler/Stengel/Leonard/*Krebs* § 304 Rn. 8 mit Bsp. in Fn. 19.
14 S. etwa *Herdegen* BB 1998, 1130 ff.; *Thode/Peres* BB 1997, 1749 ff.; *Gerick* BB 1998, 494.
15 Semler/Stengel/Leonard/*Krebs* § 304 Rn. 5.

Anmerkung zur Sevic-Entscheidung des EuGH, BB 2006, 53; *Bungert*, Neue Chancen für grenzüberschreitende Transaktionen – das UmRUG tritt in Kraft, NZG 2022, 1657; *Bungert/Reidt*, Die (grenzüberschreitende) Verschmelzung nach dem RefE zur Umsetzung der Umwandlungsrichtlinie, DB 2022, 1369; *Bungert/Strothotte*, Die Regierungsentwürfe zu grenzüberschreitenden Verschmelzungen, Spaltungen und Formwechseln, DB 2022, 1818; *Doralt*, Österreichischer OGH zur verschmelzenden Umwandlung über die Grenze nach Deutschland, NZG 2004, 396; *Dorr/Stukenborg*, „Going to the Chapel": Grenzüberschreitende Ehen im Gesellschaftsrecht – Die ersten transnationalen Verschmelzungen nach dem UmwG (1994), DB 2003, 647; *Drinhausen/Keinath*, Die grenzüberschreitende Verschmelzung inländischer Gesellschaften nach Erlass der Richtlinie zur grenzüberschreitenden Verschmelzung von Kapitalgesellschaften in Europa, RIW 2006, 81; *Drinhausen/Keinath*, Referentenentwurf eines Zweiten Gesetzes zur Änderung des Umwandlungsgesetzes – Erleichterung grenzüberschreitender Verschmelzungen für deutsche Kapitalgesellschaften?, BB 2006, 725; *Drygala/von Bressendorf*, Gegenwart und Zukunft grenzüberschreitender Verschmelzungen und Spaltungen, NZG 2016, 1161; *Forsthoff*, Internationale Verschmelzungsrichtlinie: Verhältnis zur Niederlassungsfreiheit und Vorwirkung; Handlungszwang für Mitbestimmungsreform, DStR 2006, 613; *Frenzel*, Grenzüberschreitende Verschmelzung von Kapitalgesellschaften – nach dem Ablauf der Umsetzungsfrist, RIW 2008, 12; *Frischhut*, Grenzüberschreitende Verschmelzungen von Kapitalgesellschaften – ein Überblick über die Zehnte gesellschaftsrechtliche Richtlinie, EWS 2006, 55; *Gesell/Krömker*, Grenzüberschreitende Verschmelzungen nach SEVIC: Praxisbericht über die Verschmelzung einer niederländischen auf eine deutsche Kapitalgesellschaft, DB 2006, 2558; *Gesell/Krömker*, Anmerkung zu Kantongerecht Amsterdam, DB 2007, 679; *Geyrhalter/Weber*, Transnationale Verschmelzungen – im Spannungsfeld zwischen SEVIC Systems und der Verschmelzungsrichtlinie, DStR 2006, 146; *Goette*, Das Gesetz zur Umsetzung der Umwandlungsrichtlinie – Ein Überblick, DStR 2023, 157; *Gottschalk*, Anmerkung zu EuGH-Urteil C-411/03 v. 13.12.2005, EuZW 2006, 83; *Grambow/Stadler*, Grenzüberschreitende Verschmelzungen unter Beteiligung einer Europäischen Gesellschaft (Societas Europea – SE), BB 2010, 977; *Goette*, Auslandsbeurkundungen im Kapitalgesellschaftsrecht, MittRhNotK 1997, 1; *Grohmann/Gruschinske*, Grenzüberschreitende Mobilität von Kapitalgesellschaften in Europa, GmbHR 2006, 191; *Grohmann/Gruschinske*, Beschränkungen des Wegzugs von Gesellschaften innerhalb der EU – die Rechtssache Cartesio, EuZW 2008, 463; *Grunewald*, Der Gläubigerschutz bei grenzüberschreitenden Verschmelzungen nach dem Entwurf eines zweiten Gesetzes zur Änderung des UmwG, Der Konzern 2007, 106; *Habersack*, EU-weite Unternehmensmobilität und Mitbestimmungssicherung nach Umsetzung der Mobilitätsrichtlinie, ZHR 187 (2023), 48; *Handelsrechtsausschuss* des Deutschen Anwaltvereins, Stellungnahme zum Regierungsentwurf eines Zweiten Gesetzes zur Änderung des Umwandlungsgesetzes, NZG 2006, 737; *Handelsrechtsausschuss* des Deutschen Anwaltvereins, Stellungnahme zum Referentenentwurf eines Gesetzes zur Umsetzung der Umwandlungsrichtlinie, NZG 2022, 849; *Harig/Harder*, Der erweiterte Pflichtenkatalog bei grenzüberschreitenden Umwandlungen – insolvenzrechtliche Aspekte, NZG 2022, 1435; *Haritz/v. Wolff*, Internationalisierung des deutschen Umwandlungsrechts. Zum Entwurf eines Zweiten Gesetzes zur Änderung des Umwandlungsgesetzes, GmbHR 2006, 340; *Heckschen*, Die Reform des Umwandlungsrechts, DNotZ 2007, 444; *Heckschen*, BGH: Kompetenz eines im Ausland ansässigen Notars zur Einreichung der Gesellschafterliste, BB 2014, 462; *Heckschen/Knaier*, Reform des Umwandlungsrechts kurz vor dem Ziel, ZIP 2022, 2205; *Heckschen/Knaier*, Größte Reform des Umwandlungsrechts – nicht nur Richtlinienumsetzung! (Teil I), GmbHR 2022, 501; *Heckschen/Knaier*, Die größte Reform des Umwandlungsrechts: Endlich in Kraft!, GmbHR 2023, 317; *Herzog/Gebhard*, Grenzüberschreitende Verschmelzungen von Aktiengesellschaften nach dem UmRUG – Eine kritische Analyse, AG 2023, 310; *Ihrig*, Gläubigerschutz durch Kapitalaufbringung bei Verschmelzung und Spaltung nach neuem Umwandlungsrecht, GmbHR 1995, 622; *Kallmeyer*, Europa-AG: Strategische Optionen für deutsche Unternehmen, AG 2003, 197; *Kallmeyer*, Der gemeinsame Verschmelzungsplan für grenzüberschreitende Verschmelzungen, AG 2007, 472; *Kallmeyer*, Grenzüberschreitende Verschmelzungen und Spaltungen? ZIP 1996, 535; *Kallmeyer/Kappes*, Grenzüberschreitende Verschmelzungen und Spaltungen nach SEVIC Systems und der EU-Verschmelzungsrichtlinie, AG 2006, 224; *Kappes*, Zulässigkeit grenzüberschreitender Verschmelzungen, NZG 2006, 101; *Kiem*, Die Ermittlung der Verschmelzungswertrelation bei der grenzüberschreitenden Verschmelzung, ZGR 2007, 542; *Kiem*, Die Regelung der grenzüberschreitenden Verschmelzung im deutschen Umwandlungsgesetz, WM 2006, 1091; *Kindler*, Der reale Niederlassungsbegriff nach dem VALE-Urteil des EuGH, EuZW 2012, 888; *Kloster*, Societas Europea und europäische Unternehmenszusammenschlüsse, EuZW 2003, 293; *Krause/Kulpa*, Grenzüberschreitende Verschmelzungen – Vor dem Hintergrund der „Sevic"-Entscheidung und der Reform des Deutschen Umwandlungsrechts, ZHR 171 (2007), 38; *Kronke*, Deutsches Gesellschaftsrecht und grenzüberschreitende Strukturänderungen, ZGR 1994, 26; *Leible/Hoffmann*, Grenzüberschreitende Verschmelzungen im Binnenmarkt nach „Sevic", RIW 2006, 161; *Limmer*, Grenzüberschreitende Umwandlungen nach dem Sevic-Urteil des EuGH und den Neuregelungen des UmwG (Teil 1), ZNotP 2007, 242; *Louven*, Umsetzung der Verschmelzungsrichtlinie, ZIP 2006, 2021; *Louven*, Optionen grenzüberschreitender Verschmelzungen innerhalb der EU – gesellschafts- und steuerrechtliche Grundlagen, Special Nr. 03 zu BB 2006, 1; *Lutz*, Hinweise für den Vertragsgestalter bei einer grenzüberschreitenden Verschmelzung unter dem besonderen Gesichtspunkt der Hinausverschmelzung, BWNotZ 2010, 23; *Luy/Redler*, Immer mit Plan – der Referentenentwurf eines Gesetzes zur Umsetzung der Umwandlungsrichtlinie (UmRUG), notar 2022, 163; *Maul/Teichmann/Wenz*, Der Richtlinienvorschlag zur grenzüberschreitenden Verschmelzung von Kapitalgesellschaften, BB 2003, 2633; *Meilicke/Rabback*, Die EuGH-Entscheidung in der Rechtssache Sevic und die Folgen für das deutsche Umwandlungsrecht nach Handels- und Steuerrecht, GmbHR 2006, 123; *Müller*, Die grenzüberschreitende Verschmelzung nach dem Referentenentwurf des Bundesjustizministeriums, NZG 2006, 286; *Müller*, Internationalisierung des deutschen Umwandlungsrechts: Die Regelung der grenzüberschreitenden Verschmelzung, ZIP 2007, 1081; *Müller*, Der Schutz der Minderheitsgesellschafter bei der grenzüberschreitenden Verschmelzung, Der Konzern 2007, 81; *Müller*, Internationalisierung des deutschen Umwandlungsrechts: Die Regelung der grenzüberschreitenden Verschmelzung, ZIP 2007, 1081; *Neye*, Der Regierungsentwurf zur Reform des Umwandlungsrechts, ZIP 1994, 165; *Neye*, Die neue Richtlinie zur grenzüberschreitenden Verschmelzung von Kapitalgesellschaften, ZIP 2005, 1893; *Neye/Timm*, Die geplante Umsetzung der Richtlinie zur grenzüberschreitenden Verschmelzung von Kapitalgesellschaften im Umwandlungsgesetz, DB 2006, 488; *Nießen*, Die internationale Zuständigkeit im Spruchverfahren, NZG 2006, 441; *Noack*, Nationaler Rechtsrahmen für grenzüberschreitende Umwandlungen – Eine tour d'horizon durch das Gesetz zur Umsetzung der Umwandlungsrichtlinie (UmRuG), MDR 2023, 465; *Oechsler*, Die Richtlinie 2005/56/EG über die Verschmelzung von Kapitalgesellschaften aus verschiedenen Mitgliedstaaten, NZG 2006, 161; *Oechsler*, Die Zulässigkeit grenzüberschreitender Verschmelzungen – Die Sevic-Entscheidung des EuGH, NJW 2006, 812; *Orth*, Umwandlung durch Anwachsung (Teil I), DStR 1999, 1011; *Orth*, Umwandlung durch Anwachsung (Teil II), DStR 1999, 1053; *Paefgen*, „Cartesio": Niederlassungsfreiheit minderer Güte. Zum Urteil des EuGH vom 16.12.2008 („Cartesio") = WM 2009, 223 ff., WM 2009, 529; *Paefgen*, Umwandlung über die Grenze – ein leichtes Spiel?, IPRax 2004, 132; *Passarge/Stark*, Gläubigerschutz bei grenzüberschreitenden Verschmelzungen nach dem Zweiten Gesetz zur Änderung des Umwandlungsgesetzes, GmbHR 2007, 803; *Priester*, Strukturänderungen – Beschlußvorbereitung und Beschlußfassung, ZGR 1990, 420, 446; *Rubner/Konstant*, Neues Umwandlungsrecht 2023 – grenzüberschreitende Umwandlung, NJW-Spezial 2023, 527; *Schmidt*, Der UmRUG-Referentenentwurf: grenzüberschreitende Umwandlungen 2.0 – und vieles mehr, NZG 2022, 579 (Teil 1), 635 (Teil 2); *Schneider/Heinemann*, Gesellschaftsrechtliche und steuerliche Neuerungen bei grenzüberschreitenden und ausländischen Umwandlungen, ISR 2023, 260 (Teil 1), 303 (Teil 2); *Schollmeyer*, Der Gläubigerschutz bei grenzüberschreitenden Umwandlungen nach der neuen Umwandlungsrichtlinie, ZGR 2020, 62; *Schollmeyer*, Neuerungen für Umwandlungen durch das UmRUG, NJW-Spezial 2023, 207; *Schröter/Neubert*, Die Umsetzung der Umwandlungsrichtlinie ins deutsche Recht, jurisPR-HaGesR 4/2023 Anm. 1; *Schubert*, Mitbestimmungssicherung bei grenzüberschreitender Umwandlung – Arbeitnehmerbeteiligung nach Maßgabe des MgVG und MgFSG, ZFA 2023, 339; *Schunder/Weber*, Die Richtlinie 2005/56/EG über die Verschmelzung von Kapitalgesellschaften aus verschiedenen Mitgliedstaaten, NZG 2006, 161; *Siems*, SEVIC: Der letzte Mosaikstein im Internationalen Gesellschaftsrecht der EU?, EuZW 2006, 138; *Simon/Hinrichs*, Unterrichtung der Arbeitnehmer und ihrer Vertretungen bei grenzüberschreitenden Verschmelzungen, NZA 2008, 391; *Simon/Rubner*, Die Umsetzung der Richtlinie über die grenzüberschreitende Verschmelzungen ins deutsche Recht, Der Konzern 2006, 835; *Spahlinger/Wegen*, Deutsche Gesellschaften in grenzüberschreitenden Umwandlungen nach „SEVIC" und der Verschmelzungsrichtlinie in der Praxis, NZG 2006, 721; *Stiegler*, Zehn Jahre Internationale Verschmelzungsrichtlinie – Erreichtes, Stand und Perspektiven, GmbHR 2016, 406; *Tebben/Tebben*, Der Weg aus der Limited: Die grenzüberschreitende Verschmelzung auf eine GmbH, DB 2007, 2355; *Teichmann*, ECLR. Die Einführung der Europäischen Aktiengesellschaft, ZGR 2002, 383 *Teichmann*, Cartesio: Die Freiheit zum formwechselnden Wegzug, ZIP 2009, 393; *Teicke*, Herausforderungen bei Planung und Umsetzung einer grenzüberschreitenden Verschmelzung, DB 2012, 2675; *Thomale/Schmid*, Das neue Recht der grenzüberschreitenden Umwandlung – Eine Einführung, NotBZ 2023, 91 (Teil I), 125 (Teil II); *Thümmel/Hack*, Die grenzüberschreitende Verschmelzung von Personengesellschaften, Der Konzern 2009, 1; *Vetter*, Die Regelung der grenzüberschreitenden Verschmelzung im UmwG, AG 2006, 613; *Veil*, Kollisionsrechtliche und sachrechtliche Lösungen für eine Verschmelzung und eine Spaltung über die Grenze, Der Konzern 2009, 98; *Wenglorz*, Die grenzüberschreitende „Heraus"-Verschmelzung einer deutschen Kapitalgesellschaft: Und es geht doch!, BB 2004, 1061; *Winter*, Planung und Vorbereitung einer grenzüberschreitenden Verschmelzung, Der Konzern 2007, 24; *Wollin*, Der Referentenentwurf eines Gesetzes zur Umsetzung der Umwandlungsrichtlinie (UmRUG-E), ZIP 2022, 989; *Zimmer/Neandrup*, Das Cartesio-Urteil des EuGH: Rück- oder Fortschritt für das internationale Gesellschaftsrecht, NJW 2009, 545.

Vor §§ 305 ff.

I. Allgemeines und unionsrechtlicher Hintergrund 1
  1. Hintergrund – Die Rechtslage bis 2005 .. 2
    a) Allgemein 2
    b) Umwandlung durch Anwachsung bei Personengesellschaften 3
    c) Asset Deals bei Kapitalgesellschaften 4
  2. Grenzüberschreitende Umwandlungen . 5
    a) Die Rechtsprechung des EuGH in den Rechtssachen „Sevic" und „Cartesio" 5
    b) Die Internationale Verschmelzungsrichtlinie 9
    c) Die Auswirkungen des Brexits auf das UmwG 13
    d) Das Company Law Package 15
    e) Das Gesetz zur Umsetzung der Umwandlungsrichtlinie 16
II. Gesetzessystematik 18
III. Prüfungssystematik 19
IV. Grenzüberschreitende Verschmelzung nach der SE-VO/SCE-VO 21
  1. Grenzüberschreitende Verschmelzung einer SE 21
  2. Grenzüberschreitende Verschmelzung einer SCE 24

I. Allgemeines und unionsrechtlicher Hintergrund

1 Die §§ 305–319 regeln die grenzüberschreitende Verschmelzung von Kapitalgesellschaften und unter bestimmten Voraussetzungen auch von Personengesellschaften. Sie basieren auf der Gesellschaftsrechtsrichtlinie (GesR-RL[1]) in der Fassung der Umwandlungsrichtlinie (Umw-RL[2]) und ersetzen die §§ 122a-122m aF. Letztere wiederum gehen auf die **Internationale Verschmelzungsrichtlinie** (IntVerschm-RL[3]) vom 26.10.2005 zurück. Der europäische Gesetzgeber sah wegen der zahlreichen rechtlichen und administrativen Schwierigkeiten bei Verschmelzungen innerhalb der Gemeinschaft Handlungsbedarf.[4] Die IntVerschm-RL verfolgte deshalb das Ziel, das Bedürfnis an Kooperation und Reorganisation bei den europäischen Kapitalgesellschaften zu befriedigen.[5] Insofern sollte eine gemeinschaftsrechtliche Regelung geschaffen werden, welche die grenzüberschreitende Verschmelzung von Kapitalgesellschaften unterschiedlicher Rechtsform, die dem Recht unterschiedlicher Mitgliedstaaten unterliegen, erleichtert und damit einen Beitrag zum reibungslosen Funktionieren des Binnenmarktes leisten würde.[6]

Die Praxis zeigte jedoch, dass es einen deutlich größeren Bedarf an grenzüberschreitenden Umwandlungsmaßnahmen gab als die Gesetze vorsahen. Insbesondere Sitzverlegungen von einem Mitgliedstaat in einen anderen und damit einhergehend Formwechsel in eine Rechtsform der Zielrechtsordnung fanden sich immer häufiger und konnten sich mit der Zeit auf eine gefestigte Rechtsprechung und Registerpraxis stützen.[7] Vor diesem Hintergrund hat der europäische Gesetzgeber mit der sog. Umw-RL (auch Mobilitätsrichtlinie genannt) als Teil des „Company Law Package" das bisherige Regelwerk überarbeitet.[8] Die Neuregelungen können nach den Literaturstimmen kaum hoch genug angesehen werden: Thomale/Schmid sprechen von einem „Meilenstein in der Entwicklung des internationalen Umwandlungsrechts", der zugleich einer neuen Ära

---

1 Richtlinie (EU) 2017/1132 des Europäischen Parlaments und des Rates v. 14.6.2017 über bestimmte Aspekte des Gesellschaftsrechts (ABl. 2017 L 169, 46 v. 30.6.2017).
2 Richtlinie (EU) 2019/2121 des Europäischen Parlaments und des Rates v. 27.11.2019 zur Änderung der Richtlinie (EU) 2017/1132 in Bezug auf grenzüberschreitende Umwandlungen, Verschmelzungen und Spaltungen (ABl. 2019 L 321, 1 v. 12.12.2019; ABl. 2020 L 20, 40 v. 24.1.2020).
3 Richtlinie 2005/56/EG des Europäischen Parlaments und des Rates v. 26.10.2005 über die Verschmelzung von Kapitalgesellschaften aus verschiedenen Mitgliedstaaten (ABl. 2005 L 310, 1 v. 25.11.2005).
4 Erwägungsgrund Nr. 1 RL 2005/56/EG, ABl. 2005 L 310, 1.
5 Erwägungsgrund Nr. 1 RL 2005/56/EG, ABl. 2005 L 310, 1.
6 Erwägungsgrund Nr. 1 RL 2005/56/EG, ABl. 2005 L 310 1.
7 ZB OLG Nürnberg 19.6.2013 – 12 W 520/13, ZIP 2014, 128; KG 21.3.2016 – 22 W 64/15, ZIP 2016, 1223; OLG Düsseldorf 19.7.2017 – 3 Wx 171/16, ZIP 2017, 2057.
8 S. insbes. Erwägungsgründe Nr. 1–7 RL (EU) 2019/2121.

des unionsweiten Rechtsformenwettbewerbs den Weg ebne;[9] laut Baschnagel/Hilser läutet die Umw-RL die „lang ersehnte Zeitenwende für die grenzüberschreitende Gesellschaftsmobilität" ein.[10] Die neuen Vorgaben zur grenzüberschreitenden Verschmelzung wurden mit dem Gesetz zur Umsetzung der Umwandlungsrichtlinie (UmRUG) umgesetzt, das am 1.3.2023 in Kraft trat.

1. Hintergrund – Die Rechtslage bis 2005

a) Allgemein

Bis zur Grundsatzentscheidung des EuGH in der Rechtssache „SEVIC"[11] und der Umsetzung der IntVerschm-RL waren grenzüberschreitende Verschmelzungen im Hoheitsgebiet der EU nur in wenigen Rechtsordnungen rechtlich realisierbar. Überwiegend wurden transnationale Verschmelzungen als **unzulässig** erachtet, wie etwa in den Jurisdiktionen Schwedens, Irlands, Dänemarks, Griechenlands, Finnlands und Deutschlands.[12] Umstritten war die Rechtslage hingegen in den Niederlanden. Nach dem italienischen, portugiesischen und spanischen Recht waren grenzüberschreitende Verschmelzungen dagegen zulässig.[13] In Frankreich war die Verschmelzung einer inländischen Gesellschaft mit einer nicht-französischen Gesellschaft wohl möglich.[14] Allerdings musste(n) die Rechtsordnung(en) der beteiligten übertragenden Gesellschaft(en) dies erlauben, soweit die französische Gesellschaft als aufnehmende Gesellschaft fungierte.[15]

b) Umwandlung durch Anwachsung bei Personengesellschaften

In der deutschrechtlichen Praxis wurde deshalb auf Ausweichlösungen zurückgegriffen. So konnte (und kann immer noch) für den Bereich der Personengesellschaften bereits vor Umsetzung der IntVerschm-RL ein verschmelzungsvergleichbarer Erfolg über den Umweg der sog. „Anwachsung über die Grenze" (**Anwachsungsmodell**) erzielt werden. Hierbei treten aus einer deutschen Personengesellschaft (OHG, KG) sämtliche Gesellschafter aus, mit Ausnahme desjenigen ausländischen Gesellschafters, auf den alle Vermögenswerte und Verbindlichkeiten der betreffenden Personengesellschaft übergehen sollen. Dem zuletzt „verbliebenen" ausländischen Gesellschafter wachsen sie im Wege der Gesamtrechtsnachfolge mit dem Wirksamwerden des Austritts des vorletzten Gesellschafters an, § 712a Abs. 1 S. 2 BGB iVm § 105 Abs. 3 HGB bzw. § 161 Abs. 2 HGB.[16] Einzelner Übertragungsakte bedarf es deshalb nicht.[17] Sind nur noch zwei Gesellschafter übrig, führt das Ausscheiden des vorletzten Gesellschafters gleichzeitig nach hM zum liquidationslosen Erlöschen der zweigliedrigen Gesellschaft.[18] Nachteil des Anwachsungsmodells sind die Veränderungen im Gesellschafterbestand, der ggf. nachträglich erst wieder hergestellt werden muss.

---

9 Thomale/Schmid NotBZ 2023, 91 (106).
10 Baschnagel/Hilser NZG 2022, 1333.
11 EuGH 13.12.2005 – C-411/03, Slg 2005 I-10805 ff. = NJW 2006, 425 – Sevic.
12 Frenzel Grenzüberschreitende Verschmelzung S. 2; zum Meinungsstand vor und nach „Sevic" und der internationalen Verschmelzungsrichtlinie eingehend Spahlinger/Wegen NZG 2006, 721 ff.
13 Frenzel Grenzüberschreitende Verschmelzung S. 2.
14 Widmann/Mayer/Heckschen § 1 Rn. 300.
15 Thill/Helio, The Merger Directive, 49, 70; zur Rechtslage im Anwendungsbereich des UmwG 1994 auch eingehend Dorr/Stukenborg DB 2003, 647 (651 ff.).
16 Spahlinger/Wegen NZG 2006, 721 (728); Spahlinger/Wegen, Internationales Gesellschaftsrecht in der Praxis, 2005, Rn. 515 mwN; siehe allgemein Hoger/Lieder ZHR 2016, 613 ff.
17 Breiteneicher DStR 2004, 1405; MHdB GesR II/Schulte/Hushahn § 37 Rn. 8.
18 BGH BB 2004, 1244; BVerwG NJW 2011, 3571; OLG Hamm NJOZ 2013, 1167; OLG Dresden BeckRS 2011, 17863; OLG Hamm BeckRS 2007, 10797; Bark/Jacoby ZGR 2005, 611 (625).

c) Asset Deals bei Kapitalgesellschaften

4 Für den Bereich der Kapitalgesellschaften sind An- und Abwachsungsmodelle wie bei einer Personengesellschaft nicht möglich, da die Gesellschafter nicht direkt am Vermögen und den Verbindlichkeiten der Gesellschaft beteiligt sind. Es wurde daher für Kapitalgesellschaften auf **Sachkapitalerhöhungen** zurückgegriffen, bei denen die „übertragenden" Gesellschafter einzelne oder alle ihrer Vermögensgegenstände in die „übernehmende" Gesellschaft als Sacheinlage einbringen und dafür Anteile an der „übernehmenden" Gesellschaft erhalten.[19] Anders als bei der regulären Verschmelzung zur Aufnahme, bei der die übertragende Gesellschaft ohne Abwicklung erlischt, besteht bei einer Sachkapitalerhöhung die „übertragende" Gesellschaft jedoch weiter und muss noch liquidiert werden.[20]

2. Grenzüberschreitende Umwandlungen

a) Die Rechtsprechung des EuGH in den Rechtssachen „Sevic" und „Cartesio"

5 Die Zulässigkeit grenzüberschreitender Verschmelzungen auf Grundlage der IntVerschm-RL ist vor dem Hintergrund der Judikatur des EuGH zur primärrechtlichen Niederlassungsfreiheit – insbes. in den Rechtssachen „Sevic" und „Cartesio" – zu beurteilen. Zeitlich fiel das Inkrafttreten der IntVerschm-RL mit der Grundsatzentscheidung des EuGH in der Rechtssache **„SEVIC"**[21] zusammen. Dem Sachverhalt lag die Verschmelzung einer luxemburgischen SA auf ihre deutsche Muttergesellschaft (SEVIC Systems AG) zugrunde. Nach Zurückweisung des Antrags auf Eintragung der Verschmelzung durch das AG Neuwied legte das daraufhin angerufene LG Koblenz dem EuGH die Frage vor, ob § 1 Abs. 1 Nr. 1, nach welchem sich ausschließlich Rechtsträger mit Sitz in Deutschland an einer Verschmelzung beteiligen können, mit der Niederlassungsfreiheit aus Art. 43, 48 EG (heute Art. 49, 54 AEUV) vereinbar ist. Der Gerichtshof entschied für diesen speziellen Fall einer **„Herein-Verschmelzung"**, dass die auf § 1 Abs. 1 Nr. 1 gestützte Eintragungsverweigerung gegen die Niederlassungsfreiheit der Gesellschaft verstoße. Zur Begründung führt der EuGH an, dass die Ungleichbehandlung innerstaatlicher und grenzüberschreitender Verschmelzungen im UmwG einen Eingriff in die Grundfreiheit der Niederlassungsfreiheit darstelle.[22] Eine Rechtfertigung dieses Eingriffs scheitere bereits an der generellen Eintragungsverweigerung des Amtsgerichts.[23]

6 In der Folge entwickelte sich im deutschen Schrifttum ein Meinungsstreit darüber, ob die in der „Sevic"-Rechtsprechung für die Fallgruppe der sog. „Herein-Verschmelzung" entwickelte Diskriminierungslogik des EuGH auch auf die Fälle der „Heraus-Verschmelzung" übertragbar ist.[24] Spätestens seit der **„Cartesio"-Entscheidung** des EuGH darf an einer unionsrechtlichen Gleichbehandlung von Zuzugs- und Wegzugskonstellationen jedoch nicht weiter gezweifelt werden.[25] In dieser Rechtssache hatte sich der Ge-

---

19 Widmann/Mayer/*Heckschen* Vor §§ 122a ff. Rn. 4.
20 Vgl. auch Widmann/Mayer/*Heckschen* § 1 Rn. 323.
21 EuGH 13.12.2005 – C-411/03, Slg 2005 I-10805 ff. = NJW 2006, 425 ff. – Sevic; hierzu ua *Oechsler* NJW 2006, 812 ff.; *Siems* EuZW 2006, 135 ff.; *Bungert* BB 2006, 53 ff.
22 EuGH NJW 2006, 425 (426) Rn. 20.
23 EuGH NJW 2006, 425 (426) Rn. 30.
24 Bejahend *Gesell/Krömker* DB 2006, 2558; *Gesell/Krömker* DB 2007, 679 f.; *Bungert* BB 2006, 53 (56); *Krause/Kulpa* ZHR 171 (2007), 38 (44 f.); *Gottschalk* EuZW 2006, 83 (84); *Siems* EuZW 2006, 135 (138); *Meilicke/Rabback* GmbHR 2006, 123 (125 f.); *Geyrhalter/Weber* DStR 2006, 146 (149 f.); ablehnend *Leible/Hoffmann* RIW 2006, 161 (165 f.); *Kappes* NZG 2006, 101 f.; *Oechsler* NJW 2006, 812 (813).
25 EuGH 16.12.2008 – C-210/06, Slg 2008, I 9641 = NJW 2009, 569 ff. – Cartesio; hierzu ua *Zimmer/Neandrup* NJW 2009, 545 ff.; *Paefgen* WM 2009, 529 ff.; *Grohmann/Gruschinske* EuZW 2008, 463 ff.

richtshof erstmals seit der „Daily Mail"-Entscheidung[26] erneut zur Wegzugsfreiheit von Gesellschaften zu äußern. Für den Fall des „rechtsformwahrenden Wegzugs" bestätigte der EuGH den in „Daily Mail" aufgestellten Grundsatz, dass die Niederlassungsfreiheit solchen nationalen Vorschriften nicht entgegensteht, welche die Sitzverlegung einer nach nationalem Recht gegründeten Gesellschaft unter Beibehaltung ihrer Rechtsform untersagen.[27] Allerdings betonte der EuGH in einem obiter dictum, dass dies nicht für transnationale Strukturmaßnahmen gelte, bei denen die Gesellschaft in eine dem nationalen Recht des Zuzugsstaates entsprechende Rechtsform „umgewandelt" wird.[28] Die Untersagung eines solchen „Heraus-Formwechsels" durch den Wegzugsstaat würde eine Beschränkung der Niederlassungsfreiheit der betreffenden Gesellschaft darstellen, die nur durch zwingende Gründe des Allgemeinwohls gerechtfertigt werden könne.[29]

Die Formulierung des obiter dictum in der „Cartesio"-Entscheidung verdeutlicht, dass der Gerichtshof nicht qualitativ zwischen den **einzelnen Umwandlungsarten** differenziert. Stattdessen verwendet der EuGH einheitlich den Oberbegriff der „Umwandlung". Die grenzüberschreitende Verschmelzung stellt deshalb nach der Rechtsprechung des EuGH einen Unterfall anderer, gleichberechtigter Umwandlungsmaßnahmen dar. Dafür spricht vor allen Dingen auch die Formulierung des Gerichtshofes in der „SEVIC"-Entscheidung, grenzüberschreitende Verschmelzungen würden „wie andere Gesellschaftsumwandlungen" den Zusammenarbeits- und Umgestaltungsbedürfnissen von Gesellschaften entsprechen.[30] Im Ergebnis darf die Unterscheidung zwischen Zuzugs- und Wegzugskonstellationen deshalb nicht im Lichte der einzelnen Umwandlungsarten erfolgen. Die Rechtsprechung des EuGH zum „Heraus-Formwechsel" aus der „Cartesio"-Entscheidung ist daher auch auf andere Umwandlungsarten und damit auch auf die „Heraus-Verschmelzung" übertragbar.[31]

Seiner **mobilitätsfreundlichen Linie** blieb der EuGH auch in seiner Entscheidung in der Rechtssache „VALE" treu.[32] Mit dieser Entscheidung stellte der Gerichtshof klar, dass der „grenzüberschreitende Formwechsel" auch in Zuzugskonstellationen und damit nunmehr in „beide Richtungen" von der Niederlassungsfreiheit geschützt ist.[33] Zwischenzeitlich hatte die oberlandesgerichtliche Rechtsprechung in Deutschland den grenzüberschreitenden Formwechsel in Zuzugs- und Wegzugskonstellationen anerkannt (insbesondere in jüngeren Entscheidungen in den Jahren 2016 und 2017) und wendete auf diese Konstellationen die §§ 190 ff. analog an; die Kommentierung hierzu erfolgt in → § 190 Rn. 22 ff.[34] Zur aktuellen Rechtslage siehe die Kommentierung der §§ 333 ff.

---

26 EuGH 27.9.1988 – 81/87, Slg 1988, 5483 ff. = NJW 1989, 2186 ff. – Daily Mail.
27 EuGH NJW 2009, 569 Ls.; zur terminologischen Unterscheidung zwischen rechtsformwahrenden und rechtsformwechselnden Sitzverlegungen nach „Cartesio" s. *Behme/Nohlen* BB 2009, 13 (14); *Teichmann* ZIP 2009, 393 (394); *Behme* NZG 2012, 936 f.
28 EuGH NJW 2009, 569 (571) Rn. 111.
29 EuGH NJW 2009, 569 (571) Rn. 113.
30 EuGH NJW 2009, 425 Rn. 19.
31 So die hM, Semler/Stengel/*Leonard*/*Drinhausen* Einl. C Rn. 30 mwN in Fn. 94; Schmitt/Hörtnagl/*Hörtnagl* § 1 Rn. 54; Habersack/Drinhausen/*Kiem* Vor §§ 122a ff.

Rn. 8; *Wenglorz* BB 2004, 1061 (1063); aA etwa *Oechsler* NJW 2006, 812 (813); *Leible/Hoffmann* RIW 2006, 161 (166).
32 EuGH 12.7.2012 – C-378/10, NJW 2012, 275 ff.; hierzu ua *Böttcher/Kraft* NJW 2012, 2701 ff.; *Behme* NZG 2012, 936 ff.; *Kindler* EuZW 2012, 888 ff.
33 Hierauf OLG Nürnberg ZIP 2014, 128 ff.; *Behme* NZG 2012, 936 (939); → § 190 Rn. 22.
34 Auch zu weiteren Details der VALE-Entscheidung des EuGH sowie zu den Details der obergerichtlichen Entscheidungen, inkl. Anwendung der Heilungswirkung des § 198 Abs. 3 bei Mängeln des Formwechsels.

b) Die Internationale Verschmelzungsrichtlinie

9 Die Mitgliedstaaten der Europäischen Union brachten im Jahre 1972 einen Entwurf für ein „Übereinkommen betreffend grenzüberschreitende Verschmelzungen von Aktiengesellschaften" in den Ministerrat ein.[35] Damit erfolgte die **Grundsteinlegung** für eine europäische Verschmelzungsrichtlinie relativ früh.[36] Allerdings herrschte erhebliche Uneinigkeit im Hinblick auf die Ausgestaltung der unternehmerischen Mitbestimmung im fusionierten Unternehmen, so dass die Arbeiten hieran suspendiert werden mussten.[37]

10 Erst knapp drei Jahrzehnte später kam im Jahre 2001 mit der Einigung der Mitgliedstaaten über die gleichgelagerte Frage bei der Ausgestaltung der **SE-VO**[38] wieder Bewegung in die verhärteten Fronten, so dass die Gespräche wieder aufgenommen wurden.[39] Sodann legte die Kommission am 18.11.2003 einen neuen Vorschlag für eine Verschmelzungsrichtlinie vor. Zwei Jahre später trat die IntVerschm-RL am 15.12.2005 in Kraft.

11 Die IntVerschm-RL ist gem. Art. 288 Abs. 3 AEUV für **jeden Mitgliedstaat** der EU verbindlich und gilt seit dem 25.6.2002 auch gegenüber den Unterzeichnerstaaten des EWR-Abkommens.[40] Neben den Mitgliedstaaten der EU haben auch die EFTA-Staaten das EWR-Abkommen ratifiziert.[41]

Hinweis: Der Europäischen Freihandelsassoziation (EFTA) gehören die Staaten Norwegen, Liechtenstein, Island und Schweiz an. Aufgrund eines ablehnenden Volksentscheids vom 6.12.1992 ist die Schweiz dem EWR-Abkommen jedoch nicht beigetreten.

12 In Deutschland wurde die Richtlinie durch das **Zweite Gesetz zur Änderung des Umwandlungsgesetzes**[42] durch Einfügung der §§ 122a-122l in einem neuen Zehnten Abschnitt in den Zweiten Teil des Zweiten Buches des UmwG umgesetzt. Das Änderungsgesetz trat am 25.4.2007 in Kraft.

c) Die Auswirkungen des Brexits auf das UmwG

13 Mit der Entscheidung des Vereinigten Königreichs, aus der Europäischen Union auszuscheiden (sog. Brexit), stellte sich ua die Frage, wie nunmehr die Unternehmen in der Rechtsform nach britischem Recht und Verwaltungssitz in Deutschland zu behandeln seien. Dem begegnete der deutsche Gesetzgeber mit dem Vierten Gesetz zur Änderung des UmwG, das § 122m aF einführte. Dieser regelte nun grenzüberschreitende Verschmelzungen mit Gesellschaften nach dem Recht des Vereinigten Königreichs. Das Gesetz trat am 1.1.2019 in Kraft.

14 Das Vierte Gesetz zur Änderung des UmwG führte außerdem mit § 122b Abs. 1 Nr. 2 aF die Möglichkeit grenzüberschreitender Verschmelzungen auch für Personenhandelsgesellschaften ein. Voraussetzung war, dass die Personenhandelsgesellschaft in der Regel nicht mehr als 500 Arbeitnehmer hatte.

---

35 Bulletin EG, 13/73, S. 1 ff.
36 Zur Entstehungsgeschichte eingehend *Frenzel* Grenzüberschreitende Verschmelzung S. 5 ff.; *Maul/Teichmann/Wenz* BB 2003, 2633 ff.; *Drinhausen/Keinath* RIW 2006, 81 f.; *Frischhut* EWS 2006, 55 ff.; *Grohmann/Gruschinske* GmbHR 2006, 191; *Kallmeyer/Kappes* AG 2006, 224 (227).
37 *Frenzel* Grenzüberschreitende Verschmelzung S. 5.
38 Verordnung (EG) Nr. 2157/2001 des Rates über das Statut der Europäischen Gesellschaft v. 8.10.2001, ABl. L 294 v. 10.11.2001.
39 *Widmann/Mayer/Heckschen* Vor §§ 122a ff. Rn. 24 f.
40 Beschluss des gemeinsamen EWR-Ausschusses 93/2002 v. 25.6.2002 zur Änderung des Anhangs XXII, ABl. 2003 L 266, 69 v. 3.10.2003.
41 Abkommen über den Europäischen Wirtschaftsraum, ABl. 1994 L 1, 3 v. 3.1.1994.
42 BGBl. 2007 I 542.

d) Das Company Law Package

Im Jahr 2019 verabschiedete der europäische Gesetzgeber das Company Law Package, das zum einen aus der Digitalisierungsrichtlinie,[43] zum anderen aus der Umw-RL bestand.[44] Mit der Umw-RL soll die grenzüberschreitende Mobilität im europäischen Binnenmarkt weiter gefördert werden. Die Umw-RL ergänzt die GesR-RL.[45] Gem. Art. 3 der Umw-RL war die Umw-RL bis zum 31.1.2023 von den Mitgliedstaaten in nationales Recht umzusetzen.

e) Das Gesetz zur Umsetzung der Umwandlungsrichtlinie

Mit dem Gesetz zur Umsetzung der Umwandlungsrichtlinie (UmRUG) setzt der deutsche Gesetzgeber die Regelungen der Umw-RL in das deutsche Recht um.[46] Dazu wurden die Vorschriften zur grenzüberschreitenden Verschmelzung §§ 122a ff. aF, die bislang als Zehnter Abschnitt im Zweiten Buch des UmwG verortet waren, in ein neues Sechstes Buch überführt. Dieses umfasst nun sämtliche grenzüberschreitenden Umwandlungsarten, nämlich Verschmelzungen (§§ 305 ff.), Spaltungen (§§ 320 ff.) und Formwechsel (§§ 333 ff.).[47] Die Fortschreibung bzw. Einführung dieser Verfahren bildete das „Herzstück der Reform".[48] Mit Blick auf die Vorgaben der Umw-RL wurden insbesondere die Rechte von Anteilsinhabern, Gläubigern und Arbeitnehmern ausgebaut.[49]

Die von der Umw-RL vorgegebene Umsetzungsfrist zum 31.1.2023 konnte der deutsche Gesetzgeber nicht halten.[50] Nach den Beschlussfassungen im Bundestag am 20.1.2023 und im Bundesrat am 10.2.2023 wurde das UmRUG am 22.2.2023 ausgefertigt und am 28.2.2023 im BGBl. verkündet. Es ist am 1.3.2023 in Kraft getreten.[51]

II. Gesetzessystematik

Die §§ 305–319 bilden den Ersten Teil des neuen Sechsten Buches. Sie erfassen die deutsche Seite der grenzüberschreitenden Verschmelzung, also die in Deutschland erfolgenden Schritte.[52] Dabei hielt der Gesetzgeber an der bisherigen Verweistechnik innerhalb des UmwG fest.[53] Der deutsche Gesetzgeber entschied sich bei der Umsetzung für einen **eingeschränkten Generalverweis**: Auf grenzüberschreitende Verschmelzungen unter Beteiligung einer Kapitalgesellschaft sind die Vorschriften des Ersten Teils und des Zweiten, Dritten und Vierten Abschnitts des Zweiten Teils des Zweiten Buches entsprechend anzuwenden, unter Beteiligung einer Personenhandelsgesellschaft die Vorschriften des Ersten Teils und des Zweiten Unterabschnitts des Ersten Abschnitts des Zweiten Teils des Zweiten Buches. Diese bleiben gem. § 305 Abs. 2 so lange analog anwendbar, wie sich aus den §§ 305 ff. nicht etwas anderes ergibt. Innerhalb des neuen Sechsten Buches dienen die Bestimmungen zur grenzüberschreitenden Verschmelzung

---

[43] Richtlinie (EU) 2019/1151 des Europäischen Parlaments und des Rates v. 20.6.2019 zur Änderung der Richtlinie (EU) 2017/1132 im Hinblick auf den Einsatz digitaler Werkzeuge und Verfahren im Gesellschaftsrecht (ABl. 2019 L 186, 80 v. 11.7.2019).
[44] Zum Gesetzgebungsverfahren im Detail siehe *Heckschen/Knaier* GmbHR 2023, 317 (317 f.).
[45] Dazu Habersack/Drinhausen/*Kiem* Vor §§ 122a-122m Rn. 17; *Brandi/Schmidt* AG 2023, 297.
[46] Zu den Einzelheiten des Gesetzgebungsverfahrens *Heckschen/Knaier* GmbHR 2023, 317 (318 f.).
[47] Begr. RegE UmRUG, BR-Drs. 371/22, 50; *Brandi/Schmidt* DB 2022, 1880 (1881).
[48] *Heckschen/Knaier* GmbHR 2023, 317.
[49] Begr. RegE UmRUG, BR-Drs. 371/22, 51 f.
[50] Dazu *Brandi/Schmidt* AG 2023, 297; *Heckschen/Knaier* GmbHR 2023, 317 (319); *Thomale/Schmid* NotBZ 2023, 91 (92).
[51] Dies betrifft die Art. 1–21, 23 und 25 UmRUG. Art. 22 und 24 mit Änderungen zum FamFG und zum BGB waren bereits zum 1.1.2023 in Kraft getreten.
[52] *Rubner/Konstant* NJW-Spezial 2023, 527.
[53] *Brandi/Schmidt* BB 2023, 513; *Rubner/Konstant* NJW-Spezial 2023, 527; *Thomale/Schmid* NotBZ 2023, 91 (93).

III. Prüfungssystematik

19 Der Aufbau des UmwG folgt einem „Baukastensystem".[55] Bei der Ermittlung der für einen bestimmten Sachverhalt einschlägigen Vorschriften ist deshalb stufenweise vorzugehen. Für die Prüfung der Zulässigkeit und Voraussetzungen einer grenzüberschreitenden Verschmelzung bietet sich grundsätzlich das folgende **Prüfungsschema** an, wobei die tatsächliche Umsetzung der grenzüberschreitenden Verschmelzung eine andere zeitliche Reihenfolge erfordern kann:

Checkliste:

1. Stufe:	§ 1 (Möglichkeiten von Umwandlungen)
2. Stufe:	§§ 2–38 (allgemeine Vorschriften für Verschmelzungen)
3. Stufe:	§§ 46–78 (rechtsformspezifische Vorschriften für Verschmelzungen)
4. Stufe:	§§ 305–319 (für grenzüberschreitende Verschmelzungen spezifische Vorschriften)
5. Stufe:	Beachtung der allgemeinen rechtsformspezifischen Vorschriften (AktG, GmbHG und HGB)
6. Stufe:	Beachtung des MgVG[56] hinsichtlich des ggf. erforderlichen Verfahrens zur Festlegung der Arbeitnehmermitbestimmung
7. Stufe:	Beachtung der anwendbaren Rechtsvorschriften der einschlägigen anderen Mitgliedstaaten für grenzüberschreitende Verschmelzungen

20 Bei einer grenzüberschreitenden Verschmelzung besteht aufgrund der Involvierung verschiedener Rechtsordnungen, Gerichte und Register ein **erhöhter Prüfungs-, Koordinierungs- und Abstimmungsbedarf**. Dies führt in zeitlicher Hinsicht naturgemäß zu einem längeren Verschmelzungsprozess verglichen mit einer innerdeutschen Verschmelzung, der häufig (von der Planungsphase bis zur Eintragung) länger als ein Jahr dauern kann. Dies gilt insbes. dann, wenn ein Verfahren zur Festlegung der Arbeitnehmermitbestimmung nach dem MgVG durchzuführen ist.[57]

IV. Grenzüberschreitende Verschmelzung nach der SE-VO/SCE-VO

1. Grenzüberschreitende Verschmelzung einer SE

21 Die Gründung einer **SE** erfolgt im Wege der Verschmelzung durch Aufnahme (Art. 2 Abs. 1, 17 Abs. 2 S. 1 lit. a SE-VO) und der Verschmelzung durch Neugründung (Art. 2 Abs. 1, 17 Abs. 2 S. 1 lit. b SE-VO). Bei beiden Maßnahmen handelt es sich dabei immer um eine transnationale Verschmelzung, an der zwei Aktiengesellschaften unterschiedlicher Nationalität beteiligt sein müssen.

22 Eine SE mit Sitz in Deutschland (Satzungssitz und effektiver (Haupt-)Verwaltungssitz) kann sich an einer grenzüberschreitenden Verschmelzung nach den §§ 305–319 lediglich für den Fall der **Verschmelzung durch Aufnahme** als übertragende oder übernehmen-

---

54 Begr. RegE UmRUG, BR-Drs. 371/22, 50; *Brandi/Schmidt* DB 2022, 1880,1890.
55 *Neye* ZIP 1994, 165 (166).
56 Gesetz über die Mitbestimmung der Arbeitnehmer bei einer grenzüberschreitenden Verschmelzung v. 21.12.2006, BGBl. I 3332.
57 *Teichke* DB 2012, 2675.

de Gesellschaft beteiligen.[58] Die hM leitet dies aus der Generalverweisung in Art. 9 Abs. 1 lit. c Ziff. ii SE-VO ab, wonach die SE auch dem nationalen (Aktien-)Recht unterliegt.[59] Daneben wird auf das Diskriminierungsverbot in Art. 10 SE-VO verwiesen, welches die Gleichbehandlung der SE mit einer nach dem Recht des Sitzstaates gegründeten Aktiengesellschaft anordnet.[60] Im Gegensatz hierzu ist die Verschmelzung durch Neugründung in der SE-VO abschließend geregelt. Hier sind die Gründungsvorschriften der Art. 2 Abs. 1, Art. 17 ff. SE-VO vorrangig vor den Vorschriften des Ersten Teils des Sechsten Buches anwendbar.[61]

Bis auf einzelne Abweichungen gleichen sich die Verfahrensschritte zur Durchführung einer Verschmelzung nach SE-VO und §§ 305–319 stark. Tatsächlich baut die IntVerschm-RL (und in der Folge die Umw-RL) auch (teilweise) auf der SE-VO auf.[62]

2. Grenzüberschreitende Verschmelzung einer SCE

Die Vorschriften über die grenzüberschreitende Verschmelzung können hingegen nicht auf die Umwandlung von Gesellschaften in der Rechtsform der **Societas Cooperative Europea (SCE)** angewendet werden. Dies ergibt sich aus der entsprechenden klaren Anordnung in § 306 Abs. 2 Nr. 1, der „Genossenschaften" ausdrücklich aus dem Bereich der grenzüberschreitenden Verschmelzungen ausnimmt. Art. 120 Abs. 2 GesR-RL (früher Art. 3 Abs. 2 der IntVerschm-RL) gibt den Mitgliedstaaten zwar die Möglichkeit, die grenzüberschreitende Verschmelzung auch auf Genossenschaften zu erstrecken; der deutsche Gesetzgeber sah die Vorschriften der SCE-VO[63] für die Gründung einer SCE jedoch als ausreichend an und wollte wohl angesichts des europäischen Harmonisierungsstandes im Genossenschaftsrecht praktische Probleme vermeiden.[64] SCEs mit Sitz in Deutschland werden insoweit daher mit den Genossenschaften deutschen Rechts gleichbehandelt.

§ 305 Grenzüberschreitende Verschmelzung

(1) Eine grenzüberschreitende Verschmelzung ist eine Verschmelzung, bei der mindestens eine der beteiligten Gesellschaften dem Recht eines anderen Mitgliedstaats der Europäischen Union oder eines anderen Vertragsstaats des Abkommens über den Europäischen Wirtschaftsraum unterliegt.

(2) ¹Auf die Beteiligung einer Kapitalgesellschaft (§ 3 Absatz 1 Nummer 2) an einer grenzüberschreitenden Verschmelzung sind die Vorschriften des Ersten Teils und des Zweiten, Dritten und Vierten Abschnitts des Zweiten Teils des Zweiten Buches entsprechend anzuwenden, soweit sich aus diesem Teil nichts anderes ergibt. ²Auf die Beteiligung einer Personenhandelsgesellschaft (§ 3 Absatz 1 Nummer 1) an einer grenzüberschreitenden Verschmelzung sind die Vorschriften des Ersten Teils

---

[58] Drinhausen/Keinath BB 2006, 725 (726); Kallmeyer AG 2006, 197 (199); Oechsler NZG 2006, 161 f.
[59] Drinhausen/Keinath BB 2006, 725 (726); Heckschen DNotZ 2007, 444 (454 f.); Krause/Kulpa ZHR 171 (2007), 38 (54); Louven ZIP 2006, 2021 (2024); Müller NZG 2006, 286 (287); Müller ZIP 2007, 1081 (1082); Oechsler NZG 2006, 161 f.; Winter Der Konzern 2007, 24 (27); Simon/Rubner Der Konzern 2006, 835 (836 f.); Haritz/v. Wolff GmbHR 2006, 340 (341); Kiem WM 2006, 1091 (1093); Limmer ZNotP 2007, 242 (250).
[60] Louven ZIP 2006, 2021 (2024); Grambow/Stadler BB 2010, 977 (978).
[61] Grambow/Stadler BB 2010, 977 (978) mwN in Fn. 10.
[62] Widmann/Mayer/Heckschen Vor §§ 122a ff. Rn. 122.
[63] Verordnung (EG) Nr. 1435/2003 des Rates über das Statut der Europäischen Genossenschaft (SCE) v. 22.7.2003, ABl. L 207, 1 v. 18.8.2003.
[64] Begr. RegE zu § 122a, BT-Drs. 16/2919, 14.

und des Zweiten Unterabschnitts des Ersten Abschnitts des Zweiten Teils des Zweiten Buches entsprechend anzuwenden, soweit sich aus diesem Teil nichts anderes ergibt.

I. Allgemeines und unionsrechtlicher Hintergrund 1	2. Bestimmung der auf den Umwandlungsvorgang anwendbaren Rechtsordnung 9
1. Abs. 1 1	3. Anwendung der §§ 305–319 auf Drittstaatensachverhalte 11
2. Abs. 2 4	III. Anwendbare Vorschriften (Abs. 2) 13
II. Legaldefinition (Abs. 1) 5	
1. Beteiligte Gesellschaften 5	
a) Allgemein 5	
b) Auf die beteiligten Gesellschaften anwendbares Recht 7	

I. Allgemeines und unionsrechtlicher Hintergrund

1. Abs. 1

1 Das Gesetz zur Umsetzung der Umwandlungsrichtlinie (UmRUG) ist am 1.3.2023 in Kraft getreten und überführt die bisherigen §§ 122a–122m weitgehend in die §§ 305–319.[1] Infolgedessen findet sich der § 122a aF im § 305 wieder.[2] § 122a aF als Vorgängernorm des § 305 ging auf Art. 1 der Internationalen Verschmelzungsrichtlinie (IntVerschm-RL[3]) zurück.[4] Die IntVerschm-RL wurde zwischenzeitlich durch die **Gesellschaftsrechtsrichtlinie** (GesR-RL) abgelöst, welche die maßgeblichen Bestimmungen hinsichtlich der grenzüberschreitenden Verschmelzung in die Art. 118 ff. GesR-RL übernommen hat.[5] Die GesR-RL wurde weiter durch die **Umwandlungsrichtlinie**[6] geändert und enthält detaillierte Vorgaben für die Mitgliedstaaten zur Schaffung eines harmonisierten rechtlichen Rahmens für grenzüberschreitende Umwandlungen.[7] Abs. 1 ist unverändert geblieben und geht wie bereits § 122a Abs. 1 aF auf Art. 118 GesR-RL (früher Art. 1 IntVerschm-RL) zurück. Art. 118 GesR-RL definiert die grenzüberschreitende Verschmelzung und beschreibt diese als einen Vorgang, an dem mindestens zwei Kapitalgesellschaften beteiligt sind (persönlicher Anwendungsbereich), „die nach dem Recht eines Mitgliedstaates gegründet worden sind und ihren satzungsmäßigen Sitz, ihre Hauptverwaltung oder ihre Hauptniederlassung in der Union haben, sofern mindestens zwei der Gesellschaften dem Recht verschiedener Mitgliedstaaten unterliegen" (sachlicher Anwendungsbereich). Im Unterschied zu Art. 118 GesR-RL hat der deutsche Gesetzgeber die Definition der grenzüberschreitenden Verschmelzung in § 305 und § 306 aufgeteilt.[8] Abs. 1 regelt den sachlichen Anwendungsbereich der §§ 305–319. Dabei ist nicht normiert, welche Gesellschaftsformen an einer grenzüberschreitenden Verschmelzung beteiligt sein können. Dies ist in § 306 näher bestimmt.

Hinweis: Der Gesetzgeber des deutschen UmwG spricht in den §§ 305–319 – entgegen der traditionellen Terminologie des UmwG – nicht von „Rechtsträger", sondern von

---

1 Begr. RegE UmRUG, BR-Drs. 371/22, 101.
2 *DAV* NZG 2022, 849 (855).
3 Richtlinie 2005/56/EG des Europäischen Parlaments und des Rates v. 26.10.2005 über die Verschmelzung von Kapitalgesellschaften aus verschiedenen Mitgliedstaaten (ABl. 2005 L 310, 1 v. 25.11.2005).
4 Richtlinie 2005/56/EG des Europäischen Parlaments und des Rates v. 26.10.2005 über die Verschmelzung von Kapitalgesellschaften aus verschiedenen Mitgliedstaaten (ABl. 2005 L 310, 1.).
5 Richtlinie (EU) 2017/1132 des Europäischen Parlaments und des Rates v. 14.6.2017 über bestimmte Aspekte des Gesellschaftsrechts (ABl. 2017 L 169, 46 v. 30.6.2017).
6 RL (EU) 2019/2121 des Europäischen Parlaments und des Rates zu grenzüberschreitenden Umwandlungen, Verschmelzungen und Spaltungen v. 27.11.2019 (ABl. L 321, 1).
7 *Drinhausen/Keinath* BB 2022, 1346 (1346).
8 Semler/Stengel/Leonard/*Drinhausen* § 122a Rn. 1.

"Gesellschaft". Ursächlich hierfür ist, dass sich die Normen der §§ 122a-122m aF vor der partiellen Erweiterung auf Personenhandelsgesellschaften (vgl. § 306 Abs. 1 Nr. 2) ursprünglich ausschließlich an Kapitalgesellschaften richteten und nicht etwa an Rechtsträger anderer Rechtsform iSv § 3 Abs. 1 Nr. 3–6 und Abs. 2.[9]

Die Richtlinie sieht **drei Formen** der Verschmelzung vor: Die Verschmelzung durch Aufnahme (Art. 119 Nr. 2 lit. a GesR-RL), die Verschmelzung durch Neugründung (Art. 119 Nr. 2 lit. b GesR-RL) und den Sonderfall der Konzernverschmelzung einer 100 %igen Tochtergesellschaft auf ihre Muttergesellschaft (Art. 119 Nr. 2 lit. c GesR-RL), sog. „upstream merger". Anders als bei der expliziten Regelung des „upstream merger" normiert die GesR-RL (früher IntVerschm-RL) die Möglichkeit eines sog. **„downstream merger"** – also die Verschmelzung einer Mutter- auf ihre Tochtergesellschaft – nicht.

Hinweis: Der deutsche Gesetzgeber hat davon abgesehen, den Fall des „upstream merger" zum sachlichen Anwendungsbereich als Sonderfall in deutsches Recht umzusetzen. Der „upstream merger" stellt nach deutschem Verständnis eine Verschmelzung im Wege der Aufnahme dar, so dass es hierfür einer separaten Regelung im deutschen Gesetz nicht bedurfte. Allerdings trägt der deutsche Gesetzgeber dem mit verschiedenen Erleichterungen bei der Umwandlungsdokumentation Rechnung.[10] Die gesonderte Aufführung dieser Verschmelzungsvariante durch den europäischen Gesetzgeber erfolgte lediglich aus Klarstellungsgründen.[11]

Die Richtlinie will die grenzüberschreitende Verschmelzung von Kapitalgesellschaften aus unterschiedlichen Mitgliedstaaten erleichtern.[12] Konsequenterweise erlaubt sie daher auch andere als in ihr geregelte grenzüberschreitende Verschmelzungen auf Basis des nicht harmonisierten nationalen Rechts, soweit dies nicht im Widerspruch zu ihrem Inhalt steht.[13] Von dieser Möglichkeit hat der deutsche Gesetzgeber auch Gebrauch gemacht und mit den §§ 305–319 die grenzüberschreitende Verschmelzung konzernneutral geregelt. Eine grenzüberschreitende Konzernverschmelzung ist damit in „beide Richtungen" nach den §§ 305–319 möglich.[14]

2. Abs. 2

§ 305 Abs. 2 geht auf Art. 121 Abs. 1 lit. b, Abs. 2 GesR-RL (früher Art. 4 IntVerschm-RL) in der durch Art. 1 Abs. 8 lit. b Umw-RL geänderten Fassung zurück, wonach eine Gesellschaft bei der Beteiligung an einer grenzüberschreitenden Verschmelzung die Vorschriften und Formalitäten des für sie geltenden nationalen Rechts einhalten muss, sofern die Richtlinie nicht etwas anderes bestimmt. Die Vorgabe des Richtliniengebers wurde mit einer umfassenden **Generalverweisung** auf die §§ 2–38 (Erster Teil des Zweiten Buches) sowie §§ 46–78 (Zweiter, Dritter und Vierter Abschnitt des Zweiten Teils des Zweiten Buches) in nationales Recht umgesetzt.[15] Der EuGH hat diesen notwendigen Gleichlauf im Hinblick auf die gläubigerschützenden Vorschriften mit Verweis auf die Art. 13–15 IntVerschm-RL bestätigt.[16]

---

9 Semler/Stengel/Leonard/*Drinhausen* § 122a Rn. 4.
10 Vgl. auch Widmann/Mayer/*Heckschen* § 122a Rn. 60; Lutter/*Bayer* § 122a Rn. 20; Schmitt/Hörtnagl/*Hörtnagl* § 122a Rn. 6.
11 Lutter/*Bayer* § 122a Rn. 20.
12 Erwägungsgrund Nr. 7 und 58 Umw-RL; Schmitt/Hörtnagl/*Hörtnagl* § 122a Rn. 4.
13 Widmann/Mayer/*Heckschen* § 122a Rn. 61.
14 Widmann/Mayer/*Heckschen* Vor §§ 122a ff. Rn. 79; Lutter/*Bayer* § 122a Rn. 20.
15 Habersack/Drinhausen/*Kiem* § 122a Rn. 8.
16 EuGH 7.4.2016 – C-483/14, EuZW 2016, 335 Rn. 60 ff. – KA Finanz/Sparkassen Versicherung.

II. Legaldefinition (Abs. 1)

1. Beteiligte Gesellschaften

a) Allgemein

5 § 305 Abs. 1 enthält eine Legaldefinition für den Begriff der grenzüberschreitenden Verschmelzung und legt damit den **sachlichen Anwendungsbereich** der §§ 305–319 fest. Eine grenzüberschreitende Verschmelzung liegt danach vor, wenn an der Maßnahme mindestens eine Gesellschaft beteiligt ist, die dem Recht eines anderen Mitgliedstaates der EU oder des EWR-Abkommens[17] unterliegt. Das heißt, es muss mindestens eine deutsche und eine **EU/EWR-Gesellschaft** beteiligt sein.[18] Damit orientiert sich der deutsche Gesetzgeber einerseits inhaltlich an Art. 118 GesR-RL (früher Art. 1 IntVerschm-RL), andererseits geht er über die dortigen Anforderungen hinaus, wenn § 305 Abs. 1 auch die grenzüberschreitende Verschmelzung mit einer Gesellschaft vorsieht, die dem Recht eines Vertragsstaats des EWR-Abkommens unterfällt (derzeit Island, Liechtenstein und Norwegen).[19] Zwar gibt Art. 118 GesR-RL (früher Art. 1 IntVerschm-RL) für EU-Sachverhalte vor, dass für eine grenzüberschreitende Verschmelzung mindestens zwei der Gesellschaften dem Recht verschiedener Mitgliedstaaten unterliegen müssen. Dies steht aber nicht im Widerspruch zu § 305 Abs. 1, wonach eine der beteiligten Gesellschaften dem Recht „eines anderen" EU-Mitgliedstaates unterliegen muss.[20] Insofern handelt es sich lediglich um eine terminologische Abweichung im Gesetzgebungsverfahren.

6 Beteiligte Gesellschaften sind bei einer **Verschmelzung durch Aufnahme** sowohl die Ausgangsgesellschaft als auch die Zielgesellschaft.[21] Bei einer **Verschmelzung durch Neugründung** sind es die Ausgangsgesellschaften sowie die aus der Verschmelzung erst hervorgehende, neue Gesellschaft.[22] Denkbar sind somit auch Verschmelzungsvorgänge, bei denen die zwei Ausgangsgesellschaften demselben Sachrecht unterliegen, auf die neu gegründete Gesellschaft aber das Recht eines anderen Staates anwendbar ist.[23] Gesellschaften aus Nicht-EU- bzw. -EWR-Staaten können dagegen keine beteiligten Gesellschaften an Verschmelzungen gem. §§ 305 ff. sein.[24]

b) Auf die beteiligten Gesellschaften anwendbares Recht

7 Von den beteiligten Gesellschaften muss gem. § 305 Abs. 1 mindestens eine dem deutschen Recht und eine der Rechtsordnung eines EU- oder EWR-Staates unterliegen. Die Frage, welcher Rechtsordnung die betreffende beteiligte Gesellschaft unterliegt, ist in Deutschland kollisionsrechtlich noch nicht geregelt.[25] Auch auf EU-Ebene ist es dies-

---

17 Abkommen über den Europäischen Wirtschaftsraum, ABl. 1994 L 1, 3 v. 3.1.1994.
18 Lutter/*Bayer* § 122a Rn. 22, 23; Semler/Stengel/Leonard/*Drinhausen* § 122a Rn. 7; Widmann/Mayer/*Heckschen* § 122a Rn. 66, 71.
19 S. auch Semler/Stengel/Leonard/*Drinhausen* § 122a Rn. 12, 13 mit Verweis auf die Annahme des Gesetzgebers, dass die EWR-Vertragsstaaten die IntVerschm-RL zeitnah übernehmen.
20 „[...] bei der mindestens eine der beteiligten Gesellschaften dem Recht eines anderen Mitgliedstaates [...] unterliegt" anstatt nach Art. 118 GesR-RL (früher: Art. 1 der IntVerschm-RL): „[...] mindestens zwei der Gesellschaften dem Recht verschiedener Mitgliedstaaten unterliegen."
21 Widmann/Mayer/*Heckschen* § 122a Rn. 71.
22 Habersack/Drinhausen/*Kiem* § 122a Rn. 5; Widmann/Mayer/*Heckschen* § 122a Rn. 72; vgl. auch Semler/Stengel/Leonard/*Drinhausen* § 122a Rn. 9.
23 Semler/Stengel/Leonard/*Drinhausen* § 122a Rn. 10; vgl. auch Habersack/Drinhausen/*Kiem* § 122a Rn. 5 f.
24 Heckschen/Knaier GmbHR 2023, 317 (319).
25 Der Referentenentwurf des Bundesjustizministeriums für ein Gesetz zum Internationalen Privatrecht der Vereine, Gesellschaften und juristische Personen v. 7.1.2008 ist noch nicht in ein entsprechendes Gesetzgebungsverfahren gemündet. Der Entwurf sieht die Einfügung eines neuen Art. 10 EGBGB vor, wonach Gesellschaften dem Recht des Staates unterliegen, in dem sie in ein öffentliches Register eingetragen sind, also dem Recht ihres Gründungsstaates; vgl. auch MüKoBGB/*Kindler* IntGesR Rn. 791 ff.; Semler/Stengel/Leonard/*Drinhausen* Einl. C Rn. 6; *Bayer/Schmidt* BB 2010, 387 (394 f.).

bezüglich noch zu keiner Harmonisierung gekommen.[26] Das anwendbare Sachrecht bestimmt sich daher nach den – in Deutschland nicht kodifizierten – allgemeinen Regeln des internationalen Gesellschaftsrechts und damit nach dem Gesellschaftsstatut.[27] Seitdem ist umstritten, ob sich Fragen der Entstehung, Existenz und Auflösung von Gesellschaften nach dem tatsächlichen Verwaltungssitz oder nach dem Ort der Gründung der Gesellschaft richten.[28] Lange Zeit folgte der BGH zur Bestimmung des Gesellschaftsstatuts der sog. „Sitztheorie", nach der am tatsächlichen Sitz der Gesellschaft angeknüpft wurde.[29] Nach der „Überseering"-Entscheidung[30] des EuGH aus dem Jahre 2002 geht nunmehr auch der BGH für diejenigen Auslandsgesellschaften, die in einem Mitgliedstaat der EU oder des EWR oder in einem mit diesen aufgrund eines Staatsvertrags in Bezug auf die Niederlassungsfreiheit gleichgestellten Staat gegründet worden sind, von der sog. (europarechtlichen) „**Gründungstheorie**" aus.[31] Das heißt, für die betreffende beteiligte Gesellschaft ist dasjenige Recht entscheidend, nach dem sie gegründet worden ist – unabhängig von ihrem derzeitigen Satzungs- oder Verwaltungssitz. Gleichwohl wird der Satzungssitz regelmäßig im Gründungsstaat liegen. Dagegen bestimmt sich die Rechtsfähigkeit von Gesellschaften, die in einem „Drittstaat" gegründet worden sind, der weder der EU angehört noch aufgrund von Verträgen hinsichtlich der Niederlassung gleichgestellt ist, weiter nach der Sitztheorie, nach der für die Rechtsfähigkeit einer Gesellschaft das Recht des Sitzstaats maßgeblich ist.[32]

Die Grundsätze zur Niederlassungsfreiheit von Gesellschaften aus der Rechtsprechung des EuGH sind dabei auch für Gesellschaften aus dem **Europäischen Wirtschaftsraum** einschlägig, weshalb die Gründungstheorie auch auf Sachverhalte mit Bezug zu Island, Liechtenstein und Norwegen Anwendung findet.[33]

2. Bestimmung der auf den Umwandlungsvorgang anwendbaren Rechtsordnung

Ist der sachliche Anwendungsbereich der §§ 305–319 eröffnet, stellt sich in einem zweiten Schritt die Frage, welche der unterschiedlichen zur Verfügung stehenden Rechtsordnungen dann konkret über die Zulässigkeit der Verschmelzung entscheidet. Diesbezüglich werden zwei Lösungsmodelle vertreten: Eine Ansicht macht geltend, dass sich der Umwandlungsvorgang einheitlich nach dem Recht der aufnehmenden oder übertragenden Gesellschaft beurteilt, sog. „Einzeltheorie".[34] Nach hM sind hingegen die Gesellschaftsstatute sämtlicher am Umwandlungsvorgang beteiligten Gesellschaften maßgeblich, sog. „**Vereinigungstheorie**".[35] Das ist auch zielführend, weil die Einzeltheorie den Interessen der Gesellschafter und Gläubiger beider Gesellschaften nicht ausreichend gerecht wird. Zudem entspricht die Vereinigungstheorie am ehesten dem

---

26 Auf EU-Ebene regeln zwar für grenzüberschreitende Sachverhalte insbes. die sog. Rom I- und Rom II-Verordnungen das anwendbare Recht, sie sind jedoch auf Fragen des Gesellschaftsrechts nicht anwendbar, Art. 1 Abs. 2 lit. f Rom I-VO, Art. 1 Abs. 2 lit. d Rom II-VO.
27 Staudinger/*Großfeld* IntGesR Rn. 683; Semler/Stengel/Leonard/*Drinhausen* Einl. C Rn. 6.
28 Semler/Stengel/Leonard/*Drinhausen* Einl. C Rn. 6.
29 BGHZ 53, 181 (183); 78, 318 (334); 151, 204 (206).
30 EuGH 5.11.2002 – C-208/00, NJW 2002, 3614 ff. – Überseering.
31 BGH NJW 2003, 1461 ff.; NJW 2005, 3351 ff.; NJW 2005, 1648 ff.
32 BGH NZG 2009, 68 (70) mwN; kritisch Semler/Stengel/Leonard/*Drinhausen* Einl. C Rn. 14.
33 BGH NJW 2005, 3351; MüKoGmbHG/*Weller* Einl. Rn. 397.
34 OGH Wien ZIP 2003, 1086; eingehend *Paefgen* IPRax 2004, 132 ff.; *Doralt* NZG 2004, 396 ff.; s. auch MüKoBGB/*Kindler* IntGesR Rn. 798 ff.
35 *Beitzke* FS Hallstein S. 14 ff.

Wortlaut von Art. 121 Abs. 1 lit. b GesR-RL (früher Art. 4 IntVerschm-RL) in der durch Art. 1 Abs. 8 lit. b Umw-RL geänderten Fassung.[36]

Hinweis: Für die Praxis bedeutet dies, dass es zu einer Kombination aller berührten Rechtsordnungen kommt.

10 Unter den Vertretern der Vereinigungstheorie ist dann jedoch umstritten, wie die ermittelten Rechtsordnungen koordiniert werden sollten. Teilweise wird gefordert, dass sich für den Bereich gemeinsamer Voraussetzungen grundsätzlich die strengste Rechtsordnung durchsetzen sollte.[37] Die hM entschärft hingegen die Vereinigungstheorie und zerlegt die grenzüberschreitende Verschmelzung in die Elemente **Voraussetzungen**, **Verfahren** und **Wirkung**.[38] Hinsichtlich der Voraussetzungen der Umwandlungsmaßnahme sind danach die Rechtsordnungen sämtlicher Gesellschaften maßgeblich. Werden die Gesellschaften im Regelfall für das Umwandlungsverfahren separat tätig, richtet sich das Vorgehen nach dem einschlägigen Personalstatut der jeweiligen Gesellschaft. Die Wirkungen der Verschmelzung – wozu in erster Linie der Vermögensübergang zählt – werden hingegen nach dem Statut der übertragenden Gesellschaft beurteilt.

3. Anwendung der §§ 305–319 auf Drittstaatensachverhalte

11 Aus der Formulierung „mindestens" in § 305 Abs. 1 geht noch nicht hervor, ob an einer grenzüberschreitenden Verschmelzung nach den §§ 305–319 auch Gesellschaften aus **Drittstaaten** teilnehmen können.[39] Die §§ 305–319 sind auf solche Sachverhalte jedoch nicht anwendbar, weil nach § 306 Abs. 1 als übertragende, übernehmende oder neue Gesellschaft – und damit sämtliche beteiligte Rechtsträger – nur solche in Frage kommen, die nach dem Recht eines EU- oder EWR-Mitgliedstaates gegründet worden sind und ihren Satzungssitz, ihre Hauptverwaltung oder ihre Hauptniederlassung in einem Mitgliedstaat der EU oder des EWR haben.[40]

12 Umstritten ist, ob für **US-Gesellschaften** aufgrund des deutsch-amerikanischen Freundschafts-, Handels- und Schifffahrtsvertrag vom 29.10.1954[41] etwas Abweichendes gilt. Dieses Abkommen gewährt US-amerikanischen Gesellschaften bei der Ausübung jeder Art von geschäftlicher und anderer entgeltlicher Tätigkeit in Deutschland ein Recht auf Gleichbehandlung mit deutschen Gesellschaften (Inländerbehandlung) sowie auf Meistbegünstigung.[42] Teilweise wird in der Literatur eine Erstreckung der §§ 305 ff. auf US-amerikanische Gesellschaften befürwortet.[43] Hiergegen wird eingewandt, dass aus der Gleichstellung US-amerikanischer Gesellschaften mit deutschen Gesellschaften nicht automatisch auch eine Gleichstellung bei der Umwandlungsfähigkeit gefolgert werden könne bzw. dies mit dem Wortlaut der §§ 305, 306 nicht vereinbar sei.[44] Diese Gegenansichten übersehen jedoch, dass Art. VII Nr. 1 S. 3, S. 4 des Abkommens eine Gleichbehandlung auch bei der Gründung von Gesellschaften, dem Erwerb von Mehrheitsbeteiligungen oder der Kontrolle und Leitung von errichteten oder erworbenen

---

36 „[...] muss eine Gesellschaft, die sich an einer grenzüberschreitenden Verschmelzung beteiligt, die Vorschriften und Formalitäten des für sie geltenden nationalen Rechts einhalten bzw. erledigen."

37 *Koppensteiner*, Internationale Unternehmen, S. 269; *Beitzke* FS Hallstein S. 23.

38 MüKoBGB/*Kindler* IntGesR Rn. 805 ff. mwN.

39 Semler/Stengel/Leonard/*Drinhausen* § 122a Rn. 11.

40 Semler/Stengel/Leonard/*Drinhausen* § 122b Rn. 7.

41 BGBl. 1956 II 487.

42 S. Art. VII Nr. 1 bzw. Nr. 4 des Abkommens.

43 *Kiem* WM 2006, 1091 (1093); wohl auch *Drinhausen/Keinath* RIW 2006, 81 (87). Im Ergebnis auch MüKoBGB/*Kindler* IntGesR Rn. 871.

44 Widmann/Mayer/*Heckschen* § 122a Rn. 89; Semler/Stengel/Leonard/*Drinhausen* § 122b Rn. 9.

Unternehmen umfasst und dass kontrollierte Unternehmen in allen mit ihrer Betätigung zusammenhängenden Angelegenheiten nicht ungünstiger als Inländer behandelt werden dürfen. Unter die Gründung einer Gesellschaft iSd Abkommens dürfte auch eine Verschmelzung zur Neugründung fallen. Angesichts dessen fällt es schwer, US-Gesellschaften vom Anwendungsbereich der §§ 305 ff. insgesamt auszunehmen, auch wenn Umwandlungsvorgänge nicht ausdrücklich aufgeführt werden und die §§ 305 ff. bzw. §§ 122a ff. aF lange nach Abschluss des Abkommens in Kraft traten.[45] Das internationale Gesellschaftsrecht stände dem auch nicht entgegen, da von ihm gem. Art. 3 Nr. 2 EGBGB durch Staatsverträge, wie diesem Abkommen, abgewichen werden kann.

III. Anwendbare Vorschriften (Abs. 2)

§ 305 Abs. 2 enthält einen **Generalverweis**, nach welchem bei der Beteiligung einer inländischen Kapitalgesellschaft nach § 3 Abs. 1 Nr. 2 an einer grenzüberschreitenden Verschmelzung die §§ 2–78 ff. (mit Ausnahme der §§ 39–45e) entsprechend anzuwenden sind, soweit sich aus den §§ 305–319 nicht etwas Abweichendes ergibt.[46] Kapitalgesellschaft iSd Vorschrift sind die GmbH mitsamt der UG (haftungsbeschränkt), die AG inklusive der SE mit Sitz im Inland sowie die KGaA.[47] Die umfassende Verweisung bezweckt einen möglichst weitgehenden Gleichlauf mit den rein inländischen Verschmelzungen.[48] Der EuGH hat diesen Gleichlauf im Hinblick auf die gläubigerschützenden Vorschriften mit Verweis auf die Art. 13–15 IntVerschm-RL bestätigt.[49]

Infolge der Umsetzung der Umw-RL wurde die Verweisnorm des Abs. 2 erweitert, wodurch auf die Beteiligung einer Personenhandelsgesellschaft an einer grenzüberschreitenden Verschmelzung die Vorschriften des Ersten Teils und des Ersten Unterabschnitts des Ersten Abschnitts des Zweiten Teils des Zweiten Buches anzuwenden sind, soweit sich aus den §§ 305 ff. nichts anderes ergibt. Zudem hat der deutsche Gesetzgeber Kernbestandteile der neuen Architektur der grenzüberschreitenden Verschmelzung in die Bestimmung über die innerstaatliche Verschmelzung integriert.[50] Dies entspricht den Vorgaben der GesR-RL in der durch Art. 1 Abs. 13 Umw-RL geänderten Fassung, vgl. Art. 126a Abs. 6, 7 GesR-RL. Hierzu zählen insbesondere die § 14 Abs. 2, §§ 15, 72a, 72b, die uneingeschränkt über den Generalverweis auf die grenzüberschreitende Verschmelzung Anwendung finden. § 122h aF, der die Verbesserung des Umtauschverhältnisses mit seinem Verweis in § 14 Abs. 2 und § 15 regelte, geht nun vollständig im Generalverweis auf und konnte damit aufgehoben werden.[51]

---

45 AA Semler/Stengel/*Leonard/Drinhausen* § 122b Rn. 9; Lutter/*Bayer* § 122b Rn. 11; Widmann/Mayer/*Heckschen* § 122a Rn. 89; Schmitt/Hörtnagl/*Hörtnagl* § 122b Rn. 8; vgl. auch Eidenmüller Ausl. KapGes/*Engert* § 4 Rn. 98, der zudem den „lex posterior"-Grundsatz gegen die Einbeziehung US-amerikanischer Gesellschaften anführt.
46 Die UG (haftungsbeschränkt) als Unterform der GmbH ist auch Kapitalgesellschaft gem. § 3 Abs. 1 Nr. 2, → § 3 Rn. 8.
47 Begr. RegE zu § 122a, BT-Drs. 16/2919, 14.
48 Habersack/Drinhausen/*Kiem* § 122a Rn. 8 s. auch Begr. RegE zu § 122a, BT-Drs. 16/2919, 14, nach dem die Regelungen über die innerstaatliche Verschmelzung von Kapitalgesellschaften grundsätzlich auch für die grenzüberschreitende Verschmelzung gelten sollen.
49 EuGH 7.4.2016 – C-483/14, EuZW 2016, 339 Rn. 60 ff. – KA Finanz/Sparkassen Versicherung.
50 Begr. RegE UmRUG, BR-Drs. 371/22, 101; *Bungert/Reidt* DB 2022, 1369 (1370).
51 Begr. RegE UmRUG, BR-Drs. 371/22, 101; *Bungert/Reidt* DB 2022, 1369 (1370).

§ 306 Verschmelzungsfähige Gesellschaften

(1) An einer grenzüberschreitenden Verschmelzung können beteiligt sein:

1. als übertragende, übernehmende oder neue Gesellschaften Kapitalgesellschaften im Sinne des Artikels 119 Nummer 1 der Richtlinie (EU) 2017/1132 des Europäischen Parlaments und des Rates vom 14. Juni 2017 über bestimmte Aspekte des Gesellschaftsrechts (ABl. L 169 vom 30.6.2017, S. 46), die zuletzt durch die Verordnung (EU) 2021/23 (ABl. L 22 vom 22.1.2021, S. 1) geändert worden ist, die
   a) nach dem Recht eines Mitgliedstaats der Europäischen Union oder eines anderen Vertragsstaats des Abkommens über den Europäischen Wirtschaftsraum gegründet worden sind und
   b) ihren satzungsmäßigen Sitz, ihre Hauptverwaltung oder ihre Hauptniederlassung in einem Mitgliedstaat der Europäischen Union oder einem anderen Vertragsstaat des Abkommens über den Europäischen Wirtschaftsraum haben, sowie
2. als übernehmende oder neue Gesellschaften Personenhandelsgesellschaften im Sinne des § 3 Absatz 1 Nummer 1 mit in der Regel nicht mehr als 500 Arbeitnehmern.

(2) ¹An einer grenzüberschreitenden Verschmelzung können nicht beteiligt sein:
1. Genossenschaften, selbst wenn sie nach dem Recht eines anderen Mitgliedstaats der Europäischen Union oder eines anderen Vertragsstaats des Abkommens über den Europäischen Wirtschaftsraum unter die Definition des Artikels 2 Nummer 1 der Richtlinie fallen, sowie
2. Gesellschaften,
   a) deren Zweck es ist, die vom Publikum bei ihnen eingelegten Gelder nach dem Grundsatz der Risikostreuung gemeinsam anzulegen, und
   b) deren Anteile auf Verlangen der Anteilsinhaber unmittelbar oder mittelbar zulasten des Vermögens der Gesellschaft zurückgenommen oder ausgezahlt werden.

²Den Rücknahmen oder Auszahlungen im Sinne des Satzes 1 Nummer 2 Buchstabe b gleichgestellt sind Handlungen, mit denen eine solche Gesellschaft sicherstellen will, dass der Börsenwert ihrer Anteile nicht erheblich von deren Nettoinventarwert abweicht.

I. Allgemeines und unionsrechtlicher Hintergrund 1	3. Gründung, Satzungssitz, Hauptverwaltung und Hauptniederlassung (Abs. 1) .. 9
II. Verschmelzungsfähige Gesellschaften (Abs. 1) 3	III. Ausgeschlossene Gesellschaftsformen (Abs. 2) 12
1. Beteiligungsfähige Gesellschaftsformen 3	1. Genossenschaften (Nr. 1) 12
2. Aktive und passive Verschmelzungsfähigkeit 8	2. OGAW (Nr. 2) 13

I. Allgemeines und unionsrechtlicher Hintergrund

1 Mit dem Gesetz zur Umsetzung der Umwandlungsrichtlinie (UmRUG) wurde der § 122b aF zum § 306.[1] § 306 normiert den **persönlichen Anwendungsbereich** der §§ 305–319 und legt damit die an der eigentlichen grenzüberschreitenden Verschmel-

---

[1] Begr. RegE UmRUG, BR-Drs. 371/22, 101.

zung beteiligungsfähigen **Rechtsformen** fest. Insoweit ergänzt § 306 den Inhalt von § 305 Abs. 1 zum sachlichen Anwendungsbereich der grenzüberschreitenden Verschmelzung. Inhaltlich geht § 306 auf Art. 118 und Art. 119 der Gesellschaftsrechtsrichtlinie (GesR-RL[2]) (früher Art. 1 und Art. 2 der Internationalen Verschmelzungsrichtlinie (IntVerschm-RL[3]) in der durch Art. 1 Abs. 6 der Umwandlungsrichtlinie (Umw-RL[4]) geänderten Fassung zurück.

Während § 306 Abs. 1 den persönlichen Anwendungsbereich positiv beschreibt, begrenzt § 306 Abs. 2 diesen durch zwei **Ausnahmetatbestände** und setzt Art. 120 Abs. 2, 3 GesR-RL (früher Art. 3 Abs. 2, 3 IntVerschm-RL) um. Danach kann jeder EU-Mitgliedstaat beschließen, die Richtlinie nicht auf grenzüberschreitende Verschmelzungen anzuwenden, an denen eine Genossenschaft (Art. 120 Abs. 3 GesR-RL (früher Art. 3 Abs. 2 IntVerschm-RL)) oder Organismen für gemeinsame Anlagen in Wertpapieren (OGAW) (Art. 120 Abs. 3 GesR-RL (früher Art. 3 Abs. 3 IntVerschm-RL)) beteiligt sind. Von dieser Möglichkeit machte der deutsche Gesetzgeber mit § 306 Abs. 2 Gebrauch.

II. Verschmelzungsfähige Gesellschaften (Abs. 1)

1. Beteiligungsfähige Gesellschaftsformen

Nach § 306 Abs. 1 können sich an einer grenzüberschreitenden Verschmelzung (i) **Kapitalgesellschaften** im Sinne von Art. 119 Nr. 1 GesR-RL (früher Art. 2 Nr. 1 lit. a IntVerschm-RL) beteiligen, (ii) die nach dem Recht eines EU- oder EWR-Mitgliedstaates gegründet worden sind und die gleichzeitig (iii) ihren Satzungssitz, ihre Hauptverwaltung oder ihre Hauptniederlassung in einem Mitgliedstaat der EU- oder EWR-Mitgliedstaat haben. Dies gilt sowohl für die übertragende(n) und übernehmende Gesellschaft(en) als auch für die durch die grenzüberschreitende Verschmelzung erst entstehende neue Gesellschaft.

Kapitalgesellschaften iSv Art. 119 Nr. 1 GesR-RL (früher Art. 2 Nr. 1 lit. a IntVerschm-RL) sind zum einen alle Gesellschaften, die nach Art. 119 Nr. 1 lit. a GesR-RL im Anhang II GesR-RL aufgelistet sind. Dies sind die **AG, KGaA** und **GmbH**. Die Sonderform der **UG (haftungsbeschränkt)** als Unterfall der GmbH iSv § 5a GmbHG fällt ohnehin als GmbH in den Anwendungsbereich (→ § 305 Rn. 13).[5] Zum anderen ist von Art. 119 Nr. 1 lit. b GesR-RL auch jede andere Gesellschaftsform erfasst, die „Rechtspersönlichkeit besitzt und über gesondertes Gesellschaftskapital verfügt, das allein für die Verbindlichkeiten der Gesellschaft haftet, und die nach dem für sie maßgebenden nationalen Recht Schutzbestimmungen iSd Titels I Kapitel II Abschn. 2 und des Titels I Kapitel III Abschn. 1 im Interesse der Gesellschafter sowie Dritter einhalten muss". Diese Voraussetzung erfüllen in Deutschland die Kapitalgesellschaften, welche bereits vom Verweis auf Anhang II GesR-RL erfasst sind.[6] Die einzige Gesellschaftsform, die nicht bereits

---

[2] Richtlinie (EU) 2017/1132 des Europäischen Parlaments und des Rates v. 14.6.2017 über bestimmte Aspekte des Gesellschaftsrechts (ABl. 2017 L 169, 46 v. 30.6.2017).
[3] Richtlinie 2005/56/EG des Europäischen Parlaments und des Rates v. 26.10.2005 über die Verschmelzung von Kapitalgesellschaften aus verschiedenen Mitgliedstaaten (ABl. 2005 L 310, 1 v. 25.11.2005).
[4] Richtlinie (EU) 2019/2121 des Europäischen Parlaments und des Rates v. 27.11.2019 zur Änderung der Richtlinie (EU) 2017/1132 in Bezug auf grenzüberschreitende Umwandlungen, Verschmelzungen und Spaltungen (ABl. 2019 L 321, 1 v. 12.12.2019; ABl. 2020 L 20, 40 v. 24.1.2020).
[5] Semler/Stengel/Leonard/*Drinhausen* § 122b Rn. 4; Lutter/*Bayer* § 122b Rn. 4; Heckschen/Knaier GmbHR 2023, 317 (319).
[6] Semler/Stengel/Leonard/*Drinhausen* § 122b Rn. 4; Habersack/Drinhausen/*Kiem* § 122b Rn. 8 ff.

5 Jedoch ist ein Abstellen auf die Generalklausel des Art. 119 Nr. 1 lit. b GesR-RL zur Einbeziehung der SE als verschmelzungsfähige Gesellschaft nicht erforderlich, denn die SE mit Sitz in Deutschland zählt bereits aufgrund anderer Bestimmungen zum Kreis der verschmelzungsfähigen Gesellschaften.[8] Die Zulässigkeit der Verschmelzung durch Aufnahme mit der SE als übertragender oder übernehmender Gesellschaft ergibt sich aus Art. 9 Abs. 1 lit. c Ziff. ii SE-VO (ergänzende Anwendbarkeit des deutschen Rechts) sowie Art. 10 SE-VO (keine Diskriminierung der SE gegenüber inländischen AGs).[9] Hinsichtlich der Verschmelzung zur Neugründung entfalten die Art. 2 Abs. 1, Art. 17 ff. SE-VO hingegen abschließenden Charakter.[10]

6 Umstritten ist hierbei jedoch, ob die **Sperrfrist** des Art. 66 Abs. 1 S. 2 SE-VO bei der Teilnahme einer SE zu beachten ist.[11] Danach hat die Umwandlung einer SE in eine AG nur unter der Voraussetzung zu erfolgen, dass zwei Jahre seit der Eintragung der SE im Handelsregister vergangen oder die ersten beiden Jahresabschlüsse der SE bereits genehmigt worden sind.

Hinweis: In der Praxis empfiehlt es sich, wegen der Rechtsunsicherheiten die Sperrfrist des Art. 66 Abs. 1 S. 2 SE-VO zu beachten oder das Vorgehen mit dem Register vorab abzustimmen.

7 Mit Inkrafttreten des Vierten Gesetzes zur Änderung des Umwandlungsgesetzes[12] können sich seit dem 1.1.2019 auch **Personenhandelsgesellschaften** an einer grenzüberschreitenden Verschmelzung beteiligen. Diese Ausnahme bleibt auch in § 306 Abs. 1 Nr. 2 erhalten.[13] Die Regelung ermöglicht allerdings nur die Beteiligung einer **OHG** oder **KG**, also von Personenhandelsgesellschaften gem. § 3 Abs. 1 Nr. 1, als übernehmende oder neue Gesellschaft. Die in § 3 Abs. 1 Nr. 1 ebenfalls genannte PartG soll dagegen nicht erfasst sein.[14] Möglich ist damit auch die Verschmelzung einer EU- bzw. EWR-Auslandsgesellschaft auf eine OHG bzw. KG mit einer Kapitalgesellschaft als Komplementär (zB GmbH & Co. KG).[15]

Nicht möglich ist jedoch weiterhin die Beteiligung einer Personenhandelsgesellschaft als **übertragender Rechtsträger einer Herein-Verschmelzung**.[16] Zwar wurde zahlreich eine überschießende Richtlinienumsetzung für Personenhandelsgesellschaften gefordert.[17] Gleichwohl ist es dazu auch mit der aktuellen Umsetzung der Umwandlungsrichtlinie nicht gekommen. Maßgebliche Erwägungsgründe gegen eine überschießende Richtlinienumsetzung waren neben dem Grundsatz der 1:1-Umsetzung das Fehlen entsprechender Parallelvorschriften in anderen Mitgliedstaaten und die mitbestimmungsrechtliche Problematik.[18] Der deutsche Gesetzgeber wollte mit der punktuellen Rege-

---

7 Habersack/Drinhausen/*Kiem* § 122b Rn. 10.
8 Habersack/Drinhausen/*Kiem* § 122b Rn. 10.
9 Nach Art. 7 S. 1 SE-VO müssen Satzungssitz und effektiver (Haupt-)Verwaltungssitz im Inland belegen sein.
10 Habersack/Drinhausen/*Kiem* § 122b Rn. 7; → Vor §§ 305 ff. Rn. 22.
11 S. zum Meinungsstand Semler/Stengel/Leonard/*Drinhausen* § 122b Rn. 5; Habersack/Drinhausen/*Kiem* § 122b Rn. 7.
12 Viertes Gesetz zur Änderung des Umwandlungsgesetzes v. 19.12.2018, BGBl. I 2694.
13 *Schollmeyer* NJW-Spezial 2023, 207 (208).
14 Kallmeyer/*Marsch-Barner/Wilk* § 122b Rn. 8.
15 Kallmeyer/*Marsch-Barner/Wilk* § 122b Rn. 8.
16 *Wachter* DB 2020, 2281 (2281).
17 Ua *Bayer/J. Schmidt* BB 2019, 1922 (1926); *Brandi/Schmidt* BB 2023, 513; *Bormann/Stelmaszczyk* ZIP 2019, 300 (302); *Habersack* ZHR 2018, 495 (497); *Heckschen/Knaier* ZIP 2022, 2205 (2213); *Paefgen* WM 2018, 1029 (1036).
18 *Heckschen/Knaier* ZIP 2022, 2205 (2213).

lung der grenzüberschreitenden Verschmelzung auf Personenhandelsgesellschaften das deutsche Umwandlungsgesetz nicht generell für grenzüberschreitende Umwandlungen von Personenhandelsgesellschaften öffnen.[19]

Zu beachten ist, dass der Vorwurf der ungenügenden Berücksichtigung von Personenhandelsgesellschaften nicht in erster Linie den deutschen Gesetzgeber trifft, sondern bereits den europäischen Richtliniengeber. Solange die Richtlinie das Thema nicht regelt und die Vorschriften der Mitgliedstaaten nicht synchronisiert sind, würde auch eine deutsche überschießende Umsetzung nur bedingt weiterhelfen.[20] So lange bleiben Personengesellschaften weiterhin weitestgehend den allgemeinen Gewährleistungen der Art. 49, 54 AEUV überlassen.[21]

Ferner darf die übernehmende oder durch die Verschmelzung neu gegründete OHG oder KG **in der Regel nicht mehr als 500 Arbeitnehmer** beschäftigen. Der Schwellenwert von 500 Arbeitnehmern orientiert sich am DrittelbG. Damit wollte der Gesetzgeber verhindern, dass eine Personenhandelsgesellschaft als Zielrechtsform gewählt wird, um die unternehmerische Mitbestimmung zu vermeiden.[22]

2. Aktive und passive Verschmelzungsfähigkeit

Als übertragende und übernehmende Gesellschaft ist die **GmbH, AG** und **KGaA** ab dem Moment ihrer Eintragung im Handelsregister aktiv und passiv verschmelzungsfähig, ebenso die UG (haftungsbeschränkt) als Variante der GmbH.[23] Das gilt wegen Art. 10 SE-VO auch für die SE mit Sitz in Deutschland.[24] Damit ist die bis zum Zeitpunkt der Eintragung im Handelsregister existierende „Vorgesellschaft" nicht aktiv und passiv verschmelzungsfähig. Allerdings kann die Vorgesellschaft bereits Vorbereitungshandlungen treffen, zB den Verschmelzungsvertrag abschließen, die Zustimmungsbeschlüsse fassen lassen und die Anmeldung zum Handelsregister durchführen; die Gesellschaft muss nur vor der Eintragung der Verschmelzung durch ihre eigene Eintragung entstanden sein.[25] Bei der Frage, wann die Beteiligungsfähigkeit einer Gesellschaft endet, ist zu differenzieren. Die Eröffnung des Insolvenzverfahrens steht, wie aus dem Wortlaut des § 315 Abs. 3 S. 2 ersichtlich und um eine Sanierung nicht von vornherein auszuschließen, einer grenzüberschreitenden Verschmelzung nicht entgegen.[26] Dann entstehen aber zusätzliche Mitteilungspflichten des Vertretungsorgans bei der Anmeldung, vgl. dazu die Kommentierung zu § 315 Abs. 3 S. 2 (→ § 315 Rn. 17 f.). Die Bestimmung des § 3 Abs. 3 bleibt aber aufrechterhalten.[27] Danach kann ein aufgelöster übertragender Rechtsträger beteiligt sein, wenn die Fortsetzung dieses Rechtsträgers

---

19 BT-Drs. 19/5463, 1, 7, 9.
20 *DAV* NZG 2022, 849 (855).
21 *Schmidt* NZG 2022, 579 (580); *Thomale/Schmid* NotBZ 2023, 91 (94).
22 Semler/Stengel/*Leonard*/Drinhausen § 122b Rn. 6a; siehe dazu auch die Kritik des DAV NZG 2022, 849 (855): Eine Umgehung der Mitbestimmung zu verhindern sollte „nicht durch eine Beschränkung der Gesellschaftsformen erreicht werden, die sich an grenzüberschreitenden Umwandlungsvorgängen beteiligen können. Vielmehr wäre es an der Zeit, auch für andere Personengesellschaften einen verbindlichen Rechtsrahmen für grenzüberschreitende Umwandlungsmaßnahmen vorzugeben. Zwar lässt sich eine grenzüberschreitende Verschmelzung unter Beteiligung von Personengesellschaf-

ten auf der Grundlage von Art. 49, 54 AEUV realisieren, doch ist dies angesichts der damit verbundenen erheblichen Rechtsunsicherheit eher eine theoretische Option und in der Praxis regelmäßig kein gangbarer Weg."
23 So auch zu § 3 Henssler/Strohn/*Heidinger* § 3 Rn. 11; aA Widmann/Mayer/*Heckschen* § 122b Rn. 55 ff., der hingegen auf den Zeitpunkt ihrer wirksamen Gründung, namentlich den Abschluss des Gesellschaftsvertrags bzw. die Feststellung der Satzung abstellt.
24 Nach § 21 Abs. 1 SEAG ist die SE zur Eintragung in das Handelsregister anzumelden.
25 Henssler/Strohn/*Heidinger* § 3 Rn. 13; MHdB GesR VIII/*Hoger* § 7 Rn. 19 f.
26 *Thomale/Schmid* NotBZ 2023, 91 (95).
27 *Thomale/Schmid* NotBZ 2023, 91 (95).

beschlossen werden könnte. Die Fortsetzung einer GmbH/AG ist nach dem Beginn der Verteilung des Vermögens oder bei dem Vorliegen eines besonderen Auflösungsgrundes nicht möglich.[28]

3. Gründung, Satzungssitz, Hauptverwaltung und Hauptniederlassung (Abs. 1)

9 Mit § 306 Abs. 1 erfasst der **persönliche Anwendungsbereich** solche Kapitalgesellschaften, die nach dem Recht eines EU- oder EWR-Mitgliedstaates gegründet worden sind und ihren satzungsmäßigen Sitz, ihre Hauptverwaltung oder Hauptniederlassung in einem EU- oder EWR-Mitgliedstaat haben. Mit diesem Passus orientiert sich der Gesetzgeber streng am Wortlaut von Art. 118 GesR-RL (früher Art. 1 IntVerschm-RL).

10 Damit scheiden zunächst sämtliche in einem **Drittstaat** gegründete Gesellschaften aus.[29] Dadurch soll verhindert werden, dass Gesellschaften in einem Drittstaat gegründet werden, um dann (unter Umgehung der nationalen Gründungsvorschriften) im Wege einer grenzüberschreitenden Verschmelzung ihren Sitz in einen EU-/EWR-Mitgliedstaat verlegen zu können.[30] Außerdem sind solche Gesellschaften nicht beteiligungsfähig, die zwar nach dem Recht eines EU-/EWR-Mitgliedstaates gegründet wurden, im Zeitpunkt der Umwandlung jedoch nicht mehr über einen Satzungssitz, eine Hauptverwaltung oder Hauptniederlassung im Hoheitsgebiet der EU oder eines EWR-Mitgliedstaates verfügen.[31]

11 Die Auslegung der Begriffe „Satzungssitz", „Hauptverwaltung" und „Hauptniederlassung" hat im Hinblick auf den gleichbedeutenden Inhalt von Art. 54 AEUV[32] (ex Art. 48 EGV) **europarechtskonform** zu erfolgen. Praktische Unterschiede zum allgemeinen Verständnis im deutschen autonomen IPR ergeben sich hieraus erkennbar jedoch nicht: Satzungsmäßiger Sitz ist danach der im Gesellschaftsvertrag festgelegte Sitz der Gesellschaft (vgl. § 5 AktG, § 4a GmbHG). Die Hauptverwaltung ist hingegen am Ort des effektiven Verwaltungssitzes belegen, namentlich an dem Ort, an dem die grundlegenden Entscheidungen der Unternehmensleitung effektiv in laufende Geschäftsführungsakte umgesetzt werden.[33] Hauptniederlassung ist der tatsächliche Geschäftsschwerpunkt – bei einer Fabrik die zentrale Produktionsstätte – und entspricht bei Kapitalgesellschaften regelmäßig dem Satzungssitz.[34] Sämtliche andere Niederlassungen eines Unternehmens sind hingegen „Zweigniederlassungen" iSd Zweigniederlassungsrichtlinie.[35]

III. Ausgeschlossene Gesellschaftsformen (Abs. 2)

1. Genossenschaften (Nr. 1)

12 Die Genossenschaft zählt nach § 306 Abs. 2 Nr. 1 selbst dann nicht zu den verschmelzungsfähigen Rechtsformen, wenn sie dem Recht eines anderen EU-/EWR-Mitgliedstaates unterfällt. Der Gesetzgeber macht mit dieser Regelung von dem in Art. 120 Abs. 3 GesR-RL (früher Art. 3 Abs. 2 IntVerschm-RL) eingeräumten **„opt-out-Rechts"**

---

28 Lutter/*Drygala* § 3 Rn. 3 f.
29 Lutter/*Bayer* § 122b Rn. 11; Semler/Stengel/Leonard/ *Drinhausen* § 122b Rn. 7.
30 Begr. RegE zu § 122b, BT-Drs. 16/2919, 14.
31 Lutter/*Bayer* § 122b Rn. 11; Semler/Stengel/Leonard/ *Drinhausen* § 122b Rn. 7.
32 Vertrag über die Arbeitsweise der Europäischen Union v. 9.5.2008, ABl. C 115, 49.
33 BGHZ 97, 269 (272); Schmitt/Hörtnagl/*Hörtnagl* § 122b Rn. 13.
34 Von der Groeben/Schwarze/Hatje/*Tiedje* AEUV Art. 54 Rn. 10; Schmitt/Hörtnagl/*Hörtnagl* § 122b Rn. 13.
35 Richtlinie 89/666/EWG des Rates v. 21.12.1989 über die Offenlegung von Zweigniederlassungen, die in einem Mitgliedstaat von Gesellschaften bestimmter Rechtsformen errichtet wurden, die dem Recht eines anderen Staates unterliegen (ABl. 1989 L 395 v. 30.12.1989).

Gebrauch. Die Ausübung dieses Wahlrechts begründet der Gesetzgeber mit dem Verweis auf die bereits existierenden Vorschriften zur Gründung einer SCE.[36]

2. OGAW (Nr. 2)

§ 306 Abs. 2 Nr. 2 setzt Art. 120 Abs. 3 GesR-RL (früher Art. 3 Abs. 3 IntVerschm-RL) um und schließt „Organismen für gemeinsame Anlagen in Wertpapieren" (**OGAW**) vom persönlichen Anwendungsbereich der §§ 305–319 aus. Ausgenommen sind insbesondere Investmentaktiengesellschaften (InAG), nicht jedoch Kapitalverwaltungsgesellschaften (KVG).[37] Grund für den Ausschluss von OGAW ist vor allem, dass die OGAW-RL[38] und deren Umsetzung im Kapitalanlagegesetzbuches (KAGB) spezielle Vorschriften für OGAW vorsehen.[39] Dies beinhaltet auch die grenzüberschreitende Verschmelzung von OGAW, vgl. Art. 37 ff. OGAW-RL sowie §§ 181 ff. KAGB.[40]

13

§ 307 Verschmelzungsplan

(1) ¹Das Vertretungsorgan einer beteiligten Gesellschaft stellt zusammen mit den Vertretungsorganen der übrigen beteiligten Gesellschaften einen gemeinsamen Verschmelzungsplan auf.

(2) Der Verschmelzungsplan oder sein Entwurf muss mindestens folgende Angaben enthalten:

1. Rechtsform, Firma und Sitz der übertragenden und übernehmenden oder neuen Gesellschaft,
2. das Umtauschverhältnis der Gesellschaftsanteile und gegebenenfalls die Höhe der baren Zuzahlungen,
3. die Einzelheiten hinsichtlich der Übertragung der Gesellschaftsanteile der übernehmenden oder neuen Gesellschaft,
4. die voraussichtlichen Auswirkungen der Verschmelzung auf die Beschäftigung,
5. den Zeitpunkt, von dem an die Gesellschaftsanteile deren Inhabern das Recht auf Beteiligung am Gewinn gewähren, sowie alle Besonderheiten, die eine Auswirkung auf dieses Recht haben,
6. den Zeitpunkt, von dem an die Handlungen der übertragenden Gesellschaften unter dem Gesichtspunkt der Rechnungslegung als für Rechnung der übernehmenden oder neuen Gesellschaft vorgenommen gelten (Verschmelzungsstichtag),
7. die Rechte, die die übernehmende oder neue Gesellschaft den mit Sonderrechten ausgestatteten Gesellschaftern und den Inhabern von anderen Wertpapieren als Gesellschaftsanteilen gewährt, oder die für diese Personen vorgeschlagenen Maßnahmen,

---

36 Begr. RegE zu § 122b, BT-Drs. 16/2919, 14 f.
37 Lutter/*Bayer* § 122b Rn. 16; Habersack/Drinhausen/*Kiem* § 122b Rn. 17 f.
38 Richtlinie 85/611/EWG des Rates v. 20.12.1985 zur Koordinierung der Rechts- und Verwaltungsvorschriften betreffend bestimmte Organisationen für gemeinsame Anlagen in Wertpapieren (OGAW) (ABl. 1985 L 375, 3 v. 31.12.1985) ersetzt durch Richtlinie 2009/65/EG des Europäischen Parlaments und des Rates v. 13.7.2009 zur Koordinierung der Rechts- und Verwaltungsvorschriften betreffend bestimmte Organismen für gemeinsame Anlagen in Wertpapieren (OGAW) (ABl. 2009 L 302, 32 v. 17.11.2009).
39 Lutter/*Bayer* § 122b Rn. 16; *Drinhausen/Keinath* RIW 2006, 81 (82); *Neye* ZIP 2005, 1893 (1895).
40 Habersack/Drinhausen/*Kiem* § 122b Rn. 17 f.; s. dort auch zur Behandlung von Alternativen Investmentfonds (AIFs).

8. etwaige besondere Vorteile, die den Mitgliedern der Verwaltungs-, Leitungs-, Aufsichts- oder Kontrollorgane der an der Verschmelzung beteiligten Gesellschaften gewährt werden,
9. sofern einschlägig den Errichtungsakt der aus der grenzüberschreitenden Verschmelzung hervorgehenden Gesellschaft und, falls sie Gegenstand eines gesonderten Aktes ist, die Satzung,
10. gegebenenfalls Angaben zu dem Verfahren, nach dem die Einzelheiten über die Beteiligung der Arbeitnehmer an der Festlegung ihrer Mitbestimmungsrechte in der aus der grenzüberschreitenden Verschmelzung hervorgehenden Gesellschaft geregelt werden,
11. Angaben zur Bewertung des Aktiv- und Passivvermögens, das auf die übernehmende oder neue Gesellschaft übertragen wird,
12. den Stichtag derjenigen Bilanzen der an der Verschmelzung beteiligten Gesellschaften, die zur Festlegung der Bedingungen der Verschmelzung verwendet werden,
13. die Einzelheiten zum Angebot einer Barabfindung gemäß § 313,
14. Angaben über Sicherheiten, die den Gläubigern angeboten werden,
15. im Fall der Verschmelzung auf eine Personenhandelsgesellschaft gemäß § 306 Absatz 1 Nummer 2
    a) für jeden Anteilsinhaber eines übertragenden Rechtsträgers die Bestimmung, ob ihm in der übernehmenden oder der neuen Personenhandelsgesellschaft die Stellung eines persönlich haftenden Gesellschafters oder eines Kommanditisten gewährt wird,
    b) der festgesetzte Betrag der Einlage jedes Gesellschafters,
16. Informationen über die Auswirkungen der grenzüberschreitenden Verschmelzung auf Betriebsrenten und Betriebsrentenanwartschaften.

(3) Die Angaben über den Umtausch der Anteile (Absatz 2 Nummer 2, 3 und 5) und die Einzelheiten zum Angebot einer Barabfindung (Absatz 2 Nummer 13) entfallen, wenn

1. sich alle Anteile der übertragenden Gesellschaft in der Hand der übernehmenden Gesellschaft befinden oder
2. den Anteilsinhabern der übertragenden Gesellschaft keine Anteile gewährt werden und dieselbe Person
    a) alle Anteile der übertragenden und der übernehmenden Gesellschaft besitzt,
    b) alle Anteile an solchen Gesellschaften besitzt, die gemeinsam alle Anteile an der übertragenden oder an der übernehmenden Gesellschaft besitzen, oder
    c) alle Anteile an solchen Gesellschaften besitzt, bei denen sich die Inhaberschaft an Anteilen bis zu der übertragenden oder der übernehmenden Gesellschaft fortsetzt.

(4) Der Verschmelzungsplan muss notariell beurkundet werden.

I. Allgemeines und unionsrechtlicher Hintergrund ... 1	3. Sprache ... 11
II. Rechtsnatur des Verschmelzungsplans ... 6	IV. Mindestinhalt (Abs. 2) ... 12
III. Aufstellung durch die Vertretungsorgane (Abs. 1) ... 8	1. Kongruenz mit den Vorgaben des innerstaatlichen Verschmelzungsrechts ... 12
1. Zuständige Vertretungsorgane ... 8	2. Rechtsform, Firma, Sitz (Abs. 2 Nr. 1) ... 13
2. Aufstellung ... 10	3. Umtauschverhältnis und bare Zuzahlung (Abs. 2 Nr. 2) ... 14

4.	Übertragung der Gesellschaftsanteile (Abs. 2 Nr. 3)	16	
5.	Auswirkungen auf die Beschäftigung (Abs. 2 Nr. 4)	18	
6.	Zeitpunkt der Gewinnbeteiligung (Abs. 2 Nr. 5)	20	
7.	Verschmelzungsstichtag (Abs. 2 Nr. 6)	21	
8.	Gewährung von Rechten an Gesellschafter mit Sonderrechten (Abs. 2 Nr. 7)	22	
9.	Vorteile für sonstige Beteiligte (Abs. 2 Nr. 8)	25	
10.	Satzung (Abs. 2 Nr. 9)	26	
11.	Angaben zum Verfahren über die Beteiligung der Arbeitnehmer (Abs. 2 Nr. 10)	27	
12.	Angaben zur Bewertung des Aktiv- und Passivvermögens (Abs. 2 Nr. 11)	29	
13.	Stichtag der Bilanzen (Abs. 2 Nr. 12)	30	
14.	Angebot einer Barabfindung gem. § 313 (Abs. 2 Nr. 13)	31	
15.	Sicherheiten, die den Gläubigern angeboten werden (Abs. 2 Nr. 14)	32	
16.	Angaben im Fall der Verschmelzung auf eine Personenhandelsgesellschaft gem. § 306 Abs. 1 Nr. 2 (Abs. 2 Nr. 15)	33	
17.	Auswirkungen der grenzüberschreitenden Verschmelzung auf Betriebsrenten und Betriebsrentenanwartschaften (Abs. 2 Nr. 16)	34	
18.	Weitergehende Angaben	35	
V.	Entbehrlichkeit von Angaben im Falle eines „upstream merger" und „side-step merger" (Abs. 3)	36	
VI.	Notarielle Beurkundung (Abs. 4)	37	
VII.	Keine Zuleitung an den Betriebsrat	39	
VIII.	Beurkundungskosten	40	

I. Allgemeines und unionsrechtlicher Hintergrund

§ 307 geht überwiegend auf Art. 122 der Gesellschaftsrechtsrichtlinie (GesR-RL[1]) (früher Art. 5 der Internationalen Verschmelzungsrichtlinie (IntVerschm-RL[2])) in der durch Art. 1 Abs. 9 der Umwandlungsrichtlinie (Umw-RL[3]) geänderten Fassung zurück und setzt die Vorgabe des europäischen Gesetzgebers, den Verschmelzungsvertrag nach den §§ 4 ff. durch den **Verschmelzungsplan** zu ersetzen, in deutsches Recht um. Der Verschmelzungsplan ist als „Herzstück"[4] des europäischen Verschmelzungsrechts zentraler Baustein des grenzüberschreitenden Verschmelzungsverfahrens und war bereits von der Dritten Verschmelzungsrichtlinie[5] von 1978 zur Verschmelzung von Aktiengesellschaften vorgesehen. Auch bei der Gründung einer SE nach den Art. 20 ff. SE-VO[6] ist der Verschmelzungsplan das zentrale Element des Verschmelzungsverfahrens.

§ 307 Abs. 1 setzt Art. 122 GesR-RL (früher Art. 5 S. 1 IntVerschm-RL) um, nach dem die Leitungs- und Verwaltungsorgane der sich verschmelzenden Gesellschaften einen **gemeinsamen Plan** für die grenzüberschreitende Verschmelzung aufzustellen haben. Die Verpflichtung gem. § 307 trifft nur deutschem Recht unterliegende Gesellschaften sowohl bei Herein- als auch bei Hinausverschmelzungen. Eine entsprechende Parallelregelung befindet sich auch in allen Rechtsordnungen der übrigen Mitgliedstaaten.[7]

§ 307 Abs. 2 regelt – in Umsetzung von Art. 122 S. 2 GesR-RL (früher Art. 5 S. 2 IntVerschm-RL) – den **Mindestinhalt** des Verschmelzungsplans. Der Gesetzgeber setzt die Richtlinie inhaltlich annähernd deckungsgleich in nationales Recht um. Zudem stimmt der Inhalt grundsätzlich mit den Mindestangaben im Verschmelzungsvertrag

---

[1] Richtlinie (EU) 2017/1132 des Europäischen Parlaments und des Rates vom 14.6.2017 über bestimmte Aspekte des Gesellschaftsrechts (ABl. 2017 L 169, 46 vom 30.6.2017).

[2] Richtlinie 2005/56/EG des Europäischen Parlaments und des Rates v. 26.10.2005 über die Verschmelzung von Kapitalgesellschaften aus verschiedenen Mitgliedstaaten (ABl. 2005 L 310, 1 v. 25.11.2005).

[3] Richtlinie (EU) 2019/2121 des Europäischen Parlaments und des Rates v. 27.11.2019 zur Änderung der Richtlinie (EU) 2017/1132 in Bezug auf grenzüberschreitende Umwandlungen, Verschmelzungen und Spaltungen (ABl. 2019 L 321, 1 v. 12.12.2019; ABl. 2020 L 20, 40 v. 24.1.2020).

[4] *Kloster* EuZW 2003, 293 (295); Lutter/Hommelhoff/*Teichmann/Bayer* SE-VO Art. 20 Rn. 1.

[5] Dritte Richtlinie 78/855/EWG des Rates v. 9.10.1978 gemäß Art. 54 Abs. 3 Buchst. g des Vertrages betreffend die Verschmelzung von Aktiengesellschaften (ABl. 1978 L 295 v. 20.10.1978).

[6] Verordnung (EG) Nr. 2157/2001 des Rates v. 8.10.2001 über das Statut der Europäischen Gesellschaft (ABl. 2001 L 294 v. 10.11.2001).

[7] Schmitt/Hörtnagl/*Hörtnagl* § 122c Rn. 1.

nach § 5 Abs. 1 überein. Für die grenzüberschreitende Verschmelzung sind in den Verschmelzungsplan außerdem folgende Angaben aufzunehmen:
- Errichtungsakt der aus der grenzüberschreitenden Verschmelzung hervorgehenden Gesellschaft und, falls sie Gegenstand eines gesonderten Aktes ist, die Satzung (Abs. 2 Nr. 9),
- Einzelheiten zum Angebot einer Barabfindung (Abs. 2 Nr. 13),
- den Gläubigern angebotene Sicherheiten (Abs. 2 Nr. 14),
- die jeweiligen Bestimmungen im Falle der Verschmelzung auf eine Personenhandelsgesellschaft (Abs. 2 Nr. 15) sowie
- die Informationen über die Auswirkungen der grenzüberschreitenden Verschmelzung auf Betriebsrenten und Betriebsrentenanwartschaften (Abs. 2 Nr. 16).

4 § 307 Abs. 3 regelt, wann Angaben über den Umtausch der Anteile gemäß § 307 Abs. 2 Nr. 2, 3 und 5 und die Einzelheiten zum Angebot einer Barabfindung gemäß § 307 Abs. 2 Nr. 13 entfallen. Dies gilt (weiterhin) für den Fall der Verschmelzung einer 100 %igen Tochtergesellschaft auf ihre Muttergesellschaft (**upstream merger**") (§ 307 Abs. 3 Nr. 1). Seit dem Inkrafttreten des Gesetzes zur Umsetzung der Umwandlungsrichtlinie (UmRUG) zum 1.3.2023 wurde der Abs. 3 mit der Nr. 2 insoweit erweitert, als nun auch in Fällen des „**side-step merger**" keine Angaben über den Umtausch der Anteile und die Einzelheiten zum Angebot einer Barabfindung zu machen sind. Grundgedanke der Neufassung ist, dass wenn keine Anteile gewährt werden, sich Angaben zum Umtauschverhältnis erübrigen.[8] Abs. 3 setzt den Art. 132 Abs. 1 erster Gedankenstrich GesR-RL in der durch Art. 1 Abs. 19 lit. a Umw-RL geänderten Fassung um.

5 § 307 Abs. 4 schreibt die **notarielle Beurkundung** des Verschmelzungsplans vor. Der Gesetzgeber trifft hiermit eine über den Inhalt der Richtlinie hinausgehende Regelung, die sich an der entsprechenden Anordnung zum Verschmelzungsvertrag in § 6 orientiert. Ein Verstoß gegen § 307 führt zur Nichtigkeit des Verschmelzungsplans.[9]

II. Rechtsnatur des Verschmelzungsplans

6 Der Begriff des Verschmelzungsplans ist dem innerstaatlichen Umwandlungsrecht fremd. Der Gesetzgeber folgt hiermit der vom europäischen Gesetzgeber bereits in der Dritten Verschmelzungsrichtlinie von 1978 vorgesehenen Terminologie.

7 Wie der Verschmelzungsvertrag nach § 5 legt auch der Verschmelzungsplan die rechtliche, organisatorische Grundlage für die Verschmelzung fest.[10] Im Gegensatz zum Verschmelzungsvertrag entfaltet der Verschmelzungsplan jedoch **keine schuldrechtliche Wirkung**.[11] Das lässt sich aus einem Vergleich mit dem innerstaatlichen Verschmelzungsrecht herleiten. Nach § 5 Abs. 1 Nr. 2 muss der Verschmelzungsvertrag die Verein-

---

8 Begr. RegE UmRUG, BR-Drs. 371/22, 105.
9 MHdB GesR VIII/*Oppenhoff* § 18 Rn. 69.
10 Widmann/Mayer/*Mayer* § 122c Rn. 15; Semler/Stengel/Leonard/*Drinhausen* § 122c Rn. 6; Herzog/Gebhard AG 2023, 310 (312); Rubner/Konstant NJW-Spezial 2023, 527.
11 Schmitt/Hörtnagl/*Hörtnagl* § 122c Rn. 5, 10; Widmann/Mayer/*Mayer* § 122c Rn. 17; Habersack/Drinhausen/*Kiem* § 122c Rn. 6; *Frenzel* Grenzüberschreitende Verschmelzung S. 202; *Frenzel* RIW 2008, 12 (16); *Kallmeyer* AG 2007, 472 (473 f.); Kallmeyer/Marsch-Barner/Wilk/Lanfermann/*Willemsen* § 122c Rn. 4; *Schollmeyer* ZGR 2020, 62 (72): „Organisationsrechtsakt, der [...] vertragsrechtliche Elemente enthält"; offengelassen Semler/Stengel/Leonhard/*Drinhausen* § 122c Rn. 6; aA *Forsthoff* DStR 2006, 613 (614); *Winter* Der Konzern 2007, 24 (33); *Krause*/Kulpa ZHR 171 (2007), 38 (56); *Simon*/Rubner Der Konzern 2006, 835 (837); *Vetter* AG 2006, 613 (617).

barung über die Vermögensübertragung jedes übertragenden Rechtsträgers aufführen. Aus diesem Vereinbarungserfordernis schließt die hM richtigerweise die schuldrechtliche Wirkung des Verschmelzungsvertrags, mit dem sich die beteiligten Gesellschaften zur Durchführung der Verschmelzung verpflichten.[12] Eine hiermit vergleichbare Anordnung findet sich hingegen in § 307 Abs. 1 nicht. Vielmehr sieht § 307 Abs. 1 Nr. 3 lediglich vor, dass der Plan die „Einzelheiten der Übertragung der Gesellschaftsanteile" enthalten muss. Das entspricht in der Sache § 5 Nr. 4. Auch die Rechtsordnungen der meisten Mitgliedstaaten messen dem Verschmelzungsplan keine schuldrechtliche Wirkung zu.[13] Zutreffend wird gegen den schuldrechtlichen Charakter des Verschmelzungsplans schließlich auch der Vergleich mit der Parallelvorschrift zur Gründung einer SE ins Feld geführt: In inhaltlicher Übereinstimmung mit § 307 Abs. 1 legt Art. 20 Abs. 1 S. 1 SE-VO fest, dass die Leitungs- oder Verwaltungsorgane der sich verschmelzenden Gesellschaften einen Verschmelzungsplan aufstellen. Nach hM ist auch der Verschmelzungsplan gem. Art. 20 Abs. 1 SE-VO ein gesellschaftsrechtlicher Organisationsakt ohne schuldrechtliche Wirkung.[14]

Hinweis: Dies hindert die Beteiligten aber nicht, schuldrechtliche Verpflichtungen ggf. in den Verschmelzungsplan oder in ein separates Dokument aufzunehmen, insbesondere im Falle eines Business Combination Agreement.[15]

III. Aufstellung durch die Vertretungsorgane (Abs. 1)

1. Zuständige Vertretungsorgane

§ 307 Abs. 1 schreibt vor, dass das **Vertretungsorgan** der beteiligten Gesellschaften den Verschmelzungsplan aufzustellen hat. Der Gesetzgeber weicht hier terminologisch von der Richtlinie ab, die diesbezüglich auf die „Leitungs- oder Verwaltungsorgane" der beteiligten Gesellschaften verweist, vgl. Art. 122 GesR-RL. Das ist hier insofern unschädlich, als im deutschen Gesellschaftsrecht das Vertretungsorgan einer deutschen Kapitalgesellschaft grundsätzlich auch deren Leitungsorgan ist. Bei der AG ist dies der Vorstand (§ 76 Abs. 1 AktG), bei der GmbH der Geschäftsführer (§ 35 Abs. 1 GmbHG), bei der KGaA der Komplementär (§ 278 Abs. 2 AktG iVm § 170 HGB) und bei der dualistisch verfassten SE das Leitungsorgan (Art. 39 Abs. 1 SE-VO).[16]

Aus der oben beschriebenen terminologischen Abweichung ergeben sich jedoch Anwendungsschwierigkeiten, wenn eine der beteiligten Gesellschaften eine dem deutschen Recht unterliegende **monistisch verfasste SE** ist. Während bei der dualistisch verfassten SE das Vertretungsorgan auch das Leitungsorgan ist, gilt dies nicht für die monistisch strukturierte SE. Dort fallen die Kompetenzen des Leitungsorgans und des Vertretungsorgans nicht auf dieselben Personen, da das Leitungsorgan der Verwaltungsrat ist (Art. 43 Abs. 1 SE-VO, § 22 Abs. 1 SEAG) und das Vertretungsorgan im Regelfall durch die geschäftsführenden Direktoren gebildet wird (§ 41 Abs. 1 SEAG). Dem Gesetzgeber unterlief insofern ein Redaktionsversehen, das durch das UmRUG

---

12 Schmitt/Hörtnagl/*Winter* § 4 Rn. 9; Lutter/*Drygala* § 4 Rn. 5; *Ihrig* GmbHR 1995, 622 (633); Semler/Stengel/Leonard/*Schröer/Greitemann* § 4 Rn. 5.
13 *Kiem* WM 2006, 1091 (1094).
14 Habersack/Drinhausen/*Keinath* SE-VO Art. 20 Rn. 2; Manz/Mayer/Schröder/*Schröder* SE-VO Art. 20 Rn. 2 f.; MüKoAktG/*Schäfer* SE-VO Art. 20 Rn. 3; Lutter/Hommelhoff/Teichmann/*Bayer* SE-VO Art. 20 Rn. 2 ff.; *Brandes* AG 2005, 177 (181); *Teichmann* ZGR 2002, 383 (420); Kallmeyer/Marsch-Barner/Wilk/*Zanfermann/Willemsen* § 122c Rn. 4.
15 Habersack/Drinhausen/*Kiem* § 122c Rn. 7.
16 Semler/Stengel/Leonard/*Drinhausen* § 122c Rn. 8.

nicht korrigiert oder klargestellt wurde. Eine richtlinienkonforme Auslegung gebietet richtigerweise, dass bei der monistisch verfassten SE die Mitglieder des Verwaltungsrats als Leitungsorgan ausschließlich für die Aufstellung des Verschmelzungsplans zuständig sind.[17]

2. Aufstellung

10   Nach § 307 Abs. 1 haben die Vertretungsorgane gemeinsam einen Verschmelzungsplan aufzustellen. Aus der Formulierung geht hervor, dass sich **alle** an der Verschmelzung beteiligten **Vertretungsorgane** auf einen einzigen Verschmelzungsplan einigen müssen.

3. Sprache

11   Weder § 307 noch die GesR-RL (früher IntVerschm-RL) in ihrer geänderten Fassung durch die Umw-RL treffen eine Aussage darüber, in welcher **Sprache** der Verschmelzungsplan verfasst werden muss. Insofern besteht eine gewisse Rechtsunsicherheit. Es wird vertreten, dass bei der Beteiligung einer deutschen Gesellschaft an der Verschmelzung bereits wegen der notariellen Beurkundungspflicht (§ 307 Abs. 4 iVm § 5 Abs. 1 BeurkG) der Verschmelzungsplan in deutscher Sprache erstellt werden müsse.[18] Dies wird damit begründet, dass in Deutschland die Gerichtssprache (derzeit noch) deutsch sei, so dass auch beim deutschen Registergericht (§ 308, § 488 Abs. 3 FamFG iVm § 184 GVG) der Verschmelzungsplan zumindest auch in deutscher Sprache einzureichen ist.[19] Dagegen soll es nach anderer Auffassung ausreichen, wenn der Verschmelzungsplan in einer anderen Sprache als Deutsch beurkundet wird und für die Handelsregisteranmeldung eine beglaubigte Übersetzung in die deutsche Sprache beigefügt wird.[20]

Hinweis: Für die Praxis empfiehlt es sich, den Verschmelzungsplan entsprechend mehrsprachig in den jeweiligen Amtssprachen der Mitgliedstaaten der beteiligten Rechtsträger zu verfassen oder im Anhang eine beglaubigte Übersetzung in den jeweiligen Amtssprachen der anderen relevanten Mitgliedstaaten beizufügen.[21] Häufig finden sich daher zweisprachige Fassungen in den Amtssprachen der Jurisdiktionen der übertragenden und der übernehmenden Gesellschaft, manchmal auch dreisprachige Fassungen, nämlich zusätzlich mit englischer Übersetzung als gemeinsamer Verhandlungssprache der beteiligten Rechtsträger. Mit Blick auf die Beurkundungskosten wird es sich regelmäßig anbieten, nur den deutschen Text zu beurkunden, um die Fremdsprachengebühr gemäß KV 26001 GNotKG zu sparen; dies setzt aber voraus, dass der fremdsprachige Teil der Urkunde vollständig von den beteiligten Rechtsträgern bzw. deren Beratern zugeliefert wird. Aufgrund der Vorgabe eines gemeinsamen Verschmelzungsplans durch § 307 Abs. 1 und auch Art. 122 S. 1 GesR-RL (früher Art. 5 S. 1 IntVerschm-RL) muss in jedem Fall ein einheitliches Dokument ohne inhaltliche Diver-

---

[17] Semler/Stengel/Leonard/*Drinhausen* § 122c Rn. 9; Kallmeyer/*Marsch-Barner/Wilk/Lanfermann/Willemsen* § 122c Rn. 5; Schmitt/Hörtnagl/*Hörtnagl* § 122c Rn. 8; Widmann/Mayer/*Mayer* § 122c Rn. 22.
[18] So auch → 2. Aufl. 2019, § 122c Rn. 11.
[19] BeckOGK/*Klett* § 307 Rn. 16; Widmann/Mayer/*Mayer* § 122c Rn. 24.
[20] Habersack/Drinhausen/*Kiem* § 122c Rn. 18; Semler/Stengel/Leonard/*Drinhausen* § 122c Rn. 5; Schmitt/Hörtnagl/*Hörtnagl* § 122c Rn. 42.
[21] Semler/Stengel/Leonard/*Drinhausen* § 122c Rn. 5; *Müller* ZIP 2007, 1081 (1083); für die Parallelvorschrift in Art. 20 SE-VO: Lutter/Hommelhoff/Teichmann/*Bayer* SE-VO Art. 20 Rn. 10.

genzen dem Registergericht vorgelegt werden.²² Hierfür empfiehlt es sich dringend, eine maßgebliche Sprache des Verschmelzungsplans zu bestimmen.²³

IV. Mindestinhalt (Abs. 2)

1. Kongruenz mit den Vorgaben des innerstaatlichen Verschmelzungsrechts

§ 307 Abs. 2 zählt enumerativ den notwendigen **Mindestinhalt** des Verschmelzungsplans auf. Diese Vorgaben sind **abschließend**, so dass kein (ergänzender) Rückgriff auf § 5 Abs. 1 erforderlich ist.²⁴ § 307 Abs. 2 ist inhaltlich weitestgehend kongruent mit § 5 Abs. 1 (mit Ausnahme des § 5 Abs. 1 Nr. 2, der keine Entsprechung in § 307 findet (→ Rn. 7) und der speziellen Regelungen in § 307 Abs. 2 Nr. 9–16), weshalb ein Generalverweis als schlankere Lösung nahegelegen hätte.²⁵ Allerdings bezieht sich § 5 Abs. 1 nicht nur auf die Verschmelzung von Kapitalgesellschaften, so dass ein Verweis auf § 5 Abs. 1 zu Auslegungsproblemen hätte führen können. Dies hat sich auch mit dem Inkrafttreten des UmRUG, das vereinzelt auch Regelungen zu grenzüberschreitenden Verschmelzungen auf Personenhandelsgesellschaften getroffen hat, nicht wesentlich geändert. § 307 ist damit – wie auch schon zuvor § 122c aF – als abschließende Regelung zum Verschmelzungsplan anzusehen.²⁶

2. Rechtsform, Firma, Sitz (Abs. 2 Nr. 1)

Entsprechend § 5 Abs. 1 Nr. 1 sind im Verschmelzungsplan jeweils **Firma** und **Sitz** der übertragenden und der übernehmenden bzw. neuen Gesellschaft aufzunehmen (→ § 5 Rn. 9 ff.). „Sitz" meint dabei den Satzungssitz.²⁷ Darüber hinaus erfordert § 307 Abs. 2 Nr. 1 auch Angaben über die jeweilige **Rechtsform** der Gesellschaften.

Hinweis: Empfehlenswert ist es, sich für die Angaben zur Rechtsform am Anhang II der GesR-RL zu orientieren.²⁸ Dabei ist zu berücksichtigen, dass der deutsche Gesetzgeber die GesR-RL mit dem 4. UmwGÄndG zum 1.1.2019 nachträglich überschießend umgesetzt hat. Über die Richtlinienvorgaben hinaus zählt § 306 Abs. 1 Nr. 2 nunmehr auch bestimmte Personenhandelsgesellschaften zu den verschmelzungsfähigen Gesellschaften. Im Verschmelzungsplan sind die jeweiligen Rechtsformen in deutscher Sprache zu bezeichnen.²⁹ Es empfiehlt sich, gebräuchliche Abkürzungen der Rechtsformen (zB OHG, KG, aber auch B.V. oder S.à r. l.) allenfalls als Klammerzusatz zu nennen, um den Registergerichten im In- und Ausland die Prüfung zu erleichtern, dass an der Verschmelzung tatsächlich nur verschmelzungsfähige Gesellschaften beteiligt sind.³⁰ Ob es dagegen ausreicht, wenn die Rechtsform der beteiligten Gesellschaften lediglich als Teil der Firma genannt wird, dürfte mit Blick auf den Wortlaut des § 307 Abs. 2 Nr. 1 zu bezweifeln sein. Um das Risiko einer Zwischenverfügung des Registergerichts inso-

---

22 Grundvoraussetzung ist danach ein „gemeinsamer Verschmelzungsplan", s. Semler/Stengel/Leonard/*Drinhausen* § 122c Rn. 5.
23 BeckOGK/*Klett* § 307 Rn. 18; MHdB GesR VIII/*Oppenhoff* § 18 Rn. 67; Schmitt/Hörtnagl/*Hörtnagl* § 122c Rn. 42 mwN.
24 Widmann/Mayer/*Mayer* § 122c Rn. 36.
25 Für die folgende Kommentierung ergibt sich daraus, dass an vielen Stellen auf die Ausführungen zum innerstaatlichen Verschmelzungsrecht verwiesen werden kann.
26 Habersack/Drinhausen/*Kiem* § 122a Rn. 11.
27 Habersack/Drinhausen/*Kiem* § 122c Rn. 22; Kallmeyer/Marsch-Barner/*Wilk* § 122c Rn. 9a; Semler/Stengel/Leonard/*Drinhausen* § 122c Rn. 12.
28 Kallmeyer/Marsch-Barner/*Wilk* § 122c Rn. 9.
29 Kallmeyer/Marsch-Barner/*Wilk* § 122c Rn. 9.
30 Henssler/Strohn/*Polley* § 122c Rn. 12; Schmitt/Hörtnagl/*Hörtnagl* § 122c Rn. 12; Widmann/Mayer/*Mayer* § 122c Rn. 40.

weit von vornherein auszuschließen, sollten die Rechtsformen immer separat genannt werden.[31]

3. Umtauschverhältnis und bare Zuzahlung (Abs. 2 Nr. 2)

14 Darüber hinaus hat der Verschmelzungsplan das **Umtauschverhältnis** der Gesellschaftsanteile und gegebenenfalls die Höhe der baren Zuzahlung aufzuführen. Diese Regelung entspricht § 5 Abs. 1 Nr. 3. Infolge der Erweiterung des Anwendungsbereichs der §§ 305–319 auf Personenhandelsgesellschaften als übernehmende oder neue Gesellschaft gem. § 306 Abs. 1 Nr. 1 lit. b geht damit auch die Pflicht einher, Angaben über die Mitgliedschaft bei dem übernehmenden Rechtsträger zu machen. Da es bei Personenhandelsgesellschaften an dem Anknüpfungspunkt des Nennkapitals für das Umtauschverhältnis fehlt, kann das Umtauschverhältnis daher nur anhand von Gesellschafterkonten bestimmt werden.[32]

15 Das Umtauschverhältnis der Gesellschaftsanteile stellt den **„Kaufpreis"** für die Beteiligung an dem übernehmenden Rechtsträger dar und bildet deshalb den zentralen Bestandteil des Verschmelzungsplans.[33] Neben der Höhe der baren Zuzahlung dient die Angabe den Anteilsinhabern zur Information über die Attraktivität der Strukturmaßnahme und ist somit bei der Entscheidungsfindung ausschlaggebende Informationsquelle. Der Verschmelzungsplan kann die Daten ohne Erläuterung wiedergeben, da bereits im Verschmelzungsbericht hierzu detaillierte Aussagen getroffen werden müssen (§ 309 iVm § 8). Auf die Angemessenheit des Umtauschverhältnisses und die Höhe der baren Zuzahlung ist in dem zu erstellenden Prüfungsbericht einzugehen (§ 311 iVm § 9 ff.). Hinsichtlich weiterer Einzelheiten kann auf die Ausführungen zur innerstaatlichen Verschmelzung (§ 5 Abs. 1 Nr. 3) verwiesen werden (→ § 5 Rn. 28 ff.).

4. Übertragung der Gesellschaftsanteile (Abs. 2 Nr. 3)

16 Wortlaut und Inhalt von § 307 Abs. 2 Nr. 3 gleichen weitestgehend § 5 Abs. 1 Nr. 4. Insofern kann hinsichtlich der **Einzelheiten zur Übertragung** auf die Ausführungen zum innerstaatlichen Recht gemäß § 5 Abs. 1 Nr. 4 verwiesen werden (→ § 5 Rn. 41 ff.). Dass § 307 Abs. 2 Nr. 3 (im Gegensatz zu § 5 Abs. 1 Nr. 4) ggf. keine Angaben zum Erwerb der Mitgliedschaft bei dem übernehmenden Rechtsträger fordert, ist dadurch bedingt, dass bei einer grenzüberschreitenden Verschmelzung gem. §§ 122a ff. aF ursprünglich nur Kapitalgesellschaften beteiligt sein konnten.[34] Dies hat sich nun partiell durch das UmRUG geändert, nach dem unter bestimmten Voraussetzungen eine Personenhandelsgesellschaft als Zielgesellschaft beteiligt sein kann (vgl. § 306 Abs. 2).

17 Bei der Beteiligung einer deutschen AG, KGaA oder SE an einer grenzüberschreitenden Verschmelzung muss nach hM nicht stets das Verfahren der §§ 71 ff. für den Umtausch der Aktien Anwendung finden, nach dem ein **Treuhänder** zu bestellen ist. Vielmehr ist die Bestellung eines Treuhänders iVm § 305 Abs. 2 nur dann notwendig, wenn der deutsche Rechtsträger eine übertragende Gesellschaft ist.[35] Dies entspricht dem Sinn und Zweck der Vorschriften der §§ 71 ff.; diese dienen dem Schutz der Aktionäre des

---

[31] Siehe dazu Widmann/Mayer/*Mayer* § 122c Rn. 41.
[32] Semler/Stengel/Leonard/*Drinhausen* § 5 Rn. 27.
[33] Sagasser/Bula/Brünger Umwandlungen/*Gutkès* § 13 Rn. 61; *Kiem* ZGR 2007, 542 (543).
[34] Henssler/Strohn/*Polley* § 122c Rn. 14.
[35] Semler/Stengel/Leonard/*Drinhausen* § 122c Rn. 19; Kallmeyer/Marsch-Barner/*Wilk* § 122c Rn. 14; Habersack/Drinhausen/*Kiem* § 122c Rn. 26; zum früheren Meinungsstreit siehe Widmann/Mayer/*Mayer* § 122c Rn. 93.

übertragenden Rechtsträgers, da deren Aktien mit Wirksamwerden der Verschmelzung erlöschen.

5. Auswirkungen auf die Beschäftigung (Abs. 2 Nr. 4)

Weiterhin sind im Verschmelzungsplan die voraussichtlichen **Auswirkungen auf die Beschäftigung** anzugeben. Die Vorschrift deckt sich inhaltlich mit § 5 Abs. 1 Nr. 9, so dass die Einzelheiten zu den erforderlichen Angaben den dortigen Ausführungen entnommen werden können (→ § 5 Rn. 72 ff.).

Unterschiede ergeben sich nur insofern, als nach § 307 Abs. 2 Nr. 4 die Angaben zu den Auswirkungen der Verschmelzung auf die Arbeitnehmervertretungen nicht dargelegt werden müssen. Hierzu trifft § 307 Abs. 2 Nr. 10 eine gesonderte Regelung. Die Information der Arbeitnehmer erfolgt durch die Zuleitung des Verschmelzungsberichts an den Betriebsrat bzw. bei Fehlen eines Betriebsrats an die Arbeitnehmer selbst (§ 309 Abs. 1), der auch den Verschmelzungsplan erläutern muss. Daraus folgt, dass der Verschmelzungsplan ausschließlich der Information der Gesellschafter dient. Es sind daher nur solche Angaben zur Beschäftigung aufzunehmen, die aus Sicht der Anteilsinhaber für deren Entscheidungsfindung von Relevanz sind, wie zB die mit der Verschmelzung geplanten personellen Änderungen und damit verbundenen Kosten oder Auswirkungen auf die Mitbestimmung.[36]

6. Zeitpunkt der Gewinnbeteiligung (Abs. 2 Nr. 5)

Nach § 307 Abs. 2 Nr. 5 ist im Verschmelzungsplan der Zeitpunkt anzugeben, von dem an die Gesellschaftsanteile ihren Inhabern das Recht auf **Beteiligung am Gewinn** gewähren, sowie alle Besonderheiten, die eine Auswirkung auf dieses Recht haben. Die Vorschrift entspricht § 5 Abs. 1 Nr. 5, so dass auf die dortigen Ausführungen verwiesen werden kann (→ § 5 Rn. 45 ff.).

7. Verschmelzungsstichtag (Abs. 2 Nr. 6)

§ 307 Abs. 2 Nr. 6 sieht die Angabe des Zeitpunktes vor, von dem an die Handlungen der übertragenden Gesellschaften unter dem Gesichtspunkt der Rechnungslegung als für Rechnung der übernehmenden oder neuen Gesellschaft vorgenommen gelten (**Verschmelzungsstichtag**). Die Regelung entspricht inhaltlich § 5 Abs. 1 Nr. 6. Sie regelt das Innenverhältnis zwischen den beteiligten Gesellschaften und ist von dem Tag des Wirksamwerdens der Verschmelzung im Außenverhältnis zu unterscheiden.[37] Der Verschmelzungsstichtag kann für die übertragende Gesellschaft und die übernehmende Gesellschaft unterschiedlich festgelegt werden, wobei nach deutschem Recht auch bei der grenzüberschreitenden Verschmelzung gilt, dass der Verschmelzungsstichtag der Kalendertag ist, der auf den Stichtag der Schlussbilanz folgt.[38] Der Verschmelzungsstich-

---

[36] Schmitt/Hörtnagl/*Hörtnagl* § 122c Rn. 19; Simon/Hinrichs NZA 2008, 391 (392 f.); *Vetter* AG 2006, 613 (619 f.); Simon/Rubner Der Konzern 2006, 835 (837 f.); Tebben/Tebben DB 2007, 2355 (2357); *Limmer* ZNotP 2007, 242 (253 f.); aA Semler/Stengel/Leonard/*Drinhausen* § 122c Rn. 21; Habersack/Drinhausen/*Kiem* § 122c Rn. 27.
[37] Widmann/Mayer/*Mayer* § 122c Rn. 103.
[38] Semler/Stengel/Leonard/*Drinhausen* § 122c Rn. 24; Schneider/Heinemann ISR 2023, 260 (262).

tag kann variabel gewählt werden, um im Verschmelzungsplan auf zeitliche Verzögerungen bei der Eintragung der Verschmelzung flexibel reagieren zu können.[39]

8. Gewährung von Rechten an Gesellschafter mit Sonderrechten (Abs. 2 Nr. 7)

22 Weiterhin sind im Verschmelzungsplan Angaben zu etwaigen (**Sonder-**)**Rechten** aufzuführen, die die übernehmende oder neue Gesellschaft den mit Sonderrechten ausgestatteten Gesellschaftern und den Inhabern von anderen Wertpapieren als Gesellschaftsanteilen gewährt, oder die für diese Personen vorgeschlagene Maßnahmen. Die Vorschrift korreliert weitgehend mit § 5 Abs. 1 Nr. 7, so dass hier auf die dortigen Ausführungen verwiesen werden kann (→ § 5 Rn. 63 ff.).

23 Allerdings ergeben sich aus dem **Wortlaut** gewichtige **Unterschiede** zu § 5 Abs. 1 Nr. 7. § 307 Abs. 2 Nr. 7 spricht von Rechten, die „Gesellschaftern" mit bestehenden Sonderrechten und nicht nur „einzelnen Anteilsinhabern" mit Sonderrechten gewährt werden sollen. Daraus wird geschlossen, dass sämtliche einem Gesellschafter mit Sonderrechten zu gewährenden Rechte zu nennen sind – seien es Sonderrechte, die einzelnen oder die allen Gesellschaftern gewährt werden.[40] Zum anderen sind nur solche Rechte zu nennen, die als Ersatz für bereits bestehende in- und ausländische Sonderrechte gewährt werden sollen.[41]

24 Die von § 307 Abs. 2 Nr. 7 verwendete Begriffe „Wertpapiere" und „Sonderrechte" zielen naturgemäß nicht nur auf deutsche, sondern auch auf **ausländische Sonderrechte** und Wertpapiere aller Art ab.[42] Dies können zB Mehrfach- und Höchststimmrechte, Vetorechte, Gewinnvorzüge, Genussrechte oder Schuldverschreibungen sein.[43]

9. Vorteile für sonstige Beteiligte (Abs. 2 Nr. 8)

25 Mit dem Inkrafttreten des UmRUG erfuhr der § 122c Abs. 2 Nr. 8 aF, nunmehr § 307 Abs. 2 Nr. 8 eine begriffliche Änderung. Diese Änderung dient der Umsetzung des Art. 122 S. 2 lit. h GesR-RL[44] in der durch Art. 1 Abs. 9 lit. b Umw-RL geänderten Fassung. Danach sind im Verschmelzungsplan etwaige besondere **Vorteile** aufzunehmen, die den Mitgliedern der Verwaltungs-, Leitungs-, Aufsichts- oder Kontrollorgane der an der Verschmelzung beteiligten Gesellschaften gewährt werden. Der Inhalt der Vorschrift entspricht weitgehend der Regelung in § 5 Abs. 1 Nr. 8 (→ § 5 Rn. 68 ff.). Es sind auch solche Vorteile mit aufzuführen, die Mitgliedern fakultativer Organe (wie zB ein Beirat) gewährt werden sollen, wenn dem betreffenden Organ eine Überwachungs- oder Leitungsfunktion übertragen worden ist.[45] Vorteile an sachverständige Prüfer sind – anders als nach § 122c Abs. 2 Nr. 8 aF – nicht mehr zu nennen.

10. Satzung (Abs. 2 Nr. 9)

26 Im Zuge des UmRUG erfuhr auch § 307 Abs. 2 Nr. 9 eine Änderung zur Umsetzung des annähernd wortgleichen Art. 122 S. 2 lit. i GesR-RL[46] in der durch Art. 1 Abs. 9

---

[39] Widmann/Mayer/*Mayer* § 122c Rn. 106. Zur Frage, wie Verschmelzungsstichtag und (steuerlicher) Schlussbilanzstichtag zusammenhängen vgl. Habersack/Drinhausen/*Kiem* § 122c Rn. 33, und Widmann/Mayer/*Mayer* § 122c Rn. 104 ff. Zum steuerlichen Übertragungsstichtag siehe *Schneider/Heinemann* ISR 2023, 303 (308 ff.).
[40] Semler/Stengel/Leonard/*Drinhausen* § 122c Rn. 26; Kallmeyer/Marsch-Barner/*Wilk* § 122c Rn. 24.
[41] Schmitt/Hörtnagl/*Hörtnagl* § 122c Rn. 24; Semler/Stengel/Leonard/*Drinhausen* § 122c Rn. 26 ff.
[42] Habersack/Drinhausen/*Kiem* § 122c Rn. 34.
[43] Semler/Stengel/Leonard/*Drinhausen* § 122c Rn. 28.
[44] Begr. RegE UmRUG, BR-Drs. 371/22, 102.
[45] Habersack/Drinhausen/*Kiem* § 122c Rn. 35.
[46] Begr. RegE UmRUG, BR-Drs. 371/22, 102.

lit. b Umw-RL geänderten Fassung. Im Verschmelzungsplan sind, sofern einschlägig, der Errichtungsakt der aus der grenzüberschreitenden Verschmelzung hervorgehenden Gesellschaft und, falls sie Gegenstand eines gesonderten Aktes ist, die **Satzung** beizufügen. Sinn und Zweck ist die umfassende Information der Anteilsinhaber. Für rein innerdeutsche Verschmelzungen zur Aufnahme[47] findet sich keine entsprechende Parallelregelung. Der Gesetzgeber konnte für den Verschmelzungsvertrag aufgrund der Registerpublizität in Deutschland hierauf verzichten.[48] Eine „Vorläuferregelung" zu § 307 Abs. 2 Nr. 9 findet sich aber in Art. 20 Abs. 1 lit. h SE-VO für die Gründung einer SE durch Verschmelzung.[49]

Hinweise: Aus Gründen der besseren Übersichtlichkeit kann die Satzung in einer Anlage zum Verschmelzungsplan geführt werden.[50] In diesem Fall ist im Wortlaut des Verschmelzungsplans auf die Anlage zu verweisen. Im Rahmen der Beurkundung ist dann zwingend auch die Anlage als Teil des Verschmelzungsplans zu verlesen.

Soll die Satzung der übernehmenden Gesellschaft geändert werden, nachdem eine Anteilsinhaberversammlung ihre Zustimmung zum Verschmelzungsplan bereits erteilt hat, so ist umstritten, ob dies zulässig ist.[51] Aus Gründen der Rechtssicherheit sollten solche Satzungsänderungen daher vermieden und erst nach dem Wirksamwerden der Verschmelzung durchgeführt werden.

11. Angaben zum Verfahren über die Beteiligung der Arbeitnehmer (Abs. 2 Nr. 10)

§ 307 Abs. 2 Nr. 10 legt fest, dass im Verschmelzungsplan gegebenenfalls Angaben zu dem Verfahren zu machen sind, nach dem die Einzelheiten über die **Beteiligung der Arbeitnehmer** an der Festlegung ihrer Mitbestimmungsrechte in der aus der grenzüberschreitenden Verschmelzung hervorgehenden Gesellschaft geregelt werden. Wie bei § 307 Abs. 2 Nr. 9 findet sich auch hier keine Parallelvorschrift für rein innerdeutsche Verschmelzungen, jedoch wieder im SE-Recht.[52] Der Umfang der Angaben sollte sich im Hinblick auf die detaillierte Darstellung im Verschmelzungsbericht zu den Auswirkungen der grenzüberschreitenden Verschmelzung auf die Arbeitnehmer (§ 309 Abs. 1) auf die wesentlichen Grundzüge beschränken.[53] Relevant ist auch hier der Blickwinkel der Anteilsinhaber, da der Verschmelzungsplan deren Information dient.

Mit der Formulierung „**gegebenenfalls**" stellt der Gesetzgeber klar, dass nur dann Angaben zu treffen sind, wenn auch tatsächlich ein solches Verfahren durchgeführt werden muss. Ob das der Fall ist, richtet sich nach dem jeweiligen (rechtsformspezifischen) nationalen Recht des Satzungssitzes der übernehmenden bzw. neu gegründeten Gesellschaft.[54] Handelt es sich bei der übernehmenden oder neuen Gesellschaft um einen deutschen Rechtsträger, so regelt das MgVG[55] die Frage der Erforderlichkeit und der Durchführung des Verfahrens zur Mitbestimmung, anderenfalls regeln dies die

---

47 Bei der Verschmelzung zur Neugründung ist der Gesellschaftsvertrag, der Partnerschaftsvertrag oder die Satzung des neuen Rechtsträgers gem. § 37 in den Verschmelzungsvertrag aufzunehmen.
48 Semler/Stengel/Leonard/*Drinhausen* § 122c Rn. 30.
49 Art. 20 Abs. 1 lit. h SE-VO.
50 Semler/Stengel/Leonard/*Drinhausen* § 122c Rn. 30; Kallmeyer/*Marsch-Barner*/Wilk § 122c Rn. 26; Widmann/Mayer/*Mayer* § 122c Rn. 121.
51 Vgl. zum Streitstand Semler/Stengel/Leonard/*Drinhausen* § 122c Rn. 30; Habersack/Drinhausen/*Kiem* § 122c Rn. 36.
52 Art. 20 Abs. 1 lit. i SE-VO.
53 Semler/Stengel/Leonard/*Drinhausen* § 122c Rn. 31; Schmitt/Hörtnagl/*Hörtnagl* § 122c Rn. 27.
54 Widmann/Mayer/*Mayer* § 122c Rn. 126; Semler/Stengel/Leonard/*Drinhausen* § 122c Rn. 31.
55 Gesetz über die Mitbestimmung der Arbeitnehmer bei einer grenzüberschreitenden Verschmelzung v. 21.12.2006, BGBl. I 3332.

entsprechenden ausländischen Bestimmungen, die zur Umsetzung von Art. 133 GesR-RL (früher Art. 16 IntVerschm-RL) in der durch Art. 1 Abs. 20 Umw-RL geänderten Fassung erlassen worden sind. Die Ergebnisse des Verfahrens zur Mitbestimmung (zB Abschluss einer Mitbestimmungsvereinbarung oder Eingreifen der gesetzlichen Regelung) müssen nur aufgeführt werden, soweit sie bei der Aufstellung des Verschmelzungsplans bereits vorliegen.[56]

12. Angaben zur Bewertung des Aktiv- und Passivvermögens (Abs. 2 Nr. 11)

29   Nach § 307 Abs. 2 Nr. 11 sind im Verschmelzungsplan Angaben zur Bewertung des **Aktiv- und Passivvermögens** aufzunehmen, das auf die neue oder übernehmende Gesellschaft übertragen wird. Der Inhalt der Norm bzw. der Vorgängerregelung in § 122c Abs. 2 Nr. 11 UmwG aF ist aus deutscher Sicht neuartig, da sich auch im SE-Recht keine Parallelregelung findet.[57] Sie geht auf die Initiative der französischen Delegation bei den Verhandlungen zur IntVerschm-RL zurück.[58] Der Inhalt und die Reichweite der Norm sind anfänglich dennoch unklar gewesen, so dass die Literatur den Normzweck im Wege der negativen Abgrenzung herausgearbeitet hat.[59] Einhellige Meinung ist wohl nunmehr, dass diese Norm eine Darstellung der Umtauschverhältnisse nicht bezweckt, da dies durch § 307 Abs. 2 Nr. 2 und den Verschmelzungsbericht bereits erfolgt; vielmehr ziele sie darauf ab, wie die übernehmende Gesellschaft das Aktiv- und Passivvermögen der übertragenden Gesellschaft nach der Verschmelzung handelsrechtlich bewerten, sprich bilanzieren wird. Es seien daher die entsprechenden Bilanzansätze (Buchwerte, Teilwerte, Zwischenwerte) darzustellen.[60] Hierbei kann es sich aus rein praktischen Gründen nur um die generellen Bilanzansätze und nicht die Einzelansätze für jeden Einzelposten des übergehenden Aktiv- und Passivvermögens handeln.[61]

13. Stichtag der Bilanzen (Abs. 2 Nr. 12)

30   Nach § 307 Abs. 2 Nr. 12 ist im Verschmelzungsplan der **Stichtag der Bilanzen** der beteiligten Gesellschaften anzugeben, die zur Festlegung der Bedingungen der Verschmelzung verwendet werden. Diese Regelung findet neben § 307 Abs. 2 Nr. 11 ebenfalls ihren Ursprung in der Initiative der französischen Delegation.[62] Auch hier fällt die Auslegung schwer. Zum Teil wird vertreten, dass sämtliche Jahresabschlüsse in den Verschmelzungsplan aufzunehmen sind.[63] Eine derart weite Auslegung scheint jedoch mit dem Wortlaut kaum vereinbar, so dass allein der Stichtag der Schlussbilanzen der beteiligten Gesellschaften zu nennen ist, für deren Bilanzposten die Bilanzansätze gem. § 307 Abs. 2 Nr. 11 anzugeben und die nach § 17 Abs. 2 zum Handelsregister einzureichen sind.[64]

---

56 Semler/Stengel/Leonard/*Drinhausen* § 122c Rn. 31.
57 Schmitt/Hörtnagl/*Hörtnagl* § 122c Rn. 29.
58 Semler/Stengel/Leonard/*Drinhausen* § 122c Rn. 32; Neye/Timm DB 2006, 488 (489).
59 Vgl. zum Meinungsstand: Habersack/Drinhausen/*Kiem* § 122c Rn. 38 mwN.
60 Semler/Stengel/Leonard/*Drinhausen* § 122c Rn. 35; Widmann/Mayer/*Mayer* § 122c Rn. 138.
61 Habersack/Drinhausen/*Kiem* § 122c Rn. 38; Semler/Stengel/Leonard/*Drinhausen* § 122c Rn. 32.
62 Semler/Stengel/Leonard/*Drinhausen* § 122c Rn. 32.
63 Haritz/v. *Wolff* GmbHR 2006, 340 (341).
64 Habersack/Drinhausen/*Kiem* § 122c Rn. 39; Semler/Stengel/Leonard/*Drinhausen* § 122c Rn. 37; Widmann/Mayer/*Mayer* § 122c Rn. 139; *Vetter* AG 2006, 613 (619); *Simon/Rubner* Der Konzern 2006, 835 (838 f.).

14. Angebot einer Barabfindung gem. § 313 (Abs. 2 Nr. 13)

Infolge des UmRUG wurde die neue Nr. 13 eingeführt und dient der Umsetzung des Art. 122 S. 2 lit. m GesR-RL[65] in der durch Art. 1 Abs. 9 lit. c Umw-RL geänderten Fassung. Demnach sind die Einzelheiten zum Angebot einer Barabfindung gemäß § 313 in den Verschmelzungsplan aufzunehmen. Nr. 13 ergänzt die Bestimmungen des § 313 zum Angebot einer Barabfindung (→ § 313 Rn. 1 ff.). 31

15. Sicherheiten, die den Gläubigern angeboten werden (Abs. 2 Nr. 14)

Gem. § 307 Abs. 2 Nr. 14 sind Angaben über Sicherheiten, die den Gläubigern angeboten werden, in den Verschmelzungsplan aufzunehmen. Nr. 14 wurde auch neu eingefügt und setzt Art. 122 S. 2 lit. n GesR-RL in der durch Art. 1 Abs. 9 lit. c Umw-RL geänderten Fassung um.[66] Damit wird ein vorgelagerter Gläubigerschutz eingeführt.[67] Dies ergänzt die Bestimmung des § 314 zum Schutz der Gläubiger (→ § 314 Rn. 1 ff.).[68] Die Gesetzesbegründung erläutert nicht, wie detailliert die Informationen über die angebotenen Sicherheiten zu sein haben.[69] Da nach dem Gesetzeswortlaut zu den Sicherheiten (nur) „Angaben" zu machen sind, während § 313 Abs. 2 Nr. 13 „Einzelheiten" zum Barabfindungsangebot verlangt, dürften allgemeine Angaben zur Art der Sicherheiten und den Gläubigergruppen, die Adressat der anzubietenden Sicherheiten sind, ausreichen.[70] Es bleibt abzuwarten, in welchem Umfang Gläubiger ihre Forderungen, die zum Zeitpunkt der Errichtung des Entwurfs des Verschmelzungsplans oder der Bekanntmachung entstanden, aber noch nicht fällig (§ 314 Abs. 1) sind, in der Praxis geltend machen werden. Aus diesem Grund wird die Höhe und die Art der Sicherheiten regelmäßig nicht durch konkrete und sichere Angaben bestimmt werden können. Der Bestimmung der Sicherheiten für die nach der Bekanntmachung fälligen Forderungen liegt daher immer eine **Prognoseentscheidung** zugrunde.[71] Sicherheiten können zB Geld und Wertpapiere, aber auch Garantien, Pfandrechte oder Bürgschaften sein.[72] Die Art und das Bewirken der Sicherheitsleistung richten sich nach den allgemeinen Bestimmungen der §§ 232 ff. BGB.[73] 32

16. Angaben im Fall der Verschmelzung auf eine Personenhandelsgesellschaft gem. § 306 Abs. 1 Nr. 2 (Abs. 2 Nr. 15)

Bereits mit Inkrafttreten des Vierten Gesetzes zur Änderung des Umwandlungsgesetzes[74] wurde Nr. 15 eingeführt, um der Einbeziehung von Personenhandelsgesellschaften Rechnung zu tragen (vgl. § 306 Abs. 1 Nr. 2). Diese Regelung entspricht dem § 40 Abs. 1 für den Verschmelzungsvertrag. Danach sind im Verschmelzungsplan Angaben zu Gesellschafterstellung und Einlagen zu machen, wenn an der grenzüberschreitenden Verschmelzung eine OHG oder KG als übernehmende oder neue Gesellschaft beteiligt ist.[75] Anzugeben ist danach für jeden Anteilsinhaber eines übertragenden Rechtsträgers, ob ihm in der übernehmenden oder neuen OHG oder KG die Rechtsstellung eines persönlich haftenden Gesellschafters (Komplementär) oder eines Kommanditisten eingeräumt wird. Ferner ist die Höhe der Einlagen festzusetzen. 33

---

65 Begr. RegE UmRUG, BR-Drs. 371/22, 102.
66 Begr. RegE UmRUG, BR-Drs. 371/22, 102.
67 Schollmeyer ZGR 2020, 62 (71); Thomale/Schmid NotBZ 2023, 91 (100).
68 Begr. RegE UmRUG, BR-Drs. 371/22, 102; BeckOGK/Klett § 307 Rn. 77.
69 Vgl. Begr. RegE UmRUG, BR-Drs. 371/22, 102.
70 Bungert/Reidt DB 2022, 1369 (1377); Thomale/Schmid NotBZ 2023, 91 (101).
71 BeckOGK/Klett § 307 Rn. 79.
72 Recktenwald BB 2023, 643 (646).
73 BeckOGK/Klett § 307 Rn. 78.
74 Viertes Gesetz zur Änderung des Umwandlungsgesetzes vom 19.12.2018, BGBl. I 2694.
75 Semler/Stengel/Leonard/Drinhausen § 122c Rn. 37a.

17. Auswirkungen der grenzüberschreitenden Verschmelzung auf Betriebsrenten und Betriebsrentenanwartschaften (Abs. 2 Nr. 16)

34 Neu ist ferner Nr. 16, dessen Ursprung nicht aus der Umsetzung des Art. 122 S. 2 GesR-RL folgt. Allerdings wird der Gläubigerschutz von Inhabern von Betriebsrentenanwartschaften im Erwägungsgrund Nr. 24 der Umw-RL erwähnt.[76] Mit der überschießenden Umsetzung des deutschen Gesetzgebers sollen die Arbeitnehmer und deren Vertretungen im Vorfeld über Rechtsfolgen informiert werden, die sich infolge der grenzüberschreitenden Verschmelzung für Betriebsrenten und Betriebsrentenanwartschaften ergeben.[77] Der vorzeitige Informationszugriff soll die Möglichkeit eröffnen, die Statthaftigkeit eines möglichen Antrags auf Sicherheitsleistung gem. § 314 prüfen zu können.[78] Dagegen mag einzuwenden sein, dass sich der Verschmelzungsplan in erster Linie an die Gesellschafter der verschmelzenden Rechtsträger richtet. Der Gesetzgeber war jedoch der Auffassung, dass eine Darstellung ausschließlich im arbeitnehmerspezifischen Abschnitt des Verschmelzungsberichts der Dokumentation nicht genüge. Nur durch die Darstellung etwaiger Auswirkungen im Verschmelzungsplan werde sichergestellt, dass der Informationszugriff nicht auf die Arbeitnehmer oder ihre Vertretungen beschränkt ist. Beispielsweise könne dadurch auch der Pensions-Sicherungs-Verein auf Gegenseitigkeit durch Abruf des Verschmelzungsplans im Handelsregister auf die Information zugreifen.[79]

18. Weitergehende Angaben

35 Über den Mindestinhalt hinaus können dem Verschmelzungsplan weitere Angaben, insbes. schuldrechtliche Vereinbarungen hinzugefügt werden, zB Sondervereinbarungen in Form eines sog. **Business Combination Agreement**, ggf. auch als separates Dokument.[80] Ferner kann das Barabfindungsangebot einer deutschen übertragenden Gesellschaft nach § 313 in den Verschmelzungsplan aufgenommen werden (→ § 313 Rn. 5).

V. Entbehrlichkeit von Angaben im Falle eines „upstream merger" und „side-step merger" (Abs. 3)

36 § 307 Abs. 3 regelt nun zwei Konstellationen, in denen keine Angaben über den Umtausch der Anteile (Abs. 2 Nr. 2, 3 und 5) und den Einzelheiten zum Angebot einer Barabfindung (Abs. 2 Nr. 13) zu machen sind. Zum einen wird der Fall der Verschmelzung einer 100 %igen Tochtergesellschaft auf ihre Muttergesellschaft („upstream merger") (Nr. 1) geregelt, zum anderen der Fall des „side-step merger", bei dem sich alle Anteile der beteiligten Rechtsträger unmittelbar oder mittelbar in der Hand derselben Person befinden und keine Anteile gewährt werden (Nr. 2). Damit wird Art. 132 Abs. 1 erster Gedankenstrich GesR-RL in der durch Art. 1 Abs. 19 lit. a Umw-RL geänderten Fassung umgesetzt.[81]

---

[76] Erwägungsgrund Nr. 24 S. 3 RL 2121/2019/EU.
[77] Begr. RegE UmRUG, BR-Drs. 371/22, 102.
[78] Begr. RegE UmRUG, BR-Drs. 371/22, 102.
[79] Begr. RegE UmRUG, BR-Drs. 371/22, 102.
[80] Widmann/Mayer/*Mayer* § 122c Rn. 18; MHdB GesR VIII/*Oppenhoff* § 18 Rn. 66.
[81] Begr. RegE UmRUG, BR-Drs. 371/22, 102.

VI. Notarielle Beurkundung (Abs. 4)

Nach § 307 Abs. 4 ist der Verschmelzungsplan **notariell zu beurkunden**. Der Gesetzgeber geht mit diesem Erfordernis über die Vorgaben des Richtliniengebers hinaus. Die Vorschrift entspricht der Parallelregelung in § 6 (→ § 6 Rn. 4 ff.). 37

Besonderheiten ergeben sich jedoch im Hinblick auf etwaige **Auslandsbeurkundungen**, insbes. wenn eine ausländische Rechtsordnung ebenfalls eine Beurkundung vorsieht und daher die Vermeidung von Doppel- oder Mehrfachbeurkundungen wünschenswert ist. Für die Erfüllung dieses Formerfordernisses gelten ausweislich der Regierungsbegründung die vom BGH festgelegten Grundsätze zum Erfordernis der Gleichwertigkeit.[82] Erfolgt bei einer grenzüberschreitenden Verschmelzung unter Beteiligung einer deutschen Gesellschaft die Beurkundung des Verschmelzungsplans im Ausland, ist dieses Vorgehen danach so lange unschädlich, als die Beurkundung ihren Anforderungen nach derjenigen durch einen deutschen Notar entspricht.[83] Diese Rechtsprechung hat der BGH auch in seiner Entscheidung vom 17.12.2013 bestätigt: In der Sache ging es zwar vorrangig um die Frage, ob ein Schweizer Notar berechtigt ist, eine Gesellschafterliste zum Handelsregister einzureichen. In diesem Zusammenhang hatte der Senat jedoch auch Gelegenheit, erneut klarzustellen, dass eine Gleichwertigkeit der Auslandsbeurkundung dann gegeben ist, wenn die ausländische Urkundsperson nach Vorbildung und Stellung im Rechtsleben eine der Tätigkeit des deutschen Notars entsprechende Funktion ausübt und für die Errichtung der Urkunde ein Verfahrensrecht zu beachten hat, das den tragenden Grundsätzen des deutschen Beurkundungsrechts entspricht.[84] 38

Hinweis: Im Hinblick auf die mit der Verschmelzung verbundene Strukturänderung der sich verschmelzenden Rechtsträger und vor dem Hintergrund, dass sich die jüngste Entscheidung des BGH zur Gleichwertigkeit von Auslandsbeurkundungen „nur" auf die Einreichung einer GmbH-Gesellschafterliste bezog, erscheint es ratsam, eine Auslandsbeurkundung mit dem zuständigen Registergericht vorab zu besprechen.[85] Hingewiesen sei darauf, dass die Eintragung der Verschmelzung gem. § 305 Abs. 2 iVm § 20 Abs. 1 Nr. 4 sämtliche Mängel der notariellen Beurkundung heilt. Die unzulässige Beurkundung im Ausland stellt einen solchen „Mangel der notariellen Beurkundung" iSv § 20 Abs. 1 Nr. 4 dar.[86]

VII. Keine Zuleitung an den Betriebsrat

Der Verschmelzungsplan ist dem **Betriebsrat** nicht zuzuleiten.[87] Eine § 5 Abs. 3 entsprechende Anordnung fehlt im grenzüberschreitenden Verschmelzungsrecht. Etwas anderes ergibt sich auch nicht über die Generalverweisung in § 305 Abs. 2.[88] § 307 39

---

82 Begr. RegE zu § 122c, BT-Drs. 16/2919, 15 unter Verweis auf BGHZ 80, 76.
83 BGH NJW 1981, 1160; Semler/Stengel/Leonard/*Drinhausen* § 122c Rn. 42; Habersack/Drinhausen/*Kiem* § 122c Rn. 16 mwN.
84 BGH ZIP 2014, 317 Rn. 14; so auch OLG Karlsruhe NZG 2022, 1603 Rn. 17; s. außerdem *Heckschen* BB 2014, 462 ff.
85 Kritisch zur Gleichwertigkeit im Rahmen der Verschmelzung auch Lutter/*Drygala* § 6 Rn. 13; Semler/Stengel/Leonard/Schröer/*Greitemann* § 6 Rn. 17; Kallmeyer/*Zimmermann* § 6 Rn. 11; generell ablehnend LG Augsburg DB 1996, 1666; *Heckschen* BB 2014, 462 (465);
Goette MittRhNotK 1997, 1 (4 f.); im Allgemeinen gegen die Zulässigkeit bei Bezug zur Verfassung der Gesellschaft OLG Hamm NJW 1974, 1057 (1058 f.); OLG Karlsruhe RIW 1979, 578 (579); LG Köln DB 1989, 2214 f.; LG Nürnberg-Fürth DB 1991, 2029; *Priester* ZGR 1990, 420 (446).
86 Lutter/Grunewald § 20 Rn. 74; Semler/Stengel/Leonard/Leonard/*Simon* § 20 Rn. 82.
87 Semler/Stengel/Leonard/*Drinhausen* § 122c Rn. 44; Habersack/Drinhausen/*Kiem* § 122c Rn. 8.
88 Ohne jede Begründung so aber Krause/Kulpa ZHR 171 (2007), 38 (60 f.).

ist diesbezüglich abschließend, weil bei grenzüberschreitenden Verschmelzungen im Gegensatz zu innerdeutschen Verschmelzungen die Unterrichtung der Arbeitnehmervertretungen (bzw. bei deren Fehlen der Arbeitnehmer selbst) über die Auswirkungen der Verschmelzung nicht durch die Zuleitung des Verschmelzungsplans erfolgt, sondern gem. § 309 über die Zugänglichmachung des Verschmelzungsberichts.[89] Da der Verschmelzungsbericht den Verschmelzungsplan oder seinen Entwurf im Einzelnen rechtlich und wirtschaftlich zu erläutern und zu begründen hat (vgl. § 8 Abs. 1 S. 1), kommt es im Ergebnis gleichwohl zu einer Unterrichtung des Betriebsrats über den Verschmelzungsplan über den Umweg des Verschmelzungsberichts.

VIII. Beurkundungskosten

40 Aus kostenrechtlicher Sicht ergeben sich für die grenzüberschreitende Verschmelzung grundsätzlich **keine Besonderheiten** zum innerstaatlichen Recht, so dass auf die dortigen Ausführungen verwiesen werden kann (→ § 6 Rn. 19 ff.). Zu beachten ist allerdings, dass bei einer Beurkundung in einer anderen Sprache als Deutsch die sog. Fremdsprachengebühr (KV Nr. 26001 GNotKG) fällig wird (→ Rn. 11). Diese beträgt 30 % der Gebühr, die für das Beurkundungsverfahren zu erheben ist, maximal 5.000 EUR.

§ 308 Bekanntmachung des Verschmelzungsplans

(1) ¹Der Verschmelzungsplan oder sein Entwurf ist zum Register einzureichen. ²Das Gericht hat in der Bekanntmachung nach § 10 des Handelsgesetzbuchs unverzüglich die folgenden Angaben bekannt zu machen:
1. einen Hinweis darauf, dass der Verschmelzungsplan oder sein Entwurf beim Handelsregister eingereicht worden ist,
2. Rechtsform, Firma und Sitz der an der grenzüberschreitenden Verschmelzung beteiligten Gesellschaften,
3. die Register, bei denen die an der grenzüberschreitenden Verschmelzung beteiligten Gesellschaften eingetragen sind, sowie die jeweilige Registernummer,
4. einen Hinweis an folgende Personen, dass sie der jeweiligen Gesellschaft spätestens fünf Arbeitstage vor dem Tag der Gesellschafterversammlung Bemerkungen zum Verschmelzungsplan übermitteln können:
    a) an die Anteilsinhaber und Gläubiger der an der grenzüberschreitenden Verschmelzung beteiligten Gesellschaften sowie
    b) an die zuständigen Betriebsräte der an der grenzüberschreitenden Verschmelzung beteiligten Gesellschaften oder, soweit es keinen Betriebsrat gibt, an die Arbeitnehmer der an der grenzüberschreitenden Verschmelzung beteiligten Gesellschaften.

³Die bekannt zu machenden Angaben sind dem Register bei Einreichung des Verschmelzungsplans oder seines Entwurfs mitzuteilen. ⁴Die Versammlung der Anteilsinhaber darf erst einen Monat nach der Bekanntmachung über die Zustimmung zu dem Verschmelzungsplan gemäß § 13 beschließen.

(2) Ist ein Verschmelzungsbeschluss der Anteilsinhaber der übertragenden Gesellschaft gemäß § 312 Absatz 2 in Verbindung mit § 307 Absatz 3 nicht erforderlich, so

---

[89] Begr. RegE zu § 122e, BT-Drs. 16/2919, 15; Semler/Stengel/*Leonard*/*Drinhausen* § 122c Rn. 44.

hat die übertragende Gesellschaft den Verschmelzungsplan spätestens einen Monat vor dem Tag, an dem der Verschmelzungsplan beurkundet wird, zum Register einzureichen.

(3) Ist ein Verschmelzungsbeschluss der Anteilsinhaber der übertragenden Gesellschaft erforderlich, ein Verschmelzungsbeschluss der Anteilsinhaber der übernehmenden Gesellschaft hingegen gemäß § 62 Absatz 1 nicht erforderlich, so hat die übernehmende Gesellschaft den Verschmelzungsplan einen Monat vor der Versammlung der Anteilsinhaber der übertragenden Gesellschaft, die gemäß § 13 über die Zustimmung beschließen soll, zum Register einzureichen.

(4) Ist gemäß § 312 Absatz 2 und § 62 Absatz 1 weder ein Verschmelzungsbeschluss der Anteilsinhaber der übertragenden Gesellschaft noch ein Verschmelzungsbeschluss der Anteilsinhaber der übernehmenden Gesellschaft erforderlich, so hat die übernehmende Gesellschaft den Verschmelzungsplan spätestens einen Monat vor dem Tag, an dem der Verschmelzungsplan beurkundet wird, zum Register einzureichen.

I. Allgemeines und unionsrechtlicher Hintergrund 1	IV. Mitteilung der bekannt zu machenden Angaben (Abs. 1 S. 3) 17
II. Einreichung beim Registergericht (Abs. 1 S. 1) 9	V. Fristberechnung 18
1. Zuständiges Gericht 9	1. Grundfall (Abs. 1 S. 4) 18
2. Form 10	2. Fristberechnung bei Entbehrlichkeit des Verschmelzungsbeschlusses der übertragenden Gesellschaft (Abs. 2) 19
3. Verzichtbarkeit 11	3. Fristberechnung bei Entbehrlichkeit des Verschmelzungsbeschlusses der übernehmenden Gesellschaft (Abs. 3) 21
III. Inhalt der Bekanntmachung (Abs. 1 S. 2) .. 12	
1. Hinweis auf die Einreichung (Nr. 1) 12	
2. Rechtsform, Firma und Sitz (Nr. 2) 13	
3. Register der beteiligten Gesellschaften (Nr. 3) 14	4. Fristberechnung bei Entbehrlichkeit des Verschmelzungsbeschlusses der übertragenden und der übernehmenden Gesellschaft (Abs. 4) 22
4. Hinweis zur Übermittlung von Bemerkungen an Anteilsinhaber und Gläubiger sowie an Arbeitnehmer bzw. deren Vertretungen (Nr. 4) 15	VI. Wirkung der Bekanntmachung 23

I. Allgemeines und unionsrechtlicher Hintergrund

§ 308 regelt die **Bekanntmachung des Verschmelzungsplans** (oder seines Entwurfs) und setzt Art. 123 der Gesellschaftsrechtsrichtlinie (GesR-RL[1]) (früher Art. 6 der Internationalen Verschmelzungsrichtlinie (IntVerschm-RL[2])) in der durch Art. 1 Abs. 10 der Umwandlungsrichtlinie (Umw-RL[3]) geänderten Fassung in deutsches Recht um.[4] Danach muss der gemeinsame Verschmelzungsplan auf die im innerstaatlichen Recht vorgesehene Weise im Einklang mit den Vorgaben von Art. 16 GesR-RL (früher Art. 3 der sog. Publizitätsrichtlinie[5]) für jede der beteiligten Gesellschaften spätestens einen Monat vor der Gesellschafterversammlung, auf der über den Plan beschlossen wird,

---

[1] Richtlinie (EU) 2017/1132 des Europäischen Parlaments und des Rates v. 14.6.2017 über bestimmte Aspekte des Gesellschaftsrechts (ABl. 2017 L 169, 46 v. 30.6.2017).
[2] Richtlinie 2005/56/EG des Europäischen Parlaments und des Rates v. 26.10.2005 über die Verschmelzung von Kapitalgesellschaften aus verschiedenen Mitgliedstaaten (ABl. 2005 L 310, 1 v. 25.11.2005).
[3] Richtlinie (EU) 2019/2121 des Europäischen Parlaments und des Rates v. 27.11.2019 zur Änderung der Richtlinie (EU) 2017/1132 in Bezug auf grenzüberschreitende Umwandlungen, Verschmelzungen und Spaltungen (ABl. 2019 L 321, 1 v. 12.12.2019).
[4] Begr. RegE UmRUG, BR-Drs. 371/22, 103
[5] Erste Richtlinie 68/151/EWG des Rates v. 9.3.1968 zur Koordinierung der Schutzbestimmungen, die in den Mitgliedstaaten den Gesellschaften im Sinne des Artikels 58 Absatz 2 des Vertrages im Interesse der Gesellschafter sowie Dritter vorgeschrieben sind, um diese Bestimmungen gleichwertig zu gestalten (ABl. 1968 L 65 v. 14.3.1968).

1 bekannt gemacht werden (Art. 123 GesR-RL (früher Art. 6 Abs. 1 IntVerschm-RL)). Mit Inkrafttreten des Gesetzes zur Umsetzung der Umwandlungsrichtlinie (UmRUG) zum 1.3.2023 wurden die Abs. 2–4 neu eingeführt. Die Bestimmungen regeln die Frist für die Bekanntmachung der Informationen nach Abs. 1 in Fällen, in denen ein Beschluss der Anteilsinhaber der übertragenden oder übernehmenden Gesellschaft über die Zustimmung zur grenzüberschreitenden Verschmelzung ausnahmsweise nicht erforderlich ist.[6]

2 In welcher **Form** die Bekanntmachung erfolgt, richtet sich nach § 10 Abs. 3 HGB.[7] Die Bekanntmachung ist gem. § 9b HGB auch über das Europäisches System der Registervernetzung (BRIS) zugänglich.[8] § 10 HGB geht seinerseits auf Art. 3 Publizitäts-RL zurück.[9]

3 Art. 123 Abs. 1 GesR-RL sieht Umsetzungsoptionen für Mitgliedstaaten vor. Eine Option ist die Bekanntmachung des Prüfungsberichts des unabhängigen Sachverständigen nach Art. 123 Abs. 1 UAbs. 2 GesR-RL. Davon hat der deutsche Gesetzgeber keinen Gebrauch gemacht. Der Prüfungsbericht dient gem. Art. 125 GesR-RL in der durch Art. 1 Abs. 11 der Umw-RL geänderten Fassung der Information der Anteilsinhaber, deren Möglichkeit zur Kenntnisnahme bereits durch § 311 Abs. 1 S. 2 (Zugänglichmachung) gewährleistet wird.[10]

4 Eine weitere Option, die den Mitgliedstaaten zur Umsetzung in nationales Recht eröffnet wurde, war die Erfüllung der Bekanntmachungspflicht des Art. 123 Abs. 1 GesR-RL durch ununterbrochenen Zugang zu den benannten Unterlagen auf der Internetseite des Unternehmens. Auch von dieser Umsetzung hat der deutsche Gesetzgeber abgesehen und an der bisherigen Veröffentlichung über das Handelsregister festgehalten. Begründet wurde dies mit der Rechtssicherheit: Unerwartete Störungen des Internetauftritts des Unternehmens ließen sich nicht im Vorhinein mit Sicherheit ausschließen, und eine ununterbrochene Veröffentlichung sei nur schwer nachzuweisen.[11] Wenn auch zu begrüßen ist, dass der Gesetzgeber an dem bisherigen und letztlich erprobten Verfahren festhält, so überzeugt das Argument der Rechtssicherheit nicht wirklich. Das Gesellschaftsrecht kennt auch andere Veröffentlichungspflichten über die Internetseite der Gesellschaft (zB § 122a AktG, § 327c Abs. 5 AktG), die sich in der Praxis bewährt haben.

5 Das Gericht hat gem. § 308 Abs. 1 S. 2 Nr. 1 in der Bekanntmachung zunächst einen Hinweis aufzunehmen, dass der Verschmelzungsplan oder sein Entwurf beim Handelsregister eingereicht worden ist. Die Bekanntmachung muss zudem nach Art. 123 Abs. 3 GesR-RL (früher Art. 6 Abs. 2 IntVerschm-RL) die folgenden **Angaben** enthalten: (a) Rechtsform, Firma und Sitz der Gesellschaften (Art. 123 Abs. 3 lit. a GesR-RL (früher Art. 6 Abs. 2 lit. a IntVerschm-RL)), (b) die Register, bei denen die sich verschmelzenden Gesellschaften eingetragen sind (Art. 123 Abs. 3 lit. b GesR-RL (früher Art. 6 Abs. 2 lit. b IntVerschm-RL)), sowie (c) einen Hinweis an die Anteilseigner und Gläubiger der an der grenzüberschreitenden Verschmelzung beteiligten Gesellschaften sowie an die zuständigen Betriebsräte der an der grenzüberschreitenden Verschmelzung beteiligten Gesellschaften oder, soweit es keinen Betriebsrat gibt, an die Arbeitnehmer auf ihre Möglichkeit, bis fünf Tage vor dem Tag der Gesellschafterversammlung, die den

---

[6] Begr. RegE UmRUG, BR-Drs. 371/22, 103.
[7] Begr. RegE UmRUG, BR-Drs. 371/22, 103 f.
[8] *Schmidt* NZG 2022, 635 (636).
[9] Ebenroth/Boujong/Joost/Strohn/*Schaub* HGB § 10 Rn. 1.
[10] Begr. RegE UmRUG, BR-Drs. 371/22, 103.
[11] Begr. RegE UmRUG, BR-Drs. 371/22, 103.

Verschmelzungsbeschluss fassen wird, Bemerkungen zum Verschmelzungsplan an die Gesellschaft zu richten (Art. 123 Abs. 1 lit. b GesR-RL).

Seinem Wortlaut nach entspricht Art. 6 Abs. 1 IntVerschm-RL (heute Art. 123 GesR-RL) im Wesentlichen Art. 6 Abs. 1 der Dritten Verschmelzungsrichtlinie von 1978 zur Verschmelzung von Aktiengesellschaften, den der Gesetzgeber mit § 61 S. 1 in deutsches Recht umgesetzt hat.[12] Im Gleichlauf hierzu bezweckt die Bekanntmachung nach § 308 die vorzeitige **Information der Anteilsinhaber**.

Vor der Umsetzung der Umw-RL bestand eine Regelungsabweichung zwischen Art. 6 Abs. 1 IntVerschm-RL (heute Art. 123 Abs. 1 GesR-RL) und § 122d S. 1 aF. Art. 6 Abs. 1 IntVerschm-RL (heute Art. 123 Abs. 1 GesR-RL) sah vor, dass der Verschmelzungsplan spätestens einen Monat vor der Gesellschafterversammlung bekannt zu geben ist. Nach § 122d S. 1 aF genügte hingegen bereits die Einreichung beim Registergericht einen Monat vor der Gesellschafterversammlung. Trotz Zeiteinsparung im Wege der elektronischen Bekanntmachung zeigte die Praxis, dass Einreichung und Bekanntmachung kaum taggleich erfolgen.[13] Die Bundesregierung begründete die Abweichung mit dem Hinweis auf die unangefochtene Parallelregelung in § 61 S. 1, die ebenfalls auf den Zeitpunkt der Einreichung abstellt.[14]

Dieser Hinweis der Bundesregierung verkennt, dass sich Art. 6 Abs. 1 der Dritten Verschmelzungsrichtlinie, im Gegensatz zu Art. 6 Abs. 1 IntVerschm-RL (heute Art. 123 Abs. 1 GesR-RL), nicht auf den Zeitpunkt der „Bekanntmachung", sondern auf den der „Offenlegung" bezieht. „Offenlegung" bedeutet nach Art. 3 Abs. 2 der (früheren) Publizitätsrichtlinie jedoch bereits Hinterlegung in der Registerakte oder Eintragung im Register und gerade nicht die Bekanntmachung durch das Gericht, die erst – wie in S. 2 ausdrücklich festgestellt – vom Gericht nach § 10 HGB vorzunehmen ist.[15] In der praktischen Konsequenz verkürzte der Gesetzgeber mit der vom Wortlaut der Richtlinie abweichenden Fristbestimmung in § 122d S. 1 aF deshalb **richtlinienwidrig** die Informationsrechte der Anteilsinhaber.[16] Infolge des UmRUG wurde der Passus bezüglich der Frist gestrichen und der neue S. 4 in § 308 Abs. 1 eingeführt, nach dem die Versammlung der Anteilsinhaber erst einen Monat nach der **Bekanntmachung** über die Zustimmung zu dem Verschmelzungsplan gem. § 13 beschließen darf.[17]

II. Einreichung beim Registergericht (Abs. 1 S. 1)

1. Zuständiges Gericht

Nach § 308 Abs. S. 1 ist der Verschmelzungsplan (oder dessen Entwurf) zum Registergericht einzureichen. Einzureichen hat dies die jeweils **beteiligte deutsche Gesellschaft**.[18] Zuständig ist dasjenige Amtsgericht, in dessen Bezirk die Gesellschaft ihren Satzungssitz unterhält, §§ 376, 377 Abs. 1 FamFG iVm § 23a Abs. 1 Nr. 2, Abs. 2 Nr. 3 GVG iVm

---

12 Dritte Richtlinie 78/855/EWG des Rates v. 9.10.1978 gemäß Art. 54 Abs. 3 Buchst. g des Vertrages betreffend die Verschmelzung von Aktiengesellschaften (ABl. 1978 L 295 v. 20.10.1978).
13 Widmann/Mayer/*Mayer* § 122d Rn. 8.
14 BT-Drs. 16/2919, 27.
15 So auch die Stellungnahme des Bundesrates zum RegE, BT-Drs. 20/3822, 141 f.
16 So auch Widmann/Mayer/*Mayer* § 122d Rn. 8; Widmann/Mayer/*Heckschen* Vor §§ 122a ff. Rn. 105; *Louven* ZIP 2006, 2021 (2025); *Frenzel* Grenzüberschreitende Verschmelzung S. 232; neutral Kallmeyer/*Marsch-Barner*/*Wilk* § 122d Rn. 1 mit Hinweis, dass sich daraus keine praktischen Schwierigkeiten ergeben, weil „die Bekanntmachung in der Regel jedoch zeitnah erfolgt"; offengelassen bei Semler/Stengel/Leonard/*Drinhausen* § 122d Fn. 17 zu Rn. 8.
17 Siehe Empfehlung des Rechtsausschusses, BT-Drs. 20/5237, 26, 88.
18 Schmitt/Hörtnagl/*Hörtnagl* § 122d Rn. 2; Widmann/Mayer/*Mayer* § 122d Rn. 9.

§ 14 AktG bzw. § 7 Abs. 1 GmbHG.[19] Sofern ausnahmsweise bei einer AG ein Doppelsitz besteht, ist der Verschmelzungsplan (oder dessen Entwurf) bei beiden Gerichten einzureichen.[20]

2. Form

10 In formeller Hinsicht hat die Einreichung des Verschmelzungsplans (oder dessen Entwurfs) nach Maßgabe von § 12 Abs. 2 HGB **elektronisch** zu erfolgen.[21] Wird lediglich – wie in der Praxis üblich – der Entwurf des Verschmelzungsplans eingereicht, genügt nach § 12 Abs. 2 S. 2 Hs. 1 HGB die Übermittlung einer elektronischen Aufzeichnung. Wurde der Verschmelzungsplan bereits notariell beurkundet, kann ein mit einem einfachen elektronischen Zeugnis versehenes Dokument eingereicht werden, § 12 Abs. 2 S. 2 Hs. 2 HGB iVm § 39a BeurkG.[22]

3. Verzichtbarkeit

11 Bei innerdeutschen Verschmelzungen ist unklar, ob die Anteilsinhaber auf die Einreichung des Verschmelzungsplans und damit auf die **Bekanntmachung verzichten** können (→ § 61 Rn. 6 ff.). Bei der grenzüberschreitenden Verschmelzung ist ein solcher Verzicht in jedem Fall nicht möglich. Die Bekanntmachung dient nicht nur dem Schutz der Anteilsinhaber, sondern auch dem der Gläubiger.[23] Dies ergibt sich aus dem Umstand, dass das Gericht nach § 308 Abs. 1 S. 2 Nr. 4 lit. a in seiner Bekanntmachung ua auch einen Hinweis an die Gläubiger der an der grenzüberschreitenden Verschmelzung beteiligten Gesellschaften geben muss. Allerdings können alle Anteilsinhaber auf die Wahrung der Monatsfrist verzichten.[24] Denn deren Sinn und Zweck ist es, den Anteilsinhabern genügend Vorbereitungszeit im Hinblick auf die den Verschmelzungsplan beschließende Anteilsinhaberversammlung zu gewähren. Im Gegensatz zur Bekanntmachung schützt die Monatsfrist gerade nicht die Gläubiger, da diese ihre Rechte innerhalb von drei Monaten nach der Bekanntmachung ausüben können (§ 314 Abs. 3) und somit die Bekanntmachung selbst – und nicht deren zeitlicher Vorlauf vor der Anteilsinhaberversammlung – entscheidend ist.[25]

III. Inhalt der Bekanntmachung (Abs. 1 S. 2)

1. Hinweis auf die Einreichung (Nr. 1)

12 Die Bekanntmachung nach § 308 Abs. 1 S. 2 Nr. 1 hat nicht den Verschmelzungsplan (oder dessen Entwurf) zu enthalten, sondern lediglich den **Hinweis** auf die Einreichung beim Registergericht. Die Vorschrift geht auf Art. 123 GesR-RL (früher Art. 6 Abs. 1 IntVerschm-RL) zurück und entspricht der Parallelregelung in § 61 S. 2 für das innerdeutsche Verschmelzungsrecht.

---

19 Semler/Stengel/Leonard/*Drinhausen* § 122d Rn. 6; Schmitt/Hörtnagl/*Hörtnagl* § 122d Rn. 4.
20 Semler/Stengel/Leonard/*Drinhausen* § 122d Rn. 6; Schmitt/Hörtnagl/*Hörtnagl* § 122d Rn. 4.
21 Semler/Stengel/Leonard/*Drinhausen* § 122d Rn. 7; Schmitt/Hörtnagl/*Hörtnagl* § 122d Rn. 5; Widmann/Mayer/*Mayer* § 122d Rn. 28.
22 Semler/Stengel/Leonard/*Drinhausen* § 122d Rn. 7; Schmitt/Hörtnagl/*Hörtnagl* § 122d Rn. 5; Widmann/Mayer/*Mayer* § 122d Rn. 28.
23 BegrRegE UmRUG, BR-Drs. 371/22, 106.
24 Habersack/Drinhausen/*Kiem* § 122d Rn. 8; Kallmeyer/Marsch-Barner/*Wilk* § 122d Rn. 3; so auch noch in der 6. Aufl. Lutter/*Bayer* § 122d Rn. 18.
25 Semler/Stengel/Leonard/*Drinhausen* § 122d Rn. 12.

2. Rechtsform, Firma und Sitz (Nr. 2)

Nach § 308 Abs. 1 S. 2 Nr. 2 sind Rechtsform, Firma und Sitz aller an der grenzüberschreitenden Verschmelzung beteiligten Gesellschaften bekanntzumachen. „Sitz" ist der satzungsmäßige Sitz der Gesellschaft.[26] Damit wird Art. 123 Abs. 3 lit. a GesR-RL (früher Art. 6 Abs. 2 lit. a IntVerschm-RL) wort- und inhaltsgleich umgesetzt. Eine entsprechende Regelung für innerdeutsche Verschmelzungen existiert hingegen nicht.

13

3. Register der beteiligten Gesellschaften (Nr. 3)

§ 308 Abs. 1 S. 2 Nr. 3 legt fest, dass die Bekanntmachung sowohl die **Register**, bei denen alle beteiligten Gesellschaften eingetragen sind, als auch die jeweilige Registernummer, zu umfassen hat. § 308 Abs. 1 S. 2 Nr. 3 setzt Art. 123 Abs. 3 lit. b GesR-RL (Art. 6 Abs. 2 lit. b IntVerschm-RL) um und verfolgt den Zweck, dem Rechtsverkehr einen ergänzenden Informationszugang zu ermöglichen.[27] Eine vergleichbare Regelung für innerdeutsche Verschmelzungen existiert auch in dieser Hinsicht nicht.

14

4. Hinweis zur Übermittlung von Bemerkungen an Anteilsinhaber und Gläubiger sowie an Arbeitnehmer bzw. deren Vertretungen (Nr. 4)

Infolge der Umsetzung von Art. 123 Abs. 1 UAbs. 1 lit. b GesR-RL wurden die Angaben der gerichtlichen Bekanntmachung modifiziert. Nach § 308 Abs. 1 Nr. 4 sind die Anteilseigner und Gläubiger der an der grenzüberschreitenden Verschmelzung beteiligten Gesellschaften sowie die zuständigen Betriebsräte der an der grenzüberschreitenden Verschmelzung beteiligten Gesellschaften oder, soweit es keinen Betriebsrat gibt, die Arbeitnehmer ausdrücklich auf ihre Möglichkeit hinzuweisen, bis fünf Arbeitstage vor dem Tag der Beschlussfassung in der Gesellschafterversammlung Bemerkungen zum Verschmelzungsplan an die jeweilige Gesellschaft zu übermitteln. Die Regelung der Bekanntmachung des Hinweises an die Betriebsräte setzt Art. 126c GesR-RL in der durch Art. 1 Abs. 13 Umw-RL geänderten Fassung um, der sicherstellen soll, dass die Rechte der Arbeitnehmer auf Unterrichtung und Anhörung in Bezug auf die grenzüberschreitende Verschmelzung beachtet werden.[28]

15

Nach der Regelung des § 308 Abs. 1 lässt sich zwar errechnen, wann die Einreichung von Bemerkungen jedenfalls noch fristgerecht erfolgen kann (Monatsfrist des S. 4 abzüglich fünf Arbeitstage). Da Gläubiger und Betriebsräte bzw. Arbeitnehmer aber grundsätzlich keine Kenntnis vom Termin der Gesellschafterversammlung haben werden, muss nach der Gesetzesbegründung entweder zusätzlich der Tag der Gesellschafterversammlung oder unmittelbar der Tag, an dem die Übermittlungsfrist endet, in der Bekanntmachung angegeben werden.[29]

16

IV. Mitteilung der bekannt zu machenden Angaben (Abs. 1 S. 3)

Um dem Registergericht eine Bekanntmachung der in § 308 Abs. 1 S. 2 genannten Angaben zu erleichtern, legt § 308 Abs. 1 S. 3 fest, dass die den Verschmelzungsplan einreichende Gesellschaft die betreffenden Angaben dem Registergericht bei Einreichung des Verschmelzungsplans (oder seines Entwurfs) mitzuteilen hat.[30] Erforderlich ist eine

17

---

26 Semler/Stengel/Leonard/*Drinhausen* § 122d Rn. 16.
27 Semler/Stengel/Leonard/*Drinhausen* § 122d Rn. 17; Widmann/Mayer/*Mayer* § 122d Rn. 12.
28 Begr. RegE UmRUG, BR-Drs. 371/22, 103.
29 Begr. RegE UmRUG, BR-Drs. 371/22, 103.
30 Begr. RegE zu § 122d, BT-Drs. 16/2919, 15.

gesonderte Mitteilung, die sich nicht mit einem bloßen Verweis auf die Angaben im Verschmelzungsplan (oder dessen Entwurf) begnügen kann.[31]

V. Fristberechnung

1. Grundfall (Abs. 1 S. 4)

18 Infolge der Umsetzung der Umw-RL wurde S. 4 eingeführt, nach dem die Versammlung der Anteilsinhaber erst **einen Monat** nach der Bekanntmachung über die Zustimmung zu dem Verschmelzungsplan gem. § 13 beschließen darf. Für die Einreichung des Verschmelzungsplans oder seines Entwurfs sowie für die Bekanntmachung nach § 10 HGB gibt es keine gesetzliche Frist. Vielmehr setzt die Bekanntmachung die Monatsfrist des § 308 Abs. 1 S. 4 in Gang. Die Berechnung der Monatsfrist richtet sich nach den §§ 187 ff. BGB.[32]

2. Fristberechnung bei Entbehrlichkeit des Verschmelzungsbeschlusses der übertragenden Gesellschaft (Abs. 2)

19 In Fällen, in denen ein Verschmelzungsbeschluss einer, mehrerer oder aller beteiligten Gesellschaften nicht erforderlich ist, war bislang unklar und umstritten, wann die Bekanntmachung des Verschmelzungsplans zu erfolgen hat.[33] Mit Umsetzung der **Umw-RL** hat sich diese Frage weitestgehend geklärt.[34]

20 § 308 Abs. 2 setzt Art. 132 Abs. 3 GesR-RL in der durch Art. 1 Abs. 19 Umw-RL geänderten Fassung um und regelt die Einreichungspflicht der übertragenden Gesellschaft für alle Konstellationen, in denen ein Verschmelzungsbeschluss der Anteilsinhaber der übertragenden Gesellschaft entbehrlich ist. Damit werden sowohl Fälle erfasst, in denen ein Verschmelzungsbeschluss der Anteilsinhaber der übernehmenden Gesellschaft erforderlich ist, als auch Fälle, in denen weder ein Verschmelzungsbeschluss der übertragenden noch der übernehmenden Gesellschaft erforderlich ist.[35] Haben die Anteilsinhaber der übertragenden Gesellschaft keinen Beschluss über den Verschmelzungsplan zu fassen, so hat die übertragende Gesellschaft den Verschmelzungsplan spätestens einen Monat vor dem Tag, an dem der Verschmelzungsplan beurkundet wird, zum Register einzureichen. Dabei wird es für die Fristberechnung für die Bekanntmachung durch das deutsche Handelsregister auf die Beurkundung des Verschmelzungsplanes in Deutschland ankommen.

3. Fristberechnung bei Entbehrlichkeit des Verschmelzungsbeschlusses der übernehmenden Gesellschaft (Abs. 3)

21 § 308 Abs. 3 setzt Art. 123 Abs. 5 GesR-RL um und regelt die Einreichungspflicht der übernehmenden Gesellschaft.[36] Ist nur der Verschmelzungsbeschluss der übernehmenden Gesellschaft entbehrlich, der Verschmelzungsbeschluss der übertragenden Gesellschaft hingegen erforderlich, so hat die übernehmende Gesellschaft den Verschmelzungsplan einen Monat vor der Versammlung der Anteilsinhaber der übertragenden Gesellschaft zum Register einzureichen.

---

[31] So auch Schmitt/Hörtnagl/*Hörtnagl* § 122d Rn. 23; Semler/Stengel/Leonard/*Drinhausen* § 122d Rn. 21; aA *Tebben/Tebben* DB 2007, 2355 (2358).

[32] Semler/Stengel/Leonard/*Drinhausen* § 122d Rn. 10; Schmitt/Hörtnagl/*Hörtnagl* § 122d Rn. 8.

[33] Zur bisherigen Fragestellung: BeckOGK/*Klett* § 122d Rn. 15 mwN.

[34] *Schmidt* Der Konzern 2022, 309 (315).

[35] Begr. RegE UmRUG, BR-Drs. 371/22, 104.

[36] Begr. RegE UmRUG, BR-Drs. 371/22, 104.

4. Fristberechnung bei Entbehrlichkeit des Verschmelzungsbeschlusses der übertragenden und der übernehmenden Gesellschaft (Abs. 4)

§ 308 Abs. 4 regelt die Einreichungspflicht der übernehmenden Gesellschaft in Fällen, in denen ein Verschmelzungsbeschluss sowohl bei der übertragenden als auch bei der übernehmenden Gesellschaft entbehrlich ist (im Gegensatz zu Abs. 2, der die Fristberechnung für die Einreichung durch die übertragende Gesellschaft regelt). Damit wird Art. 132 Abs. 3 GesR-RL umgesetzt.[37] Ebenso wie für die Einreichungspflicht der übertragenden Gesellschaft (Abs. 2) wird auch hierbei für die Monatsfrist auf den Zeitpunkt der notariellen Beurkundung des Verschmelzungsplans abgestellt.[38]

VI. Wirkung der Bekanntmachung

Die Bekanntmachung nach § 308 iVm § 10 HGB löst die **Dreimonatsfrist** aus, innerhalb derer die Gläubiger der übertragenden Gesellschaft das Recht auf Sicherheitsleistung gem. § 314 Abs. 1 geltend machen können (→ § 314 Rn. 6 ff.).

§ 309 Verschmelzungsbericht

(1) ¹Die Vertretungsorgane der beteiligten Gesellschaften erstellen einen Verschmelzungsbericht. ²In diesem sind für die Anteilsinhaber und Arbeitnehmer der an der Verschmelzung beteiligten Gesellschaft die rechtlichen und wirtschaftlichen Aspekte der grenzüberschreitenden Verschmelzung und die Auswirkungen der grenzüberschreitenden Verschmelzung auf die Arbeitnehmer zu erläutern und zu begründen.

(2) ¹In einem allgemeinen Abschnitt werden mindestens die Auswirkungen der grenzüberschreitenden Verschmelzung auf die künftige Geschäftstätigkeit der Gesellschaft und ihrer etwaigen Tochtergesellschaften erläutert und begründet. ²Daneben enthält der Bericht einen anteilsinhaberspezifischen Abschnitt nach Absatz 4 und einen arbeitnehmerspezifischen Abschnitt nach Absatz 5.

(3) ¹Die Gesellschaft kann entscheiden, ob sie anstelle eines einheitlichen Berichts gesonderte Berichte für Anteilsinhaber und Arbeitnehmer erstellt. ²Der Bericht für Anteilsinhaber besteht aus dem allgemeinen Abschnitt und dem anteilsinhaberspezifischen Abschnitt. ³Der Bericht für Arbeitnehmer besteht aus dem allgemeinen Abschnitt und dem arbeitnehmerspezifischen Abschnitt.

(4) In dem anteilsinhaberspezifischen Abschnitt wird über die in § 8 Absatz 1 genannten Berichtsinhalte hinaus mindestens Folgendes erläutert und begründet:

1. die Auswirkungen der grenzüberschreitenden Verschmelzung auf die Anteilsinhaber sowie
2. die Rechte und Rechtsbehelfe für Anteilsinhaber gemäß § 305 Absatz 2 in Verbindung mit § 15 und gegebenenfalls mit § 72a, sowie gemäß § 313 dieses Gesetzes und § 1 Nummer 4 des Spruchverfahrensgesetzes.

---

[37] Begr. RegE UmRUG, BR-Drs. 371/22, 104.
[38] Begr. RegE UmRUG, BR-Drs. 371/22, 104.

(5) In dem arbeitnehmerspezifischen Abschnitt wird mindestens Folgendes erläutert und begründet:

1. die Auswirkungen der grenzüberschreitenden Verschmelzung auf die Arbeitsverhältnisse sowie gegebenenfalls die Maßnahmen, um diese Arbeitsverhältnisse zu sichern,
2. wesentliche Änderungen der anwendbaren Beschäftigungsbedingungen oder der Standorte der Niederlassungen der Gesellschaft sowie
3. die Auswirkungen der unter den Nummern 1 und 2 genannten Faktoren auf etwaige Tochtergesellschaften der an der grenzüberschreitenden Verschmelzung beteiligten Gesellschaft.

(6) ¹Der Bericht für die Anteilsinhaber ist in den Fällen des § 8 Absatz 3 nicht erforderlich. ²Der Bericht für die Anteilsinhaber der übertragenden Gesellschaft ist ferner nicht erforderlich in den Fällen des § 307 Absatz 3 Nummer 2 Buchstabe b und c. ³Der Bericht für die Arbeitnehmer ist nicht erforderlich, wenn die an der Verschmelzung beteiligte Gesellschaft und ihre etwaigen Tochtergesellschaften keine anderen Arbeitnehmer haben als diejenigen, die dem Vertretungsorgan angehören. ⁴Ein Verschmelzungsbericht ist insgesamt nicht erforderlich, wenn die **Voraussetzungen der Sätze 1 oder 2 und des Satzes 3 vorliegen.**

I. Allgemeines und unionsrechtlicher Hintergrund ... 1	2. Anteilsinhaberspezifischer Teil(Abs. 4) .. 12
II. Verschmelzungsbericht (Abs. 1 und 2) 3	3. Arbeitnehmerspezifischer Teil(Abs. 5) ... 13
1. Normadressat ... 6	4. Eingeschränkte Berichtspflicht 14
2. Zulässigkeit eines gemeinsamen Verschmelzungsberichts ... 8	IV. Ausnahmen von der Berichtspflicht (Abs. 6) ... 15
III. Inhalt des Berichts ... 9	V. Zugänglichmachung ... 19
1. Allgemeiner Teil ... 11	VI. Fehlerhaftigkeit ... 20

I. Allgemeines und unionsrechtlicher Hintergrund

1 Mit Inkrafttreten des Gesetzes zur Umsetzung der Umwandlungsrichtlinie (UmRUG) zum 1.3.2023 wurde der Verschmelzungsbericht wesentlich neu konzipiert und an die unionsrechtlichen Vorgaben angepasst. Zusammen mit § 310 wird dabei der Art. 124 der Gesellschaftsrechtsrichtlinie (GesR-RL)[1] in der durch Art. 1 Abs. 10 der Umwandlungsrichtlinie (Umw-RL[2]) geänderten Fassung umgesetzt. Die zuvor in § 122e aF geregelten Bestimmungen hinsichtlich des Verschmelzungsberichts wurden zur besseren Übersicht auf zwei Vorschriften aufgeteilt.[3] § 309 regelt die Berichtsinhalte. § 310 bestimmt die Modalitäten der Zugänglichmachung.[4] § 309 baut auf der Parallelregelung des § 8 zur Erstellung eines ausführlichen schriftlichen Verschmelzungsberichts bei innerdeutschen Verschmelzungen auf. § 309 geht über den Inhalt von § 8 hinaus, indem „auch" die Auswirkungen der grenzüberschreitenden Verschmelzung auf die **Arbeitnehmer** der beteiligten deutschen Gesellschaft zu erläutern sind.[5] Damit erweitert sich die Schutzrichtung des Verschmelzungsberichts für grenzüberschreitende Verschmelzun-

---

[1] Richtlinie (EU) 2017/1132 des Europäischen Parlaments und des Rates v. 14.6.2017 über bestimmte Aspekte des Gesellschaftsrechts (ABl. 2017 L 169, 46 v. 30.6.2017).

[2] Richtlinie (EU) 2019/2121 des Europäischen Parlaments und des Rates v. 27.11.2019 zur Änderung der Richtlinie (EU) 2017/1132 in Bezug auf grenzüberschreitende Umwandlungen, Verschmelzungen und Spaltungen (ABl. 2019 L 321, 1 v. 12.12.2019).

[3] Begr. RegE UmRUG, BR-Drs. 371/22, 108.

[4] Begr. RegE UmRUG, BR-Drs. 371/22, 108.

[5] Anders als nach § 122e aF sind nunmehr in den Verschmelzungsbericht keine Angaben zum Gläubigerschutz mehr aufzunehmen; vgl. *Schollmeyer* ZGR 2020, 62 (71).

gen deutlich im Vergleich zu der Schutzrichtung für innerdeutsche Verschmelzungen: Der Verschmelzungsbericht gem. § 8 dient ausschließlich der Unterrichtung und damit dem Schutz der Anteilsinhaber.[6] Der Verschmelzungsbericht gem. § 309 bezweckt darüber hinaus zusätzlich auch die Unterrichtung der Arbeitnehmer bzw. deren Vertretungen. Nicht vom Schutzzweck erfasst sind hingegen die Gläubiger der Gesellschaft.[7] Die Ausklammerung des Gläubigerschutzes – obgleich der Bericht auch auf die Auswirkungen auf die Gläubiger einzugehen hat – ergibt sich daraus, dass der Verschmelzungsbericht den Gläubigern nicht zugänglich gemacht werden muss, auch nicht im Wege einer Bekanntmachung (vgl. § 310).[8]

Soweit §§ 309, 310 keine besonderen Regelungen enthalten, gelten die Bestimmungen von § 8 über die Verweisnorm des § 305 Abs. 2.

II. Verschmelzungsbericht (Abs. 1 und 2)

Gem. § 309 ist ein Verschmelzungsbericht zu erstellen, welcher der Information der Anteilsinhaber sowie der Arbeitnehmer und Arbeitnehmervertretungen der an der Verschmelzung beteiligten Gesellschaften dient. Damit setzt Abs. 1 den Art. 124 Abs. 1 GesR-RL um.[9]

Nach Abs. 2 besteht der Verschmelzungsbericht aus drei Abschnitten: dem allgemeinen, dem anteilsinhaberspezifischen und dem arbeitnehmerspezifischen Abschnitt. Der **allgemeine Abschnitt** richtet sich sowohl an die Anteilsinhaber als auch an die Arbeitnehmer. Darin sollen mindestens die Auswirkungen der grenzüberschreitenden Verschmelzungen auf die künftige Geschäftstätigkeit der Gesellschaft und deren Tochtergesellschaft erläutert und begründet werden. Der **anteilsinhaberspezifische Abschnitt** dient ausschließlich der Information der Anteilsinhaber und der **arbeitnehmerspezifische Abschnitt** ausschließlich derjenigen der Arbeitnehmer und Arbeitnehmervertretungen.[10]

Wie bei der Aufstellung des Verschmelzungsplans nach § 307 fehlt es auch hier im UmwG und in der GesR-RL in ihrer geänderten Fassung nach der Umw-RL an einem Hinweis auf die konkret zu verwendende Sprache. Im Hinblick auf den Schutzzweck des Verschmelzungsberichts (Unterrichtung der Anteilsinhaber und der Arbeitnehmer bzw. ihrer Vertretungen) ist es erforderlich, dass der Verschmelzungsbericht zumindest (auch) in deutscher Sprache erstellt wird.[11] Dies ergibt sich auch daraus, wer Normadressat der Vorschrift ist (s. nachfolgend).

1. Normadressat

Nach § 309 muss das „Vertretungsorgan" der an der Verschmelzung beteiligten deutschen Gesellschaft den Verschmelzungsbericht erstatten. Nach Art. 124 GesR-RL (früher Art. 7 IntVerschm-RL) fällt die Berichtspflicht jedoch dem „**Verwaltungs- oder Leitungsorgan**" zu. Dieser begriffliche Unterschied ist im Ergebnis grundsätzlich jedoch ohne Auswirkung – wie auch bei § 307 und der dortigen Parallelfrage, wer den Verschmelzungsplan zu erstellen hat (→ § 307 Rn. 8). Vertretungsorgane und Leitungsorga-

---

6 Semler/Stengel/Leonard/*Gehling* § 8 Rn. 2; → § 8 Rn. 2.
7 Kallmeyer/Marsch-Barner/*Wilk* § 122e Rn. 1 (allenfalls mittelbarer Schutz); Schmitt/Hörtnagl/*Hörtnagl* § 122e Rn. 2; *Vetter* AG 2006, 613 (620); wohl auch Lutter/*Bayer* § 122e Rn. 1.
8 Lutter/*Bayer* § 122e Rn. 1.
9 Begr. RegE UmRUG, BR-Drs. 371/22, 105.
10 Begr. RegE UmRUG, BR-Drs. 371/22, 105.
11 So Habersack/Drinhausen/*Kiem* § 122e Rn. 7.

ne sind bei der AG der Vorstand (§ 76 Abs. 1 AktG), bei der GmbH die Geschäftsführer (§ 35 Abs. 1 GmbHG), bei der KGaA die persönlich haftenden Gesellschafter (§ 278 Abs. 2 AktG iVm § 124 Abs. 1 HGB, § 170 HGB) und bei der dualistisch verfassten SE das Leitungsorgan (Art. 39 Abs. 1 SE-VO). Verpflichtet ist nach dem Wortlaut von § 8 jeweils das Organ, nicht hingegen die einzelnen Organmitglieder.[12]

Hinweis: Nach der Rechtsprechung des BGH ist die Unterzeichnung durch die Organmitglieder in vertretungsberechtigter Zahl erforderlich, aber auch ausreichend. Eine Unterzeichnung durch jedes Organmitglied kann daher entfallen.[13]

7 In der **monistisch verfassten SE** ist aus dem Wortlaut nur scheinbar erkennbar, wer das nach § 309 zuständige Vertretungsorgan ist. Bei der monistisch verfassten SE fallen die Kompetenzen des Verwaltungs- und Vertretungsorgans auseinander. „Leitungsorgan" ist der Verwaltungsrat (Art. 43 Abs. 1 SE-VO, § 22 Abs. 1 SEAG), „Vertretungsorgan" sind hingegen die geschäftsführenden Direktoren (§ 41 Abs. 1 SEAG). Dieses Redaktionsversehen des deutschen Gesetzgebers ist daher im Wege einer richtlinienkonformen Auslegung nach allgemeiner Ansicht dahin gehend zu berichtigen, dass das zuständige Organ für die Aufstellung des Verschmelzungsberichts hier ausschließlich der Verwaltungsrat ist (Art. 43 Abs. 1 SE-VO).[14] Denn Art. 124 GesR-RL weist den Leitungs- oder Verwaltungsorganen die Berichtspflicht zu, und der Verwaltungsrat der monistisch verfassten SE ist das Leitungsorgan (Art. 43 Abs. 1 SE-VO) und Verwaltungsorgan (§ 20 SEAG).

2. Zulässigkeit eines gemeinsamen Verschmelzungsberichts

8 Bei innerdeutschen Verschmelzungen nutzen die Vertretungsorgane in der Praxis regelmäßig die Möglichkeit, einen **gemeinsamen Verschmelzungsbericht** nach § 8 Abs. 1 S. 2 aufzustellen. § 309 geht auf diese Möglichkeit nicht gesondert ein. Auch Art. 124 GesR-RL (früher Art. 7 IntVerschm-RL) und Art. 9 der Dritten Verschmelzungsrichtlinie, die in Form von § 8 umgesetzt worden sind, sehen die Möglichkeit einer vereinfachten Berichterstattung nicht ausdrücklich vor. Daraus kann für den Bereich einer grenzüberschreitenden Verschmelzung nicht im Rückschluss auf die Unzulässigkeit einer gemeinsamen Berichterstattung geschlossen werden. Ein gemeinsamer Verschmelzungsbericht sollte daher auch hier möglich sein, soweit dies nach dem nationalen Recht aller an der Verschmelzung beteiligten Gesellschaften zulässig ist, vgl. § 305 Abs. 2.[15]

Hinweis: Ein gemeinsamer Verschmelzungsbericht muss die jeweiligen mitgliedstaatlichen Anforderungen an einen Verschmelzungsbericht erfüllen. Die damit verbundenen Abstimmungsschwierigkeiten und auch die Frage der Berichtssprache sollten bedacht werden.

---

12 Semler/Stengel/Leonard/*Drinhausen* § 122e Rn. 4; → § 8 Rn. 3.
13 BGH NZG 2007, 714 Rn. 25 ff.; so auch Schmitt/Hörtnagl/*Hörtnagl* § 122e Rn. 3; Semler/Stengel/Leonard/ *Drinhausen* § 122e Rn. 4; Widmann/Mayer/*Mayer* § 122e Rn. 10.
14 Semler/Stengel/Leonard/*Drinhausen* § 122e Rn. 3; Lutter/ *Bayer* § 122e Rn. 3; Habersack/Drinhausen/*Kiem* § 122e Rn. 4; Schmitt/Hörtnagl/*Hörtnagl* § 122e Rn. 3; Kallmeyer/Marsch-Barner/*Wilk* § 122e Rn. 2; → 307 Rn. 9.
15 Semler/Stengel/Leonard/*Drinhausen* § 122e Rn. 5; Lutter/ *Bayer* § 122e Rn. 4; Schmitt/Hörtnagl/*Hörtnagl* § 122e Rn. 4; Widmann/Mayer/*Mayer* § 122e Rn. 36; *Drinhausen/Keinath* BB 2006, 725 (728); *Frenzel* RIW 2008, 12 (17).

III. Inhalt des Berichts

§ 309 Abs. 2 sieht eine **Dreiteilung des Verschmelzungsberichts** in einen allgemeinen, einen anteilsinhaberspezifischen und einen arbeitnehmerspezifischen Abschnitt vor. Abs. 4 und Abs. 5 konkretisieren die Mindestanforderungen für den anteilsinhaberspezifischen und den arbeitnehmerspezifischen Abschnitt.[16]

Gem. § 309 Abs. 3 hat die Gesellschaft ein **Wahlrecht**, ob sie anstelle eines einheitlichen Berichts mit allen drei Abschnitten gesonderte Berichte für Anteilsinhaber und Arbeitnehmer erstellt.[17] Entscheidet sich die Gesellschaft für separate Berichte, besteht der Bericht für die Anteilsinhaber aus dem allgemeinen Abschnitt und dem anteilsinhaberspezifischen Abschnitt (Abs. 3 S. 2); der Bericht für die Arbeitnehmer besteht aus dem allgemeinen Abschnitt und dem arbeitnehmerspezifischen Abschnitt (Abs. 3 S. 3).

1. Allgemeiner Teil

Der allgemeine Abschnitt soll mindestens die in Art. 124 Abs. 1 UAbs. 2 GesR-RL genannten Elemente enthalten. Dazu gehören „insbesondere die Auswirkungen der grenzüberschreitenden Verschmelzung auf die künftige Geschäftstätigkeit der Gesellschaft". Wie sich die Berichtstiefe in der Praxis entwickeln wird, bleibt abzuwarten. Laut Klett sollte es genügen, nur die Geschäftstätigkeit als solche darzustellen und insbesondere zu erklären, warum zB Geschäftsbereiche übergehen oder infolge der Verschmelzung neu fokussiert werden.[18]

2. Anteilsinhaberspezifischer Teil (Abs. 4)

Der Berichtsabschnitt für die Anteilsinhaber wird durch Abs. 4 konkretisiert und dient der Umsetzung von Art. 124 Abs. 3 GesR-RL. Dabei sind zunächst die Vorgaben des § 8 Abs. 1 zu erfüllen (→ § 8 Rn. 3 ff., insbesondere → § 8 Rn. 10 ff.). Darüber hinaus sind mindestens die Auswirkungen der grenzüberschreitenden Verschmelzung auf die Anteilsinhaber, die Barabfindung, das Umtauschverhältnis sowie das Recht auf gerichtliche Nachprüfung der Abfindung und der Anspruch auf Verbesserung des Umtauschverhältnisses zu erläutern und zu begründen.

3. Arbeitnehmerspezifischer Teil (Abs. 5)

Der Mindestinhalt hinsichtlich der Arbeitnehmer wird mit Abs. 5 festgelegt und dient der Umsetzung von Art. 124 Abs. 5 GesR-RL. Dabei sind die Auswirkungen der grenzüberschreitenden Verschmelzung auf die Arbeitsverhältnisse sowie gegebenenfalls Maßnahmen zur Sicherung der Arbeitsverhältnisse und und wesentliche Änderungen der anwendbaren Beschäftigungsbedingungen oder der Standorte der Niederlassungen der Gesellschaft zu erläutern und zu begründen. Bezugspunkt ist dabei nicht allein die Gesellschaft, sondern auch etwaige Tochtergesellschaften.[19] Der Mindestinhalt wird weiter im Erwägungsgrund Nr. 13 GesR-RL präzisiert. Demnach sollte in dem arbeitnehmerspezifischen Abschnitt „vor allem" (Erwägungsgrund Nr. 13 S. 6 GesR-RL) erläutert werden, ob es wesentliche Änderungen geben wird hinsichtlich (i) der Beschäftigungsbedingungen, die in Gesetzen festgelegt sind, (ii) der Kollektiv- bzw. Tarifverträge oder der länderübergreifenden Betriebsvereinbarungen und (iii) der Standorte der Niederlas-

---

16 Begr. RegE UmRUG, BR-Drs. 371/22, 105.
17 Begr. RegE UmRUG, BR-Drs. 371/22, 105.
18 BeckOGK/*Klett* § 309 Rn. 14.
19 *Schmidt* NZG 2022, 635 (637).

sungen der Gesellschaften, wie etwa des Sitzes der Hauptverwaltung. Darüber hinaus sollte der Bericht Informationen über das Verwaltungsorgan und gegebenenfalls das Personal, die Ausrüstung, die Räumlichkeiten und die Vermögenswerte vor und nach der grenzüberschreitenden Verschmelzung und die wahrscheinlichen Änderungen der Arbeitsstrukturen, der Löhne und Gehälter, des Standorts bestimmter Arbeitsstellen und die erwarteten Folgen für Arbeitnehmer auf diesen Arbeitsstellen sowie über den sozialen Dialog auf Gesellschaftsebene beinhalten, einschließlich gegebenenfalls der Vertretung von Arbeitnehmern im Verwaltungs- oder Aufsichtsorgan (Erwägungsgrund Nr. 13 S. 7 GesR-RL).

4. Eingeschränkte Berichtspflicht

14 Nach § 8 Abs. 2 braucht der Verschmelzungsbericht solche Tatsachen nicht zu enthalten, die bei deren Bekanntwerden geeignet sind, einer der beteiligten Gesellschaften oder einem verbundenen Unternehmen einen nicht unerheblichen Nachteil zuzufügen. In diesem Fall bedarf es dann aber einer hinreichenden Begründung der Abweichung. Die **eingeschränkte Berichtspflicht** wegen höherrangiger Geheimhaltungsinteressen ist auch bei einer grenzüberschreitenden Verschmelzung über den Verweis in § 305 Abs. 2 auf das innerstaatliche Verschmelzungsrecht zulässig.[20]

IV. Ausnahmen von der Berichtspflicht (Abs. 6)

15 In Abweichung zum § 122e S. 3 aF sieht § 309 Abs. 6 nun Fallkonstellationen vor, in denen ein Verschmelzungsbericht nicht erforderlich ist.[21] Dies schafft insbesondere bei gruppeninternen Verschmelzungen (Mutter/Tochter-, Tochter/Mutter- und Schwesterverschmelzungen) spürbare Erleichterungen. Dabei sind der Bericht für die Anteilsinhaber bzw. der anteilsinhaberspezifische Abschnitt und der Bericht für die Arbeitnehmer bzw. der arbeitnehmerspezifische Abschnitt gesondert zu betrachten. Ist entweder nur der Bericht für die Anteilsinhaber oder nur der Bericht für die Arbeitnehmer entbehrlich, bleibt der Bericht für den jeweils anderen Adressaten erforderlich.[22]

16 Über den nunmehr endlich eingeführten Verweis auf § 8 Abs. 3 ist der Bericht bzw. Abschnitt für die Anteilsinhaber nicht erforderlich, wenn alle Anteilsinhaber des beteiligten Rechtsträgers auf seine Erstattung **verzichten**.[23] Damit wird Art. 124 Abs. 4 GesR-RL umgesetzt. Die Verzichtserklärungen sind gem. § 309 Abs. 6 S. 1 iVm § 8 Abs. 3 S. 2 notariell zu beurkunden. In der Praxis erfolgt die Beurkundung der Verzichtserklärungen regelmäßig gemeinsam mit der Beurkundung des Verschmelzungsplans und – sofern erforderlich – dem Verschmelzungsbeschluss. Gem. § 309 Abs. 6 S. 1 iVm § 8 Abs. 3 S. 3 ist der Bericht bzw. Abschnitt für die Anteilsinhaber für den übertragenden und den übernehmenden Rechtsträger in konzerninternen Konstellationen nicht erforderlich, nämlich wenn sich alle Anteile des übertragenden Rechtsträgers in der Hand des übernehmenden Rechtsträgers befinden (Tochter-auf-Mutter-Verschmelzung, § 8 Abs. 3 S. 3 Nr. 1 lit. a) oder wenn sich alle Anteile des übertragenden und des übernehmenden Rechtsträgers in der Hand desselben Rechtsträgers befinden (Schwester-Verschmelzung, § 8 Abs. 3 S. 3 Nr. 1 lit. b). Für den an der Verschmelzung beteiligten Rechtsträger, der

---

20 Lutter/*Bayer* § 122e Rn. 10; Semler/Stengel/Leonard/ *Drinhausen* § 122e Rn. 14; Widmann/Mayer/*Mayer* § 122e Rn. 34.
21 *Schmidt* NZG 2022, 635 (637).
22 Begr. RegE UmRUG, BR-Drs. 371/22, 106.
23 Dies wurde zum Teil auch vor der Umsetzung der GesR-RL unter Heranziehung der teleologischen Reduktion für möglich gehalten; siehe dazu Schmitt/Hörtnagl/ *Hörtnagl* § 122e Rn. 14, mit Meinungsstand.

nur einen Anteilsinhaber hat, ist der Bericht bzw. Abschnitt für die Anteilsinhaber ebenfalls nicht erforderlich (§ 8 Abs. 3 S. 3 Nr. 2). Der anteilsinhaberspezifische Bericht bzw. Abschnitt ist weiterhin im Rahmen der in § 307 Abs. 3 Nr. 2 lit. b und c geregelten Konzernkonstellationen ohne Anteilsgewährung nicht erforderlich.

Da ein berechtigtes Informationsinteresse der Arbeitnehmer ungeachtet der Konzernkonstellation bestehen kann, ist in den vorgenannten Konstellationen der Bericht für die Arbeitnehmer grundsätzlich nicht entbehrlich.[24] Eine Verzichtsmöglichkeit, die bei einer geringen Arbeitnehmerzahl durchaus Praxisrelevanz hätte haben können, ist nicht vorgesehen.[25] Allerdings ist der arbeitnehmerspezifische Abschnitt bzw. Bericht gem. § 309 Abs. 6 S. 3 nicht erforderlich, wenn die an der Verschmelzung beteiligte Gesellschaft und ihre etwaigen Tochtergesellschaften keine anderen Arbeitnehmer haben als diejenigen, die dem Vertretungsorgan angehören.

Nach § 309 Abs. 6 S. 4 ist der Verschmelzungsbericht insgesamt entbehrlich, wenn sowohl der Bericht für die Anteilsinhaber als auch der Bericht für die Arbeitnehmer entbehrlich ist. Besteht von Seiten der Adressaten kein Informationsinteresse oder -bedürfnis, entfällt der Berichtszweck.[26]

V. Zugänglichmachung

Die zuvor in § 122e S. 2 aF geregelte Zugänglichmachung des Verschmelzungsberichts wurde im Zuge des UmRUG zur besseren Übersicht in den neuen § 310 verlagert (→ § 310 Rn. 1 ff.).

VI. Fehlerhaftigkeit

Ist der Verschmelzungsbericht **formfehlerhaft** oder schlicht **inexistent**, sind die daraufhin getroffenen Zustimmungsbeschlüsse der Anteilsinhaber anfechtbar iSv § 243 Abs. 1 AktG iVm § 305 Abs. 2, § 14 Abs. 1.[27]

§ 310 Zugänglichmachung des Verschmelzungsberichts

(1) ¹Der einheitliche Bericht ist den Anteilsinhabern und den zuständigen Betriebsräten der an der grenzüberschreitenden Verschmelzung beteiligten Gesellschaften oder, sofern es in der jeweiligen Gesellschaft keinen Betriebsrat gibt, den Arbeitnehmern spätestens sechs Wochen vor der Versammlung der Anteilsinhaber, die nach § 13 über die Zustimmung zum Verschmelzungsplan beschließen soll, elektronisch zugänglich zu machen. ²Erstellt die Gesellschaft gesonderte Berichte, ist innerhalb der genannten Frist den Anteilsinhabern der Bericht für die Anteilsinhaber und dem Betriebsrat oder, sofern es in der jeweiligen Gesellschaft keinen Betriebsrat gibt, den Arbeitnehmern der Bericht für die Arbeitnehmer zugänglich zu machen. ³Falls zu dem in Satz 1 bestimmten Zeitpunkt der Verschmelzungsplan oder sein Entwurf bereits vorliegt, ist dieser gemeinsam mit dem Verschmelzungsbericht zugänglich zu machen.

(2) ¹Ist ein Verschmelzungsbeschluss der übernehmenden Gesellschaft gemäß § 62 Absatz 1 nicht erforderlich, so muss der Bericht spätestens sechs Wochen vor dem

---

24 Begr. RegE UmRUG, BR-Drs. 371/22, 106.
25 *Schmidt* NZG 2022, 635 (637).
26 Begr. RegE UmRUG, BR-Drs. 371/22, 106.
27 Widmann/Mayer/*Mayer* § 122e Rn. 39; → § 3 Rn. 46 ff.

Tag der Versammlung der Anteilsinhaber der übertragenden Gesellschaft zugänglich gemacht werden. ²Ist in den Fällen des § 308 Absatz 2 und 4 der gesonderte Bericht für die Arbeitnehmer erforderlich, so ist dieser zu den in § 308 Absatz 2 und 4 bestimmten Zeitpunkten elektronisch zugänglich zu machen.

(3) Erhält das Vertretungsorgan der an der grenzüberschreitenden Verschmelzung beteiligten Gesellschaft spätestens eine Woche vor der Versammlung der Anteilsinhaber, die nach § 13 über die Zustimmung zum Verschmelzungsplan beschließen soll, in Textform eine Stellungnahme des zuständigen Betriebsrats oder, sofern es in der Gesellschaft keinen Betriebsrat gibt, der Arbeitnehmer, so unterrichtet die Gesellschaft ihre Anteilsinhaber hiervon unverzüglich nach Fristablauf durch elektronische Zugänglichmachung des einheitlichen Berichts oder des Berichts für die Arbeitnehmer jeweils unter Beifügung einer Kopie der Stellungnahme.

I. Allgemeines und unionsrechtlicher Hintergrund

1 § 310 wurde neu eingeführt und enthält eine Neufassung der Regelung des § 122e S. 2 aF. Er regelt Bestimmungen über die Modalitäten der Zugänglichmachung des Verschmelzungsberichts an die Anteilsinhaber und die zuständigen Betriebsräte (bzw. Arbeitnehmer). Die Bestimmungen dienen der Umsetzung von Art. 124 Abs. 6, 7 der Gesellschaftsrechtsrichtlinie (GesR-RL)[1] in der durch Art. 1 Abs. 10 der Umwandlungsrichtlinie (Umw-RL[2]) geänderten Fassung.

II. Zugänglichmachung gem. Abs. 1

2 Abs. 1 dient der Umsetzung von Art. 124 Abs. 6 GesR-RL. Der Verschmelzungsbericht ist gem. S. 1 den Anteilsinhabern sowie den zuständigen Betriebsräten oder, falls ein solcher nicht eingerichtet ist, den Arbeitnehmern der an der grenzüberschreitenden Verschmelzung beteiligten Gesellschaften spätestens sechs Wochen vor der den Zustimmungsbeschluss fassenden Versammlung der Anteilsinhaber **elektronisch zugänglich** zu machen. Hiermit wird die bisherige **Frist** nach § 122e S. 2 aF um zwei Wochen verlängert, um den Anteilseignern und Arbeitnehmern bzw. deren Vertretung eine sorgfältige Vorbereitung ihrer Beschlussfassung bzw. Stellungnahme zu ermöglichen.[3] Damit laufen die Fristen nach § 308 (§ 122d aF) und § 310 (§ 122e S. 2 aF) – nach altem Recht jeweils eine Monatsfrist – nicht mehr parallel.

3 Hat sich die Gesellschaft für die Erstellung von Einzelberichten iSv § 309 Abs. 2 entschieden, muss gem. S. 2 dem jeweiligen Adressaten nur der ihn betreffende Einzelbericht zugänglich gemacht werden.

4 Der Verschmelzungsbericht ist elektronisch zugänglich zu machen. Der elektronischen Zugänglichmachung wird genügt, sofern der Verschmelzungsbericht **elektronisch übermittelt** oder **zur Kenntnisnahme bereitgestellt** wird und mit einer Kenntnisnahme durch die Adressaten gerechnet werden kann.[4] Diese Anforderungen werden nicht erfüllt, wenn der Adressat mit der gewählten Art der technischen Zugänglichmachung

---

[1] Richtlinie (EU) 2017/1132 des Europäischen Parlaments und des Rates v. 14.6.2017 über bestimmte Aspekte des Gesellschaftsrechts (ABl. 2017 L 169, 46 v. 30.6.2017).

[2] Richtlinie (EU) 2019/2121 des Europäischen Parlaments und des Rates v. 27.11.2019 zur Änderung der Richtlinie (EU) 2017/1132 in Bezug auf grenzüberschreitende Umwandlungen, Verschmelzungen und Spaltungen (ABl. 2019 L 321, 1 v. 12.12.2019).

[3] *Heckschen/Knaier* GmbHR 2022, 501 (513).

[4] BegrRegE UmRUG, BR-Drs. 371/22, 110.

nicht rechnen musste (zB auf der Internetseite einer nicht an der Verschmelzung beteiligten Konzerngesellschaft) oder der Zugang einen unzumutbaren Aufwand des Adressaten erfordert (zB im Intranet, das nur innerhalb der Geschäftsräume der an der Verschmelzung beteiligten Gesellschaften erreichbar ist).[5]

Liegt im Zeitpunkt der Zugänglichmachung des Verschmelzungsberichts der Verschmelzungsplan oder sein Entwurf bereits vor – jedenfalls der Entwurf wird in der Praxis regelmäßig bereits vorliegen, weil der Verschmelzungsbericht den Verschmelzungsplan zu erläutern und zu begründen hat[6] –, so ist gem. S. 3 der Verschmelzungsplan oder sein Entwurf gemeinsam mit dem Verschmelzungsbericht zugänglich zu machen.

Darüber hinaus sind über die Verweisnorm des § 305 Abs. 2 die rechtsformspezifischen Übermittlungs- bzw. Auslegungspflichten gem. § 47 bzw. § 63 Abs. 1 Nr. 4 einzuhalten.

III. Zugänglichmachung gem. Abs. 2

Abs. 2 bestimmt die **Zeitpunkte**, bis zu denen der Verschmelzungsbericht und ggf. der Verschmelzungsplan elektronisch zugänglich zu machen sind, wenn ein Verschmelzungsbeschluss der übertragenden oder übernehmenden Gesellschaft nicht erforderlich, der Verschmelzungsbericht hingegen zumindest teilweise erforderlich ist.[7]

Ist ein Verschmelzungsbeschluss der übernehmenden Gesellschaft gem. § 62 Abs. 1 nicht erforderlich, so muss der Bericht gem. § 310 Abs. 2 S. 1 spätestens sechs Wochen vor dem Tag der Versammlung der Anteilsinhaber der übertragenden Gesellschaft zugänglich gemacht werden.

S. 2 verweist auf die Fälle des § 308 Abs. 2 und 4 (→ § 308 Rn. 19 f., 22). In diesen Fällen sind die Verschmelzungsbeschlüsse sowohl bei der übertragenden als auch bei der übernehmenden Gesellschaft entbehrlich. Hierbei ist der gesonderte Bericht für die Arbeitnehmer – sofern ein solcher erforderlich ist – einen Monat vor dem Tag, an dem der Verschmelzungsplan beurkundet wird, elektronisch zugänglich zu machen. Darin liegt eine Abweichung von der Sechswochenfrist des Abs. 1 und des Abs. 2 S. 1

IV. Abs. 3

Abs. 3 regelt den Fall, in dem der zuständige Betriebsrat bzw. die Arbeitnehmer der Gesellschaft eine **Stellungnahme** zum arbeitnehmerspezifischen Abschnitt des Verschmelzungsberichts an das Vertretungsorgan der an der grenzüberschreitenden Verschmelzung beteiligten Gesellschaft übermittelt haben. Nach Art. 124 Abs. 7 GesR-RL hat das Verwaltungs- oder Leitungsorgan die Stellungnahme „**rechtzeitig**" zu erhalten. Der deutsche Gesetzgeber hat diese Vorgabe dahin gehend umgesetzt, dass die Stellungnahme dem Vertretungsorgan der an der Verschmelzung beteiligten Gesellschaft spätestens eine Woche vor der Versammlung der Anteilsinhaber, die nach § 13 über die Zustimmung zum Verschmelzungsplan beschließen soll, zugehen muss. Die Stellungnahme ist den Anteilsinhabern ebenfalls durch elektronische Zugänglichmachung zur Kenntnis zu bringen und dient insbesondere der Vorbereitung des Zustimmungsbeschlusses der Anteilsinhaber.[8] Sinn und Zweck ist es eine möglichst objektive Informationsgrundlage für die Entscheidungsfindung der Anteilsinhaber mit Einbezug von beschäftigungsspezifischen Auswirkungen der Verschmelzung zu schaffen.

---

[5] BegrRegE UmRUG, BR-Drs. 371/22, 110.
[6] *Thomale/Schmid* NotBZ 2023, 125 (128).
[7] BegrRegE UmRUG, BR-Drs. 371/22, 110.
[8] BegrRegE UmRUG, BR-Drs. 371/22, 110.

10 Art. 124 Abs. 7 GesR-RL trifft keine Regelung zur Form der Stellungnahme. Insoweit soll im Interesse der Rechtssicherheit die Stellungnahme mindestens der **Textform** (§ 126b BGB) genügen und ist so in § 310 Abs. 3 aufgenommen worden.[9]

§ 311 Verschmelzungsprüfung

(1) ¹Der Verschmelzungsplan oder sein Entwurf ist nach den §§ 9 bis 12 zu prüfen; die §§ 44 und 48 sind nicht anzuwenden. ²Der Prüfungsbericht muss den Anteilsinhabern spätestens einen Monat vor dem Tag der Versammlung der Anteilsinhaber, die nach § 13 über die Zustimmung zum Verschmelzungsplan beschließen soll, zugänglich gemacht werden.

(2) ¹§ 9 Absatz 2 und § 12 Absatz 3, jeweils in Verbindung mit § 8 Absatz 3, gelten mit der Maßgabe, dass ein Verzicht aller Anteilsinhaber aller beteiligten Rechtsträger erforderlich ist. ²Verschmelzungsprüfung und Prüfungsbericht sind ferner nicht erforderlich in den Fällen des § 307 Absatz 3 Nummer 2 Buchstabe b und c.

I. Allgemeines und unionsrechtlicher Hintergrund 1	2. Getrennte und gemeinsame Prüfung 4
II. Verschmelzungsprüfung 2	3. Prüfungsbericht 7
1. Prüfungspflicht 2	4. Entbehrlichkeit bei Konzernverschmelzung und Verzicht 9

I. Allgemeines und unionsrechtlicher Hintergrund

1 § 311 regelt die Verschmelzungsprüfung. Infolge des Inkrafttretens des Gesetzes zur Umsetzung der Umwandlungsrichtlinie (UmRUG) zum 1.3.2023 wird der bisherige § 122f aF mit Klarstellungsergänzungen als Abs. 1 im § 311 fortgeführt. Abs. 2 wurde neu eingeführt. Die inhaltlich vorgenommenen Änderungen dienen der Umsetzung von Art. 125 GesR-RL[1] (früher Art. 8 der Internationalen Verschmelzungsrichtlinie (IntVerschm-RL[2])) in der durch Art. 1 Abs. 11 der Umwandlungsrichtlinie (Umw-RL[3]) geänderten Fassung. Nach Maßgabe der Richtlinie wird grundsätzlich für jede der sich verschmelzenden Gesellschaften ein für die Anteilsinhaber bestimmter Bericht unabhängiger Sachverständiger erstellt. Die Verschmelzungsprüfung ist dabei originärer Bestandteil des europäischen Verschmelzungsrechts. Das Verfahren wurde bereits von der Dritten Verschmelzungsrichtlinie[4] vorgesehen und ist auch bei der Gründung einer SE bzw. SCE (Art. 22 SE-VO,[5] Art. 26 SCE-VO[6]) durchzuführen. Für innerdeutsche Verschmelzungen enthalten die §§ 9–12 inhaltlich vergleichbare Regelungen, auf die § 311 Abs. 1 S. 1 Hs. 1 verweist.

---

[9] BegrRegE UmRUG, BR-Drs. 371/22, 110.
[1] Richtlinie (EU) 2017/1132 des Europäischen Parlaments und des Rates v. 14.6.2017 über bestimmte Aspekte des Gesellschaftsrechts (ABl. 2017 L 169, 46 v. 30.6.2017).
[2] Richtlinie 2005/56/EG des Europäischen Parlaments und des Rates v. 26.10.2005 über die Verschmelzung von Kapitalgesellschaften aus verschiedenen Mitgliedstaaten (ABl. 2005 L 310, 1 v. 25.11.2005).
[3] Richtlinie (EU) 2019/2121 des Europäischen Parlaments und des Rates v. 27.11.2019 zur Änderung der Richtlinie (EU) 2017/1132 in Bezug auf grenzüberschreitende Umwandlungen, Verschmelzungen und Spaltungen (ABl. 2019 L 321, 1 v. 12.12.2019).
[4] Dritte Richtlinie 78/855/EWG des Rates v. 9.10.1978 gem. Art. 54 Abs. 3 Buchst. g des Vertrages betreffend die Verschmelzung von Aktiengesellschaften (ABl. 1978 L 295 v. 20.10.1978).
[5] Verordnung (EG) Nr. 2157/2001 des Rates v. 8.10.2001 über das Statut der Europäischen Gesellschaft (ABl. 2001 L 294 v. 10.11.2001).
[6] Verordnung (EG) Nr. 1435/2003 des Rates v. 22.7.2003 über das Statut der Europäischen Genossenschaft (ABl. 2003 L 207, 1 v. 18.8.2003).

§ 311 Abs. 1 Hs. 2 erklärt §§ 39e, 48 zur Verschmelzungsprüfung bei der GbR und der GmbH nicht für anwendbar. Der Verweis auf den durch das Gesetz zur Modernisierung des Personengesellschaftsrechts (MoPeG) eingeführten § 39e wurde nicht bereits durch das MoPeG selbst, sondern erst durch das Gesetz zur Förderung geordneter Kreditzweitmärkte und zur Umsetzung der Richtlinie (EU) 2021/2167 über Kreditdienstleister und Kreditkäufer sowie zur Änderung weiterer finanzrechtlicher Bestimmungen (Kreditzweitmarktförderungsgesetz) vom 22.12.2023 eingeführt.[7]

II. Verschmelzungsprüfung

1. Prüfungspflicht

§ 311 Abs. 1 S. 1 Hs. 1 gibt durch den Verweis auf § 9 die Prüfung des Verschmelzungsplans durch einen oder mehrere sachverständige Prüfer (**Verschmelzungsprüfung**) vor. Die Prüfung hat stets zu erfolgen, soweit sie bei Vorliegen der gesetzlichen Voraussetzungen nicht entfallen kann.[8] Konsequenterweise schließt § 311 Abs. 1 S. 1 Hs. 2 daher die Anwendung von § 44 und § 48 aus, nach denen bei der Verschmelzung einer Personengesellschaft oder einer GmbH eine Verschmelzungsprüfung auf fristgerechtes Verlangen eines Gesellschafters zu erfolgen hat.[9]

Gegenstand der Prüfung ist der Verschmelzungsplan oder dessen Entwurf. Der Umfang der Prüfung erstreckt sich, in Gleichlauf zu § 9, auf die Vollständigkeit und Richtigkeit des Verschmelzungsplans (bzw. dessen Entwurfs) und entsprechend § 12 insbes. auf die Angemessenheit des Umtauschverhältnisses.[10] Insoweit kann hier auf die Kommentierung zu §§ 9–12 verwiesen werden. Im Unterschied zur innerdeutschen Verschmelzung enthält der Verschmelzungsplan jedoch zusätzliche, den Besonderheiten der grenzüberschreitenden Verschmelzung Rechnung tragende Angaben, wie zB solche zur Bewertung des Aktiv- und Passivvermögens nach § 307 Abs. 2 Nr. 11 (→ § 307 Rn. 29). Hierauf müssen die Verschmelzungsprüfung und der entsprechende Verschmelzungsprüfungsbericht nach § 12 naturgemäß ebenso eingehen.[11]

2. Getrennte und gemeinsame Prüfung

Für jeden an der Verschmelzung beteiligten Rechtsträger hat eine Verschmelzungsprüfung stattzufinden.[12] Diese Prüfung kann für jeden Rechtsträger getrennt oder aber für einzelne oder mehrere beteiligte Rechtsträger gemeinsam erfolgen.

Bei einer **getrennten Prüfung** erfolgt die Bestellung des Verschmelzungsprüfers gem. § 311 S. 1, § 10 Abs. 1, 2 auf Antrag des Vertretungsorgans. Zuständig ist das Landgericht, in dessen Bezirk „**eine**" **übertragende Gesellschaft** ihren satzungsmäßigen Sitz hat.[13] Unproblematisch ist dies, soweit die übertragende Gesellschaft eine deutsche Gesellschaft ist. Anders liegen die umgekehrten Fälle, bei denen der übertragende Rechtsträger ausschließlich eine ausländische Gesellschaft ist und die übernehmende Gesellschaft deutsch ist. Für diese Fälle entfällt die Anwendbarkeit von § 10 Abs. 2 iVm § 311 Abs. 1 S. 1 mangels Regelungskompetenz des deutschen Gesetzgebers für die

---

7 S. dazu Lutter/Bayer/*J. Schmidt* § 311 Rn. 4.
8 Vgl. Art. 125 GesR-RL (früher 8 IntVerschm-RL).
9 Lutter/*Bayer* § 122 f. Rn. 1; *Schmidt* NZG 2022, 635 (638); → § 48 Rn. 1 ff.
10 Lutter/*Bayer* § 122f Rn. 9; Semler/Stengel/Leonard/*Drinhausen* § 122f Rn. 2; Kallmeyer/*Lanfermann* § 122f Rn. 1.
11 Semler/Stengel/Leonard/*Drinhausen* § 122f Rn. 2.
12 Art. 125 Abs. 1 S. 1 GesR-RL (früher Art. 8 Abs. 1 S. 1 IntVerschm-RL).
13 § 311 S. 1 iVm § 10 Abs. 2 S. 1; vgl. auch Semler/Stengel/Leonard/*Zeidler* § 10 Rn. 11 f.

Gerichtzuständigkeit für Rechtsträger, die ausländischem Recht unterliegen und die ihren Sitz außerhalb Deutschlands haben.[14] Konsequenterweise müsste dann die Bestellung eines Sachverständigen durch ein ausländisches Gericht erfolgen. Dies erscheint aber wenig zweckmäßig, zumal § 10 zur Vermeidung von Widersprüchen gerade die Zuständigkeit unterschiedlicher Gerichte bei der Bestellung der Verschmelzungsprüfer verhindern will. Die Regelungslücke ist daher nach hM richtigerweise dadurch zu schließen, dass das Landgericht am Satzungssitz der deutschen übernehmenden Gesellschaft auch dann örtlich für die Bestellung eines Sachverständigen zuständig ist, wenn keine deutsche Gesellschaft als übertragender Rechtsträger an der Verschmelzung teilnimmt.[15] Die Verschmelzungsprüfung der beteiligten deutschen Gesellschaft bestimmt sich nach deutschem Recht, während sich die Verschmelzungsprüfung der beteiligten ausländischen Gesellschaft nach dem auf diese anwendbaren nationalen Recht richtet.[16]

6 Bei innerdeutschen Verschmelzungen kann auf Antrag der Vertretungsorgane der beteiligten Gesellschaften statt getrennter Verschmelzungsprüfung auch ein **gemeinsamer Verschmelzungsprüfer** für mehrere oder alle beteiligten Rechtsträger vom Gericht bestellt werden (§ 10 Abs. 1 S. 2). § 311 sieht dies zwar nicht explizit vor; allerdings ist auch bei einer grenzüberschreitenden Verschmelzung § 10 Abs. 1 S. 2 über den Verweis in § 311 Abs. 1 S. 1 anwendbar.[17] Das steht auch im Einklang mit der GesR-RL (früher IntVerschm-RL), welche in Art. 125 Abs. 2 GesR-RL (früher Art. 8 Abs. 2 IntVerschm-RL) ein solches Wahlrecht vorsieht. Das Wahlrecht kann jedoch nur dann ausgeübt werden, wenn die Rechtsordnung der anderen beteiligten Gesellschaften ebenfalls die Bestellung eines gemeinsamen Prüfers erlaubt.[18] Die beteiligten Gesellschaften können dann bestimmen, nach welcher Rechtsordnung die Bestellung der Verschmelzungsprüfer erfolgen soll (**Rechtswahl**).[19] Nach wohl einhelliger Ansicht richtet sich dann die Verschmelzungsprüfung (Verfahren, Inhalt, Sprache etc) nach derselben Rechtsordnung, die für die Bestellung der Verschmelzungsprüfer gewählt worden ist.[20] Umstritten ist hierbei nur, ob bei der Verschmelzungsprüfung inhaltlich zusätzlich alle beteiligten Rechtsordnungen kumulativ anzuwenden sind. Die Befürworter einer kumulativen Anwendung der beteiligten Rechtsordnungen wenden ein, dass anderenfalls das strengere Verschmelzungsrecht leicht umgangen werden könne.[21] Die Gegenstimmen widersprechen dem im Hinblick auf die EU-weite Harmonisierung des Verschmelzungsrechts durch die GesR-RL (früher IntVerschm-RL) und die Dritte Verschmelzungsrichtlinie[22] und weisen darauf hin, dass der der gemeinsamen Prüfung zugrunde liegende Vereinfachungsgedanke anderenfalls konterkariert würde.[23]

---

14 Habersack/Drinhausen/*Kiem* § 122f Rn. 2.
15 Lutter/*Bayer* § 122f Rn. 5; ähnlich Semler/Stengel/Leonard/*Drinhausen* § 122f Rn. 4; Habersack/Drinhausen/*Kiem* § 122f Rn. 2; aA wohl Kallmeyer/*Lanfermann* § 122f Rn. 10, 12 f.; vgl. auch Semler/Stengel/Leonard/*Zeidler* § 10 Rn. 11 f.
16 BeckOGK/*Klett* § 311 Rn. 3.
17 Semler/Stengel/Leonard/*Drinhausen* § 122f Rn. 1; Habersack/Drinhausen/*Kiem* § 122f Rn. 3.
18 Schmitt/Hörtnagl/*Hörtnagl* § 122f Rn. 5; Widmann/Mayer/*Mayer* § 122f Rn. 10; Habersack/Drinhausen/*Kiem* § 122f Rn. 3.
19 Lutter/*Bayer* § 122f Rn. 3; Habersack/Drinhausen/*Kiem* § 122f Rn. 4.
20 Semler/Stengel/Leonard/*Drinhausen* § 122f Rn. 5; Habersack/Drinhausen/*Kiem* § 122f Rn. 4; Widmann/Mayer/*Mayer* § 122f Rn. 23; im Ergebnis auch Lutter/*Bayer* § 122f Rn. 3.
21 So im Ergebnis auch Semler/Stengel/Leonard/*Drinhausen* § 122f Rn. 5; Schmitt/Hörtnagl/*Hörtnagl* § 122f Rn. 3; zum Parallelproblem bei der SE-Gründung MüKoAktG/*Schäfer* SE-VO Art. 22 Rn. 8; Spindler/Stilz/*Casper* SE-VO Art. 22 Rn. 4 f.; *Schwarz* SE-VO Art. 22 Rn. 19; aA Habersack/Drinhausen/*Kiem* § 122f Rn. 3; Lutter/*Bayer* § 122f Rn. 3; Kallmeyer/*Lanfermann* § 122f Rn. 10.
22 Dritte Richtlinie 78/855/EWG des Rates v. 9.10.1978 gem. Art. 54 Abs. 3 Buchst. g des Vertrages betreffend die Verschmelzung von Aktiengesellschaften.
23 Lutter/*Bayer* § 122f Rn. 3; Habersack/Drinhausen/*Kiem* § 122f Rn. 4.

3. Prüfungsbericht

Der **schriftliche (Verschmelzungs-)Prüfungsbericht** hat den formellen und inhaltlichen Anforderungen des § 12 zu genügen. Hinsichtlich solcher Tatsachen, deren Bekanntwerden geeignet ist, einem der beteiligten Gesellschaften oder einem verbundenen Unternehmen einen nicht unerheblichen Nachteil zuzufügen, gilt die Erleichterungsmöglichkeit des § 8 Abs. 2 über § 311 Abs. 1 S. 1, § 12 Abs. 3.

In **zeitlicher Hinsicht** muss der Prüfungsbericht wegen Art. 125 Abs. 1 S. 1 GesR-RL (früher Art. 8 Abs. 1 S. 1 IntVerschm-RL) und gem. § 311 Abs. 1 S. 2 spätestens einen Monat vor der Versammlung der Anteilsinhaber, die nach § 13 über die Zustimmung zum Verschmelzungsplan beschließen soll, zugänglich gemacht werden. Nach altem Recht musste der Prüfungsbericht gem. § 122f S. 2 aF „vorliegen". Diese wörtliche Abweichung ist von geringer Relevanz, denn wenn der Prüfungsbericht den Anteilsinhabern zugänglich gemacht wurde, liegt er ihnen notwendigerweise bereits vor.[24] Die Form der Zugänglichmachung des Prüfungsberichts bestimmt § 311 nicht, so dass auf die allgemeinen Vorschriften zurückzugreifen ist.[25] Bei AG, SE und KGaA erfolgt die Zugänglichmachung durch Auslage im Geschäftsraum der beteiligten deutschen Gesellschaft gem. § 305 Abs. 2 iVm § 63 Abs. 1 Nr. 5 oder über die Veröffentlichung auf der Internetseite der Gesellschaft gem. § 305 Abs. 2 iVm § 63 Abs. 4. Bei der GmbH ist der Prüfungsbericht – jedenfalls vorsorglich[26] – gem. § 305 Abs. 2 iVm § 47 vor der Anteilsinhaberversammlung zu übersenden. Die Fristberechnung bestimmt sich auch hier nach den §§ 187 ff. BGB.

4. Entbehrlichkeit bei Konzernverschmelzung und Verzicht

Die Verschmelzungsprüfung und der Verschmelzungsprüfungsbericht können gem. § 311 Abs. 2 S. 1 iVm § 9 Abs. 2, § 8 Abs. 3 S. 1 entfallen, wenn alle Anteilsinhaber der an der grenzüberschreitenden Verschmelzung beteiligten inländischen und ausländischen Gesellschaften hierauf **verzichten**.[27] Diese Verzichtsmöglichkeit ist durch Art. 125 Abs. 4 GesR-RL (früher Art. 8 Abs. 4 IntVerschm-RL) vorgegeben und nun ausdrücklich im neuen § 311 Abs. 2 S. 1 geregelt.

Die Verzichtserklärungen sind notariell zu **beurkunden**.[28] Umstritten ist, ob die Beurkundungspflicht nur die Verzichtserklärungen der Anteilsinhaber der inländischen Gesellschaften erfasst oder darüber hinaus auch diejenigen der **Anteilsinhaber des ausländischen Rechtsträgers** einbezieht. § 311 Abs. 2 S. 1 enthält hierzu keine Angaben, ebenso wenig Art. 125 GesR-RL (früher Art. 8 IntVerschm-RL), der für die Verzichtserklärungen keine Form vorgibt. Neben Praktikabilitätserwägungen nimmt die wohl hM dies zum Anlass, die Beurkundungspflicht auf die Verzichtserklärungen der Anteilsinhaber deutscher Gesellschaften zu beschränken.[29] Die Gegenansicht, die eine generelle Beurkundungspflicht annimmt, stützt sich auf den Wortlaut von § 311, der eine solche

---

24 Begr. RegE UmRUG, BR-Drs. 371/22, 112.
25 BeckOGK/*Klett* § 311 Rn. 19; *Thomale/Schmid* NotBZ 2023, 125 (129).
26 So BeckOGK/*Klett* § 311 Rn. 19; aA zu § 122f aF: Widmann/Mayer/*Mayer* § 122f Rn. 2, wonach sich die Unterrichtungspflicht nicht auf den Prüfungsbericht bezieht.
27 Lutter/*Bayer* § 122f Rn. 16; Semler/Stengel/Leonard/*Drinhausen* § 122f Rn. 7; Schmitt/Hörtnagl/*Hörtnagl* § 122f Rn. 7; Widmann/Mayer/*Mayer* § 122f Rn. 24.
28 Lutter/*Bayer* § 122f Rn. 17; Semler/Stengel/Leonard/*Drinhausen* § 122f Rn. 7; Widmann/Mayer/*Mayer* § 122f Rn. 25.
29 Habersack/Drinhausen/*Kiem* § 122f Rn. 3; Lutter/*Bayer* § 122f Rn. 17 mit dem Vorschlag einer entsprechenden richtlinienkonformen Auslegung der Norm; *Frenzel* RIW 2008, 12 (19); *Müller* Der Konzern 2007, 81 (83).

Einschränkung nicht vorsieht. Infolgedessen stellt sich dann das Folgeproblem der Auslandsbeurkundung.[30] Auch wenn der Wortlaut des § 311 Abs. 2 S. 1 von den Anteilsinhabern „aller beteiligten Rechtsträger" spricht, erscheint es wenig überzeugend, dass das deutsche UmwG die Anteilsinhaber ausländische Rechtsträger zu einer – im internationalen Vergleich ohnehin speziellen – Form verpflichten können soll. Daher dürfte sich mit der hM das Formerfordernis des § 8 Abs. 3 S. 2 nur auf die Anteilsinhaber der beteiligten deutschen Gesellschaft(en) beziehen. Um die verbleibenden Unsicherheiten zu beseitigen, bietet sich eine Vorabstimmung mit dem zuständigen deutschen Registergericht ab.

11 Wird eine **Auslandsbeurkundung** notwendig, so erscheint es nicht zielführend, verringerte Anforderungen an die Gleichwertigkeit durch die Beurkundung der Verzichtserklärungen durch einen ausländischen Notar des Sitzstaates der betreffenden ausländischen Gesellschaft genügen zu lassen.[31]

Hinweis: Das Folgeproblem der Auslandsbeurkundung stellt sich nur dann, wenn es den Anteilsinhabern der beteiligten ausländischen Gesellschaften nicht möglich ist, für die Beurkundung der Verzichtserklärung zu einem deutschen Notar zu reisen oder einen Bevollmächtigten zu bestellen.

12 Darüber hinaus entfällt die Pflicht zur Verschmelzungsprüfung gem. § 311 Abs. 2 S. 1 iVm § 9 Abs. 2, § 8 Abs. 3 für den Fall der Verschmelzung einer 100 %igen Tochtergesellschaft auf ihre Muttergesellschaft („**upstream merger**") (in Umsetzung von Art. 132 Abs. 1 GesR-RL (früher Art. 15 Abs. 1 IntVerschm-RL) in der durch Art. 1 Abs. 19 UmwRL geänderten Fassung). Zu den Einzelheiten → § 9 Rn. 26.

13 Weitere Ausnahmen von der Prüfungspflicht bestehen in den in § 307 Abs. 3 Nr. 2 lit. b und c genannten Fällen, in denen keine Anteile an der übernehmenden Gesellschaft gewährt werden. Dann erübrigt sich auch eine Prüfung.[32]

§ 312 Zustimmung der Anteilsinhaber

(1) Die Anteilsinhaber können ihre Zustimmung nach § 13 davon abhängig machen, dass die Art und Weise der Mitbestimmung der Arbeitnehmer der übernehmenden oder neuen Gesellschaft ausdrücklich von ihnen bestätigt wird.

(2) In den Fällen des § 307 Absatz 3 ist ein Verschmelzungsbeschluss der Anteilsinhaber der übertragenden Gesellschaft nicht erforderlich.

(3) Die Versammlung der Anteilsinhaber nimmt den Verschmelzungsbericht, den Prüfungsbericht und etwaige Stellungnahmen nach § 308 Absatz 1 Satz 2 Nummer 4 zur Kenntnis, bevor sie die Zustimmung zum Verschmelzungsplan beschließt.

---

30 Semler/Stengel/Leonard/*Drinhausen* § 122f Rn. 7; vgl. auch Lutter/*Bayer* § 122f Rn. 17.
31 So etwa Semler/Stengel/Leonard/*Drinhausen* § 122f Rn. 7; Lutter/*Bayer* § 122f Rn. 17; wohl auch Habersack/*Bayer*/*Drinhausen*/*Kiem* § 122f Rn. 8; zur Frage der Gleichwertigkeit von Auslandsbeurkundungen im Allgemeinen vgl. BGH ZIP 2014, 317; NJW 1981, 1160 sowie → § 6 Rn. 14 ff.
32 Begr. RegE UmRUG, BR-Drs. 371/22, 109.

I. Allgemeines und unionsrechtlicher Hintergrund 1	2. Durchführung der Versammlung und Beschlussfassung 13
II. Beschlussverfahren (Abs. 1) 6	3. Genehmigungsvorbehalt hinsichtlich Arbeitnehmermitbestimmung 15
1. Vorbereitung der Beschlussfassung in der Anteilsinhaberversammlung 7	III. Entbehrlichkeit der Zustimmung der Anteilsinhaber 18
a) Umfang der Informationspflichten für die Rechtsformen AG, KGaA und SE 9	IV. Kenntnisnahme der Versammlung der Anteilsinhaber (Abs. 3) 21
b) Umfang der Informationspflichten für die Rechtsformen GmbH bzw. UG (haftungsbeschränkt) 12	V. Beurkundungskosten 22

I. Allgemeines und unionsrechtlicher Hintergrund

1 Infolge des Inkrafttretens des Gesetzes zur Umsetzung der Umwandlungsrichtlinie (UmRUG) zum 1.3.2023 wird der bisherige § 122g aF als § 312 fortgeführt. Dabei bleibt Abs. 1 unverändert, Abs. 2 wird um den Verweis auf § 307 Abs. 3 ergänzt und Abs. 3 ist komplett neu.

2 § 312 Abs. 1 geht auf Art. 126 der Gesellschaftsrechtsrichtlinie (GesR-RL)[1] (früher Art. 9 Abs. 1, 2 der Internationalen Verschmelzungsrichtlinie (IntVerschm-RL)[2]) in der durch Art. 1 Abs. 12 der Umwandlungsrichtlinie (Umw-RL[3]) geänderten Fassung zurück und setzt das vom europäischen Gesetzgeber vorgesehene **Zustimmungserfordernis der Anteilsinhaber** zum Verschmelzungsplan in deutsches Recht um. Die Vorschrift bezweckt den Minderheitenschutz und entspricht der Parallelregelung in § 13. § 13 geht auf Art. 7 Abs. 1 der Dritten Verschmelzungsrichtlinie von 1978 (heute Art. 93 GesR-RL) zurück und normiert die Zustimmung der Anteilsinhaber zum Verschmelzungsvertrag.[4] Daneben enthalten auch Art. 23 Abs. 2 SE-VO und Art. 27 SCE-VO eine inhaltsgleiche Zustimmungsverpflichtung.

3 In Abweichung zu § 13 kann allerdings die Zustimmung unter dem Vorbehalt erteilt werden, dass die Art und Weise der Arbeitnehmermitbestimmung der übernehmenden oder neuen Gesellschaft ausdrücklich von den Anteilsinhabern bestätigt wird. Dieser **Zustimmungsvorbehalt** entspricht der unionsrechtlichen Vorgabe aus Art. 126 Abs. 2 GesR-RL (früher Art. 9 Abs. 2 IntVerschm-RL).

4 § 312 Abs. 2 sieht in Umsetzung von Art. 132 Abs. 1 GesR-RL (früher Art. 15 Abs. 1 zweiter Gedankenstrich IntVerschm-RL) in der durch Art. 1 Abs. 19 Umw-RL geänderten Fassung eine Ausnahme vom Zustimmungserfordernis für die Fälle des § 307 Abs. 3 vor. Damit ist ein Verschmelzungsbeschluss nicht nur bei der Verschmelzung einer 100 %igen Tochtergesellschaft auf ihre Muttergesellschaft (vgl. § 307 Abs. 3 Nr. 1), sondern künftig auch in anderen Konstellationen entbehrlich. Infolge der Umsetzung der GesR-RL und der Einführung des Verweises in § 307 Abs. 3 werden dazu noch Konzernkonstellationen erfasst, ua der Ausnahmefall der Schwesternverschmelzung, bei dem sich alle Anteile der beteiligten Rechtsträger unmittelbar oder mittelbar in der Hand derselben Person befinden.

---

1 Richtlinie (EU) 2017/1132 des Europäischen Parlaments und des Rates v. 14.6.2017 über bestimmte Aspekte des Gesellschaftsrechts (ABl. 2017 L 169, 46 v. 30.6.2017).
2 Richtlinie 2005/56/EG des Europäischen Parlaments und des Rates v. 26.10.2005 über die Verschmelzung von Kapitalgesellschaften aus verschiedenen Mitgliedstaaten (ABl. 20005 L 310, 1 v. 25.11.2005).
3 Richtlinie (EU) 2019/2121 des Europäischen Parlaments und des Rates v. 27.11.2019 zur Änderung der Richtlinie (EU) 2017/1132 in Bezug auf grenzüberschreitende Umwandlungen, Verschmelzungen und Spaltungen (ABl. 2019 L 321, 1 v. 12.12.2019).
4 Dritte Richtlinie 78/855/EWG des Rates v. 9.10.1978 gemäß Art. 54 Abs. 3 Buchst. g des Vertrages betreffend die Verschmelzung von Aktiengesellschaften (ABl. 1978 L 295 v. 20.10.1978).

5 Der neu eingeführte Abs. 3 stellt klar, dass die Versammlung der Anteilsinhaber den Verschmelzungsbericht, den Prüfungsbericht und etwaige Stellungnahmen nach § 308 Abs. 1 S. 2 Nr. 4 zur Kenntnis zu nehmen hat, bevor sie die Zustimmung zum Verschmelzungsplan beschließt.

II. Beschlussverfahren (Abs. 1)

6 § 312 ordnet das **Zustimmungserfordernis** nach § 13 nicht an, sondern setzt dieses voraus. Dementsprechend haben die Anteilsinhaber aller an der grenzüberschreitenden Verschmelzung beteiligten Gesellschaften nach § 305 Abs. 2, § 13 Abs. 1 S. 1 durch Verschmelzungsbeschluss in der Hauptversammlung bzw. Gesellschafterversammlung dem Verschmelzungsplan zuzustimmen. Die Beschlussvorbereitung und das Beschlussverfahren als solche richten sich aufgrund des Verweises in § 312 Abs. 1 auf § 13 dann nach dem rechtsformspezifischen nationalen Recht der an der grenzüberschreitenden Verschmelzung beteiligten Gesellschaft(en).[5] Auf die Kommentierung zu § 13 kann daher hier verwiesen werden.

1. Vorbereitung der Beschlussfassung in der Anteilsinhaberversammlung

7 Die **Vorbereitung der Anteilsinhaberversammlung**, die über den Verschmelzungsplan entscheidet, und deren Beschlussfassung richten sich einerseits nach den §§ 46–78 mit den dortigen besonderen rechtsformspezifischen Regelungen aufgrund des Generalverweises in § 305 Abs. 2,[6] andererseits nach den rechtsformspezifischen allgemeinen Regelungen des AktG bzw. der SE-VO[7] sowie des GmbHG.[8] Bei der Einberufung einer Hauptversammlung einer AG, KGaA oder SE, die über den Verschmelzungsplan beschließen soll, ist dagegen eine Mindesteinberufungsfrist von einem Monat zu beachten anstatt der in § 123 Abs. 1 AktG angeordneten Dreißigtagefrist.[9] Mit Blick auf die in der Praxis nicht unübliche Anmeldefrist, welche die Einberufungsfrist gem. § 123 Abs. 2 S. 5 AktG verlängert, dürften sich die abweichenden Fristen in § 123 Abs. 1 AktG und § 63 Abs. 1 nicht allzu häufig auswirken.

8 Daraus ergibt sich die Verpflichtung, im Vorfeld der Versammlung die Anteilsinhaber über die Einzelheiten der Verschmelzung entsprechend zu **informieren**. Der Umfang der Informationspflichten hängt im Einzelfall sehr von den einschlägigen rechtsformspezifischen – oben erwähnten – Vorschriften ab. Auf die Einhaltung von Form und Fristen kann auch hier verzichtet werden, soweit dies bei einer innerdeutschen Verschmelzung unter denselben Voraussetzungen ebenso zulässig ist.[10]

Hinweis: Sämtliche Unterlagen (und damit auch die originär in anderer Sprache erstellten Dokumente) müssen in deutscher Sprache vorliegen.[11] Der mit den Übersetzungen verbundene Zeit- und Kostenaufwand ist bei der Planung zu berücksichtigen.

---

5 Habersack/Drinhausen/*Kiem* § 122g Rn. 9.
6 §§ 47, 49 für die GmbH, § 63 für die AG.
7 Verordnung (EG) Nr. 2157/2001 des Rates v. 8.10.2001 über das Statut der Europäischen Gesellschaft (ABl. 2001 L 294 v. 10.11.2001).
8 §§ 121 ff. AktG für die AG, KGaA und SE und §§ 49, 51 GmbHG für die GmbH.
9 Bei einem Fristbeginn im Februar ist weiterhin die dann längere Dreißigtagefrist des § 123 Abs. 1 AktG maßgebend.
10 Semler/Stengel/Leonard/*Drinhausen* § 122g Rn. 5.
11 Habersack/Drinhausen/*Kiem* § 122g Rn. 8; Semler/Stengel/Leonard/*Drinhausen* § 122g Rn. 4; Widmann/Mayer/*Heckschen* § 122g Rn. 44; Lutter/*Bayer* § 122g Rn. 15; *Lutz* BWNotZ 2010, 23 (33); aA *Louven* ZIP 2006, 2021 (2022).

a) Umfang der Informationspflichten für die Rechtsformen AG, KGaA und SE

Für den Fall einer beteiligten AG, KGaA oder SE (für den Fall der Verschmelzung durch Aufnahme, Art. 9 Abs. 1 lit. c SE-VO) ist im UmwG § 63 für die **Vorbereitung der Hauptversammlung** zu beachten, der über § 305 Abs. 2 anwendbar ist. Danach hat die beteiligte deutsche Gesellschaft den Verschmelzungsplan (oder seinen Entwurf) (§ 63 Abs. 1 Nr. 1), die Jahresabschlüsse und Lageberichte (§ 63 Abs. 1 Nr. 2) sowie ggf. die Zwischenbilanzen (§ 63 Abs. 1 Nr. 3) der beteiligten Gesellschaften, die Verschmelzungsberichte (§ 63 Abs. 1 Nr. 4) – die gem. § 310 Abs. 1 S. 1 regelmäßig bereits elektronisch zugänglich gemacht worden sein dürften („… spätestens sechs Wochen vor der Versammlung …")[12] – und die Verschmelzungsprüfungsberichte (§ 63 Abs. 1 Nr. 5) der beteiligten Gesellschaft(en) in den Geschäftsräumen zur Einsicht der Aktionäre auszulegen oder gem. § 63 Abs. 4 über die Internetseite der Gesellschaft zugänglich zu machen. Liegt für ein abgelaufenes Geschäftsjahr noch kein Abschluss vor, so ist es grundsätzlich ausreichend, den letzten vorliegenden Jahresabschluss (sowie diejenigen der beiden Vorjahre) zu nehmen.[13]

Soweit sich das Gesetz auf die **Unterlagen aller beteiligten Gesellschaften** bezieht, sind auch die betreffenden Unterlagen aller beteiligten ausländischen Gesellschaft auszulegen.[14] Dies gilt für die Jahresabschlüsse und Lageberichte, Zwischenbilanzen sowie (soweit vorhanden) die Verschmelzungsberichte und Verschmelzungsprüfungsberichte.

Dass sich die Offenlegungspflicht auch auf die **Verschmelzungsberichte** (§ 63 Abs. 1 Nr. 4) und **Verschmelzungsprüfungsberichte** (§ 63 Abs. 1 Nr. 5) der anderen beteiligten Gesellschaft(en) erstreckt, ist nicht selbstredend. Nach dem klaren Wortlaut von dem spezielleren § 309 Abs. 1 S. 2 werden lediglich die Anteilsinhaber „der an der Verschmelzung beteiligten Gesellschaft" informiert und damit nur diejenigen, für die der Bericht auch verfasst wurde. Vor dem Hintergrund des Schutzzwecks der Norm kann jedoch nicht davon ausgegangen werden, dass der deutsche Gesetzgeber hier bewusst die Anteilsinhaber bei einer grenzüberschreitenden Verschmelzung schlechter stellen wollte als diejenigen bei einer innerdeutschen Verschmelzung. Abweichend vom Wortlaut des § 309 Abs. 1 S. 2 ist die Informationspflicht deshalb im Rahmen von § 63 Abs. 1 Nr. 4, 5 auch auf die Verschmelzungsberichte und Verschmelzungsprüfungsberichte der beteiligten ausländischen Gesellschaft(en) auszuweiten.[15]

b) Umfang der Informationspflichten für die Rechtsformen GmbH bzw. UG (haftungsbeschränkt)

Ist an der grenzüberschreitenden Verschmelzung eine GmbH (bzw. UG (haftungsbeschränkt)) beteiligt, sind nach § 305 Abs. 2, § 49 Abs. 2 die **Jahresabschlüsse und Lageberichte** der an der Verschmelzung beteiligten Gesellschaften für die letzten drei Geschäftsjahre in den Geschäftsräumen der Gesellschaft zur Einsichtnahme der Gesellschafter auszulegen.[16] Zudem sind nach § 305 Abs. 2, § 47 der Verschmelzungsplan (oder sein Entwurf) und der Verschmelzungsbericht der jeweiligen Gesellschaft den Gesell-

---

12 Die Pflicht zur Zugänglichmachung nach § 310 Abs. 1 S. 1 steht neben der Pflicht aus § 63, Lutter/Bayer/J. Schmidt § 311 Rn. 14.
13 BeckOGK/Klett § 312 Rn. 9.
14 Semler/Stengel/Leonard/Drinhausen § 122g Rn. 4; Drinhausen/Keinath BB 2006, 725 (729); BeckOGK/Klett § 312 Rn. 11; Louven ZIP 2006, 2021 (2027); Lutz BWNotZ 2010, 23 (33).
15 So auch Widmann/Mayer/Heckschen § 122g Rn. 62; Lutter/Bayer § 122g Rn. 8; BeckOGK/Klett § 312 Rn. 11.
16 Widmann/Mayer/Heckschen § 122g Rn. 8; Lutter/Bayer § 122g Rn. 12.

schaftern spätestens zusammen mit der Einberufung zu übersenden.[17] Daneben ist analog § 47 den Gesellschaftern spätestens mit der Einberufung der Gesellschafterversammlung ebenso der betreffende Verschmelzungsprüfungsbericht mit zu übersenden.[18]

2. Durchführung der Versammlung und Beschlussfassung

13 Die Einzelheiten zur **Durchführung** und **Beschlussfassung** in der Versammlung der Anteilsinhaber regeln weder die GesR-RL (früher IntVerschm-RL) noch die §§ 305–319 selbst. Über den Generalverweis in § 305 Abs. 2 ist daher § 13 iVm den besonderen rechtsformabhängigen Vorschriften des UmwG anzuwenden.[19] Freilich sind daneben die allgemeinen rechtsformspezifischen Anforderungen des GmbH- und Aktienrechts für die Durchführung und Beschlussfassung einer Gesellschafter- bzw. Hauptversammlung zu beachten.[20]

14 Auch hinsichtlich der notwendigen **Mehrheitserfordernisse** fehlen Sonderbestimmungen, so dass nach § 305 Abs. 2, § 50 Abs. 1 für die GmbH eine Mehrheit von mindestens drei Vierteln der abgegebenen Stimmen, nach § 305 Abs. 2, § 65 Abs. 1 S. 1 für die AG bzw. KGaA eine Mehrheit von mindestens drei Viertel des bei der Beschlussfassung vertretenen Grundkapitals vorhanden sein muss.[21] Umstritten sind hingegen die Mehrheitserfordernisse bei der Beteiligung einer deutschen SE. Naheliegend wäre auch hier, eine Drei-Viertel-Kapitalmehrheit nach § 65 Abs. 1 S. 1 zu fordern. Richtigerweise ist jedoch diese Kapitalmehrheit „SE-spezifisch" in eine Drei-Viertel-Stimmenmehrheit richtlinienkonform im Hinblick auf Art. 59 Abs. 1 SE-VO umzudeuten.[22]

3. Genehmigungsvorbehalt hinsichtlich Arbeitnehmermitbestimmung

15 Mit § 312 Abs. 1 wird den Anteilsinhabern ein Instrument an die Hand gegeben, um die Art und Weise der **Mitbestimmung der Arbeitnehmer** der übernehmenden oder neuen Gesellschaft mit entscheiden zu können. Damit wird den Anteilsinhabern zwar nicht die Möglichkeit zur konkreten Einflussnahme auf die Ausgestaltung des Mitbestimmungsmodells gewährt.[23] Indem die Anteilsinhaber ihre Zustimmung zur Verschmelzung von ihrer späteren Genehmigung der Mitbestimmungsregelung abhängig machen können, verfügen sie faktisch jedoch über ein Vetorecht hinsichtlich der Mitbestimmungsregelung, wenngleich die Ausübung des Vetorechts zu einem Scheitern der grenzüberschreitenden Verschmelzung insgesamt führte.

16 Einen solchen **Genehmigungsvorbehalt** müssen die Anteilsinhaber bereits im Verschmelzungsbeschluss aufnehmen. Der Genehmigungsvorbehalt ist kein eigenständiger Beschluss iSd § 47 Abs. 1 GmbHG, § 133 Abs. 1 AktG, Art. 57 SE-VO, sondern Bestandteil

---

[17] Lutter/*Bayer* § 122g Rn. 12.
[18] Lutter/*Bayer* § 122g Rn. 13; *Frenzel* Grenzüberschreitende Verschmelzung S. 273; so auch Widmann/Mayer/*Heckschen* § 122g Rn. 57, der weniger den Vergleich mit der Rechtslage bei einer innerstaatlichen Verschmelzung heranzieht, sondern vielmehr eine richtlinienkonforme Auslegung anhand von Art. 125 Abs. 2 GesR-RL (früher Art. 8 Abs. 2 IntVerschm-RL) anstrengt.
[19] §§ 50–51, 56 für GmbHs, §§ 64, 65 für AGs und KGaAs (§ 78).
[20] §§ 129 ff. für die AG, bzw. KGaA (§ 278 Abs. 3 AktG) und SE (Art. 53 SE-VO) und die §§ 47 ff. GmbHG für die GmbH; vgl. auch Lutter/*Bayer* § 122g Rn. 17 f.; Semler/Stengel/Leonard/*Drinhausen* § 122g Rn. 6.
[21] Lutter/*Bayer* § 122g Rn. 20; Widmann/Mayer/*Heckschen* § 122g Rn. 89.
[22] *Schwarz* SE-VO Art. 57 Rn. 10, SE-VO Art. 59 Rn. 15; aA Lutter/*Bayer* § 122g Rn. 22, der wegen Art. 59 Abs. 1 SE-VO neben drei Viertel Kapitalmehrheit nach § 122a Abs. 2 iVm § 65 Abs. 1 S. 1 auch zwei Drittel Stimmenmehrheit fordert; s. auch MüKoAktG/*Kubis* SE-VO Art. 57 Rn. 6 zur Frage der richtlinienkonformen Umdeutung der Drei-Viertel-Kapitalmehrheit in eine Drei-Viertel-Stimmenmehrheit.
[23] Kritisch zum praktischen Nutzen des Genehmigungsvorbehalts Habersack/Drinhausen/*Kiem* § 122g Rn. 4.

des Zustimmungsbeschlusses, für den die Mehrheitserfordernisse gem. § 50 bzw. § 65 gelten.[24] Dies entspricht der ursprünglichen Intention des Gesetzgebers bei Einführung der §§ 122a ff. aF, die sich größtenteils in den §§ 305 ff. wiederfinden.[25]

Hat die Anteilsinhaberversammlung einen solchen Genehmigungsvorbehalt beschlossen, so ist ihre Zustimmung iSv § 305 Abs. 2, § 13 zum Verschmelzungsplan **schwebend unwirksam**, bis sie den Bestätigungsbeschluss hinsichtlich der Mitbestimmungsregelung gefasst hat.[26] Bis zum Bestätigungsbeschluss kann folglich auch keine Verschmelzungsbescheinigung nach § 316 erteilt werden; die Eintragung hat dann nach § 318 zu unterbleiben.[27]

III. Entbehrlichkeit der Zustimmung der Anteilsinhaber

Die Fälle, in denen die Zustimmung der Anteilsinhaber gem. § 312 Abs. 2 entbehrlich ist, wurden durch das UmRUG für Konzernkonstellationen ausgeweitet. Diese Erweiterung dient der Umsetzung von Art. 132 Abs. 1 zweiter Gedankenstrich GesR-RL. Nach bisheriger Rechtslage ist ein Verschmelzungsbeschluss der Anteilsinhaber der übertragenden Gesellschaft für den Fall der Verschmelzung einer 100 %igen Tochtergesellschaft auf ihre Muttergesellschaft („**upstream merger**") entbehrlich.

Mit der Änderung des Gesetzeswortlauts kommen noch die weiteren Fälle des § 307 Abs. 3 dazu. Es handelt sich hierbei um Konzernkonstellationen, in denen die übernehmende Gesellschaft unmittelbar oder mittelbar alle Anteile am Nominalkapital der übertragenden Gesellschaft besitzt oder eine Person unmittelbar oder mittelbar alle Anteile am Nominalkapital sowohl der übertragenden als auch der übernehmenden Gesellschaft besitzt.[28]

Nach hM besteht auch keine Notwendigkeit eines Verschmelzungsbeschlusses bei der Umwandlung eines Rechtsträgers, an dem die deutsche übernehmende Gesellschaft mindestens **90 % der Anteile** hält. Dies folgt aus § 62 Abs. 1 S. 1, der über den Generalverweis des § 305 Abs. 2 auch bei grenzüberschreitenden Verschmelzungen anwendbar ist.[29] Wenn das auf die ausländische übertragende Gesellschaft anwendbare Recht eine § 312 Abs. 2 entsprechende Bestimmung kennt, bedarf es ggf. weder bei der übernehmenden noch bei der übertragenden Gesellschaft einer Beschlussfassung der Anteilsinhaber.[30]

IV. Kenntnisnahme der Versammlung der Anteilsinhaber (Abs. 3)

Der neu eingeführte Abs. 3 dient der Umsetzung von Art. 126 Abs. 1 GesR-RL. Danach hat die Versammlung der Anteilsinhaber den Verschmelzungsbericht, den Prüfungsbericht und etwaige Stellungnahmen nach § 308 Abs. 1 S. 2 Nr. 4 zur Kenntnis zu nehmen, bevor sie die Zustimmung zum Verschmelzungsplan beschließt.

---

24 Schmitt/Hörtnagl/*Hörtnagl* § 122g Rn. 8; Frenzel Grenzüberschreitende Verschmelzung S. 281; *Frenzel* RIW 2008, 12 (19 f.); aA Semler/Stengel/Leonard/*Drinhausen* § 122g Rn. 10; Lutter/*Bayer* § 122g Rn. 30.
25 Begr. RegE zu § 122g, BT-Drs. 16/2919, 15.
26 Habersack/Drinhausen/*Kiem* § 122g Rn. 10, der vom Genehmigungsvorbehalt als aufschiebender Bedingung spricht.
27 Schmitt/Hörtnagl/*Hörtnagl* § 122g Rn. 10; Semler/Stengel/Leonard/*Drinhausen* § 122g Rn. 12; Lutter/*Bayer* § 122g Rn. 31.
28 Begr. RegE UmRUG, BR-Drs. 371/22, 109.
29 So auch Habersack/Drinhausen/*Kiem* § 122g Rn. 18; Schmitt/Hörtnagl/*Hörtnagl* § 122g Rn. 14; Semler/Stengel/Leonard/*Drinhausen* § 122g Rn. 15; Kallmeyer/*Zimmermann* § 122g Rn. 29; Widmann/Mayer/*Heckschen* § 122g Rn. 154 f.; Lutter/*Bayer* § 122g Rn. 16.
30 Habersack/Drinhausen/*Kiem* § 122g Rn. 18; Semler/Stengel/Leonard/*Drinhausen* § 122g Rn. 16.

V. Beurkundungskosten

22 Der Beschluss und die Zustimmungserklärungen der Anteilsinhaber sind nach § 305 Abs. 2, § 13 Abs. 3 S. 1 notariell zu **beurkunden**. Hinsichtlich der Beurkundungskosten → § 13 Rn. 58 ff.

§ 313 Barabfindung

(1) ¹Unterliegt die übernehmende oder neue Gesellschaft nicht dem deutschen Recht, so hat die übertragende Gesellschaft im Verschmelzungsplan oder in seinem Entwurf jedem Anteilsinhaber, der gegen den Verschmelzungsbeschluss der Gesellschaft Widerspruch zur Niederschrift erklärt, den Erwerb seiner Anteile gegen eine angemessene Barabfindung anzubieten; nicht anzuwenden sind insoweit § 71 Absatz 4 Satz 2 des Aktiengesetzes sowie die Anordnung der Nichtigkeit des schuldrechtlichen Geschäfts über einen verbotswidrigen Erwerb nach § 33 Absatz 2 Satz 3 des Gesetzes betreffend die Gesellschaften mit beschränkter Haftung. ²Das Abfindungsangebot steht unter der aufschiebenden Bedingung des Wirksamwerdens der grenzüberschreitenden Verschmelzung. ³Im Verschmelzungsplan oder seinem Entwurf sind eine Postanschrift und eine elektronische Adresse anzugeben, an welche die Mitteilung nach Absatz 2 und die Annahmeerklärung nach Absatz 3 Satz 1 übermittelt werden können. ⁴§ 29 Absatz 1 Satz 4 und 5 sowie Absatz 2, § 30 Absatz 1 und die §§ 32 bis 34 gelten entsprechend.

(2) Ein Anteilsinhaber, der die Annahme des Abfindungsangebots nach Absatz 1 Satz 1 beabsichtigt, hat der Gesellschaft seine Absicht spätestens einen Monat nach dem Tag, an dem die Versammlung der Anteilsinhaber der übertragenden Gesellschaft die Zustimmung zum Verschmelzungsplan beschlossen hat, mitzuteilen.

(3) ¹Das Angebot kann bis spätestens zwei Monate nach dem Tag, an dem die Versammlung der Anteilsinhaber der übertragenden Gesellschaft die Zustimmung zum Verschmelzungsplan beschlossen hat, angenommen werden. ²Die Annahme ist ausgeschlossen, wenn die Mitteilung nach Absatz 2 nicht rechtzeitig erfolgt ist. ³Erfolgt die Annahme vor Ablauf der Mitteilungsfrist gemäß Absatz 2, so ist die Mitteilung nicht mehr erforderlich. ⁴§ 15 Absatz 4 des Gesetzes betreffend die Gesellschaften mit beschränkter Haftung bleibt unberührt.

(4) Anteilsinhaber, die das Angebot nach Maßgabe des Absatzes 3 angenommen haben, werden abweichend von § 20 Absatz 1 Nummer 3 Satz 1 mit Wirksamwerden der Verschmelzung nicht Anteilsinhaber der übernehmenden oder neuen Gesellschaft.

(5) ¹Die übernehmende oder neue Gesellschaft hat die Barabfindung spätestens zwei Wochen, nachdem die Verschmelzung wirksam geworden ist, an die Anteilsinhaber, die das Angebot nach Maßgabe des Absatzes 3 angenommen haben, zu zahlen. ²§ 314 ist auf den Abfindungsanspruch dieser Anteilsinhaber entsprechend anzuwenden.

(6) ¹Die Angemessenheit einer nach Absatz 1 anzubietenden Barabfindung ist stets zu prüfen. ²§ 311 ist entsprechend anzuwenden.

I. Allgemeines und unionsrechtlicher Hintergrund	1	IV. Mitteilungsobliegenheit des Anteilsinhabers an die Gesellschaft (Abs. 2)	22
II. Rechtslage bei innerdeutschen Verschmelzungen	7	V. Annahme des Abfindungsangebots (Abs. 3)	25
III. Angebot auf Erwerb der Anteile gegen Barabfindung (Abs. 1)	8	VI. Kein Erwerb der Anteile an der hervorgehenden Gesellschaft (Abs. 4)	30
1. Voraussetzungen	8	VII. Fälligkeit der Barabfindung und Sicherheitsleistung (Abs. 5)	31
2. Ablauf	10	VIII. Angemessenheitsprüfung der Barabfindung (Abs. 6)	33
a) Allgemeines	10		
b) Angemessenheit	16		
c) Annahmefrist	20		

I. Allgemeines und unionsrechtlicher Hintergrund

§ 313 regelt das Recht des Anteilsinhabers zum **Austritt gegen Barabfindung** im Falle der Herausverschmelzung. Dies hat der deutsche Gesetzgeber auf der Basis der Ermächtigung in Art. 121 Abs. 2 S. 2 der Gesellschaftsrechtsrichtlinie (GesR-RL)[1] aF (früher Art. 4 Abs. 2 S. 2 der Internationalen Verschmelzungsrichtlinie (IntVerschm-RL)[2]) bereits in § 122i aF vorgesehen. Der bisherige § 122i aF wird nun zu § 313 und an die neuen Vorgaben des Art. 126a Abs. 1–5 GesR-RL in der durch Art. 1 Abs. 13 der Umwandlungsrichtlinie (Umw-RL)[3] geänderten Fassung angepasst. Neu sind dabei das weitere Verfahren der Annahme und Überprüfung des Barabfindungsangebots sowie die Durchführung des Andienungsrechts gegen Barabfindung.

Hintergrund der Möglichkeit des Austritts eines Gesellschafters im Wege der Rückübertragung seiner Anteile gegen Barabfindung im Rahmen einer grenzüberschreitenden Verschmelzung ist, dass kein Gesellschafter der inländischen übertragenden Gesellschaft zu einer Beteiligung an einer Gesellschaft, die ausländischem Recht unterliegt, gezwungen werden soll. 2

Über § 327 S. 1 gilt § 313 entsprechend auch bei der grenzüberschreitenden Ab- und Aufspaltung. Für grenzüberschreitende Formwechsel enthält § 340 eine Parallelregelung. 3

Ebenso wie § 122h aF, der nun vollständig im Generalverweis des § 305 Abs. 2 aufgeht, dient § 313 als Nachfolger des § 122i dem **Schutz der Minderheitsgesellschafter**.[4] Der Gesetzgeber orientiert sich bei der Umsetzung, wie bei der Ausgestaltung von § 122h aF, am Modell der §§ 6, 7 SEAG.[5] § 313 entspricht deshalb weitestgehend § 7 Abs. 1, 7 SEAG, der für die Gründung einer SE durch Verschmelzung einschlägig ist. 4

§ 313 Abs. 1 ist insoweit unverändert geblieben, als eine dem deutschen Recht unterliegende, übertragende Gesellschaft für den Fall des Widerspruchs eines Anteilsinhabers gegen den Inhalt des Verschmelzungsplans dem betreffenden Anteilsinhaber im Verschmelzungsplan (oder seinem Entwurf) ein Angebot für den Erwerb seiner Anteile gegen angemessene Barabfindung (**Barabfindungsangebot**) machen muss. Die Vorschrift ähnelt der Parallelregelung in § 29 Abs. 1 zum Abfindungsangebot bei innerdeutschen Verschmelzungen. Im Gegensatz hierzu trifft die Verpflichtung jedoch allein die über- 5

---

1 Richtlinie (EU) 2017/1132 des Europäischen Parlaments und des Rates v. 14.6.2017 über bestimmte Aspekte des Gesellschaftsrechts (ABl. 2017 L 169, 46 v. 30.6.2017).
2 Richtlinie 2005/56/EG des Europäischen Parlaments und des Rates v. 26.10.2005 über die Verschmelzung von Kapitalgesellschaften aus verschiedenen Mitgliedstaaten (ABl. 2005 L 310, 1 v. 25.11.2005).
3 Richtlinie (EU) 2019/2121 des Europäischen Parlaments und des Rates v. 27.11.2019 zur Änderung der Richtlinie (EU) 2017/1132 in Bezug auf grenzüberschreitende Umwandlungen, Verschmelzungen und Spaltungen (ABl. 2019 L 321, 1 v. 12.12.2019).
4 Habersack/Drinhausen/Kiem § 122i Rn. 1: „zentraler Regelungsaspekt des Minderheitenschutzes".
5 Gesetz zur Ausführung der Verordnung (EG) Nr. 2157/2001 des Rates v. 8.10.2001 über das Statut der Europäischen Gesellschaft (SE), v. 22.12.2004, BGBl. I 3675.

tragende Gesellschaft und nicht den übernehmenden Rechtsträger. Daraus folgt: § 313 ist nur dann einschlägig, wenn die übertragende Gesellschaft dem deutschen Recht unterliegt. Unterfällt hingegen die übernehmende oder neue Gesellschaft deutschem Recht, gelangt § 29 über den Generalverweis in § 305 Abs. 2 zur Anwendung.[6]

Weiteres Schutzinstrument der Anteilseigner ist das Recht auf Verbesserung eines unangemessenen Umtauschverhältnisses.[7] Wie auch bei den innerdeutschen Verschmelzungen können die Anteilsinhaber den Verschmelzungsbeschluss nicht mit dem Argument der Unangemessenheit angreifen. Stattdessen müssen sie gem. § 305 Abs. 2, § 15 Abs. 1 von der übernehmenden Gesellschaft einen Ausgleich durch bare Zuzahlung verlangen. Das statthafte Verfahren ist das Spruchverfahren nach dem SpruchG.[8]

II. Rechtslage bei innerdeutschen Verschmelzungen

Bei **innerdeutschen Verschmelzungen** im Wege der Aufnahme durch einen Rechtsträger anderer Rechtsform (oder der Verschmelzung einer börsennotierten AG auf eine nichtbörsennotierte AG) hat der übernehmende Rechtsträger jedem Anteilsinhaber nach § 29 Abs. 1 den Erwerb seiner Anteile gegen eine angemessene Barabfindung anzubieten. Nach § 32 kann eine Klage gegen die Wirksamkeit des Verschmelzungsbeschlusses nicht darauf gestützt werden, dass das Barabfindungsangebot nach § 29 zu niedrig bemessen oder die Barabfindung im Verschmelzungsvertrag nicht oder nicht ordnungsgemäß angeboten worden ist. Die Vorschrift ergänzt den Klageausschluss des § 14 Abs. 2.[9] Zudem sieht § 34 vor, dass die gerichtliche Überprüfung der Angemessenheit der Barabfindung in einem Spruchverfahren erfolgen muss.

III. Angebot auf Erwerb der Anteile gegen Barabfindung (Abs. 1)

1. Voraussetzungen

Nach § 313 Abs. 1 hat die übertragende deutsche Gesellschaft im Verschmelzungsplan (oder seinem Entwurf) jedem Anteilsinhaber den Erwerb seiner Anteile gegen angemessene Barabfindung anzubieten, wenn die übernehmende oder neue Gesellschaft nicht dem deutschen Recht unterliegt, sog. **„rechtswechselnde Verschmelzung"**.[10] Die Vorschrift dient dem Schutz der Minderheitsgesellschafter, da kein Anteilsinhaber Nachteile durch die Änderung in eine ausländische Rechtsform erfahren soll.[11] Die Verpflichtung zum Barabfindungsangebot trifft auch die übertragende deutsche börsennotierte Gesellschaft, obwohl in einem solchen Falle aus praktischen und ökonomischen Erwägungen heraus die Möglichkeit einer Veräußerung der Anteile auf dem Kapitalmarkt näher läge.[12] Es wird zu Recht darauf hingewiesen, dass die Annahme des Angebots durch zahlreiche Anteilsinhaber der übertragenden Gesellschaft zu einem signifikanten, in seiner tatsächlichen Höhe vorher nur schwer planbaren Liquiditätsabfluss führt.[13]

---

6 Semler/Stengel/Leonard/*Drinhausen* § 122i Rn. 2; Lutter/*Bayer* § 122i Rn. 8; Schmitt/Hörtnagl/*Hörtnagl* § 122i Rn. 5; Kallmeyer/*Marsch-Barner/Wilk* § 122i Rn. 4.
7 *Goette* DStR 2023, 157 (158).
8 *Goette* DStR 2023, 157 (159).
9 Semler/Stengel/Leonard/*Gehling* § 32 Rn. 1.
10 Lutter/*Bayer* § 122i Rn. 4, 6.
11 Begr. RegE zu § 122i, BT-Drs. 16/2919, 16.
12 Schmitt/Hörtnagl/*Hörtnagl* § 122i Rn. 5; kritisch HRA des DAV NZG 2006, 737 (741); *Müller* Der Konzern 2007, 81 (87); aA Lutter/*Bayer* § 122i Rn. 6; Kallmeyer/*Marsch-Barner/Wilk* § 122i Rn. 2; Bayer/*Schmidt* NZG 2006, 841 (844); Bayer/*Schmidt* NJW 2006, 401 (406). Die Gegenansicht geht aufgrund der fortgeschrittenen Harmonisierung des europäischen Kapitalmarktrechts von einer Entbehrlichkeit des Barabfindungsangebotes aus.
13 Habersack/Drinhausen/*Kiem* § 122i Rn. 3; *Kiem* WM 2006, 1091 (1098).

Das Barabfindungsangebot ist gem. § 313 Abs. 1 S. 1 Hs. 1 nur solchen Anteilsinhabern zu gewähren, die gegen den Verschmelzungsbeschluss der übertragenden Gesellschaft **Widerspruch** eingelegt haben. Diese Regelung entspricht § 122i Abs. 1 S. 1 aF.

Hinweis: Eine Ausnahme vom Widerspruchserfordernis besteht nach § 313 Abs. 1 S. 4, § 29 Abs. 2 für den Fall, dass der Anteilsinhaber unverschuldet an der Einlegung verhindert war.[14]

2. Ablauf

a) Allgemeines

Die inländische übertragende Gesellschaft hat nach § 313 Abs. 1 S. 1 Hs. 1 ihren Anteilsinhabern den Erwerb eigener Anteile gegen eine **angemessene Barabfindung** im Verschmelzungsplan (oder seinem Entwurf) anzubieten. Ist die Bekanntmachung des Verschmelzungsplans (oder seines Entwurfs) als Gegenstand der Beschlussfassung erforderlich (für die AG und KGaA gem. § 124 Abs. 2 S. 2 AktG, für die GmbH nach § 47 oder individuell durch Vorgabe im Gesellschaftsvertrag bzw. in der Satzung), hat die Bekanntgabe nach § 313 Abs. 1 S. 4, § 29 Abs. 1 S. 4 den vollständigen Wortlaut des Angebots zur Barabfindung wiederzugeben. Nach § 313 Abs. 1 S. 4, § 29 Abs. 1 S. 5 hat die übernehmende (oder neue Gesellschaft) die Kosten für die Übertragung der Anteile zu tragen; dies ist insbesondere von Bedeutung mit Blick auf die Notarkosten für die Beurkundung der Übertragung der Geschäftsanteile eines ausscheidenden GmbH-Gesellschafters.

§ 313 ist nur auf die Fälle einer Heraus-Verschmelzung anwendbar. Für die Fälle einer **Herein-Verschmelzung** ist § 29 insgesamt aufgrund der Generalverweisung des § 305 anzuwenden.[15]

Bei Annahme des Barabfindungsangebots führt dies zu einem **Erwerb eigener Anteile**, dh im Falle einer Heraus-Verschmelzung bei einer AG bzw. KGaA zum Erwerb eigener Aktien nach § 313 Abs. 1 S. 1 Hs. 2 iVm § 71 AktG und bei einer GmbH zum Erwerb eigener Geschäftsanteile nach § 313 Abs. 1 S. 1 Hs. 2 iVm § 33 GmbHG. Allerdings ist in teilweisem Gleichlauf zur Parallelvorschrift des § 29 Abs. 1 S. 1 Hs. 2 nach Maßgabe von § 313 Abs. 1 S. 1 Hs. 2 die Anwendbarkeit von § 71 Abs. 4 S. 2 AktG und § 33 Abs. 2 S. 3 GmbHG ausgeschlossen.[16] Diese Regelung war bereits in § 122i Abs. 1 S. 2 aF enthalten.

Abs. 1 S. 2 ist neu und sieht vor, dass das in den Verschmelzungsplan aufzunehmende Barabfindungsangebot unter der aufschiebenden Bedingung des Wirksamwerdens der grenzüberschreitenden Verschmelzung steht. Dies ist auch erforderlich, da das Angebot angenommen werden muss, bevor die grenzüberschreitende Verschmelzung wirksam wird (vgl. Abs. 3). Wäre das Angebot unbedingt, so würde mit der korrespondierenden Annahme die Pflicht zur Anteilsübertragung gegen Barabfindung unabhängig vom weiteren Vollzug des Verschmelzungsvorgangs begründet.[17] Dies widerspräche jedoch dem Zweck von Art. 126a Abs. 1–5 GesR-RL, der die Gesellschafter davor schützen will, gegen ihren Willen an einer Rechtsform ausländischen Rechts beteiligt zu werden.[18]

---

14 Vgl. § 29 Abs. 2 zu den genauen Voraussetzungen.
15 Habersack/Drinhausen/*Kiem* § 122i Rn. 4; Lutter/*Bayer* § 122i Rn. 8 (auch zu weiteren denkbaren Verschmelzungskonstellationen und verbundene Implikationen in diesem Zusammenhang).
16 Kallmeyer/*Marsch-Barner/Wilk* § 122i Rn. 5; Semler/Stengel/Leonard/*Drinhausen* § 122i Rn. 8.
17 Begr. RegE UmRUG, BR-Drs. 371/22, 112; *Noack* MDR 2023, 465 (467).
18 Begr. RegE UmRUG, BR-Drs. 371/22, 112.

14 Auch Abs. 1 S. 3 ist neu. Im Verschmelzungsplan oder seinem Entwurf sind sowohl eine Postanschrift als auch eine elektronische Adresse anzugeben, an die die Mitteilung nach Abs. 2 und die Erklärung nach Abs. 3 übermittelt werden können. Mit Blick auf Art. 126a Abs. 2 S. 3 GesR-RL ist die Gesellschaft verpflichtet, eine elektronische Adresse zur Übermittlung von Mitteilungen nach Abs. 2 zur Verfügung zu stellen.

15 Daneben sei darauf hingewiesen, dass die **deutschen Kapitalerhaltungsvorschriften**, deren Ausfluss ua § 71 Abs. 4 S. 2 AktG, § 33 Abs. 2 S. 3 GmbHG sind, nur bis zum Wirksamwerden der Verschmelzung zu beachten sind, während das Barabfindungsangebot bis zu zwei Monate nach dem Wirksamwerden der Verschmelzung angenommen werden kann. Die deutschen Kapitalerhaltungsvorschriften können daher hier nur dann Bedeutung erlangen, wenn das Angebot auch vor Wirksamwerden der Verschmelzung angenommen werden kann. Mit dem Wirksamwerden der Verschmelzung werden die Anteilsinhaber der übertragenden Gesellschaft Anteilsinhaber der übernehmenden bzw. neuen Gesellschaft. Der Erwerb eigener Anteile richtet sich dann nach der Rechtsordnung der übernehmenden bzw. neuen Gesellschaft.[19]

b) Angemessenheit

16 Die **Angemessenheit** der Barabfindung richtet sich nach § 30 Abs. 1, der über § 313 Abs. 1 S. 4 anwendbar ist. Danach sind die Verhältnisse der übertragenden Gesellschaft im Zeitpunkt der Beschlussfassung zu berücksichtigen. Der Anspruch auf Verzinsung der Barabfindung folgt wegen § 313 Abs. 1 S. 4, § 30 Abs. 1 S. 2 aus § 15 Abs. 2 (im Einzelnen → § 15 Rn. 18 ff.). Die Angemessenheit der Abfindung bestimmt sich nicht mehr nach § 30 Abs. 2, sondern nach dem neu eingeführten Abs. 6, der spezielle Bestimmungen enthält.[20]

17 Die gerichtliche Nachprüfung der Angemessenheit der angebotenen Barabfindung erfolgt gem. § 313 Abs. 1 S. 4, § 34 iVm § 1 Nr. 4 SpruchG im Spruchverfahren. Für dieses sind gem. § 2 Abs. 1 S. 1 SpruchG die deutschen Gerichte zuständig, nämlich das Landgericht am Sitz der Gesellschaft.[21] Anwendbares Sachrecht ist das Recht des Wegzugsmitgliedstaats.[22]

18 Klagen gegen die Wirksamkeit des Verschmelzungsbeschlusses der übertragenden Gesellschaft können nicht darauf gestützt werden, dass das Barabfindungsangebot unangemessen ist oder dass die angebotene Barabfindung im Verschmelzungsplan nicht oder nicht ordnungsgemäß angeboten wurde (§ 313 Abs. 1 S. 4, § 32). Die Angemessenheit der Barabfindung wird ausschließlich im Spruchverfahren nach den Bestimmungen des Spruchverfahrensgesetzes überprüft (§ 313 Abs. 1 S. 4, § 34 iVm § 1 Nr. 4 SpruchG). Die maßgebliche Antragsfrist beträgt drei Monate ab Wirksamwerden der grenzüberschreitenden Verschmelzung (§ 313 Abs. 1 S. 4, § 34 iVm § 4 Nr. 4 SpruchG).

19 Im Unterschied zur innerstaatlichen Verschmelzung ist bei einer grenzüberschreitenden Verschmelzung eine nachträgliche Annahme des Barabfindungsangebots nach einer Entscheidung im Spruchverfahren mangels Verweises des § 313 Abs. 1 S. 4 auf § 31 S. 2 ausgeschlossen. Ein Rückgriff auf § 31 S. 2 käme aufgrund der richtlinienbasierten

---

[19] Semler/Stengel/Leonard/*Drinhausen* § 122i Rn. 8; Habersack/Drinhausen/*Kiem* § 122i Rn. 8.
[20] Begr. RegE UmRUG, BR-Drs. 371/22, 113, 114.
[21] *Goette* DStR 2023, 157 (158); *Thomale/Schmid* NotBZ 2023, 91 (97).
[22] *Thomale/Schmid* NotBZ 2023, 91 (97).

Ausschlussfrist des § 313 Abs. 2 und Abs. 3 auch nicht infrage.[23] Die austrittswilligen Gesellschafter können also nicht auf den Ausgang des Spruchverfahrens spekulieren, sondern müssen sich innerhalb der Frist der Abs. 2 und Abs. 3 für oder wider das Andienungsrecht entscheiden.[24]

c) Annahmefrist

Bisher bemaß sich die Annahmefrist nach § 31, der über § 122i Abs. 1 S. 3 aF entsprechend anwendbar war. Infolge des Inkrafttretens des UmRUG findet § 31 keine Anwendung mehr. Diesbezüglich enthalten die neu eingeführten Abs. 2 und Abs. 3 besondere Bestimmungen für grenzüberschreitende Verschmelzungen.

Zudem ist über den Verweis in § 313 Abs. 1 S. 4 § 33 anwendbar. Danach sind die Anteile im Zeitraum der Angebotsfrist des § 31 erleichtert veräußerbar.

IV. Mitteilungsobliegenheit des Anteilsinhabers an die Gesellschaft (Abs. 2)

Der neu eingeführte Abs. 2 sieht eine Obliegenheit des austrittswilligen Anteilsinhabers vor, der Gesellschaft seine Absicht zur Annahme des Abfindungsangebots mitzuteilen.[25] Damit wird Art. 126a Abs. 2 GesR-RL umgesetzt. Anteilsinhaber, die ihr Recht auf Veräußerung ihrer Anteile ausüben wollen, müssen der übertragenden Gesellschaft binnen einer Frist, die einen Monat nach der Gesellschafterversammlung nicht überschreiten darf, ihre Entscheidung anzeigen. Zweck dieser Regelung ist es, die Gesellschaft in die Lage zu versetzen, den durch die Abfindungszahlungen drohenden Liquiditätsabfluss besser abschätzen zu können.[26]

Die Erklärung stellt noch keine Annahme des Barabfindungsangebots dar, sondern eine **Absichtserklärung**, die rechtliche Voraussetzung zur späteren Annahme ist (vgl. Abs. 3). Die Absichtserklärung sichert also die Rechtsposition des austrittswilligen Anteilsinhabers, begründet aber noch keine Verpflichtung gegenüber der Gesellschaft.[27]

Die Mitteilung nach Abs. 2 ist nicht formgebunden, so dass die Anteilsinhaber die Form frei wählen können. Dies gilt auch dann, wenn es sich bei der Gesellschaft um eine GmbH handelt (vgl. § 15 Abs. 4 GmbHG).[28] Aus Nachweisgründen ist Textform zu empfehlen.[29]

V. Annahme des Abfindungsangebots (Abs. 3)

Voraussetzungen der **Annahme** des Abfindungsangebots sind der rechtzeitige Zugang der Absichtserklärung gem. § 313 Abs. 2 S. 1 und der rechtzeitige Zugang der Annahmeerklärung gem. § 313 Abs. 3 S. 1. Die Annahme des Angebots der Barabfindung richtet sich nach Abs. 3. Sie muss innerhalb von zwei Monaten nach dem Zustimmungsbeschluss des übertragenden Rechtsträgers erklärt werden. Die Aufspaltung des Barabfindungsangebots in zwei Rechtsakte mit unterschiedlichen Fristen – zum einen der Absichtserklärung (Abs. 2) und zum anderen der Annahme (Abs. 3) – stellt eine Beson-

---

23 *Bungert/Reidt* DB 2022, 1369 (1372); *Goette* DStR 2023, 157 (158).
24 *Bungert/Reidt* DB 2022, 1369 (1372).
25 Begr. RegE UmRUG, BR-Drs. 371/22, 114.
26 Begr. RegE UmRUG, BR-Drs. 371/22, 111, mit Verweis auf Erwägungsgrund Nr. 19 RL (EU) 2019/2121 (Umw-RL).
27 Begr. RegE UmRUG, BR-Drs. 371/22, 111.
28 *Heckschen/Knaier* GmbHR 2023, 317 (321).
29 Begr. RegE UmRUG, BR-Drs. 371/22, 113.

26 derheit dar.³⁰ Dieser gegenüber der Absichtserklärung nach Abs. 2 zusätzliche Monat **„Bedenkzeit"** ist im Wesentlichen dem Umstand geschuldet, dass für die GmbH mit Blick auf die übertragende Gesellschaft die Annahme des Angebots gem. § 15 Abs. 4 GmbHG der notariellen Beurkundung bedarf.³¹

26 Hat der Minderheitsgesellschafter die Mitteilungsfrist des Abs. 2 eingehalten, so kann er bis zum Ablauf von zwei Monaten ab dem Verschmelzungsbeschluss das Abfindungsangebot annehmen (S. 1). Bei alledem steht das Abfindungsangebot gem. § 313 Abs. 1 S. 2 zwingend unter der **aufschiebenden Bedingung** des Wirksamwerdens der grenzüberschreitenden Verschmelzung. Vor diesem Zeitpunkt kann der Minderheitsgesellschafter zwar seine Annahme erklären; sein Abfindungsanspruch wird aber erst mit der Verschmelzung wirksam und richtet sich dann gegen die hervorgehende Gesellschaft.³²

27 Wird die bindende Annahme des Abfindungsangebots durch einen Anteilsinhaber bereits vor Ablauf der einmonatigen Mitteilungsfrist des § 313 Abs. 2 S. 1 erklärt, so ist gem. § 313 Abs. 3 S. 3 eine zusätzliche Absichtserklärung gem. Abs. 2 nicht mehr erforderlich. Dies liegt auf der Hand, denn sobald der Gesellschaft die bindende Annahmeerklärung zugegangen ist, erlangt die Gesellschaft Kenntnis über den konkreten Liquiditätsbedarf, womit der Zweck der Absichtserklärung überholt wird.³³

28 Die Form der Annahmeerklärung wird durch das UmwG nicht geregelt. Sie beurteilt sich – wie bei einer inländischen Verschmelzung – nach den rechtsformspezifischen Vorschriften über die Verpflichtung zur Übertragung von Anteilen.³⁴ Folglich genügt bei einer AG, SE und KGaA die elektronische Übermittlung einer Erklärung in **Textform**. Dementsprechend bleibt es bei der GmbH bei der notariellen **Beurkundung** gemäß § 15 Abs. 4 GmbHG, was § 313 Abs. 3 S. 4 vorsorglich klarstellt.³⁵ Damit wird sichergestellt, dass die von § 15 Abs. 4 GmbHG vorgesehenen Schutzzwecke, namentlich die Beweiserleichterung und Richtigkeitsgewähr hinsichtlich der Beteiligungsverhältnisse sowie der Schutz der Anleger vor übereilten und unberatenen Entscheidungen, beachtet werden.³⁶ Die Anwendbarkeit der rechtsformspezifischen Formvorschriften ist mit der GesR-RL vereinbar.³⁷

29 Der Ablauf der Frist des § 313 Abs. 3 S. 1 muss grundsätzlich gem. § 316 Abs. 2 S. 1 abgewartet werden, bevor das Registergericht die Verschmelzung in das Handelsregister eintragen darf. Eine Ausnahme gilt gem. § 316 Abs. 2 S. 2, wenn alle Gesellschafter der übertragenden Gesellschaft der Verschmelzung zugestimmt haben (§ 316 Abs. 2 S. 2). In diesem Fall hat die Frist keine praktische Bedeutung und ihr Abwarten wäre reine Förmelei. Die einstimmige Zustimmung zum Verschmelzungsplan dürfte regelmäßig bei konzerninternen Verschmelzungen vorliegen.³⁸

---

30 *Thomale/Schmid* NotBZ 2023, 91 (96 f.) bezeichnen das Verfahren als „denkbar kompliziert" und kritisieren die Beibehaltung der notariellen Form für die Übertragung von GmbH-Anteilen im Rahmen der grenzüberschreitenden Verschmelzung.
31 Begr. RegE UmRUG, BR-Drs. 371/22, 111 f.
32 *Wollin* ZIP 2022, 989 (991 f.).
33 Begr. RegE UmRUG, BR-Drs. 371/22, 111 f.
34 Begr. RegE UmRUG, BR-Drs. 371/22, 112.
35 Begr. RegE UmRUG, BR-Drs. 371/22, 112; *Heckschen/Knaier* GmbHR 2023, 317 (321).
36 Begr. RegE UmRUG, BR-Drs. 371/22, 112.
37 Begr. RegE UmRUG, BR-Drs. 371/22, 112, mit Verweis auf Erwägungsgrund Nr. 18 Umw-RL.
38 *Bungert/Reidt* DB 2022, 1369 (1371).

VI. Kein Erwerb der Anteile an der hervorgehenden Gesellschaft (Abs. 4)

§ 313 Abs. 4 statuiert eine Ausnahme von dem für Verschmelzungen unter ausschließlicher Beteiligung inländischer Rechtsträger vorgesehenen § 20 Abs. 1 Nr. 3 Hs. 1. Während bei einer inländischen Verschmelzung auch die ausscheidenden Anteilsinhaber zunächst Anteilsinhaber der übernehmenden Gesellschaft werden, sollen im Rahmen einer grenzüberschreitenden Verschmelzung die ausscheidenden Anteilsinhaber, die das Abfindungsangebot annehmen, niemals, auch nicht für nur kurze Zeit, Anteilsinhaber der übernehmenden Gesellschaft werden.[39] Anteilsinhaber, die das Angebot auf Erwerb ihrer Anteile gegen Barabfindung form- und fristgerecht angenommen haben, scheiden daher bereits mit Wirksamwerden der grenzüberschreitenden Verschmelzung ipso iure aus.[40] Zugleich werden die betreffenden Anteile von der bzw. den aus der grenzüberschreitenden Umwandlung hervorgehenden Gesellschaft(en) als eigene Anteile erworben, ohne dass es einer besonderen Form (zB der notariellen Beurkundung beim Erwerb eigener Geschäftsanteile der GmbH) bedarf. Dies trägt den Vorgaben des Art. 131 Abs. 1 lit. b, Abs. 2 lit. b GesR-RL in der durch Art. 1 Abs. 18 Umw-RL geänderten Fassung Rechnung.

VII. Fälligkeit der Barabfindung und Sicherheitsleistung (Abs. 5)

§ 313 Abs. 5 bestimmt die Frist, binnen derer den Anteilsinhabern, die das Abfindungsangebot angenommen haben, den Abfindungsbetrag zu zahlen ist. Der deutsche Gesetzgeber sieht dafür eine Frist von zwei Wochen nach Wirksamwerden der grenzüberschreitenden Verschmelzung vor. Diese Frist fällt deutlich kürzer aus als die europarechtlich maximal zulässige Zahlungsfrist von bis zu max. zwei Monaten gem. Art. 126a Abs. 3 S. 2 GesR-RL. Die Ratio dahinter ist, den mit seinem Ausscheiden gleichsam in **Vorleistung** tretenden Gesellschafter möglichst schnell zu befriedigen.[41] Abfindungspflichtig ist aufgrund Gesamtrechtsnachfolge die übernehmende oder neue Gesellschaft.[42]

Da die Anteilsinhaber mit Wirksamwerden der grenzüberschreitenden Verschmelzung ihre Anteile verlieren, bevor sie den Abfindungsbetrag erhalten, muss ihnen ferner die Möglichkeit gewährt werden, konkreten Vorleistungsrisiken zu begegnen. Hierfür erklärt § 313 Abs. 5 S. 2 den Anspruch auf **Sicherheitsleistung** gem. § 314 für entsprechend anwendbar. Eine unmittelbare Anwendung scheidet aus, da der Anspruch gem. § 314 Abs. 1 nur Forderungen erfasst, die bereits vor Bekanntmachung des Verschmelzungsplans entstanden sind.[43] Liegen die Voraussetzungen von § 314 vor, so steht den Gesellschaftern als designierte Gläubiger der Gesellschaft ein Anspruch auf Sicherheitsleistung zu. Die Höhe der Sicherheitsleistung ist nach der angebotenen Abfindung zu bemessen.[44]

VIII. Angemessenheitsprüfung der Barabfindung (Abs. 6)

Nach § 313 Abs. 6 ist bei einer grenzüberschreitenden Verschmelzung grundsätzlich eine Prüfung der Angemessenheit der Barabfindung erforderlich (S. 1). Nach S. 2 findet § 311 vollumfänglich entsprechende Anwendung. Abs. 6 dient – ebenso wie § 311 – der Umset-

---

39 *Goette* DStR 2023, 157 (158).
40 Begr. RegE UmRUG, BR-Drs. 371/22, 112.
41 Begr. RegE UmRUG, BR-Drs. 371/22, 112.
42 *Noack* MDR 2023, 465 (467).
43 Begr. RegE UmRUG, BR-Drs. 371/22, 112.
44 Begr. RegE UmRUG, BR-Drs. 371/22, 112.

zung von Art. 125 GesR-RL in der durch Art. 1 Abs. 11 Umw-RL geänderten Fassung.[45] Der Verweis auf § 311 erfasst zunächst § 311 Abs. 1 S. 1 und damit mittelbar auch den Verweis auf die §§ 9–12. Damit wird festgelegt, wie die Prüfung der Barabfindung zu erfolgen hat. Da sowohl die Prüfung der Angemessenheit des Umtauschverhältnisses gem. § 307 Abs. 2 Nr. 2 als auch die Prüfung der Angemessenheit der in den Fällen von § 313 Abs. 1 anzubietenden Barabfindung grundsätzlich erforderlich sind, bietet es sich an, beide Gegenstände gemeinsam zu prüfen und einen gemeinsamen Prüfungsbericht zu erstellen.[46] Über den Verweis auf § 311 Abs. 1 S. 2 gelten auch die Bestimmungen über die Zugänglichmachung des Prüfungsberichts entsprechend. Unter den Voraussetzungen des § 311 Abs. 2 sind Prüfung und Prüfungsbericht ausnahmsweise nicht erforderlich. § 311 Abs. 2 ist somit die speziellere Vorschrift gegenüber § 30 Abs. 2, der für innerdeutsche Verschmelzungen die Prüfung der Angemessenheit der anzubietenden Barabfindung „stets" anordnet.[47]

§ 314 Schutz der Gläubiger der übertragenden Gesellschaft

(1) Der Gläubiger einer übertragenden Gesellschaft kann verlangen, dass ihm Sicherheit geleistet wird für eine Forderung, die

1. vor der Bekanntmachung des Verschmelzungsplans oder seines Entwurfs entstanden, aber im Zeitpunkt der Bekanntmachung noch nicht fällig geworden ist, und
2. deren Erfüllung durch die Verschmelzung gefährdet wird.

(2) Die Voraussetzungen des Anspruchs nach Absatz 1 sind gegenüber dem zuständigen Gericht glaubhaft zu machen.

(3) Der Anspruch auf Sicherheitsleistung erlischt, wenn er nicht innerhalb von drei Monaten ab Bekanntmachung des Verschmelzungsplans gerichtlich geltend gemacht wurde.

(4) ¹Geleistete Sicherheiten sind freizugeben, wenn das Verschmelzungsverfahren gescheitert ist. ²Das ist insbesondere dann der Fall, wenn

1. die Entscheidung des Gerichts über die Ablehnung der Eintragung gemäß § 316 Absatz 1 rechtskräftig ist,
2. die Ablehnung der Entscheidung über die Eintragung der Verschmelzung im Register der übernehmenden oder neuen Gesellschaft nicht mehr angefochten werden kann oder
3. das Verfahren auf Eintragung gemäß § 316 Absatz 1 oder nach dieser Eintragung das Verfahren auf Eintragung der Verschmelzung im Register der übernehmenden oder neuen Gesellschaft auf andere Weise endgültig beendet worden ist.

(5) Ausschließlich zuständig für Streitigkeiten über den Anspruch auf Sicherheitsleistung nach Absatz 1 sowie über die Freigabe nach Absatz 4 ist das Gericht, dessen Bezirk das für die Erteilung der Vorabbescheinigung zuständige Registergericht angehört.

---

[45] Begr. RegE UmRUG, BR-Drs. 371/22, 113.
[46] Begr. RegE UmRUG, BR-Drs. 371/22, 113; BeckOGK/*Klett* § 313 Rn. 40.
[47] Begr. RegE UmRUG, BR-Drs. 371/22, 113.

Schutz der Gläubiger der übertragenden Gesellschaft § 314 UmwG

- I. Allgemeines und unionsrechtlicher Hintergrund 1
- II. Anspruch auf Sicherheitsleistung (Abs. 1) 5
  - 1. Voraussetzungen 6
    - a) Obligatorische Ansprüche 6
    - b) Forderung entstanden, aber noch nicht fällig 7
    - c) Erfüllung der Forderung gefährdet 8
  - 2. Versicherung des Anspruchs 9
- III. Glaubhaftmachung des Anspruchs auf Sicherheitsleistung (Abs. 2) 10
- IV. Erlöschen des Anspruchs auf Sicherheitsleistung (Abs. 3) 13
- V. Scheitern des Verschmelzungsverfahrens (Abs. 4) 15
- VI. Gerichtsstand (Abs. 5) 18

I. Allgemeines und unionsrechtlicher Hintergrund

Der bislang in § 122j aF geregelte Gläubigerschutz durch Sicherheitsleistung wird infolge des Inkrafttretens des Gesetzes zur Umsetzung der Umwandlungsrichtlinie (UmRUG) zum 1.3.2023 in § 314 neu gefasst. § 314 Abs. 1 räumt den Gläubigern der übertragenden Gesellschaft ein Recht auf Sicherheitsleistung ein, soweit ihre Forderung vor Bekanntmachung des Verschmelzungsplans oder seines Entwurfs entstanden ist, aber noch nicht fällig war, und deren Erfüllung durch die grenzüberschreitende Verschmelzung gefährdet wird. Die Neufassung dient insbesondere der Umsetzung von Art. 126b der Gesellschaftsrechtsrichtlinie (GesR-RL)[1] in der durch Art. 1 Abs. 13 der Umwandlungsrichtlinie (Umw-RL)[2] geänderten Fassung und bezweckt den vorgelagerten Schutz der Gläubiger der übertragenden inländischen Gesellschaft.[3] Die Gläubiger sollen davor geschützt werden, ihre Ansprüche vor einem ausländischen Gericht und nach einer anderen Rechtsordnung geltend machen zu müssen.[4]

Bei der Umsetzung des § 122j aF diente § 13 SEAG als Vorbild. Die Vorschrift orientiert sich strukturell an § 22, wonach der Gläubigerschutz durch das **Recht auf Sicherheitsleistung** gewährleistet wird. § 22 war seinerseits bereits von Art. 13 der Dritten Verschmelzungsrichtlinie von 1978 zur Verschmelzung von Aktiengesellschaften vorgesehen.[5] Allerdings gewährleistete § 122j aF, wie nun § 314, einen über § 22 hinausgehenden Gläubigerschutz, da die Sicherheitsleistung bereits vor Eintragung der Verschmelzung verlangt werden kann.[6] Diese Abweichung des § 314 von § 22 ist jedoch gewollt und den Besonderheiten einer grenzüberschreitenden Verschmelzung geschuldet: Denn bei transnationalen Sachverhalten verliert die übertragende Gesellschaft ihren allgemeinen Gerichtsstand und so müssten die Gläubiger oftmals ihre Ansprüche im Ausland geltend machen.[7] Zudem kann das Recht auf Sicherheitsleistung nur von den Gläubigern der übertragenden inländischen Gesellschaft beansprucht werden.[8] Der deutsche Gesetzgeber hat von der in Art. 86j Abs. 2 GesR-RL in der durch Art. 1 Abs. 5 Umw-RL geänderten Fassung vorgesehenen Möglichkeit einer sog. **Bonitäts-** bzw. **Solvenzerklärung**[9] keinen Gebrauch gemacht. Danach hätte das Verwaltungs- oder Leitungsorgan der Gesellschaft eine Erklärung zur Verfügung stellen können, welche die aktuelle

---

[1] Richtlinie (EU) 2017/1132 des Europäischen Parlaments und des Rates v. 14.6.2017 über bestimmte Aspekte des Gesellschaftsrechts (ABl. 2017 L 169, 46 v. 30.6.2017).

[2] Richtlinie (EU) 2019/2121 des Europäischen Parlaments und des Rates v. 27.11.2019 zur Änderung der Richtlinie (EU) 2017/1132 in Bezug auf grenzüberschreitende Umwandlungen, Verschmelzungen und Spaltungen (ABl. 2019 L 321, 1 v. 12.12.2019).

[3] Erwägungsgrund Nr. 22 RL (EU) 2019/2121 (Umw-RL); *Baschnagel/Hilser* NZG 2022, 1333 (1335); *Schollmeyer* ZGR 2020, 62 (70).

[4] Erwägungsgrund Nr. 24 RL (EU) 2019/2121 (Umw-RL); *Schollmeyer* ZGR 2020, 62 (70).

[5] Dritte Richtlinie 78/855/EWG des Rates v. 9.10.1978 gemäß Art. 54 Abs. 3 Buchst. g des Vertrages betreffend die Verschmelzung von Aktiengesellschaften (ABl. 1978 L 295 v. 20.10.1978).

[6] *Bayer/Schmidt* ZIP 2016, 841 (847) („spezieller vorgelagerter Gläubigerschutz"); *Drygala/von Bressendorf* NZG 2016, 1161 (1163); zum neuen Recht: *Heckschen/Knaier* GmbHR 2023, 317 (320).

[7] Begr. RegE zu § 122j, BT-Drs. 16/2919, 17; *Baschnagel/Hilser* NZG 2022, 1333 (1334).

[8] Habersack/Drinhausen/*Kiem* § 122j Rn. 5b, 6; Schmitt/Hörtnagl/*Hörtnagl* § 122j Rn. 2.

[9] *Thomale/Schmid* NotBZ 2023, 91 (100).

finanzielle Lage der Gesellschaft zu einem Zeitpunkt, der nicht früher als einen Monat vor der Offenlegung dieser Erklärung liegen darf, genau wiedergibt. Begründet wurde dies damit, dass eine solche Erklärung den Gläubigern nur dann als belastbare Einschätzung der Bonität der übertragenden Gesellschaft dienen könne, wenn sie als strafbewehrte Versicherung ausgestaltet wäre; die Abgabe einer strafbewehrten Versicherung aufgrund der mit ihrem Inhalt verbundenen Unwägbarkeiten könne kaum vom Vertretungsorgan verlangt werden.[10] Zudem wäre das Erfordernis der Abgabe einer solchen Versicherung der grenzüberschreitenden Unternehmensmobilität abträglich, da ein Vertretungsorgan regelmäßig nicht bereit sein dürfte, eine solche Versicherung abzugeben.[11]

3 Nach der Gesetzesintention geht § 314 bei einer grenzüberschreitenden Verschmelzung für die Gläubiger einer inländischen übertragenden Gesellschaft § 22 als **lex specialis** vor.[12] Für die Gläubiger einer deutschen übernehmenden oder neuen Gesellschaft gilt hingegen über den Generalverweis in § 305 Abs. 2 § 22 entsprechend.[13]

4 Der deutsche Gesetzgeber erstreckt den in § 314 enthaltenen Anspruch auf Sicherheitsleistung auf den Abfindungsanspruch (§ 313 Abs. 5 S. 2), so dass auch die austrittswilligen Gesellschafter im Zeitraum zwischen Annahmeerklärung und Eintragung der Verschmelzung nach § 314 vorgehen können.[14] Dabei mag die Gefahr von missbräuchlich agierenden Anteilsinhabern bestehen, die im Gewand eines „räuberischen" Gläubigers eines Abfindungsanspruchs eine Blockadeposition einnehmen, um sich diese abkaufen zu lassen.[15]

II. Anspruch auf Sicherheitsleistung (Abs. 1)

5 Der Sicherungsanspruch der Gläubiger der übertragenden Gesellschaft ist in § 314 Abs. 1 geregelt und bildet das „Herzstück des Gläubigerschutzes".[16] Dieser setzt voraus, dass die Forderung vor der Bekanntmachung des Verschmelzungsplans oder seines Entwurfs entstanden, aber im Zeitpunkt der Bekanntmachung noch nicht fällig geworden ist (Nr. 1) und ihre Erfüllung durch die Verschmelzung gefährdet ist (Nr. 2). Sind die Voraussetzungen erfüllt, so hat die übertragende Gesellschaft den anspruchsberechtigten Gläubigern Sicherheitsleistung anzubieten. Die Angaben über Sicherheiten, die den Gläubigern angeboten werden, sind gem. § 307 Abs. 2 Nr. 14 im Verschmelzungsplan darzustellen. Die Sicherheit ist nach den allgemeinen Vorschriften der §§ 232 ff. BGB zu leisten und muss auch angemessen sein. Die Voraussetzung der „Angemessenheit" ist – im Unterschied zur GesR-RL in § 126b Abs. 1 UAbs. 2 – nicht ausdrücklich in den Wortlaut des § 314 übernommen worden. Da die Sicherheit gewährleisten muss,

---

[10] Begr. RegE UmRUG, BR-Drs. 371/22, 113; dazu *Baschnagel/Hilser* NZG 2022, 1333 (1339): Entscheidung des Gesetzgebers gegen die Solvenzerklärung sei „zu begrüßen".

[11] Begr. RegE UmRUG, BR-Drs. 371/22, 113.

[12] *Semler/Stengel/Leonard/Drinhausen* § 122j Rn. 4; *Lutter/Bayer* § 122j Rn. 3.

[13] Begr. RegE UmRUG, BR-Drs. 371/22, 113; s. auch *Habersack/Drinhausen/Kiem* § 122j Rn. 6; *Thomale/Schmid* NotBZ 2023, 91 (100).

[14] Vgl. Begr. RegE UmRUG, BR-Drs. 371/22, 112; kritisch *Baschnagel/Hilser* NZG 2022, 1333 (1335), da der Anspruch auf angemessene Barabfindung erst mit Wirksamwerden der grenzüberschreitenden Umwandlung entstehe.

[15] *Bungert/Strothotte* DB 2022, 1818 (1821); dagegen *Schollmeyer* ZGR 2020, 62 (70), nach dessen Einschätzung sich derartige Befürchtungen eines „Phänomen[s] des ‚räuberischen Gläubigers' [...] nicht realisiert" hätten; vgl. auch *Thomale/Schmid* NotBZ 2023, 91 (97), die insbesondere unter Verweis auf die vergleichsweise kurze Frist von zwei Wochen für die Zahlung der Barabfindung annehmen, dass sich „die teilweise gefürchtete Blockademöglichkeit räuberischer Aktionäre u.E. in Normalfällen in Grenzen halten" wird.

[16] *Baschnagel/Hilser* NZG 2022, 1333 (1334).

dass sich der Gläubiger im Fall der Nichterfüllung der Forderung durch Verwertung der Sicherheit befriedigen kann, ist das Merkmal der Angemessenheit dem Begriff der Sicherheit immanent.[17]

1. Voraussetzungen

a) Obligatorische Ansprüche

Nach § 122j Abs. 1 hatten die Gläubiger einer übertragenden deutschen Gesellschaft einen Anspruch auf Sicherung ihrer **obligatorischen Ansprüche** (→ 2. Aufl 2019, § 122j Rn. 3). Der Gesetzesbegründung zu § 314 ist nicht zu entnehmen, dass sich mit der Änderung des Wortlauts der gläubigerschützenden Regelung der Kreis der erfassten Forderungen bzw. Ansprüche ändern sollte.[18]

b) Forderung entstanden, aber noch nicht fällig

Die Forderung des Gläubigers muss vor der Bekanntmachung des Verschmelzungsplans oder seines Entwurfs gemäß § 308 bereits entstanden sein (§ 314 Abs. 1 Nr. 1). In persönlicher Hinsicht ist der Anspruch auf Sicherheitsleistung also auf Altgläubiger beschränkt.[19] Die Forderung darf im Zeitpunkt der Bekanntmachung noch nicht fällig sein. Damit haben Gläubiger bereits Anspruch auf Sicherheitsleistung gem. § 314, wenn sie ihre Forderung noch nicht klageweise geltend machen können.[20]

c) Erfüllung der Forderung gefährdet

Weitere Voraussetzung für den Anspruch auf Sicherheitsleistung ist, dass die Erfüllung der Forderung durch die Verschmelzung gefährdet ist. Eine Gefährdung liegt nicht bereits im Charakter der grenzüberschreitenden Verschmelzung per se begründet. Ungenügend ist deshalb der bloße Hinweis des Gläubigers auf mögliche Schwierigkeiten bei der Durchsetzung seiner Ansprüche im Ausland.[21] Ansonsten würde die Erfüllungsgefährdung in Gestalt der erschwerten Durchsetzbarkeit schnell zum Regelfall bei der grenzüberschreitenden Verschmelzung.[22] Aufgrund der weit fortgeschrittenen Harmonisierung des europäischen Zuständigkeitsrechts stellen leichte Prozesshindernisse noch keine konkrete Gefährdung dar.[23] Eine solche kann sich allerdings aus erheblichen Bilanzverlusten der übernehmenden oder neuen Gesellschaft ergeben.[24] Auch bei einer drohenden deutlich längeren Prozessdauer oder auch Prozesskosten im Ausland liegt eine konkrete Gefährdung der Forderung nahe.[25] Im Übrigen gelten die zu § 22 entwickelten Grundsätze (→ § 22 Rn. 10).

2. Versicherung des Anspruchs

Bereits nach bisheriger Rechtslage konnten Gläubiger einen Anspruch auf Sicherheitsleistung (§ 122j Abs. 1 aF) vor Vollzug der grenzüberschreitenden Verschmelzung im Wege der Leistungsklage durchsetzen.[26] Im Rahmen der Anmeldung der Verschmelzung

---

17 Begr. RegE UmRUG, BR-Drs. 371/22, 114.
18 Vgl. Begr. RegE UmRUG, BR-Drs. 371/22, 114.
19 *Baschnagel/Hilser* NZG 2022, 1333 (1334).
20 Zum Entstehen eines Anspruchs Grüneberg/*Ellenberger* BGB § 199 Rn. 3.
21 Lutter/*Bayer* § 122j Rn. 14; *Passarge/Stark* GmbHR 2007, 803 (808 ff.).
22 *Passarge/Stark* GmbHR 2007, 803 (808).
23 Lutter/*Bayer* § 122j Rn. 14.
24 Habersack/Drinhausen/*Kiem* § 122j Rn 10; Lutter/*Bayer* § 122j Rn. 14; *Schollmeyer* ZGR 2020, 62 (74).
25 Habersack/Drinhausen/*Kiem* § 122j Rn 11; Lutter/*Bayer* § 122j Rn. 14; *Schollmeyer* ZGR 2020, 62 (74).
26 *Baschnagel/Hilser* NZG 2022, 1333 (1337); *Bungert/Strothotte* DB 2022, 1818 (1820).

durch Eintragung ins Handelsregister der übertragenden Gesellschaft muss deren Vertretungsorgan versichern, dass allen Gläubigern, denen ein Anspruch auf Sicherheitsleistung zusteht, angemessene Sicherheit geleistet wurde. Die Versicherung ist gem. § 316 Abs. 2 S. 4 zwingende Voraussetzung für die Erteilung einer **Verschmelzungsbescheinigung**, welche wiederum Grundvoraussetzung für die Anmeldung der Eintragung beim Registergericht durch die übernehmende deutsche Gesellschaft ist (§ 318 Abs. 2). Wie bei § 22 sind die Sicherheiten dann nach § 232 BGB zu leisten, also vorrangig durch die Hinterlegung von Geld oder Wertpapieren, subsidiär durch die Bestellung von Bürgschaften (→ § 22 Rn. 19 f.).[27] Legt jedoch ein Gläubiger eine Sicherheitsleistungsklage ein, so wird damit ein Suspensiveffekt kreiert, wonach der Registervollzug und damit das Wirksamwerden der grenzüberschreitenden Verschmelzung verhindert wird.[28]

III. Glaubhaftmachung des Anspruchs auf Sicherheitsleistung (Abs. 2)

10 § 314 Abs. 2 ist neu und sieht vor, dass die Anspruchsvoraussetzungen nach Abs. 1, anders als nach bisheriger Rechtslage gem. § 122j aF, nicht gegenüber der schuldnerischen Gesellschaft glaubhaft zu machen sind, sondern gegenüber dem „zuständigen Gericht".[29] Welches Gericht das zuständige sein soll, lässt der Gesetzeswortlaut offen. Jedoch kann die Zuständigkeit nach den allgemeinen Vorschriften bestimmt werden. Dies entspricht der Rechtslage bei anderen Sicherungsansprüchen (zB § 22 UmwG, § 225 Abs. 1 S. 1 AktG oder § 303 Abs. 1 AktG).[30]

11 Außerdem wurde der Beweismaßstab geändert. Der erleichterte Beweismaßstab der Glaubhaftmachung,[31] der nach altem Recht allein für die konkrete Gefährdung galt,[32] erfasst nun auch das Bestehen der Forderung selbst.[33] Damit soll ein langwieriger Streit über das Bestehen der Forderung vermieden werden, was dazu führen kann, dass die Sicherheitsleistung im Ergebnis zu spät kommt und so der angestrebte Sicherungszweck vereitelt wird.[34]

12 Mit dem Antrag auf Sicherheitsleistung entsteht gem. § 316 Abs. 2 S. 3 eine Registersperre, die bis zur Entscheidung des Gerichts über die Sicherheitsleistung fortbesteht (→ § 316 Rn. 1 ff.).

IV. Erlöschen des Anspruchs auf Sicherheitsleistung (Abs. 3)

13 § 314 Abs. 3 regelt, wann der Anspruch auf Sicherheitsleistung erlischt. Der Anspruch auf Sicherheitsleistung erlischt, wenn dieser nicht innerhalb von drei Monaten ab Bekanntmachung des Verschmelzungsplans gerichtlich geltend gemacht wurde. In Abkehr zu § 122j Abs. 1 aF[35] ist die Geltendmachung des Anspruchs gegenüber der Gesellschaft nicht erforderlich, aber auch nicht ausreichend, um die gesetzliche Ausschlussfrist einzuhalten.[36] Der Lauf der Dreimonatsfrist wird nach dem Wortlaut des § 314 Abs. 3 unstreitig durch die Bekanntmachung des Verschmelzungsplans in Gang gesetzt.

---

27 *Baschnagel/Hilser* NZG 2022, 1333 (1335).
28 *Baschnagel/Hilser* NZG 2022, 1333 (1335).
29 Begr. RegE UmRUG, BR-Drs. 371/22, 114.
30 *Bungert/Strothotte* DB 2022, 1818 (1820).
31 Dazu Schmitt/Hörtnagl/*Winter* § 122j Rn. 13.
32 Lutter/*Bayer* § 122j Rn. 14; Semler/Stengel/Leonard/*Drinhausen* § 122j Rn. 9; Kallmeyer/Marsch-Barner/*Wilk* § 122j Rn. 7.
33 Begr. RegE UmRUG, BR-Drs. 371/22, 114; *Thomale/Schmid* NotBZ 2023, 91 (101).
34 Begr. RegE UmRUG, BR-Drs. 371/22, 114.
35 Schmitt/Hörtnagl/*Hörtnagl* § 122j Rn. 7; Semler/Stengel/Leonard/*Drinhausen* § 122j Rn. 8.
36 Begr. RegE UmRUG, BR-Drs. 371/22, 114.

Unklar ist, ob – über den Wortlaut des § 314 Abs. 3 hinaus – auch die Bekanntmachung des Entwurfs des Verschmelzungsplans die Frist auslöst. Auch wenn § 314 Abs. 3 nicht explizit auf die Bekanntmachung „nach § 308" verweist, so ist nicht ersichtlich, dass diese nicht gemeint sein soll. § 308 regelt aber die Bekanntmachung des Verschmelzungsplans oder seines Entwurfs. Somit wird man davon ausgehen dürfen, dass der Anspruch auf Sicherheitsleistung erlischt, wenn er nicht innerhalb von drei Monaten ab Bekanntmachung des Verschmelzungsplans oder seines Entwurfs gerichtlich geltend gemacht wurde.[37]

Gem. § 315 Abs. 5 hat das nach § 314 Abs. 5 zuständige Gericht dem Registergericht auf Anforderung mitzuteilen, ob innerhalb der Frist des § 314 Abs. 3 eine Sicherheitsleistung gerichtlich geltend gemacht wurde.

V. Scheitern des Verschmelzungsverfahrens (Abs. 4)

§ 314 Abs. 4 setzt Art. 126b Abs. 1 UAbs. 3 GesR-RL in der durch Art. 1 Abs. 13 UmwRL geänderten Fassung um und bestimmt die Folgen für geleistete Sicherheiten im Falle des Scheiterns des Verschmelzungsverfahrens.[38] Mit dem endgültigen Scheitern des Verschmelzungsverfahrens ist die Gefährdungslage für die betroffenen Forderungen beendet, so dass die geleisteten Sicherheiten nach Maßgabe von Abs. 4 freizugeben sind.[39]

Das Scheitern wird unwiderlegbar vermutet, wenn die Eintragung und Ausstellung der Verschmelzungsbescheinigung nach § 316 Abs. 1 oder der Vollzug der Verschmelzung im Zuzugsregister von der dort zuständigen Stelle abgelehnt wurde und gegen die jeweilige Entscheidung kein Rechtsbehelf mehr statthaft ist (S. 2 Nr. 1 und 2). Dies gilt auch, wenn das Verfahren auf andere Weise, beispielsweise durch Rücknahme des Eintragungsantrags, beendet wurde (S. 2 Nr. 3). Wie sich aus dem Wortlaut ergibt („insbesondere"), ist die Aufzählung in § 314 Abs. 4 nicht abschließend.[40]

Die Freigabe der von der Gesellschaft geleisteten Sicherheiten bestimmt sich nach den allgemeinen Vorschriften. Dabei handelt es sich um einen Leistungsanspruch, der selbstständig eingeklagt und vollstreckt werden muss.[41] Die Durchsetzung erfolgt in der Regel im Zivilprozess. Gegebenenfalls, zB wenn Sicherheit für Forderungen aus einem Arbeitsverhältnis geleistet wurde,[42] kann auch der Rechtsweg zu den Arbeitsgerichten eröffnet sein.[43]

VI. Gerichtsstand (Abs. 5)

Der neue § 314 Abs. 5 wurde durch den Rechtsausschuss in das Gesetzgebungsverfahren eingebracht.[44] Er sieht eine ausschließliche örtliche Zuständigkeit für Streitigkeiten über den Anspruch auf Sicherheitsleistung sowie über deren Freigabe für das Gericht vor, dessen Bezirk das für die Erteilung der Verschmelzungsbescheinigung nach § 316 zuständige Registergericht angehört. Das zuständige Registergericht ist das Registerge-

---

[37] So überzeugend *Thomale/Schmid* NotBZ 2023, 91 (101), die insoweit von einem Redaktionsversehen des Gesetzgebers sprechen.
[38] Begr. RegE UmRUG, BR-Drs. 371/22, 114.
[39] Begr. RegE UmRUG, BR-Drs. 371/22, 114; *Thomale/Schmid* NotBZ 2023, 91 (101).
[40] BeckOGK/*Klett* § 314 Rn. 22.
[41] Begr. RegE UmRUG, BR-Drs. 371/22, 114; *Baschnagel/Hilser* NZG 2022, 1333 (1339).
[42] *Noack* MDR 2023, 465 (468).
[43] Begr. RegE UmRUG, BR-Drs. 371/22, 114.
[44] BT-Drs. 20/5237, 33.

richt am Sitz der Gesellschaft, also das, in dessen Handelsregister die Gesellschaft eingetragen ist.[45] Die sachliche Zuständigkeit des Amts- oder Landgerichts bestimmt sich nach den allgemeinen Vorschriften, in der Praxis also regelmäßig nach dem Streitwert.[46]

§ 315 Anmeldung der Verschmelzung

(1) Das Vertretungsorgan einer übertragenden Gesellschaft hat das Vorliegen der sie betreffenden Voraussetzungen für die grenzüberschreitende Verschmelzung zur Eintragung bei dem Register des Sitzes der Gesellschaft anzumelden.

(2) § 16 Absatz 2 und 3 und § 17 gelten entsprechend mit der Maßgabe, dass in Abschrift zusätzlich Folgendes beizufügen ist:

1. der Anmeldung etwaige Bemerkungen nach § 308 Absatz 1 Satz 2 Nummer 4 und
2. dem einheitlichen Bericht oder dem Bericht für die Arbeitnehmer eine etwaige Stellungnahme gemäß § 310 Absatz 3.

(3) ¹Die Mitglieder des Vertretungsorgans haben zu versichern, dass

1. allen Gläubigern die gemäß § 307 Absatz 2 Nummer 14 angebotene Sicherheit geleistet wurde,
2. die Rechte der Arbeitnehmer gemäß § 308 Absatz 1 Satz 2 Nummer 4 Buchstabe b sowie gemäß § 310 Absatz 1 und 3 eingehalten wurden,
3. ein zur Verhandlung über die künftige Mitbestimmung durchzuführendes Verfahren nach den Umsetzungsvorschriften zu Artikel 133 Absatz 3 und 4 der Richtlinie (EU) 2017/1132 bereits begonnen hat oder dass die Leitungen der beteiligten Gesellschaften entschieden haben, die Auffangregelung dieser Richtlinie ohne vorhergehende Verhandlung unmittelbar anzuwenden, und
4. sich die übertragende Gesellschaft nicht im Zustand der Zahlungsunfähigkeit, der drohenden Zahlungsunfähigkeit oder der Überschuldung gemäß § 17 Absatz 2, § 18 Absatz 2 oder § 19 Absatz 2 der Insolvenzordnung befindet.

²Kann die Versicherung nach Satz 1 Nummer 4 nicht abgegeben werden, hat das Vertretungsorgan mitzuteilen, welche der dort genannten Tatbestände erfüllt sind und ob ein Insolvenzverfahren beantragt oder eröffnet wurde. ³Nach Eröffnung des Insolvenzverfahrens trifft diese Pflicht den Insolvenzverwalter; wurde ein vorläufiger Insolvenzverwalter bestellt und dem Schuldner ein allgemeines Verfügungsverbot auferlegt, so trifft die Pflicht den vorläufigen Insolvenzverwalter.

(4) ¹Das Vertretungsorgan teilt dem Registergericht Folgendes mit:

1. die Zahl der Arbeitnehmer zum Zeitpunkt des Abschlusses des Verschmelzungsplans,
2. die Zahl der Tochtergesellschaften und ihre jeweiligen geografischen Standorte sowie
3. das Bestehen von Verbindlichkeiten gegenüber der öffentlichen Hand.

(5) Das nach § 314 Absatz 5 zuständige Gericht teilt dem Registergericht auf Anforderung mit, ob innerhalb der Frist des § 314 Absatz 3 eine Sicherheitsleistung gerichtlich geltend gemacht wurde.

---

[45] Kritisch zur Entwurfsfassung *Heckschen/Knaier* ZIP 2022, 2205 (2209).
[46] BT-Drs. 20/5237, 88.

I. Allgemeines und unionsrechtlicher Hintergrund ... 1
II. Anmeldeverfahren (Abs. 1) ... 4
　1. Anmeldeberechtigter ... 5
　2. Anmeldeadressat ... 6
III. Inhalt der Anmeldung (Abs. 2) ... 7
　1. Negativerklärung (Abs. 2 Hs. 1) ... 8
　2. Anlagen der Handelsregisteranmeldung ... 10
　　a) Anlagen gem. § 17 ... 10
　　b) Bemerkungen zum Verschmelzungsplan (Abs. 2 Nr. 1) ... 11
　　c) Stellungnahmen der Arbeitnehmer(vertreter) (Abs. 2 Nr. 2) ... 12
IV. Versicherungen über Eintragungsvoraussetzungen (Abs. 3) ... 13
　1. Versicherung bzgl. Einräumung angemessener Sicherheitsleistungen für Gläubiger (Nr. 1) ... 14
　2. Versicherung zu den Arbeitnehmerrechten (Nr. 2) ... 15
　3. Versicherung über das Mitbestimmungsverfahren (Nr. 3) ... 16
　4. Versicherung über finanzielle Situation (Nr. 4) ... 17
V. Mitteilungen an das Registergericht (Abs. 4) ... 19
VI. Mitteilung durch das zuständige Gericht (Abs. 5) ... 20
VII. Einzureichende Unterlagen ... 21

I. Allgemeines und unionsrechtlicher Hintergrund

Mit dem Inkrafttreten des Gesetzes zur Umsetzung der Umwandlungsrichtlinie (UmRUG) zum 1.3.2023 wurde der § 122k aF umfassend geändert. Das Verfahren für den Erhalt der Verschmelzungsbescheinigung wurde aus Übersichtlichkeitsgründen auf die §§ 315–317 aufgeteilt.[1]

§ 315 setzt Art. 127 der Gesellschaftsrechtsrichtlinie (GesR-RL)[2] in der durch Art. 1 Abs. 14 der Umwandlungsrichtlinie (Umw-RL[3]) geänderten Fassung in deutsches Recht um und regelt das Handelsregisterverfahren über die vorläufige Eintragung der Verschmelzung für eine inländische übertragende Gesellschaft und damit die Anmeldung zum Handelsregister bei der sog. **Heraus-Verschmelzung**. Die Vorschrift ist im Zusammenhang mit § 318 zu sehen, der spiegelbildlich das Handelsregisterverfahren für die übernehmende Gesellschaft bzw. die neue, aus der Verschmelzung hervorgehende Gesellschaft regelt und damit die Fälle der Herein-Verschmelzung betrifft.

Zur Sicherung des Gläubigerschutzes sowie der Rechte und des Mitbestimmungsrechts der Arbeitnehmer werden den Mitgliedern des Vertretungsorgans Pflichten zur Versicherung der aufgezählten Angaben auferlegt.[4]

II. Anmeldeverfahren (Abs. 1)

§ 315 Abs. 1 entspricht § 122k Abs. 1 S. 1 aF.

1. Anmeldeberechtigter

Nach § 315 Abs. 1 hat das Vertretungsorgan der **übertragenden Gesellschaft** das Vorliegen der sie betreffenden Voraussetzungen für die grenzüberschreitende Verschmelzung bei dem Registergericht ihres Sitzes **anzumelden**. Wie bei der Parallelvorschrift des § 16

---

1 Begr. RegE UmRUG, BR-Drs. 371/22, 115.
2 Richtlinie (EU) 2017/1132 des Europäischen Parlaments und des Rates v. 14.6.2017 über bestimmte Aspekte des Gesellschaftsrechts (ABl. 2017 L 169, 46 v. 30.6.2017).
3 Richtlinie (EU) 2019/2121 des Europäischen Parlaments und des Rates v. 27.11.2019 zur Änderung der Richtlinie (EU) 2017/1132 in Bezug auf grenzüberschreitende Umwandlungen, Verschmelzungen und Spaltungen (ABl. 2019 L 321, 1 v. 12.12.2019).
4 *Heckschen* GmbHR 2022, 501 Rn. 24, 27; BeckOGK/*Klett* § 315 Rn. 4.

Abs. 1 S. 1 ist eine Anmeldung durch Organmitglieder in vertretungsberechtigter Zahl ausreichend.[5]

2. Anmeldeadressat

Die Anmeldung erfolgt nach § 315 Abs. 1 beim Registergericht des Sitzes der übertragenden Gesellschaft. **Zuständig** ist danach das Gericht, in dessen Handelsregister die übertragende Gesellschaft eingetragen ist.[6]

III. Inhalt der Anmeldung (Abs. 2)

Der § 122k Abs. 1 S. 2 aF findet sich nun in § 315 Abs. 2 wieder und ergänzt die der Anmeldung beizufügenden Unterlagen.

1. Negativerklärung (Abs. 2 Hs. 1)

Das Vertretungsorgan der übertragenden deutschen Gesellschaft hat der Anmeldung eine sog. **Negativerklärung** nach § 16 Abs. 2 iVm § 315 Abs. 2 Hs. 1 beizufügen, dass eine Klage gegen die Wirksamkeit des Verschmelzungsbeschlusses der deutschen übertragenden Gesellschaft nicht oder nicht fristgerecht erhoben oder eine solche Klage rechtskräftig abgewiesen oder zurückgenommen worden ist.[7] Die Negativerklärung ist als Versicherung durch das Vertretungsorgan der deutschen übertragenden Gesellschaft in vertretungsberechtigter Zahl abzugeben; eine Erklärung durch Bevollmächtigte ist nicht möglich.[8] Diese Negativerklärung ist entbehrlich, wenn analog § 16 Abs. 2 S. 2 Hs. 2 alle klageberechtigten Gesellschafter der übertragenden Gesellschaft auf die Klage gegen die Wirksamkeit des Verschmelzungsbeschlusses durch notariell beurkundete Verzichtserklärung verzichtet haben (zu Einzelheiten → § 16 Rn. 14 ff.).

Falls eine Klage gegen den Verschmelzungsbeschluss erhoben worden sein sollte, kann die übertragende Gesellschaft – wie bei einer innerdeutschen Verschmelzung – einen **gerichtlichen Beschluss** beantragen, der gem. § 16 Abs. 3 S. 1 iVm § 315 Abs. 2 Hs. 1 feststellt, dass die Erhebung der Klage der Eintragung der Verschmelzung in das Register nicht entgegensteht. Voraussetzungen und Verfahren dieses Freigabeverfahrens richten sich nach § 16 Abs. 3, auf den § 315 Abs. 2 Hs. 1 umfänglich verweist (→ § 16 Rn. 27).[9]

2. Anlagen der Handelsregisteranmeldung

a) Anlagen gem. § 17

Aus dem Verweis in § 315 Abs. 2 S. 1 auf § 17 geht hervor, welche konkreten Unterlagen als **Anlagen** die übertragende Gesellschaft zusammen mit der Handelsregisteranmeldung einzureichen hat, nämlich in Ausfertigung oder öffentlich beglaubigter Abschrift oder, soweit sie nicht notariell zu beurkunden sind, in Urschrift oder Abschrift den Verschmelzungsplan, die Niederschrift des Verschmelzungsbeschlusses, die nach dem UmwG erforderlichen Zustimmungserklärungen einzelner Anteilsinhaber einschließlich der Zustimmungserklärungen nicht erschienener Anteilsinhaber, den Verschmelzungsbericht, den Prüfungsbericht oder die Verzichtserklärungen nach § 311 Abs. 2 S. 1,

---

[5] Habersack/Drinhausen/*Kiem* § 122k Rn. 4; Schmitt/Hörtnagl/*Hörtnagl* § 122k Rn. 5; Semler/Stengel/Leonard/*Drinhausen* § 122k Rn. 7; BeckOGK/*Klett* § 315 Rn. 12.
[6] Schmitt/Hörtnagl/*Hörtnagl* § 122k Rn. 6.
[7] Begr. RegE zu § 122k, BT-Drs. 16/2919, 17; Schmitt/Hörtnagl/*Hörtnagl* § 122k Rn. 10.
[8] BeckOGK/*Klett* § 315 Rn. 33.
[9] BeckOGK/*Klett* § 315 Rn. 32.

§ 8 Abs. 3, § 9 Abs. 2, § 12 Abs. 3, § 54 Abs. 1 S. 3 oder § 68 Abs. 1 S. 3, außerdem die Schlussbilanz der übertragenden Gesellschaft analog § 17 Abs. 2.[10] Ein Nachweis über die rechtzeitige Bekanntmachung des Verschmelzungsplans gem. § 308 dürfte regelmäßig entbehrlich sein, da diese Information dem Registergericht bereits vorliegt.

b) Bemerkungen zum Verschmelzungsplan (Abs. 2 Nr. 1)

Über die in § 17 genannten Dokumente hinaus sind der Anmeldung für den Fall, dass die Gesellschaft nach § 308 Abs. 1 S. 2 Nr. 4 Bemerkungen zum Verschmelzungsplan von Anteilsinhabern, Gläubigern oder Betriebsräten bzw. Arbeitnehmern erhalten hat, diese der Anmeldung beizufügen. Damit erhält das Registergericht Kenntnis von den Bemerkungen. Die in § 308 Abs. 1 S. 2 Nr. 4 angesprochenen Stakeholder, insbes. Gläubiger und Arbeitnehmer bzw. deren Vertretungen, können somit die Regelungen nutzen, um durch den Vortrag etwaiger geeigneter Verdachtsmomente eine Missbrauchsprüfung des Registergerichts gem. § 316 Abs. 3 anzustoßen.[11] Für die betroffenen Gesellschaften empfiehlt es sich, die Bemerkungen vor der Einreichung zum Handelsregister zu prüfen und ggf. in der Anmeldung der Verschmelzung dazu Stellung zu nehmen.[12]

c) Stellungnahmen der Arbeitnehmer(vertreter) (Abs. 2 Nr. 2)

Etwaige Stellungnahmen des Betriebsrats oder der Arbeitnehmer zum Verschmelzungsbericht nach § 310 Abs. 3 sind dem einheitlichen Verschmelzungsbericht oder dem Bericht für die Arbeitnehmer beizufügen.

IV. Versicherungen über Eintragungsvoraussetzungen (Abs. 3)

§ 315 Abs. 3 fasst § 122k Abs. 1 S. 3 aF neu und nennt die durch das Vertretungsorgan abzugebenden Versicherungen. Mit der Abgabe der Versicherungen soll für das Registergericht eine Informationsgrundlage zur Prüfung der gesetzlichen Eintragungsvoraussetzungen geschaffen werden.

1. Versicherung bzgl. Einräumung angemessener Sicherheitsleistungen für Gläubiger (Nr. 1)

Die Mitglieder des Vertretungsorgans haben gem. § 315 Abs. 3 S. 1 Nr. 1 zu **versichern**, dass den Gläubigern die gem. § 307 Abs. 2 Nr. 14 angebotene Sicherheit geleistet wurde. Wenn die Versicherung abgegeben wird, so ist zu beachten, dass sie strafbewehrt iSv § 348 Nr. 1 ist.[13] Angesichts dessen muss von der Höchstpersönlichkeit dieser Versicherung ausgegangen werden, so dass eine Vertretung der Organmitglieder bei Abgabe dieser Versicherung ausscheidet. Nach § 122k Abs. 1 S. 3 aF genügte – trotz des Gesetzeswortlauts „**Die Mitglieder** des Vertretungsorgans haben eine Versicherung abzugeben" (Hervorhebung hinzugefügt) – die Abgabe der Versicherung der Organmitglieder in vertretungsberechtigter Zahl.[14] Aus der Gesetzesbegründung zum UmRUG ist nicht ersichtlich, dass sich an dieser Praxis etwas ändern sollte. Vielmehr spricht die Formulierung der Einleitung zu § 315 Abs. 3 („Absatz 3 Satz 1 benennt die **durch das Vertretungsorgan** abzugebenden, strafbewehrten Versicherungen" – Hervorhebung hinzuge-

---

10 Es ist ausreichend, wenn die Schlussbilanz zur Handelsregisteranmeldung (nicht bereits zur Bekanntmachung des Verschmelzungsplans gem. § 308 oder Beurkundung gem. § 307 Abs. 4) vorliegt; vgl. *Schneider/Heinemann* ISR 2023, 260 (262).
11 *Bungert/Reidt* DB 2022, 1369 (1378).
12 *Bungert/Reidt* DB 2022, 1369 (1378).
13 BeckOGK/*Klett* § 315 Rn. 4.
14 Krafka RegisterR/*Krafka* Rn. 1188c; Semler/Stengel/Leonard/*Drinhausen* § 122k Rn. 7.

fügt) dafür, dass hier lediglich versehentlich der insoweit etwas ungenaue Text aus § 122k Abs. 1 S. 3 aF in den neuen § 315 Abs. 3 S. 1 übernommen worden ist. So heißt es in § 313 Abs. 3 S. 2 dann auch „**das Vertretungsorgan** [hat] mitzuteilen" (Hervorhebung hinzugefügt). Der Umfang der Versicherung betrifft alle von den Gläubigern fristgerecht geltend gemachten Ansprüche und kann deshalb erst nach Ablauf der Dreimonatsfrist des § 314 Abs. 3 wirksam abgegeben werden.[15]

2. Versicherung zu den Arbeitnehmerrechten (Nr. 2)

15 § 315 Abs. 3 S. 1 Nr. 2 ist neu und sieht vor, dass eine Versicherung über die Einhaltung der Rechte der Arbeitnehmer gem. § 308 Abs. 1 Nr. 4 lit. b und § 310 Abs. 1 und 3 abgegeben wird. Somit soll sichergestellt werden, dass die Unterrichtungs- und Anhörungsrechte der Arbeitnehmer gewährleistet wurden.[16]

3. Versicherung über das Mitbestimmungsverfahren (Nr. 3)

16 Auch die Versicherung über das Mitbestimmungsverfahren ist neu und dient der Umsetzung von Art. 127 Abs. 6 lit. b GesR-RL.[17] Ist ein Verhandlungsverfahren nach Art. 133 Abs. 3, 4 GesR-RL in der durch Art. 1 Abs. 20 Umw-RL geänderten Fassung durchzuführen, muss von den Mitgliedern des Vertretungsorgans versichert werden, dass ein solches Verfahren bereits begonnen hat oder dass die Leitungsorgane der beteiligten Gesellschaft die Option nutzen, die Auffangregelung der GesR-RL[18] ohne vorhergehende Verhandlung unmittelbar anzuwenden.[19] Damit das Verhandlungsverfahren als begonnen gilt, muss jedenfalls das besondere Verhandlungsgremium konstituiert sein (§ 14 MgVG).[20]

4. Versicherung über finanzielle Situation (Nr. 4)

17 Gemäß dem neuen § 315 Abs. 3 S. 1 Nr. 4 haben die Mitglieder des Vertretungsorgans zu versichern, dass sich die übertragende Gesellschaft nicht im Zustand der (drohenden) Zahlungsunfähigkeit oder der Überschuldung gem. § 17 Abs. 2 InsO, § 18 Abs. 2 InsO, § 19 Abs. 2 InsO befindet. Die weiteren Voraussetzungen zur Einleitung des Insolvenzverfahrens, wie beispielsweise der Eröffnungsantrag, müssen hingegen nicht vorliegen.[21] Es ist somit auch nicht erforderlich, dass nach den Bestimmungen des internationalen Privatrechts[22] die Insolvenzordnung auf die Gesellschaft überhaupt anwendbar ist.[23] Kann die – nach § 348 Nr. 1 strafbewehrte – Versicherung nach Nr. 4 nicht abgegeben werden, so haben die Mitglieder des Vertretungsorgans gem. § 315 Abs. 3 S. 2 mitzuteilen, welche der genannten Tatbestände erfüllt sind und ob bereits ein Insolvenzverfahren beantragt oder eröffnet wurde. Die Abgabe einer falschen Mitteilung ist ebenfalls strafbewehrt nach § 348 Nr. 2. Nach Eröffnung des Insolvenzverfahrens treffen die genannten Pflichten gem. § 315 Abs. 3 S. 3 Hs. 1 den Insolvenzverwalter; wurde ein vorläufiger Insolvenzverwalter bestellt und der Gesellschaft als Schuldnerin ein allgemeines

---

15 Lutter/*Bayer* § 122k Rn. 15; Schmitt/Hörtnagl/*Hörtnagl* § 122k Rn. 11; aA Widmann/Mayer/*Vossius* § 122k Rn. 31.
16 Begr. RegE UmRUG, BR-Drs. 371/22, 116.
17 Begr. RegE UmRUG, BR-Drs. 371/22, 116.
18 Teil 3 Buchst. b des Anhangs zur Richtlinie 2001/86/EG des Rates v. 8.10.2001 zur Ergänzung des Statuts der Europäischen Gesellschaft hinsichtlich der Beteiligung der Arbeitnehmer (ABl. 2001 L 294, 22 v. 10.11.2001).
19 *Heckschen/Knaier* GmbHR 2022, 613 (617).
20 Begr. RegE UmRUG, BR-Drs. 371/22, 116.
21 Begr. RegE UmRUG, BR-Drs. 371/22, 116.
22 Insbesondere VO (EU) 2015/848 v. 20.5.2015 über Insolvenzverfahren.
23 Begr. RegE UmRUG, BR-Drs. 371/22, 116; *Harig/Harder* NZG 2022, 1435 (1437).

Verfügungsverbot auferlegt, so treffen die Pflichten gem. § 315 Abs. 3 S. 3 Hs. 2 den vorläufigen Insolvenzverwalter.[24]

Zweck der Vorschrift ist, nach Insolvenzrecht missbräuchliche Verschmelzungen iSd § 316 Abs. 3 zu verhindern, ohne insolvente Gesellschaften unmittelbar von der Teilnahme an grenzüberschreitenden Verschmelzungen auszuschließen.[25] Dies trägt dem Umstand Rechnung, dass grenzüberschreitende Umwandlungsmaßnahmen der Sanierung von Gesellschaften, die unter wirtschaftlichen Schwierigkeiten leiden, dienen können.[26] Gleichzeitig berücksichtigt das UmwG, dass bei der Beteiligung einer wirtschaftlich ungesunden Gesellschaft an einer grenzüberschreitenden Verschmelzung die Gefahr besteht, die Gesellschaft werde sich durch die Verschmelzung zum Nachteil ihrer Gläubiger den gläubigerschützenden Vorschriften des deutschen Rechts entziehen.[27] Kommt das Registergericht aufgrund seiner Prüfung zu dem Befund, dass mit der grenzüberschreitenden Verschmelzung der COMI (center of main interest) gem. Art. 3, 7 EuInsVO zum Nachteil der Gläubiger ins Ausland verlegt werden soll, lehnt es die Eintragung gem. § 316 Abs. 3 S. 2 ab.[28]

V. Mitteilungen an das Registergericht (Abs. 4)

Weitere Mitteilungspflichten für das Vertretungsorgan der Gesellschaft werden im neuen § 315 Abs. 4 normiert. Damit macht der Gesetzgeber von der Mitgliedstaatenoption des Art. 127 Abs. 3 GesR-RL zur Einführung bestimmter Mitteilungspflichten Gebrauch.[29] Demnach muss die Gesellschaft dem Registergericht (i) die Zahl der Arbeitnehmer zum Zeitpunkt des Abschlusses des Verschmelzungsplans, (ii) die Zahl der Tochtergesellschaften und ihre jeweiligen geografischen Standorte und (iii) das Bestehen von Verbindlichkeiten gegenüber der öffentlichen Hand offenlegen. Die übermittelten Informationen dienen dem Registergericht als Informationsgrundlage für seine Prüfung gem. § 316 Abs. 3 (sog. **Missbrauchskontrolle**).[30] Sofern dem Registergericht die vorgelegten Informationen nicht ausreichen, kann es auf der Grundlage von § 317 S. 1 weitere Informationen anfordern.[31]

VI. Mitteilung durch das zuständige Gericht (Abs. 5)

§ 315 Abs. 5 wurde durch den Rechtsausschuss eingeführt.[32] Das Registergericht hat die Befugnis, bei dem für die Sicherheitsleistung gem. § 314 Abs. 5 zuständigen Gericht anzufragen, ob diese geltend gemacht wurde. Dem gegenüber steht die Pflicht des für die Sicherheitsleistung zuständigen Gerichts, dem Registergericht Auskunft zu erteilen.[33] Einer Versicherung des Vertretungsorgans der übertragenden Gesellschaft gegenüber dem Registergericht über das Nichtvorliegen von Gläubigeranträgen, wie sie der RegE noch vorsah,[34] bedarf es damit nicht.[35]

---

24 Dazu *Harig/Harder* NZG 2022, 1435 (1439).
25 *Heckschen/Knaier* GmbHR 2023, 317 (319).
26 Begr. RegE UmRUG, BR-Drs. 371/22, 117; *Harig/Harder* NZG 2022, 1435 (1438); *Heckschen/Knaier* GmbHR 2023, 317 (319); *Thomale/Schmid* NotBZ 2023, 91 (95).
27 Begr. RegE UmRUG, BR-Drs. 371/22, 117; *Harig/Harder* NZG 2022, 1435 (1437).
28 *Thomale/Schmid* NotBZ 2023, 91 (95).
29 Begr. RegE UmRUG, BR-Drs. 371/22, 117.
30 Begr. RegE UmRUG, BR-Drs. 371/22, 117.
31 Begr. RegE UmRUG, BR-Drs. 371/22, 117.
32 BT-Drs. 20/5237, 33.
33 *Thomale/Schmid* NotBZ 2023, 91 (102).
34 BR-Drs. 371/22, 21.
35 BT-Drs. 20/5237, 89; s. auch *Brandi/Schmidt* BB 2023, 513; BeckOGK/*Klett* § 315 Rn. 48; *Thomale/Schmid* NotBZ 2023, 91 (102).

VII. Einzureichende Unterlagen

21 Es ist nicht verpflichtend, in der Handelsregisteranmeldung sämtliche Anlagen aufzulisten. Gleichwohl ist bei der Vielzahl der beizufügenden Dokumente ratsam, auf das Vorliegen sämtlicher Unterlagen in der Anmeldung zum Handelsregister ausdrücklich hinzuweisen. Es bietet sich auch an, die gem. § 315 Abs. 3 und Abs. 4 abzugebenden Versicherungen und Mitteilungen durch klare Überschriften kenntlich zu machen.

22 Damit sind mit der Anmeldung folgende **Unterlagen** einzureichen:[36]

Checkliste:
- Ausfertigung oder beglaubigte Abschrift des notariell beurkundeten Verschmelzungsplans nach § 307.
- Ggf. Ausdruck der online abrufbaren Registerbekanntmachungen als Nachweis über die Bekanntmachung des Verschmelzungsplans nach § 308.[37]
- Ggf. Bemerkungen nach § 308 Abs. 1 S. 2 Nr. 4
- Ausfertigung oder beglaubigte Abschrift des notariell beurkundeten Verschmelzungsbeschlusses der übertragenden deutschen Gesellschaft nach § 312 (Ausnahme § 312 Abs. 2).
- Ggf. Ausfertigung oder beglaubigte Abschrift der notariell beurkundeten Zustimmungserklärungen einzelner Anteilsinhaber der übertragenden deutschen Gesellschaft nach § 312 Abs. 1, § 13 Abs. 2.
- Urschrift oder Abschrift des Verschmelzungsberichts der übertragenden deutschen Gesellschaft nach § 309, ggf. unter Beifügung einer Stellungnahme gemäß § 310 Abs. 3.
- Ggf. Nachweis(e) über das fristgerechte Zugänglichmachen des Verschmelzungsberichts nach § 310.
- Ggf. Urschrift oder Abschrift des schriftlichen bzw. Ausfertigung oder beglaubigte Abschrift des notariell beurkundeten Bestätigungsbeschlusses der Anteilsinhaberversammlung jeder an der Verschmelzung beteiligten Gesellschaft hinsichtlich der Art und Weise der Mitbestimmung der Arbeitnehmer der übernehmenden oder neuen Gesellschaft nach § 312 Abs. 1.[38]
- Ggf. Vereinbarung über die Arbeitnehmermitbestimmung.
- (Ggf. gemeinsamer) Verschmelzungsprüfungsbericht der übertragenden deutschen Gesellschaft nach § 311 bzw. Ausfertigung oder beglaubigte Abschrift der notariell beurkundeten Verzichtserklärung sämtlicher Anteilsinhaber aller an der Verschmelzung beteiligten Gesellschaften nach § 311 Abs. 2 iVm § 9 Abs. 2, § 12 Abs. 3, § 8 Abs. 3.
- Schlussbilanz der übertragenden deutschen Gesellschaft nach § 17 Abs. 2.[39]

Ferner folgende Erklärungen:
- Versicherung über die Leistung angemessener Sicherheit an alle Gläubiger nach § 314 Abs. 1.
- Versicherung zu den Arbeitnehmerrechten
- Versicherung über die Arbeitnehmermitbestimmungsverfahren
- Versicherung über die finanzielle Situation der Gesellschaft
- Negativerklärung nach § 315 Abs. 2 Hs. 1, § 16 Abs. 2, dass gegen die Wirksamkeit des Verschmelzungsbeschlusses der übertragenden deutschen Gesellschaft eine Klage nicht oder nicht fristgerecht erhoben oder eine solche Klage rechtskräftig abgewiesen oder zurückgenommen ist.
- Ggf. Erklärung über das Nichtbestehen eines Betriebsrats im Hinblick auf das Zugänglichmachen des Verschmelzungsberichts nach § 310 Abs. 1.
- Mitteilungen gem. § 315 Abs. 4

Hinweis: Diese Angaben betreffen ausschließlich die Unterlagen der übertragenden deutschen Gesellschaft.[40] Die Dokumente der anderen beteiligten Gesellschaft(en) müs-

---

[36] Urkunden über die Erteilung erforderlicher staatlicher Genehmigungen sind nicht mehr erforderlich, vgl. § 37 AktG und § 8 GmbHG.
[37] Dies sollte mit dem Handelsregister vorab abgestimmt werden.
[38] Habersack/Drinhausen/*Kiem* § 122g Rn. 31.
[39] Es ist zu beachten, dass zum Zeitpunkt der Einreichung der Handelsregisteranmeldung der Bilanzstichtag der Schlussbilanz nicht älter als acht Monate sein darf. Ist der Bilanzstichtag der 31.12., so muss die Handelsregisteranmeldung spätestens am 31.8. des darauffolgenden Kalenderjahres eingereicht werden.
[40] Begr. RegE zu § 122k, BT-Drs. 16/2919, 17; Lutter/*Bayer* § 122k Rn. 12; Semler/Stengel/Leonard/*Drinhausen* § 122k Rn. 9; Habersack/Drinhausen/*Kiem* § 122k Rn. 7.

sen hingegen nicht eingereicht werden.[41] Es ist grundsätzlich erforderlich, alle Dokumente in deutscher Sprache vorzulegen.

§ 316 Verschmelzungsbescheinigung

(1) ¹Das Gericht prüft innerhalb von drei Monaten nach der Anmeldung gemäß § 315 Absatz 1 und 2, ob für die übertragende Gesellschaft die Voraussetzungen für die grenzüberschreitende Verschmelzung vorliegen. ²Die Eintragung enthält die Bezeichnung des Verschmelzungsverfahrens und der an ihm beteiligten Gesellschaften sowie die Feststellung, dass alle einschlägigen Voraussetzungen erfüllt und alle erforderlichen Verfahren und Formalitäten erledigt sind. ³Die Eintragung ist mit dem Vermerk zu versehen, dass die grenzüberschreitende Verschmelzung unter den Voraussetzungen des Rechts desjenigen Staates wirksam wird, dem die übernehmende oder neue Gesellschaft unterliegt. ⁴Über die Eintragung stellt das Gericht von Amts wegen eine Verschmelzungsbescheinigung aus.

(2) ¹Die Eintragung gemäß Absatz 1 darf nicht vor Ablauf der Fristen gemäß § 313 Absatz 3 Satz 1 und § 314 Absatz 3 vorgenommen werden. ²Haben alle Anteilsinhaber der übertragenden Gesellschaft der Verschmelzung zugestimmt, darf die Eintragung bereits vor Ablauf der Frist des § 313 Absatz 3 Satz 1 erfolgen. ³Wurde ein Anspruch auf Sicherheitsleistung nach § 314 Absatz 1 gerichtlich geltend gemacht, so darf die Eintragung gemäß Absatz 1 nicht vorgenommen werden,
1. bevor die den Antrag ablehnende Entscheidung rechtskräftig ist,
2. die in der Entscheidung festgelegte Sicherheit geleistet wurde oder
3. die den Antrag teilweise ablehnende Entscheidung rechtskräftig ist und die in der Entscheidung festgelegte Sicherheit geleistet wurde.

⁴Die Leistung der Sicherheit ist dem Gericht in geeigneter Form nachzuweisen. ⁵Auf Verlangen des Gerichts haben die Mitglieder des Vertretungsorgans zu versichern, dass die in der Entscheidung festgelegte Sicherheit geleistet wurde.

(3) ¹In dem Verfahren nach Absatz 1 muss das Gericht bei Vorliegen von Anhaltspunkten prüfen, ob die grenzüberschreitende Verschmelzung zu missbräuchlichen oder betrügerischen Zwecken, die dazu führen oder führen sollen, sich Unionsrecht oder nationalem Recht zu entziehen oder es zu umgehen, oder zu kriminellen Zwecken vorgenommen werden soll. ²Liegen solche Zwecke vor, so lehnt es die Eintragung gemäß Absatz 1 ab. ³Ist es für die Prüfung notwendig, zusätzliche Informationen zu berücksichtigen oder zusätzliche Ermittlungen durchzuführen, so kann die in Absatz 1 Satz 1 vorgesehene Frist um höchstens drei Monate verlängert werden. ⁴Anhaltspunkte im Sinne von Satz 1 liegen insbesondere vor, wenn
1. ein gemäß Artikel 133 Absatz 2 bis 4 der Richtlinie (EU) 2017/1132 durchzuführendes Verhandlungsverfahren erst auf Aufforderung des Gerichts eingeleitet worden ist;
2. die Zahl der Arbeitnehmer mindestens vier Fünftel des für die Unternehmensmitbestimmung maßgeblichen Schwellenwerts beträgt, im Zielland keine Wertschöpfung erbracht wird und der Verwaltungssitz in Deutschland verbleibt;

---

[41] Begr. RegE zu § 122k Abs. 1, BT-Drs. 16/2919, 17; Lutter/ *Bayer* § 122k Rn. 12; s. auch Art. 10 Abs. 1 IntVerschm-RL.

3. eine ausländische Gesellschaft durch die grenzüberschreitende Verschmelzung Schuldnerin von Betriebsrenten oder -anwartschaften wird und diese Gesellschaft kein anderweitiges operatives Geschäft hat.

(4) Ist es wegen der Komplexität des Verfahrens ausnahmsweise nicht möglich, die Prüfung innerhalb der in Absatz 1 Satz 1 oder Absatz 3 Satz 3 vorgesehenen Fristen vorzunehmen, so hat das Gericht den Anmelder vor Ende der Frist über die Gründe für eine Verzögerung zu unterrichten.

(5) Nach Eingang einer Mitteilung des Registers, in dem die übernehmende oder neue Gesellschaft eingetragen ist, über das Wirksamwerden der Verschmelzung hat das Gericht des Sitzes der übertragenden Gesellschaft den Tag des Wirksamwerdens zu vermerken und die bei ihm aufbewahrten elektronischen Dokumente diesem Register zu übermitteln.

I. Allgemeines und unionsrechtlicher Hintergrund ... 1	2. Ausnahmeregelung (Abs. 2 S. 2) ... 17
II. Prüf- und Anmeldeverfahren (Abs. 1) ... 5	3. Eintragung nach Sicherheitsleistung (Abs. 2 S. 3) ... 18
1. Prüfungszeitraum ... 6	4. Leistungsnachweis (Abs. 2 S. 4, 5) ... 19
2. Inhalt der Eintragung (Abs. 1 S. 2–4) ... 9	IV. Missbrauchskontrolle (Abs. 3) ... 20
3. Ablehnung der Eintragung ... 12	V. Fristverlängerung (Abs. 4) ... 24
III. Eintragungszeitpunkt (Abs. 2) ... 13	VI. Vermerk der Wirksamkeit und Übermittlung der Dokumente (Abs. 5) ... 25
1. Eintragungsfrist (Abs. 2 S. 1) ... 14	

I. Allgemeines und unionsrechtlicher Hintergrund

1 § 316 setzt Art. 127 der Gesellschaftsrechtsrichtlinie (GesR-RL)[1] (ehemals § 122k aF in Umsetzung von Art. 11, 12 und 13 der Internationalen Verschmelzungsrichtlinie (IntVerschm-RL)[2]) in der durch Art. 1 Abs. 14 der Umwandlungsrichtlinie (Umw-RL)[3] geänderten Fassung in deutsches Recht um und regelt gemeinsam mit § 317 das Handelsregisterverfahren bei einer inländischen übertragenden Gesellschaft für die Ausstellung der Verschmelzungsbescheinigung durch das zuständige deutsche Registergericht bei der sog. **Heraus-Verschmelzung**.[4] Das Prüfverfahren wurde umfassend reformiert.[5] Die Vorschrift ist im Zusammenhang mit § 318 zu sehen, der spiegelbildlich das Handelsregisterverfahren für die übernehmende Gesellschaft bzw. die neue, aus der Verschmelzung hervorgehende Gesellschaft regelt und damit die Fälle der Herein-Verschmelzung betrifft. Die Art. 127, 128 GesR-RL (ehemals Art. 10 Abs. 1, 11 Abs. 1 IntVerschm-RL) in der durch Art. 1 Abs. 14, 16 Umw-RL geänderten Fassung sehen eine Rechtmäßigkeitsprüfung vor, die nach Maßgabe des europäischen Gesetzgebers und in Übereinstimmung zu den Parallelvorschriften der SE-/SCE-VOen in einem zweistufigen Verfahren erfolgt.[6]

2 Auf der **ersten Stufe** hat eine vom nationalen Recht der jeweiligen Gesellschaft bestimmte öffentliche Stelle (Gericht, Notar oder Behörde) gem. Art. 127 GesR-RL (vormals Art. 10 Abs. 1, Abs. 2 IntVerschm-RL) nach erfolgter Anmeldung (§ 315 Abs. 1) die Einhaltung der vorgeschriebenen Rechtshandlungen und Formalitäten für das Vorbe-

---

1 Richtlinie (EU) 2017/1132 des Europäischen Parlaments und des Rates v. 14.6.2017 über bestimmte Aspekte des Gesellschaftsrechts (ABl. 2017 L 169, 46 v. 30.6.2017).
2 Richtlinie 2005/56/EG des Europäischen Parlaments und des Rates v. 26.10.2005 über die Verschmelzung von Kapitalgesellschaften aus verschiedenen Mitgliedstaaten (ABl. 2005 L 310, 1 v. 25.11.2005).
3 Richtlinie (EU) 2019/2121 des Europäischen Parlaments und des Rates v. 27.11.2019 zur Änderung der Richtlinie (EU) 2017/1132 in Bezug auf grenzüberschreitende Umwandlungen, Verschmelzungen und Spaltungen (ABl. 2019 L 321, 1 v. 12.12.2019).
4 Begr. RegE UmRUG, BR-Drs. 371/22, 117.
5 *Bayer/Schmidt* BB 2019, 1922 (1929).
6 Lutter/*Bayer* § 122k Rn. 1; Semler/Stengel/Leonard/*Drinhausen* § 122k Rn. 2; BeckOGK/*Klett* § 316 Rn. 7 f.

reitungsstadium der grenzüberschreitenden Verschmelzung zu prüfen und ggf. eine Verschmelzungsbescheinigung auszustellen (§ 316 Abs. 1).

Die **zweite Stufe** besteht hingegen in der Überprüfung der ordnungsgemäßen Durchführung der Verschmelzung und ggf. der Gründung einer neuen inländischen Gesellschaft. Zuständig hierfür ist eine vom nationalen Recht des Sitzstaates der übernehmenden oder neu gegründeten Gesellschaft berufene öffentliche Stelle (Gericht, Notar oder Behörde) gem. Art. 128 GesR-RL (vormals Art. 11 Abs. 1 IntVerschm-RL). Die zweite Stufe ist mit § 318 in das deutsche Recht umgesetzt worden.

Darüber hinaus ordnet Art. 130 Abs. 3 GesR-RL (vormals Art. 13 IntVerschm-RL) in der durch Art. 1 Abs. 17 Umw-RL geänderten Fassung an, dass das Registergericht der übernehmenden bzw. neuen Gesellschaft dem Register der übertragenden Gesellschaft(en) die Eintragung **zu melden** hat. Die entsprechende Regelung im deutschen Recht findet sich in § 316 Abs. 5.

II. Prüf- und Anmeldeverfahren (Abs. 1)

Das Prüf- und Eintragungsverfahren aus dem ehemaligen § 122k Abs. 2 aF wurde in Umsetzung von Art. 127, 127a GesR-RL als § 316 Abs. 1 neu gefasst.

1. Prüfungszeitraum

Nach § 316 Abs. 1 S. 1 hat das Registergericht die Voraussetzungen für die Eintragung der grenzüberschreitenden Verschmelzung binnen drei Monaten[7] nach vollständiger Anmeldung einschließlich aller zu übermittelnden Versicherungen, Mitteilungen und Anlagen nach § 315 Abs. 2–4 zu prüfen.[8] Der Zeitraum soll nicht für das Rechtsmittelverfahren gelten.[9]

Prüfungsgegenstand sind die in § 315 dargestellten Verfahrensvorgaben. Zudem kontrolliert das Gericht das Vorliegen der Versicherung auf Einräumung einer angemessenen Sicherheitsleistung (§ 315 Abs. 3 S. 1 Nr. 1) sowie die Existenz der Negativerklärung.[10]

Wenn nach § 314 ein Antrag auf Sicherheitsleistung gestellt wird, wird der Prüfungszeitraum entsprechend verlängert. Die Verlängerung gilt dann entweder bis zur (teilweise) rechtskräftigen Ablehnung der Sicherheitsleistung, oder bis zur (teilweisen) Stattgabe des Anspruchs sowie dem dann erforderlichen Nachweis über die Erbringung der Sicherheitsleistung.[11] Diese Regelung zur Unterbrechung des Eintragungsverfahrens wird in der Literatur kritisch gesehen. Es besteht die Befürchtung, ein „räuberischer Gläubiger" könne das Eintragungsverfahren gezielt blockieren, um – ähnlich einem „räuberischen Aktionär"[12] – einen finanziellen Vorteil zu erpressen.[13]

2. Inhalt der Eintragung (Abs. 1 S. 2–4)

Mit der Neufassung von § 316 Abs. 1 S. 2 und S. 4 sollen Hemmnisse für die Verschmelzungen inländischer Unternehmen beseitigt werden. Die frühere Fiktionslösung nach

---

7 Die dreimonatige Frist entspricht dem Art. 127 Abs. 7 S. 1 GesR-RL; siehe dazu BeckOGK/*Klett* § 316 Rn. 26.
8 Begr. RegE UmRUG, BR-Drs. 371/22, 117.
9 Begr. RegE UmRUG, BR-Drs. 371/22, 117.
10 Semler/Stengel/Leonard/*Drinhausen* § 122k Rn. 14 ff.; BeckOGK/*Klett* § 316 Rn. 10 ff.
11 Begr. RegE UmRUG, BR-Drs. 371/22, 118.
12 Dazu *Weber/Kersjes* Hauptversammlungsbeschlüsse Rn. 56 ff. mwN und Verweis auf die Studie von *Baums/Keinath/Gajek* ZIP 2007, 1629 ff.
13 *Bungert* NZG 2022, 1657; *Bungert/Reidt* DB 2022, 1369 (1377); *Heckschen/Knaier* ZIP 2022, 2205 (2209); *Luy/Redler* notar 2022, 163 (168).

§ 122k Abs. 2 S. 2 aF hatte den Vorteil, dass die Eintragung der Verschmelzung im Register als Verschmelzungsbescheinigung galt und somit über den Handelsregisterauszug hinaus kein zusätzliches gerichtliches Dokument erforderlich war.[14] Nun muss aber nach Art. 127 Abs. 1 UAbs. 1 GesR-RL und dem umgesetzten § 316 Abs. 1 S. 2 aus der Bescheinigung unmittelbar hervorgehen, dass die einschlägigen Voraussetzungen des Prüfverfahrens erfüllt sind. Zumindest in Zielstaaten, denen das deutsche Publikationsprinzip fremd ist und die eine zusätzliche Bescheinigung erfordern, wird das Verfahren durch die explizite Mitteilung erleichtert.[15] Damit die Zuordnung zum richtigen Verfahren gewährleistet werden kann, sollte die Mitteilung eine eindeutige Verfahrensbezeichnung und Angaben zu Firma, Satzungssitz und Registernummer der beteiligten Gesellschaften sowie „insbesondere" das Datum der notariellen Urkunde enthalten.[16]

10 Die Eintragung ist nach § 316 Abs. 1 S. 3 mit dem Vermerk zu versehen, dass die grenzüberschreitende Verschmelzung unter den Voraussetzungen des Rechts desjenigen Staates wirksam wird, dem die übernehmende oder neue Gesellschaft unterliegt.

11 Das Gericht hat die Pflicht zur Erstellung einer Verschmelzungsbescheinigung von Amts wegen nach § 316 Abs. 1 S. 4. Durch diese Pflicht wird der Vorteil der früheren Fiktionslösung in den neuen § 316 mit aufgenommen: es muss keine zusätzliche gerichtliche Entscheidung getroffen werden.[17] Für die Erteilung der Verschmelzungsbescheinigung ist nach § 29 Abs. 1 Nr. 2 HRV der Urkundsbeamte der Geschäftsstelle des Registergerichts zuständig. Die Übermittlung der Verschmelzungsbescheinigung an das Registergericht der übernehmenden Gesellschaft erfolgt gem. § 9b Abs. 2 S. 3 Nr. 4 HGB über das Europäische System der Registervernetzung (BRIS); einer Übermittlung durch die übertragende Gesellschaft bedarf es nach neuem Recht nicht.[18]

3. Ablehnung der Eintragung

12 Für den Fall, dass das Gericht nach Art. 127 Abs. 7 S. 2 lit. b GesR-RL zu dem Ergebnis kommt, dass die grenzüberschreitende Verschmelzung nicht alle einschlägigen Voraussetzungen erfüllt oder dass nicht alle erforderlichen Verfahren und Formalitäten erledigt sind, stellt die Behörde die Vorabbescheinigung nicht aus. Damit entsprechen die Vorgaben den Bestimmungen des (unveränderten) FamFG: Der Ablehnungsbeschluss ist gem. § 382 Abs. 3 FamFG iVm § 38 Abs. 3 S. 1 FamFG zu begründen und der anmeldenden Gesellschaft gem. §§ 40, 41 FamFG bekannt zu geben. Das Gericht kann der Gesellschaft außerdem bei behebbaren Hindernissen gem. § 382 Abs. 4 S. 1 FamFG eine angemessene Frist für die Erfüllung der fehlenden Bedingungen und Formalitäten einräumen.[19]

III. Eintragungszeitpunkt (Abs. 2)

13 Abs. 2 wurde neu gefasst und normiert den Eintragungszeitpunkt.

1. Eintragungsfrist (Abs. 2 S. 1)

14 Das Gericht darf die Eintragung nicht vor Ablauf der Zweimonatsfrist für die Annahme eines Barabfindungsangebots nach § 313 Abs. 3 S. 1 und vor Ablauf der materiellen

---

[14] Begr. RegE UmRUG, BR-Drs. 371/22, 118.
[15] Begr. RegE UmRUG, BR-Drs. 371/22, 118; Heckschen/Knaier GmbHR 2022, 501 (516).
[16] Begr. RegE UmRUG, BR-Drs. 371/22, 118.
[17] Begr. RegE UmRUG, BR-Drs. 371/22, 118.
[18] Begr. RegE UmRUG, BR-Drs. 371/22, 122; Herzog/Gebhard AG 2023, 310 (312).
[19] Begr. RegE UmRUG, BR-Drs. 371/22, 119.

Ausschlussfrist von drei Monaten zur Geltendmachung von Gläubigersicherheiten nach § 314 Abs. 3 vornehmen.

Diese Registersperre soll vermeiden, dass die Verschmelzung wirksam wird, ohne dass sämtliche Anteilsinhaber ihre Entscheidung über das Abfindungsangebot getroffen haben.[20] Etwas anderes gilt, wenn alle Anteilsinhaber der Verschmelzung zugestimmt haben; in dem Fall entfällt das Schutzbedürfnis der Anteilsinhaber.[21] Mit Wirksamwerden der Verschmelzung werden die Anteilsinhaber der übertragenden Gesellschaft gem. § 20 Abs. 1 Nr. 3 Anteilsinhaber der übernehmenden Gesellschaft, wenn sie kein Barabfindungsangebot nach § 313 annehmen. Wird das Barabfindungsangebot angenommen, scheiden sie hingegen ipse iure im Augenblick des Wirksamwerdens der Verschmelzung aus.[22] Eines besonderen Übertragungsaktes an die übernehmende Gesellschaft bedarf es nicht. Würden die Anteilsinhaber aber erst nach wirksamer Verschmelzung das Angebot annehmen, wäre unklar, was mit den zunächst übernommenen Gesellschaftsanteilen geschehen soll. Gesetzeszweck ist es, derartige Rechtsunsicherheiten zu vermeiden.[23]

Hinsichtlich des Gläubigerschutzes gilt, dass auch nach Ablauf der Frist zur Geltendmachung von Gläubigersicherheiten nach § 314 Abs. 3 das Vertretungsorgan die strafbewehrte Versicherung über die Sicherheitsleistung abzugeben bzw. aufrechtzuerhalten hat (→ § 315 Rn. 14).[24]

2. Ausnahmeregelung (Abs. 2 S. 2)

Eine Ausnahmeregelung zur Frist der Annahme des Barabfindungsangebots wurde in § 316 Abs. 2 S. 2 für den Fall getroffen, dass jegliche Anteilsinhaber dem Verschmelzungsplan zugestimmt haben. Dann ist nämlich besagte Rechtsunsicherheit (→ Rn. 15) nicht mehr zu befürchten und das Abwarten des Ablaufs der Zweimonatsfrist nicht mehr erforderlich.[25] In der Praxis wird diese Regelung regelmäßig bei konzerninternen Sachverhalten greifen.[26]

3. Eintragung nach Sicherheitsleistung (Abs. 2 S. 3)

Wurden Gläubigersicherheiten nach § 314 beantragt, darf das Gericht gem. § 316 Abs. 2 S. 3 die Verschmelzung erst eintragen, sobald entweder nach Nr. 1 alle fristgerecht eingegangenen Gläubigeranträge rechtskräftig abgelehnt wurden, nach Nr. 2 alle Sicherheiten entsprechend den stattgegebenen Entscheidungen geleistet wurden oder nach Nr. 3 die den Antrag teilweise ablehnende Entscheidung rechtskräftig ist und die in der Entscheidung festgelegte Sicherheit geleistet wurde. Bei einem noch andauernden Verfahren besteht eine Registersperre.[27] Die Vorschrift dient dem Gläubigerschutz und stellt dabei sicher, dass keine Verschmelzungsbescheinigung erteilt wird, solange Sicherheitsleistungsansprüche ausstehen und durchgesetzt werden könnten.[28] Ein Freigabeverfahren, wie es § 16 Abs. 3 für Klagen gegen den Verschmelzungsbeschluss kennt, ist im Zusammenhang mit der gerichtlichen Geltendmachung der Sicherheitsleistung (bislang) nicht vorgesehen.[29]

---

20 Begr. RegE UmRUG, BR-Drs. 371/22, 119.
21 *Thomale/Schmid* NotBZ 2023, 91 (96).
22 *Schröter/Neubert* jurisPR-HaGesR 4/2023 Anm. 1; *Thomale/Schmid* NotBZ 2023, 91 (96).
23 Begr. RegE UmRUG, BR-Drs. 371/22, 119.
24 Begr. RegE UmRUG, BR-Drs. 371/22, 119.
25 Begr. RegE UmRUG, BR-Drs. 371/22, 119.
26 *Bungert/Reidt* DB 2022, 1369 (1371).
27 *Heckschen/Knaier* GmbHR 2023, 317 (321).
28 Begr. RegE UmRUG, BR-Drs. 371/22, 119; *Heckschen/Knaier* ZIP 2022, 2205 (2209) sehen darin ein „Blockadepotential".
29 *Heckschen/Knaier* GmbHR 2023, 317 (321).

4. Leistungsnachweis (Abs. 2 S. 4, 5)

19 Wenn Sicherheiten an Gläubiger zu leisten waren, so hat die Gesellschaft nach § 316 Abs. 2 S. 4 dem Registergericht die Leistung in „geeigneter Form" nachzuweisen. Dem Gericht kommt dabei ein **Ermessen** hinsichtlich der Beurteilung der Geeignetheit zu. Die Gesetzesbegründung nennt hier exemplarisch für eingetragene Hypotheken einen Grundbuchauszug und gegebenenfalls ein aktuelles Verkehrswertgutachten als Leistungsnachweis.[30] Bei Bankbürgschaften kann laut Gesetzesbegründung eine schriftliche Bestätigung des Kreditinstituts genügen.[31] Im Ermessen des Gerichts steht weiterhin, nach § 316 Abs. 2 S. 5 eine strafbewehrte Versicherung auf die Sicherheitsleistung zu verlangen. Diese Versicherung tritt dann neben die in der Handelsregisteranmeldung ohnehin schon abzugebende Versicherung nach § 315 Abs. 3 S. 1 Nr. 1 (vgl. auch § 348 Nr. 1). Die praktische Relevanz dieser zweiten Versicherung bleibt abzuwarten.

IV. Missbrauchskontrolle (Abs. 3)

20 Gem. § 316 Abs. 3 S. 1 muss das Registergericht bei Vorliegen von Anhaltspunkten prüfen, ob die grenzüberschreitende Verschmelzung zu missbräuchlichen oder betrügerischen Zwecken, die dazu führen oder führen sollen, sich Unionsrecht oder nationalem Recht zu entziehen oder es zu umgehen, oder zu kriminellen Zwecken vorgenommen werden soll (sog. Missbrauchskontrolle). Eine Missbrauchskontrolle ist nicht generell durchzuführen; es bedarf **Anhaltspunkte** für missbräuchliche oder betrügerische Zwecke der Verschmelzung.[32] Das Registergericht muss nicht davon überzeugt sein, dass kein Missbrauch vorliegt; vielmehr ist es ausreichend, dass keine Anhaltspunkte für einen Missbrauch vorliegen.[33] Kommt das Registergericht zu dem Ergebnis, dass missbräuchliche oder betrügerische Zwecke vorliegen, lehnt es gem. § 316 Abs. 3 S. 2 die Eintragung der Verschmelzung ab. Ist es für die gerichtliche Prüfung notwendig, zusätzliche Informationen zu berücksichtigen oder zusätzliche Ermittlungen durchzuführen, so kann die in § 316 Abs. 1 S. 1 vorgesehene Dreimonatsfrist gem. § 316 Abs. 3 S. 3 um höchstens drei Monate verlängert werden.

21 Beispiele von Anhaltspunkten für missbräuchliche oder betrügerische Zwecke wurden durch den Rechtsausschuss in den Gesetzestext eingefügt.[34] Demnach liegen gem. § 316 Abs. 3 S. 4 Anhaltspunkte insbesondere vor, wenn ein gemäß Art. 133 Abs. 2–4 RL (EU) 2017/1132 durchzuführendes Verhandlungsverfahren erst auf Aufforderung des Gerichts eingeleitet worden ist (Nr. 1), die Zahl der Arbeitnehmer mindestens vier Fünftel des für die Unternehmensmitbestimmung maßgeblichen Schwellenwerts beträgt, im Zielland keine Wertschöpfung erbracht wird und der Verwaltungssitz in Deutschland verbleibt (Nr. 2) und eine ausländische Gesellschaft durch die grenzüberschreitende Verschmelzung Schuldnerin von Betriebsrenten oder -anwartschaften wird und diese Gesellschaft kein anderweitiges operatives Geschäft hat (Nr. 3).[35] Weitere Anhaltspunkte für missbräuchliche Zwecke könnten unrichtige Angaben gegenüber dem Registergericht sein.[36]

---

30 Begr. RegE UmRUG, BR-Drs. 371/22, 119.
31 Begr. RegE UmRUG, BR-Drs. 371/22, 119 f.
32 *Heckschen/Knaier* ZIP 2022, 2205 (2211); *Schneider/Heinemann* ISR 206 (262 f.).
33 *Heckschen/Knaier* GmbHR 2023, 317 (322).
34 BT-Drs. 20/5237, 36.
35 Dazu *Schubert* ZFA 2023, 339 (364 f.).
36 *Luy/Redler* notar 2022, 163 (168).

Der neue § 316 Abs. 3 dient der Umsetzung von Art. 127 Abs. 8–10 GesR-RL. Die Behörde (in Deutschland das Registergericht) darf die Vorabbescheinigung demnach nicht ausstellen, wenn nach nationalem Recht festgestellt wird, dass die Verschmelzung zu Missbrauchs- oder Betrugszwecken vorgenommen werden soll, die dazu führen (sollen), sich Unions- oder nationalem Recht zu entziehen oder dieses zu umgehen, oder die Verschmelzung zu (sonstigen) kriminellen Zwecken vorgenommen werden soll.[37] Wenn bei der Behörde ernste Bedenken und Anhaltspunkte für ein solches missbräuchliches oder betrügerisches Verhalten vorliegen, muss sie weitere Ermittlungen zum Sachverhalt anstellen.[38] Die Gesetzesbegründung zum UmRUG betont, dass die Annahme missbräuchlicher Zwecke die **Ausnahme** vom Regelfall darstellt.[39] Das Merkmal ist somit grundsätzlich **restriktiv** auszulegen.[40]

Bei der Missbrauchsprüfung kommt es auf eine **umfassende Würdigung aller Umstände des Einzelfalls** an.[41] Zur Auslegung des Missbrauchsbegriffs sind – neben § 316 Abs. 3 S. 4 – die Erwägungsgründe der GesR-RL sowie die stRspr des EuGH heranzuziehen.[42] Beispiele für Missbrauchs- oder Betrugsfälle liegen nach Erwägungsgrund Nr. 35 GesR-RL vor, wenn die Rechte der vom Gesetz geschützten Personenkreise wie der Arbeitnehmer, Sozialversicherungszahlungen oder Steuerpflichten umgangen werden sollen. Auch „Scheingesellschaften" und „Strohfirmen" sollen nicht genutzt werden können, um sich Unions- oder nationalem Recht zu entziehen. In Erwägungsgrund Nr. 36 GesR-RL werden mit den Arbeitnehmermitbestimmungsrechten weitere für die Gesamtschau erforderliche Anhaltspunkte genannt. Die Missbrauchskontrolle im Wegzugstaat flankiert somit die mitbestimmungsrecht-schützenden Vorschriften im Zuzugstaat.[43] Der Grundsatz, dass missbräuchliche Zwecke regelmäßig vorliegen, sobald der Vollzug zu einem hinsichtlich des Ziels der Vorschriften zuwiderlaufenden Ergebnis führen würde, entspricht auch der bisherigen Linie der Rechtsprechung.[44] Vor dem Hintergrund der Polbud-Entscheidung des EuGH[45] fällt allerdings die Aussage am Ende von Erwägungsgrund Nr. 36 GesR-RL auf: „Falls das grenzüberschreitende Vorhaben dazu führen würde, dass die Gesellschaft den Ort ihrer tatsächlichen Verwaltung oder den Ort ihrer wirtschaftlichen Tätigkeit in dem Mitgliedstaat hat, in dem die Gesellschaft bzw. die Gesellschaften nach dem grenzüberschreitenden Vorhaben registriert werden soll/sollen, so kann die zuständige Behörde dies als Anzeichen dafür ansehen, dass keine Umstände vorliegen, die zu einem Missbrauch oder Betrug führen." Diese Aussage ist deshalb so bemerkenswert, weil der EuGH in seinem Polbud-Urteil entschieden hat, dass „ein Sachverhalt, bei dem eine nach dem Recht eines Mitgliedstaats gegründete Gesellschaft eine Umwandlung in eine dem Recht eines anderen Mitgliedstaats unterliegende Gesellschaft […] vornehmen will, unter die Niederlassungsfreiheit [fällt], selbst wenn diese Gesellschaft ihre Geschäftstätigkeit im Wesentlichen oder ausschließlich im ersten Mitgliedstaat ausüben soll."[46] Für die Registerpraxis dürfte § 316

---

37 BT-Drs. 20/5237, 120.
38 Habersack/Drinhausen/Kiem § 122k Rn. 3h.
39 Begr. RegE UmRUG, BR-Drs. 371/22, 120.
40 *Herzog/Gebhard* AG 2023, 310 (312). So auch der DAV NZG 2022, 849 (857) zum Referentenentwurf: „Die Begriffstrias ‚missbräuchlich'– ‚betrügerisch'– ‚kriminell' bietet eine gewisse Gewähr dafür, dass die Gerichte die Norm eng auslegen werden."
41 *Bungert/Reidt* DB 2022, 1369 (1379).
42 Habersack/Drinhausen/Kiem § 122k Rn. 3i; Begr. RegE UmRUG, BR-Drs. 371/22, 120.
43 *Habersack* ZHR 187 (2023), 48 (51 f.).
44 Begr. RegE UmRUG, BR-Drs. 371/22, 120, mit Verweis auf EuGH 14.12.2000 – C-110/99, ECLI:EU:C:2000:695 Rn. 52 – Emsland Stärke; EuGH 21.2.2006 – C-255/02, ECLI:EU:C:2006:121 Rn. 74 f. – Halifax.
45 EuGH 25.10.2017 – C-106/16, ECLI:EU:C:2017:804 – Polbud.
46 EuGH 25.10.2017 – C-106/16, ECLI:EU:C:2017:804 Rn. 38 – Polbud.

Abs. 3 S. 4 Nr. 2 insoweit Klarheit geschaffen haben.[47] Demnach liegen Anhaltspunkte dafür, dass die Verschmelzung missbräuchlichen Zwecken dienen soll, dann vor, wenn die Zahl der Arbeitnehmer mindestens vier Fünftel des für die Unternehmensmitbestimmung maßgeblichen Schwellenwerts beträgt, im Zielland keine Wertschöpfung erbracht wird und der Verwaltungssitz in Deutschland verbleibt.[48]

V. Fristverlängerung (Abs. 4)

24 Der ebenfalls neue § 316 Abs. 4 setzt Art. 127 Abs. 11 GesR-RL um und gibt dem Registergericht die Möglichkeit, wegen der Komplexität einzelner grenzüberschreitender Verfahren die Dreimonatsfristen des § 316 Abs. 1 S. 1 und des § 316 Abs. 3 S. 2 ausnahmsweise zu verlängern. Die Behörde hat dann den Antragsteller vor Fristablauf über die Verzögerungsgründe zu unterrichten. Die Gesetzesbegründung nimmt hierbei auch eine Negativabgrenzung vor und betont – für die Praxis sehr erfreulich –, dass die generelle Komplexität von internationalen Umwandlungsverfahren oder Personalknappheit keine Fristverlängerung begründen können.[49]

VI. Vermerk der Wirksamkeit und Übermittlung der Dokumente (Abs. 5)

25 § 316 Abs. 5 entspricht dem § 122k Abs. 4 aF.[50] Nach Übermittlung der Mitteilung über das Wirksamwerden der Verschmelzung durch das Register, in dem die übernehmende oder neue Gesellschaft eingetragen ist, hat das Registergericht der deutschen übertragenden Gesellschaft nach § 316 Abs. 5 Hs. 1 den Tag des Wirksamwerdens zu **vermerken**. In der Folge wird die übertragene deutsche Gesellschaft im Handelsregister gelöscht. Die Bestimmung des relevanten Zeitpunkts des Wirksamwerdens richtet sich nach der Rechtsordnung der übernehmenden oder neuen Gesellschaft.[51] Daneben hat das Registergericht der übertragenden deutschen Gesellschaft die bei ihm aufbewahrten elektronischen Dokumente an die zuständige staatliche Stelle der übernehmenden oder neuen Gesellschaft zu übermitteln, § 316 Abs. 5 Hs. 2.[52] Die Verpflichtung bezieht sich ausschließlich auf Dokumente in elektronischer Form. Im Übrigen entspricht der Inhalt von Abs. 5 der Parallelregelung in § 19 Abs. 2 S. 2.

§ 317 Informationen des Registergerichts

¹Soweit dies für die Prüfung gemäß § 316 erforderlich ist, kann das Gericht
1. von der Gesellschaft Informationen und Unterlagen verlangen,
2. von öffentlichen inländischen Stellen Informationen und Unterlagen verlangen und von öffentlichen Stellen eines anderen Mitgliedstaats der Europäischen Union oder eines anderen Vertragsstaats des Abkommens über den Europäischen Wirtschaftsraum mit Zuständigkeiten in den von der grenzüberschreitenden Verschmelzung betroffenen Bereichen die notwendigen Informationen und Unterlagen erbitten,

---

[47] Dazu *Bungert/Reidt* DB 2022, 1369 (1379): „[…] für die Auslegung und Konkretisierung des Tatbestands des Rechtsmissbrauchs in § 316 Abs. 3 UmwG-E [wird es] maßgeblich auf die bisherige EuGH-Rspr. und die weitere Auslegung der GesR-RL durch den EuGH ankommen […]".
[48] Dazu *Goette* DStR 2023, 157 (162), der befürchtet, die Missbrauchsprüfung ua mit dem Recht zur Anhörung von Gewerkschaften gem. § 317 S. 1 Nr. 5 könne in der Praxis zu einem „Bremsklotz" werden.
[49] Begr. RegE UmRUG, BR-Drs. 371/22, 122.
[50] Begr. RegE UmRUG, BR-Drs. 371/22, 122.
[51] Semler/Stengel/Leonard/*Drinhausen* § 122k Rn. 23.
[52] Zur Beweiswirkung des § 122k Abs. 4 aF iSv § 727 ZPO vgl. LG Bonn RNotZ 2015, 368 (370).

3. von einem eingesetzten besonderen Verhandlungsgremium Informationen und Unterlagen verlangen,
4. einen unabhängigen Sachverständigen zuziehen sowie
5. im Rahmen der Prüfung des § 316 Absatz 3 eine in dem sich verschmelzenden Unternehmen vertretene Gewerkschaft anhören.

²Ist eine inländische öffentliche Stelle in einem von einer grenzüberschreitenden Verschmelzung betroffenen Bereich zuständig, kann sie der für die Ausstellung einer Verschmelzungsbescheinigung zuständigen Stelle eines anderen Mitgliedstaats der Europäischen Union oder eines anderen Vertragsstaats des Abkommens über den Europäischen Wirtschaftsraum auf deren Ersuchen die notwendigen Informationen und Unterlagen übermitteln.

I. Allgemeines und unionsrechtlicher Hintergrund 1	4. Zuziehung eines unabhängigen Sachverständigen (S. 1 Nr. 4) 9
II. Informationsrechte bei Herausverschmelzung (S. 1) 3	5. Anhörung einer Gewerkschaft (S. 1 Nr. 5) 12
1. Verlangen an die Gesellschaft (S. 1 Nr. 1) 3	III. Informationsbefugnis bei Hereinverschmelzung (S. 2) 13
2. Verlangen an öffentliche Stellen (S. 1 Nr. 2) 5	
3. Verlangen an besonderes Verhandlungsgremium (S. 1 Nr. 3) 8	

I. Allgemeines und unionsrechtlicher Hintergrund

§ 317 ist neu und dient mit S. 1 Nr. 1, Nr. 2 und Nr. 4 sowie S. 2 der Umsetzung von Art. 127 Abs. 12 Gesellschaftsrechtsrichtlinie (GesR-RL)[1] in der durch Art. 1 Abs. 14 der Umwandlungsrichtlinie (Umw-RL)[2] geänderten Fassung.[3] S. 1 regelt (zusätzliche) Möglichkeiten der Informationsbeschaffung durch das Registergericht, das für die Erteilung der Verschmelzungsbescheinigung zuständig ist, und räumt dem Registergericht damit ein umfassendes Auskunftsrecht ein.[4] Damit soll sichergestellt werden, dass das Registergericht die Entscheidung gem. § 316 Abs. 1 über die Eintragung und Ausstellung der Verschmelzungsbescheinigung auf einer ausreichenden Informationsgrundlage treffen kann.[5] Das Registergericht hat die Befugnis, Sachverhalte aufzuklären, in denen bereits Anhaltspunkte für die Verfolgung missbräuchlicher Zwecke iSv § 316 Abs. 3 vorliegen.[6]

S. 2 regelt Rechte der Informationsbeschaffung des Registergerichts im Falle des § 318, also wenn Deutschland der Zuzugsstaat ist und die Verschmelzung in das Handelsregister der übernehmenden Gesellschaft einzutragen ist.

II. Informationsrechte bei Herausverschmelzung (S. 1)

1. Verlangen an die Gesellschaft (S. 1 Nr. 1)

§ 317 S. 1 Nr. 1 berechtigt das für die Erteilung der Verschmelzungsbescheinigung zuständige Registergericht, von der anmeldenden übertragenden Gesellschaft erforderliche Informationen und Unterlagen zu verlangen. Art. 127 Abs. 12 GesR-RL beschränkt

---

1 Richtlinie (EU) 2017/1132 des Europäischen Parlaments und des Rates v. 14.6.2017 über bestimmte Aspekte des Gesellschaftsrechts (ABl. 2017 L 169, 46 v. 30.6.2017).
2 Richtlinie (EU) 2019/2121 des Europäischen Parlaments und des Rates v. 27.11.2019 zur Änderung der Richtlinie (EU) 2017/1132 in Bezug auf grenzüberschreitende Umwandlungen, Verschmelzungen und Spaltungen (ABl. 2019 L 321, 1 v. 12.12.2019).
3 Begr. RegE UmRUG, BR-Drs. 371/22, 122.
4 *Heckschen/Knaier* GmbHR 2022, 501 (509).
5 Begr. RegE UmRUG, BR-Drs. 371/22, 122.
6 Begr. RegE UmRUG, BR-Drs. 371/22, 122.

den Informationsanspruch auf „Informationen und Unterlagen [...], die notwendig[7] sind". Der deutsche Gesetzgeber verwendet statt des Begriffs „notwendig" aus der GesR-RL den Ausdruck „erforderlich" und scheint – zu Recht – davon auszugehen, dass die Begriffe gleichbedeutend sind, wenn er in der Gesetzesbegründung schreibt: „Das zuständige Registergericht kann daher Informationen und Unterlagen [...] nur verlangen, soweit diese für die Prüfung der Eintragungsvoraussetzungen [gem. § 316] erforderlich sind."[8]

4 Weiteren Beschränkungen kann das Informationsverlangen des Registergerichts unterliegen, wenn der Übermittlung von Informationen und Unterlagen **höherrangige Interessen** entgegenstehen, zB Persönlichkeitsrechte Beteiligter oder Dritter, aus anderen Gründen überwiegende Vertraulichkeitsinteressen, aber auch berufliche Verschwiegenheitspflichten wie die Verschwiegenheitspflicht des Notars aus § 18 BNotO.[9] Die Berufung auf Vertraulichkeit seitens der Gesellschaft kann aber nicht pauschal dazu führen, die Vorlage von Informationen oder Unterlagen zu verweigern. Vielmehr ist zu prüfen, ob die Vertraulichkeit nicht auf andere Weise, etwa durch Schwärzung besonders sensibler Passagen, gewahrt werden kann.[10] Darüber hinaus sollte es möglich sein, mit dem Registergericht abzustimmen, in welchem Umfang die verlangten Informationen und Unterlagen registeröffentlich werden.

2. Verlangen an öffentliche Stellen (S. 1 Nr. 2)

5 § 317 S. 1 Nr. 2 berechtigt das für die Erteilung der Verschmelzungsbescheinigung zuständige Registergericht, von öffentlichen inländischen und ausländischen Stellen notwendige Informationen und Unterlagen zu verlangen. Zu den „öffentlichen Stellen" gehören zB Finanzämter.[11] Der Begriff der öffentlichen Stellen ist mit Blick auf die GesR-RL auszulegen.[12] Art. 127 Abs. 12 GesR-RL in der durch Art. 1 Abs. 14 Umw-RL geänderten Fassung adressiert „Behörden" und verwendet diesen Begriff synonym für die registerführende Stelle. Dies legt es laut der Gesetzesbegründung nahe, dass der Begriff „Behörde" nicht auf Einrichtungen der öffentlichen Verwaltung beschränkt sein soll, sondern grundsätzlich **alle öffentlichen Stellen**, beispielsweise auch solche der Rechtspflege, erfassen kann.[13] Die Richtlinie enthält keine Konkretisierung der verpflichteten „Behörden". Vielmehr heißt es in Art. 127 Abs. 12 GesR-RL recht allgemein und umfassend, Verpflichtete des Informationsverlangens können „andere relevante Behörden mit Zuständigkeiten in den verschiedenen, von der grenzüberschreitenden Verschmelzung betroffenen Bereichen" sein.

6 Wie auch bei dem Informationsrecht gegenüber der Gesellschaft gem. § 317 S. 1 Nr. 1 ist der Anspruch des Registergerichts im Hinblick auf die verpflichteten Behörden sowie den Gegenstand und die Detailtiefe der beanspruchten Informationen und Unterlagen begrenzt durch das Merkmal der „Notwendigkeit".[14]

7 Das Recht, die notwendigen Informationen und Unterlagen zu verlangen, steht dem Registergericht nicht nur gegen inländische öffentliche Stellen zu, sondern auch gegen öffentliche Stellen eines anderen Mitgliedstaats der Europäischen Union oder eines

---

7 In der englischen Fassung „necessary".
8 Begr. RegE UmRUG, BR-Drs. 371/22, 122 f.
9 Begr. RegE UmRUG, BR-Drs. 371/22, 122.
10 Begr. RegE UmRUG, BR-Drs. 371/22, 122.
11 Luy/Redler notar 2022, 163 (168) Fn. 67.
12 Kritisch zur Begrifflichkeit DAV NZG 2022, 849 (858).
13 Begr. RegE UmRUG, BR-Drs. 371/22, 122.
14 Begr. RegE UmRUG, BR-Drs. 371/22, 123.

anderen Vertragsstaats des Abkommens über den Europäischen Wirtschaftsraum mit Zuständigkeiten in den von der grenzüberschreitenden Verschmelzung betroffenen Bereichen. Von praktischer Relevanz ist insbesondere die registerführende Stelle der übernehmenden oder neuen Gesellschaft.[15] Art. 127 Abs. 12 GesR-RL verpflichtet den Zuzugsstaat, dieses Recht zu gewährleisten.

3. Verlangen an besonderes Verhandlungsgremium (S. 1 Nr. 3)

§ 317 S. 1 Nr. 3 berechtigt das Registergericht, Informationen und Unterlagen von einem eingesetzten besonderen Verhandlungsgremium zu verlangen. Mit diesem Informationsrecht geht der Gesetzgeber über die Anforderungen von Art. 127 Abs. 12 GesR-RL hinaus.[16] Für den Fall, dass Anhaltspunkte vorliegen, die grenzüberschreitende Verschmelzung werde von den beteiligten Gesellschaften ausschließlich vorgenommen, um sich den deutschen Regelungen über die Arbeitnehmermitbestimmung zu entziehen, soll das Registergericht die Befugnis haben, den Sachverhalt durch Konsultation des besonderen Verhandlungsgremiums aufklären.[17]

8

4. Zuziehung eines unabhängigen Sachverständigen (S. 1 Nr. 4)

§ 317 S. 1 Nr. 4 ermöglicht dem Registergericht neben den Informationsverlangen nach Nr. 1–3 die Hinzuziehung eines unabhängigen Sachverständigen. Damit wird Art. 127 Abs. 12 S. 2 GesR-RL umgesetzt.[18] Soweit das Registergericht nicht selbst über die erforderliche Sachkenntnis zur Beurteilung der Eintragungsfähigkeit verfügt, zB weil Kenntnisse des Rechts des Zuzugsstaats erforderlich sind, kann es sich der Unterstützung eines unabhängigen Sachverständigen bedienen.[19] Insbesondere **im Rahmen der Missbrauchsprüfung** kann der unabhängige Sachverständige eine Hilfe sein, wenn die Prüfung eine Beurteilung von Sachverhalten erfordert, für die das Registergericht nicht über die erforderlichen Fach- oder Rechtskenntnisse verfügt.[20] Wie bei der Hinzuziehung von Experten üblich, dient die Stellungnahme des Sachverständigen lediglich der **Vervollständigung der gerichtlichen Beurteilungsgrundlage**. Die finale Entscheidung über die Eintragung trifft ausschließlich das Registergericht. An die Einschätzungen des Sachverständigen ist es nicht gebunden.[21]

9

Vorgaben zu den Anforderungen an den unabhängigen Sachverständigen trifft Art. 133a Abs. 2 GesR-RL in der durch Art. 1 Abs. 21 Umw-RL geänderten Fassung. Sachverständiger kann eine natürliche oder eine juristische Person, in deren Namen der Sachverständige handelt, sein. Er muss gem. Art. 133a Abs. 2 lit. a GesR-RL von der Gesellschaft **unabhängig** sein; auch ein Interessenkonflikt mit der Gesellschaft darf nicht bestehen. Ein solcher kann etwa aus einer geschäftlichen oder persönlichen Beziehung zur Gesellschaft resultieren. Das Gericht hat dies bei der Auswahl des Sachverständigen zu berücksichtigen.[22] Weiter muss die Stellungnahme des Sachverständigen gem. Art. 133a Abs. 2 lit. b GesR-RL unparteiisch und objektiv sein; sie wird deshalb abgegeben, um die zuständige Behörde (in Deutschland das Registergericht) im Einklang mit den Anforderungen der Unabhängigkeit und der Unparteilichkeit gemäß dem Recht und den beruflichen Standards, denen der Sachverständige unterliegt, zu unterstützen.

10

---

15 Begr. RegE UmRUG, BR-Drs. 371/22, 123.
16 Begr. RegE UmRUG, BR-Drs. 371/22, 123.
17 Begr. RegE UmRUG, BR-Drs. 371/22, 123.
18 Begr. RegE UmRUG, BR-Drs. 371/22, 123.
19 Begr. RegE UmRUG, BR-Drs. 371/22, 123.
20 Begr. RegE UmRUG, BR-Drs. 371/22, 123.
21 Begr. RegE UmRUG, BR-Drs. 371/22, 123.
22 Begr. RegE UmRUG, BR-Drs. 371/22, 123.

11 Der Sachverständige ist gem. JVEG zu vergüten. Die Vergütung erfolgt zunächst aus der Staatskasse, wird jedoch als Auslage nach Nr. 31005 KV GNotKG in die Gerichtskostenrechnung aufgenommen. Somit trägt letztlich die Gesellschaft als Antragstellerin der Eintragung der grenzüberschreitenden Verschmelzung gem. § 22 Abs. 1 GNotKG die Kosten des Sachverständigen.[23]

5. Anhörung einer Gewerkschaft (S. 1 Nr. 5)

12 § 317 S. 1 Nr. 5 sieht die Möglichkeit vor, im Rahmen der **Missbrauchsprüfung** des § 316 Abs. 3 eine in dem sich verschmelzenden Unternehmen vertretene Gewerkschaft anzuhören. Diese Regelung geht auf einen Vorschlag im Rechtsausschuss zurück.[24] Damit soll sichergestellt werden, dass Aspekte der Unternehmensmitbestimmung angemessen berücksichtigt werden.[25] Allerdings besteht die Möglichkeit der Anhörung nur im Rahmen der gerichtlichen Missbrauchsprüfung. Ein generelles und direktes Mitwirkungsrecht der Gewerkschaften ist damit nicht verbunden.[26]

III. Informationsbefugnis bei Hereinverschmelzung (S. 2)

13 Während § 317 S. 1 die Informationsrechte des Registergerichts bei der Herausverschmelzung regelt, statuiert § 317 S. 2 eine Informationsbefugnis für den Fall der Hereinverschmelzung.[27] Diese Informationsbefugnis steht zum einen dem zuständigen Registergericht, zum anderen weiteren öffentlichen Stellen zu. Voraussetzung ist, dass sie in einem von der grenzüberschreitenden Verschmelzung betroffenen Bereich zuständig sind.

14 § 317 S. 2 setzt Art. 127 Abs. 12 S. 1 GesR-RL um und gewährleistet „innerhalb des im nationalen Recht festgelegten Verfahrensrahmens" gem. Erwägungsgrund Nr. 37 UmwRL, dass das für die Eintragung gem. § 318 zuständige Registergericht sowie andere öffentliche inländische Stellen der für die Ausstellung der Verschmelzungsbescheinigung zuständigen Stelle eines anderen Mitgliedstaates die notwendigen Informationen und Unterlagen zukommen lassen können.[28] Auch diese Befugnis bezieht sich – wie die Befugnis nach § 317 S. 1 Nr. 1–3 – nur auf Informationen und Unterlagen, die zur Prüfung erforderlich sind.[29]

§ 318 Eintragung der grenzüberschreitenden Verschmelzung

(1) ¹Bei einer Verschmelzung durch Aufnahme hat das Vertretungsorgan der übernehmenden Gesellschaft die Verschmelzung zur Eintragung in das Register der übernehmenden Gesellschaft und bei einer Verschmelzung durch Neugründung haben die Vertretungsorgane der übertragenden Gesellschaften die neue Gesellschaft zur Eintragung in das Register des Sitzes der übernehmenden oder neuen Gesellschaft anzumelden. ²Der Anmeldung sind in der Form des § 17 Absatz 1 der gemeinsame Verschmelzungsplan und gegebenenfalls die Vereinbarung über die Beteiligung der Arbeitnehmer beizufügen. ³Auf die übernehmende Gesellschaft

---

23 Begr. RegE UmRUG, BR-Drs. 371/22, 124.
24 BT-Drs. 20/5237, 37.
25 BT-Drs. 20/5237, 89.
26 *Brandi/Schmidt* BB 2023, 513; *Heckschen/Knaier* GmbHR 2023, 317 (322): „begrüßenswerterweise".
27 Begr. RegE UmRUG, BR-Drs. 371/22, 124; BeckOGK/*Klett* § 317 Rn. 15.
28 Begr. RegE UmRUG, BR-Drs. 371/22, 124.
29 Begr. RegE UmRUG, BR-Drs. 371/22, 124; BeckOGK/*Klett* § 317 Rn. 15.

und die Prüfung der sie betreffenden Eintragungsvoraussetzungen sind § 315 Absatz 2, 3 Satz 1 Nummer 2 und 3 sowie Absatz 4, § 316 Absatz 1 Satz 1, Absatz 3 und 4 und § 317 Satz 1 entsprechend anzuwenden. ⁴§ 16 Absatz 2 und 3 und § 17 sind auf die übertragenden Gesellschaften nicht anzuwenden.

(2) ¹Die über das Europäische System der Registervernetzung übermittelte Verschmelzungsbescheinigung wird als Nachweis der ordnungsgemäßen Erledigung der vorangehenden Verfahren und Formalitäten nach dem Recht desjenigen Staates, dem die übertragende Gesellschaft unterliegt, anerkannt. ²Ist an der Verschmelzung eine Personenhandelsgesellschaft gemäß § 306 Absatz 1 Nummer 2 beteiligt, ist ergänzend zu den Unterlagen gemäß Absatz 1 ein Nachweis über die Eintragung der Verschmelzung im Register der übertragenden Gesellschaft vorzulegen. ³Ohne diese Verschmelzungsbescheinigung darf die grenzüberschreitende Verschmelzung nicht in das Register eingetragen werden.

(3) Das Registergericht prüft insbesondere, ob

1. die Eintragungsvoraussetzungen, die die übernehmende Gesellschaft betreffen, vorliegen,
2. die an der grenzüberschreitenden Verschmelzung beteiligten Gesellschaften einem gemeinsamen, gleichlautenden Verschmelzungsplan zugestimmt haben,
3. gegebenenfalls eine Vereinbarung über die Beteiligung der Arbeitnehmer geschlossen worden ist sowie
4. bei einer Verschmelzung durch Neugründung, ob die Vorschriften zur Gründung der neuen Gesellschaft eingehalten worden sind.

(4) ¹Das Gericht des Sitzes der übernehmenden oder neuen Gesellschaft hat den Tag des Wirksamwerdens der Verschmelzung von Amts wegen jedem Register über das Europäische System der Registervernetzung mitzuteilen, bei dem eine der übertragenden Gesellschaften ihre Unterlagen zu hinterlegen hatte. ²Ist an der Verschmelzung eine Personenhandelsgesellschaft gemäß § 306 Absatz 1 Nummer 2 beteiligt, hat das Gericht des Sitzes der übernehmenden Gesellschaft den Tag des Wirksamwerdens der Verschmelzung von Amts wegen jedem Register gemäß Satz 1 auf andere Weise mitzuteilen.

I. Allgemeines und unionsrechtlicher Hintergrund	1	3. Inhalt der Anmeldung	4
II. Anmeldeverfahren	2	III. Prüfung durch das Gericht	8
1. Anmeldeberechtigter	2	IV. Eintragung der Verschmelzung	11
2. Anmeldeadressat	3	V. Kosten	13

I. Allgemeines und unionsrechtlicher Hintergrund

§ 318 regelt das Handelsregisterverfahren für die an der grenzüberschreitenden Verschmelzung beteiligte übernehmende deutsche Gesellschaft bzw. die aus der Verschmelzung hervorgehende neue deutsche Gesellschaft und betrifft damit den Fall der sog. „Herein-Verschmelzung".[1] Die Vorschrift geht auf § 122l aF zurück und dient der Umsetzung von Art. 128 der Gesellschaftsrechtsrichtlinie (GesR-RL)[2] (früher Art. 10, 11

---

1 Begr. RegE UmRUG, BR-Drs. 371/22, 124; BeckOGK/Klett § 318 Rn. 6.

2 Richtlinie (EU) 2017/1132 des Europäischen Parlaments und des Rates v. 14.6.2017 über bestimmte Aspekte des Gesellschaftsrechts (ABl. 2017 L 169, 46 v. 30.6.2017).

und 13 der Internationalen Verschmelzungsrichtlinie (IntVerschm-RL)[3] in der durch Art. 1 Abs. 16 der Umwandlungsrichtlinie (Umw-RL)[4] geänderten Fassung.[5] Im Gegensatz zu §§ 315–317, die für die Durchführung des Registerverfahrens einer übertragenden deutschen Gesellschaft einschlägig sind und eine zweistufige Rechtmäßigkeitsprüfung vorsehen, normiert § 318 lediglich nach der unter § 316 dargestellten Prüfungssystematik eine gerichtliche Kontrolle auf der zweiten Stufe.[6] § 318 Abs. 1 regelt das Anmeldeverfahren und ähnelt inhaltlich § 315. In § 318 Abs. 2 findet sich das Übermittlungsverfahren der Verschmelzungsbescheinigung. § 318 Abs. 3 betrifft die Prüfungsmodalitäten. § 318 Abs. 4 normiert die Mitteilungspflicht des Registergerichts der übernehmenden oder neuen Gesellschaft gegenüber den zuständigen Registern im Wegzugsstaat.

II. Anmeldeverfahren

1. Anmeldeberechtigter

2 Bei einer grenzüberschreitenden Verschmelzung **durch Aufnahme** hat das Vertretungsorgan der übernehmenden deutschen Gesellschaft nach § 318 Abs. 1 S. 1 Alt. 1 die Umwandlung beim Registergericht anzumelden. Entsteht hingegen durch die Verschmelzung eine dem deutschen Recht unterliegende Gesellschaft **durch Neugründung**, sind gem. § 318 Abs. 1 S. 1 Alt. 2 die Vertretungsorgane aller übertragenden Gesellschaften anmeldeverpflichtet. Eine Anmeldung durch Organmitglieder in vertretungsberechtigter Zahl ist ausreichend.[7] Die Vertretungsberechtigung richtet sich nach dem Gesellschaftsstatut der betreffenden übertragenden Gesellschaft.[8] Eine Anmeldung durch Bevollmächtigte ist grundsätzlich möglich, in der Praxis wegen der von den Organmitgliedern höchstpersönlich abzugebenden Versicherungen allerdings eher selten.[9]

2. Anmeldeadressat

3 Die Anmeldung erfolgt nach § 318 Abs. 1 S. 1 bei dem **Registergericht** des Sitzes der übernehmenden bzw. neuen Gesellschaft.

3. Inhalt der Anmeldung

4 Anmeldegegenstand ist die grenzüberschreitende Verschmelzung.

5 Bei einer **Herein-Verschmelzung** richtet sich der Umfang der einzureichenden Unterlagen nach § 318 Abs. 1 S. 2. Demnach sind der gemeinsame Verschmelzungsplan und ggf. die Vereinbarung über die Beteiligung der Arbeitnehmer beizufügen. Da gem. § 318 Abs. 1 S. 3 auf die übernehmende deutsche Gesellschaft § 315 Abs. 2, Abs. 3 S. 1 Nr. 2 und Nr. 3 sowie Abs. 4 entsprechend anzuwenden ist, haben die Vertretungsorgane der übernehmenden Gesellschaft – wie bei der Herausverschmelzung – verschiedene Unterlagen beizufügen sowie verschiedene Versicherungen und Mitteilungen zu machen. Beizufügen sind etwaige Bemerkungen der Stakeholder gem. § 308 Abs. 1 S. 2 Nr. 4 und

---

[3] Richtlinie 2005/56/EG des Europäischen Parlaments und des Rates v. 26.10.2005 über die Verschmelzung von Kapitalgesellschaften aus verschiedenen Mitgliedstaaten (ABl. 2005 L 310, 1 v. 25.11.2005).
[4] Richtlinie (EU) 2019/2121 des Europäischen Parlaments und des Rates v. 27.11.2019 zur Änderung der Richtlinie (EU) 2017/1132 in Bezug auf grenzüberschreitende Umwandlungen, Verschmelzungen und Spaltungen (ABl. 2019 L 321, 1 v. 12.12.2019).
[5] Begr. RegE UmRUG, BR-Drs. 371/22, 124.
[6] BeckOGK/*Klett* § 318 Rn. 1.
[7] Schmitt/Hörtnagl/*Hörtnagl* § 122l Rn. 2; Semler/Stengel/Leonard/*Drinhausen* § 122l Rn. 3; Lutter/*Bayer* § 122l Rn. 4; BeckOGK/*Klett* § 318 Rn. 7.
[8] Habersack/Drinhausen/*Kiem* § 122l Rn. 3; Lutter/*Bayer* § 122l Rn. 4.
[9] Vgl. auch BeckOGK/*Klett* § 318 Rn. 7.

eine etwaige Stellungnahme gem. § 310 Abs. 3. Außerdem haben die Vertretungsorgane zu versichern, dass die Rechte der Arbeitnehmer gem. § 308 Abs. 1 S. 2 Nr. 4 lit. b sowie gem. § 310 Abs. 1 und Abs. 3 eingehalten wurden, sowie dass ein Arbeitnehmerbeteiligungsverfahren bereits begonnen hat oder dass die Leitungen der beteiligten Gesellschaften entschieden haben, die Auffangregelung dieser Richtlinie ohne vorhergehende Verhandlung unmittelbar anzuwenden. Zudem haben die Vertretungsorgane die Zahl der Arbeitnehmer zum Zeitpunkt des Abschlusses des Verschmelzungsplans, die Zahl der Tochtergesellschaften und ihre jeweiligen geografischen Standorte sowie das Bestehen von Verbindlichkeiten gegenüber der öffentlichen Hand mitzuteilen. Gem. § 318 Abs. 1 S. 4 finden § 16 Abs. 2 und 3 sowie § 17 auf die übertragenden Gesellschaften keine Anwendung. Das bedeutet, der Handelsregisteranmeldung zum deutschen Registergericht ist weder eine Negativerklärung des Vertretungsorgans der übertragenden ausländischen Gesellschaft noch eine Schlussbilanz der übertragenden ausländischen Gesellschaft beizufügen.[10]

Anders als gem. 122l Abs. 1 S. 2 aF hat das Vertretungsorgan der übernehmenden Gesellschaft die Verschmelzungsbescheinigung nicht mehr selbst vorzulegen. Vielmehr erfolgt die Übermittlung nun gem. § 318 Abs. 2 über des Europäische System der Registervernetzung (Business Registers Interconnection System – BRIS). Die „Haltbarkeitsdauer" der Verschmelzungsbescheinigung von sechs Monaten, die § 122l Abs. 1 S. 3 Hs. 1 aF vorsah, ist nicht in § 318 übernommen worden, weil Art. 128 Abs. 2 GesR-RL eine entsprechende Frist nicht mehr vorsieht.[11]

Der Anmeldung sind somit folgende Unterlagen beizufügen:

Checkliste:
- Ausfertigung oder beglaubigte Abschrift des notariell beurkundeten Verschmelzungsplans nach § 307.
- Ggf. Bemerkungen nach § 308 Abs. 1 S. 2 Nr. 4.
- Ausfertigung oder beglaubigte Abschrift des notariell beurkundeten Verschmelzungsbeschlusses der übernehmenden deutschen Gesellschaft nach § 312 (Ausnahme § 312 Abs. 2).
- Ggf. Ausfertigung oder beglaubigte Abschrift der notariell beurkundeten Zustimmungserklärungen einzelner Anteilsinhaber der übertragenden deutschen Gesellschaft nach § 312 Abs. 1, § 13 Abs. 2.
- Ggf. die Vereinbarung über die Arbeitnehmermitbestimmung.
- Ggf. Bestätigungsbeschluss der Anteilsinhaberversammlung jeder an der Verschmelzung beteiligten Gesellschaften hinsichtlich der Art und Weise der Mitbestimmung der Arbeitnehmer der übernehmenden oder neuen Gesellschaft nach § 312 Abs. 1.
- (Ggf. gemeinsamer) Verschmelzungsbericht der übernehmenden deutschen Gesellschaft nach § 309, ggf. unter Beifügung einer Stellungnahme gem. § 310 Abs. 3.
- (Ggf. gemeinsamer) Verschmelzungsprüfungsbericht der übernehmenden deutschen Gesellschaft bzw. beglaubigte Abschrift der notariell beurkundeten Verzichtserklärungen sämtlicher Anteilsinhaber aller an der Verschmelzung beteiligten Gesellschaften nach § 311 Abs. 2 iVm § 9 Abs. 2, § 12 Abs. 3, 8 Abs. 3.
- Ggf. Nachweise über das fristgerechte Zugänglichmachen des Verschmelzungsberichts nach § 310.

Ferner folgende Erklärungen:
- Versicherung zu den Arbeitnehmerrechten.
- Versicherung über das Arbeitnehmermitbestimmungsverfahren.
- Negativerklärung nach § 315 Abs. 2 Hs. 1, § 16 Abs. 2, dass gegen die Wirksamkeit des Verschmelzungsbeschlusses der übertragenden deutschen Gesellschaft eine Klage nicht oder nicht fristgerecht erhoben oder eine solche Klage rechtskräftig abgewiesen oder zurückgenommen ist.

---

10 Habersack/Drinhausen/*Kiem* § 122l Rn. 7; Semler/Stengel/Leonard/*Drinhausen* § 122l Rn. 8.
11 Begr. RegE UmRUG, BR-Drs. 371/22, 124.

– Ggf. Erklärung über das Nichtbestehen eines Betriebsrats im Hinblick auf das Zugänglichmachen des Verschmelzungsberichts nach § 310 Abs. 1.
– Mitteilungen gem. § 315 Abs. 4.

III. Prüfung durch das Gericht

8 Das Registergericht der übernehmenden bzw. neuen Gesellschaft hat die **Verfahrensschritte** zu prüfen, die für die Durchführung einer grenzüberschreitenden Verschmelzung und ggf. für die Gründung einer neuen Gesellschaft gesetzlich vorgesehen sind.[12] Dies erfolgt ausschließlich auf Basis der eingereichten Unterlagen.[13] Der Prüfungsumfang erstreckt sich dabei jedoch nicht auf die Verfahrensschritte, die das Register der übertragenden Gesellschaft für die Ausstellung der Verschmelzungsbescheinigung nach § 316 bereits zu kontrollieren hat.[14] Die von der zuständigen Behörde im Wegzugsstaat ausgestellte Verschmelzungsbescheinigung ist für das deutsche Registergericht bindend.[15] Hiervon ausgenommen ist lediglich eine Prüfung formaler Aspekte der Verschmelzungsbescheinigung, die das Gericht der übernehmenden bzw. neuen Gesellschaften zwangsläufig mit zu kontrollieren hat, zB ihre Ausstellung durch die zuständige öffentliche Stelle.[16]

9 Darüber hinaus ist „**insbesondere**" nach § 318 Abs. 3 zu prüfen, ob die Eintragungsvoraussetzungen, die die übernehmende Gesellschaft betreffen, vorliegen (Nr. 1), die an der grenzüberschreitenden Verschmelzung beteiligten Gesellschaften einem gemeinsamen, gleichlautenden Verschmelzungsplan zugestimmt haben (Nr. 2), ggf. eine Vereinbarung über die Beteiligung der Arbeitnehmer getroffen worden ist (Nr. 3), sowie bei einer Verschmelzung durch Neugründung, ob die Vorschriften zur Gründung der neuen Gesellschaft eingehalten worden sind (Nr. 4). Um dem Registergericht die Prüfung eines gemeinsamen, gleichlautenden Verschmelzungsplans zu ermöglichen, sind die entsprechenden Zustimmungsbeschlüsse der Anteilsinhaberversammlungen mit den ihnen jeweils zugrunde liegenden Fassungen des Verschmelzungsplans mit einzureichen.[17] Dies führt aber nicht dazu, dass das Registergericht auch das ordnungsgemäße Zustandekommen des **Verschmelzungsbeschlusses** bei der übertragenden Gesellschaft zu kontrollieren hat; dieser Nachweis wird bereits durch die eingereichte Verschmelzungsbescheinigung geführt.[18]

Hinweis: In praktischer Hinsicht ist es deshalb ratsam, den in ausländischer Sprache gefassten Verschmelzungsplan, der den Anteilsinhabern der ausländischen Gesellschaften vorgelegt wurde, bereits in übersetzter Form einzureichen.[19]

10 Daneben prüft das Registergericht, ob eine Vereinbarung über die **Beteiligung der Arbeitnehmer** getroffen wurde. Die Prüfung erstreckt sich daneben auch auf die ordnungsgemäße Durchführung des Verfahrens zur Beteiligung der Arbeitnehmer iSd §§ 5 ff. MgVG.[20] Daraus folgt, dass bis spätestens zur Anmeldung der Verschmelzung

---

12 Begr. RegE zu § 122l Abs. 2, BT-Drs. 16/2919, 18; Semler/Stengel/Leonard/*Drinhausen* § 122l Rn. 10; Schmitt/Hörtnagl/*Hörtnagl* § 122l Rn. 12.
13 Semler/Stengel/Leonard/*Drinhausen* § 122l Rn. 10.
14 Semler/Stengel/Leonard/*Drinhausen* § 122l Rn. 10.
15 Habersack/Drinhausen/*Kiem* § 122l Rn. 8; Lutter/*Bayer* § 122l Rn. 19.
16 Habersack/Drinhausen/*Kiem* § 122l Rn. 8; Lutter/*Bayer* § 122l Rn. 20.
17 Semler/Stengel/Leonard/*Drinhausen* § 122l Rn. 11.
18 Semler/Stengel/Leonard/*Drinhausen* § 122l Rn. 11; Kallmeyer/*Zimmermann* § 122l Rn. 21.
19 Semler/Stengel/Leonard/*Drinhausen* § 122l Rn. 11; Louven ZIP 2006, 2021 (2028).
20 Eingehend Habersack/Drinhausen/*Kiem* § 122l Rn. 11; instruktiv zur Koordination der gesellschaftsrechtlichen und arbeitsrechtlichen Fristen *Teicke* DB 2012, 2675 (2677 ff.).

durch die übernehmende oder neu zu gründende Gesellschaft das Verfahren zur Arbeitnehmerbeteiligung auch abgeschlossen sein muss. Um die Prüfung des Handelsregisters zu erleichtern, empfiehlt es sich, in der Handelsregisteranmeldung anzugeben, ob der Anwendungsbereich des § 5 MgVG eröffnet ist.[21]

IV. Eintragung der Verschmelzung

Kommt das Registergericht der übernehmenden oder neuen Gesellschaft nach seiner Prüfung zu dem Ergebnis, dass die Voraussetzungen für eine grenzüberschreitende Verschmelzung vorliegen, hat es die Verschmelzung in das Handelsregister einzutragen. Die Verschmelzung wird dann gem. § 305 Abs. 2, § 20 Abs. 1 wirksam.[22]

Spiegelbildlich zu § 316 Abs. 5 für die übertragende Gesellschaft hat das für die übernehmende bzw. neue Gesellschaft zuständige Registergericht gem. § 318 Abs. 4 S. 1 den Tag der Eintragung der Verschmelzung von Amts wegen jedem Register über das Europäische System der Registervernetzung (BRIS) **mitzuteilen**, bei dem eine der übertragenden Gesellschaften ihre Unterlagen zu hinterlegen hatte. Für Personenhandelsgesellschaften regelt § 318 Abs. 4 S. 2, dass das Gericht des Sitzes der übernehmenden Gesellschaft den Tag des Wirksamwerdens der Verschmelzung von Amts wegen jedem Register gem. S. 1 auf andere Weise mitzuteilen hat. Im Wegzugsstaat ist die übertragende Gesellschaft sodann zu löschen und die Verschmelzung ist damit vollständig abgeschlossen.[23]

V. Kosten

Für die Beglaubigung der Unterschriften unter der Handelsregisteranmeldung sowie deren Einreichung beim Handelsregister fallen **Gebühren** an, deren Höhe sich wie bei der innerdeutschen Verschmelzung bestimmt (→ § 16 Rn. 52 ff.).

§ 319 Austritt des Vereinigten Königreichs Großbritannien und Nordirland aus der Europäischen Union

Unterliegt die übernehmende oder neue Gesellschaft dem deutschen Recht, so gilt als grenzüberschreitende Verschmelzung im Sinne dieses Teils auch eine solche, an der eine übertragende Gesellschaft beteiligt ist, die dem Recht des Vereinigten Königreichs Großbritannien und Nordirland unterliegt, sofern
1. **der Verschmelzungsplan nach § 307 Absatz 4 vor dem Ausscheiden des Vereinigten Königreichs Großbritannien und Nordirland aus der Europäischen Union oder vor dem Ablauf eines Übergangszeitraums, innerhalb dessen das Vereinigte Königreich Großbritannien und Nordirland in der Bundesrepublik Deutschland weiterhin als Mitgliedstaat der Europäischen Union gilt, notariell beurkundet worden ist und**
2. **die Verschmelzung unverzüglich, spätestens aber zwei Jahre nach diesem Zeitpunkt mit den erforderlichen Unterlagen zur Registereintragung angemeldet wird.**

---

21 Eine Angabepflicht nimmt an Habersack/Drinhausen/*Kiem* § 122l Rn. 7.
22 BeckOGK/*Klett* § 318 Rn. 2.
23 *Heckschen/Knaier* GmbHR 2023, 317 (327).

I. Allgemeines und unionsrechtlicher Hintergrund

1 § 319 geht zurück auf § 122m aF, der im Zusammenhang mit dem sog. „**Brexit**", dem Ausscheiden des Vereinigten Königreichs aus der Europäischen Union, in das UmwG aufgenommen worden war. Damit sollte die Situation der Unternehmen in der Rechtsform einer Gesellschaft nach britischem Recht, die ihren Verwaltungssitz in der Bundesrepublik Deutschland haben („UK-Gesellschaften"), geregelt werden.[1] Mit dem Wirksamwerden des Brexits verloren die UK-Gesellschaften ihre Niederlassungsfreiheit nach EU-Recht und wurden in Deutschland nicht mehr als solche anerkannt.[2] Mit der Rechtsprechung des BGH ging der Gesetzgeber davon aus, dass die UK-Gesellschaften zukünftig nach einer der hier zur Verfügung stehenden Auffangrechtsformen behandelt werden, also als OHG, falls sie ein Handelsgewerbe betreiben sollten, ansonsten als GbR.[3] In den Fällen, in denen die UK-Gesellschaften nur einen Gesellschafter haben, würde dieser wiederum als Einzelkaufmann oder als gewöhnliche Einzelperson behandelt, was jeweils die persönliche und unbegrenzte Haftung für die Gesellschaftsverbindlichkeiten zur Folge hätte.[4]

2 Vor diesem Hintergrund sollten die den UK-Gesellschaften zur Verfügung stehenden Möglichkeiten eines geordneten Wechsels in eine inländische Gesellschaftsrechtsform mit beschränkter Haftung um eine zusätzliche Variante erweitert werden.[5] § 319 (§ 122m aF) ermöglicht daher unter bestimmten Voraussetzungen auch für UK-Gesellschaften eine Umwandlung nach den Vorschriften der §§ 305 ff.

3 Auch wenn der Brexit nunmehr bereits am 31.1.2020 erfolgt ist, hält der Gesetzgeber eine Fortgeltung der Vorschrift für geboten. Es sei möglich, dass einzelne Umwandlungsverfahren, für welche die Vorschrift relevant ist, noch nicht abgeschlossen sind, oder dass es auf die über die Vorschrift vermittelte vorübergehende Rechtsfähigkeit einer Gesellschaft zu einem späteren Zeitpunkt ankommt.[6]

II. Rechtsträger

1. Ausgangsrechtsträger

4 Ausgangsrechtsträger einer Verschmelzung nach § 319 muss wenigstens eine dem Recht des Vereinigten Königreichs unterliegende Gesellschaft sein. Auch für die UK-Gesellschaften gilt, dass diese die Rechtsform einer Kapitalgesellschaft haben müssen, um in den Anwendungsbereich der §§ 305 ff. zu fallen.[7] Darüber hinaus muss die UK-Gesellschaft auch nach dem Recht des Vereinigten Königreichs als Ausgangsrechtsträger an einer grenzüberschreitenden Verschmelzung teilhaben können.[8]

---

1 Begr. RegE BT-Drs. 18/5463, 7.
2 BeckOGK/*Klett* § 319 Rn. 3.
3 Begr. RegE BT-Drs. 18/5463, 7.
4 Begr. RegE BT-Drs. 18/5463, 7.
5 Begr. RegE BT-Drs. 18/5463, 7.
6 Begr. RegE UmRUG, BR-Drs. 371/22, 126.
7 Habersack/Drinhausen/*Kiem* § 122m Rn. 10; BeckOGK/*Klett* § 319 Rn. 9.
8 Habersack/Drinhausen/*Kiem* § 122m Rn. 10.

2. Zielrechtsträger

Da § 319 nur Herein-Verschmelzungen erfasst, ist Zielrechtsträger immer eine Gesellschaft nach deutschem Recht und bestimmt sich nach § 306.[9]

III. Zeitlicher Anwendungsbereich

§ 319 enthält keine Befristung in Form eines fixen Datums, mit dem die Vorschrift ihre Geltung verliert. Gleichwohl ist der Anwendungsbereich der Regelung **zweifach zeitlich beschränkt**.[10] Zum einen muss der Verschmelzungsplan nach § 307 Abs. 4 vor dem Ausscheiden des Vereinigten Königreichs Großbritannien und Nordirland aus der Europäischen Union (also vor dem 1.2.2020) oder vor dem Ablauf eines Übergangszeitraums, innerhalb dessen das Vereinigte Königreich Großbritannien und Nordirland in der Bundesrepublik Deutschland weiterhin als Mitgliedstaat der Europäischen Union gilt (also vor dem 1.1.2021 gem. Art. 126 Austrittsabkommen[11]), notariell beurkundet worden sein. Zum anderen muss die Verschmelzung unverzüglich, spätestens aber zwei Jahre nach der Beurkundung mit den erforderlichen Unterlagen zur Registereintragung angemeldet werden.[12]

Diskutiert wird, ob es für die Fristwahrung auf die Wirksamkeit der Urkunde ankommt.[13] Jedenfalls wird man eine bewusst unzureichende Beurkundung des Verschmelzungsplans, zB durch Auftreten eines Vertreters ohne Vertretungsmacht, als treuwidrig und damit nicht fristwahrend ansehen müssen.[14] Bei notariell zu beurkundenden Änderungen des Verschmelzungsplans soll auf den Zeitpunkt der späteren Beurkundung abzustellen sein.[15] Liegt dagegen der Grund für die Notwendigkeit der Änderung nicht bei den beteiligten Gesellschaften, sondern im Verantwortungsbereich zB einer beteiligten Behörde, erscheint es unbillig, an dem späteren Termin der Beurkundung der Änderung anzuknüpfen; hier sollte es ausnahmsweise auf den ersten Beurkundungstermin ankommen.[16] Die Gründe und Verantwortlichkeiten für die Erforderlichkeit der zweiten Beurkundung sollten in der Urkunde dokumentiert werden. Es ist nicht auszuschließen, dass das Registergericht weitere Belege verlangen wird.

Zweiter Teil
Grenzüberschreitende Spaltung

Literatur:

Baschnagel/Hilser, Gläubigerschutz bei grenzüberschreitenden Umwandlungen nach dem UmRUG, NZG 2022, 1333; *Baschnagel/Hilser*, Grenzüberschreitende Umwandlungen und Austritt des dissentierenden Gesellschafters gegen Barabfindung – Mitwirkung des Notars notwendig?, BWNotZ 2023, 2; *Baschnagel/Hilser/Wagner*, Unternehmerische Mitbestimmung bei grenzüberschreitenden Umwandlungen nach dem MgFSG, RdA 2023, 103; *Behme*, Europäisches Umwandlungsrecht – Stand und Perspektiven, ZHR 182 (2018) 32; *Brandi/M.-K. Schmidt*, Die grenzüberschreitende Spaltung nach dem UmRUG, AG 2023, 297; *Bungert*, Neue Chancen für grenzüberschreitende Transaktionen – das UmRUG tritt in Kraft, NZG 2022, 1657; *Bungert*, Das neue Recht der grenzüberschreitenden Spaltung in der EU, in: FS Krieger, 2020, S. 109; *Bungert/Reidt*, Erweiterte Möglich-

---

9 Habersack/Drinhausen/*Kiem* § 122m Rn. 9; Schmitt/Hörtnagl/*Hörtnagl* § 122m Rn. 3.
10 Habersack/Drinhausen/*Kiem* § 122m Rn. 7.
11 Abkommen über den Austritt des Vereinigten Königreichs Großbritannien und Nordirland aus der Europäischen Union und der Europäischen Atomgemeinschaft (2019/C 384 I/01), ABl. 2019 C 384I, 1 v. 12.11.2019.
12 Schmitt/Hörtnagl/*Hörtnagl* § 122m Rn. 5; BeckOGK/*Klett* § 319 Rn. 11.
13 Zum Meinungsstand s. Habersack/Drinhausen/*Kiem* § 122m Rn. 11.
14 Habersack/Drinhausen/*Kiem* § 122m Rn. 11.
15 Habersack/Drinhausen/*Kiem* § 122m Rn. 11; Kallmeyer/*Wilk* § 122m Rn. 9.
16 Kallmeyer/*Wilk* § 122m Rn. 9.

keiten grenzüberschreitender Umwandlungen – nach Abschluss des Gesetzgebungsverfahrens zum UmRUG, DB 2023, 54; *Bungert/Strothotte*, Die Regierungsentwürfe zu grenzüberschreitenden Verschmelzungen, Spaltungen und Formwechseln, DB 2022, 1818; *Bungert/Strothotte*, Die grenzüberschreitende Spaltung nach dem Referentenentwurf des UmRUG, BB 2022, 1411; *Bungert/Wansleben*, Grenzüberschreitende Spaltungen nach dem Richtlinienentwurf der EU-Kommission, DB 2018, 2094; *DAV*, Stellungnahme zum Referentenentwurf eines Gesetzes zur Umsetzung der Umwandlungsrichtlinie, NZG 2022, 849; *Drinhausen/Keinath*, Regierungsentwurf eines Gesetzes zur Umsetzung der Umwandlungsrichtlinie, BB 2022, 1923; *Goette*, Das Gesetz zur Umsetzung der Umwandlungsrichtlinie – Ein Überblick, DStR 2023, 157; *Habersack*, Die Mobilitätsrichtlinie und das nationale Umwandlungsrecht – Zum Für und Wider einer überschießenden Umsetzung, ZHR 186 (2022) 1; *Habersack*, EU-weite Unternehmensmobilität und Mitbestimmungssicherung nach Umsetzung der Mobilitätsrichtlinie, ZHR 187 (2023), 48; *Harig/Harder*, Der erweiterte Pflichtenkatalog bei grenzüberschreitenden Umwandlungen – insolvenzrechtliche Aspekte, NZG 2022, 1435; *Heckschen*, Mehrheitserfordernisse, Missbrauchskontrolle und Gläubigerschutz bei grenzüberschreitenden Umwandlungen in der Krise, in: FS Heidinger, 2023, S. 165; *Heckschen/Knaier*, Größte Reform des Umwandlungsrechts – nicht nur Richtlinienumsetzung! (Teil I), GmbHR 2022, 501; *Heckschen/Knaier*, Größte Reform des Umwandlungsrechts – nicht nur Richtlinienumsetzung! (Teil II), GmbHR 2022, 613; *Heckschen/Knaier*, Update UmRUG. Welche Neuerungen bringt der Regierungsentwurf für ein Gesetz zur Umsetzung der Umwandlungsrichtlinie?, GmbHR 2022, R260; *Heckschen/Knaier*, Reform des Umwandlungsrechts kurz vor dem Ziel, ZIP 2022, 2205; *Heckschen/Knaier*, Die größte Reform des Umwandlungsrechts: Endlich in Kraft!, GmbHR 2023, 317; *Hommelhoff*, Der Schutz des Anteilsinhaber-Vermögens bei Umwandlungen nach dem RefE UmRUG, NZG 2022, 683; *Junker*, Sicherung der Unternehmensmitbestimmung in der Europäischen Union: Die Europäische Kommission auf dem Holzweg, EuZA 2019, 141; *Kappenhagen/Wentz*, Vorbereitungsphase grenzüberschreitender Spaltungen – ein Vergleich mit den Vorschriften zu innerstaatlichen Spaltungen, WM 2023, 2113; *Kappenhagen/Wentz*, Vorbereitungsphase grenzüberschreitender Spaltungen – ein Vergleich mit den Vorschriften zu innerstaatlichen Spaltungen, WM 2023, 2113; *Kraft*, „Grenzüberschreitende Vorhaben" nach Annahme der Mobilitätsrichtlinie durch das Europäische Parlament. Wesentliche Änderungen im Vergleich zum Kommissionsentwurf, BB 2019, 1864; *Kraft/Noack*, Das Registergericht als „Hüter" der Mitbestimmung bei grenzüberschreitenden Umwandlungen?, in: Festschrift Krieger, 2020, S. 539; *Lieder/Hilser*, Die Ersetzungsbefugnis beim umwandlungsrechtlichen Nachbesserungsanspruch nach dem UmRUG, ZIP 2023, 1; *Lieder/Hilser*, Die Neuordnung des Rechtsschutzsystems gegen ein unangemessenes Umtauschverhältnis bei Umwandlungsmaßnahmen nach dem UmRUG, ZIP 2022, 2521; *Limmer*, Verbesserung des Umtauschverhältnisses im Umwandlungsrecht – Neuregelungen durch das Gesetz zur Umsetzung der Umwandlungsrichtlinie, in: FS Heidinger, 2023, S. 305; *Löbbe*, Die grenzüberschreitende Umwandlung nach dem UmRUG, ZHR 187 (2023), 498; *Luy*, Grenzüberschreitende Umwandlungen nach dem Company Law Package, NJW 2019, 1905; *Luy/Redler*, Immer mit Plan – der Referentenentwurf eines Gesetzes zur Umsetzung der Umwandlungsrichtlinie (UmRUG), notar 2022, 163; *Mörsdorf*, Der Entwurf einer Richtlinie für grenzüberschreitende Umwandlungen – Meilenstein oder Scheinriese?, EuZW 2019, 141; *Mückle/Götte*, Unternehmensmitbestimmung und grenzüberschreitende Unternehmensmobilität, BB 2018, 2036; *Müller-Bonanni/Jenner*, Unternehmensmitbestimmung bei grenzüberschreitenden Umwandlungen, Spaltungen und Verschmelzungen. Der Referentenentwurf zum MgFSG, AG 2022, 457; *Müller-Bonanni/Jenner/Thomas*, Mitbestimmungsrechtliche Folgen grenzüberschreitender Verschmelzungen, Umwandlungen und Spaltungen nach der RL (EU) 2019/2121, NZG 2021, 764; *Noack*, Nationaler Rechtsrahmen für grenzüberschreitende Umwandlungen, MDR 2023, 465; *Noack*, Grenzüberschreitende Umwandlungen nach der neuen Umwandlungsrichtlinie – Das Austrittsrecht gegen angemessene Barabfindung, ZGR 2020, 90; *Pototzky/Gimmy*, Unternehmensmitbestimmung bei grenzüberschreitenden Formwechseln und Spaltungen innerhalb der EU und EWR, BB 2023, 1140; *Recktenwald*, Die grenzüberschreitende Hinausspaltung zur Aufnahme nach dem UmRUG – Teil I, II, BB 2023, 643, 707; *Sauerbrey*, Der Mitbestimmungsschutz bei grenzüberschreitenden Umwandlungen, GmbHR 2023, 5; *Schmidt, J.*, Der Schutz der Minderheitsgesellschafter nach dem Company Package, in: Festschrift Krieger, 2020, S. 841; *Schmidt, J.*, Der UmRUG-Referentenentwurf: grenzüberschreitende Umwandlungen 2.0 – vieles mehr – Teil I, NZG 2022, 579; *Schmidt, J.*, Schutz der Minderheitsgesellschafter bei Umwandlungen: Entwicklungslinien des europäischen Unternehmensrechts, in: Festschrift Heidel, 2021, S. 353; *Schmidt, J.*, EU Company Law Package 2018 – Mehr Digitalisierung und Mobilität von Gesellschaften (Teil 2), DK 2018, 229; *Schmidt, J.*, Gesellschaftsrecht: Regierungsentwürfe für das UmRUG und das UmRMitbestG, NZG 2022, 986; *Schmidt, J.*, Umwandlungen im Konzern nach dem UmRUG-RegE: Besonderheiten bei Bericht, Prüfung und Beschluss, DK 2022, 309; *Schmidt, J.*, Die weitreichende Reform des Umwandlungsrechts, NJW 2023, 1241; *Schmidt, J.*, Der Schutz der Gläubiger bei grenzüberschreitenden Verschmelzungen nach dem UmRUG, in: FS Heidinger, 2023, S. 469; *Schmidt, J.*, BB-Gesetzgebungs- und Rechtsprechungsreport zum Europäischen Unternehmensrecht 2022/2023, BB 2023, 1859; *Schollmeyer*, Mehr als Umsetzung. Der Regierungsentwurf für das UmRUG liegt vor, NZG 2022, 937; *Schollmeyer*, Neuerungen für Umwandlungen durch das UmRUG, NJW-Spezial 2023, 207; *Schollmeyer*, Der

Gläubigerschutz bei grenzüberschreitenden Umwandlungen nach der neuen Umwandlungsrichtlinie, ZGR 2020, 62; *Schollmeyer*, Das Austrittsrecht gegen Barabfindung bei der grenzüberschreitenden Spaltung, in: FS Heidinger, 2023, S. 479; *Schön*, Missbrauchskontrolle im Europäischen Umwandlungsrecht, Festschrift Krieger 2020, S. 879; *Schubert*, Mitbestimmungssicherung bei grenzüberschreitender Umwandlung – Arbeitnehmerbeteiligung nach Maßgabe des MgVG und des MgFSG, ZFA 2023, 339; *Schur*, Schutzbestimmungen und Verfahrensregeln in der neuen Richtlinie zu grenzüberschreitenden Umwandlungen, Verschmelzungen und Spaltungen, EuZW 2019, 539; *Spindler/Eitinger*, Die Zusammensetzung des Aufsichtsrats nach dem MgVG und dem MgFSG, AG 2023, 593; *Stelmaszczyk*, Die neue Umwandlungsrichtlinie – harmonisierte Verfahren für grenzüberschreitende Verschmelzungen, Spaltungen und Formwechsel, GmbHR 2020, 61; *Stelmaszczyk*, Grenzüberschreitende Spaltungen de lege lata und de lege ferenda, Teil 1, 2, Der Konzern 2021, 1, 48; *Stelmaszczyk*, Grenzüberschreitende Umwandlungen nach dem UmRUG, DNotZ 2023, 752 *Stelmaszczyk*, Grenzüberschreitende Umwandlungen nach dem UmRUG, DNotZ 2023, 752; *Suchan/Holfter*, Umsetzung der EU-Mobilitätsrichtlinie durch das UmRUG, WPg 2023, 708; *Teichmann*, Das Konzept des „Rechtsmissbrauchs" im Europäischen Umwandlungsrecht, ZGR 2022, 376; *Teichmann*, Grundlinien eines europäischen Umwandlungsrechts: Das „EU-Company Law Package 2018", NZG 2019, 241; *Teichmann*, Mitbestimmungsschutz bei grenzüberschreitenden Umwandlungen, NZG 2023, 345; *Teichmann*, Cross-border Conversions, Mergers and Divisions Based on Directive (EU) 2019/2121, 13.3.2023, SSRN 4445498; *Thomale/Schmid*, Das neue Recht der grenzüberschreitende Umwandlung – Eine Einführung (Teil I, II), NotBZ 2023, 91, 125; *Uffmann*, Unternehmensmitbestimmung zwischen Europa und nationalen Wünschen, AG 2022, 427; *Verse*, Grundfragen des Austrittsrechts bei der grenzüberschreitenden Spaltung, in: Geibel/Heinze/Verse, Binnenmarktrecht als Mehrebenensystem, 2023, S. 191 (zit.: Geibel/Heinze/Verse/Verse); *Wollin*, Der Referentenentwurf eines Gesetzes zur Umsetzung der Umwandlungsrichtlinie (UmRUG-E), ZIP 2022, 989; *ZGR-Tagungsband*, Unternehmensmobilität im Binnenmarkt, 2023.

§ 320 Grenzüberschreitende Spaltung

(1) Spaltungen, bei denen mindestens eine der beteiligten Gesellschaften dem Recht eines anderen Mitgliedstaats der Europäischen Union oder eines anderen Vertragsstaats des Abkommens über den Europäischen Wirtschaftsraum unterliegt (grenzüberschreitende Spaltungen), im Sinne dieses Gesetzes sind ausschließlich

1. Spaltungen zur Neugründung im Sinne des § 123 Absatz 1 Nummer 2, Absatz 2 Nummer 2 oder Absatz 3 Nummer 2 sowie

2. nach Maßgabe des § 332 Spaltungen zur Aufnahme im Sinne des § 123 Absatz 1 Nummer 1, Absatz 2 Nummer 1 oder Absatz 3 Nummer 1.

(2) Auf die Beteiligung einer Kapitalgesellschaft (§ 3 Absatz 1 Nummer 2) an einer grenzüberschreitenden Spaltung sind die Vorschriften des Ersten Teils des Dritten Buches sowie des Ersten und Zweiten Abschnitts des Zweiten Teils des Dritten Buches entsprechend anzuwenden, soweit sich aus diesem Teil nichts anderes ergibt.

(3) § 143 ist auf grenzüberschreitende Spaltungen nicht anzuwenden.

I. Einführung und Grundlagen 1	2. Grenzüberschreitender Bezug 14
1. Europäischer Hintergrund 1	**III. Anwendungsbereich** 15
a) Europäische Niederlassungsfreiheit ... 2	1. Kapitalgesellschaften 15
b) Richtlinie (EU) 2019/2121 3	2. Räumlicher Anwendungsbereich 17
c) Begriff der „grenzüberschreitenden Spaltung" 4	**IV. Anwendbares Recht** 18
2. Entstehungsgeschichte der §§ 320 ff. 5	1. Räumlicher Geltungsbereich nationalen Rechts 19
3. Systematische Einordnung und Verweistechnik 7	2. Innerstaatliches Spaltungsrecht 20
4. Regelungsgegenstand und -zweck 9	3. Spaltung zur Aufnahme 22
II. Begriff der grenzüberschreitenden Spaltung 11	4. Nicht-Anwendbarkeit von § 143 24
1. Spaltungsarten 12	

I. Einführung und Grundlagen

1. Europäischer Hintergrund

1 Die mit Wirkung zum 1.3.2023 eingefügten **§§ 320–332** basieren weitgehend auf europäischen Vorgaben, vor allem der durch die RL 2019/2121/EU (→ Rn. 3) geänderten RL (EU) 2017/1132 sowie den diesbezüglich faktisch zugrunde liegenden Vorgaben der grenzüberschreitenden Mobilität von EU-Gesellschaften im Rahmen der europäischen Niederlassungsfreiheit. Dies gebietet daher stets im Zweifel eine **richtlinienkonforme Auslegung** der deutschen Umsetzungsnormen der §§ 320 ff. sowie ggf. einer primärrechtskonformen Auslegung anhand der Vorgaben der Niederlassungsfreiheit.

a) Europäische Niederlassungsfreiheit

2 Die europäische Niederlassungsfreiheit dient der Förderung und Verwirklichung eines einheitlichen Binnenmarktes ohne Binnengrenzen in der EU. Für Gesellschaften ist die Niederlassungsfreiheit in **Art. 49, 54 AEUV** statuiert und garantiert das Recht der freien Niederlassung von Unternehmen eines EU-Staates in einem anderen. Das Ziel der Niederlassungsfreiheit besteht dabei vor allem darin, es den Gesellschaften der Mitgliedstaaten zu ermöglichen, in einem anderen Mitgliedstaat eine Haupt- oder Zweigniederlassung zu errichten und sich an grenzüberschreitenden Strukturmaßnahmen zu beteiligen, um dort ihren wirtschaftlichen Tätigkeiten nachzugehen. Insbesondere die EuGH-Entscheidung in der Rs. **Sevic**[1] aus dem Jahr 2006 wird diesbezüglich als Ausgangspunkt der Regulierung einer grenzüberschreitenden Spaltung auf europäischer Ebene betrachtet.[2] Nach dieser Entscheidung entsprechen auch „andere Gesellschaftsumwandlungen den Zusammenarbeits- und Umgestaltungsbedürfnissen von Gesellschaften mit Sitz in verschiedenen Mitgliedstaaten" und stellen „besondere, für das reibungslose Funktionieren des Binnenmarktes wichtige Modalitäten der Ausübung der Niederlassungsfreiheit dar". Dies umfasst grundsätzlich gleichermaßen die grenzüberschreitende Spaltung von Kapital- und Personengesellschaften als beteiligte Rechtsträger an einer solchen. Ferner gilt dies für **alle Arten der Spaltung**, dh sowohl für eine Aufspaltung, Abspaltung als auch Ausgliederung.[3] Entscheidend sind insofern jeweils die umwandlungsrechtliche (partielle) Universalsukzession des Vorgangs und die damit verbundene Vermögensübertragung auf einen anderen Rechtsträger.[4] Dabei ist es im Hinblick auf die bestehende EuGH-Rechtsprechung zudem ohne Bedeutung, ob es sich um eine „Herausspaltung" oder um eine „Hereinspaltung" handelt. Bei einer jeweiligen Spaltung zur Neugründung einer Gesellschaft in einem anderen Mitgliedstaat lässt sich die Zulässigkeit bereits aus Art. 49 Abs. 2 AEUV herleiten.

b) Richtlinie (EU) 2019/2121

3 Basierend auf der ergangenen EuGH-Rechtsprechung zur Niederlassungsfreiheit von Gesellschaften wurde die RL (EU) 2019/2121 „in Bezug auf grenzüberschreitende Umwandlungen, Verschmelzungen und Spaltungen" (sog. **Mobilitätsrichtlinie**) erlassen.[5] Diese erweitert die bestehende RL (EU) 2017/1132 um ein neues Kapitel betreffend

---

1 EuGH 13.12.2005 – C-411/03, NJW 2006, 425 – Sevic.
2 Vgl. nur *Bayer/Schmidt* ZHR 173 (2009) 735 (768); *Kleba* RNotZ 2016, 273; *Leible/Hoffmann* RIW 2006, 161 (165); Jung/Krebs/Stiegler GesR-HdB/*Stiegler* § 10 Rn. 159 ff.; monografisch *Prüm*, Die grenzüberschreitende Spaltung, 2006.
3 Jung/Krebs/Stiegler GesR-HdB/*Stiegler* § 10 Rn. 161.
4 *Drygala/von Bressensdorf* NZG 2016, 1161 (1165).
5 Richtlinie (EU) 2019/2121 des Europäischen Parlaments und des Rates vom 27.11.2019 zur Änderung der Richtlinie (EU) 2017/1132 in Bezug auf grenzüberschreitende Umwandlungen, Verschmelzungen und Spaltungen.

"Grenzüberschreitende Umwandlungen", inklusive einer grenzüberschreitenden Spaltung (**Art. 160a ff. RL (EU) 2017/1132**). Neben dem Anwendungsbereich und dem Begriff einer grenzüberschreitenden Spaltung werden in diesen ausführliche Vorgaben vor allem für die Durchführung und das Verfahren einer grenzüberschreitenden Spaltung für die Mitgliedstaaten statuiert. Die Erwägungsgründe zur RL (EU) 2019/2121 enthalten zudem in diesem Kontext Interpretations- und Auslegungshilfen auch für die nationalen Umsetzungsbestimmungen des deutschen Rechts der §§ 320 ff.

c) Begriff der "grenzüberschreitenden Spaltung"

§ 320 dient in erster Linie der Umsetzung von **Art. 160a Abs. 1 RL (EU) 2017/1132**.[6] Danach handelt es sich um eine grenzüberschreitende Spaltung von Kapitalgesellschaften, "sofern mindestens zwei der an der Spaltung beteiligten Kapitalgesellschaften dem Recht verschiedener Mitgliedstaaten unterliegen."[7] Die Anwendungsbestimmungen des § 320 Abs. 2 finden als solche keine unmittelbare Entsprechung in der zugrunde liegenden Richtlinie. Jedoch ergibt sich aus Art. 160c RL (EU) 2017/1132 sowie den Erwägungsgründen Nr. 44 f. RL (EU) 2019/2121, dass die Mitgliedstaaten grundsätzlich ermächtigt sind, die Bestimmungen des **nationalen Spaltungsrechts** auch auf eine grenzüberschreitende Spaltung zur Anwendung zu bringen, welche die nicht von der Richtlinie geregelten Aspekte betreffen sowie im Einklang mit den Vorgaben der Richtlinie und der europäischen Niederlassungsfreiheit stehen.

2. Entstehungsgeschichte der §§ 320 ff.

Die §§ 320 ff. basieren wie gesagt auf europäischem Recht. Ausgangspunkt der Entstehungsgeschichte der Regelungen ist damit die zugrunde liegende **RL (EU) 2017/1132** in der durch die RL (EU) 2019/2121 geänderten Fassung. Die RL (EU) 2019/2121 trat am 1.1.2020 in Kraft und war bis zum 31.1.2023 in deutsches Recht umzusetzen. Der deutsche Gesetzgeber entschied sich im Rahmen der Umsetzung der Richtlinienvorgaben dabei zur Neufassung eines Sechsten Buches im Umwandlungsgesetz ("Grenzüberschreitende Umwandlungen") mit spezifischen Vorschriften im dortigen Zweiten Teil ("Grenzüberschreitende Spaltung"; §§ 320–332). Der Referentenentwurf des Bundesministeriums für Justiz für das das Umwandlungsgesetz ändernde "Gesetz zur Umsetzung der Umwandlungsrichtlinie" (**UmRUG**) wurde am 20.4.2022 veröffentlicht;[8] der Regierungsentwurf datiert vom 6.7.2022.[9] Das UmRUG wurde nach zwischenzeitlichen rechtspolitischen Querelen[10] am 22.2.2023 verabschiedet und trat am **1.3.2023 in Kraft**,[11] womit ab diesem Zeitpunkt auch die Neuregelungen der §§ 320 ff. Geltung erlangen.[12]

---

6 Begr. RegE UmRUG, BT-Drs. 20/3822, 107.
7 Zum Begriff der Spaltung s. auch Art. 160b Nr. 4 RL (EU) 2017/1132.
8 Dazu *Bungert/Reidt* DB 2022, 1369; *Bungert/Strothotte* BB 2022, 1411; *DAV* NZG 2022, 849; *Heckschen/Knaier* GmbHR 2022, 501; *Heckschen/Knaier* GmbHR 2022, 613; *Hommelhoff* NZG 2022, 683; *Luy/Redler* notar 2022, 163; *Müller-Bonanni/Jenner* AG 2022, 457; *J. Schmidt* NZG 2022, 579; *Wollin* ZIP 2022, 989.
9 Dazu *Baschnagel/Hilser* NZG 2022, 1333; *Brandi/M. K. Schmidt* DB 2022, 1880; *Bungert/Strothotte* DB 2022, 1818; *Drinhausen/Keinath* BB 2022, 1923; *Heckschen/Knaier* GmbHR 2022, R260; *J. Schmidt* NZG 2022, 986; *J. Schmidt* DK 2022, 309; *J. Schmidt* BB 2022, 1859 (1865); *Schollmeyer* NZG 2022, 937; zum Gesetzgebungsverlauf auch *Düwell* jurisPR-ArbR 39/2022 Anm. 1.
10 Vgl. *Heckschen/Knaier* GmbHR 2023, 317 ff.; *Heckschen/Knaier* GmbHR 2022, R376.
11 BGBl. 2023 I Nr. 51 v. 28.2.2023; zur Entstehungsgeschichte vgl. nur *Heckschen/Knaier* GmbHR 2023, 317 ff.; *Schollmeyer* in Unternehmensmobilität im Binnenmarkt, 2023, S. 31. Die beschlossene Fassung weicht nur geringfügig von der im Dezember nicht beschlossenen Fassung (BT-Drs. 20/3822) ab und greift eine Reihe von Änderungsbitten des Bundesrats sowie Vorschläge einer Sachverständigenanhörung auf.
12 Vgl. Art. 25 UmRUG; zur zeitlichen Anwendbarkeit ferner § 355.

6 Neben der Einfügung der §§ 320 ff. durch das UmRUG erfolgte annähernd parallel die Regulierung der Arbeitnehmermitbestimmung im Rahmen des „Gesetzes zur Umsetzung der Bestimmungen der Umwandlungsrichtlinie über die Mitbestimmung der Arbeitnehmer bei grenzüberschreitendem Formwechsel und grenzüberschreitender Spaltungen („MgFSG"). Der Referentenentwurf des Bundesministeriums für Arbeit und Soziales dazu stammt vom 19.4.2022 und der Regierungsentwurf vom 6.7.2022. Das MgFSG wurde am 4.1.2023 verabschiedet und trat am 31.1.2023 in Kraft.[13]

3. Systematische Einordnung und Verweistechnik

7 Die Regelungen der §§ 320 ff. sind Bestandteil des (neuen) Sechsten Buches zu „Grenzüberschreitenden Umwandlungen". Sowohl grenzüberschreitende Verschmelzung, grenzüberschreitende Spaltung als auch grenzüberschreitender Formwechsel sind daher zusammen in einem Abschnitt des Umwandlungsgesetzes geregelt. Dies ist durchaus sinnvoll und sorgt für eine gewisse Kohärenz. Innerhalb der §§ 320 ff. orientiert sich das Umwandlungsverfahren an dem bereits für innerstaatliche Umwandlungen bekannten dreistufigen Verfahren der Strukturmaßnahme bestehend aus Vorverfahren, Beschlussverfahren und Vollzugsphase.[14]

8 Das Umwandlungsgesetz als solches war und ist aus systematischer Sicht bekanntlich von dem sog. **Baukastensystem** geprägt. Dies ist bei den §§ 320 ff. zur grenzüberschreitenden Spaltung nicht anders.[15] Innerhalb der einschlägigen Regelungen finden sich daher eine Vielzahl an Verweisen vor allem auf das Recht zur grenzüberschreitenden Verschmelzung, deren Vorschriften „entsprechend" zur Anwendung kommen.[16] Dies macht das ohnehin nicht immer leicht zu erfassende Recht der grenzüberschreitenden Spaltung aber teilweise noch schwerer zu verstehen, da stets die Besonderheiten im Sinne von Unterschieden einer grenzüberschreitenden Spaltung im Vergleich zur grenzüberschreitenden Verschmelzung bei der Anwendung von Verschmelzungsbestimmungen zu beachten sind.

4. Regelungsgegenstand und -zweck

9 § 320 regelt den Anwendungsbereich des Zweiten Teils des Sechsten Buches sowie die auf die grenzüberschreitende Spaltung anwendbaren Vorschriften außerhalb des sechsten Buches.[17] Mit § 320 Abs. 1 soll der Begriff der grenzüberschreitenden Spaltung im Rahmen der nachfolgenden Bestimmungen **definiert** werden.[18] Dies dient einem einheitlichen Begriffsverständnis basierend auf dem zugrunde liegenden Richtlinienrecht sowie faktisch einer Einschränkung des persönlichen Anwendungsbereich auf EU/EWR-interne grenzüberschreitende Spaltungen.

10 § 320 Abs. 2 stellt das allgemeine Normengefüge im Hinblick auf das materiell auf eine grenzüberschreitende Spaltung **anwendbare Recht** dar. Vorbehaltlich abweichender besonderer Bestimmungen wird auf die Vorschriften des innerstaatlichen Spaltungs-

---

13 Zu Aspekten speziell der Mitbestimmung und dem Verfahren nach dem MgFSG siehe Müller-Bonanni/Jenner AG 2022, 457; Uffmann AG 2022, 427; Sauerbrey GmbHR 2023, 5; Pototzky/Gimmy BB 2023, 1140; Thüsing/Peisker NJOZ 2022, 1377; Baschnagel/Hilser/Wagner RdA 2023, 103; Habersack ZHR 187 (2023), 48; Schubert ZFA 2023, 339.

14 Heckschen/Knaier GmbHR 2023, 317 (324); Thomale/Schmid NotBZ 2023, 125; in diesem Zusammenhang zum zugrunde liegenden europäischen Modell für Strukturmaßnahmen auch J. Schmidt NJW 2023, 1241 (1242).

15 Vgl. auch Luy/Redler notar 2022, 163 (169); Brandi/Schmidt AG 2023, 297 (301).

16 Vgl. auch Thomale/Schmid NotBZ 2023, 91 (93).

17 Begr. RegE UmRUG, BT-Drs. 20/3822, 107.

18 Begr. RegE UmRUG, BT-Drs. 20/3822, 107.

rechts verwiesen. Vor allem aus praktischer Sicht ergibt sich das Recht der grenzüberschreitenden Spaltung daher gerade nicht „nur" aus der Anwendung und Geltung der §§ 320 ff., sondern es bedarf stets eines Rückgriffs und der Beachtung des allgemeinen Spaltungsrechts von Kapitalgesellschaften. Hintergrund der entsprechenden Anwendungsbestimmungen des § 320 Abs. 2 ist die Sicherstellung eines rechtssicheren Umwandlungsverfahrens. Die Regelungen sind insofern erforderlich, da sich die nachfolgenden §§ 321 ff. weitgehend auf die Umsetzung der europäischen Richtlinienbestimmungen begrenzen; diese aber (bewusst) nicht das vollständige Umwandlungsverfahren regeln und insofern einer **Ergänzung** durch zusätzliches nationales Recht bedürfen, um ein geordnetes und kohärentes Spaltungsrecht im grenzüberschreitenden Kontext zu schaffen.

II. Begriff der grenzüberschreitenden Spaltung

Der Begriff einer grenzüberschreitenden Spaltung ist in § 320 Abs. 1 **legaldefiniert** und grundlegend für die nachfolgenden Bestimmungen.[19] Eine grenzüberschreitende Spaltung ist demnach eine Spaltung, bei der mindestens eine der beteiligten Gesellschaften dem Recht eines anderen EU/EWR-Staates unterliegt.

1. Spaltungsarten

Die zugrunde liegende europäische Richtlinie regelt nur die grenzüberschreitende Spaltung zur **Neugründung**.[20] Insofern bestimmt zunächst auch § 320 Abs. 1 Nr. 1 die Geltung der verschiedenen Spaltungsarten für diese. Erfasst sind dabei alle vom deutschen Spaltungsrecht des Umwandlungsgesetzes geregelten Arten einer Spaltung, also sowohl **Aufspaltung** und **Abspaltung** als auch **Ausgliederung**.[21] Wichtigstes Differenzierungsmerkmal bei letzterer Spaltungsart ist dabei bekanntermaßen, dass nicht die Anteilsinhaber der übertragenden Gesellschaft, sondern diese selbst Anteilinhaber der übernehmenden Gesellschaft(en) wird. Im Hinblick auf die erfassten Spaltungsarten verweist § 320 Abs. 1 Nr. 1 auf die einschlägigen Definitionen des § 123 Abs. 1 Nr. 2 (Aufspaltung zur Neugründung), § 123 Abs. 2 Nr. 2 (Abspaltung zur Neugründung) und § 123 Abs. 3 Nr. 2 (Ausgliederung zur Neugründung).[22]

Obgleich nicht vom europäischen Gesetzgeber verpflichtend vorgegeben, aber dennoch möglich,[23] erweitert § 320 Abs. 1 den Anwendungsbereich des grenzüberschreitenden Spaltungsrechts auf **Spaltungen zur Aufnahme**.[24] Der Unterschied zur Spaltung zur Neugründung ist hierbei funktional, dass einer der übernehmenden Rechtsträger im Zuge der Spaltung nicht erst gegründet wird, sondern bereits als Rechtssubjekt besteht. Auch bei der Spaltung zur Aufnahme sind **alle drei** Spaltungsarten erfasst (Aufspaltung, Abspaltung, Ausgliederung; § 320 Abs. 1 Nr. 2). Damit wird also insbesondere auch die praktisch bedeutsame grenzüberschreitende Abspaltung zur Aufnahme in Form der Übertragung eines oder mehrerer Vermögensteile zwischen Gesellschaften innerhalb der EU bzw. des EWR im Wege partieller Gesamtrechtsnachfolge gesetzlich

---

19 Vgl. zum Begriff auch *Bungert* FS Krieger, 2020, 109 (111 f.); MHdB GesR VIII/*Kraft/Redenius-Hövermann* § 30 Rn. 1 f.
20 Vgl. nur Erwägungsgrund Nr. 8 RL (EU) 2019/2121; Begr. RegE UmRUG, BT-Drs. 20/3822, 107.
21 Begr. RegE UmRUG, BT-Drs. 20/3822, 107.
22 Ferner zu weiteren Gestaltungsmaßnahmen (insbes. für Personengesellschaften) *Recktenwald* NZG 2023, 539 ff.
23 Vgl. nur *J. Schmidt* ECFR 2019, 222 (234); *Teichmann*, Cross-border Conversions, Mergers and Divisions Based on Directive (EU) 2019/2121, SSRN 4445498, S. 7; aA wohl *Schulte* GmbHR 2020, 139 (144).
24 Vgl. nur Begr. RegE UmRUG, BT-Drs. 20/3822, 107; befürwortend *Brandi/Schmidt* AG 2023, 297 (300).

ermöglicht. Dies allerdings wie § 320 Abs. 1 Nr. 2 ausdrücklich vorgibt, nur unter den zusätzlichen Voraussetzungen des § 332, dh nur, wenn die Arbeitnehmerzahl der übertragenden, sich spaltenden Kapitalgesellschaft in den sechs Monaten vor Bekanntmachung des Spaltungsplans jeweils durchschnittlich weniger als vier Fünftel des für die Anwendung des jeweiligen Mitbestimmungsrechts maßgeblichen Schwellenwertes beträgt, insbesondere die deutsche übertragenden Gesellschaft daher entsprechend durchschnittlich **weniger als 400 Arbeitnehmer** besitzt (vgl. § 332 S. 1 Nr. 1).

2. Grenzüberschreitender Bezug

14 Die jeweilige Spaltung muss „grenzüberschreitend" erfolgen. Das bedeutet, dass die übertragende Gesellschaft und mindestens eine der übernehmenden (aufnehmenden oder neu zu gründenden) Gesellschaften den Gesellschaftsrechtsordnungen unterschiedlicher EU/EWR-Staaten unterliegen müssen. Maßgebend ist insofern das **Gesellschaftsstatut** des jeweiligen Rechtsträgers vor und nach Abschluss des Umwandlungsvorgangs. Für die Anwendung der §§ 320 ff. muss auf jeden Fall aber entweder der übertragende, sich spaltende Rechtsträger **oder** einer der übernehmenden Rechtsträger **deutschem Recht unterliegen**.

III. Anwendungsbereich

1. Kapitalgesellschaften

15 Die Verfahrensvorgaben der §§ 322 ff. gelten nur für die grenzüberschreitende Spaltung unter Beteiligung von Kapitalgesellschaften. Aus deutscher Perspektive einer Herausspaltung gibt dies § 320 Abs. 2 explizit vor (für die erfassten spaltungsfähigen Rechtsformen → § 321 Rn. 3 ff.). Auch gelten die materiellen Bestimmungen der §§ 322 ff. nur dann, wenn auch einer der ausländischen übernehmenden Rechtsträger eine Kapitalgesellschaft nach ausländischem Recht ist. Dies stellt § 321 ausdrücklich klar. Für die Ermittlung, welche ausländischen Kapitalgesellschaften dabei umfasst sind, gilt die Auflistung in **Anhang II RL (EU) 2017/1132**.[25] Auch wenn in diesem Anhang nicht explizit aufgelistet, sind auch die jeweiligen nationalen Sonder- bzw. Unterformen der genannten Kapitalgesellschaftsformen vom Anwendungsbereich grundsätzlich erfasst, wie zB die französische EURL, die spanische S.L.N.E., die italienische s. r. l. s. und wohl auch die neue polnische „Einfache Aktiengesellschaft" (PSA), da zumindest auch deren französisches Pendant, die SAS, ausdrücklich in Anhang II genannt ist.

16 Ob die an der grenzüberschreitenden Spaltung beteiligten (in- und ausländischen) Rechtsträger der funktional selben bzw. vergleichbaren Rechtsform angehören (zB deutsche GmbH und französische SARL) ist aufgrund § 320 Abs. 2 iVm § 124 Abs. 2 iVm § 3 Abs. 4 grundsätzlich irrelevant und ohne Weiteres möglich.

2. Räumlicher Anwendungsbereich

17 Wie bereits dargestellt, gelten die Verfahrensbestimmungen der §§ 322 ff. nur dann, wenn sowohl der übertragende, sich spaltende Rechtsträger als auch mindestens einer der übernehmenden Rechtsträger jeweils dem Recht eines EU/EWR-Staates unterfallen. Maßgebliches Kriterium ist insofern das **Gesellschaftsstatut** der beteiligten Rechtsträ-

---

25 Siehe auch Herrler GesR-NotGP/*Stelmaszczyk/Potyka* § 15 Rn. 335 ff.

ger.²⁶ Nicht ausreichend ist, dass nur entweder der übertragende oder einer der übernehmenden Rechtsträger eine EU/EWR-Kapitalgesellschaftsform ist. Es wird allerdings nicht zwingend gefordert, dass alle übernehmenden Rechtsträger unterschiedlichen EU/EWR-Jurisdiktionen unterliegen. Denkbar ist daher auch eine grenzüberschreitende (Auf-)Spaltung auf zwei oder mehrere Rechtsträger, wobei nur einer dem Recht eines anderen EU/EWR-Staates angehört bzw. angehören soll.

IV. Anwendbares Recht

Die Bestimmung des anwendbaren Rechts im Sinne der Frage, wann und auf welchen Verfahrensschritt der Spaltung deutsches Recht und wann die rechtlichen Vorgaben des ausländischen Rechtsträgers zur Anwendung kommen, ist essenziell im Rahmen grenzüberschreitender Umwandlungsmaßnahmen und damit für den rechtssicheren Ablauf der Spaltung. Im Rahmen der sog. **zweistufigen Rechtmäßigkeitskontrolle** der grenzüberschreitenden Spaltung erfolgt auf der ersten Stufe eine Kontrolle durch den Wegzugsstaat über die Einhaltung der bisherigen Verfahrensschritte und anschließender Ausstellung der Spaltungsbescheinigung.²⁷ Auf der zweiten Stufe erfolgt eine Kontrolle durch den Zuzugsstaat über die Einhaltung der auf den Zielrechtsträger anwendbaren Vorschriften des nationalen Rechts und anschließender Eintragung der Hereinspaltung.²⁸ Durch diese zweistufige Rechtmäßigkeitskontrolle wird dem grenzüberschreitenden Charakter der Spaltung und der hieraus resultierende Verzahnung der beteiligten Rechtsordnungen Rechnung getragen.

1. Räumlicher Geltungsbereich nationalen Rechts

Aufgrund dieses Primats der zweistufigen Rechtmäßigkeitskontrolle kommt deutsches Umwandlungsrecht auch nicht vollumfänglich auf das ganze Umwandlungsverfahren einer grenzüberschreitenden Spaltung zur Anwendung, sondern differenzierend in Abhängigkeit, ob es sich um eine sog. Herausspaltung aus oder sog. Hereinspaltung nach Deutschland handelt. Insofern kann bei einer grenzüberschreitenden Spaltung **nicht ausschließlich** auf das materielle Recht nur einer der beteiligten Rechtsordnungen abgestellt werden. Bei der Herausspaltung ist deutsches Recht damit grundsätzlich bis zum Zeitpunkt der Eintragung in das deutsche Handelsregister und der Ausstellung der **Spaltungsbescheinigung** des § 329 S. 3 anwendbar. Für die Herausspaltung aus Deutschland gelten somit die Regelungen der §§ 322–330. In Bezug auf eine Hereinspaltung eines ausländischen Rechtsträgers nach Deutschland finden die §§ 322–330 hingegen keine Anwendung, da deutsches Recht insofern keine Geltung beanspruchen kann. Die Eintragungsmodalitäten der Hereinspaltung nach Deutschland bestimmen sich aber nach deutschem Recht (vgl. § 331).

2. Innerstaatliches Spaltungsrecht

Die materiellen Regelungen der §§ 335 ff. können und beabsichtigen nicht das Recht der grenzüberschreitenden Spaltung vollumfänglich zu regeln. Vielmehr beziehen sich die Neuregelungen auf die Regulierung der Besonderheiten einer Heraus- und Herein-

---

26 Siehe auch Habersack/Wicke/Stelmaszczyk § 123 Rn. 366.
27 Zum Verfahren auch Heckschen/Knaier GmbHR 2023, 317 (324 ff.); Heckschen in Unternehmensmobilität im Binnenmarkt, 2023, S. 101 ff.
28 Vgl. nur Teichmann ZGR 2022, 376 (381); Knaier/Pfleger GmbHR 2017, 859 (861); J. Schmidt NJW 2023, 1241 (1243).

spaltung von Kapitalgesellschaften im Vergleich zur innerstaatlichen Spaltung. Mit dem Verweis in § 320 Abs. 2 sowohl auf das allgemeine Spaltungsrecht der §§ 123–137 („Vorschriften des Ersten Teils") sowie die spezifischen Vorschriften für die Spaltung unter Beteiligung von GmbH bzw. AG der §§ 138–146 („Vorschriften des Ersten und Zweiten Abschnitts des Zweiten Teils") wird dabei der Regelungsansatz des umwandlungsrechtlich bereits bewährten Baukastensystem etabliert.[29] Es erfolgt also ein umfassender Verweis auf die einschlägigen Regelungen des innerstaatlichen Spaltungsrechts. Dies umfasst insbesondere auch die Regelungen zur Nachhaftung gem. § 133 auf die beteiligten in- und ausländischen Rechtsträger (dazu → § 328 Rn. 20 f.).[30] Nicht anzuwenden sind allerdings gem. § 320 Abs. 3 die Regelungen des § 143 (→ Rn. 24).

21 Die entsprechenden Verweise in § 320 Abs. 2 kommen allerdings nur dann zur Geltung, sofern sich insbesondere aus den nachfolgenden §§ 321–332 nichts Abweichendes ergibt. Diese Regelungen sind dann als **lex specials zum allgemeinen Spaltungsrecht** vorrangig anwendbar. Zudem kommt den §§ 321 ff. eine Verdrängungswirkung in Bezug auf die §§ 123–146 nur zu, sofern es sich um eine grenzüberschreitende Spaltung qua Definition des § 320 Abs. 1 handelt. Die Vorschriften der §§ 123–146 sind nicht bedingungslos 1:1, sondern nur „**entsprechend**" anzuwenden. Es sind daher ggf. auch zweckerhaltende Modifikationen im Hinblick auf den grenzüberschreitenden Charakter der Spaltung und dessen Besonderheiten geboten.

3. Spaltung zur Aufnahme

22 Besonderheiten bestehen für die grenzüberschreitende Spaltung zur Aufnahme. Für diese sind die **Geltungsvoraussetzungen des § 332** zu beachten. Insofern verweist auch § 320 Abs. 1 Nr. 2 explizit auf diesen und die dortigen Anwendungsbestimmungen. Erfasst sind davon jeweils alle Arten der Spaltung zur Aufnahme, also Aufspaltung, Abspaltung und Ausgliederung. Bedingung einer zu erfassenden grenzüberschreitenden Spaltung zur Aufnahmen ist dabei, dass bei einer **Herausspaltung** die übertragende deutsche Gesellschaft jeweils in den sechs Monaten vor Bekanntmachung des Spaltungsplans durchschnittlich weniger als **400 Arbeitnehmer** besitzt oder bei einer **Hereinspaltung** auf eine übernehmende deutsche Gesellschaft der ausländische übertragende Rechtsträger jeweils in den sechs Monaten vor Offenlegung des Spaltungsplans durchschnittlich weniger als vier Fünftel der Zahl der Arbeitnehmer beschäftigt, die für eine Mitbestimmung nach dem Recht des Staates maßgeblich sind, dem die übertragende Gesellschaft unterliegt (§ 332 S. 1 Nr. 1, 2; im Detail → § 332 Rn. 7).

23 Die zugrunde liegende **Richtlinie** umfasst die grenzüberschreitende Spaltung zur Aufnahme bewusst **nicht** und reguliert nur die Spaltung zur Neugründung.[31] Begründet wird die Herausnahme von Spaltungen zur Aufnahme damit, dass diese Fälle sehr komplex seien und zusätzliche Betrugs- und Umgehungsrisiken bergen würden.[32] Der deutsche Gesetzgeber hat sich diesbezüglich daher für eine überschießende Umsetzung der Richtlinienbestimmungen entschieden.[33] Im Hinblick auf das genannte Missbrauchspotenzial jedoch nur für die relevanten mitbestimmungsfreien Gesellschaften.

---

29 *Bungert/Strothotte* BB 2022, 1411 (1412).
30 Begr. RegE UmRUG, BT-Drs. 20/3822, 107.
31 Vgl. nur Herrler GesR-NotGP/*Stelmaszczyk/Potyka* § 15 Rn. 339 ff.
32 Erwägungsgrund Nr. 8 RL (EU) 2019/2121.
33 *Schröter/Neubert* jurisPR-HaGesR 4/2023 Anm. 1; *J. Schmidt* NJW 2023, 1241; *Thomale/Schmid* NotBZ 2023, 91 (94); *Bungert* NZG 2022, 1657; *Brandi/Schmidt* AG 2023, 297 (300).

Voraussetzung der Anwendbarkeit der Verfahrensbestimmungen auch für grenzüberschreitende Spaltungen zur Aufnahme ist jedoch stets, dass auch die andere beteiligte EU/EWR-Rechtsordnung eine solche kennt, zulässt und ermöglicht, was angesichts der mangelnden EU-Harmonisierung keinesfalls gesichert ist.[34]

4. Nicht-Anwendbarkeit von § 143

Vom weitgehenden Generalverweis des § 320 Abs. 2 ausgeschlossen ist gem. § 320 Abs. 3 die Anwendbarkeit des § 143. Dieser sieht die Entbehrlichkeit verschiedener Dokumente und Schritte des Spaltungsverfahrens im Fall einer **verhältniswahrenden Spaltung zur Neugründung** einer AG vor. Die Geltung von § 143 wäre rechtlich grundsätzlich nicht möglich gewesen, da die zugrunde liegende Richtlinie eine entsprechende Ausnahme nicht vorsieht.[35] Hintergrund sind divergierende unionale Vorgaben.[36]

§ 320 alt Aufhebung des Umwandlungsgesetzes 1969

Das Umwandlungsgesetz in der Fassung der Bekanntmachung vom 6. November 1969 (BGBl. I S. 2081), zuletzt geändert durch Artikel 2 des Gesetzes vom 18. März 1994 (BGBl. I S. 560), wird aufgehoben.

Vorbemerkung zur Bezeichnung § 320 alt: Art. 1 Nr. 66 G v. 22.2.2023 (BGBl. I Nr. 51) ordnet an, dass die „§§ 317 bis 321" in „§§ 351 bis 354" umbenannt werden. Damit kommt es zu einem Nummerierungsproblem: Aus vormals fünf Paragrafen (317, 318, 319, 320, 321) werden vier (351, 352, 353, 354). Der Gesetzgeber ging hier augenscheinlich davon aus, dass kein Bedürfnis für eine Aufhebung des materiell gegenstandslosen, im UmwG v. 28.10.1994 (BGBl. I 3210) aber gleichwohl enthaltenen und damit auch formell gültigen § 320 besteht. Im Rahmen der Kommentierung soll deshalb § 321 in § 354 umbenannt werden; der nicht aufgehobene § 320 besteht als „320 alt" fort.

Das UmwG 1995 hatte das bis dato in verschiedenen Gesetzen geregelte Umwandlungsrecht vereinheitlicht. Daher wurden mit Inkrafttreten des UmwG 1995 sowohl das UmwG 1969 aufgehoben als auch die im AktG, im KapErhG, im GenG und im VAG enthaltenen umwandlungsspezifischen Vorschriften gestrichen.

§ 321 Spaltungsfähige Gesellschaften

An einer grenzüberschreitenden Spaltung können als übertragende oder neue Gesellschaften Kapitalgesellschaften nach Anhang II zur Richtlinie (EU) 2017/1132 beteiligt sein, wenn sie
1. nach dem Recht eines Mitgliedstaats der Europäischen Union oder eines anderen Vertragsstaats des Abkommens über den Europäischen Wirtschaftsraum gegründet worden sind und
2. ihren satzungsmäßigen Sitz, ihre Hauptverwaltung oder ihre Hauptniederlassung in einem Mitgliedstaat der Europäischen Union oder einem anderen Vertragsstaat des Abkommens über den Europäischen Wirtschaftsraum haben.

§ 306 Absatz 2 Satz 1 Nummer 2 gilt entsprechend.

---

34 Vgl. *Brandi/Schmidt* AG 2023, 297 (300).
35 Begr. Reg-E UmRUG, BT-Drs. 20/3822, 108.
36 Gleichsam kritisch *Thomale/Schmid* NotBZ 2023, 125 (126).

Literatur:
Bungert, Das neue Recht der grenzüberschreitenden Spaltung in der EU, in: Festschrift Krieger, 2020, S. 107; *Bungert/Reidt*, Erweiterte Möglichkeiten grenzüberschreitender Umwandlungen – nach Abschluss des Gesetzgebungsverfahrens zum UmRUG, DB 2023, 54; *Franzen/Gallner/Oetker*, Kommentar zum europäischen Arbeitsrecht, 4. Aufl. 2022 (zit.: EuArbRK/Bearbeiter); *Harig/Harder*, Der erweiterte Pflichtenkatalog bei grenzüberschreitenden Umwandlungen – insolvenzrechtliche Aspekte, NZG 2022, 1435; *Heckschen*, Mehrheitserfordernisse, Missbrauchskontrolle und Gläubigerschutz bei grenzüberschreitenden Umwandlungen in der Krise, in: FS Heidinger, 2023, S. 165; *Heckschen/Knaier*, Die größte Reform des Umwandlungsrechts: Endlich in Kraft!, GmbHR 2023, 317; *Luy/Redler*, Immer mit Plan – der Referentenentwurf eines Gesetzes zur Umsetzung der Umwandlungsrichtlinie (UmRUG), notar 2022, 163; *Noack*, Nationaler Rechtsrahmen für grenzüberschreitende Umwandlungen, MDR 2023, 465; *Schmidt, J.*, Der UmRUG-Referentenentwurf: grenzüberschreitende Umwandlungen 2.0 – vieles mehr – Teil 1, NZG 2022, 579; *Schmidt, J.*, Grenzüberschreitender Formwechsel in der EU Eckpunkte des Rechtsrahmens und Herausforderungen bei der Umsetzung, ZEuP 2020, 565; *Thomale/Schmid*, Das neue Recht der grenzüberschreitenden Umwandlung – Eine Einführung (Teil I), NotBZ 2023, 91.

I. Einführung und Grundlagen 1	2. Satzungs-, Verwaltungssitz oder Hauptniederlassung in der EU bzw. im EWR ... 13
1. Europäischer Hintergrund 1	IV. Ausschluss von Organismen für gemeinsame Anlagen in Wertpapieren 16
2. Regelungsgegenstand und -zweck 2	V. Weitere, nicht erfasste Kapitalgesellschaften 17
II. Spaltungsfähige Gesellschaften 3	
1. Übertragender Rechtsträger 4	
2. Übernehmender (neuer) Rechtsträger ... 8	
3. Nicht erfasste Rechtsträger 9	
III. Materielle Voraussetzungen 11	
1. Gründung in einem EU/EWR-Staat 12	

I. Einführung und Grundlagen

1. Europäischer Hintergrund

1 Der Ermittlung spaltungsfähiger Gesellschaften gem. § 321 S. 1 liegt die Begriffsbestimmung einer grenzüberschreitenden Spaltung nach Art. 160b Nr. 1, 2 RL (EU) 2017/1132 zugrunde.[1] Eine grenzüberschreitende Spaltung ist demnach der Vorgang, durch den eine Gesellschaft „im Falle einer Aufspaltung ihr gesamtes Aktiv- und Passivvermögen auf zwei oder mehr Gesellschaften überträgt oder im Falle einer Abspaltung oder Ausgliederung einen Teil ihres Aktiv- und Passivvermögens auf eine oder mehrere Gesellschaften überträgt". § 321 S. 2 iVm § 306 Abs. 2 S. 1 Nr. 1 basiert auf dem verpflichteten Ausschluss von Organismen für gemeinsame Anlagen in Wertpapieren (OGAW) als spaltungsfähige Gesellschaft gem. Art. 160a Abs. 3 RL (EU) 2017/1132.[2]

2. Regelungsgegenstand und -zweck

2 Zweck des § 321 ist die Bestimmung, welche Gesellschaften unter welchen Voraussetzungen sich als spaltungsfähiger entweder übertragender oder übernehmender Rechtsträger an einer grenzüberschreitenden Spaltung im Sinne des § 320 Abs. 1 beteiligen können. Dies ist insofern von Bedeutung, da grenzüberschreitend spaltungsfähige Gesellschaften in diesem Sinne gerade nicht die in § 124 Abs. 1 iVm § 3 Abs. 1 genannten Rechtsträger sind. Verwirklicht wird der entsprechende Regelungszweck dadurch, dass § 321 S. 1 nicht nur beschreibt, welche Rechtsformen (Kapitalgesellschaften) erfasst sind, sondern auch, welche Voraussetzungen im Sinne von Anknüpfungsmerkmalen diese erfüllen müssen (S. 1 Nr. 1, 2).

---

[1] Begr. RegE UmRUG, BT-Drs. 20/3822, 108.
[2] Begr. RegE UmRUG, BT-Drs. 20/3822, 108.

II. Spaltungsfähige Gesellschaften

§ 321 S. 1 bestimmt, welche Arten von Rechtsträgern sich unter Geltung der nachfolgenden Paragrafen am Verfahren einer grenzüberschreitenden Spaltung aus deutscher Sicht beteiligen können. Die Norm bezieht sich dabei sowohl auf übertragende Gesellschaften als auch auf übernehmende („neue") Gesellschaften im Zuge der Spaltung.

1. Übertragender Rechtsträger

Sowohl deutscher übertragender Rechtsträger im Fall einer Herausspaltung aus Deutschland als auch EU/EWR-ausländischer übertragender Rechtsträger im Fall einer Hereinspaltung nach Deutschland müssen eine nach dem Recht eines EU/EWR-Staates bestehende **Kapitalgesellschaft** sein. Es reicht mithin nicht aus, dass beispielsweise nur der deutsche übertragende oder übernehmende (neue) Rechtsträger eine Kapitalgesellschaft ist. Zudem muss es sich bei der jeweiligen Kapitalgesellschaft um eine in Anhang II RL (EU) 2017/1132 genannte Rechtsform handeln. Deutscher übertragender Rechtsträger einer grenzüberschreitenden Spaltung kann daher vor allem entweder eine **AG**, eine **KGaA** oder eine **GmbH** sein.[3] Da die **UG (haftungsbeschränkt)** lediglich eine Unterform der GmbH darstellt, kann auch sie übertragende Gesellschaft sein.[4] Entsprechendes gilt für ausländische Sonder- oder Unterformen einer in Anhang II RL (EU) 2017/1132 genannten Kapitalgesellschaftsform. Genossenschaften sind hingegen ausgeschlossen.[5] Die Europäische Aktiengesellschaft (**SE**) kann hingegen übertragende, sich grenzüberschreitend spaltende Gesellschaft sein, da die SE-VO diesbezüglich weder eine Spezialregelung noch ein entsprechendes Spaltungsverbot beinhaltet.[6]

Aus der Definition einer grenzüberschreitenden Spaltung (→ § 320 Rn. 4) ergibt sich, dass **nicht alle** an der Spaltung beteiligten Rechtsträger dem Recht unterschiedlicher Mitgliedstaaten unterliegen müssen. Vielmehr ist es ausreichend, dass **einer** (nicht: alle) der übernehmenden Rechtsträger dem Recht eines anderen Staates als der übertragende Rechtsträger unterliegt. Dies ist vor allem bei der Aufspaltung von Bedeutung, so dass einer der aufgrund der Aufspaltung übernehmenden Rechtsträger auch weiterhin zB dem deutschen Recht unterliegen kann.

Den Mitgliedstaaten steht es gem. Art. 160a Abs. 4 lit. a RL (EU) 2017/1132 offen, die Regelungen für die grenzüberschreitende Spaltung insbesondere nicht auf Kapitalgesellschaften anzuwenden, die Gegenstand eines nationalen **Insolvenz-** oder **Restrukturierungsverfahrens** sind. Einen expliziten Ausschluss entsprechender Gesellschaften sehen die §§ 320 ff. allerdings nicht vor. Jedoch ist in diesem Zusammenhang § 329 S. 1 iVm § 315 Abs. 3 S. 1 Nr. 4 zu beachten (→ § 329 Rn. 15 f.). Aus der grundsätzlichen Pflicht zur Abgabe einer Erklärung durch die Vertretungsorgane der übertragenden Gesellschaft bei Anmeldung zur Eintragung der Herausspaltung dergestalt, dass zu versichern ist, dass sich die Gesellschaft nicht im Zustand der (drohenden) Zahlungsunfähigkeit oder der Überschuldung gemäß den einschlägigen Vorgaben der Insolvenzordnung befindet, lässt sich auf den ersten Blick schließen, dass eine grenzüberschreitende Spaltung bei Vorliegen eines Insolvenzantragsgrunds nicht möglich wäre. Allerdings

---

[3] Begr. RegE UmRUG, BT-Drs. 20/3822, 108.
[4] *Heckschen/Knaier* GmbHR 2023, 317 (319); Herrler GesRNotGP/*Stelmaszczyk/Potyka* § 15 Rn. 619.
[5] Begr. RegE UmRUG, BT-Drs. 20/3822, 108; *Heckschen/Knaier* GmbHR 2023, 317 (319).
[6] MHdB GesR VIII/*Kraft/Redenius-Hövermann* § 31 Rn. 2; *Heckschen/Knaier* GmbHR 2023, 317 (319); *Fecktenwald* BB 2023, 643 (644); EuArbRK/*Oetker* RL (EU) 2017/1132 Art. 160a Rn. 3.

zeigt § 329 S. 1 iVm § 315 Abs. 3 S. 2, 3, dass gleichwohl die Durchführung einer grenzüberschreitenden Spaltung dem nicht entgegensteht und sogar **nach Eröffnung** des Insolvenzverfahrens eine solche möglich ist.[7] Voraussetzung ist jedoch, dass im Rahmen des Insolvenzverfahrens die Fortsetzung der Gesellschaft noch beschlossen werden kann (vgl. 60 Abs. 1 Nr. 4 Hs. 2 GmbHG, § 274 Abs. 2 Nr. 1 AktG).[8] Es bedarf daher der Fortsetzungsmöglichkeit im Rahmen eines **Insolvenzplanverfahrens**.[9]

Ähnlich wie im Insolvenzplanverfahren können auch im **Restrukturierungsverfahren** nach dem StaRUG umwandlungsrechtliche Maßnahmen im Rahmen des Restrukturierungsplans bestimmt werden (vgl. §§ 2 Abs. 3; 7 Abs. 4 StaRUG),[10] so dass hiernach grundsätzlich auch eine Herausspaltung einer sich in der entsprechenden Sanierungs- bzw. Restrukturierungsphase befindlichen Kapitalgesellschaft möglich ist.[11]

2. Übernehmender (neuer) Rechtsträger

Sowohl deutscher übernehmender (neuer) Rechtsträger im Fall eines Hereinspaltung nach Deutschland als auch – einer der – EU/EWR-ausländischen übernehmenden Rechtsträger im Fall eines Herausspaltung aus Deutschland müssen eine nach dem Recht eines EU/EWR-Staates bestehende **Kapitalgesellschaft** sein. Es muss sich bei der jeweiligen Kapitalgesellschaft um eine in Anhang II RL (EU) 2017/1132 genannte Rechtsform handeln. Deutscher übernehmender Rechtsträger einer grenzüberschreitenden Spaltung kann daher grundsätzlich nur entweder eine **AG**, eine **KGaA** oder eine **GmbH** sein.[12] Anders als bei der Herausspaltung aus Deutschland kann übernehmender Rechtsträger einer Hereinspaltung aufgrund des Sacheinlageverbots des § 5a Abs. 2 S. 2 GmbHG allerdings nicht die **UG (haftungsbeschränkt)** sein.[13] Dies gilt zumindest dann, wenn bei einer Hereinspaltung zur Aufnahme auf eine bestehende UG (haftungsbeschränkt) diese nicht ihr Stammkapital auf mindestens 25.000 EUR im Zuge der Umwandlung erhöht. Wird hingegen das Stammkapital entsprechend erhöht oder findet eine Kapitalerhöhung nicht statt, kann die UG (haftungsbeschränkt) übernehmender Rechtsträger einer grenzüberschreitenden Spaltung zur Aufnahme sein.[14] Hingegen scheidet eine Beteiligung der UG (haftungsbeschränkt) als übernehmender Rechtsträger an einer grenzüberschreitenden Spaltung zur Neugründung generell aus.[15] Bei der **SE** als übernehmender Rechtsträger ist zu differenzieren, ob es sich um eine grenzüberschreitende Spaltung zur Aufnahme gem. § 320 Abs. 1 Nr. 2 oder zur Neugründung gem. § 320 Abs. 1 Nr. 1 handelt. Bezüglich Letzterer kann die SE grundsätzlich nicht als übernehmender Rechtsträger fungieren, da die Gründungsmöglichkeiten in Art. 2 SE-VO abschließend sind.[16] Eine ausgliedernde Spaltung zur Neugründung einer SE soll hingegen dann möglich sein, wenn der übertragende Rechtsträger ebenfalls bereits eine SE ist.[17]

---

[7] *Heckschen/Knaier* GmbHR 2023, 317 (319); *Harig/Harder* NZG 2022, 1435 (1437); unklar *Noack* MDR 2023, 465 (466).
[8] Vgl. BGH 8.4.2020 – II ZB 3/19, NZG 2020, 1182; *Heckschen/Weitbrecht* ZIP 2020, 1737 (1741).
[9] *Heckschen* FS Heidinger, 2023, 165 (169).
[10] *Heckschen* FS Heidinger, 2023, 165 (169); vgl. auch *Riedemann* in Pannen/Riedemann/Smid, Unternehmensstabilisierungs- und -restrukturierungsgesetz (StaRUG), 2021, § 2 Rn. 37; *Harig/Harder* NZG 2022, 1435 (1438).
[11] Zu innerstaatlichen Umwandlungen *Mulert/Steiner* NZG 2021, 673 (683); Herrler GesR-NotGP/*Heckschen* § 20 Rn. 83c.
[12] Begr. RegE UmRUG, BT-Drs. 20/3822, 108.
[13] Vgl. nur *Stelmaszczyk* notar 2021, 107.
[14] Zur innerstaatlichen Spaltung Semler/Stengel/Leonard/*Schwanna* § 124 Rn. 8a.
[15] Zur innerstaatlichen Spaltung BGH 11.4.2011 – II ZB 9/10, NZG 2011, 666.
[16] MHdB GesR VIII/*Kraft/Redenius-Hövermann* § 31 Rn. 2; BeckOGK/*Casper* SE-VO Art. 2 Rn. 40; EuArbRK/*Oetker* RL (EU) 2017/1132 Art. 160a Rn. 3.
[17] MHdB GesR VIII/*Kraft/Redenius-Hövermann* § 31 Rn. 2.

3. Nicht erfasste Rechtsträger

Personengesellschaften sind ausdrücklich sowohl als übertragender als auch als übernehmender (neuer) Rechtsträger vom Anwendungsbereich ausgeschlossen.[18] Dies gilt sowohl für den in- oder ausländischen übertragenden als auch den in- oder ausländischen übernehmenden Rechtsträger. Auch die zugrunde liegenden Richtlinienbestimmungen beziehen sich ausschließlich auf die grenzüberschreitende Spaltung zwischen Kapitalgesellschaften. Der Forderung (bzw. dem Wunsch) zahlreicher Stimmen des Schrifttums, die Umsetzungsbestimmungen auch für die grenzüberschreitende Spaltung unter Beteiligung von **Personengesellschaften** zu eröffnen,[19] ist der Gesetzgeber nicht nachgekommen. In der Tat ist dies misslich, da schon die seit dem Jahr 2019 bestehende Änderung des § 122b Abs. 1 Nr. 2 aF (jetzt § 306 Abs. 1 Nr. 1) zeigt, dass der deutsche Gesetzgeber zumindest nicht per se Personengesellschaften als „unfähig" ansieht, sich an grenzüberschreitenden Umwandlungen zu beteiligen. Die (partielle) Erstreckung der §§ 320 ff. auf Personengesellschaften bleibt damit ein für die Zukunft wünschenswertes Desiderat.

Gesellschaften aus **Drittstaaten** (Nicht-EU/EWR-Staaten) sind sowohl als übertragender als auch als übernehmender (neuer) Rechtsträger einer grenzüberschreitenden Spaltung unabhängig von ihrer Rechtsform vom Anwendungsbereich ausgeschlossen. Die §§ 320 ff. finden auf diese keine Anwendung.

III. Materielle Voraussetzungen

Damit es sich um eine spaltungsfähige Gesellschaft im Sinne des § 321 S. 1 handelt, die sich auf die Verfahrensbestimmungen der §§ 322 ff. berufen kann, reicht es allerdings nicht aus, dass eine Kapitalgesellschaft gem. Anhang II RL (EU) 2017/1132 besteht, sondern diese muss zudem (1) nach dem Recht eines EU/EWR-Staates gegründet worden sein und (2) ihren Satzungs-, Verwaltungssitz oder Hauptniederlassung in der EU oder im EWR haben. Beide Voraussetzungen dienen dabei als kumulative **Anknüpfungskriterien** der an der grenzüberschreitenden Spaltung beteiligten Gesellschaft zum Recht eines EU/EWR-Staates.

1. Gründung in einem EU/EWR-Staat

§ 321 S. 1 Nr. 1 setzt für die Anwendbarkeit der nachfolgenden Bestimmungen voraus, dass die an der Spaltung beteiligte Gesellschaft nach dem **Recht eines EU/EWR-Staates** gegründet worden sein muss. Dies hat den Zweck, dass die Gesellschaft seinerzeit die formellen und materiellen Gründungsvorschriften eines EU/EWR-Staaten eingehalten hat. Dies ist jedoch nicht zwingend nur dann der Fall, wenn die Gesellschaft originär in dem entsprechenden EU/EWR-Staat gegründet und ins dortige Register eingetragen wurde, sondern grundsätzlich auch dann, wenn sie in ihrer bestehenden Rechtsform erst durch Umwandlung, zB aus einem Drittstaat, entstanden ist. Denn zum einen ist es durchaus denkbar, dass andere EU/EWR-Staaten eine grenzüberschreitende Umwandlung (Verschmelzung/Spaltung/Formwechsel) auch aus Drittstaaten zulassen. Zum anderen wird auch in diesem Fall in der Regel die Einhaltung der nationalen Gründungsvorschriften des EU/EWR-Staates gefordert worden sein. Im Sinne der Grün-

---

[18] Vgl. auch Begr. RegE UmRUG, BT-Drs. 20/3822, 108.
[19] *Bungert* FS Krieger, 2020, 107 (111); *J. Schmidt* NJW 2023, 1241; *Luy/Redler* notar 2022, 163 (165); *Luy/Redler* notar 2022, 163 (165); *Goette* DStR 2023, 157 (158); *Heckschen/Knaier* ZIP 2022, 2205 (2213).

dungsvoraussetzung in einem EU/EWR-Staat als Anknüpfungsmerkmal sind daher auch solche – wenngleich in der Praxis wohl eher seltenen Konstellationen – ebenfalls von § 321 S. 1 Nr. 1 erfasst.

2. Satzungs-, Verwaltungssitz oder Hauptniederlassung in der EU bzw. im EWR

13 Zudem (nicht: alternativ) muss die an der Spaltung beteiligte Gesellschaft gem. § 321 S. 1 Nr. 2 ihren „satzungsmäßigen Sitz, ihre Hauptverwaltung oder ihre Hauptniederlassung" in der EU bzw. dem EWR haben. Auch diese Voraussetzung dient der Anknüpfung der an der grenzüberschreitenden Spaltung beteiligten Gesellschaft an das Recht eines EU/EWR-Staates.

14 Während begrifflich die Hauptverwaltung (**Verwaltungssitz**) am für Dritte erkennbaren Ort der unternehmerischen Leitung liegt, befindet sich die **Hauptniederlassung** am tatsächlichen Geschäftsschwerpunkt, dh dort, wo die wesentlichen Personal- und Sachmittel konzentriert sind. Der **satzungsmäßige Sitz** ist schließlich der in der Satzung bzw. im Gesellschaftsvertrag des Rechtsträgers genannte formelle Sitz.[20] Diese drei Kriterien dienen dabei – vergleichbar mit der Staatsangehörigkeit bei natürlichen Personen – der Zuordnung der Gesellschaft zum Recht eines EU/EWR-Staates.[21] Sie stehen indes in einem **Alternativverhältnis**, dh es genügt, wenn einer der Anknüpfungsmerkmale einschlägig ist, mithin entweder der Satzungssitz oder der Verwaltungssitz oder die Hauptniederlassung der Gesellschaft sich in der EU/EWR befinden.[22] Hintergrund ist, dass vor allem die Niederlassungsfreiheit gerade nicht vorschreibt, welches dieses Kriterien zur Anknüpfung einer nationalen Gesellschaft im Sinne deren Gesellschaftsstatuts führt.[23]

15 Es spielt nach dem Wortlaut weder des § 321 S. 1 Nr. 2 noch des zugrunde liegenden Art. 160a Abs. 1 RL (EU) 2017/1132 eine Rolle, ob sich der Satzungs-, und/oder Verwaltungssitz und/oder die Hauptniederlassung der Gesellschaft im selben EU/EWR-Staat befinden wie zum Zeitpunkt der Gründung der Gesellschaft gem. § 321 S. 1 Nr. 1. Entscheidend ist allein, dass sich der Satzungs- oder Verwaltungssitz oder die Hauptniederlassung in der EU bzw. dem EWR befinden.

IV. Ausschluss von Organismen für gemeinsame Anlagen in Wertpapieren

16 Eine Einschränkung des Anwendungsbereichs sieht ferner § 321 S. 2 iVm § 306 Abs. 2 S. 1 Nr. 1 vor. Vom Anwendungsbereich ausgeschlossen sind demnach Gesellschaften „deren Zweck es ist, die vom Publikum bei ihnen eingelegten Gelder nach dem Grundsatz der Risikostreuung gemeinsam anzulegen, und deren Anteile auf Verlangen der Anteilsinhaber unmittelbar oder mittelbar zulasten des Vermögens der Gesellschaft zurückgenommen oder ausgezahlt werden." Ausgenommen sind daher sog. Organismen für gemeinsame Anlagen in Wertpapieren (**OGAW**).[24] Diese Anlagegesellschaften sind regelmäßig in der Rechtsform einer Kapitalgesellschaft organisiert, unterliegen aber in verschiedenster Hinsicht speziellen Regelungen, weshalb schon – und deshalb der Verweis auf die verschmelzungsrechtliche Regelung des § 306 Abs. 2 S. 1 Nr. 2 (vormals:

---

20 Ferner zu einem ggf. zukünftigen „virtuellen Sitz" *Mikalonienė* ECFR 2022, 685.
21 In Bezug auf den insofern wortgleichen Art. 54 Abs. 1 AEUV Callies/Ruffert/*Kort* AEUV Art. 54 Rn. 18.
22 In Bezug auf den insofern wortgleichen Art. 54 Abs. 1 AEUV *Weller/Hübner* in Gebauer/Wiedmann, Europäisches Zivilrecht, 3. Aufl. 2021, Kap. 23 Rn. 8.
23 Vgl. EuGH 16.12.2008 – C-210/06, NJW 2009, 569 – Cartesio.
24 *J. Schmidt* ZEuP 2020, 565 (567); *Recktenwald* BB 2023, 643 (644).

§ 122b Abs. 2 Nr. 2 aF) – im Rahmen der damaligen Verschmelzungs-RL 2005/56/EG und deren deutschen Umsetzungsbestimmungen entsprechende OGAW nicht vom Anwendungsbereich erfasst waren.

V. Weitere, nicht erfasste Kapitalgesellschaften

Obgleich nicht ausdrücklich in § 321 bestimmt, sind weiterhin Kapitalgesellschaften, die sich in einer bestimmten Situation befinden, vom Anwendungsbereich der §§ 320 ff. als spaltungsfähige Gesellschaften ausgeschlossen. Dies gibt Art. 160a Abs. 4 RL (EU) 2017/1132 ausdrücklich vor. Keine spaltungsfähige Kapitalgesellschaft im Sinne des § 321 S. 1 kann daher eine solche sein, die sich in **Liquidation** befindet und mit der Verteilung ihres Vermögens an ihre Gesellschafter begonnen hat (lit. a). Dadurch soll verhindert werden, dass Gesellschaften eine grenzüberschreitende Spaltung dazu missbrauchen, sich einem geordneten Abwicklungsverfahren zu entziehen oder Gläubiger zu benachteiligen.[25] Im Umkehrschluss wird dies auch im deutschen Recht deutlich, da § 124 Abs. 2 iVm § 3 Abs. 3 über den Verweis in § 320 Abs. 2 für eine grenzüberschreitende Spaltung zur Geltung kommt. Danach können an einer (grenzüberschreitenden) Spaltung auch aufgelöste Rechtsträger beteiligt sein, wenn deren **Fortsetzung beschlossen werden kann**. Die Fortsetzung kann jedoch nur beschlossen werden, wenn mit der Verteilung des Vermögens unter den Anteilsinhabern noch nicht begonnen wurde (vgl. § 274 Abs. 1 S. 1 AktG). Dies gilt entsprechend auch für die GmbH.[26]

Ausgeschlossen vom Anwendungsbereich sind weiterhin Gesellschaften, die Gegenstand von in Titel IV der RL 2014/59/EU oder in Titel V der VO (EU) 2021/23 vorgesehenen **Abwicklungsinstrumenten**, -befugnissen und -mechanismen sind (Art. 160a Abs. 4 lit. b RL (EU) 2017/1132). Hintergrund sind auch hier jeweils spezialgesetzliche Regelungen, die als solche mit der in der Richtlinie vorgegebene Konzeption der Schutzinstrumente bei einer grenzüberschreitenden Spaltung nicht vollends in Einklang zu bringen sind. Entsprechende, sich in Abwicklung befindliche, Kreditinstitute der **Bankenabwicklungs-RL** 2014/59/EU[27] sowie sog. Zentrale Gegenparteien („**CCP**")[28] dürfen daher nicht an einer grenzüberschreitenden Spaltung beteiligt sein.[29]

§ 322 Spaltungsplan

(1) Das Vertretungsorgan der übertragenden Gesellschaft stellt einen Spaltungsplan auf.

(2) Der Spaltungsplan oder sein Entwurf enthalten mindestens neben den in § 307 Absatz 2 Nummer 1 bis 14 und 16 genannten Angaben die folgenden Angaben:
1. den vorgesehenen indikativen Zeitplan für die Spaltung,
2. bei Abspaltung und Ausgliederung etwaige Satzungsänderungen der übertragenden Gesellschaft,
3. eine genaue Beschreibung der Gegenstände des Aktiv- und Passivvermögens der übertragenden Gesellschaft sowie eine Erklärung, wie diese Gegenstände des

---

25 *Bayer/J. Schmidt* BB 2019, 1922 (1927); *J. Schmidt* ZEuP 2020, 565 (567).
26 Nunmehr ausdrücklich BGH 8.4.2020 – II ZB 3/19, NZG 2020, 1182.
27 Umgesetzt in Deutschland durch das sog. Sanierungs- und Abwicklungsgesetz (SAG).
28 Zu CCPs vgl. insbes. *Reiner/Scholl* in Ellenberger/Bunte, Bankrechts-Handbuch, 6. Aufl. 2022, § 94 Rn. 66 ff.
29 *Zwirlein-Forschner* in Unternehmensmobilität im EU-Binnenmarkt, 2023, S. 195 (201 f.).

Aktiv- und Passivvermögens den neuen Gesellschaften zugeteilt werden sollen oder ob sie im Fall einer Abspaltung oder Ausgliederung bei der übertragenden Gesellschaft verbleiben sollen, einschließlich Vorschriften über die Behandlung von Gegenständen des Aktiv- und Passivvermögens, die im Spaltungsplan nicht ausdrücklich zugeteilt werden, wie etwa Gegenstände des Aktiv- oder Passivvermögens, die zum Zeitpunkt der Erstellung des Plans nicht bekannt sind,

4. Angaben zur Bewertung des bei der übertragenden Gesellschaft verbleibenden Aktiv- und Passivvermögens sowie

5. bei Aufspaltung oder Abspaltung die Aufteilung der Anteile der übertragenden Gesellschaft und der neuen Gesellschaften auf die Anteilsinhaber der übertragenden Gesellschaft sowie den Maßstab für die Aufteilung.

(3) Bei einer Ausgliederung sind die Angaben gemäß § 307 Absatz 2 Nummer 2, 3, 5, 7 und 13 nicht erforderlich.

(4) Der Spaltungsplan muss notariell beurkundet werden.

Literatur:
Baschnagel/Hilser, Gläubigerschutz bei grenzüberschreitenden Umwandlungen nach dem UmRUG, NZG 2022, 1333; *Brandi/Schmidt*, Die grenzüberschreitende Spaltung nach dem UmRUG, AG 2023, 297; *Bungert*, Das neue Recht der grenzüberschreitenden Spaltung in der EU, in: FS Krieger, 2020, S. 109; *Bungert/Strothotte*, Die grenzüberschreitende Spaltung nach dem Referentenentwurf des UmRUG, BB 2022, 1411; *Heckschen/Knaier*, Die größte Reform des Umwandlungsrechts: Endlich in Kraft!, GmbHR 2023, 317; *Kappenhagen/Wentz*, Vorbereitungsphase grenzüberschreitender Spaltungen – ein Vergleich mit den Vorschriften zu innerstaatlichen Spaltungen, WM 2023, 2113; *Kappenhagen/Wentz*, Vorbereitungsphase grenzüberschreitender Spaltungen - ein Vergleich mit den Vorschriften zu innerstaatlichen Spaltungen, WM 2023, 2113; *Luy/Redler*, Immer mit Plan – der Referentenentwurf eines Gesetzes zur Umsetzung der Umwandlungsrichtlinie (UmRUG), notar 2022, 163; *Noack*, Nationaler Rechtsrahmen für grenzüberschreitende Umwandlungen, MDR 2023, 465; *Recktenwald*, Die grenzüberschreitende Hinausspaltung zur Aufnahme nach dem UmRUG – Teil I, BB 2023, 643; *Schmidt, J.*, Die weitreichende Reform des Umwandlungsrechts, NJW 2023, 1241; *Stelmaszczyk*, Grenzüberschreitende Spaltungen de lege lata und de lege ferenda, Teil 1, 2, Der Konzern 2021, 1; *Thomale/Schmid*, Das neue Recht der grenzüberschreitenden Umwandlung – Eine Einführung (Teil II), NotBZ 2023, 125; *Wicke*, Optionen und Komplikationen bei der Umsetzung des Richtlinienvorschlags zum grenzüberschreitenden Spaltung (Teil I), DStR 2018, 2642; *Wollin*, Der Referentenentwurf eines Gesetzes zur Umsetzung der Umwandlungsrichtlinie (UmRUG-E), ZIP 2022, 989.

I. Einführung und Grundlagen 1	h) Vorteilsgewährungen an Mitglieder der Verwaltungs- und Leitungsorgane 26
1. Europäischer Hintergrund 2	
2. Regelungsgegenstand und -zweck 3	
3. Funktion des Spaltungsplans 5	i) Errichtungsakt (ggf. Satzung) der übernehmenden (neuen) Gesellschaft 27
4. Aufstellungspflicht 7	
II. Inhalt des Spaltungsplans 9	
1. Mindestangaben 9	j) Verfahrensangaben zu Arbeitnehmer-Mitbestimmungsrechten 30
2. Inhaltliche Ausgestaltung 10	
a) Rechtsform, Firma und Sitz der beteiligten Gesellschaften 11	k) Angaben zur Bewertung des Aktiv- und Passivvermögens 33
b) Umtauschverhältnis und ggf. Höhe der baren Zuzahlungen 15	l) Bilanzstichtag 34
	m) Barabfindungsangebot 35
c) Einzelheiten hinsichtlich der Übertragung der Gesellschaftsanteile 18	n) Gläubigersicherheiten 39
d) Voraussichtlichen Auswirkungen auf die Beschäftigung 19	o) Auswirkungen auf Betriebsrenten und -anwartschaften 41
e) Zeitpunkt der Gewinnbeteiligung . 22	p) Indikativer Zeitplan 42
f) Spaltungsstichtag 23	q) Satzungsänderungen der übertragenden Gesellschaft 45
g) Rechte von Sonderrechtsinhabern und sonstigen Personen 24	r) Beschreibung der Gegenstände des Aktiv- und Passivvermögens 46

s) Angaben zur Bewertung des verbleibenden Aktiv- und Passivvermögens ... 50	3. Sprache ... 53
t) Aufteilung der Anteile sowie deren Maßstab ... 52	III. Grenzüberschreitende Ausgliederung ... 54
	IV. Beurkundung des Spaltungsplans ... 55

I. Einführung und Grundlagen

Praktischer Ausgangspunkt einer grenzüberschreitenden Spaltung ist die Erstellung eines Spaltungsplans. Funktional entspricht dieser dem Spaltungs- und Übernahmevertrag bei der innerstaatlichen Spaltung gem. § 126 Abs. 1. Der zu erstellende Spaltungsplan ist dabei die (rechtliche) Grundlage für die gesamte grenzüberschreitende Spaltung und damit entsprechendes **Grundlagendokument** für die geplante Strukturmaßnahme.[1] Wurde der – bei der Spaltung zur Aufnahme gemeinsam zu erstellende[2] – Spaltungsplan entgegen den materiellen Vorgaben des § 322 Abs. 2 erstellt und insofern fehlerhaft den Anteilsinhabern zur Beschlussfassung vorgelegt, kann dies zur Anfechtbarkeit des entsprechenden Gesellschafter- bzw. Hauptversammlungsbeschlusses führen.

1. Europäischer Hintergrund

§ 322 dient der Umsetzung von **Art. 160d RL (EU) 2017/1132**.[3] Dieser bestimmt, dass das Verwaltungs- oder Leitungsorgan der übertragenden Gesellschaft einen Plan für die grenzüberschreitende Spaltung erstellt, welcher einen bestimmten Mindestinhalt zu haben hat. Die Beurkundung des Plans sieht die Richtlinie nicht vor und überlässt dies insofern den Mitgliedstaaten, wovon Deutschland mit § 322 Abs. 4 Gebrauch gemacht hat.

2. Regelungsgegenstand und -zweck

§ 322 bestimmt sowohl die Pflicht als auch die **inhaltliche Ausgestaltung des Spaltungsplans** als eines der primären Instrumente zum Schutz der Share- und Stakeholder im Rahmen einer grenzüberschreitenden Herausspaltung. § 322 Abs. 1 statuiert dabei die Pflicht der übertragenden Gesellschaft, grundsätzlich einen entsprechenden Plan zu erstellen (→ Rn. 7). § 322 Abs. 2 bestimmt den gesetzlichen Mindestinhalt des Spaltungsplans bzw. dessen Entwurf (→ Rn. 9 ff.). § 322 Abs. 3 enthält eine Ausnahmebestimmung für die grenzüberschreitende Ausgliederung zur Neugründung (→ Rn. 54).[4] § 322 Abs. 4 legt fest, dass der Spaltungsplan notariell zu beurkunden ist (→ Rn. 55).

Der **Zweck** des § 322 besteht gemäß der europäischen Vorgaben darin, die berechtigten Interessen der an der grenzüberschreitenden Spaltung beteiligten Personengruppen zu berücksichtigen, indem in einem grundsätzlich verpflichteten Dokument die wichtigsten Informationen über die geplante Strukturmaßnahme niedergelegt werden.[5] Um dieses Schutzziel umfassend zu erreichen, wird von Gesetzes wegen der Inhalt des Spaltungsplans ausführlich vorgeben.

---

[1] *Luy/Redler* notar 2022, 163 (165); vgl. auch Begr. RegE UmRUG, BT-Drs. 20/3822, 108 („Grundlage der Umwandlungsdokumentation").
[2] Vgl. *Recktenwald* BB 2023, 643 (644).
[3] Begr. RegE UmRUG, BT-Drs. 20/3822, 108.
[4] Begr. RegE UmRUG, BT-Drs. 20/3822, 109.
[5] Erwägungsgrund Nr. 12 S. 1 RL (EU) 2019/2121.

3. Funktion des Spaltungsplans

5 Das Geschäftsführungsorgan der übertragenden Gesellschaft leitet das Umwandlungsverfahren mit der Erstellung des Spaltungsplans ein. Der Spaltungsplan bildet dabei zusammen mit dem Spaltungsbericht die **Basis für die Beschlussfassung** der Anteilsinhaber über die grenzüberschreitende Spaltung. Er stellt die maßgebliche Grundlage des Umwandlungsverfahrens und damit der geplanten Strukturmaßnahme dar.[6] Im Spaltungsplan werden die wesentlichen Bedingungen des Umwandlungsverfahrens festgelegt.

6 Funktional soll der Spaltungsplan in erster Linie sowohl die Anteilsinhaber als auch die Arbeitnehmer (sofern vorhanden) der spaltungswilligen und bei der Spaltung zur Aufnahmen ggf. der übernehmenden Gesellschaft schützen. Vor allem ist er ein **Schutzinstrument für die Anteilsinhaber**, da es in Anbetracht der Umwandlung zu strukturellen Eingriffen in deren mitgliedschaftlichen Rechte kommen kann.[7] Die Erstellung des Spaltungsplans dient insofern der Information und damit deren Vorabschutz (**a-priori-Schutz**). Daneben dient er aber auch als zentrale Informationsquelle für die ggf. von der grenzüberschreitenden Spaltung beeinträchtigten Gläubiger der Gesellschaft.[8] Für die Arbeitnehmer(-vertreter) ist der Spaltungsplan insofern von Bedeutung, da darin auch die voraussichtlichen Auswirkungen der grenzüberschreitenden Spaltung auf die Beschäftigung (→ Rn. 19) sowie auf etwaige Betriebsrenten und Betriebsrentenanwartschaften (→ Rn. 41) beinhaltet sein müssen.

4. Aufstellungspflicht

7 § 322 Abs. 1 statuiert eine Pflicht zur Auf- bzw. Erstellung des Spaltungsplans. Diese Verpflichtung ist unabdingbar. Eine **Ausnahme für Konzernunternehmen besteht** – anders als beispielsweise für den Spaltungsbericht – grundsätzlich **nicht**. Hintergrund ist, dass der Spaltungsplan schutzbezogen sowohl Informationsgrundlage für die Anteilinhaber, aber auch für die Arbeitnehmer und Gläubiger der Gesellschaft ist. Hat eine übertragende Gesellschaft aber nur einen Anteilsinhaber, so sind gleichwohl Angaben im Spaltungsplan vor allem zur Barabfindung (→ Rn. 35) faktisch obsolet.[9]

8 Gemäß § 322 Abs. 1 hat das Vertretungsorgan der übertragenden Gesellschaft den Spaltungsplan aufzustellen. Die Norm bezieht sich aufgrund europäischer Anwendungsbeschränkung allerdings nur auf die grenzüberschreitende Spaltung zur Neugründung. Gleichwohl ist auch die grenzüberschreitende **Spaltung zur Aufnahme** gem. § 320 Abs. 1 Nr. 2 iVm § 332 vom Anwendungsbereich der deutschen Verfahrensbestimmungen umfasst. Für diese gelten aufgrund der Besonderheit des initialen Bestehens mehrerer beteiligter Rechtsträger ergänzend die einschlägigen Regelungen für die grenzüberschreitende Verschmelzung (vgl. § 332 S. 2, → § 332 Rn. 8 f.). Dies bedeutet im Zusammenhang mit der Erstellung des Spaltungsplans, dass dieser bei einer grenzüberschreitenden Spaltung zur Aufnahme **gemeinsam** von den Mitgliedern des Vertretungsorgans aller beteiligten Gesellschaften zu erstellen ist (vgl. § 307 Abs. 1); daher auch von der auf- bzw. übernehmenden (ausländischen) Gesellschaft.

---

6 Begr. RegE UmRUG, BT-Drs. 20/3822, 108.
7 *Lieder/Hilser* ZIP 2022, 2521 (2522).
8 Vgl. Erwägungsgrund Nr. 24 S. 2 RL (EU) 2019/2121.
9 *Thomale/Schmid* NotBZ 2023, 125 (127).

Rechtsträger erhalten soll,[14] ist aufgrund zwingender europäischer Vorgaben[15] grundsätzlich nicht für die grenzüberschreitende Spaltung heranzuziehen.

c) Einzelheiten hinsichtlich der Übertragung der Gesellschaftsanteile

Gemäß § 322 Abs. 2 iVm **§ 307 Abs. 2 Nr. 3** sind im Spaltungsplan die Einzelheiten hinsichtlich der Anteilsübertragung der neuen bzw. übernehmenden Gesellschaft anzugeben. Für die innerstaatliche Spaltung sieht § 126 Abs. 1 Nr. 4 vergleichbares vor. Auch insofern kann daher weitgehend auf die entwickelten Wertungen zurückgegriffen werden. Anzugeben ist somit in erster Linie, wie die Anteile übertragen werden sollen und wer dafür die Kosten zu tragen hat. Bei der grenzüberschreitenden Ausgliederung sind die Angaben wiederum gem. § 322 Abs. 3 entbehrlich, weil kein Anteilstausch stattfindet.

d) Voraussichtlichen Auswirkungen auf die Beschäftigung

Ferner sind gem. § 332 Abs. 2 iVm **§ 307 Abs. 2 Nr. 4** die voraussichtlichen Auswirkungen der grenzüberschreitenden Spaltung auf die Beschäftigung der Arbeitnehmer im Spaltungsplan anzugeben. Damit sollen vor allem die Arbeitnehmer der übertragenden Gesellschaft frühzeitig über etwaige, mit der grenzüberschreitenden Spaltung verbundene, arbeitsrechtlichen Konsequenzen unterrichtet werden. Dies ist sodann zusammen mit dem arbeitnehmerspezifischen Abschnitt des Spaltungsberichts Grundlage der Prüfungen durch einen etwaigen Betriebsrat der Gesellschaft gem. § 324 Abs. 1 S. 2 iVm § 310 Abs. 1.

Zu den „Auswirkungen" zählen zunächst solche individualarbeitsrechtlicher Natur. Aber auch etwaige **kollektivarbeitsrechtliche Veränderungen** sind anzugeben.[16] Anzugeben sind gemäß dem Wortlaut von § 307 Abs. 2 Nr. 4 dabei nur die „voraussichtlichen" Auswirkungen, dh dass ganz konkrete Festlegungen noch nicht getroffen werden müssen. Auch hat es grundsätzlich keine Konsequenzen hinsichtlich der Wirksamkeit des Spaltungsplans, wenn sich einige Auswirkung im Nachhinein als unvorhergesehen anders darstellen sollten. Ausreichend ist auch die bloße **Angabe** etwaiger Auswirkungen auf die Arbeitnehmerbeschäftigung. Erläuterungen und Begründungen, wie und warum es zu diesen Auswirkungen kommt, und welche Sicherungsmaßnahmen ergriffen werden, obliegen hingegen dem Spaltungsbericht gem. § 324 Abs. 1 S. 2 iVm § 309 Abs. 5 Nr. 1. Potenzielle Auswirkungen können zB Umgruppierungen, Versetzungen, Zuweisung neuer Arbeitsplätze oder Kündigungen sowie Kosten einer etwaigen Reduktion der Beschäftigungszahlen sein.

In Bezug auf die Eigenschaft der **Arbeitnehmer als Gläubiger** der übertragenden Gesellschaft kann im Spaltungsplan zunächst auf die dortigen Ausführungen zu angebotenen Sicherheiten verwiesen werden (→ Rn. 39). Auch die Auswirkungen der grenzüberschreitenden Spaltung auf Betriebsrenten und Betriebsrentenanwartschaften bedürfen keiner Thematisierung an dieser Stelle des Plans, da diese speziell von § 307 Abs. 2 Nr. 16 erfasst sind (→ Rn. 41). Ein Verweis innerhalb des Spaltungsplans hierauf ist allerdings dienlich.

---

14 Zu § 126 Abs. 1 Nr. 4 vgl. nur Semler/Stengel/Leonard/Schröer/Greitemann § 126 Rn. 36.
15 Siehe Art. 160s RL (EU) 2017/1132.

16 Generell zu etwaigen Auswirkungen auf Restmandate eines bestehenden Betriebsrats *Hohenstatt* FS Henssler, 2023, 229.

e) Zeitpunkt der Gewinnbeteiligung

22 Gemäß § 322 Abs. 2 iVm **§ 307 Abs. 2 Nr. 5** ist im Spaltungsplan der Zeitpunkt, von dem an die Anteile deren Inhabern das Recht auf Beteiligung am Gewinn gewähren, anzugeben. Zudem bedarf es in diesem Zusammenhang der Angabe aller Besonderheiten, die eine Auswirkung auf dieses Recht haben. Dies ist jeweils materiell weitgehend vergleichbar mit der Pflichtangabe gem. § 126 Abs. 1 Nr. 5 für die innerstaatliche Spaltung. Die Angabe des entsprechenden Zeitpunktes kann, muss dabei aber nicht, eine nahtlose Fortführung der **Gewinnberechtigung**[17] widerspiegeln. Auch unterjähriger, rückwirkender oder ein variabler Beginn der Gewinnberechtigung ist möglich. Neben dem Zeitpunkt, ab dem eine Gewinnberechtigung besteht, müssen zudem die Besonderheiten in Bezug auf den **Gewinnanspruch** angegeben werden. Das bezieht sich auf den sich aus der Jahresbilanz des übernehmenden Rechtsträgers ergebenden Gewinnanspruch der einzelnen Anteilseigner.[18]

f) Spaltungsstichtag

23 Gemäß § 322 Abs. 2 iVm **§ 307 Abs. 2 Nr. 6** bedarf es im Spaltungsplan der Angabe des Zeitpunktes, von dem an die Handlungen der übertragenden Gesellschaften unter dem Gesichtspunkt der Rechnungslegung als für Rechnung der übernehmenden oder neuen Gesellschaft vorgenommen gelten (sog. Spaltungsstichtag). Entsprechendes bestimmt § 126 Abs. 1 Nr. 6 für die innerstaatliche Spaltung. Die Festlegung des Spaltungsstichtags dient der Bestimmung des Zeitpunkts, von dem ab die grenzüberschreitende Spaltung schuldrechtlich (nicht: dinglich) Wirkung entfalten soll.[19] Zu beachten ist dabei, dass nach hM der Spaltungsstichtag dem Stichtag der Schlussbilanz des übertragenden Rechtsträgers entsprechen muss und dieser nicht länger als acht Monate zurückliegen darf.[20]

g) Rechte von Sonderrechtsinhabern und sonstigen Personen

24 Gemäß § 322 Abs. 2 iVm **§ 307 Abs. 2 Nr. 7** sind im Spaltungsplan Angaben zu den Rechten zu machen, die die übernehmende oder neue Gesellschaft den mit Sonderrechten ausgestatteten Anteilsinhabern und den Inhabern von anderen Wertpapieren als Gesellschaftsanteilen gewährt werden, oder zu den für diese Personen vorgeschlagenen Maßnahmen. Der Zweck der entsprechenden Angaben besteht darin, den mit Sonderrechten ausgestatten Anteilsinhabern der übertragenden Gesellschaft deren diesbezügliche oder etwaige Ausgleichsrechte im übernehmenden Rechtsträger vor Augen zu führen und diese damit frühzeitig über die Reichweite deren mitgliedschaftlicher Rechte in der neuen Rechtsform zu informieren. § 307 Abs. 2 Nr. 7 beschränkt sich allerdings auf Rechte, die den bereits mit Sonderrechten ausgestatteten Anteilsinhabern **bereits im übertragenden Rechtsträger** gewährt werden.[21] Angaben über Sonderrechte, die im Rahmen bzw. im Zuge der grenzüberschreitenden Spaltung gewährt werden sollen, werden nicht zwingend verlangt.[22]

---

[17] Für die GmbH s. in diesem Zusammenhang auch § 29 GmbHG; für die AG § 174 AktG.

[18] Zu § 126 Abs. 1 Nr. 5 vgl. nur Semler/Stengel/Leonard/Schröer/Greitemann § 126 Rn. 46.

[19] Zu § 126 Abs. 1 Nr. 6 Habersack/Wicke/Verse § 126 Rn. 65.

[20] Zu § 126 Abs. 1 Nr. 6 vgl. nur Habersack/Wicke/Verse § 126 Rn. 66; vgl. auch *Bungert* FS Krieger, 2020, 109 (112).

[21] Zu § 307 Abs. 2 Nr. 7 (§ 122c Abs. 2 Nr. 7 aF): Lutter/*Bayer* § 122c Rn. 23.

[22] Zu § 307 Abs. 2 Nr. 7 (§ 122c Abs. 2 Nr. 7 aF): Lutter/*Bayer* § 122c Rn. 23.

Sondlerrechte iSv § 307 Abs. 2 Nr. 7 sind insbesondere Anteile ohne Stimmrecht, Vorzugsaktien, Mehrstimmrechtsaktien, Schuldverschreibungen und Genussrechte. Sollen keine Sonder- oder diesbezügliche Ausgleichsrechte im ausländischen Zielrechtsträger gewährt werden, empfiehlt sich zumindest eine Negativerklärung zu diesem Punkt im Spaltungsplan. Bei den in der übernehmenden (neuen) Gesellschaft ggf. zu gewährenden Rechte muss es sich hingegen nicht zwingend ebenfalls um Sonderrechte (nach der relevanten Rechtsordnung) handeln. Vielmehr kann der Ausgleich für einen etwaigen Wegfall von Sonderrechten im Zuge der grenzüberschreitenden Spaltung auch in der Gewährung zusätzlicher „normaler" Rechte bestehen. Dies können grundsätzlich auch nicht-korporative, schuldrechtliche Rechte sein, wie zB virtuelle Anteile und/oder Optionen hieran. Eine genaue Konkretisierung (Anzahl, Modalitäten etc) bedarf es im Spaltungsplan allerdings noch nicht. Gleiches gilt für die tatsächliche Gewährung entsprechender Ausgleichsrechte.

h) Vorteilsgewährungen an Mitglieder der Verwaltungs- und Leitungsorgane

Gemäß **§ 322 Abs. 2** iVm **§ 307 Abs. 2 Nr. 8** sind im Spaltungsplan Angaben zu etwaigen Sondervorteilen, die den Mitgliedern des Vorstands und Aufsichtsrats (AG) oder der Geschäftsführung (GmbH) der an der Spaltung beteiligten Gesellschaften gewährt werden, zu machen. Die Vorschrift dient dem Informationsbedürfnis der Anteilsinhaber dergestalt, dass diese beurteilen können, ob einzelne Personen des Leitungs- oder Kontrollorgans möglicherweise nicht unvoreingenommen handeln. Ein **besonderer Vorteil** ist dabei jede Art von Vergünstigung, die anlässlich der grenzüberschreitenden Spaltung den jeweiligen Personen gewährt wird und nicht Gegenleistung für eine erbrachte Tätigkeit ist. Keine Angabepflicht besteht allerdings, sofern es sich bei der gewährten Leistung um eine angemessene Gegenleistung für erbrachte Dienstleistungen oder um eine Leistung handelt, auf die ungeachtet der Spaltung ohnehin ein Anspruch bestand. Werden keine entsprechenden Sondervorteile gewährt, empfiehlt sich auch hier eine Negativerklärung.[23]

i) Errichtungsakt (ggf. Satzung) der übernehmenden (neuen) Gesellschaft

Gemäß § 322 Abs. 2 iVm **§ 307 Abs. 2 Nr. 9** ist im Spaltungsplan der Errichtungsakt der aus der grenzüberschreitenden Spaltung zur Neugründung hervorgehenden Gesellschaft und, falls sie Gegenstand eines gesonderten Aktes ist, die Satzung anzugeben. Hintergrund der Differenzierung zwischen dem Errichtungsakt und der Satzung ist die von manchen Mitgliedstaaten vorgenommene Trennung beider.[24] Durch die Beifügung des Errichtungsaktes und/oder der Satzung der neu zu gründenden, übernehmenden Gesellschaft soll sichergestellt werden, dass die Gesellschafter, die über die grenzüberschreitende Spaltung beschließen, genau darüber informiert werden, wie ggf. ihre Rechte und Pflichten in dem neuen ausländischen Rechtsträger ausgestaltet sind. Technisch wird man unter diesem Punkt des Spaltungsplans typischerweise mit dem **Verweis auf eine Anlage** zum Spaltungsplan arbeiten, die den entsprechenden Errichtungsakt/die Satzung beinhaltet.

Sowohl aus zeitlicher als auch materieller Sicht ist dieser Aspekt des Spaltungsplans in praktischer Sicht nicht zu unterschätzen, denn damit ist denklogisch verbunden, dass

---

23 Vgl. zur Verschmelzung OLG Frankfurt a. M. 4.4.2011 – 20 W 466/10, NZG 2011, 1278.
24 Vgl. auch *Brandi/Schmidt* AG 2023, 297 (302).

ein entsprechendes Dokument auch bereits vollständig erstellt wurde. Denn die neue Satzung ist sowohl gemäß den formalen als auch den materiellrechtlichen Vorgaben des Zuzugsstaates zu erstellen, denen der Zielrechtsträger unterliegen soll. Die materielle Überprüfung der neuen Satzung erfolgt indes erst durch die Registerbehörde des Zuzugsstaates, bei dem die übernehmende Gesellschaft zur Eintragung anzumelden ist.

29 Bei der grenzüberschreitenden **Spaltung zur Aufnahme** impliziert schutzzweckbezogen § 307 Abs. 2 Nr. 9, dass anstelle des Errichtungsakts bzw. der neuen Satzung die ggf. geänderte Satzung des/der übernehmenden (ausländischen) Rechtsträger(s) beizufügen ist.[25]

j) Verfahrensangaben zu Arbeitnehmer-Mitbestimmungsrechten

30 Gemäß § 322 Abs. 2 iVm **§ 307 Abs. 2 Nr. 10** sind im Spaltungsplan ggf. Angaben zum Verfahren zu machen, nach dem die Einzelheiten der Arbeitnehmerbeteiligung an der Festlegung ihrer Mitbestimmungsrechte an der aus der grenzüberschreitenden Spaltung hervorgehenden, also in diesem Sinne übernehmenden, Gesellschaft geregelt werden. Fragen der unternehmerischen Arbeitnehmermitbestimmung waren dabei schon immer der **neuralgische Punkt** im Zusammenhang mit grenzüberschreitenden Umwandlungen,[26] da diese potenziell genutzt werden können, um die Mitbestimmung im Aufsichtsrat nach deutschem Recht gemäß dem DrittelbG oder dem MitbestG zu vermeiden.[27] Im Hinblick auf die verpflichtenden Angaben im Spaltungsplan kann weitgehend auf die zum ehemaligen § 122c Abs. 2 Nr. 10 aF entwickelten Grundsätze und Auslegungen zurückgegriffen werden, da beide Normen annähernd wortgleich sind und auch den denselben Zweck besitzen.[28]

31 Das Verfahren über die Beteiligung der Arbeitnehmer an der Festlegung ihrer Mitbestimmungsrechte ist im Gesetz über die Mitbestimmung der Arbeitnehmer bei grenzüberschreitendem Formwechsel und grenzüberschreitender Spaltung (**MgFSG**) geregelt. Der Spaltungsplan muss dabei das vorgesehene Verfahren in seinen Grundzügen schildern. Insbesondere aufzunehmen sind Angaben zur Bildung des Wahlgremiums und des besonderen Verhandlungsgremiums (§§ 6 ff. MgFSG), zum Ablauf und der möglichen Dauer des Verhandlungsverfahrens (§§ 14 ff. MgFSG), zum Zustandekommen einer Vereinbarung über ein Mitbestimmungsmodell (§ 24 MgFSG) und zur Möglichkeit eines Scheiterns des Verhandlungsverfahrens und dem Eingreifen der gesetzlichen Auffanglösung (§§ 25 ff. MgFSG).[29] Konnten bereits vor Bekanntmachung des Spaltungsplans konkrete Verhandlungsergebnisse in Bezug auf das ggf. bereits begonnene Verhandlungsverfahren erzielt werden, ist dies ebenfalls in den Spaltungsplan aufzunehmen.[30]

32 Die Angaben zur unternehmerischen Mitbestimmung (insbesondere zum Verfahren) sind aber nur dann obligatorisch, soweit ein entsprechendes Verfahren erforderlich ist. Ist **kein Verfahren** über die künftige Mitbestimmung der Arbeitnehmer im übernehmenden Auslandsrechtsträger durchzuführen, bedarf es auch keiner Angaben über dieses. In diesem Fall erschöpft sich die Angabe in einer Negativerklärung innerhalb des Spaltungsplans.

---

25 In diesem Sinne *Recktenwald* BB 2023, 643 (645).
26 Vgl. nur *Teichmann* NZG 2023, 345.
27 *Baschnagel/Hilser/Wagner* RdA 2023, 103 (104); *Titze* NZA 2021, 752 (757); *Schubert* ZFA 2023, 339 (341); vgl. auch *Spindler/Eitinger* AG 2023, 593 (594 f.).
28 In diesem Sinne wohl auch Begr. RegE UmRUG, BT-Drs. 20/3822, 88; *Bungert* FS Krieger, 2020, 109 (113).
29 Dazu im Detail *Schubert* ZFA 2023, 339 (355 ff.).
30 Zu § 307 Abs. 2 Nr. 10 (§ 122c Abs. 2 Nr. 10 aF): Lutter/Bayer § 122c Rn. 26.

k) Angaben zur Bewertung des Aktiv- und Passivvermögens

Gemäß § 322 Abs. 2 iVm **§ 307 Abs. 2 Nr. 11** sind im Spaltungsplan Angaben zur Bewertung des Aktiv- und Passivvermögens machen, das auf die übernehmende bzw. neue Gesellschaft übertragen wird. Entsprechendes sah für die grenzüberschreitende Verschmelzung schon bisher § 122c Abs. 2 Nr. 11 aF vor. Hintergrund dieser Pflichtangabe ist, Informationen über die Art und Weise des Ansatzes des durch die übertragenden Rechtsträger auf den übernehmenden (neuen) Rechtsträger zu übertragenden Vermögens in dessen Jahresbilanz zu geben.[31] Die Angabe eines konkreten Wertansatzes ist jedoch nicht gefordert, sondern es genügt die Angabe der **Bewertungsmethode** (zB zu Anschaffungskosten, Buch-, Zeit oder Zwischenwerten).[32]

l) Bilanzstichtag

Gemäß § 322 Abs. 2 iVm **§ 307 Abs. 2 Nr. 12** ist im Spaltungsplan der Stichtag derjenigen Bilanzen der an der Spaltung beteiligten Gesellschaften anzugeben, die zur Festlegung der Bedingungen dieser verwendet werden. Auch diesbezüglich sah Entsprechendes für die grenzüberschreitende Verschmelzung schon § 122c Abs. 2 Nr. 12 aF vor. Im Spaltungsplan anzugeben ist daher der Stichtag der Schlussbilanzen aller an der Spaltung beteiligten Gesellschaften. Im Fall der grenzüberschreitenden Spaltung zur Neugründung genügt naturgemäß die Angabe des entsprechenden Stichtages in Bezug auf die übertragende Gesellschaft.

m) Barabfindungsangebot

Gemäß § 322 Abs. 2 iVm **§ 307 Abs. 2 Nr. 13** sind im Spaltungsplan die Einzelheiten zum Angebot einer Barabfindung an ausscheidende Anteilsinhaber im Zuge des Spaltung gemäß § 313 anzugeben. Dies wird unmittelbar durch § 327 S. 1 iVm **§ 313 Abs. 1 S. 1** flankiert,[33] der bestimmt, dass die übernehmende Gesellschaft im Spaltungsplan oder seinem Entwurf jedem Anteilsinhaber, der gegen den Spaltungsbeschluss Widerspruch zur Niederschrift erklärt, den Erwerb seiner Anteile oder Mitgliedschaften gegen eine angemessene Barabfindung anzubieten hat (→ § 327 Rn. 3). Bereits im Spaltungsplan ist daher ein entsprechendes Kaufangebot zum Erwerb von Anteilen zu machen. Hintergrund ist, dass die Anteilsinhaber mit späterer Annahme dieses Barabfindungsangebotes im Zuge des Wirksamwerdens der grenzüberschreitenden Spaltung aus der Gesellschaft ausscheiden,[34] und insofern bereits frühzeitig die Möglichkeit bekommen sollen, sich über die wirtschaftlichen Konditionen ihres etwaigen Austrittsrechts Gedanken machen zu können.

Unter den „**Einzelheiten**" sind die Aspekte des Barabfindungsangebots zu verstehen, die zum einen eine wirtschaftliche (finanzielle) Betrachtung im Hinblick auf einen etwaigen späteren Anteilsverkauf der Anteilsinhaber ermöglichen. Zum anderen müssen die Formalien beinhaltet sein, die die Anteilsinhaber in Kenntnis setzen, wie sie zu ihrem Recht auf Barabfindung kommen und welche Konsequenzen dies hat. In Bezug auf den ersten Aspekt ist daher im Spaltungsplan das tatsächliche Barabfindungsangebot anzugeben, dh iS der allgemeinen Rechtsgeschäftslehre die essentialia

---

[31] Zu § 307 Abs. 2 Nr. 11 (§ 122c Abs. 2 Nr. 11 aF): Maulbetsch/Klumpp/Rose/*Becker/Uxa* § 122c Rn. 46.
[32] Zu § 307 Abs. 2 Nr. 11 (§ 122c Abs. 2 Nr. 11 aF): Kallmeyer/*Lanfermann* § 122c Rn. 32.
[33] Vgl. auch Begr. RegE UmRUG, BT-Drs. 20/3822, 88.
[34] *J. Schmidt* NJW 2023, 1241 (1244); *Thomale/Schmid* NotBZ 2023, 91 (96); *Baschnagel/Hilser* BWNotZ 2023, 2 (5).

negotii. Dies betrifft in erster Linie den angedachten Kaufpreis für die Anteile, die ein Anteilsinhaber gegen Barabfindung an die Gesellschaft verkaufen kann. Die Höhe des Barabfindungsangebots wird von einem Sachverständigen überprüft (§ 327 S. 1 iVm § 313 Abs. 6 S. 1). Bestehen verschiedene Arten und/oder Gattungen von Anteilen, ist dies jeweils gesondert zu berücksichtigen und sind insofern ggf. mehrere Barabfindungsangebote in Abhängigkeit von der jeweiligen Art/Gattung des Anteils im Spaltungsplan zu unterbreiten.

37 Formelle Einzelheiten des Barabfindungsangebots sind vor allem die damit verbundenen **gesetzlichen Geltungsbedingungen** für das entsprechende Recht.[35] Dies sind (1) der vorherige Widerspruch zur Niederschrift bei der beschließenden Anteilsinhaberversammlung (§ 313 Abs. 1 S. 1), (2) das Stehen des Abfindungsangebot unter der aufschiebenden Bedingung des Wirksamwerdens der grenzüberschreitenden Spaltung (§ 313 Abs. 1 S. 2), (3) das Erfordernis einer Mitteilung inkl. deren Ausschlussfrist (§ 313 Abs. 2), (4) das darauffolgende Erfordernis der Annahme des Barabfindungsangebots inkl. dessen Ausschlussfrist (§ 313 Abs. 3), (5) die Angabe einer Postanschrift sowie elektronische Adresse (E-Mail) der Gesellschaft im Hinblick auf die Mitteilung und die Angebotsannahme (§ 313 Abs. 1 S. 3), (6) die Zahlungsfrist im Fall der Annahme des Barabfindungsangebots (§ 313 Abs. 5) und (7) die rechtlichen Konsequenzen der Annahme des Barabfindungsangebots, dh das automatische Ausscheiden der jeweiligen Anteilsinhaber im Zuge der Wirksamkeit der grenzüberschreitenden Spaltung (§ 313 Abs. 4). Da die Abfindungszahlungspflicht eine im Spaltungsplan grundsätzlich frei zuweisbare Passiva darstellt,[36] empfiehlt sich auch anzugeben, welcher Rechtsträger bei einer grenzüberschreitenden Abspaltung zur Zahlung gem. § 327 S. 1 iVm § 313 Abs. 5 verpflichtet sein soll.

38 Auf die Angaben zum Barabfindungsangebot kann durch die Anteilsinhaber auch verzichtet werden, wenn alle Anteilsinhaber eine entsprechende **Verzichtserklärung** abgeben. Auch im Rahmen einer grenzüberschreitenden Verschmelzung wird ein entsprechender Verzicht auf ein Barabfindungsangebot im Verschmelzungsplan bejaht.[37] Hintergrund ist der allgemeine Rechtsgedanke, dass betroffene Anteilsinhaber grundsätzlich auf die ihnen gesetzlich eingeräumten Rechte bzw. zu ihren Gunsten wirkenden Regelungen verzichten können. Diesem Gedanke steht auch die zugrunde liegende Richtlinie prinzipiell nicht entgegen. Die entsprechenden Verzichtserklärungen sind (idR zusammen mit anderen Verzichtserklärungen) notariell zu beurkunden. Auch bei einer sog. Upstream-Abspaltung ist ein Barabfindungsangebot nicht erforderlich.[38]

n) Gläubigersicherheiten

39 Gemäß § 322 Abs. 2 iVm **§ 307 Abs. 2 Nr. 14** sind im Spaltungsplan Angaben zu den Sicherheiten zu machen, die den Gläubigern angeboten werden. Dies steht in unmittelbaren Zusammenhang mit einem etwaigen Anspruch der Gläubiger der übertragenden Gesellschaft auf Sicherheitsleistungen gem. § 328 iVm § 314. Zweck des § 307 Abs. 2 Nr. 14 ist, dass den Gläubigern bereits im Rahmen des bekanntzumachenden Spaltungsplans **Informationen** darüber zu geben sind, wie etwaige von der Gesellschaft bereitzustellende Sicherheiten ausgestaltet sein werden. Erfasst sind nur die Gläubiger der

---

[35] Vgl. auch *Recktenwald* BB 2023, 643 (645).
[36] *Geibel/Heinze/Verse/Verse* S. 191 (204).
[37] *Stiegler* AG 2019, 708 (717); zur grenzüberschreitenden Spaltung *Recktenwald* BB 2023, 643 (645).
[38] *Recktenwald* BB 2023, 643 (645).

übertragenden deutschen Gesellschaft. Dies ergibt sich aus § 314, der ebenfalls nur diese in den Schutz nimmt. Dies gilt auch bei der grenzüberschreitenden Spaltung zur Aufnahme. Die Rechte der Gläubiger der übernehmenden Auslandsgesellschaft richten sich nach dem Recht, dem die jeweilige Gesellschaft unterliegt.[39]

Gemäß der Gesetzesbegründung soll die übernehmende Gesellschaft den anspruchsberechtigten Gläubigern bereits im Spaltungsplan Sicherheitsleistungen anbieten, wenn die Voraussetzungen des § 328 iVm § 314 Abs. 1 (vor der Bekanntmachung des Spaltungsplans entstandene, aber noch nicht fällige und durch die Spaltung gefährdete Forderung) erfüllt sind.[40] Die erscheint jedoch verfehlt.[41] Dem steht schon § 328 iVm § 314 Abs. 2 entgegen, der eine Glaubhaftmachung gegenüber dem zuständigen Registergericht fordert. Vielmehr ist es ausreichend, dass im Spaltungsplan dargestellt wird, welche Sicherheiten an Gläubiger mit berechtigtem Sicherheitsverlangen gewährt werden sollen.[42] Mithin genügt, dass abstrakt beschrieben wird, welche Sicherheiten die Gesellschaft bereit ist zu bewirken. Für die Frage, wie entsprechende **Sicherheiten zu bewirken** sein können, kann auf die beispielhaften Aufzählungen in § 232 Abs. 1 BGB zurückgegriffen werden. Andere Sicherheitsleistungen bleiben gleichwohl möglich. Reichen die angegebenen Sicherheiten aus Sicht der Gläubiger individuell betrachtet nicht aus oder sind ungenügend, können diese den gesetzlichen Anspruch mittels Leistungsklage gerichtlich durchsetzen.[43] Problematisch ist jedoch, dass die Eintragung der grenzüberschreitenden Spaltung so lange (faktisch) suspendiert wird, wie durchsetzbare Sicherheitsleistungsansprüche bestehen und diese noch nicht geleistet wurden.[44] Insoweit dürfte es von starkem Interesse iSd Verfahrensbeschleunigung für die Vertretungsorgane sein, bereits im Spaltungsplan angemessene Sicherheiten (konkret) vorzusehen,[45] auch wenn dies nicht zwingend erforderlich erscheint.

o) Auswirkungen auf Betriebsrenten und -anwartschaften

Zudem sind gem. § 322 Abs. 2 iVm **§ 307 Abs. 2 Nr. 16** im Spaltungsplan die Auswirkungen der grenzüberschreitenden Spaltung auf Betriebsrenten und Betriebsrentenanwartschaften darzustellen. Eine grenzüberschreitende Spaltung kann sich grundsätzlich auch auf erworbene Betriebsrentenanwartschaften der aktuellen und ehemaligen Arbeitnehmer der übertragenden Gesellschaft sowie auf Betriebsrenten der Versorgungsempfänger auswirken.[46] Hierüber und über die damit verbundenen Rechtsfolgen ist im Rahmen des Spaltungsplans zu informieren, um die Statthaftigkeit eines möglichen Antrags auf Sicherheitsleistung gem. § 328 iVm § 314 prüfen zu können.[47] Dies ergibt sich daraus, dass Arbeitnehmer in Bezug auf Betriebsrentenansprüche ebenfalls Gläubiger der übertragenden Gesellschaft sind.[48] Nur durch die Darstellung etwaiger Auswirkungen im Spaltungsplan kann nach Ansicht des Gesetzgebers sichergestellt werden, dass

---

39 *J. Schmidt* FS Heidinger, 2023, 469 (472) (zur grenzüberschreitenden Verschmelzung).
40 Begr. RegE UmRUG, BT-Drs. 20/3822, 97.
41 Kritisch zu einer „proaktiven Angebotspflicht" auch *Wollin* ZIP 2022, 989 (992); *Bungert/Strothotte* BB 2022, 1411 (1416); *Thomale/Schmid* NotBZ 2023, 91 (100 f.).
42 *Bungert/Strothotte* BB 2022, 1411 (1416); *Bungert/Reidt* DB 2022, 1369 (1377); *Baschnagel/Hilser* NZG 2022, 1333 (1336) („fakultativ").
43 *Heckschen/Knaier* ZIP 2022, 2205 (2209); *Baschnagel/Hilser* NZG 2022, 1333 (1337).
44 *Baschnagel/Hilser* NZG 2022, 1333 (1337); *Thomale/Schmid* NotBZ 2023, 125 (132); *Thomale/Schmid* NotBZ 2023, 91 (101); vgl. auch Begr. RegE UmRUG, BT-Drs. 20/3822, 97.
45 *Thomale/Schmid* NotBZ 2023, 125 (132).
46 Begr. RegE UmRUG, BT-Drs. 20/3822, 88.
47 Begr. RegE UmRUG, BT-Drs. 20/3822, 88.
48 *Noack* MDR 2023, 465 (448).

der Informationszugriff nicht auf die Arbeitnehmer oder ihre Vertretungen beschränkt ist.[49]

p) Indikativer Zeitplan

42 Neben dem Verweis auf die Pflichtangaben im Verschmelzungsplan gem. § 322 Abs. 2 sieht § 322 auch spaltungsspezifische Pflichtangaben vor, die im Plan enthalten sein müssen. Zunächst ist dabei gem. **§ 322 Abs. 2 Nr. 1** im Spaltungsplan der vorgesehene „indikative Zeitplan" anzugeben.[50] Dies setzt denklogisch voraus, dass sich der Vorstand bzw. die Geschäftsführung der übertragenden Gesellschaft intensiv vorab damit auseinandergesetzt hat. Die Angabe eines entsprechenden Zeitplans wurde im Rahmen des Gesetzgebungsverfahrens nicht unerheblich kritisiert.[51] Grund für die Kritik war/ist, dass erfahrungsgemäß die einzelnen Verfahrensschritte, insbesondere, wenn sie abhängig von Stakeholdern oder den beteiligten Registern sind, abweichende zeitliche Dimensionen annehmen können, was den Zeitplan als solchen unverlässlich erscheinen lässt.

43 Zweck der Angabe eines Zeitplans ist, dass sich die von der Spaltung betroffenen Adressaten des Spaltungsplans im Hinblick auf die **Gesamtdauer** und den Abschluss des Umwandlungsverfahrens orientieren und damit besser planen können, bis zu welchem Zeitpunkt sie Maßnahmen unternehmen, um ihre Rechte geltend zu machen bzw. abzusichern. Das Bedürfnis der Angabe eines indikativen Zeitplans ergibt sich somit aus der Schutzrichtung des Spaltungsplans als umfassendes Informationsinstrument.

44 Der anzugebende Zeitplan betrifft das zeitliche Moment der Strukturmaßnahme und bedeutet, dass sich die Mitglieder des Geschäftsführungsorgans bereits bei Einleitung des Umwandlungsverfahrens über den zeitlichen Rahmen der geplanten Spaltung im Klaren sein müssen. Bei der Angabe des Zeitplans handelt es sich um eine **zeitliche Prognose**. Diese Prognose hat sich auf die erforderlichen Verfahrensschritte für die Durchführung der Spaltung zu beziehen. Der indikative Zeitplan muss dabei auf vernünftigen kaufmännischen und rechtlichen Annahmen beruhen und mögliche Verzögerungen einbeziehen sowie auf solche hinweisen. Die Angabe eines „vorgesehenen" Zeitplans impliziert, dass nicht alle Abweichungen hiervon zur Anfechtbarkeit des Spaltungsplans führen. Abweichungen, die für die rechtliche und ökonomische Bewertung des Umwandlungsverfahrens unerheblich sind, sind nicht erfasst.[52] Es handelt sich insofern um einen „nicht verbindlichen" Zeitplan,[53] was indes dessen Sinnhaftigkeit wieder stückweise infrage stellt.

q) Satzungsänderungen der übertragenden Gesellschaft

45 Gemäß **§ 322 Abs. 2 Nr. 2** sind bei einer grenzüberschreitenden **Abspaltung** sowie **Ausgliederung** etwaige Satzungsänderungen der übertragenden Gesellschaft anzugeben. Hintergrund ist, dass es nicht selten auch bei der übertragenden Gesellschaft aufgrund der Spaltung zu Änderungen des entsprechenden Grundlagendokuments kommen

---

[49] Begr. RegE UmRUG, BT-Drs. 20/3822, 88; kritisch dazu *Lucy/Redler* notar 2022, 163 (166).
[50] Formulierungsbeispiel bei Herrler GesR-NotGP/*Freier* § 34 Rn. 22.
[51] *Heckschen/Knaier* GmbHR 2023, 317 (325); *Bormann/Stelmaszczyk* ZIP 2019, 353 (356); *Bungert/Becker* DB 2019, 1609 (1610); *Bungert/Wansleben* DB 2018, 2094 (2096);
Bungert FS Krieger, 2020, 109 (113); *Stelmaszczyk* notar 2021, 107 (116); positiver hingegen *Bayer/J. Schmidt* BB 2019, 1922 (1927).
[52] Vgl. *Heckschen/Knaier* GmbHR 2023, 317 (325).
[53] Begr. RegE UmRUG, BT-Drs. 20/3822, 108; *Brandi/Schmidt* AG 2023, 297 (302).

kann,⁵⁴ zB in Bezug auf die Änderung des Unternehmensgegenstandes.⁵⁵ Hierüber sind die Anteilsinhaber schon im Rahmen des Spaltungsplans in Kenntnis zu setzen. Obgleich sich § 322 Abs. 2 Nr. 2 nur auf die **Angabe von Änderungen** der Satzung bzw. des Gesellschaftsvertrags bezieht, kann auch die vollständige neue Satzung (als Anlage) unter Hervorhebung der geplanten Änderungen dem Spaltungsplan beigefügt werden. Im Falle der grenzüberschreitenden **Aufspaltung** erlischt der übertragende Rechtsträger im Zuge der Umwandlung, so dass es hierbei keine Angabe etwaiger Satzungsänderungen geben kann.

r) Beschreibung der Gegenstände des Aktiv- und Passivvermögens

Gemäß **§ 322 Abs. 2 Nr. 3** bedarf es im Spaltungsplan einer genauen Beschreibung der Gegenstände des Aktiv- und Passivvermögens der übertragenden Gesellschaft. Erforderlich ist insofern eine **Zuweisung des Vermögens** zwischen den beteiligten Gesellschaften.⁵⁶ Im Detail kann dabei auf die bereits bestehenden Wertungen und Auslegungen zur vergleichbaren Regelung des § 126 Abs. 1 Nr. 9 für innerstaatliche Spaltungen zurückgegriffen werden.

Im Rahmen der entsprechenden Beschreibung bedarf es zudem einer **Erklärung**, wie diese Gegenstände des Aktiv- und Passivvermögens den neuen bzw. übernehmenden Gesellschaften zugeteilt werden oder ob sie im Fall einer Abspaltung oder Ausgliederung bei der übertragenden Gesellschaft verbleiben sollen. Hintergrund ist die auch im grenzüberschreitenden Kontext bestehende Spaltungsfreiheit dergestalt, dass die übertragende bzw. die beteiligten Gesellschaften grundsätzlich selbst entscheiden können, welche Aktiva und welche Passiva jeweils welcher Gesellschaft zugeteilt werden sollen.

Bei der Erklärung ist auch darauf einzugehen, wie mit solchen Gegenständen umzugehen ist, die **ausdrücklich nicht** einem der beteiligten Rechtsträger zugeteilt werden, zB weil sie zum Zeitpunkt der Erstellung des Spaltungsplans noch nicht bekannt sind. Es bedarf daher einer Aussage, wie vor allem neu hinzukommende Gegenstände im Zweifel verteilt werden sollen. Hiervon nicht erfasst sind die nach deutscher Terminologie bekannten „vergessenen" **Gegenstände**, denn diese werden nicht ausdrücklich, sondern aus Versehen (unabsichtlich) nicht zugeteilt. Bei diesen ist nach der allgemeinen Regelungen zunächst eine Auslegung des Spaltungsplans erforderlich. Bleibt diese ergebnislos, verbleibt der vergessene Gegenstand beim übertragenden Rechtsträger. Dies gilt zumindest bei der Abspaltung und Ausgliederung. Für vergessene Gegenstände des Aktivvermögens gilt bei der grenzüberschreitenden **Aufspaltung** anstelle dessen über § 320 Abs. 2 die Regelung des § 131 Abs. 3, so dass der jeweilige Gegenstand pro rata auf alle übernehmenden Rechtsträger übergeht.⁵⁷ Für vergessene Verbindlichkeiten gilt hingegen § 131 Abs. 1; alle beteiligten Rechtsträger haften diesbezüglich daher als Gesamtschuldner.

Zudem kommt ergänzend über § 320 Abs. 2 die Regelung des § 126 Abs. 2 zur Anwendung.⁵⁸ **Sonstige Vorschriften** für die Art und Weise der Bezeichnung von Gegenständen, insbesondere § 28 GBO, bleiben daher unberührt.⁵⁹

---

54 Vgl. auch Begr. RegE UmRUG, BT-Drs. 20/3822, 108.
55 *Brandi/Schmidt* AG 2023, 297 (302).
56 Begr. RegE UmRUG, BT-Drs. 20/3822, 109; vgl. auch *Recktenwald* BB 2023, 643 (646).
57 *Bungert* FS Krieger, 2020, 109 (113).
58 Begr. RegE UmRUG, BT-Drs. 20/3822, 109; *Brandi/Schmidt* AG 2023, 297 (302).
59 Vgl. dazu *Blasche* NZG 2016, 328.

s) Angaben zur Bewertung des verbleibenden Aktiv- und Passivvermögens

50 Gemäß § 322 Abs. 2 Nr. 4 bedarf es im Spaltungsplan weiterhin der Angaben zur Bewertung des bei der übertragenden Gesellschaft verbleibenden Aktiv- und Passivvermögens. Welche Aktiva und Passiva bei der übertragenden Gesellschaft verbleiben, ergibt sich dabei aus den Angaben und Erklärungen gem. § 322 Abs. 2 Nr. 3. Gemeint ist damit wohl eine **handelsrechtliche Bewertung** der entsprechend verbleibenden Vermögensgegenstände und Verbindlichkeiten. Dies soll auch Angaben zum bilanziellen Ansatz (insbes. Buch- oder Zwischenwert) umfassen.[60]

51 Die Erforderlichkeit der Bewertung des Vermögens, das auf die neuen/übernehmenden Gesellschaften übertragen wird, ergibt sich bereits aus dem Verweis auf § 307 Abs. 2 Nr. 11.[61]

t) Aufteilung der Anteile sowie deren Maßstab

52 Schließlich ist gem. § 322 Abs. 2 Nr. 5 bei einer grenzüberschreitenden Aufspaltung sowie Abspaltung die Anteilsaufteilung der übertragenden Gesellschaft und der neuen/übernehmenden Gesellschaften auf die Anteilsinhaber der übertragenden Gesellschaft sowie der Maßstab für die Aufteilung anzugeben. Für die Ausgliederung bedarf es einer solchen Angabe nicht.[62] § 322 Abs. 2 Nr. 5 entspricht weitgehend der für innerstaatliche Spaltungen bekannten Regelung des **§ 126 Abs. 1 Nr. 10**,[63] so dass auf dessen Wertungen und Auslegungen verwiesen werden kann. Bei einer verhältniswahrenden Spaltung genügt insofern die Angabe, dass sich die Aufteilung der Anteile nach dem bisherigen Beteiligungsverhältnis beim übertragenden Rechtsträger richtet.[64] Für die **nicht-verhältniswahrende** grenzüberschreitende Spaltung gilt ferner die Regelung des § 326 Abs. 3 (→ § 326 Rn. 16).[65]

3. Sprache

53 Weder die deutschen noch die europäischen Bestimmungen äußern sich zur Sprache des Spaltungsplans.[66] Ob zwingend ein deutschsprachiger Spaltungsplan zu erstellen und zu beurkunden ist, ergibt sich daher nach den allgemeinen Vorgaben des deutschen Rechts. Danach ist ein Spaltungsplan **in deutscher Sprache** erforderlich.[67] Dies folgt daraus, dass gem. § 329 S. 1 iVm § 315 Abs. 2 iVm § 17 Abs. 1 der Spaltungsplan in Ausfertigung oder öffentlich beglaubigter Abschrift der Handelsregisteranmeldung beizufügen ist. Entsprechende Dokumente sind dabei in deutscher Sprache einzureichen (vgl. § 488 Abs. 3 S. 1 FamFG iVm § 184 S. 1 GVG). Dies verbietet aber nicht, dass der Spaltungsplan auch **zweisprachig** aufgestellt werden kann, solange die zweite Sprachfassung formal nur Informationszwecken dient und die deutsche Sprachfassung maßgeblich ist.

---

[60] Zu erweiterten Auslegung des § 307 Abs. 2 Nr. 11 Widmann/Mayer/*Mayer* § 122c Rn. 138.
[61] Begr. RegE UmRUG, BT-Drs. 20/3822, 109.
[62] Begr. RegE UmRUG, BT-Drs. 20/3822, 109.
[63] Begr. RegE UmRUG, BT-Drs. 20/3822, 109.
[64] Zu § 126 Abs. 1 Nr. 10 Semler/Stengel/Leonard/*Schröer/Greitemann* § 126 Rn. 83.
[65] Begr. RegE UmRUG, BT-Drs. 20/3822, 109.
[66] *Bungert/Strothotte* BB 2022, 1411 (1412); *Stelmaszczyk* DK 2021, 1 (8).
[67] *Recktenwald* BB 2023, 643 (646).

III. Grenzüberschreitende Ausgliederung

Bei einer (grenzüberschreitenden) Ausgliederung werden bekanntermaßen nicht die Anteilsinhaber der übertragenden Gesellschaft solche des übernehmenden (neuen) Rechtsträgers, sondern die **übertragende Gesellschaft selbst**.[68] Dieser maßgebende Unterschied zur Auf- und Abspaltung als erfasste Spaltungsarten spiegelt sich auch bei der Ausgestaltung des Spaltungsplans und dessen gesetzlichen Pflichtinhalt wider. Basierend auf der europäischen Regelung des Art. 160s RL (EU) 2017/1132 sieht § 322 Abs. 3 in diesem Zusammenhang vor, dass es **verschiedener Angaben**, die bei der grenzüberschreitenden Auf- und Abspaltung erforderlich sind, bei der grenzüberschreitenden Ausgliederung auf einen ausländischen Rechtsträger **nicht bedarf**. Dies sind aufgrund des beschriebenen Charakters einer Ausgliederung namentlich das Umtauschverhältnis zzgl. der Höhe der baren Zuzahlung gem. § 307 Abs. 2 Nr. 2 (→ Rn. 15 ff.), die Einzelheiten hinsichtlich der Übertragung der Gesellschaftsanteile gem. § 307 Abs. 2 Nr. 3 (→ Rn. 18), der Zeitpunkt der Gewinnbeteiligung gem. § 307 Abs. 2 Nr. 5 (→ Rn. 22), die Rechte von Sonderrechtsinhabern gem. § 307 Abs. 2 Nr. 7 (→ Rn. 24 f.) und die Einzelheiten zum Barabfindungsangebot gem. § 307 Abs. 2 Nr. 13 iVm § 327 S. 1 iVm § 313 (→ Rn. 35 ff.). Darüber hinaus bedarf es auch keiner Angaben zur Aufteilung der Anteile gem. § 322 Abs. 2 Nr. 5.[69]

IV. Beurkundung des Spaltungsplans

Gemäß § 322 Abs. 4 ist der Spaltungsplan **notariell zu beurkunden**. Dadurch soll ua dem gesteigerten Beratungsbedarf bei einer grenzüberschreitenden Spaltung nachgekommen werden. Die notarielle Beurkundung soll zudem gewährleisten, dass den Gläubigern zur Prüfung etwaiger Ansprüche ein den Vorschriften des Umwandlungsgesetzes entsprechendes Dokument als Prüfungsgrundlage zur Verfügung gestellt wird.[70] Eine Beurkundungspflicht des Spaltungsplans gibt die zugrunde liegende Richtlinie zwar als solche nicht vor, überlässt es aber den Mitgliedstaaten entsprechende Formerfordernisse im Einklang mit den nationalen Vorgaben für innerstaatliche Umwandlungen vorzusehen.[71] Andererseits gibt die Richtlinie aber auch nicht zwingend vor, wie der Spaltungsplan zu beurkunden sein müsste. Darauf basierend wurde teilweise gefordert, zumindest eine Online-Beurkundung nach dem nunmehrigen Vorbild des § 2 Abs. 3 GmbHG zu ermöglichen.[72] Dem wurde jedoch bewusst nicht gefolgt, so dass auch eine analoge Anwendung nicht denkbar ist. Für die **Beurkundung im Ausland** bzw. durch einen ausländischen Notar gelten die allgemeinen Regelungen, dh dass diese zwar grundsätzlich möglich ist, der ausländische Notar aber mit einem deutschen vergleichbar sein muss. In Bezug auf die entsprechende Vergleichbarkeit kann dabei die dazu ergangene Rechtsprechung herangezogen werden.

§ 323 Bekanntmachung des Spaltungsplans

§ 308 Absatz 1 gilt für die Bekanntmachung des Spaltungsplans oder seines Entwurfs entsprechend.

---

68 Siehe (§ 320 Abs. 1 iVm) § 123 Abs. 3.
69 Begr. RegE UmRUG, BT-Drs. 20/3822, 109.
70 Vgl. auch Begr. RegE UmRUG, BT-Drs. 20/3822, 109.
71 Vgl. insbesondere Art. 160c RL (EU) 2017/1132; *Bungert* FS Krieger, 2020, 109 (114).
72 Vgl. Ausschuss für Recht und Verbraucherschutz, BT-Drs. 19/30523, 99; *Keller/Schümmer* NZG 2021, 573 (578); *Keller/Schümmer* DB 2022, 1179 (1181).

Literatur:
Brandi/M.K. Schmidt, Die grenzüberschreitende Spaltung nach dem UmRUG, AG 2023, 297; *Bungert/Strothotte*, Die grenzüberschreitende Spaltung nach dem Referentenentwurf des UmRUG, BB 2022, 1411; *Heckschen/Knaier*, Die größte Reform des Umwandlungsrechts: Endlich in Kraft!, GmbHR 2023, 317; *Noack*, Nationaler Rechtsrahmen für grenzüberschreitende Umwandlungen, MDR 2023, 465; *Recktenwald*, Die grenzüberschreitende Hinausspaltung zur Aufnahme nach dem UmRUG – Teil II, BB 2023, 707; *Stelmaszczyk*, Grenzüberschreitende Spaltungen de lege lata und de lege ferenda – Teil 1, DK 2021, 1 *Thomale/Schmid*, Das neue Recht der grenzüberschreitenden Umwandlung – Eine Einführung (Teil II), NotBZ 2023, 125.

I. Einführung und Grundlagen 1	2. Inhalt der Bekanntmachung 6
1. Europäischer Hintergrund 1	3. Modalitäten der Bekanntmachung 8
2. Regelungsgegenstand und -zweck 2	IV. Verzicht auf Bekanntmachung? 9
II. Einreichung bei Registergericht 4	
III. Bekanntmachung 5	
1. Bekanntmachungspflicht 5	

I. Einführung und Grundlagen

1. Europäischer Hintergrund

1 § 323 dient der Umsetzung von **Art. 160g RL (EU) 2017/1132**.[1] Dieser bestimmt ua, dass die Mitgliedstaaten sicherzustellen haben, dass der Spaltungsplan öffentlich zugänglich zu machen ist sowie verschiedene Hinweisbekanntmachungen zu erfolgen haben (Art. 160g Abs. 1 S. 1 RL 2017/1132).

2. Regelungsgegenstand und -zweck

2 § 323 regelt die „**Bekanntmachung des Spaltungsplans**". Die Norm verweist dabei vollumfassend auf die entsprechende Anwendung der Bekanntmachungsvorschrift des § 308 Abs. 1 für die grenzüberschreitende Verschmelzung. Die Regelung des **308 Abs. 1** hat den Zweck, die Anteilsinhaber und Gläubiger sowie den Rechtsverkehr im Allgemeinen frühzeitig über die geplante Strukturmaßnahme zu informieren. Vor allem die Anteilsinhaber sollen bereits vor Einberufung der Haupt- bzw. Gesellschafterversammlung über den Plan als Beurteilungsgrundlage für die Beschlussfassung in Kenntnis gesetzt werden. Aber auch den Gläubigern soll damit ein frühzeitiges Informationsrecht gewährt werden. Dies ist insofern von Bedeutung, da die Bekanntmachung maßgeblich für die rechtzeitige Geltendmachung eines Anspruchs auf Sicherheitsleistung ist (vgl. § 328 iVm § 314 Abs. 3). Für die Anteilsinhaber bestimmt die Bekanntmachung bzw. Veröffentlichung ferner den Zeitpunkt des frühestmöglichen Stattfindens der über die grenzüberschreitende Spaltung beschließenden Anteilsinhaberversammlung (vgl. § 323 iVm § 308 Abs. 1 S. 4). Der Verweis des § 323 erfasst ausschließlich § 308 Abs. 1. Aus wegzugsrechtlicher Perspektive ist an der Spaltung nur ein Ausgangsrechtsträger beteiligt, weshalb die von § 308 Abs. 2 erfassten Konzernverbindungen nicht auftreten können und daher ein Verweis auf diese Vorschriften obsolet ist.[2]

3 Ferner erhält das **zuständige Registergericht** durch die Einreichungspflicht gem. § 323 iVm § 308 Abs. 1 S. 1 die Möglichkeit, den Spaltungsplan zu prüfen und auf etwaige Mängel noch vor der Beschlussfassung der Anteilsinhaber aufmerksam zu machen. Durch die Einreichung des Spaltungsplans und der Bekanntmachung eines entsprechenden Hinweises soll sichergestellt werden, dass den Adressaten des Plans dessen Informationswirkung vollumfänglich zugutekommt und sie rechtzeitig entsprechende

---
[1] Begr. RegE UmRUG, BT-Drs. 20/3822, 109.
[2] Begr. RegE UmRUG, BT-Drs. 20/3822, 109.

Maßnahmen ergreifen können, um das Fortbestehen ihrer Rechte zu sichern. Auch Aufsichtsbehörden soll durch die Bekanntmachung eine etwaige Prüfung der Umwandlungsmaßnahme ermöglicht werden.[3]

II. Einreichung bei Registergericht

Gemäß § 323 iVm § 308 Abs. 1 S. 1 ist der Spaltungsplan oder sein Entwurf beim für die übertragende deutsche Gesellschaft zuständigen Registergericht einzureichen.[4] Die Einreichungspflicht hat die Gesellschaft, vertreten durch ihren Vorstand bzw. ihre Geschäftsführung in vertretungsberechtigter Zahl, vorzunehmen. Formal gilt für die entsprechende Einreichung **§ 12 HGB**.[5] Primärer Inhalt der Einreichung ist dem Wortlaut des § 308 Abs. 1 S. 1 nach der Spaltungsplan oder sein Entwurf. Zudem sind in der Anmeldung aber auch die nach § 308 Abs. 2 S. 2 vom Registergericht bekannt zu machenden **Angaben** gem. § 308 Abs. 1 S. 3 diesem **mitzuteilen**.

III. Bekanntmachung

1. Bekanntmachungspflicht

Ist die Einreichung beim zuständigen Registergericht erfolgt, hat dieses gem. § 323 iVm § 308 Abs. 1 S. 2 unverzüglich verschiedene **Angaben gem. § 10 HGB bekannt zu machen**. Verpflichtet ist somit das zuständige Registergericht.[6] Die unverzügliche Bekanntmachungspflicht wird nur ausgelöst, wenn vorher eine ordnungsgemäße und vollständige Einreichung durch die übertragende Gesellschaft erfolgt ist. Von der Bekanntmachung zu unterscheiden ist die Mitteilung der Eintragung an die Beteiligten. Diese ist in § 383 Abs. 1 FamFG geregelt. Von der Möglichkeit der Online-Veröffentlichung auf der Website der übertragenden Gesellschaft hat der Gesetzgeber keinen Gebrauch gemacht. Hintergrund waren potenzielle Beweisschwierigkeiten in diesem Zusammenhang.[7]

2. Inhalt der Bekanntmachung

Gemäß § 323 iVm § 308 Abs. 1 S. 2 sind im Zusammenhang mit der Einreichung des Spaltungsplans vom Registergericht verschiedene Angaben öffentlich bekannt zu machen. Hierbei handelt es sich um sog. **Hinweisbekanntmachungen**, für die § 10 Abs. 3 HGB gilt und welche kostenlos über das System der Registervernetzung (BRIS) zugänglich sind.[8] Ferner ist der Spaltungsplan bei börsennotierten Gesellschaften über die Internetseite der Gesellschaft zugänglich zu machen.[9] Bekannt zu machen sind:

- **Hinweis** darauf, dass der **Spaltungsplan** oder sein Entwurf beim Handelsregister eingereicht worden ist (Nr. 1);

  Zwar bezieht sich **Nr. 1** nur auf den Hinweis der Einreichung des Spaltungsplans, da jedoch dieser ebenfalls bekanntgemacht wird (→ Rn. 8), wäre ein Hinweis auf das Datum der Bekanntmachung des Spaltungsplans und damit dessen Abrufbarkeit durch die betroffenen Personen sinnvoller gewesen.

---

3 Vgl. OLG Karlsruhe 1.3.2016 – 11 W 5/16, NZG 2017, 186.
4 Vgl. auch *Recktenwald* BB 2023, 707.
5 *Stelmaszczyk* DK 2021, 1 (11).
6 Vgl. auch *Brandi/M.K. Schmidt* AG 2023, 297 (302); *J. Schmidt* NJW 2023, 1241 (1242).
7 Begr. RegE UmRUG, BT-Drs. 20/3822, 89; zustimmend *Thomale/Schmid* NotBZ 2023, 125 (128).
8 Begr. RegE UmRUG, BT-Drs. 20/3822, 89; *Stelmaszczyk* DK 2021, 1 (11).
9 *Brandi/M.K. Schmidt* AG 2023, 297 (302).

- **Rechtsform**, **Firma** und **Sitz** der an der grenzüberschreitenden Spaltung beteiligten Gesellschaften (Nr. 2);

§ 308 Abs. 1 S. 2 **Nr. 2** spricht in diesem Zusammenhang für die grenzüberschreitende Verschmelzung von den „beteiligten Gesellschaften". Dies umfasst bei einer grenzüberschreitenden Spaltung zur Neugründung die vorgesehene Rechtsform, Firma und Sitz **jedes** neu zu gründenden aus- und inländischen übernehmenden Rechtsträgers. Eine Beschränkung auf Rechtsform, Firma und (Satzungs-)Sitz[10] nur des (deutschen) übertragenden Rechtsträgers ist nicht ausreichend.[11]

- **Register** und **Registernummer** aller an der grenzüberschreitenden Spaltung beteiligten Gesellschaften (Nr. 3);
- **Hinweis** an **Anteilsinhaber**, **Gläubiger** und **Betriebsrat** (bzw. Arbeitnehmer) der übertragenden Gesellschaft, dass diese jeweils spätestens fünf Arbeitstage vor dem Tag der über die Spaltung beschließenden Anteilsinhaberversammlung Bemerkungen zum Spaltungsplan übermitteln können (Nr. 4).

§ 308 Abs. 1 S. 2 **Nr. 4** dient dem Schutz der entsprechenden Personengruppen durch Information. Da die Gläubiger und Arbeitnehmer grundsätzlich keine Kenntnis vom **Tag der Anteilsinhaberversammlung** haben werden, muss entweder zusätzlich deren geplanter Tag oder unmittelbar der Tag, an dem die Übermittlungsfrist endet, angegeben werden.[12] Da die Hinweisbekanntmachung auch an den Betriebsrat der übertragenden Gesellschaft bzw. an die Arbeitnehmer selbst, sofern kein Betriebsrat existiert, impliziert, dass über das Handelsregister die Einsichtnahme in den bekannt gemachten Spaltungsplan (→ Rn. 8) möglich ist, wird der Betriebsrat bzw. werden die Arbeitnehmer hinreichend informiert, so dass es – anders als nach § 126 Abs. 3 – keiner gesonderten Zuleitung des Spaltungsplans oder seines Entwurfs an den zuständigen Betriebsrat mehr bedarf.

7 Fraglich ist, ob auch der **Spaltungsplan** (bzw. sein Entwurf) selbst vom Registergericht neben den Angaben nach § 308 Abs. 1 S. 2 **bekannt zu machen** ist. Der Wortlaut des § 323 intendiert dies („Bekanntmachung des Spaltungsplans"). § 308 Abs. 1 sieht dies allerdings so explizit nicht vor, sondern bestimmt nur, dass ein Hinweis auf den eingereichten Spaltungsplan bekannt zu machen ist. Der zugrunde liegende Art. 160g Abs. 1 lit. a RL (EU) 2017/1132 sieht indes vor, dass der Spaltungsplan öffentlich zugänglich zu machen ist. Dies ist auch hier maßgebend, vor allem, da der deutsche Gesetzgeber von einer eigenständigen Veröffentlichung auf der Internetseite der Gesellschaft keinen Gebrauch gemacht hat.[13] Zudem spricht hierfür der Schutzzweck der Norm. Aufgrund der besonderen Gefährdungslage insbesondere der Gläubiger ist es nicht ausreichend, es bei einem Hinweis auf die Einreichung des Spaltungsplans zu belassen.[14] Zudem setzt § 308 Abs. 1 S. 2 Nr. 4 faktisch die Kenntnis des Spaltungsplans voraus. Tatsächlich wird diesem Erfordernis das deutsche Recht aber trotz des missverständlichen Wortlauts des § 308 Abs. 1 hinreichend gerecht. Dies liegt daran, dass im Zuge des DiRUG die gesetzliche Trennung zwischen dem Informations- und Kommunikationssystem gem. § 10 HGB aF und dem System für Abrufe gem. § 9 HGB aF entfallen ist.[15] Mithin

---

10 Siehe Art. 160g Abs. 3 lit. a RL (EU) 2017/1132 („satzungsmäßiger Sitz").
11 Wohl auch *Recktenwald* BB 2023, 707.
12 Begr. RegE UmRUG, BT-Drs. 20/3822, 89.
13 Befürwortend *Stelmaszczyk* DK 2021, 1 (11).
14 Vgl. bereits *Grundmann*, Europäisches Gesellschaftsrecht, 2. Aufl. 2011, Rn. 929.
15 Hopt/*Merkt* HGB § 10 Rn. 2.

erfolgt die Bekanntmachung von Einreichung und Eintragung ins Handelsregister gem. § 10 Abs. 1 S. 1 HGB iVm § 9 Abs. 1 S. 1 HGB durch die Möglichkeit der kostenlosen Abrufbarkeit. Ob es sich dabei wie bei den Angaben nach § 308 Abs. 1 S. 2 um eine Registerbekanntmachung gem. § 10 Abs. 3 HGB handelt, ist unerheblich. Mittels Einreichung des Spaltungsplans muss dieser daher auch öffentlich zugänglich werden.[16]

3. Modalitäten der Bekanntmachung

Die Modalitäten der Bekanntmachungen bestimmen sich weitgehend nach § 323 iVm § 308 Abs. 1 iVm § 10 HGB. Durch das DiRUG ist die Registerpublizität seit dem 1.8.2022 neu geregelt. Die bisherige Art der Bekanntmachung ist entfallen und sie erfolgt allein über die **Abrufbarkeit der Eintragung über das Registerportal**.[17] Die erstmalige Abrufbarkeit ist dabei auch für die Publizitätswirkung gem. § 15 HGB maßgeblich.[18] Bei den Hinweisbekanntmachungen gem. § 323 iVm § 308 Abs. 1 S. 2 handelt es sich um Registerbekanntmachungen nach § 10 Abs. 3 HGB.[19] Für diese gilt § 10 Abs. 1 S. 1 entsprechend, die Bekanntmachung erfolgt also durch erstmalige Abrufbarkeit über das Gemeinsame Registerportal der Länder. § 10 Abs. 4 S. 1 HGB ordnet weiterhin an, dass eine Eintragung mit dem Tag des Ablaufs ihrer Eintragung als bekannt gemacht gilt (sog. Vermutungswirkung).

IV. Verzicht auf Bekanntmachung?

Da mit dem ehemaligen Verschmelzungsplan bei einer grenzüberschreitenden Verschmelzung gem. § 122c aF nicht unmittelbar auch ein Schutz der Gläubiger verbunden war, war nach streitiger Auffassung auch ein Verzicht auf die Bekanntmachung durch die Gesellschaft möglich.[20] Die Bedeutung des Plans hat sich jedoch geändert iSv erweitert, so dass diesem und damit den Bekanntmachungen gem. § 308 Abs. 1 auch eine Gläubigerschutzfunktion bei der übertragenden Gesellschaft zukommt.[21] Ein **Verzicht auf die Bekanntmachungen** gem. § 323 iVm § 308 Abs. 1 ist daher **nicht möglich**. Dies gilt auch in Konzernkonstellationen.[22]

§ 324 Spaltungsbericht

(1) ¹Das Vertretungsorgan der übertragenden Gesellschaft erstellt einen Spaltungsbericht. ²§ 309 Absatz 1 bis 5 und § 310 Absatz 1 und 3 gelten für den Spaltungsbericht entsprechend.

(2) ¹In den Fällen des § 8 Absatz 3 Satz 1, 2 und 3 Nummer 2 und des § 135 Absatz 3 ist der Bericht für die Anteilsinhaber nicht erforderlich. ²Der Bericht für die Arbeitnehmer ist nicht erforderlich, wenn die übertragende Gesellschaft und ihre etwaigen Tochtergesellschaften keine anderen Arbeitnehmer haben als diejenigen, die dem Vertretungsorgan angehören. ³Der Spaltungsbericht ist insgesamt entbehrlich, wenn die Voraussetzungen der Sätze 1 und 2 vorliegen.

---

16 *Bungert/Strothotte* BB 2022, 1411 (1413); *Stelmaszczyk* DK 2021, 1 (11).
17 Dazu *J. Schmidt* ZIP 2021, 112; *Lieder* DNotZ 2021, 830; *Knaier* GmbHR 2021, 169.
18 *Hopt/Merkt* HGB § 10 Rn. 3.
19 Begr. RegE UmRUG, BT-Drs. 20/3822, 89; *Brandi/Schmidt* AG 2023, 297 (302); *Thomale/Schmid* NotBZ 2023, 125 (128); zum Verfahren siehe daher auch § 33 HRV.
20 *Stiegler* AG 2019, 708 (719); aA *Schubert* NJW-Spezial 2019, 79.
21 Begr. RegE UmRUG, BT-Drs. 20/3822, 89.
22 Begr. RegE UmRUG, BT-Drs. 20/3822, 89.

Literatur:

Brandi/M.-K. Schmidt, Die grenzüberschreitende Spaltung nach dem UmRUG, AG 2023, 297; *Bungert*, Das neue Recht der grenzüberschreitenden Spaltung in der EU, in: FS Krieger, 2020, S. 109; *Bungert/Strothotte*, Die grenzüberschreitende Spaltung nach dem Referentenentwurf des UmRUG, BB 2022, 1411; *Heckschen/Knaier*, Die größte Reform des Umwandlungsrechts: Endlich in Kraft!, GmbHR 2023, 317; *Kappenhagen/Wentz*, Vorbereitungsphase grenzüberschreitender Spaltungen – ein Vergleich mit den Vorschriften zu innerstaatlichen Spaltungen, WM 2023, 2113; *Löbbe*, Die grenzüberschreitende Umwandlung nach dem UmRUG, ZHR 187 (2023), 498; *Noack*, Nationaler Rechtsrahmen für grenzüberschreitende Umwandlungen, MDR 2023, 465; *Recktenwald*, Die grenzüberschreitende Hinausspaltung zur Aufnahme nach dem UmRUG – Teil I, BB 2023, 643; *Schmidt, J.*, Die weitreichende Reform des Umwandlungsrechts, NJW 2023, 1241; *Schmidt, J.*, Umwandlungen im Konzern nach dem UmRUG-RegE: Besonderheiten bei Bericht, Prüfung und Beschluss, DK 2022, 309; *Schollmeyer*, Der Verschmelzungs-, Spaltungs- und Formwechselbericht nach der neuen Umwandlungsrichtlinie, AG 2019, 541; *Stelmaszczyk*, Grenzüberschreitende Spaltungen de lege lata und de lege ferenda, Teil 1, DK 2021, 1; *Thomale/Schmid*, Das neue Recht der grenzüberschreitenden Umwandlung – Eine Einführung (Teil II), NotBZ 2023, 125.

	Rn.
I. Einführung und Grundlagen	1
1. Europäischer Hintergrund	1
2. Regelungsgegenstand und -zweck	2
3. Praktische Hinweise	3
II. Erstellung des Spaltungsberichts	4
1. Zweck und Funktion des Spaltungsberichts	4
2. Verpflichtete	5
3. Adressat	7
4. Formelle Anforderungen	8
5. Aufbautechnische Vorgaben	9
III. Inhalt des Spaltungsberichts	11
1. Allgemeiner Abschnitt	11
a) Mindestinformationen	11
b) Erläuterung der Auswirkungen auf künftige Geschäftstätigkeiten	13
c) Begründung der Auswirkungen auf künftige Geschäftstätigkeiten	15
d) Gesonderte Berichterstattung	16
2. Anteilsinhaberspezifischer Abschnitt	18
a) Mindestinformationen	18
b) Rechtliche und wirtschaftliche Erläuterung und Begründung	19
aa) Der Spaltung als solche	19
bb) Des (Entwurfs des) Spaltungsplans	21
cc) Der Auswirkungen auf die Anteilsinhaber	25
dd) Der Rechte und Rechtsbehelfe der Anteilsinhaber	28
c) Gesonderte Berichterstattung	31
3. Arbeitnehmerspezifischer Abschnitt	32
a) Mindestinformationen	32
b) Rechtliche und wirtschaftliche Erläuterung und Begründung	33
aa) Der Auswirkungen auf die Arbeitsverhältnisse	33
bb) Der Änderungen anwendbarer Beschäftigungsbedingungen	34
cc) Der Auswirkungen auf Tochtergesellschaften	35
c) Gesonderte Berichterstattung	36
IV. Entbehrlichkeit der Berichtspflicht	37
1. Bericht für die Anteilsinhaber	38
a) Einpersonengesellschaft	39
b) Verzicht auf Berichtspflicht	41
c) Ausgliederung zur Neugründung	42
2. Bericht für die Arbeitnehmer	43
a) Keine Arbeitnehmer	44
b) Verzicht?	45
3. Vollständige Entbehrlichkeit der Berichtspflicht	46
V. Zugänglichmachung des Spaltungsberichts	47
1. Bedeutung der Zugänglichmachung	47
2. Zugänglichmachung des Spaltungsberichts	48
3. Form und Modalitäten der Zugänglichmachung	50
4. Frist der Zugänglichmachung	51
5. Gesonderte Berichterstattung	52
6. Umfang der Zugänglichmachung	53
7. Maßnahmen bei erfolgter Arbeitnehmer-Stellungnahme	55
VI. Konsequenzen fehlerhafter Berichterstattung und/oder Zugänglichmachung	57
1. Fehlerhaftigkeit des Spaltungsberichts	57
2. Mangelnde oder fehlerhafte Zugänglichmachung	60

I. Einführung und Grundlagen

1. Europäischer Hintergrund

1 § 324 dient der Umsetzung von **Art. 160e RL (EU) 2017/1132**.[1] Dieser bestimmt allgemein, dass das Verwaltungs- oder Leitungsorgan der Gesellschaft, die die Spaltung vornimmt, einen Bericht für Gesellschafter und Arbeitnehmer erstellt, in dem die

---
[1] Begr. RegE UmRUG, BT-Drs. 20/3822, 109.

rechtlichen und wirtschaftlichen Aspekte der grenzüberschreitenden Spaltung erläutert und begründet sowie die Auswirkungen der grenzüberschreitenden Spaltung auf die Arbeitnehmer erläutert werden.[2]

2. Regelungsgegenstand und -zweck

Der Spaltungsbericht dient zur Information und damit dem Schutz der Anteilsinhaber und der Arbeitnehmer der übertragenden, sich spaltenden Gesellschaft.[3] Diesen sollen die rechtlichen und wirtschaftlichen Aspekte der grenzüberschreitenden Umwandlung erläutert und begründet werden. Zweck des § 324 ist also die Statuierung der zum **Schutz der Betroffenen** ausführlichen Vorgaben für die Erstellung und den Inhalt des Spaltungsberichts. Insofern gibt die Norm zunächst eine grundsätzliche Pflicht zur Erstellung des Spaltungsberichts vor (§ 324 Abs. 1 S. 1). Die inhaltlichen Vorgaben des Berichts ergeben sich sodann weitgehend aus § 324 Abs. 1 S. 2 iVm 309 Abs. 1–5. § 324 Abs. 2 bestimmt die Entbehrlichkeit des Spaltungsberichts in bestimmten Lagen bzw. Konstellationen. Die Zugänglichmachung des Spaltungsberichts an die betroffenen Personengruppen ist in § 324 Abs. 1 S. 2 iVm § 310 Abs. 1, 3 geregelt. Keine Anwendung finden hingegen § 309 Abs. 6 und § 310 Abs. 2, die besonderen Bestimmungen für Konzernkonstellationen enthalten, die zumindest bei einer Spaltung zur Neugründung nicht auftreten können.[4]

3. Praktische Hinweise

Beim Spaltungsbericht handelt es sich neben dem Spaltungsplan um das aus Sicht der Anteilsinhaber und der Arbeitnehmer der übertragenden Gesellschaft wichtigste Dokument für die Beurteilung der grenzüberschreitenden Spaltung. Wie vor allem der umfassende Verweis auf § 309 zeigt, kann die Erstellung des Spaltungsberichts **sehr aufwendig** sein. Aufgrund auch der damit verbundenen Fehleranfälligkeit ist zu empfehlen, sich zum einen verhältnismäßig viel Zeit für die Erstellung des Berichts zu nehmen und zum anderen, diesen im Zweifel eher **ausführlicher** auszugestalten.[5] Hierbei sollte sich tendenziell streng an den gesetzlich vorgeschriebenen Aufbau und Inhalt gehalten werden, um Missverständnissen vorzubeugen. Zwar bestimmt § 324 Abs. 1 S. 2 iVm § 309 Abs. 1 S. 1 – anders als § 127 S. 1 für die innerstaatliche Spaltung – nicht, dass die Berichterstattung „ausführlich" zu erfolgen hat, jedoch beruht die entsprechende Inkonsistenz auf der weitgehend wortlautgetreuen Übernahme der zugrunde liegenden europäischen Vorgaben und soll wohl keine Einschränkung des Umfangs des Spaltungsberichts bei einer grenzüberschreitenden Spaltung im Vergleich zum innerstaatlichen Pendant ausdrücken. Selbst wenn einige Aspekte der gesetzlichen Pflichtangaben im konkreten Fall nicht einschlägig sein sollten, empfiehlt sich eine diesbezügliche Negativerklärung. Auch eine Vorab-Abstimmung mit dem etwaigen Betriebsrat erscheint ggf. sinnvoll.

---

[2] Art. 160e Abs. 1 S. 1 RL (EU) 2017/1132.
[3] Erwägungsgrund Nr. 13 RL (EU) 2019/2121; *Thomale/Schmid* NotBZ 2023, 125 (128); *Stelmaszczyk* DK 2021, 1 (13); *J. Schmidt* NZG 2022, 635 (636); *Herzog/Gebhard* AG 2023, 310 (312).
[4] Begr. RegE UmRUG, BT-Drs. 20/3822, 109.
[5] Zu den damit verbundenen Anfechtungsrisiken jedoch *Schollmeyer* AG 2019, 541 (546).

II. Erstellung des Spaltungsberichts

1. Zweck und Funktion des Spaltungsberichts

4 Neben dem Spaltungsplan kommt dem Spaltungsbericht über die geplante Herausspaltung entscheidende Bedeutung zu. Der Spaltungsbericht dient insbesondere den Anteilsinhabern und ist sowohl Beurteilungsmaßstab als auch **Referenzpunkt für die Beschlussfassung** über die grenzüberschreitende Spaltung. Die Anteilsinhaber erhalten durch den Bericht ein formalisiertes Informationsrecht, um ihr Stimmrecht in Kenntnis aller für die Spaltung relevanten Umstände sachgerecht ausüben zu können und die erwarteten Vorteile gegen die möglichen Risiken abzuwägen. Der Spaltungsbericht soll den Anteilsinhabern insofern rechtzeitig vor der Beschlussfassung eine zuverlässige Entscheidungsgrundlage zur Meinungsbildung verschaffen. Ziel der Berichtspflicht ist somit eine Verstärkung des **a-priori-Schutzes**.[6] Dies gilt auch für die Arbeitnehmer, die potenziell von der Spaltung des Arbeitgebers betroffen sein können.[7] **Aufgabe** des Spaltungsberichts ist es dabei, den Vorgang der grenzüberschreitenden Spaltung und die daran anknüpfenden rechtlichen und wirtschaftlichen Auswirkungen für die jeweils betroffenen Personenkreise zu beurteilen. Der Spaltungsbericht muss Informationen enthalten, die für eine diesbezügliche Bewertung erforderlich sind. Die Adressaten der Berichtspflicht müssen in die Lage versetzt werden, die grenzüberschreitende Spaltung einer Plausibilitätskontrolle zu unterziehen.[8]

2. Verpflichtete

5 Die Verpflichtung zur Erstellung eines Spaltungsberichts obliegt der übertragenden Gesellschaft. Intern ist gem. § 324 Abs. 1 S. 1 das Vertretungsorgan, dh der **Vorstand** bzw. die **Geschäftsführung** zuständig. Das entsprechende Organ handelt dabei in Gesamtverantwortung. § 324 Abs. 1 S. 1 ist als solcher eigentlich überflüssig und redundant, da § 324 Abs. 1 S. 2 ua auf § 309 Abs. 1 S. 1 verweist, der inhaltsgleiches für die grenzüberschreitende Verschmelzung vorgibt. Die Norm dient daher nur der Klarstellung.

6 Bei der Spaltung zur Aufnahme ist nach § 332 S. 2 auch ein Spaltungsbericht der **übernehmenden Gesellschaft** erforderlich.[9] Eine gemeinsame Berichterstattung ist gem. § 320 Abs. 2 iVm § 127 S. 1 Hs. 2 möglich.[10] Dies gilt jeweils aber nur, sofern einer der auf- bzw. übernehmenden Rechtsträger dem **deutschen Recht** unterliegt.[11] Auch in diesem Fall kann es sich um eine grenzüberschreitende Spaltung gem. § 320 Abs. 1 handeln, da nur gefordert wird, dass einer der beteiligen Rechtsträger ausländischem Recht unterliegt, was auch die Auf- oder Abspaltung zur Aufnahme auf zwei Rechtsträger in unterschiedlichen Jurisdiktionen umfasst. In Bezug auf den bestehenden aufnehmenden Rechtsträger ausländischen Rechts[12] hat Deutschland keine rechtliche Geltungshoheit.

---

6 Allgemein schon *Priester* ZGR 1999, 36 (41); *Kiem* ZHR 180 (2016) 289 (311 f.); *Heckschen* ZIP 2015, 2049 (2057).
7 Kritisch dazu *Bungert/Wansleben* DB 2018, 2094 (2097).
8 Zur Plausibilitätskontrolle durch die Berichterstattung OLG Jena 5.11.2008 – 6 W 288/08, NJW-RR 2009, 182; LG Mannheim 19.12.2013 – 23 O 50/13, BeckRS 2014, 10107.
9 *Bungert/Strothotte* BB 2022, 1411 (1413); *Recktenwald* BB 2023, 643 (646).
10 *Bungert/Strothotte* BB 2022, 1411 (1413); *Recktenwald* BB 2023, 643 (646); vgl. auch *Stelmaszczyk* DK 2021, 1 (15).
11 Zumindest andeutend auch *Recktenwald* BB 2023, 643 (647).
12 Sofern dieses überhaupt eine grenzüberschreitende Hereinspaltung zur Aufnahme zulässt.

3. Adressat

Adressat des erstellten Spaltungsberichts sind sowohl die **Anteilsinhaber** als auch die **Arbeitnehmer** der übertragenden Gesellschaft. Die Zugänglichmachung des entweder einheitlichen Berichts oder der jeweils gesonderten Berichte erfolgt gem. § 324 Abs. 1 S. 2 iVm 310 Abs. 1 an die Anteilsinhaber und den Betriebsrat der übertragenden Gesellschaft bzw. deren Arbeitnehmer selbst. Die Auswirkungen der Maßnahme auf die Gläubiger sind hingegen im Bericht nicht zu erläutern, so dass der Spaltungsbericht auch nicht den Gläubigern als Informationsgrundlage dient (sofern sie nicht auch Arbeitnehmer sind).[13]

4. Formelle Anforderungen

Für innerstaatliche Umwandlungen muss der Bericht schriftlich verfasst werden (vgl. § 8 Abs. 1 S. 1, § 127 Abs. S. 1, § 192 Abs. 1 S. 1), dh die Mitglieder des Vorstands bzw. der Geschäftsführung müssen diesen in vertretungsberechtigter Zahl jeweils eigenhändig durch Namensunterschrift unterzeichnen. § 309 Abs. 1 S. 1, auf den § 324 Abs. 1 S. 2 verweist, sieht jedoch nur die Erstellung eines entsprechenden Berichts vor, ohne dass ein Schriftformerfordernis aufgestellt wurde. Hierin liegt wohl auch kein Redaktionsversehen, da die Vorgängernorm des § 122e aF für grenzüberschreitende Verschmelzungen noch explizit auf § 8 verwies, der ein solches Schriftformerfordernis vorsah. Da der Spaltungsbericht nicht beim Handelsregister einzureichen ist, erscheint eine schriftliche Abfassung auch nicht zwingend erforderlich. Insgesamt muss der zu erstellende **Spaltungsbericht** daher **nicht schriftlich** iSd § 126 Abs. 1 BGB abgefasst sein; Textform ist ausreichend. Da es sich aber trotzdem um ein Dokument handelt, ist ein mündlicher Bericht unzulässig. Denkbar ist allerdings vor allem, dass der Spaltungsbericht erstellt wird, ohne jedoch, dass er zwingend unterschrieben sein müsste, und dann als PDF-Anhang an die betreffenden Personengruppen per E-Mail durch oder im Auftrag des Vorstands bzw. der Geschäftsführung verschickt wird. Dem entspricht auch § 324 Abs. 1 S. 2 iVm § 310 Abs. 1 S. 1, der lediglich die elektronische Zugänglichmachung des Spaltungsberichts fordert.

5. Aufbautechnische Vorgaben

§ 324 Abs. 1 S. 2 iVm § 309 Abs. 2, 3 enthalten ausdrückliche Vorgaben, wie der Spaltungsbericht formal aufzubauen ist. Dies dient der Übersichtlichkeit aus Perspektive der betroffenen Personenkreise und soll auch visuell eine klare Trennung zwischen den für die Anteilsinhaber und den für die Arbeitnehmer relevanten Aspekten des Spaltungsberichts gewährleisten.[14] Aus dem Wortlaut des § 309 Abs. 2 wird ersichtlich, dass der Spaltungsbericht aus **drei Teilen/Abschnitten** zu bestehen hat.[15] Zunächst bedarf es eines (einleitenden) **allgemeinen Abschnitts**. In diesem ist gem. § 309 Abs. 2 S. 1 die künftige Geschäftstätigkeit des Rechtsträgers und seiner etwaigen Tochtergesellschaften zu erläutern und zu begründen (→ Rn. 11 ff.). Daneben muss der Spaltungsbericht einen **anteilsinhaberspezifischen Abschnitt** und einen **arbeitnehmerspezifischen Abschnitt** enthalten (§ 309 Abs. 2 S. 2). Die Vorgaben für die inhaltliche Ausgestaltung

---

13 *Luy/Redler* notar 2022, 163 (166).
14 Vgl. auch *Schollmeyer* AG 2019, 541 (544 f.).
15 Begr. RegE UmRUG, BT-Drs. 20/3822, 90 („Dreiteilung"); vgl. auch *Luy/Redler* notar 2022, 163 (166); *Schollmeyer* AG 2019, 541 (543); *Drinhausen/Keinath* BB 2022, 1346 (1349); *J. Schmidt* DK 2022, 309; *Bungert* FS Krieger, 2020, 109 (115); *Brandi/Schmidt* AG 2023, 297 (303); *Bungert/Strothotte* BB 2022, 1411 (1413); *Stelmaszczyk* DK 2021, 1 (15).

des arbeitnehmerspezifischen Abschnitts ergeben sich aus § 309 Abs. 5 (→ Rn. 32 ff.), diejenigen für die inhaltliche Ausgestaltung des anteilsinhaberspezifischen Abschnitts aus § 309 Abs. 4 (→ Rn. 18 ff.).

10 Die übertragende Gesellschaft kann sich auch dafür entscheiden, anstelle eines einheitlichen Spaltungsberichts, aufgeteilt in die genannten drei Abschnitte, gesonderte Berichte für die Anteilsinhaber und die Arbeitnehmer zu erstellen (§ 309 Abs. 3 S. 1). Insofern hat sie ein **Wahlrecht**, welche Art der Berichterstattung sie verfolgt.[16] Entscheidet sie sich für eine **gesonderte Berichterstattung**,[17] hat der Bericht für die Arbeitnehmer wiederum aus einem allgemeinen Abschnitt und einem arbeitnehmerspezifischen Abschnitt zu bestehen (§ 309 Abs. 3 S. 3). Auch der Bericht für die Anteilsinhaber muss gem. § 309 Abs. 3 S. 2 aus einem allgemeinen Abschnitt und einem anteilsinhaberspezifischen Abschnitt bestehen.

III. Inhalt des Spaltungsberichts

1. Allgemeiner Abschnitt

a) Mindestinformationen

11 Sofern sich die übertragende Gesellschaft für eine einheitliche Berichterstattung entscheidet, hat der Spaltungsbericht zunächst einen allgemeinen Abschnitt zu enthalten. Dessen Inhalt ergibt sich aus § 324 Abs. 1 S. 2 iVm § 309 Abs. 2 S. 1. Erläutert und begründet werden müssen demnach die Auswirkungen der grenzüberschreitenden Spaltung auf die künftige Geschäftstätigkeit des übertragenden Rechtsträgers und dessen etwaigen Tochtergesellschaften. Dabei handelt es sich um **Mindestanforderungen**, dh die übertragende Gesellschaft kann freiwillig auch zu weiteren Aspekten Stellung nehmen.[18]

12 Der **Begriff der Tochtergesellschaft** ist in diesem Zusammenhang europäisch-autonom zu bestimmen. Da die RL (EU) 2017/1132 selbst keine diesbezügliche Definition bereithält, kann Art. 2 Nr. 10 RL 2013/34/EU (Bilanz-RL) herangezogen werden, wonach ein Tochterunternehmen „ein von einem Mutterunternehmen kontrolliertes Unternehmen, einschließlich jedes mittelbar kontrollierten Tochterunternehmens eines Mutterunternehmens" ist. Im Ergebnis kann daher für die Ermittlung, was eine Tochtergesellschaft im Verhältnis zur übertragenden Gesellschaft ist, auf die deutsche Umsetzungsbestimmung des § 290 Abs. 1, 2 HGB und dessen Wertungen zugegriffen werden. Perspektivisch können und werden wohl die neuen Definitionen des geplanten Art. 13a Nr. 8–10 RL 2017/1132/EU[19] heranzuziehen sein, die diesbezüglich jedoch ebenfalls auf die Bilanz-RL verweisen.

b) Erläuterung der Auswirkungen auf künftige Geschäftstätigkeiten

13 Bei der Erläuterung der Auswirkungen auf die künftige Geschäftstätigkeit geht es um das „**Was**", also welche (potenzielle) Auswirkungen diesbezüglich bestehen. Dabei

---

[16] *J. Schmidt* NJW 2023, 1241 (1242); *J. Schmidt* NZG 2022, 636 (637); *J. Schmidt* DK 2022, 309; *Luy/Redler* notar 2022, 163 (166); *Brandi/Schmidt* AG 2023, 297 (303); begrüßend auch *Bungert* FS Krieger, 2020, 109 (114).

[17] „Einzelberichte", vgl. Begr. RegE UmRUG, BT-Drs. 20/3822, 90.

[18] *Bungert* FS Krieger, 2020, 109 (116); *Thomale/Schmid* NotBZ 2023, 125 (129); *Schollmeyer* AG 2019, 541 (544); *Recktenwald* BB 2023, 643 (647).

[19] Geplante Einfügung durch *Kommission*, Richtlinienvorschlag zur Änderung der Richtlinien 2009/102/EG und (EU) 2017/1132 zur Ausweitung und Optimierung des Einsatzes digitaler Werkzeuge und Verfahren im Gesellschaftsrecht, 29.3.2023, COM(2023) 177 final; dazu *Stelmaszczyk/Wosgien* EuZW 2023, 550; *J. Schmidt* NZG 2023, 593; *Teichmann* RDi 2023, 357; *Zwirlein-Forschner* NZG 2023, 863; *Denninger* GmbHR 2023, 482.

II. Inhalt des Spaltungsplans

1. Mindestangaben

Der Inhalt des Spaltungsplans wird von § 322 Abs. 2 bestimmt. Dieser gibt ausdrücklich vor, dass es sich bei den gesetzlichen Pflichtangaben nur um Mindestangaben handelt.[10] Es steht der Gesellschaft daher grundsätzlich frei, **zusätzliche Aspekte in den Spaltungsplan aufzunehmen**. Insgesamt dürfen die zusätzlichen, ergänzenden Angaben im Spaltungsplan aber nicht dazu führen, dass die gesetzlich vorgegebenen Pflichtinhalte in den Hintergrund rücken und nicht mehr ihren intendierten Informationszweck vollumfänglich erfüllen können.

2. Inhaltliche Ausgestaltung

Der gesetzliche Mindestinhalt des Spaltungsplans gem. § 322 Abs. 2 sieht eine Reihe von Pflichtangaben vor. Sollten einige Punkte nicht einschlägig sein, sollte dies im Rahmen einer Negativerklärung dargestellt werden, obgleich dies nicht zwingend erforderlich ist. Dienlich mag in diesem Zusammenhang auch sein, eine kurze Begründung aufzuführen, warum dieser Punkt nicht einschlägig ist und daher nicht tiefergehend thematisiert wird. Die inhaltliche Ausgestaltung des Spaltungsplans gem. § 322 Abs. 2 ergibt sich zum einen aus einem (umfassenden) Verweis auf die entsprechenden **Pflichtinhalte im Verschmelzungsplan** bei einer grenzüberschreitenden Verschmelzung (vgl. § 307 Abs. 2 Nr. 1–14, 16). Keine Anwendung findet hingegen § 307 Abs. 2 Nr. 15, da die Spaltung unter Beteiligung von Personenhandelsgesellschaften nicht dem Anwendungsbereich des § 320 unterfällt.[11] Zudem sieht § 322 Abs. 2 Nr. 1–5 verschiedene **spaltungsspezifische Pflichtangaben** für den Spaltungsplan vor (→ Rn. 42 ff.).

a) Rechtsform, Firma und Sitz der beteiligten Gesellschaften

Gemäß **§ 322 Abs. 2 iVm § 307 Abs. 2 Nr. 1** sind im Spaltungsplan zunächst die Rechtsform, die Firma und der Sitz aller an der Spaltung beteiligten Rechtsträger anzugeben. Es bedarf daher der Angabe der entsprechenden Informationen sowohl in Bezug auf die übertragende, sich spaltende Gesellschaft, als auch jeder übernehmenden Gesellschaft. Bei einer Spaltung zur Neugründung sind die geplante Rechtsform und Firma sowie der geplante Sitz anzugeben, da die neue Gesellschaft naturgemäß noch nicht als solche existent ist. **Weitergehende Registerdetails**, wie der Name und Ort des zuständigen Handelsregisters und die dortige Registernummer sind nicht erforderlich. Dies gibt der Wortlaut von § 307 Abs. 2 Nr. 1 nicht unmittelbar her.

Beim „**Sitz**" handelt es sich jeweils um den (geplanten) Satzungssitz, also die politische Gemeinde, wo dieser belegen ist.[12] Der Verwaltungssitz ist nicht gemeint und bedarf in diesem Zusammenhang daher auch keiner Erwähnung. Mit der Angabe des Sitzes der übernehmenden Gesellschaft(en) wird für die Anteilsinhaber erkennbar, welcher mitgliedstaatlichen Rechtsordnung sich im Fall der Spaltung zur Neugründung die neue übernehmende Gesellschaft unterwirft. Damit ist eine eindeutige Identifizierung des entsprechenden Zuzugsstaates möglich, der sich durch die bloße Angabe der Rechtsform ggf. noch nicht zweifelsfrei ermitteln lässt.

---

[10] Begr. RegE UmRUG, BT-Drs. 20/3822, 108; vgl. auch *J. Schmidt* NJW 2023, 1241 (1242); *Luy/Redler* notar 2022, 163 (166).

[11] Begr. RegE UmRUG, BT-Drs. 20/3822, 108; *Brandi/Schmidt* AG 2023, 297 (302).

[12] Vgl. dazu jüngst auch OLG Frankfurt a. M. 30.3.2023 – 11 UH 8/23, NJW-RR 2023, 744.

13 In Bezug auf die ausländische übernehmende Gesellschaft ist bei einer Spaltung zur Neugründung die Angabe der **Rechtsform** insofern von Bedeutung, als dadurch erkennbar wird, in welche Gesellschaftsform die Herausspaltung aus Deutschland inkl. (partieller) Gesamtrechtsnachfolge vollzogen werden soll. Insbesondere die Anteilsinhaber haben damit die Möglichkeit, sich über die rechtlichen und wirtschaftlichen Gegebenheiten im Zuzugsstaat zu informieren und ggf. entsprechende Vorkehrungen zu treffen. Die Angabe der ausländischen Rechtsform hat dabei so präzise wie möglich zu erfolgen. Bei einer grenzüberschreitenden Spaltung zur Aufnahme gilt spiegelbildlich für die übertragende Gesellschaft Entsprechendes.

14 Die Angabe jeweils der **Firma** der übertragenden und übernehmenden (neuen) Gesellschaft(en) ergibt sich daraus, dass sich das Firmenrecht der neuen Gesellschaft ausländischen Rechts nach der Rechtsordnung bestimmt, dem diese unterliegen wird. Es sind die ggf. abweichenden Anforderungen an die Zulässigkeit der Firma nach der Rechtsordnung des Zuzugsstaates zu beachten. Eine materielle Überprüfung der Vereinbarkeit der neuen Firma mit dem auf die ausländische übernehmende Gesellschaft anwendbaren Rechts erfolgt durch das deutsche Registergericht dabei jedoch nicht.

b) Umtauschverhältnis und ggf. Höhe der baren Zuzahlungen

15 Gemäß § 322 Abs. 2 iVm **§ 307 Abs. 2 Nr. 2** sind im Spaltungsplan das Umtauschverhältnis der Anteile und ggf. die Höhe der baren Zuzahlungen anzugeben. Ein vergleichbares Erfordernis kennt bereits § 126 Abs. 1 Nr. 3 für die innerstaatliche Spaltung, so dass auf die hierzu entwickelten Wertungen und Auslegungen grundsätzlich zurückgegriffen werden kann. Die Alternative der Angaben über die Mitgliedschaft bei den übernehmenden Rechtsträgern kommt für die von der grenzüberschreitenden Spaltung gem. § 320 erfassten Kapitalgesellschaften nicht zum Tragen.

16 Bei der grenzüberschreitenden **Aufspaltung** ist im Spaltungsplan daher eindeutig festzulegen, in welchem Verhältnis jeder Anteilseigner des übertragenden Rechtsträgers seine Anteile in solche an den übernehmenden (ausländischen) Rechtsträgern eintauschen kann und welche Barzuzahlung er gegebenenfalls erhält. Bei der grenzüberschreitenden **Abspaltung** geht es hingegen um die Festlegung des Verhältnisses, in dem für Anteile am übertragenden Rechtsträger solche an dem oder den übernehmenden Rechtsträger(n) gewährt werden. Die Erläuterung der der Ermittlung dieser Angaben zugrunde liegenden Methoden ist dann dem Spaltungsbericht vorbehalten. Das Umtauschverhältnis ist bezogen auf den Nennbetrag der Anteile grundsätzlich in einem zahlenmäßigen Verhältnis auszudrücken.[13] Zur Glättung eines ansonsten umständlich zu handhabenden Umtauschverhältnisses kann ferner eine bare Zuzahlung zugunsten der Anteilsinhaber des übertragenden Rechtsträgers vorgesehen werden.

17 Bei der grenzüberschreitenden **Ausgliederung** muss kein Umtauschverhältnis bestimmt werden (§ 322 Abs. 3, → Rn. 54), weil der übertragende Rechtsträger selbst alle Anteile am übernehmenden Rechtsträger erhält. Die für die innerstaatliche Spaltung nach hM gleichwohl bestehende Forderung, dass anstelle dessen im Spaltungsplan zu bestimmen ist, welche und wie viele Anteile der übertragende am übernehmenden

---

13 Zu § 126 Abs. 1 Nr. 3 vgl. nur Semler/Stengel/Leonard/Schröer/Greitemann § 126 Rn. 38.

bedarf es allerdings noch keiner Anteilsinhaber- oder Arbeitnehmerspezifikation, da dies den anderen Abschnitten des Spaltungsberichts zukommt. Es sind sowohl die rechtlichen als auch die wirtschaftlichen Auswirkungen darzustellen. Dies intendiert sowohl die zugrunde liegende Richtlinienbestimmung als auch der umfassende Schutzzweck des Spaltungsberichts. Dabei sollte sowohl auf positive als auch negative Aspekte eingegangen werden, um den betroffenen Personengruppen ein umfassendes Bild zu geben. Im Hinblick auf die Erläuterung der Auswirkungen der grenzüberschreitenden Spaltung ist zudem zu differenzieren, ob es sich um eine Aufspaltung, Abspaltung oder Ausgliederung handelt. Grundsätzlich bedarf es entsprechender Erläuterungen **in Bezug auf alle Rechtsträger**, die im Zuge der Spaltung (fort-)bestehen. Also auch bei der Abspaltung und Ausgliederung nicht nur bezüglich der übertragenden, sich spaltenden Gesellschaft. Gegenteiliges würde dem umfassenden Schutzzweck des Spaltungsberichts zuwiderlaufen. **Wirtschaftliche** Auswirkungen auf die künftige Geschäftstätigkeit können ua die Erschließung eines neuen Marktes, die nationale Wirtschaftslage, die im Zuzugsstaat bestehende Infrastruktur und Größe sowie Wachstum des dortigen Marktes sowie eine geringere steuerliche Belastung sein.

Die Auswirkungen der grenzüberschreitenden Spaltung auf etwaige **Tochtergesellschaften** der übertragenden Gesellschaft sollten übersichtshalber in einen separaten Absatz des allgemeinen Abschnitts des Spaltungsberichts thematisiert werden. Auf nur marginale Auswirkungen bzw. Änderungen, die eher rein organisatorischer Art sind, braucht dabei grundsätzlich nicht eingegangen zu werden. Auch **konzernrechtlich** ist es grundsätzlich unerheblich, ob das herrschende Unternehmen eine deutsche oder ausländische Rechtsform ist. In beiden Fällen gilt nach mittlerweile hM schutzbezogen das Gesellschaftsstatut der Tochtergesellschaft.[20]

c) Begründung der Auswirkungen auf künftige Geschäftstätigkeiten

Bei der Begründung der Auswirkungen auf künftige Geschäftstätigkeiten (in Bezug auf alle an der Spaltung beteiligten Rechtsträger) geht es anders als bei den Erläuterungen um das „**Warum**". Die Darstellungen zu den rechtlichen und wirtschaftlichen Auswirkungen sind also jeweils zu begründen. Auch hier sollte wiederum auf positive sowie auf negative Aspekte eingegangen werden. Im Rahmen der Begründung der wirtschaftlichen Auswirkungen auf die künftige Geschäftstätigkeit wird man stückweise auch einen Businessplan bzw. ein (mittelfristiges) Unternehmenskonzept erwarten können, wo dargestellt wird, warum sich gerade durch die grenzüberschreitende Spaltung die zukünftige Geschäftstätigkeit in dieser Art und Weise entwickeln könnte.

d) Gesonderte Berichterstattung

Auch bei einer gesonderten Berichterstattung, also einem separaten Spaltungsbericht sowohl für die Anteilsinhaber als auch für die Arbeitnehmer der übertragenden Gesellschaft, bedarf es **jeweils eines allgemeinen Abschnitts**. Dies gibt § 309 Abs. 3 S. 2, 3 unmissverständlich vor. Auch wenn innerhalb des § 309 Abs. 3 S. 2, 3 nicht direkt auf § 309 Abs. 2 S. 1 hinsichtlich des allgemeinen Abschnitts verwiesen wird, bedarf es daher bei der gesonderten Berichterstattung sowohl für den Anteilsinhaber- als auch den Arbeitnehmerbericht einer **Erläuterung und Begründung der Auswirkungen** der grenzüberschreitenden Spaltung auf die künftigen Geschäftstätigkeiten.

---

20 Vgl. nur BeckOGK/*Veil/Walla* AktG § 291 Rn. 50, 52.

17 Bei dem jeweiligen allgemeinen Abschnitt ist der Adressat des Berichts zu beachten, dh dass schon im allgemeinen Abschnitt grundsätzlich nur die Aspekte ausführlich erläutert und begründet werden müssen, die auch **Relevanz für die jeweilige Personengruppe** haben (können). Dies sollte jedoch eher weit verstanden werden, da andernfalls die Gefahr unzureichender Informationsbereitstellung besteht. Insofern können der allgemeine Abschnitt des Anteilsinhaberberichts und der allgemeine Abschnitt des Arbeitnehmerberichts durchaus auch nahezu formal und inhaltlich identisch sein.[21] Abweichungen sind indes möglich und zulässig.

2. Anteilsinhaberspezifischer Abschnitt
a) Mindestinformationen

18 Sowohl bei der einheitlichen als auch bei der gesonderten Berichterstattung bedarf es im Spaltungsbericht eines sog. anteilsinhaberspezifischen Abschnitts. Dessen Pflichtinhalt ergibt sich aus § 324 Abs. 1 S. 2 iVm § 309 Abs. 4. § 309 Abs. 4 verweist dabei zum einen auf die Berichtsinhalte des § 8 Abs. 1 und zum anderen sind zusätzlich die Auswirkungen der grenzüberschreitenden Spaltung auf die Anteilsinhaber (**Nr. 1**) sowie Rechte und Rechtsbehelfe der Anteilsinhaber gem. § 305 Abs. 2 und gem. § 1 Nr. 4 SpruchG (**Nr. 2**) zu erläutern und zu begründen. Bei den gesetzlich vorgesehenen Angaben im anteilsinhaberspezifischen Abschnitt handelt es sich um Mindestinformationen, so dass die übertragende Gesellschaft auch weitere Informationen und Angaben bereitstellen kann.[22]

b) Rechtliche und wirtschaftliche Erläuterung und Begründung
aa) Der Spaltung als solche

19 Gemäß § 324 Abs. 1 S. 2 iVm § 309 Abs. 4 iVm § 8 Abs. 1 Nr. 1 ist im anteilsinhaberspezifischen Abschnitt des Spaltungsberichts[23] zunächst die intendierte grenzüberschreitende Spaltung als solche rechtlich und wirtschaftlich zu erläutern und zu begründen. Hierbei kann sich durchaus eine jeweils strikte Trennung dergestalt empfehlen, dass zunächst die rechtlichen Aspekte zu erläutern und sodann zu begründen sind und dem nachfolgend (oder umgekehrt) die wirtschaftlichen Aspekte erst zu erläutern und dann zu begründen sind. Erläutern und begründen bedeutet dabei jeweils, dass die **Vor- und Nachteile** der mit der Herausspaltung aus Deutschland einhergehenden Änderungen gegenübergestellt und abgewogen werden müssen, so dass der Vorschlag zur entsprechenden Strukturmaßnahme für die Anteilsinhaber nachvollziehbar wird.

20 Zu den **rechtlichen Aspekten** gehören Informationen, die für die Beurteilung der Gesetzmäßigkeit der grenzüberschreitenden Spaltung erforderlich sind. Einzugehen ist darauf, inwieweit sich Änderungen in gesellschafts- und verkehrsrechtlicher Sicht ergeben.[24] **Wirtschaftliche Aspekte** der grenzüberschreitenden Spaltung sind solche, die für die Beurteilung der ökonomischen Zweckmäßigkeit der Strukturmaßnahme erforderlich sind. Hierbei sind ggf. auch Ausführungen erforderlich, warum gerade die gewählte Zuzugsrechtsordnung eines der geplanten übernehmenden (ausländischer) Rechtsträger gewählt wurde. Daneben ist auf die Kosten der Spaltung als solche sowie

---

[21] *Stelmaszczyk* DK 2021, 1 (15).
[22] Begr. RegE UmRUG, BT-Drs. 20/3822, 91; *Stelmaszczyk* DK 2021, 1 (15).
[23] Wohl für eine Behandlung im allgemeinen Abschnitt *Schollmeyer* AG 2019, 541 (545).
[24] Vgl. auch *Schollmeyer* AG 2019, 541 (546).

auf anfallende Beratungskosten einzugehen. Schließlich sind die steuerlichen Wirkungen darzustellen und zu erläutern.

bb) Des (Entwurfs des) Spaltungsplans

Gemäß § 324 Abs. 1 S. 2 iVm § 309 Abs. 4 iVm § 8 Abs. 1 Nr. 2 ist zudem der Spaltungsplan oder sein Entwurf „im Einzelnen" zu erläutern und zu begründen. Da § 127 S. 1 ebenfalls Entsprechendes fordert, kann unter Beachtung der zusätzlichen Angaben im Spaltungsplan bei einer grenzüberschreitenden Spaltung im Vergleich zum Spaltungsvertrag bei einer innerstaatlichen Spaltung auf die hierzu entwickelten und bestehenden Wertungen bzw. Vorgaben verwiesen werden (→ § 127 Rn. 9 ff.).[25]

Im Rahmen der Erläuterung und Begründung des Spaltungsplans ist insbesondere (und damit gesondert) auf das **Umtauschverhältnis der Anteile** einschließlich der zu seiner Ermittlung gewählten Bewertungsmethoden oder die **Angaben über die Mitgliedschaft** beim übernehmenden Rechtsträger einzugehen (§ 324 Abs. 1 S. 2 iVm § 309 Abs. 4 iVm § 8 Abs. 1 Nr. 2 lit. a). Wie ein Blick auf § 127 S. 1 zeigt, gilt dies naturgemäß für die Auf- und Abspaltung, nicht hingegen für die die Ausgliederung. Auch ansonsten entspricht § 8 Abs. 1 Nr. 2 lit. a materiell diesbezüglich weitgehend § 127 S. 1 (→ § 127 Rn. 15 ff.).

Ferner ist im Rahmen der Erläuterung und Begründung des Spaltungsplans speziell auf die **Höhe der anzubietenden Barabfindung** einschließlich der zu ihrer Ermittlung gewählten Bewertungsmethoden einzugehen (§ 324 Abs. 1 S. 2 iVm § 309 Abs. 4 iVm § 8 Abs. 1 Nr. 2 lit. b). Die Höhe des Barabfindungsangebots ist bei der Auf- und Abspaltung bereits im Spaltungsplan gem. § 322 Abs. 2 iVm § 307 Abs. 2 Nr. 13 iVm § 313 anzugeben. Sofern der Spaltungsplan bzw. sein Entwurf bereits erstellt wurde, kann und sollte hierauf verwiesen werden. Da im Spaltungsplan gem. § 307 Abs. 2 Nr. 13 aber auch die formellen „Einzelheiten" iSv gesetzlichen Geltungsbedingungen für das Barabfindungsrecht der Anteilsinhaber enthalten sind (→ § 322 Rn. 37), sind diese Informationen weitgehend nicht nochmals bzw. wiederholend im anteilsinhaberspezifischen Abschnitt des Spaltungsberichts zu thematisieren.

Die Erläuterung und Begründung der Höhe der anzubietenden Barabfindung und der zugrunde liegenden Bewertungsmethode soll eine **Plausibilitätskontrolle** des Barabfindungsangebots durch die Anteilsinhaber gewährleisten. Dabei müssen jedoch nicht alle denkbaren, der Bewertung zugrunde liegenden Zahlen und Tatsachen aufgeführt werden. Vielmehr sind die Grundsätze der Unternehmensbewertung (zB aufgrund der IDW-Ertragswertmethode),[26] der maßgebende Bewertungsstichtag, das methodische Vorgehen bei der Unternehmens- und damit Anteilsbewertung sowie die konkrete Ermittlung des Ertragswertes der übertragenden Gesellschaft darzustellen. Da die Gesetzesbegründung (zur grenzüberschreitenden Verschmelzung) bestimmt, dass, soweit die spezifischen Vorschriften „keine besonderen Bestimmungen enthalten", die allgemeine Regelung des § 8 gilt,[27] kommt über § 320 Abs. 2 die Regelung des § 127 S. 2 zur Geltung, die ihrerseits ua § **8 Abs. 1 S. 3** entsprechend zur Anwendung bringt. Im Rahmen der Erläuterung und Begründung der Höhe der Barabfindung und der zugrunde liegenden

---

25 Siehe nur Widmann/Mayer/*Mayer* § 127 Rn. 22 f.
26 In diesem Zusammenhang zur weiterhin bestehenden Heranziehung des Börsenwertes als Untergrenze bei börsennotierten Unternehmen *Löbbe* ZHR 187 (2023), 498 (520) unter Verweis auf BVerfG 27.4.1999 – 1 BvR 1613/94, NZG 1999, 931; thematisierend auch *Noack* ZGR 2020, 90 (104); *J. Schmidt* NZG 2022, 635 (643).
27 Begr. RegE UmRUG, BT-Drs. 20/3822, 90.

Bewertungsmethode ist daher zudem auf besondere Schwierigkeiten bei der Anteilsbewertung sowie auf die diesbezüglichen Folgen für die Beteiligung der Anteilsinhaber hinzuweisen.

cc) Der Auswirkungen auf die Anteilsinhaber

25 Gemäß § 324 Abs. 1 S. 2 iVm § 309 Abs. 4 Nr. 1 sind die Auswirkungen der grenzüberschreitenden Spaltung auf die Anteilsinhaber zu erläutern und zu begründen. Eine entsprechende Pflicht besteht bei der innerstaatlichen Spaltung nach dem Wortlaut des § 127 S. 1 zwar nicht, wird allerdings vom weiten Verständnis der Darstellungen zur künftigen Beteiligung der Anteilsinhaber am übernehmenden (ausländischen) Rechtsträger bereits weitgehend umfasst. Zu berücksichtigen ist dabei jedoch, dass aufgrund des grenzüberschreitenden Charakters die Änderungen im Hinblick auf die künftige Beteiligung **qualitativ** idR weiter sind, so dass es einer intensiveren Begründung bedarf als nach § 127 S. 1.[28]

26 Zu erläutern und zu begründen sind insbesondere die jeweilgen wesentlichen Unterschiede der Rechtsbeziehungen der Anteilsinhaber zum übernehmenden (ausländischen) Rechtsträger im Vergleich zur übertragenden deutschen Gesellschaft. Hierbei sind auch die sich idR **ändernden Rechte und Pflichten** der Anteilsinhaber anhand des neuen Gesellschaftsvertrags bzw. der neuen Satzung des ausländischen übernehmenden Rechtsträgers darzulegen. Es handelt sich also primär um die **korporativen** Auswirkungen der grenzüberschreitenden Spaltung. Gleichwohl dürfen etwaige (essenzielle) **schuldrechtliche** Veränderungen im Zusammenhang mit und aufgrund der grenzüberschreitenden Spaltung nicht gänzlich unberücksichtigt bleiben.

27 In Betracht kommen vor allem Veränderungen der **Informations- und Teilnahmerechte** sowie der Stimm- und ggf. Dividendenrechte oder Änderungen im Kompetenzgefüge der Gesellschaftsorgane.[29] Die grenzüberschreitende Spaltung betrifft hierbei auch Fragen der Anteilsrechte. Es besteht grundsätzlich die Möglichkeit, dass im übertragenden Rechtsträger ggf. bestehende Gattungen von Aktien bzw. Geschäftsanteilen (zB Vorzugsaktien oder Mehrstimmrechte) in der Rechtsordnung des übernehmenden (ausländischen) Rechtsträgers nicht vorgesehen sind. Die mitgliedstaatlichen Rechtssysteme erkennen nur in unterschiedlichem Maße die Zulässigkeit verschiedener **Anteilsgattungen** an. Vor allem bei der Herausspaltung einer Aktiengesellschaft besteht somit die Gefahr, dass mit bestimmten Aktiengattungen verbundene Rechte durch die Umwandlungsmaßnahme tangiert werden. Gleiches gilt für etwaige Sonderzustimmungsrechte bei der übertragenden Gesellschaft, die mit dem neuen Gesellschaftsstatut des übernehmenden (ausländischen) Rechtsträgers nicht vereinbar sind.

dd) Der Rechte und Rechtsbehelfe der Anteilsinhaber

28 Gemäß § 324 Abs. 1 S. 2 iVm § 309 Abs. 4 Nr. 2 müssen schließlich verschiedene Rechte und Rechtsbehelfe für die Anteilsinhaber erläutert und begründet werden. Der entsprechende Aspekt gilt dabei nur für **Auf- und Abspaltungen**, nicht hingegen für die grenzüberschreitende Ausgliederung, da bei dieser den Anteilsinhabern selbst keine Anteile an den/dem übernehmenden Rechtsträger(n) gewährt werden. Als „Recht"

---

[28] *Schollmeyer* AG 2019, 541 (546).
[29] *Schollmeyer* AG 2019, 541 (546).

der Anteilsinhaber der übertragenden Gesellschaft wird zunächst § 305 Abs. 2 iVm § 15 genannt. Danach können die Anteilsinhaber **bare Zuzahlungen** von den übernehmenden (ausländischen) Rechtsträgern zur wirtschaftlichen Verbesserung des von der übertragenden Gesellschaft im Spaltungsplan bestimmten Umtauschverhältnisses verlangen. Die Voraussetzungen des § 15 Abs. 1 müssen dabei jeweils erfüllt sein. Die entsprechenden Zuzahlungen sind insofern darzustellen und zu erläutern. Im Zusammenhang damit besteht die Möglichkeit, dass anstelle einer baren Zuzahlung gem. § 15 die übertragende Gesellschaft im Spaltungsplan erklärt, dass sie **zusätzliche Aktien** der übernehmenden Gesellschaft den Anteilsinhabern gewähren wird (§ 72a).[30] Auch die entsprechende Gewährung zusätzlicher Anteile ist hinreichend darzustellen und zu erläutern.

Weiterhin ist im Spaltungsbericht auf das **Barabfindungsrecht** des § 327 S. 1 iVm § 313 einzugehen. Die Erläuterungen und Begründungen dazu stehen in unmittelbaren Zusammenhang mit der Erläuterung und Begründung der Höhe der anzubietenden Barabfindung und der zu ihrer Ermittlung gewählten Bewertungsmethoden gem. § 324 Abs. 1 S. 2 iVm § 309 Abs. 4 iVm § 8 Abs. 1 Nr. 2 lit. b. Da im Spaltungsplan gem. § 322 Abs. 2 iVm § 307 Abs. 2 Nr. 13 aber auch die formellen „Einzelheiten" iSv gesetzlichen Geltungsbedingungen für das Barabfindungsrecht der Anteilsinhaber enthalten sind, müssen diese Informationen gem. § 313 Abs. 1–5 nicht zwingend nochmals thematisiert werden. Die zu erläuternden und zu begründenden **Rechte der Anteilsinhaber** in Bezug auf eine etwaige Barabfindung durch die Gesellschaft sind zunächst, dass die Anteilsinhaber bei Einhaltung des Verfahrens gem. § 313 das Recht haben, das von der Gesellschaft im Rahmen des Spaltungsplans vorgelegte Barabfindungsangebot in dieser Form anzunehmen und folglich eine entsprechende Barabfindung verlangen können. Dabei sollte klarstellend gem. § 313 Abs. 4 erwähnt werden, dass Konsequenz der Annahme des Barabfindungsangebots ist, dass der jeweilige Anteilsinhaber mit Wirksamwerden der grenzüberschreitenden Spaltung aus der übertragenden Gesellschaft ausscheidet. Ferner sollte mitgeteilt werden, dass das im Spaltungsplan beinhaltete Barabfindungsangebot von einem unabhängigen Sachverständigen geprüft worden ist bzw. geprüft werden wird (vgl. § 327 S. 1 iVm § 313 Abs. 6).

29

In Bezug auf die **Rechtsbehelfe der Anteilsinhaber** im Zusammenhang mit dem Barabfindungsangebot ist zunächst auf § 327 S. 1 iVm § 313 Abs. 1 S. 4 iVm § 34 einzugehen. Danach können die Anteilsinhaber der übertragenden Gesellschaft, die das Barabfindungsangebot für nicht angemessen halten, binnen drei Monaten nach Wirksamwerden der grenzüberschreitenden Spaltung eine gerichtliche **Nachprüfung im Spruchverfahren** verlangen.[31] Im Gegenzug ist die Anfechtung des Zustimmungsbeschlusses wegen einer zu niedrigen, fehlenden oder nicht ordnungsgemäß angebotenen Barabfindung ausgeschlossen (§ 313 Abs. 1 S. 4 iVm § 32). In diesem Zusammenhang ist auch auf die Anwendbarkeit und Geltung des Spruchverfahrensgesetzes gem. § 1 Nr. 4 SpruchG hinzuweisen.[32] Einer weiteren Erläuterung des Verfahrens gemäß dem Spruchverfahrensgesetz bedarf es hingegen nicht.

30

---

30 Dazu im Detail *Löbbe* ZHR 187 (2023), 498 (514 ff.).
31 *J. Schmidt* NJW 2023, 1241 (1244).
32 Speziell dazu *Drescher* AG 2023, 337 ff.; MüKoAktG/*Krenek* SpruchG § 1 Rn. 12 ff.

c) Gesonderte Berichterstattung

31 Auch wenn kein einheitlicher, sondern ein gesonderter Bericht nur für die Anteilsinhaber der übertragenden Gesellschaft erstellt wird, besteht der entsprechende Spaltungsbericht gem. § 324 Abs. 1 S. 2 iVm § 309 Abs. 3 S. 2 zwingend aus einem allgemeinen und einen anteilsinhaberspezifischen Abschnitt. Für diesen anteilsinhaberspezifischen Abschnitt des gesonderten Spaltungsberichts für die Anteilsinhaber gilt gleichermaßen die Regelung des § 309 Abs. 4. In Bezug auf die inhaltliche Ausgestaltung des entsprechenden Berichtsabschnitts bestehen daher keine Unterschiede und es gilt das diesbezüglich zum einheitlichen Spaltungsbericht Gesagte (→ Rn. 18 ff.).

3. Arbeitnehmerspezifischer Abschnitt

a) Mindestinformationen

32 Sowohl bei der einheitlichen als auch bei der gesonderten Berichterstattung bedarf es im Spaltungsbericht eines sog. arbeitnehmerspezifischen Abschnitts. Dessen Pflichtinhalt ergibt sich aus § 324 Abs. 1 S. 2 iVm § 309 Abs. 5. Der arbeitnehmerspezifische Abschnitt soll insbesondere den Arbeitnehmern und ihren Vertretungen eine **angemessene Informationsgrundlage** für die Erstellung und Übermittlung einer informierten Stellungnahme gem. § 324 Abs. 1 S. 2 iVm § 310 Abs. 3 bieten.[33] Bei den gesetzlich vorgesehenen Angaben handelt es sich um Mindestinformationen, so dass die übertragende Gesellschaft auch weitere Informationen und Angaben bereitstellen kann.[34]

b) Rechtliche und wirtschaftliche Erläuterung und Begründung

aa) Der Auswirkungen auf die Arbeitsverhältnisse

33 Zunächst sind im arbeitnehmerspezifischen Abschnitt des Spaltungsberichts gem. § 309 Abs. 5 **Nr. 1** die Auswirkungen der grenzüberschreitenden Spaltung auf die Arbeitsverhältnisse sowie ggf. die Maßnahmen, um diese Arbeitsverhältnisse zu sichern, zu erläutern und zu begründen. Dies umfasst **individual- und kollektivrechtliche** Auswirkungen.[35] Es zählen daher auch Kollektiv- bzw. Tarifverträge oder länderübergreifende Betriebsvereinbarungen dazu.[36] Sollte es aufgrund der grenzüberschreitenden Spaltung zu negativen Auswirkungen auf bestehende Beschäftigungsverhältnisse kommen, sind gem. § 309 Abs. 5 Nr. 1 auch diesbezügliche **Sicherungsmaßnahmen** darzustellen. Dieses Erfordernis zeigt nochmals, dass es bei Nr. 1 primär um Fragen des Wegfalls von Arbeitsplätzen im Zuge der Strukturmaßnahme geht. Entsprechende Maßnahmen können dabei vor allem zusätzliche Kündigungsschutzklauseln, erweiterte Rahmenbedingungen in Betriebsvereinbarungen oder die Zusicherung der uneingeschränkten Fortgeltung von Kollektiv- bzw. Tarifverträge im ausländischen übernehmenden Rechtsträger sein.

bb) Der Änderungen anwendbarer Beschäftigungsbedingungen

34 Weiterhin sind im arbeitnehmerspezifischen Abschnitt des Spaltungsberichts gem. § 309 Abs. 5 **Nr. 2** die wesentlichen Änderungen der anwendbaren Beschäftigungsbedingungen oder der Standorte der Niederlassungen der Gesellschaft zu erläutern und

---

33 Begr. RegE UmRUG, BT-Drs. 20/3822, 91.
34 Begr. RegE UmRUG, BT-Drs. 20/3822, 91; vgl. auch *Thomale/Schmid* NotBZ 2023, 125 (129).
35 *Schollmeyer* AG 2019, 541 (546).
36 Erwägungsgrund Nr. 13 RL (EU) 2019/2121.

zu begründen. Bei diesem Punkt geht es anders als nach § 309 Abs. 5 Nr. 1 um die **konkreten Beschäftigungsbedingungen** und deren etwaige Änderungen durch die grenzüberschreitende Spaltung. Umfasst sind dabei sowohl gesetzliche als auch faktische Änderungen für die Beschäftigungsbedingungen.[37] Gesetzliche Änderungen beziehen sich vor allem auf Themen wie maximale Höchstarbeitszeit, Mindesturlaubstage usw.[38] Aber auch etwaige Veränderungen in Bezug auf Arbeitsstrukturen, Löhne und Gehälter, des Standorts bestimmter Arbeitsstellen und die erwarteten Folgen für Arbeitnehmer auf diesen Arbeitsstellen sowie über den sozialen Dialog auf Gesellschaftsebene sind zu thematisieren.[39] Zu informieren ist ferner über das Verwaltungsorgan und ggf. das Personal, die Ausrüstung, die Räumlichkeiten und die Vermögenswerte vor und nach der grenzüberschreitenden Spaltung.[40]

cc) Der Auswirkungen auf Tochtergesellschaften

Schließlich ist gem. § 309 Abs. 5 **Nr. 3** auf die Auswirkungen auf Arbeitsverhältnisse und Beschäftigungsbedingungen in Bezug auf Tochtergesellschaften der übertragenden und der übernehmenden Gesellschaft(en) einzugehen. Für den Begriff der Tochtergesellschaft kann wiederum weitgehend auf § 290 Abs. 1, 2 HGB zurückgegriffen werden (→ Rn. 12). Besitzt bzw. besitzen weder die übertragende noch die übernehmende(n) Gesellschaft(en) Tochtergesellschaften, genügt eine entsprechende Negativerklärung.

c) Gesonderte Berichterstattung

Auch wenn kein einheitlicher, sondern ein gesonderter Bericht nur für die Arbeitnehmer der übertragenden Gesellschaft erstellt wird, besteht der entsprechende Spaltungsbericht gem. § 324 Abs. 1 S. 2 iVm § 309 Abs. 3 S. 3 zwingend aus einem allgemeinen und einem arbeitnehmerspezifischen Abschnitt. Für Letzteren **gilt gleichermaßen** die Regelung des § 324 Abs. 1 S. 2 iVm § 309 Abs. 5. In Bezug auf die inhaltliche Ausgestaltung des entsprechenden Berichtsabschnitts bestehen daher keine Unterschiede und es gilt das diesbezüglich zum einheitlichen Spaltungsbericht Gesagte (→ Rn. 32 ff.).

IV. Entbehrlichkeit der Berichtspflicht

Da die Erstellung des Spaltungsberichts aufgrund der umfangreichen gesetzlichen Vorgaben für dessen Inhalt und Ausgestaltung aufwendig und sowohl zeit- als auch kostenintensiv ist, besteht regelmäßig ein gesteigertes Interesse, keinen Spaltungsbericht erstellen oder zumindest einzelne Aspekte nicht thematisieren zu müssen. Dadurch kann das Umwandlungsverfahren spürbar beschleunigt werden. Dies erkennt grundsätzlich auch der europäische und deutsche Gesetzgeber und sieht Vorgaben vor, unter deren Einhaltung die Erstellung des Spaltungsberichts bzw. eines Abschnittes von diesem entbehrlich ist. Hierbei wird wiederum generell zwischen dem Bericht für die Anteilsinhaber (bei gesonderter Berichterstattung) bzw. dem anteilsinhaberspezifischen Abschnitt (bei einheitlicher Berichterstattung) und dem Bericht für die Arbeitnehmer bzw. dem arbeitnehmerspezifischen Abschnitt differenziert.

---

37 Erwägungsgrund Nr. 13 RL (EU) 2019/2121; vgl. auch *Bungert* FS Krieger, 2020, 109 (117).
38 Erwägungsgrund Nr. 13 RL (EU) 2019/2121.
39 Erwägungsgrund Nr. 13 RL (EU) 2019/2121.
40 Erwägungsgrund Nr. 13 RL (EU) 2019/2121.

1. Bericht für die Anteilsinhaber

38 § 324 Abs. 2 S. 1 bestimmt, dass der Bericht für die Anteilsinhaber in den Fällen des **§ 8 Abs. 3 S. 1–3 Nr. 2** sowie **§ 135 Abs. 3** nicht erforderlich ist. Dies gilt sowohl für den gesonderten Anteilsinhaberbericht als auch bei der einheitlichen Berichterstattung für den anteilsinhaberspezifischen Berichtsabschnitt.[41]

a) Einpersonengesellschaft

39 Die Erstellung eines gesonderten Berichts ist nicht erforderlich, sofern die übertragende Gesellschaft nur einen Anteilsinhaber besitzt (§ 324 Abs. 2 S. 1 iVm § 8 Abs. 3 S. 3 Nr. 2). Hintergrund ist, dass für einen Bericht(sabschnitt) für den einzigen Anteilsinhaber in einem solchen Fall kein Bedürfnis besteht und dieser nur einen reinen Formalismus darstellen würde.[42] Maßgebend ist dabei die **rechtliche Beteiligung**, so dass rein wirtschaftliche Beteiligungen, zB über Treuhandverhältnisse, nicht umfasst sind.[43] Auch virtuelle Beteiligungen oder Optionsrechte auf Anteile sind in diesem Zusammenhang unerheblich. Für die Frage, ob nur ein Anteilsinhaber an der übertragenden Gesellschaft beteiligt ist, ist auf den Zeitpunkt des Wirksamwerdens der grenzüberschreitenden Spaltung abzustellen. Anteilsinhaber, die das Barabfindungsangebot der Gesellschaft wirksam angenommen haben und damit ipso iure mit Wirksamwerden der grenzüberschreitenden Spaltung ausscheiden,[44] sind jedoch als rechtliche Anteilsinhaber zum maßgebenden Zeitpunkt zu qualifizieren.

40 Fraglich ist, ob darüber hinaus auch in den **Konzernkonstellationen des § 8 Abs. 3 S. 3 Nr. 1** eine Entbehrlichkeit der Berichtspflicht möglich ist. § 324 Abs. 2 S. 1 umfasst dem Wortlaut nach diese nicht. Auch die Gesetzesbegründung geht davon aus, dass zumindest bei der Spaltung zur Neugründung diese Konstellationen nicht auftreten können, da nur ein einziger Ausgangsrechtsträger vorhanden ist.[45] Dies sagt allerdings noch nichts über Fälle der erfassten grenzüberschreitenden Spaltung zur Aufnahme aus. Hierbei ist § 332 S. 2 heranzuziehen, wonach im Grundsatz ergänzend die einschlägigen Bestimmungen über die grenzüberschreitende Verschmelzung entsprechend anzuwenden sind. Dies umfasst insofern über § 309 Abs. 6 S. 1 auch die Norm des § 8 Abs. 3 S. 3 Nr. 1 lit. a, der dabei jedoch für die Spaltung gegenstandslos ist, da diese Konstellation bereits von § 8 Abs. 3 S. 3 Nr. 2 erfasst sein wird (vgl. zudem § 320 Abs. 2 iVm § 125 Abs. 1 S. 1 Nr. 2). Eine grenzüberschreitende Spaltung zur Aufnahme zwischen Tochtergesellschaften (side-step division) ist jedoch grundsätzlich möglich und die Ratio für die Entbehrlichkeit der Berichtspflicht gilt entsprechend.[46]

b) Verzicht auf Berichtspflicht

41 Gemäß § 324 Abs. 2 S. 1 iVm § 8 Abs. 3 S. 1 ist der Bericht für die Anteilsinhaber bzw. der anteilsinhaberspezifische Abschnitt auch dann nicht erforderlich, wenn alle Anteilsinhaber auf seine Erstattung verzichten. Die Verzichtserklärungen sind dabei **notariell zu beurkunden** (§ 8 Abs. 3 S. 2). Eine Erklärung, die nicht dieser Form genügt, ist nichtig (§ 125 S. 1 BGB). Auch auf das Formerfordernis seinerseits kann schon wegen dieses Schutzzwecks nicht verzichtet werden. Es müssen zwingend **alle Anteilsinhaber**

---

41 Vgl. *J. Schmidt* DK 2022, 309 (310).
42 *J. Schmidt* DK 2022, 309 (310).
43 In diesem Sinne *J. Schmidt* DK 2022, 309 (311).
44 Vgl. *Löbbe* ZHR 187 (2023), 498 (507).
45 Begr. RegE UmRUG, BT-Drs. 20/3822, 109 f.
46 *Bungert/Strothotte* BB 2022, 1411 (1414); *Recktenwald* BB 2023, 643 (647); vgl. auch *Stelmaszczyk* DK 2021, 1 (17).

der übertragenden Gesellschaft ihren entsprechenden Verzicht erklären. Abzustellen ist dabei wiederum auf die rechtliche Anteilsinhaberschaft. Bei einer grenzüberschreitenden Spaltung zur Aufnahme bedarf es des Verzichts der Anteilsinhaber aller an der Spaltung beteiligten und bestehenden Rechtsträger, also auch derer des aufnehmenden bzw. übernehmenden Rechtsträgers.[47] Hintergrund ist, dass auch hier ein Informationsbedürfnis für die Anteilsinhaber des übertragenden Rechtsträgers besteht.

c) Ausgliederung zur Neugründung

§ 324 Abs. 2 S. 1 bezieht sich auch auf § 135 Abs. 3, wonach es bei einer Ausgliederung zur **Neugründung** generell keines Spaltungsberichts bedarf. Die Zulässigkeit der Entbehrlichkeit des Arbeitnehmerberichts bzw. des arbeitnehmerspezifischen Berichtsabschnitts bleibt davon jedoch unberührt.[48] Für die grenzüberschreitende Ausgliederung zur Aufnahme bleibt es beim grundsätzlichen Erfordernis eines Spaltungsberichts, da hier ein Informationsbedürfnis für die Anteilsinhaber des übertragenden Rechtsträgers besteht.[49]

2. Bericht für die Arbeitnehmer

§ 324 Abs. 2 S. 2 bestimmt, dass der Bericht für die Arbeitnehmer nicht erforderlich ist, wenn die übertragende Gesellschaft und ihre etwaigen Tochtergesellschaften **keine** anderen **Arbeitnehmer** haben als diejenigen, die dem Vertretungsorgan angehören.[50] Bezugspunkt ist dabei dem Wortlaut nach wiederum nur der gesonderte Bericht für die Arbeitnehmer, also weder der Bericht für die Anteilsinhaber noch der arbeitnehmerspezifische Abschnitt eines einheitlichen Spaltungsberichts. Gleichwohl muss funktional betrachtet auch hier die entsprechende Entbehrlichkeit des arbeitnehmerspezifischen Abschnitts möglich sein.[51]

a) Keine Arbeitnehmer

Voraussetzung ist, dass weder die übertragende Gesellschaft noch ihre ggf. bestehenden Tochtergesellschaften Arbeitnehmer besitzen.[52] Dass nur die übertragende Gesellschaft arbeitnehmerlos ist, reicht daher nicht aus. Hintergrund der Erfassung auch etwaiger **Tochtergesellschaften** ist ein Umgehungsschutz, da andernfalls die Arbeitsverhältnisse bewusst nicht mit der übertragenden Gesellschaft, sondern mit einer ihrer Tochtergesellschaften als Arbeitgeberin eingegangen werden und danach die Arbeitnehmer an die übertragende Gesellschaft (grenzüberschreitend) entsendet werden könnten. Für den Begriff der Tochtergesellschaft ist auf § 290 Abs. 1, 2 HGB abzustellen (→ Rn. 12). Dem Wortlaut des § 324 Abs. 2 S. 2 **nicht** zu entnehmen ist hingegen, dass bei einer grenzüberschreitenden Spaltung zur Aufnahme für eine Entbehrlichkeit des Berichts auch die/der übernehmende(n) Rechtsträger arbeitnehmerlos sein müssen. Die Bezugnahme des § 324 Abs. 2 S. 2 auf die Mitglieder der Vertretungsorgane als Arbeitnehmer der übertragenden Gesellschaft und ihrer Tochtergesellschaften erklärt sich daraus, dass im EU-Recht teilweise auch die Mitglieder des Verwaltungs- oder Leitungsorgans

---

47 Vgl. auch *Bungert* FS Krieger, 2020, 109 (114 f.).
48 Begr. RegE UmRUG, BT-Drs. 20/3822, 110; *Brandi/Schmidt* AG 2023, 297 (303).
49 *J. Schmidt* DK 2022, 309 (312); vgl. auch Begr. RegE UmRUG, BT-Drs. 20/3822, 115.
50 Vgl. auch Begr. RegE UmRUG, BT-Drs. 20/3822, 110.
51 Vgl. *J. Schmidt* DK 2022, 309 (310).
52 Vgl. zur mangelnden Vorlagepflicht eines Verschmelzungsberichts bei grenzüberschreitender Verschmelzung arbeitnehmerloser Gesellschaften vor dem UmRUG auch OLG Düsseldorf 2.2.2023 – I-3 Wx 22/22, NZG 2023, 757.

als Arbeitnehmer qualifiziert werden, obgleich diese in diesem Zusammenhang nicht schutzwürdig sind und eine Berichterstattung an sich selbst insofern obsolet ist.[53]

b) Verzicht?

45 Anders als für den Anteilsinhaberbericht wird für den Arbeitnehmerbericht nicht auf § 8 Abs. 3 S. 1 verwiesen. Ein **Verzicht** der Arbeitnehmer der übertragenden Gesellschaft und etwaiger Tochtergesellschaften ist daher **nicht möglich**.[54] Dies wird zwar kritisiert,[55] da auch der Betriebsrat bzw. die Arbeitnehmer die Möglichkeit haben müssten, auf die ihnen zustehenden (Informations-)rechte zu verzichten. Allerdings besteht vor allem bei betriebsratslosen Gesellschaften ein Macht- und Abhängigkeitsgefüge gegenüber der Gesellschaft als Arbeitgeberin zulasten der Arbeitnehmer, was zumindest potenziell die vollends freie Entscheidungsfreiheit hinsichtlich eines Verzichts infrage stellen könnte. Letztlich ist die mangelnde Verzichtsmöglichkeit der Arbeitnehmer daher Ausdruck des zu respektierenden, umfassenden Arbeitnehmerschutzverständnisses der gesetzlichen Regelungen.

3. Vollständige Entbehrlichkeit der Berichtspflicht

46 Gemäß **§ 324 Abs. 2 S. 3** ist der Spaltungsbericht insgesamt nicht erforderlich, wenn sowohl die Voraussetzungen für die Entbehrlichkeit des anteilsinhaberspezifischen Abschnitts als auch die Voraussetzungen für die Entbehrlichkeit des arbeitnehmerspezifischen Abschnitts vorliegen. In diesem Fall macht die Erstellung eines Spaltungsberichts in der Tat keinen Sinn, so dass die Norm nur der Klarstellung dient.[56] Konsequenz ist insofern auch, dass es eines allgemeinen Abschnitts (→ Rn. 11) dann nicht bedarf. Ist allerdings nur ein Bericht(sabschnitt) nicht erforderlich, bedarf es weiterhin zwingend der Erstellung eines allgemeinen Abschnitts.[57] Aufgrund seiner sprachlichen Ausgestaltung bezieht sich § 324 Abs. 2 S. 3 nur auf die einheitliche Berichterstattung. Die Entbehrlichkeit eines gesonderten Anteilsinhaberberichts ist bereits in § 324 Abs. 2 S. 1 und die des gesonderten Arbeitnehmerberichts in § 324 Abs. 2 S. 2 abschließend bestimmt.

V. Zugänglichmachung des Spaltungsberichts

1. Bedeutung der Zugänglichmachung

47 Der Spaltungsbericht soll es den Anteilsinhabern und den Arbeitnehmern ermöglichen, sich frühzeitig über das Vorhaben der grenzüberschreitenden Spaltung zu informieren und bereits im Vorfeld auf zuverlässiger Grundlage die Zweckmäßigkeit und die interessenbezogenen Konsequenzen der Strukturmaßnahme beurteilen zu können. Dafür ist es unerlässlich, dass der Spaltungsbericht nicht nur erstellt wird, sondern **den betroffenen Personengruppen** auch fristgerecht **zugeht**, damit diese ordnungsgemäß Kenntnis erlangen und ihre etwaigen Handlungen/Reaktionen planen können. Hierzu dienen die Vorgaben für die Zugänglichmachung des Spaltungsberichts bzw. der einzelnen Berichte gem. § 324 Abs. 1 S. 2 iVm § 310 Abs. 1, 3. Auf **§ 310 Abs. 2** wird

---

[53] J. Schmidt DK 2022, 309 (310).
[54] Heckschen/Knaier GmbHR 2023, 317 (326); Stelmaszczyk GmbHR 2020, 61 (67 f.); J. Schmidt ZEuP 2020, 565 (571); J. Schmidt DK 2022, 309 (310); J. Schmidt NJW 2023, 1241 (1242); Bungert FS Krieger, 2020, 109 (115); als wünschenswert erachtend jedoch Luy NJW 2019, 1905. 1908.
[55] Thomale/Schmid NotBZ 2023, 125 (129); J. Schmidt NZG 2022, 635 (639); Heckschen/Knaier GmbHR 2022, 501 (512).
[56] Begr. RegE UmRUG, BT-Drs. 20/3822, 110.
[57] Bungert FS Krieger, 2020, 109 (115); Schollmeyer AG 2019, 541 (545).

nicht verwiesen. Dieser findet daher bei der grenzüberschreitenden Spaltung **keine Anwendung**, da er besondere Bestimmungen für Konzernkonstellationen enthält, die idR bei der Spaltung nicht auftreten.[58]

2. Zugänglichmachung des Spaltungsberichts

Gemäß § 324 Abs. 1 S. 2 iVm § 310 Abs. 1 S. 1 ist der (einheitliche) Spaltungsbericht sowohl den **Anteilsinhabern** als auch dem **Betriebsrat** (bzw. bei dessen Fehlen den Arbeitnehmern) der übertragenden Gesellschaft spätestens sechs Wochen vor der der grenzüberschreitenden Spaltung zustimmenden Anteilsinhaberversammlung (vgl. § 326 Abs. 1 iVm § 13) elektronisch **zugänglich zu machen**. Es bedarf insofern einer doppelten Zugänglichmachung an beide betroffenen Personenkreise. Verpflichtete ist die übertragende Gesellschaft, vertreten durch ihren Vorstand bzw. ihre Geschäftsführung. Adressat der Zugänglichmachung sind zunächst die Anteilsinhaber. Verpflichtend ist dabei die Zuleitung an die rechtlichen Anteilsinhaber; eine ergänzende Zuleitung auch an nur wirtschaftliche Eigentümer sowie Optionsrechteinhaber ist jedoch möglich. Daneben muss der Spaltungsbericht dem Betriebsrat der übertragenden Gesellschaft zugänglich gemacht werden oder, sofern es einen solchen nicht gibt, den Arbeitnehmern selbst. Dabei können die zuständigen Betriebsräte je nach konkreter Betroffenheit auch Gesamt- bzw. Konzernbetriebsratsgremien sowie Europäische Betriebsräte sein.[59] 48

Etwaige **Unterrichtungs- und Anhörungsrechte** und -verfahren in Bezug auf Arbeitnehmerrechte, insbesondere gemäß dem BetrVG, dem KSchG und dem Europäische Betriebsräte-Gesetz, bleiben von der Zuleitung des Spaltungsberichts unberührt.[60] Wie sich aus der Gesetzesbegründung zur grenzüberschreitenden Verschmelzung ergibt, bleiben auch die rechtsformspezifischen **Übermittlungs- bzw. Auslegungspflichten** unberührt.[61] 49

3. Form und Modalitäten der Zugänglichmachung

Gemäß § 324 Abs. 1 S. 2 iVm § 310 Abs. 1 S. 1 ist der Spaltungsbericht **elektronisch zugänglich zu machen**. Ausreichend, aber auch mindestens erforderlich, ist daher Textform iSd § 126b BGB. Der elektronischen Zugänglichmachung wird dabei genügt, wenn der Spaltungsbericht elektronisch übermittelt oder zur Kenntnisnahme bereitgestellt wird und mit einer **Kenntnisnahme** durch die Adressaten gerechnet werden kann.[62] Mit einer Kenntnisnahme kann insbesondere dann nicht gerechnet werden, wenn der Adressat mit der gewählten Art der technischen Umsetzung nicht rechnen musste oder der Zugang zum Dokument einen unzumutbaren Aufwand des Adressaten erfordert.[63] Eine denkbare Möglichkeit der technischen Umsetzung ist zB die Übermittlung mittels **E-Mail**[64] oder auf anderem Weg der unternehmensüblichen Kommunikation, sofern diese elektronisch erfolgt und mit Kenntnisnahme durch den Adressaten gerechnet werden kann.[65] Vorstellbar wäre auch eine Einstellung auf der Internetseite des Unternehmens, vorausgesetzt die Adressaten werden auf die Möglichkeit der 50

---

58 Begr. RegE UmRUG, BT-Drs. 20/3822, 109.
59 Begr. RegE UmRUG, BT-Drs. 20/3822, 92.
60 Begr. RegE UmRUG, BT-Drs. 20/3822, 91.
61 Begr. RegE UmRUG, BT-Drs. 20/3822, 92.
62 Begr. RegE UmRUG, BT-Drs. 20/3822, 92.
63 Begr. RegE UmRUG, BT-Drs. 20/3822, 92.
64 So auch *Bungert/Strothotte* BB 2022, 1411 (1414).
65 Begr. RegE UmRUG, BT-Drs. 20/3822, 92; *Brendl/Schmidt* AG 2023, 297 (303).

Kenntnisnahme gesondert hingewiesen.[66] Insgesamt soll im Hinblick auf die technische Umsetzung der übertragenden Gesellschaft ein gewisser Umsetzungsspielraum gewährt werden.[67]

4. Frist der Zugänglichmachung

51 Die Zugänglichmachung des Spaltungsberichts hat **spätestens sechs Wochen** (Ausschlussfrist) vor der über die grenzüberschreitende Spaltung beschließenden Gesellschafter- bzw. Hauptversammlung zu erfolgen. Umkehrt bedeutet dies, dass die entsprechende Anteilsinhaberversammlung frühestens dann stattfinden und wirksam beschließen kann, wenn der Spaltungsbericht mindestens vor sechs Wochen sowohl den Anteilsinhabern als auch dem Betriebsrat (bzw. den Arbeitnehmern) ordnungsgemäß zugänglich gemacht worden ist. Eine zeitliche Differenzierung zwischen beiden Zugänglichmachungen sieht § 310 Abs. 1 dabei nicht vor, so dass der Versand des Spaltungsberichts an die (alle) Anteilsinhaber und der Versand an den Betriebsrat bzw. die Arbeitnehmer der übertragenden Gesellschaft am selben Tag iSd § 187 BGB erfolgen müssen; nicht zwingend jedoch exakt zeitgleich.

5. Gesonderte Berichterstattung

52 § 324 Abs. 1 S. 2 iVm § 310 Abs. 1 S. 2 geht auf die Möglichkeit der gesonderten Berichterstattung für die Anteilsinhaber und für die Arbeitnehmer ein und bestimmt diesbezügliche Vorgaben für die Zugänglichmachung. Erstellt die übertragende Gesellschaft gesonderte Berichte, ist innerhalb der sechswöchigen Frist den Anteilsinhabern der Bericht für die Anteilsinhaber und dem Betriebsrat bzw. den Arbeitnehmern selbst der Bericht für die Arbeitnehmer zugänglich zu machen. Ansonsten gilt das zur Zugänglichmachung des einheitlichen Spaltungsberichts Gesagte.

6. Umfang der Zugänglichmachung

53 Zugänglich zu machen ist der **vollständige Spaltungsbericht**, bestehend aus seinen drei Abschnitten (→ Rn. 9) sowie etwaiger Anhänge. Eine nur auszugsweise Zugänglichmachung ist ungenügend. Im Fall der gesonderten Berichterstattung gilt Gleiches sowohl für den Bericht für die Anteilsinhaber als auch den Bericht für die Arbeitnehmer.

54 Liegt der **Spaltungsplan** oder sein finaler Entwurf bereits sechs Wochen vor der beschließenden Anteilsinhaberversammlung vor, so ist er **gemeinsam** mit dem Spaltungsbericht zugänglich zu machen (§ 310 Abs. 1 S. 3). Auch wenn daher zum Ausdruck kommt, dass zum Zeitpunkt der Fertigstellung des Spaltungsberichts der Spaltungsplan noch nicht zwingend erstellt sein muss,[68] dürfte dies in der Praxis der Regelfall sein.[69] Die Norm gilt dabei für die Zugänglichmachung des einheitlichen Spaltungsberichts sowie der gesonderten Anteilsinhaber- und Arbeitnehmerberichte. Der Verweis des § 310 Abs. 1 S. 3 auf S. 1 bezieht sich insofern nur auf die sechswöchige Frist.

---

[66] Begr. RegE UmRUG, BT-Drs. 20/3822, 92; *Brandi/Schmidt* AG 2023, 297 (303); *Thomale/Schmid* NotBZ 2023, 125 (129); vgl. auch *Bungert* FS Krieger, 2020, 109 (116).

[67] Begr. RegE UmRUG, BT-Drs. 20/3822, 92.

[68] Vgl. *Drinhausen/Keinath* BB 2022, 1346 (1350).

[69] *Bungert/Strothotte* BB 2022, 1411 (1413); *Thomale/Schmid* NotBZ 2023, 125 (128); *Recktenwald* BB 2023, 643 (647).

7. Maßnahmen bei erfolgter Arbeitnehmer-Stellungnahme

Erhält der Vorstand oder die Geschäftsführung spätestens eine Woche vor dem Tag der beschließenden Anteilsinhaberversammlung in Textform eine Stellungnahme des Betriebsrats bzw. der Arbeitnehmer, so sind die Anteilsinhaber hiervon unverzüglich nach Fristablauf zu unterrichten (§ 310 Abs. 3). Die **Unterrichtung** hat dabei **durch elektronische Zugänglichmachung** des einheitlichen Spaltungsberichts oder des Berichts für die Arbeitnehmer jeweils unter Beifügung einer Kopie der Stellungnahme zu erfolgen. Die den Anteilsinhabern zur Kenntnis zu bringende Stellungnahme dient insbesondere der Vorbereitung des Zustimmungsbeschlusses der Anteilsinhaber.[70] Den Anteilsinhabern sollen die beschäftigungsspezifischen Auswirkungen der grenzüberschreitenden Spaltung auch aus der Perspektive der Arbeitnehmer dargelegt werden, damit diese ihre Entscheidung auf einer möglichst objektiven Informationsgrundlage treffen können.[71]

§ 324 Abs. 1 S. 2 iVm § 310 Abs. 3 impliziert, dass dem Betriebsrat bzw. den Arbeitnehmern der übertragenden Gesellschaft ein **Recht zur Stellungnahme** zum arbeitnehmerspezifischen Abschnitt des Spaltungsberichts (bei einheitlicher Berichterstattung) oder zum Arbeitnehmerbericht (bei gesonderter Berichterstattung) eingeräumt wird. Dies zeigt sich auch mit Blick auf § 329 S. 1 iVm § 315 Abs. 2 Nr. 2, wonach eine solche Stellungnahme der Handelsregisteranmeldung der Herausspaltung in Abschrift beizufügen ist. Ein Anhörungsrecht ist damit jedoch nicht verbunden. Die Stellungnahme des Betriebsrats bzw. der Arbeitnehmer muss mindestens der Textform des § 126b BGB genügen.[72]

VI. Konsequenzen fehlerhafter Berichterstattung und/oder Zugänglichmachung

1. Fehlerhaftigkeit des Spaltungsberichts

Der Spaltungsbericht kann formell und/oder materiell fehlerhaft in dem Sinne sein, dass er nicht den gesetzlichen Anforderungen entspricht. Das führt regelmäßig dazu, dass der Gesellschafter- bzw. Hauptversammlungsbeschluss über die Zustimmung zur grenzüberschreitenden Spaltung **anfechtbar** ist.[73] Dies gilt auch dann, wenn der Spaltungsbericht oder jeweils der Anteilsinhaber- bzw. Arbeitnehmerbericht überhaupt nicht erstellt wurde, obwohl eine gesetzliche Verpflichtung dazu bestand. Zur Beschlussnichtigkeit führt ein fehlerhafter oder fehlender Spaltungsbericht allerdings nicht.[74] Ein vollkommenes Fehlen des Spaltungsberichts bewirkt indes die Ablehnung der Registereintragung der Herausspaltung (vgl. § 329 S. 1 iVm § 316 Abs. 1).

Ein Berichtsfehler begründet eine Klage gegen die Wirksamkeit des Anteilsinhaberbeschlusses allerdings nur dann, wenn ein **ausreichender Zurechnungszusammenhang** zwischen dem Berichtsfehler und dem Beschluss besteht. Bei der AG und wohl auch bei der GmbH richtet sich der erforderliche Zurechnungszusammenhang nach § 243 Abs. 4 S. 1 AktG.[75] Danach kann ein Aktionär den Beschluss wegen unrichtiger, unvollständiger oder verweigerter Erteilung von Informationen nur anfechten, wenn ein objektiv urteilender Aktionär die Erteilung der Information als wesentliche Voraussetzung für

---

70 Begr. RegE UmRUG, BT-Drs. 20/3822, 92.
71 Begr. RegE UmRUG, BT-Drs. 20/3822, 92.
72 Begr. RegE UmRUG, BT-Drs. 20/3822, 92; *Recktenwald* BB 2023, 643 (647); vgl. auch *Bungert* FS Krieger, 2020, 109 (116); *Brandi/Schmidt* AG 2023, 297 (303).
73 Vgl. auch *Thomale/Schmid* NotBZ 2023, 91 (96); *Deck* NZG 2021, 629 (634).
74 Vgl. generell BGH 25.9.1989 – II ZR 254/88, NJW 1990, 322.
75 Vgl. *Bungert* FS Krieger, 2020, 109 (117).

die sachgerechte Wahrnehmung seiner Teilnahme- und Mitgliedschaftsrechte angesehen hätte. Stellen sich in Bezug auf die Darstellungen zum Barabfindungsangebot der Gesellschaft sog. **bewertungsbezogene Informationsmängel** im Spaltungsbericht als für die Anteilsinhaber entscheidungsrelevant dar, ist die Anfechtung des Anteilsinhaberbeschlusses hingegen gem. § 327 S. 1 iVm § 313 Abs. 1 S. 4 ausgeschlossen und die Betroffenen sind auf das Spruchverfahren verwiesen.[76]

59 Unrichtige Darstellungen im Spaltungsbericht sind gem. § 346 Abs. 1 Nr. 1 **strafbewehrt.** Für Vorstandsmitglieder bzw. Mitglieder der Geschäftsführung der übertragenden Gesellschaft kann dies zu einer Freiheitsstrafe bis zu drei Jahren oder Geldstrafe führen.

2. Mangelnde oder fehlerhafte Zugänglichmachung

60 Die mangelnde oder fehlerhafte Zugänglichmachung steht grundsätzlich der fehlerhaften Berichterstattung als solcher gleich, so dass auch in diesem Fall eine **Anfechtbarkeit** des zustimmenden Anteilsinhaberbeschlusses in Betracht kommen kann. Gleichwohl wird ein unmittelbarer Zurechnungszusammenhang zB zwischen einer verspäteten Zugänglichmachung und dem Ausgang des Anteilsinhaberbeschlusses nur schwer zu begründen sein.

§ 325 Spaltungsprüfung

¹Der Spaltungsplan oder sein Entwurf sind nach den §§ 9 bis 12 zu prüfen; § 48 ist nicht anzuwenden. ²Der Prüfungsbericht muss den Anteilsinhabern spätestens einen Monat vor dem Tag der Versammlung der Anteilsinhaber, die nach § 13 über die Zustimmung zum Spaltungsplan beschließen soll, zugänglich gemacht werden.

Literatur:

Brandi/M.-K. Schmidt, Die grenzüberschreitende Spaltung nach dem UmRUG, AG 2023, 297; *Bungert/Strothotte*, Die grenzüberschreitende Spaltung nach dem Referentenentwurf des UmRUG, BB 2022, 1411; *Heckschen/Knaier*, Die größte Reform des Umwandlungsrechts: Endlich in Kraft!, GmbHR 2023, 317; *Luy/Redler*, Immer mit Plan – der Referentenentwurf eines Gesetzes zur Umsetzung der Umwandlungsrichtlinie (UmRUG), notar 2022, 163; *Noack*, Nationaler Rechtsrahmen für grenzüberschreitende Umwandlungen, MDR 2023, 465; *Recktenwald*, Die grenzüberschreitende Hinausspaltung zur Aufnahme nach dem UUmRUG – Teil 1, BB 2023, 643; *Schmidt, J.*, Die weitreichende Reform des Umwandlungsrechts, NJW 2023, 1241; *Schmidt, J.*, Umwandlungen im Konzern nach dem UmRUG-RegE: Besonderheiten bei Bericht, Prüfung und Beschluss, DK 2022, 309; *Thomale/Schmid*, Das neue Recht der grenzüberschreitenden Umwandlung – Eine Einführung (Teil II), NotBZ 2023, 125.

I. Einführung und Grundlagen 1	3. Ausschluss von § 48 5
1. Europäischer Hintergrund 1	III. Prüfungsbericht 6
2. Regelungsgegenstand und -zweck 2	IV. Zugänglichmachung des Prüfungsberichts 8
II. Prüfung des Spaltungsplans 3	V. Entbehrlichkeit von Prüfung und Prüfungsbericht 9
1. Prüfungspflicht 3	
2. Inhalt der Prüfung 4	

---

[76] *J. Schmidt* NJW 2023, 1241 (1244); *Hommelhoff* NZG 2022, 683; *Noack* MDR 2023, 465 (467); *Bungert* FS Krieger, 2020, 109 (117).

I. Einführung und Grundlagen

1. Europäischer Hintergrund

§ 325 dient der Umsetzung von **Art. 160f RL (EU) 2017/1132**.[1] Dieser bestimmt ua, dass grundsätzlich ein unabhängiger Sachverständiger den von der übertragenden Gesellschaft erstellen Spaltungsplan prüft und einen diesbezüglichen Bericht für die Anteilsinhaber erstellt (Art. 160f Abs. 1 S. 1 RL (EU) 2017/1132). Im Hinblick auf die Unabhängigkeit des sachverständigen Prüfers gelten die nationalen Umsetzungsbestimmung der Abschlussprüfer-Richtlinie (RL 2006/43/EG).[2]

2. Regelungsgegenstand und -zweck

§ 325 regelt die Pflicht zur Prüfung des Spaltungsplans durch einen unabhängigen Sachverständigen, wobei umfassend auf die Vorgaben der §§ 9–12 für die Verschmelzungsprüfung verwiesen wird. Im Zuge der Prüfung des Spaltungsplans ist ebenfalls ein Prüfungsbericht zu erstellen und den Anteilsinhabern der übertragenden Gesellschaft fristgerecht zugänglich zu machen. Ratio des Erfordernisses einer Spaltungsprüfung sowie der Erstellung eines Prüfungsberichts ist ein **a-priori-Schutz der Anteilsinhaber** der übertragenden Gesellschaft.[3] Der Zweck des Prüfungsberichts besteht darin, die Anteilsinhaber über das Ergebnis der Prüfung des Spaltungsplans zu informieren.

II. Prüfung des Spaltungsplans

1. Prüfungspflicht

Gemäß § 325 S. 1 ist der Spaltungsplan oder sein Entwurf durch einen unabhängigen Sachverständigen zu prüfen. Voraussetzung der entsprechenden Prüfung ist dabei denklogisch, dass zum einen der Spaltungsplan oder sein (finaler) Entwurf bereits erstellt und zum anderen, dass ein unabhängiger Sachverständiger als Prüfer bestellt wurde. Für die (natürliche oder juristische)[4] **Person des Prüfers** gelten dabei weitgehend die allgemeinen und anerkannten Vorgaben. Beim Prüfer muss es sich daher um einen von der übertragenden Gesellschaft unabhängigen Sachverständigen ohne Interessenkonflikt handeln.[5] Dieser muss gemäß den europäischen Vorgaben einer zivilrechtlichen Haftung für eine fehlerhafte Prüfung des Spaltungsplans unterliegen, was über die Anwendbarkeit von § 323 HGB gewährleistet wird.[6] Gemäß § 325 S. 1 iVm § 10 Abs. 1 S. 1 wird der **Prüfer** bzw. die **Prüfgesellschaft** auf Antrag des Vertretungsorgans vom zuständigen Registergericht ausgewählt und **bestellt**. Das Gericht hat bei der Auswahl die sachlichen und persönlichen Bestellvoraussetzungen für entsprechende sachverständige Prüfer gem. § 11 zu beachten, kann aber nach freiem Ermessen entscheiden. Die Antragsberechtigten können Vorschläge unterbreiten, an die das Gericht nicht gebunden ist. In der Praxis wird von den zuständigen Registergerichten häufig eine aus mindestens drei potenziellen Prüfern bestehende Liste gewünscht (teilweise sogar gefordert), auf Basis derer die Bestellung erfolgt. Die Bestellung erfolgt im Beschlusswege.

---

1 Begr. RegEUmRUG, BT-Drs. 20/3822, 110.
2 Erwägungsgrund Nr. 14 S. 2 RL (EU) 2019/2121; zu den entsprechenden Unabhängigkeitsvorgaben s. auch Jung/Krebs/Stiegler GesR-HdB/*Stiegler* § 26 Rn. 50 ff.
3 *Thomale/Schmid* NotBZ 2023, 125 (129).
4 Vgl. auch Art. 160f Abs. 1 S. 3 RL (EU) 2017/1132.
5 Begr. RegEUmRUG, BT-Drs. 20/3822, 118 iVm 93.
6 Begr. RegEUmRUG, BT-Drs. 20/3822, 118 iVm 93.

2. Inhalt der Prüfung

4 Inhalt der Prüfung und damit Prüfungsumfang ist der **Spaltungsplan** bzw. sein Entwurf. Dieser ist auf seine Rechtmäßigkeit, also auf inhaltliche Vollständigkeit und Richtigkeit zu überprüfen. Die Prüfung beschränkt sich insofern weitgehend auf eine **Rechtmäßigkeitskontrolle**, ohne dass die (wirtschaftliche) Zweckmäßigkeit der geplanten grenzüberschreitenden Spaltung zu bewerten ist. Im Zentrum der Prüfung steht vor allem die Angemessenheit des von der Gesellschaft unterbreiteten Barabfindungsangebots gem. § 322 Abs. 2 iVm § 307 Abs. 2 Nr. 13 und das Umtauschverhältnis sowie ggf. die Höhe der baren Zuzahlung gem. § 322 Abs. 2 iVm § 307 Abs. 2 Nr. 3.[7] Beides bedarf es bei einer Ausgliederung indes nicht, weshalb schon deswegen in diesem Fall eine Prüfung obsolet ist.[8]

3. Ausschluss von § 48

5 Gemäß § 325 S. 1 Hs. 2 kommt bei der Spaltungsprüfung die Regelung des § 48 nicht zur Anwendung. Diese bestimmt, dass bei der Beteiligung einer GmbH an der Umwandlungsmaßnahme eine Prüfung zu erfolgen hat, wenn dies einer der GmbH-Gesellschafter innerhalb einer Frist von einer Woche verlangt. Da bei der grenzüberschreitenden Spaltung aber – vorbehaltlich der Entbehrlichkeit sowie generell bei der Ausgliederung – eine Spaltungsprüfung stets erforderlich ist, würde die Anwendbarkeit von § 48 faktisch ins Leere laufen bzw. bedeutungslos sein.

III. Prüfungsbericht

6 Gemäß § 325 S. 1 iVm § 12 Abs. 1 S. 1 hat der unabhängige Prüfer des Spaltungsplans über das Ergebnis der Prüfung schriftlich zu berichten. Der Bericht muss dabei die **Stellungnahme des Sachverständigen** zu der Frage enthalten, ob die Barabfindung sowie das Umtauschverhältnis der Gesellschaftsanteile angemessen ist.[9] Bei der Bewertung der Barabfindung berücksichtigt der Sachverständige den etwaigen Marktpreis, den die Anteile an der Gesellschaft vor Ankündigung des geplanten Spaltung hatten, oder den nach allgemein anerkannten Bewertungsmethoden bestimmten Wert der Gesellschaft ohne die Auswirkungen der geplanten Spaltung.[10] Der Verweis des § 325 S. 1 umfasst auch § 12 Abs. 2. Der Prüfungsbericht ist daher mit einer **Erklärung** darüber abzuschließen, ob das vorgeschlagene Umtauschverhältnis der Anteile, gegebenenfalls die Höhe der baren Zuzahlung oder die Mitgliedschaft bei dem (ausländischen) übernehmenden Rechtsträger als Gegenwert angemessen ist (§ 12 Abs. 1 S. 1). Dabei sind auch die Angaben gem. § 12 Abs. 2 S. 2 erforderlich. In den Prüfungsbericht brauchen allerdings Tatsachen nicht aufgenommen werden, deren Bekanntwerden geeignet ist, einem der beteiligten Rechtsträger oder einem verbundenen Unternehmen einen nicht unerheblichen Nachteil zuzufügen (§ 325 S. 1 iVm § 12 Abs. 3 iVm § 8 Abs. 2 S. 1). In diesem Falle sind in dem Bericht die Gründe, aus denen die Tatsachen nicht aufgenommen worden sind, darzulegen (§ 325 S. 1 iVm § 12 Abs. 3 iVm § 8 Abs. 2 S. 2).

7 Im Hinblick auf die nicht zwingend schriftliche Abfassung des Spaltungsberichts gem. § 324 Abs. 1 (→ § 324 Rn. 8) ist es zumindest unschön, dass aufgrund des Verweises auf § 12 Abs. 1 S. 1 der Prüfungsbericht **schriftlich** iSd § 126 Abs. 1 BGB abzufassen ist.

---

7 Erwägungsgrund Nr. 14 S. 1 RL (EU) 2019/2121; Bungert/Strothotte BB 2022, 1411 (1414); Recktenwald BB 2023, 643 (647); Brandi/M.K. Schmidt AG 2023, 297 (303).
8 Begr. RegEUmRUG, BT-Drs. 20/3822, 110.
9 Art. 160f Abs. 2 S. 1 RL (EU) 2017/1132.
10 Art. 160f Abs. 2 S. 2 RL (EU) 2017/1132.

Aufgrund des eindeutigen Wortlauts führt derzeit jedoch wohl kein Weg daran vorbei, obwohl auch die zugrunde liegende Richtlinienbestimmung kein Schriftformerfordernis zwingend vorsieht.

IV. Zugänglichmachung des Prüfungsbericht

Der Prüfungsbericht muss den Anteilsinhabern **spätestens einen Monat** vor dem Tag der beschließenden Anteilsinhaberversammlung (vgl. § 326 Abs. 1 iVm § 13) zugänglich gemacht werden (§ 325 S. 2). Die Modalitäten der Zugänglichmachung sollen dabei grundsätzlich der übertragenden Gesellschaft überlassen werden.[11] Für eine **GmbH** dürfte sich die Übermittlung des Prüfungsberichts im Rahmen der Einberufung der Gesellschafterversammlung anbieten, wobei die entsprechende Monatsfrist zu beachten ist.[12] Da die Vorgabe des § 51 Abs. 1 S. 1 GmbHG über die Einberufung der Gesellschafterversammlung durch Einladung mittels eingeschriebenem Briefe dispositiv ist (vgl. § 45 Abs. 2 GmbHG), kann der Gesellschaftsvertrag auch eine andere Einberufungsform bestimmen, insbesondere auf elektronischem Weg. Damit könnte auch der Prüfungsbericht **elektronisch** iSv in Textform zugänglich gemacht werden. Anders als betreffend der Zugänglichmachung des Spaltungsberichts (vgl. § 324 Abs. 1 S. 2 iVm § 310 Abs. 1 S. 1) spricht § 325 S. 2 dabei zwar nicht ausdrücklich von der Möglichkeit einer elektronischen Zugänglichmachung, jedoch spricht funktional nichts dagegen, dies zuzulassen. Für eine **AG** gilt § 63 Abs. 1 Nr. 5.[13] Spätestens ab einem Monat vor dem Tag der über die Spaltung beschließenden Hauptversammlung ist der Prüfungsbericht daher in den Geschäftsräumen der AG zur Einsicht der Aktionäre auszulegen. Ersatzweise kann die Zugänglichmachung gem. § 63 Abs. 4 aber auch über die Internetseite der AG erfolgen.[14] Möglich erscheint bei einem kleineren Aktionärskreis aber auch, dass auf die Auslage nach § 63 Abs. 1 Nr. 5, Abs. 4 verzichtet wird[15] und die Zugänglichmachung des Prüfungsberichts elektronisch via PDF-Anhang oÄ per E-Mail an die Aktionäre erfolgt.

V. Entbehrlichkeit von Prüfung und Prüfungsbericht

Obgleich § 325 S. 1 sich dem Wortlaut nach nur auf die Prüfung nach den §§ 9–12 bezieht, sind auch § 9 Abs. 2 sowie § 12 Abs. 3, jeweils iVm **§ 8 Abs. 3**, grundsätzlich anzuwenden. Sowohl die Spaltungsprüfung als auch der darauf aufbauende Prüfungsbericht sind daher unter bestimmten Voraussetzungen entbehrlich.[16] Im Ergebnis sind somit die Prüfung und der Prüfungsbericht grundsätzlich unter denselben Voraussetzungen entbehrlich, unter denen auch der anteilsinhaberspezifische Abschnitt des Spaltungsberichts gem. § 324 Abs. 2 S. 1 entbehrlich ist.[17] Gemäß § 325 S. 1 iVm §§ 9 Abs. 2, 12 Abs. 3 iVm § 8 Abs. 3 S. 1 sind die Prüfung und der Bericht nicht erforderlich, wenn alle Anteilsinhaber der übertragenden Gesellschaft jeweils **auf sie** bzw. die **Erstellung verzichten**. Die entsprechende Verzichtserklärung muss sich dabei eindeutig und zwingend auf beide Aspekte beziehen, dh sowohl auf die Spaltungsprüfung als auch die Berichtserstellung und -zugänglichmachung. Die jeweiligen Verzichtserklärungen sind notariell zu beurkunden (§ 325 S. 1 iVm §§ 9 Abs. 2, 12 Abs. 3 iVm § 8 Abs. 3 S. 2).

---

11 Begr. RegEUmRUG, BT-Drs. 20/3822, 93.
12 Begr. RegEUmRUG, BT-Drs. 20/3822, 93.
13 Begr. RegEUmRUG, BT-Drs. 20/3822, 93.
14 Begr. RegEUmRUG, BT-Drs. 20/3822, 93.
15 Zur Möglichkeit des Verzichts (bei der grenzüberschreitenden Verschmelzung) *Stiegler* AG 2019, 708 (719).
16 Begr. RegEUmRUG, BT-Drs. 20/3822, 110.
17 *Luy/Redler* notar 2022, 163 (167).

10 Ferner ist gem. § 325 S. 1 iVm §§ 9 Abs. 2, 12 Abs. 3 iVm § 8 Abs. 3 S. 3 Nr. 2 eine Sachverständigenprüfung und ein Bericht nicht erforderlich, wenn die übertragende Gesellschaft **nur einen Anteilsinhaber** besitzt.[18] Maßgebend ist die rechtliche Anteilsinhaberschaft. Damit macht der deutsche Gesetzgeber von der zugrunde liegenden Mitgliedstaateoption Gebrauch.[19] Hintergrund dieser Möglichkeit des Unterlassens der sachverständigen Prüfung ist, dass eine solche im Fall eines Alleingesellschafters ein unnötiger Formalismus wäre, da dieser die grenzüberschreitende Spaltung typischerweise initiiert und steuert und somit nicht schutzwürdig ist.[20] Die Entbehrlichkeit nach § 8 Abs. 3 S. 3 Nr. 1 lit. a kommt zumindest bei einer (grenzüberschreitenden) Aufspaltung nicht zum Tragen (vgl. auch § 127 S. 2 Hs. 2).[21] Die Entbehrlichkeit nach § 8 Abs. 3 S. 3 Nr. 1 lit. b bei Spaltungen zur Aufnahme zwischen Tochtergesellschaften ist – auch wenn die Gesetzesbegründung dies nicht ausdrücklich nennt – hingegen denkbar.[22] Gesetzlich ist dies aus § 332 S. 2 iVm § 309 Abs. 6 S. 1 iVm § 8 Abs. 3 S. 3 Nr. 1 lit. b herleitbar.

11 Bei der grenzüberschreitenden **Ausgliederung** sind die Spaltungsprüfung und der Prüfungsbericht gemäß § 320 Abs. 2 iVm § 125 Abs. 1 S. 2 generell **nicht erforderlich**.[23] Hintergrund ist, dass es hierbei gem. § 322 Abs. 3 keiner Angaben zur Barabfindung und zum Umtauschverhältnis im Spaltungsplan bedarf und daher eine Prüfung weitgehend gegenstandslos wäre.[24]

§ 326 Zustimmung der Anteilsinhaber

(1) Die Anteilsinhaber können ihre Zustimmung nach § 13 davon abhängig machen, dass die Art und Weise der Mitbestimmung der Arbeitnehmer der neuen Gesellschaft ausdrücklich von ihnen bestätigt wird.

(2) Die Versammlung der Anteilsinhaber nimmt den Spaltungsbericht, den Prüfungsbericht und etwaige Stellungnahmen nach § 323 in Verbindung mit § 308 Absatz 1 Satz 2 Nummer 4 zur Kenntnis, bevor sie die Zustimmung zum Spaltungsplan beschließt.

(3) Werden bei einer Aufspaltung oder Abspaltung die Anteile der neuen Gesellschaft den Anteilsinhabern der übertragenden Gesellschaft nicht in dem Verhältnis zugeteilt, das ihrer Beteiligung an der übertragenden Gesellschaft entspricht, so wird der Spaltungsplan nur dann wirksam, wenn ihm diejenigen Anteilsinhaber zustimmen, für die die Zuteilung nachteilig ist.

Literatur:

Brandi/M.-K. Schmidt, Die grenzüberschreitende Spaltung nach dem UmRUG, AG 2023, 297; *Bungert*, Das neue Recht der grenzüberschreitenden Spaltung in der EU, in: FS Krieger, 2020, S. 109; *Bungert/Strothotte*, Die grenzüberschreitende Spaltung nach dem Referentenentwurf des UmRUG, BB 2022, 1411; *Heckschen/Knaier*, Reform des Umwandlungsrechts kurz vor dem Ziel, ZIP 2022, 2205; *Heckschen/Knaier*, Die größte Reform des Umwandlungsrechts: Endlich in Kraft!, GmbHR 2023, 317; *Luy/Redler*, Immer mit Plan – der Referentenentwurf eines Gesetzes zur Umsetzung der Umwandlungsrichtlinie (UmRUG), notar 2022, 163; *Noack*, Nationaler

---

[18] Vgl. auch *J. Schmidt* DK 2022, 309 (312).
[19] *J. Schmidt* DK 2022, 309 (312).
[20] *J. Schmidt* DK 2022, 309 (312).
[21] Unklar *Recktenwald* BB 2023, 643 (648).
[22] *Recktenwald* BB 2023, 643 (648); *Bungert/Strothotte* BB 2022, 1411 (1414).
[23] Begr. RegEUmRUG, BT-Drs. 20/3822, 110; *J. Schmidt* DK 2022, 309 (312); *Bungert/Strothotte* BB 2022, 1411 (1414); *Brandi/M.K. Schmidt* AG 2023, 297 (304).
[24] *J. Schmidt* DK 2022, 309 (312).

Rechtsrahmen für grenzüberschreitende Umwandlungen, MDR 2023, 465; *Recktenwald*, Die grenzüberschreitende Hinausspaltung zur Aufnahme nach dem UmRUG – Teil II, BB 2023, 707; *Schmidt, J.*, Umwandlungen im Konzern nach dem UmRUG-RegE: Besonderheiten bei Bericht, Prüfung und Beschluss, DK 2022, 309; *Thomale/Schmid*, Das neue Recht der grenzüberschreitenden Umwandlung – Eine Einführung (Teil II), NotBZ 2023, 125.

I. Einführung und Grundlagen 1	4. Formelle Anforderungen 9
1. Europäischer Hintergrund 1	III. Bestätigung der zukünftigen Arbeitnehmermitbestimmung 14
2. Regelungsgegenstand und -zweck 2	
II. Spaltungsbeschluss 3	IV. Kenntnisnahme von Dokumenten 15
1. Beschlussinhalt 3	V. Nicht-verhältniswahrende Spaltung 16
2. Beschlussmehrheiten 4	VI. Entbehrlichkeit der Beschlussfassung 17
3. Weitere Zustimmungserfordernisse 6	

I. Einführung und Grundlagen

1. Europäischer Hintergrund

§ 326 dient der Umsetzung von **Art. 160h Abs. 1, 2 RL (EU) 2017/1132**.[1] Dieser bestimmt, dass die Anteilsinhaber in Form eines Beschlusses zu entscheiden haben, ob sie dem Spaltungsplan für die grenzüberschreitende Spaltung zustimmen und der Gesellschaftsvertrag der übernehmenden (neuen) Gesellschaft entsprechend anzupassen ist (Art. 160h Abs. 1 RL (EU) 2017/1132). Die Anteilsinhaberversammlung der übertragenden Gesellschaft kann sich dabei das Recht vorbehalten, die Umsetzung der grenzüberschreitenden Spaltung davon abhängig zu machen, dass das Arbeitnehmermitbestimmungsverfahren ausdrücklich von ihr bestätigt wird (Art. 160h Abs. 2 RL (EU) 2017/1132).

2. Regelungsgegenstand und -zweck

Die Zustimmung der Gesellschafter bzw. Aktionäre ist ein Kernelement des **Anteilsinhaberschutzes**. Das Recht der Anteilsinhaber auf Zustimmung erlaubt einen Diskurs derselben in der Gesellschafter- bzw. Hauptversammlung und stellt auf diese Weise eine gemeinsame Meinungsbildung sicher. § 326 regelt dabei, dass es zwingend eines entsprechenden Beschlusses der Anteilsinhaber der sich spaltenden Gesellschaft bedarf. § 326 Abs. 1 regelt dabei das **Erfordernis eines zustimmenden Beschlusses** der Anteilsinhaber zum Spaltungsplan sowie eine etwaige Bestätigung des Arbeitnehmermitbestimmungsverfahren. § 326 Abs. 2 bestimmt, dass die Anteilsinhaber den Spaltungsbericht, den Prüfungsbericht und etwaige Arbeitnehmerstellungnahmen vor ihrer Entscheidung über die grenzüberschreitende Spaltung zur Kenntnis zu nehmen haben. § 326 Abs. 3 regelt den Sonderfall einer sog. nicht-verhältniswahrenden grenzüberschreitenden Spaltung.

II. Spaltungsbeschluss

1. Beschlussinhalt

Der Anteilsinhaberbeschluss hat in erster Linie die **Zustimmung zum Spaltungsplan** zum Inhalt. Aufgrund des Verweises auf § 13 Abs. 1 S. 1 sowie der Pflicht zur Kenntnisnahme gem. § 326 Abs. 2 (→ Rn. 15) ergibt sich aber, dass die grenzüberschreitende Spaltung als Ganze im Ergebnis Gegenstand der Beschlussfassung ist. Es geht also auch um die Entscheidung über die Durchführung der Umwandlungsmaßnahme als

---

[1] Begr. RegE UmRUG, BT-Drs. 20/3822, 110.

solche. Bei der Stimmabgabe zur Zustimmung des Spaltungsplans bzw. der grenzüberschreitenden Spaltung können sich die Anteilsinhaber mittels einschlägiger Vollmacht vertreten lassen.[2]

2. Beschlussmehrheiten

4 Für die Mehrheitserfordernisse bei der Beschlussfassung einer GmbH als übertragende Gesellschaft gilt über § 320 Abs. 2 die Regelung des § 125 Abs. 1 S. 1 iVm § 50 Abs. 1 S. 1, so dass es bei dieser einer **Dreiviertel-Mehrheit** der abgegebenen Stimmen bedarf. Bei einer AG bedarf es gem. § 320 Abs. 2 iVm § 125 Abs. 1 S. 1 iVm § 65 Abs. 1 S. 1 einer Dreiviertel-Mehrheit des vertretenen Grundkapitals sowie einer einfachen Stimmenmehrheit.[3]

5 Über die Pflicht zur Zustimmung der Anteilsinhaber in mindestens qualifizierter Mehrheit hinaus können grundsätzlich in der Satzung bzw. dem Gesellschaftsvertrag der sich spaltenden Gesellschaft auch höhere Mehrheiten statuiert werden. Für die GmbH ergibt sich dies aus § 50 Abs. 1 S. 2 und für die AG aus § 65 Abs. 1 S. 2. Hierbei sind jedoch die europäischen Vorgaben des Art. 160h Abs. 3 S. 1 RL (EU) 2017/1132 zu beachten, wonach die Mitgliedstaaten höchstens ein Konsensquorum von 90 % vorsehen dürfen.[4] Dies führt dazu, dass § 50 Abs. 1 S. 2 und § 65 Abs. 1 S. 2 **richtlinienkonform einschränkend auszulegen** sind.[5] Praktisch führt dies dazu, dass Satzungsbestimmungen, die in diesem Kontext eine (nahezu) einstimmige Beschlussfassung fordern, zwar nicht unangewendet bleiben müssen, jedoch dahin gehend zu lesen sind, dass eine 90 %-Mehrheit ausreichend ist.[6] Statutarisch bestimmte Sonderzustimmungsrechte einzelner Anteilsinhaber dürfen dadurch jedoch ebenfalls nicht unterlaufen werden. Da sich Art. 160h Abs. 3 S. 1 RL (EU) 2017/1132 allerdings nur auf Abstimmungen in der Anteilsinhaberversammlung bezieht, sollten etwaige schuldrechtliche Zustimmungsrechte, zB im Rahmen einer Gesellschafter- oder Aktionärsvereinbarung, weiterhin möglich sein.

3. Weitere Zustimmungserfordernisse

6 Ein Sonderzustimmungsrecht einzelner Anteilsinhaber ergibt sich aus § 326 Abs. 1 iVm § 13 Abs. 2. § 13 Abs. 2 ist Ausdruck des allgemeinen Rechtsgedankens, dass Sonderrechte eines Anteilsinhabers nicht ohne dessen Zustimmung beeinträchtigt werden dürfen. Danach bedarf es der Zustimmung derjenigen Anteilsinhaber, denen ein Recht auf Genehmigung zur Abtretung von Anteilen der sich spaltenden Gesellschaft eingeräumt wird. Eine gesonderte Zustimmung ist somit dann erforderlich, wenn die Satzung bzw. der Gesellschaftsvertrag die Zustimmung durch einzelne Anteilsinhaber vorsieht. Auch hier ist aber das 90 %ige Höchstquorum des Art. 160h Abs. 3 S. 1 RL (EU) 2017/1132 zu beachten, so dass über § 13 Abs. 2 kein Einstimmigkeitserfordernis eingeführt werden darf. § 13 Abs. 2 umfasst dabei aber auch Einschränkungen und besondere Vorausset-

---

[2] *Thomale/Schmidt* NotBZ 2023, 125 (137).
[3] Vgl. *Bungert* FS Krieger, 2020, 109 (119); *Brandi/Schmidt* AG 2023, 297 (304); *Bungert/Strothotte* BB 2022, 1411 (1415); *Recktenwald* BB 2023, 707 (708).
[4] *Bungert* FS Krieger, 2020, 109 (120); kritisch dazu *Stelmaszczyk* GmbHR 2020, 61 (70); *Heckschen/Knaier* GmbHR 2023, 317 (326).
[5] *Bungert/Strothotte* BB 2022, 1411 (1415); *Stelmaszczyk* DK 2021, 1 (19); im Ergebnis aA *Heckschen* FS Heidinger, 2023, 165 (171).
[6] Wohl auch *Schulte* GmbHR 2020, 139 (141); aA *Heckschen/Knaier* GmbHR 2023, 317 (326); *Heckschen* FS Heidinger, 2023, 165 (171).

zungen im Rahmen eines vertraglichen Sonderrechts.[7] Eine Auslegung einer schuldvertraglichen Regelung, zB einer Gesellschafter- oder Aktionärsvereinbarung, die die Zustimmung zur Abtretung regelt, ist dabei sinnerhaltend auf die Zustimmung zur grenzüberschreitenden Spaltung zu übertragen.[8] Aus praktischer Sicht wird § 13 Abs. 2 gleichwohl in erster Linie für die (personalistisch strukturierte) GmbH Bedeutung erlangen.

Ein weiteres Zustimmungserfordernis ergibt sich für die AG aus § 65 Abs. 2. Die Norm ist ebenfalls über § 320 Abs. 2 iVm § 125 Abs. 1 S. 1 anwendbar. Hat die übertragende AG daher mehrere Aktiengattungen, so bedarf der Hauptversammlungsbeschluss zu seiner Wirksamkeit der **Zustimmung** der stimmberechtigten **Aktionäre jeder Gattung** mittels Sonderbeschluss. Der Zustimmung von stimmrechtslosen Vorzugsaktionären bedarf es allerdings nicht.[9] Ebenso wenig ist ein Sonderbeschluss dann erforderlich, wenn es neben den stimmberechtigten Stammaktien als weitere Aktiengattung nur stimmrechtslose Vorzugsaktien gibt.[10] Gegebenenfalls ist aber ein Sonderbeschluss der Vorzugsaktionäre nach § 141 Abs. 1 AktG notwendig.[11] Für die GmbH als sich spaltende Gesellschaft findet § 65 Abs. 2 keine Anwendung. In diesem Fall ist durch Auslegung des Gesellschaftsvertrags zu ermitteln, ob die Inhaber von Anteilsgattungen ebenso wie die Aktionäre nach § 65 Abs. 2 einen Sonderbeschluss fassen müssen.[12]

Für die Herausspaltung einer **GmbH** ergibt sich ein weiteres Zustimmungserfordernis aus § 320 Abs. 2 iVm § 125 Abs. 1 S. 1 iVm § 50 Abs. 2. Dieser beinhaltet ein Zustimmungserfordernis aufgrund bestehender Minderheits- und Sonderrechte in der sich herausspaltenden GmbH.

4. Formelle Anforderungen

Bezüglich der **Vorbereitung und Durchführung** der beschließenden Anteilsinhaberversammlung sind jeweils über § 320 Abs. 2 iVm § 125 Abs. 1 die allgemeinen verschmelzungsrechtlichen Bestimmungen für Kapitalgesellschaften zu beachten. Für die GmbH als sich spaltende Gesellschaft gilt daher § 49 und für die AG §§ 63 f.

Bei der Anwendung des § 49 Abs. 1 ist allerdings die zeitliche Bezugnahme auf die Einberufung der Anteilsinhaberversammlung zu beachten, so dass gem. § 324 Abs. 1 S. 2 iVm § 310 Abs. 1 S. 1 mindestens sechs Wochen vor der stattfindenden Versammlung der Spaltungsbericht den Anteilsinhaber zugänglich zu machen ist. Unabhängig davon ist der Spaltungsbericht bei einer AG von der Einberufung der Hauptversammlung an in dem Geschäftsraum der Gesellschaft zur Einsicht der Aktionäre auszulegen (§ 63 Abs. 1). Für die GmbH gilt § 49 Abs. 1, so dass allen Gesellschaftern spätestens zusammen mit der Einberufung der beschließenden Gesellschafterversammlung die grenzüberschreitende Spaltung als Gegenstand der Beschlussfassung in Textform anzukündigen ist.

Der Spaltungsbeschluss darf gem. § 13 Abs. 1 S. 2 nur **in einer Versammlung** der Anteilsinhaber gefasst werden. Die Norm sieht diesbezüglich aber auch „nur" vor, dass der entsprechende Beschluss im Rahmen einer Anteilsinhaberversammlung zu fassen

---

7 OLG Brandenburg 18.5.2022 – 7 AktG 1/22, NZG 2022, 967.
8 OLG Brandenburg 18.5.2022 – 7 AktG 1/22, NZG 2022, 967.
9 Generell zu § 65 Abs. 2 *Trinks* ZGR 2021, 1010 (1024).
10 BGH 23.2.2021 – II ZR 65/19, NZG 2021, 782.
11 BGH 23.2.2021 – II ZR 65/19, NZG 2021, 782.
12 Entsprechend zum grenzüberschreitenden Formwechsel *Stiegler* Grenzüberschreitende Sitzverlegungen S. 306.

ist, nicht aber zwingend in Präsenz.¹³ Nach zu befürwortender Ansicht ist daher grundsätzlich auch eine virtuelle Versammlungen per Fernkommunikation möglich, selbst wenn der Beschluss notariell beurkundet werden muss.¹⁴ Voraussetzung ist aber zum einen, dass in der **virtuellen Versammlung** ein der Präsenzversammlung gleichwertiger Meinungsaustausch sichergestellt ist.¹⁵ Zum anderen, dass der beurkundende Notar am Aufenthaltsort des Versammlungsleiters zugegen ist, sich dort vom ordnungsgemäßen Ablauf des Beschlussverfahrens überzeugt und anschließend die Feststellung des Beschlussergebnisses beurkundet.¹⁶ Zu beiden Aspekten ist dabei für die AG §§ 118a, 130 Abs. 1a, 130a AktG zur Anwendung zu bringen; für die GmbH § 48 Abs. 1 S. 2 GmbHG in der seit 1.8.2022 geltenden Fassung.¹⁷

12 Der Spaltungsbeschluss ist **in deutscher Sprache** zu fassen.¹⁸ Dies ergibt sich daraus, dass gem. § 329 S. 1 iVm § 315 Abs. 2 iVm § 17 Abs. 1 die Niederschrift des Beschlusses als Anlage zur Anmeldung der Herausspaltung beizufügen ist. Die entsprechenden Dokumente sind dabei in deutscher Sprache einzureichen.¹⁹

13 Der Spaltungsbeschluss sowie etwaige Zustimmungserklärungen einzelner Anteilsinhaber sind gem. § 326 Abs. 1 iVm § 13 Abs. 3 S. 1 **notariell zu beurkunden**.

III. Bestätigung der zukünftigen Arbeitnehmermitbestimmung

14 Gemäß § 326 Abs. 1 kann die Zustimmung der Anteilsinhaber zum Spaltungsplan davon abhängig gemacht werden, dass die Art und Weise der Arbeitnehmermitbestimmung im ausländischen übernehmenden Rechtsträger ausdrücklich von ihnen bestätigt wird. Die Bestätigung hat dabei durch eine **ausdrückliche** Genehmigungserklärung im Rahmen eines Beschlusses zu erfolgen, so dass konkludentes Handeln oder bloße Untätigkeit nicht ausreichend sind.²⁰ **Zweck des Zustimmungsvorbehalts** für die Mitbestimmung der Arbeitnehmer ist eine verbesserte Gewährleistung der Mitentscheidungsrechte der Anteilsinhaber über die Strukturmaßnahme. Die Anteilsinhaber selbst sind am Verfahren über die künftige Arbeitnehmermitbestimmung im Zielrechtsträger nicht beteiligt. Zudem muss das Ergebnis des Verhandlungsverfahrens im Zeitpunkt der Beschlussfassung noch nicht zwingend feststehen, so dass die Anteilsinhaber in Unkenntnis über das künftige Mitbestimmungsmodell ihre Zustimmung zur geplanten Strukturmaßnahme abgeben würden. Die Option eines entsprechenden Zustimmungsvorbehalts der Gesellschafter- bzw. Hauptversammlung gem. § 326 Abs. 1 ermöglicht es, hinsichtlich der Arbeitnehmermitbestimmung das Mitentscheidungsrecht der Anteilsinhaber sicherzustellen.²¹

IV. Kenntnisnahme von Dokumenten

15 Gemäß § 326 Abs. 2 hat die Anteilsinhaberversammlung verschiedene Dokumente zur Kenntnis zu nehmen, bevor sie die Zustimmung zum Spaltungsplan beschließt. Hin-

---

13 BGH 5.10.2021 – II ZB 7/21, NZG 2021, 1562.
14 OLG Karlsruhe 13.12.2021 – 19 W 29/21, 19 W 30/21, BeckRS 2021, 54603; vgl. auch BGH 5.10.2021 – II ZB 7/21, NZG 2021, 1562.
15 BGH 5.10.2021 – II ZB 7/21, NZG 2021, 1562.
16 OLG Karlsruhe 13.12.2021 – 19 W 29/21, 19 W 30/21, BeckRS 2021, 54603.
17 Zur grundsätzlichen Gleichwertigkeit der nicht-physischen Versammlung gem. § 48 Abs. 1 S. 2 GmbHG vgl. auch *Bochmann* FS Heidinger, 2023, 37 (46).
18 Eine weitere Sprachfassung zu Informationszwecken ist jedoch zulässig.
19 Vgl. § 488 Abs. 3 S. 1 FamFG iVm § 184 S. 1 GVG.
20 Zur grenzüberschreitenden Verschmelzung *Lutter/Bayer/Schmidt* EurUnternehmensR § 22 Rn. 22.96.
21 Entsprechend zum grenzüberschreitenden Formwechsel *Stiegler* Grenzüberschreitende Sitzverlegungen S. 310.

tergrund ist, dass die Anteilsinhaber im expliziten Wissen um die Modalitäten und Kernaspekte der grenzüberschreitenden Spaltung ihre Entscheidung über die Zustimmung zu dieser treffen sollen. § 326 Abs. 2 liest sich dabei als Pflicht zur Kenntnisnahme durch die Anteilsinhaberversammlung, kann aber faktisch nur als **Möglichkeit der Kenntnisnahme**, gewährleistet durch den Vorstand bzw. die Geschäftsführung der sich spaltenden Gesellschaft, verstanden werden. Ob die Anteilsinhaber daher tatsächlich von den jeweiligen Dokumenten Kenntnis nehmen, ist unerheblich und tangiert nicht die Wirksamkeit des Spaltungsbeschlusses. Der Anteilsinhaberversammlung zur Kenntnisnahme zu bringen sind der **Spaltungsbericht**, der **Prüfungsbericht** und etwaige **Stellungnahmen** („Bemerkungen") der Anteilsinhaber, Gläubiger und des Betriebsrats bzw. der Arbeitnehmer zum Spaltungsplan. Dass die etwaige Stellungnahme des Betriebsrats bzw. der Arbeitnehmer zum Spaltungsbericht gem. § 324 Abs. 1 S. 2 iVm § 310 Abs. 1 nicht von § 326 Abs. 2 umfasst ist, stellt wohl ein Redaktionsversehen dar, so dass auch diese zur Kenntnisnahme zu bringen ist.[22]

V. Nicht-verhältniswahrende Spaltung

Gemäß § 326 Abs. 3 wird bei einer sog. nicht-verhältniswahrenden **Auf- oder Abspaltung** der Spaltungsplan nur dann wirksam, wenn ihm diejenigen Anteilsinhaber zustimmen, für die die Zuteilung der Anteile an der übernehmenden (ausländischen) Gesellschaft **nachteilig ist**. Die Zustimmungserklärungen bedürfen der notariellen Beurkundung.[23] § 326 Abs. 3 trägt dem Umstand Rechnung, dass nach Art. 160h Abs. 3 RL (EU) 2017/1132 für die Zustimmung zum Spaltungsplan eine Mehrheit von nicht mehr als 90 % der Stimmen der in der Versammlung vertretenen Anteile oder des in der Versammlung vertretenen Kapitals erforderlich sein darf.[24] Der ansonsten eigentlich über § 320 Abs. 2 anwendbare § 128 S. 1, der bestimmt, dass bei der nicht-verhältniswahrenden Spaltung die Zustimmung aller Anteilsinhaber erforderlich ist, ist deshalb für grenzüberschreitende Spaltungen dahin einzuschränken, dass ausschließlich die Zustimmung der von der nicht-verhältniswahrenden Zuteilung nachteilig betroffenen Anteilsinhaber erforderlich ist.[25] Eine nicht-verhältniswahrende Spaltung ohne Zustimmung der nachteilig betroffenen Minderheitsgesellschafter widerspräche wiederum dem Ziel der zugrunde liegenden Richtlinie.[26] Eine zusätzliche Möglichkeit eines „Squeeze-out" durch eine grenzüberschreitende Spaltung soll gerade nicht eingeführt werden.[27]

VI. Entbehrlichkeit der Beschlussfassung

Da der deutsche Gesetzgeber abweichend vom europäischen Recht nicht nur die grenzüberschreitende Spaltung zur Neugründung, sondern auch zur Aufnahme geregelt hat (→ § 320 Rn. 22), können für Letztere auch die allgemeinen umwandlungsrechtlichen Regelungen für die Entbehrlichkeit einer Beschlussfassung, vor allen in Konzernkonstellationen, zur Geltung kommen. Im Fall der grenzüberschreitenden Spaltung einer

---

22 Vgl. *Thomale/Schmid* NotBZ 2023, 125 (130).
23 Begr. RegE UmRUG, BT-Drs. 20/3822, 110; *Thomale/Schmid* NotBZ 2023, 125 (130); *Brandi/Schmidt* AG 2023, 297 (304).
24 Begr. RegE UmRUG, BT-Drs. 20/3822, 110.
25 Begr. RegE UmRUG, BT-Drs. 20/3822, 110; *Brandi/Schmidt* AG 2023, 297 (304); *Recktenwald* BB 2023, 707 (708).
26 Begr. RegE UmRUG, BT-Drs. 20/3822, 110.
27 Begr. RegE UmRUG, BT-Drs. 20/3822, 111; *Thomale/Schmid* NotBZ 2023, 125 (130); vgl. auch *Bungert/Strothotte* BB 2022, 1411 (1415).

mindestens 90 %igen Tochtergesellschaft auf eine bestehende AG/KGaA/SE ist der Spaltungsbeschluss der aufnehmenden AG gem. § 320 Abs. 2 iVm § 125 Abs. 1 S. 1 iVm § 62 Abs. 1 entbehrlich.[28] Im Fall der grenzüberschreitenden Spaltung einer 100 %igen Tochtergesellschaft auf eine bestehende AG/KGaA/SE ist zudem der Spaltungsbeschluss der übertragenden, sich spaltenden Gesellschaft gem. § 320 Abs. 2 iVm § 125 Abs. 1 S. 1 iVm § 62 Abs. 4 S. 1 entbehrlich.[29]

§ 327 Barabfindung

[1]§ 313 gilt für die übertragende Gesellschaft entsprechend. [2]Bei einer Ausgliederung ist ein Abfindungsangebot nicht erforderlich.

Literatur:
Baschnagel/Hilser, Grenzüberschreitende Umwandlungen und Austritt des dissentierenden Gesellschafters gegen Barabfindung – Mitwirkung des Notars notwendig?, BWNotZ 2023, 2; *Brandi/M.-K. Schmidt*, Die grenzüberschreitende Spaltung nach dem UmRUG, AG 2023, 297; *Bungert*, Das neue Recht der grenzüberschreitenden Spaltung in der EU, in: FS Krieger, 2020, S. 109; *Bungert/Strothotte*, Die Regierungsentwürfe zu grenzüberschreitenden Verschmelzungen, Spaltungen und Formwechsel, DB 2022, 1818; *Heckschen/Knaier*, Die größte Reform des Umwandlungsrechts: Endlich in Kraft!, GmbHR 2023, 317; *Lieder/Hilser*, Die Neuordnung des Rechtsschutzsystems gegen ein unangemessenes Umtauschverhältnis bei Umwandlungsmaßnahmen nach dem UmRUG, ZIP 2022, 2521; *Löbbe*, Die grenzüberschreitende Umwandlung nach dem UmRUG, ZHR 187 (2023), 498; *Luy/Redler*, Immer mit Plan – der Referentenentwurf eines Gesetzes zur Umsetzung der Umwandlungsrichtlinie (UmRUG), notar 2022, 163; *Noack*, Nationaler Rechtsrahmen für grenzüberschreitende Umwandlungen, MDR 2023, 465; *Noack*, Grenzüberschreitende Umwandlungen nach der neuen Umwandlungsrichtlinie – Das Austrittsrecht gegen angemessene Barabfindung, ZGR 2020, 90; *Recktenwald*, Die grenzüberschreitende Hinausspaltung zur Aufnahme nach dem UmRUG – Teil II, BB 2023, 707; *Schmidt, J.*, Der UmRUG-Referentenentwurf: grenzüberschreitende Umwandlungen 2.0 – vieles mehr – Teil 1, NZG 2022, 579; *Schmidt, J.*, Die weitreichende Reform des Umwandlungsrechts, NJW 2023, 1241; *Schollmeyer*, Das Austrittsrecht gegen Barabfindung bei der grenzüberschreitenden Spaltung, in: Festschrift Heidinger, 2023, S. 479; *Thomale/Schmid*, Das neue Recht der grenzüberschreitenden Umwandlung – Eine Einführung (Teil I), NotBZ 2023, 91; *Verse*, in: Geibel/Heinze/Verse, Binnenmarktrecht als Mehrebenensystem, 2023, S. 191 (zit.: Geibel/Heinze/Verse/Verse).

I. Einführung und Grundlagen 1	III. Annahme des Barabfindungsangebots 12
1. Europäischer Hintergrund 1	1. Mitteilung der Annahmeabsicht 13
2. Regelungsgegenstand und -zweck 2	2. Annahme des Angebots 15
II. Barabfindungsangebot 3	IV. Rechtsfolgen der Annahme 17
1. Grundlagen 3	1. Zahlungsanspruch und Fälligkeit 17
2. Angemessenheit der Barabfindung 5	2. Gesamtschuldnerische Haftung 20
3. Voraussetzungen 9	3. Austritt des Anteilsinhabers 21
4. Wirksamkeit des Anteilskaufvertrags 11	V. Grenzüberschreitende Ausgliederung 22

I. Einführung und Grundlagen

1. Europäischer Hintergrund

1 § 327 dient der Umsetzung von **Art. 160i RL (EU) 2017/1132**.[1] Dieser bestimmt, dass zum Schutz der Gesellschafter die Mitgliedstaaten sicherzustellen haben, dass mindestens die Gesellschafter, die gegen die Zustimmung zum Spaltungsplan gestimmt haben, berechtigt sind, ihre Anteile unter den bestimmten Voraussetzungen gegen Zahlung einer angemessenen Barabfindung zu veräußern (Art. 160i Abs. 1 S. 1 RL (EU) 2017/1132).

---

28 *J. Schmidt* DK 2022, 309 (316); *Thomale/Schmid* NotBZ 2023, 125 (130); *Bungert/Strothotte* BB 2022, 1411 (1415).

29 *J. Schmidt* DK 2022, 309 (316); *Thomale/Schmid* NotBZ 2023, 125 (130); *Bungert/Strothotte* BB 2022, 1411 (1415).

1 Begr. RegE UmRUG, BT-Drs. 20/3822, 111.

Vorgegeben werden dabei auch die Modalitäten eines entsprechenden Barabfindungsangebots und dessen rechtliche Konsequenzen.

2. Regelungsgegenstand und -zweck

Neben dem institutionellen Anteilsinhaberschutz vor allem durch das Zustimmungserfordernis der Anteilsinhaberversammlung zur grenzüberschreitenden Spaltung statuiert der Gesetzgeber mit dem Recht auf Barabfindung gem. § 327 einen ergänzenden **individuellen Schutz** der Anteilsinhaber. Durch die Möglichkeit grundsätzlich jedes Anteilsinhabers seine Anteile an der übertragenden Gesellschaft gegen Barabfindung an diese zu veräußern und damit aus der Gesellschaft auszuscheiden, soll sichergestellt werden, dass kein Anteilsinhaber gezwungen wird, die mit der Umwandlungsmaßnahme verbundene Änderung seiner Rechte und Pflichten hinzunehmen.[2] Der entsprechende **Schutz** insbesondere **der Minderheitsgesellschafter**[3] liegt dabei bei der Rechtsordnung, der die übertragende, sich spaltende Gesellschaft unterliegt.[4] In diesem Zusammenhang bestimmt § 327 S. 1 iVm § 313 Abs. 1 für eine Herausspaltung aus Deutschland zunächst die Pflicht der übertragenden Gesellschaft, jedem Anteilsinhaber ein Barabfindungsangebot gegen Erwerb dessen Anteile zu unterbreiten.[5] In § 327 S. 1 iVm § 313 Abs. 2–5 werden die Modalitäten der Annahme des entsprechenden Barabfindungsangebots sowie die damit verbundenen Rechtsfolgen geregelt. Da sich das Austrittsrecht gegen Barabfindung auf die künftigen Anteile an der übernehmenden Gesellschaft bezieht, kommt zudem über § 320 Abs. 2 iVm § 125 Abs. 1 S. 3 die Regelung zur gesamtschuldnerischen Haftung gem. § 133 zur Geltung.[6] Dies alles gilt jedoch nicht für die grenzüberschreitende **Ausgliederung**, da dort keine Anteilsgewährung an die Anteilsinhaber der übertragenden Gesellschaft erfolgt und es somit keines Abfindungsangebots bedarf (vgl. § 327 S. 2).

II. Barabfindungsangebot

1. Grundlagen

Zum Schutz vor allem von Minderheitsgesellschaftern sieht § 327 S. 1 iVm § 313 Abs. 1 S. 1 vor, dass die übertragende Gesellschaft bereits **im Spaltungsplan** jedem Anteilsinhaber, der gegen den Zustimmungsbeschluss zur grenzüberschreitenden Spaltung Widerspruch zur Niederschrift erklärt, den Erwerb seiner Anteile/Mitgliedschaften gegen eine angemessene Barabfindung anzubieten hat. Den Anteilsinhabern steht daher unter bestimmten Voraussetzungen ein **Austrittsrecht** aus der übertragenden Gesellschaft zu.[7]

Das entsprechende Barabfindungsangebot im Spaltungsplan (→ § 322 Rn. 35 ff.) ist abgesehen von der Ausgliederung grundsätzlich zwingend. Da es jedoch einzig dem Schutz der (einzelnen) Anteilsinhaber dient, kann hierauf auch verzichtet werden (→ § 322 Rn. 38).[8] Der **Verzicht auf das Barabfindungsangebot** ist notariell zu be-

---

2 Vgl. Begr. RegE UmRUG, BT-Drs. 20/3822, 94; Erwägungsgrund Nr. 18 S. 1 RL (EU) 2019/2121; *J. Schmidt* NZG 2022, 579 (582); Geibel/Heinze/Verse/*Verse* S. 191 (196); *Löbbe* ZHR 187 (2023), 498 (505).

3 Vgl. Geibel/Heinze/Verse/*Verse* S. 191 (226) („zentraler Baustein im System des Minderheitenschutzes").

4 Vgl. Begr. RegE UmRUG, BT-Drs. 20/3822, 111; *Schollmeyer* NJW-Spezial 2023, 207.

5 Insofern zum Minderheitenschutzinstrument *Heckschen/Knaier* GmbHR 2023, 317 (321); *J. Schmidt* NZG 2022, 579 (581).

6 Begr. RegE UmRUG, BT-Drs. 20/3822, 111.

7 Vgl. nur *Noack* MDR 2023, 465 (467); *Lieder/Hilser* ZIP 2022, 2521 (2524); *Löbbe* ZHR 187 (2023), 498 (502).

8 Entsprechend zur grenzüberschreitenden Verschmelzung *Stiegler* AG 2019, 708 (717).

urkunden und alle Anteilsinhaber müssen diesen erklären. Wurde auf das Barabfindungsangebot im Spaltungsplan nicht wirksam verzichtet, sind im Spaltungsplan oder seinem Entwurf gem. § 327 S. 1 iVm § 313 Abs. 1 S. 3 eine Postanschrift sowie eine elektronische Adresse anzugeben, an welche die Mitteilung nach § 327 S. 1 iVm § 313 Abs. 2 S. 1 und die Annahmeerklärung nach § 327 S. 1 iVm § 313 Abs. 3 S. 1 übermittelt werden können.

2. Angemessenheit der Barabfindung

5   Die im Spaltungsplan anzubietende Barabfindung muss „angemessen" sein. Dies gibt § 327 S. 1 iVm § 313 Abs. 1 S. 1 eindeutig vor.[9] Daraus ergibt sich auch, dass der ausscheidende Anteilsinhaber Anspruch auf den vollen **wirtschaftlichen Wert** seiner Anteile hat. Zur Ermittlung der angemessenen Barabfindung ist daher regelmäßig eine Unternehmensbewertung durchzuführen (→ § 322 Rn. 36).

6   Die Angemessenheit der anzubietenden Barabfindung ist von einem unabhängigen **Sachverständigen zu prüfen** (§ 327 S. 1 iVm § 313 Abs. 6 S. 1). Gemäß § 327 S. 1 iVm § 313 Abs. 6 S. 2 iVm § 311 Abs. 1 S. 1 iVm § 12 Abs. 1 ist über die sachverständige Prüfung der Angemessenheit des Barabfindungsangebots ein entsprechender **Prüfungsbericht** zu erstellen, der den Anteilsinhabern spätestens einen Monat vor der beschließenden Anteilsinhaberversammlung zugänglich zu machen ist (im Detail → § 325 Rn. 8). Der Prüfungsbericht ist dabei mit einer Erklärung darüber abzuschließen, ob das Barabfindungsangebot der übertragenden Gesellschaft als Gegenwert für die Anteile angemessen ist (§ 327 S. 1 iVm § 313 Abs. 6 S. 2 iVm § 311 Abs. 1 S. 1 iVm § 12 Abs. 2 S. 1). Die Pflicht zur Prüfung der Angemessenheit der Barabfindung sowie des dazugehörigen Prüfungsberichts ist ferner unter den gleichen Voraussetzungen **entbehrlich**, wie die Prüfung und der Prüfungsbericht gem. § 325 (→ § 325 Rn. 9 ff.).

7   Sollte sich herausstellen oder besteht die Vermutung, dass das Barabfindungsangebot unangemessen ist, kann darauf allerdings **keine Anfechtungsklage** gegen die Wirksamkeit des Spaltungsbeschlusses gestützt werden. Vielmehr gilt über § 327 S. 1 iVm § 313 Abs. 1 S. 4 die Norm des § 32, so dass eine Klage gegen die Wirksamkeit des Spaltungsbeschlusses nicht darauf gestützt werden kann, dass das Barabfindungsangebot nicht angemessen ist. Die austretenden Anteilsinhaber können daher das Wirksamwerden der grenzüberschreitenden Spaltung nicht verzögern.[10] Entsprechendes gilt auch, sofern die Barabfindung überhaupt nicht oder nicht ordnungsgemäß angeboten worden ist (vgl. § 32 Var. 2).[11] In richtlinienkonformer Auslegung kommt der Klageausschluss zudem bei sog. bewertungsbezogenen Informationsmängeln zum Tragen.[12] Andere Beschlussmängel können hingegen weiterhin grundsätzlich einen Anfechtungsgrund darstellen.[13]

8   **Anstelle** der Möglichkeit der Anfechtungsklage gegen den dem Spaltungsplan zustimmenden Anteilsinhaberbeschluss werden die austrittswilligen Anteilsinhaber gem. § 327 S. 1 iVm § 313 Abs. 1 S. 4 iVm § 34 auf das **Spruchverfahren** verwiesen.[14] Sie können daher unter Geltung der Vorgaben des Spruchverfahrensgesetzes auf Antrag beim

---

9   Ausführlich dazu *Lieder/Hilser* ZIP 2022, 2521 ff.
10 *Lieder/Hilser* ZIP 2022, 2521 (2524).
11 *Thomale/Schmid* NotBZ 2023, 91 (97).
12 *J. Schmidt* NJW 2023, 1241 (1244); *Hommelhoff* NZG 2022, 683; *Noack* MDR 2023, 465 (467); *Geibel/Heinze/Verse/Verse* S. 191 (225).
13 *Thomale/Schmid* NotBZ 2023, 91 (96); *Deck* NZG 2021, 629 (634).
14 Zur Ermittlung der angemessenen Abfindung im Spruchverfahren vgl. *Hasselbach* DB 2023, 814 ff.; speziell zum neuen Spruchverfahrensgesetz *Drescher* AG 2023, 337 ff.; *Wollin* AG 2022, 474 ff.; *Löbbe* ZHR 187 (2023), 498 (521).

zuständigen Gericht die angemessene Barabfindung bestimmen lassen. Im Zuge des ebenfalls durch das UmRUG geänderten Spruchverfahrensgesetzes ist dessen Anwendungsbereich in diesem Fall auch ausdrücklich eröffnet (vgl. § 1 Nr. 4 SpruchG). Der Antrag auf gerichtliche Entscheidung muss spätestens innerhalb von drei Monaten gestellt werden, nachdem die grenzüberschreitende Spaltung wirksam geworden ist (§ 4 Abs. 1 S. 1 Nr. 4 SpruchG).

3. Voraussetzungen

Wie bei der innerstaatlichen Spaltung ist auch bei der grenzüberschreitenden Spaltung in Bezug auf das Austrittsrecht eines Anteilsinhabers gegen Barabfindung zwingende Voraussetzung, dass der jeweilige Anteilsinhaber, der eine Barabfindung begehrt, gegen den Zustimmungsbeschluss der Anteilsinhaber ordnungsgemäß **Widerspruch zur Niederschrift** erklärt hat (§ 327 S. 1 iVm § 313 Abs. 1 S. 1). Dem Widerspruch zur Niederschrift steht es gleich, wenn der Anteilsinhaber zu Unrecht zur Versammlung der Anteilsinhaber nicht zugelassen wurde oder die Versammlung nicht ordnungsgemäß einberufen war oder der Gegenstand der Beschlussfassung nicht ordnungsgemäß bekannt gemacht worden ist (§ 327 S. 1 iVm § 313 Abs. 1 S. 4 iVm § 29 Abs. 2). Die Erklärung des Widerspruchs zur Niederschrift muss im Rahmen der Anteilsinhaberversammlung abgegeben werden. Ferner muss der austrittswillige Anteilsinhaber grundsätzlich gegen die grenzüberschreitende Spaltung bei der Beschlussfassung gestimmt haben.[15] Gleichwohl sind auch widersprechende Inhaber stimmrechtsloser Anteile umfasst.[16] Die Anteilsinhaber der übernehmenden Gesellschaft bei einer grenzüberschreitenden Spaltung zur Aufnahme gem. § 332 sind jedoch generell nicht von § 327 erfasst, sondern nur die Anteilsinhaber der übertragenden Gesellschaft.[17]

Gemäß § 327 S. 1 iVm § 313 Abs. 1 S. 2 steht das Barabfindungsangebot unter der **aufschiebenden Bedingung des Wirksamwerdens** der grenzüberschreitenden Spaltung. Diese Bestimmung ist erforderlich, da das Barabfindungsangebot angenommen werden muss, bevor die grenzüberschreitende Spaltung wirksam wird.[18] Würde das Barabfindungsangebot unbedingt erfolgen, wäre mit der korrespondierenden Annahme durch den Anteilsinhaber die Pflicht der Gesellschaft zur Anteilsübertragung gegen Barabfindung unabhängig vom weiteren Vollzug des Umwandlungsvorgangs begründet, was gegen die Vorgaben der zugrunde liegenden Richtlinie verstoßen würde.[19] Konsequenz des § 327 S. 1 iVm § 313 Abs. 1 S. 2 ist damit, dass die übertragende Gesellschaft bei Scheitern der grenzüberschreitenden Spaltung nicht mehr an ihr im Spaltungsplan bestimmtes Barabfindungsangebot gebunden ist. Damit wird sichergestellt, dass auch ein Anteilsinhaberaustritt nur wirksam werden kann, wenn die grenzüberschreitende Spaltung ordnungsgemäß im Register des Zuzugsstaates eingetragen wurde.[20]

4. Wirksamkeit des Anteilskaufvertrags

Wird das von der übertragenden Gesellschaft unterbreitete Barabfindungsangebot von dem austrittswilligen Anteilsinhaber gemäß den Vorgaben des § 327 S. 1 iVm § 313 Abs. 2,

---

15 Vgl. allgemein auch *Knorr* NZG 2019, 1285 (1286).
16 *Geibel/Heinze/Verse/Verse* S. 191 (198).
17 *Geibel/Heinze/Verse/Verse* S. 191 (198); *Löbbe* ZHR 187 (2023), 498 (504); de lege ferenda auch die Anteilsinhaber der übernehmenden Gesellschaft umfassend *J. Schmidt* ECFR 2019, 222 (255 f.).
18 Begr. RegE UmRUG, BT-Drs. 20/3822, 94; kritisch *Löbbe* ZHR 187 (2023), 498 (507).
19 Begr. RegE UmRUG, BT-Drs. 20/3822, 94.
20 *Baschnagel/Hilser* BWNotZ 2023, 2 (4).

3 angenommen, kommt unter etwaiger Beachtung der formalen Vorgaben ein Kaufvertrag über den Erwerb und die Übertragung der Anteile an die übertragende Gesellschaft zustande. Im Zuge dessen kommt es bei dieser zur Entstehung von (weiteren) **eigenen Anteilen.** Die Zulässigkeit des Erwerbs eigener Anteile wurde in diesem Fall der grenzüberschreitenden Spaltung im Zuge des UmRUG für grundsätzlich zulässig erklärt.[21] In diesem Zusammenhang bestimmt § 327 S. 1 iVm § 313 Abs. 1 S. 1 Hs. 2, dass sowohl § 71 Abs. 4 S. 2 AktG als auch § 33 Abs. 2 S. 3 Hs. 2 GmbHG nicht anzuwenden sind, sofern der Erwerb eigener Anteile darüber hinaus nicht den aktien- bzw. GmbH-rechtlichen Vorgaben entsprechen sollte. Ein unzulässiger (sachrechtlicher) Erwerb eigener Anteile **lässt** daher das zugrunde liegende **schuldrechtliche Geschäft**, also den Anteilskaufvertrag, **unberührt** und dieses **bleibt wirksam.** Dadurch wird sichergestellt, dass ein etwaiger Verstoß gegen aktien- bzw. GmbH-rechtliche Bestimmungen, der erst nach dem zustimmenden Anteilsinhaberbeschluss erkennbar wird, den für die Erfüllung des Austritts- und Barabfindungsrechts notwendigen Erwerb eigener Anteile nicht behindert.[22]

III. Annahme des Barabfindungsangebots

12 Damit ein Anteilskaufvertrag als Basis für die Zahlung der angebotenen Barabfindung aus Sicht des austrittswilligen Anteilsinhabers sowie für den Erwerb eigener Anteile aus Sicht der übertragenden Gesellschaft zustande kommen kann, bedarf es gemäß allgemeiner Rechtsgeschäftslehre einer Annahmeerklärung, also der Annahme des unterbreiteten Barabfindungsangebots. § 327 S. 1 iVm § 313 Abs. 2, 3 sieht dabei ein **zweistufiges Annahmeverfahren** vor, bestehend aus der Mitteilung der Annahmeabsicht (→ Rn. 13) und der darauf aufbauenden, tatsächlichen (rechtlichen) Annahme das Barabfindungsangebots (→ Rn. 15).[23] Es kommt insofern zwangsweise zur Aufspaltung zwischen entsprechender Mitteilung und Annahmeerklärung.[24]

1. Mitteilung der Annahmeabsicht

13 Gemäß § 327 S. 1 iVm § 313 Abs. 2 hat ein Anteilsinhaber, der die Annahme des von der übertragenden Gesellschaft unterbreiteten Barabfindungsangebot in Betracht zieht, dieser seine Absicht **spätestens einen Monat** nach dem Tag, an dem die Anteilsinhaberversammlung die Herausspaltung beschlossen hat, mitzuteilen.[25] Zweck dieser vorgelagerter Mitteilung („**Absichtserklärung**")[26] ist es, der übertragenden Gesellschaft frühzeitig zu ermöglichen, den durch die Abfindungszahlung drohenden Liquiditätsabfluss einschätzen zu können.[27] Bei der entsprechenden Mitteilung handelt es sich dabei eindeutig noch nicht um die verbindliche Annahme des Barabfindungsangebots.[28] Sie ist aber grundsätzlich Voraussetzung für die spätere Annahme des Barabfindungsange-

---

21 Siehe § 71 Abs. 1 Nr. 3 AktG (für die AG); § 33 Abs. 3 GmbHG (für die GmbH).
22 Zu § 313 Abs. 1 S. 1 (§ 122i Abs. 1 S. 1 aF) Lutter/*Bayer* § 122i Rn. 18.
23 Kritisch dazu *Thomale/Schmid* NotBZ 2023, 91 (96 f.); *Bungert/Strothotte* BB 2022, 1411 (1415); *J. Schmidt* NZG 2022, 579 (583), jeweils vor allem, da die Richtlinie dies nicht zwingend vorgibt, vgl. *J. Schmidt* NJW 2023, 1241 (1244).
24 *J. Schmidt* NJW 2023, 1241 (1244); *J. Schmidt* NZG 2022, 579 (583).
25 Kritisch zur „recht knapp[en]" Frist *Bungert* FS Krieger, 2020, 109 (127 f.).
26 Begr. RegE UmRUG, BT-Drs. 20/3822, 95; *Brandi/Schmidt* AG 2023, 297 (304).
27 Begr. RegE UmRUG, BT-Drs. 20/3822, 95; zur Problematik der Barabfindung für die Liquiditäts- und Investitionsplanung vgl. *Herzog/Gebhard* AG 2023, 310 (311).
28 Begr. RegE UmRUG, BT-Drs. 20/3822, 95; *Brandi/Schmidt* AG 2023, 297 (304); *Heckschen/Knaier* GmbHR 2023, 317 (321); vgl. auch *Schollmeyer* FS Heidinger, 2023, 479 (484).

bots (vgl. § 327 S. 1 iVm § 313 Abs. 3 S. 2).²⁹ Dies gilt nur dann nicht, wenn die (formwirksame) Annahmeerklärung gem. § 327 S. 1 iVm § 313 Abs. 1 bereits vor Ablauf der einmonatigen Mitteilungsfrist erfolgt ist (§ 327 S. 1 iVm § 313 Abs. 3 S. 3).

Da die Mitteilung gem. § 327 S. 1 iVm § 313 Abs. 2 nur eine Absichtserklärung des austrittswilligen Anteilsinhabers darstellt, ist sie nicht bindend.³⁰ Sie begründet also noch **keine Verpflichtung** gegenüber der Gesellschaft.³¹ Die Mitteilung ist nicht formgebunden, so dass der Anteilsinhaber grundsätzlich die Wahl des Übermittlungsweges an die Gesellschaft hat.³² Aus Nachweisgründen empfiehlt sich aber zumindest eine Mitteilung in Textform, zB per E-Mail, an das Vertretungsorgan der übertragenden Gesellschaft.³³ Voraussetzung ist jedoch, dass die Mitteilung wie jede andere Willenserklärung rechtzeitig und ordnungsgemäß zugeht. Hierfür gelten im Grundsatz die allgemeinen zivilrechtlichen Bestimmungen.

2. Annahme des Angebots

Zweiter erforderlicher Schritt des Austritts eines Anteilsinhabers gegen Barabfindung ist die tatsächliche Annahme des von der übertragenden Gesellschaft im Spaltungsplan unterbreiteten Barabfindungsangebots. Hierzu bestimmt § 327 S. 1 iVm § 313 Abs. 3 S. 1, dass das Barabfindungsangebot nur bis **spätestens zwei Monate** nach dem Tag, an dem die Anteilsinhaberversammlung die Herausspaltung beschlossen hat, angenommen werden kann. Auch hierbei handelt es sich um eine Ausschlussfrist, nach dessen Verstreichen dem austrittswilligen Anteilsinhaber grundsätzlich kein Barabfindungsrecht mehr zusteht.³⁴ Zudem kann die Annahme des Barabfindungsangebots nur erfolgen, wenn auch die Mitteilung nach § 327 S. 1 iVm § 313 Abs. 2 rechtzeitig erfolgt ist (§ 327 S. 1 iVm § 313 Abs. 3 S. 2). Eine Ausnahme davon besteht gem. § 327 S. 1 iVm § 313 Abs. 3 S. 3 lediglich dann, wenn der austrittswillige Anteilsinhaber seine Annahme des Barabfindungsangebots bereits vor Ablauf der einmonatigen Mitteilungsfrist gem. § 327 S. 1 iVm § 313 Abs. 2 formwirksam erklärt hat. Auch in diesem Fall darf allerdings die Eintragung der Herausspaltung und die Ausstellung einer Spaltungsbescheinigung durch das zuständige Registergericht nicht erfolgen, bis die Zweimonatsfrist abgelaufen ist. Bis zur erfolgten Annahmeerklärung kann der Anteilsinhaber seine Anteile auch anderweitig veräußern. Dies ergibt sich aus § 327 S. 1 iVm § 313 Abs. 1 S. 4 iVm § 33. Der Verweis des § 33 auf § 29 wird dabei durch die Annahmefrist in § 327 S. 1 iVm § 313 Abs. 3 S. 1 ersetzt.

Als **Gestaltungserklärung** ist die Annahme des Barabfindungsangebots sowohl bedingungsfeindlich als auch unwiderruflich.³⁵ Die gesetzliche Bedingung des § 327 S. 1 iVm § 313 Abs. 1 S. 2 bleibt davon jedoch unberührt. Die Annahmeerklärung muss wie die Mitteilung nach § 327 S. 1 iVm § 313 Abs. 2 der übertragenden Gesellschaft rechtzeitig und ordnungsgemäß zugehen. Ansonsten wird die Form der Annahmeerklärung nicht geregelt.³⁶ Gleichwohl bestimmt § 327 S. 1 iVm § 313 Abs. 3 S. 4, dass für die **GmbH** als

---

29 *J. Schmidt* NJW 2023, 1241 (1244); vgl. auch Begr. RegE UmRUG, BT-Drs. 20/3822, 95 („Obliegenheit des austrittswilligen Anteilsinhabers").
30 Ferner zur dogmatischen Einordnung *Stelmaszczyk* DK 2021, 48 (52) (materielle Bedingung); *Luy* GmbHR 2019, 1105 (1106) („Willensmitteilung"); *Noack* ZGR 2020, 90 (108) (Rechtsbedingung); zum Ganzen auch *Schollmeyer* FS Heidinger, 2023, 479 (484 f.).
31 Begr. RegE UmRUG, BT-Drs. 20/3822, 95.
32 Begr. RegE UmRUG, BT-Drs. 20/3822, 94; vgl. auch *Schollmeyer* FS Heidinger, 2023, 479 484).
33 Begr. RegE UmRUG, BT-Drs. 20/3822, 94 f.
34 Vgl. *Thomale/Schmid* NotBZ 2023, 91 (86).
35 Zuletzt entsprechend zur Austrittserklärung *Bühler* FS Heidinger, 2023, 69 (75); vgl. auch Begr. RegE UmRUG, BT-Drs. 20/3822, 95 („bindende Annahmeerklärung").
36 Begr. RegE UmRUG, BT-Drs. 20/3822, 96.

übertragende Gesellschaft die Regelung des § 15 Abs. 4 GmbHG unberührt bleibt. Die Annahmeerklärung eines austrittswilligen GmbH-Gesellschafters ist daher **notariell zu beurkunden**.[37] Hintergrund des Beurkundungserfordernisses sollen vor allem „Beweiserleichterung und Richtigkeitsgewähr hinsichtlich der Beteiligungsverhältnisse" sein.[38] Die dingliche Übertragung der Anteile des austrittswilligen Anteilsinhabers erfolgt mit der notariellen Beurkundung allerdings noch nicht.[39] Die Kosten für die notarielle Beurkundung der Annahmeerklärung hat gem. § 327 S. 1 iVm § 313 Abs. 1 S. 4 iVm § 29 Abs. 1 S. 5 die übernehmende Gesellschaft zu tragen. Eine Beurkundung im Online-Verfahren gem. §§ 16a ff. BeurkG ist derzeit (noch) nicht möglich. Für die anderen an einer Herausspaltung beteiligungsfähigen Rechtsformen, insbesondere die **AG**, bestehen hingegen grundsätzlich **keine** Formvorgaben.[40]

IV. Rechtsfolgen der Annahme

1. Zahlungsanspruch und Fälligkeit

17 Mit der (formwirksamen) Annahmeerklärung des austrittswilligen Anteilsinhabers kommt der entsprechende Anteilskaufvertrag zwischen diesem und der übertragenden Gesellschaft zustande. Damit entsteht der Barabfindungsanspruch des Anteilsinhabers auf der einen Seite und das Recht der Gesellschaft auf Anteilsübertragung auf der anderen Seite.[41] Schuldner des Anspruchs ist idR die übernehmende Auslandsgesellschaft.[42] Gleichwohl kann die Abfindungspflicht auch im Spaltungsplan dem bei der Abspaltung fortbestehenden übertragenden Rechtsträger zugewiesen werden.[43]

18 Der ausgeschiedene Anteilsinhaber wird zum Gläubiger der Gesellschaft, was § 327 S. 1 iVm § 313 Abs. 5 S. 2 aufgrund des Verweises auf § 314 klarstellt. Die Leistung von Sicherheiten ist jedoch ausgeschlossen, da die Forderung des Anteilsinhabers erst mit Annahme des Barabfindungsangebots entsteht, die jedoch frühestens unmittelbar nach Bekanntmachung des Spaltungsplans erfolgen kann, und im Gegensatz dazu § 314 Abs. 1 Nr. 1 verlangt, dass eine Gläubigerforderung bereits **vor** der Bekanntmachung des Spaltungsplans entstanden sein muss.[44]

19 Mit der (formwirksamen) Annahmeerklärung des austrittswilligen Anteilsinhabers entsteht dessen **Anspruch auf Zahlung** der im Spaltungsplan bestimmten Barabfindung. Dies jedoch gem. § 327 S. 1 iVm § 313 Abs. 1 S. 2 unter der Bedingung des Wirksamwerdens der grenzüberschreitenden Spaltung. **Fällig** wird der Zahlungsanspruch gem. § 327 S. 1 iVm § 313 Abs. 5 S. 1 spätestens **zwei Wochen** nach entsprechendem Wirksamwerden der grenzüberschreitenden Spaltung. Eine frühere Zahlung ist gleichwohl unschädlich.

---

37 Begr. RegE UmRUG, BT-Drs. 20/3822, 96; *J. Schmidt* NJW 2023, 1241 (1244); *Heckschen/Knaier* GmbHR 2023, 317 (321); *Noack* MDR 2023, 465 (467); *Lieu/Redler* notar 2022, 163 (167); kritisch zur Beurkundungspflicht *Thomale/Schmid* NotBZ 2023, 91 (96 f.); *Bungert/Strothotte* BB 2022, 1411 (1415); DAV NZG 2022, 849 (857); *J. Schmidt* NZG 2022, 579 (582); *Löbbe* ZHR 187 (2023), 498 (508); positiver hingegen *Heckschen/Knaier* ZIP 2022, 2205 (2213); *Baschnagel/Hilser* BWNotZ 2023, 2 (8); *Schollmeyer* FS Heidinger, 2023, 479 (485).

38 Begr. RegE UmRUG, BT-Drs. 20/3822, 96.

39 Begr. RegE UmRUG, BT-Drs. 20/3822, 96.

40 *Lieu/Redler* notar 2022, 163 (167); *J. Schmidt* NZG 2022, 579 (583); *Brandi/Schmidt* AG 2023, 297 (304).

41 Vgl. auch *Schollmeyer* FS Heidinger, 2023, 479 (485).

42 *Schollmeyer* FS Heidinger, 2023, 479 (488); *Noack* ZGR 2020, 90 (99); *Thomale/Schmid* NotBZ 2023, 91 (96).

43 *Geibel/Heinze/Verse/Verse* S. 191 (205); *Bungert/Strothotte* DB 2022, 1818 (1822); vgl. auch *Bungert* FS Krieger, 2020, 109 (127).

44 Vgl. auch *Brandi/Schmidt* AG 2023, 297 (305).

2. Gesamtschuldnerische Haftung

Das Austrittsrecht gegen Barabfindung bezieht sich nur auf die künftigen Anteile an der übernehmenden (neuen) Gesellschaft.[45] Je nach Zuweisung des Passivvermögens im Spaltungsplan kann dies nachteilig für einen dissertierenden Anteilseigner als Forderungsinhaber bezüglich einer zu zahlenden Barabfindung an diesen sein. Es kommt daher eine **gesamtschuldnerische Nachhaftung** gem. § 320 Abs. 2 iVm § 125 Abs. 1 S. 3 iVm § 133 zum Tragen.[46] Für einen Zeitraum von fünf Jahren haften daher bei einer Abspaltung sowohl übertragender als auch übernehmender Rechtsträger und bei einer Aufspaltung alle übernehmenden Rechtsträger gesamtschuldnerisch.[47] Die entsprechende Haftung ist allerdings auf den Wert des im Spaltungsplan zugeteilten Nettoaktivvermögens begrenzt (→ § 328 Rn. 20).[48]

3. Austritt des Anteilsinhabers

§ 327 S. 1 iVm § 313 Abs. 4 bestimmt, dass die Anteilsinhaber, die das Barabfindungsangebot der übertragenden Gesellschaft ordnungsgemäß angenommen haben, nicht Anteilsinhaber des ausländischen übernehmenden Rechtsträgers werden. Vielmehr scheiden sie **kraft Gesetzes mit Wirksamwerden** der grenzüberschreitenden Spaltung aus der Gesellschaft aus.[49]

V. Grenzüberschreitende Ausgliederung

Bei einer grenzüberschreitenden Ausgliederung wird die übertragende Gesellschaft und nicht deren Gesellschafter/Aktionäre Anteilsinhaber der übernehmenden Gesellschaft. Die Angabe eines **Barabfindungsangebots** ist in diesem Fall daher obsolet (§ 322 Abs. 3). Somit sind auch Bestimmungen hierzu **nicht erforderlich**.[50] Dies stellt § 327 S. 2 klar.[51]

§ 328 Schutz der Gläubiger der übertragenden Gesellschaft

§ 314 gilt für die übertragende Gesellschaft und ihre Gläubiger entsprechend.

Literatur:

Brandi/M.K. Schmidt, Die grenzüberschreitende Spaltung nach dem UmRUG, AG 2023, 297; *Bungert*, Das neue Recht der grenzüberschreitenden Spaltung in der EU, in: Festschrift Krieger, 2020, S. 107; *Bungert/Strothotte*, Die grenzüberschreitende Spaltung nach dem Referentenentwurf des UmRUG, BB 2022, 1411; *Gattringer*, Die rätselhafte Begrenzung der Nachhaftung auf das Nettoaktivvermögen bei der Spaltung, NZG 2023, 443; *Heckschen*, Mehrheitserfordernisse, Missbrauchskontrolle und Gläubigerschutz bei grenzüberschreitenden Umwandlungen in der Krise, in: Festschrift Heidinger, 2023, S. 163; *Heckschen/Knaier*, Die größte Reform des Umwandlungsrechts: Endlich in Kraft!, GmbHR 2023, 317; *Löbbe*, Die grenzüberschreitende Umwandlung nach dem UmRUG, ZHR 187 (2023), 498; *Noack*, Nationaler Rechtsrahmen für grenzüberschreitende Umwandlungen, MDR 2023, 465; *Recktenwald*, Die grenzüberschreitende Hinausspaltung zur Aufnahme nach dem UmRUG – Teil II, BB 2023, 707; *Redler/Obermann*, Der Gläubigerschutz bei innerstaatlichen und grenzüberschreitenden Umwandlungen, ZPG 2024, 24; *Schmidt, J.*, Der Schutz der Gläubiger bei grenzüberschreitenden Verschmelzungen nach dem UmRUG, in: Festschrift Heidinger, 2023, S. 469; *Stelmaszczyk*, Grenzüber-

---

[45] Begr. RegE UmRUG, BT-Drs. 20/3822, 111.
[46] Begr. RegE UmRUG, BT-Drs. 20/3822, 111.
[47] Vgl. *Recktenwald* BB 2023, 707 (709).
[48] Vgl. auch Geibel/Heinze/*Verse/Verse* S. 191 (206).
[49] Vgl. nur *J. Schmidt* NJW 2023, 1241 (1244); Thomale/Schmid NotBZ 2023, 91 (96); Baschnagel/Hilser BWNotZ 2023, 2 (5); Geibel/Heinze/*Verse/Verse* S. 191 (199); *Löbbe* ZHR 187 (2023), 498 (507); s. auch *Schollmeyer* FS Heidinger, 2023, 479 (485).
[50] Vgl. nur Geibel/Heinze/*Verse/Verse* S. 191 (197).
[51] Vgl. auch Begr. RegE UmRUG, BT-Drs. 20/3822, 111.

schreitende Spaltungen de lege lata und de lege ferenda – Teil 1, DK 2021, 1; *Thole*, Der Gläubigerschutz bei der Umsetzung der Mobilitätsrichtlinie 2019/2121 in das deutsche Umwandlungsrecht, in: Bergmann/Drescher/Fleischer ua (Hrsg.), Unternehmensmobilität im EU-Binnenmarkt, 2023, S. 65; *Thomale/Schmid*, Das neue Recht der grenzüberschreitenden Umwandlung – Eine Einführung (Teil I), NotBZ 2023, 91.

I. Einführung und Grundlagen 1	3. Glaubhaftmachung 13
1. Europäischer Hintergrund 1	III. Geltendmachung des Anspruchs auf
2. Regelungsgegenstand und -zweck ... 2	Sicherheitsleistung 16
II. Anspruch auf Sicherheitsleistung 3	IV. Freigabe von Sicherheiten 17
1. Grundlagen 3	V. Gesamtschuldnerische Haftung 20
2. Anspruchsvoraussetzungen 6	VI. Gerichtszuständigkeit 22
a) Gläubiger 7	1. Sicherheitsleistungen 22
b) Bestehende Forderung 9	2. Sonstige Forderungen 23
c) Noch nicht fällige Forderung 10	
d) Erfüllungsgefährdung der Forderung 11	

I. Einführung und Grundlagen

1. Europäischer Hintergrund

1 § 328 dient der Umsetzung von **Art. 160j RL (EU) 2017/1132**.[1] Dieser bestimmt, dass die Mitgliedstaaten ein angemessenes Schutzsystem für die Interessen der Gläubiger vorzusehen haben, deren Forderungen vor der Offenlegung des Spaltungsplans entstanden und zum Zeitpunkt noch nicht fällig geworden sind (Art. 160j Abs. 1 S. 1 RL (EU) 2017/1132). Danach obliegt der Schutz von Gläubigern daher dem Wegzugsstaat, also dem Mitgliedstaat, dessen Recht die übertragende, sich spaltende Gesellschaft unterfällt.[2] Art. 160j Abs. 2 RL (EU) 2017/1132 wird durch § 133 Abs. 3 S. 2 umgesetzt, der über § 320 Abs. 2 auf die beteiligten Rechtsträger Anwendung findet.[3]

2. Regelungsgegenstand und -zweck

2 Im Zuge der Herausspaltung kann für die Gläubiger der übertragenden Gesellschaft die Gefahr bestehen, dass diese das nationale Zurechnungsobjekt für die Geltendmachung ihrer Forderungen verlieren und angehalten sind, diese gegen einen ausländischen Rechtsträger geltend zu machen. Ein **individueller Gläubigerschutz** in Form von Sicherheitsleistungen an die betroffenen Gläubiger ist bei der grenzüberschreitenden Spaltung somit von Bedeutung, da Forderungsschuldner eine ausländische Rechtsform mit ebenfalls Haftungsbeschränkung, jedoch niedrigeren Kapitalaufbringungs- und/oder Kapitalerhaltungsvorschriften als im deutschen Gesellschaftsrecht sein kann.[4] § 328 und die diesem zugrunde liegende Regelung des Art. 160j RL (EU) 2017/1132 versucht diesen Gefahren zu begegnen und bestimmt einen grundsätzlichen Anspruch der Gläubiger der übertragenden Gesellschaft auf **Leistung von Sicherheiten**. Die Norm dient daher unmittelbar dem Gläubigerschutz.[5] Diesbezüglich und aufgrund weitgehend vergleichbarer Gefahrenlage verweist § 328 vollumfänglich auf § 314 für die grenzüberschreitende Verschmelzung und bringt dessen Vorgaben zur „entsprechenden" Anwendung für eine Herausspaltung aus Deutschland.

---

1 Begr. RegE UmRUG, BT-Drs. 20/3822, 111.
2 *Schollmeyer* NJW-Spezial 2023, 207.
3 Begr. RegE UmRUG, BT-Drs. 20/3822, 111.
4 Vgl. Erwägungsgrund Nr. 22 S. 1 RL (EU) 2019/2121; zum Schutzbedürfnis auch *Baschnagel/Hilser* NZG 2022, 1333 (1334).
5 Vgl. nur Begr. RegE UmRUG, BT-Drs. 20/3822, 111.

II. Anspruch auf Sicherheitsleistung

1. Grundlagen

Gemäß § 328 iVm § 314 Abs. 1 können Gläubiger der übertragenden Gesellschaft verlangen, dass ihnen **Sicherheiten für bestehende Forderungen** geleistet werden. Dies steht dabei in unmittelbaren Zusammenhang mit der Pflicht zur Angabe von anzubietenden Gläubigersicherheiten im Spaltungsplan gem. § 322 Abs. 2 iVm § 307 Abs. 2 Nr. 14. Anlass der Sicherheitsleistung ist die bevorstehende grenzüberschreitende Spaltung.[6] Basierend auf der zugrunde liegenden Richtlinienregelung besteht diesbezüglich eine gewisse **Rangfolge**: Nur wenn die Gläubiger die im Spaltungsplan von der Gesellschaft dargestellten Sicherheiten für „nicht zufriedenstellend" erachten, können sie gerichtlich angemessene Sicherheitsleistungen beantragen. Das Recht auf Sicherheitsleistung besteht daher nur **sekundär**. Gleichwohl erfolgt die Beurteilung, ob die im Spaltungsplan dargestellten Sicherheiten nicht zufriedenstellend sind, aus subjektiver Sicht des jeweiligen Gläubigers, so dass eine objektive Unangemessenheit der angebotenen Sicherheiten an dieser Stelle nicht Voraussetzung für einen Antrag bei Gericht ist. Da die Gesellschaft jedoch gewährleisten muss, dass sich der Gläubiger im Fall der Nichterfüllung der Forderung durch Verwertung der Sicherheiten befriedigen kann, hat diese gleichwohl angemessen zu sein.[7] Das Merkmal der **Angemessenheit** ist dem Begriff der Sicherheit insofern immanent.[8]

Die Gläubiger müssen also zunächst entscheiden, ob sie auf Basis der Darstellungen im Spaltungsplan etwaige Sicherheitsleistungen der übertragenden Gesellschaft für angemessen und damit ausreichend erachten. Zeitlich betrachtet haben sie ab dem Zeitpunkt der **Bekanntmachung des Spaltungsplans** und dem Hinweis hierauf gem. § 323 iVm § 308 Abs. 1 S. 1 Nr. 4 lit. a die Möglichkeit, sich hierüber Gedanken zu machen. Erachten sie diese als ausreichend, können sie sich mit der Gesellschaft in Verbindung setzen und die Einzelheiten individueller Sicherheitsleistungen ihnen gegenüber mit dieser verhandeln. Wird man sich einig, sind die entsprechend vereinbarten Sicherheiten von der Gesellschaft zu leisten. Kommt die grenzüberschreitende Spaltung nicht zustande, gilt die Freigabe gem. § 328 iVm § 314 Abs. 3. Kann keine Einigung zwischen dem Gläubiger und der Gesellschaft erzielt werden, ist Ersterer auf das gerichtliche Verfahren gem. § 328 iVm § 314 Abs. 2 zu verweisen.

Wie sich aus § 329 S. 1 iVm § 315 Abs. 3 S. 1 Nr. 1 ergibt, müssen entsprechende Sicherheiten vor der Eintragung der Herausspaltung und damit auch dem Wirksamwerden der grenzüberschreitenden Spaltung von der Gesellschaft geleistet werden. Nur so können die Gläubiger ausreichend geschützt werden. Ihnen soll es nicht zugemutet werden, ihre Forderungen nach der Umwandlung gegen einen ausländischen Rechtsträger geltend zu machen.[9] Der Gläubigerschutz des § 328 ist daher vorgelagert.[10] Dieser **ex ante-Gläubigerschutz** ist dabei jedoch vor allem deswegen Kritik ausgesetzt, weil die Gläubiger der übertragenden Gesellschaft das Umwandlungsverfahren dadurch nicht

---

[6] Begr. RegE UmRUG, BT-Drs. 20/3822, 98.
[7] Vgl. auch Erwägungsgrund Nr. 23 S. 1 RL (EU) 2019/2121 („angemessener Schutz").
[8] Begr. RegE UmRUG, BT-Drs. 20/3822, 97.
[9] Begr. RegE UmRUG, BT-Drs. 20/3822, 97; *Thomale/Schmid* NotBZ 2023, 91 (100); so auch schon Begr. RegE, BR-Drs. 548/06, 36.
[10] Vgl. nur *Schollmeyer* ZGR 2020, 62 (86); *Baschnagel/Hilser* NZG 2022, 1333 (1335); *Löbbe* ZHR 187 (2023), 498 (522).

unerheblich verzögern könnten.[11] Hintergrund ist, dass gem. § 329 S. 1 iVm § 316 Abs. 2 S. 1 die Eintragung erst erfolgen darf, wenn der Gläubigerantrag abgelehnt wurde oder festgelegte Sicherheiten geleistet wurden (sog. **„Suspensiveffekt"**).[12]

2. Anspruchsvoraussetzungen

6 Damit einem Gläubiger der übertragenden, sich spaltenden Gesellschaft ein Anspruch auf Sicherheitsleistung zusteht, müssen **verschiedene Voraussetzungen** erfüllt sein. Dies gilt gleichermaßen für die anzubietenden Sicherheiten im Spaltungsplan als auch der nachgelagerten gerichtlichen Durchsetzung eines etwaigen Sicherheitsanspruchs. In diesem Zusammenhang bestimmt die Gesetzesbegründung, dass, **nur sofern** die Voraussetzungen des (§ 328 iVm) § 314 Abs. 1 vorliegen, die übertragende Gesellschaft den anspruchsberechtigten Gläubigern Sicherheitsleistungen anzubieten hat.[13]

a) Gläubiger

7 Zunächst muss es sich zum maßgeblichen Zeitpunkt um einen Gläubiger der übertragenden Gesellschaft handeln. „Gläubiger" ist dabei allgemein eine natürliche oder juristische Person/Personenvereinigung, die einen schuldrechtlichen oder dinglichen **Anspruch auf Leistung** gleich welcher Art gegen den Schuldner hat. Schuldner ist die übertragende Gesellschaft als Rechtssubjekt; nicht hingegen der bzw. die übernehmende(n) Rechtsträger. Die Gläubiger des bereits bestehenden übernehmenden Rechtsträgers bei einer Spaltung zur Aufnahme sind nicht von § 328 umfasst.[14]

8 Bei den **Anteilsinhabern** der übertragenden Gesellschaft ist betreffend deren Gläubigereigenschaft zu differenzieren. In Bezug auf ihre gesellschaftsrechtlich-organisatorische Stellung als insbesondere teilnahmeberechtigte Personen an der Anteilsinhaberversammlung der übertragenden Gesellschaft stellen sie keine Gläubiger dar. Als nicht in dieser Funktion handelnde Personen, also vor allem als „Dritte", können Anteilsinhaber allerdings gleichzeitig Gläubiger der Gesellschaft sein. Dies ist zB in Bezug auf Darlehensverträge zwischen der Gesellschaft und Anteilsinhabern der Fall. Schuldrechtliche Verträge, die einen unmittelbaren Bezug zur Anteilsinhaberstellung aufweisen, zB Gesellschafter- bzw. Aktionärsvereinbarungen, begründen jedoch grundsätzlich keine Gläubigerstellung eines Anteilsinhabers, auch wenn, wie üblich, die Gesellschaft selbst Partei ist. Auch **Arbeitnehmer** der übertragenden Gesellschaft können vor allem hinsichtlich etwaiger Betriebsrentenansprüche Gläubiger iSd § 328 sein.[15] Gleiches gilt bezüglich ihres Lohnzahlungsanspruchs gegen die übertragende Gesellschaft als Arbeitgeberin, jedoch grundsätzlich nur insofern, wie es sich um eine Aufspaltung und damit Auflösung der übertragenden Gesellschaft handelt und ihre Arbeitsverträge auf einen ausländischen und nicht ggf. auf einen deutschen Rechtsträger übergehen. Andernfalls besteht kein Schutzbedürfnis.

---

11 *Luy/Redler* notar 2022, 163 (168); *Bungert/Strothotte* BB 2022, 1411 (1416); *Baschnagel/Hilser* NZG 2022, 1333 (1340); wohl auch *Bungert* NZG 2022, 1657; *Heckschen/Knaier* ZIP 2022, 2205 (2209); zweifelnd in Bezug auf die Vereinbarkeit mit der Niederlassungsfreiheit auch *Löbbe* ZHR 187 (2023), 498 (525).
12 Begr. RegE UmRUG, BT-Drs. 20/3822, 97; *Thomale/Schmid* NotBZ 2023, 91 (101); *Baschnagel/Hilser* NZG 2022, 1333 (1337).
13 Begr. RegE UmRUG, BT-Drs. 20/3822, 97.
14 Vgl. nur *Heckschen* FS Heidinger, 2023, 163 (173).
15 Erwägungsgrund Nr. 24 S. 3 RL (EU) 2019/2121; *Noack* MDR 2023, 465 (448); *Schollmeyer* ZGR 2020, 60 (80).

b) Bestehende Forderung

§ 328 iVm § 314 Abs. 1 Nr. 1 setzt für einen Anspruch eines Gläubiges auf Sicherheitsleistung voraus, dass dieser eine Forderung gegen die übertragende Gesellschaft besitzt, die **vor der Bekanntmachung des Spaltungsplans** oder seines Entwurfs entstanden sein muss (sog. Alt-Gläubiger).[16] Ob zunächst eine Forderung besteht und damit die Person überhaupt Gläubiger der übertragenden Gesellschaft ist, ist von der entsprechenden Person im Zweifel darzulegen und zu beweisen (vgl. auch § 314 Abs. 2). Die Forderung muss zwingend vor der Bekanntmachung des Spaltungsplans oder seines Entwurfs (rechtswirksam) entstanden sein. In der Regel wird dabei auf das Datum eines etwaigen Vertragsabschlusses zwischen Gläubiger und Gesellschaft abgestellt werden können. Zu diesem Zeitpunkt darf der Spaltungsplan noch nicht gem. § 323 iVm § 308 Abs. 1 vom zuständigen Registergericht öffentlich zugänglich gemacht worden sowie die Hinweisbekanntmachung gem. § 308 Abs. 1 S. 2 Nr. 4 lit. a erfolgt sein. Dies ist regelmäßig der Zeitpunkt, an dem die Gläubiger (abgesehen ggf. die Arbeitnehmer) erstmalig sowohl von dem Vorhaben der grenzüberschreitenden Spaltung Kenntnis erlangen können[17] als auch die Möglichkeit haben, den Spaltungsplan inkl. der darin enthaltenen Darstellungen zu Gläubigersicherheiten einzusehen. Alle Forderungen, die danach und damit im potenziellen Wissen des Spaltungsplans und dessen Inhalts entstanden sind, berechtigen nicht mehr zu einem Anspruch auf Sicherheitsleistung gegen die übertragende Gesellschaft.

c) Noch nicht fällige Forderung

Voraussetzung ist gem. § 328 iVm § 314 Abs. 1 Nr. 1 weiterhin, dass die bestehende Forderung noch nicht fällig geworden ist. Dies lässt sich daraus erklären, dass bei bereits fälligen Forderungen kein Bedürfnis des Gläubigers für eine (zusätzliche) Absicherung seiner Forderung besteht, da er zum einen diese im ordentlichen Klageweg einfordern kann und zum anderen der Bestand seiner Forderung auch nicht gefährdet ist, da sie aufgrund Fälligkeit materiell unveränderbar und durchsetzbar ist. Maßgeblicher Zeitpunkt für die **Nicht-Fälligkeit der Gläubigerforderung** ist wiederum der Zeitpunkt der Bekanntmachung des Spaltungsplans bzw. seines Entwurfs gem. § 323 iVm § 308 Abs. 1.

d) Erfüllungsgefährdung der Forderung

Schließlich muss die Erfüllung der bestehenden, noch nicht fälligen Forderung des Gläubigers gegenüber der übertragenden Gesellschaft **aufgrund der grenzüberschreitenden Spaltung** gefährdet werden. Es muss daher im Zuge des Wirksamwerdens der Umwandlungsmaßnahme eine substanziiertes **Ausfallrisiko** bestehen. Dies ist vom Gläubiger darzulegen und nachzuweisen bzw. gem. § 328 iVm § 314 Abs. 2 dem Gericht gegenüber glaubhaft zu machen. In diesem Zusammenhang darf der Antrag des Gläubigers auch nicht nach den allgemeinen Wertungen rechtsmissbräuchlich sein.[18]

Die Frage ist, wann bei einer grenzüberschreitenden Spaltung eine **konkrete Gefährdungslage** besteht. Die zugrunde liegende Richtlinienbegründung führt in diesem

---

[16] *J. Schmidt* FS Heidinger, 2023, 469 (472); *Baschnagel/Hilser* NZG 2022, 1333 (1334).

[17] Zur Problematik der kapitalmarktrechtlichen Vorab-Information in Bezug auf das Umwandlungsvorhaben s. auch *Schollmeyer* ZGR 2020, 60 (73).

[18] Lediglich de lege ferenda fordernd auch *Baschnagel/Hilser* NZG 2022, 1333 (1338).

Zusammenhang lediglich aus, dass derzeit die Gläubigerschutzvorschriften in den Mitgliedstaaten unterschiedlich sind, was zur „Unsicherheit […] für die Gläubiger im Hinblick auf die Beitreibung oder Befriedigung ihrer Forderungen führt".[19] Daraus wird teilweise gefolgert, dass an die Erfüllungsgefährdung keine allzu hohen Anforderungen zu stellen sind.[20] Dies erscheint jedoch zu pauschal.[21] Vielmehr muss **individualisiert** eine konkrete Gefährdung bestehen, die in **unmittelbarem Zusammenhang** mit der etwaigen Vermögensaufteilung oder -verschiebung zu einem ausländischen Rechtsträger steht. Die Geltendmachung einer Forderung gegen einen ausländischen Schuldner begründet als solches jedoch idR noch keine konkrete Gefährdung. Gleichwohl ist die Gefährdungswahrscheinlichkeit tendenziell höher als bei einem grenzüberschreitenden Formwechsel aus Deutschland (→ § 341 Rn. 11).

3. Glaubhaftmachung

13 Ist der Gläubiger der übertragenden Gesellschaft der Auffassung, dass die im Spaltungsplan dargestellten Angaben zu Sicherheitsleistungen für ihn nicht zufriedenstellend sind, kann er sein Sicherheitsverlangen auch gerichtlich geltend machen. Dies setzt jedoch gem. § 328 iVm § 314 Abs. 2 voraus, dass er die genannten Anspruchsvoraussetzungen **gegenüber dem zuständigen Gericht glaubhaft macht**.[22] Darin liegt eine Abkehr von der vormals für die grenzüberschreitende Verschmelzung geltende Regelung des § 122j Abs. 1 aF, wonach die Glaubhaftmachung gegenüber der Schuldnergesellschaft erfolgen musste.[23] Zuständig sind die ordentlichen Zivilgerichte und damit – anders als noch im Referentenentwurf vorgesehen – nicht die Registergerichte.[24] Die gerichtliche Geltend- und damit Glaubhaftmachung erfolgt mittels Leistungsklage des betroffenen Gläubigers.[25]

14 Die Glaubhaftmachung bezieht sich auf alle Anspruchsvoraussetzungen des § 314 Abs. 1, also ausdrücklich auch auf das **Bestehen der Forderung** als solches. Dies soll verhindern, dass die Sicherheitsleistung wegen langwierigen Streits über das Bestehen der Forderung im Ergebnis zu spät kommt und so der angestrebte Sicherungszweck vereitelt wird.[26] Die jeweilige Glaubhaftmachung ist vom Gericht zu prüfen, wobei es genügt, dass dieses das Vorliegen der Voraussetzungen für überwiegend wahrscheinlich hält.[27] Wie sich aus § 329 S. 1 iVm § 316 Abs. 2 S. 3 Nr. 2 ergibt, überprüft es aber auch die Darstellungen zu den Sicherheiten im Spaltungsplan und kann eine (abweichende) konkrete Sicherheitsleistung festlegen.

15 Die Glaubhaftmachung der Voraussetzungen des § 314 Abs. 1 Nr. 1 wird regelmäßig unproblematisch sein, da diese häufig an konkrete Zeitpunkte anknüpfen bzw. sich anhand dieser ermitteln lassen. Schwerpunkt dürfte in der Praxis daher die Glaubhaftmachung (und deren gerichtliche Überprüfung) der **Erfüllungsgefährdung der Forderung** durch die grenzüberschreitende Spaltung sein. Zwar sollte eine konkrete Gefährdung aufgrund der besonderen Situation der Herausspaltung tendenziell eher glaubhaft gemacht werden können als bei einer innerstaatlichen Spaltung, jedoch sollen nach

---

19 Erwägungsgrund Nr. 22 S. 2 RL (EU) 2019/2121.
20 So *Schollmeyer* ZGR 2020, 60 (74).
21 In diesem Sinne *J. Schmidt* FS Heidinger, 2023, 469 (473).
22 Eines Vollbeweises bedarf es hingegen nicht, *J. Schmidt* FS Heidinger, 2023, 469 (474).
23 Begr. RegE UmRUG, BT-Drs. 20/3822, 98.
24 Zur Problematik *Thole* in Bergmann/Drescher/Fleischer ua S. 65, 78 ff.
25 Vgl. *Heckschen/Knaier* ZIP 2022, 2205 (2209); *Baschnagel/Hilser* NZG 2022, 1333 (1337).
26 Begr. RegE UmRUG, BT-Drs. 20/3822, 98.
27 *J. Schmidt* FS Heidinger, 2023, 469 (474).

wohl hM generell erhöhte Anforderungen an die Glaubhaftmachung bestehen.²⁸ Zumindest wird es schwerfallen, eine konkret-individuelle Erhöhung des Ausfallrisikos der Forderung nur aufgrund der grenzüberschreitenden Spaltung substanziiert darlegen zu können.

III. Geltendmachung des Anspruchs auf Sicherheitsleistung

Unabhängig davon, ob die Voraussetzungen für einen Anspruch auf Sicherheitsleistung gem. § 328 iVm § 314 Abs. 1 tatsächlich vorliegen und ob diese hinreichend gem. § 328 iVm § 314 Abs. 2 glaubhaft gemacht wurden, erlischt der Anspruch auf Sicherheitsleistung, wenn er nicht innerhalb von **drei Monaten** ab Bekanntmachung des Spaltungsplans gerichtlich geltend gemacht wurde (**Ausschlussfrist**). Bei der Klage handelt es sich um eine **Leistungsklage** des Gläubigers der übertragenden Gesellschaft.²⁹ Die Geltendmachung des Anspruchs gegenüber der Gesellschaft ist weder erforderlich noch ausreichend, um die gesetzliche Ausschlussfrist einzuhalten.³⁰ Bis zum Ablauf der Frist darf die Eintragung der Herausspaltung aus Deutschland nicht vorgenommen werden (§ 329 S. 1 iVm § 316 Abs. 2 S. 1). Die dreimonatige Ausschlussfrist beginnt dem Wortlaut des § 328 iVm § 314 Abs. 3 nach erst mit Bekanntmachung des Spaltungsplans und nicht schon mit der Bekanntmachung dessen Entwurfs zu laufen, was angesichts der diesbezüglichen Abweichung vom Referentenentwurf ein Redaktionsversehen sein dürfte.³¹ Vielmehr ist die Bekanntmachung gem. § 323 iVm § 308 Abs. 1 gemeint, der auch die des Entwurfs vorsieht.³²

16

IV. Freigabe von Sicherheiten

Anlass der Sicherheitsleistung ist die bevorstehende grenzüberschreitende Spaltung. Ist das Umwandlungsverfahren endgültig gescheitert, ist die Gefährdungslage beendet und es besteht kein Bedürfnis mehr für die Leistung von Sicherheiten.³³ Deshalb bestimmt § 328 iVm § 314 Abs. 4 S. 1, dass **geleistete Sicherheiten** freizugeben sind, wenn das Umwandlungsverfahren gescheitert ist. Das Scheitern wird unwiderlegbar vermutet und ergibt sich aus den in § 314 Abs. 4 S. 2 genannten Fällen.³⁴ Hintergrund ist, dass etwaige Sicherheiten bereits vor (Anmeldung zur) Eintragung der Herausspaltung von der übertragenden Gesellschaft geleistet worden sein müssen (vgl. § 329 iVm § 315 Abs. 3 S. 1 Nr. 1, § 316 Abs. 2 S. 3 Nr. 2, 3, S. 4), und dass anders als beim Barabfindungsangebot gem. § 327 die Sicherheitsleistung nicht an die Wirksamkeit der grenzüberschreitenden Spaltung geknüpft ist.³⁵ Umgekehrt basiert der Anspruch auf Sicherheitsleistung aber auch auf dem positiven Abschluss des Umwandlungsverfahrens, da sich die Erfüllungsgefährdung gem. § 314 Abs. 1 Nr. 2 faktisch nur realisieren kann, wenn auch die grenzüberschreitende Spaltung wirksam und Forderungsschuldner ein ausländischer Rechtsträger geworden ist.

17

Werden die Sicherheiten durch die Gläubiger nicht freigegeben, muss die **Freigabe** nach allgemeinen Regeln durch die Gesellschaft eingefordert werden.³⁶ Es handelt sich

18

---

28 Vgl. *Stelmaszczyk* DK 2021, 48 (60); *Thomale/Schmid* NotBZ 2023, 91 (100); tendenziell auch *Bungert/Reidt* DB 2023, 54 (55).
29 Begr. RegE UmRUG, BT-Drs. 20/3822, 97; vgl. auch *Hecksken/Knaier* ZIP 2022, 2205 (2209); *Baschnagel/Hilser* NZG 2022, 1333 (1337).
30 Begr. RegE UmRUG, BT-Drs. 20/3822, 98.
31 *Thomale/Schmid* NotBZ 2023, 91 (101).
32 *Thomale/Schmid* NotBZ 2023, 91 (101).
33 Begr. RegE UmRUG, BT-Drs. 20/3822, 58.
34 Begr. RegE UmRUG, BT-Drs. 20/3822, 58.
35 *Schollmeyer* ZGR 2020, 62 (77).
36 Begr. RegE UmRUG, BT-Drs. 20/3822, 58.

hierbei um einen Leistungsanspruch, der selbstständig **eingeklagt und vollstreckt** werden muss.[37] Schuldner ist der Gläubiger, dem die Sicherheiten geleistet wurden.[38]

19 § 328 iVm § 314 Abs. 4 S. 2 normiert **drei Fälle**, in denen das endgültige Scheitern des Umwandlungsverfahrens als Grundlage für den Freigabeanspruch der übertragenden Gesellschaft unwiderleglich vermutet wird: Gemäß § 314 Abs. 4 S. 2 **Nr. 1** gilt das Umwandlungsverfahren als gescheitert, wenn die registergerichtliche Ablehnungsentscheidung über die Eintragung der Herausspaltung und damit die Ausstellung der Spaltungsbescheinigung rechtskräftig ist.[39] Gleiches gilt nach § 314 Abs. 4 S. 2 **Nr. 2**, wenn die ablehnende Entscheidung des Registergerichts über die Eintragung nicht mehr angefochten werden kann. Schließlich bestimmt § 314 Abs. 4 S. 2 **Nr. 3** als **Auffangklausel**,[40] dass das Umwandlungsverfahren auch dann als gescheitert anzusehen ist und damit die geleisteten Sicherheiten freizugeben sind, wenn es auf andere Weise endgültig beendet worden ist. Dies ist insbesondere der Fall, wenn die beteiligte(n) ausländische(n) Behörde(n) bzw. Register die Eintragung der grenzüberschreitenden Spaltung endgültig verweigert haben, der Eintragungsantrag von der Gesellschaft zurückgenommen wurde[41] oder die Gesellschaft mittlerweile spaltungsunfähig geworden ist. Obgleich im Hinblick auf die Formulierung „insbesondere" in § 314 Abs. 4 S. 2 auch weitere Umstände das Scheitern der grenzüberschreitenden Spaltung begründen können, sind aufgrund der Auffangklausel der Nr. 3 hier grundsätzlich keine weiteren, nicht bereits davon erfassten Gründe denkbar.

V. Gesamtschuldnerische Haftung

20 Neben dem Anspruch auf Sicherheitsleistung („zweites Schutzinstrument")[42] besteht im deutschen Spaltungsrecht grundsätzlich eine gesamtschuldnerische **Nachhaftung** der an der Spaltung beteiligten Rechtsträger für die Verbindlichkeiten des übertragenden Rechtsträgers (s. § 133 Abs. 1 S. 1, Abs. 2 S. 1). Die Gefahr für die Gläubiger, dass aufgrund der Spaltungsfreiheit im Rahmen der Herausspaltung das bestehende Vermögen der übertragenden Gesellschaft disproportional auf andere Rechtsträger verteilt und so die potenzielle Haftungsmasse aus Sicht der Gläubiger verringert wird, sah auch der europäische Gesetzgeber und statuierte mit Art. 160j Abs. 2 RL (EU) 2017/1132 eine (begrenzte) gesamtschuldnerische Haftung.[43] Dabei ist auch vorgesehen, dass sich der Umfang einer möglichen Ausfallhaftung „auf den Wert des der jeweiligen Gesellschaft zugeteilten Nettoaktivvermögens am Tag des Wirksamwerdens der Spaltung begrenzt" (Art. 160j Abs. 2 S. 2 RL (EU) 2017/1132). Dies machte eine entsprechende Änderung des Umwandlungsgesetzes aus deutscher Sicht erforderlich, was mit der Neuformulierung des § 133 Abs. 3 S. 2 (überschießend auch für die innerstaatliche Spaltung)[44] geschah.[45] Unter dem **Nettoaktivvermögen**[46] ist der Überschuss der zugeteilten Aktiva über die

---

37 Begr. RegE UmRUG, BT-Drs. 20/3822, 98.
38 *J. Schmidt* FS Heidinger, 2023, 469 (477).
39 Vgl. auch *J. Schmidt* FS Heidinger, 2023, 469 (477).
40 *J. Schmidt* FS Heidinger, 2023, 469 (477).
41 Begr. RegE UmRUG, BT-Drs. 20/3822, 98.
42 *Bungert* FS Krieger, 2020, 109 (131); die darüber hinausgehende Möglichkeit einer „Solvenzerklärung" (vgl. Art. 160j Abs. 3 RL (EU) 2017/1132) hat der deutsche Gesetzgeber nicht genutzt, vgl. nur *Schollmeyer* ZGR 2020, 62 (82).
43 Zur Rechtsnatur dieser Haftung *Thole* in Bergmann/Drescher/Fleischer ua S. 65, 85 f.
44 Befürwortend *Thole* in Bergmann/Drescher/Fleischer ua S. 65, 85; *Noack* MDR 2023, 465 (469); *Löbbe* ZHR 187 (2023), 498 (526); zur praktischen Vorteilhaftigkeit auch *Gattringer* NZG 2023, 443.
45 Begr. RegE UmRUG, BT-Drs. 20/3822, 111; *Brandi/M.K. Schmidt* AG 2023, 297 (306); kritisch dazu *Baschnagel/Hilser* NZG 2022, 1333 (1340); *DAV* NZG 2022, 849 (854).
46 Kritisch zum diesbezüglich verwendeten Begriff *IDW*, Stellungnahme v. 17.5.2022, S. 4.

zugeteilten Verbindlichkeiten, Rückstellungen, Rechnungsabgrenzungsposten und passiven latenten Steuern zu verstehen.[47] Es wird daher regelmäßig einer aktualisierten Bilanz bedürfen.[48] Für die Ermittlung des zugeteilten bzw. vorhandenen Nettoaktivvermögens soll nach hM der **Buchwert** der Vermögensgegenstände relevant sein.[49] Die Details sollen jedoch der Rechtsprechung überlassen bleiben.[50] Da sich eine Bewertung des Nettoaktivvermögens im Rahmen des § 133 Abs. 3 S. 2 oftmals als schwierig erweisen wird[51] und aufwändige Sachverständigengutachten einzuholen sind, sieht § 305b ZPO ergänzend den Erlass eines Vorbehaltsurteils vor, wenn der Rechtsstreit im Übrigen zur Entscheidung reif ist.[52] Ziel dieser neuen Norm ist es, eine Prozessverschleppung zulasten des Gläubigers zu vermeiden.[53]

Nach dem vermeintlich eindeutigen Wortlaut des Art. 160j Abs. 2 S. 1 RL (EU) 2017/1132 ist jedoch Voraussetzung für die gesamtschuldnerische Ausfallhaftung, dass der Gläubiger von der an der Spaltung beteiligten Gesellschaft, der der Gegenstand des Passivvermögens zugeteilt wird, **keine Befriedigung erlangt** hat bzw. erlangen kann.[54] Die damit im Rahmen des § 133 Abs. 1 seit längerem verbundene Diskussion um die Rechtsnatur der entsprechenden Haftung (insbes. gesamtschuldnerische Haftung iSd §§ 428 ff. BGB oder „nur" akzessorische Haftung)[55] scheint damit zumindest für die grenzüberschreitende Spaltung stückweise geklärt. Der Gläubiger ist daher zunächst gehalten, seine Forderung gegen die an der Spaltung beteiligte Gesellschaft geltend zu machen, der das entsprechende Nettoaktivvermögen im Spaltungsplan zugeteilt wurde.[56] Für die zeitliche Begrenzung der Haftung gilt ferner § 320 Abs. 2 iVm § 133 Abs. 3 S. 1.

VI. Gerichtszuständigkeit

1. Sicherheitsleistungen

Gemäß § 328 iVm § 314 Abs. 5 ist für Streitigkeiten über den Anspruch eines Gläubigers auf Sicherheitsleistung sowie über den Freigabeanspruch der Gesellschaft ausschließlich das Gericht zuständig, dessen Bezirk das für die Erteilung der Spaltungsbescheinigung gem. § 329 S. 3 zuständige Registergericht angehört. Es wird also eine **örtliche Zuständigkeit** des zu befassenden ordentlichen (**Zivil-**)**Gerichts** gesetzlich statuiert.[57] Resultieren die Ansprüche im Ergebnis aus einem Arbeitsverhältnis zur Gesellschaft als Arbeitgeberin, kann auch der Rechtsweg zu den Arbeitsgerichten eröffnet sein.[58] Im Referentenentwurf war noch vorgesehen, dem Registergericht die Zuständigkeit für das Verfahren zu übertragen, was jedoch im Laufe des Gesetzgebungsverfahrens gestrichen wurde.[59] Gleichwohl hat das nunmehr zuständige Zivil- bzw. Arbeitsgericht dem für die Eintragung der Herausspaltung und damit der Ausstellung der Spaltungs-

---

47 *Bungert/Strothotte* BB 2022, 1411 (1418); *Gattringer* NZG 2023, 443 (454).
48 *Thomale/Schmid* NotBZ 2023, 91 (102); *Bungert/Strothotte* BB 2022, 1411 (1418).
49 *Bungert/Strothotte* BB 2022, 1411 (1418); *Gattringer* NZG 2023, 443 (454); *J. Schmidt* DK 2021, 273 (281); wohl auch *Brandi/M.K. Schmidt* AG 2023, 297 (306); aA *Vossius*, Stellungnahme zum UmRUG, BT-Drs. 29/3822, 2.
50 Vgl. Beschlussempfehlung Rechtsausschusses, BT-Drs. 20/4806, 105.
51 Zu den Problemen auch *Löbbe* ZHR 187 (2023), 498 (527).
52 „Sehr kritisch" zu § 305b ZPO BeckOK ZPO/*Elzer* § 305b Rn. 3.
53 *Heckschen/Knaier* GmbHR 2022, R376 (R378); *Thomale/Schmid* NotBZ 2023, 91 (106); s. auch BT-Drs. 20/5237, 94.
54 Vgl. auch *Bungert* FS Krieger, 2020, 109 (131); nicht als Tatbestandsmerkmal erachtet jedoch *Thole* in Bergmann/Drescher/Fleischer ua S. 65, 86.
55 Zum Streitstand vgl. nur Maulbetsch/Klumpp/Rose/Raible § 133 Rn. 12.
56 *Gattringer* NZG 2023, 443 (454).
57 Vgl. auch *Heckschen/Knaier* GmbHR 2023, 317 (320); *Bungert/Reidt* DB 2023, 54 (55).
58 Begr. RegE UmRUG, BT-Drs. 20/3822, 98.
59 Befürwortend *Schollmeyer* NZG 2022, 937; kritischer *DAV* NZG 2022, 849 (857); zur Diskussion auch *Baschnagel/Hilser* NZG 2022, 1333 (1337).

bescheinigung zuständigen Registergericht auf Anforderung mitzuteilen, ob innerhalb von drei Monaten nach Bekanntmachung des Spaltungsplans Sicherheitsleistungen von Gläubigern gerichtlich geltend gemacht wurden (§ 329 S. 1 iVm § 315 Abs. 5).[60] Das insofern nach § 328 iVm § 314 Abs. 5 ermittelte Gericht ist **nur** für Aspekte des Anspruchs auf Sicherheitsleistung gem. § 314 Abs. 1 sowie des Freigabeanspruchs der Gesellschaft gem. § 314 Abs. 4 zuständig. Bei Ersterem umfasst die materielle gerichtliche Prüfung zunächst alle Anspruchsvoraussetzungen des § 314 Abs. 1. Wie sich aus § 329 S. 1 iVm § 316 Abs. 2 S. 3 Nr. 2 ergibt, überprüft das zuständige Gericht aber auch die Darstellungen zu den Sicherheiten im Spaltungsplan und kann eine (abweichende) konkrete **Sicherheitsleistung festlegen**. Bei der Bewertung der Sicherheiten sollte das Gericht berücksichtigen, ob der Anspruch eines Gläubigers gegen die Gesellschaft mindestens in gleicher Höhe und Wertigkeit besteht wie er auch nach dem grenzüberschreitenden Vorhaben bestehen würde.[61]

2. Sonstige Forderungen

23 Eine Gerichtsstandsregelung für sonstige Gläubigerforderungen, die nicht im Zusammenhang mit dem Anspruch auf Sicherheitsleistung stehen, besteht – anders als gem. § 341 Abs. 2 beim grenzüberschreitenden Formwechsel (→ § 341 Rn. 22 f.) – bei der Herausspaltung hingegen **nicht**,[62] obwohl insbesondere bei der grenzüberschreitende Aufspaltung grundsätzlich dasselbe Schutzbedürfnis besteht.[63] Auch die zugrunde liegende Richtlinie enthält für die grenzüberschreitende Spaltung eine solche nicht.[64] Hierin wird teilweise ein Redaktionsversehen gesehen,[65] was sich im Ergebnis jedoch nicht zweifelsfrei feststellen lässt und damit eher keine analoge Anwendung des Art. 86j Abs. 4 RL (EU) 2017/1132 sowie des § 341 Abs. 2 auf eine Herausspaltung möglich ist.[66] Es bleibt daher bei der allgemeinen Zuständigkeitsermittlung nach den Vorgaben insbesondere der **Brüssel Ia-Verordnung** (EuGVVO).

§ 329 Anmeldung und Spaltungsbescheinigung

¹Die §§ 315 bis 317 sind mit Ausnahme des § 315 Absatz 3 Satz 1 Nummer 3 zweite Alternative sowie des § 316 Absatz 1 Satz 2, 3 und 4 entsprechend anzuwenden. ²Die Eintragung ist mit dem Vermerk zu versehen, dass die grenzüberschreitende Spaltung erst mit ihrer Eintragung gemäß § 330 wirksam wird. ³Über die Eintragung stellt das Gericht von Amts wegen eine Spaltungsbescheinigung aus.

Literatur:

Baschnagel/Hilser/Wagner, Unternehmerische Mitbestimmung bei grenzüberschreitenden Umwandlungen nach dem MgFSG, RdA 2023, 103; *Brandi/M.-K. Schmidt*, Die grenzüberschreitende Spaltung nach dem UmRUG, AG 2023, 297; *Bungert*, Das neue Recht der grenzüberschreitenden Spaltung in der EU, in: FS Krieger, 2020, S. 109; *Bungert/Reidt*, Erweiterte Möglichkeiten grenzüberschreitender Umwandlungen – nach Abschluss des Gesetzgebungsverfahrens zum UmRUG, DB 2023, 54; *Bungert/Strothotte*, Die Regierungsent-

---

60 Vgl. auch *Löbbe* ZHR 187 (2023), 498 (523).
61 Erwägungsgrund Nr. 23 S. 2 RL (EU) 2019/2121.
62 *Baschnagel/Hilser* NZG 2022, 1333 (1339); *Thomale/Schmid* NotBZ 2023, 91 (102); *Gattringer* NZG 2023, 443 (449); *Löbbe* ZHR 187 (2023), 498 (527).
63 *Baschnagel/Hilser* NZG 2022, 1333 (1339); *Thomale/Schmid* NotBZ 2023, 91 (102).
64 Vgl. nur *Thole* in Bergmann/Drescher/Fleischer ua S. 65, 87.
65 So *Thomale/Schmid* NotBZ 2023, 91 (102); wohl auch *Löbbe* ZHR 187 (2023), 498 (529); aA *Baschnagel/Hilser* NZG 2022, 1333 (1340).
66 In diesem Sinne *Thole* in Bergmann/Drescher/Fleischer ua S. 65, 88.

würfe zu grenzüberschreitenden Verschmelzungen, Spaltungen und Formwechsel, DB 2022, 1818; *Foerster*, Die Rechtsmissbrauchsprüfung bei der grenzüberschreitenden Umwandlung, in: Unternehmensmobilität im EU-Binnenmarkt, 2023, S. 135; *Heckschen*, Unternehmensmobilität im Binnenmarkt – Grenzüberschreitendes Verfahren, in: Unternehmensmobilität im EU-Binnenmarkt, 2023, S. 101; *Heckschen*, Mehrheitserfordernisse, Missbrauchskontrolle und Gläubigerschutz bei grenzüberschreitenden Umwandlungen in der Krise, in: FS Heidinger, 2023, S. 165; *Heckschen/Knaier*, Reform des Umwandlungsrechts kurz vor dem Ziel, ZIP 2022, 2205; *Heckschen/Knaier*, Die größte Reform des Umwandlungsrechts: Endlich in Kraft!, GmbHR 2023, 317; *Löbbe*, Die grenzüberschreitende Umwandlung nach dem UmRUG, ZHR 187 (2023), 498; *Luy/Redler*, Immer mit Plan – der Referentenentwurf eines Gesetzes zur Umsetzung der Umwandlungsrichtlinie (UmRUG), notar 2022, 163; *Noack*, Nationaler Rechtsrahmen für grenzüberschreitende Umwandlungen, MDR 2023, 465; *Pototzky/Gimmy*, Unternehmensmitbestimmung bei grenzüberschreitenden Formwechsel und Spaltungen innerhalb der EU und EWR, BB 2023, 1140; *Recktenwald*, Die grenzüberschreitende Hinausspaltung zur Aufnahme nach dem UmRUG – Teil II, BB 2023, 707; *Schmidt, J.*, Die weitreichende Reform des Umwandlungsrechts, NJW 2023, 1241; *Schollmeyer*, Neuerungen für Umwandlungen durch das UmRUG, NJW-Spezial 2023, 207; *Schubert*, Unternehmensmobilität im EU-Binnenmarkt – Mitbestimmung der Arbeitnehmer nach der Umwandlungsrichtlinie, in: Unternehmensmobilität im EU-Binnenmarkt, 2023, S. 163; *Schön*, Missbrauchskontrolle im Europäischen Umwandlungsrecht, in: FS Krieger, 2020, 879; *Teichmann*, Das Konzept des „Rechtsmissbrauchs" im Europäischen Umwandlungsrecht, ZGR 2022, 376; *Teichmann*, Mitbestimmungsschutz bei grenzüberschreitenden Umwandlungen, NZG 2023, 345; *Thomale/Schmid*, Das neue Recht der grenzüberschreitenden Umwandlung – Eine Einführung (Teil II), NotBZ 2023, 125.

I. Einführung und Grundlagen 1	d) Insolvenzeröffnungsgrund 15
1. Europäischer Hintergrund 1	3. Mitteilungspflichten 17
2. Regelungsgegenstand und -zweck 2	**III. Registergerichtliche Prüfung der Anmeldung** 21
II. Anmeldung der Herausspaltung 3	1. Prüfungsgegenstand 22
1. Modalitäten der Anmeldung 3	2. Missbrauchskontrolle 25
a) Anmeldepflicht 3	3. Prüfungszeitraum 32
b) Gegenstand der Anmeldung 4	**IV. Eintragungsvoraussetzungen** 34
c) Negativerklärung und Freigabeverfahren 6	1. Inhalt der Eintragung 35
d) Anlagen zur Anmeldung 7	2. Eintragungszeitpunkt 36
e) Verfahren der Anmeldung 8	**V. Spaltungsbescheinigung** 40
2. Versicherungen der Anmeldenden 9	**VI. Informationsverlangen des Registergerichts** 43
a) Gläubigersicherheiten 10	1. Informationsanspruch 43
b) Arbeitnehmerrechte 11	2. Inhalt des Informationsverlangens 44
c) Mitbestimmungsverfahren 12	

I. Einführung und Grundlagen

1. Europäischer Hintergrund

§ 329 dient der Umsetzung von **Art. 160m und 160n RL (EU) 2017/1132**.[1] Diese bestimmen, dass die Rechtmäßigkeit einer grenzüberschreitenden Spaltung für diejenigen Verfahrensabschnitte, für die das Recht des Wegzugsmitgliedstaats maßgebend ist, zu prüfen ist (Art. 160m Abs. 1 S. 1 RL (EU) 2017/1132). Dem geht denklogisch eine vorherige Anmeldung der sich spaltenden Gesellschaft bei der/dem zuständigen Behörde/Gericht voran. Zudem ist die grenzüberschreitende Spaltung von einer unabhängigen (staatlichen) Institution zu prüfen und eine Vorabbescheinigung auszustellen. Die entsprechende Vorabbescheinigung ist dann vom nationalen Registergericht über das bestehende System der Registervernetzung in den Mitgliedstaaten an die Behörde des Zuzugsstaates kostenlos zu übermitteln (Art. 160n Abs. 1, 2 RL (EU) 2017/1132). Gemäß **Art. 160m Abs. 12 RL (EU) 2017/1132** haben die Mitgliedstaaten dafür zu sorgen, dass die zuständige Behörde andere relevante (ausländische) Behörden mit Zuständigkeiten in den verschiedenen Bereichen konsultieren und von diesen Behörden sowie von der Gesellschaft Informationen und Unterlagen erhalten kann, die notwendig sind, um

---

[1] Begr. RegE UmRUG, BT-Drs. 20/3822, 111.

die Rechtmäßigkeit der grenzüberschreitenden Spaltung ordnungsgemäß zu prüfen (Art. 160m Abs. 12 S. 1 RL (EU) 2017/1132).

2. Regelungsgegenstand und -zweck

Die Anmeldung zur Eintragung der Herausspaltung aus Deutschland hat in erster Linie das Ziel der späteren Ausstellung einer Spaltungsbescheinigung gem. § 329 S. 3 durch das zuständige Registergericht.[2] In diesem Zusammenhang prüft das befasste Registergericht alle formellen und materiellen gesetzlichen Voraussetzungen der grenzüberschreitenden Spaltung. Um dies umfassend zu können, müssen jedoch von der Gesellschaft die notwenigen **Dokumente/Unterlagen eingereicht** sowie verschiedene **Versicherungen abgegeben** werden. § 329 S. 1 iVm § 315 Abs. 1, 2 regelt dabei zum einen die Pflicht zur entsprechenden Anmeldung als auch die einzureichenden Dokumente/Unterlagen. Zudem müssen die Mitglieder des Vertretungsorgans der sich spaltenden Gesellschaft verschiedene (strafbewehrte) Versicherungen abgeben (§ 329 S. 1 iVm § 315 Abs. 3) sowie ergänzende Angaben machen (§ 329 S. 1 iVm § 315 Abs. 4). Ferner bestimmt § 329 aufgrund des Verweises auf § 316 den Prüfungsumfang und die Eintragungsmodalitäten der von der Gesellschaft angemeldeten Herausspaltung aus Deutschland. Hierbei regelt § 316 die Prüfungspflicht und den Prüfungsumfang bzw. -gegenstand des zuständigen Registergerichts, bei dem die Anmeldung zur Eintragung der Herausspaltung eingegangen ist. Dies umfasst insbesondere auch eine sog. **Missbrauchskontrolle** des geplanten Vorhabens (→ Rn. 25 ff.), durch die verhindert werden soll, dass die grenzüberschreitende Spaltung in rechtswidriger Weise zu „missbräuchlichen oder betrügerischen Zwecken" (§ 329 S. 1 iVm § 316 Abs. 3 S. 1) ausgenutzt wird. Schließlich muss gem. § 329 S. 1 iVm § 316 Abs. 1 die Entscheidung über die Eintragung der Herausspaltung und damit der Ausstellung der Spaltungsbescheinigung auf einer ausreichenden Informationsgrundlage getroffen werden. Im Einzelfall benötigt das Registergericht **zusätzliche Informationen**, die sich nicht bereits aus der Anmeldung der Herausspaltung ergeben.[3] In diesem Zusammenhang ermöglicht es § 329 S. 1 iVm § 317 dem mit der Prüfung der Herausspaltung befassten Registergericht Sachverhalte aufzuklären, in denen bereits Anhaltspunkte für die Verfolgung missbräuchlicher Zwecke vorliegen.[4] Ihm wird damit eine zusätzliche **Möglichkeit der Informationsbeschaffung** gegeben.[5]

II. Anmeldung der Herausspaltung

1. Modalitäten der Anmeldung

a) Anmeldepflicht

§ 329 S. 1 iVm § 315 Abs. 1 bestimmt, dass das Vertretungsorgan der sich spaltenden Gesellschaft das Vorliegen der Voraussetzungen für die grenzüberschreitenden Spaltung zur Eintragung in das zuständige Register anzumelden hat. Es besteht also eine Anmeldepflicht. Ohne Anmeldung kann das Registergericht keine entsprechenden Handelsregistereintragungen vornehmen und folglich die grenzüberschreitende Spaltung nicht wirksam werden. § 329 S. 1 iVm § 315 Abs. 1 drückt dabei lediglich die Zuständigkeitskompetenz des Vertretungsorgans aus; **anmeldepflichtig** ist die übertragende

---

[2] Begr. RegE UmRUG, BT-Drs. 20/3822, 111.
[3] *Wicke*, Stellungnahme zum UmRUG-Regierungsentwurf, 7.11.2022, S. 6.
[4] Begr. RegE UmRUG, BT-Drs. 20/3822, 104.
[5] Begr. RegE UmRUG, BT-Drs. 20/3822, 104.

Gesellschaft. Da diese nicht selbstständig handeln kann, haben in deren Namen die Mitglieder der **Geschäftsführung** bzw. des **Vorstands** in vertretungsberechtigter Zahl die Anmeldung vorzunehmen. Die insolvenzverfahrensrechtliche Kompetenzordnung bleibt davon unberührt.[6] In der Insolvenz der sich spaltenden Gesellschaft ist daher der Insolvenzverwalter gem. §§ 22, 80 InsO für die Anmeldung zuständig.

b) Gegenstand der Anmeldung

Gegenstand der Anmeldung ist zunächst die **Herausspaltung der Gesellschaft** als solche. Dabei ist gem. § 329 S. 1 iVm § 315 Abs. 1 das Vorliegen der Voraussetzungen für die grenzüberschreitende Spaltung anzumelden. Nur so kann das zuständige Registergericht, bei dem die Anmeldung erfolgt, überprüfen, ob alle formellen und materiellen gesetzlichen Bedingungen ordnungsgemäß eingehalten wurden. Wie sich aus dem Zweck der Anmeldung sowie Art. 160m Abs. 2 RL (EU) 2017/1132 ergibt, hat die Anmeldung zudem einen **Antrag** auf Erteilung der **Spaltungsbescheinigung** gem. § 329 S. 3 zu enthalten.[7] Im Rahmen der Anmeldung zur Eintragung der Herausspaltung sind ferner die Anlagen gem. § 329 S. 1 iVm § 315 Abs. 2 (→ Rn. 7), die Versicherungen gem. § 329 S. 1 iVm § 315 Abs. 3 (→ Rn. 9) sowie die Angaben gem. § 329 S. 1 iVm § 315 Abs. 4 (→ Rn. 17) erforderlich. Erst wenn alle erforderlichen Unterlagen und Informationen vollständig vorhanden sind, wird das Registergericht mit der Prüfung des Umwandlungsvorgangs beginnen.[8]

Gemäß § 330 Abs. 1 S. 1 gilt die entsprechende Anmeldung zur Eintragung ebenfalls als Anmeldung zur Eintragung der grenzüberschreitenden Spaltung gem. **§ 137 Abs. 2**, wonach das Vertretungsorgan des übertragenden Rechtsträgers die Spaltung zur Eintragung in das Register des Sitzes des übertragenden Rechtsträgers anzumelden hat.

c) Negativerklärung und Freigabeverfahren

§ 329 S. 1 iVm § 315 Abs. 2 verweist ua auf § 16 Abs. 2, 3. § 16 Abs. 2 bestimmt dabei, dass bei der Anmeldung zu erklären ist, dass eine **Klage gegen die Wirksamkeit** des Spaltungsbeschlusses nicht oder nicht fristgemäß erhoben oder eine solche Klage rechtskräftig abgewiesen oder zurückgenommen worden ist (sog. Negativerklärung). Erfasste Klagen sind solche, die sich gegen den Beschluss als solchen richten, also insbesondere die Nichtigkeitsklage und die Anfechtungsklage. Die Negativerklärung hat sich dabei grundsätzlich nur darauf zu erstrecken, ob innerhalb der einschlägigen Klagefrist eine entsprechende Klage erhoben wurde. Wird dem Registergericht die Negativerklärung nicht oder nicht ordnungsgemäß vorgelegt, darf die Herausspaltung nicht eingetragen und die Spaltungsbescheinigung nicht ausgestellt werden (sog. Registersperre). Die Negativerklärung ist jedoch ausnahmsweise **entbehrlich**, wenn alle klageberechtigten Anteilsinhaber auf ihr diesbezügliches Klagerecht durch notariell beurkundete Erklärung verzichtet haben. Anstelle der Negativerklärung kann gem. § 16 Abs. 3 auch ein Antrag auf ein sog. **Unbedenklichkeitsverfahren** gestellt werden. Sind dessen Voraussetzungen erfüllt, ergeht von Gerichts wegen ein **Freigabebeschluss**, so dass die Herausspaltung trotz erhobener Anfechtungs- oder Nichtigkeitsklage gegen den Spaltungsbeschluss fortgesetzt werden kann.

---

[6] Begr. RegE UmRUG, BT-Drs. 20/3822, 98.
[7] *Heckschen* in Unternehmensmobilität im EU-Binnenmarkt, 2023, S. 101 (121); vgl. auch Begr. RegE UmRUG, BT-Drs. 20/3822, 111.
[8] Vgl. Begr. RegE UmRUG, BT-Drs. 20/3822, 100.

d) Anlagen zur Anmeldung

7 Welche Dokumente/Unterlagen der Anmeldung der Herausspaltung als Anlagen von der sich spaltenden Gesellschaft beizufügen sind, ergibt sich aus § 329 S. 1 iVm § 315 Abs. 2.[9] Dieser verweist zum einen auf die erforderlichen Anlagen zur Anmeldung bei der innerstaatlichen Spaltung gem. § 125 Abs. 1 S. 1 iVm § 17 und zum anderen werden in § 329 S. 1 iVm § 315 Abs. 2 Nr. 1 und 2 zusätzliche Abschriften verlangt, die den Charakter der grenzüberschreitenden Spaltung widerspiegeln. Dies umfasst zum einen etwaige **Bemerkungen** nach § 323 iVm § 308 Abs. 1 S. 2 Nr. 4 und zum anderen etwaige **Stellungnahmen** gem. § 324 Abs. 1 S. 2 iVm § 310 Abs. 3.

e) Verfahren der Anmeldung

8 Die Modalitäten und das Verfahren der Anmeldung erfolgen nach den allgemeinen (handelsrechtlichen) Regelungen. Es bedarf daher der Anmeldung in **elektronischer, öffentlich beglaubigter Form**. Sämtliche Unterlagen müssen online in einem maschinenlesbaren und durchsuchbaren Datenformat eingereicht werden, was regelmäßig durch den befassten Notar geschieht. Die öffentliche Beglaubigung mittels Videokommunikation gem. § 12 Abs. 1 S. 2 HGB ist zulässig.[10] Abgesehen von den Versicherungen gem. § 329 S. 1 iVm § 315 Abs. 3 ist bei der Anmeldung eine Vertretung grundsätzlich möglich, wobei § 12 Abs. 1 S. 3 HGB gilt. Ebenso ist die Eintragungsbeantragung durch den beurkundenden Notar gem. § 378 Abs. 2 FamFG möglich.[11]

2. Versicherungen der Anmeldenden

9 Im Rahmen der Anmeldung der Herausspaltung haben die Mitglieder des Vorstands bzw. der Geschäftsführung gem. § 329 S. 1 iVm § 315 Abs. 3 verschiedene Versicherungen gegenüber dem zuständigen Registergericht abzugeben. Die Abgabe der Versicherungen soll dem befassten Registergericht eine Informationsgrundlage zur Prüfung der gesetzlichen Eintragungsvoraussetzungen verschaffen.[12] Sie beziehen sich sowohl darauf, dass ggf. erforderliche Gläubigersicherheiten geleistet wurden (**Nr. 1**), die Rechte der Arbeitnehmer eingehalten wurden (**Nr. 2**), das Verfahren der zukünftigen Arbeitnehmermitbestimmung durchgeführt wird (**Nr. 3**) sowie, dass zum Zeitpunkt der Anmeldung kein Insolvenzantragsgrund bei der sich spaltenden Gesellschaft einschlägig ist (**Nr. 4**. Die Versicherungen des § 329 S. 1 iVm § 315 Abs. 3 sind bei Falschabgabe gem. § 348 **strafbewehrt**.[13] Die Abgabe der Versicherungen in vertretungsberechtigter Zahl soll ausreichend sein,[14] was jedoch aufgrund des Umfangs und der Bedeutung der Versicherungen zweifelhaft erscheint.

a) Gläubigersicherheiten

10 Gemäß § 329 S. 1 iVm § 315 Abs. 3 S. 1 **Nr. 1** haben die Mitglieder des Vorstands bzw. der Geschäftsführung der sich spaltenden Gesellschaft jeweils zu versichern, dass allen Gläubigern die im Spaltungsplan angebotene Sicherheit geleistet wurde. Bezugspunkt sind dabei allerdings nur die **anspruchsberechtigten** Gläubiger.[15] Gleichwohl bezieht

---

9 Dazu auch *Recktenwald* BB 2023, 707 (709).
10 Begr. RegE UmRUG, BT-Drs. 20/3822, 98.
11 *Thomale/Schmid* NotBZ 2023, 125 (131); *Heckschen* in Unternehmensmobilität im EU-Binnenmarkt, 2023, S. 101 (128).
12 Begr. RegE UmRUG, BT-Drs. 20/3822, 99.
13 Begr. RegE UmRUG, BT-Drs. 20/3822, 99.
14 Zu § 122k Abs. 1 S. 3 aF Lutter/*Bayer* § 122k Rn. 15; BeckOGK/*Klett* § 122k Rn. 30; Widmann/Mayer/*Vossius* § 122k Rn. 33.
15 Begr. RegE UmRUG, BT-Drs. 20/3822, 99.

sich § 329 S. 1 iVm § 315 Abs. 3 S. 1 Nr. 1 lediglich auf die Leistung der im Spaltungsplan dargestellten Sicherheiten, nicht hingegen auf den (nachgelagerten) Anspruch auf Sicherheitsleistung aufgrund gerichtlichen Antrags gem. § 328 iVm § 314.

b) Arbeitnehmerrechte

Gemäß § 329 S. 1 iVm § 315 Abs. 3 S. 1 **Nr. 2** haben die Mitglieder des Vorstands bzw. der Geschäftsführung der sich spaltenden Gesellschaft zu versichern, dass es dem Betriebsrat bzw. sofern es einen solchen nicht gibt, den Arbeitnehmern selbst, ermöglicht wurde, spätestens fünf Arbeitstage vor der über die grenzüberschreitende Spaltung beschließenden Anteilsinhaberversammlung **Bemerkungen zum Spaltungsplan** zu übermitteln. Die Information, dass der Betriebsrat bzw. die Arbeitnehmer dies können, ergibt sich dabei aus der verpflichtenden Hinweisbekanntmachung gem. § 308 Abs. 1 S. 2 Nr. 4 lit. b. Weiterhin ist zu versichern, dass dem Betriebsrat bzw. den Arbeitnehmern der einheitliche Spaltungsbericht bzw. der Bericht für die Arbeitnehmer ordnungsgemäß nach § 310 Abs. 1 **zugänglich gemacht** wurde. Zu versichern ist ferner, dass dem Betriebsrat bzw. den Arbeitnehmern das Recht zur **Stellungnahme** zum Spaltungsbericht bzw. dem Bericht für die Arbeitnehmer eröffnet wurde und, sofern eine solche verfasst wurde, die Anteilsinhaber ordnungsgemäß nach § 310 Abs. 3 darüber informiert wurden. Einen diesbezüglichen Nachweis fordert § 329 S. 1 iVm § 315 Abs. 3 S. 1 Nr. 2 nicht, so dass die bloße Versicherung ausreicht. Im Zweifel kann das zuständige Registergericht aber entsprechende Nachweise, zB die versandte E-Mail mit dem Spaltungsbericht als PDF-Anhang, nachfordern. Im Ergebnis müssen Mitglieder des Vorstands bzw. der Geschäftsführung der sich spaltenden Gesellschaft daher versichern, dass die **Unterrichtungs-** und **Anhörungsrechte** der Arbeitnehmer gemäß den gesetzlichen Vorgaben eingehalten wurden.[16]

c) Mitbestimmungsverfahren

Gemäß § 329 S. 1 iVm § 315 Abs. 3 S. 1 **Nr. 3** haben die Mitglieder des Vorstands bzw. der Geschäftsführung zu versichern, dass ein zur Verhandlung über die unternehmerische Arbeitnehmermitbestimmung durchzuführendes Verfahren nach den Vorgaben des **MgFSG** begonnen hat. Damit wird die Verknüpfung der gesellschaftsrechtlichen Durchführung einer grenzüberschreitenden Spaltung mit dem arbeitsrechtlichen Mitbestimmungsverfahren des MgFSG unmittelbar hergestellt. Ziel des Mitbestimmungsverfahrens nach den Vorgaben des MgFSG und damit Zweck der Versicherung des § 329 S. 1 iVm § 315 Abs. 3 S. 1 Nr. 3 ist es, die in der sich spaltenden Gesellschaft erworbenen Mitbestimmungsrechte der Arbeitnehmer auch im Zuge der grenzüberschreitenden Spaltung zu sichern (§ 1 Abs. 1 S. 3 MgFSG; sog. **Vorher-Nachher-Prinzip**), da sich die rechtlichen Vorgaben der unternehmerischen Mitbestimmung nicht mehr nach deutschem, sondern nach dem Recht des ausländischen Zielrechtsträgers richten können.[17]

Im Hinblick auf den Verhandlungsbeginn des Mitbestimmungsverfahrens als maßgebenden Bezugspunkt der Versicherung gem. § 329 S. 1 iVm § 315 Abs. 3 S. 1 Nr. 3 muss unter Berücksichtigung der Vorgaben des MgFSG jedenfalls das **besondere Verhand-**

---

16 Begr. RegE UmRUG, BT-Drs. 20/3822, 99.

17 Zu den damit verbundenen Gefahren Baschnagel/Hilser/Wagner RdA 2023, 103 (104); Titze NZA 2021, 752 (757); Kallmeyer/Müller-Bonanni MgFSG § 5 Rn. 2 f.

lungsgremium konstituiert (vgl. § 14 MgVG) worden sein.[18] Dies ist entsprechend zu versichern und ggf. nachzuweisen. Häufig wird das Verhandlungsverfahren an dieser Stelle des Umwandlungsverfahrens noch nicht abgeschlossen sein, so dass eine weitergehende Versicherung, dass ein konkretes Ergebnis zur Mitbestimmung im Zielrechtsträger erzielt wurde, idR noch nicht möglich ist.

14 Für sich spaltende Gesellschaften, die noch nicht mitbestimmt sind, ist vor allem der Schwellenwert des § 5 Nr. 1 MgFSG von Interesse. Diese sog. **4/5-Lösung** wird indes weitgehend kritisiert.[19] Der Zweck dieser Vorschrift, die Verhandlungsschwelle vorzuverlegen, um beispielsweise einer kurzfristigen Arbeitnehmerreduktion zum Zwecke der Perpetuierung der Mitbestimmungsfreiheit vorzubeugen,[20] bewirkt nämlich faktisch auch, dass die bisher nicht-mitbestimmte übertragende Gesellschaft erst gezwungen wird, ggf. langwierige und teure Verhandlungen zu führen, um dann im Ergebnis gem. § 26 Abs. 1 MgFSG beim Scheitern der Verhandlungen doch die gesetzliche Auffanglösung mit einer Mitbestimmungsfreiheit im Zielrechtsträger zu erreichen.[21] Dies wird dadurch verstärkt, dass, anders als gem. § 15 Abs. 3 S. 1 MgVG bei einer grenzüberschreitenden Verschmelzung, die sich spaltenden Gesellschaft **nicht die Möglichkeit** besitzt einseitig auf Verhandlungen mit dem besonderen Verhandlungsgremium zu verzichten und damit unmittelbar die gesetzliche Auffanglösung („Mitbestimmung kraft Gesetzes") zur Anwendung zu bringen.[22] Das zeigt insofern ausdrücklich auch § 329 S. 1 selbst, der diesbezüglich § 315 Abs. 3 S. 1 Nr. 3 Alt. 2 gerade nicht für die grenzüberschreitende Spaltung zu Anwendung bringt. Trotz dieses wenig nachvollziehbaren Procederes führt nach aktueller Gesetzeslage (auch auf europäischer Ebene) aber grundsätzlich kein Weg daran vorbei, bei einer durchschnittlichen Arbeitnehmerzahl von 400 innerhalb der letzten sechs Monate vor Bekanntmachung des Spaltungsplans ein Verhandlungsverfahren durchzuführen.[23] Zur Nachvollziehbarkeit für das Registergericht ist in diesem Zusammenhang gem. § 329 S. 1 iVm § 315 Abs. 4 Nr. 1 die Zahl der Arbeitnehmer der sich spaltenden Gesellschaft zum Zeitpunkt der Aufstellung des Spaltungsplans mitzuteilen (→ Rn. 18). Gleichwohl können sich die von der Geschäftsführung vertretene übertragende Gesellschaft und das besondere Verhandlungsgremium aber in der erzielten Mitbestimmungsvereinbarung auf das Eingreifen der Auffanglösung verständigen (§ 25 Nr. 1 MgFSG).

d) Insolvenzeröffnungsgrund

15 Schließlich haben gem. § 329 S. 1 iVm § 315 Abs. 3 S. 1 **Nr. 4** die Mitglieder des Vorstands bzw. der Geschäftsführung zu versichern, dass sich die Gesellschaft weder im Zustand der (**drohenden**) **Zahlungsunfähigkeit** noch der **Überschuldung** gemäß den

---

18 Begr. RegE UmRUG, BT-Drs. 20/3822, 99; zur Verhandlung mit dem besonderen Verhandlungsgremium siehe *Müller-Bonanni/Jenner* AG 2022, 457; *Uffmann* AG 2022, 427; *Sauerbrey* GmbHR 2023, 5 (7); zu dessen Bildung nach dem MgFSG *Pototzky/Gimmy* BB 2023, 1140 (1142 f.); *Schubert* ZFA 2023, 339; *Spindler/Eitinger* AG 2023, 593 (598 f.).

19 *J. Schmidt* NJW 2023, 1241 (1246); *Müller-Bonanni/Jenner* AG 2022, 457 (460); *Thomale/Schmid* NotBZ 2023, 91 (103 f.); *Bungert/Strothotte* BB 2022, 1411 (1419); *Teichmann* NZG 2023, 345; *Bormann/Stelmaszczyk* ZIP 2019, 353 (364); *Löbbe* ZHR 187 (2023), 498 (532 f.).

20 Vgl. *Baschnagel/Hilser/Wagner* RdA 2023, 103 (106); *Schubert* in Unternehmensmobilität im EU-Binnenmarkt, 2023, S. 165 (172); *Schubert* ZFA 2023, 339 (344 f.); *Habersack* ZHR 187 (2023), 48.

21 *J. Schmidt* NJW 2023, 1241 (1246); *Pototzky/Gimmy* BB 2023, 1140 (1141).

22 Kritisch dazu *Baschnagel/Hilser/Wagner* RdA 2023, 103 (107); *Löbbe* ZHR 187 (2023), 498 (531).

23 Ferner für eine teleologische Reduktion der Verhandlungspflicht, wenn im Zuzugsstaat keine Mitbestimmungsreduktion droht, *Baschnagel/Hilser/Wagner* RdA 2023, 103 (105); *Kallmeyer/Müller-Bonanni* MgFSG § 5 Rn. 9.

Bestimmungen der Insolvenzordnung befindet.[24] Dies ermöglicht dem Registergericht die Prüfung, ob die geplante Spaltung unter dem Gesichtspunkt des Insolvenzrechts missbräuchlich iSd § 329 S. 1 iVm § 316 Abs. 3 ist.[25] § 329 S. 1 iVm § 315 Abs. 3 S. 1 Nr. 4 bezieht sich dabei ausschließlich auf den in den §§ 17 Abs. 2, 18 Abs. 2 und 19 Abs. 2 InsO jeweils beschriebenen Zustand, nicht hingegen auf die weiteren Voraussetzungen zur Einleitung eines Insolvenzverfahrens.[26] Unbeachtlich ist daher beispielsweise, ob bereits ein Eröffnungsantrag gestellt wurde.[27]

Kann die entsprechende Versicherung nicht abgegeben werden, hat das Vertretungsorgan dem Registergericht mitzuteilen, **welcher Insolvenzeröffnungsgrund** erfüllt ist und ob ein **Insolvenzverfahren** bereits beantragt oder eröffnet wurde (§ 329 S. 1 iVm § 315 Abs. 3 S. 2). Auch diesbezüglich ist eine Falschangabe strafbewehrt (vgl. § 348 Nr. 2).[28] Aus § 329 S. 1 iVm § 315 Abs. 3 S. 2 wird damit ersichtlich, dass eine Herausspaltung aus Deutschland auch nach Eröffnung des Insolvenzverfahrens grundsätzlich möglich ist.[29] Gemäß § 329 S. 1 iVm § 315 Abs. 3 S. 3 trifft **nach Eröffnung** eines Insolvenzverfahrens über das Vermögen der sich spaltenden Gesellschaft den (vorläufigen) Insolvenzverwalter die Pflicht zur Mitteilung gem. § 329 S. 1 iVm § 315 Abs. 3 S. 2. 16

3. Mitteilungspflichten

Die Mitglieder des Vorstands bzw. der Geschäftsführung haben im Zusammenhang mit der Anmeldung gegenüber dem Registergericht **verschiedene Mitteilungen** zu machen. Die übermittelten Informationen dienen dem Registergericht als Informationsgrundlage für die Prüfung etwaiger Missbrauchsvoraussetzungen gem. § 329 S. 1 iVm § 316 Abs. 3.[30] Werden die Informationen von der übertragenden Gesellschaft nicht mitgeteilt, lehnt das Gericht die Eintragung nach Maßgabe von § 382 Abs. 3, 4 FamFG ab.[31] Im Kontext der Mitteilungspflichten gem. § 329 S. 1 iVm § 315 Abs. 4 steht ferner die Befugnis des zuständigen Registergerichts, entsprechende Informationen ggf. auch anderweitig gem. § 329 S. 1 iVm § 317 S. 1 zu verlangen.[32] 17

Gemäß § 329 S. 1 iVm § 315 Abs. 4 Nr. 1 hat das Vertretungsorgan dem Registergericht die Zahl der Arbeitnehmer zum Zeitpunkt der Aufstellung des Spaltungsplans mitzuteilen. Dies ist zum einen für die Beurteilung der 4/5-Schwelle des § 5 Nr. 1 MgFSG und damit der Pflicht zur Mitbestimmungsverhandlung von Bedeutung und zum anderen im Rahmen der Missbrauchsprüfung gem. § 329 S. 1 iVm § 316 Abs. 3 S. 4 Nr. 2 Var. 1. Maßgebender Zeitpunkt der Arbeitnehmerzahl ist die **Aufstellung des Spaltungsplans**, nicht hingegen dessen Bekanntmachung. Entgegen dem, wohl auf einem Redaktionsversehen beruhenden, Wortlaut des § 329 S. 1 iVm § 315 Abs. 4 Nr. 1 kann aber auch der finale Entwurf des Spaltungsplans maßgebend sein und nicht zwingend erst der endgültig fertiggestellte Spaltungsplan. 18

Weiterhin mitzuteilen ist gem. § 329 S. 1 iVm § 315 Abs. 4 **Nr. 2** die Zahl der Tochtergesellschaften der sich spaltenden Gesellschaft und ihre jeweiligen **geografischen Standorte**. Empfehlenswert ist dabei je Tochtergesellschaft die Angabe von deren Firma, 19

---

24 Kritisch zur Erfassung auch der drohenden Zahlungsunfähigkeit aus Sicht der Geschäftsleiterhaftung *Harig/Harder* NZG 2022, 1435.
25 Begr. RegE UmRUG, BT-Drs. 20/3822, 99.
26 Begr. RegE UmRUG, BT-Drs. 20/3822, 99.
27 Begr. RegE UmRUG, BT-Drs. 20/3822, 99.
28 Begr. RegE UmRUG, BT-Drs. 20/3822, 99.
29 *Heckschen/Knaier* GmbHR 2023, 317 (319); *Harig/Harder* NZG 2022, 1435 (1437).
30 Begr. RegE UmRUG, BT-Drs. 20/3822, 99.
31 Begr. RegE UmRUG, BT-Drs. 20/3822, 99.
32 Begr. RegE UmRUG, BT-Drs. 20/3822, 99.

Rechtsform, Sitz und Sitzstaat. Damit wird eine ggf. erforderliche eindeutige Identifizierbarkeit erreicht und auch hinreichend der Vorgabe der Mitteilung des geografischen Standorts Genüge getan. Sind keine Tochtergesellschaften vorhanden, erschöpft sich die Mitteilung in einer entsprechenden Negativerklärung.

20 Schließlich ist gem. § 329 S. 1 iVm § 315 Abs. 4 **Nr. 3** vom Vertretungsorgan der sich spaltenden Gesellschaft das Bestehen etwaiger Verbindlichkeiten **gegenüber der öffentlichen Hand** mitzuteilen. Dadurch soll durch das zuständige Registergericht im Hinblick auf § 329 S. 1 iVm § 316 Abs. 3 S. 1 evaluiert werden können, ob mit der grenzüberschreitenden Spaltung nicht ein missbräuchliches oder betrügerisches Entgehen der Begleichung von Verbindlichkeiten gegenüber der öffentlichen Hand intendiert sein könnte. Verbindlichkeiten gegenüber der öffentlichen Hand sind in diesem Zusammenhang in erster Linie Steuerschulden, zurückzugewährende Beihilfen und Subventionen sowie Verbindlichkeiten gegenüber Sozialkassen. Umfasst sind aber auch „nichtmonetäre Pflichten" der Gesellschaft gegenüber der öffentlichen Hand (Art. 160m Abs. 1 S. 2 RL (EU) 2017/1132). Bestehen Zweifel an der Richtigkeit und/oder Vollständigkeit der diesbezüglichen Mitteilung, kann das Registergericht weitere Informationen und Unterlagen von den öffentlichen Stellen verlangen (§ 329 S. 1 iVm § 317 S. 1 Nr. 2 Var. 1). Sind keine einschlägigen Verbindlichkeiten gegenüber der öffentlichen Hand vorhanden, erschöpft sich die Mitteilung in einer entsprechenden Negativerklärung.

III. Registergerichtliche Prüfung der Anmeldung

21 Die registergerichtliche Prüfung gem. § 329 S. 1 iVm § 316 Abs. 1 S. 1 folgt der Anmeldung zur Eintragung der Herausspaltung ins Handelsregister gem. § 329 S. 1 iVm § 315 Abs. 1, 2. Dabei besteht eine entsprechende Prüfungspflicht des Registergerichts als zuständige staatliche „Behörde".

1. Prüfungsgegenstand

22 Gemäß § 329 S. 1 iVm § 316 Abs. 1 S. 1 ist Gegenstand der registergerichtlichen Prüfung die ordnungsgemäße Einhaltung der **„Voraussetzungen für die grenzüberschreitende Spaltung"**. Zu prüfen ist daher, ob **sämtliche** gesetzlichen Eintragungsvoraussetzungen vorliegen.[33] Dies umfasst auch die Einhaltung der Fristen gem. § 329 S. 1 iVm § 316 Abs. 2 (→ Rn. 36 ff.), da vorher eine Eintragung der Herausspaltung nicht erfolgen darf.

23 Grundsätzlich erfolgt die Prüfung sowohl in formeller als auch in materieller Hinsicht. Der **formelle** Prüfungsumfang umfasst insbesondere die Kontrolle, ob alle erforderlichen Unterlagen und Dokumente als Anlage zur Anmeldung gem. § 329 S. 1 iVm § 315 Abs. 2 eingereicht worden sind und diese den jeweils einschlägigen formellen Anforderungen entsprechen. In **materieller Hinsicht** erfolgt die Prüfung der Rechtmäßigkeit insbesondere (jedoch nicht nur) durch die inhaltliche Kontrolle des Spaltungsplans und -berichts sowie, ob die Versicherungen und Mitteilungen nach § 329 S. 1 iVm § 315 Abs. 3, 4 ordnungsgemäß abgegeben wurden.[34] Das Registergericht hat zu kontrollieren, ob jeweils die gesetzlichen Vorgaben zu deren inhaltlicher Ausgestaltung eingehalten wurden.

24 Soweit es für die (formelle und/oder) materielle Prüfung durch das Registergericht erforderlich erscheint, kann dieses gem. § 329 S. 1 iVm § 317 **weitergehende Informatio-**

---

33 Begr. RegE UmRUG, BT-Drs. 20/3822, 100.
34 Vgl. auch *Bungert* FS Krieger, 2020, 109 (120); *Recktenwald* BB 2023, 707 (709).

nen und Unterlagen vor allem von der sich spaltenden Gesellschaft, von öffentlichen Stellen oder unabhängigen Sachverständigen verlangen (→ Rn. 43).

2. Missbrauchskontrolle

§ 329 S. 1 iVm § 316 Abs. 3 S. 1 sieht eine Erweiterung der Prüfungspflicht und damit des Prüfungsumfangs in dem Fall vor, wo dem befassten Registergericht Anhaltspunkte vorliegen, dass die beabsichtigte grenzüberschreitende Spaltung „zu missbräuchlichen oder betrügerischen Zwecken" genutzt werden soll, um sich dem anwendbaren Recht zu entziehen, dieses zu umgehen oder kriminelle Zwecke vorzunehmen. Es wird also eine **gesetzliche Missbrauchskontrolle** vorgeschrieben. Dies ist auch europarechtlich zwingend vorgegeben (s. Art. 160m Abs. 8, 9 RL (EU) 2917/1132). Hintergrund dieser bisher im Umwandlungsrecht unbekannten Missbrauchsprüfung ist der damit verbundene Schutz der von der grenzüberschreitenden Spaltung betroffenen Stakeholder. So sollen vor allem Arbeitnehmer, Betriebsrentner und Anwartschaftsberechtigte vor einem Rechtsverlust im Zuge der Umwandlungsmaßnahme geschützt werden.[35] Fällt die Missbrauchskontrolle positiv aus, hat das Registergericht den Antrag auf **Eintragung** der Herausspaltung **abzulehnen** und darf keine Spaltungsbescheinigung ausstellen (§ 329 S. 1 iVm § 316 Abs. 3 S. 2).[36] Die entsprechende Missbrauchsprüfung wird in diesem in § 329 S. 1 iVm § 316 Abs. 3 bestimmten Umfang weitgehend kritisiert.[37] Aufgrund europäischer Vorgaben ist sie zwingend, obgleich dem befassten Registergericht eine nicht unerhebliche Entscheidungsfreiheit zusteht, zum einen, ob erforderliche Anhaltspunkte vorliegen und zum anderen, ob darauf basierend tatsächlich eine Missbrauchsabsicht unterstellt wird.[38] Gleichwohl muss das Registergericht grundsätzlich Hinweisen auf Missbrauch nachgehen.[39] Ein besonderes Beschwerderecht einzelner Interessengruppen besteht im Rahmen des Amtsermittlungsgrundsatzes hingegen nicht.[40]

Voraussetzung der gerichtlichen Missbrauchsprüfung gem. § 329 S. 1 iVm § 316 Abs. 3 ist stets das Vorliegen von entsprechenden „**Anhaltspunkten**".[41] Nur wenn Anhaltspunkte für das Vorliegen missbräuchlicher Zwecke vorliegen, sind weitere Sachverhaltsermittlungen anzustellen.[42] Liegen dem Registergericht keine Anhaltspunkte vor, dass die übertragende Gesellschaft mit der grenzüberschreitenden Spaltung missbräuchliche Zwecke verfolgt, bedarf es keiner weiteren Sachverhaltsermittlungen.[43] Anhaltspunkte für und gegen das Vorliegen missbräuchlicher Zwecke können sich zunächst aus den mit der Anmeldung übermittelten Dokumenten und Unterlagen inkl. der übermittelten Versicherungen und Mitteilungen ergeben.[44] Darüber hinaus können entsprechende Anhaltspunkte auch aus Hinweisen folgen, die nicht unmittelbar am Verfahren beteiligte Dritte (zB Gewerkschaften) dem Registergericht übermitteln.[45]

---

35 *Schollmeyer* NJW-Spezial 2023, 207; vgl. auch Begr. RegE UmRUG, BT-Drs. 20/3822, 103; *Baschnagel/Hilser/Wagner* RdA 2023, 103 (109).
36 *Teichmann* ZGR 2022, 376 (387); *Kraft* BB 2019, 1864 (1867); *Foerster* in Unternehmensmobilität im EU-Binnenmarkt, 2023, S. 135, 149; *Bungert/Reidt* DB 2023, 54 (56).
37 So *Noack* MDR 2023, 465 (470) („gravierendes Umwandlungshindernis"); *Bungert/Reidt* DB 2023, 54 (56) („nicht praxistauglich"); *Thomale/Schmid* NotBZ 2023, 125 (133) („Rechtsunsicherheit").
38 In diesem Sinn wohl auch *Heckschen/Knaier* GmbHR 2023, 317 (322).
39 Beschlussempfehlung Rechtsausschuss, BT-Drs. 20/5237, 89.
40 *Heckschen/Knaier* GmbHR 2023, 317 (322).
41 Im vorangegangenen Referentenentwurf zum UmRUG war das Erfordernis des Vorliegens von (konkreten) Anhaltspunkten noch nicht enthalten.
42 Begr. RegE UmRUG, BT-Drs. 20/3822, 102.
43 Begr. RegE UmRUG, BT-Drs. 20/3822, 103; vgl. auch *Heckschen/Knaier* GmbHR 2023, 317 (322).
44 Begr. RegE UmRUG, BT-Drs. 20/3822, 103.
45 Begr. RegE UmRUG, BT-Drs. 20/3822, 103.

27 § 329 S. 1 iVm § 316 Abs. 3 S. 4 zählt **beispielhafte Anhaltspunkte** auf, bei deren Vorliegen eine Missbrauchsprüfung durchzuführen ist. Die Aufzählung (**Nr. 1–3**)[46] ist dabei nicht abschließend,[47] soll dem Missbrauchstatbestand aber schärfere Konturen geben.[48] Wichtig ist zudem festzuhalten, dass es sich bei den aufgezählten Tatbeständen nur um Anhaltspunkte als solche handelt; nicht hingegen begründet deren Vorliegen ein die Eintragung zu versagendes missbräuchliches Handeln oder auch nur ein Indiz dafür. Selbst wenn einer dieser Tatbestände daher objektiv einschlägig sein sollte, führt dies lediglich zur nachgelagerten Missbrauchsprüfung, wo dann eine konkret-individuelle Missbrauchsabsicht zu überprüfen ist.

28 Gemäß § 329 S. 1 iVm § 316 Abs. 3 S. 4 **Nr. 1** liegt ein Anhaltspunkt für ein missbräuchliches oder betrügerisches Verhalten vor, wenn das durchzuführende **Mitbestimmungs-Verhandlungsverfahren** erst auf Aufforderung des Registergerichts **eingeleitet** worden ist. Voraussetzung ist dabei, dass ein solches Verfahren tatsächlich durchgeführt bzw. initiiert werden muss, was sich in erster Linie aus der Regelung des § 5 MgFSG ergibt. Bezugspunkt der Feststellung ist dabei die Geschäftsleiterversicherung gem. § 329 S. 1 iVm § 315 Abs. 3 S. 1 Nr. 3, insbesondere in Verbindung mit der Information nach § 329 S. 1 iVm § 315 Abs. 4 Nr. 1. Gemäß § 329 S. 1 iVm § 316 Abs. 3 S. 4 **Nr. 2** liegt ein Anhaltspunkt für ein missbräuchliches oder betrügerisches Verhalten zudem dann vor, wenn (1) die **Zahl der Arbeitnehmer** mindestens 400 beträgt, (2) im Zuzugsstaat **keine Wertschöpfung** erbracht wird und (3) der **Verwaltungssitz** der Gesellschaft im Zuge der grenzüberschreitenden Spaltung in Deutschland verbleiben soll. Dem Wortlaut nach müssen alle drei Aspekte kumulativ vorliegen, damit der Anhaltspunkt für einen Missbrauch einschlägig ist. Umgekehrt bedeutet dies, dass § 329 S. 1 iVm § 316 Abs. 3 S. 4 Nr. 2 nicht einschlägig ist, wenn zB bereits vor der Umwandlungsmaßnahme eine **wirtschaftliche Tätigkeit** im geplanten Zuzugsstaates erfolgt.[49] Schließlich liegt gem. § 329 S. 1 iVm § 316 Abs. 3 S. 4 **Nr. 3** ein Anhaltspunkt für ein missbräuchliches oder betrügerisches Verhalten vor, wenn die Gesellschaft im Zuge der grenzüberschreitenden Spaltung (1) Schuldnerin von **Betriebsrenten oder -anwartschaften** ist und (2) kein anderweitiges operatives Geschäft besitzt. Auch hier müssen beide Aspekte kumulativ vorliegen, dh es müssen überhaupt Betriebsrenten oder -anwartschaften bestehen und die Gesellschaft darf kein anderweitiges operatives Geschäft führen. Dies dürfte in der Praxis eher selten der Fall sein.[50]

29 Liegen aus Sicht des Registergerichts konkrete Anhaltspunkte für eine Ausnutzung der grenzüberschreitenden Spaltung zu missbräuchlichen oder betrügerischen Zwecken vor, hat es von Amts wegen eine individuelle **Missbrauchsprüfung** vorzunehmen.[51] Dafür wird es grundsätzlich weitere Erkundungen bezüglich des Vorliegens eines konkreten Missbrauchsfalls anstellen müssen.[52] Ob die Spaltung zu missbräuchlichen Zwecken vorgenommen werden soll, hat das befasste Registergericht auf Grundlage einer Betrachtung des Einzelfalls zu beurteilen.[53] Es bedarf daher einer umfassenden Gesamt-

---

46 Kritisch zu diesen *Löbbe* ZHR 187 (2023), 498 (540); *J. Schmidt* NJW 2023, 1241 (1243); *Heckschen/Knaier* GmbHR 2023, 317 (322).
47 *Heckschen/Knaier* GmbHR 2023, 317 (322); *Heckschen/Knaier* GmbHR 2022, R376, R377; *Bungert/Reidt* DB 2023, 54 (56); *Löbbe* ZHR 187 (2023), 498 (536).
48 Beschlussempfehlung Rechtsausschuss, BT-Drs. 20/5237, 89; *J. Schmidt* NJW 2023, 1241 (1243).
49 Begr. RegE UmRUG, BT-Drs. 20/3822, 103; vgl. auch *Bungert* FS Krieger, 2020, 109 (123).
50 *Bungert/Reidt* DB 2023, 54 (56); *Bungert* NZG 2022, 1657.
51 *Brandi/Schmidt* AG 2023, 297 (308).
52 *Teichmann* ZGR 2022, 376 (387).
53 Begr. RegE UmRUG, BT-Drs. 20/3822, 102; *J. Schmidt* NJW 2023, 1241 (1243); *J. Schmidt* NZG 2022, 635 (640); *Bungert/Reidt* DB 2022, 1369 (1379); *Luy/Redler* notar 2022, 163 (168); *Thomale/Schmid* NotBZ 2023, 125 (134).

betrachtung unter Berücksichtigung aller relevanten Tatsachen.[54] Ausgangspunkt der Missbrauchsprüfung ist ein zunächst formal rechtmäßiges Verhalten, das in seiner Intention jedoch der gesetzlichen Zielrichtung widerspricht.[55] Neben der objektiv feststellbaren Normvermeidung erfordert der **Missbrauchstatbestand** daher ein subjektives Element, das in der zu missbilligenden Zwecksetzung der Spaltung liegt.[56] Wann eine entsprechend geplante Maßnahme missbräuchlich ist, beurteilt sich unter Zugrundelegung eines autonom-europäischen Missbrauchsbegriff.[57] Ein solcher unionsrechtlicher Missbrauchsbegriff konkretisiert sich dabei vor allem durch die einschlägige Rechtsprechung des EuGH.[58] Das **Vorliegen eines Missbrauchs** bzw. missbräuchlicher Zwecke dürfte daher regelmäßig voraussetzen, dass formal die Verfahrensvorschriften des deutschen Rechts eingehalten werden, der Vollzug der grenzüberschreitenden Spaltung aber zu einem Ergebnis führt, das dem Ziel der Vorschriften nicht entspricht oder zuwiderläuft, sowie dass aus diesen tatsächlichen Umständen ersichtlich ist, dass sich die übertragende Gesellschaft durch Anwendung der Verfahrensvorschriften einen willkürlichen oder ungerechtfertigten Vorteil verschaffen möchte.[59] Daraus lässt sich im Ergebnis auch entnehmen, dass der Missbrauchstatbestand im Zweifel **eng auszulegen** ist.[60] Die auf dem Missbrauchseinwand basierende Versagung der Eintragung der Herausspaltung kann insofern immer nur das letzte zur Verfügung stehende Mittel sein.[61]

Im Hinblick auf die **Gläubiger** der sich spaltenden Gesellschaft kann Indiz für das Vorliegen missbräuchlicher Zwecke insbesondere sein, dass die Versicherung über das Nichtvorliegen von Insolvenzgründen gemäß § 329 S. 1 iVm § 315 Abs. 3 S. 1 Nr. 4 (→ Rn. 15) nicht abgegeben werden kann.[62] Kann in diesem Fall die Gefahr der Gläubigerbenachteiligung nicht dadurch entkräftet werden, dass das Insolvenzverfahren bereits beantragt oder eröffnet wurde und dem Registergericht die Sanierungsperspektive ausreichend nachgewiesen wird, besteht diesbezüglich idR ein Anfangsverdacht für missbräuchliche Zwecke.[63] Missbräuchliche, gläubigerbenachteiligende Zwecke liegen ebenfalls nahe, wenn die Anmeldung der Herausspaltung im Rahmen einer Insolvenzverschleppung erfolgt, weil trotz Insolvenzreife noch kein Antrag auf Eröffnung eines Insolvenzverfahrens gestellt wurde.[64] Ist hingegen das Insolvenzverfahren eröffnet, bieten die Verantwortlichkeit des Insolvenzverwalters gegenüber den Gläubigern und die Aufsicht durch das Insolvenzgericht eine gewisse Gewähr für ein den Gläubigerbelangen gerecht werdendes Vorgehen.[65] Liegt eine drohende Zahlungsunfähigkeit vor, ist im Rahmen der Prüfung eines missbräuchlichen Zwecks ferner zu berücksichtigen, dass bereits eine Gefährdung der Gläubigerinteressen angenommen wird.[66]

In Bezug auf die **öffentliche Hand** als von der grenzüberschreitenden Spaltung potenziell Betroffene kann ungeachtet der wirtschaftlichen Situation der Gesellschaft auch die ausstehende Befriedigung fälliger Verbindlichkeiten gegenüber dieser einen

---

54 Begr. RegE UmRUG, BT-Drs. 20/3822, 102.
55 Teichmann ZGR 2022, 376 (414).
56 Teichmann ZGR 2022, 376 (414); Thomale/Schmid NotBZ 2023, 125 (134).
57 Thomale/Schmid NotBZ 2023, 125 (133); Luy/Redler notar 2022, 163 (168); Bungert/Reidt DB 2023, 54 (56).
58 Begr. RegE UmRUG, BT-Drs. 20/3822, 102; dazu ferner Schön FS Krieger, 2020, 879 (883 ff.).
59 Begr. RegE UmRUG, BT-Drs. 20/3822, 102 mit Verweis auf die einschlägige EuGH-Rechtsprechung; im Ergebnis auch Teichmann ZGR 2022, 376 (414).
60 J. Schmidt NJW 2023, 1241 (1243); J. Schmidt NZG 2022, 579 (581); Noack MDR 2023, 465 (470); Thomale/Schmid NotBZ 2023, 125 (134); Bungert FS Krieger, 2020, 109 (122); Löbbe ZHR 187 (2023), 498 (538).
61 Schön FS Krieger, 2020, 879 (910).
62 Begr. RegE UmRUG, BT-Drs. 20/3822, 103.
63 Begr. RegE UmRUG, BT-Drs. 20/3822, 103.
64 Begr. RegE UmRUG, BT-Drs. 20/3822, 103.
65 Begr. RegE UmRUG, BT-Drs. 20/3822, 103.
66 Begr. RegE UmRUG, BT-Drs. 20/3822, 103.

Verdacht für einen missbräuchlichen Zweck auslösen.[67] Indiz für das Vorliegen missbräuchlicher Zwecke kann in diesem Zusammenhang wiederum die unrichtige Abgabe einer Versicherung gemäß § 329 S. 1 iVm § 315 Abs. 3 S. 1 oder können unrichtige Angaben gemäß § 329 S. 1 iVm § 315 Abs. 3 S. 2, Abs. 4 sein.[68] Gelangt die Unrichtigkeit dem Registergericht zur Kenntnis, ist jedoch stets eine weitere Aufklärung des Sachverhalts erforderlich.[69]

3. Prüfungszeitraum

32 Gemäß § 329 S. 1 iVm § 316 Abs. 1 S. 1 hat das zuständige Registergericht die Voraussetzungen für die grenzüberschreitende Spaltung **innerhalb von drei Monaten** nach der Anmeldung durch die Gesellschaft zu prüfen. Der Prüfungszeitraum beginnt dabei, sobald dem Registergericht eine **vollständige Anmeldung** einschließlich der zu übermittelnden Erklärungen, Versicherungen, Mitteilungen und beizufügenden Anlagen übermittelt wurde.[70] Liegt eine vollständige Anmeldung nicht vor, beginnt die Dreimonatsfrist nicht zu laufen und das Registergericht kann weitere Informationen und Unterlagen (gem. § 329 S. 1 iVm § 317 S. 1 Nr. 1) fordern und ggf. Zwischenverfügungen erlassen. Der Prüfungszeitraum erstreckt sich **nicht** auf das **Rechtsmittelverfahren**.[71] Wird daher ein Gläubigerantrag auf Sicherheitsleistung gem. § 328 iVm § 314 beim zuständigen Zivilgericht gestellt, wird der dreimonatige Prüfungszeitraum **unterbrochen**, bis der Gläubigerantrag ganz oder teilweise rechtskräftig abgelehnt oder, sofern dem Antrag ganz oder teilweise stattgegeben wird, der Nachweis über die Leistung der Sicherheit gemäß § 329 S. 1 iVm § 316 Abs. 2 S. 3 erbracht ist.[72]

33 Die dreimonatige Prüfungsfrist des § 329 S. 1 iVm § 316 Abs. 1 S. 1 ist nicht absolut. Vielmehr kann es unter bestimmten Bedingungen zu einer Verlängerung des entsprechenden Zeitraums kommen. Gemäß § 329 S. 1 iVm § 316 Abs. 3 S. 3 kann die Prüfungsfrist um höchstens **drei Monate verlängert** werden, wenn es im Rahmen der erforderlichen **Missbrauchsprüfung** der Berücksichtigung zusätzlicher Informationen bedarf oder zusätzliche Ermittlungen seitens des Registergerichts erforderlich erscheinen. Die Beurteilung der Erforderlichkeit obliegt dabei dem mit der Sache befassten Registerrichter des zuständigen Registergerichts. In entsprechender Anwendung von § 329 S. 1 iVm § 316 Abs. 4 ist der sich spaltenden Gesellschaft diese Fristverlängerung mitzuteilen. Einer detaillierten Begründung hierfür bedarf es nicht, ausreichend ist ein Hinweis auf § 329 S. 1 iVm § 316 Abs. 3 S. 3. Auch diese verlängerte Prüfungsfrist kann jedoch, ebenso wie die Regelfrist des § 329 S. 1 iVm § 316 Abs. 1 S. 1, gem. § 329 S. 1 iVm § 316 Abs. 4 „wegen der **Komplexität des Verfahrens**" hinausgeschoben werden. Die Verlängerung des Prüfungszeitraums kann dabei allein mit den Verfahrensbesonderheiten des Einzelfalls begründet werden.[73] Die generelle Komplexität einer grenzüberschreitenden Spaltung oder die personelle Ausstattung des befassten Gerichts können eine Fristverlängerung nicht begründen.[74] Insofern handelt es sich bei der Fristverlängerungsmöglichkeit des § 329 S. 1 iVm § 316 Abs. 4 um eine grundsätzlich eng auszulegende Ausnahmebestimmung („ausnahmsweise"). Wurde jedoch eine entsprechende Verfahrenskomplexität im Einzelfall festgestellt, hat das Registergericht die übertragende Gesellschaft (bzw. idR

---

67 Begr. RegE UmRUG, BT-Drs. 20/3822, 103.
68 Begr. RegE UmRUG, BT-Drs. 20/3822, 103.
69 Begr. RegE UmRUG, BT-Drs. 20/3822, 103.
70 Begr. RegE UmRUG, BT-Drs. 20/3822, 100.
71 Begr. RegE UmRUG, BT-Drs. 20/3822, 100.
72 Begr. RegE UmRUG, BT-Drs. 20/3822, 100.
73 Begr. RegE UmRUG, BT-Drs. 20/3822, 104.
74 Begr. RegE UmRUG, BT-Drs. 20/3822, 104.

den bevollmächtigten Notar) vor Ende des eigentlichen (verlängerten) Prüfungszeitraums über das Bestehen und die Gründe für die Verzögerung zu unterrichten.

IV. Eintragungsvoraussetzungen

Fällt die registergerichtliche Prüfung der angemeldeten Herausspaltung positiv aus, hat das zuständige Registergericht unter Beachtung des § 330 Abs. 1 S. 2 die entsprechende **Handelsregistereintragung vorzumerken** und die Spaltungsbescheinigung (→ Rn. 40 ff.) auszustellen. Diesbezüglich sind jedoch zwingend auch die zeitlichen Vorgaben des § 329 S. 1 iVm § 316 Abs. 2 zu beachten (→ Rn. 36 ff.). Fällt die Prüfung negativ aus, ist der Gesellschaft die ablehnende Entscheidung bekanntzugeben.[75] **Verfahrensbestimmungen über die Ablehnung** ergeben sich dabei vordergründig aus dem FamFG.[76] Die Entscheidung, mit der das Registergericht die Eintragung endgültig ablehnt, ergeht durch Beschluss, der zu begründen und bekanntzugeben ist (§ 382 Abs. 3 FamFG iVm § 38 Abs. 3 S. 1 FamFG).[77] Handelt es sich um behebbare Eintragungshindernisse, hat das Registergericht der Gesellschaft zunächst eine angemessene Frist zur Beseitigung dieses Hindernisses zu setzen (§ 382 Abs. 4 FamFG).[78]

1. Inhalt der Eintragung

Der Inhalt der Handelsregistereintragung der Herausspaltung ergibt sich in erster Linie aus § 329 S. 2. Die Eintragung ist daher mit dem Vermerk zu versehen, dass die grenzüberschreitende Spaltung erst mit der Eintragung gem. § 330 wirksam wird. Ist dies geschehen und ist damit die grenzüberschreitende Spaltung wirksam geworden, hat das deutsche Registergericht den mitgeteilten **Tag des Wirksamwerdens** zu vermerken (§ 329 S. 1 iVm § 316 Abs. 5).

2. Eintragungszeitpunkt

Gemäß § 329 S. 1 iVm § 316 Abs. 2 S. 1 darf die Eintragung der grenzüberschreitenden Spaltung durch das Registergericht erst dann erfolgen, wenn sowohl die Frist des § 328 S. 1 iVm § 313 Abs. 3 S. 1 als auch die Frist des § 328 iVm § 314 Abs. 3 S. 1 abgelaufen ist (sog. **Registersperre**).[79] Nach § 328 S. 1 iVm § 313 Abs. 3 S. 1 kann das Barabfindungsangebot von den Anteilsinhabern bis spätestens **zwei Monate nach** dem Tag der beschließenden Anteilsinhaberversammlung angenommen werden. Nach § 328 iVm § 314 Abs. 3 muss die gläubigerseitige Geltendmachung eines Anspruchs auf Sicherheitsleistung innerhalb von **drei Monaten ab** Bekanntmachung des Spaltungsplans erfolgen.

Die Vorgabe, dass das Registergericht die Herausspaltung erst eintragen darf, wenn die Zweimonatsfrist zur Annahme eines **Barabfindungsangebots** nach § 313 Abs. 3 S. 1 abgelaufen ist, soll verhindern, dass die grenzüberschreitende Spaltung wirksam wird, bevor sämtliche Anteilsinhaber ihre Entscheidung über die Annahme des Barabfindungsangebots getroffen haben.[80] Die soll wiederum der Rechtssicherheit dienen.[81] Für die Annahmefrist gilt nach § 329 S. 1 iVm § 316 Abs. 2 S. 2 jedoch eine **Ausnahme**, wenn **sämtliche** Anteilsinhaber dem Spaltungsbeschluss zugestimmt haben. In diesem Fall

---

[75] Begr. RegE UmRUG, BT-Drs. 20/3822, 100.
[76] Begr. RegE UmRUG, BT-Drs. 20/3822, 101.
[77] Begr. RegE UmRUG, BT-Drs. 20/3822, 101.
[78] Begr. RegE UmRUG, BT-Drs. 20/3822, 101.
[79] *Heckschen/Knaier* ZIP 2022, 2205 (2209); *Baschnagel/Hilser* NZG 2022, 1333 (1337); *Heckschen* in Unternehmensmobilität im EU-Binnenmarkt, 2023, § 101 (122).
[80] Begr. RegE UmRUG, BT-Drs. 20/3822, 10..
[81] Begr. RegE UmRUG, BT-Drs. 20/3822, 10..

gibt es keinen Anteilsinhaber, der nach § 313 Abs. 1 S. 1 Widerspruch zur Niederschrift erklären kann und damit zur Annahme des Barabfindungsangebots berechtigt wäre. Damit entfällt die Notwendigkeit, mit der Eintragung bis zum Ablauf der Annahmefrist nach § 313 Abs. 3 S. 1 zu warten.[82]

38 Im Hinblick auf die gem. § 314 Abs. 3 fristgerechte gerichtliche Geltendmachung eines Sicherheitsverlangens durch Gläubiger der sich spaltenden Gesellschaft darf die Eintragung zudem gem. § 329 S. 1 iVm § 316 Abs. 2 S. 3 **nicht vorgenommen werden**, bevor (1) der entsprechende Antrag vom zuständigen (Zivil-)Gericht rechtskräftig abgelehnt ist oder (2) die in der Gerichtsentscheidung festgelegte Sicherheit von der Gesellschaft an den Gläubiger geleistet wurde oder (3) die den Antrag teilweise ablehnende Entscheidung rechtskräftig ist und die in der Entscheidung festgelegte Sicherheit geleistet wurde. Dadurch soll die Durchsetzung des Gläubigeranspruchs auf Sicherheitsleistung gewährleistet werden, indem sichergestellt wird, dass keine Spaltungsbescheinigung ausgestellt wird, solange noch etwaige Sicherheitsleistungsansprüche bestehen und durchgesetzt werden könnten.[83] Hat das für den Gläubigerantrag zuständige (Zivil-)Gericht diesem ganz oder teilweise stattgegeben, hat die übertragende Gesellschaft gem. § 329 S. 1 iVm § 316 Abs. 2 S. 4 dem Registergericht die Leistung der Sicherheit **in geeigneter Form nachzuweisen**. Hält das Registergericht dies für erforderlich, kann es gem. § 329 S. 1 iVm § 316 Abs. 2 S. 5 die Abgabe einer strafbewehrten Versicherung mit dem Inhalt verlangen, dass die in der Entscheidung festgelegte Sicherheit geleistet wurde. In der Regel kann und wird der Nachweis der Sicherheitsleistung durch einen entsprechenden Überweisungsbeleg bzw. Kontoauszug (bei Barzahlungen) erfolgen; bei Sicherungsübereignungen zB durch entsprechende Übertragungsurkunden inkl. Erhaltungsnachweis des Gläubigers. Teilweise wird befürchtet, dass die temporäre Registersperre des § 329 S. 1 iVm § 316 Abs. 2 ein Einfallstor für „räuberische" Gläubiger sein könnte, um die grenzüberschreitende Spaltung aus egoistischen Gründen zu blockieren.[84] Bedenkt man jedoch, dass die Anforderungen und Voraussetzungen für eine gerichtliche Geltendmachung von Gläubigersicherheiten durchaus hoch sind, wird ein diesbezügliches Szenario in der Praxis eher die Ausnahme darstellen.

39 Zur „**gestaffelten**" Eintragung einer grenzüberschreitenden Spaltung → § 330 Rn. 2. Zur **Wirkung** der Eintragung einer grenzüberschreitenden Spaltung → § 330 Rn. 6 f. sowie → § 331 Rn. 18.

V. Spaltungsbescheinigung

40 Ist die Eintragung der Herausspaltung erfolgt, hat das Registergericht gem. § 329 S. 3 **von Amts wegen** eine Spaltungsbescheinigung auszustellen. Die übertragende Gesellschaft hat einen durchsetzbaren Anspruch auf die Ausstellung der Bescheinigung. Zuständig für deren Erteilung ist gem. § 29 HRV der Urkundsbeamte der Geschäftsstelle.[85] Auf diese Weise wird gewährleistet, dass das Registergericht des Zuzugsstaates die wirksamkeitsbegründende Eintragung auf Grundlage einer formal und inhaltlich eindeutigen Bescheinigung vornehmen kann.[86] Sie wird gem. § 9 Abs. 1 HRV in den

---

82 Begr. RegE UmRUG, BT-Drs. 20/3822, 101 f.
83 Begr. RegE UmRUG, BT-Drs. 20/3822, 102.
84 So *Bungert/Strothotte* BB 2022, 1411 (1416); *Deutscher Notarverein*, Stellungnahme v. 17.5.2022, S. 3.; *J. Schmidt* FS Heidinger, 2023, 469 (476); *Recktenwald* BB 2023, 707 (711); zur grenzüberschreitenden Verschmelzung auch *Herzog/Gebhard* AG 2023, 310 (316).
85 Begr. RegE UmRUG, BT-Drs. 20/3822, 101.
86 Begr. RegE UmRUG, BT-Drs. 20/3822, 101.

Registerordner der Gesellschaft aufgenommen und ist damit auch für jedermann zum Abruf zugänglich.[87] Die Spaltungsbescheinigung ist vom ausstellenden Registergericht über das Europäische System der Registervernetzung (**BRIS**) der für die Eintragung des ausländischen Zielrechtsträger zuständigen Behörde des Zuzugsstaates zu übermitteln.[88] Die Übermittlung hat dabei unmittelbar an die entsprechende Behörde zu erfolgen (vgl. § 9b Abs. 2 S. 3 Nr. 4 HGB).[89] Eine (zusätzliche) Ausstellung an die übertragende Gesellschaft selbst, wie es vor dem UmRUG für die grenzüberschreitende Verschmelzung der Fall war, erfolgt nicht.

Die Spaltungsbescheinigung fungiert als **Bindeglied** zwischen den Registerbehörden der von der Spaltung betroffenen Rechtsordnungen. Sie hat dabei eine doppelte Funktion. Zum einen stellt sie den Abschluss der Rechtmäßigkeitsprüfung über den bisherigen Verfahrensablauf der Herausspaltung aus Deutschland dar. Zum anderen soll sie die Ordnungsmäßigkeit des Umwandlungsverfahrens für den Zuzugsstaat dokumentieren. Sie ist von diesem als **unwiderlegbarer Nachweis** der ordnungsgemäßen Erledigung der vorangehenden Verfahren und Formalitäten in Deutschland anzuerkennen. Es besteht daher eine Anerkennungspflicht und die entsprechenden Verfahrensschritte dürfen grundsätzlich nicht nochmals geprüft werden.[90] 41

Die Spaltungsbescheinigung hat den **Inhalt der Eintragung** wiederzugeben.[91] Etwaig anhängige Spruchverfahren sind hingegen nicht aufzunehmen.[92] Auch sonstige Negativerklärungen oder Anlagen der der Eintragung zugrunde liegenden Anmeldung sind nicht beizufügen.[93] Darüber hinausgehende Vorgaben für die inhaltliche Ausgestaltung der Spaltungsbescheinigung bestehen allerdings weder auf deutscher noch auf europäischer Ebene. Es verbleibt somit ein gewisser Gestaltungsspielraum für das verpflichtete Registergericht. Ein teilweise gefordertes „europäisches Standardformular"[94] ist (noch) nicht vorhanden, wenngleich ein solches vor allem auch im Hinblick auf etwaige Sprachbarrieren hilfreich wäre.[95] In der **Durchführungsverordnung (EU) 2021/1042** sind jedoch zahlreiche Daten aufgeführt, die verpflichtend bei der Übermittlung der Spaltungsbescheinigung über das BRIS enthalten zu sein haben. Dies sind ua verschiedene Unternehmensinformationen der beteiligten Rechtsträger, das zuständige deutsche Registergericht sowie der Ausstellungszeitpunkt. Sofern ein zukünftiger, wie von der Europäischen Kommission in ihrem aktuellen Richtlinienvorschlag (COM(2023) 177 final) vorgesehener, Art. 16b Abs. 8 RL (EU) 2017/1132, der ein EU-einheitliches „Muster für die EU-Gesellschaftsbescheinigung" vorsieht, verabschiedet wird, wäre es nur denklogisch, ebenfalls ein Standardformular für die Spaltungsbescheinigung herauszugeben. 42

VI. Informationsverlangen des Registergerichts

1. Informationsanspruch

Gemäß § 329 S. 1 iVm § 317 S. 1 kann das Registergericht von einzelnen Stellen bzw. Personen verschiedene Informationen verlangen, „soweit dies für die Prüfung gemäß § 316 erforderlich ist". Berechtigt ist das für die Erteilung der Spaltungsbescheinigung 43

---

87 Begr. RegE UmRUG, BT-Drs. 20/3822, 101.
88 Begr. RegE UmRUG, BT-Drs. 20/3822, 101.
89 Begr. RegE UmRUG, BT-Drs. 20/3822, 104; *J. Schmidt* NJW 2023, 1241 (1243); *Luy/Redler* notar 2022, 163 (169).
90 *Thomale/Schmid* NotBZ 2023, 125 (131); *Brandi/Schmidt* AG 2023, 297 (308).
91 Begr. RegE UmRUG, BT-Drs. 20/3822, 101.
92 *Thomale/Schmid* NotBZ 2023, 125 (132).
93 *Thomale/Schmid* NotBZ 2023, 125 (131).
94 *J. Schmidt* NZG 2022, 635 (640).
95 *Thomale/Schmid* NotBZ 2023, 125 (135); wohl auch *Brandi/Schmidt* AG 2023, 297 (308).

zuständige Registergericht.[96] Es kann Informationen und Unterlagen nur verlangen, soweit diese für die Prüfung der Eintragungsvoraussetzungen im konkreten Fall erforderlich sind.[97] Weitere Beschränkungen können insbesondere dann bestehen, wenn der Übermittlung von Informationen und Unterlagen höherrangige Interessen entgegenstehen.[98] Das Informationsverlangen des Registergerichts bezieht sich im Rahmen der Prüfung **vor allem** (jedoch nicht zwingend nur) auf Tatsachen und Umstände, die für die **Missbrauchsprüfung** gem. § 329 S. 1 iVm § 316 Abs. 3 erforderlich sind.[99] Eine Pflicht diesbezügliche oder auch generell ergänzende Informationen zu verlangen, wird durch § 329 S. 1 iVm § 317 S. 1 jedoch nicht begründet.[100] Es besteht daher ein Beurteilungsspielraum des Registergerichts.

2. Inhalt des Informationsverlangens

44 Soweit es für die Prüfung der Eintragungsvoraussetzung erforderlich ist, kann das zuständige Registergericht zunächst von der sich spaltenden Gesellschaft zusätzliche Informationen und Unterlagen verlangen (§ 329 S. 1 iVm § 317 S. 1 **Nr. 1**). Die betreffende **Gesellschaft** ist dann **verpflichtet**, diese nachzureichen bzw. zu übermitteln.[101] Die Modalitäten des registergerichtlichen Verlangens ergeben sich dabei aus den Bestimmungen des FamFG.

45 Gemäß § 329 S. 1 iVm § 317 S. 2 **Nr. 2** kann ein Informationsverlangen zusätzlich an **öffentliche inländische** und **EU/EWR-ausländische Stellen** gerichtet werden. In Bezug auf öffentliche EU/EWR-ausländische Stellen ist jedoch erforderlich, dass diese hinreichend zuständig sind, es sich also primär um öffentliche Stellen des Zuzugsstaates des ausländischen übernehmenden Rechtsträgers handelt. Gleichwohl handelt es sich nicht um eine abschließende Auflistung der öffentlichen Stellen, so dass auch andere Behörden und dergleichen angefragt werden können, solange dies dem Zweck der Überprüfung der Eintragungsvoraussetzungen dient.[102] Anders als bei § 329 S. 1 iVm § 317 S. 1 Nr. 1 muss das Registergericht die Informationen und Unterlagen „erbitten", dh es besteht zunächst keine unmittelbare Handlungs- und Befolgungspflicht der in- oder ausländischen öffentlichen Stelle. Allerdings ergibt sich im grenzüberschreitenden Kontext aus Art. 160m Abs. 12 S. 1 RL (EU) 2017/1132, dass die Behörden des Zuzugsstaates grundsätzlich verpflichtet sind, der Bitte des deutschen Registergerichts zu entsprechen und die angeforderten Informationen und Unterlagen bereitzustellen.[103]

46 Gemäß § 329 S. 1 iVm § 317 S. 1 **Nr. 3** kann das Registergericht ferner von einem etwaigen **besonderen Verhandlungsgremium** Informationen und Unterlagen verlangen. Ein entsprechendes Informationsrecht des Registergerichts findet sich zwar in der zugrunde liegenden Richtlinie nicht, ist aber aufgrund des diesbezüglichen Mindestcharakter dieser grundsätzlich zulässig, sofern es dem § 329 S. 1 iVm § 317 zugrunde liegenden Zweck dient. In diesem Zusammenhang kann das Registergericht den Sachverhalt durch Konsultation des besonderen Verhandlungsgremiums weiter aufklären und einschlägige Informationen und Unterlagen **nur verlangen, wenn Anhaltspunkte** bestehen, dass die grenzüberschreitende Spaltung ausschließlich vorgenommen werden soll, um sich **den**

---

[96] Begr. RegE UmRUG, BT-Drs. 20/3822, 104.
[97] Begr. RegE UmRUG, BT-Drs. 20/3822, 104.
[98] Begr. RegE UmRUG, BT-Drs. 20/3822, 104.
[99] *Wicke*, Stellungnahme zum UmRUG-Regierungsentwurf, 7.11.2022, S. 6.
[100] *Teichmann* ZGR 2022, 376 (387).
[101] Begr. RegE UmRUG, BT-Drs. 20/3822, 104.
[102] *Teichmann* ZGR 2022, 376 (387).
[103] Begr. RegE UmRUG, BT-Drs. 20/3822, 105.

Vorschriften des deutschen Rechts über die Mitbestimmung der Arbeitnehmer zu entziehen.[104] Das Informationsrecht des Registergerichts gegenüber dem besonderen Verhandlungsgremium bezieht sich dabei insbesondere auch darauf, ob aus dessen Sicht das Leitungsorgan der sich spaltenden Gesellschaft in irgendeiner Art und Weise Druck auf dieses ausgeübt hat oder das Mitbestimmungsverfahren und dessen Ergebnis unzulässigerweise zu beeinflussen versuchte.

Weiterhin kann das befasste Registergericht einen unabhängigen Sachverständigen im Rahmen seiner Prüfung der Eintragungsvoraussetzungen hinzuziehen (§ 329 S. 1 iVm § 317 S. 1 **Nr. 4**). Dieses Recht beruht auf Art. 160m Abs. 12 S. 2 RL (EU) 2017/1132. Hintergrund ist, dass das Registergericht ggf. nicht selbst über die erforderliche Sachkenntnis zur Beurteilung der Eintragungsfähigkeit in einen bestimmten Punkt verfügt und die **Kenntnisse eines Sachverständigen** erforderlich sind, um eine fundierte Entscheidung zu treffen.[105] Die Hinzuziehung eines Sachverständigen kann vor allem im Rahmen der Missbrauchsprüfung hilfreich sein, sofern die gerichtliche Prüfung eine Beurteilung von Sachverhalten erfordert, für die das Registergericht nicht über die erforderlichen Fach- oder Rechtskenntnisse verfügt.[106] Die Hinzuziehung darf lediglich der Vervollständigung der gerichtlichen Beurteilungsgrundlage dienen.[107] An Einschätzungen des Sachverständigen ist das Registergericht **nicht gebunden**.[108]

Schließlich kann gem. § 329 S. 1 iVm § 317 S. 1 **Nr. 5** das Registergericht im Rahmen der Missbrauchskontrolle des § 329 S. 1 iVm § 316 Abs. 3 eine in der sich spaltenden Gesellschaft vertretene **Gewerkschaft anhören**.[109] Dieses Informationsrecht wurde erst aufgrund einer Empfehlung des Rechtsausschusses im Nachhinein ergänzt und war im ursprünglichen Regierungsentwurf zum UmRUG noch nicht enthalten.[110] Eine etwaig vertretene Gewerkschaft hat im Fall der Durchführungspflicht eines Mitbestimmungsverhandlungsverfahrens bereits umfassende Kenntnisse über dessen Modalitäten und ist involviert. So muss zB jedes dritte Mitglied des besonderen Verhandlungsgremiums ein Gewerkschaftsmitglied sein, sofern eine Gewerkschaft in der sich spaltenden Gesellschaft vertreten ist (§ 9 Abs. 3 MgFSG) und jedes dritte Mitglied des Wahlgremiums ist in diesem Fall auf Vorschlag der Gewerkschaft zu wählen (§ 11 Abs. 1 S. 2 MgFSG). Zudem bestehen **verschiedene Informationsrechte** zugunsten von vertretenen Gewerkschaften im Rahmen des Mitbestimmungsverhandlungsverfahrens.[111]

Bezugspunkt der Gewerkschaftsanhörung ist lediglich die **Missbrauchsprüfung**. Zu allen anderen Aspekten des Umwandlungsverfahrens (insbes. darüber hinausgehende Fragen von Arbeitnehmerrechten und der arbeits- und sozialbezogenen Notwendigkeit der grenzüberschreitenden Spaltung) darf die vertretene Gewerkschaft nicht angehört werden. Auch generell steht die Anhörung einer etwaigen Gewerkschaft unter dem Vorbehalt der Erforderlichkeit.[112] Das Registergericht kann in diesem Zusammenhang nach eigenem Ermessen entscheiden, ob eine entsprechende Anhörung sachdienlich ist, was grundsätzlich nur dann der Fall sein dürfte, wenn sich die Missbrauchsprüfung gem. § 329 S. 1 iVm § 316 Abs. Abs. 3 konkret auf die Verkürzung von Mitbestimmungs-

---

104 Begr. RegE UmRUG, BT-Drs. 20/3822, 105.
105 Begr. RegE UmRUG, BT-Drs. 20/3822, 105.
106 Begr. RegE UmRUG, BT-Drs. 20/3822, 105.
107 Begr. RegE UmRUG, BT-Drs. 20/3822, 105.
108 Begr. RegE UmRUG, BT-Drs. 20/3822, 105; *Teichmann* ZGR 2022, 376 (387).
109 Sind in der Gesellschaft mehrere Gewerkschaften vertreten, können auch mehrere angehört werden.
110 Rechtsausschuss, Beschlussempfehlung v. 5.12.2022, BT-Drs. 20/4806, 37.
111 Vgl. § 6 Abs. 2 S. 1, § 14 Abs. 1 S. 3, § 21 S. 1 MgFSG.
112 *Bungert/Reidt* DB 2023, 54 (56).

rechten der Arbeitnehmer bezieht.[113] Diesbezüglich besteht daher nur eine **Anhörungsmöglichkeit**.[114] Auch ist das Registergericht nicht verpflichtet, den Auffassungen und ggf. Bedenken/Vorbehalten der angehörten Gewerkschaft zu folgen oder diese bei der Entscheidungsfindung zu berücksichtigen.

§ 330 Eintragung der grenzüberschreitenden Hinausspaltung

(1) ¹Die Anmeldung zur Eintragung gemäß § 329 in Verbindung mit § 315 gilt als Anmeldung zur Eintragung der grenzüberschreitenden Spaltung gemäß § 137 Absatz 2. ²Die grenzüberschreitende Spaltung darf in das Register des Sitzes der übertragenden Gesellschaft erst eingetragen werden, nachdem jede der neuen Gesellschaften in das für sie zuständige Register eingetragen worden ist.

(2) Das Gericht des Sitzes der übertragenden Gesellschaft hat dem Register des Sitzes jeder der neuen Gesellschaften das Wirksamwerden der grenzüberschreitenden Spaltung über das Europäische System der Registervernetzung mitzuteilen.

Literatur:
Brandi/M.-K. Schmidt, Die grenzüberschreitende Spaltung nach dem UmRUG, AG 2023, 297; *Bungert*, Das neue Recht der grenzüberschreitenden Spaltung in der EU, in: FS Krieger, 2020, S. 109; *Bungert/Strothott*, Die grenzüberschreitende Spaltung nach dem Referentenentwurf des UmRUG, BB 2022, 1411; *Heckschen/Knaier*, Die größte Reform des Umwandlungsrechts: Endlich in Kraft!, GmbHR 2023, 317; *Löbbe*, Die grenzüberschreitende Umwandlung nach dem UmRUG, ZHR 187 (2023), 498; *Recktenwald*, Die grenzüberschreitende Hinausspaltung zur Aufnahme nach dem UmRUG – Teil II, BB 2023, 707; *Schmidt, J.*, Die weitreichende Reform des Umwandlungsrechts, NJW 2023, 1241; *Thomale/Schmid*, Das neue Recht der grenzüberschreitenden Umwandlung – Eine Einführung (Teil II), NotBZ 2023, 125.

I. Einführung und Grundlagen 1	III. Eintragungsbedingung 5
1. Europäischer Hintergrund 1	IV. Kommunikation über das System der
2. Regelungsgegenstand und -zweck 2	Registervernetzung 8
II. Anmeldung zur Eintragung der grenz-	
überschreitenden Spaltung 3	

I. Einführung und Grundlagen

1. Europäischer Hintergrund

1 § 330 dient der Umsetzung von **Art. 160p f. RL (EU) 2017/1132**.[1] Diese bestimmen zunächst allgemein, dass für das Wirksamwerden einer grenzüberschreitenden Spaltung sowohl die nationalen zuständigen Stellen des übertragenden Rechtsträgers als auch des/der übernehmenden Rechtsträger(s) partiell zuständig sind (vgl. Art. 160p Abs. 1 RL (EU) 2017/1332). Der Informationsaustausch zwischen den betroffenen Registern hat dabei über das europäische System der Registervernetzung zu erfolgen (Art. 160p Abs. 3 S. 1 RL (EU) 2017/1132). Zudem statuiert Art. 160q RL (EU) 2017/1132, dass eine grenzüberschreitende Spaltung erst dann wirksam werden kann, wenn alle beteiligten Register aller beteiligten Rechtsträger ihre jeweiligen Prüfungen vorgenommen haben.

---

113 *Bungert/Reidt* DB 2023, 54 (56).
114 *Noack* MDR 2023, 465 (470); *Goette* DStR 2023, 157 (162); *Thomale/Schmid* NotBZ 2023, 91 (103); *Bungert/Reidt* DB 2023, 54 (56); aA *Schröter/Neubert*, jurisPR-HaGesR 4/2023 Anm. 1 (Anhörungspflicht).

1 Begr. RegE UmRUG, BT-Drs. 20/3822, 111.

2. Regelungsgegenstand und -zweck

Das Verfahren und im Ergebnis das Wirksamwerden einer grenzüberschreitenden Spaltung ist von einer **zweistufigen Register- und Rechtmäßigkeitskontrolle** geprägt.[2] Die formelle und materielle Verfahrensbeendigung aus Sicht der übertragenden, sich spaltenden Gesellschaft in Bezug auf eine Herausspaltung aus Deutschland bewirkt noch nicht unmittelbar die Wirksamkeit der grenzüberschreitenden Spaltung und die damit verbundenen (partielle) Gesamtrechtsnachfolge. Vielmehr bedarf es auch der Mitwirkung der Registerbehörden für die (ausländischen) übernehmenden Rechtsträger und damit der zeitlich gespaltenen Rechtmäßigkeitskontrolle des Umwandlungsverfahrens. Die Gesetzesbegründung beschreibt dies dergestalt, dass **zunächst** das zuständige Registergericht gem. § 329 die Spaltungsbescheinigung ausstellt, ehe **anschließend** die übernehmende Gesellschaft im Register des Zuzugsstaates eingetragen werden kann.[3] Erhält dann das zuständige inländische Registergericht am Sitz der übertragenden Gesellschaft die Nachricht über die Eintragung der neuen Gesellschaft, trägt es die Spaltung mit wirksamkeitsbegründender Wirkung ein.[4] Darauf aufbauend besteht auch nach den Vorschriften vor allem der §§ 329 f. eine Differenzierung zwischen der Eintragung der Voraussetzungen für die grenzüberschreitenden Spaltung iS der Herausspaltung aus Deutschland und der tatsächlichen wirksamkeitsbegründenden Eintragung der grenzüberschreitenden Spaltung als solcher.[5] Für Ersteres gilt in diesem Zusammenhang § 329 S. 2 (→ § 329 Rn. 35); für Zweiteres § 330 Abs. 1 S. 2 (→ Rn. 5). Der Titel des § 330 („Eintragung der grenzüberschreitenden Hinausspaltung") ist insofern partiell verwirrend. Gleichwohl regelt die Vorschrift „den Registervollzug im Rahmen einer grenzüberschreitenden Hinausspaltung".[6]

II. Anmeldung zur Eintragung der grenzüberschreitenden Spaltung

Gemäß § 330 Abs. 1 S. 1 **gilt** die Handelsregisteranmeldung gem. § 329 S. 1 iVm § 315 (→ § 329 Rn. 3 ff.) **als** Anmeldung zur Eintragung der grenzüberschreitenden Spaltung gem. § 137 Abs. 2. Es bedarf daher keiner zusätzlichen Anmeldung speziell in Bezug nicht nur auf die Herausspaltung, sondern auch auf die grenzüberschreitende Spaltung als Ganzes. Dies dient der Verfahrensökonomie.[7] Erhält das die Spaltungsbescheinigung ausstellende Registergericht vom Registergericht des Zuzugsstaates die Mitteilung über die Eintragung der übernehmenden Gesellschaft, kann es die Spaltung mit wirksamkeitsbegründender Wirkung eintragen, ohne dass weitere Mitwirkungshandlungen der übertragenden Gesellschaft erforderlich sind.[8]

Aufgrund des Verweises auf § 137 Abs. 2 wird ersichtlich, dass bei § 330 Abs. 1 S. 1 in erster Linie die grenzüberschreitende **Spaltung zur Neugründung** thematisiert ist. Der im Zuge der grenzüberschreitenden Spaltung entstehende (übernehmende) ausländische Rechtsträger ist daher weder berechtigt noch verpflichtet, die Anmeldung zur Eintragung der grenzüberschreitenden Spaltung vorzunehmen. Dies ist sachgerecht. Für die grenzüberschreitende **Spaltung zur Aufnahme** gilt – auch mangels europäischer Regelungen – aufgrund § 332 S. 1 Entsprechendes, ohne jedoch, dass eine unmittelbare Pflicht besteht. Gemäß § 320 Abs. 2 iVm § 129 könnte daher theoretisch auch das Vertre-

---

2 Vgl. nur *Bungert* FS Krieger, 2020, 109 (120).
3 Begr. RegE UmRUG, BT-Drs. 20/3822, 111.
4 Begr. RegE UmRUG, BT-Drs. 20/3822, 111.
5 In diesem Sinne Begr. Reg-E UmRUG, BT-Drs. 20/3822, 111.
6 Begr. RegE UmRUG, BT-Drs. 20/3822, 111.
7 Begr. RegE UmRUG, BT-Drs. 20/3822, 111.
8 Begr. RegE UmRUG, BT-Drs. 20/3822, 111.

tungsorgan eines (ausländischen) übernehmenden Rechtsträgers die Anmeldung zur Eintragung der grenzüberschreitenden Spaltung vornehmen. Da aber auch bei einer Spaltung zur Aufnahme von der übertragenden Gesellschaft die Herausspaltung gem. § 329 S. 1 iVm § 315 anzumelden ist, wäre dies wenig sinnvoll und angebracht, die Fiktion des § 330 Abs. 1 S. 1 („gilt als") auch im Rahmen der diesbezüglichen Anmeldung widerzuspiegeln.

III. Eintragungsbedingung

5 Gemäß § 330 Abs. 1 S. 2 darf die grenzüberschreitende Spaltung in das für die übertragende Gesellschaft zuständige deutsche Handelsregister **erst dann eingetragen werden**, nachdem jede der übernehmenden (neuen) Gesellschaften in das für sie zuständige Register eingetragen worden ist. Dies spiegelt die bereits genannte zweistufige Rechtmäßigkeitskontrolle des grenzüberschreitenden Umwandlungsverfahrens wider. In Bezug auf die grenzüberschreitende Spaltung zur Neugründung einer ausländischen Gesellschaft müssen daher erst die Gründungsvorschriften des entsprechenden Zuzugsstaates erfüllt worden sein. Im Hinblick auf eine grenzüberschreitende Spaltung zur Aufnahme bezieht sich § 330 Abs. 1 S. 2 nicht auf die Eintragung der neu zu gründenden Gesellschaft, sondern auf die aus deren Sicht beabsichtigte Hereinspaltung als übernehmende Gesellschaft. Dies wiederum jedoch nur, sofern der Zuzugsstaat überhaupt eine grenzüberschreitende Spaltung zur Aufnahme gestattet. Zu beachten ist, dass es bei der Eintragungsbedingung des § 330 Abs. 1 S. 2 nicht um die Eintragung der Herausspaltung gem. § 329 S. 2, 3 geht, sondern um die **grenzüberschreitende Spaltung als Ganzes** und somit deren finales Wirksamwerden.

6 Sind alle erforderlichen Anmeldungen und Eintragungen erfolgt, hat das für die übernehmende Gesellschaft zuständige Registergericht die Eintragung der grenzüberschreitenden Spaltung vorzunehmen und diese **wird wirksam**.[9] Ab diesem Zeitpunkt treten auch die Rechtsfolgen der grenzüberschreitenden Spaltung ein, insbesondere also die (partielle) Gesamtrechtsnachfolge.[10] Ansonsten entsprechen die Wirkungen der grenzüberschreitenden Spaltung weitgehend denen des § 131.[11] Registergerichtlich zu beachten ist dabei ferner § 46a Abs. 2 HRV.

7 Eine grenzüberschreitende Spaltung, die wirksam geworden ist, kann **nicht mehr für nichtig erklärt werden**.[12] Hintergrund ist vor allem sowohl der Vertrauensschutz als auch die rechtlich-organisatorischen Schwierigkeiten ein entsprechendes Umwandlungsverfahren rückgängig zu machen. Unberührt davon bleiben jedoch vor allem straf-, geldwäsche-, sozial- und steuerrechtliche Bestimmungen.[13]

IV. Kommunikation über das System der Registervernetzung

8 Die zweistufige Rechtmäßigkeitskontrolle und zeitbezogene Bedingung der Eintragung gem. § 330 Abs. 1 S. 2 erfordert zwangsläufig eine gewisse Zusammenarbeit und damit Kommunikation zwischen den jeweils beteiligten Registern/Behörden, denen die übertragende (deutsche) und übernehmende (neue) ausländische Gesellschaft unterfallen.

---

9 Vgl. auch *Brandi/Schmidt* AG 2023, 297 (308); *Bungert/Strothotte* BB 2022, 1411 (1421); *Recktenwald* BB 2023, 707 (712).

10 *Bungert/Strothotte* BB 2022, 1411 (1421); *Recktenwald* BB 2023, 707 (712); zur diesbezüglichen Problematik *Heckschen/Knaier* GmbHR 2023, 317 (320).

11 *Bungert* FS Krieger, 2020, 109 (125).

12 Art. 160t S. 1 RL (EU) 2017/1132; Erwägungsgrund Nr. 50 S. 1 RL (EU) 2019/2121; vgl. auch *Bungert* FS Krieger, 2020, 109 (125); *Stelmaszczyk* DK 2021, 48 (67).

13 Erwägungsgrund Nr. 50 S. 2 RL (EU) 2019/2121.

Hierzu bestimmt § 330 Abs. 2, dass das für die übertragende Gesellschaft zuständige deutsche Registergericht dem für die neue(n)/übernehmende(n) Gesellschaft(en) zuständigen Register jeweils das Wirksamwerden der grenzüberschreitenden Spaltung über das Europäische System der Registervernetzung (**BRIS**) mitzuteilen hat. Die Modalitäten der entsprechenden Kommunikation über das BRIS ergeben sich dabei aus den einschlägigen Vorgaben der **Durchführungsverordnung (EU) 2021/1042**. Für eine Hereinspaltung nach Deutschland korrespondiert damit die Regelung des § 331 Abs. 4 S. 2. Wird im Zuge der Wirksamkeit einer grenzüberschreitenden Aufspaltung die übertragende Gesellschaft gelöscht, gilt ferner § 46a Abs. 2 Nr. 1 HRV.

§ 331 Eintragung der neuen Gesellschaft

(1) ¹Das Vertretungsorgan der übertragenden Gesellschaft hat die neue Gesellschaft zur Eintragung in das Register des Sitzes der neuen Gesellschaft anzumelden. ²Der Anmeldung sind in der Form des § 17 Absatz 1 der Spaltungsplan und gegebenenfalls die Vereinbarung über die Beteiligung der Arbeitnehmer beizufügen. ³§ 16 Absatz 2 und 3 sowie § 17 sind auf die übertragende Gesellschaft nicht anzuwenden.

(2) ¹Die über das Europäische System der Registervernetzung übermittelte Spaltungsbescheinigung wird als Nachweis der ordnungsgemäßen Erledigung der vorangehenden Verfahren und Formalitäten nach dem Recht desjenigen Staates, dem die übertragende Gesellschaft unterliegt, anerkannt. ²Ohne diese Spaltungsbescheinigung kann die grenzüberschreitende Spaltung nicht in das Register eingetragen werden.

(3) Die Prüfung der Eintragungsvoraussetzungen erstreckt sich insbesondere darauf, ob gegebenenfalls eine Vereinbarung über die Beteiligung der Arbeitnehmer geschlossen worden ist und ob die Vorschriften zur Gründung der neuen Gesellschaft eingehalten worden sind.

(4) ¹Die Eintragung der neuen Gesellschaft ist mit dem Vermerk zu versehen, dass sie unter den Voraussetzungen wirksam wird, unter denen die grenzüberschreitende Spaltung nach dem Recht des Staates, dem die übertragende Gesellschaft unterliegt, wirksam wird. ²Das Gericht des Sitzes der neuen Gesellschaft hat von Amts wegen dem Gericht des Sitzes der übertragenden Gesellschaft mitzuteilen, dass die neue Gesellschaft eingetragen wurde.

(5) Nach Eingang der Mitteilung des Registers, in dem die übertragende Gesellschaft eingetragen ist, über das Wirksamwerden der grenzüberschreitenden Spaltung ist in dem Register des Sitzes der neuen Gesellschaft der Tag des Wirksamwerdens der Spaltung einzutragen.

Literatur:
Brandi/M.-K. Schmidt, Die grenzüberschreitende Spaltung nach dem UmRUG, AG 2023, 297; *Bungert*, Das neue Recht der grenzüberschreitenden Spaltung in der EU, in: FS Krieger, 2020, S. 109; *Bungert/Strothott*, Die grenzüberschreitende Spaltung nach dem Referentenentwurf des UmRUG, BB 2022, 1411; *Heckschen/Knaier*, Die größte Reform des Umwandlungsrechts: Endlich in Kraft!, GmbHR 2023, 317; *Thomale/Schmid*, Das neue Recht der grenzüberschreitenden Umwandlung – Eine Einführung (Teil II), NotBZ 2023, 125.

I. Einführung und Grundlagen	1	**III. Spaltungsbescheinigung**	11
1. Europäischer Hintergrund	1	**IV. Eintragung der übernehmenden (neuen) Gesellschaft**	12
2. Regelungsgegenstand und -zweck	2	1. Prüfung der Eintragungsvoraussetzungen	12
II. Anmeldung des Hereinspaltung	3	a) Abgeschlossene Mitbestimmungsvereinbarung	14
1. Verpflichtete und Gegenstand der Anmeldung	3	b) Einhaltung der Gründungsvorschriften	16
2. Modalitäten der Anmeldung	4	2. Inhalt der Eintragung	18
a) Spaltungsplan und Mitbestimmungsvereinbarung	5	**V. Registerkommunikation**	19
b) Sonstige Anlagen und Nachweise	7		
c) Formalien der Anmeldung	9		
3. Keine Negativerklärung und Freigabeverfahren	10		

I. Einführung und Grundlagen

1. Europäischer Hintergrund

1 § 331 dient in erster Linie der Umsetzung von **Art. 160o RL (EU) 2017/1132**.[1] Dieser bestimmt, dass die Mitgliedstaaten die öffentliche Stelle benennen, die dafür zuständig ist, die Rechtmäßigkeit der grenzüberschreitenden Spaltung für die Verfahrensabschnitte, die sich auf den Abschluss der grenzüberschreitenden Spaltung beziehen und für die das Recht der Mitgliedstaaten der begünstigten Gesellschaften maßgebend ist, zu prüfen und die entsprechende Hereinspaltung zu genehmigen (Art. 160o Abs. 1 RL (EU) 2017/1132). Zudem ordnet in diesem Zusammenhang Art. 160q RL (EU) 2017/1132 an, dass sich der Zeitpunkt des Wirksamwerdens der grenzüberschreitenden Spaltung nach dem Recht des Mitgliedstaats, dem die sich spaltende Gesellschaft unterliegt, bestimmt.

2. Regelungsgegenstand und -zweck

2 Im Sinne des Systems der zweistufigen Rechtmäßigkeitskontrolle ist Gegenstand des § 331 die Anmeldung zur Eintragung der durch die Spaltung entstehenden Gesellschaft.[2] Anders als bei den vorangegangenen Verfahrensbestimmungen geht es also um Aspekte der **Hereinspaltung nach Deutschland** und der „Entstehung" einer deutschen Kapitalgesellschaftsform im Zuge der grenzüberschreitenden Spaltung. In diesem Zusammenhang bezwecken die Vorgaben des § 331 zum einen die Statuierung der entsprechenden Anmeldepflicht und bestimmen zum anderen die Prüfungs- und Eintragungsmodalitäten der Hereinspaltung durch das deutsche Registergericht. Die Regelungen beziehen sich dabei in erster Linie auf die Hereinspaltung **zur Neugründung**, können aber grundsätzlich auf eine Hereinspaltung zur Aufnahme einer deutschen Gesellschaft entsprechend herangezogen werden. Dies setzt jedoch voraus, dass das ausländische Recht, dem die übertragende, sich spaltende Gesellschaft unterliegt, überhaupt eine grenzüberschreitende Spaltung zur Aufnahme reguliert.

II. Anmeldung des Hereinspaltung

1. Verpflichtete und Gegenstand der Anmeldung

3 Das Vertretungsorgan der übertragenden Gesellschaft hat die neue, übernehmende Gesellschaft bei dem zuständigen Registergericht zur Handelsregistereintragung anzumelden (§ 331 Abs. 1 S. 1). Es besteht daher eine **Anmeldepflicht**, ohne welche die grenzüberschreitende Spaltung keine Wirksamkeit erlangen kann. Zur Anmeldung verpflichtet ist die übertragende Gesellschaft. Je nach Ausgestaltung kann dies eine

---
[1] Begr. RegE UmRUG, BT-Drs. 20/3822, 112.
[2] Begr. RegE UmRUG, BT-Drs. 20/3822, 112.

deutsche oder – wie der Regelfall – eine ausländische Rechtsform sein. Hintergrund ist, dass trotz Eintragung der Herausspaltung im Wegzugsstaat sowie der damit verbundenen Erfüllung der dortigen Verfahrensmodalitäten zumindest bei der Spaltung zur Neugründung der (deutsche) übernehmende Rechtsträger noch nicht entstanden und als Rechtssubjekt existent ist. Bei einer Hereinspaltung zur Aufnahme kommt über § 332 S. 2 die Norm des § 318 Abs. 1 S. 1 zur Geltung, so dass das Vertretungsorgan der übernehmenden (deutschen) Gesellschaft die entsprechende Anmeldung vorzunehmen hat. Die Anmeldung durch das Vertretungsorgan hat jeweils in vertretungsberechtigter Zahl zu erfolgen. Da bei einer Spaltung zur Neugründung jeder Geschäftsführer bzw. jedes Vorstandsmitglied des übernehmenden Rechtsträgers jedoch gem. § 320 Abs. 2 iVm § 135 Abs. 2 S. 1 iVm § 8 Abs. 3 GmbHG bzw. § 37 Abs. 2 AktG eine entsprechende Versicherung abzugeben hat, wird in der Praxis die Anmeldung häufig durch alle Geschäftsführer bzw. Vorstandsmitglieder erfolgen. **Gegenstand der Anmeldung** ist gemäß dem Wortlaut des § 331 Abs. 1 S. 1 der Antrag auf Eintragung der Gesellschaft neuer Rechtsform (i. e. des übernehmenden Rechtsträgers der grenzüberschreitenden Spaltung).

2. Modalitäten der Anmeldung

Die Modalitäten der Anmeldungen der Hereinspaltung ergeben sich zum einen aus § 331 Abs. 1 S. 2, 3 und zum anderen aus den allgemeinen handels- und gesellschaftsrechtlichen Bestimmungen.

a) Spaltungsplan und Mitbestimmungsvereinbarung

Gemäß § 331 Abs. 1 S. 2 sind der Anmeldung der **Spaltungsplan** und ggf. die Vereinbarung über die Beteiligung der Arbeitnehmer beizufügen. Die von der öffentlichen Stelle des Wegzugsstaates ausgestellte Spaltungsbescheinigung ist hingegen nicht beizufügen, da diese bereits automatisch über das BRIS an das zuständige deutsche Registergericht übersandt wurde.[3] Dies ergibt sich schon aus § 331 Abs. 2 S. 1. In diesem Zusammenhang genügt daher die Einreichung des (gemeinsamen) Spaltungsplans, dem die Anteilsinhaber zugestimmt haben.[4] Da im Spaltungsplan auch der **Gesellschaftsvertrag** bzw. die Satzung des übernehmenden Rechtsträgers (als Anlage) enthalten sein muss, ist dieser mittelbar der Anmeldung zur Eintragung beizufügen. Der Gesellschaftsvertrag bzw. die Satzung[5] ist dabei in deutscher Sprache beizufügen (vgl. § 488 Abs. 3 S. 1 FamFG iVm § 184 S. 1 GVG).

§ 331 Abs. 1 S. 2 fordert weiterhin, dass ggf. die **Vereinbarung über die Beteiligung der Arbeitnehmer** der Anmeldung beizufügen ist. Hintergrund ist, dass sich das Registergericht davon Gewissheit verschaffen soll, dass mit nachfolgender Eintragung auch eine zwischen der übertragenden Gesellschaft und dem besonderen Verhandlungsgremium der Arbeitnehmer vereinbarte Mitbestimmungsregelung im übernehmenden Rechtsträger besteht. § 331 Abs. 1 S. 2 impliziert insofern, dass, anders als bei der Herausspaltung, eine Vereinbarung bereits abgeschlossen wurde und das erforderliche Arbeitnehmermitbestimmungsverfahren beendet ist. Das etwaige Ergebnis des Verhandlungsverfahrens iS der entsprechenden Vereinbarung ist vom Registergericht allerdings insbesondere nicht auf dessen Arbeitnehmerschutzaspekt hin materiell zu überprüfen, vor allem

---

[3] Begr. RegE UmRUG, BT-Drs. 20/3822, 106.
[4] Begr. RegE UmRUG, BT-Drs. 20/3822, 112.

[5] Bei der Spaltung zur Aufnahmen der/die geänderte Gesellschaftsvertrag/Satzung.

nicht im Hinblick auf ein potenziell missbräuchliches Verhalten, da dies bereits der zuständigen Stelle des Wegzugsstaates oblag. Die entsprechende Anlage zur Anmeldung ist nur beizufügen, sofern überhaupt eine solche Vereinbarung geschlossen wurde und damit ein Mitbestimmungsverhandlungsverfahrens durchzuführen gewesen ist.

b) Sonstige Anlagen und Nachweise

7 § 331 Abs. 1 S. 3 Var. 2 bestimmt, dass die Norm des **§ 17 nicht** in Bezug auf die Anmeldung der Hereinspaltung zur Anwendung kommt. In § 17 sind die bei einer innerstaatlichen Spaltung erforderlichen Anlagen zur Handelsregisteranmeldung aufgelistet. Dies sind indes Aspekte, die dem Wegzug zuzuordnen sind und insofern regelmäßig bereits im ausländischen Wegzugsstaat eingereicht und überprüft wurden. Einer erneuten Einreichung bedarf es daher nicht. Auf der anderen Seite bestimmt § 331 Abs. 3 jedoch, dass das zuständige Registergericht, bei dem die Anmeldung erfolgt ist, ua die Eintragungsvoraussetzungen bezüglich der **„Gründung"** der neuen Gesellschaft zu überprüfen hat. Dies impliziert jedoch, dass die für die diesbezügliche Prüfung relevanten Unterlagen und Nachweise zu erbringen sind.

8 Bei der Hereinspaltung zur Neugründung einer GmbH ist daher vor allem auch eine von den Geschäftsführern unterzeichnete **Liste der Gesellschafter** einzureichen.[6] Etwaige im Zuge des Wirksamwerdens der grenzüberschreitenden Spaltung gegen Barabfindung ausscheidende Gesellschaft sind darin nicht aufzunehmen. Für die AG als Zielrechtsträger gelten die Vorgaben der Anmeldung zur Eintragung gem. § 37 AktG, sofern nicht das speziellere Spaltungsrecht Abweichungen vorsieht. Insbesondere sind die Urkunden über die **Bestellung** des Vorstands und des Aufsichtsrats (vgl. § 37 Abs. 4 Nr. 3 AktG) sowie eine Liste der Mitglieder des Aufsichtsrats (vgl. § 37 Abs. 4 Nr. 3a AktG) einzureichen.

c) Formalien der Anmeldung

9 Die der Anmeldung beizufügenden Dokumente und Nachweise sind gem. § 331 Abs. 1 S. 2 iVm § 17 Abs. 1 in Ausfertigung oder **öffentlich beglaubigter** Abschrift oder, soweit sie nicht notariell zu beurkunden sind, in Urschrift oder Abschrift beizufügen.[7] § 331 Abs. 1 S. 2 bezieht sich daneben nicht auf die Anlagen zur Anmeldung gem. § 17 Abs. 1, sondern nur auf dessen formale Vorgaben bezüglich der Anmeldung. Zudem gilt für die entsprechende Handelsregisteranmeldung die allgemeine Vorschrift des § 12 HGB, dh die Anmeldung hat insbesondere elektronisch in öffentlich beglaubigter Form zu erfolgen und die beizufügenden Dokumente sind **elektronisch** in einem maschinenlesbaren und durchsuchbaren Datenformat einzureichen (§ 12 Abs. 1 S. 1, Abs. 2 S. 1 HGB). Auch gilt § 12 Abs. 1 S. 2 HGB, der im Zuge des DiRUG die öffentliche Beglaubigung mittels Videokommunikation ermöglicht.[8]

3. Keine Negativerklärung und Freigabeverfahren

10 Gemäß § 331 Abs. 1 S. 3 Var. 1 kommen die Regelungen des § 16 Abs. 2, 3 nicht zur Geltung. Bei der Anmeldung der Hereinspaltung ist daher **nicht zu erklären**, dass eine Klage gegen die Wirksamkeit des Spaltungsbeschlusses nicht oder nicht fristgemäß

---

6 Vgl. § 40 Abs. 1 GmbHG, § 8 Abs. 1 Nr. 3 GmbHG; Geibel/Heinze/Verse/*Verse* S. 191 (209).
7 *Brandi/Schmidt* AG 2023, 297 (309).
8 Begr. RegE UmRUG, BT-Drs. 20/3822, 106; ferner zur Fernbeglaubigung im notariellen Online-Verfahren *Knaier* notar 2023, 135.

erhoben oder eine solche Klage rechtskräftig abgewiesen oder zurückgenommen worden ist (sog. Negativerklärung) und auch nicht, dass gem. § 16 Abs. 3 ein Antrag auf ein sog. Unbedenklichkeitsverfahren gestellt wurde. Hintergrund ist, dass dies jeweils Aspekte und damit Anmeldemodalitäten sind, die den (ausländischen) übertragenden Rechtsträger betreffen und somit für eine Hereinspaltung keine Anwendung finden können (zur Herausspaltung aus Deutschland → § 329 Rn. 6).

III. Spaltungsbescheinigung

Als „Bindeglied" zwischen den Registerbehörden der von der grenzüberschreitenden Spaltung betroffenen Rechtsordnungen ist im Zusammenhang mit der Eintragung des übernehmenden deutschen Rechtsträgers bei einer Spaltung zur Neugründung die Spaltungsbescheinigung von maßgebender Bedeutung. Ohne die Spaltungsbescheinigung kann die grenzüberschreitende Spaltung nicht eingetragen werden und damit Wirksamkeit erlangen (§ 331 Abs. 2 S. 2). Aus Sicht des Wegzugstaates ist die Spaltungsbescheinigung von der dortigen zuständigen Stelle von Amts wegen auszustellen und über das Europäische System der Registervernetzung (**BRIS**) gemäß den Vorgaben der Durchführungsverordnung (EU) 2021/1042 an das zuständige deutsche Registergericht zu übermitteln. Gemäß § 331 Abs. 2 S. 1 ist die so übermittelte Spaltungsbescheinigung als grundsätzlich **unwiderlegbarer Nachweis anzuerkennen**, dass das Verfahren und die Formalien des Wegzugstaates ordnungsgemäß in Bezug auf die übertragende Gesellschaft erledigt wurden.[9] Das deutsche Registergericht, bei dem die Anmeldung erfolgt, hat daher weder die Möglichkeit die Spaltungsbescheinigung als solche noch deren Inhalt bzw. die dort enthaltenen Angaben infrage zu stellen.[10]

11

IV. Eintragung der übernehmenden (neuen) Gesellschaft

1. Prüfung der Eintragungsvoraussetzungen

§ 331 Abs. 3 bestimmt, dass sich die Prüfung der Eintragungsvoraussetzungen insbesondere darauf erstreckt, ob ggf. eine Vereinbarung über die Arbeitnehmerbeteiligung geschlossen worden ist und ob die Vorschriften zur Gründung der neuen Gesellschaft eingehalten worden sind. Ohne eine entsprechende registergerichtliche Prüfung kann keine Eintragung erfolgen. Die Auflistung der Prüfung der Mitbestimmungsvereinbarung sowie der Gründungsvorschriften ist **nicht abschließend** („insbesondere"). Es können daher grundsätzlich im Rahmen der Eintragung auch weitere Aspekte geprüft werden. Voraussetzung dafür ist jedoch zum einen, dass dadurch die Ausübung der europäischen Niederlassungsfreiheit im Vergleich zur innerstaatlichen Spaltung nicht übermäßig erschwert wird, und zum anderen, dass keine Aspekte nochmals (materiell) geprüft werden, die bereits durch die öffentliche Stelle des Wegzugstaates kontrolliert wurden, da andernfalls das europäisch vorgegebene System der zweistufigen Rechtmäßigkeitskontrolle unterlaufen werden würde.

12

---

9 Begr. RegE UmRUG, BT-Drs. 20/3822, 112; *Bungert* FS Krieger, 2020, 109 (125); *Brandi/Schmidt* AG 2023, 297 (309).

10 Erwägungsgrund Nr. 45 S. 3 RL (EU) 2019/2121.

13 Für eine grenzüberschreitende Hereinspaltung **zur Aufnahme** gilt über § 332 S. 2 zusätzlich die Regelung des § 318 Abs. 1 S. 3, so dass auch die dortigen Vorgaben erfüllt sein müssen.[11] Einer (erneuten) Missbrauchsprüfung bedarf es jedoch nicht.[12]

a) Abgeschlossene Mitbestimmungsvereinbarung

14 Die Prüfung des Registergerichts erstreckt sich insbesondere darauf, ob eine **Vereinbarung über die Beteiligung der Arbeitnehmer** geschlossen worden ist.[13] Dies steht in unmittelbaren Zusammenhang mit § 331 Abs. 1 S. 2, wonach eine solche Vereinbarung der Anmeldung beizufügen ist (→ Rn. 6). Unberührt bleibt aber, ob überhaupt eine Vereinbarung abzuschließen ist und damit, ob es der Durchführung eines Mitbestimmungsverfahrens nach dem Recht des Wegzugsstaates bedurfte.[14] Ist dies nicht der Fall, läuft auch die Prüfung des Registergerichts diesbezüglich ins Leere. Auf jeden Fall zwingt § 331 Abs. 3 nicht dazu, dass ein Mitbestimmungsverfahren mit dem Abschluss einer Vereinbarung durchzuführen ist.

15 War ein Mitbestimmungsverfahren nach den Rechtsvorschriften des Wegzugsstaates durchzuführen, ist zu überprüfen, **ob** eine Vereinbarung über die Arbeitnehmerbeteiligung im deutschen übernehmenden Rechtsträger getroffen wurde; mithin also, ob eine solche gem. § 331 Abs. 1 S. 2 der Anmeldung ordnungsgemäß beigefügt war. Die Registereintragung kann und darf erst nach Feststellung des Vorhandenseins einer entsprechenden Vereinbarung erfolgen. Die Eintragung der deutschen übernehmenden Gesellschaft ins Handelsregister kann daher **erst nach Abschluss des Mitbestimmungsverfahrens** vorgenommen werden.[15] Das etwaige Ergebnis des Verhandlungsverfahrens und damit der materielle Gehalt der Vereinbarung ist vom Registergericht hingegen nicht zu prüfen.

b) Einhaltung der Gründungsvorschriften

16 § 331 Abs. 3 bestimmt weiterhin, dass zu prüfen ist, ob die „Vorschriften zur Gründung der neuen Gesellschaft eingehalten worden sind". Das zuständige Registergericht ist daher befugt, umfassend die Einhaltung der Gründungsvorschriften des beabsichtigten übernehmenden Rechtsträgers zu kontrollieren. Dies gilt indes in dieser Form nur für eine Hereinspaltung zur Neugründung, nicht hingegen für eine solche zur Aufnahme, da dort die deutsche übernehmende Gesellschaft bereits existent ist.[16]

17 Zum Inhalt der Prüfung, ob die Gründungsvorschriften eingehalten wurden, (vgl. auch § 320 Abs. 2 iVm § 135 Abs. 2 S. 1) gehört zunächst der geplante **Gesellschaftsvertrag** bzw. die geplante **Satzung**. Dieser bzw. diese muss den materiellen Anforderungen der jeweiligen Gesellschaftsform genügen. In diesem Zusammenhang ist insbesondere die Einhaltung der Vorgaben für den Mindestinhalt des Gesellschaftsvertrags bzw. der Satzung zu kontrollieren (vgl. § 3 GmbHG, § 23 Abs. 3–5 AktG). Darüber hinaus muss (bei der Spaltung zur Neugründung) das deutsche **Firmenrecht** beachtet werden, was vom Registergericht zu prüfen ist. Ob die angegebene neue Firma mit den materiellen Vorgaben des deutschen Rechts im Einklang steht, ist vom deutschen Registergericht

---

[11] Begr. RegE UmRUG, BT-Drs. 20/3822, 114; *Bungert/Strothotte* BB 2022, 1411 (1422); *Brandi/Schmidt* AG 2023, 297 (309).

[12] *Bungert/Strothotte* BB 2022, 1411 (1422); *Brandi/Schmidt* AG 2023, 297 (309).

[13] Vgl. auch *Thomale/Schmid* NotBZ 2023, 125 (135); *Bungert/Strothotte* BB 2022, 1411 (1422).

[14] In diesem Sinne *Brandi/Schmidt* AG 2023, 297 (309).

[15] *Thomale/Schmid* NotBZ 2023, 125 (135).

[16] Begr. RegE UmRUG, BT-Drs. 20/3822, 114.

zu untersuchen. Schließlich ist zu prüfen, ob generell **alle erforderlichen Dokumente** (inkl. bei der GmbH eine Gesellschafterliste) und Nachweise im Rahmen der Anmeldung ordnungsgemäß beigefügt bzw. beinhaltet sind.[17] Dies betrifft auch die Einhaltung der Vorschriften über Tätigkeitsverbote für Mitglieder des Leitungs- oder Verwaltungsorgans.[18] Der Nachweis einer wirtschaftlichen Tätigkeit der übernehmenden (neuen) deutschen Gesellschaft im Zuge der Hereinspaltung ist hingegen nicht erforderlich und folglich auch nicht Prüfungsinhalt des Registergerichts.

2. Inhalt der Eintragung

Ist die Prüfung der Eintragungsvoraussetzungen durch das Registergericht positiv abgeschlossen worden, hat die vorbehaltliche Eintragung der **neuen Gesellschaft** zu erfolgen. Aus Sicht des Rechtsträgers ist damit das Umwandlungsverfahren grundsätzlich abgeschlossen. § 331 Abs. 4 S. 1 bestimmt, dass die Eintragung der neuen Gesellschaft mit dem **Vermerk zu versehen ist**, dass sie unter den Voraussetzungen wirksam wird, unter denen die grenzüberschreitende Spaltung nach dem Recht des Wegzugsstaates, dem der übertragende Rechtsträger unterliegt, wirksam wird. Es erfolgt daher eine **bedingte Eintragung**. Die Eintragung der Hereinspaltung iS der neuen Gesellschaft als übernehmender Rechtsträger führt daher noch nicht zur Eintragung der grenzüberschreitenden Spaltung als solcher und der Beendigung des Umwandlungsverfahrens.[19] Dies zeigt aus deutscher Herausspaltungssicht auch § 330 Abs. 1 S. 2 (→ § 330 Rn. 5), wonach die grenzüberschreitende Spaltung erst eingetragen werden darf, wenn jede der übernehmenden Gesellschaften in das für sie zuständige Register eingetragen worden ist. Für die Eintragung gilt ferner die im Zuge des UmRUG eingeführte Regelung des § 46a Abs. 1 Nr. 2 HRV für die grenzüberschreitende Spaltung zur Aufnahme und § 46a Abs. 1 Nr. 3 HRV für die grenzüberschreitende Spaltung zur Neugründung.

V. Registerkommunikation

Die zweistufige Rechtmäßigkeitskontrolle erfordert eine Zusammenarbeit und damit Kommunikation zwischen den jeweils beteiligten Registern/Behörden, denen die übertragende (ausländische) und übernehmende (neue) deutsche Gesellschaft unterfallen (→ § 330 Rn. 8). Die entsprechende Kommunikation erfolgt dabei über das Europäische System der Registervernetzung (**BRIS**). Es gelten diesbezüglich die Vorgaben des § 9b Abs. 2 HGB.[20] Die Modalitäten der entsprechenden Kommunikation über das BRIS ergeben sich dabei aus den einschlägigen Vorgaben der **Durchführungsverordnung (EU) 2021/1042**.

In diesem Zusammenhang hat bei der Hereinspaltung das deutsche Registergericht nach erfolgreicher (bedingter) Eintragung der übernehmenden (neuen) Gesellschaft gem. § 331 Abs. 4 S. 2 **von Amts wegen** der für die übertragende Gesellschaft zuständigen Registerbehörde **mitzuteilen**, dass die neue Gesellschaft ordnungsgemäß eingetragen wurde. Darauf basierend trägt das für die übertragende, sich spaltende Gesellschaft zuständige Register die grenzüberschreitende Spaltung ein, womit diese wirksam wird.[21] Dieser Umstand ist wiederum dem für die neue (übernehmende) Gesellschaft

---

17 Vgl. auch *Brandi/Schmidt* AG 2023, 297 (309); *Bungert/Strothotte* BB 2022, 1411 (1422).
18 Erwägungsgrund Nr. 44 S. 3 RL (EU) 2019/2121.
19 Begr. RegE UmRUG, BT-Drs. 20/3822, 112.
20 Begr. RegE UmRUG, BT-Drs. 20/3822, 112.
21 Vgl. Art. 160q RL (EU) 2017/1132; aus deutscher Herausspaltungssicht s. auch § 330 Abs. 1 S. 2.

zuständigen deutschen Registergericht über das BRIS mitzuteilen.[22] Nach Eingang der entsprechend Mitteilung hat dieses dann gem. § 331 Abs. 5 den Tag des Wirksamwerdens der Spaltung bei der neuen übernehmenden Gesellschaft ein- bzw. nachzutragen.

§ 332 Spaltung zur Aufnahme

[1]Die Bestimmungen dieses Teils sind auf eine grenzüberschreitende Spaltung zur Aufnahme im Sinne des § 320 Absatz 1 Nummer 2 entsprechend anzuwenden, wenn in der übertragenden Gesellschaft und den übernehmenden Gesellschaften
1. im Fall der Spaltung einer inländischen Gesellschaft jeweils in den sechs Monaten vor Bekanntmachung des Spaltungsplans durchschnittlich weniger als 400 Arbeitnehmer,
2. im Fall der Aufnahme durch eine inländische Gesellschaft jeweils in den sechs Monaten vor Offenlegung des Spaltungsplans durchschnittlich weniger als vier Fünftel der Zahl der Arbeitnehmer, die für eine Mitbestimmung nach dem Recht des Staates maßgeblich sind, dem die übertragende Gesellschaft unterliegt,

beschäftigt sind. [2]Ergeben sich Besonderheiten aus dem Umstand, dass mehrere Gesellschaften beteiligt sind, so sind ergänzend die Bestimmungen des Ersten Teils über die grenzüberschreitende Verschmelzung entsprechend anzuwenden.

Literatur:

Brandi/M.-K. Schmidt, Die grenzüberschreitende Spaltung nach dem UmRUG, AG 2023, 297; *Bungert*, Das neue Recht der grenzüberschreitenden Spaltung in der EU, in: FS Krieger, 2020, S. 109; *Bungert/Strothott*, Die grenzüberschreitende Spaltung nach dem Referentenentwurf des UmRUG, BB 2022, 1411; *Recktenwald*, Die grenzüberschreitende Hinausspaltung zur Aufnahme nach dem UmRUG – Teil I, II, BB 2023, 643; 707; *Schmidt, J.*, Die weitreichende Reform des Umwandlungsrechts, NJW 2023, 1241; *Schollmeyer*, Das Austrittsrecht gegen Barabfindung bei der grenzüberschreitenden Spaltung, in: FS Heidinger, 2023, S. 479; *Thomale/Schmid*, Das neue Recht der grenzüberschreitenden Umwandlung – Eine Einführung (Teil I), NotBZ 2023, 91; *Verse*, Grundfragen des Austrittsrechts bei der grenzüberschreitenden Spaltung, in: Geibel/Heinze/Verse, Binnenmarktrecht als Mehrebenensystem, 2023, S. 191.

I. Einführung und Grundlagen

Nach § 320 Abs. 1 Nr. 2 gelten auch Spaltungen zur Aufnahme als grenzüberschreitende Spaltung im Sinne dieser Norm, sofern die allgemeinen sowie die spezifischen Voraussetzungen des § 332 S. 1 erfüllt sind (→ § 320 Rn. 13). Der Anwendungsbereich des grenzüberschreitenden Spaltungsrechts wird daher neben Spaltungen zur Neugründung auf **Spaltungen zur Aufnahme** erweitert.[1] Auch bei der Spaltung zur Aufnahme sind dabei alle drei Spaltungsarten erfasst (Aufspaltung, Abspaltung, Ausgliederung, § 320 Abs. 1 Nr. 2). Der generelle Unterschied einer Spaltung zur Aufnahme im Vergleich zur Spaltung zur Neugründung ist dabei auch im grenzüberschreitenden Kontext, dass einer der übernehmenden Rechtsträger im Zuge der Spaltung nicht erst gegründet wird, sondern bereits als Rechtssubjekt besteht. Diesen funktionalen Unterschied sah der europäische Gesetzgeber jedoch aufgrund der initialen Beteiligung mehrerer Rechtsordnungen und Registerbehörden aus unterschiedlichen Staaten als „sehr [zu]

---

22 Vgl. Art. 160p Abs. 4 RL (EU) 2017/1132; aus deutscher Heraussspaltungssicht s. auch § 330 Abs. 2.

1 Vgl. nur Begr. RegE UmRUG, BT-Drs. 20/3822, 107; befürwortend *Brandi/Schmidt* AG 2023, 297 (300).

komplex" an, um europäisch-harmonisierte Verfahrensbestimmungen vorzugeben.² Die **RL (EU) 2017/1132** regelt daher ausdrücklich nur die grenzüberschreitende Spaltung zur Neugründung und **nicht** auch das Pendant der grenzüberschreitenden Spaltung zur Aufnahme.³

Trotz der Nicht-Regelung durch die RL (EU) 20171132 ist aufgrund insbesondere der Sevic-Entscheidung des EuGH eine grenzüberschreitende Spaltung zur Aufnahme von der **europäischen Niederlassungsfreiheit** geschützt und grundsätzlich durch die Mitgliedstaaten zu ermöglichen (→ § 320 Rn. 2).⁴ Dem deutschen Gesetzgeber steht es daher weitgehend frei, auch eine grenzüberschreitende Spaltung zur Aufnahme zu regeln und die nationalen Umsetzungsbestimmungen der zugrunde liegenden Richtlinie überschießend auf diese entsprechend zur Anwendung zu bringen.⁵ Dies wird durch § 320 Abs. 1 Nr. 2 iVm § 332 gesetzlich zum Ausdruck gebracht und gilt sowohl für eine **Herausspaltung** aus Deutschland, wo die übertragende Gesellschaft dem deutschem Recht unterliegt, als auch für eine **Hereinspaltung** nach Deutschland, wo mindestens einer der übernehmenden Gesellschaften dem deutschen Recht unterfällt.⁶

Der Erweiterung des Anwendungsbereichs der §§ 320 ff. auf grenzüberschreitende Spaltungen zur Aufnahme liegen **unternehmenspraktische Gesichtspunkte** zugrunde (indes zur Beschränkung des Anwendungsbereichs → Rn. 7)⁷ Ebenso wie die Spaltung zur Neugründung ist die Spaltung zur Aufnahme ein geeignetes Mittel, um die Unternehmensstruktur veränderten wirtschaftlichen Bedürfnissen auch im grenzüberschreitenden Kontext anzupassen.⁸ Insbesondere eine grenzüberschreitenden Abspaltung zur Aufnahme in Form der Übertragung eines oder mehrerer Vermögensteile zwischen Gesellschaften innerhalb der EU bzw. des EWR im Wege partieller Gesamtrechtsnachfolge stellt eine praktisch bedeutsame Alternative zu anderen Strukturmaßnahmen dar.

Voraussetzung, dass eine grenzüberschreitende Spaltung zur Aufnahme trotz weitgehend entsprechender Geltung der §§ 320 ff. (→ Rn. 5) (praktisch) durchführbar ist, ist jedoch, dass **auch der andere beteiligte EU/EWR-Staat**, dem entweder bei einer Herausspaltung aus Deutschland der übernehmende Rechtsträger oder bei einer Hereinspaltung nach Deutschland der übertragende Rechtsträger unterliegt, eine grenzüberschreitende Spaltung zur Aufnahme ermöglicht und entsprechende Verfahrensbestimmungen vorsieht. Die Ermöglichung der Strukturmaßnahme ist zwar durch die Niederlassungsfreiheit verbürgt (→ Rn. 2), allerdings bestehen, wie dargestellt, diesbezüglich gerade keine verpflichtenden Harmonisierungsbestimmungen durch die RL (EU) 2017/1132.⁹ Die Details des Umwandlungsverfahrens sollten daher zwingend **vorab** ausführlich mit der zuständigen ausländischen Registerbehörde **abgeklärt werden**.¹⁰

---

2 Erwägungsgrund Nr. 8 S. 2 RL (EU) 2019/2121.
3 Begr. RegE UmRUG, BT-Drs. 20/3822, 112, mit Verweis auf Art. 160b Nr. 3 RL (EU) 2017/1132; kritisch dazu *Bungert/Wansleben* DB 2018, 2094 (2095); *Stelmaszczyk* DK 2021, 1 (4); *Schollmeyer* FS Heidinger, 2023, 479 (480); *Geibel/Heinze/Verse* S. 191 (195); *Bungert* FS Krieger, 2020, 109 (111); *Teichmann* NZG 2019, 241 (243).
4 Vgl. nur Begr. RegE UmRUG, BT-Drs. 20/3822, 112 f.
5 Vgl. Begr. RegE UmRUG, BT-Drs. 20/3822, 113; *J. Schmidt* NJW 2023, 1241; *Thomale/Schmid* NotBZ 2023, 91 (94); *Bungert* NZG 2022, 1657; *Brandi/Schmidt* AG 2023, 297 (300); aA wohl *Schulte* GmbHR 2020, 139 (144).
6 Begr. RegE UmRUG, BT-Drs. 20/3822, 113.
7 Begr. RegE UmRUG, BT-Drs. 20/3822, 113.
8 Begr. RegE UmRUG, BT-Drs. 20/3822, 113.
9 Vgl. auch Begr. RegE UmRUG, BT-Drs. 20/3822, 113; *Brandi/Schmidt* AG 2023, 297 (300); *Geibel/Heinze/Verse* S. 191 (195).
10 Vgl. auch *Brandi/Schmidt* AG 2023, 297 (300); *Bungert/Strothotte* BB 2022, 1411 (1412).

II. Grundsätzliche Anwendbarkeit der §§ 320 ff.

5 § 332 S. 1 bestimmt – unter Geltung der Anwendungsvoraussetzungen von Nr. 1 und 2 (→ Rn. 7), dass auf eine von § 320 Abs. 1 Nr. 2 erfasste grenzüberschreitende Spaltung zur Aufnahme die Verfahrensbestimmungen der §§ 320–331 entsprechend anzuwenden sind. Dies gilt sowohl für eine Herausspaltung aus als auch eine Hereinspaltung nach Deutschland. Aufgrund dessen sind, vorbehaltlich spezieller Regelungen insbesondere auch aufgrund § 332 S. 2 (→ Rn. 8), über § 320 Abs. 2 auch die Regelungen der innerstaatlichen Spaltung zur Aufnahme gem. §§ 126–134 entsprechend anwendbar, sofern nicht eine der Regelungen der § 322 ff. aufgrund des grenzüberschreitenden Kontexts zur Geltung kommt.[11]

6 Die grundsätzliche Beschränkung der §§ 322–330 auf eine Herausspaltung aus Deutschland, bei die übertragende, sich spaltende Gesellschaft deutschem Recht unterliegt, kommt bei einer grenzüberschreitenden Spaltung zur Aufnahme unter Beteiligung eines deutschen Rechtsträgers so allerdings nicht zum Tragen. Vielmehr sind die entsprechenden Verfahrensvoraussetzungen auch von einer inländischen übernehmenden Gesellschaft einzuhalten, soweit sie nicht ausschließlich die übertragende Gesellschaft betreffen können.[12] Auch die Regelungen in Bezug auf die neu zu gründende Gesellschaft bei einer Hereinspaltung nach Deutschland (insbes. § 331) kommen grundsätzlich entsprechend für eine über- und aufnehmende Gesellschaft deutschen Rechts zur Anwendung.[13] Da jedoch keine Neugründung als solche stattfindet, kommt es nicht zur Anwendung der Gründungsvorschriften (vgl. § 331 Abs. 3, → § 331 Rn. 16 f.), sondern anstelle dessen zur Eintragung unter Vorläufigkeitsvermerk iSd § 320 Abs. 2 iVm § 130 Abs. 1 S. 2 bzw. § 332 S. 2 iVm § 316 Abs. 1 S. 3.[14] Eine weitere Abweichung besteht zB auch in Bezug auf die Entbehrlichkeit des Spaltungsberichts gem. § 324 Abs. 2 S. 1. § 324 Abs. 2 S. 1 bezieht sich ua auf § 135 Abs. 3, wonach es bei einer Ausgliederung zur Neugründung generell keines Spaltungsberichts bedarf. Für die grenzüberschreitende Ausgliederung zur Aufnahme gilt dies jedoch nicht.[15]

III. Anwendungsvoraussetzung – Arbeitnehmerzahl

7 Die Bestimmungen der §§ 320 ff. für eine europäisch harmonisierte grenzüberschreitende Spaltung zur Neugründung kommen allerdings nur dann auch für eine grenzüberschreitende Spaltung zur Aufnahme zur Geltung, wenn die Anwendungsvoraussetzungen des § 332 S. 1 Nr. 1, 2 erfüllt sind.[16] Abgestellt wird dabei jeweils auf die Arbeitnehmerzahl in der **übertragenden und der/den übernehmenden** Gesellschaft(en). Bedingung einer zu erfassenden grenzüberschreitenden Spaltung zur Aufnahme ist insofern, dass bei einer **Herausspaltung** die übertragende und die übernehmenden Gesellschaften jeweils in den sechs Monaten vor Bekanntmachung des Spaltungsplans durchschnittlich weniger als **400 Arbeitnehmer** besitzen (§ 332 S. 1 Nr. 1). Erfasst sind daher nur solche übertragenden deutschen Gesellschaften, für die das DrittelbG noch nicht gilt und die auch unter dem Schwellenwert des Art. 160l RL (EU) 2017/1132 (sog. 4/5-Regelung) liegen.[17] Bei einer **Hereinspaltung** auf eine übernehmende deutsche Ge-

---

[11] Begr. RegE UmRUG, BT-Drs. 20/3822, 114.
[12] Begr. RegE UmRUG, BT-Drs. 20/3822, 114.
[13] Begr. RegE UmRUG, BT-Drs. 20/3822, 114.
[14] Begr. RegE UmRUG, BT-Drs. 20/3822, 114.
[15] *J. Schmidt* DK 2022, 309 (312); vgl. auch Begr. RegE UmRUG, BT-Drs. 20/3822, 115.
[16] Kritisch dazu *J. Schmidt* NZG 2022, 579 (580); Geibel/Heinze/Verse/*Verse* S. 191 (195 f.); *Bungert/Strothotte* BB 2022, 1411.
[17] Begr. RegE UmRUG, BT-Drs. 20/3822, 113.

sellschaft dürfen in Bezug auf den ausländischen übertragenden Rechtsträger jeweils in den sechs Monaten vor Offenlegung des Spaltungsplans durchschnittlich nicht mehr als vier Fünftel der Zahl der Arbeitnehmer, die für eine Mitbestimmung nach dem Recht des Staates maßgeblich sind, dem die übertragende Gesellschaft unterliegt, beschäftigt sein (§ 332 S. 1 Nr. 2). Hintergrund der entsprechenden Anwendungsbeschränkungen ist dabei jeweils die Gewährleistung eines effektiven Mitbestimmungsschutzes auch bei einer grenzüberschreitenden Spaltung zur Aufnahme und damit die Vorbeugung missbräuchlicher Gestaltungen durch (noch) mitbestimmungsfreie Gesellschaften in diesem Zusammenhang.[18]

IV. Ergänzende Anwendung des grenzüberschreitenden Verschmelzungsrechts

Gemäß § 332 S. 2 finden auf eine grenzüberschreitende Spaltung zur Aufnahme „**ergänzend**" die Bestimmungen für eine grenzüberschreitende Verschmelzung (§§ 305–318) **entsprechend** Anwendung. Dies soll dem Umstand Rechnung tragen, dass anders als bei der Spaltung zur Neugründung bei der Spaltung zur Aufnahme initial mehrere Rechtsträger beteiligt sind und somit eine gewisse Vergleichbarkeit zur Verschmelzung besteht.[19] Die ergänzende Anwendung des Verschmelzungsrechts gilt beispielsweise in Bezug auf die gemeinsame Aufstellung des **Spaltungsplans** durch die übertragende und alle übernehmenden Gesellschaften[20] sowie hinsichtlich verschiedener **Konzernprivilegien**, zB gem. § 309 Abs. 6 S. 2.[21] Zudem kommt bei einer Hereinspaltung zur Aufnahme § 318 Abs. 1 S. 1 zur Geltung, so dass das Vertretungsorgan der übernehmenden (deutschen) Gesellschaft die entsprechende Anmeldung vorzunehmen hat. Zudem gilt diesbezüglich die Regelung des § 318 Abs. 1 S. 3, so dass auch die dortigen Vorgaben erfüllt sein müssen.[22] Einer (erneuten) Missbrauchsprüfung bedarf es jedoch nicht.[23]

8

Das gesamte Normengeflecht mit seiner partiellen und entsprechenden Anwendung verschiedener Normenkomplexe macht das Recht der grenzüberschreitenden Spaltung zur Aufnahme nicht immer leicht zu durchdringen. Grundsätzlich ist aufgrund des Verweises in § 332 S. 1 **zunächst** das Recht der grenzüberschreitenden Spaltung zur Neugründung (§§ 321–331) anzuwenden, **danach** aufgrund von § 332 S. 2 ergänzend das Recht für die grenzüberschreitende Verschmelzung (§§ 307–318) und **schließlich**, sofern noch keine dieser Regelungen funktional zur Geltung kommen konnte, gilt über § 320 Abs. 2 grundsätzlich der Rückgriff auf das nationale Spaltungsrecht zur Aufnahme der §§ 126–134.

9

Dritter Teil
Grenzüberschreitender Formwechsel

Literatur:

Baschnagel/Hilser, Gläubigerschutz bei grenzüberschreitenden Umwandlungen nach dem UmRUG, NZG 2022, 1333; *Baschnagel/Hilser*, Grenzüberschreitende Umwandlungen und Austritt des dissentierenden Gesellschafters gegen Barabfindung – Mitwirkung des Notars notwendig?, BWNotZ 2023, 2; *Baschnagel/Hilser/Wag-*

---

18 Vgl. Begr. RegE UmRUG, BT-Drs. 20/3822, 113.
19 Begr. RegE UmRUG, BT-Drs. 20/3822, 114.
20 Begr. RegE UmRUG, BT-Drs. 20/3822, 114; *Recktenwald* BB 2023, 643 (644).
21 Begr. RegE UmRUG, BT-Drs. 20/3822, 115; *Brandi/Schmidt* AG 2023, 297 (301); *Recktenwald* BB 2023, 643 (647); *J. Schmidt* NZG 2022, 635 (637).
22 Begr. RegE UmRUG, BT-Drs. 20/3822, 114; *Bungert/Strothotte* BB 2022, 1411 (1422); *Brandi/Schmidt* AG 2023, 297 (309).
23 *Bungert/Strothotte* BB 2022, 1411 (1422); *Brandi/Schmidt* AG 2023, 297 (309).

ner, Unternehmerische Mitbestimmung bei grenzüberschreitenden Umwandlungen nach dem MgFSG, RdA 2023, 103; *Bayer/J. Schmidt*, BB-Gesetzgebungs- und Rechtsprechungsreport zum Europäischen Unternehmensrecht 2018/19 – Teil I: Company Law Package, BB 2019, 1922; *Behme*, Europäisches Umwandlungsrecht – Stand und Perspektiven, ZHR 182 (2018) 32; *Behme*, in: Lieder/Wilk/Ghassemi-Tabar (Hrsg.), Münchener Handbuch des Gesellschaftsrechts, Bd. 8: Umwandlungsrecht, 5. Aufl. 2018, § 39; *Behme*, Rechtsformwahrende Sitzverlegung und Formwechsel von Gesellschaften über die Grenze, 2015; *Brandi/Schmidt, M. K.*, Der grenzüberschreitende Formwechsel nach dem RegE zum UmRUG, DB 2022, 1880; *Bücker/Kopp*, Erste Praxiserfahrungen mit einem grenzüberschreitenden Hereinformwechsel nach dem neuen UmwG in die Rechtsform der Aktiengesellschaft, AG 2023, 764; *Bungert*, Neue Chancen für grenzüberschreitende Transaktionen – das UmRUG tritt in Kraft, NZG 2022, 1657; *Bungert/Reidt*, 20 Jahre SE und zwei Jahre Mobilitätsrichtlinie: Versuch eines Cross-over, DB 2022, 311; *Bungert/Reidt*, Erweiterte Möglichkeiten grenzüberschreitender Umwandlungen – nach Abschluss des Gesetzgebungsverfahrens zum UmRUG, DB 2023, 54; *Bungert/Strothotte*, Die Regierungsentwürfe zu grenzüberschreitenden Verschmelzungen, Spaltungen und Formwechseln, DB 2022, 1818; *DAV*, Stellungnahme zum Referentenentwurf eines Gesetzes zur Umsetzung der Umwandlungsrichtlinie, NZG 2022, 849; *Drinhausen/Keinath*, Regierungsentwurf eines Gesetzes zur Umsetzung der Umwandlungsrichtlinie, BB 2022, 1923; *Frank*, Formwechsel im Binnenmarkt, 2016; *Garcimartín/Gandía*, Cross-Border Conversions in the EU: The EU Commission Proposal, ECFR 2019, 15; *Goette*, Das Gesetz zur Umsetzung der Umwandlungsrichtlinie – Ein Überblick, DStR 2023, 157; *Habersack*, Die Mobilitätsrichtlinie und das nationale Umwandlungsrecht – Zum Für und Wider einer überschießenden Umsetzung – ZHR 186 (2022) 1; *Habersack*, Sekundärrechtlicher grenzüberschreitender Formwechsel ante portas, ZHR 182 (2018) 495; *Habersack*, EU-weite Unternehmensmobilität und Mitbestimmungssicherung nach Umsetzung der Mobilitätsrichtlinie, ZHR 187 (2023), 48; *Harig/Harder*, Der erweiterte Pflichtenkatalog bei grenzüberschreitenden Umwandlungen – insolvenzrechtliche Aspekte, NZG 2022, 1435; *Heckschen*, Grenzüberschreitende Sitzverlegung und grenzüberschreitender Rechtsformwechsel, GWR 2020, 449; *Heckschen*, Mehrheitserfordernisse, Missbrauchskontrolle und Gläubigerschutz bei grenzüberschreitenden Umwandlungen in der Krise, in: FS Heidinger, 2023, S. 165; *Heckschen/Hilser*, Grenzüberschreitender Gesellschaftszuzug aus Drittstaaten nach Deutschland am Praxisbeispiel einer Schweizer Aktiengesellschaft – Teil I, DStR 2022, 1005; *Heckschen/Knaier*, Größte Reform des Umwandlungsrechts – nicht nur Richtlinienumsetzung! (Teil I), GmbHR 2022, 501; *Heckschen/Knaier*, Größte Reform des Umwandlungsrechts – nicht nur Richtlinienumsetzung! (Teil II), GmbHR 2022, 613; *Heckschen/Knaier*, Update UmRUG. Welche Neuerungen bringt der Regierungsentwurf für ein Gesetz zur Umsetzung der Umwandlungsrichtlinie?, GmbHR 2022, R260; *Heckschen/Knaier*, Reform des Umwandlungsrechts kurz vor dem Ziel, ZIP 2022, 2205; *Heckschen/Knaier*, Die größte Reform des Umwandlungsrechts: Endlich in Kraft!, GmbHR 2023, 317; *Heckschen/Stelmaszczyk*, Grenzüberschreitende Umwandlungen in der Übergangszeit bis zur Transformation der neuen Umwandlungsrichtlinie, BB 2020, 1734; *Hoffmann*, in: Leible/Reichert (Hrsg.), Münchener Handbuch des Gesellschaftsrechts, Bd. 6: Internationales Gesellschaftsrecht, Grenzüberschreitende Umwandlungen, 5. Aufl. 2022, § 48; *Hommelhoff*, Der Schutz des Anteilsinhaber-Vermögens bei Umwandlungen nach dem RefE UmRUG, NZG 2022, 683; *Jochum/Hemmelrath*, Der grenzüberschreitende Hinausformwechsel in Europa, IStR 2019, 517; *Junker*, Sicherung der Unternehmensmitbestimmung in der Europäischen Union: Die Europäische Kommission auf dem Holzweg, EuZA 2019, 141; *Kablitz*, Der grenzüberschreitende Rechtsformwechsel einer GmbH – Rechtsgrundlagen, Ablauf und Praxishinweise, GmbHR 2022, 721; *Knaier*, Unionales Umwandlungsrecht, GmbHR 2018, 607; *Kraft*, „Grenzüberschreitende Vorhaben" nach Annahme der Mobilitätsrichtlinie durch das Europäische Parlament. Wesentliche Änderungen im Vergleich zum Kommissionsentwurf, BB 2019, 1864; *Kraft/Noack*, Das Registergericht als „Hüter" der Mitbestimmung bei grenzüberschreitenden Umwandlungen?, in: Festschrift Krieger, 2020, S. 539; *Lieder/Hilser*, Die Ersetzungsbefugnis beim umwandlungsrechtlichen Nachbesserungsanspruch nach dem UmRUG, ZIP 2023, 1; *Lieder/Hilser*, Die Neuordnung des Rechtsschutzsystems gegen ein unangemessenes Umtauschverhältnis bei Umwandlungsmaßnahmen nach dem UmRUG, ZIP 2022, 2521; *Limmer/Knaier*, in: Limmer (Hrsg.), Handbuch der Unternehmensumwandlung, 7. Aufl. 2024, Abschnitt 6 Kapitel 20 (Grenzüberschreitender Formwechsel auf Grundlage der §§ 333 ff. UmwG); *Löbbe*, Die grenzüberschreitende Umwandlung nach dem UmRUG, ZHR 187 (2023), 498; *Luy*, Grenzüberschreitende Umwandlungen nach dem Company Law Package, NJW 2019, 1905; *Luy/Redler*, Immer mit Plan – der Referentenentwurf eines Gesetzes zur Umsetzung der Umwandlungsrichtlinie (UmRUG), notar 2022, 163; *Mörsdorf*, Der Entwurf einer Richtlinie für grenzüberschreitende Umwandlungen – Meilenstein oder Scheinriese?, EuZW 2019, 141; *Mückle/Götte*, Unternehmensmitbestimmung und grenzüberschreitende Unternehmensmobilität, BB 2018, 2036; *Müller-Bonanni/Jenner*, Unternehmensmitbestimmung bei grenzüberschreitenden Umwandlungen, Spaltungen und Verschmelzungen. Der Referentenentwurf zum MgFSG, AG 2022, 457; *Müller-Bonanni/Jenner/Thomas*, Mitbestimmungsrechtliche Folgen grenzüberschreitender Verschmelzungen, Umwandlungen und Spaltungen nach der RL (EU) 2019/2121, NZG 2021, 764; *Noack*, Nationaler Rechtsrahmen für grenzüberschreitende Umwandlungen, MDR 2023, 465; *Noack*, Grenzüberschreitende Umwandlungen nach der neuen Umwandlungsrichtlinie – Das Austrittsrecht gegen angemessene Barabfindung, ZGR 2020, 90; *Pototzky/Gimmy*, Unternehmensmitbestimmung bei grenzüberschreitenden Formwechseln und Spaltungen innerhalb der EU und dem EWR, BB 2023, 1140; *Rawert/Hülse*, Umwandlungsplan im Verfahren des grenzüberschreitenden Formwechsels?, ZIP 2021, 272; *Redler/Obermann*, Der Gläubigerschutz bei innerstaatlichen und grenzüberschreitenden Umwandlungen, ZPG 2024, 24; *Roest*, Corporate Mobility – The Involvement of Employees, ECFR 2019, 74; *Roth, W.-H.*, Polbud – eine Nachlese, in: Festschrift Grunewald, 2021, S. 935; *Sauerbrey*, Der Mitbestimmungsschutz bei grenzüberschreitenden Umwandlungen, GmbHR 2023, 5; *Schmidt, J.*, Der Schutz der Minderheitsgesellschafter nach dem Company Package, in: Festschrift Krieger, 2020, S. 841; *Schmidt, J.*, Der UmRUG-Referentenentwurf: grenzüberschreitende Umwandlungen 2.0 – vieles mehr – Teil 1, NZG 2022, 579; *Schmidt, J.*, Schutz der Minderheitsgesellschafter bei Umwandlungen: Entwicklungslinien des europäischen Unternehmensrechts, in: Festschrift Heidel, 2021, S. 353; *Schmidt, J.*, EU Company Law Package 2018 – Mehr Digitalisierung und Mobilität von Gesellschaften (Teil 2), DK 2018, 229; *Schmidt, J.*, Gesellschaftsrecht: Regierungsentwürfe für das UmRUG und das UmRMitbestG, NZG 2022, 986; *Schmidt, J.*, Umwandlungen im Konzern nach dem UmRUG-RegE: Besonderheiten bei Bericht, Prüfung und Beschluss, DK 2022, 309; *Schmidt, J.*, Grenzüberschreitender Formwechsel in der EU Eckpunkte des Rechtsrahmens und Herausforderungen bei der Umsetzung, ZEuP 2020, 565; *Schmidt, J.*, Die weitreichende Reform des Umwandlungsrechts, NJW 2023, 1241; *Schmidt, J.*, Der Schutz der Gläubiger bei grenzüberschreitenden Verschmelzungen nach dem UmRUG, in: FS Heidinger, 2023, S. 469; *Schmidt, J.*, BB-Gesetzgebungs- und Rechtsprechungsreport zum Europäischen Unternehmensrecht 2022/2023, BB 2023, 1859; *Schmidt, M. K.*, Grenzüberschreitender Formwechsel, 2020; *Schneider/Heinemann*, Gesellschaftsrechtliche und steuerliche Neuerungen bei grenzüberschreitenden und ausländischen Umwandlungen (Teil 1), ISR 2023, 260; *Schollmeyer*, Mehr als Umsetzung. Der Regierungsentwurf für das UmRUG liegt vor, NZG 2022, 937; *Schollmeyer*, Neuerungen für Umwandlungen durch das UmRUG, NJW-Spezial 2023, 207; *Schollmeyer*, Der Gläubigerschutz bei grenzüberschreitenden Umwandlungen nach der neuen Umwandlungsrichtlinie, ZGR 2020, 62; *Schön*, Missbrauchskontrolle im Europäischen Umwandlungsrecht, in: Festschrift Krieger 2020, S. 879; *Schubert*, Mitbestimmungssicherung bei grenzüberschreitender Umwandlung – Arbeitnehmerbeteiligung nach Maßgabe des MgVG und des MgFSG, ZFA 2023, 339; *Schur*, Schutzbestimmungen und Verfahrensregeln in der neuen Richtlinie zu grenzüberschreitenden Umwandlungen, Verschmelzungen und Spaltungen, EuZW 2019, 539; *Seifert*, in: Schlachter/Heinig, Enzyklopädie Europarecht, Bd. 7: Europäisches Arbeits- und Sozialrecht, 2. Aufl. 2021, § 20 (zit.: EnzEuR VII/*Seifert*); *Spindler/Eitinger*, Die Zusammensetzung des Aufsichtsrats nach dem MgVG und dem MgFSG, AG 2023, 593; *Stelmaszczyk*, Der grenzüberschreitende Formwechsel von Kapitalgesellschaften nach geltendem und künftigem Recht – Teil I, notar 2021, 107; *Stelmaszczyk*, Der grenzüberschreitende Formwechsel von Kapitalgesellschaften nach geltendem und künftigem Recht – Teil 2, notar 2021, 147; *Stelmaszczyk*, Die neue Umwandlungsrichtlinie – harmonisierte Verfahren für grenzüberschreitende Verschmelzungen, Spaltungen und Formwechsel, GmbHR 2020, 61; *Stelmaszczyk*, Grenzüberschreitende Umwandlungen nach dem UmRUG, DNotZ 2023, 752; *Stiegler*, Grenzüberschreitende Mobilität von Personengesellschaften, ZGR 2017, 312; *Stiegler*, Grenzüberschreitende Sitzverlegungen nach deutschem und europäischem Recht, 2017; *Stiegler*, Grenzüberschreitender Formwechsel: Zulässigkeit eines Herausformwechsels. Die Polbud-Entscheidung und ihre Konsequenzen, AG 2017, 846; *Stiegler*, in: Jung/Krebs/Stiegler (Hrsg.), Gesellschaftsrecht in Europa, 2019, §§ 10, 32; *Teichmann*, Das Konzept des „Rechtsmissbrauchs" im Europäischen Umwandlungsrecht, ZGR 2022, 376; *Teichmann*, Grundlinien eines europäischen Umwandlungsrechts: Das „EU-Company Law Package 2018", NZG 2019, 241; *Teichmann*, Mitbestimmungsschutz bei grenzüberschreitenden Umwandlungen, NZG 2023, 345; *Teichmann*, Cross-border Conversions, Mergers and Divisions Based on Directive (EU) 2019/2121, 13.3.2023, SSRN 4445498; *Thomale/Schmid*, Das neue Recht der grenzüberschreitenden Umwandlung – Eine Einführung (Teil I, II), NotBZ 2023, 91, 125; *Uffmann*, Unternehmensmitbestimmung zwischen Europa und nationalen Wünschen, AG 2022, 427; *Wicke*, Optionen und Komplikationen bei der Umsetzung des Richtlinienvorschlags zum grenzüberschreitenden Formwechsel (Teil I), DStR 2018, 2642; *Wicke*, Optionen und Komplikationen bei der Umsetzung des Richtlinienvorschlags zum grenzüberschreitenden Formwechsel (Teil II), DStR 2018, 2703; *Wollin*, Der Referentenentwurf eines Gesetzes zur Umsetzung der Umwandlungsrichtlinie (UmRUG-E), ZIP 2022, 989; ZGR-Tagungsband, Unternehmensmobilität im Binnenmarkt, 2023; Zwirlein-Forschner Grenzüberschreitende Umwandlungen außerhalb der Mobilitätsrichtlinie, in: Unternehmensmobilität im EU-Binnenmarkt, 2023, S. 195.

Vor §§ 333 ff.

I. Beweggründe für einen grenzüberschreitenden Formwechsel 1
II. Bisherige Rechtspraxis 10
III. Unionsrechtlicher Hintergrund 11
   1. Europäische Niederlassungsfreiheit 12
   2. RL (EU) 2019/2121 13

3.	Konsequenzen für das deutsche Recht grenzüberschreitender Formwechsel	14	
	a) Richtlinienkonforme Auslegung ...	14	
	b) Primärrechtskonforme Auslegung ..	15	
	c) Grenzüberschreitender Formwechsel unter Beteiligung von Personengesellschaften	18	
	d) Zulässigkeit isolierter Satzungssitzverlegungen	20	
IV.	Grenzüberschreitender Formwechsel unter Beteiligung von Drittstaaten	22	

V. Alternative Gestaltungsmöglichkeiten	23
VI. Entstehungsgeschichte der §§ 333 ff.	28
VII. Regelungsgegenstand und -zweck (generell)................................	30
VIII. Systematische Einordnung und Verweistechnik	32
1. Grenzüberschreitende Umwandlungen .	32
2. Verweistechnik	33
IX. Arbeitnehmermitbestimmung	34

I. Beweggründe für einen grenzüberschreitenden Formwechsel

1 Auch unabhängig von den erst seit 1.3.2023 bestehenden Verfahrensvorschriften für einen grenzüberschreitenden Formwechsel im Umwandlungsgesetz stellten aufgrund der liberalen Rechtsprechung des EuGH zur Rechtswahlfreiheit von Gesellschaften (→ Rn. 12) sowohl ein Herausformwechsel aus Deutschland als auch ein Hereinformwechsel nach Deutschland in den letzten Jahren ein attraktives Gestaltungsmittel zur Unternehmensumstrukturierung dar. Dies galt vor allem für kleinere und mittlere Unternehmen. Nicht zuletzt zeigt dies auch die durchaus umfangreich zur Thematik ergangene oberlandesgerichtliche Rechtsprechung (→ Rn. 10).[1] Ausgangspunkt der Beweggründe für einen grenzüberschreitenden Formwechsel (einer Kapitalgesellschaft innerhalb der EU) ist dabei der Umstand, dass die entsprechende Umwandlungsmaßnahme europaweit mit einer Verlegung des Satzungs- bzw. Registersitzes der Gesellschaft in einen anderen EU-Mitgliedstaat und damit zwingend mit einer Änderung des anwendbaren nationalen Gesellschaftsrechts verbunden ist.[2] Wie sich explizit sowohl aus § 333 Abs. 1 als auch der zugrunde liegenden Bestimmung des Art. 86b Nr. 2 RL (EU) 2017/1132 ergibt, geht ein grenzüberschreitender Formwechsel daher mit einer **Verlegung des Satzungssitzes** der Gesellschaft in einen anderen EU/EWR-Staat einher (→ § 333 Rn. 15). Die Beweggründe für einen grenzüberschreitenden Formwechsel bedingen somit die Motive für eine grenzüberschreitende Verlegung des Satzungssitzes einer Kapitalgesellschaft.[3]

2 Unter diesem Blickwinkel kann aufgrund eines veränderten Unternehmensumfeldes, zB in Form geänderter Marktbedingungen sowie der damit ggf. einhergehenden Änderung der strategischen Ausrichtung des Unternehmens, der Fall eintreten, dass die bislang von der nationalen Rechtsordnung zur Verfügung gestellten Rechtsformen keinen wirtschaftlich effizienten und sachgerechten Rahmen für bestimmte Betätigungen der Gesellschaft mehr darstellen. Aufgrund der Möglichkeit einer nachträglichen **europaweiten Rechtsformwahl** kann durch einen grenzüberschreitenden Formwechsel die Wahl eines attraktiveren, auf den Rechtsträger im Ausland anwendbaren Gesellschaftsrechts ermöglicht werden.[4] Gesellschaftsrechtliche Hauptmotive sind insbesondere eine Rechtsarbitrage, dh das Nutzen von rechtlichen Vorteilen, die eine andere Rechtsordnung zB im Hinblick Corporate Governance- oder Haftungsstrukturen im Vergleich zur inländischen Rechtsordnung bereit hält, die Ausgestaltung von Gesellschafter-

---

1 Siehe OLG Saarbrücken 7.1.2020 – 5 W 79/19, NZG 2020, 390; OLG Düsseldorf 19.7.2017 – I-3 Wx 171/16, NZG 2017, 1354; OLG Frankfurt a. M. 3.1.2017 – 20 W 88/15, NZG 2017, 423; KG 21.3.2016 – 22 W 64/15, NZG 2016, 834; OLG Nürnberg 19.6.2013 – 12 W 520/13, NZG 2014, 349; OLG Oldenburg 30.6.2020 – 12 W 23/20, NZG 2020, 992.

2 Vgl. auch OLG München 4.10.2007 – 31 Wx 36/07, NZG 2007, 915.

3 *Stiegler* Grenzüberschreitende Sitzverlegungen S. 56; zu den Motiven auch *Stelmaszczyk* notar 2022, 107 (108).

4 Vgl. nur *Teichmann* ZGR 2022, 376 (381).

bzw. Aktionärsrechten, Strukturvereinfachungen und Flexibilisierungen (im Konzern), eine Verkleinerung eines etwaigen Aufsichtsrats oder einfach die Einsparung von Verwaltungskosten.[5] Gerade für ausländische Gesellschaften mit hauptsächlicher Tätigkeit und/oder Hauptverwaltung in einem anderen Staat, ist auch die „Rückkehr" zum eigenen Recht und damit die Vermeidung einer grenzüberschreitenden Administration und Kumulierung verschiedener Anknüpfungsstatute (zB Gesellschafts- und Insolvenzstatut) von Interesse. Für Gesellschaften aus dem Vereinigten Königreich dürfte sich dieser Aspekt aber mittlerweile im Zuge des **Brexit** geklärt haben, da hier die europäische Niederlassungsfreiheit nicht mehr zur Anwendung kommt,[6] und auch ansonsten entsprechende britische Gesellschaften als solche in Deutschland nicht mehr anerkannt werden.[7] Indes kann die Möglichkeit des Rückzugs vor allem in den Heimatstaat der Konzernmuttergesellschaft aus einem anderen EU-Mitgliedstaat aufgrund dortiger wirtschaftlicher und/oder politischer Schwierigkeiten bzw. Ausgangsbedingungen für Tochtergesellschaften ein probates Mittel sein.

Faktisch ist darüber hinaus der Wechsel der **steuerrechtlichen Anknüpfung** zentrales Motiv einer grenzüberschreitenden Satzungssitzverlegung.[8] Dieser Aspekt ist vor allem bei Holdinggesellschaften der maßgebliche Beweggrund für eine entsprechende Sitzverlegung. Wie der EuGH dabei jedoch kürzlich festgestellt hat, gibt die EU-Niederlassungsfreiheit nicht vor, dass ein grenzüberschreitender Formwechsel als Satzungssitzverlegung zwingend steuerneutral erfolgen müsse.[9]

Auch ein leichterer Zugang zu **Finanzierungsmitteln** kann ein Motiv für eine formwechselnde Sitzverlegung sein.[10] Strebt ein Unternehmen eine Börsennotierung an oder beabsichtigt es, Finanzmittel zu beschaffen, um weiter zu wachsen, kann eine Änderung des Gesellschaftsrechtssystems dabei helfen, Investoren und Geldgeber anzulocken. Denkbar ist auch eine verbesserte Möglichkeit zum Erhalt von staatlichen Subventionen vom Zuzugsstaat.[11]

Das Motiv für einen grenzüberschreitenden Formwechsel kann auch in den Unterschieden zu alternativen Gestaltungsmöglichkeiten (→ Rn. 23 ff.) liegen. Im Gegensatz zB zur grenzüberschreitenden Verschmelzung findet keine Übertragung des Vermögens von einem Rechtsträger auf einen anderen im Wege der Universalsukzession statt. Die Verbindlichkeiten und Rechte setzen sich vielmehr in der neuen (ausländischen) Rechtsform fort.[12] Verfügt der Ausgangsrechtsträger über Immobilieneigentum, wird durch die identitätswahrende Satzungssitzverlegung – im Unterschied zur Verschmelzung – **keine Grunderwerbsteuer** ausgelöst.[13] Die Grunderwerbsteuer knüpft vielmehr an einen tatsächlichen Erwerbsvorgang an, der anhand zivilrechtlicher Vorgaben zu bestimmen ist. Infolge der Identitätswahrung kommt es auch nicht zu einem Kontrollwechsel. Anders als bei übertragenden Umwandlungsvorgängen entstehen daher keine

---

5 *Stiegler* Grenzüberschreitende Sitzverlegungen S. 56 ff.
6 Vgl. nur BGH 16.2.2021 – II ZB 25/17, NZG 2021, 702.
7 Vgl. OLG München 5.8.2021 – 29 U 2411/21 Kart, NZG 2021, 1518; OLG Celle 5.9.2022 – 9 W 73/22, NZG 2023, 23; LG Berlin 28.11.2022 – 101 O 57/22, NZG 2023, 706; LSG Nordrhein-Westfalen 31.8.2022 – L 4 U 78/22 B ER, BeckRS 2022, 32423; aus österreichischer Sicht auch OGH 27.1.2022 – 9 Ob 74/21d, NZG 2022, 1072.
8 *Nentwig* GWR 2015, 447; *Benrath/König* DK 2012, 377 (378).
9 Vgl. EuGH 10.11.2022 – C-414/21, NZG 2023, 191.
10 *Benrath/König* DK 2012, 377 (378); zur steuerlichen Gestaltung *Förster* BB Heft 13/2023, I.
11 *Binard/Schummer* ECL 2019, 31 (36); diesbezüglich zweifelnd *Schön* FS Krieger, 2020, 879 (898).
12 Vgl. zum innerstaatlichen Formwechsel OLG Frankfurt a. M. 19.3.2015 – 20 W 160/13, NZG 2015, 138; *Habersack/Schürnbrand* NZG 2007, 81.
13 *Ege/Klett* DStR 2012, 2442 (2445 f.); *Schwerin* RNotZ 2003, 480 (493); *Schönhaus/Müller* IStR 2013, 174 (176).

Sonderkündigungsrechte bei Dauerschuldverhältnissen.[14] Auch die meisten vertraglichen **change of control-Klauseln** mit Vorstands- bzw. Geschäftsführungsmitgliedern erfassen einen (grenzüberschreitenden) Wechsel der Rechtsform nicht.[15]

6 Auch aus restrukturierungs- und/oder insolvenzrechtlicher Sicht kann ein grenzüberschreitender Formwechsel im Sinne eines „Rechtsformshoppings" Vorteile mit sich bringen. Insbesondere zur Vorbereitung eines **Insolvenzverfahrens** oder eines vorinsolvenzlichen Sanierungsplans kann eine identitätswahrende Satzungssitzverlegung vorteilhaft sein.[16] Verschiedene Rechtsordnungen bieten für Schuldner im nationalen Insolvenzverfahren die Möglichkeit einer (teilweisen) Restschuldbefreiung an, die vom deutschen Recht abweicht. Im europäischen Recht gilt nach Art. 4 Abs. 1 EUInsVO für das Insolvenzverfahren und seine Wirkungen das Insolvenzrecht des Mitgliedstaats, in dem das Verfahren eröffnet wird. Eine vorinsolvenzliche **Sanierungsmigration** mittels Verlegung des Satzungssitzes in einen anderen Mitgliedstaat kann insofern Bestandteil eines Sanierungsplans der Gesellschaft sein,[17] da sich dadurch die regulativen Vorteile des ausländischen Insolvenzrechts nutzen und damit die Kosten einer geplanten Unternehmensrestrukturierung verringern lassen. Um diesbezüglich die Anwendung eines fremden Insolvenzstatuts herbeizuführen, muss der Schwerpunkt der hauptsächlichen Interessen der Gesellschaft in den entsprechenden Mitgliedstaat verlegt werden. Dies kann beispielsweise auch für eine Kapitalerhöhung im Rahmen eines dept-equity-schwap von Bedeutung sein.[18] Eine solche Sitzverlegung, um in den Genuss eines anderen Insolvenzstatutes zu kommen, ist im Grundsatz auch nicht per se rechtsmissbräuchlich (→ § 342 Rn. 20).[19]

7 Aufgrund speziell der gesetzlichen Ausgestaltung der Regelungen des neuen MgFSG (→ Rn. 34) und vor allem der zugrunde liegenden Regelung des Art. 86l RL (EU) 2017/1132 ist abzusehen, dass ein grenzüberschreitender Formwechsel aus Deutschland hinaus vor allem der Vermeidung[20] einer zukünftigen **unternehmerischen Arbeitnehmermitbestimmung** dienen könnte.[21] Hintergrund ist, dass basierend auf den europäischen Vorgaben im MgFSG zwar das bereits bekannte System aus Arbeitnehmer-Verhandlungsverfahren, Auffanglösung und Vorher-Nach-Prinzip etabliert wird, ein potenzielles „Hereinwachsen" einer bislang mitbestimmungsfreien Gesellschaft aufgrund Erreichens deutscher Mitbestimmungsschwellenwerte im dann im Zuge des grenzüberschreitenden Formwechsels ausländischen Zielrechtsträger allerdings nicht hiervon umfasst ist.[22] Vielmehr geben § 4 MgFSG und Art. 86l Abs. 1 RL (EU) 2017/1132 explizit vor, dass sich das anwendbare Mitbestimmungsrecht nach dem Recht des Zuzugsstaates, dem der umgewandelte Rechtsträger im Zuge des grenzüberschreitenden Formwechsels unterliegt, bestimmt. In diesem Zusammenhang wird auch die Richtlinienkonformität des § 36 MgFSG zu Recht kritisiert.[23] Schutzmechanismus ist grundsätzlich lediglich, dass bereits dann eine Pflicht zur Bildung und Aufnahme von Verhandlungen

---

14 Zuletzt zur Verschmelzung OLG München 29.8.2022 – 33 U 4846/21, NZG 2022, 1402.
15 *Ege/Klett* DStR 2012, 2442 (2445); *Krebs* GWR 2014, 144 (146).
16 *Kindler* NZG 2018, 1 (2).
17 *Heckschen/Knaier* GmbHR 2023, 317 (319); vgl. auch K. Schmidt/Uhlenbruck, Die GmbH in Krise, Sanierung und Insolvenz/*Vallender*, 5. Aufl. 2016, Rn. 12.108; *Klöhn/Franke* ZEuP 2022, 44 (48 f.).
18 *Weller* ZGR 2008, 835 (842).
19 *Weller/Thomale/Benz* NJW 2016, 2378 (2380).
20 Nicht: (rechtswidrigen) Umgehung.
21 Vgl. nur *Sauerbrey* GmbHR 2023, 5 (7); *Heckschen/Knaier* GmbHR 2022, 613 (620); *Titze* NZA 2021, 752 (754); s. auch *Habersack* ZHR 187 (2023), 48 ff.; *Schubert* ZGR 2023, 245 (258 f.); *Schubert* ZFA 2023, 339 (341 f.).
22 *Kraft/Noack* FS Krieger, 2020, 539 (545); vgl. auch *Löbbe* ZHR 187 (2023), 498 (530).
23 So Kallmeyer/*Müller-Bonanni* MgFSG § 36 Rn. 1; *Sauerbrey* GmbHR 2023, 5 (9).

mit einem besonderen Verhandlungsgremium der Arbeitnehmer besteht, wenn in der formwechselwilligen Gesellschaft 4/5 der Anzahl an Arbeitnehmern beschäftigt ist,[24] die eine unternehmerische Mitbestimmung auslöst (§ 5 Nr. 1 MgFSG).[25] In Bezug auf das DrittelbG also 400 Arbeitnehmer.

Bei dieser Ausgangslage ist daher insbesondere ein sog. **„Einfrieren der** (nicht vorhandenen) **Mitbestimmung"**, wie es in vergleichbarer Weise bereits bei der Gründung einer Europäischen Aktiengesellschaft (SE) bekannt ist und umfassend genutzt wird,[26] als Gestaltungsoption im Rahmen eines Herausformwechsels aus Deutschland möglich. Eine wie vom Bundesrat in seiner Stellungnahme zum Regierungsentwurf des MgFSG angedachte verpflichtende Verhandlung über die Mitbestimmung mit den Arbeitnehmern auch dann, wenn aus deutscher Perspektive ein mitbestimmungsrelevanter Schwellenwert in der bereits umgewandelten Auslandsgesellschaft erst nachträglich erreicht wird,[27] ist ohne Änderung des zugrunde liegenden europäischen Rechts nicht möglich und wäre insofern richtlinienwidrig.[28] Eine Vermeidung der ggf. demnächst eingreifenden Pflicht zur Unternehmensmitbestimmung kann daher im Grundsatz zulässiges Motiv für einen Herausformwechsel aus Deutschland in die Rechtsform eines anderen (mitbestimmungsfreien) EU-Mitgliedstaates sein.

Ein entsprechendes Vorgehen ist nach herrschender Auffassung auch **nicht rechtsmissbräuchlich** und rechtfertigt zumindest pauschal noch keinen Rechtsmissbrauchseinwand seitens des zuständigen Registergerichts gem. § 343 Abs. 3 (→ § 343 Rn. 16).[29] Denn wird ein Verfahren und ein rechtlicher Zustand bewusst vom europäischen Gesetzgeber so ausgestaltet,[30] kann dies ein nationaler Gesetzgeber bzw. die zuständigen Registergerichte nicht durch eine zweckerweiternde, umfangreiche Missbrauchskontrolle partiell konterkarieren.[31]

II. Bisherige Rechtspraxis

Aufgrund des Umstandes, dass im Hinblick auf die ergangene EuGH-Rechtsprechung zur Niederlassungsfreiheit (→ Rn. 12) seit bereits mehreren Jahren sowohl ein Hereinformwechsel nach als auch ein Herausformwechsel aus Deutschland von den nationalen Registergerichten grundsätzlich anzuerkennen sind und insofern nicht vorbehaltslos untersagt werden dürfen, hatte sich bereits im Vorfeld des Inkrafttretens der Neuregelungen der §§ 333 ff. ein gewisses Vorgehen herausgebildet, wie ein grenzüberschreitender Formwechsel rechtssicher durchgeführt werden kann. In diesem Zusammenhang sind vor allem seit der Vale-Entscheidung des EuGH aus dem Jahr 2012[32] auch verschiedene (oberlandesgerichtliche) Entscheidungen zur Thematik eines Hereinform-

---

24 Zur Berechnung des entsprechenden Schwellenwertes *Müller-Bonanni/Jenner* AG 2022, 457 (459).
25 Kritisch zu dieser 4/5-Regelung *Müller-Bonanni/Thomas* NZG 2021, 764; *Bormann/Stelmaszczyk* ZIP 2019, 353 (364); *Habersack* ZHR 182 (2018) 495 (501); *Junker* EuZA 2019, 141 (142); *J. Schmidt* BB 2022, 1859 (1869); *Uffmann* AG 2022, 427 (431).
26 Vgl. nur Jung/Krebs/Stiegler GesR-HdB/Gesell/Berjasevic § 4 Rn. 8.
27 Stellungnahme zum Reg-E MgFSG v. 16.9.2022, BR-Drs. 371/22(B).
28 *Uffmann* AG 2022, 427 (432); in diesem Sinne auch Kallmeyer/*Müller-Bonanni* MgFSG § 36 Rn. 1.
29 *Kraft/Noack* FS Krieger, 2020, 539 (550); *Uffmann* AG 2022, 427 (432); vgl. aber auch § 36 MgFSG; zu dessen partieller Richtlinienwidrigkeit Kallmeyer/*Müller-Bonanni* MgFSG § 36 Rn. 1; *Sauerbrey* GmbHR 2023, 5 (9).
30 Ein „Redaktionsversehen" schein wohl eher fernliegend, so aber *Stelmaszczyk* ZIP 2019, 2437 (2446).
31 In diesem Sinne *Habersack* ZHR 182 (2018) 495 (502); *Teichmann* ZGR 2022, 376 (407); wohl auch *Bayer/J. Schmidt* BB 2019, 1922 (1930).
32 EuGH 12.7.2012 – C-378/10, NJW 2012, 2715 – VALE.

wechsels nach sowie Herausformwechsels aus Deutschland ergangen.[33] Aufgrund mangelnder, unmittelbar anwendbarer gesetzlicher Vorgaben betreffend die Durchführung eines grenzüberschreitenden Formwechsels hatten sich dabei verschiedene Methoden entwickelt, wie und vor allem nach welchen bestehenden Regelungen ein entsprechender Formwechsel unter Beteiligung einer deutschen Gesellschaft vollzogen werden solle. Dies reichte von der analogen Anwendung der **§§ 190 ff.**, der (ergänzenden) analogen Anwendung der **§§ 122a ff. aF** bis zur Anwendung des **Art. 8 SE-VO** analog. Wegen der diesbezüglichen Uneinigkeiten war eine enge Kommunikation mit dem zuständigen Registergericht aber stets unerlässlich. Eine gewisse Vorab-Hilfestellung bot dabei insbesondere die **„Checkliste"** der Registerrichter des Berliner Amtsgerichts Charlottenburg,[34] welche überwiegend eine entsprechende Anwendung der Regelungen des Art. 8 SE-VO empfahl. Eine wie vom OLG Saarbrücken[35] angedachte Vorwirkung der einschlägigen Richtlinienbestimmungen bereits vor Verabschiedung der deutschen Umsetzungsbestimmungen wurde zu Recht kritisch betrachtet.[36] Durch die nunmehr bestehenden Verfahrensvorgaben der §§ 333 ff. hat sich die Problematik aus praktischer Sicht gelöst.

III. Unionsrechtlicher Hintergrund

11 Das Recht eines grenzüberschreitenden Formwechsels ist aufgrund der Beteilung mehrerer Rechtsordnungen zumindest innerhalb Europas seit jeher von europäischen Vorgaben und Entwicklungen geprägt. Die „Reise des grenzüberschreitenden Formwechsels" begann insofern bereits mit einem Vorschlag aus dem Jahr 1997 für eine Sitzverlegungs-Richtlinie, die einen Wechsel der Rechtsform implizierte, gefolgt von der liberalen EuGH-Rechtsprechung zur Niederlassungsfreiheit von Gesellschaften (→ Rn. 12) und schlussendlich den materiellen Regelungen zur Durchführung eines grenzüberschreitenden Formwechsels im Rahmen der RL (EU) 2019/2121 zur Erweiterung der RL (EU) 2017/1132 über bestimmte Aspekte des Gesellschaftsrechts.

1. Europäische Niederlassungsfreiheit

12 Die europäische Niederlassungsfreiheit dient der Förderung und Verwirklichung eines einheitlichen Binnenmarktes ohne Binnengrenzen in der EU. Für Gesellschaften ist die Niederlassungsfreiheit in **Art. 49, 54 AEUV** statuiert und garantiert das Recht der freien Niederlassung von Unternehmen eines Staates in einem anderen. Das Ziel der Niederlassungsfreiheit besteht dabei vor allem darin, es den Gesellschaften der Mitgliedstaaten zu ermöglichen, in einem anderen Mitgliedstaat eine Haupt- oder Zweigniederlassung zu errichten und sich an grenzüberschreitenden Strukturmaßnahmen zu beteiligen, um dort ihren wirtschaftlichen Tätigkeiten nachzugehen. In diesem Zusammenhang hat sich vor allem im letzten Jahrzehnt die Niederlassungsfreiheit auch als sog. **Rechtswahlfreiheit** etabliert, die auch einen grenzüberschreitenden Formwechsel

---

33 Siehe OLG Saarbrücken 7.1.2020 – 5 W 79/19, NZG 2020, 390 (Herausformwechsel); OLG Düsseldorf 19.7.2017 – I-3 Wx 171/16, NZG 2017, 1354 (Hereinformwechsel); OLG Frankfurt a. M. 3.1.2017 – 20 W 88/15, NZG 2017, 423 (Herausformwechsel); KG 21.3.2016 – 22 W 64/15, NZG 2016, 834 (Hereinformwechsel); OLG Nürnberg 19.6.2013 – 12 W 520/13, NZG 2014, 349 (Hereinformwechsel); OLG Oldenburg 30.6.2020 – 12 W 23/20, NZG 2020, 992 (Hereinformwechsel in eine deutsche Kommanditgesellschaft); zum Hereinformwechsel in einen deutschen Verein siehe auch KG 27.11.2020 – 22 W 13/20, NZG 2021, 429.
34 Siehe GmbHR 2014, R311.
35 OLG Saarbrücken 7.1.2020 – 5 W 79/19, NZG 2020, 390.
36 *Heckschen/Stelmaszczyk* BB 2020, 1734; *Heckschen/Strnad* GWR 2021, 215 (220); *Fink/Chilevych* NZG 2020, 544.

umfasst und weitgehend unter Schutz stellt.³⁷ Insbesondere die EuGH-Entscheidung in der Rs. **Polbud**³⁸ wird diesbezüglich daher als Ausgangspunkt der Regulierung eines grenzüberschreitenden Formwechsels auf europäischer Ebene betrachtet.³⁹ In dieser Entscheidung wurde ein grenzüberschreitender Herausformwechsel als zulässig und von der Niederlassungsfreiheit erfasst angesehen, der von den Mitgliedstaaten nicht per se verboten bzw. unterbunden werden darf. Entsprechendes galt im Zuge der **Vale**-Entscheidung aus dem Jahr 2012 bereits für einen grenzüberschreitenden Hereinformwechsel.⁴⁰

2. RL (EU) 2019/2121

Wegen der weitgehenden und umfangreichen Zulässigkeit eines grenzüberschreitenden Formwechsels innerhalb der EU aufgrund der beschriebenen EuGH-Rechtsprechung, wurde teilweise behauptet, dass die Notwendigkeit und das Bedürfnis nach einer **sekundärrechtlichen Regulierung** in Form einer Richtlinie weniger drängend geworden sei.⁴¹ Indes stellen solche schon mangels konkreter Durchführungsvorgaben mittels der ergangenen EuGH-Entscheidungen einen immanenten Grund für der Erlass europaweit einheitlicher Verfahrensbestimmungen dar.⁴² Es ist daher erforderlich, dass die primärrechtlich verbürgte Formwechselfreiheit über die Grenze auch sekundärrechtlich „mit Leben gefüllt" wird, da diese ohne ein geordnetes und einheitliches Verfahren praktisch nicht verwirklicht werden kann.⁴³ Dies gewährleistet bzw. bezweckt die RL (EU) 2019/2121 „in Bezug auf grenzüberschreitende Umwandlungen, Verschmelzungen und Spaltungen" (sog. **Mobilitätsrichtlinie**).⁴⁴ Diese erweitert die bestehende RL (EU) 2017/1132 um ein neues Kapital betreffend „Grenzüberschreitende Umwandlungen" (**Art. 86a ff. RL (EU) 2017/1132**). Neben dem Anwendungsbereich und dem Begriff eines grenzüberschreitenden Formwechsels werden in diesem ausführliche Vorgaben vor allem für die Durchführung und das Verfahren eines grenzüberschreitenden Formwechsels für die Mitgliedstaaten statuiert. Die Erwägungsgründe zur RL (EU) 2019/2121 enthalten zudem Interpretations- und Auslegungshilfen auch für die nationalen Umsetzungsbestimmungen des deutschen Rechts in §§ 333 ff.

3. Konsequenzen für das deutsche Recht grenzüberschreitender Formwechsel
a) Richtlinienkonforme Auslegung

Der entsprechend dargestellte europäische Hintergrund der §§ 333 ff. fordert insofern insbesondere eine richtlinienkonforme Auslegung der Normen. Bei Auslegungszweifeln sind daher die zugrunde liegenden Richtlinienbestimmungen der Art. 86a-86t RL (EU) 2017/1132 (sowie die diesbezüglichen Erwägungsgründe der Richtlinie) zu beachten und bei der Ermittlung des Auslegungsergebnisses grundsätzlich vorrangig heranzuziehen. Daneben kann zumindest potenziell eine richtlinienkonforme Rechts-

---

37 Vgl. nur *Mörsdorf* ZIP 2017, 2381.
38 EuGH 25.10.2017 – C-106/16, NZG 2017, 1308 – Polbud.
39 *Habersack* ZHR 186 (2022) 1; *Noack* MDR 2023, 465; *Schollmeyer* NJW-Spezial 2023, 207; *Schröter/Neubert*, jurisPR-HaGesR 4/2023 Anm. 1; *Stelmaszczyk* notar 2022, 107 (109); *Teichmann* ZGR 2022, 376 (379 f.); *Goette* DStR 2023, 157; Habersack/Casper/Löbbe/*Behrens/Hoffmann* GmbHG Einl. Rn. B 289; *Schubert* ZFA 2023, 339 (340); *Teichmann*, Cross-border Conversions, Mergers and Divisions Based on Directive (EU) 2019/2121, 13.3.2023, SSRN 4445498, 1; *Löbbe* ZHR 187 (2023), 498 (499 f.).
40 EuGH 12.7.2012 – C-378/10, NJW 2012, 2715 – VALE.
41 So *Hushahn* RNotZ 2014, 137 (155); *Mittereder*, Grenzüberschreitende Sitzverlegungen, 2015, S. 244.
42 Jung/Krebs/Stiegler GesR-HdB/*Stiegler* § 32 Rn. 22.
43 Vgl. *Habersack/Verse* EuGesR § 4 Rn. 30 f.; *Löbbe* ZHR 187 (2023), 498 (500).
44 Richtlinie (EU) 2019/2121 des Europäischen Parlaments und des Rates vom 27.11.2019 zur Änderung der Richtlinie (EU) 2017/1132 in Bezug auf grenzüberschreitende Umwandlungen, Verschmelzungen und Spaltungen.

fortbildung (Analogie oder teleologische Reduktion) der deutschen Umsetzungsbestimmungen in Betracht kommen. Anhaltspunkte für eine solche sind nach derzeitigem Stand allerdings nicht ersichtlich, so dass die Problematik aus praktischer Sicht zurzeit nicht relevant ist.

b) Primärrechtskonforme Auslegung

15 Zudem müssen die §§ 333 ff. den Vorgaben der europäischen **Niederlassungsfreiheit** in Bezug auf grenzüberschreitende Formwechsel gerecht werden. Dies wird insbesondere bei solchen Aspekten des Umwandlungsverfahrens relevant, bei denen die zugrunde liegenden Richtlinienbestimmungen bewusst[45] keine Regelung enthalten und insofern grundsätzlich den Mitgliedstaaten die Regelungshoheit im Rahmen der generellen Wertungen der Richtlinie überlassen.[46] Zum anderen kann dies bei entweder expliziten Mitgliedstaatenoptionen innerhalb der Richtlinie oder der etwaigen Etablierung strengerer (Schutz-)Bestimmungen im nationalen Recht aufgrund Zulässigkeit wegen bloßer Mindestharmonisierung durch die zugrunde liegenden Richtlinienbestimmungen der Fall sein. Auch in diesen Fällen, wo isoliert betrachtet kein Richtlinienverstoß durch eine nationale Regelung hervorgerufen wird, sind die Wertungen vor allem der Art. 49, 54 AEUV und die dazu ergangene EuGH-Rechtsprechung zu beachten. Insbesondere dürfen entsprechende nationale Regelungen daher nicht die Ausübung der Niederlassungs- als Formwechselfreiheit von EU/EWR-Gesellschaften rechtlich oder tatsächlich unsachgemäß beschränken.

16 Die Problematik ist derzeit insbesondere im Rahmen einer sog. **isolierten Satzungssitzverlegung**, also eines grenzüberschreitenden Formwechsels mit lediglich Verlegung des Satzungssitzes der Gesellschaft in einen anderen Mitgliedstaat ohne auch Verlegung des Verwaltungssitzes (→ Rn. 20), von Bedeutung, da es die RL (EU) 2017/1132 – bewusst – offenlässt, ob im Rahmen des Umwandlungsverfahrens auch der Verwaltungssitz verlegt oder eine sonstige wirtschaftliche Tätigkeit im Zielstaat des grenzüberschreitenden Formwechsels begründen werden muss. Vor allen unter Verweis auf die Polbud-Entscheidung des EuGH (→ Rn. 20) wird die isolierte Herausverlegung des Satzungssitzes bei gleichzeitigem Rechtsformwechsel gleichwohl ganz überwiegend als unter den Schutzbereich der Niederlassungsfreiheit fallend angesehen.[47]

17 Ferner sind die Vorgaben der Niederlassungsfreiheit bei jedem grenzüberschreitenden Formwechsel umfassend zu beachten, der nicht vom (persönlichen) Anwendungsbereich der Art. 86a ff. RL (EU) 2017/1132 erfasst ist, insbesondere also dem grenzüberschreitender Formwechsel unter Beteiligung von **Personengesellschaften** (→ Rn. 18 f.).

c) Grenzüberschreitender Formwechsel unter Beteiligung von Personengesellschaften

18 Weder die §§ 333 ff. (→ § 334 Rn. 9) noch die zugrunde liegende Richtlinie umfassen Personengesellschaften als an einem grenzüberschreitenden Formwechsel beteiligte

---

[45] „Unbewusste" iSv unbeabsichtigte Regelungslücken sind in Abweichung dazu vielmehr innerhalb der Richtlinie selbst zu thematisieren und lassen dem mitgliedstaatlichem Recht grundsätzlich keine eigenen Regelungsspielraum.

[46] Zur entsprechenden regelungstechnischen Methodik vgl. Jung/Krebs/Stiegler GesR-HdB/*Jung/Stiegler* § 18 Rn. 58.

[47] Vgl. nur BeckOGK/*Großerichter/Zwirlein-Forschner* IntGesR AT Rn. 150; *W.-H. Roth* FS Grunewald, 2021, 935 (940); *Schön* FS Krieger, 2020, 879 (885); zu Recht kritisch indes *Fischinger-Corbo*, Umwandlung der Niederlassungsfreiheit in eine Gesellschaftswahlfreiheit?, 2023, S. 202.

Rechtsträger,[48] obwohl auch sie von der Niederlassungsfreiheit umfasst sind und ihnen damit grundsätzlich das Recht zum grenzüberschreitenden Formwechsel zusteht.[49] Aufgrund der primärrechtlichen Zulässigkeit war daher die Kritik umso größer, dass sich der deutsche Gesetzgeber bewusst[50] gegen eine überschießende Umsetzung der §§ 333 ff. auch für Personengesellschaften entschieden hat.[51] Diese berechtigte Kritik ändert aber nichts daran, dass die Verfahrensregelungen der §§ 335 ff. für Personengesellschaften nicht anwendbar sind und auch eine analoge Anwendung aufgrund der eindeutigen Intention des Gesetzgebers rechtsmethodisch nicht möglich ist.[52]

Bis zur Verabschiedung des Gesetzes zur Modernisierung des Personengesellschaftsrechts (**MoPeG**) im Jahr 2021 und der damit einhergehenden Neufassung des § 706 BGB war relevanter Sitz für eine Personengesellschaft nach herrschender, aber umstrittener Auffassung,[53] der Verwaltungssitz.[54] Dies führte dazu, dass bei einem beabsichtigten grenzüberschreitenden Formwechsel einer deutschen Personengesellschaft, der Verwaltungssitz ins Ausland verlegt werden musste.[55] Im Zuge des neuen Sitzverständnisses gem. § 706 S. 2 BGB (iVm § 105 Abs. 2 HGB) kann seit dem 1.1.2024 jedoch ein vom Verwaltungssitz abweichender „**Vertragssitz**" gewählt werden, welcher als solcher im Zuge eines grenzüberschreitenden Formwechsels auch ins Ausland verlegt werden kann.[56] Ab dem Jahr 2024 wird ebenfalls die eingetragene GbR formwechselnder Rechtsträger im Sinne des § 190 Abs. 1 nF sein, so dass auch diese Ausgangsrechtsträger eines grenzüberschreitenden Formwechsels sein kann.[57] Materiell waren nach hM bislang auf einen grenzüberschreitenden Formwechsel einer Personengesellschaft die Vorgaben der §§ 190 ff., 228 ff. analog anzuwenden.[58] Seit Bestehen der §§ 333 ff. sollte man diese nunmehr um eine faktische Orientierung (iSv Anwendungshilfe) an diesen Vorschriften ergänzen. Neben Personengesellschaften wird auch ein zukünftiger „**Europäischer Verein**" (European cross-border association – ECBA) nach dem Vorschlag der EU-Kommission vom 5.9.2023[59] nicht von den §§ 333 ff. umfasst sein, da die Möglichkeit und das Verfahren einer identitätswahrenden, formwechselnden Sitzverlegung der entsprechenden Rechtsform abschließend in den Art. 22 f. RL-Vorschlag geregelt sein würden.

d) Zulässigkeit isolierter Satzungssitzverlegungen

Mit Blick auf die Reichweite der Niederlassungsfreiheit als auch den Erlass der RL (EU) 2019/2121 war einer der Hauptdiskussionspunkte die Zulässigkeit eines grenzüberschreitenden Formwechsels mittels einer sog. isolierten Satzungssitzverlegung in einen anderen EU-Mitgliedstaat. Unter einer isolierten Satzungssitzverlegung ist die **Verlegung nur des Satzungssitzes** ins Ausland zu verstehen, ohne dass es zu einer Verlagerung der

---

48 Vgl. aus europäischer Sicht nur *Habersack/Verse* EuGesR § 4 Rn. 32; *Zwirlein-Forschner* in Unternehmensmobilität im EU-Binnenmarkt, S. 195 (198).
49 Vgl. nur *Stiegler* ZGR 2017, 312 (334 ff.); s. auch OLG Oldenburg 30.6.2020 – 12 W 23/20, NZG 2020, 992.
50 Siehe Begr. Reg-E UmRUG, BT-Drs. 20/3822, 116.
51 *J. Schmidt* NJW 2023, 1241; *Luy/Redler* notar 2022, 163 (165); *Schröter/Neubert* jurisPR-HaGesR 4/2023 Anm. 1; *Luy/Redler* notar 2022, 163 (165); *Goette* DStR 2023, 157 (158); *Löbbe* ZHR 187 (2023), 498 (499); *Heckschen/Knaier* ZIP 2022, 2205 (2213); aus mitbestimmungsrechtlicher Sicht aus *Baschnagel/Hilser/Wagner* RdA 2023, 103 (112).
52 Eine gewisse faktische Orientierung schließt dies allerdings nicht aus.
53 Vgl. nur *Koch* ZHR 173 (2009) 101 (103).
54 KG 16.4.2012 – 25 W 39/12, FGPrax 2012, 172; *Hoffmann* ZIP 2007, 1581 (1588); zum Streitstand *Stiegler* ZGR 2017, 312 (315 ff.).
55 *Stiegler* JURA 2023, 64 (70).
56 Vgl. *Fleischer* DStR 2021, 430 (434); *Heckschen/Nolting* BB 2021, 2946 (2947); *Schall* ZIP 2020, 1443 (1448).
57 *Hoffmann/Horn* RabelsZ 86 (2022) 65 (84).
58 Vgl. nur *Stiegler* ZGR 2017, 312 (344); *Zwirlein* ZGR 2017, 114 (125 ff.).
59 Proposal for a Directive of the European Parliament and of the Council on European cross-border associations, COM(2023) 516 final.

wirtschaftlichen Geschäftstätigkeit kommt.⁶⁰ Beabsichtigt ist mit anderen Worten ein grenzüberschreitender Formwechsel, bei dem lediglich der Satzungssitz als Anknüpfungspunkt für das nationale Gesellschaftsstatut in einen anderen Mitgliedstaat verlegt werden soll. In der Rs. **Polbud** stellte der EuGH weitgehend fest, dass der Schutzbereich der Niederlassungsfreiheit auch dann eröffnet ist, wenn eine Kapitalgesellschaft nur ihren Satzungssitz ins Ausland verlegt und der Verwaltungssitz sich weiterhin im Wegzugsstaat befinden soll.⁶¹ Er bringt damit zum Ausdruck, dass nicht zwingend auch der Verwaltungssitz für die europäische Zulässigkeit eines Herausformwechsels verlegt werden muss. Hieraus wird weitgehend die Zulässigkeit einer isolierten Satzungssitzverlegung hergeleitet.⁶²

21 Auch die §§ 333, 334 verbieten nicht einen grenzüberschreitenden Formwechsel in Form einer isolierten Satzungssitzverlegung. Gleichwohl soll gem. § 343 Abs. 3 S. 4 Nr. 2 Var. 2 ein Anhaltspunkt für eine **missbräuchliche Ausnutzung** des verbürgten Formwechselrechts sein, dass „im Zielland keine Wertschöpfung erbracht wird und der Verwaltungssitz in Deutschland verbleibt". Dies wird jedoch als partiell europarechtswidrig betrachtet, da es gerade unter den Schutz der Niederlassungsfreiheit fällt, eine entsprechende isolierte Satzungssitzverlegung als Gestaltungsform durchführen zu können.⁶³ Eine isolierte Satzungssitzverlegung aus Deutschland heraus darf daher nicht per se als missbräuchliche Gestaltung die Eintragung ins Handelsregister verwehren und ist grundsätzlich zuzulassen. Sie kann allenfalls als Indiz für eine weitere registergerichtliche Prüfung dienen (→ § 343 Rn. 12). Auch das zugrunde liegende Richtlinienrecht steht dem bei genauerer Betrachtung im Ergebnis nicht entgegen.⁶⁴

IV. Grenzüberschreitender Formwechsel unter Beteiligung von Drittstaaten

22 Die §§ 333 ff. gelten nur für den innereuropäischen grenzüberschreitenden Formwechsel. Es müssen daher sowohl Ausgangs- als aus Zielrechtsträger europäische Gesellschaften sein. Gesellschaften außerhalb der EU bzw. des EWR und damit aus Drittstaaten, können **nicht beteiligt sein**. Ein grenzüberschreitender Formwechsel mit Beteiligung einer Gesellschaft aus einem **Nicht**-EU/EWR-Staat ist somit nicht möglich.⁶⁵ Weder besteht eine europäische Grundlage hierfür noch regelt das deutsche Sach- und/oder Kollisionsrecht diesen Fall. Auch wenn die §§ 333 ff. einen grenzüberschreitenden Formwechsel unter Beteiligung von Drittstaaten nicht ermöglichen, ist es allerdings auch nicht zwingend verboten, so dass es zumindest nicht contra legem wäre, wenn ein Registergericht diesen in Anlehnung an die Verfahrensvorschriften der §§ 335 ff. zulässt.⁶⁶

V. Alternative Gestaltungsmöglichkeiten

23 Die bereits einleitend genannten (→ Rn. 1 ff.) Ziele bzw. Beweggründe für einen grenzüberschreitenden Formwechsel können grundsätzlich auch durch andere, alternative

---

60 *Schön* ZGR 2013, 333 (358); *Bayer/J. Schmidt* ZIP 2012, 1481 (1486).
61 EuGH 25.10.2017 – C-106/16, NZG 2017, 1308 – Polbud.
62 Vgl. nur BeckOGK/*Großerichter/Zwirlein-Forschner* IntGesR AT Rn. 150; *W.-H. Roth* FS Grunewald, 2021, 935 (940); *Schön* FS Krieger, 2020, 879 (885); teilweise kritisch *Stiegler* AG 2017, 846 (850).
63 *J. Schmidt* NJW 2023, 1241 (1243); *Heckschen/Knaier* GmbHR 2023, 317 (322); vgl. auch *W.-H. Roth* FS Grunewald, 2021, 935 (957).
64 In diesem Sinn *Schön* FS Krieger, 2020, 879 (897 f.).
65 Vgl. nur *Heckschen/Knaier* ZIP 2022, 2205 (2213 f.); jüngst auch OLG Zweibrücken 11.7.2022 – 3 W 12/22, NZG 2023, 174; zustimmend *Tamcke/Dembinski* GWR 2023, 45; tendenziell ablehnend *Hilser* EWiR 2023, 327 (328).
66 Zur kollisionsrechtlichen Perspektive vgl. *Zwirlein-Forschner* in Unternehmensmobilität im EU-Binnenmarkt, 2023, S. 195, 219 ff.; wohl strenger *Hilser* EWiR 2023, 327 (328) (zumindest keine „analoge Anwendung").

Gestaltungsvarianten erreicht werden. Ob diese aber eine tatsächliche Alternative für das betreffende Unternehmen darstellen, hängt von dessen individueller Ausgestaltung, Organisation und konkreten Zielen ab.

Unter der Prämisse, dass ein grenzüberschreitender Formwechsel stets mit der Verlegung des Satzungssitzes der Gesellschaft ins Ausland einhergeht (→ Rn. 1), lassen sich insofern verschiedene alternative Gestaltungsvarianten zu einem grenzüberschreitenden Formwechsel ausmachen:[67] Zunächst besteht für eine **Europäische Aktiengesellschaft** (SE) die Möglichkeit, identitätswahrend ihren Satzungssitz in einen anderen Mitgliedstaat zu verlegen. Art. 8 SE-VO sieht hierfür ein ausführliches Verfahren vor. Es besteht insofern ein überwiegend einheitliches Verlegungsverfahren auf gleicher (europäischer) Rechtsgrundlage, womit ein gewisses Maß an Rechtssicherheit einhergeht. In diesem Zusammenhang stellt die Möglichkeit der **identitätswahrenden Sitzverlegung** einer SE einen nicht zu vernachlässigenden Beweggrund für die Wahl dieser Rechtsform dar. Voraussetzung für die Anwendbarkeit des Sitzverlegungsverfahrens nach Art. 8 SE-VO ist jedoch das Bestehen einer SE. Es muss daher eine SE gegründet werden, auch wenn andere Gesellschaftsformen möglicherweise besser zur Umsetzung der individuellen Unternehmenstätigkeit geeignet wären. Die Gründung einer SE ist jedoch durchaus kostenintensiv. Selbst wenn der Ausgangsrechtsträger bereits eine AG ist, darf zudem nach Vorgabe des Art. 37 Abs. 3 SE-VO der Sitz der Gesellschaft nicht anlässlich der Umwandlung in eine SE in einen anderen Mitgliedstaat verlegt werden. Auch in diesem Fall ist somit zwingend ein zweistufiges Verfahren notwendig. Zudem ist Art. 66 Abs. 1 S. 2 SE-VO zu beachten, wonach ein Umwandlungsbeschluss erst zwei Jahre nach Eintragung der SE oder nach Genehmigung der ersten beiden Jahresabschlüsse gefasst werden kann. Ein weiterer Nachteil des SE-Sitzverlegungsverfahrens in seiner jetzigen Ausgestaltung ist, dass nach Art. 7 S. 1 SE-VO zwingend auch der Verwaltungssitz in den Zielmitgliedstaat verlegt werden muss.

Im Rahmen einer potenziellen Vermeidung der deutsche Unternehmensmitbestimmung kann zudem die originäre Gründung einer SE eine gangbare Alternative sein. Vorteil in diesem Zusammenhang ist zunächst, dass zumindest derzeit bei dem Procedere der Arbeitnehmerbeteiligung im Rahmen einer **SE-Gründung** ein im Vergleich zum grenzüberschreitenden Formwechsel noch mehr praxisbewährtes und erprobtes Vorgehen besteht, da bereits zahlreiche Unternehmen den Schritt zur SE aus Gründen der zukünftigen Mitbestimmungsvermeidung unternommen haben. Vorteil ist zudem, dass durch die Gründung einer SE mit beizubehaltendem Sitz in Deutschland ein Großteil des deutschen bekannten (Aktien-)Gesellschaftsrechts gilt und insofern, anders als beim Herausformwechsel aus Deutschland, weder Geschäftsführung noch Share- und Stakeholder sich mit der Geltung ausländischen Rechts und einer „fremden" Rechtsform konfrontiert sehen. Dies sollte vor allem für kleine und mittelständige Unternehmen nicht unbeachtet bleiben. Gleichwohl ist es am Ende auch weiterhin eine Abwägung unter Berücksichtigung der generellen Beweggründe für einen grenzüberschreitenden Formwechsel (→ Rn. 1 ff.). Nachteil einer SE-Gründung im Vergleich zum Herausformwechsel sind auf der anderen Seite vor allem wiederum für kleine und mittlere Unternehmen die bestehenden Gründungsvoraussetzungen für eine SE: Der Formwechsel in eine SE erfordert sowohl, dass es sich bei den betreffenden Gesell-

---

[67] Vgl. Jung/Krebs/Stiegler GesR-HdB/*Stiegler* § 32 Rn. 24 ff.

schaften um eine Aktiengesellschaft handelt als auch, dass seit mindestens zwei Jahren eine EU-ausländische Tochtergesellschaft vorhanden ist (vgl. Art. 2 Abs. 4 SE-VO). Bei (schnell wachsenden) Start-Up-Unternehmen sind diese Voraussetzungen jedoch regelmäßig nicht erfüllt. Derzeit häufigster Weg in eine (mitbestimmungsfreie) SE ist daher die Neugründung aufgrund grenzüberschreitender Verschmelzung zweier Aktiengesellschaften nach Art. 2 Abs. 1 SE-VO. Hierbei bedarf es gleichwohl zunächst der Gründung einer ausländischen AG und Aufbringung des dortigen Mindestgrundkapitals als auch ggf. des Formwechsels der deutschen GmbH in eine deutsche AG mit wiederum Aufbringung des Mindestgrundkapitals zunächst für diese als auch für die spätere SE (120.000 EUR).

26 Eine weitere in Betracht zu ziehende Alternative ist die **grenzüberschreitende Verschmelzung**. Mit den §§ 305 ff. (§§ 122a ff. aF) besteht auch für GmbH die Möglichkeit, eine grenzüberschreitende Sitzverlegung mit Statutenwechsel verfahrenssicher durchzuführen. Das Konzept der grenzüberschreitenden Verschmelzung als Alternative zum grenzüberschreitenden Formwechsel ist, dass von dem bestehenden Rechtsträger eine ausländische Tochtergesellschaft im beabsichtigten Zuzugsstaat gegründet wird und sich anschließend der inländische Ausgangsrechtsträger auf diese verschmilzt. Im Ergebnis besteht eine ausländische Kapitalgesellschaft mit Satzungssitz in einem anderen Mitgliedstaat. Wie bei der SE-Sitzverlegung bedarf es jedoch im Grundsatz eines zweistufigen Verfahrens, sofern nicht bereits eine ausländische Tochtergesellschaft des wegzugswilligen Ausgangsrechtsträgers vorhanden ist. Es muss zuerst eine Tochtergesellschaft in einem anderen EU-Mitgliedstaat gegründet und in einem zweiten Schritt der Ausgangsrechtsträger als Gründungsgesellschafter auf diese verschmolzen werden. Aufgrund dieses zweistufigen Verfahrens ist diese Form der grenzüberschreitenden Verschmelzung mit höherem Aufwand und tendenziell höheren Kosten verbunden.[68] Diese Kosten können jedoch gerade für KMU eine entscheidende Rolle bei der Planung einer im Ergebnis angestrebten formwechselnden Satzungssitzverlegung in einen anderen Mitgliedstaat spielen.[69]

27 Zudem kann grundsätzlich auch eine **grenzüberschreitende Spaltung** als mögliche Alternative zu einem grenzüberschreitenden Formwechsel dienen. Wie bei einem grenzüberschreitenden Formwechsel ist auch bei einer grenzüberschreitenden Spaltung zur Neugründung zunächst nur ein Rechtsträger involviert. Bei einer grenzüberschreitenden Auf- bzw. Abspaltung oder Ausgliederung zur Neugründung kommt es im Zielmitgliedstaat zur Gründung einer neuen Gesellschaft nach Maßgabe des dortigen Rechts. Insofern ist das Ergebnis beider Strukturmaßnahmen das Gleiche: Die Entstehung eines ausländischen Rechtsträgers ohne Auflösung und Liquidation des Ausgangs- bzw. übertragenden Rechtsträgers. Vorteil ist, dass im Zuge des UmRUG auch für eine grenzüberschreitende Spaltung mit den §§ 320 ff. ein einheitliches Verfahren besteht. Der deutsche Gesetzgeber hat in überschießender Richtlinienumsetzung auch Spaltungen zur Aufnahme hiervon erfasst, obwohl die zugrunde liegende Richtlinie dies nicht vorsieht.[70] Neben den zT unterschiedlichen Wirkungen beider Umwandlungsarten besteht der maßgebende Unterschied jedoch darin, dass bei der grenzüberschreitenden Spaltung nach Durchführung der Strukturmaßnahme zwei Rechtsträger

---

[68] *Grohmann/Gruschinske* GmbHR 2008, 27 (31); *Benrath/König* DK 2012, 377 (378).
[69] Jung/Krebs/Stiegler GesR-HdB/*Stiegler* § 32 Rn. 29.
[70] *Bungert* FS Krieger, 2020, 109 (111); für eine diesbezügliche Richtlinienwidrigkeit aber wohl *Schulte* GmbHR 2020, 139 (144).

mit Sitz in unterschiedlichen Mitgliedstaaten und unterschiedlicher Rechtsform vorhanden sind. Dies kann in Abhängigkeit von dem mit der Strukturmaßnahme verfolgten Zweck indes auch wünschenswert bzw. gewollt sein. Um diesen „Nachteil" der Wirkung einer grenzüberschreitenden Spaltung zur Neugründung ggü. einem grenzüberschreitenden Formwechsel langfristig zu vermeiden, kann aber zB im Rahmen der Spaltung das annähernd ganze Vermögen des übertragenden Rechtsträgers auf die neu zu gründende Auslandsgesellschaft übertragen und nach Abschluss der Spaltung die übertragende Ursprungsgesellschaft aufgrund des Willens der Gesellschafter nach nationalem Recht aufgelöst und liquidiert werden. Im Ergebnis bleibt die neue Auslandsgesellschaft übrig.

VI. Entstehungsgeschichte der §§ 333 ff.

Die §§ 333 ff. betreffen einen grenzüberschreitenden Formwechsel basierend auf europäischem Recht. Ausgangspunkt der Entstehungsgeschichte der Regelungen ist damit die zugrunde liegende **RL (EU) 2017/1132** in der durch die RL (EU) 2019/2121 (→ Rn. 13) geänderten Fassung. Der erste Kommissionsentwurf zur entsprechenden Änderungsrichtlinie hat seinen Beweggrund in der in den Jahren zuvor ergangenen EuGH-Rechtsprechung zum grenzüberschreitenden Formwechsel (→ Rn. 12). Die RL (EU) 2019/2121 „in Bezug auf grenzüberschreitende Umwandlungen, Verschmelzungen und Spaltungen" wurde schließlich am 27.11.2019 veröffentlicht, trat am 1.1.2020 in Kraft und war bis zum 31.1.2023 in deutsches Recht umzusetzen. Der deutsche Gesetzgeber entschied sich im Rahmen der Umsetzung der Richtlinienvorgaben zur Neufassung eines Sechsten Buches im Umwandlungsgesetz („Grenzüberschreitende Umwandlungen") mit spezifischen Vorschriften im dortigen Dritten Teil („Grenzüberschreitender Formwechsel", §§ 333–345). Der Referentenentwurf des Bundesministeriums für Justiz für das das Umwandlungsgesetz ändernde „Gesetz zur Umsetzung der Umwandlungsrichtlinie" (**UmRUG**) wurde am 20.4.2022 veröffentlicht;[71] der Regierungsentwurf datiert vom 6.7.2022.[72] Das UmRUG wurde nach zwischenzeitlichen rechtspolitischen Querelen[73] am 22.2.2023 verabschiedet und trat am **1.3.2023 in Kraft**,[74] womit ab diesem Zeitpunkt auch die §§ 333 ff. Geltung erlangten.[75]

28

Neben der Einfügung der §§ 333 ff. durch das UmRUG erfolgte annähernd parallel die Regulierung der Arbeitnehmermitbestimmung bei grenzüberschreitenden Umwandlungen im Rahmen des „Gesetzes zur Umsetzung der Bestimmungen der Umwandlungsrichtlinie über die Mitbestimmung der Arbeitnehmer bei grenzüberschreitendem Formwechsel und grenzüberschreitender Spaltungen („**MgFSG**"). Der Referentenentwurf des Bundesministeriums für Arbeit und Soziales dazu stammt vom 19.4.2022 und

29

---

71 Dazu *Bungert/Reidt* DB 2022, 1369; *Bungert/Strothotte* BB 2022, 1411; *DAV* NZG 2022, 849; *Heckschen/Knaier* GmbHR 2022, 501; *Heckschen/Knaier* GmbHR 2022, 613; *Hommelhoff* NZG 2022, 683; *Luy/Redler* notar 2022, 163; *Müller-Bonanni/Jenner* AG 2022, 457; *J. Schmidt* NZG 2022, 579; *Wollin* ZIP 2022, 989.
72 Dazu *Baschnagel/Hilser* NZG 2022, 1333; *Brandi/M. K. Schmidt* DB 2022, 1880; *Bungert/Strothotte* DB 2022, 1818; *Drinhausen/Keinath* BB 2022, 1923; *Heckschen/Knaier* GmbHR 2022, R260; *J. Schmidt* NZG 2022, 986; *J. Schmidt* DK 2022, 309; *J. Schmidt* BB 2022, 1859 (1865); *Schollmeyer* NZG 2022, 937; zum Gesetzgebungsverlauf auch *Düwell*, jurisPR-ArbR 39/2022 Anm. 1.
73 Vgl. *Heckschen/Knaier* GmbHR 2023, 317 ff. *Heckschen/Knaier* GmbHR 2022, R376.
74 BGBl. 2023 I Nr. 51 v. 28.2.2023; zur Entstehungsgeschichte vgl. nur *Heckschen/Knaier* GmbHR 2023, 317 ff.; *Schollmeyer* in Unternehmensmobilität im EU-Binnenmarkt, 2023, S. 31. Die beschlossene Fassung weicht nur geringfügig von der im Dezember 2022 beschlossenen Fassung (BT-Drs. 20/3822) ab und greift eine Reihe von Änderungsbitten des Bundesrats sowie Vorschläge einer Sachverständigenanhörung auf.
75 Vgl. Art. 25 UmRUG; zur zeitlichen Anwendbarkeit ferner § 355.

der Regierungsentwurf vom 6.7.2022. Das MgFSG wurde am 4.1.2023 verabschiedet und trat am 31.1.2023 in Kraft.[76]

VII. Regelungsgegenstand und -zweck (generell)

30 Basierend auf den europäischen Vorgaben besteht der **Regelungsgegenstand** der §§ 333 ff. zum einen darin, den Begriff eines grenzüberschreitenden Formwechsels zu definieren und die entsprechende Strukturmaßnahme innerhalb Europas unter Einhaltung der einschlägigen Bestimmungen für zulässig zu erklären. Zum anderen werden konkrete Verfahrensvorgaben gemacht und die Durchführung eines grenzüberschreitenden Formwechsels weitgehend reguliert. Der deutsche Gesetzgeber hat sich dabei weitgehend für eine sehr wortlautgetreue und an vielen Stellen 1:1-Umsetzung der europäischen Vorgaben entschieden.

31 Anknüpfend an den Regelungsgegenstand besteht der **Zweck der §§ 333 ff.** vor allem darin, durch die Vorgabe eines konkreten Verfahrens zur Durchführung eines grenzüberschreitenden Formwechsels diesen rechtssicher sowohl in der Gestalt eines Heraus- als auch eines Hereinformwechsels zu ermöglichen und damit den EU-Binnenmarkt zu fördern. Die jeweiligen Bestimmungen der §§ 333 ff. sind dabei geprägt von einen weitreichenden **Share- und Stakeholderschutz**. Diese betroffenen Personengruppen, insbesondere also auch die Gläubiger und die Arbeitnehmer der formwechselnden Gesellschaft, sollen sowohl institutionell als auch individuell geschützt werden. Viele der Vorschriften der §§ 333 ff. sind daher Schutzbestimmungen zugunsten einer dieser Personengruppen. Aber auch generell soll ein grenzüberschreitender Formwechsel nicht dazu missbraucht werden dürfen, einzelnen Personen oder auch dem Staat seine Rechte in Bezug auf den Ausgangsrechtsträger zu entziehen. Insofern hat beispielsweise das zuständige Registergericht eines Herausformwechsels das Recht eine sog. **Missbrauchskontrolle** (vgl. § 343 Abs. 3) durchzuführen (→ § 343 Rn. 7 ff.). Da ein grenzüberschreitender Formwechsel schließlich immer Berührungspunkte zu zwei EU-Staaten aufweist und damit eine gewisse Zusammenarbeit zwischen den beteiligten Registergerichten bzw. Behörden erfordert, bezwecken die §§ 333 ff. auch eine Koordination des Verfahrens zwischen diesen.

VIII. Systematische Einordnung und Verweistechnik
1. Grenzüberschreitende Umwandlungen

32 Die Regelungen der §§ 333 ff. sind Bestandteil des (neuen) Sechsten Buches zu „Grenzüberschreitenden Umwandlungen". Die gemeinsame Regelung der grenzüberschreitenden Verschmelzung, grenzüberschreitenden Spaltung und des grenzüberschreitenden Formwechsels in einem Abschnitt des Umwandlungsgesetzes ist durchaus sinnvoll und sorgt für eine gewisse Kohärenz. Innerhalb der §§ 333 ff. orientiert sich das Umwandlungsverfahren an dem bereits für innerstaatliche Umwandlungen bekannten dreistufi-

---

[76] Zu Aspekten speziell der Mitbestimmung und dem Verfahren nach dem MgFSG siehe *Müller-Bonanni/Jenner* AG 2022, 457; *Uffmann* AG 2022, 427; *Sauerbrey* GmbHR 2023, 5; *Potozky/Gimmy* BB 2023, 1140; *Thüsing/Peisker* NJOZ 2022, 1377; *Baschnagel/Hilser/Wagner* RdA 2023, 103; *Habersack* ZHR 187 (2023), 48; *Schubert* ZFA 2023, 339; speziell zur Zusammensetzung des Aufsichtsrats *Spindler/Eitinger* AG 2023, 593.

gen Verfahren der Strukturmaßnahme bestehend aus Vorverfahren, Beschlussverfahren und Vollzugsphase.⁷⁷

2. Verweistechnik

Das Umwandlungsgesetz war und ist aus systematischer Sicht von dem sog. **Baukastensystem** geprägt. Dies ist bei den §§ 333 ff. zum grenzüberschreitenden Formwechsel nicht anders.⁷⁸ Innerhalb der einschlägigen Regelungen finden sich daher eine Vielzahl an Verweisen vor allem auf das Recht zur grenzüberschreitenden Verschmelzung, deren Vorschriften „entsprechend" zur Anwendung kommen sollen.⁷⁹ Dies macht das ohnehin nicht immer leicht zu erfassende Recht des grenzüberschreitenden Formwechsels der §§ 333 ff. aber teilweise noch schwerer zu verstehen, da stets die Besonderheiten im Sinne von Unterschieden eines grenzüberschreitenden Formwechsels im Vergleich zur grenzüberschreitenden Verschmelzung bei der Anwendung von Verschmelzungsbestimmungen zu beachten sind. Wirklich anwenderfreundlich sind die §§ 333 ff. damit nicht.

IX. Arbeitnehmermitbestimmung

Die unternehmerische Mitbestimmung der Arbeitnehmer gilt aus der Schutzperspektive seit jeher als „neuralgischer Punkt" eines grenzüberschreitenden Formwechsels.⁸⁰ Aspekte der Arbeitnehmermitbestimmung waren daher auch einer der **Kernstreitpunkte** der Verhandlungen bis zum Erlass der RL (EU) 2019/2121.⁸¹ Hintergrund ist bzw. war, dass ohne besondere Schutzvorschriften grenzüberschreitende Umwandlungen zur Mitbestimmungsvermeidung eingesetzt werden könnten.⁸² Damit könnte vor allem das bestehende deutsche Mitbestimmungsrecht nach dem MitbestG und DrittelbG untergraben und ausgehebelt werden.⁸³ Um dieser Gefahrenlage zu begegnen, hat sich der deutscher Gesetzgeber in Umsetzung des Art. 86k RL (EU) 2017/1132 dazu entschieden, wie schon bei der grenzüberschreitenden Verschmelzung mit dem **MgFSG** ein eigenständigen Gesetz zum Verfahren der Arbeitnehmerbeteiligung bei einem grenzüberschreitenden Formwechsel aus Deutschland heraus zu schaffen.⁸⁴ Dieses beinhaltet insbesondere Regelungen zur Bildung und Zusammensetzung eines besonderen Verhandlungsgremiums, zum Verhandlungsverfahren über die zukünftige Mitbestimmung sowie zur Mitbestimmung kraft Vereinbarung und kraft Gesetzes. Im Umwandlungsgesetz sind die entsprechenden Vorgaben dergestalt verankert, dass gem. § 342 Abs. 3 S. 1 Nr. 3 die Mitglieder des Vertretungsorgans der formwechselnden Gesellschaft zu versichern haben, dass ein Verfahren über die Verhandlung über die Arbeitnehmermitbestimmung im ausländischen Zielrechtsträger bereits begonnen hat.

---

77 *Heckschen/Knaier* GmbHR 2023, 317 (324); *Thomale/Schmid* NotBZ 2023, 125; in diesem Zusammenhang zum zugrunde liegenden europäischen Modell für Strukturmaßnahmen auch *J. Schmidt* NJW 2023, 1241 (1242); *Wicke* DStR 2018, 2703 (2709 f.).
78 Vgl. auch *Luy/Redler* notar 2022, 163 (169).
79 Vgl. auch *Thomale/Schmid* NotBZ 2023, 91 (93).
80 Zuletzt *Teichmann* NZG 2023, 345; vgl. auch *Löbbe* ZHR 187 (2023), 498 (529 f.).
81 Zur diesbezüglichen Mitbestimmung *Junker* EuZA 2019, 141; *Kraft/Noack* FS Krieger, 2020, 539; *Mückle/Götte* BB 2018, 2036; *Roest* ECFR 2019, 74; *Müller-Bonanni/Jenner/Thomas* NZG 2021, 764; *EnzEuR VII/Seifert* § 20; *Titze* NZA 2021, 752; *Habersack* ZHR 187 (2023), 48; *Schubert* ZGR 2023, 235 (258); *Schubert* in Unternehmensmobilität im EU-Binnenmarkt, 2023, S. 165.
82 *Baschnagel/Hilser/Wagner* RdA 2023, 103 (104); *Titze* NZA 2021, 752 (757).
83 *Sauerbrey* GmbHR 2023, 5 (6); *Goette* DStR 2023, 157 (159).
84 Zur Mitbestimmung nach dem MgFSG *Müller-Bonanni/Jenner* AG 2022, 457; *Uffmann* AG 2022, 427; *Sauerbrey* GmbHR 2023, 5; *Potozky/Gimmy* BB 2023, 1140; *Thüsing/Peisker* NJOZ 2022, 1377; *Baschnagel/Hilser/Wagner* RdA 2023, 103; *Schubert* ZFA 2023, 339; *Spindler/Eitinger* AG 2023, 593.

§ 333 Grenzüberschreitender Formwechsel

(1) Ein grenzüberschreitender Formwechsel ist der Wechsel einer nach dem Recht eines Mitgliedstaats der Europäischen Union oder eines Vertragsstaats des Abkommens über den Europäischen Wirtschaftsraum gegründeten Gesellschaft in eine Rechtsform nach dem Recht eines anderen Mitgliedstaats der Europäischen Union oder Vertragsstaats des Abkommens über den Europäischen Wirtschaftsraums, unter Verlegung des satzungsmäßigen Sitzes in diesen Staat.

(2) Auf den grenzüberschreitenden Formwechsel einer Kapitalgesellschaft (§ 3 Absatz 1 Nummer 2) sind vorbehaltlich der Absätze 3 und 4 die folgenden Vorschriften des Fünften Buches entsprechend anzuwenden, soweit sich aus diesem Teil nichts anderes ergibt:
1. die Vorschriften des Ersten Teils sowie
2. die Vorschriften des Ersten und Dritten Unterabschnitts des Zweiten Abschnitts des Zweiten Teils.

(3) ¹§ 245 Absatz 1 Satz 3, Absatz 2 Satz 3 und Absatz 3 Satz 3 ist nicht anzuwenden. ²§ 245 Absatz 4 ist nur dann anzuwenden, wenn die formwechselnde Gesellschaft eine im Anhang I zur Richtlinie (EU) 2017/1132 über bestimmte Aspekte des Gesellschaftsrechts genannte Rechtsform hat. ³Im Fall des Satzes 2 ist § 52 des Aktiengesetzes mit der Maßgabe anzuwenden, dass an die Stelle des Zeitpunkts der Eintragung der Gesellschaft neuer Rechtsform der Zeitpunkt der Eintragung der formwechselnden Gesellschaft in das für sie zuständige Register tritt.

(4) § 195 Absatz 2 und § 196 sind nicht anzuwenden.

Literatur:

Brandi/Schmidt, M.K., Der grenzüberschreitende Formwechsel nach dem RegE zum UmRUG, DB 2022, 1880; *Bungert/Strothotte*, Die Regierungsentwürfe zu grenzüberschreitenden Verschmelzungen, Spaltungen und Formwechseln, DB 2022, 1818; *Drinhausen/Keinath*, Regierungsentwurf eines Gesetzes zur Umsetzung der Umwandlungsrichtlinie, BB 2022, 1923; *Heckschen/Knaier*, Größte Reform des Umwandlungsrechts – nicht nur Richtlinienumsetzung! (Teil I), GmbHR 2022, 501; *Heckschen/Knaier*, Größte Reform des Umwandlungsrechts – nicht nur Richtlinienumsetzung! (Teil II), GmbHR 2022, 613; *Kablitz*, Der grenzüberschreitende Rechtsformwechsel einer GmbH – Rechtsgrundlagen, Ablauf und Praxishinweise, GmbHR 2022, 721; *Luy*, Grenzüberschreitende Umwandlungen nach dem Company Law Package, NJW 2019, 1905; *Luy/Redler*, Immer mit Plan – der Referentenentwurf eines Gesetzes zur Umsetzung der Umwandlungsrichtlinie (UmRUG), notar 2022, 163; *Schmidt, J.*, Der UmRUG-Referentenentwurf: grenzüberschreitende Umwandlungen 2.0 – vieles mehr – Teil 1, NZG 2022, 579; *Schmidt, J.*, Gesellschaftsrecht: Regierungsentwürfe für das UmRUG und das UmRMitbestG, NZG 2022, 986; *Schollmeyer*, Mehr als Umsetzung. Der Regierungsentwurf für das UmRUG liegt vor, NZG 2022, 937; *Stelmaszczyk*, Der grenzüberschreitende Formwechsel von Kapitalgesellschaften nach geltendem und künftigem Recht – Teil I, notar 2021, 107; *Stelmaszczyk*, Der grenzüberschreitende Formwechsel von Kapitalgesellschaften nach geltendem und künftigem Recht – Teil 2, notar 2021, 147; *Wollin*, Der Referentenentwurf eines Gesetzes zur Umsetzung der Umwandlungsrichtlinie (UmRUG-E), ZIP 2022, 989.

I. Einführung und Grundlagen 1	III. Anwendungsbereich 17
1. Europäischer Hintergrund 2	1. Sachlicher Anwendungsbereich
2. Regelungsgegenstand und -zweck ... 4	(Kapitalgesellschaften) 17
II. Begriff des grenzüberschreitenden Form-	2. Räumlicher Anwendungsbereich 20
wechsels 7	3. Zeitlicher Anwendungsbereich 21
1. Formwechsel 8	IV. Anwendbares Recht 22
2. Grenzüberschreitender Bezug 11	1. Räumlicher Geltungsbereich nationalen
3. Satzungssitzverlegung 15	Rechts 23
	a) Kollisionsrechtliche Grundlagen ... 23
	b) Herausformwechsel („Wegzug") 25

c) Hereinformwechsel („Zuzug") 26	a) Geltung des Nachgründungsrechts 32
2. Innerstaatliches Formwechselrecht 27	b) Entbehrlichkeit eines Sachgründungsberichts............................ 35
3. Partielle Nicht-Anwendbarkeit von § 245 31	4. Nicht-Anwendbarkeit von §§ 193 f. 37

I. Einführung und Grundlagen

§ 333 definiert als einleitende Norm des Dritten Teils des Sechsten Buches des Umwandlungsgesetz was im Nachfolgenden unter einem „grenzüberschreitenden Formwechsel" zu verstehen ist und welche Normen für diesen zur Geltung kommen. **1**

1. Europäischer Hintergrund

§ 333 Abs. 1, der den Begriff des grenzüberschreitenden Formwechsels definiert (→ Rn. 7 ff.), basiert auf Art. 86a Abs. 1 und Art. 86b Nr. 2 RL (EU) 2017/1132 und den dortigen Begriffsbestimmungen.[1] Gemäß Art. 86a Abs. 1 RL (EU) 2017/1132 gelten die europäischen Vorgaben „für Umwandlungen von **Kapitalgesellschaften**, die nach dem Recht eines Mitgliedstaats gegründet worden sind und ihren satzungsmäßigen Sitz, ihre Hauptverwaltung oder ihre Hauptniederlassung in der Union haben, in dem Recht eines anderen Mitgliedstaats unterliegende Kapitalgesellschaften." In Art. 86b Nr. 2 RL (EU) 2017/1132 wird definiert, was unter einem grenzüberschreitenden Formwechsel im Sinne der europäischen Rechtsharmonisierung zu verstehen ist: „grenzüberschreitende Umwandlung" [ist] ein Vorgang, durch den eine Gesellschaft ohne Auflösung, Abwicklung oder Liquidation die Rechtsform, in der sie im Wegzugsmitgliedstaat eingetragen ist, in eine [Kapitalgesellschaft] des Zuzugsmitgliedstaats umwandelt und mindestens ihren satzungsmäßigen Sitz unter Beibehaltung ihrer Rechtspersönlichkeit in den Zuzugsmitgliedstaat verlegt". Der Begriff der „**Umwandlung**" im europäischen Sinne ist insofern mit dem Begriff des Formwechsels deutschen Verständnisses (§ 1 Abs. 1 Nr. 4, §§ 190 ff.) gleichzusetzen. **2**

Die Anwendungsbestimmungen der § 333 Abs. 2–4 finden als solche keine unmittelbare Entsprechung in der zugrunde liegenden Richtlinie. Jedoch ergibt sich aus Art. 86c RL (EU) 2017/1132 sowie den Erwägungsgründen Nr. 44 f. RL (EU) 2019/2121, dass die Mitgliedstaaten grundsätzlich ermächtigt sind, die Bestimmungen des nationalen Formwechselrechts auch auf einen grenzüberschreitenden Formwechsel zur Anwendung zu bringen, welche die nicht von der Richtlinie geregelten Aspekte betreffen sowie im Einklang mit den Vorgaben der Richtlinie und der europäischen Niederlassungsfreiheit stehen. Dies gilt insbesondere für die entsprechende Anwendbarkeit der nationalen **Gründungsvorschriften** und die Fingierung der Gründer iS dieser Gründungsvorschriften. **3**

2. Regelungsgegenstand und -zweck

§ 333 regelt den Anwendungsbereich des Dritten Teils des Sechsten Buches sowie die auf den grenzüberschreitenden Formwechsel anwendbaren Vorschriften außerhalb des sechsten Buches.[2] Mit § 333 Abs. 1 soll der Begriff des grenzüberschreitenden Formwechsels im Rahmen der nachfolgenden Bestimmungen **definiert** werden. Dies dient einem einheitlichen Begriffsverständnis und basierend auf dem zugrunde liegenden Richtlinienrecht faktisch auch einer Einschränkung des persönlichen Anwendungsbereichs, **4**

---

1 Begr. RegE UmRUG, BT-Drs. 20/3822, 115.
2 Begr. RegE UmRUG, BT-Drs. 20/3822, 115.

nämlich der Erfassung nur von EU/EWR-internen grenzüberschreitenden Formwechseln.

5 § 333 Abs. 2–4 stellen das allgemeine Normengefüge im Hinblick auf das materiell auf einen grenzüberschreitenden Formwechsel **anwendbare Recht** dar. Indem mit § 333 Abs. 2 vorbehaltlich abweichender besonderer Bestimmungen sowohl auf die Vorschriften des Ersten Teils des Fünften Buches (§§ 190–213) als auch auf die kapitalgesellschaftsbezogenen Vorschriften des Zweiten Abschnitt des Zweiten Teils des Fünften Buches (§§ 226 f., 238–250) verwiesen wird, folgt die Neuregelung dem umwandlungsrechtlich bekannten Konzept des „**Baukastensystems**" (→ Vor §§ 333 ff. Rn. 33). Vor allem aus praktischer Sicht ergibt sich das Recht des grenzüberschreitenden Formwechsels daher gerade nicht „nur" aus der Anwendung und Geltung der §§ 333 ff., sondern es bedarf stets eines Rückgriffs und der Beachtung des allgemeinen Formwechselrechts von Kapitalgesellschaften. Bei den §§ 333 ff. handelt es sich insofern „nur" um ergänzende Sonderregelungen. Die entsprechende Anwendungsproblematik wird dabei noch dadurch verstärkt, dass an verschiedenen Stellen innerhalb des grenzüberschreitenden Formwechselrechts auch auf einzelne Regelungen zur grenzüberschreitenden Verschmelzung verwiesen wird (zB auf § 306 Abs. 2 S. 1 Nr. 2, § 308 Abs. 1 oder § 314).

6 Hintergrund der Anwendungsbestimmungen des § 333 Abs. 2–4 ist die Sicherstellung eines rechtssicheren Umwandlungsverfahrens. Die Regelungen sind erforderlich, da sich die nachfolgenden §§ 334 ff. weitgehend auf die Umsetzung der europäischen Richtlinienbestimmungen begrenzen; diese aber (bewusst) nicht das vollständige Umwandlungsverfahren regeln und insofern einer **Ergänzung** durch zusätzliches nationales Recht bedürfen, um ein geordnetes und kohärentes Formwechselrecht im grenzüberschreitenden Kontext zu schaffen.

II. Begriff des grenzüberschreitenden Formwechsels

7 Der Begriff eines grenzüberschreitenden Formwechsels wird in § 333 Abs. 1 **legaldefiniert** und ist grundlegend für die nachfolgenden Bestimmungen der §§ 333 ff.[3] Ein grenzüberschreitender Formwechsel ist demnach der Wechsel einer nach dem Recht eines EU- oder EWR-Staates gegründeten Gesellschaft in eine Rechtsform nach dem Recht eines anderen EU- oder EWR-Staates, unter Verlegung des Satzungssitzes in diesen Staat.

1. Formwechsel

8 Voraussetzung ist zunächst der Wechsel der Rechtsform einer nach dem Recht eines EU/EWR-Staates bestehenden Gesellschaft. Sprachlich-konzeptionell geht es also um einen „Formwechsel" im Sinne von § 1 Nr. 4, §§ 190 ff. Dass die zugrunde liegende Richtlinie dabei nicht von einem Formwechsel, sondern vielmehr von einer „Umwandlung" spricht, ist ohne Belang, da darunter generell das Prinzip des im deutschen Gesellschaftsrecht bekannten Begriffs des Formwechsels als Wechsel der Rechtsform eines Unternehmens bezeichnet wird.[4] Auch in den meisten EU-Mitgliedstaaten wird für

---

[3] Zum Begriff aus europäischer Sicht auch *Wicke* DStR 2018, 2642 f.

[4] *Kindler* EuZW 2012, 888 (889); *Löbbe* ZHR 187 (2023), 498 (527).

einen nach deutschem Recht bekannten Formwechsel in der wörtlichen Übersetzung der Begriff einer Umwandlung gebraucht.⁵

Merkmal eines Formwechsels ist insbesondere die fortbestehende **Identität des Rechtsträgers** infolge der Umwandlung. Der wesentliche Unterschied zu anderen Umwandlungsarten liegt in der wirtschaftlichen Kontinuität des Rechtsträgers vor und nach dem Umwandlungsvorgang bei Diskontinuität der Rechtsform der Gesellschaft.⁶ Die wirtschaftliche Kontinuität zeigt sich insbesondere durch eine fast ausnahmslose Identität des Personenkreises vor und nach dem Formwechsel sowie eines gleichbleibenden Vermögensstandes des Rechtsträgers infolge der Umwandlung. Daneben hat sich die rechtliche Identität des Rechtsträgers vor allem in § 202 Abs. 1 Nr. 1 niedergeschlagen, der aufgrund des Verweises in § 333 Abs. 2 Nr. 1 auch für einen grenzüberschreitenden Formwechsel gilt (→ § 345 Rn. 26), wonach der formwechselnde Rechtsträger in der Rechtsform der Zielgesellschaft weiterbesteht. Im Einklang damit bestimmt auch Art. 86b Nr. 2 RL (EU) 2017/1132, dass eine „grenzüberschreitende Umwandlung [...] ohne Auflösung, Abwicklung und Liquidation" des bestehenden Rechtsträgers erfolgt. 9

Zwar stellen sowohl § 333 Abs. 1 als auch der zugrunde liegende Art. 86a Abs. 1 RL (EU) 2017/1132 dem Wortlaut nach explizit auf die Gründung der formwechselwilligen Gesellschaft nach dem Recht eines EU-/EWR-Staates ab. Das entsprechende **Gründungserfordernis** muss allerdings **weit ausgelegt** werden, denn dessen Zweck besteht letztlich darin, ein Anknüpfungsmerkmal der Gesellschaft zum Recht eines EU-Mitgliedstaates zu begründen. Es geht also darum, dass es sich bei der betreffenden Gesellschaft um eine solche handelt, die dem Gesellschaftsrecht und damit der Regulierungshoheit eines EU-Mitgliedstaates unterliegt. Wo das Unternehmen originär gegründet wurde, spielt dabei keine Rolle. So ist es zB auch möglich, dass der jeweilige Rechtsträger bereits früher identitätswahrend aus einem Drittstaat in einen EU-Mitgliedstaat unter Wechsel der Rechtsform zugezogen ist. Dadurch, dass manche EU-Mitgliedstaaten den Hereinformwechsel auch aus Drittstaaten (dh Nicht-EU/EWR-Staaten) zulassen, ist dieses Vorgehen durchaus denkbar. In diesem Fall darf der Anwendungsbereich der §§ 333 ff. nicht schon daran scheitern, dass der Rechtsträger, obwohl er mittlerweile eine nach dem Recht eines EU/EWR-Staates firmierte Gesellschaft ist, ursprünglich in einem Drittstaat gegründet wurde. Der Begriff der „Gründung" umfasst daher auch die nachgelagerte Anwendung der Gründungsvorschriften im Rahmen eines Formwechsels, wie es auch das deutsche Recht mit § 197 S. 1 kennt. Da dieses Verständnis bereits im Rahmen des Art. 86a Abs. 1 RL (EU) 2017/1132 anzulegen ist, ist § 333 Abs. 1 diesbezüglich **richtlinienkonform auszulegen**. Maßgebend ist daher weniger die tatsächliche originäre Gründung nach dem Recht eines EU/EWR-Staates, sondern, dass die formwechselwillige Gesellschaft zum Zeitpunkt des Beginns des Formwechselverfahrens dem Gesellschaftsrecht des jeweiligen EU/EWR-Staates unterliegt. 10

2. Grenzüberschreitender Bezug

Der Formwechsel muss „grenzüberschreitend" erfolgen. Das bedeutet, dass der formwechselnde Ausgangsrechtsträger und der umgewandelte Zielrechtsträger den Gesellschaftsrechtsordnungen unterschiedlicher EU/EWR-Staaten unterliegen müssen. Maß- 11

---

5 Vgl. nur Frankreich: transformation (Art. L 225–243 c.com.); Spanien: transformatión (Art. 3 f. LME).

6 Zum innerstaatlichen Formwechsel Begr. RegE UmwG, BT-Drs. 12/6699, 136.

gebend ist insofern das **Gesellschaftsstatut** des jeweiligen Rechtsträgers vor und nach Abschluss des Umwandlungsvorgangs. Für die Anwendung der §§ 333 ff. muss auf jeden Fall aber entweder der formwechselnde Ausgangsrechtsträger **oder** der Zielrechtsträger des geplanten grenzüberschreitenden Formwechsels **deutschem Recht unterliegen**, entweder also eine AG, eine KGaA oder eine GmbH sein bzw. werden. In Bezug auf den ausländischen Ausgangs- bzw. Zielrechtsträger beurteilt sich die entsprechende Eigenschaft als EU/EWR-Kapitalgesellschaft im Einklang mit den Wertungen der Niederlassungsfreiheit nach dortigem, ausländischem Recht.

12 An dem Vorhandensein eines ausländischen Ausgangs- oder Zielrechtsträgers als Voraussetzung des Bestehens eines grenzüberschreitenden Bezugs des Formwechsels knüpft auch die Betroffenheit von zwei EU/EWR-Staaten bzw. Rechtsordnungen beim grenzüberschreitenden Formwechsel an. Der EU/EWR-Staat, in dem sich der formwechselnde Ausgangsrechtsträger befindet, wird als **Wegzugsstaat** bezeichnet. Aus dessen Sicht handelt es sich um einen Herausformwechsel. Der EU/EWR-Staat, dessen Rechtsform der umgewandelte Zielrechtsträger im Zuge des grenzüberschreitenden Formwechsels anzunehmen beabsichtigt, wird als **Zuzugsstaat** bezeichnet. Aus dessen Sicht handelt es sich um einen Hereinformwechsel.

13 Da § 333 Abs. 1 aE explizit vorgibt, dass sich ein grenzüberschreitender Formwechsel stets unter einer **Satzungssitzverlegung** der formwechselnden Gesellschaft vollzieht (→ Rn. 15), kommt es für das Bestehen eines grenzüberschreitenden Bezugs des Formwechsels auch grundsätzlich nicht darauf an, ob neben dem Satzungs- auch der Verwaltungssitz in einen anderen EU/EWR-Staat verlegt wird. Dies wird bereits im Rahmen der Regelungen zur grenzüberschreitenden Verschmelzung herrschend so gesehen und bedeutet insofern auch, dass es sich ebenfalls um einen grenzüberschreitenden Formwechsel handelt, wenn der formwechselnde Ausgangsrechtsträger ausländischen Rechts bereits im Vorfeld seinen Verwaltungssitz in Deutschland hat.[7]

14 Maßgebend für das Vorliegen eines grenzüberschreitenden Formwechsels ist der tatsächliche Wechsel der Rechtsform in einen Rechtsträger ausländischen Rechts. Das bedeutet, dass von den §§ 333 ff. nicht nur rechtsforminkongruente grenzüberschreitende Formwechsel erfasst sind, sondern ebenfalls sog. **rechtsformkongruente grenzüberschreitende Formwechsel**. Ob es sich also beim ausländischen EU/EWR-Ausgangsrechtsträger um ein Äquivalent des inländischen Zielrechtsträgers handelt (zB ein Formwechsel einer österreichischen GmbH oder einer französische SARL in eine deutsche GmbH), ist irrelevant.[8] Zwar kennt das deutsche Recht logischerweise den rechtsformkongruenten Formwechsel nicht, sondern Ausgangs- und Zielrechtsform müssen sich vielmehr unterscheiden. Entscheidend ist im grenzüberschreitenden Kontext jedoch der faktische Rechtsformwechsel im Zuge einer Satzungssitzverlegung. Dies gebietet schon die bisher ergangene EuGH-Rechtsprechung zur Niederlassungsfreiheit.[9] Zudem wird dies durch die nur partielle Anwendung von § 245 Abs. 4 aufgrund § 333 Abs. 3 S. 2 bestärkt, da damit im Umkehrschluss bestimmt wird, dass beim grenzüber-

---

[7] Zur grenzüberschreitenden Verschmelzung Lutter/*Bayer* § 122a Rn. 23.

[8] Hiervon nicht erfasst ist der Formwechsel von oder in eine Europäische Aktiengesellschaft (SE). Hierfür gelten die speziellen Vorschriften der SE-VO. Gleiches gilt für einen zukünftigen „Europäischen Verein" (European cross-border association – ECBA) nach dem Vorschlag der EU-Kommission vom 5.9.2023 (COM(2023) 516 final), wonach die Möglichkeit und das Verfahren einer identitätswahrenden, formwechselnden Sitzverlegung abschließend in den Art. 22 f. RL-Vorschlag geregelt wäre.

[9] Vgl. *Lutter/Bayer/Schmidt* EurUnternehmensR § 7 Rn. 7.89; *Bayer/J. Schmidt* ZHR 173 (2009) 735 (760); *Schön* ZGR 2013, 333 (345).

schreitenden Formwechsel eines zu einer deutschen GmbH ausländischen Pendants in eine deutsche GmbH ein Sachgründungsbericht gleichwohl erforderlich ist und damit die Zulässigkeit eines solches rechtsformkongruenten grenzüberschreitenden Formwechsel unterstellt wird.

3. Satzungssitzverlegung

§ 333 Abs. 1 stellt klar, dass ein grenzüberschreitender Formwechsel immer „unter Verlegung des satzungsmäßigen Sitzes" in den Zuzugsstaat, also in den EU/EWR-Staat, nach dessen Gesellschaftsrecht der Zielrechtsträger im Zuge der Umwandlung firmiert ist, zu erfolgen hat.[10] Grenzüberschreitender Formwechsel und Satzungssitzverlegung der Kapitalgesellschaft ins Ausland sind daher stets **miteinander verbunden.**[11] Im Umkehrschluss ist eine Satzungssitzverlegung ins Ausland daher stets statuswechselnd und geht mit einem grenzüberschreitenden Formwechsel einher.[12] Auch der zugrunde liegende Art. 86b Nr. 2 RL (EU) 2017/1132 bestimmt, dass die grenzüberschreitende Umwandlung „mindestens" auch eine Satzungssitzverlegung umfasst. Von der insofern bestehenden Möglichkeit, daneben insbesondere auch eine gleichzeitige Verlegung des **Verwaltungssitzes** von der formwechselnden Gesellschaft zu fordern, hat der deutsche Gesetzgeber keinen Gebrauch gemacht. Dies ist auch nachvollziehbar und richtig, da aufgrund der damaligen Änderungen des § 4a GmbHG und § 5 AktG durch das MoMiG der Verwaltungssitz als der Ort, wo die maßgebenden Geschäftsentscheidungen in tatsächliches Handeln umgesetzt werden, für die Bestimmung des Gesellschaftsstatuts einer deutschen Kapitalgesellschaft keine Bedeutung mehr besitzt (→ § 345 Rn. 23).[13] Eine bloße Verwaltungssitzverlegung ins Ausland führt daher aus deutscher Sicht grundsätzlich nicht zu einem Herausformwechsel in den entsprechenden Zuzugsstaat. Ist Deutschland Zuzugsstaat der isolierten Verwaltungssitzverlegung, führt dies aufgrund der bestehenden EuGH-Rechtsprechung zur Niederlassungsfreiheit ebenfalls nicht zur (zwangsweisen) Umwandlung in eine deutsche Gesellschaftsform.[14]

Aus dem zwingenden Kriterium der Satzungssitzverlegung im Rahmen des grenzüberschreitenden Formwechsels darf allerdings nicht geschlossen werden, dass ein grenzüberschreitender Formwechsel stets auch eine sog. **isolierte Satzungssitzverlegung** (→ Vor §§ 333 ff. Rn. 20) ermöglicht. Zwar ist Deutschland als Wegzugsstaat eines Herausformwechsel an die Vorgaben der Polbud-Entscheidung des EuGH[15] gebunden und es stehen weder § 4a GmbHG und § 5 AktG noch § 1 Abs. 1 einem Verbleib des Verwaltungssitzes der Gesellschaft im Zuge des Herausformwechsels entgegen. Jedoch ist ein grenzüberschreitender Formwechsel im Wege einer isolierten Satzungssitzverlegung immer nur dann möglich, wenn der Zuzugsstaat für seine Gesellschaften auch nur einen Satzungssitz im Inland verlangt. Verlangt der Zuzugsstaat hingegen, dass sich auch der Verwaltungssitz der seinem Gesellschaftsrecht unterfallenden Gesellschaft auf seinem Hoheitsgebiet befindet, so ist ein grenzüberschreitender Formwechsel im Wege der

---

10 Ferner zu einem ggf. zukünftigen „virtuellen Sitz" *Mikalonienė* ECFR 2022, 685.
11 Vgl. auch Habersack/Casper/Löbbe/*Behrens/Hoffmann* GmbHG Einl. Rn. B 289.
12 Vgl. nur Bayer/*J. Schmidt* ZIP 2012, 1481; *Kiem* ZHR 180 (2016) 289 (300).
13 HM, vgl. nur GroßKommAktG/*Bachmann* § 5 Rn. 11.
14 Vgl. nur Heckschen/Heidinger, Die GmbH in der Gestaltungs- und Beratungspraxis/*Heckschen*, 4. Aufl. 2018, Kap. 4 Rn. 230.
15 EuGH 25.10.2017 – C-106/16, NZG 2017, 1308 – Polbud.

isolierten Satzungssitzverlegung nicht möglich.¹⁶ Dies ist ausweislich Erwägungsgrund Nr. 44 RL (EU) 2019/2121 auch ausdrücklich als zulässig zu erachten.

III. Anwendungsbereich

1. Sachlicher Anwendungsbereich (Kapitalgesellschaften)

17 Die Verfahrensvorgaben der §§ 335 ff. gelten nur für den grenzüberschreitenden Formwechsel zwischen Kapitalgesellschaften. Aus deutscher Perspektive eines Herausformwechsels gibt dies § 333 Abs. 2 explizit vor („grenzüberschreitender Formwechsel einer Kapitalgesellschaft"). Formwechselnde deutsche Rechtsträger können im Rahmen des Verweises auf § 3 Abs. 1 Nr. 2 daher nur GmbH, Aktiengesellschaften (AG) oder Kommanditgesellschaften auf Aktien (KGaA) sein. Die Europäische Aktiengesellschaft (SE) ist nicht erfasst. Deren grenzüberschreitendes Sitzverlegungsverfahren richtet sich allein nach den Bestimmungen der SE-Verordnung. Gleiches würde für einen zukünftigen „Europäischen Verein" (European cross-border association – ECBA) nach dem Vorschlag der EU-Kommission vom 5.9.2023¹⁷ gelten, da auch dort die Möglichkeit und das Verfahren einer identitätswahrenden, formwechselnden Sitzverlegung abschließend in den Art. 22 f. RL-Vorschlag geregelt wäre.

18 Auch gelten die materiellen Bestimmungen der §§ 335 ff. nur dann, wenn auch der ausländische Ausgangs- oder Zielrechtsträger des Formwechsels eine Kapitalgesellschaft nach ausländischen Recht ist. Dies stellt § 334 ausdrücklich klar. Für die Ermittlung, welche ausländischen Kapitalgesellschaften dabei umfasst sind, gilt die Auflistung in **Anhang II RL (EU) 2017/1132**. Auch wenn in diesem Anhang nicht explizit aufgelistet, sind auch die jeweiligen nationalen Sonder- bzw. Unterformen der genannten Kapitalgesellschaftsformen vom Anwendungsbereich grundsätzlich erfasst, wie zB die französische EURL, die spanische S.L.N.E., die italienische s.r.l. s. und wohl auch die neue polnische „Einfache Aktiengesellschaft" (PSA), da zumindest auch deren französisches Pendant, die SAS, ausdrücklich in Anhang II genannt ist. Die UG (haftungsbeschränkt) als bloße Unterform der GmbH zählt hier ebenso dazu, jedoch kann sie aufgrund des Sacheinlageverbots des § 5a Abs. 2 S. 2 GmbHG nur Ausgangs- und nicht deutscher Zielrechtsträger eines grenzüberschreitenden Formwechsels sein.

19 Dieser jeweils eingeschränkte Anwendungsbereich auf EU/EWR-Kapitalgesellschaften sowohl als Ausgangs- als auch als Zielrechtsträger bedeutet gleichwohl nicht, dass ein grenzüberschreitender Formwechsel insbesondere unter Beteiligung einer (deutschen oder EU/EWR-ausländischen) Personengesellschaft unzulässig wäre, da diese ebenfalls von der europäischen Niederlassungsfreiheit geschützt ist (→ Vor §§ 333 ff. Rn. 18 f.). Vielmehr können dann bloß nicht die Regelungen der §§ 335 ff. direkt zur Anwendung kommen.

2. Räumlicher Anwendungsbereich

20 Wie bereits dargestellt, gelten die Verfahrensbestimmungen der §§ 335 ff. nur dann, wenn sowohl der Ausgangsrechtsträger als auch der Zielrechtsträger des grenzüberschreitenden Formwechsels jeweils dem Recht eines EU/EWR-Staates unterfallen. Maß-

---

16 *Bayer/J. Schmidt* ZIP 2017, 2225 (2231); *J. Schmidt* ZEuP 2020, 565 (567).

17 Proposal for a Directive of the European Parliament and of the Council on European cross-border associations, COM(2023) 516 final.

geblisches Kriterium ist insofern das **Gesellschaftsstatut** der beteiligten Rechtsträger. Nicht ausreichend ist, dass nur der Ausgangs- oder nur der Zielrechtsträger eine EU/EWR-Kapitalgesellschaftsform ist. Auch die Beteiligung einer (Kapital-)Gesellschaft aus einem Drittstaat (Nicht-EU/EWR-Staat) ist ausgeschlossen.[18]

3. Zeitlicher Anwendungsbereich

Die Neuregelungen der §§ 333 ff. sind am **1.3.2023** in Kraft getreten. Sie gelten für alle grenzüberschreitenden Formwechsel aus Deutschland heraus sowie nach Deutschland hinein ab diesem Zeitpunkt. Maßgebender Zeitpunkt für einen Herausformwechsel ist dabei die Anmeldung des Formwechsels beim zuständigen Registergericht gem. § 342 Abs. 1. Für den Hereinformwechsel nach Deutschland ist die Anmeldung zur Eintragung gem. § 345 Abs. 1 maßgebend. Ob dabei in zulässiger Weise nach ausländischem Recht bereits vor dem 1.3.2023 das Umwandlungsverfahren formal gestartet ist, ist aus deutscher Sicht unerheblich. Eine Vorwirkung der Normen oder des zugrunde liegenden europäischen Rechts kommt nicht in Betracht.[19]

IV. Anwendbares Recht

Die Frage, wann und auf welchen Verfahrensschritt des Formwechselverfahrens deutsches Recht und wann die rechtlichen Vorgaben des ausländischen Ausgangs- bzw. Zielrechtsträger zur Anwendung kommen, ist essenziell im Rahmen grenzüberschreitender Umwandlungsmaßnahmen und damit für den rechtssicheren Ablauf des Formwechsels. Im Rahmen der sog. **zweistufigen Rechtmäßigkeitskontrolle**[20] des grenzüberschreitenden Formwechsels erfolgt auf der ersten Stufe eine Kontrolle durch den Wegzugsstaat über die Einhaltung der bisherigen Verfahrensschritte und anschließender Ausstellung der Formwechselbescheinigung gem. § 343 Abs. 1 S. 4 (→ § 343 Rn. 29 ff.).[21] Auf der zweiten Stufe erfolgt eine Kontrolle durch den Zuzugsstaat über die Einhaltung der auf den Zielrechtsträger anwendbaren Vorschriften des nationalen Rechts (insbesondere des Gründungsrechts) und anschließender Eintragung des Hereinformwechsels im neuen Register.[22] Durch diese zweistufige Rechtmäßigkeitskontrolle wird dem grenzüberschreitenden Charakter des Formwechsels und der hieraus resultierenden Verzahnung der beteiligten Rechtsordnungen Rechnung getragen.[23]

1. Räumlicher Geltungsbereich nationalen Rechts

a) Kollisionsrechtliche Grundlagen

Aufgrund dieses Primats der zweistufigen Rechtmäßigkeitskontrolle kommt deutsches Umwandlungsrecht auch nicht vollumfänglich auf das ganze Umwandlungsverfahren eines grenzüberschreitenden Formwechsels zur Anwendung, sondern differenzierend in Abhängigkeit davon, ob es sich um einen Herausformwechsel aus oder Hereinformwechsel nach Deutschland handelt. Insofern kann bei einem grenzüberschreitenden Formwechsel **nicht ausschließlich** auf das materielle Recht nur einer der beteiligten

---

18 Vgl. zuletzt nur *Hilser* EWiR 2023, 327 (328).
19 *Heckschen/Stelmaszczyk* BB 2020, 1734; *Heckschen/Strnad* GWR 2021, 215 (220); *Fink/Chilevych* NZG 2020, 544.
20 „Zweiaktig durchzuführen", Begr. RegE UmRUG, BT-Drs. 20/3822, 116.
21 Zum Verfahren auch *Heckschen/Knaier* GmbHR 2023, 317 (324 ff.); *Heckschen* in Unternehmensmobilität im EU-Binnenmarkt, 2023, S. 101 ff.
22 Vgl. nur *Teichmann* ZGR 2022, 376 (381) *Knaier/Pfleger* GmbHR 2017, 859 (861); *J. Schmidt* NJW 2023, 1241 (1243).
23 *Stiegler* Grenzüberschreitende Sitzverlegungen S. 332.

Rechtsordnungen abgestellt werden.²⁴ Auch wenn bei einem grenzüberschreitenden Formwechsel nur ein Rechtsträger an der Strukturmaßnahme beteiligt ist, bedarf es der Berücksichtigung des Rechts sowohl des inländischen Ausgangsrechtsträgers als auch das zukünftigen ausländischen Zielrechtsträgers.

24 Die Bestimmung der insofern anwendbaren Rechtsordnung erfolgt mittels kollisionsrechtlicher Anknüpfung.²⁵ Kollisionsrechtlich bestimmt sich das auf einen grenzüberschreitenden Formwechsel anwendbare Recht nach der sog. **Kombinationslehre** bzw. Vereinigungstheorie.²⁶ Es kommt dabei zu einer kombinierten Anwendung des Rechts des Wegzugsstaates und des Rechts des Zuzugsstaates. Das bedeutet, dass die zwei an der Strukturmaßnahme beteiligten Rechtsordnungen nicht gleichzeitig, sondern grundsätzlich **zeitlich nacheinander** zur Anwendung gelangen.²⁷ Da bei einem grenzüberschreitenden Formwechsel nur ein Rechtsträger beteiligt ist, jedoch zwei verschiedene Rechtsordnungen an der Wirksamkeit des Umwandlungsvorgangs mitwirken, kommt es insofern zu einer zeitlich aufgespaltenen Anknüpfung.²⁸

b) Herausformwechsel („Wegzug")

25 Unter Berücksichtigung dieser „gestaffelten" und kombinierten Anwendung des auf einen grenzüberschreitenden Formwechsel anwendbaren Rechts ist im Hinblick auf die Anwendbarkeit der Verfahrensvorgaben der §§ 335 ff. zwischen dem Herausformwechsel aus Deutschland, also dem „Wegzug" des formwechselnden deutschen Rechtsträgers, und dem Hereinformwechsel nach Deutschland, also dem „Zuzug" des ausländischen Rechtsträgers in eine deutsche Kapitalgesellschaftsform zu unterscheiden. Beim Herausformwechsel ist deutsches Recht grundsätzlich **bis zum Zeitpunkt der Eintragung** des Formwechsels in das deutsche Handelsregister und der Ausstellung der Formwechselbescheinigung des § 343 Abs. 1 anwendbar. Aus zugrunde liegender europäischer Sicht wird dies ausdrücklich auch in Art. 86c RL (EU) 2017/1132 bestimmt: „Im Einklang mit dem Unionsrecht ist das Recht des Wegzugsmitgliedstaats für diejenigen Teile der Verfahren und Formalitäten maßgebend, die im Zusammenhang mit der grenzüberschreitenden Umwandlung im Hinblick auf die Erlangung der Vorabbescheinigung zu erledigen sind". Für den Wegzug aus Deutschland gelten somit die Regelungen der §§ 335–344.

c) Hereinformwechsel („Zuzug")

26 In Bezug auf einen Hereinformwechsel eines ausländischen Rechtsträgers nach Deutschland finden die §§ 335–344 hingegen keine Anwendung, da deutsches Recht insofern keine Geltung beanspruchen kann. Dies zeigt wiederum auch Art. 86c RL (EU) 2017/1132, wonach „das Recht des Zuzugsmitgliedstaats für diejenigen Teile der Verfahren und Formalitäten [gilt], die nach Erhalt der Vorabbescheinigung zu erledigen sind". Vor allem die Eintragungsmodalitäten des Hereinformwechsels nach Deutschland bestimmen sich damit nach deutschem Recht, was insbesondere auch die Einhaltung der

---

24 Vgl. Lutter/*Drygala* § 1 Rn. 44.
25 Generell für grenzüberschreitende Umwandlungen MüKoBGB/*Kindler* IntGesR Rn. 791; *Leible* in Michalski/Heidinger/Leible/Schmidt, GmbHG, Syst. Darst. 2, Rn. 204.
26 Vgl. MHdB GesR VI/*Hoffmann* § 48 Rn. 10; *Weller/Rentsch* IPRax 2013, 530; *Hübner* IPRax 2015, 134; *Schall* ZfPW 2016, 407 (421); Hausmann/Odersky, Internationales Privatrecht in der Notar- und Gestaltungspraxis/*Wall*, 4. Aufl. 2021, § 18 Rn. 232.
27 MHdB GesR VI/*Hoffmann* § 48 Rn. 10.
28 *Weller/Rentsch* IPRax 2013, 530 (532); *Stiegler* Grenzüberschreitende Sitzverlegungen S. 251.

Gründungsvorschriften für den nationalen Zielrechtsträger umfasst (vgl. § 345 Abs. 3, → § 345 Rn. 16 ff.).

2. Innerstaatliches Formwechselrecht

Die materiellen Regelungen der §§ 335 ff. können und beabsichtigen nicht, das Recht des grenzüberschreitenden Formwechsels vollumfänglich zu regeln. Vielmehr beziehen sich die Neuregelungen auf die Regulierung der Besonderheiten eines Heraus- und Hereinformwechsels von Kapitalgesellschaften im Vergleich zum innerstaatlichen Formwechsel zwischen solchen. Mit dem Verweis in § 333 Abs. 2 sowohl auf das allgemeine Formwechselrecht der **§§ 190–213** („Nr. 1: „Vorschriften des Ersten Teils") sowie den spezifischen Vorschriften für den Formwechsel zwischen Kapitalgesellschaften der **§§ 226 f., 238–250** (Nr. 2: „Vorschriften des Ersten und Dritten Unterabschnitts des Zweiten Abschnitts des Zweiten Teils") wird dabei der Regelungsansatz des umwandlungsrechtlich bereits bewährten Baukastensystem etabliert.[29] Es erfolgt also ein umfassender Verweis auf die einschlägigen Regelungen des innerstaatlichen Formwechselrechts.

Die entsprechenden Verweise in § 333 Abs. 2 Nr. 1 und 2 kommen allerdings nur dann zur Geltung, sofern sich aus § 333 Abs. 3 und 4 und den nachfolgenden §§ 334–345 nichts Abweichendes ergibt. Diese Regelungen sind als **lex specials zum allgemeinen Formwechselrecht** vorrangig anwendbar. Gemäß § 333 Abs. 3 und 4 kommen abweichend zu Nr. 1 und 2 die Regelungen der § 195 Abs. 2, § 196 und § 245 nicht bzw. nur partiell auf einen grenzüberschreitenden Formwechsel zur Anwendung. Zudem kommt den §§ 334 ff. eine Verdrängungswirkung in Bezug auf die §§ 190 ff., 226 f., 238 ff. zu, sofern es sich um einen grenzüberschreitenden Formwechsel qua Definition des § 333 Abs. 1 handelt.

Dies zugrunde legend, kommen ergänzend zu den §§ 334 ff. daher insbesondere die folgenden Vorschriften des allgemeinen Rechts betreffend den Formwechsel zwischen Kapitalgesellschaften entsprechend **zur Anwendung**:[30]

§ 191 Abs. 3

§ 192 Abs. 1 S. 2

§ 193 Abs. 1–3

§ 195 Abs. 1[31]

§ 197 S. 1–2

§ 197 S. 3 iVm § 31 AktG

§ 200 Abs. 1–3

§ 201 iVm § 10 HGB

§ 202 Abs. 1, 3[32]

§ 203[33]

---

29 Entsprechend zur grenzüberschreitenden Spaltung *Bungert/Strothotte* BB 2022, 1411 (1412).
30 Unmittelbare Verweise auf die §§ 190 ff. (oder andere Normen) innerhalb der §§ 334 ff. bleiben außen vor und kommen zusätzlich zur Anwendung.
31 Vgl. Begr. RegE UmRUG, BT-Drs. 20/3822, 115.
32 Beachte aber § 340 Abs. 4.
33 Vor allem § 203 S. 1 wird mangels Vergleichbarkeit der Zusammensetzung des Aufsichtsrats aber idR zu verneinen sein.

§ 204 Alt. 2 iVm § 23

§§ 205 f.

§ 207 Abs. 2 iVm § 29 Abs. 2

§ 213 iVm § 35

§ 227

§ 238

§ 239 Abs. 1, 2

§ 240 Abs. 1–3

§ 241 Abs. 1–3

§ 242

§ 243 Abs. 1 S. 1 iVm § 218 Abs. 1 S. 2, Abs. 2[34]

§ 243 Abs. 1 S. 1, 2[35]

§ 243 Abs. 2, 3[36]

§ 244 Abs. 1, 2

§ 245 Abs. 1 S. 1–2, Abs. 2 S. 1–2, Abs. 3 S. 1–2[37]

§ 246 Abs. 2, 3[38]

§ 247 Abs. 1, 2[39]

§ 248 Abs. 1–3

§ 249 iVm § 224[40]

30 Die Vorschriften der §§ 190–213, 226 f., 238–250 sind dabei nicht bedingungslos 1:1, sondern nur „**entsprechend**" anzuwenden. Es sind daher ggf. auch zweckerhaltende Modifikationen im Hinblick auf den grenzüberschreitenden Charakter des Formwechsels und dessen Besonderheiten geboten. So kann beispielsweise die bisherige Firma des Ausgangsrechtsträgers nur im Sinne des § 200 Abs. 1 S. 1 beibehalten werden, wenn auch eine erstmalige firmenrechtliche Zulässigkeitsprüfung iSd §§ 18, 30 HGB durch das für die Eintragung des Hereinformwechsels zuständige Registergericht positiv ausfällt. Problematisch ist zudem im Rahmen eines **rechtsformkongruenten Formwechsels** zwischen Aktiengesellschaften die Geltung von § 203 S. 1[41] und in diesem Zusammenhang die Erforderlichkeit eines Statusverfahrens gem. § 197 S. 3 iVm § 31 Abs. 3 S. 2 AktG iVm §§ 97 ff. AktG (→ § 345 Rn. 21). Auch haben zB die §§ 241 f. dem grenzüberschreitenden Charakter Rechnung zu tragen, indem allein auf die faktische Abweichung vom Nenn-

---

34 § 218 Abs. 1 S. 1 wird hingegen durch § 335 Abs. 2 Nr. 4 als lex specialis verdrängt.
35 Sofern beim Herausformwechsel aus Deutschland nach ausländischem Recht zulässig.
36 Sofern beim Herausformwechsel aus Deutschland nach ausländischem Recht zulässig.
37 Betreffend § 245 Abs. 1 S. 3, Abs. 2 S. 3, Abs. 3 S. 3, Abs. 4 beachte § 333 Abs. 3 S. 1–2.
38 § 246 Abs. 1 wird hingegen durch § 345 Abs. 1 als lex specialis verdrängt, vgl. Begr. RegE UmRUG, BT-Drs. 20/3822, 115.
39 § 247 Abs. 2: In Abhängigkeit von der Rechtsform des ausländischen Zielrechtsträgers.
40 § 250 findet hingegen keine Anwendung.
41 Gegen eine Anwendung des § 203 beim Hereinformwechsel *Hushahn* RNotZ 2014, 137 (140) Fn. 50; *Stiegler* Grenzüberschreitende Sitzverlegungen S. 361; wohl auch Widmann/Mayer/*Vossius* § 191 Rn. 197.

betrag der Geschäftsanteile abzustellen ist, unabhängig davon, ob der ausländische Zielrechtsträger eine einer GmbH oder AG vergleichbare Rechtsform darstellt.[42]

3. Partielle Nicht-Anwendbarkeit von § 245

§ 333 Abs. 3 konkretisiert das auf einen Hereinformwechsel nach Deutschland anwendbare innerstaatliche Formwechselrecht in Bezug auf die Gewährleistung der Einhaltung der jeweiligen **Sachgründungsvorschriften** des deutschen Zielrechtsträgers, indem insbesondere der Ausschluss der aktienrechtlichen Nachgründungsvorschriften aufgehoben wird. 31

a) Geltung des Nachgründungsrechts

Gemäß § 245 Abs. 1 S. 3, Abs. 2 S. 3, Abs. 3 S. 3 ist die Regelung des § 52 AktG betreffend einer sog. Nachgründung beim Formwechsel **in eine AG** oder **KGaA** entweder gar nicht oder, im Fall einer GmbH als Ausgangsrechtsträger, nur anzuwenden, wenn die formwechselnde GmbH nicht bereits länger als zwei Jahre im Handelsregister eingetragen ist. Zweck des § 52 AktG ist dabei die Gewährleistung eines Umgehungsschutz der Sachgründungsvorschriften und der Sicherung der realen Kapitalaufbringung.[43] Die Geltung des § 245 Abs. 1 S. 3, Abs. 2 S. 3, Abs. 3 S. 3 wird durch § 333 Abs. 3 S. 1 aufgehoben.[44] Bei einem Hereinformwechsel in eine deutsche AG oder KGaA ist daher § 52 AktG grundsätzlich anwendbar und es beginnt mit der Eintragung des deutschen Zielrechtsträgers ins Handelsregister ein entsprechender Nachgründungszeitraum.[45] 32

Eine Ausnahme hiervon statuiert § 333 Abs. 3 S. 3, der bestimmt, dass dann, wenn es sich beim formwechselnden Ausgangsrechtsträger um eine ausländische **EU/EWR-Aktiengesellschaft** handelt, nicht der Zeitpunkt der Handelsregistereintragung des neuen (deutschen) Rechtsträgers (AG/KGaA) für den Beginn des Nachgründungszeitraums maßgebend ist, sondern „der Zeitpunkt der Eintragung der formwechselnden Gesellschaft in dem für sie zuständigen Register". Eine entsprechende Abweichung ist ausweislich der Gesetzesbegründung sachgerecht, da durch die bestehenden Richtlinienvorgaben zum Kapitalaufbringungs- und Kapitalerhaltungsschutz (vgl. Art. 44 ff. RL (EU) 2017/1132) sichergestellt sei, dass vor allem bei einem rechtsformkongruenten grenzüberschreitenden Formwechsel von Aktiengesellschaften ein vergleichbares Schutzregime besteht.[46] In diesem Fall soll kein neuer Nachgründungszeitraum gem. § 52 AktG beginnen, sondern es kommt zu einer Anrechnung des Zeitraums zwischen der Gründung der ausländischen Aktiengesellschaft und der Eintragung des deutschen formgewechselten Zielrechtsträgers im nationalen Handelsregister auf die zweijährige Nachgründungsfrist.[47] Besteht die ausländische EU/EWR-Aktiengesellschaft als solche bereits mehr als zwei Jahre, kommen die Vorgaben des § 52 AktG aufgrund abgelaufener Nachgründungsfrist generell nicht mehr zur Geltung. 33

Das GmbH-Recht kennt keine „Nachgründung" oder vergleichbare Bestimmungen, die bei einem Formwechsel in eine GmbH zur Anwendung kommen könnten.[48] Im Fall des Hereinformwechsels **in eine GmbH** kann daher § 52 AktG generell nicht 34

---

42 Vgl. *Heckschen* ZIP 2015, 2049 (2061); *Hermanns* MittBayNot 2016, 297 (302); *Stiegler* Grenzüberschreitende Sitzverlegungen S. 307 f.
43 Zuletzt *Scholer* ZIP 2022, 2056 (2057).
44 Im Übrigen bleiben die Vorgaben des § 245 Abs. 1–3 anwendbar.
45 Begr. RegE UmRUG, BT-Drs. 20/3822, 116
46 Begr. RegE UmRUG, BT-Drs. 20/3822, 116
47 Begr. RegE UmRUG, BT-Drs. 20/3822, 116 *DAV* NZG 2022, 849 (859).
48 Lutter/*Göthel* § 245 Rn. 65; Semler/Stengel/Leonard/Scheel § 245 Rn. 73.

anwendbar sein. Dies gilt unabhängig davon, welche Rechtsform der formwechselnde Auslandsrechtsträger hat. Gleichwohl besteht vor allem bei der praktisch bedeutsamen Konstellation des Hereinformwechsels einer ausländischen in eine deutsche GmbH das Erfordernis der Erstellung eines Sachgründungsberichts.

b) Entbehrlichkeit eines Sachgründungsberichts

35 Im Fall des Hereinformwechsels in eine GmbH bestimmt § 333 Abs. 3 S. 2, dass die Regelung des § 245 Abs. 4 nur dann zur Anwendung kommt, wenn der Ausgangsrechtsträger eine nach dem Recht eines anderen EU/EWR-Staates bestehende **Aktiengesellschaft**[49] ist. Hintergrund des **§ 245 Abs. 4** ist, dass die aktienrechtlichen Kapitalschutzvorschriften strenger sind als diejenigen des GmbH-Rechts und daher eine erneute Wertprüfung grundsätzlich nicht notwendig ist.[50] Die Erstellung eines Sachgründungsberichts ist dann nicht erforderlich. Anknüpfungspunkt sind dabei jedoch die aktienrechtlichen Regelungen deutschen Rechts und nicht die einer Aktiengesellschaft ausländischen Rechts als Ausgangsrechtsträgers des Formwechsels. Die genannte Zweckrichtung der Entbehrlichkeit eines Sachgründungsberichts gem. § 245 Abs. 4 kann in diesem Zusammenhang jedoch eigentlich dann nicht ihre Wirkung entfalten, wenn dies bei einem Vergleich zwischen den Kapitalschutzvorgaben des Aktienrechts und denen des deutschen GmbH-Rechts nicht zwingend dazu führt, dass bei der Gründung einer Aktiengesellschaft ein strengeres Kapitalschutzregime besteht. Für den grenzüberschreitenden Formwechsel einer ausländischen Aktiengesellschaft in eine deutsche GmbH führt dies die Gesetzesbegründung zu § 333 Abs. 3 jedoch ausdrücklich als Beweggrund für die diesbezüglich Geltung von § 245 Abs. 4 an.[51] Obwohl richtigerweise ein nicht unwesentlicher Teil des nationalen Aktienrechts der EU-Mitgliedstaaten bezüglich der Kapitalaufbringung vor allem durch die ehemalige Kapital-RL 2012/30/EU harmonisiert ist,[52] richtet sich doch ein überwiegender Teil weiterhin nach autonom nationalem Recht. Eine tatsächliche Gleichwertigkeit der deutschen AG mit – allen – ausländischen EU/EWR-Aktiengesellschaften bezüglich der Kapitalaufbringungsvorschriften festzuschreiben, greift zu kurz,[53] da sich insbesondere das Gläubigerschutzsystem einer nationalen Gesellschaftsform nicht nur aus den gesellschaftsrechtlichen Kapitalschutzvorschriften ergibt, sondern aus einer Gesamtschau der die Gesellschaft betreffenden Rechtsnormen, insbesondere auch insolvenz- und deliktsrechtlicher Vorschriften.[54] Auch die Bestimmung einer generellen Nicht-Anwendbarkeit des § 245 Abs. 4 im Rahmen eines Hereinformwechsels in eine GmbH wäre daher durchaus sachgerecht und auch europarechtskonform gewesen. In der Praxis dürfte dem grenzüberschreitenden Formwechsel einer ausländischen Aktiengesellschaft in eine deutsche GmbH allerdings ohnehin nur eine äußerst geringe Bedeutung zukommen, so dass die Problematik auch aufgrund des eindeutigen Gesetzeswortlautes wenig Relevanz haben dürfte.

36 Beim grenzüberschreitenden Formwechsel einer ausländischen Gesellschaft mit beschränkter Haftung in eine deutsche **GmbH** findet § 245 Abs. 4 hingegen **keine Anwendung**, dh ein Sachgründungsbericht gem. § 5 Abs. 4 S. 2 GmbHG ist in diesem Fall gerade nicht entbehrlich und von den dem grenzüberschreitenden Formwechsel

---

49 Kommanditgesellschaften auf Aktien (KGaA) sind nicht vom Anhang I RL (EU) 2017/1132 umfasst.
50 Begr. RegE UmwG, BT-Drs. 12/6699, 157; Begr. RegE UmRUG, BT-Drs. 20/3822, 116; *DAV NZG* 2022, 849 (859).
51 Begr. RegE UmRUG, BT-Drs. 20/3822, 116.
52 Vgl. Begr. RegE UmRUG, BT-Drs. 20/3822, 116.
53 Vgl. auch *Heckschen* ZIP 2015, 2049 (2059).
54 *Stiegler* Grenzüberschreitende Sitzverlegungen S. 357.

zustimmenden Gesellschaftern der ausländischen formwechselnden GmbH schriftlich zu erstellen (→ § 345 Rn. 20).⁵⁵ In **Anlehnung an § 220 Abs. 2**⁵⁶ ist darin vor allem darzulegen, dass das Vermögen des formwechselnden Rechtsträgers mindestens das Stammkapital der künftigen GmbH deckt, sowie der bisherige Geschäftsverlauf und die Lage der formwechselnden Gesellschaft. Anders als beim Formwechselbericht (vgl. § 337 Abs. 3) kann auf den Sachgründungsbericht nicht verzichtet werden; er unterliegt jedoch auch keiner Gründungsprüfung.⁵⁷ Der zu erstellende Sachgründungsbericht ist gem. § 197 S. 1 iVm § 8 Abs. 1 Nr. 4 GmbHG bei der Anmeldung zur Eintragung des Hereinformwechsels beizufügen.

4. Nicht-Anwendbarkeit von §§ 195 f.

Gemäß § 333 Abs. 4 sind sowohl § 195 Abs. 2 als auch § 196 auf einem grenzüberschreitenden Formwechsel nicht anzuwenden. Die Geltung des § 195 Abs. 1 bleibt davon unberührt, so dass die Anteilsinhaber des formwechselnden deutschen Rechtsträgers eine **Klage gegen die Wirksamkeit des Formwechselbeschluss** erheben können.⁵⁸ Der Ausschluss der Anwendbarkeit des § 195 Abs. 2 bedeutet, dass eine solche Klage sehr wohl darauf gestützt werden kann, dass die im Formwechselplan bestimmten Anteile am Zielrechtsträger nicht angemessen sind oder dass die Mitgliedschaft in diesem kein ausreichender Gegenwert für die Anteile beim formwechselnden Rechtsträger ist.⁵⁹ Damit ist auch eine Verbesserung des Beteiligungsverhältnisses im Rahmen eines Spruchverfahrens – anders als bei der grenzüberschreitenden Verschmelzung oder der grenzüberschreitenden Spaltung – ausgeschlossen.⁶⁰ Insofern sieht auch das zugrunde liegende europäische Recht beim grenzüberschreitenden Formwechsel keinen Anspruch der Minderheitsgesellschafter auf Verbesserung des Beteiligungsverhältnisses durch bare Zuzahlung vor.⁶¹ Es besteht jedoch für den betroffenen Gesellschafter/Aktionär die Möglichkeit der Klageergebung gegen die Wirksamkeit des Formwechselbeschlusses nach § 195 Abs. 1.⁶² Die Klage gegen die Wirksamkeit des Formwechselbeschlusses muss dabei binnen eines Monats nach der Beschlussfassung erhoben werden. Die wirksame Klageerhebung bewirkt, dass das Vertretungsorgan des deutschen Ausgangsrechtsträgers nicht die zur Eintragung des Herausformwechsels erforderliche Negativerklärung gem. § 342 Abs. 2 iVm § 193 Abs. 3 iVm § 16 Abs. 2 abgeben kann. Da Art. 86i RL (EU) 2017/1132 sowohl nur einen Mindestschutzstandard vorgibt als auch, dass etwaige Beschränkungen der Niederlassungsfreiheit grundsätzlich zum Schutz der Interessen von Minderheitsgesellschaftern gerechtfertigt sind, wird man trotz der genannten Entscheidung des Richtliniengebers die Möglichkeit der Klageerhebung gem. § 195 Abs. 1 aufgrund vermeintlicher Unangemessenheit des Beteiligungsverhältnisses im ausländischen Zielrechtsträger als europarechtskonform betrachten können.⁶³

---

55 So bereits KG 21.3.2016 – 22 W 64/15, NZG 2016, 834; *Heckschen* ZIP 2015, 2049 (2059); *Wachter* GmbHR 2014, 99 (100); *Hushahn* RNotZ 2014, 137 (151).
56 Eigentlich ist § 220 Abs. 2 nicht vom Verweis in § 333 Abs. 2 erfasst, kommt jedoch aufgrund mangelnder Entbehrlichkeit eines Sachgründungsberichts zur Geltung.
57 Zu § 220 Lutter/*Joost*/*Hoger* § 220 Rn. 25.
58 Begr. RegE UmRUG, BT-Drs. 20/3822, 116.
59 Vgl. auch *DAV* NZG 2022, 849 (859).
60 Begr. RegE UmRUG, BT-Drs. 20/3822, 116; im Vorfeld des UmRUG wurde im Schrifttum verbreitet noch eine Geltung von §§ 195 f. für einen Herausformwechsel befürwortet, vgl. Herrler GesR-NotGP/*Stelmaszczyk*/*Potyka* § 15 Rn. 725; Jung/Krebs/Stiegler GesR-HdB/*Stiegler* § 10 Rn. 139.
61 Begr. RegE UmRUG, BT-Drs. 20/3822, 116; Herrler GesR-NotGP/*Stelmaszczyk*/*Potyka* § 15 Rn. 753.
62 Begr. RegE UmRUG, BT-Drs. 20/3822, 116
63 Kritisch hingegen Herrler GesR-NotGP/*Stelmaszczyk*/*Potyka* § 15 Rn. 753.

§ 334 Formwechselfähige Gesellschaften

¹Im Rahmen eines grenzüberschreitenden Formwechsels können formwechselnde Gesellschaften und Gesellschaften neuer Rechtsform Kapitalgesellschaften mit einer in Anhang II zur Richtlinie (EU) 2017/1132 genannten Rechtsform sein, wenn sie
1. nach dem Recht eines Mitgliedstaats der Europäischen Union oder eines anderen Vertragsstaats des Abkommens über den Europäischen Wirtschaftsraum gegründet worden sind und
2. ihren satzungsmäßigen Sitz, ihre Hauptverwaltung oder ihre Hauptniederlassung in einem Mitgliedstaat der Europäischen Union oder einem anderen Vertragsstaat des Abkommens über den Europäischen Wirtschaftsraum haben.

²§ 306 Absatz 2 Satz 1 Nummer 2 gilt entsprechend.

Literatur:

Brandi/Schmidt, M. K., Der grenzüberschreitende Formwechsel nach dem RegE zum UmRUG, DB 2022, 1880; *Bungert/Strothotte*, Die Regierungsentwürfe zu grenzüberschreitenden Verschmelzungen, Spaltungen und Formwechseln, DB 2022, 1818; *Drinhausen/Keinath*, Regierungsentwurf eines Gesetzes zur Umsetzung der Umwandlungsrichtlinie, BB 2022, 1923; *Heckschen/Knaier*, Größte Reform des Umwandlungsrechts – nicht nur Richtlinienumsetzung! (Teil I), GmbHR 2022, 501; *Heckschen/Knaier*, Größte Reform des Umwandlungsrechts – nicht nur Richtlinienumsetzung! (Teil II), GmbHR 2022, 613; *Kablitz*, Der grenzüberschreitende Rechtsformwechsel einer GmbH – Rechtsgrundlagen, Ablauf und Praxishinweise, GmbHR 2022, 721; *Luy*, Grenzüberschreitende Umwandlungen nach dem Company Law Package, NJW 2019, 1905; *Luy/Redler*, Immer mit Plan – der Referentenentwurf eines Gesetzes zur Umsetzung der Umwandlungsrichtlinie (UmRUG), notar 2022, 163; *Schmidt, J.*, Der UmRUG-Referentenentwurf: grenzüberschreitende Umwandlungen 2.0 – vieles mehr – Teil 1, NZG 2022, 579; *Schmidt, J.*, Gesellschaftsrecht: Regierungsentwürfe für das UmRUG und das UmRMitbestG, NZG 2022, 986; *Schollmeyer*, Mehr als Umsetzung. Der Regierungsentwurf für das UmRUG liegt vor, NZG 2022, 937; *Stelmaszczyk*, Der grenzüberschreitende Formwechsel von Kapitalgesellschaften nach geltendem und künftigem Recht – Teil I, notar 2021, 107; *Stelmaszczyk*, Der grenzüberschreitende Formwechsel von Kapitalgesellschaften nach geltendem und künftigem Recht – Teil 2, notar 2021, 147; *Stelmaszczyk/Potyka*, in: Herrler, Gesellschaftsrecht in der Notar- und Gestaltungspraxis, 2. Aufl. 2021, § 15; *Wollin*, Der Referentenentwurf eines Gesetzes zur Umsetzung der Umwandlungsrichtlinie (UmRUG-E), ZIP 2022, 989.

I. Einführung und Grundlagen 1	2. Satzungs-, Verwaltungssitz oder Hauptniederlassung in der EU bzw. im EWR .. 14
1. Europäischer Hintergrund 1	
2. Regelungsgegenstand und -zweck 3	IV. Ausschluss von Organismen für gemeinsame Anlagen in Wertpapieren 17
II. Formwechselfähige Gesellschaften 4	
1. Ausgangsrechtsträger 5	V. Weitere, nicht erfasste Kapitalgesellschaften 18
2. Zielrechtsträger 8	
3. Nicht erfasste Rechtsträger 9	
III. Materielle Voraussetzungen 12	
1. Gründung in einem EU/EWR-Staat 13	

I. Einführung und Grundlagen

1. Europäischer Hintergrund

1 Der Ermittlung formwechselfähiger Gesellschaften gem. § 334 S. 1 liegt die Begriffsbestimmung eines grenzüberschreitenden Formwechsels nach Art. 86b Nr. 2 RL (EU) 2017/1132 zugrunde.[1] Eine „grenzüberschreitende Umwandlung" ist demnach der Vorgang, durch den eine Gesellschaft ohne Auflösung, Abwicklung oder Liquidation die Rechtsform, in der sie im Wegzugsmitgliedstaat eingetragen ist, in eine in Anhang II genannte Rechtsform des Zuzugsmitgliedstaats umwandelt und mindestens ihren

---

[1] Begr. Reg-E UmRUG, BT-Drs. 20/3822, 116.

satzungsmäßigen Sitz unter Beibehaltung ihrer Rechtspersönlichkeit in den Zuzugsmitgliedstaat verlegt".

§ 334 S. 2 iVm § 306 Abs. 2 S. 1 Nr. 1 basiert auf dem verpflichteten Ausschluss von Organismen für gemeinsame Anlagen in Wertpapieren (OGAW) als formwechselfähige Gesellschaft gem. Art. 86a Abs. 2 RL (EU) 2017/1132.[2]

2. Regelungsgegenstand und -zweck

Zweck des § 334 ist die Bestimmung, welche Gesellschaften sich unter welchen Voraussetzungen als formwechselfähiger Ausgangs- oder Zielrechtsträger an einem grenzüberschreitenden Formwechsel im Sinne des § 333 Abs. 1 beteiligen können. Dies ist auch insofern von Bedeutung, da grenzüberschreitend formwechselfähige Gesellschaften in diesem Sinne gerade nicht die in § 191 genannten Rechtsträger sind. Verwirklicht wird der entsprechende Regelungszweck dadurch, dass § 334 S. 1 nicht nur beschreibt, welche Rechtsformen (Kapitalgesellschaften) erfasst sind, sondern auch welche Voraussetzungen im Sinne von Anknüpfungsmerkmalen diese erfüllen müssen (S. 1 Nr. 1, 2).

II. Formwechselfähige Gesellschaften

§ 334 S. 1 bestimmt, welche Arten von Rechtsträgern sich unter Geltung der nachfolgenden §§ 335 ff. am Verfahren eines grenzüberschreitenden Formwechsels aus deutscher Sicht beteiligen können. Die Norm bezieht sich dabei sowohl auf Ausgangsrechtsträger als formwechselnde Gesellschaften als auch auf Zielrechtsträger als Gesellschaften neuer Rechtsform im Zuge des Formwechsels.

1. Ausgangsrechtsträger

Sowohl deutscher Ausgangsrechtsträger im Fall eines Herausformwechsels aus Deutschland als auch EU/EWR-ausländischer Ausgangsrechtsträger im Fall eines Hereinformwechsels nach Deutschland müssen eine nach dem Recht eines EU-/EWR-Staates bestehende **Kapitalgesellschaft** sein. Es reicht mithin nicht aus, dass beispielsweise nur der deutsche Ausgangs- oder Zielrechtsträger eine Kapitalgesellschaft ist. Zudem muss es sich bei der jeweiligen Kapitalgesellschaft um eine in Anhang II RL (EU) 2017/1132 genannte Rechtsform handeln (→ § 333 Rn. 18). Deutscher Ausgangsrechtsträger eines grenzüberschreitenden Formwechsels kann daher nur eine **AG**, eine **KGaA** oder eine **GmbH** sein.[3] Da die **UG** (**haftungsbeschränkt**) lediglich eine Unterform der GmbH darstellt, kann auch sie grenzüberschreitend formwechselnde Gesellschaft sein.[4] Entsprechendes gilt für ausländische Sonder- oder Unterformen einer in Anhang II RL (EU) 2017/1132 genannten Kapitalgesellschaftsform (→ § 333 Rn. 18). Genossenschaften sind hingegen ausgeschlossen.[5]

Den Mitgliedstaaten steht es gem. Art. 86a Abs. 4 lit. a RL (EU) 2017/1132 offen, die Regelungen für den grenzüberschreitenden Formwechsel nicht auf Kapitalgesellschaften anzuwenden, die Gegenstand eines nationalen **Insolvenz-** oder **Restrukturierungsverfahrens** sind. Einen expliziten Ausschluss entsprechender Gesellschaften sehen die §§ 333 ff. allerdings nicht vor. Jedoch ist in diesem Zusammenhang § 342 Abs. 3

---

2 Begr. Reg-E UmRUG, BT-Drs. 20/3822, 116.
3 Begr. Reg-E UmRUG, BT-Drs. 20/3822, 116.
4 Heckschen/Knaier GmbHR 2023, 317 (319); Herrler GesR-NotGP/Stelmaszczyk/Potyka § 15 Rn. 619.
5 Heckschen/Knaier GmbHR 2023, 317 (319).

S. 1 Nr. 4 zu beachten (→ § 342 Rn. 19). Aus der grundsätzlichen Pflicht zur Abgabe einer Erklärung durch die Vertretungsorgane der formwechselnden Gesellschaft bei Anmeldung zur Eintragung des Herausformwechsels, in der zu versichern ist, dass sich die Gesellschaft nicht im Zustand der (drohenden) Zahlungsunfähigkeit oder der Überschuldung gemäß den einschlägigen Vorgaben der Insolvenzordnung befindet, lässt sich auf den ersten Blick schließen, dass ein grenzüberschreitender Formwechsel bei Vorliegen eines Insolvenzantragsgrunds nicht möglich wäre. Allerdings zeigt § 342 Abs. 3 S. 2, 3, dass dies der Durchführung eines grenzüberschreitenden Formwechsels nicht entgegensteht und sogar **nach Eröffnung** des Insolvenzverfahrens ein solcher möglich ist.[6] Voraussetzung ist jedoch, dass im Rahmen des Insolvenzverfahrens die Fortsetzung der Gesellschaft noch beschlossen werden kann (vgl. 60 Abs. 1 Nr. 4 Hs. 2 GmbHG, § 274 Abs. 2 Nr. 1 AktG).[7] Es bedarf daher der Fortsetzungsmöglichkeit im Rahmen eines **Insolvenzplanverfahrens**.[8] Dies gilt aber wohl nur hinsichtlich des deutschen Ausgangsrechtsträgers; nicht hingegen des Zielrechtsträgers.[9] Einer darüber hinausgehenden sog. Solvenzerklärung bedarf es nicht.[10] Im EU-Kommissionsentwurf war eine solche noch verpflichtend vorgesehen.

7 Ähnlich wie im Insolvenzplanverfahren können auch im **Restrukturierungsverfahren** nach dem StaRUG umwandlungsrechtliche Maßnahmen im Rahmen des Restrukturierungsplans bestimmt werden (vgl. §§ 2 Abs. 3, 7 Abs. 4 StaRUG),[11] so dass hiernach grundsätzlich auch ein Herausformwechsel einer sich in der entsprechenden Sanierungs- bzw. Restrukturierungphase befindlichen Kapitalgesellschaft möglich ist.[12] Dies ist aus praktischer Sicht insbesondere für eine etwaige **Sanierungsmigration** als Anwendungsbereich eines grenzüberschreitenden Formwechsels von Bedeutung (→ Vor §§ 333 ff. Rn. 6).

2. Zielrechtsträger

8 Sowohl deutscher Zielrechtsträger im Fall eines Hereinformwechsels nach Deutschland als auch EU/EWR-ausländischer Zielrechtsträger im Fall eines Herausformwechsel aus Deutschland müssen eine nach dem Recht eines EU/EWR-Staates bestehende **Kapitalgesellschaft** sein. Es reicht nicht aus, dass entweder nur der deutsche Ausgangs- oder Zielrechtsträger eine Kapitalgesellschaft ist. Zudem muss es sich bei der jeweiligen Kapitalgesellschaft um eine in Anhang II RL (EU) 2017/1132 genannte Rechtsform handeln (→ § 333 Rn. 18). Deutscher Zielrechtsträger eines grenzüberschreitenden Formwechsels kann daher nur eine **AG**, eine **KGaA** oder eine **GmbH** sein.[13] Anders als beim Herausformwechsel aus Deutschland kann Zielrechtsträger eines Hereinformwechsels aufgrund des Sacheinlageverbots des § 5a Abs. 2 S. 2 GmbHG allerdings nicht die UG

---

6 *Heckschen/Knaier* GmbHR 2023, 317 (319); *Harig/Harder* NZG 2022, 1435 (1437); unklar *Noack* MDR 2023, 465 (466).
7 Vgl. BGH 8.4.2020 – II ZB 3/19, NZG 2020, 1182; *Heckschen/Weitbrecht* ZIP 2020, 1737 (1741).
8 *Heckschen* FS Heidinger, 2023, 165 (169).
9 Zur innerstaatlichen Verschmelzung OLG Brandenburg 27.1.2015 – 7 W 118/14, NZG 2015, 884; differenzierend BeckOGK/*Gontschar* § 1 Rn. 355.
10 *J. Schmidt* NZG 2022, 579 (586); *Baschnagel/Hilser* NZG 2022, 1333 (1339); *Heckschen/Knaier* GmbHR 2023, 317 (327); *Thomale/Schmid* NotBZ 2023, 91 (100); Habersack/Casper/Löbbe/*Behrens/Hoffmann* GmbHG Einl. Rn. B 289; MHdB GesR VI/*Hoffmann* § 48 Rn. 30.
11 *Heckschen* FS Heidinger, 2023, 165 (169); vgl. auch Pannen/Riedemann/Smid, StaRUG/*Riedemann*, 2021, § 2 Rn. 37; *Harig/Harder* NZG 2022, 1435 (1438).
12 Zu innerstaatlichen Umwandlungen *Mulert/Steiner* NZG 2021, 673 (683); Herrler GesR-NotGP/*Heckschen* § 20 Rn. 83c; speziell zum Formwechsel, BeckOK StaRUG/*Skauradszun* § 2 Rn. 90.
13 Begr. Reg-E UmRUG, BT-Drs. 20/3822, 116.

(haftungsbeschränkt) sein.[14] Dies ist trotz deren Qualifizierung als Kapitalgesellschaft auch europarechtskonform, da weder die zugrunde liegenden Richtlinienbestimmungen noch die Niederlassungsfreiheit die Einführung neuer Formwechselkombinationen entgegen den Bestimmungen des nationalen Gründungsrechts gebietet.[15] Die mitgliedstaatliche Einschränkung möglicher Formwechselkombinationen gilt daher auch auf europäischer Ebene bei einem grenzüberschreitenden Formwechsel.

3. Nicht erfasste Rechtsträger

Personengesellschaften sind ausdrücklich vom Anwendungsbereich ausgeschlossen.[16] Dies gilt sowohl für den in- oder ausländischen Ausgangsrechtsträger als auch den in- oder ausländischen Zielrechtsträger. Auch die zugrunde liegenden Richtlinienbestimmungen beziehen sich ausschließlich auf den grenzüberschreitenden Formwechsel zwischen Kapitalgesellschaften. Der Forderung (bzw. dem Wunsch) zahlreicher Stimmen des Schrifttums, die Umsetzungsbestimmungen der §§ 333 ff. auch für den grenzüberschreitenden Formwechsel unter Beteiligung von **Personengesellschaften** zu eröffnen,[17] ist der Gesetzgeber nicht nachgekommen. In der Tat ist dies misslich, da so zB der in der Praxis durchaus relevante Heraus- oder Hereinformwechsel einer bzw. in eine (GmbH & Co.) KG erheblich erschwert wird. Zudem zeigt die seit dem Jahr 2019 bestehende Änderung des § 122b Abs. 1 Nr. 2 aF (jetzt § 306 Abs. 1 Nr. 1), dass der deutsche Gesetzgeber zumindest nicht per se Personengesellschaften als „unfähig" ansieht, sich an grenzüberschreitenden Umwandlungen zu beteiligen. Die (partielle) Erstreckung der §§ 333 ff. auf Personengesellschaften bleibt damit ein wünschenswertes Desiderat.

Kein beteiligter Rechtsträger (Ausgangs- und Zielrechtsträger) eines grenzüberschreitenden Formwechsels gem. den §§ 333 ff. kann ferner die **Europäische Aktiengesellschaft** (SE) sein, obwohl diese aufgrund der Geltung der SE-Verordnung eine nationale Gesellschaftsform darstellt. Hintergrund bei einem Herausformwechsel ist, dass Fragen der Satzungssitzverlegung einer SE abschließend von Art. 8 SE-VO geregelt sind.[18] Gleiches gilt für den (Rück-)Formwechsel in eine nationale Aktiengesellschaft (vgl. Art. 66 SE-VO). Auch ein Hereinformwechsel in eine SE ist nicht unter Geltung der §§ 333 ff. möglich, da die Möglichkeiten und Modalitäten der (faktischen) SE-Gründung ebenfalls abschließend aufgezählt sind (s. Art. 2 SE-VO).

Gesellschaften aus **Drittstaaten** (Nicht-EU/EWR-Staaten) sind sowohl als Ausgangs- als auch als Zielrechtsträger eines grenzüberschreitenden Formwechsels unabhängig von ihrer Rechtsform vom Anwendungsbereich ausgeschlossen. Die §§ 335 ff. finden auf diese keine unmittelbare Anwendung.

---

14 *Stelmaszczyk* notar 2021, 107; *Wicke* DStR 2018, 2642 (2643); *Wachter* GmbH-StB 2018, 283 (285); im Vorfeld bereits auch *Heckschen* ZIP 2015, 2049 (2058); *Wachter* GmbHR 2016, 738 (741); *Melchior* GmbHR 2014, R305 (R306); *Wicke* DStR 2012, 1756 (1758).
15 Vgl. auch Erwägungsgrund Nr. 44 S. 2 RL (EU) 2019/2121.
16 Vgl. auch Begr. Reg-E UmRUG, BT-Drs. 20/3822, 116.
17 *J. Schmidt* NJW 2023, 1241; *Luy/Redler* notar 2022, 163 (165); *Schröter/Neubert* jurisPR-HaGesR 4/2023 Anm. 1;

Luy/Redler notar 2022, 163 (165); *Goette* DSR 2023, 157 (158); *Heckschen/Knaier* ZIP 2022, 2205 (2213); aus mitbestimmungsrechtlicher Sicht auch *Baschnagel/Hilser/Wagner* RdA 2023, 103 (112).
18 Gleiches gilt entsprechend auch für einen zukünftigen „Europäischen Verein" (European cross-border association – ECBA) nach dem Vorschlag der EU-Kommission vom September 2023 (COM(2023) 516 final).

III. Materielle Voraussetzungen

12 Damit es sich um eine formwechselfähige Gesellschaft im Sinne des § 334 S. 1 handelt, die sich auf die Verfahrensbestimmungen der §§ 335 ff. berufen kann, reicht es allerdings nicht aus, dass eine Kapitalgesellschaft gemäß Anhang II RL (EU) 2017/1132 besteht, sondern diese muss zudem (1) nach dem Recht eines EU/EWR-Staates gegründet worden sein und (2) ihren Satzungs-, Verwaltungssitz oder ihre Hauptniederlassung in der EU oder im EWR haben. Beide Voraussetzungen dienen dabei als kumulative **Anknüpfungskriterien** der am grenzüberschreitenden Formwechsel beteiligten Gesellschaft zum Recht eines EU/EWR-Staates.

1. Gründung in einem EU/EWR-Staat

13 § 334 S. 1 Nr. 1 setzt für die Abwendbarkeit der nachfolgenden Bestimmungen zunächst voraus, dass die formwechselnde Gesellschaft nach dem **Recht eines EU/EWR-Staates** gegründet worden sein muss. Damit soll bezweckt werden, dass die formwechselnde Gesellschaft seinerzeit die formellen und materiellen, ggf. europarechtlich harmonisierte, Gründungsvorschriften eines EU/EWR-Staaten eingehalten hatte. Dies ist jedoch nicht zwingend nur dann der Fall, wenn die formwechselnde Gesellschaft originär in dem entsprechenden EU/ERW-Staat gegründet und ins dortige Register eingetragen wurde, sondern grundsätzlich auch dann, wenn sie in ihrer bestehenden Rechtsform erst durch Umwandlung zB aus einem Drittstaat entstanden ist (→ § 333 Rn. 10). Denn zum einen ist es durchaus denkbar, dass andere EU/EWR-Staaten eine grenzüberschreitende Umwandlung (Verschmelzung/Spaltung/Formwechsel) auch aus Drittstaaten zulassen. Zum anderen wird auch in diesem Fall in der Regel die Einhaltung der nationalen Gründungsvorschriften des EU/EWR-Staates als Zuzugsstaats gefordert worden sein. Im Sinne der Gründungsvoraussetzung in einem EU/EWR-Staat als Anknüpfungsmerkmal sind daher auch solche – wenngleich in der Praxis wohl eher seltenen Konstellationen – von § 334 S. 1 Nr. 1 erfasst.

2. Satzungs-, Verwaltungssitz oder Hauptniederlassung in der EU bzw. im EWR

14 Zudem (nicht: alternativ) muss die formwechselnde Gesellschaft gem. § 334 S. 1 Nr. 2 ihren „satzungsmäßigen Sitz, ihre Hauptverwaltung oder ihre Hauptniederlassung" in der EU bzw. dem EWR haben.[19] Auch diese Voraussetzung dient der Anknüpfung der am grenzüberschreitenden Formwechsel beteiligten Gesellschaft zum Recht eines EU/EWR-Staates. Dass sich insbesondere der Satzungssitz des Zielrechtsträges in der EU/EWR befinden muss, ergibt sich indes bereits aus der Definition eines grenzüberschreitenden Formwechsels gem. § 333 Abs. 1.

15 Während begrifflich die Hauptverwaltung (Verwaltungssitz) am für Dritte erkennbaren Ort der unternehmerischen Leitung liegt, befindet sich die **Hauptniederlassung** am tatsächlichen Geschäftsschwerpunkt, also dort, wo die wesentlichen Personal- und Sachmittel konzentriert sind. Der satzungsmäßige Sitz ist schließlich der in der Satzung bzw. im Gesellschaftsvertrag des Rechtsträgers genannte formelle Sitz. Diese drei Kriterien dienen dabei – vergleichbar mit der Staatsangehörigkeit bei natürlichen Personen – der Zuordnung der Gesellschaft zum Recht eines EU/EWR-Staates.[20] Sie stehen indes

---

[19] Ferner zu einem ggf. zukünftigen „virtuellen Sitz" *Mikalonienė* ECFR 2022, 685.

[20] In Bezug auf den insofern wortgleichen Art. 54 Abs. 1 AEUV Calliess/Ruffert/*Korte* AEUV Art. 54 Rn. 18.

in einem **Alternativverhältnis**, dh es genügt, wenn eines der Anknüpfungsmerkmale einschlägig ist, mithin entweder der Satzungssitz oder der Verwaltungssitz oder die Hauptniederlassung der Gesellschaft sich in der EU/EWR befindet.[21] Hintergrund ist, dass vor allem die Niederlassungsfreiheit gerade nicht vorschreibt, welches dieser Kriterien zur Anknüpfung einer nationalen Gesellschaft im Sinne deren Gesellschaftsstatuts führt.[22]

Es spielt nach dem Wortlaut weder des § 334 S. 1 Nr. 2 noch des zugrunde liegenden Art. 86 Abs. 1 RL (EU) 2017/1132 eine Rolle, ob sich der Satzungs-, und/oder Verwaltungssitz und/oder die Hauptniederlassung der formwechselnden Gesellschaft im selben EU/EWR-Staat befinden wie zum Zeitpunkt der Gründung der Gesellschaft gem. § 334 S. 1 Nr. 1. Entscheidend ist allein, dass sich der Satzungs- oder Verwaltungssitz oder die Hauptniederlassung in der EU bzw. dem EWR befinden („**einem** Mitgliedstaat"). Denkbar sind insofern auch grenzüberschreitende Kettenformwechsel.

IV. Ausschluss von Organismen für gemeinsame Anlagen in Wertpapieren

Eine Einschränkung des Anwendungsbereichs sieht ferner § 334 S. 2 iVm § 306 Abs. 2 S. 1 Nr. 1 vor. Vom Anwendungsbereich ausgeschlossen sind demnach Gesellschaften „deren Zweck es ist, die vom Publikum bei ihnen eingelegten Gelder nach dem Grundsatz der Risikostreuung gemeinsam anzulegen, und deren Anteile auf Verlangen der Anteilsinhaber unmittelbar oder mittelbar zulasten des Vermögens der Gesellschaft zurückgenommen oder ausgezahlt werden." Ausgenommen sind daher sog. Organismen für gemeinsame Anlagen in Wertpapieren (**OGAW**).[23] Diese Anlagegesellschaften sind regelmäßig in der Rechtsform einer Kapitalgesellschaft organisiert, unterliegen aber in verschiedenster Hinsicht speziellen Regelungen, weshalb schon – und deshalb der Verweis auf die verschmelzungsrechtliche Regelung des § 306 Abs. 2 S. 1 Nr. 2 (§ 122b Abs. 2 Nr. 2 UmwG aF) – im Rahmen der damaligen Verschmelzungs-RL 2005/56/EG und deren deutschen Umsetzungsbestimmungen entsprechende OGAW nicht vom Anwendungsbereich erfasst waren. Die Ausnahme betrifft aus deutscher Perspektive insbesondere **Investmentaktiengesellschaften** (vgl. §§ 108 ff. KAGB), nicht aber Kapitalverwaltungsgesellschaften (§§ 92 ff. KAGB).[24]

V. Weitere, nicht erfasste Kapitalgesellschaften

Obgleich nicht ausdrücklich in § 334 bestimmt, sind weiterhin Kapitalgesellschaften, die sich in einer bestimmten Situation befinden, vom Anwendungsbereich der §§ 333 ff. als formwechselfähige Gesellschaft ausgeschlossen. Dies gibt Art. 86a Abs. 3 RL (EU) 2017/1132 ausdrücklich vor. Keine formwechselfähige Kapitalgesellschaft im Sinne des § 334 S. 1 kann daher eine solche sein, die sich **in Liquidation** befindet und mit der Verteilung ihres Vermögens an ihre Gesellschafter begonnen hat (lit. a). Dadurch soll verhindert werden, dass Gesellschaften einen grenzüberschreitenden Formwechsel dazu missbrauchen, sich einem geordneten Abwicklungsverfahren zu entziehen oder Gläubiger zu benachteiligen.[25] Im deutschen Recht wird dies dadurch deutlich, dass

---

21 In Bezug auf den insofern wortgleichen Art. 54 Abs. 1 AEUV Gebauer/Wiedmann, Europäisches Zivilrecht/Weller/Hübner, 3. Aufl. 2021, Kap. 23 Rn. 8.
22 Vgl. EuGH 16.12.2008 – C-210/06, DNotZ 2009, 553 – Cartesio.
23 J. Schmidt ZEuP 2020, 565 (567); dazu auch Stelmaszczyk DK 2021, 1 (4).
24 Herrler GesR-NotGP/Stelmaszczyk/Potyka § 15 Rn. 619.
25 Bayer/J. Schmidt BB 2019, 1922 (1927); J. Schmidt ZEuP 2020, 565 (567).

§ 191 Abs. 3 über den Verweis in § 333 Abs. 2 Nr. 1 (→ § 333 Rn. 27 ff.) für einen grenzüberschreitenden Formwechsel zur Geltung kommt.[26] Danach ist ein (grenzüberschreitender) Formwechsel „auch bei aufgelösten Rechtsträgern möglich, wenn ihre **Fortsetzung** in der bisherigen Rechtsform **beschlossen werden könnte**". Die Fortsetzung kann jedoch nur beschlossen werden, solange die Verteilung des Vermögens unter den Anteilsinhabern noch nicht begonnen wurde (vgl. § 274 Abs. 1 S. 1 AktG). Dies gilt entsprechend auch für die GmbH.[27]

19 Ausgeschlossen vom Anwendungsbereich sind weiterhin Gesellschaften, die Gegenstand von in Titel IV der RL 2014/59/EU oder in Titel V der VO (EU) 2021/23 vorgesehenen **Abwicklungsinstrumenten**, -befugnissen und -mechanismen sind (Art. 86a Abs. 3 lit. b RL (EU) 2017/1132).[28] Hintergrund sind auch hier jeweils spezialgesetzliche Regelungen, die als solche mit der in der Richtlinie vorgegebenen Konzeption der Schutzinstrumente bei einem grenzüberschreitenden Formwechsel nicht vollends in Einklang zu bringen sind. Entsprechende sich in Abwicklung befindliche Kreditinstitute der **Bankenabwicklungs-RL** 2014/59/EU[29] sowie sog. Zentrale Gegenparteien („**CCP**")[30] dürfen daher nicht an einem grenzüberschreitenden Formwechsel nach dem Verfahren der §§ 335 ff. beteiligt sein.[31]

§ 335 Formwechselplan

(1) Das Vertretungsorgan der grenzüberschreitend formwechselnden Gesellschaft stellt einen Formwechselplan auf.

(2) Der Formwechselplan oder sein Entwurf muss mindestens folgende Angaben enthalten:

1. Rechtsform, Firma und Sitz der formwechselnden Gesellschaft,
2. die Rechtsform, die die Gesellschaft durch den Formwechsel erlangen soll,
3. die Firma und den Sitz der Gesellschaft neuer Rechtsform,
4. sofern einschlägig den Errichtungsakt der Gesellschaft neuer Rechtsform und, falls sie Gegenstand eines gesonderten Aktes ist, die Satzung,
5. den vorgesehenen indikativen Zeitplan für den grenzüberschreitenden Formwechsel,
6. die Beteiligung der bisherigen Anteilsinhaber an dem Rechtsträger nach den für die neue Rechtsform geltenden Vorschriften sowie Zahl, Art und Umfang der Anteile, welche die Anteilsinhaber durch den Formwechsel erlangen sollen,
7. die Rechte, die die Gesellschaft neuer Rechtsform den mit Sonderrechten ausgestatteten Anteilsinhabern und den Inhabern von anderen Wertpapieren als Gesellschaftsanteilen gewährt, oder die für diese Personen vorgeschlagenen Maßnahmen,
8. die Sicherheiten, die den Gläubigern angeboten werden,

---

26 Vgl. auch Herrler GesR-NotGP/*Stelmaszczyk/Potyka* § 15 Rn. 622.
27 Nunmehr ausdrücklich BGH 8.4.2020 – II ZB 3/19, NZG 2020, 1182.
28 Vgl. auch Herrler GesR-NotGP/*Stelmaszczyk/Potyka* § 15 Rn. 622.
29 Umgesetzt in Deutschland durch das sog. Sanierungs- und Abwicklungsgesetz (SAG).
30 Zu CCPs vgl. insbes. Ellenberger/Bunte, Bankrechts-Handbuch/*Reiner/Scholl*, 6. Aufl. 2022, § 94 Rn. 66 ff.
31 *Zwirlein-Forschner* in Unternehmensmobilität im EU-Binnenmarkt, 2023, S. 195 (201 f.).

9. die etwaigen besonderen Vorteile, die den Mitgliedern der Verwaltungs-, Leitungs- , Aufsichts- oder Kontrollorgane der Gesellschaft gewährt werden,
10. eine Darstellung der Förderungen oder Beihilfen, die die Gesellschaft in den letzten fünf Jahren erhalten hat,
11. die Einzelheiten zum Angebot einer Barabfindung gemäß § 340,
12. die voraussichtlichen Auswirkungen des grenzüberschreitenden Formwechsels auf die Beschäftigung der Arbeitnehmer,
13. gegebenenfalls Angaben zu dem Verfahren, nach dem die Einzelheiten der Beteiligung der Arbeitnehmer an der Festlegung ihrer Mitbestimmungsrechte in der Gesellschaft neuer Rechtsform geregelt werden, sowie
14. die Auswirkungen des grenzüberschreitenden Formwechsels auf Betriebsrenten und Betriebsrentenanwartschaften.

(3) Der Formwechselplan muss notariell beurkundet werden.

Literatur:
Baschnagel/Hilser, Grenzüberschreitende Umwandlungen und Austritt des dissentierenden Gesellschafters gegen Barabfindung – Mitwirkung des Notars notwendig?, BWNotZ 2023, 2; *Bücker/Kopp*, Erste Praxiserfahrungen mit einem grenzüberschreitenden Hereinformwechsel nach dem neuen UmwG in die Rechtsform der Aktiengesellschaft, AG 2023, 764; *Bungert/Strothotte*, Die Regierungsentwürfe zu grenzüberschreitenden Verschmelzungen, Spaltungen und Formwechseln, DB 2022, 1818; *Heckschen/Knaier*, Reform des Umwandlungsrechts kurz vor dem Ziel, ZIP 2022, 2205; *Heckschen/Knaier*, Die größte Reform des Umwandlungsrechts: Endlich in Kraft!, GmbHR 2023, 317; *Hommelhoff*, Der Schutz des Anteilsinhaber-Vermögens bei Umwandlungen nach dem RefE UmRUG, NZG 2022, 683; *Kablitz*, Der grenzüberschreitende Rechtsformwechsel einer GmbH – Rechtsgrundlagen, Ablauf und Praxishinweise, GmbHR 2022, 721; *Luy/Redler*, Immer mit Plan – der Referentenentwurf eines Gesetzes zur Umsetzung der Umwandlungsrichtlinie (UmRUG), notar 2022, 163; *Noack*, Nationaler Rechtsrahmen für grenzüberschreitende Umwandlungen, MDR 2023, 465; *Rawert/Hülse*, Umwandlungsplan im Verfahren des grenzüberschreitenden Formwechsels?, ZIP 2021, 272; *Schmidt, J.*, Grenzüberschreitender Formwechsel in der EU Eckpunkte des Rechtsrahmens und Herausforderungen bei der Umsetzung, ZEuP 2020, 565; *Schmidt, J.*, Der Schutz der Minderheitsgesellschafter nach dem Company Package, in: Festschrift Krieger, 2020, S. 841; *Schmidt, J.*, Schutz der Minderheitsgesellschafter bei Umwandlungen: Entwicklungslinien des europäischen Unternehmensrechts, in: Festschrift Heidel, 2021, S. 353; *Schmidt, J.*, Die weitreichende Reform des Umwandlungsrechts, NJW 2023, 1241; *Schur*, Schutzbestimmungen und Verfahrensregeln in der neuen Richtlinie zu grenzüberschreitenden Umwandlungen, Verschmelzungen und Spaltungen, EuZW 2019, 539; *Stelmaszczyk/Potyka*, in: Herrler, Gesellschaftsrecht in der Notar- und Gestaltungspraxis, 2. Aufl. 2021, § 15; *Thomale/Schmid*, Das neue Recht der grenzüberschreitenden Umwandlung – Eine Einführung (Teil II), NotBZ 2023, 125; *Wicke*, Optionen und Komplikationen bei der Umsetzung des Richtlinienvorschlags zum grenzüberschreitenden Formwechsel (Teil I), DStR 2018, 2642; *Wollin*, Der Referentenentwurf eines Gesetzes zur Umsetzung der Umwandlungsrichtlinie (UmRUG-E), ZIP 2022, 989.

I. Einführung und Grundlagen 1	d) Indikativer Zeitplan 22
1. Europäischer Hintergrund 2	e) Beteiligung der Anteilsinhaber am
2. Regelungsgegenstand und -zweck 3	Zielrechtsträger 25
II. Formwechselplan 5	f) Zahl, Art und Umfang der Anteile
1. Begriff und Funktion des Formwechselplans 5	am Zielrechtsträger 27
2. Aufstellungspflicht 8	g) Rechte von Sonderrechtsinhabern
3. Verpflichtete der Aufstellung des Plans . 9	und sonstigen Personen 30
III. Inhalt des Formwechselplans 12	h) Gläubigersicherheiten 32
1. Mindestangaben 12	i) Vorteilsgewährungen an Mitglieder
2. Inhaltliche Ausgestaltung 13	der Verwaltungs- und Leitungsorgane 34
a) Rechtsform, Firma, Sitz des deutschen Ausgangsrechtsträgers 14	j) Beihilfen und sonstige staatliche
b) Rechtsform, Firma, Sitz des ausländischen Zielrechtsträgers 17	Förderungen 36
	k) Barabfindungsangebot 37
c) Errichtungsakt (ggf. Satzung) des Zielrechtsträgers 20	l) Voraussichtliche Auswirkungen auf die Beschäftigten 41

m)	Verfahrensangaben zu Arbeitnehmer-Mitbestimmungsrechten	44	
n)	Auswirkungen auf Betriebsrenten und -anwartschaften	47	
	3. Sprache		48
	IV. Form des Formwechselplans		49

I. Einführung und Grundlagen

1 Praktischer Ausgangspunkt eines grenzüberschreitenden Formwechsels ist die Erstellung eines Formwechselplans. Funktional entspricht dieser dem Entwurf des Formwechselbeschlusses (ehemals „Umwandlungsbeschluss") beim innerstaatlichen Formwechsel gem. § 194 Abs. 1. Der zu erstellende Formwechselplan ist dabei die (rechtliche) Grundlage für den gesamten grenzüberschreitenden Formwechsel und damit entsprechendes **Grundlagendokument** für die geplante Strukturmaßnahme.[1] Wurde der Formwechselplan entgegen den materiellen Vorgaben des § 335 Abs. 2 erstellt und insofern fehlerhaft den Anteilsinhabern zur Beschlussfassung gem. § 339 Abs. 1 iVm § 193 Abs. 1 vorgelegt, kann dies zur Anfechtbarkeit des entsprechenden Gesellschafter- bzw. Hauptversammlungsbeschlusses gem. § 333 Abs. 2 Nr. 1 iVm § 195 Abs. 1 führen.

1. Europäischer Hintergrund

2 § 335 dient der Umsetzung von **Art. 86d RL (EU) 2017/1132**.[2] Dieser bestimmt, dass das Verwaltungs- oder Leitungsorgan der Gesellschaft einen Plan für die grenzüberschreitende Umwandlung erstellt, welcher einen bestimmten Mindestinhalt zu haben hat. Die Beurkundung des Plans sieht die Richtlinie nicht vor und überlässt dies insofern den Mitgliedstaaten, wovon Deutschland mit § 335 Abs. 3 Gebrauch gemacht hat. § 335 Abs. 2 orientiert sich ferner eng am Wortlaut des Art. 86d Abs. 2 RL (EU) 2017/1132, der wiederum sichtbare Ähnlichkeiten zu § 194 Abs. 1 für den innerstaatlichen Formwechsel zeigt.[3] Gleichwohl fällt auf, dass teilweise unterschiedliche Begriffe für inländische und grenzüberschreitende Formwechsel verwendet werden, obwohl offenbar dasselbe gemeint ist (zB in Bezug auf § 194 Abs. 1 Nr. 5 und § 335 Abs. 2 Nr. 7).[4]

2. Regelungsgegenstand und -zweck

3 § 335 bestimmt sowohl die Pflicht als auch die **inhaltliche Ausgestaltung des Formwechselplans** als eines der primären Instrumente zum Schutz der Share- und Stakeholder im Rahmen eines grenzüberschreitenden Formwechsels aus Deutschland heraus.[5] § 335 Abs. 1 statuiert dabei die Pflicht der formwechselwilligen Gesellschaft, grundsätzlich einen entsprechenden Plan zu erstellen. § 335 Abs. 2 bestimmt den gesetzlichen Mindestinhalt des Formwechselplans bzw. dessen Entwurfs. § 335 Abs. 3 legt fest, dass der Formwechselplan zwingend notariell zu beurkunden ist.

4 Der **Zweck** des § 335 besteht gemäß der europäischen Vorgaben darin, die berechtigten Interessen der an dem grenzüberschreitenden Formwechsel beteiligten Personengruppen zu berücksichtigen, indem in dem Formwechselplan die wichtigsten Informationen über die geplante Strukturmaßnahme der Satzungssitzverlegung ins Ausland mit verbundenem Rechtsformwechsel niedergelegt werden.[6] Um dieses Schutzziel umfassend zu erreichen, wird von Gesetzes wegen ein verpflichtender Inhalt des Formwechselplans vorgeben.

---

[1] *Luy/Redler* notar 2022, 163 (165); vgl. auch *Stiegler* Grenzüberschreitende Sitzverlegungen S. 275.
[2] Begr. RegE UmRUG, BT-Drs. 20/3822, 116.
[3] Vgl. auch *Drinhausen/Keinath* BB 2022, 1346 (1354).
[4] *DAV* NZG 2022, 849 (859).
[5] Dazu und zum Recht vor Verabschiedung des neuen § 335 ua *Rawert/Hülse* ZIP 2021, 272 (273 ff.).
[6] Erwägungsgrund Nr. 12 S. 1 RL (EU) 2019/2121.

II. Formwechselplan

1. Begriff und Funktion des Formwechselplans

Im Zuge des UmRUG spricht das Umwandlungsgesetz erfreulicherweise nunmehr einheitlich von einem Formwechselplan bzw. Formwechselbeschluss. In Abgrenzung zur Verschmelzung oder Spaltung zur Aufnahme ist beim grenzüberschreitenden Formwechsel nur ein Rechtsträger beteiligt. Bereits aus dem Charakter des (grenzüberschreitenden) Formwechsels sowie dem damit verbundenen Wortsinn kommt somit zum Ausdruck, dass es sich beim Formwechselplan nicht um den Abschluss eines Vertrags handelt.[7] In diesem Sinne ist „nur" die Erstellung eines Grundlagendokuments iS eines **gesellschaftsrechtlichen Organisationsaktes** erforderlich. Der Formwechselplan fungiert als Organisationsakt für die Durchführung der formwechselnden Sitzverlegung ins Ausland, der die rechtlich-organisatorische Grundlage der Strukturmaßnahmen darstellt.[8] Ein schuldrechtlicher Charakter ist ihm grundsätzlich nicht beizumessen. Dies schließt indes nicht aus, dass auch schuldrechtliche Verpflichtungen in den Formwechselplan aufgenommen werden können.

Das Geschäftsführungsorgan der formwechselnden Gesellschaft leitet das Umwandlungsverfahren mit der Erstellung des Formwechselplans ein. Der Formwechselplan bildet dabei zusammen mit dem Formwechselbericht gem. § 337 die **Basis für die Beschlussfassung** der Anteilsinhaber über den grenzüberschreitenden Formwechsel. Er stellt die maßgebliche Grundlage des Umwandlungsverfahrens und damit der geplanten Strukturmaßnahme dar.[9] Im Formwechselplan werden die wesentlichen Bedingungen des Umwandlungsverfahrens festgelegt. Er stellt insofern eine Art Absichtserklärung dar, aus welcher der Ablauf sowie die Folgen des Formwechsels hervorgehen sollen.[10]

Funktional soll der Formwechselplan in erster Linie sowohl die Anteilsinhaber als auch die Arbeitnehmer (sofern vorhanden) der formwechselwilligen Gesellschaft schützen. Vor allem ist er ein **Schutzinstrument für die Anteilsinhaber**, da es in Anbetracht der Sitzverlegung in einen anderen Mitgliedstaat und Annahme einer dortigen Rechtsform zu strukturellen Eingriffen in deren mitgliedschaftliche Rechte kommen kann.[11] Die Erstellung des Verlegungsplans dient insofern der Information und damit deren Vorabschutz (**a-priori-Schutz**). Daneben dient der Formwechselplan aber auch als zentrale Informationsquelle für die ggf. von dem grenzüberschreitenden Formwechsel beeinträchtigten Gläubiger der Gesellschaft.[12] Für die Arbeitnehmer(-vertreter) ist der Formwechselplan insofern von Bedeutung, da darin auch die voraussichtlichen Auswirkungen des grenzüberschreitenden Formwechsels auf die Beschäftigung (§ 335 Abs. 2 Nr. 12, → Rn. 40) sowie auf etwaige Betriebsrenten und Betriebsrentenanwartschaften (§ 335 Abs. 2 Nr. 14, → Rn. 46) beinhaltet sein müssen.

2. Aufstellungspflicht

§ 335 Abs. 1 statuiert eine Pflicht zur Auf- bzw. Erstellung des Formwechselplans. Diese Verpflichtung ist unabdingbar.[13] Eine **Ausnahme für Konzernunternehmen besteht**

---

7 Entsprechend zum Charakter eines innerstaatlichen Formwechsels Lutter/*Hoger* § 194 Rn. 1.
8 *Stiegler* Grenzüberschreitende Sitzverlegungen S. 276.
9 So bereits *Kiem* ZHR 180 (2016) 289 (306).
10 *Stiegler* Grenzüberschreitende Sitzverlegungen S. 277.
11 *Lieder/Hilser* ZIP 2022, 2521 (2522).
12 Vgl. Erwägungsgrund Nr. 24 S. 2 RL (EU) 2019/2121.
13 Vgl. zum innerstaatlichen Formwechsel auch Lutter/*Hoger* § 194 Rn. 42.

– anders als beispielsweise für den Formwechselbericht (vgl. § 337 Abs. 3 S. 1 iVm § 192 Abs. 2 S. 1 Var. 1) – **nicht**. Hintergrund ist, dass der Formwechselplan Informationsgrundlage sowohl für die Anteilsinhaber als auch für die Arbeitnehmer und Gläubiger der Gesellschaft ist. Insofern ist auch bei einer 100 %igen Tochtergesellschaft, die keine Arbeitnehmer besitzt, weder ein Verzicht noch eine sonstige Entbehrlichkeit des Formwechselplans statthaft. Hat eine formwechselnde Gesellschaft aber nur einen Anteilsinhaber, so sind Angaben im Formwechselplan zur Beteiligung (Nr. 6) oder zur Barabfindung (Nr. 11) faktisch obsolet.[14] Sicherheitshalber sollte dazu jedoch zumindest eine entsprechende Negativerklärung abgegeben werden, um eine Nachfrage des prüfenden Registergerichts zu vermeiden.

3. Verpflichtete der Aufstellung des Plans

9 Gemäß § 335 Abs. 1 hat das „Vertretungsorgan" der formwechselnden Gesellschaft den Formwechselplan aufzustellen. Dies bedeutet aber nicht, dass rechtlich Verpflichteter das entsprechende Vertretungsorgan (Vorstand oder Geschäftsführung) ist. Vielmehr soll damit nur die Zuständigkeitsverteilung innerhalb der Gesellschaft ausgedrückt werden.[15] Die Pflicht zur Aufstellung des Formwechselplans liegt **bei der Gesellschaft** als Rechtsperson, die eine grenzüberschreitenden Formwechsel beabsichtigt.

10 Die faktische Aufstellung des Formwechselplans liegt in der **Gesamtverantwortung** des Vorstands bzw. der Geschäftsführung der Gesellschaft. Ein Handeln in vertretungsberechtigter Zahl ist insofern erforderlich, aber auch ausreichend.[16]

11 Für eine schadensverursachende fehlerhafte Planaufstellung ist im Zweifel eine **gesamtschuldnerische Haftung** der Mitglieder des Vorstands bzw. der Geschäftsführung anzunehmen.

III. Inhalt des Formwechselplans

1. Mindestangaben

12 Der Inhalt des Formwechselplans wird von § 335 Abs. 2 bestimmt. Dieser gibt ausdrücklich vor, dass es sich bei den gesetzlichen Pflichtangaben nur um Mindestangaben handelt („muss mindestens folgende Angaben enthalten").[17] Es steht der Gesellschaft daher grundsätzlich frei, **zusätzliche Aspekte** in den Formwechselplan **aufzunehmen**. Denkbar sind beispielsweise die Festlegung eines (steuerlichen) Umwandlungsstichtags oder etwaige neue Mitglieder der Gesellschaftsorgane im ausländischen Zielrechtsträger.[18] Auch zusätzliche **schuldrechtliche Verpflichtungen** können in den Formwechselplan aufgenommen werden. Dies gilt jedoch nur für Verpflichtungen zwischen den unmittelbar an dem Formwechsel beteiligten Akteuren, dh zwischen der formwechselnden Gesellschaft und ihren Anteilsinhabern. Nicht erfasst sind schuldrechtliche Abreden in Form eines Vertrags zulasten Dritter. Insgesamt dürfen die zusätzlichen, ergänzenden Angaben im Formwechselplan aber nicht dazu führen, dass die gesetzlich vorgegebenen Pflichtinhalte in den Hintergrund rücken und nicht mehr ihren intendierten Informationszweck vollumfänglich erfüllen können.

---

14 *Thomale/Schmid* NotBZ 2023, 125 (127).
15 Vgl. auch Begr. RegE UmRUG, BT-Drs. 20/3822, 116: „Zuständigkeit des Vertretungsorgans".
16 Zum grenzüberschreitenden Verschmelzungsplan Lutter/*Bayer* § 122c Rn. 5.
17 Vgl. auch *J. Schmidt* NJW 2023, 1241 (1242); *Luy/Redler* notar 2022, 163 (166).
18 Zum innerstaatlichen Formwechsel Semler/Stengel/*Leonard/Bärwaldt* § 194 Rn. 35 f.

2. Inhaltliche Ausgestaltung

§ 335 Abs. 2 sieht eine Reihe von Pflichtangaben vor (**Nr. 1–14**) vor. Aus praktischer Sicht empfiehlt sich bei der Erstellung des Formwechselplans diese jeweils alle der Reihe nach zu thematisieren, um etwaigen Nachfragen des zuständigen Registergerichts vorzubeugen. Sollten einige Punkte nicht einschlägig sein, sollte dies im Rahmen einer Negativerklärung dargestellt werden, obgleich dies nicht zwingend erforderlich ist. Dienlich mag in diesem Zusammenhang auch sein, eine kurze Begründung aufzuführen, warum ein Punkt nicht einschlägig ist und daher nicht tiefergehend thematisiert wird.

a) Rechtsform, Firma, Sitz des deutschen Ausgangsrechtsträgers

Gemäß § 335 Abs. 2 **Nr. 1** sind im Formwechselplan zunächst die Rechtsform, die Firma und der Sitz der formwechselnden Gesellschaft anzugeben. Beim „Sitz" handelt es sich um den **Satzungssitz** der Gesellschaft, also die politische Gemeinde, wo dieser belegen ist (zB Berlin).[19] Der Verwaltungssitz ist nicht gemeint und bedarf in diesem Zusammenhang daher auch keiner Erwähnung. Im Hinblick auf das deutsche Firmenrecht der Kapitalgesellschaften erscheint die Angabe der Rechtsform der formwechselnden Gesellschaft redundant, da gem. § 4 S. 1 GmbHG bzw. § 4 AktG die Rechtsform bereits zwingender Bestandteil der Firma gem. § 17 Abs. 1 HGB ist. Aus dem Grund erscheint die separate und gesonderte Angabe der Rechtsform der formwechselnden Gesellschaft obsolet; sicherheitshalber sollte sie aber dennoch explizit dargestellt werden.

Für die Anteilsinhaber haben diese Informationen zu Rechtsform, Firma und Sitz der formwechselnden Gesellschaft zwar keinen unmittelbaren Mehrwert, jedoch ggf. für die Arbeitnehmer und vor allem Gläubiger der Gesellschaft. Denn Letztere müssen ihre Forderungen nach etwaigen Sicherheiten gem. § 314 Abs. 2, 3 gegenüber dem zuständigen Gericht glaubhaft und ggf. geltend machen, wofür es erforderlich ist, die formwechselnde Gesellschaft als Schuldnerin der Sicherheiten genau zu bezeichnen, wozu mindestens Rechtsform, Firma und Sitz gehören. Aufgrund der mangelnden Relevanz dieser Angaben vor allem für die Anteilsinhaber, war im Vorfeld der Verabschiedung des § 335 Abs. 2 und der zugrunde liegenden Richtlinienbestimmung noch umstritten, ob es der verpflichtenden Angabe dieser Informationen im Formwechselplan zwingend bedurfte.[20]

Weitergehende Registerdetails, wie der Name und Ort des zuständigen Handelsregisters und die dortige Handelsregisternummer der formwechselnden Gesellschaft sind nicht erforderlich. Gegenteiliges gibt zum einen der Wortlaut von Nr. 1 nicht unmittelbar her, worin auch im Hinblick auf Art. 8 Abs. 2 S. 2 SE-VO, der im vergleichbar gelagerten Fall der grenzüberschreitenden Sitzverlegung einer SE diese Angaben gefordert werden, kein Redaktionsversehen auf deutscher und europäischer Ebene zu sehen ist. Auch aus Sicht insbesondere der Stakeholder der formwechselnden Gesellschaft sind diese Informationen nicht zwingend erforderlich, da sie sich aus deutscher Sicht unmittelbar und relativ problemlos durch (mittlerweile kostenlose und registrierungsfreie) Einsicht in das elektronisch geführte Handelsregister ermitteln lassen.

---

19 Vgl. dazu jüngst auch OLG Frankfurt a. M. 30.3.2023 – 11 UH 8/23, NJW-RR 2023, 744.

20 Dafür *Hushahn* RNotZ 2014, 137 (142); *Herrmanns* MittBayNot 2016, 297 (299); *Melchior* GmbHR 2014, R311; *Verse* ZEuP 2013, 458 (484).

b) Rechtsform, Firma, Sitz des ausländischen Zielrechtsträgers

17 Gemäß § 335 Abs. 2 **Nr. 2** ist im Formwechselplan die **Rechtsform** des ausländischen Zielrechtsträgers, also die die der Rechtsträger im Zuge des grenzüberschreitenden Formwechsels erhalten soll, anzugeben. Die Angabe der neuen Rechtsform ist dabei von besonderer Bedeutung, denn dadurch wird erkennbar, in welche Gesellschaftsform der Herausformwechsel aus Deutschland vollzogen werden soll. Insbesondere die Anteilsinhaber haben damit die Möglichkeit, sich über die rechtlichen und wirtschaftlichen Gegebenheiten im Zuzugsstaat zu informieren und ggf. entsprechende Vorkehrungen zu treffen.[21] Die Angabe der ausländischen Rechtsform hat so präzise wie möglich zu erfolgen. Bestehen daher innerhalb einer ausländischen Gesellschaftsform verschiedene Untergruppierungen oder -formen, ist die anzugeben, die tatsächlich verwendet werden soll.

18 Weiterhin sind gem. § 335 Abs. 2 Nr. 3 die **Firma und der Sitz** der Gesellschaft neuer (ausländischer) Rechtsform im Formwechselplan anzugeben. Mit der Angabe des neuen Sitzes wird für die Anteilsinhaber erkennbar, welcher mitgliedstaatlichen Rechtsordnung sich die Gesellschaft nach ihrem Formwechsel unterwerfen will. Damit ist eine eindeutige Identifizierung des Zuzugsstaates möglich, der sich durch die bloße Angabe der Rechtsform des Zielrechtsträgers ggf. noch nicht zweifelsfrei ermitteln lässt. Im Sinne eines umfassenden Anteilsinhaberschutzes bei einem grenzüberschreitenden Formwechsel steht die Angabe des neuen Sitzes in unmittelbarer Verbindung zur Angabe der Rechtsform des beabsichtigten Zielrechtsträgers. Hieraus wird ersichtlich, dass es für die Bezeichnung des vorgesehenen neuen Sitzes nicht ausreichend ist, dass im Formwechselplan lediglich der Name des Zuzugsstaates angegeben wird. Beim „**Sitz**" handelt es sich wiederum um den Satzungssitz der Gesellschaft, der aufgrund der europäischen Vorgaben[22] zumindest für Aktiengesellschaften verpflichtend ist. Für eine ausländische GmbH als Zielrechtsträger des Formwechsels kann aber in Abhängigkeit davon, ob zum einen die Rechtsordnung des Zuzugsstaates einen satzungsmäßigen Sitz überhaupt vorschreibt und zum anderen, die Registerzuständigkeit vielmehr nach dem Verwaltungssitz bestimmt wird, auch dieser der maßgebende Sitz iSd § 335 Abs. 2 Nr. 3 sein. Da der Sitz aber auch hier nur als Angabe der politischen Gemeinde zu verstehen ist, reicht grundsätzlich die Angabe des Ortes im Zuzugsstaat, wo sich das zuständige Registergericht bzw. die zuständige Eintragungsbehörde befindet. Gleichwohl hat die entsprechende Angabe so genau wie möglich zu erfolgen. Denn auch an die territoriale Belegenheit des Sitzes innerhalb des Zuzugsstaates können verschiedene Konsequenzen geknüpft sein, die für die wirtschaftliche Beurteilung der geplanten Strukturmaßnahme relevant sind.[23]

19 Die Angabe der **neuen Firma** ergibt sich daraus, dass sich das Firmenrecht des Zielrechtsträgers nach der Rechtsordnung bestimmt, dem die Gesellschaft infolge des grenzüberschreitenden Formwechsels unterliegt.[24] Durch den Formwechsel ändert sich nach Maßgabe der nationalen Rechtsvorschriften zumindest der Firmenzusatz der Gesellschaft. Auch wenn aus wirtschaftlichen Gründen eine Gesellschaft zumeist ihren Firmennamen fortführen will, sind die abweichenden Anforderungen an die Zulässigkeit der Firma nach der Rechtsordnung des Zuzugsstaates zu beachten und es ist ggf.

---

21 *Stiegler* Grenzüberschreitende Sitzverlegungen S. 278.
22 Siehe Art. 4 lit. a RL (EU) 2017/1132.
23 *Stiegler* Grenzüberschreitende Sitzverlegungen S. 279.
24 Widmann/Mayer/*Vossius* § 191 Rn. 96.

die Firma zu ändern. Eine materielle Überprüfung der Vereinbarkeit der neuen Firma mit dem auf den Zielrechtsträger anwendbaren Rechts erfolgt durch das deutsche Registergericht dabei nicht.

c) Errichtungsakt (ggf. Satzung) des Zielrechtsträgers

Gemäß § 335 Abs. 2 **Nr. 4** ist im Formwechselplan der Errichtungsakt der Gesellschaft neuer Rechtsform und, falls sie Gegenstand eines gesonderten Aktes ist, die Satzung anzugeben. Hintergrund der Differenzierung zwischen dem Errichtungsakt und der Satzung ist die von manchen Mitgliedstaaten vorgenommene Trennung beider. So betrifft beispielsweise im irischen Recht die Gründungsurkunde iS eines Errichtungsaktes (memorandum of association) das Außenverhältnis der Gesellschaft, während die Satzung (articles of association) die innere Struktur betrifft. Durch die Beifügung des Errichtungsaktes und/oder der Satzung des Zielrechtsträgers soll sichergestellt werden, dass die Gesellschafter, die über den grenzüberschreitenden Formwechsel beschließen, genau darüber informiert werden, in welcher Fassung das Statut der Gesellschaft vom Zeitpunkt des Wirksamwerdens des Formwechsels an gilt und wie insofern im Konkreten ihre Rechte und Pflichten in dem neuen ausländischen Rechtsträger ausgestaltet sind. Technisch wird man unter diesem Punkt des Formwechselplan typischerweise mit dem **Verweis auf eine Anlage** zum Formwechselplan arbeiten, die den entsprechenden Errichtungsakt/Satzung beinhaltet. 20

Sowohl aus zeitlicher als auch materieller Sicht ist dieser Aspekt des Formwechselplans in praktischer Sicht nicht zu unterschätzen, denn damit ist denklogisch verbunden, dass ein entsprechendes Dokument auch bereits vollständig erstellt wurde. Denn die neue Satzung ist sowohl gemäß den formalen[25] als auch den materiellrechtlichen Vorgaben des Zuzugsstaates zu erstellen, denen der Zielrechtsträger unterliegen soll. Da es durchaus denkbar ist, dass das Recht des Zuzugsstaates andere (ggf. strengere) gesetzlichen Anforderungen an die Ausgestaltung der Satzung hat als das deutsche Recht für die formwechselnde deutsche Gesellschaft, bedarf es daher schon an dieser Stelle des Formwechselverfahrens einer intensiven rechtlichen Beratung im Hinblick auf die **Änderung der bestehenden Satzung**.[26] Die materielle Überprüfung der neuen Satzung erfolgt indes erst durch die Registerbehörde des Zuzugsstaates, bei der der Zielrechtsträger zur Eintragung anzumelden ist. Das deutsche Registergericht kann und darf den Inhalt der neuen Satzung materiell nicht prüfen. 21

d) Indikativer Zeitplan

Gemäß § 335 Abs. 2 **Nr. 5** ist im Formwechselplan der vorgesehene „indikative Zeitplan" anzugeben.[27] Dies setzt denklogisch voraus, dass sich der Vorstand bzw. die Geschäftsführung der formwechselnden Gesellschaft intensiv vorab damit auseinandergesetzt hat. Schon vor Verabschiedung der zugrunde liegenden Richtlinie wurde die Angabe eines vorgesehenen Zeitplans im Formwechselplan in Anlehnung an Art. 8 Abs. 2 S. 2 lit. d SE-VO gefordert.[28] Die Angabe eines entsprechenden Zeitplans wurde im Rahmen 22

---

25 Insbesondere die ggf. zwingende Sprache der neuen Satzung ist zu beachten. Einer beglaubigten Übersetzung bedarf es an dieser Stelle aber wohl noch nicht.
26 Vgl. auch Bücker/Kopp AG 2023, 764 (766).
27 Formulierungsbeispiel (basierend auf Art. 86d S. 2 lit. d RL (EU) 2017/1132) bei Herrler GesR-NotGP/*Freier* § 34 Rn. 22.
28 *Hushahn* RNotZ 2014, 137 (142); *Melchior* GmbHR 2014, R311; *Hermanns* MittBayNot 2016, 297 (299).

des Gesetzgebungsverfahrens nicht unerheblich kritisiert.[29] Grund für die Kritik war/ist, dass erfahrungsgemäß die einzelnen Verfahrensschritte, insbesondere wenn sie abhängig von Stakeholdern oder den beteiligten Registern sind, abweichende zeitliche Dimensionen annehmen können, was den Zeitplan als solchen nicht verlässlich erscheinen lässt.

23 Zweck der Angabe eines Zeitplans ist, dass sich die von dem Formwechsel betroffenen Adressaten des Verlegungsplans im Hinblick auf die **Gesamtdauer** und den Abschluss des Umwandlungsverfahrens orientieren und damit besser planen können, bis zu welchem Zeitpunkt sie Maßnahmen unternehmen, um ihre Rechte geltend zu machen bzw. abzusichern. Das Bedürfnis der Angabe eines indikativen Zeitplans ergibt sich somit aus der Schutzrichtung des Formwechselplans als umfassendes Informationsinstrument.[30] Dies ist bei einem formwechselnden Formwechsel insofern von Bedeutung, da die Strukturmaßnahme einen weitreichenden Einfluss auf die bestehenden Rechte der Betroffenen hat.

24 Der anzugebende Zeitplan betrifft das zeitliche Moment der Strukturmaßnahme. Dies bedeutet, dass sich die Mitglieder des Geschäftsführungsorgans bereits bei Einleitung des Umwandlungsverfahrens über den zeitlichen Rahmen des geplanten Formwechsels im Klaren sein müssen. Bei der Angabe des Zeitplans handelt es sich um eine zeitliche Prognose.[31] Diese Prognose hat sich auf die erforderlichen Verfahrensschritte für die Durchführung des Formwechsels zu beziehen. Der indikative Zeitplan muss auf vernünftigen kaufmännischen und rechtlichen Annahmen beruhen und mögliche Verzögerungen einbeziehen sowie auf solche hinweisen. Die Angabe eines „vorgesehenen" Zeitplans impliziert, dass nicht alle Abweichungen hiervon zur Anfechtbarkeit des Formwechselplans führen.[32] Abweichungen, die für die rechtliche und ökonomische Bewertung des Umwandlungsverfahrens unerheblich sind, sind nicht erfasst.[33]

e) Beteiligung der Anteilsinhaber am Zielrechtsträger

25 Gemäß § 335 Abs. 2 **Nr. 6** sind im Formwechselplan Angaben zur Beteiligung der bisherigen Anteilsinhaber an dem Rechtsträger nach den für die neue Rechtsform geltenden Vorschriften zu machen. In Art. 86d RL (EU) 2017/1132 findet sich eine entsprechende Pflichtangabe hingegen nicht, was aber im Grundsatz unproblematisch ist, da das deutsche Recht diesbezüglich aufgrund des Mindestnormcharakters der Vorschrift ermächtigt ist, auch weitere Angaben im Formwechselplan zu fordern.[34] § 335 Abs. 2 Nr. 6 Var. 1 ist dabei nahezu wortgleich mit der Parallelregelung des § 194 Abs. 1 Nr. 3. Weitgehend kann auf die Auslegungen hierzu verwiesen werden. Die Angabe zur **Beteiligung am ausländischen Zielrechtsträger** dient dabei der Information der Anteilsinhaber.[35] Bei § 335 Abs. 2 Nr. 6 Var. 1 geht es in Abgrenzung zu Var. 2 (→ Rn. 26) um das „Ob" und nicht das „Wie" der Beteiligung.[36] Hintergrund ist, dass der deutsche Gesetzgeber auch beim grenzüberschreitenden Formwechsel ebenso wie beim innerstaatlichen

Formwechsel nochmals explizit zum Ausdruck bringen wollte, dass ein entsprechender Rechtsformwechsel unter grundsätzlicher Identität auch der Mitgliedschaft der Anteilsinhaber erfolgt. Dabei genügt im Formwechselplan diesbezüglich allerdings eine allgemeine Angabe, dass die Anteilsinhaber der formwechselnden deutschen Gesellschaft im Zuge des grenzüberschreitenden Formwechsels Anteilsinhaber des Zielrechtsträgers ausländischen Rechts werden.[37] Eine namentliche Nennung der Anteilsinhaber ist ebenso wie bei § 194 Abs. 1 Nr. 3 nicht erforderlich.[38]

Grundsätzlich ist im Rahmen des § 335 Abs. 2 Nr. 6 Var. 1 auch anzugeben, ob ein Anteilsinhaber im Zug des Wirksamwerdens des grenzüberschreitenden Formwechsels aus der Gesellschaft ausscheidet. Hierbei handelt es sich allerdings nur um **gesetzlich angeordnete Austrittsgründe**, wie der Wortlaut der Norm klarstellt („für die neue Rechtsform geltenden Vorschriften").[39] Insofern ist § 335 Abs. 2 Nr. 6 auch nicht zu entnehmen, dass ein freiwilliges Ausscheiden eines Anteilsinhabers inkohärent mit dem Identitätsprinzip des Formwechsels wäre. Für den innerstaatlichen Formwechsels ist dies mittlerweile anerkannt,[40] so dass auch ein etwaiger Austritt eines Anteilsinhaber gegen Barabfindung gem. § 340 hier nicht berücksichtigt werden muss (was auch prognostizierend nicht möglich wäre).

f) Zahl, Art und Umfang der Anteile am Zielrechtsträger

Weiterhin ist gemäß § 335 Abs. 2 **Nr. 6** im Formwechselplan die Zahl, die Art und der Umfang der Anteile, welche die Anteilsinhaber durch den grenzüberschreitenden Formwechsel erlangen sollen, anzugeben. Auch diese Pflichtangabe findet sich im zugrunde liegenden Art. 86d RL (EU) 2017/1132 als solche nicht und dient aus deutscher gesetzgeberischer Sicht der Annäherung zum innerstaatlichen Formwechsel.[41] Ebenso wie bei Var. 1 des Nr. 6 ist auch hier primärer Zweck die Information der Anteilsinhaber.[42] Dabei geht es um das „**Wie**" der Beteiligung im ausländischen Zielrechtsträger und damit der konkreten Ausgestaltung der Mitgliedschaft in diesem.

Im Hinblick auf die Angaben zur **Zahl und Umfang** der Anteile am ausländischen Zielrechtsträger bedarf es der Nennung der geplanten Gesamtanzahl der Anteile bzw. Mitgliedschaften und welchen Wert diese am Gesamtkapital ausmachen. Dabei sind die jeweiligen Gründungsvorschriften des ausländischen Zielrechtsträgers zu beachten, dh zB Vorgaben für einen etwaigen Mindestnennbetrag der Anteile oder etwaige Beschränkungen für das Halten mehrerer Anteile durch einen Anteilsinhaber. Bezüglich der **Art der Anteile** sind ebenfalls zwingend die gesetzlichen Vorgaben für den Zielrechtsträger zu beachten, zB welcher Gattung (sofern vorhanden und zulässig) die künftigen Anteile angehören sollen (zB Nennbetrags- oder Stückanteile, Stamm- oder Vorzugsanteile). Welche Stimmkraft dem einzelnen Anteil zukommt (zB Mehrstimmrechte), betrifft hingegen nicht die Art der Beteiligung und ist daher bei den Angaben zu den Sonderrechten (§ 335 Abs. 2 Nr. 7) zu behandeln.[43] Weitergehende Erläuterungen über die Änderung der Beteiligungsform im Zielrechtsträger gehören ebenfalls nicht in den

---

37 Jeweils zu § 194 Abs. 1 Nr. 3: Lutter/*Hoger* § 194 Rn. 6; Semler/Stengel/Leonard/*Bärwaldt* § 194 Rn. 7; Maulbetsch/Klumpp/Rose/*Quass* § 194 Rn. 5.
38 Jeweils zu § 194 Abs. 1 Nr. 3: Lutter/*Hoger* § 194 Rn. 6; Semler/Stengel/Leonard/*Bärwaldt* § 194 Rn. 7; Maulbetsch/Klumpp/Rose/*Quass* § 194 Rn. 5.
39 In der Praxis dürfte dies idR unproblematisch sein.
40 Vgl. KG 19.12.2018 – 22 W 85/18, NZG 2019, 310.
41 Begr. RegE UmRUG, BT-Drs. 20/3822, 117.
42 Begr. RegE UmRUG, BT-Drs. 20/3822, 117.
43 Zu § 194 Abs. 1 Nr. 4: Semler/Stengel/Leonard/*Bärwaldt* § 194 Rn. 20.

Formwechselplan, sondern sind dem Formwechselbericht gem. § 337 vorbehalten.[44] Etwaige Optionsrechte oder zukünftige Anteile nach und unabhängig vom grenzüberschreitenden Formwechsel sind nicht zwingend zu thematisieren, da sich Nr. 6 nur auf echte Anteile am Zielrechtsträger bezieht.[45] Auch die RL (EU) 2017/1132 steht dem nicht entgegen. Allerdings sind sich im Zug des grenzüberschreitenden Formwechsels ggf. ändernde Bedingungen für Optionsrechte und dergleichen im Rahmen des Formwechselberichts zu behandeln.

29 Soweit bereits im Errichtungsakt und/oder der **Satzung des ausländischen Zielrechtsträgers** die Zahl, der Umfang und die Art der Anteile oder Mitgliedschaften enthalten sind, kann iRd § 335 Abs. 2 Nr. 6 hierauf **verwiesen werden**, da das entsprechende Dokument ohnehin gem. Nr. 4 im Formwechselplan (als Anlage) enthalten sein muss.

g) Rechte von Sonderrechtsinhabern und sonstigen Personen

30 Gemäß § 335 Abs. 2 **Nr. 7** sind im Formwechselplan Angaben zu den Rechten zu machen, die der ausländische Zielrechtsträger den mit Sonderrechten ausgestatteten Anteilsinhabern und den Inhabern von anderen Wertpapieren als Gesellschaftsanteilen gewährt, oder die für diese Personen vorgeschlagenen Maßnahmen. Dies entspricht nahezu wortgleich der zugrunde liegenden Bestimmung des Art. 86d S. 2 lit. e RL (EU) 2017/1132. Da weder die Erwägungsgründe zur Richtlinie noch die Gesetzesbegründung zum UmRUG hierzu nähere Erläuterungen anbieten, kann bzw. muss auf die Auslegung zu vergleichbaren Normen wie § 194 Abs. 1 Nr. 5 (Formwechsel) und vor allem § 307 Abs. 2 Nr. 7 (grenzüberschreitende Verschmelzung) zurückgegriffen werden. Der Zweck der Angaben gem. Nr. 7 besteht darin, den mit Sonderrechten ausgestatteten Anteilsinhabern der formwechselnden Gesellschaft deren diesbezügliche oder etwaige Ausgleichsrechte im ausländischen Zielrechtsträger vor Augen zu führen und diese damit frühzeitig über die Reichweite ihrer mitgliedschaftlichen Rechte in der neuen Rechtsform zu informieren. § 335 Abs. 2 Nr. 7 beschränkt sich allerdings auf Sonderrechte, die den Anteilsinhabern **bereits im deutschen Ausgangsrechtsträger gewährt** werden.[46] Angaben über Sonderrechte, die im Rahmen bzw. im Zuge des grenzüberschreitenden Formwechsels gewährt werden sollen, werden daher nicht zwingend verlangt.[47] § 335 Abs. 2 Nr. 7 bezieht sich zudem nur auf Inhaber von Sonderrechten und von anderen Wertpapieren als Gesellschaftsanteilen. Es geht also nicht um Rechte, die allen Anteilsinhabern der formwechselnden Gesellschaft gleichermaßen gewährt werden.[48]

31 **Sonderrechte** iSv Nr. 7 sind insbesondere Anteile ohne Stimmrecht, Vorzugsaktien, Mehrstimmrechtsaktien, Schuldverschreibungen und Genussrechte (s. auch § 194 Abs. 1 Nr. 5). Sollen keine Sonder- oder diesbezüglichen Ausgleichsrechte im ausländischen Zielrechtsträger gewährt werden (zB auch, weil bereits bei der formwechselnden Gesellschaft solche nicht bestehen), empfiehlt sich zumindest eine Negativerklärung zu diesem Punkt im Formwechselplan. Bei den im Zielrechtsträger ggf. zu gewährenden

---

44 Zu § 194 Abs. 1 Nr. 4: Semler/Stengel/Leonard/*Bärwaldt* § 194 Rn. 20; Maulbetsch/Klumpp/Rose/*Quass* § 194 Rn. 11.
45 In diesem Sinne zum innerstaatlichen Formwechsel *Klett/Ganss* BB 2021, 1866 (1873).
46 Zu § 307 Abs. 2 Nr. 7 (§ 122c Abs. 2 Nr. 7 aF): Lutter/*Hoger* § 122c Rn. 23.

47 Zu § 307 Abs. 2 Nr. 7 (§ 122c Abs. 2 Nr. 7 aF): Lutter/*Hoger* § 122c Rn. 23.
48 Zu § 194 Abs. 1 Nr. 5 Maulbetsch/Klumpp/Rose/*Quass* § 194 Rn. 5; aA zu § 307 Abs. 2 Nr. 7 (§ 122c Abs. 2 Nr. 7 aF): Lutter/*Bayer* § 122c Rn. 23; Semler/Stengel/Leonard/*Drinhausen* § 122c Rn. 26.

Rechten muss es sich hingegen nicht zwingend ebenfalls um Sonderrechte (nach der Rechtsordnung des Zuzugsstaates) handeln. Vielmehr kann der Ausgleich für einen etwaigen Wegfall von Sonderrechten im Zuge des grenzüberschreitenden Formwechsels auch in der Gewährung zusätzlicher „normaler" Rechte bestehen. Dies können grundsätzlich auch nicht-korporative, schuldrechtliche Rechte sein, wie zB virtuelle Anteile und/oder Optionen hieran. Einer genauen Konkretisierung (Anzahl, Modalitäten etc) bedarf es im Formwechselplan allerdings noch nicht. Die tatsächliche Gewährung von Ausgleichsrechten erfolgt ebenfalls noch nicht im Rahmen von Nr. 7, sondern erst durch „Gründung" des Zielrechtsträgers aufgrund des Formwechsels.

h) Gläubigersicherheiten

Gemäß § 335 Abs. 2 **Nr. 8** sind im Formwechselplan Angaben zu den Sicherheiten zu machen, die den Gläubigern der formwechselnden Gesellschaft angeboten werden. Dies steht in unmittelbaren Zusammenhang mit einem etwaigen Anspruch der Gläubiger der formwechselnden Gesellschaft auf Sicherheitsleistung gem. § 341 Abs. 1 iVm § 314. Zweck des Nr. 8 ist dabei, dass den Gläubigern bereits im Rahmen des bekannt zu machenden Formwechselplans gem. § 336 iVm § 308 Abs. 1 (zur richtlinienkonformen Auslegung des § 336 iVm § 308 Abs. 1 in Bezug auf die Bekanntmachung auch des Formwechselplans selbst → § 336 Rn. 7) **Informationen** darüber zu geben sind, wie etwaige von der Gesellschaft bereitzustellende Sicherheiten ausgestaltet sein werden.

Gemäß der Gesetzesbegründung soll die formwechselnde Gesellschaft den anspruchsberechtigten Gläubigern bereits im Formwechselplan Sicherheitsleistung anbieten, wenn die Voraussetzungen des § 341 Abs. 1 iVm § 314 Abs. 1 (vor der Bekanntmachung des Formwechselplans entstandene, aber noch nicht fällige und durch den Formwechsel gefährdete Forderung) erfüllt sind.[49] Die erscheint jedoch verfehlt.[50] Dem steht schon § 341 Abs. 1 iVm § 314 Abs. 2 entgegen, der eine Glaubhaftmachung gegenüber dem zuständigen Registergericht fordert. Vielmehr ist es ausreichend, dass im Formwechselplan dargestellt wird, welche Sicherheiten an Gläubiger mit berechtigtem Sicherheitsverlangen gewährt werden sollen.[51] Es genügt daher die abstrakte Beschreibung, welche Sicherheiten die Gesellschaft bereit ist zu bewirken.[52] Für die Frage, wie entsprechende **Sicherheiten zu bewirken** sein können, kann auf die beispielhaften Aufzählungen in § 232 Abs. 1 BGB zurückgegriffen werden. Andere Sicherheitsleistungen bleiben gleichwohl möglich. Reichen die angegebenen Sicherheiten aus Sicht der Gläubiger individuell betrachtet nicht aus oder sind ungenügend, können diese den gesetzlichen Anspruch mittels Leistungsklage durchsetzen.[53] Problematisch ist jedoch, dass die Eintragung des Herausformwechsels so lange (faktisch) suspendiert wird, wie durchsetzbare Sicherheitsleistungsansprüche bestehen und diese noch nicht geleistet wurden (vgl. § 342 Abs. 3 S. 1 Nr. 1).[54] Insoweit dürfte es von starkem Interesse iSd Verfahrensbeschleunigung für die Vertretungsorgane sein, bereits im Formwechselplan

---

49 Begr. RegE UmRUG, BT-Drs. 20/3822, 97 (zur grenzüberschreitenden Verschmelzung).
50 Kritisch zu einer „proaktiven Angebotspflicht" auch *Wollin* ZIP 2022, 989 (992); *Bungert/Strothotte* BB 2022, 1411 (1416); *Thomale/Schmid* NotBZ 2023, 91 (100 f.).
51 *Bungert/Strothotte* BB 2022, 1411 (1416); *Bungert/Reidt* DB 2022, 1369 (1377); *Baschnagel/Hilser* NZG 2022, 1333 (1336) („fakultativ").
52 Fraglich ist jedoch, ob nicht § 342 Abs. 3 S. 1 Nr. 1 dem (faktisch) entgegenstehen könnte.
53 *Heckschen/Knaier* ZIP 2022, 2205 (2209); *Baschnagel* NZG 2022, 1333 (1337).
54 *Baschnagel* NZG 2022, 1333 (1337); *Thomale/Schmid* NotBZ 2023, 125 (132); *Thomale/Schmid* NotBZ 2023, 91 (101); vgl. auch Begr. RegE UmRUG, BT-Drs. 20/3822, 97.

angemessene Sicherheiten (konkret) vorzusehen,[55] auch wenn dies gesetzlich nicht zwingend erforderlich erscheint.

i) Vorteilsgewährungen an Mitglieder der Verwaltungs- und Leitungsorgane

34 Gemäß § 335 Abs. 2 **Nr. 9** sind im Formwechselplan Angaben zu etwaigen Sondervorteilen, die den Mitgliedern des Vorstands und Aufsichtsrats (AG) oder der Geschäftsführung (GmbH) gewährt werden, zu machen. Dadurch sollen die Anteilsinhaber beurteilen können, ob einzelne Personen des Leitungs- oder Kontrollorgans der Gesellschaft möglicherweise nicht unvoreingenommen handeln. Ein **besonderer Vorteil** ist dabei jede Art von Vergünstigung, die anlässlich des grenzüberschreitenden Formwechsels den jeweiligen Personen gewährt wird und nicht Gegenleistung für eine erbrachte Tätigkeit ist. Keine Angabepflicht besteht allerdings, sofern es sich bei der gewährten Leistung um eine angemessene Gegenleistung für erbrachte Dienstleistungen oder um eine solche handelt, auf die ungeachtet des Formwechsels ohnehin ein Anspruch bestand. Werden keine entsprechenden Sondervorteile gewährt, empfiehlt sich auch hier eine Negativerklärung, obgleich eine solche gesetzlich nicht zwingend erforderlich ist.[56]

35 Obgleich aufgrund einer ggf. weitreichenden Weisungsmacht gegenüber der Geschäftsführung die Gesellschafterversammlung ebenfalls als faktisches Kontrollorgan fungiert, ist sie selbst und damit Vorteile an (Mehrheits-)Gesellschafter einer GmbH nicht von Nr. 9. Fraglich ist allerdings, ob ggf. Sondervorteile an Mitglieder eines korporativen oder schuldrechtlichen **GmbH-Beirats** erfasst sind. Um einen umfassenden Umgehungsschutz zu gewährleisten, wird man dies zumindest für einen Beirat mit weitreichenden Verwaltungs- und Kontrollrechten zu bejahen haben.[57] Lediglich beratende Gremien fallen hingegen nicht hierunter.

j) Beihilfen und sonstige staatliche Förderungen

36 Gemäß § 335 Abs. 2 **Nr. 10** muss der Formwechselplan eine Darstellung der Förderungen oder Beihilfen, die die formwechselnde Gesellschaft in den letzten fünf Jahren erhalten hat, enthalten.[58] Hintergrund dieser Angabe ist, dass etwaige staatliche Förderungen oder Beihilfen oftmals an die Verwendung einer deutschen Rechtsform geknüpft sind und in diesem Zusammenhang die Anteilsinhaber der formwechselnden Gesellschaft zu informieren sind, ob mit dem grenzüberschreitenden Formwechsel ggf. eine Aussetzung oder Rücknahme (ggf. Rückzahlung) dieser Förderungen oder Beihilfen verbunden ist.[59] Insofern geht der Wortlaut des Nr. 10 auch über die zugrunde liegende Richtlinienbestimmung hinaus, indem er nicht nur die Angabe von Förderungen oder Beihilfen verlangt, sondern deren „**Darstellung**". Diese im Grundsatz zulässige Pflichtenerweiterung impliziert dabei, dass es zusätzlich zur Angabe bestehender Förderungen oder Beihilfen auch Ausführungen dazu bedarf, welche Konsequenzen der grenzüberschreitende Formwechsel iSd Wegzugs aus Deutschland für diese hat. Nur so kann die tatsächliche (wirtschaftliche) Tragweite für die Anteilsinhaber in Bezug auf Förderungen oder Beihilfen eingeschätzt werden und als Entscheidungsgrundlage für

---

[55] *Thomale/Schmid* NotBZ 2023, 125 (132).
[56] Vgl. zur Verschmelzung OLG Frankfurt a. M. 4.4.2011 – 20 W 466/10, NZG 2011, 1278.
[57] Vgl. auch (zu § 307 Abs. 2 Nr. 8 (§ 122c Abs. 2 Nr. 8 aF)) Habersack/Drinhausen/*Kiem* § 122c Rn. 35.
[58] Kritisch zur zugrunde liegenden europäischen Norm *J. Schmidt* ZEuP 2020, 565 (569).
[59] Eine Missbrauchskontrolle nach § 343 Abs. 3 kann damit eher nicht bezweckt sein, vgl. auch *J. Schmidt* ZEuP 2020, 565 (569); so aber *Stelmaszczyk* GmbHR 2020, 61 (65); *Stelmaszczyk* notar 2021, 107 (115).

die Abstimmung über den grenzüberschreitenden Formwechsel dienen. Maßgebend für die **fünfjährige Fristberechnung** ist das Datum der notariellen Beurkundung des Formwechselplans. Ab diesem Ausgangspunkt ist fünf Jahre zurückzurechnen und zu ermitteln, ob innerhalb dieser Zeit Förder- oder Beihilfezahlungen erhalten wurden. Dabei kommt es auf den tatsächlichen Erhalt der Zahlungen an und nicht auf einen positiven Bescheid der zuständigen Behörde/Stelle. Auch ist es grundsätzlich unerheblich, ob die tatsächliche Auszahlung des Fördermittels von einem Privatunternehmer in öffentlicher Trägerschaft erfolgte. Erhielt die formwechselnde Gesellschaft im maßgebenden Zeitraum keine entsprechenden Förderungen oder Beihilfen, empfiehlt sich eine diesbezügliche Negativerklärung.[60]

k) Barabfindungsangebot

Gemäß § 335 Abs. 2 Nr. 11 sind im Formwechselplan die Einzelheiten zum Angebot einer Barabfindung gemäß § 340 an im Zuge des Formwechsels ausscheidende Anteilsinhaber anzugeben. 340 Abs. 1 S. 1 bestimmt, dass die formwechselnde Gesellschaft im Formwechselplan oder seinem Entwurf jedem Anteilsinhaber, der gegen den Formwechselbeschluss Widerspruch zur Niederschrift erklärt, den Erwerb seiner Anteile oder Mitgliedschaften gegen eine angemessene Barabfindung anzubieten hat (→ § 340 Rn. 3). Bereits im Formwechselplan ist daher ein verbindliches Kaufangebot (iSd § 145 BGB) zum Erwerb von Anteilen von der formwechselnden Gesellschaft zu machen. Hintergrund ist, dass die Anteilsinhaber mit späterer Annahme dieses Barabfindungsangebotes im Zuge des Wirksamwerdens des grenzüberschreitenden Formwechsels aus der Gesellschaft ausscheiden,[61] und insofern bereits frühzeitig die Möglichkeit bekommen sollen, sich über die wirtschaftlichen Konditionen ihres etwaigen Austrittsrechts Gedanken machen zu können. 37

Unter den „**Einzelheiten**" sind die Aspekte des Barabfindungsangebots zu verstehen, die zum einen eine wirtschaftliche (finanzielle) Betrachtung im Hinblick auf einen etwaigen späteren Anteilsverkauf der Anteilsinhaber ermöglichen. Zum anderen müssen die Formalien beinhaltet sein, die die Anteilsinhaber in Kenntnis setzen, wie sie zu ihrem Recht auf Barabfindung kommen und welche Konsequenzen dies hat. In Bezug auf den ersten Aspekt ist daher im Formwechselplan das tatsächliche Barabfindungsangebot anzugeben, dh iS der allgemeinen Rechtsgeschäftslehre die essentialia negotii. Dies betrifft in erster Linie den angedachten Kaufpreis für die Anteile, die ein Anteilsinhaber gegen Barabfindung an die Gesellschaft verkaufen kann. Grundlage für die Berechnung eines „angemessenen" Angebots auf Barabfindung iSe Kaufpreises ist dabei eine **Unternehmenswertermittlung** zum Zeitpunkt der Beschlussfassung über den Formwechselplan,[62] woraus sich der wirtschaftliche Wert je Anteil/Mitgliedschaft ergibt. Die sich daraus ergebende Höhe des Barabfindungsangebots wird von einem Sachverständigen überprüft (§ 340 Abs. 6 S. 1). Bestehen verschiedenen Arten und/oder Gattungen von Anteilen, ist dies jeweils gesondert zu berücksichtigen und es sind insofern ggf. mehrere Barabfindungsangebote in Abhängigkeit von der jeweiligen Art/Gattung des Anteils im Formwechselplan zu unterbreiten. 38

---

60 Formulierungsbeispiel dazu (basierend auf Art. 86d S. 2 lit. h RL (EU) 2017/1132) bei Herrler GesR-NotGP/*Freier* § 34 Rn. 22.

61 *J. Schmidt* NJW 2023, 1241 (1244); *Thomale/Schmid* NotBZ 2023, 91 (96); *Baschnagel/Hilser* BWNotZ 2023, 2 (5).

62 Vgl. § 335 Abs. 2 Nr. 11 iVm § 340 Abs. 1 S. 4 iVm § 208 iVm § 30 Abs. 1 S. 1.

39 Formelle Einzelheiten des Barabfindungsangebots sind vor allem die damit verbundenen **gesetzlichen Geltungsbedingungen** für das Recht auf Barabfindung. Dies sind (1) der vorherige Widerspruch zur Niederschrift bei der beschließenden Anteilsinhaberversammlung (§ 340 Abs. 1 S. 1), (2) das Stehen des Abfindungsangebot unter der aufschiebenden Bedingung des Wirksamwerdens des grenzüberschreitenden Formwechsels (§ 340 Abs. 1 S. 2), (3) das Erfordernis einer Mitteilung inkl. deren Ausschlussfristen (§ 340 Abs. 2), (4) das darauffolgende Erfordernis der Annahme des Barabfindungsangebots inkl. deren Ausschlussfristen (§ 340 Abs. 3), (5) die Angabe einer Postanschrift sowie elektronischen Adresse (E-Mail) der Gesellschaft im Hinblick auf die Mitteilung und die Angebotsannahme (§ 340 Abs. 1 S. 3), (6) die Zahlungsfrist des Zielrechtsträgers im Fall der Annahme des Barabfindungsangebots (§ 340 Abs. 5) und (7) die rechtlichen Konsequenzen der Annahme des Barabfindungsangebots, dh das automatische Ausscheiden der jeweiligen Anteilsinhaber im Zuge der Wirksamkeit des grenzüberschreitenden Formwechsel (§ 340 Abs. 4).

40 Zur Parallelnorm für den innerstaatlichen Formwechsel ist es mittlerweile hM, dass auf ein Barabfindungsangebot und dessen Einzelheiten auch **verzichtet werden kann**, wenn alle Anteilsinhaber eine entsprechende Verzichtserklärung abgeben.[63] Auch im Rahmen einer grenzüberschreitenden Verschmelzung wird ein entsprechender Verzicht auf ein Barabfindungsangebot im Verschmelzungsplan bejaht.[64] Hintergrund ist der allgemeine Rechtsgedanke, dass betroffene Anteilsinhaber grundsätzlich auf die ihnen gesetzlich eingeräumten Rechte bzw. zu ihren Gunsten wirkenden Regelungen verzichten können. Diesem Gedanke steht auch die zugrunde liegende Richtlinie prinzipiell nicht entgegen. Die entsprechenden Verzichtserklärungen sind (idR zusammen mit anderen Verzichtserklärungen) notariell zu beurkunden. Da deren Beurkundung aber regelmäßig erst zusammen mit der Beurkundung des Formwechselbeschluss gem. § 339 Abs. 1 iVm § 193 Abs. 3 S. 1 erfolgt, ist eine Negativerklärung zu Nr. 11 im Formwechselplan insofern spekulativ, da zum Zeitpunkt dessen Erstellung noch nicht vollends zweifelsfrei feststeht, dass tatsächlich **alle Anteilsinhaber** einen Verzicht auf ein Barabfindungsangebot abgeben werden. Insofern ist dem Vorstand bzw. der Geschäftsführung der formwechselnden Gesellschaft anzuraten, sich vorab diesbezüglich eng und verlässlich mit den Anteilsinhabern abzusprechen. Praktisch wird ein Verzicht dabei wohl nur bei einer AG und GmbH mit kleinem Anteilsinhaberkreis machbar sein.

l) Voraussichtliche Auswirkungen auf die Beschäftigten

41 Ferner sind gemäß § 335 Abs. 2 **Nr. 12** die voraussichtlichen Auswirkungen des grenzüberschreitenden Formwechsels auf die Beschäftigung der Arbeitnehmer anzugeben. Damit sollen die Arbeitnehmer der formwechselnden Gesellschaft frühzeitig über etwaige mit dem grenzüberschreitenden Formwechsel und damit der Änderung des Arbeitgebers in eine ausländische Rechtsform verbundene arbeitsrechtlichen Konsequenzen unterrichtet werden. Dies ist sodann zusammen mit dem arbeitnehmerspezifischen Abschnitt des Formwechselberichts[65] Grundlage der Prüfung durch einen etwaigen Betriebsrat der Gesellschaft gem. § 337 Abs. 1 iVm § 310 Abs. 1.

---

63 Vgl. nur Semler/Stengel/Leonard/*Bärwaldt* § 194 Rn. 29.
64 *Stiegler* AG 2019, 708 (717).
65 § 337 Abs. 1 iVm § 309 Abs. 5.

Zu den „Auswirkungen" zählen zunächst solche individualarbeitsrechtlicher Natur. Aber auch **kollektivarbeitsrechtliche Veränderungen**, dh insbesondere für einen etwaig bestehenden Betriebsrat der Gesellschaft, sind anzugeben. Anzugeben sind nach dem klaren Wortlaut von Nr. 12 dabei nur die „voraussichtlichen" Auswirkungen, dh dass konkrete Festlegungen noch nicht getroffen werden müssen. Auch hat es grundsätzlich keine Konsequenzen hinsichtlich der Wirksamkeit des Formwechselplans, wenn sich einige Auswirkungen im Nachhinein als unvorhergesehen anders darstellen sollten. Ausreichend ist auch die bloße **Angabe** etwaiger Auswirkungen auf die Arbeitnehmerbeschäftigung. Erläuterungen und Begründungen, wie und warum es zu diesen Auswirkungen kommt, und welche Sicherungsmaßnahmen ergriffen werden, obliegen dagegen dem Formwechselbericht gem. § 337 Abs. 1 iVm § 309 Abs. 5 Nr. 1. In der Regel werden die Angaben zu Nr. 12 im Formwechselplan daher eher kurz ausfallen können. Dies auch schon deshalb, weil das Arbeitsvertrags- sowie Betriebsverfassungsstatut anders als das der unternehmerischen Mitbestimmung vom Wechsel in eine ausländische Rechtsform grundsätzlich unberührt bleibt.[66] Potenzielle Auswirkungen können zB Umgruppierungen, Versetzungen, Zuweisung neuer Arbeitsplätze oder Kündigungen sowie Kosten einer etwaigen Reduktion der Beschäftigungszahlen darstellen.[67] Bei der sog. isolierten Satzungssitzverlegung als grenzüberschreitenden Formwechsel werden diese Aspekte aber regelmäßig nicht einschlägig sein. In einem solchen Fall ist eine Negativerklärung dergestalt, dass der Formwechsel keine Auswirkungen bzw. Folgen auf/für die Beschäftigung hat, ausreichend. Die Abgabe einer diesbezüglichen Negativerklärung ist ferner dann möglich, wenn die formwechselnde Gesellschaft keine Arbeitnehmer besitzt.

In Bezug auf die Eigenschaft der **Arbeitnehmer als Gläubiger** der formwechselnden Gesellschaft kann im Formwechselplan zunächst auf die dortigen Ausführungen zu angebotenen Sicherheiten verwiesen werden. Da es im Zuge eines grenzüberschreitenden Formwechsels zwischen Kapitalgesellschaften grundsätzlich nicht unmittelbar zu einer Verringerung der Haftungsmasse kommt, genügt eine diesbezügliche Negativerklärung im Formwechselplan. Dass ggf. die Kapitalerhaltungsvorschriften im ausländischen Zielrechtsträger weniger Schutz für die Arbeitnehmer als Gläubiger des Arbeitgebers bieten könnten, ist keine direkte Auswirkung des grenzüberschreitenden Formwechsels und damit nicht zwingend zu thematisieren. Auch die Auswirkungen des grenzüberschreitenden Formwechsels auf Betriebsrenten und Betriebsrentenanwartschaften bedürfen an dieser Stelle keiner Thematisierung, da diese speziell von Nr. 14 erfasst sind. Ein Verweis innerhalb des Formwechselplans hierauf ist allerdings dienlich.

m) Verfahrensangaben zu Arbeitnehmer-Mitbestimmungsrechten

Gemäß § 335 Abs. 2 **Nr. 13** sind im Formwechselplan ggf. Angaben zum Verfahren zu machen, nach dem die Einzelheiten der Arbeitnehmerbeteiligung an der Festlegung ihrer Mitbestimmungsrechte im ausländischen Zielrechtsträger geregelt werden. Fragen der unternehmerischen Arbeitnehmermitbestimmung waren dabei schon immer der **neuralgische Punkt** im Zusammenhang mit grenzüberschreitenden Umwandlungen,[68] da diese potenziell genutzt werden können, um die Mitbestimmung im Aufsichtsrat

---

66 *Teichmann* NZG 2019, 241 (246).
67 *Stiegler* Grenzüberschreitende Sitzverlegungen S. 284.
68 *Teichmann* NZG 2023, 345.

nach deutschem Recht gemäß dem DrittelbG oder dem MitbestG zu vermeiden.⁶⁹ Im Hinblick auf die verpflichtenden Angaben im Formwechselplan nach Nr. 13 kann weitgehend auf die zu § 307 Abs. 2 Nr. 10 (§ 122c Abs. 2 Nr. 10 aF) entwickelten Grundsätze und Auslegungen zurückgegriffen werden, da beide Normen annähernd wortgleich sind und auch den demselben Zweck besitzen (→ § 307 Rn. 27 f.).

45 Das Verfahren über die Beteiligung der Arbeitnehmer an der Festlegung ihrer Mitbestimmungsrechte im ausländischen Zielrechtsträger ist im Gesetz über die Mitbestimmung der Arbeitnehmer bei grenzüberschreitendem Formwechsel und grenzüberschreitender Spaltung (**MgFSG**) geregelt. Der Formwechselplan muss dabei das vorgesehene Verfahren in seinen Grundzügen schildern. Insbesondere aufzunehmen sind Angaben zur Bildung des Wahlgremiums und des besonderen Verhandlungsgremiums (§§ 6 ff. MgFSG), zum Ablauf und der möglichen Dauer des Verhandlungsverfahren (§§ 14 ff. MgFSG), zum Zustandekommen einer Vereinbarung über ein Mitbestimmungsmodell (§ 24 MgFSG) und zur Möglichkeit eines Scheiterns des Verhandlungsverfahrens und dem Eingreifen der gesetzlichen Auffanglösung (§§ 25 ff. MgFSG). Konnten bereits vor Bekanntmachung des Formwechselplans gem. § 336 konkrete Verhandlungsergebnisse in Bezug auf das ggf. bereits begonnene Verhandlungsverfahren erzielt werden, ist dies ebenfalls in den Formwechselplan aufzunehmen.⁷⁰

46 Die Angaben zur unternehmerischen Mitbestimmung (insbesondere zum Verfahren) sind aber nur dann obligatorisch, soweit ein entsprechendes Verfahren erforderlich ist. Ist **kein Verfahren** über die künftige Mitbestimmung der Arbeitnehmer im Zielrechtsträger durchzuführen (→ § 342 Rn. 18), bedarf es auch keiner Angaben über dieses. In diesem Fall erschöpft sich die Angabepflicht in einer Negativerklärung innerhalb des Formwechselplans.

n) Auswirkungen auf Betriebsrenten und -anwartschaften

47 Schließlich sind gemäß § 335 Abs. 2 **Nr. 14** im Formwechselplan die Auswirkungen des grenzüberschreitenden Formwechsels auf Betriebsrenten und Betriebsrentenanwartschaften darzustellen. Ein grenzüberschreitender Formwechsel kann sich grundsätzlich auch auf erworbene Betriebsrentenanwartschaften der aktuellen und ehemaligen Arbeitnehmer der formwechselnden Gesellschaft sowie auf Betriebsrenten der Versorgungsempfänger auswirken.⁷¹ Hierüber und über die damit verbundenen Rechtsfolgen ist im Rahmen des Formwechselplans zu informieren, um die Statthaftigkeit eines möglichen Antrags auf Sicherheitsleistung gem. § 341 Abs. 1 iVm § 314 prüfen zu können.⁷² Dies ergibt sich daraus, dass Arbeitnehmer in Bezug auf Betriebsrentenansprüche ebenfalls Gläubiger der formwechselnden Gesellschaft sind.⁷³ Nur durch die Darstellung etwaiger Auswirkungen im Formwechselplan soll nach Ansicht der Gesetzesbegründung sichergestellt werden können, dass der Informationszugriff nicht auf die Arbeitnehmer oder ihre Vertretungen beschränkt ist.⁷⁴

---

69 *Baschnagel/Hilser/Wagner* RdA 2023, 103 (104); *Titze* NZA 2021, 752 (757); *Schubert* ZFA 2023, 339 (340 f.).
70 Zu § 307 Abs. 2 Nr. 10 (§ 122c Abs. 2 Nr. 10 aF): Lutter/ *Bayer* § 122c Rn. 26.
71 Begr. RegE UmRUG, BT-Drs. 20/3822, 88.
72 Begr. RegE UmRUG, BT-Drs. 20/3822, 88.
73 *Noack* MDR 2023, 465 (448).
74 Begr. RegE UmRUG, BT-Drs. 20/3822, 88; kritisch dazu *Luy/Redler* notar 2022, 163 (166).

3. Sprache

Weder die deutschen noch die europäischen Bestimmungen äußern sich zur Sprache des Formwechselplans.[75] Ob zwingend ein deutschsprachiger Formwechselplan zu erstellen und zu beurkunden ist, ergibt sich daher aus den allgemeinen Vorgaben des deutschen Rechts. Danach ist ein Formwechselplan **in deutscher Sprache** erforderlich. Dies ergibt sich daraus, dass gem. § 342 Abs. 2 Nr. 1 lit. a der Formwechselplan in Ausfertigung oder öffentlich beglaubigter Abschrift der Handelsregisteranmeldung beizufügen ist. Entsprechende Dokumente sind dabei in deutscher Sprache einzureichen (vgl. § 488 Abs. 3 S. 1 FamFG iVm § 184 S. 1 GVG). Dies verbietet aber nicht, dass der Formwechselplan auch **zweisprachig** aufgestellt werden kann, solange die zweite Sprachfassung formal nur Informationszwecken dient und die deutsche Sprachfassung maßgeblich ist. Dies ist gelebte Wirtschafts- und Registerpraxis und bietet sich vor allem bei einem internationalen Anteilsinhaberkreis an. Eine Pflicht zur Aufstellung eines zweisprachigen Formwechselplans besteht allerdings auch im Hinblick auf den grenzüberschreitenden Charakter des Formwechsels und der Verwendung eines ausländischen Zielrechtsträgers nicht. Hintergrund ist, dass die im Fall des Herausformwechsels von dem deutschen Registergericht auszustellende Formwechselbescheinigung gem. § 343 Abs. 1 von den Behörden des Zuzugsstaates anzuerkennen ist und es dort zu keiner erneuten Prüfung des Formwechselplans kommt bzw. kommen darf.

IV. Form des Formwechselplans

Gemäß § 335 Abs. 3 ist der Formwechselplan **notariell zu beurkunden**. Dies soll ua dem gesteigerten Beratungsbedarf bei einem grenzüberschreitenden Formwechsel gerecht werden.[76] Die notarielle Beurkundung soll zudem gewährleisten, dass den Gläubigern zur Prüfung etwaiger Ansprüche ein den Vorschriften des Umwandlungsgesetzes entsprechendes Dokument als Prüfungsgrundlage zur Verfügung gestellt wird.[77] Eine Beurkundungspflicht des Formwechselplans gibt die zugrunde liegende Richtlinie zwar nicht vor, überlässt es aber den Mitgliedstaaten, entsprechende Formerfordernisse im Einklang mit dem nationalen Vorgaben für innerstaatliche Umwandlungen vorzusehen.[78] Andererseits gibt die Richtlinie aber auch nicht die Art/Form der Beurkundung zwingend vor. Darauf basierend wurde teilweise gefordert, zumindest eine Online-Beurkundung nach dem nunmehrigen Vorbild des § 2 Abs. 3 GmbHG zu ermöglichen.[79] Dem wurde jedoch bewusst nicht gefolgt, so dass auch eine analoge Anwendung nicht denkbar ist. Perspektivisch sollte eine Erweiterung (auch für die AG) iSd der Zulassung einer Online-Beurkundung allerdings möglich sein. Hintergrund ist dabei vor allem, dass der Formwechselplan keinen Vertrag darstellt und auch die Anteilsinhaber hierbei nicht zwingend beim Beurkundungsverfahren dabei sein müssen. Die „Problematik" der zusätzlichen Beurkundung des Formwechselbeschlusses gem. § 333 Abs. 2 Nr. 1 iVm § 193 Abs. 3 S. 1 bleibt allerdings bestehen. In der Praxis wird es üblich sein, dass Formwechselplan und Formwechselbeschluss innerhalb eines Verfahrens zusammen beurkundet werden, was schon aus Zweckmäßigkeitsgesichtspunkten sinnvoll erscheint.

---

[75] *Bungert/Strothotte* BB 2022, 1411 (1412); *Stelmaszczyk* Der Konzern 2021, 1 (8); *Wicke* DStR 2018, 2642 (2644) (jeweils zur grenzüberschreitenden Spaltung).
[76] Begr. RegE UmRUG, BT-Drs. 20/3822, 117.
[77] Begr. RegE UmRUG, BT-Drs. 20/3822, 117.
[78] Vgl. insbesondere Art. 86c RL (EU) 2017/1132.
[79] Vgl. Ausschuss für Recht und Verbraucherschutz, BT-Drs. 19/30523, 99; *Keller/Schümmer* NZG 2021, 573 (578); *Keller/Schümmer* DB 2022, 1179 (1181).

50 Für die **Beurkundung im Ausland** bzw. durch einen ausländischen Notar gelten die allgemeinen Regelungen, dh dass diese zwar grundsätzliche möglich ist, der ausländische Notar aber mit einem deutschen Notar vergleichbar sein muss. In Bezug auf die entsprechende Vergleichbarkeit kann die dazu ergangene Rechtsprechung herangezogen werden, ohne dass diese an dieser Stelle zu vertiefen ist.

§ 336 Bekanntmachung des Formwechselplans

§ 308 Absatz 1 gilt für die Bekanntmachung des Formwechselplans und seines Entwurfs entsprechend.

Literatur:
Baschnagel/Hilser, Grenzüberschreitende Umwandlungen und Austritt des dissentierenden Gesellschafters gegen Barabfindung – Mitwirkung des Notars notwendig?, BWNotZ 2023, 2; *Bungert/Strothotte,* Die Regierungsentwürfe zu grenzüberschreitenden Verschmelzungen, Spaltungen und Formwechseln, DB 2022, 1818; *Heckschen/Knaier,* Reform des Umwandlungsrechts kurz vor dem Ziel, ZIP 2022, 2205; *Heckschen/Knaier,* Die größte Reform des Umwandlungsrechts: Endlich in Kraft!, GmbHR 2023, 317; *Kablitz,* Der grenzüberschreitende Rechtsformwechsel einer GmbH – Rechtsgrundlagen, Ablauf und Praxishinweise, GmbHR 2022, 721; *Luy/Redler,* Immer mit Plan – der Referentenentwurf eines Gesetzes zur Umsetzung der Umwandlungsrichtlinie (UmRUG), notar 2022, 163; *Noack,* Nationaler Rechtsrahmen für grenzüberschreitende Umwandlungen, MDR 2023, 465; *Rawert/Hülse,* Umwandlungsplan im Verfahren des grenzüberschreitenden Formwechsels?, ZIP 2021, 272; *Schmidt, J.,* Grenzüberschreitender Formwechsel in der EU Eckpunkte des Rechtsrahmens und Herausforderungen bei der Umsetzung, ZEuP 2020, 565; *Schmidt, J.,* Die weitreichende Reform des Umwandlungsrechts, NJW 2023, 1241; *Schur,* Schutzbestimmungen und Verfahrensregeln in der neuen Richtlinie zu grenzüberschreitenden Umwandlungen, Verschmelzungen und Spaltungen, EuZW 2019, 539; *Thomale/Schmid,* Das neue Recht der grenzüberschreitenden Umwandlung – Eine Einführung (Teil II), NotBZ 2023, 125; *Wollin,* Der Referentenentwurf eines Gesetzes zur Umsetzung der Umwandlungsrichtlinie (UmRUG-E), ZIP 2022, 989.

I. Einführung und Grundlagen 1	2. Inhalt der Bekanntmachung 6
1. Europäischer Hintergrund 1	3. Modalitäten der Bekanntmachung ... 8
2. Regelungsgegenstand und -zweck ... 2	IV. Verzicht auf Bekanntmachung? 9
II. Einreichung bei Registergericht 4	
III. Bekanntmachung 5	
1. Bekanntmachungspflicht 5	

I. Einführung und Grundlagen

1. Europäischer Hintergrund

1 § 336 dient der Umsetzung von **Art. 86g RL (EU) 2017/1132**.[1] Dieser bestimmt ua, dass die Mitgliedstaaten sicherzustellen haben, dass der Formwechselplan öffentlich zugänglich gemacht wird sowie dass verschiedene Hinweisbekanntmachungen erfolgen.

2. Regelungsgegenstand und -zweck

2 § 336 regelt die „**Bekanntmachung des Formwechselplans**". Die Norm verweist dabei vollumfassend auf die entsprechende Anwendung der Bekanntmachungsvorschrift des § 308 Abs. 1 für die grenzüberschreitende Verschmelzung. Die Regelung des **308 Abs. 1** hat den Zweck, die Anteilsinhaber und Gläubiger sowie den Rechtsverkehr im Allgemeinen frühzeitig über die geplante Strukturmaßnahme zu informieren. Vor allem die Anteilsinhaber sollen bereits vor Einberufung der Haupt- bzw. Gesellschaf-

---
[1] Begr. RegE UmRUG, BT-Drs. 20/3822, 117.

terversammlung über den Verschmelzungsplan als Beurteilungsgrundlage für die Beschlussfassung in Kenntnis gesetzt werden. Aber auch den Gläubigern soll damit ein frühzeitiges Informationsrecht gewährt werden. Dies ist insofern von Bedeutung, da die Bekanntmachung maßgebend für die rechtzeitige Geltendmachung eines Anspruchs auf Sicherheitsleistung ist.[2] Für die Anteilsinhaber bestimmt die Bekanntmachung bzw. Veröffentlichung ferner den Zeitpunkt des frühestmöglichen Stattfindens der über den grenzüberschreitenden Formwechsel beschließenden Anteilsinhaberversammlung gem. § 339 Abs. 1 iVm § 193 Abs. 1.[3] Es liegt daher in der Verantwortung der formwechselnden Gesellschaft, die Unterlagen rechtzeitig einzureichen, so dass die Monatsfrist gem. § 308 Abs. 1 S. 4 gewahrt wird.

Ferner erhält das **zuständige Registergericht** durch die Einreichungspflicht gem. § 336 iVm § 308 Abs. 1 S. 1 die Möglichkeit, den Formwechselplan zu prüfen und auf etwaige Mängel noch vor der Beschlussfassung der Anteilsinhaber aufmerksam zu machen. Durch die Einreichung des Formwechselplans und der Bekanntmachung eines entsprechenden Hinweises soll damit sichergestellt werden, dass den Adressaten des Plans dessen Informationswirkung vollumfänglich zugutekommt und sie rechtzeitig entsprechende Maßnahmen ergreifen können, um das Fortbestehen ihrer Rechte zu sichern.[4] Auch Aufsichtsbehörden soll durch die Bekanntmachungen eine etwaige Prüfung der Umwandlungsmaßnahme ermöglicht werden.[5]

II. Einreichung bei Registergericht

Gemäß § 336 iVm § 308 Abs. 1 S. 1 ist der Formwechselplan oder sein Entwurf beim für die formwechselnde Gesellschaft zuständigen Registergericht eizureichen. Die Einreichungspflicht hat die Gesellschaft, vertreten durch ihren Vorstand bzw. Geschäftsführung in vertretungsberechtigter Zahl. Formal gilt für die entsprechende Einreichung **§ 12 HGB**. Primärer Gegenstand der Einreichung ist dem Wortlaut des § 308 Abs. 1 S. 1 nach der Formwechselplan oder sein Entwurf. Zudem sind in der Anmeldung aber auch die nach § 308 Abs. 2 S. 2 vom Registergericht bekannt zu machender **Angaben** gem. § 308 Abs. 1 S. 3 **mitzuteilen**.

III. Bekanntmachung

1. Bekanntmachungspflicht

Ist die Einreichung beim zuständigen Registergericht erfolgt, hat dieses gem. § 336 iVm § 308 Abs. 1 S. 2 unverzüglich verschiedene **Angaben gem. § 10 HGB bekannt zu machen**. Die unverzügliche Bekanntmachungspflicht wird nur ausgelöst, wenn vorher eine ordnungsgemäße und vollständige Einreichung durch die formwechselnde Gesellschaft erfolgt ist. Von der Bekanntmachung zu unterscheiden ist die Mitteilung der Eintragung an die Beteiligten. Diese ist in § 383 Abs. 1 FamFG geregelt. Von der Möglichkeit der Online-Veröffentlichung auf der Website der formwechselnden Gesellschaft hat der Gesetzgeber keinen Gebrauch gemacht. Hintergrund waren potenzielle Beweisschwierigkeiten in diesem Zusammenhang.[6]

---

2 Vgl. § 341 Abs. 1 iVm § 314 Abs. 3.
3 Vgl. § 336 iVm § 308 Abs. 1 S. 4.
4 *Stiegler* Grenzüberschreitenden Sitzverlegungen S. 288.
5 Vgl. OLG Karlsruhe 1.3.2016 – 11 W 5/16, FGPrax 2016, 163.
6 Begr. RegE UmRUG, BT-Drs. 20/3822, 89; zustimmend *Thomale/Schmid* NotBZ 2023, 125 (128).

2. Inhalt der Bekanntmachung

6 Gemäß § 336 iVm § 308 Abs. 1 S. 2 sind im Zusammenhang mit der Einreichung des Formwechselplans durch die Gesellschaft vom Registergericht verschiedene Angaben öffentlich bekannt zu machen. Hierbei handelt es sich um sog. **Hinweisbekanntmachungen**, für die § 10 Abs. 3 HGB gilt und welche kostenlos über das BRIS zugänglich sind.[7] Zwingend bekannt zu machen sind:

- **Hinweis** darauf, dass der **Formwechselplan** oder sein Entwurf beim Handelsregister eingereicht worden ist (Nr. 1);

  Zwar bezieht sich **Nr. 1** nur auf den Hinweis der Einreichung des Formwechselplans, da jedoch dieser ebenfalls bekanntgemacht wird (→ Rn. 7), wäre ein Hinweis auf das Datum der Bekanntmachung des Formwechselplans und damit dessen Anrufbarkeit durch die betroffenen Personen sinnvoller gewesen.

- **Rechtsform**, **Firma** und **Sitz** der formwechselnden Gesellschaft sowie des geplanten ausländischen Zielrechtsträgers (Nr. 2);

  § 308 Abs. 1 S. 2 **Nr. 2** spricht in diesem Zusammenhang für die grenzüberschreitende Verschmelzung von den „beteiligten Gesellschaften". Dies ist bei einem Herausformwechsel, wo naturgemäß nur ein Rechtsträger beteiligt ist, nicht passend. Eine Beschränkung auf Rechtsform, Firma und (Satzungs-)Sitz[8] nur der formwechselnden Gesellschaft ist jedoch nicht ausreichend. Dies ergibt sich aus einer richtlinienkonformen Betrachtung des Art. 86g Abs. 3 lit. a RL (EU) 2017/1132, wonach auch „für die umgewandelte Gesellschaft im Zuzugsmitgliedstaat" die vorgesehene Rechtsform, Firma und der Sitz des Zielrechtsträgers anzugeben sind. Es bedarf daher der Angabe der entsprechenden Informationen sowohl für den formwechselnden deutschen Ausgangsrechtsträger als auch für den geplanten ausländischen Zielrechtsträger. Andernfalls wäre Nr. 2 auch stückweise obsolet, da bereits gem. § 33 Abs. 5 iVm Anlage 3 HRV bei Registerbekanntmachungen nach § 10 Abs. 3 HGB sich aus dieser Rechtsform, Firma, und Sitz der formwechselnden Gesellschaft ergeben (sollen).

- **Register** und **Registernummer** der formwechselnden Gesellschaft (Nr. 3);

  § 308 Abs. 1 S. 2 **Nr. 3** spricht für die grenzüberschreitende Verschmelzung ebenfalls von den „beteiligten Gesellschaften". Auch dies ist bei einem grenzüberschreitenden Formwechsel nicht unmittelbar passend. Aufgrund der zugrunde liegenden Richtlinienbestimmung sowie der mangelnden Eintragung des grenzüberschreitenden Formwechsels und damit des ausländischen Zielrechtsträgers im Zuzugsstaat ist hierbei jedoch eindeutig, dass nur das Register und die Registernummer der deutschen formwechselnden Gesellschaft anzugeben sind. Auch dies erscheint im Hinblick auf § 33 Abs. 5 iVm Anlage 3 HRV obsolet, da sich daraus ebenfalls bereits Register und Registernummer der formwechselnden Gesellschaft ergeben (sollen). Nr. 3 dient daher eher der Klarstellung im Zusammenhang mit der Übernahme der europäischen Vorgaben in § 308 Abs. 1.

- **Hinweis** an **Anteilsinhaber**, **Gläubiger** und **Betriebsrat** (bzw. Arbeitnehmer) der formwechselnden Gesellschaft, dass diese jeweils spätestens fünf Arbeitstage vor dem Tag der über den Formwechsel beschließenden Anteilsinhaberversammlung Bemerkungen zum Formwechselplan übermitteln können (Nr. 4).

---

[7] Begr. RegE UmRUG, BT-Drs. 20/3822, 89.
[8] Siehe Art. 86g Abs. 3 lit. a RL (EU) 2017/1132 („satzungsmäßiger Sitz").

§ 308 Abs. 1 S. 2 **Nr. 4** dient dem Schutz der entsprechenden Personengruppen durch Information. Da die Gläubiger und Arbeitnehmer grundsätzlich keine Kenntnis vom **Tag der Anteilsinhaberversammlung** haben werden, muss entweder zusätzlich deren geplanter Tag oder unmittelbar der Tag, an dem die Übermittlungsfrist endet, angegeben werden.[9] Da die Hinweisbekanntmachung auch an den Betriebsrat der formwechselnden Gesellschaft bzw. an die Arbeitnehmer selbst, sofern kein Betriebsrat existiert, impliziert, dass über das Handelsregister die Einsichtnahme in den bekannt gemachten Formwechselplan (→ Rn. 7) möglich ist, wird der Betriebsrat bzw. werden die Arbeitnehmer hinreichend diesbezüglich informiert, so dass es – anders als nach § 194 Abs. 2 – keiner gesonderten Zuleitung des Formwechselplans oder seines Entwurfs an den zuständigen Betriebsrat mehr bedarf.

Fraglich ist, ob auch der **Formwechselplan** (bzw. sein Entwurf) selbst vom Registergericht neben den Angaben nach § 308 Abs. 1 S. 2 **bekannt zu machen** ist. Der Wortlaut des § 336 zumindest intendiert dies eindeutig („Bekanntmachung des Formwechselplans"). § 308 Abs. 1 sieht dies allerdings so explizit nicht vor, sondern bestimmt nur, dass ein Hinweis auf den eingereichten Formwechselplan bekannt zu machen ist. Der zugrunde liegende Art. 86g Abs. 1 lit. a RL (EU) 2017/1132 sieht indes vor, dass der Formwechselplan öffentlich zugänglich zu machen ist. Dies ist auch hier maßgebend, vor allem da der deutsche Gesetzgeber von einer eigenständigen Veröffentlichung auf der Internetseite der Gesellschaft keinen Gebrauch gemacht hat. Zudem spricht hierfür der Schutzzweck der Norm. Aufgrund der besonderen Gefährdungslage insbesondere der Gläubiger ist es nicht ausreichend, es bei einem Hinweis auf die Einreichung des Formwechselplans zu belassen.[10] Da die Gläubiger ihre bestehenden Forderungen künftig gegen einen ausländischen Rechtsträger geltend machen müssen, ist deren erhöhtem Informationsbedürfnis durch eine weitgehende Bekanntmachungspflicht Rechnung zu tragen. Zudem setzt § 308 Abs. 1 S. 2 Nr. 4 faktisch die Kenntnis des Formwechselplans voraus. Tatsächlich wird diesem Erfordernis das deutsche Recht aber trotz des missverständlichen Wortlauts des § 308 Abs. 1 hinreichend gerecht. Dies liegt daran, dass im Zuge des DiRUG die gesetzliche Trennung zwischen dem Informations- und Kommunikationssystem gem. § 10 HGB aF und dem System für Abrufe gem. § 9 HGB aF entfallen ist.[11] Mithin erfolgt die Bekanntmachung von Einreichung und Eintragung ins Handelsregister gem. **§ 10 Abs. 1 S. 1 HGB iVm § 9 Abs. 1 S. 1 HGB** durch die Möglichkeit der kostenlosen Abrufbarkeit. Ob es sich dabei wie bei den Angaben nach § 308 Abs. 1 S. 2 um eine Registerbekanntmachung gem. § 10 Abs. 3 HGB handelt, ist unerheblich. Mittels Einreichung des Formwechselplans muss dieser daher auch öffentlich zugänglich gemacht werden, womit die europäischen Vorgaben erfüllt sind.

3. Modalitäten der Bekanntmachung

Die Modalitäten der Bekanntmachungen bestimmen sich weitgehend nach § 336 iVm § 308 Abs. 1 iVm **§ 10 HGB**. Durch das DiRUG ist die Registerpublizität seit dem 1.8.2022 neu geregelt. Die vorherige Art der Bekanntmachung ist entfallen und sie erfolgt jetzt allein über die **Abrufbarkeit der Eintragung über das Registerportal**.[12] Die erstma-

---

9 Begr. RegE UmRUG, BT-Drs. 20/3822, 89.
10 Vgl. bereits *Grundmann*, Europäisches Gesellschaftsrecht, 2. Aufl. 2011, Rn. 929; *Kiem* ZHR 180 (2016), 289 (308).
11 Hopt/*Merkt* HGB § 10 Rn. 2.
12 Dazu *J. Schmidt* ZIP 2021, 112; *Lieder* DNotZ 2021, 830; *Knaier* GmbHR 2021, 169.

lige Abrufbarkeit ist dabei auch für Publizitätswirkung gem. § 15 HGB maßgeblich.[13] Bei den Hinweisbekanntmachungen gem. § 336 iVm § 308 Abs. 1 S. 2 handelt es sich um Registerbekanntmachungen nach § 10 Abs. 3 HGB.[14] Für diese gilt § 10 Abs. 1 S. 1 entsprechend, die Bekanntmachung erfolgt also durch die erstmalige Abrufbarkeit über das Gemeinsame Registerportal der Länder. § 10 Abs. 4 S. 1 HGB ordnet weiterhin an, dass eine Eintragung mit dem Tag des Ablaufs ihrer Eintragung als bekannt gemacht gilt (sog. Vermutungswirkung).

IV. Verzicht auf Bekanntmachung?

9 Da mit dem ehemaligen Verschmelzungsplan bei einer grenzüberschreitenden Verschmelzung gem. § 122c aF nicht unmittelbar auch ein Schutz der Gläubiger verbunden war, war nach streitiger Auffassung auch ein Verzicht auf die Bekanntmachung durch die Gesellschaft möglich.[15] Die Bedeutung des Plans hat sich jedoch geändert iSv erweitert, so dass diesem und damit den Bekanntmachungen gem. § 308 Abs. 1 eine gewisse Gläubigerschutzfunktion zukommt.[16] Dies gilt teilweise auch für die Arbeitnehmer der formwechselnden Gesellschaft. Aufgrund dessen ist ein **Verzicht auf die Bekanntmachungen** gem. § 336 iVm § 308 Abs. 1 daher **nicht möglich**. Dies gilt auch in Konzernkonstellationen.[17]

§ 337 Formwechselbericht

(1) § 309 Absatz 1, 2, 3 und 5 sowie § 310 Absatz 1, 2 und 3 gelten für den Formwechselbericht entsprechend.

(2) In dem anteilsinhaberspezifischen Abschnitt wird über die in § 192 Absatz 1 genannten Berichtsinhalte hinaus mindestens Folgendes erläutert und begründet:
1. die Auswirkungen des grenzüberschreitenden Formwechsels auf die Anteilsinhaber sowie
2. die Rechte und Rechtsbehelfe der Anteilsinhaber gemäß § 340 dieses Gesetzes und gemäß § 1 Nummer 4 des Spruchverfahrensgesetzes.

(3) [1]Der Bericht für die Anteilsinhaber ist in den Fällen des § 192 Absatz 2 nicht erforderlich. [2]Der Bericht für die Arbeitnehmer ist nicht erforderlich, wenn die Gesellschaft und ihre etwaigen Tochtergesellschaften keine anderen Arbeitnehmer haben als diejenigen, die dem Vertretungsorgan angehören. [3]Der Formwechselbericht ist insgesamt nicht erforderlich, wenn die Voraussetzungen der Sätze 1 und 2 vorliegen.

Literatur:
Bungert/Strothotte, Die Regierungsentwürfe zu grenzüberschreitenden Verschmelzungen, Spaltungen und Formwechseln, DB 2022, 1818; *Heckschen/Knaier*, Reform des Umwandlungsrechts kurz vor dem Ziel, ZIP 2022, 2205; *Heckschen/Knaier*, Die größte Reform des Umwandlungsrechts: Endlich in Kraft!, GmbHR 2023, 317; *Kablitz*, Der grenzüberschreitende Rechtsformwechsel einer GmbH – Rechtsgrundlagen, Ablauf und Praxishinweise, GmbHR 2022, 721; *Löbbe*, Die grenzüberschreitende Umwandlung nach dem UmRUG, ZHR

---

13 Hopt/Merkt HGB § 10 Rn. 3.
14 Begr. RegE UmRUG, BT-Drs. 20/3822, 89; Brandi/Schmidt AG 2023, 297 (302); Thomale/Schmid NotBZ 2023, 125 (128); zum Verfahren siehe daher auch § 33 HRV.
15 Stiegler AG 2019, 708 (719); aA Schubert NJW-Spezial 2019, 79.
16 Begr. RegE UmRUG, BT-Drs. 20/3822, 89.
17 Begr. RegE UmRUG, BT-Drs. 20/3822, 89.

187 (2023), 498; *Noack*, Nationaler Rechtsrahmen für grenzüberschreitende Umwandlungen, MDR 2023, 465; *Schmidt, J.*, Die weitreichende Reform des Umwandlungsrechts, NJW 2023, 1241; *Schmidt, J.*, Umwandlungen im Konzern nach dem UmRUG-RegE: Besonderheiten bei Bericht, Prüfung und Beschluss, DK 2022, 309; *Schollmeyer*, Der Verschmelzungs-, Spaltungs- und Formwechselbericht nach der neuen Umwandlungsrichtlinie, AG 2019, 541; *Schur*, Schutzbestimmungen und Verfahrensregeln in der neuen Richtlinie zu grenzüberschreitenden Umwandlungen, Verschmelzungen und Spaltungen, EuZW 2019, 539; *Thomale/Schmid*, Das neue Recht der grenzüberschreitenden Umwandlung – Eine Einführung (Teil II), NotBZ 2023, 125; *Wollin*, Der Referentenentwurf eines Gesetzes zur Umsetzung der Umwandlungsrichtlinie (UmRUG-E), ZIP 2022, 989.

I. Einführung und Grundlagen 1	
1. Europäischer Hintergrund 1	
2. Regelungsgegenstand und -zweck 2	
3. Praktische Hinweise 3	
II. Erstellung des Formwechselberichts 4	
1. Zweck und Funktion des Formwechselberichts 4	
2. Verpflichtete 5	
3. Adressat 6	
4. Formelle Anforderungen 7	
5. Aufbautechnische Vorgaben 8	
III. Inhalt des Formwechselberichts 11	
1. Allgemeiner Abschnitt 11	
a) Mindestinformationen 11	
b) Erläuterung der Auswirkungen auf künftige Geschäftstätigkeiten 13	
c) Begründung der Auswirkungen auf künftige Geschäftstätigkeiten 16	
d) Gesonderte Berichterstattung 17	
2. Anteilsinhaberspezifischer Abschnitt ... 19	
a) Mindestinformationen 19	
b) Rechtliche und wirtschaftliche Erläuterung und Begründung 20	
aa) Des Formwechsels als solches .. 20	
bb) **Der künftigen Beteiligung am Zielrechtsträger** 23	
cc) **Der Höhe der Barabfindung und zugrunde liegenden Bewertungsmethode** 24	
dd) **Der Auswirkungen auf die Anteilsinhaber** 26	
ee) Der Rechte und Rechtsbehelfe der Anteilsinhaber 29	
c) Gesonderte Berichterstattung 31	
3. Arbeitnehmerspezifischer Abschnitt 32	
a) Mindestinformationen 32	
b) Rechtliche und wirtschaftliche Erläuterung und Begründung 33	
aa) Der Auswirkungen auf die Arbeitsverhältnisse 33
bb) **Der Änderungen anwendbarer Beschäftigungsbedingungen** 34
cc) **Der Auswirkungen auf Tochtergesellschaften** 35
c) Gesonderte Berichterstattung 36
IV. Entbehrlichkeit der Berichtspflicht 37
1. Bericht für die Anteilsinhaber 38
a) Einpersonengesellschaft 39
b) Verzicht auf Berichtspflicht 41
2. Bericht für die Arbeitnehmer 42
a) Keine Arbeitnehmer 43
b) Verzicht? 44
3. Vollständige Entbehrlichkeit der Berichtspflicht 45
V. Zugänglichmachung des Formwechselberichts 46
1. Bedeutung der Zugänglichmachung 46
2. Verweis auf Recht der grenzüberschreitenden Verschmelzung 47
3. Zugänglichmachung des Formwechselberichts 48
4. Form und Modalitäten der Zugänglichmachung 50
5. Frist der Zugänglichmachung 51
6. Gesonderte Berichterstattung 52
7. Umfang der Zugänglichmachung 53
8. Maßnahmen bei erfolgter Arbeitnehmer-Stellungnahme 55
VI. Konsequenzen fehlerhafter Berichterstattung und/oder Zugänglichmachung 57
1. Fehlerhaftigkeit des Formwechselberichts 57
2. Mangelnde oder fehlerhafte Zugänglichmachung 60

I. Einführung und Grundlagen

1. Europäischer Hintergrund

§ 337 dient der Umsetzung von **Art. 86e RL (EU) 2017/1132**.[1] Dieser bestimmt allgemein, dass das Verwaltungs- oder Leitungsorgan der Gesellschaft einen Bericht für Gesellschafter und Arbeitnehmer erstellt, in dem die rechtlichen und wirtschaftlichen Aspekte der grenzüberschreitenden Umwandlung erläutert und begründet sowie die Auswirkungen der grenzüberschreitenden Umwandlung auf die Arbeitnehmer erläutert werden.[2] In diesem Bericht werden insbesondere die Auswirkungen der grenzüber-

---

1 Begr. RegE UmRUG, BT-Drs. 20/3822, 117.
2 Art. 86e Abs. 1 S. 1 RL (EU) 2017/1132.

2. Regelungsgegenstand und -zweck

Der Formwechselbericht dient zur Information und damit dem Schutz der Anteilsinhaber und der Arbeitnehmer der formwechselnden Gesellschaft.[4] Diesen sollen die rechtlichen und wirtschaftlichen Aspekte der grenzüberschreitenden Umwandlung erläutert und begründet werden. Zweck des § 337 ist also die Statuierung der zum **Schutz der Betroffenen** ausführlichen Vorgaben für die Erstellung und den Inhalt des Formwechselberichts. Insofern gibt die Norm zunächst eine grundsätzliche Pflicht zur Erstellung des Formwechselberichts vor (337 Abs. 1 iVm § 309 Abs. 1). Die inhaltlichen Vorgaben des Berichts ergeben sich sodann aus § 337 Abs. 1 iVm 309 Abs. 1–3, 5 sowie § 337 Abs. 2. § 337 Abs. 3 bestimmt die Entbehrlichkeit des Formwechselberichts in bestimmten Lagen bzw. Konstellationen. Die Zugänglichmachung des Formwechselberichts an die betroffenen Personengruppen ist in § 337 Abs. 1 iVm § 310 1–3 geregelt. Keine Anwendung finden hingegen § 309 Abs. 6 und § 310 Abs. 2, die besondere Bestimmungen für Konzernkonstellationen enthalten, die in Ermangelung der Beteiligung mehrerer Rechtsträger beim Formwechsel nicht auftreten können.[5] Anstelle des § 309 Abs. 4 enthält § 337 Abs. 2 eine selbstständige Bestimmung über die Inhalte des anteilsinhaberspezifischen Abschnitts.[6]

3. Praktische Hinweise

Beim Formwechselbericht handelt es sich neben dem Formwechselplan um das aus Sicht der Anteilsinhaber und der Arbeitnehmer der formwechselnden Gesellschaft wichtigste Dokument für die Beurteilung des grenzüberschreitenden Formwechsels. Wie vor allem der umfassende Verweis auf § 309 zeigt, kann die Erstellung des Formwechselberichts durchaus **sehr aufwendig** sein. Aufgrund auch der damit verbundenen Fehleranfälligkeit ist zu empfehlen, sich zum einen verhältnismäßig viel Zeit für die Erstellung des Berichts zu nehmen und zum anderen, diesen im Zweifel eher **ausführlicher** auszugestalten.[7] Hierbei sollte sich tendenziell eher streng an den gesetzlich vorgeschriebenen Aufbau und Inhalt gehalten werden, um Missverständnissen vorzubeugen. Zwar bestimmt § 337 Abs. 1 iVm § 309 Abs. 1 S. 1 anders als sowohl § 192 Abs. 1 S. 1 als auch § 8 Abs. 1 S. 1 für innerstaatliche Umwandlungen nicht, dass die Berichterstattung „ausführlich" zu erfolgen hat, jedoch beruht die entsprechende Inkonsistenz auf der weitgehend wortlautgetreuen Übernahme der zugrunde liegenden europäischen Vorgaben und soll wohl keine Einschränkung des Umfangs des Formwechselberichts bei einem grenzüberschreitenden Formwechsel im Vergleich zu seinem innerstaatlichen Pendant ausdrücken. Selbst wenn einige Aspekte der gesetzlichen Pflichtangaben im konkreten Fall nicht einschlägig sein sollten, empfiehlt sich eine diesbezügliche Negativerklärung. Auch eine Vorab-Abstimmung mit dem Betriebsrat erscheint ggf. sinnvoll.

---

3 Art. 86e Abs. 1 S. 2 RL (EU) 2017/1132.
4 Erwägungsgrund Nr. 13 RL (EU) 2019/2121; *Thomale/Schmid* NotBZ 2023, 125 (128); *Stelmaszczyk* DK 2021, 1 (13); *J. Schmidt* NZG 2022, 635 (636); *Herzog/Gebhard* AG 2023, 310 (312).
5 Begr. RegE UmRUG, BT-Drs. 20/3822, 117.
6 Begr. RegE UmRUG, BT-Drs. 20/3822, 117.
7 Zu den damit verbundenen Anfechtungsrisiken jedoch *Schollmeyer* AG 2019, 541 (546).

II. Erstellung des Formwechselberichts

1. Zweck und Funktion des Formwechselberichts

Neben dem Formwechselplan kommt dem Formwechselbericht über den geplanten Herausformwechsel entscheidende Bedeutung zu. Er dient insbesondere den Anteilsinhabern und ist sowohl Beurteilungsmaßstab als auch **Referenzpunkt für die Beschlussfassung** über den grenzüberschreitenden Formwechsel. Die Anteilsinhaber erhalten durch den Bericht ein formalisiertes Informationsrecht, um ihr Stimmrecht in Kenntnis aller für den Formwechsel relevanten Umstände sachgerecht ausüben zu können und die erwarteten Vorteile gegen die möglichen Risiken abzuwägen.[8] Der Formwechselbericht soll den Anteilsinhabern rechtzeitig vor der Beschlussfassung eine zuverlässige Entscheidungsgrundlage zur Meinungsbildung verschaffen. Ziel der Berichtspflicht ist somit eine Verstärkung des **a-priori-Schutzes**.[9] Dies gilt auch für die Arbeitnehmer, die potenziell von der formwechselnden Sitzverlegung des Arbeitgebers ins Ausland betroffen sein können. **Aufgabe** des Formwechselberichts ist es dabei, den Vorgang des grenzüberschreitenden Formwechsels und die daran anknüpfenden rechtlichen und wirtschaftlichen Auswirkungen für die jeweils betroffenen Personenkreise zu verdeutlichen. Der Formwechselbericht muss Informationen enthalten, die für eine Bewertung der Änderung der Rechtsform erforderlich sind. Die Adressaten der Berichtspflicht müssen in die Lage versetzt werden, den grenzüberschreitenden Formwechsel einer Plausibilitätskontrolle zu unterziehen.[10]

2. Verpflichtete

Die Verpflichtung zur Erstellung eines Formwechselberichts obliegt der formwechselnden Gesellschaft als solcher und innerhalb dieser gem. § 337 Abs. 1 iVm § 309 Abs. 1 dem Vertretungsorgan, dh dem **Vorstand** bzw. der **Geschäftsführung**. Das entsprechende Organ handelt dabei in Gesamtverantwortung.

3. Adressat

Adressat des erstellten Formwechselberichts sind sowohl die **Anteilsinhaber** als auch die **Arbeitnehmer** der formwechselnden Gesellschaft. Die Zugänglichmachung des entweder einheitlichen oder der jeweils gesonderten Berichte erfolgt insofern gem. § 337 iVm 310 Abs. 1 an die Anteilsinhaber und den Betriebsrat der formwechselnden Gesellschaft bzw. deren Arbeitnehmer selbst. Die Auswirkungen der Maßnahme auf die Gläubiger sind entgegen § 122e S. 1 aF nicht mehr zu erläutern, so dass der Formwechselbericht nicht auch den Gläubigern als Informationsgrundlage dient (es sei denn, sie sind auch Arbeitnehmer).[11]

4. Formelle Anforderungen

Für innerstaatliche Umwandlungen muss der Bericht grundsätzlich schriftlich verfasst werden,[12] dh die Mitglieder des Vorstands bzw. der Geschäftsführung müssen diesen in vertretungsberechtigter Zahl jeweils eigenhändig durch Namensunterschrift unterzeichnen. § 309 Abs. 1 S. 1, auf den § 337 Abs. 1 verweist, sieht jedoch nur die Erstellung

---

8 *Stiegler* Grenzüberschreitende Sitzverlegungen S. 290 f.
9 So schon *Priester* ZGR 1999, 36 (41); *Kiem* ZHR 180 (2016) 289 (311 f.); *Heckschen* ZIP 2015, 2049 (2057).
10 Zur Plausibilitätskontrolle durch die Berichterstattung OLG Jena 5.11.2008 – 6 W 288/08, NJW-RR 2009, 182; LG Mannheim 19.12.2013 – 23 O 50/13, BeckRS 2014, 10107.
11 *Luy/Redler* notar 2022, 163 (166).
12 Vgl. § 8 Abs. 1 S. 1, § 127 Abs. 1, § 192 Abs. 1 S. 1.

eines Berichts vor, ohne dass ein Schriftformerfordernis aufgestellt wird. Hierin liegt wohl auch kein Redaktionsversehen, da die Vorgängernorm des § 122e aF noch explizit auf § 8 verwies, der ein solches Schriftformerfordernis vorsah. Für einen grenzüberschreitenden Formwechsel kommt diesbezüglich auch nicht § 192 Abs. 1 zur Geltung, da § 337 Abs. 2 nur auf die Berichtsinhalte der Norm und nicht auf deren formale Vorgaben verweist. Da der Formwechselbericht nicht beim Handelsregister einzureichen ist, erscheint eine schriftliche Abfassung auch nicht zwingend erforderlich. Insgesamt muss der zu erstellende **Formwechselbericht** daher **nicht schriftlich** iSd § 126 Abs. 1 abgefasst sein; Textform ist ausreichend. Da es sich aber trotzdem um ein Dokument handelt, ist ein mündlicher Bericht unzulässig. Denkbar ist allerdings vor allem, dass der Formwechselbericht erstellt wird, ohne jedoch, dass er zwingend unterschrieben sein müsste, und dann als PDF-Anhang an die betreffenden Personengruppen per E-Mail durch oder im Auftrag des Vorstands bzw. der Geschäftsführung verschickt wird. Dem entspricht auch § 337 Abs. 1 iVm § 310 Abs. 1 S. 1, der lediglich die elektronische Zugänglichmachung des Formwechselberichts fordert.

5. Aufbautechnische Vorgaben

8 § 337 Abs. 1 iVm § 309 Abs. 2, 3 enthält ausdrückliche Vorgaben, wie der Formwechselbericht formal aufzubauen ist. Dies dient der Übersichtlichkeit aus Perspektive der betroffenen Personenkreise und soll auch visuell eine klare Trennung zwischen den für die Anteilsinhaber und den für die Arbeitnehmer relevanten Aspekten des Formwechselberichts gewährleisten.[13] Aus dem Wortlaut des § 309 Abs. 2 wird ersichtlich, dass der Formwechselbericht aus **drei Teilen/Abschnitten** zu bestehen hat.[14] Zunächst bedarf es eines (auch einleitenden) **allgemeinen Abschnitts**. In diesem sind gem. § 309 Abs. 2 S. 1 die künftige Geschäftstätigkeit des Rechtsträgers und seiner etwaigen Tochtergesellschaften zu erläutern und zu begründen (→ Rn. 13 ff.). Daneben muss der Formwechselbericht einen **anteilsinhaberspezifischen Abschnitt** und einen **arbeitnehmerspezifischen Abschnitt** enthalten (§ 309 Abs. 2 S. 2). Die Vorgaben für die inhaltliche Ausgestaltung des arbeitnehmerspezifischen Abschnitts ergeben sich aus § 309 Abs. 5 (→ Rn. 32 ff.). Die Vorgaben für die inhaltliche Ausgestaltung des anteilsinhaberspezifischen Abschnitts sind hingegen nicht vom Verweis auf den Verschmelzungsbericht bei grenzüberschreitenden Verschmelzungen umfasst, sondern ergeben sich aus § 337 Abs. 2, der auf die Berichtsinhalte des § 192 Abs. 1 S. 1 verweist, aber auch zusätzliche herausformwechselspezifische Pflichtinhalte vorgibt (→ Rn. 19 ff.).

9 Die formwechselnde Gesellschaft kann sich aber auch dafür entscheiden, anstelle eines einheitlichen Berichts gesonderte Berichte für die Anteilsinhaber und die Arbeitnehmer zu erstellen (§ 309 Abs. 3 S. 1). Insofern hat die formwechselnde Gesellschaft ein **Wahlrecht**, welche Art der Berichterstattung sie verfolgt.[15] Entscheidet sie sich für eine **gesonderte Berichterstattung**,[16] muss der Bericht für die Arbeitnehmer aus einem allgemeinen Abschnitt und einem arbeitnehmerspezifischen Abschnitt (§ 309 Abs. 3 S. 3) (→ Rn. 36) und der Bericht für die Anteilsinhaber aus einem allgemeinen Abschnitt und einem anteilsinhaberspezifischen Abschnitt (§ 309 Abs. 3 S. 2) bestehen.

---

13 Vgl. auch *Schollmeyer* AG 2019, 541 (544 f.).
14 Begr. RegE UmRUG, BT-Drs. 20/3822, 90 („Dreiteilung"); vgl. auch *Luy/Redler* notar 2022, 163 (166); *Schollmeyer* AG 2019, 541 (543); *Drinhausen/Keinath* BB 2022, 1346 (1349); *Stelmaszczyk* GmbHR 2020, 61 (66); *J. Schmidt* DK 2022, 309; aA noch zur europäischen Regelung *Habersack/Wicke/Foerster* § 190 Rn. 9.1.
15 *J. Schmidt* NJW 2023, 1241 (1242); *J. Schmidt* NZG 2022, 636 (637); *J. Schmidt* DK 2022, 309; *Luy/Redler* notar 2022, 163 (166).
16 „Einzelberichte", vgl. Begr. RegE UmRUG, BT-Drs. 20/3822, 90.

Gemäß § 192 Abs. 1 S. 3 muss bei einem innerstaatlichen Formwechsel der Formwechselbericht einen **Entwurf des Formwechselbeschlusses** enthalten. Der entsprechende Entwurf muss daher bereits vor Fertigstellung des Formwechselberichts vorhanden sein. Beim grenzüberschreitenden Formwechsel ergibt sich aus dem vorrangig anwendbaren Verweis des § 337 Abs. 1 auf § 310 Abs. 1 S. 3 jedoch, dass der Formwechselplan nur dann gemeinsam mit dem Formwechselbericht zugänglich zu machen ist, „falls" ein solcher oder sein Entwurf bereits besteht. Mit anderen Worten muss der Entwurf des Formwechselplans zum Zeitpunkt der Fertigstellung des Formwechselberichts noch nicht zwingend erstellt bzw. vorhanden sein. Dies ergibt sich auch aus dem Verhältnis zwischen § 336 iVm § 308 Abs. 1 S. 4 und § 337 Abs. 1 iVm § 310 Abs. 1 S. 1, wonach in Bezug auf die beschließende Anteilsinhaberversammlung als Referenzpunkt zwischen der Bekanntmachung des Formwechselplans bzw. seines Entwurfs und der Zugänglichmachung des Formwechselberichts an die Anteilsinhaber und den Betriebsrat bzw. Arbeitnehmer faktisch zwei Wochen liegen dürfen.

III. Inhalt des Formwechselberichts

1. Allgemeiner Abschnitt

a) Mindestinformationen

Sofern sich die formwechselnde Gesellschaft für eine einheitliche Berichterstattung entscheidet (→ Rn. 9), hat der Formwechselbericht zunächst einen allgemeinen Abschnitt zu enthalten. Dessen Inhalt ergibt sich aus § 337 Abs. 1 iVm § 309 Abs. 2 S. 1. Erläutert und begründet werden müssen demnach die Auswirkungen des grenzüberschreitenden Formwechsels auf die künftige Geschäftstätigkeit des formwechselnden Rechtsträgers und dessen etwaige Tochtergesellschaften. Dabei handelt es sich um **Mindestanforderungen**, dh die formwechselnde Gesellschaft kann freiwillig auch zu weiteren Aspekten Stellung nehmen.[17]

Der **Begriff der Tochtergesellschaft** ist in diesem Zusammenhang europäisch-autonom zu bestimmen. Da die RL (EU) 2017/1132 selbst keine diesbezügliche Definition bereithält, kann Art. 2 Nr. 10 RL 2013/34/EU (Bilanz-RL) herangezogen werden, wonach ein Tochterunternehmen „ein von einem Mutterunternehmen kontrolliertes Unternehmen, einschließlich jedes mittelbar kontrollierten Tochterunternehmens eines Mutterunternehmens" ist. Im Ergebnis kann daher für die Ermittlung, was eine Tochtergesellschaft im Verhältnis zur formwechselnden Gesellschaft ist, auf die deutsche Umsetzungsbestimmung des § 290 Abs. 1, 2 HGB und dessen Wertungen zugegriffen werden. Perspektivisch kann und werden wohl die neuen Definitionen des geplanten Art. 13a Nr. 8–10 RL 2017/1132/EU[18] heranzuziehen sein, die diesbezüglich jedoch ebenfalls auf die Bilanz-RL verweisen.

b) Erläuterung der Auswirkungen auf künftige Geschäftstätigkeiten

Bei der Erläuterung der Auswirkungen auf die künftige Geschäftstätigkeit geht es um das „**Was**", also welche (potenzielle) Auswirkungen diesbezüglich bestehen. Dabei be-

---

17 *Thomale/Schmid* NotBZ 2023, 125 (129).
18 Geplante Einfügung durch *Kommission*, Richtlinienvorschlag zur Änderung der Richtlinien 2009/102/EG und (EU) 2017/1132 zur Ausweitung und Optimierung des Einsatzes digitaler Werkzeuge und Verfahren im Gesellschaftsrecht, 29.3.2023, COM(2023) 177 final; dazu *Stelmaszczyk/Wosgien* EuZW 2023, 550; *J. Schmidt* NZG 2023, 593; *Teichmann* RDi 2023, 357; *Zwirlein-Forschner* NZG 2023, 863; *Denninger* GmbHR 2023, 482.

darf es allerdings noch keiner Anteilsinhaber- oder Arbeitnehmerspezifikation, da dies den anderen Abschnitten des Formwechselberichts zukommt. Es sind sowohl die rechtlichen als auch die wirtschaftlichen Auswirkungen darzustellen. Dies intendiert sowohl die zugrunde liegende Richtlinienbestimmung als auch der umfassende Schutzzweck des Formwechselberichts. Dabei sollte auf positive wie negative Aspekte eingegangen werden, um den betroffenen Personengruppen ein umfassendes Bild zu geben.

14 Die **rechtlichen** Auswirkungen sind regelmäßig mit dem Wechsel des Gesellschaftsstatuts und der Führung einer ausländischen Rechtsform verbunden. **Wirtschaftliche** Auswirkungen auf die künftige Geschäftstätigkeit können ua die Erschließung eines neuen Marktes, die nationale Wirtschaftslage, die im Zuzugsstaat bestehende Infrastruktur und Größe sowie Wachstum des dortigen Marktes, das Lohnkostenniveau im Zuzugsstaat sowie eine geringere steuerliche Belastung sein.

15 Die Auswirkungen des grenzüberschreitenden Formwechsels auf etwaige **Tochtergesellschaften** der formwechselnden Gesellschaft sollten übersichtshalber in einen separaten Absatz des allgemeinen Abschnitts des Formwechselberichts thematisiert werden. Häufig werden für Tochtergesellschaften jedoch keine unmittelbaren rechtlichen und wirtschaftlichen Konsequenzen mit dem grenzüberschreitenden Formwechsel ihres Mutterunternehmens verbunden sein. Insofern genügt auch eine entsprechende Negativerklärung. Auf nur marginale Auswirkungen bzw. Änderungen, die eher rein organisatorischer Art sind, braucht nicht eingegangen zu werden, zB dass aufgrund einer ausländischen Muttergesellschaft erhöhte geldwäscherechtliche Transparenzanforderungen bestehen. Auch **konzernrechtlich** ist es grundsätzlich unerheblich, ob das herrschende Unternehmen eine deutsche oder ausländische Rechtsform besitzt.[19] In beiden Fällen gilt nach mittlerweile hM schutzbezogen das Gesellschaftsstatut der Tochtergesellschaft.[20] Gemäß § 333 Abs. 2 Nr. 1 iVm § 192 Abs. 1 S. 2 iVm § 8 Abs. 2 brauchen Tatsachen in Bezug auf Tochtergesellschaften jedoch nicht in den Formwechselbericht aufgenommen werden, deren Bekanntwerden geeignet ist, der formwechselnden Gesellschaft oder einer Tochtergesellschaft einen nicht unerheblichen Nachteil zuzufügen. In diesem Fall sind im Formwechselbericht allerdings die Gründe darzulegen, aus denen die Tatsachen nicht aufgenommen worden sind (§ 8 Abs. 2 S. 2).

c) Begründung der Auswirkungen auf künftige Geschäftstätigkeiten

16 Bei der Begründung der Auswirkungen auf künftige Geschäftstätigkeiten geht es anders als bei den Erläuterungen um das „**Warum**". Die Darstellungen zu den rechtlichen und wirtschaftlichen Auswirkungen sind also jeweils zu begründen. Auch hier sollte auf positive wie negative Aspekte eingegangen werden. Die entsprechenden Begründungen erfordern dabei zumindest aus rechtlicher Perspektive regelmäßig einen unmittelbaren Vergleich der deutschen Rechtsordnung, insbesondere (aber nicht nur) des Gesellschaftsrechts, mit der ausländischen Rechtsordnung des geplanten Zielrechtsträgers. Da ein solcher **Vergleich** tendenziell sehr umfangreich und detailliert ausfallen kann, sollte dabei auch der Empfängerkreis beachtet und hinterfragt werden, ob und in welcher Tiefe die jeweiligen Informationen für die Entscheidung über die Zustimmung zum grenzüberschreitenden Formwechsel erforderlich sind. Im Rahmen der Begründung der wirtschaftlichen Auswirkungen auf die künftige Geschäftstätigkeit wird man stück-

---

19 § 337 Abs. 2 iVm § 192 Abs. 1 S. 2 iVm § 8 Abs. 1 S. 4 wird insofern von § 337 Abs. 1 iVm § 309 Abs. 2 S. 1 verdrängt.
20 Vgl. nur BeckOGK/*Veil/Walla* AktG § 291 Rn. 50, 52.

weise auch einen Businessplan bzw. ein (mittelfristiges) Unternehmenskonzept erwarten können, wo dargestellt wird, warum sich gerade durch den grenzüberschreitenden Formwechsel die zukünftige Geschäftätigkeit der Gesellschaft in dieser Art und Weise entwickeln könnte.

d) Gesonderte Berichterstattung

Auch bei einer gesonderten Berichterstattung, also einem separaten Formwechselbericht sowohl für die Anteilsinhaber als auch für die Arbeitnehmer der formwechselnden Gesellschaft, bedarf es **jeweils eines allgemeinen Abschnitts**. Dies gibt § 309 Abs. 3 S. 2, 3 unmissverständlich vor, auch wenn innerhalb des § 309 Abs. 3 S. 2, 3 nicht direkt auf § 309 Abs. 2 S. 1 hinsichtlich des allgemeinen Abschnitts verwiesen wird. Es bedarf daher auch bei der gesonderten Berichterstattung sowohl für den Anteilsinhaber- als auch den Arbeitnehmerbericht einer **Erläuterung und Begründung der Auswirkungen** des grenzüberschreitenden Formwechsels auf die künftige Geschäftätigkeit der Gesellschaft und ihrer Tochtergesellschaften. 17

Bei dem jeweiligen allgemeinen Abschnitt ist der Adressat des Berichts zu beachten, dh dass schon im allgemeinen Abschnitt grundsätzlich nur die Aspekte ausführlich erläutert und begründet werden müssen, die auch **Relevanz für die jeweilige Personengruppe** haben (können). Dies sollte jedoch eher weit verstanden werden, da andernfalls die Gefahr unzureichender Informationsbereitstellung aufkommen könnte. Insofern können der allgemeine Abschnitt des Anteilsinhaberberichts und der allgemeine Abschnitt des Arbeitnehmerberichts durchaus auch formal und inhaltlich nahezu identisch sein. Abweichungen sind indes möglich und zulässig, obgleich beachtet werden sollte, dass vor allem die jeweiligen Begründungen zu materiell gleichen Darstellungen unterschiedlich sind und somit an der Richtigkeit bzw. Wahrheit der entsprechenden Ausführungen in einem allgemeinen Abschnitt im Vergleich zum anderen allgemeinen Abschnitt gezweifelt werden kann. 18

2. Anteilsinhaberspezifischer Abschnitt
a) Mindestinformationen

Der Inhalt des anteilinhaberspezifischen Abschnitts ergibt sich sowohl bei der einheitlichen als auch bei der gesonderten Berichterstattung aus § 337 Abs. 2. Dieser verweist zum einen auf die Berichtsinhalte des § 192 Abs. 1 und zum anderen sind zusätzlich die Auswirkungen des grenzüberschreitenden Formwechsels auf die Anteilsinhaber (**Nr. 1**) sowie die Rechte und Rechtsbehelfe der Anteilsinhaber gemäß § 340 und gem. § 1 Nr. 4 SpruchG (**Nr. 2**) zu erläutern und zu begründen. Bei den gesetzlich vorgesehenen Angaben im anteilinhaberspezifischen Abschnitt handelt es sich um Mindestinformationen, so dass die formwechselnde Gesellschaft auch weitere Informationen und Angaben bereitstellen kann.[21] 19

---

21 Begr. RegE UmRUG, BT-Drs. 20/3822, 117 iVm 91.

b) Rechtliche und wirtschaftliche Erläuterung und Begründung
aa) Des Formwechsels als solches

20 Gemäß § 337 Abs. 2 iVm § 192 Abs. 1 S. 1 ist im anteilsinhaberspezifischen Abschnitt des Formwechselberichts[22] zunächst der intendierte grenzüberschreitende Formwechsel als solcher rechtlich und wirtschaftlich zu erläutern und zu begründen.[23] Hierbei kann sich durchaus eine jeweils strikte Trennung dergestalt empfehlen, dass zunächst die rechtlichen Aspekte zu erläutern und sodann zu begründen sind und dem nachfolgend (oder umgekehrt) die wirtschaftlichen Aspekte erst zu erläutern und dann zu begründen sind. Erläutern und begründen bedeutet dabei jeweils, dass die **Vor- und Nachteile** der mit dem Herausformwechsel aus Deutschland einhergehenden Änderungen gegenübergestellt und abgewogen werden müssen, so dass der Vorschlag zur entsprechenden Strukturmaßnahme für die Anteilsinhaber nachvollziehbar wird.[24]

21 Zu den **rechtlichen Aspekten** gehören Informationen, die für die Beurteilung der Gesetzmäßigkeit des grenzüberschreitenden Formwechsels erforderlich sind. Die diesbezüglich zu erläuternden und zu begründenden Aspekte ergeben sich in erster Linie aus dem Wechsel des auf die Gesellschaft anwendbaren Rechts.[25] Einzugehen ist auf den Statutenwechsel und es ist auszuführen, inwieweit sich Änderungen in gesellschafts- und verkehrsrechtlicher Sicht[26] ergeben.[27] Aufgrund des Wechsels des anwendbaren Rechts ist insbesondere auf die notwendige Änderung der Satzung bzw. des Gesellschaftsvertrags einzugehen. Darüber hinaus sind Veränderungen in der Organisationstruktur der Gesellschaft, abweichende, aufgrund des Statutenwechsels zur Geltung kommende Kapitalvorschriften, die die Interessen der Anteilsinhaber tangieren können, sowie ggf. geänderte öffentlich-rechtliche Rahmenbedingungen anzusprechen.[28] Dabei ist auf diejenigen Aspekte einzugehen, die sich maßgeblich von der deutschen Rechtsordnung unterscheiden.[29]

22 **Wirtschaftliche Aspekte** des grenzüberschreitenden Formwechsels sind solche, die für die Beurteilung der ökonomischen Zweckmäßigkeit der Strukturmaßnahme erforderlich sind. Die wirtschaftlichen Aspekte des grenzüberschreitenden Formwechsels beziehen sich zunächst auf die ökonomischen Motive für die Wahl einer entsprechenden Sitzverlegung ins Ausland. Es ist auf die Gründe einzugehen, warum eine formwechselnde Sitzverlegung mit den daran anknüpfenden Konsequenzen beabsichtigt ist. Hierbei sind ggf. auch Ausführungen erforderlich, warum gerade diese Zuzugsrechtsordnung des geplanten Zielrechtsträgers gewählt wurde. Daneben ist auf die Kosten des Formwechsels als solchem sowie auf anfallende Beratungskosten einzugehen.[30] Schließlich sind die steuerlichen Wirkungen darzustellen und zu erläutern.[31]

---

22 Wohl für eine Behandlung im allgemeinen Abschnitt *Schollmeyer* AG 2019, 541 (545).
23 Dies ist vorrangig anzuwenden vor der Vorgabe des § 337 Abs. 1 iVm § 309 Abs. 1 S. 1 (Erläuterung und Begründung der rechtlichen und wirtschaftlichen *Aspekte* des grenzüberschreitenden Formwechsels). Materiell dürfte jedoch kaum ein Unterschied bestehen.
24 *Stiegler* Grenzüberschreitende Sitzverlegungen S. 292.
25 *Mitterecker*, Grenzüberschreitende Sitzverlegungen, 2015, S. 269.
26 Änderungen aus gesellschaftsrechtlicher Sicht ergeben sich dabei aus der Verlegung des Satzungssitzes; aus verkehrsrechtlicher Sicht primär aus einer ggf. zusätzlichen Verlegung des Verwaltungssitzes.
27 Vgl. auch *Schollmeyer* AG 2019, 541 (546); zum Bericht nach Art. 8 Abs. 3 SE-VO Kölner Komm AktG/*Veil* SE-VO Art. 8 Rn. 48.
28 Zum Bericht nach Art. 8 Abs. 3 SE-VO Manz/Mayer/Schröder/*Schröder* SE-VO Art. 8 Rn. 43.
29 Vgl. Widmann/Mayer/*Mayer* § 122e Rn. 25.
30 Zum innerstaatlichen Formwechsel vgl. Lutter/*Hoger* § 192 Rn. 27.
31 Zum innerstaatlichen Formwechsel vgl. Lutter/*Hoger* § 192 Rn. 26; Semler/Stengel/Leonard/*Bärwaldt* § 192 Rn. 7.

bb) Der künftigen Beteiligung am Zielrechtsträger

23 Gemäß § 337 Abs. 2 iVm § 192 Abs. 1 S. 1 sind im anteilsinhaberspezifischen Abschnitt des Formwechselberichts weiterhin **Erläuterungen und Begründungen zur künftigen Beteiligung** der Anteilsinhaber des formwechselnden Rechtsträgers an dem ausländischen Zielrechtsträger zu machen. Aufgrund des Verweises auf § 192 Abs. 1 S. 1 kann dabei weitgehend auf die zu dieser Norm entwickelten Grundsätze verwiesen werden (→ § 192 Rn. 7 ff.). Gleichwohl sind beim innerstaatlichen Formwechsel anders als beim Herausformwechsel nicht wörtlich explizit und gesondert die Auswirkungen des grenzüberschreitenden Formwechsels auf die Anteilsinhaber (§ 337 Abs. 2 Nr. 1) darzulegen. Die Reichweite der Erläuterungen und Begründungen zur künftigen Beteiligung am ausländischen Zielrechtsträger nach § 192 Abs. 1 S. 1 kann daher verkürzt erfolgen und muss grundsätzlich nur umfassen, dass, vorbehaltlich etwaiger Austritte von Anteilsinhabern gegen Barabfindung gem. § 340, die **Beteiligungsverhältnisse** im Zielrechtsträger **gleich bleiben** im Vergleich zur bisherigen Beteiligung an der Gesellschaft. Erwähnt werde sollte aber bereits an dieser Stelle, dass, wenn ein oder mehrere Anteilsinhaber gem. § 340 Abs. 4 im Zuge des Wirksamwerdens des grenzüberschreitenden Formwechsels aus der Gesellschaft ausscheiden, der Zielrechtsträger zwar eigene Anteile erwirbt,[32] diesen jedoch kein Stimmrecht zukommt und sie auch nicht gewinnbeteiligt sein werden. Welche qualitativen Änderungen die zukünftige Beteiligung am Zielrechtsträger haben wird, ist hingegen bei den Ausführungen im Formwechselbericht gem. § 337 Abs. 2 Nr. 1 zu erläutern und zu begründen. Andernfalls würde es zu unnötigen Wiederholungen kommen. Auch kann bei diesem Punkt auf die entsprechenden Ausführungen im Formwechselplan verwiesen werden, wo die Beteiligung am Zielrechtsträger inkl. Zahl, Art und Umfang der Anteile ebenfalls darzustellen ist (s. § 335 Abs. 2 Nr. 6, → § 335 Rn. 25 ff.). Ein entsprechender Verweis ist jedoch nur möglich und sinnvoll, wenn der Formwechselplan bzw. sein Entwurf dem Formwechselbericht als Anlage beigefügt ist bzw. zusammen mit diesem den Anteilsinhabern übermittelt wird (s. § 337 Abs. 1 iVm § 310 Abs. 1 S. 3), was jedoch nicht zwingend ist (→ Rn. 10).

cc) Der Höhe der Barabfindung und zugrunde liegenden Bewertungsmethode

24 § 337 Abs. 1 iVm § 192 Abs. 1 S. 1 fordert ferner, dass im anteilsinhaberspezifischen Abschnitt des Formwechselberichts Ausführungen zur Höhe einer anzubietenden Barabfindung und die zu ihrer Ermittlung gewählten Bewertungsmethoden zu machen sind. Die diesbezügliche Erläuterungs- und Begründungspflicht wird auch nicht durch § 337 Abs. 2 Nr. 2 obsolet (→ Rn. 29), da dabei grundsätzlich nur Darstellungen zum Recht auf Barabfindung inkl. der dazugehörigen Rechtsbehelfe zu machen sind. Die Höhe des Barabfindungsangebots ist zudem bereits im Formwechselplan gem. § 335 Abs. 2 Nr. 11 iVm § 340 Abs. 1 S. 1 anzugeben. Sofern der Formwechselplan bzw. sein Entwurf bereits erstellt wurde, kann und sollte hierauf verwiesen werden. Da im Formwechselplan gem. § 335 Abs. 2 Nr. 11 aber auch die formellen „Einzelheiten" iSv gesetzlichen Geltungsbedingungen für das Barabfindungsrecht der Anteilsinhaber enthalten sind (→ § 335 Rn. 39), sind diese Informationen, wie sie sich aus § 340 Abs. 1–5 ergeben, weitgehend nicht nochmals bzw. wiederholend im anteilsinhaberspezifischen Abschnitt des Formwechselberichts zu thematisieren.

---

32 Vgl. nur *Baschnagel/Hilser* BWNotZ 2023, 2 (6); *J. Schmidt* NZG 2022, 579 (582).

25 Die Erläuterung und Begründung der Höhe der anzubietenden Barabfindung und der zugrunde liegenden Bewertungsmethode soll eine **Plausibilitätskontrolle** des Barabfindungsangebots durch die Anteilsinhaber gewährleisten.[33] Dabei müssen jedoch nicht alle denkbaren, der Bewertung zugrunde liegenden Zahlen und Tatsachen aufgeführt werden. Vielmehr sind die Grundsätze der Unternehmensbewertung (zB aufgrund der IDW-Ertragswertmethode),[34] der maßgebende Bewertungsstichtag, das methodische Vorgehen bei der Unternehmens- und damit Anteilsbewertung sowie die konkrete Ermittlung des Ertragswertes der formwechselnden Gesellschaft darzustellen. Da die Gesetzesbegründung (zur grenzüberschreitenden Verschmelzung) bestimmt, dass, soweit die spezifischen Vorschriften „keine besonderen Bestimmungen enthalten", die allgemeine Regelung des § 8 gilt,[35] kommt über § 333 Abs. 2 Nr. 1 die Regelung des § 192 Abs. 1 S. 2 zur Geltung, die ihrerseits ua **§ 8 Abs. 1 S. 3** entsprechend zur Anwendung bringt. Im Rahmen der Erläuterungen und Begründungen zur Höhe der Barabfindung und der zugrunde liegenden Bewertungsmethode ist daher zudem auf besondere Schwierigkeiten bei der Anteilsbewertung sowie auf die diesbezüglichen Folgen für die Beteiligung der Anteilsinhaber hinzuweisen.

dd) Der Auswirkungen auf die Anteilsinhaber

26 Gem. § 337 Abs. 2 Nr. 1 sind im anteilsinhaberspezifischen Abschnitt des Formwechselberichts die Auswirkungen des grenzüberschreitenden Formwechsels auf die Anteilsinhaber zu erläutern und zu begründen. Eine entsprechende Pflicht besteht beim innerstaatlichen Formwechsel gem. dem Wortlaut des § 192 Abs. 1 S. 1 zwar nicht, wird allerdings vom weiteren Verständnis der Darstellungen zur künftigen Beteiligung der Anteilsinhaber am Zielrechtsträger bereits weitgehend umfasst. Zu berücksichtigen ist dabei jedoch, dass aufgrund des Wechsels in eine ausländische Rechtsform die Änderungen im Hinblick auf die künftige Beteiligung **qualitativ** durchaus weiter sein können, so dass es ggf. einer intensiveren Begründung bedarf als nach § 192 Abs. 1 S. 1.[36]

27 Zu erläutern und zu begründen sind insbesondere die jeweiligen wesentlichen Unterschiede der Rechtsbeziehungen der Anteilsinhaber zum Zielrechtsträger im Vergleich zur bisherigen Gesellschaft deutscher Rechtsform.[37] Hierbei sind auch die sich **ändernden Rechte und Pflichten** der Anteilsinhaber anhand des neuen Gesellschaftsvertrags bzw. der neuen Satzung des ausländischen Zielrechtsträgers darzulegen. Es handelt sich also primär um die **korporativen** Auswirkungen des grenzüberschreitenden Formwechsels. Gleichwohl dürfen etwaige (essenzielle) **schuldrechtliche** Veränderungen, vor allem im Rahmen einer Gesellschaftervereinbarung, im Zusammenhang und aufgrund des grenzüberschreitenden Formwechsels nicht unberücksichtigt bleiben. Weiterhin ist auch auf das Schicksal von Optionsrechten auf Anteile einzugehen. Dies gilt auch für etwaige virtuelle Optionsprogramme uÄ In diesem Zusammenhang sollte auch thematisiert werden, inwiefern und in welcher Form entsprechende Anteilsoptio-

---

33 Zum Ganzen sowie nachfolgend zum innerstaatlichen Formwechsel Lutter/*Hoger* § 192 Rn. 31 ff.
34 In diesem Zusammenhang zur weiterhin bestehenden Heranziehung des Börsenwertes als Untergrenze bei börsennotierten Unternehmen *Löbbe* ZHR 187 (2023), 498 (520) (unter Verweis auf BVerfG 27.4.1999 – 1 BvR 1613/94, NZG 1999, 931; thematisierend auch *Noack* ZGR 2020, 90 (104); *J. Schmidt* NZG 2022, 635 (643).
35 Begr. RegE UmRUG, BT-Drs. 20/3822, 90.
36 *Schollmeyer* AG 2019, 541 (546).
37 Zu § 192 Lutter/*Hoger* § 192 Rn. 22.

nen auch im ausländischen Zielrechtsträger mit vor allem genehmigtem oder bedingtem Kapital unterlegt werden können.[38]

In Betracht kommen vor allem Veränderungen der **Informations- und Teilnahmerechte** sowie der Stimm- und ggf. Dividendenrechte oder Änderungen im Kompetenzgefüge der Gesellschaftsorgane.[39] Der grenzüberschreitende Formwechsel betrifft hierbei auch Fragen der Anteilsrechte. Es besteht grundsätzlich die Möglichkeit, dass im Ausgangsrechtsträger bestehende Gattungen von Aktien bzw. Geschäftsanteilen (zB Vorzugsaktien, Mehrstimmaktien) in der Rechtsordnung des Zielrechtsträgers nicht vorgesehen sind. Die mitgliedstaatlichen Rechtssysteme erkennen nur in unterschiedlichem Maße die Zulässigkeit verschiedener **Anteilsgattungen** an.[40] Vor allem beim Herausformwechsel einer Aktiengesellschaft besteht somit die Gefahr, dass mit bestimmten Aktiengattungen verbundene Rechte durch die Umwandlungsmaßnahme tangiert werden. Gleiches gilt für etwaige Sonderzustimmungsrechte bei der formwechselnden Gesellschaft, die mit dem neuen Gesellschaftsstatut des Zielrechtsträgers nicht vereinbar sind. Auch etwaige Veränderungen bei der Geltendmachung von Organhaftungsansprüchen sind zumindest zu erwähnen.[41]

ee) Der Rechte und Rechtsbehelfe der Anteilsinhaber

Die Erläuterungen und Begründungen nach § 337 Abs. 2 Nr. 2 stehen in unmittelbaren Zusammenhang mit der Erläuterung und Begründung der Höhe der anzubietenden Barabfindung und der zu ihrer Ermittlung gewählten Bewertungsmethoden gem. § 192 Abs. 1 S. 1. Da im Formwechselplan gem. § 335 Abs. 2 Nr. 11 aber auch die formellen „Einzelheiten" iSv gesetzlichen Geltungsbedingungen für das Barabfindungsrecht der Anteilsinhaber enthalten sind (→ § 335 Rn. 39), müssen diese Informationen gem. § 340 Abs. 1–5 nicht zwingend nochmals thematisiert werden. Hinsichtlich der **Rechte der Anteilsinhaber** in Bezug auf eine etwaige Barabfindung durch die Gesellschaft ist zunächst zu erläutern und zu begründen, dass die Anteilsinhaber bei Einhaltung des Verfahrens gem. § 340 das Recht haben, das von der Gesellschaft im Rahmen des Formwechselplans vorgelegte Barabfindungsangebot in dieser Form anzunehmen und folglich eine entsprechende Barabfindung gegen Rückübertragung ihrer Anteile an die Gesellschaft verlangen können. Dabei sollte klarstellend gem. § 340 Abs. 4 erwähnt werden, dass Konsequenz der Annahme des Barabfindungsangebots ist, dass der jeweilige Anteilsinhaber mit Wirksamwerden des grenzüberschreitenden Formwechsels aus der Gesellschaft ausscheidet. In diesem Zusammenhang ist auch darzulegen, dass gem. § 340 Abs. 5 S. 1 die entsprechende Barabfindung vom ausländischen Zielrechtsträger spätestens zwei Wochen nach Wirksamkeit des grenzüberschreitenden Formwechsels zu zahlen ist, also zugunsten des dissertierenden Anteilsinhabers eine gesetzliche Zahlungsfrist besteht (→ § 340 Rn. 20). Zum „Recht" des ausscheidenden Anteilsinhabers gehört hierbei auch, dass darauf hinzuweisen ist, dass dieser gem. § 340 Abs. 5 S. 2 iVm § 341 Abs. 2 bei verspäteter Zahlung der Barabfindung vor einem **deutschen Gericht**, nämlich dem für den ehemaligen deutschen Rechtsträger örtlich zuständigen Gericht, Zahlungsklage gegen den ausländischen Zielrechtsträger erheben kann. Ferner sollte noch erwähnt werden, dass das im Formwechselplan beinhaltete Barabfindungsangebot

---

[38] Zum innerstaatlichen Formwechsel *Klett/Ganss* BB 2021, 1866 (1873).
[39] *Schollmeyer* AG 2019, 541 (546).
[40] *Ringe*, Sitzverlegung der Europäischen Aktiengesellschaft, 2006, S. 108.
[41] Vgl. *Allmendinger/Lüneborg* ZIP 2017, 1842 (1849).

von einem unabhängigen Sachverständigen geprüft worden ist bzw. geprüft werden wird (vgl. § 340 Abs. 6).

30 In Bezug auf die **Rechtsbehelfe der Anteilsinhaber** im Zusammenhang mit dem Barabfindungsangebot ist zunächst auf § 340 Abs. 1 S. 4 iVm § 212 einzugehen. Danach können die Anteilsinhaber der formwechselnden Gesellschaft, die das Barabfindungsangebot für nicht angemessen halten, binnen drei Monaten nach Wirksamwerden des grenzüberschreitenden Formwechsels eine gerichtliche **Nachprüfung im Spruchverfahren** verlangen.[42] Im Gegenzug ist die Anfechtung des Zustimmungsbeschlusses wegen einer zu niedrigen, fehlenden oder nicht ordnungsgemäß angebotenen Barabfindung ausgeschlossen (§ 340 Abs. 1 S. 4 iVm § 210). In diesem Zusammenhang ist auch auf die Anwendbarkeit und Geltung des Spruchverfahrensgesetzes gem. § 1 Nr. 4 SpruchG hinzuweisen.[43] Einer weiteren Erläuterung des Verfahrens gemäß dem Spruchverfahrensgesetz bedarf es hingegen nicht.

c) Gesonderte Berichterstattung

31 Auch wenn kein einheitlicher, sondern ein gesonderter Bericht nur für die Anteilsinhaber der formwechselnden Gesellschaft erstellt wird, besteht der entsprechende Formwechselbericht gem. § 337 Abs. 1 iVm § 309 Abs. 3 S. 2 zwingend aus einem allgemeinen und einem anteilsinhaberspezifischen Abschnitt. Für diesen anteilsinhaberspezifischen Abschnitt des gesonderten Formwechselberichts für die Anteilsinhaber gilt gleichermaßen die Regelung des § 337 Abs. 2. In Bezug auf die inhaltliche Ausgestaltung des entsprechenden Berichtsabschnitts bestehen daher keine Unterschiede und es gilt das diesbezüglich zum einheitlichen Formwechselbericht Gesagte (→ Rn. 20 ff.).

3. Arbeitnehmerspezifischer Abschnitt

a) Mindestinformationen

32 Sowohl bei der einheitlichen als auch bei der gesonderten Berichterstattung bedarf es im Formwechselbericht eines sog. arbeitnehmerspezifischen Abschnitts. Dessen Pflichtinhalt ergibt sich aus § 337 Abs. 1 iVm § 309 Abs. 5. Der arbeitnehmerspezifische Abschnitt soll insbesondere den Arbeitnehmern und ihren Vertretungen eine **angemessene Informationsgrundlage** für die Erstellung und Übermittlung einer informierten Stellungnahme gem. § 337 Abs. 1 iVm § 310 Abs. 3 bieten.[44] Bei den gesetzlich vorgesehenen Angaben im arbeitnehmerspezifischen Abschnitt handelt es sich um Mindestinformationen, so dass die formwechselnde Gesellschaft auch weitere Informationen und Angaben bereitstellen kann.[45]

b) Rechtliche und wirtschaftliche Erläuterung und Begründung

aa) Der Auswirkungen auf die Arbeitsverhältnisse

33 Zunächst sind im arbeitnehmerspezifischen Abschnitt des Formwechselberichts gem. § 309 Abs. 5 **Nr. 1** die Auswirkungen des grenzüberschreitenden Formwechsels auf die Arbeitsverhältnisse sowie ggf. die Maßnahmen, um diese Arbeitsverhältnisse zu sichern, zu erläutern und zu begründen. Dies umfasst **individual- und kollektivrechtliche**

---

[42] *J. Schmidt* NJW 2023, 1241 (1244).
[43] Dazu MüKoAktG/*Krenek* SpruchG § 1 Rn. 12 ff.
[44] Begr. RegE UmRUG, BT-Drs. 20/3822, 91.
[45] Begr. RegE UmRUG, BT-Drs. 20/3822, 91; vgl. auch *Thomale/Schmid* NotBZ 2023, 125 (129).

Auswirkungen.⁴⁶ Es zählen daher auch Kollektiv- bzw. Tarifverträge oder länderübergreifende Betriebsvereinbarungen dazu.⁴⁷ Vor allem dann, wenn im Sinne eines sog. isolierten Rechtsformwechsels nur der Satzungssitz der Gesellschaft ins Ausland verlegt werden soll, werden die Auswirkungen des grenzüberschreitenden Formwechsels auf bestehenden Arbeitsverhältnisse eher gering sein. Häufig sind keine Kündigungen, Versetzungen oÄ gegen den Willen der Beschäftigten mit dem grenzüberschreitenden Formwechsel ins Ausland verbunden. Zudem knüpfen sowohl das Arbeitsvertrags- als auch Kollektiv- oder Tarifvertragsstatut an die tatsächlichen Gegebenheiten und nicht an die (ausländische) Rechtsform der Gesellschaft als Arbeitgeberin an.⁴⁸ In der Regel ist daher eine Negativerklärung dergestalt ausreichend, dass der grenzüberschreitende Formwechsel und damit zusammenhängende Wechsel des Arbeitgebers in eine ausländische Rechtsform keinen Stellenabbau zur Folge haben wird und auch bestehende Tarif- und Betriebsvereinbarungen (sofern vorhanden) unberührt bleiben und fortgelten. Sollte es dennoch aufgrund des grenzüberschreitenden Formwechsels zwingend zu negativen Auswirkungen auf bestehende Beschäftigungsverhältnisse kommen, sind gem. § 309 Abs. 5 Nr. 1 auch diesbezügliche **Sicherungsmaßnahmen** darzustellen. Dieses Erfordernis zeigt nochmals, dass es bei Nr. 1 primär um die Frage des Wegfalls von Arbeitsplätzen im Zuge der Strukturmaßnahme geht. Entsprechende Maßnahmen können dabei vor allem zusätzliche Kündigungsschutzklauseln, erweiterte Rahmenbedingungen in Betriebsvereinbarungen oder die Zusicherung der uneingeschränkten Fortgeltung von Kollektiv- bzw. Tarifverträgen im ausländischen Zielrechtsträger sein.

bb) Der Änderungen anwendbarer Beschäftigungsbedingungen

Weiterhin sind im arbeitnehmerspezifischen Abschnitt des Formwechselberichts gem. § 309 Abs. 5 **Nr. 2** die wesentlichen Änderungen der anwendbaren Beschäftigungsbedingungen oder der Standorte der Niederlassungen der Gesellschaft zu erläutern und zu begründen. Bei diesem Punkt geht es anders als nach § 309 Abs. 5 Nr. 1 um die **konkreten Beschäftigungsbedingungen** und deren etwaige Änderungen durch den grenzüberschreitenden Formwechsel. Umfasst sind dabei sowohl gesetzliche Änderungen als auch an den ggf. geänderten Sitz der Hauptverwaltung anknüpfende Änderungen für die Beschäftigungsbedingungen.⁴⁹ Gesetzliche Änderungen beziehen sich vor allem auf Themen wie maximale Höchstarbeitszeit, Mindesturlaubstage usw.⁵⁰ Aber auch etwaige Veränderungen in Bezug auf Arbeitsstrukturen, Löhne und Gehälter, des Standorts bestimmter Arbeitsstellen und die erwarteten Folgen für Arbeitnehmer auf diesen Arbeitsstellen sowie über den sozialen Dialog auf Gesellschaftsebene sind zu thematisieren.⁵¹ Zu informieren ist ferner über das Verwaltungsorgan und ggf. das Personal, die Ausrüstung, die Räumlichkeiten und die Vermögenswerte vor und nach dem grenzüberschreitenden Formwechsel.⁵²

cc) Der Auswirkungen auf Tochtergesellschaften

Schließlich ist gem. § 309 Abs. 5 **Nr. 3** auf die bereits vorher thematisierten Auswirkungen auf Arbeitsverhältnisse und Beschäftigungsbedingungen auch in Bezug auf Tochtergesellschaften der formwechselnden Gesellschaft einzugehen. Für den Begriff der

---

46 *Schollmeyer* AG 2019, 541 (546).
47 Erwägungsgrund Nr. 13 RL (EU) 2019/2121.
48 In diesem Kontext *Teichmann* NZG 2019, 241 (246); *Thomale/Schmid* NotBZ 2023, 91 (103).
49 Erwägungsgrund Nr. 13 RL (EU) 2019/2121.
50 Erwägungsgrund Nr. 13 RL (EU) 2019/2121.
51 Erwägungsgrund Nr. 13 RL (EU) 2019/2121.
52 Erwägungsgrund Nr. 13 RL (EU) 2019/2121.

Tochtergesellschaft kann weitgehend auf § 290 Abs. 1, 2 HGB zurückgegriffen werden (→ Rn. 12). Besitzt die formwechselnde Gesellschaft keine Tochtergesellschaften, genügt eine entsprechende Negativerklärung.

c) Gesonderte Berichterstattung

36 Auch wenn kein einheitlicher, sondern ein gesonderter Bericht nur für die Arbeitnehmer der formwechselnden Gesellschaft erstellt wird, besteht der entsprechende Formwechselbericht gem. § 337 Abs. 1 iVm § 309 Abs. 3 S. 3 zwingend aus einem allgemeinen und einem arbeitnehmerspezifischen Abschnitt. Für diesen arbeitnehmerspezifischen Abschnitt des gesonderten Formwechselberichts für die Arbeitnehmer **gilt gleichermaßen** die Regelung des § 337 Abs. 1 iVm **§ 309 Abs. 5**. In Bezug auf die inhaltliche Ausgestaltung des entsprechenden Berichtsabschnitts bestehen daher keine Unterschiede und es gilt das diesbezüglich zum einheitlichen Formwechselbericht Gesagte (→ Rn. 33 ff.).

IV. Entbehrlichkeit der Berichtspflicht

37 Da die Erstellung des Formwechselberichts aufgrund der umfangreichen gesetzlichen Vorgaben für dessen Inhalt und Ausgestaltung aufwendig und sowohl zeit- als auch kostenintensiv für die formwechselnde Gesellschaft ist, besteht aus deren bzw. aus Sicht der geschäftsführenden Organmitglieder regelmäßig ein gesteigertes Interesse, keinen Formwechselbericht erstellen oder zumindest einzelne Aspekte nicht thematisieren zu müssen. Dadurch kann das Umwandlungsverfahren spürbar beschleunigt werden. Dies erkennen grundsätzlich auch der europäische und deutsche Gesetzgeber und sehen Vorgaben vor, unter deren Einhaltung die Erstellung des Formwechselberichts bzw. eines Abschnittes desselben entbehrlich ist. Auch hierbei wird generell zwischen dem Bericht für die Anteilsinhaber (bei gesonderter Berichterstattung) bzw. dem anteilsinhaberspezifischen Abschnitt (bei einheitlicher Berichterstattung) und dem Bericht für die Arbeitnehmer bzw. dem arbeitnehmerspezifischen Abschnitt differenziert.

1. Bericht für die Anteilsinhaber

38 § 337 Abs. 3 S. 1 bestimmt, dass der Bericht für die Anteilsinhaber in den Fällen des **§ 192 Abs. 2** nicht erforderlich ist. Dem Wortlaut des § 337 Abs. 3 S. 1 nach ist Bezugspunkt dabei nur der gesonderte Bericht für die Anteilsinhaber, also weder der Bericht für die Arbeitnehmer noch der anteilsinhaberspezifische Abschnitt eines einheitlichen Formwechselberichts. Die Ausgangslage, dass es eines Berichts nicht bedarf, wenn die betroffenen Personen entweder darauf verzichten oder es keine schützenswerten Minderheiten gibt, kommt jedoch als solche auch beim anteilsinhaberspezifischen Abschnitt eines einheitlichen Formwechselberichts zum Tragen, so dass der Verweis auf § 192 Abs. 2 auch diesbezüglich zu gelten hat.[53]

a) Einpersonengesellschaft

39 Die Erstellung eines gesonderten Berichts für die Anteilsinhaber der formwechselnden Gesellschaft bzw. des anteilsinhaberspezifischen Abschnitts bei einem einheitlichen Formwechselbericht ist nicht erforderlich, sofern die formwechselnde Gesellschaft nur einen Anteilsinhaber besitzt (§ 337 Abs. 3 S. 1 iVm § 192 Abs. 2 S. 1 Var. 1). Hintergrund

---

[53] Vgl. *J. Schmidt* DK 2022, 309 (310).

ist, dass für einen Bericht(sabschnitt) für den einzigen Anteilsinhaber kein Bedürfnis besteht und dieser nur einen reinen Formalismus darstellen würde.[54] Maßgebend ist dabei die **rechtliche Beteiligung**, so dass rein wirtschaftliche Beteiligungen, zB über Treuhandverhältnisse, nicht umfasst sind. Auch virtuelle Beteiligungen oder Optionsrechte auf Anteile sind in diesem Zusammenhang unerheblich. Für die Frage, ob nur ein Anteilsinhaber an der formwechselnden Gesellschaft beteiligt ist, ist auf den Zeitpunkt des Wirksamwerdens des grenzüberschreitenden Formwechsels abzustellen.[55] Anteilsinhaber, die das Barabfindungsangebot der Gesellschaft wirksam angenommen haben und damit ipso iure mit Wirksamwerden des grenzüberschreitenden Formwechsels ausscheiden,[56] sind jedoch als rechtliche Anteilsinhaber zum maßgebenden Zeitpunkt zu qualifizieren.[57]

Die Ratio – die auch das europäische Recht als solches anerkennt, – dass es eines Berichts(abschnitts) nicht bedarf, wenn die betroffenen Person(en) bereits hinreichend informiert und damit geschützt sind, spricht ferner dafür, dass auch **§ 215 analog** für den Herausformwechsel einer GmbH zur Anwendung kommen kann, so dass der Anteilsinhaberbericht bzw. der anteilsinhaberspezifischen Abschnitt auch dann nicht erforderlich ist, wenn alle Gesellschafter der formwechselnden GmbH zur Geschäftsführung berechtigt sind.[58]

b) Verzicht auf Berichtspflicht

Gemäß § 337 Abs. 3 S. 1 iVm § 192 Abs. 2 S. 1 Var. 2 ist der Bericht für die Anteilsinhaber bzw. der anteilsinhaberspezifische Abschnitt auch dann nicht erforderlich, wenn alle Anteilsinhaber auf seine Erstattung verzichten. Die Verzichtserklärungen sind dabei **notariell zu beurkunden** (§ 192 Abs. 2 S. 2). Eine Erklärung, die nicht dieser Form genügt, ist nichtig (§ 125 S. 1 BGB). Auf dieses Formerfordernis kann schon wegen des Schutzzwecks nicht verzichtet werden. Es müssen zwingend **alle Anteilsinhaber** der formwechselnden Gesellschaft ihren entsprechenden Verzicht erklären. Abzustellen ist dabei wiederum auf die rechtliche Anteilsinhaberschaft. Der Verzicht ist eine einseitig empfangsbedürftige Willenserklärung, die nach Zugang nicht mehr zurückgenommen werden kann.[59] Der Verzicht muss sich eindeutig (ua) auf den Anteilsinhaberbericht bzw. den anteilsinhaberspezifischen Abschnitt des Formwechselberichts beziehen[60] und gegenüber der Gesellschaft, vertreten durch den Vorstand oder die Geschäftsführung, erklärt werden.[61] Da es sich bei dem Verzicht nicht um eine höchstpersönliche Erklärung handelt, ist eine **Stellvertretung** zulässig.[62] Die Bevollmächtigung zur Abgabe der Verzichtserklärung erfolgt dabei in der Praxis idR zusammen mit anderen Verzichtserklärungen sowie der Abstimmung in der Anteilsinhaberversammlung.[63] Die Vollmacht selbst bedarf dabei wohl keiner notariellen Form (vgl. § 167 Abs. 2 BGB).[64] Da dies indes nicht vollkommen unstreitig ist und einige Registergerichte beglaubigte Vollmachten verlangen, sollte rein vorsorglich die entsprechende Vollmacht beglaubigt werden.

---

54 *J. Schmidt* DK 2022, 309 (310).
55 Zu § 192 Abs. 2 S. 1 Semler/Stengel/Leonard/*Bärwaldt* § 192 Rn. 30.
56 Vgl. *Löbbe* ZHR 187 (2023), 498 (507).
57 In diesem Sinn zu § 192 Abs. 2 S. 1 Maulbetsch/Klumpp/Rose/*Quass* § 192 Rn. 26.
58 *Stiegler* Grenzüberschreitende Sitzverlegungen S. 300.
59 Zu § 192 Abs. 2 S. 1 Habersack/Wicke/*Simon* § 192 Rn. 69.
60 Eine allgemeine, unspezifische Verzichtserklärung ist nicht ausreichend.
61 Zu § 192 Abs. 2 S. 1 Lutter/*Hoger* § 192 Rn. 46.
62 *Kablitz* GmbHR 2022, 721 (727).
63 *Kablitz* GmbHR 2022, 721 (727); *Thomale/Schmid* NotBZ 2023, 125 (137).
64 *Kablitz* GmbHR 2022, 721 (728).

2. Bericht für die Arbeitnehmer

42 § 337 Abs. 3 S. 2 bestimmt, dass der Bericht für die Arbeitnehmer nicht erforderlich ist, wenn die formwechselnde Gesellschaft und etwaige Tochtergesellschaften **keine** anderen **Arbeitnehmer** haben als diejenigen, die dem Vertretungsorgan angehören. Bezugspunkt ist dabei dem Wortlaut nach wiederum nur der gesonderte Bericht für die Arbeitnehmer, also weder der Bericht für die Anteilsinhaber noch der arbeitnehmerspezifische Abschnitt eines einheitlichen Formwechselberichts. Gleichwohl muss funktional betrachtet auch hier die entsprechende Entbehrlichkeit des arbeitnehmerspezifischen Abschnitts möglich sein.[65]

a) Keine Arbeitnehmer

43 Voraussetzung der Entbehrlichkeit des Arbeitnehmerberichts bzw. des arbeitnehmerspezifischen Abschnitts ist, dass weder die formwechselnde Gesellschaft noch ihre ggf. bestehenden Tochtergesellschaften Arbeitnehmer besitzen.[66] Dass nur die formwechselnde Gesellschaft arbeitnehmerlos ist, reicht daher nicht aus. Hintergrund der Erfassung auch etwaiger **Tochtergesellschaften** ist ein Umgehungsschutz, da andernfalls die Arbeitsverhältnisse bewusst nicht mit der formwechselnden Gesellschaft, sondern mit einer ihrer Tochtergesellschaft als Arbeitgeberin eingegangen werden und die Arbeitnehmer danach an die formwechselnde Gesellschaft (grenzüberschreitend) entsendet werden könnten. Für den Begriff der Tochtergesellschaft ist auf § 290 Abs. 1, 2 HGB abzustellen (→ Rn. 12). Die Bezugnahme des § 337 Abs. 3 S. 2 auf die Mitglieder der Vertretungsorgane als Arbeitnehmer der formwechselnden Gesellschaft und ihrer Tochtergesellschaften erklärt sich daraus, dass im EU-Recht teilweise auch die Mitglieder des Verwaltungs- oder Leitungsorgans als Arbeitnehmer qualifiziert werden, obgleich diese in diesem Zusammenhang nicht schutzwürdig sind und eine Berichterstattung an sich selbst obsolet ist.[67]

b) Verzicht?

44 § 337 Abs. 3 S. 2 verweist nicht auf § 192 Abs. 2 S. 1 Var. 2, so dass ein **Verzicht** der Arbeitnehmer der formwechselnden Gesellschaft und etwaiger Tochtergesellschaften **nicht möglich** ist.[68] Dies wird zwar kritisiert,[69] da auch der Betriebsrat bzw. die Arbeitnehmer die Möglichkeit haben müssten, auf die ihnen zustehenden (Informations-)rechte zu verzichten. Allerdings besteht vor allem bei betriebsratslosen Gesellschaften ein Macht- und Abhängigkeitsgefüge gegenüber der Gesellschaft als Arbeitgeberin zulasten der Arbeitnehmer, was zumindest potenziell die vollends freie Entscheidungsfreiheit hinsichtlich eines Verzichts infrage stellen könnte. Letztlich ist die mangelnde Verzichtsmöglichkeit der Arbeitnehmer daher Ausdruck des zu respektierenden, umfassenden Arbeitnehmerschutzverständnisses der gesetzlichen Regelungen.

---

65 Vgl. *J. Schmidt* DK 2022, 309 (310).
66 Vgl. zur mangelnden Vorlagepflicht eines Verschmelzungsberichts bei grenzüberschreitender Verschmelzung arbeitnehmerloser Gesellschaften vor dem UmRUG auch OLG Düsseldorf 2.2.2023 – I-3 Wx 22/22, NZG 2023, 757.
67 *J. Schmidt* DK 2022, 309 (310).
68 *Heckschen/Knaier* GmbHR 2023, 317 (326); *Stelmaszczyk* GmbHR 2020, 61 (67 f.); *J. Schmidt* ZEuP 2020, 565 (571); *J. Schmidt* DK 2022, 309 (310); *J. Schmidt* NJW 2023, 1241 (1242); *Heckschen* NotBZ 2020, 241 (245); aA noch *Hilser*, Grenzüberschreitende Rechtsformwechsel in der Europäischen Union, 2022, S. 123.
69 *Thomale/Schmid* NotBZ 2023, 125 (129); *J. Schmidt* NZG 2022, 635 (639); *Heckschen/Knaier* GmbHR 2022, 501 (512).

3. Vollständige Entbehrlichkeit der Berichtspflicht

Gemäß § 337 Abs. 3 S. 3 ist der Formwechselbericht insgesamt nicht erforderlich, wenn sowohl die Voraussetzungen für die Entbehrlichkeit des anteilsinhaberspezifischen Abschnitts (Einpersonengesellschaft, Verzicht oder nur geschäftsführende Gesellschafter) als auch die Voraussetzungen für die Entbehrlichkeit des arbeitnehmerspezifischen Abschnitts (keine Arbeitnehmer) vorliegen. In diesem Fall macht die Erstellung eines Formwechselberichts in der Tat keinen Sinn, so dass die Norm nur der Klarstellung dient.[70] Konsequenz ist insofern auch, dass es eines allgemeinen Abschnitts (→ Rn. 11) dann nicht bedarf. Aufgrund seiner sprachlichen Ausgestaltung bezieht sich § 337 Abs. 3 S. 3 nur auf die einheitliche Berichterstattung. Die Entbehrlichkeit eines gesonderten Anteilsinhaberberichts ist bereits in § 337 Abs. 3 S. 1 und die des gesonderten Arbeitnehmerberichts in § 337 Abs. 3 S. 2 abschließend bestimmt.

V. Zugänglichmachung des Formwechselberichts

1. Bedeutung der Zugänglichmachung

Der Formwechselbericht soll es den Anteilsinhabern und den Arbeitnehmern ermöglichen sich frühzeitig über das Vorhaben des grenzüberschreitenden Formwechsels zu informieren und bereits im Vorfeld auf zuverlässiger Grundlage die Zweckmäßigkeit und die interessenbezogenen Konsequenzen der Strukturmaßnahme beurteilen können. Dafür ist es unerlässlich, dass der Formwechselbericht nicht nur erstellt wird, sondern den **betroffenen Personengruppen** auch fristgerecht **zugeht**, damit diese ordnungsgemäß Kenntnis erlangen und ihre etwaigen Handlungen/Reaktionen planen können. Hierzu dienen die Vorgaben für die Zugänglichmachung des Formwechselberichts bzw. der einzelnen Berichte gem. § 337 Abs. 1 iVm § 310.

2. Verweis auf Recht der grenzüberschreitenden Verschmelzung

§ 337 Abs. 1 verweist vollständig auf die verschmelzungsrechtliche Regelung des **§ 310** und die dortigen Vorgaben für die Zugänglichmachung des Verschmelzungsberichts. Entgegen dem Wortlaut des § 337 Abs. 1 findet **§ 310 Abs. 2**, der besondere Bestimmungen für Konzernkonstellationen enthält, die in Ermangelung der Beteiligung mehrerer Rechtsträger beim Formwechsel nicht auftreten, aber **keine Anwendung**.[71] Aufgrund der Diskrepanz zwischen eindeutiger Gesetzesbegründung und Gesetzestext muss es sich insofern um ein Redaktionsversehen handeln.

3. Zugänglichmachung des Formwechselberichts

Gemäß § 337 Abs. 1 iVm § 310 Abs. 1 S. 1 ist der (einheitliche) Formwechselbericht sowohl den **Anteilsinhabern** als auch dem **Betriebsrat** (bzw. bei dessen Fehlen den Arbeitnehmern) der formwechselnden Gesellschaft spätestens sechs Wochen vor der dem grenzüberschreitenden Formwechsel zustimmenden Anteilsinhaberversammlung (vgl. § 339) elektronisch **zugänglich zu machen** (zur Zugänglichmachung bei gesonderter Berichterstattung → Rn. 18). Es bedarf insofern einer doppelten Zugänglichmachung an beide betroffenen Personenkreise. Verpflichtete ist die formwechselnde Gesellschaft, vertreten durch ihren Vorstand bzw. ihre Geschäftsführung. Adressat der Zugänglich-

---

70 Begr. RegE UmRUG, BT-Drs. 20/3822, 117.
71 Begr. RegE UmRUG, BT-Drs. 20/3822, 117.

machung sind zunächst die Anteilsinhaber. Verpflichtend ist dabei die Zuleitung an die rechtlichen Anteilsinhaber; eine ergänzende Zuleitung auch an nur wirtschaftliche Eigentümer sowie Optionsrechteinhaber ist jedoch möglich und empfehlenswert. Daneben muss der Formwechselbericht auch dem Betriebsrat der formwechselnden Gesellschaft zugänglich gemacht werden oder, sofern es einen solchen nicht gibt, den Arbeitnehmern selbst. Dabei können die zuständigen Betriebsräte je nach konkreter Betroffenheit auch Gesamt- bzw. Konzernbetriebsratsgremien sowie Europäische Betriebsräte sein.[72]

49 Etwaige **Unterrichtungs- und Anhörungsrechte** und -verfahren in Bezug auf Arbeitnehmerrechte, insbesondere gemäß dem BetrVG, dem KSchG und dem Europäische Betriebsräte-Gesetz, bleiben von der Zuleitung des Formwechselberichts unberührt.[73] Wie sich aus der Gesetzesbegründung zur grenzüberschreitenden Verschmelzung ergibt, bleiben auch die rechtsformspezifischen **Übermittlungs- bzw. Auslegungspflichten** unberührt.[74] Für einen grenzüberschreitenden Formwechsel bedeutet dies, dass bei einem Herausformwechsel einer GmbH § 238 S. 1 iVm § 230 Abs. 1 und für den Herausformwechsel einer AG § 238 S. 1 iVm § 230 Abs. 2 zusätzlich zur Anwendung kommt.[75] Bei einer GmbH ist daher allen Gesellschaftern spätestens zusammen mit der Einberufung der beschließenden Gesellschafterversammlung ua der Formwechselbericht zu übersenden.[76] Bei einer AG ist der Formwechselbericht von der Einberufung der beschließenden Hauptversammlung an in dem Geschäftsraum der AG zur Einsicht der Aktionäre auszulegen (§ 230 Abs. 2 S. 1). Diese Auslage hat dabei idR am Sitz der Hauptverwaltung der AG zu erfolgen.[77] Zudem muss auf Verlangen einzelnen Aktionären unverzüglich und kostenlos eine Abschrift des Formwechselberichts erteilt werden, was aber ggf. auch elektronisch (zB per E-Mail) oder insbesondere aufgrund § 230 Abs. 2 S. 4 mittels fortdauernder Zugänglichmachung via der Internetseite der AG erfolgen kann.

4. Form und Modalitäten der Zugänglichmachung

50 Gemäß § 337 Abs. 1 iVm § 310 Abs. 1 S. 1 ist der Formwechselbericht **elektronisch zugänglich zu machen**. Ausreichend, aber auch erforderlich, ist daher Textform iSd § 126b BGB. Der elektronischen Zugänglichmachung wird dabei genügt, wenn der Formwechselbericht elektronisch übermittelt oder zur Kenntnisnahme bereitgestellt wird und mit einer **Kenntnisnahme** durch die Adressaten gerechnet werden kann.[78] Mit einer Kenntnisnahme kann insbesondere dann nicht gerechnet werden, wenn der Adressat mit der gewählten Art der technischen Umsetzung nicht rechnen muss oder der Zugang zum Dokument einen unzumutbaren Aufwand des Adressaten erfordert.[79] Eine denkbare Möglichkeit der technischen Umsetzung ist zB die Übermittlung mittels **E-Mail** oder auf anderem Weg der unternehmensüblichen Kommunikation, sofern diese elektronisch erfolgt und mit Kenntnisnahme durch den Adressaten gerechnet werden kann.[80] Vorstellbar wäre auch eine Einstellung auf der Internetseite des Unternehmens, vorausgesetzt die Adressaten werden auf die Möglichkeit der Kenntnisnahme gesondert

---

72 Begr. RegE UmRUG, BT-Drs. 20/3822, 92.
73 Begr. RegE UmRUG, BT-Drs. 20/3822, 91.
74 Begr. RegE UmRUG, BT-Drs. 20/3822, 92.
75 Vgl. auch *Stelmaszczyk* notar 2021, 107 (120).
76 Hierauf kann jedoch auch verzichtet werden, vgl. zu § 230 Habersack/Wicke/*Herfs/Link* § 230 Rn. 9.
77 Vgl. BGH 22.3.2011 – II ZR 229/09, NZG 2011, 669.
78 Begr. RegE UmRUG, BT-Drs. 20/3822, 92.
79 Begr. RegE UmRUG, BT-Drs. 20/3822, 92.
80 Begr. RegE UmRUG, BT-Drs. 20/3822, 92.

hingewiesen.[81] Insgesamt soll im Hinblick auf die technische Umsetzung der formwechselnden Gesellschaft ein gewisser Umsetzungsspielraum gewährt werden.[82]

5. Frist der Zugänglichmachung

Die Zugänglichmachung des Formwechsels hat **spätestens sechs Wochen** (Ausschlussfrist) vor der über den grenzüberschreitenden Formwechsel gem. § 339 Abs. 1 iVm § 193 Abs. 1 beschließenden Gesellschafter- bzw. Hauptversammlung der formwechselnden Gesellschaft zu erfolgen. Umgekehrt bedeutet dies, dass die entsprechende Anteilsinhaberversammlung frühestens dann stattfinden und wirksam beschließen kann, wenn der Formwechselbericht mindestens vor sechs Wochen sowohl den Anteilsinhabern als auch dem Betriebsrat (bzw. den Arbeitnehmer) ordnungsgemäß zugänglich gemacht worden ist. Eine zeitliche Differenzierung zwischen beiden Zugänglichmachungen sieht § 310 Abs. 1 dabei nicht vor, so dass der Versand des Formwechselberichts an die (alle) Anteilsinhaber und der Versand an den Betriebsrat bzw. die Arbeitnehmer der formwechselnden Gesellschaft am selben Tag iSd § 187 BGB erfolgen muss; nicht zwingend jedoch exakt zeitgleich.

6. Gesonderte Berichterstattung

§ 337 Abs. 1 iVm § 310 Abs. 1 S. 2 geht auf die Möglichkeit der gesonderten Berichterstattung für die Anteilsinhaber und für die Arbeitnehmer der formwechselnden Gesellschaft ein und bestimmt diesbezügliche Vorgaben für die Zugänglichmachung. Erstellt die formwechselnde Gesellschaft gesonderte Berichte, ist innerhalb der sechswöchigen Frist den Anteilsinhabern der Bericht für die Anteilsinhaber und dem Betriebsrat bzw. den Arbeitnehmern selbst der Bericht für die Arbeitnehmer zugänglich zu machen. Ansonsten gilt das zur Zugänglichmachung des einheitlichen Formwechselberichts Gesagte.

7. Umfang der Zugänglichmachung

Zugänglich zu machen ist der **vollständige Formwechselbericht**, bestehend aus seinen drei Abschnitten (→ Rn. 8) sowie etwaiger Anhänge. Eine nur auszugsweise (teilweise) Zugänglichmachung iSd § 310 Abs. 1 ist nicht ausreichend. Im Fall der gesonderten Berichterstattung gilt Gleiches sowohl für den Bericht für die Anteilsinhaber als auch den Bericht für die Arbeitnehmer.

Liegt der **Formwechselplan** oder sein finaler Entwurf bereits sechs Wochen vor der beschließenden Anteilsinhaberversammlung vor, so ist er **gemeinsam** mit dem Formwechselbericht zugänglich zu machen (§ 310 Abs. 1 S. 3). Auch wenn damit zum Ausdruck kommt, dass zum Zeitpunkt der Fertigstellung des Formwechselberichts der Formwechselplan noch nicht zwingend erstellt sein muss,[83] dürfte dies in der Praxis der Regelfall sein.[84] Die Norm gilt dabei für die Zugänglichmachung sowohl des einheitlichen Formwechselberichts als auch der gesonderten Anteilsinhaber- und Arbeitnehmerberichte. Der Verweis des § 310 Abs. 1 S. 3 auf S. 1 bezieht sich insofern nur auf die sechswöchige Frist.

---

81 Begr. RegE UmRUG, BT-Drs. 20/3822, 92; *Thomale/Schmid* NotBZ 2023, 125 (129).
82 Begr. RegE UmRUG, BT-Drs. 20/3822, 92.
83 Vgl. *Drinhausen/Keinath* BB 2022, 1346 (1350).
84 *Bungert/Strothotte* BB 2022, 1411 (1413); *Thomale/Schmid* NotBZ 2023, 125 (128).

8. Maßnahmen bei erfolgter Arbeitnehmer-Stellungnahme

55 Erhält der Vorstand oder die Geschäftsführung spätestens eine Woche[85] vor dem Tag der beschließenden Anteilsinhaberversammlung in Textform eine Stellungnahme des Betriebsrats bzw. der Arbeitnehmer, so sind die Anteilsinhaber hiervon unverzüglich nach Fristablauf zu unterrichten (§ 310 Abs. 3). Die **Unterrichtung** hat dabei **durch elektronische Zugänglichmachung**[86] des einheitlichen Formwechselberichts oder des Berichts für die Arbeitnehmer jeweils unter Beifügung einer Kopie der Stellungnahme zu erfolgen. Die den Anteilsinhabern zur Kenntnis zu bringende Stellungnahme dient insbesondere der Vorbereitung des Zustimmungsbeschlusses der Anteilsinhaber.[87] Den Anteilsinhabern sollen die beschäftigungsspezifischen Auswirkungen des grenzüberschreitenden Formwechsels auch aus der Perspektive der Arbeitnehmer dargelegt werden, damit sie ihre Entscheidung auf einer möglichst objektiven Informationsgrundlage treffen können.[88]

56 § 337 Abs. 1 iVm § 310 Abs. 3 impliziert, dass dem Betriebsrat bzw. den Arbeitnehmer der formwechselnden Gesellschaft ein **Recht zur Stellungnahme** zum arbeitnehmerspezifischen Abschnitt des Formwechselberichts (bei einheitlicher Berichterstattung) oder zum Arbeitnehmerbericht (bei gesonderter Berichterstattung) eingeräumt wird. Dies zeigt sich auch mit Blick auf § 342 Abs. 2 Nr. 2, wonach eine solche Stellungnahme der Handelsregisteranmeldung des grenzüberschreitenden Formwechsels in Abschrift beizufügen ist. Ein Anhörungsrecht ist damit jedoch nicht verbunden. Die Stellungnahme des Betriebsrats bzw. der Arbeitnehmer muss mindestens der Textform des § 126b BGB genügen.[89]

VI. Konsequenzen fehlerhafter Berichterstattung und/oder Zugänglichmachung
1. Fehlerhaftigkeit des Formwechselberichts

57 Der Formwechselbericht kann formell und/oder insbesondere materiell fehlerhaft in dem Sinne sein, dass er nicht den beschriebenen gesetzlichen Anforderungen entspricht. Das führt regelmäßig dazu, dass der Gesellschafter- bzw. Hauptversammlungsbeschluss über die Zustimmung zum grenzüberschreitenden Formwechsel **anfechtbar** ist.[90] Dies gilt auch dann, wenn der Formwechselbericht oder jeweils der Anteilsinhaber- bzw. Arbeitnehmerbericht überhaupt nicht erstellt wurde, obwohl eine gesetzliche Verpflichtung dazu bestand. Zur Beschlussnichtigkeit führt ein fehlerhafter oder fehlender Formwechselbericht allerdings nicht.[91] Ein vollkommenes Fehlen des Formwechselberichts kann indes die Ablehnung der Registereintragung des grenzüberschreitenden Formwechsels bewirken (vgl. § 343 Abs. 1).

58 Ein Berichtsfehler begründet eine Klage gegen die Wirksamkeit des Anteilsinhaberbeschlusses allerdings nur dann, wenn ein **ausreichender Zurechnungszusammenhang** zwischen dem Berichtsfehler und dem Beschluss besteht. Bei der AG und wohl auch bei der GmbH richtet sich der erforderliche Zurechnungszusammenhang nach § 243 Abs. 4

---

[85] Zum Hintergrund vgl. Begr. RegE UmRUG, BT-Drs. 20/3822, 92.
[86] Hierbei sollte das gleiche Medium wie bei der Zugänglichmachung des Berichts gewählt werden, vgl. Begr. RegE UmRUG, BT-Drs. 20/3822, 92.
[87] Begr. RegE UmRUG, BT-Drs. 20/3822, 92.
[88] Begr. RegE UmRUG, BT-Drs. 20/3822, 92.
[89] Begr. RegE UmRUG, BT-Drs. 20/3822, 92.
[90] Vgl. auch *Thomale/Schmid* NotBZ 2023, 91 (96); *Deck* NZG 2021, 629 (634).
[91] Vgl. generell BGH 25.9.1989 – II ZR 254/88, NJW 1990, 332.

S. 1 AktG.⁹² Danach kann ein Aktionär den Beschluss wegen unrichtiger, unvollständiger oder verweigerter Erteilung von Informationen nur anfechten, wenn ein objektiv urteilender Aktionär die Erteilung der Information als wesentliche Voraussetzung für die sachgerechte Wahrnehmung seiner Teilnahme- und Mitgliedschaftsrechte angesehen hätte. Stellen sich in Bezug auf die Darstellungen zum Barabfindungsangebot der Gesellschaft sog. **bewertungsbezogene Informationsmängel** im Formwechselbericht als für die Anteilsinhaber entscheidungsrelevant dar, ist die Anfechtung des Anteilsinhaberbeschlusses hingegen gem. § 340 Abs. 1 S. 4 ausgeschlossen und die Betroffenen sind auf das Spruchverfahren verwiesen.⁹³

Unrichtige Darstellungen im Formwechselbericht sind gem. § 346 Abs. 1 Nr. 1 **strafbewehrt**. Für Vorstandsmitglieder bzw. Mitglieder der Geschäftsführung der formwechselnden Gesellschaft kann dies zu einer Freiheitsstrafe bis zu drei Jahren oder Geldstrafe führen.

2. Mangelnde oder fehlerhafte Zugänglichmachung

Die mangelnde oder fehlerhafte Zugänglichmachung steht grundsätzlich der fehlerhaften Berichterstattung gleich, so dass auch in diesem Fall eine Anfechtbarkeit des zustimmenden Anteilsinhaberbeschlusses in Betracht kommen kann. Gleichwohl wird ein unmittelbarer Zurechnungszusammenhang zB zwischen einer verspäteten Zugänglichmachung und dem Ausgang des Anteilsinhaberbeschlusses eher schwer zu begründen sein.

§ 338 Formwechselprüfung

(1) ¹Der Formwechselplan oder sein Entwurf ist nach den §§ 9 bis 11 und 12 Absatz 1 zu prüfen. ²§ 48 ist nicht anzuwenden. ³Der Prüfungsbericht muss den Anteilsinhabern spätestens einen Monat vor dem Tag der Versammlung der Anteilsinhaber, die über die Zustimmung zum Formwechselplan beschließen soll, zugänglich gemacht werden.

(2) § 9 Absatz 2 und § 12 Absatz 3 jeweils in Verbindung mit § 8 Absatz 3 Satz 1, 2 und 3 Nummer 2 sind entsprechend anzuwenden.

Literatur:

Baschnagel/Hilser, Grenzüberschreitende Umwandlungen und Austritt des dissentierenden Gesellschafters gegen Barabfindung – Mitwirkung des Notars notwendig?, BWNotZ 2023, 2; *Bungert/Strothotte*, Die Regierungsentwürfe zu grenzüberschreitenden Verschmelzungen, Spaltungen und Formwechseln, DB 2022, 1818; *Heckschen/Knaier*, Die größte Reform des Umwandlungsrechts: Endlich in Kraft!, GmbHR 2023, 317; *Kablitz*, Der grenzüberschreitende Rechtsformwechsel einer GmbH – Rechtsgrundlagen, Ablauf und Praxishinweise, GmbHR 2022, 721; *Luy/Redler*, Immer mit Plan – der Referentenentwurf eines Gesetzes zur Umsetzung der Umwandlungsrichtlinie (UmRUG), notar 2022, 163; *Noack*, Nationaler Rechtsrahmen für grenzüberschreitende Umwandlungen, MDR 2023, 465; *Schmidt, J.*, Die weitreichende Reform des Umwandlungsrechts, NJW 2023, 1241; *Schmidt, J.*, Umwandlungen im Konzern nach dem UmRUG-RegE: Besonderheiten bei Bericht, Prüfung und Beschluss, DK 2022, 309; *Schur*, Schutzbestimmungen und Verfahrensregeln in der neuen Richtlinie zu grenzüberschreitenden Umwandlungen, Verschmelzungen und Spaltungen, EuZW 2019, 539; *Thomale/Schmid*, Das neue Recht der grenzüberschreitenden Umwandlung – Eine Einführung (Teil II), NotBZ 2023, 125.

---

92 Zu § 8 vgl. Semler/Stengel/Leonard/*Gehling* § 8 Rn. 78.
93 *J. Schmidt* NJW 2023, 1241 (1244); *Hommelhoff* NZG 2022, 683; *Noack* MDR 2023, 465 (467).

I. Einführung und Grundlagen	1	3. Ausschluss von § 48	5
1. Europäischer Hintergrund	1	**III. Prüfungsbericht**	6
2. Regelungsgegenstand und -zweck	2	**IV. Zugänglichmachung des Prüfungsberichts**	8
II. Prüfung des Formwechselplans	3	**V. Entbehrlichkeit von Prüfung und Prüfungsbericht**	9
1. Prüfungspflicht	3		
2. Inhalt der Prüfung	4		

I. Einführung und Grundlagen

1. Europäischer Hintergrund

1 § 338 dient der Umsetzung von **Art. 86f RL (EU) 2017/1132**.[1] Dieser bestimmt ua, dass grundsätzlich ein unabhängiger Sachverständiger den von der formwechselnden Gesellschaft erstellten Formwechselplan prüft und einen diesbezüglichen Bericht für die Anteilsinhaber erstellt (Art. 86f Abs. 1 S. 1 RL (EU) 2017/1132). Im Hinblick auf die Unabhängigkeit des sachverständigen Prüfers gelten die nationalen Umsetzungsbestimmung der Abschlussprüfer-RL (RL 2006/43/EG).[2]

2. Regelungsgegenstand und -zweck

2 § 338 regelt die Pflicht zur Prüfung des Formwechselplans durch einen unabhängigen Sachverständigen (§ 338 Abs. 1 S. 1, → Rn. 3), wobei weitgehend auf die bekannten Vorgaben der §§ 9–12 für die Verschmelzungsprüfung verwiesen wird. Im Zuge der Prüfung des Formwechselplans ist ebenfalls ein Prüfungsbericht zu erstellen und den Anteilsinhabern der formwechselnden Gesellschaft fristgerecht zugänglich zu machen (§ 338 Abs. 1 S. 1, 3, → Rn. 6). Zudem bestimmt § 338 Abs. 2, dass die entsprechende Formwechselprüfung sowie der dazugehörige Bericht unter bestimmten Voraussetzungen entbehrlich sind (→ Rn. 9 ff.). Ratio des Erfordernisses einer Formwechselprüfung sowie der Erstellung eines Prüfungsberichts ist ein **a-priori-Schutz der Anteilsinhaber** der formwechselnden Gesellschaft.[3] Durch eine objektivierte Überprüfung des Formwechselplans als Kerndokument der geplanten Umwandlungsmaßnahme, insbesondere im Hinblick auf die ordnungsgemäße Ermittlung des anzugebenden Barabfindungsangebots, soll den Anteilsinhabern ermöglicht werden, diesen hinreichend evaluieren zu können. Der Zweck des Prüfungsberichts besteht darin, die Anteilsinhaber über das Ergebnis der Prüfung des Formwechselplans zu informieren.

II. Prüfung des Formwechselplans

1. Prüfungspflicht

3 Gemäß § 338 Abs. 1 S. 1 ist der Formwechselplan oder sein Entwurf durch einen unabhängigen Sachverständigen zu prüfen. Voraussetzung ist, dass zum einen der Formwechselplan oder sein (finaler) Entwurf bereits erstellt ist und zum anderen, dass ein unabhängiger Sachverständiger als Prüfer bestellt wurde. Für die (natürliche oder juristische)[4] **Person des Prüfers** gelten dabei weitgehend die allgemeinen und anerkannten Vorgaben. Beim Prüfer muss es sich daher um einen von der formwechselnden Gesellschaft unabhängigen Sachverständigen ohne Interessenskonflikt handeln.[5] Dieser muss gemäß den europäischen Vorgaben einer zivilrechtlichen Haftung für eine fehlerhafte

---

[1] Begr. RegE UmRUG, BT-Drs. 20/3822, 118.
[2] Erwägungsgrund Nr. 14 S. 2 RL (EU) 2019/2121; zu den entsprechenden Unabhängigkeitsvorgaben s. auch Jung/Krebs/Stiegler GesR-HdB/*Stiegler* § 26 Rn. 50 ff.
[3] *Thomale/Schmid* NotBZ 2023, 125 (129).
[4] Vgl. auch Art. 86f Abs. 1 S. 3 RL (EU) 2917/1132.
[5] Begr. RegE UmRUG, BT-Drs. 20/3822, 118 iVm 93.

Prüfung des Formwechselplans unterliegen, was über die Anwendbarkeit von § 323 HGB gewährleistet wird.[6] Gemäß § 338 Abs. 1 S. 1 iVm § 10 Abs. 1 S. 1 wird der **Prüfer** bzw. die **Prüfgesellschaft** auf Antrag des Vertretungsorgans vom zuständigen Registergericht ausgewählt und **bestellt**. Das Gericht hat bei der Auswahl die sachlichen und persönlichen Bestellvoraussetzungen gem. § 11 zu beachten, kann aber nach freiem Ermessen entscheiden. Die Antragsberechtigten können Vorschläge unterbreiten, an die das Gericht nicht gebunden ist. In der Praxis wird von den zuständigen Registergerichten häufig eine aus mindestens drei potenziellen Prüfern bestehende Liste gewünscht (teilweise sogar gefordert), auf deren Basis die Bestellung erfolgt. Die Bestellung erfolgt im Beschlusswege.

2. Inhalt der Prüfung

Inhalt der Prüfung und damit Prüfungsumfang ist der **Formwechselplan** bzw. sein Entwurf. Dieser ist auf seine Rechtmäßigkeit, also auf inhaltliche Vollständigkeit und Richtigkeit zu überprüfen. Die Prüfung beschränkt sich insofern weitgehend auf eine **Rechtmäßigkeitskontrolle**, ohne dass die (wirtschaftliche) Zweckmäßigkeit des geplanten grenzüberschreitenden Formwechsels zu bewerten ist. Im Zentrum der Prüfung steht vor allem die Angemessenheit des von der Gesellschaft unterbreiteten Barabfindungsangebots gem. § 335 Abs. 2 Nr. 11.[7] Ein zu prüfendes Umtauschverhältnis gibt es mangels Rechtsträgerwechsel hingegen nicht.[8] Auch der Formwechselbericht ist nicht Gegenstand Prüfung.

3. Ausschluss von § 48

Gemäß § 338 Abs. 1 S. 2 kommt bei der Formwechselprüfung die Regelung des § 48 nicht zur Anwendung. Dieser bestimmt, dass bei der Beteiligung einer GmbH an der Umwandlungsmaßnahme eine Prüfung zu erfolgen hat, wenn dies einer der GmbH-Gesellschafter innerhalb einer Frist von einer Woche verlangt. Da anders als bei innerstaatlichen Umwandlungen beim grenzüberschreitenden Formwechsel aber – vorbehaltlich der Entbehrlichkeit nach § 338 Abs. 2 – eine Formwechselprüfung stets erforderlich ist, würde die Anwendbarkeit von § 48 faktisch ins Leere laufen bzw. zweckbezogen bedeutungslos sein.

III. Prüfungsbericht

Gemäß § 338 Abs. 1 S. 1 iVm § 12 Abs. 1 S. 1 hat der unabhängige Prüfer des Formwechselplans über das Ergebnis der Prüfung schriftlich zu berichten. Der Bericht muss dabei die **Stellungnahme des Sachverständigen** zu der Frage enthalten, ob die Barabfindung angemessen ist.[9] Bei der Bewertung der Barabfindung berücksichtigt der Sachverständige den etwaigen Marktpreis, den die Anteile an der Gesellschaft vor Ankündigung des geplanten Formwechsels hatten, oder den nach allgemein anerkannten Bewertungsmethoden bestimmten Wert der Gesellschaft ohne die Auswirkungen des geplanten Formwechsels.[10] Nicht vom Verweis des § 338 Abs. 1 S. 1 ist hingegen § 12 Abs. 2 umfasst, da dies eine verschmelzungsspezifische Vorgabe darstellt. Auch § 12 Abs. 1 S. 2 kommt nicht zur Anwendung, da beim grenzüberschreitenden Formwechsel nicht mehrere Rechtsträger beteiligt sind.

---

6 Begr. RegE UmRUG, BT-Drs. 20/3822, 118 iVm 93.
7 Erwägungsgrund Nr. 14 S. 1 RL (EU) 2019/2121.
8 Begr. RegE UmRUG, BT-Drs. 20/3822, 118.
9 Art. 86f Abs. 2 S. 1 RL (EU) 2017/1132.
10 Art. 86f Abs. 2 S. 2 RL (EU) 2017/1132.

7 Im Hinblick auf die nicht zwingend schriftliche Abfassung des Formwechselberichts gem. § 337 Abs. 1 (→ § 337 Rn. 7) ist es zumindest unschön, dass aufgrund des Verweises auf § 12 Abs. 1 S. 1 der Prüfungsbericht **schriftlich** iSd § 126 Abs. 1 BGB abzufassen ist. Aufgrund des eindeutigen Wortlauts führt derzeit jedoch wohl kein Weg daran vorbei, obwohl auch die zugrunde liegende Richtlinienbestimmung kein Schriftformerfordernis bestimmt.

IV. Zugänglichmachung des Prüfungsbericht

8 Der Prüfungsbericht muss den Anteilsinhabern **spätestens einen Monat** vor dem Tag der beschließenden Anteilsinhaberversammlung zugänglich gemacht werden (§ 338 Abs. 1 S. 3). Die Modalitäten der Zugänglichmachung sollen dabei grundsätzlich der formwechselnden Gesellschaft überlassen werden.[11] Für eine **GmbH** dürfte sich die Übermittlung des Prüfungsberichts im Rahmen der Einberufung der Gesellschafterversammlung anbieten, wobei die entsprechende Monatsfrist zu beachten ist.[12] Da die Vorgabe des § 51 Abs. 1 S. 1 GmbHG über die Einberufung der Gesellschafterversammlung durch Einladung mittels eingeschriebener Briefe dispositiv ist (vgl. § 45 Abs. 2 GmbHG), kann der Gesellschaftsvertrag auch eine andere Einberufungsform bestimmen, insbesondere auf elektronischem Weg. Damit könnte auch der Prüfungsbericht **elektronisch** iSv in Textform zugänglich gemacht werden. Anders als betreffend der Zugänglichmachung des Formwechselberichts (vgl. § 337 Abs. 1 iVm § 310 Abs. 1 S. 1, → § 337 Rn. 48 ff.) spricht § 338 Abs. 1 S. 3 zwar nicht ausdrücklich von der Möglichkeit einer elektronischen Zugänglichmachung, jedoch spricht funktional nichts gegen deren Zulassung. Für eine **AG** gilt § 63 Abs. 1 Nr. 5.[13] Spätestens ab einem Monat vor dem Tag der über den Formwechsel beschließenden Hauptversammlung ist der Prüfungsbericht daher in dem Geschäftsraum der AG zur Einsicht der Aktionäre auszulegen. Ersatzweise kann die Zugänglichmachung gem. § 63 Abs. 4 aber auch über die Internetseite der AG erfolgen.[14] Möglich erscheint bei einem kleineren Aktionärskreis aber auch, dass auf die Auslage nach § 63 Abs. 1 Nr. 5, Abs. 4 verzichtet wird[15] und die Zugänglichmachung des Prüfungsberichts elektronisch zB via PDF-Anhang per E-Mail an die Aktionäre erfolgt.

V. Entbehrlichkeit von Prüfung und Prüfungsbericht

9 Aufgrund des Verweises in § 338 Abs. 2 auf die einschlägigen Normen des allgemeinen Verschmelzungsrechts sind sowohl die Formwechselprüfung als auch der darauf aufbauende Prüfungsbericht unter bestimmten Voraussetzungen entbehrlich.[16] Die Prüfung und der Prüfungsbericht sind grundsätzlich unter denselben Voraussetzungen entbehrlich, unter denen auch der anteilsinhaberspezifische Abschnitt des Formwechselberichts gem. § 337 Abs. 3 S. 1 entbehrlich ist.[17] Gemäß § 338 Abs. 2 iVm §§ 9 Abs. 2, 12 Abs. 3 iVm § 8 Abs. 3 S. 1 sind die Prüfung und der Bericht nicht erforderlich, wenn alle Anteilsinhaber der formwechselnden Gesellschaft jeweils **auf sie** bzw. die **Erstellung verzichten**. Die entsprechende Verzichtserklärung muss sich dabei eindeutig und zwingend auf beide Aspekte beziehen, dh sowohl auf die Formwechselprüfung als auch die

---

11 Begr. RegE UmRUG, BT-Drs. 20/3822, 93.
12 Begr. RegE UmRUG, BT-Drs. 20/3822, 93.
13 Begr. RegE UmRUG, BT-Drs. 20/3822, 93.
14 Begr. RegE UmRUG, BT-Drs. 20/3822, 93.
15 Zur Möglichkeit des Verzichts (bei der grenzüberschreitenden Verschmelzung) *Stiegler* AG 2019, 708 (719).
16 Vgl. auch Begr. RegE UmRUG, BT-Drs. 20/3822, 118.
17 *Luy/Redler* notar 2022, 163 (167).

Berichtserstellung und -zugänglichmachung. Die jeweiligen Verzichtserklärungen sind notariell zu beurkunden (§ 338 Abs. 2 iVm §§ 9 Abs. 2, 12 Abs. 3 iVm § 8 Abs. 3 S. 2). Zu den Modalitäten der Verzichtserklärung → § 337 Rn. 41.

Ferner ist gem. § 338 Abs. 2 iVm §§ 9 Abs. 2, 12 Abs. 3 iVm § 8 Abs. 3 S. 3 Nr. 2 eine Sachverständigenprüfung und ein Bericht nicht erforderlich, wenn die formwechselnde Gesellschaft **nur einen Anteilsinhaber** besitzt. Maßgebend ist die rechtliche Anteilsinhaberschaft. Damit macht der deutsche Gesetzgeber von der zugrunde liegenden Mitgliedstaatenoption Gebrauch.[18] Hintergrund dieser Möglichkeit des Unterlassens der sachverständigen Prüfung ist, dass eine solche im Fall eines Alleingesellschafters ein unnötiger Formalismus wäre, da dieser den grenzüberschreitenden Formwechsels typischerweise initiiert und steuert und somit nicht schutzwürdig ist.[19] Die Entbehrlichkeit nach § 8 Abs. 3 S. 3 Nr. 1 ist verschmelzungsspezifisch und kommt bei einem (grenzüberschreitenden) Formwechsel nicht zum Tragen.

Verwunderlich ist zudem zunächst, warum § 338 Abs. 2 betreffend des Prüfungsberichts nur § 8 Abs. 3 in Bezug nimmt, obwohl über den ebenfalls verwiesenen § 12 Abs. 3 auch **§ 8 Abs. 2** entsprechend zur Anwendung kommen soll. Hintergrund ist wohl, dass sich § 338 Abs. 2 nur auf Aspekte der Entbehrlichkeit der Prüfung und des Berichts beziehen wollte und § 8 Abs. 2 eine andere Thematik zugrunde liegt. Dies bedeutet aber auch, dass die Geltung von § 8 Abs. 2 nicht ausgeschlossen ist. Ebenso wie beim Formwechselbericht brauchen daher Tatsachen in Bezug auf die Gesellschaft und deren Tochtergesellschaften nicht in den Prüfungsbericht aufgenommen werden, deren Bekanntwerden geeignet ist, der formwechselnden Gesellschaft oder einer Tochtergesellschaft einen nicht unerheblichen Nachteil zuzufügen.

§ 339 Zustimmung der Anteilsinhaber

(1) Die Anteilsinhaber können ihre Zustimmung zum Formwechselplan nach § 193 Absatz 1 davon abhängig machen, dass die Art und Weise der Mitbestimmung der Arbeitnehmer der Gesellschaft neuer Rechtsform ausdrücklich von ihnen bestätigt wird.

(2) Die Versammlung der Anteilsinhaber nimmt den Formwechselbericht, den Prüfungsbericht und etwaige Stellungnahmen nach § 336 in Verbindung mit § 308 Absatz 1 Satz 2 Nummer 4 zur Kenntnis, bevor sie die Zustimmung zum Formwechselplan beschließt.

Literatur:

Bungert/Strothotte, Die Regierungsentwürfe zu grenzüberschreitenden Verschmelzungen, Spaltungen und Formwechseln, DB 2022, 1818; *Heckschen/Knaier*, Reform des Umwandlungsrechts kurz vor dem Ziel, ZIP 2022, 2205; *Heckschen/Knaier*, Die größte Reform des Umwandlungsrechts: Endlich in Kraft!, GmbHR 2023, 317; *Kablitz*, Der grenzüberschreitende Rechtsformwechsel einer GmbH – Rechtsgrundlagen, Ablauf und Praxishinweise, GmbHR 2022, 721; *Luy/Redler*, Immer mit Plan – der Referentenentwurf eines Gesetzes zur Umsetzung der Umwandlungsrichtlinie (UmRUG), notar 2022, 163; *Noack*, Nationaler Rechtsrahmen für grenzüberschreitende Umwandlungen, MDR 2023, 465; *Schmidt, J.*, Umwandlungen im Konzern nach dem UmRUG-RegE: Besonderheiten bei Bericht, Prüfung und Beschluss, DK 2022, 309; *Schur*, Schutzbestimmungen und Verfahrensregeln in der neuen Richtlinie zu grenzüberschreitenden Umwandlungen, Verschmelzun-

---

18 *J. Schmidt* DK 2022, 309 (312).
19 *J. Schmidt* DK 2022, 309 (312).

gen und Spaltungen, EuZW 2019, 539; *Thomale/Schmid*, Das neue Recht der grenzüberschreitenden Umwandlung – Eine Einführung (Teil II), NotBZ 2023, 125.

I. Einführung und Grundlagen 1	3. Weitere Zustimmungserfordernisse 6
1. Europäischer Hintergrund 1	4. Formelle Anforderungen 10
2. Regelungsgegenstand und -zweck 2	III. Bestätigung der zukünftigen Arbeitnehmermitbestimmung 14
II. Formwechselbeschluss 3	IV. Kenntnisnahme von Dokumenten 16
1. Beschlussinhalt 3	
2. Beschlussmehrheiten 4	

I. Einführung und Grundlagen

1. Europäischer Hintergrund

1 § 339 dient der Umsetzung von **Art. 86h Abs. 1, 2 RL (EU) 2017/1132**.[1] Diese bestimmen, dass die Anteilsinhaber in Form eines Beschlusses zu entscheiden haben, ob sie dem Formwechselplan für den grenzüberschreitenden Formwechsel zustimmen und der Gesellschaftsvertrag der formwechselnden Gesellschaft entsprechend anzupassen ist. Die Anteilsinhaberversammlung kann sich dabei das Recht vorbehalten, die Umsetzung des grenzüberschreitenden Formwechsels davon abhängig zu machen, dass das Arbeitnehmermitbestimmungsverfahren ausdrücklich von ihr bestätigt wird.

2. Regelungsgegenstand und -zweck

2 Die Zustimmung der Gesellschafter bzw. Aktionäre ist ein Kernelement des **Anteilsinhaberschutzes**. Das Recht der Anteilsinhaber auf Zustimmung erlaubt deren Diskurs in der Gesellschafter- bzw. Hauptversammlung und stellt auf diese Weise eine gemeinsame Meinungsbildung sicher. Gem. § 339 bedarf es zwingend eines entsprechenden Beschlusses der Anteilsinhaber der formwechselnden Gesellschaft. § 339 Abs. 1 regelt dabei **das Erfordernis eines zustimmenden Beschlusses** der Anteilsinhaber zum Formwechselplan sowie eine etwaige Bestätigung des Arbeitnehmermitbestimmungsverfahren. § 339 Abs. 2 bestimmt, dass die Anteilsinhaber den Formwechselbericht, den Prüfungsbericht und etwaige Arbeitnehmerstellungnahmen vor ihrer Entscheidung über den grenzüberschreitenden Formwechsel zur Kenntnis zu nehmen haben.

II. Formwechselbeschluss

1. Beschlussinhalt

3 Dem Wortlaut des § 339 Abs. 1 nach hat der Anteilsinhaberbeschluss die **Zustimmung zum Formwechselplan** zum Inhalt. Aufgrund des Verweises auf § 193 Abs. 1 S. 1 sowie der Pflicht zur Kenntnisnahme gem. § 339 Abs. 2 (→ Rn. 16) ergibt sich jedoch, dass der grenzüberschreitende Formwechsel als Ganzer im Ergebnis Gegenstand der Beschlussfassung ist. Es geht also auch um die Entscheidung über die Durchführung der Umwandlungsmaßnahme als solche. Der Herausformwechsel geht dabei zwingend mit einer Verlegung des Satzungssitzes der Gesellschaft ins Ausland und somit einer Änderung der Satzung bzw. des Gesellschaftsvertrags einher.[2] Der Beschluss hat folglich satzungsändernden Charakter. Eines separaten Beschlusses der Anteilsinhaber über die Verlegung des Satzungssitzes bedarf es allerdings nicht. Ein eigenständiger Beschluss, dessen Inhalt nur die Folge (Satzungssitzverlegung) eines bereits zuvor gefassten Be-

---

[1] Begr. RegE UmRUG, BT-Drs. 20/3822, 118.
[2] So bereits *Kiem* ZHR 180 (2016) 289 (312).

schlusses (grenzüberschreitender Formwechsel) darstellt, ist sachfremd und daher nicht notwendig.[3] Bei der Stimmabgabe zur Zustimmung des Formwechselplans bzw. des grenzüberschreitenden Formwechsels können sich die Anteilsinhaber auch mittels einschlägiger Vollmacht vertreten lassen.[4]

2. Beschlussmehrheiten

Für die Mehrheitserfordernisse bei der Beschlussfassung von Kapitalgesellschaften gilt über § 333 Abs. 2 Nr. 2 die Regelung des § 240 Abs. 1 S. 1, so dass es bei einer GmbH als formwechselnde Gesellschaft einer **Dreiviertel-Mehrheit** der abgegebenen Stimmen und bei einer AG einer Dreiviertel-Mehrheit des vertretenen Grundkapitals sowie einer einfachen Stimmenmehrheit bedarf. Dies ergibt sich jeweils aber auch schon aus dem satzungsändernden Charakter des Formwechselbeschlusses.

Über die Pflicht zur Zustimmung der Anteilsinhaber in mindestens qualifizierter Mehrheit hinaus können grundsätzlich in der Satzung bzw. dem Gesellschaftsvertrag der formwechselnden Gesellschaft auch höhere Mehrheiten statuiert werden. Für die GmbH ergibt sich dies aus § 50 Abs. 1 S. 2 und für die AG aus § 65 Abs. 1 S. 2. Hierbei sind jedoch die europäischen Vorgaben des Art. 86h Abs. 3 S. 1 RL (EU) 2017/1132 zu beachten, wonach die Mitgliedstaaten höchstens ein Konsensquorum von 90 % vorsehen dürfen.[5] Dies führt dazu, dass § 50 Abs. 1 S. 2 und § 65 Abs. 1 S. 2 **richtlinienkonform einschränkend auszulegen** sind.[6] Praktisch führt dies dazu, dass Satzungsbestimmungen, die in diesem Kontext eine (nahezu) einstimmige Beschlussfassung fordern, zwar nicht unangewendet bleiben müssen, jedoch dahin gehend zu lesen sind, dass eine 90 %-Mehrheit ausreichend ist.[7] Statutarisch bestimmte Sonderzustimmungsrechte einzelner Anteilsinhaber (→ Rn. 6 ff.) dürfen dadurch jedoch nicht unterlaufen werden. Da sich Art. 86h Abs. 3 S. 1 RL (EU) 2017/1132 allerdings nur auf Abstimmungen in der Anteilsinhaberversammlung bezieht, sollten etwaige schuldrechtliche Zustimmungsrechte, zB im Rahmen einer Gesellschafter- oder Aktionärsvereinbarung, weiterhin möglich sein.

3. Weitere Zustimmungserfordernisse

Ein Sonderzustimmungsrecht einzelner Anteilsinhaber ergibt sich aus § 193 Abs. 2, der über § 333 Abs. 2 Nr. 1 auch für einen grenzüberschreitenden Formwechsel zur Geltung kommt.[8] § 193 Abs. 2 ist Ausdruck des allgemeinen Rechtsgedankens, dass Sonderrechte eines Anteilsinhabers nicht ohne dessen Zustimmung beeinträchtigt werden dürfen. Danach bedarf es der Zustimmung derjenigen Anteilsinhaber, denen ein Recht auf Genehmigung zur Abtretung von Anteilen der formwechselnden Gesellschaft eingeräumt wird. Eine gesonderte Zustimmung ist somit dann erforderlich, wenn die Satzung bzw. der Gesellschaftsvertrag die Zustimmung durch einzelne Anteilsinhaber vorsieht. Auch hier ist aber das 90 %ige Höchstquorum des Art. 86h Abs. 3 S. 1 RL (EU) 2017/1132 zu beachten, so dass über § 193 Abs. 2 kein Einstimmigkeitserfordernis eingeführt

---

3 *Stiegler* Grenzüberschreitende Sitzverlegungen S. 303.
4 *Kablitz* GmbHR 2022, 721 (727); *Thomale/Schmidt* NotBZ 2023, 125 (137).
5 Kritisch dazu *Stelmaszczyk* GmbHR 2020, 61 (70); *Heckschen/Knaier* GmbHR 2023, 317 (326).
6 *Bungert/Strothotte* BB 2022, 1411 (1415); *Stelmaszczyk* DK 2021, 1 (19); im Ergebnis aA *Heckschen* FS Heidinger, 2023, 165 (171).
7 Wohl auch *Schulte* GmbHR 2020, 139 (141); aA *Heckschen/Knaier* GmbHR 2023, 317 (326); *Heckschen* FS Heidinger, 2023, 165 (171).
8 Bereits vor dem UmRUG für eine Anwendbarkeit *Heckschen* ZIP 2015, 2049 (2061), *Hushahn* RNotZ 2014, 137 (145); *Hermanns* MittBayNot 2016, 297 (302).

werden darf. § 193 Abs. 2 umfasst dabei aber auch Einschränkungen und besondere Voraussetzungen im Rahmen eines vertraglichen Sonderrechts.[9] Eine Auslegung einer schuldvertraglichen Regelung, zB einer Gesellschafter- oder Aktionärsvereinbarung, die die Zustimmung zur Abtretung regelt, ist dabei sinnerhaltend auf die Zustimmung zum grenzüberschreitenden Formwechsel zu übertragen.[10] Aus praktischer Sicht wird § 193 Abs. 2 in erster Linie für die (personalistisch strukturierte) GmbH Bedeutung erlangen.[11]

7 Ein weiteres Zustimmungserfordernis ergibt sich für AGs als formwechselnde Gesellschaften aus § 65 Abs. 2. Die Norm ist über § 333 Abs. 2 Nr. 2 iVm § 240 Abs. 1 S. 1 Hs. 2 anwendbar.[12] Hat die formwechselnde Gesellschaft daher mehrere Aktiengattungen, so bedarf der zustimmende Hauptversammlungsbeschluss zu seiner Wirksamkeit der **Zustimmung** der stimmberechtigten **Aktionäre jeder Gattung** mittels Sonderbeschluss. Der Zustimmung von stimmrechtslosen Vorzugsaktionären bedarf es allerdings nicht.[13] Ebenso wenig ist ein Sonderbeschluss dann erforderlich, wenn es neben den stimmberechtigten Stammaktien als weitere Aktiengattung nur stimmrechtslose Vorzugsaktien gibt.[14] Gegebenenfalls ist aber ein Sonderbeschluss der Vorzugsaktionäre nach § 141 Abs. 1 AktG notwendig.[15] Für die GmbH als formwechselnde Gesellschaft findet § 65 Abs. 2 keine Anwendung. In diesem Fall ist durch Auslegung des Gesellschaftsvertrags zu ermitteln, ob die Inhaber von Anteilsgattungen ebenso wie die Aktionäre nach § 65 Abs. 2 einen Sonderbeschluss fassen müssen.[16]

8 Für den Herausformwechsel einer **GmbH** ergibt sich ein weiteres Zustimmungserfordernis aus § 333 Abs. 2 Nr. 2 iVm § 241. Übertragen auf einen grenzüberschreitenden Formwechsel sieht § 241 Abs. 1 ein Zustimmungserfordernis aufgrund eines nicht-verhältniswahrenden Herausformwechsels vor. § 241 Abs. 2 iVm § 50 Abs. 2 beinhaltet ein Zustimmungserfordernis aufgrund bestehender Minderheits- und Sonderrechte in der herausformwechselnden GmbH.[17] § 241 Abs. 3 begründet ein Zustimmungserfordernis aufgrund des Wegfalls von Nebenleistungspflichten infolge des Formwechsels in eine ausländische Gesellschaftsform.

9 Für einen Herausformwechsel einer **AG** kommt in Abgrenzung zu § 241 die Vorschrift des § 242 zum Tragen, die ebenfalls über § 333 Abs. 2 Nr. 2 Geltung erlangt. Wird durch den grenzüberschreitenden Formwechsel der Nennbetrag der Anteile im ausländischen Zielrechtsträger abweichend vom bisherigen Betrag der Aktien festgesetzt, muss jeder Aktionär dieser Festsetzung zustimmen, der sich nicht mit seinem gesamten Anteil beteiligen kann. Im Hinblick auf eine möglichst vollständige Beteiligung aller Aktionäre am ausländischen Zielrechtsträger wird die AG jedoch in der Regel darauf bedacht sein, dass die Nennbeträge der Anteile im Zielrechtsträger entsprechend den Beträgen der Aktien im deutschen Ausgangsrechtsträger festgesetzt werden. Vorbehaltlich eines beabsichtigten Börsengangs im Zuge des grenzüberschreitenden Formwechsels wird man die tatsächlichen Anwendungsfälle des § 242 bei einem Herausformwechsel einer AG daher als gering einschätzen können.

---

9 OLG Brandenburg 18.5.2022 – 7 AktG 1/22, NZG 2022, 967 (zur Verschmelzung).
10 OLG Brandenburg 18.5.2022 – 7 AktG 1/22, NZG 2022, 967 (zur Verschmelzung).
11 So bereits *Priester* ZGR 1999, 36 (43).
12 Vgl. auch *Stiegler* Grenzüberschreitende Sitzverlegungen S. 206.
13 Generell zu § 65 Abs. 2 *Trinks* ZGR 2021, 1010 (1024).
14 BGH 23.2.2021 – II ZR 65/19, NZG 2021, 782 (zur Verschmelzung).
15 BGH 23.2.2021 – II ZR 65/19, NZG 2021, 782 (zur Verschmelzung).
16 *Stiegler* Grenzüberschreitende Sitzverlegungen S. 306.
17 Dazu bereits vor dem UmRUG *Heckschen* ZIP 2015, 2049 (2061); *Hermanns* MittBayNot 2016, 297 (302).

4. Formelle Anforderungen

Bezüglich der **Vorbereitung und Durchführung** der beschließenden Anteilsinhaberversammlung sind über § 333 Abs. 2 Nr. 2 die Regelungen der §§ 238 f. zu berücksichtigen. Über § 238 S. 1 kommen somit auch die Vorgaben der §§ 230 f. zur Geltung. Bei der Anwendung des § 230 S. 1 ist allerdings die zeitliche Bezugnahme auf die Einberufung der Anteilsinhaberversammlung zu beachten, so dass gem. § 337 Abs. 1 iVm § 310 Abs. 1 S. 1 mindestens sechs Wochen vor der stattfindenden Versammlung der Formwechselbericht den Anteilsinhaber zugänglich zu machen ist. Unabhängig davon ist der Formwechselbericht bei einer AG von der Einberufung der Hauptversammlung an in den Geschäftsräumen der Gesellschaft zur Einsicht der Aktionäre auszulegen (§ 230 Abs. 2 S. 1). Für die GmbH als formwechselnde Gesellschaft gilt § 230 Abs. 1, so dass allen Gesellschaftern spätestens zusammen mit der Einberufung der beschließenden Gesellschafterversammlung der grenzüberschreitende Formwechselwechsel als Gegenstand der Beschlussfassung in Textform anzukündigen ist. Die Bezugnahme des § 230 Abs. 1 auf den Formwechselbericht wird hingegen von der Zugänglichmachung gem. § 337 Abs. 1 iVm § 310 Abs. 1 S. 1 verdrängt.

Der Formwechselbeschluss darf gem. § 193 Abs. 1 S. 2 nur **in einer Versammlung** der Anteilsinhaber gefasst werden. Die Norm sieht diesbezüglich aber auch „nur" vor, dass der entsprechende Beschluss im Rahmen einer Anteilsinhaberversammlung zu fassen ist, nicht aber zwingend in Präsenz.[18] Nach zu befürwortender Ansicht ist daher grundsätzlich auch eine virtuelle Versammlung per Fernkommunikation möglich, selbst wenn der Beschluss notariell beurkundet werden muss.[19] Voraussetzung ist aber zum einen, dass in der **virtuellen Versammlung** ein zur Präsenzversammlung gleichwertiger Meinungsaustausch sichergestellt ist,[20] zum anderen, dass der beurkundende Notar am Aufenthaltsort des Versammlungsleiters zugegen ist, sich dort vom ordnungsgemäßen Ablauf des Beschlussverfahrens überzeugt und anschließend die Feststellung des Beschlussergebnisses beurkundet.[21] Zu beiden Aspekten sind dabei für die AG §§ 118a, 130 Abs. 1a, 130a AktG zur Anwendung zu bringen; für die GmbH § 48 Abs. 1 S. 2 in der seit 1.8.2022 geltenden Fassung.[22]

Der Formwechselbeschluss ist **in deutscher Sprache** zu fassen.[23] Dies ergibt sich daraus, dass gem. § 342 Abs. 2 iVm § 199 die Niederschrift des Beschlusses als Anlage zur Anmeldung des Herausformwechsels beizufügen ist. Die entsprechenden Dokumente sind dabei in deutscher Sprache einzureichen.[24]

Der Formwechselbeschluss sowie etwaige Zustimmungserklärungen einzelner Anteilsinhaber sind gem. § 333 Abs. 2 Nr. 1 iVm § 193 Abs. 3 S. 1 **notariell zu beurkunden**.

III. Bestätigung der zukünftigen Arbeitnehmermitbestimmung

Gemäß § 339 Abs. 1 kann die Zustimmung der Anteilsinhaber zum Formwechselplan davon abhängig gemacht werden, dass die Art und Weise der Arbeitnehmermitbestim-

---

18 Zur Parallelnorm des § 13 Abs. 1 S. 2 BGH 5.10.2021 – II ZB 7/21, NZG 2021, 1562.
19 OLG Karlsruhe 13.12.2021 – 19 W 29/21, BeckRS 2021, 54602; 19 W 30/21, BeckRS 2021, 54603; vgl. auch BGH 5.10.2021 – II ZB 7/21, NZG 2021, 1562.
20 BGH 5.10.2021 – II ZB 7/21, NZG 2021, 1562.
21 OLG Karlsruhe 13.12.2021 – 19 W 29/21, BeckRS 2021, 54602; 19 W 30/21, BeckRS 2021, 54603.
22 Zur grundsätzlichen Gleichwertigkeit der nicht-physischen Versammlung gem. § 48 Abs. 1 S. 2 vgl. auch *Bochmann* FS Heidinger, 2023, 37 (46).
23 Eine weitere Sprachfassung zu Informationszwecken ist jedoch zulässig.
24 Vgl. § 488 Abs. 3 S. 1 FamFG iVm § 184 S. 1 GVG.

mung im ausländischen Zielrechtsträger ausdrücklich von ihnen bestätigt wird. Die Bestätigung hat dabei durch eine **ausdrückliche** Genehmigungserklärung im Rahmen eines Beschlusses zu erfolgen, so dass konkludentes Handeln oder bloße Untätigkeit nicht ausreichend sind.[25] **Zweck des Zustimmungsvorbehalts** für die Mitbestimmung der Arbeitnehmer ist eine verbesserte Gewährleistung der Mitentscheidungsrechte der Anteilsinhaber über die Strukturmaßnahme. Die Anteilsinhaber selbst sind am Verfahren über die künftige Arbeitnehmermitbestimmung im Zielrechtsträger nicht beteiligt. Zudem muss das Ergebnis des Verhandlungsverfahrens im Zeitpunkt der Beschlussfassung noch nicht zwingend feststehen, so dass die Anteilsinhaber in Unkenntnis über das künftige Mitbestimmungsmodell ihre Zustimmung zur geplanten Strukturmaßnahme abgeben würden. Die Option eines entsprechenden Zustimmungsvorbehalts der Gesellschafter- bzw. Hauptversammlung gem. § 339 Abs. 1 ermöglicht es, hinsichtlich der Arbeitnehmermitbestimmung das Mitentscheidungsrecht der Anteilsinhaber sicherzustellen.[26] Um das Sitzverlegungsverfahren nicht unangemessen zu verlängern, können die Anteilsinhaber jedoch selbst entscheiden, ob sie von diesem Zustimmungsvorbehalt Gebrauch machen.

15 Wollen die Anteilsinhaber vom Zustimmungsvorbehalt des § 339 Abs. 1 Gebrauch machen, geschieht dies grundsätzlich **in zwei Schritten.** Zunächst ist der Vorbehalt in den Formwechselplan aufzunehmen. Dies erfolgt durch einen Beschluss der Anteilsinhaberversammlung. „**Vorbehalt**" bedeutet hierbei, dass die Wirksamkeit des Formwechselplans unter die aufschiebende Bedingung der nochmaligen Beschlussfassung gestellt wird. Sobald eine Regelung der Mitbestimmung feststeht, ist eine weitere Versammlung der Anteilsinhaber zur Fassung des Bestätigungsbeschlusses erforderlich. Der erste Anteilsinhaberbeschluss bedarf einer einfachen Mehrheit, der nachfolgende Bestätigungsbeschluss zu den Modalitäten der Arbeitnehmermitbestimmung hingegen einer qualifizierten Mehrheit.

IV. Kenntnisnahme von Dokumenten

16 Gemäß § 339 Abs. 2 hat die Anteilsinhaberversammlung verschiedene Dokumente zur Kenntnis zu nehmen, bevor sie die Zustimmung zum Formwechselplan beschließt. Hintergrund ist, dass die Anteilsinhaber im expliziten Wissen um die Modalitäten und Kernaspekte des grenzüberschreitenden Formwechsels ihre Entscheidung über die Zustimmung zu diesem treffen sollen. § 339 Abs. 2 liest sich dabei als Pflicht zur Kenntnisnahme durch die Anteilsinhaberversammlung, kann aber faktisch nur als **Möglichkeit der Kenntnisnahme**, gewährleistet durch den Vorstand bzw. die Geschäftsführung der formwechselnden Gesellschaft, verstanden werden. Ob die Anteilsinhaber tatsächlich von den jeweiligen Dokumenten Kenntnis nehmen, ist daher unerheblich und tangiert nicht die Wirksamkeit des Formwechselbeschlusses. Der Anteilsinhaberversammlung zur Kenntnisnahme zu bringen sind der **Formwechselbericht**, der **Prüfungsbericht** und etwaige **Stellungnahmen** („Bemerkungen") der Anteilsinhaber, Gläubiger und des Betriebsrats bzw. der Arbeitnehmer zum Formwechselplan. Dass die etwaige Stellungnahme des Betriebsrats bzw. der Arbeitnehmer zum Formwechselbericht gem. § 337

---

25 Zur grenzüberschreitenden Verschmelzung *Lutter/Bayer/Schmidt* EurUnternehmensR § 22 Rn. 22.96.
26 *Stiegler* Grenzüberschreitende Sitzverlegungen S. 310.

Abs. 1 iVm § 310 Abs. 1 nicht von § 339 Abs. 2 umfasst ist, ist ein Redaktionsversehen, so dass auch diese zur Kenntnisnahme zu bringen ist.[27]

§ 339 Abs. 2 lässt sich eine strikte **zeitliche Reihenfolge** entnehmen: Zunächst bedarf es der Kenntnisnahme der entsprechenden Dokumente und erst danach kann bzw. darf der Anteilsinhaberbeschluss gefasst werden. Dies entspricht auch der zugrunde liegenden europäischen Regelung des Art. 86h Abs. 1 RL (EU) 2017/1132. Wie lange der entsprechende Zeitraum dabei mindestens zu sein hat, gibt § 339 Abs. 2 nicht vor. In Bezug auf die Zugänglichmachung der jeweiligen Dokumente ergeben sich für den Formwechselbericht aus § 337 Abs. 1 iVm § 310 Abs. 1 S. 1 (sechs Wochen vor der beschließenden Versammlung), für den Prüfungsbericht aus § 338 Abs. 1 S. 3 (einen Monat vor der beschließenden Versammlung) und für die Stellungnahmen der Anteilsinhaber, Gläubiger und des Betriebsrats bzw. der Arbeitnehmer der formwechselnden Gesellschaft aus § 336 iVm § 308 Abs. 1 S. 2 Nr. 4 (fünf Arbeitstage vor der beschließenden Versammlung) zeitliche Mindestvorgaben. Gleichwohl bezwecken sowohl Art. 86h Abs. 1 RL (EU) 2017/1132 als auch § 339 Abs. 2 nicht die Gleichsetzung von Zugänglichmachung bzw. Bekanntmachung gemäß der genannten Fristen und Kenntnisnahme als unmittelbare Grundlage für die Abstimmung über den grenzüberschreitenden Formwechsel. Vielmehr ist die Kenntnisnahme unmittelbar auf die Anteilsinhaber**versammlung** bezogen, so dass § 339 Abs. 2 vorgibt, dass **innerhalb der Versammlung** (virtuell oder Präsenz) zu Beginn dieser und zeitlich vor dem tatsächlichen Beschluss die entsprechenden Dokumente zur Verfügung stehen müssen. Vor der Beschlussfassung müssen die Anteilsinhaber daher Zugriff auf diese haben. In der Präsenzversammlung kann dies durch Auslage, in der virtuellen Versammlung durch elektronische Zurverfügungstellung zB per Link erfolgen.

§ 340 Barabfindung

(1) ¹Die formwechselnde Gesellschaft hat im Formwechselplan oder seinem Entwurf jedem Anteilsinhaber, der gegen den Zustimmungsbeschluss der Anteilsinhaber Widerspruch zur Niederschrift erklärt, den Erwerb seiner Anteile oder Mitgliedschaften gegen eine angemessene Barabfindung anzubieten; nicht anzuwenden sind insoweit § 71 Absatz 4 Satz 2 des Aktiengesetzes und die Anordnung der Nichtigkeit des schuldrechtlichen Geschäfts über einen verbotswidrigen Erwerb nach § 33 Absatz 2 Satz 3 des Gesetzes betreffend die Gesellschaften mit beschränkter Haftung. ²Das Abfindungsangebot steht unter der aufschiebenden Bedingung des Wirksamwerdens des grenzüberschreitenden Formwechsels. ³Im Formwechselplan oder seinem Entwurf sind eine Postanschrift sowie eine elektronische Adresse anzugeben, an welche die Mitteilung nach Absatz 2 Satz 1 und die Annahmeerklärung nach Absatz 3 Satz 1 übermittelt werden können. ⁴§ 207 Absatz 1 Satz 2 und 3, Absatz 2 sowie § 208 in Verbindung mit § 30 Absatz 1 und den §§ 210 bis 212 gelten entsprechend.

(2) Ein Anteilsinhaber, der die Annahme des Abfindungsangebots nach Absatz 1 Satz 1 beabsichtigt, hat der Gesellschaft seine Absicht spätestens einen Monat

---

27 Vgl. *Thomale/Schmid* NotBZ 2023, 125 (130).

nach dem Tag, an dem die Versammlung der Anteilsinhaber die Zustimmung zum Formwechselplan beschlossen hat, mitzuteilen.

(3) ¹Das Abfindungsangebot kann bis spätestens zwei Monate nach dem Tag, an dem die Versammlung der Anteilsinhaber der formwechselnden Gesellschaft die Zustimmung zum Formwechselplan beschlossen hat, angenommen werden. ²Die Annahme ist ausgeschlossen, wenn die Mitteilung nach Absatz 2 nicht rechtzeitig erfolgt ist. ³Erfolgt die Annahme vor Ablauf der Mitteilungsfrist nach Absatz 2, so ist die Mitteilung nicht mehr erforderlich. ⁴§ 15 Absatz 4 des Gesetzes betreffend die Gesellschaften mit beschränkter Haftung bleibt unberührt.

(4) Anteilsinhaber, die das Abfindungsangebot nach Maßgabe des Absatzes 3 angenommen haben, werden abweichend von § 202 Absatz 1 Nummer 2 mit Wirksamwerden des Formwechsels nicht Anteilsinhaber der Gesellschaft neuer Rechtsform.

(5) ¹Die Gesellschaft neuer Rechtsform hat die Barabfindung spätestens zwei Wochen nachdem der Formwechsel wirksam geworden ist an die Anteilsinhaber, die das Angebot nach Maßgabe des Absatzes 3 angenommen haben, zu zahlen. ²§ 341 ist auf den Abfindungsanspruch dieser Anteilsinhaber entsprechend anzuwenden.

(6) ¹Die Angemessenheit einer nach Absatz 1 anzubietenden Barabfindung ist stets zu prüfen. ²§ 12 Absatz 2 und § 338 sind entsprechend anzuwenden.

Literatur:
Baschnagel/Hilser, Grenzüberschreitende Umwandlungen und Austritt des dissentierenden Gesellschafters gegen Barabfindung – Mitwirkung des Notars notwendig?, BWNotZ 2023, 2; *Bungert/Strothotte*, Die Regierungsentwürfe zu grenzüberschreitenden Verschmelzungen, Spaltungen und Formwechseln, DB 2022, 1818; *Heckschen/Knaier*, Die größte Reform des Umwandlungsrechts: Endlich in Kraft!, GmbHR 2023, 317; *Kablitz*, Der grenzüberschreitende Rechtsformwechsel einer GmbH – Rechtsgrundlagen, Ablauf und Praxishinweise, GmbHR 2022, 721; *Lieder/Hilser*, Die Neuordnung des Rechtsschutzsystems gegen ein unangemessenes Umtauschverhältnis bei Umwandlungsmaßnahmen nach dem UmRUG, ZIP 2022, 2521; *Löbbe*, Die grenzüberschreitende Umwandlung nach dem UmRUG, ZHR 187 (2023), 498; *Luy/Redler*, Immer mit Plan – der Referentenentwurf eines Gesetzes zur Umsetzung der Umwandlungsrichtlinie (UmRUG), notar 2022, 163; *Noack*, Nationaler Rechtsrahmen für grenzüberschreitende Umwandlungen, MDR 2023, 465; *Noack*, Grenzüberschreitende Umwandlungen nach der neuen Umwandlungsrichtlinie – Das Austrittsrecht gegen angemessene Barabfindung, ZGR 2020, 90; *Schmidt, J.*, Der UmRUG-Referentenentwurf: grenzüberschreitende Umwandlungen 2.0 – vieles mehr (Teil 1), NZG 2022, 579; *Schmidt, J.*, Die weitreichende Reform des Umwandlungsrechts, NJW 2023, 1241; *Schollmeyer*, Das Austrittsrecht gegen Barabfindung bei der grenzüberschreitenden Spaltung, in: Festschrift Heidinger, 2023, S. 479; *Thomale/Schmid*, Das neue Recht der grenzüberschreitenden Umwandlung – Eine Einführung (Teil I), NotBZ 2023, 91.

I. Einführung und Grundlagen 1	4. Wirksamkeit des Anteilskaufvertrags 13
1. Europäischer Hintergrund 1	III. Annahme des Barabfindungsangebots 14
2. Regelungsgegenstand und -zweck 2	1. Mitteilung der Annahmeabsicht 15
II. Barabfindungsangebot 3	2. Annahme des Angebots 17
1. Grundlagen 3	IV. Rechtsfolgen der Annahme 19
2. Angemessenheit der Barabfindung 6	1. Zahlungsanspruch und Fälligkeit 19
3. Voraussetzungen 10	2. Austritt des Anteilsinhabers 21

I. Einführung und Grundlagen

1. Europäischer Hintergrund

§ 340 dient weitgehend der Umsetzung von **Art. 86i RL (EU) 2017/1132**.[1] Dieser bestimmt, dass zum Schutz der Gesellschafter die Mitgliedstaaten sicherzustellen haben, dass mindestens die Gesellschafter, die gegen die Zustimmung zum Formwechselplan gestimmt haben, berechtigt sind, ihre Anteile unter den bestimmten Voraussetzungen gegen Zahlung einer angemessenen Barabfindung zu veräußern (Art. 86i Abs. 1 S. 1 RL (EU) 2017/1132). 1

2. Regelungsgegenstand und -zweck

Neben dem institutionellen Anteilsinhaberschutz vor allem durch das Zustimmungserfordernis der Anteilsinhaberversammlung zum grenzüberschreitenden Formwechsel statuiert der Gesetzgeber mit dem Recht auf Barabfindung gem. § 340 einen ergänzenden **individuellen Schutz** der Anteilsinhaber. Durch die Möglichkeit grundsätzlich jedes Anteilsinhabers seine Anteile an der formwechselnden Gesellschaft gegen Barabfindung an diese zu veräußern und damit aus der Gesellschaft auszuscheiden, soll sichergestellt werden, dass kein Anteilsinhaber gezwungen wird, die mit dem Wechsel in eine ausländische Rechtsform verbundene Änderung seiner Rechte und Pflichten hinzunehmen.[2] Der entsprechende **Schutz** insbesondere **der Minderheitsgesellschafter** liegt dabei bei der Rechtsordnung, der der formwechselnde Ausgangsrechtsträger unterliegt.[3] In diesem Zusammenhang bestimmt § 340 Abs. 1 für einen Herausformwechsel aus Deutschland zunächst die Pflicht der formwechselnden Gesellschaft jedem Anteilsinhaber ein Barabfindungsangebot gegen Erwerb von dessen Anteile zu unterbreiten (→ Rn. 3 sowie → § 335 Rn. 37).[4] In § 340 Abs. 2–5 werden die Modalitäten der Annahme des entsprechenden Barabfindungsangebots (→ Rn. 10 ff.) sowie die damit verbundenen Rechtsfolgen (→ Rn. 19 ff.) geregelt. 2

II. Barabfindungsangebot

1. Grundlagen

Grundsätzlich ist ein grenzüberschreitender ebenso wie ein innerstaatlicher Formwechsel vom Grundsatz der Kontinuität der Mitgliedschaft bestimmt, dh die Anteilsinhaber der formwechselnden Gesellschaft werden Anteilsinhaber des (ausländischen) Zielrechtsträgers.[5] Gleichwohl steht nach einhelliger Auffassung die Zulässigkeit eines Austritts eines Anteilsinhabers gegen Barabfindung im Zuge der Umwandlungsmaßnahmen dem nicht entgegen.[6] Zum Schutz vor allem von Minderheitsgesellschaftern sieht § 340 Abs. 1 S. 1 in diesem Zusammenhang vor, dass die formwechselnde Gesellschaft bereits **im Formwechselplan** jedem Anteilsinhaber, der gegen den Zustimmungsbeschluss zum grenzüberschreitenden Formwechsel Widerspruch zur Niederschrift erklärt, den Erwerb seiner Anteile/Mitgliedschaften gegen eine angemessene 3

---

1 Begr. RegE UmRUG, BT-Drs. 20/3822, 118.
2 Vgl. Begr. RegE UmRUG, BT-Drs. 20/3822, 94; Erwägungsgrund Nr. 18 S. 1 RL (EU) 2019/2121; *J. Schmidt* NZG 2022, 579 (582); *Löbbe* ZHR 187 (2023), 498 (505).
3 *Schollmeyer* NJW-Spezial 2023, 207.
4 Insofern zum Minderheitenschutzinstrument *Heckschen/Knaier* GmbHR 2023, 317 (321); *J. Schmidt* NZG 2022, 579 (581).
5 Vgl. zuletzt nur OLG Naumburg 12.12.2019 – 1 U 125/19, BeckRS 2019, 40244 (zum innerstaatlichen Formwechsel).
6 Vgl. zuletzt nur KG 19.12.2018 – 22 W 85/18, NZG 2019, 310 (zum innerstaatlichen Formwechsel); ferner *Heckschen* GmbHR 2021, 8 (10 f.).

Barabfindung anzubieten hat. Den Anteilsinhaber steht daher unter bestimmten Voraussetzungen ein **Austrittsrecht** aus der formwechselnden Gesellschaft zu.[7]

4 Das entsprechende Barabfindungsangebot im Formwechselplan (→ § 335 Rn. 37) ist grundsätzlich zwingend.[8] Da es jedoch einzig dem Schutz (einzelner) Anteilsinhaber dient, kann hierauf auch verzichtet werden (→ § 335 Rn. 40).[9] Dies ist auch für den innerstaatlichen Formwechsel in Bezug auf § 207 Abs. 1 S. 1 herrschende Meinung.[10] Der **Verzicht auf das Barabfindungsangebot** ist notariell zu beurkunden und alle Anteilsinhaber müssen hierauf verzichten. Wurde auf das Barabfindungsangebot im Formwechselplan nicht wirksam verzichtet, sind im Formwechselplan oder seinem Entwurf gem. § 340 Abs. 1 S. 3 eine Postanschrift sowie eine elektronische Adresse anzugeben, an welche die Mitteilung nach § 340 Abs. 2 S. 1 und die Annahmeerklärung nach § 340 Abs. 3 S. 1 übermittelt werden können.

5 Gemäß § 340 Abs. 1 S. 4 iVm § 208 iVm § 30 Abs. 1 S. 1 muss die von der formwechselnden Gesellschaft anzubietende Barabfindung die **Verhältnisse der formwechselnden Gesellschaft** im Zeitpunkt der beschließenden Anteilsinhaberversammlung gem. § 339 Abs. 1 **berücksichtigen**. Die „Verhältnisse" beziehen sich dabei auf die Vermögens- und Ertragslage der Gesellschaft zum maßgebenden Bewertungszeitpunkt, also der beschließenden Anteilsinhaberversammlung.

2. Angemessenheit der Barabfindung

6 Die im Formwechselplan anzubietende Barabfindung muss „angemessen" sein. Dies gibt § 340 Abs. 1 S. 1 eindeutig vor.[11] Daraus ergibt sich auch, dass der ausscheidende Anteilsinhaber grundsätzlich Anspruch auf den vollen **wirtschaftlichen Wert** seiner Anteile hat. Zur Ermittlung der angemessenen Barabfindung ist daher regelmäßig von dem Vertretungsorgan der formwechselnden Gesellschaft eine Unternehmensbewertung durchzuführen (→ § 335 Rn. 38).

7 Die Angemessenheit der anzubietenden Barabfindung ist von einem unabhängigen **Sachverständigen zu prüfen** (§ 340 Abs. 6 S. 1). Die Regelung des § 250 findet daher keine Anwendung.[12] Dadurch werden neben § 338 die Vorgaben des Art. 86f RL (EU) 2017/1132 umgesetzt.[13] Gemäß § 340 Abs. 6 S. 2 iVm § 338 Abs. 1 S. 1 iVm § 12 Abs. 1 ist über die sachverständige Prüfung der Angemessenheit des Barabfindungsangebots ein entsprechender **Prüfungsbericht** zu erstellen, der den Anteilsinhabern spätestens einen Monat vor der beschließenden Anteilsinhaberversammlung zugänglich zu machen ist (im Detail → § 338 Rn. 6 ff.). Der Prüfungsbericht ist dabei mit einer Erklärung darüber abzuschließen, ob das Barabfindungsangebot der formwechselnden Gesellschaft als Gegenwert für die Anteile angemessen ist (§ 340 Abs. 6 S. 2 iVm § 12 Abs. 2 S. 1). Auch die Angaben nach § 12 Abs. 2 S. 2 sind zu beinhalten.[14] Die Pflicht zur Prüfung der Angemessenheit der Barabfindung sowie des dazugehörigen Prüfungsberichts ist ferner unter den gleichen Voraussetzungen **entbehrlich**, wie die Prüfung und der Prüfungsbericht gem. § 338 (→ § 338 Rn. 9 ff.), also bei einer Einpersonen-Gesellschaft sowie beim Verzicht durch alle Anteilsinhaber.

---

7 Vgl. nur Noack MDR 2023, 465 (467); Lieder/Hilser ZIP 2022, 2521 (2524); Löbbe ZHR 187 (2023), 498 (502).
8 Löbbe ZHR 187 (2023), 498 (504).
9 Entsprechend zur grenzüberschreitenden Verschmelzung Stiegler AG 2019, 708 (717).
10 Vgl. nur Semler/Stengel/Leonard/Kalss § 207 Rn. 17.
11 Ausführlich dazu Lieder/Hilser ZIP 2022, 2521 ff.
12 Begr. RegE UmRUG, BT-Drs. 20/3822, 118.
13 Begr. RegE UmRUG, BT-Drs. 20/3822, 118.
14 Vgl. Begr. RegE UmRUG, BT-Drs. 20/3822, 118.

Sollte sich herausstellen oder besteht die Vermutung, dass das Barabfindungsangebot 8
der formwechselnden Gesellschaft unangemessen ist, kann deswegen allerdings **keine
Anfechtungsklage** gegen die Wirksamkeit des Formwechselbeschlusses erhoben werden. Vielmehr gilt über § 340 Abs. 1 S. 1 die Norm des § 210, so dass eine Klage gegen
die Wirksamkeit des Formwechselbeschlusses nicht darauf gestützt werden kann, dass
das Barabfindungsangebot nicht angemessen ist. Die austretenden Anteilsinhaber können daher das Wirksamwerden des grenzüberschreitenden Formwechsels nicht verzögern.[15] Entsprechendes gilt auch, sofern die Barabfindung überhaupt nicht oder nicht
ordnungsgemäß angeboten worden ist (vgl. § 210 Var. 2).[16] In richtlinienkonformer
Auslegung kommt der Klageausschluss zudem bei sog. „bewertungsbezogenen Informationsmängeln" zum Tragen.[17] Andere Beschlussmängel bilden hingegen weiterhin
grundsätzlich einen Anfechtungsgrund.[18]

Anstelle der Möglichkeit der Anfechtungsklage gegen den dem Formwechselplan zustimmenden Anteilsinhaberbeschluss werden die austrittswilligen Anteilsinhaber gem. 9
§ 340 Abs. 1 S. 4 iVm § 212 auf das **Spruchverfahren** verwiesen. Sie können daher unter
Geltung der Vorgaben des Spruchverfahrensgesetzes auf Antrag bei dem zuständigen
Gericht die angemessene Barabfindung bestimmen lassen. Gemäß des ebenfalls durch
das UmRUG geänderten Spruchverfahrensgesetzes ist dessen Anwendungsbereich in
diesem Fall auch ausdrücklich eröffnet (vgl. § 1 Nr. 4 SpruchG).[19] Zuständig für den Antrag des Anteilsinhabers ist gem. § 2 Abs. 1 S. 1 SpruchG ausschließlich das Landgericht
am Sitz der formwechselnden Gesellschaft. Anwendbares Sachrecht ist das Recht des
Wegzugsmitgliedstaats, also deutsches Recht.[20] Der Antrag auf gerichtliche Entscheidung muss spätestens innerhalb von drei Monaten gestellt werden, nachdem der grenzüberschreitende Formwechsel wirksam geworden ist (§ 4 Abs. 1 S. 1 Nr. 4 SpruchG).

3. Voraussetzungen

Wie beim innerstaatlichen ist auch beim grenzüberschreitenden Formwechsel in Bezug 10
auf das Austrittsrecht eines Anteilsinhabers gegen Barabfindung zwingende Voraussetzung, dass der jeweilige Anteilsinhaber, der eine Barabfindung begehrt, gegen den
Zustimmungsbeschluss der Anteilsinhaber ordnungsgemäß **Widerspruch zur Niederschrift** erklärt hat (§ 340 Abs. 1 S. 1). Dem Widerspruch zur Niederschrift steht es gleich,
wenn der Anteilsinhaber zu Unrecht zur Versammlung der Anteilsinhaber nicht zugelassen wurde oder die Versammlung nicht ordnungsgemäß einberufen war oder der
Gegenstand der Beschlussfassung nicht ordnungsgemäß bekannt gemacht worden ist
(§ 340 Abs. 1 S. 4 iVm § 207 Abs. 2 iVm § 29 Abs. 2). Die Erklärung des Widerspruchs zur
Niederschrift muss im Rahmen der Anteilsinhaberversammlung abgegeben werden.
Ferner muss nach hM der austrittswillige Anteilsinhaber gegen den grenzüberschreitenden Formwechsel bei der Beschlussfassung gestimmt haben.[21]

Gemäß § 340 Abs. 1 S. 2 steht das Barabfindungsangebot unter der **aufschiebenden** 11
Bedingung des Wirksamwerdens des grenzüberschreitenden Formwechsels. Diese Be-

---

15 *Lieder/Hilser* ZIP 2022, 2521 (2524).
16 *Thomale/Schmid* NotBZ 2023, 91 (97).
17 *J. Schmidt* NJW 2023, 1241 (1244); *Hommelhoff* NZG 2022, 683; *Noack* MDR 2023, 465 (467).
18 *Thomale/Schmid* NotBZ 2023, 91 (96); *Deck* NZG 2021, 629 (634).
19 Speziell dazu *Drescher* AG 2023, 337 ff.; MüKoAktG/*Krenek* SpruchG § 1 Rn. 12 ff.
20 Vgl. Art. 86i Abs. 5 RL (EU) 2017/1132; zustimmend *Schollmeyer* FS Heidinger, 2023, 479 (489).
21 *Lutter/Grunewald* § 29 Rn. 11; *Semler/Stengel/Leonard/Kalss* § 207 Rn. 7; *Bayer/Schmidt* ZGR 2014, 140 (156); *Knorr* NZG 2019, 1285 (1286); aA → § 207 Rn. 7; Kallmeyer/Meister/*Klöcker* § 207 Rn. 13.

stimmung ist erforderlich, da das Barabfindungsangebot angenommen werden muss, bevor der grenzüberschreitende Formwechsel wirksam wird.[22] Würde das Barabfindungsangebot unbedingt erfolgen, wäre mit der korrespondierenden Annahme durch den Anteilsinhaber die Pflicht der Gesellschaft zur Anteilsübertragung gegen Barabfindung (→ Rn. 3) unabhängig vom weiteren Vollzug des Verschmelzungsvorgangs begründet, was gegen die Vorgaben der zugrunde liegenden Richtlinie verstoßen würde.[23] Konsequenz des § 340 Abs. 1 S. 2 ist damit, dass die formwechselnde Gesellschaft bei Scheitern des grenzüberschreitenden Formwechsels nicht mehr an ihr im Formwechselplan bestimmtes Barabfindungsangebot gebunden ist. Damit wird sichergestellt, dass auch ein Anteilsinhaberaustritt nur wirksam werden kann, wenn der grenzüberschreitenden Formwechsel und damit der ausländische Zielrechtsträger ordnungsgemäß im Register des Zuzugsstaates eingetragen wurde.[24]

12 Kann der ausländische Zielrechtsträger gesetzlich **keine eigenen Anteile** oder Mitgliedschaften **erwerben** und erklärt ein Anteilsinhaber seinen Austritt aus der formwechselnden Gesellschaft, ist diesem die Barabfindung ohne Übernahme des Anteils anzubieten (sog. **Abschichtung**).[25] Dies ergibt sich aus der über § 340 Abs. 1 S. 4 ebenfalls zur Anwendung kommenden Norm des § 207 Abs. 1 S. 2 und ist bei einem grenzüberschreitenden Formwechsel durchaus nicht unwahrscheinlich sowie abhängig von der ausländischen Zielrechtsform. Der Anteilsinhaber wird damit zunächst Anteilsinhaber des ausländische Zielrechtsträgers und kann seinen Austritt gegen Barabfindung erklären. Diese Variante des Ausscheidens eines Anteilsinhabers ist jedoch keine freiwillige Alternative zur Anteilsübertragung aufgrund Annahme des Barabfindungsangebots, sondern steht nur zur Verfügung, wenn eine Anteilsübertragung rechtsformbedingt unzulässig ist.[26]

4. Wirksamkeit des Anteilskaufvertrags

13 Wird das von der formwechselnden Gesellschaft unterbreitete Barabfindungsangebot von dem austrittswilligen Anteilsinhaber gemäß den Vorgaben des § 340 Abs. 2, 3 angenommen, kommt, unter Beachtung der etwaigen formalen Vorgaben (→ Rn. 18), ein Kaufvertrag über den Erwerb und die Übertragung der Anteile an die formwechselnde Gesellschaft zustande. Dabei kommt es bei dieser zur Entstehung (weiterer) **eigener Anteile**. Die Zulässigkeit des Erwerbs eigener Anteile (Geschäftsanteile/Aktien) wurde in diesem Fall des grenzüberschreitenden Formwechsels im Zuge des UmRUG für grundsätzlich zulässig erklärt.[27] In diesem Zusammenhang bestimmt nun § 340 Abs. 1 S. 1 Hs. 2, dass sowohl § 71 Abs. 4 S. 2 AktG als auch § 33 Abs. 2 S. 3 Hs. 2 GmbHG nicht anzuwenden sind, sofern der Erwerb eigener Anteile darüber hinaus nicht den aktien- bzw. GmbH-rechtlichen Vorgaben entsprechen sollte. Ein unzulässiger (sachenrechtlicher) Erwerb eigener Anteile **lässt** daher das zugrunde liegende **schuldrechtliche Geschäft**, also den Anteilskaufvertrag, **unberührt** und dieses **bleibt wirksam**. Dadurch wird sichergestellt, dass ein etwaiger Verstoß gegen aktien- bzw. GmbH-rechtliche Bestimmungen, der erst nach dem Anteilsinhaberbeschluss erkennbar wird, den für die

---

22 Begr. RegE UmRUG, BT-Drs. 20/3822, 94; kritisch *Löbbe* ZHR 187 (2023), 498 (507).
23 Begr. RegE UmRUG, BT-Drs. 20/3822, 94.
24 *Baschnagel/Hilser* BWNotZ 2023, 2 (4).
25 Zum innerstaatlichen Formwechsel Semler/Stengel/Leonard/*Kalss* § 207 Rn. 13.
26 Zum innerstaatlichen Formwechsel Habersack/Wicke/*Simons* 207 Rn. 47.
27 Siehe § 71 Abs. 1 Nr. 3 AktG (für die AG); § 33 Abs. 3 GmbHG (für die GmbH).

Erfüllung des Austritts- und Barabfindungsrechts notwendigen Erwerb eigener Anteile nicht hindert.[28]

III. Annahme des Barabfindungsangebots

Damit ein Anteilskaufvertrag als Basis für die Zahlung der angebotenen Barabfindung aus Sicht des austrittswilligen Anteilsinhabers sowie für den Erwerb eigener Anteile aus Sicht der formwechselnden Gesellschaft zustande kommen kann, bedarf es gemäß allgemeiner Rechtsgeschäftslehre einer Annahmeerklärung, also der Annahme des unterbreiteten Barabfindungsangebots. § 340 Abs. 2, 3 sieht dabei ein **zweistufiges Annahmeverfahren** vor, bestehend aus der Mitteilung der Annahmeabsicht (→ Rn. 15) und der darauf aufbauenden tatsächlichen (rechtlichen) Annahme das Barabfindungsangebots (→ Rn. 17).[29] Es kommt insofern zwangsweise zur Aufspaltung der Angebotsannahme in eine entsprechende Mitteilung und eine Annahmeerklärung.[30] 14

1. Mitteilung der Annahmeabsicht

Gemäß § 340 Abs. 2 hat ein Anteilsinhaber, der die Annahme des von der formwechselnden Gesellschaft unterbreiteten Barabfindungsangebots in Betracht zieht, dieser seine Absicht **spätestens einen Monat** nach der den grenzüberschreitenden Formwechsel beschließenden Anteilsinhaberversammlung mitzuteilen. Zweck dieser vorgelagerter Mitteilung („**Absichtserklärung**")[31] ist es, der formwechselnden Gesellschaft frühzeitig zu ermöglichen, den durch die Abfindungszahlung drohenden Liquiditätsabfluss einschätzen zu können.[32] Bei der entsprechenden Mitteilung handelt es sich dabei eindeutig noch nicht um die verbindliche Annahme des Barabfindungsangebots.[33] Sie ist aber grundsätzlich Voraussetzung für die spätere Annahme des Barangebots (vgl. § 340 Abs. 3 S. 2).[34] Dies gilt nur dann nicht, wenn die (formwirksame) Annahmeerklärung gem. § 340 Abs. 1 bereits vor Ablauf der einmonatigen Mitteilungsfrist erfolgt ist (§ 340 Abs. 3 S. 3). 15

Da die Mitteilung gem. § 340 Abs. 2 nur eine Absichtserklärung des austrittswilligen Anteilsinhaber darstellt, ist sie nicht bindend.[35] Sie begründet also noch **keine Verpflichtung** gegenüber der Gesellschaft.[36] Die Mitteilung ist nicht formgebunden, so dass der Anteilsinhaber grundsätzlich die Wahl des Übermittlungsweges an die Gesellschaft hat.[37] Aus Nachweisgründen empfiehlt sich aber zumindest eine Mitteilung in Textform, zB per E-Mail an das Vertretungsorgan der formwechselnden Gesellschaft.[38] Voraussetzung ist jedoch, dass die Mitteilung wie jede anderen Willenserklärung rechtzeitig und ordnungsgemäß zugeht. Hierfür gelten im Grundsatz die allgemeinen zivilrechtlichen Bestimmungen. 16

---

28 Zu § 313 Abs. 1 S. 1 (§ 122i Abs. 1 S. 1 aF) Lutter/*Bayer* § 122i Rn. 18.
29 Kritisch dazu *Thomale/Schmid* NotBZ 2023, 91 (96 f.); *Bungert/Strothotte* BB 2022, 1411 (1415); *J. Schmidt* NZG 2022, 579 (583), jeweils vor allem, da die Richtlinie dies nicht zwingend vorgibt; vgl. *J. Schmidt* NJW 2023, 1241 (1244).
30 *J. Schmidt* NJW 2023, 1241 (1244); *J. Schmidt* NZG 2022, 579 (583).
31 Begr. RegE UmRUG, BT-Drs. 20/3822, 95.
32 Begr. RegE UmRUG, BT-Drs. 20/3822, 95; zur Problematik der Barabfindung für die Liquiditäts- und Investitionsplanung auch *Herzog/Gebhard* AG 2023, 310 (311).
33 Begr. RegE UmRUG, BT-Drs. 20/3822, 95; *Heckschen/Knaier* GmbHR 2023, 317 (321); vgl. auch *Schollmeyer* FS Heidinger, 2023, 479 (484).
34 *J. Schmidt* NJW 2023, 1241 (1244); vgl. auch Begr. RegE UmRUG, BT-Drs. 20/3822, 95 („Obliegenheit des austrittswilligen Anteilsinhabers").
35 Ferner zur dogmatischen Einordnung *Stemaszczyk* DK 2021, 48 (52) (materielle Bedingung); *Luy* GmbHR 2019, 1105 (1106) (Willensmitteilung); *Noack* ZGR 2020, 90 (108) (Rechtsbedingung); zum Ganzen auch *Schollmeyer* FS Heidinger, 2023, 479 (484 f.).
36 Begr. RegE UmRUG, BT-Drs. 20/3822, 95.
37 Begr. RegE UmRUG, BT-Drs. 20/3822, 94; vgl. auch *Schollmeyer* FS Heidinger, 2023, 479 (484 f.).
38 Begr. RegE UmRUG, BT-Drs. 20/3822, 94 f.

2. Annahme des Angebots

17 Zweiter erforderlicher Schritt des Austritts eines Anteilsinhabers gegen Barabfindung ist die tatsächliche Annahme des von der formwechselnden Gesellschaft im Formwechselplan unterbreiteten Barabfindungsangebots. Hierzu bestimmt § 340 Abs. 3 S. 1, dass das Barabfindungsangebot nur bis **spätestens zwei Monate** nach der den grenzüberschreitenden Formwechsel beschließenden Anteilsinhaberversammlung angenommen werden kann. Auch hierbei handelt es sich um eine Ausschlussfrist, nach deren Verstreichen dem austrittswilligen Anteilsinhaber grundsätzlich kein Barabfindungsrecht mehr zusteht.[39] Zudem kann die Annahme des Barabfindungsangebots nur erfolgen, wenn auch die Mitteilung nach § 340 Abs. 2 rechtzeitig erfolgt ist (§ 340 Abs. 3 S. 2). Eine Ausnahme davon besteht gem. § 340 Abs. 3 S. 3 lediglich dann, wenn der austrittswillige Anteilsinhaber seine Annahme des Barabfindungsangebots bereits vor Ablauf der einmonatigen Mitteilungsfrist gem. § 340 Abs. 2 formwirksam erklärt hat. Auch in diesem Fall darf allerdings die Eintragung des Herausformwechsels und die Ausstellung einer Formwechselbescheinigung (→ § 343 Rn. 29 ff.) durch das zuständige Registergericht nicht erfolgen, bis die Zweimonatsfrist abgelaufen ist (§ 343 Abs. 2 S. 1). Bis zur erfolgten Annahmeerklärung kann der Anteilsinhaber seine Anteile auch anderweitig veräußern. Dies ergibt sich aus § 340 Abs. 1 S. 4 iVm § 211. Der Verweis des § 211 auf § 209 wird dabei durch die Annahmefrist in § 340 Abs. 3 S. 1 ersetzt.

18 Als **Gestaltungserklärung** ist die Annahme des Barabfindungsangebots sowohl bedingungsfeindlich als auch unwiderruflich.[40] Die gesetzliche Bedingung des § 340 Abs. 1 S. 2 bleibt davon jedoch unberührt. Die Annahmeerklärung muss wie die Mitteilung nach § 340 Abs. 2 der formwechselnden Gesellschaft rechtzeitig und ordnungsgemäß zugehen. Ansonsten wird die Form der Annahmeerklärung nicht geregelt.[41] Gleichwohl bestimmt § 340 Abs. 3 S. 4, dass für die **GmbH** als formwechselnde Gesellschaft die Regelung des § 15 Abs. 4 GmbHG unberührt bleibt. Die Annahmeerklärung eines austrittswilligen GmbH-Gesellschafters ist daher **notariell zu beurkunden**.[42] Hintergrund des Beurkundungserfordernisses sollen vor allem „Beweiserleichterung und Richtigkeitsgewähr hinsichtlich der Beteiligungsverhältnisse" sein.[43] Die dingliche Übertragung der Anteile des austrittswilligen Anteilsinhaber erfolgt mit der notariellen Beurkundung allerdings noch nicht (→ Rn. 13).[44] Die Kosten für die notarielle Beurkundung der Annahmeerklärung hat gem. § 340 Abs. 1 S. 4 iVm § 207 Abs. 1 S. 3 die formwechselnde Gesellschaft zu tragen, wobei die Zahlungspflicht im Zuge des Wirksamwerdens des grenzüberschreitenden Formwechsels auf den ausländischen Zielrechtsträger übergeht. Eine Beurkundung im Online-Verfahren gem. §§ 16a ff. BeurkG ist derzeit (noch) nicht möglich. Für die anderen, sich an einem Herausformwechsel beteiligungsfähigen Rechtsformen, insbesondere die **AG**, bestehen hingegen **keine**

---

[39] Vgl. *Thomale/Schmid* NotBZ 2023, 91 (86).
[40] Zuletzt entsprechend zur Austrittserklärung *Bühler* FS Heidinger, 2023, 69 (75); vgl. auch Begr. RegE UmRUG, BT-Drs. 20/3822, 95 (bindende Annahmeerklärung).
[41] Begr. RegE UmRUG, BT-Drs. 20/3822, 96.
[42] Begr. RegE UmRUG, BT-Drs. 20/3822, 96; *J. Schmidt* NJW 2023, 1241 (1244); *Heckschen/Knaier* GmbHR 2023, 317 (321); *Noack* MDR 2023, 465 (467); *Luy/Redler* notar 2022, 163 (167); kritisch zur Beurkundungspflicht *Thomale/Schmid* NotBZ 2023, 91 (96 f.); *Bungert/Strothotte* BB 2022, 1411 (1415); *DAV* NZG 2022, 849 (857); *J. Schmidt* NZG 2022, 579 (582); *Löbbe* ZHR 187 (2023), 498 (508); positiver hingegen *Heckschen/Knaier* ZIP 2022, 2205 (2213); *Baschnagel/Hilser* BWNotZ 2023, 2 (8); *Schollmeyer* FS Heidinger, 2023, 479 (485).
[43] Begr. RegE UmRUG, BT-Drs. 20/3822, 96.
[44] Begr. RegE UmRUG, BT-Drs. 20/3822, 96.

Formvorgaben.⁴⁵ Es genügt daher insbesondere eine Annahmeerklärung in Textform, zB per E-Mail. Dies zeigt auch § 340 Abs. 1 S. 3.

IV. Rechtsfolgen der Annahme

1. Zahlungsanspruch und Fälligkeit

Mit der (formwirksamen) Annahmeerklärung des austrittswilligen Anteilsinhabers kommt der entsprechende Anteilskaufvertrag zwischen diesem und der formwechselnden Gesellschaft zustande. Damit entsteht der Barabfindungsanspruch des Anteilsinhabers auf der einen Seite und das Recht der Gesellschaft auf Anteilsübertragung auf der anderen Seite.⁴⁶ Schuldner des Anspruchs ist der ausländische Zielrechtsträger.⁴⁷ Der ausgeschiedene Anteilsinhaber wird zum Gläubiger des Rechtsträgers, was § 340 Abs. 5 S. 2 aufgrund des Verweises auf § 341 klarstellt. Er kann daher insbesondere seinen Zahlungsanspruch gegen die ausländische Gesellschaft vor einem deutschen Gericht geltend machen (§ 341 Abs. 2). Die Leistung von Sicherheiten ist jedoch ausgeschlossen, da die Forderung des Anteilsinhabers erst mit Annahme des Barabfindungsangebots entsteht, die jedoch frühestens unmittelbar nach Bekanntmachung des Formwechselplans gem. § 336 erfolgen kann und im Gegensatz dazu § 341 Abs. 1 iVm § 314 Abs. 1 Nr. 1 verlangt, dass eine Gläubigerforderung bereits **vor** der Bekanntmachung des Formwechselplans entstanden sein muss.

Mit der (formwirksamen) Annahmeerklärung des austrittswilligen Anteilsinhabers entsteht dessen **Anspruch auf Zahlung** der im Formwechselplan bestimmten Barabfindung. Dies jedoch gem. § 340 Abs. 1 S. 2 unter der Bedingung des Wirksamwerdens des grenzüberschreitenden Formwechsels, also der Eintragung des ausländischen Zielrechtsträgers in dessen zuständigem Register. **Fällig** wird der Zahlungsanspruch gem. § 340 Abs. 5 S. 1 spätestens **zwei Wochen** nach entsprechendem Wirksamwerden des grenzüberschreitenden Formwechsels. Eine frühere Zahlung ist gleichwohl unschädlich. Über § 340 Abs. 1 S. 4 gilt auch § 208 iVm § 30 Abs. 1 S. 2 iVm § 15 Abs. 2 S. 1, dh dass die fällige Forderung des Anteilsinhabers mit 5 % p. a. verzinst werden kann. In Abweichung zu § 15 Abs. 2 S. 1 kann die Verzinsung allerdings erst mit Ablauf der Zweiwochenfrist des § 340 Abs. 5 S. 1 beginnen.

2. Austritt des Anteilsinhabers

§ 340 Abs. 4 bestimmt, dass Anteilsinhaber, die das Barabfindungsangebot der formwechselnden Gesellschaft ordnungsgemäß angenommen haben, nicht Anteilsinhaber des ausländischen Zielrechtsträgers werden. Vielmehr scheiden sie **kraft Gesetzes mit Wirksamwerden** des grenzüberschreitenden Formwechsels, dh mit erfolgter Eintragung des ausländischen Zielrechtsträgers im Register des Zuzugsstaats,⁴⁸ aus der Gesellschaft aus.⁴⁹ Dies bedeutet dabei auch, dass die Anteile erst zu diesem Zeitpunkt rechtlich auf den dann ausländischen Zielrechtsträger als eigene Anteile übertragen werden.⁵⁰ Insofern bedarf es beim Herausformwechsel aus Deutschland auch keiner

---

45 Luy/Redler notar 2022, 163 (167); J. Schmidt NZG 2022, 579 (583).
46 Vgl. auch Schollmeyer FS Heidinger, 2023, 479 (485).
47 Noack ZGR 2020, 90 (99); Schollmeyer FS Heidinger, 2023, 479 (488) (zur grenzüberschreitenden Spaltung).
48 Für einen Hereinformwechsel s. diesbezüglich auch § 345 Abs. 4.
49 Vgl. nur J. Schmidt NJW 2023, 1241 (1244); Thomale/Schmid NotBZ 2023, 91 (96); Baschnagel/Hilser BWNotZ 2023, 2 (5); Löbbe ZHR 187 (2023), 498 (507); s. auch Schollmeyer FS Heidinger, 2023, 479 485).
50 Vgl. J. Schmidt NZG 2022, 579 (582).

diesbezüglichen Änderung der Gesellschafterliste oder des Aktienregisters der formwechselnden Gesellschaft.

§ 341 Gläubigerschutz

(1) § 314 gilt für die formwechselnde Gesellschaft und ihre Gläubiger entsprechend.

(2) ¹Für Klagen von Gläubigern wegen einer Forderung gegen die formwechselnde Gesellschaft sind unbeschadet unionsrechtlicher Vorschriften auch die deutschen Gerichte international zuständig, sofern die Forderung vor der Bekanntmachung des Formwechselplans oder seines Entwurfs entstanden ist und die Klage innerhalb von zwei Jahren nach Wirksamwerden des grenzüberschreitenden Formwechsels erhoben wird. ²Der Gerichtsstand im Inland bestimmt sich nach dem letzten Sitz des formwechselnden Rechtsträgers.

Literatur:
Baschnagel/Hilser, Gläubigerschutz bei grenzüberschreitenden Umwandlungen nach dem UmRUG, NZG 2022, 1333; *Bungert/Strothotte*, Die Regierungsentwürfe zu grenzüberschreitenden Verschmelzungen, Spaltungen und Formwechseln, DB 2022, 1818; *Heckschen/Knaier*, Reform des Umwandlungsrechts kurz vor dem Ziel, ZIP 2022, 2205; *Heckschen/Knaier*, Die größte Reform des Umwandlungsrechts: Endlich in Kraft!, GmbHR 2023, 317; *Hilser*, Grenzüberschreitender Rechtsformwechsel in der Europäischen Union, 2022 (zit.: *Hilser* Grenzüberschreitender Rechtsformwechsel); *Löbbe*, Die grenzüberschreitende Umwandlung nach dem UmRUG, ZHR 187 (2023), 498; *Luy/Redler*, Immer mit Plan – der Referentenentwurf eines Gesetzes zur Umsetzung der Umwandlungsrichtlinie (UmRUG), notar 2022, 163; *Noack*, Nationaler Rechtsrahmen für grenzüberschreitende Umwandlungen, MDR 2023, 465; *Redler/Obermann*, Der Gläubigerschutz bei innerstaatlichen und grenzüberschreitenden Umwandlungen, ZPG 2024, 24; *Schmidt, J.*, Der Schutz der Gläubiger bei grenzüberschreitenden Verschmelzungen nach dem UmRUG, in: FS Heidinger, 2023, S. 469; *Schollmeyer*, Der Gläubigerschutz bei grenzüberschreitenden Umwandlungen nach der neuen Umwandlungsrichtlinie, ZGR 2020, 62; *Thomale/Schmid*, Das neue Recht der grenzüberschreitenden Umwandlung – Eine Einführung (Teil I), NotBZ 2023, 91.

I. Einführung und Grundlagen 1	d) Erfüllungsgefährdung der Forderung 10
1. Europäischer Hintergrund 1	3. Glaubhaftmachung 13
2. Regelungsgegenstand und -zweck 2	III. Geltendmachung des Anspruchs auf Sicherheitsleistung 16
II. Anspruch auf Sicherheitsleistung 3	IV. Freigabe von Sicherheiten 17
1. Grundlagen 3	V. Gerichtszuständigkeit 20
2. Anspruchsvoraussetzungen 6	1. Sicherheitsleistungen 20
a) Gläubiger 7	2. Sonstige Forderungen 22
b) Bestehende Forderung 8	
c) Noch nicht fällige Forderung 9	

I. Einführung und Grundlagen

1. Europäischer Hintergrund

1 § 341 dient der Umsetzung von **Art. 86j RL (EU) 2017/1132**.[1] Dieser bestimmt, dass die Mitgliedstaaten ein angemessenes Schutzsystem für die Interessen der Gläubiger vorzusehen haben, deren Forderungen vor der Offenlegung des Formwechselplans für den grenzüberschreitende Formwechsel entstanden und zum Zeitpunkt dieser Offenlegung noch nicht fällig geworden sind (Art. 86j Abs. 1 S. 1 RL (EU) 2017/1132). Danach obliegt

---

1 Begr. RegE UmRUG, BT-Drs. 20/3822, 118.

der Schutz von Gläubigern dem Wegzugsstaat, dh dem Mitgliedstaat, dessen Recht die formwechselnde Gesellschaft unterfällt.[2]

2. Regelungsgegenstand und -zweck

Wie beim innerstaatlichen Formwechsel wird aufgrund des Identitätsprinzips beim grenzüberschreitenden Formwechsel der Bestand der Rechtsbeziehungen zu Dritten zunächst nicht beeinflusst. Die Gläubiger der formwechselnden Gesellschaft verlieren jedoch das nationale Zurechnungsobjekt für die Geltendmachung ihrer Forderungen und sind angehalten, diese gegen den ausländischen Zielrechtsträger geltend zu machen. Ein **individueller Gläubigerschutz** in Form von Sicherheitsleistungen an die betroffenen Gläubiger ist beim grenzüberschreitenden im Vergleich zum innerstaatlichen Formwechsel somit von tendenziell höherer Bedeutung, da es ggf. zum Wechsel in eine ausländische Rechtsform mit ebenfalls einer Haftungsbeschränkung, jedoch niedrigeren Kapitalaufbringungs- und/oder Kapitalerhaltungsvorschriften als im deutschen Gesellschaftsrecht kommt.[3] § 341 (und die diesem zugrunde liegende Regelung des Art. 86j RL (EU) 2017/1132) versucht diesen Gefahren aus gesetzlicher Sicht zu begegnen und bestimmt einen grundsätzlichen Anspruch der Gläubiger der formwechselnden Gesellschaft auf **Leistung von Sicherheiten**. Die Norm dient daher unmittelbar dem Gläubigerschutz.[4]

II. Anspruch auf Sicherheitsleistung

1. Grundlagen

Gemäß § 341 Abs. 1 iVm § 314 Abs. 1 können Gläubiger der formwechselnden Gesellschaft verlangen, dass ihnen **Sicherheiten für bestehende Forderungen** geleistet werden. Dies steht in unmittelbarem Zusammenhang mit der Pflicht zur Angabe von anzubietenden Gläubigersicherheiten im Formwechselplan gem. § 335 Abs. 2 Nr. 8 (→ § 335 Rn. 32 f.). Anlass der Sicherheitsleistung ist dabei der bevorstehende grenzüberschreitende Formwechsel.[5] Basierend auf der zugrunde liegenden Richtlinienregelung[6] besteht diesbezüglich eine gewisse **Rangfolge:** Nur wenn die Gläubiger die im Formwechselplan von der Gesellschaft dargestellten Sicherheiten (s. § 335 Abs. 2 Nr. 8) für „nicht zufriedenstellend" erachten, können sie gerichtlich angemessene Sicherheitsleistungen beantragen. Das Recht auf Sicherheitsleistung besteht daher nur **sekundär**. Gleichwohl erfolgt die Beurteilung, ob die im Formwechselplan dargestellten Sicherheiten nicht zufriedenstellend sind, aus subjektiver Sicht des jeweiligen Gläubigers, so dass eine objektive Unangemessenheit der angebotenen Sicherheiten an dieser Stelle nicht Voraussetzung für einen Antrag bei Gericht ist. Da die Sicherheit jedoch gewährleisten muss, dass sich der Gläubiger im Fall der Nichterfüllung der Forderung durch ihre Verwertung befriedigen kann, muss sie gleichwohl angemessen sein.[7] Das Merkmal der **Angemessenheit** ist dem Begriff der Sicherheit insofern immanent.[8]

Die Gläubiger müssen also zunächst entscheiden, ob sie auf Basis der Darstellungen im Formwechselplan etwaige Sicherheitsleistungen der formwechselnden Gesellschaft

---

[2] *Schollmeyer* NJW-Spezial 2023, 207.
[3] Vgl. Erwägungsgrund Nr. 22 S. 1 RL (EU) 2019/2121; zum Schutzbedürfnis auch *Baschnagel/Hilser* NZG 2022, 1333 (1334); ausführlich zu den Risiken für Gesellschaftsgläubiger bei einem grenzüberschreitenden Formwechsel *Frank*, Formwechsel im Binnenmarkt, 2016, 176 ff.; s. auch *Hilser* Grenzüberschreitender Rechtsformwechsel S. 192 ff.
[4] Vgl. nur Begr. RegE UmRUG, BT-Drs. 20/3822, 118.
[5] Begr. RegE UmRUG, BT-Drs. 20/3822, 98.
[6] Siehe Art. 86j Abs. 1 S. 2 RL (EU) 2017/1132.
[7] Vgl. auch Erwägungsgrund Nr. 23 S. 1 RL (EU) 2019/2121 („angemessener Schutz").
[8] Begr. RegE UmRUG, BT-Drs. 20/3822, 97.

für angemessen und damit ausreichend erachten. Zeitlich betrachtet haben sie dabei ab dem Zeitpunkt der **Bekanntmachung des Formwechselplans** und dem Hinweis hierauf gem. § 336 iVm § 308 Abs. 1 S. 1 Nr. 4 lit. a die Möglichkeit, sich hierüber Gedanken zu machen. Erachten sie diese als ausreichend, können sie sich mit der Gesellschaft in Verbindung setzen und die Einzelheiten individueller Sicherheitsleistungen ihnen gegenüber mit dieser verhandeln. Wird man sich einig (idR im Rahmen einer speziellen vertraglichen **Sicherungsabrede**), sind die vereinbarten Sicherheiten von der Gesellschaft zu leisten. Kommt der grenzüberschreitende Formwechsel nicht zustande, gilt die Freigabe gem. § 341 Abs. 1 iVm § 314 Abs. 3. Kann keine Einigung zwischen dem Gläubiger und der Gesellschafter erzielt werden, ist Ersterer auf das gerichtliche Verfahren gem. § 341 Abs. 1 iVm § 314 Abs. 2 zu verweisen.

5 Wie sich aus § 342 Abs. 3 S. 1 Nr. 1 ausdrücklich ergibt, müssen entsprechende Sicherheiten vor der Eintragung des Herausformwechsels und damit auch dem Wirksamwerden des grenzüberschreitenden Formwechsels von der Gesellschaft geleistet werden. Nur so können die Gläubiger ausreichend geschützt werden. Ihnen soll es nicht zugemutet werden soll, ihre Forderungen nach der Umwandlung gegen einen ausländischen Rechtsträger geltend zu machen.[9] Der Gläubigerschutz des § 341 Abs. 1 ist daher vorgelagert.[10] Dieser **ex ante-Gläubigerschutz** ist jedoch vor allem deswegen Kritik ausgesetzt, weil die Gläubiger der formwechselnden Gesellschaft das Umwandlungsverfahren dadurch nicht unerheblich verzögern könnten.[11] Hintergrund ist dabei, dass gem. § 343 Abs. 2 S. 3 die Eintragung erst erfolgen darf, wenn der Gläubigerantrag abgelehnt wurde oder festgelegte Sicherheiten geleistet wurden (sog. „**Suspensiveffekt**").[12]

2. Anspruchsvoraussetzungen

6 Damit einem Gläubiger der formwechselnden Gesellschaft ein Anspruch auf Sicherheitsleistung gegenüber dieser zusteht, müssen **verschiedene Voraussetzungen** erfüllt sein. Dies gilt gleichermaßen für die anzubietenden Sicherheiten im Formwechselplan als auch für die nachgelagerte gerichtliche Durchsetzung eines etwaigen Sicherheitsanspruchs. In diesem Zusammenhang bestimmt die Gesetzesbegründung, dass, **nur sofern** die Voraussetzungen des (§ 341 Abs. 1 iVm) § 314 Abs. 1 vorliegen, die formwechselnde Gesellschaft den anspruchsberechtigten Gläubigern Sicherheitsleistungen anzubieten hat.[13]

a) Gläubiger

7 Zunächst muss es sich zum maßgeblichen Zeitpunkt um einen Gläubiger der formwechselnden Gesellschaft handeln. „Gläubiger" ist dabei allgemein eine natürliche oder juristische Person/Personenvereinigung, die einen schuldrechtlichen oder dinglichen **Anspruch auf Leistung** gleich welcher Art gegen den Schuldner hat. Schuldner ist die formwechselnde Gesellschaft als Rechtssubjekt; nicht hingegen der zukünftige

---

[9] Begr. RegE UmRUG, BT-Drs. 20/3822, 97; *Thomale/Schmid* NotBZ 2023, 91 (100); so auch schon Begr. RegE, BR-Drs. 548/06, 36.

[10] Vgl. nur *Schollmeyer* ZGR 2020, 62 (86); *Baschnagel/Hilser* NZG 2022, 1333 (1335); *Löbbe* ZHR 187 (2023), 498 (522).

[11] *Lucy/Redler* notar 2022, 163 (168); *Bungert/Strothotte* BB 2022, 1411 (1416); *Baschnagel/Hilser* NZG 2022, 1333 (1340);

wohl auch *Bungert* NZG 2022, 1657; *Heckschen/Knaier* ZIP 2022, 2205 (2209); zweifelnd in Bezug auf die Vereinbarkeit mit der Niederlassungsfreiheit auch *Löbbe* ZHR 187 (2023), 498 (525).

[12] Begr. RegE UmRUG, BT-Drs. 20/3822, 97; *Thomale/Schmid* NotBZ 2023, 101; *Baschnagel/Hilser* NZG 2022, 1333 (1337).

[13] Begr. RegE UmRUG, BT-Drs. 20/3822, 97.

Zielrechtsträger, Anteilsinhaber der formwechselnden Gesellschaft oder etwaige Konzernunternehmen. Hinsichtlich der Gläubigereigenschaft ist bei **Anteilsinhabern** der formwechselnden Gesellschaft zu differenzieren. In Bezug auf ihre gesellschaftsrechtlich-organisatorische Stellung als teilnahmeberechtigte Personen an der Anteilsinhaberversammlung der formwechselnden Gesellschaft stellen die Anteilsinhaber keine Gläubiger dar. Als nicht in dieser Funktion handelnde Personen, also vor allem als „Dritte", können Anteilsinhaber allerdings gleichzeitig Gläubiger der Gesellschaft sein. Dies ist zB in Bezug auf Darlehensverträge zwischen der Gesellschaft und Anteilsinhabern der Fall. Schuldrechtliche Verträge, die einen unmittelbaren Bezug zur Anteilsinhaberstellung aufweisen, zB Gesellschafter- bzw. Aktionärsvereinbarungen, begründen jedoch grundsätzlich keine Gläubigerstellung eines Anteilsinhabers als Partei einer solchen Vereinbarung, auch wenn, wie üblich, die Gesellschaft selbst Partei ist. Auch **Arbeitnehmer** der formwechselnden Gesellschaft sind vor allem hinsichtlich etwaiger Betriebsrentenansprüche Gläubiger iSd § 341 Abs. 1.[14] Gleiches gilt bezüglich ihres Lohnzahlungsanspruchs gegen die formwechselnde Gesellschaft als Arbeitgeberin.

b) Bestehende Forderung

§ 341 Abs. 1 iVm § 314 Abs. 1 Nr. 1 setzt für den Anspruch eines Gläubiges auf Sicherheitsleistung voraus, dass dieser eine Forderung gegen die formwechselnde Gesellschaft besitzt, die **vor der Bekanntmachung des Formwechselplans** oder seines Entwurfs entstanden sein muss (sog. Alt-Gläubiger).[15] Ob zunächst eine Forderung besteht und damit die Person überhaupt Gläubiger der formwechselnden Gesellschaft ist, ist von der entsprechenden Person im Zweifel darzulegen und glaubhaft zu machen (vgl. auch § 314 Abs. 2). Die Forderung muss zwingend vor der Bekanntmachung des Formwechselplans oder seines Entwurfs (rechtswirksam) entstanden sein. In der Regel wird dabei auf das Datum eines etwaigen Vertragsabschlusses zwischen Gläubiger und Gesellschaft abgestellt werden können. Zu diesem Zeitpunkt darf der Formwechselplan noch nicht gem. § 336 iVm § 308 Abs. 1 vom zuständigen Registergericht öffentlich zugänglich gemacht worden sowie die Hinweisbekanntmachung gem. § 308 Abs. 1 S. 2 Nr. 4 lit. a noch nicht erfolgt sein (dazu sowie den Modalitäten der Bekanntmachung → § 336 Rn. 5, 8). Dies ist damit regelmäßig der Zeitpunkt, an dem die Gläubiger (abgesehen ggf. die Arbeitnehmer) erstmalig sowohl von dem Vorhaben des grenzüberschreitenden Formwechsels Kenntnis erlangen können[16] als auch die Möglichkeit haben, den Formwechselplan inkl. den darin enthaltenen Darstellungen zu Gläubigersicherheiten einzusehen. Alle Forderungen, die danach und damit im potenziellen Wissen des Formwechselplans und dessen Inhalts entstanden sind, berechtigten nicht mehr zu einem Anspruch auf Sicherheitsleistung gegen die formwechselnde Gesellschaft.

c) Noch nicht fällige Forderung

Voraussetzung ist gem. § 341 Abs. 1 iVm § 314 Abs. 1 Nr. 1 weiterhin, dass die bestehende Forderung noch nicht fällig geworden ist. Dies lässt sich daraus erklären, dass anderenfalls kein Bedürfnis des Gläubigers für eine (zusätzliche) Absicherung seiner Forderung besteht, da er zum einen diese im ordentlichen Klageweg einfordern kann und zum an-

---

14 Erwägungsgrund Nr. 24 S. 3 RL (EU) 2019/2121; *Noack* MDR 2023, 465 (448); *Schollmeyer* ZGR 2020, 60 (80).
15 *J. Schmidt* FS Heidinger, 2023, 469 (472); *Baschnagel/Hilser* NZG 2022, 1333 (1334).
16 Zur Problematik der kapitalmarktrechtlichen Vorab-Information in Bezug auf das Umwandlungsvorhaben siehe auch *Schollmeyer* ZGR 2020, 60 (73).

deren der Bestand seiner Forderung auch nicht gefährdet ist, da sie aufgrund Fälligkeit materiell unveränderbar und durchsetzbar ist. Maßgeblicher Zeitpunkt für die **Nicht-Fälligkeit der Gläubigerforderung** ist wiederum der Zeitpunkt der Bekanntmachung des Formwechselplans bzw. seines Entwurfs gem. § 336 iVm § 308 Abs. 1.

d) Erfüllungsgefährdung der Forderung

10 Schließlich muss die Erfüllung der bestehenden, noch nicht fälligen, Forderung des Gläubigers gegenüber der formwechselnden Gesellschaft **aufgrund des grenzüberschreitenden Formwechsels** gefährdet werden. Es muss daher im Zuge des Wirksamwerdens der Umwandlungsmaßnahme eine substanziiertes **Ausfallrisiko** bestehen. Dies ist vom Gläubiger darzulegen und nachzuweisen bzw. gem. § 341 Abs. 1 iVm § 314 Abs. 2 dem Gericht gegenüber glaubhaft zu machen (→ Rn. 13 ff.). In diesem Zusammenhang darf der Antrag des Gläubigers auch nicht nach den allgemeinen Wertungen rechtsmissbräuchlich sein.[17]

11 Die Frage ist, wann bei einem grenzüberschreitenden Formwechsel diesbezüglich eine **konkrete Gefährdungslage** besteht. Die zugrunde liegende Richtlinienbegründung führt in diesem Zusammenhang lediglich aus, dass derzeit die Gläubigerschutzvorschriften in den Mitgliedstaaten unterschiedlich sind, was zu „Unsicherheit [...] für die Gläubiger im Hinblick auf die Beitreibung oder Befriedigung ihrer Forderungen führt".[18] Daraus wird teilweise gefolgert, dass an die Erfüllungsgefährdung keine allzu hohen Anforderungen zu stellen sind.[19] Dies erscheint jedoch zu pauschal.[20] Vielmehr muss **individualisiert** eine konkrete Gefährdung bestehen, die in **unmittelbarem Zusammenhang mit dem Wechsel** in eine ganz bestimmte ausländische Kapitalgesellschaftsform steht.[21] Anders als bei vor allem einer grenzüberschreitenden Verschmelzung ist dies jedoch tendenziell bei einem grenzüberschreitenden Formwechsel eher seltener der Fall, da bei diesem Rechtsträgeridentität besteht und es nicht zu einer Vermögensaufteilung oder -verschiebung kommt. Auch die etwaige Pflicht zur Geltendmachung einer Forderung gegen einen ausländischen Schuldner begründet als solche noch keine konkrete Gefährdung. Zum einen kommt einem Gläubiger die Gerichtszuständigkeitsbestimmung des § 341 Abs. 2 zugute (→ Rn. 20 ff.). Zum andern ist es bei einem grenzüberschreitenden Formwechsel eher unwahrscheinlich, dass in dessen Zuge nahezu die gesamte wirtschaftliche Tätigkeit in Deutschland eingestellt wird. Insbesondere aufgrund einer gewissen Kundenbindung ist anzunehmen, dass die formwechselnde Gesellschaft auch nach ihrer Umwandlung und Verlegung des Satzungssitzes zumindest eine Zweigniederlassung oder andere Betriebsform in Deutschland beibehalten wird.[22] Nach Art. 7 Nr. 5 Brüssel Ia-VO kann am Ort einer Niederlassung der Auslandsgesellschaft Klage erhoben werden.[23] Auch wenn Art. 7 Nr. 5 Brüssel Ia-VO mangels Streitigkeit aus dem Betrieb einer Zweigniederlassung, einer Agentur oder einer sonstigen Niederlassung der weggezogenen Gesellschaft nicht einschlägig wäre, liegt bei

---

[17] Lediglich de lege ferenda fordernd auch *Baschnagel/Hilser* NZG 2022, 1333 (1338).
[18] Erwägungsgrund Nr. 22 S. 2 RL (EU) 2019/2121.
[19] So *Schollmeyer* ZGR 2020, 60 (74).
[20] In diesem Sinne *J. Schmidt* FS Heidinger, 2023, 469 (473).
[21] In diesem Sinne *Leydecker*, Gläubigerschutz bei grenzüberschreitenden Umwandlungen, 2021, S. 235.

[22] Vgl. Study on Transfer of the Head Office of a Company from One Member State to Another, carried out by KPMG European Business Centre, 1993, S. 47.
[23] MüKoZPO/*Gottwald* Brüssel Ia-VO Art. 7 Rn. 78 ff.; im Zusammenhang mit dem Gläubigerschutz beim grenzüberschreitenden Formwechsel auch *Janisch*, Die grenzüberschreitende Sitzverlegung von Kapitalgesellschaften, 2015, S. 199; *Leydecker*, Gläubigerschutz bei grenzüberschreitenden Umwandlungen, 2021, S. 233.

vertraglichen Ansprüchen von Alt-Gläubigern regelmäßig der besondere Gerichtsstand des Art. 7 Nr. 1 lit. a Brüssel Ia-VO vor.[24] Handelt es sich um einen Verbrauchervertrag iS der Brüssel Ia-VO, hat der Alt-Gläubiger der Gesellschaft zudem gem. Art. 18 Abs. 1 Brüssel Ia-VO ein Wahlrecht, ob er die Gesellschaft im Zielmitgliedstaat oder vor dem Gericht des Ortes verklagt, an dem er seinen Wohnsitz hat. Insofern kann der ausländische Zielrechtsträger auch in seinem ehemaligen Wegzugsstaat verklagt werden. Zudem hat der BGH – wenngleich in anderem Zusammenhang hinsichtlich der Brüssel Ia-VO – festgestellt, dass die Anerkennung und Vollstreckung von Gerichtsentscheidungen grundsätzlich nicht gefährdet wird, wenn sich der Satzungssitz und die Zustellmöglichkeit in unterschiedlichen Mitgliedstaaten befinden.[25]

Eine generelle Gefährdungslage kann zudem aufgrund der fortgeschrittenen Harmonisierung des mitgliedstaatlichen Kapitalgesellschaftsrechts mittels sekundärrechtlicher Angleichungsmaßnahmen nicht nachgewiesen werden. Eine konkrete Erfüllungsgefährdung aufgrund des Grenzübertritts ist damit eher die **Ausnahme** als der Regelfall.[26] Bei Geldforderungen könnte eine Erfüllungsgefährdung daher weitgehend nur dann angenommen werden, wenn im ausländischen Rechtsträger im Vergleich zur formwechselnden deutschen Gesellschaft ein **spürbar geringeres institutionelles Gläubigerschutzsystem aus gesellschafts-, insolvenz- und ggf. deliktsrechtlicher Sicht** besteht.[27] Dies ist gleichwohl schwer feststellbar und verbietet pauschalierte Aussagen.

3. Glaubhaftmachung

Ist der Gläubiger der formwechselnden Gesellschaft der Auffassung, dass die im Formwechselplan dargestellten Angaben zu Sicherheitsleistungen für ihn nicht zufriedenstellend sind, kann er sein Sicherheitsverlangen auch gerichtlich geltend machen. Dies setzt jedoch gem. § 341 Abs. 1 iVm § 314 Abs. 2 voraus, dass er die genannten Anspruchsvoraussetzungen **gegenüber dem zuständigen Gericht glaubhaft macht**.[28] Darin liegt eine Abkehr von der vormals für die grenzüberschreitende Verschmelzung geltende Regelung des § 122j Abs. 1 aF, wonach die Glaubhaftmachung gegenüber der Schuldnergesellschaft erfolgen musste.[29] Zuständig sind die ordentlichen Zivilgerichte und – anders als noch im Referentenentwurf vorgesehen – nicht die Registergerichte.[30] Die gerichtliche Geltend- und damit Glaubhaftmachung erfolgt mittels Leistungsklage des betroffenen Gläubigers.[31]

Die Glaubhaftmachung bezieht sich auf alle Anspruchsvoraussetzungen des § 314 Abs. 1, also ausdrücklich auch auf das **Bestehen der Forderung** als solche. Dies soll verhindern, dass die Sicherheitsleistung wegen langwierigen Streits über das Bestehen der Forderung im Ergebnis zu spät kommt und so der angestrebte Sicherungszweck vereitelt wird.[32] Die jeweilige Glaubhaftmachung ist vom Gericht zu prüfen, wobei es genügt, dass dieses das Vorliegen der Voraussetzung für überwiegend wahrscheinlich hält.[33] Wie sich aus § 343 Abs. 2 S. 3 Nr. 2 ergibt, überprüft es aber auch die Darstellungen zu den Sicherheiten im Formwechselplan und kann eine (abweichende) konkrete Sicherheitsleistung festlegen.

---

24 *Stiegler* Grenzüberschreitende Sitzverlegungen S. 317.
25 BGH 21.6.2016 – X ZR 41/15, NZG 2016, 1156.
26 Vgl. auch *J. Schmidt* ZEuP 2020, 565 (583).
27 Vgl. auch *Thole* in Unternehmensmobilität im EU-Binnenmarkt, 2023, S. 65 (77).
28 Eines Vollbeweises bedarf es hingegen nicht, *J. Schmidt* FS Heidinger, 2023, 469 (474).
29 Begr. RegE UmRUG, BT-Drs. 20/3822, 98.
30 Zur Problematik *Thole* in Unternehmensmobilität im EU-Binnenmarkt, 2023, S. 65 (78 ff.).
31 Vgl. *Heckschen/Knaier* ZIP 2022, 2205 (2209); *Baschnagel/Hilser* NZG 2022, 1333 (1337).
32 Begr. RegE UmRUG, BT-Drs. 20/3822, 98.
33 *J. Schmid* FS Heidinger, 2023, 469 (474).

15 Die Glaubhaftmachung der Voraussetzungen des § 314 Abs. 1 Nr. 1 (bestehende, noch nicht fällige Forderung) wird regelmäßig unproblematisch sein, da diese häufig an konkrete Zeitpunkte anknüpfen bzw. sich anhand dieser ermitteln lassen. Schwerpunkt dürfte in der Praxis daher die Glaubhaftmachung (und deren gerichtliche Überprüfung) der **Erfüllungsgefährdung der Forderung** durch den grenzüberschreitenden Formwechsel sein. Zwar sollte eine konkrete Gefährdung aufgrund der besonderen Situation des Formwechsels in eine ausländische Gesellschaftsform tendenziell eher glaubhaft gemacht werden können als bei einem innerstaatlichen Formwechsel gem. § 204 iVm § 22 Abs. 1 S. 2, jedoch sollen nach hM generell erhöhte Anforderungen an die Glaubhaftmachung bestehen.[34] Zumindest wird es schwer fallen, eine konkret-individuelle Erhöhung des Ausfallrisikos der Forderung nur aufgrund des grenzüberschreitenden Formwechsels substanziiert darlegen zu können.[35]

III. Geltendmachung des Anspruchs auf Sicherheitsleistung

16 Unabhängig davon, ob die Voraussetzungen für einen Anspruch auf Sicherheitsleistung gem. § 341 Abs. 1 iVm § 314 Abs. 1 tatsächlich vorliegen und ob diese hinreichend gem. § 341 Abs. 1 iVm § 314 Abs. 2 glaubhaft gemacht wurden, erlischt der Anspruch auf Sicherheitsleistung, wenn er nicht innerhalb von **drei Monaten** ab Bekanntmachung des Formwechselplans gerichtlich geltend gemacht wurde (**Ausschlussfrist**). Bei der Klage handelt es sich um eine **Leistungsklage** des vermeintlich betroffenen Gläubigers der formwechselnden Gesellschaft.[36] Die Geltendmachung des Anspruchs gegenüber der Gesellschaft ist weder erforderlich noch ausreichend, um die gesetzliche Ausschlussfrist einzuhalten.[37] Bis zum Ablauf der Frist darf die registergerichtliche Eintragung des Herausformwechsels nicht vorgenommen werden (§ 343 Abs. 2 S. 1). Die dreimonatige Ausschlussfrist beginnt dem Wortlaut des § 341 Abs. 1 iVm § 314 Abs. 3 nach erst mit Bekanntmachung des Formwechselplans und nicht schon mit der Bekanntmachung dessen Entwurfs zu laufen, was angesichts der diesbezüglichen Abweichung vom Referentenentwurf ein Redaktionsversehen sein dürfte.[38] Vielmehr ist die Bekanntmachung gem. § 336 iVm § 308 Abs. 1 gemeint, der auch die des Entwurfs vorsieht.[39]

IV. Freigabe von Sicherheiten

17 Anlass der Sicherheitsleistung ist der bevorstehende grenzüberschreitende Formwechsel. Ist das Umwandlungsverfahren endgültig gescheitert, ist die Gefährdungslage beendet und es besteht kein Bedürfnis mehr für die Leistung von Sicherheiten.[40] In diesem Zusammenhang bestimmt § 341 Abs. 1 iVm § 314 Abs. 4 S. 1, dass **geleistete Sicherheiten** freizugeben sind, wenn das Umwandlungsverfahren gescheitert ist. Das Scheitern wird unwiderlegbar vermutet und ergibt sich aus den in § 314 Abs. 4 S. 2 genannten Fällen.[41] Hintergrund ist, dass etwaige Sicherheiten bereits vor (Anmeldung zur) Eintragung des Herausformwechsels von der formwechselnden Gesellschaft geleistet worden sein müssen (vgl. § 342 Abs. 3 S. 1 Nr. 1, § 343 Abs. 2 S. 3 Nr. 2, 3, S. 4), und dass anders als

---

34 Vgl. *Stelmaszczyk* DK 2021, 48 (60); *Thomale/Schmid* NotBZ 2023, 100; tendenziell auch *Bungert/Reidt* DB 2023, 54 (55); *Schröter/Neubert* jurisPR-HaGesR 4/2023 Anm. 1.
35 *Stiegler* Grenzüberschreitende Sitzverlegungen S. 318; in diesem Sinne wohl auch *Hilser* Grenzüberschreitender Rechtsformwechsel S. 227 f.
36 Begr. RegE UmRUG, BT-Drs. 20/3822, 97; vgl. auch *Heckschen/Knaier* ZIP 2022, 2205 (2209); *Baschnagel/Hilser* NZG 2022, 1333 (1337).
37 Begr. RegE UmRUG, BT-Drs. 20/3822, 98.
38 *Thomale/Schmid* NotBZ 2023, 101.
39 *Thomale/Schmid* NotBZ 2023, 101.
40 Begr. RegE UmRUG, BT-Drs. 20/3822, 98.
41 Begr. RegE UmRUG, BT-Drs. 20/3822, 98.

beim Barabfindungsangebot (→ § 340 Rn. 11) die Sicherheitsleistung nicht an die Wirksamkeit des grenzüberschreitenden Formwechsels geknüpft ist.[42] Umgekehrt basiert der Anspruch auf Sicherheitsleistung aber auch auf dem positiven Abschluss des Umwandlungsverfahrens, da sich die Erfüllungsgefährdung gem. § 314 Abs. 1 Nr. 2 faktisch nur realisieren kann, wenn auch der grenzüberschreitende Formwechsel wirksam und Forderungsschuldner eine ausländischer Rechtsträger geworden ist. Dies bedeutet insofern auch, dass, wenn die Sicherheit noch nicht (dinglich) geleistet wurde, der Gläubiger dies trotz Scheiterns des Formwechsels auch nicht mehr verlangen kann. Der Grund für die Sicherheitsleistung ist weggefallen.

Werden die Sicherheiten durch die Gläubiger nicht freigegeben, muss der **Freigabeanspruch** nach allgemeinen Regeln durch die Gesellschaft gefordert werden.[43] Es handelt sich hierbei um einen Leistungsanspruch, der selbstständig **eingeklagt und vollstreckt** werden muss.[44] Schuldner ist dabei der Gläubiger, dem die Sicherheiten geleistet wurden.[45]

§ 341 Abs. 1 iVm § 314 Abs. 4 S. 2 normiert **drei Fälle**, in denen das endgültige Scheitern des Umwandlungsverfahrens als Grundlage für den Freigabeanspruch der formwechselnden Gesellschaft unwiderleglich vermutet wird: Gemäß § 314 Abs. 4 S. 2 **Nr. 1** gilt das Umwandlungsverfahren als gescheitert, wenn die registergerichtliche Entscheidung über die Ablehnung der Eintragung des Herausformwechsels und damit der Ausstellung der Formwechselbescheinigung gem. § 343 Abs. 1 S. 3 rechtskräftig ist.[46] Gleiches gilt nach § 314 Abs. 4 S. 2 **Nr. 2**, wenn die ablehnende Entscheidung des Registergerichts über die Eintragung nicht mehr angefochten werden kann. Schließlich bestimmt § 314 Abs. 4 S. 2 **Nr. 3** als **Auffangklausel**,[47] dass das Umwandlungsverfahren auch dann als gescheitert anzusehen ist und damit die geleisteten Sicherheiten freizugeben sind, wenn es auf andere Weise endgültig beendet worden ist. Dies ist insbesondere der Fall, wenn die Behörde bzw. das Register des ausländischen Zielrechtsträgers dessen Eintrag endgültig verweigert, der Eintragungsantrag von der Gesellschaft zurückgenommen wurde[48] oder die Gesellschaft mittlerweile formwechselunfähig geworden ist. Obgleich im Hinblick auf die Formulierung „insbesondere" in § 314 Abs. 4 S. 2 auch weitere Umstände das Scheitern des grenzüberschreitenden Formwechsels begründen können, sind aufgrund der Auffangklausel der Nr. 3 hier grundsätzlich keine weiteren, nicht bereits davon erfassten, Gründe denkbar.

V. Gerichtszuständigkeit

1. Sicherheitsleistungen

Gemäß § 341 Abs. 1 iVm § 314 Abs. 5 ist ausschließlich zuständig für Streitigkeiten über den Anspruch eines Gläubigers auf Sicherheitsleistung sowie über den Freigabeanspruch der Gesellschaft das Gericht, dessen Bezirk das für die Erteilung der Formwechselbescheinigung gem. § 343 Abs. 1 zuständige Registergericht angehört. Es wird also eine **örtliche Zuständigkeit** des zu befassenden ordentlichen (**Zivil-)Gerichts** gesetzlich statuiert.[49] Resultieren die Ansprüche im Ergebnis aus einem Arbeitsverhältnis

---

42 *Schollmeyer* ZGR 2020, 62 (77).
43 Begr. RegE UmRUG, BT-Drs. 20/3822, 98.
44 Begr. RegE UmRUG, BT-Drs. 20/3822, 98.
45 *J. Schmidt* FS Heidinger, 2023, 469 (477).
46 Vgl. auch *J. Schmidt* FS Heidinger, 2023, 469 (477).
47 *J. Schmidt* FS Heidinger, 2023, 469 (477).
48 Begr. RegE UmRUG, BT-Drs. 20/3822, 98.
49 Vgl. auch *Hecksehen/Knaier* GmbHR 2023, 317 (320); *Bungert/Reidt* DB 2023, 54 (55).

zur Gesellschaft als Arbeitgeberin, kann auch der Rechtsweg zu den Arbeitsgerichten eröffnet sein.[50] Im Referentenentwurf war noch vorgesehen, dem Registerrichter die Zuständigkeit für das Verfahren zu übertragen, was jedoch im Laufe des Gesetzgebungsverfahrens gestrichen wurde.[51] Gleichwohl hat das nunmehr zuständige Zivil- bzw. Arbeitsgericht dem für die Eintragung des Herausformwechsels und damit der Ausstellung der Formwechselbescheinigung zuständigen Registergericht auf Anforderung mitzuteilen, ob innerhalb von drei Monaten nach Bekanntmachung des Formwechselplans Sicherheitsleistungen von Gläubigern gerichtlich geltend gemacht wurden (§ 342 Abs. 5).[52]

21 Das nach § 341 Abs. 1 iVm § 314 Abs. 5 ermittelte Gericht ist **nur** für Aspekte des Anspruchs auf Sicherheitsleistung gem. § 314 Abs. 1[53] sowie des Freigabeanspruchs der Gesellschaft gem. § 314 Abs. 4 zuständig. Bei Ersterem umfasst die materielle gerichtliche Prüfung zunächst alle Anspruchsvoraussetzungen des § 314 Abs. 1 (→ Rn. 14). Wie sich aus § 343 Abs. 2 S. 3 Nr. 2 ergibt, überprüft das zuständige Gericht aber auch die Darstellungen zu den Sicherheiten im Formwechselplan und kann eine (abweichende) konkrete **Sicherheitsleistung festlegen**. Bei der Bewertung der Sicherheiten sollte das Gericht berücksichtigen, ob der Anspruch eines Gläubigers gegen die Gesellschaft mindestens in gleicher Höhe und Wertigkeit besteht, wie er auch nach dem grenzüberschreitenden Vorhaben bestehen würde.[54]

2. Sonstige Forderungen

22 Speziell für einen grenzüberschreitenden Formwechsel gilt ferner die **Gerichtsstandregelung** des § 341 Abs. 2. Diese bestimmt, dass (für alle von § 341 Abs. 1 iVm § 314 Abs. 5 nicht erfassten) Klagen von Gläubigern wegen einer Forderung gegen die formwechselnde Gesellschaft unbeschadet unionsrechtlicher Vorschriften auch die deutschen Gerichte international zuständig sind, sofern die Forderung vor der Bekanntmachung des Formwechselplans oder seines Entwurfs entstanden ist und die Klage innerhalb von zwei Jahren nach Wirksamwerden des grenzüberschreitenden Formwechsels erhoben wird (§ 341 Abs. 2 S. 1). Damit wird Art. 86j Abs. 4 RL (EU) 2017/1132 umgesetzt.[55] Nach dessen Vorgaben wird durch § 341 Abs. 2 S. 1 somit ein **besonderer temporärer Gerichtsstand** in Deutschland für Gläubigerklagen etabliert.[56] Liegen die Voraussetzungen des § 341 Abs. 2 S. 1 vor, sind neben etwaigen weiteren internationalen Gerichtsständen, insbesondere gemäß der Brüssel Ia-VO (EuGVVO), auch die deutschen Gerichte international zuständig.[57]

23 Der konkrete Gerichtsstand im Inland bestimmt sich für Forderungen nach § 341 Abs. 2 S. 1 nach dem letzten **Sitz der formwechselnden Gesellschaft** (§ 341 Abs. 2 S. 2). „Sitz" ist dabei unstreitig der Satzungssitz der Gesellschaft.[58] Weitere etwaige inländische Gerichtsstände nach den allgemeinen Bestimmungen bleiben unberührt.[59] Wie das

---

[50] Begr. RegE UmRUG, BT-Drs. 20/3822, 98.
[51] Befürwortend *Schollmeyer* NZG 2022, 937; kritischer *DAV* NZG 2022, 849 (857); zur Diskussion auch *Baschnagel/Hilser* NZG 2022, 1333 (1337).
[52] Vgl. auch *Löbbe* ZHR 187 (2023), 498 (523).
[53] Es ist insofern auch das zuständige Gericht iSd § 314 Abs. 2.
[54] Erwägungsgrund Nr. 23 S. 2 RL (EU) 2019/2121.
[55] Begr. RegE UmRUG, BT-Drs. 20/3822, 118; dazu auch *Schollmeyer* ZGR 2020, 60 (87 f.); *Löbbe* ZHR 187 (2023), 498 (528 f.).
[56] *DAV* NZG 2022, 849 (859); *Noack* MDR 2023, 465 (469); *J. Schmidt* NZG 2022, 579 (586); vgl. dazu auch *Hilser* Grenzüberschreitender Rechtsformwechsel S. 198 ff.
[57] Begr. RegE UmRUG, BT-Drs. 20/3822, 118; problematisierend hierzu ferner *Löbbe* ZHR 187 (2023), 498 (528 f.); *J. Schmidt* ZEuP 2020, 565 (585 f.); *Hilser* Grenzüberschreitender Rechtsformwechsel S. 201 ff.
[58] Begr. RegE UmRUG, BT-Drs. 20/3822, 118.
[59] Begr. RegE UmRUG, BT-Drs. 20/3822, 118.

konkrete Verfahren vor dem insofern „zuständigen" Gericht ausgestaltet sein soll, wird jedoch nicht geregelt.

§ 342 Anmeldung des Formwechsels

(1) Das Vertretungsorgan der Gesellschaft hat das Vorliegen der Voraussetzungen für den grenzüberschreitenden Formwechsel zur Eintragung in das Register, in dem der formwechselnde Rechtsträger eingetragen ist, anzumelden.

(2) § 198 Absatz 3 in Verbindung mit § 16 Absatz 2 und 3 sowie § 199 gelten entsprechend mit der Maßgabe, dass zusätzlich

1. der Anmeldung
    a) der Formwechselplan in Ausfertigung oder öffentlich beglaubigter Abschrift sowie
    b) etwaige Bemerkungen nach § 336 in Verbindung mit § 308 Absatz 1 Satz 2 Nummer 4 in Abschrift und
2. dem einheitlichen Bericht oder dem Bericht für die Arbeitnehmer eine etwaige Stellungnahme gemäß § 337 Absatz 1 in Verbindung mit § 310 Absatz 3 in Abschrift

beizufügen sind.

(3) ¹Die Mitglieder des Vertretungsorgans haben zu versichern, dass

1. allen Gläubigern die gemäß § 335 Absatz 2 Nummer 8 angebotene Sicherheit geleistet wurde,
2. die Rechte der Arbeitnehmer gemäß § 336 in Verbindung mit § 308 Absatz 1 Satz 2 Nummer 4 Buchstabe b sowie gemäß § 337 Absatz 1 in Verbindung mit § 310 Absatz 1 und 3 eingehalten wurden,
3. ein zur Verhandlung über die künftige Mitbestimmung durchzuführendes Verfahren nach den Umsetzungsvorschriften zu Artikel 86l Absatz 3 und 4 der Richtlinie (EU) 2017/1132 begonnen hat und
4. sich die Gesellschaft nicht im Zustand der Zahlungsunfähigkeit, der drohenden Zahlungsunfähigkeit oder der Überschuldung gemäß § 17 Absatz 2, § 18 Absatz 2 oder § 19 Absatz 2 der Insolvenzordnung befindet.

²Kann die Versicherung nach Satz 1 Nummer 4 nicht abgegeben werden, hat das Vertretungsorgan mitzuteilen, welcher der dort genannten Tatbestände erfüllt ist und ob ein Insolvenzverfahren beantragt oder eröffnet wurde. ³Nach Eröffnung des Insolvenzverfahrens trifft diese Pflicht den Insolvenzverwalter; wurde ein vorläufiger Insolvenzverwalter bestellt und dem Schuldner ein allgemeines Verfügungsverbot auferlegt, so trifft die Pflicht den vorläufigen Insolvenzverwalter.

(4) Das Vertretungsorgan teilt dem Registergericht Folgendes mit:

1. die Zahl der Arbeitnehmer zum Zeitpunkt der Aufstellung des Formwechselplans,
2. die Zahl der Tochtergesellschaften und ihre jeweiligen geografischen Standorte sowie
3. das Bestehen von Verbindlichkeiten gegenüber der öffentlichen Hand.

(5) Das nach § 341 Absatz 1 in Verbindung mit § 314 Absatz 5 zuständige Gericht teilt dem Registergericht auf Anforderung mit, ob innerhalb der Frist des § 341

Absatz 1 in Verbindung mit § 314 Absatz 3 eine Sicherheitsleistung gerichtlich geltend gemacht wurde.

Literatur:
Baschnagel/Hilser/Wagner, Unternehmerische Mitbestimmung bei grenzüberschreitenden Umwandlungen nach dem MgFSG, RdA 2023, 103; *Bungert/Reidt*, Erweiterte Möglichkeiten grenzüberschreitender Umwandlungen – nach Abschluss des Gesetzgebungsverfahrens zum UmRUG, DB 2023, 54; *Bungert/Strothotte*, Die Regierungsentwürfe zu grenzüberschreitenden Verschmelzungen, Spaltungen und Formwechseln, DB 2022, 1818; *Heckschen*, Unternehmensmobilität im Binnenmarkt – Grenzüberschreitendes Verfahren, in: Unternehmensmobilität im EU-Binnenmarkt, 2023, S. 101; *Heckschen*, Mehrheitserfordernisse, Missbrauchskontrolle und Gläubigerschutz bei grenzüberschreitenden Umwandlungen in der Krise, in: FS Heidinger, 2023, S. 165; *Heckschen/Knaier*, Reform des Umwandlungsrechts kurz vor dem Ziel, ZIP 2022, 2205; *Heckschen/Knaier*, Die größte Reform des Umwandlungsrechts: Endlich in Kraft!, GmbHR 2023, 317; *Löbbe*, Die grenzüberschreitende Umwandlung nach dem UmRUG, ZHR 187 (2023), 498; *Luy/Redler*, Immer mit Plan – der Referentenentwurf eines Gesetzes zur Umsetzung der Umwandlungsrichtlinie (UmRUG), notar 2022, 163; *Noack*, Nationaler Rechtsrahmen für grenzüberschreitende Umwandlungen, MDR 2023, 465; *Pototzky/Gimmy*, Unternehmensmitbestimmung bei grenzüberschreitenden Formwechseln und Spaltungen innerhalb der EU und EWR, BB 2023, 1140; *Schmidt, J.*, Die weitreichende Reform des Umwandlungsrechts, NJW 2023, 1241; *Schubert*, Mitbestimmungssicherung bei grenzüberschreitender Umwandlung – Arbeitnehmerbeteiligung nach Maßgabe des MgVG und des MgFSG, ZFA 2023, 339; *Teichmann*, Mitbestimmungsschutz bei grenzüberschreitenden Umwandlungen, NZG 2023, 345; *Thomale/Schmid*, Das neue Recht der grenzüberschreitenden Umwandlung – Eine Einführung (Teil II), NotBZ 2023, 125.

I. Einführung und Grundlagen 1	6. Verfahren der Anmeldung 10
1. Europäischer Hintergrund 1	III. Versicherungen der Anmeldenden 11
2. Regelungsgegenstand und -zweck 2	1. Leistung von Gläubigersicherheiten ... 12
II. Anmeldung zur Eintragung des Herausformwechsels 3	2. Einhaltung von Arbeitnehmerrechten .. 14
1. Anmeldepflicht 3	3. Verfahren über die Arbeitnehmermitbestimmung 15
2. Registerzuständigkeit 4	4. Kein Insolvenzeröffnungsgrund 19
3. Gegenstand der Anmeldung 5	IV. Mitteilungspflichten 21
4. Negativerklärung und Freigabeverfahren 6	1. Anzahl der Arbeitnehmer 22
5. Anlagen zur Anmeldung 7	2. Anzahl der Tochtergesellschaften 23
	3. Öffentlich-rechtliche Verbindlichkeiten 24

I. Einführung und Grundlagen

1. Europäischer Hintergrund

1 § 342 dient der Umsetzung von **Art. 86m RL (EU) 2017/1132**.[1] Dieser bestimmt, dass die Rechtmäßigkeit von grenzüberschreitenden Umwandlungen für diejenigen Verfahrensabschnitte, für die das Recht des Wegzugsmitgliedstaats maßgebend ist, zu prüfen ist (Art. 86m Abs. 1 S. 1 RL (EU) 2017/1132). Dem geht denklogisch eine vorherige Anmeldung der formwechselnden Gesellschaft bei der/dem zuständigen Behörde/Gericht voran.

2. Regelungsgegenstand und -zweck

2 Die Anmeldung zur Eintragung des Herausformwechsels aus Deutschland hat das Ziel der späteren Ausstellung einer Formwechselbescheinigung gem. § 343 Abs. 1 S. 4 durch das zuständige Registergericht.[2] In diesem Zusammenhang prüft das befasste Registergericht alle formellen und materiellen gesetzlichen Voraussetzungen des grenzüberschreitenden Formwechsels. Um dies umfassend zu können, müssen von der Gesellschaft die notwendigen **Dokumente/Unterlagen eingereicht** sowie verschiedene

---
[1] Begr. RegE UmRUG, BT-Drs. 20/3822, 119.
[2] Begr. RegE UmRUG, BT-Drs. 20/3822, 119.

Versicherungen abgegeben werden. § 342 regelt dabei zum einen die Pflicht zur entsprechenden Anmeldung als auch die einzureichenden Dokumente/Unterlagen (§ 342 Abs. 1, 2). Zudem müssen die Mitglieder des Vertretungsorgans der formwechselnden Gesellschaft verschiedene (strafbewehrte) Versicherungen abgeben (§ 342 Abs. 3) sowie ergänzende Angaben machen (§ 342 Abs. 4). Die Vorgaben des § 342 gelten dabei nur für den Herausformwechsel aus Deutschland.[3] Für den Hereinformwechsel nach Deutschland gilt aus deutscher Zuzugsperspektive die Regelung des § 345 Abs. 1.

II. Anmeldung zur Eintragung des Herausformwechsels

1. Anmeldepflicht

§ 342 Abs. 1 bestimmt, dass das Vertretungsorgan der formwechselnden Gesellschaft das Vorliegen der Voraussetzungen für den grenzüberschreitenden Formwechsel zur Eintragung in das zuständige Register anzumelden hat. Es besteht also eine Anmeldepflicht. Ohne Registeranmeldung kann das Registergericht keine entsprechenden Handelsregistereintragungen vornehmen und folglich der grenzüberschreitende Formwechsel nicht wirksam werden. § 342 Abs. 1 drückt dabei lediglich die Zuständigkeitskompetenz des Vertretungsorgans aus; **anmeldepflichtig** ist die formwechselnde Gesellschaft. Da diese nicht selbstständig handeln kann, haben in deren Namen die Mitglieder der **Geschäftsführung** bzw. des **Vorstands** in vertretungsberechtigter Zahl die Anmeldung vorzunehmen. Die insolvenzverfahrensrechtliche Kompetenzordnung bleibt davon unberührt.[4] In der Insolvenz der formwechselnden Gesellschaft ist daher der Insolvenzverwalter gem. §§ 22, 80 InsO für die Anmeldung zur Eintragung zuständig.

2. Registerzuständigkeit

Gemäß § 342 Abs. 1 hat die Anmeldung des Herausformwechsels bei dem Register zu erfolgen, „in dem der formwechselnde Rechtsträger eingetragen ist". Es handelt sich dabei also um das für die bestehende Gesellschaft zuständige Registergericht, bei dem die Handelsregistereintragungen erfolgen; mithin das gemäß dem **Satzungssitz örtlich zuständige** Gericht.

3. Gegenstand der Anmeldung

Gegenstand der Anmeldung ist zunächst der **Herausformwechsel der Gesellschaft** als solcher. Dabei ist gem. § 342 Abs. 1 „das Vorliegen der Voraussetzungen für den grenzüberschreitenden Formwechsel" anzumelden. Nur so kann das zuständige Registergericht, bei dem die Anmeldung erfolgt, überprüfen, ob alle formellen und materiellen gesetzlichen Bedingungen eines grenzüberschreitenden Formwechsels ordnungsgemäß eingehalten wurden. Wie sich aus dem Zweck der Anmeldung sowie Art. 86m Abs. 2 RL (EU) 2017/1132 ergibt, hat die Anmeldung zudem einen **Antrag** auf Erteilung der **Formwechselbescheinigung** gem. § 343 Abs. 1 S. 4 zu enthalten.[5] Im Rahmen der Anmeldung zur Eintragung des Herausformwechsels sind ferner die Anlagen gem. § 342 Abs. 2 (→ Rn. 7), die Versicherungen gem. § 342 Abs. 3 (→ Rn. 11) sowie die Angaben gem. § 342 Abs. 4 (→ Rn. 21) erforderlich. Erst wenn alle erforderlichen Unterlagen und

---

3 Begr. RegE UmRUG, BT-Drs. 20/3822, 119.
4 Begr. RegE UmRUG, BT-Drs. 20/3822, 98.

5 *Heckschen* in Unternehmensmobilität im EU-Binnenmarkt, 2023, S. 101 (121); vgl. auch Begr. RegE UmRUG, BT-Drs. 20/3822, 119.

4. Negativerklärung und Freigabeverfahren

6 § 342 Abs. 2 verweist ua auf § 198 Abs. 3 iVm § 16 Abs. 2, 3 für den innerstaatlichen Formwechsel.[7] Nach § 16 Abs. 2 ist bei der Anmeldung zu erklären, dass eine **Klage gegen die Wirksamkeit** des Formwechselbeschlusses nicht oder nicht fristgemäß erhoben oder eine solche Klage rechtskräftig abgewiesen oder zurückgenommen worden ist (sog. Negativerklärung). Erfasste Klagen sind dabei solche, die sich gegen den Beschluss als solchen richten, also insbesondere die Nichtigkeitsklage und die Anfechtungsklage. Die Negativerklärung hat sich dabei grundsätzlich nur darauf zu erstrecken, ob innerhalb der einschlägigen Klagefrist eine entsprechende Klage erhoben wurde. Wird dem Registergericht die Negativerklärung nicht oder nicht ordnungsgemäß vorgelegt, darf der Herausformwechsel nicht eingetragen und die Formwechselbescheinigung nicht ausgestellt werden (sog. Registersperre). Die Negativerklärung ist jedoch ausnahmsweise **entbehrlich**, wenn alle klageberechtigten Anteilsinhaber auf ihr diesbezügliches Klagerecht durch notariell beurkundete Erklärung verzichtet haben. Praktisch erfolgt die entsprechende **Verzichtserklärung** dabei idR zusammen mit weiteren Verzichtserklärungen im Zusammenhang mit dem grenzüberschreitenden Formwechsel (zB Formwechselbericht; Barabfindungsangebot im Formwechselplan, Formwechselprüfung). Anstelle der Negativerklärung kann gem. § 16 Abs. 3 auch ein Antrag auf ein sog. **Unbedenklichkeitsverfahren** gestellt werden. Sind dessen Voraussetzungen erfüllt, ergeht von Gerichts wegen ein **Freigabebeschluss**, so dass der Herausformwechsel trotz erhobener Anfechtungs- oder Nichtigkeitsklage gegen den Formwechselbeschluss fortgesetzt werden kann.

5. Anlagen zur Anmeldung

7 Welche Dokumente/Unterlagen der Anmeldung des Herausformwechsels als Anlagen von der formwechselnden Gesellschaft beizufügen sind, ergibt sich aus § 342 Abs. 2. Dieser verweist zum einen auf die erforderlichen Anlagen zur Anmeldung beim innerstaatlichen Formwechsel gem. **§ 199** und zum anderen werden in § 342 Abs. 2 Nr. 1 und 2 zusätzliche Abschriften verlangt, die den Charakter des grenzüberschreitenden Formwechsels widerspiegeln. Als Anlagen zur Anmeldung beizufügen sind demnach:

- Formwechselplan inkl. Anlagen;
- Niederschrift des Formwechselbeschlusses;
- etwaige Zustimmungserklärung der Anteilsinhaber;
- ggf. Bemerkungen der Anteilsinhaber zum Formwechselplan;
- ggf. Bemerkungen der Gläubiger zum Formwechselplan;
- ggf. Bemerkungen des Betriebsrats oder der Arbeitnehmer zum Formwechselplan;
- einheitlicher Formwechselbericht oder sowohl Anteilsinhaber- als auch Arbeitnehmerbericht;
- ggf. (sämtliche) Verzichtserklärungen der Anteilsinhaber;

---

6 Vgl. Begr. RegE UmRUG, BT-Drs. 20/3822, 100.

7 Die Anwendbarkeit würde sich indes bereits aus § 333 Abs. 2 ergeben, vgl. Begr. RegE UmRUG, BT-Drs. 20/3822, 119.

Anmeldung des Formwechsels § 342 UmwG **1**

- Stellungnahme des Betriebsrats oder der Arbeitnehmer zum einheitlichen oder Arbeitnehmerbericht;
- Versicherungen und Angaben gem. § 342 Abs. 3, 4.[8]

Eines Nachweises über die Zuleitung des Formwechselplans gem. § 199 bedarf es nicht, da § 194 Abs. 2 beim grenzüberschreitenden Formwechsel keine Anwendung findet und die entsprechende Information des Betriebsrats bereits über die Bekanntmachung des Formwechselplans gem. § 336 iVm § 308 Abs. 1 S. 2 Nr. 4 lit. b erfolgt. **8**

Formwechselplan, Niederschrift des Formwechselbeschlusses, erforderliche Zustimmungserklärungen der Anteilsinhaber und notariell beurkundete Verzichtserklärungen sind jeweils in notarieller **Ausfertigung** (§ 49 BeurkG) oder öffentlich **beglaubigter Abschrift** (§ 42 BeurkG); Formwechselbericht(e) und Bemerkungen nach § 342 Abs. 2 Nr. 1 lit. b iVm § 336 iVm § 308 Abs. 1 S. 2 Nr. 4, Stellungnahme nach § 342 Abs. 2 Nr. 2 iVm § 337 Abs. 1 iVm § 310 Abs. 3 jeweils in Urschrift oder **einfacher Abschrift** beizufügen. **9**

6. Verfahren der Anmeldung

Die Modalitäten und das Verfahren der Anmeldung erfolgen nach den allgemeinen (handelsrechtlichen) Regelungen. Es bedarf daher der Anmeldung in **elektronischer, öffentlich beglaubigter Form**. Sämtliche Unterlagen müssen daher online in einem maschinenlesbaren und durchsuchbaren Datenformat eingereicht werden (vgl. § 12 Abs. 2 S. 1 HGB), was regelmäßig durch den befassten Notar geschieht. Die öffentliche Beglaubigung mittels Videokommunikation gem. § 12 Abs. 1 S. 2 HGB ist zulässig.[9] Abgesehen von den Versicherungen gem. § 342 Abs. 3 ist bei der Anmeldung eine Vertretung grundsätzlich möglich, wobei § 12 Abs. 1 S. 3 HGB gilt. Ebenso ist die Eintragungsbeantragung durch den beurkundenden Notar gem. § 378 Abs. 2 FamFG möglich.[10] **10**

III. Versicherungen der Anmeldenden

Im Rahmen der Anmeldung des Herausformwechsels haben die Mitglieder des Vorstands bzw. der Geschäftsführung der formwechselnden Gesellschaft gem. § 342 Abs. Abs. 3 verschiedene Versicherungen gegenüber dem zuständigen Registergericht abzugeben. Die Abgabe der Versicherungen soll dem befassten Registergericht eine Informationsgrundlage zur Prüfung der gesetzlichen Eintragungsvoraussetzungen verschaffen.[11] Sie beziehen sich darauf, dass ggf. erforderliche Gläubigersicherheiten geleistet wurden (**Nr. 1**), die Rechte der Arbeitnehmer eingehalten wurden (**Nr. 2**), das Verfahren der zukünftigen Arbeitnehmermitbestimmung begonnen hat (**Nr. 3**), dass zum Zeitpunkt der Anmeldung kein Insolvenzantragsgrund bei der formwechselnden Gesellschaft einschlägig ist (**Nr. 4**). Die Versicherungen des § 342 Abs. 3 sind bei Falschabgabe gem. § 348 **strafbewehrt**.[12] Gleichwohl sollen Angaben durch die Mitglieder des Vertretungs- **11**

---

[8] Sofern nicht bereits integraler Bestandteil der Anmeldung selbst.
[9] Begr. RegE UmRUG, BT-Drs. 20/3822, 98.
[10] Thomale/Schmid NotBZ 2023, 125 (131); Heckschen in Unternehmensmobilität im EU-Binnenmarkt, 2023, S. 101 (128).
[11] Begr. RegE UmRUG, BT-Drs. 20/3822, 99.
[12] Begr. RegE UmRUG, BT-Drs. 20/3822, 99.

organs in vertretungsberechtigter Zahl ausreichend sein,[13] was jedoch aufgrund des Umfangs und der Bedeutung der Versicherungen zweifelhaft erscheint.

1. Leistung von Gläubigersicherheiten

12 Gemäß § 342 Abs. 3 S. 1 **Nr. 1** haben die Mitglieder des Vorstands bzw. der Geschäftsführung der formwechselnden Gesellschaft jeweils zu versichern, dass allen Gläubigern die im Formwechselplan angebotene Sicherheit geleistet wurde. Bezugspunkt sind dabei allerdings nur die **anspruchsberechtigten** Gläubiger.[14] Dies beurteilt sich nach § 341 Abs. 1 iVm § 314 Abs. 1 (→ § 341 Rn. 6 ff.). Gleichwohl bezieht sich § 342 Abs. 3 S. 1 Nr. 1 lediglich auf die Leistung der im Formwechselplan dargestellten Sicherheiten, nicht hingegen auf den (nachgelagerten) Anspruch auf Sicherheitsleistung aufgrund gerichtlichen Antrags gem. § 341 Abs. 1 iVm § 314. Dies zeigt mittelbar auch § 343 Abs. 2 S. 1, der sich im Hinblick auf die zu erfolgende Eintragung nur auf die gerichtlich geltend gemachte Sicherheitsleistung bezieht. Um dies abzusichern, sieht aber dann gesondert die Regelung des § 342 Abs. 5 vor, dass das nach § 314 Abs. 5 zuständige Gericht dem Registergericht auf Aufforderung mitzuteilen hat, ob innerhalb der Frist des § 314 Abs. 3 eine Sicherheitsleistung gerichtlich geltend gemacht wurde.[15] Faktisch bedeutet die Versicherungspflicht des § 343 Abs. 2 S. 1 danach zumindest, dass im Ergebnis die Anmeldung grundsätzlich **nicht früher als drei Monate** nach Bekanntmachung des Formwechselplans (i. e. Frist gem. § 314 Abs. 3) erfolgen sollte. Möglich ist aber im Einzelfall auch eine Nachreichung der diesbezüglichen Versicherung.

13 Hat sich kein Gläubiger bei der formwechselnden Gesellschaft gemeldet und aufgrund der Angaben im Formwechselplan entsprechende Sicherheiten verlangt und ist auch die dreimonatige Frist des § 314 Abs. 3 abgelaufen, erschöpft sich die Versicherung des § 342 Abs. 3 S. 1 Nr. 1 in einer diesbezüglichen **Negativerklärung**.

2. Einhaltung von Arbeitnehmerrechten

14 Gemäß § 342 Abs. 3 S. 1 **Nr. 2** haben die Mitglieder des Vorstands bzw. der Geschäftsführung der formwechselnden Gesellschaft zu versichern, dass es dem Betriebsrat bzw., sofern es einen solchen nicht gibt, den Arbeitnehmern selbst, ermöglicht wurde, spätestens fünf Arbeitstage vor der über den grenzüberschreitenden Formwechsel beschließenden Anteilsinhaberversammlung **Bemerkungen zum Formwechselplan** an die formwechselnde Gesellschaft zu übermitteln. Die Information, dass der Betriebsrat bzw. die Arbeitnehmer dies können, ergibt sich dabei aus der verpflichtenden Hinweisbekanntmachung gem. § 336 iVm § 308 Abs. 1 S. 2 Nr. 4 lit. b. Sie ist damit eher klarstellend. Weiterhin ist zu versichern, dass dem Betriebsrat bzw. den Arbeitnehmern der formwechselnden Gesellschaft der einheitliche Formwechselbericht bzw. der Bericht für die Arbeitnehmer ordnungsgemäß nach § 337 Abs. 1 iVm § 310 Abs. 1 **zugänglich gemacht** wurde. Zu versichern ist ferner, dass dem Betriebsrat bzw. den Arbeitnehmern das Recht zur **Stellungnahme** zum Formwechselbericht bzw. dem Bericht für die Arbeitnehmer eröffnet wurde und, sofern eine solche verfasst wurde, die Anteilsinhaber ordnungsgemäß nach § 337 Abs. 1 iVm § 310 Abs. 3 darüber informiert wurden. Einen

---

13 Zur § 122k Abs. 1 S. 3 aF Lutter/*Bayer* § 122k Rn. 15; Habersack/Wicke/*Klett* § 122k Rn. 30; Widmann/Mayer/*Vossius* § 122k Rn. 33.

14 Begr. RegE UmRUG, BT-Drs. 20/3822, 99.

15 Dies dient einem ordnungsgemäßen und zügigen Ablauf des Verfahrens, vgl. *Bungert/Reidt* DB 2023, 54 (55).

diesbezüglichen Nachweis fordert § 342 Abs. 3 S. 1 Nr. 2 nicht, so dass die bloße Versicherung ausreicht. In Zweifel kann das zuständige Registergericht aber entsprechende Nachweise, zB die versandte E-Mail mit dem Formwechselbericht als PDF-Anhang, nachfordern. Im Ergebnis müssen die Mitglieder des Vorstands bzw. der Geschäftsführung der formwechselnden Gesellschaft daher versichern, dass die **Unterrichtungs-** und **Anhörungsrechte** der Arbeitnehmer gemäß den gesetzlichen Vorgaben eingehalten wurden.[16]

3. Verfahren über die Arbeitnehmermitbestimmung

Gemäß § 342 Abs. 3 S. 1 **Nr. 3** haben die Mitglieder des Vorstands bzw. der Geschäftsführung der formwechselnden Gesellschaft zu versichern, dass ein zur Verhandlung über die unternehmerische Arbeitsnehmermitbestimmung im Zielrechtsträger durchzuführendes Verfahren nach den Vorgaben des **MgFSG** begonnen hat. Damit wird die Verknüpfung der gesellschaftsrechtlichen Durchführung eines grenzüberschreitenden Formwechsels mit dem arbeitsrechtlichen Mitbestimmungsverfahren des MgFSG unmittelbar hergestellt. Die damit verbundene Pflicht zur Verhandlung über die Arbeitnehmermitbestimmung im ausländischen Zielrechtsträger war einer der Hauptstreitpunkte im Gesetzgebungsverfahren zur RL (EU) 2019/2121 und gilt als „neuralgischer Punkt" des Umwandlungsverfahrens.[17] Ziel des Mitbestimmungsverfahrens nach den Vorgaben des MgFSG und damit Zweck der Versicherung des § 342 Abs. 3 S. 1 Nr. 3 ist, die in der formwechselnden Gesellschaft erworbenen Mitbestimmungsrechte der Arbeitnehmer auch im Zuge des grenzüberschreitenden Formwechsels zu sichern (§ 1 Abs. 1 S. 3 MgFSG; sog. **Vorher-Nachher-Prinzip**), da sich die rechtlichen Vorgaben der unternehmerischen Mitbestimmung nicht mehr nach deutschem, sondern nach dem Recht des ausländischen Zielrechtsträgers richten.[18]

Im Hinblick auf den Verhandlungsbeginn des Mitbestimmungsverfahrens als maßgebenden Bezugspunkt der Versicherung gem. § 342 Abs. 3 S. 1 Nr. 3 muss unter Berücksichtigung der Vorgaben des MgFSG jedenfalls das **besondere Verhandlungsgremium konstituiert** (vgl. § 14 MgVG) worden sein.[19] Dies ist entsprechend zu versichern und ggf. nachzuweisen. Häufig wird das Verhandlungsverfahren an dieser Stelle des Umwandlungsverfahrens noch nicht abgeschlossen sein, so dass eine weitergehende Versicherung, dass ein konkretes Ergebnis zur Mitbestimmung im Zielrechtsträger erzielt wurde, idR noch nicht möglich ist. Hintergrund ist, dass gem. § 23 Abs. 1 S. 1 MgFSG die Verhandlungen über die Arbeitnehmermitbestimmung bis zu sechs Monate dauern können. Das konstituierte besondere Verhandlungsgremium, welches die Mitbestimmungsrechte beim Zielrechtsträger mit der Gesellschaft verhandeln soll, kann auch beschließen, keine Verhandlungen aufzunehmen oder diese abzubrechen und damit das Mitbestimmungsrecht im Zuzugsstaat anzuwenden (vgl. § 19 MgFSG).[20] Sollte dies nicht der Fall sein und kann keine Vereinbarung zwischen dem besonderen Verhandlungsgremium und der formwechselnden Gesellschaft erzielt werden, greift eine gesetz-

---

16 Begr. RegE UmRUG, BT-Drs. 20/3822, 99.
17 *Teichmann* NZG 2023, 345; vgl. auch *Löbbe* ZHR 187 (2023), 498 (529 f.).
18 Zu den damit verbundenen Gefahren *Baschnagel/Hilser/Wagner* RdA 2023, 103 (104); *Titze* NZA 2021, 752 (757).
19 Begr. RegE UmRUG, BT-Drs. 20/3822, 99; zur Verhandlung mit dem besonderen Verhandlungsgremium siehe

Müller-Bonanni/Jenner AG 2022, 457; *Uffmann* AG 2022, 427; *Sauerbrey* GmbHR 2023, 5 (7); zu dessen Bildung nach dem MgFSG *Potozky/Gimmy* BB 2023, 1140 (1142 f.); *Schubert* ZFA 2023, 339 (350 f.).
20 Dazu auch *Müller-Bonanni/Jenner* AG 2022, 457 (460); *Müller-Bonanni/Jenner/Thomas* NZG 2021, 754 (765); *Kallmeyer/Müller-Bonanni* MgFSG § 23 Rn. 7 f.

liche **Auffanglösung**, die zumindest den Status quo ante in Bezug auf die bestehenden Mitbestimmungsrechte absichert (vgl. § 1 Abs. 1 S. 4 MgFSG).[21] Eine nicht-mitbestimmte Gesellschaft bleibt dann im Grundsatz auch im Zuge des grenzüberschreitenden Formwechsels mitbestimmungsfrei. Der entsprechende Bestandsschutz bezieht sich dann auf alle Aspekte der Mitbestimmung,[22] wozu auch der separate Wahlgang für Gewerkschaftsvertreter zählt.[23]

17 Aus praktischer Sicht stellt sich auch im Zusammenhang mit der Versicherung des § 342 Abs. 3 S. 1 Nr. 3 die Frage, unter welchen Bedingungen überhaupt ein Verhandlungsverfahren über die Arbeitnehmermitbestimmung zwingend durchzuführen ist. Die Antwort ergibt sich dabei aus der Regelung des **§ 5 MgFSG**, wonach ein Verhandlungsverfahren zwischen der formwechselnden Gesellschaft und dem besonderen Verhandlungsgremium der Arbeitnehmer erforderlich ist, wenn

- die formwechselnde Gesellschaft in den **sechs Monaten** vor Bekanntmachung des Formwechselplans eine durchschnittliche Arbeitnehmerzahl von mindestens 4/5 des mitbestimmungsrechtlichen Schwellenwerts beschäftigt, also **400 Arbeitnehmer**[24] (Nr. 1);[25] **oder**
- im ausländischen Zielrechtsträger gesetzlich ein **geringeres Mitbestimmungsniveau** als in der formwechselnden deutschen Gesellschaft bestehen würde (Nr. 2); **oder**
- in **ausländischen Betrieben** des Zielrechtsträger gesetzlich ein negativ abweichender Anspruch auf Ausübung von Mitbestimmungsrechten als für die Arbeitnehmer des Zielrechtsträgers bestehen würde (Nr. 3).

18 Für formwechselnde Gesellschaften, die noch nicht mitbestimmt sind, ist vor allem der Schwellenwert des § 5 Nr. 1 MgFSG von Interesse. Diese sog. **4/5-Lösung** wird indes weitgehend kritisiert.[26] Der Zweck dieser Vorschrift, die Verhandlungsschwelle vorzuverlagern, um beispielsweise einer kurzfristigen Arbeitnehmerreduktion zum Zwecke der Perpetuierung der Mitbestimmungsfreiheit vorzubeugen,[27] bewirkt nämlich faktisch auch, dass die bisher nicht-mitbestimmte formwechselnde Gesellschaft erst gezwungen wird, ggf. langwierige und teure Verhandlungen zu führen, um dann im Ergebnis gem. § 26 Abs. 1 MgFSG beim Scheitern der Verhandlungen doch die gesetzliche Auffanglösung mit einer Mitbestimmungsfreiheit im Zielrechtsträger zu erreichen.[28] Dies wird dadurch verstärkt, dass, anders als gem. § 15 Abs. 3 S. 1 MgVG bei einer grenzüberschreitenden Verschmelzung, die formwechselnde Gesellschaft **nicht die Möglichkeit** besitzt einseitig auf Verhandlungen mit dem besonderen Verhandlungsgremium zu verzichten und damit unmittelbar die gesetzliche Auffanglösung[29] („Mitbestimmung kraft Gesetzes") zur Anwendung zu bringen.[30] Trotz dieses wenig nachvollziehbaren Procederes führt nach aktueller Gesetzeslage (auch auf europäischer Ebene) aber grund-

---

21 Vgl. *Baschnagel/Hilser/Wagner* RdA 2023, 103 (104); *Teichmann* NZG 2023, 345; *Schubert* ZFA 2023, 339 (357); *Löbbe* ZHR 187 (2023), 498 (532).
22 *Teichmann* NZG 2023, 345.
23 Vgl. EuGH 18.10.2022 – C-677/20, NZG 2022, 1556; vgl. auch *Spindler/Eitinger* AG 2023, 593 (603).
24 Zum einschlägigen Arbeitnehmerbegriff in diesem Zusammenhang s. § 2 Abs. 1 S. 2, 3 MgFSG.
25 Dazu mit Beispiel auch *Pototzky/Gimmy* BB 2023, 1140 (1141).
26 *J. Schmidt* NJW 2023, 1241 (1246); *Müller-Bonanni/Jenner* AG 2022, 457 (460); *Thomale/Schmid* NotBZ 2023, 91 (103 f.); *Bungert/Strothotte* BB 2022, 1411 (1419); *Teichmann* NZG 2023, 345; *Bormann/Stelmaszczyk* ZIP 2019, 353 (364); *Löbbe* ZHR 187 (2023), 498 (532 f.).
27 Vgl. *Baschnagel/Hilser/Wagner* RdA 2023, 103 (106); *Schubert* in Unternehmensmobilität im EU-Binnenmarkt, 2023, S. 165 (172); *Schubert* ZFA 2023, 339 (344 ff.); *Habersack* ZHR 187 (2023), 48.
28 *J. Schmidt* NJW 2023, 1241 (1246); *Pototzky/Gimmy* BB 2023, 1140 (1141).
29 Dazu jüngst OLG Frankfurt a. M. 23.8.2023 – 21 W 13/23, BeckRS 2023, 22952.
30 Kritisch dazu *Baschnagel/Hilser/Wagner* RdA 2023, 103 (107); *Löbbe* ZHR 187 (2023), 498 (531).

sätzlich kein Weg daran vorbei, bei einer durchschnittlichen Arbeitnehmerzahl von 400 innerhalb der letzten sechs Monate vor Bekanntmachung des Formwechselplans gem. § 336 iVm § 308 Abs. 1 ein Verhandlungsverfahren durchzuführen.[31] Zur Nachvollziehbarkeit für das Registergericht ist in diesem Zusammenhang gem. § 342 Abs. 4 Nr. 1 die Zahl der Arbeitnehmer der formwechselnden Gesellschaft zum Zeitpunkt der Aufstellung des Formwechselplans mitzuteilen (→ Rn. 22). Gleichwohl können sich die von der Geschäftsführung vertretene formwechselnde Gesellschaft und das besondere Verhandlungsgremium aber in der erzielten Mitbestimmungsvereinbarung auf das Eingreifen der Auffanglösung verständigen (§ 25 Nr. 1 MgFSG). Dies wird aus Sicht der formwechselnden Gesellschaft aber in der Praxis wohl nur dann eine zu initiierende Variante sein, wenn deren Arbeitnehmern anderweitige Verbesserungen oder Zugeständnisse versprochen werden.

4. Kein Insolvenzeröffnungsgrund

Schließlich haben gem. § 342 Abs. 3 S. 1 **Nr. 4** die Mitglieder des Vorstands bzw. der Geschäftsführung der formwechselnden Gesellschaft zu versichern, dass sich diese weder im Zustand der **(drohenden) Zahlungsunfähigkeit** noch der **Überschuldung** gemäß den Bestimmungen der Insolvenzordnung befindet.[32] Dies ermöglicht dem Registergericht die Prüfung, ob die geplante Verschmelzung unter dem Gesichtspunkt des Insolvenzrechts missbräuchlich iSd § 343 Abs. 3 ist.[33] Die Möglichkeit der Sanierung eines Unternehmens in wirtschaftlichen Schwierigkeiten mittels grenzüberschreitenden Formwechsels wird damit jedoch nicht ausgeschlossen.[34] § 342 Abs. 3 S. 1 Nr. 4 bezieht sich dabei ausschließlich auf den in den §§ 17 Abs. 2, 18 Abs. 2 und 19 Abs. 2 InsO jeweils beschriebenen Zustand, nicht hingegen auf die weiteren Voraussetzungen zur Einleitung eines Insolvenzverfahrens.[35] Unbeachtlich ist daher beispielsweise, ob bereits ein Eröffnungsantrag gestellt wurde.[36] Ohne Einfluss ist es daher auch, wenn nach den Bestimmungen insbesondere der EUInsVO die Vorschriften der Insolvenzordnung auf die anmeldende Gesellschaft keine Anwendung finden.[37]

Kann die entsprechende Versicherung nicht abgegeben werden, hat das Vertretungsorgan der formwechselnden Gesellschaft dem Registergericht mitzuteilen, **welcher Insolvenzeröffnungsgrund** erfüllt ist und ob ein **Insolvenzverfahren** bereits beantragt oder eröffnet wurde (§ 342 Abs. 3 S. 2). Auch diesbezüglich ist eine Falschangabe strafbewehrt (vgl. § 348 Nr. 2).[38] Aus § 342 Abs. 3 S. 2 wird damit ersichtlich, dass ein Herausformwechsel aus Deutschland auch nach Eröffnung des Insolvenzverfahrens möglich ist und ins Handelsregister eingetragen werden kann.[39] Voraussetzung ist jedoch, dass im Rahmen des Insolvenzverfahrens die Fortsetzung der Gesellschaft noch beschlossen werden kann.[40] Es bedarf daher der Fortsetzungsmöglichkeit im Rahmen eines Insolvenzplanverfahrens (→ § 334 Rn. 6).[41] Gemäß § 342 Abs. 3 S. 3 trifft **nach Eröffnung**

---

31 Ferner für eine teleologische Reduktion der Verhandlungspflicht, wenn im Zuzugsstaat keine Mitbestimmungsreduktion droht, *Baschnagel/Hilser/Wagner* RdA 2023, 103 (105); Kallmeyer/*Müller-Bonanni* MgFSG § 5 Rn. 9.
32 Kritisch zur Erfassung auch der drohenden Zahlungsunfähigkeit aus Sicht der Geschäftsleiterhaftung *Harig/Harder* NZG 2022, 1435.
33 Begr. RegE UmRUG, BT-Drs. 20/3822, 99.
34 *Heckschen* FS Heidinger, 2023, 165 (169).
35 Begr. RegE UmRUG, BT-Drs. 20/3822, 99.
36 Begr. RegE UmRUG, BT-Drs. 20/3822, 99.
37 Begr. RegE UmRUG, BT-Drs. 20/3822, 99.
38 Begr. RegE UmRUG, BT-Drs. 20/3822, 99.
39 *Heckschen/Knaier* GmbHR 2023, 317 (319); *Harig/Harder* NZG 2022, 1435 (1437).
40 Vgl. BGH 8.4.2020 – II ZB 3/19, NZG 2020, 182; *Heckschen/Weitbrecht* ZIP 2020, 1737 (1741).
41 *Heckschen* FS Heidinger, 2023, 165 (169).

eines Insolvenzverfahrens über das Vermögen der formwechselnden Gesellschaft den (vorläufigen) Insolvenzverwalter die Pflicht zur Mitteilung gem. § 342 Abs. 3 S. 2.

IV. Mitteilungspflichten

21 Weiterhin haben die Mitglieder des Vorstands bzw. der Geschäftsführung der formwechselnden Gesellschaft im Zusammenhang mit der Anmeldung des Herausformwechsels gem. § 342 Abs. 4 gegenüber dem Registergericht **verschiedene Mitteilungen** zu machen. Unrichtige Angaben sind anders als bei § 342 Abs. 3 jedoch nicht strafbewährt, da sich § 348 nicht hierauf bezieht. Vollends nachvollziehbar ist dies gleichwohl nicht. Die übermittelten Informationen dienen dem Registergericht als Informationsgrundlage für die Prüfung etwaiger Missbrauchsvoraussetzungen gem. § 343 Abs. 3 S. 4.[42] Werden die Informationen von der formwechselnden Gesellschaft nicht mitgeteilt, lehnt das Gericht die Eintragung nach Maßgabe von § 382 Abs. 3, 4 FamFG ab.[43] Im Kontext der Mitteilungspflichten gem. § 342 Abs. 4 steht ferner die Befugnis des zuständigen Registergerichts, entsprechende Informationen ggf. auch anderweitig gem. § 344 S. 1 zu verlangen.[44]

1. Anzahl der Arbeitnehmer

22 Gemäß § 342 Abs. 4 **Nr. 1** hat das Vertretungsorgan der formwechselnden Gesellschaft dem Registergericht die Zahl der Arbeitnehmer zum Zeitpunkt der Aufstellung des Formwechselplans mitzuteilen. Dies ist zum einen für die Beurteilung der 4/5-Schwelle des § 5 Nr. 1 MgFSG und damit der Pflicht zur Mitbestimmungsverhandlung von Bedeutung und zum anderen im Rahmen der Missbrauchsprüfung gem. § 343 Abs. 3 S. 4 Nr. 2 Var. 1. Maßgebender Zeitpunkt der Arbeitnehmerzahl ist die **Aufstellung des Formwechselplans**, nicht hingegen dessen Bekanntmachung gem. § 336 iVm § 308 Abs. 1. Wie auch danach und entgegen dem, wohl auf einem Redaktionsversehen beruhenden, Wortlaut des § 342 Abs. 3 Nr. 1 kann aber auch der finale Entwurf des Formwechselplans maßgebend sein und nicht zwingend erst der endgültig fertiggestellte Formwechselplan. Der einschlägige **Arbeitnehmerbegriff** in diesem Zusammenhang beurteilt sich nach § 2 Abs. 1 S. 2, 3 MgFSG, da ansonsten keine Kohärenz zum ggf. erforderlichen Arbeitnehmermitbestimmungsverfahren hergestellt werden kann.

2. Anzahl der Tochtergesellschaften

23 Weiterhin mitzuteilen ist gem. § 342 Abs. 4 **Nr. 2** die Zahl der Tochtergesellschaften der formwechselnden Gesellschaft und ihre jeweiligen **geografischen Standorte**. Empfehlenswert ist dabei je etwaiger Tochtergesellschaft die Angabe von deren Firma, Rechtsform, Sitz und Sitzstaat. Damit wird eine ggf. erforderliche eindeutige Identifizierbarkeit erreicht und auch hinreichend die Vorgabe der Mitteilung des geografischen Standorts erfüllt. Sind keine Tochtergesellschaften vorhanden, erschöpft sich die Mitteilung in einer entsprechenden Negativerklärung.

---

42 Begr. RegE UmRUG, BT-Drs. 20/3822, 99.
43 Begr. RegE UmRUG, BT-Drs. 20/3822, 99.
44 Begr. RegE UmRUG, BT-Drs. 20/3822, 99.

3. Öffentlich-rechtliche Verbindlichkeiten

Schließlich ist gem. § 342 Abs. 4 **Nr. 3** vom Vertretungsorgan der formwechselnden Gesellschaft das Bestehen etwaiger Verbindlichkeiten **gegenüber der öffentlichen Hand** mitzuteilen. Dadurch soll durch das zuständige Registergericht im Hinblick auf § 343 Abs. 3 S. 1 evaluiert werden können, ob mit dem grenzüberschreitenden Formwechsel nicht ein missbräuchliches oder betrügerisches Entgehen der Begleichung von Verbindlichkeiten gegenüber der öffentlichen Hand intendiert sein könnte. Verbindlichkeiten gegenüber der öffentlichen Hand sind in diesem Zusammenhang in erster Linie Steuerschulden, zurückzugewährende Beihilfen und Subventionen sowie Verbindlichkeiten gegenüber Sozialkassen. Umfasst sind aber auch „nicht-monetäre Pflichten" der Gesellschaft gegenüber der öffentlichen Hand.[45] Bestehen Zweifel an der Richtigkeit und/oder Vollständigkeit der diesbezüglichen Mitteilung, kann das Registergericht weitere Informationen und Unterlagen von den öffentlichen Stellen verlangen (§ 344 S. 1 Nr. 2 Var. 1). Sind keine einschlägigen Verbindlichkeiten gegenüber der öffentlichen Hand vorhanden, erschöpft sich die Mitteilung in einer entsprechenden Negativerklärung.

24

§ 343 Formwechselbescheinigung

(1) ¹Das Gericht prüft innerhalb von drei Monaten nach der Anmeldung gemäß § 342 Absatz 1 und 2, ob für die Gesellschaft die Voraussetzungen für den grenzüberschreitenden Formwechsel vorliegen. ²Die Eintragung enthält die Bezeichnung des Formwechselverfahrens und der formwechselnden Gesellschaft sowie die Feststellung, dass alle einschlägigen Voraussetzungen erfüllt und alle Verfahren und Formalitäten erledigt wurden. ³Die Eintragung ist mit dem Vermerk zu versehen, dass der grenzüberschreitende Formwechsel unter den Voraussetzungen des Rechts desjenigen Staates wirksam wird, in den die Gesellschaft ihren Sitz verlegt. ⁴Über die Eintragung stellt das Gericht von Amts wegen eine Formwechselbescheinigung aus.

(2) ¹Die Eintragung gemäß Absatz 1 darf nicht vor Ablauf der Fristen gemäß § 340 Absatz 3 Satz 1 und gemäß § 341 Absatz 1 in Verbindung mit § 314 Absatz 3 vorgenommen werden. ²Haben alle Anteilsinhaber dem Formwechsel zugestimmt, darf die Eintragung bereits vor Ablauf der Frist des § 340 Absatz 3 Satz 1 erfolgen. ³Wurde ein Anspruch auf Sicherheitsleistung gemäß § 341 Absatz 1 in Verbindung mit § 314 Absatz 3 gerichtlich geltend gemacht, so darf die Eintragung gemäß Absatz 1 nicht vorgenommen werden,

1. bevor die den Antrag ablehnende Entscheidung rechtskräftig ist,
2. die in der Entscheidung festgelegte Sicherheit geleistet wurde oder
3. die den Antrag teilweise ablehnende Entscheidung rechtskräftig ist und die in der Entscheidung festgelegte Sicherheit geleistet wurde.

⁴Die Leistung der Sicherheit ist dem Gericht in geeigneter Form nachzuweisen Auf Verlangen des Gerichts haben die Mitglieder des Vertretungsorgans zu versichern, dass die in der Entscheidung festgelegte Sicherheit geleistet wurde.

(3) ¹In dem Verfahren nach Absatz 1 muss das Gericht bei Vorliegen von Anhaltspunkten prüfen, ob der grenzüberschreitende Formwechsel zu missbräuchlichen

---

[45] Art. 86m Abs. 1 S. 2 RL (EU) 2017/1132.

oder betrügerischen Zwecken, die dazu führen oder führen sollen, sich dem Recht der Europäischen Union oder nationalem Recht zu entziehen oder es zu umgehen, oder zu kriminellen Zwecken vorgenommen werden soll. ²Liegen solche Zwecke vor, so lehnt es die Eintragung gemäß Absatz 1 ab. ³Ist es für die Prüfung notwendig, zusätzliche Informationen zu berücksichtigen oder zusätzliche Ermittlungen durchzuführen, so kann die in Absatz 1 Satz 1 vorgesehene Frist um höchstens drei Monate verlängert werden. ⁴Anhaltspunkte im Sinne von Satz 1 liegen insbesondere vor, wenn

1. ein gemäß Artikel 86l Absatz 2 bis 4 der Richtlinie (EU) 2017/1132 durchzuführendes Verhandlungsverfahren erst auf Aufforderung des Gerichts eingeleitet worden ist;
2. die Zahl der Arbeitnehmer mindestens vier Fünftel des für die Unternehmensmitbestimmung maßgeblichen Schwellenwerts beträgt, im Zielland keine Wertschöpfung erbracht wird und der Verwaltungssitz in Deutschland verbleibt;
3. die Gesellschaft nach dem grenzüberschreitenden Formwechsel Schuldnerin von Betriebsrenten oder -anwartschaften ist und kein anderweitiges operatives Geschäft hat.

(4) Ist es wegen der Komplexität des Verfahrens ausnahmsweise nicht möglich, die Prüfung innerhalb der in Absatz 1 Satz 1 oder Absatz 3 Satz 3 vorgesehenen Fristen vorzunehmen, so hat das Gericht den Anmeldenden vor Ende des Zeitraums über die Gründe für die Verzögerung zu unterrichten.

(5) Nach Eingang der Mitteilung des Registers, in das die Gesellschaft neuer Rechtsform eingetragen ist, über das Wirksamwerden des grenzüberschreitenden Formwechsels hat das Gericht des Sitzes der formwechselnden Gesellschaft den Tag des Wirksamwerdens zu vermerken.

Literatur:

Baschnagel/Hilser/Wagner, Unternehmerische Mitbestimmung bei grenzüberschreitenden Umwandlungen nach dem MgFSG, RdA 2023, 103; *Bungert/Strothotte*, Die Regierungsentwürfe zu grenzüberschreitenden Verschmelzungen, Spaltungen und Formwechseln, DB 2022, 1818; *Bungert/Reidt*, Erweiterte Möglichkeiten grenzüberschreitender Umwandlungen – nach Abschluss des Gesetzgebungsverfahrens zum UmRUG, DB 2023, 54; *Foerster*, Die Rechtsmissbrauchsprüfung bei der grenzüberschreitenden Umwandlung, in: Unternehmensmobilität im EU-Binnenmarkt, 2023, S. 135; *Heckschen/Knaier*, Reform des Umwandlungsrechts kurz vor dem Ziel, ZIP 2022, 2205; *Heckschen/Knaier*, Die größte Reform des Umwandlungsrechts: Endlich in Kraft!, GmbHR 2023, 317; *Kablitz*, Der grenzüberschreitende Rechtsformwechsel einer GmbH – Rechtsgrundlagen, Ablauf und Praxishinweise, GmbHR 2022, 721; *Löbbe*, Die grenzüberschreitende Umwandlung nach dem UmRUG, ZHR 187 (2023), 498; *Luy/Redler*, Immer mit Plan – der Referentenentwurf eines Gesetzes zur Umsetzung der Umwandlungsrichtlinie (UmRUG), notar 2022, 163; *Noack*, Nationaler Rechtsrahmen für grenzüberschreitende Umwandlungen, MDR 2023, 465; *Schmidt, J.*, Die weitreichende Reform des Umwandlungsrechts, NJW 2023, 1241; *Schmidt, J.*, Der UmRUG-Referentenentwurf: grenzüberschreitende Umwandlungen 2.0 – und vieles mehr. Teil 2, NZG 2022, 635; *Schollmeyer*, Neuerungen für Umwandlungen durch das UmRUG, NJW-Spezial 2023, 207; *Schön*, Missbrauchskontrolle im Europäischen Umwandlungsrecht, in: FS Krieger, 2020, 879; *Schubert*, Mitbestimmungssicherung bei grenzüberschreitender Umwandlung – Arbeitnehmerbeteiligung nach Maßgabe des MgVG und des MgFSG, ZFA 2023, 339; *Teichmann*, Das Konzept des „Rechtsmissbrauchs" im Europäischen Umwandlungsrecht, ZGR 2022, 376; *Thomale/Schmid*, Das neue Recht der grenzüberschreitenden Umwandlung – Eine Einführung (Teil II), NotBZ 2023, 125.

I. Einführung und Grundlagen	1	II. Registergerichtliche Prüfung der Anmeldung		3
1. Europäischer Hintergrund	1	1. Allgemeines		3
2. Regelungsgegenstand und -zweck	2	2. Prüfungsgegenstand		4

3. Missbrauchskontrolle	7	2. Inhalt der Eintragung	24
a) Grundlagen	7	3. Eintragungszeitpunkt	25
b) Anhaltspunkte für das Vorliegen missbräuchlicher Maßnahmen	9	4. Wirkung der Eintragung	28
c) Missbrauchsprüfung	14	IV. Ausstellung der Formwechselbescheinigung	29
4. Prüfungszeitraum	20		
III. Eintragung des Herausformwechsels	23		
1. Eintragungspflicht	23		

I. Einführung und Grundlagen

1. Europäischer Hintergrund

§ 343 dient der Umsetzung von **Art. 86m und Art. 86n RL (EU) 2017/1132**.[1] Diese bestimmen zunächst, dass eine unabhängige (staatliche) Institution die Rechtmäßigkeit von grenzüberschreitenden Umwandlungen für diejenigen Verfahrensabschnitte, für die das Recht des Wegzugsmitgliedstaats maßgebend ist, zu prüfen und eine Vorabbescheinigung auszustellen hat (Art. 86m Abs. 1 S. 1 RL (EU) 2017/1132). Die entsprechende Vorabbescheinigung ist dann vom nationalen Registergericht über das bestehende System der Registervernetzung in den Mitgliedstaaten an die Behörde des Zuzugsstaates, die für den Hereinformwechsel zuständig ist, kostenlos zu übermitteln (Art. 86n Abs. 1, 2 RL (EU) 2017/1132).

1

2. Regelungsgegenstand und -zweck

Dem Titel nach regelt § 343 Aspekte der „Formwechselbescheinigung". In diesem Zusammenhang soll die Vorschrift den Prüfungsumfang und die Eintragungsmodalitäten des von der Gesellschaft angemeldeten Herausformwechsels aus Deutschland regeln mit dem Ziel, dass am Ende des registergerichtlichen Verfahrens eine solche Formwechselbescheinigung ausgestellt wird, die Basis für die Eintragung und damit das Wirksamwerden des grenzüberschreitenden Formwechsels im ausländischen Zuzugsstaat ist.[2] Hierbei regelt § 343 die Prüfungspflicht (→ Rn. 3) und den Prüfungsumfang bzw. -gegenstand (→ Rn. 4 ff.) des zuständigen Registergericht, bei dem die Anmeldung zur Eintragung des Herausformwechsels aus Deutschland eingegangen ist. Dies umfasst insbesondere auch eine sog. **Missbrauchskontrolle** des geplanten Vorhabens (→ Rn. 7 ff.), durch die verhindert werden soll, dass der grenzüberschreitende Formwechsel in rechtswidriger Weise zu „missbräuchlichen oder betrügerischen Zwecken" (§ 343 Abs. 3 S. 1) ausgenutzt wird. Daneben regelt § 343 aber auch die auf der Prüfung des Registergerichts basierende Eintragung des Herausformwechsels ins Handelsregister (→ Rn. 23 ff.), worüber eine sog. **Formwechselbescheinigung** auszustellen und an die zuständige Behörde des Zuzugsstaates, dessen Recht der ausländische Zielrechtsträger unterliegen soll, zu übermitteln ist (→ Rn. 29 ff.).

2

II. Registergerichtliche Prüfung der Anmeldung

1. Allgemeines

Die registergerichtliche Prüfung gem. § 343 Abs. 1 S. 1, Abs. 3 folgt der Anmeldung der formwechselnden Gesellschaft zur Eintragung des Herausformwechsels ins Handelsregister gem. § 342 Abs. 1, 2. Dabei besteht eine entsprechende Prüfungspflicht des Registergerichts als zuständige staatliche „Behörde". § 343 und die zugrunde liegen-

3

---

[1] Begr. RegE UmRUG, BT-Drs. 20/3822, 119.
[2] Vgl. Begr. RegE UmRUG, BT-Drs. 20/3822, 119.

den europäischen Vorgaben folgen dabei der Systematik der sog. **zweistufigen Rechtmäßigkeitskontrolle**.³ Im Rahmen dieser erfolgt auf der ersten Stufe eine Kontrolle durch den Wegzugsstaat, dessen Recht die formwechselnde Gesellschaft unterliegt, über die Einhaltung der bisherigen Verfahrensschritte. Auf der zweiten Stufe erfolgt eine Kontrolle durch den Zuzugsstaat des ausländischen Zielrechtsträgers über die Einhaltung der auf diesen anwendbaren Vorschriften des nationalen Rechts und anschließend die Eintragung und damit das Wirksamwerden des grenzüberschreitenden Formwechsels. Dadurch wird dem grenzüberschreitenden Charakter des Formwechsels und der hieraus resultierenden Verzahnung der beteiligten Rechtsordnungen Rechnung getragen. Durch eine getrennte Rechtmäßigkeitskontrolle wird gewährleistet, dass die Überprüfung des auf die jeweilige Gesellschaftsform anwendbaren Rechts mit größter Sachkunde erfolgt und sich die nationale Registerbehörde nicht mit den Einzelheiten einer fremden Rechtsordnung auseinandersetzen muss. Nach der Konzeption der zweistufigen Rechtmäßigkeitskontrolle umfasst die Prüfung der Rechtmäßigkeit durch das deutsche Registergericht daher **nur diejenigen Verfahrensschritte**, die die formwechselnde Gesellschaft als den deutschen Ausgangsrechtsträger betreffen.⁴ Mithin wird durch die Eintragung ins deutsche Handelsregister der grenzüberschreitende Formwechsel als Ganzes noch nicht wirksam, sondern es werden „lediglich" die Weichen hierfür gestellt, indem das deutsche Recht den Wegzug gestattet.

2. Prüfungsgegenstand

4   Gemäß § 343 Abs. 1 S. 1 ist Gegenstand der registergerichtlichen Prüfung die ordnungsgemäße Einhaltung der **„Voraussetzungen für den grenzüberschreitenden Formwechsel"**. Zu prüfen ist daher, ob **sämtliche** gesetzlichen Eintragungsvoraussetzungen vorliegen.⁵ Dies umfasst auch die Einhaltung der Fristen gem. § 343 Abs. 2 (→ Rn. 25 ff.), da vorher eine Eintragung des Herausformwechsels nicht erfolgen darf.

5   Grundsätzlich erfolgt die Prüfung sowohl in formeller als auch materieller Hinsicht. Der **formelle** Prüfungsumfang umfasst insbesondere die Kontrolle, ob alle erforderlichen Unterlagen und Dokumente als Anlage zur Anmeldung gem. § 342 Abs. 2 eingereicht worden sind und diese den jeweils einschlägigen formellen Anforderungen entsprechen (zB notarielle Beurkundung). In **materieller Hinsicht** erfolgt die Prüfung der Rechtmäßigkeit insbesondere (jedoch nicht nur) durch die inhaltliche Kontrolle des Formwechselplan und -berichts sowie der Kontrolle, ob die Versicherungen und Mitteilungen nach § 342 Abs. 3, 4 ordnungsgemäß abgegeben wurden, dh ob jeweils die gesetzlichen Vorgaben zu deren inhaltlicher Ausgestaltung eingehalten wurden. Ebenfalls zu kontrollieren ist, ob die vollständige Satzung des geplanten Zielrechtsträgers dem Formwechselplan gem. § 335 Abs. 2 Nr. 4 beigefügt ist (→ § 335 Rn. 19 f.). Eine materielle Prüfung der neuen Satzung erfolgt allerdings nicht.⁶ Dies obliegt vielmehr der Registerbehörde des Zuzugsstaates. Nicht zum Prüfungsumfang gehört auch die wirtschaftliche Zweckmäßigkeit der Sitzverlegung. Eine entsprechende Beurteilung obliegt den Anteilsinhabern und ist von der Rechtmäßigkeitsprüfung des Registergerichts nicht erfasst.

---

3   *J. Schmidt* ZEuP 2020, 565 (573); *Thomale/Schmid* NotBZ 2023, 125 (131); *Heckschen/Knaier* GmbHR 2023, 317 (327); *Stelmaszczyk* notar 2021, 147 (160); *Wicke* DStR 2018, 2703 (2705).

4   So schon *Grundmann*, Europäisches Gesellschaftsrecht, 2. Aufl. 2011, Rn. 849; *Hermanns* MittBayNot 2016, 297 (303 f.).

5   Begr. RegE UmRUG, BT-Drs. 20/3822, 100.

6   *Stiegler* Grenzüberschreitende Sitzverlegungen S. 333.

Soweit es für die (formelle und/oder) materielle Prüfung der Eintragungsvoraussetzungen durch das Registergericht erforderlich erscheint, kann dieses gem. § 344 **weitergehende Informationen und Unterlagen** vor allem von der formwechselnden Gesellschaft, von öffentlichen Stellen oder unabhängigen Sachverständigen verlangen.

3. Missbrauchskontrolle

a) Grundlagen

§ 343 Abs. 3 S. 1 sieht eine Erweiterung der Prüfungspflicht und damit des Prüfungsumfangs in dem Fall vor, wo dem befassten Registergericht Anhaltspunkte vorliegen, dass der beabsichtigte grenzüberschreitende Formwechsel „zu missbräuchlichen oder betrügerischen Zwecken" genutzt werden soll, um sich dem anwendbaren Recht zu entziehen, dieses zu umgehen[7] oder kriminelle Zwecke vorzunehmen. Es wird also eine **gesetzliche Missbrauchskontrolle** vorgeschrieben. Dies ist auch europarechtlich zwingend vorgegeben (s. Art. 86m Abs. 8, 9 RL (EU) 2017/1132). Hintergrund dieser bisher im Umwandlungsrecht unbekannten Missbrauchsprüfung ist der damit verbundene Schutz der vom grenzüberschreitenden Formwechsel betroffenen Stakeholder. So sollen vor allem Arbeitnehmer, Betriebsrentner und Anwartschaftsberechtigte vor Rechtsverlust im Zuge der Umwandlungsmaßnahme geschützt werden.[8] Aber auch der Staat als Gläubiger der Gesellschaft soll zB im Hinblick auf die unrechtmäßige Vermeidung von Sozialversicherungszahlungen oder Steuerpflichten[9] geschützt werden.[10] Vor allem in Bezug auf Letzteres soll durch eine Missbrauchskontrolle auch gegen entsprechende ausländische Strohfirmen vorgegangen werden.[11]

Fällt die Missbrauchskontrolle positiv aus, hat das Registergericht den Antrag auf **Eintragung** des Herausformwechsel **abzulehnen** und darf keine Formwechselbescheinigung ausstellen (§ 343 Abs. 3 S. 2).[12] Die entsprechende Missbrauchsprüfung wird in diesem in § 343 Abs. 3 bestimmten Umfang weitgehend kritisiert.[13] Aufgrund europäischer Vorgaben ist sie zwingend, obgleich dem befassten Registergericht eine nicht unerhebliche Entscheidungsfreiheit zusteht, zum einen, ob erforderliche Anhaltspunkte vorliegen, und zum anderen, ob darauf basierend tatsächlich eine Missbrauchsabsicht unterstellt werden kann.[14] Gleichwohl muss das Registergericht grundsätzlich Hinweisen (zB durch Gewerkschaft) auf Missbrauch nachgehen.[15] Ein besonderes Beschwerderecht einzelner Interessengruppen besteht im Rahmen des Amtsermittlungsgrundsatzes hingegen nicht.[16]

---

[7] Rechtssprachlich ist der Begriff „vermeiden" passender, da eine Rechts- oder Gesetzesumgehung bereits per se rechtswidrig ist und es keiner gesonderten Missbrauchsprüfung bedürfte; zur Vermeidung als diesbezüglich formal rechtmäßiges Verhalten vgl. auch *Teichmann* ZGR 2022, 376 (414).

[8] *Schollmeyer* NJW-Spezial 2023, 207; vgl. auch Begr. RegE UmRUG, BT-Drs. 20/3822, 103; *Baschnagel/Hilser/Wagner* RdA 2023, 103 (109).

[9] Im Zusammenhang mit einer Steuerumgehung s. auch Richtlinienvorschlag zur Festlegung von Vorschriften zur Verhinderung der missbräuchlichen Nutzung von Briefkastenfirmen für Steuerzwecke (sog. ATAD 3), COM(2021) 565 final; dazu *Schiffmann/Schumacher* IStR 2022, 754 ff.

[10] Erwägungsgrund Nr. 35 S. 1 RL (EU) 2019/2121.

[11] Erwägungsgrund Nr. 35 S. 2 RL (EU) 2019/2121.

[12] *Teichmann* ZGR 2022, 376 (387); *Kraft* BB 2019, 1864 (1867); *Foerster* in Unternehmensmobilität im EU-Binnenmarkt, 2023, S. 135 (149); *Bungert/Reidt* DB 2023, 54 (56).

[13] So *Noack* MDR 2023, 465 (470) („gravierendes Umwandlungshindernis"); *Bungert/Reidt* DB 2023, 54 (56) („nicht praxistauglich"); *Thomale/Schmid* NotBZ 2023, 125 (133) („Rechtsunsicherheit").

[14] In diesem Sinn wohl auch *Heckschen/Knaier* GmbHR 2023, 317 (322).

[15] Beschlussempfehlung Rechtsausschuss, BT-Drs. 20/5237, 89.

[16] *Heckschen/Knaier* GmbHR 2023, 317 (322).

b) Anhaltspunkte für das Vorliegen missbräuchlicher Maßnahmen

9 Voraussetzung der gerichtlichen Missbrauchsprüfung gem. § 343 Abs. 3 ist stets das Vorliegen von „Anhaltspunkten".[17] Nur wenn Anhaltspunkte für das Vorliegen missbräuchlicher Zwecke bestehen, sind weitere Sachverhaltsermittlungen anzustellen.[18] Missbräuchliche Zwecke sollten insofern die Ausnahme darstellen.[19] Dies zeigt auch das zugrunde liegende Richtlinienrecht, welches in diesem Zusammenhang das Bestehen von „ernsten Bedenken" als Bedingung für eine Missbrauchsprüfung andenkt.[20] Liegen dem Registergericht keine Anhaltspunkte vor, dass die formwechselnde Gesellschaft mit dem grenzüberschreitenden Formwechsel missbräuchliche Zwecke verfolgt, bedarf es keiner weiteren Sachverhaltsermittlungen.[21] Anhaltspunkte für und gegen das Vorliegen missbräuchlicher Zwecke können sich zunächst aus den mit der Anmeldung **übermittelten Dokumenten und Unterlagen** inkl. der übermittelten Versicherungen und Mitteilungen ergeben.[22] Darüber hinaus können entsprechende Anhaltspunkte auch aus **Hinweisen** folgen, die nicht unmittelbar am Verfahren beteiligte Dritte (zB Gewerkschaften) dem Registergericht übermitteln.[23]

10 § 343 Abs. 3 S. 4 zählt **beispielhafte Anhaltspunkte** auf, bei deren Vorliegen eine Missbrauchsprüfung durchzuführen ist. Die Aufzählung (**Nr. 1–3**)[24] ist dabei nicht abschließend,[25] soll dem Missbrauchstatbestand aber schärfere Konturen geben.[26] Wichtig ist zudem festzuhalten, dass es sich bei den aufgezählten Tatbeständen nur um Anhaltspunkte als solche handelt; nicht hingegen begründet deren Vorliegen ein die Eintragung zu versagendes missbräuchliches Handeln oder auch nur ein Indiz dafür. Selbst wenn einer der Tatbestände objektiv einschlägig sein sollte, führt dies lediglich zur nachgelagerten Missbrauchsprüfung (→ Rn. 14 ff.), wo dann eine konkret-individuelle Missbrauchsabsicht zu überprüfen ist.

11 Gemäß § 343 Abs. 3 S. 4 **Nr. 1** liegt ein Anhaltspunkt für ein missbräuchliches oder betrügerisches Verhalten vor, wenn das durchzuführende **Mitbestimmungs-Verhandlungsverfahren** erst auf Aufforderung des Registergerichts **eingeleitet** worden ist. Unklar ist dabei zunächst, warum § 343 Abs. 3 S. 4 Nr. 1 hinsichtlich des durchzuführenden Mitbestimmungsverfahrens auf die europäischen Regelungen verweist und nicht, wie richtigerweise auch § 342 Abs. 3 S. 1 Nr. 3, auf deren nationale Umsetzungsvorschriften, also den einschlägigen Bestimmungen des MgFSG. Materiell sollte dies im Zweifel aber keinen Unterschied machen (dürfen). Voraussetzung ist dabei jedoch, dass ein solches Verfahren tatsächlich von der formwechselnden Gesellschaft durchgeführt bzw. initiiert werden muss, was sich in erster Linie aus § 5 MgFSG ergibt (→ § 342 Rn. 17 f.). Bezugspunkt der Feststellung ist dabei die Geschäftsleiterversicherung gem. § 342 Abs. 3 S. 1 Nr. 3 insbesondere in Verbindung mit der Information nach § 342 Abs. 4 Nr. 1. Besteht keine gesetzliche Pflicht zur Einleitung eines Mitbestimmungs-Verhandlungsverfahren mit den Arbeitnehmern der formwechselnden Gesellschaft, kann das Fehlen

---

17 Im vorangegangenen Referentenentwurf zum UmRUG war das Erfordernis des Vorliegens von (konkreten) Anhaltspunkten noch nicht enthalten.
18 Begr. RegE UmRUG, BT-Drs. 20/3822, 102.
19 Begr. RegE UmRUG, BT-Drs. 20/3822, 103.
20 Erwägungsgrund Nr. 36 S. 1 RL (EU) 2019/2121; vgl. auch *Heckschen/Knaier* ZIP 2022, 2205 (2211); *Löbbe* ZHR 187 (2023), 498 (537).
21 Begr. RegE UmRUG, BT-Drs. 20/3822, 103; vgl. auch *Heckschen/Knaier* GmbHR 2023, 317 (322).
22 Begr. RegE UmRUG, BT-Drs. 20/3822, 103.
23 Begr. RegE UmRUG, BT-Drs. 20/3822, 103.
24 Kritisch zu diesen *Löbbe* ZHR 187 (2023), 498 (540); *J. Schmidt* NJW 2023, 1241 (1243); *Heckschen/Knaier* GmbHR 2023, 317 (322).
25 *Heckschen/Knaier* GmbHR 2023, 317 (322); *Heckschen/Knaier* GmbHR 2022, R376, R377; *Bungert/Reidt* DB 2023, 54 (56); *Löbbe* ZHR 187 (2023), 498 (536).
26 Beschlussempfehlung Rechtsausschuss, BT-Drs. 20/5237, 89; *J. Schmidt* NJW 2023, 1241 (1243).

eines solchen selbstverständlich auch nicht als Anhaltspunkt für eine missbräuchliche oder betrügerische Gestaltung dienen.

Gemäß § 343 Abs. 3 S. 4 **Nr. 2** liegt ein Anhaltspunkt für ein missbräuchliches oder betrügerisches Verhalten zudem dann vor, wenn (1) die **Zahl der Arbeitnehmer** mindestens 400 beträgt,[27] (2) im Zuzugsstaat **keine Wertschöpfung** erbracht wird und (3) der **Verwaltungssitz** der Gesellschaft im Zuge des grenzüberschreitenden Formwechsels in Deutschland verbleiben soll. Dem Wortlaut nach müssen alle drei Aspekte kumulativ vorliegen, damit der Anhaltspunkt für einen Missbrauch einschlägig ist. Umgekehrt bedeutet dies, dass § 343 Abs. 3 S. 4 Nr. 2 nicht einschlägig ist, wenn zB bereits vor der Umwandlungsmaßnahme eine **wirtschaftliche Tätigkeit** im geplanten Zuzugsstaat erfolgt.[28] Eine solche ist insbesondere dann anzunehmen, wenn sich der Verwaltungssitz schon in diesem befindet oder beabsichtigt ist, ihn in diesen zu verlegen.[29] Ein Indiz kann diesbezüglich ferner das Bestehen von Tochtergesellschaften im Zuzugsstaat sein,[30] was dem Registergericht aufgrund von § 342 Abs. 4 Nr. 2 bekannt ist. Insbesondere auch eine sog. isolierte Satzungssitzverlegung (→ Vor §§ 333 ff. Rn. 20 f.) bildet für sich damit noch keinen Anhaltspunkt iS der Norm, geschweige denn begründet sie eine Missbrauchsabsicht.[31] Da wie bereits erwähnt § 342 Abs. 3 S. 4 nur potenzielle Anhaltspunkte und gerade kein missbräuchliches Handeln statuiert, ist – entgegen verschiedenen Stimmen im Schrifttum[32] – § 342 Abs. 3 S. 4 Nr. 2 auch nicht wegen Verstoßes gegen Wertungen der Niederlassungsfreiheit europarechtswidrig. Es wird gerade noch keine Aussage über ein missbräuchliches Verhalten, sondern vielmehr eine objektive Feststellung getroffen.

Schließlich liegt gem. § 343 Abs. 3 S. 4 **Nr. 3** ein Anhaltspunkt für ein missbräuchliches oder betrügerisches Verhalten vor, wenn die Gesellschaft nach dem grenzüberschreitenden Formwechsel (1) Schuldnerin von **Betriebsrenten oder -anwartschaften** ist und (2) kein anderweitiges operatives Geschäft besitzt. Auch hier müssen beide Aspekte kumulativ vorliegen, dh es müssen zum einen überhaupt Betriebsrenten oder -anwartschaften bestehen und zum anderen darf die Gesellschaft kein anderweitiges operatives Geschäft führen. Dies dürfte in der Praxis für formwechselwillige Gesellschaften eher selten der Fall sein.[33] Dies schon aufgrund der Vorgaben des Betriebsrentengesetzes (BetrAVG).[34]

c) Missbrauchsprüfung

Liegen aus Sicht des Registergerichts konkrete Anhaltspunkte für eine Ausnutzung des grenzüberschreitenden Formwechsels zu missbräuchlichen oder betrügerischen Zwecken vor, hat es von Amts wegen eine individuelle Missbrauchsprüfung vorzunehmen. Dafür wird es grundsätzlich **weitere Erkundungen** bezüglich des Vorliegens eines konkreten Missbrauchsfalls anstellen müssen.[35] Ob der Formwechsel zu missbräuchlichen Zwecken vorgenommen werden soll, hat das befasste Registergericht auf Grundlage

---

27 Aus deutscher Sicht ist dies faktisch 4/5 des für die Unternehmensmitbestimmung maßgeblichen Schwellenwerts.
28 Begr. RegE UmRUG, BT-Drs. 20/3822, 103.
29 Begr. RegE UmRUG, BT-Drs. 20/3822, 103; vgl. auch Erwägungsgrund Nr. 36 S. 4 RL (EU) 2019/2121; *Teichmann* ZGR 2022, 376 (415).
30 Begr. RegE UmRUG, BT-Drs. 20/3822, 103.
31 Vgl. *Teichmann* ZGR 2022, 376 (409); *Foerster* in Unternehmensmobilität im EU-Binnenmarkt, 2023, S. 135 (143 f.); *Schön* FS Krieger, 2020, 879 (904); *Schubert* ZFA 2023, 339 (364); *Löbbe* ZHR 187 (2023), 498 (533 f., 540).
32 So *J. Schmidt* NJW 2023, 1241 (1243); *Sauer/Irey* GmbHR 2023, 5 (11); *Thomale/Schmid* NotBZ 2023, 125 (134); *Heckschen/Knaier* GmbHR 2022, R376, R377; *Teichmann* NZG 2023, 345.
33 *Bungert/Reidt* DB 2023, 54 (56); *Bungert* NZG 2022, 1657.
34 *Löbbe* ZHR 187 (2023), 498 (541).
35 *Teichmann* ZGR 2022, 376 (387).

einer **Betrachtung des Einzelfalls** zu beurteilen.[36] Es bedarf daher einer umfassenden Gesamtbetrachtung unter Berücksichtigung aller relevanten Tatsachen.[37] Können in diesem Zusammenhang Verdachtsmomente, idR basierend auf einem der og Anhaltspunkte, durch die Mitwirkung der anmeldenden Gesellschaft an der Sachverhaltsaufklärung ausgeräumt werden, sollte das Registergericht dieser hierzu stets die Möglichkeit eröffnen.[38] Art und Umfang der Mitwirkung können in die Beurteilung der Entscheidung des Registergerichts über das Vorliegen eines Missbrauchs einbezogen werden.[39]

15 Ausgangspunkt der Missbrauchsprüfung ist ein zunächst formal rechtmäßiges Verhalten, das in seiner Intention jedoch der gesetzlichen Zielrichtung widerspricht.[40] Neben der objektiv feststellbaren Normvermeidung erfordert der **Missbrauchstatbestand** daher ein **subjektives Element**, das in der zu missbilligenden Zwecksetzung der Umwandlungsmaßnahme liegt.[41] Wann eine (geplante) Maßnahme, also die Durchführung eines grenzüberschreitenden Formwechsels, missbräuchlich ist, beurteilt sich unter Zugrundelegung eines autonom-europäischen Missbrauchsbegriff.[42] Ein solcher unionsrechtlicher Missbrauchsbegriff konkretisiert sich dabei vor allem durch die einschlägige Rechtsprechung des EuGH.[43] Das **Vorliegen eines Missbrauchs** bzw. missbräuchlicher Zwecke dürfte daher regelmäßig voraussetzen, dass formal die Verfahrensvorschriften des deutschen Rechts eingehalten werden, der Vollzug des grenzüberschreitenden Formwechsels aber zu einem Ergebnis führt, das dem Ziel der Vorschriften nicht entspricht oder zuwiderläuft sowie dass aus diesen tatsächlichen Umständen ersichtlich ist, dass sich die formwechselnde Gesellschaft durch Anwendung der Verfahrensvorschriften einen willkürlichen oder ungerechtfertigten Vorteil verschaffen möchte.[44] Daraus lässt sich im Ergebnis auch entnehmen, dass der Missbrauchstatbestand im Zweifel **eng auszulegen** ist.[45] Die auf dem Missbrauchseinwand basierende Versagung der Eintragung des Herausformwechsels kann insofern immer nur das letzte zur Verfügung stehende Mittel sein.[46] Vor allem die bloße Absicht, in den Genuss günstiger Rechtsvorschriften zu gelangen, begründet daher für sich genommen noch keinen Missbrauch.[47] In diesem Zusammenhang wäre insbesondere auch die Untersagung des grenzüberschreitenden Formwechsels als missbräuchliche Gestaltung aufgrund einer isolierten Satzungssitzverlegung europarechtswidrig.[48]

16 Weitere Indizien für **missbräuchliche Zwecke** im Zusammenhang mit dem grenzüberschreitenden Formwechsel ergeben sich aus der einschlägigen Gesetzesbegründung zum UmRUG sowie aus den Erwägungsgründen zur RL 2019/2121. Missbräuchliche Zwecke können demnach zunächst allgemein in Bezug auf die Gläubiger, Arbeitnehmer der formwechselnden Gesellschaft und die öffentliche Hand in Betracht kom-

---

[36] Begr. RegE UmRUG, BT-Drs. 20/3822, 102; *J. Schmidt* NJW 2023, 1241 (1243); *J. Schmidt* NZG 2022, 635 (640); *Bungert/Reidt* DB 2022, 1369 (1379); *Luy/Redler* notar 2022, 163 (168); *Thomale/Schmid* NotBZ 2023, 125 (134).
[37] Begr. RegE UmRUG, BT-Drs. 20/3822, 102.
[38] Begr. RegE UmRUG, BT-Drs. 20/3822, 103.
[39] Begr. RegE UmRUG, BT-Drs. 20/3822, 103.
[40] *Teichmann* ZGR 2022, 376 (414); in diesem Sinne auch *Schubert* ZFA 2023, 339 (364).
[41] *Teichmann* ZGR 2022, 376 (414); *Thomale/Schmid* NotBZ 2023, 125 (134).
[42] *Thomale/Schmid* NotBZ 2023, 125 (133); *Luy/Redler* notar 2022, 163 (168); *Bungert/Reidt* DB 2023, 54 (56); vgl. auch *J. Schmidt* BB 2023, 1859 (1867).
[43] Begr. RegE UmRUG, BT-Drs. 20/3822, 102; dazu ferner *Schön* FS Krieger, 2020, 879 (883 ff.).
[44] Begr. RegE UmRUG, BT-Drs. 20/3822, 102, mit Verweis auf die einschlägige EuGH-Rechtsprechung; im Ergebnis auch *Teichmann* ZGR 2022, 376 (414).
[45] *J. Schmidt* NJW 2023, 1241 (1243); *J. Schmidt* NZG 2022, 579 (581); *Noack* MDR 2023, 465 (470); *Thomale/Schmid* NotBZ 2023, 125 (134); *Löbbe* ZHR 187 (2023), 498 (538); *Hilser*, Grenzüberschreitender Rechtsformwechsel in der Europäischen Union, 2022, S. 268 f.; wohl auch *Bungert/Reidt* DB 2023, 54 (56).
[46] *Schön* FS Krieger, 2020, 879 (910); *Schubert* ZFA 2023, 339 (364 f.).
[47] Begr. RegE UmRUG, BT-Drs. 20/3822, 103.
[48] Vgl. nur *Schön* FS Krieger, 2020, 879 (885 f.).

men.⁴⁹ Im Hinblick auf die **Arbeitnehmer** können sie im Entzug oder in der Umgehung derer Rechte liegen.⁵⁰ Anhaltspunkte für ein missbräuchliches Verhalten können auch bestehen, wenn zwar ein besonderes Verhandlungsgremium gebildet wird, die Unternehmensleitungen aber erkennbar keine Verhandlungen über eine Mitbestimmung der Arbeitnehmer führen wollen, obwohl die Arbeitnehmerzahl 4/5 des mitbestimmungsrechtlichen Schwellenwerts erreicht hat.⁵¹ Auch in einem bewussten und zielgerichteten Absenken der Arbeitnehmerzahl unter die relevante Schwelle von 400 Arbeitnehmer innerhalb der letzten sechs Monate kann ein gewisses Indiz für ein potenziell missbräuchliches Handeln gesehen werden.⁵² Kein missbräuchlicher Zweck besteht indes nach hM, wenn die Schwelle zur Auslösung der 4/5-Schwelle zum Zeitpunkt des grenzüberschreitenden Formwechsels unmittelbar bevorsteht und dessen zeitnahe Umsetzung dazu dienen soll, Mitbestimmungsverhandlungen (in zulässiger Weise) zu vermeiden.⁵³ Auch begründet die etwaige Einschlägigkeit von § 36 MgFSG für sich noch kein hinreichendes Indiz für eine missbräuchliche Ausnutzung des grenzüberschreitenden Formwechsels, da der Bezug des dortigen „Missbrauchsverbot" ein anderer ist.⁵⁴

Im Hinblick auf die **Gläubiger** der formwechselnden Gesellschaft kann Indiz für das Vorliegen missbräuchlicher Zwecke insbesondere sein, dass die Versicherung über das Nichtvorliegen von Insolvenzgründen gem. § 342 Abs. 3 S. 1 Nr. 4 (→ § 342 Rn. 19) nicht abgegeben werden kann.⁵⁵ Kann in diesem Fall die Gefahr der Gläubigerbenachteiligung nicht dadurch entkräftet werden, dass das Insolvenzverfahren bereits beantragt oder eröffnet wurde und dem Registergericht die Sanierungsperspektive ausreichend nachgewiesen wird, besteht diesbezüglich idR ein Anfangsverdacht für missbräuchliche Zwecke.⁵⁶ Missbräuchliche, gläubigerbenachteiligende Zwecke liegen ebenfalls nahe, wenn die Anmeldung des Herausformwechsels im Rahmen einer Insolvenzverschleppung erfolgt, weil trotz Insolvenzreife noch kein Antrag auf Eröffnung eines Insolvenzverfahrens in Bezug auf die Gesellschaft gestellt wurde.⁵⁷ Ist hingegen das Insolvenzverfahren eröffnet, bieten die Verantwortlichkeit des Insolvenzverwalters gegenüber den Gläubigern und die Aufsicht durch das Insolvenzgericht eine gewisse Gewähr für ein den Gläubigerbelangen gerecht werdendes Vorgehen.⁵⁸ Liegt eine drohende Zahlungsunfähigkeit vor, ist im Rahmen der Prüfung eines missbräuchlichen Zwecks ferner zu berücksichtigen, dass bereits eine Gefährdung der Gläubigerinteressen angenommen wird.⁵⁹

Ungeachtet der wirtschaftlichen Situation der Gesellschaft kann auch die ausstehende Befriedigung fälliger Verbindlichkeiten gegenüber der **öffentlichen Hand** als von dem grenzüberschreitenden Formwechsel potenziell Betroffene einen Verdacht für einen missbräuchlichen Zweck auslösen.⁶⁰ Indiz für das Vorliegen missbräuchlicher Zwecke kann in diesem Zusammenhang die unrichtige Abgabe einer Versicherung gem. § 342

---

49 Begr. RegE UmRUG, BT-Drs. 20/3822, 102.
50 Begr. RegE UmRUG, BT-Drs. 20/3822, 103.
51 Begr. RegE UmRUG, BT-Drs. 20/3822, 103, unter Bezugnahme von Erwägungsgrund Nr. 31 RL (EU) 2019/2121.
52 Baschnagel/Hilser/Wagner RdA 2023, 103 (109).
53 Noack/Kraft DB 2018, 1577 (1580); Kraft/Noack FS Krieger, 2020, 539 (551); Bayer/J. Schmidt BB 2019, 1922 (1930); Baschnagel/Hilser/Wagner RdA 2023, 103 (109); Junker EuZA 2019, 141 (142); Löbbe ZHR 187 (2023), 498 (533 f.).
54 Bungert/Strothotte DB 2022, 1818 (1824); Baschnagel/Hilser/Wagner RdA 2023, 103 (110 f.); Löbbe ZHR 187 (2023), 498 (535); vgl. dazu auch Schubert ZFA 2023, 339 (361 ff.).
55 Begr. RegE UmRUG, BT-Drs. 20/3822, 103.
56 Begr. RegE UmRUG, BT-Drs. 20/3822, 103.
57 Begr. RegE UmRUG, BT-Drs. 20/3822, 103.
58 Begr. RegE UmRUG, BT-Drs. 20/3822, 103.
59 Begr. RegE UmRUG, BT-Drs. 20/3822, 103.
60 Begr. RegE UmRUG, BT-Drs. 20/3822, 103.

Abs. 3 S. 1 oder unrichtige Angaben gem. § 342 Abs. 3 S. 2, Abs. 4 sein.[61] Gelangt die Unrichtigkeit dem Registergericht zur Kenntnis, ist jedoch stets eine weitere Aufklärung des Sachverhalts erforderlich.[62]

19 Weitere in diesem Zusammenhang berücksichtigungsfähige Indizien für das Vorliegen eines missbräuchlichen Zwecks und damit der Missbrauchsgefahr hinsichtlich der Durchführung eines grenzüberschreitenden Formwechsels geben in allgemeiner Form die **Erwägungsgründe** zur RL (EU) 2019/2121 vor. Diese sind indes allenfalls Anhaltspunkte, die keinesfalls für sich bereits (auch nicht in Kombination) ein missbräuchliches Verhalten begründen und damit als Rechtfertigung für die Verweigerung der Eintragung des Herausformwechsels dienen. Als entsprechende **Indizien** werden aufgeführt:[63] „Zwecks des Vorhabens, der Branche, der Investition, des Nettoumsatzes und des Gewinns oder Verlusts, Zahl der Arbeitnehmer, der Zusammensetzung der Bilanz, des Steuersitzes, der Vermögenswerte und ihrer Belegenheit, der Anlagen, der wirtschaftlichen Eigentümer der Gesellschaft, der gewöhnlichen Arbeitsorte der Arbeitnehmer und besonderer Arbeitnehmergruppen, des Ortes, an dem die Sozialabgaben zu entrichten sind, Zahl der Arbeitnehmer, die in dem Jahr vor dem grenzüberschreitenden Formwechsel entsandt wurden, Geschäftsrisiken, die die Gesellschaft vor und nach dem Formwechsel übernimmt sowie relevanten Tatsachen und Umstände in Bezug auf die Mitbestimmungsrechte, insbesondere hinsichtlich Verhandlungen über solche Rechte." Der Vorschlag für einen darauf basierenden Positiv- und insbesondere Negativkatalog von Maßnahmen bzw. Gegebenheiten, die widerleglich eine Missbrauchsabsicht begründen bzw. eine solche entfallen lassen,[64] hat sich im Gesetzgebungsprozess allerdings nicht durchsetzen können. Entscheidend ist somit weiterhin stets, dass eine Gesamtbetrachtung erfolgt und **nicht** einzelne der genannten Indizien **isoliert betrachtet** werden.[65]

4. Prüfungszeitraum

20 Gemäß § 343 Abs. 1 S. 1 hat das zuständige Registergericht die Voraussetzungen für den grenzüberschreitenden Formwechsel **innerhalb von drei Monaten** nach der Anmeldung des Herausformwechsels durch die Gesellschaft zu prüfen. Der Prüfungszeitraum beginnt dabei, sobald dem Registergericht eine **vollständige Anmeldung** einschließlich der zu übermittelnden Erklärungen, Versicherungen, Mitteilungen und beizufügenden Anlagen von der Gesellschaft übermittelt wurde.[66] Liegt eine vollständige Anmeldung vor, hat das Registergericht den Herausformwechsel grundsätzlich binnen drei Monaten entweder einzutragen oder der anmeldenden Gesellschaft die ablehnende Entscheidung bekanntzugeben.[67] Liegt keine vollständige Anmeldung vor, beginnt die Dreimonatsfrist nicht zu laufen und das Registergericht kann weitere Informationen und Unterlagen (gem. § 344 S. 1 Nr. 1) fordern und ggf. Zwischenverfügungen erlassen.

21 Der Prüfungszeitraum erstreckt sich **nicht** auf das **Rechtsmittelverfahren**.[68] Wird daher ein Gläubigerantrag auf Sicherheitsleistung gem. § 341 Abs. 1 iVm § 314 beim zuständigen Zivilgericht gestellt, wird der dreimonatige Prüfungszeitraum **unterbrochen**,

---

61 Begr. RegE UmRUG, BT-Drs. 20/3822, 103.
62 Begr. RegE UmRUG, BT-Drs. 20/3822, 103.
63 Erwägungsgrund Nr. 36 S. 1, 2 RL (EU) 2019/2121.
64 Siehe *Drinhausen/Keinath* BB 2022, 1346 (1353).
65 So explizit Erwägungsgrund Nr. 36 S. 3 RL (EU) 2019/2121.
66 Begr. RegE UmRUG, BT-Drs. 20/3822, 100.
67 Begr. RegE UmRUG, BT-Drs. 20/3822, 100.
68 Begr. RegE UmRUG, BT-Drs. 20/3822, 100.

bis der Gläubigerantrag ganz oder teilweise rechtskräftig abgelehnt oder, sofern dem Antrag ganz oder teilweise stattgegeben wird, der Nachweis über die Leistung der Sicherheit gem. § 343 Abs. 2 S. 3 erbracht ist.[69]

Die dreimonatige Prüfungsfrist des § 343 Abs. 1 S. 1 ist allerdings nicht absolut. Gemäß § 343 Abs. 3 S. 3 kann sie um höchstens **drei Monate verlängert** werden, wenn es im Rahmen der erforderlichen **Missbrauchsprüfung** der Berücksichtigung zusätzlicher Informationen bedarf oder zusätzliche Ermittlungen seitens des Registergerichts erforderlich erscheinen. Die Beurteilung der Erforderlichkeit obliegt dabei dem mit der Sache befassten Registerrichter des zuständigen Registergerichts. In entsprechender Anwendung von § 343 Abs. 4 ist der formwechselnden Gesellschaft diese Fristverlängerung mitzuteilen, ohne dass es einer detaillierten Begründung hierfür bedarf. Ausreichend ist ein Hinweis auf § 343 Abs. 3 S. 3. Diese verlängerte Prüfungsfrist sowie die Regelfrist des § 343 Abs. 1 S. 1 können zudem jeweils gem. § 343 Abs. 4 „wegen der **Komplexität des Verfahrens**" hinausgeschoben werden. Die Verlängerung des Prüfungszeitraums kann dabei allein mit den Verfahrensbesonderheiten des **Einzelfalls** begründet werden.[70] Die generelle Komplexität eines grenzüberschreitenden Formwechsels oder die personelle Ausstattung des befassten Gerichts können eine Fristverlängerung nicht begründen.[71] Insofern handelt es sich bei der Fristverlängerungsmöglichkeit des § 343 Abs. 4 um eine grundsätzlich eng auszulegende Ausnahmebestimmung („ausnahmsweise") Wurde jedoch eine entsprechende Verfahrenskomplexität im Einzelfall festgestellt, hat das Registergericht die formwechselnde Gesellschaft (bzw. idR den bevollmächtigten Notar) vor Ende des eigentlichen (verlängerten) Prüfungszeitraums über das Bestehen und die Gründe für die Verzögerung zu unterrichten.

III. Eintragung des Herausformwechsels

1. Eintragungspflicht

Fällt die registergerichtliche Prüfung des angemeldeten Herausformwechsels und damit der Voraussetzungen für den grenzüberschreitenden Formwechsel aus deutscher Wegzugsperspektive positiv aus, hat das zuständige Registergericht die entsprechende **Handelsregistereintragung vorzunehmen** und die Formwechselbescheinigung (→ Rn. 29 ff.) auszustellen. Diesbezüglich sind jedoch zwingend auch die zeitlichen Vorgaben des § 343 Abs. 2 zu beachten (→ Rn. 25 ff.). Fällt die Prüfung gem. § 343 Abs. 1 S. 1 negativ aus, ist der anmeldenden Gesellschaft die ablehnende Entscheidung bekanntzugeben.[72] **Verfahrensbestimmungen über die Ablehnung** ergeben sich dabei vordergründig aus den Bestimmungen des FamFG.[73] Die Entscheidung, mit der das Registergericht die Eintragung endgültig ablehnt, ergeht durch Beschluss, der zu begründen und bekanntzugeben ist (§ 382 Abs. 3 FamFG iVm § 38 Abs. 3 S. 1 FamFG).[74] Handelt es sich um behebbare Eintragungshindernisse, hat das Registergericht der Gesellschaft zunächst eine angemessene Frist zur Beseitigung dieses Hindernisses zu setzen (§ 382 Abs. 4 FamFG).[75]

---

69 Begr. RegE UmRUG, BT-Drs. 20/3822, 100.
70 Begr. RegE UmRUG, BT-Drs. 20/3822, 104.
71 Begr. RegE UmRUG, BT-Drs. 20/3822, 104.
72 Begr. RegE UmRUG, BT-Drs. 20/3822, 100.
73 Begr. RegE UmRUG, BT-Drs. 20/3822, 101.
74 Begr. RegE UmRUG, BT-Drs. 20/3822, 101.
75 Begr. RegE UmRUG, BT-Drs. 20/3822, 101.

2. Inhalt der Eintragung

24 Der Inhalt der Handelsregistereintragung des Herausformwechsels ergibt sich in erster Linie aus § 343 Abs. 1 S. 2, 3. Danach hat die Eintragung die **Bezeichnung des Formwechselverfahrens** und der formwechselnden Gesellschaft sowie die Feststellung, dass alle einschlägigen Voraussetzungen erfüllt und alle Verfahren und Formalitäten erledigt wurden, zu enthalten (§ 343 Abs. 1 S. 2). Dies dient der eindeutigen Zuordnung für den Rechtsverkehr und für das Registergericht des Zuzugsstaates.[76] Insbesondere ist auch das Datum der notariellen Urkunde anzugeben.[77] Ferner ist die formwechselnde Gesellschaft **eindeutig zu bezeichnen**, wobei zumindest deren Firma, Satzungssitz und Registernummer aufgeführt werden sollten.[78] Weiterhin ist gem. § 343 Abs. 1 S. 3 die Eintragung mit dem Vermerk zu versehen, dass der grenzüberschreitende Formwechsel erst unter den Voraussetzungen des Rechts des Zuzugsstaates wirksam wird, in den die formwechselnde Gesellschaft ihren Satzungssitz verlegt. Nachdem die Gesellschaft in neuer, ausländischer Rechtsform ordnungsgemäß in das zuständige Register des Zuzugsstaates eingetragen und damit der grenzüberschreitenden Formwechsel wirksam geworden ist, hat das deutsche Registergericht ferner den mitgeteilten **Tag des Wirksamwerdens** zu vermerken (§ 343 Abs. 5).

3. Eintragungszeitpunkt

25 Gemäß § 343 Abs. 2 S. 1 darf die Eintragung des Herausformwechsels durch das Registergericht erst dann erfolgen, wenn sowohl die Frist des § 340 Abs. 3 S. 1 als auch die Frist des § 341 Abs. 1 iVm § 314 Abs. 3 abgelaufen ist (sog. **Registersperre**).[79] Nach § 340 Abs. 3 S. 1 kann das Barabfindungsangebot von den Anteilsinhabern bis spätestens **zwei Monate nach** dem Tag der beschließenden Anteilsinhaberversammlung angenommen werden. Nach § 341 Abs. 1 iVm § 314 Abs. 3 muss die gläubigerseitige Geltendmachung eines Anspruchs auf Sicherheitsleistung innerhalb von **drei Monaten ab** Bekanntmachung des Formwechselplans erfolgen. Welche der beiden Fristen dabei die spätere und damit maßgebliche ist, wird in der Praxis insbesondere davon abhängig sein, ob ein Formwechselbericht gem. § 337 zu erstellen oder dieser entbehrlich ist. Hintergrund ist, dass häufig entweder zunächst der Formwechselplan erstellt wird oder eine parallele Erstellung desselben mit dem Formwechselbericht erfolgt. Der etwaige Formwechselbericht muss allerdings mindestens sechs Wochen vor der beschließenden Anteilsinhaberversammlung zugänglich gemacht werden (§ 337 Abs. 1 iVm § 310 Abs. 1 S. 1). Faktisch werden daher zwischen Erstellung des Berichts und dem Ablauf der Annahmefrist gem. § 340 Abs. 3 S. 1 etwa 14 Wochen liegen müssen. Die Frist für Gläubigeransprüche beträgt hingegen nur 12 Wochen (drei Monate), ist also kürzer. Sie ist aber maßgebend, wenn kein Formwechselbericht erstellt werden muss.

26 Die Vorgabe, dass das Registergericht den Herausformwechsel erst eintragen darf, wenn die Zweimonatsfrist zur Annahme eines **Barabfindungsangebots** nach § 340 Abs. 3 S. 1 abgelaufen ist, soll verhindern, dass der grenzüberschreitende Formwechsel wirksam wird, bevor sämtliche Anteilsinhaber ihre Entscheidung über die Annahme des Barabfindungsangebots getroffen haben.[80] Dies soll wiederum der Rechtssicherheit dienen.[81]

---

[76] Begr. RegE UmRUG, BT-Drs. 20/3822, 101.
[77] Begr. RegE UmRUG, BT-Drs. 20/3822, 101.
[78] Begr. RegE UmRUG, BT-Drs. 20/3822, 101.
[79] *Heckschen/Knaier* ZIP 2022, 2205 (2209); *Baschnagel/Hilser* NZG 2022, 1333 (1337); *Heckschen* in Unternehmensmobilität im EU-Binnenmarkt, 2023, S. 101 (122).
[80] Begr. RegE UmRUG, BT-Drs. 20/3822, 101.
[81] Begr. RegE UmRUG, BT-Drs. 20/3822, 101.

Für die Annahmefrist gilt nach § 343 Abs. 2 S. 2 jedoch eine **Ausnahme**, wenn **sämtliche** Anteilsinhaber dem Formwechselbeschluss zugestimmt haben. In diesem Fall gibt es keinen Anteilsinhaber, der nach § 340 Abs. 1 S. 1 Widerspruch zur Niederschrift erklären kann und damit zur Annahme des Barabfindungsangebots berechtigt wäre. Damit entfällt die Notwendigkeit, mit der Eintragung bis zum Ablauf der Annahmefrist nach § 340 Abs. 3 S. 1 zu warten.[82]

In Hinblick auf die gem. § 341 Abs. 1 iVm § 314 Abs. 3 fristgerechte gerichtliche Geltendmachung eines Sicherheitsverlangens durch Gläubiger der formwechselnden Gesellschaft darf die Eintragung zudem gem. § 343 Abs. 2 S. 3 **nicht vorgenommen werden**, bevor (1) der entsprechende Antrag beim zuständigen (Zivil-)Gericht rechtskräftig abgelehnt ist oder (2) die in der Gerichtsentscheidung festgelegte Sicherheit von der Gesellschaft an den Gläubiger geleistet wurde, oder (3) die den Antrag teilweise ablehnende Entscheidung rechtskräftig ist und die in der Entscheidung festgelegte Sicherheit geleistet wurde. Dadurch soll die Durchsetzung des Gläubigeranspruchs auf Sicherheitsleistung gewährleistet werden, indem sichergestellt wird, dass keine Formwechselbescheinigung ausgestellt wird, solange noch etwaige Sicherheitsleistungsansprüche bestehen und durchgesetzt werden könnten.[83] Hat das für den Gläubigerantrag zuständige (Zivil-)Gericht diesem ganz oder teilweise stattgegeben, hat die formwechselnde Gesellschaft gem. § 343 Abs. 2 S. 4 dem Registergericht die Leistung der Sicherheit **in geeigneter Form nachzuweisen**. Die erforderliche Form liegt dabei im Ermessen des Registergerichts.[84] Hält das Registergericht dies für erforderlich, kann es gem. § 343 Abs. 2 S. 5 die Abgabe einer strafbewehrten Versicherung mit dem Inhalt verlangen, dass die in der Entscheidung festgelegte Sicherheit geleistet wurde. In der Regel kann und wird der Nachweis der Sicherheitsleistung durch einen entsprechenden Überweisungsbeleg bzw. Kontoauszug (bei Barzahlungen) erfolgen; bei Sicherungsübereignungen zB durch entsprechende Übertragungsurkunden inkl. Erhaltungsnachweis des Gläubigers. Teilweise wird befürchtet, dass die temporäre Registersperre des § 343 Abs. 2 ein Einfallstor für „räuberische" Gläubiger sein könnte, um den grenzüberschreitenden Formwechsel aus egoistischen Gründen zu blockieren.[85] Bedenkt man jedoch, dass die Anforderungen und Voraussetzungen für eine gerichtliche Geltendmachung von Gläubigersicherheiten durchaus hoch sind (→ § 341 Rn. 6 ff.), wird ein diesbezügliches Szenario in der Praxis eher die Ausnahmen darstellen.

4. Wirkung der Eintragung

Die Eintragung des Herausformwechsels der deutschen Gesellschaft ins Handelsregister vermittelt den **Abschluss des Umwandlungsverfahrens aus deutscher Wegzugsperspektive**. Mit ihr wird unwiderleglich festgestellt, dass die formwechselnde Gesellschaft alle formellen und materiellen Vorgaben des deutschen Rechts eingehalten hat und Deutschland als Wegzugsstaat dem grenzüberschreitenden Formwechsel nicht entgegensteht. Die Eintragung begründet zudem die Verpflichtung des Registergerichts, von Amts wegen eine Formwechselbescheinigung ordnungsgemäß auszustellen und der zuständigen Behörde des Zuzugsstaates zukommen zu lassen (→ Rn. 29).

---

82 Begr. RegE UmRUG, BT-Drs. 20/3822, 101 f.
83 Begr. RegE UmRUG, BT-Drs. 20/3822, 102.
84 Begr. RegE UmRUG, BT-Drs. 20/3822, 102.
85 So *Bungert/Strothotte* BB 2022, 1411 (1416); *Deutscher Notarverein*, Stellungnahme v. 17.5.2022, S. 3, https://www.dnotv.de/stellungnahmen/gesetz-zur-umsetzung-der-umwandlungsrichtlinie-umrug; *J. Schmidt* FS Heidinger, 2023, 469 (476); zur grenzüberschreitenden Verschmelzung auch *Herzog/Gebhard* AG 2023, 310 (316).

IV. Ausstellung der Formwechselbescheinigung

29 Ist die Eintragung des Herausformwechsels erfolgt, hat das Registergericht gem. § 343 Abs. 1 S. 4 **von Amts wegen** eine Formwechselbescheinigung auszustellen. Die formwechselnde Gesellschaft hat hierauf einen durchsetzbaren Anspruch. Zuständig für deren Erteilung ist gem. § 29 HRV der Urkundsbeamte der Geschäftsstelle.[86] Auf diese Weise wird gewährleistet, dass das Registergericht des Zuzugsstaates die wirksamkeitsbegründende Eintragung auf Grundlage einer formal und inhaltlich eindeutigen Bescheinigung vornehmen kann.[87] Sie wird gem. § 9 Abs. 1 HRV in den Registerordner der Gesellschaft aufgenommen und ist damit auch für jedermann zum Abruf zugänglich.[88] Die Formwechselbescheinigung ist vom ausstellenden Registergericht über das Europäische System der Registervernetzung (**BRIS**) der für die Eintragung des ausländischen Zielrechtsträgers zuständigen Behörde des Zuzugsstaates zu übermitteln.[89] Die Übermittlung hat dabei unmittelbar an die entsprechende Behörde zu erfolgen (vgl. § 9b Abs. 2 S. 3 Nr. 4 HGB).[90] Eine (zusätzliche) Ausstellung an die formwechselnde Gesellschaft selbst, wie es vor dem UmRUG für die grenzüberschreitende Verschmelzung und in der Praxis des Herausformwechsels aus Deutschland der Fall war, erfolgt nicht.

30 Die Formwechselbescheinigung fungiert als **Bindeglied** zwischen den Registerbehörden der von dem Formwechsel betroffenen Rechtsordnungen. Sie hat dabei eine doppelte Funktion.[91] Zum einen stellt sie den Abschluss der Rechtmäßigkeitsprüfung über den bisherigen Verfahrensablauf des Herausformwechsels aus Deutschland dar. Zum anderen soll sie die Ordnungsmäßigkeit des Verlegungsverfahrens für den Zuzugsstaat, dessen Recht der Zielrechtsträger unterliegen soll, dokumentieren. Sie gilt insofern auch als „Dreh- und Angelpunkt des Umwandlungsverfahrens".[92] Ohne die Formwechselbescheinigung kann die zuständige Behörde des Zuzugsstaates keine wirksamkeitsbegründende Eintragung vornehmen.[93] Sie ist von dieser als **unwiderlegbarer Nachweis** der ordnungsgemäßen Erledigung der vorangehenden Verfahren und Formalitäten in Deutschland als Wegzugsstaat anzuerkennen (vgl. § 345 Abs. 2 S. 1). Es besteht daher eine Anerkennungspflicht durch die Behörde des Zuzugsstaates und die entsprechenden Verfahrensschritte dürfen nicht nochmals geprüft werden.[94]

31 Die Formwechselbescheinigung hat den **Inhalt der Eintragung** wiederzugeben.[95] Etwaig anhängige Spruchverfahren sind hingegen nicht aufzunehmen.[96] Auch sonstige Negativerklärungen oder Anlagen der der Eintragung zugrunde liegenden Anmeldung sind nicht beizufügen.[97] Darüber hinausgehende Vorgaben für die inhaltliche Ausgestaltung der Formwechselbescheinigung bestehen allerdings weder auf deutscher noch auf europäischer Ebene. Es verbleibt somit ein gewisser Gestaltungsspielraum für das verpflichtete Registergericht. Ein teilweise gefordertes „europäisches Standardformular";[98] ist (noch) nicht vorhanden, wenngleich ein solches vor allem auch im Hinblick auf etwaige Sprachbarrieren hilfreich wäre.[99] Sofern ein zukünftiger, wie von

---

[86] Begr. RegE UmRUG, BT-Drs. 20/3822, 101.
[87] Begr. RegE UmRUG, BT-Drs. 20/3822, 101.
[88] Begr. RegE UmRUG, BT-Drs. 20/3822, 101.
[89] Begr. RegE UmRUG, BT-Drs. 20/3822, 101.
[90] Begr. RegE UmRUG, BT-Drs. 20/3822, 104; *J. Schmidt* NJW 2023, 1241 (1243); *Luy/Redler* notar 2022, 163 (169).
[91] *Stiegler* Grenzüberschreitende Sitzverlegungen S. 334.
[92] *Luy/Redler* notar 2022, 163 (169).
[93] Begr. RegE UmRUG, BT-Drs. 20/3822, 100; vgl. auch § 345 Abs. 2 S. 2.
[94] *Thomale/Schmid* NotBZ 2023, 125 (131).
[95] Begr. RegE UmRUG, BT-Drs. 20/3822, 101.
[96] *Thomale/Schmid* NotBZ 2023, 125 (132).
[97] *Thomale/Schmid* NotBZ 2023, 125 (131).
[98] *J. Schmidt* NZG 2022, 635 (640).
[99] *Thomale/Schmid* NotBZ 2023, 125 (135).

der Europäischen Kommission in ihrem aktuellen Richtlinienvorschlag[100] vorgesehener, Art. 16b Abs. 8 RL (EU) 2017/1132, der ein EU-einheitliches „Muster für die EU-Gesellschaftsbescheinigung" vorsieht, verabschiedet wird, wäre es nur denklogisch, ebenfalls ein Standardformular für die Formwechselbescheinigung herauszugeben. In Ziff. 6.1.2 **VO (EU) 2021/1042 (Durchführungsverordnung)** sind jedoch zahlreiche Daten aufgeführt, die verpflichtend bei der Übermittlung der Formwechselbescheinigung über das BRIS enthalten zu sein haben. Dies sind ua verschiedene Unternehmensinformationen der formwechselnden sowie der geplanten neuen Rechtsform, das zuständige deutsche Registergericht sowie der Ausstellungszeitpunkt.

§ 344 Informationen des Registergerichts

¹Soweit dies für die Prüfung gemäß § 343 erforderlich ist, kann das Gericht
1. von der Gesellschaft Informationen und Unterlagen verlangen,
2. von öffentlichen inländischen Stellen Informationen und Unterlagen verlangen und von öffentlichen Stellen eines anderen Mitgliedstaats der Europäischen Union oder eines anderen Vertragsstaats des Abkommens über den Europäischen Wirtschaftsraum mit Zuständigkeiten in den verschiedenen vom grenzüberschreitenden Formwechsel betroffenen Bereichen die notwendigen Informationen und Unterlagen erbitten,
3. von einem eingesetzten besonderen Verhandlungsgremium Informationen und Unterlagen verlangen,
4. einen unabhängigen Sachverständigen zuziehen sowie
5. im Rahmen der Prüfung des § 343 Absatz 3 eine in dem formwechselnden Unternehmen vertretene Gewerkschaft anhören.

²Ist eine inländische öffentliche Stelle in einem von dem grenzüberschreitenden Formwechsel betroffenen Bereich zuständig, so kann sie der für die Ausstellung einer Formwechselbescheinigung zuständigen Stelle eines anderen Mitgliedstaats der Europäischen Union oder eines anderen Vertragsstaats des Abkommens über den Europäischen Wirtschaftsraum auf deren Ersuchen die notwendigen Informationen und Unterlagen übermitteln.

Literatur:
Bungert/Reidt, Erweiterte Möglichkeiten grenzüberschreitender Umwandlungen – nach Abschluss des Gesetzgebungsverfahrens zum UmRUG, DB 2023, 54; *Goette*, Das Gesetz zur Umsetzung der Umwandlungsrichtlinie – Ein Überblick, DStR 2023, 157; *Heckschen/Knaier*, Die größte Reform des Umwandlungsrechts: Endlich in Kraft!, GmbHR 2023, 317; *Noack*, Nationaler Rechtsrahmen für grenzüberschreitende Umwandlungen, MDR 2023, 465; *Teichmann*, Das Konzept des „Rechtsmissbrauchs" im Europäischen Umwandlungsrecht, ZGR 2022, 376; *Thomale/Schmid*, Das neue Recht der grenzüberschreitenden Umwandlung – Eine Einführung (Teil II), NotBZ 2023, 125.

I. Einführung und Grundlagen 1	3. Vom besonderen Verhandlungsgremium 6
1. Europäischer Hintergrund 1	4. Hinzuziehung eines unabhängigen Sachverständigen 7
2. Regelungsgegenstand und -zweck 2	5. Anhörung der Gewerkschaft 8
II. Informationen und Unterlagen 3	IV. Informationsübermittlung im grenzüberschreitenden Verkehr 10
III. Inhalt des Informationsverlangens 4	
1. Von der Gesellschaft 4	
2. Von öffentlichen Stellen 5	

---

100 COM(2023) 177 final.

I. Einführung und Grundlagen

1. Europäischer Hintergrund

1 § 344 dient der Umsetzung von **Art. 86m Abs. 12 RL (EU) 2017/1132**.[1] Dieser bestimmt, dass die Mitgliedstaaten dafür zu sorgen haben, dass die zuständige Behörde andere relevante (ausländische) Behörden mit Zuständigkeiten in den verschiedenen Bereichen konsultieren und von diesen Behörden sowie von der Gesellschaft Informationen und Unterlagen erhalten kann, die notwendig sind, um die Rechtmäßigkeit des grenzüberschreitenden Formwechsels ordnungsgemäß zu prüfen (Art. 86m Abs. 12 S. 1 RL (EU) 2017/1132).

2. Regelungsgegenstand und -zweck

2 Gemäß § 343 Abs. 1 muss die Entscheidung über die Eintragung des Herausformwechsels und damit der Ausstellung der Formwechselbescheinigung auf einer ausreichenden Informationsgrundlage getroffen werden. Oftmals werden sich die erforderlichen Informationen zwar bereits aus den Unterlagen ergeben, die der Anmeldung beizufügen sind. Im Einzelfall benötigt das Registergericht jedoch **zusätzliche Informationen**, die sich nicht bereits aus der Anmeldung des Herausformwechsels ergeben, zB in Bezug auf das Vermögen der formwechselnden Gesellschaft und dessen Belegenheit.[2] In diesem Zusammenhang ermöglicht es § 344 dem mit der Prüfung des Herausformwechsels befassten Registergericht, Sachverhalte aufzuklären, in denen bereits Anhaltspunkte für die Verfolgung missbräuchlicher Zwecke vorliegen.[3] Ihm wird damit eine zusätzliche **Möglichkeit der Informationsbeschaffung** gegeben.[4] Insofern regelt die Norm ergänzende Informationsrechte zugunsten des Registergerichts.[5]

II. Informationen und Unterlagen

3 Gemäß § 344 S. 1 kann das Registergericht von einzelnen Stellen bzw. Personen verschiedene Informationen verlangen, „soweit dies für die Prüfung gemäß § 343 erforderlich ist". Berechtigt ist das für die Erteilung der Formwechselbescheinigung zuständige Registergericht.[6] Eindeutiger und abschließender Bezugspunkt des zusätzlichen Informationsverlangens ist **die Eintragungsprüfung gem. § 343**. Das zuständige Registergericht kann Informationen und Unterlagen daher nur verlangen, soweit diese für die Prüfung der Eintragungsvoraussetzungen im konkreten Fall erforderlich sind.[7] Weitere Beschränkungen können insbesondere dann bestehen, wenn der Übermittlung von Informationen und Unterlagen höherrangige Interessen entgegenstehen.[8] Dies können zB Persönlichkeitsrechte der Beteiligten oder Dritter oder aus anderem Grund überwiegende Vertraulichkeitsinteressen sein.[9] Das Informationsverlangen des Registergerichts bezieht sich im Rahmen der Prüfung gem. § 343 **vor allem** (jedoch nicht zwingend nur) auf Tatsachen und Umstände, die für die **Missbrauchsprüfung** gem. § 343 Abs. 3 (→ § 343 Rn. 7 ff.) erforderlich sind.[10] Eine Pflicht diesbezügliche oder auch generell

---

[1] Begr. RegE UmRUG, BT-Drs. 20/3822, 119.
[2] *Wicke*, Stellungnahme zum UmRUG-Regierungsentwurf, 7.11.2022, S. 6, https://www.bundestag.de/aussc huesse/a06_recht/anhoerungen/917488-917488.
[3] Begr. RegE UmRUG, BT-Drs. 20/3822, 104.
[4] Begr. RegE UmRUG, BT-Drs. 20/3822, 104.
[5] *Kablitz* GmbHR 2022, 721 (744).
[6] Begr. RegE UmRUG, BT-Drs. 20/3822, 104.
[7] Begr. RegE UmRUG, BT-Drs. 20/3822, 104.
[8] Begr. RegE UmRUG, BT-Drs. 20/3822, 104.
[9] Begr. RegE UmRUG, BT-Drs. 20/3822, 104.
[10] *Wicke*, Stellungnahme zum UmRUG-Regierungsentwurf, 7.11.2022, S. 6, https://www.bundestag.de/aussc huesse/a06_recht/anhoerungen/917488-917488.

ergänzende Informationen zu verlangen, wird durch § 344 S. 1 jedoch nicht begründet.[11] Es besteht daher ein Beurteilungsspielraum des Registergerichts.

III. Inhalt des Informationsverlangens

1. Von der Gesellschaft

Soweit es für die Prüfung der Eintragungsvoraussetzung nach § 343 erforderlich ist, kann das zuständige Registergericht zunächst von der formwechselnden Gesellschaft zusätzliche Informationen und Unterlagen verlangen (§ 344 S. 1 **Nr. 1**). Verlangt das Registergericht entsprechende Informationen und Unterlagen, ist die betreffende **Gesellschaft verpflichtet**, diese nachzureichen bzw. zu übermitteln.[12] Die Modalitäten des registergerichtlichen Verlangens ergeben sich dabei aus den Bestimmungen des FamFG. Da das Registergericht die angeforderten Informationen als immanent für die Prüfung der Eintragung des Herausformwechsels betrachten muss, können nicht ausreichende Informationen und Unterlagen ein mittelbares Eintragungshindernis darstellen und damit den Erlass einer diesbezüglichen Zwischenverfügung gem. § 382 Abs. 4 FamFG rechtfertigen.[13]

2. Von öffentlichen Stellen

Gemäß § 344 S. 2 **Nr. 2** kann ein Informationsverlangen zusätzlich an **öffentliche inländische** und **EU/EWR-ausländische Stellen** gerichtet werden. In Bezug auf öffentliche EU/EWR-ausländische Stellen ist jedoch erforderlich, dass diese hinreichend zuständig sind im Rahmen des grenzüberschreitenden Formwechsels, also primär öffentliche Stellen des Zuzugsstaates des ausländischen Zielrechtsträgers. Gleichwohl handelt es sich um eine nicht abschließende Auflistung der öffentlichen Stellen, so dass auch andere Behörden etc angefragt werden können, solange dies dem Zweck der Überprüfung der Eintragungsvoraussetzungen gem. § 343 dient.[14] Anders als bei § 344 S. 1 Nr. 1 muss das Registergericht die Informationen und Unterlagen „erbitten", dh es besteht zunächst keine unmittelbare Handlungs- und Befolgungspflicht der in- oder ausländischen öffentlichen Stelle. Allerdings ergibt sich im grenzüberschreitenden Kontext aus Art. 87m Abs. 12 S. 1 RL (EU) 2017/1132, dass die Behörden des Zuzugsstaates grundsätzlich verpflichtet sind, der Bitte des deutschen Registergerichts zu entsprechen und die angeforderten Informationen und Unterlagen bereitzustellen.[15]

3. Vom besonderen Verhandlungsgremium

Gemäß § 344 S. 1 **Nr. 3** kann das Registergericht ferner von einem etwaigen besonderen Verhandlungsgremium Informationen und Unterlagen verlangen. Ein entsprechendes Informationsrecht des Registergerichts findet sich zwar in der zugrunde liegenden Richtlinie nicht, ist aber aufgrund des diesbezüglichen Mindestcharakters derselben grundsätzlich zulässig, sofern es dem § 344 zugrunde liegenden Zweck (→ Rn. 2) dient. In diesem Zusammenhang kann das Registergericht den Sachverhalt durch Konsultation des besonderen Verhandlungsgremiums weiter aufklären und einschlägige Informationen und Unterlagen **nur verlangen, wenn Anhaltspunkte** bestehen, dass der

---

11 *Teichmann* ZGR 2022, 376 (387); in Bezug auf § 344 S. 1 Nr. 5 → Rn. 9.
12 Begr. RegE UmRUG, BT-Drs. 20/3822, 104.
13 Vgl. (allgemein) BeckOK FamFG/*Otto*, 46. Ed., § 382 Rn. 60; s. in Bezug auf Registersachen auch *Krafka* NZG 2019, 9.
14 *Teichmann* ZGR 2022, 376 (387).
15 Begr. RegE UmRUG, BT-Drs. 20/3822, 105.

grenzüberschreitende Formwechsel ausschließlich vorgenommen werden soll, um sich den Vorschriften des deutschen Rechts über die Mitbestimmung der Arbeitnehmer zu entziehen.[16] Hintergrund ist, dass das besondere Verhandlungsgremium „nur" das Organ ist, welches mit der formwechselnden Gesellschaft eine etwaige Arbeitnehmermitbestimmung im ausländischen Zielrechtsträger aushandelt (→ § 342 Rn. 16). Seine Funktion ist daher die Mitbestimmungssicherung und nicht die sonstige (rechtliche oder wirtschaftliche) Bewertung des Umwandlungsvorhabens. Das Informationsrecht des Registergerichts gegenüber dem besonderen Verhandlungsgremium bezieht sich dabei insbesondere auch darauf, ob aus dessen Sicht das Leitungsorgan der formwechselnden Gesellschaft in irgendeiner Art und Weise Druck auf dieses ausgeübt hat oder das Mitbestimmungsverfahren und dessen Ergebnis unzulässigerweise zu beeinflussen versuchte. § 344 S. 1 Nr. 3 kommt selbstverständlich aber nur dann zum Tragen, wenn überhaupt ein besonderes Verhandlungsgremium gebildet wurde, also eine Pflicht zur Durchführung eines Arbeitnehmermitbestimmungsverfahrens besteht (→ § 342 Rn. 17).

4. Hinzuziehung eines unabhängigen Sachverständigen

7 Weiterhin kann das befasste Registergericht einen unabhängigen Sachverständigen hinzuziehen (§ 344 S. 1 **Nr. 4**). Dieses Recht beruht auf Art. 86m Abs. 12 S. 2 RL (EU) 2017/1132. Hintergrund ist, dass das Registergericht ggf. nicht selbst über die erforderliche Sachkenntnis zur Beurteilung der Eintragungsfähigkeit in einem bestimmten Punkt verfügt und die **Kenntnisse eines Sachverständigen** erforderlich sind, um eine fundierte Entscheidung zu treffen.[17] Die Hinzuziehung eines Sachverständigen kann vor allem im Rahmen der Missbrauchsprüfung hilfreich sein, sofern die gerichtliche Prüfung eine Beurteilung von Sachverhalten erfordert, für die das Registergericht nicht über die erforderlichen Fach- oder Rechtskenntnisse verfügt.[18] Die Hinzuziehung darf lediglich der Vervollständigung der gerichtlichen Beurteilungsgrundlage dienen.[19] An Einschätzungen des Sachverständigen ist das Registergericht **nicht gebunden.**[20] Der Sachverständige selbst muss zudem nach den allgemeinen Regelungen seine Tätigkeit unabhängig ausführen, insbesondere hat er ein etwaiges Gutachten unparteiisch und objektiv zu erstatten.[21] Die Kosten sind dabei von der formwechselnden Gesellschaft zu tragen.[22]

5. Anhörung der Gewerkschaft

8 Schließlich kann gem. § 344 S. 1 **Nr. 5** das Registergericht im Rahmen der Missbrauchskontrolle des § 343 Abs. 3 (→ § 343 Rn. 7 ff.) eine in der formwechselnden Gesellschaft vertretene Gewerkschaft anhören.[23] Dieses Informationsrecht wurde erst aufgrund einer Empfehlung des Rechtsausschusses im Nachhinein ergänzt und war im ursprünglichen Regierungsentwurf zum UmRUG noch nicht enthalten.[24] Eine etwaige in der formwechselnden Gesellschaft vertretene Gewerkschaft hat im Fall der Pflicht zur Durchführung eines Mitbestimmungsverhandlungsverfahrens bereits umfassende Kenntnisse über dessen Modalitäten und ist involviert. So muss zB jedes dritte Mitglied des be-

---

16 Begr. RegE UmRUG, BT-Drs. 20/3822, 105.
17 Begr. RegE UmRUG, BT-Drs. 20/3822, 105.
18 Begr. RegE UmRUG, BT-Drs. 20/3822, 105.
19 Begr. RegE UmRUG, BT-Drs. 20/3822, 105.
20 Begr. RegE UmRUG, BT-Drs. 20/3822, 105; *Teichmann* ZGR 2022, 376 (387).
21 Begr. RegE UmRUG, BT-Drs. 20/3822, 105.
22 Begr. RegE UmRUG, BT-Drs. 20/3822, 105.
23 Sind in der Gesellschaft mehrere Gewerkschaften vertreten, können auch mehrere angehört werden.
24 Rechtsausschuss, Beschlussempfehlung v. 5.12.2022, BT-Drs. 20/4806, 37.

sondern Verhandlungsgremiums ein Gewerkschaftsmitglied sein, sofern eine Gewerkschaft in der formwechselnden Gesellschaft vertreten ist (§ 9 Abs. 3 MgFSG) und jedes dritte Mitglied des Wahlgremiums ist in diesem Fall auf Vorschlag einer Gewerkschaft zu wählen (§ 11 Abs. 1 S. 2 MgFSG). Zudem bestehen **verschiedene Informationsrechte** zugunsten von vertretenen Gewerkschaften im Rahmen des Mitbestimmungsverhandlungsverfahrens.[25]

Bezugspunkt der Gewerkschaftsanhörung ist lediglich die **Missbrauchsprüfung** gem. 343 Abs. 3; zu allen anderen Aspekten des Umwandlungsverfahrens (insbes. darüber hinausgehende Fragen von Arbeitnehmerrechten und der arbeits- und sozialbezogenen Notwendigkeit des grenzüberschreitenden Formwechsels) darf die vertretene Gewerkschaft nicht angehört werden. Auch generell steht die Anhörung einer etwaigen Gewerkschaft unter dem Vorbehalt der Erforderlichkeit.[26] Das Registergericht kann in diesem Zusammenhang nach eigenem Ermessen entscheiden, ob eine entsprechende Anhörung sachdienlich ist, was grundsätzlich nur dann der Fall sein dürfte, wenn sich die Missbrauchsprüfung gem. § 343 Abs. Abs. 3 konkret auf die Verkürzung von Mitbestimmungsrechten der Arbeitnehmer im Zielrechtsträger bezieht.[27] Diesbezüglich besteht daher nur eine **Anhörungsmöglichkeit**.[28] Auch ist das Registergericht nicht verpflichtet, den Auffassungen und ggf. Bedenken/Vorbehalten der angehörten Gewerkschaft zu folgen oder diese bei der Entscheidungsfindung auch nur zu berücksichtigen.

IV. Informationsübermittlung im grenzüberschreitenden Verkehr

Ist eine inländische öffentliche Stelle in einem von dem grenzüberschreitenden Formwechsel betroffenen Bereich zuständig, kann sie der für die Ausstellung einer Formwechselbescheinigung zuständigen Stelle eines anderen EU/EWR-Mitgliedstaats auf deren Ersuchen die notwendigen Informationen und Unterlagen übermitteln (§ 344 S. 2). Aus deutscher Perspektive ist dies im Ergebnis nur für den Fall des **Hereinformwechsels** nach Deutschland von Bedeutung.[29] Eine tatsächliche Verbindung zu § 344 S. 1 besteht daher allenfalls über § 344 S. 1 Nr. 2. Dadurch soll gewährleistet werden, dass das für die Eintragung gem. § 345 zuständige Registergericht sowie andere öffentliche inländische Stellen der für die Ausstellung der Formwechselbescheinigung zuständigen Stelle eines anderen Mitgliedstaates die notwendigen Informationen und Unterlagen zukommen lassen können.[30] Diese Befugnis bezieht sich allerdings nur auf Informationen und Unterlagen, die zur Prüfung erforderlich sind.[31] Erfasst sind daher lediglich die „**relevanten** Informationen und Dokumente".[32]

§ 345 Eintragung des grenzüberschreitenden Hereinformwechsels

(1) ¹**Das Vertretungsorgan der formwechselnden Gesellschaft hat die Gesellschaft neuer Rechtsform bei dem zuständigen Gericht zur Eintragung in das für die Rechtsform maßgebende Register anzumelden. ²Der Anmeldung sind in der Form**

---

25 Vgl. § 6 Abs. 2 S. 1, § 14 Abs. 1 S. 3, § 21 S. 1 MgFSG.
26 *Bungert/Reidt* DB 2023, 54 (56).
27 *Bungert/Reidt* DB 2023, 54 (56).
28 *Noack* MDR 2023, 465 (470); *Goette* DStR 2023, 157 (162); *Thomale/Schmid* NotBZ 2023, 91 (103); *Bungert/Reidt* DB 2023, 54 (56); *Löbbe* ZHR 187 (2023), 498 (541); aA *Schröter/Neubert* jurisPR-HaGesR 4/2023 Anm. 1 (Anhörungspflicht).
29 Begr. RegE UmRUG, BT-Drs. 20/3822, 105.
30 Begr. RegE UmRUG, BT-Drs. 20/3822, 105.
31 Begr. RegE UmRUG, BT-Drs. 20/3822, 105.
32 Erwägungsgrund Nr. 37 RL (EU) 2019/2121.

des § 17 Absatz 1 der Formwechselplan und gegebenenfalls die Vereinbarung über die Beteiligung der Arbeitnehmer beizufügen. ³§ 198 Absatz 3 und § 199 sind auf die formwechselnde Gesellschaft nicht anzuwenden.

(2) ¹Die über das Europäische System der Registervernetzung übermittelte Formwechselbescheinigung wird als Nachweis der ordnungsgemäßen Erledigung der vorangehenden Verfahren und Formalitäten nach dem Recht desjenigen Staates, dem die formwechselnde Gesellschaft unterliegt, anerkannt. ²Ohne die Formwechselbescheinigung kann der grenzüberschreitende Formwechsel nicht in das Register eingetragen werden.

(3) Die Prüfung der Eintragungsvoraussetzungen erstreckt sich insbesondere darauf, ob gegebenenfalls eine Vereinbarung über die Beteiligung der Arbeitnehmer geschlossen worden ist und ob die Vorschriften zur Gründung der Gesellschaft neuer Rechtsform eingehalten worden sind.

(4) Das Gericht des Sitzes der Gesellschaft neuer Rechtsform hat das Wirksamwerden des grenzüberschreitenden Formwechsels dem Register mitzuteilen, in dem die formwechselnde Gesellschaft ihre Unterlagen zu hinterlegen hatte.

Literatur:
Bungert/Reidt, Erweiterte Möglichkeiten grenzüberschreitender Umwandlungen – nach Abschluss des Gesetzgebungsverfahrens zum UmRUG, DB 2023, 54; *Goette*, Das Gesetz zur Umsetzung der Umwandlungsrichtlinie – Ein Überblick, DStR 2023, 157; *Heckschen/Knaier*, Die größte Reform des Umwandlungsrechts: Endlich in Kraft!, GmbHR 2023, 317; *Noack*, Nationaler Rechtsrahmen für grenzüberschreitende Umwandlungen, MDR 2023, 465; *Thomale/Schmid*, Das neue Recht der grenzüberschreitenden Umwandlung – Eine Einführung (Teil II), NotBZ 2023, 125.

I. Einführung und Grundlagen 1	III. Formwechselbescheinigung 12
1. Europäischer Hintergrund 1	IV. Eintragung des grenzüberschreitenden
2. Regelungsgegenstand und -zweck 2	Formwechsels 13
II. Anmeldung des Hereinformwechsels ... 3	1. Prüfung der Eintragungsvoraussetzungen 13
1. Verpflichtete und Gegenstand der Anmeldung 3	a) Abgeschlossene Mitbestimmungsvereinbarung 14
2. Modalitäten der Anmeldung 5	b) Einhaltung der Gründungsvorschriften 16
a) Formwechselplan und Mitbestimmungsvereinbarung 6	c) Sonstige Prüfungsinhalte 23
b) Sonstige Anlagen und Nachweise .. 8	2. Inhalt der Eintragung 24
c) Formalien der Anmeldung 10	3. Wirkung der Eintragung 25
3. Keine Negativerklärung und Freigabeverfahren 11	

I. Einführung und Grundlagen

1. Europäischer Hintergrund

1 § 345 dient in erster Linie der Umsetzung von **Art. 86o RL (EU) 2017/1132**.[1] Dieser bestimmt, dass die Mitgliedstaaten die öffentliche Stelle benennen, die dafür zuständig ist, die Rechtmäßigkeit des grenzüberschreitenden Formwechsels für die Verfahrensabschnitte, für die das **Recht des Zuzugsmitgliedstaats** maßgebend ist, zu prüfen und den entsprechenden Hereinformwechsel zu genehmigen (Art. 86o Abs. 1 Richtlinie 2017/1132). Zudem bestimmt in diesem Zusammenhang Art. 86q RL (EU) 2017/1132, dass sich der Zeitpunkt des Wirksamwerdens des grenzüberschreitenden Formwechsels

---

[1] Begr. RegE UmRUG, BT-Drs. 20/3822, 119.

und damit das „Entstehen" des formgewechselten Zielrechtsträger nach dem Recht des Zuzugsmitgliedstaates bestimmt.

2. Regelungsgegenstand und -zweck

Im Sinne des (europäischen) Systems der zweistufigen Rechtmäßigkeitskontrolle eines grenzüberschreitenden Formwechsels bestimmt sich die Eintragung und damit das Wirksamwerden desselben nach dem Recht des Zuzugsstaates, dem der Zielrechtsträger unterliegen soll. Gegenstand des § 345 ist dabei die Anmeldung zur Eintragung des grenzüberschreitenden „**Hereinformwechsels**" durch eine formwechselnde Gesellschaft, die dem Recht eines anderen Mitgliedstaats unterliegt.[2] Anders als bei den vorangegangen Verfahrensbestimmungen geht es also um Aspekte des Hereinformwechsels nach Deutschland und der „Entstehung" einer deutschen Kapitalgesellschaftsform im Zuge des grenzüberschreitenden Formwechsels. Bezugspunkt ist daher nicht der Wegzug, sondern der **Zuzug nach Deutschland**, dh die Gesellschaft hat bereits im Wegzugsstaat das dortige Formwechselverfahren erfolgreich durchgeführt und positiv beendet. In diesem Zusammenhang bezwecken die Vorgaben des § 345 zum einen die Statuierung der entsprechenden Anmeldepflicht und bestimmen zum anderen die Prüfungs- und Eintragungsmodalitäten des Hereinformwechsels durch das deutsche Registergericht.

II. Anmeldung des Hereinformwechsels

1. Verpflichtete und Gegenstand der Anmeldung

Das Vertretungsorgan der formwechselnden Gesellschaft hat die Gesellschaft neuer Rechtsform bei dem zuständigen Registergericht zur Handelsregistereintragung anzumelden (§ 345 Abs. 1 S. 1). Es besteht daher eine **Anmeldepflicht**, ohne welche der grenzüberschreitende Formwechsel keine Wirksamkeit erlangen kann. Zur Anmeldung verpflichtet ist die formwechselnde Auslandsgesellschaft. Hintergrund ist, dass trotz Eintragung des Herausformwechsels im Wegzugsstaat sowie der damit verbundenen Erfüllung der dortigen Verfahrensmodalitäten der (deutsche) Zielrechtsträger noch nicht entstanden und als Rechtssubjekt existent ist. Die Anmeldung kann daher faktisch nur durch den formwechselnden Ausgangsrechtsträger erfolgen. Die Diskussion, dass mangels Rechtsträgerschaft die Vor-Gesellschaft des einzutragenden Rechtssubjekts anmeldeverpflichtet ist, ist aufgrund der eindeutigen Bestimmungen des UmRUG und der zugrunde liegenden Richtlinienbestimmungen obsolet. Die Anmeldezuständigkeit des (ggf. neu bestellten) **Vertretungsorgans** der formwechselnden Gesellschaft entspricht hierbei der Regelung § 246 Abs. 1.[3] Die Anmeldung durch das Vertretungsorgan der formwechselnden Gesellschaft hat in vertretungsberechtigter Zahl zu erfolgen. Da jeder Geschäftsführer bzw. jedes Vorstandsmitglied des geplanten deutschen Zielrechtsträgers jedoch gem. § 333 Abs. 2 Nr. 1 iVm § 197 S. 1 iVm § 8 Abs. 3 GmbHG bzw. § 37 Abs. 2 AktG eine entsprechende Versicherung abzugeben hat, wird in der Praxis die Anmeldung häufig durch alle Geschäftsführer bzw. Vorstandsmitglieder erfolgen.

Gegenstand der Anmeldung ist gemäß dem Wortlaut des § 345 Abs. 1 S. 1 der Antrag auf Eintragung der Gesellschaft neuer Rechtsform (i. e. des Zielrechtsträgers des grenzüberschreitenden Formwechsels). Implizit ist daher der Hereinformwechsel nach

---

2 Begr. RegE UmRUG, BT-Drs. 20/3822, 119.
3 Begr. RegE UmRUG, BT-Drs. 20/3822, 119.

Deutschland anzumelden mit dem Ziel, das Umwandlungsverfahren final abzuschließen und dem grenzüberschreitenden Formwechsel Wirksamkeit zu verleihen.

2. Modalitäten der Anmeldung

5 Die Modalitäten der Anmeldungen des Hereinformwechsels ergeben sich zum einen aus § 345 Abs. 1 S. 2, 3 und zum anderen aus den allgemeinen handels- und gesellschaftsrechtlichen Bestimmungen.

a) Formwechselplan und Mitbestimmungsvereinbarung

6 Gemäß § 345 Abs. 1 S. 2 sind der Anmeldung der **Formwechselplan** und ggf. die Vereinbarung über die Beteiligung der Arbeitnehmer beizufügen. Die von der öffentlichen Stelle des Wegzugsstaates ausgestellte Formwechselbescheinigung ist hingegen nicht beizufügen, da diese bereits automatisch über das BRIS an das zuständige deutsche Registergericht übersandt wurde.[4] Dies ergibt sich schon aus § 345 Abs. 2 S. 1. In diesem Zusammenhang genügt daher die Einreichung des Formwechselplans, dem die Anteilsinhaber der formwechselnden Gesellschaft nach den Bestimmungen des Rechts des Ausgangsrechtsträgers zugestimmt haben.[5] Da bereits im Formwechselplan zwingend auch der **Gesellschaftsvertrag** bzw. die Satzung des deutschen Zielrechtsträgers (als Anlage) enthalten sein muss,[6] ist auch dieser mittelbar der Anmeldung zur Eintragung beizufügen. Dies ist auch deswegen erforderlich, da die öffentliche Stelle des Wegzugsstaates den Gesellschaftsvertrag bzw. die Satzung des deutschen Zielrechtsträgers materiell noch nicht geprüft haben wird und diese Prüfung im Hinblick auf die Konformität mit dem deutschen GmbH- bzw. Aktienrecht dem zuständigen deutschen Registergericht obliegt. Der Gesellschaftsvertrag bzw. die Satzung des Zielrechtsträgers ist dabei in deutscher Sprache beizufügen (vgl. § 488 Abs. 3 S. 1 FamFG iVm § 184 S. 1 GVG). Nach § 50 Abs. 1 S. 1 BeurkG kann auch ein deutscher Notar die Rechtmäßigkeit der Übersetzung bestätigen und ggf. selbst vornehmen.

7 § 345 Abs. 1 S. 2 fordert weiterhin, dass ggf. die **Vereinbarung über die Beteiligung der Arbeitnehmer** der Anmeldung beizufügen ist. Hintergrund ist, dass sich das Registergericht davon Gewissheit verschaffen soll, dass mit nachfolgender Eintragung und damit Wirksamwerdens des grenzüberschreitenden Formwechsels auch eine zwischen der Gesellschaft und dem besonderen Verhandlungsgremium der Arbeitnehmer vereinbarte Mitbestimmungsregelung im deutschen Zielrechtsträger besteht. § 345 Abs. 1 S. 2 impliziert insofern, dass, anders als beim Herausformwechsel und dessen Eintragung im Wegzugsstaat, eine entsprechende Vereinbarung (unabhängig von dem Ergebnis) bereits abgeschlossen wurde und das erforderliche Arbeitnehmermitbestimmungsverfahren beendet ist. Das etwaige Ergebnis des Verhandlungsverfahrens iS der entsprechenden Vereinbarung ist vom Registergericht allerdings insbesondere nicht auf dessen Arbeitnehmerschutzaspekt hin materiell zu überprüfen (vgl. auch § 345 Abs. 3, → Rn. 13 ff.), vor allem nicht im Hinblick auf ein potenziell missbräuchliches Verhalten, da dies bereits der zuständigen Stelle des Wegzugsstaates oblag. Die entsprechende Anlage zur Anmeldung ist nur beizufügen, sofern überhaupt eine solche Vereinbarung geschlossen wurde und damit ein Mitbestimmungsverhandlungsverfahrens

---

[4] Begr. RegE UmRUG, BT-Drs. 20/3822, 106; aus deutscher Wegzugsperspektive vgl. § 345 Abs. 1 S. 4.
[5] Begr. RegE UmRUG, BT-Drs. 20/3822, 119.
[6] Vgl. Art. 86d lit. c RL (EU) 2017/1132; aus deutscher Sicht § 335 Abs. 2 Nr. 4.

durchzuführen war. Dies beurteilt sich nach den einschlägigen Rechtsvorschriften des Wegzugsstaates. Wurde ein solches rechtskonform nicht durchgeführt, empfiehlt sich eine entsprechende Negativerklärung innerhalb der Anmeldung.

b) Sonstige Anlagen und Nachweise

§ 345 Abs. 1 S. 3 Var. 2 bestimmt, dass **§ 199 nicht** in Bezug auf die Anmeldung des Hereinformwechsels zur Anwendung kommt. In § 199 sind die bei einem innerstaatlichen Formwechsel erforderlichen Anlagen zur Handelsregisteranmeldung aufgelistet. Dies sind indes Aspekte, die dem Wegzug zuzuordnen sind und insofern regelmäßig bereits im ausländischen Wegzugsstaat eingereicht und überprüft wurden.[7] Einer erneuten Einreichung bedarf es daher denklogisch nicht. Auf der anderen Seite bestimmt § 345 Abs. 3 jedoch, dass das zuständige Registergericht, bei dem die Anmeldung erfolgt ist, ua die Eintragungsvoraussetzungen bezüglich der formwechselnden „Gründung" des deutschen Zielrechtsträgers zu überprüfen hat (→ Rn. 16 ff.). Dies impliziert jedoch, dass die für die diesbezügliche Prüfung relevanten Unterlagen und Nachweise von der anmeldenden Gesellschaft zu erbringen sind (zur Anwendbarkeit des § 197 S. 1 → Rn. 16). 8

Beim Hereinformwechsel in eine GmbH ist daher vor allem auch eine von den Geschäftsführern unterzeichnete **Liste der Gesellschafter** einzureichen.[8] Etwaige im Zuge des Wirksamwerdens des grenzüberschreitenden Formwechsels gegen Barabfindung ausscheidende Gesellschafter sind darin nicht aufzunehmen. Für die AG als Zielrechtsträger gelten die Vorgaben der Anmeldung zur Eintragung gem. § 37 AktG, sofern nicht das speziellere Formwechselrecht Abweichungen vorsieht. Insbesondere sind die Urkunden über die **Bestellung** des Vorstands und des Aufsichtsrats (vgl. § 37 Abs. 4 Nr. 3 AktG) sowie eine Liste der Mitglieder des Aufsichtsrats (vgl. § 37 Abs. 4 Nr. 3a AktG) einzureichen. Nachzuweisen ist zudem, dass der Nennbetrag des Stamm- bzw. Grundkapitals durch das nach Abzug der Schulden verbleibende Vermögen gedeckt ist (sog. **Reinvermögensdeckung**). Dies ergibt sich aus § 333 Abs. 2 Nr. 2 iVm § 245 Abs. 1 S. 2 iVm § 220 Abs. 1. Für einen solchen Werthaltigkeitsnachweis ist idR eine aktuelle Bilanz des Ausgangsrechtsträgers erforderlich.[9] Zudem haben gem. § 333 Abs. 2 Nr. 1 iVm § 197 S. 1 iVm § 8 Abs. 3 GmbHG bzw. § 37 Abs. 2 AktG die **Versicherungen** der Geschäftsführungs- bzw. Vorstandsmitglieder in der Anmeldung enthalten oder als Anlage beigefügt zu sein.[10] 9

c) Formalien der Anmeldung

Die der Anmeldung beizufügenden Dokumente und Nachweise sind gem. § 345 Abs. 1 S. 2 iVm § 17 Abs. 1 in Ausfertigung oder **öffentlich beglaubigter** Abschrift oder, soweit sie nicht notariell zu beurkunden sind, in Urschrift oder Abschrift beizufügen. § 345 Abs. 1 S. 2 bezieht sich nicht auf die Anlagen zur Anmeldung gem. § 17 Abs. 1, sondern nur auf dessen formale Vorgaben für die Anmeldung. Zudem gilt für die entsprechende Handelsregisteranmeldung die allgemeine Vorschrift des § 12 HGB, dh die Anmeldung hat insbesondere elektronisch in öffentlich beglaubigter Form zu erfolgen und die beizufügenden Dokumente sind **elektronisch** in einem maschinenlesbaren und durch- 10

---

7 Aus deutscher Wegzugsperspektive vgl. § 342 Abs. 2.
8 Vgl. § 40 Abs. 1 GmbHG, § 8 Abs. 1 Nr. 3 GmbHG.
9 Vgl. *Hushahn* RNotZ 2014, 137 (152).
10 Jüngst zur inhaltlichen Ausgestaltung (allg.) OLG Celle 20.3.2023 – 9 W 24/23, NZG 2023, 752.

suchbaren Datenformat einzureichen (§ 12 Abs. 1 S. 1, Abs. 2 S. 1 HGB). Auch gilt § 12 Abs. 1 S. 2 HGB, der im Zuge des DiRUG die öffentliche Beglaubigung mittels Videokommunikation ermöglicht.[11]

3. Keine Negativerklärung und Freigabeverfahren

11 Gemäß § 345 Abs. 1 S. 3 Var. 1 findet die Regelung des § 198 Abs. 3 keine Anwendung, dh § 16 Abs. 2, 3 kommt nicht zur Geltung. Bei der Anmeldung des Hereinformwechsels ist daher **nicht zu erklären**, dass eine Klage gegen die Wirksamkeit des Formwechselbeschlusses nicht oder nicht fristgemäß erhoben oder eine solche Klage rechtskräftig abgewiesen oder zurückgenommen worden ist (sog. Negativerklärung), und auch nicht, dass gem. § 16 Abs. 3 ein Antrag auf ein sog. Unbedenklichkeitsverfahren gestellt wurde. Hintergrund ist, dass dies jeweils Aspekte und damit Anmeldemodalitäten sind, die den Wegzugsstaat und den ausländischen Zielrechtsträger betreffen und somit für einen Hereinformwechsel keine Anwendung finden können (zum Herausformwechsel aus Deutschland → § 342 Rn. 6).

III. Formwechselbescheinigung

12 Als „Bindeglied" zwischen den Registerbehörden der von dem grenzüberschreitenden Formwechsel betroffenen Rechtsordnungen (→ § 343 Rn. 30) ist im Zusammenhang mit der Eintragung des Zielrechtsträgers und damit dem Wirksamwerden des grenzüberschreitenden Formwechsels die Formwechselbescheinigung von maßgebender Bedeutung. Ohne die Formwechselbescheinigung kann der grenzüberschreitende Formwechsel nicht eingetragen werden und damit Wirksamkeit erlangen (§ 345 Abs. 2 S. 2). Sie ist von der zuständigen Stelle des Wegzugsstaates von Amts wegen auszustellen und über das Europäische System der Registervernetzung (**BRIS**) gemäß den Vorgaben der Ziff. 6.1.2 VO (EU) 2021/1042 (Durchführungsverordnung) an das zuständige deutsche Registergericht zu übermitteln. Gemäß § 345 Abs. 2 S. 1 ist die so übermittelte Formwechselbescheinigung als grundsätzlich **unwiderlegbarer Nachweis anzuerkennen**, dass das Verfahren und die Formalien des Wegzugsstaates ordnungsgemäß in Bezug auf die formwechselnde Gesellschaft, die die Eintragung neuer Rechtsform in Deutschland begehrt, erledigt wurde. Das deutsche Registergericht, bei dem die Anmeldung erfolgt, hat daher weder die Möglichkeit die Formwechselbescheinigung als solche noch deren Inhalt bzw. die dort enthaltenen Angaben infrage zu stellen.[12]

IV. Eintragung des grenzüberschreitenden Formwechsels

1. Prüfung der Eintragungsvoraussetzungen

13 Denklogisch geht der Eintragung des grenzüberschreitenden Formwechsels die Prüfung der entsprechenden Eintragungsvoraussetzungen voraus. Diesbezüglich bestimmt § 345 Abs. 3, dass sich die Prüfung der Eintragungsvoraussetzungen insbesondere darauf erstreckt, ob ggf. eine Vereinbarung über die Arbeitnehmerbeteiligung im Zielrechtsträger geschlossen worden ist und ob die Vorschriften zur Gründung der Gesellschaft neuer Rechtsform eingehalten worden sind. Art. 860 Abs. 1 S. 1 RL (EU) 2017/1132 beschreibt dies als die „**Genehmigung**" des grenzüberschreitenden Formwechsels. Ohne eine

---

[11] Begr. RegE UmRUG, BT-Drs. 20/3822, 106; ferner zur Fernbeglaubigung im notariellen Online-Verfahren *Knaier* notar 2023, 135.

[12] Erwägungsgrund Nr. 45 S. 3 RL (EU) 2019/2121.

entsprechende registergerichtliche Prüfung kann keine Eintragung erfolgen. Die Auflistung der Prüfung der Mitbestimmungsvereinbarung sowie der Gründungsvorschriften ist **nicht abschließend** („insbesondere"). Es können daher grundsätzlich im Rahmen der Eintragung auch weitere Aspekte geprüft werden (→ Rn. 23). Voraussetzung dafür ist jedoch zum einen, dass dadurch die Ausübung der europäischen Niederlassungsfreiheit im Vergleich zum innerstaatlichen Formwechsel nicht übermäßig erschwert wird, und zum anderen, dass keine Aspekte nochmals (materiell) geprüft werden, die bereits durch die öffentliche Stelle des Wegzugsstaates kontrolliert wurden, da andernfalls das europäisch vorgegebene System der zweistufigen Rechtmäßigkeitskontrolle (→ Rn. 2) unterlaufen würde.

a) Abgeschlossene Mitbestimmungsvereinbarung

Die Prüfung des Registergerichts erstreckt sich insbesondere darauf, ob eine **Vereinbarung über die Beteiligung der Arbeitnehmer** geschlossen worden ist.[13] Dies steht in unmittelbaren Zusammenhang mit § 345 Abs. 1 S. 2, wonach eine solche Vereinbarung der Anmeldung beizufügen ist (→ Rn. 7). Unberührt bleibt aber, ob überhaupt eine Vereinbarung abzuschließen war und damit, ob es der Durchführung eines Mitbestimmungsverfahrens nach dem Recht des Wegzugsstaates bedurfte. Ist dies nicht der Fall, läuft auch die Prüfung des Registergerichts diesbezüglich ins Leere. Auf jeden Fall zwingt § 345 Abs. 3 nicht dazu, dass ein Mitbestimmungsverfahren mit dem Abschluss einer Vereinbarung durchzuführen ist.[14]

War ein Mitbestimmungsverfahren nach den Rechtsvorschriften des Wegzugsstaates durchzuführen,[15] hat das Registergericht zu überprüfen, **ob** eine Vereinbarung über die Arbeitnehmerbeteiligung im deutschen Zielrechtsträger getroffen wurde; mithin also, ob eine solche gem. § 345 Abs. 1 S. 2 der Anmeldung ordnungsgemäß beigefügt ist. Die Registereintragung kann und darf erst nach Feststellung des Vorhandenseins einer entsprechenden Vereinbarung erfolgen. Die Eintragung des deutschen Zielrechtsträgers ins Handelsregister kann daher **erst nach Abschluss des Mitbestimmungsverfahrens** vorgenommen werden.[16] Das Ergebnis des Verhandlungsverfahrens und damit der materielle Gehalt der Vereinbarung ist vom Registergericht hingegen nicht zu prüfen, geschweige denn zu bewerten.

b) Einhaltung der Gründungsvorschriften

Gemäß § 345 Abs. 3 ist weiterhin zu prüfen, ob die „Vorschriften zur Gründung der Gesellschaft neuer Rechtsform eingehalten worden sind". Das zuständige Registergericht muss daher die Einhaltung der Gründungsvorschriften des beabsichtigten deutschen Zielrechtsträger kontrollieren. Dies ergibt sich schon aus der **Anwendbarkeit des § 197 S. 1** über den Verweis in § 333 Abs. 2 Nr. 1.[17] Danach sind bei einem innerstaatlichen Formwechsel auf den Zielrechtsträger die für diesen geltenden Gründungsvorschriften anzuwenden, soweit sich aus dem spezielleren Formwechselrecht nichts anderes ergibt. Zweck dieses Erfordernisses für einen grenzüberschreitenden Formwechsel, welches sich insofern auch in der zugrunde liegenden Richtlinie findet, ist der Schutz vor

---

13 Vgl. auch *Thomale/Schmid* NotBZ 2023, 125 (135).
14 Dies drückt auch der Wortlaut des § 345 Abs. 3 aus: „gegebenenfalls".
15 Nach deutschem Wegzugsrecht vgl. diesbezüglich die Vorgaben des § 5 MgFSG, → § 342 Rn. 17.
16 *Thomale/Schmid* NotBZ 2023, 125 (135).
17 So bereits vor dem UmRUG OLG Nürnberg 19.6.2013 – 12 W 520/13, NZG 2014, 349.

Umgehung der nationalen Gründungsvorschriften.[18] Als Gründer des deutschen Zielrechtsträgers zählen die Anteilsinhaber der formwechselnden Gesellschaft, die für die Umwandlungsmaßnahme gestimmt haben und nicht gegen Barabfindung ausgeschieden sind (§ 333 Abs. 2 Nr. 2 iVm § 245 Abs. 1 S. 1).[19]

17 Gegenstand der Prüfung ist zunächst das beabsichtigte Grundlagendokument des deutschen Zielrechtsträgers, dh der **Gesellschaftsvertrag** bzw. die **Satzung**. Dieser bzw. diese muss den materiellen Anforderungen der jeweiligen Gesellschaftsform genügen (materielle Prüfungspflicht des Registergerichts). In diesem Zusammenhang ist insbesondere die Einhaltung der Vorgaben für den Mindestinhalt des Gesellschaftsvertrags bzw. der Satzung zu kontrollieren.[20] Dies führt auch nicht zu einer doppelten Überprüfung des Gesellschaftsvertrags bzw. der Satzung, da das entsprechende Dokument zwar im Formwechselplan beinhaltet sein muss, die zuständige Stelle des Wegzugsstaates jedoch nur formal das Vorhandensein zu prüfen hat nicht hingegen materiell den Inhalt (aus deutscher Wegzugsperspektive → § 335 Rn. 21).

18 Darüber hinaus muss das Registergericht die Beachtung des deutschen **Firmenrechts** prüfen. Die Angaben zur Firma des Zielrechtsträgers sind in der Regel Bestandteil des von der Kontrollstelle des Wegzugsstaates zu prüfenden Formwechselplans. Auch insoweit erfolgt im Wegzugsstaat nur eine formelle Prüfung, ob die entsprechenden Angaben im Formwechselplan enthalten sind. Ob die angegebene neue Firma mit den materiellen Vorgaben des deutschen Rechts im Einklang steht, ist vom deutschen Registergericht zu untersuchen. Zu beachten ist dabei insbesondere das Firmenrecht der §§ 17 ff. HGB und hierbei vor allem die Unterscheidbarkeit der neuen Firma gem. § 30 HGB.[21]

19 Aufgrund des – im europäischen Vergleich – hohen **Mindeststamm-** bzw. **Mindestgrundkapitals** deutscher Kapitalgesellschaften besteht ggf. die Notwendigkeit von Kapitalmaßnahmen bei einem Hereinformwechsel nach Deutschland. Das Stammkapital einer GmbH muss gem. § 5 Abs. 1 GmbHG mindestens 25.000 EUR betragen, das Grundkapital einer AG gem. § 7 AktG mindestens 50.000 EUR erreichen. Die Höhe des Stamm- bzw. Grundkapitals muss aus dem Gesellschaftsvertrag bzw. der Satzung der deutschen Kapitalgesellschaft als Zielrechtsträger ersichtlich werden. Um den Anforderungen des deutschen Kapitalaufbringungsrechts gerecht zu werden, bedarf es dabei ggf. einer Erhöhung des bisher im ausländischen Ausgangsrechtsträger vorhandenen Stamm- bzw. Grundkapitals. Die notwendige Kapitalerhöhung kann entweder durch Umwandlung offenen Kapitals in Stamm- bzw. Grundkapital erfolgen oder durch eine zusätzliche Einlagepflicht der Anteilsinhaber bis zur Höhe des neuen Stamm- bzw. Grundkapitals vollzogen werden.[22] Bis zur Eintragung des Hereinformwechsels im Handelsregister existiert der deutsche Zielrechtsträger als solcher nicht. Die **materiellen Vorgaben** des deutschen **GmbH-** bzw. **Aktienrechts** für Kapitalerhöhungen können daher grundsätzlich noch nicht zur Anwendung kommen. Vielmehr beurteilt sich eine ggf. durchzuführende Kapitalerhöhung nach den Rechtsvorschriften des Ausgangsrechtsträgers. Maßgeblich ist aus deutscher Zuzugsperspektive insofern nur, dass bei der Anmeldung zur Eintragung des Hereinformwechsels nachgewiesen wird, dass das

---

18 Erwägungsgrund Nr. 44 S. 2 RL (EU) 2019/2121.
19 Vgl. auch *Stiegler* Grenzüberschreitende Sitzverlegungen S. 362.
20 Vgl. § 3 GmbHG, § 23 Abs. 3–5 AktG.
21 *Frank*, Formwechsel im Binnenmarkt, 2015, S. 230.
22 *Stiegler* Grenzüberschreitende Sitzverlegungen S. 353.

erforderliche Mindestkapital aufgebracht wurde. Dies hat das befasste Registergericht entsprechend zu prüfen.

Des Weiteren ist die Erstellung des **(Sach-)gründungsberichts** zu prüfen.[23] Faktisch stellt die (grenzüberschreitend) formwechselnde Entstehung einer Kapitalgesellschaft stets eine Sachgründung dar, die einen entsprechende Bericht erforderlich macht (→ § 333 Rn. 36). Eine einzige Ausnahme besteht beim Hereinformwechsel einer ausländischen Aktiengesellschaft in eine deutsche GmbH, da § 333 Abs. 3 S. 2 in diesem Fall bestimmt, dass § 245 Abs. 4 zur Anwendung kommt und damit ein Sachgründungsbericht beim Zielrechtsträger entbehrlich ist (kritisch dazu → § 333 Rn. 35). 20

Wie beim innerstaatlichen Formwechsel wird auch beim Hereinformwechsel nach Deutschland grundsätzlich **keine Amtskontinuität** der Organmitglieder gegeben sein. Die Anwendbarkeit des § 197 S. 1 umfasst somit auch die Bestellung der Organmitglieder des deutschen Zielrechtsträgers.[24] Es bedarf mithin deren Neubestellung.[25] Im Hinblick auf einen ggf. im Zielrechtsträger zu bildenden Aufsichtsrat ist zudem § 203 zu beachten. Dessen Voraussetzungen werden jedoch regelmäßig nicht erfüllt sein, so dass einer Amtskontinuität von Aufsichtsratsmitgliedern iSd § 203 für einen Hereinformwechsel nach Deutschland keine Bedeutung zukommt. Unter der Prämisse der Anwendung der Gründungsvorschriften auf einen Hereinformwechsel würde der (erste) Aufsichtsrat durch die Gründer des Zielrechtsträgers bestellt werden müssen (vgl. § 30 Abs. 1 S. 1 AktG). Gemäß § 333 Abs. 2 Nr. 1 iVm § 197 S. 2 kommt § 30 Abs. 1 AktG bei einem grenzüberschreitenden Formwechsel jedoch nicht zur Anwendung. Die Vorschriften über die Bildung und Zusammensetzung des ersten Aufsichtsrats sind daher nicht anwendbar. Auch der Durchführung eines Statusverfahrens bedarf es aufgrund § 333 Abs. 2 Nr. 1 iVm § 197 S. 3 zumindest vor Eintragung des Hereinformwechsels nicht zwingend.[26] 21

Schließlich ist zu überprüfen, ob **alle erforderlichen Dokumente** und Nachweise im Rahmen der Anmeldung ordnungsgemäß beigefügt bzw. beinhaltet sind. Dies betrifft in erster Linie die oben bei → Rn. 8 f. genannten Aspekte, aber auch die Einhaltung der Vorschriften über Tätigkeitsverbote für Mitglieder des Leitungs- oder Verwaltungsorgans.[27] Zudem ist zu prüfen, ob von der zuständigen Stelle des Wegzugsstaates bereits die erforderliche Formwechselbescheinigung über das BRIS übermittelt wurde. 22

c) Sonstige Prüfungsinhalte

Fraglich ist, ob darüber hinaus noch weitere Befugnisse aufgestellt werden können, die zum verpflichtenden Prüfungsinhalt des Registergerichts gehören, insbesondere, ob vom Registergericht als Eintragungsvoraussetzung von der formwechselnden Gesellschaft verlangt werden darf, dass diese auch eine **wirtschaftliche Tätigkeit in Deutschland** begründet oder zumindest neben dem Satzungs- zusätzlich ihren Verwaltungssitz verlegt. Diese Thematik rührt daher, dass Erwägungsgrund Nr. 44 S. 3 RL (EU) 2019/2121 ausführt, dass die Mitgliedstaaten fordern können, dass der „Sitz der Hauptverwaltung" im Zuzugsstaat zu begründen" ist. Die Möglichkeit dieses aus europäischer Sicht zu 23

---

23 Vgl. § 5 Abs. 4 S. 2 GmbHG, § 32 AktG.
24 So schon *Priester* ZGR 1999, 36 (49); *Hushahn* RNotZ 2014, 139 (151); *Wachter* GmbHR 2016, 738 (741).
25 *Stiegler* Grenzüberschreitende Sitzverlegungen S. 360; *Heckschen* ZIP 2015, 2049 (2059).
26 Dazu allgemein jüngst in Bezug auf eine grenzüberschreitende Verschmelzung OLG Frankfurt a. M. 23.8.2023 – 21 W 13/23, BeckRS 2023, 22952.
27 Erwägungsgrund Nr. 44 S. 3 RL (EU) 2019/2121.

verlangen und damit registergerichtlich zu prüfen, besteht daher durchaus. Gleichwohl erfolgt durch § 345 Abs. 3 sowie der Ausführung, dass auf den einzutragenden Zielrechtsträger die „allgemeinen und rechtsformspezifischen Vorschriften des deutschen Rechts" anzuwenden sind,[28] eine gewisse Selbstbindung dergestalt,[29] dass grundsätzlich keine sachgrundlose Differenzierung zwischen einem innerstaatlichen und einem grenzüberschreitenden Formwechsel vorgenommen werden darf. Seit dem MoMiG wird von deutschen Kapitalgesellschaften nicht mehr verlangt, dass sie einen inländischen Verwaltungssitz haben müssen. Auch sonst ist es zulässig, Gesellschaften ins Handelsregister einzutragen, die keine wirtschaftliche Aktivität entfalten, also Vorrats- bzw. Mantelgesellschaften darstellen. Bezogen auf das deutsche Umwandlungsrecht stellt nach mittlerweile hM auch § 1 Abs. 1 bei Kapitalgesellschaften lediglich auf einen inländischen Satzungssitz ab. Deutschland würde sich daher dem Vorwurf der Diskriminierung aussetzen, wenn es vom geplanten Zielrechtsträger eine wirtschaftliche Betätigung im Inland fordern würde, für originär in Deutschland gegründete Kapitalgesellschaften ein solches Erfordernis hingegen nicht aufstellt.[30] Insofern ist ein entsprechender Tätigkeitsnachweis bei der Anmeldung zur Eintragung des Hereinformwechsels nicht erforderlich und auch folglich auch **nicht Prüfungsinhalt** des Registergerichts.

2. Inhalt der Eintragung

24 Ist die Prüfung der Eintragungsvoraussetzungen durch das Registergericht positiv aus Sicht der formwechselnden Gesellschaft abgeschlossen worden, hat die Eintragung des grenzüberschreitenden Hereinformwechsels zu erfolgen. Aus Sicht des Rechtsträgers ist damit das Umwandlungsverfahren abgeschlossen und dieser besteht fortan als Gesellschaftsform deutschen Rechts. Die Eintragung des entsprechenden Hereinformwechsels ins Handelsregister ist gem. § 333 Abs. 2 Nr. 1 iVm § 201 iVm § 10 HGB vom Registergericht bekannt zu machen. Der konkrete Inhalt der Eintragung ins Handelsregister, Abteilung B ergibt sich aus dem ebenfalls im Zuge des UmRUG neu eingefügten **§ 46a Abs. 1 HRV**. Danach muss die Eintragung des grenzüberschreitenden Formwechsels **vor allem** enthalten: (1) Firma, Rechtsform und Register des ausländischen Ausgangsrechtsträgers sowie (2) die Tatsache, dass die Eintragung der neuen Gesellschaft infolge eines grenzüberschreitenden Formwechsels erfolgte. Zudem sind verschiedene Informationen über das BRIS zugänglich zu machen (vgl. Ziff. 6.1.3.1 VO (EU) 2021/1042 (Durchführungsverordnung)).

3. Wirkung der Eintragung

25 Ist die Eintragung der Gesellschaft neuer (deutscher) Rechtsform erfolgt, ist das Umwandlungsverfahren abgeschlossen und der grenzüberschreitende Formwechsel wirksam geworden. Der Zeitpunkt, an dem der grenzüberschreitende Formwechsel wirksam wird, bestimmt sich dabei allgemein nach dem Recht des Zuzugsstaats,[31] also Deutschlands. Die Wirksamkeit und deren Rechtsfolgen treten dabei mit Eintragung des Rechtsträgers neuer Rechtsform ein (§ 333 Abs. 2 Nr. 1 iVm § 202 Abs. 2). Ein grenzüberschreitender Formwechsel, der im Zuge der Handelsregistereintragung wirksam

---

28 So Begr. RegE UmRUG, BT-Drs. 20/3822, 106.
29 Dies ist auch aufgrund der EU-Niederlassungsfreiheit weitgehend gefordert.
30 Vgl. nur *Schön* FS Windbichler, 2020, 1039 (1056); im Detail s. auch *Hilser*, Grenzüberschreitender Rechtsformwechsel in der Europäischen Union, 2022, S. 273 ff.
31 Art. 86q S. 1 RL (EU) 2017/1132.

geworden ist, kann dabei **nicht mehr für nichtig erklärt werden**.³² Hintergrund sind der Vertrauensschutz sowie die rechtlich-organisatorischen Schwierigkeiten, ein entsprechendes Umwandlungsverfahren rückgängig zu machen. Insofern gilt über § 333 Abs. 2 Nr. 1 auch die Regelung des § 202 Abs. 3, wonach etwaige Mängel die Wirkungen der Eintragung unberührt lassen. Unberührt davon bleiben jedoch straf-, geldwäsche-, sozial- und steuerrechtliche Bestimmungen.³³

Anders als bei der (grenzüberschreitenden) Verschmelzung und Spaltung kommt es ebenso wie beim innerstaatlichen Formwechsel beim grenzüberschreitenden Formwechsel zu keiner Gesamtrechtsnachfolge. Der bereits nach ausländischem Recht bestehende Ausgangsrechtsträger bleibt daher grundsätzlich auch im Zuge des Formwechsels Inhaber von Rechten und Pflichten.³⁴ Es besteht **Rechtsträgeridentität**.³⁵ Die Identität des Rechtsträgers trotz Formwechsels in eine ausländische Gesellschaftsform umfasst dabei insbesondere etwaige Rechte und Pflichten aus Verträgen, Handlungen oder Unterlassungen sowie arbeits-, kollektiv- und tarifvertragliche Rechte und Pflichten.³⁶ Vor allem öffentlich-rechtliche Leistungen, die zwingend an die Nutzung einer inländischen Gesellschaftsform anknüpfen (zB Subventionen, Genehmigungen, Zulassungen), sind, sofern möglich, jedoch neu zu beantragen.³⁷ Aus gesellschaftsrechtlicher Sicht werden mit Eintragung des Hereinformwechsels die Anteilsinhaber der formwechselnden Auslandsgesellschaft am deutschen Zielrechtsträger nach den geltenden Bestimmungen beteiligt (§ 333 Abs. 2 Nr. 1 iVm § 202 Abs. 1 Nr. 2). Dies gilt jedoch nicht für Anteilsinhaber, die wirksam das Barabfindungsangebot der formwechselnden Auslandsgesellschaft angenommen haben. Diese werden gem. § 340 Abs. 4 nicht Anteilsinhaber der neuen deutschen Rechtsform.

Die Eintragung des deutschen Zielrechtsträgers bewirkt zudem die Pflicht zur **Löschung** der formwechselnden Gesellschaft **im Wegzugsstaat**.³⁸ Diese tritt allerdings nicht ex lege bzw. automatisch ein, sondern bedarf einer entsprechenden Handlung der zuständigen Stelle des Wegzugsstaates, wo der ehemalige Ausgangsrechtsträger als formwechselnde Gesellschaft eingetragen war. Hierfür ist aber erforderlich, dass die zuständige Stelle des Wegzugsstaates überhaupt Kenntnis von der Eintragung im Zuzugsstaat und damit dem Wirksamwerden des grenzüberschreitenden Formwechsels erhält. Daher bestimmt § 345 Abs. 4, dass das zuständige deutsche Registergericht das Wirksamwerden des grenzüberschreitenden Formwechsels dem für die formwechselnde Gesellschaft zuständigen Register mitzuteilen hat. Die **Kommunikation zwischen den Registern** erfolgt dabei über das BRIS.³⁹ Die Modalitäten bestimmen sich gemäß den einschlägigen Vorschriften der Durchführungsverordnung (EU) 2021/1042. Nach Erhalt der entsprechenden Eintragungsmitteilung hat die zuständige Stelle des Wegzugsstaates final den Ausgangsrechtsträger zu löschen und den Tag des Wirksamwerdens zu vermerken. Aus deutscher Wegzugsperspektive ergibt sich dies aus § 343 Abs. 5 sowie § 46a Abs. 2 HRV. Sind alle erforderlichen Registerhandlungen beendet, ist die Handelsregistereintragung eine allgemeinkundige Tatsache iSv § 727 Abs. 1, 2 ZPO, da der (frei abruf-

---

32 Art. 87t S. 1 RL (EU) 2017/1132; Erwägungsgrund Nr. 50 S. 1 RL (EU) 2019/2121.
33 Erwägungsgrund Nr. 50 S. 2 RL (EU) 2019/2121.
34 Vgl. auch Erwägungsgrund Nr. 47 S. 1 RL (EU) 2019/2121; ferner zu etwaigen Auswirkungen auf genehmigtes Kapital Habersack/Wicke/*Herfs/Link* § 243 Rn. 22; *Klett/ Ganss* BB 2021, 1866 (1872).
35 Vgl. auch § 333 Abs. 2 Nr. 1 iVm § 203 Abs. 1 Nr. 1 sowie Erwägungsgrund Nr. 44 S. 4 RL (EU) 2019/2121 („Kontinuität der Rechtspersönlichkeit").
36 Erwägungsgrund Nr. 47 S. 2 RL (EU) 2019/2121.
37 *Thomale/Schmid* NotBZ 2023, 125 (136).
38 Art. 86p Abs. 3 S. 2 RL (EU) 2017/1132.
39 Begr. RegE UmRUG, BT-Drs. 20/3822, 119.

bare) Inhalt des von den Registergerichten elektronisch geführten Handelsregisters eine zuverlässige Informationsquelle darstellt.[40]

Siebentes Buch Strafvorschriften und Zwangsgelder

§ 346 Unrichtige Darstellung

(1) **Mit Freiheitsstrafe bis zu drei Jahren oder mit Geldstrafe wird bestraft, wer als Mitglied eines Vertretungsorgans, als vertretungsberechtigter Gesellschafter oder Partner, als Mitglied eines Aufsichtsrats oder als Abwickler eines an einer Umwandlung beteiligten Rechtsträgers bei dieser Umwandlung**

1. die Verhältnisse des Rechtsträgers einschließlich seiner Beziehungen zu verbundenen Unternehmen in einem in diesem Gesetz vorgesehenen Bericht (Verschmelzungsbericht, Spaltungsbericht, Übertragungsbericht, Formwechselbericht), in Darstellungen oder Übersichten über den Vermögensstand, in Vorträgen oder Auskünften in der Versammlung der Anteilsinhaber unrichtig wiedergibt oder verschleiert, wenn die Tat nicht in § 331 Nr. 1 oder Nr. 1a des Handelsgesetzbuchs mit Strafe bedroht ist, oder

2. in Aufklärungen und Nachweisen, die nach den Vorschriften dieses Gesetzes einem Verschmelzungs-, Spaltungs- oder Übertragungsprüfer zu geben sind, unrichtige Angaben macht oder die Verhältnisse des Rechtsträgers einschließlich seiner Beziehungen zu verbundenen Unternehmen unrichtig wiedergibt oder verschleiert.

(2) **Ebenso wird bestraft, wer als Geschäftsführer einer Gesellschaft mit beschränkter Haftung, als Mitglied des Vorstands einer Aktiengesellschaft, als zur Vertretung ermächtigter persönlich haftender Gesellschafter einer Kommanditgesellschaft auf Aktien oder als Abwickler einer solchen Gesellschaft in einer Erklärung nach § 52 über die Zustimmung der Anteilsinhaber dieses Rechtsträgers oder in einer Erklärung nach § 140 oder § 146 Abs. 1 über die Deckung des Stammkapitals oder Grundkapitals der übertragenden Gesellschaft unrichtige Angaben macht oder seiner Erklärung zugrunde legt.**

Literatur:

Bosch, Organisationsverschulden in Unternehmen, 2002; *Bungert*, Darstellungsweise und Überprüfbarkeit der Angaben über Arbeitnehmerfolgen im Umwandlungsvertrag, DB 1997, 2209; *Dierlamm*, Der faktische Geschäftsführer im Strafrecht – ein Phantom?, NStZ 1996, 153; *Dierlamm*, Verletzung der Berichtspflicht gem. § 332 HGB – eine Analyse des gesetzlichen Tatbestandes, NStZ 2000, 130; *Dreher*, Die persönliche Verantwortlichkeit von Geschäftsleitern nach außen und die innergesellschaftliche Arbeitsteilung, ZGR 1992, 22; *Gramich*, Die Strafvorschriften des Bilanzrichtliniengesetzes, wistra 1987, 157; *Hassemer*, Professionelle Adäquanz, wistra 1995, 41, 81; *Henssler*, Arbeitnehmerinformation bei Umwandlungen und ihre Folgen im Gesellschaftsrecht, in: FS Kraft, 1998, 219; *Hildesheim*, Die strafrechtliche Verantwortlichkeit des faktischen Mitgeschäftsführers in der Rechtsprechung des BGH, wistra 1993, 1666; *Jakobs*, Strafrechtliche Haftung durch Mitwirkung an Abstimmungen, in: FS Miyazawa, 1995, 419; *Klussmann*, Strafbarkeit sog. Geschäftslagetäuschungen nach § 400 AktG 65, AG 1973, 221; *Knauer*, Die Kollegialentscheidung im Strafrecht, 2001; *Kratzsch*, Das „faktische Organ" im Gesellschaftsstrafrecht, ZGR 1985, 506; *Kuhlen*, Die Unterscheidung von vorsatzausschließendem und nichtvorsatzausschließendem Irrtum, 1987; *Puppe*, Rechtsirrtum, Tatirrtum, Subsumtionsirrtum, GA 1990, 145; *Ransiek*, Falschangabedelikte, in: Achenbach/Ransiek/Rönnau, Handbuch Wirtschaftsstrafrecht, 5. Aufl. 2019, 714; *Schaal*, Strafrechtliche Verantwortlichkeit bei Gremienentscheidungen im Unternehmen, 2001;

---

[40] BGH 24.5.2023 – VII ZB 69/21, NZG 2023, 1084.

Schäfer, Zur strafrechtlichen Verantwortlichkeit des GmbH-Geschäftsführers, GmbHR 1993, 717; *Volk*, Zum Strafbarkeitsrisiko des Rechtsanwalts bei Rechtsrat und Vertragsgestaltung, BB 1987, 139; *Weber*, Unrichtige Wiedergabe und Verschleierung, in: Leffson/Rückle/Großfeld, Handwörterbuch unbestimmter Rechtsbegriffe im Bilanzrecht des HGB, 1986, 319; *Weimar*, Grundprobleme und offene Fragen um den faktischen GmbH-Geschäftsführer, GmbHR 1997, 473, 538; *Winkler*, Strafbarkeit inhaltlich unrichtiger Bestätigungsvermerke, 2000; *Zielinski*, Die verletzten Eigenschaften des einzelnen Aktionärs im Klageerzwingungsverfahren bei Straftaten zum Nachteil der Aktiengesellschaft, wistra 1993, 6.

I.	Normzweck	1	2. Tathandlung	15
II.	Unrichtige Widergabe oder Verschleierung (Abs. 1 Nr. 1)	4	3. Vollendung/Versuch	18
	1. Täterkreis	4	IV. Falsche Erklärung (Abs. 2)	19
	2. Tathandlung	6	1. Täterkreis	19
	3. Vollendung/Versuch	11	2. Tathandlung	21
	4. Unterlassen	12	3. Vollendung/Versuch	23
	5. Subsidiarität	13	V. Vorsatz, Irrtum	24
III.	Unrichtige Wiedergabe oder Verschleierung gegenüber Prüfern (Abs. 1 Nr. 2)	14	VI. Rechtsfolgen und Verjährung	26
	1. Täterkreis	14		

I. Normzweck

Im 7. Buch des UmwG werden die Sanktionsvorschriften für **Verstöße** gegen Pflichten aus dem UmwG zusammengefasst; dies orientiert sich am Vorbild der §§ 399 ff. AktG. Diese Vorschriften befanden sich vor Inkrafttreten des Gesetzes zur Umsetzung der Umwandlungsrichtlinie und zur Änderung weiterer Gesetze vom 22.2.2023[1] im 6. Buch und wurden mit Wirkung vom 1.3.2023 verschoben und neu gefasst. Die vier strafrechtlichen Vorschriften des UmwG (§§ 346–349) sichern die Einhaltung der Verfahrensbestimmungen des Umwandlungsrechtes. Im Zuge der Neufassung der Strafvorschriften wurde § 313 aF zu § 346, wobei der Gesetzeswortlaut lediglich eine minimalinvasive Korrektur erhalten hat, indem der in Abs. 1 Nr. 1 genannte Begriff „Umwandlungsbericht" durch den Begriff „Formwechselbericht" ersetzt wurde. Gemäß der Gesetzesbegründung handelt es sich dabei nur „[...] um eine sprachliche Anpassung an die Terminologie des deutschen Umwandlungsrechts",[2] mit der keine inhaltlichen Änderungen verbunden sind. Nach § 346 kann bestraft werden, wer im Zusammenhang mit einer Umwandlung Verhältnisse eines Rechtsträgers falsch darstellt, unrichtig wiedergibt oder verschleiert. § 400 AktG, § 82 Abs. 2 Nr. 2 GmbHG, § 331 HGB, § 147 GenG, § 17 PublG und § 15 SpTrUG enthalten ähnliche Tatbestände mit vergleichbarem Schutzinteresse und jeweils gleichem Strafmaß. § 331 Nr. 1 und Nr. 1a HGB gehen § 346 allerdings vor.

§ 346 stellt ein **abstraktes Gefährdungsdelikt** dar; ein Handlungserfolg ist nicht erforderlich.[3] Geschütztes Rechtsgut ist sowohl das **Vertrauen der Allgemeinheit** in die Richtigkeit bestimmter Angaben im Rahmen einer Umwandlung als auch das Interesse bestimmter Personen, die nach Vorschriften des UmwG hierüber zutreffend zu unterrichten sind (insbes. Anteilsinhaber), und Gläubigern der beteiligten Rechtsträger.[4] Für diese betroffenen Personen stellt § 346 ein **Schutzgesetz** gem. § 823 Abs. 2 BGB dar.[5] Es wird die Kommunikation falscher Angaben im Rahmen von Umwandlungsvorgängen

---

1 G. v. 22.2.2023 (BGBl. I Nr. 51).
2 BT-Drs. 20/3822, 85.
3 Lutter/*Kuhlen* § 313 Rn. 8; Widmann/Mayer/*Vossius* § 313 Rn. 5; Kölner Komm UmwG/*Rönnau* § 313 Rn. 17.
4 Lutter/*Kuhlen* § 313 Rn. 6; Kölner Komm UmwG/ *Rönnau* § 313 Rn. 11; enger Semler/Stengel/Leonard/

5 *Taschke* § 313 Rn. 5, der Gläubiger nicht in den Schutzbereich miteinbezieht.
Lutter/*Kuhlen* § 313 Rn. 7; Widmann/Mayer/*Vossius* § 313 Rn. 2; Kölner Komm UmwG/*Rönnau* § 313 Rn. 11 ff.; BGHZ 105, 121 (123 ff.) (zu § 399 Abs. 1 Nr. 4 AktG); Semler/Stengel/Leonard/*Taschke* § 313 Rn. 8.

unter Strafe gestellt, da diese Angaben (un)mittelbaren Einfluss auf die Entscheidung der Anteilsinhaber im Rahmen der Beschlussfassung haben und diese folglich durch die falschen Angaben geschädigt werden können.[6] Dieser strafrechtliche Schutz tritt neben die häufig schwierig festzustellenden zivilrechtlichen Schadenersatzansprüche der Anteilsinhaber.

Ob die **Arbeitnehmer** der beteiligten Rechtsträger von § 346 geschützt werden, ist streitig; dies ist jedoch abzulehnen, da die umfassten Berichte und Nachweise nicht zum Schutz der Arbeitnehmer dienen und die Anteilsinhaber ohne deren Zustimmung auf die Berichterstattungen insgesamt verzichten können.[7]

II. Unrichtige Widergabe oder Verschleierung (Abs. 1 Nr. 1)

1. Täterkreis

Als Täter kommen nur natürliche Personen infrage, die für einen an einer Umwandlung beteiligten Rechtsträger als **Mitglied der Geschäftsleitung oder des Aufsichtsrates**, als vertretungsberechtigter Gesellschafter, **Partner** oder **Liquidator** handeln. Auf die Rechtsform des Rechtsträgers oder die Wirksamkeit der Bestellung dieser Personen kommt es nicht an.[8] Die faktische Funktionsausübung reicht bei geborenen Geschäftsführern wie vertretungsberechtigten Gesellschaftern von Personengesellschaften oder Partnern von Partnerschaftsgesellschaften allerdings nicht aus.[9] Bei gekorenen Geschäftsleitungsmitgliedern, wie Vorständen bzw. Geschäftsführern juristischer Personen, wird dies jedoch bejaht, wenn das faktische Organ mit Einverständnis des Bestellungsorgans geschäftsführend tätig ist.[10] Mitglieder eines Beirates, Verwaltungsrates oder sonstiger Gremien sind freilich nicht erfasst.[11]

Ein Funktionsträger, der eine vorsätzliche unrichtige Darstellung alleine vornimmt, ist **unmittelbarer Täter**. Sofern mehrere Personen im Rahmen eines Gremiums handeln, kann eine **Mittäterschaft** vorliegen. Notwendig sind hierbei ein gemeinsamer Tatentschluss der Beteiligten und ein jeweils objektiver Tatbeitrag eines jeden Mittäters. Ausreichend ist hierbei bereits die Mitwirkung an einer Kollegialentscheidung, unabhängig davon, ob jeder Einzelne zugestimmt hat oder den Bericht unterzeichnet.[12] Die Abgabe einer Gegenstimme schließt eine Mittäterschaft jenes Organmitgliedes aus, da es bei diesem an einem gemeinsamen Tatentschluss mangelt.[13] Zur Bewertung der unmittelbaren oder mittelbaren Täterschaft und zur Teilnahme gelten die allgemeinen strafrechtlichen Bestimmungen. Wer keine Tätereigenschaft aufweist, kann allerdings wegen Anstiftung oder Beihilfe zur Tat strafbar sein.

---

6 RegBegr. bei *Ganske* Umwandlungsrecht S. 306.
7 So auch Semler/Stengel/Leonard/*Taschke* § 313 Rn. 5; Kölner Komm UmwG/*Rönnau* § 313 Rn. 13 (mit umfangreicher Begründung); *Henssler* FS Kraft, 1998, 219 (246); in diesem Sinne ist auch die RegBegr. bei *Ganske* Umwandlungsrecht S. 306 f. zu verstehen; aA Lutter/*Kuhlen* § 313 Rn. 6; Widmann/Mayer/*Vossius* § 313 Rn. 3.
8 Vgl. ergänzend dazu OLG Hamm NZG 2021, 1221: Geschäftsführer einer GmbH kann nicht (mehr) sein, wer bereits nach § 313 (aF) verurteilt wurde.
9 KG NJW RR 1997, 1126 zu § 14 Abs. 1 StGB; Semler/Stengel/Leonard/*Taschke* § 313 Rn. 18.
10 BGHSt 3, 32; 21, 101 (103); 31, 118 (122); Lutter/*Kuhlen* § 313 Rn. 10 ff.; aA Kölner Komm UmwG/*Rönnau* § 313 Rn. 33 ff.; Semler/Stengel/Leonard/*Taschke* § 313 Rn. 21.
11 Ebenso Semler/Stengel/Leonard/*Taschke* § 313 Rn. 14; Kölner Komm UmwG/*Rönnau* § 313 Rn. 31; nunmehr auch Lutter/*Kuhlen* § 313 Rn. 9, dort Fn. 26.
12 BGHSt 37, 106 (129 f.) = NJW 1990, 2560 (Lederspray-Entscheidung); so auch Semler/Stengel/Leonard/*Taschke* § 313 Rn. 23; Widmann/Mayer/*Vossius* § 313 Rn. 19, 21.
13 So auch Semler/Stengel/Leonard/*Taschke* § 313 Rn. 25; s. auch BGHSt 37, 106 (126) = NJW 1990, 2560 (Lederspray-Entscheidung); so auch in den Pflichten der Kollegialorganmitglieder, das ihnen Mögliche und Zumutbare zu tun, um den gebotenen Beschluss herbeizuführen; so auch BGH NJW 2003, 526.

2. Tathandlung

Die Tathandlung kann in der **unrichtigen Wiedergabe** oder in der **Verschleierung** **der Verhältnisse** des Rechtsträgers einschließlich dessen Beziehungen zu verbundenen Unternehmen bestehen.

Verhältnisse des Rechtsträgers sind sämtliche Daten und Umstände, die für die Beurteilung des Rechtsträgers im Rahmen des Umwandlungsvorgangs erheblich sind oder sein können.[14] Hiervon umfasst sind auch die Beziehungen zu verbundenen Unternehmen gem. § 8 Abs. 1 S. 3 UmwG, § 15 AktG. Ähnlich wie bei § 400 Abs. 1 Nr. 1 AktG, § 331 Abs. 1 Nr. 1 HGB ist der Begriff „Verhältnisse" hinreichend bestimmt und in seiner Anwendung weit auszulegen.[15]

Die **unrichtige Darstellung** muss in einem Verschmelzungsbericht (§ 8), Spaltungsbericht (§§ 127, 135), Übertragungsbericht (§§ 8, 176 ff.) oder Formwechselbericht (§ 192) erfolgen. Ob es sich um einen pflichtgemäß oder freiwillig zu erstattenden Bericht handelt, ist irrelevant.[16] Die Norm umfasst jedoch keine Berichte, die im UmwG nicht vorgesehen sind.[17]

Die unrichtige Darstellung der Verhältnisse des Rechtsträgers in Darstellungen oder Übersichten über dessen Vermögensstand ist ebenfalls von der Strafbarkeit umfasst. **Übersichten** sind insbesondere Bilanzen jeglicher Art mit Ausnahme von Eröffnungs- und Jahresabschlussbilanzen sowie Lageberichte von Kapitalgesellschaften, die ausschließlich von § 331 Nr. 1 HGB geschützt werden. **Darstellungen** sind auch formlose Mitteilungen und Auskünfte, die ein Funktionsträger erteilt, sofern diese den Eindruck der Vollständigkeit erwecken und sich nicht nur auf einzelne Aspekte der Vermögenslage beschränken.[18] Umfasst sind zudem fehlerhafte Angaben im Rahmen der Versammlung der Anteilsinhaber, welche über die Umwandlung beschließt.[19]

Tatbestandsmäßig ist ferner eine **Verschleierung** von Tatsachen. Diese liegt vor, wenn die Verhältnisse der Gesellschaft zwar objektiv korrekt dargestellt werden, dies jedoch in einer Art und Weise geschieht, die irreführend oder so unklar ist, dass der wahre Sachverhalt nur noch sehr schwierig zu erkennen ist.[20] Notwendig zur inhaltlichen Begrenzung des ansonsten sehr weiten Tatbestandes ist jedoch, dass sich auch das Verschleiern der Verhältnisse des Rechtsträgers auf den Bereich der Rechenschaftslegung beschränkt.[21]

---

14 Kölner Komm UmwG/*Rönnau* § 313 Rn. 43; einschr. OLG Frankfurt a. M. NStZ-RR 2002, 275 f. zu § 400 AktG.

15 So auch Lutter/*Kuhlen* § 313 Rn. 14; aufgrund verfassungsrechtlicher Bedenken einschr. Semler/Stengel/Leonard/*Taschke* § 313 Rn. 33; OLG Frankfurt a. M. NStZ-RR 2002, 275 ff.; differenzierend Kölner Komm UmwG/*Rönnau* § 313 Rn. 43; den ebenso weiten Tatbestand des § 400 Abs. 1 Nr. 1 AktG („unrichtige Darstellung der Verhältnisse der Gesellschaft") allerdings aufgrund der Ausdeutung in Rechtsprechung und Schrifttum als hinreichend bestimmt verfassungsrechtlich absegnend BVerfG ZIP 2006, 1096 f. (EM.TV), ebenso für den vergleichbaren § 331 Nr. 1 HGB („Verhältnisse des Konzerns unrichtig wiedergegeben") BVerfG NZG 2006, 825.

16 So auch Kölner Komm UmwG/*Rönnau* § 313 Rn. 46; Lutter/*Kuhlen* § 313 Rn. 17.

17 Semler/Stengel/Leonard/*Taschke* § 313 Rn. 37; Kölner Komm UmwG/*Rönnau* § 313 Rn. 45.

18 So auch Semler/Stengel/Leonard/*Taschke* § 313 Rn. 40 f. und wohl Kallmeyer/Marsch-Barner/*Oppenhoff* § 313 Rn. 7; nunmehr auch Lutter/*Kuhlen* § 313 Rn. 19, dort Fn. 70.

19 So auch Semler/Stengel/Leonard/*Taschke* § 313 Rn. 42; Kölner Komm UmwG/*Rönnau* § 313 Rn. 50.

20 Lutter/*Kuhlen* § 313 Rn. 16; Semler/Stengel/Leonard/ *Taschke* § 313 Rn. 45.

21 So auch Semler/Stengel/Leonard/*Taschke* § 313 Rn. 46; in diese Richtung für § 400 AktG Kölner Komm AktG/ *Altenhain* § 400 Rn. 38 f.

3. Vollendung/Versuch

11 Die Tat ist bereits mit der Abgabe der Erklärung durch den Funktionsträger und dem Zugang der Erklärung bei zumindest einem Erklärungsempfänger **vollendet**; dessen Kenntnisnahme ist nicht erforderlich.[22] Der Versuch ist nicht strafbar (§ 23 Abs. 1 StGB).

4. Unterlassen

12 Sofern eine Garantenstellung des Funktionsträgers nach allgemeinen strafrechtlichen Grundsätzen besteht, kann die Tat auch durch **Unterlassen** begangen werden.[23] Es gelten die allgemeinen strafrechtlichen Grundsätze.[24]

5. Subsidiarität

13 Die Strafbarkeit nach § 346 Abs. 1 Nr. 1 ist **subsidiär** gegenüber den Tatbeständen des § 331 Nr. 1 und Nr. 1a HGB. Dies entspricht dem gesetzgeberischen Willen eines einheitlichen Bilanzstrafrechtes. Liegt hingegen nur eine Ordnungswidrigkeit gem. § 334 Abs. 1 HGB vor, werden die Tatbestände des § 346 Abs. 1 Nr. 1 nach richtiger Auffassung nicht verdrängt.[25]

III. Unrichtige Wiedergabe oder Verschleierung gegenüber Prüfern (Abs. 1 Nr. 2)

1. Täterkreis

14 Mit Ausnahme von Aufsichtsratsmitgliedern, die nach dem UmwG keine Angaben gegenüber Prüfern zu machen haben, ist der Täterkreis identisch mit demjenigen des § 346 Abs. 1 Nr. 1 (→ Rn. 4 f.).

2. Tathandlung

15 Bestraft werden die **unrichtige Wiedergabe** oder **Verschleierung** der Verhältnisse des Rechtsträgers oder seiner Beziehungen zu verbundenen Unternehmen (→ Rn. 6 ff.) sowie sonstige unrichtige Angaben, welche ein Funktionsträger im Rahmen seiner Auskunftspflicht gegenüber einem Verschmelzungsprüfer (§ 11), einem Spaltungsprüfer (§ 125) oder einem Übertragungsprüfer (§§ 11, 176) abgibt. Bei einer Prüfung durch einen genossenschaftlichen Prüferverband gem. § 81 Abs. 2 – nicht jedoch bei dessen nur gutachterlichen Stellungnahme nach § 81 Abs. 1, § 259 – kommt dieser als Prüfer iSd Vorschrift infrage.[26]

16 Tatbestandsmäßig sind nur Handlungen im Rahmen von **Pflichtprüfungen**.[27] Umfasst werden hierbei sämtliche Erklärungen und Nachweise, die gem. § 320 Abs. 2 S. 1 HGB für eine sorgfältige Prüfung notwendig sind. Die Prüfungsberichte sind eine zweite wichtige Grundlage für die Entscheidung der Anteilsinhaber im Rahmen der Beschlussfassung und sollen entsprechend geschützt werden.[28]

---

22 *Klussmann* AG 1973, 221 (226); Kölner Komm UmwG/*Rönnau* § 313 Rn. 96; die Vollendung bereits auf den Zeitpunkt der Erklärung vorverlagernd Lutter/*Kuhlen* § 313 Rn. 31.
23 Semler/Stengel/Leonard/*Taschke* § 313 Rn. 50 f.
24 Siehe zur Garantenstellung etwa Schönke/Schröder/*Bosch* StGB § 13 Rn. 17 ff., insbes. Rn. 26 ff.
25 So zur aF auch Lutter/*Kuhlen* § 313 Rn. 33, dort Fn. 115; Widmann/Mayer/*Vossius* § 313 Rn. 75; Kölner Komm UmwG/*Rönnau* § 313 Rn. 102; aA Semler/Stengel/Leonard/*Taschke* § 313 Rn. 78; Kallmeyer/Marsch-Barner/Oppenhoff § 313 Rn. 8.
26 So auch Semler/Stengel/Leonard/*Taschke* § 313 Rn. 55; ebenfalls in diese Richtung Widmann/Mayer/*Vossius* § 313 Rn. 53.
27 Kölner Komm UmwG/*Rönnau* § 313 Rn. 61; Semler/Stengel/Leonard/*Taschke* § 313 Rn. 53.
28 RegBegr. bei *Ganske* Umwandlungsrecht S. 307.

Eine **Täuschung** des Prüfers ist nicht erforderlich,[29] jedoch muss die Angabe des Funktionsträgers gegenüber dem Prüfer unrichtig, dh objektiv nicht mit der Wirklichkeit übereinstimmen, sein.

3. Vollendung/Versuch

Die Tat ist mit Abgabe der Erklärung durch den Funktionsträger und dem Zugang der Erklärung beim Prüfer vollendet (→ Rn. 11). Der Versuch ist nicht strafbar (§ 23 Abs. 1 StGB).

IV. Falsche Erklärung (Abs. 2)

1. Täterkreis

Als Täter kommen nur die **Vorstände** und **Liquidatoren** einer AG, die Geschäftsführer und Liquidatoren einer GmbH sowie die vertretungsberechtigten **Komplementäre** und **Liquidatoren** einer KGaA infrage. Zur Täterschaft faktischer Organmitglieder → Rn. 4.

Zur Frage von Täterschaft und Teilnahme → Rn. 5.

2. Tathandlung

Die Tathandlung besteht aus **unrichtigen Angaben** in Erklärungen gem. § 52 Abs. 1, § 140 und § 146 Abs. 1; diese Aufzählung ist **abschließend**. Angaben sind unrichtig, wenn sie objektiv mit der tatsächlichen Sachlage nicht übereinstimmen. Sofern der Funktionsträger objektiv falsche Erklärungen abgibt, macht er unrichtige Angaben.[30] Unrichtige Angaben legt der Funktionsträger zugrunde, wenn er im Rahmen seiner Erklärungen auf objektive falsche Unterlagen verweist; diese Tatbestandsalternative ist freilich subsidiär, da die Funktionsträger nach den vorstehend aufgeführten Normen ausdrückliche Erklärungen abzugeben haben.[31]

Bei einer Verschmelzung auf eine GmbH als übernehmender Rechtsträger sind die Anteilsinhaber des übertragenden Rechtsträgers gefährdet, sofern nicht alle zu leistenden Einlagen auf die Geschäftsanteile des übernehmenden Rechtsträgers in voller Höhe bewirkt sind, da die Anteilsinhaber des übertragenden Rechtsträgers hierfür gem. § 24 GmbHG subsidiär haften. Die Gesellschafter werden durch die Zustimmungserfordernisse gem. § 51 und die Anmeldeverpflichtung gem. § 52 geschützt und falsche Erklärungen werden durch Abs. 2 unter Strafe gestellt. Ferner sichert Abs. 2 iVm §§ 140, 146, dass im Rahmen von Spaltungen der beim spaltenden Rechtsträger verbleibende Teil der Aktiva und Passiva das im Gesellschaftsvertrag vorgesehene Stammkapital der GmbH bzw. Grundkapital der Aktiengesellschaft abdeckt.[32]

3. Vollendung/Versuch

Die **Vollendung** der Tat tritt mit Eingang der Erklärung beim Handelsregister ein.[33] Der Versuch ist nicht strafbar (§ 23 Abs. 1 StGB).

---

29 Kölner Komm UmwG/*Rönnau* § 313 Rn. 65; Semler/Stengel/Leonard/*Taschke* § 313 Rn. 58.
30 Kölner Komm UmwG/*Rönnau* § 313 Rn. 72; Semler/Stengel/Leonard/*Taschke* § 313 Rn. 66.
31 So auch Kölner Komm UmwG/*Rönnau* § 313 Rn. 72; Semler/Stengel/Leonard/*Taschke* § 313 Rn. 67.
32 RegBegr. bei *Ganske* Umwandlungsrecht S. 308.
33 Widmann/Mayer/*Vossius* § 313 Rn. 72; Semler/Stengel/Leonard/*Taschke* § 313 Rn. 68.

V. Vorsatz, Irrtum

24 Eine Strafbarkeit gem. § 346 setzt in allen Varianten der Abs. 1 und 2 ein vorsätzliches Handeln des Funktionsträgers voraus (§ 15 StGB). **Bedingter Vorsatz** (dolus eventualis) ist hierfür ausreichend. Dieser liegt vor, wenn der Funktionsträger die Verwirklichung des Tatbestandes als möglich erkennt und dies zumindest billigend in Kauf nimmt, auch wenn ihm der Erfolgseintritt möglicherweise unerwünscht ist.[34]

25 Irrt der Funktionsträger über die Unrichtigkeit seiner Angabe oder die sonstige Tatbestandsmäßigkeit seines Verhaltens (Tatbestandsirrtum), handelt er allenfalls fahrlässig und eine Strafbarkeit ist ausgeschlossen. Handelt der Funktionsträger bei der Begehung seiner Tat lediglich ohne Unrechtsbewusstsein (Verbotsirrtum) und war dieser Irrtum unvermeidlich, handelt er zwar vorsätzlich, jedoch ohne Schuld. Auch hier gelten die allgemeinen strafrechtlichen Bestimmungen (§§ 16, 17 StGB).

VI. Rechtsfolgen und Verjährung

26 Der Strafrahmen beträgt Freiheitsstrafe von bis zu drei Jahren oder Geldstrafe. Ferner können Gewinne aus rechtswidrigen Taten gem. §§ 73 ff. StGB (Verfall und Einziehung) abgeschöpft werden. Unter den Voraussetzungen des § 70 StGB ist auch ein Berufsverbot möglich.

27 Die Verjährungsfrist beträgt fünf Jahre ab Beendigung der Tat (§ 78 Abs. 3 Nr. 4 StGB, § 78a S. 1 StGB).

§ 347 Verletzung der Berichtspflicht

(1) Mit Freiheitsstrafe bis zu drei Jahren oder mit Geldstrafe wird bestraft, wer als Verschmelzungs-, Spaltungs- oder Übertragungsprüfer oder als Gehilfe eines solchen Prüfers über das Ergebnis einer aus Anlaß einer Umwandlung erforderlichen Prüfung falsch berichtet oder erhebliche Umstände in dem Prüfungsbericht verschweigt.

(2) Handelt der Täter gegen Entgelt oder in der Absicht, sich oder einen anderen zu bereichern oder einen anderen zu schädigen, so ist die Strafe Freiheitsstrafe bis zu fünf Jahren oder Geldstrafe.

Literatur:
S. die Angaben zu § 346.

I. Normzweck	1	V. Unterlassen	13
II. Täterkreis	3	VI. Vorsatz	14
III. Tathandlung	8	VII. Qualifikation (Abs. 2)	15
IV. Vollendung/Versuch	12	VIII. Rechtsfolgen und Verjährung	18

I. Normzweck

1 Die Norm stellt die Verletzung der Berichtspflicht durch Prüfer und ihre Gehilfen unter Strafe und soll vor Vermögensschäden aufgrund einer unrichtigen Berichterstattung

---

[34] BGHZ 36, 1 (9); Schönke/Schröder/*Sternberg-Lieben/Schuster* StGB § 15 Rn. 72 ff.

schützen. Gleichgerichtete Vorschriften sind in § 403 AktG, § 332 HGB, § 150 GenG, §§ 331 iVm 128 VAG und § 18 PublG enthalten. Geschütztes Rechtsgut ist das Vertrauen der Allgemeinheit in die **Richtigkeit** der durch das UmwG vorgeschriebenen Prüfungsberichte.[1] Im Zuge der Neufassung des UmwG (→ § 346 Rn. 1) wurde § 314 aF ohne inhaltliche Änderungen zu § 347.

§ 347 ist – wie auch § 346 – ein **abstraktes Gefährdungsdelikt**.[2] § 347 ist ein Schutzgesetz im Sinne des § 823 Abs. 2 BGB zugunsten der individuellen Interessen von Anteilsinhabern und von Gläubigern der zu prüfenden Rechtsträger.[3] Die individuellen Interessen der Arbeitnehmer und zukünftiger Gläubiger sind hingegen nach richtiger Auffassung vom Schutzbereich des § 347 nicht umfasst; dies ergibt sich bereits aus der begrenzten Verantwortlichkeit der Prüfer und deren Gehilfen gem. § 11 Abs. 2.[4]

II. Täterkreis

Als Täter kommen ausschließlich **Verschmelzungsprüfer** (§§ 9 ff., 30 Abs. 2, §§ 44, 48, 60 Abs. 1, §§ 81, 100, 122 f.), **Spaltungsprüfer** (§ 125) und **Übertragungsprüfer** (§ 176 Abs. 1, § 177 Abs. 1) sowie deren **Gehilfen** infrage. Diese müssen in ihrer Eigenschaft als Prüfer bzw. Prüfungsgehilfen handeln.[5] Es muss sich zudem um eine gesetzlich vorgeschriebene Prüfung handeln und nicht nur um eine freiwillige Prüfung.[6]

Der **Prüfer** wird gerichtlich bestellt; bei einer mangelhaften Bestellung durch das Gericht genügt für das Eingreifen von § 347 nach richtiger Auffassung die Aufnahme der Prüfertätigkeit durch den Prüfer bzw. den Prüfungsgehilfen.[7]

Prüfungsgehilfen sind Personen, die den bestellten Prüfer bei dessen Prüfungstätigkeit sachlich unterstützen und zumindest für einen Teil des Prüfungsberichts verantwortlich sind.[8] Bloße Schreibarbeiten oder andere subsidiäre Handlungen für den Prüfer sind jedoch nicht erfasst.

Sofern – wie in vielen Fällen – eine **juristische Person** (Wirtschaftsprüfungsgesellschaft) gerichtlich als Prüfer bestellt ist, trifft die Strafbarkeit deren gesetzliche Vertreter, soweit diese selbst an der Prüfung teilgenommen haben oder zumindest erkennen konnten, dass von den beteiligten Prüfern oder Prüfungsgehilfen ein unrichtiger Prüfungsbericht erstellt wurde.[9] Die Strafbarkeit kann gem. § 14 Abs. 2 StGB auch angestellte Wirtschaftsprüfer oder Prüfungsgehilfen treffen.[10] Bei einer Prüfung durch einen **genossenschaftlichen Prüfungsverband** gem. § 81 Abs. 2 – nicht jedoch bei dessen gutachterlicher Stellungnahme nach § 81 Abs. 1, § 259 – kommt dieser als Täter infrage.[11]

Für die Frage von Täterschaft und Teilnahme gelten die allgemeinen strafrechtlichen Regelungen; daher kann auch eine Person als Teilnehmer bestraft werden, welche die Tätereigenschaft des Prüfers bzw. Prüfungsgehilfen selbst nicht aufweist.

---

1   Lutter/*Kuhlen* § 314 Rn. 3; Semler/Stengel/Leonard/*Taschke* § 314 Rn. 1.
2   Lutter/*Kuhlen* § 314 Rn. 3; Widmann/Mayer/*Vossius* § 314 Rn. 3.
3   Kölner Komm UmwG/*Rönnau* § 314 Rn. 3, 4; Semler/Stengel/Leonard/*Taschke* § 314 Rn. 2.
4   So auch Semler/Stengel/Leonard/*Taschke* § 314 Rn. 1; aA Kölner Komm UmwG/*Rönnau* § 314 Rn. 2; Lutter/*Kuhlen* § 314 Rn. 3.
5   So auch Semler/Stengel/Leonard/*Taschke* § 314 Rn. 4.
6   Kölner Komm UmwG/*Rönnau* § 314 Rn. 12 f.
7   So auch Kölner Komm UmwG/*Rönnau* § 314 Rn. 8; Lutter/*Kuhlen* § 314 Rn. 4; Kallmeyer/*Marsch-Barner/Oppenhoff* § 314 Rn. 2; aA Semler/Stengel/Leonard/*Taschke* § 314 Rn. 4.
8   Semler/Stengel/Leonard/*Taschke* § 314 Rn. 5; Lutter/*Kuhlen* § 314 Rn. 5.
9   Kölner Komm UmwG/*Rönnau* § 314 Rn. 9; Semler/Stengel/Leonard/*Taschke* § 314 Rn. 6.
10 Widmann/Mayer/*Vossius* § 314 Rn. 8; Lutter/*Kuhlen* § 314 Rn. 4.
11 So auch Semler/Stengel/Leonard/*Taschke* § 314 Rn. 4; ablehnend Widmann/Mayer/*Vossius* § 314 Rn. 23.

III. Tathandlung

8 Die Tathandlung gem. § 347 Abs. 1 Alt. 1 besteht in der **Erstellung** eines falschen Prüfungsberichtes über das Ergebnis der Prüfung.[12] Der Prüfungsbericht ist **falsch**, wenn dessen Inhalte von den Feststellungen der Prüfer bzw. Prüfungsgehilfen inhaltlich abweichen; hierbei kommt es nicht darauf an, dass das Prüfungsergebnis objektiv richtig oder falsch ist, sondern einzig darauf, ob der Inhalt des Prüfungsberichts das Ergebnis der Prüfung nach subjektiver Kenntnis des Prüfers bzw. Prüfungsgehilfen korrekt wiedergibt.[13] Entscheidend ist daher lediglich ein Auseinanderfallen der Erkenntnis des Prüfers oder Prüfungsgehilfen einerseits und dessen Ausführungen im Prüfungsbericht andererseits. Eine strafbewährte Pflicht zur Erstellung eines objektiv richtigen Prüfungsberichts gibt es hingegen nicht; dies kann vom Prüfer nicht verlangt werden. Freilich folgt hieraus, dass auch dann ein (subjektiv) falscher Bericht erstellt werden kann, wenn der Prüfer zwar objektiv richtig berichtet, dieser Bericht allerdings in einem Widerspruch zu dessen Erkenntnis steht.[14] Auch die ungeprüfte Übernahme von Angaben Dritter als eigenes Prüfungsergebnis in den Prüfungsbericht erfüllt den Tatbestand.[15]

9 § 347 Abs. 1 Alt. 2 stellt das Verschweigen erheblicher Umstände durch den Prüfer oder Prüfungsgehilfen unter Strafe. Es muss folglich ein erheblicher Umstand nicht in den Prüfungsbericht mit aufgenommen werden. Alt. 2 ist lediglich ein Unterfall von Alt. 1 und umfasst auch konkludentes Verhalten.[16] Nach allgemeiner Auffassung ist bei beiden Alternativen die Verfälschung bzw. Verschleierung **erheblicher Umstände** notwendig.[17]

10 Die Tathandlung des Prüfungsgehilfen kann nur darin liegen, dass er eine falsche bzw. unvollständige Berichterstattung bewirkt, da er selbst den Prüfungsbericht nicht erstattet.[18]

11 Es muss sich ferner um **schriftliche Aussagen** im Prüfungsbericht handeln. Mündliche Aussagen außerhalb des Prüfungsberichts sind nicht tatbestandsgemäß;[19] dies gilt auch für mündliche Erläuterungen im Zusammenhang mit dem Prüfungsbericht.

IV. Vollendung/Versuch

12 Die Tat ist mit dem Eingang des Prüfungsberichts beim gesetzlichen Empfänger (Vertretungsorgan des Rechtsträgers bzw. Registergericht) **vollendet**. Eine Beendigung liegt vor, wenn der Prüfungsbericht vom zuständigen Empfänger zur Kenntnis genommen wurde. Der **Versuch** ist nicht strafbar (§ 23 Abs. 1 StGB).

---

12 Semler/Stengel/Leonard/*Taschke* § 314 Rn. 11; Widmann/Mayer/*Vossius* § 314 Rn. 13.
13 OLG Düsseldorf NZG 1999, 901 (903) zu § 332 HGB; Lutter/*Kuhlen* § 314 Rn. 7; Kölner Komm UmwG/*Rönnau* § 314 Rn. 16.
14 So auch Lutter/*Kuhlen* § 314 Rn. 7.
15 Lutter/*Kuhlen* § 314 Rn. 7; Semler/Stengel/Leonard/*Taschke* § 314 Rn. 14.
16 So auch Kallmeyer/*Marsch-Barner/Oppenhoff* § 314 Rn. 5.
17 S. nur Lutter/*Kuhlen* § 314 Rn. 7; Semler/Stengel/Leonard/*Taschke* § 314 Rn. 12; Kölner Komm UmwG/*Rönnau* § 314 Rn. 16; Kallmeyer/*Marsch-Barner/Oppenhoff* § 314 Rn. 5.
18 Kölner Komm UmwG/*Rönnau* § 314 Rn. 10; Semler/Stengel/Leonard/*Taschke* § 314 Rn. 17 mit Ausführungen zur strafrechtlichen Bewertung insbesondere hinsichtlich des Analogieverbots; Dierlamm NStZ 2000, 130 f.
19 Semler/Stengel/Leonard/*Taschke* § 314 Rn. 15; Lutter/*Kuhlen* § 314 Rn. 6.

V. Unterlassen

Sofern eine Garantenstellung des Funktionsträgers nach allgemeinen strafrechtlichen Grundsätzen besteht, kann die Tat auch durch **Unterlassen** begangen werden.[20]

VI. Vorsatz

Eine Strafbarkeit gem. § 347 setzt ein vorsätzliches Handeln des Prüfers bzw. Prüfungsgehilfen voraus (§ 15 StGB). **Bedingter Vorsatz** (dolus eventualis) ist hierfür ausreichend (→ § 346 Rn. 24 f.).

VII. Qualifikation (Abs. 2)

Sofern der Täter die Handlung gegen ein Entgelt vornimmt oder beabsichtigt, sich oder einen anderen zu bereichern oder einen anderen zu schädigen, qualifiziert Abs. 2 den Tatbestand und erhöht den Strafrahmen auf Freiheitsstrafe von bis zu fünf Jahren. **Entgelt** kann hierbei jede in einem materiellen Vermögensvorteil bestehende Gegenleistung sein (§ 11 Abs. 1 Nr. 9 StGB). Das Entgelt muss vor der Tat vereinbart worden sein, auf dessen Gewährung kommt es für die Vollendung der Tat jedoch nicht an.[21]

Ein Handeln in **Bereicherungsabsicht** liegt vor, wenn der Täter durch die Tat für sich oder einen Dritten einen Vermögensvorteil zu erlangen gedenkt; hierfür ist Absicht (dolus directus 1. Grades) notwendig.[22] Ob es sich um einen rechtswidrigen Vermögensvorteil handeln muss, ist streitig. Der Wortlaut setzt keinen rechtswidrigen Vermögensvorteil voraus, so dass dieser richtigerweise nicht zu fordern ist.

Ein Handeln in **Schädigungsabsicht** setzt voraus, dass der Täter gerade darauf abzielt, einen andern zu schädigen (dolus directus 1. Grades). Nach wohl herrschender Ansicht muss die beabsichtigte Schädigung nicht in einem Vermögensnachteil bestehen, sondern kann auch durch einen immateriellen Schaden eintreten.[23]

VIII. Rechtsfolgen und Verjährung

Der **Strafrahmen** beträgt Freiheitsstrafe bis zu drei Jahren oder Geldstrafe bei einer Verletzung von Abs. 1 bzw. Freiheitsstrafe von bis zu fünf Jahren oder Geldstrafe bei Verletzung von Abs. 2. Ferner sind die Vorschriften über den Verfall und die Einziehung gem. § 73 ff. StGB anwendbar. Ferner kann ein Berufsverbot gem. § 70 StGB verhängt werden. Die **Verjährungsfrist** beträgt fünf Jahre ab Beendigung der Tat (§ 78 Abs. 3 Nr. 4 StGB, § 78a S. 1 StGB).

§ 348 Falsche Angaben

Mit Freiheitsstrafe bis zu drei Jahren oder mit Geldstrafe wird bestraft, wer
1. entgegen § 315 Absatz 3 Satz 1 Nummer 1 oder 4 oder § 316 Absatz 2 Satz 5, jeweils auch in Verbindung mit § 329 Satz 1, entgegen § 342 Absatz 3 Satz 1 Nummer 1 oder 4 oder § 343 Absatz 2 Satz 5 eine Versicherung nicht richtig abgibt oder

---

20 Semler/Stengel/Leonard/*Taschke* § 314 Rn. 20.
21 Lutter/*Kuhlen* § 314 Rn. 11; Kölner Komm UmwG/*Rönnau* § 314 Rn. 22; enger Widmann/Mayer/*Vossius* § 314 Rn. 28, der auf eine Sondervergütung für den fehlerhaften Prüfbericht abstellt.

22 Schönke/Schröder/*Sternberg-Lieben/Schuster* StGB § 15 Rn. 66.
23 So auch Lutter/*Kuhlen* § 314 Rn. 11; Kölner Komm UmwG/*Rönnau* § 314 Rn. 24; Widmann/Mayer/*Vossius* § 314 Rn. 29; aA Semler/Stengel/Leonard/*Taschke* § 314 Rn. 24; Kölner Komm AktG/*Altenhain* § 403 Rn. 36.

2. entgegen § 315 Absatz 3 Satz 2, auch in Verbindung mit § 329 Satz 1, oder entgegen § 342 Absatz 3 Satz 2 eine Mitteilung nicht richtig macht.

Literatur:

Altenhain, Der strafbare falsche Bilanzeid, WM 2008, 1141; *Fleischer*, Der deutsche „Bilanzeid" nach § 264 Abs. 2 Satz 3 HGB, ZIP 2007, 97; *Hönsch*, Der Bilanzeid, ZCG 2006, 117.

I. Normzweck	1	V. Unterlassen	8
II. Täterkreis	5	VI. Vorsatz	9
III. Tathandlung	6	VII. Rechtsfolgen und Verjährung	10
IV. Vollendung/Versuch	7		

I. Normzweck

1 Die Norm wurde im Zuge der Neufassung des UmwG von § 314a aF zu § 348 geändert und erweitert. Dies war wegen der im 6. Buch neu eingeführten Pflichten erforderlich.[1] Der Anwendungsbereich des § 348 wurde auf Versicherungs- und Mitteilungspflichten im Rahmen von grenzüberschreitenden Verschmelzungen, Spaltungen und Formwechseln ausgeweitet.

Der Verweis auf § 122k aF ist entfallen, da diese Vorschrift in den §§ 315–317 nF aufgegangen ist.[2] Der Tatbestand verweist nun auf die dortigen Regelungen, die auf übertragende Gesellschaften anwendbar sind, die dem deutschen Recht unterliegen.[3]

Der Tatbestand schützt bei grenzüberschreitenden Vorgängen jeweils die Gläubiger der übertragenden bzw. formwechselnden Gesellschaft.[4] Diese sind insoweit gegenüber Gläubigern bei inländischen Vorgängen begünstigt, da die hierfür geltenden Vorschriften keinen entsprechenden strafrechtlichen Schutz vorsehen.

2 Der Tatbestand des § 348 bezieht sich auf grenzüberschreitende Verschmelzungen, Spaltungen und Formwechsel.

Bei diesen Vorgängen (§ 315 Abs. 3 S. 1 Nr. 1[5] bzw. § 342 Abs. 3 S. 1 Nr. 1) haben die Mitglieder des Vertretungsorgans nach § 348 Nr. 1 jeweils strafbewährt zu **versichern**, dass allen anspruchsberechtigten Gläubigern die im Verschmelzungs-, Spaltungs- oder Formwechselplan angebotene **Sicherheit** (§ 307 Abs. 2 Nr. 14 bzw. § 335 Abs. 2 Nr. 8) geleistet wurde.

Wird die Höhe der Sicherheit durch das **Gericht** festgelegt, haben die Mitglieder des Vertretungsorgans auf dessen Verlangen hin zu versichern, dass die in der **Entscheidung** festgelegte Sicherheit geleistet wurde (§ 316 Abs. 2 S. 5[6] bzw. § 343 Abs. 2 S. 5).

3 Gem. § 348 Nr. 1 haben die Mitglieder des Vertretungsorgans zudem strafbewährt zu versichern (§ 315 Abs. 3 S. 1 Nr. 4[7] bzw. § 342 Abs. 3 S. 1 Nr. 1), dass sich die übertragende bzw. formwechselnde Gesellschaft nicht im Zustand der **Zahlungsunfähigkeit**, der **drohenden Zahlungsunfähigkeit** oder der **Überschuldung** befindet (§§ 17–19 InsO).

---

1 BT-Drs. 20/3822, 120.
2 BT-Drs. 20/3822, 98.
3 BT-Drs. 20/3822, 98.
4 BT-Drs. 20/3822, 120.
5 Diese Norm gilt unmittelbar nur für die grenzüberschreitende Verschmelzung, über den Verweis in § 329 S. 1 aber auch für die grenzüberschreitende Spaltung.
6 Diese Norm gilt unmittelbar nur für die grenzüberschreitende Verschmelzung, über den Verweis in § 329 S. 1 aber auch für die grenzüberschreitende Spaltung.
7 Diese Norm gilt unmittelbar nur für die grenzüberschreitende Verschmelzung, über den Verweis in § 329 S. 1 aber auch für die grenzüberschreitende Spaltung.

Kann die vorstehende Versicherung (→ Rn. 3) nicht abgegeben werden (§ 315 Abs. 3 S. 2[8] bzw. § 342 Abs. 3 S. 2), ist das Vertretungsorgan gem. § 348 Nr. 2 strafbewährt dazu verpflichtet, eine **Mitteilung** darüber abzugeben, welche der dort genannten Tatbestände (Zahlungsunfähigkeit, drohende Zahlungsunfähigkeit oder Überschuldung) erfüllt sind und ob ein Insolvenzverfahren beantragt oder eröffnet wurde.

II. Täterkreis

Täter können nur die Mitglieder des Vertretungsorganes des **übertragenden deutschen Rechtsträgers** sein. Eine wirksame Bestellung ist keine Voraussetzung; zur Strafbarkeit faktischer Organmitglieder → § 346 Rn. 4. Sofern die Versicherung in unechter Gesamtvertretung abgegeben wird, kommt auch ein Prokurist als Täter infrage.[9]

III. Tathandlung

Tathandlung des § 348 Nr. 1 ist die Abgabe einer **falschen Versicherung**, dass allen Gläubigern die im jeweiligen Plan vorgesehene oder vom Gericht festgelegte Sicherheit geleistet wurde (→ Rn. 2). Die Versicherung bezieht sich bei den hier ausschließlich relevanten grenzüberschreitenden Vorgängen (→ Rn. 1) jedoch nicht darauf, ob die Sicherheit angemessen ist.[10] Dies kann ein anspruchsberechtigter Gläubiger vom zuständigen Gericht überprüfen lassen (→ § 314 Rn. 18).

Erfasst ist zudem die **falsche Versicherung**, dass bei der übertragenden oder formwandelnden Gesellschaft keine Insolvenztatbestände gegeben sind.

Tathandlung des § 348 Nr. 2 ist die Abgabe einer **falschen Mitteilung** über etwaig gegebene Insolvenztatbestände oder -verfahren.

Wird die Versicherung oder Mitteilung überhaupt nicht abgegeben, greift § 348 nicht ein. In einem solchen Fall dürfte der beabsichtigte Vorgang aber ohnehin nicht wirksam abgeschlossen werden, so dass für die Gläubiger auch kein wirtschaftliches Risiko eintritt.

IV. Vollendung/Versuch

Die Tat ist mit Zugang der Versicherung oder der Mitteilung beim zuständigen Registergericht des Sitzes der übertragenden Gesellschaft vollendet und mit Kenntnisnahme des zuständigen Registerrichters beendet.[11] Der Versuch ist nicht strafbar (§ 23 Abs. 1 StGB).

V. Unterlassen

Sofern eine Garantenstellung des Funktionsträgers nach allgemeinen strafrechtlichen Grundsätzen besteht, kann die Tat auch durch **Unterlassen** begangen werden.[12]

---

8   Diese Norm gilt unmittelbar nur für die grenzüberschreitende Verschmelzung, über den Verweis in § 329 S. 1 aber auch für die grenzüberschreitende Spaltung.
9   So auch Widmann/Mayer/*Vossius* § 314a Rn. 4; aA Kölner Komm UmwG/*Rönnau* § 314a Rn. 4, der die unechte Gesamtvertretung im Rahmen der Versicherung gem. § 122k Abs. 1 S. 3 aF ausschließt und vielmehr von einer Verpflichtung sämtlicher Mitglieder des Vertretungsorgans zur Abgabe dieser Versicherung ausgeht und sich hierbei auf den unterschiedlichen Wortlaut von § 122k Abs. 1 S. 1 aF „Das Vertretungsorgan" und § 122k Abs. 1 S. 3 aF „Die Mitglieder des Vertretungsorgans" beruft.
10 BT-Drs. 20/3822, 99.
11 Kölner Komm UmwG/*Rönnau* § 314a Rn. 12; Widmann/Mayer/*Vossius* § 314a Rn. 8.
12 Lutter/*Kuhlen* § 314a Rn. 8.

VI. Vorsatz

9 Eine Strafbarkeit gem. § 348 setzt vorsätzliches Handeln des Mitglieds des Vertretungsorgans voraus (§ 15 StGB). **Bedingter Vorsatz** (dolus eventualis) ist ausreichend. Der Vorsatz muss sich auf die Unrichtigkeit der Versicherung oder Mitteilung beziehen.

VII. Rechtsfolgen und Verjährung

10 Der Strafrahmen beträgt Freiheitstrafe von bis zu drei Jahren oder Geldstrafe. Gewinne aus rechtswidrigen Taten können gem. §§ 73 ff. StGB abgeschöpft werden; ferner kann gem. § 70 StGB ein Berufsverbot erteilt werden. Die Verjährungsfrist beträgt fünf Jahre ab Beendigung der Tat (§ 78 Abs. 3 Nr. 4 StGB, § 78a StGB).

§ 349 Verletzung der Geheimhaltungspflicht

(1) Mit Freiheitsstrafe bis zu einem Jahr oder mit Geldstrafe wird bestraft, wer ein Geheimnis eines an einer Umwandlung beteiligten Rechtsträgers, namentlich ein Betriebs- oder Geschäftsgeheimnis, das ihm in seiner Eigenschaft als

1. Mitglied des Vertretungsorgans, vertretungsberechtigter Gesellschafter oder Partner, Mitglied eines Aufsichtsrats oder Abwickler dieses oder eines anderen an der Umwandlung beteiligten Rechtsträgers,
2. Verschmelzungs-, Spaltungs- oder Übertragungsprüfer oder Gehilfe eines solchen Prüfers

bekannt geworden ist, unbefugt offenbart, wenn die Tat im Falle der Nummer 1 nicht in § 85 des Gesetzes betreffend die Gesellschaften mit beschränkter Haftung, § 404 des Aktiengesetzes oder § 151 des Genossenschaftsgesetzes, im Falle der Nummer 2 nicht in § 333 des Handelsgesetzbuchs mit Strafe bedroht ist.

(2) ¹Handelt der Täter gegen Entgelt oder in der Absicht, sich oder einen anderen zu bereichern oder einen anderen zu schädigen, so ist die Strafe Freiheitsstrafe bis zu zwei Jahren oder Geldstrafe. ²Ebenso wird bestraft, wer ein Geheimnis der in Absatz 1 bezeichneten Art, namentlich ein Betriebs- oder Geschäftsgeheimnis, das ihm unter den Voraussetzungen des Absatzes 1 bekannt geworden ist, unbefugt verwertet.

(3) ¹Die Tat wird nur auf Antrag eines der an der Umwandlung beteiligten Rechtsträger verfolgt. ²Hat ein Mitglied eines Vertretungsorgans, ein vertretungsberechtigter Gesellschafter oder Partner oder ein Abwickler die Tat begangen, so sind auch ein Aufsichtsrat oder ein nicht vertretungsberechtigter Gesellschafter oder Partner antragsberechtigt. ³Hat ein Mitglied eines Aufsichtsrats die Tat begangen, sind auch die Mitglieder des Vorstands, die vertretungsberechtigten Gesellschafter oder Partner oder die Abwickler antragsberechtigt.

Literatur:

Arians, Der strafrechtliche Schutz des Geschäfts- und Betriebsgeheimnisses in der Bundesrepublik Deutschland, in: Herzberg, Festschrift für Dietrich Oehler zum 70. Geburtstag, 1985, 307; *Euterbach*, Die Verschwiegenheitspflicht der Aufsichtsratsmitglieder einer Aktiengesellschaft, 1969; *Dannecker*, Der Schutz von Geschäftsund Betriebsgeheimnissen, BB 1987, 1614; *Lutter*, Due diligence des Erwerbers beim Kauf einer Beteiligung, ZIP 1997, 613; *Lutter*, Information und Vertraulichkeit im Aufsichtsrat, 1984; *Rützel*, Illegale Unternehmensgeheimnisse?, GRUR 1995, 557; *Säcker*, Aktuelle Probleme der Verschwiegenheitspflicht der Aufsichtsratsmitglieder, NJW 1986, 803; *v. Stebut*, Geheimnisschutz und Verschwiegenheitspflicht im Aktienrecht, 1972; *v. Stebut*, Gesetzliche Vorschriften gegen den Missbrauch von Insider-Informationen, DB 1974, 613; *Stoffels*, Grenzen der Informationsweitergabe durch den Vorstand einer Aktiengesellschaft im Rahmen einer „Due Diligence", ZHR 165 (2001), 362; *Taeger*, Die Offenbarung von Betriebs- und Geschäftsgeheimnissen, 1999; *van Veenroy*, Das strafrechtliche Risiko des Geschäftsführers bei Verletzung von Geheimhaltungspflichten, GmbHR 1993, 609; *Volhard/Weber*, Gesellschaftsvertragliche Verschwiegenheits- und Offenbarungspflichten bei der Veräußerung von GmbH-Geschäftsanteilen, in: FS Semler, 1993, 387; *Ziemons*, Die Weitergabe von Unternehmensinterna an Dritte durch den Vorstand einer Aktiengesellschaft, AG 1999, 492.

I. Normzweck 1	VIII. Qualifikation gem. Abs. 2 S. 1 13
II. Täterkreis 4	IX. Unbefugte Geheimnisverwertung
III. Tatobjekt 6	(Abs. 2 S. 2) 14
IV. Tathandlung 7	X. Vollendung 16
V. Vollendung/Versuch 10	XI. Vorsatz 17
VI. Unterlassen 11	XII. Strafantrag 18
VII. Vorsatz 12	XIII. Rechtsfolgen und Verjährung 19

I. Normzweck

§ 349 (vormals § 315 aF, → § 346 Rn. 1) stellt in Abs. 1 die unbefugte **Offenbarung** und in Abs. 2 die unbefugte **Verwertung** von Geheimnissen der an einer Umwandlung beteiligten Rechtsträger unter Strafe. Der Schutzzweck der Norm ist sowohl das **Geheimhaltungsinteresse** der an einer Umwandlung beteiligten Gesellschaften und deren Gesellschafter als auch das **Vertrauen der Allgemeinheit** in die Zuverlässigkeit der als Täter infrage kommenden Personen.[1] Das Vermögen des jeweiligen Rechtsträgers ist nach hM das **geschützte Rechtsgut**.[2] Überwiegend wird vertreten, dass die Gesellschaftsgläubiger nicht in den Schutzbereich des § 349 einbezogen sind.[3] Interessen der Arbeitnehmer sind nicht einbezogen, da diese – ebenso wie die der Gesellschaftsgläubiger – von einem entsprechenden Verstoß nicht unmittelbar beeinträchtigt werden.[4]

Während die hM im Schrifttum davon ausgeht, dass es sich bei § 349 um ein **abstraktes Gefährdungsdelikt** handelt, qualifiziert Hohn § 349 als Erfolgsverletzungsdelikt, soweit der persönliche Geheimbereich als Rechtsgut betrachtet wird; soweit die hM im Schrifttum jedoch das Vermögen als Rechtsgut betrachtet, sieht auch er in § 349 ein abstraktes Gefährdungsdelikt.[5] § 349 ist Schutzgesetz iSd § 823 Abs. 2 BGB hinsichtlich der vorgenannten vom Schutzbereich umfassten Personen.

§ 349 baut auf den bereits bestehenden Geheimhaltungsnormen in § 404 AktG, § 85 GmbHG, § 151 GenG, sowie § 333 HGB auf und ist diesen Rechtsvorschriften gegenüber **subsidiär**. Gegenüber dem gleichgerichteten § 204 StGB geht § 349 als **lex specialis** vor. Schutzzweck und Anwendungsbereich des § 315 sind daher insbesondere im Bereich der Personengesellschaften, Vereine und Stiftungen gegeben.

Eine weitere Geheimhaltungsnorm findet sich nunmehr in § 23 GeschGehG. Diese nimmt keine spezifische Rechtsform in den Blick und unterscheidet sich von § 346 vornehmlich durch ihren fehlenden Bezug zu Umwandlungssachverhalten sowie ihren

---

1 So auch Kallmeyer/*Marsch-Barner*/*Oppenhoff* § 315 Rn. 1; einschränkend Kölner Komm UmwG/*Hohn* § 315 Rn. 5 f.; Lutter/*Kuhlen* § 315 Rn. 3; Semler/Stengel/Leonard/*Taschke* § 315 Rn. 2.
2 Lutter/*Kuhlen* § 315 Rn. 3; Widmann/Mayer/*Vossius* § 315 Rn. 1; einschränkend Kölner Komm UmwG/*Hohn* § 315 Rn. 5.
3 Lutter/*Kuhlen* § 315 Rn. 3; Widmann/Mayer/*Vossius* § 315 Rn. 1.
4 Semler/Stengel/Leonard/*Taschke* § 315 Rn. 1; Kölner Komm UmwG/*Hohn* § 315 Rn. 7; Kallmeyer/*Marsch-Barner*/*Oppenhoff* § 315 Rn. 1; jetzt auch Lutter/*Kuhlen* § 315 Rn. 3.
5 Widmann/Mayer/*Vossius* § 315 Rn. 2; Lutter/*Kuhlen* § 315 Rn. 3; mit ausf. rechtlicher Würdigung und Abwägung der Argumente Kölner Komm UmwG/*Hohn* § 315 Rn. 10–13.

Tatmodalitäten und subjektiven Anforderungen. Bei der Auslegung von § 349 können Rechtsprechung und Literatur zu § 23 GeschGehG dennoch als Orientierungshilfe herangezogen werden.[6]

II. Täterkreis

4 **Taugliche Täter** sind die Mitglieder des Vertretungsorgans, die vertretungsberechtigten Gesellschafter oder Partner, die Mitglieder des Aufsichtsrats sowie die Liquidatoren eines an einer Umwandlung beteiligten Rechtsträgers (Abs. 1 Nr. 1) sowie die Verschmelzungsprüfer, Spaltungsprüfer oder Übertragungsprüfer und deren Gehilfen (Abs. 1 Nr. 2). Auch faktische Organmitglieder sind taugliche Täter (→ § 346 Rn. 4).

5 Einem potenziellen Täter muss in der vom Gesetz genannten Eigenschaft ein **Geheimnis** eines an einer Umwandlung beteiligten Rechtsträgers bekannt geworden sein. Beispielhaft werden Betriebs- oder Geschäftsgeheimnisse aufgeführt, ohne dass eine genaue Differenzierung notwendig wäre. Wird einem potenziellen Täter ein Geheimnis außerhalb seiner vorgenannten Eigenschaft bekannt, greift § 349 nicht ein. Hat der potenzielle Täter jedoch in seiner vorgenannten Eigenschaft Kenntnis vom Geheimnis erlangt und fehlt ihm lediglich zum Zeitpunkt der Offenbarung oder Verwertung dieses Geheimnisses diese Sondereigenschaft gem. § 349 Abs. 1 Nr. 1 oder Nr. 2, bleibt es bei der Strafbarkeit.[7]

III. Tatobjekt

6 Geschützt sind sämtliche die beteiligten Rechtsträger betreffenden, nicht offenkundigen **Tatsachen**, an deren Geheimhaltung der Rechtsträger ein objektives Interesse hat und die der Rechtsträger nicht offenbaren will, folglich sämtliche **Unternehmensgeheimnisse**.[8] Es ist freilich streitig, ob ein solches Unternehmensgeheimnis einen sachlichen Bezug zum konkreten Umwandlungsvorgang aufweisen muss.[9] Die systematische Stellung von § 349 im UmwG spricht allerdings für eine solche Beschränkung.[10]

IV. Tathandlung

7 Tathandlung ist entweder ein unbefugtes Offenbaren (§ 349 Abs. 1) oder ein unbefugtes Verwerten (§ 349 Abs. 2 S. 2) eines Geheimnisses.

8 Ein Geheimnis wird **offenbart**, wenn es einem Dritten, dem dieses Geheimnis noch nicht bekannt ist, mitgeteilt wird.[11] Bei schriftlichen Dokumenten genügt die Möglichkeit der Kenntnisnahme durch den Dritten.[12] Dem Dritten darf das Geheimnis noch nicht bekannt sein. Eine einfache Verschwiegenheitspflicht des Dritten reicht nicht aus,

---

6 So auch Habersack/Wicke/*M. Krüger/Wengenroth* § 315 Rn. 4.
7 So auch Lutter/*Kuhlen* § 315 Rn. 4; Semler/Stengel/Leonard/*Taschke* § 315 Rn. 6.
8 Lutter/*Kuhlen* § 315 Rn. 5 f.; s. für eine detailliertere Auseinandersetzung mit dem Geheimnisbegriff (auch vor dem Hintergrund des § 2 Abs. 1 GeschGehG) Semler/Stengel/Leonard/*Taschke* § 315 Rn. 8 ff. mwN; krit. zum erforderlichen Geheimhaltungswillen: Kölner Komm UmwG/*Hohn* § 315 Rn. 16 f.
9 Dafür: Widmann/Mayer/*Vossius* § 315 Rn. 15; Semler/Stengel/Leonard/*Taschke* § 315 Rn. 9; dagegen: Lutter/*Kuhlen* § 315 Rn. 7, der in der dortigen Fn. 30 auf den Wortlaut hinweist und Strafbarkeitslücken moniert.
10 So auch Kölner Komm UmwG/*Hohn* § 315 Rn. 21; Semler/Stengel/Leonard/*Taschke* § 315 Rn. 9.
11 Lutter/*Kuhlen* § 315 Rn. 9; Semler/Stengel/Leonard/*Taschke* § 315 Rn. 18.
12 Kallmeyer/Marsch-Barner/*Oppenhoff* § 315 Rn. 6.

um den Tatbestand auszuschließen,[13] allerdings kann es in einem solchen Fall an einem objektiven Geheimhaltungsinteresse des Rechtsträgers fehlen.[14]

Unbefugt wird das Geheimnis offenbart, wenn die Offenbarung dem Geheimhaltungsinteresse des Rechtsträgers widerspricht. Das Tatbestandsmerkmal „**unbefugt**" ist entgegen einer verbreiteten Auffassung nicht lediglich als Hinweis auf das allgemeine Erfordernis eines rechtswidrigen Handelns zu betrachten,[15] sondern schließt bei einer vorhandenen Befugnis zur Offenbarung eines Geheimnisses bereits die Tatbestandsmäßigkeit des Handelns aus.[16] Geheimnisse dürfen beispielsweise befugt zwischen einzelnen Organmitgliedern (Geschäftsführung und Aufsichtsrat) sowie Abschlussprüfern kommuniziert werden. Stimmt der Rechtsträger der Offenbarung des Geheimnisses zu, schließt auch dies den Tatbestand aus.[17] Eine entsprechende Zulässigkeit der Weitergabe von Unternehmensgeheimnissen im Rahmen einer **Due Diligence** (zB bei einem „Merger") ist somit gegeben, sofern das zuständige Vertretungsorgan zustimmt; bei einer **GmbH** bedarf die Zustimmung durch den Geschäftsführer auch eines zustimmenden Gesellschafterbeschlusses.[18]

V. Vollendung/Versuch

Die Tat ist bereits **vollendet**, wenn zumindest einem Nichteingeweihten ein Unternehmensgeheimnis mitgeteilt worden ist, wobei im Rahmen von schriftlichen oder elektronisch gespeicherten Informationen die Möglichkeit der Kenntnisnahme des Dritten ausreicht. Nimmt der Dritte das Unternehmensgeheimnis zur Kenntnis, liegt Beendigung der Tat vor. Der **Versuch** ist nicht strafbar (§ 23 Abs. 1 StGB).[19]

VI. Unterlassen

Sofern eine Garantenstellung des Täters nach allgemeinen strafrechtlichen Grundsätzen besteht, kann die Tat auch durch **Unterlassen** begangen werden.[20]

VII. Vorsatz

Eine Strafbarkeit gem. § 349 setzt in allen Varianten ein vorsätzliches Handeln des Täters voraus (§ 15 StGB). **Bedingter Vorsatz** (*dolus eventualis*) ist hierfür ausreichend. Der Vorsatz muss sich auf sämtliche Tatbestandsmerkmale beziehen.

VIII. Qualifikation gem. Abs. 2 S. 1

Sofern das Geheimnis gegen **Entgelt** offenbart wird oder der Täter die Absicht hegt, sich oder einen anderen zu **bereichern** oder einen anderen zu **schädigen**, liegt ein qualifizierter Fall vor, der einen erhöhten Strafrahmen von bis zu zwei Jahren Freiheitsstrafe vorsieht. Die Qualifikationsmerkmale entsprechen denjenigen des § 347 Abs. 2 (→ § 347 Rn. 15 ff.).

---

[13] BayObLG NJW 1995, 1623.
[14] Semler/Stengel/Leonard/*Taschke* § 315 Rn. 18.
[15] So aber Kölner Komm AktG/*Altenhain* § 404 Rn. 28; GroßKommAktG/*Otto* § 404 Rn. 30.
[16] So auch Lutter/*Kuhlen* § 315 Rn. 12; Semler/Stengel/Leonard/*Taschke* § 315 Rn. 21.
[17] Lutter/*Kuhlen* § 315 Rn. 12; GroßKommAktG/*Otto* § 404 Rn. 70.
[18] So auch *Lutter* ZIP 1997, 613 (620).
[19] Kallmeyer/Marsch-Barner/*Oppenhoff* § 315 Rn. 10.
[20] Semler/Stengel/Leonard/*Taschke* § 315 Rn. 25.

IX. Unbefugte Geheimnisverwertung (Abs. 2 S. 2)

14 Die Tathandlung besteht hier im unbefugten Verwerten eines Geheimnisses, wobei unter **Verwerten** jede eigene wirtschaftliche Nutzung zur Erzielung eines Vermögensvorteils des Täters oder eines anderen zu verstehen ist.[21] Der in dem Unternehmensgeheimnis verkörperte Wert muss durch einen Verwertungserfolg realisiert werden.[22] Die Veräußerung des Geheimnisses ist ein Offenbaren gegen Entgelt gem. Abs. 2 S. 1 und kein Verwerten gem. Abs. 2 S. 2.[23] Die Verwertung muss zudem unbefugt erfolgen (→ Rn. 9).

15 Ob für den Rechtsträger die Gefahr eines Schadens vorliegen muss, ist umstritten.[24] Sofern man mit der hM das Vermögen als geschütztes Rechtsgut betrachtet, ist eine solche **konkrete Gefährdung** notwendig.[25]

X. Vollendung

16 Die Tat ist **vollendet**, wenn der Täter das Unternehmensgeheimnis so verwertet hat, dass nach seiner Vorstellung der aus der Tat angestrebte Erfolg unmittelbar eintreten soll.[26] Der **Versuch** ist nicht strafbar (§ 23 Abs. 1 StGB).

XI. Vorsatz

17 Eine Strafbarkeit setzt ein vorsätzliches Handeln voraus (§ 15 StGB); **bedingter Vorsatz** (dolus eventualis) ist hierfür ausreichend.

XII. Strafantrag

18 Die Tat wird nur auf **Antrag** eines der an der Umwandlung beteiligten Rechtsträgers verfolgt. Abs. 3 ist allerdings dahin gehend einengend auszulegen, dass antragsberechtigt jeweils nur der geschädigte Rechtsträger ist.[27] Für die Antragstellung ist das jeweilige Vertretungsorgan des betroffenen Rechtsträgers zuständig; eine Antragsberechtigung der Anteilsinhaber ist nicht gegeben. Gem. § 77b Abs. 1 StGB beträgt die Antragsfrist drei Monate und beginnt mit Kenntnis der Antragsberechtigten von Tat und Täter.

XIII. Rechtsfolgen und Verjährung

19 Bei einer Tat gem. Abs. 1 beträgt der Strafrahmen Freiheitsstrafe bis zu einem Jahr oder Geldstrafe, bei Erfüllung des Qualifikationstatbestandes gem. Abs. 2 beträgt der Strafrahmen in beiden Sätzen bis zu zwei Jahre Freiheitsstrafe oder Geldstrafe.

20 Die Verjährungsfrist nach Abs. 1 beträgt drei Jahre und nach Abs. 2 fünf Jahre ab Beendigung der Tat (§ 78 Abs. 3 Nr. 4 bzw. 5 StGB, § 78a S. 1 StGB).

---

21 Widmann/Mayer/*Vossius* § 315 Rn. 29; Semler/Stengel/Leonard/*Taschke* § 315 Rn. 29 f.; Schönke/Schröder/*Eisele* StGB § 204 Rn. 5 f.
22 *Wagner* JZ 1987, 664 (668).
23 Kölner Komm UmwG/*Hohn* § 315 Rn. 46; Semler/Stengel/Leonard/*Taschke* § 315 Rn. 30; Lutter/*Kuhlen* § 315 Rn. 15; anders wohl Widmann/Mayer/*Vossius* § 315 Rn. 30; jedenfalls aA Kölner Komm AktG/*Altenhain* § 404 Rn. 26, der darin ein Konkurrenzproblem sieht.
24 Dafür: Semler/Stengel/Leonard/*Taschke* § 315 Rn. 32, der auf den Schutzzweck der Norm abstellt; Schönke/Schröder/*Eisele* StGB § 204 Rn. 5 f.; dagegen: Kölner Komm UmwG/*Hohn* § 315 Rn. 47; Lutter/*Kuhlen* § 315 Rn. 15.
25 Semler/Stengel/Leonard/*Taschke* § 315 Rn. 32; aA Kölner Komm UmwG/*Hohn* § 315 Rn. 47.
26 Widmann/Mayer/*Vossius* § 315 Rn. 30; in diese Richtung auch Lutter/*Kuhlen* § 315 Rn. 18.
27 So auch Kölner Komm UmwG/*Hohn* § 315 Rn. 50; Lutter/*Kuhlen* § 315 Rn. 16.

§ 350 Zwangsgelder

(1) ¹Mitglieder eines Vertretungsorgans, vertretungsberechtigte Gesellschafter, vertretungsberechtigte Partner oder Abwickler, die § 13 Abs. 3 Satz 3 sowie § 125 Satz 1, § 176 Abs. 1, § 177 Abs. 1, § 178 Abs. 1, § 179 Abs. 1, § 180 Abs. 1, § 184 Abs. 1, § 186 Satz 1, § 188 Abs. 1 und § 189 Abs. 1, jeweils in Verbindung mit § 13 Abs. 3 Satz 3, sowie § 193 Abs. 3 Satz 2 nicht befolgen, sind hierzu von dem zuständigen Registergericht durch Festsetzung von Zwangsgeld anzuhalten; § 14 des Handelsgesetzbuchs bleibt unberührt. ²Das einzelne Zwangsgeld darf den Betrag von fünftausend Euro nicht übersteigen.

(2) Die Anmeldungen einer Umwandlung zu dem zuständigen Register nach § 16 Absatz 1, den §§ 38, 129 und 137 Absatz 1 und 2, § 176 Absatz 1, § 177 Absatz 1, § 178 Absatz 1, § 179 Absatz 1, § 180 Absatz 1, § 184 Absatz 1, den §§ 186 und 188 Absatz 1, § 189 Absatz 1, den §§ 198, 222, 235, 246, 254, 265 und 278 Absatz 1, den §§ 286, 296 und § 315, auch in Verbindung mit § 329 Satz 1, § 318 Absatz 1, auch in Verbindung mit § 329 Satz 1, § 331 Absatz 1, den §§ 342 sowie § 345 Absatz 1 werden durch Festsetzung von Zwangsgeld nicht erzwungen.

Literatur:
Bassenge, Tatsachenermittlung, Rechtsprüfung und Ermessensausübung in den registergerichtlichen Verfahren nach §§ 132 bis 144 FGG, Rpfleger 1974, 173; *Hofmann*, Zwangsgeldverfahren in der freiwilligen Gerichtsbarkeit, Rpfleger 1991, 283.

I. Normzweck 1	4. Verschulden 8
II. Zwangsgeldbewehrte Pflichten (Abs. 1) ... 3	III. Verfahren 9
1. Tatbestände 3	IV. Nicht zwangsgeldbewehrte Pflichten
2. Normadressaten 4	(Abs. 2) 13
3. Rechtswidrigkeit 7	

I. Normzweck

Im Zuge der Neufassung des UmwG (→ § 346 Rn. 1) wurde § 316 aF zu § 350. Während Abs. 2 im Hinblick auf die Neuregelungen zur grenzüberschreitenden Verschmelzung, Spaltung und zum grenzüberschreitenden Formwandel modifiziert wurde, blieb Abs. 1 in seinem Wortlaut erhalten.[1] Letztlich handelt es sich um eine redaktionelle Anpassung infolge der Überführung der §§ 122a–122m aF in die §§ 305–320. 1

§ 350 ist vom Aufbau und Normzweck § 407 AktG und § 79 GmbHG nachgebildet. Abs. 1 erweitert den Kreis der zwangsgeldbewehrten Pflichten gegenüber § 14 HGB dahin gehend, dass auch die Übergabe bestimmter Dokumente – insbesondere an Anteilsinhaber – zu einer zwangsgeldbewehrten Pflicht erklärt wird. Diese Ergänzung ist notwendig, weil § 14 HGB lediglich Pflichten umfasst, welche gegenüber dem Registergericht, nicht jedoch gegenüber den Anteilseignern zu erfüllen sind. Abs. 2 hingegen schränkt die in § 14 HGB geregelte zwangsgeldbewehrte Pflicht, bestimmte Dokumente beim Handelsregister einzureichen, für Umwandlungsmaßnahmen ein.

Seiner Rechtsnatur nach gehört § 350 – und das darin geregelte Zwangsgeld – nicht zum Ordnungsstrafrecht und stellt daher keine Sanktion für schuldhaftes Verhalten dar. Das Zwangsgeld ist vielmehr eine **Beugemaßnahme**, die zur Brechung des Wider- 2

---

1 BT-Drs. 20/3822, 120.

standes der verpflichteten natürlichen Person(en) zur Vornahme einer unvertretbaren Handlung dient.[2] Aus diesem Grund sind auch weder das OWiG noch die StPO anwendbar, sondern die §§ 388 ff. FamFG (→ Rn. 9).

II. Zwangsgeldbewehrte Pflichten (Abs. 1)

1. Tatbestände

3   Abs. 1 führt in Ergänzung zu § 14 HGB bestimmte umwandlungsrechtliche Handlungspflichten der Mitglieder des relevanten Geschäftsleitungsorgans auf, welche zwangsgeldbewehrt sind.

Hierbei handelt es sich um die in § 13 Abs. 3 S. 3 normierte Pflicht, jedem Anteilsinhaber auf dessen Verlangen und auf dessen Kosten unverzüglich eine Abschrift des Verschmelzungsvertrages oder seines Entwurfs und der Niederschrift des Beschlusses der Anteilsinhaber hinsichtlich der Verschmelzungsmaßnahme zu erteilen sowie die korrespondierende Pflicht des § 193 Abs. 3 S. 2, jedem Anteilsinhaber im Rahmen des einaktigen Vorgangs des Formwechsels auf dessen Verlagen und dessen Kosten unverzüglich eine Abschrift des Formwechselbeschlusses zu erteilen.

Die weiteren in § 350 Abs. 1 aufgeführten Vorschriften verweisen jeweils bezüglich Spaltungen und vollständigen sowie teilweisen Vermögensübertragungen auf die in § 13 Abs. 3 S. 3 normierten Pflichten. Die Aufzählung in § 350 Abs. 1 ist **abschließend**, so dass hier nicht aufgeführte Pflichten weder gem. § 350 Abs. 1 noch gem. § 14 HGB mithilfe eines Zwangsgelds durchgesetzt werden können. Solche Pflichten müssen zivilrechtlich von den Antragsberechtigten eingeklagt werden.[3]

2. Normadressaten

4   Abs. 1 verpflichtet nicht die beteiligten Rechtsträger, sondern vielmehr deren **Vertretungsorgane**, folglich die Mitglieder des Vorstandes bei der Aktiengesellschaft, der Genossenschaft, dem Verein und dem VVaG, die Geschäftsführer einer GmbH sowie die vertretungsberechtigten persönlich haftenden Gesellschafter der OHG, KG und KGaA sowie gegebenenfalls deren Liquidatoren; diese haften für die Erfüllung der in § 13 Abs. 3 S. 3 und § 193 Abs. 3 S. 2 normierten Handlungspflichten persönlich.[4] Ab 1.1.2024 gelten die vorgenannten Pflichten auch für die vertretungsbefugten Personen einer eingetragenen GbR.

5   Das Zwangsgeldverfahren richtet sich gegen jedes einzelne **Mitglied** des Vertretungsorgans, sofern dessen Mitwirkung notwendig ist und sich dieses Mitglied nicht bereit erklärt hat, an der erforderlichen Handlung teilzunehmen.[5] Zur in Rechtsprechung und Literatur kontrovers diskutierten Frage, ob sich aus dieser möglichen Zwangsgeldfestsetzung parallel zu § 14 HGB bzw. § 407 AktG eine eigene persönliche, **öffentlich-rechtliche Pflicht** des einzelnen Mitglieds des Vertretungsorganes ergibt, s. die Ausführungen von Hohn.[6] Dies ist mit der hM im Schrifttum zu bejahen.

---

[2] Lutter/*Kuhlen* § 316 Rn. 2.
[3] Lutter/*Kuhlen* § 316 Rn. 3; Semler/Stengel/Leonard/*Schwanna* § 316 Rn. 2.
[4] OLG Hamm DB 1989, 821; Semler/Stengel/Leonard/*Schwanna* § 316 Rn. 3.
[5] Lutter/*Kuhlen* § 316 Rn. 5; Widmann/Mayer/*Vossius* § 316 Rn. 10.
[6] Kölner Komm UmwG/*Hohn* § 316 Rn. 3 mwN; offengelassen von BGHZ 105, 324 (328); dafür Widmann/Meyer/*Vossius* § 316 Rn. 10; Lutter/*Kuhlen* § 316 Rn. 5; zu § 407 AktG: *Koch* AktG § 407 Rn. 2; zu § 14 HGB: GK-HGB/*Hüffer* § 14 Rn. 15; Heidel/Schall/*Lamsa* HGB § 14 Rn. 9 ff.

Sofern das vertretungsberechtigte Organ des betroffenen Rechtsträgers keine natürliche Person sein sollte (zB die GmbH bei der GmbH & Co. KG), sind die vertretungsberechtigten Personen dieser vertretungsberechtigten Gesellschaft Normadressaten des § 350 Abs. 1;[7] somit ist gesichert, dass stets eine **natürliche Person** Normadressat ist, da nur bei natürlichen Personen eine Willensbeugung durch Zwangsgeld möglich ist.

3. Rechtswidrigkeit

Die Festsetzung eines Zwangsgeldes setzt ein rechtswidriges Verhalten voraus. Im Rahmen von § 350 Abs. 1 wird die **Rechtswidrigkeit** nach allgemeiner Auffassung durch die objektive Pflichtverletzung des Normadressaten **indiziert**. Die Rechtswidrigkeit entfällt lediglich bei Vorliegen eines Rechtfertigungsgrundes; ein solcher Rechtfertigungsgrund ist allerdings praxisfern.

4. Verschulden

Da es sich beim Zwangsgeld nicht um eine Strafregelung, sondern um eine Beugemaßnahme handelt, kommt es auf ein Verschulden des Normadressaten nicht an.

III. Verfahren

Für die Durchführung des Zwangsgeldverfahrens gelten die Vorschriften der §§ 388 ff. FamFG. Die ausschließliche sachliche und örtliche Zuständigkeit liegt bei dem Registergericht am Sitz des betroffenen Rechtsträgers, dessen Organmitglieder sich weigern, die zwangsgeldbewehrte Pflicht zu erfüllen. Die funktionale Zuständigkeit liegt beim **Rechtspfleger** (§ 3 Nr. 2 lit. d RPflG).

Die Aufnahme des Zwangsverfahrens und die Festsetzung eines Zwangsgelds stehen nicht im Ermessen des Registergerichts. Der Gesetzeswortlaut des § 350 Abs. 1 („sind … durch Festsetzung von Zwangsgeld anzuhalten") verpflichtet das Registergericht vielmehr, bei Vorliegen der tatbestandlichen Voraussetzungen ein Zwangsgeld festzusetzen.[8] Es gilt in diesem Zusammenhang der **Amtsermittlungsgrundsatz** (§ 26 FamFG). Das Verfahren ist von Amts wegen einzuleiten, sobald das Registergericht von einem Sachverhalt, der sein Einschreiten nach § 350 rechtfertigt, glaubhaft Kenntnis erlangt.[9]

Die Einleitung des Verfahrens bedarf weder eines förmlichen Antrags eines Antragsberechtigten noch muss der Sachverhalt von einem Antragsberechtigten vorgetragen werden, es genügt auch ein schlüssiger Vortrag eines Dritten.[10]

Das Verfahren wird durch das Gericht mit einer Einleitungsverfügung eröffnet. Hierin gibt das Gericht dem Verpflichteten innerhalb einer bestimmten Frist auf, seiner gesetzlichen Verpflichtung entweder nachzukommen oder deren Unterlassung mittels eines Einspruchs zu rechtfertigen (§ 388 Abs. 1 FamFG). Die Höhe des festzusetzenden Zwangsgeldes ist hierbei konkret zu beziffern. Läuft die Frist fruchtlos ab, setzt das Gericht das angedrohte Zwangsgeld durch Beschluss fest (§ 389 Abs. 1 FamFG). Gleichzeitig wiederholt das Gericht die Aufforderung gem. § 388 FamFG unter Androhung eines erneuten Zwangsgeldes. Die Kosten des Verfahrens hat der Betroffene zu tragen (§ 389 Abs. 2 FamFG). Die Wiederholung der Androhung und Festsetzung des Zwangs-

---

[7] So auch Lutter/*Kuhlen* § 316 Rn. 5; Kölner Komm UmwG/*Hohn* § 316 Rn. 4.
[8] OLG Hamm OLGZ 1989, 148 (150); LG Limburg BB 1963, 324; Lutter/*Kuhlen* § 316 Rn. 8 f.; MüKoFamFG/*Krafka* § 388 Rn. 17.
[9] OLG Hamm DB 1989, 821.
[10] Widmann/Mayer/*Vossius* § 316 Rn. 18 („Anregung").

geldes kann gem. § 389 Abs. 3 FamFG so lange fortgesetzt werden, bis der gesetzlichen Verpflichtung Genüge getan wird oder der Betroffene Einspruch erhebt.

11 Bei der Einlegung eines **Einspruchs** entscheidet wiederum der Rechtspfleger. Ist der Einspruch begründet, wird die Verfügung aufgehoben (§ 390 Abs. 3 FamFG); ansonsten wird der Einspruch verworfen und das angedrohte Zwangsgeld festgesetzt (§ 390 Abs. 4 S. 1 FamFG). Der Beschluss, durch den das Zwangsgeld festgesetzt oder der Einspruch verworfen wurde, kann mit der **Beschwerde** zum OLG angefochten werden. Hatte der Betroffene keinen Einspruch eingelegt, ist er im Beschwerdeverfahren mit der Argumentation, dass die Androhungsverfügung nicht gerechtfertigt gewesen sei, präkludiert (§ 391 Abs. 2 FamFG).

12 Die Höhe des Zwangsgeldes beträgt bis zu **5.000 EUR**. Das Zwangsgeld kann mehrfach festgesetzt werden. Bei der Bemessung der Höhe des Zwangsgeldes sind neben dem öffentlichen Interesse an der Vornahme der Handlung sowohl das Maß des Widerstandes des Verpflichteten als auch dessen wirtschaftliche Verhältnisse zu berücksichtigen; auf ein Verschulden kommt es hingegen nicht an.[11]

IV. Nicht zwangsgeldbewehrte Pflichten (Abs. 2)

13 § 350 Abs. 2 nimmt die umwandlungsrechtlichen Pflichten von dem ansonsten bestehenden Handelsregisteranmeldezwang gem. § 14 HGB aus. Ein solcher Zwang ergibt sich auch nicht aus § 16. Der Gesetzgeber hält eine zwangsgeldbewehrte Pflicht für nicht erforderlich, weil die **Handelsregistereintragung** für die Wirksamkeit der Umwandlungsmaßnahme **konstitutiv** ist und die Vertretungsorgane der beteiligten Rechtsträger somit ein eigenes Interesse daran hätten, die Anmeldepflicht zu erfüllen.[12] Die Ausnahme von § 14 HGB gilt nur für die in § 350 Abs. 2 explizit aufgeführten Pflichten. Obwohl die Gesetzesbegründung nicht in jedem Fall zutreffend ist, da ein Vertretungsorgan eines beteiligten Rechtsträgers durchaus die Umwandlungsmaßnahme ablehnen und versuchen kann, diese zu verzögern, ist dies in der Sache doch richtig, da ein öffentlich-rechtliches Zwangsgeldverfahren für eine innergesellschaftliche Streitigkeit nicht erforderlich ist, sondern sich die Beteiligten hierüber zivilrechtlich auseinandersetzen bzw. die Anteilsinhaber das Vertretungsorgan anweisen können.

14 Streitig ist allerdings, ob die Ausnahme vom Registerzwang nur für die Handelsregisteranmeldung gem. § 14 HGB gilt oder auch die Pflicht zur Einreichung von **Anlagen** gem. § 17 umfasst.[13] Der Auffassung, welche die Einreichungspflicht gem. § 17 über § 350 als strafgeldbewährt betrachtet, ist der Vorzug zu geben, da sich diese einerseits auf den Wortlaut der Vorschrift berufen kann und andererseits dem Registergericht die Möglichkeit gegeben werden muss, unvollständigen Anmeldungen durch die Festsetzung eines Zwangsgeldes zur Vollständigkeit zur verhelfen. Die abweichende Ansicht, welche die Einreichung sämtlicher Dokumente als unselbstständige Nebenpflicht betrachtet und das Registergericht nach erfolgter Zwischenverfügung auf die Ablehnung des

---

11 Lutter/*Kuhlen* § 316 Rn. 6; Semler/Stengel/*Leonard/ Schwanna* § 316 Rn. 5, 11.
12 RegBegr. bei *Ganske* Umwandlungsrecht S. 310 f.; Semler/Stengel/*Leonard/Schwanna* § 316 Rn. 12.
13 Für eine zwangsgeldbewehrte Pflicht gem. § 17: Widmann/Mayer/*Vossius* § 316 Rn. 4 (sofern die Anmeldung bereits erfolgt ist); Semler/Stengel/*Leonard/Schwanna* § 316 Rn. 13 (sofern eine Anmeldung bereits erfolgt ist); gegen eine zwangsgeldbewehrte Pflicht: Kölner Komm UmwG/*Hohn* § 316 Rn. 8; Lutter/*Kuhlen* § 316 Rn. 4; Kallmeyer/*Marsch-Barner/Oppenhoff* § 316 Rn. 3 (dieser sieht – wie *Kuhlen* – den Registerzwang nur dann als sinnvoll an, wenn es trotz unvollständiger Unterlagen zur (fehlerhaften) Eintragung des Umwandlungsvorgangs gekommen ist); so auch *Koch* AktG § 407 Rn. 9, 11.

Eintragungsantrages verweist, verkennt, dass durch die bereits erfolgte Anmeldung nunmehr das Registergericht die Verfahrensherrschaft innehat. Diese kann dem Registergericht lediglich durch die Rücknahme der Handelsregisteranmeldung wieder entzogen werden.

Achtes Buch Übergangs- und Schlußvorschriften

§ 351 Umwandlung alter juristischer Personen

¹Eine juristische Person im Sinne des Artikels 163 des Einführungsgesetzes zum Bürgerlichen Gesetzbuche kann nach den für wirtschaftliche Vereine geltenden Vorschriften dieses Gesetzes umgewandelt werden. ²Hat eine solche juristische Person keine Mitglieder, so kann sie nach den für Stiftungen geltenden Vorschriften dieses Gesetzes umgewandelt werden.

Literatur:
Arenz, Eine Bank ohne Eigentümer: Die Hamburger Sparkasse, in: Gündisch/Seeler/Kieme, Recht und Juristen in Hamburg, 1994, 185; *Großfeld/Irriger*, Intertemporales Unternehmensrecht, JZ 1988, 531.

1. Normzweck

§ 351 (vormals § 317 aF) eröffnet bestimmten, bereits vor Inkrafttreten des BGB entstandenen juristischen Personen begrenzte Umwandlungsmöglichkeiten, um einen Übergang in die Rechtsform einer Kapitalgesellschaft und damit unter bestimmten Voraussetzungen auch den Zugang zum Kapitalmarkt zu eröffnen.[1] Erfasst werden juristische Personen, denen vor dem 1.1.1900 die Rechtsfähigkeit verliehen wurde und die nach Art. 163 EGBGB grundsätzlich fortbestehen. Diese juristischen Personen können zwar kein übernehmender, aber **übertragender Rechtsträger** sein.[2]   1

Die Bedeutung der Vorschrift ist heute als äußerst gering einzustufen, da nur noch wenige juristische Personen existieren, die unter die Voraussetzungen des Art. 163 EGBGB fallen. Als prominentester Anwendungsfall und wesentlicher Antriebsmotor[3] für die Entstehung des § 351 bzw. § 317 aF gilt die in der Rechtsform einer „alten juristischen Person Hamburger Rechts"[4] geführte Hamburger Sparkasse, deren wirtschaftliches Unternehmen in Anwendung von S. 2 der Norm auf die Hamburger Sparkasse AG ausgegliedert wurde. Die weiter fortbestehende juristische Person alten (Hamburger) Rechts firmiert heute unter HASPA Finanzholding.[5]   2

2. Umwandlungsfähige Rechtsträger

Zur Festlegung des Kreises umwandlungsfähiger Rechtsträger wird auf das EGBGB verwiesen. Erfasst werden in jedem Fall die gem. Art. 163 EGBGB zur Zeit des Inkrafttretens des BGB bestehenden juristischen Personen. Das sind solche, die nach ihrer Verfassung den Charakter von rechtsfähigen Vereinen oder Stiftungen haben.[6] Nach allgemeiner Meinung ist der Verweis aber weit auszulegen, so dass auch juristische Personen   3

---

1 Vgl. RegBegr., BT-Drs. 12/66999, 173.
2 Henssler/Strohn/*Heidinger* § 317 Rn. 3.
3 Dazu Widmann/Mayer/*Schwarz* § 317 Rn. 3.
4 RGZ 117, 257 (258 ff.).
5 Vgl. zu den Hintergründen auch Semler/Stengel/Leonard/*Krebs* § 317 Rn. 1 f.; Lutter/*Hüttemann*/*Rawert* § 317 Rn. 2.
6 Staudinger/*Mittelstädt* EGBGB Art. 163 Rn 4; MüKoBGB/*Säcker* EGBGB Art. 163 Rn. 1.

gem. Art. 82 und 164–166 EGBGB – wirtschaftliche Altvereine sowie Realgemeinden, bayrische Vereine und sächsische Vereine – von der Regelung in § 351 eingeschlossen sind,[7] obwohl diese eigentlich nicht unter Art. 163 EGBGB subsumiert werden können.[8]

3. Umwandlungsmöglichkeiten

4 Die Struktur des betreffenden Rechtsträgers bestimmt die Möglichkeit des Umwandlungsvorgangs. Bei einer körperschaftlichen Strukturierung richtet sich der Umwandlungsvorgang nach den Vorschriften für wirtschaftliche Vereine. Sind die Rechtsträger allerdings mitgliederlos, greifen die Vorschriften für Stiftungen ein.[9]

5 Die körperschaftlich strukturierten Rechtsträger alten Rechts können als übertragende Rechtsträger an Verschmelzungen und Spaltungen teilnehmen sowie – soweit deren Satzung oder das anwendbare Landesrecht dem nicht entgegenstehen – einen Formwechsel in eine Kapitalgesellschaft oder eine eingetragene Genossenschaft vornehmen (§ 272).[10]

6 Mitgliederlosen Rechtsträgern alten Rechts steht ausschließlich die Ausgliederung nach den für Stiftungen vorgesehenen Umwandlungsmöglichkeiten zur Verfügung (§§ 161 ff.).[11] Die Ausgliederung kann ausschließlich erfolgen (1) zur Aufnahme des gesamten Unternehmens oder Teilen dieses Unternehmens durch eine Personengesellschaft oder eine Kapitalgesellschaft oder (2) zur Neugründung einer Kapitalgesellschaft.

7 Weitere Voraussetzung einer solchen Ausgliederung ist, dass der Rechtsträger ein Unternehmen betreibt und bereits im Handelsregister eingetragen ist.[12]

§ 352 Eingeleitete Umwandlungen; Umstellung auf den Euro

(1) ¹Die Vorschriften dieses Gesetzes sind nicht auf solche Umwandlungen anzuwenden, zu deren Vorbereitung bereits vor dem 1. Januar 1995 ein Vertrag oder eine Erklärung beurkundet oder notariell beglaubigt oder eine Versammlung der Anteilsinhaber einberufen worden ist. ²Für diese Umwandlungen bleibt es bei der Anwendung der bis zu diesem Tage geltenden Vorschriften.

(2) ¹Wird eine Umwandlung nach dem 31. Dezember 1998 in das Handelsregister eingetragen, so erfolgt eine Neufestsetzung der Nennbeträge von Anteilen einer Kapitalgesellschaft als übernehmendem Rechtsträger, deren Anteile noch der bis dahin gültigen Nennbetragseinteilungen entsprechen, nach den bis zu diesem Zeitpunkt geltenden Vorschriften. ²Wo dieses Gesetz für einen neuen Rechtsträger oder einen Rechtsträger neuer Rechtsform auf die jeweils geltenden Gründungsvorschriften verweist oder bei dem Formwechsel in eine Kapitalgesellschaft anderer Rechtsform die Vorschriften anderer Gesetze über die Änderung des Stammkapitals oder des Grundkapitals unberührt läßt, gilt dies jeweils auch für die entsprechenden Überleitungsvorschriften zur Einführung des Euro im Einführungsgesetz zum Aktiengesetz und im Gesetz betreffend die Gesellschaften mit beschränkter Haftung; ist ein neuer Rechtsträger oder ein Rechtsträger neuer

---

7 So auch Widmann/Mayer/*Schwarz* § 317 Rn. 4; Lutter/Hüttemann/*Rawert* § 317 Rn. 3; Semler/Stengel/Leonard/*Krebs* § 317 Rn. 3.
8 Dazu Staudinger/*Mittelstädt* EGBGB Art. 163 Rn. 5 ff.
9 Vgl. RegBegr., BT-Drs. 12/66999, 173.
10 Semler/Stengel/Leonard/*Krebs* § 317 Rn. 5.
11 Lutter/Hüttemann/*Rawert* § 317 Rn. 6.
12 Semler/Stengel/Leonard/*Krebs* § 317 Rn. 6.

Rechtsform bis zum 31. Dezember 1998 zur Eintragung in das Handelsregister angemeldet worden, bleibt es bei der Anwendung der bis zu diesem Tage geltenden Gründungsvorschriften.

Literatur:
Deutsches Notarinstitut, Formwechsel einer 100.000 DM-GmbH in eine Aktiengesellschaft, DNotI-Report 2000, 103; *Hakenberg*, Das Euro-Einführungsgesetz, BB 1998; 1491; *Harnacke*, Zur erstmaligen Anwendung des neuen Umwandlungssteuergesetzes, NWB 1995, 3037; *Heckschen*, Die Entwicklung des Umwandlungsrechts aus Sicht der Rechtsprechung und Praxis, DB 1998, 3185; *Heidinger*, Die Euroumstellung beim Formwechsel von Kapitalgesellschaften, NZG 2000, 532; *Neye*, Die Änderungen im Umwandlungsrecht nach den handels- und gesellschaftsrechtlichen Reformgesetzen in der 13. Legislaturperiode, DB 1998, 1649; *Orth*, Überlegungen zur erstmaligen Anwendung des UmwStG 1995, DB 1995, 169; *Schick/Trapp*, Die Konsequenzen der Einführung des Euro für die GmbH, GmbHR 1998, 209; *Seibert*, Die Umstellung des Gesellschaftsrechts auf den Euro, ZGR 1998, 1; *Sprockhoff*, Besonderheiten im Kapitalgesellschaftsrecht bei der Umstellung auf den Euro, NZG 1998, 989; *Steffan/V. Schmidt*, Die Auswirkungen der Euro-Einführung bei GmbH, Genossenschaft und Personengesellschaft sowie im Umwandlungsrecht, DB 1998, 709; *J. Vetter*, Verpflichtung zur Schaffung von 1 Euro-Aktien?, AG 2000, 193.

1. Normzweck

Abs. 1 regelt den Übergang von dem vor dem UmwG 1995 geltenden Umwandlungsrecht zum UmwG 1995. Die Vorschrift wurde erforderlich, um die bereits eingeleiteten Umwandlungsvorgänge, die grundsätzlich noch dem alten Recht unterfallen sollten, von neuen Umwandlungsvorgängen abzugrenzen.[1] Abs. 2 behandelt die Währungsumstellung von der Deutschen Mark auf den Euro für Umwandlungen, die ab dem 1.1.1999 ins Handelsregister eingetragen wurden.

2. UmwG 1995 (Abs. 1)

Haben vor dem 1.1.1995 bestimmte **Vorbereitungshandlungen** für eine Umwandlung stattgefunden, gilt für diese Umwandlung nach Abs. 1 **zwingend** altes Recht. Vorbereitungshandlungen im Sinne der Norm sind zB die Beurkundung oder Beglaubigung eines Umwandlungsvertrages oder einer erforderlichen Erklärung, soweit sie die Umwandlung konkret vorbereiten oder durchführen und in einem unmittelbaren sachlichen und zeitlichen Zusammenhang zu der Umwandlungsmaßnahme stehen.[2]

Da der in Abs. 1 in Bezug genommene Zeitraum mittlerweile fast 30 Jahre zurückliegt, ist die Vorschrift heute praktisch bedeutungslos. Von einer detaillierten Kommentierung wird daher abgesehen. Für weitergehende Hinweise vgl. die Kommentierungen zu § 318 aF bei Fronhöfer und Simon.[3]

3. Euroumstellung (Abs. 2)

Durch das Inkrafttreten des EuroEG am 1.1.1999 ist der Euro an die Stelle der nationalen Währungen der Mitgliedstaaten der europäischen Währungsunion getreten. Vor diesem Hintergrund mussten entsprechend den Regelungen im AktG und GmbHG auch im Rahmen von Umwandlungsvorgängen mit Kapitalgesellschaften im Hinblick auf das Stammkapital bei der GmbH und das Grundkapital bei der AG Umstellungen von DM auf Euro vorgenommen werden. Auf Regelungen für Personengesellschaften hat der Gesetzgeber verzichtet.

---

[1] Vgl. RegBegr., BT-Drs. 12/66999, 173.
[2] Henssler/Strohn/*Heidinger* § 318 Rn. 2.
[3] Widmann/Mayer/*Fronhöfer* § 318 Rn. 2 ff.; Kölner Komm UmwG/*Simon* § 318.

5 Umwandlungen ohne eine Strukturänderung genießen gemäß Abs. 2 S. 1 **Bestandsschutz**, und zwar nicht nur während des Übergangszeitraums (1.1.1999 bis 31.12.2001), sondern auch darüber hinaus, so dass diese Gesellschaften ihr Grundkapital, Stammkapital sowie ihre Geschäftsanteile und Aktien weiterhin in DM-Beträgen fortführen können.[4] Für den Übergangszeitraum (1.1.1999 bis 31.12.2001) gilt dieser Bestandschutz auch, soweit die übernehmende Gesellschaft zur Durchführung der Umwandlung eine Kapitalerhöhung durchführt (§ 3 Abs. 2 S. 2 EGAktG bzw. § 1 Abs. 1 S. 2 EGGmbHG – früher § 86 Abs. 1 S. 2 GmbHG).[5]

6 Wird die Umwandlung hingegen erst nach dem 31.12.2001 vorgenommen und hierzu das Kapital des übernehmenden Rechtsträgers erhöht, muss der übernehmende Rechtsträger das Grund- bzw. Stammkapital sowie die Nennbeträge der Anteile gemäß neuem Recht umstellen (§ 3 Abs. 5 EGAktG bzw. § 1 Abs. 1 S. 2 EGGmbHG – früher: § 86 Abs. 1 S. 4 GmbHG).[6]

7 Bei Umwandlungen mit Strukturänderung bestand gem. Abs. 2 S. 2 während des Übergangszeitraums zwischen dem 1.1.1999 und dem 31.12.2001 iVm den Übergangsvorschriften des AktG und des GmbHG **Wahlfreiheit** der beteiligten Rechtsträger hinsichtlich einer Nennbetragsfestsetzung in DM bzw. Euro.[7] Es galten bereits die Vorschriften zu den Eurobeträgen, die sodann zum festgelegten Kurs in „krumme" DM-Beträge umgerechnet werden mussten; dies sollte eine spätere Euroumstellung vereinfachen.[8] Ab dem 1.1.2002 mussten hingegen Kapital- und Gesellschaftsanteile **zwingend** in Euro festgesetzt werden (§ 3 Abs. 5 EGAktG bzw. § 1 Abs. 1 S. 4 EGGmbHG – früher: § 86 Abs. 1 S. 3 GmbHG).

§ 353 Enthaftung bei Altverbindlichkeiten

[1]Die §§ 45, 133 Abs. 1, 3 bis 5, §§ 157, 167, 173, 224, 237, 249 und 257 sind auch auf vor dem 1. Januar 1995 entstandene Verbindlichkeiten anzuwenden, wenn
1. die Umwandlung danach in das Register eingetragen wird und
2. die Verbindlichkeiten nicht später als vier Jahre nach dem Zeitpunkt, an dem die Eintragung der Umwandlung in das Register bekannt gemacht worden ist, fällig werden oder nach Inkrafttreten des Gesetzes zur zeitlichen Begrenzung der Nachhaftung von Gesellschaftern vom 18. März 1994 (BGBl. I S. 560) begründet worden sind.

[2]Auf später fällig werdende und vor Inkrafttreten des Gesetzes zur zeitlichen Begrenzung der Nachhaftung von Gesellschaftern vom 18. März 1994 (BGBl. I S. 560) entstandene Verbindlichkeiten sind die §§ 45, 49 Abs. 4, §§ 56, 56f Abs. 2, § 57 Abs. 2 und § 58 Abs. 2 des Umwandlungsgesetzes in der durch Artikel 10 Abs. 8 des Gesetzes vom 19. Dezember 1985 (BGBl. I S. 2355) geänderten Fassung der Bekanntmachung vom 6. November 1969 (BGBl. I S. 2081) mit der Maßgabe anwendbar, daß die Verjährungsfrist ein Jahr beträgt. [3]In den Fällen, in denen das bisher geltende Recht eine Umwandlungsmöglichkeit nicht vorsah, verjähren die in Satz 2 genannten Verbindlichkeiten entsprechend den dort genannten Vorschriften.

---

[4] Steffan/Schmidt DB 1998, 709; Semler/Stengel/Leonard/Krebs § 318 Rn. 11.
[5] Henssler/Strohn/Heidinger § 318 Rn. 8; Semler/Stengel/Leonard/Krebs § 318 Rn. 12.
[6] Henssler/Strohn/Heidinger § 318 Rn. 10; Semler/Stengel/Leonard/Krebs § 318 Rn. 13.
[7] Semler/Stengel/Leonard/Krebs § 318 Rn. 15; Widmann/Mayer/Schwarz § 318 Rn. 34.
[8] Steffan/Schmidt DB 1998, 709.

Literatur:
Lieb, „Haftungsklarheit für den Mittelstand"? Offene (Übergangs-)Fragen nach Erlass des Nachhaftungsbegrenzungsgesetzes, GmbHR 1994, 657; *Nitsche*, Das neue Nachhaftungsbegrenzungsgesetz – Vertragsübergang kraft Gesetzes?, ZIP 1994, 1919; *Reichold*, das neue Nachhaftungsbegrenzungsgesetz, NJW 1994, 1617.

I. Normzweck 1	3. Vor dem 26.3.1994 entstandene Verbindlichkeiten 6
II. Tatbestände 3	a) Fälligkeit innerhalb von vier Jahren nach Bekanntmachung 7
1. Ab dem 1.1.1995 begründete Verbindlichkeiten 4	b) Spätere Fälligkeit 8
2. Nach dem 26.3.1994 begründete Verbindlichkeiten 5	4. Besonderheiten 9

I. Normzweck

§ 353 (vormals § 319 UmwG aF) enthält besondere Regelungen zur **Nachhaftung** persönlich haftender Gesellschafter und Einzelkaufleute für Altverbindlichkeiten, soweit diese im Rahmen des Umwandlungsvorganges als Anteilsinhaber bzw. Einzelkaufmann ausscheiden. Die praktische Bedeutung der Vorschrift ist mit Blick auf den erheblichen Zeitablauf seit 1995 und den seit der Schuldrechtsreform 2002 verkürzten Verjährungsfristen aber heute nur noch gering.[1]

Die Bestimmungen der S. 1 und 2 sind dem UmwG 1969 idF des NachhBG nachgebildet. Die Vorschriften wurden aufrechterhalten, um Fälle zu erfassen, bei denen die Umwandlung nach neuem Recht erfolgt, aber noch Altverbindlichkeiten betroffen sind, die sowohl vor Inkrafttreten des neuen Umwandlungsrechts als auch des NachhBG begründet wurden.[2] S. 3 regelt die Fälle, in denen es zu Umwandlungsvorgängen kommt, die erst durch das UmwG 1995 eingeführt wurden.

II. Tatbestände

Im Rahmen der einzelnen Tatbestände des § 353 ist insbesondere zwischen den Entstehungszeitpunkten der jeweiligen Forderungen zu differenzieren. Die Norm zielt auf einen gerechten Ausgleich der Interessen zwischen ausscheidendem Gesellschafter einerseits und der Altgläubiger andererseits.[3]

1. Ab dem 1.1.1995 begründete Verbindlichkeiten

Auf Verbindlichkeiten, die ab dem 1.1.1995 begründet wurden, sind die Nachhaftungsvorschriften des UmwG (§§ 45, 133 Abs. 1, 3–5, §§ 157, 167, 173, 224, 237, 249 und 257) gem. S. 1 **uneingeschränkt** anwendbar.[4] Umwandlungen, die zwar nach altem Recht erfolgt sind, aber erst nach dem 1.1.1995 in das Handelsregister eingetragen wurden, profitieren nach hM dabei aber nicht von den Enthaftungsregelungen des neuen UmwG. Dies lässt sich nicht nur aus der Gesetzessystematik sowie Sinn und Zweck der Norm ableiten;[5] auch der RegBegr. zu § 319 aF lässt sich deutlich entnehmen, dass die Norm nur auf Umwandlungen nach neuem Recht anwendbar sein soll.[6] In diesem Fall sind daher lediglich die Enthaftungsregelungen des UmwG 1969 anwendbar.

---

1 Henssler/Strohn/*Heidinger* § 319 Rn. 1.
2 § 65a UmwG 1969; vgl. dazu auch RegBegr., BT-Drs. 12/66999, 173 f.
3 Widmann/Mayer/*Vossius* § 319 Rn. 2 ff.; Semler/Stengel/Leonard/*Krebs* § 319 Rn. 1 f.
4 Widmann/Mayer/*Vossius* § 319 Rn. 6 f.; Lutter/*Karollus/Schwab* § 319 Rn. 3; Semler/Stengel/Leonard/*Krebs* § 319 Rn. 4.
5 Lutter/*Karollus/Schwab* § 319 Rn. 11; Semler/Stengel/*Krebs* § 319 Rn. 5; aA Widmann/Mayer/*Vossius* § 319 Rn. 8–12.
6 RegBegr., BT-Drs. 12/66999, 173 f.

2. Nach dem 26.3.1994 begründete Verbindlichkeiten

5 Sofern die Verbindlichkeit nach dem Inkrafttreten des NachhBG am 26.3.1994 entstanden ist und die Umwandlung nach Inkrafttreten des UmwG am 1.1.1995 in das Handelsregister eingetragen wurde, sind die Enthaftungsregeln des UmwG 1995 anwendbar.[7] Für Verbindlichkeiten, die zwischen Inkrafttreten des NachhBG und dem neuen Umwandlungsrecht begründet worden sind, kann das neue Recht zur Anwendung kommen.[8] Dies ist gerechtfertigt, weil die Enthaftungsmöglichkeit mit dem NachhBG eingeführt wurde und die Gläubiger damit bei Entstehung der Verbindlichkeit bereits mit einer Enthaftung rechnen mussten.[9]

3. Vor dem 26.3.1994 entstandene Verbindlichkeiten

6 Bei dieser Fallgruppe ist zu unterscheiden, ob die Verbindlichkeiten innerhalb von vier Jahren nach Bekanntmachung der Umwandlung fällig werden oder ob die Fälligkeit erst zu einem späteren Zeitpunkt eintritt.

a) Fälligkeit innerhalb von vier Jahren nach Bekanntmachung

7 Sofern die Umwandlung nach dem 1.1.1995 in das Handelsregister eingetragen wurde, die Verbindlichkeit vor dem 26.3.1994 entstanden ist und diese innerhalb von vier Jahren nach Bekanntmachung der Umwandlung fällig wird, sind gem. § 353 S. 1 die Enthaftungsregeln des UmwG 1995 anwendbar.

b) Spätere Fälligkeit

8 Bei Fälligkeit später als vier Jahre nach Bekanntmachung der Umwandlung ist entscheidend, ob die Umwandlungsmöglichkeit bereits im alten Recht vorgesehen war. Ist dies der Fall kommt § 353 S. 2 zur Anwendung. Danach finden für die Nachhaftung die §§ 45, 49 Abs. 4, 56, 56 f. Abs. 2, 57 Abs. 2 und 58 Abs. 2 UmwG 1969 idF des NachhBG Anwendung, wobei eine verkürzte Verjährungsfrist von einem Jahr gilt.[10] Bei der Frist von einem Jahr handelt es sich um eine Verjährungsfrist. Handelt es sich um eine bisher nicht bestehende Umwandlungsmöglichkeit sieht S. 3 die sinngemäße Anwendung der in S. 2 in Bezug genommenen Vorschriften vor, einschließlich der einjährigen Verjährungsfrist, so dass im Ergebnis eine weitestgehende Gleichbehandlung der Altgläubiger erreicht wird.[11]

4. Besonderheiten

9 Dem Verweis in § 319 S. 2 auf die bisherigen Bestimmungen ließ sich nach hM entnehmen, dass die Enthaftungsmöglichkeiten für Verbindlichkeiten aus **Dauerschuldverhältnissen**, die von der Rechtsprechung zu § 159 HGB aF entwickelt wurden,[12] weiterhin anwendbar bleiben.[13] Umstritten war hingegen, ob die Enthaftungsvorschriften auch zugunsten eines ausscheidenden persönlich haftenden Gesellschafters bzw.

---

7 Lutter/*Karollus/Schwab* § 319 Rn. 4; Semler/Stengel/*Leonard/Krebs* § 319 Rn. 6.
8 RegBegr., BT-Drs. 12/66999, 173 f.
9 Lutter/*Karollus/Schwab* § 319 Rn. 4.
10 *Reichold* NJW 1994, 1617 (1621); *Lieb* GmbHR 1994, 659.
11 Vgl. zu den Einzelheiten *Böttcher* → 2. Aufl. 2019, § 319 Rn. 1 ff. sowie Semler/Stengel/*Leonard/Krebs* § 319 Rn. 8 ff.
12 BGH NJW 1978, 636; BGH NJW 1983, 2254.
13 Dazu eingehend Widmann/Mayer/*Vossius* § 319 Rn. 74 ff. (mit ausf. Hinweisen zur Nachhaftung); Lutter/*Karollus/Schwab* § 319 Rn. 7; zust. Semler/Stengel/*Leonard/Krebs* § 319 Rn. 14 f.

Einzelkaufmanns Anwendung finden, der nach Wirksamkeit des Umwandlungsvorganges weiterhin **geschäftsleitend für den übernehmenden Rechtsträger tätig** ist.[14]

§ 354 Übergangsvorschrift zum Gesetz zur Umsetzung der Aktionärsrechterichtlinie, zum Dritten Gesetz zur Änderung des Umwandlungsgesetzes und zum Finanzmarktintegritätsstärkungsgesetz

(1) Im Fall des § 15 Abs. 2 Satz 1 bleibt es für die Zeit vor dem 1. September 2009 bei dem bis dahin geltenden Zinssatz.

(2) § 16 Abs. 3 Satz 3 Nr. 2 in der Fassung des Gesetzes zur Umsetzung der Aktionärsrechterichtlinie vom 30. Juli 2009 (BGBl. I S. 2479) ist nicht auf Freigabeverfahren und Beschwerdeverfahren anzuwenden, die vor dem 1. September 2009 anhängig waren.

(3) § 62 Absatz 4 und 5, § 63 Absatz 2 Satz 5 bis 7, § 64 Absatz 1 sowie § 143 in der Fassung des Dritten Gesetzes zur Änderung des Umwandlungsgesetzes vom 11. Juli 2011 (BGBl. I S. 1338) sind erstmals auf Umwandlungen anzuwenden, bei denen der Verschmelzungs- oder Spaltungsvertrag nach dem 14. Juli 2011 geschlossen worden ist.

(4) [1]§ 11 in der ab 1. Juli 2021 geltenden Fassung ist erstmals auf die Prüfung von Verschmelzungen anzuwenden, deren Verschmelzungsvertrag nach dem 31. Dezember 2021 geschlossen wurde. [2]§ 11 in der bis einschließlich 30. Juni 2021 geltenden Fassung ist letztmals auf die Prüfung von Verschmelzungen anzuwenden, deren Verschmelzungsvertrag vor dem 1. Januar 2022 geschlossen wurde.

I. Normzweck	1	IV. Übergangsregelungen zum 3. UmwGÄndG (Abs. 3)	5
II. Übergangsregelung zum Zinssatz bei barer Zuzahlung (Abs. 1)	2	V. Übergangsregelungen zum Finanzmarktintegritätsstärkungsgesetz (Abs. 4)	7
III. Übergangsregelung zum Mindestanteilsbesitz im Freigabeverfahren (Abs. 2)	3		

I. Normzweck

§ 354 (vormals § 321 UmwG aF) enthält diverse **Übergangsregelungen**, die durch Änderungen des UmwG notwendig wurden. Abs. 1 und 2 wurden durch das ARUG[1] zum 1.9.2009 in das UmwG eingefügt und regeln die Anwendbarkeit der alten Regelungen bis zu diesem Zeitpunkt. Abs. 3 wurde durch das 3. UmwGÄndG[2] in das UmwG eingefügt und regelt die Anwendbarkeit einzelner Normen bis zum 14.7.2011. Abs. 4 wurde im Rahmen des Finanzmarktintegritätsstärkungsgesetz (FISG)[3] ergänzt und trifft besondere Bestimmungen zur Anwendbarkeit von § 11.

---

14 Dagegen Widmann/Mayer/*Vossius* § 319 Rn. 87 ff., da die geschäftsleitend Tätigen Einfluss auf die Geschicke der Gesellschaft behalten und somit auch die finanziellen Risiken tragen können. AA *Böttcher* → 2. Aufl. 2019, § 319 Rn. 1 ff.; Lutter/*Karollus/Schwab* § 319 Rn. 8; Semler/Stengel/Leonard/*Krebs* § 319 Rn. 14.

1 Gesetz zur Umsetzung der Aktionärsrechterichtlinie vom 30.7.2009, BGBl. I 2479.
2 Drittes Gesetz zur Änderung des Umwandlungsgesetzes vom 11.7.2011, BGBl. I 1338.
3 Gesetz zur Stärkung der Finanzmarktintegrität vom 3.6.2021, BGBl. I 1534.

II. Übergangsregelung zum Zinssatz bei barer Zuzahlung (Abs. 1)

2 Abs. 1 bestimmt, dass sich die gem. § 15 Abs. 2 festgelegte **Verzinsung** durch das zuständige Gericht im Spruchverfahren festgelegte bare Zuzahlungen zu dem im Verschmelzungsvertrag bestimmten Umtauschverhältnis für die Zeit vor dem 1.9.2009 noch nach dem bis dahin geltenden Zinssatz richtet.[4] Der Zinssatz betrug bis zum 1.9.2009 zwei (2) Prozentpunkte über dem jeweiligen Diskontsatz der Deutschen Bundesbank. Erst nach diesem Zeitpunkt gilt der durch das ARUG eingeführte höhere Zinssatz iHv fünf (5) Prozentpunkten über dem jeweiligen Basiszinssatz gemäß § 247 BGB (vgl. § 15 Abs. 2 S. 2).

III. Übergangsregelung zum Mindestanteilsbesitz im Freigabeverfahren (Abs. 2)

3 Die Übergangsvorschrift in Abs. 2 betrifft § 16 Abs. 3 S. 3 Nr. 2. Danach ist das dort normierte **Bagatellquorum** (s. hierzu die Kommentierung bei § 16) nicht auf Freigabe- und Beschwerdeverfahren anwendbar, die vor dem 1.9.2009 anhängig waren.[5] Maßgeblich für die Anwendbarkeit des § 16 Abs. 3 S. 3 Nr. 2 ist insoweit der Zeitpunkt der Anhängigkeit des Freigabeverfahrens, für den es nach allgemeinen zivilprozessualen Grundsätzen entscheidend auf den Zeitpunkt ankommt, an dem der Antrag auf Verfahrenseröffnung bei Gericht eingegangen ist und sich das Gericht mit der Sache befasst;[6] die Einreichung des Antrags an ein unzuständiges Gericht genügt.[7] Obwohl auch § 16 Abs. 3 S. 3 Nr. 1 und Nr. 3 geändert wurden, hat der Gesetzgeber insoweit keine Übergangsregelungen getroffen, da mit den Neufassungen keine substanziellen inhaltlichen Änderungen verbunden waren; § 16 Abs. 3 S. 3 Nr. 1 und Nr. 3 sind damit auch dann anwendbar, wenn die Verfahren bereits vor dem 1.9.2009 anhängig waren.[8]

4 Für weitere Änderungen im UmwG durch das ARUG wurden keine Übergangsbestimmungen ins UmwG eingefügt, so dass von einer unmittelbaren Anwendbarkeit ab dem 1.9.2009 auch auf Altfälle auszugehen ist.[9] Eine Ausnahme wird trotz der neu eingeführten Zuständigkeitsbestimmung zugunsten des OLG (vgl. § 16 Abs. 3 S. 7, 8) für bereits anhängige Verfahren angenommen, da es dem gesetzgeberischen Interesse der Verfahrungsbeschleunigung widerspräche, bereits anhängige (und ggf. auch bereits verhandelte) Verfahren vom LG an das OLG zu verweisen. Für diese bereits zuvor anhängigen Verfahren ist das OLG lediglich als Beschwerdeinstanz – die es für ab dem 1.9.2009 anhängig werdende Verfahren freilich nicht mehr gibt – zuständig.[10]

IV. Übergangsregelungen zum 3. UmwGÄndG (Abs. 3)

5 Abs. 3 enthält eine Übergangsregelung zum 3. UmwGÄndG. Danach sind § 62 Abs. 4 (Konzernverschmelzung), § 62 Abs. 5 (Verschmelzungsrechtlicher Squeeze Out), § 63 Abs. 2 S. 5–7 (Entbehrlichkeit einer Zwischenbilanz), § 64 Abs. 1 (Unterrichtspflicht des Vorstandes bei wesentlichen Vermögensveränderungen) und § 143 (Verhältniswahrende Spaltung zur Neugründung) auf Umwandlungen erstmals anzuwenden, wenn

---

4 Lutter/*Hoger* § 321 Rn. 2 ff.; Henssler/Strohn/*Heidinger* § 321 Rn. 2.
5 Lutter/*Hoger* § 321 Rn. 5.
6 Musielak/Voit/*Foerste* ZPO § 261 Rn. 3; MüKoZPO/*Becker-Eberhard* § 261 Rn. 3.
7 Ein Rechtsmissbrauch wird hierdurch nicht begründet, vgl. MüKoZPO/*Becker-Eberhard* § 281 Rn. 43; Musielak/Voit/*Foerste* ZPO § 261 Rn. 4; Musielak/Voit/*Wittschier* GVG § 17b Rn. 2; so auch Widmann/Mayer/*Wälzholz* § 321 Rn. 8.
8 So auch Widmann/Mayer/*Wälzholz* § 321 Rn. 7; Henssler/Strohn/*Heidinger* § 321 Rn. 3; Lutter/*Hoger* § 321 Rn. 6.
9 Lutter/*Hoger* § 321 Rn. 6.
10 Vgl. Widmann/Mayer/*Wälzholz* § 321 Rn. 10.

der Verschmelzungs- oder Spaltungsvertrag nach dem 14.7.2011 geschlossen wurde. Die Regelung dient dem Vertrauensschutz und stellt sicher, dass die genannten Neuregelungen nur auf Verträge anwendbar sind, bei denen die Beteiligten bereits zum Zeitpunkt des Vertragsschlusses Kenntnis von der neuen Rechtslage haben konnten.[11]

Bei strenger Orientierung am Wortlaut wäre die Spaltung zur Neugründung nicht vom Wortlaut des Abs. 3 erfasst, da hier ein Spaltungsplan aufzustellen und kein Spaltungsvertrag abzuschließen ist. Wegen Vergleichbarkeit der Interessenlage wird aber gemeinhin eine analoge Anwendbarkeit befürwortet, wobei der Zeitpunkt der Aufstellung des Spaltungsplans ausschlaggebend sein soll.[12]

V. Übergangsregelungen zum Finanzmarktintegritätsstärkungsgesetz (Abs. 4)

Abs. 4 sieht eine Übergangsregelung für den im Rahmen des FISE neu eingefügten § 11 Abs. 1 S. 2 vor, der eine entsprechende Anwendbarkeit des – insoweit strengeren – Art. 5 Abs. 1 VO (EU) Nr. 537/2014 (EU-AbschlussprüferVO) anordnet.[13] Nach § 354 Abs. 4 S. 1 ist § 11 in seiner neuen Fassung nur auf die Prüfung von Verschmelzungen anzuwenden, deren Verschmelzungsvertrag ab dem 1.1.2022 geschlossen wurde. Für Verträge, die bis einschließlich 31.12.2021 geschlossen wurde, ist gem. S. 2 hingegen noch § 11 in seiner bis einschließlich 30.6.2021 geltenden Fassung anzuwenden. Entscheidend ist allein der Zeitpunkt des tatsächlichen Vertragsschlusses, dh regelmäßig der Tag der notariellen Beurkundung. Unerheblich ist hingegen ein hiervon abweichender Eintritt der Wirksamkeit des Vertrages (zB durch aufschiebende Bedingung) oder der – häufig rückwirkend – vertraglich festgelegte Verschmelzungsstichtag. Bei grenzüberschreitenden Verschmelzungen kommt es auf den Zeitpunkt der Aufstellung des Verschmelzungsplans an; bei Spaltungen, auf die § 11 entsprechend anwendbar ist (vgl. § 125), ist der Spaltungsvertrag bzw. Spaltungsplan entscheidend.[14] Im Falle einer Vermögensübertragung ist gemäß der Verweisungsnormen in §§ 176, 177 die Regelung des § 11 entsprechend anwendbar; in diesem Fall kommt es auf den Zeitpunkt des Abschlusses des Übertragungsvertrags an.[15]

§ 355 Übergangsvorschrift zum Gesetz zur Umsetzung der Umwandlungsrichtlinie

(1) Eine Verschmelzung, eine Spaltung oder ein Formwechsel kann von den beteiligten Rechtsträgern in Übereinstimmung mit den Bestimmungen des Zweiten, Dritten und Fünften Buches in deren jeweils vor dem 1. März 2023 geltenden Fassung durchgeführt werden, wenn

1. der Verschmelzungsvertrag oder der Spaltungs- und Übernahmevertrag vor dem 1. März 2023 geschlossen, der Verschmelzungs- oder Spaltungsplan vor dem 1. März 2023 aufgestellt oder der Formwechselbeschluss als Umwandlungsbeschluss vor dem 1. März 2023 gefasst wurde und

2. die Umwandlung bis zum 31. Dezember 2023 zur Eintragung angemeldet wurde.

---

11 Henssler/Strohn/*Heidinger* § 321 Rn. 4; Lutter/*Hoger* § 321 Rn. 8.
12 Vgl. *Wagner* DStR 2010, 1629 (1635); Widmann/Mayer/*Wälzholz* § 321 Rn. 14; Henssler/Strohn/*Heidinger* § 321 Rn. 4; Lutter/*Hoger* § 321 Rn. 8.
13 Henssler/Strohn/*Heidinger* § 321 Rn. 5.
14 RegBegr., BT-Drs. 19/26966, 114; Widmann/Mayer/*Wälzholz* § 321 Rn. 15.
15 Widmann/Mayer/*Wälzholz* § 321 Rn. 15.

(2) ¹§ 14 Absatz 2, § 15 Absatz 1 und § 312 in der ab dem 1. März 2023 geltenden Fassung sind erstmals auf Umwandlungen anzuwenden, für die der Zustimmungsbeschluss der Anteilsinhaber nach dem 28. Februar 2023 gefasst worden ist. ²§ 307 Absatz 2 Nummer 14, die §§ 314 und 316 Absatz 2 in der ab dem 1. März 2023 geltenden Fassung sind erstmals auf grenzüberschreitende Verschmelzungen anzuwenden, für die der Verschmelzungsplan nach dem 28. Februar 2023 bekannt gemacht worden ist.

Literatur:
Deutscher Anwaltverein (DAV), Stellungnahme zum Referentenentwurf eines Gesetzes zur Umsetzung der Umwandlungsrichtlinie, NZG 2022, 849; *Goette*, Das Gesetz zur Umsetzung der Umwandlungsrichtlinie – Ein Überblick, DStR 2023, 157; *Heckschen/Knaier*, Größte Reform des Umwandlungsrechts – nicht nur Richtlinienumsetzung! (Teil II), GmbHR 2022, 613.

1. Normzweck

1 § 355 erhält **Übergangsregelungen**, die durch das zum 1.3.2023[1] in Kraft getretene Gesetz zur Umsetzung der Umwandlungsrichtlinie (UmRUG)[2] notwendig wurden. Die Regelung trägt dem Umstand Rechnung, dass sich für Umwandlungsverfahren, die bereits vor dem 1.3.2023 eingeleitet wurden, mit Inkrafttreten des UmRUG die einzuhaltenden Verfahrensbestimmungen (Abs. 1) und das Rechtsschutzregime (Abs. 2) ändern können.

2. Übergangsregelung zu den anwendbaren Verfahrensbestimmungen (Abs. 1)

2 Abs. 1 normiert zugunsten der umwandlungsbeteiligten Rechtsträger eine Übergangsregelung, nach der die Umwandlung unter bestimmten Voraussetzungen ausnahmsweise noch nach den vor Inkrafttreten des UmRUG maßgeblichen **Verfahrensbestimmungen** konzipiert und durchgeführt werden darf, und soll damit eine flexible und rechtssichere Konzeption des Umwandlungsverfahrens ermöglichen.[3]

3 Erste Voraussetzung ist gemäß Abs. 1 Nr. 1, dass bereits vor dem 1.3.2023 der Verschmelzungs- bzw. Spaltungs- und Übernahmevertrag geschlossen, der Verschmelzungs- bzw. Spaltungsplan aufgestellt oder der Formwechselbeschluss gefasst wurde. Der Nachweis kann anhand der notariellen Urkunde erfolgen.[4]

4 Zweite Voraussetzung ist gemäß Abs. 1 Nr. 2, dass die Umwandlung bis zum 31.12.2023 zur Eintragung angemeldet wird. Dadurch soll verhindert werden, dass die umwandlungsbeteiligten Rechtsträger entgegen der gesetzgeberischen Zielvorstellung allein durch frühzeitigen Abschluss eines Umwandlungsvertrages das Umwandlungsverfahren zeitlich unbegrenzt nach den alten Verfahrensbestimmungen durchführen können.[5] Die Frist des § 17 Abs. 2 S. 4, wonach das Registergericht die Verschmelzung nur eintragen darf, wenn die Bilanz auf einen höchstens acht Monate vor der Anmeldung liegenden Stichtag aufgestellt worden ist, bleibt von der Regelung in Nr. 2 unberührt.

5 Die ihrem Wortlaut nach weit gefasste Übergangsregelung des Abs. 1 erfährt in der Regierungsbegründung zum UmRUG eine nicht unerhebliche **Einschränkung**.[6] Denn

---

[1] Vgl. Art. 25 Abs. 1 UmRUG.
[2] Gesetz zur Umsetzung der Umwandlungsrichtlinie und zur Änderung weiterer Gesetze vom 22.2.2023, BGBl. I Nr. 51.
[3] Vgl. RegBegr., BT-Drs. 20/3822, 121.
[4] Vgl. RegBegr., BT-Drs. 20/3822, 121.
[5] Vgl. RegBegr., BT-Drs. 20/3822, 121.
[6] Krit. im Hinblick auf die unklare Wortlautfassung des § 355 Abs. 1 *DAV* NZG 2022, 849 (859).

danach werden von einer Anwendung des Abs. 1 solche Verfahrensbestimmungen ausgenommen, die keine von den beteiligten Rechtsträgern einzuhaltenden Verfahrensschritte betreffen.[7] Ohne Übergangsregelung ab dem 1.3.2023 uneingeschränkt anwendbar sind demnach insbesondere die im Rahmen des UmRUG geänderten Verfahrensbestimmungen zur Wirkung der Umwandlung (vgl. § 133 Abs. 3) sowie die geänderten Verfahrensbestimmungen zum Registervollzug (vgl. §§ 315–318). Gleiches muss grundsätzlich auch für die nach § 315 Abs. 3 abzugebenden Versicherungen gelten, sofern die Registeranmeldung nach dem 1.3.2023 erfolgt ist; für den Fall des § 315 Abs. 3 S. 1 Nr. 1 allerdings einschränkend nur dann, sofern auch die Bestimmungen in § 314 zum Gläubigerschutz bereits einzuhalten waren. Ohne Übergangsregelung ab dem 1.3.2023 uneingeschränkt anwendbar sind auch die mit dem Registervollzug zusammenhängenden Bestimmungen zum grenzüberschreitenden Informationsaustausch über das Europäische System der Registervernetzung (Business Registers Interconnection System, Abk. BRIS), so dass eine nach dem 1.3.2023 ausgestellte Verschmelzungsbescheinigung stets über das System an die zuständige Registerstelle des Zuzugsstaat übermittelt werden muss (vgl. § 9b Abs. 2 S. 3 Nr. 4 HGB).

3. Übergangsregelung zum anwendbaren Rechtsschutzregime (Abs. 2)

Abs. 2 normiert zugunsten der Anteilsinhaber und Gläubiger eine Übergangsregelung zum anwendbaren Rechtsschutzregime. Indem Klarheit über das anwendbare Recht erzielt wird, soll sowohl verhindert werden, dass Anteilsinhaber oder Gläubiger aufgrund zeitlicher Unstimmigkeit schutzlos gestellt werden, als auch, dass unter Umständen dieselbe Rüge mit mehreren Rechtsbehelfen verfolgt werden kann.[8] Korrespondierend hierzu sieht § 17 SpruchG eine Übergangsregelung zum anwendbaren Recht im Spruchverfahren vor, legt dabei als Stichzeitpunkt allerdings den 31.1.2023 zugrunde.[9]

Gemäß den im Rahmen des UmRUG geänderten §§ 14, 15 können Anteilsinhaber übernehmender Rechtsträger den Zustimmungsbeschluss nicht mehr wegen eines unangemessenen Umtauschverhältnisses anfechten, sondern werden auf das nachgelagerte Spruchverfahren verwiesen. Auch bei grenzüberschreitenden Verschmelzungen kann der Zustimmungsbeschluss nach Wegfall des § 122h zukünftig nicht mehr unter dem Gesichtspunkt eines unangemessenen Umtauschverhältnisses angefochten werden.[10] S. 1 stellt daher zugunsten der Anteilsinhaber klar, dass § 14 Abs. 2, § 15 Abs. 1 und § 312 in der ab dem 1.3.2023 geltenden Fassung erstmals auf Umwandlungen anzuwenden sind, für die der Zustimmungsbeschluss der Anteilsinhaber nach dem 28.2.2023 gefasst worden ist.

S. 2 trägt dem Umstand Rechnung, dass sich mit Inkrafttreten des UmRUG auch die Gläubigerschutzbestimmungen bei grenzüberschreitenden Verschmelzungen geändert haben. Um die Rechtsfolgen für die beteiligten Gläubiger vorhersehbarer machen, finden die geänderten Bestimmungen der § 307 Abs. 2 Nr. 14, §§ 314 und 316 Abs. 2 daher erstmals auf grenzüberschreitende Verschmelzungen Anwendung, deren Verschmelzungsplan nach dem 28.2.2023 bekannt gemacht worden ist. Der Zeitpunkt kann dabei über das Datum der Bekanntmachung im Handelsregister nachgewiesen werden.[11]

---

7 Vgl. RegBegr., BT-Drs. 20/3822, 121.
8 Vgl. RegBegr., BT-Drs. 20/3822, 121.
9 Vgl. auch *Goette* DStR 2023, 157 (164).
10 Zur neuen Rechtslage *Lieder/Hilser* ZIP 2022, 2521 (2523 ff.).
11 Vgl. RegBegr., BT-Drs. 20/3822, 122.

Anhang 1 Umwandlungsrecht der Europäischen Aktiengesellschaft

Literatur:

Bachmann, Der Verwaltungsrat der monistischen SE, ZGR 2008, 779; *Baldamus*, Die SE als Rechtsformalternative für den Mittelstand. Steuerliche Anmerkungen, in: VGR (Hrsg.), Gesellschaftsrecht in der Diskussion 2012, 2013, 79; *Brandes*, Cross Border Merger mittels der SE, AG 2005, 177; *Brandes*, Mitbestimmungsvermeidung mittels grenzüberschreitender Verschmelzungen, ZIP 2008, 2193; *Brandt/Scheifele*, Die Europäische Aktiengesellschaft und das anwendbare Recht, DStR 2002, 547; *Bungert/Gotsche*, Die deutsche Rechtsprechung zur SE, ZIP 2013, 649; *Bungert/Reidt*, Erweiterte Möglichkeiten grenzüberschreitender Umwandlungen – nach Abschluss des Gesetzgebungsverfahrens zum UmRUG, DB 2023, 54; *Cozian/Viandier/Deboissy*, Droit des sociétés, 34. Aufl. 2021; *Deilmann/Häferer*, Kein Schutz des Status Quo bei der Gründung der dualistischen SE durch Umwandlung, NZA 2017, 607; *Drinhausen/Keinath*, Regierungsentwurf eines Gesetzes zur Umsetzung der Umwandlungsrichtlinie, Teil II: Ausweitung des Spruchverfahrens und weitere Änderungen des innerstaatlichen Umwandlungsrechts, BB 2022, 1923; *Ege/Grzimek/Schwarzfischer*, Der Zementierungseffekt bei der Mitbestimmung bei der Gründung einer SE und grenzüberschreitender Verschmelzung, DB 2011, 1205; *Eidenmüller/Engert/Hornuf*, Vom Wert der Wahlfreiheit: Eine empirische Analyse der Societas Europaea als Rechtsformalternative, AG 2009, 845; *Fleischer*, Der Einfluss der Societas Europaea auf die Dogmatik des deutschen Gesellschaftsrechts, AcP 204 (2004), 502; *Fromholzer*, Die SE als Rechtsformalternative für den Mittelstand, in: VGR (Hrsg.): Gesellschaftsrecht in der Diskussion 2012, 2013, 59; *Götze/Winzer/Arnold*, Unternehmerische Mitbestimmung – Gestaltungsoptionen und Vermeidungsstrategien, ZIP 2009, 245; *Habersack*, Schranken der Mitbestimmungsautonomie in der SE. Dargestellt am Beispiel der Größe und inneren Ordnung des Aufsichtsorgans, AG 2006, 345; *Habersack*, Grundsatzfragen der Mitbestimmung in SE und SCE sowie bei grenzüberschreitender Verschmelzung, ZHR 171 (2007), 613; *Habersack*, EU-weite Unternehmensmobilität und Mitbestimmungssicherung nach Umsetzung der Mobilitätsrichtlinie, ZHR 2023, 48; *Hauser*, Einschränkung der Verhandlungsautonomie bei SE-Umwandlungsgründungen. Kommentar zu EuGH 18.10.2022 – C-677/20 – IG Metall und ver.di/SAP, AG 2022, 857, AG 2022, 850; *Heckschen*, Die Europäische AG aus notarieller Sicht, DNotZ 2003, 251; *Heckschen/Knaier*, Das UmRUG auf der Zielgeraden, GmbHR 2022, R376; *Heckschen/Knaier*, Reform des Umwandlungsrechts kurz vor dem Ziel, ZIP 2022, 2205; *Heckschen/Knaier*, Die größte Reform des Umwandlungsrechts: Endlich in Kraft, GmbHR 2023, 317; *Hommelhoff*, Der Schutz des Anteilsinhaber-Vermögens bei Umwandlungen nach dem RefE UmRUG, NZG 2022, 683; *Ihrig*, Die geschäftsführenden Direktoren in der monistischen SE: Stellung, Aufgaben und Haftung, ZGR 2008, 809; *Kallmeyer*, Europa-AG. Strategische Optionen für deutsche Unternehmen, AG 2003, 197; *Kiem*, Erfahrungen und Reformbedarf bei der SE – Entwicklungsstand, ZHR 173 (2009), 156; *Kisker*, Unternehmerische Mitbestimmung in der Europäischen Gesellschaft, der Europäischen Genossenschaft und bei grenzüberschreitender Verschmelzung im Vergleich, RdA 2006, 206; *Lieder/Hilser*, Die Ersetzungsbefugnis bei umwandlungsrechtlichen Nachbesserungsansprüchen nach dem UmRUG, ZIP 2023, 1; *Löw/Stolzenberg*, Arbeitnehmerbeteiligungsverfahren bei der SE-Gründung – Potentielle Fehler und praktische Folgen, NZA 2016, 1489; *Louven/Ernst*, Praxisrelevante Rechtsfragen im Zusammenhang mit der Umwandlung einer Aktiengesellschaft in eine Europäische Aktiengesellschaft (SE), BB 2014, 323; *Louven/Ernst*, Frauenquote, Erzberger und Brexit: Strukturelle Änderungen nach § 18 Abs. 3 SEBG, BB 2017, 245; *Lutter/Bayer/Schmidt*, Europäisches Unternehmens- und Kapitalmarktrecht, 6. Aufl. 2018; *Merkt*, Die monistische Unternehmensverfassung für die europäische Aktiengesellschaft aus deutscher Sicht, ZGR 2003, 650; *Mückl/Blunck*, Mehr Mitbestimmung wagen? – Die Pläne der Ampel-Koalition für die Unternehmensmitbestimmung und Gestaltungsstrategien für Unternehmen, DB 2022, 735; *Müller-Bonanni/Müntefering*, Arbeitnehmerbeteiligung bei SE-Gründung und grenzüberschreitender Verschmelzung im Vergleich, BB 2009, 1699; *Nagel*, SE und Einfrieren der Mitbestimmung, ZIP 2022, 308; *Nagel/Freis/Kleinsorge*, Beteiligung der Arbeitnehmer im Unternehmen auf Grundlage des Europäischen Rechts, 3. Aufl. 2018; *Nicoleyczik/Führ*, Mitbestimmungsgestaltung im grenzüberschreitenden Konzern – Unter besonderer Berücksichtigung der SE und grenzüberschreitender Verschmelzungen, DStR 2010, 1743; *Oechsler*, Der praktische Weg zur Societas Europaea (SE) – Gestaltungsspielraum und Typenzwang, NZG 2005, 697; *Oechsler*, Die Sitzverlegung der Europäischen Aktiengesellschaft nach Art. 8 SE-VO, AG 2005, 373; *Nagel*, Die Europäische Aktiengesellschaft (SE) in Deutschland – der Regierungsentwurf zum SE-Einführungsgesetz, NZG 2004, 833; *Reichert*, Wettbewerb der Gesellschaftsformen – SE oder KGaA zur Organisation großer Familiengesellschaften, ZIP 2014, 1957; *Reiserer/Biesinger/Christ/Bollacher*, Die Umwandlung der deutschen AG in die europäische SE mit monistischem Leitungssystem am Beispiel einer betriebsratslosen Gesellschaft (Teil 1), DStR 2018, 1185; *Sauerbrey*, Der Mitbestimmungsschutz bei grenzüberschreitenden Umwandlungen nach dem UmRUG-MitbestG, GmbHR 2023, 5; *Scheifele*, Die Gründung der Europäischen Aktiengesellschaft, 2004; *Schlosser*, Zur mitbestimmungsrechtlichen Zulässigkeit der Vorrats-SE. Die Erforderlichkeit der Durchführung des Mitbestimmungsverfahrens, RdA 2022, 350; *J. Schmidt*, Der UmRUG-Referentenentwurf: grenzüberschreitende Umwandlungen 2.0 – und vieles mehr, NZG 2022, 579 (Teil I), 635 (Teil II); *Schubert/von der Höh*, Zehn Jahre

„deutsche" SE – Eine Bestandsaufnahme, AG 2014, 439; *Seibt*, Größe und Zusammensetzung des Aufsichtsrats in der SE, ZIP 2010, 1057; *Seibt* (Hrsg.), Beck'sches Formularbuch Mergers & Acquisitions, 3. Aufl. 2018 (zit.: BeckFormB M&A/Bearbeiter); *Spitzbart*, Die Europäische Aktiengesellschaft (Societas Europaea/SE). Aufbau der SE und Gründung, RNotZ 2006, 369; *Teichmann*, Gestaltungsfreiheit in Mitbestimmungsvereinbarungen, AG 2008, 797; *Teichmann*, Bestandsschutz für die Mitbestimmung bei Umwandlung in eine SE, ZIP 2014, 1049; *Teichmann*, Das Konzept des „Rechtsmissbrauchs" im Europäischen Umwandlungsrecht, ZGR 2022, 376; *Teichmann*, Mitbestimmungsschutz bei grenzüberschreitenden Umwandlungen, NZG 2023, 345; *Vossius*, Gründung und Umwandlung der deutschen Europäischen Gesellschaft (SE), ZIP 2005, 741; *Werner*, Die SE als Instrument zur Einschränkung der Mitbestimmung, NZG 2022, 541; *Wicke*, Die Europäische Aktiengesellschaft – Grundstruktur, Gründungsformen und Funktionsweise, MittBayNot 2006, 196; *Wittschen*, Neuverhandlungen der Arbeitnehmerbeteiligung nach Gründung einer SE – Jenseits struktureller Änderungen, ZGR 2016, 644; *Uffmann*, Unternehmensmitbestimmung zwischen Europa und nationalen Wünschen, AG 2022, 427; *Wollburg/Banerjea*, Die Reichweite der Mitbestimmung in der Europäischen Gesellschaft, ZIP 2005, 277; *Wollin*, Der Referentenentwurf eines Gesetzes zur Umsetzung der Umwandlungsrichtlinie (UmRUG-E), ZIP 2022, 989.

A. Grundlagen	1	
I. Rechtsnatur: Supranationale Rechtsform	1	
II. Praktische Bedeutung	2	
1. Dach für supranationale Konzerne	3	
2. Corporate Governance	4	
3. Mitbestimmungsgestaltung	6	
4. Intraeuropäische Mobilität der SE	16	
5. Europäische Unternehmenskultur	17	
6. Ausblick und Würdigung	18	
III. SE im Umwandlungsrecht und Umwandlungsrecht der SE	20	
B. Umwandlungsvorgänge zur Gründung einer SE	22	
I. Zweispuriges Gründungsverfahren	22	
II. Grundzüge des Arbeitnehmerbeteiligungsverfahrens	23	
1. Verhandlungslösung und BVG	24	
2. Das Arbeitnehmerbeteiligungsverfahren	29	
a) Einleitung des Beteiligungsverfahrens	30	
b) Wahl/Bestellung der BVG-Mitglieder in den betroffenen Mitgliedstaaten	32	
c) Konstituierung des BVG und Verhandlungsverfahren	35	
3. Konsequenzen für das gesellschaftsrechtliche Gründungsverfahren	47	
III. Gründung einer SE durch Verschmelzung	48	
1. Voraussetzungen (Art. 2 Abs. 1 SE-VO)	50	
2. Verfahren	53	
a) Überblick	53	
aa) Vorbereitungsphase	54	
bb) Beschlussphase	55	
cc) Vollzugsphase	56	
b) Verschmelzungsplan	57	
aa) Zuständigkeit	57	
bb) Form und Sprache	58	
cc) Obligatorischer Mindestinhalt (Art. 20 Abs. 1 SE-VO iVm Art. 24 Abs. 2 SE-VO, § 7 Abs. 1 SEAG)	59	
(1) Firma und Sitz der SE	59	
(2) Umtauschverhältnis und Ausgleichsleistung	60	
(3) Einzelheiten der Aktienübertragung	62	
(4) Zeitpunkt der Gewinnberechtigung	63	
(5) Verschmelzungsstichtag	64	
(6) Sonderrechte	65	
(7) Sondervorteile	66	
(8) Satzung der SE	67	
(9) Arbeitnehmerbeteiligungsverfahren	68	
(10) Barabfindungsangebot	69	
(11) Weitere Pflichtangaben?	70	
(12) Fakultative Inhalte	71	
c) Verschmelzungsbericht	72	
d) Einreichung des Verschmelzungsplans und Bekanntmachung nach Art. 21 SE-VO	73	
e) Arbeitnehmerbeteiligung	75	
f) Zuleitung an den Betriebsrat	76	
g) Prüfung des Verschmelzungsplans	77	
h) Verschmelzungsprüfungsbericht	80	
i) Erstellung eines Nachgründungsberichts	81	
j) Hauptversammlungsbeschluss	83	
aa) Vorbereitung der Hauptversammlung	84	
bb) Durchführung der Hauptversammlung	86	
cc) Verschmelzungsbeschluss	87	
dd) Begleitende Kapitalerhöhung	88	
ee) Bestellung der Mitglieder des ersten Aufsichts- bzw. Verwaltungsrats	89	
ff) Bestellung des ersten Abschlussprüfers	92	
gg) Beschlussmängel und Spruchverfahren	93	
k) Konstituierung des Aufsichts- bzw. Verwaltungsrats und Bestellung des ersten Vorstands bzw. der ersten geschäftsführenden Direktoren	98	
l) Gründungsprüfung und Berichterstattung	99	
m) Gläubigerschutz	100	
n) Anmeldung und Eintragung der SE	101	
aa) Zweistufiges Registerverfahren	101	
bb) Antrag auf Ausstellung der Rechtmäßigkeitsbescheinigung (Art. 25 SE-VO)	102	

(1) Zuständigkeit 102
(2) Beizufügende Unterlagen 103
cc) Rechtmäßigkeitskontrolle am Sitz der zukünftigen SE (Art. 26 SE-VO) 106
o) Eintragung der Verschmelzung 114
p) Offenlegung der Verschmelzung (Art. 28 SE-VO) 115
q) Kapitalmarktrecht 116
r) Kosten 118
IV. **Umwandlung/Formwechsel (Art. 2 Abs. 4; 37 SE-VO)** 119
1. Überblick 119
2. Voraussetzungen 121
3. Verfahren 122
   a) Überblick 123
      aa) Vorbereitungsphase 123
      bb) Beschlussphase 124
      cc) Vollzugsphase 125
   b) Umwandlungsplan 126
      aa) Zuständigkeit 126
      bb) Obligatorischer Inhalt ... 127
      cc) Weitere Inhalte 131
      dd) Form 132
   c) Umwandlungsbericht 133
   d) Offenlegung des Umwandlungsplans 136
   e) Zuleitung an den Betriebsrat .. 137
   f) Einleitung des Arbeitnehmerbeteiligungsverfahrens 138
   g) Reinvermögensprüfung/Umwandlungsprüfung (Art. 37 Abs. 6 SE-VO) 139
   h) Umwandlungsbeschluss der Hauptversammlung 142
      aa) Vorbereitung der Hauptversammlung 143
      bb) Umwandlungsbeschluss ... 145
      cc) Kapitalerhöhungsbeschluss ... 147
      dd) Bestellung der Mitglieder des Aufsichts-/Verwaltungsorgans 148
      ee) Amtszeit des ersten Aufsichts-/Verwaltungsorgans ... 150
      ff) Abschlussprüfer 151
      gg) Ermächtigungen 152
      hh) Beschlussmängel 153
   i) Bestellung der Mitglieder des Vorstands der SE bzw. ihrer geschäftsführenden Direktoren 154
   j) Erstellung der Gründungsprüfungsberichte 155
   k) Registerverfahren 156
      aa) Anmeldung der Umwandlung 156
      bb) Inhalt der Anmeldung ... 157
      cc) Beizufügende Unterlagen 158
      dd) Prüfprogramm des Handelsregisters 159
      ee) Wirkung der Eintragung 160
   l) Offenlegung und Bekanntmachung der Umwandlung 161
   m) Ad-hoc-Publizität/Veröffentlichung von Insiderinformationen 162
   n) Kosten 166
V. **Das Umwandlungsrecht der bestehenden SE** 167
1. Grundlagen 167
   a) Grundsätzliche Umwandlungsfähigkeit der „deutschen" SE ... 167
   b) Besonderheiten 168
2. Einzelne Umwandlungsvorgänge ... 170
   a) Verschmelzung 170
   b) Spaltung und Ausgliederung ... 171
   c) Formwechsel 173
      aa) Umwandlung in nationale Aktiengesellschaft (Art. 66 SE-VO) 173
      bb) Umwandlung der SE in nationale Nicht-Aktiengesellschaften 177
   d) Vermögensübertragung 178
   e) Grenzüberschreitende Verschmelzung 179
   f) Grenzüberschreitende Sitzverlegung 180
   g) Beteiligung einer „deutschen" SE an der Gründung einer SE 181

A. Grundlagen

I. Rechtsnatur: Supranationale Rechtsform

1 Die SE ist eine Aktiengesellschaft mit eigener Rechtspersönlichkeit und beschränkter Haftung (Art. 1 Abs. 1 u. 2 SE-VO), deren Kapital in grundsätzlich fungible Aktien zerlegt ist und mindestens 120.000 EUR betragen muss.[1] Ihrer Anlage nach ist die SE eine echt supranationale Rechtsform. Aufgrund des Kompromisscharakters der SE hat dieser supranationale Anspruch allerdings nur unzureichend Niederschlag in der praktischen Umsetzung gefunden.[2] Anders als ursprünglich intendiert, besitzt die SE kein eigenständiges Vollstatut, vielmehr regelt die SE-VO – bis zu einem gewissen Grad willkürlich – bestimmte Materien selbst, während andere Teilbereiche den nationalen

---
[1] *Wicke* MittBayNot 2006, 196; *Scheifele*, Die Gründung der Europäischen Aktiengesellschaft, S. 1 f.
[2] Plastisch *Fleischer* AcP 204 (2004), 502 (505 ff.): „Vom Vollstatut zur Rumpfverordnung" mit im Folgenden differenzierter Bewertung dieser Entscheidung. Vgl. auch Habersack/Henssler/*Henssler* SEBG Einl. Rn. 4.

Ausführungsgesetzen, der Disposition des Satzungsgebers und dem im Sitzstaat der SE geltenden Aktienrecht überlassen bleiben. Dies resultiert in dem Befund, dass es nicht die europäische Aktiengesellschaft gibt, sondern so viele europäische Aktiengesellschaften wie EU/EWR-Mitgliedstaaten.[3] Für die Praxis ergibt sich hieraus die Notwendigkeit, mit einem nicht immer übersichtlichen und stringenten Nebeneinander verschiedener Regelungsebenen zu leben. Zentrale Ordnungsnorm, die die unterschiedlichen Regelungsebenen zu einem Statut der SE ordnet, ist Art. 9 SE-VO. An der Spitze der auf die deutsche SE anzuwendenden Normenpyramide steht die SE-VO (Art. 9 Abs. 1 lit. a SE-VO). Auf einer zweiten Ebene folgen Bestimmungen der Satzung der SE, soweit diese durch die SE-VO ausdrücklich zugelassen sind (Art. 9 Abs. 1 lit. b SE-VO). Enthält die SE-VO weder eigene Vorgaben noch eine Ermächtigung an den Satzungsgeber der SE, kommen subsidiär zunächst die in den Mitgliedstaaten speziell für die SE erlassenen Rechtsvorschriften zur Anwendung (Art. 9 Abs. 1 lit. c Ziff. i SE-VO iVm §§ 1 ff. SEAG), sodann die nationalen Regelungen für Aktiengesellschaften (Art. 9 Abs. 1 lit. c Ziff. ii SE-VO) und schließlich die Bestimmungen der Satzung, soweit nach nationalem Recht zulässig (Art. 9 Abs. 1 lit. c Ziff. iii SE-VO).[4] Abzustimmen sind diese gesellschaftsrechtlichen Vorgaben mit den Regelungen über die betriebliche und unternehmerische Mitbestimmung in der SE, die in der SE-Beteiligungsrichtlinie (RL 2001/86/EG) und den zugehörigen nationalen Ausführungsgesetzen – in Deutschland dem SEBG – ergangen sind. Zusätzlich sind auch durch eine SE weiterhin die Vorgaben der nationalen Betriebsverfassungsgesetze zu beachten, für deutsche Betriebe einer SE also das BetrVG.

II. Praktische Bedeutung

Entgegen erster skeptischer Erwartungen[5] hat die SE zumindest in Deutschland erhebliche Bedeutung zu erlangen vermocht.[6] Per 31.12.2021 belief sich die Zahl operativer deutscher SE, dh SE mit mehr als fünf Arbeitnehmern, auf 459, von denen 71 einer Form der unternehmerischen Mitbestimmung unterliegen.[7] Als Rechtsformalternative wird die SE vor allem in folgenden Konstellationen diskutiert.[8]

1. Dach für supranationale Konzerne

Rechtspolitisch ist die SE angelegt als Rechtsform, die es europäischen Konzernen, die in mehr als einem EU/EWR-Mitgliedstaat wirtschaftlich tätig sind, ermöglichen soll, die Supranationalität der Geschäftstätigkeit in der Rechtsform zu spiegeln (vgl. etwa Erwägungsgrund Nr. 10 SE-VO).[9] Allerdings ist dieses Ziel im Laufe der Verhandlungen über die Europäische Aktiengesellschaft erheblich verwässert worden. Die SE besitzt kein Vollstatut, sondern verweist in weitem Umfang auf das Aktienrecht des Sitzstaates, so dass es eine einheitliche SE nicht gibt, und die SE deshalb auch kaum geeignet erscheint, die Verwaltungskosten einer europaweit agierenden Gruppe spürbar zu senken. Das im Vergleich zur GmbH und ihren europäischen Schwestern deutlich höhere

---

3 Habersack/Henssler/*Henssler* SEBG Einl. Rn. 27a; *Nagel* NZG 2004, 833 (835).
4 Vgl. etwa ausführlicher *Brandt/Scheifele* DStR 2002, 547 (547 ff.).
5 ZB *Schlüter* EuZW 2002, 589 (590 f.).
6 *Nagel* ZIP 2022, 208 (209).
7 *Rosenbohm/Sick*, I.M.U. – Institut für Mitbestimmung und Unternehmensführung, SE-Datenblatt – Fakten zur Europäischen Aktiengesellschaft – Stand 31.12.2021, S. 2; abrufbar unter: https://www.mitbestimmung.de/html/aktuelle-entwicklungen-bei-der-se-20801.html.
8 Vgl. hierzu etwa den empirischen Überblick bei *Eidenmüller/Engert/Hornuf* AG 2009, 845. Übersicht über die kommunizierten Gründe für die Wahl der Rechtsform der SE etwa bei *Louven/Ernst* BB 2014, 323 (323 f.).
9 Vgl. etwa auch *Kallmeyer* AG 2003, 197 (201 f.), der als Idealfall skizziert, dass alle Konzerngesellschaften die Rechtsform der SE haben.

Mindestkapitalerfordernis von 120.000 EUR und die Schwerfälligkeit der Corporate Governance einer Aktiengesellschaft tun ihr Übriges, um die SE als Konzernbaustein für den Regelfall zu disqualifizieren.

2. Corporate Governance

4 Anders als die deutsche Aktiengesellschaft eröffnet die SE die Wahl zwischen dualistischer (Vorstand und Aufsichtsrat) und monistischer (Verwaltungsorgan/-rat) Leitungsstruktur (Art. 38b SE-VO). Während die Corporate Governance des dualistischen Modells weitgehend der zweistufigen Verfassung einer deutschen AG entspricht, steht im Zentrum der monistischen Organisationsverfassung demgegenüber der Verwaltungsrat, der sowohl für die gestaltende Leitung der Gesellschaft als auch für die Überwachung der Tätigkeit der SE zuständig ist (Art. 43 Abs. 1 SE-VO iVm § 22 Abs. 1 SEAG).[10] Die daneben zwingend zu bestellenden geschäftsführenden Direktoren sind vorrangig für Geschäftsführung und Vertretung zuständig[11] und leben zudem grundsätzlich vergleichbar einem GmbH-Geschäftsführer unter dem Damoklesschwert jederzeitiger Abberufung (§ 40 Abs. 5 S. 1 SEAG);[12] anderes gilt nur dann, wenn die Ämter als Mitglied des Verwaltungsrats und geschäftsführender Direktor zulässigerweise in Personalunion wahrgenommen werden. In betriebswirtschaftlichen Kategorien sind also die strategischen Kompetenzen auf der Ebene des Verwaltungsrats gebündelt, während das operative bzw. Tagesgeschäft in Händen der geschäftsführenden Direktoren liegt. Anders als der Vorstand einer AG unterliegen die geschäftsführenden Direktoren dabei einem Weisungsrecht des Verwaltungsrats,[13] weshalb das monistische System häufig mit der Corporate Governance einer GmbH verglichen wird.[14] Dies ist insofern etwas schief, als die Mitglieder des Verwaltungsrats, anders als die über ein rechtsökonomisch abgesichertes Recht auf unternehmerische Passivität verfügenden Gesellschafter einer GmbH,[15] mittels Organpflichten zur aktiven Leitung der Gesellschaft berufen sind.

5 Insbesondere wegen der damit verbundenen Zweifelsfragen bei der Mitbestimmung (Arbeitnehmer- und eventuell unternehmensfremde Gewerkschaftsvertreter im unternehmerisch maßgeblichen Organ) hat das monistische System bisher in Deutschland noch keine nennenswerte praktische Bedeutung zu erlangen vermocht.[16] Nachdem allerdings auch mittelständische Unternehmen, insbesondere solche, die weder der Mitbestimmung nach dem MitbestG noch dem DrittelbG unterliegen, die SE als Alternative entdeckt haben,[17] ist auch diesbezüglich ein gewisser Bedeutungszuwachs zu konstatieren, erlaubt doch die monistische SE die Etablierung eines Weisungsrechts gegenüber den operativ tätigen geschäftsführenden Direktoren und kann daher auch für inhabergeführte bzw. -zentrierte Unternehmen Gestaltungsoption sein.[18] Ein dahin

---

10 Zum monistischen System etwa *Hoffmann-Becking* ZGR 2004, 355; *Merkt* ZGR 2003, 650.
11 Zu den geschäftsführenden Direktoren etwa *Ihrig* ZGR 2008, 809 (809 ff.); zum Verwaltungsrat *Bachmann* ZGR 2008, 779 (779 ff.).
12 Die Satzung kann die Abberufung nach dem Vorbild des AktG an einen wichtigen Grund knüpfen, vgl. § 40 Abs. 5 S. 1 Hs. 2 SEAG.
13 Ausführlich zum Weisungsrecht *Verse* FS Hoffmann-Becking, 2013, 1277.
14 So etwa *Nagel* NZG 2004, 833 (835).
15 Hierzu etwa *Easterbrook/Fischel*, The Economic Structure of Corporate Law, 1991, 40 ff.

16 *Kiem* ZHR 173 (2009), 156 (159). Die Datenbank http://ecdb.worker-participation.eu nennt per 31.3.2019 389 Europäische Gesellschaften mit mehr als 5 Arbeitnehmern in Deutschland, von denen 152 eine monistische Struktur aufweisen. Bekanntes Beispiel für eine (drittel)mitbestimmte monistische SE und insoweit die Ausnahme von der Regel war die PUMA SE, die allerdings mittlerweile zum dualistischen System zurückgekehrt ist.
17 Diskussion der SE als Rechtsformalternative für den Mittelstand bei *Fromholzer* und *Baldamus* in VGR (Hrsg.), Gesellschaftsrecht in der Diskussion, S. 59 ff.; *Reichert* ZIP 2014, 1957.
18 Vgl. etwa die Zahlen bei *Schuberth/von der Höh* AG 2014, 439 (442).

gehender Bedeutungszuwachs wird durch einen rechtsvergleichenden Seitenblick unterstützt: für Frankreich, das bereits seit 1966 Aktiengesellschaften die Wahl zwischen monistischem (structure classique) und dualistischem System (structure nouvelle/système dualiste) eröffnet, ist zu konstatieren, dass sich große börsennotierte Gesellschaften vergleichsweise häufig für das système dualiste entscheiden, während die monistische Struktur von kleineren und nicht kapitalmarktorientierten Unternehmen klar bevorzugt wird.[19] Allerdings krankt die monistische SE in ihrer deutschen Ausformung durch das SEAG an einer weiteren Schwäche, die sie auch für nicht mitbestimmte Mittelständler deutlich unattraktiver erscheinen lässt: Aufgrund der Inkompatibilitätsregelung des § 27 Abs. 1 S. 1 Nr. 2 SEAG ist ausgeschlossen, dass die Mitglieder des Verwaltungsrats zugleich Geschäftsleitungsämter in Tochtergesellschaften wahrnehmen; insbesondere kann damit bei Holdingstrukturen kein „CEO" auf Ebene einer Holding-SE etabliert werden, der zugleich als gesetzlicher Vertreter die Verantwortung für die operativ tätigen Tochtergesellschaften wahrnimmt.

3. Mitbestimmungsgestaltung

Entgegen anfänglich anderslautender Erwartungen[20] hat sich das mitbestimmungsrechtliche Regime der SE zu einem, wenn nicht dem wesentlichen Treiber deutscher SE-Gründungen entwickelt.[21] Die Vorzüge der SE auf diesem Terrain liegen zum einen in ihrer mitbestimmungsrechtlichen Flexibilität, die stichwortartig mit dem Begriff der „**Verhandlungslösung**" skizziert wird.[22] Grundlage der Mitbestimmung der SE sind nicht MitbestG und DrittelbG bzw. vergleichbare ausländische Mitbestimmungsregimes,[23] sondern eine im Einzelfall ausgehandelte Vereinbarung über die Beteiligung der Arbeitnehmer, die sowohl die unternehmerische als auch die betriebsverfassungsrechtliche Mitbestimmung der SE zum Gegenstand hat (Art. 12 SE-VO). Nur falls es Leitung und Arbeitnehmervertretern nicht gelingt, eine solche Beteiligungsvereinbarung abzuschließen, kommt die sog. **gesetzliche Auffanglösung** zur Anwendung, die sich weitgehend am nationalen Mitbestimmungsrecht orientiert und im Regelfall das höchste, in den Gründungsgesellschaften bestehende Mitbestimmungsniveau perpetuiert. Konsequenz dieses Verhandlungsmodells ist, dass jeweils theoretisch die Möglichkeit besteht, das bestehende Mitbestimmungsregime einer Gesellschaft auszuweiten oder aber einzuschränken (zu den Besonderheiten bei der SE-Gründung durch Umwandlung → Rn. 40).[24] In der Praxis scheitern solche materiellen Änderungen daran, dass die gesetzliche Auffanglösung, die regelmäßig dem höchsten Mitbestimmungsniveau der Gründungsgesellschaften entspricht, die Rückfallposition von Leitungen und Arbeitnehmern kennzeichnet, so dass weitergehende Konzessionen nicht nötig sind.[25] Für deutsche Unternehmen, die bereits der paritätischen Mitbestimmung unterliegen, ist deshalb weniger die theoretische Möglichkeit, die Intensität der Mitbestimmung zu

---

19 Vgl. etwa Cozian/Viandier/Deboissy, Droit des sociétés, Rn. 1100 ff.; auch „direction à la francaise" vs. „direction à l'allemande", vgl. ebda. Rn. 860.
20 Vgl. etwa die Vermutung von Weiss/Wöhlert NZG 2006, 121, „Der Siegeszug des deutschen Mitbestimmungsrechts in Europa?".
21 Habersack/Henssler/Henssler SEBG Einl. Rn. 22; MHdB GesR VI/Teichmann § 43 Rn. 2; Bungert/Gotsche ZIP 2013, 649; Kiem ZHR 173 (2009), 156 (159); Nagel ZIP 2022, 208 (208 ff.); Teichmann ZIP 2014, 1039.
22 Vgl. etwa Habersack AG 2006, 345 (345 ff.).
23 Vgl. Götze/Winzer/Arnold ZIP 2009, 245 (251 f.).
24 Vgl. etwa Sagasser/Bula/Brünger Umwandlungen/Sagasser/Clasen § 14 Rn. 135; Seibt ZIP 2010, 1057 (1062 f.); Mückl/Blunck DB 2022, 735 (736).
25 Dies unter Hinweis auf spieltheoretische Erwägungen als kardinalen Konstruktionsfehler qualifizierend Fleischer AcP 204 (2004), 502 (535). Vgl. auch Habersack AG 2006, 345.

reduzieren, von Bedeutung,[26] sondern die gleichfalls eröffnete Möglichkeit, die Mitbestimmung an die Unternehmensspezifika anzupassen (§ 21 SEBG), insbesondere den Aufsichtsrat zu verkleinern[27] und internationaler (§ 36 SEBG) zu besetzen.[28]

7 Ein wesentlicher Aspekt bei der Entscheidung von KMU zur Gründung einer Europäischen Gesellschaft liegt demgegenüber in der Möglichkeit, das Unternehmen der mitbestimmungsrechtlichen Dynamik von DrittelbG und MitbestG zu entziehen: Da die SE nicht den nationalen Mitbestimmungsgesetzen unterliegt (§ 47 Abs. 1 Nr. 1 SEBG),[29] bleibt eine SE, die im Zeitpunkt ihrer Gründung entweder mitbestimmungsfrei oder drittelmitbestimmt ist, auch dann mitbestimmungsfrei bzw. drittelmitbestimmt, wenn die Schwellenwerte des nationalen Rechts von in der Regel mehr als 500 (§ 1 Abs. 1 S. 1 Nr. 1 DrittelbG) bzw. 2.000 (§ 1 Abs. 1 Nr. 2 MitbestG) Arbeitnehmern überschritten werden.[30] Ausnahmen gelten nur dann, wenn es zu sog. strukturellen Änderungen kommt, die geeignet sind, die Beteiligungsrechte der Arbeitnehmer zu mindern (§ 18 Abs. 3 SEBG),[31] wobei – trotz nach wie vor zahlreicher Unsicherheiten im Detail – zu Recht weitgehende Einigkeit herrscht, dass das Überschreiten der Schwellenwerte von DrittelbG und MitbestG keinen Anwendungsfall des § 18 Abs. 3 SEBG darstellt.[32] Die SE erlaubt also die Festschreibung des mitbestimmungsrechtlichen Status Quo im Zeitpunkt der Eintragung der SE für die Zukunft (sog. **„Einfrieren"**/**„Zementieren"**).[33] Dabei bleibt die SE auch nach Einführung der grenzüberschreitenden Verschmelzung (§§ 305 ff. UmwG/§§ 122a ff. UmwG aF) sowie nunmehr auch grenzüberschreitendem Formwechsel (§§ 333 ff. UmwG) und grenzüberschreitender Spaltung (§§ 320 ff. UmwG) der rechtssicherste Weg zum Einfrieren der Mitbestimmung, da einerseits unklar ist, ob MgVG und MgFSG das Einfrieren der Mitbestimmungsfreiheit erlauben[34] und die Reichweite des durch das MgVG und MgFSG gewährten Bestandsschutzes (§ 30 MgVG,

---

26 Vgl. etwa *Teichmann* AG 2008, 797 (800): „[…] kaum möglich". Sagasser/Bula/Brünger Umwandlungen/*Sagasser/Clasen* § 14 Rn. 183 berichten demgegenüber von gelegentlich zu beobachtender Absenkung der Mitbestimmung durch die Verhandlungslösung. Das Beispiel der Zalando SE ist allerdings ein Sonderfall, der sich kaum verallgemeinern lässt. Zum einen bestand bei der Zalando SE keine unternehmerische Mitbestimmung im Aufsichtsrat (Ist-Zustand) trotz Überschreitens der Schwellenwerte von DrittelbG und MitbestG (Soll-Zustand) vor Verschmelzung zur SE und zum anderen ist das konkrete Vorgehen zumindest von Seiten der Gewerkschaften seinerzeit überaus kritisch kommentiert worden, vgl. etwa https://www.boeckler.de/de/magazin-mitbestimmung-2744-niemand-schreit-vor-glueck-4969.htm.

27 § 7 MitbestG findet keine, auch keine entsprechende Anwendung, vgl. etwa *Deilmann/Häfferer* NZA 2017, 607 (608); *Habersack* DK 2008, 67 (68); Lutter/Hommelhoff/Teichmann/*Drygala* SE-VO Art. 40 Rn. 31; *Löw/Stolzenberg* NZA 2016, 1489 (1490); *Uffmann* AG 2022, 427 (429 f.). Zur Frage, ob die Bestimmung der Größe des Aufsichts- bzw. Verwaltungsrats in die ausschließliche Zuständigkeit des Satzungsgebers fällt oder einer Regelung durch die Parteien der Beteiligungsvereinbarung offensteht, → Rn. 39. Empirische Hinweise zur Verkleinerung des Aufsichtsrats bei *Schubert/von der Höh* NZG 2014, 439 (443).

28 *Seibt* ZIP 2010, 1057; MHdB GesR VI/*Teichmann* § 43 Rn. 2.

29 Hierzu etwa Nagel/Freis/Kleinsorge/*Kleinsorge* SEBG § 47 Rn. 2 f.; Lutter/Hommelhoff/Teichmann/*Oetker* SEBG § 47 Rn. 5 f.; *Mückl/Blunck* DB 2022, 735 (736).

30 *Ege/Grzimek/Schwarzfischer* DB 2011, 1205 (1206 f.); *Götze/Winzer/Arnold* ZIP 2009, 245 (251 f.); *Habersack* ZHR 2023, 48 (55); *Feldhaus/Vanscheidt* BB 2008, 2246 (2247); *Löw/Stolzenberg* NZA 2016, 1489 (1490); *Schlosser* RdA 2022, 350 (351); *Uffmann* AG 2022, 427 (435); *Werner* NZG 2022, 541 (542); *Wittschen* ZGR 2016, 644 (645 f.).

31 *Feldhaus/Vanscheidt* BB 2008, 2246 (2247 ff.); *Götze/Winzer/Arnold* ZIP 2009, 245 (252).

32 *Löw/Stolzenberg* BB 2017, 245 (246); *Werner* NZG 2022, 541 (542); *Wollburg/Banerjea* ZIP 2005, 277 (282); Lutter/Hommelhoff/Teichmann/*Oetker* SEBG § 18 Rn. 23. AA Nagel/Freis/Kleinsorge/*Freis* SEBG § 18 Rn. 11. Anders insoweit die Rechtslage in Österreich, wo „erhebliche Änderungen der Zahl der in der Europäischen Gesellschaft und ihren Tochtergesellschaften Beschäftigten" als strukturelle bzw. wesentliche Änderung der Struktur der SE zu qualifizieren sind (vgl. § 228 Abs. 2 ArbVG).

33 *Ege/Grzimek/Schwarzfischer* DB 2011, 1205 (1206 f.); *Müller-Bonanni/Müntefering* BB 2009, 1699 (1702); *Rieble* BB 2006, 2018 (2020); *Seibt* ZIP 2010, 1057; *Teichmann* AG 2008, 797 (798).

34 Bejahend *Brandes* ZIP 2008, 2193 (2193 ff.); verneinend *Drinhausen/Keinath* AG 2010, 398 (398 ff.); *Habersack* ZHR 2023, 48 (58 f.); *Ege/Grzimek/Schwarzfischer* DB 2011, 1205 (1206 f.); *Müller-Bonanni/Müntefering* BB 2009, 1699 (1702).

§ 31 MgFSG) beschränkt ist.[35] Hinzu treten treten die im Rahmen des UmRUG geschaffene sog. 4/5-Regelung,[36] sowie die grundsätzliche Neuerung, dass grenzüberschreitende Umwandlungsmaßnahmen nunmehr einer ausdrücklichen registerrechtlichen Missbrauchskontrolle unterliegen (§ 316 Abs. 3, §§ 329, 343 Abs. 3 UmwG), die eventuell als Einfallstor für die Unterbindung rechtspolitisch unerwünschter Erscheinungsformen im Umgang mit der unternehmerischen Mitbestimmung fungieren wird.[37]

Abzuwarten bleibt für den Moment, inwieweit die Vorhaben des **Koalitionsvertrages**[38] neben der Angleichung der Zurechnungstatbestände nach MitbestG und DrittelbG[39] den „Einfriereffekt" auf europäischer oder eventuell nationaler Ebene zu beschränken, tatsächlich verfolgt werden und ob ein eventueller nationaler Alleingang einer Prüfung am Maßstab des Europarechts standhalten würde.[40]

Hinweis: Dient die Gründung einer SE (zumindest auch) der Gestaltung der unternehmerischen Mitbestimmung, ist, um unliebsame Überraschungen zu vermeiden, im Rahmen der Strukturierung der Transaktion mit der Mandantschaft abzuklären, inwieweit kurz- oder mittelfristig Entscheidungen anstehen, die gegebenenfalls als strukturelle Änderungen, die geeignet sind, die Beteiligungsrechte der Arbeitnehmer zu mindern, zu qualifizieren sind. Diskutiert wird dies in folgenden Fallgruppen: Verschmelzung bzw. Spaltung einer (mitbestimmten) Gesellschaft jeweils zur Aufnahme durch die SE,[41] Erwerb einer Mehrheitsbeteiligung/Share Deal an einer gegebenenfalls mitbestimmten Gesellschaft durch die SE,[42] Asset Deal, der mit einer Übernahme von mehr als 500 oder 2.000 Arbeitnehmern einer gegebenenfalls mitbestimmten Ge-

---

35 Hierzu etwa *Müller-Bonanni/Müntefering* BB 2009, 1699 (1703); *Habersack* ZHR 171 (2007), 613 (636 ff.). Insbesondere können nachfolgende Verschmelzungen, unabhängig von ihrer mitbestimmungsrechtlichen Dimension zu einem Verlust der im Verhandlungswege erarbeiteten Mitbestimmung führen.
36 Vgl. hierzu etwa *Habersack* ZHR 2023, 48 (59 f.); *Sauerbrey* GmbHR 2023, 5 (7).
37 Zur Missbrauchskontrolle vgl. etwa *Bungert/Reidt* DB 2023, 54 (56); *Heckschen/Knaier* GmbHR 2022, R376 f.; *Heckschen/Knaier* GmbHR 2023, 317 (321 f.); *J. Schmidt* NZG 2022, 635 (640); ausführlich *Teichmann* ZGR 2022, 376 (376 ff.); an der Vereinbarkeit der Ausformung durch den nationalen Gesetzgeber zweifelnd *Teichmann* NZG 2023, 345. Deutlich gnädigeres Urteil für die fragwürdige Regelung bei *Sauerbrey* GmbHR 2023, 5 (9 f.), wobei allerdings darauf hinzuweisen ist, dass die Forderung, den Missbrauchstatbestand durch insbesondere mitbestimmungsrechtliche Fallbeispiele mit Leben zu füllen, selbstverständlich von seiten der Gewerkschaften und nicht „der Gesellschaften" erhoben worden ist.
38 Mehr Fortschritt wagen. Bündnis für Freiheit, Gerechtigkeit und Nachhaltigkeit. Koalitionsvertrag 2021–2025 zwischen der Sozialdemokratischen Partei Deutschlands (SPD), BÜNDNIS 90/DIE GRÜNEN und den Freien Demokraten (FDP), S. 56: „[...] Die bestehenden nationalen Regelungen werden wir bewahren. Missbräuchliche Umgehung geltenden Mitbestimmungsrechts wollen wir verhindern. Die Bundesregierung wird sich dafür einsetzen, dass die Unternehmensmitbestimmung weiterentwickelt wird, so dass es nicht mehr zur vollständigen Mitbestimmungsvermeidung beim Zuwachs von SE-Gesellschaften kommen kann (Einfriereffekt). Wir werden die Konzernzurechnung aus dem Mitbestimmungsgesetz auf das Drittelbeteiligungsgesetz übertragen, sofern faktisch eine echte Beherrschung vorliegt."
39 *Mückl/Blunck* DB 2022, 735 (736 f.); *Uffmann* AG 2022, 427 (437 f.).
40 Zu den entsprechenden Plänen des Koalitionsvertrages *Uffmann* AG 2022, 427 (427 ff.); *Werner* NZG 2022, 541 (541 ff.).
41 Bejahend *Löw/Stolzenberg* BB 2017, 245 (245 f.); *Nagel* ZIP 2011, 2047 (2048); *Müller-Bonanni/Müntefering* BB 2009, 1699 (1702); *Reichert* ZIP 2014, 1957 (1962 f.); *Wollburg/Banerjea* ZIP 2005, 277 (282); zurückhaltender *Feldhaus/Vanscheidt* BB 2008, 2246 (2250).
42 Zumindest bei Mehrheitserwerb bejahend *Nagel* ZIP 2011, 2047 (2049); Lutter/Hommelhoff/*Teichmann*/Oetker SEBG § 18 Rn. 26: bejahend bei Konzernbezug; ablehnend *Löw/Stolzenberg* BB 2017, 245 (246) (mit eventuellen Ausnahmen); *Wollburg/Banerjea* ZIP 2005, 277 (280); *Feldhaus/Vanscheidt* BB 2008, 2246; *Ziegler/Gey* BB 2009, 1750 (1757).

sellschaft verbunden ist (§ 613a BGB),[43] grenzüberschreitende Sitzverlegung,[44] Wechsel von der monistischen in die dualistische Organisationsverfassung oder vice versa[45] und die im vorliegenden Kontext nicht relevante Aktivierung einer arbeitnehmerlosen Vorrats-SE.[46] Nur anhand einer solchen Anamnese ist es möglich, zu evaluieren, ob die intendierte Mitbestimmungsgestaltung nicht nur kurz-, sondern auch mittelfristig Bestand hat. Parallel hierzu ist nunmehr auch die neue gesetzgeberische Dynamik im Bereich der Mitbestimmung im Blick zu behalten.

9 In Konsequenz des Umstands, dass die SE der Dynamik des deutschen Mitbestimmungsrechts entzogen ist, wird das im Gründungszeitpunkt bestehende Mitbestimmungsregime nicht nur „nach oben", sondern auch „nach unten" eingefroren, dh eine (paritätisch) mitbestimmte SE bleibt auch dann (paritätisch) mitbestimmt, wenn die **Schwellenwerte** von in der Regel 2.000 bzw. 500 Arbeitnehmern **unterschritten** werden;[47] ebenso wenig wird man hierin eine strukturelle Änderung nach § 18 SEBG sehen können.[48] Nach Möglichkeit sollte deshalb die Beteiligungsvereinbarung Bestimmungen für eine Anpassung des Mitbestimmungsniveaus in diesen Fällen enthalten. Im Übrigen verbleibt in dieser Konstellation die Alternative, die SE zu renationalisieren und die Gesellschaft damit wieder dem deutschen Mitbestimmungsstatut zu unterstellen.

10 Während die grundsätzliche Zulässigkeit des Einfrierens des mitbestimmungsrechtlichen Status Quo weitgehend unbestritten ist, harrt einer abschließenden Klärung, ob auch Unternehmen, die bereits im Gründungszeitpunkt die Voraussetzungen von § 1 Abs. 1 Nr. 2 MitbestG, § 1 Abs. 1 S. 1 Nr. 1 DrittelbG erfüllen (sog. **Soll-Zustand**), bei denen aber noch keine Mitbestimmung im Aufsichtsrat etabliert worden ist (sog. **Ist-Zustand**), durch einen Wechsel in die Rechtsform der SE noch dem Zugriff des nationalen Mitbestimmungsrechts entzogen werden können.[49] Entscheidende Parameter dieser Debatte sind auf der einen Seite der Umstand, dass die unternehmerische Mitbestimmung als Sozialordnungsrecht zwingender Natur ist[50] und insofern in der unterbliebenen Einleitung eines Statusverfahrens durch die Arbeitnehmer (§ 98 AktG) kein wirksamer Verzicht auf die Einführung der gesetzlich vorgeschriebenen Mitbestim-

---

43 Bejahend *Nagel* ZIP 2011, 2047 (2049 f.); für den Fall, dass die Arbeitnehmer bei ihrem bisherigen Rechtsträger einer Mitbestimmung unterlagen, auch Lutter/Hommelhoff/Teichmann/*Oetker* SEBG § 18 Rn. 24, 36; ablehnend *Wollburg/Banerjea* ZIP 2005, 277 (281 f.); *Ziegler/Gey* BB 2009, 1750 (1757); Habersack/Henssler/*Henssler* SEBG § 18 Rn. 18; in Ausnahmefällen denkbar *Feldhaus/Vanscheidt* BB 2008, 2246 (2250).

44 Bejahend Lutter/Hommelhoff/Teichmann/*Oetker* SEBG § 18 Rn. 25, der allerdings nunmehr eine Minderung von Beteiligungsrechten verneint (Rn. 35); ablehnend die mittlerweile hM Habersack/Henssler/*Henssler* SEBG § 18 Rn. 19; *Löw/Stolzenberg* BB 2017, 245 (247); *Wollburg/Banerjea* ZIP 2005, 277 (283); *Feldhaus/Vanscheidt* BB 2008, 2246 (2250); *Ziegler/Gey* BB 2009, 1750 (1757).

45 Bejahend Lutter/Hommelhoff/*Oetker* SEBG § 18 Rn. 25; ablehnend Habersack/Henssler/*Henssler* SEBG § 18 Rn. 20a; *Feldhaus/Vanscheidt* BB 2008, 2246 (2251).

46 Bejahend OLG Düsseldorf ZIP 2009, 918 (920 f.); hierzu etwa *Bungert/Gotsche* ZIP 2013, 649 (651) mwN; differenzierend, aber im Grundsatz bejahend *Schlosser* RdA 2022, 350 (354 ff.); ablehnend etwa *Reichert* ZIP 2014, 1957 (1965); *Werner* NZG 2022, 541 (544). Das BAG hat die Notwendigkeit der Nachholung eines Beteiligungsverfahrens einer zunächst arbeitnehmerlosen SE unlängst dem EuGH zur Entscheidung vorgelegt, vgl. BAG NZA 2023, 44 (44 ff.) und würde bei unterstellter Europarechtskonformität die §§ 4 ff. SEBG bei Erwerb von beherrschten Tochtergesellschaften mit operativem Geschäftsbetrieb und ausreichender Anzahl an Arbeitnehmern analog anwenden, vgl. ebda. S. 46 f.

47 *Habersack* DK 2006, 105 (108); *Habersack* ZHR 2023, 48 (55); *Wollburg/Banerjea* ZIP 2005, 277 (283).

48 Lutter/Hommelhoff/Teichmann/*Oetker* SEBG § 18 Rn. 23; *Reichert* ZIP 2014, 1957 (1961). *Feldhaus/Vanscheidt* BB 2008, 2246 (2250) erwägen eine analoge Anwendung von § 18 Abs. 3 SEBG bzw. § 325 UmwG aF AA wohl *Habersack* DK 2006, 105 (108).

49 Ablehnend im Schrifttum etwa *Ege/Grzimek/Schwarzfischer* DB 2011, 1205 (1206 f.); *Grobys* NZA 2005, 84 (90); *Ziegler/Gey* BB 2009, 1750 (1756). Die grundsätzliche Frage der Maßgeblichkeit des Ist- oder Soll-Zustands ausdrücklich offenlassend BGH NZG 2019, 1157 (1159).

50 Hierzu Habersack/Henssler/*Habersack* MitbestG § 1 Rn. 2; Henssler/Willemsen/Kalb/*Seibt* MitbestG § 1 Rn. 18.

mung gesehen werden kann,[51] auf der anderen das sog. Kontinuitätsprinzip gem. § 96 Abs. 4 AktG, wonach sich der Aufsichtsrat nach anderen als den zuletzt angewandten gesetzlichen Vorschriften nur dann zusammensetzen kann, wenn nach den §§ 97, 98 AktG die in einer Bekanntmachung des Vorstands oder in der gerichtlichen Entscheidung angegebenen gesetzlichen Vorschriften anzuwenden sind.[52] In Rechtsprechung und Schrifttum wird die Frage kontrovers diskutiert, wobei für den aktuellen Stand ein erheblich ausdifferenziertes Meinungsbild zu konstatieren ist.[53] Neben der grundsätzlichen Frage der Maßgeblichkeit des Ist- oder des Soll-Zustands wird ua diskutiert, ob die konkrete Gründungsvariante, die Frage, ob die Mitbestimmung sich nach einer Beteiligungsvereinbarung oder aber der gesetzlichen Auffanglösung richtet, und ein laufendes Statusverfahren von Relevanz für dieses Ergebnis sind.

Zumindest für Ausschnitte dieser Debatte ist durch Beschluss des II. Senats des BGH vom 23.7.2019 für die Praxis Rechtssicherheit hergestellt. Hiernach richtet sich zumindest dann, wenn vor der Eintragung einer durch formwechselnde Umwandlung (Art. 37 SE-VO) gegründeten, dualistisch aufgebauten SE in das Handelsregister ein Statusverfahren eingeleitet worden ist, die in diesem Verfahren festzulegende Zusammensetzung des Aufsichtsorgans der SE bei Anwendbarkeit der Auffangregelung über die Mitbestimmung kraft Gesetzes (§§ 34 ff. SEBG) danach, wie der Aufsichtsrat vor der Umwandlung nach den einschlägigen gesetzlichen Vorschriften richtigerweise zusammenzusetzen war; maßgeblich ist damit in diesem Fall nach Auffassung des BGH der Soll-Zustand.[54]

In einer Folgeentscheidung hat das BayObLG – vor dem Hintergrund der genannten BGH-Entscheidung eher überraschend – entschieden, dass zumindest dann auf den „Ist"- und nicht den „Soll"-Zustand abzustellen sein soll, sofern vor der Eintragung der durch Umwandlung gegründeten SE in das Handelsregister ein gerichtliches Statusverfahren noch nicht eingeleitet wurde bzw. wenn und soweit im Zeitpunkt der Umwandlung ein solches auch nicht hätte eingeleitet werden können, dh vor Eintragung der Umwandlung in eine SE weder Streit noch Ungewissheit bzgl. der richtigen Zusammensetzung des Aufsichtsrats iSd § 98 Abs. 1 AktG bestanden habe.[55] Unter diesen Voraussetzungen richte sich das Mitbestimmungsstatut der SE nach der in der Gründungsgesellschaft tatsächlich praktizierten Mitbestimmung.[56]

Noch nicht endgültig abzusehen ist, ob und welchen Einfluss die SAP-Entscheidung des EuGH[57] auf die weiterhin hochumstrittene und politisch sensible Frage der Maßgeblichkeit des „Soll"- oder „Ist-Zustandes" hat. Hier wird es teilweise für möglich gehalten, dass die bisherige Diskussion damit zugunsten der Maßgeblichkeit des „Soll"-Zustands entschieden worden sei.[58]

---

51 Zur fehlenden Möglichkeit der Arbeitnehmer, auf die Mitbestimmung zu verzichten, *Fleischer* AcP 204 (2004), 502 (541).
52 So wohl *Seibt* ZIP 2010, 1057 (1063 f.); im Ergebnis auch *Löw/Stolzenberg* NZA 2016, 1489 (1495); so jetzt auch LG München I ZIP 2018, 1546 (1547 f.) und LG Frankfurt a. M. NZG 2018, 820. Zu Sinn und Zweck des § 96 Abs. 4 AktG etwa *Koch* AktG § 96 Rn. 1, 28.
53 Für Maßgeblichkeit des Soll-Zustandes OLG Frankfurt a. M. NZG 2018, 1254. Für Maßgeblichkeit des Ist-Zustandes LG Frankfurt a. M. NZG 2018, 820; LG Berlin 1.4.2019 – 102 O 120/17 AktG, BeckRS 2019, 25523.
54 BGH NZG 2019, 1157 (1159 f.).
55 BayObLG 14.9.2021 – 102 ZBR 68/21, BeckRS 2021, 53950. Zum Erfordernis bestehender Unsicherheit vgl. auch allgemein *Koch* AktG § 98 Rn. 3.
56 BayObLG BeckRS 2021, 53950 Rn. 54.
57 EuGH NJW 2022, 3567 – IG Metall ua/SAP SE.
58 So *Hauser* AG 2022, 850 (851). Dies für denkbar haltend auch BeckOGK/*Casper*, Stand: 1.1.2023, SE-VO Art. 1 Rn. 36 mit Fn. 157.

14 Die Verhandlungslösung beansprucht zunächst nur Geltung für die SE selbst. Vor diesem Hintergrund stellt sich die Frage, ob, insbesondere dann, wenn eine mitbestimmte SE als Holding und eine deutsche Tochterkapitalgesellschaft als operative Gesellschaft oder weitere Zwischenholding fungiert, die **Teilkonzernregelung** des § 5 Abs. 3 MitbestG auf die nachgeordnete deutsche Kapitalgesellschaft anzuwenden ist. Für die Anwendbarkeit spricht der Wortlaut, da die SE nicht zu den in § 1 MitbestG genannten und damit gleichzeitig zu den vermeintlich von der Teilkonzernregelung erfassten Rechtsformen gehört.[59] Die Gegenansicht verweist demgegenüber einerseits auf Art. 10 SE-VO, wonach die SE als deutsche AG zu behandeln ist, und andererseits auf den nicht einschlägigen Schutzzweck von § 5 Abs. 3 MitbestG, der darin besteht, falls eine Mitbestimmung auf Ebene der Konzernspitze aufgrund mangelnder Mitbestimmungsfähigkeit ausscheidet, die Mitbestimmung auf der nächsthöheren mitbestimmungsfähigen Stufe zu verwirklichen.[60] Man wird mit der zweiten Ansicht davon auszugehen haben, dass zumindest dann, wenn auf Ebene der SE – kraft Beteiligungsvereinbarung oder kraft Auffanglösung – bereits Parität etabliert ist, eine Anwendung der Teilkonzernregelung ausscheiden muss; anderenfalls wäre eine widersinnige und von § 5 Abs. 3 MitbestG nicht bezweckte Dopplung der Mitbestimmung auf Ebene der Konzernspitze und der nächsthöheren Konzernstufe die Folge.[61] Erwägenswert ist damit vor allem die Konstellation, in der eine Gruppe mit einer zunächst nicht mitbestimmten oder drittelparitätisch mitbestimmten SE nachträglich die Voraussetzungen des § 5 Abs. 3 MitbestG erfüllt. Mehrere Gesichtspunkte sprechen auch in dieser Konstellation gegen die Anwendbarkeit der Teilkonzernregelung: (1) ist formal festzuhalten, dass selbst bei fehlender Mitbestimmung kraft gesetzlicher Auffanglösung oder aber kraft Vereinbarung, die Konzernspitze einem eigenen Mitbestimmungsstatut unterliegt; (2) importiert die Anwendbarkeit der Teilkonzernregelung systemwidrig die Dynamik des deutschen Mitbestimmungsrechts in das Recht der SE; und (3) hält das SE-Recht für nachträgliche mitbestimmungswirksame Ereignisse mit § 18 Abs. 3 SEBG eine eigenständige Regelung bereit. Dennoch verbleibt hier erhebliche Rechtsunsicherheit.

Hinweis: Wenn die Möglichkeit zur Mitbestimmungsgestaltung zu den tragenden Erwägungsgründen der Entscheidung zur Gründung einer SE zählt, sollten unbedingt auch die weniger „modischen" Mitbestimmungsinstrumente daraufhin überprüft werden, inwieweit sie den Zielen der Mandantschaft mindestens gleichgut oder besser genügen.[62] Zusätzlich ist aktuell unbedingt die sich im Fluss befindliche Entwicklung auf politischer Ebene aufmerksam zu verfolgen, ebenso wie die mittlerweile zahlreichen Verfahren, die Grundsatzfragen verschiedener Mitbestimmungsgestaltungen zum Gegenstand haben.

15 **Hinweis:** Auch wenn die Möglichkeit zur Gestaltung der Mitbestimmung wesentlicher Treiber einer Rechtsformwahl zugunsten der SE ist, sollte der Verschmelzungs- bzw.

---

59 Die Einschlägigkeit von § 5 Abs. 3 MitbestG bejahend LG Hamburg 12.8.2016 – 413 HKO 138/15, BeckRS 2016, 20967; Wißmann/Kleinsorge/Schubert/Wißmann MitbestG § 5 Rn. 64; *Müller-Bonnani/Melot de Beauregard* GmbHR 2005, 195 (198).

60 Habersack/Henssler/*Habersack* MitbestG § 5 Rn. 66; *Habersack* DK 2006, 105 (110 f.); *Nikoleyczik/Führ* DStR 2010, 1743 (1746).

61 Dabei ist insbesondere zu beachten, dass die Mitbestimmung auf Grundlage des europäischen Rechts ein aliud, aber kein minderwertiges minus im Vergleich zur deutschen Mitbestimmung ist, wie nicht zuletzt § 47 Abs. 1 Nr. 1 SEBG offenbart. Offensichtlich aA Wißmann/Kleinsorge/Schubert/*Wißmann* MitbestG § 5 Rn. 64.

62 Guter Überblick bei *Götze/Winzer/Arnold* ZIP 2009, 245; vgl. auch *Nikoleyczik/Führ* DStR 2010, 1743 (1747 ff.).

Umwandlungsplan in seiner Präambel auch die weiteren, aus Sicht der umwandlungswilligen Gründungsgesellschaften mit dem Wechsel zur SE verbundenen positiven Effekte ausdrücklich benennen, um den rechtspolitisch nicht überzeugenden, aber als lex lata hinzunehmenden und im Einzelfall sogar strafbewehrten Vorwurf zu vermeiden, die Gründung der SE diene der Entziehung oder Vorenthaltung von Beteiligungsrechten der Arbeitnehmer.[63]

4. Intraeuropäische Mobilität der SE

Die Gründung einer SE ermöglicht die **grenzüberschreitende Verschmelzung** von Gesellschaften aus verschiedenen EU/EWR-Mitgliedstaaten, die nach der früher hM unter Geltung des UmwG nicht möglich war. Durch die SEVIC-Entscheidung des EuGH, die es als mit der Niederlassungsfreiheit unvereinbar erklärt, dass Mitgliedstaaten ihren Gesellschaften die Beteiligung an einer grenzüberschreitenden Verschmelzung im EU/EWR-Raum untersagen,[64] und die Umsetzung der internationalen Verschmelzungsrichtlinie durch die §§ 122a ff. UmwG aF/§§ 305 ff. UmwG nF hat dieser Vorteil spürbar an Bedeutung verloren.[65] Gleiches dürfte nunmehr auch hinsichtlich der für die SE in Art. 8 SE-VO ausdrücklich eröffneten **grenzüberschreitenden Sitzverlegung** gelten,[66] die nunmehr nicht nur als Ausdruck der Niederlassungsfreiheit sämtlichen EU/EWR-Gesellschaften durch die Rechtsprechung des EuGH eröffnet ist, sondern mit dem UmRUG in §§ 333 ff. UmwG in positivrechtliche und damit rechtssichere Form gegossen worden ist.

5. Europäische Unternehmenskultur

Weiterhin wird regelmäßig als ein weiterer Aspekt bei der Rechtsformwahl zugunsten einer SE die Möglichkeit zur Begründung eines „**Europäischen Images**" genannt.[67] Für die Praxis wird man allerdings davon auszugehen haben, dass es sich hierbei kaum jemals um eine entscheidende Gestaltungserwägung handeln wird;[68] nicht zuletzt aufgrund des Umstandes, dass die internationale Anmutung eines Unternehmens kaum durch das Rechtsformkürzel beeinflusst wird. Befragungen, die einen gegenteiligen Befund nahelegen, sollten in diesem Zusammenhang nicht überschätzt werden, da dem Verweis auf das europäische Brand häufig eine bloße Feigenblattfunktion zukommt, mit der die tragende Erwägung der Mitbestimmungsvermeidung bzw. -gestaltung bemäntelt werden soll.[69]

6. Ausblick und Würdigung

Auch für die nähere Zukunft ist mit einem weiteren stetigen Bedeutungszuwachs der deutschen SE zu rechnen, wobei in der ganz überwiegenden Anzahl der Fälle die Möglichkeit zur Mitbestimmungsgestaltung bzw. -vermeidung der maßgebliche Treiber dieser Entwicklung bleiben wird. Entgegen der anderslautenden offiziellen

---

63 Kritisch *Götze/Winzer/Arnold* ZIP 2009, 245.
64 EuGH NJW 2006, 425 – Sevic.
65 *Hopt* ZGR 2013, 165 (195); *Kiem* ZHR 173 (2009), 156 (160).
66 *Lutter/Bayer/Schmidt* EurUnternehmensR § 45 Rn. 170 ff.; zur Sitzverlegung etwa *Oechsler* AG 2005, 373.
67 Etwa *Bungert/Gotsche* ZIP 2013, 649; *Kallmeyer* AG 2003, 197 (200). Vgl. *Reiserer/Biesinger/Christ/Bollacher* DStR 2018, 1185 (1186): „[…] wird am häufigsten genannt."
68 Vgl. auch *Nagel* ZIP 2011, 2047: „[…] Entscheidung der SE-Gründer für diese Rechtsform weniger von europäischen Idealen als von handfesten Interessen geleitet […]".
69 Andere Einschätzung offensichtlich durch *Stöber* AG 2013, 110 (112) und *Hopt* ZGR 2013, 165 (195).

Sprachregelung der Politik[70] ist zu konstatieren, dass sich trotz positiver Beurteilungen im Einzelfall die Grundgedanken der unternehmerischen Mitbestimmung deutscher Provenienz im Gegensatz zur betrieblichen Mitbestimmung im Lager der Anteilseigner nie breitflächig durchzusetzen vermocht haben; Mitbestimmungsvermeidungsmodelle sind Alltag und international hat sich bisher kein Staat gefunden, der Deutschland auf seinem mitbestimmungsrechtlichen Sonderweg zu folgen bereit gewesen wäre. Soweit der Gesetzgeber deshalb nicht in der Weise korrigierend eingreift, dass er deutschen Kapitalgesellschaften zumindest ein der SE vergleichbar flexibles Mitbestimmungsstatut zur Verfügung stellt, wird sich der Prozess der schleichenden Erosion der AG ua durch Wahl der Rechtsform der SE fortsetzen.[71] Anders als die in weiten Teilen ähnliche Organisationsverfassung der SE es auf einen ersten Blick nahezulegen scheint, ist der bisherige mitbestimmungsrechtliche Attentismus des Gesetzgebers rechtspraktisch und rechtspolitisch hochgradig unbefriedigend. Zunächst gilt, dass die SE letztlich nicht mehr ist als eine ausgewählt unhandliche Variante der deutschen AG. Weiterer Nachteil für die Unternehmen, die sich aus mitbestimmungspolitischen Erwägungen für die SE entscheiden, ist die in zahlreichen Details bestehende mangelnde Rechtssicherheit aufgrund Fehlens einschlägiger Rechtsprechung und eingeschliffener und erprobter Praxis. Nicht zuletzt ist – auch aus Sicht des deutschen Gesetzgebers – zu beachten, dass das Recht der SE wesentlich durch den Europäischen Gesetzgeber mitgeprägt wird. Das heißt die Implementierung (scheinbar) notwendiger Reformen, zu denen der deutsche Aktienrechtsgesetzgeber bekanntlich durchaus neigt, kann nicht auf mitgliedstaatlicher Ebene erfolgen, sondern setzt das Durchlaufen des europäischen Gesetzgebungsprozesses voraus. Wie steinig dieser Weg sein kann, belegt nicht zuletzt die Odyssee, die die SE als „Flaggschiff des Europäischen Gesellschaftsrechts"[72] noch vor ihrer eigentlichen Jungfernfahrt hinter sich bringen musste, und wird auch für die Gegenwart bestätigt durch die bezeichnende Entscheidung der Kommission, trotz im Rahmen des Konsultationsprozesses einhellig konstatierten Reformbedarfs im Recht der SE auf eine Revision der SE-VO zu verzichten, „da die erwarteten Vorteile einer Überarbeitung im Sinne einer Vereinfachung und Verbesserung beider Statute die potenziellen Herausforderungen bei einer Neueröffnung der Diskussion nicht aufwiegen würden […]."[73] Bezeichnend ist insoweit auch, dass die umfassende Richtlinie über grenzüberschreitende Umwandlungen davon Abstand genommen hat, die SE-VO, die letztlich eine gewisse Parallelität zu den weiteren Formen grenzüberschreitender Mobilität aufweisen sollte, auch nur in Details oder technischen Fragen zu ergänzen mit der Folge, dass nicht unwesentliche Teile der SE-VO mittlerweile durch die Rechtsentwicklung auch und gerade auf supranationaler Ebene überholt sind. Die Abwanderung deutscher Unternehmen in die SE führt letztlich dazu, dass der deutsche Gesetzgeber sich der

---

70 Vgl.etwa den Koalitionsvertrag der Ampelkoalition, S. 56: „Deutschland nimmt bei der Unternehmensmitbestimmung eine weltweit bedeutende Stellung ein. Die bestehenden nationalen Regelungen werden wir bewahren", sowie aus früherer Legislaturperiode etwa Antwort der BReg, BT-Drs. 17/1514, 2 „Die Bundesregierung ist der Auffassung, dass sich die betriebliche Mitbestimmung und die Mitbestimmung auf Unternehmensebene bewährt haben". Anders auch regelmäßig die empirischen Ergebnisse der Hans-Böckler-Stiftung, vgl. etwa *Köstler/Pütz* AG 2013, R180 f.

71 Plastisch *Habersack* ZHR 171 (2007), 631 (643), der insoweit von einer „Abstimmung mit den Füßen" spricht.

Gleichsinnig auch *Arbeitskreis „Unternehmerische Mitbestimmung"* ZIP 2009, 885 mit vorsichtigem Modernisierungsvorschlag; für eine Flexibilisierung bei gleichzeitiger Einbeziehung von Auslandsgesellschaften auch *Hommelhoff* ZIP 2013, 2177 (2179 ff.).

72 *Hopt* ZGR 2013, 165 (194).

73 Europäische Kommission, Aktionsplan: Europäisches Gesellschaftsrecht und Corporate Governance, COM(2012) 740, 16. Vgl. auch *Hopt* ZGR 2013, 165 (194 f.); *Verse* EuZW 2013, 336 (341) und aus jüngerer Zeit *Teichmann* ZGR 2022, 376.

Fähigkeit beraubt, für eine Vielzahl der in Deutschland ansässigen Kapitalgesellschaften auf eventuell sich ergebenden Handlungsbedarf zu reagieren.

Vor diesem Hintergrund mag man es begrüßen, dass sich der Koalitionsvertrag in diesem Punkt ausdrücklich positioniert. Ob allerdings die diesbezüglich angedachten Nachjustierungen des europäischen und deutschen Mitbestimmungsregimes, die sich der Koalitionsvertrag der Ampel auf die Fahne geschrieben hat, vor allem die Übertragung der Konzernrechnung des MitbestG in das DrittelbG und nicht weiter spezifizierte Maßnahmen, um den Einfriereffekt durch die Gründung einer Europäischen Gesellschaft zumindest zu beschränken,[74] tatsächlich einen konstruktiven Beitrag darstellen, wird man bezweifeln können. Im Fall ihrer Realisierung wäre allenfalls zu erwarten, dass sich die schleichende Flucht aus dem Anwendungsbereich des deutschen Mitbestimmungsrechts zu einer panikartigen Fluchtwelle in die SE verstärkt, die dem Zugriff eines allzu mitbestimmungsaffinen nationalen Gesetzgebers zunächst einmal entzogen ist.[75] Sofern auch dieser Schleichweg heraus aus der Mitbestimmung verbaut werden sollte, wäre wohl mit damit zu rechnen, dass dem Zugriff des deutschen und letztlich auch des supranationalen Gesetzgebers entzogene Ausweichgestaltungen, wie etwa die deutlich häufiger werdende Auslandsgesellschaft & Co. KG, zusätzlichen Auftrieb erhalten.

III. SE im Umwandlungsrecht und Umwandlungsrecht der SE

Mit Blick auf das Umwandlungsrecht der SE sind zwei Komplexe zu unterscheiden.

Werdende SE. Die SE-VO verbietet die originäre Gründung einer SE durch Gründungsakt einer oder mehrerer natürlicher und/oder juristischer Personen. Die SE kann vielmehr nur durch in der Verordnung enumerativ-abschließend aufgeführte Strukturentscheidungen bestehender Gesellschaften gegründet werden. Im Einzelnen erlaubt das Gesetz die primäre Gründung einer SE durch Verschmelzung, Umwandlung (Formwechsel), Gründung einer Holding- oder Tochtergesellschaft (sog. numerus clausus der Gründungsformen)[76] und als sog. sekundäre Gründungsform die Gründung einer Tochter-SE durch eine bereits bestehende SE.[77] Dem Umwandlungsrecht im engeren Sinne gehören dabei allein Verschmelzung und Umwandlung/Formwechsel an, die zugleich die praktisch bedeutsamsten Wege zur Errichtung einer SE darstellen; auf sie wird deshalb im Folgenden die Darstellung beschränkt.

Umwandlungsrecht der bestehenden SE. Mit Eintragung erlangt die SE als supranationale Kapitalgesellschaft Rechtsfähigkeit. Insoweit stellt sich die Frage, wie sich die SE in das nationale Umwandlungsrecht ihres Sitzstaates einfügt, dh ob und gegebenenfalls

---

74 Vgl. Mehr Fortschritt wagen, S. 56: „Die Bundesregierung wird sich dafür einsetzen, dass die Unternehmensmitbestimmung weiterentwickelt wird, so dass es nicht mehr zur vollständigen Mitbestimmungsvermeidung beim Zuwachs von SE-Gesellschaften kommen kann (Einfriereffekt). Wir werden die Konzernzurechnung aus dem Mitbestimmungsgesetz auf das Drittelbeteiligungsgesetz übertragen, sofern faktisch eine echte Beherrschung vorliegt." Die Ideen haben Vorläufer in der rechtspolitischen Debatte der letzten Dekade, ua im Antrag SPD-Fraktion ua, Demokratische Teilhabe von Belegschaften und ihren Vertretern an unternehmerischen Entscheidungen stärken, BT-Drs. 17/2122 und Stellungnahme DGB zum Antrag der SPD-Fraktion sowie zum Antrag der Fraktion DIE LINKE „Unternehmensmitbestimmung lückenlos garantieren" sowie *Sick* GmbHR 2011, 1196. Vgl. hierzu auch *Habersack* ZHR 2023, 48 (52 f.).
75 Andere Einschätzung – nicht überraschend – bei *Köstler/Pütz* AG 2013, R180 f.
76 Zur praktischen Bedeutung dieses Grundsatzes *Oechsler* NZG 2005, 697.
77 Vgl. etwa BeckOGK/*Casper* SE-VO Art. 2 Rn. 1 ff.; Kallmeyer/*Marsch-Barner/Wilk* Anhang Europäische Gesellschaft Rn. 3 f.

unter welchen besonderen Voraussetzungen sie beteiligter Rechtsträger an Umwandlungsvorgängen nach nationalem Umwandlungsrecht sein kann.

B. Umwandlungsvorgänge zur Gründung einer SE
Literatur:
Feldhaus/Vanscheidt, „Strukturelle Änderungen" der Europäischen Aktiengesellschaft im Lichte von Unternehmenstransaktionen, BB 2008, 2246; *Forst*, Zur Größe des mitbestimmten Organs einer kraft Beteiligungsvereinbarung mitbestimmten SE, AG 2010, 350; *Funke*, Die Arbeitnehmerbeteiligung im Rahmen der Gründung einer SE, NZA 2009, 412; *Grobys*, SE-Betriebsrat und Mitbestimmung in der Europäischen Gesellschaft, NZA 2005, 84; *Krause*, Die Mitbestimmung der Arbeitnehmer in der Europäischen Gesellschaft, BB 2005, 1221; *Ziegler/Gey*, Arbeitnehmermitbestimmung im Aufsichtsrat der Europäischen Gesellschaft (SE) im Vergleich zum Mitbestimmungsgesetz, BB 2009, 1750.

I. Zweispuriges Gründungsverfahren

22 Während das deutsche Recht die Klärung der Mitbestimmung grundsätzlich von der gesellschaftsrechtlichen Ebene entkoppelt, indem es sie in das Statusverfahren (§§ 97–99 AktG) verlagert, verklammern SE-VO und SE-Beteiligungsrichtlinie gesellschaftsrechtliches Gründungsverfahren und Implementierung der betrieblichen und unternehmerischen Mitbestimmung auf Ebene der SE aufs Engste, indem die ordnungsgemäße Durchführung des sog. Arbeitnehmerbeteiligungsverfahrens zur Eintragungs- und damit Wirksamkeitsvoraussetzung der SE erhoben wird (Art. 12 Abs. 2 SE-VO).[78] Das heißt die erfolgreiche Gründung einer SE setzt nicht allein die Erfüllung aller gesellschaftsrechtlichen Normativbestimmungen voraus, sondern ist zusätzlich an die ordnungsgemäße Durchführung des Arbeitnehmerbeteiligungsverfahrens geknüpft.[79] In Konsequenz kann sich die Vorbereitung und Durchführung der Gründung einer SE nicht darauf beschränken, die notwendigen gesellschaftsrechtlichen Schritte zu planen und aufeinander abzustimmen; vielmehr ist parallel die Mitbestimmung der SE durch Durchlaufen des Arbeitnehmerbeteiligungsverfahrens zu gewährleisten. In der Praxis resultieren aus dieser Zweistufigkeit erhebliche Probleme, weil sowohl europäischer wie auch nationaler Gesetzgeber weitgehend darauf verzichtet haben, die parallel zu einander laufenden Prozesse der Gründung und der Arbeitnehmerbeteiligung aufeinander abzustimmen, und das Arbeitnehmerbeteiligungsverfahren auch im Übrigen an einer Vielzahl von Zweifelsfragen krankt, die seine Handhabbarkeit für die Praxis erheblich beeinträchtigen.[80]

II. Grundzüge des Arbeitnehmerbeteiligungsverfahrens

23 Das Arbeitnehmerbeteiligungsverfahren als Voraussetzung der Eintragung der SE kann in weiten Teilen als ein allgemeiner Teil des SE-Gründungsrechts begriffen werden. Das heißt die folgenden Ausführungen gelten im Grundsatz sowohl für die SE-Gründung durch Verschmelzung als auch für die Gründung einer SE mittels Umwandlung.

---

78 Van Hulle/Maul/Drinhausen SE-HdB/*Köklu* Kap. 6 Rn. 1; *Grobys* NZA 2005, 84.
79 *Vossius* ZIP 2005, 741 (742); *Habersack* DK 2008, 67 (71).
80 Vgl. etwa zu den Folgen *Oetker* BB-Special 1/2005, 2, 5 f. De lege ferenda für eine Abschaffung von Art. 12 Abs. 2 SE-VO *Arbeitskreis Aktien- und Kapitalmarktrecht* ZIP 2009, 698. Zur Ausgestaltung des Arbeitnehmerbeteiligungsverfahrens hinreichend deutlich *Lutter/Bayer/Schmidt* EurUnternehmensR S. 165: „Die ausführenden Vorschriften dazu sind – speziell auch für Deutschland – unerhört kompliziert [...]".

1. Verhandlungslösung und BVG

Leitmotiv des Mitbestimmungsstatuts der Europäischen Aktiengesellschaft ist der Grundsatz der **Verhandlungsautonomie** (→ Rn. 6), dh Anteilseignerseite und Belegschaft verhandeln über die betriebsverfassungsrechtliche und unternehmerische Mitbestimmung in der SE.[81] Nur dann, wenn es nicht gelingt, eine privatautonome Lösung zu finden, greift die sog. gesetzliche Auffanglösung als Rückfallposition, die inhaltlich dem Prinzip der Besitzstandwahrung der Arbeitnehmer verpflichtet ist, was SE-RL und SEBG politisch korrekter als „Vorher-Nachher-Prinzip" bezeichnen.[82]

Im Rahmen der damit erforderlichen Verhandlungen zwischen „Kapital" und „Arbeit" werden die Gründungsgesellschaften jeweils durch ihre Leitungsorgane (§ 2 Abs. 5 SEBG), in Deutschland den Vorstand der AG, vertreten, während die Vertretung der Arbeitnehmerinteressen durch das sog. **Besondere Verhandlungsgremium (BVG)** erfolgt. Als Repräsentationsorgan sämtlicher durch die SE-Gründung wirtschaftlich betroffener Arbeitnehmer soll das BVG nach Intention von SE-RL und SEBG ein möglichst genauer Spiegel der betroffenen EU/EWR-Belegschaften sein. Entsprechend dieser Zielvorgabe kann das SE-Recht nicht auf die bestehenden nationalen Arbeitnehmervertretungen der Gründungsgesellschaften bzw. im zukünftigen Sitzstaat der SE als Mandatar der Arbeitnehmer zurückgreifen; vielmehr werden Wahl bzw. Bestellung und Konstituierung des BVG durch SE-RL und nationale Ausführungsgesetze eigens geregelt, um die europäische Dimension der SE-Gründung abzubilden. Als Grundregel bestimmen Art. 3 Abs. 2 SE-RL und § 5 SEBG, dass für die in jedem Mitgliedstaat beschäftigten Arbeitnehmer der beteiligten Gesellschaften sowie der betroffenen Tochtergesellschaften und Betriebe Mitglieder für das BVG gewählt oder bestellt werden. Konkret ist für jeden Anteil der in einem Mitgliedstaat beschäftigten Arbeitnehmer, der 10 % der Gesamtzahl der in allen Mitgliedstaaten beschäftigten Arbeitnehmer der beteiligten Gesellschaften und der betroffenen Tochtergesellschaften und betroffenen Betriebe oder einen Bruchteil davon beträgt, jeweils ein Mitglied aus diesem Mitgliedstaat in das BVG zu wählen oder zu bestellen. Das heißt im Grundsatz, dass (a) zunächst jeder Mitgliedstaat, in dem Mitarbeiter der Gründungsgesellschaften oder ihrer Tochtergesellschaften bzw. Betriebe beschäftigt sind, durch mindestens ein Mitglied im BVG repräsentiert wird und (b) ein Mitgliedstaat sodann jeweils einen weiteren Sitz erhält, soweit der Anteil der betroffenen Arbeitnehmer in diesem Mitgliedstaat die Schwellenwerte von 10 %, 20 %, 30 % etc der Gesamtbelegschaft erreicht oder überschreitet.[83] In Abhängigkeit von der Anzahl der betroffenen Mitgliedstaaten kann das BVG damit deutlich mehr als die sich aus § 5 SEBG ergebende Mindestzahl von zehn Mitgliedern haben.[84] Eine zusätzliche Sonderregelung hält das Gesetz für die **Gründung durch Verschmelzung** bereit: Nach § 5 Abs. 2 SEBG steht Gesellschaften, die im Rahmen der Verschmelzung ihre Rechtspersönlichkeit verlieren, mindestens ein Sitz im BVG zu;[85] gewisse Beschränkungen dieses Sonderrechts finden sich in § 5 Abs. 2 und 3 SEBG. Dass der mit diesen Regelungen verbundene Länderproporz nicht zu einer Dominierung der Mehrheit der Arbeitnehmer durch eine Minderheit führt, sichern Richtlinie und SEBG dadurch, dass Entscheidungen des BVG einer doppelten Mehrheit bedürfen,

---

81 *Kisker* RdA 2006, 206.
82 *Rieble* BB 2006, 2018 (2019); *Kisker* RdA 2006, 206. Zudem ist zwingend ein Betriebsrat zu errichten.
83 MHdB GesR VI/*Brandes* § 52 Rn. 13 ff.; *Müller-Bonanni/Müntefering* BB 2009, 1699 (1700).
84 *Ziegler/Gey* BB 2009, 1750 (1752).
85 Sagasser/Bula/Brünger Umwandlungen/*Sagasser/Clasen* § 14 Rn. 143.

indem nicht nur eine Mehrheit nach Köpfen erforderlich ist, sondern diese zugleich die Mehrheit der Arbeitnehmer repräsentieren muss.[86]

26 Wer für die Zwecke der Berechnung der Zusammensetzung des BVG als **Arbeitnehmer** anzusehen ist, richtet sich nach den „Rechtsvorschriften und Gepflogenheiten" der jeweiligen Mitgliedstaaten (vgl. § 2 Abs. 1 S. 1 SEBG). Für die Bundesrepublik bestimmt § 2 Abs. 1 S. 2 SEBG, dass Arbeitnehmer eines inländischen Unternehmens oder Betriebs Arbeiter und Angestellte einschließlich der Auszubildenden und leitenden Angestellten iSv § 5 Abs. 3 S. 2 BetrVG sind, unabhängig davon, ob sie im Betrieb, im Außendienst oder mit Telearbeit beschäftigt werden. Als Arbeitnehmer gelten auch die in Heimarbeit Beschäftigten, die in der Hauptsache für das Unternehmen oder den Betrieb arbeiten.

27 **Gründungsgesellschaften** sind dabei die unmittelbar an der Gründung beteiligten Gesellschaften, bei der Gründung durch Verschmelzung also die sich verschmelzenden Rechtsträger und bei der Gründung durch Umwandlung die formwechselnde AG.[87] **Tochtergesellschaften** sind demgegenüber rechtlich selbstständige Unternehmen, auf die eine andere Gesellschaft einen beherrschenden Einfluss iSd Richtlinie 94/45/EG und ihrer Umsetzung im EBRG ausüben kann. Danach ist beherrschender Einfluss und damit ein Mutter-Tochter-Verhältnis im Sinne des SEBG dann (widerleglich) zu vermuten, wenn die Obergesellschaft mittelbar oder unmittelbar (a) mehr als die Hälfte der Mitglieder des Verwaltungs-, Leitungs- oder Aufsichtsorgans des anderen Unternehmens bestellen kann, (b) über die Mehrheit der mit den Anteilen am anderen Unternehmen verbundenen Stimmrechte verfügt oder (c) die Mehrheit des gezeichneten Kapitals dieses Unternehmens besitzt (vgl. § 6 Abs. 2 EBRG); die Eigenschaft als Tochtergesellschaft soll hingegen zu verneinen sein, wenn nur eine faktische Hauptversammlungsmehrheit besteht.[88] Für den Begriff des **Betriebs** hält demgegenüber weder die SE-RL noch das SEBG eine Legaldefinition bereit, so dass insoweit jeweils das einschlägige nationale Betriebsverfassungsrecht zur Anwendung berufen ist.[89] „Betroffen" sind Tochtergesellschaften und Betriebe dann, wenn sie zu Tochtergesellschaften und Betrieben der SE werden sollen (§ 2 Abs. 4 SEBG).

28 Was sich im Übrigen auf den ersten Blick als eindeutiger Handlungsbefehl liest, ist in der Praxis mit erheblichen Unsicherheiten behaftet. Unklar ist insbesondere, wie zu verfahren ist, wenn eine beteiligte Gründungsgesellschaft, Tochtergesellschaft oder ein betroffener Betrieb in einem EU/EWR-Mitgliedstaat Arbeitnehmer beschäftigt, gleichzeitig aber die durch das nationale Recht aufgestellten Voraussetzungen für die Wahl/Benennung eines BVG-Mitgliedes nicht erfüllt sind. Zur Illustration: Beschäftigt beispielsweise eine deutsche AG in Österreich einzelne Arbeitnehmer, so verlangt das SEBG grundsätzlich, dass auch Österreich ein Mitglied in das BVG entsendet. Allerdings kennt das einschlägige österreichische Gesetz (§ 218 ArbVG) ausschließlich die Benennung durch Betriebsausschuss, Betriebsrat, Zentralbetriebsrat (= Gesamtbetriebsrat) und Konzernvertretung; eine Urwahl ist dem österreichischen Bundesrecht

---

[86] *Rieble* BB 2009, 1221 (1224).
[87] Vgl. auch *Grobys* NZA 2005, 84 (85).
[88] ArbG Stuttgart 29.4.2008 – 12 BV 109/07, BeckRS 2008, 55726 („Porsche"); vgl. auch *Bungert/Gotsche* ZIP 2013, 649 (650).
[89] Lutter/Hommelhoff/Teichmann/*Oetker* SEBG § 2 Rn. 22.

demgegenüber (weiterhin) fremd.[90] Das heißt, liegen die Voraussetzungen für die Errichtung einer betriebsverfassungsrechtlichen Repräsentation nicht vor, kann nach den Buchstaben des österreichischen ArbVG kein BVG-Mitglied gewählt werden. Hier ist fraglich, ob – sozusagen praeter legem oder in europarechtskonformer Auslegung – dennoch eine Urwahl der österreichischen Arbeitnehmer vorzunehmen ist, auf die Benennung bzw. Wahl eines österreichischen BVG-Mitglieds verzichtet werden soll oder aber aufgrund formaler Betrachtung die dauerhaft in Österreich Beschäftigten einem vorhandenen deutschen Betrieb zuzuschlagen sind. Während man zugunsten des erstgenannten Verfahrens auf den Willen des europäischen Gesetzgebers, im BVG die internationale Dimension der künftigen SE möglichst genau zu spiegeln, rekurrieren kann, lässt sich für das zweite Procedere anführen, dass es eine Art de minimis-Klausel für die Repräsentanz einzelner Länder im BVG etabliert – wo nicht einmal minimale betriebsverfassungsrechtliche Strukturen vorhanden sind, ist eine Vertretung nicht angezeigt; allerdings steht diese Interpretation in mehr als nur latentem Widerspruch zu Wortlaut und Telos der SE-RL. Auch die deshalb vielleicht naheliegende Auflösung dieses Konflikts durch Zurechnung solcher Arbeitnehmer zu einer betrieblichen Einheit in einem anderen Mitgliedstaat erscheint nicht unproblematisch, würde damit doch gleichfalls die Grundannahme, dass die Interessen der Arbeitnehmer maßgeblich durch ihren jeweiligen Beschäftigungsort mitbestimmt werden, überspielt. Mit Blick auf die Zielsetzung von SE-RL und SEBG richtig erscheint deshalb, trotz fehlender mitgliedstaatlicher Vorschriften eine Urwahl der betroffenen Arbeitnehmer durchzuführen. Nur so lässt sich im Übrigen verhindern, dass Arbeitnehmer in Mitgliedstaaten, die keine Urwahl kennen, gegenüber Arbeitnehmern, denen bei fehlender betrieblicher Repräsentanz ein Urwahlrecht eingeräumt wird, diskriminiert werden. Eine Klarstellung durch den europäischen bzw. die mitgliedstaatlichen Gesetzgeber wird man als Desiderat der Praxis bezeichnen können.

2. Das Arbeitnehmerbeteiligungsverfahren

Aufgrund der Strukturentscheidung, einem ad-hoc zu bildenden Repräsentationsorgan der betroffenen europäischen Arbeitnehmer das Verhandlungsmandat für die betriebliche und unternehmerische Mitbestimmung zu überantworten, zerfällt das im Rahmen einer SE-Gründung zu durchlaufende Arbeitnehmerbeteiligungsverfahren in zwei respektive drei nacheinander zu durchlaufende Verfahrensabschnitte.[91] Im Anschluss an die Einleitung des Verfahrens sind zunächst in den betroffenen EU/EWR-Mitgliedstaaten die Mitglieder des BVG entweder durch Wahl oder durch Bestellung zu ermitteln. Hieran anschließend konstituiert sich das BVG und das eigentliche Verhandlungsverfahren beginnt.

a) Einleitung des Beteiligungsverfahrens

Am Beginn des offiziellen Arbeitnehmerbeteiligungsverfahrens steht einerseits die Aufforderung der Leitungen an die Arbeitnehmer, das BVG zu bilden (§ 4 Abs. 1 SEBG), und andererseits die Information über das Gründungsvorhaben an sich und wesentliche, nach Ansicht des Gesetzgebers für die Arbeitnehmer bedeutende Eckpunkte (§ 4

---

90 Die Möglichkeit einer Urwahl bei fehlender betrieblicher Vertretung nicht thematisierend etwa: Kalss/Hügel/*Gahleitner*, Europäische Aktiengesellschaft. SE-Kommentar, 2004, ArbVG § 218 Rn. 1 ff.
91 *Grobys* NZA 2005, 84 (86); *Krause* BB 2005, 1221 (1223).

Abs. 2 u. 3 SEBG). Über die in § 4 SEBG verlangten Informationen noch hinausgehend sollten die Arbeitnehmer zusätzlich bereits über den wesentlichen Ablauf des Arbeitnehmerbeteiligungsverfahrens sowie über dessen mögliche Folgen, insbesondere auch die gesetzliche Auffanglösung informiert werden.[92] Zusätzlich hat sich in der Praxis bewährt, möglichst frühzeitig eine Informationsveranstaltung durchzuführen, um eventuellen Abstimmungsbedarf seitens der Arbeitnehmer zu ermitteln.[93] Hierdurch lässt sich der im Einzelfall möglicherweise berechtigte Eindruck vermeiden, die Belegschaft solle mit der SE-Gründung überfahren werden, was – trotz der natürlich in materiellen Punkten durchaus antagonistischen Interessenlagen – Voraussetzung für konstruktive Verhandlungen ist. Eine offene Informationspolitik hinsichtlich der SE-Gründung, einschließlich ihrer erheblichen mitbestimmungsrechtlichen Spätfolgen ist nicht zuletzt deshalb conditio sine qua non, da beide Seiten auch nach der SE-Gründung noch vertrauensvoll miteinander umgehen können müssen.

31 Informationsadressat sind grundsätzlich sämtliche Arbeitnehmervertretungen und Sprecherausschüsse, bei Fehlen entsprechender Vertretungseinrichtungen Arbeitnehmer und leitende Angestellte direkt.[94] Umstritten ist, ob bei Vorhandensein von Arbeitnehmervertretungen auf unterschiedlichen Stufen sämtliche Arbeitnehmervertretungen[95] oder aber jeweils nur die auf der höchsten Stufe angesiedelte Vertretung zu informieren ist.[96] Mindestens aus Gründen der Rechtssicherheit empfiehlt es sich bis zu einer gerichtlichen Klärung dieser Frage vorsorglich sämtliche Arbeitnehmervertretungen zu informieren.[97] Keine selbstständige Informationsverpflichtung besteht gegenüber den über ein Vorschlagsrecht verfügenden (§ 6 Abs. 3 SEBG), im Unternehmen vertretenen Gewerkschaften.[98] Aufforderung und Information können getrennt erfolgen, werden in der Praxis aber regelmäßig verknüpft.[99] Die Information hat spätestens unverzüglich nach Offenlegung des Verschmelzungs- bzw. Umwandlungsplans zu erfolgen (zur Frage, ob eine frühere Einleitung möglich ist, → Rn. 75 (Verschmelzung) und → Rn. 138 (Umwandlung).

Hinweis: Um den Nachweis der für das weitere Verfahren wesentlichen Information gegenüber dem Registergericht führen zu können, ist bei Adressateneigenschaft eines Betriebsrats etc der Empfang durch einen Vertretungsberechtigten desselben quittieren zu lassen. Ist aufgrund Fehlens betriebsverfassungsrechtlicher Strukturen die Belegschaft unmittelbar zu informieren, empfiehlt sich die Auslegung des Informationsschreibens an einem allgemein zugänglichen Ort (Personalbüro oÄ) sowie ein hierauf hinweisender Aushang am schwarzen Brett oder ähnlich exponierter Stelle[100] und/oder – soweit für jedermann zugänglich – im Intranet. In diesem Fall sollte die jeweils

---

92 MHdB GesR VI/*Brandes* § 52 Rn. 5; ähnlich *Löw/Stolzenberg* NZA 2016, 1489 (1490). Vgl. auch Sagasser/Bula/Brünger Umwandlungen/*Sagasser/Clasen* § 14 Rn. 138 f.
93 Ähnlicher Befund bei Sagasser/Bula/Brünger Umwandlungen/*Sagasser/Clasen* § 14 Rn. 138.
94 Trotz fehlender ausdrücklicher gesetzlicher Regelung ist nach richtiger Ansicht von einer Informationspflicht unmittelbar gegenüber den leitenden Angestellten auszugehen, so auch Habersack/Drinhausen/*Hohenstatt/Müller-Bonanni* SEBG § 4 Rn. 6; van Hulle/Maul/Drinhausen SE-HdB/*Köklu* Kap. 6 Rn. 14.
95 Lutter/Hommelhoff/Teichmann/*Oetker* SEBG § 4 Rn. 19; Nagel/Freis/Kleinsorge/*Kleinsorge* SEBG § 4 Rn. 14; wohl auch *Löw/Stolzenberg* NZA 2016, 1489 (1490).
96 Habersack/Drinhausen/*Hohenstatt/Müller-Bonanni* SEBG § 4 Rn. 6; MüKoAktG/*Jacobs* SEBG § 4 Rn. 19.
97 *Löw/Stolzenberg* NZA 2016, 1489 (1490).
98 LAG Bln-Bbg AG 2017, 757 (759 f.); MüKoAktG/*Jacobs* SEBG § 4 Rn. 19.
99 *Löw/Stolzenberg* NZA 2016, 1489 (1490).
100 MHdB GesR VI/*Brandes* § 52 Rn. 8. Strenger insoweit Ziegler/Gey BB 2009, 1750 (1751), die in diesem Fall verlangen, dass jeder Arbeitnehmer/leitende Angestellte persönlich angeschrieben wird.

zuständige Geschäftsführung Datum und genauen Zeitpunkt von Auslegung und Aushang gegenüber den Leitungen der Gründungsgesellschaften schriftlich bestätigen.

b) Wahl/Bestellung der BVG-Mitglieder in den betroffenen Mitgliedstaaten

An die Aufforderung zur Bildung des BVG sowie die Information der Belegschaften schließt sich als erste Phase des Arbeitnehmerbeteiligungsverfahrens die Bestimmung der nationalen Mitglieder des BVG an, wobei sich deren Wahl oder Bestellung jeweils nach dem einschlägigen mitgliedstaatlichen Recht, in Deutschland damit nach dem SEBG richtet (Art. 3 Abs. 2 lit. b SE-RL; § 7 Abs. 1 SEBG).[101] Die Wahl der Mitglieder des besonderen Verhandlungsgremiums hat in sämtlichen betroffenen Jurisdiktionen innerhalb von zehn Wochen nach der Information der betroffenen Arbeitnehmer gem. § 4 Abs. 2 u. 3 SEBG zu erfolgen. Werden ein oder mehrere Mitglieder des besonderen Verhandlungsgremiums nicht innerhalb dieser Frist gewählt und sind hierfür Gründe ursächlich, die durch die Arbeitnehmer zu vertreten sind, beginnt das Verhandlungsverfahren ohne Rücksicht auf die nicht vollständige Besetzung der „Arbeitnehmerbank". Nicht fristgerecht gewählte oder bestellte Mitglieder können sich nachträglich beim BVG akkreditieren, ohne dass dies Auswirkungen auf die Zehnwochenfrist oder die Mindestlänge des Verhandlungsverfahrens hätte.

Die Benennung der auf Deutschland entfallenden Mitglieder des BVG erfolgt grundsätzlich durch ein Wahlgremium (§ 8 SEBG), das sich aus den Mitgliedern der höchsten vorhandenen betriebsverfassungsrechtlichen Ebene (Konzern-, Gesamt- oder Betriebsrat) zusammensetzt. Bestehen in einer Gruppe oder einem Unternehmen mehrere gleichrangige Arbeitnehmervertretungen ((Gesamt-)Betriebsräte), was insbesondere der Fall sein kann, wenn von der fakultativen Möglichkeit zur Einrichtung eines Konzernbetriebsrats (§ 54 BetrVG) kein Gebrauch gemacht worden ist,[102] setzt sich das Wahlgremium aus sämtlichen Angehörigen der höchsten Vertretungen zusammen. Um die Arbeitsfähigkeit des Wahlgremiums zu gewährleisten, beschränkt § 8 Abs. 6 SEBG allerdings die Höchstzahl seiner Mitglieder auf 40;[103] übersteigt die Zahl der eigentlich das Wahlgremium bildenden Arbeitnehmervertreter diese Grenze, werden die Plätze nach dem d'Hondtschen Höchstzahlverfahren vergeben (§ 8 Abs. 6 S. 2 SEBG). Bei vollständigem Fehlen einer betriebsverfassungsrechtlichen Vertretung der Arbeitnehmer werden die deutschen BVG-Mitglieder in Urwahl ermittelt (§ 8 Abs. 7 SEBG).[104]

Die Ermittlung der nach vorstehenden Grundsätzen zu ermittelnden Mitglieder des deutschen Wahlgremiums obliegt dem Vorsitzenden der höchsten in Deutschland vorhandenen betriebsverfassungsrechtlichen Vertretung, der auf dieser Grundlage Ort, Tag und Zeit der Versammlung festzusetzen und zur Versammlung des Wahlgremiums einzuladen hat (§ 9 Abs. 1 SEBG). Der jeweils zuständige Wahlkörper wählt die auf Deutschland entfallenden BVG-Mitglieder in unmittelbarer und geheimer Wahl; wobei das Wahlvorschlagsrecht der Gewerkschaften und leitenden Angestellten zu beachten ist (§ 8 Abs. 1 SEBG). Das deutsche Wahlgremium ist beschlussfähig, wenn zwei Drittel seiner Mitglieder, die zugleich zwei Drittel der Arbeitnehmer vertreten, anwesend

---

101 Sagasser/Bula/Brünger Umwandlungen/*Sagasser/Clasen* § 14 Rn. 145; Grobys NZA 2005, 84 (85).
102 Die Einrichtung eines Konzernbetriebsrates steht im Ermessen der Gesamtbetriebsräte, vgl. Henssler/Willemsen/Kalb/*Hohenstatt/Dzida* BetrVG § 54 Rn. 11; Richardi BetrVG/*Annuß* § 54 Rn. 1.
103 *Krause* BB 2005, 1221 (1225).
104 Zu dem in diesem Fall zu beachtenden Wahlverfahren Hinrichs/Plitt NZA 2010, 204.

sind (§ 10 Abs. 1 S. 1 SEBG). Die Wahl erfolgt mit einfacher Mehrheit, wobei sich das Stimmgewicht der Mitglieder des Wahlgremiums nach der Anzahl der jeweils repräsentierten Arbeitnehmer bestimmt (§ 10 Abs. 1 S. 1 u. 2 SEBG).[105] Wählbar sind im Inland Arbeitnehmer der Gesellschaften und Betriebe sowie Gewerkschaftsvertreter (§ 6 Abs. 2 SEBG); wobei für die in Deutschland zu wählenden Mitglieder des BVG gilt, dass jedes dritte von ihnen ein Gewerkschaftsmitglied und jedes siebte ein leitender Angestellter sein muss.[106]

c) Konstituierung des BVG und Verhandlungsverfahren

35 Unmittelbar nach erfolgter Wahl oder Bestellung haben die nationalen Kreationsorgane den Leitungen die Mitglieder des BVG mitzuteilen. Nach Benennung sämtlicher Mitglieder des BVG, spätestens aber nach zehn Wochen laden die Leitungsorgane der Gründungsgesellschaften zur konstituierenden Sitzung des BVG (§ 20 Abs. 1 SEBG). In dieser wählt das BVG seinen Vorsitzenden und mindestens zwei Stellvertreter; darüber hinaus besteht die Möglichkeit, dass sich das BVG eine schriftliche Geschäftsordnung gibt.

36 An die erfolgreiche Konstituierung des BVG schließt sich das eigentliche Verhandlungsverfahren an, in dem die Beteiligungsvereinbarung zwischen Leitungen und betroffenen Arbeitnehmern zu erarbeiten ist (Art. 3 Abs. 3 SE-RL). Die Verhandlungsphase beträgt grundsätzlich bis zu sechs Monate, kann aber von den Beteiligten einvernehmlich auf ein Jahr verlängert werden (Art. 5 SE-RL, § 20 SEBG); die Frist berechnet sich dabei von dem Tag an, zu dem die Leitungen zur konstituierenden Sitzung eingeladen haben, ob sich das BVG tatsächlich konstituiert hat, ist unerheblich.[107] Die Durchführung des Verhandlungsverfahrens ist zwingend: Anders als im Recht der grenzüberschreitenden Verschmelzung (§ 23 Abs. 1 Nr. 3 MgVG)[108] kennen SEBG und SE-RL kein einseitiges Recht der Leitungen, unmittelbar für die gesetzliche Auffanglösung zu votieren und damit die Durchführung des Verhandlungsverfahrens obsolet werden zu lassen.[109]

37 Maßgeblich für das Verhandlungsverfahren ist das Recht des zukünftigen Sitzstaats der SE, dh für die SE mit Sitz in Deutschland das SEBG (§§ 11 ff. SEBG). Zum Verhandlungsverfahren selbst enthält das SEBG nur wenige Vorgaben. Als generellen Programmsatz formuliert § 13 Abs. 1 SEBG die Aufforderung an beide Verhandlungsseiten, zum Abschluss einer Beteiligungsvereinbarung vertrauensvoll zusammenzuarbeiten. Zusätzlich sind die Leitungen verpflichtet, das BVG zeitnah mit allen wesentlichen Informationen zu versorgen, und dem BVG wird das Recht eingeräumt, externen Sachverstand zu konsultieren. Keine Vorgaben enthält das Gesetz zu Ort, Zeitpunkt und Anzahl der Verhandlungsrunden, diese sind folglich zwischen Leitung und BVG zu koordinieren, was bei multinational aktiven Gruppen eine erhebliche logistische Herausforderung darstellen kann. Zur Vorbereitung der Verhandlungsrunden räumt das SEBG dem Vorsitzenden des BVG das Recht ein, vorbereitende Sitzungen des BVG abzuhalten (§ 12 Abs. 1 SEBG), deren Kosten grundsätzlich durch die Gründungsgesellschaften zu

---

[105] Sagasser/Bula/Brünger Umwandlungen/*Sagasser/Clasen* § 14 Rn. 149.
[106] MHdB GesR VI/*Brandes* § 52 Rn. 21; *Ziegler/Gey* BB 2009, 1750 (1753).
[107] Nagel/Freis/Kleinsorge/*Freis* SEBG § 20 Rn. 2; *Müller-Bonanni/Müntefering* BB 2009, 1699 (1700).
[108] Zu weiteren Besonderheiten des MgVG-Beteiligungsverfahrens etwa *Kisker* RdA 2006, 206 (209 ff.); *Müller-Bonanni/Müntefering* BB 2009, 1699 (1699 ff.).
[109] Eine vergleichbare Regelung auch für die SE fordernd Arbeitskreis Aktien- und Kapitalmarktrecht ZIP 2009, 698 (698 f.).

tragen sind; allerdings hat sich der Vorsitzende hierbei nach pflichtgemäßem Ermessen vom Prinzip der Erforderlichkeit leiten zu lassen (vgl. § 19 SEBG).[110] Um ein Aus-dem-Ruder-Laufen der Gründungskosten zu verhindern, sollten Leitungen und BVG in der Praxis Sorge dafür tragen, dass die Sitzungen des BVG entweder unmittelbar vor oder nach einer Verhandlungsrunde mit den Leitungen am gleichen Ort durchgeführt werden, da anderenfalls erhebliche und vermeidbare Reisekosten etc anfallen.

Das Verhandlungsverfahren kennt drei mögliche Ausgänge: (1) **Abschluss einer Beteiligungsvereinbarung** innerhalb der Verhandlungsphase, (2) **erfolgloser Ablauf der Verhandlungsfrist und Eingreifen der gesetzlichen Auffanglösung** und (3) sog. **Abbruchsbeschluss** des BVG. 38

(1) Nach dem gesetzlichen Leitbild führen die Verhandlungen zwischen Leitungen und BVG zum **Abschluss einer schriftlichen Beteiligungsvereinbarung**. Auch wenn die Verhandlungspartner in den Grenzen der Mitbestimmungsautonomie frei sind, schreibt das Gesetz gewisse obligatorische Mindestinhalte fest. Soweit zunächst die betriebliche Mitbestimmung betroffen ist, ist zwingend die **Einrichtung eines SE-Betriebsrats** bzw. eines an dessen Stelle tretenden Verfahrens zur Unterrichtung und Anhörung der Arbeitnehmer (§ 21 Abs. 1 u. 2 SEBG) vorzusehen. Mit Blick auf die (unternehmerische) Mitbestimmung steht es den Verhandlungsparteien frei (1) zu entscheiden, **ob die Beteiligungsvereinbarung überhaupt Regelungen zur Mitbestimmung** enthalten soll,[111] die SE also mitbestimmungsfrei bleiben soll, (2) **die Zahl der Mitglieder des Aufsichts- oder Verwaltungsorgans der SE** festzulegen, welche die Arbeitnehmer wählen oder bestellen, (3) das Verfahren zu regeln, nach dem die Arbeitnehmer diese Mitglieder wählen oder bestellen oder ihre Bestellung empfehlen oder ablehnen können und (4) die Rechte dieser Mitglieder festzulegen (§ 21 Abs. 2 SEBG).Damit ist insbesondere der **Anteil der Arbeitnehmer** im Aufsichts- oder Verwaltungsrat Verhandlungsmasse des Arbeitnehmerbeteiligungsverfahrens, während die damit zusammenhängende und im Spannungsverhältnis zwischen Mitbestimmungs- und Satzungsautonomie angesiedelte Frage, ob die Beteiligungsvereinbarung auch die **Größe des Aufsichtsrats** regeln darf oder ob dies dem Satzungsgeber vorbehalten bleibt, streitig diskutiert wird: Zumindest die Mitbestimmungsrelevanz der Größe des Aufsichtsrats wird man kaum verneinen können, vergegenwärtigt man sich, dass nicht zuletzt die rechtspolitisch hochumstrittene Repräsentanz von Gewerkschaftsvertretern wie auch die von leitenden Angestellten durch die Größe des Gremiums mitbeeinflusst wird.[112] 39

Die Diskussion, ob die Beteiligungsvereinbarung von dem früher in Aktiengesetz und SEAG niedergelegten Grundsatz der Dreiteilbarkeit abweichen darf,[113] hat sich durch die Neufassung von § 17 Abs. 1 S. 3 SEAG erledigt: Dreiteilbarkeit ist danach nur noch dann erforderlich, wenn dies für die Beteiligung der Arbeitnehmer aufgrund des SE-Beteiligungsgesetzes erforderlich ist. Stark eingeschränkt ist die Verhandlungsautonomie 40

---

110 MHdB GesR VI/*Brandes* § 52 Rn. 28; Nagel/Freis/Kleinsorge/*Freis* SEBG § 19 Rn. 4.
111 *Grobys* NZA 2005, 84 (88); *Ziegler/Gey* BB 2009, 1750 (1754).
112 Für Verhandelbarkeit Lutter/Hommelhoff/Teichmann/ *Drygala* SE-VO Art. 40 Rn. 30 ff.; *Feldhaus/Vanscheidt* BB 2008, 2246 (2247); *Seibt* ZIP 2010, 1057 (1060 f.); *Teichmann* AG 2008, 797 (800 ff.): keine Überlagerung der Mitbestimmungsautonomie durch die Satzungsautonomie; ablehnend *Deilmann/Häferer* NZA 20.7, 607 (609); *Forst* AG 2010, 350 ff.; *Kallmeyer* AG 2003, 197 (199); *Kiem* ZHR 173 (2009), 156 (177 f.); *Rieble* BB 2006 2018 (2021); MHdB GesR VI/*Brandes* § 51 Rn. 45.
113 Hierzu noch bejahend LG Nürnberg-Fürth ZIP 2010, 372 (372 f.); *Kiefner/Friebel* NZG 2010, 537 (537 ff.). Ablehnend etwa *Forst* AG 2010, 350 (356 f.).

wiederum für den Fall der **Gründung durch Umwandlung**: Die Beteiligungsvereinbarung hat hier in Bezug auf „alle Komponenten der Arbeitnehmerbeteiligung zumindest das gleiche Ausmaß [zu gewährleisten], das in der Gesellschaft besteht, die in eine SE umgewandelt werden soll" (§ 21 Abs. 6 SEBG),[114] dh im Ergebnis, dass weder die Mitbestimmung an sich noch eine Absenkung ihres Niveaus zur Disposition der Parteien des Arbeitnehmerbeteiligungsverfahrens steht. Dieser Bestandsschutz gilt nach Auffassung des EuGH auch für das **Wahlvorschlagsrecht** zugunsten der **Gewerkschaften** sowie die Durchführung eines getrennten Wahlgangs (§§ 7 Abs. 2, 16 MitbestG), die jeweils nicht zur Disposition der Beteiligungsvereinbarung stehen sollen.[115] Wie dargestellt, ist aufgrund der Existenz einer Rückfallposition der Arbeitnehmer in Gestalt der gesetzlichen Auffanglösung allerdings auch bei den weiteren Gründungsvarianten eine Absenkung des bestehenden Mitbestimmungsniveaus praktisch nicht zu beobachten.

41 Das SEBG sieht zudem vor, dass in der Beteiligungsvereinbarung die gesetzliche Auffanglösung als Ergebnis der verhandelten Mitbestimmung gewählt werden kann (§ 21 Abs. 5 SEBG); diese scheinbar redundante Bestimmung kann im Einzelfall durchaus ein geeignetes Instrument sein, um einen Verhandlungspatt zumindest auf der Zeitachse zu überwinden: Zeichnet sich bereits zu Beginn des Verhandlungsverfahrens ab, dass eine einvernehmliche Lösung nicht möglich ist, weil beide Seiten auf ihren Rückfallpositionen beharren, kann die Bezugnahme auf die damit ohnehin als Lösung sich abzeichnende Auffanglösung ein effizienter Weg sein, um der gesetzlichen Auffanglösung bereits vor Ablauf der Sechsmonatsfrist zum Durchbruch zu verhelfen.[116]

42 Der Beschluss des BVG bedarf grundsätzlich der einfachen Mehrheit seiner Mitglieder, sofern diese Mehrheit zugleich eine Mehrheit der betroffenen Arbeitnehmer repräsentiert. Eine Ausnahme ist für den Fall vorgesehen, dass die Beteiligungsvereinbarung eine Minderung der Beteiligungsrechte vorsieht; in diesem Fall bedarf es aufgrund der weitreichenden Konsequenzen einer Mehrheit von 2/3 des BVG, die zugleich mindestens 2/3 der Arbeitnehmer aus mindestens zwei Mitgliedstaaten repräsentieren (Art. 3 Abs. 4 SE-RL).

43 (2) **Gesetzliche Auffanglösung**. Läuft die Verhandlungsfrist ab, ohne dass eine Einigung erzielt worden wäre, kommt die im Sitzstaat der SE geltende Auffangregelung zur Anwendung (Art. 7 Abs. 1 SE-RL). Die gesetzliche Auffanglösung setzt sich generell aus zwei Bestandteilen zusammen, einer gesetzlichen Auffanglösung betreffend die betriebsverfassungsrechtliche und einer gesetzlichen Auffanglösung betreffend die unternehmerische Mitbestimmung. Betriebsverfassungsrechtlich ist die Einrichtung eines **SE-Betriebsrats kraft Gesetzes** vorgesehen (§§ 22 ff. SEBG), der an die Stelle eines eventuell vorhandenen Europäischen Betriebsrats tritt. Für die Ebene der unternehmerischen Mitbestimmung ordnet die Auffanglösung hingegen an, dass das Mitbestimmungsniveau der SE im Grundsatz dem höchsten **Mitbestimmungsniveau der Gründungsgesellschaften** entspricht (§ 35 Abs. 2 S. 2 SEBG),[117] dh der Anteil der Arbeitnehmer im Aufsichts- oder Verwaltungsrat der SE entspricht dem Anteil der Arbeitnehmervertreter im Aufsichtsrat in der Gründungsgesellschaft mit dem höchsten Anteil. Im Weiteren ist zwischen Gründung durch Verschmelzung und Gründung

---

[114] *Grobys* NZA 2005, 84 (88); *Hauser* AG 2022, 850 (851); *Ziegler/Gey* BB 2009, 1750 (1754).
[115] EuGH NJW 2022, 3567 – IG Metall ua/SAP SE ua; hierzu *Hauser* AG 2022, 850.
[116] MHdB GesR VI/*Brandes* § 51 Rn. 52.
[117] *Müller-Bonanni/Müntefering* BB 2009, 1699 (1700); *Feldhaus/Vanscheidt* BB 2008, 2246 (2247).

durch Umwandlung zu unterscheiden: Bei Gründung durch Formwechsel bleibt in jedem Fall das Mitbestimmungsniveau erhalten, das bereits vor der Umwandlung bestand. Demgegenüber entspricht bei Gründung durch Verschmelzung der Anteil der Arbeitnehmervertreter im Aufsichts- oder Verwaltungsrat dem höchsten Anteil, der vor der Verschmelzung bestanden hat, sofern sich die Mitbestimmung auf mindestens 25 % der Gesamtzahl aller beteiligten Gesellschaften und betroffenen Tochtergesellschaften erstreckt hat.[118]

Die auf diesem Wege ermittelten Sitze im Aufsichts- oder Verwaltungsorgan werden durch den SE-Betriebsrat auf die Mitgliedstaaten, in denen Mitglieder zu wählen oder zu bestellen sind, verteilt (§ 36 Abs. 1 S. 1 SEBG). Die Verteilung auf die einzelnen Mitgliedstaaten bestimmt sich dabei nach dem jeweiligen Anteil der in den einzelnen Mitgliedstaaten beschäftigten Arbeitnehmer der SE, ihrer Tochtergesellschaften und Betriebe. Können im Rahmen dieser Besetzungsregel nicht alle Belegschaften der betroffenen EU/EWR-Mitgliedstaaten im Aufsichts- bzw. Verwaltungsorgan repräsentiert werden, regelt § 36 Abs. 1 S. 2 SEBG, dass der SE-Betriebsrat zumindest den zuletzt zu verteilenden Sitz einem bisher unberücksichtigten Mitgliedstaat zuzuweisen hat. Im Ergebnis befinden sich damit zumindest Arbeitnehmer aus zwei unterschiedlichen Mitgliedstaaten im Kontroll- bzw. Leitungsgremium der SE, worin eine durchaus beachtliche Abweichung zum deutschen Recht zu sehen ist.[119] Die gesetzliche Auffanglösung verhält sich allein zum Anteil der Arbeitnehmervertreter im Aufsichts- oder Verwaltungsorgan der SE, so dass die **Größe des Aufsichts- oder Verwaltungsrats** zur Disposition des Satzungsgebers steht,[120] was nicht zuletzt deshalb von Bedeutung ist, weil die gesetzliche Auffanglösung für die SE mit Sitz in Deutschland über die Bestimmungen des DrittelbG hinausgehend vorsieht, dass jeder dritte auf Deutschland entfallende Arbeitnehmervertreter ein Gewerkschaftsmitglied und jedes siebte Mitglied ein leitender Angestellter sein muss.[121] Nicht einheitlich beantwortet wurde, ob der Satzungsgeber vom Dreiteilungsgebot abweichen darf.[122] Nachdem das Aktiengesetz generell diesen Grundsatz – abseits mitbestimmungsrechtlicher Vorgaben – abgeschafft hat, hat die bisherige Debatte auch für die SE ihre Bedeutung verloren.

(3) Schließlich kann das BVG (theoretisch) die **Nichtaufnahme oder den Abbruch bereits laufender Verhandlungen** mit den Leitungen beschließen (§ 16 Abs. 1 SEBG). Ein Nichtaufnahme- oder Abbruchsbeschluss hat zur Folge, dass auch die gesetzliche Auffanglösung nicht zur Anwendung kommt, die SE bleibt also mitbestimmungsfrei (vgl. § 16 Abs. 2 SEBG).[123] Aufgrund dieser weitreichenden Konsequenzen verlangt § 16 SEBG eine qualifizierte Mehrheit von zwei Dritteln der Mitglieder des BVG, die zugleich mindestens zwei Drittel der Arbeitnehmer in mindestens zwei Mitgliedstaaten vertreten; Sonderregelungen gelten wiederum für die Gründung durch Umwandlung: hier ist ein Nichtaufnahme- oder Abbruchsbeschluss ausgeschlossen (§ 16 Abs. 3 SEBG). Da die Belegschaft nicht ohne Not zur Gänze auf ihre Beteiligungsrechte verzichten wird, handelt es sich aber auch im Übrigen um eine weitgehend hypothetische Norm.

---

118 Für eine Anpassung an die 33 1/3-Schwelle des MgVG *Arbeitskreis Aktien- und Kapitalmarktrecht* ZIP 2009, 698 (699).
119 *Müller-Bonanni/Müntefering* BB 2009, 1699 (1700).
120 *Seibt* ZIP 2010, 1057 (1061 f.); MHdB GesR VI/*Teichmann* § 43 Rn. 61; *Ziegler/Gey* BB 2009, 1750 (1755).
121 *Rieble* BB 2006, 2018 (2021). Zudem sind externe Gewerkschaftsmitglieder frei wählbar als Mitglieder des Aufsichts- oder Verwaltungsorgans.
122 Vgl. Hierzu noch *Seibt* ZIP 2010, 1057 (1062).
123 Habersack/Henssler/*Henssler* SEBG Einl. Rn. 157; *Müller-Bonanni/Müntefering* BB 2009, 1699 (1701).

46 Wird eine **Beteiligungsvereinbarung** abgeschlossen, ist diese aber **unwirksam**, so soll nach einem obiter dictum des Arbeitsgerichts Berlin in der Streitsache Verdi-Zalando nicht die gesetzliche Auffanglösung zur Anwendung gelangen, sondern dies lediglich dazu führen, dass die Leitung der SE verpflichtet ist, das Verhandlungsverfahren erneut einzuleiten, um den Abschluss einer rechtswirksamen Beteiligungsvereinbarung zu ermöglichen.[124] Begründet sieht das Arbeitsgericht dieses Ergebnis maßgeblich in dem in § 96 Abs. 2 AktG, § 24 Abs. 2 SEAG niedergelegten Kontinuitätsprinzip.[125] Im Schrifttum wird ergänzend auf den Vorrang der Verhandlungslösung hingewiesen.[126]

3. Konsequenzen für das gesellschaftsrechtliche Gründungsverfahren

47 Berücksichtigt man einerseits die Entscheidung des europäischen Gesetzgebers, das ordnungsgemäße Durchlaufen des Arbeitnehmerbeteiligungsverfahrens zur Eintragungsvoraussetzung einer SE zu erheben und vergegenwärtigt man sich gleichzeitig, dass – soweit nicht vor Ablauf der Verhandlungsfrist eine Beteiligungsvereinbarung abgeschlossen oder ein Nichtaufnahme- oder Abbruchsbeschluss gefasst wird – das Beteiligungsverfahren selbst unter idealen Voraussetzungen ein Zeitfenster von über 9 Monaten einnimmt, ist evident, dass die möglichst zeitige und umfassende Vorbereitung, Einleitung und Durchführung des Arbeitnehmerbeteiligungsverfahrens Grundvoraussetzung einer akzeptablen Transaktionsstruktur ist. Unbedingt sollten deshalb zur Entzerrung des späteren Verfahrens möglichst viele Schritte des Arbeitnehmerbeteiligungsverfahrens vor die eigentliche Verfahrenseinleitung gezogen werden. Im Einzelnen ist ein Factbook vorzubereiten, mit dem die Arbeitnehmerdaten, die für die Information nach § 4 SEBG und den weiteren Verfahrensgang erforderlich sind, gesammelt werden; also insbesondere die Ermittlung der relevanten Tochtergesellschaften und Betriebe, die Beschäftigtenzahl pro Land und die zu informierenden Arbeitnehmervertretungen. Weiter sollten bereits im Vorfeld die sich nach dem jeweiligen Recht des betroffenen Mitgliedstaats richtenden Wahlverfahren ermittelt werden, um die notwendigen Vorbereitungen zu ihrer reibungslosen Durchführung einzuleiten.[127] Schließlich sollten bereits im Vorfeld Planungen erfolgen, wo und voraussichtlich wie viele Verhandlungstermine zwischen BVG und Leitungen stattfinden sollen, da diese zumindest bei umfänglicheren Beteiligungsverfahren mit erheblichem logistischen Aufwand verbunden sein können und zugleich mit eventuellen vorbereitenden Sitzungen des BVG koordiniert werden müssen.

III. Gründung einer SE durch Verschmelzung

Literatur:

Blanke, Europäische Aktiengesellschaft ohne Arbeitnehmerbeteiligung, ZIP 2006, 789; *Brandes*, Cross Border Merger mittels der SE, AG 2005; *Drinhausen/Nohlen*, Festlegung der Amtsdauer von SE-Organmitgliedern in der Satzung nach Art. 46 Abs. 1 SE-VO, ZIP 2009, 1890; *Fackelmann*, Notarkosten nach dem neuen GnotKG, 2013; *Heckschen*, Die Novelle des Umwandlungsgesetzes – Erleichterungen für Verschmelzungen und Squeeze Out, NJW 2011, 2390; *Hirte*, Die Europäische Aktiengesellschaft, NZG 2002, 1; *Scheifele*, Die Gründung der Europäischen Aktiengesellschaft, 2004; *Schmidt*, „Deutsche" vs. „britische" Societas Europaea (SE), 2006; *Spitzbart*, Die Europäische Aktiengesellschaft (Societas Europaea/SE). Aufbau der SE und Gründung, RNotZ 2006, 369; *Walden/Meyer-Landrut*, Die grenzüberschreitende Verschmelzung zu einer europäischen Gesellschaft: Beschlussfassung und Eintragung, DB 2005, 2619.

---

124 ArbG Berlin 30.6.2016 – 4 BV 12102/15, BeckRS 2016, 121102 („Zalando SE"); dem folgend *Löw/Stolzenberg* NZA 2016, 1489 (1493).

125 ArbG Berlin 30.6.2016 – 4 BV 12102/15, BeckRS 2016, 121102 („Zalando SE").

126 *Löw/Stolzenberg* NZA 2016, 1489 (1493).

127 Vgl. etwa *Ziegler/Gey* BB 2009, 1750 (1751).

Die SE-VO erlaubt die Gründung einer SE sowohl als Verschmelzung durch Aufnahme (Art. 17 Abs. 2 lit. a SE-VO) wie auch als Verschmelzung durch Gründung einer neuen Gesellschaft (Art. 17 Abs. 2 lit. b SE-VO). Im erstgenannten Fall nimmt die aufnehmende Gesellschaft bei der Verschmelzung die Form einer SE an, es handelt sich de facto also um eine Kombination aus Verschmelzung und Formwechsel der aufnehmenden Gesellschaft, während bei Verschmelzung durch Neugründung die neue Gesellschaft genuin SE ist (Art. 17 Abs. 2 S. 2 u. 3 SE-VO).[128] Die Gründung einer SE im Wege der Verschmelzung bestimmt sich vorrangig nach den vergleichsweise ausführlichen Regelungen der Art. 2 Abs. 1, 17 ff. SE-VO, ergänzend wird für das Verfahren in den beteiligten Rechtsträgern auf das jeweils einschlägige nationale Recht (Art. 18 SE-VO) und für die werdende SE auf das Recht des zukünftigen Sitzstaates rekurriert (Art. 15 SE-VO); Sondervorschriften für einen beteiligten dt. Rechtsträger bei Wegzugsverschmelzung finden sich zudem in den §§ 5 ff. SEAG.[129]

48

Noch nicht abschließend geklärt ist, inwieweit die Gründung einer SE im Wege der Verschmelzung mit einem **verschmelzungsrechtlichen Squeeze Out** (§ 62 Abs. 5 UmwG) verbunden werden kann. Stimmen im Schrifttum halten eine solche Kombination zumindest dann für möglich, wenn auch die betroffenen ausländischen Rechte den verschmelzungsrechtlichen Squeeze Out kennen.[130]

49

1. Voraussetzungen (Art. 2 Abs. 1 SE-VO)

Die Verschmelzung zur Gründung einer SE steht nur **Aktiengesellschaften, die nach dem Recht eines Mitgliedstaates** iSd Anhangs I zur SE-VO gegründet worden sind, offen; in Deutschland damit nach herrschender, aber nicht zwingender Ansicht nur der AG, nicht auch der KGaA.[131] Nach der ausdrücklichen Anordnung des Art. 3 Abs. 1 SE-VO gilt auch eine SE als AG idS[132] Mangels verfestigter kapitalgesellschaftlicher Struktur ist die Vor-AG nicht beteiligungsfähig,[133] während eine Liquidation nach allgemeinen Grundsätzen die Beteiligung an einer SE-Gründung dann nicht hindert, wenn noch ein Fortsetzungsbeschluss gefasst werden könnte (§ 3 Abs. 3 UmwG).[134] Art. 2 Abs. 1 SE-VO setzt keine aktiv werbende Tätigkeit am Markt voraus, so dass auch Holding- und Vorratsaktiengesellschaften beteiligtenfähig sind.[135] Die an der Verschmelzung beteiligten Aktiengesellschaften müssen jeweils **Sitz und Hauptverwaltung in der EU bzw. dem EWR** haben, von der Öffnungsklausel des Art. 2 Abs. 5 SE-VO hat der deutsche Gesetzgeber keinen Gebrauch gemacht. In der Diktion der SE-VO kennzeichnet „Sitz" dabei den Satzungssitz, „Hauptverwaltung" hingegen den effektiven Verwaltungssitz.[136] Ausreichend ist, dass Sitz und Hauptverwaltung jeweils in der EU bzw. dem EWR lie-

50

---

128 Etwa Widmann/Mayer/*Heckschen* Anhang 14: Europäische Gesellschaft Rn. 139; Kallmeyer/*Marsch-Barner/Wilk* Anhang Europäische Gesellschaft Rn. 14.
129 *Wicke* MittBayNot 2006, 196 (198); Drinhausen/van Hulle/Maul/*Teichmann* § 4 Rn. 11 ff.
130 So *Heckschen* NJW 2011, 2390 (2394). Trotz europarechtlicher Grundlage des verschmelzungsrechtlichen Squeeze Out ist dies nicht zwingend, da die Richtlinie den Mitgliedstaaten ein Wahlrecht zwischen Squeeze out und Sell out einräumt.
131 Habersack/Drinhausen/*Keinath* SE-VO Art. 17 Rn. 2; Habersack/Drinhausen/*Habersack* SE-VO Art. 2 Rn. 5; Schmitt/Hörtnagl/*Hörtnagl/Rinke* SE-VO Art. 2 Rn. 5.

AA zu Recht BeckOGK/*Casper* SE-VO Art. 2 Rn. 7; MHdB GesR IV*Austmann* § 84 Rn. 1.
132 Schmitt/Hörtnagl/*Hörtnagl/Rinke* SE-VO Art. 2 Rn. 5; BeckOGK/*Casper* SE-VO Art. 2 Rn. 7.
133 BeckOGK/*Casper* SE-VO Art. 2 Rn. 7; Habersack/Drinhausen/*Habersack* SE-VO Art. 2 Rn. 5; Schmitt/Hörtnagl/*Hörtnagl/Rinke* SE-VO Art. 2 Rn. 5.
134 BeckOGK/*Casper* SE-VO Art. 2 Rn. 7; Habersack/Drinhausen/*Habersack* SE-VO Art. 2 Rn. 5; Schmitt/Hörtnagl/*Hörtnagl/Rinke* SE-VO Art. 2 Rn. 5.
135 AG Düsseldorf ZIP 2006, 287; BeckOGK/*Casper* SE-VO Art. 2 Rn. 8; Habersack/Drinhausen/*Habersack* SE-VO Art. 2 Rn. 6. AA *Blanke* ZIP 2006, 789 (789 ff.).
136 Habersack/Drinhausen/*Habersack* SE-VO Art. 2 Rn. 8.

gen, nicht verlangt wird, dass Sitz und Hauptverwaltung der Gründungsgesellschaften jeweils in demselben Mitgliedstaat belegen sind.[137]

51 Mindestens zwei der an der Verschmelzung beteiligten Aktiengesellschaften müssen dem Recht verschiedener Mitgliedstaaten unterliegen. Diese **obligatorische Mehrstaatlichkeit** bezieht sich auf die an der Verschmelzung beteiligten Rechtsträger selbst, so dass es nicht genügt, wenn einer der sich verschmelzenden Rechtsträger Tochtergesellschaften/Zweigniederlassungen in einem oder mehreren Mitgliedstaaten besitzt; unschädlich ist demgegenüber nach richtiger Ansicht die Verschmelzung einer 100 %-Tochtergesellschaft upstream oder downstream,[138] da die SE-VO kein industriepolitisches Instrument zur Stimulierung eines grenzüberschreitenden europäischen Konzentrationsprozesses ist, sondern Unternehmen, die in mehreren Staaten Betriebseinheiten unterhalten, eine geeignete Organisationsform zur Verfügung stellen will. Da die SE-VO nach richtiger Ansicht gleichzeitig kein Verbot der Beteiligung von Vorratsgesellschaften an Gründungsvorgängen kennt, kann die verlangte Mehrstaatlichkeit auch dadurch herbeigeführt werden, dass eine in- respektive ausländische Vorratsgesellschaft auf eine aus- bzw. inländische AG verschmolzen wird.[139]

52 Für den Fall einer Verschmelzung zur Neugründung einer SE unter Beteiligung einer übertragenden deutschen AG waren nach hM zusätzlich die **Beschränkungen der Gründungsfähigkeit nach § 76 UmwG aF** zu beachten. Hiernach konnte eine übertragende Aktiengesellschaft die Verschmelzung zur Neugründung erst beschließen, wenn sie und jede andere übertragende Aktiengesellschaft bereits zwei Jahre im Register eingetragen sind. Eine Verschmelzung zur Neugründung einer SE schied damit zunächst dann aus, wenn eine beteiligte deutsche Gründungsgesellschaft im Zeitpunkt des Verschmelzungsbeschlusses noch nicht zwei Jahre in das Handelsregister eingetragen ist.[140] Darüber hinaus stand § 76 UmwG aF einer Verschmelzung zur Neugründung einer SE nach verbreiteter Ansicht aber auch dann entgegen, wenn (nur) ein beteiligter ausländischer Rechtsträger die Voraussetzungen des § 76 UmwG aF nicht erfüllt.[141] Eine Verschmelzung zur Neugründung setzte damit nach hM im Ergebnis voraus, dass sämtliche übertragenden Gründungsgesellschaften im Zeitpunkt der Beschlussfassung jeweils seit mehr als zwei Jahren in das Handelsregister eingetragen sind. Durch die ersatzlose Streichung des § 76 UmwG aF durch das UmRUG ist die Diskussion überholt, die Zweijahresfrist also nicht mehr von Bedeutung.

Hinweis: Als Gestaltungsalternative kommt eine Verschmelzung durch Aufnahme in Betracht, wobei allerdings gegebenenfalls die Nachgründungsvorschriften zu beachten sind.[142]

---

137 Habersack/Drinhausen/*Habersack* SE-VO Art. 2 Rn. 8.
138 BeckOGK/*Casper* SE-VO Art. 2 Rn. 9, 24; van Hulle/Maul/Drinhausen SE-HdB/*Teichmann* Kap. 4, § 2 Rn. 23; *Oechsler* NZG 2005, 697 (700); *Vossius* ZIP 2005, 741 (743); MHdB GesR IV/*Austmann* § 84 Rn. 1. AA nur *Hirte* NZG 2002, 1 (3).
139 *Oechsler* NZG 2005, 679 (700 f.).
140 Lutter/Hommelhoff/Teichmann/*Bayer* SE-VO Art. 23 Rn. 12; Drinhausen/Habersack/*Keinath* SE-VO Art. 23 Rn. 15.
141 So BeckOGK/*Eberspächer* SE-VO Art. 23 Rn. 5; Drinhausen/Habersack/*Keinath* SE-VO Art. 23 Rn. 15.
142 BeckOGK/*Eberspächer* SE-VO Art. 23 Rn. 5; Drinhausen/Habersack/*Keinath* SE-VO Art. 23 Rn. 15.

2. Verfahren
a) Überblick

Die Verschmelzung zur Gründung einer SE durchläuft die folgenden Verfahrensabschnitte, die sich in einem ersten groben Zugriff in Vorbereitungs-, Beschluss- und Vollzugsphase unterteilen lassen:[143]

aa) Vorbereitungsphase

- Beschlüsse der Leitungsorgane der Gründungsgesellschaften über die Verschmelzung;
- bei Upstream-Verschmelzung einer ausländischen Vorratsgesellschaft: Erwerb bzw. Gründung dieses übertragenden Rechtsträgers;
- Vorbereitung des Arbeitnehmerbeteiligungsverfahrens, insbesondere Ermittlung der beteiligten Rechtsordnungen, Ermittlung der Wahlverfahren und Zahl der BVG-Mitglieder, regelmäßig über Versendung eines Factbooks an die lokalen Geschäftsleitungen;
- Aufstellung des Verschmelzungsplans incl. Satzung der zukünftigen SE sowie – soweit nicht entbehrlich – des Verschmelzungsberichts;
- Unternehmensbewertung der beteiligten Rechtsträger;
- Schlussbilanz nach § 17 Abs. 2 UmwG, soweit eine deutsche Gründungsgesellschaft als übertragender Rechtsträger beteiligt ist;
- bei Verschmelzung durch Neugründung in Deutschland: Vorbereitung des internen Gründungsprüfungsberichts (→ Rn. 99).
- bei Verschmelzung zur Aufnahme durch deutsche AG: Nachgründungsprüfung durch Aufsichts- bzw. Verwaltungsrat und Nachgründungsprüfer;
- Verschmelzungsprüfung;
- Bekanntmachung/Offenlegung der Verschmelzungsabsicht;
- Zuleitung des Verschmelzungsplans an den Betriebsrat;
- (spätestens) offizielle Einleitung des Verfahrens zur Beteiligung der Arbeitnehmer;
- Einreichung des Verschmelzungsplans beim Handelsregister.

bb) Beschlussphase

- Hauptversammlungsbeschlüsse der verschmelzenden Rechtsträger;
- gegebenenfalls Kapitalerhöhung des aufnehmenden Rechtsträgers;
- Bestellung der Mitglieder des ersten Aufsichts- oder Verwaltungsorgans, soweit diese nicht zulässigerweise durch die Satzung bestellt werden;
- Bestellung des Abschlussprüfers für das erste (Rumpf-)Geschäftsjahr der SE

cc) Vollzugsphase

- Konstituierung des ersten Aufsichts- bzw. Verwaltungsrats der SE;
- Bestellung des Vorstands bzw. der geschäftsführenden Direktoren durch Aufsichtsrat bzw. Verwaltungsrat;

---

143 In Anlehnung an Widmann/Mayer/*Heckschen* Anhang 14: Europäische Gesellschaft Rn. 140 ff.; Drinhausen/Habersack/*Keinath* SE-VO Art. 17 Rn. 9 ff.; vgl. auch *Vossius* ZIP 2005, 741 (743 f.) sowie den ausführlichen Ablaufplan bei BeckFormB M&A/*Seibt* K.II.26.

- bei Verschmelzung zur Neugründung: Finalisierung des internen Gründungsberichts durch Vorstand und Aufsichtsorgan bzw. Verwaltungsrat und geschäftsführende Direktoren;
- bei SE mit Sitz im Ausland: ggf. Sicherheitsleistung zugunsten der Gläubiger;
- Rechtmäßigkeitsprüfungen durch die involvierten Register;
- Anmeldung der Verschmelzung zum Handelsregister am zukünftigen Sitz der SE;
- Eintragung der SE;
- Offenlegung der erfolgreichen Verschmelzung.

b) Verschmelzungsplan

aa) Zuständigkeit

57 Den offiziellen Beginn der Gründung einer SE durch Verschmelzung markiert die Aufstellung eines Verschmelzungsplans durch die Leitungs- oder Verwaltungsorgane der verschmelzenden Gesellschaften, in Deutschland also des Vorstands einer beteiligten AG. Der Verschmelzungsplan ist funktionales Äquivalent und gleichzeitig Substitut des Verschmelzungsvertrags des UmwG.[144] Der Abschluss eines ergänzenden Verschmelzungsvertrags, durch den wechselseitige Verpflichtungen der Gründungsgesellschaften – etwa in Form eines Business Combination Agreement – statuiert werden, ist, wenn auch nicht zwingend, auf freiwilliger Basis möglich.[145] Zu beachten sind zudem eventuell abweichende Vorgaben anderer beteiligter Rechtsordnungen: so schreibt etwa § 17 des österreichischen SEG den Abschluss eines Verschmelzungsvertrages vor.[146] Die von den Leitungsorganen aufgestellten Verschmelzungspläne müssen gleichlautend sein (Art. 26 Abs. 3 SE-VO). Zulässig und nach teilweise vertretener Ansicht zwingend erforderlich,[147] für die Praxis grundsätzlich jedenfalls zu empfehlen, ist die Aufstellung eines gemeinsamen Verschmelzungsplans. Entsprechend § 4 UmwG kann die Zustimmung auch zu einem Entwurf des Verschmelzungsplans erteilt werden.[148]

bb) Form und Sprache

58 Form und Sprache des Verschmelzungsplans richten sich jeweils nach den Vorgaben der auf die Gründungsgesellschaften anwendbaren nationalen Rechte: Nach zutreffender hM bedarf der Verschmelzungsplan einer deutschen Gründungsgesellschaft damit der notariellen Form (Art. 18 SE-VO iVm § 6 UmwG)[149] und muss aufgrund registerrechtlicher Vorgaben (§ 488 Abs. 3 S. 1 FamFG iVm § 184 GVG) in deutscher Fassung (Urschrift oder beglaubigte Abschrift) für die Einreichung vorbereitet werden; alternativ kommt eine beglaubigte Übersetzung eines in fremder Sprache verfassten Verschmelzungsplans

---

144 Van Hulle/Maul/Drinhausen SE-HdB/*Teichmann* Kap. 4 § 2 Rn. 6.
145 Lutter/Hommelhoff/*Teichmann*/*Bayer* SE-VO Art. 20 Rn. 4; Habersack/Drinhausen/*Keinath* SE-VO Art. 20 Rn. 3. Zu eventuellen Grenzen zulässiger Inhalte eines BCA OLG München NZG 2012, 261 (W.E.T.); *Paschos* NZG 2012, 1042.
146 Widmann/Mayer/*Heckschen* Anhang 14: Europäische Gesellschaft Rn. 148 Fn. 543.
147 Van Hulle/Maul/Drinhausen SE-HdB/*Teichmann* Kap. 4 § 2 Rn. 6. AA (kein dahin gehender Zwang) Lutter/Hommelhoff/*Teichmann*/*Bayer* SE-VO Art. 20 Rn. 2; Habersack/Drinhausen/*Keinath* SE-VO Art. 20 Rn. 4.

Ohne eigene Stellungnahme einen gleichlautenden, notfalls mehrsprachigen Verschmelzungsplan empfehlend MHdB GesR IV/*Austmann* § 84 Rn. 7.
148 *Spitzbart* RNotZ 2006, 369 (388); MHdB GesR IV/*Austmann* § 84 Rn. 9.
149 Lutter/Hommelhoff/*Teichmann*/*Bayer* SE-VO Art. 20 Rn. 6 f.; BeckOGK/*Eberspächer*, SE-VO Art. 23 Rn. 7; Habersack/Drinhausen/*Keinath* SE-VO Art. 20 Rn. 5; MHdB GesR IV/*Austmann* § 84 Rn. 9; *Hekschen* DNotZ 2003, 251 (257 f.); *Wicke* MittBayNot 2006, 196 (198). AA wohl nur *Schulz/Geismar* DStR 2001, 1078 (1080); *Brandes* AG 2005, 177 (181).

in Betracht.¹⁵⁰ Da die SE-VO gleichlautende Verschmelzungsverträge verlangt, ist es für die Praxis empfehlenswert und auch üblich, eine zwei- bzw. (bei mehr als zwei an der Verschmelzung beteiligten Rechtsträgern aus mehr als zwei EU/EWR-Mitgliedstaaten) mehrsprachige Fassung des Verschmelzungsplans zu erstellen, wobei die jeweiligen Formerfordernisse der beteiligten Mitgliedstaaten kumulativ zu wahren sind.¹⁵¹

cc) Obligatorischer Mindestinhalt
(Art. 20 Abs. 1 SE-VO iVm Art. 24 Abs. 2 SE-VO, § 7 Abs. 1 SEAG)

(1) Firma und Sitz der SE

Der Verschmelzungsplan hat zunächst **Firma und Sitz** der sich verschmelzenden Gesellschaften sowie die für die SE vorgesehene Firma und ihren geplanten Sitz zu benennen, wobei Sitz jeweils den satzungsmäßigen Sitz der sich verschmelzenden Gesellschaften sowie der zukünftigen SE meint.¹⁵² Nach Art. 7 SE-VO dürfen Satzungs- und effektiver Verwaltungssitz ("Hauptverwaltung") der SE nicht in unterschiedlichen Mitgliedstaaten belegen sein. Entfallen ist demgegenüber die früher in § 2 SEAG enthaltene weitere Vorgabe, dass der Sitz der „deutschen" SE zwingend am Ort der Hauptverwaltung belegen sein muss; er kann nunmehr frei im Gebiet der Bundesrepublik gewählt werden.¹⁵³ Richtiger Ansicht nach ist es zulässig, den Sitz der aufnehmenden Gesellschaft anlässlich der Verschmelzung grenzüberschreitend zu verlegen; im Falle, dass hierbei aufnehmender Rechtsträger eine (bisher) deutsche AG ist, ist zugunsten ihrer Aktionäre, die gleichfalls in eine „ausländische" SE gezwungen werden, § 7 Abs. 1 SEAG analog anzuwenden.¹⁵⁴ Bzgl. der Firmierung ist zu beachten, dass nach Art. 11 Abs. 1 SE-VO der Zusatz SE geführt werden muss; im Übrigen sind die Vorgaben des Firmenrechts im zukünftigen Sitzstaat der SE maßgeblich, für die deutsche SE also § 4 AktG, §§ 17 ff. HGB.¹⁵⁵

59

(2) Umtauschverhältnis und Ausgleichsleistung

Weiter ist das **Umtauschverhältnis der Aktien und** gegebenenfalls – im Falle von dem Umwandlungsverhältnis geschuldeten Spitzen – **die Höhe der Ausgleichsleistung** festzulegen (Art. 20 Abs. 1 S. 2 lit. b SE-VO). Die Bestimmung des Umtauschverhältnisses macht grundsätzlich eine fundamentalanalytische Unternehmensbewertung sämtlicher Gründungsgesellschaften erforderlich, insbesondere hat das BVerfG entschieden, dass auch bei Verschmelzung voneinander unabhängiger Rechtsträger das vertraglich zwischen deren Organen ausgehandelte Verschmelzungsverhältnis als Ergebnis des Marktprozesses eine Unternehmensbewertung nicht ersetzt.¹⁵⁶ Die Ermittlung der Verschmelzungswertrelation wurde zudem nach bisher herrschender, aber nicht zweifelsfreier Ansicht vom Prinzip der Methodengleichheit regiert, dh sämtliche verschmelzenden Rechtsträger sollten bzw. mussten mittels der gleichen Methodik bewertet werden;

60

---

150 Hauschild/Kallrath/Wachter Notar-HdB/*Kleiser* § 19 Rn. 47; Habersack/Drinhausen/*Keinath* SE-VO Art. 20 Rn. 8.
151 Kallmeyer/*Marsch-Barner/Wilk* Anhang Europäische Gesellschaft Rn. 19.
152 Lutter/Hommelhoff/Teichmann/*Bayer* SE-VO Art. 20 Rn. 15; Habersack/Drinhausen/*Keinath* SE-VO Art. 20 Rn. 11.
153 Widmann/Mayer/*Heckschen* Anhang 14: Europäische Gesellschaft Rn. 154.
154 Habersack/Drinhausen/*Keinath* SE-VO Art. 17 Rn. 4; van Hulle/Maul/Drinhausen SE-HdB/*Teichmann* Kap. 4 § 2 Rn. 34.
155 Lutter/Hommelhoff/Teichmann/*Bayer* SE-VO Art. 20 Rn. 16; Widmann/Mayer/*Heckschen* Anhang 14: Europäische Gesellschaft Rn. 156.
156 BVerfG NJW 2012, 3020 (3021) („Daimler/Chrysler"); anders noch OLG Stuttgart 2010, 2404; auch *Kiem* ZGR 2007, 542 (545 f.). Kritisch zur Entscheidung des BVerfG *Klöhn/Verse* AG 2013, 2 ff.

die Leitungen der Gründungsgesellschaften hatten sich entsprechend auf eine einheitliche Bewertungssystematik zu verständigen,[157] die zugleich den Vorgaben der – nicht aufeinander abgestimmten – nationalen Rechte sämtlicher betroffener Mitgliedstaaten genügen muss.[158] Mit der Neufassung des § 12 Abs. 2 S. 2 UmwG wird demgegenüber nunmehr zu Recht ausdrücklich anerkannt, dass es zulässig sein muss, dass für die an einer Verschmelzung beteiligten Rechtsträger unterschiedliche Bewertungsmethoden verwendet werden. So ist zB selbstverständlich nicht zu beanstanden, einen deutschen Rechtsträger nach dem üblichen Ertragswertverfahren zu bewerten, einen ausländischen Rechtsträger demgegenüber etwa nach dem international gebräuchlichen DCF-Verfahren, da die Ergebnisse beider Verfahren kapitalwertgleich sind. § 12 Abs. 2 S. 2 Nr. 3 UmwG verlangt insoweit allein, dass der Verschmelzungsprüfungsbericht erläutert, dass und aus welchen Gründen die Verwendung unterschiedlicher Methoden gerechtfertigt war.

Vor dem Hintergrund der Rechtsprechung des BVerfG darf bei Beteiligung einer börsennotierten deutschen Gründungsgesellschaft der Börsenkurs nicht ausgeblendet werden,[159] wobei allerdings in den Details noch erhebliche Unsicherheit herrscht. Immerhin ist mittlerweile durch den Telekom/T-Online-Beschluss des BVerfG anerkannt, dass die Verschmelzungswertrelation bei Verschmelzung jeweils börsennotierter Rechtsträger auch durch das Verhältnis der Börsenkurse zulässigerweise bestimmt werden kann,[160] wodurch im Einzelfall die dargestellten Schwierigkeiten bei der Verwendung fundamentalanalytischer Verfahren in grenzüberschreitenden Zusammenhängen überwunden werden können.

61 Ausführungen zur Ermittlung der Verschmelzungswertrelation müssen nicht bereits im Verschmelzungsplan enthalten sein, sondern sind dem Verschmelzungsbericht vorbehalten; als Grundlage der Bestimmung des Umtauschverhältnisses und einer eventuellen Ausgleichsleistung ist ihre Ermittlung aber auch Voraussetzung der Aufstellung des Verschmelzungsplans.[161] Sieht der Verschmelzungsplan einer SE mit deutschem Sitz bare Zuzahlungen vor, gilt die 10 %-Grenze der §§ 68 Abs. 3, 73 UmwG gem. Art. 15 SE-VO entsprechend.[162] Bei Upstream-Verschmelzung auf die Alleinaktionärin entfallen die Angaben nach Art. 20 Abs. 1 S. 2 lit. b SE-VO (Art. 31 Abs. 1 SE-VO);[163] eigene Aktien stehen der Inanspruchnahme dieser Erleichterung nicht entgegen, da Art. 31 Abs. 1 SE-VO auf die Stimmberechtigung abstellt, die nach § 71b AktG ausgeschlossen ist.[164]

Nach § 72a UmwG iVm § 6 Abs. 5 SEAG können die beteiligten Rechtsträger im Verschmelzungsplan nunmehr erklären, dass bei unangemessenem Umtauschverhältnis anstelle einer baren Zuzahlung (§ 15) **zusätzliche Aktien** der übernehmenden Gesellschaft gewährt werden.[165] Der ausgleichspflichtigen Gesellschaft soll damit ermöglicht werden, die entsprechenden Verpflichtungen liquiditätsschonend zu erfüllen.[166] Im

---

157 Kallmeyer/Marsch-Barner/Wilk Anhang Europäische Gesellschaft Rn. 23.
158 Vgl. zu den damit verbundenen Problemen etwa MHdB GesR IV/Austmann § 84 Rn. 10 ff., dem zu Folge im theoretischen Ausnahmefall sogar ein Verschmelzungsverbot die Folge sein kann.
159 Kallmeyer/Marsch-Barner/Wilk Anhang Europäische Gesellschaft Rn. 23.
160 BVerfG NJW 2011, 2497 (2498) („Telekom/T-Online").
161 Kiem ZGR 2007, 542 (543 f.).
162 Spitzbart RNotZ 2006, 366 (388); Lutter/Hommelhoff/Teichmann/Bayer SE-VO Art. 20 Rn. 19.
163 Habersack/Drinhausen/Keinath SE-VO Art. 20 Rn. 13; Hauschild/Kallrath/Wachter Notar-HdB/Kleiser § 19 Rn. 52.
164 Habersack/Drinhausen/Keinath SE-VO Art. 31 Rn. 3.
165 Zu Einzelheiten des Aktienausgleichs vgl. etwa Lieder/Hilser ZIP 2023, 1 f.; J. Schmidt NZG 2022, 579 (584); J. Schmidt NZG 2022, 635 (642); Wollin ZIP 2022, 989 (991).
166 Lieder/Hilser ZIP 2023, 1 (3); J. Schmidt NZG 2022, 579 (584); Wollin ZIP 2022, 989 (991).

Ergebnis erscheint die Grundentscheidung, eine nachträgliche Verbesserung des Umtauschverhältnisses durch Gewährung zusätzlicher Anteile/Aktien am aufnehmenden Rechtsträger zuzulassen, sachgerecht, da auch bei angemessenem Umtauschverhältnis die Anteilseigner des übertragenden Rechtsträgers vorbehaltlich der ausnahmsweise zulässigen baren Zuzahlung Anteile erhalten; das Instrument der sog. Abfindungsfusion, das ein Ausscheiden der Anteilseigner des übertragenden Rechtsträgers gegen Zahlung eines angemessenen Abfindungsbetrags erlaubt, ist dem deutschen Umwandlungsrecht fremd.[167]

(3) Einzelheiten der Aktienübertragung

Bestandteil sind weiter die **Einzelheiten hinsichtlich der Übertragung der Aktien** der SE (Art. 20 Abs. 1 S. 2 lit. c SE-VO). Für eine deutsche Aktiengesellschaft als übertragender Rechtsträger ist für den Empfang der zu gewährenden Aktien der künftigen SE sowie eventueller barer Zuzahlungen ein Treuhänder nach Maßgabe der §§ 71, 73 UmwG zu bestellen.[168] Der Bestellung eines Treuhänders bedarf es richtiger Ansicht nach dann nicht, wenn die Aktien der SE nicht verbrieft sind und der Verschmelzungsplan keine baren Zuzahlungen vorsieht.[169] Erfordert die Verschmelzung – wie außerhalb von Konzernverschmelzungen regelmäßig – eine Kapitalerhöhung, um die Aktionäre der übertragenden Gesellschaft zu kompensieren, ist ein Hinweis auf die Kapitalerhöhung aufzunehmen.[170] Die Angaben bezüglich der Aktienübertragung entfallen, wenn es sich um die Verschmelzung einer Tochter auf ihre Alleingesellschafterin handelt (Art. 31 Abs. 1 SE-VO).[171] 62

(4) Zeitpunkt der Gewinnberechtigung

Anzugeben ist der **Zeitpunkt, von dem an diese Aktien das Recht auf Beteiligung am Gewinn gewähren**, sowie alle Besonderheiten in Bezug auf dieses Recht. Der Zeitpunkt der Gewinnberechtigung kann von den Parteien variabel festgesetzt werden;[172] üblich und unter dem Gesichtspunkt der Dividendenkontinuität sinnvoll ist, den Zeitpunkt des Gewinnbezugsrechts mit dem Verschmelzungsstichtag zu synchronisieren (→ Rn. 64).[173] Die Angabe entfällt bei Upstream-Verschmelzung einer 100 %igen Tochtergesellschaft (Art. 31 Abs. 1 SE-VO). 63

(5) Verschmelzungsstichtag

Ebenfalls enthalten sein muss der Zeitpunkt, von dem an die Handlungen der sich verschmelzenden Gesellschaften unter dem Gesichtspunkt der Rechnungslegung als für Rechnung der SE vorgenommen gelten (**Verschmelzungsstichtag**). Der Verschmelzungsstichtag kann grundsätzlich frei bestimmt werden.[174] Zu berücksichtigen ist, dass nach hM deutsche Gründungsgesellschaften die Schlussbilanz auf den Verschmelzungs- 64

---

167 Das Instrument begrüßend etwa auch *Lieder/Hilser* ZIP 2023, 1 (3).
168 Habersack/Drinhausen/*Keinath* SE-VO Art. 20 Rn. 18; *Spitzbart* RNotZ 2006, 366 (388).
169 Zu § 71 UmwG *Bandehzadeh* DB 2007, 1514 (1514 ff.); Kallmeyer/*Marsch-Barner/Oppenhoff* § 71 Rn. 8.
170 Van Hulle/Maul/Drinhausen SE-HdB/*Teichmann* Kap. 4 § 2 Rn. 36.
171 Hauschild/Kallrath/Wachter Notar-HdB/*Kleiser* § 19 Rn. 52.
172 Lutter/Hommelhoff/Teichmann/*Bayer* SE-VO Art. 20 Rn. 21; Jannott/Frodermann SE-HdB/*Jannott* Kap. 3 Rn. 42. Für die nationale Verschmelzung nach UmwG BGH ZIP 2013, 358 (359 f.) („T-Online/Deutsche Telekom").
173 MHdB GesR IV/*Austmann* § 84 Rn. 14.
174 Habersack/Drinhausen/*Keinath* SE-VO Art. 20 Rn. 21; van Hulle/Maul/Drinhausen SE-HdB/*Teichmann* Kap. 4 § 2 Rn. 38.

stichtag zu erstellen haben, die ihrerseits im Zeitpunkt des Antrags auf Erteilung einer Rechtmäßigkeitsbescheinigung bei dem Register einer deutschen übertragenden Gründungsgesellschaft (Art. 25 SE-VO) nicht älter als acht Monate sein darf (§ 17 Abs. 2 S. 4 UmwG).[175] Mit Blick auf die Länge der Gründung einer SE im Wege der Verschmelzung, die maßgeblich dem Arbeitnehmerbeteiligungsverfahren geschuldet ist, kann sich deshalb die Festschreibung eines variablen Verschmelzungsstichtags anbieten.[176] Zulässig ist es, unterschiedliche Verschmelzungsstichtage für die an der Verschmelzung beteiligten Gesellschaften festzusetzen.[177]

(6) Sonderrechte

65 Erforderlich sind Angaben zu den **Rechten, welche die SE den mit Sonderrechten ausgestatteten Aktionären der Gründungsgesellschaften und den Inhabern anderer Wertpapiere als Aktien gewährt**, oder die für diese Personen vorgeschlagenen Maßnahmen; Ausführungen sind damit erforderlich insbesondere zu stimmrechtlosen Vorzugsaktien, Höchststimmrechten, Schuldverschreibungen und Genussrechten.[178] Erfasst werden sowohl Sonderrechte, die einzelnen als auch solche, die sämtlichen Aktionären gewährt werden.[179]

(7) Sondervorteile

66 Anzugeben ist weiter jeder **besondere Vorteil**, der den Sachverständigen, die den Verschmelzungsplan prüfen, oder den Mitgliedern der Verwaltungs-, Leitungs-, Aufsichts- oder Kontrollorgane der sich verschmelzenden Gesellschaft gewährt wird; Sondervorteile sind dabei nur solche Zuwendungen und Vergünstigungen seitens der Gesellschaft, denen keine (konkrete) Gegenleistung gegenübersteht.[180]

(8) Satzung der SE

67 Der Verschmelzungsplan hat die **Satzung der SE** zu enthalten (Art. 20 Abs. 1 lit. h SE-VO). Fungiert eine deutsche Gesellschaft als aufnehmende Gesellschaft bzw. wird eine SE mit Sitz in Deutschland gegründet, bedarf die Satzung der notariellen Beurkundung, dieser Form wird durch die notarielle Beurkundung[181] des Verschmelzungsplans bzw. des Verschmelzungsbeschlusses genügt.[182]

Hinweis: Grundsätzlich kann bei der Satzungsgestaltung einer dualistischen SE mit Sitz in Deutschland in weiten Teilen auf die bisherige Satzung zurückgegriffen werden.[183] Folgende Besonderheiten sind zu beachten:[184] (1) Nach Art. 38 SE-VO ist die Entscheidung zwischen dualistischem und monistischem System in der Satzung zu treffen, dementsprechend hat sich in der Praxis eingebürgert, die Wahl ausdrücklich durch Benennung der Organe der Gesellschaft in der Satzung vorzunehmen. (2) Zwingend

---

175 Habersack/Drinhausen/*Keinath* SE-VO Art. 20 Rn. 21; Jannott/Frodermann SE-HdB/*Jannott* Kap. 3 Rn. 33. Auf eine deutsche aufnehmende Gesellschaft ist § 17 Abs. 2 UmwG richtiger Ansicht nicht anzuwenden, vgl. *Empt* NZG 2010, 1013 (1014 f.).
176 Habersack/Drinhausen/*Keinath* SE-VO Art. 20 Rn. 21; Hauschild/Kallrath/Wachter Notar-HdB/*Kleiser* § 19 Rn. 53; *Brandes* AG 2005, 177 (181).
177 Habersack/Drinhausen/*Keinath* SE-VO Art. 20 Rn. 21; Lutter/Hommelhoff/Teichmann/*Bayer* SE-VO Art. 20 Rn. 22.
178 Habersack/Drinhausen/*Keinath* SE-VO Art. 20 Rn. 22.
179 Lutter/Hommelhoff/Teichmann/*Bayer* SE-VO Art. 20 Rn. 23.
180 Habersack/Drinhausen/*Keinath* SE-VO Art. 20 Rn. 24; Jannott/Frodermann SE-HdB/*Jannott* Kap. 3 Rn. 45.
181 Habersack/Drinhausen/*Keinath* SE-VO Art. 20 Rn. 27.
182 Van Hulle/Maul/Drinhausen SE-HdB/*Teichmann* Kap. 4 § 2 Rn. 41.
183 Erläuterte Mustersatzung bei monistischer Struktur bei *Lutter/Kollmorgen/Feldhaus* BB 2005, 2473.
184 Vgl. etwa *Kowalski* DB 2007, 2243 (2244).

erforderlich sind Angaben über die Amtszeit der Mitglieder des Leitungsorgans/Vorstands (Art. 46 Abs. 1 SE-VO) und des Aufsichtsorgans, die abweichend vom nationalen Aktienrecht (§§ 84 Abs. 1 S. 1, 102 Abs. 1 AktG) jeweils bis zu sechs Jahre betragen darf. Nach herrschender, aber nicht unumstrittener Ansicht genügt dabei die Festlegung einer Höchstdauer.[185] Folgt man dieser zutreffenden herrschenden Meinung, stellt sich das Folgeproblem, dass es nach wenig überzeugender Ansicht des AG Hamburg mit Art. 46 SE-VO unvereinbar sein soll, dass die Satzung der SE die reguläre Amtszeit der Mitglieder des Aufsichts- oder Verwaltungsrats in Anlehnung an § 102 AktG in der Weise regelt, dass die Mitglieder des Aufsichts- oder Verwaltungsrats für einen Zeitraum bis zur Beendigung der Hauptversammlung berufen werden, die über ihre Entlastung für das vierte Geschäftsjahr nach dem Beginn der Amtszeit beschließt.[186] Die Praxis, die in zahlreichen Fällen an der aus dem AktG bekannten Verfahrensweise festhalten möchte, trägt dieser Entscheidung Rechnung, indem einerseits die Amtsdauer an den Ablauf der Hauptversammlung, die über die Entlastung für ein bestimmtes Geschäftsjahr entscheidet, geknüpft, gleichzeitig aber eine echte, in Jahren zu bemessende Höchstfrist festgelegt wird.[187] (3) Zudem legt Art. 48 Abs. 1 SE-VO nahe, dass Zustimmungsvorbehalte für das Aufsichtsorgan zwingend in der Satzung enthalten sein müssen.[188] Zur Wahrung eventuell erforderlicher Flexibilität findet sich in der Praxis verbreitet die Übung, in der Satzung einen Kernkatalog von Zustimmungsvorbehalten für besonders wesentliche Maßnahmen festzuschreiben und diesen in der Geschäftsordnung für den Vorstand situationsabhängig zu ergänzen.[189] (4) Enthält die Satzung eines aufnehmenden deutschen Rechtsträgers die nicht zwingende, rein deklaratorische Bestimmung, dass die ordentliche Hauptversammlung innerhalb der ersten acht Monate des Geschäftsjahres durchzuführen ist (vgl. § 175 Abs. 1 S. 2 AktG), ist zu beachten, dass Art. 54 SE-VO verlangt, dass die ordentliche Hauptversammlung innerhalb der ersten sechs Monate des Geschäftsjahres durchzuführen ist.

Hinweis: Nicht zwingend, aber zulässig ist die Bestellung des ersten Aufsichtsrats/Verwaltungsrats bereits in der Satzung (Art. 40 Abs. 2 S. 2, Art. 43 Abs. 2 S. 2 SE-VO).[190] Zur umstrittenen Frage der Notwendigkeit einer Bestellung der Mitglieder des ersten Aufsichtsrats → Rn. 89.

(9) Arbeitnehmerbeteiligungsverfahren

Pflichtbestandteil sind weiter **Angaben zu dem Verfahren, nach dem die Vereinbarung über die Beteiligung der Arbeitnehmer gemäß der Richtlinie 2001/36/EG geschlossen wird** (Art. 20 Abs. 1 lit. i SE-VO). Darzustellen ist der gesetzlich vorgezeichnete

---

185 Habersack/Drinhausen/*Drinhausen* SE-VO Art. 46 Rn. 10 ff.; Habersack/Drinhausen/*Keinath* SE-VO Art. 20 Rn. 29; *Kowalski* DB 2007, 2243 (2245); *Drinhausen/Nohlen* ZIP 2009, 1890 (1892 ff.); *Hoffmann-Becking* ZGR 2004, 355 (364). AA Kölner Komm AktG/*Siems/Müller-Leibenger* SE-VO Art. 46 Rn. 11 f.; Lutter/Hommelhoff/*Teichmann* SE-VO Art. 46 Rn. 3 f.
186 AG Hamburg ZIP 2005, 2017 (2018) („Zoll Pool Hafen Hamburg SE").
187 Vgl. etwa Formulierungsvorschlag bei *Drinhausen/Nohlen* ZIP 2009, 1890 (1894).
188 Lutter/Hommelhoff/*Teichmann* SE-VO Art. 48 Rn. 5 f.; so wohl auch Habersack/Drinhausen/*Keinath* SE-VO Art. 20 Rn. 29; *Kowalski* DB 2007, 2243 (2245); Art. 48 Abs. 1 S. 2 SE-VO als Ermächtigung an den nationalen Gesetzgeber, von der Regel des Art. 48 Abs. 1 S. 1 SE-VO abzuweichen, verstehend *Hoffmann-Becking* ZGR 2004, 355 (364); MüKoAktG/*Reichert/Brandes* SE-VO Art. 48 Rn. 1.
189 *Kowalski* DB 2007, 2243 (2245). Vgl. hierzu auch Kölner Komm AktG/*Siems/Müller-Leibenger* SE-VO Art. 48 Rn. 3: Minimal-Katalog kann nur in Missbrauchsfällen beanstandet werden.
190 Lutter/Hommelhoff/*Teichmann/Drygala* SE-VO Art. 40 Rn. 26. AA insoweit *J. Schmidt*, „Deutsche" vs. „britische" Societas Europaea (SE), 2006, S. 562 f., derzufolge die Bestellung in der Satzung zwingend ist.

Verfahrensablauf, ergänzt um die Spezifika des konkreten Beteiligungsverfahrens, insbesondere über die nach den einschlägigen nationalen Rechten zuständigen Wahlgremien für die Wahl der Mitglieder des BVG, die Zusammensetzung des BVG und die Folgen der gesetzlichen Auffanglösung im Einzelfall.[191] Soweit das Arbeitnehmerbeteiligungsverfahren – zulässigerweise (→ Rn. 75) – bereits vor Offenlegung des Verschmelzungsplans eingeleitet wurde, sind Angaben zum Stand des Verfahrens aufzunehmen.

(10) Barabfindungsangebot

69 Dient die Verschmelzung unter Beteiligung eines deutschen übertragenden Rechtsträgers der Gründung einer SE im europäischen Ausland, ist zwingend ein Barabfindungsgebot nach § 7 Abs. 1 SEAG im Verschmelzungsplan auszulegen.[192] Gleiches gilt, wenn man mit der hier vertretenen Ansicht eine grenzüberschreitende Sitzverlegung einer aufnehmenden deutschen AG anlässlich der Verschmelzung für zulässig hält. Liegt der künftige Sitz der SE im Ausland, hat der Verschmelzungsplan zudem einen Hinweis auf das Recht der Gläubiger, Sicherheitsleistung durch die Gesellschaft zu fordern, zu enthalten (§ 8 S. 1 SEAG iVm § 13 SEAG) (→ Rn. 100).

(11) Weitere Pflichtangaben?

70 Nach hM ist die Aufzählung des Art. 20 Abs. 1 SE-VO zzgl. eventuell erforderlicher Angaben zu einem Barabfindungsangebot nach § 7 SEAG abschließend,[193] ein Rückgriff auf § 5 UmwG scheidet danach aus, so dass der Verschmelzungsplan insbesondere keine Darstellung der Folgen der Verschmelzung für die Arbeitnehmer und ihre Vertretungen sowie die insoweit vorgesehenen Maßnahmen (§ 5 Nr. 9 UmwG) enthalten muss.[194]

(12) Fakultative Inhalte

71 Dem Verschmelzungsplan können weitere Punkte hinzugefügt werden (Art. 20 Abs. 2 SE-VO), als denkbare Gegenstände kommen insbesondere in Betracht: (1) nach mittlerweile hM Bestellung der Mitglieder des ersten Aufsichts- bzw. Verwaltungsrats,[195] (2) Bestimmung des Abschlussprüfers für das erste (Rumpf-)Geschäftsjahr der SE,[196] (3) Angaben nach § 5 UmwG, wenn man Gleichlauf mit dem bekannten Inhalt eines deutschen Verschmelzungsvertrags wünscht, sowie (4) die Festschreibung einer Verpflichtung der aufnehmenden Gesellschaft, die Kosten der Verschmelzung zu tragen.

c) Verschmelzungsbericht

72 Die Vertretungsorgane der an der SE-Gründung beteiligten Rechtsträger haben einen Verschmelzungsbericht zu erstatten (Art. 18 SE-VO iVm § 8 UmwG bzw. entsprechende Vorgaben anderer Rechtsordnungen).[197] Nach verbreiteter Ansicht ist der Verschmelzungsbericht der deutschen Gründungsgesellschaft durch sämtliche Mitglieder des

---

191 Habersack/Drinhausen/*Keinath* SE-VO Art. 20 Rn. 34 f.; van Hulle/Maul/Drinhausen SE-HdB/*Teichmann* Kap. 4 § 2 Rn. 42.
192 Van Hulle/Maul/Drinhausen SE-HdB/*Teichmann* Kap. 4 § 2 Rn. 44.
193 Lutter/Hommelhoff/Teichmann/*Bayer* SE-VO Art. 20 Rn. 12 f.; van Hulle/Maul/Drinhausen SE-HdB/*Teichmann* Kap. 4 § 2 Rn. 43.
194 Lutter/Hommelhoff/Teichmann/*Bayer* SE-VO Art. 20 Rn. 12; MHdB GesR IV/*Austmann* § 84 Rn. 8.
195 Die mittlerweile sich als herrschend herausbildende Auffassung hält die Bestellung sowohl in der Satzung als auch im Verschmelzungsplan als Teil der Gründungsurkunde gem. Art. 6 SE-VO für zulässig vgl. MHdB GesR IV/*Austmann* § 84 Rn. 8; Kallmeyer/*Marsch-Barner/Wilk* Anhang Europäische Gesellschaft Rn. 60; MüKoAktG/*Reichert/Brandes* SE-VO Art. 40 Rn. 50.
196 Jannott/Frodermann SE-HdB/*Jannott* Kap. 3 Rn. 38; *Spitzbart* RNotZ 2006, 369 (389).
197 Habersack/Drinhausen/*Keinath* SE-VO Art. 20 Rn. 39; Jannott/Frodermann SE-HdB/*Jannott* Kap. 3 Rn. 55.

Vorstands zu unterzeichnen;[198] richtigerweise genügt die Unterzeichnung durch Vorstandsmitglieder in vertretungsberechtigter Zahl.[199] Der Bericht kann zumindest dann zulässigerweise gemeinsam erstattet werden, wenn die Rechtsordnungen sämtlicher beteiligter Rechtsträger eine gemeinsame Berichterstattung erlauben;[200] ob von dieser Möglichkeit Gebrauch gemacht werden sollte, ist eine Praktikabilitätsfrage, die im Einzelfall zu entscheiden ist. In Inhalt und Umfang hat sich der Bericht des Vorstands der deutschen AG an den Vorgaben des § 8 Abs. 1 u. 2 UmwG messen zu lassen, wobei an die Stelle des Verschmelzungsvertrages der Verschmelzungsplan tritt,[201] während ein gemeinsamer Verschmelzungsbericht den Anforderungen sämtlicher betroffener Rechtsordnungen kumulativ genügen muss.[202] Nach Art. 31 SE-VO ist ein Verschmelzungsbericht entbehrlich, soweit es sich um die Verschmelzung einer 100%igen Tochtergesellschaft auf ihre Muttergesellschaft handelt, was nunmehr § 8 Abs. 3 Nr. 1 lit. a UmwG entspricht. Neben Art. 31 SE-VO sollten auch die im Rahmen des UmRUG und damit gleichfalls auf europäischer Grundlage fußenden Ausnahmen vom Erfordernis eines Verschmelzungsberichts nach § 8 Abs. 3 UmwG in Anspruch genommen werden können, soweit man nicht Art. 31 SE-VO eine – wohl nicht beabsichtigte – Sperrwirkung gegenüber weiteren Fällen mangelnder Erforderlichkeit entnehmen will. Der Bericht ist danach nicht erforderlich, wenn sich alle Anteile des übertragenden und des übernehmenden Rechtsträgers in der Hand desselben Rechtsträgers befinden (Verschmelzung von Schwestergesellschaften, § 8 Abs. 3 S. 3 Nr. 1 lit. b UmwG) sowie für eine deutsche Gründungsgesellschaft, die nur einen Anteilsinhaber hat (§ 8 Abs. 3 S. 3 Nr. 2 UmwG). Darüber hinaus kann – nach Maßgabe der nationalen Bestimmungen – auf den Verschmelzungsbericht verzichtet werden; für die Entbehrlichkeit des Berichts einer deutschen Gründungsgesellschaft ist damit ein notarieller Verzicht sämtlicher Aktionäre erforderlich (§ 8 Abs. 3 S. 1 u. 2 UmwG), wobei der Dispens von der Berichtspflicht nur die deutsche Gründungsgesellschaft erfasst und für die weiteren Gründungsgesellschaften nach dem jeweils einschlägigen nationalen Recht zu bestimmen ist.[203]

d) Einreichung des Verschmelzungsplans und Bekanntmachung nach Art. 21 SE-VO

Der Verschmelzungsplan einer deutschen Gründungsgesellschaft ist durch Einreichung zum Handelsregister offenzulegen (Art. 18 SE-VO iVm § 61 UmwG).[204] Gleichzeitig mit der Einreichung sind dem Registergericht bestimmte Eckdaten der beabsichtigen Verschmelzung mitzuteilen, die das Registergericht zusammen mit dem Hinweis, dass der Verschmelzungsplan eingereicht worden ist, gem. § 10 HGB bekanntzumachen hat (Art. 21 SE-VO iVm § 5 SEAG, § 61 S. 2 UmwG);[205] der Verschmelzungsplan selbst wird hingegen nicht bekannt gemacht.[206]

Im Einzelnen umfasst die besondere Mitteilungspflicht des Leitungsorgans bzw. die Bekanntmachungspflicht des Registergerichts die folgenden Angaben: (a) Rechtsform,

---

198 So MüKoAktG/*Schäfer* SE-VO Art. 22 Rn. 13.
199 Habersack/Drinhausen/*Keinath* SE-VO Art. 20 Rn. 42; jetzt auch Jannott/Frodermann SE-HdB/*Jannott* Kap. 3 Rn. 55.
200 Lutter/Hommelhoff/Teichmann/*Bayer* SE-VO Art. 20 Rn. 30; MüKoAktG/*Schäfer* SE-VO Art. 22 Rn. 14; MHdB GesR IV/*Austmann* § 84 Rn. 16.
201 Lutter/Hommelhoff/Teichmann/*Bayer* SE-VO Art. 20 Rn. 31; Habersack/Drinhausen/*Keinath* SE-VO Art. 20 Rn. 41.
202 MHdB GesR IV/*Austmann* § 84 Rn. 16.
203 Habersack/Drinhausen/*Keinath* SE-VO Art. 20 Rn. 48. Diesbezüglich für Art. 31 Abs. 1 S. 2 und Abs. 2 SE-VO und damit enger Hauschild/Kallrath/Wachter Notar-HdB/*Kleiser* § 19 Rn. 59.
204 MüKoAktG/*Schäfer* SE-VO Art. 21 Rn. 1; Jannott/Frodermann SE-HdB/*Jannott* Kap. 3 Rn. 67.
205 BeckOGK/*Eberspächer* SE-VO Art. 21 Rn. 5; Jannott/Frodermann SE-HdB/*Jannott* Kap. 3 Rn. 68 f.
206 Habersack/Drinhausen/*Keinath* SE-VO Art. 21 Rn. 8.

Firma und Sitz der sich verschmelzenden Gesellschaften; (b) Angabe der Register sämtlicher beteiligter Rechtsträger und der jeweiligen Registernummer; (c) einen Hinweis auf die Modalitäten für die Ausübung der Rechte der Gläubiger der betreffenden Gesellschaften gem. Art. 24 SE-VO sowie der Anschrift, unter der erschöpfende Auskünfte über diese Modalitäten kostenlos eingeholt werden können Die Bekanntmachungspflicht im deutschen Handelsregister betrifft dabei ausschließlich die Rechte der Gläubiger der deutschen Gründungsgesellschaft, also die §§ 22, 23 UmwG und § 8 SEAG,[207] wobei die bloße Wiedergabe des Gesetzestext nicht genügt, vielmehr bedarf es einer zumindest knappen Erläuterung von Inhalt und Ausübung der Gläubigerrechte,[208] andererseits sind diesbezüglich keine überspannten Anforderungen zu stellen, da die SE-VO selbst davon ausgeht, dass weitergehende Informationen nur auf entsprechendes Begehren eines Gläubigers zur Verfügung zu stellen sind; (d) einen Hinweis für die Ausübung der Rechte der Minderheitsaktionäre, i. e. §§ 6, 7 SEAG einer übertragenden Gesellschaft gem. Art. 24 SE-VO sowie die Anschrift, unter der erschöpfende Auskünfte über diese Modalitäten kostenlos eingeholt werden können, bzgl. der Darstellungstiefe gilt Gleiches wie für die Wiedergabe der Gläubigerrechte; sowie (e) die für die SE vorgesehene Firma und ihren künftigen Sitz. Richtigerweise wird man davon auszugehen haben, dass die Mitteilung in einem separaten Dokument zu erfolgen hat, da anderenfalls das Handelsregister genötigt wäre, die notwendigen Informationen selbst aus dem Verschmelzungsplan herauszuarbeiten.[209] Die Einreichung hat spätestens einen Tag vor Erscheinen der Einladung zur Hauptversammlung, die über die Verschmelzung beschließt, zu erfolgen (vgl. § 5 SEAG, § 61 UmwG).[210]

e) Arbeitnehmerbeteiligung

75 Das für die SE-Gründung strukturprägende Arbeitnehmerbeteiligungsverfahren wird einerseits durch die Aufforderung zur Bildung des BVG, das als Repräsentant der Arbeitnehmer über die betriebliche und unternehmerische Mitbestimmung in der zukünftigen SE mit den Leitungen verhandelt, und andererseits durch die Information der betroffenen Belegschaften über bestimmte Eckpunkte der Verschmelzung und SE-Gründung gem. § 4 Abs. 3 SEBG initiiert. Die zeitnahe Einleitung des Arbeitnehmerbeteiligungsverfahrens ist Voraussetzung für eine straffe Durchführung der ohnehin zeitintensiven SE-Gründung; dies gilt insbesondere mit Blick auf die Informationsverpflichtung nach § 4 Abs. 3 SEBG, deren Erfüllung die Zehnwochenfrist des § 11 Abs. 1 SEBG auslöst, innerhalb derer das BVG zusammenzusetzen ist, deren Ablauf wiederum die sechsmonatige Verhandlungsfrist auslöst. Besondere Bedeutung für die praktische Gestaltung hat deshalb die Frage, zu welchem Zeitpunkt die Aufforderung zur Bildung des BVG und die Information gem. § 4 Abs. 3 SEBG frühestens erfolgen dürfen. § 4 Abs. 3 SEBG bestimmt in diesem Zusammenhang allein, dass die Information spätestens nach Offenlegung des Verschmelzungsplans zu erfolgen hat. Nach zutreffender Auffassung kann das Arbeitnehmerverfahren deshalb bereits vor Offenlegung des Ver-

---

[207] Lutter/Hommelhoff/Teichmann/*Bayer* SE-VO Art. 21 Rn. 6; MüKoAktG/*Schäfer* SE-VO Art. 21 Rn. 6.
[208] MüKoAktG/*Schäfer* SE-VO Art. 21 Rn. 6; Habersack/Drinhausen/*Keinath* SE-VO Art. 21 Rn. 4.
[209] MüKoAktG/*Schäfer* SE-VO Art. 21 Rn. 9. Dies empfehlend auch Lutter/Hommelhoff/Teichmann/*Bayer* SE-VO Art. 21 Rn. 9. AA Habersack/Drinhausen/*Keinath* SE-VO Art. 21 Rn. 13 allerdings mit der Empfehlung, vorsichtshalber die Angaben separat zum Register einzureichen.
[210] BeckOGK/*Eberspächer* SE-VO Art. 23 Rn. 5; MüKoAktG/*Schäfer* SE-VO Art. 21 Rn. 10.

schmelzungsplans eingeleitet werden.[211] Da das Informationsinteresse der Arbeitnehmer durch § 4 SEBG hinreichend geschützt ist und die betroffenen Belegschaften nicht zwingend Rückgriff auf die im Verschmelzungsplan enthaltenen Informationen nehmen müssen, setzt richtigerweise auch die Erfüllung der Informationsverpflichtung vor Offenlegung des Verschmelzungsplans die Frist des § 11 Abs. 1 SEBG in Gang.[212]

f) Zuleitung an den Betriebsrat

Deutsche Gründungsgesellschaften haben nach herrschender Auffassung trotz der weitreichenden Informationsverpflichtung gegenüber den Arbeitnehmern gem. § 4 SEBG den Verschmelzungsplan mindestens einen Monat vor dem Tag der Zustimmung der Hauptversammlung einer beteiligten deutschen Aktiengesellschaft deren Betriebsrat zuzuleiten.[213] Die Zuleitung an den Betriebsrat ist durch Empfangsbestätigung zu dokumentieren, um den Nachweis der Zuleitung gegenüber dem Register (§ 17 Abs. 1 UmwG) führen zu können.[214]

76

g) Prüfung des Verschmelzungsplans

Der Verschmelzungsplan oder sein Entwurf ist durch einen oder mehrere Sachverständige (**Verschmelzungsprüfer**) zu prüfen (Art. 18 SE-VO iVm § 9 Abs. 1 UmwG). Gegenstand der Verschmelzungsprüfung ist allein der Verschmelzungsplan, nicht auch der Verschmelzungsbericht.[215] Da die SE-VO zu Inhalt und Umfang der Verschmelzungsprüfung schweigt, sind insofern die Vorschriften des nationalen Rechts zur Anwendung berufen (→ UmwG § 9 Rn. 12 ff.); erfolgt die Prüfung – gem. Art. 22 SE-VO zulässigerweise – für sämtliche Gründungsgesellschaften durch einen gemeinschaftlichen Prüfer, sind die Vorgaben der nationalen Rechte kumulativ zu beachten.[216] Im Zentrum der Prüfung steht die Angemessenheit des Umtauschverhältnisses und eventueller barer Zuzahlungen.[217] Liegt der zukünftige Sitz der SE im Ausland und ist deshalb ein Barabfindungsangebot gem. § 7 SEAG auszulegen, hat sich die Verschmelzungsprüfung zudem auf die Angemessenheit der Barabfindung zu erstrecken, es sei denn die berechtigten Aktionäre verzichten hierauf in notarieller Form (§ 7 Abs. 3 SEAG iVm § 30 Abs. 2 UmwG).

77

Bzgl. Person und Bestellung des Verschmelzungsprüfers ist zwischen separater und gemeinsamer Prüfung zu differenzieren. Generell muss es sich bei dem oder den Prüfern um unabhängige Sachverständige handeln. Der Verschmelzungsprüfer einer deutschen Gründungsgesellschaft muss über eine Zulassung im Inland verfügen,[218] weshalb allein Wirtschaftsprüfer und Wirtschaftsprüfungsgesellschaften in Betracht kommen.[219] Bestellen die Gründungsgesellschaften einen gemeinsamen Prüfer wird man es richtigerweise genügen lassen müssen, dass dieser über eine Zulassung in zumindest einem der Her-

78

---

211 Habersack/Henssler/*Henssler* SEBG § 4 Rn. 6; MüKoAktG/*Jacobs* SEBG § 4 Rn. 6; Habersack/Drinhausen/*Hohenstatt/Müller-Bonanni* SEBG § 4 Rn. 9; *Müller-Bonanni/Müntefering* BB 2009, 1699 (1700); Lutter/Hommelhoff/Teichmann/*Oetker* SEBG § 4 Rn. 14.
212 Habersack/Henssler/*Henssler* SEBG § 4 Rn. 6. AA MHdB GesR VI/*Brandes* § 52 Rn. 3; Lutter/Hommelhoff/Teichmann/*Oetker* SEBG § 4 Rn. 26.
213 Lutter/Hommelhoff/Teichmann/*Bayer* SE-VO Art. 21 Rn. 11; Habersack/Drinhausen/*Keinath* SE-VO Art. 21 Rn. 10; MHdB GesR IV/*Austmann* § 84 Rn. 21; Jannott/Frodermann SE-HdB/*Jannott* Kap. 3 Rn. 51; Walden/*Meyer-Landrut* DB 2005, 2619. AA *Brandes* AG 2005, 177 (181 f.).
214 Jannott/Frodermann SE-HdB/*Jannott* Kap. 3 Rn. 60.
215 Kallmeyer/Marsch-Barner/*Wilk* Anhang Europäische Gesellschaft Rn. 46.
216 MüKoAktG/*Schäfer* SE-VO Art. 22 Rn. 8 f.
217 Lutter/Hommelhoff/Teichmann/*Bayer* SE-VO Art. 22 Rn. 1.
218 MüKoAktG/*Schäfer* SE-VO Art. 22 Rn. 5.
219 MHdB GesR IV/*Austmann* § 84 Rn. 18; Habersack/Drinhausen/*Keinath* SE-VO Art. 22 Rn. 12.

kunftsstaaten der Gründungsgesellschaften verfügt.²²⁰ Unabhängigkeit des Prüfers ist anzunehmen, wenn die §§ 319 ff. HGB (iVm § 11 UmwG) erfüllt werden.²²¹ Bei getrennter Prüfung wird der Verschmelzungsprüfer der an der Gründung beteiligten deutschen Gesellschaft auf Antrag des Vorstands durch das Landgericht, in dessen Bezirk die deutsche Gründungsgesellschaft ihren Sitz hat, ausgewählt und bestimmt (§ 10 UmwG). Bei Bestellung eines gemeinsamen Prüfers haben hingegen die gesetzlichen Vertretungsorgane sämtlicher Gründungsgesellschaften einen gemeinsamen Antrag zu stellen, da der Verschmelzungsprüfer in diesem Fall für jede Gründungsgesellschaft tätig wird.²²²

79 Die Verschmelzungsprüfung ist entsprechend den für Verschmelzungsbericht dargestellten Grundsätzen (→ Rn. 72) nicht erforderlich, wenn sich alle Anteile des übertragenden Rechtsträgers in der Hand des übernehmenden Rechtsträgers befinden (Upstream-Verschmelzung), sich alle Anteile des übertragenden und des übernehmenden Rechtsträgers in der Hand desselben Rechtsträgers befinden (Verschmelzung von Schwestergesellschaften), sowie für denjenigen an der Verschmelzung beteiligten Rechtsträger, der nur einen Anteilsinhaber hat (§ 8 Abs. 3 UmwG). Gleiches gilt, wenn sämtliche Aktionäre aller beteiligten Rechtsträger hierauf in notarieller Form verzichtet haben; verzichten (allein) sämtliche Aktionäre einer beteiligten deutschen Gründungsgesellschaft, ist der Verschmelzungsbericht nur insoweit nicht erforderlich, wie sich mittlerweile auch aus der allgemeinen Vorschrift des § 8 Abs. 3 S. 1 u. 2 UmwG ergibt (Art. 18 SE-VO iVm § 9 Abs. 2 u. 3 iVm § 8 Abs. 3 UmwG).²²³

h) Verschmelzungsprüfungsbericht

80 Über die Verschmelzungsprüfung ist grundsätzlich ein schriftlicher Bericht durch den Verschmelzungsprüfer zu erstatten, für dessen Inhalt mangels eigenständiger Regelung in der SE-VO gem. Art. 18 SE-VO auf nationale Vorgaben, für die Bundesrepublik also auf die §§ 60, 73 iVm 12 UmwG zurückzugreifen ist.²²⁴ Haben die Gründungsgesellschaften von der Option einer gemeinschaftlichen Prüfung iSd Art. 22 SE-VO Gebrauch gemacht, ist für die Aktionäre sämtlicher Gründungsgesellschaften ein einheitlicher Bericht zu erstellen.²²⁵ Wie die Verschmelzungsprüfung selbst, ist auch der Bericht über die Verschmelzungsprüfung unter den in → Rn. 72 dargestellten Voraussetzungen entbehrlich;²²⁶ bei gemeinschaftlicher Prüfung muss ein Verzicht durch alle Rechtsordnungen erlaubt und die entsprechenden Voraussetzungen müssen jeweils erfüllt sein.²²⁷

i) Erstellung eines Nachgründungsberichts

81 Ist aufnehmende Gesellschaft eine deutsche AG und besteht diese weniger als zwei Jahre, sind zudem über Art. 18 SE-VO iVm § 67 UmwG einzelne Nachgründungsvorschriften (§ 52 Abs. 3, 4, 7–9 AktG) zu beachten,²²⁸ sofern (a) die aufnehmende deutsche AG an die Aktionäre übertragender Rechtsträger Aktien in einem Umfang von mehr

---

220 MüKoAktG/*Schäfer* SE-VO Art. 22 Rn. 5.
221 BeckOGK/*Eberspächer* SE-VO Art. 22 Rn. 4; Habersack/Drinhausen/*Keinath* SE-VO Art. 22 Rn. 5.
222 Lutter/Hommelhoff/Teichmann/*Bayer* SE-VO Art. 22 Rn. 20.; BeckOGK/*Eberspächer* SE-VO Art. 22 Rn. 4.
223 Vgl. auch MHdB GesR IV/*Austmann* § 84 Rn. 17.
224 BeckOGK/*Eberspächer* SE-VO Art. 22 Rn. 5; MüKo-AktG/*Schäfer* SE-VO Art. 22 Rn. 10.
225 Lutter/Hommelhoff/Teichmann/*Bayer* SE-VO Art. 22 Rn. 16.
226 MHdB GesR IV/*Austmann* § 84 Rn. 20.
227 Lutter/Hommelhoff/Teichmann/*Bayer* SE-VO Art. 22 Rn. 20.
228 Lutter/Hommelhoff/Teichmann/*Bayer* SE-VO Art. 23 Rn. 8; BeckOGK/*Eberspächer* SE-VO Art. 23 Rn. 5; Hauschild/Kallrath/Wachter Notar-HdB/*Kleiser* § 19 Rn. 62, der allerdings auf Art. 15 SE-VO abstellt; *Scheifele*, Die Gründung der Europäischen Aktiengesellschaft, S. 177 f.

als 10 % ihres Grundkapitals zu gewähren hat, und (b) sie nicht vor einem Formwechsel in die Rechtsform der AG zwei Jahre als GmbH bestanden hat (§ 67 S. 2 UmwG); insbesondere bei konzerninternen Upstream-Verschmelzungen ausländischer (Vorrats-)Gesellschaften auf eine deutsche AG sind deshalb die Nachgründungsvorschriften im Regelfall nicht zu beachten. Umstritten ist, ob für die Berechnung des Zweijahreszeitraums auf den Zeitpunkt der Aufstellung des Verschmelzungsplans,[229] den der notariellen Beurkundung des Verschmelzungsplans[230] oder aber auf den Zeitpunkt des Verschmelzungsbeschlusses[231] abzustellen ist.

Sind die Nachgründungsvorschriften nach vorgenannten Grundsätzen einschlägig, ist der Aufsichtsrat der aufnehmenden AG verpflichtet, vor Durchführung der Hauptversammlung den Verschmelzungsplan zu prüfen und hierüber schriftlich Bericht zu erstatten (§ 52 Abs. 3 AktG). Zudem hat eine Nachgründungsprüfung durch externe Gründungsprüfer zu erfolgen (§ 52 Abs. 4 S. 1 AktG), sofern nicht ausnahmsweise die Voraussetzungen der allerdings aufgrund erheblicher konstruktiver Defizite praktisch bisher weitgehend bedeutungslos gebliebenen vereinfachten Sachkapitalerhöhung (§ 33a AktG) vorliegen (§ 52 Abs. 4 S. 3 AktG). 82

j) Hauptversammlungsbeschluss

Die Hauptversammlung jeder der sich verschmelzenden Gesellschaften muss dem Verschmelzungsplan zustimmen (Art. 23 Abs. 1 SE-VO). Einberufung und Durchführung der Hauptversammlungen der beteiligten Gesellschaften richten sich nach den maßgeblichen Vorschriften des nationalen Aktien- bzw. Umwandlungsrechts (Art. 18 SE-VO), für deutsche AG also nach den §§ 121 ff. AktG und den ergänzenden Vorgaben der §§ 62 ff. UmwG;[232] die Art. 50 ff. SE-VO sind nicht anzuwenden, da sie nur für die existierende SE Geltung beanspruchen und keine Vorwirkung entfalten. Als unechte Ausnahme von dieser Maßgeblichkeit des nationalen Rechts wird nunmehr ausdrücklich bestimmt, dass die Einberufungsfrist abweichend von § 123 Abs. 1 S. 1 AktG einen Monat betragen muss (§ 62 Abs. 4 S. 3 u. 4 UmwG).[233] 83

aa) Vorbereitung der Hauptversammlung

Für die Einberufung der Hauptversammlung selbst gelten weitgehend die allgemeinen Regeln. Die Tagesordnung hat den Zustimmungsbeschluss zur Verschmelzung sowie die Wahl des Abschlussprüfers und des ersten Aufsichtsorgans und eine gegebenenfalls notwendige Kapitalerhöhung als Gegenstand der Tagesordnung zu bezeichnen.[234] Hat die zukünftige SE ihren Sitz im Ausland und ist deshalb ein Barabfindungsangebot gem. § 7 SEAG auszulegen, ist dieses in der Einberufung nicht nur seinem wesentlichen Inhalt nach, sondern im Wortlaut bekanntzumachen (§ 7 Abs. 1 S. 3 SEAG).[235] 84

Zusätzlich sind von der Einberufung der Hauptversammlung an, spätestens aber ab einem Monat vor dem Tag der Hauptversammlung, der Verschmelzungsplan oder sein Entwurf, die Jahresabschlüsse und Lageberichte der letzten drei Geschäftsjahre 85

---

229 Habersack/Drinhausen/*Keinath* SE-VO Art. 26 Rn. 21.
230 *Scheifele*, Die Gründung der Europäischen Aktiengesellschaft, S. 178.
231 So Lutter/Hommelhoff/Teichmann/*Bayer* SE-VO Art. 23 Rn. 8.
232 Lutter/Hommelhoff/Teichmann/*Bayer* SE-VO Art. 23 Rn. 2; BeckOGK/*Eberspächer* SE-VO Art. 23 Rn. 4.

233 Vgl. *J. Schmidt* NZG 2022, 635 (641); so schon zuvor in richtlinienkonformer Auslegung etwa *J. Schmidt* DB 2006, 375 (375 f.); Lutter/Hommelhoff/Teichmann/*Bayer* SE-VO Art. 23 Rn. 5 wie auch die Vorauflagen.
234 *Walden/Meyer-Landrut* DB 2005, 2619 (2620).
235 MHdB GesR IV/*Austmann* § 84 Rn. 22.

sowie eventuell erforderliche Zwischenbilanzen,[236] die Verschmelzungsberichte und die Verschmelzungsprüfungsberichte im Geschäftsraum der Gesellschaft zur Einsichtnahme durch die Aktionäre auszulegen; auf Anfrage ist den Aktionären eine kostenlose Abschrift zu übermitteln (§ 63 Abs. 1, 3 UmwG).[237] Haben die Aktionäre eingewilligt, kann die Übermittlung nunmehr auch auf elektronischem Kommunikationsweg erfolgen (§ 63 Abs. 3 S. 2 UmwG). Alternativ können die Unterlagen für den gleichen Zeitraum auf der Internetseite der Gesellschaft zugänglich gemacht werden (§ 64 Abs. 4 UmwG).[238] Die Auslegung einer eventuell bereits abgeschlossenen Mitbestimmungsvereinbarung wird durch das Gesetz nicht verlangt, erscheint allerdings im Hinblick auf eine offene Corporate Governance empfehlenswert; die Praxis macht hiervon allerdings bisher nur sehr zurückhaltend Gebrauch.[239]

bb) Durchführung der Hauptversammlung

86 Auch für die Durchführung der Hauptversammlung sind vorrangig die nationalen Vorschriften maßgeblich (Art. 18 SE-VO), für deutsche Gründungsgesellschaften die §§ 129 ff. AktG, § 64 UmwG.[240] In der Hauptversammlung einer deutschen AG sind damit die Unterlagen der Vorab-Information nach § 63 UmwG (→ Rn. 85) zugänglich zu machen. Zudem hat der Vorstand den Verschmelzungsplan bzw. seinen Entwurf zu Beginn der Hauptversammlung zu erläutern (§ 64 Abs. 1 S. 2 UmwG) und über eventuell eingetretene wesentliche Vermögensänderungen zu informieren (§ 64 Abs. 1 S. 3 UmwG).[241] Ist bereits eine Beteiligungsvereinbarung abgeschlossen, hat der Vorstand insbesondere das sich hieraus ergebende zukünftige Mitbestimmungsstatut der Gesellschaft zu erläutern. Demgegenüber muss ein eventuell erforderlicher Nachgründungsbericht (→ Rn. 81 f.) weder ausgelegt noch erläutert werden.[242] Den Aktionären steht in der Hauptversammlung das besondere Auskunftsrecht des § 64 Abs. 2 UmwG zur Verfügung,[243] so dass im Rahmen der Vorbereitung der Hauptversammlung unbedingt sichergestellt werden muss, dass die entsprechenden Informationen über die weiteren Gründungsgesellschaften bei der deutschen Gründungsgesellschaft im Zeitpunkt der Hauptversammlung vorliegen.

cc) Verschmelzungsbeschluss

87 Die Hauptversammlung jeder der sich verschmelzenden Gesellschaften muss dem Verschmelzungsplan zustimmen (Art. 23 Abs. 1 SE-VO). Das Beschlusserfordernis ist zwingend, die nach UmwG bestehenden Erleichterungen (§ 62 Abs. 1–4 UmwG) können nicht in Anspruch genommen werden.[244] Der Zustimmungsbeschluss einer deutscher Gründungsgesellschaft bedarf der einfachen Mehrheit der abgegebenen Stimmen sowie einer **Kapitalmehrheit in Höhe von 3/4 des vertretenen Grundkapitals**, soweit nicht die Satzung einer größere Mehrheit vorsieht (Art. 18 SE-VO iVm § 133 Abs. 1

---

[236] Zu beachten sind die durch das 3. Umwandlungsrechtsänderungsgesetz eingeführten Vorschriften über die Entbehrlichkeit der Zwischenbilanz (§ 63 Abs. 2 S. 4, 5), die richtiger Ansicht nach auf die SE anzuwenden sind. Vgl. *Heckschen* NJW 2011, 2390 (2394).

[237] Lutter/Hommelhoff/Teichmann/*Bayer* SE-VO Art. 23 Rn. 7; Habersack/Drinhausen/*Keinath* SE-VO Art. 23 Rn. 6a.

[238] Habersack/Drinhausen/*Keinath* SE-VO Art. 23 Rn. 6a.

[239] Vorbilder insoweit ua BASF SE und SAP SE.

[240] Lutter/Hommelhoff/Teichmann/*Bayer* SE-VO Art. 23 Rn. 9.

[241] Habersack/Drinhausen/*Marsch-Barner* SE-VO Art. 23 Rn. 10 f; *Heckschen* NJW 2011, 2390 (2394).

[242] Lutter/*Grunewald* § 67 Rn. 12.

[243] Jannott/Frodermann SE-HdB/*Jannott* Kap. 3 Rn. 78.

[244] Lutter/Hommelhoff/Teichmann/*Bayer* SE-VO Art. 23 Rn. 1; MüKoAktG/*Schäfer* SE-VO Art. 23 Rn. 4; *Heckschen* NJW 2011, 2390 (2394).

AktG, § 65 Abs. 1 S. 1 UmwG); die gleichen Mehrheitserfordernisse gelten für die bei Bestehen mehrerer Aktiengattungen erforderlichen Sonderbeschlüsse (§ 65 Abs. 2 UmwG).[245] **Vorbehalt nach Art. 23 Abs. 2 S. 2 SE-VO:** Sind die Verhandlungen über die Beteiligung der Arbeitnehmer in der SE im Zeitpunkt der Beschlussfassung der Hauptversammlung noch nicht abgeschlossen, kann die Hauptversammlung ihren Zustimmungsbeschluss davon abhängig machen, dass sie die Beteiligungsvereinbarung bzw. das Eingreifen der gesetzlichen Auffangregelung als Folge eines gescheiterten Verhandlungsverfahrens ausdrücklich genehmigt (Art. 23 Abs. 2 S. 2 SE-VO); der entsprechende Beschluss bedarf nach zutreffender Ansicht der einfachen Mehrheit nach § 133 AktG.[246] In der Praxis wird zumindest bei Publikumsgesellschaften auf einen entsprechenden Vorbehalt weitgehend verzichtet, da das ohnehin überaus zeitintensive Gründungsverfahren hierdurch noch einmal spürbar verzögert würde.

Hinweis: Um den Aktionären dennoch eine Entscheidung in Kenntnis des Inhalts der Beteiligungsvereinbarung und damit der zukünftigen Mitbestimmung des Unternehmens zu ermöglichen, kann entweder das Beteiligungsverfahren bereits vor Veröffentlichung des Verschmelzungsplans eingeleitet, oder aber der Verschmelzungsplan bereits im unmittelbaren Anschluss an eine ordentliche Hauptversammlung erarbeitet werden, so dass sichergestellt ist, dass das Beteiligungsverfahren zum Zeitpunkt der nächsten ordentlichen Hauptversammlung abgeschlossen ist.

Uneinheitlich beantwortet wird, ob die Hauptversammlung ihre Zustimmungskompetenz auf den Aufsichtsrat übertragen kann; richtigerweise wird man eine solche strukturfremde Delegation von Hauptversammlungskompetenzen an den Aufsichtsrat in Ermangelung einer ausdrücklichen Ermächtigungsgrundlage abzulehnen haben; gegen die Zulässigkeit einer solchen Kompetenzverlagerung spricht zudem der ungleich schwächer ausgestaltete Rechtsschutz der Aktionäre gegen Maßnahmen des Aufsichtsrats.[247] Der Zustimmungsbeschluss ist gem. § 13 UmwG bzw. § 130 Abs. 2 AktG **beurkundungsbedürftig.**[248]

dd) Begleitende Kapitalerhöhung

Bedarf es im Rahmen der Verschmelzung einer Gewährung von Anteilen an die Aktionäre übertragender Rechtsträger, ist regelmäßig eine Kapitalerhöhung erforderlich. Ist aufnehmende Rechtsträgerin eine deutsche Aktiengesellschaft, sind die Kapitalerhöhungsge- und -verbote gem. §§ 68, 69 UmwG zu beachten.[249] Sicherzustellen ist, dass Beschluss und Durchführung der Kapitalerhöhung vor der Verschmelzung zur Gründung einer SE eingetragen werden.[250]

88

---

245 Lutter/Hommelhoff/Teichmann/*Bayer* SE-VO Art. 23 Rn. 10 f.; Habersack/Drinhausen/*Keinath* SE-VO Art. 23 Rn. 14.
246 BeckOGK/*Eberspächer* SE-VO Art. 23 Rn. 7; Kallmeyer/Marsch-Barner/*Wilk* Anhang Europäische Gesellschaft Rn. 56.
247 Wie hier im Ergebnis auch Lutter/Hommelhoff/Teichmann/*Bayer* SE-VO Art. 23 Rn. 21; Spindler/Stilz/*Casper* SE-VO Art. 23 Rn. 8; MHdB GesR IV/*Austmann* § 84 Rn. 24; Jannott/Frodermann SE-HdB/*Jannott* Kap. 3 Rn. 86; aA etwa Habersack/Drinhausen/*Keinath* SE-VO Art. 23 Rn. 24; MüKoAktG/*Schäfer* SE-VO Art. 23 Rn. 2; BeckOGB/*Eberspächer* SE-VO Art. 23 Rn. 9.
248 Lutter/Hommelhoff/Teichmann/*Bayer* SE-VO Art. 23 Rn. 13; Habersack/Drinhausen/*Keinath* SE-VO Art. 23 Rn. 13; Hauschild/Kallrath/Wachter Notar-HdB/*Kleiser* § 19 Rn. 67; Heckschen DNotZ 2003, 251 (259).
249 *Brandes* AG 2005, 177 (185); Spitzbart RNotZ 2006, 369 (394); Hauschild/Kallrath/Wachter/*Kleiser* § 19 Rn. 70.
250 Vgl. Habersack/Drinhausen/*Keinath* SE-VO Art. 23 Rn. 16.

ee) Bestellung der Mitglieder des ersten Aufsichts- bzw. Verwaltungsrats

89 Wird von der Möglichkeit, die Mitglieder des ersten Aufsichts- bzw. Verwaltungsrats bereits in der Satzung zu bestimmen, kein Gebrauch gemacht, schließt sich die Folgefrage an, ob diese zwingend im Verschmelzungsbeschluss bzw. durch separaten Beschluss der Hauptversammlung zu bestimmen sind oder aber Amtskontinuität bisher amtierender Aufsichtsratsmitglieder angenommen werden kann. In den Details herrscht hier erhebliche Rechtsunsicherheit, wobei zwischen folgenden Konstellationen unterschieden werden muss. Erhält die zukünftige SE eine **monistische Verfassung**, ist eine Neubestellung zwingend erforderlich, um die Handlungsfähigkeit der SE sicherzustellen.[251] Da dem Aktiengesetz ein monistisches Verwaltungsregime fremd ist, muss dieses zwingend neu konstituiert werden. Zu gleichem Ergebnis gelangt die wohl unbestrittene Ansicht auch für das **dualistische System**, soweit es sich um eine **Verschmelzung zur Neugründung** handelt: Hier ist ebenso wie bei monistischer Struktur die Bestellung der Mitglieder des ersten Aufsichtsrats zwingend, da die SE erst mit Eintragung entsteht und insoweit die Annahme einer Amtskontinuität von vorneherein ausscheiden muss.[252] Kontrovers diskutiert wird demgegenüber die **Verschmelzung zur Aufnahme** unter Geltung des dualistischen Systems: Während nach teilweise vertretener Ansicht auch hier die Annahme einer Amtskontinuität ausscheidet,[253] geht die Gegenansicht davon aus, dass ein bei der aufnehmenden Gesellschaft bestehender Aufsichtsrat im Amt bleibt.[254] Zwischen diesen beiden Extrempositionen steht eine differenzierende Ansicht, die unter Berufung auf die Nähe der Verschmelzung zur Aufnahme zum Formwechsel eine Amtskontinuität dann annehmen will, wenn sich Größe und Zusammensetzung des Aufsichtsorgans nicht ändern.[255] Nach hier vertretener Ansicht erscheint die Anwendbarkeit des Grundsatzes der Amtskontinuität allenfalls dann diskutabel, wenn keine Beteiligungsvereinbarung existiert und die SE auch im Übrigen mitbestimmungsfrei ist. Nur unter Wahrung dieser beiden Voraussetzungen beruht das Mitbestimmungsstatut vor und nach Verschmelzung auf weitgehend identischen Grundlagen. Insbesondere muss eine Amtskontinuität auch dann ausscheiden, wenn sich die Mitbestimmung in der SE nach der gesetzlichen Auffanglösung bestimmt: Dagegen spricht auf einen ersten Blick, dass die gesetzliche Auffanglösung im Regelfall das bereits bestehende Mitbestimmungsniveau der Gründungsgesellschaften auf die SE transponiert; allerdings darf nicht übersehen werden, dass diese Kontinuität nur scheinbar ist, da das Aufsichtsratsorgan nach § 36 SEBG zwingend international zu besetzen ist.

Hinweis: Die Praxis vermeidet diese Kontroverse, indem ganz überwiegend die Mitglieder des ersten Aufsichts- oder Verwaltungsorgans bereits in der Satzung bestimmt werden.[256]

---

[251] Lutter/Hommelhoff/Teichmann/*Teichmann* SE-VO Art. 43 Rn. 48; BeckOGK/*Eberspächer* SE-VO Art. 40 Rn. 8; Jannott/Frodermann SE-HdB/*Jannott* Kap. 3 Rn. 87.
[252] Habersack/Drinhausen/*Seibt* SE-VO Art. 40 Rn. 48; Jannott/Frodermann SE-HdB/*Jannott* Kap. 3 Rn. 87.
[253] *Scheifele*, Die Gründung der Europäischen Aktiengesellschaft, S. 253 f.
[254] Lutter/Hommelhoff/Teichmann/*Drygala* SE-VO Art. 40 Rn. 27, der eine gegebenenfalls fehlerhafte Satzung offensichtlich im Wege des Statusverfahrens korrigieren will; Widmann/Mayer/*Heckschen* Anhang 14: Europäische Gesellschaft Rn. 245.
[255] BeckOGK/*Eberspächer* SE-VO Art. 40 Rn. 8; Habersack/Drinhausen/*Seibt* SE-VO Art. 40 Rn. 50.
[256] So etwa die Allianz SE, Q-Cells SE, anders aber Solon SE.

Ist somit für den Regelfall von einer Notwendigkeit zur Bestellung der Mitglieder des Aufsichts- oder Verwaltungsrats in der Satzung/per Beschluss auszugehen, stellt sich die Folgefrage nach der **Amtsdauer der Mitglieder des ersten Aufsichts- bzw. Verwaltungsrats**. Nach teilweise vertretener Ansicht stellt Art. 46 Abs. 1 SE-VO eine abschließende Sonderregelung dar mit der Folge, dass auch Erstbestellungen für die satzungsmäßig vorgesehene Höchstdauer möglich sind.[257] Die Gegenansicht verneint demgegenüber eine dahin gehende Sperrwirkung des Art. 46 SE-VO, so dass sich die Amtszeit der Mitglieder des ersten Aufsichts- oder Verwaltungsrats nach §§ 30, 31 AktG bestimmen soll,[258] dh durch Satzung bzw. separaten Hauptversammlungsbeschluss werden alleine die Anteilseignervertreter bestellt und dies auch nur für einen Zeitraum bis zum Ende der Hauptversammlung, die über Entlastung für das erste (Rumpf-)Geschäftsjahr entscheidet.[259]

90

Hinweis: Die Praxis vermeidet auch diese Auseinandersetzung, indem die Mitglieder des ersten Aufsichts- und Verwaltungsrats jeweils nur bis zum Ablauf der Hauptversammlung, die über die Entlastung für das erste Geschäftsjahr beschließt, bestellt werden.[260] Aufgrund der dargestellten Entscheidung des AG Hamburg[261] (→ Rn. 67) sollte gleichzeitig auch für den ersten Aufsichts- oder Verwaltungsrat eine absolute und von der Durchführung einer Hauptversammlung unabhängige Bestellungshöchstdauer, etwa drei Jahre, festgesetzt werden.

Ist die SE entweder auf Grundlage einer Vereinbarung über die Beteiligung der Arbeitnehmer in der SE oder kraft gesetzlicher Auffanglösung mitbestimmt, sind nicht nur Vertreter der Anteilseigner, sondern auch **Vertreter der Arbeitnehmer** zu Mitgliedern des Aufsichts- bzw. Verwaltungsrats zu küren. Hinsichtlich des diesbezüglichen Verfahrens ist danach zu unterscheiden, ob die Mitbestimmung in der SE ihren Rechtsgrund in einer Beteiligungsvereinbarung oder der gesetzlichen Auffanglösung findet. Die Mitbestimmungsautonomie der Parteien umfasst das Recht, das Bestellungsverfahren festzulegen. Mit Blick auf die Bestellung der Arbeitnehmervertreter des ersten Aufsichts- oder Aufsichtsorgans kann etwa vorgesehen werden, dass diese unmittelbar durch die Beteiligungsvereinbarung[262] oder aber – wenn auch deutlich unhandlicher – durch dasGericht[263] bestellt werden. Für der Gründung nachfolgende Bestellungsrunden ist es möglich festzulegen, dass die Vertreter der Arbeitnehmer auf deren bindenden Vorschlag durch die Hauptversammlung gewählt werden; die Praxis geht diesbezüglich allerdings verbreitet dazu über, in der Beteiligungsvereinbarung die Bestellungskompetenz dem SE-Betriebsrat zuzuweisen.[264] Kommt demgegenüber die **gesetzliche Auffanglösung** zur Anwendung, sind die auf die Arbeitnehmer entfallenden Aufsichtsratsmitglieder jeweils nach den Vorschriften des betroffenen Mitgliedstaats zu bestellen.[265] Für die auf Deutschland entfallenden Mitglieder des Aufsichts- oder Verwaltungsrats

91

---

257 Jannott/Frodermann SE-HdB/*Jannott* Kap. 3 Rn. 87; Jannott/Frodermann SE-HdB/*Frodermann* Kap. 5 Rn. 98; MüKoAktG/*Reichert/Brandes* SE-VO Art. 40 Rn. 52; im Ergebnis auch Kallmeyer/*Marsch-Barner/Wilk* Anhang Europäische Gesellschaft Rn. 61.
258 Lutter/Hommelhoff/*Teichmann/Drygala* SE-VO Art. 40 Rn. 28; BeckOGK/*Eberspächer* SE-VO Art. 40 Rn. 9; Habersack/Drinhausen/*Seibt* SE-VO Art. 40 Rn. 51.
259 So Habersack/Drinhausen/*Seibt* SE-VO Art. 40 Rn. 51.
260 Etwa Allianz SE und Q-Cells SE und aus jüngerer Zeit Patrizia SE (für ersten Verwaltungsrat).
261 AG Hamburg ZIP 2005, 2017 (2018) („Zoll Pool Hafen Hamburg SE").
262 So etwa im Falle der BASF SE. Vgl. Beteiligungsvereinbarung der BASF SE, II, Ziff. 2 u. 4, abrufbar unter: https://www.basf.com/global/de/investors/basf-at-a-glance/corporate-governance.html.
263 So noch in der ersten Allianz Beteiligungsvereinbarung, B., 3.2 = S. 21.
264 So etwa im Falle der BASF SE. Vgl. Beteiligungsvereinbarung der BASF SE, II, 4.2.
265 MHdB GesR VI/*Brandes* § 52 Rn. 51.

sieht § 36 Abs. 4 SEBG ein zweistufiges Verfahren vor. In einem ersten Schritt hat der SE-Betriebsrat die auf die Arbeitnehmer entfallenden Sitze im Aufsichts- oder Verwaltungsrat auf die Mitgliedstaaten zu verteilen. In einem zweiten Schritt werden sodann die auf Deutschland entfallenden Arbeitnehmervertreter durch die Hauptversammlung gewählt, die dabei an den Vorschlag des Wahlgremiums gebunden ist.[266] Keine Besonderheiten gelten insoweit für eine monistische SE: auch hier sind die auf die Arbeitnehmer entfallenden Mitglieder des Verwaltungsrats entweder nach dem in der Beteiligungsvereinbarung festgeschriebenen Modus zu bestellen, oder aber – bei Eingreifen der gesetzlichen Auffanglösung – durch die Hauptversammlung zu wählen, die dabei an die Vorschläge der Arbeitnehmer gebunden ist (§ 36 SEBG).

Hinweis: Ist zum Zeitpunkt der Hauptversammlung, die den Verschmelzungsbeschluss fasst, noch unklar, ob es zum Abschluss einer Beteiligungsvereinbarung kommt, trägt die Praxis dem Rechnung, indem in der Satzung klargestellt wird, dass die Arbeitnehmervertreter im Aufsichts- bzw. Verwaltungsrat entweder nach den Bestimmungen der Beteiligungsvereinbarung oder aber durch die Hauptversammlung unter Berücksichtigung von § 36 Abs. 4 SEBG bestellt werden.

ff) Bestellung des ersten Abschlussprüfers

92 Die Hauptversammlung hat schließlich den Abschlussprüfer für das erste Geschäftsjahr zu bestellen,[267] soweit dessen Bestellung nicht bereits im Rahmen des Verschmelzungsplans erfolgt ist.

gg) Beschlussmängel und Spruchverfahren

93 Mängel des Verschmelzungsbeschlusses sind mit den Instrumenten des nationalen Rechts der betroffenen Gründungsgesellschaft, für die deutsche AG als Gründungsgesellschaft also mit Anfechtungs- und Nichtigkeitsklage gem. §§ 241 ff. AktG geltend zu machen (Art. 24 Abs. 2 SE-VO).[268] Bzgl. Beanstandungen des Umtauschverhältnisses und einer möglichen baren Zuzahlung war bisher wie im deutschen Recht auch bei Verschmelzung zur Gründung einer SE danach zu differenzieren, ob diese durch Aktionäre einer deutschen übertragenden oder aufnehmenden Gründungsgesellschaft vorgebracht werden.[269] Mit dem UmRUG ist diese Differenzierung zwischen Anteilsinhabern des übertragenden und solchen des übernehmenden Rechtsträgers entfallen. Auch die Bewertungsrüge von Aktionären des übernehmenden Rechtsträgers ist nach §§ 14, 15 UmwG nunmehr auf das Spruchverfahren verwiesen.[270] Diesen Paradigmenwechsel aufgreifend bestimmt § 6 SEAG, dass Aktionäre (eines übernehmenden oder übertragenden Rechtsträgers) ein vermeintlich oder tatsächlich unangemessenes Umtauschverhältnis nicht mit den Mitteln des Beschlussmängelrechts, sondern im Spruchverfahren zu rügen haben. Wird von der Möglichkeit Gebrauch gemacht, eine Nachbesserung eines unangemessenen Umtauschverhältnisses liquiditätsschonend durch Gewährung zusätzlicher Aktien vorzunehmen (§§ 72a f. UmwG), erstreckt § 72b Abs. 6 UmwG den

---

266 MHdB GesR VI/*Teichmann* § 43 Rn. 59; *Oetker* BB-Special 1/2005, 2 (12).
267 *Kallmeyer/Marsch-Barner/Wilk* Anhang Europäische Gesellschaft Rn. 60; *Brandes* AG 2005, 177 (185).
268 MHdB GesR VI/*Teichmann* § 43 Rn. 33.
269 MHdB GesR IV/*Austmann* § 84 Rn. 37 ff.
270 Vgl. hierzu etwa *Heckschen/Knaier* ZIP 2022, 2205 (2212); *Hommelhoff* NZG 2022, 683; *Bungert/Reidt* DB 2023, 54 (55); *Goette* DStR 2023, 157 (163); *Wollin* ZIP 2022, 989 (991).

Ausschluss des Anfechtungsrechts auf eine Kapitalerhöhung, mit der die als Ausgleich vorgesehenen jungen Aktien geschaffen werden.[271]

Eine Ausnahme von dieser Maßgeblichkeit des Spruchverfahrens sieht Art. 25 Abs. 3 SE-VO für den Fall vor, dass (a) die Rechtsordnungen der weiteren sich verschmelzenden Rechtsträger kein dem Spruchverfahren vergleichbares Verfahren zum Schutz der Minderheitsaktionäre kennen und (b) die Aktionäre solcher Gesellschaften, in denen ein solches Verfahren nicht existiert, in den erforderlichen Verschmelzungsbeschlüssen nicht ausdrücklich akzeptieren, dass das deutsche Spruchverfahren Anwendung finden soll. Da ersichtlich bisher nur Österreich (vgl. §§ 225b, 225c öAktG) und Tschechien ein dem Spruchverfahren vergleichbares Instrument kannten, kam bei Verschmelzung zur Gründung einer SE das Spruchverfahren zugunsten der Aktionäre deutscher übertragender Gesellschaften damit nur dann zur Anwendung, wenn die Aktionäre der weiteren Gesellschaften dies akzeptierten. Da die Aktionäre ausländischer Gründungsgesellschaften nicht ohne Not einer Nachbesserung des Umtauschverhältnisses zu ihren Lasten zustimmen werden, verkehrte sich das gesetzliche Regel-Ausnahme-Verhältnis in der Praxis um.[272] Beansprucht der Vorrang des Spruchverfahrens mangels Zustimmung der Aktionäre der weiteren Gründungsgesellschaften keine Geltung, kann der Verschmelzungsbeschluss auch unter Hinweis auf die Unangemessenheit des Umtauschverhältnisses oder der baren Zuzahlung angefochten werden.[273]

94

Aus rechtssystematischen Gründen sicher wenig überzeugend, aber rechtspolitisch nachvollziehbar mit Blick auf die jahrzehntelange Diskussion vor Verabschiedung des Statuts über die Europäische Gesellschaft ist die SE-VO anders als die Verschmelzungs-RL bzw. Gesellschaftsrechts-RL (Art. 86j Abs. 5, 6 RL (EU) 2017/1132) nicht um einen Auftrag an die Mitgliedstaaten ergänzt worden, ein dem Spruchverfahren ähnliches Rügeverfahren einzuführen, mit dem eventuelle Mängel des Umtauschverhältnisses oder der Barabfindung bei Ausübung des Austrittsrechts gerügt werden können, womit es gem. Art. 25 Abs. 3 SE-VO nicht mehr auf die Zustimmung der Anteilseigner der weiteren Rechtsträger ankommen würde. Abzuwarten bleibt aber, ob nicht die Mitgliedstaaten ihre neu geschaffenen Spruchverfahren auch für Bewertungsstreitigkeiten im Zusammenhang mit der Gründung einer SE-VO öffnen. In diesem Fall dürfte nichts dagegensprechen, die Bewertungsrügen auch bei der SE-Gründung durch Verschmelzung in ein Spruchverfahren zu verweisen.

95

Vergleichbar ausgestaltet ist der Rechtsschutz im Falle, dass der Sitz einer SE im Ausland genommen wird und zugunsten der Aktionäre deutscher übertragender Rechtsträger ein **Barabfindungsangebot** auszulegen ist. Aktionäre, die Widerspruch zur Niederschrift gegen die Verschmelzung erklärt *und* gegen die Verschmelzung gestimmt haben, können die Angemessenheit des Barabfindungsangebots im Spruchverfahren überprüfen lassen. Voraussetzung ist allerdings auch hier, dass die Rechtsordnungen der weiteren beteiligten Gründungsgesellschaften ein vergleichbares Verfahren kennen, oder aber ihre Aktionäre die Barabfindung zugunsten der deutschen Aktionäre akzep-

96

---

271 *Bungert/Reidt* DB 2023, 54 (55); vgl. auch *Heckschen/Knaier* ZIP 2022, 2205 (2212) mit zutreffendem und vom Gesetzgeber aufgegebenen Hinweis, dass entgegen der Regelung des RegE der Anfechtungsausschluss in § 72b und nicht § 69 zu verorten ist.
272 MHdB GesR IV/*Austmann* § 84 Rn. 38.
273 MHdB GesR VI/*Teichmann* § 43 Rn. 33.

tieren. Liegen diese Voraussetzungen nicht vor, ist die Unangemessenheit des Barabfindungsgebots mittels Beschlussmängelrecht geltend zu machen.[274]

97 Soweit Aktionäre nicht auf das Spruchverfahren verwiesen sind, steht der Gesellschaft gegen erhobene Anfechtungs- und Nichtigkeitsklagen das **Freigabeverfahren** offen. Nach dessen Reform durch das ARUG (§ 16 Abs. 3 UmwG), die von dem unausgesprochenen Gedanken geleitet ist, den mitgliedschaftlichen Rechtsschutz durch einen reinen Vermögensschutz der Minderheitsaktionäre zu substituieren (vgl. § 16 Abs. 3 S. 9 UmwG), wird die Abwägung im Regelfall zugunsten der Gesellschaft ausfallen. Dies sollte nach Neufassung insbesondere der Abwägungsklausel (§ 16 Abs. 3 S. 2 Nr. 3 UmwG) auch für Bewertungsrügen gelten, da diese zwar praktisch nie „offensichtlich unbegründet" sind, gleichwohl aber die Abwägung der Interessen der antragstellenden Gesellschaft und des Antragsgegners regelmäßig zugunsten der Gesellschaft ausfallen wird. Dies gilt nicht zuletzt vor dem Hintergrund, dass im Falle einer letztlich erfolgreichen Bewertungsrüge sich die negativen Folgen eines erfolgreichen Freigabeverfahrens für den betroffenen Aktionär in vermögensrechtlichen Konsequenzen erschöpfen und damit einer Wiedergutmachung nach § 16 Abs. 3 S. 9 UmwG offenstehen. Dies bisher hM ist diesbezüglich allerdings zurückhaltend.

k) Konstituierung des Aufsichts- bzw. Verwaltungsrats und Bestellung des ersten Vorstands bzw. der ersten geschäftsführenden Direktoren

98 Die Mitglieder des ersten Vorstands bzw. die ersten geschäftsführenden Direktoren sind zwingend neu zu bestellen; Amtskontinuität wird diesbezüglich auch für die Verschmelzung zur Aufnahme nicht diskutiert.[275] Für die Bestellung des ersten Vorstands bzw. der ersten geschäftsführenden Direktoren gilt nicht § 39 Abs. 2 SE-VO, sondern Art. 15 SE-VO iVm § 30 Abs. 4 AktG; zuständig ist damit der erste Aufsichts- bzw. Verwaltungsrat.[276] Regelmäßig konstituiert sich der erste Aufsichts- oder Verwaltungsrat der SE im Anschluss an die Hauptversammlung, wählt seinen Vorsitzenden und bestellt den Vorstand bzw. die geschäftsführenden Direktoren der künftigen SE.

l) Gründungsprüfung und Berichterstattung

99 Auf eine SE mit Sitz in der Bundesrepublik ist gem. Art. 15 SE-VO grundsätzlich das Gründungsrecht der AG (§§ 30 ff. AktG) anzuwenden[277] und damit gleichzeitig Gegenstand der Rechtmäßigkeitskontrolle am zukünftigen Sitzstaat.[278] Unsicherheit herrscht allerdings, inwieweit die SE-VO den Rückgriff auf das nationale Gründungsrecht zulässt. Nach zumindest im Ausgangspunkt wohl unstreitiger Ansicht ist auch hier zu differenzieren. Bei **Verschmelzung zur Neugründung** sind nach herrschender und zutreffender Ansicht weder Gründungsbericht (§ 32 AktG) noch Gründungsprüfung durch einen gerichtlich bestellten Sachverständigen (§ 33 Abs. 2 AktG) erforderlich, da übertragender Rechtsträger zwingend eine Kapitalgesellschaft (AG) ist (§ 75 Abs. 2

---

274 MHdB GesR IV/*Austmann* § 84 Rn. 39.
275 Widmann/Mayer/*Heckschen* Anhang 14: Europäische Gesellschaft Rn. 246.1.
276 BeckOGK/*Eberspächer* SE-VO Art. 39 Rn. 8; Habersack/Drinhausen/*Seibt* SE-VO Art. 39 Rn. 21.
277 Kallmeyer/*Marsch-Barner/Wilk* Anhang Europäische Gesellschaft Rn. 58.
278 Lutter/Hommelhoff/Teichmann/*Bayer* SE-VO Art. 26 Rn. 17.

UmwG).²⁷⁹ Uneinheitlich wird beantwortet, ob eine Gründungsprüfung durch den Vorstand und Aufsichtsrat bzw. Verwaltungsrat (§ 33 Abs. 1 AktG) erforderlich ist,²⁸⁰ über die gem. § 34 Abs. 2 AktG schriftlich Bericht zu erstatten ist.²⁸¹ Bei **Verschmelzung zur Aufnahme** ist demgegenüber entgegen vereinzelten Stimmen im Schrifttum weder eine Reinvermögensprüfung analog Art. 37 Abs. 6 SE-VO noch eine Sachgründungsprüfung nach Maßgabe der §§ 220, 197 UmwG erforderlich;²⁸² Gründungsrecht ist damit nicht einschlägig.

m) Gläubigerschutz

Liegt der **Sitz der zukünftigen SE im Ausland,** haben die Gläubiger einer deutschen AG **Anspruch auf Sicherheitsleistung,** wenn sie binnen zwei Monaten nach dem Tag, an dem der Verschmelzungsplan offengelegt worden ist, ihren Anspruch nach Grund und Höhe schriftlich anmelden, soweit sie (a) nicht unverzüglich Befriedigung verlangen können und (b) glaubhaft machen, dass die Verschmelzung und die damit verbundene Sitzverlegung die Erfüllung ihrer Forderungen gefährdet (§ 8 S. 1 SEAG iVm § 13 Abs. 1 SEAG). Ein Verfahrenshindernis kann mit der Regelung insoweit verbunden sein, als das deutsche Register die im Eintragungsverfahren erforderliche Rechtmäßigkeitsbescheinigung nach Art. 25 Abs. 2 SE-VO nur dann erteilt, wenn die Vorstandsmitglieder der übertragenden deutschen Gesellschaft versichern, dass allen Gläubigern, die rechtmäßigerweise die Stellung von Sicherheiten verlangt haben, angemessen Sicherheit geleistet wurde (§ 8 S. 2 SEAG). Die Frage, ob die Regelung aufgrund der zur Parallelvorschrift des § 122j UmwG aF ergangenen Entscheidung des EuGH in Sachen KA Finanz europarechtswidrig sein könnte,²⁸³ dürfte sich mit der Neufassung der Umwandlungs-Richtlinie und dem UmRUG erledigt haben, die ausdrücklich dem Schutz eines präventiven Gläubigerschutzes folgt (vgl. etwa Erwägungsgrund Nr. 25 Umwandlungs-RL). Liegt der **Sitz der zukünftigen SE in Deutschland,** richtet sich der Gläubigerschutz hingegen nach der allgemeinen Bestimmung des § 22 UmwG;²⁸⁴ eine zusätzliche Verfahrensverzögerung ergibt sich in diesem Fall nach deutschem Recht also nicht, da der Gläubigerschutz der Eintragung der SE nachläuft. Zu beachten bleiben in diesem Fall die entsprechenden Vorschriften, die auf die weiteren Gründungsgesellschaften anzuwenden sind. So enthält etwa das insbesondere im Zusammenhang mit der Verschmelzung von Vorratsgesellschaften auf eine deutsche aufnehmende AG wichtige österreichische SE-Gesetz in §§ 14 iVm 23 öSEG eine § 8 SEAG vergleichbare Regelung mit den beiden Besonderheiten, dass die Meldefrist für Gläubiger nur einen Monat beträgt, gleichzeitig aber ausdrücklich auch Inhabern von Schuldverschreibungen und Genussrechten ein Anspruch auf Sicherheitsleistung eingeräumt wird.

---

279 Lutter/Hommelhoff/Teichmann/*Bayer* SE-VO Art. 26 Rn. 20; Habersack/Drinhausen/*Keinath* SE-VO Art. 26 Rn. 23; Jannott/Frodermann SE-HdB/*Jannott* Kap. 3 Rn. 90, 93; *Schmidt*, „Deutsche" vs. „britische" Societas Europaea (SE), 2006, S. 244; *Spitzbart* RNotZ 2006, 369 (392); *Scheifele*, Die Gründung der Europäischen Aktiengesellschaft, S. 254 f.

280 Bejahend Kallmeyer/*Marsch-Barner/Wilk* Anhang Europäische Gesellschaft Rn. 58; Jannott/Frodermann SE-HdB/*Jannott* Kap. 3 Rn. 91; *Spitzbart* RNotZ 2006, 369 (392); *Vossius* ZIP 2005, 741 (744); *Wicke* MittBayNot 2006, 196 (198).

281 Jannott/Frodermann SE-HdB/*Jannott* Kap. 3 Rn. 92.

282 Lutter/Hommelhoff/Teichmann/*Bayer* SE-VO Art. 26 Rn. 22 ff.; Kallmeyer/*Marsch-Barner/Wilk* Anhang Europäische Gesellschaft Rn. 58; *Schmidt*, Deutsche vs. britische Europaea (SE), 2006, S. 245 f.; *Kiem* ZHR 173 (2009), 156 (161 f.). AA wohl noch immer MüKo-AktG/*Schäfer* SE-VO Art. 26 Rn. 9; *Scheifele*, Die Gründung der Europäischen Aktiengesellschaft, S. 254 f.

283 EuGH NZG 2016, 513 (515 ff.).

284 MHdB GesR VI/*Teichmann* § 43 Rn. 31.

n) Anmeldung und Eintragung der SE
aa) Zweistufiges Registerverfahren

101 Verschmelzung und gleichzeitige Gründung der SE werden mit Eintragung der SE wirksam (Art. 27 Abs. 1 SE-VO). Das Registerverfahren wird durch die SE-VO zweistufig ausgestaltet, wobei das erfolgreiche Durchlaufen beider Stufen Voraussetzung der Eintragung der SE ist (Art. 27 Abs. 2 SE-VO). Auf einer ersten Stufe (Art. 25 SE-VO) wird die Rechtmäßigkeit der Verschmelzung auf Ebene der Gründungsgesellschaften geprüft, während auf einer zweiten Stufe die Gründung auf Ebene der werdenden SE den Gegenstand der Prüfung bildet (Art. 26 SE-VO).[285] Im Einzelnen kontrolliert (1) die in den Herkunftsstaaten der Gründungsgesellschaften jeweils zuständige Stelle – in Deutschland das Registergericht (Art. 68 Abs. 2 SE-VO iVm § 4 S. 1 SEAG) – die Rechtmäßigkeit der Verschmelzung, soweit die die einzelnen sich verschmelzenden Gesellschaften betreffenden Verfahrensschritte betroffen sind, nach den jeweils einschlägigen nationalen Verschmelzungsvorschriften, (2) nach erfolgreicher Prüfung stellt die prüfende Stelle eine Bescheinigung über die Vereinbarkeit der Verschmelzung mit den nationalen Verschmelzungsvorschriften aus (Art. 25 Abs. 2 SE-VO), (3) die verschmelzenden Rechtsträger legen die Rechtmäßigkeitsbescheinigung der zuständigen Stelle am zukünftigen Sitz der SE vor (Art. 26 SE-VO), woraufhin (4) diese zuständige Stelle im zukünftigen Sitzstaat der SE die Rechtmäßigkeit der Verschmelzung prüft, soweit die Durchführung der Verschmelzung und Gründung der SE betroffen ist (Art. 26 Abs. 1 SE-VO). Fällt das Ergebnis der Prüfung im zukünftigen Sitzstaat positiv aus, wird die SE eingetragen.

bb) Antrag auf Ausstellung der Rechtmäßigkeitsbescheinigung (Art. 25 SE-VO)
(1) Zuständigkeit

102 Auf der ersten Stufe sind die Rechtmäßigkeitsbescheinigungen nach Art. 25 Abs. 2 SE-VO durch die Leitungs- bzw. Verwaltungsorgane jedes sich verschmelzenden Rechtsträgers zu erwirken. Für deutsche Gründungsgesellschaften wird die Rechtmäßigkeitsbescheinigung durch den Vorstand in vertretungsberechtigter Zahl beantragt.[286] Zuständig für die Ausstellung der Rechtmäßigkeitsbescheinigung einer deutschen Gründungsgesellschaft ist das Amtsgericht am Sitz eines Landgerichts am Sitz der Gesellschaft (Art. 68 Abs. 2 SE-VO iVm § 4 SEAG iVm §§ 376, 377 FamG).[287] Der Antrag hat elektronisch in öffentlich beglaubigter Form zu erfolgen (§ 12 Abs. 1 S. 1 HGB iVm § 129 BGB).[288] Richtigerweise lautet der Antrag nicht auf Eintragung, sondern auf Ausstellung der Rechtmäßigkeitsbescheinigung.[289] Mit dem Antrag hat der Vorstand zu erklären (§ 16 Abs. 2 UmwG), dass nicht oder nicht fristgerecht gegen den Verschmelzungsbeschluss Klage erhoben bzw. diese rechtskräftig abgewiesen oder zurückgenommen worden ist bzw. die klageberechtigten Aktionäre auf die Geltendmachung der Anfechtbarkeit oder Nichtigkeit in notarieller Form verzichtet haben oder ein Freigabeverfahren nach § 16 Abs. 3 UmwG erfolgreich durchgeführt wurde.[290]

---

[285] Lutter/Hommelhoff/Teichmann/*Bayer* SE-VO Art. 25 Rn. 1; MüKoAktG/*Schäfer* SE-VO Art. 25 Rn. 1.
[286] Luttter/Hommelhoff/Teichmann/*Bayer* SE-VO Art. 25 Rn. 11.
[287] Habersack/Drinhausen/*Keinath* SE-VO Art. 25 Rn. 4.
[288] Habersack/Drinhausen/*Keinath* SE-VO Art. 25 Rn. 8.
[289] Habersack/Drinhausen/*Keinath* SE-VO Art. 25 Rn. 8. AA offensichtlich Jannott/Frodermann SE-HdB/*Jannott* Kap. 3 Rn. 94; nach MHdB GesR IV/*Austmann* § 84 Rn. 30 muss sich der Antrag auf die Eintragung der Verschmelzung erstrecken.
[290] Lutter/Hommelhoff/Teichmann/*Bayer* SE-VO Art. 25 Rn. 11; MHdB GesR IV/*Austmann* § 84 Rn. 30.

(2) Beizufügende Unterlagen

Der Anmeldung bzw. dem Antrag auf Erteilung der Rechtmäßigkeitsbescheinigung sind die folgenden Anlagen beizufügen: Verschmelzungsplan, Verschmelzungsbericht und Verschmelzungsprüfungsbericht bzw. entsprechende Verzichtserklärungen, Verschmelzungsbeschluss, Nachweis über die Zuleitung an den Betriebsrat bzw. eine Erklärung des Vorstands, dass kein Betriebsrat besteht, (nur) bei einer übertragenden deutschen Gründungsgesellschaft zudem die Schlussbilanz (§ 17 Abs. 2 S. 1 UmwG)[291] und gegebenenfalls die nach § 8 S. 2 SEAG erforderliche Versicherung der Vorstandsmitglieder, dass allen Gläubigern, die Anspruch auf Sicherheitsleistung (§ 8 S. 1 SEAG) haben, angemessen Sicherheit geleistet wurde. Verschmelzungsplan und -beschluss als notariell zu beurkundende Dokumente sind in Ausfertigung oder öffentlich beglaubigter Form, sonstige Dokumente in Urschrift oder Abschrift einzureichen (§ 17 Abs. 1 UmwG).[292]

Auf Grundlage der eingereichten Dokumentation prüft das Registergericht für deutsche Gründungsgesellschaften sodann insbesondere:[293] (1) Gründungsberechtigung der Gründungsgesellschaft, also Rechtsform als AG, (2) Vorliegen eines Verschmelzungsplanes; (3) Vorliegen des Verschmelzungsberichts; (4) Durchführung der Verschmelzungsprüfung, (5) Vorliegen eines Verschmelzungsprüfungsberichts; (5) ordnungsgemäße Einreichung und Bekanntmachung nach Art. 21 SE-VO iVm § 5 SEAG, (6) ordnungsgemäßer Verschmelzungsbeschluss der dt. Gründungsgesellschaft, (7) Versicherung bzgl. Gläubigerschutz (§ 8 SEAG), (8) Eintragung einer eventuell erforderlichen Kapitalerhöhung und (9) Anzeige des Treuhänders (§ 71 Abs. 1 S. 2 UmwG). Nicht Prüfungsgegenstand bilden die Zweckmäßigkeit der Verschmelzung, deren Beurteilung der Privatautonomie der Hauptversammlung(smehrheit) überlassen ist, sowie die Angemessenheit des Umtauschverhältnisses, da das Umwandlungsrecht für die Bewertungsrüge ein besonderes, gleichfalls von der Initiative der Aktionäre abhängiges Verfahren vorsieht.[294]

Nicht einheitlich beantwortet wird, wie das Registergericht einer deutschen übertragenden AG nach erfolgreicher Prüfung der in Art. 25 SE-VO niedergelegten Voraussetzungen verfährt. Nach teilweise vertretener Ansicht stellt das Registergericht die Rechtmäßigkeitsbescheinigung aus und trägt entsprechend § 19 Abs. 1 UmwG die Verschmelzung zur Gründung einer SE ein mit dem Hinweis, dass die Verschmelzung erst mit Eintragung im Register des übernehmenden Rechtsträgers wirksam wird (Vorläufigkeitsvermerk),[295] während es nach der Gegenansicht mit der Ausstellung der Rechtmäßigkeitsbescheinigung sein Bewenden hat.[296]

cc) Rechtmäßigkeitskontrolle am Sitz der zukünftigen SE (Art. 26 SE-VO)

Gegenstand der zweiten Prüfungsstufe, die verfahrensrechtlich mit der Anmeldung der SE zum Register ihres zukünftigen Sitzstaates verbunden ist, ist die Prüfung der Rechtmäßigkeit der Verschmelzung zur Gründung einer SE hinsichtlich des Verfahrensabschnitts der Durchführung der Verschmelzung und der Gründung der SE durch die

---

291 Widmann/Mayer/*Heckschen* Anhang 14 Europäische Gesellschaft Rn. 253.
292 Lutter/Hommelhoff/Teichmann/*Bayer* SE-VO Art. 25 Rn. 12; Habersack/Drinhausen/*Keinath* SE-VO Art. 25 Rn. 9.
293 Vgl. zum Folgenden etwa Lutter/Hommelhoff/Teichmann/*Bayer* SE-VO Art. 25 Rn. 6; Habersack/Drinhausen/*Keinath* SE-VO Art. 25 Rn. 5 ff.; MHdB GesR IV/*Austmann* § 84 Rn. 30.
294 MHdB GesR IV/*Austmann* § 84 Rn. 30.
295 MHdB GesR IV/*Austmann* § 84 Rn. 31: die Eintragungsbenachrichtigung dient dann als Rechtmäßigkeitsnachweis; Walden/Meyer-Landrut DB 2005, 2619 (2622).
296 So Lutter/Hommelhoff/*Bayer* SE-VO Art. 25 Rn. 18; Habersack/Drinhausen/*Keinath* SE-VO Art. 26 Rn. 4.

zuständige Stelle im zukünftigen Sitzstaat der SE. Die Anmeldung hat spätestens sechs Monate nach Ausstellung der Rechtmäßigkeitsbescheinigung nach Art. 25 SE-VO zu erfolgen. Formalitäten bzw. Details des Anmeldeverfahrens werden maßgeblich durch das Recht des künftigen Sitzstaats der SE bestimmt,[297] wobei im Folgenden das Verfahren dargestellt wird für den Fall, dass zukünftiger Sitzstaat der SE die Bundesrepublik ist.

107 **Zuständigkeit.** Nimmt die SE ihren Sitz in Deutschland, ist das Registergericht am zukünftigen Sitz der SE zur Prüfung berufen.[298] Die Anmeldung hat elektronisch in öffentlich beglaubigter Form (§ 12 Abs. 1 S. 1 HGB iVm § 129 BGB) zu erfolgen.[299]

108 **Anmeldeverpflichtete Personen.** Bezüglich der Frage, durch wen die SE zu ihrem künftigen Register anzumelden ist, besteht erhebliche Unsicherheit. **Dualistisches System:** Nach teilweise vertretener Ansicht ist die Gründung einer SE mit Sitz in Deutschland gem. Art. 15 SE-VO iVm § 16 Abs. 1 UmwG durch den Vorstand in vertretungsberechtigter Zahl anzumelden,[300] während nach anderer Ansicht sowohl bei Verschmelzung zur Aufnahme als auch bei Verschmelzung zur Neugründung die Anmeldung durch alle Gründungsgesellschaften vorzunehmen sein soll.[301] Wieder anderer Ansicht nach ist die Verschmelzung unter Berufung auf § 36 AktG sowohl durch die Gründungsgesellschaften und zusätzlich durch die Mitglieder des ersten Leitungs- und Aufsichtsorgans anzumelden.[302] Eine vierte Ansicht schließlich differenziert zwischen Verschmelzung zur Aufnahme und Verschmelzung zur Neugründung: Hiernach ist bei Verschmelzung zur Aufnahme der Vorstand gem. §§ 16, 17 UmwG zuständig,[303] bei Verschmelzung zur Neugründung demgegenüber nach § 36 Abs. 1 AktG alle Gründer sowie die Mitglieder des ersten Vorstands und Aufsichtsrats.[304]

109 **Monistisches System:** Verbreitet wird für Anwendung von § 21 SEAG plädiert, wonach die Anmeldung durch alle Gründer, Mitglieder des Verwaltungsrats sowie sämtliche geschäftsführenden Direktoren zu erfolgen hat, wobei an die Stelle der Gründer die Vertretungsorgane der Gründungsgesellschaften treten.[305] Die Gegenansicht will auch hier von einer Zuständigkeit sämtlicher Gründungsgesellschaften nach Art. 26 SE-VO ausgehen; § 21 SEAG werde durch den spezielleren Art. 26 Abs. 2 SE-VO verdrängt.[306]

Hinweis: Aufgrund des unübersichtlichen Meinungsbildes, des weitgehenden argumentativen Patts und der bisher fehlenden Herausbildung einer herrschenden Meinung empfiehlt sich die Abstimmung mit dem zuständigen Registergericht oder aber es wird die Anmeldung durch sämtliche Gründungsgesellschaften, vertreten durch ihre Organe, sowie die Verwaltungsorgane der zukünftigen SE vorgenommen.

110 **Inhalt der Anmeldung.** Die Anmeldung hat die Tatsache der Gründung einer SE durch Verschmelzung zur Aufnahme oder Neugründung zu bezeichnen, die Wahl des

---

297 Lutter/Hommelhoff/Teichmann/*Bayer* SE-VO Art. 26 Rn. 4.
298 MüKoAktG/*Schäfer* SE-VO Art. 26 Rn. 1; Jannott/Frodermann SE-HdB/*Jannott* Kap. 3 Rn. 102.
299 Lutter/Hommelhoff/Teichmann/*Bayer* SE-VO Art. 26 Rn. 8.
300 BeckFormB M&A/*Seibt* K.II.32 Rn. 4.
301 Lutter/Hommelhoff/Teichmann/*Bayer* Art. 26 SE-VO Art. 26 Rn. 7; Habersack/Drinhausen/*Keinath* SE-VO Art. 26 Rn. 6; MüKoAktG/*Schäfer* SE-VO Art. 26 Rn. 6.
302 *Schwarz* SE-VO Art. 26 Rn. 5; Schmitt/Hörtnagl/*Hörtnagl/Rinke* SE-VO Art. 26 Rn. 3; MHdB GesR IV/*Austmann* § 84 Rn. 32.
303 Widmann/Mayer/*Heckschen* Anhang 14: Europäische Gesellschaft Rn. 256.
304 Widmann/Mayer/*Heckschen* Anhang 14: Europäische Gesellschaft Rn. 259.
305 Widmann/Mayer/*Heckschen* Anhang 14: Europäische Gesellschaft Rn. 260; Lutter/Hommelhoff/*Kleindiek* SE-VO Art. 12 Rn. 8; BeckFormB M&A/*Seibt* K.II.32 Rn. 5.
306 Lutter/Hommelhoff/Teichmann/*Bayer* SE-VO Art. 26 Rn. 8; Habersack/Drinhausen/*Keinath* SE-VO Art. 26 Rn. 7.

Leitungssystems zu enthalten, sowie entsprechend § 37 Abs. 3 AktG die inländische Geschäftsanschrift, die abstrakte und konkrete Vertretungsbefugnis und gegebenenfalls die Bestellung der Mitglieder des ersten Aufsichts- und Leitungsorgans bzw. Verwaltungsorgans und geschäftsführender Direktoren.[307]

Die Anmeldung zur zuständigen Stelle kann nach richtiger Ansicht mit dem Antrag auf Ausstellung der Rechtmäßigkeitsbescheinigung (Art. 25 SE-VO) durch das zuständige Register verbunden werden;[308] prüft die zuständige Stelle eines aufnehmenden Rechtsträgers sowohl das Vorliegen der Voraussetzungen nach Art. 25 SE-VO und Art. 26 SE-VO wäre ein separater Antrag auf Ausstellung der Rechtmäßigkeitsbescheinigung Förmelei. Eine Ausnahme gilt lediglich in dem nach hier vertretener Ansicht zulässigen Fall einer grenzüberschreitenden Sitzverlegung der aufnehmenden Gesellschaft anlässlich einer SE-Gründung, da hier die zuständige Stelle nach Art. 25 SE-VO notwendig verschieden von der für die Eintragung zuständigen Stelle im zukünftigen Sitzstaat der SE ist.[309] Im Übrigen ist im Regelfall, in dem der zukünftige Sitzstaat mit dem Sitzstaat mindestens einer Gründungsgesellschaft identisch ist, dennoch die Abstimmung mit dem zuständigen Registergericht zu suchen und gegebenenfalls als sicherer Weg, der Antrag auf Rechtmäßigkeitsbescheinigung und Eintragung separat zu stellen.[310]

Beizufügende Unterlagen: Der Anmeldung sind beizufügen: (1) Rechtmäßigkeitsbescheinigungen nach Art. 25 Abs. 2 SE-VO, (2) Ausfertigung oder öffentlich beglaubigte Abschrift des Verschmelzungsplans bzw. der Verschmelzungspläne, (3) Ausfertigung oder öffentlich beglaubigte Abschrift sämtlicher Verschmelzungsbeschlüsse, (3) Beteiligungsvereinbarung für die SE oder aber Nachweis über den Abbruchbeschluss (§ 16 SEBG) bzw. über den erfolglosen Ablauf der Verhandlungsfrist (§ 20 SEBG),[311] (4) eventuell erforderliche Nachgründungsberichte des Aufsichtsrats und des externen Nachgründungsprüfers,[312] sowie bei Verschmelzung zur Neugründung (5) der interne Gründungsprüfungsbericht. Richtigerweise nicht beizufügen sind demgegenüber die Unterlagen, die bereits Prüfungsgegenstand im Rahmen der ersten Stufe waren,[313] es sei denn Rechtmäßigkeitsprüfung nach Art. 25 SE-VO und Anmeldung nach Art. 26 SE-VO werden bei Verschmelzung zur Aufnahme verbunden. Für die Praxis empfiehlt sich allerdings zur Vermeidung von Verzögerungen eine Abstimmung mit der zuständigen Stelle am zukünftigen Sitz der SE, für die dt. SE also mit dem deutschen Registergericht. Hinzu treten die allgemein beizufügenden Unterlagen, also die Satzung der SE, die allerdings bereits Bestandteil des einzureichenden Verschmelzungsplans ist, die Urkunden über die Bestellung der Mitglieder des Vorstands bzw. der geschäftsführenden Direktoren sowie die Versicherung der Mitglieder des Vorstands bzw. der geschäftsführenden Direktoren, dass in ihrer Person jeweils keine Bestellungshindernisse erfüllt sind und sie über ihre unbeschränkte Auskunftspflicht belehrt worden sind.[314]

Prüfprogramm des Registergerichts. Auf Grundlage der eingereichten Dokumente prüft die zuständige Stelle, ob (1) die nach Art. 2 Abs. 1 SE-VO erforderliche Mehrstaat-

---

307 Vgl. etwa das Muster bei BeckFormB M&A/*Seibt* K. II. 32.
308 Schmitt/Hörtnagl/*Hörtnagl/Rinke* SE-VO Art. 25 Rn. 7.
309 Walden/Meyer-Landrut DB 2005, 2619 (2622).
310 BeckFormB M&A/*Seibt* K. II. 31 Rn. 1.
311 Habersack/Drinhausen/*Keinath* SE-VO Art. 26 Rn. 11 f.
312 Die Einhaltung der Nachgründungsvorschriften ist nach richtiger Ansicht Gegenstand der 2. Prüfungsstufe, Habersack/Drinhausen/*Keinath* SE-VO Art. 26 Rn. 21.
313 Habersack/Drinhausen/*Keinath* SE-VO Art. 26 Rn. 14; Schmitt/Hörtnagl/*Hörtnagl/Rinke* SE-VO Art. 26 Rn. 5.
314 Habersack/Drinhausen/*Keinath* SE-VO Art. 26 Rn. 13; zurückhaltender BeckFormB M&A/*Seibt* K. II. 32 Rn. 13: Versicherung bietet sich an.

lichkeit vorliegt, (2) die Anteilseigner der Gründungsgesellschaften einem gleichlautenden Verschmelzungsplan zugestimmt haben, (3) das Arbeitnehmerbeteiligungsverfahren ordnungsgemäß durchgeführt worden ist,[315] und (4) die für die Gründung durch Verschmelzung einschlägigen Bestimmungen des nationalen Aktien- und Verschmelzungsrechts eingehalten worden sind, soweit diese nicht bereits auf der ersten Stufe (Art. 25 SE-VO) Prüfungsgegenstand gewesen sind,[316] bei Verschmelzung zur Neugründung einschließlich des nach hM erforderlichen internen Gründungsberichts.[317] Demgegenüber ist entgegen verbreiteter Ansicht das Bestehen eines Selbsteintrittsrechts, wonach die zuständige Stelle am Sitzstaat bei Auffälligkeiten in die Prüfung der ersten Stufe (Art. 25 SE-VO) eintreten dürfte, abzulehnen, da es mit dem Grundgedanken des zweistufigen Prüfungsverfahrens, einer Entlastung der zuständigen Stellen durch arbeitsteiliges Zusammenwirken und der Bündelung der Prüfung am Ort der höchsten Sachkompetenz, nicht zu vereinbaren ist.[318]

o) Eintragung der Verschmelzung

114 Nach erfolgreicher Prüfung trägt die gem. Art. 26 SE-VO zuständige Stelle – für die deutsche SE also das Register am zukünftigen Sitz der SE[319] – die Verschmelzung ein. Mit Eintragung entsteht die SE (Art. 27 Abs. 1 SE-VO). Die Rechtsfolgen der Eintragung entsprechen in weiten Teilen denen einer Verschmelzung nach nationalem Recht: Aktiv- und Passivvermögen der übertragenden Rechtsträger gehen im Wege der Gesamtrechtsnachfolge auf den übernehmenden bzw. neuen Rechtsträger über, während die übertragenden Rechtsträger ohne Abwicklung untergehen. Der eingetragenen SE gewährt die SE-VO § 20 Abs. 2 UmwG vergleichbaren Bestandsschutz: Nach Art. 30 SE-VO kann eine Verschmelzung nach Eintragung der SE nicht mehr für nichtig erklärt werden. Von der Möglichkeit, das vollständige Fehlen einer Rechtmäßigkeitskontrolle gem. den Art. 25 f. SE-VO als Auflösungsgrund festzuschreiben, hat der deutsche Gesetzgeber keinen Gebrauch gemacht.[320]

p) Offenlegung der Verschmelzung (Art. 28 SE-VO)

115 Für jede sich verschmelzende Gesellschaft ist die Durchführung der Verschmelzung gem. Art. 28 SE-VO nach den in den Rechtsvorschriften des jeweiligen Mitgliedstaats vorgesehenen Verfahren in Übereinstimmung mit Art. 3 Publizitäts-RL 68/151/EWG v. 9.3.1968 (heute: Art. 16 Abs. 3 GesR-RL 2017 v. 14.7.2017, ABl. 2017 L 169, 46) offenzulegen; in Deutschland hat die Offenlegung damit gem. §§ 8 ff. HGB zu erfolgen.[321] Die Offenlegung ist rein deklaratorischer Natur.[322]

q) Kapitalmarktrecht

116 Sind die Aktien eines oder mehrerer der sich verschmelzenden Rechtsträger zum Börsenhandel zugelassen oder auf Antrag des jeweiligen Emittenten in den Freiverkehr einbezogen, kann die Verschmelzung einerseits die Insiderhandelsverbote und ande-

---

315 Zum diesbezüglichen Prüfungsumfang etwa Lutter/Hommelhoff/*Teichmann*/*Bayer* SE-VO Art. 26 Rn. 12 f.
316 Habersack/Drinhausen/*Keinath* SE-VO Art. 26 Rn. 1.
317 Lutter/Hommelhoff/*Teichmann*/*Bayer* SE-VO Art. 26 Rn. 21.
318 So auch Lutter/Hommelhoff/*Teichmann*/*Bayer* SE-VO Art. 26 Rn. 16: „umfassende Bindungswirkung"; Walden/Meyer-Landrut DB 2005, 2619 (2621). Tendenziell aA MHdB GesR VI/*Teichmann* § 43 Rn. 30: Für Prüfung gem. Art. 26 SE-VO zuständige Stelle dürfe gegenüber evidenten Mängeln nicht die Augen verschließen.
319 Habersack/Drinhausen/*Keinath* SE-VO Art. 26 Rn. 5.
320 MHdB GesR IV/*Austmann* § 84 Rn. 36.
321 BeckOGK/*Eberspächer* SE-VO Art. 28 Rn. 4; Schmitt/Hörtnagl/*Hörtnagl*/Rinke SE-VO Art. 28 Rn. 1.
322 Schmitt/Hörtnagl/*Hörtnagl*/Rinke SE-VO Art. 28 Rn. 1.

rerseits die Verpflichtung zur Veröffentlichung dieser Insiderinformation nach Art. 17 MAR („Ad-Hoc-Pflicht") auslösen. Nach Art. 17 Abs. 1 MAR haben Emittenten Insiderinformationen, die sie unmittelbar betreffen, der Öffentlichkeit „so bald wie möglich" bekanntzugeben. Insiderinformationen in diesem Sinne sind nicht öffentlich bekannte präzise Informationen, die direkt oder indirekt einen oder mehrere Emittenten oder ein oder mehrere Finanzinstrumente betreffen, und die, wenn sie öffentlich bekannt würden, geeignet wären, den Kurs dieser Finanzinstrumente oder den Kurs damit verbundener derivativer Finanzinstrumente erheblich zu beeinflussen (Art. 7 Abs. 1 lit. a MAR). Typischerweise wird zumindest bis zur Offenlegung des Verschmelzungsplans durch das Handelsregister bzw. bis zur Einladung der zur Zustimmung berufenen Hauptversammlung die Absicht, eine Europäische Gesellschaft im Wege der Verschmelzung zu gründen, eine öffentlich nicht bekannte Information idS sein. Fraglich ist hingegen, ob in jedem Fall die Absicht der SE-Gründung durch Verschmelzung geeignet ist, im Falle ihres Bekanntwerdens den Kurs der Aktien der betroffenen Unternehmen erheblich zu beeinflussen. Bezüglich der Frage der potenziellen Kurserheblichkeit der Verschmelzungsabsicht ist nach hier vertretener Ansicht zu differenzieren. Handelt es sich bei den beteiligten Rechtsträgern jeweils um operativ tätige Unternehmen bzw. Spitzengesellschaften operativ aktiver Gruppen, wird jenseits einer de minimis-Schwelle regelmäßig davon auszugehen sein, dass die Verschmelzung zur Gründung einer SE signifikantes Kursbeeinflussungspotenzial haben sollte. Anders zu beurteilen sein sollte hingegen, soweit die SE-Gründung durch Verschmelzung mit einer ausländischen Vorratsgesellschaft erfolgt. Die genuin unternehmerische bzw. betriebswirtschaftliche Komponente entfällt in diesem Fall, so dass allein das Faktum Rechtsformwechsel in die Societas Europaea verbleibt. Zwar wurde bis in die jüngere Vergangenheit auch bei der dieser Konstellation vergleichbaren Umwandlung in die SE forensisch häufig eine Ad-Hoc-Mitteilung veröffentlicht. Nachdem allerdings die Üblichkeit der SE spürbar zugenommen hat und auch der interessierten Bereichsöffentlichkeit deutlich geworden ist, dass SE und AG hinreichend strukturverwandt sind, sollte man ohne Hinzutreten besonderer Umstände hier nicht von einer Veröffentlichungspflicht nach Art. 17 MAR auszugehen haben.

Eine denkbare Ausnahme von dieser Regel könnte im Einzelfall dann anzunehmen sein, wenn im Rahmen der Verschmelzung vom tradierten dualistischen in das monistische Verwaltungssystem gewechselt wird oder es zu – auch für die Bereichsöffentlichkeit des Kapitalmarkts – relevanten Änderungen im Bereich Mitbestimmung kommen sollte. 117

r) Kosten

Soweit die Maßnahmen auf Ebene der deutschen Gründungsgesellschaften bzw. zur Gründung einer deutschen SE in Rede stehen, entsprechen deren Kosten grundsätzlich den Kosten der Gründung einer deutschen AG. Mittlerweile wird ersichtlich davon ausgegangen, dass es sich bei dem **Verschmelzungsplan** zumindest kostenrechtlich um einen Austauschvertrag handelt, so dass für dessen Beurkundung eine doppelte 118

Gebühr anfällt.[323] Zum gleichen Ergebnis – doppelte Gebühr gem. Nr. 21100 KV GNotKG – gelangt man, wenn man mit der teilweise vertretenen Ansicht davon ausgeht, dass zwingend ein gemeinsamer Verschmelzungsplan aufzustellen ist (→ Rn. 57) bzw. wenn die Gründungsgesellschaften freiwillig von der Möglichkeit eines gemeinsamen Verschmelzungsplans Gebrauch gemacht haben. Der Geschäftswert beträgt mindestens 30.000 EUR und höchstens 10 Mio. EUR (§ 107 Abs. 1 S. 1 GNotKG). Für den **Verschmelzungsbeschluss** der deutschen Gründungsgesellschaft ist eine doppelte (20/10-) Gebühr zu entrichten (Nr. 21100 KV GNotKG);[324] der Geschäftswert bestimmt sich dabei gem. § 108 Abs. 3 S. 1 GNotKG als Wert des Vermögens der übertragenden AG ohne Abzug von Passiva[325] und beträgt mindestens 30.000 EUR (§ 108 Abs. 1 S. 2 GNotKG) und höchstens 5 Mio. EUR und zwar auch dann, wenn mehrere Beschlüsse in einer Urkunde zusammengefasst werden (§ 108 Abs. 5 GNotKG). Für die **Eintragung** in ein betroffenes deutsches Handelsregister fallen sowohl im Falle, dass die deutsche Gesellschaft übertragender (Nr. 1400 GV HRegGebV) als auch dann, wenn sie übernehmender Rechtsträger ist (Nr. 1401 GV HRegGebV), Kosten in Höhe von jeweils 180 EUR an (§ 58 Abs. 1 Nr. 1 GNotKG iVm HRegGebV). Hinzu kommen die Kosten für die Ausstellung der Rechtmäßigkeitsbescheinigung.

IV. Umwandlung/Formwechsel (Art. 2 Abs. 4; 37 SE-VO)

Literatur:
Fackelmann, Notarkosten nach dem neuen GNotKG; *Habersack*, Konstituierung des ersten Aufsichts- oder Verwaltungsorgans, DK 2008, 67; *Kleinhenz/Leyendecker-Langner*, Ämterkontinuität bei der Umwandlung in eine dualistisch verfasste SE, AG 2013, 507; *Kowalski*, Praxisfragen bei der Umwandlung einer Aktiengesellschaft in eine Europäische Gesellschaft, DB 2007, 2243; *Louven/Ernst*, Praxisrelevante Rechtsfragen im Zusammenhang mit der Umwandlung einer Aktiengesellschaft in eine Europäische Aktiengesellschaft (SE), BB 2014, 323; *Reiserer/Biesinger/Christ/Bollacher*, Die Umwandlung der deutschen AG in die europäische SE mit monistischem Leitungssystem am Beispiel einer betriebsratslosen Gesellschaft (Teil I), DStR 2018, 1185; *Schwartzkopff/Hoppe*, Ermächtigungen an den Vorstand beim Formwechsel einer AG in eine SE, NZG 2013, 733; *Seibt/Reinhard*, Umwandlung der Aktiengesellschaft in die Europäische Gesellschaft (Societas Europaea), DK 2005, 407; *Vossius*, Gründung und Umwandlung der deutschen Europäischen Gesellschaft (SE), ZIP 2005, 741.

1. Überblick

119 Besondere praktische Bedeutung hat die Gründung der SE durch „Umwandlung" erlangt,[326] die strukturell dem **Formwechsel** des nationalen Umwandlungsrechts entspricht. Im Vergleich zu den anderen Gründungsvarianten ist die SE-Gründung durch Umwandlung mit einer erheblichen Komplexitätsreduktion verbunden, da sich die gesellschaftsrechtliche Seite der Gründung lediglich nach SE-VO und deutschem Umwandlungsrecht bestimmt; allein im Rahmen des Arbeitnehmerbeteiligungsverfahrens verbleibt die Notwendigkeit, verschiedene Rechtsordnungen, SE-VO, SE-Beteiligungs-Richtlinie und SEBG aufeinander abzustimmen.[327] Kehrseite der eingeschränkten Mehrstaatlichkeit der SE-Gründung mittels Umwandlung ist, dass einerseits die (hypothetische) Absenkung des bestehenden Mitbestimmungsniveaus im Verhandlungswege

---

[323] BeckFormB M&A/*Seibt* Muster KL.II.278 Rn. 23. Nicht eindeutig *Vossius* ZIP 2005, 741 (744): doppelte Gebühr, da „zumeist als Vertrag zwischen den beteiligten Rechtsträgern" beurkundet. Jeweils noch zur Rechtslage unter Geltung der KostO. Für einfache Gebühr die Vorauflagen aufgrund des einseitigen Charakters eines umwandlungsrechtlichen Plans.

[324] Vgl. *Pfeiffer* NZG 2013, 244 (245).
[325] *Pfeiffer* NZG 2013, 244 (247); *Fackelmann* Notarkosten Rn. 865.
[326] *Schwartzkopff/Hoppe* NZG 2013, 733.
[327] Vgl. etwa Widmann/Mayer/*Heckschen* Anhang 14: Europäische Gesellschaft Rn. 381: „einfachste Gründungsvariante".

ausscheidet – sog. **Verschlechterungsverbot** (vgl. § 21 Abs. 6 S. 1 SEBG) – und andererseits der Sitz der SE nicht anlässlich der Verschmelzung grenzüberschreitend verlegt werden kann (Art. 37 Abs. 3 SE-VO); Hintergrund sind Bedenken des Gesetzgebers, die Umwandlung könne als Vehikel zur Flucht aus der Mitbestimmung missbraucht werden,[328] die allerdings vor dem Hintergrund der Rechtsprechung des EuGH zur Niederlassungsfreiheit und der durch die Umwandlungs-Richtlinie eingeräumten Möglichkeiten grenzüberschreitender Mobilität zunehmend an rechtspolitischem Gewicht verlieren.

Die Umwandlung nach Art. 2 Abs. 4 SE-VO entspricht in Form und Verfahren weitgehend dem Formwechsel des nationalen Rechts. Wie dieser beeinträchtigt die Umwandlung der SE-VO die Identität des Rechtsträgers nicht; es wird alleine das rechtliche Kleid der AG gegen das der SE getauscht (sog. Identitäts- bzw. Kontinuitätsprinzip).[329] Auf die Gründung mittels Umwandlung sind vorrangig die Art. 2 Abs. 4, 37 SE-VO anzuwenden, die durch die §§ 190 ff. UmwG – und damit in Teilen auch durch das Gründungsrecht der AG (§ 197 UmwG) – ergänzt werden.[330]

2. Voraussetzungen

Die Gründung einer SE durch Umwandlung steht ausschließlich nach dem Recht eines Mitgliedstaates gegründeten **Aktiengesellschaften** offen: erfasst ist nach herrschender, aber nicht zwingender Ansicht wiederum nur die AG, nicht die KGaA.[331] **Sitz und Hauptverwaltung** des umwandlungswilligen Rechtsträgers müssen **innerhalb der EU bzw. des EWR** liegen; für die deutsche umwandlungswillige AG eröffnen die Streichung von § 2 SEAG aF einerseits sowie die Neufassung von § 5 AktG andererseits mittlerweile die Möglichkeit, den effektiven Verwaltungssitz einer AG ins Ausland zu verlagern, so dass ein Auseinanderfallen von Satzungs- und Verwaltungssitz einer Umwandlung nicht entgegensteht.[332] Aufgrund von Art. 7 SE-VO muss allerdings sichergestellt werden, dass die zukünftige SE Satzungs- und Verwaltungssitz im gleichen Mitgliedstaat besitzt;[333] spätestens zum Wirksamwerden der Umwandlung müssen Satzungs- und Verwaltungssitz damit wieder im gleichen Mitgliedstaat zusammengeführt werden. Als Element der obligatorischen **Mehrstaatlichkeit** verlangt Art. 2 Abs. 4 SE-VO, dass die formwechselnde Aktiengesellschaft seit mehr als zwei Jahren **eine dem Recht eines anderen Mitgliedstaats unterliegende Tochtergesellschaft** hat. Unter Rückgriff auf Art. 2 lit. c SE-RL ist Tochtergesellschaft idS jedes Unternehmen, auf das die umwandlungswillige SE einen beherrschenden Einfluss ausüben kann;[334] richtigerweise genügt auch eine mittelbare Auslandstochter (Enkelin etc), soweit eine ununterbrochene Beherrschungskette besteht.[335] Unerheblich ist die Rechtsform der Tochtergesellschaft, nicht genügend ist aber eine bloße ausländische Zweigniederlassung ohne

---

328 Vgl. etwa Lutter/Hommelhoff/Teichmann/*J. Schmidt* SE-VO Art. 37 Rn. 9; *Schwarz* SE-VO Art. 37 Rn. 3; Habersack/Drinhausen/*Bücker* SE-VO Art. 37 Rn. 2.
329 BeckOGK/*Eberspächer* SE-VO Art. 37 Rn. 4; Kölner Komm AktG/*Paefgen* SE-VO Art. 37 Rn. 1; Lutter/Hommelhoff/Teichmann/*J. Schmidt* SE-VO Art. 37 Rn. 5; *Schwarz* SE-VO Art. 37 Rn. 5; *Reiserer/Biesinger/Christ/Bollacher* DStR 2018, 1185 (1186 f.).
330 BeckOGK/*Casper* SE-VO Art. 37 Rn. 5; *Vossius* ZIP 2005, 741 (747).
331 Lutter/Hommelhoff/Teichmann/*Bayer* SE-VO Art. 2 Rn. 24; Habersack/Drinhausen/*Bücker* SE-VO Art. 37 Rn. 9; Schmitt/Hörtnagl/*Hörtnagl/Rinke* SE-VO Art. 2 Rn. 37; Kallmeyer/Marsch-Barner/*Wilk* Anhang Europäische Gesellschaft Rn. 93; *Seibt/Reinhard* DK 2005, 407 (409); *Kowalski* DB 2007, 2243 (2244).
332 Kallmeyer/Marsch-Barner/*Wilk* Anhang Europäische Gesellschaft Rn. 94.
333 *Seibt/Reinhard* DK 2005, 407 (410).
334 *Seibt/Reinhard* DK 2005, 407 (410); Habersack/Drinhausen/*Bücker* SE-VO Art. 37 Rn. 14.
335 Habersack/Drinhausen/*Bücker* SE-VO Art. 37 Rn. 14; Kallmeyer/Marsch-Barner/*Wilk* Anhang Europäische Gesellschaft Rn. 94; *Kowalski* DB 2007, 2243 (2244).

eigene Rechtspersönlichkeit.[336] Umstritten ist, ob sich die Zweijahresfrist vom Tag der Anmeldung der SE zur Eintragung,[337] dem Tag der Eintragung der SE,[338] oder aber dem Tag des Zustimmungsbeschlusses der Hauptversammlung[339] berechnet. Die Zweijahresfrist bezieht sich allein auf das Bestehen eines Mutter-Tochter-Verhältnisses, nicht hingegen darauf, dass die umwandlungswillige AG während dieses Zeitraums in der Rechtsform der AG firmiert hat. Dementsprechend kann eine GmbH etc, die seit über zwei Jahren über eine Tochtergesellschaft verfügt, innerhalb der Zweijahresfrist in eine AG umgewandelt werden, ohne dass mit ihrer Eintragung als AG die Zweijahresfrist erneut zu laufen beginnen würde;[340] fraglich ist in diesem Zusammenhang allein, ob bereits vor der Durchführung eines eventuell erforderlichen Formwechsels in die Rechtsform der AG die SE-Gründung eingeleitet werden darf, um sodann in einer einheitlichen Hauptversammlung die Zustimmungsbeschlüsse zum AG-Formwechsel und zur Umwandlung in eine SE zu fassen. Wird in der Handelsregisteranmeldung die Anmeldung der SE-Gründung unter die Bedingung der Eintragung der AG gestellt, ist dieses Vorgehen technisch realisierbar. Dementsprechend wird im Schrifttum von der Zulässigkeit dieser Verfahrensvariante ausgegangen, dieselbe allerdings aufgrund der damit verbundenen Schwierigkeiten (Formulierungen des Umwandlungsplans, Umwandlungsberichts etc) nur für Ausnahmefälle empfohlen.[341] Ein Liquidationsbeschluss der Mutter-AG steht einer Umwandlung nach Art. 2 Abs. 4, 37 SE-VO nicht entgegen, soweit die Aktionäre die Fortsetzung der AG beschließen könnten,[342] hingegen darf die Tochter die Liquidation noch nicht beschlossen haben.[343]

Hinweis: Existiert eine EU/EWR-Tochtergesellschaft weniger als zwei Jahre, kann nach heute ganz herrschender Meinung eine SE-Gründung durch Verschmelzung einer ausländischen Vorrats-Tochtergesellschaft realisiert werden.[344] Als weitere Gestaltungsalternativen stehen die Verschmelzung einer deutschen Kapitalgesellschaft auf eine Vorrats-SE bzw. der Erwerb sämtlicher Assets eines Unternehmens durch eine (Vorrats-)SE zur Verfügung;[345] soweit dabei eine Vorrats-SE aktiviert bzw. mit einem über Arbeitnehmer verfügenden Geschäftsbetrieb „befüllt" wird, ist nach zutreffender Ansicht analog § 18 Abs. 3 SEBG ein Arbeitnehmerbeteiligungsverfahren durchzuführen; die Zulässigkeit des dahin gehenden Analogieschlusses hat das BAG unlängst dem EuGH zur Entscheidung vorgelegt.[346]

---

336 Lutter/Hommelhoff/Teichmann/*Bayer* SE-VO Art. 2 Rn. 25; Schmitt/Hörtnagl/*Hörtnagl/Rinke* SE-VO Art. 2 Rn. 40; BeckOGK/*Casper* SE-VO Art. 2 Rn. 17; Habersack/Drinhausen/*Habersack* SE-VO Art. 2 Rn. 22.
337 Lutter/Hommelhoff/Teichmann/*Bayer* SE-VO Art. 2 Rn. 25 iVm Rn. 20.
338 Habersack/Drinhausen/*Bücker* SE-VO Art. 37 Rn. 16; Kallmeyer/Marsch-Barner/Wilk Anhang Europäische Gesellschaft Rn. 94: Zeitpunkt der Anmeldung oder Eintragung; *Seibt/Reinhard* DK 2005, 407 (411).
339 *Kowalski* DB 2007, 2243 (2244).
340 Habersack/Drinhausen/*Bücker* SE-VO Art. 37 Rn. 15; Kallmeyer/Marsch-Barner/Wilk Anhang Europäische Gesellschaft Rn. 94; *Kowalski* DB 2007, 2243 (2244).
341 Habersack/Drinhausen/*Bücker* SE-VO Art. 37 Rn. 13.
342 *Seibt/Reinhard* DK 2005, 407 (410); Habersack/Drinhausen/*Bücker* SE-VO Art. 37 Rn. 11.
343 *Seibt/Reinhard* DK 2005, 407 (411).
344 Habersack/Drinhausen/*Habersack* SE-VO Art. 2 Rn. 23; MHdB GesR VI/*Teichmann* § 43 Rn. 10.
345 Habersack/Drinhausen/*Bücker* SE-VO Art. 37 Rn. 8.
346 BAG NZA 2023, 44 (44 ff.).

3. Verfahren

Auch das bei der Umwandlung zur Gründung einer SE zu beobachtende Verfahren lässt sich in einem Grobschnitt in Vorbereitungs-, Beschluss- und Vollzugsphase unterteilen.[347] Zu durchlaufen sind im Einzelnen die folgenden Verfahrensstadien:[348]

a) Überblick

aa) Vorbereitungsphase

- Beschluss der Geschäftsleitung zur Durchführung der Umwandlung gem. Art. 37 SE-VO und zu einem gegebenenfalls vorausgehenden Formwechsel nach nationalem Recht
- Eventuell Zustimmung des Aufsichtsrats zur Durchführung der Umwandlung gem. Art. 37 SE-VO und zu einem gegebenenfalls vorausgehenden Formwechsel nach nationalem Recht
- Eventuell Formwechsel in die Rechtsform der AG zur Herbeiführung der Gründungsfähigkeit
- Vorbereitung des Arbeitnehmerbeteiligungsverfahrens, insbesondere Ermittlung der beteiligten Rechtsordnungen, Ermittlung der Wahlverfahren und Zahl der BVG-Mitglieder, regelmäßig über Versendung eines Factbooks an die lokalen Geschäftsleitungen
- Aufstellen des Umwandlungsplans und -berichts (Art. 37 Abs. 4 SE-VO)
- Einreichung des Umwandlungsplans zum Handelsregister/Offenlegung des Umwandlungsplans (Art. 37 Abs. 5 SE-VO)
- Zuleitung des Umwandlungsplans an den Betriebsrat (str.)
- (Spätestens) Einleitung des Arbeitnehmerbeteiligungsverfahrens (§ 4 SEBG)
- Reinvermögensprüfung (Art. 37 Abs. 6 SE-VO)
- Vorbereitung zumindest des internen Gründungsprüfungsberichts (str.)
- Einberufung der Hauptversammlung

bb) Beschlussphase

- Zustimmungsbeschluss zur Umwandlung (Art. 37 Abs. 7 SE-VO)
- Eventuell erforderlicher Kapitalerhöhungsbeschluss
- Wahl der Mitglieder des ersten Aufsichts- oder Verwaltungsorgans (soweit nicht durch Satzung bzw. Umwandlungsplan bestimmt)
- Wahl der Abschlussprüfer (soweit nicht durch Umwandlungsplan bestimmt)

cc) Vollzugsphase

- Konstituierung des ersten Aufsichts- bzw. Verwaltungsorgans
- Bestellung des Vorstands/der geschäftsführenden Direktoren
- Aufstellung des internen Gründungsberichts (str.)
- Anmeldung der Umwandlung zum Handelsregister

---

[347] Spindler/Stilz/*Casper* SE-VO Art. 37 Rn. 7; Widmann/Mayer/*Heckschen* Anhang 14: Europäische Gesellschaft Rn. 374.

[348] Vgl. etwa *Vossius* ZIP 2005, 741 (747); Widmann/Mayer/*Heckschen* Anhang 14: Europäische Gesellschaft Rn. 374 f.; Habersack/Drinhausen/*Bücker* SE-VO Art. 37 Rn. 19 ff.

- Eintragung der Umwandlung/Eintragung der SE (nach gegebenenfalls erforderlicher Eintragung der Durchführung einer Kapitalerhöhung)
- Bekanntmachung der Umwandlung und Gläubigerschutz (str.)

b) Umwandlungsplan
aa) Zuständigkeit

126 Das Leitungs- oder Verwaltungsorgan der betreffenden Gesellschaft, für die deutsche AG also der Vorstand, hat einen Umwandlungsplan zu erstellen (Art. 37 Abs. 4 SE-VO); ausreichend ist nach hM die Mitwirkung von Vorstandsmitgliedern in vertretungsberechtigter Zahl.[349]

bb) Obligatorischer Inhalt

127 Weder SE-VO noch SEAG enthalten Vorgaben über den notwendigen Inhalt des Umwandlungsplans, weshalb streitig diskutiert wird, ob diese Lücke durch Rückgriff auf die Vorgaben für den nationalen Formwechsel (Formwechselbeschluss nach § 194 Abs. 1 UmwG)[350] oder durch sinngemäße Anwendung der Pflichtinhalte eines Verschmelzungsplans (Art. 20 SE-VO)[351] zu schließen ist. Da beide Ansichten plausible Argumente ins Felde führen können und sich bis dato noch keine eindeutige hM herausgebildet hat, empfiehlt sich für die Praxis, die Vorgaben beider Vorschriften kumulativ zu erfüllen,[352] was nicht zuletzt deshalb vertretbar erscheint, weil zahlreiche Redundanzen bestehen.

128 Bisher ersichtlich (noch) nicht diskutiert wird, ob die Umsetzung der Umwandlungs-Richtlinie durch das UmRUG Rückwirkungen auf das Ergebnis dieser Debatte hat. Mit dem grenzüberschreitenden Formwechsel (§§ 333 ff. UmwG) steht nunmehr ein gleichfalls auf europäischer Grundlage fußendes Parallelinstrument zur Verfügung, das funktional und prozedural einem Formwechsel zur Gründung einer SE nahesteht. Insoweit ist erscheint es nicht ausgeschlossen, die Inhalte des Umwandlungsplans nach Art. 37 SE-VO unter Rückgriff auf die Inhalte des Formwechselplans bei grenzüberschreitendem Formwechsel gem. § 335 UmwG (Art. 86 GesR-RL) zu entwickeln. Dass die SE-VO im Rahmen der Umwandlungs-Richtlinie unberührt gelassen worden ist, steht dem nicht entgegen. Hierin ist weniger ein bewusster Verzicht auf eine Modernisierung bzw. Fortentwicklung des SE-Rechts zu sehen, dessen traditionellen Normenbestand man für nicht reformbedürftig erachten würde, sondern vielmehr ersichtlich eine Folge des Umstands, dass man den erst nach Jahrzehnten gefundenen

---

[349] Lutter/Hommelhoff/Teichmann/*J. Schmidt* SE-VO Art. 37 Rn. 13; *Seibt/Reinhard* DK 2005, 407 (414); Habersack/Drinhausen/*Bücker* SE-VO Art. 37 Rn. 31.

[350] So *Vossius* ZIP 2005, 741 (747); BeckOGK/*Eberspächer* SE-VO Art. 37 Rn. 10; Widmann/Mayer/*Heckschen* Anhang 14: Europäische Gesellschaft Rn. 378; van Hulle/Maul/Drinhausen SE-HdB/*Drinhausen* Kap. 4 § 5 Rn. 12; MHdB GesR IV/*Austmann* § 84 Rn. 63; Jannott/Frodermann SE-HdB/*Jannott* Kap. 3 Rn. 237; *Wicke* MittBayNot 2006, 196 (201); so auch Lutter/Hommelhoff/Teichmann/*J. Schmidt* SE-VO Art. 37 Rn. 14 über Analogie zu Art. 18, 36 SE-VO.

[351] So Schmitt/Hörtnagl/*Hörtnagl/Rinke* SE-VO Art. 37 Rn. 4; Kölner Komm AktG/*Paefgen* SE-VO Art. 37 Rn. 28; *Schwarz* SE-VO Art. 37 Rn. 16 ff.; Manz/Mayer/Schröder/*Schröder* SE-VO Art. 37 Rn. 20 („insoweit vorsichtig als Leitlinie heranzuziehen, als sie nicht auf die Besonderheiten der Verschmelzung […] zugeschnitten sind"); Habersack/Drinhausen/*Bücker* SE-VO Art. 37 Rn. 23 f.; tendenziell auch *Kowalski* DB 2007, 2243 (2245). Der Vorschlag einer Analogie zum Sitzverlegungsplan ist – trotz der durch die Vale-Entscheidung noch einmal ins Bewusstsein gehobenen Ähnlichkeit eines statutenwechselnden Formwechsels mit einer statutenwechselnden Sitzverlegung – demgegenüber vereinzelt geblieben, so etwa *Kalss* ZGR 2003, 593 (613).

[352] Kallmeyer/Marsch-Barner/*Wilk* Anhang Europäische Gesellschaft Rn. 99; MHdB GesR IV/*Austmann* § 84 Rn. 63; van Hulle/Maul/Drinhausen SE-HdB/*Drinhausen* Kap. 4 § 5 Rn. 13; Hauschild/Kallrath/Wachter Notar-HdB/*Kleiser* § 19 Rn. 128.

Kompromiss für die Europäische Gesellschaft nicht ohne Not wieder zur Diskussion stellen will. Das führte schon bisher zu dem ungewöhnlichen Ergebnis, dass die Europäische Gesellschaft, einst Speerspitze grenzüberschreitender Mobilität, mitterweile in vielen Bereichen hoffnungslos überaltert und durch die Rechtsprechung des EuGH überholt erscheint. Entsprechend spricht zunächst nichts dagegen, über Art. 9 SE-VO die neuen Vorschriften über die grenzüberschreitende Mobilität von Kapitalgesellschaften grundsätzlich auch auf die SE anzuwenden, soweit nicht die SE-VO erkennbar ein insoweit abschließendes Sonderregime enthält. Zu berücksichtigen ist allerdings, dass der grenzüberschreitende Formwechsel grundsätzlich mit einer grenzüberschreitenden Sitzverlegung verbunden ist, während es bei der Umwandlung der SE zwar zu einem Statutenwechsel aus dem nationalen Recht heraus kommt, allerdings aufgrund des einen weiteren Anachronismus darstellenden Sitzverlegungsverbots des Art. 37 Abs. 3 SE-VO der Sitz des die Rechtsform der SE annehmenden Rechtsträgers und der Sitz der SE im selben Mitgliedstaat belegen sein müssen. Die Konsequenzen im Übrigen sollten aber überschaubar sein (→ Rn. 130).

Auf Grundlage des bisherigen Erkenntnisstandes, demzufolge die Vorgaben über den nationalen Formwechsel oder aber die über den Verschmelzungsplan der SE-VO heranzuziehen sind, hat der Umwandlungsplan im Ergebnis Ausführungen zu den folgenden Punkten zu enthalten: (1) **Rechtsform, Firma und Sitz der künftigen SE** (§ 194 Abs. 1 Nr. 1 und 2 UmwG, Art. 20 Abs. 1 lit. a SE-VO), wobei das Sitzverlegungsverbot des Art. 37 Abs. 3 SE-VO zu beachten ist;[353] (2) **Angaben über Zahl, Art und Umfang der Beteiligung** der bisherigen Aktionäre der AG an der SE (§ 194 Abs. 1 Nr. 3 UmwG, Art. 20 Abs. 1 lit. b SE-VO), (3) eventuelle **Sonderrechte, die Aktionären oder Inhabern sonstiger Rechte gewährt** werden (§ 194 Abs. 1 Nr. 5 UmwG, Art. 20 Abs. 1 lit. g SE-VO), (4) eventuelle **Sondervorteile**, die dem Reinvermögensprüfer (Art. 37 Abs. 6 SE-VO) oder Mitgliedern des Vorstands und/oder Aufsichtsrats der formwechselnden AG gewährt werden (Art. 20 Abs. 1 lit. f SE-VO);[354] in diesem Zusammenhang findet sich in der Praxis häufig ein vorsorglicher Hinweis, dass, unbeschadet der Organisationsverfassung der SE, geplant ist, dem amtierenden Vorstand ganz oder teilweise die Leitung der SE zu überantworten; (5) die **Folgen der Umwandlung für die Arbeitnehmer und ihre Vertretungen** sowie die insoweit vorgesehenen Maßnahmen (§ 194 Abs. 1 Nr. 7 UmwG) sowie **Angaben zu dem Verfahren über die Arbeitnehmerbeteiligung** (Art. 20 Abs. 1 lit. i SE-VO). Da legaltypisch das Beteiligungsverfahren erst nach Offenlegung des Umwandlungsplans eingeleitet wird, kann sich die Darstellung auf eine abstrakte Wiedergabe des Verfahrensablaufs und dessen möglicher Ergebnisse, allerdings unter Berücksichtigung der Verhältnisse der umwandlungswilligen Gesellschaft, beschränken; sollte die Gesellschaft von der nach hier vertretener Ansicht bestehenden Möglichkeit, das Arbeitnehmerbeteiligungsverfahren bereits vor Offenlegung des Umwandlungsplans einzuleiten, Gebrauch gemacht haben, sind Hinweise auf den aktuellen Verfahrensstand zu ergänzen.[355] Soweit man die Pflichtinhalte eines Umwandlungsplans aus einer Analogie zu Art. 20 SE-VO zu gewinnen versucht, sind die folgenden Angaben aufgrund des für die Umwandlung geltenden Identitäts- bzw. Kontinuitäts-

129

---

353 *Schwarz* SE-VO Art. 37 Rn. 19.
354 Folgt man der Ansicht, die die Pflichtinhalte des Umwandlungsplans der Parallelvorschrift für den Umwandlungsbeschluss entnimmt, wäre die Aufnahme der Sondervorteile nicht zwingend, sondern fakultativ. Vgl. etwa Lutter/Hommelhoff/Teichmann/*J. Schmidt* SE-VO Art. 37 Rn. 19.
355 Ähnlich Habersack/Drinhausen/*Bücker* SE-VO Art. 37 Rn. 28.

prinzips nicht erforderlich: Umtauschverhältnis, Umwandlungsstichtag und Zeitpunkt der Gewinnberechtigung.[356] Gleichfalls bedarf es abweichend von § 194 Abs. 1 Nr. 7 UmwG nach ersichtlich unbestrittener Ansicht keines Abfindungsangebotes gem. § 207 UmwG an die Aktionäre, da deutsche AG und deutsche SE hinreichend strukturverwandt sind.[357] Bestätigt wird dieses Ergebnis einerseits durch Art. 10 SE-VO, der ersichtlich von einer weitgehenden Gleichwertigkeit von AG und SE ausgeht. Andererseits erlaubt § 250 UmwG einen Größenschluss: Wenn schon der Wechsel von einer AG in eine KGaA oder vice versa kein Abfindungsangebot auszulösen vermag, sollte dies ein Wechsel von einer AG in eine SE erst recht nicht können. Kein Bestandteil des Umwandlungsplans ist zudem nach richtiger Ansicht der Umwandlungsbericht.[358] Uneinigkeit besteht demgegenüber, ob auch die **Satzung** Bestandteil des Umwandlungsplans ist; dagegen spricht insbesondere der Wortlaut des Art. 37 Abs. 7 S. 1 SE-VO, der ersichtlich davon ausgeht, dass Umwandlungsplan und Satzung der künftigen SE separate Dokumente darstellen.[359]

130 Orientiert man sich demgegenüber an den Vorgaben für den Formwechselplan eines grenzüberschreitenden Formwechsels (§ 335 UmwG) wäre vor allem zusätzlich der – allerdings in seiner rechtspolitischen Legitimation fragliche unverbindliche – indikative Zeitplan zu ergänzen (§ 335 Abs. 2 Nr. 5 UmwG), während demgegenüber auch insoweit keine Angaben zu dem bei Umwandlung in eine SE nicht erforderlichen Barabfindungsangebot (§ 335 Abs. 2 Nr. 11 UmwG) zu machen wären. Ebenfalls nicht erforderlich sein sollten nach hier vertretener Ansicht die Darstellung der Förderungen oder Beihilfen, die die Gesellschaft in den letzten fünf Jahren erhalten hat (§ 335 Abs. 2 Nr. 10 UmwG) und die Auswirkungen des Formwechsels auf Betriebsrenten und Betriebsrentenanwartschaften (§ 335 Abs. 2 Nr. 14 UmwG), da es sich erkennbar um Angaben handelt, die dem Umstand geschuldet sind, dass sich das anwendbare nationale Recht ändert (zB Wegzugsbesteuerung).

Hinweis: Die Praxis vermeidet eventuelle Konsequenzen dieses Meinungsstreits, indem die Satzung als Anlage zum Umwandlungsplan genommen wird.[360] Auch für die Umwandlung in eine dualistisch strukturierte SE gilt, dass mit den oben genannten Besonderheiten (→ Rn. 67) weitgehend auf die bisherige Satzung der AG zurückgegriffen werden kann. Nicht einheitlich beantwortet, für die Praxis vorläufig aber unbedingt zu empfehlen, ist ein an § 27 AktG orientierter, klarstellender Hinweis, dass das Grundkapital durch Formwechsel aufgebracht worden ist.[361] Wohl unstreitig sind demgegenüber in der AG-Satzung enthaltene Festsetzungen über Sondervorteile, Gründungsaufwand, Sacheinlagen und Sachübernahmen in die Satzung der SE zu übernehmen.[362] Aufgrund des Identitätsprinzips können bestehende genehmigte oder bedingte Kapitalia in der

---

356 Lutter/Hommelhoff/Teichmann/*J. Schmidt* SE-VO Art. 37 Rn. 18; *Schwarz* SE-VO Art. 37 Rn. 22.
357 Manz/Mayer/Schröder/*Schröder* SE-VO Art. 37 Rn. 76, 99 f.; Hauschild/Kallrath/Wachter Notar-HdB/*Kleiser* § 19 Rn. 129; van Hulle/Maul/Drinhausen SE-HdB/*Drinhausen* Kap. 4 § 5 Rn. 16; *Kowalski* DB 2007, 2243 (2245).
358 Vgl. Habersack/Drinhausen/*Bücker* SE-VO Art. 37 Rn. 37; Lutter/Hommelhoff/Teichmann/*J. Schmidt* SE-VO Art. 37 Rn. 25; Widmann/Mayer/*Heckschen* Anhang 14: Europäische Gesellschaft Rn. 383; *Schwarz* SE-VO Art. 37 Rn. 31; Manz/Mayer/Schröder/*Schröder* SE-VO Art. 37 Rn. 26. AA MüKoAktG/*Schäfer* SE-VO Art. 37 Rn. 15.

359 So tendenziell noch MHdB GesR IV/*Austmann* § 84 Rn. 63; vorsichtshalber zur Anlage zu nehmen; auch noch Jannott/Frodermann SE-HdB/*Jannott*, 1. Aufl. 2005, Kap. 3 Rn. 233. AA Habersack/Drinhausen/*Bücker* SE-VO Art. 37 Rn. 24; Manz/Mayer/Schröder/*Schröder* SE-VO Art. 37 Rn. 21; jetzt auch Jannott/Frodermann SE-HdB/*Jannott*, 2. Aufl. 2014, Kap. 3 Rn. 233.
360 MHdB GesR IV/*Austmann* § 84 Rn. 63; *Kowalski* DB 2007, 2243 (2245).
361 So auch Habersack/Drinhausen/*Bücker* SE-VO Art. 37 Rn. 27. Ablehnend etwa Lutter/Hommelhoff/*Seibt*, SE-Kommentar, 1. Aufl. 2008, SE-VO Art. 37 Rn. 33.
362 Habersack/Drinhausen/*Bücker* SE-VO Art. 37 Rn. 27a.

im Zeitpunkt des Formwechsels bestehenden Höhe fortgeschrieben werden und unterliegen keiner (erneuten) Beschlussanfechtung.[363] Ob und inwieweit die Vorgaben für den Umwandlungsplan zukünftig eventuell (auch) § 335 Abs. 2 UmwG zu entnehmen sind, bleibt bis aus Weiteres abzuwarten.

cc) Weitere Inhalte

Vergleichbar dem Verschmelzungsplan kann auch der Umwandlungsplan fakultativ weitere Angaben enthalten: (1) Bestellung der Mitglieder des ersten Aufsichts- oder Verwaltungsorgans, soweit nicht bereits in der Satzung erfolgt,[364] (2) Bestellung des Abschlussprüfers;[365] in der Praxis finden sich zudem häufig (3) eine Präambel, die noch einmal die wirtschaftliche Motivation der Umwandlung darlegt, (4) ein kurzer Nachweis, dass die obligatorische Mehrstaatlichkeit gegeben ist, sowie Hinweise darauf, dass die Umwandlung (5) die rechtliche Identität der Gesellschaft unberührt lässt und (6) mit der Eintragung in das Handelsregister wirksam wird.

dd) Form

Nach wohl mehrheitlich vertretener, aber nicht unwidersprochen gebliebener Ansicht unterliegt der Umwandlungsplan nicht der notariellen Beurkundung, Schriftform genügt.[366] Aufgrund des uneinheitlichen Meinungsbildes wird der Umwandlungsplan in der Praxis regelmäßig beurkundet.[367]

c) Umwandlungsbericht

Zusätzlich zum Umwandlungsplan hat der Vorstand als Leitungsorgan der deutschen AG einen Bericht zu erstatten, in dem die rechtlichen und wirtschaftlichen Aspekte der Umwandlung erläutert und begründet sowie die Auswirkungen, die der Übergang zur Rechtsform einer SE für die Aktionäre und für die Arbeitnehmer hat, dargelegt werden (Art. 37 Abs. 4 SE-VO); die Unterzeichnung durch Mitglieder des Vorstands in vertretungsberechtigter Zahl genügt.[368] Aufgrund der strukturellen Ähnlichkeit von AG und SE deutschen Rechts sind an Inhalt und Umfang keine überzogenen Anforderungen zu stellen.[369] Ausführlichere Angaben sollten vor allem zur anders gearteten mitbestimmungsrechtlichen Struktur einer SE sowie – soweit einschlägig – zu einem monistischen System aufgenommen werden.[370] In der Praxis folgt der Verschmelzungsbericht weitgehend dem folgenden groben Muster: (1) Einführende Darstellung des umwandlungswilligen Rechtsträgers; (2) wesentliche Aspekte für die Umwandlung in die SE; (3) Vergleich der Rechtsstellung der Aktionäre vor und nach Umwandlung; (4) Darstellung des Verfahrensablaufs der Umwandlung; (5) Erläuterung von Umwand-

---

363 Van Hulle/Maul/Drinhausen SE-HdB/*Drinhausen* Kap. 4 § 5 Rn. 43.
364 *Schwarz* SE-VO Art. 37 Rn. 28.
365 Anders insoweit Lutter/Hommelhoff/Teichmann/*J. Schmidt* Art. 37 SE-VO Art. 37 Rn. 19, die von der Kontinuität des Abschlussprüfermandats ausgeht.
366 BeckOGK/*Eberspächer* SE-VO Art. 37 Rn. 11; Kölner Komm AktG/*Paefgen* SE-VO Art. 37 Rn. 45; Manz/Mayer/Schröder/*Schröder* SE-VO Art. 37 Rn. 17, 74; van Hulle/Maul/Drinhausen SE-HdB/*Drinhausen* Kap. 4 § 5 Rn. 17; im Ergebnis auch Habersack/Drinhausen/*Bücker* Art. 37 SE-VO Rn. 30. AA Lutter/Hommelhoff/Teichmann/*J. Schmidt* SE-VO Art. 37 Rn. 21; *Schwarz* Art. 37 Rn. 9;

Heckschen DNotZ 2003, 251 (264); ohne ausdrückliche Stellungnahme MHdB GesR IV/*Austmann* § 84 Rn. 63.
367 Vgl. etwa Lutter/Hommelhoff/Teichmann/*J. Schmidt* SE-VO Art. 37 Rn. 21.
368 Habersack/Drinhausen/*Bücker* SE-VO Art. 37 Rn. 41; Kölner Komm Akt/*Paefgen* SE-VO Art. 37 Rn. 64; Lutter/Hommelhoff/Teichmann/*J. Schmidt* SE-VO Art. 37 Rn. 24; Manz/Mayer/Schröder/*Schröder* SE-VO Art. 37 Rn. 83; jetzt auch Jannott/Frodermann SE-HdB/*Jannott* Kap. 3 Rn. 240. AA Jannott/Frodermann SE-HdB/*Jannott*, 1. Aufl. 2015, Kap. 3 Rn. 236.
369 Ähnlich Schmitt/Hörtnagl/*Hörtnagl/Rinke* SE-VO Art. 37 Rn. 7.
370 Schmitt/Hörtnagl/*Hörtnagl/Rinke* SE-VO Art. 37 Rn. 7.

lungsplan und Satzung; (5) bilanzielle und steuerliche Auswirkungen der Umwandlung und, soweit es sich um eine an einem regulierten Markt gelistete Gesellschaft handelt, (6) Auswirkungen auf Wertpapiere und Börsenhandel.[371]

134 Uneinheitlich beurteilt wird, ob ein Verzicht nach § 192 Abs. 2 UmwG möglich ist;[372] entbehrlich ist der Umwandlungsbericht jedenfalls dann, wenn die umwandlungswillige AG nur einen Aktionär hat.[373]

135 Zur Form des Umwandlungsberichts enthält die SE-VO keine besonderen Regelungen. Nach ersichtlich unbestrittener Ansicht genügt Schriftform iSv § 126 BGB.[374]

d) Offenlegung des Umwandlungsplans

136 Der Umwandlungsplan ist mindestens einen Monat vor dem Tag der Hauptversammlung, die über die Umwandlung zu beschließen hat, offen zu legen (Art. 37 Abs. 5 SE-VO). Demgegenüber ist der Umwandlungsbericht als Instrument der gesellschaftsinternen Informationsordnung nicht zu veröffentlichen.[375] Aufgrund des bezüglich dieser Frage weiterhin gespaltenen Schrifttums sollte die Frage in der Praxis möglichst mit dem zuständigen Registergericht vorab geklärt werden. Die Offenlegung vollzieht sich nach Maßgabe des § 61 UmwG,[376] dh der Umwandlungsplan ist beim Handelsregister in elektronischer Form einzureichen (§ 12 Abs. 2 HGB), das die Einreichung durch Hinweis im Bundesanzeiger bekannt macht.[377]

e) Zuleitung an den Betriebsrat

137 Unter Hinweis auf die im Rahmen des Arbeitnehmerbeteiligungsverfahrens bestehenden umfangreichen Informationspflichten gegenüber den betroffenen Belegschaften ist nach verbreiteter Ansicht eine Zuleitung des Umwandlungsplans an den Betriebsrat analog § 194 Abs. 2 UmwG entbehrlich.[378] Zwingend ist dieses Ergebnis allerdings nicht, da der Umwandlungsplan – unabhängig davon, ob man seine Inhalte aus § 194 UmwG oder Art. 20 SE-VO ableitet – auch für die Arbeitnehmer relevante Auskünfte enthält[379] und die hM die letztlich identische Frage für die Verschmelzung abweichend beantwor-

---

371 Vgl. etwa die Umwandlungsberichte der E.ON AG und der hannover rück AG sowie den Überblick bei Habersack/Drinhausen/*Bücker* SE-VO Art. 37 Rn. 38 f.
372 Gegen Verzichtsmöglichkeit MHdB GesR VI/*Teichmann* § 43 Rn. 46; Jannott/Frodermann SE-HdB/*Jannott* Kap. 3 Rn. 242; Seibt/Reinhard DK 2005, 407 (416). AA BeckOGK/*Eberspächer* SE-VO Art. 37 Rn. 12; Habersack/Drinhausen/*Bücker* SE-VO Art. 37 Rn. 36 f.; Lutter/Hommelhoff/Teichmann/*J. Schmidt* SE-VO Art. 37 Rn. 29; Widmann/Mayer/*Heckschen* Anhang 14: Europäische Gesellschaft Rn. 382; Schwarz SE-VO Art. 37 Rn. 35; Manz/Mayer/Schröder/*Schröder* SE-VO Art. 37 Rn. 85; Kallmeyer/Marsch-Barner/*Wilk* Anhang Europäische Gesellschaft Rn. 109; Hauschild/Kallrath/Wachter NotarHdB/*Kleiser* § 19 Rn. 132; van Hulle/Maul/Drinhausen SE-HdB/*Drinhausen* Kap. 4 § 5 Rn. 27; MHdB GesR IV/*Austmann* § 84 Rn. 64.
373 BeckOGK/*Eberspächer*, Stand: 1.10.2022, SE-VO Art. 37 Rn. 13; Lutter/Hommelhoff/Teichmann/*J. Schmidt* SE-VO Art. 37 Rn. 29.
374 Lutter/Hommelhoff/Teichmann/*J. Schmidt* SE-VO Art. 37 Rn. 26.
375 Kallmeyer/Marsch-Barner/*Wilk* Anhang Europäische Gesellschaft Rn. 109; Lutter/Hommelhoff/Teichmann/*J.*
Schmidt SE-VO Art. 37 Rn. 30; Seibt/Reinhard DK 2005, 407 (416); Kowalski DB 2007, 2243 (2246); Louven/Ernst BB 2014, 323 (328 f.). AA Kölner Komm AktG/*Paefgen* SE-VO Art. 37 Rn. 67; MüKoAktG/*Schäfer* SE-VO Art. 37 Rn. 19.
376 BeckOGK/*Eberspächer*, Stand: 1.10.2022, SE-VO Art. 37 Rn. 13. AA Schwarz SE-VO Art. 37 Rn. 36 (Gründungsplan insgesamt offenzulegen).
377 Lutter/Hommelhoff/Teichmann/*J. Schmidt* SE-VO Art. 37 Rn. 32; van Hulle/Maul/Drinhausen SE-HdB/*Drinhausen* Kap. 4 § 5 Rn. 23; MHdB GesR IV/*Austmann* § 84 Rn. 65. Bezüglich Bekanntmachung auch BeckOGK/*Eberspächerer* SE-VO Art. 37 Rn. 13.
378 Habersack/Drinhausen/*Bücker* SE-VO Art. 37 Rn. 34; Schmitt/Hörtnagl/*Hörtnagl*/Rinke SE-VO Art. 37 Rn. 8; Schwarz SE-VO Art. 37 Rn. 37; Seibt/Reinhard DK 2005, 407 (415); Kowalski DB 2007, 2243 (2249). AA Lutter/Hommelhoff/Teichmann/*J. Schmidt* SE-VO Art. 37 Rn. 22; Manz/Mayer/Schröder/*Schröder* SE-VO Art. 37 Rn. 81.
379 BeckOGK/*Eberspächer* SE-VO Art. 37 Rn. 12; van Hulle/Maul/Drinhausen SE-HdB/*Drinhausen* Kap. 4 § 5 Rn. 21 (für den Umwandlungsplan); wohl auch Jannott/Frodermann SE-HdB/*Jannott* Kap. 3 Rn. 235.

tet (→ Rn. 76). Für die Praxis ist aus Rechtssicherheitserwägungen die Zuleitung zu empfehlen und der Empfang durch Vertretungsberechtigte des Betriebsrats quittieren zu lassen.[380]

f) Einleitung des Arbeitnehmerbeteiligungsverfahrens

Spätestens nach der Veröffentlichung des Umwandlungsplans (§ 4 Abs. 2 SEBG) hat der Vorstand das Verfahren zur Beteiligung der Arbeitnehmer einzuleiten, dh die Belegschaft zu informieren und zur Bildung des BVG aufzufordern. Richtiger Ansicht zufolge kennzeichnet § 4 SEBG lediglich den Zeitpunkt, zu dem das Arbeitnehmerbeteiligungsverfahren spätestens einzuleiten ist, steht also einer vorherigen Ingangsetzung nicht im Wege (→ Rn. 75).[381] Fraglich ist in diesem Zusammenhang allein, ob im Falle, in dem eine GmbH zur Herbeiführung der Gründungsvoraussetzungen gem. Art. 2 Abs. 4 SE-VO noch in eine AG formgewechselt werden muss, die Einleitung des Arbeitnehmerbeteiligungsverfahrens bereits vor Eintragung der Gründungsgesellschaft als AG, also vor Eintragung des Formwechsels möglich ist. Richtigerweise sind keine materiellen Gesichtspunkte ersichtlich, die gegen ein solches Vorgehen sprechen.[382] Insbesondere der denkbare Einwand, dass die SE-VO die Entscheidung des Leitungsorgans der AG verlangt, dieses aber durch die vorausgegangene Entscheidung der GmbH-Geschäftsführung und gegebenenfalls der Gesellschafterversammlung präjudiziert werde, trägt nicht. Zunächst ist festzuhalten, dass das Leitungsorgan der AG, das in dieser Konstellation im Regelfall personenidentisch mit dem Vertretungsorgan des formgewechselten Rechtsträgers sein wird, durch die vorausgegangene Entscheidung der Geschäftsführung nicht gebunden wird, vielmehr steht es ihm – zumindest bis zum Umwandlungsbeschluss der Hauptversammlung (§ 83 Abs. 2 AktG) – frei, das Verfahren zur Gründung einer SE abzubrechen. Weiter ist zu berücksichtigen, dass die Entscheidung über die Gründung einer SE als Strukturmaßnahme grundsätzlich den Anteilseignern vorbehalten ist, deren Rechte nicht tangiert werden, da sie ihre Zustimmung zur Umwandlung in ihrer Eigenschaft als (zukünftige) Aktionäre der SE beschließen müssen und dementsprechend auch bei vor die Eintragung als AG gezogener Beschlussfassung sämtliche Schutzvorschriften des AktG zu beachten sind. Aufgrund des Fehlens einschlägiger Rechtsprechung und in Ermangelung einer eindeutigen Literaturmeinung sollte jedenfalls aber ein solches Vorgehen mit dem Handelsregister abgestimmt werden.

138

g) Reinvermögensprüfung/Umwandlungsprüfung (Art. 37 Abs. 6 SE-VO)

Vor Durchführung der Hauptversammlung, die über die Zustimmung zur Umwandlung entscheidet, ist durch einen oder mehrere unabhängige Sachverständige zwingend zu bescheinigen, dass die Gesellschaft über Nettovermögenswerte in Höhe ihres Kapitals zuzüglich der kraft Gesetzes oder Statuts (Satzung) nicht ausschüttungsfähigen Rücklagen verfügt. Umstritten ist, ob dabei auf die Kapitalziffer der formwechselnden AG – unter Berücksichtigung einer eventuell erforderlichen Kapitalerhöhung –[383] oder

139

---

380 Kallmeyer/*Marsch-Barner*/*Wilk* Anhang Europäische Gesellschaft Rn. 105.
381 Lutter/Hommelhoff/Teichmann/*J. Schmidt* SE-VO Art. 37 Rn. 34. AA insoweit *Kowalski* DB 2007, 2243 (2246).
382 So wohl auch Habersack/Drinhausen/*Bücker* SE-VO Art. 37 Rn. 13 für eine solche Kettenumwandlung zur Gründung einer SE.
383 Lutter/Hommelhoff/*Seibt*, SE-Kommentar, 1. Aufl. 2008, SE-VO Art. 37 Rn. 24 Fn. 40.

aber auf die Kapitalziffer der SE abzustellen ist.[384] In der Sache sollte die Bedeutung dieser Streitfrage nicht überschätzt werden, da zumindest unter Berücksichtigung einer der Umwandlung vorgeschalteten Kapitalerhöhung Grundkapital der AG und Grundkapital der SE übereinstimmen.[385] Das **Nettoreinvermögen** der Gesellschaft berechnet sich als Differenz aus Vermögenswerten und Verbindlichkeiten der Gesellschaft, wobei jeweils Zeit- bzw. Verkehrs- und nicht Buchwerte anzusetzen sind.[386] Über die Vorgaben des nationalen Rechts (§§ 220, 245 UmwG) noch hinausgehend muss das Nettoreinvermögen nicht nur das Grundkapital, sondern auch die nach Gesetz oder Satzung nicht ausschüttungsfähigen Rücklagen, dh die Rücklagen nach § 150 Abs. 1 u. 2 AktG und die Kapitalrücklage nach § 272 Abs. 2 Nr. 1–3 HGB, nicht hingegen die sonstigen Zuzahlungen in das Eigenkapital nach § 272 Abs. 2 Nr. 4 HGB[387] abdecken. Als Instrument des Kapital- bzw. Gläubigerschutzes ist die Reinvermögensprüfung nicht verzichtbar.[388] Eine neben die Kapitalaufbringungskontrolle tretende Umwandlungsprüfung zzgl. Umwandlungsprüfungsbericht ist nach der SE-VO nicht vorgesehen.[389]

140 Die Prüfung hat durch einen oder mehrere unabhängige Sachverständige zu erfolgen, deren Bestellung sich nach den nationalen Bestimmungen, für die umwandlungswillige deutsche AG mithin nach den §§ 60, 10, 11 UmwG richtet.[390] Als Sachverständige kommen allein Wirtschaftsprüfer bzw. Wirtschaftsprüfungsgesellschaften in Betracht; die Öffnungsklausel des § 319 Abs. 1 S. 2 HGB zugunsten vereidigter Buchprüfer findet keine Anwendung, da der formwechselnde Rechtsträger im Zeitpunkt der Reinvermögensprüfung zwingend eine AG ist. Durch das Kriterium der Unabhängigkeit wird ausgeschlossen, dass Aktionäre, Organmitglieder, Arbeitnehmer etc des umwandlungswilligen Rechtsträgers als Reinvermögensprüfer fungieren.[391] Zulässig ist hingegen, dass der Abschlussprüfer der Gesellschaft zugleich als Reinvermögensprüfer agiert;[392] die Praxis macht von dieser Möglichkeit allerdings nur zurückhaltend Gebrauch in dem offensichtlichen Bestreben, den Eindruck der Befangenheit bzw. fehlenden Unabhängigkeit des Reinvermögensprüfers erst gar nicht aufkommen zu lassen.[393]

141 Art. 37 Abs. 6 SE-VO verlangt seinem Wortlaut nach als Nachweis allein eine Bescheinigung über die erfolgreiche Reinvermögensprüfung;[394] allerdings entnimmt das Schrifttum darüber hinausgehend dem Verweis auf Art. 10 RL 78/855/EWG (Kapitalrichtlinie; bzw. nunmehr Art. 49 der konsolidierten Gesellschaftsrechtlinie) das weitere Erfordernis eines Prüfungsberichts, der eine Beschreibung der Vermögensgegenstände sowie

---

384 Habersack/Drinhausen/*Bücker* SE-VO Art. 37 Rn. 49; BeckOGK/*Eberspächer* SE-VO Art. 37 Rn. 14; Kölner Komm AktG/*Paefgen* SE-VO Art. 37 Rn. 5; Lutter/Hommelhoff/Teichmann/*J. Schmidt* SE-VO Art. 37 Rn. 38; *Vossius* ZIP 2005, 741 (748).
385 Hierauf hinweisend Lutter/Hommelhoff/*Seibt*, SE-Kommentar, 1. Aufl. 2008, Art. 37 Rn. 24 Fn. 40.
386 Habersack/Drinhausen/*Bücker* SE-VO Art. 37 Rn. 50; Lutter/Hommelhoff/Teichmann/*J. Schmidt*, SE-VO Art. 37 Rn. 40; *Seibt/Reinhard* DK 2005, 407 (412 f.); BeckOGK/*Eberspächer* SE-VO Art. 37 Rn. 14; *Schwarz* SE-VO Art. 37 Rn. 44.
387 Habersack/Drinhausen/*Bücker* SE-VO Art. 37 Rn. 49; *Seibt/Reinhard* DK 2005, 407 (412). Die sonstigen Zuzahlungen in das Eigenkapital nach § 272 Abs. 2 Nr. 4 HGB sind grundsätzlich ausschüttungsfähig.
388 Habersack/Drinhausen/*Bücker* SE-VO Art. 37 Rn. 52; Lutter/Hommelhoff/Teichmann/*J. Schmidt* SE-VO

Art. 37 Rn. 35; Manz/Mayer/Schröder/*Schröder* SE-VO Art. 37 Rn. 37; Kallmeyer/*Marsch-Barner*/*Wilk* Anhang Europäische Gesellschaft Rn. 96; *Seibt/Reinhard* DK 2005, 407 (419). AA *Vossius* ZIP 2005, 741 (748) Fn. 80, der allerdings gleichzeitig von einer obligatorischen Prüfung gem. § 197 UmwG, § 33 Abs. 2 AktG ausgeht.
389 *Schwarz* SE-VO Art. 37 Rn. 48; Kallmeyer/*Marsch-Barner*/*Wilk* Anhang Europäische Gesellschaft Rn. 103.
390 Habersack/Drinhausen/*Bücker* SE-VO Art. 37 Rn. 51; *Spitzbart* RNotZ 2006, 369 (417).
391 Manz/Mayer/Schröder/*Schröder* SE-VO Art. 37 Rn. 48; van Hulle/Maul/Drinhausen SE-HdB/*Drinhausen* Kap. 4 § 5 Rn. 29.
392 Habersack/Drinhausen/*Bücker* SE-VO Art. 37 Rn. 51; Kallmeyer/*Marsch-Barner*/*Wilk* Anhang Europäische Gesellschaft Rn. 97; *Seibt/Reinhard* DK 2005, 407 (419).
393 Habersack/Drinhausen/*Bücker* SE-VO Art. 37 Rn. 51.
394 *Spitzbart* RNotZ 2006, 369 (417).

die Angabe der verwendeten Bewertungsmethode(n) zu enthalten hat.[395] In der Praxis hat sich als Standard etabliert, im Anschluss an eine kurze Darstellung der umwandlungswilligen AG, zunächst die im Rahmen des Art. 37 Abs. 6 SE-VO maßgebliche Zielgröße aus der Bilanz zu entwickeln. Es schließen sich eine kurze Beschreibung der verwendeten Methoden zur Ermittlung des Unternehmenswerts und Kapitalisierungszinssatzes sowie eine Abschätzung der Größenordnung der Reinvermögenswerte an. Abschließend wird noch einmal ausdrücklich bestätigt, dass das Nettoreinvermögen die EK-Zielgröße deckt.[396]

h) Umwandlungsbeschluss der Hauptversammlung

Die Hauptversammlung muss dem Umwandlungsplan zustimmen und die Satzung der SE genehmigen (Art. 37 Abs. 7 SE-VO). Mangels eigenständiger Regelung gelten für Vorbereitung und Durchführung der Hauptversammlung die §§ 121 ff. AktG, ergänzt um die Sondervorschriften der §§ 230 Abs. 2, 238 f. UmwG (Art. 15 SE-VO).[397] Die Art. 50 ff. SE-VO sind nicht anzuwenden, da sie nur für existierende SE Geltung beanspruchen und keine Vorwirkung entfalten.

142

aa) Vorbereitung der Hauptversammlung

Von der Einberufung der Hauptversammlung, die den Zustimmungsbeschluss fassen soll, an, ist der Umwandlungsbericht und nach verbreiteter Ansicht, der man zumindest für die Praxis zu folgen haben wird, auch der Umwandlungsplan und – soweit nicht ohnehin Bestandteil des Umwandlungsplans (→ Rn. 129) – die Satzung der SE und der Prüfungsbericht in den Geschäftsräumen der Gesellschaft zur Einsicht der Aktionäre auszulegen.[398] Auf Verlangen ist jedem Aktionär eine Abschrift der entsprechenden Dokumente zu erteilen; haben die Aktionäre eingewilligt, kann die Übermittlung nunmehr auch auf elektronischem Kommunikationsweg erfolgen (§ 230 Abs. 2 S. 3 UmwG). Die Pflicht zur Auslegung und (elektronischen) Übermittlung von Abschriften entfällt, wenn Umwandlungsplan, Umwandlungsbericht, Satzung und Prüfungsbericht von der Einberufung an über die Internetseite der Gesellschaft zugänglich sind (§§ 238 S. 1 UmwG iVm § 230 Abs. 2 UmwG).[399] Nicht von vorgenannten Offenlegungspflichten erfasst wird eine eventuell bereits abgeschlossene Mitbestimmungsvereinbarung;[400] entgegen der bisherigen Praxis, die nur in Einzelfällen den Aktionären unproblematischen Zugriff auf dieses zentrale Dokument ermöglicht, wird man im Sinne einer offenen Corporate Governance und nicht zuletzt aufgrund der Bedeutung, die die Mitbestimmung in Deutschland besitzt, einerseits und des Umstandes, dass die Beeinflussung des Mitbestimmungsstatuts ein, wenn nicht der wesentliche Grund für den Formwechsel in die SE anderseits ist, ihre freiwillige Veröffentlichung unbedingt zu empfehlen haben.

143

Für die Einladung selbst gelten grundsätzlich keine Besonderheiten: Die Beschlussfassung über die Zustimmung zum Umwandlungsplan ist als Tagesordnungspunkt aufzunehmen, ebenso die Bestellung des ersten Abschlussprüfers und der Mitglieder des

144

---

395 Kallmeyer/*Marsch-Barner*/*Wilk* Anhang Europäische Gesellschaft Rn. 98.
396 Vgl. etwa Umwandlung der E.ON AG 2012.
397 BeckOGK/*Casper* SE-VO Art. 37 Rn. 15; Habersack/Drinhausen/*Bücker* SE-VO Art. 37 Rn. 54; *Schwarz* SE-VO Art. 37 Rn. 50.

398 Lutter/Hommelhoff/*Seibt*, SE-Kommentar, 1. Aufl. 2008, SE-VO Art. 37 Rn. 61; Habersack/Drinhausen/*Bücker* SE-VO Art. 37 Rn. 57; *Schwarz* SE-VO Art. 37 Rn. 53.
399 Habersack/Drinhausen/*Bücker* SE-VO Art. 37 Rn. 57.
400 Habersack/Drinhausen/*Bücker* SE-VO Art. 37 Rn. 58.

ersten Aufsichts- oder Verwaltungsrats; Gleiches gilt für eine eventuell erforderliche Kapitalerhöhung. Die Einladung muss die Satzung im Wortlaut[401] und den Umwandlungsplan seinem wesentlichen Inhalt nach enthalten (§ 124 Abs. 2 S. 2 AktG); wie auch sonst bei Strukturmaßnahmen empfiehlt sich auch hier die Bekanntmachung im Wortlaut.[402]

bb) Umwandlungsbeschluss

145 **Sonderpublizität in der Hauptversammlung:** In der Hauptversammlung sind sämtliche Unterlagen auszulegen oder den Aktionären in anderer Weise zugänglich zu machen (§ 239 Abs. 1 UmwG), die bereits im Vorfeld zu ihrer Information zur Verfügung gehalten wurden.[403] Zusätzlich ist zu Beginn der Hauptversammlung der Umwandlungsplan durch den Vorstand mündlich zu erläutern (Art. 15 SE-VO iVm § 239 Abs. 2 UmwG);[404] die Erläuterungspflicht erfasst richtigerweise insbesondere die wesentlichen Inhalte einer eventuell bereits abgeschlossenen Beteiligungsvereinbarung.[405]

146 Der **Zustimmungsbeschluss** bedarf der einfachen Stimmmehrheit sowie einer **Kapitalmehrheit von mindestens drei Viertel** des bei der Beschlussfassung vertretenen Grundkapitals (§ 133 AktG, § 240 Abs. 1 S. 1 UmwG);[406] besitzt die Gesellschaft mehrere Gattungen von Aktien, müssen die qualifizierten Mehrheitserfordernisse durch sämtliche Gattungen erfüllt werden (§ 240 Abs. 1 S. 1 Hs. 2 iVm § 65 Abs. 2 UmwG).[407] Aufgrund der insbesondere mit Blick auf die Hauptversammlungskompetenzen und Aktionärsrechte weitgehenden Identität von „deutscher SE" und deutscher AG steht Aktionären, die gegen die Umwandlung Widerspruch zur Niederschrift einlegen, **kein Anspruch auf Barabfindung** entsprechend § 207 UmwG zu.[408] Dieses Ergebnis wird durch die Parallelwertung des § 250 UmwG für das nationale Umwandlungsrecht bestätigt.[409] Von der durch Art. 37 Abs. 8 SE-VO zugunsten der Mitgliedstaaten eingeräumten Möglichkeit, die Umwandlung von einer **Zustimmung des Organs**, in dem sich die Mitbestimmung in der SE vollziehen soll, in Deutschland also des Aufsichtsrats, abhängig zu machen, hat der deutsche Gesetzgeber zu Recht keinen Gebrauch gemacht. Es wäre mit der tradierten Organverfassung des deutschen Kapitalgesellschaftsrechts nicht zu vereinbaren, wenn eine durch die Hauptversammlung getroffene Entscheidung durch ein Votum des Aufsichtsrats revidiert werden könnte. Demgegenüber soll es trotz Fehlens einer Art. 23 Abs. 2 SE-VO entsprechenden Regelung der Hauptversammlung – vergleichbar der Verschmelzung zur Gründung einer SE – möglich sein, die Zustimmung unter den **Vorbehalt der Billigung der Mitbestimmungsvereinbarung** zu stellen;[410] aufgrund der ohnehin schwachen Stellung der Anteilseigner im Rahmen

---

[401] Insoweit missverständlich Kallmeyer/Marsch-Barner/Wilk Anhang Europäische Gesellschaft Rn. 114, denen zu Folge die Satzung nur ihrem wesentlichen Inhalt nach bekanntzumachen ist.
[402] So auch Habersack/Drinhausen/Bücker SE-VO Art. 37 Rn. 56.
[403] Lutter/Hommelhoff/Seibt, SE-Kommentar, 1. Aufl. 2008, SE-VO Art. 37 Rn. 63; Wicke MittBayNot 2006, 196 (201).
[404] BeckOGK/Casper SE-VO Art. 37 Rn. 15; Lutter/Hommelhoff/Seibt, SE-Kommentar, 1. Aufl. 2008, SE-VO Art. 37 Rn. 63.
[405] Habersack/Drinhausen/Bücker SE-VO Art. 37 Rn. 58.
[406] Kallmeyer/Marsch-Barner/Wilk Anhang Europäische Gesellschaft Rn. 115.
[407] Habersack/Drinhausen/Bücker SE-VO Art. 37 Rn. 60.
[408] Lutter/Hommelhoff/Seibt, SE-Kommentar, 1. Aufl. 2008, SE-VO Art. 37 Rn. 66; MHdB GesR VI/Teichmann § 43 Rn. 47 mit Fn. 157; BeckOGK/Eberspächer SE-VO Art. 37 Rn. 16; MHdB GesR IV/Austmann § 84 Rn. 70; Habersack/Drinhausen/Bücker SE-VO Art. 37 Rn. 67.
[409] Habersack/Drinhausen/Bücker SE-VO Art. 37 Rn. 67; MHdB GesR IV/Austmann § 84 Rn. 70.
[410] Lutter/Hommelhoff/Seibt, SE-Kommentar, 1. Aufl. 2008, SE-VO Art. 37 Rn. 65; Seibt/Reinhard DK 2005, 407 (420), Habersack/Drinhausen/Bücker SE-VO Art. 37 Rn. 61; Schwarz SE-VO Art. 37 Rn. 49; ohne eigene Stellungnahme auf die fehlende praktische Relevanz hinweisend MHdB GesR IV/Austmann § 84 Rn. 66.

einer SE-Gründung wird man dem uneingeschränkt zu folgen haben, wobei auch für den Formwechsel gilt, dass ein entsprechender Vorbehalt aufgrund der damit verbundenen Verzögerungen rechtspraktisch nur bei personalistischen Gesellschaften Bedeutung erlangt. Der Beschluss über die Zustimmung ist **notariell zu beurkunden** (§§ 13 Abs. 3, 130 AktG).[411]

cc) Kapitalerhöhungsbeschluss

Die Umwandlung einer deutschen AG in eine deutsche SE macht eine **Kapitalerhöhung** erforderlich, wenn das satzungsmäßige Grundkapital der umwandlungswilligen AG unter dem Mindestkapital der SE iHv 120.000 EUR (Art. 4 Abs. 2 SE-VO) liegt. Die Beschlussfassung über die Kapitalerhöhung kann mit der Beschlussfassung über die Zustimmung zur Umwandlung verbunden werden, sicherzustellen ist aber, dass die Durchführung der Kapitalerhöhung (§ 189 AktG) vor Eintragung der SE eingetragen wird.[412]

147

dd) Bestellung der Mitglieder des Aufsichts-/Verwaltungsorgans

Entsprechend der Rechtslage bei der Verschmelzung zur Aufnahme wird auch für die Umwandlung kontrovers diskutiert, inwieweit der Hauptversammlungsbeschluss zugleich die ersten **Mitglieder des Verwaltungs- oder Aufsichtsorgans** zu bestimmen hat, soweit dies nicht bereits durch die Satzung erfolgt ist. Nach wohl unbestrittener Ansicht kann § 203 UmwG zumindest dann keine Anwendung finden, wenn die Satzung der SE für das **monistische System** optiert, da die Rollen von Aufsichtsrat und dem zur Leitung berufenen Verwaltungsrat nicht hinreichend vergleichbar sind.[413] Auch beim Wechsel einer AG in das **dualistische System** wird verbreitet zwingend eine Neubestellung der Mitglieder des ersten Aufsichtsrats verlangt.[414] Nach der Gegenansicht ist (der Rechtsgedanke des) § 203 UmwG zumindest dann anzuwenden, wenn die Satzung der SE für das dualistische System optiert und sich der Aufsichtsrat in der bisherigen Weise zusammensetzt, sich also keinerlei Veränderungen ergeben.[415] Als Änderung in diesem Sinne soll es dabei bereits anzusehen sein, wenn auf der zahlenmäßig gleich starken Arbeitnehmerbank auch ausländische Mitarbeiter vertreten sind.[416]

148

Hinweis: Die Praxis vermeidet die mit dieser Kontroverse verbundenen Unwägbarkeiten ganz überwiegend dadurch, dass die auf die Aktionärsseite entfallenden Mitglieder des ersten Aufsichts- oder Verwaltungsorgans bereits in der Satzung bestellt werden.[417]

Soweit dem Aufsichts- oder Verwaltungsrat kraft Vereinbarung oder kraft gesetzlicher Auffanglösung auch **Vertreter der Arbeitnehmer** angehören, finden die unter → Rn. 91 dargestellten Grundsätze Anwendung.

149

---

411 *Schwarz* SE-VO Art. 37 Rn. 56; Lutter/Hommelhoff/*Seibt*, SE-Kommentar, 1. Aufl. 2008, SE-VO Art. 37 Rn. 64.
412 *Seibt/Reinhard* DK 2005, 407 (412); Habersack/Drinhausen/*Bücker* SE-VO Art. 37 Rn. 17; Kallmeyer/*Marsch-Barner/Wilk* Anhang Europäische Gesellschaft Rn. 95.
413 Habersack/Drinhausen/*Bücker* SE-VO Art. 37 Rn. 63; Lutter/Hommelhoff/*Seibt*, SE-Kommentar, 1. Aufl. 2008, SE-VO Art. 37 Rn. 71; *Kleinhenz/Leyendecker-Langner* AG 2013, 507.
414 Kallmeyer/*Marsch-Barner/Wilk* Anhang Europäische Gesellschaft Rn. 119 (wenn auch mit Erörterung möglicher Ausnahmen); Lutter/Hommelhoff/*Seibt*, SE-Kommentar, 1. Aufl. 2008, Art. 37 Rn. 71; *Habersack* DK 2008, 67 (70 f.).
415 Lutter/Hommelhoff/Teichmann/*Drygala* SE-VO Art. 40 Rn. 27; Widmann/Mayer/*Heckschen* Anhang 14: Europäische Gesellschaft Rn. 393; Habersack/Drinhausen/*Seibt* SE-VO Art. 40 Rn. 49; MHdB GesR IV/*Austmann* § 84 Rn. 69; im Ergebnis auch *Kleinhenz/Leyendecker-Langner* AG 2013, 507 (511 f.); dies zumindest für theoretisch denkbar haltend BeckOGK/*Eberspächer* SE-VO Art. 40 Rn. 9.
416 MHdB GesR IV/*Austmann* § 84 Rn. 69.
417 So in jüngerer Zeit etwa Hannover Rück, Fuchs Petrolub.

ee) Amtszeit des ersten Aufsichts-/Verwaltungsorgans

150 Auch im Falle der SE-Gründung durch Umwandlung stellt sich das Folgeproblem, ob die nach vorgenannten Grundsätzen zu bestellenden **Mitglieder des ersten Aufsichts- oder Verwaltungsorgans** für eine **volle Amtsperiode** von bis zu sechs Jahren zu bestellen sind, oder aber gem. § 30 Abs. 3 S. 1 AktG nur für einen Zeitraum bis zur Beendigung der ersten Hauptversammlung der SE, die über die Entlastung für das erste (Rumpf-)Geschäftsjahr beschließt.[418] Nach wohl herrschender Ansicht findet § 30 Abs. 3 S. 1 AktG keine Anwendung, wobei verbreitet auf den abschließenden Charakter des Art. 46 SE-VO rekurriert wird,[419] während andere Stimmen die fehlende Einschlägigkeit über Art. 15 SE-VO iVm § 197 S. 3 UmwG herleiten.[420] Ein Statusverfahren ist nach hM nicht erforderlich.[421]

Hinweis: In der Praxis werden die der Anteilseignerseite zugehörigen Mitglieder des Aufsichtsrats aus Rechtssicherheitserwägungen in der Regel bis zum Ablauf der Hauptversammlung, die über die Entlastung für das erste Geschäftsjahr nach Wirksamwerden der Eintragung der Umwandlung entscheidet, bestellt. Aus oben dargestellten Gründen (→ Rn. 90) wird dabei im Regelfall zusätzlich eine absolute Höchstfrist von drei Jahren festgesetzt.

ff) Abschlussprüfer

151 Mittels Hauptversammlungsbeschluss ist schließlich der **Abschlussprüfer für das erste (Rumpf-)Geschäftsjahr** zu bestellen (§ 197 S. 1 UmwG, § 30 Abs. 1 S. 1 AktG),[422] soweit seine Bestellung nicht bereits im Umwandlungsplan erfolgt ist.

gg) Ermächtigungen

152 Fraglich ist, ob zum Zeitpunkt des Umwandlungsbeschlusses bestehende Ermächtigungen zum Erwerb eigener Aktien oder zur Ausgabe von Wandelschuldverschreibungen und vergleichbaren Finanzinstrumenten nach § 221 AktG durch die Umwandlung beeinträchtigt und deshalb eventuell neu beschlossen werden müssen.[423] Richtigerweise beeinträchtigt aufgrund der Geltung des Kontinuitätsprinzips die Umwandlung bestehende Ermächtigungen nicht.[424] Eine erneute Beschlussfassung durch die Hauptversammlung ist damit nicht erforderlich. In der Praxis wird die Fortgeltung der bestehenden Ermächtigungen im Umwandlungsplan teilweise ausdrücklich festgestellt.[425]

hh) Beschlussmängel

153 Für die **Beschlussanfechtung** gelten die allgemeinen Regeln (§§ 241 ff. AktG),[426] mangels Barabfindungsgebot kommt ein Spruchverfahren nicht in Betracht.[427]

---

418 Für Letzteres etwa Lutter/Hommelhoff/Teichmann/*Drygala* SE-VO Art. 40 Rn. 28.
419 *Habersack* DK 2008, 67 (74); Jannott/Frodermann SE-HdB/*Frodermann* Kap. 5 Rn. 98; MüKoAktG/*Reichert/Brandes* SE-VO Art. 40 Rn. 52 f.
420 *Scheifele*, Die Gründung der Europäischen Aktiengesellschaft, S. 426; wohl auch Kallmeyer/*Marsch-Barner/Wilk* Anhang Europäische Gesellschaft Rn. 119.
421 *Habersack* DK 2008, 67 (70); BeckOGK/*Eberspächer* SE-VO Art. 40 Rn. 9. AA etwa *Kleinhenz/Leyendecker-Langner* AG 2013, 507 (513 f.).
422 *Seibt/Reinhard* DK 2005, 407 (422); ähnlich auch Kallmeyer/*Marsch-Barner/Wilk* Anhang Europäische Gesellschaft Rn. 120: „sollte" neu bestellt werden.
423 Hierzu *Schwartzkopff/Hoppe* NZG 2013, 733 (733 ff.).
424 *Schwartzkopff/Hoppe* NZG 2013, 733 (734 f.).
425 *Schwartzkopff/Hoppe* NZG 2013, 733 (735).
426 Lutter/Hommelhoff/Teichmann/*J. Schmidt* SE-VO Art. 37 Rn. 57.
427 Lutter/Hommelhoff/Teichmann/*J. Schmidt* SE-VO Art. 37 Rn. 57.

i) Bestellung der Mitglieder des Vorstands der SE bzw. ihrer geschäftsführenden Direktoren

Während die Mitglieder des ersten Aufsichts- oder Verwaltungsorgans bereits entweder durch die Satzung oder zusammen mit dem Umwandlungsbeschluss benannt werden, obliegt die Bestellung der ersten Vorstandsmitglieder/geschäftsführenden Direktoren nach allgemeinen Grundsätzen dem Aufsichts- oder Verwaltungsorgan.[428] Im Regelfall konstituiert sich der durch Satzung, Umwandlungsplan oder separaten Hauptversammlungsbeschluss bestellte erste Aufsichts- bzw. Verwaltungsrat unmittelbar im Anschluss an die Hauptversammlung, die dem Umwandlungsplan zustimmt, wählt aus seiner Mitte seinen Vorsitzenden und benennt die Mitglieder des Vorstands bzw. die geschäftsführenden Direktoren.

Hinweis: Die zeitnahe Bestellung der Verwaltungsmitglieder der zukünftigen SE ist insbesondere dann von Bedeutung, wenn man mit einer verbreitet vertretenen Ansicht davon ausgeht, dass die Anmeldung der SE (zumindest auch) durch deren künftige Verwaltungsorgane vorzunehmen ist (→ Rn. 156).

j) Erstellung der Gründungsprüfungsberichte

Nach wie vor verbreitete Unsicherheit besteht, ob im Rahmen der Umwandlung zur Gründung einer SE ein Gründungsbericht zu erstellen ist bzw. interne und externe Gründungsprüfungen durchzuführen sind. Ausgangspunkt ist § 197 S. 1 UmwG, der für nationale „Umwandlungen" grundsätzlich die Geltung der Gründungsvorschriften anordnet, soweit sich aus dem UmwG nichts anderes ergibt, und der über den Transmissionsriemen des Art. 15 SE-VO gegebenenfalls auch im Gründungsrecht der SE zu beachten ist. Nach verbreiteter Ansicht soll ein Rückgriff auf das Gründungsrecht generell ausscheiden, da Art. 37 Abs. 6 SE-VO mit der Werthaltigkeitsprüfung durch einen unabhängigen Sachverständigen eine abschließende Regelung enthalte, die einen Rückgriff auf das nationale Gründungsrecht sperre bzw. obsolet mache.[429] Andere Stimmen wollen demgegenüber zwischen den einzelnen Elementen der Gründungsprüfung differenzieren: So ist zunächst nach weitgehend unbestrittener Ansicht ein **Gründungsbericht der Gründer** (§ 32 AktG) nicht erforderlich, wobei entweder darauf hingewiesen wird, dass bei Umwandlung einer AG in eine SE keine den Gründern vergleichbare Personen existierten oder aber ein Gründungsbericht in Analogie zu § 245 Abs. 4 UmwG für obsolet erachtet wird.[430] Ebenfalls nicht erforderlich ist nach hM die Durchführung einer **externen Gründungsprüfung**, da auch sie auf die Sicherung der Kapitalaufbringung ziele, die durch Art. 37 Abs. 6 SE-VO spezialgesetzlich

---

[428] Lutter/Hommelhoff/*Seibt*, SE-Kommentar, 1. Aufl. 2008, SE-VO Art. 37 Rn. 85. AA *Kleinhenz/Leyendecker-Langner* AG 2013, 507 (509 f.), die aufgrund der strukturellen Ähnlichkeiten von AG und SE von einer Amtskontinuität des Vorstands ausgehen mit der Folge, dass kein Bedarf für eine Neubestellung besteht.

[429] Lutter/Hommelhoff/Teichmann/*J. Schmidt* SE-VO Art. 37 Rn. 46; Widmann/Mayer/*Heckschen* Anhang 14: Europäische Gesellschaft Rn. 385; BeckOGK/*Eberspächer* SE-VO Art. 37 Rn. 14; van Hulle/Maul/Drinhausen SE-HdB/*Drinhausen* Kap. 4 § 5 Rn. 46; im Prinzip auch Kallmeyer/*Marsch-Barner/Wilk* Anhang Europäische Gesellschaft Rn. 118.

[430] Kölner Komm AktG/*Paefgen* SE-VO Art. 37 Rn. 98; Lutter/Hommelhoff/*Seibt*, SE-Kommentar, 1. Aufl. 2008, SE-VO Art. 37 Rn. 77; *Seibt/Reinhard* DK 2010, 407 (422); Habersack/Drinhausen/*Bücker* SE-VO Art. 37 Rn. 71; van Hulle/Maul/Drinhausen SE-HdB/*Drinhausen* Kap. 4 § 5 Rn. 44; Hauschild/Kallrath/Wachter Notar-HdB/*Kleiser* § 19 Rn. 134; MHdB GesR IV/*Austmann* § 84 Rn. 67; *Kiem* ZHR 173 (2009), 156 (162); *Kowalski* DB 2007, 2243 (2249). AA *Schwarz* SE-VO Art. 37 Rn. 28; der allerdings dennoch einen Gründungsbericht für obsolet hält; Manz/Mayer/Schröder/*Schröder* SE-VO Art. 37 Rn. 83; wieder anderer Ansicht *Vossius* ZIP 2005, 741 (748), der in Gesamtanalogie zu §§ 245 Abs. 2–4 und 75 Abs. 2 UmwG sämtliche Mitglieder von Vertretungs- und Aufsichtsorgan als Gründer behandeln will.

geregelt sei.[431] Weniger eindeutig fällt das Meinungsbild hinsichtlich der Notwendigkeit einer **internen Gründungsprüfung** durch Vorstand und Aufsichtsrat bzw. Verwaltungsrat und geschäftsführende Direktoren aus. Zahlreiche Stimmen im Schrifttum verneinen auch insoweit die Notwendigkeit einer internen Gründungsprüfung,[432] da deren Hauptzwecke, die Angaben der Gründer zu verifizieren, und die Kapitalaufbringung zu sichern, entweder mangels Existenz von Gründern leerliefen bzw. durch die obligatorische Reinvermögensprüfung bereits hinreichend gewährleistet seien.[433] Die Gegenansicht verweist demgegenüber darauf, dass die Gründungsprüfung sich auch bei Gründungen nach dem AktG nicht auf die Überprüfung der Gründerangaben und eine externe Werthaltigkeitskontrolle beschränke, sondern den gesamten Hergang der Gründung zum Gegenstand habe,[434] weshalb eine interne Gründungsprüfung auch bei Gründung einer SE durch Formwechsel nicht vollständig redundant sei.

Hinweis: Wenn sich auch als herrschende Meinung herauskristallisiert, dass die Gründungsprüfung vollständig obsolet ist, wird in der Praxis aus Sicherheitsgründen nach wie vor zumindest ein interner Gründungsbericht erstellt.[435] Aufgrund der bestehenden Unsicherheiten und nach wie vor fehlender Leitlinien der Rechtsprechung sollte zudem unbedingt eine Vorabstimmung mit dem zuständigen Registergericht gesucht werden.[436]

k) Registerverfahren
aa) Anmeldung der Umwandlung

156 Die Anmeldung der Umwandlung hat durch den **Vorstand der AG** in vertretungsberechtigter Zahl zu erfolgen (Art. 15 SE-VO iVm § 246 Abs. 1 UmwG);[437] wechselt die AG anlässlich der SE-Gründung in das monistische System, wird kontrovers beurteilt, ob neben dem Vorstand in entsprechender Anwendung des § 36 Abs. 1 AktG bzw. gem. § 21 SEAG auch die Verwaltungsratsmitglieder der künftigen SE mit anzumelden haben.[438] Zuständiges Gericht ist das Registergericht am Sitz des sich umwandelnden Rechtsträgers (§ 4 S. 1 SEAG iVm § 377 Abs. 1 FamFG).[439] Die Anmeldung hat elektronisch in öffentlich beglaubigter Form (§ 12 Abs. 1 S. 1 HGB iVm § 129 BGB) zu erfolgen.[440]

---

431 Kölner Komm AktG/*Paefgen* SE-VO Art. 37 Rn. 101 f.; Lutter/Hommelhoff/*Seibt*, SE-Kommentar, 1. Aufl. 2008, SE-VO Art. 37 Rn. 78; Habersack/Drinhausen/*Bücker* SE-VO Art. 37 Rn. 72; van Hulle/Maul/Drinhausen SE-HdB/*Drinhausen* Kap. 4 § 5 Rn. 44; MHdB GesR IV/*Austmann* § 84 Rn. 67; *Kiem* ZHR 173 (2009), 158 (162); *Kowalski* DB 2007, 2243 (2244). AA *Vossius* ZIP 2005, 741 (748).

432 Lutter/Hommelhoff/*Seibt*, SE-Kommentar, 1. Aufl. 2008, SE-VO Art. 37 Rn. 78; *Seibt/Reinhard* DK 2010, 407 (422); Habersack/Drinhausen/*Bücker* SE-VO Art. 37 Rn. 73; van Hulle/Maul/Drinhausen SE-HdB/*Drinhausen* Kap. 4 § 5 Rn. 44; Hauschild/Kallrath/Wachter Notar-HdB/*Kleiser* § 19 Rn. 134; *Kiem* ZHR 173 (2009), 158 (162); *Kowalski* DB 2007, 2243 (2249).

433 *Seibt/Reinhard* DK 2010, 407 (422); BeckOGK/*Eberspächer* SE-VO Art. 37 Rn. 14.

434 Kölner Komm AktG/*Paefgen* SE-VO Art. 37 Rn. 100; so auch noch MHdB GesR IV/*Austmann*, 3. Aufl. 2007, § 83 Rn. 67 (jetzt sinnentleerte Berichte konstatierend);

Schwarz SE-VO Art. 37 Rn. 75; im Ergebnis auch *Vossius* ZIP 2005, 741 (748).

435 *Kiem* ZHR 173 (2009), 158 (163).

436 Kallmeyer/*Marsch-Barner/Wilk* Anhang Europäische Gesellschaft Rn. 118.

437 *Seibt/Reinhard* DK 2010, 407 (422); Habersack/Drinhausen/*Bücker* SE-VO Art. 37 Rn. 77; Manz/Mayer/Schröder/*Schröder* SE-VO Art. 37 Rn. 102; MHdB GesR IV/*Austmann* § 84 Rn. 68.

438 So etwa Manz/Mayer/Schröder/*Schröder* SE-VO Art. 37 Rn. 102. AA Kölner Komm AktG/*Paefgen* SE-VO Art. 37 Rn. 104, Habersack/Drinhausen/*Bücker* SE-VO Art. 37 Rn. 77; Lutter/Hommelhoff/Teichmann/*J. Schmidt* SE-VO Art. 37 Rn. 66.

439 Habersack/Drinhausen/*Bücker* SE-VO Art. 37 Rn. 78; Kölner Komm AktG/*Paefgen* SE-VO Art. 37 Rn. 105; Lutter/Hommelhoff/Teichmann/*J. Schmidt* SE-VO Art. 37 Rn. 66.

440 Habersack/Drinhausen/*Bücker* SE-VO Art. 37 Rn. 78; Manz/Mayer/Schröder/*Schröder* SE-VO Art. 37 Rn. 106.

bb) Inhalt der Anmeldung

Inhalt der Anmeldung ist der Wechsel in die Rechtsform der SE.[441] Anzumelden sind zudem die Mitglieder des ersten Aufsichts- bzw. Verwaltungsrats sowie die Mitglieder des Vorstands bzw. die geschäftsführenden Direktoren einschließlich ihrer abstrakten und gegebenenfalls konkreten Vertretungsbefugnis. Die Vorstandsmitglieder bzw. geschäftsführenden Direktoren haben zugleich die Versicherung über das Fehlen von Bestellungshindernissen und die Belehrung über ihre unbeschränkte Auskunftspflicht abzugeben.[442] Zudem muss die Anmeldung die Negativerklärung gem. § 198 Abs. 3 iVm § 16 Abs. 2 UmwG enthalten, dass auf eine Anfechtungsklage verzichtet wurde, keine bzw. nicht fristgerecht Klage gegen den Umwandlungsbeschluss erhoben bzw. eine solche zurückgenommen worden ist oder aber ein Freigabeverfahren auf Antrag der Gesellschaft erfolgreich durchgeführt worden ist (§ 198 Abs. 3 iVm § 16 Abs. 3 UmwG).[443]

157

cc) Beizufügende Unterlagen

Der Anmeldung sind in der Form des § 12 Abs. 2 HGB die folgenden Dokumente beizufügen:[444] (1) ein Nachweis der Gründungsvoraussetzungen, also insbesondere die Existenz einer Tochtergesellschaft seit mehr als zwei Jahren,[445] der etwa durch einen Registerauszug geführt werden kann,[446] (2) eine Ausfertigung oder öffentlich beglaubigte Abschrift der notariellen Niederschrift des Umwandlungsbeschlusses einschließlich der Satzung der SE sowie der Abschlussprüferwahl und gegebenenfalls der Wahlen zum ersten Aufsichts- oder Verwaltungsrat, (3) Ausfertigung oder öffentlich beglaubigte Abschrift des Umwandlungsberichts oder aber dahin gehende Verzichtserklärungen, (4) Ausfertigung oder beglaubigte Abschrift der Bescheinigung des Reinvermögensprüfers gem. Art. 37 Abs. 6 SE-VO,[447] (5) Negativerklärung gem. §§ 16, 198 UmwG ggf. zzgl. notarieller Verzichtserklärungen, (6) die Vereinbarung über die Beteiligung der Arbeitnehmer in der SE bzw. bei Nichtaufnahme- oder Abbruchsbeschluss des BVG diesen Abbruchs- bzw. Nichtaufnahmebeschluss bzw. bei erfolglosem Verhandlungsverlauf ohne Abbruchsbeschluss eine Negativbescheinigung zzgl. Einladungsschreiben des Vorstands zur konstituierenden Sitzung des BVG als Nachweis der ordnungsgemäßen, aber erfolglosen Durchführung des Arbeitnehmerbeteiligungsverfahrens,[448] (7) soweit für erforderlich gehalten einen Nachweis der Zuleitung des (Entwurfs) des Umwandlungsplans an den Betriebsrat bzw. eine Negativerklärung bei Nichtbestehen eines Betriebsrats, (8) die Urkunden über Bestellung des Vorstands (dualistisches System) oder der geschäftsführenden Direktoren (monistisches System) und einen Nachweis über den abstrakten und konkreten Umfang der Vertretungsbefugnis, (9) eine Kostenaufstellung über die Kosten der Umwandlung (Art. 15 SE-VO iVm § 197 UmwG iVm § 37 Abs. 4 Nr. 2 Alt. 2 AktG), (10) die Gründungs(prüfungs-)Berichte nur dann, wenn man diese für

158

---

441 Kölner Komm AktG/*Paefgen* SE-VO Art. 37 Rn. 106; Lutter/Hommelhoff/Teichmann/*J. Schmidt* SE-VO Art. 37 Rn. 67.
442 Kölner Komm AktG/*Paefgen* SE-VO Art. 37 Rn. 107; Habersack/Drinhausen/*Bücker* SE-VO Art. 37 Rn. 79.
443 Vgl. etwa *Schwarz* SE-VO Art. 37 Rn. 81.
444 Hierzu *Seibt/Reinhard* DK 2005, 407 (423); Habersack/Drinhausen/*Bücker* SE-VO Art. 37 Rn. 82 ff.; *Schwarz* SE-VO Art. 37 Rn. 81.

445 BeckOGK/*Eberspächer* SE-VO Art. 37 Rn. 17.
446 Lutter/Hommelhoff/*Seibt*, SE-Kommentar, 1. Aufl. 2008, SE-VO Art. 37 Rn. 81.
447 BeckOGK/*Eberspächer* SE-VO Art. 37 Rn. 17; Hauschild/Kallrath/Wachter Notar-HdB/*Kleiser* § 19 Rn. 143.
448 Kölner Komm AktG/*Paefgen* SE-VO Art. 37 Rn. 110.

erforderlich hält. (11) Uneinheitlich beurteilt wird, ob auch der Umwandlungsplan als Anlage beizufügen ist, da er dem Registergericht bereits vorliegt.[449]

dd) Prüfprogramm des Handelsregisters

159 Auf Grundlage der eingereichten Unterlagen prüft das Handelsregister den Eintragungsantrag sowohl in formeller als auch materieller Hinsicht,[450] insbesondere Umwandlungsplan, Umwandlungsbericht, ordnungsgemäße Offenlegung, positive Reinvermögensprüfung, Zustimmungsbeschluss sowie die Erfüllung der Mehrstaatlichkeitsvorgabe nach § 37 Abs. 1 SE-VO iVm Art. 2 Abs. 4 SE-VO.[451]

ee) Wirkung der Eintragung

160 Mit Eintragung erwirbt die SE Rechtspersönlichkeit (Art. 16 Abs. 1 SE-VO); im Falle der SE-Gründung durch Umwandlung ist zu ergänzen, dass die SE Rechtspersönlichkeit als solche erlangt.[452] Die Umwandlung gemäß SE-VO ist wie der Formwechsel nach nationalem Recht durch das Identitätsprinzip gekennzeichnet (Art. 37 Abs. 2 SE-VO), so dass die Eintragung allein den Punkt bezeichnet, ab dem der umwandelnde Rechtsträger nicht mehr dem nationalen Aktienrecht, sondern dem Regime aus SE-VO, SEAG und SEBG unterliegt. Nichts anderes ergibt sich aus dem nach allgemeiner Ansicht unglücklich formulierten und rein deklaratorischen Art. 37 Abs. 9 SE-VO.[453] Die Umwandlung in die Europäische Gesellschaft genießt Bestandsschutz nach Maßgabe des § 202 Abs. 1 Nr. 3 UmwG.[454]

l) Offenlegung und Bekanntmachung der Umwandlung

161 Die Eintragung der SE wird durch das Handelsregister offengelegt (Art. 13, 15 Abs. 2 SE-VO),[455] hinzu tritt eine informatorische Bekanntmachung im Amtsblatt der EU, die gleichfalls durch das deutsche Handelsregister veranlasst wird.[456] Streitig diskutiert wird, ob in der Bekanntmachung die Gläubiger auf ihr Recht, Sicherheitsleistung zu verlangen, hinzuweisen sind (Art. 15 SE-VO iVm §§ 204, 22 Abs. 1 S. 3 UmwG).[457] Richtigerweise ist ein dahin gehender ergänzender Gläubigerschutz abzulehnen, da aufgrund der Geltung des Identitätsprinzips und des Verbots einer grenzüberschreitenden Sitzverlegung anlässlich der Umwandlung einerseits, und der Kontinuität der Finanzverfassung andererseits, eine Verschlechterung der Position der Gläubiger ausgeschlossen ist, im Gegenteil erfahren diese gegebenenfalls durch das erhöhte Mindestgrundkapital der SE in Höhe von 120.000 EUR zusätzliche Sicherung für ihre Forderungen.[458]

m) Ad-hoc-Publizität/Veröffentlichung von Insiderinformationen

162 Nach Art. 17 Abs. 1 MAR geben Emittenten der Öffentlichkeit Insiderinformationen, die sie unmittelbar betreffen, „so bald wie möglich" bekannt. Als Insiderinformation

---

[449] Gegen dahin gehendes Erfordernis Seibt/Reinhard DK 2005, 407 (423). Für Beifügungspflicht: BeckOGK/Casper SE-VO Art. 37 Rn. 17; Kallmeyer/Marsch-Barner/Wilk Anhang Europäische Gesellschaft Rn. 121.
[450] Lutter/Hommelhoff/Teichmann/J. Schmidt SE-VO Art. 37 Rn. 69; Manz/Mayer/Schröder/Schröder SE-VO Art. 37 Rn. 107.
[451] Weitergehend Schwarz SE-VO Art. 37 Rn. 83.
[452] Vossius ZIP 2005, 741 (742).
[453] Manz/Mayer/Schröder/Schröder SE-VO Art. 37 Rn. 7.
[454] Schwarz SE-VO Art. 37 Rn. 89.
[455] Hauschild/Kallrath/Wachter Notar-HdB/Kleiser § 19 Rn. 145.
[456] Habersack/Drinhausen/Bücker SE-VO Art. 37 Rn. 95, 97; Hauschild/Kallrath/Wachter Notar-HdB/Kleiser § 19 Rn. 145.
[457] Dafür Lutter/Hommelhoff/Seibt, SE-Kommentar, 1. Aufl. 2008, SE-VO Art. 37 Rn. 96.
[458] So auch Schwarz SE-VO Art. 37 Rn. 66, aA wenn auch rechtspolitisch zweifelnd Manz/Mayer/Schröder/Schröder SE-VO Art. 37 Rn. 94.

in diesem Sinne definiert Art. 7 lit. a MAR nicht öffentlich bekannt präzise Informationen, die direkt oder indirekt einen oder mehrere Emittenten oder ein oder mehrere Finanzinstrumente betreffen, und die, wenn sie öffentlich bekannt würden, geeignet wären, den Kurs dieser Finanzinstrumente oder den Kurs damit verbundener derivativer Finanzinstrumente erheblich zu beeinflussen. Die Entscheidung über die Umwandlung in eine SE wird im Regelfall eine konkrete/präzise Information über nicht öffentlich bekannte Umstände sein. Archimedischer Punkt einer eventuellen ad-hoc-Pflicht ist damit die Frage, ob eine beabsichtigte Umwandlung in eine SE geeignet ist, den Börsenkurs der umwandlungswilligen Gesellschaft erheblich zu beeinträchtigen.[459] Der Emittentenleitfaden der BaFin legte in seiner vierten Auflage noch die generelle Notwendigkeit einer ad-hoc-Mitteilung nahe, wenn er im Katalog veröffentlichungspflichtiger Insiderinformationen allgemein „Umwandlungen" anführte.[460] Entsprechend war auch für die Praxis zu konstatieren, dass zunächst sämtliche SE-Umwandlungen – zumindest bis in die jüngere Vergangenheit – im Wege der ad-hoc-Mitteilung bekanntgemacht worden sind.[461] Nach hier vertretener Ansicht überzeugt diese unterschiedslose Qualifizierung von SE-Umwandlungen als potenziell kursrelevanten Insiderinformationen in der Sache nicht: (1) Die Umwandlung in eine SE ist mittlerweile Standard. (2) Das Rechtsregime der deutschen SE folgt in weiten Teilen dem nationalen Aktienrecht, so dass Organisations- und Finanzverfassung der SE und AG weitgehend übereinstimmen. (3) Soweit man eventuelle Änderungen des Mitbestimmungsstatus für potenziell kursrelevant hält, ist zu berücksichtigen, dass mit solchen gerade im Fall der Umwandlung zur Gründung einer SE aufgrund der Geltung des Verschlechterungsverbots nicht gerechnet werden muss. Im Regelfall ist deshalb davon auszugehen, dass die Entscheidung über eine Umwandlung in eine SE keine kursrelevante und damit ad hoc publizitätspflichtige Insiderinformation ist.[462] Eine denkbare Ausnahme könnte der Fall sein, in dem die Umwandlung zum Anlass genommen wird, eine bisher dualistische Organisationsverfassung durch das in Deutschland bisher untypische monistische System zu substituieren.

Auch der Emittentenleitfaden lässt sich in seiner aktuellen Fassung für dieses einschränkende Verständnis aktivieren. Das Potenzial zur erheblichen Kursbeeinflussung wird hiernach für den Regelfall nur noch bei **bedeutenden Umstrukturierungen** wie zB Verschmelzungen, Eingliederungen, Ausgliederungen, Umwandlungen, Spaltungen innerhalb eines Konzerns oder unter Beteiligung anderer Unternehmen angenommen, wobei es kein Zufall sein dürfte, dass der in seinen rechtlichen Implikationen überschaubare Formwechsel ausgenommen ist.[463]

Für die Praxis wird man davon auszugehen haben, dass bis zu einer gerichtlichen Klärung dieser Frage oder zumindest einer Stellungnahme der Aufsichtsbehörden die Umwandlung weiterhin aus Vorsichtsgründen per ad-hoc-Mitteilung mitgeteilt wird.

---

459 *Louven/Ernst* BB 2014, 323 (325).
460 BaFin, Emittentenleitfaden (Stand 28.4.2009), IV.2.2.4.
461 Aus dem DAX40: BASF AG, Ad-Hoc v. 27.2.2007; Fresenius AG, Ad-Hoc v. 11.10.2006; SAP AG, Ad-Hoc v. 21.3.2013. Keine Ad-Hoc demgegenüber bei E.ON AG.
462 Unentschieden *Louven/Ernst* BB 2014, 323 (325).
463 BaFin, Emittentenleitfaden, Modul C: Regelungen aufgrund der Marktmissbrauchsverordnung (MAR), Stand: 25.3.2020, I.2.1.5.13, S. 21. Abrufbar unter: https://www.bafin.de/SharedDocs/Downloads/DE/Leitfaden/WA/dl_emittentenleitfaden_einleitung.html?nn=11407966.

164 Unterstellt man die ad-hoc-Pflichtigkeit der Umwandlung, sollte maßgeblicher Zeitpunkt die definitive Grundlagenentscheidung des Vorstands sein, die Umwandlung in eine Europäische Gesellschaft anzustoßen.[464]

165 Nach wohl weitgehend unbestrittener Ansicht keine ad hoc publizitätspflichtige Insiderinformation ist hingegen der Vollzug einer bereits bekannten Umwandlung in eine SE durch Eintragung in das Handelsregister.

n) Kosten

166 Die Kostenordnung der SE-Gründung mittels Umwandlung entspricht weitgehend der ihres nationalen Zwillings, des Formwechsels.[465] Wird der **Umwandlungsplan** beurkundet,[466] fällt eine einfache Gebühr an (Nr. 21200 KV GNotKG), wobei als Geschäftswert mindestens 30.000 EUR und höchstens 10 Mio. EUR anzusetzen sind (§ 107 Abs. 1 S. 1 GNotKG). Für den **Umwandlungsbeschluss** ist eine doppelte Gebühr zu entrichten (Nr. 21100 KV GNotKG). Für den Geschäftswert ist die Bilanzsumme bzw. das Bruttoaktivvermögen (Aktivvermögen ohne Abzug von Verbindlichkeiten) der sich umwandelnden AG maßgeblich (§ 108 Abs. 3 S. 1 GNotKG); der Geschäftswert beträgt mindestens 30.000 EUR (§ 108 Abs. 1 S. 2 GNotKG iVm § 105 Abs. 1 GNotKG) und höchstens 5 Mio. EUR und zwar auch dann, wenn mehrere Beschlüsse mit verschiedenem Gegenstand in einem Beurkundungsverfahren zusammengefasst werden (§ 108 Abs. 5 GNotKG). Für die **Eintragung der SE** in das Handelsregister fällt gem. § 58 Abs. 1 Nr. 1 GNotKG iVm HRegGebV eine Gebühr in Höhe von 180 EUR an (Nr. 1400 GV HRegGebV).[467]

V. Das Umwandlungsrecht der bestehenden SE

Literatur:

Arbeitskreis Aktien- und Kapitalmarktrecht, Die 8 wichtigsten Änderungsvorschläge zur SE-VO, ZIP 2009, 698; *Casper*, Erfahrungen und Reformbedarf bei der SE – Gesellschaftsrechtliche Reformvorschläge, ZHR 173 (2009), 181; *Casper/Weller*, Mobilität und grenzüberschreitende Umstrukturierung der SE, NZG 2009, 681; *Grambow/Stadler*, Grenzüberschreitende Verschmelzung unter Beteiligung einer Europäischen Gesellschaft (Societas Europaea – SE), BB 2010, 977; *Knapp*, Die Hauptversammlung der Europäischen Aktiengesellschaft (SE). Besonderheiten bei Vorbereitung und Durchführung, DStR 2012, 2392; *Kossmann/Heinrich*, Möglichkeiten der Umwandlung einer bestehenden SE, ZIP 2007, 164; *Lutter/Bayer/Schmidt*, Europäisches Unternehmens- und Kapitalmarktrecht, 6. Aufl. 2018; *Oplustil/Schneider*, Zur Stellung der Europäischen Aktiengesellschaft im Umwandlungsrecht, NZG 2003, 13; *Marsch-Barner*, Die Rechtsstellung der Europäischen Gesellschaft (SE) im Umwandlungsrecht, in Hoffmann-Becking/Ludwig (Hrsg.), Liber Amicorum Wilhelm Happ, 2006, S. 165; *Vossius*, Gründung und Umwandlung der deutschen Europäischen Gesellschaft (SE), ZIP 2005, 741.

1. Grundlagen
a) Grundsätzliche Umwandlungsfähigkeit der „deutschen" SE

167 Von Umwandlungsvorgängen, die der Etablierung einer SE dienen, zu trennen ist das Verhältnis der bestehenden „deutschen" SE zum nationalen Umwandlungsrecht. Im Grundsatz kann eine SE beteiligter Rechtsträger einer Umwandlung nach dem UmwG sein. Zwar ist die SE in der eigentlich enumerativ-abschließenden Vorschrift des § 3 UmwG nicht aufgeführt; jedoch ist sie nach Art. 10 SE-VO wie eine Aktiengesellschaft

---

464 Im Ergebnis auch *Louven/Ernst* BB 2014, 323 (326).
465 *Vossius* ZIP 2005, 741 (748) zur identischen Rechtslage unter Geltung der KostO.
466 Zur Frage eines dahin gehenden Zwangs → Rn. 132.
467 *Vossius* ZIP 2005, 741 (748).

deutschen Rechts zu behandeln und damit umwandlungsfähig.[468] Die Vorschriften des UmwG werden über Art. 9 Abs. 1 lit. c Ziff. ii SE-VO zur Anwendung berufen.[469]

b) Besonderheiten

Besonderheiten ergeben sich aus der SE-VO. Die SE-VO (Art. 66) kennt ausschließlich die Reorganisation einer SE im Wege der/des Umwandlung/Formwechsels (sog. „Renationalisierung")[470] und eröffnet nicht ausdrücklich die Möglichkeit der Beteiligung einer SE an Verschmelzungen, Spaltungen und Vermögensübertragungen. Gleichzeitig erlaubt Art. 66 SE-VO eine Umwandlung in eine dem Recht des Mitgliedsstaats ihres Sitzes unterliegende Aktiengesellschaft erst zwei Jahre nach Eintragung der SE bzw. nach Genehmigung der ersten beiden Jahresabschlüsse. Dies wirft zunächst die Frage auf, ob Art. 66 SE-VO eine Sperrwirkung dergestalt zu entnehmen ist, dass sich eine SE nicht an Umwandlungsvorgängen nach nationalem Recht beteiligen kann bzw. erst dann, wenn der durch die SE-VO (scheinbar) vorgezeichnete Weg einer renationalisierenden Umwandlung nach Art. 66 SE-VO beschritten worden ist. Mit der zutreffenden und mittlerweile ganz überwiegend vertretenen Ansicht ist Art. 66 SE-VO bzw. dem Schweigen der SE-VO zu weiteren Umwandlungsvorgängen keine Sperrwirkung des Inhalts zu entnehmen, dass Umwandlungsmaßnahmen nach nationalem Recht der (früheren) SE erst nach einem Formwechsel in eine nationale Gesellschaft gem. Art. 66 SE-VO (wieder) offenstünden.[471]

168

Von dieser grundsätzlichen Beteiligungsfähigkeit der SE an nationalen Umwandlungsvorgängen zu trennen sind (a) die Frage, ob die besonderen Voraussetzungen des Art. 66 SE-VO gegebenenfalls ganz oder teilweise auf Umwandlungsmaßnahmen nach nationalem Recht analog anzuwenden sind (→ Rn. 170) und (b) Art. 66 SE-VO zumindest eine beschränkte Sperrwirkung zu entnehmen ist, dahin gehend, dass der SE nur ein Formwechsel in eine nationale Aktiengesellschaft offensteht (→ Rn. 177).

169

2. Einzelne Umwandlungsvorgänge

a) Verschmelzung

Bezüglich der Verschmelzung enthält die SE-VO keine ausdrücklichen Vorgaben. Ohne Weiteres zulässig ist die Verschmelzung mit einer **SE als aufnehmender Rechtsträgerin**;[472] da die SE als solche bestehen bleibt, ist die Sperrfrist des Art. 66 SE-VO nach wohl unbestrittener Ansicht nicht analog anzuwenden.[473] Bei der Verschmelzung mit einer **SE als übertragender Rechtsträgerin** ist demgegenüber zu differenzieren. Die

170

---

468 BeckOGK/*Casper*, Stand: 1.1.2023, SE-VO Art. 2 Rn. 33; Arbeitskreis Aktien- und Kapitalmarktrecht ZIP 2009, 698; *Vossius* ZIP 2005, 741 (748).
469 Widmann/Mayer/*Heckschen* Anhang 14: Europäische Gesellschaft Rn. 524; *Marsch-Barner* Liber Amicorum Happ, 2006, 165 (173); Lutter/Bayer/*Schmidt* EurUnternehmensR § 45 Rn. 25.
470 Vgl. etwa Lutter/Bayer/*Schmidt* EurUnternehmensR § 45 Rn. 45.179.
471 OLG Frankfurt a. M. NZG 2012, 351 (352); BeckOGK/*Casper* SE-VO Art. 2 Rn. 35; Kallmeyer/*Marsch-Barner*/*Wilk* Anhang Europäische Gesellschaft Rn. 127; Manz/Mayer/Schröder/*Schröder* SE-VO Art. 66 Rn. 9; *Schwarz* SE-VO Art. 66 Rn. 29; Lutter/Hommelhoff/*Seibt*, SE-Kommentar, 1. Aufl. 2008, SE-VO Art. 66 Rn. 3; Widmann/Mayer/*Heckschen* Anhang 14: Europäische

Gesellschaft Rn. 520; Arbeitskreis Aktien- und Kapitalmarktrecht ZIP 2009, 698; *Casper* ZHR 173 2009), 181 (194 f.); Kossmann/*Heinrich* ZIP 2007, 164 (155 ff.). AA noch MüKoAktG/*Schäfer*, 2. Aufl. 2006, SE-VO Art. 66 Rn. 1; wohl auch Grambow/*Stadler* BB 2010, 977 (978 f.), zumindest für den Fall, dass eine SE im Rahmen der Umwandlungsmaßnahme untergeht.
472 Widmann/Mayer/*Heckschen* Anhang 14: Europäische Gesellschaft Rn. 525; BeckOGK/*Casper* SE-VO Art. 2 Rn. 36 f.; Kallmeyer/*Marsch-Barner*/*Wilk* Anhang Europäische Gesellschaft Rn. 129; Hauschild/Kallrath/Wachter Notar-HdB/*Kleiser* § 19 Rn. 185; *Marsch-Barner* Liber Amicorum Happ, 2006, 165 (173); Oplustil/*Schneider* NZG 2003, 13 (16); *Vossius* ZIP 2005, 741 (748 f.).
473 So auch Habersack/Drinhausen/*Drinhäuser* SE-VO Art. 66 Rn. 42; *Vossius* ZIP 2005, 741 (748 f.).

Verschmelzung zur (Neu-)Gründung einer SE kommt auf Grundlage des nationalen Rechts nicht in Betracht, da insofern der numerus clausus der Gründungsformen (Art. 2 SE-VO) entgegensteht.[474] Wiederum zulässig ist demgegenüber die **Verschmelzung zur Aufnahme oder Neugründung mit einer SE als übertragender Rechtsträgerin und einer nationalen verschmelzungsfähigen Rechtsform als aufnehmendem Rechtsträger.** Hier ist allein fraglich, ob die zweijährige Sperrfrist des Art. 66 SE-VO zu beachten ist, da das temporäre Formwechselverbot des Art. 66 Abs. 1 SE-VO andernfalls durch Verschmelzung der SE zur Aufnahme auf eine deutsche AG unproblematisch umgangen werden könnte. Die wohl noch herrschende Ansicht will dieser latenten Umgehungsgefahr durch analoge Anwendung des Art. 66 SE-VO[475] bzw. für eine aufnehmende deutsche Gesellschaft bisher auch gem. § 76 Abs. 1 UmwG aF[476] beikommen. Allerdings verliert die Umgehungsargumentation insbesondere mit Blick auf die jüngere Rechtsprechung des EuGH zur Niederlassungsfreiheit erheblich an Gewicht.[477] Vergegenwärtigt man sich, dass der europäische Gesetzgeber die SE als supranationale Rechtsform im Bereich der intraeuropäischen Mobilität gegenüber nationalen Gesellschaftsformen ursprünglich zu privilegieren beabsichtigte (Art. 2 Abs. 1, 8 Abs. 1 SE-VO),[478] erscheint es wenig angemessen, sie – nachdem die SE-VO durch die Rechtswirklichkeit in Teilen überholt ist – durch analoge Anwendung der Zweijahresfrist im Vergleich zu nationalen Gesellschaftsformen zu diskriminieren.[479] Das nicht zu leugnende verbleibende Spannungsverhältnis zwischen als Bestandteil der lex lata hinzunehmender Zweijahresfrist einerseits und den faktischen und rechtlichen Konsequenzen der Niederlassungsfreiheit andererseits, ist vorläufig hinzunehmen, sollte allerdings de lege ferenda dahin gehend aufgelöst werden, dass die Zweijahresfrist auch für die Rückumwandlung in nationale AG nach Art. 66 SE-VO abgeschafft wird. Durch die Aufhebung des § 76 UmwG im Rahmen des UmRUG ist auch nach nationalem Recht im Rahmen der Verschmelzung mit einer SE als übertragendem Rechtsträger keine Zweijahresfrist mehr zu beachten.[480]

b) Spaltung und Ausgliederung

171 Unproblematisch zulässig ist die Beteiligung einer SE als aufnehmende Gesellschaft einer **Spaltung zur Aufnahme**;[481] die Zweijahresfrist findet keine Anwendung. Als **übertragende Gesellschaft einer Auf- oder Abspaltung** kann die deutsche SE hingegen nur dann agieren,[482] wenn infolge der Spaltung keine neue SE entsteht, da anderenfalls der numerus clausus der Gründungsformen (Art. 2 SE-VO) unterlaufen

---

474 Widmann/Mayer/*Heckschen* Anhang 14: Europäische Gesellschaft Rn. 525 f.; Kallmeyer/*Marsch-Barner*/Wilk Anhang Europäische Gesellschaft Rn. 130; Lutter/Bayer/*Schmidt* EurUnternehmensR § 45 Rn.177; Hauschild/Kallrath/Wachter Notar-HdB/*Kleiser* § 19 Rn. 185.
475 BeckOGK/*Casper* SE-VO Art. 2 Rn. 38; wohl auch noch Kallmeyer/*Marsch-Barner*/Wilk Anhang Europäische Gesellschaft Rn. 128; *Marsch-Barner* Liber Amicorum Happ, 2006, 165 (174); Oplustil/*Schneider* NZG 2003, 13 (16).
476 BeckOGK/*Casper* SE-VO Art. 2 Rn. 38; Oplustil/*Schneider* NZG 2003, 13 (16).
477 Zweifelnd an der rechtspolitischen Berechtigung auch *Arbeitskreis Aktien- und Kapitalmarktrecht* ZIP 2009, 698.
478 Vgl. zu dieser Zielsetzung der SE-VO deutlich *Fleischer* AcP 204 (2004), 502 (518): Der SE sollten sämtliche binnenmarktspezifischen Freiheitsgrade verliehen werden.
479 So im Ergebnis auch Widmann/Mayer/*Heckschen* Anhang 14: Europäische Gesellschaft Rn. 526; Lutter/Bayer/*Schmidt* EurUnternehmensR § 45 Rn. 177; schon früher auch *Vossius* ZIP 2005, 741 (748 f.).
480 *Marsch-Barner* Liber Amicorum Happ, 2006, 165 (175).
481 *Scheifele*, Die Gründung der Europäischen Aktiengesellschaft, S. 443; *Marsch-Barner* Liber Amicorum Happ, 2006, 165 (176).
482 AA noch Jannott/Frodermann SE-HdB/*Veil*, 1. Aufl. 2005, Kap. 10 Rn. 18 f., 61, dem zu Folge die SE nicht übertragender Rechtsträger einer Ausgliederung oder Spaltung sein können soll.

würde⁴⁸³ und mangels eines Mutter-Tochter-Verhältnisses auch Art. 3 Abs. 2 SE-VO nicht einschlägig ist.⁴⁸⁴ Geht im Rahmen einer Aufspaltung die SE als Rechtsträger unter, so ist nach verbreiteter Ansicht wiederum die Zweijahresfrist nach Art. 66 SE-VO zu beachten,⁴⁸⁵ was auch im Rahmen der Spaltung aus oben genannten Gründen (→ Rn. 170) abzulehnen ist.⁴⁸⁶

Wieder eigene Grundsätze gelten für die **Ausgliederung zur Neugründung** (§ 123 Abs. 3 Nr. 2 UmwG) aus einer SE. Da die Ausgliederung durch eine SE wirtschaftlich und rechtlich auf die Gründung einer Tochter-SE hinausläuft, wird man auch die Ausgliederung zur Begründung einer Tochter als von Art. 3 Abs. 2 S. 1 SE-VO iVm Art. 36 SE-VO gedeckt anzusehen haben.⁴⁸⁷ Nach richtiger Ansicht ist die Zweijahresfrist des Art. 66 SE-VO wiederum nicht analog anzuwenden.⁴⁸⁸ Wiederum unproblematisch kann eine deutsche SE als aufnehmende Gesellschaft einer Ausgliederung zur Aufnahme fungieren. 172

c) Formwechsel

aa) Umwandlung in nationale Aktiengesellschaft (Art. 66 SE-VO)

Der Formwechsel in eine Aktiengesellschaft nationalen Rechts wird durch Art. 66 SE-VO einerseits ausdrücklich erlaubt, andererseits aber auch an bestimmte Voraussetzungen sowie die Einhaltung verfahrensrechtlicher Kautelen geknüpft. 173

Voraussetzungen: Ein renationalisierender Formwechsel gem. Art. 66 SE-VO ist zunächst nur dann zulässig, wenn die Umwandlung in eine nationale Aktiengesellschaft nach dem Recht des Sitzstaats der SE erfolgen soll;⁴⁸⁹ für eine statutenwechselnde Sitzverlegung ist der Weg des Art. 8 SE-VO zu gehen.⁴⁹⁰ Weiter setzt Art. 66 Abs. 1 S. 2 SE-VO voraus, dass die SE im Zeitpunkt des Umwandlungsbeschlusses entweder bereits mindestens zwei Jahre als SE bestanden oder aber die ersten beiden Jahresabschlüsse genehmigt hat. Die Zweijahresfrist berechnet sich für die erste Alternative nach dem Tag der Eintragung der SE in das Handelsregister (Art. 12 Abs. 1 SE-VO);⁴⁹¹ während für die Genehmigung der Jahresabschlüsse bei der deutschen SE auf die Feststellung des Jahresabschlusses durch den Aufsichts- bzw. Verwaltungsrat (§ 47 SEAG) oder aber ausnahmsweise durch die Hauptversammlung abzustellen ist (§§ 172 f. AktG, § 47 SEAG).⁴⁹² Soweit auf die Genehmigung der ersten beiden Jahresabschlüsse abzustellen ist, ist nicht erforderlich, dass die SE zwei volle Kalenderjahre bestanden hat, ausreichend ist der Ablauf zweier Geschäftsjahre.⁴⁹³ 174

---

483 BeckOGK/*Casper* SE-VO Art. 2 Rn. 40; *Lutter/Bayer/Schmidt* EurUnternehmensR § 45 Rn. 78.; Habersack/Drinhausen/*Drinhausen* SE-VO Art. 66 Rn. 35; Hauschild/Kallrath/Wachter Notar-HdB/*Kleiser* § 19 Rn. 187; *Kossmann/Heinrich* ZIP 2007, 164 (168). AA wohl Oplustil/Schneider NZG 2003, 13 (17).
484 *Marsch-Barner* Liber Amicorum Happ, 2006, 165 (171).
485 Nur noch aus Sicherheitgründen empfehlend Kallmeyer/*Marsch-Barner/Wilk* Anhang Europäische Gesellschaft Rn. 135.
486 Wie hier etwa *Lutter/Bayer/Schmidt* EurUnternehmensR § 45 Rn. 178.
487 BeckOGK/*Casper* SE-VO Art. 2 Rn. 40; Habersack/Drinhausen/*Drinhausen* SE-VO Art. 66 Rn. 35; *Scheifele*, Die Gründung der Europäischen Aktiengesellschaft, S. 442 f.; *Kossmann/Heinrich* ZIP 2007, 164 (167); *Marsch-Barner* Liber Amicorum Happ, 2006, 165 (167).

488 Insoweit aA *Marsch-Barner* Liber Amicorum Happ, 2006, 165 (171).
489 Kölner Komm AktG/*Kiem* SE-VO Art. 66 Rn. 14.
490 Ablehnend nunmehr mit Blick auf die Rechtsprechung des EuGH (Cartesio, Sevic, Vale und Polbud) sowie die Überarbeitung der Umwandlungsrichtlinie Habersack/Drinhausen/*Drinhausen* SE-VO Art. 66 Rn. 4 f., wonach der SE auch außerhalb von Art. 66 SE-VO ein grenzüberschreitender Formwechsel offenstehen soll.
491 *Vossius* ZIP 2005, 741 (749); Habersack/Drinhausen/*Drinhausen* SE-VO Art. 66 Rn. 16. AA Kölner Komm AktG/*Kiem* SE-VO Art. 66 Rn. 15: Tag der Beschlussfassung entscheidend.
492 Habersack/Drinhausen/*Drinhausen* SE-VO Art. 66 Rn. 17; Kölner Komm AktG/*Kiem* SE-VO Art. 66 Rn. 16.
493 Habersack/Drinhausen/*Drinhausen* SE-VO Art. 66 Rn. 17 f.

175 Im Weiteren folgt das **Verfahren** der renationalisierenden Umwandlung weitestgehend den Vorgaben des Art. 37 SE-VO, so dass auf die Ausführungen unter → Rn. 122 ff. verwiesen werden kann.[494] Folgende Besonderheiten sind zu beachten: Im Rahmen der Werthaltigkeitskontrolle ist in Abgrenzung zum Prüfungsgegenstand des Art. 37 SE-VO ausreichend, dass die Nettovermögenswerte allein die Grundkapitalziffer decken müssen, nicht auch sonstige – nach Gesetz oder Satzung zu bildende – Rücklagen;[495] da es sich der Sache nach um eine Kapitalaufbringungskontrolle handelt, ist auf das Grundkapital nach Formwechsel abzustellen.[496] Maßgeblich sind wiederum Zeit- und nicht Buchwerte.[497] Zusätzlich ist zu beachten, dass für die Hauptversammlung, die über die Zustimmung zur Umwandlung beschließt, die Vorschriften über die Hauptversammlung der SE (Art. 52 ff. SE-VO, §§ 50 f. SEAG) zur Anwendung gelangen.[498]

176 **Wirkungen:** Auch im Rahmen des Art. 66 SE-VO führt die Eintragung der Umwandlung nicht zu einer Gesamtrechtsnachfolge. Vielmehr kommt es aufgrund des Identitätsprinzips lediglich zu einem Wechsel des rechtlichen Kleids.[499]

bb) Umwandlung der SE in nationale Nicht-Aktiengesellschaften

177 Die ausdrücklich geregelte und an besondere Kautelen geknüpfte Möglichkeit der Umwandlung einer SE in eine Aktiengesellschaft legt scheinbar den Umkehrschluss nahe, dass ein Formwechsel in andere nationale Rechtsformen nicht oder doch nicht unmittelbar in Betracht kommt, sondern allenfalls nach Zwischenumwandlung in eine Aktiengesellschaft nationalen Rechts.[500] Dennoch erscheint es im Ergebnis überzeugender, Art. 66 Abs. 1 SE-VO keine dahin gehende Sperrwirkung zu entnehmen.[501] Allerdings entnimmt die noch überwiegend vertretene Ansicht Art. 66 SE-VO die Wertung, dass eine Rückumwandlung der SE im Wege des Formwechsels erst nach Ablauf von zwei Jahren möglich ist, weshalb die zweijährige Sperrfrist nach Art. 66 SE-VO analog anzuwenden sein soll.[502] Aus oben genannten Gründen (→ Rn. 170) ist dem nicht zu folgen, so dass in Ermangelung einer § 76 UmwG aF vergleichbaren Regelung ein Formwechsel einer SE in eine nationale Nicht-Aktiengesellschaft grundsätzlich ab dem Zeitpunkt der Entstehung der SE in Betracht kommt. Für das Verfahren einer solchen renationalisierenden Umwandlung in eine Nichtaktiengesellschaft wird man aufgrund der wirtschaftlichen Vergleichbarkeit auf Art. 66 Abs. 2–6 SE-VO zurückgreifen können.[503]

---

[494] Vgl. etwa *Vossius* ZIP 2005, 741 (749).
[495] Manz/Mayer/Schröder/*Schröder* SE-VO Art. 66 Rn. 17.
[496] So auch Habersack/Drinhausen/*Drinhausen* SE-VO Art. 66 Rn. 26.
[497] Kölner Komm AktG/*Kiem* SE-VO Art. 66 Rn. 20; Lutter/Hommelhoff/*Seibt*, SE-Kommentar, 1. Aufl. 2008, SE-VO Art. 66 Rn. 26.
[498] Vgl. zur Hauptversammlung der SE etwa *Knapp* DStR 2012, 2392.
[499] Jannott/Frodermann SE-HdB/*Veil*, 1. Aufl. 2005, Kap. 10 Rn. 37.
[500] So Jannott/Frodermann SE-HdB/*Veil*, 1. Aufl. 2005, Kap. 10 Rn. 20.
[501] BeckOGK/*Casper*, Stand: 1.1.2023, SE-VO Art. 2 Rn. 39; Habersack/Drinhausen/*Drinhausen* SE-VO Art. 66 Rn. 7; MüKoAktG/*Schäfer* SE-VO Art. 66 Rn. 1; Kallmeyer/Marsch-Barner/Wilk Anhang Europäische Gesellschaft Rn. 131; *Marsch-Barner* Liber Amicorum Happ, 2006, 165 (177); *Wicke* MittBayNot 2006, 196 (201).
[502] Lutter/Hommelhoff/*Seibt*, SE-Kommentar, 1. Aufl. 2008, SE-VO Art. 66 Rn. 4; Habersack/Drinhausen/*Drinhausen* SE-VO Art. 66 Rn. 7, 12; *Schwarz* SE-VO Art. 66 Rn. 31; Oplustil/Schneider NZG 2003, 13 (15 f.) Kossmann/Heinrich ZIP 2007, 164 (168); sympathisierend auch Lutter/Bayer/*Schmidt* EurUnternehmensR § 45 Rn. 181. AA – als Spezialvorschrift eng auszulegen – *Wicke* MittBayNot 2006, 196 (202) und Kölner Komm AktG/*Kiem* SE-VO Art. 66 Rn. 12: durch Rechtsentwicklung überholt.
[503] *Schwarz* SE-VO Art. 66 Rn. 31; Habersack/Drinhausen/*Drinhausen* SE-VO Art. 66 Rn. 13; *Marsch-Barner* Liber Amicorum Happ, 2006, 165 (177); Oplustil/Schneider NZG 2003, 13 (15).

d) Vermögensübertragung

Eine SE kann sich unter Beachtung der nationalen Besonderheiten an Vermögensübertragungen beteiligen;[504] wobei wiederum nach verbreiteter, aber nicht überzeugender Ansicht die Zweijahresfrist nach Art. 66 Abs. 1 SE-VO analog gelten soll.[505] Die praktische Relevanz ist gering,[506] da das deutsche Recht die eigentlich als Gestaltungsoption interessante Abfindungsfusion nur ausgewählten Rechtsträgern zur Verfügung stellt (§ 175 UmwG), wobei allerdings nicht zu übersehen ist, dass mittlerweile sowohl einige Versicherungs-Holdinggesellschaften der großen (Rück-)Versicherer (Allianz, Hannover Rück) als auch ihre Töchter als Europäische Gesellschaften verfasst sind.

178

e) Grenzüberschreitende Verschmelzung

Mit den Entscheidungen SEVIC Systems AG gg. AG Neuwied und Cartesio hat der EuGH die grenzüberschreitende Verschmelzung im EU/EWR-Raum dem Schutzbereich der Niederlassungsfreiheit unterstellt. Richtigerweise wird hieraus abgeleitet, dass auch die SE nach Maßgabe der §§ 305 ff. UmwG (122a ff. UmwG aF) Beteiligte einer grenzüberschreitenden Verschmelzung mit einer weiteren Kapitalgesellschaft sein kann,[507] sofern nicht infolge der Verschmelzung eine neue SE entsteht.[508] Richtiger Ansicht nach findet auch hier die Sperrfrist des Art. 66 SE-VO keine Anwendung.[509] Eine grenzüberschreitende Verschmelzung mit einer Personen(handels)gesellschaft steht der SE nach den allgemeinen SEVIC-Kriterien offen.[510]

179

f) Grenzüberschreitende Sitzverlegung

Soweit die durch die Vale-Entscheidung des EuGH[511] eröffnete und mittlerweile durch die Instanzenrechtsprechung[512] nachgezeichnete Möglichkeit einer identitätswahrenden und statutenändernden grenzüberschreitenden Sitzverlegung bzw. eines sog. grenzüberschreitenden Formwechsels im Raum steht, die in Umsetzung des UmRUG nunmehr in §§ 333 ff. UmwG als grenzüberschreitender Formwechsel eine positivrechtliche Form gefunden hat, stellt sich speziell für die SE die Frage, ob Art. 8 SE-VO insofern eine verdrängende Spezialregelung enthält. Zwar erscheint es denkbar, den „internationalen" Formwechsel dogmatisch nicht als Sitzverlegung zu qualifizieren, wirtschaftlich entsprechen sich beide Maßnahmen jedoch weitgehend. Nicht zu verkennen ist allerdings in diesem Zusammenhang erneut, dass die eigentlich mobilitätsfreundliche SE-VO durch die Rechtsprechung des EuGH überholt und die SE damit im Rahmen grenzüberschreitender Mobilität zunehmend diskriminiert wird. Dies gilt insbesondere dann, wenn man die noch ungeklärte Frage verneinen sollte, ob die Pflicht zur Auslegung einer Barabfindung für dissentierende Gesellschafter nach Art. 8 Abs. 5 SE-VO

180

---

504 Kallmeyer/*Marsch-Barner/Wilk* Anhang Europäische Gesellschaft Rn. 136; *Vossius* ZIP 205, 741, 749; *Kossmann/Heinrich* ZIP 2007, 164 (165 ff.).
505 *Schwarz* SE-VO Art. 66 Rn. 31. Nur noch referierend Kallmeyer/*Marsch-Barner/Wilk* Anhang Europäische Gesellschaft Rn. 136. Wie hier *Vossius* ZIP 2005, 741 (749).
506 *Kossmann/Heinrich* ZIP 2007, 164 (168).
507 Kölner Komm AktG/*Kiem* SE-VO Art. 66 Rn. 11; MüKo-AktG/*Schäfer* SE-VO Art. 66 Rn. 1; Manz/Mayer/Schröder/*Schröder* SE-VO Art. 66 Rn. 22; Lutter/Hommelhoff/*Seibt*, SE-Kommentar, 1. Aufl. 2008, SE-VO Art. 66 Rn. 4; Kallmeyer/*Marsch-Barner/Wilk* Anhang Europäische Gesellschaft Rn. 126; *Casper/Weller* NZG 2009, 681

(685 f.). Ausdrückliche Regelung der Beteiligtenfähigkeit der SE etwa in Frankreich: Art. L. 236–25 C. Com.
508 *Grambow/Stadler* BB 2010, 977 (978 f.), die allerdings – nicht überzeugend – nur eine Verschmelzung zur Aufnahme durch eine SE für zulässig erachten, hingegen Art. 66 SE-VO eine Sperrwirkung gegenüber einer Verschmelzung mit einer SE als übertragender Gesellschaft entnehmen wollen.
509 *Casper/Weller* NZG 2009, 681 (686).
510 Manz/Mayer/Schröder/*Schröder* SE-VO Art. 66 Rn. 22.
511 EuGH NJW 2012, 2715 – Vale.
512 OLG Nürnberg 19.6.2013 – 12 W 520/13, Zusammenfassung in DNotI-Report 2013, 189 (189 f.).

iVm § 12 SEAG auf die grenzüberschreitende Sitzverlegung analog anzuwenden ist. In diesem Fall kann die Renationalisierung einer SE mit anschließender Sitzverlegung auf Grundlage der „Vale"-Entscheidung eventuell die wirtschaftlichere Alternative darstellen.

g) Beteiligung einer „deutschen" SE an der Gründung einer SE

181 Nach Art. 3 Abs. 1 SE-VO gilt die SE als Aktiengesellschaft. Das heißt eine SE kann sich an der Gründung einer weiteren SE im Wege der Verschmelzung, der Gründung einer Tochter- oder Holding SE beteiligen,[513] wobei sie als deutsche AG zu behandeln ist.[514] Auch bei Beteiligung einer SE an der Gründung einer SE sind im Weiteren einerseits der numerus clausus der Gründungsformen[515] und andererseits die jeweils einschlägigen Voraussetzungen des Gründungsrechts der SE-VO zu beachten, dh etwa, dass eine Verschmelzung einer GmbH mit einer SE zur Gründung einer SE ausscheidet.[516] Eine Ausnahme gilt insoweit lediglich für die sekundäre Gründung einer SE durch Spaltung (→ Rn. 172).[517]

Anhang 2 Umwandlungs-Kostenrecht

Literatur:
Bormann/Diehn/Sommerfeldt, GNotKG, 4. Aufl. 2022 (zit.: BDS/Bearbeiter), *Diehn*, Bundesnotarordnung, 2. Aufl. 2019 (zit.: Diehn/Bearbeiter); *Diehn*, Notarkostenberechnungen, 8. Aufl. 2022; *Diehn*, Notarkosten, 2. Aufl. 2022; Fackelmann/Heinemann, Gerichts- und Notarkostengesetz, 2013 (zit.: HK-GNotKG/Bearbeiter); *Notarkasse*, Streifzug durch das GNotKG, 13. Aufl. 2021; Korintenberg, GNotKG, 22. Aufl. 2022.

A. Grundlagen 1	VII. Einzelfälle 57
I. Einleitung 1	1. Verschmelzung Tochter-GmbH auf Mutter 57
1. Gesetzliche Gebühren 2	2. Verschmelzung Mutter-GmbH auf Tochter 60
2. Kostenerhebung 3	3. Verschmelzung zweier Schwester-GmbHs 62
a) Form 3	4. Verschmelzung zweier AGs auf AG durch Neugründung 65
b) Rechtsbehelfsbelehrung 6	5. Verschmelzung GmbH auf bestehende GmbH & Co. KG 68
c) Verjährung 8	6. Verschmelzung GmbH & Co. KG auf bestehende GmbH 69
d) Vollstreckung 10	7. Verschmelzung GmbH & Co. KG auf bestehende GmbH & Co. KG 73
3. Umsatzsteuer 12	8. Kettenverschmelzungen zweier GmbHs 75
II. Kostenschuldner 18	VIII. Beispiel 76
III. Kostenberechnung bei Wertgebühren 27	1. Upstream-Merger 76
B. Kosten der Verschmelzung 31	2. Verschmelzung zur Aufnahme 79
I. Verschmelzungsvertrag 31	C. Kosten der Spaltung 83
1. Grundsatz 32	I. Spaltungsvertrag/Spaltungsplan 83
2. Umfang der Abgeltungswirkung 34	II. Zustimmungsbeschlüsse 85
3. Mehrheit von Verschmelzungen 36	III. Verzichtserklärungen 86
4. Grenzüberschreitungen 39	IV. Handelsregisteranmeldungen 88
II. Zustimmungsbeschlüsse 40	1. Handelsregisteranmeldung bei der übernehmenden Gesellschaft 88
III. Kapitalerhöhungen 42	
IV. Verzichtserklärungen 46	
V. Handelsregisteranmeldungen 47	
1. Handelsregisteranmeldung bei der übertragenden Gesellschaft 47	
2. Handelsregisteranmeldung bei der übernehmenden Gesellschaft 49	
VI. Sonstiges 51	

---

[513] Lutter/Bayer/Schmidt EurUnternehmensR S. 1759, Rn. 45.182; Widmann/Mayer/Heckschen Anhang 14: Europäische Gesellschaft Rn. 522.
[514] MHdB GesR IV/Austmann § 84 Rn. 1.
[515] Marsch-Barner Liber Amicorum Happ, 2006, 165 (167).
[516] BeckOGK/Casper SE-VO Art. 2 Rn. 37.
[517] Marsch-Barner Liber Amicorum Happ, 2006, 165 (169 f.).

2. Handelsregisteranmeldung bei einer neu gegründeten GmbH	90	D. **Kosten des Formwechsels**	118
3. Handelsregisteranmeldung bei einer abspaltenden AG	92	I. Formwechselbeschluss	118
V. Sonstiges	94	II. Sonstige Tätigkeiten	123
VI. Einzelfälle	103	III. Handelsregisteranmeldung	132
1. Abspaltung einer GmbH auf eine GmbH zur Neugründung	103	IV. Beispiel	135
2. Aufspaltung einer GmbH auf zwei GmbH & Co. KG zur Aufnahme	107	E. **Kosten grenzüberschreitender Sachverhalte**	139
3. Ausgliederung eines Teilbetriebs vom Einzelunternehmen auf GmbH (Neugründung)	109	I. Gemeinsamer Verschmelzungsplan	140
VII. Beispiel	114	II. Bekanntzumachende Angaben	142
		III. Gemeinsamer Verschmelzungsbericht	143
		IV. Zustimmungsbeschlüsse	144
		V. Handelsregisteranmeldungen	147
		VI. Beispiel: Grenzüberschreitender Hinaus-Formwechsel	149

A. Grundlagen

I. Einleitung

Transaktionskosten von Umwandlungen sind neben den Gebühren anwaltlicher und steuerlicher Berater auch **Notar- und Gerichtskosten**. Letztere spielen regelmäßig **keine Hauptrolle**, weil sie im Vergleich zum Umwandlungsziel und damit verbundenen (steuerlichen oder sonstigen) Rechtsfolgen nicht ins Gewicht fallen. Dennoch sollen die Notar- und Gerichtskosten von Umwandlungsvorgängen Gegenstand der folgenden Erläuterungen sein. **1**

1. Gesetzliche Gebühren

Sowohl die Notarkosten als auch die Handelsregisterkosten sind im Gerichts- und Notarkostengesetz bzw. der nach § 58 GNotKG erlassenen Handelsregistergebührenverordnung **abschließend** geregelt. Sie sind bundeseinheitlich gesetzlich zwingend zu erheben, **ohne Ermessen** des Kostengläubigers. Gemäß § 125 GNotKG sind dem Notar Vereinbarungen über die Höhe der Kosten verboten; solche sind nichtig. Das ist eine zwingende Folge der Amtspflicht nach § 17 Abs. 1 BNotO, die gesetzlich vorgeschriebenen Gebühren und Auslagen auch tatsächlich zu erheben. Der Notar hat insoweit keinen Spielraum: Das Privileg, gesetzlich normierte Kosten zu vereinnahmen, ist gleichzeitig eine unbedingt zu beachtende notarielle Amtspflicht. Dadurch soll ein **Gebührenwettbewerb** unter Notaren, der die Unabhängigkeit und Unparteilichkeit der Amtsführung beeinträchtigen kann, **vermieden** werden. **2**

2. Kostenerhebung

a) Form

Der Notar muss bei der Abrechnung seiner Kosten die Formvorgaben des § 19 GNotKG und das aus dieser Vorschrift folgende **Zitiergebot** für bestimmte angewandte Vorschriften beachten. Für die Wirksamkeit der Kostenberechnung sind folgende Angaben erforderlich (§ 19 Abs. 2 GNotKG): **3**

- die Bezeichnung des Verfahrens oder Geschäfts (zB Verschmelzung A auf B),
- die angewandten Nummern des Kostenverzeichnisses (zB Nr. 21100 KV GNotKG für eine 2,0-Gebühr),
- den Geschäftswert (bei Wertgebühren),
- den Betrag der jeweiligen Gebühr oder Auslage und
- etwaig gezahlte Vorschüsse.

4 Kosten dürfen nur aufgrund einer von dem Notar unterschrieben Berechnung erhoben werden. Diese kann auch elektronisch erfolgen, wenn sie mit einer **qualifizierten elektronischen Signatur** des Notars versehen ist, § 19 Abs. 1 S. 1 Alt. 2 GNotKG. Die Übersendung des bloßen Scans der unterschriebenen Notarkostenberechnung nur per **E-Mail genügt nicht**.

5 Daneben stellt § 19 Abs. 3 GNotKG noch weitere Anforderungen hinsichtlich der Form, deren Nichterfüllung aber die Wirksamkeit der notariellen Rechnung nicht berührt. Der Notar soll

- den Gebührentatbestand kurz bezeichnen (zB Beurkundungsgebühr)
- die Vorschriften angeben, die dem Geschäftswert zugrunde liegen, und
- bei mehreren Gegenständen in einer Urkunde auch die Werte der einzelnen Gegenstände angeben.

Hintergrund dieser detaillierten Vorgaben ist, dass der Notar auch das besondere Privileg genießt, seine Kostenforderung **selbst titulieren** zu können.

b) Rechtsbehelfsbelehrung

6 Jede notarielle Kostenberechnung muss **eine Rechtsbehelfsbelehrung** gemäß **§ 7a GNotKG** enthalten. Darin zeigt sich der öffentlich-rechtliche Charakter der Notarkosten.

Die erforderlichen **Inhalte** der Rechtsbehelfsbelehrung sind:

- **Statthafte Rechtsbehelfe** sind der Antrag auf Entscheidung des Landgerichts nach § 127 GNotKG und der Antrag auf **Abhilfe** beim Notar, der jederzeit möglich ist.
- **Stelle, bei der dieser Rechtsbehelf einzulegen ist**, ist der Notar für den Abhilfeantrag und das Landgericht, in dessen Bezirk der Notar seinen Amtssitz hat, für den Antrag nach § 127 GNotKG. **Dessen Sitz** ist die politische Gemeinde, in der sich die Stelle befindet, also der Ort. Die Angabe einer **Anschrift** ist nicht geschuldet.[1]
- **Die einzuhaltende Form** ergibt sich für die landgerichtliche Entscheidung aus § 130 Abs. 3 S. 1 GNotKG, § 25 FamFG. Danach können die Beteiligten Anträge gegenüber dem zuständigen Gericht schriftlich oder zur Niederschrift der Geschäftsstelle abgeben. Es muss nicht darauf hingewiesen werden, dass der Antrag begründet werden soll (§ 23 Abs. 1 FamFG). Abhilfeverlangen beim Notar können formlos gestellt werden, worauf hinzuweisen entbehrlich erscheint.
- Eine **einzuhaltende Frist** gibt es grundsätzlich nicht, so dass ein entsprechender Hinweis entbehrlich ist.[2]

7 **Keines** Hinweises bedürfen auch die **Kosten** des Rechtsbehelfs.[3] Die Rechtsbehelfsbelehrung muss auch **nicht** vom Notar **unterschrieben** werden.[4]

c) Verjährung

8 Nach § 6 Abs. 1 S. 3 GNotKG verjähren Ansprüche auf Zahlung von Notarkosten in **vier Jahren nach Ablauf des Kalenderjahrs**, in dem die Kosten fällig geworden sind. Der Lauf der Verjährungsfrist ist nach § 19 Abs. 1 S. 2 GNotKG nicht von der Mitteilung der Kostenberechnung abhängig.

---

1 BDS/*Diehn* GNotKG § 7a Rn. 18, str.
2 BDS/*Diehn* GNotKG § 7a Rn. 24, str.
3 BDS/*Diehn* GNotKG § 7a Rn. 26.
4 BDS/*Diehn* GNotKG § 7a Rn. 30 f., str.

Die Verjährung beginnt nach § 6 Abs. 3 S. 2 GNotKG **erneut** durch „**Aufforderung zur Zahlung**" oder „**mitgeteilte Stundung**", aber auch gemäß § 6 Abs. 3 S. 1 GNotKG, § 212 Abs. 1 Nr. 2 BGB durch Beantragung von **Vollstreckungshandlungen**. Ob die Aufforderung zur Zahlung bereits durch Übermittlung einer den Formvorschriften des § 19 Abs. 1 und 2 GNotKG entsprechenden Kostenberechnung an den Kostenschuldner erfolgt und ob der Neubeginn dadurch tatsächlich nur einmal eintreten kann,[5] ist mE mangels entsprechender Anhaltspunkte im Gesetz unklar. Die Dauer der Verjährung unterliegt damit gewissen Zufälligkeiten.

d) Vollstreckung

Der Notar kann sich selbst eine Vollstreckungsklausel zur Zwangsvollstreckung seiner Kosten erteilen (§ 89 GNotKG). Um den Titel nachvollziehbar zu machen, stellt der Gesetzgeber an die Aufstellung der Kosten so strenge Anforderungen (→ Rn. 3 ff.).

Zwischen Bekanntgabe der Kostenberechnung und Zustellung einer vollstreckbaren Ausfertigung sollte eine angemessene Frist liegen, um dem Kostenschuldner rechtliches Gehör zu gewähren. Dabei wird **ein Monat** für angemessen gehalten.[6] Nach ausdrücklicher oder konkludenter Zahlungsverweigerung des Kostenschuldners kann sofort zugestellt werden, um die alsbaldige Verzinsung nach § 88 GNotKG zu ermöglichen. Die Zwangsvollstreckung selbst darf nach § 798 ZPO erst **zwei Wochen nach Zustellung** der Kostenberechnung mit Vollstreckungsklausel beginnen. Wegen der möglichen Schadenersatzpflicht nach 90 Abs. 1 GNotKG sollte einen Monat gewartet werden.

3. Umsatzsteuer

Notargebühren sind **umsatzsteuerpflichtig**. Die Zahlung der Umsatzsteuer schuldet der Notar dem Fiskus. Nach Nr. 32014 KV GNotKG kann der Notar jedoch die Umsatzsteuer als Auslage vom Kostenschuldner erheben.

Besonderheiten ergeben sich bei Auslandsbezügen:[7] Nach dem **Bestimmungslandprinzip** entsteht keine deutsche Umsatzsteuer bei einem ausländischen Ort der Leistung. Beim ausländischen Leistungsort sind die Leistungen in Deutschland **nicht steuerbar**. Der Notar darf dann in seiner Rechnung keine Umsatzsteuer ausweisen und erheben.

Bei **Beurkundungen und Beglaubigungen** mit Kostenschuldnern, die umsatzsteuerrechtlich keine Unternehmer sind, kommt es auf den Amtssitz des Notars an (damit zwingend inländischer Leistungsort), im Übrigen jedoch (umsatzsteuerrechtliche Unternehmer) auf den Empfängerort. Deshalb ist bei Beurkundungen die Abgrenzung zwischen umsatzsteuerrechtlichen Unternehmern und Nichtunternehmern wichtig.

	Nicht-Unternehmer EU-Inland	Nicht-Unternehmer EU-Ausland	Unternehmer EU-Inland	Unternehmer EU-Ausland
Grundstücksbezug	Belegenheitsort			
Selbstständige Beratung	Amtssitz Notar	Empfängerort		

---

[5] *Notarkasse* Streifzug GNotKG Rn. 1128.
[6] *Notarkasse* Streifzug GNotKG Rn. 321.
[7] Einzelheiten: DNotI-Report 2010, 173 ff.

	Nicht-Unternehmer EU-Inland	Nicht-Unternehmer EU-Ausland	Unternehmer EU-Inland	Unternehmer EU-Ausland
Beurkundung/Beglaubigung	Amtssitz Notar	Amtssitz Notar	Empfängerort	

15 Bei der erforderlichen Abgrenzung zwischen umsatzsteuerrechtlichen Unternehmern und Nichtunternehmern kann **innerhalb der EU** von Unternehmern ausgegangen werden, wenn der Kostenschuldner über eine **gültige Umsatzsteuer-ID** verfügt. Deren Gültigkeit kann unter

http://ec.europa.eu/taxation_customs/vies/

jederzeit geprüft werden. Im **EU-Ausland** müssen sonstige Nachweise der Unternehmereigenschaft angefordert werden. Im Zweifel ist davon auszugehen, dass die Unternehmereigenschaft fehlt. Zudem dürften Umwandlungsvorgänge idR der Umsatzsteuer unterliegen.

16 Keine Umsatzsteuer ist auf Auslagen zu erheben, die echte durchlaufende Posten sind. Auslagen sind **echte durchlaufende Posten**, wenn nicht der Notar, sondern der Beteiligte direkt Kostenschuldner gegenüber dem Dritten ist. Die Auslage wird dann mit dem **Bruttobetrag** weitergeleitet. Dieser Betrag ist beim Notar **nicht umsatzsteuerpflichtig**. Typische Beispiele sind ZTR- und ZVR-Gebühren, Gebühren für die Aufnahme elektronischer Dokumente in das Elektronische Urkundenarchiv (EUA), verauslagte Gerichtskosten und Kosten des Bundesanzeiger Verlags, wenn auf dessen Rechnung der Mandant als Kostenschuldner vermerkt ist.

17 Auf Auslagen ist hingegen Umsatzsteuer zu erheben, wenn der Notar **selbst Kostenschuldner** gegenüber dem Dritten ist. In diese Kategorie fallen bspw. Grundbuchabrufkosten, Kurierkosten, Taxikosten, Kosten externer Kopierdienstleister, Verwahrentgelte bei Notaranderkonten und Gebühren der Urkundenarchivbehörde für Verwahrmassen. Diese Kosten werden mit dem **Nettobetrag** als Auslagen angesetzt. Dieser ist beim Notar **umsatzsteuerpflichtig**. Vom Notar gezahlte Umsatzsteuer macht der Notar als Vorsteuer geltend.

II. Kostenschuldner

18 Kostenschuldner des Notars ist, wer den Notar **beauftragt** hat.

Ein kostenrechtlicher Auftrag ist jedes an den Notar gerichtete Ansuchen, das auf die Vornahme einer notariellen Amtstätigkeit gerichtet ist. Maßgeblich ist, ob das Verhalten analog §§ 133, 157 BGB **aus der Sicht des Notars** nach Treu und Glauben mit Rücksicht auf die Verkehrssitte den Schluss zulässt, es werde ihm ein Auftrag erteilt. **Kostenbewusstsein ist nicht erforderlich**, weil jedermann wissen muss, dass notarielle Tätigkeiten gesetzlich festgelegte Gebühren und Auslagen auslösen.

19 Aber auch, wenn bereits ein anderer Kostenschuldner einen Beurkundungsauftrag erteilt hatte, kann die Amtstätigkeit des Notars etwa dadurch veranlasst und die Kostenschuldnerschaft begründet werden, dass ein weiterer Beteiligter den Notar um Än-

derungen an dem Entwurf des zu beurkundenden Vertrages bittet.[8] Auf die Qualität der beantragten Änderungen kommt es nicht an,[9] sondern vielmehr darauf, ob der weitere Beteiligte durch seine Äußerungen und Anträge aus der objektivierten Sicht eines Notars zum Ausdruck bringt, Beteiligter des Beurkundungsverfahrens sein zu wollen und die Beurkundung auf der Basis des bestehenden Entwurfs zu wünschen.[10]

Bloßes Schweigen auf den Vorschlag des Notars, den Entwurf einer Urkunde zu fertigen, reicht grundsätzlich für eine Auftragserteilung **nicht** aus.[11] Ebenso reicht die bloße Entgegennahme des Entwurfs nicht aus.[12]

Anders liegt es, sobald sich der Beteiligte den **Entwurf zu eigen macht** und für eigene Zwecke gebraucht – dann wird er Beteiligter des Beurkundungsverfahrens und **genehmigt die Beauftragung** des Entwurfs bzw. den Antrag, das Beurkundungsverfahren durchzuführen. Keine Genehmigung des Entwurfs erteilt, wer zum Ausdruck bringt, den Vertrag nur unter geänderten Bedingungen abschließen zu wollen.[13] Durch Mitteilung von Änderungswünschen wird der Beteiligte nur Auftraggeber des so veränderten, nicht jedoch Kostenschuldner des unverändert bleibenden Entwurfs.

In Vertretungsfällen gilt: Handelt ein gesetzlicher oder ein rechtsgeschäftlicher Vertreter, so ist **allein der Vertretene** Kostenschuldner.[14] Es gelten die §§ 164 ff. BGB analog. Daraus folgt:

- Die Kostenhaftung eines Vertretenen anstelle des Vertreters kommt nur in Betracht, wenn die Vertretung **offenkundig** ist. Dies kann sich aus den Umständen ergeben. Beispielsweise beantragt der **Anwalt** eine Beurkundung regelmäßig nicht im eigenen Namen, sondern für seinen Mandanten.[15]
- Handelt der Vertreter **ohne Vertretungsmacht**, haftet er grundsätzlich für die Notarkosten (§ 179 Abs. 1 BGB analog), und zwar auch dann, wenn der Vertreter von dem Mangel keine Kenntnis hatte (§ 179 Abs. 2 BGB analog). Weiß der Vertreter, dass er nicht befugt ist, notarielle Amtshandlungen für den Prinzipal zu veranlassen, haftet er erst recht, und zwar auch dann, wenn er den Mangel offenlegt: **perplexes Verhalten** wird nicht geschützt.

Nicht verwechselt werden dürfen die Vertretung bei der Abgabe von Willenserklärungen und die Vertretung bei der Veranlassung der Amtshandlung: Soll der Vertreter für den Vertretenen in der Urkunde vollmachtlos handeln, ist er kostenrechtlich berechtigt, den Auftrag zur Beurkundung zu erteilen, so dass der Vertretene die Notarkosten schuldet.

Haftungsschuldner nach § 29 Nr. 3 GNotKG sind:

- GbR-Gesellschafter (§ 721 BGB),
- Gesellschafter einer OHG und persönlich haftende Gesellschafter einer KG (§§ 126, 161 Abs. 1, 171 HGB),

---

8 BGH DNotZ 2017, 394 (395). Dem hat sich unter Aufgabe seiner anderslautenden Rechtsprechung das KG angeschlossen: KG 8.12.2017 – 9 W 63/16, 9 W 64/16, BeckRS 2017, 138322 und KG 11.1.2019 – 9 W 42/17, BeckRS 2019, 328. Ebenso OLG Celle Nds.Rpfl. 2015, 374 (375); LG Chemnitz NotBZ 2016, 272; HK-GNotKG/*Leiß* § 29 Rn. 21.
9 **AA** LG Hamburg 19.12.2018 – 321 OH 22/18, BeckRS 2018, 34934, das für seine Position zu Unrecht das OLG Bremen 17.1.2018 – 1 W 49/17 in Anspruch nimmt.
10 Korintenberg/*Diehn* GNotKG KV Vorbemerkung 2.1.3 Rn. 6a; ebenso OLG Düsseldorf 22.8.2019 – I-10 W 90/19, BeckRS 2019, 21812.
11 OLG Hamm FGPrax 2019, 143.
12 Zutreffend OLG Bremen 17.1.2018 – 1 W 49/17.
13 LG Hamburg NJW-RR 2019, 508.
14 *Notarkasse* Streifzug GNotKG Rn. 2601.
15 Zur Maklernotarkostenhaftung OLG Nürnberg DNotZ 2021, 518.

- Nießbraucher (§ 1086 BGB),
- Erben für die Kostenschulden des Erblassers (§ 1967 BGB),
- Testamentsvollstrecker (§ 2213 BGB, § 748 ZPO) begrenzt auf den Nachlass.

25 Mehrere Kostenschuldner haften dem Notar gegenüber grundsätzlich als **Gesamtschuldner** und müssen sich untereinander nach § 426 Abs. 1 BGB im Innenverhältnis ausgleichen.[16] Der Notar kann jeden Gesamtschuldner nach § 421 BGB analog auf Zahlung der gesamten Kosten in Anspruch nehmen. Es gibt keine Reihenfolge der Inanspruchnahme und **keinen Primärschuldner**, wenngleich es sich empfiehlt, denjenigen Kostenschuldner zuerst in Anspruch zu nehmen, der die Kosten auch im Innenverhältnis der Beteiligten schuldet.

26 Bei **gegenstandsverschiedenen Erklärungen** (§§ 86 Abs. 2, 110, 111 GNotKG) haftet jeder Schuldner aber nach § 30 Abs. 2 GNotKG nur für die bei isolierter Beurkundung seiner Erklärungen entstandenen Kosten.

III. Kostenberechnung bei Wertgebühren

27 Grundsätzlich entsteht pro Urkunde **nur eine** Beurkundungsgebühr nach § 93 Abs. 1 GNotKG. Das gilt auch für die Vollzugsgebühr und die Betreuungsgebühr. Bei mehreren Beurkundungsgegenständen werden also nicht mehrere Gebühren pro Urkunde erhoben, sondern werden die **Werte zusammengerechnet** nach § 35 Abs. 1 GNotKG und wird aus der Summe der Werte die eine Gebühr berechnet. Das ist wegen der Degression der Gebührenkurve **erheblich günstiger**.

28 Allerdings sind **Einheitsurkunden** kostenrechtlich nur in den Grenzen des § 93 Abs. 2 GNotKG zulässig. Fehlt ein sachlicher Grund für die Zusammenbeurkundung, sind die einzelnen Teile kostenrechtlich wie gesonderte Urkunden zu behandeln, also jeweils gesondert abzurechnen.

29 Der **Verfahrenswert** der **Gesamturkunde** ergibt sich aus der Addition aller Werte der einzelnen Beurkundungsgegenstände (§ 35 Abs. 1 GNotKG), also von Vertrag, Plan, aller Beschlüsse und aller Handelsregisteranmeldungen, die in ein und derselben Urkunde enthalten sind. Nicht nur die Beurkundungsgebühr, sondern auch die Vollzugs- und Betreuungsgebühren einschließlich der Gebühr für **XML-Strukturdaten** (0,2-Gebühr nach Nr. 22114 KV GNotKG, max. 125 EUR) sind aus diesem Gesamtwert zu erheben (§§ 112 S. 1, 113 Abs. 1 GNotKG).

30 Für die Gebühr des **Beurkundungsverfahrens** gilt:
1. Zunächst werden die Geschäftswerte der gegenstandsgleichen Erklärungen nach § 109 Abs. 1 S. 5 bzw. Abs. 2 S. 2 GNotKG ermittelt.
2. Dann werden die Geschäftswerte der gegenstandsverschiedenen Beurkundungsgegenstände mit gleichem Gebührensatz addiert (§ 35 Abs. 1 GNotKG).
3. Danach ist § 94 Abs. 1 GNotKG anzuwenden: Es entstehen gesondert berechnete Gebühren, jedoch nicht mehr als eine 2,0-Gebühr aus dem zusammengerechneten Wert der verschiedenen Beurkundungsgegenstände.

Höchstens kann daher im Umwandlungsbereich eine 2,0-Gebühr aus 16 Mio. EUR erhoben werden (§§ 35 Abs. 1, 107 Abs. 1 S. 1 GNotKG (10 Mio. EUR), § 108 Abs. 4 GNotKG

---

16 Eine Legalzession des öffentlich-rechtlichen Kostenanspruchs analog § 426 Abs. 2 BGB findet hingegen mangels Abtretbarkeit des Kostenanspruchs (dazu Diehn/*Diehn* BNotO § 17 Rn. 37) nicht statt; aA *Notarkasse* Streifzug GNotKG Rn. 2624.

(5 Mio. EUR), § 106 GNotKG (1 Mio. EUR)), wenn kein Fall missbräuchlicher Zusammenfassung vorliegt.

B. Kosten der Verschmelzung
I. Verschmelzungsvertrag

Die Beurkundung des Verschmelzungsvertrags löst eine **2,0-Gebühr** nach Nr. 21100 KV GNotKG aus.

31

1. Grundsatz

Der **Geschäftswert** bemisst sich nach § 97 Abs. 1 GNotKG nach dem Wert des Rechtsverhältnisses. Damit ist der **Bruttowert** gemeint; Verbindlichkeiten werden nach § 38 GNotKG nicht abgezogen. **Ausgangspunkt** der Bewertung wird in der Regel die **Bilanzsumme** des übertragenden Rechtsträgers sein. Allerdings ist diese nur ein Hilfsmittel, um den wahren (Brutto-)Wert der Gesellschaft zu ermitteln. Grundbesitz und Beteiligungen müssen anstelle des Buchwertes mit dem Verkehrswert angesetzt werden (Rechtsgedanke § 54 S. 2 GNotKG). Der Notar ist verpflichtet, alle ihm bekannten Umstände bei der Bewertung zu berücksichtigen. Dazu zählen insbesondere Veränderungen im Vermögensbestand der Gesellschaft oder deren Tochterunternehmen, die zwischen dem Verschmelzungsstichtag und der Beurkundung stattgefunden haben. Maßgeblich ist immer der Bruttowert bei Beendigung der Beurkundung, also bei Unterschrift des Notars.

32

Nach § 107 Abs. 1 S. 1 GNotKG beträgt der **Mindestwert** des Verschmelzungsvertrags 30.000 EUR und der Höchstwert 10 Mio. EUR. Die Beurkundung des Verschmelzungsvertrags kostet daher netto mindestens 250 EUR und höchstens 22.770 EUR.

33

2. Umfang der Abgeltungswirkung

Kostenrechtlich gegenstandsgleich (also nicht werterhöhend) sind zum Verschmelzungsvertrag:

34

- ein zur Eintragung des übernehmenden Rechtsträgers erforderlicher **Grundbuchberichtigungsantrag** (Durchführung iSv § 109 Abs. 1 GNotKG);
- die Feststellung der **Satzung** des neu errichteten Rechtsträgers bei der Verschmelzung zur Neugründung (Vertragsbedingung, also dasselbe Rechtsverhältnis iSv § 86 GNotKG), weil die Satzung notwendiger Bestandteil des Verschmelzungsvorgangs ist;[17] gegenstandsverschieden ist wegen § 110 Nr. 1 GNotKG jedoch der Beschluss über die Bestellung des Geschäftsführers der neu gegründeten Gesellschaft;
- die vertragliche Anpassung der Satzung des übernehmenden Rechtsträgers bei Verschmelzung durch Aufnahme, soweit und beschränkt auf den Umfang wie die Satzungsänderung notwendige Folge des Verschmelzungsvorgangs ist und deshalb ein einheitliches Rechtsverhältnis iSv § 86 Abs. 1 GNotKG vorliegt;[18] der Verschmelzungsvertrag und die Anpassung der Satzung des aufnehmenden Rechtsträgers sind jedoch wegen § 110 Nr. 1 GNotKG gegenstandsverschieden, wenn die Änderung der Satzung – wie regelmäßig bei Kapitalgesellschaften – durch Beschluss erfolgt;

---

17 BeckOK KostR/*Neie* GNotKG § 107 Rn. 40.
18 Vgl. Korintenberg/*Tiedtke* GNotKG § 107 Rn. 42.

- der **Verzicht** auf den Verschmelzungsbericht nach § 8 Abs. 3 UmwG, auf die Prüfung der Verschmelzung nach § 9 Abs. 2 UmwG und auf den Prüfungsbericht nach §§ 9 Abs. 2 iVm 12 Abs. 3 UmwG.[19]

35 **Kostenrechtlich gegenstandsverschieden** (also werterhöhend) zum Verschmelzungsvertrag sind wegen § 110 Nr. 1 GNotKG stets die Zustimmungsbeschlüsse der Gesellschafterversammlungen der beteiligten Rechtsträger, die untereinander nach § 109 Abs. 2 S. 1 Nr. 4 lit. g GNotKG jedoch wiederum gegenstandsgleich sind. Gegenstandsverschieden zum Verschmelzungsvertrag (und wegen § 110 Nr. 1 GNotKG zu den Beschlüssen) sind auch die Zustimmungserklärungen einzelner Gesellschafter gemäß §§ 13 Abs. 2, 50 Abs. 2, 51 Abs. 1 und 2 UmwG, weil sie sich auf den Gesellschafterbeschluss des übertragenden Rechtsträgers und nicht auf den Verschmelzungsvertrag beziehen und deshalb auch nicht unmittelbar der Durchführung des Verschmelzungsvertrages dienen.

3. Mehrheit von Verschmelzungen

36 Bei Verschmelzung mehrerer Gesellschaften auf einen Rechtsträger liegt stets **Gegenstandsverschiedenheit** vor, weil es an einem Erfüllungs-, Sicherungs- oder Durchführungszusammenhang fehlt. Mehrere (nacheinander geschaltete) **Kettenverschmelzungen** sind ebenfalls immer gegenstandsverschieden.

37 Die Zusammenfassung mehrerer Verschmelzungen in einer Urkunde kommt nur in Betracht, wenn sie in einem untrennbaren Zusammenhang stehen, also die eine Verschmelzung nicht ohne die andere stattfinden soll. **Kein sachlicher Grund** iSv § 93 Abs. 2 GNotKG liegt in dem Ziel, Kosten sparen zu wollen. Beteiligtenidentität iSv § 93 Abs. 2 GNotKG setzt voraus, dass sämtliche Beteiligte der jeweiligen Verschmelzung identisch sind. Sollen also mehrere Gesellschaften einer Gruppe auf die Mutter oder eine Schwester unabhängig voneinander verschmolzen werden, ohne dass eine Kettenverschmelzung vorliegt, muss für jede Verschmelzung eine gesonderte Urkunde errichtet werden. Die Zusammenfassung der Verträge in einer Rahmenurkunde hat nach § 93 Abs. 2 GNotKG zur Folge, dass so abgerechnet werden muss, wie wenn getrennte Urkunden errichtet worden wären. Alle mit dem jeweiligen Verschmelzungsvertrag zusammenhängenden Erklärungen und Beschlüsse dürfen jedoch selbstverständlich in einer Urkunde zusammengefasst werden.

38 Werden mehrere Verschmelzungen zulässig in einer Urkunde zusammengefasst, ist auch der **Höchstwert** von 10 Mio. EUR nach § 107 Abs. 1 S. 1 GNotKG **mehrfach** anzusetzen,[20] weil eine einheitliche Höchstwertbestimmung für den Fall der Gegenstandsverschiedenheit bei Gesellschaftsverträgen anders als bei Beschlüssen (§ 108 Abs. 4 Hs. 2 GNotKG) im Gesetz ausdrücklich nicht vorgesehen ist. Die spezifischen Höchstwerte nach § 107 GNotKG sind gegenstandsbezogen und nicht urkundenbezogen. Bei gestuften Verschmelzungen in einer Urkunde ist jedoch das durch die vorherige Verschmelzung erworbene Vermögen nicht hinzuzurechnen, weil nach § 96 GNotKG auf den Wert im Zeitpunkt der Beurkundung abzustellen ist.

---

[19] OLG Hamm MittBayNot 2002, 210.
[20] OLG Hamm MittBayNot 2004, 68 (69); Korintenberg/Tiedtke GNotKG § 107 Rn. 61 f.

4. Grenzüberschreitungen

Der **gemeinsame Verschmelzungsplan** nach § 307 UmwG bei grenzüberschreitenden Verschmelzungen löst immer ebenfalls eine 2,0-Gebühr nach Nr. 21100 KV GNotKG aus, da es sich dogmatisch um einen Vertrag und nicht um einen einseitigen Rechtsakt handelt. Dessen Geschäftswert ist ebenfalls der Aktivwert des übergehenden Vermögens (§ 97 Abs. 1 GNotKG) ohne Schuldenabzug (§ 38 GNotKG) oder die höhere Gegenleistung (§ 97 Abs. 3 GNotKG), mind. 30.000 EUR und höchstens 10 Mio. EUR (§ 107 Abs. 1 GNotKG). 39

II. Zustimmungsbeschlüsse

Beschlüsse sind nach Nr. 21100 KV GNotKG zu bewerten und lösen daher eine 2,0-Gebühr aus. Werden sie in derselben Urkunde gefasst wie der Verschmelzungsvertrag, entsteht nur eine (einheitliche) 2,0-Gebühr (§ 93 Abs. 1 GNotKG) aus dem zusammengerechneten Wert von Verschmelzung und Beschluss (§§ 35, 110 Nr. 1 GNotKG). 40

Der Zustimmungsbeschluss zur Verschmelzung hat denselben Wert wie der Verschmelzungsvertrag nach § 108 Abs. 3 S. 1 GNotKG. Er beträgt höchstens 5 Mio. EUR, § 108 Abs. 4 GNotKG. Allerdings sind Beschlüsse von Organen verschiedener Vereinigungen bei Umwandlungsvorgängen, sofern die Beschlüsse denselben Beschlussgegenstand haben, also denselben Verschmelzungsvertrag betreffen, nach § 109 Abs. 2 S. 1 Nr. 4 lit. g GNotKG gegenstandsgleich. Nach § 109 Abs. 2 S. 2 GNotKG wird also nur ein Beschluss pro Urkunde bewertet. Für Beschlüsse in verschiedenen Urkunden gilt das nicht. 41

III. Kapitalerhöhungen

Kapitalerhöhungen sind als Beschlüsse nach Nr. 21100 KV GNotKG mit einer 2,0-Gebühr zu bewerten. Der Geschäftswert entspricht dem Gesamtwert der Einlageverpflichtungen des Inferenten. Er beträgt nach §§ 108 Abs. 1 S. 1, 105 Abs. 1 S. 2 GNotKG mindestens 30.000 EUR und nach § 108 Abs. 4 GNotKG höchstens 5 Mio. EUR, wobei der Höchstwert von 5 Mio. EUR für die Summe der Werte aller Beschlüsse einer Gesellschaft in einer Urkunde gilt. Die entsprechende Satzungsänderung ist nicht gesondert zu bewerten (§ 109 Abs. 2 S. 1 Nr. 4 lit. a GNotKG). 42

Bei verschmelzungsdurchführenden Kapitalerhöhungen werden keine Übernahmeerklärungen im Sinne des § 55 GmbHG abgegeben, eine **Liste der Übernehmer** ist aber erforderlich. Deren Erstellung durch den Notar führt zur gedeckelten Vollzugsgebühr zum Kapitalerhöhungsbeschluss nach Nr. 22110, 22113 KV GNotKG aus dem Gesamtwert der Urkunde, in der der Beschluss enthalten ist. Da auch eine neue Gesellschafterliste nach § 40 Abs. 2 GmbHG erstellt werden muss und die Höchstgebühr 250 EUR je Tätigkeit beträgt, liegt die Höchstgebühr nach Nr. 22113 KV GNotKG bei **2 x 250 EUR = 500 EUR**. 43

Die **Bescheinigung nach § 40 Abs. 2 S. 2 GmbHG** ist eine gebührenpflichtige notarielle Betreuungstätigkeit, für die eine 0,5-Gebühr nach Nr. 22200 Nr. 6 KV GNotKG entsteht, da die Wirksamkeit der Kapitalerhöhung durch deren Eintragung im Handelsregister ein Umstand außerhalb der Urkunde darstellt (str.). Geschäftswert ist der volle Wert der Urkunde (§ 113 Abs. 1 GNotKG). 44

Die Kapitalerhöhung zur Durchführung der Verschmelzung entspricht einer Kapitalerhöhung durch Sacheinlage. Wird ein **Sacherhöhungsbericht** analog zum Sachgrün- 45 dungsbericht für erforderlich gehalten (zweifelhaft) und vom Notar entworfen, ist eine Entwurfsgebühr nach Nr. 24101 KV GNotKG abzurechnen. Der Geschäftswert richtet sich nach § 36 Abs. 1 GNotKG. Demnach ist ein **Teilwert** vom Wert der Sacheinlage, also vom Wert des Verschmelzungsvertrags, anzusetzen. Angemessen sind 10–20 %. Wird der Sachgründungsbericht nicht vollständig erstellt (dann höchster Gebührensatz von 1,0 nach § 92 Abs. 2 GNotKG), muss innerhalb des Gebührensatzrahmens von 0,3–1,0 der Gebührensatz gewählt werden. Es handelt sich bei der Entwurfsfertigung um ein gesondertes Verfahren; deshalb fällt die Post- und Telekommunikationspauschale hierfür gesondert an.

IV. Verzichtserklärungen

46 Die Verzichte auf den Verschmelzungsbericht nach § 8 Abs. 3 UmwG, auf die Prüfung der Verschmelzung nach § 9 Abs. 2 UmwG und auf den Prüfungsbericht nach §§ 9 Abs. 2 iVm 12 Abs. 3 UmwG sind **einseitige Erklärungen** und lösen daher eine 1,0-Gebühr nach Nr. 21200 KV GNotKG aus. Ihr Geschäftswert ist gesetzlich nicht geregelt. Er muss daher nach § 36 Abs. 1 GNotKG bestimmt werden. Das Ermessen des Notars ist dabei vorgeprägt durch den allgemein anerkannten Bezugswert, nämlich den Wert des Verschmelzungsvertrags, und den allgemein anerkannten Teilwert von 10–20 %. Die Verzichtserklärungen sind gegenstandsgleich gemäß § 109 Abs. 1 GNotKG zum Verschmelzungsvertrag; sie werden also in derselben Urkunde wie der Verschmelzungsvertrag nach § 109 Abs. 1 S. 5 GNotKG nicht bewertet. Sind in der Urkunde ansonsten nur Beschlüsse enthalten, scheidet die Annahme von Gegenstandsgleichheit nach § 110 Nr. 1 GNotKG aus.

V. Handelsregisteranmeldungen

1. Handelsregisteranmeldung bei der übertragenden Gesellschaft

47 Der Entwurf der Handelsregisteranmeldung bei der übertragenden Gesellschaft löst eine 0,5-Gebühr nach Nr. 24102 KV GNotKG aus (bei vollständiger Fertigung, § 92 Abs. 2 GNotKG). Die ersten Unterschriftsbeglaubigungen nach Entwurfsfertigung sind gebührenfrei, wenn sie „demnächst" und an ein und demselben Tag erfolgen (Vorbem. 2.4.1 Abs. 2 KV GNotKG). Beim Geschäftswert ist davon auszugehen, dass es sich um eine Anmeldung ohne bestimmten Geldwert handelt, daher sind 1 % des eingetragenen Grund- oder Stammkapitals, mind. 30.000 EUR, anzusetzen (§§ 119 Abs. 1, 105 Abs. 2, Abs. 4 Nr. 1 GNotKG), max. 1 Mio. EUR (§ 106 GNotKG). Für die Erzeugung der **XML-Strukturdaten** entsteht eine 0,2-Gebühr, max. 125 EUR (Nr. 22114 KV GNotKG), aus dem vollen Wert der Anmeldung. Wenn der Notar die Unterschriften unter einem **Fremdentwurf** beglaubigt, entstehen eine 0,2-Gebühr, max. 70 EUR (Nr. 25100 KV GNotKG), und für die XML-Strukturdaten eine 0,5-Gebühr, max. 250 EUR (Nr. 22125 KV GNotKG). Zusätzlich fallen dann 20 EUR (Nr. 22124 KV GNotKG) für die Übermittlung der Anmeldung an das Handelsregister sowie Gebühren für die Erzeugung elektronisch beglaubigter Abschriften der Fremdurkunden (Nr. 25102 KV GNotKG, mind. je 10 EUR) an.

48 Die **Handelsregistereintragung** kostet 240 EUR nach Nr. 2402 GV HRegGebV. Zusätzlich werden vom Handelsregister Kosten in Höhe von 1/3 der Eintragungsgebühr für die Bereitstellung der Registerdaten oder Dokumente zum Abruf erhoben.

2. Handelsregisteranmeldung bei der übernehmenden Gesellschaft

Der Entwurf der Handelsregisteranmeldung bei der übernehmenden Gesellschaft löst eine weitere 0,5-Gebühr nach Nr. 24102 KV GNotKG (bei vollständiger Erstellung, § 92 Abs. 2 GNotKG) aus. Die ersten Unterschriftsbeglaubigungen nach Entwurf sind gebührenfrei, wenn sie „demnächst" und soweit sie an ein und demselben Tag erfolgen (Vorbem. 2.4.1 Abs. 2 KV GNotKG). Auch die Anmeldung der Verschmelzung zum Register der übernehmenden Gesellschaft ist grundsätzlich eine Anmeldung ohne bestimmten Geldwert. Daher beträgt der Geschäftswert grundsätzlich 1 % des eingetragenen Grund- oder Stammkapitals, mind. 30.000 EUR (§§ 119 Abs. 1, 105 Abs. 2, Abs. 4 Nr. 1 GNotKG). Wird gleichzeitig eine Kapitalerhöhung angemeldet, liegt eine gegenstandsverschiedene Anmeldung vor. Der Nennbetrag der Erhöhung (Unterschiedsbetrag, §§ 119 Abs. 1, 105 Abs. 1 S. 1 Nr. 3, 4 GNotKG, mind. 30.000 EUR, § 105 Abs. 1 S. 2 GNotKG) ist hinzuzurechnen. Der Höchstwert der Anmeldung beträgt 1 Mio. EUR (§ 106 GNotKG). Für die **XML-Strukturdaten** wird eine 0,2-Gebühr erhoben, max. jedoch 125 EUR (Nr. 22114 KV GNotKG), aus dem vollen Wert der Anmeldung (§ 112 GNotKG). Wenn der Notar die Unterschriften unter einem **Fremdentwurf** beglaubigt, entstehen eine 0,2-Gebühr, max. 70 EUR (Nr. 25100 KV GNotKG), und für die XML-Strukturdaten eine 0,5-Gebühr, max. 250 EUR (Nr. 22125 KV GNotKG). Zusätzlich fallen dann 20 EUR (Nr. 22124 KV GNotKG) für die Übermittlung der Anmeldung an das Handelsregister sowie Gebühren für die Erzeugung elektronisch beglaubigter Abschriften der Fremdurkunden (Nr. 25102 KV GNotKG, mind. je 10 EUR) an.

Die **Handelsregistereintragung** der Verschmelzung kostet 240 EUR nach Nr. 2403 GV HRegGebV, die Eintragung der Kapitalerhöhung/Satzungsänderung 210 EUR (Nr. 2401 GV HRegGebV). Zusätzlich werden vom Handelsregister Kosten in Höhe von 1/3 der Eintragungsgebühr für die Bereitstellung der Registerdaten oder Dokumente zum Abruf erhoben.

VI. Sonstiges

Wird der Notar mit sonstigen Tätigkeiten im Bereich der Verschmelzung beauftragt, handelt es sich kostenrechtlich um selbstständige Geschäfte, die gesondert abgerechnet werden.

Der **Entwurf von Vollmachten** löst nach Nr. 24101 KV GNotKG Gebühren von 0,3–1,0 aus, wobei die vollständige Fertigung der Vollmacht durch den Notar den Höchstsatz zur Folge hat, § 92 Abs. 2 GNotKG. Für die **Überprüfung** von Vollmachten gilt Nr. 24101 KV GNotKG ebenfalls, Vorbem. 2.4.1 Abs. 3 S. 1 KV GNotKG. Geschäftswert der Vollmacht ist die Hälfte des Wertes des Rechtsgeschäfts bzw. der Rechtsgeschäfte, auf die sich die Vollmacht bezieht, § 98 Abs. 1 GNotKG. Er beträgt höchstens 1 Mio. EUR, § 98 Abs. 5 GNotKG.

Stellt der Notar im Auftrag der Beteiligten den **Antrag auf Bestellung eines Verschmelzungsprüfers** oder wirkt daran mit, liegt kostenrechtlich ein Entwurf vor, der einen Gebührensatz von 0,3–1,0 nach Nr. 24101 KV GNotKG, je nach Umfang der notariellen Tätigkeit, § 92 GNotKG, auslöst. Der Geschäftswert ist ein Teilwert von 10–20 % des Wertes des Umwandlungsvorgangs (§ 36 Abs. 1 GNotKG).

Entwirft der Notar den **Verschmelzungsbericht** oder wirkt daran mit, liegt kostenrechtlich ebenfalls ein Entwurf vor, der einen Gebührensatz von 0,3–1,0 nach Nr. 24101

KV GNotKG, je nach Umfang der notariellen Tätigkeit, § 92 GNotKG, auslöst. Der Geschäftswert ist ein Teilwert von 20–30 % des Wertes des Umwandlungsvorgangs (§ 36 Abs. 1 GNotKG).

54 Auch der **Verschmelzungsprüfungsbericht** löst Entwurfsgebühren von 0,3–1,0 aus (Nr. 24101 KV GNotKG), wenn der Notar diesen erstellt oder an dessen Erstellung mitwirkt. Die genaue Festlegung des Gebührensatzes richtet sich nach Umfang der notariellen Tätigkeit, § 92 GNotKG. Der Geschäftswert ist ein Teilwert von 20–30 % des Wertes des Umwandlungsvorgangs (§ 36 Abs. 1 GNotKG).

55 Die **Einreichung des Verschmelzungsvertrags** ist gebührenfrei, wenn der Notar eine Gebühr für den Verschmelzungsvertrag und XML-Strukturdaten-Gebühren für die Handelsregisteranmeldung abrechnet.

56 Die **Entgegennahme** des Verschmelzungsvertrags beim Handelsregister kostet 50 EUR nach Nr. 5006 GV HRegGebV. Zusätzlich werden vom Handelsregister Kosten in Höhe von 1/3 der Entgegennahmegebühr für die Bereitstellung der Registerdaten oder Dokumente zum Abruf erhoben.

VII. Einzelfälle

1. Verschmelzung Tochter-GmbH auf Mutter

57 Für den Verschmelzungsvertrag kommt es auf den Aktivwert der Tochter-GmbH an, §§ 97 Abs. 1, 38 GNotKG, mindestens sind 30.000 EUR und höchstens 10 Mio. EUR anzusetzen, § 107 Abs. 1 GNotKG. Das Vermögen der Mutter ist irrelevant, weil es nicht übertragen wird.

58 Jeder Gesellschafterbeschluss hat denselben Wert wie die Verschmelzung, § 108 Abs. 3 GNotKG, allerdings höchstens 5 Mio. EUR, § 108 Abs. 4 GNotKG. In derselben Urkunde sind der Zustimmungsbeschluss der Mutter und der Tochter zur Verschmelzung gegenstandsgleich, § 109 Abs. 2 S. 1 Nr. 4 lit. g GNotKG, so dass nur ein Beschluss bewertet wird, § 109 Abs. 2 S. 2 GNotKG.

59 Die Verzichtserklärungen sind gegenstandsgleich gemäß § 109 Abs. 1 GNotKG zum Verschmelzungsvertrag; sie werden also in derselben Urkunde wie der Verschmelzungsvertrag nach § 109 Abs. 1 S. 5 GNotKG nicht bewertet.

2. Verschmelzung Mutter-GmbH auf Tochter

60 Auch beim **Downstream-Merger** richtet sich der Geschäftswert gemäß § 97 Abs. 1 GNotKG nach dem Aktivvermögen der übertragenden Mutter-GmbH ohne Schuldenabzug, § 38 GNotKG. Sollte die den Gesellschaftern der Mutter-GmbH gewährte Beteiligung an der Tochter-Gesellschaft einen höheren Wert aufweisen, wäre dieser maßgeblich, § 97 Abs. 3 GNotKG. Zum maßgeblichen Aktivvermögen der Mutter-GmbH gehört auch die Beteiligung an der Tochter-Gesellschaft, selbst wenn dieser in der Mutter-GmbH verkörperte Beteiligungswert im Rahmen der Verschmelzung auf die Tochter durch Konfusion entfällt bzw. nicht übertragen wird. Kostenrechtlich kommt es auf den Zeitpunkt der Beurkundung des Verschmelzungsvertrags an, zu dem der Beteiligungswert der Tochter zum Vermögen der Mutter-GmbH gehörte und daher den Geschäftswert der Urkunde erhöht.

61 Der etwaige Kapitalerhöhungsbeschluss bei der Tochter ist zum Wert des Zustimmungsbeschlusses hinzuzurechnen, allerdings beträgt der Beschlusshöchstwert unver-

ändert 5 Mio. EUR, was gleichzeitig der Höchstwert für die Summe aller Beschlüsse in derselben Urkunde ist. Der Wert der Kapitalerhöhung ist nicht der Nennbetrag, sondern der **wahre Wert** der neuen oder erhöhten Anteile. Typischerweise entstehen bei Beurkundung einer Kapitalerhöhung Vollzugsgebühren (für die Erstellung der Übernehmer- und der Gesellschafterliste: 0,5-Gebühr nach Nr. 22110, 22113 KV GNotKG aus dem vollen Wert der Urkunde, § 112 S. 1 GNotKG, allerdings max. je 250 EUR, also insgesamt 500 EUR). Für die Bescheinigung nach § 40 Abs. 2 S. 2 GmbHG entsteht eine Betreuungsgebühr nach Nr. 22200 KV GNotKG (str.), ebenfalls aus dem vollen Wert der Urkunde, 113 Abs. 1 GNotKG.

3. Verschmelzung zweier Schwester-GmbHs

Bei der Bewertung des Verschmelzungsvertrags kommt es darauf an, das Vermögen **welcher Schwester** übertragen wird. Maßgeblich ist der Wert des übertragenden Rechtsträgers, also der übertragenden Schwester; der aufnehmende Rechtsträger spielt keine Rolle.

Die Zustimmungsbeschlüsse nach § 13 Abs. 1 UmwG bei der übertragenden und der übernehmenden GmbH sind nach § 110 Nr. 1 GNotKG gegenstandsverschieden zum Verschmelzungsvertrag. Sie sind nach § 109 Abs. 2 S. 1 Nr. 4 lit. g GNotKG untereinander gegenstandsgleich, also nur einmal zu bewerten, § 109 Abs. 2 S. 2 GNotKG. Dieser Wert nach § 108 Abs. 3 S. 1 GNotKG ist zum Wert des Verschmelzungsvertrags hinzuzurechnen, allerdings höchstens 5 Mio. EUR.

Gegenstandsverschieden ist der Kapitalerhöhungsbeschluss bei der aufnehmenden GmbH, wenn auf eine Kapitalerhöhung nicht nach § 54 Abs. 1 S. 3 UmwG verzichtet wird. Maßgeblich ist nicht der Nennbetrag der Kapitalerhöhung, sondern der wahre Wert der neuen oder erhöhten Anteile, der zu dem Wert des Verschmelzungsbeschlusses hinzuzurechnen ist (§ 35 Abs. 1 GNotKG).

4. Verschmelzung zweier AGs auf AG durch Neugründung

Für den Verschmelzungsvertrag zweier AGs zur Neugründung ist – wie immer – der Wert des übertragenen Vermögens maßgeblich. In diesem Fall geht es aber um den **kumulierten Aktivwert** beider AGs.

Im Übrigen findet das Gründungskostenrecht zur AG Anwendung.[21] Die Feststellung der Satzung der neuen AG ist gegenstandsgleich zum Verschmelzungsvertrag iSd § 109 Abs. 1 GNotKG. Die Bestellung des ersten Aufsichtsrats sowie des ersten Abschlussprüfers erfolgt je durch Beschluss und ist gegenstandsverschieden (§ 110 Nr. 1 GNotKG). Es handelt sich um Beschlüsse mit unbestimmtem Geschäftswert (§§ 108 Abs. 1 S. 1, 105 Abs. 4 Nr. 1 GNotKG).

Die Hauptversammlungsbeschlüsse der beiden übertragenden AGs sind untereinander nicht gegenstandsgleich: § 109 Abs. 2 S. 1 Nr. 4 lit. g GNotKG ist nicht einschlägig, weil die Zustimmungsbeschlüsse nicht denselben Gegenstand betreffen. Die Zustimmung der Aktionäre erfolgt nämlich nur im Hinblick auf das jeweilige Vermögen jedes einzelnen Rechtsträgers.[22] Der Geschäftswert des jeweiligen Beschlusses wird durch das

---

21 *Diehn* Notarkosten § 3 Rn. 172 ff.
22 LG Dresden NotBZ 2007, 457.

jeweilige Aktivvermögen der AG bestimmt. Eine Zusammenbeurkundung ist unzulässig bzw. nach § 93 Abs. 2 GNotKG kostenrechtlich unbeachtlich.[23]

5. Verschmelzung GmbH auf bestehende GmbH & Co. KG

68 Bei der Verschmelzung einer GmbH auf eine GmbH & Co. KG bestehen kostenrechtlich kaum Besonderheiten.

Der Beschluss zur Erhöhung des Festkapitals der aufnehmenden KG ist gegenstandsverschieden zum Zustimmungsbeschluss. Er ist nicht nur mit dem Nennbetrag der Kapitalerhöhung anzusetzen, sondern mit dem wahren Wert des Erhöhungsbetrags. Die Änderung des Gesellschaftsvertrages bei der aufnehmenden KG ist gegenstandsgleich nach § 109 Abs. 2 S. 1 Nr. 4 lit. b GNotKG, soweit sie zur Durchführung der Festkapitalerhöhung erfolgt (Stammkapitalziffer, Einlagen). Darüber hinaus sind Änderungen des Gesellschaftsvertrages der aufnehmenden GmbH & Co. KG jedoch gesondert zu bewerten, da der Gesellschaftsvertrag – anders als beim Formwechsel (§ 234 UmwG) – nicht zwingender Bestandteil der notariellen Urkunde ist.

6. Verschmelzung GmbH & Co. KG auf bestehende GmbH

69 Für den Verschmelzungsvertrag kommt es nach §§ 97 Abs. 1, 38 GNotKG auf den Aktivwert der übertragenden GmbH & Co. KG an. Ausgangspunkt ist dabei die Verschmelzungsbilanz. Buchwerte müssen, soweit möglich, korrigiert werden.

70 Die Zustimmungsbeschlüsse nach § 13 Abs. 1 UmwG bei der übertragenden KG und der übernehmenden GmbH sind nach § 110 Nr. 1 GNotKG gegenstandsverschieden zum Verschmelzungsvertrag. Sie sind nach § 109 Abs. 2 S. 1 Nr. 4 lit. g GNotKG untereinander gegenstandsgleich, also ist nur einer zu bewerten, § 109 Abs. 2 S. 2 GNotKG. Dieser Wert nach § 108 Abs. 3 S. 1 GNotKG ist zum Wert des Verschmelzungsvertrags hinzuzurechnen, allerdings höchstens 5 Mio. EUR.

71 Gegenstandsverschieden ist der Kapitalerhöhungsbeschluss bei der GmbH. Maßgeblich ist nicht der Nennbetrag der Kapitalerhöhung, sondern der wahre Wert der neuen oder erhöhten Anteile, der zu dem Wert des Verschmelzungsbeschlusses hinzuzurechnen ist (§ 35 Abs. 1 GNotKG).

72 Typischerweise entstehen bei Beurkundung einer Kapitalerhöhung Vollzugsgebühren (für die Erstellung der Übernehmer- und der Gesellschafterliste: 0,5-Gebühr nach Nr. 22110, 22113 KV GNotKG aus dem vollen Wert der Urkunde, §§ 112 S. 1 GNotKG, allerdings max. je 250 EUR). Für die Bescheinigung nach § 40 Abs. 2 S. 2 GmbHG entsteht eine Betreuungsgebühr nach Nr. 22200 KV GNotKG (str.), ebenfalls aus dem vollen Wert der Urkunde, 113 Abs. 1 GNotKG.

7. Verschmelzung GmbH & Co. KG auf bestehende GmbH & Co. KG

73 Der Wert des Verschmelzungsvertrags richtet sich nach dem Aktivwert der übertragenen GmbH & Co. KG. Werden die Zustimmungsbeschlüsse in einer Urkunde protokolliert, sind sie untereinander gegenstandsgleich nach § 109 Abs. 2 S. 1 Nr. 4 lit. g GNotKG und damit nur einmal anzusetzen, § 109 Abs. 2 S. 2 GNotKG. Dieser Wert wird dem Wert des Verschmelzungsvertrags hinzugerechnet, §§ 35 Abs. 1, 110 Nr. 1 GNotKG, wenn die Beschlüsse in derselben Urkunde enthalten sind.

---

23 BGH NZG 2018, 35.

Der Beschluss zur Erhöhung des Festkapitals der aufnehmenden KG ist gegenstandsverschieden zum Zustimmungsbeschluss. Er ist nicht nur mit dem Nennbetrag der Kapitalerhöhung anzusetzen, sondern mit dem wahren Wert des Erhöhungsbetrags. Die Änderung des Gesellschaftsvertrages bei der aufnehmenden KG ist gegenstandsgleich nach § 109 Abs. 2 S. 1 Nr. 4 lit. b GNotKG, soweit sie zur Durchführung der Festkapitalerhöhung erfolgt (Stammkapitalziffer, Einlagen). Darüber hinaus sind Änderungen des Gesellschaftsvertrages der aufnehmenden GmbH & Co. KG jedoch gesondert zu bewerten, da der Gesellschaftsvertrag – anders als beim Formwechsel (§ 234 UmwG) – nicht zwingender Bestandteil der notariellen Urkunde ist.

8. Kettenverschmelzungen zweier GmbHs

Kettenverschmelzungen sind **nie gegenstandsgleich**. Die Werte der Verschmelzungsverträge werden vielmehr, wenn sie in einer Urkunde enthalten sind, addiert, wobei jeder Wert max. 10 Mio. EUR beträgt nach § 107 Abs. 1 GNotKG. Maßgeblicher Bewertungszeitpunkt ist die Beurkundung, § 96 GNotKG. Daher wird auch bei zeitlich aufeinanderfolgenden Verschmelzungen (A auf B, danach B auf C) das im Rahmen der ersten Verschmelzung erworbene Vermögen bei der B beim zweiten Verschmelzungsvertrag **nicht hinzugerechnet**.

VIII. Beispiel

1. Upstream-Merger

T wird auf M verschmolzen. Die Gesellschafterversammlungen von T und M fassen in derselben Urkunde Zustimmungsbeschlüsse. Alle Verzichtserklärungen werden mitbeurkundet. Die Bilanzsumme beträgt 11 Mio. EUR.

Abwandlung: Der Zustimmungsbeschluss und die Verzichtserklärungen bei M werden gesondert beurkundet. Der Notar hat die Vollmacht entworfen.[24]

Die Urkunde löst eine 2,0-Gebühr nach Nr. 21100 KV GNotKG aus. Der Verschmelzungsvertrag hat den Höchstgeschäftswert von 10 Mio. EUR nach §§ 97, 107 Abs. 1 GNotKG. Verzichtserklärungen sind gegenstandsgleich und daher nicht gesondert zu bewerten (§ 109 Abs. 1 S. 5 GNotKG). Die Zustimmungsbeschlüsse sind untereinander gegenstandsgleich (§ 109 Abs. 2 S. 1 Nr. 4 lit. g, S. 2 GNotKG). Der Beschlussgegenstand hat einen Höchstwert von 5 Mio. EUR (§ 108 Abs. 4 GNotKG). Die Urkunde hat daher einen Geschäftswert von 15 Mio. EUR und löst eine Gebühr von netto 28.770 EUR aus.

In der Abwandlung entstehen zusätzliche Kosten: Bei M hat der Beschluss den Höchstgeschäftswert von 5 Mio. EUR (netto 16.270 EUR). Die Verzichtserklärungen lösen eine 1,0-Gebühr nach Nr. 21200 KV GNotKG aus 10 % des Anteilswertes, also aus 1,1 Mio. EUR, aus (netto 1.895 EUR). Die Vergleichsberechnung nach § 94 Abs. 1 Alt. 2 GNotKG (2,0-Gebühr aus 6,1 Mio. EUR) führt zu einer niedrigeren und daher der maßgeblichen Gebühr: 17.830 EUR.

Der Entwurf der **Stimmrechtsvollmacht** ist nach §§ 119, 98 GNotKG mit einer 1,0-Gebühr aus 1 Mio. EUR (Höchstgeschäftswert nach § 98 Abs. 4 GNotKG) abzurechnen (netto 1.735 EUR).

---

24 Vgl. *Diehn* Notarkosten § 3 Rn. 300.

2. Verschmelzung zur Aufnahme

79 X (Stammkapital 40.000 EUR) wird auf Y (Stammkapital 180.000 EUR) verschmolzen. Die Bilanzsumme von X beträgt 3 Mio. EUR. Als Gegenleistung gewährt Y den beiden Gesellschaftern von X Geschäftsanteile an Y im Nennbetrag von je 35.000 EUR. Bei Y wird daher beschlossen, der Verschmelzung zuzustimmen und das Stammkapital um 70.000 EUR zu erhöhen. Auch der Zustimmungsbeschluss bei X sowie alle Verzichtserklärungen werden mitbeurkundet. Der Notar betreibt den Handelsregistervollzug und fertigt alle erforderlichen Gesellschafterlisten.[25]

80 Die Urkunde löst eine 2,0-Gebühr nach Nr. 21100 KV GNotKG aus. Der Wert des Verschmelzungsvertrags richtet sich nach §§ 97, 38 GNotKG nach dem Aktivwert des übergehenden Vermögens: 3 Mio. EUR. Soweit von der Bilanzsumme ausgegangen wird, wäre diese nach Möglichkeit hinsichtlich der Buchwerte zu korrigieren durch Verkehrswerte. Die Verzichtserklärungen sind gegenstandsgleich. Die Zustimmungsbeschlüsse sind untereinander gegenstandsgleich (§ 109 Abs. 2 S. 1 Nr. 4 lit. g, S. 2 GNotKG). Anzusetzen sind nach § 108 Abs. 2, 3 GNotKG daher ebenfalls 3 Mio. EUR. Die Kapitalerhöhung ist mit 70.000 EUR zusätzlich zu bewerten. Die Urkunde hat somit einen Geschäftswert von 6,07 Mio. EUR und löst eine Beurkundungsgebühr von 17.730 EUR aus. Es entsteht aus dem Verfahrenswert die Vollzugsgebühr Nr. 22110 KV GNotKG für die Fertigung von zwei Gesellschafterlisten, jedoch begrenzt nach Nr. 22113 KV GNotKG auf 250 EUR je Liste, also 500 EUR. Die Kapitalerhöhung ist erst wirksam mit Eintragung im Handelsregister. Daher sind für die Bescheinigung der neuen Gesellschafterliste von Y nach § 40 Abs. 2 S. 2 GmbHG Umstände außerhalb der Urkunde zu prüfen, so dass die Betreuungsgebühr Nr. 22200 KV GNotKG aus dem Verfahrenswert entsteht (netto 4.547,50 EUR).

81 Für die Handelsregisteranmeldungen entstehen jeweils eine 0,5-Entwurfsgebühr nach Nr. 24102 KV GNotKG und eine 0,2-Gebühr nach Nr. 22114 KV GNotKG für XML-Strukturdaten, und zwar bei der übertragenden X aus 30.000 EUR (§§ 119, 105 Abs. 2, Abs. 4 Nr. 1 GNotKG) und bei der aufnehmenden Y aus 100.000 EUR (Verschmelzung + Kapitalerhöhung gemäß §§ 119, 105 Abs. 1, Abs. 2, Abs. 4 Nr. 1 GNotKG). Die Anmeldung der Satzungsänderung ist notwendige Erklärungseinheit und nicht gesondert zu bewerten. Die Fertigung und Bescheinigung der neuen Satzung löst keine Gebühren aus.

82 Die Eintragungen im Handelsregister kosten:
- bei der übertragenden X nach Nr. 2402 GV HRegGebV 240 EUR,
- bei der übernehmenden Y nach Nr. 2401 GV HRegGebV 210 EUR und nach Nr. 2403 GV HRegGebV 240 EUR.

C. Kosten der Spaltung

I. Spaltungsvertrag/Spaltungsplan

83 Wird ein Spaltungsplan beurkundet, liegt ein einseitiges Rechtsgeschäft vor, dessen Beurkundung eine 1,0-Gebühr nach Nr. 21200 KV GNotKG auslöst. Im Übrigen entsteht eine 2,0-Gebühr nach Nr. 21100 KV GNotKG, insbesondere für Spaltungs- und Übernahmeverträge.

---

25 Vgl. *Diehn* Notarkosten § 3 Rn. 301.

Geschäftswert ist der Wert des auf den neu gegründeten bzw. aufnehmenden Rechtsträger übergehenden Aktivvermögens ohne Schuldenabzug, § 97 Abs. 1 GNotKG) oder der höhere Wert der jeweiligen Gegenleistungen (§ 97 Abs. 3 GNotKG). Zur Wertberechnung → Rn. 32 ff. Nach § 107 Abs. 1 S. 1 GNotKG gilt ein Höchstwert von 10 Mio. EUR und ein Mindestwert von 30.000 EUR. Handelt es bei den Abspaltungen um rechtlich selbstständige Vorgänge, deren Wirksamkeit nicht aneinandergekoppelt ist, gilt die Höchstwertbegrenzung für jeden Spaltungsvorgang gesondert. Eine **Geschäftsführerbestellung** ist im Gegensatz zur gegenstandsgleichen GmbH-Gründung (Vertrag, daher gilt § 109 Abs. 1 GNotKG) ein hinzuzurechnender Beschluss (§§ 35, 110 Nr. 1 GNotKG). Dessen Wert beträgt 1 % des Stammkapitals der GmbH und mindestens 30.000 EUR (§§ 108 Abs. 1 S. 1, 105 Abs. 4 Nr. 1 GNotKG). Im Verhältnis zum Ausgliederungsplan (mit der 1,0-Gebühr) ist dann eine Vergleichsberechnung nach § 94 Abs. 1 GNotKG mit der 2,0-Beschlussgebühr erforderlich. 84

II. Zustimmungsbeschlüsse

Jeder Beschluss löst bei Beurkundung die 2,0-Gebühr nach Nr. 21100 KV GNotKG aus. Der Geschäftswert ist immer der Wert des übergehenden Aktivvermögens, § 108 Abs. 2, 3 GNotKG. Er beträgt höchstens 5 Mio. EUR, § 108 Abs. 4 GNotKG. 85

III. Verzichtserklärungen

Die Beurkundung des **Anfechtungsverzichts** löst eine 1,0-Gebühr nach Nr. 21200 KV GNotKG aus, da es sich um eine einseitige Erklärung handelt. Der Geschäftswert ist gesetzlich nicht bestimmt; daher ist § 36 Abs. 1 GNotKG anzuwenden. Der danach maßgebliche Wert ist ein Teilwert aus dem Anteil des jeweils Verzichtenden am übergehenden Aktivvermögen; angemessen sind jeweils 10–20 % (§ 36 Abs. 1 GNotKG). Verzichtserklärungen mehrerer Anteilsinhaber sind gegenstandsverschieden; die einzelnen Werte sind daher zu addieren (§ 35 Abs. 1 GNotKG). Beschluss und Verzichtserklärungen sind gegenstandsverschieden (§ 110 Nr. 1 GNotKG), so dass aufgrund der verschiedenen Gebührensätze eine Vergleichsberechnung nach § 94 Abs. 1 GNotKG erforderlich ist. Sind die Verzichtserklärungen in einer Urkunde mit dem Spaltungsvertrag/-plan enthalten, sind sie **gegenstandsgleich** und nicht gesondert zu bewerten. 86

Die **Verzichtserklärung zum Spaltungsbericht** löst bei Beurkundung ebenfalls eine 1,0-Gebühr (Nr. 21200 KV GNotKG) aus. Geschäftswert ist ebenfalls ein Teilwert aus dem Anteil des jeweils Verzichtenden am übergehenden Aktivvermögen; angemessen sind jeweils 10–20 % (§ 36 Abs. 1 GNotKG). Verzichtserklärungen mehrerer Anteilsinhaber sind gegenstandsverschieden und die einzelnen Werte daher zu addieren (§ 35 Abs. 1 GNotKG). 87

IV. Handelsregisteranmeldungen

1. Handelsregisteranmeldung bei der übernehmenden Gesellschaft

Der Entwurf der Handelsregisteranmeldung bei einer übernehmenden Gesellschaft löst eine 0,5-Gebühr nach Nr. 24102 KV GNotKG aus, wenn er vom Notar vollständig erstellt wird, § 92 Abs. 2 GNotKG. Die ersten Unterschriftsbeglaubigungen nach Entwurf sind gebührenfrei, wenn sie „demnächst" und an ein und demselben Tag erfolgen (Vorbem. 2.4.1 Abs. 2 KV GNotKG). Der Geschäftswert beträgt 30.000 EUR nach §§ 119 Abs. 1, 105 Abs. 2, Abs. 4 Nr. 3 GNotKG. Für die **XML-Strukturdaten** wird eine 88

0,2-Gebühr erhoben, max. jedoch 125 EUR (Nr. 22114 KV GNotKG), aus dem vollen Wert der Anmeldung (§ 112 GNotKG). Wenn der Notar die Unterschriften unter einem **Fremdentwurf** beglaubigt, entstehen eine 0,2-Gebühr, max. 70 EUR (Nr. 25100 KV GNotKG), und für die XML-Strukturdaten eine 0,5-Gebühr, max. 250 EUR (Nr. 22125 KV GNotKG). Zusätzlich fallen dann 20 EUR (Nr. 22124 KV GNotKG) für die Übermittlung der Anmeldung an das Handelsregister sowie Gebühren für die Erzeugung elektronisch beglaubigter Abschriften der Fremdurkunden (Nr. 25102 KV GNotKG, mind. je 10 EUR) an.

89 Die **Handelsregistereintragung** kostet 180 EUR (Nr. 1401 GV HRegGebV). Zusätzlich werden vom Handelsregister Kosten in Höhe von 1/3 der Eintragungsgebühr für die Bereitstellung der Registerdaten oder Dokumente zum Abruf erhoben.

2. Handelsregisteranmeldung bei einer neu gegründeten GmbH

90 Der Entwurf der Handelsregisteranmeldung bei einer neu gegründeten GmbH löst eine 0,5-Gebühr nach Nr. 24102 KV GNotKG aus, wenn er vom Notar vollständig erstellt wird, § 92 Abs. 2 GNotKG. Die ersten Unterschriftsbeglaubigungen nach Entwurf sind gebührenfrei, wenn sie „demnächst" und an ein und demselben Tag erfolgen (Vorbem. 2.4.1 Abs. 2 KV GNotKG). Der Geschäftswert ist das einzutragende Stammkapital (§§ 119 Abs. 1, 105 Abs. 1 S. 1 Nr. 1 GNotKG); er beträgt mindestens 30.000 EUR nach §§ 119 Abs. 1, 105 Abs. 1 S. 2 GNotKG und max. 1 Mio. EUR nach § 106 GNotKG. Für die **XML-Strukturdaten** wird eine 0,2-Gebühr erhoben, max. jedoch 125 EUR (Nr. 22114 KV GNotKG), aus dem vollen Wert der Anmeldung (§ 112 GNotKG). Wenn der Notar die Unterschriften unter einem **Fremdentwurf** beglaubigt, entstehen eine 0,2-Gebühr, max. 70 EUR (Nr. 25100 KV GNotKG), und für die XML-Strukturdaten eine 0,5-Gebühr, max. 250 EUR (Nr. 22125 KV GNotKG). Zusätzlich fallen dann 20 EUR (Nr. 22124 KV GNotKG) für die Übermittlung der Anmeldung an das Handelsregister sowie Gebühren für die Erzeugung elektronisch beglaubigter Abschriften der Fremdurkunden (Nr. 25102 KV GNotKG, mind. je 10 EUR) an.

91 **Handelsregistereintragung:** Neugründung: 260 EUR (Nr. 2104 GV HRegGebV). Zusätzlich werden vom Handelsregister Kosten in Höhe von 1/3 der Eintragungsgebühr für die Bereitstellung der Registerdaten oder Dokumente zum Abruf erhoben.

3. Handelsregisteranmeldung bei einer abspaltenden AG

92 Die Handelsregisteranmeldung einer abspaltenden AG löst eine 0,5-Gebühr nach Nr. 24102 KV GNotKG, § 92 Abs. 2 GNotKG, bei vollständiger Fertigung durch den Notar aus. Die ersten Unterschriftsbeglaubigungen nach Entwurf sind gebührenfrei, wenn sie „demnächst" und an ein und selben Tag erfolgen (Vorbem. 2.4.1 Abs. 2 KV GNotKG). Der Geschäftswert beträgt 1% des Grundkapitals der AG (§§ 119 Abs. 1, 105 Abs. 1 S. 1 Nr. 1 GNotKG), mindestens 30.000 EUR (§§ 119 Abs. 1, 105 Abs. 1 S. 2 GNotKG) und höchstens 1 Mio. EUR (§ 106 GNotKG). Für die **XML-Strukturdaten** wird eine 0,2-Gebühr erhoben, max. jedoch 125 EUR (Nr. 22114 KV GNotKG), aus dem vollen Wert der Anmeldung (§ 112 GNotKG). Wenn der Notar die Unterschriften unter einem **Fremdentwurf** beglaubigt, entstehen eine 0,2-Gebühr, max. 70 EUR (Nr. 25100 KV GNotKG), und für die XML-Strukturdaten eine 0,5-Gebühr, max. 250 EUR (Nr. 22125 KV GNotKG). Zusätzlich fallen dann 20 EUR (Nr. 22124 KV GNotKG) für die Übermittlung der Anmeldung an das Handelsregister sowie Gebühren für die Erzeugung

elektronisch beglaubigter Abschriften der Fremdurkunden (Nr. 25102 KV GNotKG, mind. je 10 EUR) an.

Handelsregistereintragung: Neugründung: 240 EUR (Nr. 2402 GV HRegGebV). Zusätzlich werden vom Handelsregister Kosten in Höhe von 1/3 der Eintragungsgebühr für die Bereitstellung der Registerdaten oder Dokumente zum Abruf erhoben.

V. Sonstiges

Fertigt der Notar den Entwurf eines **Ausgliederungsberichts**, entstehen Gebühren von 0,3–1,0 nach Nr. 24101 KV GNotKG, je nach Umfang der notariellen Beteiligung, § 92 Abs. 1 GNotKG. Der Geschäftswert ist ein Teilwert aus dem Wert des Ausgliederungsplans/-vertrags, § 36 Abs. 1 GNotKG. Angemessen sind 20–30 %.

Die **Einreichung des Ausgliederungsplans/-vertrags** erfolgt gebührenfrei, wenn der Notar den Ausgliederungsplan/-vertrag entworfen hat oder beurkundet (Vorbem. 2.1 Abs. 2 Nr. 1 KV GNotKG), ansonsten kostet sie 20 EUR nach Nr. 22124 KV GNotKG. **Entgegennahme** des Ausgliederungsplans/-vertrags beim Handelsregister: 50 EUR (Nr. 5006 GV HRegGebV). Zusätzlich werden vom Handelsregister Kosten in Höhe von 1/3 der Entgegennahmegebühr für die Bereitstellung der Registerdaten oder Dokumente zum Abruf erhoben.

Für die Erstellung von **Gesellschafterlisten** entsteht eine 0,5-Vollzugsgebühr (Nr. 22110 KV GNotKG) aus dem Verfahrenswert, deren Höhe nach Nr. 22113 KV GNotKG auf 250 EUR je Liste begrenzt ist.

Für die **Bescheinigungen nach § 40 Abs. 2 S. 2 GmbH** entsteht eine 0,5-Betreuungsgebühr (Nr. 22200 KV GNotKG, str.) aus dem Verfahrenswert, weil Umstände außerhalb der Urkunde zu prüfen sind, nämlich die Eintragungen im Handelsregister.

Die Zusammenstellung des Wortlauts der neuen Satzung und die entsprechende **Bescheinigung nach § 54 Abs. 1 S. 2 GmbHG** löst keine Notargebühren aus.

Für die Erzeugung der **XML-Strukturdaten** entsteht eine gesonderte Gebühr. Diese beträgt 0,1 aus dem Verfahrenswert nach Nr. 22115 KV GNotKG, wenn derselbe Vorgang eine Vollzugsgebühr auslöst, sonst 0,2 nach Nr. 22114 KV GNotKG, in jedem Fall max. 125 EUR. Die Gebühr entsteht nur einmal, auch wenn die Urkunde zu verschiedenen Registern eingereicht wird.

Für die Fertigung von auszugsweisen elektronisch beglaubigten Abschriften einer Einheitsurkunde entstehen keine gesonderten Gebühren.

Für **Vollmachten** erhält der Notar bei Beurkundung eine 1,0-Gebühr nach Nr. 21100. Bei vollständiger Fertigung eines Entwurfs beträgt der Gebührensatz auch 1,0 nach Nr. 24101 KV GNotKG, ansonsten kommt es auf den Umfang der notariellen Mitwirkung an (§ 92 Abs. 1 GNotKG). Es handelt sich nicht um eine Vollzugstätigkeit; eine Vollzugsgebühr ist nicht zu erheben. Bei bloßer Unterschriftsbeglaubigung ohne Entwurf ist der Gebührensatz 0,2 und die Höchstgebühr 70 EUR (Nr. 25100 KV GNotKG). Beim Geschäftswert ist der halbe Wert des Umwandlungsvorgangs anzusetzen (§ 98 Abs. 1 GNotKG), höchstens 1 Mio. EUR (§ 98 Abs. 4 GNotKG).

Im Spaltungsplan/-vertrag enthaltene **Grundbuchberichtigungserklärungen** sind gegenstandsgleich nach § 109 Abs. 1 GNotKG (Durchführung) und daher nicht gesondert zu bewerten.

VI. Einzelfälle

1. Abspaltung einer GmbH auf eine GmbH zur Neugründung

103 Die **Beurkundung des Spaltungsplans** löst eine 1,0-Gebühr aus Nr. 21200 KV GNotKG aus. Im Gegensatz zum Spaltungsvertrag bei Abspaltung zur Aufnahme, für dessen Beurkundung eine 2,0-Gebühr aus Nr. 21100 KV GNotKG anfiele, handelt es sich bei einer Abspaltung zur Neugründung um eine einseitige Erklärung. Die Feststellung der Satzung der GmbH ist Teil des Spaltungsplans und nicht gesondert zu bewerten. Der Geschäftswert beträgt nach § 107 Abs. 1 S. 1 GNotKG mindestens 30.000 EUR, höchstens jedoch 10 Mio. EUR. Bemessungsgrundlage ist nach § 97 Abs. 1 GNotKG der Wert des Rechtsverhältnisses: Bei Spaltungen zur Neugründung geht es um den Bruttowert des übertragenen Aktivvermögens. Verbindlichkeiten werden nicht abgezogen, § 38 S. 1 GNotKG. Ausgangspunkt der Wertermittlung kann die Spaltungsbilanz sein, also die „Spaltungsbilanzsumme". Ziel der Bewertung ist es, nicht bei den Buchwerten zu verharren, sondern den wahren Wert der bilanzierten Positionen anzusetzen (Rechtsgedanke § 54 S. 2 GNotKG). Die Buchwertkorrektur ist nicht auf Grundbesitz und bilanzierte Beteiligungen beschränkt.

104 Die **Beurkundung des Spaltungsbeschlusses** löst nach Nr. 21100 KV GNotKG eine 2,0-Gebühr aus. Wenn er in derselben Urkunde wie der Spaltungsplan enthalten ist, wird eine Vergleichsberechnung nach § 94 Abs. 1 GNotKG erforderlich. Geschäftswert des Beschlusses ist nach § 108 Abs. 3 S. 2 GNotKG das übergehende Aktivvermögen ohne Abzug von Verbindlichkeiten. Bei dem Zustimmungsbeschluss handelt es sich um einen Beschluss mit bestimmtem Geldwert. Der Wert beträgt nach § 108 Abs. 4 GNotKG höchstens 5 Mio. EUR, und zwar auch dann, wenn mehrere gegenstandsverschiedene Beschlüsse (zB Geschäftsführerbestellungen) in einem Beurkundungsverfahren zusammengeführt sind.

105 Hat bei dem übertragenden Rechtsträger eine **Herabsetzung des Stammkapitals** zu erfolgen, so ist dieser Beschluss gegenstandsverschieden zu dem Zustimmungsbeschluss (§ 86 Abs. 2 GNotKG). Die Werte der Beschlüsse sind zu addieren (§ 35 Abs. 1 GNotKG). Mit der Kapitalherabsetzung im Zusammenhang stehende weitere Beschlüsse (zB Anpassung des Gesellschaftsvertrages an die neue Stammkapitalziffer) sind mit dieser gegenstandsgleich und damit nicht gesondert zu bewerten (§ 109 Abs. 2 S. 1 Nr. 4 lit. b GNotKG).

106 **Verzichtserklärungen von Anteilsinhabern** werden nach § 36 Abs. 1 GNotKG aus einem Teilwert vom Wert des Anteils des Verzichtenden an dem abspaltenden Rechtsträger bewertet. Angemessen sind 10–20 %. Bei Beurkundung von Verzichtserklärungen mit dem Spaltungsplan besteht nach § 109 Abs. 1 GNotKG Gegenstandsgleichheit, da die Erklärungen der Sicherung und Durchführung der Abspaltung dienen und zwischen ihnen und dem Plan ein Abhängigkeitsverhältnis besteht. Maßgeblich ist dann nur der Wert des Spaltungsplans als Hauptrechtsverhältnis nach § 109 Abs. 1 S. 5 GNotKG.

2. Aufspaltung einer GmbH auf zwei GmbH & Co. KG zur Aufnahme

107 Bei dem **Aufspaltungsvertrag** handelt es sich um einen Austauschvertrag. Er löst eine 2,0-Gebühr nach Nr. 21100 KV GNotKG aus. Der Geschäftswert ist nach § 97 Abs. 1, 3 GNotKG zu ermitteln. Maßgeblich ist der höhere Wert von Leistung und Gegenleistung. Die Leistung ist die Summe der Werte der übertragenen Vermögen ohne

Schuldenabzug. Die Bewertung kann mitunter herausfordernd sein, weil für jeden Vermögensgegenstand die kostenrechtlichen Vorschriften des GNotKG anzuwenden sind. Im Zweifel muss geschätzt werden. Nach § 107 Abs. 1 S. 1 GNotKG ist der Höchstwert 10 Mio. EUR. Bei der Gegenleistung kommt es auf die gewährte Beteiligung an den beiden GmbH & Co. KGs an, die nach Maßgabe von § 54 GNotKG bewertet werden muss.

Der **Zustimmungsbeschluss** bei der GmbH hat den vollen Wert des übertragenen Vermögens, § 108 Abs. 3 S. 2 GNotKG, also den gleichen Wert wie der Aufspaltungsvertrag, jedoch begrenzt auf 5 Mio. EUR nach § 108 Abs. 4 GNotKG. Die beiden Zustimmungsbeschlüsse der aufnehmenden GmbH & Co. KGs haben den Wert des jeweils auf sie übergehenden (Brutto-)Vermögens, jeweils begrenzt auf 5 Mio. EUR nach § 108 Abs. 4 GNotKG, werden aber nach § 109 Abs. 2 S. 1 Nr. 4 lit. g GNotKG nicht angesetzt. Die in dieser Urkunde enthaltenen **Verzichte** (auf Prüfung der Spaltung, auf einen Spaltungsprüfungsbericht und auf die Erstattung eines Spaltungsberichtes sowie auf Erhebung einer Klage gegen die Wirksamkeit des Zustimmungsbeschlusses) sind gegenstandsverschieden und mit einer 1,0-Gebühr nach Nr. 21200 KV GNotKG aus einem Teilwert (zB 20 %) des Aufspaltungsvertrags zu bewerten. Liegt eine Gesamturkunde vor, sind die Verzichte gegenstandsgleich zum Aufspaltungsvertrag und nicht zusätzlich zu bewerten.

3. Ausgliederung eines Teilbetriebs vom Einzelunternehmen auf GmbH (Neugründung)

Für die Beurkundung der **Ausgliederungserklärung** entsteht eine 1,0-Gebühr nach Nr. 21200 KV GNotKG. Der maßgebliche Geschäftswert entspricht dem Bruttowert des übertragenen Teilbetriebs, also der übergehenden Gegenstände des Aktivvermögens. Wenn Zuzahlungen zu leisten sind, erhöhen sie den Wert. Die Feststellung des Gesellschaftsvertrags ist Teil der Ausgliederungserklärung und daher nicht gesondert zu bewerten. Nach § 107 Abs. 1 GNotKG beträgt der Geschäftswert mindestens 30.000 EUR und höchstens 10 Mio. EUR.

Der **Beschluss der Gesellschafterversammlung** der neu gegründeten GmbH zur Bestellung des Gründungsgeschäftsführers ist gegenstandsverschieden, § 110 Nr. 1 GNotKG. Er löst nach Nr. 21100 KV GNotKG eine 2,0-Gebühr aus 1 % des Stammkapitals der GmbH, mindestens aus 30.000 EUR aus, §§ 108 Abs. 1 S. 1, 105 Abs. 4 Nr. 1 GNotKG. Das macht eine Vergleichsberechnung nach § 94 Abs. 1 GNotKG erforderlich.

Wirkt der Notar an der Erstellung des **Sachgründungsberichts** mit, entstehen Gebühren von 0,3–1,0 nach Nr. 24101 KV GNotKG, je nach Umfang seiner Beteiligung, § 92 Abs. 1 GNotKG. Der Geschäftswert ist ein Teilwert aus dem Wert des Ausgliederungsplans, § 36 Abs. 1 GNotKG. Angemessen sind 20–30 %.

Der Wert der **Handelsregisteranmeldung** zum Register des ausgliedernden Kaufmanns richtet sich nach § 105 Abs. 2, 4 Nr. 4 GNotKG und beträgt daher 30.000 EUR. Die Anmeldung zum Register der GmbH ist eine Erstanmeldung nach § 105 Abs. 1 S. 1 Nr. 1 GNotKG. Maßgeblich ist daher das Stammkapital, mindestens jedoch 30.000 EUR nach § 105 Abs. 1 S. 2 GNotKG. Bei der Erstanmeldung der GmbH werden alle notwendigen Bestandteile, insbesondere die ersten Geschäftsführer, nicht werterhöhend berücksichtigt.

113 Die **Eintragung** der **Ausgliederung** im Handelsregister des übertragenden Einzelkaufmanns kostet 180 EUR (Nr. 1400 GV HRegGebV). Die **Eintragung** der neu gegründeten **GmbH** kostet 260 EUR (Nr. 2104 GV HRegGebV).

VII. Beispiel

114 Aus dem Vermögen der X GmbH (Stammkapital 150.000 EUR) wird ein Vermögensteil von 2 Mio. EUR laut Bilanz auf die im Spaltungsplan errichtete Y GmbH mit einem Stammkapital von 25.000 EUR übertragen. Bei X wird der Abspaltung zugestimmt und das Kapital um 25.000 EUR herabgesetzt. Bei Y wird die neue Satzung festgestellt und A zum Geschäftsführer bestellt. Auf die Vorlage des Spaltungsberichtes/des Prüfungsberichtes wird verzichtet.

Abwandlung: Die Abspaltung erfolgt zur Aufnahme durch die Z GmbH.[26]

115 Die Abspaltung hat einen Geschäftswert von 2 Mio. EUR. Der Plan löst eine 1,0-Gebühr nach Nr. 21200 KV GNotKG aus (netto 3.335 EUR). Die Verzichtserklärungen sind gegenstandsgleich. Der Wert der Beschlüsse setzt sich zusammen aus

- 2 Mio. EUR für den Zustimmungsbeschluss (§§ 97, 108 Abs. 2, Abs. 3 GNotKG),
- 30.000 EUR für die Kapitalherabsetzung (§§ 97, 108 Abs. 1, 105 Abs. 1 S. 2 GNotKG) und
- 30.000 EUR für die Geschäftsführerbestellung (§§ 108 Abs. 1, 105 Abs. 4 Nr. 1 GNotKG).

Aus 2,06 Mio. EUR entsteht daher eine 2,0-Gebühr (Nr. 21100 KV GNotKG) iHv netto 6.990 EUR. Die Vergleichsberechnung nach § 94 Abs. 1 Alt. 2 GNotKG ergibt kein günstigeres Ergebnis (13.390 EUR).

116 Für die Fertigung der neuen Gesellschafterliste bei X sowie der Gründungsliste bei Y entsteht eine 0,5-Vollzugsgebühr, Nr. 22110 KV GNotKG (wegen der Beschlüsse nicht 0,3 nach Nr. 22111 KV GNotKG), die jedoch nach Nr. 22113 KV GNotKG auf 250 EUR je Liste, also auf 500 EUR gedeckelt ist.

117 Für die Bescheinigung der Wirksamkeit der Kapitalherabsetzung nach ihrer Eintragung im Handelsregister entsteht die Betreuungsgebühr Nr. 22200 KV GNotKG aus dem Verfahrenswert von 4,06 Mio. EUR iHv netto 3.3470,50 EUR.

D. Kosten des Formwechsels

I. Formwechselbeschluss

118 Die Beurkundung des Formwechselbeschlusses löst wie jede Beschlussprotokollierung eine 2,0-Gebühr nach Nr. 21100 KV GNotKG aus, und zwar auch dann, wenn es sich um den Entschluss des Alleingesellschafters handelt.

119 Der **Beschluss-Geschäftswert** ist der Gesamtwert aller Beschlüsse in der Urkunde (§ 35 Abs. 1 GNotKG) und beträgt (pro Gesellschaft und Urkunde) max. 5 Mio. EUR (§ 108 Abs. 4 GNotKG). Maßgeblich ist der Wert des Aktivvermögens des formwechselnden Rechtsträgers (§ 108 Abs. 3 S. 1 GNotKG) ohne Schuldenabzug (§ 38 GNotKG). Es ist zulässig von der Bilanzsumme auszugehen, jedoch müssen Grundbesitz und Beteiligun-

---

[26] Vgl. *Diehn* Notarkosten § 3 Rn. 302.

gen anstelle des Buchwertes mit dem Verkehrswert angesetzt werden (Rechtsgedanke § 54 S. 2 GNotKG).

Die **Bestellung des Aufsichtsrats und des ersten Abschlussprüfers** sind hinzuzurechnende Beschlusspunkte: Geschäftswert ist 1 % des Stammkapitals der formwechselnden GmbH, mind. 30.000 EUR (§§ 108 Abs. 1 S. 1, 105 Abs. 4 Nr. 1 GNotKG). Kostenrechtlich liegt insoweit nur ein Beschluss vor (§ 109 Abs. 2 S. 1 Nr. 4 Buchst. d GNotKG). 120

Hinzuzurechnen (§§ 110 Nr. 1, 35 Abs. 1 GNotKG) ist der Wert der **Verzichtserklärungen**: Teilwert aus dem Anteil des jeweiligen Anteilsinhabers; angemessen sind 10–20 % (§ 36 Abs. 1 GNotKG). Es ist eine Vergleichsberechnung (§ 94 Abs. 1 GNotKG) mit Einzelgebühren für Beschluss und Verzichtserklärungen (1,0 nach Nr. 21200 KV GNotKG) vorzunehmen. 121

Zustimmungs- und Verzichtserklärungen nicht erschienener Gesellschafter lösen bei gesonderter Beurkundung eine 1,0-Gebühr nach Nr. 21200 KV GNotKG aus. Geschäftswert ist der halbe Wert des Anteils des Zustimmenden (§ 98 GNotKG). Verzichts- und Zustimmungserklärungen sind untereinander gegenstandsgleich (§ 109 Abs. 1 GNotKG). 122

II. Sonstige Tätigkeiten

Die Einholung einer **IHK-Stellungnahme** ist **Vollzugstätigkeit** zum Formwechsel (Vorbem. 2.2.1.1 Abs. 1 S. 2 Nr. 1 KV GNotKG), selbst wenn sie vor Beschlussfassung erfolgt (Vorbem. 2.2.1.1 Abs. 1 S. 3 KV GNotKG): 0,5-Gebühr (Nr. 22110 KV GNotKG), max. 50 EUR (Nr. 22112 KV GNotKG), jedoch ohne Begrenzung, wenn ein Fall von Vorbem. 2.2.1.1 Abs. 1 S. 2 Nr. 11 KV GNotKG vorliegt, also bei Abstimmungen und weiterer Korrespondenz mit der IHK. 123

Der **Entwurf einer neuen Gesellschafterliste** ist Vollzugstätigkeit gemäß Vorbem. 2.2.1.1 Abs. 1 S. 2 Nr. 3 KV GNotKG. Folglich entsteht eine 0,5-Gebühr (Nr. 22110 KV GNotKG), max. je Liste 250 EUR (Nr. 22113 KV GNotKG). Der Geschäftswert ist der volle Wert der Urkunde (§ 112 S. 1 GNotKG). **XML-Strukturdaten:** 0,1-Gebühr, max. 125 EUR (Nr. 22115 KV GNotKG), aus vollem Wert des Beschlusses (§ 112 GNotKG). Die 0,2-Gebühr nach Nr. 22114 KV GNotKG entsteht nicht, weil die Erstellung der Liste bereits eine Vollzugsgebühr ausgelöst hat. 124

Der **Entwurf der Niederschrift über die Sitzung des ersten Aufsichtsrats** löst eine 0,5- bis 2,0-Gebühr aus und mind. 120 EUR (Nr. 24100 KV GNotKG). Bei vollständiger Entwurfsfertigung ist der höchste Gebührensatz von 2,0 zwingend (§ 92 Abs. 2 GNotKG). Der Geschäftswert wird durch die Beschlussgegenstände bestimmt (§§ 119 Abs. 1, 97, 108 GNotKG). Für die Wahlen sind 1 % des Grundkapitals der AG, mind. 30.000 EUR anzusetzen (§ 108 Abs. 1 S. 1, 105 Abs. 4 Nr. 1 GNotKG). Mehrere Wahlen sind kostenrechtlich ein Beschluss (§ 109 Abs. 2 S. 1 Nr. 4 lit. d GNotKG), außer wenn Einzelwahlen stattfinden. Die Verabschiedung von Geschäftsordnungen hat ebenfalls keinen bestimmten Geldwert; anzusetzen sind daher jeweils weitere 1 % des Grundkapitals der AG, mind. 30.000 EUR. 125

Der **Entwurf der Liste der Mitglieder des Aufsichtsrats** löst eine 0,3- bis 1,0-Gebühr aus und mind. 60 EUR (Nr. 24101 KV GNotKG) aus einem niedrigen Teilwert (10–20 %) des Formwechsels (§§ 119 Abs. 1, 36 Abs. 1 GNotKG). Bei vollständiger Entwurfsfertigung ist der höchste Gebührensatz zwingend (§ 92 Abs. 2 GNotKG). Es handelt sich **nicht** 126 um eine Vollzugstätigkeit nach Vorbem. 2.2.1.1 Abs. 1 S. 2 Nr. 3 KV GNotKG, so dass gesonderte Entwurfsgebühren entstehen.

127 Der **Entwurf des Berichts der Gründer** löst eine 0,3- bis 1,0-Gebühr aus und mind. 60 EUR (Nr. 24101 KV GNotKG; bei im Wesentlichen vollständiger Erstellung 1,0 nach § 92 Abs. 2 GNotKG), aus einem Teilwert (10–40 %) des Formwechsels (§§ 119 Abs. 1, 36 Abs. 1 GNotKG).

128 Der **Entwurf des Gründungsprüfungsberichts von Vorstand und Aufsichtsrat** löst eine 0,3- bis 1,0-Gebühr aus und mind. 60 EUR (Nr. 24101 KV GNotKG, bei im Wesentlichen vollständiger Erstellung 1,0 nach § 92 Abs. 2 GNotKG), aus einem Teilwert (10–40 %) des Formwechsels (§§ 119 Abs. 1, 36 Abs. 1 GNotKG).

129 Die **notarielle Gründungsprüfung** nach § 33 Abs. 3 AktG löst eine 1,0-Gebühr aus der Summe aller Einlagen aus, max. aus 10 Mio. EUR (§ 123 GNotKG). Die Mindestgebühr beträgt 1.000 EUR nach Nr. 25206 KV GNotKG. In der Gebühr enthalten ist der notarielle Gründungsprüfungsbericht.

130 Der **Entwurf des Antrags auf Bestellung eines Gründungsprüfers** ist mit einer 0,3- bis 1,0-Gebühr und mind. 60 EUR zu bewerten (Nr. 24101 KV GNotKG; bei im Wesentlichen vollständiger Erstellung 1,0 nach § 92 Abs. 2 GNotKG), aus einem niedrigen Teilwert (10–20 %) des Formwechsels (§§ 119 Abs. 1, 36 Abs. 1 GNotKG).

131 Der **Entwurf der Berechnung des Gründungsaufwands** löst eine 0,3- bis 1,0-Gebühr aus und mind. 60 EUR (Nr. 24101 KV GNotKG, bei im Wesentlichen vollständiger Erstellung 1,0 nach § 92 Abs. 2 GNotKG), aus einem niedrigen Teilwert (10–20 %) des Formwechsels (§§ 119 Abs. 1, 36 Abs. 1 GNotKG).

III. Handelsregisteranmeldung

132 Der **Entwurf** wird mit einer 0,5-Gebühr nach Nr. 24102 KV GNotKG, § 92 Abs. 2 GNotKG bewertet. Die ersten Unterschriftsbeglaubigungen nach Entwurf sind gebührenfrei, wenn sie „demnächst" und an ein und demselben Tag erfolgen (Vorbem. 2.4.1 Abs. 2 KV GNotKG). Beim Geschäftswert ist von einer Anmeldung ohne bestimmten Geldwert auszugehen, daher sind 1 % des eingetragenen Stamm- oder Grundkapitals, mind. 30.000 EUR maßgeblich (§§ 119 Abs. 1, 105 Abs. 2, Abs. 4 Nr. 1 GNotKG), max. 1 Mio. EUR (§ 106 GNotKG).

133 Für die Erstellung der **XML-Strukturdaten** entsteht eine 0,2-Gebühr, max. 125 EUR (Nr. 22114 KV GNotKG), aus dem vollen Wert der Anmeldung. Wenn der Notar die Unterschriften unter einem **Fremdentwurf** beglaubigt, entstehen eine 0,2-Gebühr, max. 70 EUR (Nr. 25100 KV GNotKG), und für die XML-Strukturdaten eine 0,5-Gebühr, max. 250 EUR (Nr. 22125 KV GNotKG). Zusätzlich fallen dann 20 EUR (Nr. 22124 KV GNotKG) für die Übermittlung der Anmeldung an das Handelsregister sowie Gebühren für die Erzeugung elektronisch beglaubigter Abschriften der Fremdurkunden (Nr. 25102 KV GNotKG, mind. je 10 EUR) an.

134 **Handelsregistereintragung**: 240 EUR (Nr. 2402 GV HRegGebV). Zusätzlich werden vom Handelsregister Kosten in Höhe von 1/3 der Eintragungsgebühr für die Bereitstellung der Registerdaten oder Dokumente zum Abruf erhoben.

IV. Beispiel

Die F OHG wird in die F GmbH formgewechselt (Bilanzsumme 6 Mio. EUR). Verzichtserklärungen werden mitbeurkundet. A wird zum Geschäftsführer bestellt.[27]

Der **Formwechselbeschluss** löst eine 2,0-Gebühr nach Nr. 21100 KV GNotKG aus. Als Geschäftswert ist die Summe der Werte aller Beschlüsse maßgeblich. Da sich der Wert des Formwechsels nach der Bilanzsumme richtet, wird bereits der Höchstwert von 5 Mio. EUR nach § 108 Abs. 3, 5 GNotKG erreicht (netto 16.270 EUR). Gegenstandsverschieden (§ 110 Nr. 1 GNotKG) sind die Verzichtserklärungen, die eine 1,0-Gebühr nach Nr. 21200 KV GNotKG aus 10 % des Wertes der Anteile auslösen, also aus 600.000 EUR (netto 1.095 EUR). Günstiger ist es gemäß § 94 Abs. 1 Hs. 2 GNotKG, eine 2,0-Gebühr aus 5,6 Mio. EUR (17.365 EUR) zu fakturieren.

Für die **Fertigung der Gründungsliste** entsteht eine Vollzugsgebühr Nr. 22110 KV GNotKG (wegen der Beschlüsse nicht Nr. 22111 KV GNotKG), die jedoch nach Nr. 22113 KV GNotKG auf 250 EUR gedeckelt ist.

Der Formwechsel ist zum **Register der Zielrechtsform anzumelden**, § 198 Abs. 1 UmwG. Der Geschäftswert richtet sich daher auch nach der Erstanmeldung des neuen Rechtsträgers. Ändert sich durch den Formwechsel die Registerart, muss er auch zum Register des Ausgangsrechtsträgers angemeldet werden, was eine Anmeldung ohne bestimmten Geldwert nach § 105 Abs. 4 GNotKG ist.

E. Kosten grenzüberschreitender Sachverhalte

Grenzüberschreitende Sachverhalte, bspw. Heraus- oder Hineinverschmelzungen oder grenzüberschreitende Formwechsel, werden kostenrechtlich nicht anders behandelt als reine Inlandssachverhalte. Bei zweisprachiger Ausführung kommt häufig die Gebühr nach Nr. 26001 KV GNotKG hinzu (+ 30 %, max. 5.000 EUR).

I. Gemeinsamer Verschmelzungsplan

Die Beurkundung des gemeinsamen Verschmelzungsplans nach § 307 UmwG löst eine **2,0-Gebühr** nach Nr. 21100 KV GNotKG aus (→ Rn. 39). Für die kostenrechtliche Einordnung – in Betracht kommen einseitige Erklärung (vergleichbar einem Spaltungsplan zur Neugründung) und zweiseitige Erklärung – kommt es auf die „gemeinsame" Aufstellung an, die ein Miteinander erfordert, was zur 2,0-Gebühr führt. Dass der Verschmelzungsplan keine schuldrechtlichen Wirkungen hat, spielt kostenrechtlich keine Rolle. Für die 2,0-Gebühr nach Nr. 21100 KV GNotKG spricht der Charakter des gemeinsamen Verschmelzungsplans als korporativer Willensakt. Es handelt sich kostenrechtlich um die **dokumentierte Einigung** der beteiligten Rechtsträger.[28]

Beim Geschäftswert kommt es wie sonst auch auf den Aktivwert des übergehenden Vermögens an, § 97 Abs. 1 GNotKG. Schulden werden nicht abgezogen, § 38 GNotKG. Wenn die Gegenleistung kostenrechtlich höherwertig sein sollte, ist dieser höhere Wert nach § 97 Abs. 3 GNotKG anzusetzen. Bei der Ermittlung des Wertes des Aktivvermögens kann von der Verschmelzungsbilanz ausgegangen werden, wobei zumindest Grundbesitz und Beteiligungen anstelle des Buchwertes mit dem Verkehrswert

---

27 Vgl. *Diehn* Notarkosten § 3 Rn. 304.
28 *Diehn* Notarkosten § 3 Rn. 308.

angesetzt werden müssen (Rechtsgedanke § 54 S. 2 GNotKG). Die Geschäftswertgrenzen sind nach § 107 Abs. 1 GNotKG wie bei Inlandsfällen 30.000 EUR (Mindestwert) und 10 Mio. EUR.

II. Bekanntzumachende Angaben

142 Entwirft der Notar die **Mitteilung** an das Gericht mit der Zusammenstellung der bekanntzumachenden Angaben nach § 308 UmwG und übermittelt sie an das Gericht, kommt eine Entwurfsgebühr von 0,3–1,0 nach Nr. 24101 KV GNotKG in Betracht. Der Gebührensatz richtet sich nach dem Umfang der notariellen Tätigkeit, § 92 GNotKG. Der Geschäftswert ist ein niedriger Teilwert (10–30%, je nach Aufwand) des Wertes des Umwandlungsvorgangs (§ 36 Abs. 1 GNotKG). Beschränkt sich die Tätigkeit auf die Einreichung des Entwurfs des Verschmelzungsplans und der fremdgefertigten Zusammenstellung der bekanntzumachenden Angaben, entstehen keine gesonderten Gebühren, wenn der Notar eine Gebühr für den Verschmelzungsplan und XML-Strukturdaten-Gebühren für die Handelsregisteranmeldung abrechnet.

III. Gemeinsamer Verschmelzungsbericht

143 Ist der Notar auftragsgemäß mit dem gemeinsamen Verschmelzungsbericht befasst, entstehen Entwurfskosten von 0,3–1,0 Gebühren nach Nr. 24101 KV GNotKG, je nach Umfang der notariellen Tätigkeit, § 92 GNotKG. Anders als der gemeinsame Verschmelzungsplan dürfte der Bericht eine nur einseitige Erklärung und kein mehrseitiger (korporationsrechtlicher) Akt sein.

Beim Geschäftswert ist ein niedriger Teilwert (10–30%, je nach Aufwand), des Wertes des Umwandlungsvorgangs (§ 36 Abs. 1 GNotKG) anzusetzen.[29]

IV. Zustimmungsbeschlüsse

144 Der Zustimmungsbeschluss bei der übernehmenden Gesellschaft löst eine 2,0-Gebühr nach Nr. 21100 KV GNotKG aus. Geschäftswert ist der Wert des Aktivvermögens des übertragenden Rechtsträgers gemäß §§ 108 Abs. 3, 97 Abs. 1 GNotKG, ohne Schuldenabzug nach § 38 GNotKG, mind. 30.000 EUR (§§ 108 Abs. 1 S. 1, 105 Abs. 1 S. 2 GNotKG).

145 Hinzuzurechnen ist der Wert einer mitbeschlossenen **Kapitalerhöhung**, also der Kapitalerhöhungsbetrag (§ 97 Abs. 1 GNotKG), wiederum mind. 30.000 EUR (§§ 108 Abs. 1 S. 2, 105 Abs. 1 S. 2 GNotKG). Die mit der Kapitalerhöhung verbundene Änderung des Gesellschaftsvertrags ist gegenstandsgleich (§ 109 Abs. 2 S. 1 Nr. 4 lit. a GNotKG) und daher nicht gesondert zu bewerten (§ 109 Abs. 2 S. 2 GNotKG). Der Maximalwert für alle Beschlüsse zusammen beträgt 5 Mio. EUR (§ 108 Abs. 4 GNotKG).

146 Weiter hinzuzurechnen (§§ 110 Nr. 1, 35 Abs. 1 GNotKG) ist der Wert der **Verzichtserklärungen** (auch über 5 Mio. EUR hinaus): Maßgeblich ist ein Teilwert aus dem Anteil des jeweiligen Inhabers an dem übertragenden Rechtsträger; angemessen sind 10–20% (§ 36 Abs. 1 GNotKG). Eine Vergleichsberechnung nach § 94 Abs. 1 GNotKG mit den Einzelgebühren für Beschluss und Verzichtserklärungen (1,0 nach Nr. 21200 KV GNotKG) ist

---

[29] *Diehn* Notarkosten § 3 Rn. 309.

erforderlich. Bei Mitbeurkundung im Verschmelzungsplan jedoch: Gegenstandsgleichheit (§ 109 Abs. 1 GNotKG) und daher dann ohne gesonderte Bewertung.[30]

V. Handelsregisteranmeldungen

Die Handelsregisteranmeldung bei der übernehmenden Gesellschaft löst Entwurfskosten von 0,5 Gebühren nach Nr. 24102 KV GNotKG, § 92 Abs. 2 GNotKG aus. Die ersten Unterschriftsbeglaubigungen nach Entwurf sind gebührenfrei, wenn sie „demnächst" und an ein und demselben Tag erfolgen (Vorbem. 2.4.1 Abs. 2 KV GNotKG). Es handelt sich um eine Anmeldung ohne bestimmten Geldwert, daher ist der Geschäftswert 1 % des eingetragenen Grund- oder Stammkapitals, mind. 30.000 EUR (§§ 119 Abs. 1, 105 Abs. 2, Abs. 4 Nr. 1 GNotKG). Wird gleichzeitig eine Kapitalerhöhung angemeldet, liegt eine gegenstandsverschiedene Anmeldung vor. Der Nennbetrag der Erhöhung (Unterschiedsbetrag, §§ 119 Abs. 1, 105 Abs. 1 S. 1 Nr. 3, 4 GNotKG, mind. 30.000 EUR, § 105 Abs. 1 S. 2 GNotKG) ist hinzuzurechnen. Der Höchstwert beträgt 1 Mio. EUR (§ 106 GNotKG). Für die XML-Strukturdaten der Anmeldung entsteht eine 0,2-Gebühr, max. 125 EUR (Nr. 22114 KV GNotKG), aus dem vollen Wert der Anmeldung (§ 112 GNotKG). Wenn der Notar die Unterschriften unter einem Fremdentwurf beglaubigt, entstehen eine 0,2-Gebühr, max. 70 EUR (Nr. 25100 KV GNotKG), und für die XML-Strukturdaten eine 0,5-Gebühr, max. 250 EUR (Nr. 22125 KV GNotKG). Zusätzlich fallen dann 20 EUR (Nr. 22124 KV GNotKG) für die Übermittlung der Anmeldung an das Handelsregister sowie Gebühren für die Erzeugung elektronisch beglaubigter Abschriften der Fremdurkunden (Nr. 25102 KV GNotKG, mind. je 10 EUR) an.

Für die **Handelsregistereintragung** entstehen die üblichen Verschmelzungskosten von 240 EUR nach Nr. 2403 GV HRegGebV für die Verschmelzung, 210 EUR nach Nr. 2401 GV HRegGebV für die Kapitalerhöhung/Satzungsänderung.

VI. Beispiel: Grenzüberschreitender Hinaus-Formwechsel

Der Notar reicht den Entwurf des Formwechselplans zusammen mit den bekanntzumachenden Angaben nach §§ 336, 308 UmwG zum Handelsregister ein. Einen Monat nach Bekanntmachung beurkundet er den Formwechselplan nebst Zustimmungsbeschluss des Alleingesellschafters und Verzichtserklärungen. Die von dem Notar entworfene Handelsregisteranmeldung wird unterschrieben, beglaubigt und eingereicht. Die Bilanzsumme der Gesellschaft beträgt 6 Mio. EUR. Alle Unterlagen werden zweisprachig gefertigt.

Die **Beurkundung des Formwechselplans** löst eine 1,0-Gebühr nach Nr. 21200 KV GNotKG aus dem Wert des Aktivvermögens der Gesellschaft aus (netto 8.785 EUR); der Höchstwert beträgt dafür 10 Mio. EUR nach § 107 Abs. 1 GNotKG. Die Verzichtserklärungen sind gegenstandsgleich (§ 109 Abs. 1 GNotKG). Der Formwechselbeschluss ist jedoch nach § 110 Nr. 1 GNotKG gesondert zu bewerten, und zwar auch beim Entschluss des Alleingesellschafters mit einer 2,0-Gebühr (Nr. 21100 KV GNotKG) aus dem Wert des Formwechselplans (§ 108 Abs. 3 GNotKG), höchstens aus 5 Mio. EUR gemäß § 108 Abs. 4 GNotKG (netto 16.270 EUR). Die getrennte Berechnung der Gebühren ist nach § 94 Abs. 1 GNotKG teurer als die 2,0-Gebühr aus 11 Mio. EUR (netto 23.970 EUR). Für die Urkunde ist schließlich die **Fremdsprachengebühr** von 5.000 EUR nach Nr. 26001

---
[30] *Diehn* Notarkosten § 3 Rn. 310.

KV GNotKG zu erheben, außer wenn die englische Fassung von dem Notar weder erarbeitet wurde noch bearbeitet wird.

151 Für die vorgelagerte **Einreichung** der bekanntzumachenden Angaben und die **Übersendung** des Entwurfs des Formwechselplans werden nach Vorbem. 2.1 Abs. 2 Nr. 1 KV GNotKG keine gesonderten Gebühren erhoben. Fertigt der Notar jedoch die bekanntzumachenden Angaben im Auftrag der Beteiligten, entsteht dafür eine Entwurfsgebühr nach Nr. 24101 KV GNotKG aus einem niedrigen Teilwert, § 36 Abs. 1 GNotKG, des Formwechselplans.

152 Die **Handelsregisteranmeldung** zur Erlangung der Formwechselbescheinigung hat keinen bestimmten Geldwert, so dass die 0,5-Gebühr nach Nr. 24102 KV GNotKG für den Entwurf aus 1% vom Stammkapital gemäß §§ 119, 105 Abs. 2, Abs. 4 Nr. 1 GNotKG, mindestens aus 30.000 EUR zu berechnen ist (62,50 EUR). Die Fremdsprachengebühr dafür beträgt 18,75 EUR und die XML-Strukturdatengebühr Nr. 22114 beträgt 25 EUR.

Umwandlungssteuergesetz[1] (UmwStG)

Vom 7. Dezember 2006 (BGBl. I S. 2782, 2791)
(FNA 610-6-16)
zuletzt geändert durch Art. 11 Jahressteuergesetz 2022 (JStG 2022)
vom 16. Dezember 2022 (BGBl. I S. 2294)

Erster Teil
Allgemeine Vorschriften

§ 1 Anwendungsbereich und Begriffsbestimmungen

(1) ¹Der Zweite bis Fünfte Teil gilt nur für

1. die Verschmelzung, Aufspaltung und Abspaltung im Sinne der §§ 2, 123 Abs. 1 und 2 des Umwandlungsgesetzes von Körperschaften oder vergleichbare ausländische Vorgänge sowie des Artikels 17 der Verordnung (EG) Nr. 2157/2001 und des Artikels 19 der Verordnung (EG) Nr. 1435/2003;
2. den Formwechsel einer Kapitalgesellschaft in eine Personengesellschaft im Sinne des § 190 Abs. 1 des Umwandlungsgesetzes oder vergleichbare ausländische Vorgänge;
3. die Umwandlung im Sinne des § 1 Abs. 2 des Umwandlungsgesetzes, soweit sie einer Umwandlung im Sinne des § 1 Abs. 1 des Umwandlungsgesetzes entspricht sowie
4. die Vermögensübertragung im Sinne des § 174 des Umwandlungsgesetzes.

²Diese Teile gelten nicht für die Ausgliederung im Sinne des § 123 Abs. 3 des Umwandlungsgesetzes.

(2) *[aufgehoben]*

(3) Der Sechste bis Achte Teil gilt nur für

1. die Verschmelzung, Aufspaltung und Abspaltung im Sinne der §§ 2 und 123 Abs. 1 und 2 des Umwandlungsgesetzes von Personenhandelsgesellschaften und Partnerschaftsgesellschaften oder vergleichbare ausländische Vorgänge;
2. die Ausgliederung von Vermögensteilen im Sinne des § 123 Abs. 3 des Umwandlungsgesetzes oder vergleichbare ausländische Vorgänge;
3. den Formwechsel einer Personengesellschaft in eine Kapitalgesellschaft oder Genossenschaft im Sinne des § 190 Abs. 1 des Umwandlungsgesetzes oder vergleichbare ausländische Vorgänge;
4. die Einbringung von Betriebsvermögen durch Einzelrechtsnachfolge in eine Kapitalgesellschaft, eine Genossenschaft oder Personengesellschaft sowie
5. den Austausch von Anteilen.

(4) ¹Absatz 3 gilt nur, wenn

1. der übernehmende Rechtsträger eine Europäische Gesellschaft im Sinne der Verordnung (EG) Nr. 2157/2001, eine Europäische Genossenschaft im Sinne der Verordnung (EG) Nr. 1435/2003 oder eine andere Gesellschaft im Sinne des Arti-

---

[1] Verkündet als Art. 6 G v. 7.12.2006 (BGBl. I S. 2782, ber. I 2007 S. 68); Inkrafttreten gem. Art. 14 dieses G am 13.12.2006.

kels 54 des Vertrags über die Arbeitsweise der Europäischen Union oder des Artikels 34 des Abkommens über den Europäischen Wirtschaftsraum ist, deren Sitz und Ort der Geschäftsleitung sich innerhalb des Hoheitsgebiets eines dieser Staaten befindet, und
2. in den Fällen des Absatzes 3 Nr. 1 bis 4
   a) beim Formwechsel der umwandelnde Rechtsträger, bei der Einbringung durch Einzelrechtsnachfolge der einbringende Rechtsträger oder bei den anderen Umwandlungen der übertragende Rechtsträger
      aa) eine natürliche Person ist, deren Wohnsitz oder gewöhnlicher Aufenthalt sich innerhalb des Hoheitsgebiets eines der Staaten im Sinne der Nummer 1 befindet und die nicht auf Grund eines Abkommens zur Vermeidung der Doppelbesteuerung mit einem dritten Staat als außerhalb des Hoheitsgebiets dieser Staaten ansässig angesehen wird, oder
      bb) eine Gesellschaft im Sinne der Nummer 1 ist und, wenn es sich um eine Personengesellschaft handelt, soweit an dieser Körperschaften, Personenvereinigungen, Vermögensmassen oder natürliche Personen unmittelbar oder mittelbar über eine oder mehrere Personengesellschaften beteiligt sind, die die Voraussetzungen im Sinne der Nummern 1 und 2 Buchstabe a Doppelbuchstabe aa erfüllen,
      oder
   b) das Recht der Bundesrepublik Deutschland hinsichtlich der Besteuerung des Gewinns aus der Veräußerung der erhaltenen Anteile nicht ausgeschlossen oder beschränkt ist.

²Satz 1 ist in den Fällen der Einbringung eines Betriebs, Teilbetriebs oder Mitunternehmeranteils in eine Personengesellschaft nach § 24 nicht anzuwenden.

(5) Soweit dieses Gesetz nichts anderes bestimmt, ist
1. Richtlinie 2009/133/EG
   die Richtlinie 2009/133/EG des Rates vom 19. Oktober 2009 über das gemeinsame Steuersystem für Fusionen, Spaltungen, Abspaltungen, die Einbringung von Unternehmensteilen und den Austausch von Anteilen, die Gesellschaften verschiedener Mitgliedstaaten betreffen, sowie für die Verlegung des Sitzes einer Europäischen Gesellschaft oder einer Europäischen Genossenschaft von einem Mitgliedstaat in einen anderen Mitgliedstaat (ABl. L 310 vom 25.11.2009, S. 34), die zuletzt durch die Richtlinie 2013/13/EU (ABl. L 141 vom 28.5.2013, S. 30) geändert worden ist, in der zum Zeitpunkt des steuerlichen Übertragungsstichtags jeweils geltenden Fassung;
2. Verordnung (EG) Nr. 2157/2001
   die Verordnung (EG) Nr. 2157/2001 des Rates vom 8. Oktober 2001 über das Statut der Europäischen Gesellschaft (SE) (ABl. EG Nr. L 294 S. 1), zuletzt geändert durch die Verordnung (EG) Nr. 885/2004 des Rates vom 26. April 2004 (ABl. EU Nr. L 168 S. 1), in der zum Zeitpunkt des steuerlichen Übertragungsstichtags jeweils geltenden Fassung;
3. Verordnung (EG) Nr. 1435/2003
   die Verordnung (EG) Nr. 1435/2003 des Rates vom 22. Juli 2003 über das Statut der Europäischen Genossenschaften (SCE) (ABl. EU Nr. L 207 S. 1) in der zum Zeitpunkt des steuerlichen Übertragungsstichtags jeweils geltenden Fassung;

4. Buchwert
der Wert, der sich nach den steuerrechtlichen Vorschriften über die Gewinnermittlung in einer für den steuerlichen Übertragungsstichtag aufzustellenden Steuerbilanz ergibt oder ergäbe.

Literatur:
Benecke, Anwendungsbereich des UmwStG und Rückwirkung nach dem UmwSt-Erlass 2011, GmbHR 2012, 114; *Ege/Klett*, Aktuelle gesellschaftsrechtliche und steuerliche Aspekte von Anwachsungsmodellen – Zugleich Anmerkung zum Beschluss des OLG Hamm vom 24. 6. 2010, I-15 Wx 360/09, DStR 2010, 2463; *Holle/Krüger/Weiss*, Die geplante Erweiterung der persönlichen Anwendbarkeit des UmwStG durch das KöMoG – Globalisierung des UmwStG?, IStR 2021, 489; *Kaeser*, Allgemeiner Teil (§§ 1–2 UmwStG) DStR Beihefter 2/2012, 3.

A. Normzweck 1	e) Anteilstausch (Abs. 3 Nr. 5) 43
B. Inhalt 7	3. Vergleichbare ausländische Vorgänge ... 46
I. Sachlicher Anwendungsbereich 7	a) Strukturmerkmale der einzelnen
1. Geltungsbereich Zweiter bis Fünfter	Umwandlungsvorgänge 49
Teil (Abs. 1) 8	aa) Verschmelzung 50
a) Verschmelzung	bb) Aufspaltung 51
(Abs. 1 S. 1 Nr. 1 Var. 1) 9	cc) Abspaltung 52
b) Auf- und Abspaltung	dd) Formwechsel 53
(Abs. 1 S. 1 Nr. 1 Var. 2 und 3) 14	b) Weitere Kriterien 54
c) Formwechsel (Abs. 1 S. 1 Nr. 2) 20	II. Persönlicher Anwendungsbereich 56
d) Vergleichbare inländische	1. Zweiter bis Fünfter Teil
Umwandlung (Abs. 1 S. 1 Nr. 3) 23	(für Umwandlungsstichtage vor 1.1.2022;
e) Vermögensübertragung	bisheriger Abs. 2) 56
(Abs. 1 S. 1 Nr. 4) 24	2. Sechster bis Achter Teil (Abs. 4) 62
2. Geltungsbereich Sechster bis Achter Teil	a) Übernehmender Rechtsträger
(Abs. 3) 26	(Abs. 4 S. 1 Nr. 1) 63
a) Verschmelzung, Auf- und Abspal-	b) Übertragender Rechtsträger
tung (Abs. 3 Nr. 1) 27	(Abs. 4 S. 1 Nr. 2 Buchst. a) 64
b) Ausgliederung (Abs. 3 Nr. 2) 30	c) Alternative: fehlende Beschränkung
c) Formwechsel einer Personengesell-	des inländischen Besteuerungs-
schaft in eine Kapitalgesellschaft	rechts 68
oder Genossenschaft (Abs. 3 Nr. 3) .. 33	III. Definitionen (Abs. 5) 69
d) Einbringung durch Einzelrechts-	
nachfolge (Abs. 3 Nr. 4) 34	

A. Normzweck

§ 1 bildet zusammen mit § 2 den „allgemeinen Teil" des UmwStG und bestimmt nach seinem Regelungsgehalt vollumfänglich und abschließend dessen Anwendungsbereich. Seit dem SEStEG v. 7.12.2006 war der Anwendungsbereich des UmwStG nicht mehr auf inländische Umwandlungen beschränkt,[1] sondern umfasste auch **ausländische** oder **grenzüberschreitende Umwandlungsvorgänge** mit Bezug zur EU bzw. zum EWR.[2] Für Übertragungsstichtage nach dem 31.12.2021 wurde durch die Streichung von Abs. 2 iRd KöMoG[3] der Anwendungsbereich für Umwandlungen von Körperschaften (Zweiter bis Fünfter Teil des UmwStG) auf Drittstaatensachverhalte erweitert.[4]

---

[1] Mit einigen wenigen Ausnahmen (zB § 23 aF für Einbringungsvorgänge innerhalb der EU sowie bestimmte Einbringungen nach § 24) erfasste das UmwStG in seinen früheren Fassungen lediglich inländische Umwandlungsvorgänge. Erst mit Reformierung des UmwStG durch das SEStEG v. 7.12.2006 (BGBl. I 2782, ber. 2007 I 68) kam es zu einer grundsätzlichen Einbeziehung EU-ausländischer und grenzüberschreitender Umwandlungen unter Beteiligung von EU-ausländischen Rechtsträgern in den Anwendungsbereich des UmwStG, vgl. Schmitt/Hörtnagl/*Hörtnagl* UmwStG § 1 Rn. 2f.

[2] Dötsch/Pung/Möhlenbrock/*Möhlenbrock/Werner* UmwStG § 1 Rn. 3; Schmitt/Hörtnagl/*Hörtnagl* UmwStG § 1 Rn. 2.

[3] Gesetz zur Modernisierung des Körperschaftsteuerrechts BGBl. 2021 I 2050.

[4] Frotscher/Drüen/*Drüen/Wöhrle* UmwStG § 1 Rn. 14.

Der Sechste bis Achte Teil, also Umwandlungsvorgänge mit Personengesellschaften als übertragende Rechtsträger und Einbringungen von Betriebsvermögen, ist weiterhin auf EU-/EWR-Sachverhalte begrenzt. Einzige Ausnahme bildet hier die Einbringung eines Betriebs, Teilbetriebs oder MU-Anteils in eine Personengesellschaft, da § 24 wegen § 1 Abs. 4 S. 2 bereits vor dem SEStEG auch auf Umwandlungen mit Beteiligten aus Drittstaaten anwendbar war.[5]

Die Nichtanwendung des Sechsten bis Achten Teils des UmwStG hat sich auch nicht durch die EuGH-Entscheidung in der Rechtssache „Vale"[6] geändert. Dort entschied der EuGH lediglich, dass der Formwechsel unter Beteiligung einer EU-/EWR-Gesellschaft möglich sein muss. Gestützt wurde die Entscheidung auf die Niederlassungsfreiheit, nicht dagegen auf die Kapitalverkehrsfreiheit, die auch für Drittstaaten-Sachverhalte gilt.

Durch das am 1.3.2023 in Kraft getretene UmRUG[7] fallen zwar neben Verschmelzungen zukünftig gem. §§ 320 ff. UmwG auch grenzüberschreitende Spaltungen und Formwechsel von Kapitalgesellschaften unter das UmwG (→ UmwG § 320 Rn. 11 ff.), gleichwohl ist der Anwendungsbereich des UmwStG für grenzüberschreitende Vorgänge immer noch deutlich weiter gefasst.

2 Da § 1 den Anwendungsbereich für das gesamte UmwStG bestimmt, sind Umwandlungsvorgänge, welche die dort normierten sachlichen und/oder persönlichen Anforderungen nicht erfüllen, von den im UmwStG vorgesehenen steuerlichen Privilegien ausgenommen. Die steuerliche Behandlung der nicht vom UmwStG erfassten Umwandlungsvorgänge richtet sich nach den allgemeinen steuerlichen Grundsätzen. Demnach ist eine Umwandlung auf Ebene des übertragenden Rechtsträgers grundsätzlich als gewinnrealisierende Veräußerung und auf Ebene des übernehmenden Rechtsträgers als Anschaffungsvorgang zu behandeln.[8]

3 Die Abs. 1–4 unterscheiden zwischen dem **sachlichen** und dem **persönlichen Anwendungsbereich** des UmwStG. Dabei regelt Abs. 1 die sachlichen Voraussetzungen für den Zweiten bis Fünften Teil des Gesetzes (Umwandlungen von Körperschaften) und die Abs. 3 und 4 die sachlichen und persönlichen Voraussetzungen für den Sechsten bis Achten Teil (Umwandlungen mit Personengesellschaften als übertragende Rechtsträger und Übertragungen von Betriebsvermögen).[9] Durch die Streichung von Abs. 2 sind die persönlichen Voraussetzungen für den Zweiten bis Fünften Teil für Umwandlungsstichtage vor dem 1.1.2022 weggefallen.

4 Die vom UmwStG erfassen **Umwandlungsarten** ergeben sich überwiegend akzessorisch aus dem Umwandlungsgesetz. § 1 sieht insoweit einen dynamischen Verweis auf die Vorschriften des UmwG in seiner jeweils geltenden Fassung vor.[10]

5 Im Hinblick auf die erfassten **Steuerarten** ist zu beachten, dass sich das UmwStG ausschließlich auf die Ertragssteuern und damit auf die Körperschaftsteuer und Ein-

---

[5] Dötsch/Pung/Möhlenbrock/*Möhlenbrock/Werner* UmwStG § 1 Rn. 3.
[6] EuGH 12.7.2012 – C 378/10, NZG 2012, 871 – Vale.
[7] Gesetz zur Umsetzung der Umwandlungsrichtlinie und zur Änderung weiterer Gesetze v. 28.2.2023, BGBl. 2023 I Nr. 51.
[8] BMF-Schreiben v. 11.11.2011, BStBl. I 2011, 1314 („**UmwSt-Erl. 2011**"), Rn. 00.02; Dötsch/Pung/Möhlenbrock/*Möhlenbrock/Werner* UmwStG § 1 Rn. 4; Schmitt/Hörtnagl/ *Hörtnagl* UmwStG § 1 Rn. 2.
[9] Dötsch/Pung/Möhlenbrock/*Möhlenbrock/Werner* UmwStG § 1 Rn. 6.
[10] UmwSt-Erl. 2011, Rn. 01.02 (sog. „Maßgeblichkeit des Gesellschaftsrechts"); Dötsch/Pung/Möhlenbrock/*Möhlenbrock/Werner* UmwStG § 1 Rn. 7.

kommensteuer (jeweils einschließlich Solidaritätszuschlag) sowie die Gewerbesteuer auswirkt. Die Umsatz- und Grunderwerbsteuer sind nicht betroffen,[11] so dass bspw. die Rückwirkungsfiktion des § 2 für Zwecke des UStG bzw. GrEStG keine Anwendung findet. Aus umsatzsteuerlicher Sicht hat dies zur Folge, dass der übertragende Rechtsträger bis zur Wirksamkeit der Umwandlung Unternehmer iSd § 2 Abs. 1 UStG bleibt.[12] Rechnungen für Lieferungen und sonstige Leistungen dürfen somit erst mit Eintragung der Umwandlung in das Handelsregister auf den übernehmenden Rechtsträger umgestellt werden.[13] Ob die Rückwirkungsfunktion des § 2 auch für Zwecke der ErbSt gilt, ist strittig (→ § 2 Rn. 6 f.).

Neben den Regelungen zum Anwendungsbereich des UmwStG (Abs. 1–4) enthält § 1 Abs. 5 einige für das Gesetz maßgebliche **Definitionen**.

B. Inhalt

I. Sachlicher Anwendungsbereich

Die Finanzverwaltung hat in den Umwandlungssteuer-Erlass Übersichten eingefügt, die einen guten und praxistauglichen ersten Überblick über die Umwandlungsmöglichkeiten verschaffen.[14]

1. Geltungsbereich Zweiter bis Fünfter Teil (Abs. 1)

Abs. 1 legt unter abschließender Aufzählung der zulässigen Umwandlungsvorgänge den sachlichen Anwendungsbereich des Zweiten bis Fünften Teils des UmwStG (§§ 3–19) fest. Er verweist dabei zunächst auf die im UmwG geregelten Umwandlungsarten der Verschmelzung, Aufspaltung, Abspaltung, Formwechsel, Vermögensübertragung sowie Umwandlungen gem. § 1 Abs. 2 UmwG. Darüber hinaus werden auch vergleichbare ausländische und grenzüberschreitende Umwandlungsvorgänge vom Anwendungsbereich des Abs. 1 erfasst.[15] Entscheidende Voraussetzung für die Anwendung des Zweiten bis Fünften Teils ist, dass als übertragender Rechtsträger eine inländische oder ausländische Körperschaft bzw. Kapitalgesellschaft beteiligt ist und ein in Abs. 1 S. 1 Nr. 1–4 genannter Umwandlungsvorgang vorliegt.[16] Ausdrücklich ausgenommen vom Anwendungsbereich des Zweiten bis Fünften Teils sind nach § 1 Abs. 1 S. 2 Ausgliederungen iSd § 123 Abs. 3 UmwG. Dieser Regelung kommt nur klarstellend Bedeutung zu, da systematisch betrachtet Ausgliederungen iSd § 123 Abs. 3 UmwG Einbringungen darstellen[17] und damit unter den Sechsten bis Achten Teil des UmwStG fallen.

Im Wesentlichen sind von § 1 Abs. 1 S. 1 die im Folgenden dargestellten Umwandlungskonstellationen erfasst.

---

11 UmwSt-Erl. 2011, Rn. 01.01; Dötsch/Pung/Möhlenbrock/*Möhlenbrock/Werner* UmwStG § 1 Rn. 5; Rödder/Herlinghaus/van Lishaut/*Graw* UmwStG § 1 Rn. 15; Schmitt/Hörtnagl/*Hörtnagl* UmwStG § 1 Rn. 11.
12 Schmitt/Hörtnagl/*Hörtnagl* UmwStG § 1 Rn. 11; Rödder/Herlinghaus/van Lishaut/*Graw* UmwStG § 1 Rn. 15; so ausdrücklich noch UmwSt-Erl. 1998, Rn. 01.01.
13 Rödder/Herlinghaus/van Lishaut/*Graw* UmwStG § 1 Rn. 15; Schmitt/Hörtnagl/*Hörtnagl* UmwStG § 1 Rn. 11.
14 UmwSt-Erl. 2011, Rn. 01.10 ff.
15 Rödder/Herlinghaus/van Lishaut/*Graw* UmwStG § 1 Rn. 19; Schmitt/Hörtnagl/*Hörtnagl* UmwStG § 1 Rn. 12.
16 Dötsch/Pung/Möhlenbrock/*Möhlenbrock/Werner* UmwStG § 1 Rn. 12 und 14; Rödder/Herlinghaus/van Lishaut/*Graw* UmwStG § 1 Rn. 20.
17 BeckOK UmwStG/*Mückl* § 1 Rn. 40; Widmann/Mayer/*Maetz* UmwStG § 1 Rn. 70.

a) Verschmelzung (Abs. 1 S. 1 Nr. 1 Var. 1)

9 Als erster zulässiger Umwandlungsvorgang wird in Abs. 1 S. 1 Nr. 1 die **Verschmelzung** genannt.[18] Sie ist in den §§ 2 ff. UmwG geregelt und bezeichnet im gesellschaftsrechtlichen Sinne die Vereinigung des Vermögens mehrerer Rechtsträger durch Übertragung sämtlicher Vermögensgegenstände des übertragenden Rechtsträgers im Wege der Gesamtrechtsnachfolge auf den übernehmenden Rechtsträger, wobei es hinsichtlich des übertragenden Rechtsträgers zu einer liquidationslosen Vollbeendigung kommt.[19]

10 Die Verschmelzung existiert in zwei Spielarten: Bei der Verschmelzung **durch Aufnahme** (§ 2 Nr. 1 UmwG) wird das Vermögen von einem oder mehreren Rechtsträger(n) auf einen bereits bestehenden Rechtsträger übertragen. Daneben kann die Verschmelzung auch **durch Neugründung** (§ 2 Nr. 2 UmwG) erfolgen, indem das Vermögen von mindestens zwei bestehenden Rechtsträgern als Ganzes auf einen neu gegründeten Rechtsträger übertragen wird. In steuerlicher Hinsicht bestehen keine Unterschiede zwischen diesen beiden Formen der Verschmelzung.[20] Da die übertragenden Rechtsträger bei einer Verschmelzung erlöschen, gehen die Anteile an den übertragenden Rechtsträgern unter. Die Anteilsinhaber der übertragenden Rechtsträger müssen als Gegenleistung regelmäßig Anteile an dem übernehmenden Rechtsträger erhalten.[21]

Im Falle der Verschmelzung zur Aufnahme ist dafür grundsätzlich eine Kapitalerhöhung bei der übernehmenden Gesellschaft erforderlich. Eine Kapitalerhöhung ist bei Aufwärtsverschmelzungen (sog. „Upstream-Merger") verboten, soweit die Muttergesellschaft an der Tochtergesellschaft beteiligt ist (§ 54 Abs. 1 S. 1 Nr. 1 UmwG iVm § 68 Abs. 1 S. 1 Nr. 1 UmwG), da es insoweit keiner Gewährung von Anteilen bedarf. Das Gleiche ist der Fall, soweit die übertragende Gesellschaft eigene Anteile hält oder der übertragende Rechtsträger nicht voll eingezahlte Geschäftsanteile an der übernehmenden Gesellschaft hält (§§ 54 Abs. 1, 68 Abs. 1 UmwG). Von der Gewährung von Geschäftsanteilen kann abgesehen werden, wenn alle Anteilsinhaber des übertragenden Rechtsträgers durch notariell beurkundete Erklärung darauf verzichten (§§ 54 Abs. 1 S. 3, 68 Abs. 1 S. 3 UmwG).[22]

11 Als übertragender Rechtsträger kommt iRd Abs. 1 S. 1 Nr. 1 nur eine **Körperschaft** in Betracht. Dazu zählen neben Kapitalgesellschaften (GmbH, UG (haftungsbeschränkt),[23] AG, SE, KGaA) auch eV (§ 21 BGB), wirtschaftliche Vereine (§ 22 BGB), eG, genossenschaftliche Prüfungsverbände (§ 63b GenG) sowie VVaG (§§ 171 ff. VAG).[24] Als übertragender Rechtsträger kommt nach überwiegender Meinung[25] und Auffassung der Finanzverwaltung[26] auch eine nach § 1a Abs. 1 S. 1 KStG optierende Gesellschaft in Betracht, die durch die Option auch für das UmwStG wie eine Kapitalgesellschaft behandelt wird. Der Zweite bis Fünfte Teil findet auch auf steuerbefreite Körperschaften

---

18 Vgl. UmwSt-Erl. 2011, Rn. 1.10 zu den möglichen Varianten zulässiger Verschmelzungen.
19 Dötsch/Pung/Möhlenbrock/*Möhlenbrock/Werner* UmwStG § 1 Rn. 17; Rödder/Herlinghaus/van Lishaut/*Graw* UmwStG § 1 Rn. 31; Schmitt/Hörtnagl/*Hörtnagl* UmwStG § 1 Rn. 26; UmwSt-Erl. 2011, Rn. 01.08.
20 Schmitt/Hörtnagl/*Hörtnagl* UmwStG § 1 Rn. 26.
21 Dötsch/Pung/Möhlenbrock/*Möhlenbrock/Werner* UmwStG § 1 Rn. 17; Rödder/Herlinghaus/van Lishaut/*Graw* UmwStG § 1 Rn. 33; Schmitt/Hörtnagl/*Hörtnagl* UmwStG § 1 Rn. 26.
22 UmwSt-Erl. 2011, Rn. 01.09; vgl. dazu ausführlich *Roß/Drögemüller* DB 2009, 580; *Krumm* GmbHR 2010, 24.
23 Dötsch/Pung/Möhlenbrock/*Möhlenbrock/Werner* UmwStG § 1 Rn. 15a.
24 Dötsch/Pung/Möhlenbrock/*Möhlenbrock/Werner* UmwStG § 1 Rn. 21; Schmitt/Hörtnagl/*Hörtnagl* UmwStG § 1 Rn. 15; Rödder/Herlinghaus/van Lishaut/*Graw* UmwStG § 1 Rn. 21.
25 Widmann/Mayer/*Maetz* UmwStG § 1 Rn. 15; BDI/Warth & Klein Grant Thornton/*Schlitt*, Modernisierung des Körperschaftsteuerrechts KöMoG, 2. Aufl. 2021, Rn. 362 und 367.
26 BMF-Schreiben v. 10.11.2021, BStBl. I 2021, 2212 Rn. 50.

Anwendung. Allerdings führt die Umwandlung bei der übertragenden (steuerbefreiten) Körperschaft gem. § 3 Abs. 2 S. 1 Nr. 1, § 11 Abs. 2 S. 1 Nr. 1 zwingend zur Aufdeckung der stillen Reserven. Das Bewertungswahlrecht kann in diesem Fall nicht ausgeübt werden, da die Besteuerung der stillen Reserven nicht sichergestellt ist.[27] Kein übertragender Rechtsträger iSd Abs. 1 ist eine atypisch stille Gesellschaft. Jedoch kann eine Körperschaft, an der ein Dritter atypisch still beteiligt ist, selbst übertragender Rechtsträger iSd Abs. 1 sein.[28]

Übernehmender Rechtsträger kann sowohl eine Körperschaft (geregelt in §§ 11–13 und 19), als auch eine Personenhandelsgesellschaft (OHG, KG, PartG) oder eine natürliche Person sein (beides geregelt in §§ 3–8 und 18).[29] Aufgrund der ausdrücklichen Beschränkung in § 3 Abs. 1 Nr. 1 UmwG auf Personen**handels**gesellschaften war bisher die Umwandlung auf eine GbR prinzipiell ausgeschlossen. Ab dem 1.1.2024 wird durch das Gesetz zur Modernisierung des Personengesellschaftsrechts in § 3 Abs. 1 Nr. 1 UmwG die eingetragene GbR (eGbR) ergänzt.[30] Gesellschaften bürgerlichen Rechts können damit übernehmender Rechtsträger im Rahmen einer Verschmelzung sein, wenn sie sich in ein künftig neu geschaffenes Gesellschaftsregister eintragen lassen. Die Verschmelzung auf eine UG (haftungsbeschränkt) als übernehmender Rechtsträger ist wegen des Sacheinlageverbots nach § 5a Abs. 2 S. 2 GmbHG nur unter Verzicht auf eine Kapitalerhöhung auf eine bereits bestehende UG (haftungsbeschränkt) zulässig.[31]

Auch die **Europäische Gesellschaft** (SE) und die **europäische Genossenschaft** (SCE) können übernehmende Rechtsträger sein, da sie gemäß den jeweiligen europäischen Verordnungen wie eine AG bzw. eG behandelt werden.[32] Die Verschmelzung zur Neugründung einer SE ist zwar grundsätzlich vom Anwendungsbereich des § 1 Abs. 1 S. 1 Nr. 1 gedeckt,[33] allerdings fallen nicht sämtliche Gründungsvarianten unter das UmwStG.[34] Die Europäische Wirtschaftliche Interessenvereinigung (EWIV) wird in Deutschland als OHG angesehen und kann demnach grundsätzlich als übernehmender Rechtsträger fungieren. In der Praxis hat diese Unternehmensform allerdings kaum Bedeutung. 12

Wenngleich gem. § 1 Abs. 1 UmwG grundsätzlich nur Umwandlungen unter Beteiligung von Rechtsträgern mit Sitz im Inland zugelassen sind, fallen gem. den §§ 305 ff. UmwG auch grenzüberschreitende Umwandlungsvorgänge von EU-/EWR-Kapitalgesellschaften unter das UmwG. Für Verschmelzungen galt das bereits seit der Einführung der §§ 122a ff. UmwG aF (jetzt §§ 305 ff. UmwG). Seit 1.3.2023 gilt dies auch für grenzüberschreitende Spaltungen und Formwechsel von Kapitalgesellschaften (§§ 320 ff. UmwG, → UmwG § 320 Rn. 11 ff.). 13

Eine Verschmelzung ist gem. § 305 Abs. 1 UmwG grenzüberschreitend, wenn mindestens eine der beteiligten Gesellschaften dem Recht eines anderen EU- oder EWR-Staates unterliegt. Die grenzüberschreitende Verschmelzung umfasst sowohl Fälle der Hereinverschmelzung (sog. „Inbound Merger") als auch Fälle der Herausverschmelzung (sog.

---

27 Schmitt/Hörtnagl/*Hörtnagl* UmwStG § 1 Rn. 16.
28 Schmitt/Hörtnagl/*Hörtnagl* UmwStG § 1 Rn. 137.
29 Dötsch/Pung/Möhlenbrock/*Möhlenbrock/Werner* UmwStG § 1 Rn. 21.
30 Art. 60 Nr. 2 MoPeG vom 10.8.2021, BGBl. I 3436; → UmwG § 3 Rn. 4.
31 *Berninger* GmbHR 2010, 65; Dötsch/Pung/Möhlenbrock/*Möhlenbrock/Werner* UmwStG § 1 Rn. 15a; Patt GmbH-StB 2011, 22; Rödder/Herlinghaus/van Lishaut/*Graw* UmwStG § 1 Rn. 33.
32 UmwSt-Erl. 2011, Rn. 01.05.
33 UmwSt-Erl. 2011, Rn. 01.42.
34 Für weiterführende Informationen siehe Dötsch/Pung/Möhlenbrock/*Möhlenbrock/Werner* UmwStG § 1 Rn. 75 ff.

"Outbound Merger"). Beteiligte einer grenzüberschreitenden Verschmelzung können die in § 306 Abs. 1 UmwG genannten Kapitalgesellschaften sein. Da die grenzüberschreitende Verschmelzung einen besonderen Anwendungsfall der Verschmelzung iSd § 2 UmwG darstellt, ist mit der vorzugswürdigen Ansicht[35] anzunehmen, dass die "Verschmelzung" iSd § 1 Abs. 1 S. 1 Nr. 1 auch die grenzüberschreitende Verschmelzung gem. §§ 305 ff. UmwG erfasst. Nach Ansicht der Finanzverwaltung liegt in Fällen der grenzüberschreitenden Verschmelzung dagegen ein vergleichbarer ausländischer Vorgang vor (zur Anwendbarkeit des UmwStG auf vergleichbare ausländische Vorgänge → Rn. 46 ff.).[36] Da die Vergleichbarkeit im Falle einer grenzüberschreitenden Verschmelzung grundsätzlich gegeben ist,[37] dürfte dem Streit keine praktische Bedeutung zukommen.[38]

b) Auf- und Abspaltung (Abs. 1 S. 1 Nr. 1 Var. 2 und 3)

14 § 1 Abs. 1 S. 1 Nr. 1 umfasst ausdrücklich nur die Auf- sowie Abspaltung, nicht dagegen die in § 123 Abs. 3 UmwG vorgesehene Ausgliederung. Dies wird in Abs. 1 S. 2 noch einmal explizit klargestellt. Die Ausgliederung, die aus steuerlicher Sicht als Einbringungsvorgang zu qualifizieren ist,[39] fällt gem. § 1 Abs. 3 Nr. 2 in den Anwendungsbereich des Sechsten bis Achten Teils.

15 Die **Aufspaltung** ist das Gegenstück zur Verschmelzung zur Neugründung. Sie bezeichnet die Übertragung des Vermögens des übertragenden Rechtsträgers auf mindestens zwei übernehmende Rechtsträger unter Auflösung und ohne Abwicklung des übertragenden Rechtsträgers.[40] Je nachdem, ob das Vermögen auf bereits bestehende oder neu gegründete Gesellschaften übertragen wird, liegt eine Aufspaltung zur Aufnahme (§ 123 Abs. 1 S. 1 Nr. 1 UmwG) oder eine Aufspaltung zur Neugründung (§ 123 Abs. 1 S. 1 Nr. 2 UmwG) vor.

16 Bei der **Abspaltung** werden ein oder mehrere Teile des Vermögens des übertragenden Rechtsträgers abgespalten und auf einen oder mehrere bereits bestehende Rechtsträger (Abspaltung zur Aufnahme gem. § 123 Abs. 2 Nr. 1 UmwG) oder auf neu gegründete Rechtsträger (Abspaltung zur Neugründung gem. § 123 Abs. 2 Nr. 2 UmwG) übertragen. Im Unterschied zur Aufspaltung bleibt der übertragende Rechtsträger bei der Abspaltung bestehen.[41]

17 Bei beiden Spaltungsvarianten vollzieht sich der Vermögensübergang im Wege der partiellen Gesamtrechtsnachfolge (Sonderrechtsnachfolge).[42] Als Gegenleistung für die Übertragung des Vermögens sind den Anteilseignern des übertragenden Rechtsträgers gem. § 123 Abs. 1 bzw. Abs. 2 UmwG Anteile am übernehmenden Rechtsträger zu gewähren, sofern nicht im Einzelfall ein Kapitalerhöhungsverbot bzw. ein Kapitalerhö-

---

35 Haritz/Menner/Bilitewski/*Werneburg* UmwStG § 1 Rn. 24; Rödder/Herlinghaus/van Lishaut/*Graw* UmwStG § 1 Rn. 36; Widmann/Mayer/*Maetz* UmwStG § 1 Rn. 33.
36 Vgl. UmwSt-Erl. 2011, Rn. 1.21.
37 Vgl. UmwSt-Erl. 2011, Rn. 1.21.
38 So auch Rödder/Herlinghaus/van Lishaut/*Graw* UmwStG § 1 Rn. 36; Widmann/Mayer/*Maetz* UmwStG § 1 Rn. 33.
39 BFH 12.12.2012 – I R 28/11, juris Rn. 14; Haritz/Menner/Bilitewski/*Werneburg* UmwStG § 1 Rn. 30; ausdrücklich UmwSt-Erl. 1998, Rn. 01.06.
40 Dötsch/Pung/Möhlenbrock/*Möhlenbrock/Werner* UmwStG § 1 Rn. 23; Rödder/Herlinghaus/van Lishaut/*Graw* UmwStG § 1 Rn. 42; Schmitt/Hörtnagl/*Hörtnagl* UmwStG § 1 Rn. 29; UmwSt-Erl. 2011, Rn. 01.33.
41 Dötsch/Pung/Möhlenbrock/*Möhlenbrock/Werner* UmwStG § 1 Rn. 23; Rödder/Herlinghaus/van Lishaut/*Graw* UmwStG § 1 Rn. 48; Schmitt/Hörtnagl/*Hörtnagl* UmwStG § 1 Rn. 29.
42 Dötsch/Pung/Möhlenbrock/*Möhlenbrock/Werner* UmwStG § 1 Rn. 25; Rödder/Herlinghaus/van Lishaut/*Graw* UmwStG § 1 Rn. 43, 49; Schmitt/Hörtnagl/*Hörtnagl* UmwStG § 1 Rn. 29.

hungswahlrecht nach § 125 Abs. 1 UmwG iVm §§ 54 und 68 UmwG besteht. Die Spaltung erfolgt regelmäßig unter Wahrung der Beteiligungsverhältnisse am übertragenden Rechtsträger.[43] Sofern die Spaltung nicht verhältniswahrend durchgeführt werden soll, ist nach § 128 UmwG die Zustimmung sämtlicher Anteilsinhaber erforderlich.

Wie bei der Verschmelzung ist der Zweite bis Fünfte Teil nur auf solche Auf- bzw. Abspaltungen anwendbar, an denen eine Körperschaft als übertragender Rechtsträger beteiligt ist.[44] Übernehmende Rechtsträger können Körperschaften oder Personenhandelsgesellschaften, bzw. ab 1.1.2024 auch die eGbR (→ UmwG § 3 Rn. 4) sein. Die Auf- bzw. Abspaltung auf eine natürliche Person ist ausgeschlossen, da den Anteilsinhabern der übertragenden Körperschaft keine Anteile an einer natürlichen Person gewährt werden können (§§ 124 iVm 3 Abs. 1 UmwG).

Nach § 1 Abs. 1 UmwG werden grundsätzlich nur solche Umwandlungsvorgänge erfasst, bei denen die beteiligten Rechtsträger ihren **Sitz im Inland** haben. Seit 1.3.2023 fallen gem. §§ 320 ff. UmwG allerdings auch grenzüberschreitende Auf- und Abspaltungen von EU-/EWR-Kapitalgesellschaften unter das UmwG. An der Spaltung können gem. § 321 UmwG nur die dort genannten Kapitalgesellschaften als übertragende oder neue Gesellschaften beteiligt sein. In Analogie zur Verschmelzung (→ Rn. 13) sollten auch grenzüberschreitende Spaltungen nach §§ 320 ff. UmwG als Spaltung iSd § 123 Abs. 1 und 2 UmwG gelten und damit als Auf- und Abspaltung iSd § 1 Abs. 1 S. 1 Nr. 1 und nicht als vergleichbarer ausländischer Vorgang zu behandeln sein. Folge dieser Ansicht ist, dass ein Vergleichbarkeitstest entbehrlich ist.

Eine grenzüberschreitende Spaltung die nicht unter §§ 320 ff. UmwG fällt, kann nur dann unter den sachlichen Anwendungsbereich des § 1 Abs. 1 S. 1 Nr. 1 fallen, wenn es sich um einen vergleichbaren **ausländischen Vorgang** handelt (zur Anwendbarkeit des UmwStG auf vergleichbare ausländische Vorgänge → Rn. 46 ff.).[45] Die Frage, ob Spaltungen iSd §§ 320 ff. UmwG als Spaltungen oder vergleichbare ausländische Vorgänge iSd § 1 Abs. 1 S. 1 Nr. 1 gelten, ist anders als bei Verschmelzungen, nicht rein theoretischer Natur. Ausländische Regelungen, die eine Auf-/Abspaltung auf eine natürliche Person ermöglichen, werden bspw. nicht als vergleichbar angesehen.[46] Gemäß der Auffassung der Finanzverwaltung zu Verschmelzungen[47] würden diese Fälle nicht unter § 1 Abs. 1 S. 1 Nr. 1 fallen.

c) Formwechsel (Abs. 1 S. 1 Nr. 2)

§ 1 Abs. 1 S. 1 Nr. 2 regelt den Formwechsel einer **Kapitalgesellschaft in eine Personengesellschaft** nach Maßgabe des § 190 UmwG.[48] Im Rahmen eines Formwechsels ändert sich lediglich die rechtliche Organisationsform der Gesellschaft, während die Identität des Rechtssubjekts gewahrt bleibt (identitätswahrender Vorgang). Eine Vermögensübertragung findet nicht statt.[49] Steuerliche Relevanz hat der Formwechsel dann, wenn die Änderung der rechtlichen Organisationsform gleichzeitig mit der Änderung des

---

43 Dötsch/Pung/Möhlenbrock/ *Möhlenbrock/Werner* UmwStG § 1 Rn. 25.
44 Dötsch/Pung/Möhlenbrock/*Möhlenbrock/Werner* UmwStG § 1 Rn. 29.
45 UmwSt-Erl. 2011, Rn. 01.20.
46 Widmann/Mayer/*Maetz* UmwStG § 1 Rn. 47.
47 UmwSt-Erl. 2011, Rn. 01.21.
48 In Abweichung zur Verschmelzung kann übernehmender Rechtsträger hier auch eine GbR oder EWIV sein, vgl. Dötsch/Pung/Möhlenbrock/*Möhlenbrock/Werner* UmwStG § 1 Rn. 38; Rödder/Herlinghaus/van Lishaut/*Graw* § 1 Rn. 92 ff.; UmwSt-Erl. 2011, Rn. 01.12.
49 Dötsch/Pung/Möhlenbrock/*Möhlenbrock/Werner* UmwStG § 1 Rn. 32; Schmitt/Hörtnagl/*Hörtnagl* UmwStG § 1 Rn. 46.

Besteuerungsregimes einhergeht. Aus diesem Grund erfasst das UmwStG auch nicht den Formwechsel innerhalb der verschiedenen Arten von Kapitalgesellschaften oder innerhalb von Personengesellschaften, sondern nur sog. **„kreuzende" Formwechsel**. Nach § 1 Abs. 1 S. 1 Nr. 2 erfolgt der Formwechsel **von** einer Kapitalgesellschaft **in** eine Personengesellschaft nach den Zweiten bis Fünften Teil des UmwStG.[50] Der umgekehrte Fall des Formwechsels **von** einer Personengesellschaft **in** eine Kapitalgesellschaft stellt steuerlich eine Einbringung dar und richtet sich gem. § 1 Abs. 3 Nr. 3 nach dem Achten Teil (§ 25).

21 Die **steuerlichen Folgen** eines Formwechsels einer Kapitalgesellschaft in eine Personengesellschaft sind in § 9 und § 18 geregelt. § 9 fingiert in diesen Fällen für ertragsteuerliche Zwecke die Übertragung des Vermögens von der Kapital- auf die Personengesellschaft.[51]

22 **Kapitalgesellschaften** iSd § 1 Abs. 1 S. 1 Nr. 2 sind die AG, KGaA, GmbH, UG (haftungsbeschränkt) und SE.[52] Als mögliche Zielrechtsformen kommen OHG, KG, Partnerschaftsgesellschaft, GbR und EWIV in Betracht.[53] Der Formwechsel einer Kapitalgesellschaft in ein Einzelunternehmen ist nicht möglich.[54]

Seit 1.3.2023 fallen gem. §§ 333 ff. UmwG auch grenzüberschreitende Formwechsel von EU-/EWR-Kapitalgesellschaften unter das UmwG. Formwechselfähige Kapitalgesellschaften sind jene, die unter § 334 UmwG fallen. Analog der Verschmelzung (→ Rn. 13) sollten auch die von §§ 334 ff. UmwG gedeckten Formwechsel als Formwechsel iSd § 190 Abs. 1 UmwG gelten. Folglich wären solche Vorgänge als Formwechsel iSd § 1 Abs. 1 S. 1 Nr. 2 und nicht als vergleichbare ausländische Vorgänge zu behandeln, so dass ein Vergleichbarkeitstest entbehrlich ist.

Ein grenzüberschreitender Formwechsel, der nicht unter §§ 333 ff. UmwG fällt, kann nur dann unter den sachlichen Anwendungsbereich des § 1 Abs. 1 S. 1 Nr. 1 fallen, wenn es sich um einen vergleichbaren **ausländischen Vorgang** handelt (zur Anwendbarkeit des UmwStG auf vergleichbare ausländische Vorgänge → Rn. 46 ff.).[55] Dabei ist die rechtliche Kontinuität bzw. Identität des Rechtsträgers vor und nach dem Formwechsel das maßgebliche Kriterium für die Vergleichbarkeit.[56]

d) Vergleichbare inländische Umwandlung (Abs. 1 S. 1 Nr. 3)

23 § 1 Abs. 1 S. 1 Nr. 3 erfasst Umwandlungen iSd § 1 Abs. 2 UmwG, soweit sie einer Umwandlung iSd § 1 Abs. 1 UmwG entsprechen. Erforderlich ist insoweit, dass die betreffende Umwandlung ausdrücklich in einer **bundes- oder landesgesetzlichen Regelung** vorgesehen ist. Der Anwendungsbereich dieser Norm ist beschränkt. Von praktischer Bedeutung sind diesbezüglich vor allem landesrechtliche Vorschriften zur Umstrukturierung von Sparkassen als Anstalten des öffentlichen Rechts.[57] Im Weiteren ist erfor-

---

50 Dötsch/Pung/Möhlenbrock/*Möhlenbrock/Werner* UmwStG § 1 Rn. 38; Schmitt/Hörtnagl/*Hörtnagl* UmwStG § 1 Rn. 46.
51 Schmitt/Hörtnagl/*Hörtnagl* UmwStG § 1 Rn. 46.
52 Rödder/Herlinghaus/van Lishaut/*Graw* § 1 Rn. 93; Schmitt/Hörtnagl/*Hörtnagl* UmwStG § 1 Rn. 47.
53 Erfasst sind insoweit sowohl gewerblich tätige als auch vermögensverwaltende Personengesellschaften; Dötsch/Pung/Möhlenbrock/*Möhlenbrock/Werner* UmwStG § 1 Rn. 38; Rödder/Herlinghaus/van Lishaut/*Graw* § 1 Rn. 93; Schmitt/Hörtnagl/*Hörtnagl* UmwStG § 1 Rn. 47.
54 Dötsch/Pung/Möhlenbrock/*Möhlenbrock/Werner* UmwStG § 1 Rn. 34.
55 UmwSt-Erl. 2011, Rn. 01.20.
56 Rödder/Herlinghaus/van Lishaut/*Graw* § 1 Rn. 97; Schmitt/Hörtnagl/*Hörtnagl* UmwStG § 1 Rn. 50.
57 Frotscher/Drüen/*Drüen/Wöhrle* UmwStG § 1 Rn. 91 f.; Schmitt/Hörtnagl/*Hörtnagl* UmwStG § 1 Rn. 51; Rödder/Herlinghaus/van Lishaut/*Graw* § 1 Rn. 101.

derlich, dass die auf Grundlage einer bundes- oder landesgesetzlichen Regelung durchgeführte Umwandlung mit einer Verschmelzung, Spaltung oder einem Formwechsel vergleichbar ist. Für die Vergleichbarkeit ist auf die wesentlichen Strukturelemente abzustellen.[58]

e) Vermögensübertragung (Abs. 1 S. 1 Nr. 4)

Inländische Vermögensübertragungen sind von § 1 Abs. 1 S. 1 Nr. 4 erfasst. Die Vermögensübertragung ist sowohl als **Vollübertragung** (§ 174 Abs. 1 UmwG) als auch als **Teilübertragung** (§ 174 Abs. 2 UmwG) möglich. Die Vermögensübertragungen nach § 174 UmwG sind mit einer Verschmelzung zur Aufnahme bzw. einer Spaltung vergleichbar. Sie unterscheiden sich von der Verschmelzung und der Spaltung jedoch dadurch, dass den Anteilseignern des übertragenden Rechtsträgers eine Gegenleistung gewährt wird, die nicht in Anteilen oder Mitgliedschaften an dem übernehmenden Rechtsträger besteht, sondern in einer Gegenleistung anderer Art, insbes. in einer Barleistung.[59]

24

Die Vermögensübertragung ist gem. § 175 UmwG nur von einer Kapitalgesellschaft auf die öffentliche Hand (den Bund, ein Land, eine Gebietskörperschaft oder den Zusammenschluss von Gebietskörperschaften) sowie zwischen Versicherungsunternehmen in der Rechtsform der AG, des VVaG oder des öffentlich-rechtlichen Versicherungsunternehmens möglich. Ausländische oder grenzüberschreitende Vorgänge werden im Zusammenhang mit der Vermögensübertragung nicht erfasst.[60]

25

2. Geltungsbereich Sechster bis Achter Teil (Abs. 3)

Der sachliche Anwendungsbereich des Sechsten bis Achten Teils für Umwandlungsvorgänge mit Personengesellschaften als übertragende Rechtsträger und Übertragungen von Betriebsvermögen ist in § 1 Abs. 3 geregelt. Im Unterschied zum Zweiten bis Fünften Teil knüpfen die insoweit einschlägigen §§ 20–25 nicht nur an Umwandlungen iSd UmwG und vergleichbare ausländische Sachverhalte an, sondern erfassen gem. § 1 Abs. 3 Nr. 4 auch Einbringungen durch Einzelrechtsnachfolge. Neben den in § 1 Abs. 3 normierten sachlichen Voraussetzungen ist für die Geltung des Sechsten bis Achten Teils zusätzlich erforderlich, dass die beteiligten Rechtsträger bzw. deren Anteilsinhaber die persönlichen Anforderungen nach § 1 Abs. 4 erfüllen. Anders als für den Zweiten bis Fünften Teil, ist der Sechste bis Achte Teil bis auf Einbringungen nach § 24 weiterhin auf EU-/EWR-Sachverhalte begrenzt (→ Rn. 62).

26

Im Wesentlichen sind von § 1 Abs. 3 die im Folgenden dargestellten Umwandlungskonstellationen erfasst.

a) Verschmelzung, Auf- und Abspaltung (Abs. 3 Nr. 1)

§ 1 Abs. 3 Nr. 1 erfasst die Verschmelzung (§ 2 UmwG), Aufspaltung und Abspaltung (§ 123 Abs. 1 und 2 UmwG) von Personenhandelsgesellschaften (also ohne GbR) und Partnerschaftsgesellschaften auf eine Kapitalgesellschaft oder Genossenschaft (§ 20)

27

---

58 Schmitt/Hörtnagl/*Hörtnagl* UmwStG § 1 Rn. 51; UmwSt-Erl. 2011, Rn. 01.07; vgl. hierzu auch die Ausführungen zu vergleichbaren ausländischen Vorgängen (→ Rn. 41 ff.), die entsprechend herangezogen werden können.

59 Dötsch/Pung/Möhlenbrock/*Möhlenbrock/Werner* UmwStG § 1 Rn. 43; Schmitt/Hörtnagl/*Hörtnagl* UmwStG § 1 Rn. 52; UmwSt-Erl. 2011, Rn. 01.18.

60 Dötsch/Pung/Möhlenbrock/*Möhlenbrock/Werner* UmwStG § 1 Rn. 44; Schmitt/Hörtnagl/*Hörtnagl* UmwStG § 1 Rn. 53.

oder auf eine Personengesellschaft (§ 24) sowie vergleichbare ausländische Vorgänge. In Übereinstimmung zu Abs. 1 S. 1 Nr. 1 können die Vorgänge jeweils sowohl zur Aufnahme auf einen bestehenden Rechtsträger als auch zur Neugründung auf einen neu gegründeten Rechtsträger erfolgen (→ Rn. 10 für Verschmelzungen; → Rn. 15 f. für Spaltungen). Zwar wird ab dem 1.1.2024 durch das Gesetz zur Modernisierung des Personengesellschaftsrechts in § 3 Abs. 1 Nr. 1 UmwG die eingetragene GbR (eGbR) ergänzt,[61] was diese umwandlungsfähig macht. Durch die ausdrückliche Formulierung in § 1 Abs. 3 Nr. 1 sind Verschmelzungen und Spaltungen von eingetragenen Gesellschaften bürgerlichen Rechts aber weiterhin nicht vom UmwStG erfasst.

28 Gem. § 1 Abs. 3 Nr. 1 gilt der Sechste bis Achte Teil auch für **grenzüberschreitende Verschmelzungen** und vergleichbare ausländische Vorgänge. Voraussetzung ist insoweit, dass die an der ausländischen Umwandlung beteiligten übertragenden Rechtsträger ihrem Rechtstyp nach einer Personenhandels- bzw. Partnerschaftsgesellschaft inländischen Rechts vergleichbar sind und der ausländische Vorgang eine vergleichbare Rechtsfolge auslöst (zur Anwendbarkeit des UmwStG auf vergleichbare ausländische Vorgänge → Rn. 46 ff.).[62] Anders als für Umwandlungen von EU-/EWR-Kapitalgesellschaften (→ Rn. 13) ist das UmwG weiterhin nicht für Umwandlungen ausländischer Personengesellschaften anwendbar, da ausländische Personengesellschaften keine verschmelzungsfähigen Gesellschaften nach § 306 Abs. 1 UmwG darstellen.[63] Für die Anwendbarkeit des UmwStG ist in diesen Konstellationen auf einen Vergleichbarkeitstest abzustellen (→ Rn. 46 ff.).

29 Als übertragende Rechtsträger iSd § 1 Abs. 3 Nr. 1 kommen die OHG, die KG und die Partnerschaftsgesellschaft in Betracht.[64] Übernehmende Rechtsträger können die AG, die SE, die KGaA, die GmbH, die OHG, die KG, die Partnerschaftsgesellschaft und die eingetragene Genossenschaft sein.[65]

b) Ausgliederung (Abs. 3 Nr. 2)

30 Nach § 1 Abs. 3 Nr. 2 sind auch die Fälle der Ausgliederung gem. § 123 Abs. 3 UmwG und vergleichbare ausländische Vorgänge vom Anwendungsbereich des Sechsten bis Achten Teils erfasst. Die Ausgliederung ist dadurch gekennzeichnet, dass ein Teil oder mehrere Teile des Vermögens eines Rechtsträgers jeweils als Gesamtheit im Wege der Sonderrechtsnachfolge auf einen oder mehrere bestehende oder neue Rechtsträger übertragen werden.[66] Die Ausgliederung unterscheidet sich gem. § 123 Abs. 3 UmwG von der Auf- und Abspaltung dadurch, dass die als Gegenleistung gewährten Anteile am übernehmenden Rechtsträger nicht den Anteilseignern des übertragenden Rechtsträgers, sondern **dem übertragenden Rechtsträger** selbst gewährt werden.[67]

31 Auch **grenzüberschreitende Ausgliederungen** und vergleichbare ausländische Vorgänge sind von § 1 Abs. 3 Nr. 2 erfasst (zur Anwendbarkeit des UmwStG auf vergleichba-

---

[61] Art. 60 Nr. 2 MoPeG vom 10.8.2021, BGBl. I 3436; → UmwG § 3 Rn. 4.
[62] Rödder/Herlinghaus/van Lishaut/*Graw* § 1 Rn. 145.
[63] Über Art. 119 Nr. 1 RL (EU) 2017/1132 des Europäischen Parlaments und des Rates vom 14.6.2017 über bestimmte Aspekte des Gesellschaftsrechts (ABl. 2017 L 169, 46 vom 30.6.2017), zuletzt geändert durch die VO (EU) 2021/23 (ABl. 2021 L 22, 1 vom 22.1.2021).
[64] Schmitt/Hörtnagl/*Hörtnagl* UmwStG § 1 Rn. 83, 87.
[65] Dötsch/Pung/Möhlenbrock/*Möhlenbrock/Werner* UmwStG § 1 Rn. 52; Schmitt/Hörtnagl/*Hörtnagl* UmwStG § 1 Rn. 84, 88.
[66] Rödder/Herlinghaus/van Lishaut/*Graw* § 1 Rn. 146; Schmitt/Hörtnagl/*Hörtnagl* UmwStG § 1 Rn. 90.
[67] Dötsch/Pung/Möhlenbrock/*Möhlenbrock/Werner* UmwStG § 1 Rn. 58; Schmitt/Hörtnagl/*Hörtnagl* UmwStG § 1 Rn. 90.

re ausländische Vorgänge → Rn. 46 ff.).⁶⁸ Ebenfalls darunter zu fassen sollte die Ausgliederung auf eine Tochter-SE durch Aufnahme oder Neugründung sein.⁶⁹

Übertragender Rechtsträger bei einer Ausgliederung können alle nach dem UmwG umwandlungsfähigen Rechtsträger sein. Dazu zählen neben Personenhandelsgesellschaften (OHG, KG), Kapitalgesellschaften (AG, SE, KGaA, GmbH, uU UG (haftungsbeschränkt)),⁷⁰ Partnerschaftsgesellschaften, eingetragene Vereine sowie Genossenschaften auch wirtschaftliche Vereine, Stiftungen, Gebietskörperschaften und Einzelkaufleute.⁷¹ Als übernehmende Rechtsträger kommen bei der Ausgliederung Personenhandelsgesellschaften (OHG, KG), Kapitalgesellschaften (AG, SE, KGaA, GmbH, UG (haftungsbeschränkt)⁷²), Partnerschaftsgesellschaften und eingetragene Genossenschaften in Betracht.⁷³ Für eine Einbringung gem. § 20 und einen Anteilstausch gem. § 21 kommen allerdings nur Kapitalgesellschaften und Genossenschaften als übernehmende Rechtsträger in Betracht.⁷⁴ Für vergleichbare ausländische Vorgänge ist hinsichtlich der Beteiligtenfähigkeit jeweils auf die anwendbare ausländische Rechtsordnung abzustellen (→ Rn. 46 ff.).

Ab dem 1.1.2024 wird durch das Gesetz zur Modernisierung des Personengesellschaftsrechts in § 3 Abs. 1 Nr. 1 UmwG die eingetragene GbR (eGbr) ergänzt.⁷⁵ Gesellschaften bürgerlichen Rechts können damit übertragender oder übernehmender Rechtsträger im Rahmen einer Ausgliederung sein, wenn sie sich in ein künftig neu geschaffenes Gesellschaftsregister eintragen lassen.

c) Formwechsel einer Personengesellschaft in eine Kapitalgesellschaft oder Genossenschaft (Abs. 3 Nr. 3)

Der Sechste bis Achte Teil gilt gem. § 1 Abs. 3 Nr. 3 ferner für den Formwechsel einer Personengesellschaft in eine Kapitalgesellschaft oder Genossenschaft iSd § 190 Abs. 1 UmwG sowie vergleichbare ausländische Vorgänge. § 25 erklärt für diese Fälle die §§ 20–23 für entsprechend anwendbar. Demnach gelten für den Formwechsel einer Personengesellschaft in eine Kapitalgesellschaft die gleichen steuerlichen Regeln wie für die Einbringung in eine Kapitalgesellschaft.⁷⁶

Im Rahmen des § 190 UmwG können nur Personenhandelsgesellschaften (OHG, KG) und Partnerschaftsgesellschaften formwechselnde Rechtsträger sein.⁷⁷ Die GbR schied bisher als übertragender Rechtsträger aus. Ab dem 1.1.2024 wird durch das Gesetz zur Modernisierung des Personengesellschaftsrechts in § 3 Abs. 1 Nr. 1 die eingetragene GbR

---

68 Schmitt/Hörtnagl/*Hörtnagl* UmwStG § 1 Rn. 90; zur Zulässigkeit grenzüberschreitender Ausgliederungen Kommentierung § 123 UmwG, → Rn. 41 ff.).
69 Rödder/Herlinghaus/van Lishaut/*Graw* § 1 Rn. 149; Schmitt/Hörtnagl/*Hörtnagl* UmwStG § 1 Rn. 91 f.
70 Auch die Ausgliederungen aus Kapitalgesellschaften fällt gem. § 1 Abs. 1 S. 2 und Abs. 2 Nr. 2 unter den Sechsten bis Achten und nicht unter den Zweiten bis Fünften Teil des UmwStG.
71 Schmitt/Hörtnagl/*Hörtnagl* UmwStG § 1 Rn. 93.
72 Eine Ausgliederung auf eine UG (haftungsbeschränkt) als übernehmender Rechtsträger ist aufgrund des Sacheinlageverbots nach § 5a Abs. 2 S. 2 GmbH nur zulässig auf eine bestehende UG (haftungsbeschränkt) unter Verzicht auf eine Kapitalerhöhung; *Berninger* GmbHR 2010, 65; Dötsch/Pung/Möhlenbrock/*Möhlenbrock/Werner* UmwStG § 1 Rn. 53a; *Patt* GmbH-StB 2011, 22.
73 Dötsch/Pung/Möhlenbrock/*Möhlenbrock/Werner* UmwStG § 1 Rn. 61; Schmitt/Hörtnagl/*Hörtnagl* UmwStG § 1 Rn. 94.
74 Dötsch/Pung/Möhlenbrock/*Möhlenbrock/Werner* UmwStG § 1 Rn. 61.
75 Art. 60 Nr. 2 MoPeG vom 10.8.2021, BGBl. I 3436; → UmwG § 3 Rn. 4.
76 Rödder/Herlinghaus/van Lishaut/*Graw* § 1 Rn. 154; Schmitt/Hörtnagl/*Hörtnagl* UmwStG § 1 Rn. 96.
77 Da § 1 S. Abs. 3 Nr. 3 nicht von Personenhandelsgesellschaften spricht, sondern nur von Personengesellschaften, ist die Partnerschaftsgesellschaft auch ohne ausdrückliche Bezugnahme vom Anwendungsbereich erfasst; Schmitt/Hörtnagl/*Hörtnagl* UmwStG § 1 Rn. 98.

ergänzt.[78] Gesellschaften bürgerlichen Rechts können damit formwechselnder Rechtsträger sein, wenn sie sich in ein künftig neu geschaffenes Gesellschaftsregister eintragen lassen (sog. eGbR).

Als Zielrechtsform sind Kapitalgesellschaften und eingetragene Genossenschaft möglich. Bei vergleichbaren ausländischen Vorgängen ist für die Beteiligtenfähigkeit die von der ausländischen Rechtsordnung vorgenommene Einordnung maßgeblich, wobei die Ausgangsrechtsform und die Zielrechtsform im Rahmen eines Typenvergleichs mit inländischen Gesellschaftsformen vergleichbar sein müssen (→ Rn. 46 ff.).

d) Einbringung durch Einzelrechtsnachfolge (Abs. 3 Nr. 4)

34 § 1 Abs. 3 Nr. 4 regelt die **Einbringung von Betriebsvermögen** durch Einzelrechtsnachfolge in eine Kapitalgesellschaft, eine Genossenschaft oder eine Personengesellschaft. Der Sechste bis Achte Teil gilt für alle Einbringungen, die nicht im Wege der Gesamtrechtsnachfolge erfolgen.[79]

35 Der **Einbringungsbegriff** ist gesetzlich nicht definiert. Wie sich aus den §§ 20, 24 sowie insbes. dem Zweck des UmwStG ergibt, ist für eine Einbringung grundsätzlich die Überführung von Vermögen aus einem Betriebsvermögen in ein (anderes) Betriebsvermögen erforderlich.[80] Nicht erforderlich ist, dass sich im Rahmen der Einbringung die Zuordnung des rechtlichen oder wirtschaftlichen Eigentums an dem Wirtschaftsgut ändert. Die teilweise Überführung von Wirtschaftsgütern in das Sonderbetriebsvermögens der übernehmenden Personengesellschaft sollte daher für die Qualifizierung als Einbringung iSd § 24 ausreichend sein.[81] Die Einbringung setzt ferner voraus, dass als Gegenleistung (zumindest auch) neue Anteile am übernehmenden Rechtsträger gewährt werden.[82]

36 Die Einbringung erfordert nicht zwingend, dass der übernehmende Rechtsträger das rechtliche Eigentum an den übergehenden Wirtschaftsgütern erlangt. Nach Auffassung der Finanzverwaltung ist es ausreichend, wenn dem übernehmenden Rechtsträger das **wirtschaftliche Eigentum** (§ 39 Abs. 2 Nr. 1 AO) verschafft wird.[83] Dies wird auch von der überwiegenden Literaturmeinung vertreten, da Abs. 3 Nr. 4 in Abgrenzung zu Abs. 3 Nr. 1–3 gerade solche Übertragungsvorgänge erfasst, die nicht im Wege der Gesamtrechtsnachfolge erfolgen.[84]

37 Die Behandlung der sog. **erweiterten Anwachsung**, also die Einbringung von Personengesellschaftsanteilen in eine Kapital- oder Personengesellschaft gegen Gewährung von Anteilen an den letztverbleibenden Gesellschafter und die nachfolgende Anwachsung des Gesellschaftsvermögens auf diesen, war vor Inkrafttreten des SEStEG allge-

---

78 Art. 60 Nr. 2 MoPeG vom 10.8.2021, BGBl. I 3436; → UmwG § 3 Rn. 4.
79 Schmitt/Hörtnagl/*Hörtnagl* UmwStG § 1 Rn. 104; Dötsch/Pung/Möhlenbrock/*Möhlenbrock/Werner* UmwStG § 1 Rn. 64.
80 Für Vorgänge, die nicht zu einer Übertragung von Wirtschaftsgütern in ein anderes Betriebsvermögen – und damit nicht zu einer Realisation – führen, besteht von vornherein kein Bedarf an der durch das UmwStG geschaffenen Ausnahme von der Besteuerung stiller Reserven (ausgenommen Entnahme und Entstrickung); ebenso Schmitt/Hörtnagl/*Hörtnagl* UmwStG § 1 Rn. 101.
81 UmwSt-Erl. 2011, Rn. 24.05; Schmitt/Hörtnagl/*Hörtnagl* UmwStG § 1 Rn. 101; differenzierend Dötsch/Pung/Möhlenbrock/*Patt* UmwStG § 24 Rn. 15.
82 Dötsch/Pung/Möhlenbrock/*Möhlenbrock/Werner* UmwStG § 1 Rn. 65; Rödder/Herlinghaus/van Lishaut/*Graw* § 1 Rn. 158; Schmitt/Hörtnagl/*Hörtnagl* UmwStG § 1 Rn. 102. „Neue" Anteile müssen gewährt werden, um eine Einbringung zu Buchwerten zu ermöglichen.
83 UmwSt-Erl. 2011, Rn. 01.43.
84 Herlinghaus FR 2007, 286; Rödder/Herlinghaus/van Lishaut/*Graw* § 1 Rn. 160; Schmitt/Hörtnagl/*Hörtnagl* UmwStG § 20 Rn. 21; aA Dötsch/Pung/Möhlenbrock/*Patt* UmwStG § 20 Rn. 7 und UmwStG § 24 Rn. 13; Patt Der Konzern 2006, 730 (735).

mein als begünstigter Einbringungstatbestand anerkannt. Vor dem Hintergrund der nunmehr abschließenden Regelung des § 1 Abs. 3 Nr. 1–5 wird die Anwendbarkeit der §§ 20 ff. auf den Fall der erweiterten Anwachsung kontrovers diskutiert.[85]

Ein Mitunternehmeranteil kann regelmäßig auch im Umwandlungswege (bspw. im Wege der Einbringung durch Einzelrechtsnachfolge oder im Wege der Ausgliederung) übertragen werden. Insoweit ist unstrittig, dass die Übertragung des Mitunternehmeranteils auf den letztverbleibenden Gesellschafter nach Maßgabe der anwendbaren Bestimmungen des UmwStG grundsätzlich ohne Aufdeckung stiller Reserven zu Buchwerten möglich ist.[86] In den Fällen der erweiterten Anwachsung ist allein problematisch, dass der anschließende Vermögensanfall infolge Anwachsung (§ 738 Abs. 1 S. 1 BGB; ab 1.1.2024 in § 712 BGB geregelt[87]), isoliert betrachtet, einen Fall der Gesamtrechtsnachfolge darstellt.[88]

Da die Anwachsung nicht in § 1 Abs. 3 Nr. 1–3 genannt ist und weder einen Anteilstausch iSd § 1 Abs. 3 Nr. 5 noch einen Fall der Einzelrechtsnachfolge nach § 1 Abs. 3 Nr. 4 darstellt, fällt die erweiterte Anwachsung nach einer teilweise in der Literatur vertretenen Ansicht nicht in den Anwendungsbereich der §§ 20–25.[89]

Nach Auffassung der Finanzverwaltung[90] und Teilen der Literatur[91] ist die erweiterte Anwachsung hingegen wie ein Fall der **Einzelrechtsnachfolge** zu behandeln, so dass auch auf diese Fälle die §§ 20 ff. anzuwenden sind. Im Ergebnis ist dieser Ansicht zu folgen (→ § 20 Rn. 45 ff.; → § 24 Rn. 43).

Nach seinem Wortlaut erfasst § 1 Abs. 3 Nr. 4 allgemein die Einbringung von Betriebsvermögen. Aus den §§ 20, 21 und 24 ergibt sich jedoch, dass der Sechste bis Achte Teil lediglich bei der Einbringung eines Betriebs, Teilbetriebs, Mitunternehmeranteils oder einer mehrheitsvermittelnden Beteiligung Anwendung findet. Die Einbringung von einzelnen Wirtschaftsgütern des Betriebsvermögens oder Wirtschaftsgütern des Privatvermögens ist vom Anwendungsbereich des § 1 Abs. 3 Nr. 4 ausgeschlossen.[92]

An die Person des Einbringenden sind keine besonderen Anforderungen zu stellen. Übertragender Rechtsträger kann folglich jeder sein.[93] Übernehmende Rechtsträger können zum einen Kapitalgesellschaften (AG, SE, KGaA,[94] GmbH, UG (haftungsbeschränkt)[95]) sowie eingetragene Genossenschaften sein, wobei in diesen Fällen § 20 greift.[96] Als Übernehmerin kommt außerdem jegliche land- und forstwirtschaftlich,

---

85 UmwSt-Erl. 2011, Rn. 01.44, E 20.10 und 01.47; Schmitt/Hörtnagl/*Hörtnagl* UmwStG § 1 Rn. 104; Rödder/Herlinghaus/van Lishaut/*Graw* UmwStG § 1 Rn. 161; Ege/Klett DStR 2010, 2463; Haase/Hofacker UmwStG § 1 Rn. 118; BeckOK UmwStG/*Mückl* § 1 Rn. 610; Dötsch/Pung/Möhlenbrock/*Möhlenbrock/Werner* UmwStG § 1 Rn. 67.
86 Dötsch/Pung/Möhlenbrock/*Möhlenbrock/Werner* UmwStG § 1 Rn. 67.
87 Art. 1 Nr. 2 Gesetz zur Modernisierung des Personengesellschaftsrechts (MoPeG) vom 10.8.2021, BGBl. I 3436.
88 Haritz/Menner/Bilitewski/*Bär/Merkle* § 24 Rn. 90; Lauermann/Protzen DStR 2001, 647 (648); Dötsch/Pung/Möhlenbrock/*Möhlenbrock/Werner* UmwStG § 1 Rn. 67.
89 Dötsch/Pung/Möhlenbrock/*Möhlenbrock/Werner* UmwStG § 1 Rn. 67.
90 UmwSt-Erl. 2011, Rn. 01.44.
91 Rödder/Herlinghaus/van Lishaut/*Herlinghaus* § 20 Rn. 27, 87 ff.; Schmitt/Hörtnagl/*Hörtnagl* UmwStG § 1 Rn. 104.
92 Schmitt/Hörtnagl/*Hörtnagl* UmwStG § 1 Rn. 105.
93 Dötsch/Pung/Möhlenbrock/*Möhlenbrock/Werner* UmwStG § 1 Rn. 64; Rödder/Herlinghaus/van Lishaut/*Graw* § 1 Rn. 164; Schmitt/Hörtnagl/*Hörtnagl* UmwStG § 1 Rn. 107.
94 Bei Einbringung in eine KGaA greift § 20 nur, wenn der Einbringende dafür Aktien erhält, nicht als Vermögenseinlage des persönlich haftenden Gesellschafters; Schmitt/Hörtnagl/*Schmitt* UmwStG § 20 Rn. 173.
95 Eine Einbringung in eine UG als übernehmender Rechtsträger ist aufgrund des Sacheinlageverbots nach § 5a Abs. 2 S. 2 GmbH nur zulässig auf eine bestehende UG (haftungsbeschränkt) unter Verzicht auf eine Kapitalerhöhung; Dötsch/Pung/Möhlenbrock/*Möhlenbrock/Werner* UmwStG § 1 Rn. 53a.
96 Dötsch/Pung/Möhlenbrock/*Möhlenbrock/Werner* UmwStG § 1 Rn. 64; Schmitt/Hörtnagl/*Schmitt* UmwStG § 20 Rn. 173.

gewerblich oder freiberuflich tätige Mitunternehmerschaft (GbR, OHG, KG, Partnerschaftsgesellschaft) in Betracht, die unter § 24 fällt.[97] Schließlich umfasst die Regelung auch **ausländische** und **grenzüberschreitende Vorgänge**.[98]

e) Anteilstausch (Abs. 3 Nr. 5)

43 Der Austausch von Anteilen ist in § 1 Abs. 3 Nr. 5 geregelt. Der Begriff des Anteilstausches ist gesetzlich nicht definiert, er erschließt sich erst aus dem Zusammenspiel mit § 21 Abs. 1 S. 1. Demnach liegt ein Anteilstausch vor, wenn Anteile an einer Kapitalgesellschaft oder einer Genossenschaft in eine andere Kapitalgesellschaft oder Genossenschaft eingebracht werden und dafür neue Anteile an der übernehmenden Gesellschaft gewährt werden.[99] Der Anteilstausch iSd § 1 Abs. 3 Nr. 5 setzt nicht voraus, dass Gegenstand der Einbringung eine mehrheitsvermittelnde Beteiligung ist, und demnach fällt auch der **einfache Anteilstausch** unter § 1. Das Vorliegen einer mehrheitsvermittelnden Beteiligung nach Einbringung ist allerdings gem. § 21 Abs. 1 S. 2 iVm § 20 Abs. 1 S. 2 Voraussetzung für den Buchwertansatz der Anteile bei der übernehmenden Gesellschaft (sog. **qualifizierter Anteilstausch**).[100]

44 Abgrenzungsschwierigkeiten können sich ergeben, wenn im Rahmen eines Umwandlungsvorganges nach § 1 Abs. 3 Nr. 1–3 oder einer Einbringung nach Nr. 4 auch **Anteile an einer Kapitalgesellschaft mit übertragen** werden. In diesen Fällen ist das Verhältnis zwischen den §§ 20 und 21 relevant. Nach Auffassung der Finanzverwaltung sollen die Bestimmungen des § 20 denen des § 21 vorgehen.[101] Dies ist insbes. deshalb zu begrüßen, weil damit eine steuerliche Rückwirkung ermöglicht wird (→ § 20 Rn. 188 ff.). Allerdings wird von der Finanzverwaltung offengelassen, ob eine 100 %-Beteiligung im Rahmen einer Sacheinlage als eigenständiger Teilbetrieb zu behandeln ist oder nicht (ausführlich → § 20 Rn. 70 ff.).

45 **Einbringender Rechtsträger** kann beim Anteilstausch grundsätzlich jede natürliche oder juristische Person sowie jede Personengesellschaft sein. Insoweit unterfallen auch Personen, die in einem Drittstaat ansässig sind, dem Regelungsbereich des § 1 Abs. 3 Nr. 5.[102] Aus § 21 ergibt sich, dass als **übernehmender Rechtsträger** nur eine Kapitalgesellschaft oder Genossenschaft in Betracht kommt.

3. Vergleichbare ausländische Vorgänge

46 Neben den Umwandlungsvorgängen nach dem UmwG findet das UmwStG auch auf vergleichbare **ausländische Vorgänge** Anwendung. Ausländische Vorgänge sind dabei solche Umwandlungen, bei denen das UmwG nach den allgemeinen kollisionsrechtlichen Grundsätzen keine Anwendung findet.[103] Seit 1.3.2023 fallen gem. §§ 320 ff. UmwG neben Verschmelzungen von EU-/EWR-Kapitalgesellschaften auch grenzüberschreitende Auf- und Abspaltungen von EU-/EWR-Kapitalgesellschaften unter das UmwG. Die in §§ 320 ff. UmwG geregelten Umwandlungen sollten damit ohne weitere Vorausset-

---

[97] Dötsch/Pung/Möhlenbrock/*Möhlenbrock/Werner* UmwStG § 1 Rn. 64; Schmitt/Hörtnagl/*Schmitt* UmwStG § 24 Rn. 112.
[98] Dötsch/Pung/Möhlenbrock/*Möhlenbrock/Werner* UmwStG § 1 Rn. 87; → Rn. 41 ff.
[99] Schmitt/Hörtnagl/*Hörtnagl* UmwStG § 1 Rn. 108; UmwSt-Erl. 2011, Rn. 21.01.
[100] Schmitt/Hörtnagl/*Hörtnagl* UmwStG § 1 Rn. 108; Rödder/Herlinghaus/van Lishaut/*Graw* § 1 Rn. 166.
[101] UmwSt-Erl. 2011, Rn. 21.01; bestätigend, soweit die Anteile nicht Bestandteil des eingebrachten (Teil-)Betriebs sind, Rödder/Herlinghaus/van Lishaut/*Graw* § 1 Rn. 169.
[102] Schmitt/Hörtnagl/*Hörtnagl* UmwStG § 1 Rn. 112.
[103] UmwSt-Erl. 2011, Rn. 01.20.

zungen von § 1 Abs. 1 S. 1 Nr. 1 gedeckt sein, da sie Umwandlungen iSd §§ 2 bzw. 123 Abs. 1 und Abs. 2 UmwG darstellen.[104] Nach Ansicht der Finanzverwaltung liegt für grenzüberschreitende Verschmelzungen von EU-/EWR-Kapitalgesellschaften, die bereits bisher in § 122a UmwG aF geregelt waren, ein vergleichbarer ausländischer Vorgang vor.[105] Diese Auffassung würde dazu führen, dass auch für die Umwandlungen von EU-/EWR-Kapitalgesellschaften gem. §§ 320 ff. UmwG eine Vergleichbarkeit Voraussetzung für die Anwendung des UmwStG wäre.

Selbst für den Fall, dass nur inländische Rechtsträger an der Umwandlung beteiligt sind, kann ein ausländischer Umwandlungsvorgang vorliegen.[106] Es ist also zwischen den beteiligten Rechtsträgern und dem gewählten Vorgang zu unterscheiden. Um Unsicherheiten zu beseitigen, die sich bei der Beurteilung der Vergleichbarkeit ausländischer Vorgänge ergeben, hat die Finanzverwaltung Kriterien zur Vergleichbarkeit herausgearbeitet.[107]

Auch ausländische Vorgänge müssen zunächst **zivilrechtlich bzw. gesellschaftsrechtlich wirksam** sein, um steuerlich Berücksichtigung finden zu können.[108] Die Finanzverwaltung orientiert sich dabei grundsätzlich an der Entscheidung der ausländischen Registerbehörde.[109]

47

Die beteiligten Rechtsträger müssen einem umwandlungsfähigen Rechtsträger inländischen Rechts vergleichbar sein. Für die in der Anlage der Fusionsrichtlinie[110] konkret aufgeführten Gesellschaftsformen steht die Umwandlungsfähigkeit außer Frage, so dass ein Typenvergleich entbehrlich ist.[111] Für nicht aufgeführte Gesellschaften hat der **Rechtstypenvergleich** zunächst anhand des gesetzlichen Leitbilds der ausländischen Gesellschaft zu erfolgen.[112] Nur wenn im Einzelfall aufgrund im ausländischen Recht gewährter Dispositionsbefugnisse ein Vergleich anhand des gesetzlichen Leitbildes nicht möglich ist, muss beim Rechtstypenvergleich auf die rechtlichen Gegebenheiten des Einzelfalls abgestellt werden.[113]

48

a) Strukturmerkmale der einzelnen Umwandlungsvorgänge

Die ausländischen Vorgänge müssen mit den Strukturmerkmalen einer Verschmelzung, einer Auf- oder Abspaltung oder eines Formwechsels vergleichbar sein. Die Strukturmerkmale im Einzelnen sind:

49

---

104 Für Verschmelzungen von EU-/EWR-Kapitalgesellschaften, da diese bereits bisher in § 122a UmwG aF geregelt waren: Haritz/Menner/Bilitewski/*Werneburg* UmwStG § 1 Rn. 24; Rödder/Herlinghaus/van Lishaut/*Graw* UmwStG § 1 Rn. 36; Widmann/Mayer/*Maetz* UmwStG § 1 Rn. 33.
105 UmwSt-Erl. 2011, Rn. 01.21.
106 UmwSt-Erl. 2011, Rn. 01.22 mit Beispiel.
107 UmwSt-Erl. 2011, Rn. 01.20 ff.
108 Dötsch/Pung/Möhlenbrock/*Möhlenbrock/Werner* UmwStG § 1 Rn. 95; UmwSt-Erl. 2011, Rn. 01.23.
109 UmwSt-Erl. 2011, Rn. 01.23.
110 Richtlinie 2009/133/EG des Rates vom 19.10.2009 über das gemeinsame Steuersystem für Fusionen, Spaltungen, Abspaltungen, die Einbringung von Unternehmensteilen und den Austausch von Anteilen, die Gesellschaften verschiedener Mitgliedstaaten betreffen, sowie für die Verlegung des Sitzes einer Europäischen Gesellschaft oder einer Europäischen Genossenschaft von einem Mitgliedstaat in einen anderen Mitgliedstaat.
111 Frotscher/Drüen/*Drüen/Wöhrle* UmwStG § 1 Rn. 99.
112 UmwSt-Erl. 2011, Rn. 01.27 iVm den Tabellen 1 und 2 des BMF-Schreibens v. 24.12.1999, BStBl. I 1999, 1076.
113 UmwSt-Erl. 2011, Rn. 01.27 iVm BMF-Schreibens v. 19.3.2004, BStBl. I 2004, 411.

aa) Verschmelzung[114]

50
- die Übertragung des gesamten Aktiv- und Passivvermögens eines übertragenden Rechtsträgers oder mehrerer übertragender Rechtsträger auf einen übernehmenden Rechtsträger,
- aufgrund eines Rechtsgeschäfts,
- kraft Gesetzes,
- gegen Gewährung von Anteilen am übernehmenden Rechtsträger an die Anteilsinhaber des übertragenden Rechtsträgers,
- unter Auflösung ohne Abwicklung des übertragenden Rechtsträgers oder der übertragenden Rechtsträger.

bb) Aufspaltung[115]

51
- die Übertragung des gesamten Aktiv- und Passivvermögens eines Rechtsträgers auf mindestens zwei übernehmende Rechtsträger,
- aufgrund eines Rechtsgeschäfts,
- kraft Gesetzes,
- gegen Gewährung von Anteilen an den übernehmenden Rechtsträgern an die Anteilsinhaber des übertragenden Rechtsträgers,
- unter Auflösung ohne Abwicklung des übertragenden Rechtsträgers.

cc) Abspaltung[116]

52
- die Übertragung eines Teils oder mehrerer Teile eines Rechtsträgers auf einen oder mehrere übernehmende Rechtsträger,
- aufgrund eines Rechtsgeschäfts,
- kraft Gesetzes,
- gegen Gewährung von Anteilen am übernehmenden Rechtsträger oder an den übernehmenden Rechtsträgern an die Anteilsinhaber des übertragenden Rechtsträgers,
- ohne Auflösung des übertragenden Rechtsträgers.

dd) Formwechsel[117]

53
- die Änderung der rechtlichen Organisation des Rechtsträgers,
- mit rechtlicher Kontinuität des Rechtsträgers.
- Hat das ausländische Recht keine rechtliche Kontinuität als Voraussetzung, sondern Auflösung ohne Abwicklung, kommt ein Formwechsel nicht in Betracht. Allerdings möglicherweise eine Verschmelzung.

b) Weitere Kriterien

54 Nach Ansicht der Finanzverwaltung stellt die Dauer einer gesellschaftsrechtlichen **Rückbeziehungsmöglichkeit** kein Kriterium für die Vergleichbarkeit dar.[118] Hingegen ist die Höhe der Zuzahlungen ein relevantes Vergleichskriterium.[119] Überschreiten die vereinbarten Zuzahlungen daher den durch das UmwG vorgegebenen Rahmen (bspw.

---

114 UmwSt-Erl. 2011, 01.30.
115 UmwSt-Erl. 2011, 01.33.
116 UmwSt-Erl. 2011, 01.36.
117 UmwSt-Erl. 2011, 01.39.
118 UmwSt-Erl. 2011, 01.41.
119 UmwSt-Erl. 2011, 01.40.

§ 54 Abs. 4 UmwG[120]) nicht nur unerheblich, stellt dies ein Indiz für die fehlende Vergleichbarkeit dar.[121]

Verschmelzungen nach der SE-VO und SCE-VO gelten nicht als vergleichbare Vorgänge. Sie unterfallen nach § 1 Abs. 1 S. 1 Nr. 1 dem Anwendungsbereich des UmwStG, ohne dass es einer Vergleichbarkeitsprüfung bedarf.[122]

II. Persönlicher Anwendungsbereich

1. Zweiter bis Fünfter Teil (für Umwandlungsstichtage vor 1.1.2022; bisheriger Abs. 2)

Für Übertragungsstichtage nach dem 31.12.2021 wurde durch die Streichung von § 1 Abs. 2 im Rahmen des KöMoG[123] der Anwendungsbereich für Umwandlungen von Körperschaften bzw. Kapitalgesellschaften (Zweiter bis Fünfter Teil des UmwStG) auf Drittstaatensachverhalte erweitert. Für Umwandlungsvorgänge, die die sachlichen Anwendungsvoraussetzungen des § 1 Abs. 1 erfüllen, ist somit die Anwendung des UmwStG ohne weitere Voraussetzungen eröffnet. Ein EU-/EWR-Kontext ist seit 2022 nicht mehr erforderlich. Die Anwendbarkeit des UmwStG auf Drittstaaten-Umwandlungen setzt aber weiter voraus, dass es sich um vergleichbare Vorgänge handelt (→ Rn. 46 ff.).

Für Umwandlungen, deren Übertragungsstichtag vor dem 1.1.2022 liegt, regelte § 1 Abs. 2 aF abschließend, wer beteiligter Rechtsträger an einem Umwandlungsvorgang nach § 1 Abs. 1 sein kann (persönlicher Anwendungsbereich). Demnach müssen die beteiligten Rechtsträger kumulativ einen **zweifachen Bezug zur EU/zum EWR** aufweisen. Handelt es sich bei dem beteiligten Rechtsträger um eine Gesellschaft, ist erforderlich, dass die Gesellschaft nach dem Recht eines Mitgliedstaates der EU oder eines EWR-Staates gegründet ist und sie zudem ihren Sitz und Ort der Geschäftsleitung in dem Gebiet eines Mitgliedstaates hat. Sitz und Ort der Geschäftsleitung müssen nicht in ein und demselben EU-Mitgliedstaat bzw. EWR-Staat liegen.[124] Bei beteiligten natürlichen Personen ist entscheidend, dass diese ihren Wohnsitz oder gewöhnlichen Aufenthalt innerhalb der Gebiete dieser Staaten haben und diese – in Fällen von Doppelansässigkeit – nach den Vorschriften des anzuwendenden DBA nicht außerhalb des vorbenannten Gebiets als ansässig gelten.[125]

Strittig ist, welcher Zeitpunkt für die Beurteilung der Ansässigkeit der beteiligten Rechtsträger in der EU/im EWR maßgeblich ist. Nach der von der Finanzverwaltung[126] und Teilen der Literatur[127] vertretenen Ansicht ist grundsätzlich auf den Zeitpunkt des steuerlichen Übertragungsstichtags abzustellen. Lediglich bei Umwandlung von Rechtsträgern zur Neugründung im Rückwirkungszeitraum ist nach dieser Auffassung auf den Zeitpunkt der zivilrechtlichen Wirksamkeit der Umwandlung und damit auf den Zeitpunkt der Eintragung der Umwandlung im Handelsregister abzustellen.[128] Nach der vorzugswürdigen Ansicht kommt es dagegen stets auf den Zeitpunkt des zivilrecht-

---

120 Demnach dürfen im Verschmelzungsvertrag festgesetzte bare Zuzahlungen den zehnten Teil des Gesamtnennbetrags der gewährten Geschäftsanteile der übernehmenden Gesellschaft nicht übersteigen.
121 UmwSt-Erl. 2011, 01.40.
122 UmwSt-Erl. 2011, 01.42.
123 Gesetz zur Modernisierung des Körperschaftsteuerrechts BGBl. 2021 I 2050.
124 UmwSt-Erl. 2011, 01.49.
125 UmwSt-Erl. 2011, 01.51.
126 UmwSt-Erl. 2011, 01.52.
127 Dötsch/Pung/Möhlenbrock/*Werner* UmwStG § 1 Rn. 145.
128 UmwSt-Erl. 2011, 01.52; Dötsch/Pung/Möhlenbrock/*Werner* UmwStG § 1 Rn. 145; Frotscher/Drüen/*Drüen/Wöhrle* § 1 Rn. 123f.

lichen Wirksamwerdens der Umwandlung an.[129] Gegen die von der Finanzverwaltung vertretene Auffassung spricht, dass sich die steuerliche Rückwirkungsfiktion nach § 2 UmwStG alleine auf die Rechtsfolgen der Umwandlung bezieht, nicht aber auf ihre tatbestandlichen Voraussetzungen.[130] Die steuerliche Leistungspflicht entsteht gem. § 38 AO in dem Zeitpunkt, in dem sämtliche Tatbestandsmerkmale der jeweiligen Norm erfüllt sind. Insofern ist es nur konsequent, wenn die Prüfung der Tatbestandsmerkmale auf den Zeitpunkt der Tatbestandserfüllung (dh den Zeitpunkt der zivilrechtlichen Wirksamkeit der Umwandlung) erfolgt.[131]

58 Nach § 1 Abs. 2 Nr. 1 aF muss bei einem Formwechsel der umwandelnde Rechtsträger und bei allen anderen Umwandlungen sowohl der übertragende als auch der übernehmende Rechtsträger eine **Gesellschaft iSd Art. 54 AEUV** sein. Als Gesellschaften idS gelten die Gesellschaften des bürgerlichen Rechts sowie des Handelsrechts, einschließlich der Genossenschaften und sonstigen juristischen Personen des öffentlichen und privaten Rechts.[132] Erforderlich ist jedoch, dass die Gesellschaften einen **Erwerbszweck** verfolgen und nicht ausschließlich kulturell oder karitativ tätig sind.[133] Nach Auffassung des BFH ist der Begriff des Erwerbszwecks weit zu verstehen, so dass alle Tätigkeiten einzubeziehen sind, soweit sie erwerbsorientiert sind und gegen Entgelt erbracht werden. Das Vorliegen einer Gewinnerzielungsabsicht ist nicht erforderlich.[134] Insoweit scheiden (steuerbefreite) **gemeinnützige Einrichtungen** nicht zwingend aus dem Anwendungsbereich des Gesetzes aus, da sie häufig mit ihren Zweckbetrieben oder wirtschaftlichen Geschäftsbetrieben am Wirtschaftsverkehr teilnehmen. Ebenfalls erfasst sind regelmäßig **juristische Personen des öffentlichen Rechts** mit ihrem Betrieb gewerblicher Art, wohingegen Verbände, die keinen Erwerbszweck verfolgen, nicht unter den Gesellschaftsbegriff des Art. 54 AEUV fallen.[135] Bei ausländischen Gesellschaften iSd Art. 54 AEUV ist ein Typenvergleich mit einer inländischen Kapitalgesellschaft bzw. – im Hinblick auf den übernehmenden Rechtsträger – Personengesellschaft vorzunehmen.[136]

59 Des Weiteren ist zu beachten, dass die beteiligten Rechtsträger nach den Rechtsvorschriften eines Mitgliedsstaats der EU/des EWR gegründet sein müssen. Es kommt also auf das bei der Gründung auf den Rechtsträger anwendbare Gesellschaftsstatut an. Nicht schädlich ist insoweit, wenn der Rechtsträger nach dem Recht eines Staates gegründet wurde, der erst zeitlich nachfolgend der EU/dem EWR beigetreten ist.[137]

60 Von Bedeutung ist zudem, dass die Rechtsträger sowohl ihren **Sitz** als auch den **Ort der Geschäftsleitung** in der EU/im EWR haben müssen. Bei Personengesellschaften ist dabei auf die Gesellschaft selbst abzustellen. Da sich § 1 Abs. 2 aF lediglich auf die Rechtsträger, nicht aber auf die dahinter stehenden Gesellschafter bezieht, können die Gesellschafter auch in Drittstaaten ansässig sein.[138] Bei ausländischen Rechtsträgern

---

129 Neu/Schiffers/Watermeyer GmbHR 2011, 729 (730); Rödder/Herlinghaus/van Lishaut/Graw § 1 Rn. 121; Schmitt/Hörtnagl/Hörtnagl UmwStG § 1 Rn. 70.
130 Rödder/Herlinghaus/van Lishaut/Graw § 1 Rn. 121.
131 So auch Schmitt/Hörtnagl/Hörtnagl UmwStG § 1 Rn. 70.
132 Dötsch/Pung/Möhlenbrock/Möhlenbrock/Werner UmwStG § 1 Rn. 146; Schmitt/Hörtnagl/Hörtnagl UmwStG § 1 Rn. 58.
133 Dötsch/Pung/Möhlenbrock/Möhlenbrock/Werner UmwStG § 1 Rn. 146; Schmitt/Hörtnagl/Hörtnagl UmwStG § 1 Rn. 59.
134 BFH 14.7.2004 – I R 94/02, BStBl. II 2005, 721.
135 Dötsch/Pung/Möhlenbrock/Möhlenbrock/Werner UmwStG § 1 Rn. 146; Schmitt/Hörtnagl/Hörtnagl UmwStG § 1 Rn. 59.
136 Schmitt/Hörtnagl/Hörtnagl UmwStG § 1 Rn. 58.
137 Schmitt/Hörtnagl/Hörtnagl UmwStG § 1 Rn. 61.
138 Schmitt/Hörtnagl/Hörtnagl UmwStG § 1 Rn. 62.

richtet sich die Einordnung der Begriffe Sitz und Ort der Geschäftsleitung nach den deutschen Regeln der §§ 10 ff. AO.[139]

Für **natürliche Personen** als übernehmende Rechtsträger ist nach § 1 Abs. 2 Nr. 2 aF auf den **Wohnsitz** bzw. den **gewöhnlichen Aufenthalt** (§§ 8, 9 AO) abzustellen, der innerhalb des Hoheitsgebiets der EU/des EWR liegen muss. Eine Doppelansässigkeit in verschiedenen EU-/EWR-Staaten birgt daher keine Schwierigkeiten. Wenn auch eine Ansässigkeit in einem Drittstaat besteht, findet das Gesetz nur Anwendung, soweit die natürliche Person nicht nach einem DBA als in dem Drittstaat ansässig anzusehen ist.[140] 61

2. Sechster bis Achter Teil (Abs. 4)

Anders als Umwandlungen von Körperschaften bzw. Kapitalgesellschaften nach § 1 Abs. 1 sind Umwandlungsvorgänge mit Personengesellschaften als übertragende Rechtsträger und Einbringung von Betriebsvermögen nach § 1 Abs. 3 weiterhin auf EU-/EWR-Sachverhalte begrenzt. Aufgrund der bisherigen Verweise auf Abs. 2 musste Abs. 4 angepasst werden, wodurch jedoch keine inhaltlichen Änderungen erfolgten.[141] Der persönliche Anwendungsbereich des Sechsten bis Achten Teils richtet sich nach § 1 Abs. 4, der § 1 Abs. 3 um weitere Anforderungen an die am Umwandlungsvorgang beteiligten Rechtsträger ergänzt. Inhaltlich unterscheidet § 1 Abs. 4 zwischen den Anforderungen an den übernehmenden Rechtsträger (§ 1 Abs. 4 S. 1 Nr. 1) und den Anforderungen an den umzuwandelnden/übertragenden Rechtsträger (§ 1 Abs. 4 S. 1 Nr. 2 Buchst. a). Nach vorzugswürdiger Ansicht müssen die persönlichen Anwendungsvoraussetzungen erst im Zeitpunkt des zivilrechtlichen Wirksamwerdens der Umwandlung vorliegen.[142] Die Finanzverwaltung stellt hingegen, außer bei Umwandlungen zur Neugründung, auf die Verhältnisse am steuerlichen Übertragungsstichtag ab.[143] 62

Nach § 1 Abs. 4 S. 2 sind Einbringungen eines Betriebes, Teilbetriebes oder Mitunternehmeranteils in eine Personengesellschaft nach § 24 von den persönlichen Anwendungsvoraussetzungen des § 1 Abs. 4 S. 1 ausgenommen. In diesen Fällen genügt das Vorliegen der sachlichen Voraussetzungen nach § 1 Abs. 3 Nr. 4, um den Anwendungsbereich des UmwStG zu eröffnen. Es werden keine persönlichen Voraussetzungen an den Einbringenden oder an die aufnehmende Personengesellschaft gestellt, so dass das UmwStG insoweit global Anwendung findet und keinen weiteren Beschränkungen unterliegt.[144] Folglich betrifft die Beschränkung nur Vorgänge, bei denen eine Kapitalgesellschaft übernehmender Rechtsträger ist.

a) Übernehmender Rechtsträger (Abs. 4 S. 1 Nr. 1)

Zunächst bestimmt § 1 Abs. 4 S. 1 Nr. 1, dass der Sechste bis Achte Teil nur gilt, wenn die übernehmende Kapitalgesellschaft/Genossenschaft nach dem Recht eines EU-/EWR-Staates gegründet wurde und ihren Sitz sowie ihre Geschäftsleitung innerhalb des Hoheitsgebietes der EU/des EWR hat (SE und SCE sind explizit eingeschlossen).[145] Auf die beschränkte oder unbeschränkte Steuerpflicht der Gesellschaft kommt es inso- 63

---

139 Rödder/Herlinghaus/van Lishaut/*Graw* § 1 Rn. 124; dagegen vorrangig nach DBA: Frotscher/Drüen/*Drüen*/ *Wöhrle* UmwStG § 1 Rn. 118.
140 Schmitt/Hörtnagl/*Hörtnagl* UmwStG § 1 Rn. 75.
141 BT-Drs. 19/28656, 29 v. 19.4.2021.
142 Rödder/Herlinghaus/van Lishaut/*Graw* § 1 Rn. 173.
143 UmwSt-Erlass Rn. 01.55; zur Diskussion — Rn. 57.
144 Dötsch/Pung/Möhlenbrock/*Möhlenbrock*/*Werner* UmwStG § 1 Rn. 157.
145 Dötsch/Pung/Möhlenbrock/*Möhlenbrock*/*Werner* UmwStG § 1 Rn. 159; Rödder/Herlinghaus/van Lishaut/ *Graw* § 1 Rn. 176; im Einzelnen auch → Rn. 52 f.

fern nicht an.¹⁴⁶ In Fällen eines EU-/EWR-ausländischen übernehmenden Rechtsträgers muss im Rahmen eines Typenvergleichs geprüft werden, ob dieser einer inländischen Kapitalgesellschaft entspricht.¹⁴⁷ Für Fälle des Formwechsels einer Personengesellschaft in eine Kapitalgesellschaft oder Genossenschaft findet § 1 Abs. 4 S. 1 Nr. 1 keine Anwendung, da der Formwechsel (mangels zivilrechtlicher Vermögensübertragung) identitätswahrend erfolgt und damit kein übernehmender Rechtsträger existiert.¹⁴⁸

b) Übertragender Rechtsträger (Abs. 4 S. 1 Nr. 2 Buchst. a)

64 Mit Blick auf den übertragenden Rechtsträger stellt § 1 Abs. 4 S. 1 Nr. 2 nur für die in § 1 Abs. 3 Nr. 1–4 genannten Fälle weitere Voraussetzungen auf (der Anteilsaustausch nach § 1 Abs. 3 Nr. 5 iVm § 21 ist davon ausgenommen). Insoweit muss der umwandelnde, einbringende oder übertragende Rechtsträger – je nach Rechtsperson – die Voraussetzungen nach § 1 Abs. 4 S. 1 Nr. 2 Buchst. a aa bzw. bb erfüllen. Sind diese Voraussetzungen nicht erfüllt, findet das UmwStG dennoch Anwendung, wenn das Recht der Bundesrepublik Deutschland hinsichtlich der Besteuerung des Gewinns aus der Veräußerung der erhaltenen Anteile nicht ausgeschlossen oder beschränkt ist (§ 1 Abs. 4 S. 1 Nr. 2 Buchst. b, → Rn. 68).

65 Beim **Formwechsel** nach § 1 Abs. 3 Nr. 3 muss die umwandelnde Personengesellschaft¹⁴⁹ in ihrer **Ausgangsrechtsform eine Gesellschaft** iSd § 1 Abs. 4 S. 1 Nr. 1 sein (§ 1 Abs. 4 S. 1 Nr. 2 Buchst. a bb Hs. 1), also eine Gesellschaft iSd Art. 54 AEUV oder Art. 34 EWR-Abkommen mit Sitz und Geschäftsleitung in einem dieser Staaten. Aufgrund der transparenten Struktur der Personengesellschaft müssen auch die Gesellschafter bestimmte Anforderungen erfüllen (§ 1 Abs. 4 S. 1 Nr. 2 Buchst. a bb Hs. 2). Soweit es sich bei den Gesellschaftern um natürliche Personen handelt, müssen diese nach § 1 Abs. 4 S. 1 Nr. 2 Buchst. a aa ihren Wohnsitz oder gewöhnlichen Aufenthalt innerhalb der EU/des EWR haben und dürfen nach dem anzuwendenden DBA nicht als in einem Drittstaat ansässig anzusehen sein. Sind hingegen Körperschaften, Personenvereinigungen und Vermögensmassen Gesellschafter der umwandelnden Personengesellschaft, muss es sich bei diesen ebenfalls um Gesellschaften iSd Art. 54 AEUV oder Art. 34 EWR-Abkommen mit Sitz und Geschäftsleitung in einem dieser Staaten handeln.¹⁵⁰

In Fällen von mehrstöckigen Personengesellschaften müssen die vorstehenden Voraussetzungen nur auf Ebene der formwechselnden Personengesellschaft und auf der obersten Gesellschaftsebene vorliegen, also für nicht-transparente Gesellschaften oder natürliche Personen als (un-)mittelbar beteiligte Gesellschafter.¹⁵¹ Erfüllen einzelne Gesellschafter die Gründungs- und Ansässigkeitsvoraussetzungen nicht und ist das deutsche Besteuerungsrecht an dem Veräußerungsgewinn der erhaltenen Anteile ausgeschlossen oder beschränkt (→ Rn. 68), findet der Sechste bis Achte Teil nur insoweit Anwendung, wie diejenigen Gesellschafter, welche die og Voraussetzungen erfüllen, am Ver-

---

146 UmwSt-Erl. 2011, Rn. 01.54; Rödder/Herlinghaus/van Lishaut/*Graw* § 1 Rn. 176.
147 Schmitt/Hörtnagl/*Hörtnagl* UmwStG § 1 Rn. 117.
148 Dötsch/Pung/Möhlenbrock/*Möhlenbrock/Werner* UmwStG § 1 Rn. 160; Schmitt/Hörtnagl/*Hörtnagl* UmwStG § 1 Rn. 116; aA *Hruschka/Schicketanz* IStR 2015, 164 (165).
149 Innerhalb des Sechsten bis Achten Teils ist nur der Formwechsel einer Personengesellschaft in eine Kapitalgesellschaft geregelt.
150 Schmitt/Hörtnagl/*Hörtnagl* UmwStG § 1 Rn. 120; Rödder/Herlinghaus/van Lishaut/*Graw* § 1 Rn. 186.
151 *Benz/Rosenberg* BB Spezial 8/2006, 51 (76); Frotscher/Drüen/*Drüen/Wöhrle* § 1 Rn. 138; Rödder/Herlinghaus/van Lishaut/*Graw* § 1 Rn. 187; Schmitt/Hörtnagl/*Hörtnagl* UmwStG § 1 Rn. 120; wohl auch UmwSt-Erl. 2011, Rn. 01.53.

mögen der Personengesellschaft beteiligt sind.[152] Demzufolge sind die Vorschriften des UmwStG in solchen Konstellationen entsprechend der Beteiligungsquote am Vermögen anzuwenden, wie die Gesellschafter der Personengesellschaft die og persönlichen Voraussetzungen erfüllen.[153]

Für die Anwendung des Gesetzes auf **Einbringungen** nach § 1 Abs. 3 Nr. 1 sowie § 1 Abs. 3 Nr. 2 ist grundsätzlich das Vorliegen der Gründungs- und Ansässigkeitsvoraussetzungen des § 1 Abs. 4 S. 1 Nr. 1 Voraussetzung (§ 1 Abs. 4 S. 1 Nr. 2 Buchst. a bb Hs. 1).[154] Soweit die persönlichen Voraussetzungen an den übertragenden Rechtsträger und dessen Gesellschafter nicht erfüllt sind, ist das UmwStG gem. § 1 Abs. 4 Nr. 2 Buchst. b anwendbar, wenn das deutsche Besteuerungsrecht nicht ausgeschlossen oder beschränkt ist (→ Rn. 68).

66

Gleiches gilt für **Einbringungen von Betriebsvermögen** durch Einzelrechtsnachfolge in eine Kapitalgesellschaft oder eine Genossenschaft. Auch in diesen Fällen müssen grundsätzlich die Anforderungen nach § 1 Abs. 4 S. 1 Nr. 1 erfüllt sein (§ 1 Abs. 4 S. 1 Nr. 2 Buchst. a bb Hs. 1). Ist eine Personengesellschaft einbringender Rechtsträger, sind die Gründungs- und Ansässigkeitsvoraussetzungen nicht nur von der Gesellschaft, sondern zusätzlich auch von den Gesellschaftern auf oberster Ebene zu erfüllen (zur quotalen Anwendung, wenn nur ein Teil der Gesellschafter diese Voraussetzungen erfüllen → Rn. 65).

67

c) Alternative: fehlende Beschränkung des inländischen Besteuerungsrechts

Soweit in den vom Sechsten bis Achten Teil erfassten Fällen die von § 1 Abs. 4 S. 1 Nr. 2 Buchst. a vorausgesetzten persönlichen Anforderungen nicht gegeben sind, ist das UmwStG gleichwohl anwendbar, soweit das Recht der Bundesrepublik Deutschland hinsichtlich der Besteuerung des Gewinns aus der Veräußerung der erhaltenen Anteile nicht ausgeschlossen oder beschränkt ist (§ 1 Abs. 4 S. 1 Nr. 2 Buchst. b). Entsprechend des Wortlauts der Regelung ist das Besteuerungsrecht hinsichtlich des Veräußerungsgewinns maßgeblich. Insoweit liegt ein Ausschluss des Besteuerungsrechts vor, wenn Deutschland – zB aufgrund eines mit dem anderen Staat geschlossenen DBA – überhaupt kein Besteuerungsrecht hat. Eine Einschränkung des Besteuerungsrechts liegt vor, wenn Deutschland aufgrund uni- oder bilateraler Vorschriften ausländische Steuern anzurechnen hat.[155]

68

III. Definitionen (Abs. 5)

Die Regelung in § 1 Abs. 5 enthält verschiedene dynamische Verweise auf europäische Richtlinien sowie Verordnungen und eine Legaldefinition des Buchwertbegriffs. Gem. § 1 Abs. 5 sind die Richtlinie 2009/133/EG sowie die Verordnungen (EG) Nr. 2157/2001 und (EG) Nr. 1435/2003 in der zum Zeitpunkt des steuerlichen Übertragungsstichtags jeweils geltenden Fassung anzuwenden, soweit das Gesetz nicht etwas anderes bestimmt.

69

---

152 Rödder/Herlinghaus/van Lishaut/*Graw* § 1 Rn. 187; Schmitt/Hörtnagl/*Hörtnagl* UmwStG § 1 Rn. 122; Widmann/Mayer/*Maetz* UmwStG § 1 Rn. 193 mit Beispiel.
153 Dötsch/Pung/Möhlenbrock/*Möhlenbrock/Werner* UmwStG § 1 Rn. 175.
154 Für Personengesellschaften gelten insoweit die obigen Ausführungen zum Formwechsel.
155 Schmitt/Hörtnagl/*Hörtnagl* UmwStG § 1 Rn. 131; Rödder/Herlinghaus/van Lishaut/*Graw* § 1 Rn. 193.

70 **Buchwert** ist nach § 1 Abs. 5 Nr. 4 der Wert, „der sich nach den steuerrechtlichen Vorschriften über die Gewinnermittlung in einer für den steuerlichen Übertragungsstichtag aufzustellenden Steuerbilanz ergibt oder ergäbe." Hiervon werden auch die Fälle erfasst, in denen der übertragende oder übernehmende Rechtsträger zum steuerlichen Übertragungsstichtag keine Steuerbilanz aufstellen muss.[156] Der inländische Buchwertbegriff findet auch Anwendung, wenn ein ausländischer Rechtsträger über eine Betriebsstätte im Inland verfügt oder dessen Steuerbilanz sonst iRd UmwStG von Bedeutung ist.[157]

71 Davon dürfte die Frage zu unterscheiden sein, wie **Wirtschaftsgüter** zu behandeln sind, die sowohl vor als auch nach der Umwandlung einem ausländischen Besteuerungsrecht unterliegen, zB weil sie einer ausländischen Betriebsstätte zuzuordnen sein. Die Ermittlung eines steuerlichen Buchwerts für solche Wirtschaftsgüter ist für inländische steuerliche Zwecke entbehrlich. Hierbei gibt es einen engen Zusammenhang zu der Frage, ob solche Wirtschaftsgüter überhaupt in die Schlussbilanz des übertragenden Rechtsträgers gehören. Da die Bilanzierungspflicht immer nur im Zusammenhang mit der Steuerpflicht zu sehen ist, gibt es bei der Pflicht zur Aufstellung der Schlussbilanz kein „Alles-oder-nichts" Prinzip. Einzelne Wirtschaftsgüter können mangels Steuerpflicht aus dem Anwendungsbereich der Schlussbilanz fallen, während ansonsten die Pflicht zur Aufstellung besteht. Danach besteht auch insoweit keine Pflicht die Buchwerte entsprechend dem deutschen Buchwertbegriff zu ermitteln.[158]

§ 2 Steuerliche Rückwirkung

(1) ¹Das Einkommen und das Vermögen der übertragenden Körperschaft sowie des übernehmenden Rechtsträgers sind so zu ermitteln, als ob das Vermögen der Körperschaft mit Ablauf des Stichtags der Bilanz, die dem Vermögensübergang zu Grunde liegt (steuerlicher Übertragungsstichtag), ganz oder teilweise auf den übernehmenden Rechtsträger übergegangen wäre. ²Das Gleiche gilt für die Ermittlung der Bemessungsgrundlagen bei der Gewerbesteuer.

(2) Ist die Übernehmerin eine Personengesellschaft, gilt Absatz 1 Satz 1 für das Einkommen und das Vermögen der Gesellschafter.

(3) Die Absätze 1 und 2 sind nicht anzuwenden, soweit Einkünfte auf Grund abweichender Regelungen zur Rückbeziehung eines in § 1 Abs. 1 bezeichneten Vorgangs in einem anderen Staat der Besteuerung entzogen werden.

(4) ¹Der Ausgleich oder die Verrechnung eines Übertragungsgewinns mit verrechenbaren Verlusten, verbleibenden Verlustvorträgen, nicht ausgeglichenen negativen Einkünften, einem Zinsvortrag nach § 4h Absatz 1 Satz 5 des Einkommensteuergesetzes und einem EBITDA-Vortrag nach § 4h Absatz 1 Satz 3 des Einkommensteuergesetzes (Verlustnutzung) des übertragenden Rechtsträgers ist nur zulässig, wenn dem übertragenden Rechtsträger die Verlustnutzung auch ohne Anwendung der Absätze 1 und 2 möglich gewesen wäre. ²Satz 1 gilt für negative Einkünfte des übertragenden Rechtsträgers im Rückwirkungszeitraum entsprechend. ³Der

---

[156] UmwSt-Erl. 2011, 01.57.
[157] Rödder/Herlinghaus/van Lishaut/*Graw* § 1 Rn. 210.
[158] Schneider/Ruoff/Sistermann/*Brinkmann*, UmwSt-Erl. 2011, H 1.79.

Ausgleich oder die Verrechnung von positiven Einkünften des übertragenden Rechtsträgers im Rückwirkungszeitraum mit verrechenbaren Verlusten, verbleibenden Verlustvorträgen, nicht ausgeglichenen negativen Einkünften und einem Zinsvortrag nach § 4h Absatz 1 Satz 5 des Einkommensteuergesetzes des übernehmenden Rechtsträgers ist nicht zulässig. ⁴Ist übernehmender Rechtsträger eine Organgesellschaft, gilt Satz 3 auch für einen Ausgleich oder eine Verrechnung beim Organträger entsprechend. ⁵Ist übernehmender Rechtsträger eine Personengesellschaft, gilt Satz 3 auch für einen Ausgleich oder eine Verrechnung bei den Gesellschaftern entsprechend. ⁶Die Sätze 3 bis 5 gelten nicht, wenn übertragender Rechtsträger und übernehmender Rechtsträger vor Ablauf des steuerlichen Übertragungsstichtags verbundene Unternehmen im Sinne des § 271 Absatz 2 des Handelsgesetzbuches sind.

(5) ¹Unbeschadet anderer Vorschriften ist der Ausgleich oder die sonstige Verrechnung negativer Einkünfte des übernehmenden Rechtsträgers, die von diesem infolge der Anwendung der Absätze 1 und 2 erzielt werden, auch insoweit nicht zulässig, als die negativen Einkünfte auf der Veräußerung oder der Bewertung von Finanzinstrumenten oder Anteilen an einer Körperschaft beruhen. ²Als negative Einkünfte im Sinne des Satzes 1 gelten auch Aufwendungen außerhalb des Rückwirkungszeitraums, die darauf beruhen, dass Finanzinstrumente oder Anteile an einer Körperschaft, die dem übernehmenden Rechtsträger auf Grund der Anwendung der Absätze 1 und 2 zugerechnet werden, bis zu dem in Satz 4 bezeichneten Zeitpunkt veräußert werden oder nach den Sätzen 3 und 4 als veräußert gelten. ³Als Veräußerung im Sinne der Sätze 1 und 2 gilt auch die Einlösung, Rückzahlung, Abtretung, Entnahme, verdeckte Einlage in eine Kapitalgesellschaft oder ein sonstiger ertragsteuerlich einer Veräußerung gleichgestellter Vorgang. ⁴Mit Ablauf des nach der Umwandlung endenden Gewinnermittlungszeitraums nach § 4a des Einkommensteuergesetzes oder in anderen Fällen mit Ablauf des nach der Umwandlung endenden Kalenderjahrs noch nicht veräußerte oder nach Satz 3 als veräußert geltende Wirtschaftsgüter im Sinne des Satzes 2 gelten zu diesem Zeitpunkt als zum gemeinen Wert veräußert und wieder angeschafft. ⁵Satz 2 findet keine Anwendung, soweit die Finanzinstrumente oder Anteile an einer Körperschaft ohne die Anwendung der Absätze 1 und 2 beim übertragenden Rechtsträger in dessen steuerlicher Schlussbilanz mit einem anderen als dem gemeinen Wert hätten angesetzt werden können. ⁶Die Sätze 1 bis 5 finden keine Anwendung, wenn der Steuerpflichtige nachweist, dass die Verrechnung negativer Einkünfte im Sinne der Sätze 1 und 2 kein Haupt- oder Nebenzweck der Umwandlung war. ⁷Ist der übernehmende Rechtsträger an den Finanzinstrumenten oder Anteilen an einer Körperschaft unmittelbar oder mittelbar über eine oder mehrere Personengesellschaften beteiligt, gelten die Sätze 2 bis 6 sinngemäß für Aufwendungen und Einkünfteminderungen infolge der Veräußerung oder eines niedrigeren Wertansatzes der Finanzinstrumente oder Anteile beziehungsweise infolge der Veräußerung von Anteilen an den Personengesellschaften oder deren Auflösung.

Literatur:

Benecke, Anwendungsbereich des UmwStG und Rückwirkung nach dem UmwSt-Erlass 2011, GmbHR 2012, 114; *Behrendt/Klages*, Weitere Einschränkung der Verlustnutzung bei rückwirkenden Umwandlungen durch § 2 Abs. 4 S. 3 bis 6 UmwStG, BB 2013, 1815; *Kaeser*, Allgemeiner Teil (§§ 1–2 UmwStG) DStR Beihefter 2/2012, 3.

I. Überblick und Normzweck 1	2. Personengesellschaft als Übernehmerin (Abs. 2) 28
II. Erfasste Steuerarten und Anwendungsbereich 4	a) Laufende Geschäfte zwischen Körperschaft und Personengesellschaft 29
1. Erfasste Steuerarten 4	b) Laufende Geschäfte zwischen Körperschaft und Mitunternehmern der übernehmenden Personengesellschaft 30
2. Persönlicher Anwendungsbereich 8	
3. Sachlicher Anwendungsbereich 11	
III. Relevante Stichtage und steuerliche Rückwirkung 14	V. Keine Rückwirkung bei Entzug des Besteuerungsrechts (Abs. 3) 31
1. Handelsrechtlicher Umwandlungsstichtag 14	VI. Einschränkung der Verlustverrechnung im Rückwirkungsfall (Abs. 4) 33
2. Steuerlicher Übertragungsstichtag (Abs. 1 S. 1) 18	
3. Steuerliche Rückwirkung 20	VII. Ausgleichs- und Verrechnungsverbot negativer Einkünfte im Rückwirkungsfall (Abs. 5) 43
IV. Ermittlung und Besteuerung des Einkommens 22	
1. Körperschaft als Übernehmerin 27	

I. Überblick und Normzweck

1 § 2 regelt im Kern die steuerliche Rückwirkung von Umwandlungen iSd §§ 3–19 für Zwecke der Einkommens- und Vermögensermittlung. Demnach sind das Einkommen und das Vermögen der an der Umwandlung beteiligten Rechtsträger so zu ermitteln, als ob das Vermögen der übertragenden Körperschaft mit Ablauf des steuerlichen Übertragungsstichtages ganz oder teilweise auf den übernehmenden Rechtsträger übergegangen wäre. Gleiches gilt nach § 2 Abs. 1 S. 2 für die Ermittlung der Bemessungsgrundlage bei der Gewerbesteuer. Der **Zweck** von § 2 erschließt sich mit Blick auf die dinglichen und handelsrechtlichen Wirkungen der Umwandlung sowie die steuerrechtlichen Konsequenzen, die ohne Regelung der steuerlichen Rückwirkung eintreten würden.[1] Für Formwechsel enthält § 9 S. 3 mangels handelsrechtlicher Schlussbilanz aufgrund fehlendem zivilrechtlichen Vermögensübergang eine ergänzende Rückwirkungsfiktion. Ähnliches gilt für die an § 2 angelehnten separaten Rückwirkungsregelungen für Einbringungen gem. § 20 Abs. 5 und 6 sowie § 24 Abs. 4. Beim Anteilstausch gem. § 21 gibt es keine Rückwirkung (mehr).[2]

2 Maßgeblicher **Zeitpunkt für den Eintritt der dinglichen Wirkungen** einer Umwandlung ist stets der Tag der Eintragung der Umwandlung in das Handelsregister (bzw. Genossenschaftsregister) des übernehmenden (vgl. § 20 UmwG) bzw. übertragenden Rechtsträgers (vgl. § 131 Abs. 1 UmwG; § 176 Abs. 3 S. 1 UmwG; §§ 177 Abs. 2 S. 1 iVm 176 Abs. 3 S. 1 UmwG).[3] Zu diesem Zeitpunkt geht das Vermögen der übertragenden Körperschaft im Wege der (ggf. partiellen) Gesamtrechtsnachfolge auf den übernehmenden Rechtsträger über.[4] Ohne Bestimmung der steuerlichen Rückwirkung in § 2 käme es für steuerliche Zwecke daher grundsätzlich auf den Zeitpunkt des Eintritts der dinglichen Rechtswirkungen an, dh das Einkommen und Vermögen des übertragenden Rechtsträgers wäre auf den Tag der Registereintragung zu ermitteln.[5]

3 Eine solche Sachlage wäre wenig praktikabel. Zum einen steht der Zeitpunkt der Handelsregistereintragung nicht von vornherein fest, so dass stets ungewiss wäre, auf welchen Tag die Steuerbilanz aufzustellen wäre.[6] Zum anderen wird zwischen den

---

[1] Haritz/Menner/Bilitewski/*Slabon* UmwStG § 2 Rn. 1 f.
[2] Schmitt/Hörtnagl/*Hörtnagl* UmwStG § 2 Rn. 3 f.
[3] Dötsch/Pung/Möhlenbrock/*Dötsch/Werner* UmwStG § 2 Rn. 2.
[4] Haritz/Menner/Bilitewski/*Slabon* UmwStG § 2 Rn. 2; Schmitt/Hörtnagl/*Hörtnagl* UmwStG § 2 Rn. 8.
[5] Haritz/Menner/Bilitewski/*Slabon* UmwStG § 2 Rn. 2; Schmitt/Hörtnagl/*Hörtnagl* UmwStG § 2 Rn. 8.
[6] Dötsch/Pung/Möhlenbrock/*Dötsch/Werner* UmwStG § 2 Rn. 3; Schmitt/Hörtnagl/*Hörtnagl* UmwStG § 2 Rn. 8; Haritz/Menner/Bilitewski/*Slabon* UmwStG § 2 Rn. 3.

beteiligten Rechtsträgern regelmäßig vereinbart, dass die unternehmerischen Chancen und Risiken bereits zu einem vor dem dinglichen Vollzug liegenden Zeitpunkt (handelsrechtlicher Umwandlungsstichtag) auf den übernehmenden Rechtsträger übergehen (vgl. § 5 Abs. 1 Nr. 6 UmwG; § 126 Abs. 1 Nr. 6 UmwG; §§ 176 iVm 5 Abs. 1 Nr. 6 UmwG; §§ 177 Abs. 2 S. 1 iVm 176 Abs. 3 S. 1 UmwG).[7] Die Möglichkeit, den Vermögenübergang für handels- und steuerrechtliche Zwecke rückwirkend zu fingieren, erspart der übertragenden Körperschaft folglich die zusätzlichen Kosten für die Erstellung einer weiteren Bilanz.[8]

II. Erfasste Steuerarten und Anwendungsbereich

1. Erfasste Steuerarten

Die steuerliche Rückwirkung des § 2 gilt für solche Steuern, die an das Einkommen oder Vermögen der an der Umwandlung beteiligten Rechtsträger[9] sowie ggf. (in eingeschränktem Umfang) der betroffenen Gesellschafter anknüpfen.[10] § 2 betrifft folglich die Körperschaftsteuer, die Einkommensteuer, die Gewerbeertragsteuer, die Grundsteuer[11] sowie die (derzeit nicht erhobene) Vermögensteuer. Ebenfalls erfasst sind einkommensbezogene Annexsteuern wie zB die Kirchensteuer und der Solidaritätszuschlag.[12]

Auf **Verkehrssteuern** (insbesondere die Umsatzsteuer oder die Grunderwerbsteuer), die Investitionszulage oder die Lohnsteuer des Arbeitnehmers findet § 2 (wie auch die übrigen Paragrafen des UmwStG) **keine Anwendung**.[13]

Strittig ist, ob die steuerliche Rückwirkung des § 2 auch für die **Erbschaftsteuer** gilt. Relevanz hat der Streit, wenn im Rückwirkungszeitraum Anteile an der übertragenden Kapitalgesellschaft im Wege der Erbschaft oder Schenkung auf den Erben/Beschenkten übergehen und die Kapitalgesellschaft nach dem Erbfall bzw. der vollzogenen Schenkung in eine Personengesellschaft umgewandelt wird. In diesem Fall stellt sich die Frage, ob der übertragene Anteil als Kapital- oder Personengesellschaftsanteil zu qualifizieren ist.

Nach umstrittener Ansicht in der Literatur,[14] der Rechtsprechung[15] und nach Ansicht der Finanzverwaltung[16] ist die Erbschaftsteuer nicht von der steuerlichen Rückwirkung des § 2 erfasst. Dafür spricht, dass sich der Regelungsgehalt des UmwStG auf die Ermittlung des Einkommens und des Vermögens beschränkt. Insbes. soll durch die Rückwirkung nicht eine zum Erbe gehörende Kapitalgesellschaft als vor dem Termin des Erbanfalles in eine Personengesellschaft umgewandelt gelten, um ggf. ein günstigeres erbschaftsteuerliches Ergebnis zu erreichen. Was zur Erbschaft gehört, regelt das Zivilrecht. Die zivilrechtliche Rechtslage kann nicht rückwirkend durch den Erben

---

7 Haritz/Menner/Bilitewski/*Slabon* UmwStG § 2 Rn. 3.
8 Dötsch/Pung/Möhlenbrock/*Dötsch* UmwStG § 2 Rn. 3.
9 Haritz/Menner/Bilitewski/*Slabon* UmwStG § 2 Rn. 26; Schmitt/Hörtnagl/*Hörtnagl* UmwStG § 2 Rn. 35.
10 Rödder/Herlinghaus/van Lishaut/*Graw* UmwStG § 2 Rn. 14.
11 FG Nürnberg 12.2.1998 – IV 218/96, EFG 1998, 922 zur entsprechenden Rückwirkung nach § 20 UmwStG.
12 Rödder/Herlinghaus/van Lishaut/*Graw* UmwStG § 2 Rn. 14; Schmitt/Hörtnagl/*Hörtnagl* UmwStG § 2 Rn. 35.
13 UmwSt-Erl. 2011, Rn. 01.01; Dötsch/Pung/Möhlenbrock/*Dötsch/Werner* UmwStG § 2 Rn. 10; Haritz/Menner/Bilitewski/*Slabon* UmwStG § 2 Rn. 26; Rödder/Herlinghaus/van Lishaut/*Graw* UmwStG § 2 Rn. 17; Schmitt/Hörtnagl/*Hörtnagl* UmwStG § 2 Rn. 35.
14 Dötsch/Pung/Möhlenbrock/*Dötsch/Werner* UmwStG § 2 Rn. 10; Knopf/Söffing BB 1995, 853; aA: Hertz GmbHR 2001, 485; Schmitt/Hörtnagl/*Hörtnagl* UmwStG § 2 Rn. 36; zumindest für durch den Erblasser bereits eingeleitete Umwandlungsvorgänge Haritz/Menner/Bilitewski/*Slabon* UmwStG § 2 Rn. 27; Rödder/Herlinghaus/van Lishaut/*van Lishaut* UmwStG § 2 Rn. 18.
15 BFH 4.7.1984 – II R 73/81, BStBl. II 1984, 772 = NJW 1985, 880.
16 UmwSt-Erl. 2011, Rn. 01.01; ebenso R E 11 ErbStR 2011.

gestaltet werden. Außerdem knüpft das ErbStG an die tatsächlichen Verhältnisse zum Zeitpunkt der Steuerentstehung an (§§ 9, 11 ErbStG).[17] Argument der Gegenmeinung ist ua, dass gem. § 2 Abs. 1 S. 1 die Rückwirkung auch die Ermittlung des Vermögens umfasst.

2. Persönlicher Anwendungsbereich

8   Die steuerliche Rückwirkung betrifft die Einkommens- und Vermögensermittlung der an der Umwandlung beteiligten Rechtsträger und gilt damit sowohl für den übertragenden wie auch den übernehmenden Rechtsträger.

9   Hinsichtlich der Erstreckung der steuerlichen Rückwirkung auf die Anteilseigner ist zu differenzieren: Ist der übernehmende Rechtsträger eine Personengesellschaft, gilt die steuerliche Rückwirkung gem. § 2 Abs. 2 auch für das Einkommen und Vermögen der Gesellschafter, vorausgesetzt, diese werden auch Gesellschafter der übernehmenden Personengesellschaft.[18] Ist der übernehmende Rechtsträger dagegen eine Körperschaft, findet § 2 Abs. 1 auf die Anteilseigner keine Anwendung, es sei denn, der Anteilseigner ist gleichzeitig der übernehmende Rechtsträger.[19] Daher erwirbt der Anteilseigner die Anteile am übernehmenden Rechtsträger erst im Zeitpunkt der Registereintragung der Umwandlung.[20]

10 Abweichend von den gesellschaftsrechtlichen Regeln setzt die steuerliche Rückwirkung in § 2 Abs. 1 nicht voraus, dass der übernehmende Rechtsträger zum Zeitpunkt des steuerlichen Übertragungsstichtags bereits zivilrechtlich existiert.[21] Für steuerliche Zwecke wird die Existenz des übernehmenden Rechtsträgers fingiert und alle Geschäftsvorfälle zwischen dem steuerlichen Übertragungsstichtag und der Registereintragung dem (zivilrechtlich noch nicht existierenden) übernehmenden Rechtsträger zugerechnet. Wird der übernehmende Rechtsträger im Rahmen der Umwandlung neu gegründet, beginnt die Steuerpflicht des übernehmenden Rechtsträgers unabhängig von seiner zivilrechtlichen Entstehung mit Ablauf des steuerlichen Übertragungsstichtags.[22]

3. Sachlicher Anwendungsbereich

11 Die Rückwirkungsfiktion bezieht sich auf Umwandlungsvorgänge nach den §§ 3–19 (Verschmelzung, Spaltung und Vermögensübertragung von Kapitalgesellschaften). Hingegen ist § 2 nicht auf Einbringungen iSd §§ 20, 24 anwendbar. § 20 Abs. 5 und 6, § 24 Abs. 4 enthalten aber an § 2 angelehnte eigene Rückwirkungsfiktionen.[23]

12 Bei den Anwendungsfällen zu § 2 handelt es sich um Umwandlungen, auf die § 17 Abs. 2 UmwG direkt oder durch Verweisung Anwendung findet (Verschmelzung, Aufspaltung, Abspaltung und Vermögensübertragung). Da § 2 eine Vermögensübertragung von der übertragenden Körperschaft auf einen übernehmenden Rechtsträger voraussetzt, ist

---

17 Haritz/Menner/Bilitewski/*Slabon* UmwStG § 2 Rn. 27; Rödder/Herlinghaus/van Lishaut/*van Lishaut* UmwStG § 2 Rn. 18.
18 UmwSt-Erl. 2011, Rn. 02.12 und 02.18; Dötsch/Pung/Möhlenbrock/*Dötsch/Werner* UmwStG § 2 Rn. 36.
19 BFH 7.4.2010 – I R 96/08, BStBl. II 2011, 467; UmwSt-Erl. 2011, Rn. 02.03; Dötsch/Pung/Möhlenbrock/*Dötsch/Werner* UmwStG § 2 Rn. 36.
20 Dötsch/Pung/Möhlenbrock/*Dötsch/Werner* UmwStG § 2 Rn. 36.
21 *Haritz* GmbHR 1997, 590; Haritz/Menner/Bilitewski/*Slabon* UmwStG § 2 Rn. 35; UmwSt-Erlass 2011, Rn. 02.11.
22 UmwSt-Erl. 2011, Rn. 02.11; Dötsch/Pung/Möhlenbrock/*Dötsch/Werner* UmwStG § 2 Rn. 37.
23 Rödder/Herlinghaus/van Lishaut/*van Lishaut* UmwStG § 2 Rn. 19; Schmitt/Hörtnagl/*Hörtnagl* UmwStG § 2 Rn. 3.

§ 2 folglich nicht auf den Formwechsel[24] anzuwenden. Für den Formwechsel enthält das Gesetz in § 9 S. 3 (Formwechsel einer Kapitalgesellschaft in eine Personengesellschaft) und § 20 Abs. 6 (Formwechsel einer Personengesellschaft in eine Kapitalgesellschaft) Sonderregelungen, die zu einer vergleichbaren Rückbeziehung führen.

§ 2 normiert eine grundlegende **Rückwirkung**, nach der alle Umwandlungsfolgen auf den steuerlichen Übertragungsstichtag zurückbezogen werden. Eine Ausnahme von der Rückwirkung macht § 2 Abs. 3, soweit die Einkünfte schon in einem anderen Staat aufgrund einer abweichenden Regelung zur Rückwirkung der Besteuerung unterzogen worden sind. Hintergrund dieser Ausnahme ist der erweiterte Anwendungsbereich auch auf grenzüberschreitende Sachverhalte, um die inländische Rückwirkungsfiktion mit den Bestimmungen des ausländischen Steuerrechts in Übereinstimmung bringen zu können. 13

III. Relevante Stichtage und steuerliche Rückwirkung

1. Handelsrechtlicher Umwandlungsstichtag

Für handelsrechtliche Zwecke ist zwischen dem Zeitpunkt der zivilrechtlichen Wirksamkeit der Umwandlung und dem handelsrechtlichen Umwandlungsstichtag (§§ 5 Abs. 1 Nr. 6, 126 Abs. 1 Nr. 6 UmwG) zu unterscheiden. 14

Zivilrechtlich erlangt die Umwandlung erst Wirksamkeit mit **Eintragung in das Register** (Handelsregister bzw. Genossenschaftsregister) des übertragenden bzw. übernehmenden Rechtsträgers (vgl. §§ 20, 131, 176, 177, 202 UmwG). Erst in diesem Zeitpunkt geht das Vermögen der übertragenden Körperschaft dinglich im Wege der (partiellen) Gesamtrechtsnachfolge auf den übernehmenden Rechtsträger über (→ UmwG § 20 Rn. 3 ff.). 15

Gem. §§ 5 Abs. 1 Nr. 6, 126 Abs. 1 Nr. 6, 176, 177 UmwG haben die **Parteien** zwingend den (**handelsrechtlichen**) **Umwandlungsstichtag zu bestimmen** (→ UmwG § 5 Rn. 52 ff.). Dieser bezeichnet den Zeitpunkt, von dem an sämtliche Handlungen des übertragenden Rechtsträgers als für Rechnung des übernehmenden Rechtsträgeres vorgenommen gelten. Der handelsrechtliche Umwandlungsstichtag dient damit in erster Linie der Erfolgsabgrenzung.[25] Es erfolgt keine dingliche Rückwirkung, allerdings werden dem übernehmenden Rechtsträger sämtliche Geschäftsvorfälle der übertragenden Körperschaft im Rückwirkungszeitraum zugerechnet.[26] Geschäftsvorfälle, die bis zum handelsrechtlichen Umwandlungsstichtag erfolgen, sind dagegen dem übertragenden Rechtsträger zuzuordnen.[27] 16

In der Praxis wird als handelsrechtlicher Übertragungsstichtag regelmäßig der Geschäftsjahresbeginn des übertragenden Rechtsträgers gewählt (zB 1.1.).[28] Dies hat den Vorteil, dass der Umwandlung die Bilanz des letzten Geschäftsjahres (zB 31.12.) als Schlussbilanz iSd § 17 Abs. 2 UmwG zugrunde gelegt werden kann und keine zusätzliche Bilanz der übertragenden Körperschaft aufgestellt werden muss.[29] Der Stichtag, auf 17

---

[24] Zivilrechtlich stellt der Formwechsel eine identitätswahrende Umwandlung ohne Vermögensübergang dar. Daher wird beim Formwechsel keine handelsrechtliche Schlussbilanz erstellt.
[25] UmwSt-Erl. 2011, Rn. 02.02; Schmitt/Hörtnagl/*Hörtnagl* UmwStG § 2 Rn. 16.
[26] Haritz/Menner/Bilitewski/*Slabon* UmwStG § 2 Rn. 43; Schmitt/Hörtnagl/*Hörtnagl* UmwStG § 2 Rn. 16.
[27] Haritz/Menner/Bilitewski/*Slabon* UmwStG § 2 Rn. 43.
[28] Dötsch/Pung/Möhlenbrock/*Dötsch/Werner* UmwStG § 2 Rn. 11; Suchanek/Hesse DK 2015, 245 (250).
[29] Brandis/Heuermann/*Loose* UmwStG § 2 Rn. 19; Dötsch/Pung/Möhlenbrock/*Dötsch* UmwStG § 2 Rn. 11.

den die handelsrechtliche Schlussbilanz iSd § 17 Abs. 2 UmwG aufzustellen ist, ist nach hM[30] und Auffassung der Finanzverwaltung[31] zwingend der Tag vor dem handelsrechtlichen Übertragungsstichtag (→ UmwG § 17 Rn. 15).

2. Steuerlicher Übertragungsstichtag (Abs. 1 S. 1)

18 § 2 definiert keinen eigenen eigenständigen steuerlichen Rückwirkungszeitpunkt. Der Rückwirkungszeitpunkt bestimmt sich vielmehr in Abhängigkeit des „**Stichtags der Bilanz**, die dem Vermögensübergang zu Grunde liegt". Die dem Vermögensübergang zugrunde liegende Bilanz bezeichnet die handelsrechtliche Schlussbilanz nach § 17 Abs. 2 UmwG.[32] Diese ist gem. § 17 Abs. 2 S. 4 UmwG auf einen **höchstens acht Monate** vor der Registeranmeldung liegenden Stichtag aufzustellen.[33]

19 Innerhalb dieses Zeitrahmens kann jeder Zeitpunkt als handelsrechtlicher Übertragungsstichtag und damit für die Aufstellung der handelsrechtlichen Schlussbilanz und auch für den steuerlichen Übertragungsstichtag bestimmt werden. Wird die Umwandlung daher bspw. bis zum 31.8. beim zuständigen Handelsregister angemeldet, kann als Stichtag für die handelsrechtliche Übertragungsbilanz bzw. als steuerlicher Übertragungsstichtag ein Datum zwischen dem 1.1. und 31.8. gewählt werden. Der steuerliche Übertragungsstichtag ist damit der Tag, der dem handelsrechtlichen Übertragungsstichtag vorausgeht; er ist identisch mit dem Stichtag der nach § 17 Abs. 2 UmwG aufzustellenden handelsrechtlichen Schlussbilanz.[34]

3. Steuerliche Rückwirkung

20 Bei § 2 Abs. 1 S. 1 handelt es sich um eine Ausnahme von dem in § 38 AO normierten Grundsatz, wonach die Entstehung eines Anspruchs aus dem Steuerschuldverhältnis an die Verwirklichung sämtlicher Tatbestandsmerkmale der einschlägigen Norm geknüpft ist, dh eine Gestaltung mit Wirkung für die Vergangenheit grundsätzlich nicht möglich ist.[35] Obwohl das Vermögen der übertragenden Körperschaft dinglich erst im Zeitpunkt der Registereintragung auf den übernehmenden Rechtsträger übergeht, gilt die Vermögensübertragung infolge von § 2 für steuerliche Zwecke bereits auf den steuerlichen Übertragungsstichtag als erfolgt, weshalb alle Geschäftsvorfälle steuerlich bereits beim übernehmenden Rechtsträger zu erfassen sind.[36] Mit Ablauf des steuerlichen Übertragungsstichtages werden der übertragenden Körperschaft kein Einkommen und kein Vermögen mehr zugerechnet.[37] Dies gilt auch dann, wenn der übernehmende Rechts-

---

30 Brandis/Heuermann/*Loose* UmwStG § 2 Rn. 19; Dötsch/Pung/Möhlenbrock/*Dötsch/Werner* UmwStG § 2 Rn. 31; Rödder/Herlinghaus/van Lishaut/*van Lishaut* § 2 Rn. 8; aA: Haritz/Menner/Bilitewski/*Slabon* UmwStG § 2 Rn. 3, der von einer freien Wählbarkeit des Schlussbilanzstichtages ausgeht.
31 UmwSt-Erl. 2011, Rn. 02.02.
32 UmwSt-Erl. 2011, Rn. 02.02. Bei der nach § 17 Abs. 2 UmwG einzureichenden Schlussbilanz handelt es sich regelmäßig um die letzte Gewinnermittlungsbilanz des übertragenden Rechtsträgers. Davon ist die steuerliche Schlussbilanz (Übertragungsbilanz) zu unterscheiden, welche ggf. die vom UmwStG vorgesehenen Aufstockungen enthält. Nur die Übertragungsbilanz dient der Erfassung des steuerlichen Übertragungsgewinns, vgl. Haritz/Menner/Bilitewski/*Slabon* UmwStG § 2 Rn. 42.
33 Zu den steuerlichen Folgen der Nichteinhaltung der Achtmonatsfrist siehe Widmann/Mayer/*Widmann* UmwStG § 2 Rn. 13 ff.
34 UmwSt-Erl. 2011, Rn. 02.02; Brandis/Heuermann/*Loose* UmwStG § 2 Rn. 19; Dötsch/Pung/Möhlenbrock/*Dötsch/Werner* UmwStG § 2 Rn. 31; Rödder/Herlinghaus/van Lishaut/*van Lishaut* § 2 Rn. 8; offengelassen in BFH 7.4.2010 – I R 96/08, BStBl. II 2011, 1749 = FR 2010, 890 mAnm *Benecke/Staats*.
35 Dötsch/Pung/Möhlenbrock/*Dötsch/Werner* UmwStG § 2 Rn. 22; Schmitt/Hörtnagl/*Hörtnagl* UmwStG § 2 Rn. 10.
36 Dötsch/Pung/Möhlenbrock/*Dötsch/Werner* UmwStG § 2 Rn. 24; Rödder/Herlinghaus/van Lishaut/*van Lishaut* § 2 Rn. 11.
37 Brandis/Heuermann/*Loose* UmwStG § 2 Rn. 26; Rödder/Herlinghaus/van Lishaut/*van Lishaut* § 2 Rn. 11; UmwSt-Erl. 2011, Rn. 02.10.

träger zum Zeitpunkt des steuerlichen Übertragungsstichtags zivilrechtlich noch nicht existiert. Dieser wird durch § 2 für steuerliche Zwecke als bestehend fingiert.[38]

Die steuerliche Rückwirkungsfiktion hat zudem zur Folge, dass das zum Zeitpunkt des steuerlichen Übertragungsstichtages geltende Recht Anwendung findet. Gesetzesänderungen nach dem steuerlichen Übertragungsstichtag sind in diesen Fällen grundsätzlich nicht zu berücksichtigen.[39]

IV. Ermittlung und Besteuerung des Einkommens

§ 2 Abs. 1 S. 1 ordnet das **Vermögen** des übertragenden Rechtsträgers mit Ablauf des steuerlichen Übertragungsstichtages dem **übernehmenden Rechtsträger** zu. Dies bedeutet, dass alle nach dem steuerlichen Übertragungsstichtag anfallenden Geschäftsvorfälle nicht mehr der übertragenden Körperschaft, sondern dem (ggf. noch nicht existierenden) übernehmenden Rechtsträger zugeordnet werden. Bei der **Abspaltung** gilt dies nur im Hinblick auf das abgespaltete Vermögen, für die Aufspaltung gilt dies bei den jeweils übernehmenden Rechtsträgern nur im Hinblick auf das jeweilige Teilvermögen.[40]

Bei Verschmelzungen und Aufspaltungen endet die persönliche **Steuerpflicht** des übertragenden Rechtsträgers (für Zwecke der KSt und GewSt) mit Ablauf des steuerlichen Übertragungsstichtags.[41] Das bis dahin erzielte laufende Ergebnis ist in der steuerlichen Schlussbilanz zu erfassen. In dieser sind auch die etwaigen Umwandlungsfolgen für die übertragende Körperschaft zu bilanzieren.[42] Der Übertragungsgewinn entsteht am steuerlichen Übertragungsstichtag (vgl. §§ 3, 11, 15, 16).[43]

Es ist nicht erforderlich, dass das Geschäftsjahresende mit dem Übertragungsstichtag übereinstimmt. Bei Auseinanderfallen entsteht zwingend ein steuerliches **Rumpfwirtschaftsjahr**,[44] und zwar ohne Einvernehmen des Finanzamtes iSd § 7 Abs. 4 S. 3 KStG.[45] Ein handelsrechtlich zu berücksichtigendes Rumpfgeschäftsjahr entsteht nicht,[46] was insbes. für die tatsächliche Durchführung von Ergebnisabführungsverträgen Bedeutung hat.[47]

Mit Ablauf des steuerlichen Übertragungsstichtages beginnt auch – unabhängig von deren zivilrechtlicher Entstehung – die Steuerpflicht eines neu gegründeten übernehmenden Rechtsträgers und damit sein (Ein-Sekunden-)**Rumpfwirtschaftsjahr**.[48] Der bis zum steuerlichen Übertragungsstichtag angefallene Gewinn ist noch dem übertragenden Rechtsträger zuzuordnen, von ihm zu veranlagen und entsprechend zu versteuern.[49] § 2 Abs. 1 ordnet dem übernehmenden Rechtsträger alle nach dem Übertragungsstichtag anfallenden Vorgänge als **eigene Geschäftsvorfälle** zu, so dass die

---

38 Dötsch/Pung/Möhlenbrock/*Dötsch* UmwStG § 2 Rn. 37, 43; Haritz/Menner/Bilitewski/*Slabon* UmwStG § 2 Rn. 35; Schmitt/Hörtnagl/*Hörtnagl* UmwStG § 2 Rn. 26; UmwSt-Erl. 2011, Rn. 02.11.
39 Brandis/Heuermann/*Loose* UmwStG § 2 Rn. 28.
40 UmwSt-Erlass 2011, Rn. 02.13; Widmann/Mayer/*Widmann* UmwStG § 2 Rn. 30 ff.
41 BFH 13.2.2008 – I R 11/07, BFH/NV 2008, 1538; BFH 21.12.2005 – I R 66/05, BStBl. II 2006, 469; Schmitt/Hörtnagl/*Hörtnagl* UmwStG § 2 Rn. 43; Widmann/Mayer/*Widmann* UmwStG § 2 Rn. 34.
42 Schmitt/Hörtnagl/*Hörtnagl* UmwStG § 2 Rn. 43.
43 UmwSt-Erl. 2011, Rn. 02.04.
44 UmwSt-Erl. 2011, Rn. 03.01; BFH 21.12.2005 – I R 66/05, BStBl. II 2006, 469.
45 BFH 21.12.2005 – I R 66/05, BStBl. II 2006, 469; Dötsch/Pung/Möhlenbrock/*Dötsch* UmwStG § 2 Rn. 34; Rödder/Herlinghaus/van Lishaut/*van Lishaut* UmwStG § 2 Rn. 34; Schmitt/Hörtnagl/*Hörtnagl* UmwStG § 2 Rn. 43.
46 Dötsch/Pung/Möhlenbrock/*Dötsch* UmwStG § 2 Rn. 34.
47 Rödder/Herlinghaus/van Lishaut/*Herlinghaus* UmwStG Anh. 4 Rn. 17 f.
48 Dötsch/Pung/Möhlenbrock/*Dötsch*/*Werner* UmwStG § 2 Rn. 43; UmwSt-Erl. 2011, Rn. 02.11.
49 Schmitt/Hörtnagl/*Hörtnagl* UmwStG § 2 Rn. 43.

Übernehmerin unmittelbar eigene Gewinne bzw. Verluste generiert.[50] Mit Ablauf des steuerlichen Übertragungsstichtags fallen ferner etwaige Umwandlungsgewinne, insbes. der Übernahmegewinn nach § 4 Abs. 4, der Konfusionsgewinn nach § 6 und die Beteiligungskorrekturgewinne nach § 4 Abs. 1 S. 2, § 11 Abs. 2 S. 2 oder § 12 Abs. 1 S. 2 an. Entsprechend sind die Einkünfte im Sinne des § 7 zuzurechnen.[51]

26 Eine Sonderproblematik stellt das Eintreten und Ausscheiden von Gesellschaftern im **Rückwirkungszeitraum** (ggf. gegen Barabfindung) der Umwandlung dar. Die Rückwirkungsfiktion nach § 2 Abs. 1 gilt grundsätzlich nur für den übertragenden und übernehmenden Rechtsträger; keine Anwendung findet sie insbesondere für den Anteilseigner der übertragenden Körperschaft, sofern dieser nicht gleichzeitig übernehmender Rechtsträger ist.[52] Gewinnausschüttungen gelten deshalb grundsätzlich beim Anteilseigner als noch von der übertragenden Gesellschaft vorgenommen.[53] Für im Rückwirkungszeitraum ausgeschiedene Anteilseigner gilt die Rückwirkungsfiktion folglich nicht und sie sind für Vorgänge in dieser Zeit steuerlich unverändert als Anteilseigner der übertragenden Körperschaft zu behandeln.[54] Ist dagegen eine Personengesellschaft Übernehmerin, gilt die Rückwirkungsfiktion gem. § 2 Abs. 2 auch für die Gesellschafter der übernehmenden Personengesellschaft.

1. Körperschaft als Übernehmerin

27 Im Anwendungsbereich der §§ 11–13, 15 handelt es sich bei dem übernehmenden Rechtsträger um eine Körperschaft. In diesem Fall sind die nach dem steuerlichen Übertragungsstichtag liegenden Vorgänge in der Körperschaftsteuer-/Gewerbesteuererklärung des übernehmenden Rechtsträgers aufzunehmen, obwohl diese Geschäfte im Namen und für Rechnung des übertragenen Rechtsträgers vorgenommen wurden. Dies ist im Wesentlichen unproblematisch, da in dieser Fallkonstellation kein Übergang vom Körperschafts- zum Einkommensteuerrecht vorliegt. Zu Abgrenzungsschwierigkeiten kann es bspw. im Zusammenhang mit Lieferungen und Leistungen zwischen den beteiligten Rechtsträgern kommen. Diese müssen als In-sich-Geschäfte neutralisiert werden.[55]

2. Personengesellschaft als Übernehmerin (Abs. 2)

28 Bei einer Personengesellschaft als Übernehmerin gilt die Rückwirkungsfiktion wegen § 2 Abs. 2 auch für die Gesellschafter. Zusätzlich zur gebotenen Neutralisierung von Rechtsgeschäften zwischen den beteiligten Rechtsträgern, den Schwierigkeiten bei der Zuordnung von Gewinnausschüttungen sowie der Behandlung ausscheidender Gesellschafter, macht der Wechsel der Rechtsform im Rückwirkungszeitraum eine einkommensteuerrechtliche bzw. gewerbesteuerrechtliche (= wegen der Höhe des Gewerbeertrages) Umqualifizierung von Sondervergütungen iSd § 15 Abs. 1 S. 1 Nr. 2 EStG erforderlich.[56]

---

50 Brandis/Heuermann/*Loose* UmwStG § 2 Rn. 40; Schmitt/Hörtnagl/*Hörtnagl* UmwStG § 2 Rn. 44.
51 UmwSt-Erl. 2011, 02.04.
52 BFH 7.4.2010 – I R 96/08, BStBl. II 2011, 467.
53 Brandis/Heuermann/*Loose* UmwStG § 2 Rn. 59; Haritz/Menner/Bilitewski/*Slabon* UmwStG § 2 Rn. 61 ff.; die Finanzverwaltung lässt zur Vereinfachung uU auch zu, die Ausschüttung als von der übernehmenden Körperschaft vorgenommen zu behandeln, wenn die Verpflichtung zum Einbehalt und zur Abführung der Kapitalertragsteuer nach §§ 43 ff. EStG hierdurch nicht beeinträchtigt wird, UmwSt-Erlass 2011, Rn. 02.34.
54 Haritz/Menner/Bilitewski/*Slabon* UmwStG § 2 Rn. 37; Schmitt/Hörtnagl/*Hörtnagl* UmwStG § 2 Rn. 99; UmwSt-Erlass 2011, Rn. 02.17 ff.
55 Haritz/Menner/Bilitewski/*Slabon* UmwStG § 2 Rn. 70; Schmitt/Hörtnagl/*Hörtnagl* UmwStG § 2 Rn. 65.
56 Brandis/Heuermann/*Loose* UmwStG § 2 Rn. 45; Schmitt/Hörtnagl/*Hörtnagl* UmwStG § 2 Rn. 46.

a) Laufende Geschäfte zwischen Körperschaft und Personengesellschaft

Ertragsteuerlich sind sämtliche Geschäfte im Rückwirkungszeitraum zwischen übernehmendem und übertragendem Rechtsträger als innerbetriebliche Vorgänge ohne Auswirkung auf den Gewinn und damit in der Bilanz des übernehmenden Rechtsträgers zu neutralisieren.[57] Dies gilt unabhängig davon, ob übernehmender Rechtsträger eine Personengesellschaft, Körperschaft oder natürliche Person ist.[58]

29

b) Laufende Geschäfte zwischen Körperschaft und Mitunternehmern der übernehmenden Personengesellschaft

Geschäftsvorfälle im Interimszeitraum zwischen der übertragenden Körperschaft und den künftigen Mitunternehmern der übernehmenden Personengesellschaft sind keine reinen Innengeschäfte, sie müssen jedoch ggf. umqualifiziert werden. Insbes. ist eine **Umqualifikation** in gewerbliche bzw. freiberufliche Einkünfte vorzunehmen, wenn Zahlungsflüsse festzustellen sind, die als Sondervergütungen im Sinne von § 15 Abs. 1 S. 1 Nr. 2 EStG bzw. § 18 Abs. 4 S. 2 EStG zu beurteilen sind. Sie werden ertragsteuerlich zu einem Gewinn-Vorab und mindern das Einkommen bzw. den Ertrag der Personengesellschaft nicht.[59] Außerdem sind Wirtschaftsgüter des Privatvermögens gegebenenfalls in Sonderbetriebsvermögen umzuqualifizieren.

30

V. Keine Rückwirkung bei Entzug des Besteuerungsrechts (Abs. 3)

Eingeschränkt wird die Rückwirkungsfiktion in Fällen, in denen „weiße", dh **unversteuerte Einkünfte** durch eine abweichende Rückwirkungsregelung in anderen Staaten entstehen würden.[60] Die Regelung ist anlässlich der Neufassung des UmwStG durch das SEStEG 2006 in das UmwStG eingeführt worden. Rechtlicher Hintergrund ist, dass das UmwStG damals auf grenzüberschreitende und vergleichbare ausländische Vorgänge (vgl. § 1) ausgedehnt wurde.[61] Wegen ihres weiten Wortlautes wirft die Vorschrift in der Praxis Probleme bei der konkreten Rechtsanwendung auf.

31

Kernpunkt der Problematik dürfte die Auslegung des Tatbestandsmerkmals „abweichende[r] Regelungen zur Rückbeziehung" sein. Dabei ist zu beachten, dass der Gesetzgeber das **inländische Steueraufkommen** und nicht etwa ein ausländisches Steueraufkommen **schützen** wollte. Sinn der Vorschrift ist zu verhindern, dass ein ohne Rückwirkungsfiktion bestehendes deutsches Besteuerungsrecht mit Rückwirkungsfiktion aufgrund der Vorverlagerung des Vermögens- und Einkommensanfalls nicht ausgeübt werden kann und der ausländische Staat gleichzeitig von seinem Besteuerungsrecht keinen Gebrauch macht. Beträgt bspw. bei einer Hinausverschmelzung die steuerliche Rückwirkung des anderen EU-Staates nur drei Monate, verbliebe aber die inländische Rückwirkung bei acht Monaten, so blieben die Einkünfte für den dazwischenliegenden Zeitraum unversteuert, da der ausländische Staat darauf nicht zugreift und Deutschland diese Erträge bereits dem ausländischen Rechtsträger zuordnen würde.[62] In diesen Fäl-

32

---

57 UmwSt-Erl. 2011, Rn. 02.13; Haritz/Menner/Bilitewski/*Slabon* UmwStG § 2 Rn. 70; *Jorde/Wetzel* BB 1996, 1248 f.; differenzierend Dötsch/Pung/Möhlenbrock/*Dötsch/Werner* UmwStG § 2 Rn. 44.
58 Schmitt/Hörtnagl/*Hörtnagl* UmwStG § 2 Rn. 65.
59 ; Brandis/Heuermann/*Loose* UmwStG § 2 Rn. 64; Haritz/Menner/Bilitewski/*Slabon* UmwStG § 2 Rn. 71; UmwSt-Erl. 2011, Rn. 02.36.
60 Gesetzesbegründung v. 25.9.2006 zu § 2, BT-Drs. 16/2710, 36; Haritz/Menner/Bilitewski/*Slabon* UmwStG § 2 Rn. 101 f.; UmwSt-Erl. 2011, Rn. 02.38.
61 Schmitt/Hörtnagl/*Hörtnagl* UmwStG § 2 Rn. 108.
62 Haritz/Menner/Bilitewski/*Slabon* UmwStG § 2 Rn. 104.

len gleicht § 2 Abs. 3 den deutschen Rückwirkungszeitraum dem des ausländischen Staates an. In reinen Inlandsfällen muss die Besteuerung beim übernehmenden Rechtsträger gesichert sein, bei grenzüberschreitenden Umwandlungen muss der ausländische Staat die Besteuerung geschäftsvorfallspezifisch und phasenkongruent vornehmen.[63]

VI. Einschränkung der Verlustverrechnung im Rückwirkungsfall (Abs. 4)

33 Mit dem JStG 2009[64] hat der Gesetzgeber in § 2 Abs. 4 die Möglichkeit eingeschränkt, einen Übertragungsgewinn mit verrechenbaren Verlusten, verbleibenden Verlustvorträgen, nicht ausgeglichenen negativen Einkünften, einem Zinsvortrag und einen EBITDA-Vortrag im Rahmen der Zinsschranke beim übertragenden Rechtsträger zu verrechnen oder auszugleichen. Die Vorschrift soll vor allem verhindern, dass untergegangene steuerliche Verluste (bspw. aufgrund einer schädlichen Übertragung der Anteile am übertragenden Rechtsträger gem. § 8c KStG) durch eine Verschmelzung mit steuerlicher Rückwirkung auf einen Tag vor dem schädlichen Ereignis iSd § 8c KStG wieder nutzbar gemacht werden.[65]

34 Gesetzestechnisch geschieht dies dadurch, dass ein Vergleich mit der **hypothetischen Situation ohne die Rückwirkungsfiktion** des § 2 Abs. 1–3 angestellt wird.[66] Nur wenn der Ausgleich oder die Verrechnung auch ohne Rückwirkungsfiktion möglich wäre, darf nach § 2 Abs. 4 S. 1 beim übertragenden Rechtsträger von den Verrechnungsmöglichkeiten Gebrauch gemacht werden. Wenn es aufgrund von § 2 Abs. 4 zu einem Ausschluss der Verrechnung oder des Ausgleichs kommt, hat dies auf die übrigen Rechtsfolgen der Rückwirkung, also zB das Entstehen eines Übernahmegewinns, keine Auswirkung.[67]

35 Ausweislich der Gesetzesbegründung hatte der Gesetzgeber insbes. Fälle des § 8c KStG im Blick.[68] War bei einem **schädlichen Beteiligungserwerb** die Möglichkeit der Verlustverrechnung ausgeschlossen, so sollte der Steuerpflichtige nicht durch eine rückwirkende Umwandlung eine Situation herbeiführen, in der durch Aufdeckung stiller Reserven die Verluste des übertragenden Rechtsträgers noch genutzt werden, bevor es zu einer schädlichen Übertragung der Beteiligung iSd § 8c KStG kommt.

36 Darüber hinaus geht die Finanzverwaltung davon aus, dass es auch noch andere Anwendungsbereiche von § 2 Abs. 4 gibt.[69] Dies kann auch aus § 27 Abs. 9 herausgelesen werden, da für den Anwendungszeitpunkt auf den schädlichen Beteiligungserwerb oder ein anderes die Verlustnutzung ausschließendes Ereignis abgestellt wird. Dabei könnte es sich bspw. um Fälle der **Mindestbesteuerung** handeln, also wenn durch Aufdeckung eines Teils der stillen Reserven eine Verlustverrechnung bis zur Höhe der Mindestbesteuerung erreicht werden soll. In der Literatur wird mit Verweis auf die Gesetzesbegründung zum Zeitpunkt des Erlasses der Vorschrift im Wege einer teleologischen Reduktion eine mehrperiodische Betrachtung vorgezogen und damit

---

63 Vgl. im Einzelnen Haritz/Menner/Bilitewski/*Slabon* UmwStG § 2 Rn. 101 ff.; Schmitt/Hörtnagl/*Hörtnagl* UmwStG § 2 Rn. 108 ff.
64 Jahressteuergesetz 2009 vom 19.12.2008, BGBl. 2008 I 2794.
65 Brandis/Heuermann/*Loose* UmwStG § 2 Rn. 79; Haritz/Menner/Bilitewski/*Slabon* UmwStG § 2 Rn. 109 f.
66 *Schnitger* DB 2011, 1718 (1718).
67 *Sistermann/Brinkmann* DStR 2008, 2455 (2456).
68 BT-Drs. 16/11108, 33.
69 UmwSt-Erl. 2011, Rn. 02.39 nennt § 8c KStG einen Beispielfall.

der Anwendungsbereich der Vorschrift auf schädliche Beteiligungserwerbe im Sinne des § 8c KStG eingegrenzt.[70]

Mit dem JStG 2009 hat sich der Anwendungsbereich von § 8c KStG aber auf diejenigen Gesellschaften verengt, die nicht über eigene stille Reserven iSd § 8c Abs. 1 S. 6–8 KStG verfügen. Vor diesem Hintergrund ist von Teilen der Literatur vorgebracht worden, § 2 Abs. 4 habe mittlerweile weitestgehend seinen Anwendungsbereich verloren.[71] Allerdings hat der Gesetzgeber die Lage im Rahmen des Amtshilferichtlinie-Umsetzungsgesetzes vom 26.6.2013 durch Einführung der S. 3–6 noch verschärft (→ Rn. 39 ff.).[72]

Zu berücksichtigen ist, dass sich die Regelung des § 2 Abs. 4 wohl nur auf die Einkommen- und Körperschaftsteuer bezieht, nicht hingegen auf die Gewerbesteuer. Dies hätte einer ausdrücklichen Regelung bedurft, da in Abs. 4 von „Verlusten" die Rede ist, nicht aber von negativen Gewerbeerträgen.[73]

Mit der Erweiterung durch die gesetzlichen Regelungen in S. 3–6 ist der Ausgleich oder die Verrechnung von positiven Einkünften des übertragenden Rechtsträgers im Rückwirkungszeitraum mit Verlusten des übernehmenden Rechtsträgers nunmehr ausgeschlossen.[74] Die Regelung ist gem. § 27 Abs. 12 anwendbar für Umwandlungen und Einbringungen, bei denen die Anmeldung zur Registereintragung nach dem 6.6.2013 erfolgt. Der Rückwirkungszeitraum umfasst die Zeitspanne vom steuerlichen Übertragungsstichtag bis zur Eintragung der Umwandlung im Handelsregister. Entsprechend gilt diese Regelung für Umwandlungen auf Organ- oder Personengesellschaften. Adressat der Regelung ist der übernehmende Rechtsträger; sachlich werden alle in den §§ 3–19 geregelten Umwandlungen vom Anwendungsbereich des § 2 Abs. 4 erfasst.[75]

Aufgrund dieser Regelung gelten somit die Gewinne des übertragenden Rechtsträgers im Rückwirkungszeitraum nicht als „eigene" positive Einkünfte des übernehmenden Rechtsträgers, so dass eine **Verrechnung ausgeschlossen** ist. Das zu versteuernde Einkommen fällt daher uU höher aus.[76]

Bedenken ergeben sich hinsichtlich der Einkünfteermittlung im Rückwirkungszeitraum der Höhe nach, da vom übertragenden Rechtsträger zum Ende des Rückwirkungszeitraums keine Schlussbilanz erstellt wird. Dies kann dazu führen, dass die Erstellung einer Bilanz nicht umgangen werden kann, denn eine Schätzung kommt wohl eher nicht Betracht (Legalitätsprinzip).[77]

Eine Ausnahme von der Anwendung der S. 3–6 besteht für verbundene Unternehmen iSd § 271 Abs. 2 HGB (sog. „Konzernprivileg"). Sind der übertragende als auch der übernehmende Rechtsträger vor Ablauf des steuerlichen Übertragungsstichtages verbundene Unternehmen, kommt es nicht zu einem Ausschluss der Verrechnung von positiven Einkünften des übertragenden Rechtsträgers im Rückwirkungszeitraum mit Verlusten des übernehmenden Rechtsträgers.[78]

---

70 Dötsch/Pung/Möhlenbrock/*Dötsch* UmwStG § 2 Rn. 99; Haritz/Menner/Bilitewski/*Slabon* UmwStG § 2 Rn. 110; Rödder/Schönfeld DStR 2009, 560 (561).
71 Dötsch/Pung/Möhlenbrock/*Dötsch* UmwStG § 2 Rn. 92; Frotscher/Drüen/*Drüen* UmwStG § 2 Rn. 135; Haritz/Menner/Bilitewski/*Slabon* UmwStG § 2 Rn. 109.
72 Ausführlich *Behrendt/Klages* BB 2013, 1815.
73 Frotscher/Drüen/*Drüen* UmwStG § 2 Rn. 133; *Viebrook/Loose* DStR 2013, 1366.
74 *Viebrock/Loose* DStR 2013, 1364.
75 *Behrendt/Klages* BB 2013, 1819.
76 *Viebrock/Loose* DStR 2013, 1367.
77 *Behrendt/Klages* BB 2013, 1821 (1822).
78 *Behrendt/Klages* BB 2013, 1818; Schmitt/Hörnagl/*Hörtnagl* UmwStG § 2 Rn. 167.

VII. Ausgleichs- und Verrechnungsverbot negativer Einkünfte im Rückwirkungsfall (Abs. 5)

43 Mit dem Gesetz zur Modernisierung der Entlastung von Abzugsteuern und der Bescheinigung der Kapitalertragsteuer[79] wurde in Abs. 5 ein weiteres Ausgleichs- und Verrechnungsverbot negativer Einkünfte, die als **stille Lasten** in bestimmen Wirtschaftsgütern ruhen, eingeführt. Mit der Neuregelung sollen Gestaltungen unterbunden werden, die darauf abzielen, im steuerlichen Rückwirkungszeitraum geschaffenes Verlustpotenzial zur Verrechnung mit positiven Einkünften nach einer Umwandlung zur Verfügung zu stellen. Dies geschieht ausweislich der Gesetzesbegründung im Grundfall dadurch, dass bspw. die Körperschaft M im Jahr 01 eine Tochtergesellschaft T gründet, die im Jahr 02 innerhalb des steuerlichen Rückwirkungszeitraums ein Finanzinstrument angeschaffte. Das Finanzinstrument erleidet nach der Anschaffung einen erheblichen Wertverlust. Anschließend veräußert M die T an eine dritte Körperschaft B. B verschmilzt sodann die T auf sich, und zwar allein mit dem Ziel, die in dem Finanzinstrument ruhenden stillen Lasten bei sich einkommensmindernd zu nutzen.[80] Wegen des Ausschlusses der Steuerbefreiung nach § 8b Abs. 7 KStG und der damit verbundenen Möglichkeit zur Verlustnutzung, betrifft die Vorschrift vor allem Unternehmen der Finanzwirtschaft.[81]

Das Verlustverrechnungsverbot ist gem. § 27 Abs. 16 S. 1 erstmals auf Umwandlungen und Einbringungen anzuwenden, bei denen die Anmeldung zur Eintragung in das für die Wirksamkeit des Vorgangs maßgebende öffentliche Register beziehungsweise bei Einbringungen der Übergang des wirtschaftlichen Eigentums **nach dem 20.11.2020** erfolgt. Darüber hinaus ist es nach § 27 Abs. 16 S. 2 auch in anderen offenen Fällen anzuwenden, in denen die äußeren Umstände darauf schließen lassen, dass die Verrechnung übergehender stiller Lasten wesentlicher Zweck der Umwandlung oder Einbringung war und der Steuerpflichtige dies nicht widerlegen kann.[82]

Bei Erfüllung der entsprechenden Voraussetzungen (→ Rn. 44 ff.) und Nichteingreifen der Escape-Klausel (→ Rn. 47) ist die **Rechtsfolge** des Abs. 5 ein Ausschluss eines Ausgleichs oder einer sonstigen Verrechnung der negativen Einkünfte beim übernehmenden Rechtsträger. Die negativen Einkünfte werden in diesen Fällen außerbilanziell korrigiert.[83]

44 **Voraussetzungen** der Anwendung des Verrechnungsverbotes gem. § 2 Abs. 5 S. 1 sind[84]

- eine Umwandlung mit steuerlicher Rückwirkung („infolge der Anwendung der Absätze 1 und 2"), bei der
- die stillen Lasten, die Finanzinstrumenten oder Anteilen an Körperschaften anhaften, durch Umwandlung auf den übernehmenden Rechtsträger übergehen und
- diese stillen Lasten nicht allein auf den übernehmenden Rechtsträger übertragen werden, sondern bei ihm durch Realisierung zu negativen Einkünften infolge der Umwandlung führen.

Eine **Realisation** erfolgt grundsätzlich durch Veräußerung oder Bewertung (bspw. Teilwertabschreibung). Nach S. 3 gilt als Veräußerung (Fiktion) auch die Einlösung, Rückzahlung, Abtretung, Entnahme und verdeckte Einlage in eine Kapitalgesellschaft

---

[79] AbzStEntModG vom 2.6.2021, BGBl. I 1259.
[80] BT-Drs. 19/27632, 65 f.
[81] Brandis/Heuermann/*Loose* UmwStG § 2 Rn. 94; BeckOK UmwStG/*Mückl* § 2 Rn. 1775.
[82] Zu verfassungsrechtlichen Bedenken der Rückwirkung vgl. BeckOK UmwStG/*Mückl* § 2 Rn. 1776.
[83] Brandis/Heuermann/*Loose* UmwStG § 2 Rn. 94.
[84] BeckOK UmwStG/*Mückl* § 2 Rn. 1786 ff.

oder ein sonstiger einer Veräußerung ertragsteuerlich gleichgestellter Vorgang (bspw. § 17 Abs. 4 EStG).

Die Realisation der stillen Lasten (→ Rn. 44) muss gemäß dem Wortlaut des S. 1 („infolge der Anwendung der Absätze 1 und 2") grundsätzlich im Rückwirkungszeitraum stattgefunden haben, dh noch vor Durchführung der Umwandlung.[85] S. 2 dehnt die Anwendung des S. 1 auf Aufwendungen aus, die durch den übernehmenden Rechtsträger außerhalb des Rückwirkungszeitraums bis zu dem Zeitpunkt einer möglichen Zwangsrealisation gem. S. 4 (→ Rn. 46) aufgedeckt werden.[86] Da S. 2 den Begriff „Aufwendungen" verwendet, ist in diesen Fällen eine Saldierung von Aufwendungen und Erträgen nicht möglich.[87] Die Ausdehnung auf Vorgänge außerhalb des Rückwirkungszeitraums gem. S. 2 findet nach S. 5 ausnahmsweise keine Anwendung, soweit die Finanzinstrumente oder Anteile an Körperschaften ohne die Rückwirkungsfiktion beim übertragenden Rechtsträger in dessen steuerlicher Schlussbilanz mit einem anderen als dem (niedrigem) gemeinen Wert hätten angesetzt werden können.[88] Dies betrifft gemäß der Gesetzesbegründung Fälle, in denen entsprechende Wirtschaftsgüter mit stillen Lasten vorhanden sind, der gemeine Wert der Sachgesamtheit insgesamt deren gesamten Buchwert jedoch nicht übersteigt.[89]

Den Zeitpunkt der **Zwangsrealisation** regelt S. 4: Falls bis zum Ende des Wirtschaftsjahres bzw. Kalenderjahres (§ 4a EStG) nach der Umwandlung keine Realisation der stillen Lasten (→ Rn. 44) stattgefunden hat, kommt es in diesem Zeitpunkt zu einer Zwangsrealisation. Die Finanzinstrumente oder Anteile an Körperschaften gelten zu diesem Zeitpunkt als zum (niedrigen) gemeinen Wert veräußert und wieder angeschafft. Damit gelten die stillen Lasten spätestens zu diesem Zeitpunkt als realisiert, unterliegen dem Verrechnungsverbot und können aufgrund der Anschaffungsfiktion steuerlich nicht mehr genutzt werden.[90]

Eine **Escape-Klausel** ist in S. 6 kodifiziert. Danach ist die außerbilanzielle Zurechnung der Einkommensminderungen nach den S. 1–5 nicht vorzunehmen, wenn der Steuerpflichtige nachweist, dass die Verrechnung negativer Einkünfte kein Haupt- oder Nebenzweck der Umwandlung war. Der ohne spezielle Form- und Fristerfordernisse zu führende Nachweis könnte bspw. erfüllt werden, wenn sich im übergegangenen Vermögen ein hoher Anteil an sonstigen Wirtschaftsgütern befindet[91] oder in der Präambel des zugrunde liegenden Umwandlungsvertrages operative Gründe der Verschmelzung festgehalten werden.[92]

S. 7 schreibt eine sinngemäße Anwendung der S. 2–6 vor, wenn der übernehmende Rechtsträger an den Finanzinstrumenten oder Anteilen an einer Körperschaft mittelbar über eine oder mehrere Personengesellschaften beteiligt ist (**Zwischenschaltung von Personengesellschaften**). Die Realisierung der stillen Lasten kann in diesen Fällen durch tatsächliche bzw. fiktive Veräußerung auf Ebene der die Finanzinstrumente bzw. Anteile an einer Körperschaft unmittelbar innehabenden Personengesellschaft oder

---

[85] Dötsch/Pung/Möhlenbrock/*Dötsch/Werner* UmwStG § 2 Rn. 138; BeckOK UmwStG/*Mückl* § 2 Rn. 1789.
[86] BeckOK UmwStG/*Mückl* § 2 Rn. 1792.
[87] Brandis/Heuermann/*Loose* UmwStG § 2 Rn. 94; BeckOK UmwStG/*Mückl* § 2 Rn. 1790.
[88] Brandis/Heuermann/*Loose* UmwStG § 2 Rn. 94; Dötsch/Pung/Möhlenbrock/*Dötsch/Werner* UmwStG § 2 Rn. 145.
[89] BT-Drs. 19/27632, 66; UmwSt-Erl. 2011, Rn. 03.12.
[90] Brandis/Heuermann/*Loose* UmwStG § 2 Rn. 94 mit Beispiel; BeckOK UmwStG/*Mückl* § 2 Rn. 1792.
[91] Dötsch/Pung/Möhlenbrock/*Dötsch/Werner* UmwStG § 2 Rn. 148.
[92] Brandis/Heuermann/*Loose* UmwStG § 2 Rn. 95.

durch Veräußerung der Anteile an der Personengesellschaft oder deren Auflösung erfolgen.[93]

Zweiter Teil
Vermögensübergang bei Verschmelzung auf eine Personengesellschaft oder auf eine natürliche Person und Formwechsel einer Kapitalgesellschaft in eine Personengesellschaft

§ 3 Wertansätze in der steuerlichen Schlussbilanz der übertragenden Körperschaft

(1) [1]Bei einer Verschmelzung auf eine Personengesellschaft oder natürliche Person sind die übergehenden Wirtschaftsgüter, einschließlich nicht entgeltlich erworbener und selbst geschaffener immaterieller Wirtschaftsgüter, in der steuerlichen Schlussbilanz der übertragenden Körperschaft mit dem gemeinen Wert anzusetzen. [2]Für die Bewertung von Pensionsrückstellungen gilt § 6a des Einkommensteuergesetzes.

(2) [1]Auf Antrag können die übergehenden Wirtschaftsgüter abweichend von Absatz 1 einheitlich mit dem Buchwert oder einem höheren Wert, höchstens jedoch mit dem Wert nach Absatz 1, angesetzt werden, soweit

1. sie Betriebsvermögen der übernehmenden Personengesellschaft oder natürlichen Person werden und sichergestellt ist, dass sie später der Besteuerung mit Einkommensteuer oder Körperschaftsteuer unterliegen, und
2. das Recht der Bundesrepublik Deutschland hinsichtlich der Besteuerung des Gewinns aus der Veräußerung der übertragenen Wirtschaftsgüter bei den Gesellschaftern der übernehmenden Personengesellschaft oder bei der natürlichen Person nicht ausgeschlossen oder beschränkt wird und
3. eine Gegenleistung nicht gewährt wird oder in Gesellschaftsrechten besteht.

[2]Der Antrag ist spätestens bis zur erstmaligen Abgabe der steuerlichen Schlussbilanz bei dem für die Besteuerung der übertragenden Körperschaft zuständigen Finanzamt zu stellen.

(3) [1]Haben die Mitgliedstaaten der Europäischen Union bei Verschmelzung einer unbeschränkt steuerpflichtigen Körperschaft Artikel 10 der Richtlinie 2009/133/EG anzuwenden, ist die Körperschaftsteuer auf den Übertragungsgewinn gemäß § 26 des Körperschaftsteuergesetzes um den Betrag ausländischer Steuer zu ermäßigen, der nach den Rechtsvorschriften eines anderen Mitgliedstaats der Europäischen Union erhoben worden wäre, wenn die übertragenen Wirtschaftsgüter zum gemeinen Wert veräußert worden wären. [2]Satz 1 gilt nur, soweit die übertragenen Wirtschaftsgüter einer Betriebsstätte der übertragenden Körperschaft in einem anderen Mitgliedstaat der Europäischen Union zuzurechnen sind und die Bundesrepublik Deutschland die Doppelbesteuerung bei der übertragenden Körperschaft nicht durch Freistellung vermeidet.

---

93 Brandis/Heuermann/*Loose* UmwStG § 2 Rn. 96; BeckOK UmwStG/*Mückl* § 2 Rn. 1794.

Literatur:
Goette, Das Gesetz zur Umsetzung der Umwandlungsrichtlinie – Ein Überblick, DStR 2023, 157; *Hruschka,* Umwandlung Kapital- auf Personengesellschaften (§§ 3 ff. UmwStG), DStR Beihefter 2/2012, 4; *Prinz/Hütig,* Aktuelles Know-how zum umwandlungssteuerlichen Bilanzrecht, StuB 2012, 318; *Schell/Krohn,* Ausgewählte praxisrelevante „Fallstricke" des UmwStE 2011 (Teil 1) – Zur steuerlichen Schlussbilanz als eigenständiger Bilanz und zum Ansatz der übergehenden Wirtschaftsgüter und den Ansatzwahlrechten, DB 2012, 1057; *Stimpel,* Umwandlung von Kapital- in Personengesellschaften nach dem UmwSt-Erlass 2011, GmbHR 2012, 123.

I. Normzweck 1	2. Sicherstellung der Besteuerung der stillen Reserven (Abs. 2 S. 1 Nr. 1 Hs. 2) 37
II. Persönlicher und sachlicher Anwendungsbereich 2	3. Kein Ausschluss und keine Beschränkung des deutschen Besteuerungsrechts (Abs. 2 S. 1 Nr. 2) 38
1. Persönlicher Anwendungsbereich 4	
a) Übertragender Rechtsträger 4	a) Das deutsche Besteuerungsrecht entfällt durch die Umwandlung vollständig 43
b) Übernehmender Rechtsträger 5	
2. Sachlicher Anwendungsbereich 7	
III. Steuerliche Schlussbilanz 8	b) Inlandsumwandlungen mit und ohne Auslandsbezug 46
1. Ausnahme 9	
2. Keine Maßgeblichkeit der Handels- für die Steuerbilanz 14	c) Grenzüberschreitende Hinausverschmelzung 50
3. Ansatz dem Grunde nach 15	4. Keine oder nur in Gesellschaftsanteilen bestehende Gegenleistung (Abs. 2 S. 1 Nr. 3) 53
4. Ansatz der Höhe nach 16	
a) Bewertung mit dem gemeinen Wert 18	
b) Sonderfall Pensionsrückstellungen . 23	V. Übertragungsgewinn 57
c) Bewertung mit dem Buch- oder Zwischenwert (Abs. 2) 26	VI. Anrechnung ausländischer Steuern (Abs. 3) 60
aa) Wahlrecht 28	
bb) Buchwert und Zwischenwert 31	
IV. Voraussetzungen für den Ansatz von Buchwerten oder Zwischenwerten 34	
1. Übergang auf einen Rechtsträger mit Betriebsvermögen (Abs. 2 S. 1 Nr. 1 Hs. 1) 35	

I. Normzweck

Mit § 3 beginnt der zweite Teil des UmwStG, in dem die steuerlichen Rechtsfolgen der Verschmelzung einer **Kapitalgesellschaft auf eine Personengesellschaft oder natürliche Person** geregelt werden. Der zweite Teil endet mit § 9, der den Formwechsel betrifft. Anknüpfungspunkt sind – wie allgemein im UmwStG – die gesellschaftsrechtlichen Regelungen des UmwG. § 3 regelt den Ansatz und die Bewertung der übergehenden Wirtschaftsgüter in der steuerlichen Schlussbilanz der übertragenden Körperschaft und damit auch deren Gewinn. Aufgrund der Wertverknüpfung gem. § 4 Abs 1 ergeben sich ebenso Auswirkungen auf den Übernamegewinn des übernehmenden Rechtsträgers.

Grundsätzlich sind die übergehenden Wirtschaftsgüter, einschließlich nicht entgeltlich erworbener und selbst geschaffener immaterieller Wirtschaftsgüter, nach **§ 3 Abs. 1** in der Schlussbilanz der übertragenden Körperschaft **mit dem gemeinen Wert** anzusetzen. Ausgenommen davon sind Pensionsrückstellungen (§ 3 Abs. 1 S. 2). Abweichend von Abs. 1 bietet **§ 3 Abs. 2** – unter bestimmten Voraussetzungen – die Möglichkeit, die übergehenden Wirtschaftsgüter **mit dem Buchwert oder einem Zwischenwert** (iE zwischen Buchwert und gemeinen Wert) anzusetzen (Bewertungswahlrecht). Eine Gewinnrealisation auf Ebene der übertragenden Körperschaft kann folglich im Einzelfall vermieden und die Besteuerung der stillen Reserven auf einen späteren Zeitpunkt verschoben werden.

§ 3 Abs. 3 erfasst den **Sonderfall**, in dem bei einer Verschmelzung das deutsche Besteuerungsrecht an Wirtschaftsgütern einer EU-Anrechnungs-Betriebsstätte wegfällt, und ordnet eine **fiktive Anrechnung ausländischer Steuern** an.

II. Persönlicher und sachlicher Anwendungsbereich

2 Der persönliche und sachliche Anwendungsbereich des § 3 ergibt sich aus § 1 Abs. 1. Der Anwendungsbereich des § 3 umfasst die Verschmelzung iSd § 2 UmwG einer Körperschaft auf eine Personengesellschaft oder eine natürliche Person, die Auf- oder Abspaltung iSd § 123 Abs. 1 bzw. 2 UmwG des Vermögens einer Körperschaft auf eine Personengesellschaft und den identitätswahrenden Formwechsel iSd § 190 Abs. 1 UmwG einer Kapitalgesellschaft in eine Personengesellschaft sowie vergleichbare ausländische Vorgänge. Bis zur Streichung des § 1 Abs. 2 durch das KöMoG v. 25.6.2021[1] war der Anwendungsbereich des § 3 auf Inlandsfälle und EU-/EWR-Sachverhalte beschränkt.[2] Durch die Streichung der Anwendungsvoraussetzungen des § 1 Abs. 2 können für die og Umwandlungen, deren steuerlicher Übertragungsstichtag nach dem 31.12.2021 liegt, ebenfalls Drittstaaten-Gesellschaften und in Drittstaaten ansässige natürliche Personen als übertragende bzw. übernehmende Rechtsträger in den Anwendungsbereich des § 3 fallen. Die Eröffnung des Anwendungsbereichs für Drittstaaten-Sachverhalte führt jedoch nicht zwingend zur Möglichkeit des Buchwert- oder Zwischenwertansatzes nach § 3 Abs. 2 beim übertragenden Rechtsträger, da dies nur unter den Voraussetzungen des § 3 Abs. 2 S. 1 Nr. 1–3 möglich ist. Insbesondere der Ausschluss oder die Beschränkung des deutschen Besteuerungsrechts am Veräußerungsgewinn der übertragenden Wirtschaftsgüter (§ 3 Abs. 2 S. 1 Nr. 3) können in der Praxis einen Ansatz nach § 3 Abs. 2 S. 1 in der Schlussbilanz des übertragenden Rechtsträgers regelmäßig verbieten.

3 Durch das UmRUG v. 22.2.2023[3] wurde die Richtlinie (EU) 2019/2121 des Europäischen Parlaments und des Rates v. 27.11.2019 zur Änderung der Richtlinie (EU) 2017/1132 im Wesentlichen in den §§ 305 ff. UmwG umgesetzt, die insbesondere Regelungen zu grenzüberschreitenden Umwandlungen, Verschmelzungen und Spaltungen beinhalten.[4] Umfasste der Anwendungsbereich des UmwG in der Vergangenheit nur Vorgänge unter Beteiligung von Rechtsträgern mit Sitz im Inland (und über § 122 UmwG aF auch Verschmelzungen von EU-/EWR-Kapitalgesellschaften), sind nun auch grenzüberschreitende Umwandlungsvorgänge von EU-/EWR-Kapitalgesellschaften vom UmwG erfasst. Daher ist uE seit 1.3.2023 für grenzüberschreitende Umwandlungsvorgänge von EU-/EWR-Kapitalgesellschaften nicht mehr zu prüfen, ob ein vergleichbarer ausländischer Vorgang nach § 1 Abs. 1 S. 1 vorliegt. Der Anwendungsbereich des § 3 ist unmittelbar über das UmwG und § 1 Abs. 1 für Verschmelzungen (→ § 1 Rn. 13 ff.), Spaltungen (→ § 1 Rn. 19) und Formwechsel (→ § 1 Rn. 22) von EU-/EWR-Kapitalgesellschaften eröffnet.

---

1 Gesetz zur Modernisierung des Körperschaftsteuerrechts (KöMoG) v. 25.6.2021, BGBl. I 2050.
2 Dötsch/Pung/Möhlenbrock/*Möhlenbrock/Werner/Pung* UmwStG § 3 Rn. 6.
3 Gesetz zur Umsetzung der Umwandlungsrichtlinie und zur Änderung weiterer Gesetze v. 22.2.2023, BGBl. I Nr. 51.
4 Für Details vgl. *Goette* DStR 2023, 157.

1. Persönlicher Anwendungsbereich
a) Übertragender Rechtsträger

Als übertragender Rechtsträger kommt idR nur eine Körperschaft in Betracht (Details → § 1 Rn. 11). Vor der Streichung des § 1 Abs. 2 durch das KöMoG v. 25.6.2021[5] musste für die Anwendung des § 3 der übertragende Rechtsträger eine in der EU oder dem EWR gegründete Körperschaft mit Sitz und Ort der Geschäftsleitung in der EU oder dem EWR sein.[6] Auf die Ansässigkeit der Gesellschafter der übertragenden Körperschaft kommt es weiterhin nicht an.[7] Mit der Streichung des § 1 Abs. 2 ist § 3 auch auf Umwandlungen anwendbar, bei denen der übertragende Rechtsträger eine Drittstaaten-Kapitalgesellschaft ist. Dies gilt jedoch nur für Umwandlungen, deren steuerlicher Übertragungsstichtag nach dem 31.12.2021 liegt (→ § 1 Rn. 56 ff.).[8]

b) Übernehmender Rechtsträger

In den **Anwendungsfällen des § 3** kann der übernehmende Rechtsträger eine **Personengesellschaft** sein (Details → § 1 Rn. 11). Dabei musste bis zur Streichung des § 1 Abs. 2 durch das KöMoG v. 25.6.2021[9] die Personengesellschaft eine nach den Rechtsvorschriften eines EU-/EWR-Staates gegründete Personengesellschaft sein, die ihren Sitz und Ort der Geschäftsleitung innerhalb eines dieser Staaten hat.[10] Dies gilt für Umwandlungen, deren steuerlicher Übertragungsstichtag nach dem 31.12.2021 liegt, nicht mehr, so dass grundsätzlich Drittstaaten-Personengesellschaften als übernehmende Rechtsträger fungieren können (→ § 1 Rn. 56 ff.).[11]

Im Fall der **Verschmelzung** kann auch eine **natürliche Person** übernehmender Rechtsträger sein. Einziger Anwendungsfall ist dabei gem. §§ 3 Abs. 2 Nr. 2, 120 ff. UmwG iVm § 1 Abs. 2 Nr. 2 die Verschmelzung einer Kapitalgesellschaft auf ihren Alleingesellschafter als aufnehmenden Rechtsträger.[12] Bis zur Streichung des § 1 Abs. 2 war Voraussetzung dafür, dass die natürliche Person ihren Wohnsitz oder gewöhnlichen Aufenthalt innerhalb der EU oder des EWR hat.[13] Bei Verschmelzungen auf eine natürliche Person, die in einem Drittstaat ansässig ist, ist § 3 durch die Streichung des § 1 Abs. 2 grundsätzlich anwendbar. Dies gilt jedoch nur, wenn der steuerliche Übertragungsstichtag nach dem 31.12.2021 liegt (→ § 1 Rn. 56 ff.).[14]

2. Sachlicher Anwendungsbereich

Als taugliche Vorgänge kommen Verschmelzungen einer Körperschaft auf eine Personengesellschaft oder eine natürliche Person (§ 3 Abs. 1 S. 1) und der Rechtsformwechsel von einer Kapitalgesellschaft in eine Personengesellschaft (Verweis über § 9 S. 1) sowie vergleichbare ausländische Vorgänge in Betracht. Über § 16 S. 1 finden die Vorschriften des zweiten Teils, damit auch § 3, entsprechend auf den Fall der Ab- und

---

[5] Gesetz zur Modernisierung des Körperschaftsteuerrechts (KöMoG) v. 25.6.2021, BGBl. I 2050.
[6] Dötsch/Pung/Möhlenbrock/*Möhlenbrock/Werner/Pung* UmwStG § 3 Rn. 6 ff.; Rödder/Herlinghaus/van Lishaut/*Birkemeier* UmwStG § 3 Rn. 28 ff.; BeckOK UmwStG/*Kaiser/Möller-Gosoge* § 3 Rn. 71.
[7] BeckOK UmwStG/*Kaiser/Möller-Gosoge* § 3 Rn. 71.
[8] BeckOK UmwStG/*Kaiser/Möller-Gosoge* § 3 Rn. 71.
[9] Gesetz zur Modernisierung des Körperschaftsteuerrechts (KöMoG) v. 25.6.2021, BGBl. I 2050.
[10] Dötsch/Pung/Möhlenbrock/*Möhlenbrock/Werner/Pung* UmwStG § 3 Rn. 13 ff.; Rödder/Herlinghaus/van Lishaut/*Birkemeier* UmwStG § 3 Rn. 45.
[11] Dötsch/Pung/Möhlenbrock/*Möhlenbrock/Werner/Pung* UmwStG § 3 Rn. 13.
[12] Rödder/Herlinghaus/van Lishaut/*Birkemeier* UmwStG § 3 Rn. 39; Dötsch/Pung/Möhlenbrock/*Möhlenbrock/Werner/Pung* UmwStG § 3 Rn. 14.
[13] Haritz/Menner/Bilitewski/*Mertgen* UmwStG § 3 Rn. 31.
[14] Dötsch/Pung/Möhlenbrock/*Möhlenbrock/Werner/Pung* UmwStG § 3 Rn. 13.

Aufspaltung des Vermögens einer Körperschaft auf eine Personengesellschaft und vergleichbare ausländische Vorgänge Anwendung.[15] Die Ausgliederung unterliegt dagegen nicht dem Anwendungsbereich des § 3, sondern ist vielmehr ein Anwendungsfall des § 24.[16] Mit dem KöMoG v. 25.6.2021[17] wurde § 1 Abs. 2 aufgehoben (→ § 1 Rn. 56 ff.), wodurch Umwandlungen von Drittstaaten-Kapitalgesellschaften, die einer inländischen Umwandlung vergleichbar sind und deren steuerlicher Übertragungsstichtag nach dem 31.12.2021 liegt, vom Anwendungsbereich des UmwStG erfasst sind.[18]

III. Steuerliche Schlussbilanz

8 § 3 Abs. 1 S. 1 enthält die Verpflichtung, eine steuerliche Schlussbilanz aufzustellen. Die steuerliche Schlussbilanz ist nach Auffassung der Finanzverwaltung eine **eigenständige Bilanz** und von der regulären steuerlichen Jahresbilanz, die zur steuerlichen Gewinnermittlung erforderlich ist, zu unterscheiden.[19]

Diese **Pflicht** gilt für den übertragenden Rechtsträger, der in den sachlichen und persönlichen Anwendungsbereich des UmwStG fällt, unabhängig vom Bestehen der beschränkten oder unbeschränkten Steuerpflicht (§§ 1, 2 KStG) oder von inländischen Bilanzierungsverpflichtungen.[20] Dies gilt ebenso für nach § 1a KStG optierende Gesellschaften (→ § 1 Rn. 11).[21] Für den Formwechsel folgt dies aus § 9 S. 2. Die Voraussetzungen originärer oder derivativer steuerlicher Buchführungspflichten iSd §§ 140, 141 AO spielen also für diese Schlussbilanz keine Rolle. Auch ein im Ausland ansässiger, übertragender Rechtsträger kann von dieser Verpflichtung erfasst werden, wenn der Verschmelzungsvorgang vom Anwendungsbereich des § 3 erfasst ist. Die ausländische Überträgerin ist dabei verpflichtet die anzusetzenden Werte nach deutschem Recht, nicht nach ausländischem Recht zu ermitteln.[22]

1. Ausnahme

9 Die Pflicht zur Aufstellung einer gesonderten Schlussbilanz entfällt nur dann, wenn diese für inländische Besteuerungszwecke nicht benötigt wird. Soweit allerdings das deutsche UmwStG auf den Umwandlungsvorgang Anwendung findet, kommt dies nur in bestimmten Ausnahmefällen in Betracht. So ist nach der Gesetzesbegründung für eine Verschmelzung nach den §§ 3 ff. ohne inländisches Betriebsvermögen eine Schlussbilanz jedenfalls dann erforderlich, wenn zumindest ein **Gesellschafter im Inland unbeschränkt oder beschränkt steuerpflichtig** ist.[23]

10 Die Finanzverwaltung lässt allerdings die Erfüllung der Verpflichtung zur Aufstellung einer Schlussbilanz durch die Abgabe der **Steuerbilanz** in Verbindung mit der Erklä-

---

[15] Brandis/Heuermann/*Klingberg* UmwStG § 3 Rn. 7; Schmitt/Hörtnagl/*Schmitt* UmwStG § 3 Rn. 5 f.; zur Vergleichbarkeitsprüfung siehe UmwSt-Erl. 2011, Rn. 01.30 ff.
[16] Dötsch/Pung/Möhlenbrock/*Möhlenbrock/Werner/Pung* UmwStG § 3 Rn. 20.
[17] Gesetz zur Modernisierung des Körperschaftsteuerrechts (KöMoG) v. 25.6.2021, BGBl. I 2050.
[18] BeckOK UmwStG/*Kaiser/Möller-Gosoge* § 3 Rn. 35.
[19] UmwSt-Erl. 2011, Rn. 03.01; Haritz/Menner/Bilitewski/*Mertgen* UmwStG § 3 Rn. 80; Schmitt/Hörtnagl/*Schmitt* UmwStG § 3 Rn. 22.
[20] UmwSt-Erl. 2011, Rn. 03.01; Schmitt/Hörtnagl/*Schmitt* UmwStG § 3 Rn. 22; Haritz/Menner/Bilitewski/*Mertgen* UmwStG § 3 Rn. 80.
[21] BMF-Schreiben v. 10.11.2021, BStBl. I 2021, 2212 Rn. 50; zustimmend Widmann/Mayer/*Maetz* UmwStG § 1 Rn. 15; BDI/Warth & Klein Grant Thornton/*Schlitt*, Modernisierung des Körperschaftsteuerrechts KöMoG, Rn. 362 und 367.
[22] Dötsch/Pung/Möhlenbrock/*Möhlenbrock/Werner/Pung* UmwStG § 3 Rn. 23; BeckOK UmwStG/*Kaiser/Möller-Gosoge* § 3 Rn. 104.
[23] BT-Drs. 16/2710, 37; vgl. auch UmwSt-Erl. 2011, Rn. 03.02; *Lemaitre/Schönherr* GmbHR 2007, 173 f.; BeckOK UmwStG/*Kaiser/Möller-Gosoge* § 3 Rn. 104.

rung, dass sich **beide Bilanzen entsprechen**, zu.[24] Nach Ansicht der Finanzverwaltung ist in dieser Erklärung gleichzeitig ein (konkludenter) Antrag auf Buchwertfortführung zu sehen.[25]

Für die Praxis ist hierin eine beträchtliche Erleichterung zu sehen, da der steuerliche Übertragungsstichtag und der Stichtag der letzten regulären Bilanz häufig übereinstimmen werden. Voraussetzung ist allerdings, dass eine Buchwertfortführung möglich ist.

Vereinzelt wird in der Literatur vorgebracht, dass die grundsätzlich seit Inkrafttreten des SEStEG im Jahr 2006 geltende **Verpflichtung zur Aufstellung einer Schlussbilanz** bei vielen Umwandlungen nicht erfüllt worden sei, da weder eine als solche bezeichnete Schlussbilanz angefertigt wurde noch eine ausdrückliche Erklärung abgegeben wurde, dass sich Schlussbilanz und Steuerbilanz entsprechen.[26] 11

Allerdings hat die Finanzverwaltung schon im UmwSt-Erlass mit einer Übergangsregelung das Problem auf pragmatische Weise entschärft. Auf die Abgabe einer (gesonderten) **Schlussbilanz kann verzichtet werden**, wenn sich aus den Gesamtumständen ein Antrag auf den Buchwertansatz ergibt und bis zum 31.12.2011 eine Steuerbilanz auf den Übertragungsstichtag eingereicht wurde.[27] 12

Ob sich aus einer analogen Anwendung des § 5b EStG die Verpflichtung zur **elektronischen Abgabe** ergibt, lässt sich mit guten Gründen bestreiten.[28] Die Eigenständigkeit der Schlussbilanz verhindert eine pauschale Anwendung der Vorschriften über die Gewinnermittlung und somit fehlt für eine entsprechende Verpflichtung eine ausreichende gesetzliche Grundlage.[29] Allerdings sieht die Verwaltungsauffassung eine solche Verpflichtung ausdrücklich vor.[30] Eine Anwendung von § 5b EStG kommt entgegen der Auffassung der Finanzverwaltung lt. Literaturmeinung nur in Betracht, wenn die steuerliche Schlussbilanz zugleich die Steuerbilanz darstellt.[31] 13

2. Keine Maßgeblichkeit der Handels- für die Steuerbilanz

Während nach § 17 Abs. 2 S. 2 UmwG für die handelsrechtliche Schlussbilanz die allgemeinen Ansatz- und Bewertungsvorschriften Anwendung finden, dh im Regelfall die Buchwerte fortzuführen sind, sieht § 3 Abs. 1 für die Aufstellung einer steuerlichen Schlussbilanz abweichende Bestimmungen vor. 14

Die Maßgeblichkeit der Handels- für die Steuerbilanz wird beim übertragenden Rechtsträger für Zwecke des Umwandlungssteuerrechts durchbrochen.[32] Dies ergibt sich schon aus dem Gesetzeswortlaut, der vom Ansatz des **gemeinen Wertes** als Grundfall der Schlussbilanz ausgeht und damit das handelsrechtliche Anschaffungskostenprinzip durchbricht.[33] Eine Überleitungsrechnung iSd § 60 Abs. 2 EStDV kann nur eine steuer-

---

24 UmwSt-Erl. 2011, Rn. 03.01.
25 UmwSt-Erl. 2011, Rn. 03.01.
26 *Schell/Krohn* DB 2012, 1057 (1058).
27 UmwSt-Erl. 2011, Rn. S.02; *Schell/Krohn* DB 2012, 1057 (1058).
28 *Schell/Krohn* DB 2012, 1057 (1058).
29 Frotscher/Drüen/*Schnitter* UmwStG § 3 Rn. 78; Rödder/Herlinghaus/van Lishaut/*Birkemeier* UmwStG § 3 Rn. 98.
30 UmwSt-Erl. 2011, Rn. 03.04; vgl. auch Dötsch/Pung/Möhlenbrock/*Möhlenbrock/Werner/Pung* UmwStG § 3 Rn. 25.
31 Schmitt/Hörtnagl/*Schmitt* UmwStG § 3 Rn. 22; Frotscher/Drüen/*Schnitter* UmwStG § 3 Rn. 78 Rödder/Herlinghaus/van Lishaut/*Birkemeier* UmwStG § 3 Rn. 98.
32 UmwSt-Erl. 2011, Rn. 03.04, 03.10; Haritz/Menner/Bilitewski/*Mertgen* UmwStG § 3 Rn. 70 ff.; Schmitt/Hörtnagl/*Schmitt* UmwStG § 3 Rn. 26; zur Paralelproblematik der Maßgeblichkeit beim übernehmenden Rechtsträger → § 4 Rn. 4 ff., dort auch zum Konzept der phasenverschobenen Wertaufholung.
33 Frotscher/Drüen/*Schnitter* UmwStG § 3 Rn. 81; Rödder/Herlinghaus/van Lishaut/*Birkemeier* UmwStG § 3 Rn. 97; *Bogenschütz* Ubg 2011, 393.

liche Schlussbilanz darstellen, wenn ausdrücklich erklärt wird, dass es sich um eine steuerliche Schlussbilanz handelt und die Voraussetzungen zur Buchwertfortführung nach § 3 Abs. 2 S. 1 erfüllt sind.[34]

3. Ansatz dem Grunde nach

15 Nach dem Wortlaut des § 3 Abs. 1 S. 1 („sind anzusetzen") besteht eine Ansatzpflicht für alle übergehenden Wirtschaftsgüter in der steuerlichen Schlussbilanz des übertragenden Rechtsträgers; es besteht kein Ansatzwahlrecht. Umfasst sind sowohl alle aktiven als auch alle passiven Wirtschaftsgüter, sofern diese bilanzierungsfähig sind.[35] Dies gilt auch für bereits vollständig abgeschriebene Wirtschaftsgüter.[36] Außerdem sind auch gewinnmindernde Rücklagen, wie steuerfreie Rücklagen nach § 6b EStG und steuerliche Ausgleichposten nach § 4g EStG, anzusetzen. Dies ergibt sich aus § 4 Abs. 2 S. 1.[37] Für die steuerliche Schlussbilanz gelten handelsrechtliche und ertragsteuerliche Aktivierungs- und Passivierungsverbote nicht. So sind selbst geschaffene immaterielle Wirtschaftsgüter – was in § 3 Abs. 1 S. 1 explizit kodifiziert ist – (entgegen § 5 Abs. 2 EStG) als auch Drohverlustrückstellungen (entgegen § 5 Abs. 4a EStG) mit dem gemeinen Wert anzusetzen.[38] Nach Ansicht der Finanzverwaltung sollen jedoch die Ansatzverbote für die Steuerbilanz des übernehmenden Rechtsträgers zum nächsten Bilanzstichtag wieder Anwendung finden.[39] Daraus folgt für Wirtschaftsgüter, die einem Ansatzverbot unterliegen, eine ertragswirksame Ausbuchung beim übernehmenden Rechtsträger. Dies gilt nach Ansicht der Finanzverwaltung jedoch nicht für einen nach § 3 Abs. 1 S. 1 anzusetzenden originären Geschäfts- oder Firmenwert des übertragenden Rechtsträgers, da dieser als durch die Umwandlung angeschafft gelten soll.[40] Aus welchem Grund die Finanzverwaltung dem originären Geschäfts- oder Firmenwert eine Sonderstellung einräumt, ist nicht nachvollziehbar. Die dargestellten Grundsätze – insbesondere die Durchbrechung der handels- und ertragsteuerlichen Ansatzverbote – gelten nur, wenn die übergehenden Wirtschaftsgüter in der steuerlichen Schlussbilanz mit dem gemeinem Wert nach § 3 Abs. 1 oder mit einem Zwischenwert nach § 3 Abs. 2 S. 1 angesetzt werden. Erfolgt die Buchwertfortführung nach § 3 Abs. 2 S. 1, gelten die Gewinnermittlungsvorschriften nach § 5 ff. EStG.[41]

4. Ansatz der Höhe nach

16 Grundsätzlich sind alle übergehenden **Wirtschaftsgüter** einschließlich nicht entgeltlich erworbener und selbst geschaffener immaterieller Wirtschaftsgüter mit dem **gemeinen Wert** anzusetzen (§ 3 Abs. 1 S. 1). Gem. § 3 Abs. 1 S. 2 werden **Pensionsrückstellungen** mit dem **Teilwert** nach Maßgabe des § 6a Abs. 3 EStG bewertet. Außerdem hat der Steuerpflichtige unter den Voraussetzungen des § 3 Abs. 2 ein **Wahlrecht**, die übergehenden Wirtschaftsgüter abweichend von der Grundregel des § 3 Abs. 1 S. 1 mit dem **Buchwert** oder einem **Zwischenwert** anzusetzen.

---

34 Frotscher/Drüen/*Schnitter* UmwStG § 3 Rn. 90.
35 Dötsch/Pung/Möhlenbrock/*Möhlenbrock/Werner/Pung* UmwStG § 3 Rn. 38; Haritz/Menner/Bilitewski/*Mertgen* UmwStG § 3 Rn. 87; Schmitt/Hörtnagl/*Schmitt* UmwStG § 3 Rn. 27; Zum Meinungsstreit, ob die handelsrechtliche und ertragsteuerliche Ansatzverbote für die steuerliche Schlussbilanz greifen, siehe Dötsch/Pung/Möhlenbrock/*Möhlenbrock/Werner/Pung* UmwStG § 3 Rn. 35 ff.
36 Haritz/Menner/Bilitewski/*Mertgen* UmwStG § 3 Rn. 88.
37 UmwSt-Erl. 2011, Rn. 03.04; Dötsch/Pung/Möhlenbrock/*Möhlenbrock/Werner/Pung* UmwStG § 3 Rn. 36; Frotscher/Drüen/*Schnitter* UmwStG § 3 Rn. 86.
38 UmwSt-Erl. 2011, Rn. 03.04 – 03.06; Haritz/Menner/Bilitewski/*Mertgen* UmwStG § 3 Rn. 87.
39 UmwSt-Erl. 2011, Rn. 03.06 und 04.16.
40 UmwSt-Erl. 2011, Rn. 04.16.
41 UmwSt-Erl. 2011, Rn. 03.06; Frotscher/Drüen/*Schnitter* UmwStG § 3 Rn. 85.

Im Rahmen des § 3 kommen also nicht weniger als vier verschiedene Bilanzwertansätze in Betracht: 17

- Gemeiner Wert,
- Buchwert,
- Zwischenwert oder
- Teilwert nach § 6a EStG bei Pensionsrückstellungen.

a) Bewertung mit dem gemeinen Wert

Da weder das UmwStG noch das EStG oder das KStG eine **Definition** des gemeinen Wertes vorgibt, ist auf die bewertungsrechtliche Vorschrift des § 9 Abs. 2 BewG zurückzugreifen.[42] Danach ist gemeiner Wert der Preis, der im gewöhnlichen Geschäftsverkehr nach der Beschaffenheit des Wirtschaftsguts bei einer Veräußerung zu erzielen wäre. Dabei müssen alle Umstände, welche geeignet sind den Preis zu beeinflussen, in die Bewertung einbezogen werden (§ 9 Abs. 2 S. 2 BewG). Außer Acht gelassen werden ungewöhnliche und persönliche Verhältnisse (§ 9 Abs. 2 S. 3 BewG). Es handelt sich also um einen Marktpreis des Wirtschaftsgutes (ohne Zusammenhang mit dem Betrieb).[43] Das wäre gleichbedeutend mit dem Liquidationswert bei einer Einzelveräußerung. Hieraus würde sich aber das Problem ergeben, dass es einen Geschäfts- oder Firmenwert nur im Zusammenhang mit dem Betrieb gibt. Nach der üblichen Definition des gemeinen Wertes wäre also eine Aufdeckung der im Firmenwert ruhenden stillen Reserven weder zulässig noch möglich. 18

Insofern wird man für Zwecke des UmwStR den gemeinen Wert auf die **Sachgesamtheit** beziehen müssen und erst in einem nächsten Schritt diesen Wert auf die **Einzelwirtschaftsgüter** aufzuteilen haben.[44] Vereinzelt sind Zweifel an der Vereinbarkeit dieser Interpretation mit der gesetzlichen Regelung geäußert worden,[45] allerdings muss man konstatieren, dass der Wortlaut von § 3 Abs. 1 den Ansatz von selbstgeschaffenen immateriellen Wirtschaftsgütern (also auch des Firmenwerts) fordert. 19

Die fiskalpolitische, aber insoweit nachvollziehbare Auffassung der Finanzverwaltung geht entgegen dem Gesetzeswortlaut, der von übergehenden Wirtschaftsgütern spricht, davon aus, dass in der Schlussbilanz die insgesamt übergehende Sachgesamtheit in Form des übergehenden Betriebsvermögens anzusetzen und zu bewerten ist. Demnach verlangt § 3 Abs. 1 den Ansatz eines originären Firmenwertes, der sich als Mehrwert zwischen dem gemeinen Wert der Sachgesamtheit und den gemeinen Werten der einzelnen aktiven und passiven Wirtschaftsgüter ergibt (**Residualgröße**).[46] 20

Praktisch ergibt sich der gemeine Wert aus der **Vergleichswertmethode** und ist demnach aus Verkäufen abzuleiten.[47] Sofern keine Verkäufe vorliegen, aus denen der gemeine Wert abgeleitet werden kann, kommt darüber hinaus ein anerkanntes ertragswert- oder zahlungsstromorientiertes Verfahren und auch das vereinfachte Ertragswertverfah- 21

---

[42] Dötsch/Pung/Möhlenbrock/*Möhlenbrock/Werner/Pung* UmwStG § 3 Rn. 27; Schmitt/Hörtnagl/*Schmitt* UmwStG § 3 Rn. 39.
[43] *Schell/Krohn* DB 2012, 1057 (1060); Rödder/Herlinghaus/van Lishaut/*Birkemeier* UmwStG § 3 Rn. 102.
[44] UmwSt-Erl. 2011, Rn. 03.07 und 03.09; Brandis/Heuermann/*Klingberg* UmwStG § 3 Rn. 2 Haritz/Menner/Bilitewski/*Mertgen* UmwStG § 3 Rn. 93; Frotscher/Drüen/*Schnitter* UmwStG § 3 Rn. 95; Frotscher/Drüen/*Rödder* UmwStG § 11 Rn. 169; *Bogenschütz* Ubg 2011, 393; kritisch dazu Brandis/Heuermann/*Klingberg* UmwStG § 3 Rn. 21.
[45] *Schell/Krohn* DB 2012, 1057 (1061).
[46] Frotscher/Drüen/*Schnitter* UmwStG § 3 Rn. 99; Schmitt/Hörtnagl/*Schmitt* UmwStG § 3 Rn. 44; *Dißer/Grottke*, SteuerStud 2007, 69.
[47] Frotscher/Drüen/*Schnitter* UmwStG § 3 Rn. 96; Schmitt/Hörtnagl/*Schmitt* UmwStG § 3 Rn. 40; *Schell/Krohn* DB 2012, 1057 (1061).

ren nach §§ 199 ff. BewG in Betracht.[48] Maßgeblich sind grundsätzlich die **Werte am Übertragungsstichtag**.[49]

22 Für die Verteilung des gemeinen Wertes der Sachgesamtheit auf die Einzelwirtschaftsgüter stellt die Finanzverwaltung analog zu § 6 Abs. 1 Nr. 7 EStG auf das **Verhältnis der Teilwerte** zueinander ab,[50] was neben der Feststellung des gemeinen Werts auch die Ermittlung der Teilwerte erfordert. Hieraus ergeben sich ggf. ungewollte Gestaltungsspielräume für die Praxis. Dass die Verteilung anhand der Teilwerte vorgenommen wird und nicht auf die Höhe der Teilwerte beschränkt ist, schafft für die folgenden Bilanzperioden Möglichkeiten, eine Teilwertabschreibung vorzunehmen.[51]

b) Sonderfall Pensionsrückstellungen

23 Für Pensionsrückstellungen wird in § 3 Abs. 1 S. 2 auf § 6a EStG verwiesen. Nach § 6a Abs. 3 EStG ist für Pensionsrückstellungen der **Teilwert der Pensionsverpflichtung** maßgeblich. Damit begründet § 3 Abs. 1 S. 2 einen Ausnahmetatbestand zu der grundsätzlichen Regelung.

24 Da im Rahmen der Jahresbilanz eine Pensionsrückstellung (§ 6a EStG) mit dem Teilwert angesetzt wird und dieser üblicherweise den gemeinen Wert unterschreiten wird, würde dem übertragenden Rechtsträger beim Ansatz des gemeinen Wertes in der Schlussbilanz regelmäßig bilanzieller Aufwand entstehen. Um dies zu vermeiden, ist eine Pensionsrückstellung auch im Fall der Verschmelzung oder des Formwechsels mit dem Teilwert anzusetzen. In den Pensionsrückstellungen ruhende stille Lasten werden folglich nicht berücksichtigt.

25 Dadurch wird jedoch der **Firmenwert als Differenzgröße** zwischen den bilanziellen Aktiva und Passiva überhöht ausgewiesen. Daraus erwächst die Gefahr, dass der Steuerpflichtige übermäßig besteuert wird.[52] In der Literatur wird deshalb gefordert, dies bei der Bemessung des Firmenwertes zu berücksichtigen. Schließlich schmälerten auch nicht bilanziell ausweisbare Lasten die Ertragsaussichten und damit den am Markt erzielbaren Wert des Unternehmens. Die Finanzverwaltung lehnt eine derartige Berücksichtigung jedoch bis auf Weiteres ab und lässt offen, ob eine Teilwertabschreibung des Firmenwertes zulässig ist.[53]

c) Bewertung mit dem Buch- oder Zwischenwert (Abs. 2)

26 Im Gegensatz zum alten Recht schreibt § 3 Abs. 1 mit dem Ansatz zum gemeinen Wert die **Aufdeckung von stillen Reserven** als Regelfall vor. Dies hat ua damit zu tun, dass aufgrund der Fusionsrichtlinie und später durch die Streichung von § 1 Abs. 2 im Rahmen des KöMoG[54] auch grenzüberschreitende Vorgänge unter Beteiligung von

---

48 UmwSt-Erl. 2011, Rn. 3.07; Frotscher/Drüen/*Schnitter* UmwStG § 3 Rn. 96; Schmitt/Hörtnagl/*Schmitt* UmwStG § 3 Rn. 41.
49 UmwSt-Erl. 2011, Rn. 3.07; Frotscher/Drüen/*Schnitter* UmwStG § 3 Rn. 98.
50 UmwSt-Erl. 2011, Rn. 03.09; ebenso Dötsch/Pung/*Möhlenbrock/Möhlenbrock/Werner/Pung* UmwStG § 3 Rn. 31; nach aA ist eine Verteilung des Wertes der Sachgesamtheit auf die übergehenden Einzelwirtschaftsgüter im Verhältnis der gemeinen Werte der Einzelwirtschaftsgüter vorzunehmen, vgl. Schmitt/Hörtnagl/
Schmitt UmwStG § 3 Rn. 47; Frotscher/Drüen/*Schnitter* UmwStG § 3 Rn. 99.
51 *Schell/Krohn* DB 2012, 1057 (1061 f.).
52 Schmitt/Hörtnagl/*Schmitt* UmwStG § 3 Rn. 47; *Rödder* DStR 2011, 1059; BeckOK UmwStG/*Kaiser/Möller-Gosoge* § 3 Rn. 142; Haritz/Menner/Bilitewski/*Mertgen* UmwStG § 3 Rn. 95 f.
53 UmwSt-Erl. 2011, Rn. 03.08; Frotscher/Drüen/*Schnitter* UmwStG § 3 Rn. 103; *Schell/Krohn* DB 2012, 1057 (1061).
54 Gesetz zur Modernisierung des Körperschaftsteuerrechts BGBl. 2021 I 2050.

ausländischen Rechtsträgern in den Anwendungsbereich des UmwStG gelangt sind und damit deutsches Steuersubstrat geschützt werden soll.[55]

Die Möglichkeit des **Buchwertansatzes** wird nur gewährt, wenn ein ausreichender **Inlandsbezug** sichergestellt ist. 27

aa) Wahlrecht

Wegen der Durchbrechung der Maßgeblichkeit der Handelsbilanz kann das Wahlrecht zum Buch- oder Zwischenwertansatz in der steuerlichen Schlussbilanz unabhängig davon ausgeübt werden, ob der Buchwertansatz auch in der Handelsbilanz zulässig ist. Das **Wahlrecht** steht dem **übertragenden Rechtsträger** zu, der übernehmende Rechtsträger ist an dessen Wahl gebunden (§ 4 Abs. 1).[56] Bis zur Handelsregistereintragung der Umwandlung (dh bis zum Zeitpunkt ihrer zivilrechtlichen Wirksamkeit) erfolgt die Ausübung des Wahlrechts daher durch das zuständige Organ der übertragenden Körperschaft. Nach Eintragung der Umwandlung in das Handelsregister kann das Wahlrecht nur noch durch das zuständige Organ des übernehmenden Rechtsträgers ausgeübt werden.[57] Wird von dem Wahlrecht Gebrauch gemacht, kann es nur einheitlich für alle übergehenden Wirtschaftsgüter ausgeübt werden, es sei denn, ein Teil der Wirtschaftsgüter ist mit dem gemeinen Wert in der steuerlichen Schlussbilanz anzusetzen, weil insoweit die Voraussetzungen des § 3 Abs. 2 S. 1 Nr. 1 oder 2 nicht erfüllt sind.[58] 28

Der Antrag ist spätestens bis zur erstmaligen Abgabe der steuerlichen Schlussbilanz bei dem für den übertragenden Rechtsträger zuständigen Finanzamt zu stellen (§ 3 Abs. 2 S. 2). Die örtliche Zuständigkeit des Finanzamts richtet sich daher regelmäßig nach dem Ort der Geschäftsleitung des übertragenden Rechtsträgers (§ 20 Abs. 1 AO).[59] Der Antrag bedarf keiner bestimmten Form.[60] Aus Beweissicherungsgründen empfiehlt sich eine schriftliche Antragstellung,[61] denn eine fehlende, unwirksame oder verspätete Antragstellung löst die Aufdeckung sämtlicher stiller Reserven aus.[62] Das Wahlrecht darf noch nicht anderweitig ausgeübt worden sein. Dies kann dann der Fall sein, wenn bereits eine Steuerbilanz abgegeben und erklärt wurde, dass diese der steuerlichen Schlussbilanz entsprechen soll. Damit hat der Steuerpflichtige den Buchwertansatz gewählt. Es gibt grundsätzlich keine Möglichkeit, rückwirkend das Wahlrecht neu auszuüben.[63] Insofern bleibt nach Abgabe der Erklärung und der Steuerklärung kein Raum mehr für einen Ansatz der gemeinen Werte oder von Zwischenwerten. 29

Fraglich ist, welche Rechtsfolgen sich aus einem **ordnungsgemäßen Antrag** ergeben, dem aber **keine oder nur eine falsche Schlussbilanz** folgt. Da das Gesetz für einen unter dem gemeinen Wert liegenden Wertansatz lediglich die Antragstellung voraussetzt, wird man davon ausgehen dürfen, dass mit dem Antrag die übergehenden Wirtschafts- 30

---

55 Haritz/Menner/Bilitewski/*Mertgen* UmwStG § 3 Rn. 7 f., 86.
56 Dötsch/Pung/Möhlenbrock/*Möhlenbrock/Werner/Pung* UmwStG § 3 Rn. 54; *Prinz/Hütig* StuB 2012, 318.
57 Rödder/Herlinghaus/van Lishaut/*Birkemeier* UmwStG § 3 Rn. 271 ff.; Dötsch/Pung/Möhlenbrock/*Möhlenbrock/Werner/Pung* UmwStG § 3 Rn. 63 mwN.
58 UmwSt-Erl. 2011, Rn. 03.13, 03.28.
59 Haritz/Menner/Bilitewski/*Mertgen* UmwStG § 3 Rn. 101; BeckOK UmwStG/*Kaiser/Möller-Gosoge* § 3 Rn. 285.
60 UmwSt-Erl. 2011, Rn. 03.29; BeckOK UmwStG/*Kaiser/Möller-Gosoge* UmwStG § 3 Rn. 284.
61 BeckOK UmwStG/*Kaiser/Möller-Gosoge* § 3 Rn. 284; Rödder/Herlinghaus/van Lishaut/*Birkemeier* UmwStG § 3 Rn. 264; Dötsch/Pung/Möhlenbrock/*Möhlenbrock/Werner/Pung* UmwStG § 3 Rn. 60.
62 Dötsch/Pung/Möhlenbrock/*Möhlenbrock/Werner/Pung* UmwStG § 3 Rn. 59; Rödder/Herlinghaus/van Lishaut/*Birkemeier* UmwStG § 3 Rn. 253; Schmitt/Hörtnagl/*Schmitt* UmwStG § 3 Rn. 111; *Koch* BB 2011, 1067; *Schmitt/Schlossmacher* DB 2010, 522.
63 UmwSt-Erl. 2011, Rn. 03.29; Frotscher/Drüen/*Schnitter* UmwStG § 3 Rn. 117.

güter nur noch zu diesen Werten angesetzt werden dürfen.[64] Dass keine oder nur eine falsche Schlussbilanz folgt, darf grundsätzlich nicht zu einem anderen Wertansatz führen. Im Falle einer nicht abgegebenen Schlussbilanz besteht die Verpflichtung zur Abgabe fort, während bei einer falschen Schlussbilanz der Steuerpflichtige verpflichtet ist, diese zu berichtigen. Eine Änderung der Wertansätze abweichend vom gestellten Antrag kann nicht mehr durch Abgabe der steuerlichen Schlussbilanz erfolgen.[65]

bb) Buchwert und Zwischenwert

31 Eine **Definition** des **Buchwertes** findet sich in § 1 Abs. 5 Nr. 4. Danach ist der Buchwert der Wert, der sich nach den steuerrechtlichen Vorschriften über die Gewinnermittlung in einer für den steuerlichen Übertragungsstichtag aufzustellenden Steuerbilanz ergibt oder ergäbe. Nach Lesart der Finanzverwaltung ist der Buchwertansatz aber auf den gemeinen Wert zu beschränken (gemeiner Wert als Wertobergrenze). Folglich müssen die Wirtschaftsgüter mit dem gemeinen Wert der Sachgesamtheit angesetzt werden, wenn dieser niedriger als die Summe der Buchwerte der übergehenden Wirtschaftsgüter ist.[66] Dies führt zwangsläufig zu Verlusten aus der Differenz zwischen den vorher angesetzten Buchwerten und den niedrigeren gemeinen Werten.

Hinweis: Problematisch ist dies insbes., wenn das Ergebnis des Veranlagungszeitraums ohnehin negativ oder niedriger als die Verluste aus der Neubewertung der Wirtschaftsgüter ist. In diesem Fall würden, wegen der Abschaffung des Übergangs von Verlusten auf den aufnehmenden Rechtsträger, die Verluste endgültig verloren gehen. Dies muss bei der Planung einer Transaktion berücksichtigt werden (zu den Folgen der Verschmelzung auf die Verlustvorträge → § 4 Rn. 13).

Nach § 3 Abs. 2 S. 1 ist es auch zulässig, einen Wertansatz zwischen Buchwert und gemeinem Wert vorzunehmen (**Zwischenwert**). Dieses Wahlrecht muss grundsätzlich einheitlich für sämtliche übergehenden Wirtschaftsgüter ausgeübt werden.[67] Soweit einzelne Wirtschaftsgüter jedoch die Voraussetzungen nach § 3 Abs. 2 S. 1 Nr. 1 und 2 für den Ansatz mit einem Zwischenwert nicht erfüllen, sind diese abweichend mit dem gemeinen Wert anzusetzen. Dies suspendiert jedoch nicht den Ansatz eines Zwischenwerts für die übrigen übergehenden Wirtschaftsgüter.[68]

32 Beim Ansatz der Wirtschaftsgüter zu Zwischenwerten müssen die in den einzelnen Wirtschaftsgütern ruhenden stillen Reserven gleichmäßig und verhältnismäßig um den Prozentsatz aufgestockt werden, der dem Gesamtbetrag der stillen Reserven des übergehenden Vermögens entspricht. Dies ergibt sich aus dem Wortlaut des § 3 Abs. 1 S. 1 Hs. 1.[69] Daher müssen die stillen Reserven mit einem einheitlichen Prozentsatz auf alle übergehenden Wirtschaftsgüter gleichmäßig verteilt werden, dh auch auf einen

---

64 Dötsch/Pung/Möhlenbrock/*Möhlenbrock/Werner/Pung* UmwStG § 3 Rn. 65; *Schell/Krohn* DB 2012, 1057 (1058); Rödder/Herlinghaus/van Lishaut/*Birkemeier* UmwStG § 3 Rn. 255; aA Haritz/Menner/Bilitewski/*Mertgen* UmwStG § 3 Rn. 102; Frotscher/Drüen/*Schnitter* UmwStG § 3 Rn. 117.
65 Ebenda.
66 UmwSt-Erl. 2011, Rn. 03.12; Rödder/Herlinghaus/van Lishaut/*Birkemeier* UmwStG § 3 Rn. 235.
67 UmwSt-Erl. 2011, Rn. 03.13 und 03.28; Frotscher/Drüen/*Schnitter* UmwStG § 3 Rn. 106; Rödder/Herlinghaus/van Lishaut/*Birkemeier* UmwStG § 3 Rn. 259; Dötsch/Pung/Möhlenbrock/*Möhlenbrock/Werner/Pung* UmwStG § 3 Rn. 128.
68 UmwSt-Erl. 2011, Rn. 03.13; Rödder/Herlinghaus/van Lishaut/*Birkemeier* UmwStG § 3 Rn. 260; Frotscher/Drüen/*Schnitter* UmwStG § 3 Rn. 106.
69 Frotscher/Drüen/*Schnitter* UmwStG § 3 Rn. 126; Rödder/Herlinghaus/van Lishaut/*Birkemeier* UmwStG § 3 Rn. 248.

originären Geschäfts- oder Firmenwert.[70] Demgegenüber ist die zu § 3 aF von der Finanzverwaltung vertretene modifizierte Stufentheorie, die zunächst eine gleichmäßige Aufdeckung der stillen Reserven in den bilanzierten und nicht bilanzierten Wirtschaftsgütern bis zum gemeinen Wert (im UmwStG 1995 noch bis zum Teilwert) vorsah und danach erst die Aufdeckung der stillen Reserven im Rahmen eines Geschäfts- oder Firmenwertes, mit dem Wortlaut von § 3 Abs. 2 unvereinbar.[71]

Im Rahmen des § 3 Abs. 2 ist es weder zulässig, lediglich einzelne Wirtschaftsgüter zu Zwischenwerten anzusetzen während andere Wirtschaftsgüter mit dem Buchwert bewertet werden, noch gezielt abnutzbare Wirtschaftsgüter in höherem Maße aufzustocken als nicht abnutzbare Wirtschaftsgüter bzw. Wirtschaftsgüter, die nur über einen langen Zeitraum abgeschrieben werden können.[72] Bei Pensionsrückstellungen bleibt es bei der Bewertung zum Teilwert nach § 6a EStG.[73]

IV. Voraussetzungen für den Ansatz von Buchwerten oder Zwischenwerter

Vom Wahlrecht kann nur auf Antrag Gebrauch gemacht werden, wenn

- die Wirtschaftsgüter ins Betriebsvermögen des übernehmenden Rechtsträgers (Personengesellschaft oder natürliche Person) übergehen und später der Besteuerung mit ESt oder KSt unterliegen (§ 3 Abs. 2 S. 1 Nr. 1) **und**
- das deutsche Besteuerungsrecht im Hinblick auf den Gewinn aus der Veräußerung der übertragenen Wirtschaftsgüter bei den Gesellschaftern des übernehmenden Rechtsträgers nicht beschränkt oder ausgeschlossen ist (§ 3 Abs. 2 S. 1 Nr. 2) **und**
- eine Gegenleistung nicht gewährt wird oder nur in Gesellschaftsrechten besteht (§ 3 Abs. 2 S. 1 Nr. 3).

Die Voraussetzungen der Nr. 1–3 müssen kumulativ zum steuerlichen Übertragungsstichtag vorliegen.[74]

1. Übergang auf einen Rechtsträger mit Betriebsvermögen (Abs. 2 S. 1 Nr. 1 Hs. 1)

Die Wirtschaftsgüter müssen in das **Betriebsvermögen** des übernehmenden Rechtsträgers übergehen (§ 3 Abs. 2 S. 1 Nr. 1).[75] Zum Betriebsvermögen gehört das Vermögen von Gewerbetreibenden iSd § 15 EStG sowie das Vermögen, das der Erzielung von Einkünften aus selbstständiger Arbeit gem. § 18 EStG oder Einkünften aus Land- und Forstwirtschaft gem. § 13 EStG dient. Ferner zählt das Vermögen von gewerblich geprägten Personengesellschaften (§ 15 Abs. 3 Nr. 2 EStG) und solchen Personengesellschaften zum Betriebsvermögen, die infolge der Abfärbewirkung des § 15 Abs. 3 Nr. 1 EStG als

---

70 Frotscher/Drüen/*Schnitter* UmwStG § 3 Rn. 127; Rödder/Herlinghaus/van Lishaut/*Birkemeier* UmwStG § 3 Rn. 251; Dötsch/Pung/Möhlenbrock/*Dötsch/Pung* UmwStG § 3 Rn. 128; Haritz/Menner/Bilitewski/*Mertgen* UmwStG § 3 Rn. 139; Schmitt/Hörtnagl/*Schmitt* UmwStG § 3 Rn. 61.
71 Dötsch/Pung/Möhlenbrock/*Dötsch/Pung* UmwStG § 3 Rn. 128; Frotscher/Drüen/*Schnitter* UmwStG § 3 Rn. 127. Auch die Finanzverwaltung hat die modifizierte Stufentheorie aufgegeben, UmwSt-Erl. 2011, Rn. 03.25.
72 Dötsch/Pung/Möhlenbrock/*Dötsch/Pung* UmwStG § 3 Rn. 128; Rödder/Herlinghaus/van Lishaut/*Birkemeier* UmwStG § 3 Rn. 259; Frotscher/Drüen/*Schnitter* UmwStG § 3 Rn. 126.
73 Frotscher/Drüen/*Schnitter* UmwStG § 3 Rn. 126.
74 UmwSt-Erl. 2011, Rn. 03.11; Haritz/Menner/Bilitewski/*Mertgen* UmwStG § 3 Rn. 113; BeckOK UmwStG/Kaiser/Möller-Gosoge § 3 Rn. 180; Dötsch/Pung/Möhlenbrock/*Dötsch/Pung* UmwStG § 3 Rn. 78, 92 aA Frotscher/Drüen/*Schnitter* UmwStG § 3 Rn. 127: Die Voraussetzungen müssen spätestens zum Zeitpunkt der Eintragung der Umwandlung vorliegen.
75 UmwSt-Erl. 2011, Rn. 03.16; Frotscher/Drüen/*Schnitter* UmwStG § 3 Rn. 135.

insgesamt gewerbliche Personengesellschaften gelten.[76] Dies gilt ebenso, wenn die auf eine Personengesellschaft oder natürliche Person übergehenden Wirtschaftsgüter iR einer Betriebsaufspaltung dem Besitzunternehmen zuzuordnen sind.[77]

36 Ist der übernehmende Rechtsträger ausschließlich vermögensverwaltend tätig bzw. gehen die Wirtschaftsgüter in das **Privatvermögen** einer natürlichen Person über, ist zwingend der gemeine Wert anzusetzen.[78] In diesen Fällen wären die in den Wirtschaftsgütern ruhenden stillen Reserven möglicherweise bei einer späteren Veräußerung nicht aufzulösen. Ohne die Verpflichtung, den gemeinen Wert anzusetzen, würden die stillen Reserven dem steuerlich verstrickten Bereich endgültig entzogen.

2. Sicherstellung der Besteuerung der stillen Reserven (Abs. 2 S. 1 Nr. 1 Hs. 2)

37 Nach § 3 Abs. 2 S. 1 Nr. 1 Hs. 2 muss die spätere Besteuerung der stillen Reserven mit **Einkommen- oder Körperschaftsteuer** sichergestellt sein.[79] Eine Besteuerung mit Gewerbesteuer ist nicht erforderlich.[80] Nach Auffassung der Finanzverwaltung[81] soll es ausreichend sein, wenn die Gesellschafter mit einer vergleichbaren **ausländischen Steuer** belastet sind. Allerdings kann eine Beschränkung oder ein Verlust des deutschen Besteuerungsrechts iSd § 3 Abs. 2 S. 1 Nr. 2 gegeben sein (→ Rn. 38 ff.), so dass deshalb die Aufdeckung der stillen Reserven erfolgt.

Ob die Besteuerung der stillen Reserven sichergestellt ist, ist **gesellschafterbezogen** zu prüfen, dh maßgeblich sind allein die steuerlichen Verhältnisse der an der übernehmenden Personengesellschaft beteiligten Gesellschafter.[82] Dies hat zur Folge, dass sich ggf. nur ein anteiliger Buch- oder Zwischenwertansatz ergibt, wenn die Besteuerung der stillen Reserven mit Einkommen- oder Körperschaftsteuer bspw. nicht bei sämtlichen Gesellschaftern der Personengesellschaft sichergestellt ist.[83] Die Besteuerung der stillen Reserven ist bei der Verschmelzung von einer unbeschränkt steuerpflichtigen Körperschaft auf einen Rechtsträger, an dem nur unbeschränkt steuerpflichtige Gesellschafter beteiligt sind, grds. sichergestellt, soweit nicht eine Beschränkung oder ein Verlust des deutschen Besteuerungsrechts iSd § 3 Abs. 2 S. 1 Nr. 2 gegeben ist (→ Rn. 38 ff.). In der Regel wird auch bei der Beteiligung von beschränkt steuerpflichtigen Gesellschaftern ein Antrag auf Buch- bzw. Zwischenwerte erfolgreich sein, wenn die Wirtschaftsgüter einer inländischen Betriebsstätte des übernehmenden Rechtsträgers zugeordnet werden und das abkommensrechtliche Besteuerungsrecht an den stillen Reserven dem Betriebsstättenstaat zusteht.[84]

---

76 UmwSt-Erl. 2011, Rn. 03.15; Haritz/Menner/Bilitewski/*Mertgen* UmwStG § 3 Rn. 107; Schmitt/Hörtnagl/*Schmitt* UmwStG § 3 Rn. 76 f.; Frotscher/Drüen/*Schnitter* UmwStG § 3 Rn. 137.
77 Frotscher/Drüen/*Schnitter* UmwStG § 3 Rn. 138: Rödder/Herlinghaus/van Lishaut/*Birkemeier* UmwStG § 3 Rn. 161.
78 Haritz/Menner/Bilitewski/*Mertgen* UmwStG § 3 Rn. 110; Schmitt/Hörtnagl/*Schmitt* UmwStG § 3 Rn. 78; Frotscher/Drüen/*Schnitter* UmwStG § 3 Rn. 135.
79 UmwSt-Erl. 2011, Rn. 03.17; Dötsch/Pung/Möhlenbrock/*Möhlenbrock*/Werner/Pung UmwStG § 3 Rn. 88; Frotscher/Drüen/*Schnitter* UmwStG § 3 Rn. 149.
80 UmwSt-Erl. 2011, Rn. 03.17; Frotscher/Drüen/*Schnitter* UmwStG § 3 Rn. 136.
81 UmwSt-Erl. 2011, Rn. 03.17.
82 Dötsch/Pung/Möhlenbrock/*Möhlenbrock*/Werner/Pung UmwStG § 3 Rn. 50, 89; Förster/Felchner DB 2006, 1072; Schmitt/Hörtnagl/*Schmitt* UmwStG § 3 Rn. 84; Haritz/Menner/Bilitewski/*Mertgen* UmwStG § 3 Rn. 114.
83 Dötsch/Pung/Möhlenbrock/*Möhlenbrock*/Werner/Pung UmwStG § 3 Rn. 50; Schmitt/Hörtnagl/*Schmitt* UmwStG § 3 Rn. 84.
84 Dötsch/Pung/Möhlenbrock/*Möhlenbrock*/Werner/Pung UmwStG § 3 Rn. 82.

3. Kein Ausschluss und keine Beschränkung des deutschen Besteuerungsrechts (Abs. 2 S. 1 Nr. 2)

Durch die Einfügung des § 3 Abs. 2 S. 1 Nr. 2 wollte der Gesetzgeber verhindern, dass im Fall der Entstrickung das deutsche Besteuerungsrecht verschlechtert wird. Es ist gesellschafterbezogen und wirtschaftsgutbezogen zu prüfen, ob das Besteuerungsrecht **ausgeschlossen** oder **beschränkt** wird. § 3 Abs. 2 S. 1 Nr. 2 folgt dabei dem allgemeinen Entstrickungsgrundsatz, der sich auch in § 4 Abs. 1 S. 3 EStG und § 12 Abs. 1 KStG wiederfindet.[85]

Wegen der auch hier vorzunehmenden **gesellschafterbezogenen** Prüfung kann es passieren, dass im Hinblick auf einen Gesellschafter die übergehenden Wirtschaftsgüter anteilig mit dem gemeinen Wert angesetzt werden müssen und insoweit stille Reserven aufzudecken sind, während dem anderen Gesellschafter das Wahlrecht zur Buchwertfortführung nach § 3 Abs. 2 zusteht.[86]

In der Literatur umstritten ist die Frage, ob die Entstrickungstatbestände des Umwandlungssteuerrechts **europarechtswidrig** sind.[87]

Hierbei muss jedoch beachtet werden, dass es im Rahmen einer Umwandlung idR zu einem **Rechtsträgerwechsel** kommt und dass beim aufnehmenden Rechtsträger eine Aufstockung des Wertansatzes der Wirtschaftsgüter erfolgt.[88] Obwohl ein Vergleich eines schlichten Wegzugs mit der umwandlungssteuerrechtlichen Entstrickung problematisch ist, sind die Beschränkungen der Niederlassungsfreiheit auch in diesem Fall nicht von der Hand zu weisen. In der Praxis sollte daher mit Hinweis auf das EuGH-Urteil in der Rechtssache „National Grid Indus"[89] versucht werden, das **Wahlrecht** zu nutzen und anstelle der Sofortbesteuerung eine **Steuerstundung** durchzusetzen.

Grundvoraussetzung für den Ausschluss oder die Beschränkung des deutschen Besteuerungsrechts ist das Vorliegen dieses Besteuerungsrechts hinsichtlich der Veräußerung der übergehenden Wirtschaftsgüter vor dem Zeitpunkt der Verschmelzung – namentlich vor dem Umwandlungsstichtag.[90] Denn ansonsten ist ein Ausschluss oder eine Beschränkung denklogisch ausgeschlossen. Ein Wegfall oder eine Beschränkung des deutschen Besteuerungsrechts kommt insbes. in folgenden Konstellationen in Betracht.

a) Das deutsche Besteuerungsrecht entfällt durch die Umwandlung vollständig

Ein Verlust des deutschen Besteuerungsrechts setzt grundsätzlich voraus, dass vor der Umwandlung die stillen Reserven der deutschen Besteuerung unterfielen.[91] Bestand vor der Übertragung **kein Besteuerungsrecht**, so kann dieses auch nicht wegfallen und eine Aufdeckung der stillen Reserven ist nicht geboten.

Der umwandlungssteuerliche Entstrickungstatbestand ist verwirklicht, wenn nach Abschluss der Verschmelzung der **deutsche Staat kein Besteuerungsrecht** im Hinblick auf die ESt oder KSt mehr hat. Die Gewerbesteuer spielt für die Prüfung grundsätzlich

---

85 Dötsch/Pung/Möhlenbrock/*Möhlenbrock/Werner/Pung* UmwStG § 3 Rn. 97.
86 Dötsch/Pung/Möhlenbrock/*Möhlenbrock/Werner/Pung* UmwStG § 3 Rn. 50; Frotscher/Drüen/*Schnitter* UmwStG § 3 Rn. 151; *Trossen* FR 2006, 617.
87 Vgl. ausführlich Dötsch/Pung/Möhlenbrock/*Möhlenbrock/Werner/Pung* UmwStG § 3 Rn. 90 f. mwN.
88 *Hruschka/Hellmann* DStR 2010, 1961 (1963).
89 EuGH 29.11.2011 – C-371/10, DStR 2011, 2334 mAnm *Hruschka*.
90 Dötsch/Pung/Möhlenbrock/*Möhlenbrock/Werner/Pung* UmwStG § 3 Rn. 96; Schmitt/Hörtnagl/*Schmitt* UmwStG § 3 Rn. 85.
91 UmwSt-Erl. 2011, Rn. 03.19 f.; BT-Drs. 16/2710, 37; Haritz/Menner/Bilitewski/*Mertgen* UmwStG § 3 Rn. 118; Förster/Felchner DB 2006, 1077 (1078) (dort Fn. 35); *Frotscher* IStR 2006, 67.

keine Rolle.[92] Anders als bei den ertragsteuerlichen Entstrickungsvorschriften (§ 4 Abs. 1 S. 3 EStG und § 12 Abs. 1 KStG) entfällt die Möglichkeit der Stundung (§ 4g EStG).[93]

45 Wird in der ersten Konstellation das Besteuerungsrecht **Deutschland** vollkommen **entzogen**, müssen die stillen Reserven durch den Ansatz zu gemeinen Werten vollständig aufgelöst werden.

b) Inlandsumwandlungen mit und ohne Auslandsbezug

46 Sofern ausschließlich **inländisches Betriebsstättenvermögen** übertragen wird, kommt es idR nicht zu einem Ausschluss oder einer Beschränkung des deutschen Besteuerungsrechts – auch bei Beteiligung eines ausländischen Gesellschafters. Der beschränkt steuerpflichtige Gesellschafter erzielt typischerweise inländische Einkünfte gem. § 49 Abs. 1 Nr. 2 EStG, die im Regelfall nach einschlägigen DBA im Betriebsstättenstaat und damit in Deutschland zu besteuern sind.[94] Nach Ansicht der Finanzverwaltung besteht an einer inländischen, gewerblich tätigen Personengesellschaft mit inländischer Betriebsstätte ein umfassendes Besteuerungsrecht des deutschen Fiskus.[95] Eine Beteiligung eines ausländischen Gesellschafters ist danach unproblematisch. Anders stellt es sich jedoch dar, wenn die Verschmelzung auf eine vermögensverwaltend tätige gewerblich geprägte Personengesellschaft erfolgt. Die Gewinne einer solchen Personengesellschaft stellen nach Ansicht der Finanzverwaltung[96] und der Rechtsprechung[97] mangels inländischer Betriebsstätte keine Unternehmensgewinne iSd Abkommensrechts dar, so dass eine Buchwertfortführung in diesen Fällen für beschränkt steuerpflichtige Gesellschafter nur möglich ist, soweit das deutsche Besteuerungsrecht nach anderen Verteilungsartikeln weiterhin Deutschland zusteht.[98] Dies gilt für Besitzpersonengesellschaften im Rahmen von Betriebsaufspaltungen gleichermaßen.[99]

47 Schwieriger liegt der Fall, in dem bei einer inländischen Umwandlung auch **ausländisches Betriebsstättenvermögen** betroffen ist. Der Ansatz von Buchwerten ist zulässig, wenn die ausländische Betriebsstätte in einem DBA-Staat mit Freistellungsmethode liegt. Dies gilt unabhängig davon, ob neben unbeschränkt steuerpflichtigen auch beschränkt steuerpflichtige Gesellschafter beteiligt sind, da bereits vor der Verschmelzung das deutsche Besteuerungsrecht durch Freistellung ausgeschlossen war.[100]

48 Wird jedoch eine inländische Kapitalgesellschaft mit ausländischer Betriebsstätte in einem DBA-Staat mit **Anrechnungsmethode** bzw. in einem Nicht-DBA-Staat auf eine inländische Personengesellschaft mit ausländischen Gesellschaftern verschmolzen, so wird das deutsche Besteuerungsrecht eingeschränkt. Vor der Umwandlung bestand bezüglich der ausländischen Einkünfte ein Besteuerungsrecht, das lediglich durch die Anrechnungsmethode eingeschränkt war. Nach der Umwandlung fällt das Besteuerungsrecht des deutschen Fiskus weg, soweit sie den ausländischen Gesellschaftern

---

92 UmwSt-Erl. 2011, Rn. 03.18; Haritz/Menner/Bilitewski/*Mertgen* UmwStG § 3 Rn. 117; *Rödder/Schumacher* DStR 2006, 1525;.
93 Vgl. aber → Rn. 41.
94 Dötsch/Pung/Möhlenbrock/*Möhlenbrock/Werner/Pung* UmwStG § 3 Rn. 99 ff.; Haritz/Menner/Bilitewski/*Mertgen* UmwStG § 3 Rn. 120.
95 BMF-Schreiben v. 6.9.2014, BStBl. I 2014, 1258 Rn. 2.2.
96 BMF-Schreiben v. 6.9.2014, BStBl. I 2014, 1258 Rn. 2.2.1 und 2.3.
97 BFH 25.5.2011 – I R 95/10, BStBl. II 2014, 760; BFH 4.5.2011 – II R 51/09, BStBl. II 2014, 751.
98 Dötsch/Pung/Möhlenbrock/*Möhlenbrock/Werner/Pung* UmwStG § 3 Rn. 100.
99 BMF-Schreiben v. 6.9.2014, BStBl. I 2014, 1258 Rn. 2.2.1 und 2.3; Dötsch/Pung/Möhlenbrock/*Möhlenbrock/Werner/Pung* UmwStG § 3 Rn. 100.
100 Frotscher/Drüen/*Schnitter* UmwStG § 3 Rn. 160; Haritz/Menner/Bilitewski/*Mertgen* UmwStG § 3 Rn. 122; *Schaflitzl/Widmayer* BB-Special 8/2006, 42.

zuzuordnen sind, da die beschränkte Steuerpflicht iSd § 49 EStG insoweit nicht mehr greift.[101]

Bei einer Personengesellschaft gilt nämlich das **Transparenzprinzip**, so dass hinsichtlich der ausländischen Gesellschafter nur noch eine Besteuerung beschränkt auf die inländischen Einkünfte in Betracht kommt. Damit sind die ausländischen Anteilseigner in Bezug auf die ausländische Betriebsstätte nicht mehr im Inland steuerpflichtig. Somit liegt ein Wegfall des deutschen Besteuerungsrechtes vor und der Ansatz mit dem gemeinen Wert und eine damit verbundene Auflösung der stillen Reserven sind zwingend geboten.[102]

c) Grenzüberschreitende Hinausverschmelzung

Von § 3 Abs. 2 S. 1 Nr. 2 können auch grenzüberschreitende Hinausverschmelzungen betroffen sein, dh eine inländische Körperschaft wird auf einen ausländischer Rechtsträger verschmolzen.[103] Aufgrund der Streichung des § 1 Abs. 2 sind Verschmelzungen von inländischen Körperschaften auf übernehmende Rechtsträger, die in Drittstaaten ansässig sind, ebenfalls von § 3 erfasst. Es kommt immer dann zu keiner Aufdeckung der stillen Reserven, wenn das deutsche Besteuerungsrecht nicht ausgeschlossen oder beschränk wird. Dies ist zB bei inländischem Immobilienvermögen der Fall, da wegen § 49 Abs. Nr. 2 Buchst. f EStG iVm dem anwendbaren DBA dieses Vermögen in Deutschland steuerverstrickt bleibt. In diesem Fall ist die Zuordnung des Vermögens zu einer inländischen Betriebsstätte nicht erforderlich.[104]

Der Ansatz von Buch- bzw. Zwischenwerten erfordert zunächst, dass mindestens **eine Betriebsstätte in Deutschland** verbleibt. In einem nächsten Schritt ist dann zu differenzieren, welche Wirtschaftsgüter der deutschen Betriebsstätte zugeordnet bleiben bzw. für welche Wirtschaftsgüter das deutsche Besteuerungsrecht wegfällt oder beschränkt wird. Dabei ist auf die tatsächlichen Verhältnisse abzustellen, dh die Wirtschaftsgüter sind den Betriebsstätten nach funktionalen Gesichtspunkten zuzuordnen.[105]

Wegen der von der Finanzverwaltung propagierten **Zentralfunktion des Stammhauses** ist die Zuordnung von sog. ungebundenem Vermögen (Firmenwert, Beteiligungen und Patente) besonders problematisch.[106] Die Finanzverwaltung neigt unter Verweis auf die Betriebsstätten-Verwaltungsgrundsätze dazu, diese dem Stammhaus zuzurechnen und damit die Zulässigkeit von Buch- und Zwischenwerten zu verneinen.[107] Diese Zuordnung wird in der Literatur teilweise kritisch gesehen, da darauf verwiesen wird, dass das Entstehen einer neuen obersten Geschäftsleitung nicht automatisch die Zuordnung der Wirtschaftsgüter verändere.[108]

---

101 Dötsch/Pung/Möhlenbrock/*Möhlenbrock/Werner/Pung* UmwStG § 3 Rn. 103; Hagemann/Jakob/Rophl/Viebrock NWB Sonderheft 1/2007, 22; *Prinz* DB 2012, 820 (824); *Schaflitzl/Widmayer* BB-Special 8/2006, 42; *Stadler/Elser/Bindl* DB-Beil. 1/2012, 14 (19); *Viebrock/Hagemann* FR 2009, 737 (738).
102 Frotscher/Drüen/*Schnitter* UmwStG § 3 Rn. 160 Beispiel; Dötsch/Pung/Möhlenbrock/*Möhlenbrock/Werner/Pung* UmwStG § 3 Rn. 103.
103 Dötsch/Pung/Möhlenbrock/*Möhlenbrock/Werner/Pung* UmwStG § 3 Rn. 104; Frotscher/Drüen/*Schnitter* UmwStG § 3 Rn. 173.
104 Dötsch/Pung/Möhlenbrock/*Möhlenbrock/Werner/Pung* UmwStG § 3 Rn. 106 mwN; Schmitt/Hörtnagl/*Schmitt* UmwStG § 3 Rn. 94; Frotscher/Drüen/*Schnitter* UmwStG § 3 Rn. 174.
105 Dötsch/Pung/Möhlenbrock/*Möhlenbrock/Werner/Pung* UmwStG § 3 Rn. 105; Schmitt/Hörtnagl/*Schmitt* UmwStG § 3 Rn. 95; kritisch *Blumers* DB 2007, 312.
106 Dötsch/Pung/Möhlenbrock/*Möhlenbrock/Werner/Pung* UmwStG § 3 Rn. 105.
107 UmwSt-Erl. 2011, Rn. 03.20 iVm BMF-Schreiben v. 24.12.1999, BStBl. I 1999, 1076, zuletzt geändert durch BMF-Schreiben v. 25.8.2009, BStBl. I 2009, 388 Rn. 2.4.
108 *Kutt/Carstens* in FGS/BDI, UmwSt-Erl. 2011, S. 147.

4. Keine oder nur in Gesellschaftsanteilen bestehende Gegenleistung (Abs. 2 S. 1 Nr. 3)

53 Das Antragswahlrecht besteht gem. § 3 Abs. 2 Nr. 3 nur, soweit eine Gegenleistung nicht gewährt wird oder diese nur in Gesellschaftsrechten besteht. Der Gesetzeswortlaut gibt keinen Aufschluss darüber, an wen diese Gegenleistung fließen muss. Der Auffassung der Finanzverwaltung ist zu folgen, nach der die Gewährung einer Gegenleistung, die nicht in Gesellschaftsrechten besteht, schädlich für den Buch- bzw. Zwischenwertansatz ist, wenn diese Gegenleistung an die **verbleibenden Anteilseigner** oder an diesen nahestehende Personen erfolgt.[109] Eindeutig dürfte hingegen sein, dass die Gegenleistung aus dem Vermögen des aufnehmenden Rechtsträgers abfließen muss.

54 Bei Gewährung von Gesellschaftsrechten müssen die Anteile solche des **übernehmenden Rechtsträgers** sein. Unerheblich ist, ob die gewährten Anteile neue Gesellschaftsrechte sind, die anlässlich der Umwandlung entstehen, oder ob bereits bestehende Anteile gewährt werden.[110]

55 Nicht in Gesellschaftsrechten bestehende und damit schädliche Gegenleistungen sind insbes. **bare Zuzahlungen** (Spitzenausgleich § 54 Abs. 4 UmwG oder § 68 Abs. 3 UmwG) oder die Zuwendung anderer **Vermögenswerte** (bspw. Darlehensforderungen) durch den übernehmenden Rechtsträger oder ihm nahestehende Personen.[111]

56 Eine **Barabfindung** an ausscheidende Anteilseigner iSd §§ 29 ff. UmwG ist unschädlich, weil der abgefundene Gesellschafter steuerlich nicht Gesellschafter der übernehmenden Personengesellschaft wird und noch seine Beteiligung an der Kapitalgesellschaft veräußert.[112] Wird eine Gegenleistung gewährt, die nicht in Gesellschafterrechten besteht, so muss das Vermögen des übertragenden Rechtsträgers insoweit quotal im Verhältnis der Gegenleistung zum gemeinen Wert aufgestockt werden. Hierbei ist die Gegenleistung gleichmäßig auf alle übergehenden Wirtschaftsgüter zu verteilen.[113]

V. Übertragungsgewinn

57 Werden in der Schlussbilanz die Wirtschaftsgüter zu gemeinen Werten oder Zwischenwerten angesetzt, so kommt es zur Aufdeckung stiller Reserven und damit zu einem körperschaft- und gewerbesteuerpflichtigen Übertragungsgewinn.[114] Dieser ist jedoch im Einzelfall in Deutschland steuerbefreit, sofern das Besteuerungsrecht nach dem anwendbaren DBA dem anderen Vertragsstaat zugewiesen ist oder die stillen Reserven bspw. auf Kapitalgesellschaftsanteile entfallen (§ 8b KStG).[115] Der Übertragungsgewinn kann einen laufenden Verlust mindern oder mit einem Verlustvortrag verrechnet werden.[116] Gleiches gilt für einen Fehlbetrag iSd § 10a GewStG.[117] Dabei sind die Grundsätze der Mindestbesteuerung gem. § 10d EStG zu berücksichtigen, so dass trotz hoher

---

[109] UmwSt-Erl. 2011, Rn. 03.21.
[110] Dötsch/Pung/Möhlenbrock/*Möhlenbrock/Werner/Pung* UmwStG § 3 Rn. 120; Haritz/Menner/Bilitewski/*Mertgen* UmwStG § 3 Rn. 124 f.; Frotscher/Drüen/*Schnitter* UmwStG § 3 Rn. 183.
[111] Dötsch/Pung/Möhlenbrock/*Möhlenbrock/Werner/Pung* UmwStG § 3 Rn. 120 ff.; Haritz/Menner/Bilitewski/*Mertgen* UmwStG § 3 Rn. 126 f.; Frotscher/Drüen/*Schnitter* UmwStG § 3 Rn. 185 f.; UmwSt-Erl. 2011, 03.21.
[112] UmwSt-Erl. 2011, Rn. 03.22; Frotscher/Drüen/*Schnitter* UmwStG § 3 Rn. 188; Dötsch/Pung/Möhlenbrock/*Möhlenbrock/Werner/Pung* UmwStG § 3 Rn. 124.
[113] UmwSt-Erl. 2011, Rn. 03.23; Frotscher/Drüen/*Schnitter* UmwStG § 3 Rn. 189.
[114] *Müller/Maiterth* WPg 2007, 252; Schmitt/Hörtnagl/*Schmitt* UmwStG § 3 Rn. 147; Rödder/Herlinghaus/van Lishaut/*Birkemeier* UmwStG § 3 Rn. 299.
[115] Haritz/Menner/Bilitewski/*Mertgen* UmwStG § 3 Rn. 230; Schmitt/Hörtnagl/*Schmitt* UmwStG § 3 Rn. 151.
[116] Rödder/Herlinghaus/van Lishaut/*Birkemeier* UmwStG § 3 Rn. 299; Frotscher/Drüen/*Schnitter* UmwStG § 3 Rn. 220.
[117] Haritz/Menner/Bilitewski/*Mertgen* UmwStG § 3 Rn. 145 f.; Schmitt/Hörtnagl/*Schmitt* UmwStG § 3 Rn. 150.

Verluste/Verlustvorträge uU ein Teil des Übertragungsgewinns zu versteuern ist. Zwar kann ein Zwischenwertansatz für die Verrechnung von laufenden und vorgetragenen Verlusten nutzbar gemacht werden, jedoch wird eine vollständige Nutzung der körperschaftsteuerlichen und gewerbesteuerlichen Verluste nicht möglich, da diese sich in der Regel betragsmäßig unterscheiden.[118]

Strittig ist, ob im **Organschaftsfall** ein durch den Ansatz der höheren gemeinen Werte (bzw. Zwischenwerte) entstehender Übertragungsgewinn in der Schlussbilanz beim Organträger oder der Organgesellschaft zu versteuern ist. 58

Für steuerliche Zwecke geht die Finanzverwaltung davon aus, dass ein Übertragungsgewinn bei der Umwandlung der Organgesellschaft im Wege der Verschmelzung oder Aufspaltung nicht der Gewinnabführungsverpflichtung unterliegt und daher von der Organgesellschaft als eigenes Einkommen zu versteuern ist. Erfolgt die Umwandlung im Wege der Abspaltung oder Ausgliederung soll der Übertragungsgewinn hingegen der Gewinnabführungsverpflichtung unterliegen.[119] 59

VI. Anrechnung ausländischer Steuern (Abs. 3)

Bei § 3 Abs. 3 handelt es sich um die nationale Umsetzung von Art. 10 Abs. 2 Fusions-RL. Gemäß § 3 Abs. 3 können im Fall der grenzüberschreitenden **Hinausverschmelzung ins EU-Ausland** unter bestimmten Voraussetzungen auch fiktive ausländische Steuern angerechnet werden. Dafür müssen die Wirtschaftsgüter einer im EU-Ausland gelegenen Betriebsstätte zugerechnet werden und Deutschland muss die Doppelbesteuerung durch die Anrechnungsmethode (auch über abkommensrechtliche Aktivitätsvorbehalte oder § 20 Abs. 2 AStG) vermeiden.[120] Die Fusions-RL gilt nur im Verhältnis zu EU-Staaten, dh auch wenn der Anwendungsbereich des § 3 durch die Streichung des § 1 Abs. 2 für EWR- oder Drittstaatensachverhalte eröffnet ist, findet § 3 Abs. 3 auf solche Drittstaatenfälle (inkl. EWR-Fälle) keine Anwendung.[121] 60

Hintergrund ist, dass mit der Hinausverschmelzung Deutschland sein Besteuerungsrecht iSd § 3 Abs. 2 S. 1 Nr. 2 verliert und damit die Vermögenswerte in der Schlussbilanz mit dem gemeinen Wert bilanziert werden müssen (Entstrickung wegen Wegfalls des inländischen Besteuerungsrechts) und ein steuerpflichtiger Übertragungsgewinn entsteht. 61

Erfolgt tatsächlich eine **Besteuerung im Ausland**, was wegen der einheitlichen Anwendung von Art. 10 Fusions-RL innerhalb der EU unwahrscheinlich ist, so sind die Steuern nach den Grundsätzen des § 26 KStG anzurechnen. Soweit im Ausland keine tatsächliche Besteuerung eintritt, erfolgt eine Anrechnung nach § 26 KStG (analog) so, als wäre im Zeitpunkt der Umwandlung im Ausland eine Veräußerung erfolgt. Die Anrechnung ist auf die auf den Übertragungsgewinn entfallende deutsche Körperschaftsteuer beschränkt.[122] 62

---

118 Frotscher/Drüen/*Schnitter* UmwStG § 3 Rn. 220.
119 UmwSt-Erl. 2011, Rn. 03.23; Rödder/Herlinghaus/van Lishaut/*Herlinghaus* UmwStG Anh. 4 Rn. 66.
120 Haritz/Menner/Bilitewski/*Mertgen* UmwStG § 3 Rn. 150 ff.; Frotscher/Drüen/*Schnitter* UmwStG § 3 Rn. 226a.
121 Frotscher/Drüen/*Schnitter* UmwStG § 3 Rn. 266a.
122 Haritz/Menner/Bilitewski/*Mertgen* UmwStG § 3 Rn. 150 ff.; Dötsch/Pung/Möhlenbrock/*Möhlenbrock/Werner/Pung* UmwStG § 3 Rn. 157 ff.

§ 4 Auswirkungen auf den Gewinn des übernehmenden Rechtsträgers

(1) ¹Der übernehmende Rechtsträger hat die auf ihn übergegangenen Wirtschaftsgüter mit dem in der steuerlichen Schlussbilanz der übertragenden Körperschaft enthaltenen Wert im Sinne des § 3 zu übernehmen. ²Die Anteile an der übertragenden Körperschaft sind bei dem übernehmenden Rechtsträger zum steuerlichen Übertragungsstichtag mit dem Buchwert, erhöht um Abschreibungen, die in früheren Jahren steuerwirksam vorgenommen worden sind, sowie um Abzüge nach § 6b des Einkommensteuergesetzes und ähnliche Abzüge, höchstens mit dem gemeinen Wert, anzusetzen. ³Auf einen sich daraus ergebenden Gewinn finden § 8b Abs. 2 Satz 4 und 5 des Körperschaftsteuergesetzes sowie § 3 Nr. 40 Satz 1 Buchstabe a Satz 2 und 3 des Einkommensteuergesetzes Anwendung.

(2) ¹Der übernehmende Rechtsträger tritt in die steuerliche Rechtsstellung der übertragenden Körperschaft ein, insbesondere bezüglich der Bewertung der übernommenen Wirtschaftsgüter, der Absetzungen für Abnutzung und der den steuerlichen Gewinn mindernden Rücklagen. ²Verrechenbare Verluste, verbleibende Verlustvorträge, vom übertragenden Rechtsträger nicht ausgeglichene negative Einkünfte, ein Zinsvortrag nach § 4h Absatz 1 Satz 5 des Einkommensteuergesetzes und ein EBITDA-Vortrag nach § 4h Absatz 1 Satz 3 des Einkommensteuergesetzes gehen nicht über. ³Ist die Dauer der Zugehörigkeit eines Wirtschaftsguts zum Betriebsvermögen für die Besteuerung bedeutsam, so ist der Zeitraum seiner Zugehörigkeit zum Betriebsvermögen der übertragenden Körperschaft dem übernehmenden Rechtsträger anzurechnen. ⁴Ist die übertragende Körperschaft eine Unterstützungskasse, erhöht sich der laufende Gewinn des übernehmenden Rechtsträgers in dem Wirtschaftsjahr, in das der Umwandlungsstichtag fällt, um die von ihm, seinen Gesellschaftern oder seinen Rechtsvorgängern an die Unterstützungskasse geleisteten Zuwendungen nach § 4d des Einkommensteuergesetzes; § 15 Abs. 1 Satz 1 Nr. 2 Satz 2 des Einkommensteuergesetzes gilt sinngemäß. ⁵In Höhe der nach Satz 4 hinzugerechneten Zuwendungen erhöht sich der Buchwert der Anteile an der Unterstützungskasse.

(3) Sind die übergegangenen Wirtschaftsgüter in der steuerlichen Schlussbilanz der übertragenden Körperschaft mit einem über dem Buchwert liegenden Wert angesetzt, sind die Absetzungen für Abnutzung bei dem übernehmenden Rechtsträger in den Fällen des § 7 Abs. 4 Satz 1 und Abs. 5 des Einkommensteuergesetzes nach der bisherigen Bemessungsgrundlage, in allen anderen Fällen nach dem Buchwert, jeweils vermehrt um den Unterschiedsbetrag zwischen dem Buchwert der einzelnen Wirtschaftsgüter und dem Wert, mit dem die Körperschaft die Wirtschaftsgüter in der steuerlichen Schlussbilanz angesetzt hat, zu bemessen.

(4) ¹Infolge des Vermögensübergangs ergibt sich ein Übernahmegewinn oder Übernahmeverlust in Höhe des Unterschiedsbetrags zwischen dem Wert, mit dem die übergegangenen Wirtschaftsgüter zu übernehmen sind, abzüglich der Kosten für den Vermögensübergang und dem Wert der Anteile an der übertragenden Körperschaft (Absätze 1 und 2, § 5 Abs. 2 und 3). ²Für die Ermittlung des Übernahmegewinns oder Übernahmeverlusts sind abweichend von Satz 1 die übergegangenen Wirtschaftsgüter der übertragenden Körperschaft mit dem Wert nach § 3 Abs. 1 anzusetzen, soweit an ihnen kein Recht der Bundesrepublik Deutschland zur Besteuerung des Gewinns aus einer Veräußerung bestand. ³Bei der Ermittlung

des Übernahmegewinns oder des Übernahmeverlusts bleibt der Wert der übergegangenen Wirtschaftsgüter außer Ansatz, soweit er auf Anteile an der übertragenden Körperschaft entfällt, die am steuerlichen Übertragungsstichtag nicht zum Betriebsvermögen des übernehmenden Rechtsträgers gehören.

(5) ¹Ein Übernahmegewinn erhöht sich und ein Übernahmeverlust verringert sich um einen Sperrbetrag im Sinne des § 50c des Einkommensteuergesetzes, soweit die Anteile an der übertragenden Körperschaft am steuerlichen Übertragungsstichtag zum Betriebsvermögen des übernehmenden Rechtsträgers gehören. ²Ein Übernahmegewinn vermindert sich oder ein Übernahmeverlust erhöht sich um die Bezüge, die nach § 7 zu den Einkünften aus Kapitalvermögen im Sinne des § 20 Abs. 1 Nr. 1 des Einkommensteuergesetzes gehören.

(6) ¹Ein Übernahmeverlust bleibt außer Ansatz, soweit er auf eine Körperschaft, Personenvereinigung oder Vermögensmasse als Mitunternehmerin der Personengesellschaft entfällt. ²Satz 1 gilt nicht für Anteile an der übertragenden Gesellschaft, die die Voraussetzungen des § 8b Abs. 7 oder des Abs. 8 Satz 1 des Körperschaftsteuergesetzes erfüllen. ³In den Fällen des Satzes 2 ist der Übernahmeverlust bis zur Höhe der Bezüge im Sinne des § 7 zu berücksichtigen. ⁴In den übrigen Fällen ist er in Höhe von 60 Prozent, höchstens jedoch in Höhe von 60 Prozent der Bezüge im Sinne des § 7 zu berücksichtigen; ein danach verbleibender Übernahmeverlust bleibt außer Ansatz. ⁵Satz 4 gilt nicht für Anteile an der übertragenden Gesellschaft, die die Voraussetzungen des § 3 Nr. 40 Satz 3 und 4 des Einkommensteuergesetzes erfüllen; in diesen Fällen gilt Satz 3 entsprechend. ⁶Ein Übernahmeverlust bleibt abweichend von den Sätzen 2 bis 5 außer Ansatz, soweit bei Veräußerung der Anteile an der übertragenden Körperschaft ein Veräußerungsverlust nach § 17 Abs. 2 Satz 6 des Einkommensteuergesetzes nicht zu berücksichtigen wäre oder soweit die Anteile an der übertragenden Körperschaft innerhalb der letzten fünf Jahre vor dem steuerlichen Übertragungsstichtag entgeltlich erworben wurden.

(7) ¹Soweit der Übernahmegewinn auf eine Körperschaft, Personenvereinigung oder Vermögensmasse als Mitunternehmerin der Personengesellschaft entfällt, ist § 8b des Körperschaftsteuergesetzes anzuwenden. ²In den übrigen Fällen ist § 3 Nr. 40 sowie § 3c des Einkommensteuergesetzes anzuwenden.

Literatur:
Bogenschütz, Umwandlung von Kapital- in Personengesellschaften, Ubg 2011, 393; *Bünning,* Steuerbilanzrechtliche Regelungen im Umwandlungssteuererlass 2011, BB 2012, 243; *Hruschka,* Umwandlung Kapital- auf Personengesellschaften (§§ 3 ff. UmwStG) DStR Beihefter 2/2012, 4; *Stimpel,* Umwandlung von Kapital- in Personengesellschaften nach dem UmwSt-Erlass 2011, GmbHR 2012, 123.

I. Normzweck 1	V. Ermittlung des Übernahmeergebnisses (Abs. 4) 17
II. Wertansätze beim übernehmenden Rechtsträger (Abs. 1 S. 1) 4	1. Allgemeines 17
1. Wertverknüpfung 4	2. Ermittlung des Übernahmegewinns/-verlustes 19
2. Ende der phasenverschobenen Wertaufholung 6	a) Zeitpunkt 19
III. Eintritt in die steuerliche Rechtsstellung des übertragenden Rechtsträgers (Abs. 2) . 12	b) Personenbezogenheit 20
IV. AfA-Bemessungsgrundlage (Abs. 3) 15	3. Ermittlung des Übernahmeergebnisses im Einzelnen 26
	a) Berechnungsschema 27

b) Wertansatz der übergangenen Wirtschaftsgüter 28	a) § 50c EStG 44
c) Neutrales Vermögen 29	b) Abzug der nach § 7 fiktiv ausgeschütteten Rücklagen 45
d) Anteile am übertragenden Rechtsträger (Beteiligungskorrekturgewinn, Abs. 1 S. 2, 3) 32	VI. Übernahmeverlust (Abs. 6) 46
	1. Allgemeines 46
	2. Verluste von Körperschaften, Personenvereinigungen und Vermögensmassen .. 49
e) Abzug der Kosten der Verschmelzung (Abs. 4 S. 1) 39	3. Verluste bei natürlichen Personen 50
4. Erhöhung/Minderung des Übernahmeergebnisses (Abs. 5) 43	VII. Besteuerung des Übernahmegewinns (Abs. 7) 53

I. Normzweck

1 § 4 regelt die steuerlichen Rechtsfolgen der Umwandlung beim übernehmenden Rechtsträger. Insbes. folgende Regelungen finden sich in § 4:

- Wertverknüpfung bzgl. der übergegangenen Wirtschaftsgüter (Abs. 1 S. 1, → Rn. 4 ff.)
- Beteiligungskorrekturgewinn (Abs. 1 S. 2, 3, → Rn. 32 ff.)
- Eintritt in die steuerliche Rechtsstellung des übertragenden Rechtsträgers (Abs. 2, → Rn. 12 ff.)
- Ausschluss des Übergangs von Verlusten, Zins- und EBITDA-Vorträgen (Abs. 2 S. 2, → Rn. 13)
- AfA-Bemessungsgrundlage (Abs. 3, → Rn. 15 f.)
- Ermittlung des Übernahmeergebnisses (Abs. 4, → Rn. 17 ff.)
- Berücksichtigung eines Übernahmeverlustes (Abs. 6, → Rn. 46 ff.)
- Besteuerung eines Übernahmegewinns (Abs. 7, → Rn. 53 ff.)

2 Entsprechend der Verpflichtung des übertragenden Rechtsträgers eine Schlussbilanz zu erstellen, hat die übernehmende Personengesellschaft die Pflicht eine steuerliche **Übernahmebilanz** aufzustellen, sofern sie im Rahmen der Verschmelzung neu gegründet wird (Verschmelzung zur Neugründung). Diese entspricht der Eröffnungsöffnungsbilanz der übernehmenden Personengesellschaft.[1] Dabei wird die Übernahmebilanz des übernehmenden Rechtsträgers aus der steuerlichen **Schlussbilanz** der übertragenden Gesellschaft entwickelt (**Wertverknüpfung**). Insofern knüpft § 4 Abs. 1 S. 1 an die Regelung des § 3 an. Besteht die übernehmende Personengesellschaft bereits vor der Verschmelzung (Verschmelzung zur Aufnahme), stellt die Übernahme der Wirtschaftsgüter einen laufenden Geschäftsvorfall dar; in diesem Fall bedarf es keiner besonderen Übernahmebilanz.[2]

3 Außerdem regelt § 4 Abs. 4 die Ermittlung des **Übernahmeergebnisses**. Damit wird auf die nachfolgenden Vorschriften hinsichtlich der Zurechnung der Anteile zum Anteilseigner, dem Zusammenfall von Forderungen und Verbindlichkeiten und der Besteuerung offener Rücklagen verwiesen. Insofern schlägt § 4 also den Bogen von der Schlussbilanz der übertragenden Gesellschaft über die Ermittlung des Übernahmeergebnisses bis zur Besteuerung der einzelnen Anteilseigner und ist eine Kernvorschrift des 2. Abschnittes.

---

[1] UmwSt-Erl. 2011, Rn. 04.03; Frotscher/Drüen/*Schnitter* UmwStG § 3 Rn. 46; Haritz/Menner/Bilitewski/*Bohnhardt* UmwStG § 4 Rn. 42; Schmitt/Hörtnagl/*Schmitt* UmwStG § 4 Rn. 2.

[2] UmwSt-Erl. 2011, Rn. 04.03; Haritz/Menner/Bilitewski/*Bohnhardt* UmwStG § 4 Rn. 42; Schmitt/Hörtnagl/*Schmitt* UmwStG § 4 Rn. 2.

II. Wertansätze beim übernehmenden Rechtsträger (Abs. 1 S. 1)

1. Wertverknüpfung

Die übernehmende Personengesellschaft bzw. die natürliche Person hat in ihrer Übernahmebilanz die Bilanzansätze aus der Schlussbilanz der übertragenden Körperschaft zu übernehmen (Wertverknüpfung).[3] Eine Wertverknüpfung scheidet naturgemäß aus, wenn eine steuerliche Schlussbilanz nicht erstellt werden musste, da sie für inländische Besteuerungszwecke nicht erforderlich war. Strittig ist, wie ausländisches Vermögen auszuweisen ist, das zum Verschmelzungsstichtag erstmals in Deutschland steuerverstrickt wird und welches in der Schlussbilanz zum Buchwert bewertet wurde.[4] Hierbei ist insbes. unklar, ob der Ansatz des gemeinen Werts gemäß § 4 Abs. 1 S. 8 EStG iVm § 6 Abs. 1 Nr. 5a EStG durch § 4 Abs. 1 ausgeschlossen ist und sodann die Wertverknüpfung mit der Schlussbilanz der übertragenden Körperschaft einzuhalten ist.[5] Einigkeit besteht aber insoweit, als dass der gemeine Wert iSd § 4 Abs. 1 S. 8 EStG iVm § 6 Abs. 1 Nr. 5a EStG dann zu berücksichtigen ist, wenn die Verstrickung zB durch tatsächliche Vorgänge zeitlich nach dem Übertragungsstichtag erfolgt.[6]

Durch die Anknüpfung an die Schlussbilanz kommen dem übernehmenden Rechtsträger die **steuerlichen Wahlrechte** des übertragenden Rechtsträgers zugute. Auf der Ebene der übernehmenden Personengesellschaft können also auch gemeine Werte, Buchwerte oder Zwischenwerte zum Ansatz gebracht werden, wenn dies in der Schlussbilanz der übertragenden Körperschaft so angelegt wurde.[7] Die Wertverknüpfung gilt auch bei nachträglichen Änderungen der Wertansätze in der steuerlichen Schlussbilanz. Wird die Schlussbilanz daher (bspw. im Rahmen einer Betriebsprüfung) nachträglich geändert, sind die Wertansätze in der Übernahme- bzw. den Folgebilanzen gem. § 175 Abs. 1 S. 1 Nr. 2 AO entsprechend anzupassen.[8] Eine Bindung an die Handelsbilanz besteht für die Übernahmebilanz hingegen nicht.[9]

Bei einer Personengesellschaft als übernehmendem Rechtsträger können auch Ergänzungsbilanzen gebildet werden. Damit ist es bspw. möglich, Aufstockungen in der Gesamthandsbilanz vorzunehmen, die durch eine negative Ergänzungsbilanz wieder ausgeglichen werden, um dadurch die stillen Reserven fortzuführen.[10]

2. Ende der phasenverschobenen Wertaufholung

Zum UmwStG 1995 vertrat die Finanzverwaltung für die der Umwandlung folgenden Jahre den Grundsatz der „phasenverschobenen, eingeschränkten Wertaufholung". Hieraus sollte sich in der Steuerbilanz zum auf den Übertragungsstichtag folgenden Bilanzstichtag eine erfolgswirksame Aufstockung der übernommenen Bilanzansätze bis zur Höhe der Ansätze in der fortgeführten handelsrechtlichen Übernahmebilanz, höchs-

---

3 Dötsch/Pung/Möhlenbrock/*Pung* UmwStG § 4 Rn. 3; Schmitt/Hörtnagl/*Schmitt* UmwStG § 4 Rn. 11.
4 Vgl. dazu Schmitt/Hörtnagl/*Schmitt* UmwStG § 4 Rn. 27.
5 Dafür Brandis/Heuermann/*Klingberg* UmwStG § 3 Rn. 38; Frotscher/Drüen/*Schnitter* UmwStG § 4 Rn. 53; Lemaitre/Schönherr GmbHR 2007, 173 (175); Rödder/Herlinghaus/van Lishaut/*van Lishaut* UmwStG § 4 Rn. 38 ff.; aA *Kraft/Poley* FR 2014, 1 (3); *Schaflitzl/Widmayer* BB-Special 8/2006, 36 (40); Schmitt/Hörtnagl/*Schmitt* UmwStG § 4 Rn. 27.
6 Brandis/Heuermann/*Loose* UmwStG § 4 Rn. 15; Rödder/Herlinghaus/van Lishaut/*van Lishaut* UmwStG § 4 Rn. 44.
7 Brandis/Heuermann/*Loose* UmwStG § 4 Rn. 15.
8 Brandis/Heuermann/*Loose* UmwStG § 4 Rn. 15; Schmitt/Hörtnagl/*Schmitt* UmwStG § 4 Rn. 26; Rödder/Herlinghaus/van Lishaut/*van Lishaut* UmwStG § 4 Rn. 52.
9 Dötsch/Pung/Möhlenbrock/*Pung* UmwStG § 4 Rn. 5; Frotscher/Drüen/*Schnitter* UmwStG § 4 Rn. 33; Schmitt/Hörtnagl/*Schmitt* UmwStG § 4 Rn. 15.
10 Brandis/Heuermann/*Loose* UmwStG § 4 Rn. 15; Schmitt/Hörtnagl/*Schmitt* UmwStG § 4 Rn. 22.

tens jedoch bis zur Höhe der steuerlichen Anschaffungs- oder Herstellungskosten des Rechtsvorgängers (ggf. vermindert um planmäßige Abschreibungen) ergeben.[11] Der BFH widersprach dieser Ansicht jedoch.[12]

7 Auswirkungen hätte eine phasenverschobene Wertaufholung zum einen auf der Aktivseite für den Fall von handelsrechtlich vorgenommen Wertaufholungen – etwa, weil in der Vergangenheit Teilwertabschreibungen vorgenommen wurden – und auf der Passivseite für den Fall von Drohverlustrückstellungen.

8 Da weder das neue UmwStG noch der UmwSt-Erl. 2011 eine ausdrückliche Regelung dazu enthalten, wurde anfänglich in der Literatur darüber spekuliert, ob die Finanzverwaltung von ihrer alten Rechtsauffassung abgerückt ist, diese zumindest teilweise aufrechterhält und ob die phasenverschobene Wertaufholung überhaupt mit dem neuen § 5 EStG (Aufgabe der umgekehrten Maßgeblichkeit) vereinbar ist.[13] Unproblematisch sind aufgrund des Wortlautes von Rn. 04.04 im UmwSt-Erl. 2011 die Fälle, in denen auch an den **folgenden Bilanzstichtagen ein Wahlrecht** besteht. Hier hat die Verwaltung zur Klarstellung die Rücklage nach § 6b EStG als Beispiel genommen. Hat der Steuerpflichtige in der Schlussbilanz ein Wahlrecht ausgeübt und steht dies auch der übernehmenden Gesellschaft zu, so darf die Gesellschaft die Werte fortführen. Es kommt zu einer dauerhaften **Abkoppelung** der Steuerbilanz von der Handelsbilanz.

9 Wird hingegen eine zulässige **Wertaufholung** in der Handelsbilanz vorgenommen, die in der steuerlichen Schlussbilanz nicht nachvollzogen wird, oder handelsrechtlich eine **Drohverlustrückstellung** gebildet, für die nach § 5 Abs. 4a EStG ein steuerliches Ansatzverbot besteht, so ist zu fragen, ob in der folgenden Steuerbilanz aufgrund der Maßgeblichkeit die Wertaufholung nachzuholen ist bzw. die Drohverlustrückstellung aufgrund der in der Steuerbilanz anwendbaren Verbote gewinnerhöhend aufzulösen ist. In beiden Fällen würde das bei Erstellung der Schlussbilanz gewährte Wahlrecht leerlaufen. Zudem spricht die zum alten UmwStG erlassene Rechtsprechung[14] gegen eine derartige Ansicht. Letztlich würde eine derartige Lesart auch nicht berücksichtigen, dass mit dem BilMOG die in § 5 EStG niedergelegte umgekehrte Maßgeblichkeit aufgegeben wurde.

10 Dennoch zieht die Finanzverwaltung, obwohl diese Argumente allgemeingültig sind, für die **Aktiv- und Passivseite unterschiedliche Konsequenzen**. Den originären Geschäfts- oder Firmenwert erklärt sie zum Schutz des Steueraufkommens als mit der Umwandlung als angeschafft, um dem Ansatzverbot des § 5 Abs. 2 EStG zu entgehen und eine Sofortabschreibung zu unterbinden.[15]

11 Währenddessen soll in allen anderen Fällen, in denen ein nicht mit dem Buchwert in der Schlussbilanz angesetztes Wirtschaftsgut nicht mit § 5 EStG in Einklang steht, zwar in der Übernahmebilanz des übernehmenden Rechtsträgers aufzunehmen, aber in der Folgezeit erfolgswirksam aufzulösen sein.[16] Hiervon sind insbes. die Drohverlustrückstellungen betroffen. Es käme also auf der Aktiv- und Passivseite zu unterschiedlichen

---

11 UmwSt-Erl. 1998, Rn. 01.02 und 03.02.
12 BFH 19.10.2005 – I R 38/04, BStBl. II 2006, 568; BFH 5.6.2007 – I R 97/06, BStBl. II 2008, 650.
13 Frotscher/Drüen/*Schnitter* UmwStG § 4 Rn. 33; Haritz/Menner/Bilitewski/*Bohnhardt* UmwStG § 3 Rn. 55; *Teiche* DStR 2008, 1757 (1762); *Bogenschütz* Ubg 2011, 393 (397).
14 BFH 19.10.2005 – I R 38/04, BStBl. II 2006, 568; BFH 5.6.2007 – I R 97/06, BStBl. II 2008, 650.
15 UmwSt-Erl. 2011, Rn. 04.16 S. 2.
16 UmwSt-Erl. 2011, Rn. 04.16 S. 1; vgl. dazu auch Brandis/Heuermann/*Loose* UmwStG § 4 Rn. 18.

Ergebnissen und zu widersprüchlichen Konzeptionen in der Schluss- und den der Übernahmebilanz folgenden Steuerbilanzen. Dies kann mit guten Gründen als unzulässig bezeichnet werden,[17] da die gesetzgeberische Entscheidung mit dieser Auslegung konterkariert wird.

III. Eintritt in die steuerliche Rechtsstellung des übertragenden Rechtsträgers (Abs. 2)

Für den übernehmenden Rechtsträger handelt es sich bei der Verschmelzung nach Ansicht der Finanzverwaltung um einen **Anschaffungsvorgang**.[18] Die sich aus dem Anschaffungsvorgang ergebenden Rechtsfolgen richten sich in erster Linie nach § 4 Abs. 2, 3. Der übernehmende Rechtsträger tritt gem. § 4 Abs. 2 S. 1 in die steuerliche Rechtsstellung des übertragenden Rechtsträgers ein (Fußstapfentheorie), wobei sich die steuerliche Sukzession insbes. auf die Bewertung der übernommenen Wirtschaftsgüter, die Anrechnung von Besitzzeiten (vgl. § 4 Abs. 2 S. 3), die Absetzungen für Abnutzung sowie die den steuerlichen Gewinn mindernden Rücklagen bezieht. Dies gilt unabhängig davon, ob im Rahmen der Umwandlung eine Wertaufstockung stattgefunden hat oder die Buchwerte der übergehenden Wirtschaftsgüter fortgeführt werden.[19] Der Eintritt in die steuerliche Rechtsstellung hat zur Folge, dass beim übernehmenden Rechtsträger zum jeweiligen Bilanzstichtag zu prüfen ist, ob etwaig bei der übertragenden Körperschaft vorgenommene Teilwertabschreibungen beibehalten werden können oder eine Wertaufholung gem. § 6 Abs. 1 Nr. 1 S. 4 bzw. Nr. 2 S. 3 EStG geboten ist.[20]

Gem. § 4 Abs. 2 S. 3 sind die Vorbesitzzeiten der übertragenden Körperschaft anzurechnen, Behaltefristen werden nicht unterbrochen. Dies gilt insbes. in den Fällen des § 6b Abs. 4 Nr. 2 EStG sowie § 7g Abs. 6 Nr. 2 EStG.[21] Demgegenüber soll § 4 Abs. 2 S. 3 nach Ansicht des BFH – entgegen der Auffassung der Finanzverwaltung[22] – nicht für das gewerbesteuerliche Schachtelprivileg gelten, da § 9 Nr. 2a GewStG auf einen Zeitpunkt (nämlich die Beteiligung zu Beginn des Erhebungszeitraums) und nicht auf einen Zeitraum abstellt.[23]

Nach § 4 Abs. 2 S. 2 sind vom Eintritt in die Rechtsstellung des übertragenden Rechtsträgers durch den übernehmenden Rechtsträger verrechenbare Verluste, verbleibende Verlustvorträge, nicht ausgeglichene negative Einkünfte, ein Zinsvortrag nach § 4h Abs. 1 S. 5 EStG sowie ein EBITDA-Vortrag nach § 4h Abs. 1 S. 3 EStG nicht umfasst.[24] Von § 4 Abs. 2 S. 2 sind insbesondere Verlustvorträge iSv §§ 2a, 10d Abs. 4 15 Abs. 5 EStG sowie verrechenbare Verluste gem. § 15a Abs. 4 EStG und § 15b Abs. 4 EStG erfasst.[25] Nicht ausgeglichene negative Einkünfte bezeichnen die laufenden Verluste der übertragenden Körperschaft im Wirtschaftsjahr des Vermögensübergangs, die noch nicht förmlich in einem verbleibenden Verlustvortrag festgestellt worden sind.[26] Wegen § 18 Abs. 1 S. 2 gilt das Übertragungsverbot des § 4 Abs. 2 S. 2 auch hinsichtlich eines

---

17 *Kutt/Carstens* in FGS/BDI, UmwSt-Erl. 2011, 167 f.
18 UmwSt-Erl. 2011, Rn. 00.02; aA Haritz/Menner/Bilitewski/*Bohnhardt* UmwStG § 4 Rn. 140 mwN, wonach die durch § 20 Abs. 1 Nr. 1 UmwG angeordnete Gesamtrechtsnachfolge die Fiktion eines Anschaffungsvorgangs ausschließt.
19 UmwSt-Erl. 2011, Rn. 04.10.
20 Haritz/Menner/Bilitewski/*Bohnhardt* UmwStG § 4 Rn. 151 ff.; Dötsch/Pung/Möhlenbrock/*Pung* § 4 Rn. 17.
21 Dötsch/Pung/Möhlenbrock/*Pung* UmwStG § 4 Rn. 14; UmwSt-Erl. 2011, Rn. 04.15.
22 UmwSt-Erl. 2011, Rn. 04.15.
23 BFH 16.4.2014 – I R 44/13, BStBl. 2015, 303; kritisch *Lenz/Adrian* DB 2014, 2670; *Mattern* DStR 2014 2376.
24 Vgl. dazu Brandis/Heuermann/*Loose* UmwStG § 4 Rn. 23 ff.; Haritz/Menner/Bilitewski/*Bohnhardt* UmwStG § 4 Rn. 200.
25 Brandis/Heuermann/*Loose* UmwStG § 4 Rn. 24; Dötsch/Pung/Möhlenbrock/*Pung* UmwStG § 4 Rn. 13.
26 Schmitt/Hörtnagl/*Schmitt* UmwStG § 4 Rn. 77.

etwaigen Gewerbeverlustes iSd § 10a GewStG bzw. eines Fehlbetrages des laufenden Erhebungszeitraums der übertragenden Körperschaft.[27] Diese **Verluste gehen ersatzlos verloren**, soweit sie nicht mit einem Übertragungsgewinn verrechnet werden können.[28] Durch die Wirkung der Mindestbesteuerung kann das Leistungsfähigkeitsprinzip eingeschränkt sein.

14 Der Eintritt in die steuerliche Rechtsstellung ist ausgeschlossen, soweit eine bestimmte Rechtsposition an die Eigenschaft als Kapitalgesellschaft geknüpft ist. Demnach kann sich der übernehmende Rechtsträger bspw. nicht auf § 8b KStG berufen, es sei denn, es liegt ein Fall von § 8b Abs. 6 KStG vor.[29]

IV. AfA-Bemessungsgrundlage (Abs. 3)

15 Auch hinsichtlich **Abschreibungen** tritt der übernehmende Rechtsträger in die Rechtsstellung des übertragenden Rechtsträgers ein. Dies gilt unabhängig davon, ob die Wirtschaftsgüter der übertragenden Körperschaft mit ihrem Buchwert oder nach (teilweiser) Aufdeckung der stillen Reserven mit ihrem Zwischen- oder ihrem gemeinen Wert angesetzt worden sind.[30] Werden die übergehenden Wirtschaftsgüter mit ihrem Buchwert übernommen, führt die Personengesellschaft bzw. die natürliche Person die AfA (im Hinblick auf die Bemessungsgrundlage und die Restnutzungsdauer) fort.

16 Werden die Buchwerte im Rahmen der Umwandlung aufgestockt, bestimmt sich die zukünftige AfA nach § 4 Abs. 3. In den Fällen des § 7 Abs. 4 S. 1 EStG (lineare AfA bei Gebäuden) und § 7 Abs. 5 (degressive AfA bei Gebäuden) bemisst sich die zukünftige AfA nach der bisherigen Bemessungsgrundlage, erhöht um den jeweiligen Aufstockungsbetrag (Unterschiedsbetrag zwischen dem Buchwert und dem Wert in der steuerlichen Schlussbilanz).[31] Wird die volle Absetzung nicht innerhalb der tatsächlichen Nutzungsdauer erreicht werden, ist die AfA in den Fällen des § 7 Abs. 4 S. 1 EStG nach der Restnutzungsdauer des Gebäudes zu ermitteln.[32] In allen anderen Fällen bestimmt sich die AfA nach dem Wertansatz des jeweiligen Wirtschaftsguts in der steuerlichen Schlussbilanz und der Restnutzungsdauer des Wirtschaftsguts.[33] Die Restnutzungsdauer ist dabei nach den Verhältnissen am steuerlichen Übertragungsstichtag neu zu schätzen.[34]

V. Ermittlung des Übernahmeergebnisses (Abs. 4)

1. Allgemeines

17 Bei der Ermittlung des Übernahmeergebnisses werden den Anteilseignern in einem ersten Schritt entsprechend ihres Gewinnanteils die Gewinnrücklagen zugeordnet, die nach § 7 **fiktiv als ausgeschüttet** gelten. Die fiktiv ausgeschütteten Gewinnrücklagen sind auf Ebene der Gesellschafter als Einkünfte aus Kapitalvermögen (§ 20 Abs. 1 Nr. 1 EStG) oder alternativ als gewerbliche Einkünfte (§ 15 EStG iVm § 20 Abs. 8 EStG) zu

---

27 Dötsch/Pung/Möhlenbrock/*Pung* UmwStG § 4 Rn. 11; Schmitt/Hörtnagl/*Schmitt* UmwStG § 4 Rn. 77.
28 Vgl. Haritz/Menner/Bilitewski/*Bohnhardt* UmwStG § 4 Rn. 202 ff.
29 Haritz/Menner/Bilitewski/*Bohnhardt* UmwStG § 4 Rn. 144; Frotscher/Drüen/*Schnitter* UmwStG § 4 Rn. 83.
30 UmwSt-Erl. 2011, Rn. 04.10.
31 Brandis/Heuermann/*Loose* UmwStG § 4 Rn. 29; BeckOK UmwStG/*Kaiser/Möller-Gosoge* § 4 Rn. 269.
32 UmwSt-Erl. 2011, Rn. 04.10, Haritz/Menner/Bilitewski/*Bohnhardt* UmwStG § 4 Rn. 167.
33 UmwSt-Erl. 2011, Rn. 04.10; BFH 29.11.2007 – IV R 73/02, BStBl. II 2008, 407; Brandis/Heuermann/*Loose* UmwStG § 4 Rn. 30; Haritz/Menner/Bilitewski/*Bohnhardt* UmwStG § 4 Rn. 168.
34 UmwSt-Erl. 2011, Rn. 04.10; Brandis/Heuermann/*Loose* UmwStG § 4 Rn. 30.

versteuern (→ § 7 Rn. 14 ff.). Die fiktiv ausgeschütteten Gewinnrücklagen unterliegen nach § 43 Abs. 1 S. 1 Nr. 1 EStG dem Kapitalertragsteuerabzug.[35] Das Besteuerungserfordernis ergibt sich, weil mit der Umwandlung eine Besteuerungsebene wegfällt und die Besteuerung bisher thesaurierter Gewinne sichergestellt werden muss.[36]

In einem zweiten Schritt ist gem. §§ 4 und 5 ein **Übernahmegewinn bzw. -verlust** zu ermitteln. Dieser ergibt sich, vereinfacht dargestellt, aus der Differenz der Werte der übernommenen Wirtschaftsgüter und dem Buchwert bzw. den Anschaffungskosten der Anteile an der übertragenen Körperschaft abzgl. der Kosten für den Vermögensübergang (§ 4 Abs. 4 S. 1).[37] Dieser Wert ist um die Differenz zwischen dem gemeinen Wert und dem angesetzten Wert in der steuerlichen Schlussbilanz der übertragenen Körperschaft für Wirtschaftsgüter zu erhöhen, soweit an ihnen kein Recht Deutschlands zur Besteuerung des Gewinns aus deren Veräußerung bestand (sog. neutrales Vermögen, § 4 Abs. 4 S. 2).[38] Das Ergebnis ist das Übernahmeergebnis 1. Stufe. Anschließend ist der Übernahmegewinn bzw. Übernahmeverlust 1. Stufe um das Ergebnis nach § 7 zu erhöhen bzw. zu vermindern, um eine doppelte Erfassung zu vermeiden (§ 4 Abs. 5).[39] Damit ist das Übernahmeergebnis 2. Stufe bestimmt.

Die Umwandlung einer Kapitalgesellschaft in eine Personengesellschaft ist daher für die Anteilseigner üblicherweise nicht steuerneutral, obwohl im Verhältnis zwischen der Überträgerin und Übernehmerin die Buchwerte fortgeführt werden können.[40] Gemäß § 18 Abs. 2 ist ein Übernahmegewinn bzw. Übernahmeverlust bei der Gewerbesteuer nicht zu erfassen.[41]

2. Ermittlung des Übernahmegewinns/-verlustes

a) Zeitpunkt

Maßgeblicher Zeitpunkt für die Zuordnung der Anteile am übertragenden Rechtsträger zum Betriebsvermögen des übernehmenden Rechtsträgers ist grundsätzlich der steuerliche Übertragungsstichtag. Nur für Anteile, die zum steuerlichen Umwandlungsstichtag zum Betriebsvermögen der übernehmenden Personengesellschaft gehören, wird ein Übernahmeergebnis ermittelt. Erweitert wird der Umfang der zu berücksichtigenden Anteile nach § 5 auf Anteile, die am steuerlichen Übertragungsstichtag dem Betriebsvermögen fiktiv zugerechnet werden. Das Übernahmeergebnis entsteht mit Ablauf des steuerlichen Übertragungsstichtags.[42]

b) Personenbezogenheit

Das Übernahmeergebnis ist personenbezogen zu ermitteln. Die Finanzverwaltung weist darauf hin, dass für die Ermittlung des Umwandlungsergebnisses grundsätzlich die **individuellen** Anschaffungskosten bzw. Buchwerte der Anteile an der übertragenen Körperschaft und Sperrbeträge iSd § 50c EStG aF nach § 4 Abs. 5 S. 1 aF (gestrichen

---

35 Schmitt/Hörtnagl/*Schmitt* UmwStG § 4 Rn. 93.
36 Haritz/Menner/Bilitewski/*Börst* UmwStG § 7 Rn. 4; Brandis/Heuermann/*Klingberg* UmwStG § 7 Rn. 2; Dötsch/Pung/Möhlenbrock/*Pung* UmwStG § 7 Rn. 1.
37 Schmitt/Hörtnagl/*Schmitt* UmwStG § 4 Rn. 94; Frotscher/Drüen/*Schnitter* UmwStG § 4 Rn. 127; Dötsch/Pung/Möhlenbrock/*Pung* UmwStG § 7 Rn. 21.
38 Frotscher/Drüen/*Schnitter* UmwStG § 4 Rn. 127; Schmitt/Hörtnagl/*Schmitt* UmwStG § 4 Rn. 94.
39 Frotscher/Drüen/*Schnitter* UmwStG § 4 Rn. 125; Schmitt/Hörtnagl/*Schmitt* UmwStG § 4 Rn. 94.
40 Rödder/Herlinghaus/van Lishaut/*van Lishaut* UmwStG § 4 Rn. 110.
41 Haritz/Menner/Bilitewski/*Bohnhardt* UmwStG § 18 Rn. 65.
42 UmwSt-Erl. 2011, Rn. 04.26; Haritz/Menner/Bilitewski/*Bohnhardt* UmwStG § 4 Rn. 227; Frotscher/Drüen/ *Schnitter* UmwStG § 4 Rn. 132; Schmitt/Hörtnagl/ *Schmitt* UmwStG § 4 Rn. 96.

mit dem Gesetz v. 2.6.2021, → Rn. 43 ff.) maßgeblich sind.[43] Für die Ermittlung der Buchwerte sind daher sowohl die Gesamthandsbilanz als auch etwaige Ergänzungsbilanzen (→ Rn. 23) zu berücksichtigen.[44] Es kann also bei einem Gesellschafter zu einem Gewinn kommen, während bei einem anderen Gesellschafter ein Verlust anfällt.[45]

21 Grundsätzlich sind mehrere Beteiligungen eines Gesellschafters, die zu unterschiedlichen Zeitpunkten und Preisen angeschafft wurden, zusammenzufassen.[46] Bei der Ermittlung eines Übernahmegewinns bzw. -verlustes ist für jeden Gesellschafter gesondert also von einem einheitlichen Buchwert der Anteile auszugehen. Wenn schon vor dem steuerlichen Übertragungsstichtag eine Beteiligung des übernehmenden Rechtsträgers am übertragenden bestand, so ist das auf diese Anteile entfallende (anteilige) Übernahmeergebnis zu ermitteln und im Rahmen der gesonderten und einheitlichen Gewinnfeststellung auf die Beteiligung der Gesellschafter zu verteilen. Befinden sich die Anteile im Sonderbetriebsvermögen oder gelten diese gem. § 5 Abs. 2, 3 als Betriebsvermögen des übernehmenden Rechtsträgers, ist das Übernahmeergebnis für jeden dieser Anteilseigner gesondert zu ermitteln.[47]

22 Im Hinblick auf vor dem steuerlichen Übertragungsstichtag bereits zum Gesamthandsvermögen gehörende Anteile ist Kritik an der quotalen Verteilung im Fall von bestehenden Ergänzungsbilanzen entstanden.

23 Liegen im Fall von **Ergänzungsbilanzen** unterschiedliche Beteiligungen an den stillen Reserven vor, so entspricht die quotale Beteiligung an der Personengesellschaft nicht der Beteiligung an den Wirtschaftsgütern. Diese muss aber für die Ermittlung des Übernahmeergebnisses maßgeblich sein.[48] Allerdings könnte es sich hierbei auch um eine bloße Ungenauigkeit der Finanzverwaltung handeln, stellt sie doch in Rn. 04.19 des UmwSt-Erl. 2011 auf die „**individuellen Anschaffungskosten**" ab. Da Ergänzungsbilanzen den unterschiedlichen Gesellschaftern unterschiedliche Anschaffungskosten zuordnen, könnte schon unter diesem Aspekt heraus auf den in der Ergänzungsbilanz enthaltenen Wert abzustellen sein. Jedenfalls ist festzustellen, dass sich aus dem Gesichtspunkt der individuellen, persönlichen Ermittlung der Anschaffungskosten der einzelnen Wirtschaftsgüter auch eine Berücksichtigung der personenbezogenen Ergänzungsbilanzen ergibt.

24 Im Hinblick auf **ausländische Anteilseigner** muss geklärt werden, ob sie im Rahmen des § 49 EStG oder aufgrund eines **Doppelbesteuerungsabkommens** überhaupt in Deutschland zu besteuern sind. Probleme wirft in diesem Bereich auch die Frage auf, inwieweit die einfachgesetzlichen Fiktionen im Rahmen eines Doppelbesteuerungsabkommens angewendet werden können. So wird man die nach § 7 als ausgeschüttet fingierten Gewinnrücklagen wohl als den Einkünften aus Aktien gleichgestellte Bezüge iSd Art. 10 Abs. 3 OECD-MA verstehen können, so dass insoweit Deutschland ein Besteuerungsrecht zusteht.[49]

25 Bei der **fiktiven Zugehörigkeit** der von beschränkt steuerpflichtigen Gesellschaftern gehaltenen Anteile zum Betriebsvermögen iSd § 5 hat Deutschland üblicherweise kein

---

[43] UmwSt-Erl. 2011, Rn. 04.19 f.
[44] Schmitt/Hörtnagl/*Schmitt* UmwStG § 4 Rn. 104; Frotscher/Drüen/*Schnitter* UmwStG § 4 Rn. 156.
[45] UmwSt-Erl. 2011, Rn. 04.19.
[46] UmwSt-Erl. 2011, Rn. 04.21; Frotscher/Drüen/*Schnitter* UmwStG § 4 Rn. 134; Rödder/Herlinghaus/van Lishaut/*van Lishaut* § 4 Rn. 123.
[47] UmwSt-Erl. 2011, Rn. 04.20; Rödder/Herlinghaus/van Lishaut/*van Lishaut* § 4 Rn. 122.
[48] *Kurt/Carstens* in FGS/BDI, UmwSt-Erl. 2011, 172 f.
[49] UmwSt-Erl. 2011, Rn. 04.23; *Klingberg/Nitzschke* Ubg 2011, 451 (459); Frotscher/Drüen/*Schnitter* UmwStG § 4 Rn. 241.

Besteuerungsrecht, denn Art. 13 Abs. 5 OECD-MA weist das Besteuerungsrecht dem Ansässigkeitsstaat des Gesellschafters zu. Ein Übernahmegewinn unterliegt insoweit nicht der deutschen Besteuerung. Etwas anderes gilt, wenn bspw. eine Immobilienkapitalgesellschaftsklausel nach Art. 10 Abs. 4 OECD-MA besteht.

3. Ermittlung des Übernahmeergebnisses im Einzelnen

Für die Ermittlung des Übernahmegewinnes wird im Allgemeinen auf folgendes Schema zurückgegriffen, wie es auch im UmwSt-Erl. 2011 dargestellt wird.[50]

a) Berechnungsschema

(Anteiliger) Wert der übergehenden Wirtschaftsgüter (§ 4 Abs. 1 S. 1)

- \+ Zuschläge für neutrales Vermögen (§ 4 Abs. 4 S. 2)
- \- (ggf. nach § 4 Abs. 1 S. 2 und S. 5 korrigierte) Buchwerte der Anteile an der übertragenden Körperschaft
- \- Kosten des Vermögensübergangs
- \= Übernahmeergebnis 1. Stufe (§ 4 Abs. 4 S. 1, 2)
- \+ Sperrbetrag iSd § 50c EStG aF (§ 4 Abs. 5 S. 1 aF)
- \- anteilige offene Rücklagen, die gem. § 7 iVm § 20 Abs. 1 S. 1 Nr. 1 EStG grundsätzlich als Einnahmen aus Kapitalvermögen zu versteuern sind (§ 4 Abs. 5)
- \= Übernahmeergebnis 2. Stufe (§ 4 Abs. 4, 5)

Soweit am steuerlichen Übertragungsstichtag unter Berücksichtigung des § 5 nicht sämtliche Anteile an der übertragenden Körperschaft zum Betriebsvermögen des übernehmenden Rechtsträgers gehören, bleibt insoweit der Wert der übergehenden Wirtschaftsgüter beim Übernahmegewinn bzw. -verlust außer Ansatz (§ 4 Abs. 4 S. 3).[51]

b) Wertansatz der übergangenen Wirtschaftsgüter

Aus der Verschmelzung folgt der vollständige Übergang des Vermögens des übertragenden auf den übernehmenden Rechtsträger. Die Wirtschaftsgüter sind gem. § 4 Abs. 1 in der Höhe anzusetzen, in der sie vom übertragenden Rechtsträger in dessen steuerlicher Schlussbilanz angesetzt wurden.[52] Die übergehenden Wirtschaftsgüter umfassen alle in der steuerlichen Schlussbilanz des übertragenden Rechtsträgers ausgewiesenen Wirtschaftsgüter, und zwar unabhängig von der Wahl des Wertansatzes durch übertragende Rechtsträger.[53] Dies schließt negatives übergehendes Vermögen ein.[54]

c) Neutrales Vermögen

Gehören zum übergehenden Rechtsträger auch Wirtschaftsgüter, an denen Deutschland vor der Verschmelzung kein Besteuerungsrecht für den Veräußerungsgewinn zustand (sog. neutrales Vermögen), sind diese Wirtschaftsgüter bei der Ermittlung des

---

50 UmwSt-Erl. 2011, Rn. 04.27.
51 UmwSt-Erl. 2011, Rn. 04.30; Schmitt/Hörtnagl/*Schmitt* UmwStG § 4 Rn. 99; Frotscher/Drüen/*Schnitter* UmwStG § 4 Rn. 140.
52 Schmitt/Hörtnagl/*Schmitt* UmwStG § 4 Rn. 100; Frotscher/Drüen/*Schnitter* UmwStG § 4 Rn. 142.
53 Frotscher/Drüen/*Schnitter* UmwStG § 4 Rn. 142.
54 UmwSt-Erl. 2011, Rn. 04.39; Frotscher/Drüen/*Schnitter* UmwStG § 4 Rn. 142.

Übernahmeergebnisses mit dem gemeinen Wert anzusetzen (§ 4 Abs. 4 S. 2). Daraus folgt, dass der Wert der übergehenden Wirtschaftsgüter zur Ermittlung des Übernahmeergebnisses um die Differenz zwischen dem gemeinen Wert und dem in der steuerlichen Schlussbilanz angesetzten Wert – bezogen auf das sog. neutrale Vermögen – zu erhöhen ist.[55] § 4 Abs. 4 S. 2 gilt nur für die Ermittlung des Übernahmegewinnes bzw. -verlustes und strahlt nicht auf den Wertansatz des übertragenden Rechtsträgers aus.[56] Der Gewinn gem. § 4 Abs. 4 S. 2 ist gesellschafterbezogen zu ermitteln.[57]

30 Bei neutralem Vermögen handelt es sich in der Regel entweder um nach Art. 13 Abs. 2 iVm Art. 23A OECD-MA **freigestelltes ausländisches Betriebsstättenvermögen** oder nach Art. 13 Abs. 1 iVm Art. 23A OECD-MA **freigestellten Grundbesitz**. Ein weiterer wichtiger Anwendungsfall ist das nicht zur deutschen Betriebsstätte gehörige Vermögen einer im Inland nur beschränkt steuerpflichtigen EU-/EWR-Gesellschaft.[58]

31 In der steuerlichen **Schlussbilanz** und der **Übernahmebilanz** kann das neutrale Vermögen zu Buchwerten bzw. Zwischenwerten angesetzt werden, da ein vorher nicht bestehendes Besteuerungsrecht durch die Umwandlung auch nicht beschränkt werden kann. Hingegen sind für die Ermittlung des **Übernahmeergebnisses** die gemeinen Werte anzusetzen.[59] Hintergrund der Bestimmung ist, dass durch den Ansatz des gemeinen Wertes die Situation einer Veräußerung der Anteile an der übertragenden Kapitalgesellschaft nachempfunden werden soll, weil in diesem Fall auch die stillen Reserven in den ausländischen Betriebsstätten in den Veräußerungsgewinn eingeflossen wären.[60]

d) Anteile am übertragenden Rechtsträger (Beteiligungskorrekturgewinn, Abs. 1 S. 2, 3)

32 Ist der übernehmende Rechtsträger schon vor der Umwandlung an der übertragenden Körperschaft beteiligt, so kann es zu einer **Höherbewertung** dieser Anteile kommen.

33 Die Höhe der Beteiligung der übernehmenden Personengesellschaft an der übertragenden Gesellschaft ist gemäß § 4 Abs. 1 S. 2 und S. 3 mit dem Buchwert anzusetzen, der jedoch um in der Vergangenheit steuerwirksam vorgenommene Abschreibungen sowie um Abzüge nach § 6b EStG und ähnliche Abzüge[61] zu erhöhen ist.[62] Höchstens ist die Beteiligung mit dem gemeinen Wert anzusetzen. Dies ist damit der **Maximalbetrag der Korrektur**.

34 Die **Wertkorrektur** gilt nur für Anteile, die am steuerlichen Übertragungsstichtag bereits im Betriebsvermögen der übernehmenden Personengesellschaft gehalten wurden. Für nach § 5 Abs. 3 als in das Betriebsvermögen eingelegt geltende Anteile gilt die Wertkorrektur gem. § 5 Abs. 3 S. 2 entsprechend.[63] Auch einbringungsgeborene Anteile iSd § 27 Abs. 3 Nr. 1 iVm § 21 aF, soweit diese zu einem Betriebsvermögen gehören, sind

---

[55] UmwSt-Erl. 2011, Rn. 04.29; vgl. auch Schmitt/Hörtnagl/*Schmitt* UmwStG § 4 Rn. 111; Frotscher/Drüen/*Schnitter* UmwStG § 4 Rn. 146; Rödder/Herlinghaus/van Lishaut/*van Lishaut* § 4 Rn. 143.
[56] UmwSt-Erl. 2011, Rn. 04.29; Rödder/Herlinghaus/van Lishaut/*van Lishaut* § 4 Rn. 143; Frotscher/Drüen/*Schnitter* UmwStG § 4 Rn. 147.
[57] Frotscher/Drüen/*Schnitter* UmwStG § 4 Rn. 147.
[58] Schmitt/Hörtnagl/*Schmitt* UmwStG § 4 Rn. 111; Rödder/Herlinghaus/van Lishaut/*van Lishaut* § 4 Rn. 146; Frotscher/Drüen/*Schnitter* UmwStG § 4 Rn. 148.
[59] Schmitt/Hörtnagl/*Schmitt* UmwStG § 4 Rn. 114; Rödder/Herlinghaus/van Lishaut/*van Lishaut* § 4 Rn. 143; Frotscher/Drüen/*Schnitter* UmwStG § 4 Rn. 147.
[60] *Bogenschütz* Ubg 2011, 393 (404); Frotscher/Drüen/*Schnitter* UmwStG § 4 Rn. 148; Rödder/Herlinghaus/van Lishaut/*van Lishaut* § 4 Rn. 145.
[61] Rücklagen gem. § 30 BergBauRatG, R 6.5 und R 6.6 EStR.
[62] Haritz/Menner/Bilitewski/*Bohnhardt* UmwStG § 4 Rn. 249; Frotscher/Drüen/*Schnitter* UmwStG § 4 Rn. 34; Rödder/Herlinghaus/van Lishaut/*van Lishaut* § 4 Rn. 55.
[63] UmwSt-Erl. 2011, Rn. 04.06; Haritz/Menner/Bilitewski/*Bohnhardt* UmwStG § 4 Rn. 102 f.; Rödder/Herlinghaus/van Lishaut/*van Lishaut* UmwStG § 4 Rn. 56; Schmitt/Hörtnagl/*Schmitt* UmwStG § 4 Rn. 48.

zu berücksichtigen. § 4 Abs. 1 S. 2 findet keine Anwendung auf im Privatvermögen gehaltene Beteiligungen und auf nicht steuerverstrickte Anteile, für die nur § 7 anwendbar ist.[64]

Nach der Legaldefinition in § 1 Abs. 5 Nr. 4 ist der **Buchwert** derjenige Wert, der sich nach den steuerlichen Vorschriften über die Gewinnermittlung in einer für den steuerlichen Übertragungsstichtag aufzustellenden Steuerbilanz ergibt oder ergäbe. Hieraus ergibt sich, dass das **Wertaufholungsgebot** des § 6 Abs. 1 S. 1 Nr. 1 S. 4 und Nr. 2 S. 3 EStG vor der umwandlungssteuerlichen Beteiligungskorrektur vorgenommen werden muss. Wird bereits durch die einkommensteuerliche Wertaufholung der gemeine Wert und damit der Höchstwert erreicht, ist eine umwandlungssteuerliche Korrektur also nicht mehr geboten.[65]

Die Reihenfolge der Zuschreibungen ist insbes. dann von Bedeutung, wenn die Differenz zwischen gemeinem Wert und Buchwert geringer ist als die in der Vergangenheit vorgenommenen Abschreibungen und in der Vergangenheit sowohl steuerwirksame als auch nicht steuerwirksame (§ 8b Abs. 3 KStG) **Teilwertabschreibungen** vorgenommen wurden.[66] Wenn man zunächst über die einkommensteuerliche Wertaufholung den Buchwert steuerneutral erhöht, bleibt für die umwandlungssteuerrechtliche Beteiligungskorrektur weniger Raum. Der BFH hat zu § 8b Abs. 2 S. 4 KStG entschieden, dass zunächst die nicht steuerwirksamen, jüngeren Teilwertabschreibungen einer Wertaufholung zu unterwerfen sind, bevor die älteren steuerwirksamen Teilwertabschreibungen wertaufgeholt werden müssen.[67] Damit hat der BFH der Ansicht der Finanzverwaltung zugunsten der Steuerpflichtigen widersprochen, nach der zunächst anerkannte Teilwertabschreibungen vollständig rückgängig gemacht werden müssen.[68]

Der gemeine Wert als **Obergrenze** der Korrektur ergibt sich gem. § 11 Abs. 1 BewG aus dem Kurswert. Paketzuschläge werden nach § 11 Abs. 3 BewG berücksichtigt.[69] Nach § 11 Abs. 2 S. 3 BewG gilt, dass der gemeine Wert einer Beteiligung an einer Kapitalgesellschaft aus zeitnahen Verkäufen abzuleiten ist (**Vergleichswertmethode**). Fehlen solche Vergleiche, findet das Ertragswertverfahren Anwendung (§ 11 Abs. 2 BewG).

Der durch die erforderliche Zuschreibung entstehende **Beteiligungskorrekturgewinn** ist ein laufender, voll steuerpflichtiger Gewinn, der nicht zum Übernahmeergebnis gehört. Das Übernahmeergebnis ist mithin um einen etwaigen Beteiligungskorrekturgewinn bzw. -verlust zu korrigieren.[70] Da gem. § 4 Abs. 1 S. 3 der § 8b Abs. 2 S. 4 KStG bzw. § 3 Nr. 40 S. 1 Buchst. a S. 2, 3 EStG Anwendung finden, ist der Beteiligungsgewinn nicht nach § 8b Abs. 2 S. 3 KStG bzw. § 3 Nr. 40 Buchst. a S. 1 EStG begünstigt.[71] Allerdings ergibt sich auch nur ein anteiliger Beteiligungskorrekturgewinn, sofern die Teilwertabschreibung wegen § 3c Abs. 2 EStG nur zum Teil steuerwirksam wurde.[72] Auf der anderen Seite reduziert sich durch die Aufstockung der Buchwerte ein Übernahmegewinn, bzw. erhöht sich ein Übernahmeverlust. Im Unterschied zum Beteiligungskorrekturgewinn wäre der Übernahmegewinn allerdings steuerbegünstigt (§ 4 Abs. 7).

---

64 Rödder/Herlinghaus/van Lishaut/*van Lishaut* UmwStG § 4 Rn. 56; Haritz/Menner/Bilitewski/*Bohnhardt* UmwStG § 4 Rn. 103; Schmitt/Hörtnagl/*Schmitt* UmwStG § 4 Rn. 48.
65 UmwSt-Erl. 2011, Rn. 04.07.
66 Haritz/Menner/Bilitewski/*Bohnhardt* UmwStG § 4 Rn. 113 ff.; Schmitt/Hörtnagl/*Schmitt* UmwStG § 4 Rn. 50.
67 BFH 19.8.2009 – I R 2/09, BStBl. II 2010, 760.
68 UmwSt-Erl. 2011, Rn. 04.07 S. 3; OFD Hannover DStZ 2006, 494; OFD Münster DB 2005, 470.
69 Schmitt/Hörtnagl/*Schmitt* UmwStG § 4 Rn. 51.
70 UmwSt-Erl. 2011, Rn. 04.08; *Förster/Felchner* DB 2006, 1072 (1074); *Ott* StuB 2007, 163 (166).
71 Haritz/Menner/Bilitewski/*Bohnhardt* UmwStG § 4 Rn. 130.
72 UmwSt-Erl. 2011, Rn. 04.08.

e) Abzug der Kosten der Verschmelzung (Abs. 4 S. 1)

39 Aus § 4 Abs. 4 S. 1 ergibt sich die grundsätzliche Abziehbarkeit der Kosten des Vermögensübergangs. Die Finanzverwaltung will nach objektbezogenen und nicht objektbezogenen Kosten differenzieren.[73] So sollen die **objektbezogenen Kosten**, insbes. die Grunderwerbsteuer, aktivierungspflichtig sein. Danach sind objektbezogene Kosten nicht nach § 4 Abs. 4 S. 1 abzugsfähig, sondern als Anschaffungsnebenkosten den übergehenden Wirtschaftsgütern zuzuordnen. Dies ist im Grundsatz zu begrüßen, denn wegen § 8b Abs. 2 KStG bzw. § 3 Nr. 40 EStG wären die Kosten ansonsten überhaupt nicht oder nur zu 60 % abzugsfähig.[74]

40 Die **nicht objektbezogenen** Kosten des übernehmenden Rechtsträgers mindern unabhängig vom Entstehungszeitpunkt das Übernahmeergebnis.[75] Die nicht objektbezogenen Kosten des übertragenden Rechtsträgers mindern das Übernahmeergebnis nach Ansicht der Finanzverwaltung dagegen nur insoweit, als sie nach dem steuerlichen Übertragungsstichtag entstanden sind.[76] Hintergrund dürfte sein, dass die Finanzverwaltung eine doppelte Erfassung der Kosten dadurch verhindern will, dass alle Kosten, die schon beim übertragenden Rechtsträger passivierungsfähig waren, beim übernehmenden Rechtsträger nicht zum Ansatz kommen sollen.

41 Die Ansicht der Finanzverwaltung ist abzulehnen, da sie weder im Einklang mit der Rechtsprechung des BFH zur persönlichen Zuordnung der Kosten[77] noch mit dem UmwStG steht. Es kann nicht von Bedeutung sein, ob die Kosten vor oder nach der Umwandlungsmaßnahme entstanden sind, sondern allein entscheidend muss bleiben, dass es sich um in der Sphäre des übertragenden Rechtsträgers verursachte Kosten handelt, die als Betriebsausgabe zu berücksichtigen sind und nicht in das Übernahmeergebnis gehören.[78] Die das Übernahmeergebnis mindernden Kosten des Vermögensübergangs sind wegen § 4 Abs. 6, 7 iVm §§ 3c Abs. 2, 3 Nr. 40 EStG (teilweise) bzw. § 8b KStG (vollständig) steuerlich nicht zu berücksichtigen.[79] Umwandlungskosten können zB sein: Kosten für die Erstellung und Beurkundung des Verschmelzungsvertrages, Kosten für den Verschmelzungsbericht, Kosten für die Anmeldung und Eintragung im Handelsregister sowie Kosten für die Erstellung und Prüfung der Schlussbilanz.[80]

42 Die **Summe** der vorstehend unter b) (Wertansatz der übergehenden Wirtschaftsgüter) und c) (neutrales Vermögen) fallenden Positionen abzgl. der Umwandlungskosten ergibt das Übernahmeergebnis 1. Stufe. Der sog. Beteiligungskorrekturgewinn erfährt eine davon getrennte Behandlung.

4. Erhöhung/Minderung des Übernahmeergebnisses (Abs. 5)

43 Das Übernahmeergebnis war um einen Sperrbetrag nach § 50c EStG zu erhöhen und ist um die nach § 7 fingiert ausgeschütteten offenen Rücklagen zu kürzen.

---

73 UmwSt-Erl. 2011, Rn. 04.34.
74 *Bogenschütz* Ubg 2011, 393 (406).
75 UmwSt-Erl. 2011, Rn. 04.34.
76 UmwSt-Erl. 2011, Rn. 04.34.
77 BFH 22.4.1998 – I R 83/96, BStBl. II 1998, 698.
78 *Bogenschütz* Ubg 2011, 393 (406); kritisch auch *Bünning* BB 2012, 243 (247); Haritz/Menner/Bilitewski/*Bohnhardt* UmwStG § 4 Rn. 244.
79 Schneider/Ruoff/Sistermann/*Blaas/Sommer*, UmwSt-Erl. 2011, H 4.104.
80 Haritz/Menner/Bilitewski/*Bohnhardt* UmwStG § 4 Rn. 244.

a) § 50c EStG

Mit dem Abzugsteuerentlastungsmodernisierungsgesetz v. 2.6.2021 wurde § 4 Abs. 5 S. 1 aF aufgehoben.[81] Die Norm betraf auslaufendes Recht, da die Sperrbetragsregelung nach § 50c EStG aF bereits durch das Gesetz v. 23.10.2000 aufgehoben wurde.[82] Die Altregelung gem. § 4 Abs. 5 S. 1 aF ist jedoch weiterhin anzuwenden, soweit die Anteile an der übertragenden Körperschaft am steuerlichen Übertragungsstichtag zum Betriebsvermögen des übernehmenden Rechtsträgers gehören und mit einem Sperrbetrag iSd § 50c EStG aF behaftet sind (§ 27 Abs. 17).[83] Diese Bestimmung hat aber kaum noch Relevanz, da Sperrbeträge iSd § 50c Abs. 4 EStG aF nur bis zum Wirtschaftsjahr 2001/2002 entstehen konnten und lediglich 10 Jahre zu beachten sind. Insoweit noch zu berücksichtigende Sperrbeträge sind außerhalb der Steuerbilanz gewinnerhöhend dem Übernahmeergebnis zuzuschlagen.[84] Die Sperrbeträge sollten vermeiden, dass im Zusammenhang mit der Anrechnungsmethode ungerechtfertigte Steuervorteile durch ausschüttungsbedingte Teilwertabschreibungen in Anspruch genommen werden konnten. Danach entstand ein Sperrbetrag ua für einen nicht anrechnungsberechtigten Anteilseigner, der anrechnungsberechtigt wurde, oder wenn ein Anrechnungsberechtigter von einem nicht Anrechnungsberechtigten dessen Anteil erwarb. In Höhe dieses Sperrbetrags (Unterschied zwischen Anschaffungskosten und Nennbetrag des Anteils) wurden ausschüttungsbedingte Teilwertabschreibungen nicht anerkannt.[85]

44

b) Abzug der nach § 7 fiktiv ausgeschütteten Rücklagen

Nach § 7 werden die offenen Rücklagen des übertragenden Rechtsträgers allen Anteilseignern prozentual entsprechend ihrer Beteiligung am Nennkapital fiktiv als Einnahmen aus Kapitalvermögen iSd § 20 Abs. 1 EStG bzw. als **Einnahmen aus Gewerbebetrieb** zugerechnet. Gleichzeitig gehört der Betrag der offenen Rücklagen auch zum **Übernahmeergebnis** iSd § 4 Abs. 4. Um eine Doppelbesteuerung zu vermeiden, muss daher das Übernahmeergebnis um die Bezüge iSd § 7 gekürzt werden, jedoch nur insoweit, als die Bezüge auf die Anteilseigner entfallen, die an der Ermittlung des Übernahmeergebnisses teilnehmen.[86] Insofern teilt sich das steuerliche Ergebnis beim Anteilseigner auf in Bezüge iSd § 7, die als **Einkünfte aus Kapitalvermögen** bzw. als **Einnahmen aus Gewerbebetrieb** besteuert werden, und einen **Übernahmegewinn/-verlust** nach § 4 Abs. 4, 5 iVm § 5.[87]

45

VI. Übernahmeverlust (Abs. 6)

1. Allgemeines

In § 4 Abs. 6 ist das Schicksal des Übernahmeverlustes geregelt. Hierbei wird zwischen Körperschaften, Personenvereinigungen und Vermögensmassen auf der einen Seite und natürlichen Personen auf der anderen Seite differenziert. Die Ermittlung ist, wie bei der Ermittlung des (positiven) Übernahmeergebnisses, **personenbezogen** durchzuführen.[88]

46

---

81 BGBl. 2021 I 1259.
82 BGBl. 2000 I 1433.
83 Frotscher/Drüen/*Schnitter* UmwStG § 4 Rn. 21a.
84 UmwSt-Erl. 2011, Rn. 04.37.
85 Vgl. auch Haritz/Menner/Bilitewski/*Bohnhardt* UmwStG § 4 Rn. 262 ff.
86 UmwSt-Erl. 2011, Rn. 04.38; Haritz/Menner/Bilitewski/*Bohnhardt* UmwStG § 4 Rn. 279; Frotscher/Drüen/*Schnitter* UmwStG § 4 Rn. 125.
87 Haritz/Menner/Bilitewski/*Bohnhardt* UmwStG § 4 Rn. 225; Frotscher/Drüen/*Schnitter* UmwStG § 4 Rn. 125.
88 Schmitt/Hörtnagl/*Schmitt* UmwStG § 4 Rn. 120; Rödder/Herlinghaus/van Lishaut/*van Lishaut* UmwStG § 4 Rn. 158.

47 Für alle Übernahmeverluste gilt gleichermaßen, dass ein Übernahmeverlust nur gegen die Bezüge iSd § 7 verrechnet werden darf.[89] Es findet also keine Verrechnung des Übernahmeverlustes mit den sonstigen positiven Einkünften (außer aus § 7) des Mitunternehmers statt. Weiterhin gilt für alle Fälle des § 4 Abs. 6, dass ein Übernahmeverlust nicht berücksichtigt werden kann, soweit er auf Körperschaften, Personenvereinigungen und Vermögensmassen entfällt, es sei denn, es handelt sich um Körperschaften iSd § 8b Abs. 7 oder 8 KStG.[90] Bei natürlichen Personen als Mitunternehmer ist ein Übernahmeverlust entsprechend dem Teileinkünfteverfahren zu 60 %, höchstens jedoch iHv 60 % der nach § 7 anzusetzenden Bezüge zu berücksichtigen.[91] Ein darüber hinausgehender Übernahmeverlust bleibt außer Ansatz.[92]

48 Bedenklich an dieser Regelung ist, dass durch die Beschränkungen der Abzugsfähigkeit des Übernahmeverlustes **Anschaffungskostenpotential verloren gehen** kann, was insbes. bei von Kapitalgesellschaften gehaltenen Anteilen oder bei nicht steuerverstrickten Anteilen im Privatvermögen natürlicher Personen geschieht. Beim Erwerb der Anteile an der übertragenden Kapitalgesellschaft mitbezahlte stille Reserven führen in diesen Fällen entweder zu nicht zu berücksichtigenden Übernahmeverlusten oder ein Übernahmeverlust ist wegen § 5 Abs. 2 überhaupt nicht zu ermitteln. Nur das aus dem Eigenkapital der Kapitalgesellschaft gespeiste Kapitalkonto des Mitunternehmers bei der übernehmenden Personengesellschaft bildet bei der späteren Veräußerung der Beteiligung deren Buchwert. Die ursprünglichen Anschaffungskosten der Beteiligung an der Kapitalgesellschaft werden bei der Berücksichtigung des Kapitalanteils des Mitunternehmers teilweise nicht berücksichtigt, so dass die ursprünglichen Anschaffungskosten insoweit letztlich steuerlich unberücksichtigt bleiben.[93]

2. Verluste von Körperschaften, Personenvereinigungen und Vermögensmassen

49 Der Ansatz eines **Übernahmeverlustes** ist für Körperschaften, Personenvereinigungen und Vermögensmassen grundsätzlich **ausgeschlossen**. Können diese jedoch wegen § 8b Abs. 7 oder Abs. 8 KStG keine Steuerbegünstigung iSd § 8b KStG in Anspruch nehmen, so ist ein **Abzug** bis zur Höhe der Bezüge iSd § 7 **zulässig**.[94]

3. Verluste bei natürlichen Personen

50 Übernahmeverluste, die bei natürlichen Personen entstehen, können höchstens zu 60 % der Bezüge iSd § 7 abgezogen werden. Die übrigen 40 % der Verluste gehen den Steuerpflichtigen verloren.[95]

51 Ein **Übernahmeverlust** bleibt jedoch nach § 4 Abs. 6 S. 6 dann **außer Betracht**, wenn ein Verlust nach § 17 Abs. 2 S. 6 EStG nicht zu berücksichtigen wäre. Dies ist der Fall

- beim unentgeltlichen Erwerb der Anteile innerhalb der letzten fünf Jahre, soweit auch der Rechtsvorgänger des Anteilsinhabers den Verlust nicht geltend machen konnte, bzw.

---

[89] Rödder/Herlinghaus/van Lishaut/*van Lishaut* UmwStG § 4 Rn. 157.
[90] UmwSt-Erl. 2011, 04.40 f.; Rödder/Herlinghaus/van Lishaut/*van Lishaut* UmwStG § 4 Rn. 160; Frotscher/Drüen/*Schnitter* UmwStG § 4 Rn. 204.
[91] Frotscher/Drüen/*Schnitter* UmwStG § 4 Rn. 204; Schmitt/Hörtnagl/*Schmitt* UmwStG § 4 Rn. 120.
[92] UmwSt-Erl. 2011, 04.42; Frotscher/Drüen/*Schnitter* UmwStG § 4 Rn. 204.
[93] BFH 12.7.2012 – IV R 39/09, NZG 2012, 1395 = BStBl. II 2012, 728; *Koch* BB 2012, 2679 (2680); Haritz/Menner/Bilitewski/*Börst* UmwStG § 7 Rn. 53.
[94] UmwSt-Erl. 2011, Rn. 04.40 f.; Schmitt/Hörtnagl/*Schmitt* UmwStG § 4 Rn. 122; Frotscher/Drüen/*Schnitter* UmwStG § 4 Rn. 208 f.
[95] UmwSt-Erl. 2011, Rn. 04.42; Frotscher/Drüen/*Schnitter* UmwStG § 4 Rn. 211; Schmitt/Hörtnagl/*Schmitt* UmwStG § 4 Rn. 124.

- beim entgeltlichen Erwerb der Anteile, wenn die Anteile nicht innerhalb der gesamten letzten fünf Jahre zu einer wesentlichen Beteiligung iSd § 17 Abs. 1 S. 1 EStG gehört haben.[96]

Im letzten Fall bleibt aber ein Abzug des Übernahmeverlustes zu 60 % der Bezüge iSd § 7 zulässig, soweit innerhalb der letzten 5 Jahre eine wesentliche Beteiligung begründet wurde oder soweit Anteile nach der Begründung einer wesentlichen Beteiligung erworben worden sind.[97] § 4 Abs. 6 S. 6 kommt jedoch nur in den Fällen zur Anwendung, in denen ein Übernahmeverlust nach § 4 Abs. 5 S. 1–5 abzugsfähig ist.[98]

Des Weiteren ist ein **Verlustabzug** für Anteile an der übertragenden Gesellschaft, die innerhalb der letzten fünf Jahre vor dem steuerlichen Übertragungsstichtag entgeltlich erworben wurden, **ausgeschlossen**. Dies gilt auch, wenn die Anteile erst nach dem steuerlichen Übertragungsstichtag angeschafft wurden.[99] Wegen der überschießenden Wirkung dieser Regelung, für die es unbeachtlich ist, ob steuerliche Einkünfte erzielt wurden, wirkt diese Regelung als Umwandlungssperre.[100]

VII. Besteuerung des Übernahmegewinns (Abs. 7)

Ein grundsätzlich als laufender Gewinn zu besteuerndes **positives Übernahmeergebnis** dürfte sich nach Anwendung der § 4 Abs. 4 und 5 nur ausnahmsweise ergeben.[101] Die Minderung um die fiktiv ausgeschütteten Rücklagen gem. § 7 wird das Übernahmeergebnis regelmäßig neutralisieren. Ein Übernahmegewinn ergibt sich jedoch, wenn der Kaufpreis unter der Summe aus dem Nennkapital und dem Einlagekonto liegt oder wenn der gemeine Wert in der steuerlichen Schlussbilanz angesetzt werden musste.[102]

Nach den Vorgaben von § 4 Abs. 7 handelt es sich beim Übernahmegewinn, der auf eine Körperschaft entfällt, um nach § 8b Abs. 2 und 3 KStG nur zu **5 % zu besteuernde Einkünfte**.[103] Etwas anderes gilt nur, wenn eine Ausnahme etwa nach § 8b Abs. 7 und 8 KStG für Kreditinstitute, Finanzdienstleistungsinstitute, Lebens- und Krankenversicherungsunternehmen sowie nach § 8b Abs. 4 KStG aF iVm § 21 UmwStG aF für einbringungsgeborene Anteile vorliegt.[104]

Für **natürliche Personen** ist bis zum Veranlagungszeitraum 2008 das Halbeinkünfteverfahren und danach das Teileinkünfteverfahren anzuwenden. Konsequenterweise muss auch § 3c EStG in diesen Fällen berücksichtigt werden.[105]

Der Übernahmegewinn unterliegt gemäß § 18 Abs. 2 S. 1 nicht der Gewerbesteuer, weshalb auch keine Anrechnung der Gewerbesteuer gem. § 35 EStG erfolgen kann.[106]

---

96 Frotscher/Drüen/*Schnitter* UmwStG § 4 Rn. 213.
97 Frotscher/Drüen/*Schnitter* UmwStG § 4 Rn. 213.
98 Frotscher/Drüen/*Schnitter* UmwStG § 4 Rn. 213 ff.; Haritz/Menner/Bilitewski/*Bohnhardt* UmwStG § 4 Rn. 305.
99 UmwSt-Erl. 2011, Rn. 4.43.
100 Frotscher/Drüen/*Schnitter* UmwStG § 4 Rn. 213.
101 *Jacobsen* DStZ 2010, 205; Rödder/Herlinghaus/van Lishaut/*van Lishaut* UmwStG § 4 Rn. 196; Schmitt/Hörtnagl/*Schmitt* UmwStG § 4 Rn. 143.
102 Schmitt/Hörtnagl/*Schmitt* UmwStG § 4 Rn. 143; Rödder/Herlinghaus/van Lishaut/*van Lishaut* UmwStG § 4 Rn. 196 ff.
103 Rödder/Herlinghaus/van Lishaut/*van Lishaut* UmwStG § 4 Rn. 198; Schmitt/Hörtnagl/*Schmitt* UmwStG § 4 Rn. 146; Haritz/Menner/Bilitewski/*Bohnhardt* UmwStG § 4 Rn. 318.
104 Rödder/Herlinghaus/van Lishaut/*van Lishaut* UmwStG § 4 Rn. 198; Schmitt/Hörtnagl/*Schmitt* UmwStG § 4 Rn. 146; Haritz/Menner/Bilitewski/*Bohnhardt* UmwStG § 4 Rn. 318.
105 Rödder/Herlinghaus/van Lishaut/*van Lishaut* UmwStG § 4 Rn. 205; Schmitt/Hörtnagl/*Schmitt* UmwStG § 4 Rn. 149; Haritz/Menner/Bilitewski/*Bohnhardt* UmwStG § 4 Rn. 320.
106 Rödder/Herlinghaus/van Lishaut/*van Lishaut* UmwStG § 4 Rn. 208.

57 Die Abgeltungssteuer nach § 32d EStG wird nicht zur Anwendung gebracht, weil ein Übernahmeergebnis nicht für Privatpersonen ermittelt wird, deren Anteile nicht zumindest (fiktiv) zum Betriebsvermögen des übernehmenden Rechtsträgers gehören, etwa weil sie nicht unter § 17 EStG fallen.[107] Alle anderen Anteile, die im Betriebsvermögen der Personengesellschaft gehalten werden (auch per Einlagefiktion gem. § 5 Abs. 2 und 3), vermitteln dem Gesellschafter gewerbliche Einkünfte, für die die Abgeltungssteuer ohnehin nicht angewendet werden kann.

§ 5 Besteuerung der Anteilseigner der übertragenden Körperschaft

(1) Hat der übernehmende Rechtsträger Anteile an der übertragenden Körperschaft nach dem steuerlichen Übertragungsstichtag angeschafft oder findet er einen Anteilseigner ab, so ist sein Gewinn so zu ermitteln, als hätte er die Anteile an diesem Stichtag angeschafft.

(2) Anteile an der übertragenden Körperschaft im Sinne des § 17 des Einkommensteuergesetzes, die an dem steuerlichen Übertragungsstichtag nicht zu einem Betriebsvermögen eines Gesellschafters der übernehmenden Personengesellschaft oder einer natürlichen Person gehören, gelten für die Ermittlung des Gewinns als an diesem Stichtag in das Betriebsvermögen des übernehmenden Rechtsträgers mit den Anschaffungskosten eingelegt.

(3) ¹Gehören an dem steuerlichen Übertragungsstichtag Anteile an der übertragenden Körperschaft zum Betriebsvermögen eines Anteilseigners, ist der Gewinn so zu ermitteln, als seien die Anteile an diesem Stichtag zum Buchwert, erhöht um Abschreibungen sowie um Abzüge nach § 6b des Einkommensteuergesetzes und ähnliche Abzüge, die in früheren Jahren steuerwirksam vorgenommen worden sind, höchstens mit dem gemeinen Wert, in das Betriebsvermögen des übernehmenden Rechtsträgers überführt worden. ²§ 4 Abs. 1 Satz 3 gilt entsprechend.

Literatur:
Bogenschütz, Umwandlung von Kapital- in Personengesellschaften, Ubg 2011, 393; *Köhler/Käshammer*, Umwandlung von Kapitalgesellschaften mit ausländischen Anteilseignern in Personengesellschaften nach dem UmwSt-Erlass 2011, GmbHR 2012, 301; *Neu/Schiffers/Watermeyer*, Praxisrelevante Schwerpunkte aus dem UmwStE-Entwurf, GmbHR 2011, 729; *Pyszka/Jüngling*, Umwandlung von Kapitalgesellschaften in Personenunternehmen, BB-Special 1 zu BB 2011, Heft 35, 4; *Stimpel*, Umwandlung von Kapital- in Personengesellschaften nach dem UmwSt-Erlass 2011, GmbHR 2012, 123.

I. Normzweck ... 1	3. Anteile, für die ein Gesellschafter nach dem Übertragungsstichtag abgefunden worden ist (Abs. 1 Alt. 2) ... 11
II. Anwendungsbereich ... 2	4. Einlagefiktion für im Privatvermögen gehaltene Beteiligung iSd § 17 EStG (Abs. 2) ... 13
1. Überblick ... 2	
2. Anschaffung nach dem Übertragungsstichtag (Abs. 1 Alt. 1) ... 4	
a) Anschaffung, Einlage (Abs. 1 Alt. 1) ... 5	5. Überführungsfiktion bei Anteilen im Betriebsvermögen (Abs. 3) ... 15
b) Wertsteigerungen zwischen Umwandlungsstichtag und Anschaffung ... 9	6. Einbringungsgeborene Anteile, Weitergeltung von § 5 Abs. 4 aF ... 19
c) Ausscheiden eines Gesellschafters im Rückwirkungszeitraum ... 10	7. Besonderheiten bei grenzüberschreitenden Sachverhalten ... 23

---

[107] Kritisch *Bogenschütz* Ubg 2011, 393 (403); *Desens* FR 2008, 943 (952); *Haisch* Ubg 2009, 96 (98, 104).

I. Normzweck

Bei § 5 handelt es sich um eine Ergänzung der Regelung des § 4 Abs. 4 zur Ermittlung des Übernahmeergebnisses. Nach § 4 Abs. 4 werden nur solche Anteile in das Übernahmeergebnis miteinbezogen, die bereits am steuerlichen Übertragungsstichtag zum Betriebsvermögen des übernehmenden Rechtsträgers gehören (Aufwärtsverschmelzung).[1] Nach § 5 gelten bestimmte, nicht von der Personengesellschaft am übertragenden Rechtsträger gehaltene Anteile fiktiv für Zwecke der Ermittlung des Übernahmeergebnisses zum steuerlichen Übertragungsstichtag als angeschafft, eingelegt bzw. überführt. Damit finden § 4 Abs. 4–7 bei der Ermittlung des Übernahmeergebnisses auch für bestimmte, nicht von dem übernehmenden Rechtsträgern gehaltene Anteile Anwendung.[2]

II. Anwendungsbereich

1. Überblick

§ 5 findet nur Anwendung auf Anteile, deren Inhaber durch die Umwandlung **Mitunternehmer** der Personengesellschaft werden bzw. deren Anteil an der Mitunternehmerschaft sich erhöht, da die Regelung der Ermittlung des Übernahmeergebnisses dient. Zivilrechtlich müssen die Anteilseigner im Zeitpunkt des zivilrechtlichen Vermögensübergangs Gesellschafter sein oder werden. Liegen die Voraussetzungen des § 5 nicht vor und wird für einen Gesellschafter kein Übernahmeergebnis ermittelt, da seine Anteile nicht als eingelegt gelten, hat dies keine Auswirkung auf seine zivilrechtliche Gesellschafterstellung.

§ 5 erfasst die folgenden Sachverhaltskonstellationen:[3]

- Anteile an der übertragenden Körperschaft, welche die übernehmende Personengesellschaft nach dem steuerlichen Übertragungsstichtag, jedoch vor Eintragung der Verschmelzung in das Handelsregister angeschafft hat, gelten zur Ermittlung des Übernahmeergebnisses zum steuerlichen Übertragungsstichtag als angeschafft (§ 5 Abs. 1 Alt. 1).
- Anteile eines ausscheidenden Gesellschafters gelten als zum steuerlichen Übertragungsstichtag als angeschafft, wenn die Personengesellschaft den Gesellschafter nach dem steuerlichen Übertragungsstichtag abfindet (§ 5 Abs. 1 Alt. 2).
- Eine Beteiligung iSd § 17 EStG gilt als am steuerlichen Übertragungsstichtag zum Buchwert in das Betriebsvermögen der Personengesellschaft bzw. der natürlichen Person eingelegt, wenn es sich nicht um einbringungsgeborene Anteile iSd § 21 aF handelt[4] und die Anteile zum Übertragungsstichtag im Privatvermögen gehalten werden (§ 5 Abs. 2).
- Gehören Anteile nicht zum Betriebsvermögen oder Sonderbetriebsvermögen der übernehmenden Personengesellschaft, aber zum Betriebsvermögen eines Gesellschafters der übernehmenden Personengesellschaft, gelten diese Anteile als in das Betriebsvermögen der übernehmenden Personengesellschaft überführt, und zwar mit dem

---

1 Brandis/Heuermann/*Klingberg/Loose* UmwStG § 5 Rn. 1 ff.; Schmitt/Hörtnagl/*Schmitt* UmwStG § 5 Rn. 1 ff.; BeckOK UmwStG/*Möller-Gosoge* § 5 Rn. 3; *Hruschka* DStR-Beih. 2012, 4 (8).
2 Brandis/Heuermann/*Klingberg/Loose* UmwStG § 5 Rn. 1.
3 Brandis/Heuermann/*Klingberg/Loose* UmwStG § 5 Rn. 2–5; Haritz/Menner/Bilitewski/*Werneburg* UmwStG § 5 Rn. 5; Schmitt/Hörtnagl/*Schmitt* UmwStG § 5 Rn. 4; BeckOK UmwStG/*Möller-Gosoge* § 5 Rn. 2; Widmann/Mayer/*Martini* UmwStG § 5 Rn. 1 ff.
4 Schmitt/Hörtnagl/*Schmitt* UmwStG § 5 Rn. 4.

Buchwert, erhöht um Abschreibungen sowie Abzüge nach § 6b EStG und ähnliche Abzüge, die in früheren Jahren steuerwirksam vorgenommen worden sind, höchstens jedoch mit dem gemeinen Wert (§ 5 Abs. 3).

- Für einbringungsgeborene Anteile, die aus Einbringungen bis 2006 resultieren, gilt gem. § 27 Abs. 3 Nr. 1 grundsätzlich § 5 Abs. 4 aF fort, der eine Einlagefiktion anordnet. Gehören die einbringungsgeborenen Anteile dagegen zu einem Betriebsvermögen, sind sie mit den sich aus § 5 Abs. 2, 3 ergebenden Werten anzusetzen. In diesem Fall ist folglich der Buchwert, aufgestockt um frühere steuerwirksame Teilwertabschreibungen bzw. Rücklagenübertragung, maximal jedoch der gemeine Wert anzusetzen (§ 5 Abs. 4 aF).[5]

Damit fallen solche im **Privatvermögen gehaltenen Anteile**, die keine wesentliche Beteiligung iSd § 17 EStG darstellen und keine einbringungsgeborenen Anteile iSd § 21 aF sind, nicht unter den Tatbestand von § 5. Dies ist regelmäßig der Fall bei Anteilen, die von § 23 EStG nicht mehr erfasst werden oder jetzt unter § 20 Abs. 2 S. 1 Nr. 1 EStG fallen.[6]

2. Anschaffung nach dem Übertragungsstichtag (Abs. 1 Alt. 1)

4 Die Rückwirkung des Erwerbs auf den steuerlichen Übertragungsstichtag steht im Einklang mit der Rückwirkungsfiktion des § 2 Abs. 2. Dies lässt auch die Finanzverwaltung im Umwandlungssteuererlass zumindest für den Anteilseignerwechsel erkennen (Umkehrschluss).[7]

a) Anschaffung, Einlage (Abs. 1 Alt. 1)

5 Nach § 4 Abs. 4 werden bei der Ermittlung des Übernahmeergebnisses nur solche Anteile an der übertragenden Körperschaft einbezogen, die am steuerlichen Umwandlungsstichtag zum Betriebsvermögen (inkl. des Sonderbetriebsvermögens) des übernehmenden Rechtsträgers gehörten.[8]

6 Nach § 5 Abs. 1 wird für Zwecke der Ermittlung des Übernahmeergebnisses fingiert, dass Anteile, die von dem übernehmenden Rechtsträger nach dem steuerlichen Übertragungsstichtag angeschafft worden sind, als an diesem Stichtag angeschafft gelten.[9] Dies gilt unabhängig davon, ob der übernehmende Rechtsträger die gesamte Beteiligung oder nur Teile der Beteiligung an der übertragenden Körperschaft nach dem steuerlichen Übertragungsstichtag angeschafft hat.[10] Eine Anschaffung setzt dabei grundsätzlich einen **entgeltlichen Erwerbsvorgang** voraus.[11] Daneben ist auch die offene Einlage, dh die Einlage der Kapitalbeteiligung in die übernehmende Personengesellschaft gegen Gewährung von Gesellschaftsrechten, als Anschaffung in diesem Sinne zu behandeln.[12] Nach Ansicht der Finanzverwaltung steht der unentgeltliche Erwerb einer

---

5 Schmitt/Hörtnagl/*Schmitt* UmwStG § 5 Rn. 4.
6 Dötsch/Pung/Möhlenbrock/*Pung* UmwStG § 5 Rn. 5; Frotscher/Drüen/*Schnitter* UmwStG § 5 Rn. 10.
7 UmwSt-Erl. 2011, Rn. 5.03.
8 Schmitt/Hörtnagl/*Schmitt* UmwStG § 5 Rn. 1f.
9 Haritz/Menner/Bilitewski/*Werneburg* UmwStG § 5 Rn. 21; Frotscher/Drüen/*Schnitter* UmwStG § 5 Rn. 19; Widmann/Mayer/*Martini* UmwStG § 5 Rn. 2; Schmitt/Hörtnagl/*Schmitt* UmwStG § 5 Rn. 7.
10 Dötsch/Pung/Möhlenbrock/*Pung* UmwStG § 5 Rn. 10; Schmitt/Hörtnagl/*Schmitt* UmwStG § 5 Rn. 7.
11 Brandis/Heuermann/*Klingberg* UmwStG § 5 Rn. 15; Haritz/Menner/Bilitewski/*Werneburg* UmwStG § 5 Rn. 23; Frotscher/Drüen/*Schnitter* UmwStG § 5 Rn. 22; Schmitt/Hörtnagl/*Schmitt* UmwStG § 5 Rn. 8; Dötsch/Pung/Möhlenbrock/*Pung* UmwStG § 5 Rn. 10.
12 BFH 24.1.2008 – IV R 37/06, BStBl. II 2011, 617; BFH 19.10.1998 – VIII R 69/95, BStBl. II 2000, 230; Dötsch/Pung/Möhlenbrock/*Pung* UmwStG § 5 Rn. 11.

Anschaffung gleich.[13] Damit wäre auch die verdeckte Einlage vom Begriff der Anschaffung umfasst.[14] Dies erscheint im Hinblick auf den Wortlaut jedoch bedenklich.[15] Denn grds. unterfällt die unentgeltliche Übertragung nicht § 5 Abs. 1, sondern ist ein Fall von § 5 Abs. 3.[16]

Nach Ansicht der Finanzverwaltung gilt die Fiktion des § 5 Abs. 1 auch für solche Anteile, die **Sonderbetriebsvermögen** des übernehmenden Rechtsträgers werden.[17] Folglich ist es keine zwingende Voraussetzung, dass die Anteile durch die Personengesellschaft erworben wurden. Ob Sonderbetriebsvermögen vorliegt oder nicht, ergibt sich nach den allgemeinen Grundsätzen.

Von einigen Teilen der Literatur wird dagegen vertreten, dass für Erwerbe in das Sonderbetriebsvermögen die Überführungsfiktion des § 5 Abs. 3 entsprechend anzuwenden ist.[18] Diese **unterschiedlichen Wege**, um zur Anwendung des § 5 auf das Sonderbetriebsvermögen zu kommen, haben Auswirkungen auf den Wertansatz. Bei einer Anwendung von § 5 Abs. 1 nach Auffassung der Finanzverwaltung sind die Anteile mit den Anschaffungskosten anzusetzen, während bei einer entsprechenden Anwendung von § 5 Abs. 3 korrigierte Buchwerte anzusetzen sind.

b) Wertsteigerungen zwischen Umwandlungsstichtag und Anschaffung

Das Vermögen und das Einkommen der übertragenden Körperschaft werden der übernehmenden Personengesellschaft auch insofern zugerechnet, als es auf Anteile an der übertragenden Körperschaft entfällt, die erst nach dem Übertragungsstichtag angeschafft werden. Dies ist direkte Folge der Rückwirkungsfiktion des § 2 Abs. 1. Die im Zeitraum zwischen Anschaffung und steuerlichem Übertragungsstichtag entstandenen offenen Reserven, die sich typischerweise im Anschaffungspreis für die Anteile niedergeschlagen haben, mindern das Übernahmeergebnis iSd § 4 Abs. 4.[19]

c) Ausscheiden eines Gesellschafters im Rückwirkungszeitraum

Anteilseigner des übertragenden Rechtsträgers, die zwischen dem steuerlichen Übertragungsstichtag und der Eintragung in das Handelsregister ausscheiden, nehmen nicht an der Rückwirkung des § 2 Abs. 1 teil.[20] Die **Besteuerung des Veräußerers** ergibt sich aus den allgemeinen Vorschriften, also insbes. den §§ 17 bzw. 20 EStG, dh er veräußert Anteile an einer Körperschaft.[21] Sonstige Leistungen wie Geschäftsführergehälter, Mieten und Zinsen sind nach den allgemeinen Vorschriften den jeweiligen Einkunftsarten zuzuordnen. Die Umwandlung hat insofern keine Auswirkungen.[22]

---

13 UmwSt-Erl. 2011, Rn. 5.01 S. 2.
14 Zustimmend im Hinblick auf die verdeckte Einlage Haritz/Menner/Bilitewski/*Werneburg* UmwStG § 5 Rn. 24.
15 Schmitt/Hörtnagl/*Schmitt* UmwStG § 5 Rn. 9; Dötsch/Pung/Möhlenbrock/*Pung* UmwStG § 5 Rn. 11.
16 Dötsch/Pung/Möhlenbrock/*Pung* UmwStG § 5 Rn. 11; Frotscher/Drüen/*Schnitter* UmwStG § 5 Rn. 23; Schmitt/Hörtnagl/*Schmitt* UmwStG § 5 Rn. 9.
17 UmwSt-Erl. 2011, Rn. 05.02; zustimmend Dötsch/Pung/Möhlenbrock/*Pung* UmwStG § 5 Rn. 15; Frotscher/Drüen/*Schnitter* UmwStG § 5 Rn. 27; Schmitt/Hörtnagl/*Schmitt* UmwStG § 5 Rn. 1 Haritz/Menner/Bilitewski/*Werneburg* UmwStG § 5 Rn. 25 ff.; aA Rödder/Herlinghaus/van Lishaut/*van Lishaut* UmwStG § 5 Rn. 19.
18 Rödder/Herlinghaus/van Lishaut/*van Lishaut* UmwStG § 5 Rn. 10.
19 Schmitt/Hörtnagl/*Schmitt* UmwStG § 5 Rn. 15; Widmann/Mayer/*Martini* UmwStG § 5 Rn. 65.
20 UmwSt-Erl. 2011, Rn. 02.18, 05.03; Dötsch/Pung/Möhlenbrock/*Pung* UmwStG § 5 Rn. 22; Frotscher/Drüen/*Schnitter* § 5 Rn. 14; Schmitt/Hörtnagl/*Schmitt* UmwStG § 5 Rn. 16.
21 Stadler/Elser/Bindl DB-Beil. 1/2012, 14; Frotscher/Drüen/*Schnitter* § 5 Rn. 14; Schmitt/Hörtnagl/*Schmitt* UmwStG § 5 Rn. 16; Widmann/Mayer/*Martini* UmwStG § 5 Rn. 75.
22 Schmitt/Hörtnagl/*Schmitt* UmwStG § 5 Rn. 16; Widmann/Mayer/*Martini* UmwStG § 5 Rn. 77 f.

3. Anteile, für die ein Gesellschafter nach dem Übertragungsstichtag abgefunden worden ist (Abs. 1 Alt. 2)

11 Konsequenterweise nimmt ein Gesellschafter, der im Rückwirkungszeitraum, dh dem Zeitraum zwischen dem steuerlichen Übertragungsstichtag und dem Tag der Eintragung in das Handelsregister, ausscheidet, nicht an der Ermittlung des Umwandlungsergebnisses teil.[23] Außerdem ist sein **Ausscheiden** für die Bestimmung des Veräußerungsobjektes und des Veräußerungszeitpunktes von Bedeutung. Der ausscheidende Gesellschafter veräußert noch **Kapitalanteile** und nicht etwa Mitunternehmeranteile, selbst wenn er zwischen Umwandlungsbeschluss und Eintragung in das Handelsregister ausscheidet.[24] Da zum steuerlichen Übertragungsstichtag der Abfindungsanspruch des ausscheidenden Gesellschafters noch nicht erfasst ist, wird die nach dem steuerlichen Übertragungsstichtag gezahlte Abfindung in die Berechnung des Übernahmegewinns nach § 5 Abs. 1 Alt. 2 einbezogen.[25] In der Folge erhöht sich der Buchwert der Anteile iSd § 4 Abs. 4 in Höhe der gezahlten Abfindung.

12 Der **Erwerber** (bisheriger oder neuer Anteilseigner) wird so gestellt, als hätte er die Anteile am steuerlichen Übertragungsstichtag angeschafft.[26] Dadurch wird zum einen fingiert, dass die Anteile schon am steuerlichen Übertragungsstichtag auf ihn übergegangen sind, zum anderen wird nach § 5 Abs. 2 und 3 fingiert, dass die Anteile in das Betriebsvermögen der Personengesellschaft eingelegt bzw. überführt wurden.[27] Demnach nimmt der Erwerber in vollem Umfang am Übertragungsvorgang teil.

4. Einlagefiktion für im Privatvermögen gehaltene Beteiligung iSd § 17 EStG (Abs. 2)

13 Nach § 5 Abs. 2 wird eine Beteiligung iSd § 17 EStG, die ein Gesellschafter des übertragenden Rechtsträgers im steuerlichen Privatvermögen hält, als zum steuerlichen Übertragungsstichtag in das Betriebsvermögen des übernehmenden Rechtsträgers eingelegt behandelt. Eine Beteiligung iSv § 17 EStG ist eine solche, die mindestens **ein Prozent** erreicht. Bei der Ermittlung der Beteiligungsquote sind eigene Anteile vom Nennkapital der Kapitalgesellschaft abzusetzen.[28] Damit stellt die Finanzverwaltung stellt klar, dass bei der Ermittlung der Beteiligungsquote auch solche Anteile erfasst werden, für die nach § 17 Abs. 2 S. 6 EStG ein Veräußerungsverlust nicht zu berücksichtigen ist.[29] Nach dem eindeutigen Wortlaut des § 4 Abs. 6 S. 6 wird ein sich ergebender Übernahmeverlust nicht berücksichtigt. Beteiligungen iSd § 20 Abs. 2 S. 1 Nr. 1 EStG (< 1%) werden von dieser Regelung nicht erfasst. Bei diesen Anteilen kommt es nicht zu einem Übernahmeergebnis, sondern nur zu einer Besteuerung der offenen Rücklagen iSd § 7.

14 Liegt ein Fall von § 5 Abs. 2 vor, so sind die fiktiv eingelegten Kapitalgesellschaftsanteile für die Berechnung des Übernahmeergebnisses mit den Anschaffungskosten anzusetzen. Dies gilt selbst dann, wenn der gemeine Wert oder der Teilwert der Anteile

---

23 UmwSt-Erl. 2011, Rn. 02.18, 05.03; Dötsch/Pung/Möhlenbrock/*Pung* UmwStG § 5 Rn. 22; Frotscher/Drüen/*Schnitter* § 5 Rn. 14; Schmitt/Hörtnagl/*Schmitt* UmwStG § 5 Rn. 16.
24 Schmitt/Hörtnagl/*Schmitt* UmwStG § 5 Rn. 20; Dötsch/Pung/Möhlenbrock/*Pung* UmwStG § 5 Rn. 15a; Frotscher/Drüen/*Schnitter* § 5 Rn. 31; Rödder/Herlinghaus/van Lishaut/*van Lishaut* UmwStG § 5 Rn. 22.
25 Schmitt/Hörtnagl/*Schmitt* UmwStG § 5 Rn. 18; Rödder/Herlinghaus/van Lishaut/*van Lishaut* UmwStG § 5
Rn. 21 ff.; Haritz/Menner/Bilitewski/*Werneburg* UmwStG § 5 Rn. 39 f.
26 UmwSt-Erl. 2011, Rn. 05.04; Frotscher/Drüen/*Schnitter* § 5 Rn. 36a.
27 UmwSt-Erl. 2011, Rn. 05.04; Frotscher/Drüen/*Schnitter* § 5 Rn. 36a.
28 UmwSt-Erl. 2011, Rn. 05.06; BFH 24.9.1970 – IV R 138/69, BStBl II 1971, 89; Frotscher/Drüen/*Schnitter* UmwStG § 5 Rn. 45; Schmitt/Hörtnagl/*Schmitt* UmwStG § 5 Rn. 26; Dötsch/Pung/Möhlenbrock/*Pung* UmwStG § 5 Rn. 29.
29 UmwSt-Erl. 2011, 05.05.

niedriger ist.[30] Lediglich Anteile, bei denen Wertsteigerungen erfasst werden, die bis zur Verkündung des StEntlG 1999/2000/2002 entstanden sind und die bei einer Veräußerung nach Verkündung des Gesetzes sowohl zum Zeitpunkt der Verkündung als auch zum Zeitpunkt der Veräußerung nach der zuvor geltenden Rechtslage steuerfrei hätten realisiert werden können, müssen wegen der Entscheidung des BVerfG vom 7.7.2010[31] mit dem auf den 31.3.1999 ermittelten gemeinen Wert angesetzt werden.[32]

5. Überführungsfiktion bei Anteilen im Betriebsvermögen (Abs. 3)

Nach § 5 Abs. 3 gelten Anteile am übertragenden Rechtsträger, die in einem anderen Betriebsvermögen des Anteilseigners gehalten wurden, zum steuerlichen Übertragungsstichtag als in das Betriebsvermögen des übernehmenden Rechtsträgers eingelegt.[33] Für die Bestimmung der Betriebsvermögenseigenschaft gelten die allgemeinen Grundsätze. Nicht zum Betriebsvermögen des Gesellschafters gehören Anteile, die sich im Sonderbetriebsvermögen befinden, da diese schon nach § 4 Abs. 4 dem Betriebsvermögen der übernehmenden Personengesellschaft zuzurechnen sind.[34]

Die Beteiligungen von **juristischen Personen des öffentlichen Rechts** fallen unter § 5 Abs. 3, soweit sie in einem steuerpflichtigen Betrieb gewerblicher Art gehalten werden oder von im Grundsatz steuerbefreiten Körperschaften und die Anteile einem steuerpflichtigen wirtschaftlichen Geschäftsbetrieb zugeordnet sind.[35]

§ 5 Abs. 3 bestimmt, dass die fiktive Einlage zum steuerlichen Übertragungsstichtag als zum **Buchwert** vorgenommen gilt. Erhöht werden muss der Buchwert um steuerwirksam vorgenommene Teilwertabschreibungen sowie Abzüge nach § 6b EStG und ähnliche Abzüge. Diese ebenfalls als Beteiligungskorrekturgewinn bezeichnete Zuschreibung ergänzt § 4 Abs. 1 S. 2 und 3.[36] **Begrenzt** ist der Einlagewert auf den gemeinen Wert.[37] Bei der Überführung von Anteilen, die in einem ausländischen Betriebsvermögen gehalten werden, sind die Anteile nach § 4 Abs. 1 S. 8 EStG iVm § 6 Abs. 1 Nr. 5a EStG mit dem gemeinen Wert anzusetzen.[38]

§ 5 Abs. 3 S. 2 verweist bezüglich der **Zuschreibung** auf § 4 Abs. 1 S. 3 und nimmt somit auf die übernehmende Personengesellschaft Bezug. Es stellt sich jedoch die Frage, ob die Zuschreibung auf Ebene der übernehmenden Personengesellschaft erfolgt. Da § 5 Abs. 3 in erster Linie eine Regelung für den Anteilseigner trifft, sind auf seiner Ebene die notwendigen Zuschreibungen vornehmen und zwar rückbezogen auf den steuerlichen Übertragungsstichtag.[39] Der Beteiligungskorrekturgewinn ist auch in diesem Fall von der Steuerbefreiung des § 8b Abs. 2 KStG und von § 3 Nr. 40 EStG ausgeschlossen.

---

30 BFH 19.10.1998 – VIII R 58/95, BStBl. II 1999, 298; Rödder/Herlinghaus/van Lishaut/*van Lishaut* § 5 Rn. 50; Schmitt/Hörtnagl/*Schmitt* UmwStG § 5 Rn. 31; Haritz/Menner/Bilitewski/*Werneburg* UmwStG § 5 Rn. 48; Widmann/Mayer/*Martini* UmwStG § 5 Rn. 206.
31 BVerfG 7.7.2010 – 2 BvR 748, 753, 1738/05, BStBl. II 2011, 86.
32 Schmitt/Hörtnagl/*Schmitt* UmwStG § 5 Rn. 31.
33 Dötsch/Pung/Möhlenbrock/*Pung* UmwStG § 5 Rn. 42.
34 Schmitt/Hörtnagl/*Schmitt* UmwStG § 5 Rn. 33; aA Rödder/Herlinghaus/van Lishaut/*van Lishaut* UmwStG § 5 Rn. 57.
35 Frotscher/Drüen/*Schnitter* UmwStG § 5 Rn. 49a; Schmitt/Hörtnagl/*Schmitt* UmwStG § 5 Rn. 33; Rödder/Herlinghaus/van Lishaut/*van Lishaut* UmwStG § 5 Rn. 60.
36 UmwSt-Erl. 2011, Rn. 05.10; Dötsch/Pung/Möhlenbrock/*Pung* UmwStG § 5 Rn. 43; Schmitt/Hörtnagl/*Schmitt* UmwStG § 5 Rn. 36.
37 UmwSt-Erl. 2011, Rn. 05.10; Dötsch/Pung/Möhlenbrock/*Pung* UmwStG § 5 Rn. 43; Schmitt/Hörtnagl/*Schmitt* UmwStG § 5 Rn. 36.
38 Dötsch/Pung/Möhlenbrock/*Pung* UmwStG § 5 Rn. 45; Schmitt/Hörtnagl/*Schmitt* UmwStG § 5 Rn. 36; Rödder/Herlinghaus/van Lishaut/*van Lishaut* UmwStG § 5 Rn. 64.
39 So auch die amtliche Gesetzesbegründung, vgl. BT-Drs. 16/2710, 39; UmwSt-Erl. 2011, Rn. 05.11; Dötsch/Pung/Möhlenbrock/*Pung* UmwStG § 5 Rn. 44; Schmitt/Hörtnagl/*Schmitt* UmwStG § 5 Rn. 37.

6. Einbringungsgeborene Anteile, Weitergeltung von § 5 Abs. 4 aF

19 Das alte Konzept der einbringungsgeborenen Anteile wurde vom Gesetzgeber mit der Neukonzeption des Umwandlungssteuerrechts am 12.12.2006 aufgegeben. Für alte einbringungsgeborene Anteile ordnet § 27 Abs. 3 Nr. 1 die Fortgeltung von § 5 Abs. 4 aF an. Außerdem können nach § 20 Abs. 3 S. 4 und § 21 Abs. 2 S. 6 bei der Einbringung alter einbringungsgeborener Anteile auch nach der Neufassung des UmwStG noch „alte" einbringungsgeborene Anteile entstehen.[40] Auch einbringungsgeborene Anteile, die von steuerbefreiten Anteilseignern oder juristischen Personen des öffentlichen Rechts gehalten werden, fallen unter § 27 Abs. 3 Nr. 1.[41]

20 Mit dem Inkrafttreten des neuen UmwStG gelten „alte" einbringungsgeborene Anteile bei Umwandlungen mit den Werten nach § 5 Abs. 2 und § 5 Abs. 3 als in das **Betriebsvermögen überführt**. Insofern gelten die Anteile nicht mehr grundsätzlich als mit den Anschaffungskosten eingelegt. Handelt es sich um im Privatvermögen gehaltene Anteile, gelten sie immer noch als mit den Anschaffungskosten eingelegt. Werden sie hingegen in einem Betriebsvermögen gehalten, so gelten sie als mit dem Buchwert, aufgestockt um frühere steuerwirksame Teilwertabschreibungen und § 6b EStG-Abzüge, als eingelegt.[42] Es kann sich daher auch insoweit ein Beteiligungskorrekturgewinn ergeben.

21 Ob einbringungsgeborene Anteile vorliegen, muss zum Zeitpunkt der zivilrechtlichen Wirksamkeit der Umwandlung ermittelt werden.[43] So gilt für einen Erwerber, der die einbringungsgeborenen Anteile nach dem steuerlichen Übertragungsstichtag entgeltlich anschafft, oder wenn die freiwillige Versteuerung gemäß § 21 Abs. 2 S. 1 Nr. 1 aF gewählt wird, nur § 5 Abs. 1–3. In diesem Fall findet § 5 Abs. 4 aF keine Anwendung, da in der Person des Anteilseigners keine einbringungsgeborenen Anteile mehr vorliegen.[44] Hingegen greift beim unentgeltlichen Rechtsnachfolger, der die einbringungsgeborenen Anteile im steuerlichen Rückwirkungszeitraum erwirbt, § 5 Abs. 4 aF.[45] Wird der Antrag auf freiwillige Versteuerung nach § 21 Abs. 2 S. 1 Nr. 1 aF erst nach Eintragung der Umwandlung im Handelsregister gestellt, so hat dies für die Behandlung im Zuge der Umwandlung keine Relevanz mehr.[46]

22 Wegen der **Angleichung der Rechtsfolgen** hat die Unterscheidung in einbringungsgeborene Anteile und andere Anteile praktisch keine Bedeutung mehr.[47]

7. Besonderheiten bei grenzüberschreitenden Sachverhalten

23 In Fällen, in denen der übertragende Rechtsträger einen **ausländischen Anteilseigner** hat, gehen die Finanzverwaltung[48] und die hM in der Literatur[49] davon aus, dass für die Einlagefiktion nach § 5 Abs. 2 und die Ermittlung des Übernahmegewinns auf nationales Recht abzustellen ist.

---

40 Dötsch/Pung/Möhlenbrock/*Pung* UmwStG § 5 Rn. 51 ff.; Frotscher/Drüen/*Schnitter* UmwStG § 5 Rn. 60 ff.; Schmitt/Hörtnagl/*Schmitt* UmwStG § 5 Rn. 38 ff.
41 Dötsch/Pung/Möhlenbrock/*Pung* UmwStG § 5 Rn. 53.
42 Rödder/Herlinghaus/van Lishaut/*van Lishaut* § 5 Rn. 69 f.
43 Dötsch/Pung/Möhlenbrock/*Pung* UmwStG § 5 Rn. 54; Frotscher/Drüen/*Schnitter* UmwStG § 5 Rn. 63; Schmitt/Hörtnagl/*Schmitt* UmwStG § 5 Rn. 41.
44 Dötsch/Pung/Möhlenbrock/*Pung* UmwStG § 5 Rn. 55; Frotscher/Drüen/*Schnitter* UmwStG § 5 Rn. 63; Schmitt/Hörtnagl/*Schmitt* UmwStG § 5 Rn. 41; Haritz/Menner/Bilitewski/*Werneburg* UmwStG § 5 Rn. 71.
45 Haritz/Menner/Bilitewski/*Werneburg* UmwStG § 5 Rn. 72.
46 Rödder/Herlinghaus/van Lishaut/*van Lishaut* UmwStG § 5 Rn. 71 f.
47 Cordes/Dremel/*Carstens* in FGS/BDI, UmwSt-Erl. 2011, S. 205.
48 UmwSt-Erl. 2011, 05.07.
49 Schmitt/Hörtnagl/*Schmitt* UmwStG § 5 Rn. 29; Dötsch/Pung/Möhlenbrock/*Pung* UmwStG § 5 Rn. 32 ff. und 40; Fotscher/Drüen/*Schnitter* UmwStG § 5 Rn. 43.

Entsteht für im Ausland ansässigen Anteilseigner nach deutschen Vorschriften ein Übernahmegewinn, ist im zweiten Schritt zu prüfen, ob Deutschland den nach innerstaatlichen Recht entstandenen Übernahmegewinn überhaupt besteuern darf. Hierbei kommt es, soweit zwischen dem Ansässigkeitsstaat des Mitunternehmers und Deutschland ein **Doppelbesteuerungsabkommen** nach Vorbild des OECD-MA geschlossen wurde, darauf an, ob die Fiktion des § 5 Abs. 2 für sich genommen ausreicht, um eine Betriebsstätte zu begründen, oder bei Anteilen iSd § 17 EStG, ob Deutschland als Sitzstaat der Kapitalgesellschaft das abkommensrechtliche Besteuerungsrecht über Art. 13 zusteht.[50]

Für den umgekehrten Fall bedeutet dies, dass, wenn ein unbeschränkt steuerpflichtiger Anteilseigner an einem ausländischen übertragenden Rechtsträger beteiligt ist, Deutschland den Übernahmegewinn versteuern darf, wenn das Besteuerungsrecht nach dem DBA Deutschland als Ansässigkeitsstaat des Anteilseigners zusteht.

§ 6 Gewinnerhöhung durch Vereinigung von Forderungen und Verbindlichkeiten

(1) ¹Erhöht sich der Gewinn des übernehmenden Rechtsträgers dadurch, dass der Vermögensübergang zum Erlöschen von Forderungen und Verbindlichkeiten zwischen der übertragenden Körperschaft und dem übernehmenden Rechtsträger oder zur Auflösung von Rückstellungen führt, so darf der übernehmende Rechtsträger insoweit eine den steuerlichen Gewinn mindernde Rücklage bilden. ²Die Rücklage ist in den auf ihre Bildung folgenden drei Wirtschaftsjahren mit mindestens je einem Drittel gewinnerhöhend aufzulösen.

(2) ¹Absatz 1 gilt entsprechend, wenn sich der Gewinn eines Gesellschafters des übernehmenden Rechtsträgers dadurch erhöht, dass eine Forderung oder Verbindlichkeit der übertragenden Körperschaft auf den übernehmenden Rechtsträger übergeht oder dass infolge des Vermögensübergangs eine Rückstellung aufzulösen ist. ²Satz 1 gilt nur für Gesellschafter, die im Zeitpunkt der Eintragung des Umwandlungsbeschlusses in das öffentliche Register an dem übernehmenden Rechtsträger beteiligt sind.

(3) ¹Die Anwendung der Absätze 1 und 2 entfällt rückwirkend, wenn der übernehmende Rechtsträger den auf ihn übergegangenen Betrieb innerhalb von fünf Jahren nach dem steuerlichen Übertragungsstichtag in eine Kapitalgesellschaft einbringt oder ohne triftigen Grund veräußert oder aufgibt. ²Bereits erteilte Steuerbescheide, Steuermessbescheide, Freistellungsbescheide oder Feststellungsbescheide sind zu ändern, soweit sie auf der Anwendung der Absätze 1 und 2 beruhen.

Literatur:
Neu/Schiffers/Watermeyer, Praxisrelevante Schwerpunkte aus dem UmwStE-Entwurf, GmbHR 2011, 729; *Pyszka/Jüngling*, Umwandlung von Kapitalgesellschaften in Personenunternehmen, BB-Special 1 zu BB 2011, Heft 35, 4; *Schell/Krohn*, Ausgewählte praxisrelevante „Fallstricke" des UmwStE 2011 (Teil 3) – Probleme der rückwirkenden Einbringungsgewinnbesteuerung und Übernahmefolgegewinn gem. § 6, DB 2012, 1172; *Stimpel*, Umwandlung von Kapital- in Personengesellschaften nach dem UmwSt-Erlass 2011, GmbHR 2012, 123.

---

50 Schmitt/Hörtnagl/*Schmitt* UmwStG § 4 Rn. 145.

I. Normzweck	1	2. Pensionsrückstellungen	23
II. Konfusion	2	VII. Forderungen, Verbindlichkeiten und Rückstellungen zwischen übertragender Körperschaft und dem Alleingesellschafter als übernehmender Rechtsträger	26
III. Übernahmefolgegewinn	4		
IV. Anwendungsbereich	9		
V. Forderungen, Verbindlichkeiten und Rückstellungen zwischen übertragender Körperschaft und der übernehmenden Personengesellschaft	11	VIII. Entstehungszeitpunkt und Besteuerung	30
		IX. Rücklagenbildung	32
		X. Missbrauchsregelung (Abs. 3)	34
VI. Forderungen, Verbindlichkeiten und Rückstellungen zwischen übertragender Körperschaft und einem Gesellschafter der übernehmenden Personengesellschaft	19	1. Übergegangener Betrieb iSd Abs. 3	37
		2. Einbringung in eine Kapitalgesellschaft	39
		3. Veräußerung	41
		4. Aufgabe	42
1. Steuerliche Folgen	20	XI. Nachträglicher Wegfall der Vergünstigung	43

I. Normzweck

1 Bei § 6 handelt es sich um eine Regelung, die dem Steuerpflichtigen erlaubt, einen durch **Konfusion** entstehenden sog. **Übernahmefolgegewinn** auf bis zu 3 Jahre zu verteilen, um Progressionsspitzen und Liquiditätsengpässe zu vermeiden. Insoweit stellt § 6 eine Ergänzung der §§ 4 und 5 dar, die die Ermittlung des Übernahmeergebnisses betreffen.[1]

II. Konfusion

2 Es ist möglich, dass vor der Verschmelzung zwischen dem übernehmenden und dem übertragenden Rechtsträger Forderungen oder Verbindlichkeiten bestehen. Mit der Verschmelzung vereinigen sich die gegenüberstehenden Forderungen und (ungewisse) Verbindlichkeiten in einer Person (Konfusion) und erlöschen dadurch zivilrechtlich mit Eintragung der Umwandlung.[2]

3 Aus steuerlicher Sicht erfolgt die Konfusion eine **juristische Sekunde nach dem steuerlichen Übertragungsstichtag**.[3] Hieraus ist jedoch nicht zu folgern, dass der Übernahmefolgegewinn erst im nächsten Jahr entsteht, wenn der steuerliche Übertragungsstichtag zB der 31.12. ist. Fällt der steuerliche Übertragungsstichtag auf den 31.12., ist nach Auffassung der Finanzverwaltung[4] sowie einheitlicher Meinung im Schrifttum[5] ein Übernahmefolgegewinn bzw. ein Übernahmefolgeverlust noch dem dann endenden Wirtschaftsjahr zuzuordnen. Ein etwaiger Übernahmefolgegewinn kann folglich nicht dafür verwandt werden, um Alt-Verluste des übertragenden Rechtsträgers steuerlich nutzbar zu machen.

III. Übernahmefolgegewinn

4 In der Praxis wird sich die Höhe von Forderungen und Verbindlichkeiten häufig entsprechen, so dass kein Übernahmefolgegewinn entsteht. Sind die gegenseitigen Forderungen und Verbindlichkeiten beim übertragenen Rechtsträger und beim übernehmenden Rechtsträger in deren Steuerbilanzen inkongruent bewertet, so entsteht ein Übernahmefolgegewinn bzw. ein Übernahmefolgeverlust beim übernehmenden

---

1 Frotscher/Drüen/*Schnitter* UmwStG § 6 Rn. 1.
2 Schmitt/Hörtnagl/*Schmitt* UmwStG § 6 Rn. 1; Haritz/Menner/Bilitewski/*Werneburg* UmwStG § 6 Rn. 11; Rödder/Herlinghaus/van Lishaut/*Birkemeier* § 6 Rn. 1.
3 Schmitt/Hörtnagl/*Schmitt* UmwStG § 6 Rn. 3; Rödder/Herlinghaus/van Lishaut/*Birkemeier* § 6 Rn. 13.
4 UmwSt-Erl. 2011, Rn. 06.01.
5 Dötsch/Pung/Möhlenbrock/*Pung/Werner* UmwStG § 6 Rn. 22; Frotscher/Drüen/*Schnitter* UmwStG § 6 Rn. 4; Schmitt/Hörtnagl/*Schmitt* UmwStG § 6 Rn. 3; Widmann/Mayer/*Martini* UmwStG § 6 Rn. 30; Rödder/Herlinghaus/van Lishaut/*Birkemeier* § 6 Rn. 13.

Rechtsträger, der dann auch als Konfusionsgewinn oder Konfusionsverlust bezeichnet wird.[6] Ein Übernahmefolgegewinn oder -verlust ist nicht Teil des Übernahmeergebnisses iSd § 4 Abs. 4–7 und kann daher nicht mit einem Übernahmeergebnis saldiert werden.[7]

Zu einem Übernahmefolgegewinn kommt es, wenn die Verbindlichkeit mit einem **höheren Wert** als die korrespondierende Forderung bilanziert wurde. Dies entsteht bspw., wenn die Forderung auf den niedrigeren Teilwert abgeschrieben oder aufgrund von Kursänderungen bei Fremdwährungsgeschäften niedriger bewertet wurde.[8] Häufiger wird ein Übernahmefolgegewinn allerdings entstehen, wenn bei einem der beteiligten Rechtsträger eine ungewisse Verbindlichkeit gegenüber dem anderen Rechtsträger besteht. In diesem Fall wird eine Rückstellung beim Schuldner passiviert (bspw. für Schutzrechtsverletzungen, Rückbauverpflichtungen oder Garantierückstellungen).[9] Für die entsprechende ungewisse Forderung besteht gem. § 252 Abs. 1 Nr. 4 HGB handelsrechtlich ein Ansatzverbot beim Gläubiger.[10] Durch die Ausbuchung der Rückstellung beim Schuldner entsteht ein Übernahmefolgegewinn.

Aus dem Zeitpunkt der Konfusion ergibt sich, dass **Inkongruenzen**, die nach dem steuerlichen Übertragungszeitpunkt liegen, keinen Einfluss auf die Höhe des Übernahmefolgegewinns oder -verlusts haben, weil entsprechende Forderungen infolge der Rückwirkung steuerlich nicht mehr existent sind.[11] Dies gilt sowohl für nach dem steuerlichen Übertragungsstichtag begründete Forderungen, Verbindlichkeiten und Rückstellungen als auch für bloße Buchwertveränderungen.[12]

Die Entstehung von Übernahmefolgegewinnen kann in der Praxis häufig auch dadurch **vermieden** werden, eine handelsrechtlich gebotene außerplanmäßige Abschreibung einer Forderung bei der Übernehmerin für die Steuerbilanz gerade nicht zu übernehmen und auf den Ansatz des niedrigen Teilwerts in der Steuerbilanz zu verzichten (§ 6 Abs. 1 Nr. 2 EStG).[13] Es entsteht ebenfalls kein Übernahmefolgegewinn, wenn der übertragende Rechtsträger eine Zuschreibung der Forderung gegenüber dem übernehmenden Rechtsträger vorgenommen hat, weil der Grund der Wertminderung zum steuerlichen Übertragungsstichtag nicht mehr besteht (§ 6 Abs. 1 Nr. 2 S. 3 iVm Nr. 1 S. 4 EStG).[14]

Bei der Ermittlung des Übernahmefolgegewinns ist es unerheblich, wie sich die Beteiligungsverhältnisse darstellen und ob Anteile am übertragenden Rechtsträger zum Betriebsvermögen des übernehmenden Rechtsträgers gehören.[15]

---

6 Schmitt/Hörtnagl/*Schmitt* UmwStG § 6 Rn. 2; Brandis/Heuermann/*Klingberg* UmwStG § 6 Rn. 1.
7 UmwSt-Erl. 2011, Rn. 06.02; Frotscher/Drüen/*Schnitter* UmwStG § 6 Rn. 7, 30.
8 Brandis/Heuermann/*Klingberg* UmwStG § 6 Rn. 1.
9 Rödder/Herlinghaus/van Lishaut/*Birkemeier* UmwStG § 6 Rn. 26; Brandis/Heuermann/*Klingberg* UmwStG § 6 Rn. 1.
10 Schmitt/Hörtnagl/*Schmitt* UmwStG § 6 Rn. 2.
11 Dötsch/Pung/Möhlenbrock/*Pung/Werner* UmwStG § 6 Rn. 7; Frotscher/Drüen/*Schnitter* UmwStG § 6 Rn. 20; Rödder/Herlinghaus/van Lishaut/*Birkemeier* UmwStG § 6 Rn. 76.
12 Schmitt/Hörtnagl/*Schmitt* UmwStG § 6 Rn. 4; Frotscher/Drüen/*Schnitter* UmwStG § 6 Rn. 20.
13 Dötsch/Pung/Möhlenbrock/*Pung/Werner* UmwStG § 6 Rn. 14.
14 Widmann/Mayer/*Martini* UmwStG § 6 Rn. 185.
15 UmwSt-Erl. 2011, Rn. 06.02; Schmitt/Hörtnagl/*Schmitt* UmwStG § 6 Rn. 5; Dötsch/Pung/Möhlenbrock/*Pung/Werner* UmwStG § 6 Rn. 23; Brandis/Heuermann/*Klingberg/Loose* UmwStG § 6 Rn. 20.

IV. Anwendungsbereich

9 § 6 regelt die **Folgen der Konfusion** bei der Verschmelzung einer Kapitalgesellschaft auf eine Personengesellschaft oder auf eine natürliche Person. Bei Auf- oder Abspaltungen von Körperschaften auf eine Personengesellschaft ist gem. § 16 S. 1 die Regelung des § 6 entsprechend anzuwenden. Anwendung findet die Regelung auch auf grenzüberschreitende Verschmelzungen, soweit der übernehmende Rechtsträger im Inland zumindest beschränkt steuerpflichtig ist.[16] Auch bei der Verschmelzung einer Kapitalgesellschaft auf ihren Alleingesellschafter findet § 6 Anwendung.[17]

10 Außerdem wird auf § 6 umfassend im UmwStG verwiesen, zB

- bei der Verschmelzung oder Vermögensübertragung auf eine andere Körperschaft, § 12 Abs. 4,
- im Fall des Formwechsels in eine Personengesellschaft, § 9,
- bei Auf- oder Abspaltung auf eine Körperschaft, § 15 Abs. 1 S. 1 iVm § 12 Abs. 4,
- bei Auf- oder Abspaltung auf eine Personengesellschaft, § 16,
- bei der gewerbesteuerlichen Behandlung, § 18 Abs. 1.

Darüber hinaus ordnen § 23 Abs. 6 bzw. § 24 Abs. 4 iVm § 23 Abs. 6 eine entsprechende Anwendung von § 6 Abs. 1 und 3 in den Fällen der Einbringung an.

V. Forderungen, Verbindlichkeiten und Rückstellungen zwischen übertragender Körperschaft und der übernehmenden Personengesellschaft

11 Bestanden vor der Verschmelzung zwischen dem übernehmenden und dem übertragenden Rechtsträger Forderungen und Verbindlichkeiten, so treffen beide in der Person des übernehmenden Rechtsträgers zusammen (**Konfusion**). Folglich erlöschen beide Bilanzpositionen.

12 Ein **Übernahmefolgegewinn** entsteht, wenn der **übernehmende Rechtsträger** eine **Forderung** gegen den übertragenden Rechtsträger hat und diese Forderung mit einem geringeren Wert als die Verbindlichkeit des übertragenden Rechtsträgers angesetzt ist. Gleiches gilt, wenn der **übertragende Rechtsträger** eine **Forderung** gegen den übernehmenden Rechtsträger hat und diese Forderung mit einem geringeren Wert als die Verbindlichkeit des übernehmenden Rechtsträgers bilanziert ist.[18] Weiterhin entsteht ein Übernahmefolgegewinn, wenn einer der beiden Rechtsträger eine **Rückstellung** bilanziert hatte und der andere Rechtsträger die korrespondierende Forderung wegen § 252 Abs. 1 Nr. 4 HGB nicht bilanzieren durfte.[19]

13 Zunächst muss geprüft werden, ob in der Vergangenheit eine **Teilwertabschreibung** vorgenommen wurde. In diesem Fall müsste ggf. mittels **Zuschreibung** iSd § 6 Abs. 1 Nr. 2 S. 3 iVm Nr. 1 S. 4 EStG der Wert der Forderung angeglichen werden. Wäre aufgrund einer nicht mehr bestehenden dauernden Wertminderung eine Zuschreibung auf das Niveau der Verbindlichkeit vorzunehmen (Wertaufholung), dann würden sich Forderung und Verbindlichkeit wieder entsprechen. Es käme folglich nicht mehr zu

---

16 Brandis/Heuermann/*Klingberg/Loose* UmwStG § 6 Rn. 12; Dötsch/Pung/Möhlenbrock/*Pung/Werner* UmwStG § 6 Rn. 1; Schmitt/Hörtnagl/*Schmitt* UmwStG § 6 Rn. 8.
17 Schmitt/Hörtnagl/*Schmitt* UmwStG § 6 Rn. 8.
18 Schmitt/Hörtnagl/*Schmitt* UmwStG § 6 Rn. 9.
19 Schmitt/Hörtnagl/*Schmitt* UmwStG § 6 Rn. 12; Brandis/Heuermann/*Klingberg/Loose* UmwStG § 6 Rn. 18.

einem Übernahmefolgegewinn. Die Zuschreibung ist zum steuerlichen Übertragungsstichtag, also vorrangig, vorzunehmen und als laufender Gewinn zu erfassen.[20]

Die Tatsache, dass es durch die Umwandlung zu einer Konfusion kommt, die übernehmende Gesellschaft sich also selbst zum Schuldner bekommt, führt nicht dazu, dass eine wertlose Forderung wieder werthaltig wird.[21]

Fraglich ist, wie ein Übernahmefolgegewinn zu behandeln ist, der sich auf wertgeminderte und damit kapitalersetzende **Darlehen** einer Körperschaft als Mitunternehmer des übernehmenden Rechtsträgers bezieht, deren Abwertungsbeträge unter die Abzugsbeschränkung des § 8b Abs. 3 S. 4 KStG fallen und damit nicht steuerwirksam waren. Nach der Ansicht von Teilen der Literatur[22] und der Finanzverwaltung[23] findet § 8b Abs. 3 S. 8 KStG, der Gewinne aus Wertaufholungen von der Besteuerung ausnimmt, keine Anwendung. Folglich ist ein entstehender Übernahmefolgegewinn nicht steuerfrei.

Eine andere Ansicht stellt darauf ab, dass es die Intention des Gesetzgebers war, die Steuerfreiheit von Gewinnen sicherzustellen, für die bei der Teilwertabschreibung keine steuerwirksamen Abschreibungen geltend gemacht werden konnten.[24] Nach dieser Auffassung muss der Übernahmefolgegewinn insoweit vollständig steuerfrei bleiben. Dieser Ansicht ist zu folgen, da das objektive Nettoprinzip und die Gleichmäßigkeit der Besteuerung eine Korrespondenz zwischen den Auswirkungen als Betriebsausgabe und Betriebseinnahme gebietet.

Buchhalterisch ist die **Ausbuchung** der Forderungen und Verbindlichkeiten bzw. die Auflösung einer Rückstellung über Erfolgs-/Aufwandskonten beim übernehmenden Rechtsträger sicherzustellen.[25]

Musste der übernehmende Rechtsträger bis zum Übertragungsstichtag den Gewinn nicht nach Bilanzierungsgrundsätzen ermitteln, muss ausnahmsweise eine steuerliche **Übernahmebilanz** aufgestellt werden.[26] Wurde in der Schlussbilanz eine Forderung unter dem Nominalwert angesetzt, führt die Differenz zwischen der beim übertragenden Rechtsträger eingebuchten Forderung und der beim übernehmenden Rechtsträger angesetzten Verbindlichkeit zu einem Übernahmefolgegewinn.[27] Der übernehmende Rechtsträger, der bisher nicht bilanzierte, sondern den Gewinn nach § 4 Abs. 3 EStG ermittelte, hat in der steuerlichen Übernahmebilanz eine Forderung gegenüber dem übertragenden Rechtsträger mit dem Teilwert anzusetzen.[28] Es liegt kein Übernahmefolgegewinn vor, weil der Ertrag durch den Übergang zum Betriebsvermögensvergleich ausgelöst wird. Es liegt ein laufender Gewinn vor, der folglich nicht durch eine Rücklagenbildung über mehrere Jahre verteilt werden kann.[29] Ein Übernahmefolgegewinn

---

20 Schmitt/Hörtnagl/*Schmitt* UmwStG § 6 Rn. 10; Dötsch/Pung/Möhlenbrock/*Pung/Werner* UmwStG § 6 Rn. 8.
21 Schmitt/Hörtnagl/*Schmitt* UmwStG § 6 Rn. 10.
22 Dötsch/Pung/Möhlenbrock/*Pung/Werner* UmwStG § 6 Rn. 16; Widmann/Mayer/*Martini* UmwStG § 6 Rn. 35; *Krohn/Greulich* DStR 2008, 646 (649); *Schell/Krohn* DB 2012, 1172.
23 UmwSt-Erl. 2011, Rn. 06.02 S. 5.
24 Frotscher/Drüen/*Schnitter* UmwStG § 6 Rn. 18b; Schmitt/Hörtnagl/*Schmitt* UmwStG § 6 Rn. 10; *Behrendt/Klages* GmbHR 2010, 190 (192); *Töben* FR 2010, 249 (250).
25 Schmitt/Hörtnagl/*Schmitt* UmwStG § 6 Fn. 12; Frotscher/Drüen/*Schnitter* UmwStG § 6 Rn. 5.
26 Schmitt/Hörtnagl/*Schmitt* UmwStG § 6 Fn. 13; Rödder/Herlinghaus/van Lishaut/*Birkemeier* § 6 Rn. 72; aA Dötsch/Pung/Möhlenbrock/*Pung/Werner* UmwStG § 6 Rn. 21 mwN.
27 Schmitt/Hörtnagl/*Schmitt* UmwStG § 6 Fn. 13.
28 Rödder/Herlinghaus/van Lishaut/*Birkemeier* § 6 Rn. 72; Schmitt/Hörtnagl/*Schmitt* UmwStG § 6 Fn. 13.
29 Rödder/Herlinghaus/van Lishaut/*Birkemeier* § 6 Rn. 72; Schmitt/Hörtnagl/*Schmitt* UmwStG § 6 Fn. 13; Dötsch/Pung/Möhlenbrock/*Pung/Werner* UmwStG § 6 Rn. 20.

kann sich in solchen Fällen als Folge ergeben, wenn zwischen dem Teilwert der Forderung bei Einbuchung und dem Wert der Verbindlichkeit beim anderen Rechtsträger eine Differenz besteht. Für diesen ist eine Rücklagenbildung möglich, solange der übernehmende Rechtsträger nicht im unmittelbaren Anschluss an die Verschmelzung wieder zur Gewinnermittlung nach § 4 Abs. 3 EStG zurückkehrt.[30]

VI. Forderungen, Verbindlichkeiten und Rückstellungen zwischen übertragender Körperschaft und einem Gesellschafter der übernehmenden Personengesellschaft

19 Korrespondiert eine Forderung/Verbindlichkeit eines Mitunternehmers der übernehmenden Personengesellschaft mit einer Verbindlichkeit/Forderung des übertragenden Rechtsträgers, werden die Forderung und die Verbindlichkeit zivilrechtlich nicht in einer Person vereinigt und erlöschen deshalb auch nicht.[31] Da zivilrechtlich die Rechtsfähigkeit der Personengesellschaft vollständig anerkannt ist, werden auch Forderungen und Verbindlichkeiten zwischen Gesellschaft und Gesellschafter anerkannt. Ein Gewinn oder Verlust für Zwecke der Handelsbilanz entsteht folglich nicht.[32]

1. Steuerliche Folgen

20 Die steuerlichen Folgen sind demgegenüber nicht eindeutig geklärt. Nach weitgehend einhelliger Auffassung in der Literatur[33] sowie Auffassung der Finanzverwaltung[34] kommt es zu einer **steuerlichen Konfusion** iSd § 6 Abs. 2, da die Forderung oder Verbindlichkeit steuerlich regelmäßig dem Sonderbetriebsbereich des Gesellschafters zuzurechnen ist. Schon zu § 8 Abs. 6 UmwStG 1977, der dem heutigen § 6 Abs. 2 entspricht, hat der BFH entschieden, dass der Gesetzgeber von einer steuerlichen Konfusion von Forderungen und Verbindlichkeiten ausgeht.[35] Ein stehender Übernahmefolgegewinn ist dem Gesellschafter zuzurechnen.[36]

21 Folge dieser Auffassung ist, dass die Forderung des Gesellschafters gegenüber dem übertragenden Rechtsträger unmittelbar (logische Sekunde) nach dem steuerlichen Übertragungsstichtag als in das Sonderbetriebsvermögen der übernehmenden Personengesellschaft eingelegt gilt.[37] Für die Bewertung der Einlage in das Sonderbetriebsvermögen ist zu differenzieren. Sofern die Forderung gegenüber der übertragenden Körperschaft zum steuerlichen Übertragungsstichtag Privatvermögen des Gesellschafters darstellt, erfolgt die Einlage zum Teilwert (6 Abs. 1 Nr. 5 EStG). Stellt die Forderung demgegenüber im Zeitpunkt des steuerlichen Übertragungsstichtags (weiterbestehendes) Betriebsvermögen des Gesellschafters dar, erfolgt die Einlage in das Sonderbetriebsvermögen mit dem Buchwert (§ 6 Abs. 5 S. 1 EStG).[38]

22 Ist der Teilwert, mit dem die Forderung aus dem Privatvermögen eingelegt wurde, niedriger als der Nominalwert der Forderung oder war die Forderung im Zeitpunkt

---

30 Schmitt/Hörtnagl/*Schmitt* UmwStG § 6 Rn. 13.
31 Dötsch/Pung/Möhlenbrock/*Pung/Werner* UmwStG § 6 Rn. 29; Schmitt/Hörtnagl/*Schmitt* UmwStG § 6 Rn. 14; Frotscher/Drüen/*Schnitter* UmwStG § 6 Rn. 47; Widmann/Mayer/*Martini* UmwStG § 6 Rn. 190.
32 Schmitt/Hörtnagl/*Schmitt* UmwStG § 6 Rn. 14.
33 Dötsch/Pung/Möhlenbrock/*Pung/Werner* UmwStG § 6 Rn. 30 ff.; Frotscher/Drüen/*Schnitter* UmwStG § 6 Rn. 47; Schmitt/Hörtnagl/*Schmitt* UmwStG § 6 Rn. 17; Widmann/Mayer/*Martini* UmwStG § 6 Rn. 191; aA Haritz/Menner/Biletwski/*Werneburg* UmwStG § 6 Rn. 27.
34 UmwSt-Erl. 2011, Rn. 06.01.
35 BFH 8.12.1982 – I R 9/79, BStBl. II 1983, 570.
36 Frotscher/Drüen/*Schnitter* UmwStG § 6 Rn. 47.
37 Schmitt/Hörtnagl/*Schmitt* UmwStG § 6 Rn. 16; Dötsch/Pung/Möhlenbrock/*Pung/Werner* UmwStG § 6 Rn. 30; Frotscher/Drüen/*Schnitter* UmwStG § 6 Rn. 47.
38 Schmitt/Hörtnagl/*Schmitt* UmwStG § 6 Rn. 16; Dötsch/Pung/Möhlenbrock/*Pung/Werner* UmwStG § 6 Rn. 30; Frotscher/Drüen/*Schnitter* UmwStG § 6 Rn. 49 f.

der Einlage aus einem anderen Betriebsvermögen durch eine Teilwertabschreibung wertgemindert, ergibt sich vor dem Hintergrund des Prinzips der korrespondierenden Bilanzierung eine Zuschreibung auf den Nennwert der Forderung.[39] Die dadurch entstehende Differenz stellt einen Übernahmefolgegewinn iSd § 6 Abs. 2 dar, für die eine Rücklage in der Sonderbilanz des Gesellschafters bzw. für die Gesellschaft in der Gesamthandsbilanz gebildet werden kann (§ 6 Abs. 2 S. 1 iVm Abs. 1). Bei einer Einlage aus einem anderen Betriebsvermögen des Gesellschafters ist eine Rücklagenbildung jedoch insoweit nicht möglich, als der Gewinn auf einer nach § 6 Abs. 1 Nr. 2 S. 3 iVm Nr. 1 S. 4 EStG gebotenen, aber nicht erfolgten Wertaufholung beruht.[40]

2. Pensionsrückstellungen

Im Falle von Pensionsrückstellungen kommt es gemäß der Finanzverwaltung auch nicht zu einer Konfusion, wenn der frühere Gesellschafter-Geschäftsführer, für den nach § 6a Abs. 3 S. 2 Nr. 1 EStG eine Pensionsrückstellung zulässigerweise gebildet wurde, Mitunternehmer der übernehmenden Personengesellschaft ist.[41] Die gebildete Pensionsrückstellung wird demnach in der Gesamthandsbilanz mit dem **Teilwert** fortgeführt, es kommt folglich nicht zu einem Übernahmefolgegewinn. Die Bildung eines Ausgleichspostens im Sonderbetriebsvermögen des Mitunternehmers ist nicht erforderlich.[42] Nach anderslautender Literaturauffassung ist an der aufgegebenen Auffassung der Finanzverwaltung festzuhalten, wonach aufgrund der Beendigung des bestehenden Dienstverhältnisses die Pensionsrückstellung auf Ebene der Personengesellschaft nur noch mit dem **Anwartschaftsbarwert** nach § 6a Abs. 3 S. 2 Nr. 2 EStG berücksichtigt wird.[43] Nach dieser Auffassung würde in Höhe der Differenz zwischen Teilwert und Anwartschaftsbarwert ein Übernahmefolgegewinn entstehen.

Der in der Zeit vor dem steuerlichen Übertragungszeitpunkt erdiente Pensionsanspruch ist nicht in der Sonderbilanz des Gesellschafters durch Bildung eines Ausgleichspostens zu bilanzieren.[44] Nur bei den Zuführungen nach dem steuerlichen Übertragungsstichtag handelt es sich um Sondervergütungen iSd § 15 Abs. 1 S. 1 Nr. 2 EStG, die in der Sonderbilanz zu aktivieren sind.[45]

Wem der nach bisheriger Finanzverwaltungsauffassung entstehende Übernahmefolgegewinn steuerlich zugerechnet wird und wer somit eine Rücklage nach § 6 Abs. 2 bilden kann, ist offen. Mit den besseren Argumenten wird man aber davon ausgehen müssen, dass eine Zurechnung auf alle Gesellschafter zu erfolgen hat, weil die Rückstellungsbildung bei der Überträgerin auch alle Gesellschafter betraf.[46]

---

[39] Schmitt/Hörtnagl/*Schmitt* UmwStG § 6 Rn. 16; Dötsch/Pung/Möhlenbrock/*Pung/Werner* UmwStG § 6 Rn. 30; Frotscher/Drüen/*Schnitter* UmwStG § 6 Rn. 49 f.
[40] Dötsch/Pung/Möhlenbrock/*Pung/Werner* UmwStG § 6 Rn. 30; Frotscher/Drüen/*Schnitter* UmwStG § 6 Rn. 50; aA wohl Schmitt/Hörtnagl/*Schmitt* UmwStG § 6 Rn. 16.
[41] UmwSt-Erl. 2011, Rn. 06.04 f.; der Auffassung folgend Frotscher/Drüen/*Schnitter* UmwStG § 6 Rn. 52a; Schmitt/Hörtnagl/*Schmitt* UmwStG § 6 Rn. 18.
[42] Frotscher/Drüen/*Schnitter* UmwStG § 6 Rn. 52a; FG Baden-Württemberg 16.12.2019 – 8 K 892/16, EFG 2020, 1140.
[43] Dötsch/Pung/Möhlenbrock/*Pung/Werner* UmwStG § 6 Rn. 34; Rödder/Herlinghaus/van Lishaut/*Birkemeier* § 6 Rn. 43.
[44] Frotscher/Drüen/*Schnitter* UmwStG § 6 Rn. 52a; FG Baden-Württemberg 16.12.2019 – 8 K 892/16, EFG 2020, 1140.
[45] Rödder/Herlinghaus/van Lishaut/*Birkemeier* § 6 Rn. 47; Schmitt/Hörtnagl/*Schmitt* UmwStG § 6 Rn. 19; UmwSt-Erl. 2011, Rn. 06.06.
[46] Dötsch/Pung/Möhlenbrock/*Pung/Werner* UmwStG § 6 Rn. 34; Rödder/Herlinghaus/van Lishaut/*Birkemeier* § 6 Rn. 44.

VII. Forderungen, Verbindlichkeiten und Rückstellungen zwischen übertragender Körperschaft und dem Alleingesellschafter als übernehmender Rechtsträger

26 Bei der Verschmelzung einer Kapitalgesellschaft auf ihren Alleingesellschafter ergeben sich einige Besonderheiten. Zunächst liegt zivilrechtlich eindeutig ein Fall der **Konfusion** vor, da – unabhängig von der im Zivilrecht zu vernachlässigenden Zuordnung zum Betriebs- oder Privatvermögen – ein Fall der Vereinigung von Forderung und Verbindlichkeit in einer Person vorliegt.[47]

27 Gesellschaftsrechtlich geschieht die Verschmelzung im Wege der **Aufnahme** (§§ 120–122 UmwG). Der Alleingesellschafter muss dafür bis zum Zeitpunkt des Abschlusses des Verschmelzungsvertrages die 100 %ige Beteiligung an der übertragenden Kapitalgesellschaft besitzen.[48]

28 Hat der Alleingesellschafter eine Forderung gegen den übertragenden Rechtsträger im **Privatvermögen**, so kommt es eine juristische Sekunde nach dem steuerlichen Übertragungszeitpunkt zu einer Einlage in das Betriebsvermögen mit dem Teilwert und anschließend durch die Verschmelzung zu einer Konfusion.[49] Soweit der Teilwert der Forderung unter dem Buchwert der Verbindlichkeit liegt, entsteht ein Übernahmefolgegewinn.[50] Im Privatvermögen gehaltene Forderungen aus Einkünften nach §§ 19, 20, 21, 22 EStG gelten eine juristische Sekunde nach dem steuerlichen Übertragungsstichtag als zugeflossen und sind zu versteuern.[51]

29 Gehörte die Forderung zu einem **anderen Betriebsvermögen** des Steuerpflichtigen, gilt die Forderung als nach § 6 Abs. 5 EStG in das übernehmende Betriebsvermögen des Einzelunternehmens zum Buchwert überführt, in dem sich nach der Verschmelzung auch die entsprechende Verpflichtung befindet.[52] In Höhe einer evtl. Wertdifferenz entsteht wiederum ein Übernahmefolgegewinn.

VIII. Entstehungszeitpunkt und Besteuerung

30 Der Übernahmefolgegewinn entsteht beim übernehmenden Rechtsträger eine logische Sekunde nach dem steuerlichen Übertragungsstichtag, wird jedoch noch dem „alten" **Wirtschaftsjahr** zugerechnet.[53] Sofern der steuerliche Übertragungsstichtag mit dem Bilanzstichtag der Übernehmerin zusammenfällt, ist der Übernahmefolgegewinn – ungeachtet der Tatsache, dass er erst eine logische Sekunde nach dem steuerlichen Übertragungsstichtag entsteht – noch dem abgelaufenen Geschäftsjahr der Übernehmerin zuzuordnen.[54] Der Übernahmefolgegewinn ist nicht Teil des Übernahmeergebnisses nach § 4 Abs. 4–7 und unterliegt als laufender Gewinn grundsätzlich der **vollen Besteuerung**.[55] Allerdings kann der übernehmende Rechtsträger in Höhe des Übernahmefolgegewinns eine gewinnmindernde Rücklage bilden (zur Rücklagenbildung

---

[47] Schmitt/Hörtnagl/*Schmitt* UmwStG § 6 Rn. 20.
[48] Schmitt/Hörtnagl/*Schmitt* UmwStG § 6 Rn. 21.
[49] Haritz/Menner/Bilitewski/*Werneburg* UmwStG § 6 Rn. 33; Schmitt/Hörtnagl/*Schmitt* UmwStG § 6 Rn. 22.
[50] Dötsch/Pung/Möhlenbrock/*Pung/Werner* UmwStG § 6 Rn. 9; Haritz/Menner/Bilitewski/*Werneburg* UmwStG § 6 Rn. 34.
[51] Dötsch/Pung/Möhlenbrock/*Pung/Werner* UmwStG § 6 Rn. 9; Frotscher/Drüen/*Schnitter* UmwStG § 6 Rn. 24; Schmitt/Hörtnagl/*Schmitt* UmwStG § 6 Rn. 22.
[52] Dötsch/Pung/Möhlenbrock/*Pung/Werner* UmwStG § 6 Rn. 10; Schmitt/Hörtnagl/*Schmitt* UmwStG § 6 Rn. 26.
[53] UmwSt-Erl. 2011, Rn. 06.01; Dötsch/Pung/Möhlenbrock/*Pung/Werner* UmwStG § 6 Rn. 22; Schmitt/Hörtnagl/*Schmitt* UmwStG § 6 Rn. 27.
[54] Dötsch/Pung/Möhlenbrock/*Pung/Werner* UmwStG § 6 Rn. 22; Schmitt/Hörtnagl/*Schmitt* UmwStG § 6 Rn. 27.
[55] UmwSt-Erl. 2011, Rn. 06.02; Dötsch/Pung/Möhlenbrock/*Pung/Werner* UmwStG § 6 Rn. 16; Schmitt/Hörtnagl/*Schmitt* UmwStG § 6 Rn. 28; Frotscher/Drüen/*Schnitter* UmwStG § 6 Rn. 7; Rödder/Herlinghaus/van Lishaut/*Birkemeier* § 6 Rn. 74.

→ Rn. 32 ff.). Da ein Übernahmefolgeverlust nicht Teil des Übernahmeergebnisses (§ 4 Abs. 4–7) ist, kann dieser auch nicht mit einem Übernahmeverlust saldiert werden.[56]

Bei **natürlichen Personen** als Mitunternehmer bzw. übernehmende Rechtsträger fällt Einkommensteuer unter Anrechnung der Gewerbesteuer nach § 35 EStG aber ohne Rückgriff auf das Teileinkünfteverfahren nach § 3 Nr. 40 EStG an. Ist Mitunternehmer bzw. übernehmender Rechtsträger eine Kapitalgesellschaft, erfolgt eine Besteuerung nach dem KStG, jedoch ohne § 8b KStG anwenden zu können.[57] Gehört der Übernahmefolgegewinn zu den Einkünften aus **Gewerbebetrieb**, fällt auch Gewerbesteuer an.[58]

IX. Rücklagenbildung

Voraussetzung für die Bildung einer gewinnmindernden Rücklage ist, dass der Steuerpflichtige seinen Gewinn durch **Bestandsvergleich** ermittelt. Nach Inkrafttreten des BilMoG ist die Rücklage nur noch in der **Steuerbilanz** zu bilden.[59] Dem Steuerpflichtigen steht ein **Wahlrecht** hinsichtlich der **Rücklagenbildung** zu, dh er kann auch nur für einen Teil des Übernahmefolgegewinns eine Rücklage bilden.[60] Diese ist jährlich zu mindestens einem Drittel aufzulösen (vgl. § 6 Abs. 1 S. 2). Freiwillige höhere Auflösungen sind zulässig, jedoch muss im Folgejahr wiederum mindestens ein Drittel (bezogen auf die Höhe der ursprünglichen Rückstellung) aufgelöst werden.[61] Eine geringere Auflösung der Rücklage als mit einem Drittel ist nach dem Wortlaut des Gesetzes dagegen nicht zulässig.[62]

Mit der Auflösung muss in dem auf die Rücklagenbildung folgenden Wirtschaftsjahr begonnen werden. Der Auflösungsbetrag der Rücklage wiederum führt – ebenso wie der Übernahmefolgegewinn – zu einem voll steuerpflichtigen laufenden Gewinn.[63]

X. Missbrauchsregelung (Abs. 3)

Die **Steuervergünstigung** des § 6 Abs. 1, 2 **entfällt rückwirkend**, wenn der übernehmende Rechtsträger den übergegangenen Betrieb innerhalb von fünf Jahren in eine Kapitalgesellschaft einbringt oder ohne triftigen Grund veräußert oder aufgibt. Als Sanktionsmaßnahme wäre auch die Rücklagenauflösung denkbar gewesen, doch dann wäre dem Steuerpflichtigen ein Zinsvorteil verblieben.

Ein **triftiger Grund** soll nach der Auffassung der Finanzverwaltung vorliegen, wenn vernünftige wirtschaftliche Gründe für die Veräußerung oder Aufgabe sprechen. Als Beispiele nennt der UmwSt-Erlass Umstrukturierungen sowie die Rationalisierung der beteiligten Gesellschaften.[64] Nach überwiegender Meinung in der Literatur ist ein wirtschaftlicher Grund allein aber noch kein triftiger Grund iSd § 6 Abs. 3, ansonsten

---

56 Frotscher/Drüen/*Schnitter* UmwStG § 6 Rn. 7 und 30; Dötsch/Pung/Möhlenbrock/*Pung/Werner* UmwStG § 6 Rn. 16.
57 Dötsch/Pung/Möhlenbrock/*Pung/Werner* UmwStG § 6 Rn. 16, 26; Schmitt/Hörtnagl/*Schmitt* UmwStG § 6 Rn. 28; aA Rödder/Herlinghaus/van Lishaut/*Birkemeier* § 6 Rn. 74.
58 Schmitt/Hörtnagl/*Schmitt* UmwStG § 6 Rn. 28.
59 UmwSt-Erl. 2011, Rn. 06.03; Dötsch/Pung/Möhlenbrock/*Pung/Werner* UmwStG § 6 Rn. 24; Schmitt/Hörtnagl/*Schmitt* UmwStG § 6 Rn. 29.
60 Dötsch/Pung/Möhlenbrock/*Pung/Werner* UmwStG § 6 Rn. 24; Schmitt/Hörtnagl/*Schmitt* UmwStG § 6 Rn. 31; Frotscher/Drüen/*Schnitter* UmwStG § 6 Rn. 35.
61 Schmitt/Hörtnagl/*Schmitt* UmwStG § 6 Rn. 32; Frotscher/Drüen/*Schnitter* UmwStG § 6 Rn. 42.
62 Dötsch/Pung/Möhlenbrock/*Pung/Werner* UmwStG § 6 Rn. 26.
63 Schmitt/Hörtnagl/*Schmitt* UmwStG § 6 Rn. 32; Rödder/Herlinghaus/van Lishaut/*Birkemeier* § 6 Rn. 89.
64 UmwSt-Erl. 2011, Rn. 06.11.

wäre auch ein günstiger Veräußerungspreis ein triftiger Grund. Hinzukommen müsse vielmehr eine wesentliche Veränderung der persönlichen oder sachlichen Verhältnisse.[65]

36 Nach teilweise vertretener Rechtsansicht verdrängt § 6 Abs. 3 als spezielle Missbrauchsregelung § 42 AO.[66] Dies dürfte allerdings nicht gelten, sollte sich § 6 Abs. 3 als nicht mit der Fusions-RL vereinbar erweisen.[67] In diesem Fall wäre ein Rückgriff auf § 42 AO bei grenzüberschreitenden Sachverhalten zulässig. Teilweise wird jedoch angenommen, dass wegen § 42 Abs. 2 AO beide Vorschriften eingreifen können.[68]

1. Übergegangener Betrieb iSd Abs. 3

37 Die übernommenen Wirtschaftsgüter werden durch die Umwandlung Bestandteil des Vermögens des übernehmenden Rechtsträgers. Insofern ist nicht unproblematisch, wie der noch bis zu fünf Jahre weiterzuführende Betrieb identifiziert werden kann. Der Betrieb umfasst die funktionalen und quantitativen wesentlichen Grundlagen des übergehenden Vermögens.[69]

38 § 6 Abs. 3 ist damit unanwendbar, wenn lediglich ein **Teil** (auch Teilbetrieb) des übergegangenen Vermögens bzw. ein übergegangener Mitunternehmeranteil eingebracht, veräußert oder aufgegeben sowie einzelne Anteile des übernehmenden Rechtsträgers veräußert werden, im Übrigen aber wesentliche Betriebsgrundlagen verbleiben.[70] Da § 6 Abs. 3 nur die Einbringung, Aufgabe oder den Übergang des Betriebes sanktioniert, ist vom Wortlaut die Veräußerung sämtlicher Mitunternehmeranteile der übernehmenden Personengesellschaft nicht umfasst. In der Literatur ist umstritten, ob der Verwaltungsauffassung zu folgen ist, nach der die Veräußerung sämtlicher Anteile dennoch unter § 6 Abs. 3 zu fassen ist.[71]

2. Einbringung in eine Kapitalgesellschaft

39 Unter der Einbringung in eine Kapitalgesellschaft versteht man die Übertragung des Betriebes gegen Gewährung von Gesellschafterrechten. Von § 6 Abs. 3 sind ebenfalls die formwechselnde Umwandlung einer Personengesellschaft in eine Kapitalgesellschaft (§ 25), die Verschmelzung einer Personengesellschaft auf eine Kapitalgesellschaft sowie die Ausgliederung in eine Kapitalgesellschaft (§ 20) erfasst.[72]

40 Von § 6 Abs. 3 wird weder verlangt, dass die ursprüngliche Umwandlung zu Buchwerten vorgenommen wurde,[73] noch dass die Kapitalgesellschaft gesellschafteridentisch ist.[74]

3. Veräußerung

Veräußerung meint nur entgeltliche Übertragungen, also nicht die Übertragung im Wege der Schenkung oder vorweggenommen Erbfolge. Eine Übertragung gegen Gewährung von Gesellschafterrechten ist keine Veräußerung, sondern eine Einbringung.[75] In diesen Fällen kommt es auch ohne triftigen Grund zur rückwirkenden Versteuerung des Übernahmefolgegewinns.

4. Aufgabe

Eine Aufgabe ist die Überführung der wesentlichen Betriebsgrundlagen in einem einheitlichen Vorgang in das Privatvermögen oder die Verwendung der wesentlichen Betriebsgrundlagen für andere außerbetriebliche Gründe. Der Betrieb als selbstständiger Organismus des Wirtschaftslebens muss aufhören zu existieren.[76] Überführen die Gesellschafter den Betrieb innerhalb der fünf Jahre **schrittweise** in das Privatvermögen, so liegt eine Aufgabe erst vor, wenn die letzte wesentliche Betriebsgrundlage ins Privatvermögen überführt worden ist.[77] Eine verdeckte Einlage in eine Kapitalgesellschaft ist auch als Betriebsaufgabe anzusehen.[78]

XI. Nachträglicher Wegfall der Vergünstigung

Liegt einer der vom Gesetz als Missbrauch angesehenen Fälle des § 6 Abs. 3 vor, so entfällt die Steuervergünstigung rückwirkend. Der Steuerpflichtige hat die Steuerbilanzen entsprechend zu ändern. Die Finanzbehörde kann die Veranlagungen gemäß § 6 Abs. 3 S. 2 ändern, soweit noch keine Festsetzungsverjährung eingetreten ist. Es liegt allerdings ein rückwirkendes Ereignis iSd § 175 Abs. 2 S. 1 iVm Abs. 1 S. 1 Nr. 2 AO vor, so dass die Finanzverwaltung auch auf die Verjährungshemmung des § 175 Abs. 1 S. 2 AO zurückgreifen kann.[79] Im Einzelnen bedeutet das, dass der Gewinn im Jahr des steuerlichen Übertragungsstichtages um die gebildete Rücklage erhöht werden muss. In den Folgejahren ist der jeweilige Auflösungsbetrag aus der Rücklage aus den Steuerbilanzen zu entfernen, so dass in den auf den steuerlichen Übertragungsstichtag folgenden bis zu drei Jahren eine Gewinnminderung eintritt.

§ 7 Besteuerung offener Rücklagen

¹**Dem Anteilseigner ist der Teil des in der Steuerbilanz ausgewiesenen Eigenkapitals abzüglich des Bestands des steuerlichen Einlagekontos im Sinne des § 27 des Körperschaftsteuergesetzes, der sich nach Anwendung des § 29 Abs. 1 des Körperschaftsteuergesetzes ergibt, in dem Verhältnis der Anteile zum Nennkapital der übertragenden Körperschaft als Einnahmen aus Kapitalvermögen im Sinne des § 20 Abs. 1 Nr. 1 des Einkommensteuergesetzes zuzurechnen.** ²**Dies gilt unabhängig davon, ob für den Anteilseigner ein Übernahmegewinn oder Übernahmeverlust nach § 4 oder § 5 ermittelt wird.**

---

[75] Schmitt/Hörtnagl/*Schmitt* UmwStG § 6 Rn. 43; Haritz/Menner/Bilitewski/*Werneburg* UmwStG § 6 Rn. 46.
[76] Schmitt/Hörtnagl/*Schmitt* UmwStG § 6 Rn. 44; Frotscher/Drüen/*Schnitter* UmwStG § 6 Rn. 67; Dötsch/Pung/Möhlenbrock/*Pung/Werner* UmwStG § 6 Rn. 47.
[77] Dötsch/Pung/Möhlenbrock/*Pung/Werner* UmwStG § 6 Rn. 47.
[78] Schmitt/Hörtnagl/*Schmitt* UmwStG § 6 Rn. 44.
[79] Rödder/Herlinghaus/van Lishaut/*Birkemeier* UmwStG § 6 Rn. 116.

Literatur:
Behrendt/Arjes, Das Verhältnis der Ausschüttungsfiktion (§ 7 UmwStG) zur Einlagefiktion (§ 5 UmwStG), DB 2007, 824; *Bogenschütz,* Umwandlung von Kapital- in Personengesellschaften, Ubg 2011, 393; *Neu/Schiffers/Watermeyer,* Praxisrelevante Schwerpunkte aus dem UmwStE-Entwurf, GmbHR 2011, 729; *Pyszka/Jüngling,* Umwandlung von Kapitalgesellschaften in Personenunternehmen, BB-Special 1 zu BB 2011, Heft 35, 4; *Stimpel,* Umwandlung von Kapital- in Personengesellschaften nach dem UmwSt-Erlass 2011, GmbHR 2012, 123.

I. Normzweck 1	IV. Einkünfteermittlung iSd S. 1 iVm
II. Sachlicher Anwendungsbereich 6	§ 20 Abs. 1 Nr. 1 EStG 11
III. Persönlicher Anwendungsbereich 7	V. Besteuerung der Bezüge iSv S. 1 14
1. Übertragender Rechtsträger 7	1. Allgemeines 14
2. Anteilseigner des übertragenden Rechtsträgers 8	2. Besteuerung der Anteilseigner 15
	3. Kapitalertragsteuer 18

I. Normzweck

1 Die Besteuerung der offenen Rücklagen stellte vor Erlass des SEStEG den einzigen Besteuerungstatbestand für diejenigen Anteilseigner dar, für die die Einlage- und Übertragungsfiktion des § 5 Abs. 2–4 UmwStG aF keine Anwendung fand. § 7 gilt nun neben der Besteuerung des Übertragungsgewinns und ist grundsätzlich von dessen Ermittlung unabhängig. Bei der Ermittlung des Übertragungsgewinns ist nach § 4 Abs. 5 (ehemals § 4 Abs. 5 S. 2) jedoch der Betrag abzuziehen, der schon nach § 7 zu besteuern ist.[1]

2 Bei der Umwandlung werden die beteiligten Anteilseigner so gestellt, als ob im Umwandlungszeitpunkt eine **Vollausschüttung** oder **Liquidation** eingetreten wäre. Nach § 7 wird jedem Anteilseigner des übertragenden Rechtsträgers fiktiv sein Anteil an den offenen Rücklagen als Einnahme aus Kapitalvermögen iSd § 20 Abs. 1 Nr. 1 EStG zugerechnet.[2] Sein Anteil am maßgeblichen Eigenkapital bemisst sich anhand seiner Beteiligung am Nennkapital. Hierfür ist der **Wertansatz** in der zum Übertragungsstichtag aufzustellenden Schlussbilanz maßgeblich, der sich nach den Grundsätzen des § 3 ergibt.[3] Bei der Ermittlung wird vom Eigenkapital in der Steuerbilanz ausgegangen, das um den nach §§ 28, 29 KStG angepassten Wert des steuerlichen Einlagekontos des Anteilseigners gemindert wird.[4]

3 Zugutekommt den Anteilseignern das **Teileinkünfteverfahren** und die **Abgeltungssteuer** (für natürliche Personen) sowie die **Steuerbefreiungen** nach § 8b KStG und § 9 Nr. 2a GewStG.[5]

4 Von der Regelungssystematik ergänzt § 7 das Übernahmeergebnis nach §§ 4, 5. Es kommt zu einer **Aufspaltung** des Übernahmeergebnisses in den **Übernahmegewinn** und die **fiktive Ausschüttung der Rücklagen**.[6] Ob es tatsächlich zu einer Besteuerung des Übernahmegewinns nach §§ 4, 5 kommt, ist für die Besteuerung nach § 7 irrelevant. Die Besteuerung der fiktiven Ausschüttung steht neben der Besteuerung des Übernahmegewinns und setzt damit die schon in den §§ 17 und 20 EStG angelegte Trennung des Vermögensstammes von den laufenden Erträgen fort.

---

[1] Brandis/Heuermann/*Loose* UmwStG § 7 Rn. 5 f.; Dötsch/Pung/Möhlenbrock/*Pung/Werner* § 7 Rn. 1.
[2] Schmitt/Hörtnagl/*Schmitt* UmwStG § 7 Rn. 1; Frotscher/Drüen/*Schnitter* UmwStG § 7 Rn. 1; Rödder/Herlinghaus/van Lishaut/*Birkemeier* UmwStG § 7 Rn. 18; Brandis/Heuermann/*Loose* UmwStG § 7 Rn. 6.
[3] UmwSt-Erl. 2011, Rn. 07.04; Haritz/Menner/Bilitewski/*Börst* UmwStG § 7 Rn. 35.
[4] Haritz/Menner/Bilitewski/*Börst* UmwStG § 7 Rn. 34; Frotscher/Drüen/*Schnitter* UmwStG § 7 Rn. 14.
[5] Haritz/Menner/Bilitewski/*Börst* UmwStG § 7 Rn. 1; Frotscher/Drüen/*Schnitter* UmwStG § 7 Rn. 5.
[6] Dötsch/Pung/Möhlenbrock/*Pung/Werner* UmwStG § 7 Rn. 2; Haritz/Menner/Bilitewski/*Börst* UmwStG § 7 Rn. 3; Frotscher/Drüen/*Schnitter* UmwStG § 7 Rn. 4.

Auch eine Anwendung der Regeln über die **Kapitalertragsteuerpflicht** nach den §§ 20 Abs. 1 Nr. 1, 43 Abs. 1 Nr. 1, 43a Abs. 1 Nr. 1 EStG kommt für Gewinne nach § 7 in Betracht. Hierbei findet die Begünstigung nach der Mutter-Tochter-Richtlinie für in einem anderen EU-Mitgliedstaat ansässige Muttergesellschaften nach Ansicht der Finanzverwaltung wegen § 43b Abs. 1 S. 4 EStG keine Anwendung (→ Rn. 22).[7]

II. Sachlicher Anwendungsbereich

§ 7 ist auf die Verschmelzung einer Körperschaft auf eine Personengesellschaft oder natürliche Person anwendbar. Darüber hinaus findet § 7 auch Anwendung auf den Formwechsel einer Körperschaft in eine Personengesellschaft (vgl. § 9) und die Auf- und Abspaltung einer Körperschaft auf eine Personengesellschaft (vgl. § 16). Auch sind vom Geltungsbereich des § 7 grenzüberschreitende Hinaus- und Hereinverschmelzungen und reine ausländische Vorgänge mit Inlandsbezug (zB einem unbeschränkt steuerpflichtigen Mitunternehmer der übernehmenden Personengesellschaft) erfasst.[8] Für steuerliche Übertragungsstichtage, die nach dem 31.12.2021 liegen, gilt dies grundsätzlich auch im Drittstaatenkontext.[9] Die Bezüge nach § 7 S. 1 werden allerdings nur ermittelt, wenn dies für inländische Besteuerungszwecke von Relevanz ist.[10]

III. Persönlicher Anwendungsbereich

1. Übertragender Rechtsträger

Als übertragender Rechtsträger kommen alle Körperschaften, die grundsätzlich unter §§ 3–9 fallen, in Betracht. Damit einher geht eine Anwendung auf alle Körperschaften, die nach dem Recht eines EU- bzw. EWR-Staates gegründet sind und deren Sitz sich im EU-Raum bzw. EWR befindet.[11] Bei Umwandlungen mit Drittstaatenbezug, dh bei Körperschaften, die nach dem Recht eines Drittstaates gegründet sind und deren Sitz sich in einem Drittstaat befindet, ist § 7 für Umwandlungen mit steuerlichem Übertragungsstichtag nach dem 31.12.2021 anwendbar (§ 27 Abs. 18).[12] Für unbeschränkt steuerpflichtige Anteilseigner, die an einem solchen übertragenden Rechtsträger beteiligt sind, erfolgt eine **Besteuerung** anhand einer nach § 3 aufzustellenden Schlussbilanz. Die §§ 27 und 29 KStG sind entsprechend anzuwenden, das steuerliche Einlagekonto ist ggf. zu schätzen.[13]

2. Anteilseigner des übertragenden Rechtsträgers

§ 7 findet auf alle an der Umwandlung teilnehmenden, unbeschränkt und auch beschränkt steuerpflichtigen Anteilseigner der übertragenden Körperschaft Anwendung.[14] Im Gegensatz zur früheren Rechtslage kommt es daher nicht mehr darauf an, ob die Anteilseigner eine wesentliche Beteiligung iSd § 17 EStG halten oder ob

---

[7] UmwSt-Erl. 2011, Rn. 07.09.
[8] BeckOK UmwStG/*Kaiser/Möller-Gosoge* § 7 Rn. 37 f.; Dötsch/Pung/Möhlenbrock/*Pung/Werner* UmwStG § 7 Rn. 5 f.; Haritz/Menner/Bilitewski/*Börst* UmwStG § 7 Rn. 18; Frotscher/Drüen/*Schnitter* UmwStG § 7 Rn. 8a.
[9] Frotscher/Drüen/*Schnitter* UmwStG § 7 Rn. 8a.
[10] Frotscher/Drüen/*Schnitter* UmwStG § 7 Rn. 8a.
[11] Haritz/Menner/Bilitewski/*Börst* UmwStG § 7 Rn. 20 ff.; Schmitt/Hörtnagl/*Schmitt* UmwStG § 7 Rn. 5 f.; Frotscher/Drüen/*Schnitter* UmwStG § 7 Rn. 8a.
[12] Frotscher/Drüen/*Schnitter* UmwStG § 7 Rn. 12.
[13] Frotscher/Drüen/*Schnitter* UmwStG § 7 Rn. 13; Rödder/Herlinghaus/van Lishaut/*Birkemeier* UmwStG § 7 Rn. 24.
[14] Rödder/Herlinghaus/van Lishaut/*Birkemeier* UmwStG § 7 Rn. 19; Brandis/Heuermann/*Loose* UmwStG § 7 Rn. 11.

ihre Anteile dem Betriebs- bzw. Privatvermögen zuzuordnen sind.[15] Für den Fall der Verschmelzung auf eine natürliche Person wird § 7 auf den Anteilseigner angewendet, auf den verschmolzen wird. Beschränkt Steuerpflichtige sind der Besteuerung zu unterwerfen, wenn die zusätzlichen Voraussetzungen des § 49 EStG vorliegen. Dies ist zumindest dann der Fall, wenn der ausländische Anteilseigner seine Beteiligung in einer deutschen, gewerblichen Betriebsstätte hält (§ 49 Abs. 1 Nr. 2 Buchst. a EStG). Daneben wird eine Besteuerung regelmäßig nur nach § 49 Abs. 1 Nr. 5 Buchst. a EStG erfolgen dürfen, wenn der Schuldner seinen Sitz oder seine Geschäftsleitung im Inland hat.[16]

9   Maßgeblich dafür, ob ein Anteilseigner an der Umwandlung teilnimmt, ist der **Zeitpunkt der Eintragung** der Umwandlung in das öffentliche Register.[17] Wer zu diesem Zeitpunkt Anteilseigner des übertragenden Rechtsträgers ist und Mitunternehmer am übernehmenden Rechtsträger wird, für den wird auch die Ausschüttung der offenen Rücklagen fingiert.

10 Scheidet ein Anteilseigner zwischen dem steuerlichen Umwandlungszeitpunkt und der Eintragung in das öffentliche Register aus, wird er nicht nach § 7 besteuert. Ebenso bleibt ein Anteilseigner außen vor, der der Verschmelzung widerspricht und nach Eintragung der Verschmelzung nach § 29 UmwG abgefunden wird.[18] Steuerlich scheiden diese Anteilseigner aus dem übertragenden Rechtsträger aus, auch wenn sie zum Zeitpunkt der Eintragung gesellschaftsrechtlich noch Anteilseigner sind.[19]

IV. Einkünfteermittlung iSd S. 1 iVm § 20 Abs. 1 Nr. 1 EStG

11 Ausgangspunkt für die den Anteilseignern als Einkünfte aus Kapitalvermögen zuzurechnenden fiktiv ausgeschütteten Einkünfte ist die **Schlussbilanz** iSd § 3. Sofern die umzuwandelnde Kapitalgesellschaft von ihrem Wahlrecht dergestalt Gebrauch macht, dass der gemeine Wert oder ein Zwischenwert angesetzt wird, erhöht sich entsprechend das **Eigenkapital** der Kapitalgesellschaft, was folglich auch zu höheren fiktiven Ausschüttungen an die Gesellschafter führt. Das Gleiche gilt in Bezug auf den zwangsweisen Ansatz des gemeinen Werts für einer ausländischen Betriebsstätte zuzurechnendes Betriebsvermögen (§ 4 Abs. 4 S. 2).[20] Vom Eigenkapital sind vorrangig (offene und verdeckte) Ausschüttungen an im Interimszeitraum ausscheidende Gesellschafter abzuziehen.[21] Dies gilt auch für die nach § 29 UmwG später ausscheidenden Anteilseigner.[22]

12 Jedem Anteilseigner wird der seinem **Nennkapital** entsprechende Anteil am **Eigenkapital** zugerechnet. Berücksichtigung findet nur ein positiver Saldo, insbes. führt ein

---

15 Hagemann/Jakob/Rophol/Viebrock NWB Sonderheft 2007, 1 (16); Haritz/Menner/Bilitewski/*Börst* UmwStG § 7 Rn. 25.
16 Dötsch/Pung/Möhlenbrock/*Pung/Werner* UmwStG § 7 Rn. 20; Haritz/Menner/Bilitewski/*Börst* UmwStG § 7 Rn. 31; Rödder/Herlinghaus/van Lishaut/*Birkemeier* UmwStG § 7 Rn. 21.
17 Dötsch/Pung/Möhlenbrock/*Pung/Werner* UmwStG § 7 Rn. 5; Haritz/Menner/Bilitewski/*Börst* UmwStG § 7 Rn. 27; Brandis/Heuermann/*Loose* UmwStG § 7 Rn. 12.
18 Frotscher/Drüen/*Schnitter* UmwStG § 7 Rn. 9; Haritz/Menner/Bilitewski/*Börst* UmwStG § 7 Rn. 27; Schmitt/Hörtnagl/*Schmitt* UmwStG § 7 Rn. 3.
19 Haritz/Menner/Bilitewski/*Börst* UmwStG § 7 Rn. 28; Frotscher/Drüen/*Schnitter* UmwStG § 7 Rn. 9; Rödder/Herlinghaus/van Lishaut/*Birkemeier* UmwStG § 7 Rn. 19.
20 Dötsch/Pung/Möhlenbrock/*Pung/Werner* UmwStG § 7 Rn. 8; Haritz/Menner/Bilitewski/*Börst* UmwStG § 7 Rn. 35; Frotscher/Drüen/*Schnitter* UmwStG § 7 Rn. 17.
21 Dötsch/Pung/Möhlenbrock/*Pung/Werner* UmwStG § 7 Rn. 13; Brandis/Heuermann/*Loose* UmwStG § 7 Rn. 14a; Frotscher/Drüen/*Schnitter* UmwStG § 7 Rn. 14a; BeckOK UmwStG/*Kaiser/Möller-Gosoge* § 7 Rn. 78.
22 UmwSt-Erl. 2011, Rn. 07.04; Haritz/Menner/Bilitewski/*Börst* UmwStG § 7 Rn. 41.

negativer Saldo nicht zu negativen Einnahmen aus Kapitalvermögen.[23] Vom jeweiligen Eigenkapital ist sodann das **steuerliche Einlagekonto** iSd § 27 KStG **abzuziehen**, das sich seinerseits aus der fiktiven Herabsetzung des Nennkapitals gemäß § 29 Abs. 1 iVm § 28 Abs. 2 KStG erhöht hat.[24] Der so ermittelte Betrag entspricht den **fiktiven Einnahmen** des Anteilseigners. Diese sind grundsätzlich nach § 20 Abs. 1 Nr. 1 EStG der Besteuerung zu unterwerfen, wenn nicht andere Einkunftsarten vorliegen (§ 20 Abs. 8 EStG). Wurde die Beteiligung also im Betriebsvermögen gehalten, so kommt es zu einer Besteuerung als Einkünfte aus Gewerbebetrieb, selbstständiger Arbeit oder Land- und Forstwirtschaft.[25]

Ändern sich die für die Ermittlung der Einnahmen aus § 7 maßgeblichen Bemessungsgrundlagen nachträglich, etwa aufgrund einer Betriebsprüfung, so kommt es auch zu einer Korrektur der Einnahmen aus § 7. Allerdings müssen dafür die Änderungsvorschriften der AO für Steuerbescheide eine Änderung zulassen.[26]

V. Besteuerung der Bezüge iSv S. 1

1. Allgemeines

Die Einnahmen iSd § 20 Abs. 1 Nr. 1 EStG gelten nach § 2 Abs. 2 mit Ablauf des steuerlichen Übertragungsstichtages als zugeflossen.[27]

2. Besteuerung der Anteilseigner

Die Regelungen des § 20 Abs. 1 Nr. 1 EStG finden uneingeschränkt mit allen Folgen auf die Bezüge iSd § 7 Anwendung. Für Anteile, die von natürlichen Personen gehalten werden, finden das **Halbeinkünfteverfahren** sowie ab dem Veranlagungszeitraum 2009 das **Teileinkünfteverfahren** und die Abgeltungssteuer Anwendung. Bis zum VZ 2009 gilt die Anwendung des Halbeinkünfteverfahrens unabhängig davon, ob die Anteile im Privat- oder Betriebsvermögen gehalten werden. Ab dem Veranlagungszeitraum 2009 kommt für im Privatvermögen gehaltene Anteile die Abgeltungssteuer zum Ansatz, für im Betriebsvermögen gehaltene Anteile kommt es zu einer Besteuerung nach dem Teileinkünfteverfahren. Im Betriebsvermögen gehaltene Anteile sind auch solche Anteile, die nach § 5 Abs. 2 als in das Betriebsvermögen eingelegt gelten. Insofern verbleiben für die Anwendung der Abgeltungssteuer nur noch Fälle, in denen **keine Beteiligung** iSd § 17 EStG vorliegt.[28]

Für von Körperschaften gehaltene Anteile gilt grundsätzlich die Steuerbefreiung von 95 % gemäß § 8b Abs. 1 iVm Abs. 5 KStG, wobei insbes. die Ausnahme von der Steuerbefreiung gem. § 8b Abs. 4 KStG für sog. Streubesitzdividenden bei Umwandlungen zu beachten ist, die nach dem 28.3.2013 angemeldet werden.[29]

---

23 Dötsch/Pung/Möhlenbrock/*Pung/Werner* UmwStG § 7 Rn. 12; Frotscher/Drüen/*Schnitter* UmwStG § 7 Rn. 15; Rödder/Herlinghaus/van Lishaut/*Birkemeier* UmwStG § 7 Rn. 39; aA Haritz/Menner/Bilitewski/*Börst* UmwStG § 7 Rn. 42.

24 Haritz/Menner/Bilitewski/*Börst* UmwStG § 7 Rn. 38; Frotscher/Drüen/*Schnitter* UmwStG § 7 Rn. 15; Dötsch/Pung/Möhlenbrock/*Pung/Werner* UmwStG § 7 Rn. 10.

25 Dötsch/Pung/Möhlenbrock/*Pung/Werner* UmwStG § 7 Rn. 22; Schmitt/Hörtnagl/*Schmitt* UmwStG § 7 Rn. 17.

26 Frotscher/Drüen/*Schnitter* UmwStG § 7 Rn. 20; Dötsch/Pung/Möhlenbrock/*Pung/Werner* UmwStG § 7 Rn. 14.

27 UmwSt-Erl. 2011, Rn. 07.07; Brandis/Heuermann/*Loose* UmwStG § 7 Rn. 16; Schmitt/Hörtnagl/*Schmitt* UmwStG § 7 Rn. 14.

28 Haritz/Menner/Bilitewski/*Börst* UmwStG § 7 Rn. 54 f.; Dötsch/Pung/Möhlenbrock/*Pung/Werner* UmwStG § 7 Rn. 18; Brandis/Heuermann/*Loose* UmwStG § 7 Rn. 18a; UmwSt-Erl. 2011, Rn. 07.07.

29 UmwSt-Erl. 2011, Rn. 07.07; Dötsch/Pung/Möhlenbrock/*Pung/Werner* UmwStG § 7 Rn. 18; Haritz/Menner/Bilitewski/*Börst* UmwStG § 7 Rn. 56 Brandis/Heuermann/*Loose* UmwStG § 7 Rn. 18a.

17 Im Rahmen der **gewerblichen Einkünfte** wird die fiktive Ausschüttung auch von der Gewerbesteuer erfasst, wobei allerdings bisher im Privatvermögen gehaltene, aber gem. § 5 Abs. 2 als eingelegt geltende Anteile explizit von der Gewerbesteuerpflicht ausgenommen werden (§ 18 Abs. 2 S. 2).[30] In den übrigen Fällen, in denen die Anteile tatsächlich zum Betriebsvermögen gehören, kann nach der Auffassung der Finanzverwaltung oftmals die Schachtelbefreiung gemäß § 9 Nr. 2a, Nr. 7 GewStG nicht greifen, da keine Besitzzeitanrechnung des Gesellschafters erfolgt, sondern es allein auf die Besitzverhältnisse zur übernehmenden Personengesellschaft zu Beginn des Erhebungszeitraums ankommen soll.[31] Eine gewisse Erleichterung erfährt ein solcher Gesellschafter allerdings durch die dann mögliche Anrechnung der Gewerbesteuer auf die persönliche Einkommensteuer iRd § 35 EStG.

3. Kapitalertragsteuer

18 Die fiktiven Ausschüttungen iSd § 20 Abs. 1 Nr. 1 EStG unterliegen dem **Kapitalertragsteuerabzug** gem. § 43 Abs. 1 S. 1 Nr. 1 EStG iVm § 43a Abs. 1 S. 1 Nr. 1 EStG iHv 25 % zzgl. Solidaritätszuschlag.[32] Dies setzt voraus, dass der Schuldner der Kapitalerträge seinen Sitz oder seine Geschäftsleitung im Inland hat (§ 43 Abs. 3 S. 1 EStG). Jedoch ist, obwohl es bei einer fiktiven Ausschüttung an einem zivilrechtlichen Schuldner fehlt, steuerlich der übertragende Rechtsträger als Schuldner anzusehen.[33] Damit liegen bei Inlandssachverhalten die Voraussetzungen eines Kapitalertragsteuerabzuges vor.

19 Bei **ausländischen Anteilseignern** entfaltet der Kapitalertragsteuerabzug grds. abgeltende Wirkung (§ 50 Abs. 2 S. 1 EStG bzw. § 32 Abs. 1 Nr. 2 KStG).[34] Es besteht immer dann keine Abgeltungswirkung, wenn die Anteile am übertragenden Rechtsträger einer inländischen Betriebsstätte zuzuordnen sind (§ 49 Abs. 1 Nr. 2 Buchst. a EStG iVm § 50 Abs. 2 S. 2 Buchst. a EStG bzw. § 32 Abs. 1 Nr. 2 KStG).[35] Inwiefern eine abgeltende Wirkung bei ausländischen Anteilseignern eintritt, wenn die Einlage und Überführungsfiktion des § 5 Abs. 2 und 3 erfolgt, ist umstritten.[36] Die von der Finanzverwaltung[37] angedeutete und von der hM[38] in der Literatur ausdrücklich angenommene sowie durch den BFH[39] bestätigte weite Auslegung der Einlage- und Überführungsfiktion führt dazu, dass für Zwecke des nationalen Steuerrechts eine Betriebsstätte iSd § 49 Abs. 1 Nr. 2 Buchst. a EStG fingiert wird. Damit hat die Kapitalertragsteuer für diese ausländischen Anteilseigner keine abgeltende Wirkung. Anders ist wohl zu entscheiden, wenn die Einlagefiktion des § 5 Abs. 2 bzw. 3 nicht greift, denn dann kann keine Zuordnung zu einer inländischen Betriebsstätte erfolgen.[40]

---

30 Brandis/Heuermann/*Loose* UmwStG § 7 Rn. 19; Frotscher/Drüen/*Schnitter* UmwStG § 7 Rn. 27.
31 UmwSt-Erl. 2011, Rn. 18.04; Dötsch/Pung/Möhlenbrock/*Pung/Werner* UmwStG § 7 Rn. 30; Brandis/Heuermann/*Loose* UmwStG § 7 Rn. 19.
32 UmwSt-Erl. 2011, Rn. 07.08; Dötsch/Pung/Möhlenbrock/*Pung/Werner* UmwStG § 7 Rn. 18; Frotscher/Drüen/*Schnitter* UmwStG § 7 Rn. 23; Haritz/Menner/Bilitewski/*Börst* UmwStG § 7 Rn. 65; *Hruschka* DStR 2012, 4 (9).
33 Dötsch/Pung/Möhlenbrock/*Pung/Werner* UmwStG § 7 Rn. 18; Haritz/Menner/Bilitewski/*Börst* UmwStG § 7 Rn. 66; Schmitt/Hörtnagl/*Schmitt* UmwStG § 7 Rn. 15; *Krohn/Greulich* DStR 2008, 646 (650).
34 Haritz/Menner/Bilitewski/*Börst* UmwStG § 7 Rn. 76.
35 Dötsch/Pung/Möhlenbrock/*Pung/Werner* UmwStG § 7 Rn. 24; Haritz/Menner/Bilitewski/*Börst* UmwStG § 7 Rn. 76; Brandis/Heuermann/*Loose* UmwStG § 7 Rn. 17b.
36 Brandis/Heuermann/*Loose* UmwStG § 7 Rn. 17a f.
37 UmwStErl. Rn. 02.04, 07.07 S. 2, 07.07 Abs. 2, 04.27 Beispielsfälle und Rn. 18.04 S. 2 und S. 3.
38 Dötsch/Pung/Möhlenbrock/*Pung/Werner* UmwStG § 7 Rn. 22, Rn. 24; Brandis/Heuermann/*Loose* UmwStG § 7 Rn. 17b; BeckOK UmwStG/*Kaiser/Möller-Gosoge* § 7 Rn. 158 ff.; Widmann/Mayer/*Martini* UmwStG § 7 Rn. 108 ff.; Rödder/Herlinghaus/van Lishaut/*Birkemeier* UmwStG § 7 Rn. 62 f.
39 BFH 11.4.2019 – IV R 1/17, BStBl. II 2019, 501.
40 BeckOK UmwStG/*Kaiser/Möller-Gosoge* § 7 Rn. 173.

Etwas anderes kann sich ergeben, wenn zwischen dem Wohnsitzstaat des Anteilseigners und Deutschland ein **Doppelbesteuerungsabkommen** abgeschlossen wurde, das eine dem Art. 10 OECD-MA entsprechende Regelung enthält. Hieraus würde sich, jedenfalls für den Fall, dass keine inländische Betriebsstätte anzunehmen ist, eine Beschränkung bzw. ein Ausschluss des deutschen Besteuerungsrechtes ergeben. Nach Auffassung der Finanzverwaltung und der ganz herrschenden Literaturauffassung kann die Einlage- und Überführungsfiktion des § 5 Abs. 2 und Abs. 3 keine abkommensrechtliche Betriebsstätte begründen.[41] Bei ausländischen Anteilseignern kann daneben die Höhe des Kapitalertragsteuerabzugs nach den anwendbaren Doppelbesteuerungsabkommen beschränkt sein. 20

Die **Kapitalertragsteuer** wird erst mit Eintragung der Umwandlung in das öffentliche Register **fällig**,[42] obwohl die Einnahmen nach § 7 schon am steuerlichen Übertragungsstichtag zufließen. Insofern wird von der allgemeinen Regel, wonach die Kapitalertragsteuer mit Zufluss der Einnahmen entsteht, abgewichen. Dies hat seine Gründe in der besonderen Struktur der Umwandlungsvorgänge. Erst zum Zeitpunkt der Eintragung in das öffentliche Register steht nämlich fest, welche Anteilseigner an der Umwandlung beteiligt sind.[43] 21

Die **Begünstigung** des § 43b EStG findet auf die Einnahmen nach § 7 keine Anwendung.[44] Dies ergibt sich direkt aus § 43b Abs. 1 S. 4 EStG. Ob diese Norm allerdings mit der **Mutter-Tochter-Richtlinie** vereinbar ist, kann mit guten Gründen in Zweifel gezogen werden. In der Mutter-Tochter-Richtlinie ist nämlich im Gegensatz zu den Liquidationsfällen **keine Ausnahme** von der grundsätzlichen Abstandnahme vom Kapitalertragsteuerabzug für Umwandlungsfälle vorgesehen.[45] 22

In der Beratung kann dieser Problematik jedoch dadurch begegnet werden, dass schon **vor der Umwandlung** die offenen Rücklagen an die (beschränkt steuerpflichtigen) Anteilseigner **ausgeschüttet** werden. In diesem Fall greift § 43b EStG nämlich und es muss keine Kapitalertragsteuer einbehalten werden. Bei der darauffolgenden Umwandlung bestehen dann keine offenen Rücklagen iSd § 7 mehr, so dass keine kapitalertragsteuerpflichtige fiktive Ausschüttung entsteht.[46] 23

Eigentlich wäre die Kapitalertragsteuer vom Übertragenden einzubehalten und an das Finanzamt abzuführen. Da die Finanzverwaltung als maßgeblichen Zeitpunkt jedoch nicht den steuerlichen Übertragungsstichtag, sondern die Eintragung der Umwandlung in das öffentliche Register annimmt[47] und der übertragende Rechtsträger zu diesem Zeitpunkt schon erlischt, muss die **Kapitalertragsteuer** von der **übernehmenden Personengesellschaft** als Gesamtrechtsnachfolgerin beglichen werden.[48] 24

---

41 UmwSt-Erl. 2011, Rn. 07.02; BeckOK UmwStG/*Kaiser/Möller-Gosoge* § 7 Rn. 164 f.; Schmitt/Hörtnagl/ *Schmitt* UmwStG § 7 Rn. 14; *Blöchle/Weggenmann* IStR 2008, 87 (93).
42 UmwSt-Erl. 2011, Rn. 07.08; Frotscher/Drüen/*Schnitter* UmwStG § 7 Rn. 24.
43 Frotscher/Drüen/*Schnitter* UmwStG § 7 Rn. 24.
44 UmwSt-Erl. 2011, Rn. 07.09; Dötsch/Pung/Möhlenbrock/*Pung/Werner* UmwStG § 7 Rn. 19; Frotscher/Drüen/*Schnitter* UmwStG § 7 Rn. 24a.
45 Frotscher/Drüen/*Schnitter* UmwStG § 7 Rn. 26a; Haritz/Menner/Bilitewski/*Börst* UmwStG § 7 Rn. 77; Brandis/Heuermann/*Klingberg/Loose* UmwStG § 7 Rn. 24; BeckOK UmwStG/*Kaiser/Möller-Gosoge* § 7 Rn. 168; *Krohn/Greulich* DStR 2008, 646 (650).
46 BeckOK UmwStG/*Kaiser/Möller-Gosoge* § 7 Rn. 168.1; Brandis/Heuermann/*Klingberg/Loose* UmwStG § 7 Rn. 24; *Bogenschütz* Ubg 2009, 604 (610); *Viebrock/Hagemann* FR 2009, 737 (740).
47 UmwSt-Erl. 2011, Rn. 07.08.
48 Haritz/Menner/Bilitewski/*Börst* UmwStG § 7 Rn. 67; Frotscher/Drüen/*Schnitter* UmwStG § 7 Rn. 23.

§ 8 Vermögensübergang auf einen Rechtsträger ohne Betriebsvermögen

(1) ¹Wird das übertragene Vermögen nicht Betriebsvermögen des übernehmenden Rechtsträgers, sind die infolge des Vermögensübergangs entstehenden Einkünfte bei diesem oder den Gesellschaftern des übernehmenden Rechtsträgers zu ermitteln. ²Die §§ 4, 5 und 7 gelten entsprechend.

(2) In den Fällen des Absatzes 1 sind § 17 Abs. 3 und § 22 Nr. 2 des Einkommensteuergesetzes nicht anzuwenden.

Literatur:
Bogenschütz, Umwandlung von Kapital- in Personengesellschaften, Ubg 2011, 393; *Huber/Marat,* Steuerneutraler Formwechsel einer Kapitalgesellschaft in eine vermögensverwaltende Personengesellschaft, DB 2011, 1823.

I. Normzweck 1	4. Kein Übergang in ein Betriebsvermögen 11
II. Vermögensübergang auf einen Rechtsträger ohne Betriebsvermögen 5	III. Folgen für die Besteuerung 15
1. Allgemeines 5	1. Übertragender Rechtsträger 15
2. Übertragender Rechtsträger 7	2. Übernehmender Rechtsträger bzw.
3. Übernehmender Rechtsträger 8	Gesellschafter des übernehmenden Rechtsträgers 17

I. Normzweck

1 Bei der Übertragung von Vermögen einer Körperschaft auf eine Personengesellschaft oder natürliche Person, sind die Wirtschaftsgüter stets mit dem gemeinen Wert nach § 3 in der Schlussbilanz der übertragenden Körperschaft anzusetzen (→ § 3 Rn. 34), wenn das übertragene Vermögen nicht Betriebsvermögen des übernehmenden Rechtsträgers wird.[1] § 8 regelt für diese Fälle (Verschmelzung auf einen Rechtsträger ohne Betriebsvermögen) die steuerlichen Folgen aus der Sicht des übernehmenden Rechtsträgers.[2] Von der Systematik her gehört die Vorschrift zum Vermögensübergang von einer Körperschaft (übertragender Rechtsträger) auf eine Personengesellschaft bzw. auf eine natürliche Person (übernehmender Rechtsträger) ohne Betriebsvermögen.[3] Die Umwandlung auf eine Personengesellschaft oder natürliche Person ohne Betriebsvermögen führt zur Aufdeckung und Besteuerung der stillen Reserven beim übertragenden Rechtsträger.[4]

2 Die Vorschrift hat in der Praxis zwei Hauptanwendungsfälle. Der erste Fall ist die **Verschmelzung auf eine vermögensverwaltende Personengesellschaft**. In erster Linie wird § 8 in den Fällen Anwendung finden, in denen auch die übertragende Körperschaft rein vermögensverwaltend tätig ist und diese auf eine vermögensverwaltende OHG oder KG (Personenhandelsgesellschaft) verschmolzen wird.[5] Von § 8 sind ebenfalls Fälle erfasst, in denen die Kapitalgesellschaft gewerblich tätig war (bspw. gewerblicher Grundstückhandel), diese Tätigkeit aufgibt und die übernehmende Personengesellschaft sodann rein vermögensverwaltend tätig ist (bspw. Vermietungstätigkeit).[6]

---

1 Schmitt/Hörtnagl/*Schmitt* UmwStG § 8 Rn. 1; Dötsch/Pung/Möhlenbrock/*Möhlenbrock* UmwStG § 8 Rn. 1.
2 Schmitt/Hörtnagl/*Schmitt* UmwStG § 8 Rn. 2; Brandis/Heuermann/*Klingberg* UmwStG § 8 Rn. 1; Dötsch/Pung/Möhlenbrock/*Möhlenbrock* UmwStG § 8 Rn. 1; Rödder/Herlinghaus/van Lishaut/*Trossen* UmwStG § 8 Rn. 1.
3 Haritz/Menner/Bilitewski/*Greve* UmwStG § 8 Rn. 1; Dötsch/Pung/Möhlenbrock/*Möhlenbrock* UmwStG § 8 Rn. 1.
4 Haritz/Menner/Bilitewski/*Greve* UmwStG § 8 Rn. 2.
5 Dötsch/Pung/Möhlenbrock/*Möhlenbrock* UmwStG § 8 Rn. 2; Frotscher/Drüen/*Schnitter* UmwStG § 8 Rn. 2; Haritz/Menner/Bilitewski/*Greve* UmwStG § 8 Rn. 2; Rödder/Herlinghaus/van Lishaut/*Trossen* UmwStG § 8 Rn. 5.
6 BeckOK UmwStG/*Möller-Gosoge* § 8 Rn. 2; Haritz/Menner/Bilitewski/*Greve* UmwStG § 8 Rn. 2.

Der zweite Fall betrifft die **Verschmelzung einer Kapitalgesellschaft auf ihren Alleingesellschafter**, wenn der Gesellschafter die übertragenen Wirtschaftsgüter ins Privatvermögen übernimmt.[7] Die Verschmelzung des übertragenden Rechtsträgers auf den Alleingesellschafter nach § 8 ist von der schon von den §§ 3–7 erfassten Verschmelzung auf eine natürliche Person abzugrenzen. § 8 setzt voraus, dass das Vermögen der Gesellschaft in das **Privatvermögen** übergeht, während in Fällen der §§ 3–7 die natürliche Person selbstständig tätig ist, etwa als Einzelgewerbetreibender. Um unter den Anwendungsbereich von § 8 zu fallen, muss eine **hundertprozentige Beteiligung (Alleingesellschafter)** zum Zeitpunkt des Abschlusses des Verschmelzungsvertrages vorliegen.[8] Handelt es sich nicht um einen Alleingesellschafter bzw. liegen die Voraussetzungen noch nicht bei Abschluss des Verschmelzungsvertrages vor, so kommt eine Anwendung des UmwStG nicht in Betracht. Die Besteuerung der Vermögensübertragung richtet sich nach den Vorschriften des KStG bzw. EStG.

Neben inländischen Umwandlungen sind von § 8 auch grenzüberschreitende Umwandlungen sowie vergleichbare ausländische Umwandlungsvorgänge innerhalb der EU bzw. des EWR erfasst. Für Übertragungen mit Stichtag nach dem 31.12.2021 gilt dies grundsätzlich auch im Verhältnis zu Drittstaaten (§ 27 Abs. 18).[9] Hierunter ist auch der Fall zu subsumieren, dass eine vermögensverwaltende Kapitalgesellschaft auf eine ausländische vermögensverwaltende Kapitalgesellschaft verschmolzen wird, die nach deutschem Steuerrecht jedoch als transparent anzusehen ist.[10]

II. Vermögensübergang auf einen Rechtsträger ohne Betriebsvermögen
1. Allgemeines

Als Rechtsträger ohne Betriebsvermögen kommen insbes. **vermögensverwaltende Personengesellschaften** in Betracht. Hierbei handelt es sich um Fälle, in denen entweder Immobilienvermögen oder Kapitalanlagen gehalten werden. Bis zum 31.12.2023 schied die **GbR** als übernehmender Rechtsträger bei einer Verschmelzung oder Spaltung – mangels Nennung der GbR in § 3 Abs. 1 UmwG aF iVm § 124 UmwG – aus. Durch das Gesetz zur Modernisierung des Personengesellschaftsrechts (MoPeG)[11] ist in § 3 Abs. 1 Nr. 1 UmwG die eingetragene GbR (eGbR) ergänzt worden, so dass eine Verschmelzung oder Spaltung auf eine GbR für Übertragungsstichtage nach dem 31.12.2023 zulässig ist (→ § 1 Rn. 11). Ein Formwechsel von einer Kapitalgesellschaft in eine GbR kommt über § 9 auch für Umwandlungen mit Übertragungsstichtag vor dem 1.1.2024 in Betracht, denn dieser ist nach §§ 190 ff., 191 Abs. 2 Nr. 1 UmwG zulässig.[12] Der Anwendungsbereich der Vorschrift hat sich durch § 105 Abs. 2 HGB (ab 1.1.2024 in § 107 Abs. 1 HGB geregelt)[13] erweitert, wonach auch vermögensverwaltende Personengesellschaften, deren Gesellschafter andere als gewerbliche Einkünfte erzielen, als OHG bzw. KG konstitutiv in das Handelsregister eingetragen werden können.[14]

---

7 Haritz/Menner/Bilitewski/*Greve* UmwStG § 8 Rn. 2; Frotscher/Drüen/*Schnitter* UmwStG § 8 Rn. 2; Rödder/Herlinghaus/van Lishaut/*Trossen* UmwStG § 8 Rn. 7.
8 Rödder/Herlinghaus/van Lishaut/*Trossen* UmwStG § 8 Rn. 7; BeckOK UmwStG/*Möller-Gosoge* § 8 Rn. 42; Brandis/Heuermann/*Loose* UmwStG § 8 Rn. 9.
9 Frotscher/Drüen/*Schnitter* UmwStG § 8 Rn. 1.
10 Dötsch/Pung/Möhlenbrock/*Möhlenbrock* UmwStG § 8 Rn. 3; Frotscher/Drüen/*Schnitter* UmwStG § 8 Rn. 1.
11 Art. 60 Nr. 2 MoPeG vom 10.8.2021, BGBl. I 3436.
12 Rödder/Herlinghaus/van Lishaut/*Trossen* UmwStG § 8 Rn. 4.
13 Art. 51 Nr. 3 Gesetz zur Modernisierung des Personengesellschaftsrechts (MoPeG) vom 10.8.2021, BGBl. I 3436.
14 Dötsch/Pung/Möhlenbrock/*Möhlenbrock* UmwStG § 8 Rn. 2; Frotscher/Drüen/*Schnitter* UmwStG § 8 Rn. 12; Haritz/Menner/Bilitewski/*Greve* UmwStG § 8 Rn. 3.

6 Für **Partnerschaftsgesellschaften** gilt § 8 grundsätzlich nicht, da § 1 Abs. 1 PartGG zwingend die Existenz von Betriebsvermögen voraussetzt.[15] Wird der freie Beruf nicht mehr ausgeübt, etwa weil ein Berufsträger vermögensverwaltend tätig ist, so liegen auch die Voraussetzungen der Partnerschaftsgesellschaft nicht mehr vor.

2. Übertragender Rechtsträger

7 Als übertragender Rechtsträger kommen sämtliche Körperschaften, für die der zweite Abschnitt des UmwStG gilt, in Betracht (→ § 1 Rn. 11 ff.). Hierunter fallen auch vergleichbare ausländische Gesellschaften (→ § 1 Rn. 48).

3. Übernehmender Rechtsträger

8 Als übernehmender Rechtsträger kommen Personengesellschaften, ausländische Kapitalgesellschaften, die vom deutschen Steuerrecht als transparent angesehen werden, sowie natürliche Personen in Betracht (→ § 3 Rn. 5 f.).[16]

9 Problematisch ist der **Zeitpunkt**, an welchem zu prüfen ist, ob der übernehmende Rechtsträger über **Betriebsvermögen** verfügt. Die Anwendbarkeit von § 8 kann etwa wegfallen, wenn der übernehmende Rechtsträger zwischen dem steuerlichen Übertragungsstichtag und der Eintragung in das Handelsregister eine gewerbliche Tätigkeit aufnimmt.

10 Die Finanzverwaltung sieht den **steuerlichen Übertragungsstichtag** als maßgebenden Zeitpunkt für die Prüfung des Vorliegens von Betriebsvermögen an.[17] Die hM in der Literatur folgt dieser Ansicht und begründet dies mit der Rückwirkungsfiktion des § 2.[18]

4. Kein Übergang in ein Betriebsvermögen

11 Für die Anwendung von § 8 ist Voraussetzung, dass „das **Vermögen**" des übertragenden Rechtsträgers **nicht in das Betriebsvermögen** des übernehmenden Rechtsträgers übergeht. „Das Vermögen" meint in diesem Bereich das gesamte Vermögen. Werden einzelne Wirtschaftsgüter nach der Umwandlung in das Privatvermögen überführt, so handelt es sich um eine Privatentnahme, die nach § 4 Abs. 1 S. 2 EStG iVm § 6 Abs. 1 Nr. 4 EStG mit dem Teilwert anzusetzen ist. Daraus folgt, dass immer, wenn das wesentliche Vermögen des übertragenden Rechtsträgers in ein Betriebsvermögen übergeht, kein Raum für die Anwendung des § 8 besteht.[19] Ob es sich um Betriebsvermögen eines gewerblichen, freiberuflichen oder land- und forstwirtschaftlichen Betriebes handelt, ist dabei ohne Relevanz.

12 Eine Zuordnung zu einem Betriebsvermögen kann sich auch aus dem Charakter des übernehmenden Rechtsträgers ergeben. Ist der übertragende Rechtsträger gewerblich tätig und wird der Gewerbebetrieb durch den übernehmenden Rechtsträger fortge-

führt, findet § 8 keine Anwendung.[20] Keine Anwendung findet § 8 ferner im Falle der Verschmelzung des übertragenden Rechtsträgers auf eine **gewerblich geprägte Personengesellschaft**[21] oder im Falle der Verschmelzung der Betriebsgesellschaft auf die **Besitzgesellschaft**.[22]

Für eine Anwendung von § 8 ist auch kein Raum, wenn aufgrund der Abfärberegelung des § 15 Abs. 3 Nr. 1 EStG beim übernehmenden Rechtsträger **Betriebsvermögen fingiert** wird. Diese führt bspw. zur Qualifikation der Einkünfte einer Holdinggesellschaft als gewerbliche Einkünfte, wenn gewerbliche Dienstleistungen gegenüber den nachgeordneten Gesellschaften erbracht werden.[23] Erwirbt eine Personengesellschaft ohne Betriebsvermögen vom übertragenden Rechtsträger einen **lebenden Betrieb**, so kann sich auch hieraus ein Betriebsvermögen ableiten.[24]

Bei der **Betriebsverpachtung** kommt es darauf an, ob auf den übernehmenden Rechtsträger ein **Verpächterwahlrecht** übergegangen ist, das (erst) von diesem dahin gehend ausgeübt werden kann, die Betriebsaufgabe zu erklären. In diesem Fall soll der übernehmende Rechtsträger als Rechtsträger mit Betriebsvermögen eingestuft werden. Damit wäre auch der Buchwertansatz iSd § 3 Abs. 2 zulässig, soweit die anderen Voraussetzungen vorliegen.[25]

III. Folgen für die Besteuerung

1. Übertragender Rechtsträger

Beim Vermögensübergang auf eine Personengesellschaft oder natürliche Person ohne Betriebsvermögen kommt es zu einer **Aufdeckung der stillen Reserven** des übertragenden Rechtsträgers im Rahmen der Aufstellung seiner Schlussbilanz iSd § 3. Das übergehende Vermögen ist mit dem **gemeinen Wert** anzusetzen; ein Antragswahlrecht nach § 3 Abs. 2 besteht nicht.[26] Ausgenommen sind hiervon lediglich die Pensionsrückstellungen, die nach § 3 Abs. 1 S. 2 immer mit dem Teilwert nach § 6a EStG anzusetzen sind.

Dies ist nach der mittlerweile wohl einhelligen Meinung in der Literatur damit zu begründen, dass die Voraussetzungen des § 3 Abs. 2 Nr. 1 nicht erfüllt sind, wenn das Vermögen kein Betriebsvermögen beim übernehmenden Rechtsträger wird und damit die Besteuerung der stillen Reserven nicht sichergestellt ist.[27] Nach Auffassung der Finanzverwaltung und der Literatur ist auch ein **Geschäfts- oder Firmenwert** in der Schlussbilanz anzusetzen.[28] Der in Höhe der vorhandenen stillen Reserven entstehende Übertragungsgewinn unterliegt uneingeschränkt sowohl der Körperschaftsteuer als auch der Gewerbesteuer.[29]

2. Übernehmender Rechtsträger bzw. Gesellschafter des übernehmenden Rechtsträgers

17 Für den übernehmenden Rechtsträger bzw. dessen Gesellschafter ergeben sich die weiteren steuerlichen Folgen aus § 8 Abs. 1 S. 2, der eine entsprechende Anwendung der §§ 4, 5 und 7 anordnet. Folglich ist § 6 zum Übernahmefolgegewinn in Fällen des § 8 nicht anzuwenden. Während § 4 die Auswirkung der Umwandlung auf den Gewinn des übernehmenden Rechtsträgers regelt, behandelt § 5 die Besteuerung der Anteilseigner der übertragenden Körperschaft und § 7 fingiert die Ausschüttung der offenen Rücklagen der übertragenden Körperschaft an die bisherigen Anteilseigner.

18 Der übernehmende Rechtsträger hat nach § 4 Abs. 1 die Wirtschaftsgüter mit den Werten der steuerlichen Schlussbilanz der übertragenden Körperschaft zu übernehmen, die bei der übernehmenden natürlichen Person bzw. der vermögensverwaltenden Personengesellschaft als Anschaffungskosten gelten.[30] Darüber hinaus tritt der übernehmende Rechtsträger nach § 4 Abs. 2 und 3 in die Rechtsstellung der übertragenden Körperschaft ein. Der Eintritt kommt jedoch nur in Betracht, soweit die erhöhte AfA bzw. Sonderabschreibung auch bei Wirtschaftsgütern im Privatvermögen möglich ist, so dass zB eine AfA nach § 7 Abs. 4 S. 1 Nr. 1 EStG oder nach § 7 Abs. 5 S. 1 Nr. 1 EStG nicht zur Anwendung kommt.[31] Kann der in § 4 Abs. 2 und 3 genannte Wertansatz beim übernehmenden Rechtsträger keine Anwendung finden, ist insoweit eine Korrektur des Wertansatzes vorzunehmen. Bspw. können §§ 6b und 7g EStG bei den Überschusseinkunftsarten nicht angewendet werden, so dass ein Investitionsabzugsbetrag nach § 7g EStG bzw. eine gebildete 6b-Rücklage nicht übernommen werden können und (rückwirkend) aufzulösen sind.[32] Darüber hinaus gehen nach § 4 Abs. 2 S. 2 verrechenbare Verluste, verbleibende Verlustvorträge, nicht ausgeglichene negative Einkünfte, Zins- und EBITDA-Vorträge nicht auf den übernehmenden Rechtsträger über, können allerdings mit dem Übertragungsgewinn der übertragenden Körperschaft verrechnet werden.[33]

19 Durch den Verweis in § 8 Abs. 1 S. 2 ist bei der Verschmelzung einer Körperschaft auf eine Personengesellschaft oder natürliche Person ohne Betriebsvermögen für die Anteilseigner ein **Übernahmeergebnis** nach § 4 und § 5 zu ermitteln.[34] Das Übernahmeergebnis ermittelt sich nach § 4 Abs. 4 S. 1 aus der Gegenüberstellung der zu gemeinen Werten anzusetzenden übertragenen Wirtschaftsgüter und dem Buchwert bzw. den Anschaffungskosten für die wegfallende Beteiligung.[35] Daneben ergeben sich für die Anteilseigner noch Einkünfte aus der nach § 7 anzusetzenden fiktiven Ausschüttung

---

[29] Haritz/Menner/Bilitewski/*Greve* UmwStG § 8 Rn. 27; Frotscher/Drüen/*Schnitter* UmwStG § 8 Rn. 17a; Rödder/Herlinghaus/van Lishaut/*Trossen* UmwStG § 8 Rn. 29.

[30] Brandis/Heuermann/*Klingberg* UmwStG § 8 Rn. 20; Rödder/Herlinghaus/van Lishaut/*Trossen* UmwStG § 8 Rn. 47; Frotscher/Drüen/*Schnitter* UmwStG § 8 Rn. 19.

[31] Frotscher/Drüen/*Schnitter* UmwStG § 8 Rn. 19; Rödder/Herlinghaus/van Lishaut/*Trossen* UmwStG § 8 Rn. 48.

[32] UmwSt-Erlass 2011, Rn. 08.04; Brandis/Heuermann/*Klingberg* UmwStG § 8 Rn. 20; Dötsch/Pung/Möhlenbrock/*Möhlenbrock* UmwStG § 8 Rn. 11.

[33] Rödder/Herlinghaus/van Lishaut/*Trossen* UmwStG § 8 Rn. 52; Brandis/Heuermann/*Klingberg* UmwStG § 8 Rn. 20; Frotscher/Drüen/*Schnitter* UmwStG § 8 Rn. 20.

[34] Brandis/Heuermann/*Klingberg* UmwStG § 8 Rn. 19; Dötsch/Pung/Möhlenbrock/*Möhlenbrock* UmwStG § 8 Rn. 18.

[35] Haritz/Menner/Bilitewski/*Greve* UmwStG § 8 Rn. 32; Frotscher/Drüen/*Schnitter* UmwStG § 8 Rn. 21.

der offenen Rücklagen.³⁶ Diese fiktiv zugerechneten Rücklagen mindern sodann das Übernahmeergebnis (§ 4 Abs. 5 S. 2), wodurch sich in den Fällen des § 8 regelmäßig kein Übernahmegewinn mehr ergibt.³⁷

Wie ein ausnahmsweise entstehender Übernahmegewinn sowie die fiktive Ausschüttung nach § 7 konkret zu ermitteln und bei welcher Einkunftsart sie steuerlich beim Gesellschafter zu erfassen sind, hängt davon ab, welche Verhältnisse am steuerlichen Übertragungsstichtag bestehen. Insbesondere ist maßgeblich wie die Anteile bei den einzelnen Gesellschaftern steuerlich verhaftet und wie diese einzuordnen sind:³⁸

- Beteiligungen iSd § 17 EStG und Privatvermögen (→ Rn. 20),
- keine Beteiligungen iSd 17 EStG und Privatvermögen (→ Rn. 21),
- Beteiligungen im Betriebsvermögen (→ Rn. 22) oder
- einbringungsgeborene Anteile iSd § 21 UmwStG aF (→ Rn. 23).

Ein **Übernahmegewinn** stellt Einkünfte iSd § 17 EStG dar, wenn die Anteilseigner im Privatvermögen eine unmittelbare oder mittelbare Beteiligung von mindestens 1 % an der übertragenden Körperschaft halten oder innerhalb der letzten fünf Jahre hielten. Für die Einkünfte ist nach § 8 Abs. 2 allerdings der Freibetrag des § 17 Abs. 3 EStG nicht zu gewähren. Ein Übernahmegewinn fällt in der Regel nicht an, da das Übernahmeergebnis auch in diesem Fall gem. § 4 Abs. 5 S. 2 um den Betrag der fiktiven Ausschüttung iSd § 7 zu mindern ist.³⁹ Die fiktive Ausschüttung nach § 7 stellt im Privatvermögen Einkünfte aus Kapitalvermögen gem. § 20 Abs. 1 Nr. 1 EStG dar (→ § 7 Rn. 12 ff.). 20

Da für Anteilseigner mit einer Beteiligung von unter 1 % kein Übernahmeergebnis zu ermitteln ist, liegt auch kein potenzieller Veräußerungstatbestand iSd § 20 Abs. 2 Nr. 1 EStG vor.⁴⁰ Zu versteuern sind ausschließlich die fiktiven Bezüge nach § 7,⁴¹ als Einkünfte aus Kapitalvermögen gem. § 20 Abs. 1 Nr. 1 EStG (→ § 7 Rn. 12 ff.). 21

Befindet sich die Beteiligung an der übertragenden Kapitalgesellschaft in einem Betriebsvermögen des Anteilseigners, entstehen aus dem Verschmelzungsvorgang (Übernahmegewinn) **gewerbliche Einkünfte**. Sie ergeben sich aus der Differenz zwischen dem auf den Gesellschafter entfallenden Anteil am übergehenden Betriebsvermögen der Körperschaft und dem Buchwert der untergehenden Anteile. Auf den Übernahmegewinn findet das Teileinkünfteverfahren Anwendung.⁴² 22

Umfasst der Vermögensübergang einbringungsgeborene Anteile iSd § 21 UmwStG aF, gelten diese Anteile für Zwecke der Ermittlung des Übernahmeergebnisses (§ 5 Abs. 4 UmwStG aF) als am steuerlichen Übertragungsstichtag zu Anschaffungskosten in das Betriebsvermögen der Personengesellschaft eingelegt (auch wenn diese in den Fällen des § 8 kein Betriebsvermögen hat).⁴³ Der Anteilseigner erzielt in der Folge Veräuße- 23

---

36 Haritz/Menner/Bilitewski/*Greve* UmwStG § 8 Rn. 35; Rödder/Herlinghaus/van Lishaut/*Trossen* UmwStG § 8 Rn. 31.
37 Brandis/Heuermann/*Klingberg* UmwStG § 8 Rn. 19; Frotscher/Drüen/*Schnitter* UmwStG § 8 Rn. 22.
38 Brandis/Heuermann/*Klingberg* UmwStG § 8 Rn. 22; Rödder/Herlinghaus/van Lishaut/*Trossen* UmwStG § 8 Rn. 46; Dötsch/Pung/Möhlenbrock/*Möhlenbrock* UmwStG § 8 Rn. 22; Haritz/Menner/Bilitewski/*Greve* UmwStG § 8 Rn. 40; Schmitt/Hörtnagl/*Schmitt* UmwStG § 8 Rn. 20.
39 Brandis/Heuermann/*Klingberg* UmwStG § 8 Rn. 23; BeckOK UmwStG/*Möller-Gosoge* § 8 Rn. 159.
40 Frotscher/Drüen/*Schnitter* UmwStG § 8 Rn. 32; Brandis/Heuermann/*Klingberg* UmwStG § 8 Rn. 25; BeckOK UmwStG/*Möller-Gosoge* § 8 Rn. 160.
41 Frotscher/Drüen/*Schnitter* UmwStG § 8 Rn. 32.
42 Brandis/Heuermann/*Klingberg* UmwStG § 8 Rn. 26; Haritz/Menner/Bilitewski/*Greve* UmwStG § 8 Rn. 42; BeckOK UmwStG/*Möller-Gosoge* § 8 Rn. 162.
43 Brandis/Heuermann/*Klingberg* UmwStG § 8 Rn. 27; BeckOK UmwStG/*Möller-Gosoge* § 8 Rn. 151; kritisch Rödder/Herlinghaus/van Lishaut/*Trossen* UmwStG § 8 Rn. 39 mwN.

rungsgewinne nach § 16 EStG, die nicht dem Teil-(bzw. Halb-)einkünfteverfahren unterliegen.[44]

24 Die Verschmelzung auf eine **Zebragesellschaft** fällt auch vollumfänglich in den Anwendungsbereich des § 8, so dass ein Wertansatzwahlrecht nicht besteht, auch nicht insoweit, wie die Beteiligung an der Zebragesellschaft dem Betriebsvermögen des Gesellschafters zuzuordnen ist.[45] Der zwingende Ansatz zum gemeinen Wert wird damit begründet, dass die Zebragesellschaft über kein Betriebsvermögen verfügt. Obwohl insoweit die Besteuerung der stillen Reserven beim betrieblich beteiligten Gesellschafter gesichert ist, ist diese Auffassung vom Wortlaut des § 3 Abs. 2 Nr. 1, der die Überführung in ein Betriebsvermögen fordert, gedeckt.[46]

§ 9 Formwechsel in eine Personengesellschaft[1]

¹Im Falle des Formwechsels einer Kapitalgesellschaft in eine Personengesellschaft sind die §§ 3 bis 8 und 10 entsprechend anzuwenden. ²Die Kapitalgesellschaft hat für steuerliche Zwecke auf den Zeitpunkt, in dem der Formwechsel wirksam wird, eine Übertragungsbilanz, die Personengesellschaft eine Eröffnungsbilanz aufzustellen. ³Die Bilanzen nach Satz 2 können auch für einen Stichtag aufgestellt werden, der höchstens acht Monate vor der Anmeldung des Formwechsels zur Eintragung in ein öffentliches Register liegt (Übertragungsstichtag); § 2 Absatz 3 bis 5 gilt entsprechend.

Literatur:

Jamrozy/Weggenmann, Rechtsformwechsel einer Kapital- in eine Personengesellschaft in Polen – ein steuerliches Optimierungsvehikel für deutsche Investoren?, IStR 2008, 869; *Lemaitre/Schönherr*, Die Umwandlung von Kapitalgesellschafen in Personengesellschaften durch Verschmelzung und Formwechsel nach der Neufassung des UmwStG durch das SEStEG, GmbHR 2007, 173; *Schwedhelm*, Formwechsel einer GmbH in eine GmbH & Co KG nach der Steuerreform, GmbH-StB 1999, 106.

I. Normzweck	1		aa) Ebene der Kapitalgesellschaft	16
II. Steuerrechtliche Auswirkungen	8		bb) Ebene der Personengesellschaft und der Gesellschafter	19
1. Mögliche Rechtsträger	10			
a) Kapitalgesellschaft	10		d) Formwechsel auf Rechtsträger ohne Betriebsvermögen	22
b) Personengesellschaft	12			
2. Steuerliche Rechtsfolgen	13		aa) Ebene der Kapitalgesellschaft	23
a) Aufzustellende Bilanzen	13		bb) Ebene der Personengesellschaft und Gesellschafter	24
b) Bilanzstichtage	14			
c) Formwechsel auf Rechtsträger mit Betriebsvermögen	15		III. Auswirkungen auf andere Steuerarten	27

I. Normzweck

1 § 9 regelt den Formwechsel einer Kapitalgesellschaft in eine Personengesellschaft. **Voraussetzung** für die Anwendung des § 9 ist das Vorliegen einer zivilrechtlich zulässigen Möglichkeit des Formwechsels einer Kapitalgesellschaft in eine Personengesellschaft (§ 190 ff. UmwG). Dies sind nach deutschem Recht Formwechsel einer SE, AG, KGaA

---

44 Brandis/Heuermann/*Klingberg* UmwStG § 8 Rn. 27.
45 UmwSt-Erl. 2011, Rn. 08.03.
46 Dötsch/Pung/Möhlenbrock/*Möhlenbrock* UmwStG § 8 Rn. 11; BeckOK UmwStG/*Möller-Gosoge* § 8 Rn. 205 f.; Haritz/Menner/Bilitewski/*Greve* UmwStG § 8 Rn. 45;

Rödder/Herlinghaus/van Lishaut/*Trossen* UmwStG § 8 Rn. 56 f.

1 § 9 S. 3 Verweis geänd. durch G v. 22.12.2009 (BGBl. I 3950); zur Anwendung siehe § 27 Abs. 10.

oder GmbH in eine KG, OHG, GbR, EWIV oder Partnerschaftsgesellschaft.[2] Die Umwandlung einer Kapitalgesellschaft in ein Einzelunternehmen ist kein Formwechsel.[3] Erfasst von § 9 sind nicht nur inländische Formwechsel nach §§ 190 ff. UmwG, sondern auch **vergleichbare ausländische Vorgänge** (§ 1 Abs. 1 S. 1 Nr. 2; → § 1 Rn. 46 ff.).[4] Dabei muss der Formwechsel nach ausländischem Recht den Grundsätzen der §§ 190 ff. UmwG entsprechen.[5] Bis zum 31.12.2021 war der Anwendungsbereich des § 9 auf Gesellschaften beschränkt, die nach dem Recht eines EU- oder EWR-Mitgliedstaats gegründet worden sind und den Sitz sowie den Ort der Geschäftsleitung in einem dieser Staaten hatten (§ 1 Abs. 2).[6] Bei einem Formwechsel mit steuerlichem Übertragungsstichtag nach dem 31.12.2021 ist § 9 durch die Streichung des § 1 Abs. 2 auch auf Drittstaatengesellschaften anwendbar (§ 27 Abs. 18).[7] Die ausländischen an dem Formwechsel beteiligten Gesellschaften müssen nach dem Rechtstypenvergleich als Kapital- bzw. Personengesellschaften zu qualifizieren sein.[8] Für die Anfangszeit nach dem SEStEG ging die Beratungspraxis von erheblichen Rechtsunsicherheiten im Hinblick auf die Frage der **Vergleichbarkeit ausländischer Gesellschaften** und Vorgänge aus.[9] Als Lösungsvorschlag für die Überwindung der Rechtsunsicherheit wurde daher die Einholung einer verbindlichen Auskunft empfohlen.[10]

Beim Formwechsel bleibt die **Identität** der Gesellschaft **erhalten**, lediglich die Rechtsform wandelt sich.[11] Demzufolge gibt es beim Formwechsel zivilrechtlich weder einen Vermögensübergang noch eine Gesamtrechtsnachfolge.[12] Zivilrechtlich müssen beim Formwechsel verschiedene Schritte unter Beteiligung des Handelsregisters durchlaufen werden.[13]

Handelsbilanziell ergibt sich eine Pflicht, die **Buchwerte fortzuführen**, da handelsrechtlich keine Vermögensübertragung vorliegt und die Personengesellschaft die Handelsbücher der Kapitalgesellschaft fortführt.[14]

Seit der Entscheidung in der Rechtssache **Vale** vom 12.7.2012[15] – bestätigt durch die Rechtssache Polbud[16] – ist die Frage geklärt, ob es überhaupt einen **grenzüberschreitenden Formwechsel** geben kann. Demnach steht die in Art. 49 AEUV und Art. 54 AEUV geregelte Niederlassungsfreiheit einer nationalen Regelung entgegen, die zwar für inländische Gesellschaften die Möglichkeit einer Umwandlung vorsieht, aber die

---

2 Schmitt/Hörtnagl/*Schmitt* UmwStG § 9 Rn. 4; Haritz/Menner/Bilitewski/*Greve* UmwStG § 9 Rn. 10.
3 Dötsch/Pung/Möhlenbrock/*Möhlenbrock* UmwStG § 9 Rn. 3.
4 Frotscher/Drüen/*Schnitter* UmwStG § 9 Rn. 15; Rödder/Herlinghaus/van Lishaut/*Birkemeier* UmwStG § 9 Rn. 3.
5 Frotscher/Drüen/*Schnitter* UmwStG § 9 Rn. 15; Rödder/Herlinghaus/van Lishaut/*Birkemeier* UmwStG § 9 Rn. 24.
6 Frotscher/Drüen/*Schnitter* UmwStG § 9 Rn. 14; BeckOK UmwStG/*Weggenmann* § 9 Rn. 136; Dötsch/Pung/Möhlenbrock/*Möhlenbrock* UmwStG § 9 Rn. 7; Schmitt/Hörtnagl/*Schmitt* UmwStG § 9 Rn. 7.
7 Frotscher/Drüen/*Schnitter* UmwStG § 9 Rn. 14; BeckOK UmwStG/*Weggenmann* § 9 Rn. 136; Brandis/Heuermann/*Loose* UmwStG § 9 Rn. 11.
8 BeckOK UmwStG/*Weggenmann* § 9 Rn. 176; Rödder/Herlinghaus/van Lishaut/*Birkemeier* UmwStG § 9 Rn. 20; Schmitt/Hörtnagl/*Schmitt* UmwStG § 9 Rn. 7.
9 Blöchle/Weggenmann IStR 2008, 87 (88 f.) veranschaulichen die Unsicherheiten am Beispiel Österreichs; Haritz/Menner/Bilitewski/*Greve* UmwStG § 9 Rn. 1.
10 Rödder/Herlinghaus/van Lishaut/*Birkemeier* UmwStG § 9 Rn. 24; Haritz/Menner/Bilitewski/*Greve* UmwStG § 9 Rn. 1.
11 BeckOK UmwStG/*Weggenmann* § 9 Rn. 1; Rödder/Herlinghaus/van Lishaut/*Birkemeier* UmwStG § 9 Rn. 24; Brandis/Heuermann/*Loose* UmwStG § 9 Rn. 1.
12 Dötsch/Pung/Möhlenbrock/*Möhlenbrock* UmwStG § 9 Rn. 4; Frotscher/Drüen/*Schnitter* UmwStG § 9 Rn. 3.
13 Dötsch/Pung/Möhlenbrock/*Möhlenbrock* UmwStG § 9 Rn. 8 ff.; Haritz/Menner/Bilitewski/*Greve* UmwStG § 9 Rn. 21 ff.
14 Haritz/Menner/Bilitewski/*Greve* UmwStG § 9 Rn. 36; Dötsch/Pung/Möhlenbrock/*Möhlenbrock* UmwStG § 9 Rn. 13; Rödder/Herlinghaus/van Lishaut/*Birkemeier* UmwStG § 9 Rn. 48.
15 EuGH 12.7.2012 - C-378/10, NZG 2012, 871 - Vale.
16 EuGH 25.10.2017 - C-106/16, DStR 2017, 2634 - Polbud.

Umwandlung einer dem Recht eines anderen Mitgliedstaats unterliegenden Gesellschaft in eine inländische Gesellschaft generell nicht zulässt.[17]

5 Für das Vorliegen eines grenzüberschreitenden Formwechsels ist zu unterscheiden, ob eine Verlegung des Verwaltungssitzes, dh die tatsächliche Verlagerung des Ortes der Geschäftsleitung, oder die Verlegung eines Satzungssitzes erfolgt. Verlegt eine Gesellschaft ihren Satzungssitz, so spiegelt sich das in der Satzung wider, während sich die Verlegung des Verwaltungssitzes im Faktischen abspielt, ohne notwendigerweise von der Satzung abgebildet werden zu müssen.

6 Der Fall des grenzüberschreitenden Formwechsels stellt dabei die **Verlegung des Satzungssitzes** dar.[18] Praktisch bedeutet dies, dass die Kapitalgesellschaft ihren Satzungssitz in einen anderen Mitgliedstaat verlegt und hierbei eine Rechtsform nach der Rechtsordnung des Zuzugsstaats annimmt.[19] Mit der Umsetzung des Company Law Package II[20] durch das UmRUG[21] liegt in diesem Fall ein grenzüberschreitender Formwechsel nach §§ 333 ff. UmwG vor (→ § 1 Rn. 22). Ein solcher grenzüberschreitender Formwechsel ist der Wechsel einer nach dem Recht eines EU- oder EWR-Staats gegründeten Gesellschaft in eine Rechtsform nach dem Recht eines anderen EU- oder EWR-Staats unter Verlegung des satzungsmäßigen Sitzes in diesen anderen Staat (§ 333 Abs.1 UmwG). Da solche grenzüberschreitende Formwechsel nach § 334 UmwG jedoch nur zwischen Kapitalgesellschaften möglich sind, sind diese Vorgänge uE nicht von § 9 erfasst, da dieser die Umwandlung einer Kapitalgesellschaft in eine Personengesellschaft verlangt. Kein grenzüberschreitender Formwechsel liegt bei der Verlegung des Satzungssitzes einer SE vor.[22]

7 Ein grundsätzlich denkbarer grenzüberschreitender Formwechsel wäre auch die Umwandlung einer ausländischen Kapitalgesellschaft unmittelbar in eine deutsche Personengesellschaft.[23] Solche Umwandlungen werden wohl weiterhin nur theoretischer Natur bleiben, da in der Praxis eine Sitzverlegung der ausländischen Kapitalgesellschaft nach Deutschland erfolgt und damit zunächst ein Fall nach §§ 333 UmwG vorliegt. Erst anschließend – nachdem eine Kapitalgesellschaft nach deutschem Recht besteht – erfolgt der Formwechsel in eine Personengesellschaft nach §§ 190 ff. UmwG, der wiederum von § 9 erfasst ist.

II. Steuerrechtliche Auswirkungen

8 Auf der Rechtsfolgenseite verweist § 9 für den Formwechsel auf die Vorschriften der §§ 3–8 und § 10. Da auch auf § 8 verwiesen wird, ist für den Formwechsel zwischen Gesellschaften mit und ohne Betriebsvermögen zu differenzieren.

9 In steuerrechtlicher Hinsicht werden Personengesellschaften und Körperschaften grundverschiedenen Besteuerungssystemen unterworfen. Um durch den **Wechsel der Besteuerungssysteme** eine systemlogische vollständige Besteuerung sicherzustellen,

---

17 Haritz/Menner/Bilitewski/*Greve* UmwStG § 9 Rn. 10.
18 Schmitt/Hörtnagl/*Hörtnagl* UmwStG § 1 Rn. 49; Rubner/Leuering NJW-Spezial 2012, 527.
19 Schmitt/Hörtnagl/*Hörtnagl* UmwStG § 1 Rn. 49; BeckOK UmwStG/*Weggenmann* § 9 Rn. 141; Brandis/Heuermann/*Loose* UmwStG § 9 Rn. 10.
20 Richtline (EU) 2019/2121 des Europäischen Parlaments und des Rates in Bezug auf grenzüberschreitende Umwandlungen, Verschmelzungen und Spaltungen, 12.12.2019, ABl. 2019 L 321, 1.
21 Gesetz zur Umsetzung der Umwandlungsrichtlinie und zur Änderung weiterer Gesetze v. 22.2.2023, BGBl. I Nr. 51.
22 Schmitt/Hörtnagl/*Hörtnagl* UmwStG § 1 Rn. 50; BeckOK UmwStG/*Weggenmann* § 9 Rn. 141.
23 Haritz/Menner/Bilitewski/*Greve* UmwStG § 9 Rn. 10.

wird ertragsteuerlich ein Vermögensübergang fingiert.[24] Der Formwechsel einer Körperschaft in eine Personengesellschaft wird wie eine Verschmelzung behandelt und steht folgerichtig im zweiten Abschnitt des UmwStG.

1. Mögliche Rechtsträger
a) Kapitalgesellschaft

Beim Formwechsel nach § 9 kann die **Ausgangsgesellschaft** nur eine Kapitalgesellschaft sein. Dazu zählen zunächst die inländischen Kapitalgesellschaften.[25] Dem entsprechen auch Gesellschaften aus dem EU-Raum bzw. EWR, die als Kapitalgesellschaft anzusehen sind, sowie die SE.[26] Auch Drittstaatenkapitalgesellschaften können Ausgangsgesellschaften darstellen, da § 1 Abs. 2 für Umwandlungen mit steuerlichem Übertragungsstichtag nach dem 31.12.2021 weggefallen ist. Davon streng zu unterscheiden sind Körperschaften, die keine Kapitalgesellschaften sind, wie zum Beispiel Genossenschaften.[27] Die eG kann gem. § 258 Abs. 1 UmwG nur in eine Kapitalgesellschaft umgewandelt werden, so dass der Formwechsel einer eG nicht vom Anwendungsbereich des § 9 erfasst ist.[28]

Die Umwandlungsfähigkeit beginnt erst mit der **Registereintragung** einer Kapitalgesellschaft, so dass der Formwechsel einer Vorgründungsgesellschaft oder Vorgesellschaft ausscheidet. Dagegen kann eine bereits aufgelöste Kapitalgesellschaft noch umgewandelt werden, solange ihre Fortsetzung beschlossen werden könnte (vgl. § 191 Abs. 3 UmwG).[29]

b) Personengesellschaft

Taugliche **Zielgesellschaft** kann nur eine Personengesellschaft (OHG, KG, GbR, PartG und vergleichbare ausländische Gesellschaften) sein.[30] Vergleichbare ausländische Gesellschaften können EU- und EWR-Gesellschaften[31] und für steuerliche Übertragungsstichtage nach dem 31.12.2021 ebenfalls Drittstaatengesellschaften sein.[32]

2. Steuerliche Rechtsfolgen
a) Aufzustellende Bilanzen

Nach § 9 S. 2 sind für den übertragenden Rechtsträger eine **Übertragungsbilanz** und für den übernehmenden Rechtsträger eine **Eröffnungsbilanz** aufzustellen.[33] Diese unterscheiden sich nicht von den bei der Verschmelzung aufzustellenden Schluss- und Übernahmebilanzen.

---

24 Haritz/Menner/Bilitewski/*Greve* UmwStG § 9 Rn. 7; Schmitt/Hörtnagl/*Schmitt* UmwStG § 9 Rn. 8 jeweils mwN.
25 Rödder/Herlinghaus/van Lishaut/*Birkemeier* UmwStG § 9 Rn. 12; Brandis/Heuermann/*Loose* UmwStG § 9 Rn. 10.
26 Frotscher/Drüen/*Schnitter* UmwStG § 9 Rn. 8; Schmitt/Hörtnagl/*Hörtnagl* UmwStG § 1 Rn. 7; Brandis/Heuermann/*Loose* UmwStG § 9 Rn. 10.
27 Die Ausnahme nach § 38a LwAnpG in § 14 S. 4 UmwStG aF ist wegen der mangelnden Praxisbedeutung weggefallen.
28 Frotscher/Drüen/*Schnitter* UmwStG § 9 Rn. 8; Haritz/Menner/Bilitewski/*Greve* UmwStG § 9 Rn. 10.
29 Haritz/Menner/Bilitewski/*Greve* UmwStG § 9 Rn. 11; Rödder/Herlinghaus/van Lishaut/*Birkemeier* UmwStG § 9 Rn. 14; Frotscher/Drüen/*Schnitter* UmwStG § 9 Rn. 10.
30 Brandis/Heuermann/*Loose* UmwStG § 9 Rn. 11; Rödder/Herlinghaus/van Lishaut/*Birkemeier* UmwStG § 9 Rn. 19 f.; Frotscher/Drüen/*Schnitter* UmwStG § 9 Rn. 11.
31 Rödder/Herlinghaus/van Lishaut/*Birkemeier* UmwStG § 9 Rn. 19 f.; Frotscher/Drüen/*Schnitter* UmwStG § 9 Rn. 14.
32 Frotscher/Drüen/*Schnitter* UmwStG § 9 Rn. 14.
33 Haritz/Menner/Bilitewski/*Greve* UmwStG § 9 Rn. 37; Brandis/Heuermann/*Loose* UmwStG § 9 Rn. 23 f.

b) Bilanzstichtage

14 Maßgeblicher Zeitpunkt für die Erstellung der Übertragungs- bzw. Eröffnungsbilanz ist grundsätzlich der Zeitpunkt, an dem der Formwechsel wirksam wird (§ 9 S. 2), dh der Zeitpunkt der Eintragung der Umwandlung in das öffentlich-rechtliche Register. Allerdings lässt das Gesetz in § 9 S. 3 die Möglichkeit zu, die Bilanz auf einen bis zu acht Monate vor der Anmeldung des Formwechsels in das öffentliche Register liegenden **Abschlussstichtag** aufzustellen. Dies ermöglicht bei Umwandlungen, die bis zum 31. August zur Eintragung in das öffentliche Register angemeldet werden, den letzten Abschluss zum Kalenderjahresende der Körperschaft als Übertragungsbilanz zu verwenden. Diese von ihren Rechtsfolgen dem § 2 entsprechende Regelung bewirkt, dass ab dem Stichtag der Übertragungs- und Eröffnungsbilanz das Vermögen der Kapitalgesellschaft auf die Personengesellschaft als übergegangen gilt. Der zu diesem Zeitpunkt zivilrechtlich noch nicht existenten Personengesellschaft sind alle Rechtshandlungen der Kapitalgesellschaft zuzurechnen, die diese bis zur Eintragung vornimmt.[34]

c) Formwechsel auf Rechtsträger mit Betriebsvermögen

15 Bei einem Formwechsel einer Kapitalgesellschaft in eine Personengesellschaft mit Betriebsvermögen sind die §§ 3–7 entsprechend anzuwenden. Dies führt bei der Kapitalgesellschaft zu einer Besteuerung nach § 3 und bei der Personengesellschaft sowie ihren Gesellschaftern nach den §§ 4–7.[35]

aa) Ebene der Kapitalgesellschaft

16 Wird eine Kapitalgesellschaft in eine Personengesellschaft umgewandelt, so hat die Kapitalgesellschaft die stillen Reserven in der Übertragungsbilanz grundsätzlich aufzudecken, indem das Vermögen mit dem **gemeinen Wert** angesetzt wird. Wenn die Voraussetzungen von § 3 Abs. 2 vorliegen, ist ein Ansatz zum **Buchwert-** bzw. **Zwischenwert** zulässig und die stillen Reserven können unversteuert bleiben (ausgenommen Pensionsrückstellungen, → § 3 Rn. 23 ff. bzw. 26 ff.).[36]

17 Nach Handelsbilanzrecht kommt es immer zum **Buchwertansatz**, da zivilrechtlich der Fall eines identitätswahrenden Formwechsels vorliegt, die Gesellschaft wechselt nur ihre Form, das Vermögen geht nicht auf einen anderen Rechtsträger über. Nur wenn der Steuerpflichtige den Buchwertansatz in der Steuerbilanz wählt, kommt es zu einem Gleichlauf in Handels- und Steuerbilanz.

18 Die **steuerlichen Folgen** des Formwechsels stimmen vollständig mit denen der Verschmelzung überein.[37] Eine Besteuerung des Übertragungsgewinns erfolgt als laufender Gewinn im letzten Veranlagungszeitraum der Kapitalgesellschaft. Eine Bildung einer **Rückstellung** für Steuerverbindlichkeiten aus Anlass des Formwechsels ist unzulässig.[38] Der Teil des Gewinns, der auf eine Erhöhung des Wertansatzes von Beteiligungen an Kapitalgesellschaften entfällt, ist durch § 8b KStG steuerbegünstigt.[39]

---

34 BeckOK UmwStG/*Weggenmann* § 9 Rn. 387 ff.
35 Frotscher/Drüen/*Schnitter* UmwStG § 9 Rn. 17–19; BeckOK UmwStG/*Weggenmann* § 9 Rn. 210, 244 und 280.
36 BeckOK UmwStG/*Weggenmann* § 9 Rn. 210 ff.; Frotscher/Drüen/*Schnitter* UmwStG § 9 Rn. 17.
37 Frotscher/Drüen/*Schnitter* UmwStG § 9 Rn. 24.
38 Schmitt/Hörtnagl/*Schmitt* UmwStG § 9 Rn. 14.
39 Schmitt/Hörtnagl/*Schmitt* UmwStG § 9 Rn. 14.

bb) Ebene der Personengesellschaft und der Gesellschafter

Bei der Personengesellschaft und deren Gesellschaftern[40] sind beim Formwechsel die §§ 4–7 mit Ausnahme von § 6 Abs. 1 anwendbar. Eine Konfusion von Forderungen und Verbindlichkeiten, die in § 6 Abs. 1 geregelt ist, kommt in Ermangelung zweier unterschiedlicher Rechtsträger nicht in Betracht. Die Personengesellschaft hat die in der Übertragungsbilanz der Kapitalgesellschaft angesetzten Werte zu übernehmen. Sie tritt in die **steuerliche Rechtsstellung** der Kapitalgesellschaft ein, soweit sich nicht aus ihrem Wesen als steuerlich transparente Personengesellschaft etwas anderes ergibt. Bestehende verrechenbare **Verluste**, nicht ausgeglichene **negative Einkünfte** und ggf. **Zinsvorträge** gehen unter.[41]

19

Beim Gesellschafter führt der Formwechsel aufgrund des Verweises auf § 7 zu einer **fiktiven Vollausschüttung der offenen Rücklagen**, für die auch Kapitalertragsteuer einzubehalten ist (→ § 7 Rn. 11 ff.).[42]

20

Neben der Besteuerung des **Dividendenanteils** ist nach § 4 Abs. 4 das Übernahmeergebnis durch Vergleich des Anteilsbuchwertes mit dem anteiligen Buchwert des übernommenen Betriebsvermögens zu ermitteln (→ § 4 Rn. 18 ff.). Die Bezüge nach § 7 sind in Abzug zu bringen. Die Anteile der Gesellschafter an der Kapitalgesellschaft gelten als in die Personengesellschaft eingelegt.[43]

21

d) Formwechsel auf Rechtsträger ohne Betriebsvermögen

Auch § 8, der die Verschmelzung auf einen Rechtsträger ohne Betriebsvermögen regelt, wird durch § 9 zur Anwendung gebracht. Dies führt dazu, dass über § 9 S. 1 iVm § 8 auch die §§ 3–7 entsprechend gelten. Es kommt somit zur Aufdeckung und Versteuerung der stillen Reserven des formwechselnden Rechtsträgers, da die künftige Besteuerung der stillen Reserven ansonst nicht sichergestellt wäre.[44]

22

aa) Ebene der Kapitalgesellschaft

Auf der Ebene der **Kapitalgesellschaft** kommt es zur Anwendung von § 3 für die Aufstellung der **Übertragungsbilanz** (vgl. § 9 S. 1 iVm § 8). Da das Vermögen auf einen Rechtsträger ohne Betriebsvermögen übergeht, müssen die stillen Reserven und stillen Lasten durch den **Ansatz des gemeinen Wertes** aufgedeckt werden (vgl. § 3 Abs. 2 S. 1 Nr. 1 iVm § 3 Abs. 1). Hiervon ausgenommen sind Pensionsrückstellungen, die nach § 3 Abs. 1 S. 2 stets mit dem Teilwert nach § 6a EStG anzusetzen sind.[45]

23

bb) Ebene der Personengesellschaft und Gesellschafter

Auf Ebene der **Personengesellschaft** werden die §§ 4, 5 und 7 angewendet. Die steuerlichen Folgen treffen insbes. die Ebene der **Gesellschafter**. Die von der Kapitalgesell-

24

---

40 Bei der Sondersituation des Formwechsels einer KGaA in eine Personengesellschaft ist noch zusätzlich zwischen Kommanditaktionären und Kommanditisten zu unterscheiden, vgl. dazu Haritz/Menner/Bilitewski/*Greve* UmwStG § 9 Rn. 69; Frotscher/Drüen/*Schnitter* UmwStG § 9 Rn. 19a.
41 Haritz/Menner/Bilitewski/*Greve* UmwStG § 9 Rn. 56.
42 Haritz/Menner/Bilitewski/*Greve* UmwStG § 9 Rn. 68; BeckOK UmwStG/*Weggenmann* § 9 Rn. 280 ff.; Frotscher/Drüen/*Schnitter* UmwStG § 9 Rn. 19; Rödder/Herlinghaus/van Lishaut/*Birkemeier* UmwStG § 9 Rn. 37.
43 Rödder/Herlinghaus/van Lishaut/*Birkemeier* UmwStG § 9 Rn. 38.
44 Dötsch/Pung/Möhlenbrock/*Möhlenbrock* UmwStG § 9 Rn. 21.
45 Frotscher/Drüen/*Schnitter* UmwStG § 9 Rn. 20; Rödder/Herlinghaus/van Lishaut/*Birkemeier* UmwStG § 9 Rn. 42.

schaft in der Übertragungsbilanz angesetzten **gemeinen Werte** sind in der Übernahmebilanz der Personengesellschaft **fortzuführen**, § 4 Abs. 1.[46]

25 Gemäß § 4 Abs. 2 S. 1 Hs. 1 tritt die Personengesellschaft in die steuerliche Rechtsstellung der Kapitalgesellschaft ein. Da die Personengesellschaft aber gerade über kein Betriebsvermögen verfügt, besteht die steuerliche Rechtsstellung hauptsächlich in der **Übernahme des Abschreibungspotenzials**. Bestimmte Abschreibungsmethoden, etwa nach § 7 Abs. 4 S. 1 Nr. 1 EStG oder nach § 7 Abs. 5 S. 1 Nr. 1 EStG, sind allerdings bei der Personengesellschaft nicht fortzusetzen, da sie die Existenz von Betriebsvermögen voraussetzen.[47] Auch beim Formwechsel in eine **Personengesellschaft ohne Betriebsvermögen** ist die Fortführung verrechenbarer Verluste, verbleibender Verlustvorträge, nicht ausgeglichener negativer Einkünfte und ggf. eines Zinsvortrages ausgeschlossen.[48]

26 Auf der Ebene der **Anteilseigner** ist zum einen das Übernahmeergebnis (§ 9 S. 1 iVm § 8 Abs. 1 S. 2 und § 4 Abs. 4–7 und § 5) zu ermitteln und zum anderen der fiktive Ausschüttungsgewinn (§ 9 S. 1 iVm § 8 Abs. 1 S. 2 und § 7) zu berechnen. Für die Ermittlung des Übernahmeergebnisses sowie die Berechnung der Einkünfte nach § 7 sind die Wertansätze in der steuerlichen Übertragungsbilanz der formwechselnden Kapitalgesellschaft maßgeblich.[49]

III. Auswirkungen auf andere Steuerarten

27 Gewerbesteuerlich ist der Übertragungsgewinn bei der Kapitalgesellschaft zu versteuern. Ein Übernahmegewinn unterliegt nicht der Gewerbesteuer (§ 18 Abs. 2). Auch wenn zum Vermögen der Kapitalgesellschaft ein Grundstück gehört und es sich grundsätzlich beim Formwechsel ertragsteuerrechtlich um einen Fall der Vermögensübertragung handelt, unterliegt der Formwechsel nicht der **Grunderwerbsteuer**.[50]

§ 10 (aufgehoben)[1]

I. Zeitlicher Anwendungsbereich

1 § 10 aF ist letztmalig auf Umwandlungen anzuwenden, deren steuerlicher Übertragungsstichtag vor dem 1.1.2007 liegt.[2]

II. Fortgeltung

2 Angewendet wird § 10 aF auf Antrag nach § 34 Abs. 16 KStG weiterhin für Wohnungsunternehmen von Körperschaften des öffentlichen Rechts oder von steuerbefreiten Körperschaften.[3] Die Fortführung regelt § 27 Abs. 6 S. 2 UmwStG.

---

[46] Rödder/Herlinghaus/van Lishaut/*Birkemeier* UmwStG § 9 Rn. 44; Frotscher/Drüen/*Schnitter* UmwStG § 9 Rn. 21.

[47] Frotscher/Drüen/*Schnitter* UmwStG § 9 Rn. 21; Rödder/Herlinghaus/van Lishaut/*Trossen* UmwStG § 8 Rn. 45.

[48] Rödder/Herlinghaus/van Lishaut/*Birkemeier* § 9 Rn. 46.

[49] Frotscher/Drüen/*Schnitter* UmwStG § 9 Rn. 22; Rödder/Herlinghaus/van Lishaut/*Birkemeier* UmwStG § 9 Rn. 47.

[50] BFH 4.12.1996 – II B 116/96, BStBl. II 1997, 661.

[1] § 10 aufgeh. durch G v. 20.12.2007 (BGBl. I 3150); zur Anwendung siehe § 27 Abs. 6.

[2] Haritz/Menner/Bilitewski/*Greve* UmwStG § 10 Rn. 4; zur alten Rechtslage vgl. Haritz/Menner/Bilitewski/*Greve* UmwStG Anh. § 10.

[3] Haritz/Menner/Bilitewski/*Greve* UmwStG § 10 Rn. 4.

Dritter Teil
Verschmelzung oder Vermögensübertragung (Vollübertragung) auf eine andere Körperschaft

§ 11 Wertansätze in der steuerlichen Schlussbilanz der übertragenden Körperschaft

(1) ¹Bei einer Verschmelzung oder Vermögensübertragung (Vollübertragung) auf eine andere Körperschaft sind die übergehenden Wirtschaftsgüter, einschließlich nicht entgeltlich erworbener oder selbst geschaffener immaterieller Wirtschaftsgüter, in der steuerlichen Schlussbilanz der übertragenden Körperschaft mit dem gemeinen Wert anzusetzen. ²Für die Bewertung von Pensionsrückstellungen gilt § 6a des Einkommensteuergesetzes.

(2) ¹Auf Antrag können die übergehenden Wirtschaftsgüter abweichend von Absatz 1 einheitlich mit dem Buchwert oder einem höheren Wert, höchstens jedoch mit dem Wert nach Absatz 1, angesetzt werden, soweit
1. sichergestellt ist, dass sie später bei der übernehmenden Körperschaft der Besteuerung mit Körperschaftsteuer unterliegen und
2. das Recht der Bundesrepublik Deutschland hinsichtlich der Besteuerung des Gewinns aus der Veräußerung der übertragenen Wirtschaftsgüter bei der übernehmenden Körperschaft nicht ausgeschlossen oder beschränkt wird und
3. eine Gegenleistung nicht gewährt wird oder in Gesellschaftsrechten besteht.

²Anteile an der übernehmenden Körperschaft sind mindestens mit dem Buchwert, erhöht um Abschreibungen sowie um Abzüge nach § 6b des Einkommensteuergesetzes und ähnliche Abzüge, die in früheren Jahren steuerwirksam vorgenommen worden sind, höchstens mit dem gemeinen Wert, anzusetzen. ³Auf einen sich daraus ergebenden Gewinn findet § 8b Abs. 2 Satz 4 und 5 des Körperschaftsteuergesetzes Anwendung.

(3) § 3 Abs. 2 Satz 2 und Abs. 3 gilt entsprechend.

Literatur:

Benecke/Beinert, Internationale Aspekte der Umstrukturierung von Unternehmen, FR 2010, 1120; *Benz* et al., DB Beilage Nr. 1 zu Heft Nr. 2 v. 13.1.2012, Der Umwandlungssteuererlass 2011; *Benz/Rosenberg*, Fallstricke des UmwStG, DB 2012, Sonderausgabe v. 11.11.2012; *Flick/Gocke/Schaumburg/BDI*, Der Umwandlungssteuer-Erlass 2011, 2012; *Girlich/Philipp*, Entstrickungsaspekte bei der Hinausverschmelzung von Kapitalgesellschaften, Ubg 2012, 150; *Hageböke*, Sind alle Umwandlungen „Veräußerungen"? – Kritische Anmerkungen zur neuen Ausgangsthese der Finanzverwaltung im UmwStE, Ubg 2011, 689; *Kahle/Hiller/Vogel*, Bewertungswahlrechte und Bewertungsmaßstäbe im Umwandlungsfall in Handels- und Steuerbilanz, FR 2012, 789; *Klingberg/Nitschke*, Grenzüberschreitende Umwandlungen am Beispiel grenzüberschreitender Verschmelzungen, Ubg 2011, 451; *Kußmaul/Richter/Heyd*, Ausgewählte Problemfelder der Hinausverschmelzung von Kapitalgesellschaften aus Deutschland, IStR 2010, 73; *Lohmar*, Aktuelle Fragen umwandlungssteuerlicher Entstrickung, FR 2013, 591; *Melan/Wecke*, Reichweite und Rechtfertigung von § 4f EStG im Umwandlungssteuerfall, Ubg 2017, 253; *Oppen/Polatzky*, Ausgewählte Zweifels- und Praxisfragen zur Verschmelzung, GmbHR 2012, 263; *Prinz*, Umwandlungen im Internationalen Steuerrecht, 2013; *Pyszka/Hruschka*, Umwandlungssteuerrecht: Unwirksame, weil verfrühte Ausübung des Wahlrechts auf Buchwertfortführung?, DStR 2013, 693; *Pyszka*, Steuerliche Aspekte bei Kettenumwandlungen, DStR 2013, 1462; *Rödder/Wochinger*, Down-Stream-Merger mit Schuldenüberhang und Rückkauf eigener Anteile, DStR 2006, 684; *Schein*, Passive latente Steuern auf den GoF bei der Verschmelzung von Körperschaften, DB 2013, 485; *Schell*, Internationale Bezüge bei Verschmelzungen zwischen Körperschaften, FR 2012, 101; *Schell/Krohn*, Ausgewählte praxisrelevante „Fallstricke" des UmwStE 2011 (Teil 1), DB 2012, 1057; *Schmitt/Schloßmacher*, Downstream-Merger mit ausländischen Anteilseignern, DStR 2010, 673;

Schneider/Ruoff/Sistermann, Umwandlungssteuer-Erlass 2011, Kurzkommentierung mit Beraterhinweisen, 2012; *Schumacher/Neitz-Hackstein*, Verschmelzung und Spaltung zwischen inländischen Kapitalgesellschaften, Ubg 2011, 451; *Viebrock/Hagemann*, Verschmelzungen mit grenzüberschreitendem Bezug – „Fallstricke" beim Übertragungs- und Übernahmeergebnis, FR 2009, 737; *Zimmermann*, Verlustvernichtung durch Zwangsrealisierung von stillen Lasten bei Verschmelzung von Kapitalgesellschaften?, Ubg 2018, 17.

A. Allgemeines	1
I. Systematische Einordnung und Normzweck	1
II. Verhältnis der §§ 11 ff. zu anderen steuerlichen Vorschriften	5
1. §§ 11 ff. als lex specialis im Ertragsteuerrecht	5
a) Vorrang vor den allgemeinen Ansatz- und Bewertungsvorschriften	5
b) Abgrenzung zu den §§ 11 und 12 KStG	7
c) Verdeckte Gewinnausschüttung und verdeckte Einlage	12
aa) Gesellschaftsebene	12
bb) Anteilseignerebene	17
2. Sonstige steuerliche Auswirkungen einer Verschmelzung	19
B. Anwendungsbereich der §§ 11 ff.	28
I. Sachlicher Anwendungsbereich der §§ 11 ff.	28
1. Verschmelzung iSd § 2 UmwG	29
2. Vergleichbare ausländische Umwandlungsvorgänge	31
a) Ausländische Vorgänge	33
b) Vergleichbarkeit ausländischer Vorgänge	34
aa) Umwandlungsfähigkeit der beteiligten Rechtsträger	35
bb) Strukturmerkmale einer Verschmelzung	36
cc) Sonstige Vergleichbarkeitskriterien	38
3. Verschmelzungen unter Beteiligung supranationaler Rechtsträger	39
4. Vergleichbare inländische Vorgänge und Vermögensübertragung	40
5. Verschmelzungsrichtung	44
II. Persönlicher Anwendungsbereich der §§ 11 ff.	45
1. Sitz und Ort der Geschäftsleitung im EU-/EWR-Raum	46
2. Verschmelzung unter Beteiligung von hybriden Gesellschaftsformen	49
3. Anteilseignerebene für persönlichen Anwendungsbereich regelmäßig irrelevant	52
4. Maßgeblicher Zeitpunkt	53
III. Zeitlicher Anwendungsbereich der §§ 11 ff.	54
C. Besteuerung der übertragenden Körperschaft (Abs. 1, 2)	58
I. Pflicht zur Abgabe einer steuerlichen Schlussbilanz	58
1. Rechtsnatur und Eigenschaften der steuerlichen Schlussbilanz	58
2. Verknüpfung und Abgrenzung zur handelsrechtlichen Schlussbilanz nach § 17 Abs. 2 UmwG	67
a) Aufstellung und Wertansatz in der handelsrechtlichen Schlussbilanz	67
b) Keine Maßgeblichkeit der Wertansätze in der handelsrechtlichen Schlussbilanz	70
3. Aufstellungszeitpunkt: Steuerlicher Übertragungsstichtag nach § 2 Abs. 1	72
4. Abgabefrist	82
5. Konkludente Abgabe der steuerlichen Schlussbilanz	86
II. Grundsatz: Übertragung zum gemeinen Wert	87
1. Begriffsverständnis und Bewertungsverfahren	89
2. Geeignete Methoden zur Ermittlung des gemeinen Werts der Sachgesamtheit	95
3. Bewertungsstichtag	102
III. Buchwert- oder Zwischenwertansatz (Abs. 2)	103
1. Ansatz zum Buchwert oder zum Zwischenwert	104
2. Antragserfordernisse	106
3. Einheitliche Ausübung des Antragswahlrechts	118
4. Gemeiner Wert als Höchstwert	124
5. Tatbestandsvoraussetzungen für einen Buch- oder Zwischenwertansatz	128
a) Sicherstellung der Besteuerung mit Körperschaftsteuer (Abs. 2 S. 1 Nr. 1)	129
aa) Körperschaftsteuerpflichtiger übernehmender Rechtsträger	129
bb) Sonderfall: Verschmelzung auf hybride Gesellschaftsformen – Mischumwandlung	133
cc) Sonderfall: Verschmelzung auf Körperschaft und atypisch Still	134
dd) Sonderfall: Verschmelzung auf Organgesellschaft	135
b) Kein Ausschluss und keine Beschränkung des deutschen Besteuerungsrechts (Abs. 2 S. 1 Nr. 2)	138
aa) Allgemeines	138
bb) Abwärtsverschmelzung mit ausländischen Anteileignern und Verstrickung der Anteile am übernehmenden Rechtsträger	142
(1) Verschmelzung mit Kapitalerhöhung	143
(2) Direkterwerb durch die Anteilseigner	145
c) Keine oder in Gesellschaftsrechten bestehende Gegenleistung (Abs. 2 S. 1 Nr. 3)	152
d) Maßgeblicher Zeitpunkt	156

- IV. Beteiligungskorrekturgewinn bei Beteiligung am übernehmenden Rechtsträger (insbes. bei Abwärtsverschmelzung) (Abs. 2 S. 2) 158
- V. Besteuerung eines Übertragungsgewinns/-verlusts 161
  1. Ermittlung des steuerlichen Übertragungsergebnisses 161
     - a) Steuerlicher Übertragungsgewinn .. 162
     - b) Steuerlicher Übertragungsverlust ... 164
     - c) Abzugsfähigkeit aufgedeckter stiller Lasten oder zeitlich gestreckte Aufwandsverteilung? 165
  2. Sofortbesteuerung ohne Besteuerungsaufschub 168
  3. Verschmelzungskosten der übertragenden Körperschaft 169
- VI. Verlustnutzung beim übertragenden Rechtsträger 171
  1. Verrechnung eines Übertragungsgewinns mit laufenden steuerlichen Verlusten oder Verlustvorträgen 171
  2. Verrechnung eines Übertragungsverlusts mit laufenden Gewinnen 174
  3. Besonderheiten bei steuerlicher Rückwirkung 175
  4. Schicksal der nicht genutzten Verluste .. 176
- VII. Kettenverschmelzungen – Wertansätze in der steuerlichen Schlussbilanz 178
- VIII. Übergang von negativem Vermögen 189
- D. Anrechnung von ausländischen Steuern gem. Abs. 3 iVm § 3 Abs. 3 193
- E. Internationale Sachverhalte – Entstrickung bei Verschmelzungen mit Auslandsberührung und Nutzung ausländischer Verluste .. 197
  - I. Entstrickungsvorgänge 197
    1. Verschmelzungsbedingter Zuordnungswechsel und rechtliche vs. tatsächliche Entstrickung 197
    2. Zuordnung von Wirtschaftsgütern 202
    3. Geändertes Begriffsverständnis des BFH zur Entstrickungsbesteuerung 205
    4. Verschmelzungen im internationalen Kontext 207
       - a) Inlandsverschmelzung mit Auslandsbezug 207
       - b) Hinausverschmelzung 208
       - c) Hereinverschmelzung 211
       - d) Auslandsverschmelzung mit Inlandsbezug 212
       - e) Keine Entstrickung übergehender Wirtschaftsgüter für Zwecke der Hinzurechnungsbesteuerung 213
  - II. Steuerliche Behandlung von „finalen" Verlusten infolge Verschmelzung 214
    1. Verschmelzung einer Gesellschaft mit ausländischer Betriebsstätte 215
    2. Keine Zurechnung von verschmelzungsbedingten finalen Verlusten bei Organschaft über die Grenze 217
    3. Verlusttransfer von ausländischer Tochtergesellschaft auf ausländische Betriebsstätte durch Verschmelzung und anschließende inländische Berücksichtigung bei tatsächlicher Finalität 218
- F. Organschaftsfragen bei der übertragenden Körperschaft 219
  - I. Beendigung von Ergebnisabführungsverträgen – Beendigung der ertragsteuerlichen Organschaft 219
    1. Verschmelzung des Organträgers 219
       - a) Auswirkungen auf den Ergebnisabführungsvertrag und Fortsetzung der bestehenden ertragsteuerlichen Organschaft 219
       - b) Beendigung des Ergebnisabführungsvertrags im Rahmen der Verschmelzung – Vorliegen eines wichtigen Grundes 221
       - c) Hinausverschmelzung des Organträgers unter Fortführung der Organschaft 223
    2. Verschmelzung der Organgesellschaft ... 224
       - a) Beendigung des Ergebnisabführungsvertrags und letztmalige Durchführung 224
       - b) Wichtiger Grund iSv § 14 Abs. 1 S. 1 Nr. 3 S. 2 KStG 226
       - c) Verschmelzung des Organträgers mit der Organgesellschaft 227
  - II. Einkommenszurechnung 228
    1. Verschmelzung des Organträgers 228
    2. Verschmelzung der Organgesellschaft ... 230
  - III. Auswirkung von Umwandlungsvorgängen auf organschaftliche Ausgleichsposten 232
    1. Verschmelzung des Organträgers 232
    2. Verschmelzung der Organgesellschaft ... 235
    3. Verschmelzung des Organträgers mit der Organgesellschaft 236
    4. Handelsrechtliche Mehr- oder Minderabführung bei Verschmelzung auf eine Organgesellschaft 237

A. Allgemeines

I. Systematische Einordnung und Normzweck

Während die §§ 2 ff. UmwG die Übertragung von Sachen, Rechten, Verpflichtungen und Rechtsverhältnissen im Wege der Verschmelzung oder Vermögensübertragung erleichtern sollen, ist Normzweck der §§ 11–13, die ertragsteuerlichen Hemmnisse für Verschmelzung zwischen Körperschaften zu beseitigen. Die §§ 11–13 befinden sich im Dritten Teil des UmwStG und regeln die ertragsteuerlichen Folgen der Verschmelzung einer Körperschaft auf eine andere Körperschaft iSd § 2 UmwG sowie vergleichbarer inländischer und ausländischer Umwandlungen, der Verschmelzung auf eine Europäische Gesellschaft (SE) oder Europäische Genossenschaft (SCE) und der Vermögensübertragung iSd § 174 UmwG. Sie enthalten Detailregeln für die steuerliche Behandlung der drei Besteuerungsebenen übertragende Körperschaft (§ 11), übernehmende Körperschaft (§ 12) und Anteilseigner der übertragenden Körperschaft (§ 13). Dabei enthalten die §§ 11–13 nicht alle Detailregeln selbst. Die allgemeinen Vorschriften des Ersten Teils des UmwStG sind für Verschmelzungen entsprechend anzuwenden. Der sachliche und persönliche Anwendungsbereich der §§ 11–13 wird durch § 1 Abs. 1 umfassend und abschließend geregelt.[1] § 1 Abs. 5 enthält für die Anwendung der §§ 11–13 verbindliche Begriffsbestimmungen. Nach § 2 richtet sich die mögliche steuerliche Rückbeziehung von Verschmelzungen (Rückwirkung des Vermögensübergangs und der Einkommenszurechnung). Durch § 19 werden die körperschaftsteuerlichen bzw. einkommensteuerlichen Folgen einer Verschmelzung auf die Gewerbesteuer erstreckt. Darüber hinaus macht der Gesetzgeber in §§ 11–13 sowohl von Verweisen innerhalb des UmwStG als auch von Verweisen auf körperschaft- und einkommensteuerliche Regelungen Gebrauch. Im Übrigen finden die allgemeinen ertragsteuerlichen Regelungen insoweit Anwendung, als das UmwStG die zugrunde liegenden Sachverhalte nicht abschließend erfasst.

2 § 11 regelt die ertragsteuerlichen Auswirkungen bei der übertragenden Körperschaft. Als spezialgesetzliche Ausnahme von dem Prinzip der Individualbesteuerung ermöglicht § 11 Abs. 2 zusammen mit § 12 Abs. 1 unter bestimmten Voraussetzungen den steuerneutralen Übergang von stillen Reserven von einem Steuersubjekt auf ein anderes Steuersubjekt.[2] Rechtstechnisch erfolgt dies durch eine Fortführung der Steuerbilanzwerte der übergehenden Wirtschaftsgüter durch die übernehmende Körperschaft. Soweit die übertragende Körperschaft die übergehenden Wirtschaftsgüter in ihrer steuerlichen Schlussbilanz mit den Buchwerten ansetzt, gehen die darin enthaltenen stillen Reserven folglich steuerneutral auf die übernehmende Körperschaft über (auf Ebene der übernehmenden Körperschaft kann sich jedoch ungeachtet der Steuerneutralität bei der übertragenden Körperschaft nach Maßgabe von § 12 Abs. 2, 4, 5 ein Übernahmegewinn ergeben, → § 12 Rn. 49 ff.). Obwohl die Verschmelzung grds. „wesentliche Elemente eines entgeltlichen Tauschgeschäfts"[3] trägt, kann der bei der übertragenden Körperschaft eigentlich entstehende Veräußerungsgewinn[4] durch die Buchwertfortführung vermieden werden. § 11 setzt somit nicht bereits auf der Tatbestandsebene an, sondern mildert die Steuerfolgen auf Rechtsfolgenseite durch die vorrangige Anwendung spezialgesetzlicher und steuerlich eigenständiger Ansatz- und Bewertungsvorschriften.

3 Die Buchwertfortführung ist als antragsgebundenes Wahlrecht ausgestaltet und kann ausschließlich von der übertragenden Körperschaft (bzw. der übernehmenden Körper-

---

1 Vgl. Ehret/Lausterer DB-Beil. 1/2012, 5 ff.
2 Dötsch/Pung/Möhlenbrock/*Möhlenbrock* UmwStG Einf. Rn. 82; Rödder/Herlinghaus/van Lishaut/*Rödder* UmwStG § 11 Rn. 8; Haase/Hofacker/Ropohl/*Sonntag* UmwStG § 11 Rn. 3.
3 BFH 17.12.2007 – GrS 2/04, BStBl. II 2008, 608; vgl. auch BFH 15.10.1997 – I R 22/96, BStBl. II 1998, 168 (tauschähnlicher Vorgang und rechtsgeschäftliche Veräußerung); BFH 23.1.2002 – XI R 48/99, BStBl. II 2002, 875 (Anschaffungs- bzw. Veräußerungsvorgang); BFH 16.5.2002 – III R 45/98, BStBl. II 2003, 10 (tauschähnlicher Vorgang); Frotscher/Drüen/*Frotscher* UmwStG § 1 Rn. 33 und UmwStG § 11 Rn. 4; Schmitt/Hörtnagl/*Schmitt* UmwStG Vor §§ 11–13 Rn. 2.
4 Zum Streitstand ob Veräußerungsgewinn oder Ausschüttungsgewinn vgl. Rödder/Herlinghaus/van Lishaut/*Rödder* § 11 Rn. 9 ff. Die Finanzverwaltung vertritt die These, dass jeder Umwandlungsvorgang, also auch die Verschmelzung, ein Veräußerungsvorgang sei, vgl. BMF Schreiben v. 11.11.2011, BStBl. I 2011, 1314 ff., („UmwSt-Erlass") Rn. 00.02 mit Bezugnahme auf die BFH-Rechtsprechung; krit. dazu ausführlich *Hageböke* Ubg 2011, 689; Rödder/Rogall Ubg 2011, 753 (754).

schaft als deren Gesamtrechtsnachfolger) ausgeübt werden. Die übernehmende Körperschaft ist an die Wertansätze in der steuerlichen Schlussbilanz der übertragenden Körperschaft gebunden und kann hiervor nicht abweichen (strenge Wertverknüpfung). Die Besteuerung der übergehenden stillen Reserven wird dadurch bei der übernehmenden Körperschaft erst zu einem späteren Zeitpunkt bei tatsächlicher Realisierung der stillen Reserven nachgeholt. Zentrale Voraussetzung für die Buchwertfortführung ist, dass die deutsche Besteuerung der übergehenden stillen Reserven zu einem späteren Zeitpunkt sichergestellt ist und nicht ausgeschlossen oder beschränkt wird.

Aus Sicht der Anteilsinhaber handelt es sich bei der Verschmelzung um einen Anteilstausch. Auch auf Anteilseignerebene ermöglicht § 13 (bei Anteilen im Betriebsvermögen und Beteiligungen iSv § 17 EStG)[5] bzw. § 20 Abs. 4a EStG (bei Anteilen im steuerlichen Privatvermögen)[6] eine Buchwertfortführung. Rechtstechnisch wird dies dadurch umgesetzt, dass die Anteile an der übernehmenden Körperschaft steuerlich an die Stelle der untergehenden Anteile an der übertragenden Körperschaft treten. Auf diese Weise springen die in den untergehenden Anteilen an der übertragenden Körperschaft enthaltenen stillen Reserven auf die neu gewährten Anteile über. Voraussetzung ist auch in diesem Fall, dass das Besteuerungsrecht Deutschlands hinsichtlich der übergehenden stillen Reserven nicht ausgeschlossen oder beschränkt wird. § 13 gewährt den Anteilseignern ein – von § 11 Abs. 2 unabhängig ausübbares – Wahlrecht, entweder den gemeinen Wert (Grundfall) oder den Buchwert (antragsgebunden) anzusetzen, wohingegen § 20 Abs. 4a EStG zwingend den Buchwertansatz vorsieht.

II. Verhältnis der §§ 11 ff. zu anderen steuerlichen Vorschriften

1. §§ 11 ff. als lex specialis im Ertragsteuerrecht

a) Vorrang vor den allgemeinen Ansatz- und Bewertungsvorschriften

Gegenüber den Normen des EStG bzw. KStG stellen die Vorschriften der §§ 11 ff. spezialgesetzliche Regelungen für die steuerliche Behandlung von Verschmelzungen von Körperschaften auf andere Körperschaften dar. Soweit die §§ 11 ff. abweichende Rechtsfolgen normieren, sind diese vorrangig anzuwenden und verdrängen die allgemeinen Regelungen im EStG und KStG. Nach § 19 gelten die §§ 11 ff. auch für Zwecke der Gewerbesteuer. Ferner finden sich weitere Spezialregelungen zur Verschmelzung von Investmentfonds oder Teilen von Investmentfonds in §§ 14 und 17a InvStG aF bzw. ab 1.1.2018 §§ 23 und 54 InvStG nF, die wiederum den §§ 11 ff. vorgehen.

Der Vorrang der §§ 11 ff. gegenüber den allgemeinen Regelungen im EStG und KStG hat insbes. Bedeutung für den Wertansatz der übergehenden Wirtschaftsgüter in der steuerlichen Schlussbilanz des übertragenden Rechtsträgers, der maßgeblich für die Ermittlung des Übertragungsgewinns ist. Sowohl der in § 5 Abs. 1 EStG geregelte Maßgeblichkeitsgrundsatz als auch die allgemeinen Ansatzverbote aus § 5 Abs. 2 ff. EStG sowie die Bewertungsvorbehalte in § 6 EStG bleiben in der steuerlichen Schlussbilanz mit Ausnahme der Bewertung von Pensionsrückstellungen nach § 6a EStG grds. unberücksichtigt (→ Rn. 58 ff.). Etwas anderes gilt, wenn der übertragende Rechtsträger einen Antrag auf Buchwertansatz stellt (→ Rn. 103 ff.).

---

[5] Zur mittelbaren Anwendbarkeit von § 13 über § 12 Abs. 2 S. 2 KStG bei Beteiligung von Körperschaften in Drittstaaten → Rn. 10; zur Anwendbarkeit bei Abwärtsverschmelzung s. UmwSt-Erlass Rn. 11.19.

[6] Vgl. BMF Schreiben v. 9.10.2012, BStBl. I 2012, 953, Rn. 100 ff.

b) Abgrenzung zu den §§ 11 und 12 KStG

7 § 11 KStG regelt die steuerlichen Folgen bei Auflösung und Abwicklung (Liquidation) einer Körperschaft. Bei einer Verschmelzung kommt es jedoch gerade nicht zu einer Abwicklung der übertragenden Körperschaft, sondern lediglich zu deren Auflösung ohne Abwicklung. Folglich ist § 11 KStG für Verschmelzungen nicht anwendbar. Bei geplanter **Liquidation** einer inländischen Körperschaft **mit Schuldüberhang** war es gängige Praxis zur Vermeidung eines steuerlichen Risikos hinsichtlich der Besteuerung eines Liquidationsgewinns, die inländische Körperschaft vor der Liquidation grenzüberschreitend auf eine Gesellschaft in einem EU-Mitgliedstaat, der einen Liquidationsgewinn aus dem Wegfall eines Schuldüberhangs nicht besteuert, hinauszuverschmelzen oder hinausformzuwechseln und die übernehmende Körperschaft dann anschließend zu beerdigen.[7] Dies sollte auf Grundlage der zwischenzeitlichen BFH-Rechtsprechung jedoch nicht mehr erforderlich sein.[8]

8 § 12 Abs. 1 KStG ist als allgemeine Entstrickungsnorm des Körperschaftsteuerrechts konzipiert und soll vergleichbar § 4 Abs. 1 S. 3 EStG die deutsche Besteuerung bei der Entstrickung von deutschem Steuersubstrat durch Überführung von Wirtschaftsgütern ins Ausland bzw. aufgrund abweichender Zuordnung von Wirtschaftsgütern zu einer ausländischen Betriebsstätte sicherstellen. In Abgrenzung hierzu normiert § 11 Abs. 2 S. 1 Nr. 2, wann es zu einer **Entstrickungsbesteuerung** bei einer verschmelzungsbedingten Übertragung von Wirtschaftsgütern auf einen anderen Rechtsträger kommt. Im Gegensatz zum allgemeinen Entstrickungstatbestand in § 12 KStG, der sowohl Fälle der rechtlichen als auch tatsächlichen Entstrickung erfasst, beschränkt sich § 11 Abs. 2 S. 1 Nr. 2 auf die Fälle der rechtlichen Entstrickung beim übertragenden Rechtsträger (→ Rn. 197 ff.).

9 Für Verschmelzungen mit steuerlichem Übertragungsstichtag vor dem 1.1.2022 regelte § 12 Abs. 2 S. 1 KStG aF[9] den Sonderfall der nicht von §§ 11 ff. erfassten Verschmelzungen von beschränkt steuerpflichtigen Körperschaften desselben ausländischen Staates (nationale **Drittstaatenverschmelzung**) und ordnete die Buchwertfortführung hinsichtlich der in Deutschland steuerverstrickten Wirtschaftsgüter an (kein Wahlrecht). Wie auch in § 11 Abs. 2 S. 1 Nr. 1–3 setzte die Buchwertfortführung nach § 12 Abs. 2 S. 1 KStG aF voraus, dass das deutsche Besteuerungsrecht an den übergehenden Wirtschaftsgütern durch die Verschmelzung nicht beschränkt wird und eine Gegenleistung nicht gewährt wird oder nur in Gesellschaftsrechten besteht.[10]

10 § 12 Abs. 2 S. 2 KStG aF erklärte für die Besteuerung der Anteilsinhaber des übertragenden Rechtsträgers § 13 auch bei Drittstaatenverschmelzungen für entsprechend anwendbar. Laut den Gesetzesmaterialien kommt es nicht darauf an, dass die Voraussetzungen

---

[7] Noch in BFH 5.2.2014 – I R 34/12, DStR 2014, 1601 erachtete der BFH den Ansatz einer Verbindlichkeit in der Liquidationsschlussbilanz zumindest als diskussionswürdig und eine Ausbuchung unter Bezugnahme auf den Ausnahmefall zu § 12 Abs. 1 S. 1 Hs. 2 BewG als nicht evident rechtsfehlerhaft. In der Vorinstanz hat das FG Köln 16.3.2012 – 13 K 3006/11, GmbHR 2012, 977 dagegen entschieden, dass bestehende Verbindlichkeiten in der Liquidationsschlussbilanz auszuweisen sind und ein rechtstheoretisch entstehender Gewinn bei Vollbeendigung der Gesellschaft (nach der Lehre vom Doppeltatbestand durch Vermögenslosigkeit und Löschung im Handelsregister) mangels Körperschaftsteuersubjekt nicht mehr steuerpflichtig ist. Dies lehnten wichtige Vertreter der Finanzverwaltung strikt ab.

[8] BFH 10.8.2016 – I R 25/15, BStBl. II 2017, 670 und BFH 15.4.2015 – I R 44/14, BStBl. II 2015, 769; siehe auch OFD Frankfurt a. M. Verfügung v. 26.7.2021, DStR 2021, 2973 zur ertragsteuerlichen Beurteilung von Darlehensverbindlichkeiten im Abwicklungsendvermögen und *Mayer/Wagner* DStR 2017, 2025; *Schmidt* DB 2017, 1998.

[9] Zur zeitlichen Anwendung s. § 34 Abs. 6d S. 3 KStG.

[10] Vgl. hierzu *Prinz* Umwandlungen IStR/*Beinert/Scheifele* Rn. 8.227 ff. und 8.208 ff. sowie *Curdt/Hölscher* DB 2014, 1579 zum Erfordernis der beschränkten Steuerpflicht.

für eine steuerneutrale Übertragung auf Gesellschaftsebene gem. § 12 Abs. 2 S. 1 KStG aF gegeben waren.[11] Demzufolge sollten über den Wortlaut der Vorschrift hinaus auch grenzüberschreitende Drittstaatenverschmelzungen begünstigt gewesen sein.[12] Entsprechendes galt für Drittstaatenverschmelzungen, bei denen der übertragende Rechtsträger nicht beschränkt steuerpflichtig ist.[13] Über den Verweis auf § 13 war für die Steuerneutralität von Drittstaatenverschmelzungen auf Anteilseignerebene Voraussetzung, dass das Besteuerungsrecht Deutschlands hinsichtlich des Gewinns aus der Veräußerung der erhaltenen Anteile weder ausgeschlossen noch beschränkt ist.

§ 12 Abs. 3 KStG aF regelte, dass die Verlegung des statutarischen Sitzes bzw. des Orts der Geschäftsleitung außerhalb des EU-/EWR-Raums bei Verlust der unbeschränkten Steuerpflicht im EU-/EWR-Raum aus deutscher steuerlicher Sicht zur deren Auflösung führt und die Vorschriften über die Besteuerung bei Liquidation nach § 11 KStG entsprechend Anwendung finden.

Mit der Internationalisierung des Umwandlungssteuerrechts und Erweiterung des persönlichen Anwendungsbereichs auf Drittstaatengesellschaften (→ Rn. 45 ff.) durch das Körperschaftsmodernisierungsgesetz (KöMoG) sind die Regelungen in § 12 Abs. 2 und 3 KStG aF für Verschmelzungen mit steuerlichem Übertragungsstichtag nach dem 31.12.2021 ersatzlos entfallen.

c) Verdeckte Gewinnausschüttung und verdeckte Einlage
aa) Gesellschaftsebene

Aufgrund der besonderen Ansatz- und Bewertungsvorschriften in § 11, verbunden mit der Buchwertverknüpfung in § 12 Abs. 1 verbleibt für die Anwendung der allgemeinen Korrekturvorschrift des § 8 Abs. 3 S. 2 und 3 KStG bei Annahme einer **verdeckten Gewinnausschüttung** (vGA) oder einer verdeckten Einlage (vE) infolge der Vermögensübertragung im Wege einer Verschmelzung grds. kein Raum.[14]

Bei der übernehmenden Körperschaft kommt es infolge der Buchwertfortführung iSv § 12 Abs. 1 regelmäßig zu keiner Auswirkung auf deren Einkommen. Die Übernahme von (positivem oder negativem) Betriebsvermögen wird unmittelbar im (steuerlichen) Eigenkapital verbucht und wirkt sich insoweit nicht auf den Unterschiedsbetrag des übernehmenden Rechtsträgers aus. Dies sollte auch für den Fall einer Auf- oder Abwärtsverschmelzung mit Schuldüberhang gelten (→ Rn. 189 ff.). Eine Ausnahme besteht lediglich, soweit es zu einem Übernahmeverlust durch Ausbuchung der Beteiligung am übertragenden Rechtsträger kommt. Allerdings regelt § 12 Abs. 2 S. 1 die Rechtsfolgen für diesen Sonderfall abschließend, so dass § 8 Abs. 3 S. 2 KStG insoweit verdrängt wird.

---

11 S. Bericht FA zum SEStEG, BT-Drs. 16/3369, 8. Auch in der Gesetzesbegründung zum SEStEG war noch vorgesehen, dass § 13 auf Anteilseignerebene unabhängig davon Anwendung findet, ob beim übertragenden und übernehmenden Rechtsträger die in § 1 Abs. 2 normierten Ansässigkeitserfordernisse vorliegen, BT-Drs. 16/2710, 36; dies wurde jedoch mit Aufnahme der Neuregelung zu § 12 Abs. 2 KStG aufgehoben. Vgl. auch Rödder/Herlinghaus/van Lishaut/*Neumann* UmwStG § 13 Rn. 13 mwN.

12 Diese Frage, ob der übertragende und der übernehmende Rechtsträger in demselben Staat ansässig sein müssen, ist jedoch nicht abschließend geklärt; s. zum Meinungsstand Dötsch/Pung/Möhlenbrock/*Benecke/Staats* KStG § 12 Rn. 412; *Polt* Ubg 2017, 134 (137).

13 Vgl. UmwSt-Erlass 13.04, geändert durch BMF Schreiben v. 10.11.2016, BStBl. I 2016, 1252; entgegen der vorherigen Auffassung von Vertretern der Finanzverwaltung (vgl. *Hruschka* IStR 2012, 844 und *Sejdija/Trinks* IStR 2013, 866); zur zwischenzeitlich beabsichtigten Verschärfung in R 12 KStR 2015-E *Grundke/Feuerstein/Holle* DStR 2015, 1653 und *Pohl* DStR 2016, 2498.

14 Dötsch/Pung/Möhlenbrock/Stimpel/*Dötsch* UmwStG Vor §§ 11–13 Rn. 52 f.; Schmitt/Hörtnagl/*Schmitt* UmwStG § 11 Rn. 159 f.; Rödder/Herlinghaus/van Lishaut/*Rödder* UmwStG § 11 Rn. 23, 390 „Verdeckte Gewinnausschüttungen und verdeckte Einlagen"; Lademann UmwStG/*Hahn* § 11 Rn. 7; Haase/Hofacker/Ropohl/Sonntag UmwStG § 11 Rn. 398 ff.

14 Besitzt ein Anteilseigner entweder gegen den übertragenden Rechtsträger oder gegen den übernehmenden Rechtsträger eine **nicht werthaltige Forderung**, kommt es durch ein verschmelzungsbedingtes Aufleben der Werthaltigkeit auf Ebene der beteiligten Rechtsträger zu keiner Korrektur gem. § 8 Abs. 3 S. 2, 3 KStG, da die Verbindlichkeit in den Steuerbilanzen der beteiligten Rechtsträger mit dem vollen Nennwert anzusetzen ist[15] und regelmäßig keine Einkommensminderung zur Folge hat.[16]

15 Im ähnlich gelagerten Fall, dass der Anteilseigner vor dem Zeitpunkt des Verschmelzungsbeschlusses auf seine Gesellschafterforderung gegen **Besserungsschein** bzw. Besserungsabrede verzichtet hat, kann eine Verschmelzung in bestimmten Situationen eine verdeckte Gewinnausschüttung zur Folge haben. Allerdings liegt die vGA-auslösende Vermögensminderung zeitlich und gegenständlich außerhalb des Umwandlungsvorganges, denn sie wird nicht durch den Geschäftsvorfall der Verschmelzung als solchen, sondern durch den Eintritt des Besserungsfalls, also durch einen Umstand ausgelöst, der der Verschmelzung nachfolgt.

- Ist der Verzicht ggü. dem übertragenden Rechtsträger erfolgt, hat dieser in der steuerlichen Schlussbilanz keine Verbindlichkeit mehr auszuweisen. Da der Besserungsfall erst nach der Übertragung auf den übernehmenden Rechtsträger aufgrund dessen wirtschaftlicher Situation eintritt, ist die Verbindlichkeit somit auch erst in der Folgebilanz des übernehmenden Rechtsträgers aufwandswirksam einzubuchen und führt zu einer entsprechenden Vermögensminderung.
- Ist der Verzicht ggü. dem übernehmenden Rechtsträger erfolgt und ist der Besserungsfall auf die verschmelzungsbedingte Übertragung von positivem Reinvermögen zurückzuführen, ist die Verbindlichkeit ebenfalls erst in der Folgebilanz des übernehmenden Rechtsträgers aufwandswirksam einzubuchen und führt zu einer entsprechenden Vermögensminderung.

In beiden Fällen ist für steuerliche Zwecke in einem ersten Schritt zu unterscheiden, ob der vorherige Forderungsverzicht auf Gesellschaftsebene zu einer vE oder zu einem ao Ertrag geführt hat. Diese Beurteilung bestimmt sich nach der Werthaltigkeit der Forderung im Zeitpunkt des Verzichts.[17] War die Forderung nicht mehr werthaltig, hat der Forderungsverzicht zuvor bei der Schuldnergesellschaft aufgrund Ausbuchung einer Verbindlichkeit zu einem ao Ertrag geführt. Entsprechend führt das Aufleben der Forderung und Einbuchung einer korrespondierenden Verbindlichkeit zu sofort abzugsfähigen Betriebsausgaben.[18] Soweit die Forderung im Zeitpunkt des Forderungsverzichts werthaltig war, liegt eine vE vor.[19] Da die vE unter der auflösenden Bedingung des Besserungsfalls gewährt wurde, ist das Aufleben der Forderung aufgrund Eintritts des Besserungsfalls nach Auffassung des BFH grds. nicht als vGA zu werten, sondern als

---

15 BFH 30.11.2011 – I R 100/10, BStBl. II 2012, 332 mwN; OFD Münster Verfügung v. 21.10.2005, DStR 2005, 2079.

16 Ebenso BFH 31.3.2004 – I R 38, 39/03, GmbHR 2005, 49; aA Widmann/Mayer/*Schießl* UmwStG § 11 Rn. 660, der eine vGA bei einer nicht werthaltigen Forderung gegen den übertragenden Rechtsträger befürwortet; FG Niedersachsen 18.6.2003 – 6 K 439/96, EFG 2003, 1650 (NZB BFH – I B 159/03).

17 Vgl. BFH 9.6.1997 – GrS 1/94, BStBl. II 1998, 307; BMF Schreiben v. 2.12.2003, IV A 2 – S 2743 – 5/03, BStBl. I 2003, 648. Dies sollte mE jedoch nur insoweit gelten, als der Forderungsverzicht durch das Gesellschaftsverhältnis veranlasst war und nicht ausschließlich betrieblich begründet ist (zB bei Verzicht zu Sanierungszwecken).

18 BFH 12.7.2012 – I R 23/11, BFH/NV 2012, 1901; Schmitt/Hörtnagl/*Schmitt* UmwStG § 11 Rn. 80 f.; Rödder/Herlinghaus/van Lishaut/*Rödder* UmwStG § 11 Rn. 370; Haase/Hofacker/*Rophohl/Sonntag* UmwStG § 11 Rn. 253; *Dörr/Eggert* NWB 2013, 22 (26).

19 BFH 12.7.2012 – I R 23/11, BFH/NV 2012, 1901; BFH 15.4.2015 – I R 44/14, BStBl. II 2015, 769.

„steuerlich anzuerkennende Form der Kapitalrückzahlung".[20] In einem zweiten Schritt ist dann zu prüfen, ob der betriebliche Veranlassungszusammenhang durch Umstände überlagert wird, die ihre Ursache im Gesellschaftsverhältnis haben. Für den Fall, dass der Forderungsverzicht ggü. dem übertragenden Rechtsträger erfolgt, sieht der BFH in der Verschmelzung einer leeren Hülle mit einer vorhandenen latenten Belastung aus der Besserungsabrede die wirtschaftliche Neubegründung einer Schuld gegeben. Unter diesen Voraussetzungen nimmt der BFH eine Durchbrechung des betrieblichen Charakters und dementsprechend eine vGA an. Er begründet dies damit, dass die Verschmelzung genutzt wird, um die Werthaltigkeit der Gesellschafterdarlehensforderungen durch einen Schuldnerwechsel im Interesse und zum alleinigen Vorteil der Gesellschafter zu erhöhen.[21] Für den umgekehrten Fall, dass der Forderungsverzicht ggü. dem übernehmenden Rechtsträger erfolgt, liegt mE bei Eintritt des Besserungsfalls mangels Schuldnerwechsels jedoch keine Durchbrechung der betrieblichen Veranlassung vor mit der Folge, dass auch keine vGA anzunehmen ist.

Ferner ist die latente Verpflichtung aus der Besserungsanwartschaft mE bereits bei der Bestimmung der Wertverhältnisse im Hinblick auf die Ermittlung des Umtauschverhältnisses entsprechend zu berücksichtigen. Andernfalls droht eine vGA auf Gesellschafterebene. Zu berücksichtigen ist in diesem Zusammenhang, dass die steuerlichen Folgen auf Ebene der Anteilseigner von den Folgen auf Gesellschaftsebene abweichen können. Dies liegt ua in der unterschiedlichen Definition der vGA auf Anteilseigner- und Gesellschafterebene und den unterschiedlichen Möglichkeiten der Einflussnahme auf die Gestaltung der steuerlichen Verhältnisse begründet.[22]

Im Private-Equity Umfeld wird von Teilen der Finanzverwaltung vertreten, dass ein hoch fremdfinanzierter Unternehmenskauf in Verbindung mit einer nachfolgenden Verschmelzung der (fremdfinanzierten) Akquisitionsgesellschaft mit der erworbenen Zielgesellschaft (**Leveraged Buy-Out** mit Debt-Push Down) stets einen Fall des § 42 AO bzw. Gesamtplan darstellt und im Ergebnis zu einer vGA (und ggf. auch zu einer Einkommenskorrektur nach § 1 AStG) hinsichtlich der übernommenen Finanzierungs- und Transaktionskosten führt, da diese nicht im eigenbetrieblichen Interesse, sondern vielmehr im Interesse des Investors getragen werden.[23] Dieser Auffassung wird im steuerlichen Schrifttum mE zu Recht mit guten Argumenten widersprochen.[24]

16

---

[20] BFH 30.5.1990 – I R 41/87, BStBl. II 1991, 588 noch zum körperschaftsteuerlichen Anrechnungssystem; H 8.9 KStR 2022 „Forderungsverzicht gegen Besserungsschein"; Haase/Hofacker/*Ropohl/Sonntag* UmwStG § 11 Rn. 254; Gosch KStG/*Gosch* § 8 Rn. 627; Dötsch/Pung/Möhlenbrock/*Dötsch/Werner* KStG § 27 Rn. 63; aA *Endert* DStR 2016, 1009, der sich gegen einen Direktzugriff auf das steuerliche Einlagekonto aufgrund geänderter Rechtslage ausspricht und eine vorrangige Minderung des ausschüttbaren Gewinns iSv § 27 Abs. 1 S. 5 KStG annimmt.

[21] BFH 21.2.2018 – I R 46/16, DB 2018, 1639 in Bestätigung der Vorinstanz FG Hamburg 29.6.2016 – 6 K 236/13, EFG 2016, 1721. Der BFH spricht in seiner Urteilsbegründung davon, dass „das Instrumentarium des UmwStG genutzt wurde", um die Werthaltigkeit der Gesellschafterforderung zu erhöhen – allerdings wird die Werthaltigkeit nicht durch die Anwendung von umwandlungssteuerrechtlichen Vorschriften erhöht, sondern vielmehr durch die verbesserten wirtschaftlichen Umstände aufgrund der verschmelzungsbedingten Gesamtrechtsnachfolge.

[22] Der BFH sieht sich in BFH 12.7.2012 – I R 23/11, DB 2012, 2662 noch im Widerspruch zu BFH 1.2.2001 – IV R 3/00, BStBl. II. 2001, 520 und differenziert eindeutig zwischen der Besteuerung der Gesellschafter und der Besteuerung der Gesellschaft.

[23] *Ruthe* StBp 2010, 329 (336 ff.), StBp 2011, 1 ff., StBp 2012, 121 (123 ff.) und StBp 2013, 153 (155 f.). aA Dötsch/Pung/Möhlenbrock/*Lang* KStG § 8 Abs. 3 Teil D Rn. 1523; Dötsch/Pung/Möhlenbrock/*Stimpel/Dötsch* UmwStG Vor §§ 11–13 Rn. 56. Folgt man dieser Auffassung, ist zu prüfen, ob beim Investor § 8b Abs. 1, 5 KStG Anwendung findet oder wg. § 8b Abs. 4, 7 KStG suspendiert wird.

[24] *Schwetlik* StBp 2012, 80; *Berger* StuB 2012, 903; *Blumenberg* JbFfSt 2012/2013, 587 (592 f.).

bb) Anteilseignerebene

17 Unabhängig von der Behandlung bei der übernehmenden Körperschaft kann unter bestimmten Voraussetzungen hingegen eine umwandlungsbedingte vGA bzw. vE auf Anteilseignerebene anzunehmen sein, insbes. wenn es zu Wertverschiebungen zwischen den Anteilen der beteiligten Anteilseigner kommt.[25] Eine Wertverschiebung von einem Anteil auf einen anderen Anteil der an der Verschmelzung beteiligten Körperschaften kommt immer dann in Betracht, wenn die Anteilsgewährung nicht wertkongruent erfolgt oder auf sie nach Maßgabe des § 54 Abs. 1 UmwG ganz verzichtet wird (sog. nichtverhältniswahrende Verschmelzung). Nur bei einer 100 %-Aufwärtsverschmelzung oder bei Seitwärtsverschmelzung mit einer gemeinsamen 100 %-Muttergesellschaft führt eine nicht erfolgte Kapitalerhöhung mangels Vorteilszuwendung an die Anteilseigner zu keiner vGA. Im Konzernfall ist bei einem Verzicht auf die Anteilsgewährung gem. § 54 Abs. 1 S. 3, § 68 Abs. 1 S. 3 UmwG auch eine vGA bzw. vE auf einer übergeordneten Stufe denkbar, etwa eine vGA des Anteilseigners der übertragenden Körperschaft an ihre eigenen Anteilseigner.

18 In der Vergangenheit wurde von Vertretern der Finanzverwaltung bei Seitwärtsverschmelzungen in Drittstaatenfällen von einer vGA der übertragenden Körperschaft an ihre Anteilseigner und von einer vE in die übernehmende Körperschaft ausgegangen, wobei auf die vGA bei Verschmelzung zum Buchwert die Anwendbarkeit des deutschen Beteiligungsprivilegs aufgrund des Korrespondenzprinzips nach § 8b Abs. 1 S. 2 KStG unter bestimmten Voraussetzungen versagt bleiben solle.[26] Dieser Auffassung wird im steuerlichen Schrifttum zumindest für einen mit der Verschmelzung nach § 2 UmwG vergleichbaren Rechtsvorgang (→ Rn. 34 ff.) mE zu Recht entschieden widersprochen.[27] Mit der Internationalisierung des Umwandlungssteuerrechts durch das KöMoG (→ Rn. 45 ff.) sollte dieser Sichtweise auch die Grundlage entzogen sein.

2. Sonstige steuerliche Auswirkungen einer Verschmelzung

19 **Gesamtrechtsnachfolge**: Der übernehmende Rechtsträger tritt als Gesamtrechtsnachfolger gem. § 45 Abs. 1 S. 1 AO grds. (dh vorbehaltlich einzelgesetzlicher Sonderregelungen) in vollem Umfang sowohl materiellrechtlich als auch verfahrensrechtlich in die Rechtsstellung des Rechtsvorgängers ein. Gem. § 12 Abs. 3 Hs. 1 tritt die übernehmende Körperschaft in die Rechtsstellung der übertragenden Körperschaft ein. Bei der übernehmenden Körperschaft werden Vorbesitzzeiten gem. § 12 Abs. 3 Hs. 2 iVm § 4 Abs. 2 S. 3 angerechnet und Behaltefristen werden nicht unterbrochen.[28] Dagegen gehen Verluste, verbleibende Verlustvorträge, nicht ausgeglichene negative Einkünfte, Zinsvorträge und EBITDA-Vorträge aufgrund der spezialgesetzlichen Regelung in § 12 Abs. 3 Hs. 2 iVm § 4 Abs. 2 S. 2 nicht auf die übernehmende Körperschaft über (→ Rn. 171 ff.).

---

[25] UmwSt-Erlass Rn. 13.03 und 13.09 mit Hinweis auf BFH-Rechtsprechung; Dötsch/Pung/Möhlenbrock/*Stimpel*/*Dötsch* UmwStG Vor §§ 11–13 Rn. 53 ff.; Dötsch/Pung/Möhlenbrock/*Lang* KStG § 8 Abs. 3 Teil D Rn. 1506; Schmitt/Hörtnagl/*Schmitt* UmwStG § 12 Rn. 103 und Schmitt/Hörtnagl/*Schmitt* UmwStG § 13 Rn. 14; Rödder/Herlinghaus/van Lishaut/*Rödder* UmwStG § 12 Rn. 176 ff. „Verdeckte Gewinnausschüttungen und verdeckte Einlagen"; Rödder/Herlinghaus/van Lishaut/ *Neumann* UmwStG § 13 Rn. 26.

[26] Hruschka IStR 2012, 844 (845).

[27] Ausführlich *Becker/Kamphaus/Loose* IStR 2013, 328 (331 ff.); Dötsch/Pung/Möhlenbrock/*Pung* KStG § 8b Rn. 91 f.

[28] UmwSt-Erlass Rn. 12.04 iVm Rn. 04.15; aA für Zwecke des § 9 Nr. 2a GewStG BFH 16.4.2014 – I R 44/13, BStBl. II 2015, 303, demzufolge die in § 4 Abs. 2 S. 3 statuierte Besitzzeitanrechnung ausdrücklich entgegen der Auffassung der Finanzverwaltung nicht auf die zeitpunktbezogene Beurteilung des § 9 Nr. 2a GewStG anzuwenden ist. Allerdings sollte dies bei steuerlicher Rückwirkung vor oder zum Jahresbeginn, 0:00 Uhr nach § 2 Abs. 1 S. 2 möglich sein, vgl. Schmitt/Hörtnagl/*Schmitt* UmwStG § 12 Rn. 80, 92.

Fiktive Herabsetzung des Nennkapitals und Übergang des steuerlichen Einlagekontos: Bei Verschmelzung einer unbeschränkt steuerpflichtigen Körperschaft gilt das Nennkapital der übertragenden Körperschaft gem. § 29 Abs. 1 KStG als in vollem Umfang nach § 28 Abs. 2 S. 1 KStG herabgesetzt (sog. Nullstellung des Nennkapitals). In den Fällen der Abwärtsverschmelzung gilt dies auch für den übernehmenden Rechtsträger. Ein den Sonderausweis (§ 28 Abs. 1 S. 3 KStG) übersteigender Betrag ist dem steuerlichen Einlagekonto gutzuschreiben. Der Bestand des steuerlichen Einlagekontos der übertragenden Körperschaft ist letztmalig auf den steuerlichen Übertragungsstichtag gesondert festzustellen.[29] Nach Maßgabe von § 29 Abs. 2 S. 1 KStG geht der Bestand des steuerlichen Einlagekontos auf den übernehmenden Rechtsträger über, bei Beteiligung am übertragenden Rechtsträger jedoch gem. § 29 Abs. 2 S. 2 KStG erst nach vorheriger Kürzung. Bei einer Abwärtsverschmelzung mindert sich nach § 29 Abs. 2 S. 3 KStG zudem der Bestand des Einlagekontos beim übernehmenden Rechtsträger. Bei diesem wird außerdem das Nennkapital nach Maßgabe von § 29 Abs. 4 KStG angepasst.[30] Bei Hereinverschmelzungen ist § 29 Abs. 6 KStG anzuwenden.[31]

Verschmelzung als Realisationstatbestand iSv § 22: Werden sperrfristbehaftete Anteile iSv § 22 Abs. 1, 2 im Rahmen einer Verschmelzung übertragen, kommt es nach Auffassung der Finanzverwaltung insoweit grds. zu einer rückwirkenden Besteuerung des Einbringungsgewinns, da die Verschmelzung als Veräußerung iSv § 22 Abs. 1 S. 1 bzw. Abs. 2 S. 1 zu sehen sei.[32] Unter bestimmten Voraussetzungen sieht die Finanzverwaltung aus Billigkeitsgründen von der Einbringungsgewinnbesteuerung ab.[33] Ähnliches gilt gem. § 27 Abs. 3 iVm § 21 Abs. 1 S. 1 UmwStG 1995 auch für einbringungsgeborene Anteile, jedoch mit abweichender Rechtsfolge (insbes. keine Siebtel-Regelung).

Verlustuntergang beim übernehmenden Rechtsträger: Im Rahmen der Verschmelzung einer Körperschaft können neben dem Untergang der eigenen steuerlichen Verluste nach § 12 Abs. 3 Hs. 2 iVm § 4 Abs. 2 S. 2 ggf. auch die steuerlichen laufenden Verluste und Verlustvorträge des übernehmenden Rechtsträgers gem. § 8c Abs. 1 S. 4 KStG untergehen. Dies ist dann der Fall, wenn eine verschmelzungsbedingte Kapitalerhöhung zu einer entsprechenden Änderung der Beteiligungsquoten führt, da eine Kapitalerhöhung der Übertragung des gezeichneten Kapitals gleichsteht. Allerdings verschafft im Falle des § 8c KStG im Gegensatz zum Verlustuntergang nach § 4 Abs. 2 S. 2 uU die Konzernklausel nach § 8c Abs. 1 S. 5 KStG oder die Stille Reserven-Klausel nach § 8c Abs. 1

---

29 UmwSt-Erlass Rn. K.04.
30 Zu Besonderheiten bei Abwärtsverschmelzung hinsichtlich einer möglichen „Vernichtung" von Einlagen s. FG Baden-Württemberg 5.6.2014 – 3 K 3223/12, DB 2014, 1902.
31 Anschaulich Rödder/Herlinghaus/van Lishaut/*van Lishaut* Anh. 3 Rn. 18 ff., 47.
32 UmwSt-Erlass Rn. 22.07, Rn. 22.22 und Rn. 22.23; krit. *Hageböke* Ubg 2011, 689. Nach Auffassung des BFH 24.1.2018 – I R 48/15, BB 2018, 1648 ist entgegen der Vorinstanz FG Hamburg 21.5.2015 – 2 K 12/13, DB 2015, 2363 auch für Fälle der Aufwärtsverschmelzung eine einschränkende Auslegung des Veräußerungsbegriffs geboten; dem hat sich das FG Münster 19.5.2020 – 13 K 571/16 G, F (rkr.) angeschlossen für den Fall der Aufwärtsverschmelzung einer PersG mit sperrfristbehafteten Anteilen im Gesamthandsvermögen auf eine KapG als anteilige Muttergesellschaft.

33 UmwSt-Erlass Rn. 22.23 (einschließlich der Beispiele). Erforderlich ist insbes., dass diejenigen Einbringenden, bei denen der Einbringungsgewinn zu versteuern wäre, einen Antrag stellen und sich damit einverstanden erklären, dass auf alle unmittelbaren oder mittelbaren Anteile an einer an der Verschmelzung beteiligten Gesellschaft § 22 Abs. 1 und 2 entsprechend anzuwenden ist. Ferner setzt dies voraus, dass keine steuerliche Statusverbesserung eintritt, sich keine stillen Reserven von den sperrfristbehafteten Anteilen auf Dritte verlagern und deutsche Besteuerungsrechte nicht ausgeschlossen oder beschränkt werden. Zu näheren Einzelheiten s. die Kommentierung zu § 22. Zur gleichgelagerten Problematik der Bindungswirkung für die Gewerbesteuer → Rn. 131 zur Verschmelzung auf eine Organgesellschaft.

S. 6 ff. KStG Abhilfe.³⁴ Bei einer Seitwärtsverschmelzung mit Beteiligungsidentität sollte § 8c KStG mangels Anteilseignerwechsel jedoch nicht greifen.³⁵ Hierbei gilt auch zu beachten, dass das BVerfG mit Beschluss v. 29.3.2017³⁶ entschieden hat, dass der quotale Verlustuntergang bei Kapitalgesellschaften nach § 8c Abs. 1 S. 1 KStG verfassungswidrig ist. Darüber hinaus hat das FG Hamburg das BVerfG auch zu der Frage angerufen, ob der vollständige Verlustuntergang bei Übertragung > 50 % nach § 8c Abs. 1 S. 2 KStG verfassungswidrig ist.³⁷

Daneben kann eine Verschmelzung auch Auswirkung auf die Anwendung der Regelung in § 8d KStG zum fortführungsgebundenen Verlustvortrag haben. Dies gilt etwa für die Frage, ob die Gesellschaften innerhalb des Beobachtungszeitraums iSv § 8d Abs. 1 S. 1 KStG ausschließlich denselben Geschäftsbetrieb unterhält sowie für das Vorliegen von Ausschlussgründen nach § 8d Abs. 2 S. 2 Nr. 2–6 KStG.³⁸

23 **Verlustuntergang auf Ebene nachgelagerter Gesellschaften:** Die Verschmelzung einer Körperschaft mit Beteiligungen an anderen Gesellschaften kann gem. § 8c KStG bzw. § 10a S. 10 GewStG³⁹ auch Auswirkungen auf steuerliche laufende Verluste und steuerliche Verlustvorträge auf Ebene der nachgelagerten Gesellschaften (einschließlich Verluste im Rahmen der Hinzurechnungsbesteuerung nach § 10 Abs. 3 S. 5 AStG)⁴⁰ haben und zu einem vollständigen oder teilweisen Verlustuntergang führen.⁴¹ Maßgeblicher Zeitpunkt für den Beteiligungserwerb iSv § 8c Abs. 1 KStG ist nach Auffassung der Finanzverwaltung der Übergang des wirtschaftlichen Eigentums, dh ein steuerlicher Rückbezug der Verschmelzung nach § 2 bleibt für diese Zwecke unbeachtlich.⁴²

24 **Hinzurechnungsbesteuerung:** Gem. § 8 Abs. 1 Nr. 9 Hs. 1 AStG (vgl. auch die Altregelung § 8 Abs. 1 Nr. 10 Hs. 1 AStG aF für Zeiträume vor dem 1.7.2021) gehören die Einkünfte aus der Verschmelzung eines ausländischen Rechtsträgers grundsätzlich zu den aktiven Einkünften. Dies gilt nicht, soweit die Einkünfte auf der Übertragung von Wirtschaftsgütern beruhen, die nicht der Erzielung von aktiven Einkünften iSd § 8 Abs. 1 Nr. 1–8 AStG dienen, es sei denn, der Steuerpflichtige weist nach, dass die Verschmelzung im Inland zu Buchwerten hätte erfolgen können (hypothetische Buchwertfortführung) und im Ausland tatsächlich zu Buchwerten erfolgt ist (tatsächliche Buchwertfortführung).⁴³ Nicht abschließend geklärt ist in diesem Zusammenhang, ob und auf welche Weise die Voraussetzungen für den Buchwertansatz nach § 11 Abs. 2

---

34 Vgl. BMF Schreiben v. 28.11.2017 – IV C 2 – S 2745-a/09/10002:004, BStBl. I 2017, 1645 Rn. 39 ff. und 49 ff.
35 Der BFH hat in BFH 18.12.2013 – I R 25/12, BFH/NV 2014, 904 bestätigt, dass solche Gestaltungen nicht missbräuchlich iSv § 42 AO sind. Beachte aber § 2 Abs. 4 S. 3–6.
36 BVerfG 29.3.2017 – 2 BvL 6/11, BFH/NV 2017, 1006. Das BVerfG hat dem Gesetzgeber aufgegeben, den Verfassungsverstoß bis zum 31.12.2018 rückwirkend für die Zeit ab 1.1.2008 bis 31.12.2015 zu beseitigen. Das ist so geschehen zum 15.12.2018 durch Art. 6 G v. 11.12.2018, BGBl. I 2338.
37 FG Hamburg 29.8.2017 – 2 K 245/17, BB 2017, 2133. Das vorlegende FG ist von der Verfassungswidrigkeit des § 8c Abs. 1 S. 2 KStG überzeugt. Anhängig nun als Normenkontrollverfahren beim BVerfG – 2 BvL 19/17.
38 Vgl. hierzu Scholz/Riedel DB 2016, 2562.
39 Zum Untergang eines gewerbesteuerlichen Verlustes einer Mitunternehmerschaft aufgrund fehlender Unternehmeridentität bei Verschmelzung des Gesellschafters vgl. BFH 11.10.2012 – IV R 38/09, BStBl. II 2013, 958. Einer analogen Anwendung von § 19 Abs. 2 bedarf es hierfür nicht.
40 SenFin Berlin, Runderl. v. 6.1.2016, DStR 2016, 173.
41 Vgl. zur teleologischen Reduktion bei Verkürzung der Beteiligungskette im Falle einer Abwärtsverschmelzung FG Berlin-Brandenburg 18.10.2011 – 8 K 8311/10, BB 2012, 1327 (Rev. BFH – I R 79/11, Aussetzung/Ruhen des Verfahrens durch Beschl. v. 16.1.2019); FG Düsseldorf 9.2.2015 – 6 K 3339/12 K F, EFG 2015, 768 (Rev. unzulässig, BFH 31.7.2015 – I R 16/15).
42 BMF Schreiben v. 28.11.2017 – IV C 2 – S 2745-a/09/10002:004, BStBl. I 2017, 1645 Rn. 15 sowie gleichlautender Ländererlass v. 29.11.2017, BStBl. I 2017, 1643 zur Anwendung des § 8c KStG auf gewerbesteuerliche Fehlbeträge.
43 Für Einzelheiten siehe das BMF-Schreiben zu Grundsätzen zur Anwendung des Außensteuergesetzes (aktuell noch im Entwurf aus Juli 2023 in den Rn. 417 ff.).

S. 1 Nr. 1 und 2 zu prüfen sind.⁴⁴ Nach aktueller Auffassung der Finanzverwaltung ist bei der Prüfung des Tatbestandsmerkmals des § 11 Abs. 2 S. 1 Nr. 2 (kein Ausschluss und keine Beschränkung des deutschen Besteuerungsrechts hinsichtlich des Gewinns aus Veräußerung des übertragenen Vermögen) zu berücksichtigen, ob ein für die Hinzurechnungsbesteuerung existierendes Besteuerungsrecht hinsichtlich der Veräußerung des übertragenen Vermögens durch den Umwandlungsvorgang ausgeschlossen oder beschränkt wird. Ein Buchwertantrag iSv § 11 Abs. 2 S. 1 ist dabei nicht erforderlich, da es nach dem Gesetzeswortlaut lediglich auf die fiktive Möglichkeit des Buchwertansatzes ankommt.⁴⁵ Passive Einkünfte liegen jedoch gem. § 8 Abs. 1 Nr. 9 Hs. 2 AStG insoweit vor, als die zuvor beschriebenen Voraussetzungen nicht erfüllt sind und ein umwandlungsbedingter Veräußerungsgewinn gedanklich auf Wirtschaftsgüter entfällt, die passive Einkünfte (einschließlich Zwischeneinkünfte mit Kapitalanlagecharakter iSv § 13 Abs. 2 AStG) vermitteln.⁴⁶ In einem solchen Fall stellt § 10 Abs. 3 S. 4 AStG klar, dass die Vorschriften des UmwStG bei der Ermittlung des Hinzurechnungsbetrags außer Acht bleiben.

Nachversteuerung nach § 2a EStG: Sofern bei einer unbeschränkt steuerpflichtigen 25 Körperschaft in der Vergangenheit ein sich nach deutschen Gewinnermittlungsvorschriften ergebender Verlust einer ausländischen Betriebsstätte gem. § 2a Abs. 3 S. 1 EStG aF bzw. § 2 Abs. 1 AuslInvG von der inländischen Bemessungsgrundlage abgezogen wurde, kann die Verschmelzung der unbeschränkt steuerpflichtigen Körperschaft gem. § 2a Abs. 4 Nr. 2 EStG iVm § 52 Abs. 3 EStG zu einer Nachversteuerung der abgezogenen und nach § 2a Abs. 3 S. 3 EStG noch nicht wieder hinzugerechneten Verluste im Veranlagungszeitraum der Verschmelzung führen.⁴⁷

Andere Steuerarten: Da sich die Spezialregelungen im UmwStG auf Ertragsteuern 26 beschränken, ist insoweit nicht automatisch auch Steuerneutralität für andere Steuerarten gegeben.⁴⁸ Insbes. im Hinblick auf **Grunderwerbsteuer** kann eine Verschmelzung eine Besteuerung auslösen, wenn entweder der übertragenden Rechtsträger selbst (§ 1 Abs. 1 Nr. 3 GrEStG) oder aber eine dem übertragenden Rechtsträger oder (in Abhängigkeit von den Beteiligungsverhältnissen) uU sogar dem übernehmenden Rechtsträger unmittelbar oder auch nur mittelbar nachgelagerte Gesellschaft inländisches Grundvermögen besitzt (§ 1 Abs. 2a und Abs. 3, 3a GrEStG),⁴⁹ wobei der Gesetzgeber auch in diesem Fall unter bestimmten Voraussetzungen eine Privilegierung konzerninterner Umstrukturierungen vorgesehen hat (§ 6a GrEStG).⁵⁰ Ferner kann eine Verschmelzung in bestimmten Konstellationen auch **Schenkungsteuer** auslösen, insbes. wenn es bei nichtverhältniswahrender Verschmelzung zu einer Werterhöhung hinsichtlich der be-

---

44 Für ein Leerlaufen der Prüfung mangels deutschem Besteuerungsrecht: Kraft/*Rödel* AStG § 8 Rn. 699 ff.; für eine fiktive Prüfung: Flick/Wassermeyer/Baumhoff/*Wassermeyer*/Schönfeld AStG § 8 Rn. 371, 379.
45 *Schmidtmann* IStR 2009, 295 (301); Haase/Hofacker/*Ropohl*/Sonntag UmwStG § 11 Rn. 325 mwN.
46 Unter Umständen schafft jedoch die Cadbury-Schweppes-Ausnahme des § 8 Abs. 2 AStG Abhilfe. Der Motivtest wird – um Konflikte mit der EuGH-Rechtsprechung zu vermeiden (vgl. BT-Drs. 17/10000, 66) – nunmehr im Rahmen der Voraussetzungen des § 8 Abs. 2 AStG auch für Gesellschaften zugelassen, die nicht inländisch beherrscht sind, aber Zwischeneinkünfte mit Kapitalanlagecharakter erzielen (§ 7 Abs. 6 AStG).
47 Vgl. auch BFH 22.7.2017 – I R 2/15, BStBl. II 2017, 709.
48 UmwSt-Erlass Rn. 01.01.
49 Vgl. hierzu Viskorf/*Meßbacher-Hönsch* GrEStG § 1 Rn. 363, 785 f., 1152, 1231. Zum Entstehungszeitpunkt/Verwirklichung des Erwerbsvorgangs s. OFD NRW v. 8.1.2015 – S 4539–2015/0001, aktualisiert am 9.8.2022.
50 Der EuGH hat mit 19.12.2018 - C-374/17 den Beihilfecharakter der grunderwerbsteuerlichen Konzernklausel § 6a GrEStG verneint.

reits bestehenden oder der erhaltenen Anteile kommt (§ 7 Abs. 8 ErbStG).⁵¹ Für Zwecke der **Umsatzsteuer** stellt die Verschmelzung regelmäßig eine Geschäftsveräußerung im Ganzen dar⁵² und ist daher bereits nicht steuerbar (§ 1 Abs. 1a S. 1 und 2 UStG). Der übernehmende Rechtsträger tritt auch umsatzsteuerlich an die Stelle des übertragenden Rechtsträgers (§ 1 Abs. 1a S. 3 UStG und § 15a Abs. 10 UStG).

27 **Keine Rücklage für Ersatzbeschaffung beim umwandlungsrechtlichen Squeeze-out:** Bei einer Aufwärtsverschmelzung zwischen AGen können die Minderheitsgesellschafter der übertragenden Aktiengesellschaft im Wege eines sog. Squeeze-out gem. § 62 Abs. 5 UmwG iVm § 327a Abs. 1 S. 1 AktG ausgeschlossen werden, wenn die Übernehmerin zu mindestens 90 % an der Überträgerin beteiligt ist (sog. umwandlungsrechtlicher Squeeze-out).⁵³ Beim herausgedrängten Minderheitsgesellschafter kommt die Bildung eine Rücklage für Ersatzbeschaffung (RfE) nach der BFH-Rechtsprechung nicht in Betracht.⁵⁴

B. Anwendungsbereich der §§ 11 ff.
I. Sachlicher Anwendungsbereich der §§ 11 ff.

28 Gemäß § 1 Abs. 1 S. 1 Nr. 1 sind die §§ 11 ff. auf (i) Verschmelzungen iSd § 2 UmwG und (ii) vergleichbare ausländische Vorgänge sowie (iii) die Gründung einer Europäischen Gesellschaft (SE) durch Verschmelzung nach Art. 17 SE-VO bzw. einer Europäischen Genossenschaft (SCE) nach Art. 19 SCE-VO anzuwenden.

1. Verschmelzung iSd § 2 UmwG

29 § 1 Abs. 1 S. 1 Nr. 1 UmwStG verweist zwar isoliert auf § 2 UmwG und nicht auch auf die Vorschrift zum Anwendungsbereich in § 1 Abs. 1 UmwG. Dennoch ergibt sich aus der Grundsystematik des UmwG, dass eine Verschmelzung nach den §§ 2 ff. UmwG nur unter Beteiligungen von Rechtsträgern mit Sitz im Inland möglich ist,⁵⁵ wobei als Sitz in diesem Zusammenhang nach der hM der Satzungssitz (statutarischer Sitz)⁵⁶ zu verstehen ist. Gesellschaften ausländischer Rechtsform mit Verwaltungssitz in Deutschland sind hiervon nicht erfasst. Insoweit handelt es sich stets um einen ausländischen Vorgang mit der Folge, dass das Vergleichbarkeitskriterium iSv § 1 Abs. 1 S. 1 Nr. 1 gesondert zu prüfen ist.

30 Für die Beurteilung der Frage, ob eine zivilrechtlich wirksame inländische Umwandlung vorliegt, ist regelmäßig die registerrechtliche Entscheidung maßgebend.⁵⁷ Die Eintragung der Verschmelzung im Handelsregister des Sitzes des übernehmenden

---

51 UmwSt-Erlass Rn. 13.03; vgl. hierzu Widmann/Mayer/*Schießl* UmwStG § 11 Rn. 18; Daragan/Halaczinsky/Riedel ErbStG/*Griesel* § 7 Rn. 207. Zu sonstigen erbschaftsteuerlichen Auswirkungen vgl. Rödder/Herlinghaus/van Lishaut/*Trossen* Anh. 13.

52 Eine sofortige Abwicklung der übergehenden Geschäftstätigkeit durch den übernehmenden Rechtsträger schließt hingegen eine Geschäftsveräußerung im Ganzen aus (Abschn. 1.5 UStAE).

53 Für den Regelfall des Squeeze-out nach § 327a Abs. 1 S. 1 AktG und § 39a Abs. 1 S. 2 WpÜG (sog. aktienrechtlicher bzw. wertpapierübernahmerechtlicher Squeeze-out) ist hingegen eine Mindestbeteiligung von mindestens 95 % vorgesehen. Vgl. Klie/Wind/Rödter DStR 2011,

1668; Simon/Merkelbach DB 2011, 1317, *Freytag/Müller-Etienne* BB 2011, 1731.

54 BFH 13.10.2010 – I R 79/09, BFH/NV 2011, 521.

55 Zum Streitgegenstand betreffend die Frage, ob sich die umwandlungsrechtliche Verschmelzung mit Ausnahme von grenzüberschreitenden Verschmelzungen nach § 122a UmwG aF (nunmehr § 305 UmwG) auf rein inländische Vorgänge beschränkt, vgl. Semler/Stengel/Leonard/*Drinhausen* Einl. C Rn. 21 ff. mwN.

56 Vgl. zur Aktiengesellschaft §§ 5, 14 und § 36 Abs. 1 AktG und zur Gesellschaft mit beschränkter Haftung § 4a, 7 Abs. 1 GmbHG; Semler/Stengel/Leonard/*Drinhausen* Einl. C Rn. 19 f. mwN.

57 UmwSt-Erlass Rn. 01.06.

Rechtsträgers wirkt konstitutiv. Mängel der Verschmelzung lassen die Wirksamkeit zwar gem. § 20 Abs. 2 UmwG unberührt. Nach Auffassung der Finanzverwaltung greift die Bindungswirkung der registerrechtlichen Entscheidung für steuerliche Zwecke jedoch dann nicht, wenn die registerrechtliche Entscheidung trotz rechtlich gravierender Mängel erfolgt.[58] Dies sollte jedoch nur dann der Fall sein, wenn die Verschmelzung als nichtig anzusehen ist.[59] Bei Verschmelzungen wäre dies nur insoweit vorstellbar, als die Vorschriften in § 3 UmwG über die verschmelzungsfähigen Rechtsträger nicht hinreichend berücksichtigt werden. In diesem Zusammenhang ist zu berücksichtigen, dass eine bereits aufgelöste Körperschaft gem. § 3 Abs. 3 UmwG noch als übertragender Rechtsträger verschmolzen werden kann, wenn ihre Fortsetzung beschlossen werden könnte. Ob diese Möglichkeit auch für bereits aufgelöste übernehmende Körperschaften besteht, ist im Schrifttum umstritten.[60]

2. Vergleichbare ausländische Umwandlungsvorgänge

Gem. § 1 Abs. 1 S. 1 Nr. 1 findet das UmwStG auf solche ausländischen Umwandlungsvorgänge Anwendung, die mit einem Umwandlungsvorgang deutschen Rechts vergleichbar sind. Was unter „vergleichbaren ausländischen Umwandlungen" zu verstehen ist, definiert das UmwStG nicht. Es handelt sich somit um einen unbestimmten Rechtsbegriff, der auslegungsbedürftig ist. Auch für ausländische Verschmelzungen ist der Grundsatz der Maßgeblichkeit des Gesellschaftsrechts anzuwenden, dh eine Verschmelzung unter Beteiligung eines ausländischen Rechtsträgers ist nur dann vom sachlichen Anwendungsbereich des UmwStG erfasst, wenn sie gesellschaftsrechtlich zulässig und wirksam ist. Wie bei inländischen Verschmelzungen ist auch bei ausländischen Verschmelzungen für die gesellschaftsrechtliche Zulässigkeit und Wirksamkeit regelmäßig (dh vorbehaltlich gravierender Mängel) von der Entscheidung der ausländischen Registerbehörden auszugehen.[61]

Entscheidend ist die Vergleichbarkeit des jeweiligen ausländischen Umwandlungsvorgangs in seiner konkreten Ausgestaltung und unter Berücksichtigung der Strukturmerkmale einer Verschmelzung sowie sonstiger Vergleichbarkeitskriterien. Das ausländische Umwandlungsrecht als solches ist nicht Gegenstand der Vergleichbarkeitsprüfung.[62] Eröffnet das ausländische Umwandlungsrecht Möglichkeiten, die das UmwG entweder nicht kennt oder die gegen inländische Beschränkungen verstoßen, ist dies insofern unschädlich, als diese Möglichkeiten im Rahmen der konkreten Umwandlung nicht genutzt werden.[63]

a) Ausländische Vorgänge

Der UmwSt-Erlass qualifiziert als ausländischen Umwandlungsvorgang „Umwandlungen, bei denen auf den übertragenden Rechtsträger oder auf einen übernehmenden Rechtsträger [...] das UmwG nach den allgemeinen Grundsätzen kollisionsrechtlich keine Anwendung findet".[64] Hierbei bestimmt sich das für die Umwandlung maßgeben-

---

58 UmwSt-Erlass Rn. 01.06.
59 Vgl. hierzu BGH 29.6.2001 – V ZR 186/00, ZIP 2001, 2006 mwN; so auch *Benecke* GmbHR 2012, 113 (116).
60 *Schmitt/Hörtnagl/Winter* UmwG § 3 Rn. 47 ff.; Semler/Stengel/Leonard/*Stengel* UmwG § 3 Rn. 45 ff. Entsprechendes gilt gem. § 176 Abs. 1 UmwG für die Vermögensübertragung.
61 UmwSt-Erlass Rn. 01.23; zum Anscheinsbeweis der Registereintragung → Rn. 30.
62 UmwSt-Erlass Rn. 01.25.
63 Vgl. hierzu das Beispiel im UmwSt-Erlass zu Rn. 01.25 hinsichtlich der Beschränkung barer Zuzahlungen nach § 54 Abs. 4 UmwG; *Kaeser* DStR 2012 Beihefter zu 2, 3.
64 UmwSt-Erlass Rn. 01.20.

de Recht regelmäßig nach dem Gesellschaftsstatut des Staates, in dem der jeweilige Rechtsträger in ein öffentliches Register eingetragen ist bzw. subsidiär nach dem Gesellschaftsstatut, nach dem er organisiert ist.[65] Als ausländischer Vorgang wird somit sowohl die grenzüberschreitende Verschmelzung unter Beteiligung eines inländischen Rechtsträgers unter Anwendung des UmwG verstanden (Hinaus- und Hereinverschmelzung) als auch die reine Auslandsverschmelzung unter ausschließlicher Beteiligung von ausländischen Körperschaften als übertragender und übernehmender Rechtsträger.

b) Vergleichbarkeit ausländischer Vorgänge

34 Eine grenzüberschreitende Verschmelzung muss ihrem Wesen nach einer Verschmelzung nach § 2 UmwG entsprechen. Die Vergleichbarkeitsprüfung umfasst sowohl die beteiligten Rechtsträger (Typenvergleich) als auch die Rechtsnatur und die Rechtsfolgen der Verschmelzung (sog. Strukturmerkmale, zB Auflösung ohne Abwicklung, Gesamtrechtsnachfolge) sowie sonstige für eine Verschmelzung charakteristische Kriterien (sog. sonstige Vergleichbarkeitskriterien).[66] Die grenzüberschreitende Verschmelzung nach §§ 305 ff. UmwG[67] (vor UmRUG nach § 122a ff. UmwG aF) wird im UmwSt-Erlass ausdrücklich als vergleichbarer ausländischer Vorgang angesehen.[68] Daneben sollten grenzüberschreitende Verschmelzungen zwischen EU-/EWR-Körperschaften vergleichbar sein, sofern die Art. 118 ff. der EU-Gesellschaftsrechtrichtlinie 2017/1132/EU maßgeblich sind. Auch nationale Verschmelzungen zwischen EU-/EWR-Körperschaften sind oftmals vergleichbar, da die Mitgliedstaaten oftmals die Voraussetzungen der innerstaatlichen Verschmelzungen an die europarechtlichen Vorgaben für grenzüberschreitende Verschmelzungen angepasst haben.[69] Im konkreten Einzelfall bleibt eine bestätigende Prüfung jedoch unentbehrlich.

aa) Umwandlungsfähigkeit der beteiligten Rechtsträger

35 Nach dem UmwSt-Erlass muss die Prüfung der Umwandlungsfähigkeit der beteiligten Rechtsträger für die jeweilige Umwandlungsart und für sämtliche einschlägige Gesellschaftsstatute der beteiligten Rechtsträger erfolgen.[70] Demzufolge ist für Zwecke der §§ 11–13 die rein steuerliche Einordnung der beteiligten Rechtsträger als Körperschaft durch den ausländischen Fiskus nicht ausreichend.[71] Vielmehr haben die beteiligten Rechtsträger nach Maßgabe des Rechtstypenvergleichs einem umwandlungsfähigen Rechtsträger inländischen Rechts zu entsprechen.[72] Aus praktischen Erwägungen können für diese Zwecke der Betriebsstättenerlass,[73] die Mutter-Tochter-Richtlinie[74] oder

---

65 UmwSt-Erlass Rn. 01.20.
66 BT-Drs. 16/2710, 36. Länderanalyse zu ausgewählten Auslandsverschmelzungen in Frankreich, Niederlande und Österreich bei Prinz Umwandlungen/*Lausterer/Drinhausen* Rn. 4.47 ff.; nach Widmann/Mayer/*Maetz* UmwStG § 1 Rn. 50 mwN auch zur Gegenauffassung sind Verschmelzungen nach dem Recht von Großbritannien und Irland (scheme of arrangement) vergleichbare Vorgänge, obwohl ihnen keine GRNF zugrunde liegt.
67 Vgl. hierzu die Kommentierung zu § 305 UmwG und *Brocker* BB 2010, 971.
68 UmwSt-Erlass Rn. 01.21; vgl. auch Dötsch/Pung/Möhlenbrock/*Möhlenbrock* UmwStG § 1 Rn. 22; *Prinz* DB 2012, 820 (825).
69 Dies betrifft ua auch Inhalte des Verschmelzungsvertrags bzw. Verschmelzungsplans, die nach – mE überschießenden – Auffassung der Finanzverwaltung im UmwSt-Erlass Rn. 01.31 mindestens den Vorgaben der Richtlinie 78/855EWG (vgl. Art. 5 Abs. 2) bzw. nunmehr Art. 91 Abs. 2 RL (EU) 2017/1132 (GesR-RL), entsprechen müssen.
70 UmwSt-Erlass Rn. 01.26.
71 UmwSt-Erlass Rn. 01.27.
72 UmwSt-Erlass Rn. 01.27.
73 Tabelle 1 und 2 des BMF-Schreibens v. 24.12.1999, IV B 4-S 1300–111/99, BStBl. I 1999, 1076.
74 Anhang I zur Richtlinie 2011/96/EU v. 30.11.2011 (ehemals Richtlinie 90/435/EWG) bzw. Anlage 2 (zu § 43b) EStG.

die GesR-RL[75] herangezogen bzw. die Grundsätze des LLC-Schreibens[76] angewandt werden.[77]

bb) Strukturmerkmale einer Verschmelzung

Neben der Verschmelzungsfähigkeit der beteiligten Rechtsträger müssen auch die Strukturmerkmale der ausländischen Umwandlung mit denjenigen einer Verschmelzung deutschen Rechts vergleichbar sein. Ein mit einer Verschmelzung iSv §§ 2 ff. UmwG vergleichbarer Umwandlungsvorgang ist demzufolge dann gegeben, wenn die charakteristischen Merkmale einer Verschmelzung vorliegen. Der UmwSt-Erlass nennt hier (i) die Übertragung des gesamten Aktiv- und Passivvermögens eines oder mehrerer Rechtsträger auf einen übernehmenden Rechtsträger (ii) aufgrund eines Rechtsgeschäfts (iii) kraft Gesetzes (iv) gegen Gewährung von Anteilen am übernehmenden Rechtsträger an die Anteilsinhaber des übertragenden Rechtsträgers (v.) unter Auflösung und ohne Abwicklung des oder der übertragenden Rechtsträger.[78] 36

Vor der gesetzlichen Normierung des grenzüberschreitenden Formwechsels durch das UmRUG in § 333 ff. UmwG war ein grenzüberschreitender Formwechsel innerhalb der EU bzw. des EWR[79] aufgrund europarechtlicher Vorgaben gesellschaftsrechtlich zulässig. Sowohl auf Grundlage von § 333 ff. UmwG als auch für die Zeiträume zuvor aufgrund europarechtlicher Vorgaben ist ein grenzüberschreitender Formwechsel nicht als mit einer Verschmelzung oder Vermögensübertragung vergleichbarer ausländischer Vorgang iSv § 1 Abs. 1 S. 1 Nr. 1 bzw. Nr. 4 UmwStG zu sehen. Ungeachtet eines Rechtskleid- und Statutenwechsel (mit Löschung in einem und Neueintragung in einem anderen Register) ist ein identitätswahrender Formwechsel anzunehmen, so dass kein Rechtsträgerwechsel erfolgt.[80] Ein grenzüberschreitender Formwechsel weist zwar Parallelen zur grenzüberschreitenden Verschmelzung auf (einschl. eines zweiaktigen Verfahrens im Vergleich zum einaktigen inländischen Formwechselverfahren). Allerdings unterscheiden sich der grenzüberschreitende Formwechsel und die grenzüberschreitende Verschmelzung hinsichtlich der beteiligten Rechtsträger. Eine Verschmelzung zur Neugründung ist gem. § 2 Nr. 2 UmwG nur bei Vermögensübertragung von zwei oder mehreren Rechtsträgern möglich. Eine Verschmelzung zur Neugründung von nur einem Rechtsträger auf einen durch die Verschmelzung gegründeten Rechtsträger ist nicht möglich. Auch die Vollübertragung kann gem. § 174 UmwG nur auf einen bereits bestehenden Rechtsträger erfolgen. Die Vergleichbarkeit mit einem inländischen Formwech- 37

---

75 Anhang II zur Richtlinie (EU) 2017/1132 v. 14.6.2017; früher Anhang I zur Richtlinie 2009/133/EG v. 19.10.2009 (ehemals Richtlinie 90/434/EWG – Fusionsrichtlinie).
76 BMF Schreiben v. 19.3.2004, IV B 4-S 1301 USA-22/04, BStBl. I 2004, 411.
77 *Ehret/Lausterer* DB DB-Beil. 1/2012, 9. Inwieweit die tiefgreifenden Änderungen im Gesellschaftsrecht durch das MoPeG zum 1.1.2024 hierauf Auswirkung haben, bleibt abzuwarten (s. bspw. *Linn/Maywald* IStR 2021, 825).
78 UmwSt-Erlass Rn. 01.30, vgl. auch Art. 105 RL (EU) 2017/1132 v. 14.6.2017, ABl. L 169, 46.
79 Zur europarechtlichen Gebotenheit für Zeiträume vor Inkrafttreten des UmRUG vgl. die VALE-Entscheidung des EuGH 12.7.2012 – C-378/10, Abl. EU 2012/C 287/04 (Sitzverlegung unter Umwandlung der Rechtspersönlichkeit einer italienischen S. r.l. in eine ungarische kft) sowie die Polbud-Entscheidung des EuGH 25.10.2017 – C-106/16, DStR 2017, 2685 (grenzüberschreitender Formwechsel einer polnischen sp. z o. o. in eine luxemburgische S.à r.l.); zum „Hereinformwechsel" einer luxemburgischen S.à r.l. in eine deutsche GmbH s. OLG Nürnberg 19.6.2013 – 12 W 520/13, GmbHR 2014, 96 (anders noch OLG Nürnberg 13.2.2012 – 12 W 2361/11), von einer französischen S.à r.l. in eine deutsche GmbH s. KG 21.3.2016 – 22 W 64/15, GmbHR 2016, 763 und von einer niederländischen B.V. in eine deutsche GmbH s. OLG Düsseldorf 19.7.2017 – I-3 Wx 171/16, GmbHR 2017, 1274; zum „Herausformwechsel" einer deutschen GmbH in eine italienische S. r.l. s. OLG Frankfurt a. M. 3.1.2017 – 20 W 88/15, GmbHR 2017, 420; vgl. auch *Knaier/Pfleger* GmbHR 2017, 859 und *Schrade* DStR 2018, 1898.
80 BT-Drs. 20/3822, 145 und auch *Schrade* DStR 2018, 1898 für Zeiträume vor UmRUG.

sel wird nunmehr auch in § 333 Abs. 2 UmwG mit der entsprechenden Anwendbarkeit der allgemeinen sowie die Kapitalgesellschaften betreffenden besonderen Vorschriften über den Formwechsel zwischen inländischen Rechtsformen dokumentiert. Als Folge der fehlenden Vergleichbarkeit iSv § 1 Abs. 1 S. 1 Nr. 1 und 4 sind die §§ 11–13 und damit auch § 4 Abs. 2 S. 2 auf den grenzüberschreitenden Formwechsel mE nicht anzuwenden (auch nicht analog).[81] Dies hat jedoch nicht zur Folge, dass eine Liquiditätsbesteuerung iSv § 11 KStG erfolgt. Vielmehr greifen mE die allgemeinen Grundsätze zur Entstrickungsbesteuerung iSv § 12 Abs. 1 KStG.

cc) Sonstige Vergleichbarkeitskriterien

38 Was konkret unter sonstigen Vergleichbarkeitskriterien zu verstehen ist, definiert der UmwSt-Erlass nicht ausdrücklich, sondern führt lediglich ein Positiv- und ein Negativbeispiel an. Als wesentliches sonstiges Vergleichbarkeitskriterium nennt die Finanzverwaltung die bereits in der Gesetzesbegründung[82] erwähnte Beschränkung der vertraglich vereinbarten Zuzahlung auf höchstens 10 % des auf die gewährten Anteile entfallenden Nennbetrags bzw. anteiligen Betrags am Grundkapital (§ 54 Abs. 4 UmwG für die GmbH, § 68 Abs. 3 UmwG für die AG).[83] Allerdings ist aus den Ausführungen im UmwSt-Erlass nicht klar erkennbar, ob ein Überschreiten der 10 %-Grenze automatisch dazu führt, dass ein mit einer inländischen Umwandlung vergleichbarer Vorgang nicht anzunehmen ist, oder ob eine Toleranzgrenze von der Finanzverwaltung akzeptiert wird.[84] Vom Sinn und Zweck des UmwStG und unter Berücksichtigung des Verhältnismäßigkeitsprinzips sowie europarechtlichen Vorgaben, sollte ein geringfügiges Abweichen von den sonstigen Vergleichbarkeitskriterien nicht zur fehlenden Vergleichbarkeit führen. Demgegenüber soll die Dauer einer gesellschaftsrechtlichen Rückbeziehungsmöglichkeit (vergleichbar § 17 Abs. 2 S. 4 UmwG) nach Auffassung der Finanzverwaltung kein entscheidendes Vergleichbarkeitskriterium darstellen.[85] Im Ergebnis sollte eine fehlende Vergleichbarkeit mE nur dann anzunehmen sein, wenn ein wesentliches Merkmal einer inländischen Verschmelzung nicht gegeben ist oder eine erhebliche Abweichung vorliegt.[86]

3. Verschmelzungen unter Beteiligung supranationaler Rechtsträger

39 Das UmwStG gilt auch für vergleichbare Vorschriften in den Verordnungen der EU. Derzeit enthalten nur die SE-VO[87] und die SCE-VO[88] vergleichbare Vorschriften zur Gründung einer Europäischen Gesellschaft bzw. Europäischen Genossenschaft. Das UmwStG ist gem. § 1 Abs. 1 S. 1 Nr. 1 entsprechend auf die Gründung einer SE durch

---

81 So im Ergebnis auch Ege/Klett DStR 2012, 2442 (2448); Schönhaus/Müller IStR 2013, 174 (178); wohl nun auch Widmann/Mayer/Schießl UmwStG § 11 Rn. 63 f., 30 ff.
82 BT-Drs. 16/2710, 35.
83 UmwSt-Erlass Rn. 01.40.
84 Nach dem Beispiel in UmwSt-Erlass Rn. 01.25 versagt die Finanzverwaltung aufgrund eines erheblichen Überschreitens der 10 %-Grenze die Vergleichbarkeit, in Rn. 01.40 spricht sie dem „deutlichen Überschreiten" hingegen lediglich eine Indizwirkung für eine fehlende Vergleichbarkeit zu. Gemäß Entwurf eines überarbeiteten Umwandlungssteuererlasses ist auf ein „nicht nur geringfügiges Überschreiten" abzustellen, vgl. auch BFH 14.2.2022 – VIII R 44/18, BStBl. II 2022, 636.
85 UmwSt-Erlass Rn. 01.41.
86 So auch Kaeser DStR 2012 Beihefter zu 2, 3.
87 Verordnung (EG) Nr. 2157/2001 des Rates vom 8.10.2001, ABl. L 294, 1, zuletzt geändert durch Art. 1 Abs. 1 Buchst. c Änd-VO (EU) 517/2013 vom 13.5.2013, ABl. L 158, 1.
88 Verordnung (EG) Nr. 1435/2003 des Rates vom 22.7.2003, ABl. L 207, 1.

Verschmelzung nach Art. 17 SE-VO sowie die Gründung einer Europäischen Genossenschaft (SCE) durch Verschmelzung nach Art. 19 SCE-VO anzuwenden.[89]

4. Vergleichbare inländische Vorgänge und Vermögensübertragung

Gem. § 1 Abs. 1 Nr. 3 findet das UmwStG auch auf Umwandlungen iSv § 1 Abs. 2 UmwG Anwendung, wobei deren Reichweite in der Praxis gering ist. Für die §§ 11 ff. hat dies insbes. Bedeutung für die Verschmelzung (Vereinigung) von Sparkassen nach Maßgabe der Sparkassengesetze der Länder[90] sowie die Zusammenführung von BgA im Fall der Zusammenlegung von Körperschaften des öffentlichen Rechts (insbes. Gebietskörperschaften auf kommunaler Ebene) nach Maßgabe der Landesgesetze.[91] Wie auch bei ausländischen Vorgängen setzt dies gem. § 1 Abs. 1 Nr. 3 Hs. 2 eine Vergleichbarkeitsprüfung voraus.[92]

40

Da eine nach § 1a KStG zur Körperschaftsteuerpflicht optierende Personengesellschaft nach § 1a Abs. 1 S. 1 KStG, § 2 Abs. 8 GewStG für Ertragsteuerzwecke wie eine Kapitalgesellschaft behandelt wird, finden grundsätzlich auch die Regelungen des UmwStG entsprechend Anwendung. Als Folge ist die Verschmelzung einer optierenden Gesellschaft auf eine Körperschaft oder umgekehrt nach den §§ 11 ff. zu beurteilen.[93] Dies gilt auch für Zwecke der Anwendung der Billigkeitsregelung gem. Rn. 22.23 im Umwandlungssteuererlass bei umwandlungsbedingter Übertragung von sperrfristbehafteten Anteilen an einer optierenden Gesellschaft.[94] Die Umwandlung einer nach § 1a KStG zur Körperschaftsteuerpflicht optierenden Personengesellschaft in eine Körperschaft gilt nach § 1 Abs. 4 S. 7 KStG als Umwandlung einer Kapitalgesellschaft in eine Körperschaft, wobei mE nicht die Regelungen des § 11 ff. anzuwenden sind, sondern von einem homogenen Formwechsel auszugehen ist.

41

Für den Sonderfall des Ausscheidens des vorletzten Gesellschafters einer optierenden Personengesellschaft gilt die optierende Gesellschaft gem. § 1a Abs. 4 S. 5 KStG als aufgelöst und versteht sich als Aufwärtsverschmelzung nach den § 11 ff., sofern der verbleibende Gesellschafter eine Körperschaft ist. Dies erfolgt mit der Maßgabe, dass die Regelungen zur steuerlichen Rückwirkung nach § 2 keine Anwendung finden. Fraglich ist, ob diese Rechtsfolge auch für die (erweiterte) Anwachsung bei Einbringung sämtlicher Anteile an der optierenden Gesellschaft in eine Körperschaft gilt mit der Folge, dass die optierende Gesellschaft in der aufnehmenden Kapitalgesellschaft aufgeht. Da lediglich das Ergebnis der Vermögensübertragung auf eine Körperschaft dem Ergebnis einer Verschmelzung entspricht und die sonstigen Strukturmerkmale einer Verschmelzung nicht erfüllt sind, ist zu bezweifeln, dass die Finanzverwaltung eine Anwendbarkeit von § 11 ff. akzeptiert. Dies hat insbesondere dann eine praktische Relevanz, wenn die

42

---

89 Eine Verschmelzung auf eine SE bzw. SCE kann aus praktischer Sicht insbes. unter Corporate Governance-Gesichtspunkten und der künftigen Neuausrichtung der Mitbestimmung und Arbeitnehmervertretung sowie der strategischen Ausrichtung auf die Internationalität des Unternehmens von Interesse sein.
90 UmwSt-Erlass Rn. 01.07 und Rn. 11.16; bspw. § 27 SpkG des Landes NRW.
91 Rödder/Herlinghaus/van Lishaut/Graw UmwStG § 1 Rn. 101. Abzugrenzen hiervon ist die Zusammenfassung von mehreren BgA nach § 4 Abs. 6 KStG. Der Entwurf eines aktualisierten Umwandlungssteuererlasses nimmt in Rn. 11.16 ausdrücklich Bezug auf nach landesrechtlichen Vorschriften zugelassene Umwandlungen anderer öffentlich-rechtlicher Körperschaften wie zB die Vereinigung bzw. die Eingliederung von Zweckverbänden sowie die Verschmelzung von Kommunalanstalten mit näheren Ausführungen zu Vergleichbarkeitskriterien.
92 S. auch BT-Drs. 16/2710, 36 und nähere Einzelheiten bei Dötsch/Pung/Möhlenbrock/Dötsch UmwStG Vor §§ 11–13 Rn. 4, 50.
93 BMF Schreiben v. 10.11.2021, BStBl. I 2021, 2212, Rn. 50, 100.
94 BMF Schreiben v. 10.11.2021, BStBl. I 2021, 2212, Rn. 100.

Anteile an der optierenden Gesellschaft vor dem Anteilstausch gem. § 22 Abs. 1[95] bzw. aufgrund des Anteilstauschs gem. § 22 Abs. 2 sperrfristbehaftet sind, da die Aufwärtsverschmelzung eine Veräußerung darstellte und eine Sperrfristverletzung im Hinblick auf die eingebrachten Anteile auslöst.[96] Falls die Finanzverwaltung jedoch die Rechtsfolgen von § 11 anwenden würde, könnte die erweiterte Anwachsung eine gesellschaftsrechtlich gangbare Alternativgestaltung zu einer gem. § 306 Abs. 1 Nr. 1 UmwG nicht möglichen grenzüberschreitenden Verschmelzung sein.

43 Ferner findet das UmwStG gem. § 1 Abs. 1 S. 1 Nr. 4 auch auf Vermögensübertragungen iSv § 174 UmwG Anwendung. Der Kreis der beteiligten Rechtsträger beschränkt sich gem. § 175 UmwG auf die Übertragung des Vermögens einer Kapitalgesellschaft auf die öffentliche Hand sowie auf Versicherungsunternehmen (Versicherungs-AG, VVaG, öffentlich-rechtliches Versicherungsunternehmen).[97] Der Unterschied zwischen Verschmelzung iSv § 2 UmwG und Vermögensübertragung iSv § 174 UmwG liegt insbes. darin, dass die Gegenleistung gem. § 174 Abs. 1 iVm § 176 Abs. 2 S. 3, 4 UmwG (ggf. iVm §§ 178 Abs. 2, 180 Abs. 2, 188 Abs. 2 UmwG) für die Übertragung des Vermögens nicht in Form von Anteilen an dem übernehmenden Rechtsträger, sondern in einer Gegenleistung anderer Art (insbes. Barleistung) besteht.

5. Verschmelzungsrichtung

44 Nach zutreffender Auffassung der Finanzverwaltung sind die §§ 11 ff. neben Auf- und Abwärtsverschmelzung auch auf Seitwärtsverschmelzungen anzuwenden.[98] Eine Buchwertfortführung war nach Auffassung der Finanzverwaltung zum alten Recht bei Abwärtsverschmelzungen gesetzlich nicht vorgesehen und wurde von der Finanzverwaltung nur im Billigkeitswege auf übereinstimmenden Antrag aller an der Umwandlung Beteiligten akzeptiert.[99] Im Zuge der Neuerung des UmwStG durch das SEStEG wurde dies nun in § 11 Abs. 2 S. 2 auch ohne gesonderten Antrag ermöglicht.

II. Persönlicher Anwendungsbereich der §§ 11 ff.

45 Mit der Globalisierung des Umwandlungssteuerrechts durch das Körperschaftsmodernisierungsgesetz (KöMoG) sind die vormaligen Gründungs- und Ansässigkeitsvoraussetzungen für Verschmelzungen von Kapitalgesellschaften mit steuerlichem Übertragungsstichtag nach dem 31.12.2021 ersatzlos entfallen.[100] Als Folge hiervon unterliegen sämtliche Verschmelzungen zwischen Kapitalgesellschaften, einschließlich Verschmelzungen unter Beteiligungen von Drittstaatengesellschaften, den Regelungen des Dritten Teils (§§ 11–13).[101]

Für Verschmelzungen mit steuerlichem Übertragungsstichtag vor dem 1.1.2022 bestimmten sich die Anforderungen an die an der Verschmelzung beteiligten Rechtsträger (übertragender und übernehmender Rechtsträger) abschließend nach § 1 Abs. 2 aF. Die nachfolgenden Ausführungen stellen die Rechtslage für Altfälle dar, da diese im Hinblick auf offene Steuerjahre weiterhin praktische Relevanz haben.

---

[95] Bspw. bei Wirksamwerden der Option innerhalb von sieben Jahren vor dem Anteilstausch.
[96] BFH 24.1.2018 – I R 48/15, BStBl. II 2019, 45.
[97] Rödder/Herlinghaus/van Lishaut/*Rödder* UmwStG § 11 Rn. 93.
[98] UmwSt-Erlass Rn. 11.01.
[99] BMF Schreiben v. 25.3.1998, BStBl. I 1998, 268, Rn. 11.24 ff.
[100] Zur zeitlichen Anwendung s. § 27 Abs. 18.
[101] *Holle/Krüger/Weiss* IStR 2021, 489.

1. Sitz und Ort der Geschäftsleitung im EU-/EWR-Raum

§ 1 Abs. 2 S. 1 Nr. 1 aF formuliert zwei Anforderungskriterien für die Anwendbarkeit des UmwStG auf Verschmelzungsvorgänge hinsichtlich der Gründung sowie der Ansässigkeit der übertragenden und übernehmenden Rechtsträger. Bei den beteiligten Rechtsträgern muss es sich um nach den Rechtsvorschriften eines Mitgliedsstaats der EU oder eines EWR-Staates gegründete Gesellschaften iSd Art. 54 AEUV bzw. Art. 34 EWG handeln. Ausgenommen sind diejenigen Gesellschaften, die keinen Erwerbszweck verfolgen.[102] Des Weiteren müssen die beteiligten Rechtsträger ihren statutarischen Sitz (§ 11 AO) und den Ort der Geschäftsleitung (§ 10 AO) im Zeitpunkt der Umwandlung im EU-/EWR-Raum haben (doppelter EU-/EWR-Bezug). Der Gründungsstaat und der Sitzstaat müssen nicht identisch sein.[103] Es ist auch nicht erforderlich, dass sich der Sitz und der Ort der Geschäftsleitung in ein und demselben EU-Mitgliedstaat bzw. EWR-Staat befinden. Ein Auseinanderfallen von Satzungs- und Verwaltungssitz ist insofern unbeachtlich. Demzufolge können auch doppelt ansässige Gesellschaften vom persönlichen Anwendungsbereich erfasst sein. Die steuerliche Ansässigkeit ist für die Eröffnung des Anwendungsbereichs unbeachtlich, spielt jedoch für die Beurteilung, ob das Besteuerungsrecht Deutschlands iSv § 11 Abs. 2 S. 1 Nr. 2 beschränkt ist, eine entscheidende Rolle.[104]

Verschmelzungen unter Beteiligung von Drittstaatengesellschaften mit steuerlichem Übertragungsstichtag vor dem 1.1.2022 (was unverändert nicht mit Beteiligung von deutschen Rechtsträgern möglich ist) sind ertragsteuerlich nicht nach den umwandlungssteuerrechtlichen Vorschriften zu beurteilen; insoweit greifen die Regelungen des § 12 KStG (→ Rn. 9 ff.). Selbst wenn dies gesellschaftsrechtlich zulässig wäre, beschränkt sich der Anwendungsbereich des UmwStG auf EU-/EWR-Gesellschaften. Eine teilweise indirekte Anwendung der §§ 11 ff. für Fälle der Drittstaatenverschmelzung unter Berufung auf die Kapitalverkehrsfreiheit oder das abkommensrechtliche Diskriminierungsverbot ist mE nicht möglich.[105]

Eine Europäische Gesellschaft (SE) sowie eine Europäische Genossenschaft (SCE) gelten gem. § 1 Abs. 2 S. 2 aF grundsätzlich als eine nach den og Grundsätzen gegründete Gesellschaft mit Sitz und Ort der Geschäftsleitung innerhalb der EU.

2. Verschmelzung unter Beteiligung von hybriden Gesellschaftsformen

Hybride Gesellschaften weisen sowohl Merkmale einer Kapitalgesellschaft als auch einer Personengesellschaft auf. Die Beurteilung der Steuersubjektqualität einer hybriden Gesellschaft durch den ausländischen Sitzstaat einerseits und durch Deutschland als Anwenderstaat des UmwStG andererseits kann unterschiedlich ausfallen (sog. subjektiver Qualifikationskonflikt).

Für die Einordnung einer ausländischen Gesellschaft für Zwecke der Anwendbarkeit des UmwStG ist nicht die rechtliche oder steuerliche Behandlung nach dem Recht des Sitzstaates maßgeblich. Die Beurteilung hat vielmehr nach den deutschen steuerlichen

---

102 UmwSt-Erlass Rn. 01.50. Vgl. hierzu *Ehret/Lausterer* DB-Beil. 1/2012, 11; zur Auslegung von Art. 34 EWR-Abkommen s. EuGH 23.9.2003 – C-452/01 – Ospelt und Schlössle Weissenberg.
103 UmwSt-Erlass Rn. 01.49; BT-Drs. 16/2710, 36.
104 Prinz Umwandlungen/*Stadler/Bindl* Rn. 16.69.
105 Vgl. hierzu ausführlich *Günes* IStR 2013, 213; *Kußmaul/Richter/Heyd* IStR 2010, 73 (77 f.); *Rödder/Herlinghaus/van Lishaut/Rödder* Einführung Rn. 180.

Grundsätzen zu erfolgen. Die steuerliche Beurteilung der ausländischen hybriden Gesellschaft bestimmt sich demzufolge nach Maßgabe des Rechtstypenvergleichs.[106]

51 Die Verschmelzung einer hybriden Gesellschaft kann nur in Teilen den §§ 11 ff. unterliegen. Dies ist dann der Fall, wenn die hybride Gesellschaft nach deutschen Maßstäben als Körperschaft mit eigener Rechtspersönlichkeit und eigenem Vermögen einzuordnen ist, jedoch das strikte Organisationsgefüge einer Kapitalgesellschaft in Teilen aufgehoben ist. So kann sich der Gesellschafterkreis einer hybriden Gesellschaft aus unterschiedlichen Gruppierungen zusammensetzen, deren Rechtsverhältnis zueinander (zB Geschäftsführung, Kontrollrechte, Gewinnverteilung) an den Merkmalen einer Personengesellschaft ausgerichtet ist. Ferner kann sich das Rechtsverhältnis einzelner Gesellschaftergruppen gegenüber Dritten (zB Haftung und Vertretung) nach den Vorschriften über die Personengesellschaften bestimmen. Paradebeispiel hierfür ist die KGaA.[107] Sie vereint Strukturmerkmale sowohl einer Kapitalgesellschaft als auch einer Personengesellschaft unter einem Rechtsdach. Aufgrund der hybriden Ausgestaltung der KGaA ist hinsichtlich der Steuerfolgen nach den Kommanditaktionären (§§ 11 ff. anwendbar) und nach dem oder den Komplementären (§§ 20 ff. anwendbar) zu differenzieren (→ Rn. 133). Entsprechendes ist grds. auch bei hybriden Gesellschaften ausländischen Rechts denkbar.

3. Anteilseignerebene für persönlichen Anwendungsbereich regelmäßig irrelevant

52 Die steuerliche Ansässigkeit der Anteilseigner ist für die Prüfung, ob der Anwendungsbereich des UmwStG eröffnet ist, grds. unbeachtlich. Eine Ausnahme ergibt sich nur, wenn der Anteilseigner zugleich beteiligter Rechtsträger ist (etwa bei Abwärtsverschmelzung der Mutter- auf ihre Tochtergesellschaft oder bei Aufwärtsverschmelzung der Tochter- auf ihre Muttergesellschaft). Allerdings kann die Ansässigkeit der Anteilseigner in bestimmten Fällen für die Prüfung der Tatbestandsvoraussetzungen für das Antragswahlrecht iSv § 11 Abs. 2 (Buch- oder Zwischenwertansatz) relevant sein (→ Rn. 149).

4. Maßgeblicher Zeitpunkt

53 Die persönlichen Anwendungsvoraussetzungen müssen grds. spätestens zum steuerlichen Übertragungsstichtag iSv § 2 Abs. 1 S. 1 vorliegen, wobei im Falle der Neugründung im Rückwirkungszeitraum auf den Zeitpunkt der zivilrechtlichen Wirksamkeit der Gründung abzustellen ist.[108] Auf die Wirksamkeitserfordernisse der Verschmelzung selbst – in Ausprägung der Verschmelzungsfähigkeit der beteiligten Rechtsträger iSv § 3 UmwG (→ Rn. 30, 35) – hat dies aufgrund der Maßgeblichkeit des Gesellschaftsrechts keine Auswirkung.

III. Zeitlicher Anwendungsbereich der §§ 11 ff.

54 Für die zeitliche Anwendung des neuen Rechts (UmwStG 2006) oder des alten Rechts (UmwStG 1995) ist bei **inländischen Verschmelzungen** gem. § 27 Abs. 1 S. 1 darauf abzustellen, ob die Verschmelzung bis zum 12.12.2006 zur Eintragung in das Handelsregister der übernehmenden Körperschaft angemeldet wurde.

---

106 Prinz Umwandlungen IStR/*Sterner* Rn. 17.38 und die Beispiele in Rn. 17.46 ff.; → Rn. 35 zur Umwandlungsfähigkeit der beteiligten Rechtsträger.

107 Vgl. §§ 278 ff. AktG. Zum Wesen der KGaA s. bspw. MüKoAktG/*Perlitt* AktG § 278 Rn. 2 ff.

108 UmwSt-Erlass Rn. 01.52.

Bei Hinausverschmelzungen mit einer ausländischen Körperschaft als übernehmendem Rechtsträger sowie bei rein **ausländischen Verschmelzungen** richtet sich die zeitliche Anwendung danach, ob die Wirksamkeit der Verschmelzung eine Eintragung in ein öffentliches Register voraussetzt. Sofern dies der Fall ist, ist die Anmeldung in das für die Wirksamkeit der Verschmelzung maßgebende öffentliche Register gem. § 27 Abs. 1 S. 1 entscheidend. Für Verschmelzungen, deren Wirksamkeit keine Eintragung in ein öffentliches Register voraussetzt, ist auf den Übergang des wirtschaftlichen Eigentums an den übergehenden Wirtschaftsgütern abzustellen (analog § 27 Abs. 1 S. 2 zu Einbringungen). Zum Entfallen der Ansässigkeitsvoraussetzungen bei Verschmelzungen unter Beteiligung von Drittstaatengesellschaften → Rn. 45. 55

Ferner ist bei der zeitlichen Anwendung der umwandlungssteuerlichen Vorschriften zu berücksichtigen, dass eine grenzüberschreitende Hinausverschmelzung in Ausnahmefällen (in Abhängigkeit vom einschlägigen Doppelbesteuerungsabkommen) zu einem Ausschluss des deutschen Besteuerungsrechts führen kann und insoweit gem. § 27 Abs. 3 Nr. 3 UmwStG 2006 iVm § 21 Abs. 2 S. 1 Nr. 2 UmwStG 1995 zur Realisierung eines Veräußerungsgewinns hinsichtlich bestehender einbringungsgeborener Anteile iSd § 21 Abs. 1 UmwStG 1995 (beachte: keine Anwendbarkeit der Siebtel-Regelung in § 22 vergleichbar zu sperrfristverhafteten Anteilen). 56

Hinsichtlich der Anwendbarkeit der geänderten Verwaltungsauffassung gegenüber dem UmwSt-Erlass von 1998 sieht der UmwSt-Erlass in den Rn. S. 01 ff. partielle Übergangsregelungen vor, etwa zu formellen Anforderungen an den Buchwertantrag nach § 11 Abs. 2,[109] der Aufstockung von Wirtschaftsgütern bei Gewährung einer nicht in Gesellschaftsrechten bestehenden Gegenleistung unter Anwendung der bisher geltenden (modifizierten) Stufentheorie[110] sowie zur Verschmelzung auf eine Organgesellschaft.[111] Allerdings sind diese Übergangsregelungen auf Verschmelzungen mit Beschluss bis zum 31.12.2011 beschränkt. 57

C. Besteuerung der übertragenden Körperschaft (Abs. 1, 2)
I. Pflicht zur Abgabe einer steuerlichen Schlussbilanz
1. Rechtsnatur und Eigenschaften der steuerlichen Schlussbilanz

Nach § 11 Abs. 1 S. 1 ist der übertragende Rechtsträger zur Erstellung und Abgabe einer steuerlichen Schlussbilanz verpflichtet.[112] Bei der steuerlichen Schlussbilanz handelt es sich um eine **eigenständige Bilanz**, die von der Steuerbilanz für Zwecke der Gewinnermittlung nach § 4 Abs. 1, § 5 EStG zu unterscheiden ist.[113] Eine bloße Überleitungsrechnung entsprechend § 60 Abs. 2 S. 1 EStDV wird die Finanzverwaltung regelmäßig nicht akzeptieren, da diese Möglichkeit nur für die Gewinnermittlung nach § 4 Abs. 1, § 5 EStG vorgesehen ist.[114] 58

Die Eigenständigkeit der steuerlichen Schlussbilanz ergibt sich aus dem Vorrang der Ansatz- und Bewertungsvorschriften der §§ 3 und 11 vor der allgemeinen Gewinnermitt- 59

---

[109] UmwSt-Erlass Rn. S. 02.
[110] UmwSt-Erlass Rn. S. 03.
[111] UmwSt-Erlass Rn. S. 06.
[112] UmwSt-Erlass Rn. 11.02.
[113] UmwSt-Erlass Rn. 11.02 iVm Rn. 03.01. Mangels eines uneinheitlichen Begriffs „Schlussbilanz" im UmwStG gilt Abweichendes für die „Schlussbilanz" iSv § 20 Abs. 2 S. 3 UmwStG, siehe BFH 15.6.2016 – I R 69/15, BStBl. II 2017, 75.
[114] *Schell/Krohn* DB 2012, 1057 (1058); *Dötsch/Pung/Möhlenbrock/Dötsch* UmwStG § 11 Rn. 46; zweifelnd *Schaden/Ropohl* BB 2011, 11.

lung.¹¹⁵ So ordnet § 11 Abs. 1 S. 1 ausdrücklich an, dass sämtliche übergehende Wirtschaftsgüter, dh einschließlich der nicht entgeltlich erworbenen oder selbst geschaffenen immateriellen Wirtschaftsgüter, in der steuerlichen Schlussbilanz anzusetzen sind. Unter den Begriff Wirtschaftsgüter fallen sowohl aktive als auch passive Wirtschaftsgüter,¹¹⁶ einschließlich eines originären oder derivativen (positiven oder negativen) Geschäfts- oder Firmenwerts.¹¹⁷ Forderungen gegen den aufnehmenden Rechtsträger gehören zu den übergehenden Wirtschaftsgütern und gehen erst beim übernehmenden Rechtsträger aufgrund Konfusion unter (vgl. § 12 Abs. 4). Lediglich ausgewählte Positionen bleiben in der steuerlichen Schlussbilanz mangels Übergang unberücksichtigt.¹¹⁸ Für den Fall der Abwärtsverschmelzung war längere Zeit ungeklärt, ob die Anteile am übertragenden Rechtsträger in der steuerlichen Schlussbilanz anzusetzen oder aber vorher auszubuchen sind, sofern sie im Wege des Direkterwerbs (zur Möglichkeit des Direkterwerbs bei Abwärtsverschmelzung und der Besteuerungsfolgen → Rn. 142 ff.) unmittelbar auf die Anteilsinhaber der untergehenden Muttergesellschaft übergehen. Nach dem Wortlaut von § 11 Abs. 2 S. 2 sind die Anteile an dem übernehmenden Rechtsträger „anzusetzen". Die systematische Stellung des S. 2 und die gleichlautende Formulierung „anzusetzen" in § 11 Abs. 2 S. 1 und Abs. 1 S. 1 sprechen daher für einen Ansatz in der steuerlichen Schlussbilanz.¹¹⁹ Da die Anteile beim Direkterwerb nunmehr nach der Rechtsprechung des BFH auch zu den übergehenden Wirtschaftsgütern zählen (zu den Rechtsfolgen dieses Verständnisses → Rn. 146 ff.), ist nunmehr geklärt, dass diese nicht auszubuchen, sondern in der steuerlichen Schlussbilanz auszuweisen sind.¹²⁰

60 Nach Auffassung der Finanzverwaltung gelten die Ansatzver- und -gebote des § 5 EStG und die Bewertungsvorbehalte des § 6 EStG grds. nicht für die steuerliche Schlussbilanz, es sei denn, die Buchwerte werden fortgeführt.¹²¹ Dieses Verständnis geht einher mit der rechtlichen Bewertung einer Verschmelzung als Veräußerungs- und Anschaffungsgeschäft und setzt die hieraus resultierenden Steuerfolgen bei der Bilanzierung des übergehenden Vermögens in der steuerlichen Schlussbilanz des übertragenden Rechtsträgers konsequent um.

---

115 UmwSt-Erlass Rn. iVm Rn. 03.04; vgl. auch Schmitt/Hörtnagl/*Schmitt* UmwStG § 3 Rn. 31, 33.
116 UmwSt-Erlass Rn. 11.03 iVm Rn. 03.04; Schmitt/Hörtnagl/*Schmitt* UmwStG § 3 Rn. 27 und UmwStG § 11 Rn. 20.
117 § 246 Abs. 1 S. 2 HGB bringt zum Ausdruck, dass ein Geschäfts- oder Firmenwert zumindest Elemente eines Vermögensgegenstands aufweist und entsprechend zu behandeln ist. Ein Geschäfts- oder Firmenwert sollte selbst bei Nichtfortführung des Betriebs durch den übernehmenden Rechtsträger anzusetzen sein; hierzu kritisch: *Schaflitzl/Götz* DB-Beil. 1/2012, 25 (26).
118 Nach UmwSt-Erlass Rn. 11.03 iVm Rn. 03.05 gilt dies insbes. für ausstehende Einlagen (str.) und eigene Anteile des übertragenden Rechtsträgers. Für verschmelzungsbedingte Grunderwerbsteuer ist keine Rückstellung beim übertragenden Rechtsträger zu bilden; vgl. Rödder/Herlinghaus/van Lishaut/*Birkemeier* UmwStG § 3 Rn. 78 und Rödder/Herlinghaus/van Lishaut/*Rödder* UmwStG § 11 Rn. 162; Dötsch/Pung/Möhlenbrock/*Dötsch* UmwStG § 11 Rn. 51. Zur Abbildung bestimmter Positionen in der Handelsbilanz s. DFS Sonderbilanzen/*Deubert/Henckel* Kap. H Rn. 107 ff.
119 So UmwSt-Erlass Rn. 11.19, Schmitt/Hörtnagl/*Schmitt* UmwStG § 11 Rn. 147, Dötsch/Pung/Möhlenbrock/*Dötsch* UmwStG § 11 Rn. 51 „Anteile an KapGes" und Rn. 115; Widmann/Mayer/*Schießl* UmwStG § 11 Rn. 160.
120 AA FGS/BDI UmwStE 2011/*Rödder/Schmidt-Fehrenbacher* Rn. 11.19; Rödder/Herlinghaus/van Lishaut/*Rödder* UmwStG § 11 Rn. 69 mit wohl gegenteiliger Auffassung in UmwStG § 11 Rn. 167. Für diese Auffassung spricht auch, dass der Beteiligungskorrekturgewinn iSv § 11 Abs. 2 S. 2 UmwStG nach Auffassung des Gesetzgebers als laufender Gewinn (und somit nicht als Übertragungsgewinn) zu versteuern ist, s. die Gesetzesbegründung E SEStEG, BT-Drs. 16/2710, 40. Rechtsfolge dieser Auffassung wäre, dass § 11 Abs. 2. S. 2 kein Wertansatzwahlrecht gewährt und die Anteile stets zu korrigierten Buchwerten auf die Anteilseigner des übertragenden Rechtsträgers übergehen.
121 UmwSt-Erlass Rn. 11.03 iVm Rn. 03.06; zustimmend Widmann/Mayer/*Schießl* UmwStG § 11 Rn. 14.23 mit Verweis auf Widmann/Mayer/*Widmann* UmwStG § 20 Rn. R 667; Brandis/Heuermann/*Nitschke* UmwStG 2006 § 11 Rn. 27; Schmitt/Hörtnagl/*Schmitt* UmwStG § 11 Rn. 24, 26, 58 und UmwStG § 3 Rn. 31, 33; *Schönherr/Krüger* DStR 2012, 829 (832); Frotscher/Drüen/*Frotscher* UmwStG § 11 Rn. 54 ff.; aA Rödder/Herlinghaus/van Lishaut/*Rödder* UmwStG § 11 Rn. 140.

Auch der BFH vertritt in seiner Rechtsprechung zur Passivierung „angeschaffter" Rückstellungen im Wege der Einzelrechtsnachfolge durch asset deal die Auffassung, dass die passivischen Ansatzverbote und Bewertungsvorbehalte nach § 5 EStG aufgrund des Anschaffungsprinzips beim Erwerber nicht greifen.[122] Da der übernehmende Rechtsträger die Wertansätze aus der steuerlichen Schlussbilanz gem. § 12 Abs. 1 zwingend zu übernehmen hat, erscheint es mE sachgerecht, die ertragsteuerlichen Ansatzverbote und Bewertungsvorbehalte im Sonderfall der Verschmelzung bereits in der steuerlichen Schlussbilanz des übertragenden Rechtsträgers zu suspendieren.[123] Die Reichweite der BFH-Rechtsprechung beschränkt sich auf Rückstellungen für ungewisse Verbindlichkeiten und Drohverlustrückstellungen (iSv § 249 Abs. 1 S. 1 HGB, R 5.7 Abs. 2 ff. EStR). Da Aufwandsrückstellungen (etwa für unterlassene Instandhaltungsaufwendungen iSv § 249 Abs. 1 S. 2 Nr. 1 HGB) oder Kulanzrückstellungen (iSv § 249 Abs. 1 S. 2 Nr. 2 HGB) mangels (zivil- oder öffentlich-rechtlicher) Außenverpflichtung nicht „angeschafft" werden können, sind diese bei Ansatz der übergehenden Wirtschaftsgüter in der steuerlichen Schlussbilanz zum gemeinen Wert konsequenterweise erfolgswirksam aufzulösen.[124] Etwas anderes gilt jedoch bei einem negativen Geschäfts- oder Firmenwert, welchem bei einem Erwerbsvorgang bilanziell prinzipiell dadurch Rechnung zu tragen ist, dass die Teilwertansätze des aktiven Betriebsvermögens (mit Ausnahme des Barvermögens aufgrund des Nominalwertprinzips, → Rn. 93) entsprechend proportional abzustocken sind. Der Ausweis eines negativen Geschäfts- oder Firmenwerts (bilanziell in Form eines passiven Ausgleichspostens) kann folglich erst dann erfolgen, wenn sämtliche aktivischen Teilwerte abgestockt sind.[125]

61

Gewichtige Stimmen im steuerlichen Schrifttum stehen der Auffassung der Finanzverwaltung teils ablehnend gegenüber. Sie befürworten die Beachtung von steuerlichen Passivierungsverboten in der steuerlichen Schlussbilanz und sprechen sich für eine Verrechnung von (nicht passivierbaren) stillen Lasten mit einem sonst positiven Geschäfts- oder Firmenwert aus bzw. bei einem Überhang an stillen Lasten für den Ausweis eines

62

---

122 BFH 14.12.2011 – I R 72/10, BFH/NV 2012, 101 (Jubiläumsrückstellung, § 5 Abs. 4 EStG), BFH 16.12.2009 – I R 102/08, BStBl. II 2011, 566 (Drohverlustrückstellung, § 5 Abs. 4a EStG), BFH 12.12.2012 – I R 69/11, BFH/NV 2013, 840 (Pensionsrückstellungen, § 6a EStG).
123 So auch Dötsch/Pung/Möhlenbrock/*Dötsch* UmwStG § 11 Rn. 25 ff. seit Erg.-Lfg. Dezember 2015 (Abweichung von der bisherigen Auffassung); Frotscher/Drüen/*Frotscher* UmwStG § 1 Rn. 58 f.; Widmann/Mayer/*Schießl* UmwStG § 11 Rn. 14.23; Schmitt/Hörtnagl/*Schmitt* UmwStG § 11 Rn. 29, wonach bilanziell unabhängig von der Art der stillen Last eine ungewisse Verbindlichkeit zu passivieren ist.
124 Im Ergebnis sollte dies keine Auswirkung auf den Gewinn des übertragenden Rechtsträgers haben, da die Auflösung einer Rückstellung bei gleichbleibendem Unternehmenswert eine korrespondierende Reduktion des Geschäfts- oder Firmenwerts zur Folge hat. Auf Seite des übernehmenden Rechtsträgers ist eine eigenständige Entscheidung zu treffen, ob entsprechende Aufwands- oder Kulanzrückstellungen zu passivieren sind (sofern nach GoB bzw. § 249 Abs. 1 S. 2 HGB zulässig). Schönherr/Krüger DStR 2012, 829 (833) sprechen sich für den Ansatz eines passiven Ausgleichspostens iHv nicht bilanzierungsfähiger Aufwandsrückstellungen aus, soweit diese den Unternehmenswert mindernd beeinflussen.
125 BFH 28.4.2016 – I R 33/14, BStBl. II 2016, 913 mwN zum Ansatz beim Erwerber, die mE auch für den Übertragenden anzuwenden ist; BFH 21.4.1994 – IV R 70/92, BStBl. II 1994, 745; BFH 12.12.1996 – IV R 77–93, BStBl. 1998, 180; BFH 26.4.2006 – I R 49, 50/04, 3StBl. II 2006, 656; BFH 19.2.1981 – IV R 41/78, BStBl. II 1981, 730; aA Dötsch/Pung/Möhlenbrock/*Dötsch* UmwStG § 11 Rn. 25c; Dötsch/Pung/Möhlenbrock/*Möhlenbrock/Pung* UmwStG § 3 Rn. 44; Haase/Hofacker/*Rophohl/Sonntag* UmwStG § 11 Rn. 250, wonach die Bewertungsuntergrenze des § 11 grds. der Buchwert darstellt; wohl auch *Riedel* FR 2012, 1109 (1112), die zudem eine – mE unzutreffende – ratierliche Auflösung befürwortet.

negativen Geschäfts- oder Firmenwerts oder eines passiven Ausgleichspostens.[126] Ob an dieser Auffassung auch nach der Einführung der §§ 4f und 5 Abs. 7 EStG durch das AIFM-StAnpG[127] festgehalten werden kann, ist zu bezweifeln.

63 Eine Suspendierung der **Ansatzverbote** und **Bewertungsvorbehalte** zieht weitreichende Bilanzierungsfolgen nach sich. Auf der **Aktivseite** trifft dies insbes. auf das Aktivierungsverbot von selbst erstellten immateriellen Wirtschaftsgütern des Aktivvermögens nach § 5 Abs. 2 EStG zu. Andererseits sind steuerfreie Rücklagen nach § 6b Abs. 3 EStG, R 6.6 EStR und § 7g Abs. 3 EStG aF in der steuerlichen Schlussbilanz aufzulösen, sofern nicht die Buchwerte fortgeführt bzw. Zwischenwerte angesetzt werden (vgl. auch § 12 Abs. 3 iVm § 4 Abs. 2 S. 1).[128] Aktive Rechnungsabgrenzungsposten nach § 5 Abs. 5 S. 1 Nr. 1 EStG sind unabhängig vom Wertansatz beizubehalten.[129] Auch hinsichtlich steuerlicher Ausgleichsposten nach § 4g EStG sieht die Finanzverwaltung einen Auflösungszwang gegeben, sofern eine Übertragung zum gemeinen Wert erfolgt.[130] Dies sollte entsprechend auch im Hinblick auf organschaftliche Ausgleichsposten iSv § 14 Abs. 4 KStG sowie investmentsteuerliche Ausgleichsposten gelten. Allerdings sollte bei einem Zwischenwertansatz der Rechtsnatur von organschaftlichen (bzw. investmentsteuerlichen) Ausgleichsposten und deren Verknüpfung mit der Beteiligung an der Organgesellschaft (bzw. dem Investmentfonds) insoweit Rechnung getragen werden, als bei einer Aufdeckung von stillen Reserven in der jeweiligen Beteiligung uU eine teilweise Auflösung der zugehörigen Ausgleichsposten erforderlich scheint (zur Auflösung von organschaftlichen Ausgleichsposten bei Verschmelzung der Organgesellschaft → Rn. 236).

Auf der **Passivseite** betrifft die Suspendierung der Ansatzverbote und Bewertungsvorbehalte insbes. die Ansatzverbote für Rückstellungen nach § 5 Abs. 2a-4b EStG, einschließlich Drohverlustrückstellungen (§ 5 Abs. 4a EStG), Rückstellungen für Verpflichtungen, die lediglich zu erfüllen sind, soweit künftige Einnahmen oder Gewinne anfallen (§ 5 Abs. 2a EStG), Rückstellungen für Patentverletzungen (§ 5 Abs. 3 EStG), Jubiläumsrückstellungen (§ 5 Abs. 4 EStG) und bestimmte branchenspezifische Rückstellungen (vgl. zB § 5 Abs. 4b EStG, §§ 20, 21 KStG) sowie die Bewertungsvorbehalte nach § 6 Abs. 1 Nr. 3 und 3a EStG hinsichtlich der Abzinsung von Verbindlichkeiten und Rückstellungen.[131] Passive Rechnungsabgrenzungsposten iSv § 5 Abs. 5 S. 1 Nr. 2 EStG sind unabhängig vom Wertansatz der übergehenden Wirtschaftsgüter unverändert auszuweisen.[132]

64 Nach Auffassung der Finanzverwaltung sind die Ansatzverbote und Bewertungsvorbehalte nach den §§ 5, 6 EStG in den Folgebilanzen des übernehmenden Rechtsträgers im

---

126 Rödder/Herlinghaus/van Lishaut/*Rödder* UmwStG § 11 Rn. 66a, 77 und *Rödder* DStR 2011, 1059, Lademann UmwStG/*Hahn* § 11 Rn. 92; 106; Haase/Hofacker/Ropohl/Sonntag UmwStG § 11 Rn. 210 ff.; Kraft/Edelmann/Bron/*Edelmann* UmwStG § 11 Rn. 164; Eisgruber/*Hölzl*/Kiermair/Kölbl UmwStG § 11 Rn. 29; Ley/Bodden FR 2007, 265 (269); *Desens* GmbHR 2007, 1202 (1203); *Riedel* FR 2012, 110, (1111). Diese Auffassung würde die Diskussion zum Übernahmefolgegewinn entbehrlich machen, deckt sich allerdings nicht mit den GoB, vgl. BFH 14.12.2011 – I R 72/10, BFH/NV 2012 bei der Übertragung im Wege der ERNF.
127 Gesetz zur Anpassung des Investmentsteuergesetzes und anderer Gesetze an das AIFM-Umsetzungsgesetz v. 18.12.2013, BGBl. I 4318; vgl. zur Anwendung auf Verschmelzungen den Gesetzentwurf der Länder vom 24.10.2013, BR-Drs. 740/13, 75 f.
128 UmwSt-Erlass Rn. 11.03 iVm Rn. 03.04.
129 Widmann/Mayer/*Widmann* UmwStG § 3 Rn. R 284 (Buchwertansatz) bzw. Rn. R 423 (Ansatz zum gemeinen Wert); Rödder/Herlinghaus/van Lishaut/*Rödder* UmwStG § 11 Rn. 66a.
130 UmwSt-Erlass Rn. 11.03 iVm Rn. 03.04.
131 Zur Passivseite ausführlich Widmann/Mayer/*Schießl* UmwStG § 11 Rn. 14.23.
132 Widmann/Mayer/*Widmann* UmwStG § 3 Rn. R 247 (Buchwertansatz) bzw. Rn. R 404 (Ansatz zum gemeinen Wert).

Hinblick auf das übergehende Betriebsvermögen wiederum anzuwenden.[133] Dies würde beim übernehmenden Rechtsträger an künftigen Bilanzstichtagen ohne weiteres Zutun automatisch zu einem Übernahmefolgegewinn bzw. -verlust führen. Dass diese Rechtsfolge gegen das Anschaffungskostenprinzip sowie gegen die BFH-Rechtsprechung[134] verstößt, ist offensichtlich und wird daher im steuerlichen Schrifttum zu Recht stark kritisiert.[135] Als Reaktion hat der Gesetzgeber mit § 5 Abs. 7 EStG eine gesetzliche Regelung getroffen (beachte die zeitliche Anwendungsregelung in § 52 Abs. 14a EStG).[136] Es ist damit zu rechnen, dass die Ausführungen im UmwSt-Erlass an die aktuelle Rechtslage angepasst werden.

Ausweislich der Gesetzesbegründung verlangt die Finanzverwaltung auch bei einem ausländischen übertragenden Rechtsträger die Abgabe einer steuerlichen Schlussbilanz, unabhängig davon, ob er im Inland unbeschränkt oder beschränkt körperschaftsteuerpflichtig ist, ob er nach § 5 Abs. 1 EStG, §§ 141 ff. AO zur Führung von Büchern verpflichtet ist oder überhaupt inländisches Betriebsvermögen besitzt.[137] Eine solche Verpflichtung besteht jedoch dann nicht, wenn die steuerliche Schlussbilanz für inländische Besteuerungszwecke nicht benötigt wird.[138] Fraglich ist, ob ein solcher Fall bei erstmaliger Verstrickung von Betriebsvermögen in Fällen der Hereinverschmelzung im Hinblick auf die Wertverknüpfung nach § 12 Abs. 1 S. 1 vorliegt und ob dies auch dann erforderlich ist, wenn das übergehende Vermögen vor und nach der Verschmelzung einer ausländischen Betriebsstätte zuzuordnen ist.[139]

65

Die steuerliche Schlussbilanz ist elektronisch nach § 5b EStG zu übermitteln.[140] Dementsprechend sollten die BMF-Schreiben über Form und Inhalt der Datenübermittlung entsprechend anzuwenden sein.[141] Ob die Finanzverwaltung die Übergangsregelung für Betriebsstätten[142] auch auf die steuerliche Schlussbilanz anwendet, bleibt abzuwarten. In Fällen der reinen Auslandsverschmelzung kann die Finanzverwaltung gem. § 5b Abs. 2 EStG ggf. aus Billigkeitsgesichtspunkten auf die elektronische Übermittlung der steuerlichen Schlussbilanz verzichten.

66

2. Verknüpfung und Abgrenzung zur handelsrechtlichen Schlussbilanz nach § 17 Abs. 2 UmwG
a) Aufstellung und Wertansatz in der handelsrechtlichen Schlussbilanz

Der übertragende Rechtsträger hat auf den dem Verschmelzungsstichtag vorangehenden Zeitpunkt gem. § 17 Abs. 2 S. 1 UmwG eine handelsrechtliche Schlussbilanz[143] auf-

67

---

133 UmwSt-Erlass Rn. 12.04 iVm Rn. 04.16 und Rn. 11.03 iVm Rn. 03.06.
134 BFH 14.12.2011 – I R 72/10, BFH/NV 2012, 101; BFH 16.12.2009 – I R 102/08, BStBl. II 2011, 566; BFH 12.12.2012 – I R 69/11, BFH/NV 2013, 840.
135 Stellvertretend *Gerberth/Höhn* DB 2013, 611 und DB 2011, 1485.
136 Kritisch *Benz/Placke* DStR 2013, 2653 (2658 f.) und *Riedel* FR 2014, 6 (11 f.). Zur Verteilung des Aufwands aus der Aufdeckung der stillen Lasten beim übertragenden Rechtsträger und Übergang auf den übernehmenden Rechtsträger → Rn. 157.
137 UmwSt-Erlass Rn. 11.02 iVm Rn. 03.01; BT-Drs. 16/2710, 40.
138 UmwSt-Erlass Rn. 11.02 iVm Rn. 03.02.

139 Befürwortend bei der Hereinverschmelzung ohne Differenzierung: Frotscher/Drüen/Junior UmwStG Rn. 44; Rödder/Herlinghaus/van Lishaut/Rödder, UmwStG § 11 Rn. 129. Kritisch: Prinz/Desens/Beinert-Scheifele Umwandlungen IStR Rn. 10.83 f.
140 UmwSt-Erlass Rn. 11.02 iVm Rn. 03.04. Ablehnend FGS/BDI/*Kutt/Carstens* UmwSt-Erlass 2011, Rn. 03.04.
141 BMF Schreiben v. 19.1.2010, IV C 6 – S 2133-b/0, BStBl. I 2010, 47.
142 BMF Schreiben v. 28.9.2011, IV C 6 – S 2133-b/11/10009, BStBl. I 2011, 855, Rn. 7, ergänzt durch BMF Schreiben v. 30.4.2013, IV C 6 – S 2133-b/11/10016, BStBl. I 2013, 844.
143 Zum Umfang der Schlussbilanz s. DFS Sonderbilanzen/*Deubert/Henckel* Kap. H Rn. 83. Die Einreichung einer GuV oder eines Anhangs ist nicht erforderlich, IDW RS HFA 42 Rn. 7, WPg Supplement 4/2012, 91.

zustellen.¹⁴⁴ Diese ist der Anmeldung der Verschmelzung bei dem für den übertragenden Rechtsträger zuständigen Handelsregister beizufügen.

68 In der handelsrechtlichen Schlussbilanz sind grundsätzlich die handelsbilanziellen Buchwerte fortzuführen. Dies begründet sich in der Anwendbarkeit der Gewinnermittlungsvorschriften über die Jahresbilanz gem. § 17 Abs. 2 S. 2 UmwG.¹⁴⁵ Stille Reserven dürfen darin nur in dem von den §§ 238 ff. HGB vorgegebenen Rahmen, höchstens bis zu den Anschaffungs- bzw. Herstellungskosten, aufgedeckt werden. Ein Wahlrecht bzgl. Ansatz und Bewertung der übergehenden Wirtschaftsgüter besteht nicht. Die Ansatz- und Bewertungsgrundsätze ergeben sich insbes. aus den §§ 246 ff. und §§ 252 ff. HGB einschließlich der handelsrechtlichen Aktivierungs- und Passivierungsverbote sowie der Anschaffungs- bzw. Herstellungskosten als Wertobergrenze.¹⁴⁶ In der Praxis wird aus Vereinfachungs- und Kostengründen regelmäßig die Jahresbilanz als handelsrechtliche Schlussbilanz verwendet. Da der Stichtag der handelsrechtlichen Schlussbilanz gem. § 17 Abs. 2 S. 4 UmwG nicht mehr als acht Monate vor der Handelsregisteranmeldung liegen darf, ist uU die Aufstellung einer Zwischenbilanz auf einen vom regulären Geschäftsjahr abweichenden Stichtag erforderlich. Bei Verschmelzung unter Beteiligung einer Aktiengesellschaft ist ggf. eine Zwischenbilanz nach Maßgabe von § 63 Abs. 1 Nr. 3, Abs. 2 UmwG erforderlich.¹⁴⁷ Eine Zwischenbilanz muss grds. weder durch einen Abschlussprüfer oder den Aufsichtsrat (sofern vorhanden) geprüft werden noch muss die Hauptversammlung zustimmen.¹⁴⁸

69 Beim übernehmenden Rechtsträger besteht ein Wahlrecht nach § 24 UmwG, entweder die Buchwerte fortzuführen oder die Zeitwerte anzusetzen.¹⁴⁹ Ein Zwischenwertansatz kommt nach dem Gesetzeswortlaut nicht in Betracht, kann jedoch in Konzernfällen faktisch gesteuert werden.¹⁵⁰ Aus steuerlicher Sicht ist ein Ansatz zu Zeitwerten insbes. im Hinblick auf die Escape-Klausel bei der Zinsschranke iSv § 4h Abs. 2 S. 1 Buchst. c iVm S. 9 EStG in Betracht zu ziehen, sofern für die Ermittlung der maßgeblichen Eigenkapitalquote subsidiär auf Handelsrecht zurückgegriffen wird.¹⁵¹

b) Keine Maßgeblichkeit der Wertansätze in der handelsrechtlichen Schlussbilanz

70 Für die steuerliche Schlussbilanz ordnet § 11 Abs. 1 prinzipiell eine Durchbrechung des Grundsatzes der Maßgeblichkeit der Handelsbilanz für die Steuerbilanz iSv § 5 Abs. 1 S. 1 EStG an.¹⁵² Entsprechend kann auch das Antragswahlrecht nach § 11 Abs. 2 unabhängig von den Wertansätzen in der handelsrechtlichen Schlussbilanz ausgeübt werden.¹⁵³

---

144 Bei grenzüberschreitenden Verschmelzungen nach § 315 Abs. 2 UmwG (vormals § 122k Abs. 1 S. 2 UmwG aF), wobei sich die Schlussbilanz des übertragenden Rechtsträgers dann nicht nach § 17 Abs. 2 UmwG, sondern nach § 307 Abs. 2 Nr. 12 UmwG (vormals § 122c Abs. 2 Nr. 12 UmwG aF) bestimmt; bei einer Vermögensübertragung nach § 176 Abs. 1 UmwG und der SE-Verschmelzung nach Art. 18 SE-VO.

145 Eine Durchbrechung der Bewertungsstetigkeit kann lediglich unter Anwendung von § 252 Abs. 2 HGB eine Anpassung an die Bewertungsmethoden des übernehmenden Rechtsträgers erfolgen; s. IDW RS HFA 42 Rn. 17, WPg Supplement 4/2012, 91.

146 Zu Ansatz- und Bewertungsgrundsätzen in der handelsrechtlichen Schlussbilanz s. DFS Sonderbilanzen/*Deubert/Henckel* Kap. H Rn. 104 ff. und 116 ff. sowie *Kahle/Hiller/Vogel* FR 2012, 789 (790 f.).

147 Vgl. hierzu Semler/Stengel/Leonhard/*Diekmann* UmwG § 63 Rn. 13 ff.

148 S. IDW RS HFA 42, Rn. 13, WPg Supplement 4/2012, 91.

149 S. IDW RS HFA 42, Rn. 4, 34 ff., WPg Supplement 4/2012, 91.

150 Vgl. zum faktischen Bewertungswahlrecht gem. der hM Schmitt/Hörtnagl/*Hörtnagl* UmwG § 24 Rn. 30 f., 37, 43, 49 und gegen die hM Rn. 31, 38, 44, 50; das Wahlrecht gilt jedoch nicht bei Seitwärtsverschmelzung bei Verzicht auf Anteilsgewährung, vgl. Schmitt/Hörtnagl/*Hörtnagl* UmwG § 24 Rn. 54.

151 *Kahle/Hiller/Vogel* FR 2012, 789 (791).

152 Gesetzesbegründung Entwurf SEStEG der BReg v. 25.9.2006, BT-Drs. 16/2710, 37.

153 UmwSt-Erlass Rn. 11.05 (Buchwertansatz) und Rn. 11.11 iVm Rn. 03.25 (Zwischenwertansatz); Dötsch/Pung/Möhlenbrock/*Dötsch* UmwStG § 11 Rn. 12.

Die Wertansätze in der steuerlichen Schlussbilanz sind daher eigenständig und unabhängig von den Wertansätzen in der handelsrechtlichen Schlussbilanz zu ermitteln. Dies gilt entsprechend für die Folgebilanzierung beim übernehmenden Rechtsträger hinsichtlich der übergegangenen Wirtschaftsgüter (keine sog. phasenverschobene Maßgeblichkeit).[154] Einer Aufnahme in das gesondert geführte Verzeichnis nach § 5 Abs. 1 S. 2 EStG bedarf es nicht.[155]

Der Wertansatz in der steuerlichen Schlussbilanz des übertragenden Rechtsträgers hat wiederum regelmäßig Auswirkungen auf den Ausweis von Steuerlatenzen nach § 274 HGB in der Handelsbilanz beim übernehmenden Rechtsträger, da nach BilMoG auch quasi-permanente Differenzen zwischen Handels- und Steuerbilanz zu erfassen sind.[156]

3. Aufstellungszeitpunkt: Steuerlicher Übertragungsstichtag nach § 2 Abs. 1

Die steuerliche Schlussbilanz ist auf den steuerlichen Übertragungsstichtag nach § 2 Abs. 1 S. 1 aufzustellen. Der steuerliche Übertragungsstichtag ist definiert als der Zeitpunkt des Ablaufs des Stichtags derjenigen Bilanz, die dem Vermögensübergang zugrunde liegt.[157] Als steuerlicher Übertragungsstichtag ist somit der Zeitpunkt zu verstehen, auf den der übertragende Rechtsträger eine handelsrechtliche Schlussbilanz nach § 17 Abs. 2 S. 1 UmwG aufzustellen hat.[158] Fällt der steuerliche Übertragungsstichtag nicht auf das Ende des Wirtschaftsjahres des übertragenden Rechtsträgers, entsteht insoweit für steuerliche Zwecke (nicht aber für handelsrechtliche Zwecke) ein Rumpfwirtschaftsjahr iSv § 8b Abs. 1 S. 2 Nr. 1 EStDV.

Eine freie Wahl des steuerlichen Übertragungsstichtags, losgelöst vom handelsrechtlichen Übertragungsstichtag, ist bei Verschmelzungen – im Gegensatz zu Einbringungsfällen durch Einzelrechtsnachfolge gem. § 20 Abs. 6 S. 3 – nicht möglich. Der steuerliche Übertragungsstichtag kann folglich nur durch Festlegung des Stichtags der handelsrechtlichen Schlussbilanz beeinflusst werden. Im Ergebnis ist die handelsrechtliche Schlussbilanz somit maßgeblich für den Zeitpunkt der Aufstellung der steuerlichen Schlussbilanz, allerdings nicht hinsichtlich der Wertansätze des übergehenden Vermögens (→ Rn. 70).

Die handelsrechtliche Schlussbilanz kann gem. § 17 Abs. 2 S. 4 UmwG auf einen maximal acht Monate vor der Anmeldung zur Eintragung im Handelsregister beim übertragenden Rechtsträger liegenden Stichtag aufgestellt werden.[159] Dementsprechend ist die Achtmonatsfrist auch automatisch für die steuerliche Schlussbilanz maßgeblich.

---

154 *Viskorf/Haag* DStR 2010 Beihefter zu 46, 75 f.
155 BMF Schreiben v. 12.3.2010, IV C 6-S 2133/09/10001, BStBl. I 2010, 239, Rn. 19; FGS/BDI UmwStE 2011/*Röder/Schmidt-Fehrenbacher* Rn. 11.02.
156 Ausführlich am Beispiel der Aufwärtsverschmelzung *Schein* DB 2013, 485, der keine Auswirkung auf die handelsbilanzielle Eigenkapital sieht, soweit der Geschäfts- oder Firmenwert korrespondierend um einen Betrag entsprechend der passiven Steuerlatenzen erhöht wird (Bilanzverlängerung). Dies ist mE im Vergleich zur Aufdeckung stiller Reserven in der Steuerbilanz insoweit richtig, als die Aufdeckung der stillen Reserven nach § 11 Abs. 1 zu einer Steuerverbindlichkeit führt, die im Wege der Verschmelzung auf den übernehmenden Rechtsträger als Gesamtrechtsnachfolger übergeht und dementsprechend den Unternehmenswert mindert. Allerdings ist mE fraglich, ob die Tatsache, dass Steuerlatenzen gem. § 274 Abs. 2 S. 1 HGB nicht abzuzinsen sind, auch auf die Unternehmensbewertung durchschlagen; insoweit wäre eine Anpassung des handelsbilanziellen Eigenkapitals denkbar.
157 BFH 24.4.2008 – IV R 69/05, BFH/NV 2008, 1550; BFH 22.9.1999 – II R 33/97, BStBl. II 2000, 2.
158 UmwSt-Erlass Rn. 02.02.
159 Zusätzlich sind die allgemeine Frist für die Zuleitung des Verschmelzungsvertrags zum Betriebsrat nach § 5 Abs. 3 UmwG (1 Monat) sowie bei Aktiengesellschaften die Fristen für das Auslegen zur Einsicht der Aktionäre nach § 62 Abs. 3 UmwG (1 Monat) und die de facto Frist-Verkürzung nach § 63 Abs. 1 Nr. 3 UmwG auf 6 Monate zu beachten.

75 Ob eine zeitliche Abhängigkeit des Bilanzstichtags der Schlussbilanz zum (frei wählbaren) Verschmelzungsstichtag iSv § 5 Abs. 1 Nr. 6 UmwG besteht, ist im handelsrechtlichen Schrifttum umstritten und bislang noch nicht höchstrichterlich entschieden.[160] Klar ist hingegen, dass der Bilanzstichtag der handelsrechtlichen Schlussbilanz unabhängig vom Zeitpunkt des zivilrechtlichen Vermögensübergangs auf den übernehmenden Rechtsträger mit Eintragung im Handelsregister gem. § 20 Abs. 1 Nr. 1 UmwG ist.

76 Nicht abschließend geklärt und auch vom BFH ausdrücklich offengelassen[161] ist die Frage, ob der Stichtag für die handelsrechtliche Schlussbilanz zwingend mit dem Ablauf eines Kalendertages (der dem Umwandlungsstichtag vorausgeht) zusammenfallen muss oder ob er wahlweise auch auf einen beliebigen Zeitpunkt während eines Kalendertages (zB 23:59 Uhr) entfallen kann.[162] Praktische Relevanz hat diese Frage insbes. für die sorgfältige Strukturierung von Kettenumwandlungen (→ Rn. 178 ff.) und sofern mit wesentlichen Geschäftsvorfällen um den Übertragungsstichtag gerechnet wird.

77 Die Aufstellung der handels- und steuerlichen Schlussbilanz auf einen Zeitpunkt während eines Kalendertages sollte mE möglich sein. § 17 Abs. 2 UmwG und § 2 Abs. 1 schließen dies tatbestandlich nicht aus. Der Wortlaut von § 17 Abs. 2 S. 1 UmwG erfordert lediglich die Einreichung einer handelsrechtlichen Schlussbilanz und § 2 Abs. 1 stellt lediglich auf den Ablauf des handelsrechtlichen Übertragungsstichtags ab. Somit kann mE weder aus § 17 Abs. 2 UmwG noch aus § 2 Abs. 1 geschlossen werden, dass für die Bestimmung des maßgeblichen Zeitpunkts für die steuerliche Vermögensübergangsfiktion zwingend auf den Ablauf eines Kalendertages abzustellen ist. Hingegen ist die handelsrechtliche Schlussbilanz nach Auffassung der Finanzverwaltung auf den Schluss des Tages, der dem Umwandlungsstichtag vorangeht, aufzustellen.[163] Aufgrund des Mangels an Rechtssicherheit empfiehlt es sich daher in der Praxis entweder die o. a. Auffassung durch eine verbindliche Auskunft abzusichern oder aber die Schlussbilanzen auf das Ende eines Kalendertages aufzustellen und für Strukturierungszwecke in Tagesschritten zu rechnen.[164]

78 Bei der Strukturierung in Tagesschritten ist zu beachten, dass die bloße Vereinbarung eines abweichenden Verschmelzungsstichtags iSv § 5 Abs. 1 Nr. 6 UmwG nicht automatisch zu einer abweichenden Einkommenszurechnung führt, wenn die zugrunde liegenden (handelsrechtlichen und steuerlichen) Schlussbilanzen auf einen dem Verschmelzungsstichtag(-Zeitpunkt) vorangegangenen Stichtag aufgestellt werden. Denn der steuerliche Übertragungsstichtag (und damit auch die Einkommenszurechnung) bestimmt sich gem. § 2 Abs. 1 nach dem Bilanzstichtag, der dem Vermögensübergang zugrunde liegt. Maßgeblich ist somit der Stichtag für die handelsrechtliche Schlussbilanz iSv § 17 Abs. 2 UmwG. In diesem Sinne hat auch der BFH entschieden, dass der steuerliche Übertragungsstichtag bei einer Verschmelzung mit Wirkung im Innenverhältnis zum 1.1.1996, 00:05 Uhr (Verschmelzungsstichtag) aber mit Verwendung der Jahresbilanzen

---

160 Vgl. die ausführliche Darstellung der unterschiedlichen Auffassungen unter Nennung wichtiger Vertreter des Schrifttums sowie Wiedergabe der Auffassung des IDW und der Finanzverwaltung in BFH 24.4.2008 – IV R 69/05, BFH/NV 2008, 1550; Dötsch/Pung/Möhlenbrock/*Dötsch* UmwStG § 2 Rn. 33; Lademann UmwStG/*Wernicke* § 2 Rn. 27 f.
161 BFH 7.4.2010 – I R 96/08, BStBl. II 2011, 467.
162 So auch Schmitt/Hörtnagl/*Hörtnagl* UmwStG § 2 Rn. 19, 24; FGS/BDI UmwStE 201/*Dietrich/Kaeser* § 2 Rn. 02.02;

wohl auch Lademann UmwStG/*Hahn* § 11 Rn. 63, 163 f.; aA Rödder/Herlinghaus/van Lishaut/*van Lishaut* UmwStG § 2 Rn. 20; Brandis/Heuermann/*Loose* UmwStG § 2 Rn. 19; Dötsch/Pung/Möhlenbrock/*Dötsch* UmwStG § 2 Rn. 33.
163 UmwSt-Erlass Rn. 02.02.
164 So auch Schmitt/Hörtnagl/*Hörtnagl* UmwStG § 2 Rn. 24.

zum 31.12.1995 (handelsrechtlicher Übertragungsstichtag) noch in den Veranlagungszeitraum 1995 fällt, falls später keine Schlussbilanz des übertragenden Rechtsträgers auf einen anderen Zeitpunkt vorgelegt wird und handelsrechtlich auch nicht vorgelegt werden muss.[165]

Fehlt im Verschmelzungsvertrag oder -plan eine explizite Bezugnahme auf den handelsrechtlichen und steuerlichen Übertragungsstichtag oder ist der handelsrechtliche und steuerliche Übertragungsstichtag (-Zeitpunkt) ungenau formuliert,[166] ist dieser durch Auslegung der Parteiwillen der beteiligten Rechtsträger zu ermitteln. Für diese Zwecke ist sowohl auf die sonstige Verschmelzungsdokumentation als auch auf den Stichtag der beigefügten Schlussbilanzen abzustellen. 79

Ist der steuerliche Übertragungsstichtag nicht mit dem Ende des Wirtschaftsjahres der übertragenden Körperschaft identisch, entsteht bei dieser ein mit dem Verschmelzungsstichtag endendes steuerliches Rumpfwirtschaftsjahr (nicht aber zwingend ein handelsrechtliches abgekürztes Geschäftsjahr) und für gewerbesteuerliche Zwecke ein abgekürzter Erhebungszeitraum iSv § 14 S. 3 GewStG. Eine Zustimmung der Finanzverwaltung nach § 7 Abs. 4 S. 3 KStG ist hierfür nicht erforderlich.[167] 80

Bei **grenzüberschreitenden Verschmelzungen** ist die Frage nach der maßgeblichen Schlussbilanz eng mit dem maßgeblichen Zeitpunkt der steuerlichen Rückwirkung nach § 2 verbunden und daher von besonderer Bedeutung. Bei der Herausverschmelzung ist gem. § 315 Abs. 2 UmwG die Einreichung einer handelsrechtlichen Schlussbilanz nach § 17 Abs. 2 UmwG beim Handelsregister des übertragenden Rechtsträgers erforderlich und insoweit maßgeblich. Bei der Hereinverschmelzung oder einer inlandsradizierten Auslandsverschmelzung ist die handelsrechtliche Schlussbilanz gem. § 318 Abs. 1 S. 4 UmwG zwar nicht der Anmeldung zur Eintragung im Handelsregister des übernehmenden Rechtsträgers beizufügen. Dies führt jedoch nicht dazu, dass diese entbehrlich ist und nicht für das Steuerrecht als Stichtag nach § 2 maßgeblich sein kann. Ferner ist im Verschmelzungsplan nach § 307 Abs. 2 Nr. 12 UmwG der Stichtag der Bilanzen der an der Verschmelzung beteiligten Gesellschaften, die zur Festlegung der Bedingungen der Verschmelzung verwendet werden, zu benennen, dh der Stichtag der Schlussbilanzen. Im Ergebnis bestimmt sich der relevante Zeitpunkt einer Hereinverschmelzung für die steuerliche Rückwirkung folglich nach dem Stichtag der Bilanz des übertragenden Rechtsträgers nach ausländischem Gesellschafts- oder Handelsrecht.[168] Dies kann in Abhängigkeit vom einschlägigen Recht entweder länger (bspw. neun Monate in Österreich) oder kürzer (bspw. sechs Monate in der Schweiz) als die nach § 17 Abs. 2 UmwG maßgeblichen acht Monate sein. Im Übrigen ist auf die Wirksamkeit der Verschmelzung mit Eintragung im Handelsregister des übernehmenden Rechtsträgers bzw. auf den Übergang des wirtschaftlichen Eigentums abzustellen, der im Regelfall mit der rechtlichen Wirksamkeit der Verschmelzung mit Eintragung im Handelsregis- 81

---

[165] BFH 24.4.2008 – IV R 69/05, BFH/NV 2008.
[166] Vgl. bspw. BFH 5.12.1973 – I R 72/72, BStBl. II 1974, 342.
[167] BFH 21.12.2005 – I R 66/05, BStBl. II 2006, 469 mwN.
[168] S. Gesetzesbegründung zum SEStEG in BT-Drs. 16/2710, 36 und Dötsch/Pung/Möhlenbrock/*Dötsch/Werner* UmwStG § 2 Rn. 29; Rödder/Herlinghaus/van Lishaut/*van Lishaut* UmwStG § 2 Rn. 145; Schmitt/Hörtnagl/*Hörtnagl* UmwStG § 2 Rn. 110; Widmann/Mayer/ *Widmann* UmwStG § 2 Rn. R 1, R 3 und R 119; Haritz/Menner/Bilitewski/*Slabon*, UmwStG § 2 Rn. 105; Frotscher/Drüen/*Frotscher* UmwStG § 2 Rn. 116; Brandis/Heuermann/*Loose* UmwStG § 2 Rn. 22; Sagasser/Bula/Brünger Umwandlungen/*Schlösser/Reichl/Rapp* § 11 Rn. 48; Ettinger/Königer GmbHR 2009, 590 (594); Dötsch/Pung DB 2006, 2704 (2706); Oppen/Polatzky GmbHR 2012, 263 (264).

ter des übernehmenden Rechtsträgers zusammenfällt.[169] Die Finanzverwaltung geht davon aus, dass bei Verschmelzungen eines ausländischen übertragenden Rechtsträgers die Grundsätze zur Bestimmung des steuerlichen Übertragungsstichtags bei inländischen Verschmelzungen entsprechend anzuwenden sind und der handelsrechtliche Umwandlungsstichtag bei einer Verschmelzung regelmäßig dem Verschmelzungsvertrag oder -plan entnommen werden kann.[170] Dies ist jedoch bei Verschmelzungen eines ausländischen übertragenden Rechtsträgers nicht immer der Fall.[171] In diesen Fällen sollte mE auch bei Abweichung von den deutschen Grundsätzen der Schlussbilanzerstellung von der – für ausländisches Gesellschafts- bzw. Handelsrecht – maßgeblichen Schlussbilanz ausgegangen werden. Im Ergebnis kann dies zu einem Auseinanderfallen der steuerlichen Übertragungsstichtage nach ausländischem und inländischem Recht führen. In aller Regel sollte das zumindest in Deutschland aber keine materiellen Auswirkungen haben mangels rückwirkender Verstrickung bzw. fingierten Begründung des Besteuerungsrechts in Deutschland.[172] In diesem Zusammenhang ist § 2 Abs. 3 zu beachten, wonach eine Rückbeziehung bei Nichtbesteuerung von Einkünften ausgeschlossen wird.

4. Abgabefrist

82 Im UmwStG ist keine Abgabefrist für die Einreichung der steuerlichen Schlussbilanz vorgesehen. Die steuerliche Schlussbilanz kann demzufolge bis zum Eintritt der Festsetzungsverjährung in Bezug auf den für den steuerlichen Übertragungsstichtag maßgeblichen VZ eingereicht werden.[173] Die Einreichung der Steuerbilanz iSv § 4 Abs. 1, § 5 EStG des übernehmenden Rechtsträgers (Folgebilanz) hat keine Bindungswirkung für den übertragenden Rechtsträger. Vielmehr kann es zu einer Korrektur der Folgebilanz beim übernehmenden Rechtsträger kommen, sofern die steuerliche Schlussbilanz erst nach Abgabe der Folgebilanz eingereicht wird. In der Praxis wird die Finanzverwaltung den übertragenden Rechtsträger regelmäßig zur Abgabe der steuerlichen Schlussbilanz auffordern.

83 Eine Nichteinreichung kann nicht dazu führen, dass das übertragene Vermögen in der steuerlichen Schlussbilanz mit dem gemeinen Wert als angesetzt gilt. Eine solche Fiktion sieht § 11 Abs. 2 nicht vor. Der Gesetzeswortlaut setzt ausschließlich einen Antrag auf Ansatz zum Buch- oder Zwischenwert voraus, nicht hingegen die Abgabe einer steuerlichen Schlussbilanz.[174]

84 Rechtsfolge der Nichtvorlage der steuerlichen Schlussbilanz bei Einreichung eines Antrags auf Buchwert- oder Zwischenwertansatz ist die Schätzung der Wertansätze in der steuerlichen Schlussbilanz nach § 162 AO.[175]

---

169 *Brocke/Goebel/Ungemach/v. Cossel* DStZ 2011, 684 (685); *Rödder/Herlinghaus/van Lishaut/van Lishaut* UmwStG § 2 Rn. 146; Kraft/Edelmann/Bron/*Edelmann* UmwStG § 11 Rn. 159.
170 UmwSt-Erlass Rn. 02.07.
171 So wird bspw. in Spanien für handelsbilanzielle Zwecke (bei Eintragung bis spätestens zum Ablauf von drei Monaten nach Ende des Geschäftsjahres) grundsätzlich rückwirkend auf den Beginn des Wirtschaftsjahres, in dem die Hauptversammlung der Verschmelzung zugestimmt hat, abgestellt. Der Verschmelzungsplan wird diesen Tag daher als (handelsbilanziellen) Verschmelzungsstichtag vorsehen.
172 UmwSt-Erlass Rn. 02.15.
173 *Schell/Krohn* DB 2012, 1057 (1058). Vgl. jedoch → Rn. 82 hinsichtlich des Risikos, dass die Finanzverwaltung in der Einreichung der „regulären" Steuerbilanz auch die konkludente Abgabe der steuerlichen Schlussbilanz sieht.
174 Schmitt/Hörtnagl/*Schmitt* UmwStG § 11 Rn. 18.
175 Schmitt/Hörtnagl/*Schmitt* UmwStG § 11 Rn. 18; Haase/Hofacker/Ropohl/*Sonntag* UmwStG § 11 Rn. 64. Vgl. zu den Grundsätzen der Schätzung von Besteuerungsgrundlagen wegen Nichtabgabe der Steuererklärung FinMin NRW Erlass v. 25.7.2013, DB 2013, 2420.

Eine nachträgliche Korrektur im Rahmen der Vorschriften des § 4 Abs. 2 S. 1 EStG zur Bilanzberichtigung ist grds. möglich. Allerdings gilt dies nicht für die Ausübung des antragsgebundenen Ansatzwahlrechts (→ Rn. 115).

5. Konkludente Abgabe der steuerlichen Schlussbilanz

Nach Auffassung der Finanzverwaltung gilt als Abgabe der steuerlichen Schlussbilanz auch die ausdrückliche Erklärung, dass die Steuerbilanz nach § 4 Abs. 1, § 5 EStG gleichzeitig die steuerliche Schlussbilanz sein soll, wenn diese Bilanz der steuerlichen Schlussbilanz entspricht.[176] Das bloße Einreichen der „regulären" Steuerbilanz ohne entsprechende Erklärung ist daher grds. nicht als konkludente Abgabe der steuerlichen Schlussbilanz zu werten. Allerdings kann nicht mit Sicherheit ausgeschlossen werden, dass die Finanzverwaltung die „reguläre" Steuerbilanz auch ohne ausdrückliche Erklärung (und ggf. gegen den subjektiven Willen des übertragenden Rechtsträgers) als steuerliche Schlussbilanz anerkennt, wenn die „reguläre" Steuerbilanz zusammen mit der Körperschaftsteuererklärung für den VZ, in den der steuerliche Übertragungsstichtag fällt, nach dem Zeitpunkt des Verschmelzungsbeschlusses bzw. nach der Handelsregistereintragung eingereicht wird (zu den Auswirkungen auf das Antragswahlrecht → Rn. 113 f.). Zur Vermeidung von Überraschungen empfiehlt es sich regelmäßig, eine ausdrückliche Erklärung abzugeben, ob die „reguläre" Steuerbilanz gleichzeitig auch die steuerliche Schlussbilanz sein soll.

II. Grundsatz: Übertragung zum gemeinen Wert

Bei Verschmelzungen von Körperschaften auf andere Körperschaften sind die übergehenden Wirtschaftsgüter in der steuerlichen Schlussbilanz des übertragenden Rechtsträgers gem. § 11 Abs. 1 grds. mit dem gemeinen Wert anzusetzen.[177] Diesem Verständnis liegt auch die aktuelle Auffassung der Finanzverwaltung zugrunde, wonach eine Verschmelzung beim übertragenden Rechtsträger einen Veräußerungsvorgang und beim übernehmenden Rechtsträger einen Anschaffungsvorgang darstellt.[178] Lediglich für den Ansatz von Rückstellungen für Pensionsverpflichtungen gilt eine Sonderregelung. Diese sind mit dem Teilwert nach § 6a EStG zu erfassen.

Ausweislich der Gesetzesbegründung ist der gemeine Wert auch anzusetzen, soweit ein ausländischer Staat das übertragene Vermögen für steuerliche Zwecke mit dem Buchwert oder einem anderen Wert berücksichtigt. Eine Bindung an den steuerlichen Wertansatz nach ausländischem Recht besteht nicht.[179]

1. Begriffsverständnis und Bewertungsverfahren

Im UmwStG findet sich keine Legaldefinition des gemeinen Werts. Als Folge ist gem. § 1, § 109 Abs. 2 BewG auf die allgemeinen Begriffsbestimmungen in § 9 Abs. 2 BewG und § 11 Abs. 2 BewG zurückzugreifen. Für die Ermittlung des gemeinen Werts ist regelmäßig eine wirtschaftsgutbezogene Betrachtungsweise vorzunehmen. Bei Verschmelzungen ergeben sich jedoch insofern Besonderheiten, als nicht Einzelwirtschaftsgüter

---

176 UmwSt-Erlass Rn. 11.02 iVm Rn. 03.01.
177 § 11 Abs. 1 S. 3 UmwStG 1995 stellte noch auf den Ansatz der einzelnen Wirtschaftsgüter mit deren Teilwerten ab. Eine Änderung wurde aufgrund der Anpassung des UmwStG an die allgemeinen Entstrickungs- und Verstrickungsnormen (vgl. § 6 Abs. 1 Nr. 4 S. 1 Hs. 2 und Nr. 5a EStG) erforderlich.
178 UmwSt-Erlass Rn. 00.02 mit Bezugnahme auf die BFH-Rechtsprechung.
179 BT-Drs. 16/2710, 40.

übertragen werden, sondern das gesamte Vermögen des übertragenden Rechtsträgers einschließlich eines originären Geschäfts- oder Firmenwerts auf den übernehmenden Rechtsträger uno actu übergeht. Daher ist für die Ermittlung des gemeinen Werts der übergehenden Wirtschaftsgüter für Zwecke des § 11 Abs. 1 S. 1 als Ausgangsgröße der gemeine Wert der Gesamtheit der übergehenden aktiven und passiven Wirtschaftsgüter (gemeiner Wert der Sachgesamtheit) heranzuziehen.[180] Dadurch lässt sich der „gemeine Wert" eines originären Geschäfts- oder Firmenwerts als Residualgröße zwischen dem gemeinem Wert der Sachgesamtheit und dem Nettowert aller aktiven und passiven Wirtschaftsgüter (ohne Berücksichtigung von Ansatzverboten und Bewertungsvorbehalten und unter Aufdeckung sämtlicher stiller Reserven und stiller Lasten) ermitteln.

90 Nach Auffassung der Finanzverwaltung soll die Ermittlung der maßgeblichen Wertansätze für die übergehenden Wirtschaftsgüter nach einem **dreistufigen Verfahren** erfolgen. In einem ersten Schritt soll der gemeine Wert der Sachgesamtheit ermittelt werden, in einem zweiten Schritt ist dieser Wert um mögliche stille Lasten in Pensionsrückstellungen iSv § 6a EStG zu erhöhen und in einem dritten Schritt wird dieser modifizierte gemeine Wert auf die einzelnen übergehenden Wirtschaftsgüter nach dem Verhältnis ihrer Teilwerte aufgeteilt. Die tatsächlichen gemeinen Werte der einzelnen Wirtschaftsgüter bzw. die Summe dieser gemeinen Werte bleiben demzufolge unberücksichtigt. Diese Aufteilungsmethodik kann zu teils kuriosen Ergebnissen führen. Mangels Rechtsgrundlage wird sie daher im steuerlichen Schrifttum mE zu Recht kritisiert.[181] Gleichwohl sind die Finanzbehörden angehalten, diese Methodik in der Praxis entsprechend anzuwenden.

91 **Erster Schritt/Ermittlung des gemeinen Werts der Sachgesamtheit:** Der gemeine Wert der Sachgesamtheit entspricht dem gemeinen Wert des übertragenden Rechtsträgers, dh dessen Eigenkapitals (sog. Equity Value).[182] Der gemeine Wert ist gem. § 9 Abs. 1 BewG vorrangig aus Verkaufspreisen abzuleiten. Bei börsennotierten Gesellschaften bestimmt sich der gemeine Wert gem. § 11 Abs. 1 BewG regelmäßig nach dem Kurswert bzw. der Marktkapitalisierung. Bei nicht börsennotierten Unternehmen ist ein Verkaufspreis gem. § 11 Abs. 2 S. 1 BewG dann als gemeiner Wert heranzuziehen, wenn der Verkauf unter fremden Dritten erfolgt ist, weniger als ein Jahr zurückliegt und im gewöhnlichen Geschäftsverkehr zustande gekommen ist.[183] Unter Umständen können auch gesellschaftsrechtliche Maßnahmen wie bspw. die Ausgabe neuer Anteile im Rahmen einer Kapitalerhöhung zur Aufnahme eines neuen Gesellschafters zur Ableitung des gemeinen Werts herangezogen werden.[184] Zwerganteile sind idR nicht zu berücksichtigen. Abhängig vom Zeitabstand zwischen Erwerb und Verschmelzung sowie der zwischenzeitlich eingetretenen Geschäftsvorfälle ist uU eine Aktualisierung

---

[180] UmwSt-Erlass Rn. 11.04 iVm Rn. 03.07.
[181] Rödder/Herlinghaus/van Lishaut/*Rödder* UmwStG § 11 Rn. 75a.
[182] Der UmwSt-Erlass spricht in Rn. 03.08 und 03.24 von „gemeinen Wert des Unternehmens" bzw. im Beispiel zu Rn. 03.24 von „Unternehmenswert". Hier gilt zu berücksichtigen, dass in der Bewertungspraxis der Begriff Unternehmenswert regelmäßig den Gesamtunternehmenswert (sog. Entity Value oder Enterprise Value), dh den Wert des Eigen- und Fremdkapitals, meint. Abzugrenzen hiervon ist der Wert des Eigenkapitals (Equity Value), der dem gemeinen Wert der Sachgesamtheit entspricht.
[183] R B 11.2 ErbStR 2011 Abs. 1; Rössler/Troll/*Eisele* BewG § 11 Rn. 25 ff. und BFH 16.5.2013 – II R 4/11, BFH/NV 2013, 1223. Beim Erwerb einer Unternehmensgruppe können für die Ermittlung der gemeinen Werte der Konzerngesellschaften mE auch die Werte aus der Kaufpreisallokation (Purchase Price Allocation) zB nach IFRS 3 herangezogen werden, sofern die Aufteilung methodisch sachgerecht erfolgt und angemessen dokumentiert ist.
[184] Siehe auch BFH 5.2.1992 – II R 185/87, BStBl. II 1993, 2663; Rössler/Troll/*Eisele* BewG § 11 Rn. 28; Gürsching/Stenger/*Mannek* BewG § 11 Rn. 130.

der Net Debt/Excess Cash und ggf. auch der Working Capital Positionen erforderlich. Ist eine Ableitung des gemeinen Wertes aus Verkäufen nicht möglich, ist der gemeine Wert gem. § 11 Abs. 2 S. 2 BewG unter Berücksichtigung der Ertragsaussichten oder einer anderen anerkannten (im gewöhnlichen Geschäftsverkehr auch für nichtsteuerliche Zwecke üblichen) Methode zu ermitteln. Bei Paketkäufen ist gem. § 11 Abs. 3 BewG ggf. ein Kontrollaufschlag zu berücksichtigen.[185]

Zweiter Schritt/Hinzurechnung von stillen Lasten in Pensionsrückstellungen nach § 6a EStG: Gem. § 11 Abs. 1 S. 2 sind die Teilwerte der Pensionsrückstellungen nach § 6a EStG zu ermitteln. Da der gemeine Wert von Pensionsverpflichtungen meist über dem Teilwert nach § 6a EStG liegt, sind in den Pensionsrückstellungen regelmäßig stille Lasten enthalten. Nach Auffassung der Finanzverwaltung mindert ein tatsächlich höherer gemeiner Wert von Pensionsverpflichtungen jedoch den gemeinen Wert des Unternehmens nicht.[186] Dies ergebe sich aus dem Bewertungsvorbehalt in § 11 Abs. 1 S. 2, wonach für die Bewertung von Pensionsrückstellungen (vergleichbar mit § 3 Abs. 1 S. 1) der Teilwert iSv § 6a EStG anzusetzen ist. Im Ergebnis wird der auf Grundlage eines ertrags- oder zahlungsstromorientierten Bewertungsverfahrens ermittelte gemeine Wert der Sachgesamtheit stets um die Differenz aus gemeinem Wert der Pensionsverpflichtungen und deren Teilwert iSv § 6a EStG (regelmäßig nach oben) korrigiert. Es handelt sich folglich stets um einen (für Zwecke von § 11 Abs. 1) modifizierten und nicht um den tatsächlichen gemeinen Wert der Sachgesamtheit. Nach dieser Auffassung ist weder eine Verrechnung mit dem Firmen- und Geschäftswert noch der Ansatz eines steuerlichen Ausgleichspostens zulässig. Dieser Vorgehensweise wird zwar von gewichtigen Stimmen im steuerlichen Schrifttum zu Recht widersprochen,[187] gleichwohl ist die zuständige Finanzbehörde an die Ausführungen im UmwSt-Erlass gebunden.

92

Dritter Schritt/Aufteilung des modifizierten gemeinen Werts der Sachgesamtheit im Verhältnis der Teilwerte: Der um die stillen Lasten in Pensionsrückstellungen modifizierte gemeine Wert der Sachgesamtheit soll nach Auffassung der Finanzverwaltung auf die einzelnen übergehenden Wirtschaftsgüter „im Verhältnis der Teilwerte" der einzelnen Wirtschaftsgüter analog zu § 6 Abs. 1 Nr. 7 EStG verteilt werden.[188] Dies erfordert eine zusätzliche Bewertung der Einzelwirtschaftsgüter. Für diese Zwecke ist zu berücksichtigen, dass die Definition des Teilwerts nach § 10 S. 2 BewG von der Definition des gemeinen Werts in § 9 BewG abweicht. Insbes. sind beim Teilwert Synergie- und Verbundeffekte zu berücksichtigen, die bei der Ermittlung des gemeinen Werts nach § 9 Abs. 2 BewG außen vor bleiben.[189] Andererseits wird beim gemeinen Wert als Einzelveräußerungspreis ein Gewinnaufschlag (einschl. USt) vorgenommen. Bei der Aufteilung ist zu berücksichtigen, dass bestimmte Wirtschaftsgüter wie Bar- und Buchgeld sowie werthaltige Forderungen (dh. liquide Mittel 1. und 2. Ordnung)

93

---

[185] R B 11.6 ErbStR 2011 Abs. 1 bis 3, 8, 9.
[186] UmwSt-Erlass Rn. 11.04 iVm Rn. 03.08; so auch Dötsch/Pung/Möhlenbrock/*Dötsch* UmwStG § 11 Rn. 37 und Dötsch/Pung/Möhlenbrock/ *Möhlenbrock/Pung* UmwStG § 3 Rn. 49.
[187] S. Schmitt/Hörtnagl/*Schmitt* UmwStG § 11 Rn. 44; Rödder/Herlinghaus/van Lishaut/*Rödder* UmwStG § 11 Rn. 85 f.; Haritz/Menner/Bilitewski/*Brinkhaus/Grabbe* UmwStG § 3 Rn. 95 und UmwStG § 11 Rn. 21; Schell/Krohn DB 2012, 1057 (1061 f.).

[188] UmwSt-Erlass Rn. 11.04 iVm Rn. 03.09; *Schumacher/Neitz-Hackstein* Ubg 2011, 451 und *Schmitt/Hörtnagl/Schmitt* UmwStG § 11 Rn. 44 sprechen sich dagegen für eine Aufteilung im Verhältnis der gemeinen Werte aus; Rödder/Herlinghaus/van Lishaut/*Birkemeier* UmwStG § 3 Rn. 75 für eine Aufteilung nach dem Verhältnis der stillen Reserven.
[189] Rödder/Herlinghaus/van Lishaut/*Rödder* UmwStG § 11 Rn. 71; zur Abgrenzung allgemein *Kahle-Hiller* WPg 2013, 403 (409 f.).

mit dem Nominalwert zu bilanzieren sind. Entsprechendes gilt auf der Passivseite für Verbindlichkeiten, die stets mit dem vollen Erfüllungsbetrag anzusetzen sind.[190]

94 Der Verweis im UmwSt-Erlass auf eine analoge Anwendung von § 6 Abs. 1 Nr. 7 EStG ist mE dahin gehend zu verstehen, dass eine Begrenzung auf die Teilwerte (bzw. AHK) einzelner Wirtschaftsgüter vorzunehmen ist, wie dies auch bei einem Erwerbsvorgang der Fall ist. Wird hingegen lediglich auf eine Verteilung „im Verhältnis der Teilwerte" abgestellt, kann es bei Anwendung dieser Aufteilungsmethodik zur Verlagerung von stillen Reserven kommen und bei einzelnen Wirtschaftsgütern sogar zu einem Wertansatz über dem eigenen Teilwert; dies würde beim übernehmenden Rechtsträger zum Folgestichtag wiederum die Möglichkeit einer Teilwertabschreibung nach § 6 Abs. 1 Nr. 1 S. 2 und Nr. 2 S. 2 EStG eröffnen.[191]

2. Geeignete Methoden zur Ermittlung des gemeinen Werts der Sachgesamtheit

95 Die Ermittlung des gemeinen Werts der Sachgesamtheit bzw. des Unternehmenswerts hat in erster Linie anhand eines anerkannten **ertrags- oder zahlungsstromorientierten Verfahrens** zu erfolgen, welches ein gedachter Erwerber des Betriebs der übertragenden Körperschaft bei der Bemessung des Kaufpreises zugrunde legen würde.[192] Branchenspezifische Besonderheiten sind bei der Bestimmung der geeigneten Bewertungsmethode stets zu berücksichtigen.[193] Die Multiplikatormethode ist regelmäßig kein geeignetes Bewertungsverfahren.[194] Der Steuerpflichtige sollte stets im Stande sein, den gemeinen Wert durch Vorlage eines methodisch nicht zu beanstandenden Wertgutachtens unter Offenlegung der zugrunde liegenden Dokumentation und Datenlage gegenüber den Finanzbehörden zu erklären.

96 Nach Auffassung des BVerfG ist für die Ermittlung des gemeinen Werts grds. die **Ertragswertmethode** vorherrschend, wobei daneben auch die **Discounted Cash Flow-Methode** dem Grundsatz der Gesamtbewertung entspricht.[195] IDW S 1 unterscheidet grds. zwischen objektiviertem Unternehmenswert aus Anteilseignersicht (dh aus Sicht des übertragenden Rechtsträgers) und subjektiviertem Entscheidungswert aus Erwerbersicht (dh aus Sicht des übernehmenden Rechtsträgers). Der subjektivierte Entscheidungswert aus Erwerbersicht schließt im Vergleich zum objektivierten Unternehmenswert aus Anteilseignersicht insbes. auch Synergien ein, die sich aus der Integration des erworbenen Unternehmens in die erwerbende Unternehmensgruppe ergeben. Da eine Verschmelzung als Veräußerungs- und Anschaffungsgeschäft anzusehen ist, stellt sich die Frage, ob auch die erwarteten Synergieeffekte für Zwecke der Unternehmensbewertung zu berücksichtigen sind, da der übernehmende Rechtsträger im Erwerbsfall ggf. einen Teil des Kaufpreises hierfür aufgewandt hätte. Allerdings würde dies einen Geschäfts- und Firmenwert (in Form künftiger Synergieeffekte) einpreisen, der beim

---

190 *Neu/Schiffers/Watermeyer* GmbHR 2011, 729 (731).
191 Vgl. das Beispiel bei *Schell/Krohn* DB 2012, 1057 (1062) und *Meyering* DStR 2008, 1008 zum vergleichbaren Aufteilungsmaßstab nach § 6 Abs. 1 Nr. 7 EStG.
192 UmwSt-Erlass Rn. 11.04 iVm Rn. 03.07 mit Verweis auf BMF Schreiben v. 22.9.2011, BStBl. I 2011, 859 iVm gleichlautenden Ländererlasse v. 17.5.2011, BStBl. I 2011, 606 Abschn. 19 (nunmehr eingegliedert in R B 199.1 ErbStR 2011). Vgl. hierzu *Piltz* DStR 2009, 1829. Zu der Frage, ob in begründeten Ausnahmefällen bei reinen Investmentgesellschaften auf den Net Asset Value zurückgegriffen werden kann, vgl. OLG Frankfurt a. M. 8.9.2016 – 21 W 36/15, Der Konzern 2017, 416.
193 Zu näheren Einzelheiten vgl. die Ausführungen in Anlage 1 zur Verlautbarung des Bayerischen Staatsministeriums der Finanzen v. 4.1.2013, 34/31/33-S 3102–0006–333/13, FMNR011100013.
194 Anlage 1 zur Verlautbarung des Bayerischen Staatsministeriums der Finanzen v. 4.1.2013, 34/31/33-S 3102–0006–333/13, FMNR011100013, Tz 1.4.
195 BVerfG 7.11.2006 – 1 BvL 10/02, BStBl. II 2007, 192 zur ErbSt.

übertragenden Rechtsträger nicht existiert. Dementsprechend kann mE für Zwecke der Bewertung der Sachgesamtheit nach § 11 Abs. 1 auch nur auf den objektivierten Unternehmenswert aus Anteilseignersicht (dh ohne Berücksichtigung künftiger Synergieeffekte eines potenziellen Erwerbers) abgestellt werden.[196] Somit sind zumindest echte Synergien nicht zu berücksichtigen und unechte Synergien nur, soweit die synergiestiftenden Maßnahmen bereits eingeleitet oder im Unternehmenskonzept konkret und plausibel dokumentiert sind.[197]

Eine Unternehmensbewertung wird regelmäßig von bestimmten Bewertungsparametern beeinflusst, die von der subjektiven Einschätzung der Geschäftsführung des übertragenden Rechtsträgers sowohl hinsichtlich der Unternehmens- als auch hinsichtlich der Marktentwicklung abhängen. Das Ergebnis der Unternehmensbewertung kann daher uU stark variieren. Demzufolge sind Bewertungsparameter nicht 100 %ig objektivierbar, sofern diese von subjektiven Einschätzungen künftiger Entwicklungen abhängen. Dies betrifft insbes. (i) die erwartete Geschäftsentwicklung auf Basis von Geschäftsplänen regelmäßig für die nächsten 3–5 Jahre (sog. Detailplanungszeitraum)[198] und die Fortschreibung der Geschäftspläne unter Abschmelzen der Wachstumsrate auf einen festgelegten Endwert (sog. Terminal Value Growth Rate) sowie (ii) den Abzinsungsfaktor, der abhängig vom angewandten Bewertungsverfahren gewöhnlich dem Kehrwert der gewichteten Kapitalkosten (WACC-Ansatz) bzw. den Eigenkapitalkosten (APV-Ansatz) entspricht.[199] 97

Entscheidend ist, dass die erforderlichen Annahmen auch für Dritte plausibel und nachvollziehbar sind und die gewählte Bewertungsmethode sachgerecht angewandt wird.[200] Bei Beauftragung eines anerkannten externen Gutachters kann regelmäßig davon ausgegangen werden, dass das Wertgutachten und damit auch der so ermittelte Unternehmenswert von den Finanzbehörden und den Finanzgerichten akzeptiert werden. 98

Sofern ertragswertorientierte Verfahren branchentypisch nicht ausgeschlossen sind, ist gem. § 11 Abs. 2 S. 4 iVm §§ 199 ff. BewG auch ein Rückgriff auf das **vereinfachte Ertragswertverfahren** zulässig, wenn dies nicht zu offensichtlich unzutreffenden Ergebnissen führt.[201] Im Vergleich zur Unternehmensbewertung nach IDW S 1[202] soll dies die Möglichkeit bieten, einen objektiven Unternehmenswert ohne Aufwand und Kosten für einen externen Gutachter zu ermitteln.[203] Wann die Verwendung des vereinfachten Ertragswertverfahrens zu einem offensichtlich unzutreffenden Ergebnis führt, ist 99

---

196 So allgemein auch FG Niedersachsen 11.4.2000 – 6 K 611/93, DStRE 2001, 24 (rkr).
197 IDW S 1, Rn. 34; IDW WP-Handbuch, Band II, 14. Aufl. 2014, Abschn. A Rn. 86 ff.; *Zwirner* DB 2013, 2874 (2877); vgl. die Ausführungen in → SpruchG Anh. § 11 Rn. 127 f.
198 Vgl. zur Beurteilung einer Unternehmensplanung die IDW Praxishinweise 2/2017 und zur Berücksichtigung eines am Bewertungsstichtag bereits angelegten Ereignisses mit geringer Eintrittswahrscheinlichkeit bei der Ertragsplanung (sog. Wurzeltheorie) OLG Frankfurt a. M. 29.1.2016 – 21 W 70/15, AG 2016, 551.
199 Zu Einzelheiten des Ertragswertverfahrens und der DCF-Verfahren s. die Ausführungen in → SpruchG Anh. § 11 Rn. 17 ff. sowie in IDW S 1 und IDW S 13; zum Wertabschlag Credit Spread beim APV-Verfahren s. *Enzinger/Pellet/Leitner* Bewertungspraktiker 2014, 114.
200 Vgl. FG Niedersachsen 11.4.2000 – 6 K 611/93, DStRE 2001, 24 zur Unternehmenswertermittlung zwecks Prüfung des Vorliegens einer verdeckten Gewinnausschüttung. Bei KMU ist ferner der IDW Praxishinweis 1/2014, IDW-FN 2014, 282 zu berücksichtigen, welcher eine Konkretisierung von IDW S 1 darstellt, vgl. *König/Möller* BB 2014, 983 ff.
201 UmwSt-Erlass Rn. 11.04 iVm Rn. 03.07 iVm BMF Schreiben v. 22.9.2011, BStBl. I 2011, 859 iVm gleich lautenden Ländererlassen v. 17.5.2011, BStBl. I 2011, 606; Abschn. 3 Abs. 2 S. 4 und Abschn. 19 (nunmehr eingegliedert in R B 11.2 Abs. 2 S. 4 und R B 199.1 ErbStR 2011).
202 Vgl. bspw. *Blum/Weber* GmbHR 2012, 322 (324, 326).
203 Bericht FA zum Gesetzesentwurf ErbStRG, BT-Drs. 16/11107, 22.

gesetzlich nicht näher definiert. Im steuerlichen Schrifttum wird eine vergleichsweise hohe Abweichung im Vergleich zu Bewertungsverfahren nach IDW S 1 verlangt. So wird bspw. vertreten, dass eine Abweichung von mehr als 40 % bzw. 60 % erforderlich ist.[204] Da der Unternehmenswert bei Verwendung der Ertragswert- oder DCF-Methode je nach Festlegung der Bewertungsparameter entsprechend variieren kann, ist die Bestimmung einer Abweichung in der Praxis nur sehr schwer zu ermitteln. Diesbezüglich sollte die Beweislast jedoch nicht beim Steuerpflichtigen liegen. Andernfalls stellt die Möglichkeit zur Verwendung des vereinfachten Ertragswertverfahrens keine tatsächliche Vereinfachung für den Steuerpflichtigen dar. Sofern die Finanzverwaltung ein offensichtlich unzutreffendes Ergebnis feststellt, sollte zumindest die Möglichkeit bestehen, einen Gegenbeweis durch ein Wertgutachten von einem externen Gutachter zu erbringen. Nach Auffassung der Finanzverwaltung können offensichtlich unzutreffende Ergebnisse aus zeitnahen Verkäufen nach dem Bewertungsstichtag abgeleitet werden[205] und treten regelmäßig auch bei komplexen Strukturen von verbundenen Unternehmen auf.[206] Im Falle einer Verschmelzung zur Aufnahme lässt ein späterer Verkauf des übernehmenden Rechtsträgers jedoch regelmäßig keine Rückschlüsse auf den Wert des übertragenen Geschäfts zu, da sich der Kaufpreis nicht gesondert auf einzelne Geschäftsbereiche des übernehmenden Rechtsträgers aufteilt. Etwas anderes könnte sich nur im Falle einer Verschmelzung zur Neugründung oder einer vorherigen Ausgliederung bzw. Abspaltung des zuvor übertragenen Geschäftsbereichs mit anschließendem Verkauf ergeben. Dann dürften jedoch zwischen Bewertungsstichtag und späterem Verkauf keine wertbeeinflussenden Tatsachen vorliegen. Für die Regelvermutung, dass ein offensichtlich unzutreffendes Ergebnis bei komplexen Strukturen von verbundenen Unternehmen vorliegt,[207] findet sich weder eine Stütze im Gesetz noch kann dies durch sachliche Argumente gerechtfertigt werden. Denn auch innerhalb komplexer Konzernstrukturen hat die Verrechnung von konzerninternen Leistungen auf Basis von Fremdvergleichsgrundsätzen zu erfolgen.

100 Bei der Ermittlung des gemeinen Werts der Sachgesamtheit für Zwecke von § 11 Abs. 1 S. 1 ist neben dem Ertragswert grds. auch der **Substanzwert** zu bestimmen.[208] Dieser bildet gem. § 11 Abs. 2 S. 3 BewG die Wertuntergrenze.[209] Der Substanzwert ist dabei der Mindestwert, den ein Steuerpflichtiger am Markt erzielen könnte,[210] und bestimmt sich demzufolge nach der Summe der Einzelveräußerungswerte des Aktivvermögens (dh Summe der gemeinen Werte der Einzelwirtschaftsgüter iSv § 9 BewG) nach Rückfüh-

---

204 S. *Mannek* DB 2008, 423 (428); *Viskorf* ZEV 2009, 591 (596); s. zum Meinungsstand Fischer/Jüptner/Pahlke/Wachter/*Horn* BewG § 12 Rn. 324.
205 B 199.1 Abs. 5 Nr. 1 ErbStR 2011.
206 B 199.1 Abs. 6 S. 1 Nr. 1 ErbStR 2011.
207 Zur Frage, wann solche komplexen Strukturen verbundener Unternehmen vorliegen vgl. *Kahle/Hiller/Vogel* FR 2012, 789 (796) mwN.
208 Kritisch zur Anwendbarkeit des Substanzwerts im Ertragsteuerrecht *Dannecker/Rudolf/Risse* DB 2016, 1615 mwN. Zur Anwendbarkeit des Substanzwerts beim vereinfachten Ertragswertverfahren s. *Lorenz* DStR 2016, 2453. Vgl. auch die Ausführungen in → SpruchG Anh. § 11 Rn. 84 ff.
209 In § 11 Abs. 2 S. 3 BewG ist dieser legaldefiniert als „die Summe der gemeinen Werte der zum Betriebsvermögen gehörenden Wirtschaftsgüter und sonstigen aktiven Ansätze abzüglich der zum Betriebsvermögen gehörenden Schulden und sonstigen Abzüge".
210 BT-Drs. 16/7918, 38.

rung sämtlicher Schulden und sonstiger rechtlicher und wirtschaftlicher Belastungen,[211] jedoch ohne Berücksichtigung von Liquidationskosten. Da der bewertungsrechtliche Substanzwert grds. als Fortführungswert (Going Concern-Annahme) zu verstehen ist,[212] sind Liquidationskosten nur im Ausnahmefall anzusetzen, wenn feststeht, dass das Unternehmen nicht weiter betrieben werden kann (Liquidationswert als besondere Ausprägung des Substanzwertes).[213] In Abgrenzung zum Substanzwert im betriebswirtschaftlichen Sinne als (Teil-)Rekonstruktionswert (Summe der Wiederbeschaffungskosten abzüglich der Schulden) ist der Substanzwert im steuerlichen bzw. bewertungsrechtlichen Sinn als (Teil-)Veräußerungswert zu verstehen.[214] Andernfalls kommt es zu einem Widerspruch mit der Bewertungsmethodik des § 11 Abs. 1 S. 1.[215] Kann der gemeine Wert hingegen aus einem Börsenkurs oder aus Verkäufen abgeleitet werden, ist dieser auch dann maßgebend, wenn der Substanzwert über dem so ermittelten Wert liegt.[216] In der Praxis ist die Bestimmung des Substanzwerts im oben angegebenen Sinn regelmäßig nur dann von Bedeutung, wenn der übertragende Rechtsträger dauerhaft Verluste erwirtschaftet.

Im Falle von **Auslandsverschmelzungen** kann mE aus praktischen Gründen und Verhältnismäßigkeitsgesichtspunkten auf eine Unternehmensbewertung verzichtet werden, vorausgesetzt, dass das im Inland steuerverstrickte Betriebsvermögen aus Einzelwirtschaftsgütern besteht (zB Inlandsimmobilien).[217]

3. Bewertungsstichtag

Für die Ermittlung des Werts des Eigenkapitals des übertragenden Rechtsträgers, der Teilwerte von Pensionsrückstellungen iSv § 6a EStG sowie der Teilwerte der einzelnen übertragenen Wirtschaftsgüter ist zwingend auf den steuerlichen Übertragungsstichtag abzustellen.[218] Wertveränderungen im Rückwirkungszeitraum bleiben unberücksichtigt.

---

211 Im Rahmen der Substanzwertermittlung sind grds. neben den bilanzierten Aktiva und Passiva auch die nicht-bilanzierten sowie nicht-bilanzierungsfähigen Wirtschaftsgüter und Schulden einzubeziehen. Dies gilt gem. R B 11.3 Abs. 3 S. 5 ErbStR 2011 auch für geschäftswertbildende Faktoren, denen ein eigenständiger Wert zugewiesen werden kann. Dies kann mE nur gelten, sofern diese verkehrsfähig bzw. einzelveräußerbar sind mit der Folge, dass insbesondere der Geschäftswert und Geschäftschancen hiervon nicht erfasst sein können. Steuerliche Bewertungsvorbehalte wie etwa § 6 Abs. 1 Nr. 3 oder Nr. 3a EStG (Abzinsung von Verbindlichkeiten und Rückstellungen) sind nicht zu berücksichtigen. Zur Frage, ob hierbei auch latente Steuern zu berücksichtigen sind, vgl. Popp/Schwind DStR 2015, 2565; Wollny DStR 2012, 716 (719 f.); Wollny DStR 2012, 766 (769 ff.); gegen eine Berücksichtigung: BFH 27.9.2017 – II R 15/15, BFH/NV 2018, 469; auch die Finanzverwaltung lehnt dies im gleichlautenden Ländererlass v. 5.6.2014, BStBl. I 2014, 882, Tz 1.2 implizit ab.
212 Nach Kohl/König/Möller BB 2013, 555 (558) sind daher in die Substanzbewertung sowohl positive als auch negative Verbund- und Synergieeffekte einzubeziehen. Die Finanzverwaltung lehnt eine Berücksichtigung von solchen Verbundeffekten jedoch im gleichlautenden Ländererlass v. 5.6.2014, BStBl. I 2014, 882, Tz 1.2 ab.
213 BT-Drs. 16/7918, 38; R B 11.3 Abs. 9 ErbStR 2011; OFD Rheinland Verfügung v. 15.11.2007, GmbHR 2008, 112, Rn. 2, 3.2 und Anhang 4; Rössler/Troll/*Eisele* BewG § 11 Rn. 40. Liquidationskosten sind etwa Verwertungskosten einschließlich Beraterkosten, Sozialplanverpflichtungen, Vorfälligkeitsentschädigungen, aber auch Ertragsteuern auf stille Reserven/einen Liquidationsgewinn.
214 Rössler/Troll/*Eisele* BewG § 11 Rn. 39. Das FG Niedersachsen 11.4.2000 – 6 K 611/93, DStRE 2001, 24 sieht hingegen den Liquidationswert als Wertuntergrenze zwecks Prüfung des Vorliegens einer verdeckten Gewinnausschüttung. Die OFD Frankfurt a. M. weist in ihrer Rundverfügung v. 15.10.2014 – S 2244 A – 40 – St 2015 explizit darauf hin, dass die Frage, ob als Substanzwert der Liquidationswert oder der Fortführungswert maßgeblich ist, noch nicht höchstrichterlich entschieden ist. Vgl. zum steuerlichen substanzwertrechtlichen Substanzwertverständnis Kohl/König/Möller BB 2013, 555 (557) und Wollny DStR 2012, 766 f.
215 Ausführlich Kahle/Hiller/Vogel FR 2012, 789 (796 f.) mwN; Rödder/Herlinghaus/van Lishaut/*Rödder* UmwStG § 11 Rn. 76a. Der allgemeine Verweis in UmwSt-Erlass Rn. 11.04 iVm Rn. 03.07 auf die allgemeinen Grundsätze aus dem Bew-Erlass (aaO) lässt jedoch vermuten, dass die Finanzverwaltung den Liquidationswert nicht zwingend als maßgeblich erachtet.
216 B 11.3 Abs. 1 S. 2 ErbStR 2011.
217 So auch Prinz Umwandlungen IStR/Beirert/Scheifele Rn. 8.186.
218 UmwSt-Erlass Rn. 11.04 iVm Rn. 03.09.

III. Buchwert- oder Zwischenwertansatz (Abs. 2)

103 Abweichend von dem Grundsatz nach § 11 Abs. 1 können die übergehenden Wirtschaftsgüter gem. § 11 Abs. 2 auf Antrag (einheitlich) mit dem Buchwert oder einem Zwischenwert angesetzt werden unter der Voraussetzung, dass die in § 11 Abs. 2 Nr. 1–3 genannten Voraussetzungen erfüllt sind.

1. Ansatz zum Buchwert oder zum Zwischenwert

104 Nach der **Legaldefinition** in § 1 Abs. 5 Nr. 4 ist der **Buchwert** der Wert, der sich nach den steuerlichen Vorschriften über die Gewinnermittlung in einer für den steuerlichen Übertragungsstichtag aufzustellenden Steuerbilanz ergibt oder ergäbe. Da die Buchwertdefinition somit auf die „reguläre" Bilanz für Zwecke der Gewinnermittlung nach § 4 Abs. 1, § 5 EStG abstellt, sind die steuerlichen Ansatz- und Bewertungsvorbehalte insoweit entsprechend zu berücksichtigen. Abschreibungen für AfA/AfS sind auf den Tag der steuerlichen Schlussbilanz (ggf. pro rata temporis) fortzuschreiben. Ferner kann der Steuerpflichtige bei voraussichtlich dauernden Wertminderungen von seinem Bewertungswahlrecht nach § 6 Abs. 1 Nr. 1 S. 2, Nr. 2 S. 2 EStG Gebrauch machen und auf den niedrigeren Teilwert abschreiben. Ein Abstockungszwang bei Ansatz des niedrigeren beizulegenden Werts nach § 253 Abs. 3 S. 3 bzw. Abs. 4 HGB in der Handelsbilanz (Niederstwertprinzip) besteht seit Aufgabe der handelsrechtlichen Maßgeblichkeit mit dem BilMoG nicht mehr. Handelt es sich um ausländische Wirtschaftsgüter, sollte es aus praktischen Gründen und unter Verhältnismäßigkeitsgesichtspunkten zulässig sein, deren Buchwerte aus dem ausländischen Rechnungslegungswerk abzuleiten, wenn ersichtlich keine wesentlichen Abweichungen vorliegen.[219]

105 **Zwischenwert** ist jeder Wertansatz zwischen dem Buchwert und dem gemeinen Wert der Sachgesamtheit. Der Ansatz zum Zwischenwert ist in der Praxis regelmäßig dann sinnvoll, wenn der übertragende Rechtsträger entweder über laufende steuerliche Verluste oder steuerliche Verlustvorträge verfügt, die sonst aufgrund Verschmelzung gem. § 12 Abs. 3 Hs. 2 iVm § 4 Abs. 2 S. 2 untergehen würden (zur Verlustnutzung beim übertragenden Rechtsträger → Rn. 171 ff.).

2. Antragserfordernisse

106 Im UmwStG sind die formalen Regelungen für die Ausübung des Bewertungswahlrechts nur unzureichend normiert. So macht das UmwStG weder genauere Angaben zur Antragsform und Antragsfrist noch benennt es die Person des Antragsberechtigten ausdrücklich.[220]

107 **Antragsteller und zuständiges Finanzamt:** Im Unterschied zu Einbringungsfällen (§§ 20–25 UmwStG) ist für die Antragstellung bei Verschmelzung der übertragende Rechtsträger (bzw. der übernehmende Rechtsträger als dessen Gesamtrechtsnachfolger iSv § 45 Abs. 1 AO) zuständig.[221] Gem. § 11 Abs. 3 iVm § 3 Abs. 2 S. 2 ist der Antrag

---

219 So auch Widmann/Mayer/*Schießl* UmwStG § 11 Rn. 27.2; Schneider/Ruoff/Sistermann/*Ruoff* UmwStG § 11 Rn. 11.3.
220 Vgl. die Prüfbitte des Bundesrates v. 6.7.2012 zum E JStG 2013, BR-Drs. 302/12 (Beschluss), 98.
221 Der Antrag ist von den vertretungsberechtigten Organen (Vorstand bei AG, Geschäftsführer bei GmbH, persönlich haftender Gesellschafter bei KGaA) des übertragenden Rechtsträgers bzw. nach Handelsregistereintragung des übernehmenden Rechtsträgers zu stellen. Nach Schmitt/Hörtnagl/*Schmitt* UmwStG § 11 Rn. 67 soll Stellvertretung möglich sein, zumindest jedoch die zeitnahe Genehmigung der Stellvertretung.

bei dem für die Besteuerung des übertragenden Rechtsträgers nach §§ 20, 26 AO zuständigen Finanzamt zu stellen.[222] Regelmäßig ist dies das Finanzamt, in dessen Bezirk sich der Ort der Geschäftsleitung im Inland befindet. Sofern sich nur der Satzungssitz im Inland, der Ort der Geschäftsleitung hingegen im (EU-/EWR-)Ausland befindet, bestimmt sich die Zuständigkeit gem. § 20 Abs. 2 AO nach dem Satzungssitz. Befinden sich sowohl Ort der Geschäftsleitung und Satzungssitz im (EU-/EWR-)Ausland, bestimmt sich die Zuständigkeit gem. § 20 Abs. 3 AO nach der Belegenheit und Aufteilung des inländischen Vermögens bzw. der inländischen Betriebsstätte.[223] Sofern für die Besteuerung der übertragenden und der übernehmenden Körperschaft verschiedene Finanzämter zuständig sind, kommt es infolge der Verschmelzung zu einem Zuständigkeitswechsel nach § 26 S. 1 AO auch für die Antragstellung.[224] Bei fehlender Zuständigkeit für die Besteuerung der übertragenden Körperschaft nach §§ 20, 26 AO sieht die Finanzverwaltung vorbehaltlich einer Zuständigkeitsvereinbarung nach § 27 AO das für die übernehmende Körperschaft zuständige Finanzamt als maßgeblich für die Antragstellung an.[225] Diese Zuständigkeiten gelten nach dem klaren Wortlaut auch dann, wenn zum übergehenden Vermögen ein Mitunternehmeranteil gehört, mit der Folge, dass der Antrag insoweit auch für die Bewertung (Bilanzierung) auf Ebene der Mitunternehmerschaft bindend ist.[226] Diese Zuständigkeiten sind gem. § 89 Abs. 2 S. 2 AO auch für die Absicherung nicht abschließend geklärter Rechtsfragen durch eine verbindliche Auskunft hinsichtlich der Besteuerungsfolgen beim übertragenden Rechtsträger zu berücksichtigen.[227] Für gewerbesteuerliche Zwecke ist kein gesonderter Antrag bei dem nach § 22 iVm § 18 Abs. 1 Nr. 2 AO zuständigen (Betriebs-)Finanzamt zu stellen, da § 11 gem. § 19 Abs. 1 für die Ermittlung des Gewerbeertrags entsprechend Anwendung findet.

Vertretung bei der Antragstellung: Der Antrag ist von den vertretungsberechtigten Organen der übertragenden Körperschaft zu stellen bzw. nach Wirksamkeit der Verschmelzung mit Eintragung im Handelsregister der übernehmenden Körperschaft von den vertretungsberechtigten Organen der übernehmenden Körperschaft.[228] Da dem Antrag als bloße Willenserklärung nicht der Charakter einer Steuererklärung zukommt und es sich damit nicht um eine höchstpersönliche Verfahrenshandlung iSv § 150 Abs. 3 S. 1 AO handelt, kann ein entsprechender Antrag auch von einem Bevollmächtigten iSv § 80 Abs. 1 S. 2 AO gestellt werden.[229] Als Bevollmächtigter kommt mE gem. § 80

108

---

222 UmwSt-Erlass Rn. 11.12.
223 Lademann UmwStG/*Wernicke* § 11 Rn. 253 mwN.
224 LfSt Bayern, Verfügung v. 11.6.2013 – S 0127.1.1 – 7/2 St42, BeckVerw 275170; FinMin Nordrhein-Westfalen, Erlass v. 13.6.2008 – S 0127, DB 2008, 1888; Schmitt/Hörtnagl/*Schmitt* UmwStG § 11 Rn. 65; Dötsch/Pung/Möhlenbrock/*Dötsch* UmwStG § 11 Rn. 42.
225 UmwSt-Erlass Rn. 11.12 iVm Rn. 03.27.
226 UmwSt-Erlass Rn. 11.12 iVm Rn. 03.27; Dötsch/Pung/Möhlenbrock/*Dötsch* UmwStG § 11 Rn. 42.
227 Rödder/Herlinghaus/van Lishaut/*Stangl* Anh. 13 Rn. 26. Zur Bemessung der Gebühren für eine verbindliche Auskunft bei aufeinanderfolgenden Umwandlungsvorgängen im Rahmen eines in mehreren Schritten verwirklichten Sachverhalts vgl. FG Münster 26.7.2022 – 13 K 1563/20 AO (Rev. BFH – I R 30/22).
228 Lademann UmwStG/*Hahn* § 11 Rn. 252: zur Vertretung berufene Organe unbeachtlich der internen Zuständigkeiten; hingegen stellen Dötsch/Pung/Möhlenbrock/*Dötsch* UmwStG § 11 Rn. 41 und Rödder/Herlinghaus/van Lishaut/*Rödder* UmwStG § 11 Rn. 95 auf das für die Bilanzaufstellung zuständige Organ ab; Eisgruber/Hölzl/Kiermair/*Kölbl* UmwStG § 11 Rn. 78: zuständige, vertretungsberechtigte Organe.
229 *Demuth* KÖSDI 2012, 17784 (17787); Lademann UmwStG/*Hahn* § 11 Rn. 252; Schmitt/Hörtnagl/*Schmitt* UmwStG § 11 Rn. 67.

Abs. 2 AO iVm § 3 Nr. 3 StBerG auch eine Steuerberatungsgesellschaft iSv § 49 StBerG in Betracht.[230]

109 **Zeitpunkt:** Der Antrag muss gem. § 11 Abs. 3 iVm § 3 Abs. 2 S. 2 spätestens bis zur erstmaligen Abgabe der steuerlichen Schlussbilanz gestellt werden.[231] Das Antragswahlrecht auf Buch- bzw. Zwischenwertansatz iSv § 11 Abs. 2 kann folglich vollumfänglich bis zur erstmaligen formellen Antragstellung bzw. bis zum erstmaligen Einreichen der steuerlichen Schlussbilanz ausgeübt werden.[232] In praktischer Hinsicht kann der Antrag auch zeitgleich mit der Abgabe der steuerlichen Schlussbilanz bzw. im Rahmen der Einreichung der Steuererklärung erfolgen.[233] Hat der übertragende Rechtsträger im Zeitpunkt des Verschmelzungsbeschlusses noch keine Steuererklärung für den VZ eingereicht, in den der steuerliche Übertragungsstichtag fällt, ist in der Praxis nicht auszuschließen, dass die Finanzverwaltung die Abgabe der Körperschaftsteuererklärung als maßgeblichen Zeitpunkt für die Ausübung des Wahlrechts ansieht und die beigefügte „reguläre" Steuerbilanz als konkludent eingereichte steuerliche Schlussbilanz (→ Rn. 86) anerkennt.[234] In einem solchen Fall wird die Finanzverwaltung eine spätere Ausübung oder Änderung regelmäßig nicht akzeptieren. Als Folge wären dann die Wertansätze der „regulären Steuerbilanz" (auch ggf. gegen den Willen des übertragenden Rechtsträgers) als maßgebliche Werte iSv § 11 Abs. 1 bzw. 2 anzusehen. Ist die Steuererklärung hingegen im Zeitpunkt des Verschmelzungsbeschlusses bereits eingereicht, kann ein wirksamer Antrag noch bis zum Eintritt der Festsetzungsverjährung gestellt werden.[235] Bei bestehender Bestandskraft des Steuerbescheids führt eine erstmalige (oder geänderte) Ausübung des Antragsrechts nicht zu einer Durchbrechung der Bestandskraft.[236] Dagegen führt eine Schätzung der Besteuerungsgrundlagen nach § 162 AO noch nicht zum Ablauf der Ausschlussfrist, sofern die zugrunde liegende Veranlagung noch nicht bestandskräftig ist.[237]

110 Mangels Festlegung eines frühestmöglichen Zeitpunkts und mangels Anknüpfung an die Verwirklichung einzelner Tatbestandsmerkmale oder die Abfolge im Verschmelzungsverfahren (Verschmelzungsvertrag/-plan, Verschmelzungsbericht, Prüfungsbericht, Verschmelzungsbeschluss, Anmeldung und Eintragung im Handelsregister) kann der Antrag auch bereits vor der Durchführung der Verschmelzung gestellt werden.[238]

111 **Formerfordernisse:** Der Antrag bedarf keiner besonderen Form. Da das Finanzamt dem Antrag für seine Wirksamkeit nicht zustimmen muss, ist aus Gründen der Darle-

---

[230] So auch Schwarz/Pahlke/*Schneider* AO § 80 Rn. 22; *Jesse*, Einspruch und Klage im Steuerrecht, Kap B, Rn. 382 mwN; dies entspricht auch der gängigen Praxis der Finanzverwaltung, vgl. OFD Frankfurt a. M. Rundverfügung v. 18.1.2006, DStR 2006, 487. Die hM lehnt eine solche Bevollmächtigung mangels Handlungsfähigkeit von juristischen Personen ab, lässt jedoch eine Umdeutung im Wege der Auslegung von einer, einer nicht natürlichen Person erteilten Vollmacht als eine dem gesetzlichen Vertreter der juristischen Person erteilte Vollmacht zu, vgl. bspw. Koenig/*Wünsch* AO § 80 Rn. 18; Hübschmann/Hepp/Spitaler/*Söhn* AO § 80 Rn. 63 ff.; Tipke/Kruse/*Drüen* AO § 80 Rn. 8.
[231] UmwSt-Erlass Rn. 11.12.
[232] *Schell/Krohn* DB 2012, 1057 (1058).
[233] Schmitt/Hörtnagl/*Schmitt* UmwStG § 11 Rn. 62; Haase/Hofacker/*Ropohl/Sonntag* UmwStG § 11 Rn. 281.
[234] Dötsch/Pung/Möhlenbrock/*Möhlenbrock* UmwStG § 3 Rn. 67 mwN; *Koch* BB 2011, 1067 (1068). Dies dem Grunde nach zu Recht ablehnend *Rödder/Rogall* Ubg 2011, 753 (754); *Pyszka* GmbHR 2013, 738 (740).
[235] Dötsch/Pung/Möhlenbrock/*Möhlenbrock* UmwStG § 3 Rn. 68; Dötsch/Pung/Möhlenbrock/*Dötsch* UmwStG § 11 Rn. 47 f. In diesem Zusammenhang sind die Vorschriften über die Ablaufhemmung nach § 171 AO zu berücksichtigen.
[236] BFH 9.12.2015 – X R 56/13, BStBl. II 2016, 967; vgl. auch BFH 27.10.2015 – X R 44/13, BStBl. II 2016, 278 bei einem steuererhöhenden Änderungsbescheid.
[237] Rödder/Herlinghaus/van Lishaut/*Birkemeier* UmwStG § 3 Rn. 135.
[238] *Pyszka/Hruschka* DStR 2013, 693 (694 f.); Dötsch/Pung/Möhlenbrock/*Möhlenbrock* UmwStG § 3 Rn. 64.

gungslast in der Praxis zu empfehlen, den Antrag sowohl in Schriftform (zumindest jedoch in elektronischer Form) einzureichen, als auch den Zugang beim Finanzamt mit Datum eindeutig zu dokumentieren und beweisen zu können. Eine privatschriftliche Vereinbarung im Verschmelzungsvertrag oder sonstige Nebenabreden enthalten keine Bindungswirkung gegenüber dem Finanzamt.[239]

Inhalt: Bei Ausübung des Wahlrechts empfiehlt es sich, den Wertansatz ausdrücklich als Buchwert oder Zwischenwert zu kennzeichnen und auf § 11 Abs. 2 Bezug zu nehmen. Bei Zwischenwertansatz ergibt es sich bereits aus der Natur der Sache, den entsprechenden Wertansatz näher zu spezifizieren; die Finanzverwaltung verlangt hierfür die ausdrückliche Angabe, in welcher Höhe oder zu welchem Prozentsatz die stillen Reserven aufzudecken sind.[240] Allgemeine Formulierungen wie „Aufdeckung der stillen Reserven in Höhe der zur Verfügung stehenden steuerlichen laufenden Verluste und Verlustvorträge" sind zu unbestimmt.[241] Bei Auslegungsbedürftigkeit gelten die allgemeinen zivilrechtlichen Auslegungsgrundsätze nach §§ 133, 157 BGB entsprechend.[242] Ferner ist der Antrag als rechtsgestaltende Erklärung bedingungsfeindlich.[243] Weder die Rechtswirkung noch der konkrete Wertansatz kann daher vom Eintritt bestimmter Ereignisse (zB Vorhandensein verrechnungsfähiger Verluste auch nach Betriebsprüfung) abhängig gemacht werden. Dies gilt sowohl für aufschiebende als auch für auflösende Bedingungen. Eine Bindungswirkung kann sich nur hinsichtlich einer konkreten Verschmelzung mit einem bestimmten steuerlichen Übertragungsstichtag ergeben. Bei Einreichung eines Antrags auf Buch- oder Zwischenwertansatz bereits vor der Verschmelzung empfiehlt es sich daher, zumindest hinreichend genaue Angaben zur geplanten Verschmelzung zu machen, die eine konkrete Zuordnung ermöglichen. Andererseits ist zu berücksichtigen, dass bei Änderungen wesentlicher Eckpunkte ggf. ein neuer Antrag erforderlich ist.

112

Konkludenter Antrag: Nach Auffassung der Finanzverwaltung ist in der ausdrücklichen Erklärung, dass die Steuerbilanz iSv § 4 Abs. 1, § 5 EStG gleichzeitig die steuerliche Schlussbilanz sein soll, ein konkludenter Antrag auf Ansatz des Buchwerts zu sehen, sofern kein ausdrücklicher gesonderter anderweitiger Antrag gestellt wurde.[244] Sofern die Finanzverwaltung in der Abgabe der „regulären" Steuerbilanz durch den übertragenden Rechtsträger im Rahmen dessen Körperschaftsteuererklärung auch gleichzeitig die konkludente Abgabe der steuerlichen Schlussbilanz sieht (etwa bei Abgabe der Körperschaftsteuererklärung nach dem Zeitpunkt des Verschmelzungsbeschlusses bzw. der Handelsregistereintragung; → Rn. 86), wird sie damit einhergehend idR auch die konkludente Ausübung des Ansatzwahlrechts feststellen. In der Praxis empfiehlt es sich daher, bereits bei Einreichen der Körperschaftsteuererklärung für den VZ, in den der steuerliche Übertragungsstichtag fällt, neben der „regulären" Steuerbilanz auch die steuerliche Schlussbilanz beizufügen und ggf. einen förmlichen Antrag auf Buch- oder Zwischenwertansatz zu stellen. Ist dies nicht möglich oder nicht gewollt, sollte der

113

---

239 BFH 20.8.2015 – IV R 34/12, BFH/NV 2016, 41; Haase/Hofacker/*Ropohl/Sonntag* UmwStG § 11 Rn. 277.
240 UmwSt-Erlass Rn. 11.12 iVm Rn. 03.29.
241 Haase/Hofacker/*Ropohl/Sonntag* UmwStG § 11 Rn. 285; Schmitt/Hörtnagl/*Schmitt* UmwStG § 11 Rn. 64.
242 UmwSt-Erlass Rn. 11.12 iVm Rn. 03.29.
243 UmwSt-Erlass Rn. 11.12 iVm Rn. 03.29; *Hruschka* DStR 2013, 693 (695) sieht jedoch die Möglichkeit gegeben, den Bedingungseintritt allein vom Willen des Finanzamts abhängig zu machen (sog. Potestativbedingung), insbes. in Verbindung mit einem parallel laufenden Antrag auf Erteilung einer verbindlichen Auskunft.
244 UmwSt-Erlass Rn. 11.02 iVm Rn. 03.01 und Rn. 11.12 iVm Rn. 03.29.

deutliche Hinweis aufgenommen werden, dass es sich bei der beigefügten Steuerbilanz nicht um die steuerliche Schlussbilanz handelt und diese nachgereicht wird.[245]

114 Auch die Einreichung einer steuerlichen Schlussbilanz mit einem Wertansatz der Wirtschaftsgüter zum Buch- oder Zwischenwert sollte als konkludenter Antrag zu werten sein. Um bösen Überraschungen vorzubeugen, empfiehlt es sich in der Praxis, neben der Abgabe der steuerlichen Schlussbilanz einen formellen Antrag auf Buchwert- bzw. Zwischenwertansatz zu stellen. Setzt der übertragende Rechtsträger fälschlicherweise die übergehenden Wirtschaftsgüter nicht einheitlich zu Buchwerten bzw. einem bestimmten Zwischenwert an, besteht die Gefahr, dass die Finanzverwaltung einen Ansatz zum Buch- oder Zwischenwert insgesamt versagt. Hat der übertragende Rechtsträger allerdings einen formellen Antrag auf Buch- oder Zwischenwertansatz gestellt, kommt mE eine nachträgliche Korrektur der steuerlichen Schlussbilanz in Betracht und die Ansätze in der steuerlichen Schlussbilanz sind entsprechend dem Antrag zu berichtigen.[246]

115 **Änderungsmöglichkeiten:** Wird der Antrag nach Eintragung der Verschmelzung im Handelsregister des übernehmenden Rechtsträgers gestellt, ist dieser nach Auffassung der Finanzverwaltung unwiderruflich.[247] Das Antragswahlrecht kann auch nicht im Wege der Bilanzänderung nach § 4 Abs. 2 S. 2 EStG anderweitig ausgeübt werden.[248] Eine solche Selbstbindung des Steuerpflichtigen an einen einmal gestellten Antrag ist weder dem UmwStG noch dem EStG, KStG oder der AO zu entnehmen.[249] Einzige Beschränkung ist mE die normierte zeitliche Begrenzung der Antragstellung (→ Rn. 109) mit der Folge, dass ein Widerruf oder eine Änderung (bspw. der Zwischenwerte) des Antrags bis zur Einreichung der steuerlichen Schlussbilanz möglich sein sollte.[250] Zumindest sollte eine Änderung dann möglich sein, wenn der Realisationstatbestand noch nicht verwirklicht ist.[251] Dies erfolgt im Inlandsfall erst mit Eintragung der Verschmelzung im Handelsregister des übernehmenden Rechtsträgers. Diese Auffassung wird jedoch von Vertretern der Finanzverwaltung nicht geteilt.[252]

116 **Keine Drittanfechtungsbefugnis:** Der übernehmenden Körperschaft steht als Drittbetroffene ungeachtet der Wertverknüpfung in § 12 Abs. 1 S. 1 kein Drittanfechtungsrecht gegen die Steuerfestsetzung für die übertragende Körperschaft hinsichtlich der Wertansätze in der steuerlichen Schlussbilanz zu.[253] Der BFH argumentiert, dass die Wertverknüpfung nach § 4 Abs. 1 S. 1 (Entsprechendes gilt für § 12 Abs. 1 S. 1) lediglich als materiellrechtliche Bindung, nicht jedoch als verfahrensrechtliche Verknüpfung zu

verstehen ist. Er sieht diesbezüglich – anders als bei §§ 20, 21[254] – auch keine Rechtsschutzlücke gegeben. Bei nicht erfolgtem oder zu niedrigem Ausweis auf der Aktivseite bzw. zu hohem Ausweis auf der Passivseite der Schlussbilanz soll die übernehmende Körperschaft verfahrensrechtlich nicht daran gehindert sein, sich im Rahmen ihrer eigenen Gewinnermittlung auf die Aktivierung bzw. Nicht-Passivierung in der Schlussbilanz der übertragenden Körperschaft zu berufen, die aus ihrer Sicht korrekten Werte bilanziell fortzuschreiben und, zB im Wege der Abschreibung oder der erstmaligen Passivierung, einkünftemindernd zu berücksichtigen.

Verschmelzung von ausländischen Körperschaften: Auch bei einer Verschmelzung von in Deutschland lediglich beschränkt steuerpflichtigen Körperschaften ist unter den allgemeinen Voraussetzungen des § 1 (Anwendungsbereich) sowie § 11 Abs. 2 ein Ansatz zum Buch- oder Zwischenwert grundsätzlich möglich. Andernfalls kommt es aufgrund des Steuersubjektwechsels beim übertragenden Rechtsträger zu einer Aufdeckung der in Deutschland verstrickten stillen Reserven iSv § 2 Nr. 1 KStG iVm § 49 EStG. Dies betrifft insbes. inländische Betriebsstätten (§ 49 Abs. 1 Nr. 2 Buchst. a EStG) und im Inland belegene Immobilien sowie inländische Rechte (§ 49 Abs. 1 Nr. 2 Buchst. f. EStG). In diesem Zusammenhang ist zu berücksichtigen, dass für den Wertansatz der übergehenden Wirtschaftsgüter eine nach ausländischen handels- oder steuerrechtlichen Grundsätzen aufgestellte Bilanz nicht ausreichend ist.[255] Die ausländische EU-/EWR-Körperschaft muss vielmehr auf den steuerlichen Übertragungsstichtag eine nach deutschen Grundsätzen aufgestellte steuerliche Schlussbilanz iSd § 11 Abs. 1 aufstellen → Rn. 81). Bei Hereinverschmelzungen hat die steuerliche Schlussbilanz das gesamte (in- und ausländische) Vermögen der übertragenden Gesellschaft zu erfassen. Denn diese ist sowohl für die Wertverknüpfung nach § 12 Abs. 1 (zur erstmaligen Verstrickung von Wirtschaftsgütern im deutschen Steuernetz → Rn. 123) als auch für die Ermittlung des Übernahmeergebnisses nach § 12 Abs. 2 maßgeblich. Für diesen Fall sind auch für das nicht in Deutschland steuerverhaftete Vermögen die deutschen steuerlichen Buchwerte zu ermitteln.[256]

3. Einheitliche Ausübung des Antragswahlrechts

Nach § 11 Abs. 2 S. 1 kann das Antragungswahlrecht für alle übergehenden Wirtschaftsgüter nur einheitlich ausgeübt werden (sachgesamtheitbezogenes Wahlrecht). Demzufolge können die übergehenden Wirtschaftsgüter in der steuerlichen Schlussbilanz nur einheitlich mit dem Buchwert, dem gemeinen Wert oder einem Zwischenwert angesetzt werden. Ein selektiver Buch- oder Zwischenwertansatz hinsichtlich ausgewählter Einzelwirtschaftsgüter ist nicht zulässig (kein wirtschaftsgutbezogenes Wahlrecht).[257] Eine Vermischung der Bewertungsansätze ist grds. nicht möglich. Ausnahmen ergeben sich hinsichtlich des gesonderten Ansatzes von Pensionsrückstellungen nach § 11 Abs. 1 S. 2 mit dem Teilwert iSv § 6a EStG, bei der erstmaligen Verstrickung von Wirtschaftsgütern sowie der teilweisen Realisierung von stillen Reserven soweit die Voraussetzungen nach § 11 Abs. 2 S. 1 Nr. 1–3 nicht gegeben sind.[258]

---

254 BFH 15.6.2016 – I R 69/15, BStBl. II 2017, 75 zu § 20 und BFH 30.9.2015 – I R 77/13, BFH/NV 2016, 259 zu § 21; FinMin Mecklenburg-Vorpommern, Schreiben v. 1.11.2013, DStR 2013, 973.
255 Vgl. zur Hereinverschmelzung UmwSt-Erlass Rn. 11.02.
256 *Benecke/Beinert* FR 2010, 1120 (1126).
257 Haase/Hofacker/*Ropohl/Sonntag* UmwStG § 11 Rn. 286.
258 UmwSt-Erlass Rn. 11.06 iVm Rn. 03.13.

119 Da sich das Wahlrecht jedoch immer nur auf die steuerliche Schlussbilanz des übertragenden Rechtsträgers bezieht (personenbezogenes Wahlrecht), können bei der gleichzeitigen Verschmelzung mehrerer Rechtsträger die Wahlrechte unterschiedlich wahrgenommen werden[259] und der übernehmende Rechtsträger hat gem. § 12 Abs. 1 unterschiedliche Wertansätze zu übernehmen.

120 Beim **Ansatz zum Zwischenwert** sind die stillen Reserven aller übergehenden Wirtschaftsgüter nach einem einheitlichen Prozentsatz aufzudecken.[260] Der Prozentsatz entspricht hierbei dem Verhältnis des Aufstockungsbetrags zum Gesamtbetrag der vorhandenen stillen Reserven des übergebenden Betriebsvermögens.[261]

121 In Abkehr vom UmwSt-Erlass 1998, der noch die Aufdeckung der stillen Reserven unter Anwendung der modifizierten Stufentheorie propagierte,[262] vertritt die Finanzverwaltung im UmwSt-Erlass 2011 die Auffassung, dass die stillen Reserven aller Wirtschaftsgüter, einschließlich der bisher nicht-bilanzierten Wirtschaftsgüter und eines vorhandenen Geschäfts- oder Firmenwerts, gleichmäßig aufzudecken sind.[263] Eine Rangfolge besteht somit nicht. Dementsprechend ist auch im Falle des Zwischenwertansatzes eine Unternehmensbewertung erforderlich.[264]

122 Gehören zum Betriebsvermögen des übertragenden Rechtsträgers Mitunternehmeranteile, sind bei einem Zwischenwertansatz auch die Wirtschaftsgüter der Mitunternehmerschaft (einschließlich des Sonderbetriebsvermögens) entsprechend aufzustocken, wobei die Aufstockung in einer Ergänzungsbilanz erfolgt. Der Aufstockungsbetrag bildet sich in dem Mitunternehmeranteil nach Maßgabe der Spiegelbildmethode ab. Entsprechendes gilt bei einer doppel- oder mehrstöckigen Mitunternehmerschaft.

123 Hinsichtlich derjenigen Wirtschaftsgüter, die durch die Hereinverschmelzung in Deutschland steuerlich dadurch verstrickt werden, dass das Besteuerungsrecht Deutschlands erstmalig begründet wird, sollte entgegen dem Wortlaut in § 11 Abs. 2 S. 1 („einheitliche Ausübung des Antragswahlrecht") insoweit ein Ansatz mit dem gemeinen Wert zulässig sein. Zwar käme es insoweit zu einer punktuellen Abweichung von dem Einheitlichkeitserfordernis in § 11 Abs. 2 S. 1, allerdings ist dies unter Berücksichtigung der allgemeinen Verstrickungsregelung in § 4 Abs. 1 S. 8 Hs. 2 EStG iVm der Bewertungsregelung in § 6 Abs. 1 Nr. 5a EStG sachlich gerechtfertigt. Dies sollte zumindest insoweit zur Vermeidung einer Doppelbesteuerung derselben stillen Reserven beim

---

259 Widmann/Mayer/*Schießl* UmwR, UmwStG § 11 Rn. 14.36.
260 UmwSt-Erlass Rn. 11.11 iVm Rn. 03.25. Zu Wirtschaftsgütern, die nach dem Nominalwertprinzip zu bewerten sind, → Rn. 89.
261 Schmitt/Hörtnagl/*Schmitt* UmwStG § 11 Rn. 58; Dötsch/Pung/Möhlenbrock/*Dötsch* UmwStG § 11 Rn. 53; aA Rödder/Herlinghaus/van Lishaut/*Rödder* UmwStG § 11 Rn. 147 f., 155 f. mit Beispielen, der sich für eine Aufteilung im Verhältnis der gemeinen Werte der übergehenden Wirtschaftsgüter ausspricht; *Oppen/Polatzky* GmbHR 2012, 263 (267), die eine Aufteilung im Verhältnis der Teilwerte befürworten mit Bezugnahme auf die BFH-Rechtsprechung.
262 BMF Schreiben v. 25.3.1998, BStBl. I 1998, 268 (UmwSt-Erlass 1998) Rn. 11.20; zu den unterschiedlichen Theorien Haase/Hofacker/Ropohl/Sonntag UmwStG § 11 Rn. 195 ff.; Rödder/Herlinghaus/van Lishaut/*Rödder* UmwStG § 11 Rn. 158.
263 UmwSt-Erlass Rn. 11.11 iVm Rn. 03.25 und Rn. S. 03; zustimmend Rödder/Herlinghaus/van Lishaut/*Rödder* UmwStG § 11 Rn. 155 f.; Schmitt/Hörtnagl/*Schmitt* UmwStG § 11 Rn. 59; Widmann/Mayer/*Schießl* UmwStG § 11 Rn. 31.11. Zur zeitlichen Übergangsregelung → Rn. 54.
264 UmwSt-Erlass Rn. 03.26 iVm Rn. 03.07 (ungeachtet der fehlenden Bezugnahme in Rn. 11.11).

übertragenden und beim übernehmenden Rechtsträger zwingend sein, als die stillen Reserven im Rahmen der Verschmelzung im Ausland besteuert werden.[265]

4. Gemeiner Wert als Höchstwert

§ 11 Abs. 2 S. 1 normiert eine Obergrenze für den Wertansatz. Aus dem Wortlaut selbst geht nicht eindeutig hervor, ob sich die Einschränkung „höchstens mit dem Wert nach Abs. 1" auf (i) den Wertansatz insgesamt bezieht oder aber (ii) lediglich auf den Zwischenwertansatz („oder einem höheren Wert") Bezug nimmt. Nach letzterer Lesart ist die Buchwertfortführung dann nicht eingeschränkt, wenn der gemeine Wert unter dem Buchwert liegt.[266] Darüber hinaus ist dem Gesetzeswortlaut nicht zu entnehmen, ob sich die Obergrenze auf jedes einzelne Wirtschaftsgut oder auf die Gesamtheit der übergehenden Wirtschaftsgüter bezieht. 124

Nach der Auffassung der Finanzverwaltung können die übergehenden Wirtschaftsgüter höchstens mit dem Wert nach Abs. 1 angesetzt werden. Für die Zwecke der Wertermittlung stellt die Finanzverwaltung auf die Gesamtheit der übergehenden Wirtschaftsgüter (Sachgesamtheit) ab. Danach ist ein Buch- oder Zwischenwertansatz dann ausgeschlossen, wenn der gemeine Wert der Sachgesamtheit unter dem Buch- oder Zwischenwert der Sachgesamtheit liegt.[267] Die Aufteilung des gemeinen Werts der Sachgesamtheit hat nach denselben Maßstäben zu erfolgen wie für Zwecke des § 11 Abs. 1 (dh nach Teilwerten), wobei wiederum Ansatzverbote und Bewertungsvorbehalte nicht greifen sollten. Dies hat zur Folge, dass ein Ausgleich zwischen den Wirtschaftsgütern denkbar ist. Ein Wirtschaftsgut kann demzufolge in der steuerlichen Schlussbilanz uU auch mit seinem Buchwert angesetzt werden, wenn dessen gemeiner Wert unter dem Buchwert liegt, aber weitere Wirtschaftsgüter der Sachgesamtheit die darin enthaltenen stillen Lasten kompensieren.[268] 125

Folgt man der Auffassung, dass es sich bei einer Verschmelzung stets um ein Veräußerungs- und Anschaffungsgeschäft handelt, scheint dies auch insofern systemkonform und folgerichtig, als ein Erwerber nicht bereit wäre, einen höheren Preis als den gemeinen Wert für das insgesamt übergehende Betriebsvermögen zu bezahlen. Die steuerlichen Verluste träfen in einem solchen Fall gleichfalls den übertragenden Rechtsträger. Dies steht jedoch im Widerspruch zum Ziel des UmwStG, die ertragsteuerlichen Hemmnisse einer Verschmelzung zu beseitigen. Neben der Aufdeckung von stillen Reserven kann dies auch die Aufdeckung von stillen Lasten betreffen. 126

Auf Grundlage der Verwaltungsauffassung sind grds. entweder (i) Aktiva abzustocken oder (ii) stille Lasten aufzudecken, einschließlich eines Ansatzes von nach § 5 EStG nicht bilanzierungsfähigen Passivposten sowie einer Neubewertung von Verbindlichkeiten und Rückstellungen unter Verwendung eines geringeren (marktorientierten) Abzinsungsfaktors als dem Abzinsungsfaktor nach § 6 Abs. 1 Nr. 3 und 3a EStG, jedoch 127

---

265 So auch *Benecke/Beinert* FR 2010, 1120 (1125); *Prinz* Umwandlungen IStR/*Beinert/Scheifele* Rn. 8.101 und 8.315; aA *Hruschka/Hellmann* DStR 2010, 1961 (1964 f.), die zwischen rechtlicher Verstrickung und tatsächlicher Verstrickung differenzieren (spiegelbildlich zur rechtlichen und tatsächlichen Entstrickung, hierzu → Rn. 188 ff.) und vertreten, dass das Einheitlichkeitserfordernis hinsichtlich der Wertansätze zwingend auch die verschmelzungsbedingten rechtlich verstrickten Wirtschaftsgüter umfasst.
266 *Schumacher/Neitz-Hackstein* Ubg 2011, 409 (411).
267 UmwSt-Erlass Rn. 11.06 iVm Rn. 03.12; zustimmend Dötsch/Pung/Möhlenbrock/*Dötsch* UmwStG § 11 Rn. 35 und Rödder/Herlinghaus/van Lishaut/*Rödder* UmwStG § 11 Rn. 77b, 89, 152a, 154a entgegen der Vorauflage; dies entspricht auch der Gesamtbetrachtungsweise des BFH 28.4.2016 – I R 33/14, BStBl. II 2016, 913; aA Schmitt/Hörtnagl/*Schmitt* UmwStG § 11 Rn. 31; *Zimmermann* Ubg 2018, 17 (18 ff.).
268 *Benz/Rosenberg* DB Sonderausgabe 2012, 3.

unter Berücksichtigung des Bewertungsvorbehalts hinsichtlich Pensionsrückstellungen iSv § 6a EStG nach Maßgabe von § 11 Abs. 1 S. 3 (zur Besteuerung eines Übertragungsverlustes → Rn. 164 f.). Zur Berücksichtigung eines negativen Geschäfts- oder Firmenwerts → Rn. 61.

5. Tatbestandsvoraussetzungen für einen Buch- oder Zwischenwertansatz

128 § 11 Abs. 2 S. 1 knüpft das Antragswahlrecht an das Vorliegen von insges. drei kumulativ zu erfüllende Tatbestandsvoraussetzungen: (i) die übergehenden Wirtschaftsgüter müssen später bei der übernehmenden Körperschaft der Körperschaftsteuer unterliegen, (ii) das Recht Deutschlands hinsichtlich der Gewinnbesteuerung aus der Veräußerung der übertragenden Wirtschaftsgüter bei der übernehmenden Körperschaft ist nicht ausgeschlossen oder beschränkt, (iii) eine Gegenleistung wird nicht gewährt oder besteht in Gesellschaftsrechten. Liegt eine der drei Tatbestandsvoraussetzungen nicht vor, ist ein Buch- oder Zwischenwertansatz „insoweit" ausgeschlossen. Da die ersten beiden Tatbestände wirtschaftsgutbezogen ausgestaltet sind, führt ein Ausschluss oder eine Beschränkung des deutschen Besteuerungsrechts hinsichtlich einzelner Wirtschaftsgüter nicht auch dazu, dass ein Buch- oder Zwischenwertansatz für die übrigen übergehenden Wirtschaftsgüter ausgeschlossen ist.

a) Sicherstellung der Besteuerung mit Körperschaftsteuer (Abs. 2 S. 1 Nr. 1)
aa) Körperschaftsteuerpflichtiger übernehmender Rechtsträger

129 Die Besteuerung mit Körperschaftsteuer ist dann nicht sichergestellt, wenn der übernehmende Rechtsträger von der Körperschaftsteuer befreit ist (bspw. nach § 5 KStG oder § 16 Abs. 1 REITG) oder wenn das Vermögen in den nicht steuerpflichtigen Bereich einer Körperschaft des öffentlichen Rechts übergeht.[269] Schädlich ist somit eine persönliche Steuerbefreiung des übernehmenden Rechtsträgers. Eine Steuerbefreiung allein für Gewerbesteuerzwecke (bspw. Gewerbesteuerbefreiung für Unternehmensbeteiligungsgesellschaften nach § 3 Nr. 23 GewStG) ist unbeachtlich. Eine sachliche Steuerbefreiung bestimmter Einkünfte wie bspw. § 8b KStG ist dagegen unschädlich. Entsprechendes gilt, wenn es beim übernehmenden Rechtsträger aufgrund des Bestehens von steuerlichen Verlustvorträgen in absehbarer Zeit (vorbehaltlich der Mindestbesteuerung) tatsächlich nicht zu einer Besteuerung kommt.

130 In diesem Zusammenhang ist ferner zu berücksichtigen, dass gemeinnützige Körperschaften des privaten Rechts (Vereine, Stiftungen, etc) gem. § 1 Abs. 1 Nr. 4 und 5 KStG grundsätzlich unbeschränkt in Deutschland körperschaftsteuerpflichtig sind. Eine Steuerbefreiung ergibt sich aus § 5 Nr. 9 S. 1 KStG nur für den ideellen Bereich und den Bereich der Vermögensverwaltung sowie bei Vorliegen eines Zweckbetriebs, wobei die Steuerbefreiung gem. § 5 Nr. 9 S. 2 KStG insoweit ausgeschlossen ist, als ein wirtschaftlicher Geschäftsbetrieb iSv § 14 AO unterhalten wird (soweit dieser keinen Zweckbetrieb iSv §§ 65 ff. AO darstellt).

131 Anders verhält sich die Regelungssystematik bei Körperschaften des öffentlichen Rechts. Diese sind gem. § 1 Abs. 1 Nr. 6 KStG, § 4 KStG nur mit ihren Betrieben ge-

---

[269] UmwSt-Erlass Rn. 11.07.

werblicher Art (BgA) körperschaftsteuerpflichtig.[270] Für einen Buchwertansatz iSv § 11 Abs. 2 ist allerdings Voraussetzung, dass diese wiederum nicht gem. § 5 KStG von der Körperschaftsteuer befreit sind.[271]

Bei Auslandssachverhalten gilt, dass eine Besteuerung iSv § 11 Abs. 2 S. 1 Nr. 1 auch eine mit der deutschen Einkommen- oder Körperschaftsteuer vergleichbare Steuer ist.[272]

132

bb) Sonderfall: Verschmelzung auf hybride Gesellschaftsformen – Mischumwandlung

Werden hybride Gesellschaften verschmolzen, die sowohl Merkmale einer Körperschaft iSv § 1 KStG (Trennungsprinzip) als auch Merkmale einer Mitunternehmerschaft iSv § 15 EStG (Transparenzprinzip) aufweisen, sind diese spezifischen steuerlichen Merkmale bei der Prüfung der Voraussetzungen nach § 11 Abs. 1 S. 1 Nr. 1–3 entsprechend zu berücksichtigen. In diesem Zusammenhang wird regelmäßig von einer Mischumwandlung gesprochen.[273] Anschauliches Beispiel ist die Verschmelzung unter Beteiligung einer KGaA. Dies hängt damit zusammen, dass die KGaA zwar persönlich körperschaftsteuerpflichtig ist, dies jedoch nicht hinsichtlich des auf den Komplementär entfallenden Gewinnanteils gilt, der bei dem Komplementär wie bei einem Mitunternehmer besteuert wird. Bei der Verschmelzung einer KGaA auf eine AG oder GmbH ist der Kommanditaktien-Teil nach § 11 ff. einzuordnen und der Komplementär-Teil als Einbringung nach §§ 20 ff.[274] Spiegelbildlich bestimmen sich die steuerlichen Folgen hinsichtlich einer Verschmelzung auf eine KGaA: § 12 ist bei der KGaA insoweit nicht anwendbar, als das Vermögen der übertragenden Körperschaft zur Vermögenseinlage des Komplementärs wird. Insoweit finden die §§ 3 ff. Anwendung.[275]

133

cc) Sonderfall: Verschmelzung auf Körperschaft und atypisch Still

Bei der Verschmelzung einer Körperschaft auf eine Körperschaft und atypisch Still sind die Voraussetzungen aus § 11 Abs. 2 S. 1 Nr. 1 erfüllt. Denn der Umwandlungsvorgang zerlegt sich gedanklich in eine zweistufige Vorgehensweise: Auf eine unter § 11 fallende Verschmelzung folgt eine Einbringung nach § 24. Die Buchwertübertragung auf die atypisch Stille (dh die Mitunternehmerschaft) findet erst nach der Verschmelzung statt, weshalb am steuerlichen Übertragungsstichtag der Verschmelzung die Besteuerung mit Körperschaftsteuer sichergestellt ist.[276]

134

dd) Sonderfall: Verschmelzung auf Organgesellschaft

Bei der Verschmelzung auf eine Organgesellschaft ist zu berücksichtigen, dass diese zwar ein eigenständiges Körperschaftsteuersubjekt darstellt und jährlich selbst eine eigene Steuererklärung abzugeben hat (meist als Nullerklärung). Ihr Einkommen ist jedoch gem. § 14 Abs. 1 KStG grds. – dh vorbehaltlich der Eigenversteuerung nach § 16 KStG iHv 20/17 der geleisteten Ausgleichzahlungen an Minderheitsgesellschafter – dem Organträger zuzurechnen.

135

---

270 Zur Abgrenzung des nicht steuerpflichtigen Bereichs einer juristischen Person des öffentlichen Rechts zum wirtschaftlichen Geschäftsbetrieb vgl. Schauhoff/*Schauhoff* § 7 und Pahlke/Koenig/*Koenig* AO § 14 und AO§ 64.
271 So zB die persönliche Steuerbefreiung von berufsständischen Versorgungswerken gem. § 5 Abs. 1 Nr. 8 KStG.
272 UmwSt-Erlass Rn. 11.07 iVm Rn. 03.17.
273 Dötsch/Pung/Möhlenbrock/*Dötsch* UmwStG Vor §§ 11–13 Rn. 43; Frotscher/Drüen/*Frotscher* UmwStG § 11 Rn. 11.

274 Rödder/Herlinghaus/van Lishaut/*Rödder* UmwStG § 11 Rn. 49.
275 Rödder/Herlinghaus/van Lishaut/*Rödder* UmwStG § 11 Rn. 49, 111.
276 Rödder/Herlinghaus/van Lishaut/*Rödder* UmwStG § 11 Rn. 111; Schmitt/Hörtnagl/*Schmitt* UmwStG § 11 Rn. 103 mwN; Lademann UmwStG/*Hahn* § 11 Rn. 172.

136 Nach Auffassung der Finanzverwaltung ist eine Besteuerung mit Körperschaftsteuer beim übernehmenden Rechtsträger nur dann sichergestellt, wenn das Einkommen im Organkreis der Körperschaftsteuer unterliegt.[277] Soweit das Organeinkommen hingegen der Einkommensteuer unterliegt, weil der Organträger entweder eine unbeschränkt steuerpflichtige natürliche Person (§ 14 Abs. 1 S. 1 Nr. 2 S. 1 KStG) oder eine gewerblich tätige Personengesellschaft mit Ort der Geschäftsleitung im Inland (§ 14 Abs. 1 S. 1 Nr. 2 S. 2 KStG) ist, an der natürliche Personen (unmittelbar oder mittelbar) als Mitunternehmer beteiligt sind, ist die Besteuerung mit Körperschaftsteuer nicht sichergestellt. Rechtsfolge wäre insoweit die Aufdeckung von stillen Reserven. Die Finanzverwaltung ließ die Besteuerung mit Einkommensteuer jedoch aus Billigkeitsgründen genügen, wenn sich alle an der Verschmelzung Beteiligten (dh übertragender Rechtsträger, übernehmender Rechtsträger und die Anteilseigner beider Rechtsträger) übereinstimmend schriftlich damit einverstanden erklären, dass auf die aus der Verschmelzung resultierende Mehrabführungen die Regelungen über vororganschaftlich verursachte (handelsrechtliche) Mehrabführungen nach § 14 Abs. 3 S. 1 KStG anzuwenden sind.[278] Solche Mehrabführungen konnten insbes. dann entstehen, wenn die handelsbilanziellen Wertansätze des übergehenden Betriebsvermögens über den steuerbilanziellen Werten liegen. Dies hatte gem. § 14 Abs. 3 S. 1 KStG zur Folge, dass in Höhe dieser Mehrabführungen eine (fiktive) Gewinnausschüttung an die Anteilseigner der übernehmenden Organgesellschaft erfolgt. Der Billigkeitsantrag war bei dem für den übertragenden Rechtsträger zuständigen Finanzamt zu stellen.[279] Aufgrund der Anpassung des Konzepts für organschaftliche Mehr- bzw. Minderabführungen durch das KöMoG sollte die Anknüpfung an das alte Regelungsregime nicht mehr maßgeblich sein. Gemäß Entwurf eines aktualisierten Umwandlungssteuererlasses sollen die erweiterten Voraussetzungen entfallen und allein die Besteuerung mit Einkommensteuer maßgeblich sein, obgleich nach dem Entwurfswortlaut auf die Besteuerung mit Einkommensteuer beim Organträger abzustellen wäre, was wiederum keine Erleichterung im Falle von Organträgern in Ausprägung von gewerblich tätigen Personengesellschaft mit sich bringt.

137 Die Verwaltungsauffassung wird im steuerlichen Schrifttum zu Recht stark kritisiert.[280] Verfahrensrechtlich sind die hebeberechtigten Gemeinden aufgrund von § 184 Abs. 2 S. 1 AO an die Billigkeitsmaßnahme der zuständigen Finanzbehörde gebunden, da es sich bei dem Umwandlungssteuererlass um eine allgemeine Verwaltungsvorschrift der obersten Bundesfinanzbehörde handelt.[281]

Das Betriebsfinanzamt (§ 22 Abs. 1 iVm § 18 Abs. 1 Nr. 2 AO) des übertragenden Rechtsträgers sollte den Gemeinden im Rahmen der Erteilung des Gewerbesteuermessbescheids im Verfahren nach § 184 Abs. 3 AO daher die Grundlagen der getroffenen Billigkeitsmaßnahme mitteilen.

---

277 UmwSt-Erlass Rn. 11.08.
278 UmwSt-Erlass Rn. 11.08 mit Verweis auf Rn. Org. 33 und Org. 34.
279 *Oppen/Polatzky* GmbHR 2012, 263 (272).
280 *Schaflitzl/Götz* DB-Beil. 1/2012, 28; *Benz/Rosenberg* DB Sonderausgabe 2012, 8; *Hageböke/Stangl* GmbHR 2011, 744 ff.; *Schneider/Ruoff/Sistermann* FR 2012, 1 (10 f.); *Drüen* DStR 2012 Beihefter zu 2, 22 ff.; *Rödder/Herlinghaus/van Lishaut/Rödder* UmwStG § 11 Rn. 106 ff.
281 Für bis zum 31.12.2014 getroffenen Billigkeitsmaßnahmen war keine Bindungswirkung für die Gewerbesteuer gegeben mit der Folge, dass die Zuständigkeit bei den hebeberechtigten Gemeinden lag, vgl. BFH 25.4.2012 – I R 24/11, BFH/NV 2012, 1516, die gesetzgeberische Reaktion BT-Drs. 18/3017, 34 sowie die Ausführungen und Empfehlungen → 1. Aufl. 2015, Rn. 131. Die Neuregelung in § 184 Abs. 2 S. 1 AO ist gem. Art. 97 § 10c EGAO auch für nach dem 31.12.2014 getroffene Maßnahmen anzuwenden, die Besteuerungszeiträume betreffen, die vor dem 1.1.2015 abgelaufen sind. Die Grundsätze für eine Nichtanwendung entsprechend OFD NRW in der Kurzinformation v. 6.2.2015 – GewSt Nr. 02/2015, DB 2015, 345 für Stundung und Erlass sind mE nicht einschlägig.

b) Kein Ausschluss und keine Beschränkung des deutschen Besteuerungsrechts (Abs. 2 S. 1 Nr. 2)

aa) Allgemeines

Voraussetzung für den Ausschluss oder die Beschränkung des deutschen Besteuerungsrechts hinsichtlich der stillen Reserven in den übergehenden Wirtschaftsgütern ist denklogisch, dass ein solches Besteuerungsrecht zunächst einmal vor der Verschmelzung bestanden haben muss. Andernfalls kann es nicht ausgeschlossen oder beschränkt werden. Der Buchwertansatz kann insoweit folglich nur im Falle einer verschmelzungsbedingten Statusverschlechterung versagt werden.[282] Diese Beurteilung hat sowohl unter Berücksichtigung der nationalen Steuergesetze als auch unter Berücksichtigung abkommensrechtlicher Vereinbarungen und unionsrechtlicher Maßgaben zu erfolgen (zur Entstrickung im internationalen Kontext → Rn. 197 ff.).

Ein **Ausschluss des deutschen Besteuerungsrechts** liegt vor, wenn ein vor der Verschmelzung bestehendes Besteuerungsrecht nach nationalem Recht oder Abkommensrecht vollumfänglich wegfällt. Eine **Beschränkung des deutschen Besteuerungsrechts** ist dann gegeben, wenn das deutsche Besteuerungsrecht zwar dem Grunde nach fortbestehen bleibt, der Höhe nach jedoch dadurch beschränkt wird, dass künftig eine ausländische Steuer auf die deutsche Steuerschuld angerechnet wird. Für diese Zwecke muss nach dem Wortlaut von § 11 Abs. 2 S. 1 Nr. 2 („beschränkt wird") eine konkrete, tatsächliche Beschränkung vorliegen. Die bloße Möglichkeit der Anrechnung ausländischer Steuer reicht hierzu nicht aus.[283]

Inländische Einkünfte: Ein Rechtsträgerwechsel führt nicht automatisch zu einem Ausschluss oder einer Beschränkung der deutschen Besteuerungsbefugnis. Bei Inlandsverschmelzung ist dies regelmäßig nicht gegeben. Bei Verschmelzung unter Beteiligung einer EU-/EWR-Gesellschaft als übernehmender Rechtsträger (grenzüberschreitend oder reine Auslandsverschmelzung) ist die Steuerverstrickung im Inland weiterhin gegeben, soweit es sich um Einkünfte iSv § 49 EStG handelt und Deutschland auch nach dem Doppelbesteuerungsabkommen mit dem Ansässigkeitsstaat des übernehmenden Rechtsträgers ein gleichwertiges Besteuerungsrecht verbleibt.

Ausländische Einkünfte: Bei ausländischen Einkünften gestaltet sich die Prüfung diffiziler. Zwar unterliegen auch ausländische Einkünfte bei einer unbeschränkt steuerpflichtigen Körperschaft grds. der deutschen Besteuerung (Welteinkommensprinzip, § 1 Abs. 2 KStG). Allerdings gilt dies nur insoweit, als das deutsche Besteuerungsrecht nicht aufgrund zwischenstaatlicher oder supranationaler Vereinbarungen[284] eingeschränkt ist. Ein deutsches Besteuerungsrecht kommt daher insbes. in folgenden Fällen in Betracht: (i) DBA mit Anrechnungsmethode (vgl. Art. 23B OECD-MA),[285] (ii) Anrechnung von ausländischer Steuer gem. § 26 KStG iVm § 34c EStG bei Nicht-DBA Staaten (zB Hongkong, Brasilien). Bei Anwendung der DBA Freistellungsmethode (vgl. Art. 23A OECD-MA) wird Deutschland ein Besteuerungsrecht nur in Ausnahmefällen besitzen, etwa

---

282 Vgl. BT-Drs. 16/2710, 38; UmwSt-Erlass Rn. 11.09 iVm Rn. 03.19.
283 Schmitt/Hörtnagl/*Schmitt* UmwStG § 3 Rn. 86, UmwStG § 11 Rn. 108a; *Lohmar* FR 2013, 591 (599); aA Widmann/Mayer/*Schießl* UmwStG § 11 Rn. 50.10.
284 Vorwiegend Doppelbesteuerungsabkommen und im Ausnahmefall auch EU-Richtlinien bei fehlerhafter oder nicht rechtzeitiger Umsetzung in nationales Recht (effet utile).
285 Bei den DBA mit EU-/EWR-Mitgliedstaaten findet standardmäßig die Freistellungsmethode Anwendung. Derzeit sieht lediglich das DBA Zypern die Anrechnungsmethode vor.

durch (i) Aussetzen der Abkommensregelung im Wege des treaty override (beispielsweise durch Übergang von der Freistellung auf die Anrechnungsmethode gem. § 20 Abs. 2 AStG oder § 50d Abs. 9 EStG) oder (ii) durch Sonderregelungen im entsprechenden DBA, etwa bei Anwendung einer subject-to-tax-Klausel (Besteuerungsvorbehalt), remittance-base-Klausel (Überweisungsklausel) oder einer switch-over-Klausel (Umschaltklausel)[286] bzw. eines Aktivitätsvorbehalts.[287] Das Vorliegen der Voraussetzungen für die Hinzurechnungsbesteuerung nach §§ 7 ff. AStG führt nicht dazu, dass die Wirtschaftsgüter der übertragenden Zwischengesellschaft in Deutschland steuerverstrickt sind; insoweit kann es folglich auch nicht zu einem Ausschluss oder einer Beschränkung des deutschen Besteuerungsrechts nach § 11 Abs. 2 S. 1 Nr. 2 kommen (zur Anwendung von § 8 Abs. 2 Nr. 10 AStG → Rn. 24).

bb) Abwärtsverschmelzung mit ausländischen Anteileignern und Verstrickung der Anteile am übernehmenden Rechtsträger

142 Im UmwG ist die **Abwärtsverschmelzung** einer Mutter- auf ihre Tochtergesellschaft zwar nicht ausdrücklich geregelt, jedoch grundsätzlich zulässig. Dabei gehen die Anteile des übertragenden Rechtsträgers am übernehmenden Rechtsträger grds. durch die Verschmelzung gem. § 20 Abs. 1 Nr. 1 UmwG auf den übernehmenden Rechtsträger über.[288] Allerdings kann die übernehmende Tochtergesellschaft gem. § 54 Abs. 1 S. 2 Nr. 2 UmwG bzw. § 68 Abs. 1 S. 2 Nr. 2 UmwG frei wählen, ob sie entweder auf eine Kapitalerhöhung verzichtet und die Anteile iRd Anteilstauschs den Anteilsinhabern der übertragenden Muttergesellschaft gewährt oder die Anteile einbehält und zum Zwecke der Anteilsgewährung eine Kapitalerhöhung durchführt.[289] Erwerben die bisherigen Anteilseigner der Muttergesellschaft die Anteile an der Tochtergesellschaft unmittelbar kraft Gesetz (sog. **Direkterwerb**),[290] kommt es zu keinem Erwerb eigener Anteile seitens der Tochtergesellschaft, auch nicht nur für eine denklogische Sekunde (kein sog. Durchgangserwerb).[291] Der Direkterwerb stellt in der Praxis den Regelfall dar.

(1) Verschmelzung mit Kapitalerhöhung

143 Die Besteuerung mit Körperschaftsteuer ist bei Übergang der Anteile an der übernehmenden Tochtergesellschaft durch Verschmelzung dann sichergestellt, wenn es sich bei der übernehmenden Tochtergesellschaft um eine im Inland unbeschränkt steuerpflichtige Körperschaft iSv § 1 Abs. 1 KStG handelt, die auch nicht gem. § 5 KStG von der Körperschaftsteuer befreit ist. Die sachliche Steuerbefreiung auf einen Veräußerungsgewinn nach § 8b Abs. 2 KStG steht dem nicht entgegen.

144 Eine Buchwertfortführung auf Antrag sollte selbst dann möglich sein, wenn die übernehmende Tochtergesellschaft die eigenen Anteile zu einem späteren Zeitpunkt ein-

---

286 Zu subject-to-tax, remittance-base und switch-over vgl. BMF Schreiben v. 20.6.2013, IV B 2 – S 1300/09/10006; Lüdicke IStR 2013, 721 ff.; Schönfeld IStR 2013, 757 ff.
287 Aktivitätsklauseln unterschiedlicher Ausprägungen finden sich zB in Art. 22 Abs. 1 Buchst. c DBA Großbritannien, Art. 22 Abs. 2 Buchst. c DBA Spanien, Art. 22 Abs. 1 Buchst. c DBA Niederlande, Art. 22 Abs. 1 Buchst. c DBA Ungarn, Art. 23 Abs. 1 Buchst. c DBA Tschechien oder Art. 23 Abs. 1 Buchst. c DBA Kroatien; s. auch Art. 22 Abs. 1 Buchst. d der deutschen Verhandlungsgrundlage (BMF Schreiben v. 17.4.2013, IV B 2 – S 1301/10/10022–32).
288 Semler/Stengel/Leonhard/*Reichert* UmwG § 54 Rn. 15.
289 → UmwG § 54 Rn. 22 f.; Schmitt/Hörtnagl/*Stratz* UmwG § 54 Rn. 11; Semler/Stengel/Leonhard/*Reichert* UmwG § 54 Rn. 14.
290 Semler/Stengel/Leonhard/*Leonard* UmwG § 20 Rn. 74 und Semler/Stengel/Leonhard/*Reichert* UmwG § 54 Rn. 15 f.; IDW RS HFA 42 Rn. 47, WPg Supplement 4/2012, 91.
291 BFH 28.10.2009 – I R 4/09, BStBl. II 2011, 315; UmwSt-Erlass Rn. 11.18; Semler/Stengel/Leonhard/*Reichert* UmwG § 54 Rn. 16.

zieht (vgl. § 237 AktG, § 34 GmbHG). Denn die bloße Einziehung eigener Anteile stellt nach § 272 Abs. 1a HGB einen neutralen gesellschaftsrechtlichen Vorgang dar, der auch steuerlich ohne Auswirkungen bleibt.[292] Dies kann jedoch nicht bedeuten, dass der Buchwertansatz in der steuerlichen Schlussbilanz der übertragenden Muttergesellschaft deswegen ausgeschlossen ist, weil die Einziehung eigener Anteile nicht mehr der Besteuerung mit deutscher Körperschaftsteuer unterliegt. Vielmehr ist zum steuerlichen Übertragungsstichtag eine Weiterveräußerung der von der Mutter- auf die Tochtergesellschaft übergegangenen Anteile gerade noch denkbar. Darüber hinaus kommt es durch die Einziehung der eigenen Anteile auch zu keiner Entstrickung von Steuersubstrat im engeren Sinne.

(2) Direkterwerb durch die Anteilseigner

Für den Sonderfall des Direkterwerbs müssen die Voraussetzungen des § 11 Abs. 2 S. 1 Nr. 2 (kein Ausschluss und keine Beschränkung des Besteuerungsrechts hinsichtlich des Gewinns aus der Veräußerung der übertragenen Wirtschaftsgüter) und Nr. 3 (keine Gegenleistung oder nur in Form von Gesellschaftsrechten) nach Auffassung der Finanzverwaltung vorliegen, wobei die Finanzverwaltung für diese Zwecke auf die an die Anteilseigner der untergehenden Muttergesellschaft gewährten Anteile an der Tochtergesellschaft abstellt.[293] Diese Auffassung folgt grds. dem Rechtsgedanken des § 11 Abs. 2 S. 1 Nr. 1 und 2, wonach es bei einer Entstrickung von deutschem Steuersubstrat infolge der Verschmelzung grds. zu einer Aufdeckung von stillen Reserven kommen soll. Ob die Voraussetzung nach § 11 Abs. 2 S. 1 Nr. 1 (Besteuerung mit Körperschaftsteuer bei der übernehmenden Körperschaft) ebenfalls zu erfüllen ist, kann aus dem Umwandlungssteuererlass nicht rechtssicher abgeleitet werden. Nach aktueller Lesart wird aufgrund der ausschließlichen Bezugnahme im Umwandlungssteuererlass auf die Voraussetzungen von § 11 Abs. 2 S. 1 Nr. 2 und 3[294] davon ausgegangen, dass die Voraussetzung nach § 11 Abs. S. 1 Nr. 1 beim Direkterwerb nicht vorliegen muss.

145

Dem hat sich der BFH – entgegen den Vorinstanzen[295] und der wohl hM im Schrifttum[296] – angeschlossen und eine kontroverse Diskussion, ob es sich bei den Anteilen an der Tochtergesellschaft bei einem Direkterwerb um „übergehende Wirtschaftsgüter" iSd § 11 Abs. 1 S. 1 handelt, im Sinne der Auffassung der Finanzverwaltung beendet.[297] Die Auslegung der Vorschrift war länger strittig, da sich die von der Finanzverwaltung propagierte Rechtsfolge weder unmittelbar aus dem Gesetzeswortlaut zum Grundfall in § 11 Abs. 1 S. 1 noch auch dem Gesetzeswortlaut zum Wahlrecht auf Buch- bzw. Zwischenwertansatz in § 11 Abs. 2 S. 1 Hs. 1 ergibt. Vielmehr beziehen sich beide Vorschrif-

146

---

292 BMF Schreiben v. 27.11.2013, BStBl. I 2013, 1615, Rn. 6 und 16; Schmitt/Hörtnagl/*Schmitt* UmwStG § 11 Rn. 74, 100 mit Hinweisen auf die abweichende Mindermeinung im steuerlichen Schrifttum; Widmann/Mayer/*Schießl* UmwStG § 11 Rn. 159 mwN zur Rechtsprechung; Rödder/Herlinghaus/van Lishaut/*Rödder* UmwStG § 11 Rn. 69, 112; Haase/Hofacker/Ropohl/*Sonntag* UmwStG § 11 Rn. 111.
293 UmwSt-Erlass Rn. 11.19; ebenso Dötsch/Pung/Möhlenbrock/*Dötsch* UmwStG § 11 Rn. 92; Frotscher/Drüen/ *Frotscher* UmwStG § 11 Rn. 180 f.
294 UmwSt-Erlass Rn. 11.19.
295 FG Düsseldorf 22.4.2016 – 6 K 1947/14 K, G, EFG 2016, 951 und FG Rheinland 12.4.2016 – 1 K 1001/14, EFG 2016, 1392.
296 Bspw. Schmitt/Hörtnagl/*Schmitt*, UmwStG § 11 Rn. 101, 125; Rödder/Herlinghaus/van Lishaut/*Rödder* UmwStG § 11 Rn. 69b, 112a, 133b, UmwStG § 12 Rn. 76; Widmann/ Mayer/*Schießl* UmwStG § 11 Rn. 167; Haase/Hofacker/Ropohl/*Sonntag* UmwStG § 11 Rn. 114; Sagasser/Bula/Brünger Umwandlungen/*Schlösser/Reichl/Rapp* § 11 Rn. 232; Prinz Umwandlungen IStR/*Beinert/Scheifele* Rn. 8.57 mwN; Schmitt/Schlossmacher DStR 2010, 673 (675); Benecke/Beinert FR 2010, 1120 (1127); Schaflitzl/Götz DB-Beil. 1/2012, 29; Schell FR 2012, 101 (102); *Philipp* DB 2016, 2022; aA bspw. Benecke/Beinert FR 2010, 1120 (1127); Rasche GmbHR 2010, 1188 (1191); Heinemann GmbHR 2012, 133 (139); Weber Der Konzern 2016, 390 (395).
297 BFH 30.5.2018 – I R 31/16, BStBl. II 2019, 136 und I R 35/16, BFH N/V 2019, 4; Prinz/Desens Umwandlungen IStR/*Braun* Rn. 14.105.

ten ausschließlich auf die übergehenden Wirtschaftsgüter. Bei einer Abwärtsverschmelzung ohne Kapitalerhöhung gehören die Anteile der Mutter- an der Tochtergesellschaft aufgrund des Direkterwerbs gerade nicht zu den auf den übernehmenden Rechtsträger übergehenden Wirtschaftsgütern. Demzufolge wurde mit Gründen vertreten, dass sich der Anwendungsbereich des § 11 Abs. 1 generell, und speziell das Wahlrecht auf Buch- bzw. Zwischenwertansatz in § 11 Abs. 2 S. 1 Hs. 1, nicht auch auf die Anteile der Mutter- an der Tochtergesellschaft erstreckt. Der BFH hat dem entgegengesetzt, dass es nicht darauf ankommt, ob die Anteile auf den übernehmenden Rechtsträger übergehen, sondern lediglich, dass sie übergehen, und zwar im Falle des Direkterwerbs auf die Anteilseigner des übertragenden Rechtsträgers. Soweit § 11 Abs. 2 S. 1 Nr. 1 und 2 weitere Anforderungen für den Buchwertansatz in Bezug auf die „übernehmende Körperschaft" stellen, ist gem. BFH auf diejenige Person abzustellen, die die Anteile an der Tochtergesellschaft erwirbt. In den beiden Urteilsfällen war Anteilseigner der wegverschmolzenen Muttergesellschaft eine US-amerikanische Körperschaft. Laut BFH war die Rechtsnorm bereits nach ihrem Wortlaut einschlägig mit der Folge, dass die Abwärtsverschmelzung bei Vorliegen der weiteren Voraussetzungen auf Antrag zu steuerlichen Buchwerten erfolgen kann (was in den Urteilsfällen aufgrund Auslandsansässigkeit der Anteilseigner der wegverschmolzenen Muttergesellschaften und Wegfall des Besteuerungsrechts Deutschlands an einem Gewinn aus der Veräußerung der im Direkterwerb übergehenden Anteile an der Tochtergesellschaft nicht der Fall war).

147 Der BFH ist mangels Entscheidungserheblichkeit nicht darauf eingegangen, ob § 11 Abs. 2 S. 1 Nr. 1 auch dann anzuwenden ist, wenn und soweit es sich bei den Anteilseignern der wegverschmolzenen Muttergesellschaft um natürliche Personen oder Personengesellschaften handelt. Denn der Wortlaut von § 11 Abs. 2 S. 1 Nr. 1 stellt lediglich darauf ab, dass die übergehenden Wirtschaftsgüter bei der übernehmenden Körperschaft der Besteuerung mit Körperschaftsteuer unterliegen.[298] Eine Anwendung auch von § 11 Abs. 2 S. 1 Nr. 1 für Fälle des Direkterwerbs würde jedoch zu unbilligen Ergebnissen führen, da im Hinblick auf Anteile an der Tochtergesellschaft bei Übergang auf eine natürliche Person eine Besteuerung nicht nur nicht ausgeschlossen ist (dh kein Besteuerungssubstrat verloren geht), sondern, im Gegenteil, mangels Anwendbarkeit von § 8b Abs. 2 KStG im Regelfall im Umfang erweitert. Andernfalls würde dies bedeuten, dass sämtliche Abwärtsverschmelzungen bei Direkterwerb mit natürlichen Personen als Anteilseignern im Hinblick auf die übergehenden Anteile an der Tochtergesellschaft insoweit nicht steuerneutral möglich sind. Dies kann nicht dem Telos entsprechen und könnte bei hohen stillen Reserven ungeachtet der Steuerbegünstigung von § 8b Abs. 2, 3 KStG zu einem echten Verschmelzungshindernis führen. Es bleibt zu hoffen, dass die Finanzverwaltung dies im Rahmen der aktuellen Überarbeitung des Umwandlungssteuererlasses klarstellt.

148 Der BFH sieht in § 11 Abs. 2 S. 2 auch keine – die allgemeinen Regelungen verdrängende – abschließende Sonderregelung für den Wertansatz der Anteile an der übernehmenden Körperschaft in der steuerlichen Schlussbilanz, sondern lediglich eine Regelung zum Beteiligungskorrekturgewinn (→ Rn. 158 ff.). Insofern soll ausschließlich § 11 Abs. 2 S. 1 maßgeblich sein. Ein Rückgriff auf allgemeine Grundsätze zur Aufdeckung der in

---

298 Brandis/Heuermann/*Nitschke* § 11 Rn. 78b.

den Anteilen enthaltenen stillen Reserven aufgrund des Rechtsträgerwechsels bzw. des allgemeinen Entstrickungstatbestandes nach § 12 Abs. 1 KStG[299] ist nicht erforderlich.

Von praktischer Bedeutung ist, dass sich eine Versagung des Buchwertansatzes nur auf die Anteile an der Tochtergesellschaft beziehen kann und den Buchwertansatz hinsichtlich der übrigen übergehenden Wirtschaftsgüter unberührt lässt, da § 11 Abs. 2 S. 1 eine „insoweit"-Betrachtung anstellt. Folgt man der Auffassung der Finanzverwaltung, ist bei einer Abwärtsverschmelzung stets zu prüfen, ob die Anteile an der übernehmenden Tochtergesellschaft nach Verschmelzung dem deutschen Besteuerungsrecht unterliegen. Andernfalls ist eine Buchwertfortführung oder ein Zwischenwertansatz insoweit ausgeschlossen und es kommt insoweit zur Realisierung eines Gewinns in der steuerlichen Schlussbilanz des übertragenden Rechtsträgers.[300] Für diese Zwecke ist neben den rein nationalen steuerlichen Vorschriften insbes. auch die Aufteilung der Besteuerungsbefugnisse nach dem einschlägigen Doppelbesteuerungsabkommen (sofern vorhanden) zu prüfen (vgl. Art. 13 OECD-MA). In diesem Zusammenhang ist zu berücksichtigen, dass Anteilsveräußerungsgewinne zwar gem. § 49 Abs. 1 Nr. 2 Buchst. e EStG auch bei fehlender Zuordnung zu einer inländischen Betriebsstätte als inländische Einkünfte qualifizieren, das Besteuerungsrecht auf einen Anteilsveräußerungsgewinn nach den Doppelbesteuerungsabkommen mit Deutschland jedoch regelmäßig dem Ansässigkeitsstaat des Anteilseigners zusteht. Einzelne Doppelbesteuerungsabkommen hingegen beinhalten eine Ausnahme für Grundstückgesellschaften (vgl. Art. 13 Abs. 4 OECD-MA).[301] Eine solche Prüfung erfordert eine detaillierte Analyse der Anteilseignerstruktur der Muttergesellschaft („insoweit"-Betrachtung). Für diese Zwecke ist als Beurteilungszeitpunkt auf den steuerlichen Übertragungsstichtag abzustellen (→ Rn. 156). Ein Wechsel der Anteilseigner bei der zu verschmelzenden Muttergesellschaft im Rückwirkungszeitraum bleibt daher unbeachtlich. Zwar nehmen die Anteilseigner der übertragenden Körperschaften bei Verschmelzung auf eine andere Körperschaft an der steuerlichen Rückwirkung iSv § 2 Abs. 1 UmwStG grds. nicht teil,[302] allerdings bezieht sich die Rückwirkungsfiktion bei der Abwärtsverschmelzung nicht auf den Status der Gesellschafter der Muttergesellschaft als übertragender Rechtsträger, sondern vielmehr auf die Zuordnung der Anteile an der Tochtergesellschaft nach § 2 Abs. 1 und somit auf die Wirtschaftsgüter des übertragenden Rechtsträgers. Dies entspricht wohl auch der Auffassung der Finanzverwaltung, wonach für die Prüfung des Vorliegens des Ausschlusses oder der Beschränkung des deutschen Besteuerungsrechts auf die tatsächlichen Verhältnisse zum Zeitpunkt des steuerlichen Übertragungsstichtages abzustellen ist.[303] Praktische Probleme ergeben sich insoweit jedoch insbes. bei der Verschmelzung von Publikums-Kapitalgesellschaften ohne Gesellschafterliste iSv § 40 GmbHG oder Aktienregister iSv § 67 AktG; für diese ist es regelmäßig praktisch

---

[299] Nach der Gesetzesbegründung zum E SEStEG soll eine Entstrickung unter Aufdeckung von stillen Reserven grds. auch bei einem Rechtsträgerwechsel im Wege der Gesamtrechtsnachfolge stattfinden (BT-Drs. 16/2710, 26), s. Rödder/Herlinghaus/van Lishaut/*Ritzer* Anh. 6 Rn. 76; vgl. auch *Benecke/Beinert* FR 2010, 1120 (1126), die subsidiär in dem Direkterwerb eine verdeckte Sachauskehrung und somit eine vGA nach § 8 Abs. 3 S. 3 KStG in Betracht zieht; aA *Schmitt/Schlossmacher* DStR 2011, 673 (675, 677), Widmann/Mayer/*Schießl* UmwStG § 11 Rn. 167 und Prinz Umwandlungen IStR/*Beinert/Scheifele* Rn. 8.61, die von einer Verdrängung von § 12 Abs. 1 KStG ausgehen. Soweit § 11 Abs. 1 UmwStG jedoch keine Anwendung findet, kann mE mangels spezialgesetzlicher Regelung keine Verdrängung erfolgen, eine Korrektur lediglich über die Bewertungsvorschrift des § 11 Abs. 2 S. 2. Frotscher/Drüen/*Frotscher* UmwStG § 11 Rn. 183 würde die Besteuerung der stillen Reserven hingegen über ein vGA lösen.

[300] Vgl. auch die Beispiele bei Schmitt/Hörtnagl/*Schmitt* UmwStG § 11 Rn. 126; *Benz/Rosenberg* DB Sonderausgabe 2010, 10; *Schell* FR 2012, 101.

[301] *Schmitt/Schlossmacher* DStR 2010, 673 (676).

[302] Mit Ausnahme von § 12 Abs. 2 S. 3 iVm § 5 Abs. 1 UmwStG insbes. bei Aufwärtsverschmelzung.

[303] UmwSt-Erlass Rn. 02.15.

unmöglich, die Anteilseigner zu identifizieren, erst recht bei steuerlicher Rückwirkung mit einem in der Vergangenheit liegenden steuerlichen Übertragungsstichtag.

150 Kommt es zur Realisierung von stillen Reserven in den Anteilen, unterliegt ein Übertragungsgewinn bei Anwendbarkeit von § 8b Abs. 2, 3 KStG (dh vorbehaltlich § 8b Abs. 7 und 8 KStG) effektiv zu 5 % der Besteuerung. Eine Übertragungsgewinnbesteuerung lässt sich durch die vorherige Einlage der Anteile am übertragenden Rechtsträger in eine inländische Körperschaft vermeiden, vorausgesetzt dies löst im Ausland keine Einbringungsbesteuerung aus; § 22 Abs. 2 greift bei Steuerfreiheit gem. § 8b Abs. 2 KStG nicht.[304]

151 Alternativ zur Abwärtsverschmelzung wäre eine Aufwärtsverschmelzung der Tochtergesellschaft auf die Muttergesellschaft in Betracht zu ziehen. Hierbei ist jedoch zu berücksichtigen, dass ein Übertragungsgewinn bei der übernehmenden Muttergesellschaft gem. § 12 Abs. 2 S. 2 ebenfalls nach Maßgabe von § 8b Abs. 2, 3 KStG zu versteuern ist. Darüber hinaus ist zu analysieren, ob es dadurch ggf. zu einem Wegfall von steuerlichen Verlusten bzw. Verlust-, Zins- oder EBITDA-Vorträgen kommt und ob durch die Aufwärtsverschmelzung uU Grunderwerbsteuer ausgelöst wird.

c) Keine oder in Gesellschaftsrechten bestehende Gegenleistung (Abs. 2 S. 1 Nr. 3)

152 Soweit den verbleibenden Anteilseignern der übertragenden Körperschaft oder diesen nahe stehende Personen eine **Gegenleistung** gewährt wird, die nicht in Form von Gesellschaftsrechten an der übernehmenden Körperschaft besteht,[305] ist ein Buchwertansatz gem. § 11 Abs. 2 S. 1 Nr. 3 ausgeschlossen.[306] Einige gewichtige Stimmen im steuerlichen Schrifttum wollen (über den Gesetzeswortlaut „Gesellschaftsrechte" hinaus) auch beteiligungsähnliche EK-Genussrechte akzeptieren.[307]

153 Eine Gegenleistung wird nicht gewährt, soweit die übernehmende Körperschaft an der übertragenden Körperschaft beteiligt ist. Für diese Fälle besteht gem. § 54 Abs. 1 S. 1 Nr. 1 UmwG (GmbH) bzw. § 68 Abs. 1 S. 1 Nr. 1 UmwG (AG) ein Kapitalerhöhungsverbot. Ferner darf von der Anteilsgewährung gem. § 54 Abs. 1 S. 3 UmwG, § 68 Abs. 1 S. 3 UmwG abgesehen werden, wenn alle Anteilsinhaber des übertragenden Rechtsträgers auf die Anteilsgewährung in notarieller beurkundender Form verzichten, was insbes. bei Konzernverschmelzungen in Betracht kommt.[308]

154 Eine nicht in Gesellschaftsrechten bestehende (schädliche) Gegenleistung ist insbes. bei Leistung barer Zuzahlungen[309] oder Gewährung sonstiger Vermögenswerte[310] durch die übernehmende Körperschaft gegeben. Bei einer Vermögensübertragung iSv § 174 UmwG kommt ein Buchwertansatz in der steuerlichen Schlussbilanz des übertragenden Rechtsträgers regelmäßig nicht in Betracht, da die Gegenleistung grundsätzlich nicht in

---

304 So zB Prinz Umwandlungen IStR/*Beinert/Scheifele* Rn. 8.64.
305 Neben der Ausgabe neuer Anteile im Rahmen einer Kapitalerhöhung erfüllt auch die Auskehrung eigener Anteile die Anforderungen an § 11 Abs. 2 S. 1 Nr. 3 UmwStG. Die Auskehrung der eigenen Anteile stellt bei der Gesellschaft steuerlich keinen Veräußerungsvorgang dar, sondern ist wie eine Erhöhung des Nennkapitals zu behandeln, vgl. BMF Schreiben v. 27.11.2013, BStBl. I 2013, 1615, Rn. 13; aA FG Münster 13.10.2016 – 9 K 1087/14 K G F, EFG 2017, 423.
306 UmwSt-Erlass Rn. 11.06 iVm Rn. 03.13 und insbes. Rn. 11.10 iVm Rn. 03.21.
307 Dötsch/Pung/Möhlenbrock/*Dötsch* UmwStG § 11 Rn. 98; Lademann UmwStG/*Hahn* § 11 Rn. 224; Schmitt/Hörtnagl/*Schmitt* UmwStG § 11 Rn. 132; Frotscher/Drüen/*Frotscher* UmwStG § 11 Rn. 161.
308 Zur Verschmelzung von Schwesterkapitalgesellschaften ohne Anteilsgewährung vgl. *Krum* GmbHR 2010, 24.
309 Bspw. Spitzenausgleich nach § 54 Abs. 4 UmwG (GmbH) oder § 68 Abs. 3 UmwG (AG), s. UmwSt-Erlass Rn. 03.21.
310 Bspw. Darlehensforderungen, s. UmwSt-Erlass Rn. 03.21.

Form von Gesellschaftsrechten geleistet wird.[311] Nach (umstrittener) Auffassung der Finanzverwaltung sind Leistungen von der übernehmenden Körperschaft nahe stehenden Personen – wie bspw. die Anteilseigner der übernehmenden Körperschaft – als (schädliche) Gegenleistung zu sehen.[312] Eine Zahlung durch die übertragende Körperschaft an ihre Anteilseigner stellt keine Gegenleistung dar, sondern führt idR zur Annahme einer vGA.[313] Zahlungen an ausscheidende Anteilseigner aufgrund Barabfindung iSv § 29 UmwG stellen keine Gegenleistung iSv § 11 Abs. 2 S. 1 Nr. 3 dar.[314]

Bei Gewährung einer schädlichen Gegenleistung sind die übergehenden Wirtschaftsgüter insoweit mindestens mit dem Wert der Gegenleistung anzusetzen.[315] Regelmäßig kommt dies einem zwingenden Zwischenwertansatz gleich. Die Gegenleistung ist demzufolge nicht in voller Höhe steuerpflichtig, sondern nur nach Abzug der auf sie entfallenden Buchwerte.[316] Eine steuerneutrale Gewährung einer schädlichen Gegenleistung – wie etwa im Rahmen von § 20 Abs. 2 S. 2 Nr. 4, S. 4 und § 21 Abs. 1 S. 2 Nr. 2, S. 3 – ist bei der Verschmelzung nach § 11 nicht vorgesehen. 155

d) Maßgeblicher Zeitpunkt

Sowohl für die Prüfung der späteren Körperschaftbesteuerung iSv § 11 Abs. 2 S. 1 Nr. 1 als auch für die Prüfung des Ausschlusses oder der Beschränkung des deutschen Besteuerungsrechts iSv § 11 Abs. 2 S. 1 Nr. 2 ist auf die tatsächlichen Verhältnisse zum Zeitpunkt des steuerlichen Übertragungsstichtags abzustellen.[317] Sind die übergehenden Wirtschaftsgüter zum steuerlichen Übertragungsstichtag nach den tatsächlichen Verhältnissen noch dem übertragenden Rechtsträger zuzuordnen, kommt ein Ausschluss oder eine Beschränkung des deutschen Besteuerungsrechts mE regelmäßig nur im Falle der rechtlichen Entstrickung in Betracht. Für die Praxis ist aufgrund der nicht eindeutigen Formulierungen im UmwSt-Erlass (ausführlich zur Auffassung der Finanzverwaltung und den steuerlichen Folgen → Rn. 200 ff.) und mangels anderweitiger Verlautbarungen der Finanzverwaltung zu empfehlen, vorab eine verbindliche Auskunft einzuholen. Ein besonderes Interesse iSv § 89 Abs. 1 AO sollte aufgrund der Rechtsunsicherheit insoweit gegeben sein. 156

Wird das deutsche Besteuerungsrecht erst nach dem steuerlichen Übertragungsstichtag ausgeschlossen oder beschränkt, bleibt dies ohne Auswirkung auf den Wertansatz in der steuerlichen Schlussbilanz. Die stillen Reserven sind idR nach Maßgabe der allgemeinen Entstrickungsnormen iSv § 12 Abs. 1 KStG durch den übernehmenden Rechtsträger zu versteuern. 157

---

311 Zu den Merkmalen einer Vermögensübertragung → Rn. 40; Rödder/Herlinghaus/van Lishaut/*Rödder* UmwStG § 11 Rn. 148 mwN.
312 UmwSt-Erlass Rn. 11.10 iVm Rn. 03.21; aA Rödder/Herlinghaus/van Lishaut/*Rödder* UmwStG § 11 Rn. 146.
313 Dötsch/Pung/Möhlenbrock/*Klingebiel* KStG § 8 Rn. 1561.
314 UmwSt-Erlass Rn. 11.10 iVm Rn. 03.22.
315 Vgl. hierzu die Beispiele im UmwSt-Erlass zu Rn. 03.23 und Rn. 03.24 sowie Rödder/Herlinghaus/van Lishaut/ *Rödder* UmwStG § 11 Rn. 147 ff.

317 UmwSt-Erlass Rn. 11.05 und bezogen auf die Prüfung des Ausschlusses oder der Beschränkung des deutschen Besteuerungsrechts Rn. 02.15 mit dem zutreffenden Hinweis, dass das Besteuerungsrecht nicht rückwirkend fingiert werden kann; Rödder/Herlinghaus/van Lishaut/*Rödder* UmwStG § 11 Rn. 110, 116a, 121; Dötsch/Pung/Möhlenbrock/*Möhlenbrock/Pung* UmwStG § 3 Rn. 92.

IV. Beteiligungskorrekturgewinn bei Beteiligung am übernehmenden Rechtsträger (insbes. bei Abwärtsverschmelzung)(Abs. 2 S. 2)

158 Nach § 11 Abs. 2 S. 2 sind die Anteile des übertragenden Rechtsträgers am übernehmenden Rechtsträger mindestens mit dem Buchwert, erhöht um in früheren Jahren steuerwirksam vorgenommene Teilwertabschreibungen auf die Beteiligung sowie erhöht um steuerwirksame Abzüge nach § 6b EStG und ähnliche Abzüge, höchstens jedoch mit dem gemeinen Wert anzusetzen.[318] Da sich die Wertaufholung bei vorheriger Teilwertabschreibung bereits aus § 1 Abs. 5 Nr. 4 UmwStG iVm § 6 Abs. 1 Nr. 2 S. 3, Nr. 1 S. 4 EStG ergibt, läuft die in § 11 Abs. 2 S. 2 gesetzlich angeordnete Hinzuschreibung mE insoweit ins Leere. Anders wohl die Finanzverwaltung im UmwSt-Erlass.

159 Auf einen Gewinn aus der Zuschreibung des Beteiligungsbuchwerts (sog. **Beteiligungskorrekturgewinn**) sind gem. § 11 Abs. 2 S. 3 die Sätze 4 und 5 des § 8b Abs. 2 KStG entsprechend anzuwenden mit der Folge, dass der Beteiligungskorrekturgewinn voll steuerpflichtig ist, ohne dass das Beteiligungsprivileg nach § 8b Abs. 2 S. 1 KStG greift. Auf steuerunwirksame Abschreibungen findet § 11 Abs. 2 S. 2 folgerichtig keine Anwendung.

160 Bei Vorliegen sowohl steuerwirksamer als auch steuerunwirksamer Teilwertabschreibungen sind nach Auffassung der Finanzverwaltung die steuerwirksamen Teilwertabschreibungen vor den nicht voll steuerwirksamen Teilwertabschreibungen hinzuzurechnen.[319] Dieser Auffassung steht die BFH-Rechtsprechung zu einem ähnlich gelagerten Fall entgegen. So hat der BFH in seiner Entscheidung aus 2009[320] dargelegt, dass die zeitnähere Teilwertabschreibung (im Urteilsfall die steuerunwirksame Abschreibung) zuerst rückgängig gemacht werden muss. Überträgt man die Grundsätze dieser BFH-Rechtsprechung auf die Regelung in § 11 Abs. 2 S. 2, würde insoweit nach § 8b Abs. 2 S. 1, Abs. 3 S. 1 KStG kein steuerpflichtiger Beteiligungskorrekturgewinn entstehen.

V. Besteuerung eines Übertragungsgewinns/-verlusts

1. Ermittlung des steuerlichen Übertragungsergebnisses

161 Das laufende Ergebnis des übertragenden Rechtsträgers bis zum steuerlichen Übertragungsstichtag ist nach den allgemeinen ertragsteuerlichen Vorschriften zu ermitteln und von dem übertragenden Rechtsträger selbst zu versteuern. Hiervon ist die Besteuerung des Verschmelzungsvorgangs selbst abzugrenzen. Soweit stille Reserven und stille Lasten realisiert werden, führt dies regelmäßig zur Besteuerung eines Übertragungsgewinns, kann jedoch auch zur steuerlichen Berücksichtigung eines Übertragungsverlustes führen. Die Aufdeckung von stillen Reserven in den aktiven Wirtschaftsgütern erhöht das Übertragungsergebnis. Korrespondierend reduziert die Aufdeckung der stillen Lasten in den passiven Wirtschaftsgütern das Übertragungsergebnis.

---

318 UmwSt-Erlass Rn. 11.17. Die Regelungen für den umgekehrten Fall (dh Beteiligung des übernehmenden Rechtsträgers am übertragenden Rechtsträger) sind in § 12 Abs. 1 S. 2 iVm § 4 Abs. 1 S. 2 geregelt. *Krohn/Greulich* DStR 2008, 646 (648 f.) wollen aus § 11 Abs. 2 S. 2 auch die Möglichkeit eines Beteiligungskorrekturverlustes herauslesen, der zu einem steuerlich abzugsfähigen Aufwand führt; aA *Benz/Rosenberg* DB Sonderausgabe 2012, Fn. 34. Allerdings lässt sich nicht ausschließen, dass die Finanzverwaltung ihre Lesart des § 11 Abs. 2 S. 1 auch für Zwecke des § 11 Abs. 2 S. 2 entsprechend anwendet und den gemeinen Wert nicht als Obergrenze für den Zwischenwertansatz versteht, sondern ebenfalls als Höchstwert für den Wertansatz insgesamt (→ Rn. 119).

319 UmwSt-Erlass Rn. 11.17.

320 BFH 19.8.2009 – I R 2/09, BStBl. II 2010, 760.

a) Steuerlicher Übertragungsgewinn

Der steuerliche Übertragungsgewinn ermittelt sich aus der Differenz zwischen (i) den übergehenden Wirtschaftsgütern zu gemeinen Werten oder Zwischenwerten (beachte: Teilwert nach § 6a EStG für Pensionsrückstellungen) und (ii) den steuerbilanziellen Buchwerten der übergehenden Wirtschaftsgüter wie sie in einer fiktiven steuerlichen Zwischenbilanz (unter Anwendung der allgemeinen steuerlichen Bilanzierungs- und Bewertungsgrundsätze) anzusetzen wären abzüglich der Verschmelzungskosten des übertragenden Rechtsträgers. Ein Übertragungsgewinn unterliegt beim übertragenden Rechtsträger grds. der KSt und über § 19 Abs. 1 der GewSt.[321] Unter Umständen kommen wirtschaftsgutbezogene Begünstigungen wie bspw. § 8b Abs. 2, 3 KStG für Beteiligungen an Kapitalgesellschaften (dh vorbehaltlich § 8b Abs. 4, 7, 8 KStG) und eine Verrechnung mit verrechenbaren Verlusten in Betracht.[322] Ferner sind die Ertragsauswirkungen aus der Auflösung von steuerlichen Ausgleichsposten zu berücksichtigen (bspw. Auflösung organschaftlicher Ausgleichsposten bei Übertragung von Beteiligung an Organgesellschaft oder Auflösung investmentsteuerlicher Ausgleichsposten bei Übertragung von Fondsanteilen; → Rn. 63).

Eine Körperschaftsteuer- und Gewerbesteuerrückstellung auf den Übertragungsgewinn ist sowohl in der handelsrechtlichen als auch der steuerlichen Schlussbilanz auszuweisen. Für steuerliche Zwecke sind die Steuerrückstellungen allerdings gem. § 10 Nr. 2 KStG (KSt) bzw. § 8 Abs. 1 S. 1 KStG iVm § 4 Abs. 5b EStG (GewSt) außerbilanziell wieder hinzuzurechnen.

b) Steuerlicher Übertragungsverlust

Die Ermittlung eines Übertragungsverlusts erfolgt nach demselben Grundsatz wie die Ermittlung eines potenziellen Übertragungsgewinns. Liegt der gemeine Wert der übergehenden Wirtschaftsgüter unter der Summe der Buchwerte, kommt es gem. § 11 Abs. 2 S. 1 zwangsläufig zur Abstockung der Buchwerte bzw. Aufdeckung von stillen Lasten und dementsprechend zur Realisierung eines Übertragungsverlusts. Ein Übertragungsverlust ist im Rahmen der allgemeinen Regelungen grds. steuerlich abzugsfähig. Spezialgesetzliche Verlustabzugsbeschränkungen sind wirtschaftsgutbezogen zu prüfen. Infrage kommen bspw. die Abzugsbeschränkung in § 8b Abs. 3 S. 3 ff. KStG bei Beteiligungen an anderen Körperschaften sowie Wertminderungen im Zusammenhang mit Gesellschafterdarlehen oder die Verlustabzugsbeschränkungen der §§ 15 Abs. 4, § 15a und § 15b EStG (dazu, ob dies ggf. gegen Verfassungsrecht verstößt, da die Verluste wg § 12 Abs. 3 Hs. 2 iVm § 4 Abs. 2 S. 2 definitiv werden, → Rn. 173).

c) Abzugsfähigkeit aufgedeckter stiller Lasten oder zeitlich gestreckte Aufwandsverteilung?

Im Zusammenhang mit der Aufdeckung von stillen Lasten in den übergehenden Verpflichtungen, die in der „regulären" Steuerbilanz des übertragenden Rechtsträgers noch Ansatzverboten oder Bewertungsvorbehalten unterlegen haben, besteht Rechtsunsicherheit hinsichtlich der Frage, ob der aus der Aufdeckung resultierende steuerli-

---

[321] Schmitt/Hörtnagl/*Schmitt* UmwStG § 11 Rn. 154.
[322] In Betracht kommen etwa die Verrechnung mit gesperrten Verlusten aus Termingeschäften (§ 15 Abs. 4 ff. EStG), aus atypisch stillen Beteiligungen oder Unterbeteiligungen an Kapitalgesellschaften (§ 15 Abs. 4 S. 6 f. EStG), aus Beteiligungen an Mitunternehmerschaften mit beschränkter Haftung einschl. partiarischem Darlehen (§ 15a Abs. 1, 5 EStG) und Verlusten aus Steuerstundungsmodellen (§ 15b EStG).

che Aufwand sofort abzugsfähig ist oder aber gem. § 4f Abs. 1 S. 1 EStG zeitlich über 15 Jahre gleichmäßig verteilt als Betriebsausgabe abziehbar ist und gem. § 4f Abs. 1 S. 7 EStG auf den übernehmenden Rechtsträger übergeht.[323] Dies gilt bei der Ermittlung sowohl eines Übertragungsgewinns als auch eines Übertragungsverlusts.[324] Von der Aufwandsverteilung nicht erfasst sind stille Lasten in Pensionsrückstellungen iSv § 6a EStG. Aufgrund des Bewertungsvorbehalts in § 11 Abs. 1 S. 2 sind solche Pensionsrückstellungen in der steuerlichen Schlussbilanz zwingend zum Buchwert anzusetzen und vom übernehmenden Rechtsträger gem. § 12 Abs. 1 S. 1 auch so zu übernehmen mit der Folge, dass insoweit kein Erwerbsfolgegewinn nach § 5 Abs. 7 EStG entstehen kann.[325]

§ 4f EStG sollte nach dem eindeutigen Gesetzeswortlaut auch nicht auf die Aufdeckung eines negativen Geschäfts- oder Firmenwerts (sog. Badwill) anwendbar sein,[326] der darüber hinaus in der steuerlichen Schlussbilanz auch nur dann und insoweit gesondert auszuweisen wäre, als sämtliche Teilwertansätze des aktiven Betriebsvermögens bereits vollständig abgestockt sind (→ Rn. 61).

166 Die Ausnahmeregelung von der Aufwandsverteilung nach § 4f Abs. 1 S. 3 EStG gilt nach der Intention des Gesetzgebers nicht für Umwandlungen nach dem UmwStG.[327] Dies wurde im Gesetzeswortlaut – zumindest für Verschmelzungsfälle – nicht hinreichend umgesetzt und ist auch deswegen nicht schlüssig, da bei einer Verschmelzung sowohl der ganze Betrieb des übertragenden Rechtsträgers auf den übernehmenden Rechtsträger übergeht[328] und die §§ 14, 16 Abs. 1, 3 sowie § 18 Abs. 3 EStG über § 8 Abs. 1 KStG auch bei Körperschaften entsprechend anzuwenden sind.[329] Die Anwendbarkeit von § 4f Abs. 1 S. 3 EStG auf Verschmelzungen ist daher zu befürworten (so bereits → 1. Aufl. 2015, Rn. 157).[330] Sofern die Anwendbarkeit von § 4f Abs. 1 S. 3 EStG mit dem Argument abgelehnt wird, dass eine Verschmelzung die Tatbestände nach § 16 Abs. 1 S. 1 Nr. 1 Alt. 1 EStG insoweit nicht verwirklicht, als der übernehmende Rechtsträger

---

323 In Abhängigkeit von der aktuellen Ertragsituation bei den beteiligten Rechtsträgern sowie dem Bestand an verrechenbaren Verlusten sowie vorhandene Verlustvorträge beim übertragenden Rechtsträger, kann die Aufwandsverteilung nach § 4f Abs. 1 S. 1 EStG iVm einem Übergang des Aufwandpotenzials nach § 4f Abs. 1 S. 7 EStG in der Gesamtschau sowohl positiv als auch negativ für die beteiligten Rechtsträger ausfallen (insbes. in Konzernfällen). Beachte die zeitliche Anwendungsregelung in § 52 Abs. 12c EStG. Für die praktische Anwendung der Vorschrift des § 4f EStG im Rahmen von Verschmelzungen ist ferner hinreichend zu differenzieren zwischen (i) Begründung der Aufwandsverteilung durch den Umwandlungsvorgang selbst und (ii) der Frage nach dem Schicksal einer bereits vorhandenen Aufwandsverteilung im Zusammenhang mit einer bevorstehenden Umwandlung, insbes. deren Übergang auf den übernehmenden Rechtsträger.
324 AA Schmitt/Keuthen DStR 2015, 2521 (2524) und Schmitt/Hörtnagl/Schmitt UmwStG § 11 Rn. 29a Frotscher/Drüen/Schnitter UmwStG § 3 Rn. 88, nach denen § 4f EStG bereits tatbestandlich nicht anwendbar ist, da in der steuerlichen Schlussbilanz keine Bewertungsvorbehalte greifen.
325 Hutt/Wittenstein DStR 2015, 1153 (1154); Schulenburg/Lüder DB 2017, 2117 (1221).
326 So auch Horst FR 2015, 824 (827).
327 Ausweislich der Gesetzesbegründung greift § 4f Abs. 1 S. 3 EStG nicht, wenn die unternehmerische Tätigkeit aufgrund von Umwandlungsvorgängen nach dem UmwStG in anderer Rechtsform oder durch einen anderen Rechtsträger fortgesetzt wird, BR-Drs. 740/13, 76. Im Entwurf eines BMF-Schreibens zu §§ 4f, 5 Abs. 7 EStG v. 22.11.2016, IV C 6 – S 2133/14/10001 war in Rn. 18 noch explizit vorgesehen, dass die Verteilungsregelung des § 4f Abs. 1 S. 3 EStG nicht bei Umwandlungen nach dem UmwStG greift. Dies ist im finalen Schreiben v. 30.11.2017, BStBl. I 2017, 1619 in der korrespondierenden Rn. 21 nicht mehr enthalten; auf Grundlage der allgemeinen Aussage in Rn. 19 des finalen Schreibens ist dennoch zu erwarten, dass dies von der Finanzverwaltung so angewandt wird und in Rn. 03.04 und 03.06 im UmwSt-Erlass entsprechend ergänzt werden.
328 Nach Auffassung der Finanzverwaltung in UmwSt-Erlass Rn. 00.02 handelt es sich bei der Verschmelzung um einen Veräußerungsvorgang hinsichtlich des übertragenen Vermögens.
329 S. R 8.1 Abs. 1 Nr. 1 KStR 2015.
330 So auch Förster/Staaden Ubg 2014, 1 (7); Riedel FR 2014, 6 (11); Horst FR 2015, 824 (831 f.); Brandis-Heuermann/Krumm EStG § 4f Rn. 34; Frotscher/Geurts/Hörner EStG § 4f Rn. 33 mwN; Kahle/Braun FR 2018, 197 (210); aA Kirchhof/Schindler EStG § 4f Rn. 16 und Schindler GmbHR 2014, 561 (565); Dötsch/Pung/Möhlenbrock/Dötsch UmwStG § 11 Rn. 25b und Dötsch/Pung/Möhlenbrock/Möhlenbrock/Pung UmwStG § 3 Rn. 40; Widmann/Mayer/Widmann UmwStG § 3 Rn. R 298.24; Benz/Placke DStR 2013, 2653 (2656); Melan/Wecke Ubg 2017, 253.

in seiner Eigenschaft als (Gesamt-)Rechtsnachfolger die unternehmerische Tätigkeit des übertragenden Rechtsträgers fortsetzt und mit dem übernommenen Betrieb Einkünfte erzielt, die zur Verlustverrechnung zur Verfügung stehen, sollte aus systematischen Gesichtspunkten zumindest die Verrechnungsmöglichkeit nach § 4f Abs. 1 S. 4 EStG entsprechend gegeben sein.[331] Demzufolge würde die Aufwandsverteilung nach § 4f Abs. 1 S. 1 EStG nur insoweit greifen, als der Aufwand einen Übertragungsverlust begründet oder erhöht (dh nach Verrechnung mit einem positiven Ertrag aus der Aufdeckung von stillen Reserven). Von einem zu verteilenden Aufwand iSv § 4f Abs. 1 S. 1 EStG entfallen dann faktisch 1/15 auf den übertragenden Rechtsträger und gem. § 4 Abs. 1 S. 7 EStG 14/15 auf den übernehmenden Rechtsträger.

Die Verlustverrechnungsbeschränkung nach § 12 Abs. 3 Hs. 2 iVm § 4 Abs. 2 S. 2 findet mE keine Anwendung auf einen noch nicht berücksichtigten Aufwand iSv § 4f EStG.[332] Es handelt sich hierbei weder um verrechenbare Verluste[333] noch um verbleibende Verlustvorträge oder vom übertragenden Rechtsträger nicht ausgeglichene negative Einkünfte iSd § 4 Abs. 2 S. 2.[334] Aufgrund der bestehenden Rechtsunsicherheit empfiehlt es sich in der Praxis, die steuerlichen Rechtsfolgen vorab durch eine verbindliche Auskunft zu klären.

2. Sofortbesteuerung ohne Besteuerungsaufschub

Ein Übertragungsgewinn unterliegt der sofortigen Besteuerung beim übertragenden Rechtsträger (bzw. dessen Rechtsnachfolger). Ein Besteuerungsaufschub durch Stundung oder Steuererhebung in Raten sieht das UmwStG nicht vor (zur Frage, ob §§ 4g, 36 Abs. 5 EStG oder § 6 Abs. 5 AStG bei grenzüberschreitenden Verschmelzungen oder reinen Auslandsverschmelzungen im EU-Raum entsprechend Anwendung finden könnten, sofern eine Buchwertfortführung mangels Erfüllung der Tatbestandsvoraussetzungen in § 11 Abs. 2 S. 1 Nr. 2 UmwStG ausgeschlossen ist, → Rn. 206).

---

331 So die Finanzverwaltung in Rn. 19 des BMF-Schreibens v. 30.11.2017, IV C 6 – S 2133/14/10001, BStBl. I 2017, 1619.
332 Dies entspricht der Intention des Gesetzgebers, die vollständige Berücksichtigung des durch die Übertragung realisierten Aufwands zu gewährleisten, BR-Drs. 740/13, 76; so auch *Fuhrmann* DB 2014, 9 (13); *Horst* FR 2015, 824 (827) und Herrmann/Heuer/Raupach/*Schober* EStG § 4f Rn. 22. Andernfalls käme es bei einem endgültigen Ausschluss der Verlustnutzungsmöglichkeit zu einer verfassungsrechtlich bedenklichen Definitivsituation; vgl. hierzu BFH Vorlagebeschluss an das BVerfG 26.2.2014 – I R 59/12 mwN; vgl. auch *Riedel* Ubg 2014, 421 (423 f.).
333 Eine Vergleichbarkeit mit verrechenbaren Verlusten – etwa iSd §§ 15 Abs. 4, 15a Abs. 4, 15b Abs. 4 EStG – ist insoweit nicht gegeben, als § 4f EStG lediglich eine zeitliche Streckung vorsieht, nicht jedoch eine materielle Verlustverrechnungsbeschränkung im Zusammenhang mit bestimmten Einkünften (sog. Ring-Fencing); so auch *Melan/Wecke* Ubg 2017, 253 (255); *Riedel* Ubg 2014,

421 (424) sieht hingegen eine wirtschaftliche Vergleichbarkeit gegeben.
334 Eine Vergleichbarkeit mit nicht ausgeglichenen negativen Einkünften und Verlustvorträgen ist insoweit nicht gegeben, als der noch nicht berücksichtigte Aufwand nach § 4f Abs. 1 S. 7 EStG auf den Rechtsnachfolger übergeht, steuerliche Verluste und Verlustvorträge hingegen grds. nicht vererblich sind (vgl. BFH 17.12.2007 – GrS 2/04, BStBl. II 2008, 680) und nur aufgrund spezialgesetzlicher Sonderregelungen – etwa nach § 12 Abs. 3 Hs. 1 – auf den Rechtsnachfolger übergehen, vorausgesetzt, dass dies nicht wiederum nicht spezialgesetzlich ausgeschlossen ist – etwa in § 4 Abs. 2 S. 2. *Schultz/Debnar* BB 2014, 107 (108 f.) sprechen sich für die Bilanzierung eines Ausgleichspostens aus, halten dessen Rechtsnatur allerdings für ungeklärt; indessen ist die Bildung eines Ausgleichspostens nach dem Gesetzeswortlaut nicht vorgesehen und auch von der FinVerw bislang nicht gefordert (vgl. OFD Magdeburg Verfügung v. 2.6.2014, DStR 2014, 1546).

3. Verschmelzungskosten der übertragenden Körperschaft

169 Die beim übertragenden Rechtsträger durch die Verschmelzung verursachten nicht objektbezogenen Kosten[335] sind regelmäßig in vollem Umfang als Betriebsausgaben abzugsfähig.[336] Beim übernehmenden Rechtsträger sind **Verschmelzungskosten** – soweit sie nicht objektbezogene Anschaffungsnebenkosten für einzelne der übergehenden Wirtschaftsgüter darstellen (insbes. Grunderwerbsteuer nach § 1 Abs. 1 Nr. 3 GrEStG)[337] – gem. § 12 Abs. 2 S. 1 bei der Berechnung des Übernahmeergebnisses zu berücksichtigen, in dem sie den Übernahmegewinn mindern bzw. den Übernahmeverlust erhöhen.[338] Da ein Übernahmeverlust steuerlich gem. § 12 Abs. 2 S. 1 außer Ansatz bleibt (dh außerbilanziell hinzugerechnet wird), sind die Verschmelzungskosten in den meisten Fällen steuerlich lediglich beschränkt abzugsfähig.[339] Daher empfiehlt es sich in der Praxis, die steuerliche Abzugsfähigkeit von Verschmelzungskosten dadurch sicherzustellen, dass diese soweit möglich vom übertragenden Rechtsträger getragen werden.[340] In diesem Zusammenhang ist jedoch zu berücksichtigen, dass die Zuordnung von verschmelzungsbedingten Kosten zum übertragenden oder zum übernehmenden Rechtsträger nach dem objektiven Veranlassungsprinzip zu erfolgen hat und nach Auffassung des BFH grds. kein Zuordnungswahlrecht der beteiligten Rechtsträger besteht.[341] Dies sollte mE jedoch nur für direkt zuordenbare Kosten gelten. Ungebundene Kosten wie bspw. allgemeine Beratungsgebühren im Zusammenhang mit der Verschmelzungsplanung sollten mE grds. dem übertragenden Rechtsträger zuordenbar sein (vorausgesetzt die Auftragsverhältnisse sind entsprechend ausgestaltet). Sofern die Kosten allerdings für Leistungen anfallen, die dem übernehmenden Rechtsträger unmittelbar zugutekommen, ist zu beachten, dass die Kosten bei Zuordnung zum übertragenden Rechtsträger ggf. gem. § 8 Abs. 3 S. 2 KStG aufgrund verdeckter Gewinnausschüttung hinzuzurechnen sind.[342]

170 Bei einer Verschmelzung mit steuerlicher Rückwirkung ist darüber hinaus zu berücksichtigen, dass Verschmelzungskosten des übertragenden Rechtsträgers ab dem steuerlichen Übertragungsstichtag (dh im Rückwirkungszeitraum anfallende Kosten) dem übernehmenden Rechtsträger gem. § 2 Abs. 1 S. 1 zuzurechnen sind,[343] was in der Praxis der Regelfall ist. Vor diesem Hintergrund sollte die Verschmelzung in der Praxis so rechtzeitig wie möglich geplant werden und die Verschmelzungskosten sollten soweit

---

335 ZB Kosten für die Erstellung und Beurkundung des Verschmelzungsvertrags bzw. -plans und der Verschmelzungsbeschlüsse, die Erstellung des Verschmelzungsberichts, Prüfung des Verschmelzungsvertrags bzw. -plans, Erstellung und Prüfung der handelsrechtlichen und steuerlichen Schlussbilanz, Kosten der Hauptversammlung Rechts- und Steuerberatung, Registergebühren nach HRegGebV; s. auch die ausführliche Auflistung bei Widmann/Mayer/*Widmann* UmwStG § 3 Rn. 175.

336 BFH 22.4.1998 – I R 83/96, BStBl. II 1998, 698 mwN; Rödder/Herlinghaus/van Lishaut/*Rödder* UmwStG § 11 Rn. 162: „Verschmelzungskosten".

337 Allgemein: BFH 22.4.1998 – I R 83/96, BStBl. II 1998, 698. Spezifisch zur GrESt: BFH 15.10.1997 – I R 22/96, BStBl. II 1998, 168 und BFH 17.9.2003 – I R 97/02, BStBl. II 2004, 686; BMF Schreiben v. 18.1.2010, IV C – S 1978-b/0, BStBl. I 2010, 70; s. auch Haritz/Menner/Bilitewski/*Wisniewski* UmwStG § 12 Rn. 33 und *Schmitz* NWB 2014, 2466 f.

338 UmwSt-Erlass Rn. 12.05, bestätigt durch BFH 9.1.2013 – I R 24/12, BFH/NV 2013, 881, dass § 12 Abs. 2 S. 1 in allen Fällen der Auf-, Ab-, und Seitwärtsverschmelzung ungeachtet einer Beteiligung an der übertragenden Körperschaft anzuwenden ist; Benz/Rosenberg DB Sonderausgabe 2012, 7.

339 Vgl. Kommentierung zu → § 12 Rn. 58 ff.; kritisch auch *Bogenschütz* Ubg 2011, 393 (406).; Ergenzinger/Solowjeff DStR 2020, 2844 stellen für die Versagung der Abzugsfähigkeit auf die Finalität ab, die der BFH jedoch in BFH 23.11.2022 – I R 25/20, BStBl. II 2023, 612 abgelehnt hat.

340 *Benz/Rosenberg* DB Sonderausgabe 2012, 8.

341 BFH 23.11.2022 – I R 25/20, BStBl. II 2023, 612; BFH 22.4.1998 – I R 83/96, BStBl. II 1998, 698 mwN; vgl. im Einzelnen Haritz/Menner/Bilitewski/*Brinkhaus* UmwStG § 3 Rn. 209; Dötsch/Pung/Möhlenbrock/*Dötsch* UmwStG § 11 Rn. 12; ausführlich mwN Widmann/Mayer/*Widmann* UmwStG § 3 Rn. R168 iVm 168 ff. und *Holle/Weiss* DStR 2018, 167.

342 Frotscher/Drüen/*Frotscher* UmwStG § 11 Rn. 198; Frotscher/Drüen/*Schnitter* UmwStG § 3 Rn. 211.

343 UmwSt-Erlass Rn. 12.05 iVm Rn. 04.34.

möglich vom übertragenden Rechtsträger vor dem steuerlichen Übertragungsstichtag getragen werden.

VI. Verlustnutzung beim übertragenden Rechtsträger

1. Verrechnung eines Übertragungsgewinns mit laufenden steuerlichen Verlusten oder Verlustvorträgen

Soweit der übertragende Rechtsträger entweder über verrechnungsfähige laufende steuerliche Verluste oder steuerliche **Verlustvorträge** verfügt, ist es in der Praxis regelmäßig sinnvoll, die Wirtschaftsgüter in der steuerlichen Schlussbilanz mit dem gemeinen Wert bzw. einem Zwischenwert anzusetzen und insoweit stille Reserven zu realisieren, die mit steuerlichen Verlusten verrechnet werden können. Andernfalls bleiben die steuerlichen Verluste ungenutzt und gehen aufgrund Verschmelzung gem. § 12 Abs. 3 Hs. 2 iVm § 4 Abs. 2 S. 2 unter. Hierbei ist zu berücksichtigen, dass körperschaft- und gewerbesteuerliche Verluste bzw. Verlustvorträge in der Praxis meist nicht identisch sind.

Sofern die vorhandenen steuerlichen Verluste näherungsweise dem Übertragungsgewinn unter Ansatz des gemeinen Werts entsprechen, empfiehlt es sich in der Praxis, einen Zwischenwertansatz zu beantragen. Durch den Zwischenwertansatz lässt sich der maximale Aufstockungsbetrag fixieren. Eine nachträgliche Berichtigung der Schlussbilanzwerte durch die Betriebsprüfung (→ Rn. 85) kann gem. § 11 Abs. 2 S. 1 nur eine Korrektur nach unten zur Folge haben, insofern der gemeine Wert nach Berichtigung durch die Betriebsprüfung geringer ausfällt als der beantragte Zwischenwert. Eine Korrektur des beantragten Zwischenwerts nach oben kommt hingegen nicht in Betracht.[344]

Nach geltender Rechtslage sind bei der Berechnung des konkreten Verlustverrechnungsbetrags die Regelungen über die **Mindestbesteuerung** nach § 10d Abs. 2 EStG (§ 10a S. 1, 2 GewStG) zu berücksichtigen. Auf dieser Grundlage ist es ggf. wirtschaftlich vorteilhaft, den Untergang eines Teils der steuerlichen Verluste nach § 12 Abs. 3 Hs. 2 iVm § 4 Abs. 2 S. 2 hinzunehmen, wenn der Barwert des durch künftige Abschreibungen entstehenden Steuervorteils geringer als die Steuerbelastung auf den nicht verrechenbaren Teil des Übertragungsgewinns entfällt. Im Hinblick auf die Zweifel des BFH an der Verfassungsmäßigkeit der Mindestbesteuerung bei Untergang eines aus der Mindestbesteuerung resultierenden Verlustvortrags aufgrund Verschmelzung[345] und der Reaktion der Finanzverwaltung zur Aussetzung der Vollziehung[346] wäre ggf. im Rahmen einer Risikoabwägung denkbar, bei der Berechnung des Aufstockungsbetrags die Regelungen über die Mindestbesteuerung außer Acht zu lassen und das Risiko einer Besteuerung eines Teils des Übertragungsgewinns einzugehen. Im Rahmen dieser Risikoabwägung wäre der (Barwert-)Effekt aus künftigen Abschreibungen des Aufstockungsbetrags gegenzurechnen.[347] Eine Ausübung des Antragswahlrechts unter Ansatz eines flexiblen Zwischenwerts in Abhängigkeit von der Anwendbarkeit der Mindestbesteuerung dem Grunde nach ist allerdings nicht zulässig.

---

344 *Benz/Rosenberg* DB Sonderausgabe 2012, 4 f.
345 BFH 26.8.2010 – I B 49/10, BStBl. II. 2011, 826 und BFH Vorlagebeschluss an das BVerfG 26.2.2014 – I R 59/12; aA zur Verfassungsmäßigkeit der Definitivbelastung mit Gewerbesteuer BFH 20.9.2012 – IV R 36/10, BStBl. II 2013, 498 und BFH 20.9.2012 – IV R 43/10, BFH/NV 2013, 408.
346 BMF Schreiben v. 19.10.2011, IV C 2 – S 2741/10/10002, BStBl. I 2011, 974; OFD Frankfurt a. M. Verfügung v. 20.6.2013, S 2745a A – 5 – St 51, FR 2013, 821.
347 So auch *Kahle/Hiller/Vogel* FR 2012, 789 (798).

2. Verrechnung eines Übertragungsverlusts mit laufenden Gewinnen

174 Ein Übertragungsverlust aus dem Abstocken von Aktiva bzw. Aufdecken stiller Lasten in den Passiva ist grds. mit laufenden Gewinnen verrechnungsfähig. Dies gilt jedoch nur, falls keine spezialgesetzlichen Verlustverrechnungsbeschränkungen greifen (→ Rn. 164).

3. Besonderheiten bei steuerlicher Rückwirkung

175 Wird der übertragende Rechtsträger mit steuerlicher Rückwirkung iSv § 2 Abs. 1 verschmolzen, ist die Verlustverrechnungsbeschränkung nach § 2 Abs. 4 zu beachten.[348] Bei grenzüberschreitenden Verschmelzungen ist für die Bestimmung des steuerlichen Übertragungsstichtags § 2 Abs. 3 zu beachten.[349]

4. Schicksal der nicht genutzten Verluste

176 Der zum steuerlichen Übertragungsstichtag bestehende steuerliche Verlustvortrag des übertragenden Rechtsträgers geht gem. § 12 Abs. 3 Hs. 2 iVm § 4 Abs. 2 S. 2 nicht auf den übernehmenden Rechtsträger über. Entsprechendes gilt für verrechenbare Verluste (etwa nach § 15 Abs. 4 EStG, §§ 15a oder 15b EStG),[350] einen Zinsvortrag und einen EBITDA-Vortrag.

177 Unter Umständen macht es daher Sinn, die bestehenden Verlustvorträge in künftiges Aufwandspotenzial umzuwandeln.[351] Nach Auffassung des BFH ist eine Verlustkonservierung grds. nicht als missbräuchlich iSv § 42 AO anzusehen.[352] Auf Basis dieser Rechtsprechung[353] (jedoch entgegen der Auffassung der Finanzverwaltung zu § 8 Abs. 4 KStG aF)[354] sollten künftige Aufwandspotenziale nicht von § 4 Abs. 2 S. 2 UmwStG bzw. § 8c KStG erfasst sein.

VII. Kettenverschmelzungen – Wertansätze in der steuerlichen Schlussbilanz

178 In der Praxis kommt es häufig vor, dass eine Verschmelzung im zeitlichen Zusammenhang mit anderen Umwandlungsvorgängen erfolgt (sog. **Kettenumwandlung**). Oftmals wird ein Verschmelzungsvertrag unter der aufschiebenden Bedingung abgeschlossen, dass eine vorherige Umwandlung, an der der übertragende Rechtsträger

---

348 Vgl. *Viebrock/Loose* DStR 2013, 1364; *Behrendt/Klages* BB 2013, 1815. Zur Anwendung auf einen Verlustrücktrag im Rückwirkungszeitraum vgl. FinMin Schleswig-Holstein Erlass v. 18.7.2017, DB 2017, 1746.
349 Vgl. *Ettinger/Königer* GmbHR 2009, 590 ff.
350 Zur Frage, ob ein solcher Verlustuntergang im Hinblick auf Verluste, die aufgrund von § 10d EStG nicht verrechenbar waren aber durch die Verschmelzung definitiv werden, verfassungsgemäß ist, s. die Zweifel des BFH 26.8.2010 – I B 49/10, BStBl. II 2011, 826 und Vorlagebeschluss v. 26.2.2014 – I R 59/12 an das BVerfG – 2 BvL 19/14 sowie die Reaktion im BMF-Schreiben v. 19.10.2011, BStBl. I 2011, 2774 zur AdV unter Hinweis auf den Definitiveffekt aufgrund Umwandlung. Entsprechendes sollte für sonstige nicht verrechenbare Verluste gelten; s. auch OFD Frankfurt Verf. v. 27.12.2018, DStR 2019, 387.
351 *Haritz/Menner/Bilitewski/Bärwaldt* UmwStG § 11 Rn. 29. Denkbar wären zB eine Aufdeckung stiller Reserven etwa durch Ausgliederung auf eine Tochtergesellschaft (künftiges Abschreibungspotenzial), die Vergabe unverzinslicher Darlehen unter Berücksichtigung der Bewertungsvorschrift nach § 6 Abs. 1 Nr. 3 EStG (künftiges Aufzinsungsvolumen, vgl. *Stadler/Bindl* DB 2010, 862) oder (bis Ende 2017) die kurzfristige Ertragsrealisierung durch Anlage in Investmentfonds (künftige APO-Auflösung); vgl. auch *Dötsch/Pung/Möhlenbrock/Dötsch/Leibner* KStG § 8c Rn. 315; *Brandis/Heuermann/Brandis* KStG § 8c Rn. 23 f.; *Gosch* KStG/*Roser* § 8c Rn. 106 f.
352 BFH 12.7.2012 – I R 23/11, DB 2012, 2662.
353 Die Entscheidung ist zur Vorgängervorschrift von § 8c KStG (§ 8 Abs. 4 KStG 1999 zum Mantelkauf) ergangen, sollte mE jedoch entsprechend auf § 4 Abs. 2 S. 2 UmwStG und § 8c KStG anwendbar sein; so zB *Frey* SteuK 2012, 468 für § 8c KStG.
354 Vgl. BMF Schreiben v. 2.12.2003, IV A 2 – S 2743 – 5/03, BStBl. I 2003, 648 Nr. 2 Buchst. d zum Forderungsverzicht gegen Besserungsschein und Mantelkaufregelung nach § 8 Abs. 4 KStG aF; hierzu → Rn. 15.

als übernehmender Rechtsträger beteiligt ist, mit Eintragung in das Handelsregister zivilrechtlich wirksam wird.[355]

Für Zwecke der Aufstellung der steuerlichen Schlussbilanz ist bei Kettenverschmelzungen grundsätzlich auf die Reihenfolge der steuerlichen Übertragungsstichtage abzustellen.[356] Auf die zeitliche Reihenfolge der Handelsregistereintragungen der Verschmelzungen und deren zivilrechtliche Wirksamkeit nach § 20 Abs. 1 UmwG kommt es nicht an.[357] Der steuerliche Übertragungsstichtag kann mE auf einen Zeitpunkt während des Tages entfallen (zB 23:59 Uhr) und muss nicht mit dem Ablauf eines Kalendertags zusammenfallen (→ Rn. 76 f.). 179

Fehlt im Verschmelzungsvertrag oder -plan eine explizite Bezugnahme auf den steuerlichen Übertragungsstichtag oder ist der handelsrechtliche und steuerliche Übertragungsstichtag(-Zeitpunkt) ungenau formuliert,[358] ist dieser durch Auslegung der Parteiwillen der beteiligten Rechtsträger zu ermitteln. Für diese Zwecke ist sowohl auf die sonstige Verschmelzungsdokumentation als auch auf den Stichtag der beigefügten Schlussbilanzen abzustellen. 180

Bei Kettenverschmelzungen mit **unterschiedlichen steuerlichen Übertragungsstichtagen** muss diejenige steuerliche Schlussbilanz mit dem späteren Bilanzstichtag auch diejenigen Wirtschaftsgüter erfassen, die im Rahmen der vorangegangenen Verschmelzung steuerlich als übertragen gelten.[359] In Abweichung hierzu geht das IDW davon aus, dass die im Rahmen einer Kettenverschmelzung übergehenden Wirtschaftsgüter in der handelsrechtlichen Schlussbilanz nicht zu erfassen sind.[360] Dies liegt jedoch in der unterschiedlichen Funktion der handelsrechtlichen und steuerlichen Schlussbilanz begründet.[361] Unterlässt der übertragende Rechtsträger den Ausweis der auf ihn im Rahmen der vorangegangenen Verschmelzung übergegangenen Wirtschaftsgüter, sollte dieser Verstoß nicht die Versagung des Buch- oder Zwischenwertansatzes zur Folge haben. Die steuerliche Schlussbilanz ist dann schlichtweg fehlerhaft und nach Maßgabe des § 4 Abs. 2 S. 1 EStG zu berichtigen.[362] Auch das Einheitlichkeitserfordernis nach § 11 Abs. 2 S. 1 sollte dem nicht im Wege stehen, da die Wirtschaftsgüter ja gerade nicht angesetzt wurden. Der Ansatz der fehlerhaft nicht bilanzierten Wirtschaftsgüter mit einem Buch- oder Zwischenwert sollte im Rahmen der Bilanzberichtigung auch ohne ausdrücklichen Antrag auf Buch- oder Zwischenwertansatz nachgeholt werden können, vorausgesetzt die bilanzierten Wirtschaftsgüter wurden zum Buch- oder Zwischenwert angesetzt. Der gewählte Wertansatz sollte einheitlich auch auf die nicht bilanzierten Wirtschaftsgüter angewandt werden. In der Praxis empfiehlt es sich daher, neben dem bloßen Einreichen der steuerlichen Schlussbilanz stets einen formellen Antrag auf Buch- oder Zwischenwertansatz nach § 11 Abs. 2 zu stellen, um möglichen Diskussionen mit den Finanzbeamten vorbeugen. 181

Nicht so eindeutig ist die Feststellung der zeitlichen Abfolge bei Kettenumwandlungen auf einen **identischen steuerlichen Übertragungsstichtag**(-Zeitpunkt). Mangels 182 gesetzlicher Vorgaben[363] werden im steuerlichen Schrifttum verschiedene Ansätze diskutiert.[364] Wird in einem Verschmelzungsvertrag (§ 4 f. UmwG) bzw. einem Verschmelzungsplan (§ 307 UmwG) oder einem Verschmelzungsbeschluss (§ 13 UmwG) bereits auf eine weitere Umwandlung eines der an der Verschmelzung beteiligten Rechtsträger verwiesen und insoweit auch die zeitliche Abfolge festgelegt, sollte dies mE auch für steuerliche Zwecke maßgeblich sein.[365] Denn dadurch wird der steuerliche Übertragungsstichtag der einen Verschmelzung dem steuerlichen Übertragungsstichtag der anderen Verschmelzung eine juristische Sekunde vorgelagert mit der Folge, dass damit bereits gedanklich unterschiedliche Übertragungsstichtage bestehen und die o. a. Rechtsfolgen zu Kettenverschmelzungen mit unterschiedlichen Stichtagen anzuwenden sind. Wird keine explizite Regelung getroffen, besteht kein Wahlrecht, die gewünschte zeitliche Abfolge nachträglich festzulegen.[366] In einem solchen Fall bestimmt sich die zeitliche Abfolge mE denklogisch nach den jeweiligen Verschmelzungsrichtungen gem. Verschmelzungsvertrag, dh nach der Vereinbarung, welche Körperschaften als übertragender und als übernehmender Rechtsträger an der jeweiligen Verschmelzung beteiligt sind.[367] Entsprechend erfolgt auch die Vermögensübertragung auf den steuerlichen Übertragungsstichtag. Dies entspricht wohl auch der Auffassung des BFH.[368] Ein Rückgriff auf andere zeitliche Abfolgen ist mE daher nicht erforderlich. In Abweichung zur hier vertretenen Auffassung stellen Teile im steuerlichen Schrifttum hingegen auf die zivilrechtliche Wirksamkeit der Verschmelzung nach § 20 Abs. 1 Nr. 1 UmwG durch Eintragung im Handelsregister des übernehmenden Rechtsträgers ab.[369] Weitere Teile im steuerlichen Schrifttum vertreten auch die These, dass sich Umwandlungsvorgänge mit identischem steuerlichem Übertragungsstichtag zeitgleich bzw. simultan vollziehen.[370]

183 Im Interesse einer erhöhten Rechtssicherheit ist für die Praxis zu empfehlen, die Verschmelzungsvorgänge sequenziell zu gestalten und sowohl unterschiedliche Verschmelzungsstichtage iSv § 5 Abs. 1 Nr. 6 UmwG im Verschmelzungsvertrag zu vereinbaren, als auch die handelsrechtlichen und steuerlichen Schlussbilanzen auf unterschiedliche Bilanzstichtage aufzustellen.

184 Sofern eine Vereinbarung von unterjährigen Bilanzstichtagen aus wirtschaftlichen oder anderweitigen Gründen nicht möglich ist (zB aufgrund Beendigung von Organschaften

---

363 Im Gegensatz zum nationalen Recht ist dies bspw. in § 39 des österreichischen Umgründungssteuergesetz gesetzlich vorgesehen.
364 Vgl. hierzu ausführlich *Pyszka* DStR 2013, 1462, allerdings mit abweichendem Ergebnis.
365 Frotscher/Drüen/*Frotscher* UmwStG § 2 Rn. 47; Haase/Hofacker/*Geils* UmwStG § 2 Rn. 56; Lademann UmwStG/*Hahn* § 11 Rn. 164 und wohl auch Rödder/Herlinghaus/van Lishaut/*van Lishaut* UmwStG § 2 Rn. 27; aA Dötsch/Pung/Möhlenbrock/*Dötsch* UmwStG § 2 Rn. 39.
366 BFH 22.9.1999 – II R 33/97, BStBl. II 2000, 2; BFH 26.4.2012 – IV R 24/09, BStBl. II 2012, 703. Für ein Wahlrecht hingegen Widmann/Mayer/*Widmann* UmwStG § 2 Rn. 240 aE.
367 Wird eine Körperschaft A auf eine Körperschaft B verschmolzen und eine Körperschaft B auf eine Körperschaft C, so ist nach dieser Logik bei einem identischen steuerlichen Übertragungsstichtag als zeitliche Abfolge für steuerliche Zwecke stets von der Verschmelzung der Körperschaft A auf die Körperschaft B vor der Verschmelzung der Körperschaft B auf die Körperschaft C auszugehen und nicht etwa erst die Verschmelzung der Körperschaft B auf die Körperschaft C und dann die Verschmelzung der Körperschaft A auf die Körperschaft C.
368 BFH 22.9.1999 – II R 33/97, BStBl. II 2000, 2: Laut Sachverhalt wurde die GmbH 2 auf die GmbH 1 und die GmbH 1 auf die Klägerin verschmolzen (jeweils im Wege der Verschmelzung durch Aufnahme). Die Verschmelzungsverträge sind auf denselben Tag datiert. Nach Auffassung des BFH schließt das übertragene Vermögen der GmbH 1 auf die Klägerin auch das Vermögen der GmbH 2 mit ein, was denklogisch eine zeitliche Abfolge voraussetzt. Auf den Zeitpunkt der Eintragung im Handelsregister wird nicht abgestellt.
369 Dötsch/Pung/Möhlenbrock/*Dötsch* UmwStG § 2 Rn. 39; Rödder/Herlinghaus/van Lishaut/*van Lishaut* UmwStG § 2 Rn. 27 (lediglich subsidiär); Sagasser/Bula/Brünger Umwandlungen/*Schlösser/Reichl/Rapp* § 11 Rn. 41; *Pyszka* DStR 2013, 1462 (1464).
370 So zB Schmitt/Hörtnagl/*Hörtnagl* UmwStG § 2 Rn. 33; Haritz/Menner/Bilitewski/*Slabon* UmwStG § 2 Rn. 57.

zum WJ-Ende) ist ferner zu empfehlen, sowohl eine zeitliche Abfolge in die Vertragsdokumentation mit aufzunehmen als auch die zivilrechtliche Wirksamkeit durch Aufnahme einer aufschiebenden Bedingung[371] zu steuern. Dies setzt jedoch voraus, dass alle Verschmelzungen in der Kette bereits absehbar sind und eine nachträgliche Änderung der zeitlichen Abfolge nicht zur Diskussion steht.

Dass es sich bei o. a. Frage nach der zeitlichen Abfolge der Verschmelzungen und damit verbunden der Verschmelzungsrichtung um keine rein wissenschaftliche Auseinandersetzung handelt, sondern diese weitreichende materielle Auswirkungen auf den übertragenden Rechtsträger hat, zeigt sich an folgenden praktischen Überlegungen:

Die Festlegung der Verschmelzungsrichtung hat ggf. Auswirkungen auf die **Prüfung der Voraussetzungen des § 11 Abs. 2 S. 1 Nr. 1 und Nr. 2** für den Buch- bzw. Zwischenwertansatz. Dies gilt insbes. dann, wenn an der Kettenverschmelzung mind. ein im Ausland ansässiger Rechtsträger oder eine steuerbefreite Körperschaft beteiligt ist. Je nach Prüfungsrichtung kann es beim übertragenden Rechtsträger zu einer steuerpflichtigen Realisierung von stillen Reserven kommen.

Fraglich ist ferner, ob der Wertansatz der (wenn auch nur für eine logische Sekunde) übergegangenen Wirtschaftsgüter gem. § 12 Abs. 1 (Wertverknüpfung) für den Ansatz in der steuerlichen Schlussbilanz maßgeblich ist und einem **einheitlichen Ansatz zum Buch- oder Zwischenwert** entgegenstehen kann. Dies sollte mE jedoch nicht der Fall sein, da es sich bei der aufnehmenden Steuerbilanz um eine reguläre Bilanz zur Gewinnermittlung iSv § 4 Abs. 1, § 5 EStG handelt und insoweit keine Bindungswirkung für die (eigenständige) steuerliche Schlussbilanz besteht.[372] Der bindende Wertansatz der übergehenden Wirtschaftsgüter beim übernehmenden und dann auch übertragenden Rechtsträger wird vielmehr zu den „neuen" Buchwerten. Insoweit sollte auch die Einheitlichkeit des Wertansatzes in der steuerlichen Schlussbilanz hinsichtlich der Buch- oder Zwischenwerte iSv § 11 Abs. 1 S. 1 gegeben sein.[373] Allerdings ist zu berücksichtigen, dass dadurch der Antrag auf Buch- oder Zwischenwertansatz bei einem beteiligten Rechtsträger im Hinblick auf einen bestimmten Umfang der im Rahmen der Kettenverschmelzung insgesamt übergehenden Wirtschaftsgüter nur isoliert wirkt und eine weitere Antragstellung für Folgeverschmelzungen nicht entbehrlich macht.

Je nach der steuerlichen Situation der an der Kettenverschmelzung beteiligten Rechtsträger können sich ggf. insoweit **Gestaltungsmöglichkeiten** ergeben, als dass durch die Festlegung der Verschmelzungsrichtung und der zeitlichen Abfolge Gewinnpotenziale im Rahmen der Buchwertfortführung steuerneutral von einem beteiligten Rechtsträger auf einen anderen zu verschmelzenden Rechtsträger übertragen werden können, die dieser durch die Weiterveräußerung uU noch zur Verrechnung mit steuerlichen Verlusten nutzen kann, die andernfalls aufgrund § 12 Abs. 3 iVm § 4 Abs. 2 S. 2 untergehen. In diesem Zusammenhang ist jedoch bei einer Verschmelzung mit steuerlicher Rückwirkung die Verlustverrechnungsbeschränkung des § 2 Abs. 4 zu beachten. Bei einer sehr strikten Wortlautauslegung des S. 1 und 2 könnte eine Anwendbarkeit der Vorschrift in bestimmten Fällen uU gegeben sein. Dies ist jedoch weder vom Sinn und Zwecke

---

371 Brandis/Heuermann/*Klingberg*/*Loose* UmwStG § 2 Rn. 34; *Maier*/*Funke* DStR 2015, 2703. Zur Möglichkeit der aufschiebenden Bedingung OLG Hamm 19.12.2005 – 15 W 377/05, GmbHR 2006, 255.
372 AA *Pyszka* DStR 2013, 1462 (1465).
373 Im Ergebnis auch *Pyszka* DStR 2013, 1462 (1465), der dies jedoch dogmatisch abweichend damit begründet, dass hinsichtlich dieser Wirtschaftsgüter überhaupt kein Wahlrecht besteht und bei den Rechtsfolgen auf Rn. 03.13 des UmwSt-Erlasses verweist.

der Vorschrift noch von der Intention des Gesetzgebers gedeckt. Für Verschmelzungen, deren Anmeldung zur Eintragung der Verschmelzung im Handelsregister des übernehmenden Rechtsträgers nach dem 6.6.2013 erfolgt sind ferner die neuen S. 3 und 6 von § 2 Abs. 4 zu beachten. Zu prüfen ist im Zusammenhang mit einer Kettenverschmelzung stets auch die Anwendbarkeit des § 42 AO.

VIII. Übergang von negativem Vermögen

189 Bei der Verschmelzung von Körperschaften kann es zu einem Übergang von negativem Vermögen kommen. Zu unterscheiden ist stets zwischen bilanziellem Übergang von negativem Vermögen (bilanzieller Schuldüberhang) und vermögensmäßigem Übergang von negativem Vermögen (Schuldüberhang zu Zeitwerten). Bei der Abwärtsverschmelzung ist zu beachten, dass dies grds. ohne weitere Gegenleistung erfolgt. Bei Konzernverschmelzungen (insbes. Seitwärtsverschmelzungen) kann dies im Falle des bilanziellen Schuldüberhangs gleichfalls in Betracht kommen, sofern die Anteilseigner des übertragenden Rechtsträgers auf eine Kapitalerhöhung verzichten.

190 **Gesellschaftsrechtlich** sind beide Formen grds. zulässig, sofern nicht gegen die Kapitalerhaltungsvorschriften bzw. gegen die Vorschriften über unzulässige Rückgewähr von Einlagen verstoßen wird. Bei der GmbH ist die Übertragung von negativem Vermögen auf den Fall beschränkt, dass die Verschmelzung nicht zu einem Verstoß gegen § 30 GmbHG führt. Bei der AG liegt stets ein Fall unerlaubter Einlagenrückgewähr iSv § 57 Abs. 1 AktG, § 62 AktG vor. Bei einer Abwärtsverschmelzung hat diese Prüfung unabhängig davon zu erfolgen, ob die Anteile der Mutter- an der Tochtergesellschaft im Wege des Direkterwerbs auf die Gesellschafter der Muttergesellschaft übergehen oder zunächst als eigene Anteile vereinnahmt werden und eine Kapitalerhöhung durchgeführt wird.[374] Denn für die Unterlegung der Kapitalerhöhung sind die eigenen Anteile auszuklammern.

191 **Handelsrechtlich** besteht grds. ein Wahlrecht nach § 24 UmwG, die Vermögensgegenstände entweder mit den Wertansätzen des übertragenden Rechtsträgers zu übernehmen oder aber die übernommenen Vermögensgegenstände gemäß der Anschaffungskostenmethode aufzustocken.[375] Unter Umständen lässt sich durch den Wertansatz des übernommenen Vermögens zu Zeitwerten eine handelsbilanzielle Überschuldung vermeiden. Kommt es handelsbilanziell nun aufgrund Abwärtsverschmelzung zu einem Übergang von negativem Vermögen, ist der negative Unterschiedsbetrag direkt in den Kapitalrücklagen nach § 272 Abs. 2 Nr. 4 HGB zu verbuchen.[376] Dies kommt im Ergebnis einer Korrektur als „negative Einlage" gleich.

192 Umstritten ist die Abwärtsverschmelzung mit Schuldüberhang im **Steuerrecht**. Zunächst ist die Wertobergrenze nach § 11 Abs. 2 S. 1 zu beachten und stille Lasten sowie ggf. auch stille Reserven sind entsprechend aufzudecken.[377] Ferner ist die Übernahme eines Schuldüberhangs der Muttergesellschaft durch die Tochtergesellschaft nach Auffassung der Finanzverwaltung durch das Gesellschaftsverhältnis veranlasst und stellt in

---

374 Rödder/Herlinghaus/van Lishaut/*Winter* Anh. 1 Rn. 82.
375 Lutter/*Priester* UmwG § 24 Rn. 89.
376 IDW RS HFA 42 Rn. 49 (Ansatz zu Zeitwerten) bzw. Rn. 74 (Buchwertansatz), WPg Supplement 4/2012, 91; DFS Sonderbilanzen/*Deubert/Hoffmann* Kap. K Rn. 67.
377 Kritisch: *Holle/Weiss* FR 2019, 833 mit Abdruck von Auszügen des BMF-Antwortschreibens an die Kreditwirtschaft v. 4.6.2019 – IV C 2 – S 1978-b/0–01, NV. Zu stillen Lasten im UmwStR allgemein s. *Liedgens/Kahle* StuW 2023, 229.

dem Umfang eine vGA dar, wie es dadurch bei der Tochtergesellschaft zu einer unzulässigen Unterdeckung des Stammkapitals, insbes. nach den §§ 30, 31 GmbHG, kommt.[378] Die Übertragung eines negativen Vermögenssaldos soll dann insoweit eine Auszahlung iSd § 30 Abs. 1 GmbHG an die Anteilseigner der untergehenden Muttergesellschaft darstellen. Dies ist bereits dem Grunde nach abzulehnen, da beim übernehmenden Rechtsträger weder eine Einkommensminderung vorliegt noch mangels vermögensmäßiger Begünstigung eine Vorteilsgeeignetheit auf Anteilseignerebene gegeben ist.[379]

D. Anrechnung von ausländischen Steuern gem. Abs. 3 iVm § 3 Abs. 3

Die Regelung in § 11 Abs. 3 iVm § 3 Abs. 3 S. 1 zur Anrechnung einer fiktiven ausländischen Steuer betrifft den Sonderfall, dass sich unter den übergehenden Wirtschaftsgütern auch solche befinden, die einer in einem anderen EU-Mitgliedstaat belegenen Betriebsstätte zuzuordnen sind. Hat Deutschland in diesen Fällen nicht auf das Recht zur Besteuerung der im EU-Ausland belegenen Betriebsstätte verzichtet und findet die Freistellungsmethode keine Anwendung,[380] ist das übertragene Vermögen in der steuerlichen Schlussbilanz der übertragenden Körperschaft mit dem gemeinen Wert anzusetzen. Gemäß § 11 Abs. 3 iVm § 3 Abs. 3 S. 1 ist auf die insoweit erhobene inländische Steuer eine fiktive ausländische Steuer nach Maßgabe von § 26 KStG anzurechnen.   193

§ 3 Abs. 3 bezieht sich nur auf Verschmelzungen einer unbeschränkt steuerpflichtigen Körperschaft, die vom Anwendungsbereich der Fusionsrichtlinie erfasst sind. Bei wortlautgetreuer Auslegung hat dies zur Folge, dass die Anrechnung einer fiktiven ausländischen Steuer (in Übereinstimmung mit Art. 10 iVm Art. 1 und Art. 2 Buchst. a Fusions-RL)[381] nur bei Hinausverschmelzung einer deutschen Körperschaft mit EU-Anrechnungsbetriebsstätte auf eine EU-Gesellschaft zu erfolgen hat.[382] Die Fusions-RL gilt jedoch nicht im Verhältnis zu EWR- und Drittstaaten. Soweit eine Doppelbesteuerung hinsichtlich der stillen Reserven durch den Betriebsstättenstaat zu einem späteren Zeitpunkt droht, erscheint es aus systematischer Sicht sinnvoll, § 3 Abs. 3 auch auf sonstige Fälle der verschmelzungsbedingten Realisierung von stillen Reserven infolge Übertragung von Wirtschaftsgütern einer Anrechnungsbetriebsstätte analog anzuwen-   194 den.³⁸³ Eine entsprechende Anrechnungsmöglichkeit sollte im konkreten Fall durch eine verbindliche Auskunft abgesichert werden.

195 Die Anrechnung erfolgt mit dem Betrag an ausländischer Steuer, der nach den Rechtsvorschriften eines anderen Mitgliedstaats erhoben worden wäre, wenn das übergehende Betriebsstättenvermögen zum Übertragungszeitpunkt veräußert worden wäre. Zur Ermittlung des anrechenbaren Betrags einer fiktiven ausländischen Steuer ist regelmäßig ein Auskunftsersuchen nach § 117 AO an den ausländischen Betriebsstättenstaat erforderlich.³⁸⁴

196 Wenn ein anderer Mitgliedstaat bei einer in seinem Hoheitsgebiet belegenen Betriebstätte einem Steuerpflichtigen anlässlich des Verschmelzungs- oder Spaltungsvorgangs ein Wahlrecht zur Aufdeckung der stillen Reserven einräumt, richtet sich die Anrechnung der tatsächlich erhobenen Steuer nach den allgemeinen Vorschriften des § 26 KStG.³⁸⁵

E. Internationale Sachverhalte – Entstrickung bei Verschmelzungen mit Auslandsberührung und Nutzung ausländischer Verluste

I. Entstrickungsvorgänge

1. Verschmelzungsbedingter Zuordnungswechsel und rechtliche vs. tatsächliche Entstrickung

197 Insbes. bei grenzüberschreitenden Verschmelzungen kann es aufgrund einer abweichenden Zuordnung von Wirtschaftsgütern zu einer steuerpflichtigen Entstrickung in Deutschland kommen. Dies kann sowohl in der abweichenden Zuordnung von Wirtschaftsgütern zu einem anderen Steuersubjekt als auch in der Änderung der Organisationsstruktur begründet sein, wobei Ersteres regelmäßig im Umwandlungsvorgang selbst angelegt ist (sog. verschmelzungsbedingter Zuordnungswechsel) und Letzteres lediglich die Konsequenz einer Verschmelzung selbst nachgelagerten organisatorischen Neuaufstellung ist (sog. integrationsbedingter Zuordnungswechsel). Für Zwecke der Prüfung der Tatbestandsvoraussetzungen für einen Buch- oder Zwischenwertansatz nach § 11 Abs. 2 S. 1 Nr. 2, ob das Besteuerungsrecht Deutschlands ausgeschlossen oder beschränkt ist, kommt es allein auf den verschmelzungsbedingten Zuordnungswechsel an. Ein solcher kann in zweierlei Hinsicht erfolgen, entweder durch den Rechtsträgerwechsel selbst (sog. rechtliche Entstrickung) oder durch eine geänderte Zuordnung von Wirtschaftsgütern als Reflex des Rechtsträgerwechsels (sog. tatsächliche oder zuordnungsbedingte Entstrickung).³⁸⁶

---

383 So auch Prinz Umwandlungen IStR/*Beinert/Scheifele* Rn. 8.99. Denkbar sind speziell Hinausverschmelzungen nach § 112a ff. UmwG auf Gesellschaften aus EWR-Ländern, die keine EU-Gesellschaften sind (dh Gesellschaften aus Island, Liechtenstein oder Norwegen). Aber auch bei einer bloßen Inlandsverschmelzung mit EU-Anrechnungsbetriebsstätte kann eine Doppelbesteuerung insoweit drohen, als das deutsche Anrechnungsvolumen bei einem späteren Realisationsvorgang (etwa infolge höherer Buchwerte) nicht ausreicht und eine Anrechnung (insbes. unter Berücksichtigung der per-country-limitation in § 34c Abs. 1 EStG) ins Leere läuft. Entsprechendes gilt für Anrechnungsbetriebsstätten außerhalb der EU. Es ist jedoch zu bezweifeln, dass die Finanzverwaltung auch in diesem Fall eine Anrechnung fiktiver ausländischer Steuern zulässt.

384 UmwSt-Erlass Rn. 11.13 iVm Rn. 03.32; kritisch *Klingberg/Nitschke* Ubg 2011, 451 (455).

385 BT-Drs. 16/2710, 38, 40 f.

386 Alternativ, aber gleichbedeutend wird für die rechtliche Entstrickung auch teilweise die Begrifflichkeit „passive Entstrickung" und für die tatsächliche Entstrickung die Begrifflichkeit „aktive Entstrickung" verwendet, wobei jedoch keine einheitliche Begriffsdefinition besteht und die Unterscheidung zwischen passiver und aktiver Entstrickung manchmal auch für die Abgrenzung von verschmelzungsbedingtem und integrationsbedingtem Zuordnungswechsel gebraucht wird. Vgl. bspw. Prinz Umwandlungen IStR/*Beinert/Scheifele* Rn. 8.23, 8.252 ff.

Eine **rechtliche Entstrickung** liegt dann vor, wenn der Umwandlungsvorgang als solcher zu einem Ausschluss oder einer Beschränkung des deutschen Besteuerungsrechts führt, ohne dass es hierzu einer weiteren Maßnahme (seitens des Steuerpflichtigen) bedarf. Die rechtliche Entstrickung ist allein auf die Änderung des Steuerstatus zurückzuführen. Dies ist regelmäßig dann der Fall, wenn das Besteuerungsrecht entweder nach nationalem Recht oder nach Abkommensrecht wegfällt oder beschränkt wird.[387] Dies kann insbes. dann der Fall sein, wenn in Deutschland keine Betriebsstätte zurückbleibt oder das Besteuerungsrecht Deutschlands im Hinblick auf ausländische Anrechnungsbetriebsstätten wegfällt.[388]

198

Eine **tatsächliche bzw. zuordnungsbedingte Entstrickung** liegt hingegen regelmäßig dann vor, wenn Wirtschaftsgüter als Reflex bzw. infolge der Verschmelzung nicht mehr der inländischen Betriebsstätte, sondern entweder dem ausländischen Stammhaus oder einer ausländischen Betriebsstätte zuzuordnen sind. Eine tatsächliche Entstrickung ist regelmäßig den bestehenden organisatorischen Gegebenheiten des übernehmenden Rechtsträgers geschuldet und geht über die bloße Änderung des Steuerstatus hinaus. Als Fälle einer tatsächlichen Entstrickung kommen insbes. die Hinausverschmelzung in Betracht, soweit (i) die übergehenden Wirtschaftsgüter vor der Verschmelzung mangels wirtschaftlicher Zugehörigkeit zu einer ausländischen Betriebsstätte oder mangels funktionaler Bedeutung dem inländischen Stammhaus zuzuordnen waren (bspw. Beteiligungen, Lizenzen, etc) und (ii) nach der Verschmelzung nicht etwa einer zurückbleibenden inländischen Betriebsstätte, sondern dem ausländischen Stammhaus zuzuordnen sind, da im ausländischen Stammhaus die maßgeblichen Funktionen ausgeübt werden (bspw. Beteiligungsverwaltung, Lizenzmanagement, etc). Doch auch bei Inlandsverschmelzungen ist eine tatsächliche Entstrickung denkbar, soweit (i) die übergehenden Wirtschaftsgüter vor der Verschmelzung zwar für Auslandsaktivitäten eingesetzt wurden (zB im Zusammenhang mit einer Vertriebsfunktion), mangels Vorliegen einer ausländischen Betriebsstätte (Definitionsfrage) jedoch dem inländischen Stammhaus zuzuordnen waren und (ii) nach der Verschmelzung einer bestehenden ausländischen Betriebsstätte des übernehmenden Rechtsträgers aufgrund deren Attraktionskraft zuzuordnen sind. Ein weiterer Fall ist die Zusammenlegung einer „passiven" Betriebsstätte des übertragenden Rechtsträgers mit einer „aktiven" Betriebsstätte des übernehmenden Rechtsträgers, wenn hinsichtlich der „passiven" Betriebsstätte des übertragenden Rechtsträgers vor Verschmelzung die Freistellungsmethode vorübergehend suspendiert war (etwa aufgrund Anwendung von § 20 Abs. 2 AStG, oder § 50d Abs. 9 EStG oder einer Aktivitätsklausel im DBA vor der Verschmelzung), jedoch nach Zusammenlegung der Betriebsstätte wieder Anwendung findet. Zwar kommt es hier nicht zu einer Entstrickung aufgrund abweichender Zuordnung der übergegangenen Wirtschaftsgüter (die Wirtschaftsgüter sind weiterhin der ausländischen Betriebsstätte zuzuordnen), allerdings liegt die tatsächliche Entstrickung ebenfalls in den organisatorischen und wirtschaftlichen Gegebenheiten des übernehmenden Rechtsträgers begründet und nicht etwa in dessen Rechts- bzw. Steuerstatus.[389]

199

---

387 Vgl. hierzu das Beispiel in UmwSt-Erlass Rn. 03.19.
388 So auch das Verständnis in UmwSt-Erlass Rn. 03.20; vgl. ferner Prinz Umwandlungen IStR/*Stadler/Bindl/Korff* Rn. 13.44; *Lohmar* FR 2013, 591 (593); Dötsch/Pung/Möhlenbrock/*Dötsch* UmwStG § 11 Rn. 77.
389 Ebenso Prinz Umwandlungen IStR/*Beinert/Scheifele* Rn. 8.105.

200 Nach Auffassung der Finanzverwaltung entsprechen die Voraussetzungen des § 11 Abs. 2 S. 1 Nr. 2 den allgemeinen Entstrickungstatbeständen in § 4 Abs. 1 S. 3 EStG und § 12 Abs. 1 KStG.[390] Basierend auf dieser Aussage ist zu vermuten, dass die Finanzverwaltung das antragsgebundene Ansatzwahlrecht nicht nur bei rechtlicher Entstrickung, sondern auch für Fälle der tatsächlichen Entstrickung versagt.[391] Eine sachliche Grundlage für einen Rückgriff auf § 12 Abs. 1 S. 2 KStG für Zwecke der Entstrickungsprüfung nach § 11 Abs. 2 ist jedoch mehr als zweifelhaft.[392] Im Gegenteil sollte mE für Zwecke der Prüfung der Voraussetzung für den Buchwertansatz nach § 11 Abs. 2 S. 1 Nr. 2 allein ein Ausschluss oder eine Beschränkung des deutschen Besteuerungsrechts aufgrund einer **rechtlichen Entstrickung ausschlaggebend** sein.[393] Denn durch die Verschmelzung selbst ändert sich grds. nicht die abkommensrechtliche Zuordnung von Wirtschaftsgütern.[394] Dies erfolgt erst als Reflex der Verschmelzung und unter Berücksichtigung der konkreten organisatorischen Gegebenheiten beim übernehmenden Rechtsträger. Dieser Auslegung steht auch der Gesetzeswortlaut des § 11 Abs. 2 S. 1 Nr. 2 nicht entgegen, da ein Zuordnungswechsel gerade die Besteuerung der stillen Reserven beim übernehmenden Rechtsträger gemäß den allgemeinen Entstrickungsregeln in § 12 Abs. 1 KStG zur Folge hat und insoweit das Besteuerungsrecht Deutschlands durch die Verschmelzung weder ausgeschlossen noch beschränkt wird. Mit dem Eintritt in die steuerliche Rechtsstellung des übertragenden Rechtsträgers nach § 12 Abs. 3 Hs. 1 gehen auch die steuerlichen Attribute der übergehenden Wirtschaftsgüter einschließlich deren Verstrickung als deutsches Steuersubstrat zunächst auf den übernehmenden Rechtsträger über. Die Rechtsfolgen einer tatsächlichen Entstrickung treffen daher stets den übernehmenden Rechtsträger[395] und führen bei diesem zu einer Besteuerung der stillen Reserven (vorbehaltlich der Verrechnung mit steuerlichen Verlusten oder Steuerbefreiungen wie bspw. § 8b Abs. 2 KStG).[396] Eine parallele Anwendung der spezialgesetzlichen Regelung in § 11 Abs. 1 S. 1 Nr. 2 und der allgemeinen Entstrickungsnorm in § 12 Abs. 1 KStG beim übertragenden Rechtsträger ist mE nicht möglich, da § 11 die Rechtsfolgen auf Ebene des übertragenden Rechtsträgers abschließend regelt. Für eine entsprechende Auslegung spricht auch die einheitliche Behandlung von Verschmelzungen mit und ohne steuerliche Rückwirkung iSv § 2 Abs. 1, denn maßgeblich sind die Verhältnisse am steuerlichen Übertragungsstichtag,[397] und tatsächliche Verhältnisse wie die Zuord-

---

390 UmwSt-Erlass Rn. 11.09 iVm 03.18.
391 Aus den Ausführungen im UmwSt-Erlass lässt sich in der Gesamtschau mE keine eindeutige Aussage ableiten. UmwSt-Erlass Rn. 03.18 spricht zwar von einer entsprechenden Anwendbarkeit der allgemeinen Entstrickungsnormen auch für Zwecke § 11 Abs. 1 S. 1 Nr. 2 UmwStG, allerdings äußert sich Rn. 03.20 dahin gehend, dass eine grenzüberschreitende Umwandlung für sich grds. nicht die abkommensrechtliche Zuordnung von Wirtschaftsgütern ändert, sondern dies nach den allgemeinen Grundsätzen zu prüfen ist. Zudem erfolgt die Prüfung der Voraussetzungen für das Ansatzwahlrecht nach Rn. 11.08, 02.15 und 03.11 bezogen auf die Verhältnisse zum steuerlichen Übertragungsstichtag.
392 *Klingberg/Nitzschke* Ubg 2011, 451; *Schönfeld* IStR 2011, 497 (501).
393 So auch *Hruschka/Hellmann* DStR 2010, 1961 (1963 f.); *Rödder/Herlinghaus/van Lishaut/Rödder* UmwStG § 11 Rn. 116a, 126, 127; *Dötsch/Pung/Möhlenbrock/Dötsch* UmwStG § 11 Rn. 75 f.
394 So auch die Finanzverwaltung in UmwSt-Erlass Rn. 03.20.
395 Die Beweislast für das Vorliegen einer tatsächlichen Entstrickung beim übernehmenden Rechtsträger liegt grds. bei der zuständigen Finanzbehörde, ist jedoch vom übernehmenden Rechtsträger in seiner Steuererklärung entsprechend zu deklarieren; vgl. *Schell* FR 2012, 101 (106).
396 Beim übernehmenden Rechtsträger sind dann die Möglichkeiten zur Steuerstundung hinsichtlich eines Überführungsgewinns nach § 4g und § 36 Abs. 5 EStG zu prüfen.
397 UmwSt-Erlass Rn. 11.05 und Rn. 02.15; s. auch *Viebrock/Hagemann* FR 2009, 737 (745).

nung von Wirtschaftsgütern sind ebenfalls nach Auffassung der Finanzverwaltung einer Rückbeziehung grds. nicht zugänglich.[398]

Da die Finanzverwaltung eine eindeutige Aussage im UmwSt-Erlass vermissen lässt, Rechtsprechung bislang nicht vorliegt und im steuerlichen Schrifttum unterschiedliche Auffassungen bestehen,[399] empfiehlt es sich daher in der Praxis, vorab beim zuständigen Finanzamt eine verbindliche Auskunft einzuholen.

2. Zuordnung von Wirtschaftsgütern

Nach § 12 Abs. 1 S. 1 KStG kommt es bei einem Ausschluss oder einer Beschränkung des deutschen Besteuerungsrechts hinsichtlich des Gewinns aus der Veräußerung eines Wirtschaftsguts zu einer Realisierung der stillen Reserven. Nach § 12 Abs. 1 S. 2 KStG liegt ein solcher Ausschluss bzw. eine solche Beschränkung des deutschen Besteuerungsrechts insbes. vor, wenn ein Wechsel in der Zuordnung von einer inländischen Betriebsstätte zu einer ausländischen Betriebsstätte einer Körperschaft erfolgt.

Maßgeblich für die Zuordnung von Wirtschaftsgütern zu Stammhaus und Betriebsstätte ist zunächst einmal die betriebliche Veranlassung. Die Zuordnung von Wirtschaftsgütern bestimmt sich somit nach deren wirtschaftlicher Zugehörigkeit, dh einer Betriebsstätte werden die persönlichen und sachlichen Mittel zugerechnet, die mit der Betriebsstätte in einem wirtschaftlichen Veranlassungszusammenhang stehen. Dabei wird die Betriebsstätte als wirtschaftliche Einheit angesehen.[400] Nach Übernahme des Authorised OECD-Approach (AOA)[401] in nationales Recht[402] bestimmt sich die Zuordnung von Vermögenswerten zwischen Stammhaus und Betriebsstätte gem. § 1 Abs. 5 S. 3 Nr. 2 AStG[403] auf Grundlage einer Funktions- und Risikoanalyse der Geschäftstätigkeit der Betriebsstätte ausgehend von den maßgeblichen Personalfunktionen.[404] Personalfunktionen können in einer Betriebsstätte auch im Hinblick auf (flüchtige bzw. ungebundene) immaterielle Wirtschaftsgüter und Beteiligungen ausgeübt werden.[405] Die Personalfunktion einer Betriebsstätte ist jedoch nur maßgeblich für die Zuordnung von Vermögenswerten, wenn ihrer Ausübung im üblichen Geschäftsbetrieb im Verhältnis zu den Personalfunktionen, die im Stammhaus oder anderen Betriebsstätten ausgeübt werden, die größte Bedeutung für den jeweiligen Zuordnungsgegenstand zukommt; nicht maßgeblich sind Personalfunktionen, die lediglich unterstützenden Charakter haben oder ausschließlich die allgemeine Geschäftspolitik des Unternehmens betreffen.[406]

---

398 Vgl. BMF Schreiben v. 24.5.2004, IV A 2 – S 2770 – 15/04, DStR 2004, 1000 (aufgehoben mit Wirkung ab 1.1.2011); OFD Frankfurt a. M. Verfügung v. 1.10.2003 – S 1978 A-19-St II 1.02, FMNR452310003.

399 S. für eine Darstellung der unterschiedlichen Auffassungen Prinz Umwandlungen IStR/*Beinert/Scheifele* Rn. 8.252 ff. mwN.

400 BFH 17.11.1999 – I R 7/99, BStBl. II 2000, 605 (Outbond-Fall) und v. 20.7.1988 – I R 49/84, BStBl. II 1989, 140 (Inbound-Fall); vgl. hierzu auch Prinz Umwandlungen IStR/*Stadler/Bindl/Korff* Rn. 13.7 ff.

401 Vgl. OECD-Bericht über die Zurechnung von Gewinnen zu Betriebsstätten v. 22.7.2010 („**OECD-Betriebsstättenbericht**"); significant people functions (Part I Tz 15 ff. und Tz 18 ff.); bei Finanzunternehmen spezifisch key entrepreneurial risk-taking function (Part I Tz 16 und Part II Tz 8 ff., 48 ff. und 64 ff., Part III Rn. 203 ff. und 255 ff., Part IV Tz 68 ff. und 93 ff.). Zur Auswirkung des AOA auf die Entstrickungsbesteuerung s. *Herbort* FR 2013, 781.

402 Art. 6 Amtshilferichtlinie-Umsetzungsgesetz v. 26.6.2013, BGBl. I 1809, II 1120.

403 Vorbehaltlich eines widerstreitenden Doppelbesteuerungsabkommens unter den Voraussetzungen des § 1 Abs. 5 S. 8 AStG.

404 Vgl. auch § 1 Abs. 2 Nr. 2 BsGaV und Tz 2.1.2 VWG BsGa. Eine Personalfunktion ist eine Geschäftstätigkeit, die von eigenem Personal des Unternehmens für das Unternehmen ausgeübt wird (vgl. § 2 Abs. 3 BsGaV). Die Zuordnung von Personalfunktionen bestimmt sich grds. nach der tatsächlichen Ausübung; dies gilt jedoch nicht, wenn sie nur kurzfristig (weniger als 30 Tage) ausgeübt werden oder keinen sachlichen Bezug zur Geschäftstätigkeit der Betriebsstätte aufweisen (vgl. § 4 Abs. 1 BsGaV und Tz 4 VWG BsGa).

405 Vgl. hierzu § 6 BsGaV und Tz 2.6 VWG BsGa sowie § 7 BsGAV und Tz 2.7 VWG BsGa.

406 Vgl. § 2 Abs. 5 BsGaV und Tz 2.2.5 VWG EsGa.

204 Für Zeiträume vor Einführung des AOA in § 1 Abs. 5 AStG, dh für Wirtschaftsjahre, die vor dem 1.1.2013 beginnen (§ 21 Abs. 20 S. 3 AStG), hat die Finanzverwaltung für die Zuordnung von Wirtschaftsgütern zwischen Stammhaus und Betriebsstätte die sog. „These von der Zentralfunktion des Stammhauses" vertreten, wonach „flüchtige" Wirtschaftsgüter in der Regel dem Stammhaus zuzurechnen sind. In erster Linie betrifft dies nach dem Wortlaut des entsprechenden Abschnitts der Betriebsstätten-Verwaltungsgrundsätze[407] nur Finanzmittel und Beteiligungen, wird jedoch nach allgemeiner Lesart auch auf immaterielle Wirtschaftsgüter (zB Patente, Lizenzen, Kundenstamm, Vertriebsrechte, Geschäftswert) angewandt.[408] An dieser These hat sie rein formell bis zur Einführung der BsGAV[409] bzw. der VWG BsGA[410] festgehalten (→ 1. Aufl. 2015, Rn. 193).[411] Dagegen wird in den BsGAV auf die Zentralfunktion des Stammhauses kein Bezug mehr genommen. Vielmehr wird in Abkehr von der früheren Auffassung in § 6 Abs. 4 und § 7 Abs. 4 BsGaV eine Zuordnung zur Betriebsstätte selbst bei mangelnder Eindeutigkeit für nicht ausgeschlossen gehalten.[412]

3. Geändertes Begriffsverständnis des BFH zur Entstrickungsbesteuerung

205 Ob auf Tatbestandsseite ein Ausschluss bzw. die Beschränkung des deutschen Besteuerungsrechts nach der Aufgabe der finalen Entnahmetheorie[413] sowie der Theorie der finalen Betriebsaufgabe[414] durch den BFH und dem daraus zum Ausdruck kommenden geänderten Verständnis der Regelungsreichweite von Doppelbesteuerungsabkommen noch aufrechterhalten werden kann, ist mE mehr als fraglich und im steuerrechtlichen Schrifttum höchst umstritten.[415] Nach Ansicht des BFH soll Deutschland auch nach Überführung der entsprechenden Wirtschaftsgüter in eine Auslandsbetriebsstätte, nicht an der Besteuerung der in den übertragenen Wirtschaftsgütern enthaltenen stillen Reserven durch die Anwendbarkeit eines Doppelbesteuerungsabkommens gehindert sein.

---

407 BMF Schreiben v. 24.12.1999, IV B 4 – S 1300 – 111/99, BStBl. I 1999, 1076, zuletzt geändert durch BMF Schreiben v. 26.9.2013, BStBl. I 2014, 1258 und ergänzt durch Tz. 6 VWG BsGA.
408 Kritisch: Prinz Umwandlungen IStR/*Stadler/Bindl/Korff* Rn. 13.13 mwN; *Kahle/Mödinger* DB 2011, 2338 (2339).
409 Betriebsstättengewinnaufteilungsverordnung („**BsGaV**") vom 13.10.2014, BGBl. I 1603, zuletzt geändert durch Art. 8 Abs. 4 G zur Umsetzung der RL (EU) 2021/514 vom 20.12.2022 (BGBl. I 2730).
410 BMF Schreiben v. 22.12.2016 – IV B 5-S 1341/12/10001–03, 2016/1066571, BStBl. I 2017, 182 (Verwaltungsgrundsätze Betriebsstättengewinnaufteilung – „**VWG BsGa**").
411 Die Tatsache, dass die BsGAV nach deren § 40 für Wirtschaftsjahre anzuwenden ist, die nach dem 31.12.2014 beginnen, hat nicht zu bedeuten, dass die Finanzverwaltung für die Wirtschaftsjahre, die nach dem 31.12.2012 beginnen, weiterhin an der These von der Zentralfunktion des Stammhauses festhält. Denn einerseits wird diese Zuordnung bereits durch die gesetzliche Regelung in § 1 Abs. 5 S. 3 AStG überlagert, zum anderen sind die Zurechnungsgrundsätze der BsGAV bzw. des OECD-Betriebsstättenberichts nach Rn. 439 und 445 der VWG BsGA auch bereits für Wirtschaftsjahre anzuwenden, die nach dem 31.12.2012 beginnen. Im Rahmen von Doppelbesteuerungsabkommen kann die Abgrenzung nach den maßgeblichen Personalfunktionen auch bereits vor der zeitlichen Anwendbarkeit von § 1 Abs. 5 AStG ausschlaggebend sein, vgl. Rn. 425, 427 VWG BsGA und OFD Frankfurt aM Rundverfügung v. 18.4.2017, S 1300 A – 123 – St 517, IStR 2017, 548; so zB Art. 7 Abs. 2 DBA USA seit Anpassung durch Nr. 4 des Änderungsprotokolls v. 1.6.2006.
412 Zur Zuordnung von Beteiligungen s. *Looks* in Looks/Heinsen Kap. E Rn. 820 ff.; *Wassermeyer* in Wassermeyer/Andresen/Ditz Kap. 11 Rn. 11.19; *Kraft/Hohage* DB 2017, 2565, *Hruschka* IStR 2016, 437; die Rechtsprechung befürwortet weiterhin eine Zuordnung nach dem Veranlassungsprinzip s. BFH 29.11.2017 – I R 58/15, BFH/NV 2018, 684; BFH 19.12.2007 – I R 66/06, BStBl. II 2008, 510; FG Münster 15.12.2014 – 13 K 624/11 F, EFG 2015, 704. Für weitere Anhaltspunkte s. auch die Ausführungen im Schrifttum zu § 1 Abs. 5 AStG, § 14 Abs. 1 S. 1 Nr. 2 S. 4 KStG sowie Art. 7 Abs. 2 bzw. 10 Abs. 5 OECD-MA.
413 BFH 17.7.2008 – I R 77/06, BStBl. II 2009, 464, s. hierzu auch den Nichtanwendungserlass des BMF mit Schreiben v. 20.5.2009, IV C 6 – S 2134/07/10005, 2009/0300414, BStBl. I 2009, 671 (aufgehoben durch UmwSt-Erlass Rn. S. 08) und BMF Schreiben v. 18.11.2011, IV C 6-S 2134/10/10004, BStBl. I 2011, 1278.
414 BFH 28.10.2009 – I R 99/08, BStBl. II 2011, 1019 und I R 28/08, BFH/NV 2010, 432.
415 *Ungemach* Ubg 2011, 251 mwN; Prinz Umwandlungen IStR/*Beinert/Scheifele* Rn. 8.249 ff. mwN; *Stadler/Elser/Bindl* DB-Beil. 1/2012, 14 (18); zu Auslegungskontroversen vgl. Lademann UmwStG/*Hahn* § 11 Rn. 8.

Im Gegensatz zur BFH-Rechtsprechung betreffend die Tatbestandsseite hat der EuGH 206
in den Fällen National Grid Indus,[416] Kommission/Portugal[417] und Kommission/Dänemark[418] zu den steuerlichen Konsequenzen auf Rechtsfolgenseite im Zusammenhang mit der Wegzugsbesteuerung Stellung bezogen. Demzufolge steht Unionsrecht einer Besteuerung von nicht realisierten Wertzuwächsen anlässlich der Sitzverlegung in einen anderen Mitgliedstaat nicht entgegen, jedoch ist die sofortige Einziehung der Steuer zum Zeitpunkt der Sitzverlegung ohne Stundungsmöglichkeit nicht mit Unionsrecht vereinbar. Auch wenn in den vorgenannten Urteilsfällen kein Rechtsträgerwechsel erfolgte und somit kein Veräußerungs- und Anschaffungsgeschäft anzunehmen war, lassen sich Parallelen zwischen Wegzug und Hinausverschmelzung feststellen. Da für den Fall der Hinausverschmelzung weder im UmwStG (für den Fall der rechtlichen Entstrickung) noch im EStG/KStG/AStG (für den Fall der tatsächlichen Entstrickung) die Möglichkeit vorgesehen ist,[419] die Steuer auf den Übertragungs- bzw. Überführungsgewinn zu stunden oder zeitlich zu strecken, stellt sich die Frage nach einer analogen Anwendung der Vorschriften über den Besteuerungsaufschub bzw. deren unionsrechtskonformen Auslegung in Einklang mit der EuGH-Rechtsprechung DMC[420] und Verder LabTec.[421] In Betracht kommen etwa (i) eine zinslose Stundung (ohne Sicherheitsleistung) entsprechend § 6 Abs. 5 AStG zur Sitzverlegung oder (ii) eine Steuererhebung in Raten über bspw. 5 Jahre entweder durch Ansatz eines Ausgleichspostens entsprechend § 4g EStG auch für den Fall der beschränkten Steuerpflicht des übernehmenden Rechtsträgers mit der Aussetzung von § 4g Abs. 1 S. 5 EStG für EU-Fälle oder aber auf Antrag entsprechend § 36 Abs. 5 EStG.[422]

4. Verschmelzungen im internationalen Kontext

a) Inlandsverschmelzung mit Auslandsbezug

Bei einer reinen Inlandsverschmelzung ist das Risiko, dass es nach § 11 Abs. 2 S. 1 Nr. 2 207
zu einem Ausschluss des deutschen Besteuerungsrechts kommt, vergleichsweise gering. Ein Ausschluss des deutschen Besteuerungsrechts hinsichtlich des Auslandsvermögens infolge rechtlicher Entstrickung ist nur insoweit denkbar, als ein Wechsel von der Anrechnungsmethode zur Freistellungsmethode eintritt. Im Hinblick auf Inlandsvermögen kommt eine rechtliche Entstrickung nicht in Betracht. Eine eventuell eintretende tatsächliche Entstrickung unterliegt wiederum dem allgemeinen Entstrickungstatbestand nach § 12 Abs. 1 KStG.

---

416 EuGH 29.11.2011 – C-371/10, Slg I 2011, 12307. Die zum Fall der Gründungstheorie ergangene Rechtsprechung ist grds. auch auf deutsche Gesellschaften anzuwenden, die ihren Verwaltungssitz im Ausland haben, solange der Satzungssitz im Inland ist (vgl. § 4a GmbHG, § 5 AktG und BT-Drs. 16/6140, 29).
417 EuGH 6.9.2012 – C-38/10, BFH/NV 2012, 1757 L.
418 EuGH 18.7.2013 – C-261/11, ABl. 2013 C 260, 5.
419 Der Gesetzgeber hat sich aus administrativen Gründen bewusst dagegen entschieden; s. die Ausführungen in der Gesetzesbegründung zum E SEStEG, BT-Drs. 16/2710, 26 f.
420 EuGH 23.1.2014 – C-164/12, BFH/NV 2014, 478 betr. die Besteuerung im Zusammenhang mit der Einbringung einer MU-Beteiligung an einer deutschen KG in eine österreichische GmbH nach § 21 UmwStG 1995 mit einem Wahlrecht des Steuerpflichtigen zwischen einer sofortigen oder einer auf fünf Jahre gestaffelten Erhebung; vgl. hierzu auch Schlussurteil FG Hamburg 15.4.2015 – 2 K 66/14, IStR 2015, 521 (Rev. nicht zugelassen, BFH – I B 66/15).
421 EuGH 21.5.2015 – C-657/13, BFH/NV 2015 1069 betr. die Besteuerung im Zusammenhang mit der Überführung von Rechten vom inländischen Stammhaus in ausländische Betriebsstätte nach § 4 Abs. 1 S 3 und 4 EStG mit einer über 10 Jahre gestaffelten Erhebung (aus Billigkeitsgründen); vgl. hierzu auch Schlussurteil FG Düsseldorf 19.11.2015 – 8 K 3664/11 F, IStR 2016, 118 (Rev. BFH – I R 99/15).
422 Vgl. stellvertretend Rödder/Herlinghaus/van Lishaut/Rödder UmwStG § 11 Rn. 130 ff. mit konkreten Vorschlägen; ein Sofortbesteuerung rechtfertigend: Bösing/Sejdija Ubg 2013, 636 ff.

b) Hinausverschmelzung

208 Bei einer grenzüberschreitenden Hinausverschmelzung ist eine rechtliche Entstrickung sowohl im Hinblick auf (i) die im Inland steuerverhafteten Wirtschaftsgüter der übertragenden Körperschaft (Inlandsvermögen) als auch hinsichtlich (ii) der Wirtschaftsgüter, die einer ausländischen Anrechnungsbetriebsstätte zuordenbar sind (Auslandsvermögen), denkbar.[423]

209 Sofern im Inland keine Betriebsstätte zurückbleibt und soweit das **Inlandsvermögen** auch nicht anderweitig im Inland steuerverstrickt ist (bspw. inländisches Grundvermögen oder inländische Rechte iSv § 49 Abs. 1 Buchst. f. S. 1 EStG), verliert Deutschland das Besteuerungsrecht. Es handelt sich um einen Fall der rechtlichen Entstrickung (→ Rn. 198)[424] mit der Folge, dass das Ansatzwahlrecht nach § 11 Abs. 2 S. 1 nicht besteht. Der übertragende Rechtsträger hat die stillen Reserven in den übergehenden Wirtschaftsgütern insoweit steuerwirksam aufzudecken. Sofern im Inland eine Betriebsstätte zurückbleibt, die übergehenden Wirtschaftsgüter nach der Verschmelzung jedoch nicht mehr der inländischen Betriebsstätte zuzuordnen sind, sondern dem ausländischen Stammhaus, liegt eine tatsächliche Entstrickung (→ Rn. 199) vor. Dies hat zur Folge, dass die allgemeinen Entstrickungsregeln nach § 12 Abs. 1 KStG anzuwenden sind.[425] Der übernehmende Rechtsträger hat die stillen Reserven in den übernommenen Wirtschaftsgütern insoweit steuerwirksam aufzudecken.

210 Hinsichtlich des **Auslandsvermögens** einer vormaligen Anrechnungsbetriebsstätte kommt es stets zu einem Verlust des deutschen Besteuerungsrechts. In diesem Zusammenhang ist insbes. zu berücksichtigen, dass es keine Zuordnung einer ausländischen Unter- zu einer inländischen Oberbetriebsstätte gibt.[426] Es handelt sich um einen Fall der rechtlichen Entstrickung mit der Folge, dass das Ansatzwahlrecht nach § 11 Abs. 2 S. 1 insoweit ausgeschlossen ist.

c) Hereinverschmelzung

211 Bei grenzüberschreitenden Hereinverschmelzungen iSv § 11 ff. kann es nur dann zu einem Ausschluss oder einer Beschränkung des deutschen Besteuerungsrechts kommen, wenn der übernehmende deutsche Rechtsträger zuvor Wirtschaftsgüter an den übertragenden ausländischen Rechtsträger zur Nutzung überlassen hat[427] und der übertragende ausländische Rechtsträger diese Wirtschaftsgüter in seiner ausländischen Betriebsstätte betrieblich nutzt.[428] Nach der Verschmelzung sind die Wirtschaftsgüter aufgrund der betrieblichen Veranlassung der ausländischen Betriebsstätte des übernehmenden inländischen Rechtsträgers zuzuordnen. Allerdings handelt es sich bei den dem übertragenden Rechtsträger zuvor zur Nutzung überlassenen Wirtschaftsgütern nicht um übergehende Wirtschaftsgüter iSv § 11 Abs. 2 S. 1. Die stillen Reserven in diesen Wirtschaftsgütern sind aufgrund einer tatsächlichen Entstrickung (→ Rn. 199) nach Maßgabe der

---

[423] Vgl. hierzu auch das Beispiel bei *Schell* FR 2012, 101 (103) und die Ausführung von *Girlich/Philipp* Ubg 2012, 150 sowie *Schell* IStR 2008, 397 und *Herbort/Schwenke* IStR 2016, 567 zur Anwendbarkeit der Vorschrift nach § 12 Abs. 5 betr. die Frage nach einer fingierten Totalausschüttung der offenen Reserven des übertragenden Rechtsträgers.

[424] *Dötsch/Pung/Möhlenbrock/Dötsch* UmwStG § 11 Rn. 77; Prinz Umwandlungen IStR/*Beinert/Scheifele* Rn. 8.261.

[425] Vgl. hierzu auch *Hruschka/Hellmann* DStR 2010, 1961 (1964).

[426] Prinz Umwandlungen IStR/*Stadler/Bindl/Korff* Rn. 13.55 mwN.

[427] Dies kann bspw. im Rahmen der Vermietung oder des Leasings von materiellen Wirtschaftsgütern oder der Lizenzierung von immateriellen Wirtschaftsgütern erfolgen.

[428] Vgl. hierzu auch die Beispiele bei *Schell* FR 2012, 101 (107) und Widmann/Mayer/*Schießl* UmwStG § 11 Rn. 50.40.

allgemeinen Entstrickungsregelung in § 12 Abs. 1 KStG zu versteuern. Für diese Fälle kommt dagegen die Anwendbarkeit von § 4g EStG in Betracht, da der übernehmende Rechtsträger in Deutschland unbeschränkt steuerpflichtig ist.

d) Auslandsverschmelzung mit Inlandsbezug

Bei einer rein ausländischen Verschmelzung einer in Deutschland beschränkt steuerpflichtigen Körperschaft drohen regelmäßig kein Verlust und keine Beschränkung des deutschen Besteuerungsrechts.[429] Nach nationalem Recht ist die beschränkte Steuerpflicht nach § 2 Nr. 2 KStG mit inländischen Einkünften iSv § 49 EStG unverändert gegeben und auch abkommensrechtlich sollte sich nichts an der Zuweisung des Besteuerungsrechts zu Deutschland ändern. Ein möglicher Wechsel von einer Anrechnungs- zur Freistellungsmethode beschränkt nur das Besteuerungsrecht des Sitzstaates, nicht aber das Besteuerungsrecht Deutschlands als Quellenstaat. Eine Beschränkung des Besteuerungsrechts im Ausland ist unbeachtlich. Allerdings ist für die Steuerneutralität des Rechtsträgerwechsels auch in diesem Fall die wirksame Ausübung des antragsgebundenen Ansatzwahlrechts erforderlich.

e) Keine Entstrickung übergehender Wirtschaftsgüter für Zwecke der Hinzurechnungsbesteuerung

Die Hinausverschmelzung eines unbeschränkt steuerpflichtigen inländischen Rechtsträgers auf einen beschränkt steuerpflichtigen ausländischen Rechtsträger kann insoweit zu einem Ausschluss des deutschen Besteuerungsrechts führen, als beim übertragenden Rechtsträger vor der Verschmelzung die Voraussetzungen für die Anwendbarkeit der Hinzurechnungsbesteuerung nach §§ 7 ff. AStG erfüllt waren. Allerdings gehen bei einer solchen Hinausverschmelzung gerade keine Wirtschaftsgüter über, die unmittelbar der Erzielung von passiven Einkünften gedient haben bzw. deren Veräußerungsgewinn als passive Einkünfte qualifiziert. Folglich kann es insoweit weder zu einem Ausschluss noch zu einer Beschränkung des deutschen Besteuerungsrechts kommen. Dem Buch- oder Zwischenwertansatz steht insoweit nichts entgegen.[430] Andererseits kann jedoch bei der Hinausverschmelzung eines inländischen Rechtsträgers mit inländischen Anteilseignern auch nicht die Beibehaltung des deutschen Besteuerungsrechts damit begründet werden, dass das Auslandsvermögen auf eine Zwischengesellschaft iSv § 8 bzw. § 14 Abs. 1 AStG übergeht und unter Berücksichtigung der Hinzurechnungsbesteuerung weiterhin der deutschen Besteuerung unterliegt. Denn das aus § 7 Abs. 1, 6 AStG resultierende Besteuerungsrecht besteht gerade nicht hinsichtlich eines späteren Veräußerungsgewinns beim übernehmenden Rechtsträger, sondern allenfalls hinsichtlich der Hinzurechnung passiver Einkünfte bei den inländischen Anteilseignern.

II. Steuerliche Behandlung von „finalen" Verlusten infolge Verschmelzung

Seit der EuGH und der BFH in mehreren Urteilen die Möglichkeit grds. als gegeben sahen, dass ein Steuerpflichtiger eines EU-Mitgliedstaates die steuerlichen Verluste aus einem anderen EU-Mitgliedstaat unter bestimmten Voraussetzungen in seinem Sitzstaat

---

429 Etwas anderes könnte jedoch insoweit gelten, als der übernehmende ausländische Rechtsträger zwar in Deutschland grds. beschränkt steuerpflichtig ist, als gemeinnützige, mildtätige oder kirchliche Körperschaft jedoch gem. § 5 Abs. 1 Nr. 9, Abs. 2 Nr. 2 KStG von der deutschen Körperschaftsteuer befreit ist.
430 Prinz Umwandlungen IStR/*Beinert/Scherfele* Rn. 8.282.

geltend machen kann, sofern diese im Quellenstaat final sind[431] und der BFH in einem obiter dictum[432] den Fall der Umwandlung einer Auslandsbetriebsstätte in eine Kapitalgesellschaft als Form der tatsächlichen Finalität eingeordnet hat, wurde die Frage vermehrt öffentlich diskutiert, ob ausländische Verluste infolge von Verschmelzungen nach §§ 11 ff. im Inland zu berücksichtigen sind. Mit dem EuGH-Urteil W[433] und den Anschlussurteilen des BFH vom 22.2.2023[434] und vom 12.4.2023[435] sollte diese Frage inzwischen entschieden sein, so dass die Berücksichtigung auslandsradizierter finaler Verluste (zumindest bei einer Freistellungsbetriebsstätte) europarechtlich nicht angezeigt ist. Allerdings gibt es vereinzelt Rufe nach einer Berücksichtigung finaler Verluste aufgrund verfassungsrechtlicher Gebote.[436]

1. Verschmelzung einer Gesellschaft mit ausländischer Betriebsstätte

215 Im Kontext von Verschmelzungen beschränkt sich das steuerliche Interesse aus inländischer Sicht auf die Verschmelzung einer inländischen Körperschaft mit einer verlustträchtigen ausländischen Betriebsstätte, sofern im Ausland lediglich Betriebsmittel zurückbleiben, die nach den Maßstäben des deutschen Steuerrechts nicht als Betriebsstätte iSv § 12 AO zu qualifizieren sind (nach Übernahme des AOA und Wegfall der These von der Zentralfunktion des Stammhauses in das nationale Steuerrecht ist dies gleichwohl nur noch in Ausnahmefällen denkbar, → Rn. 199, 203 f.). Dabei stellt sich die Frage, ob Verluste einer nach der Verschmelzung nicht mehr existenten ausländischen Betriebsstätte bei tatsächlicher bzw. wirtschaftlicher Finalität im Rahmen der Gewinnermittlung der inländischen Gesellschaft für das Wirtschaftsjahr, das am steuerlichen Übertragungsstichtag endet, zu berücksichtigen sind.[437] Da Steuerinländer und Steuerausländer vom verschmelzungsbedingten Verlustuntergang nach § 12 Abs. 3 Hs. 2 iVm § 4 Abs. 2 S. 2 gleichermaßen betroffen sind,[438] ist allein diesbezüglich keine unionsrechtswidrige Diskriminierung anzunehmen.[439]

216 Auf Grundlage der älteren EuGH- und BFH-Rechtsprechung schien eine Berücksichtigung von finalen Verlusten einer ausländischen Betriebsstätte grds. denkbar (sofern die Verluste im Ausland nicht auf den übernehmenden Rechtsträger übergehen). Auch

hat der BFH im Urteil vom 5.2.2014[440] betr. die Abgrenzung der unternehmerischen Gestaltungsfreiheit von der willkürlichen Herbeiführung der Finalität von steuerlichen Verlusten noch anerkannt, dass außerhalb von § 42 AO kein allgemeiner Missbrauchsvorbehalt besteht. Nach der neueren Rechtsprechung in den Rechtssachen Nordea Bank[441] und Timac Agro[442] rückte jedoch die Symmetriethese wieder verstärkt in den Mittelpunkt. Dabei hat der EuGH in der Rs. Timac Agro – nach Lesart des BFH[443] in Abkehr von der bisherigen Rechtsprechung – der abkommensrechtlichen Freistellungsbetriebsstätte die Vergleichbarkeit mit einer Inlandsbetriebsstätte abgesprochen mit der Folge, dass eine Beschränkung von Grundfreiheiten bei Anwendung der Freistellungsmethode bereits im Ausgangspunkt ausgeschlossen ist. Im Urteil in der Rs. Bevola[444] ist der EuGH hingegen für den Fall einer im nationalen Recht verankerten Freistellungsmethode sowohl von einer objektiven Vergleichbarkeit als auch einer unzulässigen Diskriminierung ausgegangen. Schlussendlich sollte jedoch mit der Entscheidung in der Rs. W eine Abkehr von der Anrechnung finaler Verluste auch bei Anwendung der abkommensrechtlichen Freistellungsmethode vollzogen worden sein. Derzeit ist davon auszugehen, dass die Finanzverwaltung – zumindest bei Anwendung der Freistellungsmethode – eine entsprechende Verlustberücksichtigung im Inland in der Praxis nicht akzeptieren wird.[445]

2. Keine Zurechnung von verschmelzungsbedingten finalen Verlusten bei Organschaft über die Grenze

Ferner wird vereinzelt diskutiert, ob verschmelzungsbedingte ausländische Verluste aufgrund Einbeziehung einer Organgesellschaft mit Sitz in einem EU-/EWR-Staat in den deutschen Organkreis berücksichtigt werden können. Dies ist nicht der Fall. Zum einen ist der Abschluss eines Ergebnisabführungsvertrags nach dem Wortlaut der § 14 Abs. 1 S. 1 Nr. 3 KStG, § 17 KStG auch bei grenzüberschreitenden Organschaften mit EU-Gesellschaften erforderlich, was eine Organschaft über die Grenze mit deutschem Organträger derzeit faktisch unmöglich macht.[446] Doch auch unter der Annahme, dass ein Ergebnisabführungsvertrag wirksam abgeschlossen wird,[447] wäre die Situation lediglich mit derjenigen eines inländischen Stammhauses mit ausländischer Betriebsstätte

---

440 BFH 5.2.2014 – I R 48/11, BFH/NV 2014, 963.
441 EuGH 17.7.2014 – C-48/13, BFH/NV 2014, 1486 L.
442 EuGH 17.12.2015 – C-388/14, BStBl. II 2016, 362 und Anschlussurteil BFH 22.7.2017 – I R 2/15, BStBl. II 2017, 709; kritisch: *Jung/Mielke* IStR 2017, 498; *Schlücke* FR 2017, 837 ff.; *Kahlenberg* PIStB 2017, 243 (246 ff.); *Schnitger* IStR 2016, 72 (73 f.); *Schumacher* IStR 2016, 473 (477 f.).
443 BFH 22.7.2017 – I R 2/15, BStBl. II 2017, 709; vgl. auch FG Münster 28.3.2017 – 12 K 3545/14 G, F und 12 K 3541/14 G, F; aA bspw. *Niemann/Dodos* DStR 2016, 1057.
444 EuGH 12.6.2018 – C-650/16, IStR 2018, 502, vgl. zur Einordnung in die bisherige EuGH-Rechtsprechungslinie *Heckerodt/Schulz* DStR 2018, 1457.
445 Ob dies auch dann gilt, wenn im streitgegenständlichen Fall aufgrund von § 50d Abs. 9 EStG, DBA-Vorbehalte/entsprechenden Umschaltklauseln die Anwendungsmethode iSv § 34c Abs. 6 S. 5 EStG bzw. Art. 23B OECD-MA anzuwenden ist, ist noch nicht abschließend geklärt. Zur Auswirkung von § 50d Abs. 9 EStG s. *Sillich/Schneider* IStR 2017, 809 (Vergleichbarkeit) und *Kippenberg* IStR 2017, 497 sowie *Mitschke* FR 2017, 840 f. (jeweils keine Vergleichbarkeit).
446 Mit Ausnahme von Österreich, Portugal und Slowenien ist den EU-/EWR-Ländern das Konzept des Ergebnisabführungsvertrags unbekannt; andererseits folgen Österreich, Portugal und Slowenien (zumindest bei Verwaltungssitz im Ausland) der Sitztheorie; vgl. *Winter/Marx* DStR 2011, 1101 (1104). Zur Anerkennung einer Organschaft bei ausländischem Ergebnisabführungsvertrag einer Organgesellschaft mit Sitz in der EU/dem EWR und Geschäftsleitung in Deutsch und in Bezug auf die Voraussetzungen der §§ 14 Abs. 1, 17 Abs. 2 KStG, siehe Kurzinformation FinMin Schleswig-Holstein v. 17.1.2020, VI 313-S 2770-077, DStR 2020, 1573.
447 Gleiches gilt, wenn sich die Auffassung durchsetzt, dass das EAV-Erfordernis iSe norm- bzw. geltungserhaltenden Reduktion in EU-Sachverhalten auszusetzen oder auf schuldrechtliche Vereinbarungen zu beschränken ist; s. hierzu FG Schleswig-Holstein 13.3.2019 – 1 K 218/15, EFG 2019, 1466 (BFH Rev I R 26/19) und *Maack/Kersten* DStR 2019, 2281.

vergleichbar⁴⁴⁸ bzw. mit der Verschmelzung einer inländischen Organgesellschaft mit ausländischer Betriebsstätte. Denn nach § 14 Abs. 1 S. 1 KStG bzw. § 17 S. 1 KStG muss die Organgesellschaft ihren Ort der Geschäftsleitung stets im Inland haben, was auch bei doppelansässigen Organgesellschaften mit Verwaltungssitz im Inland und statutarischem Sitz im EU-/EWR-Raum grds. zur unbeschränkten Steuerpflicht nach § 1 Abs. 1 KStG führt. Darüber hinaus wäre die Verlustverrechnungsbeschränkung nach § 14 Abs. 1 S. 1 Nr. 5 KStG zu beachten.

3. Verlusttransfer von ausländischer Tochtergesellschaft auf ausländische Betriebsstätte durch Verschmelzung und anschließende inländische Berücksichtigung bei tatsächlicher Finalität

218 Im Zusammenhang mit der Berücksichtigung von finalen Verlusten waren in der Beratungspraxis Überlegungen anzutreffen, ob es unter Berufung auf Art. 6 Fusions-RL möglich ist, steuerliche Verluste einer ausländischen Tochtergesellschaft zunächst in steuerliche Verluste einer ausländischen Betriebsstätte umzuwandeln und in einem zweiten Schritt zu einem späteren Zeitpunkt unter Berufung auf die Rechtsprechung zu finalen Verlusten im Inland geltend zu machen.⁴⁴⁹ Als Alternativstruktur wurde die Umwandlung in eine SE gem. Art. 17 SE-VO mit gleichzeitiger Sitzverlegung ins Inland gem. Art. 8 SE-VO mit der Maßgabe diskutiert, dass die übergehenden Wirtschaftsgüter einer Freistellungsbetriebsstätte zuzuordnen sind (unter Berücksichtigung des Aktivitätsvorbehalts) und eine Aufdeckung der stillen Lasten gem. § 4 Abs. 1 S. 8 Hs. 2 EStG iVm § 6 Abs. 1 Nr. 5a EStG im Rahmen der Umwandlung vermieden wird.⁴⁵⁰ Im Lichte von Timac Agro sollte die Nutzung von ausländischen Verlusten bei Umsetzung der vorgenannten Strukturen nicht mehr in Betracht kommen.

F. Organschaftsfragen bei der übertragenden Körperschaft

I. Beendigung von Ergebnisabführungsverträgen – Beendigung der ertragsteuerlichen Organschaft

1. Verschmelzung des Organträgers

a) Auswirkungen auf den Ergebnisabführungsvertrag und Fortsetzung der bestehenden ertragsteuerlichen Organschaft

219 Wird der Organträger auf eine andere Körperschaft verschmolzen, geht die Beteiligung an der Organgesellschaft im Wege der Gesamtrechtsnachfolge auf die übernehmende Körperschaft über. Entsprechendes gilt im Normalfall für den bestehenden Ergebnisabführungsvertrag iSv § 291 AktG (EAV). Zwar hängt der Fortbestand eines solchen EAV grds. von dem rechtlichen Status der beteiligten Vertragspartner ab, allerdings geht

---

448 *Schönfeld* IStR 2012, 368 (369 f.). Eine Zurechnung zum inländischen Organträger von ausländischen finalen Verlusten, die bislang nicht der Gewinnabführung bzw. Einkommenszurechnung unterlegen haben und aufgrund der Verschmelzung der Organgesellschaft im Ausland nicht mehr berücksichtigt werden können, erfolgt somit nach vergleichbaren Maßstäben wie bei der Aufgabe einer Auslandsbetriebsstätte.

449 Ob der Verlustübertrag auf die ausländische Betriebsstätte auch für deutsche steuerliche Zwecke anerkannt wird oder aber aufgrund der Ermittlung finaler Verluste nach deutschen steuerlichen Grundsätzen unter Berücksichtigung von § 12 Abs. 3 Hs. 2 iVm § 4 Abs. 2 S. 2 als untergegangen gilt, ist noch nicht abschließend geklärt und wird aus fiskalischen Gesichtspunkten vermutlich von der Finanzverwaltung abgelehnt werden. In diesem Zusammenhang ist zu berücksichtigen, dass ein Überhang von stillen Lasten aufgrund § 11 Abs. 2 S. 2 zum gemeinen Wert als Höchstwert aufzudecken ist und somit auch dem Verlustuntergang nach § 12 Abs. 3 Hs. 2 iVm § 4 Abs. 2 S. 2 unterliegt.

450 Zur Verstrickung vgl. *Rödder/Herlinghaus/van Lishaut/Ritzer* Anh. 6 Rn. 181 f., Anh. 7 Rn. 186 ff.

ein EAV bei Verschmelzung regelmäßig im Wege der Gesamtrechtsnachfolge auf den übernehmenden Rechtsträger über.[451]

Da die übergehenden Wirtschaftsgüter für steuerliche Zwecke gem. § 2 Abs. 1 S. 1 mit Ablauf des steuerlichen Übertragungsstichtags auf den übernehmenden Rechtsträger als übertragen gelten, ist der übernehmende Rechtsträger ab diesem Zeitpunkt auch finanziell an der Organgesellschaft beteiligt. Ferner tritt der übernehmende Rechtsträger gem. § 12 Abs. 3 Hs. 1 in die steuerliche Rechtsstellung der übertragenden Körperschaft ein. Dementsprechend ist dem übernehmenden Rechtsträger im Hinblick auf die übernommene Organbeteiligung auch die bisherige finanzielle Eingliederung im Verhältnis zum übertragenden Rechtsträger zuzurechnen[452] und die bisherige Durchführung des EAV anzurechnen.[453] Dies gilt sowohl im Hinblick auf die Feststellung, ob die finanzielle Eingliederung zu Beginn des Wirtschaftsjahres der Organgesellschaft vorgelegen hat iSv § 14 Abs. 1 S. 1 Nr. 1 KStG als auch hinsichtlich der ordnungsgemäßen Durchführung des EAV während der fünfjährigen Mindestdauer iSv § 14 Abs. 1 S. 1 Nr. 3 S. 1 KStG sowie der Zuordnung der Beteiligung an der Organgesellschaft zu einer inländischen Betriebsstätte. Die Finanzverwaltung vertritt im UmwSt-Erlass zum Teil eine gegenläufige Auffassung, wonach dem übernehmenden Rechtsträger die finanzielle Eingliederung lediglich ab dem steuerlichen Übertragungsstichtag zugerechnet wird.[454] Weicht der steuerliche Übertragungsstichtag daher von dem Wirtschaftsjahresende der Organgesellschaft ab, wird auf Grundlage der Verwaltungsauffassung sowohl die bestehende Organschaft zum übertragenden Rechtsträger zerstört als auch die Fortsetzung der Organschaft mit dem übernehmenden Rechtsträger unmöglich gemacht.[455] Dem hat der BFH in seinen Urteilen vom 11.7.2023 widersprochen und bestätigt, dass der übernehmende Rechtsträger (Organträger) hinsichtlich des Merkmals der finanziellen Eingliederung und der Zuordnung zu einer inländischen Betriebsstätte in die Rechtsstellung des übertragenden Rechtsträgers eintritt, wenn der umwandlungssteuerliche Übertragungsstichtag nicht auf den Beginn des Wirtschaftsjahres der Organgesellschaft zurückbezogen wird. Ausreichend ist, wenn ab dem Beginn des Wirtschaftsjahres der Organgesellschaft eine finanzielle Eingliederung zunächst zum übertragenden Rechtsträger und anschließend zum übernehmenden Rechtsträger besteht. Dies soll sogar dann gelten, wenn der umwandlungssteuerliche Übertragungsstichtag vor der Gründung des übernehmenden Rechtsträgers liegt und sollte mE sowohl für die Verschmelzung zur Aufnahme mit

---

451 Vorbehaltlich der Geltendmachung eines Kündigungsrechts durch die Organgesellschaft (bspw. nach § 297 Abs. 1 S. 2 AktG) oder sonstiger zwingender Vertragsbeendigungen (bspw. nach § 307 AktG); Emmerich/Habersack/*Emmerich* AktG § 291 Rn. 43; Rödder/Herlinghaus/van Lishaut/*Herlinghaus* UmwStG Anh. 4 Rn. 7 ff., 16.
452 BFH 28.7.2010 – I R 89/09, BStBl. II 2011, 528 und I R 111/09, BFH/NV 2011, 67 mwN, bestätigt in BFH 10.5.2017 – I R 19/15, DB 2017, 2264; so auch *Blumenberg/Lechner* DB-Beil. 1/2012, 58 f. mwN; *Kröner* BB-Spezial 2011, 24 (25); *Heurung/Engel* BB 2011, 151 (153). Nach Auffassung des FG Hessen 14.5.2020 – 4 K 412/19 mwN (BFH Rev. I R 21/20) setzt eine finanzielle Eingliederung nicht voraus, dass der neue Organträger vom Beginn des Wirtschaftsjahres der Organgesellschaft an dieser beteiligt sein muss. Es soll vielmehr genügen, wenn die Mehrheitsbeteiligung nacheinander auf zwei Organträger verteilt ist, weil insoweit das Halten der Beteiligung des ersten Organträgers dem zweiten Organträger im Rahmen der Gesamtrechtsnachfolge zugerechnet wird, s. hierzu auch *Brühl* DStR 2021, 313.
453 UmwSt-Erlass Rn. Org.11.
454 UmwSt-Erlass sowohl Rn. Org.02 als Fortsetzung einer Organschaft als auch Rn. Org.03 zur erstmaligen Begründung einer Organschaft zum übernehmenden Rechtsträger.
455 So auch FGS/BDI UmwStE 2011/*Rödder/Jonas/Montag* Rn. Org.02; *Kröner* BB-Spezial 2011, 24 (25); vgl. auch die Beispiele bei Dötsch/Pung/Möhlenbrock/*Dötsch* UmwStG Anh. 1 Rn. 22a.

einer neugegründeten Gesellschaft als auch für die Verschmelzung zur Neugründung gelten.[456]

b) Beendigung des Ergebnisabführungsvertrags im Rahmen der Verschmelzung – Vorliegen eines wichtigen Grundes

221 Bei Beendigung des EAV infolge Kündigung durch die Organgesellschaft oder Beendigung kraft Gesetzes aufgrund Verschmelzung des Organträgers oder der Organgesellschaft ist nach Auffassung der Finanzverwaltung stets ein wichtiger Grund iSv § 14 Abs. 1 S. 1 Nr. 3 S. 2 KStG anzunehmen.[457] Dies gilt jedoch nicht, wenn im Zeitpunkt des Vertragsabschlusses bereits feststand, dass der EAV vor Ablauf der fünfjährigen Mindestdauer iSv § 14 Abs. 1 S. 1 Nr. 3 S. 1 KStG beendet wird mit der Folge, dass der EAV von Anfang an steuerlich unwirksam ist.[458] In diesem Zusammenhang ist zu berücksichtigen, dass die Beendigung des EAV durch Aufhebung gem. § 296 Abs. 1 S. 1 AktG nur auf das Ende eines Geschäftsjahres möglich ist.[459] Eine rückwirkende Beendigung ist in § 296 Abs. 1 S. 2 AktG explizit ausgeschlossen. Andererseits ist eine Kündigung ex nunc möglich, sofern dies im Hinblick auf eine anstehende Verschmelzung bereits im EAV selbst vertraglich angelegt ist.[460]

222 Nicht abschließend geklärt ist ferner, welche Auswirkungen die Rechtsprechung zur (schädlichen) Veräußerung einer Organbeteiligung im Konzern innerhalb der fünfjährigen Mindestdauer[461] auf die Beendigung eines EAV aufgrund Verschmelzung des Organträgers hat, da die Übertragung von Vermögen im Wege der Verschmelzung nach Auffassung der Finanzverwaltung ein Veräußerungs- und Anschaffungsgeschäft darstellt und dementsprechend Parallelen zur Veräußerung der Organbeteiligung aufweist.[462] Die Beantwortung dieser Frage bedarf stets einer Würdigung des Einzelfalls unter Berücksichtigung des steuernormspezifischen Rechtsbegriffs des wichtigen Grundes iSv § 14 Abs. 1 S. 1 Nr. 3 S. 2 KStG und dessen steuerbegrifflichen Eigenständigkeit. Ein wichtiger Grund soll nach Auffassung des BFH zumindest dann nicht gegeben sein, wenn der EAV (i) faktisch unter der (zeitlich ungewissen) auflösenden Bedingung des Verbrauchs der im Zeitpunkt des Vertragsschlusses vorhandenen steuerlichen Verlustvorträge des Organträgers stand und (ii) bei einer konzerntypischen Beteiligungsstruktur (zB strukturelle Zuordnung von Gesellschaften nach Betätigungsfeldern) nicht hätte abgeschlossen werden können.[463]

---

[456] BFH 11.7.2023 – I R 36/20, NZG 2024, 171, BFH 11.7.2023 – I R 45/20, BFH/NV 2024, 139 und BFH 11.7.2023 – I R 21/20, BFH/NV 2024, 127. Der BFH entspricht allerdings nicht der Auffassung des Hessischen Finanzgericht, was die Zurechnung des Einkommens der Organgesellschaft betrifft. Das Einkommen kann zivilrechtlich nicht beiden Organträgern (dem alten und dem neuen) pro rata zugerechnet werden, sondern – weil kein Rumpfwirtschaftsjahr gebildet wird – dem Organträger, der am Ende des Wirtschaftsjahres der Organgesellschaft nach dem (zivilrechtlichen) EAV anspruchsberechtigter Organträger ist. Zum vorinstanzlichen Verfahren zu I R 21/02 s. Urteil des FG Hessen 14.5.2020 – 4 K 412/19 und Brühl DStR 2021, 313.

[457] R 14.5 Abs. 6 S. 2 KStR 2022 sowie UmwSt-Erlass Rn. Org.12 für die Umwandlung des Organträgers und Rn. Org.26 für die Umwandlung der Organgesellschaft.

[458] R 14.5 Abs. 6 S. 3 KStR 2022.

[459] MüKoAktG/*Altmeppen* AktG § 296 Rn. 21; Emmerich/Habersack/*Emmerich* AktG § 296 Rn. 13. Zur Anwendbarkeit bei einer abhängigen GmbH vgl. BGH 16.6.2015 – II ZR 384/13, BGHZ 206, 74.

[460] BGH 5.4.1993 – II ZR 238/91, NJW 1993, 1976; MüKoAktG/*Altmeppen* AktG § 297 Rn. 77 ff. mwN.

[461] BFH 13.11.2013 – I R 45/12, BB 2014, 997; deutlich restriktiver noch Vorinstanz FG Niedersachsen 10.5.2012 – 6 K 140/10, GmbHR 2012, 917.

[462] *Stangl/Brühl* Ubg 2012, 657 (664 f.) lehnen dies mit dem Argument ab, dass die Umwandlung gerade den Anschein des Missbrauchs entkräfte und dem Sinn und Zweck der steuerlichen Privilegierung von Umwandlungsvorgängen entgegenstehe.

[463] *Gosch* PR 2014, 200 (201) verlangt, dass Gründe vorliegen, die die Fortsetzung des EAV für beide Vertragsparteien objektiv unzumutbar erscheinen lassen.

c) Hinausverschmelzung des Organträgers unter Fortführung der Organschaft

Ist der übernehmende Rechtsträger eine ausländische Körperschaft, ist die Fortführung des EAV und die Fortsetzung der ertragsteuerlichen Organschaft bei Vorliegen der Voraussetzungen nach § 14 Abs. 1 S. 1 Nr. 1–4 KStG dem Grunde nach möglich.[464] Entscheidend ist, dass die Beteiligung an der Organgesellschaft bzw. bei mittelbarer Beteiligung die vermittelnde Beteiligung gem. § 14 Abs. 1 S. 1 Nr. 2 S. 4 KStG einer inländischen Betriebsstätte (§ 12 AO) der ausländischen Körperschaft zuzuordnen ist[465] und Deutschland gem. § 14 Abs. 1 S. 1 Nr. 2 S. 7 KStG insoweit das Besteuerungsrecht hinsichtlich der Betriebsstätteneinkünfte besitzt. Da der Gesetzgeber in § 14 Abs. 1 S. 1 Nr. 3 KStG an dem EAV-Erfordernis festhält, ist weitere Voraussetzung, dass die Übernahme und Fortführung eines solchen EAV gesellschaftsrechtlich zulässig ist. Da ein grenzüberschreitender EAV mit einer ausländischen Obergesellschaft nach deutschen gesellschaftsrechtlichen Grundsätzen grds. zulässig ist (wie in § 305 Abs. 2 Nr. 1, 2 AktG hinreichend zum Ausdruck kommt) und nach kollisionsrechtlichen Vorschriften auch deutschem Recht unterliegt,[466] ist für die Zulässigkeit der Fortsetzung des EAV mit einem ausländischen Organträger lediglich zu prüfen, ob sich nach dem Gesellschaftsstatut des übernehmenden Rechtsträgers Einschränkungen ergeben.[467] Ob das Festhalten an dem Abschluss und der Durchführung eines EAV unionsrechtlichen Vorgaben entspricht[468] oder dieses Erfordernis iSe norm- bzw. geltungserhaltenden Reduktion zu modifizieren ist,[469] ist noch nicht abschließend geklärt.

223

2. Verschmelzung der Organgesellschaft

a) Beendigung des Ergebnisabführungsvertrags und letztmalige Durchführung

Durch die Verschmelzung der Organgesellschaft wird der bestehende EAV zwingend beendet.[470] Dies gilt auch bei Verschmelzung auf eine Schwestergesellschaft.[471] Gesellschaftsrechtlich bleibt die Verpflichtung des Organträgers aus dem EAV auf Verlustübernahme bis zur Wirksamkeit der Verschmelzung, dh bis zur Eintragung der Verschmelzung im Handelsregister des übernehmenden Rechtsträgers (§ 20 Abs. 1 UmwG), bestehen.[472]

224

---

464 Die Anknüpfung an die Ansässigkeit des Organträgers in § 14 Abs. 1 S. 1 Nr. 1 KStG aF wurde als Reaktion auf das BFH 9.2.2011 – I R 54, 55/10, I R 54/10, I R 55/10, BStBl. II 2012, 106 zur gewerbesteuerlichen Organschaft nach altem Recht im Rahmen der kleinen Organschaftsreform aufgehoben. Bisher war eine Organschaft mit einem ausländischen Organträger nach § 18 KStG aF nur möglich, wenn der EAV unter der Firma einer im Handelsregister eingetragenen inländischen Zweigniederlassung abgeschlossen war und die Organbeteiligung zum Betriebsvermögen der Zweigniederlassung gehörte. Eine nahtlose Fortsetzung der Organschaft nach altem Recht nicht möglich, vgl. *Kraft/Michel* IStR 2012, 882.

465 Zur Zuordnung von Beteiligungen zu einer inländischen Betriebsstätte einer ausländischen Körperschaft vgl. *Prinz Umwandlungen IStR/Stadler/Bindl/Korff* Rn. 13.23 ff. und § 7 BsGaV.

466 MüKoAktG/*Altmeppen* Einl. Rn. 46; § 291 Rn. 136; Emmerich/Habersack/*Emmerich* AktG § 291 Rn. 37 f.; *Hoene* IStR 2012, 462.

467 Einschränkungen könnten sich zB hinsichtlich spezieller Zustimmungserfordernisse oder der Akzeptanz einer potenziellen Verlustausgleichsverpflichtung ergeben. Mit Ausnahme von Österreich (§ 238 öAktG), Portugal und Slowenien ist den meisten Ländern das Konzept des EAV unbekannt.

468 Vgl. hierzu bspw. *Mitschke* DStR 2010, 1368 (1370) mwN; *Glahe* IStR 2012, 128.

469 Infrage kommen schuldrechtliche Verlustübernahme, tatsächliche/faktische Verlustübernahme oder gar gänzlicher Verzicht auf eine Verlustübernahme.

470 OLG Karlsruhe 29.8.1994 – 15 W 19/94, DB 1994, 191; BVerfG 27.1.1999 – 1 BvR 1805–94, DB 1999, 575; UmwSt-Erlass Rn. Org.21; Emmerich/Habersack/*Emmerich* AktG § 291 Rn. 41 und AktG § 297 Rn. 39; MüKoAktG/*Altmeppen* AktG § 297 Rn. 131; Semler/Stengel/Leonhard/*Leonard/Simon* UmwG § 20 Rn. 31; *Koch* AktG § 295 Rn. 6; Göhmann/Winnen RNotZ 2015, 53 (64 f.); Rödder/Herlinghaus/van Lishaut/*Herlinghaus* Anh. 4 Rn. 26 mwN; Dötsch/Pung/Möhlenbrock/*Dötsch* UmwStG Anh. 1 Rn. 12 mwN; aA Gosch KStG/*Neumann* § 14 Rn. 288.

471 *Gelhausen/Heinz* NZG 2005, 775 (776).

472 MüKoAktG/*Altmeppen* AktG § 302 Rn. 23 ff.; Michalski/*Servatius* Syst. Darst. 4 Rn. 164.

225 Für die Zeit nach dem Umwandlungsstichtag iSv § 5 Abs. 1 Nr. 6 UmwG bis zur Handelsregistereintragung wird die Ergebnisabführung von der umwandlungsrechtlichen Ergebniszuordnung zum übernehmenden Rechtsträger überlagert, da die Gewinne und Verluste bereits dem übernehmenden Rechtsträger zuzuordnen sind („Für-Rechnungs-Phase").[473] Handelsrechtlich entsteht beim übertragenden Rechtsträger zwar nicht automatisch ein Rumpf-Geschäftsjahr mit Ablauf des Umwandlungsstichtags. Infolge der Für-Rechnungs-Phase hat die letztmalige Abrechnung jedoch grds. auf den Übertragungsstichtag zu erfolgen. Maßgeblich für die Ergebnisabführung ist daher das Handelsbilanzergebnis aus der handelsrechtlichen Schlussbilanz iSv § 17 Abs. 2 UmwG.[474] Dies gilt sowohl für Umwandlungsstichtage zum Ende eines Geschäftsjahres der Organgesellschaft wie auch für Umwandlungsstichtage während eines laufenden Geschäftsjahres der Organgesellschaft.[475] Wird der Umwandlungsstichtag allerdings erst nachträglich in ein bereits abgelaufenes Geschäftsjahr gelegt, kann eine rechtlich entstandene Verpflichtung der Organgesellschaft auf Gewinnabführung bzw. ein rechtlich entstandener Anspruch der Organgesellschaft auf Verlustübernahme nicht mehr rückwirkend beseitigt bzw. entzogen werden und ist entsprechend in der handelsrechtlichen Schlussbilanz auszuweisen.[476]

b) Wichtiger Grund iSv § 14 Abs. 1 S. 1 Nr. 3 S. 2 KStG

226 Für die steuerunschädliche Beendigung eines EAV vor Ablauf der Fünfjahresfrist iSv § 14 Abs. 1 S. 1 Nr. 3 S. 1 KStG bedarf es eines wichtigen Grundes iSv § 14 Abs. 1 S. 1 Nr. 3 S. 2 KStG. Dieser ist nach Auffassung der Finanzverwaltung in der Verschmelzung der Organgesellschaft grds. gegeben, wenn nicht bereits im Zeitpunkt des Vertragsabschlusses feststeht, dass der EAV vor Ablauf der ersten fünf Jahre beendet werden wird.[477] Auf dieser Grundlage sollte auch die Verschmelzung im Konzern, selbst bei entsprechender Anwendung der Rechtsprechung zur (schädlichen) Veräußerung im Konzern,[478] einen wichtigen Grund darstellen.

---

473 Vgl. Rödder/Herlinghaus/van Lishaut/*Herlinghaus* Anh. 4 Rn. 12; Dötsch/Pung/Möhlenbrock/*Dötsch* UmwStG Anh. 1 Rn. 12 f.; *Stangl/Aichberger* Ubg 2013, 685 (686); ausführlich *Gelhausen/Heinz* NZG 2005, 775 (776 ff.).

474 Da handelsbilanziell kein Zwang zur Realisierung von stillen Reserven oder stillen Lasten beim übertragenden Rechtsträger besteht, kommt es regelmäßig nicht zu einem Übertragungsgewinn oder -verlust. Die Ergebnisabführung beschränkt sich idR auf das seit dem letzten Abschlussstichtag bis zum Datum der handelsrechtlichen Schlussbilanz angefallene Ergebnis.

475 *Gelhausen/Heinz* NZG 2005, 775 (776 ff.); allgemein zur Ergebnisabführung bei unterjähriger EAV-Beendigung MüKoAktG/*Altmeppen* AktG § 302 Rn. 24 mwN; beschränkend auf den Verlustausgleich bei unterjährigem Umwandlungsstichtag Emmerich/Habersack/*Emmerich* AktG § 291 Rn. 54, AktG § 302 Rn. 38. Gegen eine Ergebnisabführung (zumindest im Gewinnfall) Rödder/Herlinghaus/van Lishaut/*Rödder* UmwStG § 11 Rn. 56 und Anh. 2 Rn. 43 sowie Rödder/Herlinghaus/van Lishaut/*Herlinghaus* Anh. 4 Rn. 62. Vor dem Hintergrund der unklaren Rechtslage ist es in der Praxis ratsam, auch bei unterjähriger Verschmelzung eine Gewinnabführung noch durchzuführen, um die ordnungsgemäße Durchführung des EAV iSv § 14 Abs. 1 S. 1 Nr. 3 KStG nicht zu gefährden; bestünde eine Gewinnabführungsverpflichtung (entgegen der hier vertretenen Auffassung) tatsächlich nicht, unterläge die Gewinnabführung als vGA gem. § 8b Abs. 1, 5 KStG lediglich zu effektiv 5 % der Besteuerung.

476 Ausführlich *Gelhausen/Heinz* NZG 2005, 775 (779).

477 UmwSt-Erlass Rn. Org.26; R 14.5 Abs. 6 S. 2 und S. 3 KStR 2022. Bis zum VZ 2014 war e nach R 60 Abs. 6 S. 4 KStR 2004 einer Verschmelzung der Organgesellschaft noch unschädlich, wenn bereits im Zeitpunkt des Vertragsschlusses feststand, dass der EAV vor Ablauf der ersten fünf Zeitjahre beendet werden wird. Ab dem VZ 2015 ist dies mit Neufassung der KStR nicht mehr vorgesehen. Als Folge ist davon auszugehen, dass die Finanzverwaltung bewusst von ihrer ursprünglichen Auffassung abgekehrt ist und eine Verschmelzung der Organgesellschaft innerhalb der Fünfjahresfrist dann nicht mehr als wichtigen Grund anerkennt, wenn die Verschmelzung bereits bei Vertragsschluss feststand.

478 BFH 13.11.2013 – I R 45/12, BB 2014, 997; insbes. Vorinstanz FG Niedersachsen 10.5.2012 – 6 K 140/10, GmbHR 2012, 917, hierzu m. Rn. 212. Das FG Hessen 28.5.2015 – 4 K 677/14, GmbHR 2016, 75 befürwortet einen wichtigen Grund im Falle einer wirtschaftlich nachvollziehbaren Umstrukturierung.

c) Verschmelzung des Organträgers mit der Organgesellschaft

Bei Verschmelzung des Organträgers mit der Organgesellschaft (Aufwärts- oder Abwärtsverschmelzung) geht der EAV aufgrund von Konfusion unter.[479] Entsprechendes gilt für bestehende Forderungen und Verbindlichkeiten im Zusammenhang mit der Gewinnabführung bzw. Verlustübernahme. Im Falle der Abwärtsverschmelzung des Organträgers auf die Organgesellschaft endet die Organschaft mit Wirkung zum steuerlichen Übertragungsstichtag iSv § 2 Abs. 1. Sofern die fünfjährige Mindestlaufzeit iSv § 14 Abs. 1 S. 1 Nr. 3 S. 1 KStG noch nicht abgelaufen ist, ist in der Beendigung durch Abwärtsverschmelzung aus steuerlicher Sicht ein wichtiger Grund gegeben.[480] Entsprechendes gilt für die Aufwärtsverschmelzung der Organgesellschaft auf den Organträger.[481]

II. Einkommenszurechnung

1. Verschmelzung des Organträgers

Wird der Organträger verschmolzen und die bestehende Organschaft durch den übernehmenden Rechtsträger fortgeführt, ist das Organeinkommen demjenigen Rechtsträger zuzuordnen, der zum Schluss des Wirtschaftsjahres der Organgesellschaft als Organträger anzusehen ist.[482] Diese Beurteilung bestimmt sich stets nach dem steuerlichen Übertragungsstichtag.

Wird der EAV zu einem Zeitpunkt während des laufenden Geschäftsjahres der Organgesellschaft beendet, wirkt dies steuerlich gem. § 14 Abs. 1 S. 1 Nr. 3 S. 3 KStG auf den Beginn des Wirtschaftsjahres der Organgesellschaft zurück. Der EAV ist gleichwohl auf den Kündigungszeitpunkt letztmalig abzurechnen. Eine Verlustübernahme durch den Organträger ist steuerlich als verdeckte Einlage zu werten und die Anschaffungskosten auf die Beteiligung an der Organgesellschaft sind in der Steuerbilanz des Organträgers entsprechend zu erhöhen. Eine Gewinnabführung an den Organträger ist als verdeckte Gewinnausschüttung zu werten (ggf. unter Verwendung des steuerlichen Einlagekontos, da für die Ermittlung des ausschüttbaren Gewinns iSv § 27 Abs. 1 S. 4 KStG auf den Schluss des vorangegangenen Wirtschaftsjahres abzustellen ist[483] und dieser noch der Ergebnisabführung unterliegt).

2. Verschmelzung der Organgesellschaft

Das bestehende Organschaftsverhältnis endet mE stets mit Ablauf des steuerlichen Übertragungsstichtags. Bei unterjährigem steuerlichen Übertragungsstichtag entsteht beim übertragenden Rechtsträger zwangsweise ein steuerliches Rumpf-Wirtschaftsjahr, dessen Ende mit dem steuerlichen Übertragungsstichtag zusammenfällt.[484] Die Organschaft endet in diesem Fall bereits mit Ablauf des Rumpf-Wirtschaftsjahres der Organgesellschaft. In diesem Zusammenhang ist zu beachten, dass der EAV mE letztmalig auf den Umwandlungsstichtag abzurechnen und ordnungsgemäß durchzuführen ist (→ Rn. 225).[485] Eine unterjährige verschmelzungsbedingte Beendigung des EAV wirkt

---

[479] Emmerich/Habersack/*Emmerich* AktG § 291 Rn. 38 mwN.
[480] UmwSt-Erlass, Rn. Org.04 und Rn. Org.12, bestätigt durch BFH 11.7.2023 - I R 21/20, BFH/NV 2024, 127.
[481] UmwSt-Erlass, Rn. Org.26, bestätigt durch BFH 11.7.2023 - I R 36/20, NZG 2024, 171.
[482] UmwSt-Erlass Rn. Org.19.
[483] Zuletzt BFH 30.1.2013 – I R 35/11, BStBl. II 2013, 560.
[484] UmwSt-Erlass Rn. 11.02 iVm Rn. 03.01 mit Verweis auf § 8b S. 2 Nr. 1 EStDV; BFH 21.12.2005 – I R 66/05, BStBl. II 2006, 469.
[485] AA stellvertrend Rödder/Herlinghaus/van Lishaut/*Herlinghaus* Anh. 4 Rn. 62.

mE nicht gem. § 14 Abs. 1 S. 1 Nr. 3 S. 3 KStG auf den Beginn des (Rumpf-)Wirtschaftsjahres der Organgesellschaft zurück.[486] Das Einkommen der Organgesellschaft für den Zeitraum bis zum steuerlichen Übertragungsstichtag sollte mE daher stets noch dem (bisherigen) Organträger zugerechnet werden.[487]

231 Nach Auffassung der Finanzverwaltung ist ein steuerlicher Übertragungsgewinn bzw. -verlust der Organgesellschaft dem Organträger nicht im Rahmen der ertragsteuerlichen Organschaft nach § 14 Abs. 1 KStG zuzurechnen; ein Übertragungsgewinn soll durch die Organgesellschaft selbst zu versteuern sein[488] (ggf. nach Verrechnung mit steuerlichen Verlustvorträgen unter Aussetzung von § 15 S. 1 Nr. 1 KStG). Dies wird im steuerlichen Schrifttum mE zu Recht kritisiert.[489] Auch der BFH hat der Auffassung der Finanzverwaltung für den durch Aufspaltung der Organgesellschaft angefallenen Übertragungsgewinn ausdrücklich widersprochen und geht davon aus, dass dieser Teil des dem Organträger nach § 14 Abs. 1 S.1 KStG zuzurechnenden Einkommens ist.[490] Noch im alten UmwSt-Erlass[491] hat die Finanzverwaltung dies mit einem Verweis über R 56 Abs. 1 S. 2 KStR 1995 (H 14.6 KStR 2022) auf die BFH-Rechtsprechung zur Versteuerung eines Liquidations- bzw. Abwicklungsergebnisses[492] bei der Organgesellschaft mangels Ausübung einer Erwerbstätigkeit begründet. Dieser Verweis ist im Verschmelzungsfall in Abwesenheit einer Zweckänderung wenig überzeugend und im aktuellen UmwSt-Erlass auch nicht mehr enthalten.

III. Auswirkung von Umwandlungsvorgängen auf organschaftliche Ausgleichsposten

1. Verschmelzung des Organträgers

232 Da die Verschmelzung nach dem Grundkonzept des UmwStG einen Veräußerungsvorgang darstellt,[493] ist auch die Verschmelzung des Organträgers als Veräußerungsvorgang iSv § 14 Abs. 4 KStG hinsichtlich der Beteiligung an der Organgesellschaft einzuordnen.[494] Nach dieser Auffassung sind organschaftliche Ausgleichsposten aus Veranlagungszeiträumen vor 2022 entsprechend § 14 Abs. 4 S. 2 KStG aF grds. steuerwirksam aufzulösen.[495] Werden die übergehenden Wirtschaftsgüter in der steuerlichen Schlussbilanz des übertragenden Rechtsträgers hingegen zu Buchwerten angesetzt, sind organschaftliche Ausgleichsposten vom übernehmenden Rechtsträger zu übernehmen. Bei Zwischenwerten sind die organschaftlichen Ausgleichsposten anteilig aufzulösen.[496] Die Finanzverwaltung sieht eine Übernahme organschaftlicher Ausgleichsposten nur für den Fall gegeben, dass die Organschaft durch den übernehmenden Rechtsträger fortgeführt wird. Allerdings sollte eine Übernahme mE auch bei Buchwertfortführung

---

486 Dies hängt insbes. von der Frage ab, ob der EAV auf den handelsrechtlichen Übertragungsstichtag letztmalig durchzuführen ist. ME ist dies erforderlich (→ Rn. 215).
487 Zur jedoch nicht eindeutigen Rechtslage und den unterschiedlichen Auffassungen s. ausführlich *Stangl/Aichberger* Ubg 2013, 685 (686 ff.).
488 UmwSt-Erlass Rn. Org.27; so auch *Neumann* Ubg 2013, 549 (557).
489 Ausführlich *Bahns/Graw* DB 2008, 1645 (1649 ff.); s. auch *Rödder* DStR 2011, 1053 (1058); Rödder/Herlinghaus/van Lishaut/*Herlinghaus* Anh. 4 Rn. 63; Frotscher/Drüen/*Frotscher* UmwStG § 11 Rn. 202; Schmitt/Hörtnagl/*Schmitt* UmwStG § 11 Rn. 154; die Verw-Auff stützend Dötsch/Pung/Möhlenbrock/*Dötsch* UmwStG Anh. 1 Rn. 13, 54; s. jedoch Dötsch/Pung/Möhlenbrock/*Dötsch* UmwStG § 11 Rn. 121.
490 BFH 11.8.2021 – I R 27/18, BStBl. II 2023, 195. Zur Behandlung eines Übernahmegewinns bei Aufwärtsverschmelzung auf eine Organgesellschaft s. BFH 26.9.2018 – I R 16/16, BStBl. II 2020, 206. Zur Verrechnung vororganschaftlicher Verluste s. BMF Schreiben v. 10.2.2023, BStBl. 2023 I S. 250.
491 BMF Schreiben v. 25.3.1998, BStBl. I 1998, 268 (UmwSt-Erlass 1998), Rn. Org.19.
492 BFH 18.10.1967 – I 262/63, BStBl. II. 1968, 105.
493 UmwSt-Erlass Rn. 00.02.
494 UmwSt-Erlass Rn. Org.05.
495 AA Widmann/Mayer/*Schießl* UmwStG § 11 Rn. 137.1 und wohl auch *Suchanek* Ubg 2013, 549 (557 f.), der einen Übergang unabhängig vom Wertansatz befürwortet.
496 UmwSt-Erlass Rn. Org.05.

ohne Fortführung der Organschaft möglich sein, denn die Auflösung des Ausgleichspostens knüpft nicht an die Beendigung des EAV an, sondern vielmehr an den Realisationsvorgang hinsichtlich der Organbeteiligung.[497]

Entsprechendes sollte auch bei andersartigen steuerlichen Ausgleichsposten als Korrekturposten zu einer Beteiligung gelten, zB bei Erwerb mit negativem Geschäftswert[498] oder bei investmentsteuerlichen Ausgleichsposten. 233

Sofern ein organschaftlicher Ausgleichsposten aufzulösen ist, ist in diesem Zusammenhang weiterhin fraglich, welche Rechtsnatur einem Ausgleichsposten zukommt und wie dieser steuerlich zu behandeln ist. In Betracht kommen die Behandlung als (i) Zusatz- bzw. Korrekturposten zur Beteiligung, der das steuerliche Schicksal der Beteiligung teilt oder (ii) eine steuerliche Bilanzierungshilfe (iSe steuerlichen Merkpostens).[499] Der BFH teilt letztere Auffassung.[500] Dies hat insoweit Auswirkung auf die Frage, ob der Aufwand aus der Auflösung des organschaftlichen Ausgleichspostens eigenständig (Bruttobetrachtung) oder als Bestandteil des Übertragungsgewinns/-verlustes (Nettobetrachtung) zu behandeln ist, dh ob der Aufwand aus der Auflösung eines organschaftlichen Ausgleichsposten das Übertragungsergebnis korrigiert oder isoliert betrachtet nach § 8b Abs. 3 S. 3 KStG nicht abzugsfähig ist.[501] 234

2. Verschmelzung der Organgesellschaft

Nach Auffassung der Finanzverwaltung ist ein auf Ebene des Organträgers gebildeter organschaftlicher Ausgleichsposten bei Verschmelzung der Organgesellschaft ausnahmslos in voller Höhe aufzulösen.[502] Sie begründet die Auflösung damit, dass es sich aus Sicht des Anteilsinhabers bei der Verschmelzung einer Tochtergesellschaft um einen Anteilstausch handelt und damit grds. um einen Realisationsvorgang. Allerdings kann der Anteilseigner gem. § 13 Abs. 2 S. 1 die Anteile an der übernehmenden Gesellschaft wahlweise mit dem Buchwert der Anteile an der übertragenden Gesellschaft ansetzen.[503] Da die Anteile an der übernehmenden Körperschaft bei Buchwertfortführung gem. § 13 Abs. 2 S. 2 steuerlich an die Stelle der Anteile an der übertragenden Körperschaft treten, widerspricht die Verwaltungsauffassung mE der gesetzlichen Anordnung der Fußstapfentheorie. Auch die wohl hM im steuerrechtlichen Schrifttum spricht sich bei Buchwertfortführung für eine Beibehaltung des organschaftlichen Ausgleichspostens aus.[504] 235

---

497 Ebenso Rödder/Herlinghaus/van Lishaut/*Herlinghaus* Anh. 4 Rn. 69; Rödder/Herlinghaus/van Lishaut/*Rödder* UmwStG § 12 Rn. 101; *Neumann* Ubg 2013, 549 (557); im Ergebnis auch *Kröner* BB-Spezial 2011, 24 (25), die dies jedoch mit der Fußstapfentheorie nach § 12 Abs. 1 und 3 UmwStG begründet.
498 Vgl. hierzu *Meier/Geberth* DStR 2011, 733 (736).
499 S. hierzu ausführlich Dötsch/Pung/Möhlenbrock/*Dötsch* KStG § 14 Rn. 943 ff. mwN.
500 BFH 29.8.2012 – I R 65/11, BStBl. II 2013, 555.
501 S. hierzu ausführlich Dötsch/Pung/Möhlenbrock/*Dötsch* KStG § 14 Rn. 950 ff. mwN und KStG § 8b Rn. 126 mwN.
502 UmwSt-Erlass Rn. Org.21 mit Verweis auf § 14 Abs. 4 S. 2 KStG; so auch Widmann/Mayer/*Schießl* UmwStG § 11 Rn. 137.2.
503 Ein Ansatz zum Zwischenwert ist nicht zulässig. Das Wahlrecht kann unabhängig von der Behandlung auf Ebene des übertragenden Rechtsträgers ausgeübt werden.
504 Dötsch/Pung/Möhlenbrock/*Dötsch* KStG § 14 Rn. 1053 und UmwStG Anh. 1 Rn. 84; Rödder/Herlinghaus/van Lishaut/*Rödder* UmwStG § 11 Rn. 177 und UmwStG § 12 Rn. 101; Rödder/Herlinghaus/van Lishaut/*Herlinghaus* UmwStG Anh. 3 Rn. 70; Schmitt/Hörtnagl/*Schmitt* UmwStG § 13 Rn. 55; *Kröner* BB-Spezial 2011, 24 (26).

3. Verschmelzung des Organträgers mit der Organgesellschaft

236 Werden der Organträger und die Organgesellschaft miteinander verschmolzen (Aufwärts- oder Abwärtsverschmelzung), sind organschaftliche Ausgleichsposten aus Veranlagungszeiträumen vor 2022 stets in voller Höhe aufzulösen.[505]

4. Handelsrechtliche Mehr- oder Minderabführung bei Verschmelzung auf eine Organgesellschaft

237 Im Falle der Aufwärtsverschmelzung auf eine Organgesellschaft kann es nach altem Recht für Veranlagungszeiträume vor 2022 im Verhältnis zwischen dem übernehmenden Rechtsträger zu dessen Organträger uU zu handelsrechtlichen Mehr- und Minderabführungen kommen, soweit es zu einem Auseinanderfallen der Wertansätze der übernommenen Wirtschaftsgüter in Handelsbilanz und Steuerbilanz beim übernehmenden Rechtsträger kam.[506] Dies kann sowohl in einem unterschiedlichen Wertansatz beim übertragenden Rechtsträger (§ 11 Abs. 2 UmwStG vs. § 17 Abs. 2 S. 2 UmwG) oder beim übernehmenden Rechtsträger (§ 12 Abs. 1 UmwStG vs. § 24 UmwG) begründet sein, als auch im zeitlichen Auseinanderfallen der bilanziellen Erfassung des Übernahmeergebnisses in Steuer- und Handelsbilanz.[507]

238 Sofern die Mehr- oder Minderabführungen aus Bewertungsunterschieden in der steuerlichen Schlussbilanz des übertragenden Rechtsträgers resultieren, sieht die Finanzverwaltung sowohl den Unterschiedsbetrag als auch die spätere Auflösung der Bewertungsunterschiede als vororganschaftlich verursacht iSv § 14 Abs. 3 KStG an.[508] Aufgrund der zwingenden Wertverknüpfung in § 12 Abs. 1 S. 1 sind mögliche Steuerfolgen daher bereits bei der Erstellung der steuerlichen Schlussbilanz des übertragenden Rechtsträgers zu berücksichtigen. Nach dem derzeitigen Entwurf eines überarbeiteten Umwandlungssteuererlasses soll hingegen § 14 Abs. 4 KStG anzuwenden sein (dh organschaftliche Verursachung).

239 Steuerlich wird ein Übernahmeergebnis in dem Wirtschaftsjahr erfasst, in das der steuerliche Übertragungsstichtag fällt, handelsrechtlich hingegen erst im Zeitpunkt der Handelsregistereintragung. Im Regelfall kommt es daher zu einem zeitlichen Auseinanderfallen und dementsprechend zu Mehr- und Minderabführungen, die sich im Jahr der Handelsregistereintragung wieder ausgleichen. Aus dem UmwSt-Erlass geht für Verschmelzungen nicht explizit hervor, ob die Finanzverwaltung die Mehr- oder Minderabführung aufgrund des zeitlichen Auseinanderfallens mit der hM im steuerlichen Schrifttum als organschaftlich iSv § 14 Abs. 4 KStG oder aber als vororganschaftlich

---

[505] UmwSt-Erlass Rn. Org.05.
[506] Das Konzept organschaftlicher Mehr- und Minderabführungen in § 14 Abs. 4 KStG wurde mit dem Körperschaftsteuermodernisierungsgesetz (KöMoG) für Wirkung ab 1.1.2022 reformiert und durch eine Einlagenlösung ersetzt.
[507] Dötsch/Pung/Möhlenbrock/*Dötsch* UmwStG Anh. 1 Rn. 58, 60 ff. Bei einem Übernahmeverlust führt ein Abweichen von handelsrechtlichem Jahresüberschuss vom steuerrechtlichen Gewinn aufgrund von § 12 Abs. 2 S. 1 (außerbilanzielle Korrektur) nicht zu einer Minderabführung, vgl. BFH 15.3.2017 – I R 67/15, BFH/NV 2017, 1276. Entsprechendes sollte für die außerbilanzielle Korrektur nach § 12 Abs. 2 S. 1 iVm § 8b KStG gelten.
[508] UmwSt-Erlass Rn. Org.34; Gleiches gilt gem. Rn. Org.33 für den Fall, dass der übernehmende Rechtsträger die übernommenen Wirtschaftsgüter in der Handelsbilanz mit einem anderen Wert als in der steuerlichen Übernahmebilanz ansetzt. S. hierzu *Neumann/Suchanek* Ubg 2013, 549 (556) mit unterschiedlicher Auffassung von *Suchanek* (§ 14 Abs. 4 KStG-Fall) und *Neumann* (§ 14 Abs. 3 KStG-Fall).

iSv § 14 Abs. 3 KStG einstuft.[509] Im derzeitigen Entwurf eines überarbeiteten Umwandlungssteuererlasses führt die Finanzverwaltung unter Bezugnahme auf BFH 21.2.2022 – I R 51/19, BStBl. II 2023, 725 lediglich aus, dass das Tatbestandsmerkmal „vororganschaftlich" in § 14 Abs. 3 S.1 KStG nur in zeitlicher, nicht auch in sachlicher Hinsicht zu verstehen sei. Aufgrund der abweichenden Rechtsfolgen empfiehlt es sich, eine verbindliche Auskunft einzuholen.

§ 12 Auswirkungen auf den Gewinn der übernehmenden Körperschaft

(1) ¹Die übernehmende Körperschaft hat die auf sie übergegangenen Wirtschaftsgüter mit dem in der steuerlichen Schlussbilanz der übertragenden Körperschaft enthaltenen Wert im Sinne des § 11 zu übernehmen. ²§ 4 Abs. 1 Satz 2 und 3 gilt entsprechend.

(2) ¹Bei der übernehmenden Körperschaft bleibt ein Gewinn oder ein Verlust in Höhe des Unterschieds zwischen dem Buchwert der Anteile an der übertragenden Körperschaft und dem Wert, mit dem die übergegangenen Wirtschaftsgüter zu übernehmen sind, abzüglich der Kosten für den Vermögensübergang, außer Ansatz. ²§ 8b des Körperschaftsteuergesetzes ist anzuwenden, soweit der Gewinn im Sinne des Satzes 1 abzüglich der anteilig darauf entfallenden Kosten für den Vermögensübergang, dem Anteil der übernehmenden Körperschaft an der übertragenden Körperschaft entspricht. ³§ 5 Abs. 1 gilt entsprechend.

(3) Die übernehmende Körperschaft tritt in die steuerliche Rechtsstellung der übertragenden Körperschaft ein; § 4 Abs. 2 und 3 gilt entsprechend.

(4) § 6 gilt sinngemäß für den Teil des Gewinns aus der Vereinigung von Forderungen und Verbindlichkeiten, der der Beteiligung der übernehmenden Körperschaft am Grund- oder Stammkapital der übertragenden Körperschaft entspricht.

(5) Im Falle des Vermögensübergangs in den nicht steuerpflichtigen oder steuerbefreiten Bereich der übernehmenden Körperschaft gilt das in der Steuerbilanz ausgewiesene Eigenkapital abzüglich des Bestands des steuerlichen Einlagekontos im Sinne des § 27 des Körperschaftsteuergesetzes, der sich nach Anwendung des § 29 Abs. 1 des Körperschaftsteuergesetzes ergibt, als Einnahme im Sinne des § 20 Abs. 1 Nr. 1 des Einkommensteuergesetzes.

Literatur:

Benecke/Schnittger, Letzte Änderungen der Neuregelungen des UmwStG und der Entstrickungsnormen durch das SEStEG. Beschlussempfehlung und Bericht des Finanzausschusses, IStR 2007, 22; *Christiansen*, Verschmelzungskosten aus Sicht der Rechtsprechung, FS Widmann, 2000, 231; *Dötsch*, Umwandlungen und Organschaft, Ubg 2011, 20; *Henerichs/Stadie*, Die ertragsteuerliche Behandlung von Grunderwerbsteuern bei „fiktiven Grundstückserwerben nach § 1 Abs. 2a GrEStG, FR 2011, 890; *Holle/Weiss*, Spaltung und die Kosten für den Vermögensübergang nach § 12 Abs. 2 UmwStG, DStR 2018, 167 ff.; *Ley/Bodden*, Verschmelzung und Spaltung von inländischen Kapitalgesellschaften nach dem SEStEG (§§ 11–15 UmwStG n. F.), FR 2007, 265;

---

509 Vgl. hierzu Benz/Rosenberg DB Sonderausgabe 2012, 22 und Rödder/Herlinghaus/van Lishaut/Herlinghaus Anh. 4 Rn. 72; Dötsch/Pung/Möhlenbrock/Dötsch UmwStG Anh. 1 Rn. 62 mwN. Im derzeitigen Entwurf eines überarbeiteten Umwandlungssteuererlasses führt die Finanzverwaltung unter Bezugnahme auf BFH 21.2.2022 – I R 51/19, BStBl. II 2023, 725 lediglich aus, dass das Tatbestandsmerkmal „vororganschaftlich" in § 14 Abs. 3 S. 1 KStG nur in zeitlicher, nicht auch in sachlicher Hinsicht zu verstehen und außerorganschaftlich verursachte Mehrabführungen in organschaftlicher Zeit nicht erfasst seien.

Ott, Verschmelzung von Gewinn- auf Verlust-Kapitalgesellschaften, StuB 2014, 488; *Rödder*, Umwandlungen und Organschaft, Kritische Anmerkungen zu den Org.-Textziffern des UmwSt-Erlass-Entwurfs v. 2.5.2011, DStR 2011, 1053; *Stimpel*, Behandlung von Umwandlungskosten bei Verschmelzungen und Spaltungen von Kapitalgesellschaften, GmbHR 2012, 199.

I. Übersicht 1	**2.** Steuerliche Behandlung des Übernahmeergebnisses (Abs. 2) 49
1. Systematische Einordnung 1	a) Überblick 49
2. Übersicht über die einzelnen Regelungen 6	b) Grundnorm: Übernahmeergebnis bleibt außer Ansatz (Abs. 2 S. 1) 53
II. Anwendungsbereich 12	c) Kosten für den Vermögensübergang 58
III. Inhalt 21	d) Anwendung des § 8b KStG, im Umfang der Beteiligungsquote (Abs. 2 S. 2) 63
1. Übernahme der steuerlichen Schlussbilanz der übertragenden Körperschaft und Ansatz der Anteile an der übertragenden Körperschaft (Abs. 1) 21	e) Anteilserwerbe und Abfindungszahlungen im Rückwirkungszeitraum (Abs. 2 S. 3) 74
a) Regelungen des Abs. 1 S. 1 im Einzelnen 22	3. Eintritt in die Rechtsstellung der übertragenden Körperschaft (Abs. 3) 76
aa) Körperschaft als übernehmender Rechtsträger 22	4. Übernahmefolgegewinn (Abs. 4) 103
bb) Umfang der übergehenden Wirtschaftsgüter 23	5. Vermögensübergang zw. steuerpflichtigem und steuerbefreitem Bereich (Abs. 5) 111
cc) Wertansatz bei der übernehmenden Körperschaft 25	
dd) Kein eigenes Bewertungswahlrecht 34	
b) Erweiterte Wertaufholung, Beteiligungskorrekturgewinn (Abs. 1 S. 2)	36

I. Übersicht[1]

1. Systematische Einordnung

1 § 12 befindet sich im dritten Teil des UmwStG (§§ 11–14), welcher nach der amtlichen Überschrift Regelungen zur „Verschmelzung oder Vermögensübertragung (Vollübertragung) auf eine andere Körperschaft" umfasst. Diese sollen in ihrem Anwendungsbereich dem **allgemeinen Ziel** des UmwStG (idF des SEStEG)[2] dienen, die **Besteuerung stiller Reserven** bei Umwandlungen auf einen in der **Zukunft** liegenden Zeitpunkt zu **verschieben**, um hierdurch betriebswirtschaftlich erwünschte und handelsrechtlich mögliche Umstrukturierungen unbeeinflusst von steuerlichen Hindernissen zu ermöglichen,[3] und zwar grundsätzlich sowohl für die an der Umwandlung beteiligten Körperschaften als auch für deren Gesellschafter. Regelmäßige Voraussetzung ist hierfür, dass das Besteuerungsrecht Deutschlands hinsichtlich in Deutschland steuerverstrickter Wirtschaftsgüter durch die Umwandlung nicht beschränkt oder ausgeschlossen wird, so dass die zunächst aufgeschobene Versteuerung stiller Reserven später auch realisiert werden kann. Diese Voraussetzung soll im Verhältnis zwischen übertragender und aufnehmender Körperschaft durch eine steuerliche Rechtsnachfolge erreicht werden.

2 § 12 steht im Regelungszusammenhang mit den Vorschriften der §§ 11 und 13. § 11 regelt die „Wertansätze in der steuerlichen Schlussbilanz der übertragenden Körperschaft", § 12 die „Auswirkungen auf den Gewinn der übernehmenden Körperschaft" und § 13 die „Besteuerung der Anteilseigner der übertragenden Körperschaft". Damit werden die **ertragsteuerlichen Folgen** einer Verschmelzung oder Vermögensübertragung für die beteiligten Personen (übertragende Körperschaft, deren Anteilseigner sowie die über-

---

[1] Zur historischen Entwicklung der Vorschrift vgl. Brandis/Heuermann/*Klingberg* UmwStG § 12 Rn. 8.
[2] V. 7.12.2006, BGBl. I 2782; ber. BGBl. 2007 I 68.
[3] Vgl. BT-Drs. 12/6885, 14 (zum UmwStG 1995).

nehmende Körperschaft) redaktionell **jeweils in einer besonderen Vorschrift** erfasst. Bedeutung haben diese Vorschriften für die Einkommensteuer, die Körperschaftsteuer, den Solidaritätszuschlag, die Forschungszulage[4] und gem. § 19 auch für die Gewerbesteuer. **Anderweitige Steuerfolgen**, etwa im Hinblick auf die Umsatz-, Grunderwerb-, Verbrauchs- oder Schenkungsteuer sowie verfahrensrechtliche Auswirkungen einer Verschmelzung werden in diesen Vorschriften nicht behandelt.

Seit der Neufassung der §§ 11–13 durch das SEStEG wurden durch diese Vorschriften auch bestimmte **grenzüberschreitende und ausländische Umwandlungen** unter Beteiligung von Körperschaften aus Mitgliedstaaten der EU und des EWR erfasst. Mit Inkrafttreten des KöMoG[5] wurde diese geografische Begrenzung für Verschmelzungen mit einem steuerlichen Übertragungsstichtag nach dem 31.12.2021 durch Streichung des früheren § 1 Abs. 2 aufgegeben, so dass nunmehr auch vergleichbare Verschmelzungen unter Beteiligung von Drittstaatengesellschaften erfasst sind. Korrespondierend hierzu wurde eine frühere Bestimmung zu steuerverhaftetem Vermögen bei vergleichbaren Drittlandsverschmelzungen (§ 12 Abs. 2 aF KStG) gestrichen, so dass diese Sachverhalte nun einheitlich durch §§ 11–13 geregelt werden (→ § 11 Rn. 8).

§ 12 enthält in seinem Anwendungsbereich **umwandlungsspezifische Sonderregelungen zu** den „**Auswirkungen auf den Gewinn** der übernehmenden Körperschaft", welche den allgemeinen Vorschriften § 8 Abs. 1 KStG iVm §§ 4 ff. EStG vorgehen.[6] Die Vorschrift **korrespondiert** inhaltlich und durch die gesetzliche Verweisungstechnik in besonderer Weise mit den Vorschriften der §§ 11 und 4. § 11 enthält Sonderregelungen zur Ermittlung eines steuerlichen Übertragungsgewinns bei der übertragenden Körperschaft, und wirkt sich über die Wertverknüpfung gem. § 12 Abs. 1 S. 1 auf den Ansatz bei der übernehmenden Körperschaft aus; zudem tritt jene gem. § 12 Abs. 3 in die steuerliche Rechtsstellung der übertragenden Körperschaft ein. § 4 enthält ua für den Fall einer Verschmelzung einer Körperschaft auf eine Personengesellschaft Bestimmungen zur Gewinnermittlung beim übernehmenden Rechtsträger; auf jene verweisen § 12 Abs. 1 S. 2 und Abs. 3 Hs. 2 punktuell zur Vermeidung von Wiederholungen.

Nach Auffassung der Finanzverwaltung, die sich hierzu auch auf die Rechtsprechung des BFH bezieht, handelt es sich bei der Verschmelzung grundsätzlich um einen **Anschaffungs- und Veräußerungsvorgang** hinsichtlich des übertragenen Vermögens.[7] Dieses Verständnis hat Bedeutung, soweit die Wertverknüpfung gem. Abs. 1 (einschließlich der Folgebilanzierung) und das Schicksal organschaftlicher Ausgleichsposten zu beurteilen sind. Im Einzelfall kann dieser Grundsatz mit dem Grundsatz der steuerlichen Gesamtrechtsnachfolge gem. Abs. 3 kollidieren.

2. Übersicht über die einzelnen Regelungen

Abs. 1 S. 1 bestimmt zum Wertansatz der übergegangenen Wirtschaftsgüter in der Steuerbilanz der übernehmenden Körperschaft zwingend die Übernahme der Werte aus der Schlussbilanz der übertragenden Körperschaft nach § 11.

Abs. 1 S. 2 iVm § 4 Abs. 1 S. 2 regelt die Besteuerung eines Beteiligungskorrekturgewinns, der sich im Falle der Aufwärtsverschmelzung ergibt, wenn die übernehmende

---

4 FZulG, BGBl. 2019 I 2763; BMF BStBl. I 2021, 2277.
5 BGBl. 2021 I 2050.
6 Vgl. BFH DStR 2013, 582 (584), wonach das UmwStG „einen eigenständigen und sondergesetzlichen Rechtskreis bestimmt, der den allgemeinen Gewinnermittlungsvorschriften abschließend vorgeht".
7 Rn. 00.02 und 00.03 UmwStE (v. 11.11.2011, BStBl. I 2011, 1314) mwN; BFH DStR 2018, 1366.

Körperschaft auf Anteile an der übertragenden Körperschaft steuerwirksame Abschreibungen oder Abzüge nach § 6b EStG sowie ähnliche Abzüge vorgenommen hatte, die sie anlässlich der Verschmelzung rückgängig zu machen hat.

8 **Abs. 2** regelt die Besteuerung eines Übernahmeergebnisses in Höhe der Differenz zwischen dem Buchwert der auszubuchenden Anteile der übertragenden Körperschaft und dem Wert, mit dem die WG nach Abs. 1 zu übernehmen sind, abzüglich der Umwandlungskosten. Nach Abs. 2 S. 1 ist das Übernahmeergebnis steuerlich nicht zu berücksichtigen. Soweit es sich um eine Aufwärtsverschmelzung handelt, ist § 8b KStG auf den Übernahmegewinn anzuwenden (Abs. 2 S. 2).

9 **Abs. 3** regelt den Eintritt der übernehmenden Körperschaft in die steuerliche Rechtsstellung der übertragenden Körperschaft (sog. Fußstapfentheorie).

10 **Abs. 4** erklärt die Vorschriften des § 6 Abs. 1–3 bezüglich des sog. Übernahmefolgegewinns aus der Vereinigung von Forderungen und Verbindlichkeiten oder der Auflösung von Rückstellungen für entsprechend anwendbar.

11 **Abs. 5** regelt den Sonderfall des Vermögensübergangs in den nicht steuerpflichtigen oder steuerbefreiten Bereich der übernehmenden Körperschaft.

II. Anwendungsbereich

12 **Sachlich** gilt § 12 für die in § 1 Abs. 1 Nr. 1, 3, 4 angesprochenen Vorgänge einer Verschmelzung oder Vermögensübertragung. Dabei handelt es sich um die nachfolgenden Umwandlungen, die nach dem Grundsatz der **Maßgeblichkeit des Gesellschaftsrechts** zivilrechtlich zulässig und wirksam sein müssen:[8]

13 ■ **Verschmelzung inländischer Körperschaften iSd § 2 UmwG.** – Hiervon werden Verschmelzungen zur Aufnahme und Verschmelzungen zur Neugründung unter Beteiligung von Rechtsträgern mit statutarischem Sitz im Inland erfasst. Verschmelzungen von Körperschaften mit statutarischem Sitz im Ausland, und zB Verwaltungssitz im Inland (§ 10 AO), sind umwandlungssteuerlich als Auslandsumwandlungen zu behandeln, und hierbei insbesondere auf ihre Vergleichbarkeit mit § 2 UmwG zu prüfen. Bei der Verschmelzung zur Aufnahme übertragen ein oder mehrere übertragende Rechtsträger ihr Vermögen als Ganzes im Wege der Gesamtrechtsnachfolge unter Auflösung ohne Abwicklung auf einen anderen bestehenden übernehmenden Rechtsträger (§ 2 Nr. 1 UmwG). Bei der Verschmelzung zur Neugründung wird der erwerbende Rechtsträger durch den oder die übertragenden Rechtsträger erst durch die Verschmelzung neu gegründet (§ 2 Nr. 2 UmwG). In beiden Fällen setzt § 2 UmwG eine Gegenleistung an die Anteilsinhaber des oder der übertragenden Rechtsträger in Form von Anteilen oder Mitgliedschaften am übernehmenden oder neu gegründeten Rechtsträger voraus. Zu dieser Regel enthält aber § 54 Abs. 1 UmwG wichtige Ausnahmen. So müssen zB in Fällen einer Aufwärtsverschmelzung oder bei notariellem Verzicht durch die Anteilsinhaber des übertragenden Rechtsträgers keine Anteile ausgegeben werden. – Die verschmelzungsfähigen inländischen Rechtsträger werden für umwandlungsrechtliche Zwecke in § 3 UmwG definiert. Für § 12 sind aber aus dem Katalog des § 3 UmwG nur die inländischen Körperschaften (AG, GmbH, KGaA, Idealverein, die eingetragene Genossenschaft, genossenschaftliche

---

[8] Vgl. Rn. 01.02, 01.06 aE UmwStE; → § 1 Rn. 4, 47.

Prüfungsverbände, die VVaG sowie SE und SCE mit Sitz im Inland) relevant, also nicht die Rechtsträger iSv § 3 Abs. 1 Nr. 1 UmwG und § 3 Abs. 2 Nr. 2 UmwG.

- **Vergleichbare ausländische Vorgänge.** – Ausländische, mit einer Verschmelzung nach § 2 UmwG iSv § 1 Abs. 1 Nr. 1 vergleichbare Vorgänge sind solche, bei denen auf die übertragende oder übernehmende Körperschaft das **UmwG kollisionsrechtlich keine Anwendung** findet, da sich deren statutarischer Sitz außerhalb des Geltungsbereichs des UmwG befindet.[9] Die beteiligten Körperschaften mussten bei Vorgängen mit steuerlichem Übertragungsstichtag vor dem 1.1.2022 EU-/EWR-Gesellschaften iSd § 1 Abs. 2 S. 1 Nr. 1 aF sein. Durch Streichung dieser Vorschrift können nachfolgend aber auch Drittlandsumwandlungen bei Vergleichbarkeit für die Anwendung des UmwStG qualifizieren,[10] soweit diese gesellschaftsrechtlich zulässig sind. Zu den vergleichbaren Vorgängen zählen – wie bisher – jedenfalls grenzüberschreitende Verschmelzungen iSv (bisher: § 122a UmwG; seit 1.3.2023:) **§ 305 UmwG**, an denen neben einer inländischen mindestens auch eine ausländische Körperschaft beteiligt ist, welche nach dem Recht eines EU-/EWR-Mitgliedstaats gegründet wurde, und die in deren Gebiet ihren satzungsmäßigen Sitz, ihre Hauptverwaltung oder Ihre Hauptniederlassung hat (bisher § 122b UmwG; neu: § 306 UmwG), sowie Verschmelzungen britischer Gesellschaften auf einen deutschen Rechtsträger im Rahmen des § 122m UmwG aF/§ 319 UmwG. In diesen Fällen liegt steuerlich eine **Hinaus- oder Hereinverschmelzung** vor. Es kann sich auch dann um eine ausländische Verschmelzung in diesem Sinne handeln, wenn beide beteiligte Körperschaften nur deshalb im Inland unbeschränkt steuerpflichtig sind (§ 1 Abs. 1 KStG), weil ihre Geschäftsleitung im Inland liegt (§ 10 AO). Andererseits genügt es auch, wenn im Rahmen einer Verschmelzung nur beschränkt steuerpflichtiger ausländischer EU-/EWR-Körperschaften im Inland steuerverhaftetes Vermögen übergeht. Zur Vergleichbarkeit des ausländischen Vorgangs mit einer Verschmelzung nach § 2 UmwG hat das BMF in **Rn. 01.20 bis 01.32, 01.40 und 01.41 UmwStE** (→ § 11 Rn. 34 ff.) **detaillierte Kriterien** erarbeitet. Im Einzelfall kann eine verbleibende Rechtsunsicherheit hinsichtlich der Vergleichbarkeit im Wege einer gebührenpflichtigen verbindlichen Auskunft (§ 89 Abs. 2 AO) beseitigt werden.

- **Vorgänge des Art. 17 VO (EG) Nr. 2157/2001** (Verordnung über das Statut der Europäischen Gesellschaft [SE]).[11] – Diese Vorschrift behandelt die **Gründung einer SE** durch Verschmelzung.

- **Vorgänge des Art. 19 VO (EG) Nr. 1435/2003** (Verordnung über das Statut der Europäischen Genossenschaft [SCE]).[12] – Diese Vorschrift regelt die **Gründung einer SCE** durch Verschmelzung.

- **Sonstige Verschmelzungen und Vermögensübertragungen**, die nach **Bundesrecht** (außerhalb des UmwG) oder **Landesrecht** ausdrücklich vorgesehen sind (§ 1 Abs. 1 S. 1 Nr. 3 iVm § 1 Abs. 2 UmwG). – Im Rahmen des § 12 sind können zB landesrechtliche Vorschriften über die Vereinigung öffentlich-rechtlicher Kreditinstitute[13] und Versicherungsunternehmen relevant werden. – Für die Verschmelzung von (Spezi-

---

9 Vgl. Rn. 01.20 UmwStE.
10 § 27 Abs. 18 idF BGBl. 2021 I 2050.
11 ABl. 2001 L 294, 1 v. 10.11.2001.
12 ABl. 2003 L 207, 1 v. 18.8.2003.
13 ZB Art. 16 BaySpkG, BayRS II, 476; Art. 27 NRWSpkG, GV NRW 2009, 950.

al-)Investmentfonds gilt nicht § 12, sondern die (inhaltlich ähnlichen) §§ 23 Abs. 1, 54 InvStG.[14]

18 ▪ **Vermögensübertragung** iSv § 174 Abs. 1 UmwG (**Vollübertragung**)[15] in der jeweils geltenden Fassung (§ 1 Abs. 1 S. 1 Nr. 4). – Hierfür kommen als beteiligte Rechtsträger in Betracht (§ 175 UmwG): Bund, Land, Gebietskörperschaften, VVaG, öffentlich-rechtliche Versicherungsunternehmen, Versicherungs-Aktiengesellschaften.

19 Über die Verweisungsnorm des § 15 Abs. 1 gilt § 12 für die Fälle der **Auf- oder Abspaltung und der Teilübertragung** zwischen Körperschaften entsprechend (→ § 15 Rn. 27 ff.).

20 **Zeitlich** findet § 12 auf Verschmelzungen und Vermögensübertragungen (Vollübertragungen) Anwendung, bei denen die Anmeldung zur Eintragung der Umwandlung in das jeweils zuständige öffentliche Register nach dem 12.12.2006 erfolgt ist (§ 27 Abs. 1 S. 1). Auf entsprechende Vorgänge mit Anmeldung vor dem 13.12.2006 findet gem. § 27 Abs. 2 das UmwStG 1995[16] weiterhin Anwendung.[17]

III. Inhalt

1. Übernahme der steuerlichen Schlussbilanz der übertragenden Körperschaft und Ansatz der Anteile an der übertragenden Körperschaft (Abs. 1)

21 Abs. 1 formuliert einige grundsätzliche Vorgaben für die Gewinnermittlung bei der übernehmenden Körperschaft. S. 1 gilt dabei für alle Verschmelzungsrichtungen, mithin die Auf-, Ab- und Seitwärtsverschmelzung, während die Verweisung des S. 2 nur für die Aufwärtsverschmelzung Bedeutung erlangt. Die auf die übernehmende Körperschaft übergegangenen Wirtschaftsgüter sind mit dem in der steuerlichen Schlussbilanz der übertragenden Körperschaft enthaltenen Wert iSd § 11 zu übernehmen (S. 1). Der Steuerbilanzansatz für Anteile an der übertragenden Körperschaft (Aufwärtsverschmelzung) ist bei der übernehmenden Körperschaft unter Vornahme bestimmter Korrekturen und Wertgrenzen festzulegen (S. 2 iVm § 4 Abs. 1 S. 2, 3).

a) Regelungen des Abs. 1 S. 1 im Einzelnen

aa) Körperschaft als übernehmender Rechtsträger

22 Übernehmender Rechtsträger muss eine Körperschaft sein. Zum Anwendungsbereich → Rn. 12 ff.

bb) Umfang der übergehenden Wirtschaftsgüter

23 Bei den im dritten Teil des UmwStG behandelten Fällen handelt es sich zivilrechtlich durchwegs um Fälle der Gesamtrechtsnachfolge. Dem folgt das Steuerrecht, indem der gesamte steuerliche Status der übertragenden Körperschaft auf die übernehmende Körperschaft übergeht (vgl. Abs. 3). Dasselbe gilt für die Gesamtheit des Vermögens, welches vor der Umwandlung zum steuerlichen Übertragungsstichtag (§ 2 Abs. 1) der übertragenden Körperschaft zuzurechnen war. Zu diesem gehören die bilanzierten und nicht bilanzierten Wirtschaftsgüter, Verbindlichkeiten und Rückstellungen sowie

---

14 IdF v. 19.7.2016, BGBl. I 1730, geänd. durch G. v. 20.12.2016, BGBl. I 3000, und G. v. 23.6.2017, BGBl. I 1682.
15 Rn. 01.18 UmwStE.
16 IdF v. 15.10.2002, BGBl. I 4133, ber. BGBl. 2003 I 738, geänd. durch G. v. 16.5.2003, BGBl. I 660.
17 Vgl. Rn. 00.01 UmwStE, auch zur Fortgeltung des BMF-Schreibens v. 25.3.1998, BStBl. I 1998, 268, geänd. durch BMF v. 21.8.2001, BStBl. I 2001, 543 und v. 16.12.2003, BStBl. I 2003, 786.

sonstige Bilanzansätze (zB Rechnungsabgrenzungsposten gem. § 5 Abs. 5 EStG und Ausgleichsposten gem. § 4g EStG).

Abs. 1 S. 1 spricht zwar nur den Wertansatz der übergegangenen **Wirtschaftsgüter** an, so dass sich insoweit die Frage stellt, ob eine Bindung auch an den Wertansatz **anderer Positionen** aus der steuerlichen Schlussbilanz der übertragenden Körperschaft bestehen soll. Erheblich ist dies etwa für den Ansatz des **Geschäfts- oder Firmenwertes**, der nicht ausdrücklich als Wirtschaftsgut anerkannt, sondern nur als solches behandelt wird (§ 7 Abs. 1 S. 3 EStG). Dieselbe Frage stellt sich auch hinsichtlich sämtlicher **Passivposten** der Schlussbilanz. Steuerbilanziell sind Wirtschaftsgüter aktivische Bilanzposten (vgl. § 6 Abs. 1 Nr. 2 EStG). Positionen der Passivseite werden vom Gesetzgeber mit Verbindlichkeiten und Rückstellungen angesprochen (vgl. §§ 5 Abs. 2a, 6 Abs. 1 Nr. 3 und Nr. 3a EStG). Wie der Einleitungssatz des § 6 Abs. 1 EStG, der auf Wirtschaftsgüter Bezug nimmt, aber auch auf die Passivpositionen § 6 Abs. 1 Nr. 3 und 3a EStG verweist, zeigt, verwendet der Gesetzgeber den Begriff des Wirtschaftsguts aber nicht stringent, und lässt damit das Verständnis zu, dass durch ihn auch Positionen der Passivseite erfasst sein können. § 11 Abs. 1 zeigt dies ebenfalls, wenn nach S. 1 dieser Vorschrift Wirtschaftsgüter angesprochen werden, und S. 2 eine Sonderregelung für (Pensions-)Rückstellungen als Teilmenge hieraus enthält. – Während in diesen Fällen durch grammatikalische Auslegung eine Subsumtion unter den Tatbestand des Wirtschaftsgutes gelingen mag, fällt dies für **Rechnungsabgrenzungsposten, Ausgleichsposten gem. § 4g Abs. 1 EStG** oder einen **negativen Geschäftswert**[18] nicht leicht. Insoweit ist aber systematisch, aus dem Regelungszusammenhang mit § 11 und der in Abs. 3 angeordneten steuerlichen Gesamtrechtsnachfolge zu schließen, dass die übernehmende Körperschaft die steuerliche Schlussbilanz der übertragenden Körperschaft in ihrer konkreten Gestalt, einschließlich aller dort erfassten Bilanzpositionen (→ § 11 Rn. 56, 67) zu übernehmen hat; denn nur so wird die durch §§ 11 und 12 angestrebte Bilanzkongruenz bei übertragender und übernehmender Körperschaft erreicht. Im Ergebnis folgt dieser Auslegung auch die Finanzverwaltung.[19]

Zu Auswirkungen der Verschmelzung auf Wirtschaftsgüter, die zum steuerlichen Übertragungsstichtag (§ 2 Abs. 1) **der übernehmenden Körperschaft zuzurechnen** sind, enthält § 12 nur vereinzelte Regelungen. Bezüglich etwaiger **Anteile an der übertragenden Körperschaft** gilt die erweiterte Wertaufholung gem. Abs. 1 S. 2 iVm § 4 Abs. 1 S. 2. Korrespondierende Forderungen oder Verbindlichkeiten können zu einem Übernahmefolgegewinn nach Abs. 4 führen. Die Übertragung von Rücklagen nach § 6b Abs. 3 oder § 7g EStG soll nach Auffassung des BMF mangels begünstigter Anschaffung unzulässig sein.[20]

cc) Wertansatz bei der übernehmenden Körperschaft

Die übernehmende Körperschaft hat die übergegangenen Wirtschaftsgüter mit dem Wert anzusetzen, der sich aus der steuerlichen Schlussbilanz der übertragenden Körper-

---

18 Vgl. BFH DStR 1994, 1305; BFH DStR 2006, 1313.
19 Rn. 12.02, 04.01 UmwStE, auch bzgl. Sammelposten gem. § 6 Abs. 2a EStG; im Ergebnis auch Brandis/Heuermann/*Klingberg* UmwStG § 12 Rn. 18; Haase/Hofacker/*Herfort/Viebrock* § 12 Rn. 40.
20 Rn. 12.04, 04.14 UmwStE; dies dürfte angesichts des generellen Verständnisses der Verschmelzung als eines Veräußerungs- und Anschaffungsvorgangs (Rn. 00.02 UmwStE) weniger systematischen Erwägungen als vielmehr der Tatsache geschuldet sein, dass die Verschmelzung bei der übertragenden Körperschaft gem. § 11 Abs. 2 nicht zur Aufdeckung stiller Reserven führen muss.

schaft (vgl. § 11 Abs. 1 S. 1) ergibt. Diese ist auf den steuerlichen Übertragungsstichtag (§ 2 Abs. 1) zu erstellen; ihre Wertansätze sind von der übernehmenden Körperschaft zu diesem Übertragungsstichtag zu übernehmen. Die **übertragende Körperschaft trifft damit wesentliche Entscheidungen** über die Ergebnisauswirkungen der Verschmelzung auch für die übernehmende Körperschaft.

26 Eine zwingende **handelsrechtliche Wertverknüpfung** besteht **nicht** zwischen den Bilanzansätzen der übernehmenden und der übertragenden Körperschaft (vgl. §§ 17 Abs. 2, 24 UmwG).[21] Gem. § 17 Abs. 2 UmwG hat die übertragende Körperschaft auf den Umwandlungsstichtag eine handelsrechtliche Schlussbilanz aufzustellen; stille Reserven dürfen hierin nicht aufgedeckt werden (§ 17 Abs. 2 S. 2 UmwG).

Die übernehmende Körperschaft erstellt bei der Verschmelzung zur Neugründung eine handelsrechtliche Eröffnungsbilanz gem. § 242 Abs. 1 HGB.

Bei der Verschmelzung zur Aufnahme wird das übergehende Vermögen im Rahmen eines laufenden Geschäftsvorfalls eingebucht.

Gem. § 24 UmwG kann die übernehmende Körperschaft die übernommenen Vermögensgegenstände und Schulden mit den Anschaffungskosten der übertragenden Körperschaft oder wahlweise mit den tatsächlichen Anschaffungskosten, also mit dem Wert der hingegebenen Geschäftsanteile oder der sonstigen Gegenleistung, ansetzen.

27 Eine **Maßgeblichkeit** der handelsrechtlichen für die steuerliche Schlussbilanz besteht jedenfalls seit Geltung des UmwStG idF des SEStEG **nicht** mehr, und zwar auch nicht mehr in der Form der sog. „phasenverschobenen Wertaufholung".[22] Unterschiedliche Wertansätze in der Handels- und Steuerbilanz führen regelmäßig zu handelsbilanziellen Folgewirkungen durch den Ausweis latenter Steuern gem. § 274 HGB. Die durch Abs. 1 S. 1 angeordnete steuerliche Wertverknüpfung konstituiert ein – von der Handelsbilanz unabhängiges – **originär steuerliches Konzept**, dessen Inhalt im Einzelnen klärungsbedürftig ist. Ein „Prinzip des Bilanzenzusammenhangs"[23] gibt hierfür eher eine plakative Formel als eine brauchbare Vorgabe zur Lösung konkreter Auslegungsfragen.

28 Fraglich ist, was unter dem „**Wert** im Sinne des § 11" zu verstehen ist. Die Formulierung des Abs. 1 S. 1 ist durch den Verweis auf einen Wert (Singular) der übergegangenen Wirtschaftsgüter (Plural) ungenau. Bei wörtlicher Auslegung könnte darunter eine **Saldogröße** (Wert) aller Wertansätze der übergegangenen Wirtschaftsgüter verstanden werden. Für ein solches Verständnis spricht die insoweit identische Formulierung in Abs. 2 S. 1; im dortigen Zusammenhang ist – zur Ermittlung des freizustellenden Unterschiedsbetrags – die Saldogröße der übergegangenen Wirtschaftsgüter heranzuziehen. Ungeregelt bliebe bei dieser Auslegung aber, wie eine solche Saldogröße bei der übernehmenden Körperschaft auf die in der dortigen Steuerbilanz abzubildenden Wirtschaftsgüter aufzuteilen wäre. Insbes. käme dann – jedenfalls bei einem Wertansatz unterhalb des gemeinen Wertes – eine Aufteilung zugunsten steuerlich abschreibbarer

---

21 Vgl. IDW RS HFA 42, Wpg Supplement 4/2012, S. 91 ff., Tz 34 f.
22 So noch Tz 11.02 UmwStE 1998; vgl. nunmehr Rn. 12.02 iVm 04.04 UmwStE; die handelsbilanzielle Abbildung der Umwandlung ist damit für die steuerliche Gewinnermittlung ohne Auswirkung, vgl. Lademann UmwStG/*Hahn* § 12 Rn. 12; Haritz/Menner/Bili-tewski/*Wisniewski* § 12 Rn. 15; Widmann/Mayer/*Schießl* UmwStG § 11 Rn. 22; zweifelnd: Frotscher/Drüen UmwStE, zu Rn. 12.02, 04.04.: diese Rn. könnten so verstanden werden, dass die Finanzverwaltung ihre Ansicht von der „diagonalen oder phasenverschobenen Maßgeblichkeit" aufrechterhalte.
23 Vgl. Lademann UmwStG/*Hahn* § 12 Rn. 11, 52.

Wirtschaftsgüter in Betracht, welche vom konkreten Ansatz des jeweiligen Wirtschaftsguts bei der übertragenden Körperschaft abweichen könnte. Nach Sinn und Zweck der §§ 11 und 12 ist aber von einer Bilanzkongruenz zwischen übertragendem und übernehmendem Rechtsträger auszugehen; eine Abweichung der Wertansätze auf beiden Ebenen wäre damit nicht vereinbar. S. 1 ist damit so auszulegen, dass die übergegangenen Wirtschaftsgüter **jeweils** mit dem Wert anzusetzen sind, der sich **für sie** aus der steuerlichen Schlussbilanz der übertragenden Körperschaft ergibt (**Prinzip der Wertverknüpfung**).[24]

Der Wortlaut des S. 1 lässt auch nicht zweifelsfrei erkennen, ob die Vorschrift eine **formelle Korrespondenz** der Wertansätze mit denen der steuerlichen Schlussbilanz der übertragenden Einheit anordnet, **oder** ob bei der übernehmenden Körperschaft eine **eigene Prüfung der Wertansätze** der steuerlichen Schlussbilanz am Maßstab des § 11 erfolgen muss. Angeordnet wird nämlich nicht die Übernahme des Wertes aus der steuerlichen Schlussbilanz, sondern des Wertes „**im Sinne des § 11**". Würden die zu übernehmenden Werte in der steuerlichen Schlussbilanz final und bindend festgelegt, dann wäre bei der übernehmenden Körperschaft nicht mehr zu prüfen, ob es sich hierbei um Werte „im Sinne des § 11" handelt. Der Wortlaut des Abs. 1 S. 1 scheint dem zu widersprechen, und für Zwecke der übernehmenden Körperschaft eine eigenständige Prüfung des Wertansatzes im Sinne des § 11 zu gebieten. Dieses Verständnis wird bei vergleichender Betrachtung unterstützt durch die Formulierung in § 20 Abs. 3 S. 1: Dort wird ohne Einschränkung, insbes. ohne Verweis auf den Wert nach § 20 Abs. 2, eine Bindung des Einbringenden an den Wertansatz bei der übernehmenden Gesellschaft angeordnet. Dies impliziert e contrario, dass die insoweit abweichende Formulierung in § 12 Abs. 1 S. 1 auch eine abweichende Regelung im Sinne eines Zwangs zur eigenständigen Überprüfung des Wertansatzes festlegt. Andererseits knüpft aber Abs. 1 S. 1 auch an die steuerliche Schlussbilanz der übertragenden Körperschaft an. Wäre im Rahmen des § 12 eine eigenständige Prüfung der übernommenen Wertansätze gewollt, dann wäre jene Anknüpfung an die steuerliche Schlussbilanz obsolet. Ausreichend wäre dann nämlich eine Übernahme von Werten im Sinne des § 11, ohne dass es auf einen konkreten Ansatz in der steuerlichen Schlussbilanz bei der übertragenden Körperschaft ankäme. Ebenso wie bei § 4 Abs. 1 ist daher bei § 12 Abs. 1 zu unterstellen, dass zwischen dem Wertansatz bei der übertragenden und der übernehmenden Körperschaft eine vollständige Kongruenz bestehen soll (Prinzip der Wertverknüpfung). Ein (ggf. teilweiser) Aufschub der Erfassung steuerlich verhafteter stiller Reserven soll bei der übertragenden Körperschaft nur in dem Umfang gewährt werden, in dem jene bei der übernehmenden Körperschaft steuerlich erfasst bleiben, vgl. § 11 Abs. 2 Nr. 1 und 2. Dies kann nur erreicht werden, wenn die konkreten Wertansätze aus der steuerlichen **Schlussbilanz für die Bilanzierung bei der übernehmenden Körperschaft bindend** sind. Folgerichtig formuliert auch das BMF, dass die Wirtschaftsgüter mit den Wertansätzen zu übernehmen sind, welche die „übertragende Körperschaft in deren steuerlicher Schlussbilanz ... angesetzt hat".[25] Anzusetzen sind damit zum steuerlichen Übertragungsstichtag insbes. **auch solche** Werte aus der steuerlichen Schlussbilanz, welche **nach allgemeinen steuerbilanziellen Grundsätzen** (insbes. §§ 5, 6 EStG) bei

---

24 Vgl. Schneider/Ruoff/Sistermann/*Ruoff* UmwStE 2011, H 12.1.

25 Rn. 12.02, 04.01 UmwStE; zust. Schneider/Ruoff/Sistermann/*Ruoff* UmwStE 2011, H 12.1.

der übertragenden Körperschaft **unzulässig** wären. Dies ist etwa relevant, wenn die Übertragung mit einem vom Buchwert (§ 1 Abs. 5 Nr. 4) abweichenden Ansatz (Zwischenwert, gemeiner Wert) erfolgt, und etwa selbstgeschaffene immaterielle Wirtschaftsgüter[26] oder Drohverlustrückstellungen[27] angesetzt werden. Zu Auswirkungen auf die Folgebilanzierung bei der übernehmenden Körperschaft → Rn. 90. Für die Bewertung von Pensionsrückstellungen gilt, unabhängig vom gewählten Wertansatz im Übrigen, § 6a EStG.[28] Eine Aufdeckung stiller Lasten durch Ansatz des gemeinen Wertes der Pensionsrückstellung ist damit weder auf Ebene der übertragenden (§ 11 Abs. 1 S. 2) noch bei der übernehmenden Körperschaft zulässig.

30 Soweit die übertragende Körperschaft in ihrer Schlussbilanz gemeine Werte oder Buchwerte ansetzt, können sich hierbei **nachträgliche Änderungen** ergeben, die zu Berichtigungen der Schlussbilanz führen. Dies kann zB resultieren aus abweichenden Feststellungen des Betriebsprüfers (§§ 193 ff. AO) zu den angesetzten Werten.[29] Soweit in diesen Fällen gegenüber der übernehmenden Körperschaft bereits ein Steuerbescheid ergangen ist, soll die Wertverknüpfung verfahrensrechtlich über § 164 AO oder § 175 Abs. 1 S. 1 Nr. 2 und S. 2 AO gewährleistet werden.[30] Dasselbe gilt, wenn nachträglich die Unwirksamkeit des Antrags der übertragenden Körperschaft gem. § 11 Abs. 2 S. 1 erkannt wird, und daher der gemeine Wert angesetzt werden muss.

31 Abs. 1 S. 1 differenziert nicht nach dem steuerlichen Status der übertragenden Körperschaft. Die Bindung der übernehmenden Körperschaft an die steuerliche Schlussbilanz gilt daher auch dann, wenn die **übertragende Körperschaft steuerbefreit** ist (§ 5 KStG, § 3 GewStG), und sich ein konkreter Wertansatz bei ihr tatsächlich nicht auf deren Bemessungsgrundlage ausgewirkt hat.[31]

Hinweis: In diesen Fällen ist daran zu denken, die Entstehung erstmaliger stiller Reserven bei der übernehmenden Körperschaft durch den Ansatz des gemeinen Wertes in der steuerlichen Schlussbilanz zu vermeiden.

32 Dasselbe gilt, wenn die Schlussbilanz von einer im **Drittland** ansässigen oder **EU-/EWR-Kapitalgesellschaft** iSv § 1 Abs. 2 S. 1 Nr. 1 und S. 2 als übertragender Körperschaft erstellt wird (Hereinverschmelzung).[32] Die Schlussbilanz folgt auch in den hier relevanten Fällen eines vergleichbaren ausländischen Vorgangs (§ 1 Abs. 1 S. 1 Nr. 1)[33] den (deutschen) Grundsätzen des § 11. Eine rechtliche Bindung an eine etwaige Übertragungsbilanz nach ausländischen Grundsätzen, die durch die übertragende Körperschaft etwa für Zwecke der ausländischen Schlussbesteuerung nach dortigem Recht zu erstellen ist, besteht nicht. Auf das daraus entstehende Risiko einer Doppelbesteuerung kann an dieser Stelle nur hingewiesen werden.

---

26 Vgl. § 11 Abs. 1 S. 1 und Gesetzesbegründung zu § 11 Abs. 1, BT-Drs. 16/3369, 23.
27 Vgl. Rn. 11.03, 03.06 UmwStE.
28 Krit. *Ley/Bodden* FR 2007, 265 (268).
29 Vgl. Rn. 11.12, 03.30 UmwStE.
30 Schneider/Ruoff/Sistermann/*Blaas/Sommer* UmwStE 2011, H. 4.4; Dötsch/Pung/Möhlenbrock/*Pung* UmwStG § 4 Rn. 8; Haase/Hofacker/*Herfort/Viebrock* § 12 Rn. 58, 109; Lademann UmwStG/*Hahn* § 12 Rn. 11; Brandis/Heuermann/*Klingberg* UmwStG § 12 Rn. 18.

31 Vgl. Rn. 12.02, 04.01 UmwStE. Darin liegt eine Abweichung von § 12 Abs. 1 S. 2 UmwStG 1995, welcher in diesen Fällen stets den Ansatz des Teilwerts verlangte.
32 Die Finanzverwaltung (Rn. 12.01, 04.01 UmwStE) spricht in diesem Zusammenhang von „ausländischer Körperschaft"; damit können aber nur die Fälle gemeint sein, die in den persönlichen Anwendungsbereich des § 12 fallen. – Zum Fall einer Verschmelzung einer ausländischen auf eine inländische Körperschaft ohne Erstellung einer steuerlichen Schlussbilanz vgl. Brandis/Heuermann/*Klingberg* UmwStG § 4 Rn. 16.
33 Vgl. Rn. 01.20 – 01.32 UmwStE.

Hinweis: Zur Vermeidung einer Doppelbesteuerung sollten in diesen Fällen die Wertansätze für Zwecke einer ausländischen Schlussbesteuerung und diejenigen für Zwecke der Schlussbilanz nach § 11 möglichst vorab im Rahmen der vorgesehenen Verfahren mit den zuständigen in- und ausländischen Finanzbehörden abgestimmt werden.

Soweit der Wertansatz in der Schlussbilanz nach § 11 den gemeinen Wert des übertragenden Vermögens unterschreitet (Buch- oder Zwischenwert), führt die übernehmende Körperschaft diesen Wert nach Abs. 1 S. 1 fort. Ein solcher Fall kann sich sowohl dann ergeben, wenn ausländisches neben bereits im Inland steuerverstricktem Vermögen übertragen wird,[34] als auch dann, wenn ausschließlich ausländisches Vermögen übertragen wird. Der Antrag nach § 11 Abs. 2 S. 2 setzt keine (teilweise) Steuerverhaftung im Inland voraus.

Eine erstmalige steuerliche **Verstrickung** der jeweiligen Wirtschaftsgüter im Inland ist als ein (gedanklich oder tatsächlich) der Hereinverschmelzung nachfolgender Vorgang nach den Verstrickungsregelungen des § 8 Abs. 1 KStG iVm §§ 4 Abs. 1 S. 8 Hs. 2 iVm 6 Abs. 1 Nr. 5a EStG mit dem gemeinen Wert zu erfassen.[35] In diesen Fällen tritt also in der Praxis neben die in Abs. 1 S. 1 geregelte Wertverknüpfung die zusätzliche wesentliche Frage, ob und ab wann die jeweiligen Wirtschaftsgüter bei der übernehmenden Körperschaft steuerlich verstrickt werden. Dies ist immer dann der Fall, wenn die Wirtschaftsgüter einer inländischen Betriebsstätte der übernehmenden Körperschaft zuzurechnen sind. Die Finanzverwaltung ist hierzu der Auffassung, dass eine grenzüberschreitende Umwandlung per se nicht die abkommensrechtliche Zuordnung von Wirtschaftsgütern zu einer in- oder ausländischen Betriebsstätte ändert, und verweist im Übrigen auf die Grundsätze des sog. Betriebsstättenerlasses.[36] Zuzustimmen ist ihr darin, dass die grenzüberschreitende Verschmelzung per se die Zuordnung von Wirtschaftsgütern zu einer in- oder ausländischen Betriebsstätte nicht beeinflusst, und zwar weder nach Abkommens- noch nach nationalem Recht. Unproblematisch sind weiterhin die Fälle, bei denen im Zuge der Verschmelzung für Zwecke der Reorganisation des Betriebs bewegliche Wirtschaftsgüter physisch erstmals dauerhaft einer deutschen Betriebsstätte zugeordnet werden. Im Übrigen – zB bei einer nur vorübergehenden Zuordnung zu einer Betriebsstätte, bei der Nutzung durch mehrere Betriebsstätten im In- und Ausland und bei immateriellen Wirtschaftsgütern – bestehen in der Praxis aber erhebliche Unsicherheiten.

Hinweis: Im Einzelfall kann die rechtliche Beurteilung einer möglichen steuerlichen Verstrickung der Zuordnung der Wirtschaftsgüter durch eine gebührenpflichtige verbindliche Auskunft (§ 89 Abs. 2–7 AO, § 34 GKG, StAuskV,[37] AEAO Nr. 3 zu 89.2 AO) abgesichert werden, und zwar idealerweise mit sämtlichen beteiligten Fisci; hier sollte ggf. eine Festlegung auch hinsichtlich der Wertansätze erfolgen, soweit sie nach dem jeweils anwendbaren Recht relevant werden können.

---

[34] Vgl. Haase/Hofacker/*Herfort/Viebrock* § 12 Rn. 63 f.; nach Rn. 11.06, 03.13 UmwStE ist der Antrag in diesem Fall für das aus- und inländische Vermögen einheitlich zu stellen.

[35] Schneider/Ruoff/Sistermann/*Blaas/Sommer* UmwStE 2011, H 4.5.; → § 11 Rn. 117.

[36] Rn. 11.09, 03.20 UmwStE; BS-Erlass: BStBl. I 1999, 1076, geänd. durch BStBl. I 2009, 888, der allerdings durch BsGAV, BStBl. I 2014, 1603, und die VWG BsGa, BStBl. I 2017, 182 (vgl. dort Rn. 450 ff. und 460 ff.), weitgehend überlagert wird.

[37] V. 30.11.2007, BGBl. I 2783.

dd) Kein eigenes Bewertungswahlrecht

34 Die übernehmende Körperschaft „hat" jene Werte zu übernehmen; ein Wahlrecht steht ihr insoweit nicht zu. Nur so ist das vom Gesetzgeber angestrebte Prinzip der Wertverknüpfung erreichbar. Das Bewertungswahlrecht gem. § 11 Abs. 2 wird formal durch die übertragende Körperschaft ausgeübt (vgl. § 11 Abs. 3 iVm § 3 Abs. 2 S. 2), wenngleich durch die übernehmende Körperschaft als deren Rechtsnachfolgerin (→ § 11 Rn. 103). In der Sache, insbesondere in den jeweiligen steuerlichen Veranlagungsverfahren, bleibt die übernehmende Körperschaft als selbstständiges Steuersubjekt an die übertragenen Wertansätze gebunden.

35 Ohne Bedeutung ist es hierfür, ob die betreffenden Wirtschaftsgüter im Wege einer Verschmelzung zur Aufnahme oder zur Neugründung auf den übernehmenden Rechtsträger übergehen. Formal erfolgt der Ausweis im ersteren Fall buchhalterisch als laufender Geschäftsvorfall,[38] im letzteren in einer steuerlichen Eröffnungsbilanz (→ Rn. 26).[39]

b) Erweiterte Wertaufholung, Beteiligungskorrekturgewinn (Abs. 1 S. 2)

36 § 12 Abs. 1 S. 2 ordnet die entsprechende Geltung der S. 2 und 3 des § 4 Abs. 1 auf Ebene der übernehmenden Körperschaft an. Es handelt sich um einen **Rechtsfolgenverweis** für Fälle, in denen der übernehmende am übertragenden Rechtsträger beteiligt ist, mithin um Fälle der (vollständigen oder gemischten) **Aufwärtsverschmelzung**. Zur Abwärtsverschmelzung vgl. § 11 Abs. 2 S. 2.

37 Nach **§ 4 Abs. 1 S. 2** sind die Anteile an der übertragenden Körperschaft bei der übernehmenden Körperschaft zum steuerlichen Übertragungsstichtag (vgl. § 2 Abs. 1 S. 1) mit dem Buchwert (vgl. § 1 Abs. 5 Nr. 4) zu erfassen, welcher ggf. zu korrigieren ist um frühere steuerwirksame Abschreibungen sowie um Abzüge nach § 6b EStG und ähnliche Abzüge. Die **Ansatzhöchstgrenze** bildet dabei der **gemeine Wert** (§§ 9, 11 BewG).

38 § 4 Abs. 1 S. 3 erklärt für einen sich daraus ergebenden **Beteiligungskorrekturgewinn** die Vorschriften der § 8b Abs. 2 S. 4 und 5 KStG sowie § 3 Nr. 40 S. 1 Buchst. a S. 2 und 3 EStG für anwendbar. Aus dieser Verweisung der §§ 12 Abs. 1 S. 2 iVm 4 Abs. 1 S. 3 auf Vorschriften, welche – anders als § 4 bei unmittelbarer Anwendung – im Zusammenhang mit der Verschmelzung auf eine Körperschaft stehen, resultiert nur die Anwendung des **§ 8b Abs. 2 S. 4 und 5 KStG**, da § 3 Nr. 40 EStG auf Körperschaften nicht anwendbar ist. Die Verweisungskette §§ 12 Abs. 1 S. 2 iVm 4 Abs. 1 S. 3 ist insoweit teleologisch auf § 4 Abs. 1 S. 3 Alt. 1 zu begrenzen. Durch die in Bezug genommenen Bestimmungen werden frühere **steuerwirksame Buchwertminderungen** zurückgenommen, bevor die betreffenden Anteile im Rahmen der Verschmelzung endgültig untergehen. Andernfalls könnten die Rechtsfolgen des § 8b Abs. 2 S. 4 und 5 KStG, die etwa im Rahmen einer alternativen Liquidation der übertragenden Körperschaft nach § 8b Abs. 2 S. 3 und 4 KStG ausgelöst würden, durch eine Verschmelzung endgültig vermieden werden.[40] Diesem Regelungszusammenhang entsprechend sind auch die Begriffe

---

38 IDW HFA 2/1997, Wpg 1997, 325; 2000, 439.
39 Vgl. Rn. 12.02, 04.03 UmwStE; IDW RS HFA 42 Tz. 32; Brandis/Heuermann/*Klingberg* UmwStG § 12 Rn. 17b, 19; Haritz/Menner/Bilitewski/*Wisniewski* § 12 Rn. 14: steuerliche Übernahmebilanz; Widmann/Mayer/*Schießl* UmwStG § 12 Rn. 8.

40 Urspr. wurde hierdurch auch eine doppelte Verlustnutzung nach früherer Rechtslage durch eine steuerwirksame Teilwertabschreibung auf die Beteiligung an der übertragenden Körperschaft und den Übertrag des steuerlichen Verlustvortrags der übertragenden Körperschaft nach § 12 Abs. 3 S. 3 UmwStG 1995 vermieden.

Abschreibungen und ähnliche Abzüge in dem Sinne auszulegen, der ihnen im Rahmen des § 8b Abs. 2 S. 5 KStG zukäme.

Steuerwirksam waren insoweit Buchwertminderungen dann, wenn sie das **zu versteuernde Einkommen reduzierten oder einen Verlust erhöhten**.[41] Darunter fallen nicht solche Maßnahmen, welche zu einer ergebnisneutralen Minderung des Beteiligungsbuchwertes führen, wie etwa eine Kapitalherabsetzung oder eine Einlagenrückgewähr. Ausreichend ist die Minderung der körperschaftsteuerlichen Bemessungsgrundlage; ohne Bedeutung ist insoweit eine etwaige Hinzurechnung nach § 8 Nr. 10 lit. a GewStG für gewerbesteuerliche Zwecke. **Abschreibungen** auf Kapitalgesellschaftsbeteiligungen sind heute nach § 8b Abs. 3 S. 3 KStG körperschaftsteuerlich unwirksam. Anders war dies noch unter Geltung des körperschaftsteuerlichen Anrechnungsverfahrens vor Einführung des Halbeinkünfteverfahrens;[42] hieran knüpft § 4 Abs. 1 S. 2 an. Auch **Abzüge nach § 6b Abs. 10 EStG** stehen Körperschaften nicht mehr zu; anders war dies noch vor Geltung des StEntlG 1999/2000/2002.[43] Der Begriff „**ähnliche Abzüge**" war bereits im Gesetzgebungsverfahren zum SEStEG wegen seiner Weite und Unbestimmtheit umstritten.[44] In der Gesetzesbegründung[45] wurde § 30 BergbauRatG[46] als damit prominentes, aber praktisch wenig bedeutsames Anwendungsbeispiel benannt. Daneben wird in der Literatur einhellig der Abzug bei Ersatzbeschaffungen nach den gewohnheitsrechtlichen Grundsätzen der **R 6.6 EStR** zitiert,[47] welcher ebenfalls unter dem Anrechnungsverfahren für Kapitalgesellschaften eine Bedeutung gehabt haben mag. 39

Entsprechend dem vorgenannten Telos sind steuerwirksame Buchwertminderungen und Abzüge insoweit **nicht** zu korrigieren, als sie bereits zum Ablauf des steuerlichen Übertragungsstichtags im Rahmen einer **Teilwertaufholung** (§ 6 Abs. 1 Nr. 1 S. 4 iVm Abs. 2 S. 3 EStG) gewinnerhöhend hinzugerechnet werden bzw. worden sind.[48] § 4 Abs. 1 S. 2 ergänzt insoweit die Bewertungsvorschrift des § 6 EStG.[49] Nach Rn. 12.03 S. 3 UmwStE scheidet das BMF auch Beträge aus der Beteiligungskorrektur aus, soweit „die Rücklage nach **§ 6b Abs. 3 EStG** gewinnerhöhend aufgelöst worden ist". Dies kann nur insoweit gelten, als mit dieser Auflösung eine Buchwertminderung einherging (§ 6b Abs. 3 S. 4 EStG und entspr. R 6.6 Abs. 4 S. 6 für „ähnliche Abzüge"), denn nur insoweit erfolgte ein „Abzug" iSv § 4 Abs. 1 S. 2. 40

Erfasst werden steuerwirksame Buchwertminderungen auf die Anteile an der übertragenden Tochtergesellschaft selbst, und auf solche Anteile, die ggf. hierin gem. § 13 Abs. 2 S. 2 aufgegangen sind; die Verpflichtung zur Wertaufholung auch erworbener Anteile wird an den Erwerber weitergereicht. 41

Die Wertaufholung ist **begrenzt** auf eine Zuschreibung bis zum gemeinen Wert der Beteiligung. Diese Begrenzung bestand im alten Recht (§ 12 Abs. 2 S. 2 UmwStG 1995) nicht. 42

---

41 Vgl. Widmann/Mayer/*Schießl* UmwStG § 12 Rn. 109; Haase/Hofacker/*Herfort/Viebrock* § 12 Rn. 79; Lademann UmwStG/*Hahn* § 12 Rn. 21.
42 Steuersenkungsgesetz v. 23.10.2000, BGBl. I 1433; vgl. § 34 Abs. 4 S. 1 KStG zum erstmaligen Anwendungszeitpunkt.
43 V. 24.3.1999, BGBl. I 402; vgl. § 52 Abs. 18 EStG zum Anwendungszeitpunkt.
44 ZB Herrmann/Heuer/Raupach/*Watermeyer*, EStG/KStG, Jahresband 2007, § 8b KStG, Rn. J 06–13; IDW – Stellungnahme, Wpg. 2006, 749 f. (zu § 3 Nr. 40 EStG).

45 BR-Drs. 16/2710, 30 r.Sp.
46 Gesetz zur Förderung der Rationalisierung im Steinkohlenbergbau BGBl. 1963 I 549; aufgeh. in 2001 (BGBl. I 3992).
47 EStÄR 2012 v. 25.3.2013, BStBl. I 2013, 276; s. nur Frotscher/Drüen/*Maas* EStG § 3 Nr. 40 Anm. 3.40.3.1.8; Schneider/Ruoff/Sistermann/*Ruoff* UmwStE 2011, H 12.4.
48 Vgl. Rn. 12.03, 04.07 UmwStE.
49 Haase/Hofacker/*Herfort/Viebrock* § 12 Rn. 70.

Hinweis: Für Fälle der (gemischten) Aufwärtsverschmelzung ist damit stets der **gemeine Wert** zu ermitteln. Soweit sich dieser nicht iSv **§§ 9 Abs. 2, 11 Abs. 2 BewG** aus Vorgängen im gewöhnlichen Geschäftsverkehr, insbes. aus Transaktionen mit unverbundenen Dritten in engem zeitlichen Zusammenhang mit der Verschmelzung, ableiten lässt, ist eine Bewertung nach anerkannten Bewertungsstandards vorzunehmen. Die gleichlautenden Erlasse der obersten Finanzbehörden der Länder vom 17.5.2011[50] sind hierbei zu beachten.[51]

In der Regel wird der gemeine Wert der Anteile iRd § 12 Abs. 1 S. 2 iVm § 4 Abs. 1 S. 2 dem gemeinen Wert des übertragenen Vermögens entsprechen, welcher gem. § 11 Abs. 1 bzw. Abs. 2 S. 1 (als Bewertungsobergrenze) zu ermitteln ist.

43 Fraglich ist das Vorgehen bei der Wertaufholung, wenn der **gemeine Wert die Summe aus Buchwert und früheren steuerwirksamen Abzügen** unterschreitet. Nach dem Wortlaut der Vorschrift kommt in diesen Fällen ein zweistufiges Vorgehen in Betracht, dessen erste Stufe in einer vollständigen Aufholung der früheren steuerwirksamen Abschreibungen und ähnlicher Abzüge bestünde, gefolgt von einer Wertkorrektur auf den gemeinen Wert. Beide Stufen wären bei diesem Vorgehen hinsichtlich ihrer steuerlichen Folgen isoliert zu beurteilen. Dabei könnte fraglich sein, ob die Wertaufholung in der zweiten Stufe einer Abzugsbeschränkung (§ 8b Abs. 3 S. 3 KStG) unterfällt. Alternativ könnte die Wertaufholung als **einstufiger Vorgang** zu verstehen sein, bei welchem der gemeine Wert den Betrag der Aufholung der früheren Abschreibungen und Abzüge begrenzen würde. Dem Wortlaut der Vorschrift dürfte das letztere, einstufige Vorgehen eher entsprechen. Ausdrücklich geregelt wird nämlich nur der gemeine Wert als Obergrenze des Beteiligungsansatzes. Nicht erwähnt wird – **anders** als noch durch die Vorgängervorschrift **§ 12 Abs. 2 S. 2 UmwStG 1995** – eine vollständige Aufholung früherer steuerwirksamer Wertkorrekturen.

44 Auch Sinn und Zweck der Vorschrift sprechen für das einstufige Vorgehen. Bei der Verschmelzung soll nur der Betrag der früheren steuerwirksamen Wertkorrekturen zurückgenommen werden, der auch bei einer Veräußerung oder Liquidation steuerwirksam würde. Das zweistufige Vorgehen würde demgegenüber zu einer überschießenden Erfassung nicht vorliegender Wertsteigerungen führen; hierfür besteht keine Notwendigkeit oder Rechtfertigung.

45 Systematisch wird dieses Ergebnis unterstützt durch § 4 Abs. 1 S. 3, der für die Rechtsfolgen der Wertkorrektur auf § 8b Abs. 2 S. 4 und 5 KStG (sowie – für natürliche Personen – § 3 Nr. 40 S. 1 Buchst. a S. 2 und 3 EStG) verweist, nicht aber auf die Abzugsbeschränkungen des § 8b Abs. 3 S. 3 KStG (und § 3c Abs. 2 EStG).

46 Daneben ist fraglich, in welcher **Reihenfolge** frühere **steuerwirksame und nicht steuerwirksame Buchwertkürzungen** aufzuholen sind, wenn der gemeine Wert der Beteiligung unter der Summe aus dem Buchwert und diesen früheren Abzügen liegt. Das Gesetz trifft hierzu keine klare Regelung, scheint in § 4 Abs. 1 S. 2 aber einen Vorrang für die Aufholung der steuerwirksamen Buchwertkürzung anzudeuten, da es nur jene, nicht aber die früher nicht steuerwirksame Kürzung anspricht. Dementsprechend geht auch die **Finanzverwaltung**, wenngleich ohne Begründung, von einem entspre-

---

50 BStBl. I 2011, 606.
51 BMF v. 22.9.2011, BStBl. I 2011, 859.

chenden Vorrang aus.⁵² Zwingend ist dieses Verständnis aber nicht. Vielmehr lässt sich auf die vom **BFH**⁵³ im Rahmen der Teilwertzuschreibung nach § 6 Abs. 1 Nr. 1 und 2 EStG vertretene Auffassung verweisen, nach welcher dort Wertaufholungen so lange steuerfrei zu belassen sind, bis die nicht steuerwirksamen Buchwertkürzungen vollständig kompensiert worden sind. Der BFH leitet dieses Ergebnis aus der Gesetzeshistorie zum Systemwechsel vom Anrechnungs- auf das Halbeinkünfteverfahren ab, wonach es geboten sei, früher steuerwirksam abgeschriebene Beteiligungen nicht nachfolgend mit steuerfreiem Gewinn veräußern zu können. Bei diesem Verständnis müssen steuerlich unwirksam gebliebene Wertkorrekturen aus der Zeit nach dem Systemwechsel bei einer nachfolgenden Buchwertanpassung vorrangig aufgeholt werden, da das vom BFH herausgestellte Risiko insoweit gerade nicht besteht. Beachtlich ist, dass diese BFH-Rechtsprechung unmittelbar im Rahmen der Anwendung des § 6 EStG auf den Beteiligungsbuchwert an der übertragenden Körperschaft auf Ebene der Steuerbilanz der übernehmenden Körperschaft zu berücksichtigen ist. Die Auffassung der Finanzverwaltung ist aber praktisch noch in den Fällen von Bedeutung, in denen zum steuerlichen Übertragungsstichtag der gemeine Wert unter den historischen Anschaffungskosten, aber über dem Teilwert liegt (zB börsennotierte Anteile), eine frühere Wertkorrektur auf § 6b EStG oder einem „ähnlichen Abzug" beruht oder der steuerliche Übertragungsstichtag nicht auf einen Bilanzstichtag der übernehmenden Körperschaft fällt.

Hinweis: Im Einzelfall sollte geprüft werden, ob durch zielgerichtete Festlegung des steuerlichen Übertragungsstichtags auf einen Termin nach einem regulären Steuerbilanzstichtag der Teilwert unter Beachtung der BFH-Grundsätze **steuerneutral aufgeholt** werden kann.⁵⁴

Hinweis: Da die Beteiligungskorrektur auf den Betrag des gemeinen Wertes der Beteiligung begrenzt ist, ist in der Gestaltungspraxis zudem an eine **Dividende vor dem steuerlichen Übertragungsstichtag** zu denken.⁵⁵

Auf den **Beteiligungskorrekturgewinn** ist gem. § 4 Abs. 1 S. 3 der § 8b Abs. 2 S. 4 und 5 KStG anzuwenden. Fraglich könnte nämlich sein, ob § 8b Abs. 2 S. 3 KStG diesen Gewinn tatbestandlich erfassen und (teilweise) freistellen würde, insbes. ob eine Betriebsvermögensmehrung „aus der Veräußerung" oder dem Ansatz des Teilwerts iSv § 6 Abs. 1 Nr. 2 S. 3 EStG vorläge. Insoweit, und um Unsicherheiten bezüglich der steuerlichen Behandlung der weiteren Wertkorrekturvorschriften (§ 6b EStG, ähnliche Abzüge) zu vermeiden, ordnet § 4 Abs. 1 S. 3 die entsprechende Anwendung des 8b Abs. 2 S. 4 und 5 KStG ausdrücklich an. Der Beteiligungskorrekturgewinn ist damit steuerpflichtig, soweit er aus der Korrektur einer bislang steuerlich wirksamen Wertkorrektur resultiert.⁵⁶

47

---

52 Rn. 12.03, 04.07 UmwStE; zustimmend Lademann UmwStG/*Hahn* § 12 Rn. 22, unter Hinweis auf die Verwaltungsauffassung zur parallelen Problematik bei § 8b Abs. 2 S. 4 KStG, OFD Münster DB 2005, 470, aber ohne Auseinandersetzung mit dem nachfolgend angesprochenen BFH BStBl. II 2010, 760 und die Aufhebung der OFD-Verfügung am 13.8.2010; vgl. auch Kraft/Edelmann/Bron/*Edelmann* § 12 Rn. 97 f.

53 BStBl. II 2010, 760; dem folgt die Finanzverwaltung gem. OFD Niedersachsen DStR 2011, 1274 (Ziff. 3) jedenfalls außerhalb von Umwandlungssachverhalten; vgl. auch BFH BStBl. II 2019, 567.

54 Instruktiv mit Beispielen: Widmann/Mayer/*Schießl* UmwStG § 12 Rn. 112 ff.

55 Vgl. Widmann/Mayer/*Schießl* UmwStG § 12 Rn. 120.5.

56 Unklar Frotscher/Drüen UmwStE, Rn. 12.C3: Aufstockungsgewinn unterliege 5 % Besteuerung nach § 8b Abs. 3 S. 1 KStG; andererseits (zutreffend zu Rn. 12.03 iVm 04.08: volle Steuerpflicht; Widmann/Mayer/*Schießl* UmwStG § 12 Rn. 110; Kraft/Edelmann/Bron/*Edelmann* § 12 Rn. 103.

48 Der Beteiligungskorrekturgewinn nach Abs. 1 **erhöht den laufenden Gewinn** der übernehmenden Mutter-Kapitalgesellschaft und ist systematisch getrennt vom Übernahmeergebnis iSv Abs. 2 zu beurteilen. Er wird in dem Veranlagungszeitraum erfasst, in welchen der **steuerliche Übertragungsstichtag** fällt. Eine Verrechnung mit einem nach Abs. 2 unbeachtlichen Übernahmeverlust ist danach nicht möglich.[57] Aus der Wertkorrektur resultiert ein erhöhter Beteiligungsbuchwert, welcher den Ausgangspunkt für die Berechnung des Übernahmeergebnisses nach Abs. 2 bildet. Dieses fällt entsprechend niedriger aus.[58]

Wenn der gemeine Wert der Beteiligung den steuerlichen Buchwert bei der übernehmenden Körperschaft unterschreitet, ist sie gem. § 4 Abs. 1 S. 2 abzustocken. Der hieraus resultierende **Beteiligungskorrekturverlust** ist steuerlich nach allgemeinen Regeln (§ 8b Abs. 3, 7, 8 KStG) zu behandeln.[59] Aus dem insoweit fehlenden Verweis in § 4 Abs. 1 S. 3 lässt sich kein Gegenschluss ziehen. Der Verlust ist nicht Teil des Übernahmeergebnisses nach Abs. 2; vielmehr wird dieses durch das Absenken des Beteiligungsbuchwertes erhöht.

2. Steuerliche Behandlung des Übernahmeergebnisses (Abs. 2)
a) Überblick

49 Abs. 2 enthält wesentliche Aussagen zur steuerlichen Behandlung eines Übernahmeergebnisses bei dem übernehmenden Rechtsträger auf den steuerlichen Übertragungsstichtag. Dabei handelt es sich um den

- Unterschiedsbetrag (positiv: Gewinn bzw. negativ: Verlust) zwischen
  - dem steuerbilanziellen Buchwert (§ 1 Abs. 5 Nr. 4) der Anteile an der übertragenden Körperschaft und
  - dem Wert, mit dem die übergegangenen Wirtschaftsgüter steuerbilanziell zu übernehmen sind,
- abzüglich der Kosten für den Vermögensübergang.[60]

Dieses Übernahmeergebnis bleibt nach Abs. 2 S. 1 außer Ansatz. Es ist damit nicht Teil der steuerlichen Bemessungsgrundlage; die Korrektur erfolgt außerhalb der Steuerbilanz.[61]

50 Nach Abs. 2 S. 2 ist auf einen positiven Unterschiedsbetrag im vorstehenden Sinne abzüglich anteiliger Kosten für den Vermögensübergang § 8b KStG anzuwenden, soweit dieses Übernahmeergebnis dem Anteil der übernehmenden an der übertragenden Körperschaft entspricht.

51 S. 3 ordnet – über den Verweis auf § 5 Abs. 1 – für Zwecke der vorstehenden Sätze des Abs. 2 die Rückvermittlung zwischenzeitlicher Beteiligungserwerbe an der übernehmenden Körperschaft auf den steuerlichen Übertragungsstichtag (§ 2 Abs. 1) an.

---

[57] So auch Schneider/Ruoff/Sistermann/*Ruoff* UmwStE 2011, H. 12.3, allerdings unter Hinweis auf § 12 Abs. 3 S. 1.
[58] Vgl. auch Rn. 12.03, 04.08 UmwStE.
[59] BFH BStBl. II 2015, 199; anh.: BVerfG 2 BvR 84/17.
[60] Aus § 12 Abs. 2 S. 2 ergibt sich, dass die Kosten für den Vermögensübergang nicht im Gewinnbegriff enthalten sind; wie hier Lademann UmwStG/*Hahn* § 12

Rn. 31, 33; Haase/Hofacker/*Herfort/Viebrock* § 12 Rn. 92; Haritz/Menner/Bilitewski/*Wisniewski* § 12 Rn. 38; die abweichende Systematik bei Brandis/Heuermann/*Klingberg* UmwStG § 12 Rn. 41 führt aber zu keinen abweichenden Ergebnissen.
[61] Rn. 12.05 S. 2 UmwStE; Haase/Hofacker/*Herfort/Viebrock* § 12 Rn. 94 mwN; Lademann UmwStG/*Hahn* § 12 Rn. 31.

Im Grundsatz sollen aus der Verschmelzung bei der übernehmenden Körperschaft 52
damit keine – über § 8b KStG hinausgehenden – steuerlichen Ergebniswirkungen resultieren. Dies gilt im Rahmen des § 19 Abs. 1 auch für Zwecke der Gewerbesteuer.
Insbes. in systematischer Hinsicht ergeben sich aber einige Abgrenzungsfragen, auf die
nachfolgend näher einzugehen ist.

b) Grundnorm: Übernahmeergebnis bleibt außer Ansatz (Abs. 2 S. 1)

Abs. 2 S. 1 stellt zunächst als **Grundnorm** den aus der Verschmelzung resultierenden 53
Unterschiedsbetrag steuerfrei. Hierdurch wird vermieden, dass neben die Besteuerung
eines Übertragungsgewinns bei der übertragenden Körperschaft (nach § 11) zusätzlich
eine Besteuerung der in den untergehenden Anteilen an dieser Körperschaft ruhenden
stillen Reserven tritt.[62]

Anknüpfungspunkt zur Ermittlung des Unterschiedsbetrags ist der Buchwert (vgl. § 1 54
Abs. 5 Nr. 4) der Anteile an der übertragenden Körperschaft. Systematisch muss es sich
dabei um den zum steuerlichen Übertragungsstichtag (§ 2 Abs. 1) bestehenden **steuerbilanziellen Beteiligungsbuchwert** handeln,[63] ggf. ergänzt um die in S. 3 iVm § 5 Abs. 1
genannten nachträglichen Anschaffungsvorgänge und angepasst um Wertkorrekturen
nach Abs. 1 S. 2 iVm § 4 Abs. 1 S. 2 und (für den Sonderfall einer Unterstützungskasse)
Abs. 3 Hs. 2 iVm § 4 Abs. 2 S. 5. Bezüglich der Wertaufholungen ergibt sich die steuerliche Behandlung aus Abs. 1 S. 2 iVm § 4 Abs. 1 S. 3 (→ Rn. 47) und (für den Sonderfall
der Unterstützungskasse) Abs. 3 Hs. 2 iVm § 4 Abs. 2 S. 4; diese werden daher nicht von
der Steuerfreiheit nach Abs. 2 S. 1 erfasst.

Der Wert, mit dem die **übergegangenen Wirtschaftsgüter** zu übernehmen sind, ergibt 55
sich durch die **Wertverknüpfung nach Abs. 1 S. 1** aus der steuerlichen Schlussbilanz
der übertragenden Körperschaft nach § 11 Abs. 1. Hierfür ist es unerheblich, ob dort der
Buch-, Zwischenwert- oder der Ansatz mit dem gemeinen Wert gewählt wurde.[64] Nachträgliche Änderungen (→ Rn. 30) wirken sich auf die Höhe des Übernahmeergebnisses
aus.

Abs. 2 S. 1 setzt einen zu ermittelnden **Übernahmegewinn** oder -verlust voraus, enthält 56
aber **keine Aussagen zu dessen steuerbilanzieller Ermittlung**. Diese folgt vielmehr
allgemeinen Grundsätzen. Fraglich ist, in welchen Fällen ein Übernahmegewinn oder
-verlust idS entstehen kann. Wenn man Umwandlungen grds. als Veräußerungsgeschäfte des übertragenden Rechtsträgers versteht (so Rn. 00.02 UmwStE), dann können
Aufwärtsverschmelzungen, bei denen der übernehmende am übertragenden Rechtsträger beteiligt war, als Tauschvorgänge begriffen werden, bei denen die untergehenden
Anteile an der übertragenden Körperschaft hingegeben werden im Gegenzug für den
Erhalt des übergehenden Nettovermögens. Dies entspricht auch der handelsbilanziellen
Betrachtung.[65] Der Übernahmegewinn oder -verlust ergibt sich danach aus der Differenz zwischen dem Buchwert der Anteile an der übertragenden Körperschaft und dem
quotenentsprechenden Anteil an den übertragenen Wirtschaftsgütern. Im Falle von
Seitwärtsverschmelzungen liegt demgegenüber beim übernehmenden Rechtsträger
kein Tauschgeschäft vor. **Handelsbilanziell** gilt das übertragene Vermögen insoweit als

---

62 BT-Drs. 12/6885, 21 (zum UmwStG 1995).
63 Vgl. Brandis/Heuermann/*Klingberg* UmwStG § 12 Rn. 33.
64 Brandis/Heuermann/*Klingberg* UmwStG § 12 Rn. 43.
65 Vgl. IDW RS HFA 42, Tz 45 f. in WPg Supplement 4/2012, S. 91 ff.

durch die Anteilsinhaber des übertragenden Rechtsträgers eingelegt.⁶⁶ **Steuerlich** wird für diesen Fall in der **Literatur** insoweit ein sog. Agioergebnis angenommen,⁶⁷ welches sich als Differenz zwischen dem Wert der übertragenen Wirtschaftsgüter abzüglich des Buchwerts der Anteile an der übertragenden Körperschaft und dem Nennbetrag der ggf. an die Anteilseignern der übertragenden Körperschaft ausgegebenen Gesellschaftsrechte ergibt. Ein solches Agioergebnis ist nach dieser Auffassung steuerlich als eine Einlage iSv § 4 Abs. 1 EStG (iVm § 8 Abs. 1 S. 1 KStG) zu behandeln. Hiergegen spricht nicht § 29 Abs. 2 KStG, der für Fälle der Seitwärtsverschmelzung (nur) die Übernahme des steuerlichen Einlagekontos durch die übernehmende Körperschaft anordnet. Daraus lässt sich nicht ableiten, dass eine solche Verschmelzung grundsätzlich (im Übrigen) das steuerliche Ergebnis betreffen soll. § 29 KStG enthält hierzu keine Aussage.⁶⁸ Es handelt sich bei ihr auch nicht um eine Gewinnermittlungsvorschrift, sondern um eine Bestimmung zur Ermittlung des steuerlichen Einlagekontos in Umwandlungsfällen. Darin erschöpft sich ihr Regelungsgehalt. Eine Aussage zur steuerbilanziellen Wirkung der Verschmelzung enthält die Vorschrift nicht. Unabhängig davon ist nach jener Auffassung in Höhe des Agiogewinns ein Zugang zum steuerlichen Einlagekonto bei der übernehmenden Körperschaft anzunehmen.⁶⁹ In einem obiter dictum ist der **BFH**⁷⁰ dieser Auffassung aber entgegengetreten: Danach bestimme das Umwandlungssteuergesetz einen **eigenständigen und sondergesetzlichen Rechtskreis**, der den allgemeinen Gewinnermittlungsvorschriften abschließend vorgehe. Einlageregeln blieben wegen der vorrangig zu beachtenden umwandlungssteuerrechtlichen Regelungen unanwendbar. Die Behandlung des Agio-Gewinns als Einlage sei durch die Rechtsentwicklung überholt.

57 Abs. 2 S. 1 knüpft zwar zur Ermittlung des freizustellenden Unterschiedsbetrags zunächst an einen steuerbilanziellen Übernahmegewinn oder -verlust an. Die Vorschrift setzt aber nicht voraus, dass sich im Einzelfall ein solcher tatsächlich ergibt. Soweit sich **ein steuerbilanzieller Gewinn oder Verlust nicht ergibt** (zB im Falle der Aufwärtsverschmelzung bei Gleichheit von Beteiligungsbuchwert und Wert des übergehenden Nettovermögens oder bei Seitwärtsverschmelzung), kann bei der Ermittlung des Übernahmeergebnisses dieser Unterschiedsbetrag auf Null gesetzt werden. Der nach Abs. 2 S. 1 außer Ansatz zu belassende Betrag beschränkt sich dann auf die Kosten des Vermögensübergangs. Zum selben Ergebnis führt es, wenn man in diesen Fällen unabhängig von einer steuerbilanziellen Betrachtung die Ermittlung des Freistellungsbetrags allein nach der in Abs. 2 S. 1 festgelegten Formel, und einen ggf. mit Null anzusetzenden Gewinn oder Verlust ermittelt, um hiervon die Kosten des Vermögensübergangs abzuziehen, und den Saldo freizustellen. Dies entspricht der Auffassung der **Finanzverwaltung**, die ein Übernahmeergebnis iSv Abs. 2 S. 1 in allen Fällen der Auf-, Ab- und Seitwärtsverschmelzung – ungeachtet einer Beteiligung an der übertragenden Körperschaft – ermitteln will.⁷¹ Hieraus folgt die für die übernehmende Körperschaft nachteilige Folge

---

66 Vgl. IDW RS HFA 42, Tz 41 in WPg Supplement 4/2012, S. 91 ff. (für Kapitalerhöhung bzw. Neugründung) und Tz 50, 48 (ohne Kapitalerhöhung.).
67 Widmann/Mayer/*Schießl* § 12 Rn. 61 mwN; Haase/Hofacker/*Herfort/Viebrock* § 12 Rn. 104; Haritz/Menner/Bilitewski/*Wisniewski* § 12 Rn. 42; *Frotscher/Drüen* UmwStE, zu Rn. 12.06; iErg auch *Klingebiel/Patt/Rasche/Krause* S. 234.
68 Wie hier Brandis/Heuermann/*Klingberg* UmwStG § 12 Rn. 38; aA: Dötsch/Pung/Möhlenbrock/*Stimpel/Dötsch* § 12 Rn. 51.
69 Schneider/Ruoff/Sistermann/*Ruoff* UmwStE 2011, H 12.8.
70 DStR 2013, 582, unter Rn. 15; vgl. Kraft/Edelmann/Bron/*Edelmann* § 12 Rn. 111 ff.
71 Rn. 12.05 S. 3 und das Beispiel in Rn. 12.06 UmwStE.

eines vollständigen **Ausschlusses der Umwandlungskosten** unabhängig davon, ob diese mit einem bilanziellen Umwandlungsgewinn im Zusammenhang stehen. Dem hat sich der **BFH**, entgegen der bis dahin überwiegenden Meinung der Literatur und der Vorinstanz, **angeschlossen**,[72] so dass diese Frage – trotz fortbestehender systematischer Bedenken – für die Praxis als geklärt gelten kann.

c) Kosten für den Vermögensübergang

Für die „**Kosten für den Vermögensübergang**" hält das Gesetz keine Legaldefinition bereit. Der Begriff wird auch in Abs. 2 S. 2 sowie in den Vorschriften der § 4 Abs. 4 S. 1, § 22 Abs. 1 S. 3, Abs. 2 S. 3 verwendet, und ist in diesen Fällen einheitlich auszulegen. Nichts anderes folgt aus der Tatsache, dass diese Normen teils die Besteuerung des übernehmenden Rechtsträgers regeln (§§ 4 und 12), und teils diejenigen des übertragenden Rechtsträgers (§ 22). Allerdings sind iRd Abs. 2 S. 1 nur solche Kosten zu berücksichtigen, die bei der übernehmenden Körperschaft angefallen sind. Kosten, die nach den **Grundsätzen der objektiven wirtschaftlichen Veranlassung**[73] der übertragenden Körperschaft zuzurechnen sind, werden iRd § 11 bei ihr erfasst (→ § 11 Rn. 159). Dabei handelt es sich um Kosten, die mit ihrer Gesellschaftsform zusammenhängen, die sich also aus deren „Rechtskleid" ergeben.[74] Sie sind als Betriebsausgaben abziehbar und können gegen den Übertragungsgewinn verrechnet werden. Kosten, die veranlassungsgerecht der übertragenden Körperschaft zuzuordnen, aber im Rückbeziehungszeitraum erst nach dem steuerlichen Übertragungsstichtag entstanden sind, sind nach Auffassung der Finanzverwaltung im Rahmen des § 12 Abs. 2 bei der übernehmenden Körperschaft zu berücksichtigen[75] mit der in der Praxis erheblichen Folge, dass steuerlich abziehbarer Aufwand in gem. Abs. 2 S. 1 nichtabziehbaren umgewandelt wird.[76]

Hinweis: Bei der Bestimmung des steuerlichen Übertragungsstichtags ist auch die zeitliche und personale Zuordnung der anfallenden Kosten zu beachten. Kosten, die wirtschaftlich der übertragenden Körperschaft zuzurechnen sind, können ggf. gegen einen Übertragungsgewinn verrechnet werden.

Eine gewillkürte Kostenzuordnung durch die an der Umwandlung beteiligten Körperschaften, etwa im Verschmelzungsvertrag, entfaltet steuerlich keine Bindungswirkung;[77] allerdings wird man die grundsätzliche Abziehbarkeit der Kosten bei der übertragenden Körperschaft ggf. planerisch berücksichtigen können. Bei den Rechtsberatungs- und Verfahrenskosten kann veranlassungsbezogen idR von einer hälftigen Aufteilung auf übertragende und übernehmende Körperschaft ausgegangen werden.[78] Notariatsgebühren für etwaige Verzichtserklärungen der einzelnen Gesellschafter (vgl. §§ 8 Abs. 3 S. 2, 9 Abs. 2 UmwG) und gesonderte Zustimmungen (zB gem. §§ 13 Abs. 3 S. 1, 50 Abs. 2, 51 UmwG) sind dem jeweiligen Gesellschafter zuzurechnen.[79]

---

72 BFH DStR 2013, 582, für die Fälle der Auf-, Ab- und Seitwärtsabspaltung, die über die Brückennorm des § 15 Abs. 1 ebenfalls nach dem hier relevanten § 12 Abs. 2 zu beurteilen sind; krit. weiterhin zB Schmitt/Hörtnagl/*Schmitt* UmwStG § 12 Rn. 43 f.
73 Vgl. BFH BStBl. II 1998, 698 und BStBl. II 2004, 686.
74 BFH BStBl. II 1998, 698 unter II.1.a.
75 Rn. 12.05, 04.34 UmwStE.
76 Brandis/Heuermann/*Klingberg* UmwStG § 12 Rn. 47; ablehnend: Kraft/Edelmann/Bron/*Edelmann* § 12 Rn. 125.

77 BFH BStBl. II 1998, 698; s. auch *Mühle* DStZ 2006, 64 (67); vgl. Lademann UmwStG/*Hahn* § 12 Rn. 33; aA: *Christiansen* FS Widmann, 2000, 231 (238).
78 Vgl. Haase/Hofacker/Herfort/Viebrock § 12 Rn. 114 ff.; differenzierend *Stimpel* GmbHR 2012, 199 (201): nur bzgl. Abfassung und Beurkundung des Verschmelzungsvertrags.
79 Lademann UmwStG/*Hahn* § 12 Rn. 34.

59 Der Wortlaut („**für den**") erfasst zunächst solche Kosten, die **final** dem Vermögensübergang dienen. Hierbei ist zu beachten, dass der Vermögensübergang bei der Verschmelzung im Rahmen einer Gesamtrechtsnachfolge erfolgt, so dass neben den unmittelbar für den Vermögenserwerb aufgewendeten, objektbezogenen Kosten (zB Wertgutachten für Grundstück, Grunderwerbsteuer nach § 1 Abs. 1 Nr. 3 GrEStG,[80] Grundbuchkosten) vom Wortlaut auch solche erfasst würden, die durch die Verschmelzung ausgelöst werden (zB Rechtsberatung, Notar- und Registergebühren für Verschmelzungsbeschluss, -vertrag, Anmeldungen, Eintragungen, Löschungen). Beachtlich ist aber, dass gewisse Kosten nach allgemeinen Bilanzierungsgrundsätzen (§ 5 Abs. 1 EStG, § 255 Abs. 1 S. 2 HGB) als **Anschaffungsnebenkosten** für erworbene Wirtschaftsgüter bei der übernehmenden Körperschaft aktiviert werden müssen. Dies trifft für die objektbezogenen Kosten zu,[81] die demzufolge aus den – vom Abzug ausgeschlossenen – Umwandlungskosten **auszuscheiden** sind.[82]

60 Im Übrigen ist der Tatbestand „Kosten für den Vermögensübergang" als Ausnahme zur generellen Abzugsfähigkeit betrieblich veranlassten Aufwands (§ 4 Abs. 4 EStG) eng auszulegen[83]. Insbes. ist ein nur **zeitlicher oder kausaler Zusammenhang** der Kosten mit der Verschmelzung **nicht ausreichend**.[84] Zu fordern ist schon begrifflich ein Bezug der Kosten zum übergehenden **Vermögen**. Die Ertragsteuer auf einen Übernahmegewinn ist daher ebenso wenig erfasst (wird aber nach § 10 Nr. 2 KStG vom Abzug ausgeschlossen), wie nachfolgende Kosten einer etwaigen Steuerprüfung.[85] Dasselbe gilt für Verschmelzungsfolgekosten, etwa solche für Zwecke der Integration des übernommenen Geschäfts (zB Errichtung einheitlicher IT-Systeme, Anpassung der Gehaltssysteme) oder für einen neuen Firmenauftritt. Kosten der Planung und Vorbereitung der Verschmelzung, zB für die interne Projektleitung, werden entsprechend den Grundsätzen der Bilanzierung von Anschaffungsnebenkosten erst ab dem Zeitpunkt zu Kosten des Vermögensübergangs, zu dem der Entschluss (zum Vermögenserwerb und damit) zur Verschmelzung gefasst wurde. Due Diligence-Kosten bleiben daher regelmäßig steuerlich abziehbar, da sie der Vorbereitung einer Entscheidung für oder wider die Verschmelzung dienen, und daher nicht „für den Vermögensübergang" anfallen. Die Grunderwerbsteuer, die durch eine verschmelzungsbedingte Anteilsvereinigung ausgelöst wird (§ 1 Abs. 3 GrESt),[86] zählt zu den allgemeinen, nicht objektbezogenen Kosten,[87] und ist damit vom Abzug ausgeschlossen.[88] Dies dürfte auch für die Gebühren einer verbindlichen Auskunft zu Rechtsfragen im Zusammenhang mit der Verschmelzung gelten.[89] Interne Kosten der übernehmenden Körperschaft können nur als projektspezifisch ermittelte Einzelkosten erfasst werden. Auch Kosten für Gesellschafterbeschlüsse sind nur betroffen, wenn sie einzeln zuordenbar sind; dies kann dann der

---

[80] Vgl. BMF v. 18.1.2010, BStBl. I 2010, 70 (Billigkeitsregelung für Altfälle); BFH BStBl. II 1988, 892; BFH BStBl. II 2004, 686.
[81] BMF v. 18.1.2010, BStBl. I 2010, 70; Brandis/Heuermann/*Klingberg* UmwStG § 12 Rn. 47.
[82] Rn. 12.05, 04.34 UmwStE.
[83] *Holle/Weiss* DStR 2018, 167 (171) unter Hinweis auf Systematik, Wortlaut und Telos der Vorschrift; s. auch *Ergenzinger/Solowjeff* DStR 2020, 2844.
[84] Lademann UmwStG/*Hahn* § 12 Rn. 33; zu weitgehend: *Stimpel* GmbHR 2012, 199 (200); *Krohn* DB 2018, 1755.
[85] AA *Stimpel* GmbHR 2012, 199 (201).
[86] Die hiernach entstehende Steuer wird unter den Voraussetzungen der Konzernklausel des § 6a GrEStG nicht erhoben; vgl. hierzu *Viskorf/Haag* DStR Beihefter zu Heft 12/2011 und den gleichlautenden Ländererlass v. 19.6.2012, BStBl. I 2012, 662.
[87] Rn. 12.05, 04.34 UmwStE unter Hinweis auf BFH BStBl. II 2011, 761; bestätigt durch BFH DStR 2023, 212 mAnm *Ergenzinger*.
[88] Dötsch/Pung/Möhlenbrock/*Stimpel/Dötsch* UmwStG § 12 Rn. 57 beurteilt diese als Umwandlungskosten; *Henerichs/Stadje* FR 2011, 890 nehmen in den Fällen der § 1 Abs. 2a und 3 GrEStG (abziehbare) Betriebsausgaben an; vgl. zu § 1 Abs. 2a GrEStG auch *Rödder/Schmidt-Fehrenbacher* in FGS/BDI, S. 258.
[89] So *Stimpel* GmbHR 2012, 199 (200).

Fall sein, wenn sie im Rahmen außerordentlicher Gesellschafterversammlungen gefasst werden, deren Tagesordnung sich auf die Umwandlungsbeschlüsse beschränkt. In der Praxis birgt die steuerliche Behandlung angefallener Kosten Konfliktpotential, da vollständig rechtssichere Abgrenzungskriterien nicht entwickelt werden konnten. Dies gilt auch nach neuerer Rechtsprechung des BFH,[90] welche argumentativ Anleihen nimmt bei Bilanzierungsgrundsätzen („im Ergebnis ebenso zu behandeln wie nachträgliche Anschaffungskosten auf die Anteile an der Übertragerin") und Veräußerungskosten nach § 8b Abs. 2 KStG („Veranlassungszusammenhang"), um aber schließlich auf Basis einer „wertenden Selektion der Aufwandsursachen" zu entscheiden; immerhin: eine (naturwissenschaftliche) Kausalität sei nicht maßgeblich.

Abs. 2 S. 1 setzt einen Vermögensübergang voraus. **Vergebliche Kosten** für eine gescheiterte Verschmelzung werden danach nicht vom Abzug ausgeschlossen.[91] Die erfolgreiche Umsetzung einer Verschmelzung dürfte für die Beurteilung der Kosten nach Abs. 2 S. 1 als rückwirkendes Ereignis anzusehen sein, mit dessen Eintritt bislang abzugsfähige Umwandlungskosten vom Abzug ausgeschlossen werden. Auf § 175 Abs. 1 S. 1 Nr. 2 AO wird es in der Praxis aufgrund der regelmäßigen Verfahrensdauern allerdings kaum einmal ankommen. Im Übrigen erscheint es möglich, dass die Finanzverwaltung zur Vereinfachung einen Abzug in dem Wirtschaftsjahr korrigiert, in dem die Verschmelzung wirksam geworden ist.[92] 61

Soweit Kosten nicht als objektbezogen aktiviert, sondern als solche für den Vermögensübergang aufwandswirksam behandelt wurden, erfolgt eine **außerbilanzielle Korrektur**. Die Folgen sind damit steuerlich über die Zeit nachteiliger als bei einer Aktivierung dieser Kosten als Anschaffungsnebenkosten. 62

d) Anwendung des § 8b KStG, im Umfang der Beteiligungsquote (Abs. 2 S. 2)

Abs. 2 S. 2 erklärt § 8b KStG für anwendbar, soweit der **Gewinn** iSd S. 1 abzüglich anteiliger Kosten für den Vermögensübergang dem Anteil der übernehmenden Körperschaft entspricht. Damit sind die **Fälle einer (ggf. gemischten) Aufwärtsverschmelzung** angesprochen. Der Verweis betrifft das nach dieser Formel errechnete Übernahmeergebnis, und bezieht sich dynamisch auf § 8b KStG in seiner jeweiligen Fassung.[93] Über § 19 Abs. 1 wirkt sich dies auch auf die **Gewerbesteuer** aus. Abs. 2 S. 2 ordnet Ausnahmen zur generell vollständigen Freistellung des Übernahmeergebnisses nach Abs. 2 S. 1 an. Soweit bei der übernehmenden Körperschaft eine Veräußerung durch einen Vorgang außerhalb des UmwStG nach § 8b KStG zu beurteilen wäre, soll sich dies durch das UmwStG, insbes. durch S. 1, nicht ändern. Vielmehr soll § 8b KStG auf den Gewinn aus dem untergehenden Anteil am Kapital der übertragenden Körperschaft und auf den Anteil an den Kosten für den Vermögensübergang anwendbar bleiben, welcher quotal dem Anteilsbesitz zum steuerlichen Übertragungsstichtag entspricht. Der Gesetzgeber stellt den Übernahmegewinn dem Gewinn aus einer Anteilsveräußerung 63

---

90 BFH DStR 2023, 212 mAnm *Ergenzinger*.
91 Vgl. BFH DStR 2013, 581, wonach vergebliche Erwerbskosten für eine Kapitalbeteiligung mangels Anteils nicht dem Abzugsverbot des § 8b Abs. 3 KStG 2002 unterliegen; in dieser Linie muss auch bei dem inhaltlich verwandten Abs. 2 S. 1 ein tatsächlicher Vermögensübergang gefordert werden.

92 Vgl. *Stimpel* GmbHR 2012, 199 (203), der in diesem Bereich in praxi Möglichkeiten der Vereinfachung sieht.
93 Dötsch/Pung/Möhlenbrock/*Stimpel/Dötsch* UmwStG § 12 Rn. 62; aA: Rödder/Herlinghaus/van Lishaut/*Rödder* UmwStG § 12 Rn. 90 mwN, Haritz/Menner/Bilitewski/*Wisniewski* § 12 Rn. 59: nur Verweis auf § 8b KStG idF d. SEStEG.

gleich.⁹⁴ Zugleich verhindert er eine Auskehrung (stiller) Gewinnrücklagen, ohne dass jene nach § 8b KStG erfasst würden. Für grenzüberschreitende Verschmelzungen im Anwendungsbereich der EG-Fusionsrichtlinie (Fusions-RL)⁹⁵ stellt sich die Frage nach der **Vereinbarkeit mit Art. 7 Fusions-RL**,⁹⁶ der jedenfalls für Schachtelbeteiligungen über 25 % eine steuerliche Freistellung etwaiger Wertsteigerungen aus der Verschmelzung vorsieht.

64 Ein solches Übernahmeergebnis kann gem. **§ 8b KStG nach dessen Abs. 2, 3, 4, 7 und 8 KStG** zu beurteilen sein. Da schon Abs. 2 S. 1 die Freistellung eines Übernahmeergebnisses anordnet, und bereits Abs. 1 S. 2 iVm § 4 Abs. 1 S. 3 die Anwendung des § 8b Abs. 2 S. 4 und 5 KStG für Wertaufholungen vorsieht, hat ein Verweis auf § 8b Abs. 2 KStG nur für die Anwendung **der 5 %-Besteuerung nach § 8b Abs. 3 S. 1 KStG** Bedeutung.

65 Für **einbringungsgeborene Anteile** nach altem Recht gilt § 8b Abs. 4 KStG aF gem. § 34 Abs. 7a KStG fort. Der generelle Verweis des Abs. 2 S. 2 auf § 8b KStG dürfte auch dessen Abs. 4 umfassen.⁹⁷ Nach anderer Auffassung sollen die Vorschriften der § 8b Abs. 4 und 7 KStG im Rahmen der Verweisung dagegen nicht anwendbar sein, da jene nur eine Freistellung nach § 8b Abs. 2 KStG einschränkten, nicht aber eine solche nach § 12 Abs. 2 S. 1.⁹⁸ Dem ist zuzugeben, dass die vom Gesetzgeber gewählte Verweisungstechnik gewisse Rechtsunsicherheiten erzeugt. Allerdings müsste nach dieser Auffassung auch die Anwendung der **5 %-Besteuerung nach § 8b Abs. 3 KStG** scheitern, dessen Wortlaut ebenfalls an einen Gewinn im Sinne des § 8b Abs. 2 KStG anknüpft. Nach dieser Auffassung bliebe der Verweis auf § 8b KStG mithin weitgehend folgenlos. Ein solches Verständnis dürfte weder der Intention des Gesetzgebers noch dem Sinn des Gesetzes entsprechen. Umgekehrt erscheint aber auch die Besteuerung der mit 5 % pauschalierten Betriebsausgaben nicht gerechtfertigt, da bereits nach Abs. 2 S. 1 für einen Großteil dieser Ausgaben ein vollständiges Abzugsverbot gilt; insoweit käme es zu einer steuerlichen Mehrfachbelastung einschließlich von Liquiditätsnachteilen, da dem übernehmenden Rechtsträger mangels eines entgeltlichen Realisationsaktes keine Liquidität zufließt. Wenn man die Anwendung des § 8b Abs. 4 aF KStG dem Grunde nach bejaht, sollten durch eine teleologische Reduktion jedenfalls solche Fälle ausgeschlossen werden, in denen die einbringungsgeborenen Anteile durch eine Einbringung durch die nunmehr übernehmende Körperschaft erst entstanden sind; insoweit kann der hinter § 8b Abs. 4 KStG stehende Missbrauchsgedanke nicht greifen.⁹⁹

---

94 RegE zum SEStEG, BT-Drs. 16/2710, 41; BT-Drs. 16/3369, 10.
95 RL 90/434/EWG v. 23.7.1990, ABl. L 225 v. 20.8.1990, ersetzt durch RL 2009/133/EG v. 19.10.2009, ABl. L 310, S. 34 v. 25.11.2009.
96 Krit. *Haritz* GmbHR 2009, 1194 (1197); *Körner* IStR 2006, 469 (470); *Ley/Bodden* FR 2007, 265 (274); *Rödder* in FGS/BDI, S. 259; Lademann UmwStG/*Hahn* § 12 Rn. 36; Brandis/Heuermann/*Klingberg* UmwStG § 12 Rn. 50; Haritz/Menner/Bilitewski/*Wisniewski* § 12 Rn. 58.
97 Ablehnend Rödder/Herlinghaus/van Lishaut/*Rödder* UmwStG § 12 Rn. 90 unter Annahme einer statischen Verweisung auf § 8b KStG idF d. SEStEG und teleologischen Erwägungen zur Rückverschmelzung als Umkehrvorgang der Einbringung, welchen das BMF aber in Rn. 22.23 Beispiel 3 UmwStE nicht folgt; wie hier zB *Frotscher/Drüen* UmwStE, zu Rn. 12.07: Steuerbefreiung nach § 12 Abs. 2 S. 1 UmwStG durch § 8b Abs. 3 S. 1, Abs. 4, 7 und 8 KStG eingeschränkt.
98 *Rödder/Schmidt-Fehrenbacher* in FGS/BDI S. 259 f.; Brandis/Heuermann/*Klingberg* UmwStG § 12 Rn. 53; im Rahmen der Urteilsgründe spricht BFH DStR 2013, 582 Rn. 14 allerdings von einem Geltungsbefehl für die Ausnahmeregelungen in § 8b Abs. 7–10 KStG.
99 Vgl. Haase/Hofacker/*Herfort/Viebrock* § 12 Rn. 139; die Auffassung des BMF in Rn. 22.23 (Beispiel 3) UmwStE zu sperrfristbehafteten Anteilen iSd § 22 UmwStG weist allerdings in die entgegengesetzte Richtung; zu § 8b Abs. 4 KStG aF macht das BMF keine Ausführungen.

In den Fällen, in denen eine Veräußerung der Beteiligung an der übertragenden Körperschaft nach § 8b Abs. 7 oder 8 KStG zu beurteilen wäre, müssten diese Bestimmungen nach der Gesetzesbegründung auch für den Übernahmegewinn gelten.[100] Das lässt sich mit systematischen Erwägungen bestreiten, wenn man Abs. 2 S. 1 als vorrangige Regelung ansieht, nach deren Anwendung ein Gewinn außer Ansatz bleibt; mangels Gewinns stellte sich danach die Frage einer Steuerpflicht nicht mehr.[101] Fraglich ist weiterhin die steuerliche Behandlung eines **Übernahmeverlustes in den Fällen des § 8b Abs. 7 und 8 KStG**. Nach Abs. 2 S. 1 bleibt ein solcher Verlust grds. auch in jenen Fällen außer Ansatz. Abs. 2 S. 2 sieht die Anwendung des § 8b KStG expressis verbis nur für Fälle eines Übernahme**gewinns** vor, erwähnt den **Verlust**fall aber nicht. Für jenen bliebe es damit beim Abzugsverbot nach Abs. 2 S. 1. Dies lässt sich systematisch auch im Gegenschluss aus § 4 Abs. 6 S. 2 ableiten; wenn dort ein Übernahmeverlust grds. wirkt, kann im Rahmen des § 12 mangels einer Parallelvorschrift vom Gegenteil ausgegangen werden. Insoweit würde allerdings der Grundsatz durchbrochen, dass die Verschmelzung nach dem UmwStG grundsätzlich so behandelt werden soll wie eine Veräußerung durch die übernehmende Körperschaft,[102] welche nach § 8b KStG zu beurteilen wäre. Eine Auslegung der Vorschrift nach diesem Sinn und Zweck müsste annehmen, dass als „Gewinn im Sinne des Satzes 1" auch Verluste verstanden werden können. Hierzu ist zunächst darauf hinzuweisen, dass dem Steuerrecht die Auslegung des Tatbestandsmerkmals „Gewinn" auch in seiner negativen Ausprägung als Verlust nicht fremd ist.[103] Ein solches Verständnis entspräche vorliegend auch einer **Regelungssymmetrie** für Fälle des § 8b Abs. 7 und 8 KStG im Sinne einer Steuerpflicht für Gewinne und Verluste. Selbst wenn man hierdurch die Grenze des Gesetzeswortlauts überschritten sähe,[104] ist doch festzustellen, dass der Gesetzgeber in Abs. 2 S. 2 eher unspezifisch auf § 8b KStG verweist, immerhin eine Vorschrift mit elf Absätzen, von denen nicht alle für § 12 einschlägig sind. Dabei lässt der Gesetzeswortlaut nicht erkennen, dass die Rechtsfolgen spezifisch auch für die Fälle der § 8b Abs. 7 und 8 KStG bedacht wurden. Im Ergebnis erscheint daher aus systematischen Gründen eine Auslegung, nach der in den Fällen des § 8b Abs. 7 und 8 KStG auch Übernahmeverluste steuerlich wirken, geboten.[105] Der BFH[106] hat dies zwischenzeitlich (für § 8b Abs. 8 KStG) mit Hinweis auf den Wortlaut anders entschieden. Hiergegen ist eine Verfassungsbeschwerde beim BVerfG anhängig.[107]

Hinweis: Mit Blick auf die Position des BFH ist in Fällen des § 8b Abs. 7 und 8 KStG die Möglichkeit einer steuerwirksamen Abstockung **vor** dem steuerlichen Übertragungsstichtag zu prüfen. Ein solcher Beteiligungskorrekturaufwand unterfällt nicht dem Abs. 2 S. 1.

Zur **Ermittlung des Übernahmegewinns** gilt das zu Abs. 1 S. 1 Gesagte entsprechend. Ein Gewinn kann sich im Falle der Aufwärtsverschmelzung ergeben, wenn der Wertansatz für die übergegangenen Wirtschaftsgüter den Buchwert der Anteile an der übertra-

---

100 BT-Drs. 16/2710, 41 l.Sp.
101 Vgl. Brandis/Heuermann/*Klingberg* UmwStG § 12 Rn. 51.
102 Vgl. Rn. 00.03 UmwStE.
103 ZB bei § 16 Abs. 1 EStG, vgl. BFH BStBl. II 1975, 853.
104 Ablehnend zB BMF Rn. 12.06 S. 2 UmwStE; *Rödder/Schmidt-Fehrenbacher* in FGS/BDI, S. 260; *Frotscher/Drüen* UmwStE, zu Rn. 12.06; kritisch Schneider/Ruoff/Sistermann/*Ruoff* UmwStE 2011, H 12.11; Klingebiel/Patt/Rasche/Krause S. 236.
105 Vgl. zu diesem Fragenkomplex auch Benecke/Schnittger IStR 2007, 22; zweifelnd Brandis/Heuermann/*Klingberg* UmwStG § 12 Rn. 33, 52; wie hier: Kraft/Edelmann/Bron/Edelmann § 12 Rn. 140.
106 BFH BStBl. II 2015, 199.
107 Az.: 2 BvR 84/17.

genden Körperschaft übersteigt. Nach Abs. 2 S. 2 ist § 8b KStG anzuwenden auf diesen Gewinn, „soweit" er dem Anteil der übernehmenden Körperschaft an der übertragenden Körperschaft entspricht, und zwar abzüglich der „anteilig darauf entfallenen Kosten für den Vermögensübergang". Im Falle einer nur **gemischten Aufwärtsverschmelzung**, wenn also die Beteiligungsquote der übernehmenden Körperschaft weniger als 100 % beträgt, ist fraglich, wie im Sinne dieser Vorschrift die jeweiligen Anteile für den Gewinn und die Kosten zu ermitteln und in der Berechnung zu berücksichtigen sind. Hierzu vertreten das BMF[108] und die hM in der Literatur[109] **divergierende Auffassungen.**

68 Das **BMF** ermittelt – für den Fall einer nicht § 8b Abs. 7 oder Abs. 8 KStG unterfallenden übernehmenden Körperschaft – in einem ersten Schritt den Gewinn als Differenz zwischen dem Buchwert der Anteile und dem Buchwert des gesamten übernommenen Vermögens und zieht in einem zweiten Schritt hiervon den Gesamtbetrag der Kosten des Vermögensübergangs ab. Der hieraus resultierende Differenzbetrag wird in einem dritten Schritt multipliziert mit der Beteiligungsquote der übernehmenden Körperschaft; das hieraus resultierende Produkt wird nach § 8b Abs. 2 S. 1 KStG steuerfrei gestellt, und stellt zugleich die Bemessungsgrundlage für die 5 % pauschal nichtabziehbarer Betriebsausgaben nach § 8b Abs. 3 S. 1 KStG dar.

69 Die hM **in der Literatur** vertritt dagegen die Auffassung, dass im ersten Schritt dem Buchwert nicht das gesamte übernommene Vermögen gegenübergestellt werden darf, sondern nur ein Anteil, welcher der Beteiligungsquote der übernehmenden Körperschaft entspricht. Im zweiten Schritt ist danach nur der Teil der Kosten des Vermögensübergangs abzuziehen, welcher dieser Beteiligungsquote entspricht. Der restliche Teil ist danach als Agiogewinn zu interpretieren, welcher als steuerneutrale Einlage zu behandeln ist.[110] Hieraus folgen sowohl eine geringere Bemessungsgrundlage für die pauschale 5 %-Besteuerung nach § 8b Abs. 3 S. 1 KStG als auch die Abzugsfähigkeit des Teils der Kosten, welcher die Beteiligungsquote übersteigt.

70 Der Literaturauffassung ist zu folgen. Das BMF verkennt, dass Abs. 2 S. 2 bei der Berechnung an zwei Stellen eine quotale Allokation erfordert. Dabei ignoriert die Verwaltung im zweiten Berechnungsschritt, dass der Gesetzeswortlaut hinsichtlich der Kosten eine eigenständige Aufteilung, und den Abzug nur des entsprechenden Kostenanteils erfordert. Die Lösung des BMF kann daher nicht richtig sein. Fraglich ist nach dem Gesetzeswortlaut allerdings, ob im ersten Berechnungsschritt nur die beteiligungsäquivalente Quote des übernommenen Vermögens zu berücksichtigen ist. Dagegen könnte der Wortlaut sprechen, der den „Gewinn im Sinne des Satzes 1" in Bezug nimmt. S. 1 definiert den Gewinn als Unterschied zwischen dem Anteilsbuchwert und dem Wertansatz für die übergegangenen Wirtschaftsgüter. Dies würde für das Vorgehen des BMF im ersten Berechnungsschritt sprechen. Allerdings lässt Abs. 2 S. 2 auch die Auslegung im Sinne der Literaturauffassung zu, nämlich dann, wenn man dessen letzten Halbsatz in dem Sinne versteht, dass bei Ermittlung des Gewinns im Sinne des S. 1 jeweils zu prüfen ist, inwieweit die dort einschlägigen Operanden der Beteiligungsquote ent-

---

[108] Rn. 12.06 UmwStE (mit Beispiel); zustimmend Dötsch/Pung/Möhlenbrock/*Stimpel/Dötsch* UmwStG § 12 Rn. 60a.
[109] *Rödder/Schmidt-Fehrenbacher* in FGS/BDI S. 259; Haase/Hofacker/*Herfort/Viebrock* § 12 Rn. 131 ff.; unklar Hahn UmwStG/*Lademann* § 12 Rn. 32, welcher letztlich die Verwaltungsauffassung in Rn. 12.05/06 UmwStE unterstützt.
[110] Vgl. Haritz/Menner/Bilitewski/*Wisniewski* § 12 Rn. 37, 42; Schmitt/Hörtnagl/*Schmitt* UmwStG § 12 Rn. 44.

sprechen. Zweifelhaft ist schließlich der Hinweis des BMF auf § 8b Abs. 2 S. 1 KStG. Richtigerweise ergibt sich die Steuerfreiheit bereits aus § 12 Abs. 2 S. 1. Dies hat zwar nach geltendem Recht im Ergebnis keine Bedeutung, könnte aber relevant werden, wenn sich die vollständige Veräußerungsgewinnbefreiung nach § 8b Abs. 2 KStG einmal ändern sollte, und man die Verweisung als dynamisch versteht (→ Rn. 63).

Soweit sich kein positives Übernahmeergebnis ergibt, beschränkt sich die Regelung des Abs. 2 S. 2 auf die anteiligen Kosten des Vermögensübergangs. 71

Ist die übernehmende Körperschaft keine solche iSv § 8b Abs. 7 oder 8 KStG, dann geht die Abzugsbeschränkung hinsichtlich der Kosten insoweit in derjenigen des Abs. 2 S. 1 auf. Systematisch kann nämlich nicht unterstellt werden, dass Abs. 2 S. 2 insoweit Abs. 2 S. 1 vollständig verdrängt, so dass bei Fehlen eines Übernahmegewinns – entgegen Abs. 2 S. 1 – ein nur anteiliges Abzugsverbot für die Kosten bestünde. Vielmehr ergibt sich in diesen Fällen dieselbe Rechtsfolge hinsichtlich der besitzanteiligen Kosten aus Abs. 2 S. 2 iVm § 8b Abs. 2 S. 1 und 2, und hinsichtlich der über die Anteilsquote hinausgehenden Kosten aus Abs. 2 S. 1. 72

Bei übernehmenden Körperschaften, auf deren Anteil an der übertragenden Körperschaft § 8b Abs. 2 KStG nach den Abs. 7 und 8 jener Vorschrift nicht anwendbar ist, führt Abs. 2 S. 2 zu einer Ausnahme von Abs. 2 S. 1, indem die quotenentsprechenden Kosten des Vermögensübergangs steuerlich abziehbar bleiben. Der die Anteilsquote übersteigende Anteil der Kosten bleibt dagegen nach Abs. 2 S. 1 vom Abzug ausgeschlossen. 73

e) Anteilserwerbe und Abfindungszahlungen im Rückwirkungszeitraum (Abs. 2 S. 3).

Nach § 5 Abs. 1 sind **Anteilserwerbe oder Abfindungszahlungen** des übernehmenden Rechtsträgers, welche **nach dem steuerlichen Übertragungsstichtag** erfolgen, für Zwecke der Ermittlung des Übernahmegewinns so zu behandeln, als seien sie an diesem Stichtag erfolgt. Nach dieser Vorschrift sind damit insbes. die Anschaffungskosten des übernehmenden Rechtsträgers für seine Anteile am übertragenden Rechtsträger auf den steuerlichen Übertragungsstichtag zurückzuprojizieren. 74

Die durch Abs. 2 S. 3 angeordnete „entsprechende" Geltung des § 5 Abs. 1 bezieht sich systematisch auf die vorstehenden Regelungen des Abs. 2. Sie bedeutet, dass bei der Ermittlung des Übernahmeergebnisses nach Abs. 2 S. 1 und 2 ebenfalls eine Rückvermittlung nachfolgender Anschaffungskosten auf den steuerlichen Übertragungsstichtag erfolgen soll. **Fraglich** ist nach dem Wortlaut der Vorschrift, ob diese Rückvermittlung auch dazu führt, dass Anteilserwerbe nach dem Übertragungsstichtag für die Ermittlung der für Abs. 2 S. 2 **relevanten Anteilsquote** heranzuziehen sind. § 5 Abs. 1 enthält hierfür keinen unmittelbaren Anknüpfungspunkt. Allerdings ist Abs. 2 S. 3 wohl als allgemeiner Verweis auf den Rechtsgedanken des § 5 Abs. 1 zu verstehen, nach dem für die Ermittlung des Übernahmeergebnisses nachfolgende tatsächliche Veränderungen als bereits am steuerlichen Übertragungsstichtag gegeben fingiert werden sollen. Abs. 2 S. 3 schränkt den Verweis auf § 5 Abs. 1 nicht ein. Nach Sinn und Zweck kann unterstellt werden, dass durch diese Verweisung im Rahmen des Abs. 2 S. 1 und 2 nicht nur die Anschaffungskosten angepasst werden sollen, während eine damit zusammenhängende Veränderung der Beteiligungsquote unberücksichtigt bliebe, sondern dass auch jene Veränderung in der Anteilsquote beachtlich sein soll. 75

3. Eintritt in die Rechtsstellung der übertragenden Körperschaft (Abs. 3)

76 § 12 setzt gesellschaftsrechtliche Vorgänge voraus, bei denen die übernehmende Körperschaft das Vermögen der übertragenden Körperschaft im Wege der zivilrechtlichen Gesamtrechtsnachfolge erwirbt.[111] § 45 Abs. 1 S. 1 AO ordnet für Fälle der Gesamtrechtsnachfolge steuerlich den Übergang von Forderungen und Schulden aus dem Steuerschuldverhältnis (§ 37 Abs. 1 AO) auf die übernehmende Körperschaft an. Weitergehend bestimmt Abs. 3 Hs. 1 den Eintritt der übernehmenden in die ertragsteuerliche (die Rechtsnachfolge umfasst nur den sachlichen Regelungsbereich des UmwStG, → Rn. 2) Rechtsstellung der übertragenden Körperschaft auch im Übrigen. Damit wird das Konzept der **Gesamtrechtsnachfolge** durch die übernehmende Körperschaft materiellrechtlich **auch für das Steuerrecht** übernommen.[112] Die übertragende Körperschaft geht hinsichtlich ihrer vermögensmäßigen und steuerlichen Rechtsstellung umfassend in der übernehmenden Körperschaft auf. Bildlich tritt jene in die **Fußstapfen** der übertragenden Körperschaft. Dies gilt unabhängig vom Ansatz der übernommenen Wirtschaftsgüter mit dem Buch-, Zwischen- oder dem gemeinen Wert.[113] Versteht man die Verschmelzung steuerlich als einen Veräußerungs- und Anschaffungsvorgang,[114] dann können sich hieraus von der Gesamtrechtsnachfolge abweichende, insbes. steuerbilanzielle Folgen ergeben, auf die nachstehend einzugehen ist.

77 Einzelne wesentliche Auswirkungen dieses wichtigen Grundsatzes ergeben sich aus dem Verweis des Abs. 3 Hs. 2 auf die entsprechende Anwendung der § 4 Abs. 2 und 3. Danach gilt die Gesamtrechtsnachfolge „insbesondere" bezüglich

- **Bewertung** der übernommenen Wirtschaftsgüter (§ 4 Abs. 2 S. 1). – Diese Bestimmung geht über diejenige des Abs. 1 S. 1 hinaus. Abs. 1 S. 1 ordnet zwar bereits die Fortführung der Wertansätze aus der steuerlichen Schlussbilanz der übertragenden Körperschaft an. § 4 Abs. 2 S. 1 vermittelt der übernehmenden Körperschaft aber darüber hinaus die Rechtspositionen, die sich aus anderweitigen Bewertungsvorschriften ergeben. Hierzu gehört etwa die Verpflichtung zur Teilwertaufholung iSv § 6 Abs. 1 S. 1 Nr. 1 S. 4 und Nr. 2 S. 3 EStG, soweit das betreffende Wirtschaftsgut in der Schlussbilanz mit einem Wert unterhalb der (ggf. um AfA, Abzüge nach § 6b EStG und ähnliche Abzüge geminderten) ursprünglichen einschließlich etwaiger nachträglicher Anschaffungs- oder Herstellungskosten angesetzt wurde. Die übernehmende Körperschaft tritt insoweit auch in die Rechtsstellung der übertragenden Körperschaft hinsichtlich deren historischen Anschaffungs- oder Herstellungskosten ein (Rn. 12.04, 04.09, 04.11 UmwStE). – Dasselbe gilt auch hinsichtlich der Ermittlung und des dreijährigen Betrachtungszeitraums bei anschaffungsnahen Herstellungskosten iSv § 6 Abs. 1 Nr. 1a EStG.[115] – Auch die Rechtsposition bezüglich eines noch nicht ausgeübten Wahlrechts zur Teilwertabschreibung soll auf die Übernehmerin übergehen.[116]

---

111 Vgl. § 20 Abs. 1 S. 1 UmwG für inländische und Rn. 01.30 UmwStE für vergleichbare ausländische Verschmelzungen.
112 Vgl. BFH BStBl. II 2011, 528; BFH/NV 2011, 67; BFH/NV 2012, 1340; Lademann UmwStG/*Hahn* § 12 Rn. 51 ff.
113 Rn. 12.04., 04.10 UmwStE.
114 Rn. 00.02 UmwStE; BFH BStBl. II 2004, 686 (zur Verschmelzung einer Personen- auf eine Kapitalgesellschaft nach §§ 20, 22 Abs. 3 und 12 Abs. 3 UmwStG 1995).
115 Rödder/Herlinghaus/van Lishaut/*Rödder* UmwStG § 12 Rn. 100; Haase/Hofacker/*Herfort/Viebrock* § 12 Rn. 160.
116 Lademann UmwStG/*Hahn* § 12 Rn. 78.

- **Absetzungen für Abnutzung** (§ 4 Abs. 2 S. 1 und Abs. 3)[117] – Erfasst werden hierbei die Art der AfA, deren Dauer und Bemessungsgrundlage. Die übernehmende Körperschaft hat die übernommenen abschreibbaren Wirtschaftsgüter grds. über die **Restnutzungsdauer** abzusetzen, welche auf den steuerlichen Übertragungsstichtag zu schätzen ist.[118] In den Fällen der **Gebäude-AfA** nach § 7 Abs. 4 S. 1 EStG (lineare AfA) und § 7 Abs. 5 EStG (degressive AfA) ist der bisherige Prozentsatz weiter anzuwenden. Soweit im Falle der linearen AfA die volle Absetzung innerhalb der tatsächlichen Nutzungsdauer nicht erreicht würde, kann die AfA nach der Restnutzungsdauer des Gebäudes bemessen werden (vgl. § 7 Abs. 4 S. 2 EStG). Für eine kürzere tatsächliche Nutzungsdauer (vgl. § 11c Abs. 1 S. 1 EStDV) muss die übernehmende Körperschaft einen entsprechenden Nachweis führen. Für den **Geschäfts- oder Firmenwert** soll nach Auffassung der Verwaltung einheitlich der AfA-Satz von 1/15 p. a. gem. § 7 Abs. 1 S. 3 EStG gelten, wobei keine Aufteilung in einen bei der übertragenden Körperschaft bereits derivativ vorhandenen und einen im Rahmen der Schlussbilanz (zusätzlich) ausgewiesenen Bilanzansatz vorzunehmen sei.[119] Danach würde der in der Schlussbilanz ausgewiesene Geschäfts- oder Firmenwert bei der übernehmenden Körperschaft auch für Zwecke der AfA als einheitliches Wirtschaftsgut behandelt. Nicht gesetzlich geregelt ist der Fall, dass die übertragende Körperschaft selbst keine AfA vornehmen konnte (zB bei **selbst erstellten immateriellen Wirtschaftsgütern des Anlagevermögens**, vgl. § 5 Abs. 2 EStG) und in ihrer Schlussbilanz hierfür ein positiver Wertansatz erfolgte (§ 11 Abs. 1 S. 1). Da Abs. 1 S. 1 (ebenso wie Abs. 3 Hs. 2 iVm § 4 Abs. 2 S. 1) die Wertverknüpfung beim übernehmenden Rechtsträger anordnet, ist fraglich, ob insoweit die Fußstapfentheorie durchbrochen wird, die in diesen Fällen beim übernehmenden Rechtsträger zum Ansatzverbot des § 5 Abs. 2 EStG führen müsste. Davon ist nicht auszugehen. Vielmehr ist der Konflikt zwischen den Geboten der Wertfortführung und der Fortführung des AfA-Satzes einerseits und der §§ 5 Abs. 2, 6 Abs. 1 S. 1 Nr. 1 S. 1 EStG andererseits unter Berücksichtigung des Anschaffungsgedankens und zulasten der Fußstapfentheorie aufzulösen: Die übernehmende Körperschaft hat daher die erworbenen Wirtschaftsgüter mit dem Wert aus der Schlussbilanz der übertragenden Körperschaft zu übernehmen und über die Nutzungsdauer ergebniswirksam abzuschreiben. Dem folgt auch die Finanzverwaltung im Ergebnis.[120]

Die übernehmende Körperschaft tritt grundsätzlich auch hinsichtlich der **AfA-Bemessungsgrundlage** in die Rechtsstellung der übertragenden Körperschaft ein. Nach § 4 Abs. 3 gelten aber Sonderregeln für den Fall, dass die übertragenen Wirtschaftsgüter in der Schlussbilanz mit einem Wert oberhalb des vormaligen steuerlichen Buchwerts (also mit einem Zwischen- oder dem gemeinen Wert) angesetzt worden sind. Im Fall der **Gebäude-AfA** nach § 7 Abs. 4 S. 1 oder Abs. 5 EStG wird die bisherige Bemessungsgrundlage erhöht um den Betrag, um den der bisherige Buchwert der Gebäude in der Schlussbilanz aufgestockt wurde. In allen **anderen Fällen** ist der

---

117 Zu Sonderabschreibungen und Bewertungsfreiheiten (§ 7f EStG; §§ 81, 82f EStDV 2000) vgl. Haritz/Menner/Bilitewski/*Wisniewski* § 12 Rn. 74 f.
118 Vgl. Rn. 12.04, 04.10 S. 2 2. Spstr UmwStE unter Hinweis auf BFH BStBl. II 2008, 407; s. auch die Parallelentscheidung des BFH BFH/NV 2008, 935; aA *Klingebiel/Patt/*

Rasche/Krause S. 238: keine neue Restnutzungsdauer bei Buchwertfortführung.
119 Rn. 12.04, 04.10 UmwStE; krit. Zur dort vertretenen Addition eines Aufstockungsbetrags auf die bisherige AfA-Bemessungsgrundlage unter Hinweis auf § 4 Abs. 3 UmwStG: *Klingebiel/Patt/Rasche/Krause* S. 239.
120 Rn. 12.04, 04.16 S. 2 UmwStE.

Wertansatz in der steuerlichen Schlussbilanz als AfA-Bemessungsgrundlage heranzuziehen.

79 ■ **Gewinnmindernde Rücklagen** (§ 4 Abs. 2 S. 1). – Hierunter fallen zB die Rücklage für Reinvestitionen nach § 6b Abs. 3 S. 1 EStG und die Rücklage für Ersatzbeschaffung (R 6.6 EStR), sowie aus altem Recht § 7g Abs. 3 EStG aF (§ 52 Abs. 23 S. 3 EStG). Die übernehmende Körperschaft führt insoweit die konkreten Bilanzpositionen aus der steuerlichen Schlussbilanz fort. Hat die übertragende Körperschaft trotz gegebener Voraussetzungen keine gewinnmindernde Rücklage gebucht, dann kann die Übernehmerin diese aber nicht als Rechtsnachfolgerin selbst neu buchen, da es andernfalls – entgegen Abs. 1 S. 1 – zu einer Durchbrechung der Wertverknüpfung mit der steuerlichen Schlussbilanz käme.[121] Die übernehmende Körperschaft kann aber zu den nachfolgenden Bilanzstichtagen ein auf sie übergegangenes Wahlrecht abweichend von der bisherigen Sachbehandlung bei der übertragenden Körperschaft ausüben.[122] Sie tritt auch im Übrigen in die verfahrens- oder materiellrechtliche Rechtsposition der übertragenden Körperschaft ein, insbes. in die Reinvestitionsfristen, die Zinspflicht bei Auflösung ungenutzter Rücklagen etc – **Zu unterscheiden** von der Rechtsnachfolge in die gewinnmindernden Rücklagen ist die Frage, ob die übernommenen Wirtschaftsgüter als iSv §§ 6b oder 7g EStG bzw. R 6.6 EStR durch den übernehmenden Rechtsträger **angeschafft** gelten, so dass bestehende Rücklagen für Zwecke dieser Vorschriften auf die **übernommenen Wirtschaftsgüter übertragen** werden können. **Dagegen** spricht der Grundsatz der Gesamtrechtsnachfolge, der eine vollständige Übernahme der steuerlichen Rechtsposition anordnet. **Dafür** spricht aber das Verständnis der Umwandlung als eines Veräußerungs- und Anschaffungsgeschäfts. Die Finanzverwaltung nimmt einerseits ein Anschaffungsgeschäft an,[123] lehnt aber für §§ 6b und 7g EStG ohne Begründung eine begünstigte Anschaffung ab.[124] Meines Erachtens ist **zu differenzieren**: Soweit bei der übernehmenden Körperschaft zum steuerlichen Übertragungsstichtag eine eigene Rücklage besteht, kann diese auf ein durch Verschmelzung angeschafftes Wirtschaftsgut übertragen werden. Eine durch Verschmelzung auf die übernehmende Körperschaft übergehende Rücklage kann aber dort nicht auf ein ebenfalls übergehendes Wirtschaftsgut übertragen werden.

80 ■ **Besitzzeiten und Behaltefristen** (§ 4 Abs. 2 S. 3). – Vorschriften, bei denen die Zugehörigkeit zum Betriebsvermögen über eine bestimmte Dauer steuerlich von Bedeutung ist, sind zB §§ 6b Abs. 4 S. 1 Nr. 2, 7g Abs. 4 S. 1 EStG, § 9 Nr. 7 GewStG, § 8b Abs. 4 aF KStG, § 2 Abs. 1 S. 1 Nr. 2 InvZulG 2010[125] und DBA-rechtliche Schachtelbefreiungen. Als zeitpunktbezogene Vorschrift kommt eine Zurechnung der Beteiligungsvoraussetzungen nach § 9 Nr. 2a GewStG über § 4 Abs. 2 nach bisheriger Rechtsprechung nicht in Betracht;[126] abzuwarten ist aber, ob der BFH im Ergebnis über Abs. 3 Hs. 1 zu einem anderen Ergebnis kommen wird.[127] Die Veräußerung eines Wirtschaftsgutes unterbricht grundsätzlich die Zugehörigkeit zum Betriebsvermögen

---

121 Vgl. auch Haase/Hofacker/*Herfort/Viebrock* § 12 Rn. 175.
122 Vgl. Rn. 12.02, 04.04 UmwStE.
123 Rn. 00.02 und 00.03 S. 2 UmwStE.
124 Rn. 12.04, 04.14 UmwStE; so auch Rödder/Herlinghaus/van Lishaut/*Rödder* UmwStG § 12 Rn. 100.
125 Vgl. hierzu BMF v. 27.12.1989, BStBl. I 1989, 518: Im Falle der Verschmelzung wird die bei der Übertragerin zurückgelegte Zeit bei der Übernehmerin angerechnet.
126 BFH BStBl. II 2015, 303, entgegen Rn. 12.04, 04.15 UmwStE.
127 Vgl. FG Düsseldorf 24.11.2022 – 14 K 392/22 G,F; Rev. zugel., Weiss BC 3 / 2023.

im Sinne der jeweiligen steuerlichen Vorschriften. Versteht man eine Verschmelzung grundsätzlich als Anschaffungs- und Veräußerungsgeschäft, dann werden die jeweiligen tatbestandlichen Besitzzeiten unterbrochen, und der mit ihnen regelmäßig verbundene Steuervorteil wird ggf. verfehlt. § 4 Abs. 2 S. 3 sichert im Sinne der Gesamtrechtsnachfolge die Kontinuität der Besitzzeiten und Behaltefristen ab, und verhindert so – unabhängig vom Wertansatz in der Schlussbilanz – den Fortfall etwaiger Steuervorteile allein aufgrund der Verschmelzung (oder Vermögensübertragung). Darüber hinaus soll sich rückwirkend auf den steuerlichen Übertragungsstichtag (§ 2 Abs. 1) eine Statusveränderung durch Zusammenrechnung mit bestehenden Wirtschaftsgütern der übernehmenden Körperschaft ergeben können.[128] – Nicht erfasst wird von dieser Vorschrift die Sperrfrist nach § 22 Abs. 1, die nur sachlich, aber nicht tatbestandlich die Zugehörigkeit der Anteile zu einem Betriebsvermögen voraussetzt. Da § 4 Abs. 2 S. 3 in Abs. 3 Hs. 2 aber nur als Beispiel für die Wirkungen der Fußstapfentheorie angeführt wird, kommt für Zwecke des § 22 Abs. 1 eine Rechtsnachfolge in die Position des früheren Einbringenden, dem Inhaber sperrfristbehafteter Anteile, unmittelbar nach Abs. 3 Hs. 1 in Betracht. Meines Erachtens entspricht eine solche Sichtweise dem klaren Wortlaut der Vorschrift und dem Konzept der Gesamtrechtsnachfolge. Die entgegenstehende Auffassung der Verwaltung, welche nur einzelfallbezogene Billigkeitsregelungen zulassen will,[129] entbehrt demgegenüber einer erkennbaren Rechtsgrundlage.[130]

- **Unterstützungskasse** als übertragender Rechtsträger (§ 4 Abs. 2 S. 4, 5). – Ist die übertragende Körperschaft eine Unterstützungskasse (vgl. § 1b Abs. 4 S. 1 BetrAVG;[131] für Zwecke des § 12 wird es sich idR um einen eingetragenen Verein oder eine GmbH handeln;[132] in Betracht kommt auch eine vergleichbare ausländische Rechtsform), dann wird bei der übernehmenden Körperschaft gem. § 4 Abs. 2 S. 4 der bisherige Betriebsausgabenabzug für frühere Zuwendungen iSv § 4d EStG durch sie selbst, ihre Gesellschafter oder ihre Rechtsvorgänger im Wirtschaftsjahr des Umwandlungsstichtags rückgängig gemacht. Der laufende Gewinn des übernehmenden Rechtsträgers, also nicht das Übernahmeergebnis nach § 12 Abs. 2, wird dazu um die bisher abgezogenen Beträge erhöht. Durch diese Korrektur wird ein doppelter Betriebsausgabenabzug für Altersvorsorgeaufwendungen gem. § 4d EStG (bzgl. Zuwendungen an Unterstützungskassen) und § 6a EStG (Rückstellungen für Direktzusagen) vermieden. Fraglich ist die Behandlung der Fälle, in denen keine Pensionsrückstellung mehr gebildet wird. Da insoweit keine doppelte Entlastung droht, sollte die Vorschrift jedenfalls de lege ferenda entsprechend reduziert werden.[133] – In Höhe der nach S. 4 hinzugerechneten Zuwendungen erhöht sich der Buchwert der Anteile an der Unterstützungskasse (S. 5). Hierdurch vermindert sich das Übernahmeergebnis nach § 12 Abs. 2 S. 1 und 2. 81

Keine besondere gesetzliche Erwähnung finden die **Bewertungswahlrechte des § 6 Abs. 2 und Abs. 2a EStG**. Sieht man im Übergang der Wirtschaftsgüter einen Veräußerungs- und Anschaffungsvorgang,[134] dann müsste die übernehmende Körperschaft zu 82

---

128 Vgl. Haase/Hofacker/Herfort/Viebrock § 12 Rn. 171 mwN.
129 Rn. 22.23 UmwStE.
130 Krit. Druen Beihefter zu DStR 2012/2, 22.
131 V. 19.12.1974, BGBl. I 3610.
132 Vgl. Schmidt/Weber-Grellet, 42. Aufl. 2023, EStG § 4d Rn. 3 und Rn. 01.10 UmwStE.
133 Vgl. Schneider/Ruoff/Sistermann/Blaas/Sommer UmwStE 2011, H 4.32 mwN.
134 Rn. 00.02 UmwStE.

einer Sofortabschreibung geringwertiger Wirtschaftsgüter nach § 6 Abs. 2 EStG oder alternativ zum Einstellen in einen Sammelposten nach § 6 Abs. 2a EStG berechtigt sein. Dem Gedanken der Gesamtrechtsnachfolge würde dies indes widersprechen. Hiernach würde die übernehmende Körperschaft bestehende Sammelposten zu übernehmen haben und in die Auflösungsfrist iSd § 6 Abs. 2a S. 2 EStG eintreten. Die Frage ist umstritten.[135]

83 Hinsichtlich der **Forschungszulage** bedeutet die Gesamtrechtsnachfolge[136] zunächst, dass ab dem steuerlichen Übertragungsstichtag die Anspruchsberechtigung nach den Umständen der übernehmenden Körperschaft zu beurteilen ist.[137] Dies gilt insbesondere für die Ermittlung förderfähiger Aufwendungen gem. § 3 FZulG. Eine Bescheinigung gem. § 6 FZulG, welche zuvor für die übertragende Körperschaft erteilt wurde, behält für die übernehmende Körperschaft ihre Gültigkeit; durch die Verschmelzung wird kein Gebührentatbestand gem. § 6 Abs. 3 S. 2 FZulG ausgelöst. Eine für die übertragende Körperschaft festgesetzte Forschungszulage, § 10 FZulG, kann nach der Verschmelzung von der übernehmenden Körperschaft in Anspruch genommen werden.

Hinweis: Die Forschungszulage wird durch § 3 Abs. 5 FZulG der Höhe nach begrenzt. Soweit vor der Verschmelzung nicht ohnehin eine Konzernbetrachtung nach § 3 Abs. 6 FZulG galt, kann es daher mit der Verschmelzung durch den Fortfall eines Anspruchsberechtigten zu Einschränkungen der Vergünstigung kommen. Dies ist bei der zeitlichen Planung der Verschmelzung zu berücksichtigen.

84 Die steuerliche **Gesamtrechtsnachfolge** gilt ausdrücklich **nicht** (nach Abs. 3 Hs. 2 iVm § 4 Abs. 2 S. 2) für

- körperschaftsteuerliche und – im Rahmen des § 19 Abs. 2 – gewerbesteuerliche **verrechenbare Verluste** und **verbleibende Verlustvorträge** (§ 10d EStG, § 10a GewStG) – Darunter werden bestehende steuerliche Verlustvorträge aus abgeschlossenen früheren Wirtschaftsjahren der übertragenden Körperschaft verstanden, aber auch laufende steuerliche Verluste aus dem Wirtschaftsjahr der Verschmelzung.[138] – Dies stellt eine Verschlechterung gegenüber der früheren Rechtslage dar, wonach – gem. § 12 Abs. 3 UmwStG 1995 – Verluste und Verlustvorträge unter bestimmten Voraussetzungen auf die übernehmende Körperschaft übertragen werden konnten. Es bestehen auch verfassungs-[139] und unionsrechtliche[140] Bedenken gegen diese Regelung.

Hinweis: Als **Gestaltungsmittel** zur Nutzung der anderweit verfallenden Verluste bietet sich die **Aufstockung** der zu übertragenden Wirtschaftsgüter an (→ § 11 Rn. 161). Dies kann durch vollständigen Ansatz des gemeinen Wertes nach § 11 Abs. 1 erfolgen, unter den Voraussetzungen des § 11 Abs. 2 S. 1 durch Ansatz eines Zwischen-

---

135 Vgl. Schneider/Ruoff/Sistermann/*Blaas/Sommer* UmwStE 2011, H 4.23; Haritz/Menner/Bilitewski/*Wisniewski* § 12 Rn. 77; Lademann UmwStG/*Hahn* § 12 Rn. 76 differenziert bzgl. der Sammelposten: Bei Buchwertfortführung sollen bestehende Sammelposten auf die Übernehmerin übergehen, bei Ansatz eines höheren Wertes soll eine Anschaffung vorliegen, die unter den Voraussetzungen des § 6 Abs. 2a EStG zum Ansatz eines Sammelpostens bei der Übernehmerin berechtige; der UmwStE enthält hierzu keine Aussage.
136 BMF BStBl. I 2021, 2277 Rn. 18 leitet diese aus § 45 AO ab; wegen der inhaltlichen Verflechtung des FZulG mit dem Ertragsteuerrecht lässt sich diese allerdings auch aus § 12 Abs. 3 ableiten.
137 BMF BStBl. I 2021, 2277 Rn. 202.
138 Lademann UmwStG/*Hahn* § 12 Rn. 55.
139 Aufgrund der Definitivwirkung des Verlustuntergangs, vgl. zum Diskussionsstand BFH BStBl. II 2011, 826 und DStR 2012, 2435 ff.; BMF BStBl. I 2011, 974; *Ley/Bodden* FR 2007, 265 (276).
140 Auf Basis der EuGH-Rechtsprechung zur Verlustnutzung, insbes. EuGH IStR 2006, 19 – Marks & Spencer, vgl. *Ley/Bodden* FR 2007, 265 (276); Lademann UmwStG/*Hahn* § 12 Rn. 56.

wertes, oder durch teilweisen Ansatz des gemeinen Wertes bei Gewährung einer sonstigen Gegenleistung an die Gesellschafter unter Verstoß gegen § 11 Abs. 2 S. 1 Nr. 3.[141] Bei vorhandenen stillen Reserven können die Verluste dadurch immerhin im Rahmen der Mindestbesteuerung (§ 10d Abs. 2 EStG) genutzt werden. Im Einzelfall sind vorab bilanzielle und Zahlungseffekte einer solchen Strategie zu prüfen. Alternativ können ggf. bereits vor dem steuerlichen Umwandlungsstichtag durch **Veräußerung einzelner Wirtschaftsgüter** zu den jeweiligen gemeinen Werten an die übernehmende Körperschaft stille Reserven genutzt werden, um hierdurch bei Letzterer selektiv Abschreibungspotenzial aufzubauen.[142]

- Soweit eine Zuschreibung bei abschreibbaren Wirtschaftsgütern erfolgt, kann die übernehmende Körperschaft ihre Bemessungsgrundlage ab dem steuerlichen Übertragungsstichtag (§ 2 Abs. 1) im Rahmen von Absetzungen mindern.

Hinweis: Bei nutzbaren steuerlichen Verlusten ist immer auch die **Verschmelzungsrichtung** zu bedenken; eine Gestaltungsalternative zur Aufstockungslösung besteht innerhalb verbundener Unternehmen in der Verschmelzung auf die Körperschaft mit den (höheren) Verlustpositionen. Im Übrigen sind hier aber die Restriktionen des § 2 Abs. 4 zu beachten.

- **nicht ausgeglichene negative Einkünfte.** – Für negative Einkünfte aus ausländischen Betriebsstätten, die bei der übertragenden Körperschaft nach § 2a Abs. 3 S. 1 EStG aF bzw. § 2 Abs. 1 AuslInvG berücksichtigt worden waren, war unter dem UmwStG 1995 bis einschließlich 1998 zweifelhaft, ob § 12 Abs. 3 aF eine Rechtsnachfolge der übernehmenden Körperschaft in die Nachversteuerungspflicht nach § 2a Abs. 3 S. 3–5 EStG bzw. § 2 Abs. 2 S. 1 AuslInvG vorsah.[143] Ab 1999 war dies aufgrund der Ausgestaltung des § 12 Abs. 3 aF als Generalnorm anzunehmen.[144] Die ebenfalls seit 1999 geltenden § 2a Abs. 4 (S. 1) Nrn. 1 und 2 EStG führen in Fällen der Umwandlung oder Übertragung einer ausländischen Betriebsstätte zu einer Nachversteuerung eines früher geltend gemachten Verlustabzugs beim übertragenden Rechtsträger. § 2a Abs. 4 Nr. 1 EStG wird im Falle einer Umwandlung einer übertragenden auf eine übernehmende Körperschaft nicht erfüllt.[145] In diesen Fällen liegt aber eine Übertragung iSv § 2a Abs. 4 Nr. 2 EStG vor. Eine Rechtsnachfolge der übernehmenden Körperschaft in die Pflicht zu dieser Nachversteuerung kommt damit nicht mehr in Betracht.[146] Vielmehr erhöht sich im Umfang des nachzuversteuernden früheren Verlustabzugs das Übertragungsergebnis bei der übertragenden Körperschaft. Dasselbe soll für die Hinzurechnung nach § 2 Abs. 2 S. 1 AuslInvG gelten.[147] Da jene Vorschrift aber keine § 2a Abs. 4 S. 1 Nr. 2 EStG entsprechende Regelung zur Nachversteuerung enthält, ist mE insoweit von einer Rechtsnachfolge der übernehmenden Körperschaft auszugehen.

85

---

141 Vgl. hierzu *Hohenlohe/Rautenstrauch/Adrian* GmbHR 2006, 623 (628); *Ley/Bodden* FR 2007, 265 (276).
142 Vgl. *Klingberg* in PricewaterhouseCoopers AG, Reform des Umwandlungssteuerrechts, 2007, Rn. 1343.
143 Vgl. BFH/NV 2012, 1340 zu § 12 Abs. 3 UmwStG 1995 idF vor StBerG 1999 v. 22.12.1999, BGBl. I 2601.
144 So auch BMF in Rn. 04.08 UmwStE 1998 (bzgl. § 2a Abs. 3 EStG), die allerdings weitgehend als Billigkeitsregelung interpretiert wurde, vgl. Schneider/Ruoff/Sistermann/Blaas/Sommer UmwStE 2011, H 4.27.
145 Vgl. zu § 2a Abs. 4 Nr. 1 EStG BFH BStBl. II 1991, 873: Erforderlich ist die Wandlung des Rechtsträgers des Objekts Betriebsstätte von einem Rechtssubjekt natürliche Person oder Personengesellschaft zu einem Rechtsträger Kapitalgesellschaft; *Krüger* FS Debatin, 1997, 267 (275): Eine Umwandlung des inl. Rechtsträgers einschließlich der ausländischen Betriebsstätte unterfällt § 2a Abs. 3 S. 3 EStG, nicht Abs. 4 Nr. 1.
146 Rn. 12.04, 04.12 UmwStE; Brandis/Heuermann/*Klingberg* UmwStG § 4 Rn. 24.
147 Rn. 12.04, 04.12 UmwStE; Brandis/Heuermann/*Klingberg* UmwStG § 4 Rn. 24.

86 - **Zinsvortrag** nach § 4h Abs. 1 S. 5 EStG und einen **EBITDA-Vortrag** nach § 4h Abs. 1 S. 3 EStG.

87 **Laufende Verluste** aus dem Zeitraum ab dem steuerlichen Übertragungsstichtag (§ 2 Abs. 1 S. 1) werden originär der übernehmenden Körperschaft zugerechnet, so dass es keiner Gesamtrechtsnachfolge bedarf. Derartige Verluste unterfallen auch nicht der Ausschlussnorm § 4 Abs. 2 S. 2. Allerdings ist insoweit die Regelung des § 2 Abs. 4 S. 2 zu beachten.

88 Die künftige Nutzung von laufenden Verlusten, Verlustvorträgen, negativen Einkünften und Zins-/EBITDA-Vorträgen der **übernehmenden Körperschaft** oder der von ihr un-/mittelbar gehaltenen Körperschaften aus Zeiträumen vor dem steuerlichen Übertragungsstichtag ist nicht nach § 4 Abs. 2 S. 2 zu beurteilen, sondern nach §§ 8a Abs. 1 S. 3, 8c KStG und § 10a GewStG.

Hinweis: Die Verschmelzung einer Gewinn- auf eine Verlustkörperschaft kann insbesondere in Konzernsachverhalten die Nutzungsmöglichkeit einer vorgetragenen steuerlichen Verlustposition verbessern. Im Einzelfall prüfen Finanzbehörden die Wirkungen einer solchen Strategie anhand von § 42 AO, ungeachtet entgegenstehender Rechtsprechung.[148]

Hinsichtlich eines durch Verschmelzung übertragenen Mitunternehmeranteils ist für Zwecke des § 10a GewStG zu beurteilen, ob trotz des Anteilseignerwechsels die Mitunternehmeridentität gewahrt bleibt. Davon ist nach der Fußstapfentheorie auszugehen; § 19 Abs. 2 enthält keine explizit entgegenstehende Regelung.

89 Neben den in § 4 Abs. 2 S. 1 ausdrücklich und beispielhaft aufgeführten Wirkungen der Rechtsnachfolge stellen sich in einer Reihe von weiteren Bereichen Fragen nach deren Bedeutung, auf die nachfolgend eingegangen werden soll.

90 - **Bedeutung von steuerbilanziellen Ansatzverboten:** Nach § 11 Abs. 1 S. 1 sind in der steuerlichen Schlussbilanz der übertragenden Körperschaft – entgegen § 5 Abs. 2 EStG – beim Ansatz mit dem gemeinen Wert explizit auch originär selbst geschaffene immaterielle Wirtschaftsgüter anzusetzen. Neben dieser spezialgesetzlichen Ausnahme von einer wesentlichen Bilanzierungsvorschrift lässt sich – auch im Gegenschluss aus § 11 Abs. 1 S. 2, der nur zur Höhe der Pensionsrückstellung auf § 6a EStG als einer allgemeinen Steuerbilanznorm verweist – ableiten, dass für die Schlussbilanz die steuerlichen Ansatzverbote des § 5 EStG nicht gelten.[149] Die übernehmende Körperschaft hat die Schlussbilanz gem. § 12 Abs. 1 S. 1 zu übernehmen, aber zum folgenden Bilanzstichtag stellt sich bei ihr die Frage nach der Bedeutung der Gesamtrechtsnachfolge gem. Abs. 3 Hs. 1. Die **Finanzverwaltung** vertritt hierzu die Auffassung, dass **„in der Folgezeit"** § 5 EStG gelte, und dem widersprechende Ansätze aus der Schlussbilanz erfolgswirksam aufzulösen seien.[150] Bedeutung hat diese Auffassung insbes. für **Passivposten**, die originär bei der übertragenden Körperschaft nach § 5 EStG nicht gebildet werden dürften. Für Aktivposten soll das nicht gelten.[151] Dies ist aber als systematisch inkonsequent abzulehnen. Überzeugender ist es, in § 11 Abs. 1

---

[148] BFH BStBl. II 2021, 580.
[149] Vgl. Rn. 11.03, 03.06 UmwStE; aA *Rödder/Schmidt-Fehrenbacher* in FGS/BDI, UmwSt-Erlass 2011, 253: e contrario § 11 Abs. 1 S. 1 Hs. 2 folge, dass die übrigen Ansatzverbote auch in der steuerlichen Schlussbilanz, und gem. § 12 Abs. 1 S. 1 bei der Übernehmerin gelten.
[150] Rn. 12.04, 04.16 S. 1 UmwStE.
[151] Rn. 12.04, 04.16 S. 2 UmwStE.

S. 1 und § 12 Abs. 1 S. 1 spezielle umwandlungssteuerliche Ansatzregelungen zu sehen, welche die Steuerneutralität der Umwandlung als Anschaffungsgeschäft gewährleisten sollen, und welche nicht durch Rückgriff auf allgemeine Bilanzgrundsätze zum folgenden Bilanzstichtag konterkariert werden dürfen. Zwar benennt § 12 Abs. 3 iVm 4 Abs. 2 die Wirkungen der steuerlichen Rechtsnachfolge nicht abschließend. Hieraus muss aber nicht abgeleitet werden, dass für die übernehmende Körperschaft dieselben Ansatzverbote gelten sollen, welche bis zur Erstellung der Schlussbilanz auch von der übertragenden Körperschaft einzuhalten waren. Denn immerhin statuiert § 12 Abs. 1 S. 1 gerade eine Sondervorschrift zu den allgemeinen Bilanzregeln für den Fall der Verschmelzung und Vollübertragung und gibt dadurch zu erkennen, dass die allgemeinen Bilanzvorschriften nicht uneingeschränkt gelten sollen. Auch aus dem Verweis des Abs. 3 auf § 4 Abs. 2 S. 1 (Bewertung) und § 4 Abs. 3 ergibt sich, dass die übernehmende Körperschaft zu nachfolgenden Bilanzstichtagen von den Wertansätzen in der Schlussbilanz ausgehen und diese fortführen soll. **Das Gesetz unterscheidet hier nicht zwischen aktiven und passiven Wirtschaftsgütern.** Die gesetzliche Anordnung zum Wertansatz der übernommenen Wirtschaftsgüter in § 4 Abs. 2 setzt schließlich auch voraus, dass diese auch dem Grunde nach so fortgeführt werden können, wie sie in der Schlussbilanz ausgewiesen waren. An dieser Auffassung dürfte die Einführung des § 5 Abs. 7 EStG[152] nichts geändert haben. Hierdurch hat der Gesetzgeber zwar die Bedeutung der Ansatzverbote des § 5 EStG für die Folgebilanzierung beim Übernehmer einer Verpflichtung angeordnet, und hierdurch für Fälle einer Einzelrechtsnachfolge eine jüngere Diskussion um den Vorrang des Grundsatzes der Erfolgsneutralität des Anschaffungsvorgangs[53] oder der steuergesetzlichen Bilanzierungsvorschriften der §§ 5 ff. EStG in den Folgeperioden[154] beendet. Für Fälle der nach den speziellen Vorschriften des UmwStG zu beurteilenden Gesamtrechtsnachfolge hat der Gesetzgeber die bisherigen Vorschriften indes unverändert gelassen. Bis zu einer – wünschenswerten – gesetzlichen Klarstellung wird sich der Steuerpflichtige mit der selektiv nachteiligen Auffassung der Verwaltung auseinandersetzen müssen.– Bei einem in der Schlussbilanz angesetzten **negativen Geschäftswert (badwill)** gilt § 5 Abs. 7 EStG bereits nach dem Wortlaut nicht. Zählt man diesen zu den nach Abs. 1 S. 1 übergehenden Wirtschaftsgütern, ist bei der übernehmenden Körperschaft dessen weitere bilanzielle Behandlung zum folgenden Bilanzstichtag zu klären. Der Vorrang der umwandlungssteuerlichen Vorschrift des § 12 und das **Anschaffungskostenprinzip** sprechen insoweit gegen einen Erwerbsgewinn durch Auflösung des badwill zum folgenden Bilanzstichtag.[155]

- Wenn die übertragende Körperschaft an einer **Mitunternehmerschaft** beteiligt ist, stellt sich die Frage nach der Ermittlung und der Behandlung eines Aufstockungsbetrags aus der Schlussbilanz beim übernehmenden Rechtsträger. Unter der steuerlichen Schlussbilanz der übertragenden Körperschaft iSv § 11 Abs. 1 S. 1 ist – nach der sog. Spiegelbildmethode – insoweit auch die hierfür zu erstellende Schlussbilanz der Mitunternehmerschaft zu verstehen. Als Anschaffungsgeschäft ist der dort ausgewiesene Aufstockungsbetrag in einer (positiven) Ergänzungsbilanz bei der Mitunterneh-

---

152 Für Wirtschaftsjahre, die nach dem 28.11.2013 enden, vgl. § 52 Abs. 14a EStG.
153 ZB BFH BFH/PR 2010, 123 mAnm *Gosch*; BFH DStR 2012, 452; *Rödder/Schmidt-Fehrenbacher* in FGS/BDI, UmwSt-Erlass 2011, S. 257.
154 Vgl. BMF BStBl. I 2011, 627.
155 Vgl. BFH DStR 2006, 1313; *Meier/Geberth* DStR 2011, 733.

merschaft für den übernehmenden Rechtsträger auszuweisen.[156] Bei einer doppelstöckigen Mitunternehmerschaft ist der Aufstockungsbetrag wertentsprechend auf die betroffenen Mitunternehmerschaften zu verteilen ("Durchstockung").[157]

92 ▪ Bei grenzüberschreitenden Verschmelzungen gilt die Fußstapfentheorie nur hinsichtlich des bereits bei der übertragenden Körperschaft im Inland steuerverhafteten Vermögens. Bei einer Hereinverschmelzung kommt es damit nicht zu einem Import des ausländischen Steuerrechts durch Anknüpfung an dessen Gewinnermittlungsvorschriften (→ Rn. 32, 33 zur Verstrickung/Hereinverschmelzung).

93 ▪ **Organschaft:** An einer Verschmelzung können als übertragende oder übernehmende Körperschaft ein Organträger oder eine Organgesellschaft iSv § 14 KStG beteiligt sein. Im Regelungsbereich des § 12 sind hierbei Organgesellschaften iSv §§ 14 Abs. 1 S. 1, 17 KStG und Organträger iSv § 14 Abs. 1 S. 1 Nr. 2 KStG (nicht steuerbefreite Körperschaften, Personenvereinigungen und Vermögensmassen) relevant, bei denen die finanzielle Eingliederung iSd § 14 Abs. 1 S. 1 Nr. 1 KStG und ein Gewinnabführungsvertrag (GAV) gem. § 291 Abs. 1 AktG mit den Maßgaben des § 14 Abs. 1 S. 1 Nr. 3 KStG vorliegen. Im zeitlichen Zusammenhang mit einer Verschmelzung kann zudem die Errichtung oder Beendigung einer Organschaft geplant sein. Die Finanzverwaltung hat in den Rn. Org. 01 bis 34 UmwStE punktuelle Maßgaben für Organschaftssachverhalte im Kontext mit Umwandlungen formuliert. Auch gesetzlich bestehen nur vereinzelte Regelungen zu diesem Bereich (vgl. §§ 14 Abs. 4 S. 5, 15 Nr. 2 KStG). Auf steuerliche Besonderheiten in diesen Konstellationen soll nachfolgend eingegangen werden.[158]

94 ▪ **Verschmelzung des Organträgers** – Bei Verschmelzung des Organträgers als übertragender Körperschaft gehört zum gem. § 20 Abs. 1 S. 1 UmwG übergehenden Vermögen neben der die finanzielle Eingliederung der Organgesellschaft vermittelnden unmittelbaren oder mittelbaren Beteiligung auch der **GAV**.[159] Die bestehende Organschaft mit der Organgesellschaft zählt zur steuerlichen Rechtsstellung iSv Abs. 3, in welche die übernehmende Körperschaft zum steuerlichen Übertragungsstichtag (§ 2 Abs. 1) grundsätzlich eintritt.[160] Bei bestehenden Eingliederungsvoraussetzungen ist ein Neuabschluss eines GAV nicht erforderlich. Wenn die Organschaft fortgeführt wird, resultiert aus der steuerlichen Rechtsnachfolge für Zwecke der Mindestlaufzeit des GAV gem. § 14 (1) 1 Nr. 3 KStG eine **Zusammenrechnung** der Zeiträume, während derer der GAV mit der übertragenden und der übernehmenden Körperschaft bestanden hat.[161] Da § 14 Abs. 1 S. 1 Nr. 1 KStG eine **finanzielle Eingliederung** zum Beginn des Wirtschaftsjahres der Organgesellschaft fordert, ist das Schicksal einer bestehenden Organschaft in den Fällen zweifelhaft, in denen der steuerliche Übertragungsstichtag, ab dem die Organgesellschaft als finanziell in den Organträger eingegliedert gilt, vom Beginn ihres Wirtschaftsjahrs abweicht. Nach Auffassung der Finanzverwaltung[162] liegt in diesen Fällen die finanzielle Eingliederung zu Beginn des Wirtschaftsjahres nicht vor, mit der Folge, dass insoweit jedenfalls für das Wirt-

---

156 So auch Rn. 12.04, 04.17 UmwStE.
157 Schneider/Ruoff/Sistermann/*Blaas/Sommer* UmwStE 2011, H 4.48.
158 Grundlegend: *Dötsch* Ubg 2011, 20; *Rödder* DStR 2011, 1053.
159 Haase/Hofacker/*Herfort/Viebrock* § 12 Rn. 264; Kallmeyer/*Marsch-Barner* UmwG § 20 Rn. 20; vgl. zum Beherrschungsvertrag OLG Karlsruhe DStR 1991, 360.
160 Lademann UmwStG/*Hahn* § 12 Rn. 94.
161 Rn. Org. 09 UmwStE.
162 Rn. Org. 02 S. 2 UmwStE.

schaftsjahr der Organgesellschaft, in welches der steuerliche Übertragungsstichtag fällt,[163] die steuerlichen Organschaftswirkungen entfallen. Dies ist zweifelhaft, denn die steuerliche Rechtsnachfolge gem. Abs. 3 (Fußstapfentheorie) ließe auch ein Verständnis dahin zu, dass die zuvor zum bisherigen Organträger bestehende finanzielle Eingliederung durch die übernehmende Körperschaft generell zuzurechnen ist.[164]

Hinweis: Bei der **Wahl des steuerlichen Übertragungsstichtags** ist bestehenden Organschaftsverhältnissen besondere Aufmerksamkeit zu widmen. Gegebenenfalls ist an eine Umstellung des Geschäftsjahres der Organgesellschaft zu denken.

- Im Falle der **Abwärtsverschmelzung** des Organträgers auf die Organgesellschaft erlischt der GAV aufgrund der hierdurch eintretenden Vereinigung von Gläubiger und Schuldner durch Konfusion.[165] Die Organschaft würde hierdurch jedenfalls am steuerlichen Übertragungsstichtag enden. Der GAV kann anschließend nicht mehr iSv § 14 Abs. 1 S. 1 Nr. 3 KStG durchgeführt werden. Nach Auffassung der Finanzverwaltung ist in diesen Fällen ein **wichtiger Grund** iSv § 14 Abs. 1 S. 1 Nr. 3 S. 2 KStG[166] gegeben. Das ist aber wohl nicht so zu verstehen, dass eine Kündigung auf Basis dieses wichtigen Grundes erforderlich sein soll; vielmehr wird die Beendigung vor Ablauf der Fünfjahresfrist als für die bisherige Laufzeit unschädlich gewertet.[167] Die Beendigung der Organschaft durch Konfusion während des laufenden Wirtschaftsjahres der Organgesellschaft dürfte entsprechend § 14 Abs. 1 S. 1 Nr. 3 S. 3 KStG auf den Beginn dieses Wirtschaftsjahres zurückwirken. Zwar gilt diese Norm mangels Kündigung oder Aufhebung nicht unmittelbar, und es besteht auch keine anderweitige Spezialnorm für Umwandlungsfälle. Allerdings besteht auch keine Norm zur unterjährigen Einkommensermittlung bei der Organgesellschaft; vielmehr ist im Rahmen der Organschaft das Einkommen der Organgesellschaft hinzuzurechnen, welches nach § 7 Abs. 3 S. 2, Abs. 4 S. 1 KStG für deren gesamtes Wirtschaftsjahr zu ermitteln ist. Schließlich hat die übernehmende Körperschaft auch keine Übernahmebilanz zum Übertragungsstichtag zu erstellen, in der etwa ein unterjähriges Ergebnis zu ermitteln wäre. Daher ist die Organschaft in Fällen der Abwärtsverschmelzung letztmals für das Wirtschaftsjahr zu berücksichtigen, welches dem Wirtschaftsjahr vorausgeht, in welches der steuerliche Übertragungsstichtag fällt.[168] – Fraglich ist, ob sich bei Verschmelzungen Auswirkungen auf steuerbilanzielle **organschaftliche Ausgleichsposten** beim Organträger gem. § 14 Abs. 4 KStG ergeben können. Diese aktiven oder passiven Ausgleichsposten resultieren aus handelsrechtlichen Minder- oder Mehrabführungen aus der Organschaftszeit (vgl. § 14 Abs. 4 S. 6 KStG) und sollen sicherstellen, dass das steuerliche Einkommen der Organgesellschaft aus der Zeit der Organschaft (nur) einmal erfasst wird.[169] Während des Bestehens der Organschaft können sich diese Mehr- und Minderabführungen im Zeitverlauf wieder ausgleichen, und die Ausgleichsposten werden ergebnisneutral aufgelöst. Für Veräußerungen der Organgesellschaft ordnet § 14 Abs. 4 S. 2 und 3 KStG die ergebniswirksame Auflösung

95

---

163 Vgl. Blumenberg/Lechner DB-Beil. 1/2012, 57 (58).
164 Haase/Hofacker/Herfort/Viebrock § 12 Rn. 223; Lademann UmwStG/Hahn § 12 Rn. 94; Blumenberg/Lechner DB-Beil. 1/2012, 57 (58); Kröner BB Heft 35/2011, 24 f.; vgl. nunmehr auch BFH I R 21/20, I R 36/20, I R 40/20, I R 45/20.
165 Vgl. Kölner Komm UmwG/Simon § 20 Rn. 24; OLG Hamm WM 1988, 1164.
166 Rn. Org. 04 UmwStE.
167 Nach Lademann UmwStG/Hahn § 12 Rn. 93 soll es sich um eine Billigkeitsmaßnahme handeln, deren rechtliche Grundlage bleibt aber unerwähnt.
168 AA Haase/Hofacker/Herfort/Viebrock § 12 Rn. 228 unter Hinweis auf Rn. Org. 04: Ende zum stl. Übertragungsstichtag.
169 Haase/Hofacker/Herfort/Viebrock § 12 Rn. 232.

der Ausgleichsposten an. Die Finanzverwaltung[170] interpretiert die Verschmelzung des Organträgers generell als Veräußerungsvorgang, und wendet daher § 14 Abs. 4 S. 2 KStG an. Nach diesem Verständnis wären die Ausgleichsposten erfolgswirksam aufzulösen,[171] und nach § 8b KStG zu erfassen. Neben der Veräußerungshypothese spricht hierfür auch § 14 Abs. 4 S. 5 KStG, welcher beispielhaft („insbesondere") auch die Umwandlung der Organgesellschaft gesetzlich einem Veräußerungsvorgang gleichstellt, und so erkennen lässt, dass für das Schicksal der organschaftlichen Ausgleichsposten eine Umwandlung einer Veräußerung gleichgestellt sein kann. Systematisch lässt sich allerdings auch im Gegenschluss aus § 14 Abs. 4 S. 5 KStG, welcher die Umwandlung des Organträgers nicht erwähnt, ableiten, dass in jenem Fall gerade keine Veräußerungsfolgen eintreten sollen. Angesichts der durch Abs. 3 generell angeordneten Rechtsnachfolge wäre – als Ausnahme hierzu – eine ausdrückliche Regelung zur Auflösung der Korrekturposten bei der Verschmelzung des Organträgers zu erwarten.[172] Versteht man die Ausgleichsposten als steuerbilanzielle Korrekturposten zum Buchwert der Beteiligung an der Organgesellschaft,[173] dann lässt sich allerdings das Ergebnis der Finanzverwaltung auch aus § 11 Abs. 1 S. 1 ableiten; und ebenso wie § 11 Abs. 2 S. 1 einen antragsgebundenen Buch- oder Zwischenwertansatz zulässt, um die Entstehung eines Übertragungsgewinns (ganz oder teilweise) zu vermeiden, hält die Finanzverwaltung[174] eine Auflösung der Ausgleichsposten dann nicht (bzw. nicht in vollem Umfang) für erforderlich, wenn die Organschaft vom übernehmenden Rechtsträger fortgeführt wird,[175] und die Verschmelzung zum Buch- oder Zwischenwert erfolgt. Etwas anderes soll für den Fall der Abwärtsverschmelzung folgen: Da die Organschaft hier nicht fortgeführt werden könne, seien die Ausgleichsposten stets in voller Höhe aufzulösen.[176] Dies scheint zwar § 11 Abs. 2 S. 2 zu widersprechen, der auch im Falle der **Abwärtsverschmelzung** den (korrigierten) Buch- oder Zwischenwertansatz erlaubt, ist aber sachgerecht, da sich nach Verschmelzung auf die Organgesellschaft die im Ausgleichsposten verkörperten temporären Einkommensunterschiede zwischen Handels- und Steuerrecht nicht mehr im Rahmen einer Organschaft ausgleichen können. – Im Hinblick auf den GAV kommt es bei der **Seitwärts- oder Aufwärtsverschmelzung** zur Rechtsnachfolge durch die übernehmende Körperschaft, und gem. Abs. 3 zu deren Eintritt in die steuerliche Rechtsstellung des übertragenden Organträgers. Bei der Aufwärtsverschmelzung stellt sich das Problem der finanziellen Eingliederung zu Beginn des Wirtschaftsjahres der Organgesellschaft nicht, wenn Letztere ohnehin zum Umwandlungsstichtag in die nun übernehmende Körperschaft finanziell eingegliedert war. Hinsichtlich der fünfjährigen Mindestlaufzeit iSv § 14 Abs. 1 S. 1 Nr. 3 KStG erfolgt daher eine Zusammenrechnung der auf die übertragende und übernehmende Körperschaft entfallenden Zeiträume.[177] Die Verschmelzung des bisherigen Organträgers wird von der Finanzverwaltung als wich-

---

170 Rn. Org. 05 UmwStE.
171 Zum Zeitpunkt vgl. Rn. Org 21 UmwStE: steuerlicher Übertragungsstichtag bei Aufwärtsverschmelzung, sonst Zeitpunkt der Wirksamkeit/Eintragung; *Blumenberg/Lechner* DB-Beil. 1/2012, 57 (66).
172 Krit. Daher Haase/Hofacker/*Herfort/Viebrock* § 12 Rn. 238.
173 Rödder/Herlinghaus/van Lishaut/*Rödder* UmwStG § 12 Rn. 101.
174 Rn. Org. 05 UmwStE.
175 In diesem Zusammenhang wird die vom BMF in Rn. Org. 02 UmwStE vertretene Auffassung relevant, nach der ein unterjähriger steuerlicher Übertragungsstichtag die finanzielle Eingliederung verhindert; krit. Zum Erfordernis einer Fortführung der Organschaft: *Blumenberg/Lechner* DB-Beil. 1/2012, 64 f.
176 Rn. Org. 05 UmwStE.
177 Vgl. Rn. Org. 12 UmwStE.

tiger Kündigungs- oder Aufhebungsgrund iSv § 14 Abs. 1 S. 1 Nr. 3 KStG anerkannt.[178] Eine hierauf gestützte Kündigung kann sowohl durch die Organgesellschaft, als auch durch den bisherigen Organträger bzw. die übernehmende Körperschaft als Rechtsnachfolger erklärt werden. – Bei fortgeführter Organschaft wird das Einkommen der Organgesellschaft, welches sie in dem Wirtschaftsjahr erzielt hat, in welches der steuerliche Übertragungsstichtag fällt, der übernehmenden Körperschaft zugerechnet, die zum Schluss dieses Wirtschaftsjahres als Organträger anzusehen ist.[179]

- **Verschmelzung auf einen Organträger** (OT): 96
  - Die Verschmelzung einer außenstehenden Körperschaft auf einen Organträger hat auf die Organschaftsvoraussetzungen nach § 14 KStG keine Auswirkungen, und berührt daher das Organschaftsverhältnis nicht.[180]
  - Aufwärtsverschmelzung der Organgesellschaft – Durch die Verschmelzung der OG auf den OT kommt es hinsichtlich des GAV zivilrechtlich zum Zusammenfallen beider Vertragspositionen auf Ebene des Organträgers. Hierdurch erlischt der GAV durch Konfusion.[181]

- **Verschmelzung der Organgesellschaft** – Die Verschmelzung der Organgesellschaft 97 auf eine übernehmende Körperschaft führt zivilrechtlich und – in Abweichung zu Abs. 3 – auch steuerrechtlich nicht zum Eintritt der übernehmenden Körperschaft in die Organschaft. Vielmehr wird ein bestehender GAV beendet.[182] Stimmen der steuerliche Übertragungsstichtag und das Ende des Wirtschaftsjahres der Organgesellschaft überein, so ist das Einkommen der Organgesellschaft dem Organträger noch nach Organschaftsregeln zuzurechnen. Dasselbe gilt auch bei einem unterjährigen Verschmelzungsstichtag, welcher auch ohne formale Umstellung des Wirtschaftsjahres ein steuerliches Rumpfwirtschaftsjahr beendet.[183] Nach Auffassung der Finanzverwaltung stellt die Verschmelzung der Organgesellschaft auf Ebene des Organträgers eine Veräußerung der Beteiligung an der Organgesellschaft dar. Etwaige organschaftliche Ausgleichsposten sind danach gem. § 14 Abs. 4 S. 2 KStG steuerwirksam (iRd § 8b KStG) aufzulösen.[184] Ebenso wie bei der Verschmelzung des Organträgers dargestellt (→ Rn. 94), scheint diese Auslegung nach Wortlaut und Systematik der Regelungen der § 11 Abs. 4 KStG und §§ 11 und 12 zwar möglich, aber nicht zwingend.[185] Auf Ebene des Organträgers könnte insbes. auch aus § 13 Abs. 2 S. 2 eine Übertragung der Ausgleichsposten auf die Anteile an der übernehmenden Körperschaft abgeleitet werden, welche erst bei Veräußerung dieser Anteile aufzulösen wären.[186] – Die Finanzverwaltung erkennt in der Verschmelzung der Organgesellschaft einen wichtigen Grund für eine Kündigung des GAV vor Ablauf des Fünfjahreszeitraums iSv § 14 Abs. 1

---

178 Rn. Org. 12 UmwStE; vgl. R 60 Abs. 6 S. 4 KStR 2004: Danach ist es im Falle einer Verschmelzung auch unschädlich, wenn die Beendigung des GAV vor Ablauf der Fünfjahresfrist bei Vertragsabschluss feststand.
179 Rn. Org. 20 UmwStE; Dötsch Ubg 2011, 20 (26); aA Haase/Hofacker/Herfort/Viebrock § 12 Rn. 245: Organträger zum Schluss des Kalenderjahrs, in dem die Organgesellschaft das relevante Einkommen bezogen hat.
180 Vgl. Rn. Org. 20 UmwStE; Kölner Komm UmwG/Simon § 20 Rn. 25.
181 Vgl. Kölner Komm UmwG/Simon § 20 Rn. 24; OLG Hamm WM 1988, 1164.
182 Rn. Org. 21 UmwStE; Dötsch Ubg 2011, 20 (21); vgl. Vossius FS Widmann, 2000, S. 133; aA Gosch KStG/Neumann § 14 Rn. 288.
183 Blumenberg/Lechner DB-Beil. 1/2012, 65, weisen mwN darauf hin, dass sich in der Praxis aus gesellschaftsrechtlichen Gründen (§ 296 AktG) die Umstellung des Wirtschaftsjahres auf den Übertragungsstichtag anbietet.
184 Vgl. Rn. Org. 21 UmwStE, auch zu den jeweiligen Zeitpunkten (grds. zivilrechtliche Wirksamkeit der Verschmelzung, also Eintragung ins Handelsregister; bei Aufwärtsverschmelzung Ablauf des steuerlichen Übertragungsstichtags).
185 Krit. Daher Haase/Hofacker/Herfort/Viebrock § 12 Rn. 250 f.
186 Blumenberg/Lechner DB-Beil. 1/2012, 67.

S. 1 Nr. 3 KStG.[187] Diese Kündigung kann durch die übertragende Organgesellschaft oder die übernehmende Körperschaft als deren Rechtsnachfolgerin erklärt werden. – Ein steuerlicher Übertragungsgewinn unterliegt nach Auffassung der Finanzverwaltung nicht der Einkommenszurechnung nach § 14 Abs. 1 KStG, sondern ist von der Organgesellschaft selbst zu versteuern.[188] Damit wäre auch eine Verrechnung mit vororganschaftlichen Verlusten möglich, die nach § 15 S. 1 Nr. 1 KStG innerhalb der Organschaft nicht genutzt werden können, und bei Verschmelzung gem. Abs. 3 iVm § 4 Abs. 2 untergehen würden. Die Auffassung der Verwaltung entspricht im Ergebnis der Auffassung des BFH, nach welcher das Ergebnis der Liquidation der Organgesellschaft nicht der Abführungsverpflichtung unterliegt.[189] Tragende Erwägung des BFH ist es dabei allerdings, dass eine Gesellschaft in Liquidation nicht mehr auf einen Erwerb gerichtet sei. Bei einer Verschmelzung der Organgesellschaft unter Fortführung ihrer Aktivitäten trifft dies allerdings nicht zu. Insoweit sind Zweifel an der Lösung der Finanzverwaltung berechtigt. Das Übertragungsergebnis sollte mE der Ergebnisabführung unterliegen.

98 ■ **Verschmelzung auf eine Organgesellschaft** – Wird eine Körperschaft auf eine Organgesellschaft verschmolzen, berührt dies nicht den Bestand des GAV.[190] Er wird unverändert fortgesetzt. Gibt die Organgesellschaft aber im Zuge dieser Verschmelzung eigene Anteile aus (insbes. bei einer Seitwärtsverschmelzung), dann kann es zu einer Verwässerung der Anteilsquote des Organträgers, und hierdurch zu einem Verlust der finanziellen Eingliederung iSv § 14 Abs. 1 S. 1 Nr. 1 KStG kommen; zudem ist § 307 AktG zu beachten. – Aus der Verschmelzung auf eine Organgesellschaft können sich nachfolgende **Mehr- und Minderabführungen** ergeben. So kann sich etwa bei der Aufwärtsverschmelzung und divergierenden Wertansätzen handelsrechtlich unter Zugrundelegung des Zeitwertes des übernommenen Vermögens ein höheres Übernahmeergebnis ergeben als bei Buchwertfortführung in der Steuerbilanz. Auf die in diesem Falle resultierende Mehrabführung ist nach Auffassung der Finanzverwaltung § 14 Abs. 3 S. 1 KStG anzuwenden;[191] aus der danach anzunehmenden Gewinnausschüttung folgt neben der Besteuerung mit 5% gem. § 8b Abs. 1 und Abs. 5 KStG insbes. auch die Pflicht zur Abführung der Kapitalertragsteuer.[192] Diese Auffassung überrascht, da § 14 Abs. 3 KStG Mehrabführungen erfasst, die ihre Ursache in vororganschaftlicher Zeit haben; Mehrabführungen infolge verschmelzungsbedingter Wertunterschiede werden jedoch durch die Verschmelzung in organschaftlicher Zeit verursacht. Überzeugender ist daher die Sichtweise, nach der es sich um Mehrabführungen aus organschaftlicher Zeit handelt. Diese sind nach § 14 Abs. 4 KStG zu behandeln; bis VZ 2021 waren sie über organschaftliche Ausgleichsposten steuerbilanziell abzubilden[193] und ab VZ 2022 als Einlagenrückgewähr zu behandeln.[194] Nach anderer Auffassung soll es sich um außerorganschaftliche Mehrabführungen handeln, deren steuerliche Behandlung als vor- oder innerorganschaftliche wiederum

---

187 Vgl. Rn. Org. 26 UmwStE.
188 Rn. Org. 27 UmwStE.
189 BFH BStBl. II 1968, 105.
190 Kölner Komm UmwG/*Simon* § 20 Rn. 25.
191 Rn. Org. 33 UmwStE für den Fall einer steuerlichen Buchwertfortführung. Dasselbe dürfte für den Fall eines steuerbilanziellen Zwischenwertansatzes gelten, aus dem sich Bewertungsunterschiede zur Handelsbilanz ergeben.
192 Vgl. § 44 Abs. 1 S. 7 EStG.
193 Haase/Hofacker/*Herfort/Viebrock* § 12 Rn. 364.
194 § 14 Abs. 4 KStG idF G. v. 25.6.2021, BGBl. I 2050.

strittig ist.[195] Insgesamt muss diese Rechtsfrage als ungeklärt gelten.[196] – Zudem können bei der übertragenden Körperschaft bereits Bewertungsunterschiede zwischen Handels- und Steuerbilanz bestehen, welche gem. Abs. 3 auf die übernehmende Körperschaft übergehen. Eine nachfolgende Auflösung dieser Bewertungsunterschiede führt bei der Organgesellschaft zu Mehr- bzw. Minderabführungen. Nach Auffassung der Finanzverwaltung[197] sind diese wohl vororganschaftlich verursacht und nach § 14 Abs. 3 KStG zu behandeln. Nach einer Gegenauffassung[198] liegt die Verursachung dagegen in der Verschmelzung und daher in organschaftlicher Zeit, so dass § 14 Abs. 4 KStG einschlägig sei. – Ergibt sich bei der Aufwärtsverschmelzung auf eine Organgesellschaft bei ihr ein Übernahmeergebnis, so unterliegt dies der Abführungsverpflichtung.[199] Es ist für Verschmelzungen, die ab dem 13.12.2019 zur Eintragung angemeldet wurden (§ 34 Abs. 6g KStG) bei der Organgesellschaft zu erfassen, und unterliegt grds. gem. § 15 S. 1 Nr. 2 S. 1 und 2 KStG beim Organträger dem Abs. 2 und § 8b KStG (Bruttomethode). Hierdurch erfolgt im Ergebnis eine Pauschalierung iHv 5 % der nicht abziehbaren Betriebsausgaben innerhalb des Organkreises. Die Finanzverwaltung hatte diese Auffassung bereits zur früheren Rechtslage vertreten;[200] ihr war zwischenzeitlich der BFH entgegengetreten,[201] und nachfolgend wurde § 15 Abs. 2 KStG geändert und erst anschließend wurde das BFH-Urteil amtlich veröffentlicht. Für Organgesellschaften iSv § 8b Abs. 7 und 8 KStG erfolgt eine vollständige Zurechnung und Versteuerung des Übernahmeergebnisses auf Ebene des Organträgers, vgl. § 15 S. 1 Nr. 2 S. 3 KStG.

- Bei einer **Seitwärtsverschmelzung auf die Organgesellschaft** ergibt sich ein abzuführendes Übernahmeergebnis nur, soweit nicht ein handelsrechtlicher Übernahmegewinn zur Aufstockung des Nennkapitals oder zur Erhöhung der Kapitalrücklage verwendet wird;[202] im Übrigen gilt auch hier § 15 S. 1 Nr. 2 KStG. – Soweit der Übertragungsstichtag handels- und steuerrechtlich in unterschiedliche Wirtschaftsjahre fällt, können sich (insbes. bei der Aufwärtsverschmelzung) ebenfalls Mehr- oder Minderabführungen ergeben; dabei ist wiederum strittig, ob hierauf § 14 Abs. 3 oder Abs. 4 KStG anzuwenden sind. 99

Hinweis: Angesichts der vielfältigen unklaren und daher strittigen Rechtsfragen in diesem Gebiet ist im Einzelfall stets die Einholung einer (gebührenpflichtigen) verbindlichen Auskunft zu prüfen (§ 89 Abs. 2–7 AO).

- Kommt es infolge einer Verschmelzung zum **Übertrag einer Beteiligung an einer Kapitalgesellschaft**, kann hierdurch die Organschaftsvoraussetzung der finanziellen Eingliederung in einen Organträger gem. § 14 Abs. 1 KStG hergestellt werden. Bestand bislang trotz gegebener finanzieller Eingliederung in die übertragende Körper- 100

---

195 Vororganschaftlich: Lademann UmwStG/*Hahn* § 12 Rn. 39 mwN, allerdings unter Hinweis auf Rn. Org. 31 UmwStE; *Frotscher/Drüen* § 4 Rn. 425, 436, 437; Gosch KStG/*Neumann* § 8b Rn. 418; dagegen: *Rödder* DStR 2011, 1053; *Heerdt* DStR 2009, 938; *Blumenberg/Lechner* DB-Beil. 1/2012, 69; *Kröner* BB Heft 35/2011, 27.
196 Vgl. Lademann UmwStG/*Hahn* § 12 Rn. 40: Frage nicht generell beantwortbar, sondern anhand des konkreten Falles zu beurteilen.
197 Rn. Org. 33 UmwStE.
198 Haase/Hofacker/*Herfort/Viebrock* § 12 Rn. 268.
199 Rn. Org. 30 UmwStE; Brandis/Heuermann/*Klingberg* § 12 Rn. 54.
200 Rn. 12.07 UmwStE; zust. Dötsch/Pung/Möhlenbrock/*Stimpel/Dötsch* § 12 Rn. 61; krit. Brandis/Heuermann/*Klingberg* § 12 Rn. 54; Haritz/Menner/Bilitewski/*Wisniewski* § 12 Rn. 60; differenzierend: *Frotscher/Drüen* UmwStG, zu Rn. 12.07: Nettomethode, bei der die Organgesellschaft Abs. 2 S. 2 iVm § 8b Abs. 3 S. 1 KStG anzuwenden habe, soweit sie an der übertragenden Körperschaft beteiligt war.
201 BStBl. II 2020, 206.
202 Vgl. Rn. Org. 30 UmwStE und § 12 Abs. 2 UmwStG.

schaft mangels GAV mit jener keine Organschaft, kann die Organgesellschaft nach erfolgter Verschmelzung des Organträgers mit der übernehmenden Körperschaft eine Organschaft begründen. Wie bei der Fortsetzung einer Organschaft bei Verschmelzung des Organträgers fordert die Finanzverwaltung aber auch für den Fall einer neu zu begründenden Organschaft mit Rückwirkung zum Beginn des laufenden Wirtschaftsjahres der Organgesellschaft, dass dem Übernehmer der künftigen Organgesellschaft die Anteile an jener jedenfalls nach den steuerlichen Rückwirkungsregeln zu Beginn des Wirtschaftsjahres der Organgesellschaft zuzurechnen sind.[203] Dies widerspricht dem Prinzip der steuerlichen Rechtsnachfolge gem. Abs. 3 und der einschlägigen BFH-Rechtsprechung;[204] danach müsste eine bestehende finanzielle Eingliederung auch bei unterjährigem Umwandlungsstichtag auf die übernehmende Körperschaft übergehen, und eine Organschaft rückwirkend ab dem Beginn dieses Wirtschaftsjahres ermöglichen.

101 ▪ **Körperschaftssteuerguthaben und -erhöhungsbetrag gem. §§ 37 Abs. 5, 38 Abs. 5 und 6 KStG** – Soweit die übertragende Körperschaft noch einen Anspruch auf Auszahlung des Körperschaftsteuerguthabens nach § 37 Abs. 5 KStG (aus dem Systemwechsel vom körperschaftsteuerlichen Anrechnungs- auf das Halbeinkünfteverfahren) hatte, ging dieser gem. § 20 Abs. 1 Nr. 1 UmwG iVm § 45 Abs. 1 AO auf die übernehmende Körperschaft über.[205] Dasselbe gilt für einen bei der übertragenden Körperschaft eventuell noch bestehenden Körperschaftsteuererhöhungsbetrag gem. § 38 Abs. 5 und 6 KStG.[206]

102 ▪ Ein **Spendenvortrag** der übertragenden Körperschaft gem. § 9 Abs. 1 Nr. 2 S. 9 KStG geht nach Abs. 3 Hs. 1 auf die übernehmende Körperschaft über. Eine entgegenstehende Einschränkung enthält Abs. 3 Hs. 2 iVm § 4 Abs. 2 nicht.

4. Übernahmefolgegewinn (Abs. 4)

103 Wenn zwischen übertragender und übernehmender Körperschaft zum steuerlichen Übertragungsstichtag (§ 2 Abs. 1 S. 1) **wechselseitige Forderungen und Verbindlichkeiten** bestanden, führt der Vermögensübertrag auf die übernehmende Körperschaft (§ 20 Abs. 1 Nr. 1 UmwG) auf ihrer Ebene zivilrechtlich zur Identität von Gläubiger und Schuldner und damit zum Untergang des Schuldverhältnisses durch Konfusion. Die entsprechende Bilanzposition der übertragenden Körperschaft aus der Schlussbilanz wird gem. Abs. 1 S. 1 gedanklich zunächst auf die übernehmende Körperschaft übertragen, wo es allerdings unmittelbar darauf, mit Ablauf des steuerlichen Übertragungsstichtags,[207] zum Erlöschen, und damit zur Ausbuchung kommt. Hierbei ergibt sich ein Gewinn bei der übernehmenden Körperschaft, wenn ihre Bilanzposition der Höhe nach von der korrespondierenden übernommenen **Bilanzposition abweicht.**

104 Wurde etwa in der Vergangenheit eine Forderung auf Ebene der übernehmenden Körperschaft gem. § 6 Abs. 1 S. 1 Nr. 2 EStG wertberichtigt, während die übertragende Körperschaft die korrespondierende Verbindlichkeit weiterhin mit dem höheren Rück-

---

203 Rn. Org. 03 UmwStE.
204 Vgl. BFH BStBl. II 2011, 528; BFH/NV 2011, 67; *Blumenberg/Lechner* DB-Beil. 1/2012, 59.
205 Lademann UmwStG/*Hahn* § 12 Rn. 74; Haritz/Menner/Bilitewski/*Wisniewski* § 12 Rn. 79; zu Einzelheiten vgl. BMF DStR 2008, 301.
206 Vgl. § 38 Abs. 9 KStG zur vorgezogenen Fälligkeit des KSt-Erhöhungsbetrags im Falle der Hinausverschmelzung.
207 Rn. 06.01 UmwStE; Brandis/Heuermann/*Klingberg* UmwStG § 12 Rn. 20: erst nach dem steuerlichen Übertragungsstichtag.

zahlungsbetrag gem. § 253 Abs. 1 S. 2 HGB bilanzierte, dann führt die Konfusion zu einem sog. **Übernahmefolgegewinn** in Höhe des Unterschieds der abgehenden Bilanzwerte. Dieselbe Folge ergibt sich bei Übertragung einer wertberichtigen Forderung auf die übernehmende Körperschaft, welche ihrerseits eine Verbindlichkeit mit einem höheren Bilanzansatz gebucht hatte. Abs. 4 ordnet hierfür die sinngemäße Anwendung des § 6 an. Der Übernahmefolgegewinn bleibt damit nicht nach Abs. 2 S. 1 (als Übernahmegewinn) außer Ansatz, sondern ist grundsätzlich (körperschaft- und gewerbe-)steuerpflichtig. Aus Sicht der Gestaltungsberatung wird zur Vermeidung dieser Wirkung an eine Übertragung der Bilanzposition (Forderung oder Verbindlichkeit/Rückstellung) der übernehmenden Körperschaft vor dem steuerlichen Übertragungsstichtag oder an eine Verbriefung der Forderung zu denken sein. § 6 Abs. 1 S. 1 räumt der übernehmenden Körperschaft ein Wahlrecht zur Bildung einer **gewinnmindernden Rücklage** in dem Wirtschaftsjahr, in welches der steuerliche Übertragungsstichtag fällt, ein. Nach § 6 Abs. 1 S. 2 ist eine solche Rücklage „in den auf ihre Bildung folgenden drei Wirtschaftsjahren" aufzulösen, und zwar mit mindestens je einem Drittel. Wird dieses Wahlrecht ausgeübt, dann kommt es damit zu einer zeitlich gestreckten steuerlichen Erfassung des Konfusionsgewinns. Eine umgekehrte Maßgeblichkeit für die Handelsbilanz besteht insoweit nicht; handelsbilanziell sind aber passive latente Steuern gem. § 274 Abs. 1 S. 1 HGB zu erfassen.

Dem Wortlaut nach ist die Rücklage über einen feststehenden Zeitraum von drei Wirtschaftsjahren aufzulösen. Eine längere Streckung ist nicht zulässig. Eine Verkürzung ist gesetzlich ebenfalls nicht vorgesehen, kann aber wirtschaftlich durch Ansatz eines 33 % des ursprünglichen Rücklagebetrages übersteigenden Auflösungssatzes erreicht werden. Eine solche Gestaltungsmöglichkeit kann etwa im Rahmen einer Verlustnutzung vor schädlichem Beteiligungserwerb im Lichte der § 8c KStG, § 10a GewStG bedeutsam werden. 105

Die Steuerpflicht des Konfusionsgewinns besteht dem Wortlaut nach unabhängig davon, ob die ihn verursachende Wertberichtigung der Forderung bei der übernehmenden Körperschaft einem **Abzugsverbot** unterfiel. Für den praktisch wichtigsten Fall der Gesellschafterfremdfinanzierung müsste allerdings § 8b Abs. 3 S. 8 KStG auch hinsichtlich des Konfusionsgewinns gelten. Selbst wenn dieser streng genommen nicht durch eine Teilwertaufholung nach § 6 Abs. 1 (S. 1) Nr. 2 EStG entsteht, sondern durch die bilanztechnische Abbildung der Konfusion (vgl. § 6 Abs. 1 S. 1), rechtfertigt die abweichende Ermittlungstechnik keine divergierende steuerliche Behandlung der beiden Fälle. Denn das Erlöschen durch Konfusion kann wirtschaftlich als Erfüllung angesehen werden, vor deren Vornahme gedanklich eine Teilwertaufholung iSv § 6 Abs. 1 (S. 1) Nr. 2 EStG geboten wäre. § 8b Abs. 3 S. 8 KStG ist – über den Wortlaut hinaus nicht nur bei Bilanzierung einer Wertaufholung, sondern – auch unmittelbar bei Erfüllung anzuwenden. Die Finanzverwaltung folgt dem allerdings nicht, sondern geht von einer vollen Steuerpflicht auch dann aus, wenn sich die Forderungsabschreibung steuerlich nicht ausgewirkt hat.[208] 106

Der in § 6 Abs. 1 S. 1 (Alt. 2) zusätzlich geregelte Fall der Auflösung einer **Rückstellung** wird von Abs. 4 nicht ausdrücklich erfasst. Allerdings nimmt Abs. 4 für den in ihm enthaltenen Verweis die amtliche Überschrift des § 6 auf, und erklärt jene Vorschrift 107

---

[208] Rn. 06.02 UmwStE.

damit implizit für vollständig anwendbar. Soweit infolge der Verschmelzung daher eine steuerbilanzielle Rückstellung aufzulösen ist, etwa weil das vorgesorgte Risiko gegenüber der anderen Körperschaft bestand, ist der resultierende Übernahmefolgegewinn (ggf. über eine Rücklage zeitlich gestreckt)[209] steuerpflichtig.

108 Abs. 4 begrenzt das aus § 6 Abs. 1 übernommene Wahlrecht zum Ansatz einer gewinnmindernden Rücklage auf den Anteil, welcher der Beteiligungsquote der übernehmenden an der übertragenden Körperschaft zum steuerlichen Übertragungsstichtag (§ 2 Abs. 1) entspricht. Sie steht damit nur in Fällen einer (gemischten) **Aufwärtsverschmelzung** offen. Bei einer Beteiligungsquote von zB 20 % dürfte die übernehmende Körperschaft von einem Konfusionsgewinn iHv 100 für einen Teilbetrag iHv 20 eine Rücklage bilden; 80 würden sofort versteuert.

109 § 6 Abs. 2 regelt den Fall eines Gesellschafters einer Personengesellschaft, und hat im Rahmen der Verweisung des Abs. 4 für die Verschmelzung auf eine Kapitalgesellschaft keine Bedeutung.

110 § 6 Abs. 3, eine Missbrauchsregelung, ist über den Verweis des Abs. 4 auch im Bereich des § 12 anwendbar. Danach entfällt die Berechtigung zur Bildung einer gewinnmindernden Rücklage unter den dort genannten Voraussetzungen rückwirkend. Dies kann etwa auch dann noch geschehen, wenn die schädliche Betriebsveräußerung zB vier Jahre nach dem steuerlichen Übertragungsstichtag, und nach vollständiger Auflösung der Rücklage über den in § 6 Abs. 1 S. 2 vorgesehenen Dreijahreszeitraum erfolgt. § 6 Abs. 3 S. 2 enthält eine eigenständige, § 175 Abs. 1 S. 1 Nr. 2 AO vorgehende, verfahrensrechtliche Änderungsvorschrift, die auch im Rahmen des § 12 anzuwenden ist.

5. Vermögensübergang zw. steuerpflichtigem und steuerbefreitem Bereich (Abs. 5)

111 Geht Vermögen einer übertragenden Körperschaft durch Verschmelzung aus dem steuerverhafteten in den nicht steuerpflichtigen oder steuerbefreiten Bereich bei der übernehmenden Körperschaft über, dann ist in der steuerlichen Schlussbilanz der gemeine Wert anzusetzen, da die Voraussetzung des § 11 Abs. 2 S. 1 Nr. 1 verfehlt wird.[210] Bei Vorhandensein stiller Reserven werden diese aufgedeckt und führen zu einem Übertragungsgewinn. Abs. 5 fingiert eine **Vollausschüttung der offenen Rücklagen** (einschließlich derjenigen, die aus dem Übertragungsgewinn resultieren) zum steuerlichen Übertragungsstichtag (§ 2 Abs. 1).

112 Unter nicht steuerpflichtigen übernehmenden Körperschaften sind juristische Personen des öffentlichen Rechts zu verstehen, die einer hoheitlichen Aufgabe nachgehen, und somit nicht der Körperschaftsteuer unterfallen. Soweit sie einen Betrieb gewerblicher Art (§ 4 KStG) unterhalten, sind sie allerdings nach § 1 Abs. 1 Nr. 6 KStG körperschaftsteuerpflichtig. Hoheitsbetriebe iSv § 4 Abs. 5 KStG, die überwiegend der Ausübung der öffentlichen Gewalt dienen, sind keine Betriebe gewerblicher Art. – Der nach Abs. 5 zu beurteilende Vermögensübergang kann insoweit durch Vermögensübertragung iSv § 174 UmwG erfolgen; juristische Gebietskörperschaften sind hierfür (anders als zB für Verschmelzungen iSv § 2 UmwG) taugliche Rechtsträger gem. § 175 Nr. 1 UmwG. – Nicht unter diese Vorschrift fallen ausländische Körperschaften, auf die im Rahmen

---

[209] Im Ergebnis wie hier *Frotscher/Drüen* UmwStG § 12 Rn. 71; aA *Haase/Hofacker/Herfort/Viebrock* § 12 Rn. 274; *Schmitt/Hörtnagl/Schmitt* § 12 Rn. 65; *Klingebiel/Patt/Rasche/Krause* S. 242.
[210] Rn. 11.07 UmwStE.

einer Hinausverschmelzung eine inländische Körperschaft ihr Vermögen überträgt. Diese mögen zwar aufgrund ihrer Ansässigkeit im Ausland ebenfalls nicht im Inland steuerpflichtig sein. Nach dem Wortlaut kann aber nicht unterstellt werden, dass ein solcher Vermögensübergang in den „nicht steuerpflichtigen Bereich ... der übernehmenden Körperschaft" erfolgt. Eine anderweitige Auslegung wäre auch im Lichte des Art. 7 Abs. 1 Fusions-RL abzulehnen.[211]

Die Steuerbefreiung der übernehmenden Körperschaft ist nach § 5 KStG zu bestimmen. Dabei handelt es sich um persönliche und sachliche Steuerbefreiungen für Körperschaften, Personenvereinigungen und Vermögensmassen, die nach § 1 Abs. 1 KStG unbeschränkt steuerpflichtig wären. Trotz Steuerbefreiung bleibt die Steuerpflicht bestehen für inländische Einkünfte, die dem Steuerabzug unterliegen, § 5 Abs. 2 Nr. 1 KStG. 113

Gem. Abs. 5 gilt das gesamte steuerliche Eigenkapital der übertragenden Körperschaft, abzüglich des Bestandes des steuerlichen Einlagekontos iSv § 27 KStG nach Berücksichtigung der fiktiven Kapitalherabsetzung nach §§ 29 Abs. 1, 28 Abs. 2 KStG, der übernehmenden Körperschaft als zugeflossen. Dies gilt als Einnahme iSv § 20 Abs. 1 Nr. 1 EStG. Da die übernehmende Körperschaft nicht steuerpflichtig oder steuerbefreit ist, kommt einer Anwendung des § 8b Abs. 5 KStG auf diese fiktive Vollausschüttung keine Bedeutung zu.[212] 114

Es ist aber Kapitalertragsteuer nach § 43 Abs. 1 S. 1 EStG auf diese angenommene Ausschüttung einzubehalten.[213] Diese gilt zwar als zum steuerlichen Übertragungsstichtag (§ 2 Abs. 1) erfolgt, allerdings kann sie aufgrund der regelmäßigen Rückbeziehung tatsächlich zu diesem Termin nicht angemeldet und abgeführt sein. Die KESt sollte daher erst zu dem Zeitpunkt der Eintragung im Handelsregister der übernehmenden Körperschaft entstehen,[214] und durch die übernehmende als Rechtsnachfolgerin der übertragenden Körperschaft entrichtet werden.[215] Bei der übernehmenden Körperschaft ist diese Ausschüttung gem. § 5 Abs. 2 Nr. 1 KStG partiell steuerpflichtig; die Körperschaftsteuer hierauf ist gem. § 32 Abs. 1 Nr. 1 KStG durch den Steuerabzug abgegolten. 115

§ 13 Besteuerung der Anteilseigner der übertragenden Körperschaft

(1) Die Anteile an der übertragenden Körperschaft gelten als zum gemeinen Wert veräußert und die an ihre Stelle tretenden Anteile an der übernehmenden Körperschaft gelten als mit diesem Wert angeschafft.

(2) ¹Abweichend von Absatz 1 sind auf Antrag die Anteile an der übernehmenden Körperschaft mit dem Buchwert der Anteile an der übertragenden Körperschaft anzusetzen, wenn

1. das Recht der Bundesrepublik Deutschland hinsichtlich der Besteuerung des Gewinns aus der Veräußerung der Anteile an der übernehmenden Körperschaft nicht ausgeschlossen oder beschränkt wird oder

---

[211] Haase/Hofacker/*Herfort/Viebrock* § 12 Rn. 290 f. mwN; Haritz/Menner/Bilitewski/*Wisniewski* § 12 Rn. 113; *Schell* IStR 2008, 397.

[212] Haase/Hofacker/*Herfort/Viebrock* § 12 Rn. 285; Rödder/Herlinghaus/van Lishaut/*Rödder* § 12 Rn. 123; aA wohl *Frotscher/Drüen* UmwStG § 12 Rn. 76.

[213] Brandis/Heuermann/*Klingberg* UmwStG § 12 Rn. 64, mwN; Haritz/Menner/Bilitewski/*Wisniewski* § 12 Rn. 113.

[214] Entspr. Rn. 07.08 UmwStE; vgl. *Klingebiel/Patt/Rasche/Krause* S. 242; Haase/Hofacker/*Herfort/Viebrock* § 12 Rn. 285 unter Hinweis auf Rödder/Herlinghaus/van Lishaut/*Rödder* § 12 Rn. 124; Schmitt/Hörtnagl/*Schmitt* UmwStG § 12 Rn. 102.

[215] Dötsch/Pung/Möhlenbrock/*Stimpel/Dötsch* UmwStG § 12 Rn. 85.

2. die Mitgliedstaaten der Europäischen Union bei einer Verschmelzung Artikel 8 der Richtlinie 2009/133/EG anzuwenden haben; in diesem Fall ist der Gewinn aus einer späteren Veräußerung der erworbenen Anteile ungeachtet der Bestimmungen eines Abkommens zur Vermeidung der Doppelbesteuerung in der gleichen Art und Weise zu besteuern, wie die Veräußerung der Anteile an der übertragenden Körperschaft zu besteuern wäre. ²§ 15 Abs. 1a Satz 2 des Einkommensteuergesetzes ist entsprechend anzuwenden.

²Die Anteile an der übernehmenden Körperschaft treten steuerlich an die Stelle der Anteile an der übertragenden Körperschaft. ³Gehören die Anteile an der übertragenden Körperschaft nicht zu einem Betriebsvermögen, treten an die Stelle des Buchwerts die Anschaffungskosten.

Literatur:
Förster/Hölscher, Reichweite der Veräußerungsfiktionen des KStG und des UmwStG, Ubg 2012, 729; *Hageböke*, Sind alle Umwandlungen „Veräußerungen"? – Kritische Anmerkungen zur neuen Ausgangsthese der Finanzverwaltung im UmwStEE, Ubg 2011, 689; *Kempf/Nitzschke*, Überlegungen zur Abwärtsverschmelzung bei ausländischen Anteilseignern, IStR 2022, 73; *Krohn/Greulich*, Ausgewählte Einzelprobleme des neuen Umwandlungssteuerrechts aus der Praxis, DStR 2008, 646; *Kühn*, Fortführung der Überlegungen zur Einordnung der Abwärtsverschmelzung einer Kapitalgesellschaft mit ausländischen Anteilseignern nach nationalem Recht und Unionsrecht, IStR 2022, 906; *Rödder/Schaden*, Zur Besteuerung des Downstream-Merger, Ubg 2011, 40; *Schmitt/Schlossmacher*, Antrag auf Buchwertansatz nach § 13 Abs. 2 UmwStG, DB 2009, 1425.

A. Allgemeines, Normzweck und Anwendungsbereich 1	d) Grenzüberschreitende Hereinverschmelzung einer ausländischen Körperschaft mit im Inland ansässigen Anteilseigner auf eine inländische Körperschaft 24
B. Grundsatz: Tausch zum gemeinen Wert (Abs. 1) 7	
C. Auf Antrag Ansatz des Buchwerts (Abs. 2) ... 13	
I. Allgemeines 13	e) Grenzüberschreitende Hereinverschmelzung einer ausländischen Körperschaft mit ausländischen Anteilseignern auf eine inländische Körperschaft 25
II. Antrag 16	
III. Voraussetzungen für die Fortführung des Buchwerts bzw. der Anschaffungskosten . 17	
1. Keine Beschränkung des deutschen Besteuerungsrechts (Abs. 2 S. 1 Nr. 1) 18	
a) Reine Inlandsverschmelzung mit im Ausland ansässigen Anteilseigern 21	f) Die übertragende und die übernehmende Körperschaft, an welchen ein inländischer Anteilseigner beteiligt ist, sind beide im Ausland ansässig 26
b) Grenzüberschreitende Hinausverschmelzung einer inländischen Körperschaft mit inländischen Anteilseignern auf eine ausländische Körperschaft 22	
	2. Anwendung des Art. 8 Fusions-RL (Abs. 2 S. 1 Nr. 2) 27
	3. Anteile an der übernehmenden Körperschaft treten an die Stelle der Anteile an der übertragenden Körperschaft 31
c) Grenzüberschreitende Hinausverschmelzung einer inländischen Körperschaft mit im Ausland ansässigen Anteilseignern auf eine ausländische Körperschaft 23	4. Fortführung der Anschaffungskosten bei Anteilen im Privatvermögen 33
	IV. Entsprechende Anwendung des § 13 bei Spaltungen 34

A. Allgemeines, Normzweck und Anwendungsbereich

1 Die Regelung des § 13 ist Bestandteil des Dritten Teils des UmwStG, im welchem die Verschmelzung oder Vermögensübertragung einer Körperschaft auf eine andere Körperschaft geregelt sind. Während sich § 11 mit den Auswirkungen der Verschmelzung auf den Gewinn der übertragenden Körperschaft befasst und in § 12 die Folgen für die übernehmende Körperschaft geregelt sind, bestimmt § 13, welche **steuerlichen Konsequenzen** sich für die Anteilseigner der übertragenden Gesellschaft ergeben, wenn und soweit diese auch Anteilseigner der Übernehmerin werden. Für die Anwendung der Re-

gelung des § 13 ist es unerheblich, zu welchem Wert der Vermögensübergang auf Ebene der übertragenden Körperschaft vorgenommen wird, ob also die Buchwerte angesetzt werden oder ob die Verschmelzung zu gemeinen Werten oder zu Zwischenwerten erfolgt.[1]

Nach der Grundregelung des § 13 Abs. 1 gelten die Anteile an der übertragenden Körperschaft als zum gemeinen Wert veräußert und die an ihrer Stelle tretenden Anteile an der übernehmenden Körperschaft als mit diesem Wert angeschafft. Es handelt sich damit aus Sicht der Anteilseigner, zumindest fingiert,[2] um einen Tausch, der grundsätzlich zur Gewinnrealisierung führt.

Die grundlegende Bedeutung der Vorschrift des § 13 ergibt sich aus Abs. 2, welcher eine Ausnahme von dem durch den Tauschvorgang ausgelösten **Gewinnrealisationsakt** zulässt. Auf Antrag wird gestattet, den Tausch unter Fortführung der Besteuerungsmerkmale erfolgsneutral zu Buchwerten bzw. zu Anschaffungskosten vorzunehmen. Für einen solchen erfolgsneutralen Tausch müssen alternativ die folgenden in der Nr. 1 bzw. der Nr. 2 von § 13 Abs. 2 aufgeführten Voraussetzungen erfüllt sein:

- Nr. 1: das deutsche Besteuerungsrecht an den Anteilen an der übernehmenden Gesellschaft darf nicht ausgeschlossen oder beschränkt sein, oder
- Nr. 2: Deutschland als EU-Mitgliedstaat ist durch Art. 8 RL 2009/133/EG (Fusions-RL) gehindert, den Gewinn aus dem Anteilstausch zu versteuern.

Nach § 13 Abs. 2 S. 2 treten die Anteile an der übernehmenden Körperschaft im Anwendungsbereich des Abs. 2 an die Stelle der Anteile an der übertragenden Körperschaft. Dies hat weitreichende, im Folgenden noch näher zu erläuternde Konsequenzen auf den steuerlichen Status der durch den Tausch erworbenen Anteile, wie zB in Bezug auf Besitzzeiten und Wertaufholungsverpflichtungen. In § 13 Abs. 2 S. 3 wird schließlich klargestellt, dass für Anteile im Privatvermögen anstelle des nicht vorhandenen Buchwerts auf die Anschaffungskosten der Anteile an der übertragenden Körperschaft abzustellen ist. Die Regelung des § 13 gilt über § 15 entsprechend bei der **Aufspaltung** (§ 123 Abs. 1 UmwG) und der **Abspaltung** (§ 123 Abs. 2 UmwG) von Körperschaften auf andere Körperschaften. § 13 Abs. 2 und damit die Möglichkeit des Buchwertansatzes auf Anteilseignerebene gilt bei Spaltungen gem. § 15 Abs. 1 S. 2 jedoch nur, sofern die entsprechenden Teilbetriebsvoraussetzungen erfüllt sind.

§ 13 ist durch die Aufhebung[3] des § 1 Abs. 2 auch für Verschmelzungen und Spaltungen unter Beteiligung von **in Drittstaaten ansässigen Kapitalgesellschaften** mit steuerlichem Übertragungsstichtag nach dem 31.12.2021 anwendbar. Es kommt nicht mehr auf die Ansässigkeit des übernehmenden und übertragenden Rechtsträgers an. Voraussetzung ist jedoch nach § 1 Abs. 1 Nr. 1, dass der ausländische Vorgang in seiner konkreten rechtlichen Ausgestaltung[4] mit einer Verschmelzung nach § 2 UmwG oder einer Spaltung nach § 123 Abs. 1 und 2 UmwG vergleichbar ist.

§ 12 Abs. 2 KStG ist durch die Globalisierung des UmwStG gegenstandslos geworden und wurde dementsprechend für Verschmelzungen mit Übertragungsstichtag ab

---

1 Vgl. UmwSt-Erlass vom 11.11.2011, BStBl. I 2011, 1314, Rn. 13.08.
2 → Rn. 7 zu der Frage, ob es sich um einen fiktiven Tausch handelt oder ob bereits nach allgemeinen Grundsätzen ein Tauschvorgang vorliegt.
3 Siehe Gesetz zur Modernisierung des Körperschaftsteuerrechts („KöMoG") vom 25.6.2021 (BS-Bl. I 2021, 889).
4 Vgl. UmwSt-Erlass vom 11.11.2011, BStBl. I 2011, 1314, Rn. 01.25.

1.1.2022 aufgehoben. Nach § 12 Abs. 2 S. 2 KStG galten bei einer Verschmelzung einer in einem Drittstaat ansässigen Körperschaft auf eine andere Körperschaft in demselben ausländischen Staat unter den Voraussetzungen des § 12 Abs. 2 S. 1 KStG für die Besteuerung der Anteilseigner der übertragenden Körperschaft die Regelungen des § 13 entsprechend.[5]

5 Die Vorschrift des § 13 ist nur dann einschlägig, wenn die Anteilseigner der übertragenden Körperschaft als Gegenleistung für den Untergang der Anteile an der übertragenden Körperschaft **Anteile** an der übernehmenden Körperschaft **erhalten** oder eine **Werterhöhung** der bereits an der Übernehmerin gehaltenen Anteile stattfindet. Der zweite Fall betrifft insbes. den Anwendungsbereich des § 54 Abs. 1 S. 3 UmwG, wonach auf die Gewährung neuer Anteile verzichtet werden kann, wenn der Anteilseigner bereits an der übernehmenden Körperschaft beteiligt ist.[6] Wertmäßig erfahren diese Anteile durch den Vermögensübergang eine entsprechende Erhöhung. Werden nicht in Gesellschaftsrechten bestehende **Gegenleistungen** für den Untergang der Anteile an der übertragenden Körperschaft gewährt, handelt es sich bei einer solchen Gegenleistung um einen nicht der Regelung des § 13 unterfallenden Veräußerungserlös für die Anteile. Soweit nur eine anteilige Veräußerung (zB Spitzenausgleich) vorgenommen wird, sind dem Veräußerungserlös nur die anteiligen Anschaffungskosten der Anteile an der übertragenden Körperschaft gegenüberzustellen. In einem solchen Fall beschränkt sich der Anwendungsbereich des § 13 auf den übrigen Teil der Anteile.[7]

6 Anzuwenden ist § 13 auf den **Sidestream-Merger** (Seitwärtsverschmelzung) unabhängig davon, ob die übernehmende Schwestergesellschaft Anteile an ihrer Muttergesellschaft ausgibt oder auf die Ausgabe neuer Anteile verzichtet wird.[8]

Ebenfalls unter den Anwendungsbereich des § 13 fällt der **Downstream-Merger** (Abwärtsverschmelzung).[9] Dies gilt, obwohl die übertragende Körperschaft ihre an der Übernehmerin gehaltenen Anteile ohne Durchgangserwerb an die Anteilseigner der übertragenden Körperschaft auskehrt.[10]

Bei einem Downstream-Merger kann sich eine Konkurrenzsituation zwischen § 12 Abs. 1 und § 13 ergeben, da die Anteile an der übernehmenden Tochtergesellschaft auch zum Vermögen der übertragenden Muttergesellschaft gehören.

Die übertragende Gesellschaft kann ihr Vermögen grundsätzlich nur unter den Voraussetzungen des § 11 Abs. 2 mit dem Buchwert ansetzen. Hinsichtlich der Anteile an der Tochtergesellschaft ist bei der Prüfung der Voraussetzungen somit auf die Anteilseigner der Muttergesellschaft abzustellen, insbesondere ob bei diesen das Recht Deutschlands hinsichtlich der Besteuerung eines Veräußerungsgewinns beschränkt oder ausgeschlossen wird.[11]

---

5 Siehe zur Anwendbarkeit von § 13 über die alte Regelung des § 12 Abs. 2 S. 2 KStG Rödder/Herlinghaus/van Lishaut/*Neumann* UmwStG § 13 Rn. 13. Zur Änderung des UmwSt-Erlasses vom 11.11.2011, BStBl. I 2011, 1314, Rn. 13.04 siehe BMF, Schreiben vom 10.11.2016, BStBl. I 2016, 1252. Demnach war keine beschränkte Steuerpflicht des übertragenden Rechtsträgers erforderlich. Es musste sich lediglich um einen nicht unbeschränkt steuerpflichtigen Rechtsträger handeln.

6 Statt vieler: Rödder/Herlinghaus/van Lishaut/*Neumann* UmwStG § 13 Rn. 16.

7 Vgl. UmwSt-Erlass vom 11.11.2011, BStBl. I 2011, 1314, Rn. 13.02.

8 Vgl. Rödder/Herlinghaus/van Lishaut/*Neumann* UmwStG § 13 Rn. 17.

9 Vgl. UmwSt-Erlass vom 11.11.2011, BStBl. I 2011, 1314, Rn. 11.19.

10 Vgl. Rödder/Herlinghaus/van Lishaut/*Neumann* § 13 Rn. 18; *Rödder/Schaden* Ubg 2011, 40.

11 Vgl. BFH 30.5.2018 – I R 31/16, BStBl. II 2019, 136; UmwSt-Erlass vom 11.11.2011, BStBl. I 2011, 1314, Rn. 11.19.

Gem. § 12 Abs. 1 hat die übernehmende Körperschaft die auf sie übergegangenen Wirtschaftsgüter mit dem in der steuerlichen Schlussbilanz der übertragenden Körperschaft enthaltenen Wert im Sinne des § 11 zu übernehmen.

Nach hM und Auffassung der Finanzverwaltung ist auf Ebene der Anteilseigner der übertragenden Körperschaft beim Downstream-Merger jedoch ausschließlich § 13 anzuwenden. Eine Verknüpfung mit dem Wert in der steuerlichen Schlussbilanz nach § 12 Abs. 1 besteht demnach nicht.[12]

Ein **Upstream-Merger** (**Aufwärtsverschmelzung**) unterfällt hingegen nicht der Vorschrift des §13.[13] Es ist ausschließlich § 12 Abs. 2 anwendbar. Denn bei einer solchen Verschmelzungsrichtung ist die übernehmende Körperschaft gleichzeitig Anteilseignerin der übertragenden Körperschaft. Es gibt keine Anteile, die an die Stelle der Anteile an der übertragenden Körperschaft treten. Auch eine Wertsteigerung der Anteile an der übernehmenden Körperschaft findet nicht statt.

B. Grundsatz: Tausch zum gemeinen Wert (Abs. 1)

§ 13 Abs. 1 enthält eine **Veräußerungs- und Anschaffungsfiktion**: Die Anteile an der übertragenden Körperschaft gelten als zum gemeinen Wert veräußert. Die an ihre Stelle tretenden Anteile an der übernehmenden Körperschaft gelten als mit diesem Wert angeschafft.[14] Insoweit entspricht diese Regelung der in § 6 Abs. 1 S. 1 EStG normierten Bewertungsvorschrift für ein Tauschgeschäft, denn auch hier bemessen sich die Anschaffungskosten des erhaltenen Wirtschaftsguts nach dem gemeinen Wert des hingegebenen Wirtschaftsguts.[15]

7

Dabei ist in der Literatur umstritten, ob es sich in den Fällen, in denen der Anteilseigner der übertragenden Gesellschaft neue Anteile an der übernehmenden Gesellschaft erhält (und es nicht nur zu einer Werterhöhung bestehender Anteile kommt, wie bei einer Seitwärtsverschmelzung ohne Kapitalerhöhung), um einen „echten" Tausch (oder zumindest tauschähnlichen Vorgang),[16] der bereits nach § 6 Abs. 6 S. 1 EStG zur Gewinnrealisierung führt, oder um einen „fiktiven" Tausch[17] handelt. Als Argument für einen Tausch bereits nach allgemeinen Grundsätzen wird angeführt, dass die Anteile an der übertragenden Körperschaft hingegeben werden, um Anteile an der übernehmenden Gesellschaft zu erhalten. Als Argument dagegen wird angeführt, dass die Anteile an der übertragenden Gesellschaft untergehen und nicht auf einen Dritten übertragen werden.

---

12 Vgl. zur hM mit weiteren Quellen: *Kühn* IStR 2022, 906 (910); zur Auffassung der Finanzverwaltung: UmwSt-Erlass vom 11.11.2011, BStBl. I 2011, 1314, Rn. 11.19; zum Verhältnis von § 12 Abs. 1 zu § 13 s. auch *Kempf/Nitzschke* IStR 2022, 73 (76).

13 HM, vgl. zB Dötsch/Pung/Möhlenbrock/*Dötsch/Werner* UmwStG § 13 Rn. 6; UmwSt-Erlass vom 11.11.2011, BStBl. I 2011, 1314, Rn. 13.01.

14 Der UmwSt-Erlass vom 11.11.2011, BStBl. I 2011, 1314 stellt in Rn. 13.05 klar, dass dies auch dann gilt, wenn bei der Verschmelzung keine neuen Anteile ausgegeben werden, weil der Anteilseigner der übertragenden Körperschaft bereits an der übernehmenden Körperschaft beteiligt ist.

15 Die vom Anteilseigner getragenen Veräußerungskosten sind nach den allgemeinen Regelungen zu berücksichtigen, dh sie sind bei der Ermittlung des Veräußerungsgewinns einzubeziehen (§ 17 Abs. 2 S. 1 EStG, § 8b Abs. 2 S. 2 KStG etc), vgl. auch Rödder/Herlinghaus/van Lishaut/*Neumann* UmwStG § 13 Rn. 40; Schmitt/Hörtnagl/*Schmitt* UmwStG § 13 Rn. 21.

16 So Widmann/Mayer/*Schießl* UmwStG § 13 Rn. 15.1; Dötsch/Pung/Möhlenbrock/*Dötsch/Werner* UmwStG § 13 Rn. 1; Brandis/Heuermann/*Nitzschke* UmwStG 2006 § 13 Rn. 8.

17 So UmwSt-Erlass vom 11.11.2011, BStBl. I 2011, 1314, Rn. 13.05; Schmitt/Hörtnagl/*Schmitt* UmwStG § 13 Rn. 5; *Hageböke* Ubg 2011, 689 (698); Rödder/Herlinghaus/van Lishaut/*Neumann* UmwStG § 13 Rn. 2.

Im Anwendungsbereich des § 13 Abs. 1 spielt die Frage jedoch in der Praxis keine Rolle. Handelt es sich nicht bereits nach allgemeinen Grundsätzen um einen Tausch, dann wird dieser fingiert. Relevant kann die Frage jedoch dann werden, wenn das UmwStG mangels Vergleichbarkeit einer ausländischen Umwandlung oder Spaltung nicht anwendbar ist.

Beispiel: Eine in Deutschland ansässige Kapitalgesellschaft ist an zwei ausländischen Kapitalgesellschaften beteiligt, die seitwärts verschmolzen werden. Die Verschmelzung sei nicht mit einer inländischen Verschmelzung vergleichbar. Mangels Vergleichbarkeit ist in diesem Fall das UmwStG und damit auch § 13 Abs. 1 für die deutsche Kapitalgesellschaft als Anteilseigner nicht anwendbar. Würde es sich auch ohne die Fiktion des § 13 Abs. 1 um einen Tausch der Anteile an der übertragenden Körperschaft gegen die neuen Anteile aus der Kapitalerhöhung der übertragenden Gesellschaft handeln, käme es in Deutschland lediglich zu einer Besteuerung eines evtl. Veräußerungsgewinns, der grundsätzlich zu 95 % steuerfrei wäre.

Andernfalls wäre von einer verdeckten Gewinnausschüttung des gesamten Vermögens der übertragenden Gesellschaft an die inländische Muttergesellschaft und eine Einlage in die übernehmende Gesellschaft auszugehen.[18] Hinsichtlich der Ausschüttung wäre das Korrespondenzprinzip zu prüfen (§ 8b Abs. 1 S. 2, 4 KStG), so dass es gegebenenfalls zu einer vollen Besteuerung der Ausschüttung kommt.

8 Durch den UmwSt-Erlass vom 11.11.2011[19] ist klargestellt, dass ein Veräußerungsgewinn oder -verlust erst im Zeitpunkt der zivilrechtlichen Wirksamkeit der Umwandlung, mithin mit der Eintragung in das Handelsregister entsteht. Die Regelung in § 2 Abs. 1, wonach eine Rückbeziehung der Umwandlung auf den steuerlichen Übertragungsstichtag angeordnet wird, gilt nicht für die Anteilseigner der übertragenden Körperschaft.[20]

9 Ein sich durch die Veräußerungsfiktion ergebender **Veräußerungsgewinn** unterliegt den allgemeinen Besteuerungsgrundsätzen (§§ 17, 22 Nr. 2 EStG, § 21 UmwStG aF, §§ 4 Abs. 1, 5 EStG); für grenzüberschreitende Umwandlungen sind die DBA-Regelungen zu beachten.[21] Da § 13 nur auf Anteile im Betriebsvermögen, auf Anteile iSd § 17 EStG und auf einbringungsgeborene Anteile iSd § 21 Abs. 1 UmwStG aF anzuwenden ist, ergeben sich die folgenden Besteuerungsfolgen:

10 Handelt es sich beim Anteilseigner um eine **Körperschaft** unterfällt der Veräußerungsgewinn idR der Regelung der § 8b Abs. 2, 3 KStG und ist somit im Ergebnis zu 95 % steuerfrei. Voll steuerpflichtig ist jedoch ein Veräußerungsgewinn, wenn und soweit eine steuerwirksam vorgenommene Teilwertabschreibung nicht durch den Ansatz eines höheren Wertes ausgeglichen worden ist (§ 8b Abs. 2 S. 4 KStG). Das Gleiche gilt, wenn der Buchwert durch Abzüge nach § 6b EStG gemindert ist (§ 8b Abs. 2 S. 5 KStG). Handelt es sich um Anteile, welche unter den Anwendungsbereich des § 8b Abs. 7, 8 KStG fallen, führt ein Veräußerungsgewinn ebenfalls zur vollen Steuerpflicht.[22] Auch die Behandlung eines ggf. entstehenden **Veräußerungsverlusts**, welcher sich dann ergibt, wenn der gemeine Wert der Anteile an der übertragenden Körperschaft unter den Anschaffungskosten liegt, folgt den allgemeinen Besteuerungsgrundsätzen. Infolgedessen

---

18 Vgl. *Hruschka* IStR 2012, 844; *Staccioli/Kunert* ISR 2022, 321 (328 ff.).
19 BStBl I 2011, 1314, Rn. 13.06.
20 Vgl. Rödder/Herlinghaus/van Lishaut/*Neumann* UmwStG § 13 Rn. 38.
21 Vgl. Schmitt/Hörtnagl/*Schmitt* UmwStG § 13 Rn. 21.
22 Vgl. Rödder/Herlinghaus/van Lishaut/*Neumann* UmwStG § 13 Rn. 39.

ist ein solcher Verlust steuerlich nicht berücksichtigungsfähig, wenn die Regelung des § 8b Abs. 3 S. 3 KStG einschlägig ist. Demgegenüber kann ein Veräußerungsverlust im Falle von Anteilen iSd § 8b Abs. 7 KStG steuerwirksam geltend gemacht werden.

Ist der Anteilseigner hingegen eine **natürliche Person** und handelt es sich um Anteile iSd § 17 EStG ist ein **Veräußerungsgewinn** unter Berücksichtigung der in § 17 Abs. 3 EStG aufgeführten Freibeträge und der 40 %igen Steuerfreiheit gem. § 3 Nr. 40 EStG steuerpflichtig. Im Falle eines Veräußerungsverlustes gelten die entsprechenden Regelungen des § 17 Abs. 2 S. 6 EStG.

Für sonstige im Privatvermögen gehaltenen Anteile findet die Regelung des § 20 Abs. 4a S. 1, 2 EStG anstelle von § 13 Anwendung.[23] Diese Regelung ist der Vorschrift des § 13 Abs. 2 nachgebildet und führt somit idR zu einem nicht der sofortigen Besteuerung unterliegenden Vorgang bei den Anteilseignern.[24]

Abweichend von der Regelung des § 13 Abs. 2 gehen wegen des unterstellten Veräußerungs- und Anschaffungsvorgangs die steuerlichen Merkmale, wie zB Besitzzeiten und latente Wertaufholungsverpflichtungen iSd § 6 Abs. 1 Nr. 2 S. 3 EStG, der Anteile an der übertragenden Körperschaft nicht auf die Anteile an der übernehmenden Körperschaft über.[25] Aus steuerplanerischer Sicht kann es zweckmäßig sein, auf den Antrag zum steuerneutralen Anteilstausch gem. § 13 Abs. 2 zu verzichten. Wurde in der Vergangenheit eine steuerwirksame Teilwertabschreibung vorgenommen und liegt der gemeine Wert der Anteile im Zeitpunkt der Wirksamkeit der Umwandlung unter dem Wertansatz, von welchem diese Teilwertabschreibung vorgenommen worden ist, so kann insoweit eine steuerpflichtige Wertaufholung definitiv vermieden werden.[26]

C. Auf Antrag Ansatz des Buchwerts (Abs. 2)

I. Allgemeines

§ 13 Abs. 2 gestattet auf Antrag die Anteile an der übernehmenden Körperschaft mit dem Buchwert der untergehenden Anteile an der übertragenden Körperschaft anzusetzen.[27] Infolgedessen bleibt die Verschmelzung auf Anteilseignerebene insoweit steuerneutral. Voraussetzung für die Anwendung des § 13 Abs. 2 S. 1 ist, dass

- Nr. 1: das Recht der Bundesrepublik Deutschland hinsichtlich der Besteuerung der Anteile an der übernehmenden Körperschaft nicht ausgeschlossen oder beschränkt wird, oder
- Nr. 2: die Bundesrepublik Deutschland als EU-Mitgliedstaat bei der Verschmelzung Art. 8 Fusions-RL anzuwenden hat.

Die in der Nr. 1 und der Nr. 2 des § 13 Abs. 2 S. 1 genannten Voraussetzungen müssen nicht kumulativ vorliegen. Vielmehr reicht es aus, wenn entweder die in Nr 1 oder in Nr. 2 aufgeführten Tatbestandsmerkmale erfüllt sind.[28]

---

23 Vgl. UmwSt-Erlass vom 11.11.2011, BStBl. I 2011, 1314, Rn. 13.01.
24 Vgl. ausführlich zur sachlichen und zeitlichen Geltung der Regelung des § 20 Abs. 4a S. 1, 2 EStG: Rödder/Herlinghaus/van Lishaut/*Neumann* UmwStG § 13 Rn. 43–46.
25 Statt vieler: Schmitt/Hörtnagl/*Schmitt* UmwStG § 13 Rn. 23.
26 Vgl. Rödder/Herlinghaus/van Lishaut/*Neumann* UmwStG § 13 Rn. 41f; *Krohn/Greulich* DStR 2008, 646 (654).
27 Bei Anteilen des Privatvermögens treten an die Stelle des Buchwerts die Anschaffungskosten, vgl. § 13 Abs. 2 S. 3.
28 Vgl. Dötsch/Pung/Möhlenbrock/*Dötsch/Werner* UmwStG § 13 Rn. 27.

Im Fall der Nr. 2 ist der Gewinn aus einer späteren Veräußerung der erworbenen Anteile ungeachtet der Bestimmungen eines Abkommens zur Vermeidung der Doppelbesteuerung in der gleichen Art und Weise zu besteuern, wie die Veräußerung der Anteile an der übertragenden Körperschaft zu besteuern wäre. Durch den in Nr. 2 S. 2 erfolgenden Verweis auf § 15 Abs. 1a S. 2 EStG wird sichergestellt, dass sich der Besteuerungsvorbehalt auch auf Gewinne aus Veräußerungsersatztatbeständen wie Liquidation, Kapitalherabsetzungen etc bezieht.[29]

Der Ansatz eines **Zwischenwerts**, also eines Wertes, der zwischen dem Buchwert und dem gemeinen Wert der Anteile an der übertragenden Körperschaft liegt, ist nicht möglich.[30] § 13 Abs. 2 ist unabhängig von der Ausübung des Wahlrechts bei der übertragenden Körperschaft in § 11 anwendbar. Unerheblich ist des Weiteren, ob die übertragende Körperschaft im Inland der Besteuerung unterlegen hat.[31]

14 Anders als in § 3 und § 11 für die Wertansätze in der steuerlichen Schlussbilanz der übertragenden Körperschaft geregelt, stellt der gemeine Wert der Anteile nicht die Bewertungsobergrenze dar. Demnach kann auch ein über dem gemeinen Wert liegender Buchwert angesetzt werden.[32]

Der **Buchwert** der Anteile an der übertragenden Körperschaft ist nach § 1 Abs. 5 Nr. 4 der Wert, der sich nach den steuerlichen Vorschriften über die Gewinnermittlung in einer auf den Zeitpunkt der Wirksamkeit des Anteilstausches (→ Rn. 8) aufzustellende Steuerbilanz ergibt bzw. sich ergeben würde.[33] Fraglich ist, ob vor dem Wechsel zur Einlagelösung durch das KöMoG[34] die steuerlichen Ausgleichsposten von Anteilen an Organgesellschaften als übertragender Rechtsträger stets aufzulösen waren, wie es der Auffassung der Finanzverwaltung[35] entspricht, oder ob sie als Korrekturposten zum Beteiligungsbuchwert bei Buchwertfortführung entsprechend fortzuführen waren, wie es von der hM in der Literatur vertreten wird.[36]

Hat die übertragende Körperschaft **mehrere Anteilseigner**, kann jeder der Anteilseigner sein Wahlrecht auf einen Buchwertansatz unabhängig von der Ausübung der jeweils anderen Anteilseigner eigenständig ausüben.[37] Hält der Anteilseigner mehrere Anteile an der übertragenden Körperschaft kann das Wahlrecht jedoch nur einheitlich ausgeübt werden.[38] Nach zutreffender Auffassung ist es jedoch möglich, dass für Anteile an der übertragenden Körperschaft, die sowohl im Gesamthandsvermögen als auch im Sonderbetriebsvermögen gehalten werden, eine jeweils unterschiedliche Wahlrechtsausübung erfolgen kann.[39]

15 Die Regelung des § 13 Abs. 2 ist nicht nur für unbeschränkt steuerpflichtige Anteilseigner, sondern auch für beschränkt steuerpflichtige Anteilseigner anwendbar. Unerheb-

---

29 Vgl. Dötsch/Pung/Möhlenbrock/*Dötsch/Werner* UmwStG § 13 Rn. 54.
30 Vgl. Dötsch/Pung/Möhlenbrock/*Dötsch/Werner* UmwStG § 13 Rn. 26; UmwSt-Erlass vom 11.11.2011, BStBl. I 2011, 1314, Rn. 13.10.
31 Vgl. UmwSt-Erlass vom 11.11.2011, BStBl. I 2011, 1314, Rn. 13.08.
32 So auch Frotscher/Drüen/*Junior* UmwStG § 13 Rn. 32.
33 Vgl. Rödder/Herlinghaus/van Lishaut/*Neumann* UmwStG § 13 Rn. 53.
34 Gesetz zur Modernisierung des Körperschaftsteuerrechts vom 25.6.2021 (BStBl. I 2021, 889).
35 Vgl. UmwSt-Erlass vom 11.11.2011, BStBl. I 2011, 1314, Rn. Org. 21.
36 Vgl. hierzu Rödder/Herlinghaus/van Lishaut/*Neumann* UmwStG § 13 Rn. 53; Dötsch/Pung/Möhlenbrock/*Dötsch/Werner* UmwStG § 13 Rn. 56; Schmitt/Hörtnagl/*Schmitt* UmwStG § 13 Rn. 55; Widmann/Mayer/*Schießl* UmwStG § 13 Rn. 15.80 (mit zahlreichen weiteren Nachweisen).
37 Vgl. Dötsch/Pung/Möhlenbrock/*Dötsch/Werner* UmwStG § 13 Rn. 28.
38 Vgl. Schmitt/Hörtnagl/*Schmitt* UmwStG § 13 Rn. 32.
39 Vgl. Rödder/Herlinghaus/van Lishaut/*Neumann* UmwStG § 13 Rn. 58; Dötsch/Pung/Möhlenbrock/*Dötsch/Werner* UmwStG § 13 Rn. 28.

lich ist auch, ob auf Ebene der übertragenden Körperschaft § 11 und auf Ebene der übernehmenden Körperschaft § 12 angewendet worden sind.[40]

II. Antrag

Die Möglichkeit, die Anteile an der übernehmenden Körperschaft mit dem Buchwert der untergehenden Anteile an der übertragenden Körperschaft anzusetzen, bedarf nach dem klaren Wortlaut des § 13 Abs. 2 S. 1 eines Antrags bei dem für den Anteilseigner zuständigen Finanzamt. Das Gesetz enthält keine Vorschriften hinsichtlich der **Form** des Antrags. Er bedarf deshalb, auch nach Auffassung der Finanzverwaltung, keiner besonderen Form, dh ein Antrag, aus welchem sich der klare Wille auf Buchwertfortführung entnehmen lässt, ist ohne die Einhaltung besonderer Formvorschriften ausreichend.[41] Auch eine konkludente Antragstellung ist möglich.[42] Bei im Betriebsvermögen gehaltenen Anteilen kann der Antrag (konkludent) durch Einreichung einer Bilanz mit entsprechendem **Bilanzausweis** erfolgen.[43] Für im Privatvermögen gehaltene Anteile wird es als ausreichend für einen wirksamen Antrag erachtet, wenn aus den Angaben in der Einkommensteuererklärung eindeutig zu entnehmen ist, ob die Anschaffungskosten oder der gemeine Wert zugrunde gelegt worden ist.[44] Aus einer evtl. Nichtanerkennung eines konkludent gestellten Antrags sollte sich kein Risiko ergeben, da § 13 Abs. 2 keine Frist für die Antragstellung enthält und der Antrag somit ggf. bis zur Bestandskraft des entsprechenden Steuerbescheids nachgeholt werden kann.[45] Wird kein Antrag gestellt oder werden die Voraussetzungen für einen wirksamen Antrag nicht erfüllt, treten die Rechtsfolgen des § 13 Abs. 1 ein, dh die Anteile an der übertragenden Körperschaft gelten als zum gemeinen Wert veräußert und die entsprechenden Anteile an der übernehmenden Körperschaft als zum gleichen Wert angeschafft.

Der Antrag muss nach Verwaltungsmeinung bedingungsfeindlich und unwiderruflich gestellt werden,[46] dh ein wirksamer Antrag kann nicht im Nachhinein mit steuerlicher Wirkung geändert oder widerrufen werden.[47] Zur Ausübung des **Wahlrechts** genügt die dem Finanzamt zugegangene, ggf. auch konkludente, Antragstellung. Einer Zustimmung des Finanzamts zur Buchwertfortführung bedarf es hingegen nicht, denn bei Vorliegen der in § 13 Abs. 2 aufgeführten tatbestandlichen Voraussetzungen hat der Anteilseigner ohne weiteres Zutun der Finanzbehörde einen Rechtsanspruch, die Buchwerte fortzuführen. Für den Antrag gem. § 13 Abs. 2 S. 1 gelten keine besonderen **Fristerfordernisse**. Deshalb wird es als zulässig erachtet, den Antrag bis zur Bestandskraft der Veranlagung des jeweiligen Anteilseigners bei dem für ihn zuständigen Finanzamt

---

40 Vgl. Rödder/Herlinghaus/van Lishaut/*Neumann* UmwStG § 13 Rn. 59 mit Hinweis auf dem Regierungsentwurf zum SEStEG vom 12.7.2006, BT-Drs. 16/2710 zu § 13 UmwStG.
41 Vgl. UmwSt-Erlass vom 11.11.2011, BStBl. I 2011, 1314, Rn. 13.10.
42 Vgl. Rödder/Herlinghaus/van Lishaut/*Neumann* UmwStG § 13 Rn. 50; Dötsch/Pung/Möhlenbrock/*Dötsch/Werner* UmwStG § 13 Rn. 31; Schmitt/Hörtnagl/*Schmitt* UmwStG § 13 Rn. 33; Brandis/Heuermann/*Nitzschke* UmwStG 2006 § 13 Rn. 33; Frotscher/Drüen/*Junior* UmwStG § 13 Rn. 37.
43 Vgl. zB Dötsch/Pung/Möhlenbrock/*Dötsch/Werner* UmwStG § 13 Rn. 31.
44 Vgl. zB Dötsch/Pung/Möhlenbrock/*Dötsch/Werner* UmwStG § 13 Rn. 31.
45 So auch Frotscher/Drüen/*Junior* UmwStG § 13 Rn. 37.
46 Vgl. UmwSt-Erlass vom 11.11.2011, BStBl. I 2011, 1314, Rn. 13.10.
47 Dies entspricht der hM vgl. zB Dötsch/Pung/Möhlenbrock/*Dötsch/Werner* UmwStG § 13 Rn. 29; Schmitt/Hörtnagl/*Schmitt* UmwStG § 13 Rn. 34 mit Hinweis auf BFH BFH/NV 2006, 1099; Schmitt/Schlossmacher DB 2009, 1425 (1426). AA sind Frotscher/Drüen/*Junior* UmwStG § 13 Rn. 37 und Rödder/Herlinghaus/van Lishaut/*Neumann* UmwStG § 13 Rn. 52, welche grundsätzlich eine Änderung des Antrags bis zur Bestandskraft der jeweiligen Veranlagung für zulässig erachten, wobei jedoch hinsichtlich einer Bilanzänderung die Grenzen des § 4 Abs. 2 EStG zu beachten sein.

für den Veranlagungszeitraum zu stellen, in dem die Verschmelzung oder Spaltung nach § 20 UmwG durch Eintragung in das Handelsregister des übernehmenden Rechtsträgers zivilrechtlich wirksam geworden ist.[48]

III. Voraussetzungen für die Fortführung des Buchwerts bzw. der Anschaffungskosten

17 Nach § 13 Abs. 2 kommt die Fortführung des Buchwerts bzw. der Anschaffungskosten beim Vorliegen von zwei alternativ zu erfüllenden Voraussetzungen in Betracht. Diese sind zum einen, wenn das Recht der Bundesrepublik Deutschland hinsichtlich der Besteuerung der Anteile an der übernehmenden Körperschaft nicht ausgeschlossen oder beschränkt wird (Nr. 1) oder zum anderen, wenn die Bundesrepublik Deutschland als EU-Mitgliedstaat bei der Verschmelzung Art. 8 Fusions-RL anzuwenden hat (Nr. 2).

1. Keine Beschränkung des deutschen Besteuerungsrechts (Abs. 2 S. 1 Nr. 1)

18 Nach entsprechender Antragstellung sind die Anteile an der übernehmenden Körperschaft mit dem Buchwert bzw. im Falle von Anteilen im Privatvermögen mit den Anschaffungskosten der Anteile an der übertragenden Körperschaft anzusetzen, wenn das deutsche Besteuerungsrecht bezüglich der Besteuerung des Gewinns aus der Veräußerung der Anteile an der übernehmenden Körperschaft nicht ausgeschlossen oder beschränkt ist.

Waren die Anteile an der übertragenden Körperschaft bereits vor Verschmelzung von der deutschen Besteuerung ausgenommen, kann keine Beschränkung oder kein Ausschluss der Besteuerung iSd § 13 Abs. 2 S. 1 Nr. 1 vorliegen, da die Vorschrift allein auf die Sicherung eines vor der Vermögensübertragung bestehenden inländischen Steueranspruchs abstellt. In diesem Fall besteht jedoch mangels einer deutschen Besteuerung auch kein Bedürfnis, einen Antrag zu stellen.[49]

Das deutsche Besteuerungsrecht wird **ausgeschlossen**, wenn Deutschland das Recht, einen Gewinn aus der Veräußerung der Anteile an der übertragenden Körperschaft zu besteuern, zustand, es aber in Bezug auf die Anteile an der übernehmenden Körperschaft durch ein Doppelbesteuerungsabkommen ausgeschlossen ist.[50]

19 Das deutsche Besteuerungsrecht wird **beschränkt**, wenn vor der Verschmelzung ein deutsches Besteuerungsrecht hinsichtlich eines Gewinns aus der Veräußerung der Anteile an der übertragenden Körperschaft ohne Pflicht zur Anrechnung einer ausländischen Steuer bestanden hat und nach der Verschmelzung eine Verpflichtung zur Anrechnung ausländischer Steuern besteht.[51]

Es ist in der Literatur umstritten, ob bereits eine **abstrakte Einschränkung** des deutschen Besteuerungsrechts schädlich ist.[52] Dabei geht es um Fälle, in denen ein Doppelbesteuerungsabkommen auch dem anderen Staat ein Besteuerungsrecht zuweist und

---

48 Vgl. Rödder/Herlinghaus/van Lishaut/*Neumann* UmwStG § 13 Rn. 48; Dötsch/Pung/Möhlenbrock/*Dötsch/Werner* UmwStG § 13 Rn. 30.
49 Vgl. Rödder/Herlinghaus/van Lishaut/*Neumann* UmwStG § 13 Rn. 61; Dötsch/Pung/Möhlenbrock/*Dötsch/Werner* UmwStG § 13 Rn. 37.
50 Vgl. Dötsch/Pung/Möhlenbrock/*Dötsch/Werner* UmwStG § 13 Rn. 37.
51 Vgl. Rödder/Herlinghaus/van Lishaut/*Neumann* UmwStG § 13 Rn. 65.
52 Abstrakte Beschränkung ausreichend: Rödder/Herlinghaus/van Lishaut/*Neumann* UmwStG § 13 Rn. 65; Widmann/Mayer/*Schießl* UmwStG § 13 Rn. 15.47; aA (nur konkrete Beschränkung relevant): Dötsch/Pung/Möhlenbrock/*Dötsch/Werner* UmwStG § 13 Rn. 36; Brandis/Heuermann/*Nitzschke* UmwStG 2006 § 13 Rn. 34; Schmitt/Hörtnagl/*Schmitt* UmwStG § 13 Rn. 36; Schmitt/Schlosmacher DB 2010, 1425 (1427).

Deutschland zur Anrechnung verpflichtet, aber der andere Staat keine Steuer erhebt und somit praktisch keine Anrechnungsverpflichtung besteht.

Eine **konkrete Einschränkung** liegt demgegenüber vor, wenn der ausländische Staat Gewinne aus einer evtl. Veräußerung der Anteile an der übernehmenden Körperschaft tatsächlich besteuern würde und es somit konkret zu einer Anrechnungsverpflichtung Deutschlands kommen würde.

Für ein Abstellen auf eine konkrete Einschränkung spricht, dass ohne Besteuerung im Ausland Deutschland trotz Anrechnungsverpflichtung im Doppelbesteuerungsabkommen praktisch bei der Besteuerung nicht beschränkt wird und insoweit das deutsche Steueraufkommen auch nicht gefährdet wird.

Für das uE vorzugswürdige Abstellen auf eine abstrakte Einschränkung spricht, dass auch eine nur abstrakt bestehende Anrechnungsverpflichtung zumindest methodisch als eine Einschränkung des Besteuerungsrechts der Bundesrepublik Deutschlands zu sehen ist. Auch wenn im Zeitpunkt der Umwandlung (Eintragung in das Handelsregister der übernehmenden Gesellschaft) der andere Staat eine Veräußerung der Anteile an der übernehmenden Gesellschaft nicht besteuern würde, kann er jederzeit einseitig eine Besteuerung entsprechender Veräußerungsgewinne regeln und Deutschland wäre dann automatisch zur Steueranrechnung verpflichtet.

Ähnlich gelagert ist die Frage, ob bei bereits bestehender Anrechnungsverpflichtung eine betragsmäßige Erhöhung einer evtl. Anrechnung als Einschränkung des deutschen Besteuerungsrechts zu sehen ist. Dieser Fall kann zB bei folgender Fallkonstellation auftreten:

Ein in Deutschland ansässiger Gesellschafter ist an zwei ausländischen Kapitalgesellschaften A und B beteiligt. Gewinne aus der Veräußerung der Anteile an der Gesellschaft A unterliegen im Ausland einem geringeren Steuersatz als Gewinne aus einer Veräußerung der Anteile an B. In beiden Fällen ist Deutschland zur Anrechnung der ausländischen Steuer verpflichtet.

In diesem Fall liegt keine Einschränkung des deutschen Besteuerungsrechts vor, da nicht auf die Höhe der anzurechnenden Steuern, sondern auf die methodische Einschränkung abzustellen ist.[53]

Einschränkungen bzgl. der Hinzurechnungsbesteuerung sind nicht als Einschränkung des deutschen Besteuerungsrechts zu sehen, da die Hinzurechnungsbesteuerung kein deutsches Besteuerungsrecht darstellt.[54]

Zeitlich kommt es auf das Besteuerungsrecht Deutschlands an den Anteilen an der übertragenden Körperschaft unmittelbar vor der Wirksamkeit der Verschmelzung (Eintragung in das Handelsregister der übernehmenden Gesellschaft) und an den Anteilen an der übernehmenden Körperschaft unmittelbar danach an.

Werden im **Inland** ansässige Körperschaften verschmolzen, an welchen ausschließlich inländische Anteilseigner beteiligt sind, liegen die Voraussetzungen des § 13 Abs. 2 S. 1

---

53 Vgl. Rödder/Herlinghaus/van Lishaut/*Neumann* UmwStG § 13 Rn. 66; Schmitt/Hörtnagl/*Schmitt* UmwStG § 13 Rn. 39; Widmann/Mayer/*Schießl* UmwStG § 13 Rn. 15.46.

54 Vgl. Brandis/Heuermann/*Nitzschke* UmwStG 2006 § 13 Rn. 34; Dötsch/Pung/Möhlenbrock/*Dötsch/Werner* UmwStG § 13 Rn. 36.

Nr. 1 grundsätzlich vor, da es zu keiner Änderung des Besteuerungsstatuts kommt.[55] Evtl. Einschränkungen in der Besteuerung der Anteile an der übernehmenden Körperschaft nach rein nationalem deutschem Steuerrecht sind nicht relevant.[56] Zur Verhinderung unerwünschter Steuerausfälle dient in diesen Fällen § 13 Abs. 2 S. 2.

20 Gegenüber Verschmelzungen von im Inland ansässigen Körperschaften mit inländischen Anteilseignern muss bei Verschmelzung mit **Auslandsbezug** in Abhängigkeit des jeweils zugrunde liegenden Sachverhalts unterschieden werden, ob es zu einem Ausschluss bzw. zu einer Beschränkung des deutschen Besteuerungsrechts kommt. Hierbei sind in Anlehnung an die Kommentierung von Dötsch/Werner[57] grundsätzlich die folgenden Konstellationen zu betrachten. Wegen der durch das KöMoG[58] erfolgten Aufhebung des § 1 Abs. 2 kommt es für die Anwendbarkeit des UmwStG nicht mehr darauf an, ob übertragender und übernehmender Rechtsträger in der EU, im EWR oder in einem Drittstaat ansässig sind.

a) Reine Inlandsverschmelzung mit im Ausland ansässigen Anteilseignern

21 Hier sind die Voraussetzungen für die Fortführung des Buchwerts bzw. der Anschaffungskosten iSd § 13 Abs. 2 S. 1 Nr. 1 erfüllt, denn dem inländischen Fiskus geht durch die Verschmelzung der inländischen Körperschaften kein Steuersubstrat verloren. Entweder die Bundesrepublik Deutschland behält ihr Besteuerungsrecht weiterhin oder aber ein inländisches Besteuerungsrecht hat vor der Verschmelzung bereits nicht bestanden.[59]

b) Grenzüberschreitende Hinausverschmelzung einer inländischen Körperschaft mit inländischen Anteilseignern auf eine ausländische Körperschaft[60]

22 Bei einer solchen Fallkonstellation kommt es darauf an, wie das DBA ausgestaltet ist. Besitzt der Ansässigkeitsstaat des Anteilseigners das alleinige Besteuerungsrecht der Anteile, was dem Regelfall der DBA entspricht (vgl. auch Art. 13 Abs. 4 OECD-MA), so behält die Bundesrepublik Deutschland auch nach der Verschmelzung das Besteuerungsrecht. Folglich ist § 13 Abs. 2 anwendbar. Wenn nach dem einschlägigen DBA das Besteuerungsrecht aus einem Veräußerungsgewinn der Anteile an der übernehmenden Körperschaft dem Ansässigkeitsstaat der Körperschaft zusteht, ist § 13 Abs. 2 S. 1 Nr. 1 nicht erfüllt. Ist die die übernehmende Körperschaft in einem EU-Staat ansässig, kann jedoch die Fortführung des Buchwerts bzw. der Anschaffungskosten nach § 13 Abs. 2 S. 1 Nr. 2 möglich sein (→ Rn. 27 ff.).

c) Grenzüberscheitende Hinausverschmelzung einer inländischen Körperschaft mit im Ausland ansässigen Anteilseignern auf eine ausländische Körperschaft[61]

23 Sofern das anwendbare DBA das alleinige Besteuerungsrecht dem Ansässigkeitsstaat des Anteilseigners zuordnet, hatte bereits vor der Verschmelzung die Bundesrepublik Deutschland kein Besteuerungsrecht. Ist im DBA geregelt, dass das Besteuerungsrecht

---

[55] Vgl. Rödder/Herlinghaus/van Lishaut/*Neumann* UmwStG § 13 Rn. 67.
[56] Vgl. auch Haritz/Menner/Bilitewski/*Schroer* UmwStG § 13 Rn. 37.
[57] Vgl. Dötsch/Pung/Möhlenbrock/*Dötsch/Werner* UmwStG § 13 Rn. 40–47.
[58] Gesetz zur Modernisierung des Körperschaftsteuerrechts vom 25.6.2021 (BStBl. I 2021, 889).
[59] Vgl. Dötsch/Pung/Möhlenbrock/*Dötsch/Werner* UmwStG § 13 Rn. 40.
[60] Vgl. Dötsch/Pung/Möhlenbrock/*Dötsch/Werner* UmwStG § 13 Rn. 42–43.
[61] Vgl. Dötsch/Pung/Möhlenbrock/*Dötsch/Werner* UmwStG § 13 Rn. 44.

der Bundesrepublik Deutschland als dem Ansässigkeitsstaat der übertragenden Körperschaft zusteht, verliert sie ihr Besteuerungsrecht, so dass § 13 Abs. 2 S. 1 Nr. 1 nicht erfüllt ist. Besteht kein DBA geht das vormalige Besteuerungsrecht (vgl. § 49 Abs. 1 Nr. 2 Buchst. e EStG) ebenfalls verloren, so dass § 13 Abs. 2 S. 1 Nr. 1 ebenfalls nicht erfüllt ist. Eine Buchwertfortführung bzw. die Fortführung der Anschaffungskosten ist somit nur bei Erfüllung der Voraussetzungen des § 13 Abs. 2 S. 1 Nr. 2 möglich.

d) Grenzüberschreitende Hereinverschmelzung einer ausländischen Körperschaft mit im Inland ansässigen Anteilseigner auf eine inländische Körperschaft[62]

Steht nach dem jeweiligen DBA das alleinige Besteuerungsrecht für die Anteile dem Ansässigkeitsstaat des Anteilseigners zu oder besteht kein DBA, liegt das Besteuerungsrecht weiterhin bei der Bundesrepublik Deutschland. Die Voraussetzungen des § 13 Abs. 2 S. 1 Nr. 1 sind erfüllt. Hatte der Ansässigkeitsstaat der Körperschaft vor der Verschmelzung das Besteuerungsrecht, geht es regelmäßig mit der Verschmelzung auf die Bundesrepublik Deutschland über. Es kommt zu einer Steuerverstrickung der Anteile mit dem gemeinen Wert.

e) Grenzüberschreitende Hereinverschmelzung einer ausländischen Körperschaft mit ausländischen Anteilseignern auf eine inländische Körperschaft[63]

Vor der Verschmelzung hatte die Bundesrepublik Deutschland kein Besteuerungsrecht an Gewinnen aus der Veräußerung der Körperschaft, so dass es nicht zu einer Anwendung von § 13 und einer evtl. daraus resultierenden Besteuerung kommt.

Erhält nach dem einschlägigen DBA zwischen Deutschland und dem Ansässigkeitsstaat des Gesellschafters Deutschland als Ansässigkeitsstaat der übernehmenden Körperschaft ein Besteuerungsrecht an Veräußerungsgewinnen oder besteht zwischen den beiden Staaten kein DBA, gewinnt die Bundesrepublik Deutschland durch das Hereinverschmelzen ein zuvor nicht vorhandenes Besteuerungsrecht an den Anteilen. Es kommt zu einer Steuerverstrickung der Anteile mit dem gemeinen Wert.

f) Die übertragende und die übernehmende Körperschaft, an welchen ein inländischer Anteilseigner beteiligt ist, sind beide im Ausland ansässig[64]

Steht nach dem anzuwendenden DBA (oder ggf. in den DBA, bei grenzüberschreitender Verschmelzung) das alleinige Besteuerungsrecht für die Anteile dem Ansässigkeitsstaat des Anteilseigners zu, behält die Bundesrepublik Deutschland ihr Besteuerungsrecht. Die Regelung des § 13 Abs. 2 ist daher anwendbar. Ist im DBA (oder ggf. in den DBA, bei grenzüberschreitender Verschmelzung) hingegen geregelt, dass das Besteuerungsrecht bei dem Ansässigkeitsstaat der Körperschaft liegt, tritt keine Veränderung des Besteuerungsrechts für die Bundesrepublik Deutschland ein, denn vor und nach der Verschmelzung steht ihr keine Besteuerung eines Veräußerungsgewinns der Anteile zu. Weist bei grenzüberschreitender Verschmelzung das DBA mit dem Ansässigkeitsstaat der übertragenden Körperschaft das Besteuerungsrecht dem Ansässigkeitsstaat des Anteilseigners, das andere DBA jedoch dem Ansässigkeitsstaat der Körperschaft zu, dann verliert die Bundesrepublik Deutschland durch die grenzüberschreitende Auslandsver-

---

[62] Vgl. Dötsch/Pung/Möhlenbrock/*Dötsch/Werner* UmwStG § 13 Rn. 45.

[63] Vgl. Dötsch/Pung/Möhlenbrock/*Dötsch/Werner* UmwStG § 13 Rn. 46.

[64] Vgl. Dötsch/Pung/Möhlenbrock/*Dötsch/Werner* UmwStG § 13 Rn. 47.

schmelzung ihr vorheriges Besteuerungsrecht für die Anteile. Folglich ist eine Buchwertfortführung bzw. eine Fortführung der Anschaffungskosten nach § 13 Abs. 2 S. 1 Nr. 1 nicht möglich. Es kann auch der Fall vorliegen, dass das DBA mit dem Ansässigkeitsstaat der übertragenden Körperschaft das Besteuerungsrecht dem Ansässigkeitsstaat der Körperschaft zuordnet, das andere DBA jedoch dem Ansässigkeitsstaat des Anteilseigners das Besteuerungsrecht zuweist. Durch die Verschmelzung wird ein vorher nicht vorhandenes Besteuerungsrecht an den Anteilen der Bundesrepublik Deutschland zugewiesen. Es kommt zu einer Steuerverstrickung mit dem gemeinen Wert der Anteile.

Beispiel:[65] Die in Deutschland unbeschränkt steuerpflichtige natürliche Person D ist an der in Deutschland unbeschränkt steuerpflichtigen D-GmbH iSv § 17 EStG beteiligt. Die D-GmbH wird auf die in Österreich unbeschränkt steuerpflichtige Ö-GmbH verschmolzen, bei der es sich um eine Grundstücksgesellschaft iSv Art. 13 Abs. 2 DBA handelt. Dies hat zur Folge, dass für Gewinne aus der Veräußerung von Anteilen an österreichischen Immobiliengesellschaften iSd Art. 13 Abs. 2 DBA nach Art. 23 Abs. 1 Buchst. b dd DBA Deutschland/Österreich die Doppelbesteuerung nach der Anrechnungsmethode zu vermeiden ist. Durch die Verschmelzung der D-GmbH auf die österreichische Grundstücks-GmbH wird das deutsche Besteuerungsrecht beschränkt, was zur Folge hat, dass der Vorgang nicht nach § 13 Abs. 2 S. 1 Nr. 1 begünstigt wird.

Wenn sowohl die Anteile an der übertragenden als auch die Anteile an der übernehmenden Körperschaft einer inländischen Betriebsstätte zuzuordnen sind und das Besteuerungsrecht nach dem einschlägigen DBA entsprechend Art. 13 Abs. 2 OECD-MA Deutschland als dem Betriebsstättenstaat zugewiesen wird, ergeben sich weder bzgl. der Anteile von im Ausland ansässigen Gesellschaften noch bzgl. der Anteile von im Inland ansässigen Gesellschaften Beschränkungen des deutschen Besteuerungsrechts iSd § 13 Abs. 2 S. 1 Nr. 1, so dass ein Buchwertansatz möglich ist.[66]

2. Anwendung des Art. 8 Fusions-RL (Abs. 2 S. 1 Nr. 2)

27 Die Anteile an der übernehmenden Körperschaft sind nach § 13 Abs. 2 S. 1 Nr. 2 auf Antrag auch dann mit dem Buchwert bzw. mit den Anschaffungskosten der Anteile an der übertragenden Körperschaft anzusetzen, wenn sich aus der Verschmelzung eine Beschränkung oder ein Ausschluss des deutschen Besteuerungsrechts ergibt, jedoch die Mitgliedstaaten der EU bei der Verschmelzung Art. 8 Fusions-RL[67] anzuwenden haben, was grundsätzlich bei grenzüberschreitenden Verschmelzung innerhalb der EU der Fall ist.[68] Nicht von dieser Vorschrift erfasst sind somit Verschmelzungen, bei welchen eine oder beide Körperschaften im EWR-Raum oder einem Drittstaat ansässig sind, weil hier die Fusions-RL nicht zur Anwendung kommt.

Des Weiteren setzt die Anwendung der Fusions-RL voraus, dass es sich um Gesellschaften im Sinne von Art. 3 Fusions-RL handelt, die Übertragung gegen Gewährung von Anteilen erfolgt und eine evtl. bare Zuzahlung 10 % des Nennwerts oder – bei Fehlen eines solchen – des rechnerischen Werts dieser Anteile nicht überschreitet.[69]

28 § 13 Abs. 2 S. 1 Nr. 2 betrifft somit solche grenzüberschreitenden Verschmelzungen innerhalb der EU, bei welchen die Bundesrepublik Deutschland ihr Besteuerungsrecht

---

[65] Entnommen aus *Schmitt/Schloßmacher* DB 2009, 1425 (1427).
[66] Vgl. *Rödder/Herlinghaus/van Lishaut/Neumann* UmwStG § 13 Rn. 68.
[67] Richtlinie 2009/133/EG, ABl. 2009 L 310, 34 v. 25.11.2009.
[68] Vgl. *Dötsch/Pung/Möhlenbrock/Dötsch/Werner* UmwStG § 13 Rn. 49.
[69] Gem. Art. 2 Fusions-RL.

iSd § 13 Abs. 2 S. 1 Nr. 1 verliert oder es zu einer Einschränkung ihres Besteuerungsrechts kommt.

Dies ist zB bei einer grenzüberschreitenden Verschmelzung einer in Deutschland ansässigen Körperschaft mit in Deutschland ansässigen Gesellschaften auf eine in einem anderen EU-Staat ansässige Körperschaft der Fall, wenn das DBA zwischen dem anderen EU-Staat und Deutschland abweichend vom OECD-MA dem Sitzstaat der übernehmenden Körperschaft ein Besteuerungsrecht an Gewinnen aus der Veräußerung der Anteile zuweist. Das Gleiche gilt, wenn die übertragende Körperschaft in einem EU-Staat ansässig ist, mit dem Deutschland ein DBA abgeschlossen hat, das entsprechend dem OECD-MA das alleinige Besteuerungsrecht an Gewinnen aus der Veräußerung der Anteile Deutschland als Ansässigkeitsstaat des Gesellschafters zuweist und das DBA Deutschlands mit dem Ansässigkeitsstaat der übernehmenden Körperschaft eine abweichende Regelung enthält. Solche vom OECD-MA abweichende DBA bestehen zwischen Deutschland und Bulgarien, der Slowakei sowie der Tschechischen Republik. Ebenso kann die Regelung des § 13 Abs. 2 S. 1 Nr. 2 anwendbar sein, wenn in einem DBA enthaltene Sonderregelungen zu Grundstücksgesellschaften das deutsche Besteuerungsrecht einschränken.[70]

Ist bei einer Verschmelzung Art. 8 Fusions-RL anzuwenden, wird nach § 13 Abs. 2 S. 2 der Gewinn aus der späteren Veräußerung der erworbenen Anteile ungeachtet der Bestimmungen des DBA in der gleichen Art und Weise besteuert wie die Veräußerung der Anteile an der übertragenden Körperschaft zu besteuern gewesen wäre.[71] Es handelt sich somit um einen Treaty Override,[72] der zu einer Doppelbesteuerung führen kann.

Nicht ganz klar ist jedoch der Umfang der Besteuerung eines zukünftigen Veräußerungsgewinns.

In der Literatur wird zum Teil vertreten, dass nach Sinn und Zweck der Regelung nur die in den Anteilen an der übertragenden Körperschaft zum Verschmelzungszeitpunkt enthaltenen stillen Reserven der Besteuerung zu unterwerfen seien. Deshalb wird empfohlen, den entsprechenden Wert zu dokumentieren. Sollte bei einer späteren Veräußerung ein geringerer Wert realisiert werden, wären entsprechend die (höheren) stillen Reserven im Zeitpunkt der Verschmelzung der Besteuerung zu unterwerfen.[73]

Der Wortlaut des § 13 Abs. 2 S. 1 Nr. 2 und des Art. 8 Abs. 6 Fusions-RL sprechen jedoch dafür, dass ein zukünftiger Gewinn aus der Veräußerung der erworbenen Anteile in der tatsächlich realisierten Höhe in der Weise der Besteuerung unterliegt, wie die Anteile an der übertragenden Gesellschaft der Besteuerung unterlegen hätten. Damit unterliegen auch evtl. stille Reserven der Besteuerung, die erst nach der Verschmelzung entstanden sind.[74]

---

70 Vgl. Rödder/Herlinghaus/van Lishaut/*Neumann* UmwStG § 13 Rn. 72, der in diesem Zusammenhang die DBA mit Dänemark, Estland, Finnland, Lettland, Litauen, Malta, Österreich, Polen, Rumänien, Zypern, Liechtenstein und Schweden aufführt.

71 § 13 Abs. 2 S. 1 Nr. 2 nutzt die Möglichkeit des Art. 8 Abs. 6 Fusions-RL, vgl. Rödder/Herlinghaus/van Lishaut/*Neumann* UmwStG § 13 Rn. 74.

72 Vgl. Rödder/Herlinghaus/van Lishaut/*Neumann* UmwStG § 13 Rn. 74; aA (kein Treaty Override sondern Modifikation bestehender DBA-Regelungen): Haritz/Menner/Bilitewski/*Schroer* UmwStG § 13 Rn. 47.

73 Vgl. Haritz/Menner/Bilitewski/*Schroer* UmwStG § 13 Rn. 48 f.; Kraft/Edelmann/Bron/*Edelmann* UmwStG § 13 Rn. 113; Frotscher/Drüen/*Junior* UmwStG § 13 Rn. 59.

74 Vgl. Brandis/Heuermann/*Nitzschke* UmwStG 2006 § 13 Rn. 36; Rödder/Herlinghaus/van Lishaut/*Neumann* UmwStG § 13 Rn. 75; Dötsch/Pung/Möhlenbrock/*Dötsch/Werner* § 13 Rn. 52; Widmann/Mayer/*Schießl* UmwStG § 13 Rn. 15.64 u. Rn. 15.72.

30 Nach § 13 Abs. 2 S. 1 Nr. 2 S. 2 ist die Regelung des § 15 Abs. 1a S. 2 EStG entsprechend anzuwenden. Neben der Veräußerung der Anteile an der übernehmenden Körperschaft werden dadurch auch Ersatzrealisationstatbestände der deutschen Besteuerung unterworfen.[75] Betroffen sind hier insbesondere die verdeckte Einlage oder die Auflösung der ausländischen Körperschaft, die Herabsetzung und Auskehrung ihres Kapitals sowie die Auskehrung von Beträgen aus dem steuerlichen Einlagekonto.

Eine Einlagenrückgewähr oder Nennkapitalrückzahlung erfordert bei Körperschaften, die nicht der unbeschränkten Steuerpflicht im Inland unterliegen, eine gesonderte Feststellung nach § 27 Abs. 8 KStG. Soweit keine gesonderte Feststellung erfolgt, gelten die Leistungen gem. § 27 Abs. 8 S. 9 KStG als Gewinnausschüttungen, so dass kein Ersatzrealisationstatbestand vorliegt. Liegt eine Einlagenrückgewähr oder Kapitalrückzahlung vor, erfolgt zunächst eine Verrechnung mit dem Beteiligungsbuchwert oder den Anschaffungskosten der Anteile. Erst danach kommt es zu einem steuerpflichtigen Veräußerungsgewinn.[76]

3. Anteile an der übernehmenden Körperschaft treten an die Stelle der Anteile an der übertragenden Körperschaft

31 Nach § 13 Abs. 2 S. 2 treten in den Fällen des § 13 Abs. 2 S. 1 die Anteile an der übernehmenden Körperschaft steuerlich an die Stelle der Anteile an der übertragenden Körperschaft. Diese Rechtsfolge wird im Allgemeinen mit **Infizierungs-, Fußstapfen-**[77] **oder vereinzelt als Flohtheorie**[78] bezeichnet. Danach springen alle steuerlichen Merkmale der Anteile an der übertragenden Körperschaft auf die an ihre Stelle tretenden Anteile an der übernehmenden Körperschaft über. Es handelt sich hier nicht um eine bloße steuerliche Rechtsnachfolge, sondern um eine umfassende Übernahme sämtlicher steuerlichen Merkmale auf die Anteile an der übernehmenden Körperschaft, ohne dass es zu einem Veräußerungs- bzw. Anschaffungsgeschäft kommt.[79] Hält ein Anteilseigner bereits Anteile an der übernehmenden Gesellschaft, treten auch diese, neben ggf. neu ausgegebenen Anteilen, an die Stelle der Anteile an der übertragenden Gesellschaft. Im Ergebnis werden alle (alten und neuen) Anteile eines Gesellschafters an der übernehmenden Körperschaft anteilig sowohl mit den steuerlichen Merkmalen seiner untergehenden Anteile an der übertragenden Körperschaft als auch mit den steuerlichen Merkmalen seiner evtl. bereits vor der Verschmelzung an der übernehmenden Körperschaft gehaltenen Anteilen infiziert.[80]

32 Aus der Verlagerung der steuerlichen Merkmale von den Anteilen an der übertragenden Körperschaft auf die Anteile an der übernehmenden Körperschaft ergeben sich im Wesentlichen die nachfolgend aufgeführten Konsequenzen:[81]

---

75 Vgl. Rödder/Herlinghaus/van Lishaut/*Neumann* UmwStG § 13 Rn. 76; Dötsch/Pung/Möhlenbrock/*Dötsch/Werner* UmwStG § 13 Rn. 54.
76 Vgl. Rödder/Herlinghaus/van Lishaut/*Neumann* UmwStG § 13 Rn. 76.
77 Siehe Dötsch/Pung/Möhlenbrock/*Dötsch/Werner* UmwStG § 13 Rn. 55.
78 Siehe *Ott* StuB 2014, 488 (493).
79 Vgl. Rödder/Herlinghaus/van Lishaut/*Neumann* UmwStG § 13 Rn. 78.
80 Vgl. Dötsch/Pung/Möhlenbrock/*Dötsch/Werner* § 13 UmwStG Rn. 59; Rödder/Herlinghaus/van Lishaut/*Neumann* UmwStG § 13 Rn. 78; Schmitt/Hörtnagl/*Schmitt* UmwStG § 13 Rn. 50 und Schmitt/Schlossmacher DB 2009, 1425 (1429) mit mehreren Beispielsfällen zur quotalen Aufteilung.
81 Vgl. auch im Einzelnen: UmwSt-Erlass vom 11.11.2011, BStBl. I 2011, 1314, Rn. 13.11 und Dötsch/Pung/Möhlenbrock/*Dötsch/Werner* UmwStG § 13 Rn. 56; Rödder/Herlinghaus/van Lishaut/*Neumann* UmwStG § 13 Rn. 79.

1. Die **Wertaufholungsverpflichtung** nach § 6 Abs. 1 Nr. 2 S. 3 iVm Nr. 1 S. 4 EStG geht bei im Betriebsvermögen gehaltenen Anteilen über. In diesem Zusammenhang ist zu beachten, dass nach der Rechtsprechung des BFH im Falle einer vormals vorgenommenen Teilwertabschreibung, welche sowohl steuerwirksam als auch steuerunwirksam war, zunächst die steuerunwirksame und erst im Anschluss eine steuerwirksame Wertaufholung vorzunehmen ist.[82]
2. Die Siebenjahresfrist iSd § 22 läuft ggf. weiter (zu den sperrfristbehafteten Anteilen auch → § 22 Rn. 30 ff.).
3. Die Eigenschaft als sog. einbringungsgeborene Anteile (§ 21 UmwStG aF) geht auf die Anteile an der übernehmenden Körperschaft über.
4. Werden die Anteile gewinnbringend veräußert, kommt es zu einem steuerpflichtigen Veräußerungsgewinn, soweit die Anteile der übertragenden Körperschaft steuerwirksam auf den niedrigeren Teilwert abgeschrieben worden sind (vgl. § 8b Abs. 2 S. 4 KStG) oder steuerwirksame Abzüge nach § 6b EStG vorgenommen wurden (vgl. § 8b Abs. 2 S. 5 KStG). Für nicht der Körperschaftsteuer unterliegende Anteile gilt die entsprechende Regelung des § 3 Nr. 40 S. 1 Buchst a S. 2 und 3 sowie Buchst b S. 3 EStG.
5. Die Eigenschaft „verschmelzungsgeborener Anteile" iSd § 13 Abs. 2 S. 2 UmwStG 1995 verlagert sich auf die Anteile an der übernehmenden Körperschaft.
6. Es erfolgt eine Anrechnung der Besitzzeiten an den Anteilen an der übertragenden Körperschaft bzw. eine Zurechnung der zu Beginn des Erhebungszeitraums bestehenden Beteiligungsquote auf die Anteile an der übernehmenden Körperschaft. Dies betrifft insbesondere die Prüfung der gewerbesteuerlichen Kürzung gem. § 9 Nr. 2a und 7 GewStG und die Bildung von Rücklagen nach § 6b Abs. 10 EStG.
7. Wenn die Anteile an der übertragenden Körperschaft iSd § 17 EStG steuerverhaftet waren, wird dieser Status auf die Anteile an der übernehmenden Körperschaft selbst dann übertragen, wenn diese Beteiligung nicht mehr als 1% beträgt (sog. verschmelzungsgeborene Anteile). Sind die Anteile an der übertragenden Körperschaft, nicht aber die an der übernehmenden Körperschaft steuerverstrickt, werden die Anteile an der übernehmenden Körperschaft auch bezüglich der erst später entstehenden stillen Reserven steuerverstrickt. In solchen Fällen kann es ggf. zweckmäßig sein, durch einen Verzicht einer Antragstellung nach § 13 Abs. 2 die Anteile zum Zeitpunkt der Verschmelzung steuerlich zu entstricken. Die später entstehenden stillen Reserven können dann steuerfrei vereinnahmt werden.[83]

Bei der Bemessung der Höhe der Beteiligung für Zwecke der Besteuerung von Streubesitzdividenden (§ 8b Abs. 4 KStG) findet hingegen die Fußstapfentheorie keine Anwendung. § 8b Abs. 4 S. 2 KStG schließt diesbezüglich die Anwendung von § 13 Abs. 2 S. 2 ausdrücklich aus.

4. Fortführung der Anschaffungskosten bei Anteilen im Privatvermögen

Gehören die Anteile an der übertragenden Körperschaft nicht zu einem Betriebsvermögen, treten nach § 13 Abs. 2 S. 3 an die Stelle des Buchwerts die Anschaffungskosten.

---

[82] Vgl. BFH 19.8.2009 – I R 2/09, BStBl. II 2012, 760 (762).
[83] Vgl. Dötsch/Pung/Möhlenbrock/*Dötsch/Werner* UmwStG § 13 Rn. 56, auch zu der Frage, wann bei unter der 1%-Grenze liegenden Anteilen an der übernehmenden Körperschaft die zum Wegfall der Steuerverhaftung führende Fünfjahresfrist des § 17 Abs. 1 S 1 EStG beginnt.

Von dieser Regelung sind Anteile iSd § 17 EStG und im Privatvermögen gehaltene alt-einbringungsgeborene Anteile iSd § 21 aF erfasst.[84]

IV. Entsprechende Anwendung des § 13 bei Spaltungen

34 Geht Vermögen einer Körperschaft im Zuge einer Aufspaltung oder Abspaltung unter Einhaltung der in § 15 Abs. 1 S. 2 genannten Teilbetriebsvoraussetzungen auf eine andere Körperschaft über, gelten gem. § 15 Abs. 1 S. 1 die Regelungen der §§ 11–13 entsprechend. Demzufolge kann auf Ebene der Anteilseigner grundsätzlich die Auf- bzw. Abspaltung nach § 13 Abs. 2 erfolgsneutral erfolgen. Werden hingegen die Teilbetriebsvoraussetzungen nicht erfüllt, kommt es zu einem Veräußerungsgewinn iSd § 13 Abs. 1.[85] Dies gilt wie bei Verschmelzungen unter der Voraussetzung der Vergleichbarkeit mit einer inländischen Spaltung auch für ausländische Spaltungen (dazu und den Folgen fehlender Vergleichbarkeit → Rn. 7).

Bei einer Spaltung sind auf Anteilseignerebene die Buchwerte bzw. die Anschaffungskosten an der übertragenden Körperschaft nach dem Verhältnis der gemeinen Werte aufzuteilen.[86] Handelt es sich um einen Fall der **Aufspaltung** und werden die Anteilseigner der übertragenden Körperschaft an den übernehmenden Körperschaften im gleichen Verhältnis wie an der übertragenden Körperschaft beteiligt, verlagern sich die Buchwerte bzw. die Anschaffungskosten der bisherigen auf die neuen Anteile. Das Gleiche gilt, wenn bei einer Aufspaltung mit mehreren Anteilseignern der übertragenden Körperschaft jeweils ein Anteilseigner 100 % der Anteile an einer der Übernehmerinnen erhält.[87]

Wenn im **Abspaltungsfall** die Anteilseigner der übertragenden Körperschaft sowohl an der übertragenden und der übernehmenden Körperschaft im gleichen Verhältnis wie bislang an der übertragenden Körperschaft beteiligt sind, verteilen sich die Buchwerte bzw. die Anschaffungskosten der bisherigen Beteiligung an der übertragenden Körperschaft nach dem Verhältnis der gemeinen Werte der übertragenden und der zurückgebliebenen Teilbetriebe auf die Anteile an der übertragenden und übernehmenden Körperschaft.[88] Dieses Aufteilungsverhältnis gilt im Falle der Antragstellung iSd § 13 Abs. 2 S. 1 auch für den Umfang des unter → Rn. 32 dargestellten Übergangs der steuerlichen Merkmale der Anteile, zB von latenten Wertaufholungsverpflichtungen.[89]

Beispiel:[90] Aus der A-GmbH wird ein Teilbetrieb auf die neu gegründete B-GmbH abgespalten. Das auf die B-GmbH abgespaltene Vermögen hat einen gemeinen Wert iHv 40 vH des vor der Spaltung bestehenden gesamten gemeinen Werts. Werden die Anteilseigner der A-GmbH an der B-GmbH zum gleichen Verhältnis beteiligt, sind die Anschaffungskosten bzw. die Buchwerte im Verhältnis 60 zu 40 auf die Anteile an der A-GmbH und der B-GmbH aufzuteilen. Latente Wertaufholungsverpflichtungen und andere steuerliche Merkmale gehen ebenfalls zu 40 % auf die Anteile an der B-GmbH über.

---

84 Vgl. Rödder/Herlinghaus/van Lishaut/*Neumann* UmwStG § 13 Rn. 85.
85 Vgl. Rödder/Herlinghaus/van Lishaut/*Neumann* UmwStG § 13 Rn. 86.
86 Vgl. Rödder/Herlinghaus/van Lishaut/*Neumann* UmwStG § 13 Rn. 87.
87 Vgl. Dötsch/Pung/Möhlenbrock/*Dötsch/Werner* UmwStG § 13 Rn. 63.
88 Vgl. Dötsch/Pung/Möhlenbrock/*Dötsch/Werner* UmwStG § 13 Rn. 63.
89 Vgl. Rödder/Herlinghaus/van Lishaut/*Neumann* UmwStG § 13 Rn. 87.
90 Beispiel in Anlehnung an Rödder/Herlinghaus/van Lishaut/*Neumann* UmwStG § 13 Rn. 87.

§ 14 (weggefallen)

Vierter Teil
Aufspaltung, Abspaltung und Vermögensübertragung (Teilübertragung)

§ 15 Aufspaltung, Abspaltung und Teilübertragung auf andere Körperschaften

(1) ¹Geht Vermögen einer Körperschaft durch Aufspaltung oder Abspaltung oder durch Teilübertragung auf andere Körperschaften über, gelten die §§ 11 bis 13 vorbehaltlich des Satzes 2 und des § 16 entsprechend. ²§ 11 Abs. 2 und § 13 Abs. 2 sind nur anzuwenden, wenn auf die Übernehmerinnen ein Teilbetrieb übertragen wird und im Falle der Abspaltung oder Teilübertragung bei der übertragenden Körperschaft ein Teilbetrieb verbleibt. ³Als Teilbetrieb gilt auch ein Mitunternehmeranteil oder die Beteiligung an einer Kapitalgesellschaft, die das gesamte Nennkapital der Gesellschaft umfasst.

(2) ¹§ 11 Abs. 2 ist auf Mitunternehmeranteile und Beteiligungen im Sinne des Absatzes 1 nicht anzuwenden, wenn sie innerhalb eines Zeitraums von drei Jahren vor dem steuerlichen Übertragungsstichtag durch Übertragung von Wirtschaftsgütern, die kein Teilbetrieb sind, erworben oder aufgestockt worden sind. ²§ 11 Abs. 2 ist ebenfalls nicht anzuwenden, wenn durch die Spaltung die Veräußerung an außenstehende Personen vollzogen wird. ³Das Gleiche gilt, wenn durch die Spaltung die Voraussetzungen für eine Veräußerung geschaffen werden. ⁴Davon ist auszugehen, wenn innerhalb von fünf Jahren nach dem steuerlichen Übertragungsstichtag Anteile an einer an der Spaltung beteiligten Körperschaft, die mehr als 20 Prozent der vor Wirksamwerden der Spaltung an der Körperschaft bestehenden Anteile ausmachen, veräußert werden. ⁵Bei der Trennung von Gesellschafterstämmen setzt die Anwendung des § 11 Abs. 2 außerdem voraus, dass die Beteiligungen an der übertragenden Körperschaft mindestens fünf Jahre vor dem steuerlichen Übertragungsstichtag bestanden haben.

(3) Bei einer Abspaltung mindern sich verrechenbare Verluste, verbleibende Verlustvorträge, nicht ausgeglichene negative Einkünfte, ein Zinsvortrag nach § 4h Absatz 1 Satz 5 des Einkommensteuergesetzes und ein EBITDA-Vortrag nach § 4h Absatz 1 Satz 3 des Einkommensteuergesetzes der übertragenden Körperschaft in dem Verhältnis, in dem bei Zugrundelegung des gemeinen Werts das Vermögen auf eine andere Körperschaft übergeht.

Literatur:

Braatz/Brühl, Zur Anwendbarkeit der umwandlungssteuerlichen Regeln über die Abspaltung bei Übertragung des wirtschaftlichen Eigentums, Ubg 2015, 122; *Broemel/Kölle*, Die BFH-Rechtsprechung zu § 15 Abs. 2 S. 3–4 UmwStG – Neue Freiheiten für steuerliche Umstrukturierungen und ihre Grenzen, DStR 2022, 513; *Bumiller*, Die Nachveräußerungssperre bei Spaltungen, NWB 2019, 1738; *Flick/Gocke/Schaumburg/Bundesverband der Deutschen Industrie* (Hrsg.), Der Umwandlungssteuer-Erlass 2011. Erläuterungen aus Unternehmens- und Beratungspraxis, 2012 (zit.: *Autor* in Der Umwandlungssteuererlass 2011, S.); *Fuhrmann*, Reichweite der Steuerneutralität bei Abwärts- und Seitwärtsabspaltungen und -verschmelzungen auf eine andere Kapitalgesellschaft, NZG 2013, 857; *Gebert*, Das doppelte Teilbetriebserfordernis des § 15 UmwStG – Gemeinsam genutzte Betriebsimmobilien als Hindernis für die Steuerneutralität der Abspaltung?, DStR 2010, 1774; *Hageböke*, Sind alle Umwandlungen „Veräußerungen"? – Kritische Anmerkungen zur neuen Ausgangsthese der Finanzverwaltung im UmwStEE, Ubg 2011, 689; *Heurung/Engel/Schröder*, Auf- und Abspaltung von Körperschaften – Analyse des Entwurfs eines BMF-Schreibens zur Anwendung des UmwStG 2006, GmbHR 2011, 617; *Heurung/Engel/Schröder*, Ausgewählte Zweifel- und Praxisfragen zur Spaltung nach dem UmwSt-Erlass 2011, GmbHR 2012, 273–280; *Heß*, Spaltung von Kapitalgesellschaften, Steuerliche Gestaltungsmöglichkeiten bei der Trennung von Gesellschafterstämmen, NWB, 2019, 1473; *Kessler/Philipp*, Steuerlicher Übertragungsstichtag als maßgeblicher Zeitpunkt für das Vorliegen der Teilbetriebsvoraussetzung? Anmerkungen zur geplanten Änderung der Verwaltungsauffassung, DStR 2011, 1065; *Löffler/Hansen*, Veräußerung von Anteilen an der Muttergesellschaft nach upstream-Abspaltung als Anwendungsfall von § 15 Abs. 2 Satz 4 UmwStG?, DB 2010, 1369; *Meilicke/Scholz*, Diskriminierungsfreie Besteuerung von Dividenden und Abspaltungen, DB 2017, 871 ff.; *Möbus/Posnak/Hansen*, Behandlung von Verbindlichkeiten aus Ergebnisabführungsverträgen im Rahmen von Übertragungen eines Teilbetriebs, Ubg 2013, 146 ff.; *Mylich*, Die Verfassungswidrigkeit des anteiligen Untergangs von Verlustvorträgen beim übertragenden Rechtsträger nach einer Abspaltung, FR 2019, 537; *Neumann*, Spaltung von Kapitalgesellschaften nach dem UmwSt-Erlass 2011, GmbHR 2012, 141; *Petersen/Ortjohann/Hinz*, Abspaltung zu Null – Antrag auf Buchwertfortführung beim verbleibenden Gesellschafter, BB 2016, 405 ff.; *Prinz*, Globalisierung des deutschen Umwandlungssteuerrechts durch das KöMoG, FR 2021, 561; *Riepold*, Besteuerung der Auf- und Abspaltung von Kapitalgesellschaften, StuB 2014, 96; *Ropohl*, Übertragung einzelner Funktionsbereiche am Beispiel von Produktionsunternehmen, DB 2014, 2673; *Ruoff/Beutel*, Die ertragsteuerliche Behandlung von nichtverhältniswahrenden Auf- und Abspaltungen von Kapitalgesellschaften, DStR 2015, 609 ff.; *Schmitt*, Auf- und Abspaltung von Kapitalgesellschaften. Anmerkungen zum Entwurf des Umwandlungssteuererlasses, DStR 2011, 1108; *Scholten/Griemla*, Zuordnung von Einzelwirtschaftsgütern zu fiktiven Teilbetrieben nach Tz. 15.09 des UmwSt-Erlasses, DStR 2008, 1172; *Schumacher/Neitz-Hackstein*, Verschmelzung und Spaltung zwischen inländischen Kapitalgesellschaften, Ubg 2011, 409; *Schwedhelm*, Neue Restriktionen bei der Auf- und Abspaltung von Kapitalgesellschaften. Fallstricke des neuen UmwSt-Erlasses, GmbH-StB 2012, 249; *Sistermann/Beutel*, Spaltung und Begründung von wirtschaftlichem Eigentum. Gestaltungsmöglichkeiten nach dem Entwurf des Umwandlungssteuer-Erlasses vom 2.5.2011, DStR 2011, 1162; *Wilke*, Abspaltung: Anforderungen des § 15 Abs. 1 S. 2 UmwStG n. F. (SEStEG) an das bei der übertragenden Körperschaft verbleibende Vermögen, FR 2009, 216.

A. Normzweck	1
I. Regelungsinhalt	4
II. Aufbau der Vorschrift	6
B. Inhalt	8
I. Anwendungsbereich (Abs. 1 S. 1)	8
1. Aufspaltung	9
2. Abspaltung	10
3. Teilübertragung	13
4. Auf- und Abspaltung als abschließende Aufzählung	14
5. Vergleichbare ausländische Vorgänge	15
II. Anwendung der §§ 11–13	17
1. Anwendung des § 11 auf Ebene der übertragenden Körperschaft	18
2. Anwendung des § 12 auf Ebene der übernehmenden Körperschaft	27
3. Anwendungen des § 13 auf Ebene der Anteilseigner der übertragenden Körperschaft	33
III. Teilbetriebsübertragung als Buchwertvoraussetzung (Abs. 1 S. 2)	34
1. Begriff des Teilbetriebs	35
a) Teilbetriebsbegriff der Rechtsprechung	36
b) Europäischer Teilbetriebsbegriff	37
2. Zuordnung wesentlicher Betriebsgrundlagen	42
3. Entscheidender Zeitpunkt für Vorliegen der Teilbetriebsvoraussetzungen	47
IV. Doppeltes Teilbetriebserfordernis bei Abspaltung und Teilübertragung	50
V. Mitunternehmeranteile und Kapitalgesellschaftsbeteiligungen als Teilbetrieb (fiktiver Teilbetrieb, Abs. 1 S. 3)	51
1. Mitunternehmeranteil	52
a) Zugehörigkeit des Sonderbetriebsvermögens und Zuordnung sonstiger Wirtschaftsgüter zu dem Mitunternehmeranteil	54
b) Entscheidender Zeitpunkt für Vorliegen eines fiktiven Teilbetriebs	56
2. Beteiligung an einer Kapitalgesellschaft	57
a) Begriff der Kapitalgesellschaft	57
b) Das gesamte Nennkapital der Gesellschaft umfassend	59
3. Zuordnung von Wirtschaftsgütern zu fiktivem Teilbetrieb	61
VI. Weitere Voraussetzungen des Bewertungswahlrechts des § 11 Abs. 2	64
1. Aufstockung der Beteiligung innerhalb von drei Jahren	68
a) Erwerb oder Aufstockung	70
b) Übertragung von Wirtschaftsgütern, die keinen Teilbetrieb darstellen	73
c) Dreijahreszeitraum	75
2. Vollzug oder Vorbereitung der Veräußerung an außenstehende Personen	76
a) Begriff der Veräußerung	80
b) Veräußerung an außenstehende Personen	86
c) Vollzug der Veräußerung durch die Spaltung	87
d) Schaffung der Veräußerungsvoraussetzungen durch die Spaltung	89
e) Veräußerung innerhalb von fünf Jahren nach dem steuerlichen Übertragungsstichtag	93
f) Anteile an einer an der Spaltung beteiligten Körperschaft	94
g) Mehr als 20 % der Anteile	98

3.	Trennung von Gesellschafterstämmen ..	105	
a)	Gesellschafterstamm	106	
b)	Trennung von Gesellschafterstämmen	108	

c) Fünfjährige Vorbesitzzeit 110
VII. **Folgen der Abspaltung für Verluste, negative Einkünfte, Verlust-, Zins- und EBITDA Vorträge** 113

A. Normzweck

In den §§ 15, 16, dem Vierten Teil des UmwStG, sind die steuerlichen Regelungen für die Aufspaltung, Abspaltung und die Vermögensübertragung (Teilübertragung) geregelt. In § 15 sind hierbei die Regelungen zur Aufspaltung, Abspaltung und Teilübertragung auf eine andere Körperschaft geregelt, während in § 16 die steuerlichen Regelungen zur Aufspaltung oder Abspaltung auf eine Personengesellschaft enthalten sind. Im Verhältnis zum Zivilrecht, wo in § 123 UmwG sämtliche Formen der Spaltung geregelt sind, enthält § 15 nur die steuerlichen Vorschriften für die Aufspaltung und die Abspaltung. Die dritte Form der Spaltung, die Ausgliederung, wird steuerrechtlich als Form der Einbringung angesehen und ist in den §§ 20 bzw. 24 geregelt. 1

Hinsichtlich der Rechtsfolgen der Aufspaltung und Abspaltung verweist § 15 auf die Regelungen zur Verschmelzung zweier Kapitalgesellschaften in den §§ 11–13. Die Aufspaltung und Abspaltung wird somit nach der Systematik des UmwStG in der Fassung des SEStEG als Teilverschmelzung angesehen. 2

Im Unterschied zu § 15 in der Fassung des UmwStG 1995 sind die Regelungen der Verschmelzung grundsätzlich auch dann auf eine Aufspaltung bzw. Abspaltung anzuwenden, wenn die besonderen Voraussetzungen des § 15 Abs. 1 S. 2, Abs. 2 nicht vorliegen. Die besonderen Voraussetzungen des § 15 Abs. 1 S. 2, Abs. 2 regeln nach der Systematik des § 15 nF lediglich die Voraussetzungen, unter denen nach § 11 Abs. 2 bzw. § 13 Abs. 2 der Buchwertansatz auf Ebene der übertragenen Körperschaft bzw. der Anteilseigner möglich ist. Die in § 15 ebenfalls geregelte Teilübertragung iSd § 174 UmwG spielt in der Praxis nur eine untergeordnete Rolle. Dies liegt zum einen an dem eingeschränkten Anwendungsbereich der Vermögensübertragung, der gemäß § 175 UmwG auf die Übertragung von Vermögen von einer Kapitalgesellschaft auf den Bund, ein Land oder eine andere Gebietskörperschaft bzw. von einer Versicherungsaktiengesellschaft auf Versicherungsvereine auf Gegenseitigkeit oder öffentlich-rechtliche Versicherungsunternehmen begrenzt ist. Daneben ist zu beachten, dass die Vermögensübertragung regelmäßig gegen Gewährung einer Gegenleistung erfolgt, die nicht in Anteilen oder Mitgliedschaftsrechten besteht, so dass der Buchwertansatz regelmäßig nach § 11 Abs. 2 S. 1 Nr. 3 ausgeschlossen sein wird.[1] 3

I. Regelungsinhalt

Nach Ansicht der Finanzverwaltung stellen Umwandlungen auf Ebene des übertragenden Rechtsträgers sowie des übernehmenden Rechtsträgers grundsätzlich Veräußerungen und Anschaffungsvorgänge hinsichtlich des übertragenen Vermögens dar.[2] Ohne die Regelung des § 15 wäre demnach die Abspaltung als Veräußerung der übertragenen Vermögensgegenstände zu qualifizieren. Die Aufspaltung wäre demgegenüber als Übertragung im Rahmen der Liquidation der Gesellschaft zu qualifizieren. Beide Vorgänge würden zu einer uneingeschränkten Aufdeckung der in dem Vermögen der 4

---

[1] Vgl. Rödder/Herlinghaus/van Lishaut/*Schumacher* UmwStG § 15 Rn. 6.

[2] Vgl. BMF v. 11.11.2011, BStBl. I 2011, 1314, Rn. 00.02; kritisch hierzu *Hageböke* Ubg 2011, 689.

Kapitalgesellschaft befindlichen stillen Reserven führen. Die Übertragung des Vermögens im Rahmen der Liquidation der Gesellschaft würde auch zu einer Besteuerung auf Anteilseignerebene führen. Unter den in § 15 geregelten Voraussetzungen ermöglicht das UmwStG eine steuerneutrale Übertragung von bestimmten Vermögensteilen auf eine andere Körperschaft sowohl auf Ebene der übertragenden Körperschaft als auch auf Ebene der Anteilseigner durch eine entsprechende Anwendung der für die Verschmelzung zweier Kapitalgesellschaften geltenden Regelungen der §§ 11, 13. Grundvoraussetzung für die Steuerneutralität der Vermögensübertragung ist nach § 15, dass eine Gesamtheit von Wirtschaftsgütern, der sogenannte Teilbetrieb, im Wege der Gesamtrechtsnachfolge auf eine andere Körperschaft übergeht. Übertragungen im Wege der Einzelrechtsnachfolge sind grundsätzlich nicht nach § 15 begünstigt. In der Unternehmenspraxis spielt § 15 eine erhebliche Rolle, da die Vorschrift die Aufteilung und Neuordnung bestehender betrieblicher Aktivitäten auf unterschiedliche Gesellschaften ermöglicht. Zu den erheblichen Einschränkungen, die die Anwendbarkeit des § 15 durch die Neudefinition des Teilbetriebsbegriffs durch die Finanzverwaltung erfahren hat, → Rn. 37 ff.

5 Neben der sogenannten verhältniswahrenden Spaltung, bei der alle Anteilseigner der zu spaltenden Gesellschaft auch an den aufnehmenden Gesellschaften beteiligt sind, ermöglicht § 15 auch die Aufteilung einer bestehenden Gesellschaft auf die verschiedenen Gesellschafterstämme, indem nach der Aufspaltung jeder Gesellschafterstamm nur noch an einer der aufnehmenden Gesellschaften beteiligt ist.[3]

Da § 15 die steuerneutrale Übertragung von Vermögensteilen von einer Kapitalgesellschaft auf die andere Kapitalgesellschaft ermöglicht, sieht der Gesetzgeber bei der Anwendung von § 15 ein erhebliches Missbrauchsrisiko dahin gehend, dass Steuerpflichtige versuchen, einzelne Wirtschaftsgüter durch eine vorherige Spaltung im Rahmen eines von § 8b KStG begünstigten share deals veräußern zu können anstelle eines regulär steuerpflichtigen asset deals. Um dies zu verhindern, hat der Gesetzgeber in § 15 Abs. 2 umfangreiche Restriktionen für den Buchwertansatz sowie Vorbehaltens- und Nachbehaltensfristen vorgesehen (→ Rn. 64 ff.).

II. Aufbau der Vorschrift

6 Während § 15 Abs. 1 den grundsätzlichen Anwendungsbereich der Regelung definiert und die Grundvoraussetzung der Anwendbarkeit der §§ 11 Abs. 2, 13 Abs. 2 festlegt, sind in § 15 Abs. 2 die bereits erwähnten Missbrauchsverhinderungsvorschriften enthalten.

7 § 15 Abs. 3 regelt vergleichbar zu § 4 Abs. 2 S. 2 (→ § 4 Rn. 13), dass verrechenbare Verluste, verbleibende Verlustvorträge, nicht ausgeglichene negative Einkünfte, sowie ein Zinsvortrag nach § 4h Abs. 1 S. 5 EStG und ein EBITDA-Vortrag nach § 4h Abs. 1 S. 3 EStG nicht auf die übernehmende Körperschaft übergehen, sondern verhältnismäßig untergehen.

---

3 Zu den besonderen Voraussetzungen der Trennung der Gesellschafterstämme s. § 15 Abs. 2 S. 5, → Rn. 105.

B. Inhalt

I. Anwendungsbereich (Abs. 1 S. 1)

Nach § 1 Abs. 1 Nr. 1 ist der Zweite bis Fünfte Teil des UmwStG, dh die §§ 3–19 für die Verschmelzung, Aufspaltung und Abspaltung iSd §§ 2 und 123 Abs. 1, 2 UmwG von Körperschaften oder vergleichbare ausländische Vorgänge anwendbar. § 15 gilt somit für die Aufspaltung und Abspaltung iSd §§ 2 und 123 Abs. 1, 2 UmwG sowie vergleichbare ausländische Vorgänge.[4]

Nach § 1 Abs. 1 Nr. 4 gilt der Zweite bis Fünfte Teil ferner für die Vermögensübertragung iSd § 174 UmwG.[5]

1. Aufspaltung

Nach § 123 Abs. 1 UmwG kann ein Rechtsträger unter Auflösung ohne Abwicklung sein Vermögen aufspalten zur Aufnahme oder Neugründung durch gleichzeitige Übertragung der Vermögensteile jeweils als Gesamtheit auf andere von ihm gegründete neue Rechtsträger gegen Gewährung von Anteilen oder Mitgliedschaften dieser Rechtsträger an die Anteilseigner der übertragenden Rechtsträger. Entscheidendes Kennzeichen der Aufspaltung ist somit die Vermögensübertragung auf mehrere übernehmende Rechtsträger im Wege der (partiellen) Gesamtrechtsnachfolge gegen Gewährung von Anteilen an den übernehmenden Rechtsträgern an die Anteilseigner der übertragenden Körperschaft. Nach § 125 UmwG sind auf die Spaltung die Regelungen zur Verschmelzung entsprechend anzuwenden. Hieraus folgt, dass auch bei einer Spaltung ein Verzicht der Anteilseigner auf die Gewährung neuer Anteile gemäß § 54 Abs. 1 S. 3 UmwG möglich ist. Ob in diesen Fällen der nicht verhältniswahrenden Spaltung für die Besteuerung des Anteilseigners § 13 zur Anwendung kommt, ist in der Literatur umstritten.[6]

Nach § 1 Abs. 1 Nr. 1 UmwStG iVm §§ 124 und 3 Abs. 1 Nr. 2–6 UmwG können an der Spaltung neben Kapitalgesellschaften auch eingetragene Genossenschaften, eingetragene Vereine, genossenschaftliche Prüfungsverbände und Versicherungsvereine auf Gegenseitigkeit beteiligt sein. Für eingetragene Vereine, genossenschaftliche Prüfungsverbände und Versicherungsvereine auf Gegenseitigkeit sind jedoch die Sonderregelungen der §§ 149 Abs. 2, 150 und 151 UmwG zu beachten. Gemäß § 149 Abs. 2 UmwG kann ein eingetragener Verein als übernehmender Rechtsträger im Wege der Spaltung nur andere eingetragene Vereine aufnehmen. Die Spaltung von genossenschaftlichen Prüfungsverbänden und Versicherungsvereinen auf Gegenseitigkeit ist grundsätzlich nur zur Aufnahme durch einen anderen genossenschaftlichen Prüfungsverband oder Versicherungsverein auf Gegenseitigkeit zulässig.[7]

2. Abspaltung

Nach § 123 Abs. 2 UmwG kann ein Rechtsträger von seinem Vermögen einen Teil oder mehrere Teile abspalten zur Aufnahme oder Neugründung durch Übertragung dieses Teils oder dieser Teile jeweils als Gesamtheit auf einen oder mehrere bestehende oder

---

[4] Zu den Anforderungen an den vergleichbaren ausländischen Vorgang → § 1 Rn. 46 ff.; Widmann/Mayer/*Schießl* UmwStG § 15 Rn. 15 und Widmann/Mayer/*Widmann* UmwStG § 1 Rn. 16 ff.; zur gebotenen Ausweitung der Anwendung auf Drittstaatenfälle vgl. *Meilicke/Scholz* DB 2017, 871.

[5] Vgl. Schmitt/Hörtnagl/*Hörtnagl* UmwStG § 15 Rn. 18.

[6] *Petersen/Ortjohann/Hinz* BB 2016, 405 ff.; *Ruoff/Beutel* DStR 2015, 609.

[7] Zu den Möglichkeiten der Spaltungen vgl. auch BMF v. 11.11.2011, BStBl. I 2011, 1314, Rn. 01.17; Rödder/Herlinghaus/van Lishaut/*Schumacher* UmwStG § 15 Rn. 20.

von ihm neu gegründete Rechtsträger gegen Gewährung von Anteilen dieses Rechtsträgers an die Anteilsinhaber des übertragenden Rechtsträgers. Von der Aufspaltung unterscheidet sich die Abspaltung somit in erster Linie dadurch, dass der übertragende Rechtsträger bei der Abspaltung erhalten bleibt und lediglich ein Teil seines Vermögens auf einen anderen Rechtsträger überträgt.

11 Der aus zivilrechtlicher Sicht erforderliche Inhalt des Spaltungs- und Übernahmevertrages ist in § 126 UmwG geregelt. Hierzu zählen insbes. die aus steuerlicher Sicht maßgeblichen Vereinbarungen über den Spaltungsstichtag, das Umtauschverhältnis der Anteile und ggf. Regelungen zu baren Zuzahlungen sowie die Zuordnung der einzelnen Vermögensgegenstände zu den übertragenden Rechtsträgern. Mit der genauen Beschreibung der den einzelnen übernehmenden Rechtsträgern zuzuordnenden Wirtschaftsgütern iSd § 126 Abs. 1 Nr. 9 UmwG in dem Spaltungsvertrag steht und fällt in der Praxis die Möglichkeit der steuerneutralen Auf- bzw. Abspaltung, da diese Beschreibung maßgeblich dafür ist, ob das Teilbetriebserfordernis des § 15 eingehalten wurde (→ Rn. 35 ff.). Zu den übrigen zivilrechtlichen Voraussetzungen der Spaltung vgl. die Kommentierung zu §§ 123 ff. UmwG.

12 Auf- und Abspaltung sind grundsätzlich sowohl auf bestehende bzw. neugegründete Schwestergesellschaften (sidestream) als auch auf bestehende bzw. neugegründete Tochtergesellschaften (downstream) möglich. Da das Gesetz keine besonderen Regelungen zu den Beteiligungsverhältnissen der beteiligten Gesellschaften vorsieht, ist auch eine Abspaltung auf die Muttergesellschaft (upstream-Spaltung) möglich.[8] Wie in → Rn. 9 dargestellt, kann bei der Auf- bzw. Abspaltung in entsprechender Anwendung des § 54 UmwG auf die Gewährung neuer Anteile verzichtet werden. Für die Ausgliederung, die steuerlich als Einbringung iSd § 20 qualifiziert wird, ist die Gewährung neuer Anteile zwingendes Tatbestandsmerkmal des § 20, so dass für eine steuerneutrale Ausgliederung zum Buchwert die Gewährung neuer Anteile zwingend vorgeschrieben ist. Durch eine downstream-Abspaltung unter Verzicht auf die Gewährung neuer Anteile kann wirtschaftlich das gleiche Ergebnis wie bei einer steuerrechtlich nicht zulässigen Ausgliederung unter Verzicht auf die Gewährung neuer Anteile erreicht werden. Nach der wohl herrschenden Ansicht in der Literatur ist diese Gestaltung dennoch zulässig und stellt keinen Missbrauch von Gestaltungsmöglichkeiten dar.[9]

3. Teilübertragung

13 Inhaltlich entspricht die in § 174 Abs. 2 UmwG geregelte Teilübertragung vollumfänglich der Auf- bzw. Abspaltung nach § 123 UmwG. Der einzige Unterschied besteht in den beteiligten Rechtsträgern. Die Teilübertragung ist jeweils nur möglich:

- Erstens von einer Kapitalgesellschaft auf den Bund, ein Land, eine Gebietskörperschaft oder einen Zusammenschluss von Gebietskörperschaften;
- Zweitens von einer Versicherungsaktiengesellschaft auf Versicherungsvereine auf Gegenseitigkeit oder auf öffentlich-rechtliche Versicherungsunternehmen bzw. von

---

[8] Vgl. zu den möglichen Fallgruppen der Spaltung Sagasser/Bula/Brünger Umwandlungen/Sagasser/Bultmann § 18 Rn. 4 ff.
[9] Rödder/Herlinghaus/van Lishaut/Schumacher UmwStG § 15 Rn. 32; aus zivilrechtlicher Sicht zweifelnd Kölner Komm UmwG/Simon § 126 Rn. 30, der betont, dass anderenfalls kein Unterschied mehr zwischen Ausgliederung und Abspaltung bestünde; die Möglichkeit des Verzichts auf die Anteilsgewährung bejahend, Lutter/Priester UmwG § 126 Rn. 26; bzgl. der praktischen Bedeutung vgl. Neumann GmbHR 2012, 141.

einem Versicherungsverein auf Gegenseitigkeit auf Versicherungsaktiengesellschaften oder auf öffentlich-rechtliche Versicherungsunternehmen und
- Drittens von einem öffentlich-rechtlichen Versicherungsunternehmen auf Versicherungsaktiengesellschaften oder auf Versicherungsvereine auf Gegenseitigkeit (§ 175 UmwG).

Insofern wird nachfolgend auf die Teilübertragung nicht mehr im Einzelnen eingegangen (bezüglich der Besonderheit der Teilübertragung aufgrund der Gewährung anderer Gegenleistung → Rn. 3).

4. Auf- und Abspaltung als abschließende Aufzählung

Die Auflistung des Anwendungsbereichs des § 15 in § 1 Abs. 1 Nr. 1 ist abschließend. Dies folgt schon aus dem eindeutigen Wortlaut des § 1 Abs. 1, wonach der Zweite bis Fünfte Teil **nur** für die Auf- und Abspaltung iSd §§ 2, 123 Abs. 1, 2 UmwG gilt. Sofern das wirtschaftliche Ergebnis einer Auf- oder Abspaltung durch anderweitige zivilrechtliche Gestaltungen erreicht wird, führen diese regelmäßig zur vollständigen Aufdeckung der stillen Reserven.[10]

14

5. Vergleichbare ausländische Vorgänge

Seit der Öffnung des UmwStG für grenzüberschreitende Umwandlungsvorgänge durch das SEStEG ist das UmwStG auch auf vergleichbare ausländische Vorgänge anzuwenden. Ein ausländischer Vorgang liegt dann vor, wenn auf den übertragenden Rechtsträger oder den übernehmenden Rechtsträger das UmwG nach den allgemeinen kollisionsrechtlichen Grundsätzen keine Anwendung findet.[11] Auch für ausländische Vorgänge gilt grundsätzlich die Maßgeblichkeit des Gesellschaftsrechts, so dass Grundvoraussetzung für eine Anwendbarkeit des Steuerrechts die zivilrechtliche Wirksamkeit des Umwandlungsvorgangs nach dem jeweils anzuwendenden Gesellschaftsrecht ist.[12] Ein Vorgang ist mit einer deutschen Abspaltung oder Aufspaltung vergleichbar, wenn er seinem Wesen nach einer Auf- oder Abspaltung iSd UmwG entspricht. Hierfür sind zum einen die Vergleichbarkeit der beteiligten Rechtsträger und zum anderen die Rechtsnatur bzw. Rechtsfolgen des Umwandlungsvorgangs (sog. Strukturmerkmale) maßgeblich.[13] Die maßgeblichen Strukturmerkmale einer Aufspaltung sind nach Ansicht der Finanzverwaltung folgende:

15

- die Übertragung des gesamten Aktiv- und Passivvermögens eines Rechtsträgers auf mindestens zwei übernehmende Rechtsträger,
- aufgrund eines Rechtsgeschäfts,
- kraft Gesetzes,
- gegen Gewährung von Anteilen an dem übernehmenden Rechtsträger an die Anteilsinhaber des übertragenden Rechtsträgers und
- unter Auflösung ohne Abwicklung des übertragenden Rechtsträgers.[14]

Für die Abspaltung gelten insofern die gleichen Strukturmerkmale mit der Ausnahme, dass auch die Übertragung auf einen einzigen Rechtsträger zulässig sein soll. Während

16

---

10 Vgl. Dötsch/Pung/Möhlenbrock/*Dötsch/Stimpel* UmwStG § 15 Rn. 13; Rödder/Herlinghaus/van Lishaut/*Schumacher* UmwStG § 15 Rn. 48.
11 BMF v. 11.11.2011, BStBl. I 2011, 1314, Rn. 01.20.
12 BMF v. 11.11.2011, BStBl. I 2011, 1314, Rn. 01.23.
13 BMF v. 11.11.2011, BStBl. I 2011, 1314, Rn. 01.24.
14 BMF v. 11.11.2011, BStBl. I 2011, 1314, Rn. 01.33.

die Definition dieser Strukturmerkmale im Sinne einer rechtssicheren Prüfung der Vergleichbarkeit ausländischer Vorgänge eindeutig zu begrüßen ist, ist gleichzeitig zu kritisieren, dass sich die Finanzverwaltung durch die Forderung sonstiger Vergleichskriterien wie zB Höhe der zulässigen Zuzahlung[15] oder Kapitalerhöhungsverbote bzw. -Wahlrechte[16] Beurteilungsspielräume offen hält. Hierdurch wird eine Rechtsunsicherheit erzeugt, die im Ergebnis dazu führt, dass eine Umwandlung auf Basis eines ausländischen Rechtsvorgangs nur auf Basis einer verbindlichen Auskunft erfolgen kann.[17]

Nach dem durch Gesetz vom 25.6.2021 aufgehobenen[18] § 1 Abs. 2 galt der Zweite bis Fünfte Teil nur, wenn die übertragenden und übernehmenden Rechtsträger nach den Rechtsvorschriften eines Mitgliedstaats der EU oder des EWR gegründete Gesellschaften sind. Jedenfalls für die Anteilseigner des übertragenden Rechtsträgers war diese Sichtweise schon immer zu eng, da Abspaltungen am Maßstab der Kapitalverkehrsfreiheit zu messen sind und über die Fusions-RL somit auch für Drittstaatenspaltungen die Steuerfreiheit auf Ebene der Anteilseigner sichergestellt werden muss.[19] Durch die Aufhebung des § 1 Abs. 2 hat der Gesetzgeber die Grundlage für die Internationalisierung des Umwandlungssteuerrechts geschaffen, so dass es für die Anwendbarkeit der Regelungen nur noch auf die sachlichen Voraussetzungen des § 1 Abs. 1 ankommt.[20]

II. Anwendung der §§ 11–13

17 Für die Rechtsfolgen der Spaltung und damit auch für die grundsätzlichen Voraussetzungen eines Buchwertansatzes sowohl auf Ebene der Gesellschaft als auch auf Ebene der Anteilseigner verweist § 15 Abs. 1 auf die §§ 11–13, dh auf die Regelungen zur Verschmelzung zweier Kapitalgesellschaften. Daneben stellt § 15 Abs. 1 S. 2, Abs. 2 weitere Voraussetzungen auf, die erfüllt sein müssen, damit § 11 Abs. 2 und § 13 Abs. 2, dh die Regelungen über das Bewertungswahlrecht anwendbar sind. Hieraus folgt, dass die Voraussetzungen für eine Steuerneutralität der Spaltung durch Ansatz der Buchwerte im Ergebnis wesentlich strenger sind als die Voraussetzungen für eine steuerneutrale Verschmelzung zweier Kapitalgesellschaften nach §§ 11 ff.

1. Anwendung des § 11 auf Ebene der übertragenden Körperschaft

18 Aus dem Verweis auf § 11 ergeben sich folgende Voraussetzungen für die Spaltung: Die übertragende Kapitalgesellschaft muss auf den steuerlichen Spaltungsstichtag eine steuerliche Schlussbilanz erstellen. Diese steuerliche Schlussbilanz umfasst jedoch nur den Teil des Vermögens der übertragenden Gesellschaft, der im Wege der Spaltung übertragen werden soll. Bei der Abspaltung eines Teilbetriebs muss insofern nur für diesen abzuspaltenden Teilbetrieb eine steuerliche Schlussbilanz erstellt werden.[21]

19 Wenn die besonderen Voraussetzungen des § 15 Abs. 1 S. 2, Abs. 2 sowie die Voraussetzungen des § 11 Abs. 2 erfüllt sind, hat die übertragende Gesellschaft grundsätzlich das Wahlrecht, das übergehende Vermögen in der steuerlichen Schlussbilanz auf den

---

15 BMF v. 11.11.2011, BStBl. I 2011, 1314, Rn. 01.40.
16 BMF v. 11.11.2011, BStBl. I 2011, 1314, Rn. 01.35.
17 Vgl. zur Kritik an den sonstigen Vergleichskriterien auch *Sieker/Schänzle/Kaeser* in Der Umwandlungssteuererlass 2011, Kommentierung zu Rn. 01.30; zu den vergleichbaren ausländischen Vorgängen → § 1 Rn. 46 ff.
18 BGBl. 2021 I 2050.
19 *Meilicke/Scholz* DB 2017, 871 ff.; vgl. auch *Krauß/Köster* BB 2017, 924.
20 Vgl. zur Globalisierung des deutschen Umwandlungssteuerrechts, *Prinz* FR 2021, 561.
21 BMF v. 11.11.2011, BStBl. I 2011, 1314, Rn. 15.14; *Dötsch/Pung/Möhlenbrock/Dötsch/Stimpel* UmwStG § 15 Rn. 380.

Spaltungsstichtag entweder mit dem Buchwert, dem gemeinen Wert oder einem Zwischenwert anzusetzen.

Für den Buchwert gilt die Definition des § 1 Abs. 5 Nr. 4, dh es handelt sich um den Wert, der sich nach den steuerrechtlichen Vorschriften über die Gewinnermittlung in einer für den steuerlichen Übertragungsstichtag aufzustellenden Steuerbilanz ergibt. Eine Definition des gemeinen Werts enthält das UmwStG nicht. Insofern muss auf die Definition des gemeinen Werts in § 9 Abs. 2 BewG zurückgegriffen werden, wonach der gemeine Wert dem Preis entspricht, der im gewöhnlichen Geschäftsverkehr bei einer Veräußerung des Wirtschaftsguts zu erzielen wäre. Nach Ansicht der Finanzverwaltung ist im Rahmen des UmwStG bei der Bestimmung des gemeinen Wertes jeweils nicht auf das einzelne Wirtschaftsgut, sondern auf die zu übertragende Sachgesamtheit abzustellen.[22]   20

Nach Ansicht der Finanzverwaltung bildet der gemeine Wert grundsätzlich die absolute Wertobergrenze, dh in Fällen, in denen der gemeine Wert der zu übertragenden Sachgesamtheit niedriger ist als der Buchwert der zu übertragenden Vermögensgegenstände scheidet ein Buchwertansatz aus.[23]   21

Das Bewertungswahlrecht bezieht sich grundsätzlich nur auf die zu übertragenden Wirtschaftsgüter, die in der steuerlichen Schlussbilanz der übertragenen Körperschaft zu erfassen sind. Das bei der übertragenden Körperschaft verbleibende Vermögen ist zwingend weiterhin mit dem Buchwert anzusetzen.[24]   22

Nach § 15 iVm § 11 Abs. 2 ist die Möglichkeit des Buchwertansatzes von folgenden Grundvoraussetzungen abhängig: 23

1. Es muss sichergestellt sein, dass die Wirtschaftsgüter später bei der übernehmenden Körperschaft der Besteuerung mit Körperschaftsteuer unterliegen.
2. Das Recht der Bundesrepublik Deutschland hinsichtlich der Besteuerung des Gewinns aus der Veräußerung der übertragenen Wirtschaftsgüter bei der übernehmenden Körperschaft darf nicht ausgeschlossen oder beschränkt werden.
3. Es darf keine Gegenleistung gewährt werden oder diese muss in Gesellschaftsrechten der übernehmenden Körperschaft bestehen (zu den Voraussetzungen des Buchwertansatzes → § 11 Rn. 103 ff.).

Durch die Verwendung des Wortes „soweit" in § 11 Abs. 2 S. 1 macht der Gesetzgeber deutlich, dass nicht jede sonstige Gegenleistung an die Anteilseigner der übertragenden Körperschaft den Buchwertansatz generell ausschließt. Soweit eine sonstige Gegenleistung gewährt wird, bildet die Gegenleistung die Bewertungsuntergrenze für die übertragenen Wirtschaftsgüter.[25]   24

Mit der Frage der unzulässigen Gegenleistung iSd § 11 Abs. 2 S. 1 Nr. 3 eng verbunden ist die Frage, ob eine schädliche Gegenleistung auch dann vorliegt, wenn den Anteilseignern der übertragenden Gesellschaft zusätzliche Anteile an der übernehmenden oder übertragenden Körperschaft im Rahmen einer nicht-verhältniswahrenden Spal-   25

---

22 BMF v. 11.11.2011, BStBl. I 2011, 1314, Rn. 15.14 iVm 11.04 iVm 03.07.
23 BMF v. 11.11.2011, BStBl. I 2011, 1314, Rn. 03.12; zustimmend Rödder/Herlinghaus/van Lishaut/*Rödder* UmwStG § 11 Rn. 158; aA Schumacher/Neitz-Hackstein UbG 2011, 409 die davon ausgehen, dass der gemeine Wert lediglich die Wertobergrenze für den Zwischenwertansatz darstellt.
24 Dötsch/Pung/Möhlenbrock/*Dötsch/Stimpel* UmwStG § 15 Rn. 75.
25 Vgl. Dötsch/Pung/Möhlenbrock/*Dötsch/Stimpel* UmwStG § 15 Rn. 79.

tung übertragen werden. Nach der zutreffenden Ansicht der hM ist durch § 126 Abs. 1 Nr. 10 iVm § 131 Abs. 1 Nr. 3 UmwG klargestellt, dass die Aufteilung der Anteile an den beteiligten Körperschaften, dh sowohl der übertragenden als auch der übernehmenden Körperschaft, unmittelbare Folge des Umwandlungsvorgangs, wie er in dem Spaltungs- und Übernahmevertrag geregelt ist, ist. Hieraus folgt insofern, dass auch das UmwStG auf diese Neuordnung der Beteiligungsverhältnisse Anwendung findet und diese insofern keine schädliche zusätzliche Gegenleistung iSd § 11 Abs. 2 Nr. 3 darstellen.[26] Auch die Finanzverwaltung erkennt im Umwandlungssteuererlass die Möglichkeit der nichtverhältniswahrenden Spaltung grundsätzlich an.[27]

26 Der Verweis auf § 11 Abs. 2 in § 15 umfasst grundsätzlich auch die Regelungen des § 11 Abs. 2 S. 2, nach der die Anteile an der übernehmenden Körperschaft mindestens mit dem Buchwert erhöht um in Vorjahren vorgenommene steuerwirksame Teilwertabschreibung anzusetzen sind. Ein aus der Wertaufholung entstehender Gewinn ist aufgrund des Verweises auf § 8b Abs. 2 S. 4, 5 KStG in § 11 Abs. 2 S. 3 voll steuerpflichtig.[28] Schumacher geht zu Recht davon aus, dass § 11 Abs. 2 S. 2 nur dann Anwendung finden sollte, wenn die Anteile an der Tochtergesellschaft im Rahmen einer downstream-Spaltung tatsächlich übertragen werden.[29] Mindert sich durch die Spaltung lediglich die Beteiligungsquote der Muttergesellschaft an der übernehmenden Körperschaft bleiben die Anteile, soweit sie nicht übertragen werden, bei der übertragenden Körperschaft steuerverstrickt, so dass eine Anwendung des § 11 Abs. 2 S. 3 nicht gerechtfertigt ist. Meines Erachtens ergibt sich diese Rechtsfolge jedoch bereits aus der Tatsache, dass in der steuerlichen Schlussbilanz der übertragenden Körperschaft nur das Vermögen zu erfassen ist, das im Rahmen der Spaltung übertragen werden soll. Für das bei der übertragenden Körperschaft verbleibende Vermögen gilt zwingend der Buchwertansatz (→ Rn. 18). Des von Schumacher bemühten Rückgriffs auf den wirtschaftlichen Gehalt der Abwärtsspaltung bedarf es daher nicht.

Mit Urteil vom 11.8.2021 hat der BFH entgegen der bisherigen Ansicht der Finanzverwaltung entschieden, dass ein bei einer Organgesellschaft durch Aufspaltung entstehender Übertragungsgewinn dem Organträger zuzurechnen ist.[30] Der BFH begründet dies mit dem schlichten, aber überzeugenden Argument, dass der EAV bis zum Übertragungsstichtag abzurechnen ist und der Übertragungsgewinn am Übertragungsstichtag entsteht. Für eine etwaige abweichende Behandlung aus systematischen Gründen, wie von der Finanzverwaltung vertreten, fehle es an einer Rechtsgrundlage.

2. Anwendung des § 12 auf Ebene der übernehmenden Körperschaft

27 Ebenso wie bei der Verschmelzung ist die übernehmende Körperschaft bei der Auf- bzw. Abspaltung an die Wertansätze gebunden, die die übertragende Körperschaft in ihrer steuerlichen Schlussbilanz auf den Spaltungsstichtag gewählt hat.[31] Dies gilt unab-

---

[26] Sagasser/Bula/Brünger Umwandlungen/*Sagasser/Schöneberge* § 20 Rn. 100; Rödder/Herlinghaus/van Lishaut/*Schumacher* UmwStG § 15 Rn. 203 mN auch zur früheren Gegenansicht; *Heurung/Engel/Schröder* GmbHR 2011, 617 (627).

[27] BMF v. 11.11.2011, BStBl. I 2011, 1314, Rn. 15.44; kritisch hierzu, sofern die Finanzverwaltung die nicht verhältniswahrende Spaltung mit einer Wertverschiebung zwischen den Anteilseignern gleichstellt, *Schumacher/Bier* in Der Umwandlungssteuererlass 2011, S. 295.

[28] Rödder/Herlinghaus/van Lishaut/*Schumacher* UmwStG § 15 Rn. 201.

[29] Rödder/Herlinghaus/van Lishaut/*Schumacher* UmwStG § 15 Rn. 201.

[30] BFH 11.8.2021 – I R 27/18, BB 2021, 3056, gegen BMF v. 11.11.2011, BStBl. I 1314, Rn. Org. 27, zustimmend etwa *Park* BB 2021, 3058.

[31] Vgl. Schmitt/Hörtnagl/*Hörtnagl* UmwStG § 15 Rn. 264.

hängig davon, ob die übertragende Körperschaft den Buchwertansatz, den gemeinen Wert oder einen Zwischenwertansatz gewählt hat.

Nach § 12 Abs. 1 S. 2 iVm § 4 Abs. 1 S. 2 hat die übernehmende Körperschaft die Anteile an der übertragenden Körperschaft zum steuerlichen Übertragungsstichtag mit dem Buchwert, erhöht um Abschreibungen, die in früheren Jahren steuerwirksam vorgenommen worden sind, sowie um Abzüge nach § 6b EStG und ähnliche Abzüge, höchstens mit dem gemeinen Wert, anzusetzen. Aufgrund der Verweisung auf § 8b Abs. 2 S. 4, 5 KStG ist ein sich dabei ergebender Gewinn voll steuerpflichtig und nicht nach § 8b KStG begünstigt. Da auch im Falle der Aufwärtsspaltung einer Tochtergesellschaft auf ihre Muttergesellschaft im Gegensatz zur upstream-Verschmelzung die Anteile an der übertragenden Körperschaft nicht zwangsläufig vollständig untergehen, sondern regelmäßig nur anteilig oder bei Vorhandensein ausreichender Rücklagen sogar gar nicht, stellt sich die Frage, ob die uneingeschränkte Anwendbarkeit der Regelung zur erweiterten Wertaufholung bei der Aufwärtsspaltung sinnvoll ist. Die ganz hM in der Literatur geht davon aus, dass im Rahmen der Spaltung insofern nur eine anteilige Wertaufholung vorzunehmen ist, bei der als Aufteilungsmaßstab der gemeine Wert des gesamten Vermögens der übertragenden Körperschaft vor der Spaltung und der gemeine Wert des auf die übernehmende Körperschaft übergehenden Vermögens zu berechnen ist und die steuerwirksam vorgenommenen Teilwertabschreibungen entsprechend diesen Verhältnissen rückgängig zu machen sind.[32]

Nach § 12 Abs. 2 S. 1 bleibt bei der übernehmenden Körperschaft ein Gewinn oder ein Verlust in Höhe des Unterschieds zwischen dem Buchwert der Anteile an der übertragenden Körperschaft und dem Wert mit dem die übergegangenen Wirtschaftsgüter zu übernehmen sind, abzüglich der Kosten für den Vermögensübergang, außer Ansatz. Während die Finanzverwaltung davon ausgeht, dass in jedem Falle der Spaltung bzw. Verschmelzung ein Übernahmeergebnis iSd § 12 Abs. 2 S. 1 zu ermitteln ist,[33] unabhängig davon, ob eine Beteiligung der übernehmenden Körperschaft an der übertragenden Körperschaft besteht, geht die ganz hM in der Literatur davon aus, dass ein Übernahmeergebnis nur im Falle der Aufwärtsverschmelzung, dh wenn die übernehmende Körperschaft an der übertragenden Körperschaft beteiligt ist, zu ermitteln ist.[34] In einer Entscheidung vom 9.1.2013[35] hat sich der BFH der Ansicht der Finanzverwaltung angeschlossen und entschieden, dass ein Übernahmeergebnis auch dann zu ermitteln ist, wenn keine Beteiligung der übernehmenden an der übertragenden Körperschaft besteht. Diese auf den ersten Blick für den Steuerpflichtigen negative Entscheidung des BFH – weil die Kosten des Vermögensübergangs demnach nicht als sofort abzugsfähige Betriebsausgaben abzugsfähig sind – erweist sich nach der Dogmatik des BFH als vorteilhaft für den Steuerpflichtigen. Denn der BFH geht davon aus, dass anderenfalls eine nicht beteiligungsangebundene Abspaltung zur Aufnahme nicht unter § 12 Abs. 2 S. 1 iVm § 15 Abs. 1 S. 1 fällt, und infolgedessen zwangsläufig die allgemeinen Ansatzregelun-

---

32 Vgl. hierzu Dötsch/Pung/Möhlenbrock/*Dötsch/Stimpel* UmwStG § 15 Rn. 83; Rödder/Herlinghaus/van Lishaut/*Schumacher* UmwStG § 15 Rn. 101, 103; Frotscher/Drüen/*Frotscher* UmwStG § 15 Rn. 254.
33 BMF v. 11.11.2011, BStBl. I 2011, 1314, Rn. 12.05.
34 Schmitt/Hörtnagl/*Schmitt* UmwStG § 12 Rn. 43; *Schumacher/Neitz-Hackstein* Ubg 2011, 409 (414); Lödder/Herlinghaus/van Lishaut/*Rödder* UmwStG § 12 Rn. 220.
35 BFH 9.1.2013 – I R 24/12, BStBl. II 2018, 509.

gen zur Anwendung kommen, mit der entsprechenden Konsequenz der Steuerpflicht des zu berechnenden Abspaltungsgewinns.[36]

30 Soweit die übernehmende Körperschaft an der übertragenden Körperschaft beteiligt ist, ist auf einen entsprechenden Übernahmegewinn § 8b KStG mit der Rechtsfolge des Ansatzes von 5 % nicht abzugsfähigen Betriebsausgaben anzuwenden.

31 Die Rechtsfolge des § 12 Abs. 3 S. 1, nach der die übernehmende Körperschaft in die steuerliche Rechtsstellung der übertragenden Körperschaft eintritt, kann unter Berücksichtigung der Besonderheiten der Auf- und Abspaltung nur bezüglich des übertragenen Vermögens zur Anwendung kommen.[37]

32 Verrechenbare Verluste, verbleibende Verlustvorträge und von der Übertragung der Körperschaft nicht ausgerechnete negative Einkünfte sowie ein Zinsvortrag und ein EBITDA-Vortrag iSd § 4a EStG gehen weder bei der Auf- noch bei der Abspaltung auf die übernehmende Körperschaft über (§ 15 Abs. 1, § 12 Abs. 3, § 4 Abs. 2 S. 2).[38] Während die verrechenbaren Verluste, Verlustvorträge, nicht ausgeglichenen negativen Einkünfte, Zinsvorträge und EBITDA-Vorträge bei einer Ausgliederung endgültig untergehen, werden sie bei der Abspaltung auf Ebene der übertragenden Körperschaft anteilig gekürzt (s. § 15 Abs. 3, → Rn. 113 ff.).

3. Anwendungen des § 13 auf Ebene der Anteilseigner der übertragenden Körperschaft

33 Für die Rechtsfolgen auf Ebene der Anteilseigner der übertragenden Körperschaft verweist § 15 auf § 13. Regelmäßig erhalten die Anteilseigner der übertragenden Körperschaft im Rahmen der Auf- oder Abspaltung Anteile an der bzw. den übernehmenden Körperschaften. Nach der Grundregel des § 13 Abs. 1 gelten die Anteile an der übertragenden Körperschaft als zum gemeinen Wert veräußert, und die an ihre Stelle tretenden Anteile der übernehmenden Körperschaft gelten als mit diesem Wert angeschafft. Das UmwStG in der Fassung des SEStEG geht somit grundsätzlich davon aus, dass es auch auf Ebene der Anteilseigner zu einer Aufdeckung und Besteuerung der in den Anteilen an der übertragenden Körperschaft bestehenden stillen Reserven kommt. Nur wenn die Voraussetzungen des § 15 Abs. 1 S. 2, dh insbes. die Erfüllung der Teilbetriebsvoraussetzungen gegeben sind, hat unter den weiteren Voraussetzungen des § 13 Abs. 2 der Anteilseigner ein Wahlrecht. Abweichend vom gemeinen Wert können die Anteile an der übernehmenden Körperschaft mit dem Buchwert der bisherigen Anteile an der übertragenden Körperschaft angesetzt werden. Dieses Wahlrecht des Anteilseigners besteht grundsätzlich unabhängig davon, ob die Voraussetzungen des Ansatzwahlrechts auf Ebene der übertragenden Körperschaften gemäß § 11 Abs. 2 vorliegen und ob die übertragende Körperschaft von ihrem Wahlrecht auf Buch- oder Zwischenwertansatz Gebrauch gemacht hat.[39] Auch die Voraussetzungen des § 15 Abs. 2 sind keine Voraussetzung für die Anwendung des § 13 Abs. 2 auf Ebene der Anteilseigner. Nach § 13 Abs. 2 S. 2 treten die Anteile an der übernehmenden Körperschaft steuerlich an die Stelle der Anteile an der übertragenden Körperschaft. Bei den Anteilseignern können

---

36 Vgl. BFH 9.1.2013 – I R 24/12, BStBl. II 2018, 509 Rn. 15; ausführlich zu dieser Entscheidung *Fuhrmann* NZG 2013, 857; *Riepold* StUB 2014, 96; *Schweltig* GmbH-Steuerberater 2013, 140.

37 Ebenso Rödder/Herlinghaus/van Lishaut/*Schumacher* UmwStG § 15 Rn. 104.

38 Vgl. Schmitt/Hörtnagl/*Hörtnagl* UmwStG § 15 Rn. 276.

39 BMF v. 11.11.2011, BStBl. I 2011, 1314, Rn. 13.08; Dötsch/Pung/Möhlenbrock/*Dötsch/Stimpel* UmwStG § 15 Rn. 391; *Rödder/Schmidt-Fehrenbacher* in Der Umwandlungssteuererlass 2011, S. 266.

die Anteile an der übertragenden Körperschaft vor der Spaltung entweder zu einem Betriebsvermögen zählen, Anteile iSd § 17 EStG im Privatvermögen darstellen oder Anteile im Privatvermögen darstellen, die nicht die Voraussetzungen des § 17 EStG erfüllen. Gehören die Anteile nicht zu einem Betriebsvermögen, so stellt § 13 Abs. 2 S. 3 klar, dass an die Stelle des Buchwerts die Anschaffungskosten der Anteile treten. Werden aus Anteilen iSd § 17 EStG durch die Spaltung Anteile, die nicht mehr von § 17 EStG erfasst sind, sind diese Anteile aufgrund der Regelung des § 13 Abs. 2 S. 2 dennoch nach § 17 EStG steuerverstrickt.[40]

III. Teilbetriebsübertragung als Buchwertvoraussetzung (Abs. 1 S. 2)

Formale Voraussetzung für den Buchwertansatz im Rahmen einer Spaltung ist nach § 15 die Übertragung eines Teilbetriebs auf die übernehmende Körperschaft. Im Falle der Abspaltung muss darüber hinaus auch bei der übertragenden Körperschaft ein Teilbetrieb verbleiben.

1. Begriff des Teilbetriebs

Der Begriff des Teilbetriebs ist jedoch weder in § 15 noch an anderer Stelle legal definiert.[41]

a) Teilbetriebsbegriff der Rechtsprechung

Nach dem von der Rechtsprechung entwickelten, bisherigen nationalen Teilbetriebsbegriffs ist ein Teilbetrieb ein organisch geschlossener, mit einer gewissen Selbstständigkeit ausgestatteter Teil eines Gesamtbetriebs, der – für sich betrachtet – alle Merkmale eines Betriebs iSd Einkommensteuergesetzes aufweist und als solcher lebensfähig ist.[42] Der Begriff des Teilbetriebs ist dabei nach bisheriger Auffassung normspezifisch auszulegen.[43] Im Rahmen der normspezifischen Auslegung ist anerkannt, dass im umwandlungssteuerrechtlichen Kontext der Begriff des Teilbetriebs allein nach funktionalen Kriterien zu bestimmen ist.[44] Demgegenüber sollte im Rahmen der einkommensteuerrechtlichen Würdigung auch eine quantitative Betrachtung erfolgen, so dass auch auf das Vorhandensein und die Höhe von stillen Reserven abgestellt wurde.[45]

b) Europäischer Teilbetriebsbegriff

Für den Begriff des Teilbetriebs im Rahmen des Umwandlungssteuergesetzes in der Fassung des SEStEG will die Finanzverwaltung ausschließlich auf den Teilbetriebsbegriff der Fusionsrichtlinie (Art. 2j RL 2009/133/EG) abstellen. Demnach ist ein Teilbetrieb „die Gesamtheit der in einem Unternehmensteil einer Gesellschaft vorhandenen aktiven und passiven Wirtschaftsgüter, die in organisatorischer Hinsicht einen selbstständigen Betrieb, dh eine aus eigenen Mitteln funktionsfähige Einheit darstellen."

---

40 Für die unterschiedlichen Fallgruppen des § 13 UmwStG vgl. auch die tabellarische Darstellung bei Dötsch/Pung/Möhlenbrock/*Dötsch/Stimpel* UmwStG § 15 Rn. 392.
41 Vgl. Widmann/Mayer/*Schießl* UmwStG § 15 Rn. 25; ausführlich zum Teilbetriebsbegriff des UmwStG auch → § 20 Rn. 90 ff.
42 Ständige Rechtsprechung zB BFH 5.6.2003 – IV R 18/02, BStBl. II 2003, 838; BFH 7.4.2010 – I R 96/08, BStBl.

II 2011, 467; Schmitt/Hörtnagl/*Hörtnagl* UmwStG § 15 Rn. 52.
43 *Herlinghaus* FS Meilicke, 2010, 159; BFH 31.10.1990 – I R 46/88, BStBl. II 1991, 370; vgl. auch *Graw* DB 2013, 1011; Widmann/Mayer/*Schießl* UmwStG § 15 Rn. 20 mwN.
44 *Graw* DB 2013, 1011; → § 20 Rn. 91.
45 BFH 2.10.1997 – IV R 84/96, BStBl. II 1998, 104; zur Nichtanwendbarkeit im Umwandlungssteuerrecht vgl. BMF v. 16.8.2000, BStBl. I 2000, 1253.

Nach diesem Verständnis zählen zu einem Teilbetrieb alle funktionalen wesentlichen Betriebsgrundlagen sowie diesem Teilbetrieb nach wirtschaftlichen Zusammenhängen zuordenbare Wirtschaftsgüter.[46] Auch bei der Auslegung des Teilbetriebsbegriffs im Sinne der Fusionsrichtlinie will die Finanzverwaltung weiterhin eine funktionale Betrachtungsweise aus der Perspektive des übertragenden Rechtsträgers anwenden.

38 Die Anwendung des europäischen Teilbetriebsbegriffs ist nur im unmittelbaren Anwendungsbereich der Fusionsrichtlinie zwingend aus den europarechtlichen Vorgaben abzuleiten. Die Finanzverwaltung will den europäischen Teilbetriebsbegriff ungeachtet dessen grundsätzlich auf alle Umwandlungen im Bereich des deutschen Umwandlungssteuergesetzes anwenden. In der Literatur werden diesbezüglich alle denkbaren Ansätze vertreten.[47] Die Anwendung des europäischen Teilbetriebsbegriffs in allen grenzüberschreitenden Umwandlungsvorgängen und unter Beteiligung von zB ausländischen Anteilseignern, ist weitgehend unbestritten. Im Kern geht es bei der Diskussion nur um die Frage, ob sich der Steuerpflichtige bei rein innerdeutschen Umwandlungen auf den nationalen Teilbetriebsbegriff berufen kann, wenn dieser für ihn günstiger ist.[48] Für diese Auslegung spricht insbes. die Gesetzesbegründung zum SEStEG, da sich den Gesetzesmaterialien an keiner Stelle ein Hinweis darauf entnehmen lässt, dass die Voraussetzungen für das Vorliegen eines Teilbetriebs, und damit für eine steuerneutrale Spaltung, durch die Änderungen verschärft werden sollten. Die von Dötsch/Stimpel[49] hiergegen vorgebrachte Argumentation, dass es sich bei der amtlichen Begründung lediglich um eine programmatische Aussage und nicht eine neben dem Gesetz bestehende Rechtsquelle handelte, erstaunt sehr. Die amtlichen Gesetzesbegründungen sind selbstverständlich die entscheidende Quelle für die Ermittlungen des Willens des Gesetzgebers. Die Auslegung des Gesetzes anhand des Willens des Gesetzgebers ist wiederum eine anerkannte Methode der Gesetzesauslegung. Dass der Gesetzgeber in § 15 Abs. 1 S. 3 einen Teilbetrieb außerhalb der europäischen Vorgaben fingiert, zeigt, dass er den Teilbetriebsbegriff der Fusionsrichtlinie nicht uneingeschränkt in das nationale Recht übernehmen wollte.

39 Auch wenn die Unterschiede zwischen dem nationalen und dem europäischen Teilbetriebsbegriff im Einzelnen umstritten sind,[50] so lassen sich folgende Kernunterschiede feststellen (→ § 20 Rn. 93):[51] Die in der Praxis gravierendste und problematischste Einschränkung des europäischen Teilbetriebsbegriffs gegenüber dem bisherigen nationalen Teilbetriebsverständnisses besteht darin, dass nach dem neuen Verständnis der Finanzverwaltung nicht nur die **funktional wesentlichen Betriebsgrundlagen** dem Teilbetrieb zugeordnet und mit diesem auf den übertragenen Rechtsträger übertragen werden müssen, sondern alle nach wirtschaftlichen Grundsätzen zuordenbaren Wirtschaftsgüter. Im Grundsatz geht der EuGH davon aus, dass sämtliche aktiven und passiven Wirtschaftsgüter dem Teilbetrieb zuzuordnen und mit diesem zu übertragen sind.[52]

---

46 BMF v. 11.11.2011, BStBl. I 2011, 1314, Rn. 15.02.
47 Vgl. die Übersicht bei Dötsch/Pung/Möhlenbrock/*Dötsch/Stimpel* UmwStG § 15 Rn. 109 f.
48 So insbes. Rödder/Herlinghaus/van Lishaut/*Schumacher* UmwStG § 15 Rn. 141; *Schmitt* DStR 2011, 1108.
49 Dötsch/Pung/Möhlenbrock/*Dötsch/Stimpel* UmwStG § 15 Rn. 110.
50 Vgl. zB *Blumers* BB 2011, 2204; *Schumacher/Bier* in Der Umwandlungssteuererlass 2011, S. 270 ff.; *Graw* DB 2013, 1011.
51 *Ropohl* DB 2014, 2675 ff.
52 EuGH 15.1.2002 – C-43/00, FR 2002, 298 – Andersen og Jensen; vgl. auch Widmann/Mayer/*Widmann* UmwStG § 20 Rn. R5.

Eine weitere Abweichung zwischen dem nationalen und dem europäischen Teilbetriebsbegriff wird in dem Merkmal der Selbstständigkeit des Teilbetriebs gesehen. Während diese Selbstständigkeit des Teilbetriebs nach dem bisherigen nationalen Teilbetriebsverständnis erforderlich war, so dass sich der Teilbetrieb von der übrigen Tätigkeit des Unternehmens unterscheiden musste, verlangt die Fusionsrichtlinie lediglich, dass der Teilbetrieb aus eigenen Mitteln funktionsfähig ist.[53] Insofern ist der bisherige nationale Teilbetriebsbegriff enger, da er neben der eigenständigen Funktionsfähigkeit des Teilbetriebs auch eine Unterscheidbarkeit von dem sonstigen Betrieb fordert.[54] 40

Eine Erweiterung gegenüber dem bisherigen nationalen Teilbetriebsverständnisses bringt der europäische Teilbetriebsbegriff insofern, dass nach diesem nicht die zivilrechtliche Übertragung aller Betriebsgrundlagen erforderlich ist, sondern auch die gesicherte Nutzungsüberlassung ausreichend sein soll. Die ganz hM in der Literatur und auch die Finanzverwaltung gehen davon aus, dass im Rahmen des § 15 zwar nicht die Übertragung des zivilrechtlichen Eigentums aller dem Teilbetrieb zuzuordnenden Wirtschaftsgüter, jedoch wenigstens die Übertragung des wirtschaftlichen Eigentums iSd § 39 AO erforderlich ist. Die reine Nutzungsüberlassung (zB Vermietung) soll auch weiterhin nicht ausreichend sein.[55] 41

Zu § 15 UmwStG 1995 hatte der BFH diese Frage ausdrücklich offengelassen.[56] Das Finanzgericht Berlin Brandenburg[57] hat demgegenüber mit Urteil vom 1.7.2014 entschieden, dass die Übertragung des wirtschaftlichen Eigentums nicht ausreiche. Zwar ist auch diese Entscheidung zu § 15 UmwStG 1995 ergangen, die rein am Wortlaut orientierte Begründung könnte jedoch auf die Neufassung des § 15 übertragen werden.

Eine Anwendung der Ansicht des FG Berlin Brandenburg auf das UmwStG idF des SEStEG ist abzulehnen. Hätte der Gesetzgeber eine zivilrechtliche Vermögensübertragung für erforderlich gehalten, hätte er dieses in Kenntnis der geführten Diskussionen ausdrücklich regeln können und müssen. Im Gesetzgebungszeitpunkt war es hM, dass die Übertragung des wirtschaftlichen Eigentums ausreichend ist. Das Fehlen eines ausdrücklichen Hinweises in der Gesetzesbegründung oder einer Klarstellung im Gesetz selbst verdeutlicht ausdrücklich den Willen des Gesetzgebers, die damals hM fortzuschreiben und keine Verschärfung der Spaltungsvoraussetzungen vorzusehen.[58]

2. Zuordnung wesentlicher Betriebsgrundlagen

Nach Auffassung der Finanzverwaltung sind dem Teilbetrieb sämtliche wesentlichen Betriebsgrundlagen sowie die nach wirtschaftlichen Zusammenhängen zuordenbaren Wirtschaftsgüter zuzuordnen. An diesen Wirtschaftsgütern muss auch wenigstens das wirtschaftliche Eigentum auf die übertragende Gesellschaft übertragen werden.[59] Hieraus folgt, dass Wirtschaftsgüter, die sowohl dem zu übertragenden Teilbetrieb als auch dem bei der übertragenden Gesellschaft zurückbleibenden Betriebsteil nach den Kriterien der Finanzverwaltung zuzuordnen sind, einer steuerneutralen Spaltung entgegenstehen (sogenannte Spaltungshindernisse). Als besonders problematisch erweisen sich in diesem Zusammenhang in der Praxis immer wieder: 42

---

53 Vgl. Schmitt/Hörtnagl/*Hörtnagl* UmwStG § 15 Rn. 58.
54 Vgl. hierzu Dötsch/Pung/Möhlenbrock/*Dötsch/Stimpel* UmwStG § 15 Rn. 106; Rödder/Herlinghaus/van Lishaut/*Schumacher* UmwStG § 15 Rn. 147.
55 Vgl. die ausführlichen Nachweise bei Dötsch/Pung/Möhlenbrock/*Dötsch/Stimpel* UmwStG § 15 Rn. 102;

BMF v. 11.11.2011, BStBl. I 2011, 1314, Rn. 15.07; Widmann/Mayer/*Schießl* UmwStG § 15 Rn. 26.1 ff.
56 BFH 7.4.2010 – I R 96/08, BStBl. II 2011, 467.
57 FG Berlin-Brandenburg 1.7.2014 – 6 K 6085/12, EFG 2014, 1928.
58 IE ebenso *Braatz/Brühl* Ubg 2015, 122 ff.
59 Vgl. *Sistermann/Beutel* DStR 2011, 1162.

- von allen Betriebsteilen genutzte Immobilien;
- ein von allen Betriebsteilen genutzter gemeinsamer Server/EDV-Anlagen;
- von allen Abteilungen genutzte Kundendateien;
- zentrale Verwaltungseinheiten, die von sämtlichen Teilen des Unternehmens genutzt werden;
- gemeinsam genutzte Produktionsanlagen.

43 Diese Auflistung verdeutlicht, wie entscheidend es ist, was die Finanzverwaltung unter dem Kriterium der wirtschaftlichen Zuordenbarkeit der Wirtschaftsgüter versteht. Nach Schumacher[60] führt die geänderte Verwaltungsauffassung nicht dazu, dass jedes Wirtschaftsgut unabhängig von seiner wirtschaftlichen Bedeutung dem Teilbetrieb zugeordnet werden muss. Insbes. sollen solche Wirtschaftsgüter, die dem Gesamtbetrieb und nicht einem einzelnen Teilbetrieb dienen, nicht von der Zuordnungspflicht umfasst sein. Meines Erachtens ist jedoch sehr fraglich, ob aus dem Wortlaut der Rn. 15.08 des Umwandlungssteuererlasses tatsächlich geschlossen werden kann, dass nach Auffassung der Finanzverwaltung nach wirtschaftlichen Kriterien zuordenbare Wirtschaftsgüter, die von mehreren Teilbetrieben genutzt werden, nicht aufzuteilen sind. Aus Gründen der Praktikabilität wäre es sehr zu begrüßen, wenn sich die Finanzverwaltung dieser Ansicht anschließt und für derartige Wirtschaftsgüter eine freie Zuordnung zu jedem Teilbetrieb zulässt.

44 Umstritten ist auch, wie die Zuordnung von Verbindlichkeiten und Schulden zu erfolgen hat. Ein Teil der Literatur geht davon aus, dass Verbindlichkeiten einzelnen Teilbetrieben frei zugeordnet werden können.[61] Es ist aber zu befürchten, dass die Finanzverwaltung annehmen wird, dass Verbindlichkeiten nach funktionalen Kriterien zuzuordnen sind, dh dem Teilbetrieb zugeordnet werden müssen, durch den sie wirtschaftlich veranlasst sind.

45 Lediglich für den Bereich der Betriebsgrundstücke sieht die Finanzverwaltung in Rn. 15.08 des Umwandlungssteuererlasses eine Billigkeitsregelung vor, nach der eine ideale Teilung im Verhältnis der tatsächlichen Nutzung zulässig sein soll, sofern eine reale Teilung des Grundstücks nicht möglich ist.[62] Für alle anderen Wirtschaftsgüter sieht die Finanzverwaltung demgegenüber keine entsprechende Billigkeitsregelung vor. Eine steuerneutrale Spaltung ist insofern zukünftig nur noch dann sicher möglich, wenn das Unternehmen so aufgestellt ist, dass alle wesentlichen Betriebsgrundlagen eindeutig einem bestimmten Teilbetrieb zugeordnet werden können, was im Ergebnis heißt, dass viele Wirtschaftsgüter (zB EDV, Produktionsanlagen, etc) doppelt vorhanden sein müssen.[63]

46 Die Frage der Zuordnung von Wirtschaftsgütern zu den Teilbetrieben stellt sich nur für solche Wirtschaftsgüter, die im Eigentum des Unternehmens stehen. Sofern wesentliche Betriebsgrundlagen wie zB die Betriebsgrundstücke und Immobilien, Produktionsanlagen und EDV-Anlagen nicht im Eigentum des Unternehmens stehen, sondern im Rahmen von Miet- oder Lizenzverträgen genutzt werden, ist auch im Rahmen

---

60 Rödder/Herlinghaus/van Lishaut/*Schumacher* UmwStG § 15 Rn. 150.
61 Widmann/Mayer/*Schießl* UmwStG § 15 Rn. 47; Rödder/Herlinghaus/van Lishaut/*Schumacher* UmwStG § 15 Rn. 166; zum Spezialfall der Verbindlichkeiten aus Ergebnisabführungsverträgen vgl. *Möbus/Posnak/Hansen* Ubg 2013, 146.
62 Vgl. hierzu auch *Gebert* DStR 2010, 1774; ausführlich *Pyszka* DStR 2016, 2017 ff.; *Hageböke* Der Konzern 2016, 65.
63 Sehr kritisch zur Auffassung der Finanzverwaltung auch Haritz/Menner/Bilitewski/*Asmus* UmwStG § 15 Rn. 73; Schmitt/Hörtnagl/*Hörtnagl* UmwStG § 15 Rn. 76.

einer Spaltung die gemeinsame Nutzung durch die übernehmende und übertragende Körperschaft möglich. Dies kann gegebenenfalls auch im Vorfeld einer beabsichtigten Spaltung gestaltet werden.

3. Entscheidender Zeitpunkt für Vorliegen der Teilbetriebsvoraussetzungen

Im Gegensatz zur früheren Ansicht der Finanzverwaltung[64] müssen nach aktueller Ansicht der Finanzverwaltung auf Basis des europäischen Teilbetriebsbegriffs die Voraussetzungen des Teilbetriebs am steuerlichen Übertragungsstichtag vorliegen.[65] Ein sogenannter Teilbetrieb im Aufbau soll keinen Teilbetrieb iSd § 15 darstellen.[66] Lediglich für den Bereich der Grundstücke macht die Finanzverwaltung in der oben zitierten Billigkeitsregelung insofern eine Ausnahme als, dass die Realteilung des Grundstückes bis zum Zeitpunkt des Spaltungsbeschlusses ausreichend sein soll.[67] 47

Diese ganz erhebliche Verschärfung gegenüber der früheren Ansicht der Finanzverwaltung wird von großen Teilen der Literatur abgelehnt.[68] In der praktischen Umsetzung bedeutet die Ansicht der Finanzverwaltung, dass eine rückwirkende Spaltung, die vom Gesetz vorgesehen ist, in der Praxis kaum noch darstellbar sein wird. Die Ansicht der Finanzverwaltung findet weder in dem Wortlaut des Gesetzes noch in der Gesetzeshistorie eine hinreichende Grundlage. Die Fusionsrichtlinie selbst, auf die sich die Finanzverwaltung für ihre neuere Ansicht stützt, enthält keinerlei Aussage zu dem entscheidenden Zeitpunkt, zu dem die Teilbetriebseigenschaften vorliegen müssen.[69] In der Literatur wird sogar davon ausgegangen, dass ein Abstellen auf den Übertragungsstichtag nicht mit der Rechtsprechung des EuGH vereinbar ist, wonach die Mitgliedstaaten keine zusätzliche Voraussetzung für die Steuerneutralität von Umwandlungsvorgängen aufstellen dürfen.[70] Auch der BFH ist in ständiger Rechtsprechung davon ausgegangen, dass die Voraussetzungen des Teilbetriebs im Zeitpunkt der zivilrechtlichen Vermögensübertragung vorliegen müssen.[71] Die steuerliche Rückwirkung im Umwandlungssteuerrecht ist eine steuerrechtliche Fiktion, die ausschließlich die Rechtsfolgen der jeweiligen Umwandlung betrifft, nicht aber den Zeitpunkt definiert, zu dem die Tatbestandsvoraussetzungen der einzelnen Umwandlungen vorliegen müssen. Andernfalls wäre die ständige, auch von der Finanzverwaltung akzeptierte Rechtsprechung nicht nachvollziehbar, nach der auch eine Umwandlung auf einen zum Umwandlungszeitpunkt noch nicht existenten Rechtsträger möglich ist.[72] 48

Unterstellt man die Richtigkeit der von der Finanzverwaltung vertretenen Ansicht, nach der die Voraussetzungen des Teilbetriebs zum jeweiligen Spaltungsstichtag vorliegen müssen, so wirken sich Veränderungen im Zeitraum zwischen dem Spaltungsstichtag und dem Spaltungsbeschluss bzw. dem zivilrechtlichen Wirksamwerden der Vermögensübertragung nicht auf die Wirksamkeit der Spaltung aus. Selbst die Veräuße- 49

---

64 Umwandlungssteuererlass 1998, BMF v. 25.3.1998, BStBl. I 1998, 268, Rn. 15.10.
65 BMF v. 11.11.2011, BStBl. I 2011, 1314, Rn. 15.03; Schmitt/Hörtnagl/*Hörtnagl* UmwStG § 15 Rn. 85.
66 BMF v. 11.11.2011, BStBl. I 2011, 1314 Rn. 15.03.
67 Vgl. *Heurung/Engel/Schröder* GmbHR 2011, 617 (619); Schmitt DStR 2011, 1108 (1111).
68 Rödder/Herlinghaus/van Lishaut/*Schumacher* UmwStG § 15 Rn. 147; *Beinert/Benecke* FR 2010, 1009 (1022); Widmann/Mayer/*Schießl* UmwR UmwStG § 15 Rn. 32.2; *Schaden/Ropohl* BB-Beil. Heft 1/2011, 11 (14); *Schmitt*

DStR 2011, 1108 (1111); *Kessler/Philipp* DStR 2011, 1065 (1068); *Schwedhelm* GmbH-StB 2012, 249 (251).
69 Vgl. *Schumacher/Bier* in Umwandlungssteuererlass 2011, S 237; ebenso Dötsch/Pung/Möhlenbrock/*Dötsch/Stimpel* UmwStG § 15 Rn. 115.
70 *Kessler/Phillip* DStR 2011, 165 unter Bezug auf EuGH 8.12.2008 – C-285/07 – A.T.
71 BFH 16.12.2009 – I R 97/08, BStBl. II 2010, 808.
72 BFH 28.7.2010 – I R 89/09, BStBl. II 2011, 528; BMF v. 11.11.2011, BStBl. I 2011, 1314, Rn. 02.11; vgl. auch *Schumacher/Bier* in Der Umwandlungssteuererlass 2011, S. 273.

rung wesentlicher Betriebsgrundlagen eines Teilbetriebs im Zeitraum zwischen dem Spaltungsstichtag und dem Spaltungsbeschluss hätte keine Auswirkung auf das Vorliegen eines Teilbetriebs in dem Zeitpunkt, der laut Finanzverwaltung für die Beurteilung eines Teilbetriebs entscheidend ist.[73]

IV. Doppeltes Teilbetriebserfordernis bei Abspaltung und Teilübertragung

50 Nach § 15 Abs. 1 S. 2 sind § 11 Abs. 2 und § 13 Abs. 2 im Falle der Abspaltung nur anzuwenden, wenn bei der übertragenden Körperschaft ein Teilbetrieb verbleibt. Hieraus zieht die Finanzverwaltung den Schluss, dass nur ein Teilbetrieb zurückbleiben darf; dh sämtliche zurückbleibenden Wirtschaftsgüter müssen dem zurückbleibenden Teilbetrieb zugeordnet werden können. Diese Ansicht ist vor dem Hintergrund des geänderten Wortlauts des § 15 Abs. 1 S. 2 sehr zweifelhaft. Während § 15 Abs. 1 S. 2 aF verlangte, dass „das verbleibende Vermögen ebenfalls zu einem Teilbetrieb gehört", muss gemäß § 15 Abs. 1 S. 2 nF nur ein Teilbetrieb zurückbleiben. Aus dem geänderten Wortlaut wird deutlich, dass der Gesetzgeber von dem Ausschließlichkeitserfordernis des Teilbetriebs Abstand genommen hat.[74] Aufgrund des eindeutigen Wortlauts ist davon auszugehen, dass zwar das übertragende Vermögen im Falle der Abspaltung ausschließlich aus einem Teilbetrieb bestehen darf, bei der übertragenden Gesellschaft aber neben dem Teilbetrieb auch sonstige Wirtschaftsgüter zurückbleiben können.[75] Dies erscheint insbes. auch vor dem Hintergrund angemessen, dass sich nur bezüglich des übertragenden Vermögens die Frage der Buchwertfortführung gemäß § 11 Abs. 2 stellt. Es ist nicht zu erklären, warum das Zurückbleiben von sonstigem Vermögen, das keinem Teilbetrieb zugeordnet werden kann, ausgerechnet bezüglich des übertragenen Teilbetriebes zur Aufdeckung der stillen Reserven führen soll.

V. Mitunternehmeranteile und Kapitalgesellschaftsbeteiligungen als Teilbetrieb (fiktiver Teilbetrieb, Abs. 1 S. 3)

51 Nach § 15 Abs. 1 S. 3 gilt als Teilbetrieb auch ein Mitunternehmeranteil oder die Beteiligung an einer Kapitalgesellschaft, die das gesamte Nennkapital der Gesellschaft umfasst. Unabhängig davon, ob die allgemeine Definition des Teilbetriebs erfüllt ist, fingiert § 15 Abs. 1 S. 3, dass die genannten Beteiligungen als Teilbetrieb anzusehen sind. Daher wird in der Literatur regelmäßig vom sog. „fiktiven Teilbetrieb" gesprochen.

---

[73] Dötsch/Pung/Möhlenbrock/*Dötsch/Stimpel* UmwStG § 15 Rn. 119; aA *Kessler/Phillip* DStR 2011, 1065, die davon ausgehen, dass der Teilbetrieb, so wie er zum Übertragungsstichtag identifiziert wird, auch tatsächlich übertragen werden muss, und daher jedes Zurückbehalten bzw. jede Aussonderung von wesentlichen Betriebsgrundlagen im Rückwirkungszeitraum schädlich wäre.

[74] Ebenso *Schumacher/Bier* in Der Umwandlungssteuererlass 2011, 270 oben; aA Rödder/Herlinghaus/van Lishaut/*Schumacher* UmwStG § 15 Rn. 132 ff., der eine Differenzierung nicht als sachgerecht ansieht, sondern davon ausgeht, dass auch das übertragende Vermögen nicht ausschließlich aus einem Teilbetrieb bestehen muss. Wie *Schumacher* jedoch einräumt, findet sich in der Gesetzesbegründung (BT-Drs. 16/6739, 2234) kein Hinweis darauf, dass auch bezüglich des übertragenden Vermögens eine Gesetzesänderung eintreten sollte. Aufgrund des eindeutigen Wortlauts ist davon auszugehen, dass zwar das übertragende Vermögen im Falle der Abspaltung ausschließlich aus einem Teilbetrieb bestehen darf, bei der übertragenden Gesellschaft aber neben dem Teilbetrieb auch sonstige Wirtschaftsgüter zurückbleiben können. Dies erscheint insbes. auch vor dem Hintergrund angemessen, dass sich nur bezüglich des übertragenden Vermögens die Frage der Buchwertfortführung gemäß § 11 Abs. 2 stellt. Es ist nicht zu erklären, warum das Zurückbleiben von sonstigem Vermögen, das keinem Teilbetrieb zugeordnet werden kann, ausgerechnet bezüglich des übertragenen Teilbetriebes zu einer Aufdeckung der stillen Reserven führen soll.

[75] Vgl. *Wilke* FR 2009, 216 (221).

1. Mitunternehmeranteil

Ein Mitunternehmeranteil ist die Beteiligung an einer Personengesellschaft (OHG, KG, GbR), wobei auch Beteiligungen an reinen Innengesellschaften ohne gesamthänderisch gebundenes Vermögen oder Anteile an Gemeinschaftsverhältnissen (zB Erbengemeinschaften), die mit einem Gesellschaftsverhältnis wirtschaftlich vergleichbar sind, ausreichend sind.[76] Die Gesellschaft muss einen Gewerbebetrieb betreiben oder als gewerblich geprägte Personengesellschaft iSd § 15 Abs. 3 Nr. 2 EStG zu qualifizieren sein. Die Erzielung freiberuflicher Einkünfte iSd § 18 EStG erfüllt zwar grundsätzlich auch die Voraussetzungen an einen Mitunternehmeranteil iSd § 15 Abs. 1 S. 3.[77] Eine freiberufliche Personengesellschaft, die Einkünfte iSd § 18 EStG erzielt, ist jedoch als Tochtergesellschaft einer Kapitalgesellschaft auf die § 15 Anwendung findet, nicht denkbar, da die Einkünfte der freiberuflichen Personengesellschaft in diesem Fall in gewerbliche Einkünfte umzuqualifizieren wären.[78]

Nach ganz hM in der Literatur und ständiger Rechtsprechung des BFH ist auch ein Bruchteil eines Mitunternehmeranteils als Mitunternehmeranteil anzusehen.[79] Hieran hat sich auch durch die Neufassung des § 16 Abs. 1 S. 2 EStG, mit der der Gesetzgeber für die Veräußerung eines Teiles eines Mitunternehmeranteiles ausdrücklich feststellt, dass dieser nicht begünstigt ist, nichts geändert. Vielmehr zeigt die Neufassung des § 16 EStG, dass ohne eine ausdrückliche Regelung auch der Bruchteil eines Mitunternehmeranteils begünstigt sein soll. Dementsprechend hat auch die Finanzverwaltung im Umwandlungssteuererlass[80] entgegen anderslautender vorheriger Entwürfe anerkannt, dass auch die Übertragung eines Teils eines Mitunternehmeranteils als Übertragung eines fiktiven Teilbetriebs iSd § 15 Abs. 1 S. 3 begünstigt ist. Wird nur ein Teil eines Mitunternehmeranteils übertragen, stellt der bei der übertragenden Körperschaft verbleibende Teil des Mitunternehmeranteils (bzw. der bei der Aufspaltung auf die andere übernehmende Gesellschaft übergehende Teil des Mitunternehmeranteils) ebenfalls einen Mitunternehmeranteil dar. Dem sog. doppelten Teilbetriebserfordernis ist somit grundsätzlich Genüge getan.[81] In diesen Fällen hängt die Wirksamkeit der Teilbetriebsübertragung entscheidend davon ab, welche Anforderungen an die Übertragung des zu dem Mitunternehmeranteil gehörenden Sonderbetriebsvermögens zu stellen sind. Die Finanzverwaltung geht im Umwandlungssteuererlass davon aus, dass bei der Übertragung des Teils eines Mitunternehmeranteils auch das zu diesem Teilbetrieb gehörende Sonderbetriebsvermögen anteilig mitübertragen werden muss.[82] Aus der allgemeinen Zuordnungsregel der Rn. 15.07 des Umwandlungssteuererlasses zieht die hM den Schluss, dass nur das Sonderbetriebsvermögen dem Mitunternehmeranteil zugerechnet werden muss, das eine wesentliche Betriebsgrundlage des Mitunternehmeranteils darstellt.[83] Das aus der Fusionsrichtlinie abgeleitete Erfordernis der Zuordnung von Wirtschaftsgütern nach wirtschaftlichen Zusammenhängen kann auf fiktive Teilbetriebe iSd § 15 Abs. 1 S. 3 keine Anwendung finden, da die Fusionsrichtlinie grundsätzlich keine fiktiven Teilbetriebe vorsieht.

---

76 Vgl. Haritz/Menner/Bilitewski/*Asmus* UmwStG § 15 Rn. 99.
77 Vgl. Rödder/Herlinghaus/van Lishaut/*Schumacher* UmwStG § 20 Rn. 159.
78 Vgl. ebenso Haritz/Menner/Bilitewski/*Asmus* UmwStG § 15 Rn. 99.
79 Nachweise bei Dötsch/Pung/Möhlenbrock/*Dötsch/Stimpel* UmwStG § 15 Rn. 162; vgl. auch Schmidt/*Wacker* EStG § 16 Rn. 408.
80 BMF v. 11.11.2011, BStBl. I 2011, 1314, Rn. 15.04.
81 Vgl. Haritz/Menner/Bilitewski/*Asmus* UmwStG § 15 Rn. 104.
82 BMF v. 11.11.2011, BStBl. I 2011, 1314, Rn. 15.04.
83 Vgl. *Schumacher/Bier* in Der Umwandlungssteuererlass 2011, S. 274.

a) Zugehörigkeit des Sonderbetriebsvermögens und Zuordnung sonstiger Wirtschaftsgüter zu dem Mitunternehmeranteil

54 Zum Sonderbetriebsvermögen gehören Wirtschaftsgüter, die im wirtschaftlichen Eigentum eines Mitunternehmers stehen und die entweder dem Betrieb der Personengesellschaft zu dienen bestimmt sind (Sonderbetriebsvermögen I) oder der Beteiligung des Gesellschafters an der Personengesellschaft zumindest förderlich sind (Sonderbetriebsvermögen II). Das notwendige Sonderbetriebsvermögen I wird regelmäßig als wesentliche Betriebsgrundlage des Mitunternehmeranteils anzusehen sein. Gleiches kann für die Beteiligung an der Komplementärgesellschaft gelten.[84] Bei der Aufteilung eines Teilbetriebes im Rahmen der Ab- oder Aufspaltung muss daher auch das Sonderbetriebsvermögen, soweit es eine wesentliche Betriebsgrundlage darstellt, verhältnismäßig aufgeteilt werden.[85]

55 Entgegen vorherigen Entwürfen des Umwandlungssteuererlasses vertritt die Finanzverwaltung in der endgültigen Fassung vom 11.11.2011 nicht mehr die Auffassung, dass auch die Mitunternehmeranteile einem Teilbetrieb als wesentliche Betriebsgrundlage zugeordnet werden können.[86] Vielmehr ergibt sich aus dem Zusammenspiel der Regelungen des UmwSt-Erl., dass Mitunternehmeranteile stets isoliert zurückbehalten werden können.[87]

b) Entscheidender Zeitpunkt für Vorliegen eines fiktiven Teilbetriebs

56 Nach Ansicht der Finanzverwaltung müssen auch fiktive Teilbetriebe am Spaltungsstichtag vorliegen.[88] Die Abspaltung eines im Rückwirkungszeitraum erworbenen Mitunternehmeranteils ist somit nicht zu Buchwerten nach § 15 Abs. 1 iVm § 11 Abs. 2 möglich. Insofern wird auf die Ausführungen in → Rn. 47 verwiesen. Insbes. bzgl. der Zuordnung des Sonderbetriebsvermögens ist jedoch darauf hinzuweisen, dass zwar die Voraussetzungen des Teilbetriebs am Übertragungsstichtag vorgelegen haben müssen, die tatsächliche Zuordnung der einzelnen Wirtschaftsgüter und auch des Sonderbetriebsvermögens aber regelmäßig erst im Spaltungsvertrag vorgenommen wird.

2. Beteiligung an einer Kapitalgesellschaft
a) Begriff der Kapitalgesellschaft

57 Beteiligungen an Kapitalgesellschaften sind fiktiver Teilbetrieb iSd § 15 Abs. 1 S. 3, wenn sie das gesamte Nennkapital der Gesellschaft umfassen. Neben den inländischen Kapitalgesellschaften (AG, GmbH, KGaA, eG, SE, VVAG) sind auch ausländische Kapitalgesellschaften, die im Rahmen des Typenvergleichs als Kapitalgesellschaft zu qualifizieren sind, als fiktiver Teilbetrieb anzusehen.[89]

58 Im Gegensatz zu Mitunternehmeranteilen können Anteile an Kapitalgesellschaften als wesentliche Betriebsgrundlage eines anderen Teilbetriebs einzustufen sein. In diesem Fall ist die Beteiligung dem Teilbetrieb, dessen wesentliche Betriebsgrundlage sie dar-

---

[84] Vgl. OFD Rheinland v. 23.3.2011, S. 2242–25-ST 111.
[85] Vgl. die zu §§ 16, 34 EStG ergangenen Urteile BFH 24.8.2000 – IV R 51/98, BFH/NV 2000, 1554; BFH 12.4.2000 – XI R 35/99, BStBl. II 2001, 26; hierzu auch Haritz/Menner/Bilitewski/*Asmus* § 15 UmwStR Rn. 104.
[86] *Neumann* GmbHR 2012, 141 (145); vgl. auch BFH 25.2.2010 – IV R 49/08, BStBl. II 2010, 726 zu §§ 16, 34 EStG; aA insofern Schmidt/*Wacker* EStG § 15 Rn. 507.
[87] BMF v. 11.11.2011, BStBl. I 2011, 1314, Rn. 15.06 iVm 20.12.
[88] BMF v. 11.11.2011, BStBl. I 2011, 1314, Rn. 15.04, 15.05.
[89] Haritz/Menner/Bilitewski/*Asmus* UmwStG § 15 Rn. 108; Rödder/Herlinghaus/van Lishaut/*Schumacher* UmwStG § 15 Rn. 168.

stellt, zuzurechnen, so dass im Falle der Übertragung der Beteiligung das doppelte Teilbetriebserfordernis nicht erfüllt ist und eine Spaltung zu Buchwerten ausscheidet,[90] sofern kein weiterer (fiktiver) Teilbetrieb bei der übertragenden Körperschaft verbleibt.

b) Das gesamte Nennkapital der Gesellschaft umfassend

Die Beteiligung an einer Kapitalgesellschaft stellt nur dann einen fiktiven Teilbetrieb dar, wenn sich das gesamte Nennkapital der Gesellschaft in der Hand des übertragenden Rechtsträgers befindet. Im Rahmen des § 15 Abs. 1 S. 3 ist hierbei eine ausschließlich auf das Nennkapital der Gesellschaft bezogene Betrachtungsweise vorzunehmen. Auf Stimmrechte oder Gewinnanteile kommt es nicht an. Hält die Gesellschaft eigene Anteile, so ist ausreichend, dass die übertragende Körperschaft alle übrigen Anteile hält.[91]

Da es sich um einen rein steuerrechtlichen Beteiligungsbegriff handelt, kommt es ausschließlich darauf an, wem die Anteile steuerrechtlich iSd § 39 Abs. 2 AO zuzurechnen sind. Insofern ist es ausreichend, aber auch erforderlich, dass die Anteile der übertragenden Körperschaft steuerrechtlich zugerechnet werden. Dies kann auch im Rahmen eines Treuhandverhältnisses erfolgen.[92] Der übertragenden Körperschaft sind grundsätzlich auch die Anteile zuzurechnen, die von einer vermögensverwaltenden Tochterpersonengesellschaft gehalten werden.[93]

3. Zuordnung von Wirtschaftsgütern zu fiktivem Teilbetrieb

Im Gegensatz zu sonstigen Teilbetrieben, denen grundsätzlich sämtliche Wirtschaftsgüter frei zugeordnet werden können, die weder als eine funktional wesentliche Betriebsgrundlage noch nach wirtschaftlichen Zusammenhängen einem bestimmten Teilbetrieb zugeordnet werden müssen, können nach Ansicht der Finanzverwaltung einem fiktiven Teilbetrieb iSd § 15 Abs. 1 S. 3 nur die Wirtschaftsgüter zugeordnet werden, die in unmittelbarem wirtschaftlichen Zusammenhang mit dem fiktiven Teilbetrieb stehen.[94]

Nach Ansicht von Schumacher/Bier folgt aus dem Wortlaut der Rn. 15.11 des Umwandlungssteuererlasses, dass bei einem fiktiven Teilbetrieb keine Pflicht zur Zuordnung von Wirtschaftsgütern besteht, selbst dann, wenn sie im unmittelbaren wirtschaftlichen Zusammenhang mit der Beteiligung stehen. Dies ist insbes. bei der Aufspaltung von Holdinggesellschaften entscheidend, da ansonsten sämtliche Wirtschaftsgüter, die für die Verwaltung mehrerer Beteiligungen erforderlich sind, ein Spaltungshindernis darstellen würden. Zu ganz erheblichen Problemen führt die Ansicht der Finanzverwaltung jedoch bei Holdinggesellschaften die neben 100 %igen Beteiligungen an Kapitalgesellschaften und den zu deren Verwaltung erforderlichen Wirtschaftsgütern auch über sonstige Wirtschaftsgüter (freies Vermögen) verfügen. Aufgrund des Ausschließlichkeitserfordernisses der Finanzverwaltung, nach dem das im Rahmen einer Abspal-

---

90 Vgl. Dötsch/Pung/Möhlenbrock/*Dötsch/Stimpel* UmwStG § 15 Rn. 171.
91 Vgl. Schmitt/Hörtnagl/*Hörtnagl* UmwStG § 15 Rn. 100; Haritz/Menner/Bilitewski/*Asmus* UmwStG § 15 Rn. 108.
92 Vgl. Dötsch/Pung/Möhlenbrock/*Dötsch/Stimpel* UmwStG § 15 Rn. 168.
93 Vgl. zur sog. Zebra-Gesellschaft BFH DStR 2012, 1497; vgl. auch Rödder/Herlinghaus/van Lishaut/*Schumacher* UmwStG § 15 Rn. 191.
94 BMF v. 11.11.2011, BStBl. I 2011, 1314, Rn. 15.11 in Abweichung zu der allgemeinen Zuordnungsregel der Rn. 15.09; für die Bestimmung des Begriffs „unmittelbarer wirtschaftlicher Zusammenhang" s. *Scholten/Griemla* DStR 2008, 1172 (1173 ff.).

tung zurückbleibende Vermögen ausschließlich zu einem Teilbetrieb zählen muss, stünde das freie Vermögen einer Buchwertabspaltung entgegen. Da jedoch weder der Wortlaut des § 15 Abs. 1 S. 2 noch die Gesetzesbegründung[95] einen Anhaltspunkt für das **„Nur-Teilbetriebserfordernis"** bieten, steht freies Vermögen einer steuerneutralen Spaltung auch dann nicht entgegen, wenn die Gesellschaft ausschließlich über fiktive Teilbetriebe iSd § 15 Abs. 1 S. 3 verfügt.[96]

63 Beteiligungen von weniger als 100 % an Kapitalgesellschaften stellen nach Ansicht der Finanzverwaltung ebenfalls regelmäßig ein Spaltungshindernis dar, wenn sie nicht einem „echten" Teilbetrieb als wesentliche Betriebsgrundlage oder wirtschaftlich zuordenbares Wirtschaftsgut zugerechnet werden können. In der Praxis tritt dieses Problem ebenfalls insbes. bei Holdinggesellschaften auf, die im Übrigen ausschließlich über fiktive Teilbetriebe in Form von 100 %igen Tochtergesellschaften verfügen.[97]

VI. Weitere Voraussetzungen des Bewertungswahlrechts des § 11 Abs. 2

64 § 15 Abs. 2 enthält weitere Voraussetzungen, von denen die Möglichkeit des Buchwertansatzes bei der übertragenden Körperschaft abhängig ist. Auch wenn die Rechtsfolge des § 15 Abs. 2 grundsätzlich ist, dass das Bewertungswahlrecht des § 11 Abs. 2 nicht anwendbar ist, so haben die Regelungen des § 15 Abs. 2 doch sehr unterschiedliche Anknüpfungspunkte. Während § 15 Abs. 2 S. 1 weitere Voraussetzungen für die Ab- bzw. Aufspaltung von fiktiven Teilbetrieben iSd § 15 Abs. 1 S. 3 aufstellt, knüpfen die Regelungen des § 15 Abs. 2 S. 2–4 an Verhalten auf Ebene der Anteilseigner der übertragenden Körperschaft an. § 15 Abs. 2 S. 5 setzt für den Fall der Trennung von Gesellschafterstämmen im Wege der nicht-verhältniswahrenden Spaltung eine bestimmte Vorbehaltsfrist auf Ebene der Anteilseigner voraus.

65 Die Rechtsfolge des § 15 Abs. 2 besteht in der Nichtanwendbarkeit des § 11 Abs. 2. Hieraus folgt, dass das Bewertungswahlrecht zum Ansatz des Buchwerts oder eines Zwischenwerts auf Ebene der übertragenden Körperschaft ausgeschlossen ist. Die übertragende Körperschaft muss demnach das zu übertragende Vermögen in ihrer steuerlichen Schlussbilanz auf den Übertragungsstichtag zwingend mit dem gemeinen Wert gemäß § 11 Abs. 1 ansetzen. Hierdurch kommt es auf Ebene der übertragenden Körperschaft zu einer steuerpflichtigen Realisation der in dem zu übertragenden Vermögen enthaltenen stillen Reserven.

66 In die steuerliche Schlussbilanz der übertragenden Körperschaft sind bei einer Spaltung im Sinne des § 15 nur die Wirtschaftsgüter aufzunehmen, die im Rahmen der Spaltung von der übertragenden Körperschaft auf die übernehmende bzw. übernehmenden Körperschaft(en) übertragen werden sollen. Im Falle der Abspaltung betrifft der Ansatz des gemeinen Wertes somit nur die Wirtschaftsgüter, die auf die aufnehmende Gesellschaft übertragen werden sollen. Im Falle der Aufspaltung ist das gesamte Vermögen der übertragenden Körperschaft von dem Ausschluss des Wahlrechts zum Buchwertansatz betroffen.[98] Ein Verstoß gegen § 15 Abs. 2 führt somit nicht zu einer Realisation der stillen Reserven in dem bei der abspaltenden Gesellschaft zurückbleibenden Vermögen.

---

95 Vgl. BT-Drs. 16/2710, 41.
96 Ausführlich zur Ablehnung des „Nur-Teilbetriebserfordernisses", *Wilke* FR 2009, 216; ebenso *Scholten/Griemler* DStR 2008, 1172 ff.
97 Vgl. Dötsch/Pung/Möhlenbrock/*Dötsch/Stimpel* UmwStG § 15 Rn. 150.
98 Vgl. BMF v. 11.11.2011, BStBl. I 2011, 1314, Rn. 15.21.

Auch die Regelungen der §§ 12, 13 bleiben auf Ebene der übernehmenden Körperschaft und der Anteilseigner der übertragenden Körperschaft uneingeschränkt anwendbar. Die Freistellung des Übernahmeergebnisses im Sinne des § 12 Abs. 2 ist unabhängig von den Voraussetzungen des § 15 Abs. 2. Gleiches gilt für das Bewertungswahlrecht auf Ebene der Anteilseigner der übertragenden Körperschaft. Der Ansatz der neuen Anteile an der übernehmenden Körperschaft mit den Buchwerten der Anteile an der übertragenden Körperschaft ist somit auf Ebene der Anteilseigner auch dann möglich, wenn es aufgrund eines Verstoßes gegen die Regelungen des § 15 Abs. 2 auf Ebene der übertragenden Körperschaft zu einer Realisation der stillen Reserven kommt.[99]

67

1. Aufstockung der Beteiligung innerhalb von drei Jahren

§ 15 Abs. 2 S. 1 stellt eine weitere Voraussetzung für die steuerneutrale Ab- bzw. Aufspaltung fiktiver Teilbetriebe auf. Der Verweis auf die Beteiligung iSd Abs. 1 bezieht sich somit auf Beteiligungen iSd Abs. 1 S. 3. Auf die Spaltung „echter Teilbetriebe" hat die Regelung des § 15 Abs. 2 S. 1 keine Auswirkung.[100]

68

Für die Spaltung fiktiver Teilbetriebe regelt § 15 Abs. 2 S. 1, dass das Bewertungswahlrecht des § 11 Abs. 2 nicht anwendbar ist, wenn der Mitunternehmeranteil oder die Beteiligung an der Kapitalgesellschaft innerhalb eines Zeitraums von drei Jahren vor dem steuerlichen Übertragungsstichtag durch Übertragung von Wirtschaftsgütern, die kein Teilbetrieb sind, erworben oder aufgestockt worden sind. Der Gesetzgeber wollte mit der Regelung vermeiden, dass einzelne Wirtschaftsgüter, die die Voraussetzung für eine steuerneutrale Spaltung nicht erfüllen, durch Einbindung in eine Personengesellschaft zu einem begünstigten Mitunternehmeranteil werden, der steuerneutral abgespalten werden kann. Der zweite wichtige Anwendungsfall der Regelung ist die Vermeidung der Einbringung einer nicht 100 %igen Kapitalgesellschaftsbeteiligung in eine weitere 100 %ige Tochterkapitalgesellschaft, die dann steuerneutral abgespalten werden könnte.[101]

69

a) Erwerb oder Aufstockung

Nach dem Gesetzeswortlaut ist eine Übertragung von Wirtschaftsgütern, die keinen Teilbetrieb darstellen, innerhalb des Zeitraums von drei Jahren schädlich, wenn hierdurch der Mitunternehmeranteil über die Beteiligung **erworben oder aufgestockt** worden ist. Insofern stellt der Wortlaut eindeutig darauf ab, dass als Gegenleistung für die Übertragung von Wirtschaftsgütern Anteile an der Gesellschaft gewährt worden sind. Bezogen auf den fiktiven Teilbetrieb in Gestalt der 100 %igen Beteiligung an einer Kapitalgesellschaft ist es einhellige Ansicht, dass nur die offene Einbringung gegen Gewährung von Gesellschaftsanteilen einen schädlichen Vorgang darstellt. Die verdeckte Einlage von Wirtschaftsgütern in eine Kapitalgesellschaft ist kein schädlicher Vorgang im Sinne des § 15 Abs. 2 S. 1.[102]

70

---

[99] BMF v. 11.11.2011, BStBl. I 2011, 1314, Rn. 15.21; Rödder/Herlinghaus/van Lishaut/*Schumacher* UmwStG § 15 Rn. 246; Dötsch/Pung/Möhlenbrock/*Dötsch/Stimpel* UmwStG § 15 Rn. 196 f.

[100] Widmann/Mayer/*Schießl* UmwStG § 15 Rn. 174.

[101] Vgl. Dötsch/Pung/Möhlenbrock/*Dötsch/Stimpel* UmwStG § 15 Rn. 181; Widmann/Mayer/*Schießl* UmwStG § 15 Rn. 175.

[102] Rödder/Herlinghaus/van Lishaut/*Schumacher* UmwStG § 15 Rn. 217, 222; Widmann/Mayer/*Schießl* UmwStG § 15 Rn. 182, jeweils mit ausführlichen Nachw.

71 Ein Erwerb oder eine Aufstockung des Mitunternehmeranteils liegt auch bei einer Personengesellschaft nur vor, wenn sich als Gegenleistung für die Einlage von Wirtschaftsgütern die Beteiligung an der Personengesellschaft erhöht.[103] Demgegenüber geht die Finanzverwaltung davon aus, dass bei Mitunternehmeranteilen im Ergebnis jede Einlage zur Überführung von Wirtschaftsgütern schädlich sei, da sie zu einer Aufstockung der Beteiligung führe.[104] Aufgrund des insofern eindeutigen Wortlauts der Regelung können meines Erachtens nur solche Einbringungen in Mitunternehmerschaften von § 15 Abs. 2 S. 1 erfasst werden, bei denen als Gegenleistung Gesellschaftsrechte gewährt werden, dh insbes. solche nach § 6 Abs. 5 S. 3 EStG. Unentgeltliche Übertragungen von Wirtschaftsgütern führen hingegen nicht zu einem Erwerb oder einer Aufstockung des Mitunternehmeranteils.[105]

72 Nach dem Wortlaut der Regelung ist es unerheblich, ob die Übertragung der Wirtschaftsgüter unter Aufdeckung der in den übertragenden Wirtschaftsgütern vorhandenen stillen Reserven erfolgt ist. Die Finanzverwaltung und die ihr folgende hM in der Literatur gehen hingegen davon aus, dass nach dem Sinn und Zweck der Regelung nur eine Übertragung ohne Aufdeckung der stillen Reserven den Tatbestand des § 15 Abs. 2 auslösen kann.[106] Im Hinblick auf den Sinn und Zweck der Regelung, eine Gestaltung zu vermeiden, bei der Wirtschaftsgüter, die keinen Teilbetrieb darstellen, durch Übertragung auf einen fiktiven Teilbetrieb im Wege der Spaltung nach § 15 steuerneutral auf einen anderen Rechtsträger übertragen werden, ist die teleologische Reduktion zu begrüßen.

b) Übertragung von Wirtschaftsgütern, die keinen Teilbetrieb darstellen

73 Die Aufstockung der Beteiligung ist nur schädlich, wenn sie durch die Übertragung von Wirtschaftsgütern erfolgt, die kein Teilbetrieb sind.[107] Hiermit stellt der Gesetzgeber klar, dass Umwandlungsvorgänge, die ihrerseits nach den Regelungen der §§ 15, 20 oder 24 steuerneutral erfolgen können, auch im Vorfeld einer Spaltung kein steuerschädliches Ereignis darstellen sollen. Nach dem Aufbau der Norm gilt für den Teilbetriebsbegriff des § 15 Abs. 2 S. 1 grundsätzlich auch die Fiktion des § 15 Abs. 1 S. 3. Dies führt dazu, dass die Übertragung eines fiktiven Teilbetriebs im Vorfeld einer Spaltung unschädlich sein muss.[108] Hierbei ist aber zu beachten, dass nach der Rechtsprechung des BFH die Fiktion des Teilbetriebs des § 15 Abs. 1 S. 3 im Rahmen des § 24 keine Anwendung finden soll,[109] so dass es bei der Einbringung in eine Personengesellschaft regelmäßig zur Aufdeckung der stillen Reserven käme. In diesen Fällen käme die Missbrauchsregelung des § 15 Abs. 2 S. 1 somit ohnehin nicht zur Anwendung, da sie bei Übertragungen zum gemeinen Wert nicht anwendbar ist.

---

103 Rödder/Herlinghaus/van Lishaut/*Schumacher* UmwStG § 15 Rn. 217, 221; Widmann/Mayer/*Schießl* UmwStG § 15 Rn. 180 ff., jeweils mit ausführlichen Nachw.
104 BMF v. 11.11.2011, BStBl. I 2011, 1314, Rn. 15.18.
105 Wie hier auch Rödder/Herlinghaus/van Lishaut/*Schumacher* UmwStG § 15 Rn. 222; unklar insofern Haritz/Menner/Bilitewski/*Asmus* UmwStG § 15 Rn. 141.
106 BMF v. 11.11.2011, BStBl. I 2011, 1314, Rn. 15.20, 15.16 (wobei unklar ist, worauf sich das „regelmäßig" bezieht); zustimmend Rödder/Herlinghaus/van Lishaut/*Schumacher* UmwStG § 15 Rn. 223.
107 Vgl. Widmann/Mayer/*Schießl* UmwStG § 15 Rn. 199.
108 Zur Frage, ob im Falle von Ketteneinbringung hierin ein Gestaltungsmissbrauch gemäß § 42 AO gesehen werden kann, vgl. Rödder/Herlinghaus/van Lishaut *Schumacher* UmwStG § 15 Rn. 219.
109 Vgl. BFH 17.7.2008 – I R 77/06, BStBl. II 2009, 464 zum UmwStG 1995; vgl. auch Nichtanwendungserlass BMF v. 20.5.2009, BStBl. I 2009, 671; das BMF hat diese Ansicht auch im Umwandlungssteuererlass Rn. 24.02 erneut bestätigt.

Die Übertragung soll nach einhelliger Auffassung auch nur dann schädlich sein, wenn sie durch die übertragende Gesellschaft erfolgt. Auch die Aufstockung der Beteiligung an einer Tochterkapitalgesellschaft durch Einbringung der Anteilseigner der übertragenden Körperschaft ist nach Ansicht der Finanzverwaltung schädlich.[110]

74

c) Dreijahreszeitraum

Bei der Übertragung von Wirtschaftsgütern, die keinen Teilbetrieb darstellen, ist ihr Buchwertansatz auf Ebene der übertragenden Gesellschaft nur dann ausgeschlossen, wenn sie innerhalb eines Zeitraums von drei Jahren vor dem steuerlichen Übertragungsstichtag erfolgt.[111] Für die Beurteilung ist somit der Tag maßgeblich, der drei Jahre vor dem steuerlichen Übertragungsstichtag liegt. Ist der steuerliche Übertragungsstichtag der 31.12.2018, sind alle Erwerbe oder Aufstockungen unschädlich, die vor dem 31.12.2015 erfolgt sind. Maßgeblich ist nicht der Tag der Übertragung der Wirtschaftsgüter, sondern der Tag des Erwerbs bzw. der Aufstockung der Anteile.[112] Umstritten ist, ob sich die Frist verlängert, wenn das Fristende auf einen Sonntag fällt.[113] Meines Erachtens sollten § 108 Abs. 3 AO und § 193 BGB keine Anwendung finden, da hier die Besonderheit zu berücksichtigen ist, dass das „Fristende" durch die Rückrechnung ab dem Übertragungsstichtag in der Vergangenheit lag, und insofern die Verlängerung keinen Sinn macht. Die Rechtsfolge, dass sich bei Fristende in der Vergangenheit der Fristbeginn in der Gegenwart auf einen anderen Tag verschiebt, ist im Gesetz nicht geregelt.

75

2. Vollzug oder Vorbereitung der Veräußerung an außenstehende Personen

§ 15 Abs. 2 S. 2–4 schließen die Anwendbarkeit des Bewertungswahlrechts gemäß § 11 Abs. 2 aus, wenn durch die Spaltung die Veräußerung an außenstehende Personen vollzogen oder vorbereitet wird, was dann der Fall ist, wenn innerhalb einer Sperrfrist von fünf Jahren mehr als 20 % der Anteile der an der Spaltung beteiligten Rechtsträger veräußert werden.

76

Nach Ansicht der Finanzverwaltung soll die Spaltung die Fortsetzung der bisherigen betrieblichen Tätigkeit in einer anderen Rechtsform ermöglichen. Die Steuerneutralität der Spaltung ist nach Ansicht der Finanzverwaltung zu versagen, wenn die Spaltung in erster Linie dazu dient, eine steuerbegünstigte Veräußerung von Unternehmensteilen zu erreichen, die ohne die Spaltung nicht möglich wäre. Hiervon geht die Finanzverwaltung aus, wenn innerhalb der gesetzlichen Frist von fünf Jahren Anteile an der übertragenden oder einer übernehmenden Gesellschaft veräußert werden.

77

§ 15 Abs. 2 S. 2–4 enthalten spezielle Missbrauchstatbestände, die nach dem Wortlaut des Gesetzes eine unwiderlegbare Vermutung für das Vorliegen eines Missbrauchs und daher die Nichtanwendbarkeit des § 11 Abs. 2 enthalten. Die Fusionsrichtlinie gestattet eine Versagung der Steuerneutralität der geregelten Umwandlungsvorgänge nur dann, wenn der Vorgang als hauptsächlichen Beweggrund oder als einen der hauptsächlichen

78

---

110 Vgl. das Beispiel in BMF v. 11.11.2011, BStBl. I 2011, 1314, Rn. 15.19; zustimmend *Schumacher/Bier* in Der Umwandlungssteuererlass 2011, S. 283; Widmann/Mayer/*Schießl* UmwStG § 15 Rn. 191.
111 Vgl. Widmann/Mayer/*Schießl* UmwStG § 15 Rn. 203.
112 Vgl. Widmann/Mayer/*Schießl* UmwStG § 15 Rn. 204.
113 Bejahend unter Hinweis auf die Rechtsprechung des BFH 14.10.2003 – IX R 68/98, BStBl. II 2003, 898, nach der § 108 Abs. 3 AO auf uneigentliche Fristen anzuwenden ist: Rödder/Herlinghaus/van Lishaut/*Schumacher* UmwStG § 15 Rn. 224 Fn. 4; aA Widmann/Mayer/*Schießl* UmwStG § 15 Rn. 206.

Beweggründe die Steuerhinterziehung oder die Steuerumgehung hat. Hiervon kann ausgegangen werden, wenn der Vorgang nicht auf vernünftigen wirtschaftlichen Gründen – insbes. der Umstrukturierung oder der Rationalisierung der beteiligten Gesellschaften – beruht.[114] Dies setzt nach der Rechtsprechung des EuGH[115] voraus, dass für jeden konkreten Umwandlungsvorgang das Vorliegen eines Missbrauchs überprüft werden und diese Überprüfung auch einer gerichtlichen Kontrolle zugänglich sein muss.

79 Eine typisierende Missbrauchsregelung ist unter diesen Voraussetzungen nur dann zulässig, wenn sie den betroffenen Unternehmen die Möglichkeit gibt, die Vermutung zu widerlegen und die tatsächlichen wirtschaftlichen Gründe für die Umwandlung darzulegen.[116] Geht man mit der hM, die auch die Finanzverwaltung bei der Anwendbarkeit des europäischen Teilbetriebsbegriffs zugrunde legt, davon aus, dass die Fusionsrichtlinie nicht nur auf grenzüberschreitende Sachverhalte, sondern auch auf rein nationale Umwandlungen anzuwenden ist, ist in der Regelung des § 15 Abs. 2 S. 4 eine unzulässige Einschränkung der Fusionsrichtlinie zu sehen.[117] § 15 Abs. 2 S. 4 ist daher europarechtskonform dahin gehend auszulegen, dass es sich um eine widerlegbare Vermutung handelt. Die zu § 15 aF ergangene Entscheidung des BFH vom 3.8.2005[118] ist daher auf § 15 Abs. 2 S. 4 nicht anwendbar.

a) Begriff der Veräußerung

80 Unter einer **Veräußerung** im Sinne des § 15 Abs. 2 S. 3, 4 versteht die Finanzverwaltung jede Übertragung gegen Entgelt.[119] Im Hinblick auf das grundsätzliche Verständnis der Finanzverwaltung zu Umwandlungsvorgängen[120] geht die Finanzverwaltung davon aus, dass auch sämtliche Umwandlungsvorgänge und Einbringungen als entgeltliche Übertragungen und somit als Veräußerungen im Sinne des § 15 Abs. 2 S. 3, 4 zu qualifizieren sind.

81 Demgegenüber sollen unentgeltliche Anteilsübertragungen, insbes. im Wege der Erbfolge oder Erbauseinandersetzung (sofern sie ohne Ausgleichszahlung erfolgen) keine schädlichen Veräußerungen im Sinne des § 15 Abs. 2 S. 2–4 darstellen.[121] Die Aufnahme neuer Gesellschafter im Wege der Kapitalerhöhung ist dann als Veräußerung anzusehen, wenn ein durch neu hinzutretenden Gesellschafter gezahltes Aufgeld im zeitlichen Zusammenhang mit der Kapitalerhöhung quotal an die bisherigen Gesellschafter ausgeschüttet wird.[122] Hieraus leitet die Finanzverwaltung ab, dass eine schädliche Veräußerung immer dann vorliegen soll, wenn die der Kapitalgesellschaft zugeführten Mittel innerhalb der Fünfjahresfrist des § 15 Abs. 2 S. 4 an die bisherigen Anteilseigner ausgekehrt werden.[123] Hierin ist eine unzulässige Erweiterung der Grundsätze des BFH-Urteils vom 13.10.1992 zu sehen. Der vom BFH geforderte enge zeitliche Zusammenhang,

---

114 Vgl. Art. 15 Abs. 1 lit. a RL 2009/133/EG v. 19.10.2009 (ABl. L 310, 34).
115 EuGH 17.7.1997 – C-28/95 Rn. 41 – Leur/Bloem; EuGH 31.3.1993 – C-19/92 Rn. 40 – Kraus.
116 Vgl. EuGH 17.7.1997 – C-28/95 Rn. 41 – Leur/Bloem.
117 Vgl. Frotscher/Drüen/Frotscher UmwStG § 15 Rn. 86a, 163; Rödder/Herlinghaus/van Lishaut/Schumacher UmwStG § 15 Rn. 240; Hahn GmbHR 2006, 462.
118 BStBl. II 2006, 391; aA Finanzverwaltung in BMF v. 11.11.2011, BStBl. I 2011, 1314, Rn. 15.27; sofern im Hinblick auf die Gesetzesbegründung vertreten wird, dass eine europarechtskonforme Auslegung des § 15 Abs. 2 S. 4 nicht in Betracht kommt, kann sich der Steuerpflichtige unmittelbar auf die Fusionsrichtlinie berufen und hierdurch die Steuerneutralität der Spaltung erreichen, wenn er die tatsächlichen wirtschaftlichen Gründe für die Spaltung nachweisen kann.
119 BMF v. 11.11.2011, BStBl. I 2011, 1314, Rn. 15.24; Schmitt/Hörtnagl/Hörtnagl UmwStG § 15 Rn. 153.
120 BMF v. 11.11.2011, BStBl. I 2011, 1314, Rn. 00.02.
121 BMF v. 11.11.2011, BStBl. I 2011, 1314, Rn. 15.23.
122 Vgl. BFH 13.10.1992 – VIII R 3/89, BStBl. II 1993, 477.
123 BMF v. 11.11.2011, BStBl. I 2011, 1314, Rn. 15.25; zustimmend Schumacher/Bier in Der Umwandlungssteuererlass 2011, S. 28.

der die missbräuchliche Gestaltung iSv § 42 AO begründet, kann nicht auf die Fünfjahresfrist des § 15 Abs. 2 S. 4 ausgedehnt werden. Zwar sind nach dem Gesetz Veräußerungen innerhalb der Fünfjahresfrist schädlich, dies kann jedoch nicht dazu führen, den engen zeitlichen Zusammenhang zwischen Kapitalerhöhung und Auskehrung an die bisherigen Gesellschafter ebenfalls auf diesen gesetzlichen Zeitpunkt auszudehnen. Eine schädliche Veräußerung im Zusammenhang mit einer Kapitalerhöhung ist daher auch im Rahmen des § 15 nur dann anzunehmen, wenn die disquotale Auskehrung an die bisherigen Gesellschafter in einem engen zeitlichen Zusammenhang mit der Kapitalerhöhung stattfindet.[124]

Die in Rn. 15.24 des Umwandlungssteuererlasses geäußerte Ansicht der Finanzverwaltung, dass sämtliche Umwandlungen, insbes. auch Auf- oder Abspaltungen schädliche Veräußerungen darstellen, erscheint im Hinblick auf die Regelungen des § 13 als nicht überzeugend. Nach § 15 Abs. 2 S. 2–4 ist die Veräußerung der Anteile an der übertragenden Körperschaft als schädlicher Vorgang anzusehen. Für die Anteilseigner der übertragenden Körperschaft ist § 13 anzuwenden, dh eine Veräußerung der Anteile an der übertragenden Körperschaft ist nur im Anwendungsbereich des § 13 Abs. 1 gegeben. Nach ganz hM[125] liegt bei Ansatz des Buchwerts nach § 13 Abs. 2 kein Veräußerungs- bzw. Anschaffungsgeschäft vor. Insofern kann auch eine im Nachgang zu einer Spaltung erfolgende erneute Spaltung der Gesellschaft nicht zu einer Veräußerung der Anteile führen, wenn auf Ebene der Anteilseigner die Voraussetzungen des § 13 Abs. 2 vorliegen und das Wahlrecht zur Fortführung der Beteiligungsbuchwerte von den Anteilseignern ausgeübt wird.[126]

Maßgeblich für das Vorliegen einer Veräußerung ist die Übertragung des wirtschaftlichen Eigentums an den Anteilen. Der bloße Abschluss eines Verpflichtungsgeschäftes ist noch nicht als Veräußerung anzusehen.[127] Die Einräumung von Put- oder Call-Optionen führt nach allgemeinen Grundsätzen regelmäßig noch nicht zum Übergang des wirtschaftlichen Eigentums, so dass auch keine schädliche Veräußerung im Sinne des § 15 Abs. 2 S. 2–4 anzunehmen ist.[128] Ein Übergang des wirtschaftlichen Eigentums ist regelmäßig nur dann anzunehmen, wenn bei Zusammentreffen von Put- und Call-Optionen die Ausübungszeiträume überlappen, so dass mit an Sicherheit grenzender Wahrscheinlichkeit davon auszugehen ist, dass die Ausübung der Option für mindestens einen Beteiligten vorteilhaft und deshalb von der Ausübung der Option auszugehen ist.[129]

Nach der Rechtsprechung des BFH zu § 8 Abs. 4 KStG aF können mittelbare Veräußerungen nur dann einen Besteuerungstatbestand auslösen, wenn dies vom Gesetzgeber ausdrücklich geregelt worden ist.[130] Da auch vorliegend das Auslösen der Missbrauchsregel des § 15 Abs. 2 S. 2–4 die Anwendung einer Begünstigungsregelung ausschließt und somit eine für den Steuerpflichtigen nachteilige Regelung darstellt, hätte der Ge-

---

124 Vgl. hierzu auch *Esters/Mahrenbach* GmbHR 2003, 973.
125 Rödder/Herlinghaus/van Lishaut/*Neumann* UmwStG § 13 Rn. 7; Schmitt/Hörtnagl/*Schmitt* UmwStG § 13 Rn. 6; vgl. BMF v. 11.11.2011, BStBl. I 2011, 1314, Rn. 00.02.
126 Kritisch zur Ansicht der Finanzverwaltung auch *Schumacher/Bier* in Der Umwandlungssteuererlass 2011, S. 285; Dötsch/Pung/Möhlenbrock/*Dötsch/Stimpel* UmwStG § 15 Rn. 221 stützen die Verwaltungsauffassung unter Hinweis auf BFH 24.1.2018 – I R 48/15, BStBl. II 2019, 45.
127 Vgl. Haritz/Menner/Bilitewski/*Asmus* UmwStG § 15 Rn. 162.
128 Vgl. Haritz/Menner/Bilitewski/*Asmus* UmwStG § 15 Rn. 172 f.; Dötsch/Pung/Möhlenbrock/*Dötsch/Stimpel* UmwStG § 15 Rn. 217.
129 Grundlegend hierzu BFH 11.6.2007 – VIII R 32/04, BStBl. II 2007, 296.
130 BFH 20.8.2003 – I R 61/01, BStBl. II 2004, 616.

setzgeber die Einbeziehung der mittelbaren Veräußerung in den Missbrauchstatbestand ausdrücklich regeln müssen. Daher stellen mittelbare Veräußerungen der Anteile an der übernehmenden oder übertragenden Körperschaft keine Veräußerungen dar, die die Anwendung des § 11 Abs. 2 ausschließen.[131]

85 Nach seinem Sinn und Zweck bezieht sich § 15 Abs. 2 S. 2 auf die Veräußerung **der Anteile** an der übertragenden oder übernehmenden Gesellschaft. Die Veräußerung des Vermögens der Gesellschaft ist demgegenüber unschädlich.[132]

b) Veräußerung an außenstehende Personen

86 Nach dem Wortlaut des § 15 Abs. 2 S. 2 sind nur Veräußerungen an **außenstehende Personen** für die Anwendung des § 11 Abs. 2 schädlich. Das Tatbestandsmerkmal der außenstehenden Personen gilt nach hM nicht nur für Veräußerungen im Sinne des § 15 Abs. 2 S. 2, sondern auch im Rahmen des § 15 Abs. 2 S. 3, 4.[133] Außenstehende Personen sind Personen, die vor der Spaltung nicht an den beteiligten Gesellschaften beteiligt gewesen sind. Aufgrund des Regelungszweckes des § 15 Abs. 2 geht die hM zu Recht davon aus, dass dabei ausschließlich auf den Gesellschafterbestand der übertragenden Körperschaft vor der Spaltung abzustellen ist. Bei einer Spaltung zur Aufnahme sind daher auch die Gesellschafter, die vor der Spaltung ausschließlich an der übernehmenden Gesellschaft beteiligt sind, als außenstehende Personen im Sinne des § 15 Abs. 2 S. 2 anzusehen.[134] Wenn die Finanzverwaltung für den Zeitpunkt zur Beurteilung, ob eine außenstehende Person vorliegt, auf den steuerlichen Übertragungsstichtag abstellt,[135] ist dem nicht zuzustimmen.[136] Dies folgt aus dem Wortlaut des § 15 Abs. 2 S. 4. Zwar wird dort für die Berechnung der Fünfjahresfrist auf den Übertragungsstichtag abgestellt. Für die Beurteilung der Beteiligungshöhe wird jedoch auf die Anteile vor Wirksamwerden der Spaltung abgestellt. Dies zeigt, dass die Regelungen des § 15 Abs. 2 S. 2–4 Veräußerungen sanktionieren sollen, die nach dem zivilrechtlichen Wirksamwerden der Spaltung vollzogen werden. Unter diesen Voraussetzungen ist ein Abstellen auf den steuerlichen Übertragungsstichtag für die Frage, ob eine außenstehende Person vorliegt, nicht gerechtfertigt. Dies ergibt sich auch aus § 15 Abs. 2 S. 5, der eine spezielle Missbrauchsregelung für die Trennung von Gesellschafterstämmen vorsieht und ua eine Vorbesitzzeit vorsieht. Nur in diesem speziellen Fall sollen daher auch Anteilsveräußerungen vor dem Tag der zivilrechtlichen Wirksamkeit der Spaltung schädlich sein.

---

131 Wie hier auch Dötsch/Pung/Möhlenbrock/*Dötsch/Stimpel* UmwStG § 15 Rn. 213, die aber ausdrücklich auf die abweichende Ansicht der OFD Nürnberg, Vfg. V. 9.2.2000, DB 2000, 697 verweisen.
132 So schon *Thiel* DStR 1995, 237 (242); vgl. auch die Gesetzesbegründung BT-Drs. 12/6885, 23; Rödder/Herlinghaus/van Lishaut/*Schumacher* UmwStG § 15 Rn. 225; *Heurung/Engel/Schröder* GmbHR 2011, 617 (622); aA Widmann/Mayer/*Schießl* UmwStG § 15 Rn. 223 ff.
133 Im Ergebnis auch BMF v. 11.11.2011, BStBl. I 2011, 1314, Rn. 15.26; wie hier auch Rödder/Herlinghaus/van Lishaut/*Schumacher* UmwStG § 15 Rn. 228; Haritz/Menner/Bilitewski/*Asmus* UmwStG § 15 Rn. 157, 165, jeweils mit ausführlichen Nachw.; aA Widmann/Mayer/*Schießl*

UmwStG § 15 Rn. 295, dessen am Wortlaut orientierte Auslegung jedoch nicht überzeugen kann. Ein Verweis auf „die Veräußerung" in Abs. 2 S. 3 wäre sprachlich widersinnig, da damit nicht nur auf die außenstehenden Personen, sondern auch auf das Vollziehen der Veräußerung verweisen würde.
134 Dötsch/Pung/Möhlenbrock/*Dötsch/Stimpel* UmwStG § 15 Rn. 232; *Schumacher/Bier* in Der Umwandlungssteuererlass 2011, S. 286.
135 BMF v. 11.11.2011, BStBl. I 2013, 1314, Rn. 15.26.
136 Wie hier Rödder/Herlinghaus/van Lishaut/*Schumacher* UmwStG § 15 Rn. 230; aA Dötsch/Pung/Möhlenbrock/*Dötsch/Stimpel* UmwStG § 15 Rn. 245.

c) Vollzug der Veräußerung durch die Spaltung

Nach § 15 Abs. 2 S. 2 ist der Buchwertansatz ausgeschlossen, wenn durch die Spaltung die Veräußerung vollzogen wird. In der Literatur ist umstritten, ob dieser Fall überhaupt denkbar ist, oder ob § 15 Abs. 2 S. 2 ausschließlich als sprachliche Einleitung für die S. 3 und 4 zu verstehen ist. Während Dötsch/Stimpel davon ausgehen, dass § 15 Abs. 2 S. 2 keinen eigenständigen Anwendungsbereich hat,[137] sieht Schumacher nur in dem besonderen Fall § 15 Abs. 2 S. 2 als erfüllt an, in dem Anteilseigner an der übernehmenden Gesellschaft, die bislang nicht an der übertragenden Gesellschaft beteiligt sind, einen unverhältnismäßig hohen Anteil an der übernehmenden Gesellschaft erhalten und hierfür eine direkte Zahlung an die Gesellschafter der übertragenden Gesellschaft vornehmen.[138] Nur in dieser besonderen Kombination von nicht-verhältniswahrender Spaltung iVm einer unmittelbaren Zahlung der Gesellschafter der übernehmenden Gesellschaft an die bisherigen Gesellschafter der übertragenden Gesellschaft ist der vom Gesetz geforderte Vollzug der Veräußerung durch die Spaltung meines Erachtens denkbar. Die bewusst nicht verhältniswahrende Spaltung ist kein Anwendungsfall des § 15 Abs. 2 S. 2, da sie unentgeltlich erfolgt und es somit an der entgeltlichen Veräußerung fehlt. Auch das bloße Verschieben der Beteiligungsverhältnisse im Rahmen der Spaltung ist kein Fall des § 15 Abs. 2 S. 2.[139]

87

Das in der Gesetzesbegründung zum UmwStG 1995 genannte Beispiel zum Vollzug der Veräußerung durch die Spaltung,[140] ist bei zutreffender Auslegung ebenfalls kein Anwendungsfall des § 15 Abs. 2 S. 2, da in dem dort genannten Beispiel die Veräußerung der Anteile an der übertragenden Gesellschaft zeitlich vor der Spaltung erfolgen soll.[141] Die Steuerneutralität der Spaltung scheitert in dem in der Gesetzesbegründung genannten Beispiel letztlich an § 15 Abs. 2 S. 5, da die Vorbehaltensfrist für die Trennung der Gesellschafterstämme durch die unmittelbar vor der Spaltung stattfindende Veräußerung der Anteile an der übertragenden Gesellschaft nicht eingehalten wurde.

88

d) Schaffung der Veräußerungsvoraussetzungen durch die Spaltung

Nach dem Wortlaut von § 15 Abs. 2 S. 3 soll das Gleiche gelten, dh die Nichtanwendung des § 11 Abs. 2, wenn durch die Spaltung die Voraussetzungen für eine Veräußerung geschaffen werden. Für sich genommen ist diese Regelung nicht anwendbar, da letztlich durch jede Spaltung die Voraussetzungen für die Veräußerung von Anteilen an der übertragenden bzw. der übernehmenden Gesellschaft geschaffen werden. Einen praktikablen Anwendungsbereich erhält die Regelung daher nur im Zusammenhang mit der gesetzlichen Vermutung des § 15 Abs. 2 S. 4. Dementsprechend versteht die Rechtsprechung und die Literatur § 15 Abs. 2 S. 3, 4 als einheitlichen Missbrauchstatbestand.[142] Nach dem Wortlaut handelt es sich bei § 15 Abs. 2 S. 3 um einen **Rechtsfolgenverweis** auf § 15 Abs. 2 S. 2. Hieraus leitet ein Teil der Literatur ab,[143] dass im Rahmen der Auslegung der S. 3 und 4 nicht auf die Tatbestandsmerkmale des § 15 Abs. 2 S. 3

89

---

137 Dötsch/Pung/Möhlenbrock/*Dötsch/Stimpel* UmwStG § 15 Rn. 262.
138 Rödder/Herlinghaus/van Lishaut/*Schumacher* UmwStG § 15 Rn. 239.
139 Dötsch/Pung/Möhlenbrock/*Dötsch*/Stimpel UmwStG § 15 Rn. 261 ff.; aA Haritz/Menner/Bilitewski/*Asmus* UmwStG § 15 Rn. 137.
140 BT-Drs. 12/6885, 23.
141 Wie hier auch Rödder/Herlinghaus/van Lishaut/*Schumacher* UmwStG § 15 Rn. 238.
142 Vgl. BFH 3.8.2005 – I R 62/04, BStBl. II 2006, 391; Frotscher/Drüen/*Frotscher* UmwStG § 15 Rn. 196 ff.; Dötsch/Pung/Möhlenbrock/*Dötsch/Stimpel* UmwStG § 15 Rn. 277.
143 Widmann/Mayer/*Schießl* UmwStG § 15 Rn. 318; Frotscher/Drüen/*Frotscher* UmwStG § 15 Rn. 197.

zurückgegriffen werden kann. Dies hätte bei einer konsequent am Wortlaut orientierten Auslegung die Folge, dass das Tatbestandsmerkmal der Veräußerung an **außenstehende Personen** im Anwendungsbereich des Abs. 2 S. 3, 4 keine Anwendung finden würde. Diese Konsequenz will Frotscher[144] wiederum durch eine teleologische Ausweitung des § 15 Abs. 2 S. 4 vermeiden. Auch die Finanzverwaltung geht davon aus, dass auch im Rahmen des § 15 Abs. 2 S. 4 nur die Veräußerung an außenstehende Personen schädlich ist.

90 Sofern Schießl[145] auf die Veräußerungsabsicht abstellt und somit § 15 Abs. 2 S. 3 offenbar einen eigenständigen Anwendungsbereich einräumt, führt dies zu einer in der Praxis kaum praktikablen Ausdehnung des Tatbestandes, wenn nicht zugleich die Tatbestandsmerkmale des S. 4 (Fünfjahresfrist) als Begrenzung des Tatbestandes herangezogen werden. Der BFH hat mit Urteil vom 11.8.2021[146] klargestellt, dass es sich bei S. 3 und 4 um einen einheitlichen Missbrauchsverhinderungstatbestand handelt und eine Ausdehnung des S. 3 über die Voraussetzungen des S. 4 hinaus nicht zulässig ist. Dieses Urteil wird in der Literatur einhellig begrüßt.[147]

91 Die Finanzverwaltung und die Rechtsprechung gehen davon aus, dass es sich bei § 15 Abs. 2 S. 4 um eine unwiderlegliche Vermutung des Gesetzgebers für das Vorliegen eines Missbrauchstatbestandes handelt. Wie oben bereits dargelegt, widerspricht diese Auslegung der Fusionsrichtlinie und ist daher mit EU-Recht nicht vereinbar (→ Rn. 78).

92 Wird § 15 Abs. 2 S. 4 europarechtskonform als widerlegliche Vermutung des Gesetzgebers interpretiert, so führt dies dazu, dass der Steuerpflichtige den Gegenbeweis führen kann, dass die Steuervermeidung nicht der Hauptzweck der Umwandlung gewesen ist. Dies kann insbes. auch dadurch erfolgen, dass nachgewiesen wird, dass im Zeitpunkt der Spaltung noch keine Veräußerungsabsicht bestanden hat.[148]

e) Veräußerung innerhalb von fünf Jahren nach dem steuerlichen Übertragungsstichtag

93 Veräußerungen innerhalb von fünf Jahren nach dem steuerlichen Übertragungsstichtag schließen nach § 15 Abs. 2 S. 3, 4 den Buchwertansatz nach § 11 Abs. 2 aus. Der Veräußerungsbegriff ist im Rahmen der S. 3 und 4 identisch mit dem des § 15 Abs. 2 S. 2 (→ Rn. 80). Schädlich für die Steuerneutralität der Spaltung sind ausschließlich Veräußerungen, die innerhalb von fünf Jahren nach dem steuerlichen Übertragungsstichtag erfolgen. Ebenso wie bei der Dreijahresfrist des § 15 Abs. 2 S. 1 ist für die Fünfjahresfrist des § 15 Abs. 2 S. 4 umstritten, ob sich die Frist durch Anwendung des § 108 Abs. 3 AO verlängert, wenn das Fristende auf einen Sonntag oder Feiertag fällt.[149]

---

144 Frotscher/Drüen/*Frotscher* UmwStG § 15 Rn. 202.
145 Widmann/Mayer/*Schießl* UmwStG § 15 Rn. 283 ff., 293.
146 BFH 11.8.2021 – I R 39/18, BFHE 274,115 = BeckRS 2021, 41936.
147 Broemel/Kölle DStR 2022, 513; Bünning BB 2022, 242; vgl. auch *Bumiller* NWB 2019, 1738.
148 So auch Widmann/Mayer/*Schießl* UmwStG § 15 Rn. 298.2, der das Tatbestandsmerkmal der Veräußerungsabsicht jedoch als Erweiterung des Tatbestandes des § 15 Abs. 2 S. 3 ansieht, da er bei Vorliegen der Veräußerungsabsicht einen schädlichen Vorgang auch bei einer Veräußerung außerhalb der Fünfjahresfrist annehmen will; kritisch hierzu auch Rödder/Herlinghaus/van Lishaut/*Schumacher* UmwStG § 15 Rn. 245.
149 Vgl. Rödder/Herlinghaus/van Lishaut/*Schumacher* UmwStG § 15 Rn. 265; vgl. ebenda auch die Diskussion zu § 15 Abs. 2 S. 1 Rn. 224.

f) Anteile an einer an der Spaltung beteiligten Körperschaft

Nach dem Wortlaut der Regelungen soll die Veräußerung von Anteilen einer an der Spaltung beteiligten Körperschaft schädlich sein. Hierbei handelt es sich um die Anteile an der übernehmenden Gesellschaft und im Falle der Abspaltung um die Anteile an der übertragenden Körperschaft. Im Falle der Aufspaltung ist eine Veräußerung von Anteilen an der übertragenden Gesellschaft nach Wirksamwerden der Spaltung nicht mehr möglich, da diese dann nicht mehr existiert. Entsprechend dem Sinn und Zweck des § 15 Abs. 2 S. 4, missbräuchliche Gestaltung zu vermeiden, bei denen Teile des Betriebsvermögens der übertragenden Gesellschaft steuerbegünstigt veräußert werden, indem sie zuvor durch die Spaltung in einer Kapitalgesellschaft separiert werden, ist die Veräußerung von Anteilen, die bereits vor der Spaltung bestanden haben, nicht vom Tatbestand des § 15 Abs. 2 S. 2–4 erfasst.[150] Dies bezieht sich zum einen auf die Anteile an der übertragenden Gesellschaft vor dem zivilrechtlichen Wirksamwerden der Spaltung, dh vor dem Tag der Eintragung der Spaltung in das Handelsregister. Dementsprechend sind auch Veräußerungen von Anteilen an der übertragenden Gesellschaft im Zeitraum zwischen dem steuerlichen Übertragungsstichtag und dem Tag der zivilrechtlichen Wirksamkeit der Spaltung nicht von § 15 Abs. 2 S. 4 erfasst. Die gegenteilige Auffassung der Finanzverwaltung[151] stellt ausschließlich auf den Gesellschafterbestand am steuerlichen Übertragungsstichtag ab und berücksichtigt nicht ausreichend, dass nur Veräußerungen nach dem Wirksamwerden der Spaltung schädlich sein sollen.

Zum anderen ist fraglich, ob von der Regelung des § 15 Abs. 2 S. 4 auch die Anteile an der übernehmenden Körperschaft betroffen sind, die bereits vor der Spaltung bestanden haben oder ausschließlich die Anteile, die im Rahmen der Spaltung neu entstanden sind. Der Wortlaut der Regelung enthält grundsätzlich keinen Ansatzpunkt für eine einschränkende Auslegung dergestalt, dass nur im Rahmen der Gestaltung neu entstehende Anteile in die Veräußerungssperre einbezogen sind.[152] Auch wenn dies im Ergebnis zu einem extensiven Anwendungsbereich der Missbrauchsregelung führt, ist aufgrund des Wortlauts der Regelung davon auszugehen, dass auch die Anteile an der übernehmenden Körperschaft vor der Spaltung von der Regelung erfasst sind. Hierfür spricht auch, dass andernfalls Gestaltungen möglich wären, bei denen durch die Veräußerung von Altanteilen die Veräußerungssperre umgangen wird, obwohl im wirtschaftlichen Ergebnis Anteile an der neuen Gesellschaft veräußert werden, die genau dem Umfang der neu entstehenden Anteile entsprechen.[153]

Die Lösung von Schumacher,[154] nach der die Veräußerung der bereits vor der Spaltung bestehenden Anteile nur dann schädlich sein soll, wenn anlässlich der Spaltung wegen einer unangemessenen niedrigen Kapitalerhöhung (oder dem gänzlichen Verzicht auf eine Kapitalerhöhung gemäß §§ 54 Abs. 1 S. 3, 68 Abs. 1 S. 3 UmwG) eine Wertverschiebung auf diese Anteile erfolgt, findet im Gesetz keine Grundlage und erfasst auch nicht die oben dargestellte Missbrauchsgestaltung. Fraglich ist in diesem Zusammenhang auch, welche Auswirkungen § 15 Abs. 2 S. 4 auf Anteile hat, die an der übernehmen-

---

150 Im Ergebnis ebenso Haritz/Menner/Bilitewski/*Asmus* UmwStG § 15 Rn. 161 f.; vgl. Rödder/Herlinghaus/van Lishaut/*Schumacher* UmwStG § 15 Rn. 257 ff.
151 BMF v. 11.11.2011, BStBl. I 2011, 1314, Rn. 15.26.
152 In diesem Sinne auch Dötsch/Pung/Möhlenbrock/*Dötsch/Stimpel* UmwStG § 15 Rn. 291; vgl. auch Frotscher/Drüen/*Frotscher* UmwStG § 15 Rn. 205, der Wortlaut und Zweck für miteinander vereinbar hält; aA *Löffler/Hansen* DB 2010, 1369, die § 15 Abs. 2 S. 4 bei der upstream-Spaltung für nicht anwendbar halten.
153 Vgl. schon *Thiel* DStR 1995, 237 (242); Schmitt/Hörtnagl/*Hörtnagl* UmwStG § 15 Rn. 168.
154 Rödder/Herlinghaus/van Lishaut/*Schumacher* UmwStG § 15 Rn. 239.

den Gesellschaft durch Kapitalerhöhungen oder Umwandlungen entstehen, die im Anschluss an die Spaltung innerhalb des Fünfjahreszeitraums erfolgen. Der Wortlaut der Regelung spricht auch in diesem Fall dafür, diese Anteile in die Missbrauchsregelung einzubeziehen. Weil im Rahmen der Kapitalerhöhung oder der Umwandlung das der Kapitalgesellschaft zugeführte Vermögen dem Wert der ausgegebenen neuen Anteile entspricht, ist es nach dem Sinn und Zweck der Regelung jedoch nicht gerechtfertigt, diese Anteile ebenfalls in den Anwendungsbereich der Missbrauchsregelung einzubeziehen. Hinsichtlich der im Anschluss an die Spaltung entstehenden Anteile an der übernehmenden Körperschaft ist insofern Schumacher zuzustimmen, dass die Einbeziehung in die Missbrauchsregelung nur dann gerechtfertigt ist, wenn im Rahmen der Kapitalerhöhung oder Umwandlung eine Wertverschiebung auf die neuen Anteile erfolgt.[155]

97 Im Falle der Abspaltung eines Teilbetriebs von einer Tochtergesellschaft auf eine Muttergesellschaft wäre nach dem Wortlaut der Regelung des § 15 Abs. 2 S. 4 auch eine Veräußerung von Anteilen an der Muttergesellschaft innerhalb des Fünfjahreszeitraums nach der Abspaltung schädlich. Eine teleologische Auslegung der Regelung führt jedoch eindeutig zu dem Ergebnis, dass dieser Fall nicht von dem Anwendungsbereich des § 15 Abs. 2 S. 4 erfasst ist. Der abgespaltene Teilbetrieb zählte auch vor der Spaltung mittelbar zum Vermögen der Muttergesellschaft. Eine Statusverbesserung, die § 15 Abs. 2 S. 4 vermeiden will, ist durch die Aufwärtsverschmelzung auf die Muttergesellschaft nicht erreichbar. Die Veräußerung der Anteile an der Muttergesellschaft und damit die mittelbare Veräußerung des Teilbetriebes wären auch vor der Spaltung möglich gewesen. Diesbezüglich hat sich durch die Spaltung keine Veränderung der Struktur ergeben.[156]

g) Mehr als 20 % der Anteile

98 Eine Veräußerung von Anteilen an einer an der Spaltung beteiligten Gesellschaft innerhalb von fünf Jahren ist nur dann schädlich, wenn sie mehr als 20 % der vor Wirksamwerden der Spaltung an der Körperschaft bestehenden Anteile ausmacht. Wird die Quote überschritten, ist für die gesamte Spaltung der Buchwertansatz ausgeschlossen. Das Überschreiten der Veräußerungsgrenze ist als rückwirkendes Ereignis einzustufen, so dass die Körperschaftsteuerbescheide des Veranlagungszeitraums, in den der steuerliche Übertragungsstichtag fällt, gemäß § 175 Abs. 1 S. 1 Nr. 2 AO zu ändern sind.[157] Verfahrensrechtlich ist hierbei zu beachten, dass die Festsetzungsverjährung erst mit dem Ablauf des Kalenderjahres beginnt, in dem die schädliche Veräußerung erfolgt. Insofern geht die Finanzverwaltung wohl zutreffend davon aus, dass bei mehreren aufeinanderfolgenden Veräußerungen diejenige für den Beginn der Festsetzungsverjährung maßgeblich ist, durch die die 20 %-Grenze überschritten wird.[158]

99 Schädlich ist nach dem Sinn und Zweck der Regelung eine Veräußerung, die mehr als 20 % des Vermögens umfasst, das vor der Spaltung bei der übertragenden Körperschaft vorhanden war. Wie sich aus Rn. 15.30 des Umwandlungssteuererlasses ergibt, ist die

---

155 Vgl. Rödder/Herlinghaus/van Lishaut/*Schumacher* UmwStG § 15 Rn. 238.
156 In diesem Sinne auch *Neier* DStR 2002, 2200; *Löffler/Hansen* DB 2010, 369; die ausschließlich am Wortlaut der Regelung orientierte Auslegung von Dötsch/Pung/

Möhlenbrock/*Dötsch/Stimpel* UmwStG § 15 Rn. 296 überzeugt nicht.
157 BMF v. 11.11.2011, BStBl. I 2011, 1314, Rn. 15.34.
158 BMF v. 11.11.2011, BStBl. I 2011, 1314, Rn. 15.35; zustimmend *Schumacher/Bier* in Der Umwandlungssteuererlass 2011, S. 291.

Berechnung der 20 %-Quote im Falle einer Spaltung zur Neugründung eindeutig aus dem Verhältnis des übergegangenen Vermögens zu dem ursprünglich vorhandenen Vermögen zu ermitteln. Wesentlich problematischer ist die Berechnung der 20 %-Grenze im Falle der Spaltung zur Aufnahme. Würde bei der Berechnung der 20 %-Grenze ausschließlich auf den Wert der veräußerten Anteile nach der Spaltung abgestellt, so würde hierbei auch der in den Anteilen verkörperte Wert des bei der übernehmenden Körperschaft bereits vorhandenen Vermögens berücksichtigt. Dies widerspricht dem Sinn und Zweck der Regelung. Zutreffend ist, auf den in den Anteilen verkörperten Wert des übertragenden Vermögens abzustellen.[159]

Für die Berechnung der 20 %-Grenze ist nach hM auf die Wertverhältnisse am steuerlichen Übertragungsstichtag abzustellen.[160] Unabhängig davon ob auf den steuerlichen Übertragungsstichtag oder den Tag der Eintragung abgestellt wird, besteht Einigkeit, dass nachträgliche Wertveränderungen unberücksichtigt bleiben.[161] Ebenso wie die Fünfjahresfrist ist auch die 20 %-Grenze uneingeschränkt anzuwenden, dh Veräußerungen, die die 20 %-Grenze nicht überschreiten sind generell unschädlich. Dies gilt auch dann, wenn aufgrund der Wertverhältnisse des übertragenden Vermögens eine Veräußerung sämtlicher Anteile an der aufnehmenden Gesellschaft innerhalb der 20 %-Grenze möglich ist.[162] Aus dem Abstellen auf die Wertverhältnisse des übergehenden Vermögens folgt auch, dass die mehrfache Übertragung derselben Anteile im Rahmen der Berechnung der 20 %-Grenze nur einmal berücksichtigt wird.[163] 100

Der Gesetzeswortlaut stellt auf die Veräußerung von Anteilen **einer** an der Spaltung beteiligten Körperschaft ab.[164] Hieraus folgt, dass entgegen der von der Finanzverwaltung vertretenen Ansicht für die Beurteilung der 20 %-Grenze des § 15 Abs. 2 S. 4 die einzelnen übernehmenden Gesellschaften und die übertragende Gesellschaft getrennt voneinander zu beurteilen sind.[165] Eine Zusammenrechnung der Veräußerung von Anteilen verschiedener an der Spaltung beteiligter Gesellschaften erfolgt insofern nicht. Dies entspricht auch dem Regelungszweck des § 15 Abs. 2 S. 2–4. Wie bereits dargestellt, soll hierdurch vermieden werden, dass durch eine vorherige Spaltung Vermögensteile begünstigt als Anteile an Kapitalgesellschaften veräußert werden können. Ein Missbrauch durch die Übertragung von Teilbetrieben und die anschließende Veräußerung von Anteilen an den beteiligten Gesellschaften, die jeweils für sich genommen weniger als 20 % des vor der Spaltung bestehenden Vermögens ausmachen, ist kaum vorstellbar. 101

Andererseits bezieht sich die Grenze nicht auf den einzelnen an der Gesellschaft beteiligten Gesellschafter. Die Veräußerungen durch mehrere Gesellschafter sind grundsätzlich zusammenzuzählen.[166] In diesem Zusammenhang ist in der Literatur umstritten, ob die Vorschrift uneingeschränkt auch auf an der Börse gehandelte Aktiengesellschaften Anwendung findet, da in diesem Fall das Einhalten der 20 %-Grenze praktisch nicht 102

---

159 Kritisch hierzu auch Dötsch/Pung/Möhlenbrock/*Dötsch/Stimpel* UmwStG § 15 Rn. 305 f.
160 Rödder/Herlinghaus/van Lishaut/*Schumacher* UmwStG § 15 Rn. 260; Schmitt/Hörtnagl/*Hörtnagl* UmwStG § 15 Rn. 181; demgegenüber will Widmann/Mayer/*Schießl* UmwStG § 15 Rn. 328 auf den Tag der Eintragung der Spaltung abstellen.
161 BMF v. 11.11.2011, BStBl. I 2011, 1314, Rn. 15.29; Haritz/Menner/Bilitewski/*Asmus* UmwStG § 15 Rn. 169.
162 Wie hier Rödder/Herlinghaus/van Lishaut/*Schumacher* UmwStG § 15 Rn. 261.
163 Dötsch/Pung/Möhlenbrock/*Dötsch/Stimpel* UmwStG § 15 Rn. 314.
164 So bereits zu dem gleichlautenden § 15 Abs. 3 S. 2 und 3 UmwStG 1995, BT-Drs. 12/6885, 23.
165 Zutreffend Dötsch/Pung/Möhlenbrock/*Dötsch/Stimpel* UmwStG § 15 Rn. 312; aA BMF v. 11.11.2011, BStBl. I 2011, 1314, Rn. 15.30.
166 Rödder/Herlinghaus/van Lishaut/*Schumacher* UmwStG § 15 Rn. 263; BFH 3.8.2005 – I R 62/04, BStBl. II 2006, 391; Schmitt/Hörtnagl/*Hörtnagl* UmwStG § 15 Rn. 191.

zu überprüfen ist, was im Ergebnis dazu führt, dass Spaltungen auf börsennotierte Aktiengesellschaften de facto ausgeschlossen sind.

103 Asmus geht insofern davon aus, dass in der uneingeschränkten Anwendung der Regelung auf börsennotierte Gesellschaften eine sowohl mit Art. 3 GG als auch mit der Fusionsrichtlinie nicht zu vereinbarende Diskriminierung von börsennotierten Aktiengesellschaften zu sehen ist. Dies begründet er unter anderem damit, dass eine Hauptversammlung einer Aktiengesellschaft mit signifikantem Streubesitz wohl kaum eine Absicht der Steuerumgehung unterstellt werden könne.[167] Schumacher[168] geht demgegenüber davon aus, dass § 15 Abs. 2 S. 4 zwar auf börsennotierte Aktiengesellschaften uneingeschränkt anzuwenden ist, die Beweislast dafür, dass die 20 %-Grenze überschritten worden ist, aber bei der Finanzverwaltung liegt. Da die Finanzverwaltung auch nachweisen müsse, dass die 20 %-Grenze auch dann überschritten wurde, wenn die mehrfache Veräußerung der gleichen Teile unberücksichtigt bleibt, geht Schumacher davon aus, dass der Nachweis regelmäßig nur dann gelingen kann, wenn es sich um die Veräußerung großer Aktienpakete handelt, die zB durch Meldepflichten nach § 33 WpHG öffentlich gemacht werden.

104 Meines Erachtens verdient die Ansicht von Schumacher den Vorzug, da allein die Tatsache, dass die Gesellschaft an der Börse gelistet ist, keinen Einfluss auf die Anwendungen der Missbrauchsregelung haben sollte. Die vom Gesetzeszweck nicht erfasste Veräußerung von einzelnen Aktien durch Kleinanleger wird durch die von Schumacher vertretene praktische Umsetzung ausgeschlossen. Der von Asmus geforderte generelle Ausschluss börsengehandelter Gesellschaften ist hingegen nicht gerechtfertigt, da ohne Weiteres auch bei börsengehandelten Gesellschaften denkbar ist, dass ein Großaktionär durch entsprechende Umstrukturierungen missbräuchliche Steuergestaltungen vollziehen kann.

3. Trennung von Gesellschafterstämmen

105 § 15 Abs. 2 S. 5 enthält eine besondere Missbrauchsregelung für den Fall der sogenannten Trennung von Gesellschafterstämmen, in dem er für diesen besonderen Fall der Spaltung vorsieht, dass die Beteiligungen an der übertragenden Körperschaft mindestens fünf Jahre vor dem steuerlichen Übertragungsstichtag bestanden haben müssen. Der Gesetzgeber will hiermit Gestaltungen vermeiden, bei denen sich zur Umgehung einer steuerpflichtigen Veräußerung eines Teilbetriebs der Erwerber im Vorfeld der geplanten Veräußerung an der Gesellschaft beteiligt und dann den Teilbetrieb im Wege der nicht verhältniswahrenden Spaltung zu Null übertragen bekommt.[169] Ebenso wie § 15 Abs. 2 S. 2–4 enthält Abs. 5 eine typisierende Missbrauchsregelung. Da die Regelung keine Möglichkeit eines Gegenbeweises bietet, verstößt sie nach überwiegender Ansicht in der Literatur gegen die Fusionsrichtlinie.[170] Da die Regelung des § 15 Abs. 2 S. 5 auch in ihrer eindeutigen konformen Auslegung nicht zugänglich ist, ist sie nach Ansicht von Schumacher auch in reinen Inlandsfällen grundsätzlich nicht anwendbar.[171]

---

[167] Haritz/Menner/Bilitewski/*Asmus* UmwStG § 15 Rn. 170.
[168] Rödder/Herlinghaus/van Lishaut/*Schumacher* UmwStG § 15 Rn. 264.
[169] Vgl. Schmitt/Hörtnagl/*Hörtnagl* UmwStG § 15 Rn. 216 f.
[170] Vgl. Dötsch/Pung/Möhlenbrock/*Dötsch/Stimpel* UmwStG § 15 Rn. 333 mwN.
[171] Rödder/Herlinghaus/van Lishaut/*Schumacher* UmwStG § 15 Rn. 272.

a) Gesellschafterstamm

Die Regelung des § 15 Abs. 2 S. 5 setzt die Trennung von Gesellschafterstämmen voraus. Der Begriff des Gesellschafterstammes wird im Gesetz jedoch an keiner Stelle definiert. Nach der ganz hM in der Literatur kann der Begriff des Gesellschafterstamms nicht mit dem Begriff des Gesellschafters identisch sein.[172] Demgegenüber will die Finanzverwaltung den Begriff des Gesellschafterstammes mit dem des einzelnen Anteilsinhabers gleichstellen.[173] Meines Erachtens zeigt der Wortlaut der Regelung, dass der Begriff des Gesellschafterstammes nicht mit dem einzelnen Gesellschafter gleichgesetzt werden kann.[174]

106

Geht man hiervon aus, stellt sich jedoch die Frage, wodurch der Gesellschafterstamm gekennzeichnet ist. Diesbezüglich wird teilweise vertreten, dass ein Gesellschafterstamm eine Gruppe von Gesellschaftern umfasst, die sich durch gleichgerichtete Interessen kennzeichnen.[175] Gegenüber diesem eher subjektiv ausgerichteten Abgrenzungskriterium wird teilweise auch eine rein objektive Abgrenzung vertreten, nach der es insbesondere darauf ankommt, ob die Gesellschafter aufgrund von Familien- oder Konzernzugehörigkeit, dem Bestehen von Poolverträgen, Anbietungspflichten oder Vorkaufsrechten objektiv einer bestimmten Gruppe zuzurechnen sind.[176] Meines Erachtens kann ein Gesellschafterstamm sowohl subjektiv durch gleichgerichtete Interessen als auch objektiv durch Familien- bzw. Konzernzugehörigkeit oder entsprechende Verträge geschaffen werden.

107

b) Trennung von Gesellschafterstämmen

Nach § 15 Abs. 2 S. 5 soll die Vorbesitzzeit gelten im Falle der Trennung von **Gesellschafterstämmen**. Die Verwendung des Plurals zeigt, dass der Gesetzgeber die besondere Voraussetzung der Vorbesitzzeit nur dann zur Anwendung bringen wollte, wenn mindestens zwei Gesellschafterstämme bei der Übertragung der Gesellschaft vorhanden sind und diese im Wege der Spaltung getrennt werden.[177] Nach Ansicht der Finanzverwaltung liegt eine Trennung von Gesellschafterstämmen vor, wenn im Fall der Aufspaltung an den übernehmenden Körperschaften und im Fall der Abspaltung an der übernehmenden und an der übertragenden Körperschaft nicht mehr alle Anteilsinhaber der übertragenden Körperschaft beteiligt sind.[178] Eine Trennung von Gesellschafterstämmen liegt somit insbes. dann vor, wenn bei der übertragenden Körperschaft die Gesellschafterstämme A und B bestehen, und nach der Abspaltung an der übernehmenden Körperschaft der Gesellschafterstamm A zu 100 % und an der übertragenden Körperschaft der Gesellschafterstamm B zu 100 % beteiligt wird.

108

Ob eine Trennung von Gesellschafterstämmen auch dann vorliegt, wenn die Gesellschafterstämme an der jeweils anderen Gesellschaft noch mit einem Zwerganteil beteiligt bleiben, oder nach der Spaltung nur an einer der beteiligten Gesellschaften

109

---

172 Rödder/Herlinghaus/van Lishaut/*Schumacher* UmwStG § 15 Rn. 273; Schmitt/Hörtnagl/*Hörtnagl* UmwStG § 15 Rn. 219; etwas unklar Dötsch/Pung/Möhlenbrock/*Dötsch/Stimpel* UmwStG § 15 Rn. 338, die zwar jeden einzelnen Gesellschafter als Gesellschafterstamm für qualifizierbar halten, auch wenn diese „einander fremd" sind, aber gleichgerichtete Interessen haben.
173 BMF v. 11.11.2011, BStBl. I 2011, 1314, Rn. 15.37.
174 Ebenso Widmann/Mayer/*Schießl* UmwStG § 15 Rn. 454.
175 Schmitt/Hörtnagl/*Hörtnagl* UmwStG § 15 Rn. 222.
176 *Rogal* DB 2006, 66 (68); vgl. auch Dötsch/Pung/Möhlenbrock/*Dötsch/Stimpel* UmwStG § 15 Rn. 337.
177 S. Rödder/Herlinghaus/van Lishaut/*Schumacher* UmwStG § 15 Rn. 274; *Schumacher/Neitz-Hackstein* Ubg 2011, 409 (418).
178 BMF v. 11.11.2011, BStBl. I 2011, 1314, Rn. 15.37.

ausschließlich ein Gesellschafterstamm beteiligt ist, ist umstritten.[179] Im Hinblick darauf, dass es sich bei § 15 Abs. 2 S. 5 um eine typisierende Missbrauchsregelung handelt, die die Anwendung des Bewertungswahlrechts des § 11 Abs. 2 ausschließt, ist die Regelung, soweit man sie trotz der europarechtlichen Bedenken für anwendbar hält, eng auszulegen. Eine Trennung von Gesellschafterstämmen, die zur Anwendbarkeit der Vorbesitzfrist führt, liegt daher nur dann vor, wenn es zu einer vollständigen Trennung der Gesellschafterstämme kommt, dh nach Abschluss der Spaltung an keiner der beteiligten Gesellschaften mehrere Gesellschafterstämme beteiligt sind.[180]

c) Fünfjährige Vorbesitzzeit

110 Im Fall der Trennung von Gesellschafterstämmen setzt die Anwendung des § 11 Abs. 2, dh die Möglichkeiten des Buchwertansatzes bei der übertragenden Körperschaft, voraus, dass die Beteiligung an der übertragenden Körperschaft mindestens fünf Jahre vor dem steuerlichen Übertragungsstichtag bestanden hat. Nach dem Gesetzeswortlaut ist nicht eindeutig, ob es hierbei ausschließlich um die Beteiligung dem Grunde nach geht, oder auch Veränderungen in der Beteiligungshöhe schädlich sind. Die Finanzverwaltung stellt insofern ausschließlich auf die Beteiligung dem Grunde nach ab; Änderungen in der Beteiligungshöhe innerhalb der Fünfjahresfrist sollen hiernach unschädlich sein.[181] Entscheidend ist somit, dass die im Zeitpunkt der Spaltung an der übertragenden Gesellschaft beteiligten Gesellschafterstämme bereits seit fünf Jahren an dieser Gesellschaft beteiligt sind. Das Austreten von einzelnen Gesellschaftern oder auch ganzen Gesellschafterstämmen im Vorfeld der Spaltung ist demgegenüber unerheblich.[182]

111 Nach Dötsch/Stimpel[183] soll es hingegen schädlich sein, wenn sich einzelne Gesellschafter im Vorfeld der Spaltung in einen Gesellschafterstamm einkaufen, um sich die Besitzzeit zurechnen zu lassen. Hierin kann mE kein Missbrauch gesehen werden, solange der Gesellschafterstamm als solcher nach der Spaltung beteiligt bleibt. Nur in dem besonderen Einzelfall, in dem der vor der Spaltung in den Gesellschafterstamm eingetretene Gesellschafter im Anschluss an die Spaltung sämtliche Anteile des Gesellschafterstammes übernimmt, und die weiteren Mitglieder des Gesellschafterstammes aus der Gesellschaft austreten, kann im Einzelfall ein Missbrauch angenommen werden.

112 Auch die grundsätzliche Versagung des Buchwertansatzes im Falle der Trennung von Gesellschafterstämmen, wenn die übertragende Gesellschaft von dem Spaltungsstichtag noch keine fünf Jahre bestanden hat, ist mit dem Sinn und Zweck der Regelung kaum zu vereinbaren.[184] Eine Zurechnung von Vorbesitzzeiten erfolgt grundsätzlich im Falle unentgeltlicher Erwerbe und im Falle von Umwandlungen, bei denen die übernehmende Gesellschaft steuerrechtlich vollumfänglich in die Stellung der übertragenden Gesellschaft eintritt (zB gemäß § 4 Abs. 2 und 3, § 12). Keine Zurechnung erfolgt im Falle der entgeltlichen Veräußerung.

---

179 Vgl. die Beispiele bei Dötsch/Pung/Möhlenbrock/*Dötsch/Stimpel* UmwStG § 15 Rn. 346.
180 Wie hier Schmitt/Hörtnagl/*Hörtnagl* UmwStG § 15 Rn. 233; Rödder/Herlinghaus/van Lieshaut/*Schumacher* UmwStG § 15 Rn. 275; Sagasser/Bula/Brünger Umwandlungen/*Sagasser/Schöneberger* § 20 Rn. 69.
181 BMF v. 11.11.2011, BStBl. I 2011, 1314, Rn. 15.36; zustimmend Rödder/Herlinghaus/van Lishaut/*Schumacher* UmwStG § 15 Rn. 280.
182 Dötsch/Pung/Möhlenbrock/*Dötsch/Stimpel* UmwStG § 15 Rn. 359.
183 Dötsch/Pung/Möhlenbrock/*Dötsch/Stimpel* UmwStG § 15 Rn. 360.
184 So aber BMF v. 11.11.2011, BStBl. I 2011, 1314, Rn. 15.38; zur Gegenauffassung mwN Dötsch/Pung/Möhlenbrock/*Dötsch/Stimpel* UmwStG § 15 Rn. 361; *Schumacher/Bier* in Der Umwandlungssteuererlass 2011, S. 292.

VII. Folgen der Abspaltung für Verluste, negative Einkünfte, Verlust-, Zins- und EBITDA Vorträge

Gemäß Abs. 3 mindern sich bei einer Abspaltung verrechenbare Verluste, verbleibende Verlustvorträge, nicht ausgeglichene negative Einkünfte, ein Zinsvortrag nach § 4h Abs. 1 S. 2 EStG und ein EBITDA-Vortrag nach § 4h Abs. 1 S. 3 EStG der übertragenden Körperschaft in dem Verhältnis, in dem bei Zugrundelegung des gemeinen Werts das Vermögen auf eine andere Körperschaft übergeht.[185] Die Regelung des Abs. 3 gilt ausschließlich bei der Abspaltung. Da bei der Aufspaltung die übertragende Körperschaft insgesamt aufgelöst wird, gehen deren Verluste, Verlustvorträge, Zinsvorträge und EBITDA-Vorträge insgesamt nach § 12 Abs. 3 unter. Bei der Abspaltung bleibt die übertragende Körperschaft im Grundsatz erhalten, so dass auch ein teilweiser Untergang der Verlustvorträge nicht zwingend ist. Der Gesetzgeber hat sich jedoch mit der Regelung des § 15 Abs. 3 dazu entschlossen, einen teilweisen Untergang der Verlustvorträge anzuordnen. Hierbei stellt er ausschließlich auf den gemeinen Wert des übertragenden Vermögens ab. Insofern kann es im Einzelfall sinnvoll sein, bei der Planung der Abspaltung darauf zu achten, dass die Teilbetriebe mit großen stillen Reserven bei der übertragenden Körperschaft zurückbleiben, bzw. den Teilbetrieben, die auf die übernehmende Gesellschaft übergehen, auch entsprechend hohe Schulden zugeordnet werden.

Bei der Berechnung der Quote wird ausschließlich auf den gemeinen Wert des übertragenden Vermögens abgestellt. Darauf, ob der den Verlust verursachende Teilbetrieb mitübertragen wird oder vollständig bei der übernehmenden Gesellschaft zurückbleibt, kommt es nach dem eindeutigen Wortlaut der Regelung nicht an. Im Extremfall gehen der Verlustvortrag, Zinsvortrag und EBITDA-Vortrag somit auch dann unter, wenn ausschließlich ein gewinnbringender Teilbetrieb übertragen wird und der in der Vergangenheit die Verluste produzierende Teilbetrieb vollständig bei der übertragenden Gesellschaft verbleibt.[186] Vor diesem Hintergrund geht Mylich[187] davon aus, dass die Regelung des § 15 Abs. 3 einen Verstoß gegen das Leistungsfähigkeitsprinzip darstellt und als verfassungswidrig einzustufen ist.

Fraglich ist das Verhältnis von § 15 Abs. 3 zur allgemeinen Regelung des § 8c KStG, wonach ein Verlustvortrag untergeht, wenn es zu einem Anteilseignerwechsel bei der Gesellschaft kommt. Bei einer nichtverhältniswahrenden Spaltung kann es zu erheblichen Verschiebungen der Beteiligungsquote zwischen den bisherigen Gesellschaftern kommen, bis hin zum vollständigen Ausscheiden einzelner Gesellschafter. Da im Rahmen des § 8c KStG grundsätzlich auch Veräußerungen zwischen den bisherigen Gesellschaftern schädlich sind,[188] kann es im Falle der Abspaltung neben § 15 Abs. 3 auch zu einem Untergang von Verlustvorträgen, Zinsvorträgen, EBITDA-Vorträgen nach § 8c KStG kommen. Da es nach § 8c KStG bei einem Anteilseignerwechsel von mehr als 50 % zu einem vollständigen Untergang aller bestehenden Verlustvorträge kommt, kann die Rechtsfolge des § 8c KStG im Einzelfall wesentlich weitgehender sein als die des § 15 Abs. 3.

---

185 Zu den Auswirkungen des neuen § 8d KStG in Spaltungsfällen vgl. *Scholz/Riedel* DB 2016, 2562 ff.
186 Vgl. hierzu Dötsch/Pung/Möhlenbrock/*Dötsch/Stimpel* UmwStG § 15 Rn. 444; Rödder/Herlinghaus/van Lishaut/*Schumacher* UmwStG § 15 Rn. 289.
187 *Mylich* FR 2019, 537.
188 Vgl. BMF v. 28.11.2017, BStBl. I 2017, 1645.

116 Aufgrund der unterschiedlichen Anknüpfungspunkte für den Verlustuntergang (einerseits den Anteilseignerwechsel und andererseits die Übertragung von Vermögen auf eine andere Körperschaft) muss man davon ausgehen, dass die beiden Vorschriften nebeneinander anwendbar sind und § 15 Abs. 3 den § 8c KStG nicht als speziellere Vorschrift verdrängt.[189]

117 Besonders problematisch ist die Frage des Untergangs des verbleibenden Verlustvortrages und der nicht ausgeglichenen negativen Einkünfte bei einem unterjährigen Abspaltungsstichtag.[190] Nach der früheren Verwaltungsauffassung soll von § 8c KStG auch der bis zur relevanten Anteilsübertragung entstandene laufende Verlust betroffen sein. Seit der Neufassung des BMF-Schreibens zu § 8c KStG vom 28.11.2017 soll die zeitanteilige Aufteilung entweder über einen Zwischenabschluss erfolgen oder nach sachlich und wirtschaftlichen Aspekten geschätzt werden.[191]

118 Der BFH hat mit Urteil vom 30.11.2011[192] entschieden, dass der bis zum Übertragungsstichtag entstandene Gewinn noch mit bestehenden Verlustvorträgen verrechnet werden kann. Diese Ansicht ist auch von der Finanzverwaltung übernommen worden.[193]

§ 16 Aufspaltung oder Abspaltung auf eine Personengesellschaft

¹Soweit Vermögen einer Körperschaft durch Aufspaltung oder Abspaltung auf eine Personengesellschaft übergeht, gelten die §§ 3 bis 8, 10 und 15 entsprechend. ²§ 10 ist für den in § 40 Abs. 2 Satz 3 des Körperschaftsteuergesetzes bezeichneten Teil des Betrags im Sinne des § 38 des Körperschaftsteuergesetzes anzuwenden.

I. Überblick 1	IV. Entsprechende Anwendung der §§ 3–8 13
II. Anwendungsbereich der Vorschrift 4	V. Entsprechende Anwendung von § 10 18
III. Entsprechende Anwendung von § 15 8	

I. Überblick

1 § 16 komplettiert den 4. Teil des UmwStG, dh die Regelung zur Auf- und Abspaltung, indem er die Voraussetzungen und Rechtsfolgen der Auf- bzw. Abspaltung von einer Kapitalgesellschaft auf eine Personengesellschaft regelt. Ebenso wie bei § 15 ist auch im Rahmen des § 16 die dritte Form der zivilrechtlichen Spaltung, die Ausgliederung, nicht erfasst. Die Ausgliederung von Vermögensteilen auf eine Personengesellschaft ist vielmehr als Einbringung in § 24 geregelt.

2 Im UmwStR wird die Auf- bzw. Abspaltung als besondere Form der Teilverschmelzung angesehen. Dementsprechend verweist § 16 hinsichtlich der Rechtsfolgen auf die Regelung des 2. Teils des UmwStG, dh die §§ 3–8, in denen die Verschmelzung einer Kapitalgesellschaft auf eine Personengesellschaft geregelt ist.

3 Hinsichtlich der Voraussetzungen, die bei der übertragenden Körperschaft und bei den Anteilseignern der übertragenden Körperschaft vorliegen müssen, verweist § 16 hingegen auf die Regelung des § 15. Dadurch, dass der Gesetzgeber in § 15 Abs. 1 S. 1 den Verweis auf die §§ 11–13 unter den Vorbehalt des § 16 gestellt hat, macht er deut-

---

189 Vgl. BMF v. 28.11.2017, BStBl. I 2017, 1645.
190 Vgl. BMF v. 11.11.2011, Rn. 15.41 idF des BMF v. 23.2.2018, BStBl. I 2018, 319.
191 BMF v. 28.11.2017, BStBl. I 2017, 1645, Rn. 35; vgl. Adrian/Weiler BB 2014, 1303 (1305).
192 Vgl. BFH 30.11.2011 – I R 14/11, BStBl. II 2012, 360.
193 BMF v. 28.11.2017, BStBl. I 2017, 1645, Rn. 34.

lich, dass der Verweis in § 16 auf § 15 ausschließlich die Voraussetzungen auf Ebene der übertragenden Körperschaft und der Anteilseigner betrifft, jedoch nicht zu einer Weiterverweisung auf die Rechtsfolgen der §§ 11–13 führen soll. Wie dargestellt ergeben sich die Rechtsfolgen für die Auf- bzw. Abspaltung einer Personengesellschaft aus den §§ 3–8. Durch die generelle Verweisung auf § 15 hinsichtlich der Voraussetzungen einer Buchwertfortführung im Rahmen der Auf- bzw. Abspaltung auf eine Personengesellschaft macht der Gesetzgeber deutlich, dass er eine parallele Wertung für die Auf- bzw. Abspaltung auf eine Personengesellschaft im Vergleich zur Auf- bzw. Abspaltung auf eine Kapitalgesellschaft für gerechtfertigt ansieht.

II. Anwendungsbereich der Vorschrift

Der Zweite bis Fünfte Teil des UmwStG, und damit auch § 16, gilt nur für die Aufspaltung und Abspaltung iSd § 123 Abs. 1, 2 UmwG von Körperschaften oder vergleichbare ausländische Vorgänge, § 1 Abs. 1 S. 1 Nr. 1 (zu den Voraussetzungen die an einen vergleichbaren ausländischen Vorgang zu stellen sind, → § 1 Rn. 46 ff.).

Als übertragender Rechtsträger einer Auf- oder Abspaltung kommen, ebenso wie bei § 15, somit folgende Gesellschaften in Betracht: AG, SE, GmbH, KGaA, eG, eV und der wirtschaftliche Verein. Als übernehmende Personengesellschaft kommen die OHG und die KG in Betracht. Grundsätzlich kann auch eine Partnerschaftsgesellschaft aufnehmende Gesellschaft im Rahmen einer Auf- bzw. Abspaltung sein, jedoch sind hierbei die Besonderheiten der Partnerschaftsgesellschaft zu berücksichtigen, die natürlichen Personen ausschließlich zur Ausübung eines freien Berufes offensteht (vgl. auch §§ 125, 45a UmwG).[1]

Eine Spaltung auf eine natürliche Person ist nach den Regelungen des UmwG nicht möglich.[2] Insofern kann nur über die Spaltung auf eine Personengesellschaft mit anschließender Anwachsung des Vermögens auf einen Gesellschafter als Gestaltungsmöglichkeit nachgedacht werden.[3]

Asmus weist darauf hin, dass auch eine Abspaltung auf eine Personengesellschaft ohne Betriebsvermögen möglich sei, in diesem Fall nur das Wahlrecht des § 3 Abs. 2 nicht greife.[4] Aufgrund des Anwendungsbereichs des Vierten Teils des UmwStG, der als übernehmende Rechtsträger nur die OHG oder die KG vorsieht, ist eine Auf- bzw. Abspaltung, die nicht in das Betriebsvermögen der übernehmenden Personengesellschaft erfolgt, nur in den Fällen der reinen vermögensverwaltenden OHG oder KG denkbar.[5]

III. Entsprechende Anwendung von § 15

Die entsprechende Anwendung von § 15 im Bereich von § 16 bedeutet, dass auch im Bereich der Abspaltung oder Aufspaltung auf eine Personengesellschaft eine Buchwertfortführung nur unter den Voraussetzungen des § 15 Abs. 1, dh insbes. dem doppelten Teilbetriebserfordernis, möglich ist.[6] Die einhellige Ansicht in der Literatur geht davon aus, dass die entsprechende Anwendung des § 15 dazu führt, dass auf Rechtsfolgenseite

---

1 Eine Übersicht über die möglichen beteiligten Rechtsträger findet sich bei Lutter/*Teichmann* UmwG § 124 Rn. 8; Rödder/Herlinghaus/van Lishaut/*Schumacher* UmwStG § 16 Rn. 6.
2 Vgl. Widmann/Mayer/*Schießl* UmwStG § 16 Rn. 5.
3 Haritz/Menner/Bilitewski/*Asmus* UmwStG § 16 Rn. 28, der sogar eine Veräußerung des Anteils vorschlägt, bei der aber nach hM die Regelung des § 15 Abs. 2 S. 4 zu beachten ist.
4 Haritz/Menner/Bilitewski/*Asmus* UmwStG § 16 Rn. 27.
5 Vgl. Haritz/Menner/Bilitewski/*Mertgen* UmwStG § 3 Rn. 110.
6 Vgl. Widmann/Mayer/*Schießl* UmwStG § 16 Rn. 15 f.

bei Vorliegen der Voraussetzungen des § 15 Abs. 1, 2 nicht die §§ 11 Abs. 2, 13 Abs. 2 anzuwenden sind, sondern die insofern entsprechenden Regelungen des § 3 Abs. 2 bzw. § 4.

9 § 13 findet auf Ebene der Anteilseigner regelmäßig ebenfalls keine Anwendung, da die Anteilseigner der übertragenden Körperschaft Mitunternehmer der aufnehmenden Personengesellschaft werden und daher eine Fortführung der Anschaffungskosten nicht in Betracht kommt.[7] Nur für den Fall der nicht verhältniswahrenden Spaltung, bei der ein Anteilseigner der übertragenden Körperschaft kein Mitunternehmer der aufnehmenden Personengesellschaft wird, sondern ausschließlich weitere Anteile an der übertragenden Körperschaft erhält, bleibt insofern § 13 anwendbar, mit der Folge, dass unter den Voraussetzungen des § 13 Abs. 2 auf Antrag die Buchwertfortführung möglich ist und es nicht zu einer Veräußerung der Anteile an der übertragenden Körperschaft kommt.[8]

10 Ein Buchwertansatz in der steuerlichen Schlussbilanz des übertragenden Rechtsträgers ist auch im Falle der Auf- bzw. Abspaltung auf eine Personengesellschaft nur unter den Voraussetzungen des § 15 Abs. 2 möglich. Im Falle der Auf- oder Abspaltung eines fiktiven Teilbetriebs ist insofern auch im Bereich des § 16 die Vorbehaltensfrist von drei Jahren zu beachten. Auch die Haltefrist des § 15 Abs. 2 S. 4 ist bei einer Auf- bzw. Abspaltung auf eine Personengesellschaft nach Ansicht der wohl hM anwendbar.[9]

11 § 15 Abs. 2 S. 4 knüpft die Sanktion der Nichtanwendung der Buchwertfortführung ausdrücklich an die Veräußerung von Anteilen an einer an der Spaltung beteiligten Körperschaft. Dieser (insofern) eindeutige Wortlaut spricht dafür, im Falle der Aufspaltung auf Personengesellschaften § 15 Abs. 2 S. 2 ff. gar nicht anzuwenden und bei einer Abspaltung auf eine Personengesellschaft nur bezüglich der verbleibenden Anteile an der übertragenden Körperschaft.[10] Dieses Ergebnis entspricht auch dem Sinn und Zweck der Missbrauchsregelung des § 15 Abs. 2 S. 2 ff., durch die verhindert werden soll, dass einzelne Wirtschaftsgüter oder Mitunternehmeranteile im Wege der Anteilsveräußerung begünstigt nach § 8b KStG veräußert werden können.

12 Hierfür besteht bei einer Auf- bzw. Abspaltung einer Personengesellschaft kein Anlass, da in diesem Fall nur Mitunternehmeranteile veräußert werden können, die nicht unter die Begünstigungen des § 8b KStG fallen. Sofern von Teilen der Literatur vertreten wird, dass der Gesetzgeber § 15 Abs. 2 S. 2 ff. generell die Veräußerung im Nachgang zu einer Auf- bzw. Abspaltung sanktionieren wollte und daher im Bereich des § 16 auch die anschließende Veräußerung der Mitunternehmeranteile sanktioniert, bleiben die Autoren eine Begründung hierfür schuldig.[11] Meines Erachtens ist die Regelung des § 15 Abs. 2 S. 2 ff. nur dadurch gerechtfertigt, dass eine Ausnutzung der Begünstigung des § 8b KStG verhindert werden soll. Ein Grund für eine generelle Sanktionierung von nachfolgenden Veräußerungen ist nicht erkennbar und ergibt sich auch nicht aus den zugrunde liegenden Gesetzesbegründungen.

---

7 Vgl. Schmitt/Hörtnagl/*Hörtnagl* UmwStG § 16 Rn. 10, 12; Dötsch/Pung/Möhlenbrock/*Dötsch* UmwStG § 16 Rn. 5.

8 Dötsch/Pung/Möhlenbrock/*Dötsch* UmwStG § 16 Rn. 5; Rödder/Herlinghaus/van Lishaut/*Schumacher* UmwStG § 16 Rn. 17.

9 Dötsch/Pung/Möhlenbrock/*Dötsch* UmwStG § 16 Rn. 9.

10 Wie hier auch Rödder/Herlinghaus/van Lishaut/*Schumacher* UmwStG § 16 Rn. 20; weiter Haritz/Menner/Bilitewski/*Asmus* UmwStG § 16 Rn. 22–24, der (offensichtlich) § 15 Abs. 2 S. 2 ff. gar nicht zur Anwendung kommen lassen will.

11 Dötsch/Pung/Möhlenbrock/*Dötsch* UmwStG § 16 Rn. 9; Widmann/Mayer/*Schießl* UmwStG § 16 Rn. 85; Schmitt/Hörtnagl/*Hörtnagl* UmwStG § 16 Rn. 17.

IV. Entsprechende Anwendung der §§ 3–8

Die entsprechende Anwendung des § 3 auf Ebene der übertragenden Körperschaft setzt die Auf- bzw. Abspaltung auf eine Personengesellschaft mit der Verschmelzung einer Körperschaft auf eine Personengesellschaft gleich. Im Ergebnis bedeutet dies, dass unter den in § 3 Abs. 2 genannten Voraussetzungen die übertragende Körperschaft das auf die Personengesellschaft übergehende Vermögen (und nur dieses) in der steuerlichen Schlussbilanz mit dem Buchwert ansetzen kann, so dass kein Übertragungsgewinn entsteht. Wie auch im Bereich des § 15 sind in der steuerlichen Schlussbilanz der übertragenden Körperschaft ausschließlich die Wirtschaftsgüter zu erfassen, die auf die aufnehmende Gesellschaft übertragen werden sollen. Das bei der übertragenden Körperschaft verbleibende Vermögen ist nicht betroffen. Die Voraussetzungen, unter denen nach § 3 Abs. 2 der Buchwertansatz möglich ist, sind, dass: 13

1. die Wirtschaftsgüter bei der übernehmenden Personengesellschaft, Betriebsvermögen werden und sichergestellt ist, dass sie später der Besteuerung mit Einkommensteuer oder Körperschaftsteuer unterliegen;
2. das Recht der Bundesrepublik Deutschland hinsichtlich der Besteuerung des Gewinns aus der Veräußerung der übertragenden Wirtschaftsgüter bei den Gesellschaftern der übernehmenden Personengesellschaft nicht ausgeschlossen oder beschränkt wird und
3. eine Gegenleistung nicht gewährt wird oder in Gesellschaftsrechten besteht (zu den Voraussetzungen des § 3 Abs. 2 → § 3 Rn. 34 ff.).

Gemäß § 4 iVm § 16 hat die übernehmende Personengesellschaft die auf sie übergehenden Wirtschaftsgüter mit dem Wert anzusetzen, der in der steuerlichen Schlussbilanz der übertragenden Körperschaft gewählt wurde. Der Teil der Anteile an der übertragenden Körperschaft, der, bezogen auf den gemeinen Wert des übergehenden Vermögens, als übertragen gilt, gilt gemäß § 5 als in übernehmende Personengesellschaft eingelegt. Für diese Anteile gilt gemäß § 4 Abs. 1 S. 2 die sogenannte erweiterte Wertaufholung.[12] Die Regelungen des § 6 zum Übernahmegewinn aufgrund Konfusion von Forderungen und Verbindlichkeiten sind ebenso entsprechend anzuwenden, wie die Regelungen zur Ausschüttung der offenen Rücklagen gem. § 7. 14

Das bei der übernehmenden Personengesellschaft zu ermittelnde Übernahmeergebnis ist daher gemäß § 4 Abs. 5 S. 2 grundsätzlich aufzuteilen in: 15

1. Einkünfte aus Kapitalvermögen, die sich aus der aus § 7 ergebenden fiktiven Ausschüttung der offenen Rücklagen der übertragenden Körperschaft ergeben und
2. den verbleibenden Übernahmegewinn bzw. Übernahmeverlust, für den § 4 Abs. 6 gilt. Ein Übernahmeverlust bleibt demnach außer Ansatz, soweit er auf eine Körperschaft, Personenvereinigung oder eine Vermögensmasse als Mitunternehmerin entfällt. Der Übernahmegewinn unterfällt § 8b KStG, soweit er auf eine Körperschaft, Personenvereinigung oder eine Vermögensmasse als Mitunternehmerin entfällt, in allen anderen Fällen unterliegt er § 3 Nr. 40 EStG, § 4 Abs. 7 (→ § 4 Rn. 54 f.).

§ 4 Abs. 2 S. 2 stellt ausdrücklich klar, dass es nicht zu einem Übergang von verrechenbaren Verlusten, verbleibenden Verlustvorträgen, nicht ausgeglichenen negativen Ein- 16

---

12 Vgl. Rödder/Herlinghaus/van Lishaut/*Schumacher* UmwStG § 16 Rn. 28.

künften oder einem Zinsvortrag bzw. einem EBITDA-Vortrag auf die übernehmende Gesellschaft kommt. Hieraus folgt für den Fall der Aufspaltung, dass es zwangsläufig zum vollständigen Untergang der bislang bei der übertragenden Körperschaft bestehenden verrechenbaren Verlusten, verbleibenden Verlustvorträgen, nicht ausgeglichenen negativen Einkünften, einem Zinsvortrag bzw. einem EBITDA-Vortrag kommt.[13]

17 Für den Verlust, das nicht ausgeglichene negative Einkommen, den Zinsvortrag und den EBITDA-Vortrag der übertragenden Körperschaft gilt § 15 Abs. 3 entsprechend, dh es kommt im Falle der Abspaltung auf eine Personengesellschaft zum anteiligen Untergang entsprechend der Quote des übertragenen Vermögens gemessen am gemeinen Wert des übertragenen Vermögens (§ 15 Abs. 3, → § 15 Rn. 113 ff.).

V. Entsprechende Anwendung von § 10

18 Gemäß § 16 S. 2 ist § 10 für den in § 40 Abs. 2 S. 3 KStG bezeichneten Teil des Betrags iSd § 38 KStG anzuwenden.[14] § 10 ist durch Gesetz vom 20.12.2007 aufgehoben worden. Gemäß der Anwendungsregelung des § 27 Abs. 6 S. 1 war § 10 nur noch auf Umwandlungen anzuwenden, bei denen der steuerliche Übertragungsstichtag vor dem 1.1.2007 lag. Nach § 27 Abs. 6 S. 2 ist § 10 weiter anzuwenden, wenn bis zum 30.9.2008 ein Antrag nach § 34 Abs. 16 KStG gestellt wurde. Diese Sonderregelung greift nur für Wohnungsunternehmen und steuerbefreite Körperschaften, für die die Zwangsversteuerung des EK02 nachteilig sein könnte, wenn sie aufgrund ihrer Gesellschafterstruktur oder Satzung nicht ausschütten konnten oder durften.[15]

Fünfter Teil
Gewerbesteuer

§ 17 (weggefallen)

§ 18 Gewerbesteuer bei Vermögensübergang auf eine Personengesellschaft oder auf eine natürliche Person sowie bei Formwechsel in eine Personengesellschaft

(1) ¹Die §§ 3 bis 9 und 16 gelten bei Vermögensübergang auf eine Personengesellschaft oder auf eine natürliche Person sowie bei Formwechsel in eine Personengesellschaft auch für die Ermittlung des Gewerbeertrags. ²Der maßgebende Gewerbeertrag der übernehmenden Personengesellschaft oder natürlichen Person kann nicht um Fehlbeträge des laufenden Erhebungszeitraums und die vortragsfähigen Fehlbeträge der übertragenden Körperschaft im Sinne des § 10a des Gewerbesteuergesetzes gekürzt werden.

(2) ¹Ein Übernahmegewinn oder Übernahmeverlust ist nicht zu erfassen. ²In Fällen des § 5 Abs. 2 ist ein Gewinn nach § 7 nicht zu erfassen.

(3) ¹Wird der Betrieb der Personengesellschaft oder der natürlichen Person innerhalb von fünf Jahren nach der Umwandlung aufgegeben oder veräußert, unter-

liegt ein Aufgabe- oder Veräußerungsgewinn der Gewerbesteuer, auch soweit er auf das Betriebsvermögen entfällt, das bereits vor der Umwandlung im Betrieb der übernehmenden Personengesellschaft oder der natürlichen Person vorhanden war. ²Satz 1 gilt entsprechend, soweit ein Teilbetrieb oder ein Anteil an der Personengesellschaft aufgegeben oder veräußert wird. ³Der auf den Aufgabe- oder Veräußerungsgewinnen im Sinne der Sätze 1 und 2 beruhende Teil des Gewerbesteuer-Messbetrags ist bei der Ermäßigung der Einkommensteuer nach § 35 des Einkommensteuergesetzes nicht zu berücksichtigen.

Literatur:

Bartelt, Umfang der gewerbesteuerlich verhafteten stillen Reserven in Fällen des § 18 Abs. 4 UmwStG, DStR 2006, 1109; *Bartsch*, Von der Missbrauchsabwehr zur Strafbesteuerung: Die Wandlung des § 18 Abs 3 UmwStG, FR 2021, 973; *Behrendt/Arjes*, Das Verhältnis der Ausschüttungsfiktion (§ 7 UmwStG) zur Einlagefiktion (§ 5 Abs. 2, UmwStG), DB 2007, 824; *Benecke/Schnitger*, Letzte Änderungen der Neuregelungen des UmwStG und der Entstrickungsnormen durch das SEStEG, IStR 2007, 24; *Bock*, Infektionsschutz für Betriebsaufspaltungen, StB 2006, 222; *Bogenschütz*, Aktuelle Entwicklungen bei der Umwandlung von Kapitalgesellschaften in Personengesellschaften, Ubg 2009, 604; *Bogenschütz*, Umwandlung von Kapitalgesellschaften in Personengesellschaften, Ubg 2011, 393; *Dötsch/Pung*, JStG 2008: Die Änderungen des KStG, des UmwStG und des GewStG, DB 2007, 2669; *Förster*, Aktuelle Gefahrenbereiche des § 18 Abs 3 UmwStG, DB 2016, 789; *Förster/Felchner*, Umwandlung von Kapitalgesellschaften in Personenunternehmen nach dem Referentenentwurf zum SEStEG, DB 2006, 1072; *Förster/Felchner*, Weite versus enge Einlagefiktion bei der Umwandlung von Kapitalgesellschaften in Personengesellschaften, DB 2008, 2445; *Füger/Rieger*, Gewerbesteueranrechnung in § 18 Abs. 4 Satz 3, DStR 2002, 1021; *Hagemann/Jakob/Ropohl/Viebrock*, SEStEG, NWB Sonderheft 1/2007; *Hierstetter*, (Mit-)Unternehmeridentität bei Verschmelzung bzw Spaltung einer Kapitalgesellschaft, DB 2010, 1089; *Hörger/Endres*, Gewerbesteuerfalle bei Umwandlung einer Kapitalgesellschaft auf eine bestehende Personengesellschaft, DB 1998, 2235; *IDW*, IDW Stellungnahme zum Entwurf des UmwSt-Erl (UmwSt-E), Ubg 2011, 549; *Krohn/Greulich*, Ausgewählte Einzelprobleme des neuen UmwSt-Rechts aus der Praxis, DStR 2008, 646; *Kreft*, Aktuelle Probleme bei der Nutzung gewerbesteuerlicher Verlustvorträge, GStB 2000, 89; *Lemaitre/Schönherr*, Die Umwandlung von Kapitalgesellschaften in Personengesellschaften durch Verschmelzung und Formwechsel nach der Neufassung des UmwStG durch das SEStEG, GmbHR 2007, 173; *Mattern*, Vorsicht bei Umwandlungsvorgängen mit dem gewerbesteuerlichen Schachtelprivileg!, DStR 2014, 2376; *Neu/Hamacher*, Anwendung des § 18 Abs. 3 UmwStG bei Veräußerung eines Unternehmens oder Mitunternehmeranteils gegen wiederkehrende Bezüge, DStR 2010, 1453; *Neu/Hamacher*, Die Gewerbesteuerfalle des § 18 Abs. 3 UmwStG nach dem UmwSt-Erlass 2011, GmbHR 2012, 280; *Neu/Schiffers/Watermeyer*, Praxisrelevante Schwerpunkte aus dem UmwStE-Entwurf, GmbHR 2011, 729; *Orth*, Zum Umfang der Gewerbesteuerpflicht von Veräußerungsgewinnen nach § 18 Abs. 4 UmwStG, DB 2001, 1108; *Ott*, Umwandlungs-StR: Drei typische Steuerfallen bei der Umwandlung einer GmbH in ein Personenunternehmen, GStB 2019, 25; *Ott*, Sperrfristverletzungen durch die Option zur Körperschaftsbesteuerung nach § 1a KStG, DStZ 2022, 142; *Patt*, Gewerbesteuerliche Veräußerung oder Aufgabe „umwandlungsgeborener" (Teil-)Betriebe oder Mitunternehmeranteile, FR 2000, 1115; *Plewka/Herr*, Gewerbesteuerfalle: Verlängerung der fünfjährigen GewSt-Sperrfrist bei Betriebseinbringungen zu Buchwerten nach Formwechsel?, BB 2009, 2736; *Pyszka/Jüngling*, Umwandlung von Kapitalgesellschaften in Personenunternehmen, BB-Special 1.2011, 4; *Rauenbusch*, URef 2008: Steuerliche Vorteilhaftigkeit des Formwechsels einer Kapitalgesellschaft in eine Personengesellschaft, DB 2008 656; *Rödder*, Pauschalierte Gewerbesteueranrechnung – eine komprimierte Bestandsaufnahme, DStR 2002, 939; *Rose*, Sonder-Gewerbesteuer aus § 18 Abs. 4 UmwStG nach Formwechsel vor 1999?, FR 2005, 1; *Seer/Krumm*, Die Stichtagsregelung des gewerbesteuerlichen Schachtelprivilegs bei unterjähriger Einlage und Einbringung aus dem PV, FR 2010, 677; *Siebert*, Gewerbesteuerprobleme bei Unternehmensumstrukturierungen, DStR 2000, 758; *Siegmund/Ungemach*, Einbringung von WG in eine Personengesellschaft, NWB 2011, 2859; *Strahl*, Umwandlung der Kapitalgesellschaften in die Personenunternehmung nach dem neuen UmwSt-Recht, KÖSDI 2007, 15513; *Trossen*, Umfang der Gewerbesteuerpflicht bei § 18 Abs. 3 UmwStG bei Veräußerung und Aufgabe von Mitunternehmeranteilen, DB 2007, 1373; *Wacker*, Anmerkung zu BFH v. 11.12.2011 – VIII R 23/01, DStZ 2002, 457; *Weiss*, Aktuelle Rechtsprechung zum gewerbesteuerlichen Missbrauchstatbestand des § 18 Abs. 3 UmwStG, Vorschrift mit erheblichem Haftungspotential, EStB 2016, 20; *Weiss*, Neuere Rechtsprechung zur GewSt bei Umwandlungen auf Pers-Ges (§ 18 UmwStG), DK 2017, 91; *Wernsmann/Desens*, Gleichheitswidrige Gewerbesteuernachbelastung durch ein Nichtanwendungsgesetz, DStR 2008, 221.

A. Allgemein – Anwendungsbereich des § 18 ... 1
B. § 18 Abs. 1– Anwendbarkeit von Vorschriften ... 3
C. Übernahmeergebnis sowie Gewinn nach § 7 ... 13
D. Gewerbesteuerliche Sperrfrist (§ 18 Abs. 3) ... 15
   I. Veräußerung des Betriebs ... 16
   II. Aufgabe des Betriebs ... 21
   III. Veräußerung oder Aufgabe eines Teilbetriebs ... 24
IV. Veräußerung oder Aufgabe eines Anteils an einer Personengesellschaft ... 25
V. Zeitliche Erfassung des Veräußerungs- oder Aufgabegewinns ... 26
VI. Umfang des gewerbesteuerpflichtigen Aufgabe- oder Veräußerungsgewinns ... 28
VII. Zahlung der Gewerbesteuer ... 31

A. Allgemein – Anwendungsbereich des § 18

1 Die Regelungen des § 18 beziehen sich lediglich auf die **gewerbesteuerlichen Folgen**:
- der Verschmelzung einer Körperschaft auf eine Personengesellschaft oder auf eine natürliche Person (§§ 3–8),
- des Formwechsels einer Körperschaft in eine Personengesellschaft (§ 9) sowie
- der Auf- oder Abspaltung von einer Körperschaft auf eine Personengesellschaft (§ 16).

Dieser Teilabschnitt des UmwStG zielt grds. darauf ab, bei Umwandlungen einer Körperschaft in bzw. auf eine Personengesellschaft oder eine natürliche Person sowohl bei Übertragung zu Buchwerten als auch bei einer Übertragung des Vermögens oberhalb des Buchwertes die Erfassung der ggf. bestehenden stillen Reserven für Zwecke der Gewerbesteuer sicherzustellen.[1]

2 Die Regelungen des § 18 Abs. 1 und Abs. 2 begründen keinen eigenen und neuen gewerbesteuerlichen Tatbestand, sondern greifen nur ein, soweit der übertragende bzw. der übernehmende Rechtsträger der Gewerbesteuer unterliegen. Im Unterschied dazu begründet § 18 Abs. 3 für die Übernehmerin einen eigenen und neuen gewerbesteuerlichen Tatbestand.[2]

B. § 18 Abs. 1– Anwendbarkeit von Vorschriften

3 Nach § 18 Abs. 1 S. 1 sind die §§ 3–9 und 16 auch bei der Ermittlung des Gewerbeertrages der übertragenden Gesellschaft zu beachten.

4 Nach **§ 3 Abs. 1** ist das übergehende Vermögen grds. mit dem gemeinen Wert anzusetzen. Hiervon abweichend kann gem. § 3 Abs. 2 das übergehende Vermögen auf Antrag mit dem niedrigeren Buchwert oder einem Zwischenwert angesetzt werden. In der Folge entsteht ein **Übertragungsgewinn** nach § 3 nur bei einem über dem Buchwert liegenden Ansatz des Vermögens in der Schlussbilanz der übertragenden Körperschaft. Der Übertragungsgewinn unterliegt auf deren Ebene idR der Gewerbesteuer.[3]

5 Mit Verweis auf **§ 4 Abs. 1–3** wird sichergestellt, dass eine steuerliche Rechtsnachfolge der Übernehmerin auch für gewerbesteuerliche Zwecke eintritt. Dies gilt für die Wertansätze in der Übertragungsbilanz und die Anrechnung von Besitzzeiten, soweit das für die Gewerbesteuer relevant ist. Steuerliche Rechtsnachfolge bedeutet aber nicht, dass die Übernehmerin selbst der Gewerbesteuer unterliegt. Dies richtet sich nach den jeweils geltenden Vorschriften und kann zB dazu führen, dass stille Reserven bei Übergang auf ein Betriebsvermögen der Land- und Forstwirtschaft oder der selbstständigen

---

[1] Vgl. Rödder/Herlinghaus/van Lishaut/*Trossen* UmwStG § 18 Rn. 3; vgl. Eisgruber/*Bartelt* UmwStG § 18 Rn. 6.
[2] Vgl. Rödder/Herlinghaus/van Lishaut/*Trossen* UmwStG § 18 Rn. 4; vgl. Eisgruber/*Bartelt* UmwStG § 18 Rn. 8; vgl. Haase/Hofacker/*Roser* UmwStG § 18 Rn.1.
[3] Vgl. Dötsch/Pung/Möhlenbrock/*Pung*/*Bernhagen* UmwStG § 18 Rn. 6; vgl. Eisgruber/*Bartelt* UmwStG § 18 Rn. 22.

Arbeit nicht mehr gewerbesteuerlich verstrickt sind (vgl. dazu aber die Missbrauchsvorschrift § 18 Abs. 3).

§ 5 enthält Sonderregelungen zur Ermittlung des Übernahmegewinns oder Übernahmeverlustes in den Fällen, in denen sich die Anteile an der übertragenden Körperschaft am steuerlichen Übertragungsstichtag nicht oder nicht zu 100 % im Betriebsvermögen der Übernehmerin befinden. Die Anwendung des § 5 für Zwecke der Gewerbesteuer hat zur Folge, dass für die entsprechenden Anteile ein **Übernahmegewinn** oder **Übernahmeverlust** zu ermitteln ist, der für Zwecke der Gewerbesteuer grds. zu berücksichtigen ist.[4]

Die Regelungen des § 6 klären die ertragsteuerliche Behandlung einer sog. Konfusion, dh die Vereinigung von Forderungen und Verbindlichkeiten in der Hand der übernehmenden Personengesellschaft oder natürlichen Person als Folge der wirksamen Umwandlung. Ein durch die Konfusion entstehender **Übernahmefolgegewinn** ist als laufender Gewinn zu qualifizieren und entsprechend ertragsteuerlich zu erfassen. Die Regelungen des § 6 gewähren in diesem Zusammenhang die Möglichkeit zur Bildung einer Rücklage und damit letztlich eine zeitlich gestreckte Ertragsbesteuerung des Übernahmefolgegewinns. Durch die entsprechende Anwendung des § 6 für Zwecke der Gewerbesteuer gemäß § 18 Abs. 1 S. 1 GewStG wird klargestellt, dass sowohl der Übernahmefolgegewinn selbst als auch die Möglichkeiten zu dessen Neutralisierung durch eine den Gewinn mindernde Rücklage bei der Gewerbesteuer zu berücksichtigen sind. Die Auflösung der Rücklage in den Folgejahren führt korrespondierend zu einer entsprechenden Erhöhung des Gewerbeertrags iSd § 7 GewStG.[5]

Die Regelung des § 7 sieht bei Umwandlung von Körperschaften in bzw. auf eine Personengesellschaft oder eine natürliche Person das sog. „Modell der fiktiven Totalausschüttung" vor. Im Zuge einer Umwandlung sind den Anteilseignern der übertragenden Körperschaft demnach die offenen steuerbilanziellen Gewinnrücklagen entsprechend ihren Beteiligungsverhältnissen anteilig zuzurechnen.[6] Die Einnahmen sind bei den Anteilseignern nach § 7 S. 1 als Einkünfte aus Kapitalvermögen iSd § 20 Abs. 1 Nr. 1 EStG zu qualifizieren, auf die die allgemeinen Besteuerungsgrundsätze Anwendung finden.[7]

Bei natürlichen Personen als Mitunternehmer der übernehmenden Personengesellschaft oder als Übernehmer sind idR noch 60 % der Bezüge iSd § 7 im Gewerbeertrag enthalten. Diese noch im Gewerbeertrag enthaltenen Bezüge sind unter den Voraussetzungen des § 9 Nr. 2a, 7 oder 8 GewStG von dem Gewerbeertrag zu kürzen.

Bei Körperschaften als Mitunternehmer der übernehmenden Personengesellschaft sind in den Fällen des § 8b Abs. 1 iVm Abs. 5 KStG die Bezüge iSd § 7 nach § 7 S. 4 Hs. 2 GewStG nicht mehr im Gewerbeertrag enthalten. Erfüllt die Beteiligung an der übertragenden Körperschaft nicht die Voraussetzungen des § 9 Nr. 2 oder 7 GewStG, sind die im Gewerbeertrag nicht enthaltenen Bezüge nach § 8 Nr. 5 GewStG wieder hinzuzurechnen. Erfüllt die Beteiligung die Voraussetzungen des § 9 Nr. 2a oder 7 GewStG wird der Gewerbeertrag nicht mehr korrigiert.[8]

---

4 Vgl. Dötsch/Pung/Möhlenbrock/*Pung/Bernhagen* UmwStG § 18 Rn. 11.
5 Vgl. Eisgruber/*Bartelt* UmwStG § 18 Rn. 67.
6 Vgl. Rödder/Herlinghaus/van Lishaut/*Birkemeier* § 7 Rn. 1.
7 Vgl. Rödder/Herlinghaus/van Lishaut/*Birkemeier* § 7 Rn. 19.
8 Vgl. Eisgruber/*Bartelt*, UmwStG § 18 Rn 41ff.

11 Ein bei der übertragenden Körperschaft bestehender **Verlustvortrag** iSd § 10a GewStG kann nur auf Ebene der Überträgerin genutzt werden, sofern diese das übertragene Betriebsvermögen in ihrer Schlussbilanz nach § 3 mit einem über dem Buchwert liegenden Wert ansetzt und dadurch einen **Übertragungsgewinn** realisiert. Die Nutzung eines bestehenden Verlustvortrages wird jedoch durch die Regelungen des § 10a S. 1 und S. 2 GewStG zur Mindestbesteuerung eingeschränkt.[9]

12 Der maßgebende Gewerbeertrag der übernehmenden Personengesellschaft oder natürlichen Person kann nach § 18 Abs. 1 S. 2 weder um die Fehlbeträge des laufenden Erhebungszeitraums noch um die vortragsfähigen Fehlbeträge der übertragenden Körperschaft iSd § 10a GewStG gekürzt werden.[10] Darüber hinaus ist zu beachten, dass auch ein bei der Übernehmerin bereits bestehender vortragsfähiger Gewerbeverlust gem. § 10a GewStG infolge der Umwandlung ganz oder teilweise untergehen kann, wenn der Verlust der Unternehmens- oder Unternehmeridentität zu bejahen ist.[11]

C. Übernahmeergebnis sowie Gewinn nach § 7

13 Nach dem Wortlaut des § 18 Abs. 2 S. 1 ist ein **Übernahmegewinn** bzw. ein **Übernahmeverlust** auf Ebene der übernehmenden Personengesellschaft bzw. der übernehmenden natürlichen Person nicht zu erfassen.[12] Die Vorschrift ist nur relevant, wenn die Übernehmerin überhaupt gewerbesteuerpflichtig ist; auf deren Ebene ist das Übernahmeergebnis gesellschafterbezogen zu ermitteln.[13]

14 Für Anteilseigner der übertragenden Körperschaft, deren Anteile unter § 17 EStG fallen, regelt § 18 Abs. 2 S. 2, dass die auf sie nach § 7 fiktiv entfallende Dividende nicht der Gewerbesteuer unterliegt. Dies ist auch sachgerecht, da bei dieser Gruppe von Anteilseignern weder Dividenden noch Veräußerungsgewinne der Gewerbesteuer unterlegen hätten. Da kein Verweis auf § 5 Abs. 3 stattfindet, werden Anteilseigner schlechter gestellt, deren Anteile an der übertragenden Körperschaft zu einem Betriebsvermögen der Land- und Forstwirtschaft oder selbstständigen Arbeit gehört haben. Dividendenzahlungen oder Veräußerungsgewinne unterlagen in diesen Fällen nicht der Gewerbesteuer.[14]

D. Gewerbesteuerliche Sperrfrist (§ 18 Abs. 3)

15 Nach § 18 Abs. 3 S. 1 unterliegt ein Gewinn aus der **Aufgabe oder Veräußerung des Betriebs** der Personengesellschaft oder der natürlichen Person innerhalb von fünf Jahren nach der Umwandlung der Gewerbesteuer. Gleiches gilt gemäß § 18 Abs. 3 S. 2 für Gewinne aus der Veräußerung oder Aufgabe eines Teilbetriebs oder eines Anteils an der übernehmenden Personengesellschaft. Die Regelungen des § 18 Abs. 3 sollen damit als typisierende **Missbrauchsvorschrift** verhindern, dass eine Kapitalgesellschaft zum Zwecke der Gewerbesteuer-Ersparnis kurz vor der Betriebsveräußerung oder Liquidation in

---

9 Vgl. Dötsch/Pung/Möhlenbrock/*Pung/Bernhagen* UmwStG § 18 Rn. 24; vgl. Eisgruber/*Bartelt* UmwStG § 18 Rn. 69; vgl. Haase/Hofacker/*Roser* UmwStG § 18 Rn. 31.
10 Vgl. Rödder/Herlinghaus/van Lishaut/*Trossen* UmwStG § 18 Rn. 34; vgl. Dötsch/Pung/Möhlenbrock/*Pung/Bernhagen* UmwStG § 18 Rn. 23.
11 Vgl. Rödder/Herlinghaus/van Lishaut/*Trossen* UmwStG § 18 Rn. 35; vgl. Dötsch/Pung/Möhlenbrock/*Pung/Bernhagen* UmwStG § 18 Rn. 25; vgl. Eisgruber/*Bartelt*
UmwStG § 18 Rn. 70; vgl. Haase/Hofacker/*Roser* UmwStG § 18 Rn. 32.
12 Vgl. Dötsch/Pung/Möhlenbrock/*Pung/Bernhagen* UmwStG § 18 Rn. 26; vgl. Haase/Hofacker/*Roser* UmwStG § 18 Rn. 39.
13 Vgl. Dötsch/Pung/Möhlenbrock/*Pung/Bernhagen* UmwStG § 18 Rn. 28.
14 Vgl. Rödder/Herlinghaus/van Lishaut/*Trossen* UmwStG § 18 Rn. 22.

eine Personengesellschaft oder auf eine natürliche Person umgewandelt wird, da der Veräußerungs- bzw. der Aufgabegewinn hier grds. nicht der Gewerbesteuer unterliegt.[15]

I. Veräußerung des Betriebs

Eine **Veräußerung** des Betriebs der Personengesellschaft oder der natürlichen Person iSd § 18 Abs. 3 liegt demnach vor, wenn der Betrieb mit seinen wesentlichen Grundlagen gegen Entgelt in der Weise auf einen Erwerber übertragen wird, dass der Betrieb als geschäftlicher Organismus weitergeführt werden kann.[16]

Für Zwecke des § 18 Abs. 3 ist es unerheblich, ob der Entschluss zur Veräußerung freiwillig oder aufgrund einer Zwangs- oder Notlage erfolgt ist. Die Anwendung des § 18 Abs. 3 setzt eine Missbrauchsabsicht nicht voraus.[17]

In der Folge wird auch die **Einbringung** des Betriebs in eine Personengesellschaft nach § 24 oder in eine Kapitalgesellschaft bzw. Genossenschaft nach § 20 zu Buchwerten, Zwischenwerten oder gemeinen Werten einheitlich als Veräußerung qualifiziert.[18]

Eine Veräußerung iSd § 18 Abs. 3 ist nach hM jedoch nicht gegeben, wenn der Betrieb gemäß § 6 Abs. 3 EStG unentgeltlich übertragen wird.[19]

Im Rahmen einer teilentgeltlichen Veräußerung ist nach herrschender Meinung entsprechend der Einheitstheorie von einer unentgeltlichen Übertragung auszugehen, wenn das Veräußerungsentgelt das Kapitalkonto des Betriebs nicht übersteigt. In den Fällen, in denen der Erwerber ein Veräußerungsentgelt entrichtet, das über dem Kapitalkonto des Betriebs liegt, ist insgesamt ein entgeltlicher Vorgang gegeben.[20]

II. Aufgabe des Betriebs

Eine **Aufgabe** des Betriebs der Personengesellschaft oder der natürlichen Person iSd § 18 Abs. 3 ist hingegen dann gegeben, wenn eine Willensentscheidung oder Handlung des Steuerpflichtigen erfolgt, die darauf gerichtet ist, den Betrieb als selbstständigen Organismus nicht mehr in seiner bisherigen Form bestehen zu lassen. Eine Betriebsaufgabe im Ganzen liegt demnach vor, wenn alle wesentlichen Betriebsgrundlagen innerhalb kurzer Zeit und damit in einem einheitlichen Vorgang entweder in das Privatvermögen überführt oder an verschiedene Erwerber veräußert werden und damit der Betrieb als selbstständiger Organismus des Wirtschaftslebens zu bestehen aufhört.[21]

---

15 Vgl. Rödder/Herlinghaus/van Lishaut/*Trossen* UmwStG § 18 Rn. 39 f.; vgl. Dötsch/Pung/Möhlenbrock/*Pung/Bernhagen* UmwStG § 18 Rn. 33; vgl. Eisgruber/*Bartelt* UmwStG § 18 Rn. 87; vgl. Haase/Hofacker/*Roser* UmwStG § 18 Rn. 46.
Der Begriff der Veräußerung ist nach Auffassung der Finanzverwaltung nach den allgemeinen Grundsätzen [zu § 16 EStG] zu bestimmen. Vgl. BMF 11.11.2011, BStBl. I 2011, 1314, Rn. 18.06. Diese allgemeinen Grundsätze hat die Finanzverwaltung in R 16 Abs. 1 EStR 2012 festgelegt.

16 Im Rahmen der Bestimmung der wesentlichen Betriebsgrundlagen ist nach hM auf die funktionale und quantitative Betrachtungsweise abzustellen. Vgl. Rödder/Herlinghaus/van Lishaut/*Trossen* UmwStG § 18 Rn. 45; vgl. Eisgruber/*Bartelt* UmwStG § 18 Rn. 95.

17 Vgl. Dötsch/Pung/Möhlenbrock/*Pung/Bernhagen* UmwStG § 18 Rn. 46.

18 Vgl. BMF vom 11.11.2011, BStBl. I 2011, 1314, Rn. 18.07; vgl. Eisgruber/*Bartelt* UmwStG § 18 Rn. 98f.

19 Vgl. Rödder/Herlinghaus/van Lishaut/*Trossen* UmwStG § 18 Rn. 46; vgl. Dötsch/Pung/Möhlenbrock/*Pung/Bernhagen* UmwStG § 18 Rn. 36; vgl. Eisgruber/*Bartelt* UmwStG § 18 Rn. 100.

20 Vgl. Rödder/Herlinghaus/van Lishaut/*Trossen* UmwStG § 18 Rn. 46a; vgl. Dötsch/Pung/Möhlenbrock/*Pung/Bernhagen* UmwStG § 18 Rn. 37.

21 Der Begriff der Aufgabe ist nach Auffassung der Finanzverwaltung nach den allgemeinen Grundsätzen [zu § 16 EStG] zu bestimmen. Vgl. BMF vom 11.11.2011, BStBl. I 2011, 1314, Rn. 18.06. Diese allgemeinen Grundsätze hat die Finanzverwaltung in H 16 Abs. 2 „Allgemeines" EStR 2012 festgelegt; vgl. Eisgruber/*Bartelt* UmwStG § 18 Rn. 102.

22 Die Entnahme von einzelnen Wirtschaftsgütern ist in diesem Zusammenhang nicht als Betriebsaufgabe zu beurteilen, sondern als laufender Gewinn nach § 7 GewStG steuerpflichtig.²² Eine Erfassung der Entnahme im Rahmen des § 18 Abs. 3 kommt nur dann in Betracht, wenn damit die Aufgabe des Betriebs verbunden ist.²³

23 Die verdeckte Einlage eines Betriebes in eine Kapitalgesellschaft ist als Betriebsaufgabe nach § 16 Abs. 3 S. 1 und S. 3 zu qualifizieren und damit nach § 18 Abs. 3 zu erfassen.²⁴

Die Realteilung kann ebenfalls als Betriebsaufgabe qualifizieren und die Rechtsfolgen von § 18 Abs. 3 auslösen. Soweit die Buchwerte fortgeführt werden, entsteht kein Gewinn, allerdings führt der übernehmende Mitunternehmer die Fünfjahresfrist nach § 18 Abs. fort.²⁵

III. Veräußerung oder Aufgabe eines Teilbetriebs

24 Im Rahmen des UmwStG wird der **Teilbetrieb** ausgehend vom Einkommensteuergesetz als ein mit einer gewisser Selbstständigkeit ausgestatteter organisch geschlossener Teil des Gesamtbetriebs, der für sich betrachtet alle Merkmale eines Betriebs iSd Einkommensteuergesetzes aufweist und für sich allein lebensfähig ist, definiert. In den Fällen, in denen der übernomme Teilbetrieb innerhalb von fünf Jahren nach der Umwandlung veräußert oder aufgeben wird, unterliegt der erzielte Gewinn der Gewerbesteuer. Dies gilt aber nur für Teilbetriebe der Übernehmerin, die Gegenstand der Übertragung waren; Teilbetriebe, die bereits unabhängig davon bestanden haben, werden somit nicht infiziert.²⁶ Die Übertragung von Teilbetrieben ist in diesem Zusammenhang nur relevant bei Spaltungen nach § 16.

IV. Veräußerung oder Aufgabe eines Anteils an einer Personengesellschaft

25 Die Regelung des § 18 Abs. 3 S. 2 erfasst ferner die Veräußerung oder Aufgabe eines **Anteils** an der übernehmenden Personengesellschaft innerhalb von fünf Jahren nach der Übertragung. Die Regelung bezieht sich jedoch nur auf Mitunternehmeranteile an der aus der Umwandlung entstandenen Personengesellschaft.²⁷ Unerheblich ist hierbei, ob der veräußernde Mitunternehmer bereits im Zeitpunkt der Umwandlung an der Personengesellschaft beteiligt war.²⁸ In der Literatur ist strittig, inwieweit bestehendes oder neu geschaffenes Sonderbetriebsvermögen in die Betrachtung einzubeziehen ist. Zum einen wird argumentiert, dass das Sonderbetriebsvermögen nicht zu berücksichtigen ist, weil es vor der Umwandlung nicht dem Betriebsvermögen der Kapitalgesellschaft zuzurechnen war und insoweit durch die Umwandlung keine Änderung der gewerbesteuerlichen Situation im Hinblick auf die stillen Reserven eintritt.²⁹ Dies lässt mE jedoch unberücksichtigt, dass bei der Überlassung von Wirtschaftsgütern im Rahmen einer Betriebsaufspaltung durchaus schon eine gewerbesteuerliche Verstrickung von stillen Reserven existiert haben kann. Zudem ist zu beachten, dass der Mitunter-

---

22 Vgl. Rödder/Herlinghaus/van Lishaut/*Trossen* UmwStG § 18 Rn. 51.
23 Vgl. Dötsch/Pung/Möhlenbrock/*Pung/Bernhagen* UmwStG § 18 Rn. 43; vgl. Eisgruber/*Bartelt* UmwStG § 18 Rn. 104.
24 Vgl. Dötsch/Pung/Möhlenbrock/*Pung/Bernhagen* UmwStG § 18 Rn. 41.
25 Vgl. Dötsch/Pung/Möhlenbrock/*Pung/Bernhagen* UmwStG § 18 Rn. 77; vgl. Eisgruber/*Bartelt* UmwStG § 18 Rn. 105; vgl. BMF 20.12.2016, BStBl. I 2017, 36.
26 Vgl. Rödder/Herlinghaus/van Lishaut/*Trossen* UmwStG § 18 Rn. 62; aA Eisgruber/*Bartelt* UmwStG § 18 Rn. 112.
27 Vgl. Rödder/Herlinghaus/van Lishaut/*Trossen* UmwStG § 18 Rn. 64; vgl. Eisgruber/*Bartelt* UmwStG § 18 Rn. 114.
28 Vgl. Dötsch/Pung/Möhlenbrock/*Pung/Bernhagen* UmwStG § 18 Rn. 65.
29 Vgl. Rödder/Herlinghaus/van Lishaut/*Trossen* UmwStG § 18 Rn. 64.

nehmeranteil grds. die anteilige Mitberechtigung am Gesamthandsvermögen **und** das Sonderbetriebsvermögen umfasst.[30] Eine isolierte Betrachtung der Veräußerung des Mitunternehmeranteils ohne Einbeziehung des zugehörigen Sonderbetriebsvermögens erscheint daher nicht möglich, es sei denn, das Sonderbetriebsvermögen wird in ein anderes Betriebsvermögen des Veräußerers überführt.[31]

V. Zeitliche Erfassung des Veräußerungs- oder Aufgabegewinns

Ein Veräußerungs- oder Aufgabegewinn iSd § 18 Abs. 3 unterliegt nur innerhalb von fünf Jahren nach der Umwandlung der Gewerbesteuer. Für den Beginn der Frist ist nach herrschender Meinung auf den steuerlichen Übertragungsstichtag abzustellen. Die Eintragung der Umwandlung in das Handelsregister ist hingegen nicht von Bedeutung.[32]

Die **Veräußerung** oder **Aufgabe** des Betriebs oder Teilbetriebs erfolgt in dem Zeitpunkt, in dem das wirtschaftliche Eigentum an den wesentlichen Betriebsgrundlagen auf den Erwerber übergeht. In den Fällen, in denen die Veräußerung oder Aufgabe in mehreren Schritten erfolgt, ist die erste Handlung maßgebend, die nach dem Aufgabeentschluss objektiv auf die Aufgabe des Betriebs gerichtet ist.[33]

VI. Umfang des gewerbesteuerpflichtigen Aufgabe- oder Veräußerungsgewinns

Im Falle einer **Veräußerung** des Betriebs der Personengesellschaft oder natürlichen Person innerhalb der Fünfjahresfrist unterliegt der dann entstehende Veräußerungs- oder Aufgabegewinn immer der Gewerbesteuer. Erfasst werden nach § 18 Abs. 3 S. 1 die stillen Reserven im Zeitpunkt der Veräußerung und nicht rückwirkend diejenigen im Zeitpunkt der Umwandlung.[34] Bei einer derartigen Veräußerung kommt der Freibetrag nach § 16 Abs. 4 EStG für den Veräußerungsgewinn nicht zur Anwendung.[35]

Der Veräußerungsgewinn nach § 18 Abs. 3 S. 1 umfasst nach dem Wortlaut der Regelung den gesamten Betrieb des übernehmenden Rechtsträgers und nicht nur den übernommenen Betrieb oder Teilbetrieb. Dies hat zur Folge, dass bei Unternehmen, die bereits im Zeitpunkt der Umwandlung einen eigenen Betrieb unterhalten haben, auch die Wirtschaftsgüter des ursprünglich schon vorhandenen Betriebs gewerbesteuerlich verstrickt werden und ein auf diese Wirtschaftsgüter entfallender Veräußerungs- oder Aufgabegewinn mit Gewerbesteuer belastet wird. Dies gilt selbst dann, wenn der Veräußerungs- oder Aufgabevorgang bei isolierter Betrachtung nicht zur Entstehung von Gewerbesteuer führen würde.[36] Darüber hinaus werden auch stille Reserven bei Wirtschaftsgütern der Übernehmerin gewerbesteuerlich verstrickt, die erst nach der Umwandlung erworben wurden und nunmehr innerhalb der Fünf-Jahres-Frist mit veräußert werden. Dies gilt grds. auch für erst nach der Umwandlung geschaffenes Sonderbetriebsvermögen.[37] Die Erfassung („Infizierung") aller im aufgegebenen bzw. veräußerten Betrieb enthaltenen stillen Reserven wird in der Literatur kritisch beurteilt,

---

30 Vgl. Eisgruber/*Bartelt* UmwStG § 18 Rn. 115.
31 Vgl. Dötsch/Pung/Möhlenbrock/*Pung/Bernhagen* UmwStG § 18 Rn. 69f.
32 Vgl. Dötsch/Pung/Möhlenbrock/*Pung/Bernhagen* UmwStG § 18 Rn. 44.
33 Vgl. Rödder/Herlinghaus/van Lishaut/*Trossen* UmwStG § 18 Rn. 68; evtl. aA Eisgruber/*Bartelt* UmwStG § 18 Rn. 116.
34 Vgl. Rödder/Herlinghaus/van Lishaut/*Trossen* UmwStG § 18 Rn. 55; vgl. Dötsch/Pung/Möhlenbrock/*Pung/Bernhagen* UmwStG § 18 Rn. 45.
35 Vgl. Eisgruber/*Bartelt* UmwStG § 18 Rn. 139/1; vgl. BFH 26.3.2015, BStBl. II 2016, 553.
36 Vgl. Rödder/Herlinghaus/van Lishaut/*Trossen* UmwStG § 18 Rn. 56.
37 Vgl. Rödder/Herlinghaus/van Lishaut/*Trossen* UmwStG § 18 Rn. 56a.

da § 18 Abs. 3 einen viel umfangreicheren Zugriff ermöglicht als dies für Zwecke der nachgelagerten gewerbesteuerlichen Verstrickung von Wirtschaftsgütern der übertragenden Körperschaft erforderlich erscheint.[38]

30 Die Regelung des § 18 Abs. 3 S. 1 nennt explizit nur den Veräußerungs- oder Aufgabegewinn, nicht hingegen einen **Aufgabe- oder Veräußerungsverlust**. Somit können innerhalb der Fünfjahresfrist entstandene Veräußerungs- oder Aufgabeverluste gewerbesteuerlich nicht berücksichtigt werden.[39]

VII. Zahlung der Gewerbesteuer

31 Steuerschuldner nach § 18 Abs. 3 ist die übernehmende Personengesellschaft bzw. das übernehmende Einzelunternehmen. Dies gilt auch dann, wenn der übernehmende Rechtsträger nicht gewerbesteuerpflichtig ist.[40]

32 Auch wenn ein Anteil an der übernehmenden Personengesellschaft veräußert wird, entsteht die Gewerbesteuer auf Ebene der Personengesellschaft. Diese ist Schuldnerin der Gewerbesteuer nach § 18 Abs. 3, bei deren Ermittlung allerdings der Freibetrag nach § 11 Abs. 1 GewStG zu berücksichtigen ist.[41]

§ 19 Gewerbesteuer bei Vermögensübergang auf eine andere Körperschaft

(1) Geht das Vermögen der übertragenden Körperschaft auf eine andere Körperschaft über, gelten die §§ 11 bis 15 auch für die Ermittlung des Gewerbeertrags.

(2) Für die vortragsfähigen Fehlbeträge der übertragenden Körperschaft im Sinne des § 10a des Gewerbesteuergesetzes gelten § 12 Abs. 3 und § 15 Abs. 3 entsprechend.

Literatur:
Behrendt/Arjes, Gewerbesteuerliche Unternehmeridentität bei Verschmelzung von Kapitalgesellschaften, DStR 2008, 811; *Dötsch*, Gesetz zur Fortsetzung der Unternehmens-Steuerreform: Änderung des UmwStG, DB 1997, 2144; *Dötsch/Pung*, RiLiUmsG: Die Änderungen des EStG, des KStG und des GewStG, DB 2005, 10; *Eckert/Kneip/Riecke*, Aktuelle Fragen zur Gewerbesteuer nach Verabschiedung des Steuerentlastungsgesetzes 1999/2000/2002 und der GewStR 1998, Inf 1999, 225; *Haritz*, Überraschende Änderung des UmwStG, GmbHR 1997, 783; *Hierstätter/Schwarz*, Übertragung einer verlustbehafteten KG-Beteiligung zwischen Kapitalgesellschaften durch Verschmelzung oder Spaltung, DB 2002, 1963; *Neumann/Stimpel*, Ausgewählte Zweifelsfragen zur neuen Verlustabzugsbeschränkung nach § 8c KStG, GmbHR 2007, 1194; *Oenings*, Gewerbesteuerliche Verlustverrechnung – Unternehmeridentität isd § 10a GewStG bei atypisch stiller Gesellschaft, DStR 2008, 279; *Pflüger*, Gewerbesteuer: Untergang eines Gewerbeverlusts bei Wechsel in der Mitunternehmerschaft, GStB 2021, 332; *Schaflitzl/Widmayer*, Die Besteuerung von Umwandlungen nach dem Regierungsentwurf des SEStEG, BB-Special 8/2006, S. 38, 50; *Thiel/Eversberg/van Lishaut/Neumann*, Der UmwSt-Erlass 1998, GmbHR 1998, 397; *Wienands*, Gewerbesteuerliche Behandlung von Umwandlungen – Änderungen der §§ 18, 19 UmwStG durch das StEntlG 1999/2000/2002, GmbHR 1999, 462.

A. Allgemeiner Anwendungsbereich des § 19 ...	1	III. Anteilseigner der übertragenden Körperschaft	14
B. Anwendbarkeit von Vorschriften (Abs. 1)	4	C. Nutzung von Fehlbeträgen (Abs. 2)	17
I. Übertragende Körperschaft	5		
II. Übernehmende Körperschaft	8		

---

[38] Vgl. Rödder/Herlinghaus/van Lishaut/*Trossen* UmwStG § 18 Rn. 57f.
[39] Vgl. Rödder/Herlinghaus/van Lishaut/*Trossen* UmwStG § 18 Rn. 55; vgl. Dötsch/Pung/Möhlenbrock/*Pung/Bernhagen* UmwStG § 18 Rn. 48.
[40] Vgl. Rödder/Herlinghaus/van Lishaut/*Trossen* UmwStG § 18 Rn. 69.
[41] Vgl. Rödder/Herlinghaus/van Lishaut/*Trossen* UmwStG § 18 Rn. 70.

A. Allgemeiner Anwendungsbereich des § 19

Die Regelungen des § 19 beziehen sich auf die gewerbesteuerlichen Folgen des Vermögensübergangs bei: 1

- der Verschmelzung,
- der Auf- oder Abspaltung,
- der Vermögensübertragung (Voll- oder Teilübertragung iS § 174 UmwG)

von einer **Körperschaft auf eine andere Körperschaft**. Die Ausgliederung (§ 123 Abs. 3 UmwG) ist von der Anwendung des § 19 ausgenommen.[1]

Diese Vorschriften des UmwStG zielen grds. darauf ab, bei Umwandlungen einer Körperschaft in bzw. auf eine andere Körperschaft sowohl bei Übertragung zu Buchwerten als auch bei einer Übertragung des Vermögens oberhalb der Buchwerte die Erfassung der ggf. bestehenden stillen Reserven für Zwecke der Gewerbesteuer sicher zu stellen. Dies wird dadurch erreicht, dass die Grundsätze zur Bewertung und damit der Ermittlung eines möglichen Gewinns oder Verlustes nach § 11 und 12 von Übertragerin und Übernehmerin einschließlich der Wertverknüpfung nach § 12 Abs. 1 S. 1 auch für die Gewerbesteuer gelten.[2] 2

Die Regelungen des § 19 Abs. 1 und Abs. 2 begründen **keinen eigenen, neuen gewerbesteuerlichen Tatbestand** und greifen nur ein, soweit die beteiligten Rechtsträger (Übertragerin, Übernehmerin und Anteilseigner der Übertragerin) selbst der Gewerbesteuer unterliegen.[3] 3

B. Anwendbarkeit von Vorschriften (Abs. 1)

Nach § 19 Abs. 1 S. 1 sind die §§ 11–15 auch bei der Ermittlung des Gewerbeertrages zu beachten, wenn Vermögen von einer übertragenden auf eine andere Körperschaft transferiert wird. 4

I. Übertragende Körperschaft

Nach **§ 11 Abs. 1** ist das übergehende Vermögen grds. mit dem gemeinen Wert anzusetzen. Hiervon abweichend kann gem. § 11 Abs. 2 das übergehende Vermögen auf Antrag mit dem niedrigeren Buchwert oder Zwischenwert angesetzt werden. In der Folge entsteht ein **Übertragungsgewinn** gem. § 11 nur bei einem über dem Buchwert liegenden Ansatz des Vermögens in der Schlussbilanz der Übertragerin. Dieser Übertragungsgewinn unterliegt auf Ebene der übertragenden Körperschaft idR der Gewerbesteuer. Die Realisierung des Übertragungsgewinns erfolgt zwingend, sofern die spätere Besteuerung der übergehenden stillen Reserven mit Körperschaftsteuer nicht sichergestellt ist.[4] Die Voraussetzungen zur **Buchwertverknüpfung** müssen allein körperschaftsteuerlich erfüllt sein, vgl. § 11 Abs. 2 S. 1. Es ist insoweit unbeachtlich, wenn die übernehmende Körperschaft nicht mehr der Gewerbesteuer unterliegt.[5] 5

---

1 Vgl. Eisgruber/*Bartelt* UmwStG § 19 Rn. 2; vgl. Haase/Hofacker/*Roser* UmwStG § 19 Rn. 1.
2 Vgl. Rödder/Herlinghaus/van Lishaut/*Trossen* UmwStG § 19 Rn. 2.
3 Vgl. Dötsch/Pung/Möhlenbrock/*Möhlenbrock/Werner* UmwStG § 19 Rn. 2; vgl. Eisgruber/*Bartelt* UmwStG § 19 Rn. 5.
4 Vgl. Rödder/Herlinghaus/van Lishaut/*Trossen* UmwStG § 19 Rn. 15; Dötsch/Pung/Möhlenbrock/*Möhlenbrock/Werner* UmwStG § 19 Rn. 3; vgl. Eisgruber/*Bartelt* UmwStG § 19 Rn. 16.
5 Vgl. Rödder/Herlinghaus/van Lishaut/*Trossen* UmwStG § 19 Rn. 16a.

6 Ergibt sich auf Ebene der übertragenden Körperschaft durch eine vom Buchwert abweichende Bewertung ein Übertragungsverlust ist dieser grds. auch gewerbesteuerlich relevant.[6]

7 Ein bei der übertragenden Körperschaft bestehender **Verlustvortrag** iSd § 10a GewStG kann nur auf Ebene der Überträgerin genutzt werden, sofern diese einen laufenden Gewinn erzielt oder das übertragene Betriebsvermögen in ihrer Schlussbilanz nach § 11 mit einem über dem Buchwert liegenden Wert ansetzt und dadurch einen **Übertragungsgewinn** realisiert. Die Nutzung eines bestehenden Verlustvortrages wird jedoch durch die Regelungen des § 10a S. 1 und S. 2 GewStG zur Mindestbesteuerung eingeschränkt.[7]

II. Übernehmende Körperschaft

8 Die übernehmende Körperschaft setzt die auf sie übergehenden Wirtschaftsgüter gem. § 19 Abs. 1 iVm § 12 Abs. 1 S. 1 auch für gewerbesteuerliche Zwecke mit den Schlussbilanzwerten der Überträgerin an. Dieser Wertansatz gilt unabhängig davon, ob die Überträgerin oder die Übernehmerin von der Gewerbesteuer befreit oder nach anderen Normen, bspw. § 9 Nr. 1 S. 2 ff. GewStG, begünstigt sind.[8]

9 Im Falle einer **Aufwärtsverschmelzung** sind die Anteile an der übertragenden Körperschaft bei der aufnehmenden Körperschaft mit dem Buchwert, erhöht um in früheren Jahren steuerwirksam vorgenommene Abschreibungen und Abzüge nach § 6b EStG und ähnliche Abzüge, höchstens aber mit dem gemeinen Wert anzusetzen.

10 Bei der übernehmenden Körperschaft bleibt der Übernahmegewinn oder Übernahmeverlust nach § 12 Abs. 2 auch gewerbesteuerlich außer Ansatz.[9]

11 Die Regelungen des § 12 Abs. 3 legen abschließend fest, dass die **übernehmende Körperschaft** nach § 4 Abs. 2 und 3 auch für die Ermittlung des Gewerbeertrags in die steuerliche Rechtstellung der übertragenden Körperschaft eintritt. In der Folge werden insbesondere die Besitzzeiten angerechnet und sind die Abschreibungen der Überträgerin weiter maßgeblich.[10]

12 Der **Übernahmefolgegewinn**, der durch den umwandlungsbedingten Zusammenfall von Forderungen und Verbindlichkeiten entstehen kann, unterfällt gem. § 12 Abs. 4 als laufender Gewinn der Gewerbesteuer. Der Verweis in § 19 Abs. 1 stellt klar, dass die Bildung einer Rücklage gem. § 6 durch den übernehmenden Rechtsträger auch für die Gewerbesteuer Wirkung entfaltet.[11]

13 Im Falle eines Vermögensübergangs in den nicht steuerpflichtigen oder steuerbefreiten Bereich der übernehmenden Körperschaft legt § 12 Abs. 5 die Totalausschüttung der beim übertragenden Rechtsträger vorhandenen stillen Reserven fest. Die Vorschrift

---

[6] Vgl. Rödder/Herlinghaus/van Lishaut/*Trossen* UmwStG § 19 Rn. 18.
[7] Vgl. Rödder/Herlinghaus/van Lishaut/*Trossen* UmwStG § 19 Rn. 17; vgl. Eisgruber/*Bartelt* UmwStG § 19 Rn. 22.
[8] Vgl. Rödder/Herlinghaus/van Lishaut/*Trossen* UmwStG § 19 Rn. 20; vgl. Eisgruber/*Bartelt* UmwStG § 19 Rn. 24.
[9] Vgl. Rödder/Herlinghaus/van Lishaut/*Trossen* UmwStG § 19 Rn. 21; Dötsch/Pung/Möhlenbrock/*Möhlenbrock/Werner* UmwStG § 19 Rn. 6; vgl. Eisgruber/*Bartelt* UmwStG § 19 Rn. 25.
[10] Vgl. Rödder/Herlinghaus/van Lishaut/*Trossen* UmwStG § 19 Rn. 23; vgl. Eisgruber/*Bartelt* UmwStG § 19 Rn. 26; zweifelnd Haase/Hofacker/*Roser* UmwStG § 19 Rn.15.
[11] Vgl. Rödder/Herlinghaus/van Lishaut/*Trossen* UmwStG § 19 Rn. 24; Dötsch/Pung/Möhlenbrock/*Möhlenbrock/Werner* UmwStG § 19 Rn. 8; vgl. Eisgruber/*Bartelt* UmwStG § 19 Rn. 27.

dient damit in erster Linie der Sicherstellung der Einbehaltung der KapESt und ist für die Gewerbesteuer von untergeordneter Bedeutung.[12]

III. Anteilseigner der übertragenden Körperschaft

Die Besteuerung der Anteilseigner der übertragenden Körperschaft wird durch den Verweis von § 19 Abs. 1 auf § 13 geregelt. Die Vorschriften entfalten jedoch nur dann Wirkung für die Gewerbesteuer, wenn die Anteilseigner einen inländischen Gewerbebetrieb gem. § 2 GewStG unterhalten, dem die Anteile an der übertragenden Körperschaft zuzurechnen sind.[13]

14

Soweit ein Anteilseigner der übertragenden Körperschaft Anteile an der Übernehmerin erlangt, gilt die sog. Anschaffungs- und Veräußerungsfiktion, dh die Anteile an der Überträgerin gelten grds. als zum gemeinen Wert veräußert und die an ihre Stelle tretenden Anteile als mit diesem Wert angeschafft. Hieraus resultierende Gewinne unterliegen der Gewerbesteuer, sofern nicht § 8b KStG oder § 3 Nr. 40 EStG eingreifen.[14]

15

Das Wahlrecht nach § 13 Abs. 2 gilt auch für gewerbesteuerliche Zwecke, sofern sich die Anteile in einem gewerblichen Betriebsvermögen befinden. Demnach kann der Anteilseigner die Anteile auf Antrag mit dem Buchwert ansetzen, wenn die weiteren Voraussetzungen des § 13 Abs. 2 erfüllt sind. In diesem Falle ergeben sich für den Anteilseigner keine Auswirkungen auf den Gewerbeertrag. Auch gewerbesteuerlich treten die Anteile an der übernehmenden Körperschaft nach § 13 Abs. 2 S. 2 an die Stelle der Anteile an der übertragenden Körperschaft.[15]

16

C. Nutzung von Fehlbeträgen (Abs. 2)

Eine **Übertragung** des vortragsfähigen Verlustes nach § 10a GewStG auf die übernehmende Körperschaft wird durch § 19 Abs. 2 mit Verweis auf § 12 Abs. 3, und damit § 4 Abs. 2 S. 2, untersagt. Im Falle der Abspaltung mindern sich die vorgenannten Fehlbeträge bei der übertragenden Körperschaft über § 15 Abs. 3 in dem Verhältnis, in dem auf Basis der gemeinen Werte Vermögen übertragen wird.[16]

17

Allerdings hat § 19 Abs. 2 nur klarstellende Wirkung, da dieselbe Rechtsfolge bereits durch den allgemeinen Verweis in § 19 Abs. 1 auf § 12 Abs. 3 und damit § 4 Abs. 2 S. 2 eintritt.[17]

18

Schließlich ist sicherzustellen, dass bei der übertragenden Körperschaft die **Unternehmeridentität** gewahrt bleibt (vgl. § 10a S. 5 GewStG iVm § 2 Abs. 5 GewStG). Ebenfalls ist zu beachten, dass durch die Umwandlung kein **schädlicher Anteilseignerwechsel** nach § 8c KStG stattfindet, der zu einem (anteiligen) Untergang von gewerbesteuerlichen Fehlbeträgen führt.[18]

19

---

12 Vgl. Rödder/Herlinghaus/van Lishaut/*Trossen* UmwStG § 19 Rn. 25; vgl. Eisgruber/*Bartelt* UmwStG § 19 Rn. 28.
13 Vgl. Rödder/Herlinghaus/van Lishaut/*Trossen* UmwStG § 19 Rn. 26.
14 Vgl. Rödder/Herlinghaus/van Lishaut/*Trossen* UmwStG § 19 Rn. 27; vgl. Haase/Hofacker/*Roser* UmwStG § 19 Rn.17.
15 Vgl. Rödder/Herlinghaus/van Lishaut/*Trossen* UmwStG § 19 Rn. 28; Dötsch/Pung/Möhlenbrock/*Werner* UmwStG § 19 Rn. 10.
16 Vgl. Dötsch/Pung/Möhlenbrock/*Möhlenbrock/Werner* UmwStG § 19 Rn. 11.
17 Vgl. Rödder/Herlinghaus/van Lishaut/*Trossen* UmwStG § 19 Rn. 30.
18 Vgl. Dötsch/Pung/Möhlenbrock/*Möhlenbrock/Werner* UmwStG § 19 Rn. 1.

20 Soweit zum Vermögen der übertragenden Körperschaft unmittelbare Beteiligungen an anderen Körperschaften gehören, kann auch bei diesen ein schädlicher Anteilseignerwechsel ausgelöst werden und dort zum Untergang evtl. vorhandener gewerbesteuerlicher Fehlbeträge führen.[19] Dieselben Rechtsfolgen treten ein, wenn zum Vermögen der übertragenden Körperschaft Beteiligungen an Mitunternehmerschaften mit eigenen gewerbesteuerlichen Verlustvorträgen gehören. Diese können anteilig oder auch vollständig untergehen.[20] Dies resultiert aus der fehlenden Unternehmeridentität bei der betroffenen Mitunternehmerschaft, die unmittelbaren Rechtsfolgen aus § 19 betreffen nur die übertragende Körperschaft.[21]

Sechster Teil
Einbringung von Unternehmensteilen in eine Kapitalgesellschaft oder Genossenschaft und Anteilstausch

§ 20 Einbringung von Unternehmensteilen in eine Kapitalgesellschaft oder Genossenschaft

(1) Wird ein Betrieb oder Teilbetrieb oder ein Mitunternehmeranteil in eine Kapitalgesellschaft oder eine Genossenschaft (übernehmende Gesellschaft) eingebracht und erhält der Einbringende dafür neue Anteile an der Gesellschaft (Sacheinlage), gelten für die Bewertung des eingebrachten Betriebsvermögens und der neuen Gesellschaftsanteile die nachfolgenden Absätze.

(2) ¹Die übernehmende Gesellschaft hat das eingebrachte Betriebsvermögen mit dem gemeinen Wert anzusetzen; für die Bewertung von Pensionsrückstellungen gilt § 6a des Einkommensteuergesetzes. ²Abweichend von Satz 1 kann das übernommene Betriebsvermögen auf Antrag einheitlich mit dem Buchwert oder einem höheren Wert, höchstens jedoch mit dem Wert im Sinne des Satzes 1, angesetzt werden, soweit

1. sichergestellt ist, dass es später bei der übernehmenden Körperschaft der Besteuerung mit Körperschaftsteuer unterliegt,
2. die Passivposten des eingebrachten Betriebsvermögens die Aktivposten nicht übersteigen; dabei ist das Eigenkapital nicht zu berücksichtigen,
3. das Recht der Bundesrepublik Deutschland hinsichtlich der Besteuerung des Gewinns aus der Veräußerung des eingebrachten Betriebsvermögens bei der übernehmenden Gesellschaft nicht ausgeschlossen oder beschränkt wird und
4. der gemeine Wert von sonstigen Gegenleistungen, die neben den neuen Gesellschaftsanteilen gewährt werden, nicht mehr beträgt als
    a) 25 Prozent des Buchwerts des eingebrachten Betriebsvermögens oder
    b) 500 000 Euro, höchstens jedoch den Buchwert des eingebrachten Betriebsvermögens.

³Der Antrag ist spätestens bis zur erstmaligen Abgabe der steuerlichen Schlussbilanz bei dem für die Besteuerung der übernehmenden Gesellschaft zuständigen

---

[19] Vgl. Dötsch/Pung/Möhlenbrock/*Möhlenbrock/Werner* UmwStG § 19 Rn. 13; vgl. Eisgruber/*Bartelt* UmwStG § 19 Rn. 49.

[20] Vgl. Dötsch/Pung/Möhlenbrock/*Möhlenbrock/Werner* UmwStG § 19 Rn. 18; vgl. Eisgruber/*Bartelt* UmwStG § 19 Rn. 50; vgl. Haase/Hofacker/*Roser*, § 18 Rn.1.

[21] Vgl. Dötsch/Pung/Möhlenbrock/*Möhlenbrock/Werner* UmwStG § 19 Rn. 2a; vgl. Eisgruber/*Bartelt* UmwStG § 19 Rn. 51.

Finanzamt zu stellen. ⁴Erhält der Einbringende neben den neuen Gesellschaftsanteilen auch sonstige Gegenleistungen, ist das eingebrachte Betriebsvermögen abweichend von Satz 2 mindestens mit dem gemeinen Wert der sonstigen Gegenleistungen anzusetzen, wenn dieser den sich nach Satz 2 ergebenden Wert übersteigt.

(3) ¹Der Wert, mit dem die übernehmende Gesellschaft das eingebrachte Betriebsvermögen ansetzt, gilt für den Einbringenden als Veräußerungspreis und als Anschaffungskosten der Gesellschaftsanteile. ²Ist das Recht der Bundesrepublik Deutschland hinsichtlich der Besteuerung des Gewinns aus der Veräußerung des eingebrachten Betriebsvermögens im Zeitpunkt der Einbringung ausgeschlossen und wird dieses auch nicht durch die Einbringung begründet, gilt für den Einbringenden insoweit der gemeine Wert des Betriebsvermögens im Zeitpunkt der Einbringung als Anschaffungskosten der Anteile. ³Soweit neben den Gesellschaftsanteilen auch andere Wirtschaftsgüter gewährt werden, ist deren gemeiner Wert bei der Bemessung der Anschaffungskosten der Gesellschaftsanteile von dem sich nach den Sätzen 1 und 2 ergebenden Wert abzuziehen. ⁴Umfasst das eingebrachte Betriebsvermögen auch einbringungsgeborene Anteile im Sinne von § 21 Abs. 1 in der Fassung der Bekanntmachung vom 15. Oktober 2002 (BGBl. I S. 4133, 2003 I S. 738), geändert durch Artikel 3 des Gesetzes vom 16. Mai 2003 (BGBl. I S. 660), gelten die erhaltenen Anteile insoweit auch als einbringungsgeboren im Sinne von § 21 Abs. 1 in der Fassung der Bekanntmachung vom 15. Oktober 2002 (BGBl. I S. 4133, 2003 I S. 738), geändert durch Artikel 3 des Gesetzes vom 16. Mai 2003 (BGBl. I S. 660).

(4) ¹Auf einen bei der Sacheinlage entstehenden Veräußerungsgewinn ist § 16 Abs. 4 des Einkommensteuergesetzes nur anzuwenden, wenn der Einbringende eine natürliche Person ist, es sich nicht um die Einbringung von Teilen eines Mitunternehmeranteils handelt und die übernehmende Gesellschaft das eingebrachte Betriebsvermögen mit dem gemeinen Wert ansetzt. ²In diesen Fällen ist § 34 Abs. 1 und 3 des Einkommensteuergesetzes nur anzuwenden, soweit der Veräußerungsgewinn nicht nach § 3 Nr. 40 Satz 1 in Verbindung mit § 3c Abs. 2 des Einkommensteuergesetzes teilweise steuerbefreit ist.

(5) ¹Das Einkommen und das Vermögen des Einbringenden und der übernehmenden Gesellschaft sind auf Antrag so zu ermitteln, als ob das eingebrachte Betriebsvermögen mit Ablauf des steuerlichen Übertragungsstichtags (Absatz 6) auf die Übernehmerin übergegangen wäre. ²Dies gilt hinsichtlich des Einkommens und des Gewerbeertrags nicht für Entnahmen und Einlagen, die nach dem steuerlichen Übertragungsstichtag erfolgen. ³Die Anschaffungskosten der Anteile (Absatz 3) sind um den Buchwert der Entnahmen zu vermindern und um den sich nach § 6 Abs. 1 Nr. 5 des Einkommensteuergesetzes ergebenden Wert der Einlagen zu erhöhen.

(6) ¹Als steuerlicher Übertragungsstichtag (Einbringungszeitpunkt) darf in den Fällen der Sacheinlage durch Verschmelzung im Sinne des § 2 des Umwandlungsgesetzes der Stichtag angesehen werden, für den die Schlussbilanz jedes der übertragenden Unternehmen im Sinne des § 17 Abs. 2 des Umwandlungsgesetzes aufgestellt ist; dieser Stichtag darf höchstens acht Monate vor der Anmeldung der Verschmelzung zur Eintragung in das Handelsregister liegen. ²Entsprechendes gilt, wenn Vermögen im Wege der Sacheinlage durch Aufspaltung, Abspaltung

oder Ausgliederung nach § 123 des Umwandlungsgesetzes auf die übernehmende Gesellschaft übergeht. ³In anderen Fällen der Sacheinlage darf die Einbringung auf einen Tag zurückbezogen werden, der höchstens acht Monate vor dem Tag des Abschlusses des Einbringungsvertrags liegt und höchstens acht Monate vor dem Zeitpunkt liegt, an dem das eingebrachte Betriebsvermögen auf die übernehmende Gesellschaft übergeht. ⁴§ 2 Absatz 3 bis 5 gilt entsprechend.

(7) § 3 Abs. 3 ist entsprechend anzuwenden.

(8) Ist eine gebietsfremde einbringende oder erworbene Gesellschaft im Sinne von Artikel 3 der Richtlinie 2009/133/EG als steuerlich transparent anzusehen, ist auf Grund Artikel 11 der Richtlinie 2009/133/EG die ausländische Steuer, die nach den Rechtsvorschriften des anderen Mitgliedstaats der Europäischen Union erhoben worden wäre, wenn die einer in einem anderen Mitgliedstaat belegenen Betriebsstätte zuzurechnenden eingebrachten Wirtschaftsgüter zum gemeinen Wert veräußert worden wären, auf die auf den Einbringungsgewinn entfallende Körperschaftsteuer oder Einkommensteuer unter entsprechender Anwendung von § 26 des Körperschaftsteuergesetzes und von den §§ 34c und 50 Absatz 3 des Einkommensteuergesetzes anzurechnen.

(9) Ein Zinsvortrag nach § 4h Abs. 1 Satz 5 des Einkommensteuergesetzes und ein EBITDA-Vortrag nach § 4h Absatz 1 Satz 3 des Einkommensteuergesetzes des eingebrachten Betriebs gehen nicht auf die übernehmende Gesellschaft über.

A. Normzweck	1	
B. Inhalt	9	
I. Sacheinlage (Abs. 1)	9	
1. Persönlicher Anwendungsbereich	9	
a) Einbringender	9	
b) Übernehmender Rechtsträger	17	
2. Sachlicher Anwendungsbereich	24	
a) Einbringungsvorgang	24	
aa) Anforderungen an den Einbringungsvorgang	27	
bb) Einbringung durch Umwandlung/Formwechsel	36	
cc) Einbringung im Wege der Einzelrechtsnachfolge	40	
dd) Einbringung durch Anwachsung	45	
ee) Verschleierte Sachgründung/Sachkapitalerhöhung	51	
b) Einbringungsgegenstand	56	
aa) Betrieb	56	
(1) Definition und Abgrenzung	56	
(2) Zeitlicher Aspekt/Betrieb im Aufbau	63	
(3) Einheitlicher Betrieb bestimmter Körperschaften	65	
(4) Mehrere Betriebe natürlicher Personen	67	
(5) Zuordnung von Anteilen an Kapitalgesellschaften zum Betrieb	70	
(6) Keine Zuordnung von Mitunternehmeranteilen	76	
(7) Einbringungsumfang: Übertragung der wesentlichen Betriebsgrundlagen	79	
(8) Vorabübertragung wesentlicher Betriebsgrundlagen in ein anderes Betriebsvermögen	85	
bb) Teilbetrieb	90	
(1) Nationales vs. europäisches Teilbetriebsverständnis	90	
(2) Abgrenzung des Teilbetriebs	94	
(3) Anforderungen an die Einbringung eines Teilbetriebs	99	
(a) Einbringungsumfang	99	
(b) Zeitliche Voraussetzungen	104	
cc) Mitunternehmeranteil	106	
(1) Definition	106	
(2) Abgrenzung	112	
(3) Einbringung eines ganzen Mitunternehmeranteils	115	
(4) Einbringung eines Teils des Mitunternehmeranteils	120	
c) Gewährung neuer Anteile	123	
II. Wertansatz bei der übernehmenden Gesellschaft	129	
1. Grundsatz: Bewertung mit dem gemeinen Wert	131	
2. Auf Antrag: Bewertung mit dem Buchwert oder einem Zwischenwert	135	
a) Buch- bzw. Zwischenwert	135	
aa) Wertuntergrenze: Buchwert	135	
bb) Obergrenze: Gemeiner Wert	139	
cc) Zwischenwert	140	
b) Verhältnis zur handelsbilanziellen Bewertung	141	
c) Antrag	142	
aa) Antragsteller	143	
bb) Antragsinhalt und -form	146	

cc) Antragszeitpunkt und -adressat 148
dd) Änderung des Antrags 150
d) Weitere Voraussetzungen 151
aa) Besteuerung bei der Übernehmerin mit Körperschaftsteuer (Abs. 2 S. 2 Nr. 1) 151
bb) Kein negatives steuerliches Eigenkapital (Abs. 2 S. 2 Nr. 2) 154
cc) Keine Beschränkung oder Ausschluss des deutschen Besteuerungsrechts an dem eingebrachten Betriebsvermögen (Abs. 2 S. 2 Nr. 3) 157
dd) Keine übermäßige Gewährung von sonstigen Gegenleistungen (Abs. 2 S. 2 Nr. 4) 161
e) Einschränkung der Bewertungsregelungen des § 20 Abs. 2 S. 2 durch § 50i Abs. 2 EStG 165
III. Veräußerungspreis für das eingebrachte Betriebsvermögen und Anschaffungskosten für die erhaltenen Anteile (Abs. 3) 166
1. Grundsatz: Verknüpfung mit dem Wertansatz der aufnehmenden Gesellschaft .. 166
2. Anschaffungskosten bei Betriebsvermögen ohne deutsches Besteuerungsrecht . 171
3. Anschaffungskosten bei Gewährung einer sonstigen Gegenleistung 173
4. Einbringungsgeborene Anteile 175
IV. Einbringungsergebnis und Anwendung von §§ 16 Abs. 4, 34 Abs. 1, 3 EStG (Abs. 4) . 176
1. Ermittlung des Einbringungsergebnisses 176
2. Besteuerung des Einbringungsergebnisses 182
3. Anwendung von § 16 Abs. 4 EStG 184
4. Anwendung von § 34 Abs. 1, 3 EStG 186
V. Zeitpunkt der Sacheinlage und steuerliche Rückwirkung (Abs. 5, 6) 188
1. Grundsatz: Übergang des eingebrachten Vermögens im Zeitpunkt des Übergangs des wirtschaftlichen Eigentums 190
2. Rückbeziehung des Einbringungsvorgangs 193
a) Antrag 193
b) Steuerlicher Übertragungsstichtag und Rückbezugszeitraum 196
c) Einkünfteermittlung im Rückbezugszeitraum 197
d) Einschränkung der Rückbeziehung 205
VI. Einbringung einer in einem anderen EU/EWR-Staat gelegenen Betriebsstätte (Abs. 7 iVm § 3 Abs. 3) 210
VII. Einbringung einer in einem anderen EU-/EWR-Staat ansässigen transparenten ausländischen Gesellschaft (Abs. 8) 215
VIII. Kein Übergang eines Zins- oder EBITDA-Vortrags (Abs. 9) 220

A. Normzweck

§ 20 regelt sog. Einbringungen von Unternehmensteilen in Kapitalgesellschaften und Genossenschaften. Unternehmerische Sachgesamtheiten in Form von Betrieben, Teilbetrieben oder Mitunternehmeranteilen können unter bestimmten Voraussetzungen zum steuerlichen Buchwert, dh ohne Realisierung stiller Reserven auf eine Kapitalgesellschaft oder eine Genossenschaft übertragen werden. Damit besitzt die Vorschrift bei der Umstrukturierung von Unternehmen in der Praxis große Bedeutung.

§ 20 Abs. 1 regelt den Anwendungsbereich der Vorschrift. Demnach stellt die Übertragung von Betrieben, Teilbetrieben oder Mitunternehmeranteilen auf eine Kapitalgesellschaft oder Genossenschaft dann eine von § 20 Abs. 1 erfasste sog. Sacheinlage dar, wenn der Einbringende als Gegenleistung hierfür neue Anteile gewährt. Die Einbringung kann dabei entweder im Wege der Einzelrechtsnachfolge oder bei der Übertragung aus einer Personenhandelsgesellschaft auch im Wege umwandlungsrechtlicher Maßnahmen erfolgen. Erforderlich ist grundsätzlich, dass die aufnehmende Gesellschaft und der einbringende Rechtsträger in der EU bzw. innerhalb des EWR ansässig sind. Ist zwar der Aufnehmende, nicht aber der Einbringende innerhalb der EU bzw. des EWR ansässig, ist der Anwendungsbereich des § 20 dennoch eröffnet, wenn ein unbeschränktes deutsches Besteuerungsrecht an den als Gegenleistung für den Einbringenden gewährten neuen Anteilen besteht.

§ 20 Abs. 2 beinhaltet Vorschriften betreffend den Wertansatz auf Ebene der übernehmenden Gesellschaft. Demnach hat diese das übernommene Vermögen grundsätzlich mit dem gemeinen Wert anzusetzen. Soweit das einzubringende Vermögen bei der Übernehmerin der Körperschaftsteuer unterliegt, per Saldo kein negatives Betriebsvermögen eingebracht wird, ein deutsches Besteuerungsrecht an der Veräußerung der übernommenen Wirtschaftsgüter nicht ausgeschlossen oder beschränkt ist und der Wert neben den neuen Anteilen gewährter sonstiger Gegenleistungen höchstens 25 % des Buchwerts der eingebrachten Wirtschaftsgüter bzw. höchstens EUR 500.000 beträgt, kommt auf Antrag ein Wertansatz zum steuerlichen Buch- oder Zwischenwert in Betracht. Gewährt die Übernehmerin sonstige Gegenleistungen hat der Wertansatz bei der Übernehmerin mindestens in Höhe derselben zu erfolgen.

4 § 20 Abs. 3 ordnet die Wertverknüpfung zwischen dem Wertansatz des Erwerbers, dem Veräußerungspreis des Einbringenden und dessen Anschaffungskosten für die neuen Anteile an. Sonstige Gegenleistungen mindern korrespondierend die Anschaffungskosten der neuen Anteile.

5 Einbringungen stellen aus steuerlicher Sicht einen Tausch und damit ein Veräußerungsgeschäft dar. In § 20 Abs. 4 werden die Voraussetzungen für die Gewährung des Freibetrags gem. § 16 Abs. 4 EStG sowie des ermäßigten Steuersatzes gem. § 34 EStG festgelegt.

6 § 20 Abs. 5, 6 gewähren dem Einbringenden die Möglichkeit den Vermögensübergang für ertragsteuerliche Zwecke auf Antrag rückzubeziehen. Abhängig davon, wie der Einbringungsvorgang erfolgt, kann der Vermögensübergang auf einen Stichtag zurückbezogen werden, der maximal acht Monate vor der Anmeldung der Eintragung des Einbringungsvorgangs beim Handelsregister oder maximal acht Monate vor dem Tag des Abschlusses des Einbringungsvertrags bzw. des Übergangs des wirtschaftlichen Eigentums liegt.

7 § 20 Abs. 7, 8 dienen der Umsetzung der Art. 10, 10a Fusions-RL. Demnach erfolgt bei einem Ausschluss des deutschen Besteuerungsrechts infolge der Einbringung einer EU-Betriebsstätte die Anrechnung einer (fiktiven) ausländischen Steuer auf die deutsche Einbringungsgewinnbesteuerung. Zu einer Anrechnung einer ausländischen Steuer kommt es auch im Fall der Einbringung von Vermögen ausländischer hybrider Gesellschaften, die aus deutscher steuerlicher Sicht transparent sind und an denen Inländer beteiligt sind.

8 Der Übergang eines mit dem eingebrachten Unternehmensteil verknüpften Zins- bzw. EBITDA-Vortrags iSv § 4h EStG auf die Übernehmerin wird gem. § 20 Abs. 9 versagt.

B. Inhalt

I. Sacheinlage (Abs. 1)

1. Persönlicher Anwendungsbereich

a) Einbringender

9 § 20 selbst enthält **keine Beschränkungen** betreffend die Person des Einbringenden. Einbringende können damit zB Kapitalgesellschaften, Personenhandelsgesellschaften oder natürliche Personen sein. Ferner sind auch juristische Personen des privaten Rechts, wie zB Stiftungen oder rechtsfähige Vereine als Einbringende iSd § 20 denkbar, vorausgesetzt, ein Erwerbszweck liegt vor. Anforderungen an die Person des Einbringenden ergeben sich jedoch aus § 1. Der **persönliche Anwendungsbereich** des sechsten Teils des Umwandlungssteuergesetzes, dh der Vorschriften zur Einbringung, wird in § 1 Abs. 4 eingegrenzt.

Hierbei ist entscheidend, wer **einbringender Rechtsträger** iSv § 20 ist, dh auf welchen Rechtsträger für Zwecke der persönlichen Anwendungsberechtigung gem. § 1 Abs. 4 abzustellen ist. Nach Ansicht der Finanzverwaltung ist dies der Rechtsträger, „dem die Gegenleistung zusteht".[1] Abweichungen zum zivilrechtlichen Eigentümer des einzubringenden Vermögens ergeben sich bei dieser Auslegung beispielsweise in Fällen der Einbringung durch einen Treuhänder.[2]

Bei der Einbringung durch eine **Personengesellschaft** wird grundsätzlich darauf abgestellt, ob die Personengesellschaft als Folge der Einbringung fortbesteht oder – wie im Falle einer Aufspaltung – aufgelöst wird. Bleibt die Personengesellschaft bestehen und stehen ihr die Anteile an der aufnehmenden Gesellschaft zu, gilt die Personengesellschaft als Einbringende iSv § 20. Etwas anderes soll für den Fall der Abspaltung von Vermögen einer Personengesellschaft gelten. In diesem Fall stehen die Anteile an der Übernehmerin den Gesellschaftern der abzuspaltenden Personengesellschaft zu, so dass diese als Einbringende anzusehen sind.[3]

Seit der im Rahmen des SEStEG vorgenommenen Neuregelung und Europäisierung des Umwandlungssteuergesetzes wird grundsätzlich gefordert, dass der Einbringende innerhalb eines Mitgliedstaates der **EU** beziehungsweise des **EWR** ansässig ist. Im Einzelnen kommen gem. § 1 Abs. 4 als Einbringende grundsätzlich folgende Rechtsträger in Betracht (→ § 1 Rn. 64 ff.):

- Eine europäische Gesellschaft iSd Verordnung (EG) Nr. 2157/2001, eine europäische Genossenschaft iSd Verordnung (EG) Nr. 1435/2003 oder eine **Gesellschaft** iSv Art. 54 AEUV (vormals Art. 48 EGV) oder Art. 34 des Abkommens über den EWR, die nach den Rechtsvorschriften eines EU- bzw. EWR-Mitgliedstaats gegründet ist und sowohl ihren statutarischen Sitz als auch den Ort der Geschäftsleitung innerhalb der EU bzw. des EWR hat.
- Einbringender kann daneben auch eine **natürliche Person** sein, die ihren Wohnsitz oder gewöhnlichen Aufenthalt innerhalb des EU/EWR-Hoheitsgebiets hat. Weitere Voraussetzung ist, dass diese Person nicht aufgrund eines Doppelbesteuerungsabkommens zwischen dem jeweiligen EU/EWR-Wohnsitzstaat und einem Nicht-EU/EWR-Drittstaat als außerhalb der EU bzw. des EWR ansässig angesehen wird.
- Für den Fall, dass es sich bei dem Einbringenden um eine **Personengesellschaft** handelt, ist für Zwecke der Prüfung der persönlichen Einbringungsberechtigung auf die hinter der Personengesellschaft stehenden Gesellschafter in Form von Körperschaften, Personenvereinigungen, Vermögensmassen oder natürlichen Personen abzustellen. Soweit es sich bei den Gesellschaftern wiederum um eine Personengesellschaft handelt, ist auf die hinter dieser stehenden mittelbaren Gesellschafter in Form von Körperschaften, Personenvereinigungen, Vermögensmassen oder natürlichen Personen abzustellen. Insoweit ist zu prüfen, ob es sich bei diesen um innerhalb der EU bzw. des EWR ansässige Rechtsträger im og Sinn handelt.

Können die Ansässigkeitsvoraussetzungen nicht erfüllt werden, kommt alternativ eine Einbringung durch außerhalb der EU bzw. des EWR ansässige Rechtsträger gem. § 1 Abs. 4 Nr. 2 Buchst. b dann in Betracht, wenn das deutsche Besteuerungsrecht hinsichtlich eines Gewinns aus der Veräußerung der erhaltenen Anteile an der Übernehmerin auf Ebene des Einbringenden weder ausgeschlossen noch beschränkt ist.

---
1 Vgl. BMF v. 11.11.2011, BStBl. I 2011, 1314, Rn. 20.03.
2 Vgl. *Benz/Rosenberg* DB-Beil. Heft 1/2012, 39.
3 Vgl. BMF v. 11.11.2011, BStBl. I 2011, 1314, Rn. 20.03.

14 Diese Prüfung der persönlichen Anwendungsvoraussetzungen hat zum **steuerlichen Übertragungsstichtag** zu erfolgen.[4] Wurde ein an der Umwandlung beteiligter Rechtsträger im steuerlichen Rückwirkungszeitraum neu gegründet, ist für diesen Rechtsträger auf den Zeitpunkt der zivilrechtlichen Wirksamkeit der Gründung abzustellen. Bei einer Umwandlung zur Neugründung ist der Zeitpunkt der zivilrechtlichen Wirksamkeit der Umwandlung maßgebend. Im Falle einer Einbringung durch **außerhalb der EU bzw. des EWR** ansässigen Rechtsträger sind auf Basis einer hypothetischen Veräußerung der erhaltenen Anteile die Auswirkungen auf die deutsche Besteuerung zum steuerlichen Übertragungsstichtag zu analysieren. Eine dem steuerlichen Übertragungsstichtag nachfolgende Beschränkung oder ein Ausschluss des deutschen Besteuerungsrechts hinsichtlich eines Veräußerungsgewinns an den erhaltenen Anteilen – zB aufgrund zwischenzeitlichen Abschlusses eines Doppelbesteuerungsabkommens zwischen Deutschland und dem Wohnsitzstaat des einbringenden Anteilseigners, das dem Wohnsitzstaat das alleinige Besteuerungsrecht für den Veräußerungsgewinn iSv Art. 13 Abs. 4 OECD-MA zuweist – ist uE für Zwecke des § 20 Abs. 1 unschädlich.[5]

15 Eine **Beschränkung des deutschen Besteuerungsrechts** kommt zB in Betracht, wenn aufgrund eines DBAs zwischen dem Wohnsitzstaat des Anteilseigners und Deutschland am steuerlichen Übertragungsstichtag eine Anrechnungsverpflichtung betreffend die ausländische Steuer auf die deutsche Steuer auf den Veräußerungsgewinn besteht.

16 Fraglich ist in diesem Zusammenhang, ob eine Beschränkung des deutschen Besteuerungsrechts iSv § 1 Abs. 4 Buchst. b bereits dann vorliegt, wenn eine abstrakte Anrechnungsverpflichtung besteht, obwohl aufgrund persönlicher Merkmale (zB Vorliegen eines ausländischen Verlustvortrags) im hypothetischen Veräußerungsfall am steuerlichen Übertragungsstichtag eine ausländische, in Deutschland anzurechnende Steuer im Veräußerungsfall nicht entstehen würde.[6] Unseres Erachtens kommt es für Zwecke des § 1 Abs. 4 Buchst. b auf den tatsächlichen Ausschluss bzw. die tatsächliche Beschränkung des deutschen Besteuerungsrechts an. Eine lediglich abstrakte Beschränkung, zB aufgrund einer Anrechnungsverpflichtung, die sich bei einer gedanklichen Veräußerung der erhaltenen Anteile zum steuerlichen Übertragungsstichtag tatsächlich nicht materialisieren würde, stellt keine Beschränkung iSd persönlichen Anwendungsregelung des § 1 Abs. 4 dar.

b) Übernehmender Rechtsträger

17 Bei dem übernehmenden Rechtsträger muss es sich um eine **Kapitalgesellschaft** oder eine **Genossenschaft** handeln. Andere Gesellschaften kommen aufgrund des abschließenden Wortlauts und mangels analoger Anwendung der Vorschrift nicht in Betracht.[7] Nicht erforderlich ist, dass es sich bei der übernehmenden Gesellschaft um eine originär gewerblich tätige Gesellschaft handelt. Auch eine Holdinggesellschaft kommt als Übernehmerin in Betracht.[8]

---

[4] BMF v. 11.11.2011, BStBl. I 2011, 1314, Rn. 01.55.

[5] Vgl. Schmitt/Hörtnagl/*Schmitt* UmwStG § 20 Rn. 178; Dötsch/Pung/Möhlenbrock/*Patt* UmwStG § 20 Rn. 14; Auswirkungen ergeben sich in diesen Fällen uU im Hinblick auf die sperrfristbehafteten Anteile, → § 22 Rn. 17.

[6] Für eine abstrakte Anrechnungsverpflichtung Dötsch/Pung/Möhlenbrock/*Patt* UmwStG § 20 Rn. 15; Haritz/Menner/Bilitewski/*Menner* § 20 Rn. 346; aA Schmitt/Hörtnagl/*Schmitt* UmwStG § 20 Rn. 342.

[7] Vgl. Rödder/Herlinghaus/van Lishaut/*Herlinghaus* UmwStG § 20 Rn. 188.

[8] Vgl. Haritz/Menner/Bilitewski/*Menner* UmwStG § 20 Rn. 299.

Unbeachtlich ist weiterhin, ob die übernehmende Gesellschaft **unbeschränkt oder** 18
beschränkt steuerpflichtig ist. Damit wird der Anwendungsbereich im Vergleich zur vormaligen Regelung des § 20 UmwStG 1995 deutlich erweitert. Auswirkungen können sich insoweit jedoch auf den Wertansatz des übergehenden Vermögens ergeben, soweit Gewinne aus der Veräußerung des eingebrachten Vermögens als Folge der beschränkten Steuerpflicht auf Ebene der Übernehmerin nicht mehr uneingeschränkt der deutschen Besteuerung unterliegen.[9]

Als übernehmende Kapitalgesellschaften legitimiert § 20 zunächst unmittelbar die **AG,** 19
GmbH sowie die **KGaA.** Eine Vorgesellschaft, die im Zeitraum zwischen notarieller Beurkundung und Eintragung im Handelsregister besteht, fällt ebenfalls hierunter. Anders ist dies für eine Vorgründungsgesellschaft, die sowohl gesellschaftsrechtlich als auch steuerlich nicht als Kapitalgesellschaft in diesem Sinne qualifiziert.[10]

Daneben kommen seit der Neufassung des § 20 im Rahmen des SEStEG auch **auslän-** 20
dische Kapitalgesellschaften bzw. **Genossenschaften** als übernehmende Rechtsträger in Betracht, soweit diese vom Typus her einer Kapitalgesellschaft iSv § 1 Abs. 1 Nr. 1 entsprechen.[11] Dieser Typusvergleich ist auf Basis des ausländischen Gesellschaftsrechts zu führen. Es kommt hierbei darauf an, ob der ausländische Rechtsträger nach dem hierauf anzuwendenden ausländischen Gesellschaftsrecht einer deutschen Kapitalgesellschaft vergleichbar strukturiert ist und dem Gesellschafter über seine Beteiligung einer deutschen Kapitalgesellschaft entsprechende Gesellschafterrechte vermittelt.[12]

Darüber hinaus setzt § 1 Abs. 4 voraus, dass der übernehmende Rechtsträger eine eu- 21
ropäische Gesellschaft iSd Verordnung (EG) Nr. 2157/2001, eine Europäische Genossenschaft iSd Verordnung (EG) Nr. 1435/2003 oder eine Gesellschaft iSv Art. 54 AEUV bzw. Art. 34 EWR-Abkommen ist. Statutarischer Sitz und Ort der Geschäftsleitung dieser Gesellschaft müssen sich innerhalb der EU bzw. des EWR befinden, nicht notwendigerweise im selben Mitgliedstaat.[13]

Das Vorliegen der Voraussetzungen ist grundsätzlich zum steuerlichen Übertragungs- 22
stichtag zu prüfen. Nicht notwendigerweise braucht die übernehmende Gesellschaft zum steuerlichen Übertragungsstichtag bereits zivilrechtlich wirksam zu bestehen.[14]

Für den Fall, dass ein an der Umwandlung beteiligter Rechtsträger im steuerlichen 23
Rückwirkungszeitraum **neu gegründet** wurde, ist für Zwecke der Prüfung der og Voraussetzungen (Rechtsform- bzw. Ansässigkeitserfordernis) abweichend zum steuerlichen Übertragungsstichtag auf den Zeitpunkt der zivilrechtlichen Wirksamkeit der Gründung abzustellen. Erfolgt die Einbringung im Rahmen der Neugründung der übernehmenden Gesellschaft ist der Zeitpunkt der zivilrechtlichen Wirksamkeit der Umwandlung maßgebend.[15]

---

9 Vgl. Dötsch/Pung/Möhlenbrock/*Patt* UmwStG § 20 Rn. 10. Dies kann beispielsweise der Fall sein, wenn die eingebrachten Wirtschaftsgüter keiner deutschen Betriebsstätte der übernehmenden Gesellschaft mehr zugerechnet werden können.
10 Vgl. Schmitt/Hörtnagl/*Schmitt* UmwStG § 20 Rn. 170.
11 Vgl. Rödder/Herlinghaus/van Lishaut/*Herlinghaus* UmwStG § 20 Rn. 189.
12 Vgl. Dötsch/Pung/Möhlenbrock/*Patt* UmwStG § 20 Rn. 10.
13 Vgl. Rödder/Herlinghaus/van Lishaut/*Herlinghaus* UmwStG § 20 Rn. 196.
14 Vgl. Dötsch/Pung/Möhlenbrock/*Patt* UmwStG § 20 Rn. 156.
15 Vgl. BMF Rn. 01.55 iVm 01.52.

2. Sachlicher Anwendungsbereich
a) Einbringungsvorgang

24 Die Sacheinlage gem. § 20 Abs. 1 erfordert unter anderem die **Übertragung betrieblicher Gesamtheiten** auf eine Kapitalgesellschaft bzw. Genossenschaft sowie die **Gewährung neuer Anteile** an der Übernehmerin. Damit kommt eine Sacheinlage iSd § 20 Abs. 1 in eine nach deutschen Rechtsvorschriften gegründete Kapitalgesellschaft bzw. Genossenschaft aus deutscher zivilrechtlicher Sicht entweder im Fall einer Sachgründung bzw. einer Kapitalerhöhung durch Sacheinlage (gem. § 5 Abs. 4 GmbHG bzw. § 27 AktG) in Betracht.[16]

25 Darüber hinaus kann eine dem Anwendungsbereich des § 20 unterfallende Sacheinlage auch im Rahmen einer **Bargründung** bzw. **Barkapitalerhöhung** zustande kommen, wenn der Einbringende zusätzlich die Verpflichtung übernimmt, als Agio einen (Teil-)Betrieb bzw. Mitunternehmeranteil einzubringen.[17] Diese Vorgehensweise kann sich im GmbH-Fall anbieten, weil hierbei die gesellschaftsrechtlichen Sonderregelungen für Sacheinlagen gem. § 5 Abs. 4 GmbHG nicht zu beachten sind. Damit kann im Vergleich zu einer Sachgründung bzw. Kapitalerhöhung durch Sacheinlage zB von einer aufwändigen gutachterlichen Bewertung des Sacheinlagegegenstands abgesehen werden.[18] Es steht im Ermessen des Steuerpflichtigen, die Gründung bzw. Kapitalerhöhung auch im Rahmen einer Bargründung bzw. -kapitalerhöhung mit zusätzlicher Einlageverpflichtung in das Agio durchzuführen. Ein Missbrauch steuerlicher Gestaltungsmöglichkeiten kann sich hieraus grundsätzlich nicht ergeben.[19]

26 Damit in diesen Fällen eine Sacheinlage iSv § 20 Abs. 1 vorliegt, muss die Verpflichtung zur Übertragung Teil des Entgelts für die Übernahme der Anteile an der Gesellschaft sein. Nicht ausreichend ist eine Übertragung der betrieblichen Sachgesamtheit, die zwar in zeitlichem Zusammenhang mit einer Bargründung bzw. Barkapitalerhöhung erfolgt, für die jedoch keine notariell klar vereinbarte Verpflichtung bestand.[20] Ebenfalls nicht ausreichend ist, wenn zunächst eine ausschließliche Bargründung bzw. Barkapitalerhöhung vereinbart wird und die Einzahlungsverpflichtung später mittels einer Einlage von Wirtschaftsgütern erbracht wird.[21]

aa) Anforderungen an den Einbringungsvorgang

27 Der Begriff des „Einbringens", der von § 20 Abs. 1 verwendet wird, ist gesetzlich nicht definiert. Anders als noch im UmwStG 1995 enthält das UmwStG idF des SEStEG in § 1 Abs. 3 eine sachliche Anwendungsregelung. Danach kommt eine Einbringung iSv § 20 nur unter den Voraussetzungen des § 1 Abs. 3 in Betracht (→ § 1 Rn. 26 ff.).

28 § 1 Abs. 3 enthält eine enumerative Aufzählung dahin gehend, welche Rechtsvorgänge vom Sechsten bis Achten Teil des UmwStG und damit auch von der Einbringungsrege-

---

16 Vgl. Haritz/Menner/Bilitewski/*Menner* UmwStG § 20 Rn. 183.
17 Vgl. BFH BStBl. II 2010, 1094; BMF v. 11.11.2011, BStBl. I 2011, 1314, Rn. 01.44.
18 Dötsch/Pung/Möhlenbrock/*Patt* UmwStG § 20 Rn. 158a.
19 Vgl. Dötsch/Pung/Möhlenbrock/*Patt* UmwStG § 20 Rn. 159; vgl. hierzu auch Widmann/Mayer/*Widmann* UmwStG § 20 Rn. 170, der darauf hinweist, dass ein Fall des § 42 AO vorliegen kann, wenn im Rahmen einer Einbringung nicht der Einbringende, sondern ein Dritter neue Gesellschaftsanteile übernimmt und im engen zeitlichen Zusammenhang damit die Rücklagen aufgelöst und an den Einbringenden ausgeschüttet werden.
20 Vgl. Dötsch/Pung/Möhlenbrock/*Patt* UmwStG § 20 Rn. 159; Widmann/Mayer/*Widmann* UmwStG § 20 Rn. 167; FG Baden-Württemberg vom 19.4.2011 – 11 K 4368/08, EFG 2011, 1933.
21 Vgl. Schmitt/Hörtnagl/*Schmitt* UmwStG § 20 Rn. 186.

lung gem. § 20 erfasst werden. Hierbei handelt es sich im Hinblick auf § 20 insbes. um folgende Fälle:

- Verschmelzung, Aufspaltung und Abspaltung iSd §§ 2 und 123 Abs. 1 und 2 UmwG von Personenhandelsgesellschaften und Partnerschaftsgesellschaften oder vergleichbare ausländische Vorgänge;
- Ausgliederung von Vermögensteilen iSd § 123 Abs. 3 UmwG oder vergleichbare ausländische Vorgänge;
- Formwechsel einer Personengesellschaft in eine Kapitalgesellschaft oder Genossenschaft iSd § 190 Abs. 1 UmwG oder vergleichbare ausländische Vorgänge;[22]
- „Einbringung von Betriebsvermögen durch Einzelrechtsnachfolge" in eine Kapitalgesellschaft bzw. Genossenschaft.

Aufgrund dieser 2006 neu eingeführten sachlichen Anwendungsregelung ist in der Literatur strittig, ob die Einbringung iSv § 20 nunmehr zwingend die Übertragung des Volleigentums voraussetzt.[23] Nach dem UmwStG 1995, das keine dem § 1 Abs. 3 entsprechende sachliche Anwendungsregelung enthielt, wurde auch die Übertragung des wirtschaftlichen Eigentums nach ganz überwiegender Meinung als ausreichend angesehen.[24]

Dies hat sich uE mit der Europäisierung des UmwStG im Rahmen des SEStEG nicht geändert. Die **Übertragung des wirtschaftlichen Eigentums anstelle des Volleigentums** ist nach der hM in der Literatur nach wie vor ausreichend, um den Anwendungsbereich der umwandlungssteuerrechtlichen Einbringungsregelungen zu eröffnen.[25] Dies ergibt sich neben der Intention des Gesetzgebers, den Anwendungsbereich der Regelungen des UmwStG im Rahmen der Europäisierung zu erweitern, anstatt einzuengen,[26] auch aus Sinn und Zweck des UmwStG im Allgemeinen und des § 20 im Besonderen. Danach sollen betriebswirtschaftlich notwendige Umstrukturierungen nicht durch die Besteuerung unrealisierter Gewinne belastet werden.[27]

Die von Patt vertretene Mindermeinung sieht in der Verwendung des Begriffs der „Einzelrechtsnachfolge" in § 1 Abs. 3 Nr. 4 das Erfordernis eines zivilrechtlichen Übertragungsvorgangs und erkennt damit eine Übertragung des wirtschaftlichen Eigentums nicht mehr an.[28]

Die Finanzverwaltung hat sich der hM angeschlossen und stellt die Übertragung des wirtschaftlichen Eigentums im Umwandlungssteuererlass 2011 der Einzelrechtsnachfolge in § 1 Abs. 3 Nr. 4 gleich.[29] Mangels höchstrichterlicher Rechtsprechung zu dieser Thematik ergibt sich für den Steuerpflichtigen ein Restrisiko, dass die Übertragung des wirtschaftlichen Eigentums in einem finanzgerichtlichen Verfahren nach dem derzeitigen Gesetzeswortlaut als nicht ausreichend angesehen werden könnte. Um dieses

---

22 Die Anwendung des § 20 erfolgt gesetzestechnisch über § 25, wonach in Fällen eines derartigen Formwechsels die Vorschriften des Sechsten Teil des UmwStG, dh die §§ 20–23 analog anzuwenden sind. Auch die Option zur Körperschaftsbesteuerung einer Personenhandels- bzw. Partnerschaftsgesellschaft gilt gem. § 1a Abs. 2 KStG als Formwechsel iSd § 1 Abs. 3 Nr. 3.
23 Vgl. zum Meinungsstand Haritz/Menner/Bilitewski/Menner UmwStG § 20 Rn. 221.
24 Vgl. Widmann/Mayer/Widmann UmwStG § 20 aF Rn. 9; Bayerisches Landesamt für Steuern, Vfg. vom 6.3.2006, Konzern 2006, 477.
25 Vgl. Rödder/Herlinghaus/van Lishaut/Herlinghaus UmwStG § 20 Rn. 82; Schmitt/Hörtnagl/Schmitt UmwStG § 20 Rn. 203.
26 Vgl. BT-Drs. 16/2710, 35.
27 Vgl. Dötsch/Pung/Möhlenbrock/Patt UmwStG Vor §§ 20–23 Rn. 16.
28 Vgl. Dötsch/Pung/Möhlenbrock/Patt UmwStG § 20 Rn. 7.
29 Vgl. BMF v. 11.11.2011, BStBl. I 2011, 1314 Rn. 01.43.

Risiko zu vermeiden, wird in der Literatur die Einholung einer verbindlichen Auskunft empfohlen.[30]

33 **Wirtschaftliches Eigentum** iSv § 39 AO wird begründet, indem ein anderer als der zivilrechtliche Eigentümer die „tatsächliche Herrschaft" über ein Wirtschaftsgut ausübt und auf diese Weise den wirtschaftlichen Wert eines Wirtschaftsguts vollständig oder nahezu vollständig für sich beanspruchen kann.[31] Wirtschaftliches Eigentum setzt in der Regel den Besitz voraus. Entscheidend ist nach der Rechtsprechung, dass dem Herausgabeanspruch des zivilrechtlichen Eigentümers „bei dem für die gewählte Gestaltung typischen Verlauf" keine wirtschaftliche Bedeutung zukommt.[32] Diese Situation ist idR dadurch gekennzeichnet, dass dem Berechtigten eine Rechtsposition zukommt, die an das Volleigentum angenähert ist.[33] Nicht der zivilrechtliche Eigentümer, sondern der Berechtigte trägt das Risiko des zufälligen Untergangs und hat die Chance auf Wertsteigerungen. Des Weiteren trägt er die Lasten der Sache und erhält die Erträge hieraus.[34] Die einzelnen Merkmale müssen kumulativ zusammentreffen, aber nicht notwendigerweise gleichmäßig stark ausgeprägt sein. Maßgebend ist nach der Rechtsprechung das sog. Gesamtbild der Verhältnisse.[35]

34 Im Gegensatz zur Übertragung des wirtschaftlichen Eigentums kann eine reine **Nutzungsüberlassung** eine Einbringung iSv § 20 nach wohl hM nicht begründen.[36] Etwas anderes gilt dann, wenn das Nutzungsrecht, wie oben dargestellt, so ausgestaltet wird, dass es zum Übergang des wirtschaftlichen Eigentums an dem Nutzungsgegenstand führt.

35 Die von § 20 begünstigte Einbringung erfordert einen einheitlichen Vorgang. Dies setzt nicht voraus, dass sämtliche einzubringenden Wirtschaftsgüter bzw. das wirtschaftliche Eigentum hieran zum selben Zeitpunkt auf die Übernehmerin übertragen wird. Ausreichend ist uE, dass die Übertragungen auf derselben Rechtsgrundlage (zB Einbringungsvertrag) basieren und in einem zeitlichen und sachlichen Zusammenhang vorgenommen werden. Insoweit können zur Konkretisierung die von der Rechtsprechung zu §§ 6 Abs. 3 und 16 EStG entwickelten Grundsätze herangezogen werden.[37]

bb) Einbringung durch Umwandlung/Formwechsel

36 Die Einbringung iSv § 20 kann zum einen auf Basis ausgewählter deutscher **umwandlungsrechtlicher Maßnahmen** erfolgen, die in § 1 Abs. 3 Nr. 1–3 abschließend aufgezählt sind. Hierbei handelt es sich einerseits um die vom UmwG geregelten Fälle der Verschmelzung sowie Ab- und Aufspaltung von Personenhandelsgesellschaften sowie Partnerschaftsgesellschaften, der Ausgliederung von Vermögensteilen sowie des **Formwechsels** einer Personengesellschaft in eine Kapitalgesellschaft bzw. Genossenschaft. Daneben gilt auch die Option zur Körperschaftsbesteuerung gem. § 1a Abs. 2 KStG als Formwechsel iSd § 1 Abs. 3 Nr. 3 UmwStG.

---

30 Vgl. *Benz/Rosenberg* DB 2011, 1354.
31 Vgl. *Koenig/Koenig* AO § 39 Rn. 14.
32 Vgl. BFH BStBl. II 1970, 264.
33 Vgl. BFH BStBl. II 1988, 832.
34 Vgl. BFH BStBl. II 1997, 382.
35 Vgl. BFH BStBl. II 1992, 182.
36 Vgl. *Rödder/Herlinghaus/van Lishaut/Herlinghaus* UmwStG § 20 Rn. 85; Umwandlungssteuererlass Rn. 20.06.
37 Vgl. *Dötsch/Pung/Möhlenbrock/Patt* UmwStG § 20 Rn. 163; *Haritz/Menner/Bilitewski/Menner* UmwStG § 20 Rn. 70 mit Verweis auf BFH BStBl. II 2001, 229. Danach ist für Zwecke einer tariflich begünstigten vollständigen Veräußerung eines Mitunternehmeranteils iSv § 16 EStG bei einem zeitlichen Abstand von weniger als 8 Wochen zwischen der Entnahme einzelner Wirtschaftsgüter aus dem Betriebsvermögen und der Übertragung des Mitunternehmeranteils der enge zeitliche Zusammenhang unzweifelhaft.

Darüber hinaus werden auch vergleichbare **ausländische Umwandlungsvorgänge** vom sachlichen Anwendungsbereich des § 20 erfasst (→ § 1 Rn. 46 ff.).[38] Aus deutscher umwandlungsrechtlicher Sicht ist bislang lediglich die Verschmelzung von Kapitalgesellschaften grenzüberschreitend geregelt. Die in § 1 Abs. 3 erfassten Umwandlungen von Personen(handels)gesellschaften sind nach den Regelungen des UmwG derzeit grenzüberschreitend nicht möglich.

37

Hinsichtlich der Auf- bzw. Abspaltung von Personenhandelsgesellschaften kommt § 20 auch zur Anwendung, wenn es sich um eine **nicht-verhältniswahrende Umwandlung ohne Wertverschiebung** handelt, dh am aufnehmenden Rechtsträger nicht mehr sämtliche Gesellschafter der übertragenden Personenhandelsgesellschaft im bisherigen Verhältnis untereinander beteiligt sind.[39] Erfolgt im Rahmen der nicht-verhältniswahrenden Spaltung eine Wertverschiebung zwischen den Gesellschaftern der abgebenden Personenhandelsgesellschaft, kommt uE § 20 für die einbringenden Mitunternehmer zwar zunächst ebenfalls zur Anwendung. Auf Ebene der wertabgebenden Mitunternehmer kommt es im Nachgang der Spaltung zu einer fiktiven Veräußerung sperrfristbehafteter Anteile an die wertaufnehmenden Gesellschafter. Die Veräußerung dieser Anteile unterliegt den Rechtsfolgen des § 22, so dass es insoweit bei vorheriger Einbringung zum Buchwert zur rückwirkenden Besteuerung des Einbringungsgewinns I bei den wertabgebenden Gesellschaftern kommt.[40]

38

Hierbei ist zu beachten, dass die Privilegien des § 20, dh insbes. die Möglichkeit der Buchwertfortführung, nicht bereits deshalb in Anspruch genommen werden können, weil der Einbringungsvorgang in Form einer umwandlungsrechtlichen Maßnahme vom sachlichen Anwendungsbereich des § 1 Abs. 3 erfasst wird. Die weiteren Voraussetzungen, zB hinsichtlich des Einbringungsgegenstands und der Gegenleistung in Form neuer Anteile an der Übernehmerin, sind darüber hinaus zu beachten. Damit fällt beispielsweise die Verschmelzung einer Personenhandelsgesellschaft, die unter Anwendung von § 54 UmwG ohne Gewährung neuer Anteile erfolgt, nicht in den Anwendungsbereich des § 20. Gleiches gilt für die Ausgliederung von Vermögen aus einer nicht gewerblichen Personengesellschaft auf eine Kapitalgesellschaft.[41]

39

cc) Einbringung im Wege der Einzelrechtsnachfolge

Gemäß § 1 Abs. 3 Nr. 4 wird neben der Übertragung betrieblicher Sachgesamtheiten im Wege umwandlungsrechtlicher Vorgänge die „Einbringung durch Einzelrechtsnachfolge" vom Anwendungsbereich des § 20 erfasst.

40

Der Begriff der **Einzelrechtsnachfolge** ist im Steuerrecht nicht definiert. Er ist von der Einbringung im Wege der Umwandlung/Gesamtrechtsnachfolge einerseits und der Einbringung im Wege der Anwachsung andererseits abzugrenzen. Es handelt sich hierbei um eine Einbringung, bei der das Volleigentum bzw. das wirtschaftliche Eigentum an den einzubringenden Wirtschaftsgütern einzeln auf die Kapitalgesellschaft übertragen wird. Abhängig von der rechtlichen Qualität der einzubringenden Wirtschaftsgüter sind hierbei bestimmte vertraglich vereinbarte oder gesetzliche Formvorschriften zu

41

---

38 *Ehret/Lausterer* DB-Beil. Heft 1/2012, 7.
39 Vgl. *Schmitt/Hörtnagl/Schmitt* UmwStG § 20 Rn. 190.
40 Vgl. *Benz/Rosenberg* DB-Beil. Heft 1/2012, 39.

41 Vgl. *Dötsch/Pung/Möhlenbrock/Patt* UmwStG § 20 Rn. 162.

beachten (zB die notarielle Beurkundungspflicht betreffend die Übertragung des Eigentums an Grundstücken oder Kapitalgesellschaftsanteilen).⁴²

42 Die Übertragung der relevanten Wirtschaftsgüter muss nicht notwendigerweise in einem Akt vollzogen werden, um als Sacheinlage iSv § 20 Abs. 1 zu qualifizieren. Maßgebend ist, dass die Übertragungen in einem **zeitlichen und sachlichen Zusammenhang** erfolgen und auf demselben **Willensentschluss** (zB in Form des Kapitalerhöhungsbeschlusses bzw. eines damit verbundenen Einbringungsvertrags) basieren (→ Rn. 191).⁴³

43 Als Übertragung im Wege der Einzelrechtsnachfolge kommt auch der Übergang **einzelner Wirtschaftsgüter** von der Vorgründungsgesellschaft auf die Vorgesellschaft in Frage.⁴⁴ Dies erfolgt aus zivilrechtlicher Sicht bei Anmeldung der Gesellschaft zum Handelsregister.

44 Daneben stellt auch die Auflösung einer atypisch stillen Gesellschaft am Handelsgewerbe einer Kapitalgesellschaft bzw. das Ausscheiden des an einer Kapitalgesellschaft atypisch still Beteiligten aus steuerlicher Sicht die Übertragung eines Mitunternehmeranteils, dh einen Fall der Einzelrechtsnachfolge iSv § 1 Abs. 3 Nr. 4 dar. Zivilrechtlich handelt es sich hierbei abweichend vom Steuerrecht um den **Tausch einer Forderung**.⁴⁵

dd) Einbringung durch Anwachsung

45 Eine sog. **erweiterte Anwachsung** liegt vor, wenn als Folge der Übertragung des vorletzten Mitunternehmeranteils auf den verbleibenden Gesellschafter das Vermögen der Mitunternehmerschaft dem verbleibenden übernehmenden Rechtsträger anwächst. Diese Anwachsung gem. § 738 BGB ist nach hM ein Fall der Gesamtrechtsnachfolge.⁴⁶

46 Aus umwandlungssteuerrechtlicher Sicht fällt die der erweiterten Anwachsung vorangehende Einbringung des vorletzten Mitunternehmeranteils nach hM in den Anwendungsbereich des § 20.⁴⁷ Entscheidend ist, dass der Anwachsung die **Einbringung eines Mitunternehmeranteils** in die Kapitalgesellschaft vorausgeht, die als Vorgang der Einzelrechtsnachfolge von § 1 Abs. 3 Nr. 4 erfasst wird und unter den Voraussetzungen des § 20 Abs. 1 (zB Ansässigkeitserfordernis des übertragenden und übernehmenden Rechtsträgers, Gewährung neuer Anteile am übernehmenden Rechtsträger) als Sacheinlage qualifiziert. Die sich hieran in einem zweiten Schritt anschließende Anwachsung des Vermögens erfolgt steuerneutral. Ein steuerpflichtiger Anschaffungsvorgang liegt insoweit nicht vor. Zu einer Betriebsaufgabe, die zur steuerpflichtigen Realisierung stiller Reserven führt, kommt es hierbei ebenfalls nicht.⁴⁸

47 Die aA, die von Patt vertreten wird, lehnt diese Sichtweise ab. Demnach ist die erweiterte Anwachsung weder „zivilrechtlich noch rechtstheoretisch" in zwei Vorgänge aufzuspalten. Vielmehr soll es sich bei diesem Vorgang einzig um eine Anwachsung handeln. Diese wird als Vorgang der Gesamtrechtsnachfolge in § 1 Abs. 3 Nr. 1–3 gerade

---

42 Vgl. Schmitt/Hörtnagl/*Schmitt* UmwStG § 20 Rn. 197.
43 Rödder/Herlinghaus/van Lishaut/*Herlinghaus* UmwStG § 20 Rn. 105; Haritz/Menner/Bilitewski/*Menner* UmwStG § 20 Rn. 253.
44 Vgl. Widmann/Mayer/*Widmann* UmwStG § 20 Rn. 83.
45 Vgl. Widmann/Mayer/*Widmann* UmwStG § 20 Rn. 84.
46 Vgl. Widmann/Mayer/*Widmann* UmwStG § 20 Rn. 103.
47 Vgl. Rödder/Herlinghaus/van Lishaut/*Herlinghaus* UmwStG § 20 Rn. 94; Widmann/Mayer/*Widmann* UmwStG § 20 Rn. R 107; BMF v. 11.11.2011, BStBl. I 2011, 1314 Rn. 01.44.
48 Vgl. OFD Berlin v. 19.7.2002, DB 2002, 1966.

nicht erwähnt und unterfällt deshalb nicht dem sachlichen Anwendungsbereich des § 20.[49]

Einen abgewandelten Fall der erweiterten Anwachsung stellt der Übergang des Mitunternehmeranteils im Wege einer **Verschmelzung** des vorletzten Gesellschafters in Form einer Personenhandelsgesellschaft (Oberpersonengesellschaft) auf den verbleibenden Mitunternehmer dar. Hierbei handelt es sich aus umwandlungssteuerlicher Sicht um die Einbringung des Betriebs der Oberpersonengesellschaft in die übernehmende Kapitalgesellschaft. Diese Einbringung im Wege der Verschmelzung einer Personenhandelsgesellschaft wird von § 1 Abs. 3 Nr. 1 geregelt. 48

Handelt es sich bei dem übertragenden Gesellschafter ebenfalls um eine Kapitalgesellschaft, liegt keine Einbringung iSv § 20 vor. Die Rechtsfolgen im Hinblick auf den übergehenden Mitunternehmeranteil bestimmen sich in diesem Fall nach § 11. 49

Im Gegensatz zur erweiterten Anwachsung scheidet im Rahmen der **einfachen Anwachsung** der vorletzte Gesellschafter einer Personengesellschaft aus dieser aus. Der Anteil am Gesellschaftsvermögen des ausscheidenden Gesellschafters wächst dem verbleibenden Gesellschafter gem. § 712a BGB zu. Im Gegensatz zur erweiterten Anwachsung stellt die einfache Anwachsung des Vermögens einer Personengesellschaft auf eine Kapitalgesellschaft keinen Fall des § 20 dar. Es fehlt hierbei bereits an der Gewährung neuer Anteile an der übernehmenden Gesellschaft und damit an den Tatbestandsvoraussetzungen einer Sacheinlage gem. § 20 Abs. 1.[50] 50

ee) Verschleierte Sachgründung/Sachkapitalerhöhung

Das Gesellschaftsrecht sieht für Sachgründungen bzw. Kapitalerhöhungen durch Sacheinlagen im Gegensatz zur Bargründung bzw. -kapitalerhöhung erweiterte Pflichten für den einbringenden Gesellschafter vor. Deren Umgehung wird gesellschaftsrechtlich als **verdeckte bzw. verschleierte Sachgründung/Sachkapitalerhöhung** bezeichnet. 51

Hierbei handelt es sich um einen Vorgang, bei dem die gesetzlichen Regelungen für Sacheinlagen objektiv unterlaufen werden, als zwar formal eine Bargründung bzw. Barkapitalerhöhung vereinbart wird, die Einlageverpflichtung aus wirtschaftlicher Sicht aber durch Übertragung von Sachwerten bzw. nicht-monetären Mitteln erbracht wird. Dies kann beispielsweise geschehen, indem die auf Geldmittel lautende Einlageforderung durch ein zwischen Gesellschaft und Gesellschafter abgeschlossenes Gegengeschäft über Sachwerte mit dem Wert der zu übertragenden Sachwerte verrechnet wird.[51] 52

Diese Umgehung ist **unzulässig** und führt aus gesellschaftsrechtlicher Sicht grds. dazu, dass für den Gesellschafter eine Befreiung von der Einlageverpflichtung nicht erreicht werden kann. Die Verträge über die Sacheinlage sowie die Rechtshandlungen zu ihrer Ausführung werden seit dem Inkrafttreten des MoMiG gem. § 19 Abs. 4 S. 2 GmbHG bzw. des ARUG (§ 27 Abs. 3 S. 2 AktG) nicht mehr unwirksam. Auf die Bareinlageverpflichtung des Gesellschafters wird der Wert der verdeckten Sacheinlage zum Zeitpunkt der Handelsregisteranmeldung bzw. der Überlassung an die Gesellschaft, falls diese später erfolgt, gem. § 19 Abs. 4 S. 2 GmbHG (§ 27 Abs. 3 S. 4 AktG) angerechnet. 53

---

49 Vgl. Dötsch/Pung/Möhlenbrock/*Patt* UmwStG § 20 Rn. 6.
50 Vgl. Schmitt/Hörtnagl/*Schmitt* UmwStG § 20 Rn. 194; Haritz/Menner/Bilitewski/*Menner* UmwStG § 20 Rn. 243.
51 Vgl. Noack/Servatius/Haas/*Servatius* GmbHG § 19 Rn. 45; BGHZ 2007, 145 (173).

54 Nach Ansicht der Finanzverwaltung führt die verdeckte Sacheinlage nicht zur Gewährung neuer Anteile, so dass aus diesem Grund die Anwendung des § 20 ausscheiden soll.[52] In der Literatur ist umstritten, ob die verdeckte Sacheinlage für den Fall, dass es sich bei der Sachgesamtheit um einen Betrieb, Teilbetrieb oder Mitunternehmeranteil handelt, als umwandlungssteuerliche Sacheinlage gem. § 20 Abs. 1 qualifiziert.[53] Von entscheidender Bedeutung diesbezüglich ist die Frage, ob die verdeckte Sacheinlage in dem von der Rechtsprechung des BFH geforderten Zusammenhang mit der Gewährung neuer Anteile steht, dh einen Teil des Entgelts für die neuen Anteile darstellt.

55 Unseres Erachtens ist aufgrund der durch das MoMiG bzw. ARUG geregelten Neufassung der Rechtsfolgen einer verdeckten Sacheinlage, wonach es zu einer Anrechnung des Wertes der Sachwerte auf die Einzahlungsverpflichtung kommt, dieser Zusammenhang zwischenzeitlich gegeben. Deshalb schließt eine verdeckte Sacheinlage die Anwendung des § 20 Abs. 1 per se nicht mehr aus, sofern tatsächlich die **Eintragung im Handelsregister** erfolgt. Die zur Rechtslage vor dem MoMiG ergangene Rechtsprechung des BFH,[54] nach der die Anwendung des § 20 aF auf eine verdeckte Sacheinlage nicht in Frage kam, ist zwischenzeitlich überholt.[55] Im Streitjahr 1979, das dieser Rechtsprechung zugrunde lag, war die verdeckte Sacheinlage nach damalig herrschender gesellschaftsrechtlicher Meinung unwirksam. Diese Unwirksamkeit hinderte den BFH daran, im Sinne einer wirtschaftlichen Betrachtungsweise die verdeckte Sacheinlage mit dem wirksamen Bargründungsvertrag zu einem einheitlichen Vertrag zu verknüpfen und hierauf § 20 anzuwenden. Diese Argumentation ist auf die mittlerweile durch das MoMiG bzw. ARUG geänderte Rechtslage nicht mehr anwendbar.

b) Einbringungsgegenstand
aa) Betrieb
(1) Definition und Abgrenzung

56 Der Begriff des Betriebs wird weder im Umwandlungssteuergesetz noch im Einkommensteuergesetz definiert. Für Zwecke der Anwendung der §§ 16, 34 EStG, dh im Rahmen einer Betriebsaufgabe bzw. -veräußerung, wurde der **Betriebsbegriff** in der Vergangenheit durch die Rechtsprechung konkretisiert. Demnach wird der Betrieb zum einen über die für ihn funktional wesentlichen Betriebsgrundlagen abgegrenzt. Darüber hinaus sind für Zwecke des Betriebsbegriffs iSv §§ 16, 34 EStG noch die aus quantitativer Sicht bedeutsamen Wirtschaftsgüter, dh Wirtschaftsgüter mit hohen stillen Reserven, dem Betrieb zuzuordnen.

57 Hinsichtlich § 20 besteht in der Literatur weitestgehend Einigkeit darüber, dass zwar die von der Rechtsprechung für Zwecke der Betriebsaufgabe bzw. -veräußerung bereitgestellte Abgrenzung grundsätzlich anzuwenden ist.[56] Allerdings ist der Begriff der den Betrieb konkretisierenden wesentlichen Betriebsgrundlage nicht uneingeschränkt zu übernehmen, sondern vielmehr vor dem Zweck der Norm des § 20 teleologisch zu bestimmen. Demnach gehören hierzu nur die **funktional wesentlichen Betriebsgrund-**

---

52 Vgl. BMF v. 11.11.2011, BStBl. I 2011, 1314 Rn. E 20.10.
53 Vgl. Dötsch/Pung/Möhlenbrock/*Patt* UmwStG § 20 Rn. 182, der dies verneint; aA Haritz/Menner/Bilitewski/*Menner* UmwStG § 20 Rn. 201 f.; *Fischer* Ubg 2008, 684.
54 Vgl. BFH BStBl. II 1993, 131.
55 Vgl. Haritz/Menner/Bilitewski/*Menner* UmwStG § 20 Rn. 201 f.
56 Vgl. Dötsch/Pung/Möhlenbrock/*Patt* UmwStG § 20 Rn. 22.

lagen. Eine Zuordnung nach quantitativen Aspekten, dh in Form von Wirtschaftsgütern mit hohen stillen Reserven, findet hierbei nicht statt.[57]

Der Betriebsbegriff iSv § 20 Abs. 1 ist nicht auf den Gewerbebetrieb iSv § 15 EStG beschränkt. Es werden auch land- und forstwirtschaftliche Betriebe sowie Betriebe im Rahmen der Erzielung von Einkünften aus selbstständiger Tätigkeit vom Anwendungsbereich des § 20 erfasst.[58] Eine Einschränkung lässt sich weder aus dem Wortlaut der Vorschrift noch aus Sinn und Zweck des Umwandlungssteuergesetzes im Allgemeinen bzw. der Regelungen des Sechsten bis Achten Teils im Besonderen entnehmen. Vielmehr spricht gerade der Sinn und Zweck der umwandlungssteuerlichen Regelungen, betriebswirtschaftlich erforderliche Umstrukturierungen steuerlich nicht zu blockieren, für einen Einbezug der Betriebe von land- und forstwirtschaftlich bzw. selbstständig Tätigen, da auch bei diesen Gruppen ein Bedürfnis bestehen kann, ihre unternehmerische Tätigkeit in einer anderen Form zu betreiben. Unbeachtlich ist in diesem Zusammenhang, ob der Steuerpflichtige seinen Gewinn durch Betriebsvermögensvergleich gem. § 4 Abs. 1, 5 Abs. 1 EStG oder im Wege der Einnahmen-Überschussrechnung nach § 4 Abs. 3 EStG ermittelt.[59]

In Abgrenzung hiervon liegt kein Betrieb iSd § 20 vor bei Tätigkeiten, die ertragsteuerlich zu Überschusseinkünften (zB die Vermietung und Verpachtung von Grundbesitz oder die Verwaltung von Kapitalvermögen) führen.

Die Tätigkeit einer **gewerblich geprägten Personengesellschaft** führt bei dieser gem. § 15 Abs. 3 Nr. 2 EStG zu Einkünften aus Gewerbebetrieb und damit auf Ebene der gewerblich geprägten Personengesellschaft ungeachtet der tatsächlichen Ausgestaltung der unternehmerischen Tätigkeit zu einem Betrieb iSv § 20.[60]

Gleiches gilt für das **Besitzunternehmen** im Rahmen einer Betriebsaufspaltung. Dessen Vermietungstätigkeit gilt nach der Rechtsprechung des BFH als originär gewerblich.[61] Auch der gewerbliche Grundstückshandel begründet einen Betrieb im og Sinn.

Ein **verpachteter Betrieb** kann im Rahmen einer umwandlungssteuerrechtlichen Sacheinlage gem. § 20 Abs. 1 auf eine Kapitalgesellschaft bzw. Genossenschaft übertragen werden, solange der Verpächter gegenüber der Finanzbehörde nicht die Aufgabe des Betriebs erklärt hat.[62] Des Weiteren sind auch **wirtschaftliche Geschäftsbetriebe** von Körperschaften oder **Betriebe gewerblicher Art** juristischer Personen des öffentlichen Rechts als Einbringungsgegenstand denkbar.

(2) Zeitlicher Aspekt/Betrieb im Aufbau

Es ist nicht erforderlich, dass der Betrieb im Zeitpunkt der Einbringung bereits seine werbende Tätigkeit aufgenommen hat. Der BFH erkennt einen **Betrieb im Aufbau** ausdrücklich an.[63] Um als Sacheinlage qualifizieren zu können, ist es ausreichend, dass die wesentlichen Betriebsgrundlagen zum Zeitpunkt der Beschlussfassung über die Ein-

---

57 Vgl. Rödder/Herlinghaus/van Lishaut/*Herlinghaus* UmwStG § 20 Rn. 63.
58 Vgl. Dötsch/Pung/Möhlenbrock/*Patt* UmwStG § 20 Rn. 23.
59 Der Einbringende hat jedoch in diesem Fall die Gewinnermittlung zum steuerlichen Übertragungsstichtag auf den Betriebsvermögensvergleich umzustellen; vgl. Dötsch/Pung/Möhlenbrock/*Patt* UmwStG § 20 Rn. 241.
60 Vgl. Haritz/Menner/Bilitewski/*Menner* UmwStG § 20 Rn. 61, 272.
61 BFHE 206, 141.
62 Vgl. Dötsch/Pung/Möhlenbrock/*Patt* UmwStG § 20 Rn. 26; BFH BFH/NV 2010, 450 zum Betriebsbegriff iSv § 24, der insoweit mit dem des § 20 inhaltsgleich ist.
63 Vgl. BFH BFH/NV 2011, 10.

bringung vorhanden sind und bei „zielgerichteter Weiterverfolgung des Aufbauplans ein selbstständig lebensfähiger Organismus zu erwarten ist."[64]

64 Die Finanzverwaltung hingegen will § 20 nur auf solche Betriebe anwenden, die bereits zum **steuerlichen Übertragungsstichtag** vorliegen. Die vormalige Auffassung, wonach es ausreicht, dass der Betrieb bis zum Zeitpunkt der Beschlussfassung errichtet wird, wurde ohne ersichtlichen sachlichen Grund aufgegeben.[65] Dem ist nach der hM in der Literatur nicht zu folgen.[66]

(3) Einheitlicher Betrieb bestimmter Körperschaften

65 Unbeschränkt steuerpflichtige Körperschaften,[67] bei denen gem. § 8 Abs. 2 KStG sämtliche Einkünfte als Einkünfte aus Gewerbebetrieb fingiert werden, besitzen nach der Rechtsprechung des BFH keine außerbetriebliche Sphäre. Demzufolge stellt ihre betriebliche Betätigung grundsätzlich **ab Eintragung in das Handelsregister** einen Betrieb dar, dessen Einbringung unter den Voraussetzungen des § 20 zu Buchwerten erfolgen kann. Ob es sich bei den von diesen Steuerpflichtigen erbrachten Tätigkeiten ohne die Gewerblichkeitsfiktion um gewerbliche Einkünfte oder zB solche aus Kapitalvermögen bzw. Vermietung und Verpachtung handeln würde, ist unbeachtlich. Demnach verfügt eine solche Kapitalgesellschaft auch dann über einen Betrieb iSv § 20 Abs. 1, wenn sie als Holdinggesellschaft fungiert. Eine „Anreicherung" der Tätigkeit hin zu einer geschäftsleitenden Holding ist in diesem Fall nicht erforderlich.[68]

66 Die **Gewerblichkeitsfiktion** des § 8 Abs. 2 KStG gilt nur für unbeschränkt steuerpflichtige Gesellschaften, nicht jedoch für mangels inländischem Satzungs- und Verwaltungssitz beschränkt steuerpflichtige Körperschaften. Diese Körperschaften können daher aus deutscher steuerlicher Sicht auch Überschusseinkünfte erzielen. Soweit dies der Fall ist, findet § 20 keine Anwendung. Davon abgesehen kann uE ein Betrieb vorliegen, soweit die Einkünfte einer beschränkt steuerpflichtigen Kapitalgesellschaft aus der Vermietung und Verpachtung von in Deutschland belegenem Immobilienvermögen gem. § 49 Abs. 1 Nr. 2 Buchst. f. S. 2 EStG als Einkünfte aus Gewerbebetrieb fingiert werden. Eine Einbringung dieses Betriebs unter Anwendung der Regelungen des § 20 ist uE möglich. Dies gilt uE selbst dann, wenn die beschränkt steuerpflichtige Kapitalgesellschaft im Inland nicht über eine Betriebstätte verfügt.

(4) Mehrere Betriebe natürlicher Personen

67 Für **natürliche Personen** gilt die Gewerblichkeitsfiktion nicht. Sie verfügen über eine private Sphäre und daneben unter Umständen über einen betrieblichen Bereich. Der betriebliche Bereich wiederum kann aus mehreren Betrieben bzw. Beteiligungen an Mitunternehmerschaften bestehen.

68 Die Abgrenzung, ob verschiedene unternehmerische Betätigungen, die jede für sich genommen Gewinneinkünfte vermitteln, als ein Betrieb oder als mehrere Betriebe anzusehen sind, ist anhand der von der Rechtsprechung zu § 2 GewStG entwickelten

---

64 Vgl. Dötsch/Pung/Möhlenbrock/*Patt* UmwStG § 20 Rn. 25.
65 Vgl. BMF v. 11.11.2011, BStBl. I 2011, 1314 Rn. 20.06 iVm 15.03; *Kessler* DStR 2011, 1065.
66 Vgl. Dötsch/Pung/Möhlenbrock/*Patt* UmwStG § 20 Rn. 25; → § 15 Rn. 47 ff.
67 Hierbei handelt es sich um unbeschränkt steuerpflichtige Kapitalgesellschaften, Genossenschaften sowie Versicherungs- und Pensionsfondsvereine auf Gegenseitigkeit.
68 Vgl. Rödder/Herlinghaus/van Lishaut/*Herlinghaus* UmwStG § 20 Rn. 190.

Kriterien vorzunehmen.⁶⁹ Demnach liegen **verschiedene Betriebe** vor, wenn die einzelnen Tätigkeiten eine „vollkommene, sachliche Selbstständigkeit entfalter".⁷⁰ Dies ist anhand finanzieller, organisatorischer und wirtschaftlicher Aspekte zu würdigen.⁷¹

Liegt demnach aus steuerrechtlicher Sicht eine einheitliche betriebliche Betätigung und damit ein **einheitlicher Betrieb** vor, erfordert die Sacheinlage eines Betriebs iSd § 20 Abs. 1, das sämtliche funktional wesentlichen Betriebsgrundlagen eingebracht werden (→ Rn. 79 ff.). 69

(5) Zuordnung von Anteilen an Kapitalgesellschaften zum Betrieb

Gehören Anteile an Kapitalgesellschaften zum Betriebsvermögen, stellt sich die Frage, wie diesbezüglich bei der Einbringung des Betriebs steuerlich zu verfahren ist. Dies betrifft insbes. die Fragen, ob diese Anteile im Rahmen einer **Betriebseinbringung** zwingend mit einzubringen sind und ob diesbezüglich die Regelung des § 21 dem § 20 vorgeht. Daran knüpfen unterschiedliche Rechtsfolgen an, zB die Möglichkeit, den steuerlichen Einbringungsvorgang rückzubeziehen. 70

Unseres Erachtens ergeben sich die Rechtsfolgen für mit eingebrachte Anteile grundsätzlich aus § 20. Die Anteile stellen in diesen Fällen einen unselbstständigen Bestandteil der eingebrachten Sachgesamtheit „Betrieb" dar. 71

Der Anwendungsvorrang des § 20 gilt uE selbst dann, wenn es sich bei den Anteilen um eine Beteiligung iHv 100 % am Stamm- oder Grundkapital der Tochtergesellschaft handelt. Zwar qualifiziert eine derartige Beteiligung für Zwecke des § 16 EStG sowie des § 15 als Teilbetrieb. Für Zwecke der Einbringungsregelungen im UmwStG ist davon auszugehen, dass diese gesetzliche Fiktion hingegen nicht gilt.⁷² 72

Auch die Finanzverwaltung ordnet mit eingebrachte Anteile an einer Kapitalgesellschaft bzw. Genossenschaft dem Betrieb, Teilbetrieb bzw. Mitunternehmeranteil zu und will hierauf § 20 anwenden. Danach soll für zusammen mit einem Betrieb bzw. Teilbetrieb oder Mitunternehmeranteil eingebrachte Anteile an einer Kapitalgesellschaft bzw. Genossenschaft die Regelung des § 20 der des § 21 vorgehen, wenn diese Anteile zum Betriebsvermögen des Betriebs bzw. Teilbetriebs oder Mitunternehmeranteils „gehören".⁷³ 73

Die Anwendung des § 21 kommt uE in Frage, wenn die Anteile isoliert eingebracht werden. Dies gilt unabhängig davon, ob es sich hierbei um eine wesentliche Betriebsgrundlage des zurückbehaltenen Betriebs des Einbringenden handelt. Eine steuerneutrale Übertragung zum Buchwert ist in diesen Fällen unter den Voraussetzungen des § 21 möglich.⁷⁴ Ein steuerlicher Rückbezug des Vermögensübergangs scheidet hierbei aus. 74

§ 21 dürfte uE dann nicht zur Anwendung kommen, wenn die Anteile eine funktional wesentliche Betriebsgrundlage eines Betriebs darstellen, diese zwar zunächst isoliert im Rahmen eines Anteilstausches eingebracht werden, diesem Anteilstausch jedoch in zeitlichem und sachlichem Zusammenhang eine Übertragung der sonstigen wesentlichen 75

---

69 Vgl. Rödder/Herlinghaus/van Lishaut/*Herlinghaus* UmwStG § 20 Rn. 79.
70 Vgl. Dötsch/Pung/Möhlenbrock/*Patt* UmwStG § 20 Rn. 35.
71 Vgl. BFH BStBl. III 1961, 65; FG Münster EFG 2012, 1580; vgl. hierzu im Einzelnen Dötsch/Pung/Möhlenbrock/*Patt* UmwStG § 20 Rn. 36 ff.
72 Vgl. Haritz/Menner/Bilitewski/*Menner* UmwStG § 20 Rn. 110.
73 Vgl. BMF v. 11.11.2011, BStBl. I 2011, 1314 Rn. 21.01.
74 Vgl. Schmitt/Hörtnagl/*Schmitt* UmwStG § 20 Rn. 26.

Betriebsgrundlagen nachfolgt. Für diesen Fall ist von einer einheitlichen Einbringung eines Betriebs iSv § 20 auszugehen, der sich auch auf die zuvor übertragenen Anteile erstreckt.[75]

(6) Keine Zuordnung von Mitunternehmeranteilen

76 Bei einem Mitunternehmeranteil handelt es sich aus steuerlicher Sicht nach ständiger Rechtsprechung nicht um ein eigenständiges Wirtschaftsgut, sondern um eine **ideelle Beteiligung des Mitunternehmers** an den Wirtschaftsgütern im Eigentum der Mitunternehmerschaft.[76] Die dem Mitunternehmeranteil zugrunde liegenden Wirtschaftsgüter des Gesamthandsvermögens der Gesellschaft sowie des Sonderbetriebsvermögens des Mitunternehmers sind für steuerliche Zwecke der Mitunternehmerschaft zuzuordnen.

77 Aus diesem Grund kann die Beteiligung an einer Mitunternehmerschaft bzw. die damit verkörperten ideellen Anteile an den Wirtschaftsgütern der Mitunternehmerschaft für den Betrieb, zu dessen Vermögen der Anteil gehört, keine funktional wesentliche Betriebsgrundlage des Betriebs darstellen. Dies gilt uE gleichermaßen für die den Mitunternehmeranteil umfassenden Wirtschaftsgüter des Gesamthandsvermögens der Mitunternehmerschaft sowie der dem Sonderbetriebsvermögen zuzuordnenden Wirtschaftsgüter des Mitunternehmers.[77]

78 Vielmehr handelt es sich bei einem Mitunternehmeranteil um einen eigenständigen Sacheinlagegegenstand, dessen Einbringung ergänzend zu einem Betrieb bzw. Teilbetrieb von § 20 erfasst wird.[78]

(7) Einbringungsumfang: Übertragung der wesentlichen Betriebsgrundlagen

79 Die Einbringung eines Betriebs gem. § 20 Abs. 1 erfordert die Übertragung des (wirtschaftlichen) Eigentums an den **wesentlichen Betriebsgrundlagen**. Die Übertragung anderer Wirtschaftsgüter ist – anders als bei der Übertragung eines Teilbetriebs – hingegen nicht erforderlich.[79] Wird der Betrieb einer Personengesellschaft bzw. Mitunternehmerschaft eingebracht, sind neben den wesentlichen Betriebsgrundlagen im Gesamthandsvermögen der Personengesellschaft bzw. Mitunternehmerschaft zusätzlich die wesentlichen Betriebsgrundlagen im Sonderbetriebsvermögen der Mitunternehmer auf die übernehmende Kapitalgesellschaft bzw. Genossenschaft mit zu übertragen.

80 Der Begriff der wesentlichen Betriebsgrundlage ist hierbei normspezifisch, dh funktional auszulegen.[80] Eine kombinierte, funktional-quantitative Sichtweise kommt für Zwecke des § 20 nicht in Frage. Demnach stellen Wirtschaftsgüter, die zwar über erhebliche stille Reserven verfügen, aus funktionaler Sicht aber für den Betrieb nicht bedeutsam sind, anders als für Zwecke des § 16, 34 EStG, der die geballte Realisierung stiller

---

75 Vgl. Dötsch/Pung/Möhlenbrock/*Patt* UmwStG § 20 Rn. 33.
76 Vgl. BFH BStBl. II 1991, 691.
77 Vgl. Dötsch/Pung/Möhlenbrock/*Patt* UmwStG § 20 Rn. 34; Rödder/Herlinghaus/van Lishaut/*Herlinghaus* UmwStG § 20 Rn. 152.
78 Vgl. Schmitt/Hörtnagl/*Schmitt* UmwStG § 20 Rn. 29. Die Finanzverwaltung vertrat in ihrem Entwurf zum Umwandlungssteuererlass vom 2.5.2011 noch die Auffassung, dass Mitunternehmeranteile eine funktional wesentliche Betriebsgrundlage eines Betriebs bzw. Teilbetriebs darstellen und im Rahmen einer steuerlich privilegierten Einbringung des Betriebs bzw. Teilbetriebs gem. § 20 zwingend zusammen mit diesem einzubringen wären.
79 Vgl. Dötsch/Pung/Möhlenbrock/*Patt* UmwStG § 20 Rn. 40; Rödder/Herlinghaus/van Lishaut/*Herlinghaus* UmwStG § 20 Rn. 80.
80 Vgl. Dötsch/Pung/Möhlenbrock/*Patt* UmwStG § 20 Rn. 43.

Reserven steuerlich begünstigen will, im Rahmen des § 20 keine zwingend mit zu übertragenden wesentlichen Betriebsgrundlagen dar.[81]

Bei den funktional wesentlichen Betriebsgrundlagen handelt es sich nach ständiger Rechtsprechung um Wirtschaftsgüter, „die für den Betriebsablauf ein besonderes wirtschaftliches Gewicht haben, mithin zur Erreichung des Betriebszwecks erforderlich sind oder dem Betrieb das Gepräge geben".[82]

Da sich die Bedeutung eines Wirtschaftsgutes für den Betrieb im Zeitablauf ändern kann, stellt sich die Frage, auf welchen Zeitpunkt für die Bestimmung der Qualifikation eines Wirtschaftsguts als funktional wesentliche Betriebsgrundlage abzustellen ist. Die Finanzverwaltung fordert, dass der einzubringende Betrieb bereits zum steuerlichen Übertragungsstichtag vorliegen muss.[83] Denklogisch wäre nach dieser Auffassung, auch die Identifizierung der wesentlichen Betriebsgrundlagen auf diesen Zeitpunkt vorzunehmen. Konsequenterweise bestünde dann für Wirtschaftsgüter, deren Qualifikation als funktional wesentlich sich für den Betrieb erst nach dem steuerlichen Übertragungsstichtag manifestiert, keine Verpflichtung zur Mitübertragung.

Eine weitere Frage in diesem Zusammenhang betrifft die Rechtsfolgen, wenn zum steuerlichen Übertragungsstichtag als funktional wesentliche Betriebsgrundlagen zu qualifizierende Wirtschaftsgüter im **Rückwirkungszeitraum untergehen** bzw. **veräußert werden** und daher tatsächlich nicht mehr auf die übernehmende Gesellschaft übertragen werden (können). Ungeachtet dessen, dass die Sichtweise der Finanzverwaltung hinsichtlich des Zeitpunkts des Vorliegens der Voraussetzungen uE nicht überzeugt und abzulehnen ist,[84] muss selbst dann, wenn man dieser Auffassung folgt, in diesen Fällen eine steuerneutrale Einbringung gem. § 20 möglich sein. Eine andere Sichtweise konterkariert das umwandlungssteuerrechtliche Ziel, betriebswirtschaftlich notwendige Umstrukturierungen steuerlich nicht zu sanktionieren.

Davon abgesehen ist die Auffassung der Finanzverwaltung hinsichtlich des zeitlichen Erfordernisses des Vorliegens der Voraussetzungen zum steuerlichen Übertragungsstichtag abzulehnen. Eine Rechtfertigung für diese Sichtweise kann weder aus § 20 noch aus der Fiktion der steuerlichen Rückwirkung gem. § 2 abgeleitet werden. Demnach gilt uE, dass zur Bestimmung des Betriebs, konkretisiert durch die wesentlichen Betriebsgrundlagen, auf den Zeitpunkt der Einbringung bzw. des Übergangs des wirtschaftlichen Eigentums abzustellen ist. Nur im Hinblick auf die zu diesem Zeitpunkt vorliegenden funktional wesentlichen Betriebsgrundlagen fordert § 20 eine einheitliche Übertragung auf die Übernehmerin.[85]

(8) Vorabübertragung wesentlicher Betriebsgrundlagen in ein anderes Betriebsvermögen

Soweit im zeitlichen und wirtschaftlichen Zusammenhang mit der Einbringung funktional wesentliche Betriebsgrundlagen in ein anderes Betriebsvermögen überführt oder übertragen werden, ist nach Ansicht der Finanzverwaltung die sog. **Gesamtplanrechtsprechung** des BFH zu prüfen.[86]

---

81 Vgl. Haritz/Menner/Bilitewski/*Menner* UmwStG § 20 Rn. 65.
82 Vgl. BFH DStR 2021, 1149.
83 Vgl. BMF v. 11.11.2011, BStBl. I 2011, 1314 Rn. 20.06 iVm Rn. 15.03.
84 Vgl. Dötsch/Pung/Möhlenbrock/*Patt* UmwStG § 20 Rn. 113.
85 So auch für Zwecke des § 24: BFH DStR 2012, 648.
86 Vgl. BMF v. 11.11.2011, BStBl. I 2011, 1314 F.n. 20.07.

86 Dem ist uE nicht zu folgen. Die Gesamtplanrechtsprechung wurde vom BFH im Hinblick auf die Inanspruchnahme des begünstigten Steuersatzes gem. §§ 16, 34 EStG im Rahmen der sukzessiven Aufgabe eines Mitunternehmeranteils entwickelt. Hierbei stellt der BFH auf den Normzweck der §§ 16, 34 EStG ab, „die zusammengeballte Realisierung der während vieler Jahre entstandenen stillen Reserven nicht nach dem progressiven Einkommensteuertarif zu erfassen".[87] Dem wird nach Ansicht des BFH aber dann nicht entsprochen, wenn im zeitlichen und wirtschaftlichen Zusammenhang mit der Veräußerung Teile dieser Sachgesamtheit (vorliegend im Sonderbetriebsvermögen des Mitunternehmers befindliche Grundstücke) zu Buchwerten in ein anderes Betriebsvermögen übertragen werden. Vorliegend kann diese Rechtsprechung uE bereits aufgrund des unterschiedlichen Normzwecks von § 20 einerseits und §§ 16, 34 EStG andererseits keine Anwendung finden.[88]

87 Der BFH hat es in seiner jüngeren Rechtsprechung offengelassen, ob die Gesamtplanrechtsprechung auf § 20 überhaupt Anwendung finden kann.[89] Zuvor hatten der VIII. und IV. BFH-Senat dies bejaht, der I. BFH-Senat dies abgelehnt.[90]

88 Davon zu unterscheiden ist die Anwendung von § 42 AO. Diese kann in Frage kommen, wenn die Überführung der Wirtschaftsgüter kurze Zeit danach wieder rückgängig gemacht wird. Ist die Überführung jedoch auf Dauer angelegt und löst sie deshalb andere wirtschaftliche Folgen aus als bei einer Einbeziehung des Wirtschaftsgutes in den Einbringungsvorgang, kommt § 42 AO nach der Rechtsprechung des BFH nicht zur Anwendung.[91] Diese Rechtsprechung hat insbes. Bedeutung für Einbringungsfälle in denen wesentliche Betriebsgrundlagen in Form von Grundbesitz bestehen.[92]

89 Gleiches gilt, wenn die in Frage stehenden wesentlichen Betriebsgrundlagen im Vorfeld der Einbringung unter Aufdeckung stiller Reserven zum Verkehrswert übertragen bzw. veräußert werden.[93]

bb) Teilbetrieb

(1) Nationales vs. europäisches Teilbetriebsverständnis

90 Der Begriff des Teilbetriebs wird im deutschen Steuerrecht in verschiedenen Vorschriften verwendet, ohne ihn zu definieren. Nach der zu § 16 EStG ergangenen Rechtsprechung handelt es sich bei einem Teilbetrieb um einen organisch geschlossenen, mit einer gewissen Selbstständigkeit ausgestatteten Teil eines Gesamtbetriebs, der – für sich genommen – alle Merkmale eines Betriebs iSd EStG aufweist und als solcher lebensfähig ist. Hierbei ist nicht das einzelne Merkmal isoliert zu betrachten. Vielmehr ist auf das sog. „Gesamtbild der Verhältnisse" abzustellen.[94]

91 Für Zwecke des § 20 ist diese Rechtsprechung nicht uneingeschränkt anzuwenden. Vielmehr ist auch der **Teilbetriebsbegriff** normspezifisch auszulegen, so dass hinsichtlich § 20, anders als im Hinblick auf § 16 EStG, eine uneingeschränkt funktionale Betrachtungsweise zu erfolgen hat.[95] Hierbei ist weiterhin zu beachten, dass der umwandlungssteuerrechtliche Teilbetriebsbegriff in § 20 seit seiner Änderung durch das SEStEG

---

87 Vgl. BFH BStBl. II 1991, 635.
88 Vgl. *Schulze zur Wiesche* DStR 2012, 1420.
89 Vgl. BFH BStBl. II 2009, 632.
90 Vgl. BFH BFH/NV 2007, 1939; BFH BStBl. II 2010, 471.
91 Vgl. BFH BStBl. II 2010, 471.
92 Vgl. *Benz/Rosenberg* DB-Beil. Heft 1/2012, 38.
93 Vgl. BFH BStBl. II 2009, 632; *Schneider/Rouff/Sistermann* FR 2012, 9.
94 Vgl. BFH BStBl. II 2005, 395.
95 Vgl. *Rödder/Herlinghaus/van Lishaut/Herlinghaus* UmwStG § 20 Rn. 141.

nunmehr auch zusätzlich vor dem Hintergrund der EU-Fusionsrichtlinie[96] auszulegen ist.[97]

Die **EU-Fusionsrichtlinie** (Fusions-RL) definiert den Teilbetrieb als „Gesamtheit der in einem Unternehmensteil einer Gesellschaft vorhandenen aktiven und passiven Wirtschaftsgüter, die in organisatorischer Hinsicht einen selbstständigen Betrieb, dh eine aus eigenen Mitteln funktionsfähige Einheit darstellen".[98] Daraus ergeben sich im Vergleich zum von der Rechtsprechung entwickelten „nationalen" Teilbetriebsbegriff nach Ansicht der Literatur sowohl Einschränkungen als auch Erweiterungen.[99] Diese betreffen v. a. folgende Aspekte: 92

- Im Gegensatz zum nationalen Teilbetriebsverständnis soll die Fusions-RL geringere Anforderungen an die Selbstständigkeit stellen, da sich die im Teilbetrieb ausgeübte Tätigkeit nicht von der des Gesamtunternehmens abgrenzen muss. Die von der Richtlinie geforderte Selbstständigkeit bezieht sich nur auf die Organisation des Teilbetriebs.
- Eine Einbringung des Teilbetriebs soll nach der Fusions-RL nicht voraussetzen, dass die wesentlichen Betriebsgrundlagen sämtlich mit übertragen werden. Auch die dauerhaft gesicherte Nutzungsüberlassung ist ausreichend. Dies wird aus der tätigkeitsbezogenen Abgrenzung des Teilbetriebs abgeleitet.
- Die Einbringung eines Teilbetriebs soll die Übertragung (bzw. dauerhaft gesicherte Nutzungsüberlassung) sämtlicher aktiver und passiver Wirtschaftsgüter und nicht lediglich der wesentlichen Betriebsgrundlagen voraussetzen.
- Die Frage, ob das übertragene Vermögen einen Teilbetrieb darstellt, soll aus Sicht des übernehmenden Rechtsträgers zu beurteilen sein.
- Ein Teilbetrieb soll nicht vorliegen, sofern sich dieser noch im Aufbau befindet.
- Die Zuordnung und Übertragung neutraler Schulden, dh solcher, die nicht in einem unmittelbaren wirtschaftlichen Zusammenhang mit dem Teilbetrieb stehen, soll nach dem Teilbetriebsverständnis der Fusions-RL nicht möglich sein. Dies ergibt sich daraus, dass eine steuerneutrale Übertragung eines Teilbetriebs nach der Fusions-RL nicht möglich ist, wenn neben den Anteilen am übernehmenden Rechtsträger zusätzliche Gegenleistungen gewährt werden.[100]

In der Literatur ist strittig, welches Teilbetriebsverständnis für Zwecke des § 20 Abs. 1 anzuwenden ist. Nach unserer Auffassung ist grundsätzlich auf den Teilbetriebsbegriff der Fusions-RL abzustellen. Soweit die Auslegung anhand der zu § 16 EStG ergangenen Rechtsprechung zu einem weiteren Begriffsverständnis führt, ist diese anzuwenden.[101] Dies ergibt sich daraus, dass der Gesetzgeber die bisherige Rechtslage durch die Neufassung des Umwandlungssteuergesetzes im Rahmen des SEStEG nicht ändern wollte, sondern vielmehr eine Europäisierung des vormals größtenteils auf nationale Sachverhalte beschränkten Umwandlungssteuerrechts beabsichtigt hatte. Auch der Wortlaut des Umwandlungssteuergesetzes im Allgemeinen bzw. des § 20 im Besonderen erfordert 93

---

96 Haritz/Menner/Bilitewski/*Menner* UmwStG § 20 Rn. 94 ff.
97 Dies wurde von der hM bereits im Hinblick auf § 23 aF so vertreten.
98 Vgl. Richtlinie 2009/133/EG des Rates vom 23.7.1990 über das gemeinsame Steuersystem von Fusionen, Spaltungen, die Einbringung von Unternehmensteilen und den Austausch von Anteilen, die Gesellschaften verschiedener Mitgliedsstaaten betreffen.
99 Vgl. Rödder/Herlinghaus/van Lishaut/*Herlinghaus* UmwStG § 20 Rn. 122 ff.
100 Vgl. Dötsch/Pung/Möhlenbrock/*Patt* UmwStG § 20 Rn. 94.
101 Dies betrifft zum Beispiel die Frage der zwingenden Zuordnung von nicht wesentlichen Betriebsgrundlagen zum Teilbetrieb.

es uE nicht, die Bestimmung des Teilbetriebs uneingeschränkt vor dem Hintergrund der Fusions-RL vorzunehmen.[102]

(2) Abgrenzung des Teilbetriebs

94 Nach der Rechtsprechung des BFH zu § 16 EStG ist ein Teilbetrieb ein organisch geschlossener, mit einer gewissen Selbstständigkeit ausgestatteter Teil eines Gesamtbetriebs, der – für sich genommen – alle Merkmale eines Betriebs iSd EStG aufweist und als solcher lebensfähig ist. Hierbei ist eine Gesamtwürdigung aller Umstände des Einzelfalls vorzunehmen. Diese Betrachtung ist für Zwecke des § 20 aus der Sicht des übertragenden Unternehmens vorzunehmen.[103] Bei der Gewichtung der einzelnen Merkmale dieser Definition ist auch zu berücksichtigen, ob der Teilbetrieb zu land- und forstwirtschaftlichen Einkünften, Einkünften aus Gewerbebetrieb oder Einkünften aus selbstständiger Tätigkeit führt.[104]

95 Eine gewisse **Selbstständigkeit** erfordert nach der Rechtsprechung des BFH, dass die dem Teilbetrieb dienenden Wirtschaftsgüter in ihrer Zusammenfassung einer Tätigkeit dienen, die sich von der übrigen Tätigkeit deutlich unterscheidet.[105] Nicht notwendigerweise ist damit eine rein funktionale Betrachtung vorzunehmen. Die Selbstständigkeit kann sich auch aus einer örtlichen Verselbstständigung ergeben.[106] Weitere von der Rechtsprechung entwickelte Abgrenzungsmerkmale sind: Auftreten des Betriebsteils in der Art eines Zweigbetriebs, personelles Eigenleben innerhalb des Gesamtbetriebs, eigenes Inventar, eigene Buchführung, die Möglichkeit eigener Preisgestaltung, ungleichartige betriebliche Tätigkeiten, eigener Kundenkreis. Nicht erforderlich ist, dass diese vollumfassend erfüllt sind.[107] Eine völlig selbstständige Organisation mit einer eigenständigen Buchführung ist ebenfalls nicht zwingend.[108]

96 Im Gegensatz zu einem Betrieb, reicht eine gewisse Selbstständigkeit aus. Dass einzelne Betriebseinheiten untereinander wirtschaftlich dadurch verbunden sind, dass bestimmte betriebliche Funktionen wie Buchführung, Personalmanagement, IT von einer Zentralabteilung wahrgenommen werden, steht dem Vorliegen eines Teilbetriebs nicht entgegen.[109]

97 Weiterhin muss der Teilbetrieb **sämtliche Merkmale eines Betriebs** iSd EStG aufweisen. Dies bedeutet, dass die hierin ausgeübte Tätigkeit isoliert betrachtet Einkünfte aus Land- und Forstwirtschaft, selbstständiger Arbeit oder Gewerbebetrieb vermitteln muss.[110] Strittig ist, ob in Fällen, in denen die Tätigkeit des Teilbereichs selbst nicht gewerblich (oder land- und forstwirtschaftlich bzw. selbstständig/freiberuflich) ist, die Merkmale eines Betriebs iSd EStG dennoch vorhanden sind, weil hierauf die spezial-

---

102 Vgl. Rödder/Herlinghaus/van Lishaut/*Herlinghaus* UmwStG § 20 Rn. 133; Haritz/Menner/Bilitewski/*Menner* UmwStG § 20 Rn. 96; Schmitt/Hörtnagl/*Schmitt* UmwStG § 20 Rn. 79 ff., der davon ausgeht, dass ein gespaltenes Teilbetriebsverständnis zugrunde zu legen ist. Demzufolge richten sich die Anforderungen an den Teilbetrieb danach, ob es sich um einen rein nationalen Rechtsvorgang handelt oder eine grenzüberschreitende Einbringung, die vom Anwendungsbereich der Fusions-RL erfasst wird.
103 Vgl. Dötsch/Pung/Möhlenbrock/*Patt* UmwStG § 20 Rn. 92; Rödder/Herlinghaus/van Lishaut/*Herlinghaus* UmwStG § 20 Rn. 68.
104 Vgl. Dötsch/Pung/Möhlenbrock/*Patt* UmwStG § 20 Rn. 79.
105 Vgl. BFH BStBl. II 1973, 838.
106 Danach kann auch eine Filialagentur, die innerhalb eines Gesamtunternehmens für einen örtlich abgegrenzten Markt zuständig ist, das Merkmal der gewissen Selbstständigkeit erfüllen; vgl. BFH BStBl. II 1968, 123.
107 Vgl. BFH BStBl. II 1984, 486; FG Mecklenburg-Vorpommern 25.5.2011 – 3 K 254/10.
108 Vgl. BFH BStBl. II 2007, 772.
109 Vgl. Rödder/Herlinghaus/van Lishaut/*Herlinghaus* UmwStG § 20 Rn. 138.
110 Vgl. Dötsch/Pung/Möhlenbrock/*Patt* UmwStG § 20 Rn. 88.

gesetzliche Gewerblichkeitsfiktion (zB in Form einer gewerblichen Prägung iSv § 15 Abs. 3 Nr. 2 EStG bzw. aufgrund § 8 Abs. 2 KStG) Anwendung findet. Dies ist uE der Fall.[111] Demnach kann auch die Holdingtätigkeit einer Kapitalgesellschaft, ohne dass es sich hierbei um eine geschäftsleitende Holding handeln muss, uE einen Teilbetrieb darstellen.

Die darüber hinaus geforderte **Lebensfähigkeit** bedeutet nicht, dass der Teilbetrieb Gewinne erzielen muss. Vielmehr versteht die Rechtsprechung das Merkmal der Lebensfähigkeit dahin gehend, dass aufgrund der Struktur der in Frage stehenden betrieblichen Einheit eine eigenständige betriebliche Tätigkeit ausgeübt werden kann.[112] Demnach kann ein Teilbetrieb für sich genommen auch dann im Sinne dieses Verständnisses lebensfähig sein, wenn er nur auf einer einzigen Kunden- oder Lieferantenbeziehung basiert. Dies gilt selbst dann, wenn die hieraus erwirtschafteten Betriebsergebnisse negativ sind.[113] 98

(3) Anforderungen an die Einbringung eines Teilbetriebs
(a) Einbringungsumfang

Die Einbringung eines Teilbetriebs gem. § 20 erfordert zunächst, dass die den Teilbetrieb bestimmenden **funktional wesentlichen Betriebsgrundlagen** auf die Übernehmerin übertragen werden. Erfolgt dies nicht, stellt die Einbringung eine Veräußerung der anteiligen Wirtschaftsgüter dar mit der Folge, dass diese zum gemeinen Wert zu übertragen sind. 99

Wird der Teilbetrieb einer Mitunternehmerschaft eingebracht, gilt dies auch für die sich im Sonderbetriebsvermögen der Mitunternehmer befindlichen funktional wesentlichen Betriebsgrundlagen, die dem in Frage stehenden Teilbetrieb zuzuordnen sind. 100

Das zurückbehaltene Vermögen muss, anders als im Rahmen einer Spaltung gem. § 15, selbst nicht zwingend als Teilbetrieb qualifizieren. Demnach hindern wesentliche Betriebsgrundlagen, die von mehreren Teilbetrieben genutzt werden, anders als für Zwecke des § 15, eine Einbringung nach den Vorschriften des UmwStG nicht.[114] Sofern eine zivilrechtlich wirksame Teilung dieser Wirtschaftsgüter bis zur Einbringung nicht möglich ist, ist es unschädlich, diese zunächst vollumfänglich zusammen mit dem Teilbetrieb einzubringen und im Anschluss daran zugunsten des zurückbleibenden Teilbetriebs hieran ein **Nutzungsrecht** zu begründen. Alternativ kann eine Einbringung dergestalt erfolgen, dass anstelle des zivilrechtlichen das wirtschaftliche Eigentum an dem Teil der wesentlichen Betriebsgrundlage übertragen wird, der vom einbringenden Teilbetrieb genutzt wird.[115] 101

Neben der Einbringung der wesentlichen Betriebsgrundlagen verlangt die Finanzverwaltung nach neuerer Auffassung, dass zusätzlich auch die sog. „**nach wirtschaftlichen Grundsätzen zuordenbaren**" **Wirtschaftsgüter** mit übertragen werden. Diese im Vergleich zum UmwStG 1995 geänderte Auffassung ist dem Vernehmen nach auf das geänderte Teilbetriebsverständnis der Finanzverwaltung betreffend § 20 idF des SEStEG 102

---

111 Vgl. Rödder/Herlinghaus/van Lishaut/*Herlinghaus* UmwStG § 20 Rn. 139; aA Dötsch/Pung/Möhlenbrock/*Patt* UmwStG § 20 Rn. 88; Schmitt/Hörtnagl/*Schmitt* UmwStG § 20 Rn. 113.
112 Vgl. BFH BStBl. II 1989, 376.
113 Vgl. Dötsch/Pung/Möhlenbrock/*Patt* UmwStG § 20 Rn. 87.

114 Vgl. Schmitt/Hörtnagl/*Schmitt* UmwStG § 20 Rn. 97; Heurung/Engel/Schröder GmbHR 5/2012, 273 Rn. 15.02–15.11.
115 Vgl. Sistermann/Beutel DStR 2011, 1162; Dötsch/Pung/Möhlenbrock/*Patt* UmwStG § 20 Rn. 110.

zurückzuführen. Was unter den „nach wirtschaftlichen Grundsätzen zuordenbaren Wirtschaftsgütern" zu verstehen ist, bleibt unklar (→ Rn. 118).

103 **Neutrale Wirtschaftsgüter,** dh solche, die weder funktional wesentliche Betriebsgrundlagen noch nach wirtschaftlichen Grundsätzen zuordenbare Wirtschaftsgüter darstellen, können wahlweise dem einzubringenden Teilbetrieb zugeordnet oder beim Einbringenden zurückbehalten werden. In beiden Fällen können die Voraussetzungen einer Einbringung iSv § 20 erfüllt werden. Dies gilt auch für **neutrale Verbindlichkeiten.** Die in Teilen der Literatur vertretene Sichtweise, dass aufgrund des Abstellens auf den Teilbetriebsbegriff der Fusions-RL eine Zuordnung neutraler Verbindlichkeiten zum einzubringenden Teilbetrieb schädlich ist, da dies als Gewährung einer von der Fusions-RL nicht vorgesehenen sonstigen Gegenleistung zu werten ist, ist abzulehnen.[116]

(b) Zeitliche Voraussetzungen

104 Die Teilbetriebsvoraussetzungen müssen spätestens zum Zeitpunkt der Fassung des Umwandlungsbeschlusses bzw. des Einbringungsvertrags vorliegen.[117] Soweit die Einbringung gem. § 20 Abs. 5, 6 mit steuerlicher Rückwirkung erfolgt, soll es nach geänderter Meinung der Finanzverwaltung nunmehr erforderlich sein, dass die **Teilbetriebsvoraussetzungen** bereits an diesem Tag **erfüllt** sind. Dies ist uE abzulehnen. Die **steuerliche Rückwirkungsfiktion** dient der praktischen Erleichterung von Umwandlungsvorgängen. Sie ermöglicht es insbes., zusätzliche Kosten, zB betreffend die Erstellung von Schlussbilanzen etc, zu vermeiden, indem auf bereits vorhandene Abschlüsse abgestellt werden kann. Die umwandlungssteuerrechtliche Rückwirkungsfiktion regelt die Rechtsfolgen. Sie stellt keine zusätzlichen Tatbestandsvoraussetzungen an den Einbringungsvorgang selbst, sondern fingiert den Vermögensübergang im Verhältnis zwischen übertragendem und übernehmendem Rechtsträger mit steuerlicher Rückwirkung.[118]

105 Die Frage, ob ein Einbringungsvorgang vom Anwendungsbereich des § 20 erfasst wird, ist von dieser Rückwirkungsfiktion unabhängig. Weder aus dem Wortlaut des Gesetzes noch aus der einschlägigen Rechtsprechung hierzu lässt sich ableiten, dass auch die von der spezialgesetzlichen Umwandlungsnorm (zB § 20) an den Umwandlungsvorgang gestellten Anwendungsvoraussetzungen zum Zeitpunkt der steuerlichen Rückwirkung vorliegen müssen.[119] Die Auffassung der Finanzverwaltung konterkariert damit das gesetzgeberische Ziel, Umwandlungen zu vereinfachen und führt vielmehr dazu, dass betriebswirtschaftlich sinnvolle Umstrukturierungen vielfach, bzw. wenn überhaupt, erst zu einem späteren Zeitpunkt erfolgen können.

cc) Mitunternehmeranteil

(1) Definition

106 Unter einem Mitunternehmeranteil versteht man die **Beteiligung an einer Mitunternehmerschaft.** Die Mitunternehmerschaft ist ein steuerrechtliches Konstrukt. Es handelt sich hierbei um einen Zusammenschluss mehrerer Steuerpflichtiger zur gemeinschaftlichen Erzielung von Einkünften aus Land- und Forstwirtschaft, Gewerbebetrieb

---

116 Vgl. Rödder/Herlinghaus/van Lishaut/*Herlinghaus* UmwStG § 20 Rn. 346; Brandis/Heuermann//*Nitzschke* UmwStG § 15 Rn. 67.
117 Vgl. Dötsch/Pung/Möhlenbrock/*Patt* UmwStG § 20 Rn. 113.
118 Vgl. *Stangl/Grundke* DB 2010, 1851.
119 Vgl. Dötsch/Pung/Möhlenbrock/*Patt* UmwStG § 20 Rn. 113; *Benz/Rosenberg* DB 2011, 2011 (1354).

oder selbstständiger Arbeit.[120] Erforderlich ist ein Zusammenschluss von mindestens zwei sog. Mitunternehmern, die gemeinsam einen bestimmten Gesellschaftszweck verfolgen.

Die Betätigung im Rahmen einer Mitunternehmerschaft ist nicht an eine bestimmte Rechtsform gebunden. Die **Formen** des Zusammenschlusses, die als Mitunternehmerschaft in Frage kommen, sind vielfältig. So kann eine Mitunternehmerschaft beispielsweise auf Ebene einer Personenhandelsgesellschaft (zB in Form einer OHG bzw. KG) vorliegen oder aber im Rahmen einer Innengesellschaft begründet werden. Darüber hinaus kommt auch eine Bruchteilsgemeinschaft (zB in Form einer Erbengemeinschaft) als Mitunternehmerschaft in Frage.[121] Auch die schuldrechtliche Beteiligung an einem Handelsgewerbe mittels einer stillen Beteiligung kann eine Mitunternehmerschaft darstellen, falls das Schuldverhältnis als sog. atypisch stille Beteiligung ausgestaltet wird.[122] Die Beteiligung als Kommanditist oder Komplementär einer vermögensverwaltend tätigen, jedoch gewerblich geprägten Personengesellschaft stellt einen Einbringungsgegenstand iSd § 20 Abs. 1 in Form eines Mitunternehmeranteils dar. Dies ergibt sich zwangsläufig aus der gesetzlichen Gewerblichkeitsfiktion. Auch die Beteiligung an einer Europäischen wirtschaftlichen Interessenvereinigung (EWIV) ist als einlagefähiger Gegenstand iSd § 20 Abs. 1 zu betrachten, da die EWIV per gesetzlicher Fiktion als Handelsgesellschaft iSd HGB gilt.[123] 107

Mitunternehmer kann grundsätzlich nur derjenige sein, der auch **zivilrechtlich Gesellschafter** ist. In Ausnahmefällen gilt als Mitunternehmer auch, wer über eine dem zivilrechtlichen Gesellschafter wirtschaftlich vergleichbare Position verfügt, zB als Treugeber im Rahmen eines Treuhandverhältnisses.[124] Davon abgesehen kommt eine Mitunternehmerstellung nicht in Frage. 108

Der Beteiligte eines solchen Zusammenschlusses qualifiziert als Mitunternehmer, wenn er über Mitunternehmerinitiative verfügt und Mitunternehmerrisiko trägt. 109

Mitunternehmerinitiative erfordert die Teilhabe an unternehmerischen Entscheidungen. Sie liegt grundsätzlich vor, wenn der Beteiligte Rechte ausüben kann, die den gesetzlichen Kontroll-, Stimm- und Widerspruchsrechten eines Kommanditisten (§ 164 HGB) wenigstens angenähert sind.[125] Hierbei handelt es sich zum einen um das Kontroll- bzw. Einsichtsrecht betreffend die Bücher/Rechnungslegung der Gesellschaft und zum anderen um die Mitsprache- bzw. Widerspruchsrechte bei Beschlussfassungen. **Mitunternehmerrisiko** erfordert, dass der Beteiligte am Erfolg oder Misserfolg der Unternehmung partizipiert. Dies verlangt grundsätzlich eine Beteiligung am laufenden Ergebnis als auch an den stillen Reserven im Liquidationsfall. Dem persönlich haftenden Gesellschafter wird Mitunternehmerrisiko bereits aufgrund seiner Stellung als Vollhafter zugesprochen. Eine Beteiligung an den stillen Reserven ist nicht erforderlich. Dies gilt selbst dann, wenn der Vollhafter seine Gesellschafterstellung als Treuhänder für einen anderen Gesellschafter ausübt.[126] 110

---

120 Vgl. Schmitt/Hörtnagl/*Schmitt* UmwStG § 20 Rn. 133.
121 Vgl. Haritz/Menner/Bilitewski/*Menner* UmwStG § 20 Rn. 121.
122 Vgl. Schmitt/*Wacker* EStG § 15 Rn. 343.
123 Vgl. Rödder/Herlinghaus/van Lishaut/*Herlinghaus* UmwStG § 20 Rn. 173.
124 Vgl. Dötsch/Pung/Möhlenbrock/*Patt* UmwStG § 20 Rn. 120.
125 Vgl. Schmidt/*Wacker* EStG § 15 Rn. 263.
126 Vgl. BFH DStR 2010, 743.

111 Die beiden Merkmale müssen nicht notwendigerweise in gleicher Intensität vorliegen. Es kommt auf das „Gesamtbild der Umstände im Einzelfall" an. Ein schwach ausgeprägtes Mitunternehmerrisiko kann demnach durch eine stark ausgeprägte Mitunternehmerinitiative kompensiert werden und umgekehrt.[127] Sofern sich **Mitunternehmeranteile in einem Betriebsvermögen** befinden, gelten auch diese jeweils für sich als Einbringungsgegenstand iSd § 20.[128] Im Falle **doppelstöckiger Personengesellschaften** stellt die Übertragung der Beteiligung der Obergesellschaft an der Untergesellschaft auf eine Kapitalgesellschaft iSd § 20 Abs. 1 eine parallele Einbringung der mittelbaren oder unmittelbaren bestehenden Beteiligung durch die Gesellschafter der Obergesellschafter und durch die Obergesellschaft selbst dar.[129]

(2) Abgrenzung

112 Der Mitunternehmeranteil als Anteil an einer Mitunternehmerschaft ist nicht identisch mit dem Gesellschaftsanteil. Vielmehr besteht der Anteil an einer Mitunternehmerschaft neben dem Anteil des Mitunternehmers am **Gesamthandsvermögen** aus dem Sonderbetriebsvermögen I und II des Mitunternehmers.

113 Zum **Sonderbetriebsvermögen I** gehören die Wirtschaftsgüter, die im Eigentum des Mitunternehmers stehen und unmittelbar dem Betrieb der Mitunternehmerschaft, zB in Form einer Nutzungsüberlassung, dienen (positives SBV I), sowie das zur Anschaffung dieser Wirtschaftsgüter vom Mitunternehmer aufgenommene Fremdkapital (negatives SBV I).[130] Dies gilt auch, sofern das jeweilige Wirtschaftsgut zivilrechtlich zu einem eigenen Betriebsvermögen des Mitunternehmers gehört. Auch in diesen Fällen handelt es sich bei dem in Frage stehenden Wirtschaftsgut um Sonderbetriebsvermögen, das für steuerliche Zwecke dem Betriebsvermögen der Mitunternehmerschaft und nicht dem Betriebsvermögen des Mitunternehmers zuzuordnen ist.[131]

114 Neben Sonderbetriebsvermögen I sind auch die Wirtschaftsgüter des **Sonderbetriebsvermögens II** aus steuerlicher Sicht Teil des Betriebsvermögens der Mitunternehmerschaft. Hierbei handelt es sich um Wirtschaftsgüter, welche die Stellung des Mitunternehmers begründen oder stärken.[132] Von erheblicher praktischer Bedeutung ist in diesem Zusammenhang regelmäßig die Fremdfinanzierung für den Erwerb des Mitunternehmeranteils sowie die Anteile des Kommanditisten einer GmbH & Co KG an der Komplementär-GmbH.

(3) Einbringung eines ganzen Mitunternehmeranteils

115 Die Einbringung eines Mitunternehmeranteils gem. § 20 Abs. 1 erfordert die **Übertragung** der die gesellschafts- bzw. schuldrechtliche Beteiligung vermittelnden Rechtsposition (zB Kommanditanteil, stille Beteiligung). Daneben sind auch die funktional wesentlichen Betriebsgrundlagen des Sonderbetriebsvermögens I und II in die übernehmende Kapitalgesellschaft bzw. Genossenschaft einzubringen. Die Übertragung des wirtschaftlichen Eigentums reicht hierfür aus.[133] Ein Wechsel des zivilrechtlichen Eigentümers ist nicht zwingend erforderlich. Eine Nutzungsüberlassung, ohne dass es

---

[127] Vgl. BFH BStBl. II 2000, 183.
[128] Vgl. BMF v. 11.11.2011, BStBl. I 2011, 1314 Rn. 20.12.
[129] Vgl. in Rödder/Herlinghaus/van Lishaut/*Herlinghaus* UmwStG § 20 Rn. 168.
[130] Vgl. Schmidt/*Wacker* EStG § 15 Rn. 521 f.
[131] Vgl. BFH BStBl. II 2005, 830.
[132] Vgl. BFH DStR 2012, 850.
[133] Vgl. Rödder/Herlinghaus/van Lishaut/*Herlinghaus* UmwStG § 20 Rn. 181.

zum Übergang des wirtschaftlichen Eigentums kommt, wird von der Finanzverwaltung nicht anerkannt.

Von besonderer Bedeutung hinsichtlich der Frage des Vorliegens einer wesentlichen Betriebsgrundlage sind regelmäßig **Anteile eines Kommanditisten an der Komplementär-GmbH**. Die höchstrichterliche Rechtsprechung hat es bislang explizit offengelassen, ob diese Anteile eine wesentliche Betriebsgrundlage darstellen.[134] Nach Ansicht der Finanzverwaltung liegt in diesen Fällen eine wesentliche Betriebsgrundlage vor, wenn (i) die Komplementär-GmbH am Gewinn und Verlust der KG beteiligt ist[135] oder (ii) die Komplementärin neben dem Kommanditisten der einzige weitere Gesellschafter ist oder (iii) der Kommanditist zwar nicht mehrheitlich an der KG beteiligt ist, jedoch in der Komplementär-GmbH seinen Willen durchsetzen kann.[136] 116

In der Praxis besteht oftmals ein Risiko, dass Wirtschaftsgüter, die dem Sonderbetriebsvermögen zuzuordnen wären, nicht als solche erkannt werden. Handelt es sich hierbei zudem um wesentliche Betriebsgrundlagen, führt deren Zurückbehaltung dazu, dass § 20 auf die Einbringung nicht anwendbar ist. Diesem Risiko wird versucht dadurch zu begegnen, dass die Einbringungsverträge eine sog. **catch-all-Klausel** vorsehen, wonach schuldrechtlich sämtliche wesentliche Betriebsgrundlagen auf die Übernehmerin übergehen sollen,[137] so dass es insoweit ex tunc zum Übergang des wirtschaftlichen Eigentums kommt. Inwieweit damit eine Einbringung gem. § 20 tatsächlich dargestellt werden kann, wird in der Literatur mitunter angezweifelt.[138] Unseres Erachtens ist die catch-all-Klausel geeignet, den Übergang des wirtschaftlichen Eigentums der in Frage stehenden Wirtschaftsgüter zu begründen, so dass die Voraussetzungen des § 20 Abs. 1 hinsichtlich der Übertragung der wesentlichen Betriebsgrundlagen in einem einheitlichen Vorgang uE erfüllt werden können. 117

Wirtschaftsgüter, die nicht zu den funktional wesentlichen Betriebsgrundlagen gehören, müssen nicht mit eingebracht werden. Es besteht, anders als bei der Einbringung eines Teilbetriebs, kein Erfordernis, etwaige „nach wirtschaftlichen Grundsätzen zuordenbare" Wirtschaftsgüter (des Sonderbetriebsvermögens) zu übertragen.[139] Eine vorherige Entnahme solcher Wirtschaftsgüter aus dem Vermögen der Gesellschaft ist folglich ebenfalls unschädlich, selbst wenn diese in zeitlichem und sachlichem Zusammenhang mit der Einbringung des Mitunternehmeranteils erfolgt.[140] 118

Die Übertragung der Beteiligung und der wesentlichen Betriebsgrundlagen des Sonderbetriebsvermögens hat nicht notwendigerweise zeitgleich zu erfolgen. Ausreichend ist, dass zwischen den Übertragungen ein **sachlicher und zeitlicher Zusammenhang** besteht. 119

---

134 Vgl. hierzu auch das Urteil des BFH 16.4.2015 – IV R 1/12, BStBl. II 2015, 705, wonach eine Minderheitsbeteiligung von weniger als 10 % an der Komplementär-GmbH regelmäßig kein notwendiges Sonderbetriebsvermögen II darstellt sowie das Urteil des BFH 21.12.2021 – IV R 15/19, BStBl. II 2022, 651 zur Beteiligung an einer Komplementär-GmbH, die daneben einen eigenen Geschäftsbetrieb von nicht ganz untergeordneter Bedeutung unterhält, und deshalb in der Regel kein notwendiges SBV II darstellt.

135 Vgl. in diesem Zusammenhang auch FG Münster 14.8.2013 – 2 K 4721/10 G, F, EFG 2014, 81, wonach diese wirtschaftliche Sichtweise nicht gilt.
136 Vgl. OFD NRW v. 21.6.2016, DB 2016, 1907.
137 Vgl. *Strahl* KÖSDI 2011, 17506.
138 Vgl. Dötsch/Pung/Möhlenbrock/*Patt* UmwStG § 20 Rn. 124.
139 *Stangl* GmbHR 2012, 259.
140 Vgl. Dötsch/Pung/Möhlenbrock/*Patt* UmwStG § 20 Rn. 124.

(4) Einbringung eines Teils des Mitunternehmeranteils

120 Neben der Einbringung des ganzen Mitunternehmeranteils wird auch die Einbringung eines **Bruchteils** davon vom Anwendungsbereich des § 20 Abs. 1 erfasst.[141] Dies ergibt sich zwar nicht unmittelbar aus dem Wortlaut des § 20 Abs. 1, es wird jedoch aus § 20 Abs. 4 S. 1 geschlossen,[142] wonach der Freibetrag des § 16 Abs. 4 EStG sowie die Tarifbegünstigung gem. § 34 EStG ua dann nicht gewährt werden sollen, wenn es sich bei der Sacheinlage gem. § 20 Abs. 1 um den Bruchteil eines Mitunternehmeranteils handelt.

121 Bei der Einbringung eines Bruchteils eines Mitunternehmeranteils sind daneben grundsätzlich auch die wesentlichen Betriebsgrundlagen des Sonderbetriebsvermögens **quotal mit einzubringen**. Soweit Wirtschaftsgüter zivilrechtlich nicht teilbar sind und auch die Teilübertragung des wirtschaftlichen Eigentums ausscheidet, kann eine Miteinbringung des Sonderbetriebsvermögens auch dadurch erreicht werden, dass dieses auf eine Personengesellschaft überführt wird, an der sich die übernehmende Kapitalgesellschaft bzw. Genossenschaft im Zusammenhang mit der Einbringung des Mitunternehmeranteils beteiligt.[143]

122 Streit besteht darüber, welche Auswirkungen sich aus einer unter- bzw. überquotalen Einbringung von wesentlichen Betriebsgrundlagen des Sonderbetriebsvermögens ergeben. Unseres Erachtens führt die überquotale Einbringung von Sonderbetriebsvermögen nicht zu einer anteiligen Realisierung von im überquotalen Teil enthaltenen stillen Reserven. Die Einbringung wird insgesamt als Sacheinlage vom Anwendungsbereich des § 20 Abs. 1 erfasst,[144] da es sich auch insoweit bei dem eingebrachten Vermögen um den Bruchteil eines Mitunternehmeranteils handelt. Für den Fall, dass eine unterquotale Miteinbringung des Sonderbetriebsvermögens vorliegt, ist der Anwendungsbereich des § 20 auf den Bruchteil des Mitunternehmeranteils begrenzt, der dem eingebrachten Sonderbetriebsvermögensanteil entspricht.[145]

c) Gewährung neuer Anteile

123 Die Sacheinlage iSv § 20 Abs. 1 erfordert, dass dem Einbringenden neue Anteile an der übernehmenden Gesellschaft gewährt werden. Dies bedeutet, dass die Anteile anlässlich des Einbringungsvorgangs **neu entstehen** müssen, was zivilrechtlich insbes. in folgenden Fällen möglich ist:

- Sachgründung einer Kapitalgesellschaft (§ 27 AktG, § 5 Abs. 4 GmbHG) bzw. Kapitalerhöhung gegen Sacheinlage einer Kapitalgesellschaft (§ 183 AktG, § 56 GmbHG) und Sacheinlage auf das Kommanditkapital einer KGaA;
- Einbringung im Wege der Umwandlung einer Personenhandelsgesellschaft nach den Vorschriften des Umwandlungsgesetzes (vgl. § 1 Abs. 3).

---

141 Vgl. Rödder/Herlinghaus/van Lishaut/*Herlinghaus* UmwStG § 20 Rn. 182; Dötsch/Pung/Möhlenbrock/*Patt* UmwStG § 20 Rn. 142.
142 Vgl. Haritz/Menner/Bilitewski/*Menner* UmwStG § 20 Rn. 166.
143 Vgl. Dötsch/Pung/Möhlenbrock/*Patt* UmwStG § 20 Rn. 143 aE.
144 Rödder/Herlinghaus/van Lishaut/*Herlinghaus* UmwStG § 20 Rn. 184; aA Schmitt/Hörtnagl/*Schmitt* UmwStG § 20 Rn. 156 und Dötsch/Pung/Möhlenbrock/*Patt* UmwStG § 20 Rn. 144, wonach die Einbringung des überquotalen Teils außerhalb der Vorschriften des § 20 UmwStG erfolgt.
145 Vgl. Schmitt/Hörtnagl/*Schmitt* UmwStG § 20 Rn. 156; Dötsch/Pung/Möhlenbrock/*Patt* UmwStG § 20 Rn. 143; aA Rödder/Herlinghaus/van Lishaut/*Herlinghaus* UmwStG § 20 Rn. 144, wonach in diesem Fall keine Sacheinlage vorliegen soll.

Keine neuen Anteile iSv § 20 Abs. 1 liegen hingegen beispielsweise in folgenden Fällen vor: 124
- Einräumung einer (atypisch) stillen Beteiligung oder einer kapitalersetzenden Darlehensforderung;
- Gewährung bereits bestehender eigener Anteile;
- Einräumung von Genussrechten, auch im Falle der Gewährung eines Eigenkapital-Genussrechts;
- verdeckte Einlage;
- Einräumung der Stellung als persönlich haftender Gesellschafter einer KGaA.[146]

Nach Ansicht der Finanzverwaltung führt auch die sog. verschleierte Sachgründung bzw. Sachkapitalerhöhung nicht zur Gewährung neuer Anteile.[147] 125

Unerheblich ist, wie der jeweilige Anteil gesellschaftsrechtlich ausgestaltet ist. Demnach können auch Vorzugsaktien bzw. stimmrechtslose GmbH-Anteile als neue Anteile im obigen Sinne qualifizieren.[148] 126

Auf die Höhe der neu erworbenen Beteiligung kommt es für die Zwecke des § 20 ebenfalls nicht an.[149] Unschädlich ist es, wenn neben der Gewährung neuer Anteile zusätzliche sonstige Gegenleistungen (zB bereits bestehende Anteile) gewährt werden. Auswirkungen können sich insoweit jedoch auf die Möglichkeit der Wahl des Buchwertansatzes ergeben (→ Rn. 154 ff.). Es ist nicht erforderlich, dass die Sacheinlage auf das Stammkapital der neuen Anteile geleistet wird. Ausreichend ist, dass die Sacheinlage als Aufgeld erbracht wird.[150] 127

Aus der Gewährung neuer Anteile können sich weitere Rechtsfolgen ergeben. Hinzuweisen ist in diesem Zusammenhang insbes. auf die Vorschriften des § 8c KStG sowie des § 1 Abs. 2a, 2b, 3, 3a GrEStG. 128

II. Wertansatz bei der übernehmenden Gesellschaft

Grundsätzlich hat die übernehmende Gesellschaft das eingebrachte Betriebsvermögen gem. § 20 Abs. 2 S. 1 mit dem gemeinen Wert anzusetzen. Für die Bewertung von Pensionsrückstellungen sieht das Gesetz die Bewertung nach § 6a EStG vor. 129

Auf Antrag kann das übernommene Betriebsvermögen unter bestimmten Voraussetzungen einheitlich mit dem Buchwert oder einem Zwischenwert angesetzt werden (§ 20 Abs. 2 S. 2, dazu im Einzelnen → Rn. 135–165). 130

1. Grundsatz: Bewertung mit dem gemeinen Wert

Das im Rahmen der Sacheinlage eingebrachte Betriebsvermögen ist mit dem **gemeinen Wert** als Regelbewertungsmaßstab und Wertobergrenze anzusetzen. Für die **Definition** 131

---

146 Vgl. Schmitt/Hörtnagl/*Schmitt* UmwStG § 20 Rn. 209; aA Widmann/Mayer/*Widmann* UmwStG § 20 Rn. 476.
147 Vgl. BMF v. 11.11.2011, BStBl. I 2011, 1314 Rn. E 20.10; → Rn. 51.
148 Vgl. Dötsch/Pung/Möhlenbrock/*Patt* UmwStG § 20 Rn. 170.
149 Vgl. Schmitt/Hörtnagl/*Schmitt* UmwStG § 20 Rn. 205.
150 Vgl. BFH BStBl. II 2010, 1094.

des gemeinen Werts ist auf die allgemeinen Bewertungsvorschriften im ersten Teil des Bewertungsgesetzes zurückzugreifen.[151] Hierbei gilt Folgendes:

- Der gemeine Wert wird durch den Preis bestimmt, der im gewöhnlichen Geschäftsverkehr nach der Beschaffenheit des Wirtschaftsgutes bei einer Veräußerung zu erzielen wäre (§ 9 Abs. 2 S. 1 BewG). Das Abstellen auf den erzielbaren Veräußerungspreis dient der Objektivierung der Bemessungsgrundlage. Ausgangspunkt ist ein möglicher Käufer, der an dem Erwerb des Wirtschaftsguts in seiner konkreten Beschaffenheit mit der vorgesehenen Verwertungsmöglichkeit interessiert ist und die Bereitschaft hat, einen angemessenen, dem inneren Wert entsprechenden Kaufpreis zu zahlen.[152] Damit steht eine Wert- und nicht eine Preisfindung im Vordergrund, mit dem wesentlichen Unterschied, dass subjektive Verhältnisse zwar den Preis, nicht jedoch den Wert beeinflussen.[153] Ungewöhnliche oder persönliche Verhältnisse sind daher bei der Bewertung mit dem gemeinen Wert nicht zu berücksichtigen (§ 9 Abs. 2 S. 3 BewG). Während beispielsweise ein nur begrenzter potenzieller Käuferkreis kein ungewöhnlicher Umstand ist, wären preisbeeinflussende Verhältnisse, die in der Person von Käufer und Verkäufer liegen, zB dringender Geldbedarf des Verkäufers und Verfügungsbeschränkungen, außer Acht zu lassen.[154] Veräußerungskosten sind bei der Wertermittlung unbeachtlich, da sich der Wortlaut nicht auf den Veräußerungsgewinn, sondern auf den Veräußerungspreis bezieht.[155] Ebenso ist eine funktionale Bedeutung in der konkreten Betriebsorganisation des Übertragenden und – im Gegensatz zur Verwendung des Begriffs „Teilwert" vor dem SEStEG – eine Fortführung des Betriebs durch den Erwerber unerheblich.[156]
- Maßgebender Zeitpunkt für die Ermittlung des gemeinen Werts ist der (ggf. rückbezogene) (→ Rn. 188–209) steuerliche Zeitpunkt der Sacheinlage.[157] Rückschlüsse aus früher oder später getätigten Verkäufen können jedoch in der Wertfindung zu berücksichtigen sein, insbes. wenn damit gerechnet werden muss, dass der Preis für das Wirtschaftsgut in Kürze steigen oder fallen wird.[158]
- Lässt sich der gemeine Wert des eingebrachten Betriebsvermögens nicht aus Verkäufen unter fremden Dritten ableiten, die weniger als ein Jahr zurückliegen, so ist er unter Berücksichtigung der Ertragsaussichten oder einer anderen anerkannten, auch im gewöhnlichen Geschäftsverkehr für nicht steuerliche Zwecke üblichen Methode (also insbes. Ertragswertverfahren oder zahlungsstromorientiertes Verfahren) zu ermitteln.[159] Das sogenannte vereinfachte Ertragswertverfahren ist nach Ansicht der Finanzverwaltung anwendbar.[160]

---

151 HM, vgl. BT-Drs. 16/2710, 43; Schmitt/Hörtnagl/Stratz/*Schmitt* UmwStG § 20 Rn. 284 mwN; BMF v. 11.11.2011, BStBl. I 2011, 1314 Rn. 20.17 iVm 03.07. Die allgemeinen Bewertungsvorschriften (§§ 2–16 BewG) gelten gem. § 1 Abs. 1 BewG für alle öffentlich-rechtlichen Abgaben, die durch Bundesrecht geregelt sind, soweit sie durch Bundesfinanzbehörden oder durch Landesfinanzbehörden verwaltet werden, somit auch für das UmwStG.
152 BFH BStBl. II 1987, 769; Stenger/Loose/*Knittel* BewG § 9 Rn. 29; Widmann/Mayer/*Widmann* UmwStG § 20 Rn. R 645.
153 Vgl. Stenger/Loose/*Knittel* BewG § 9 Rn. 29.
154 S. § 9 Abs. 2, 3 BewG; vgl. auch Dötsch/Pung/Möhlenbrock/*Patt* UmwStG § 20 Rn. 199.
155 Vgl. Stenger/Loose/*Knittel* BewG § 9 Rn. 29; Schmitt/Hörtnagl/Stratz/*Schmitt* UmwStG § 20 Rn. 284; Widmann/Mayer/*Widmann* UmwStG § 20 Rn. R 645.
156 Vgl. Dötsch/Pung/Möhlenbrock/*Patt* UmwStG § 20 Rn. 199.
157 Vgl. Widmann/Mayer/*Widmann* UmwStG § 20 Rn. R 665; Dötsch/Pung/Möhlenbrock/*Patt* UmwStG § 20 Rn. 190.
158 Vgl. RFH RStBl. 1932, 459; BFH BStBl. II 1984, 233; Widmann/Mayer/*Widmann* UmwStG § 20 Rn. R 665.
159 Vgl. § 109 Abs. 1 S. 2 iVm § 11 Abs. 2 BewG; BMF v. 11.11.2011, BStBl. I 2011, 1314 Rn. 20.17 iVm 03.07.
160 Vgl. BMF v. 11.11.2011, BStBl. I 2011, 1314 Rn. 20.17 iVm 03.07, BMF v. 22.9.2011, BStBl. I, 859.

- Die Anknüpfung an die Steuerbilanz des Übertragenden hat zur Folge, dass beim Ansatz zum gemeinen Wert sämtliche stille Reserven der übergehenden Wirtschaftsgüter aufzulösen sind. Dies gilt auch, soweit die stillen Reserven auf originäre immaterielle Wirtschaftsgüter des Anlagevermögens entfallen, für die beim Übertragenden das Bilanzierungsverbot des § 5 Abs. 2 EStG gilt. Bei der Bewertung des übergehenden Vermögens werden nicht einzelne Wirtschaftsgüter, sondern die übergehende Sachgesamtheit in Form eines Betriebs, Teilbetriebs oder Mitunternehmeranteils bewertet.[161] Im Ergebnis bedeutet dies, dass in der Bilanz des übernehmenden Rechtsträgers bei einer Bewertung zum gemeinen Wert ein beim Einbringenden selbst geschaffener Geschäfts- oder Firmenwert anzusetzen ist.[162]
- Gleiches gilt für bisher nicht passivierte stille Lasten. Nach Ansicht der Finanzverwaltung sollen in der ersten Bilanz nach dem Einbringungsvorgang des übernehmenden Rechtsträgers Rückstellungen und Verbindlichkeiten, die entgegen dem steuerlichen Ansatzverbot des § 5 EStG passiviert wurden, ertragswirksam aufzulösen sein.[163] Zudem ist davon auszugehen, dass § 5 Abs. 7 EStG nach einer Einbringung beim übernehmenden Rechtsträger an den folgenden Bilanzstichtagen anzuwenden ist. Danach sollen übernommene Verpflichtungen, die beim ursprünglich Verpflichteten Ansatzverboten, -beschränkungen oder Bewertungsvorbehalten unterlegen haben, zu den auf die Übernahme folgenden Abschlussstichtagen bei dem Übernehmer so zu bilanzieren sein, wie sie beim ursprünglich Verpflichteten ohne Übernahme zu bilanzieren wären. Der Auflösungsgewinn kann grundsätzlich über 15 Jahre verteilt werden.[164]

Gem. § 20 Abs. 2 S. 1 gilt für die Bewertung von **Pensionsrückstellungen** § 6a EStG. Grundsätzlich kommt damit der Teilwert gem. § 6a Abs. 3 EStG zum Ansatz.[165] Aufgrund der Besonderheiten des § 6a EStG ist dieser Wert regelmäßig niedriger als der tatsächliche (gemeine) Wert der Pensionsrückstellung. Nach Ansicht der Finanzverwaltung ist die Berücksichtigung der Differenz zwischen dem gemeinen Wert der Pensionsrückstellung und dem Wert nach § 6a EStG nicht zulässig („**stille Last**").[166] Insbes. soll nach Ansicht der Finanzverwaltung auch keine Verrechnung mit dem Geschäfts- oder Firmenwert stattfinden.[167] Im Ergebnis führt dies dazu, dass steuerwirksamer Aufwand vermieden wird und das steuerbilanzielle Eigenkapital in der Bilanz der Übernehmerin höher ist als der gemeine Wert der übergehenden Sachgesamtheit.

Dieser Wertmaßstab für Pensionsrückstellungen, der den Regelungen des Bewertungsgesetzes vorrangig ist,[168] führt zu einer Durchbrechung der ansonsten an der Zahlungsbereitschaft des Marktes orientierten Wertermittlung. Diese einseitige Nichtberücksichtigung stiller Lasten ist systematisch nicht zu rechtfertigen.[169] Zumindest reduzieren die stillen Lasten – auch wenn sie nicht bei der Bewertung der in der Steuerbilanz anzusetzenden Passiva berücksichtigt werden – mittelbar den gemeinen Wert des Ge-

---

161 Vgl. Schmitt/Hörtnagl/Stratz/*Schmitt* UmwStG § 20 Rn. 285; Rödder/Herlinghaus/van Lishaut/Herlinghaus UmwStG § 20 Rn. 245.
162 Vgl. Schmitt/Hörtnagl/Stratz/*Schmitt* UmwStG § 20 Rn. 285; Widmann/Mayer/*Widmann* UmwStG § 20 Rn. R 672.
163 Vgl. BMF v. 11.11.2011, BStBl. I, 1344 Rn. 20.20 iVm 04.16, ergänzt durch OFD Frankfurt/M. v. 31.3.2017 – S 1978 A – 43 – St 51. Ausführlich dazu zB Schmitt/Hörtnagl/Stratz/*Schmitt* UmwStG § 20 Rn. 278–279.
164 Vgl. zur Anwendung des § 5 Abs. 7 EStG auch BMF v. 30. 11. 2017, BStBl. I, 1619; *Kahle/Braun* FF. 2018, 209.
165 Vgl. Frotscher/Drüen/*Mutscher* UmwStG § 20 Rn. 301.
166 Vgl. BMF v. 11.11.2011, BStBl. I 2011, 1314 Rn. 20.17 iVm Rn. 03.08.
167 Vgl. auch *Stimpel* GmbHR 2012, 124.
168 § 1 Abs. 2 BewG; vgl. Dötsch/Pung/Möhlenbrock/*Patt* UmwStG § 20 Rn. 199.
169 Vgl. *Rödder/Schumacher* DStR 2006, 1527.

schäfts- oder Firmenwerts, da sie den Gesamtwert der eingebrachten Sachgesamtheit negativ beeinflussen.[170] Werden die stillen Lasten nicht im Geschäfts- oder Firmenwert berücksichtigt, führt dies bis zur Höhe der nicht verrechenbaren stillen Pensionslasten in anderen Wirtschaftsgütern zur Besteuerung eines Übertragungsgewinns, obwohl im Gesamtunternehmen tatsächlich kein entsprechender Mehrwert vorhanden ist.[171] Widmann sieht eine Berücksichtigung des gemeinen Werts der Pensionsrückstellungen bei der Ermittlung des Firmenwerts zumindest dann als gerechtfertigt an, wenn der Firmenwert ausgehend vom Unternehmenswert ermittelt wird, da die Beträge, die zur Bedienung der Passivposten erforderlich sind, den Zukunftsertrag mindern.[172]

134 Die Entscheidungen des BFH vom 12.12.2012,[173] wonach übernommene Pensionsverpflichtungen sowohl in der Eröffnungsbilanz als auch in den Folgebilanzen der übernehmenden Gesellschaft mit den Anschaffungskosten und nicht mit dem Teilwert nach Maßgabe des § 6a Abs. 3 EStG anzusetzen sind, dürften hierbei keine Auswirkungen auf Umwandlungsvorgänge haben, die im Umwandlungssteuerrecht einer „verdrängenden steuerrechtlichen Sonderregelung" unterliegen.[174]

2. Auf Antrag: Bewertung mit dem Buchwert oder einem Zwischenwert

a) Buch- bzw. Zwischenwert

aa) Wertuntergrenze: Buchwert

135 Buchwert ist der Wert, der sich nach den steuerrechtlichen Vorschriften über die Gewinnermittlung in einer für den Bewertungsstichtag aufzustellenden Steuerbilanz ergibt oder ergäbe (**§ 1 Abs. 5 Nr. 4**). Die anzuwendenden Gewinnermittlungsvorschriften umfassen insbes. die §§ 5 Abs. 1a-5, 6 und 7 EStG. Der Einbringende hat die Gewinnermittlungsvorschriften (zB aus Vornahmen von Teilwertabschreibungen und Wertaufholungen, Bildung und Auflösung von gewinnmindernden Rücklagen sowie Rückstellungen) zu beachten und den Buchwert auf den Bewertungszeitpunkt zu ermitteln. Dies gilt auch bei einem unterjährigen Einbringungsstichtag.[175] Eine rechtliche Verpflichtung zur Erstellung einer formellen Steuerbilanz auf den Einbringungsstichtag besteht nicht, es genügt vielmehr, dass der Einbringende den Buchwert in einer fiktiven Bilanz unter Beachtung der Gewinnermittlungsvorschriften auf den Einbringungsstichtag entwickelt und in die zeitlich nachfolgende Bilanz der Übernehmerin überführt.[176]

136 Der Buchwert stellt die **Wertuntergrenze** für die Sacheinlage dar. Dies soll allerdings nur dann gelten, wenn der gemeine Wert nicht gleich oder niedriger als der Buchwert ist. In diesem Fall kommt es zwingend zum Ansatz des gemeinen Werts.[177]

---

170 Vgl. Rödder/Herlinghaus/van Lishaut/*Herlinghaus* UmwStG § 20 Rn. 256; Dötsch/Patt/Pung/Möhlenbrock/*Patt* UmwStG § 20 Rn. 199; *Dötsch/Pung* DB 2006, 2705. Ebenso zur vergleichbaren Vorschrift in §§ 3, 11 UmwStG: *Schumacher/Neitz-Hackstein* Ubg 2011, 410; Rödder/Herlinghaus/van Lishaut/*Birkenmeier* UmwStG § 3 Rn. 80; Schmitt/Hörtnagl/Stratz/*Schmitt* UmwStG § 3 Rn. 132, UmwStG § 11 Rn. 87; Dötsch/Pung/Möhlenbrock/*Möhlenbrock/Pung* UmwStG § 3 Rn. 49; *Schaflitzl/Widmayer* BB 2006, Special 8 zu Heft 44, 39; *Ley/Bodden* FR 2007, 268. AA *Stimpel* GmbHR 2012, 124.
171 Vgl. *Ley/Bodden* FR 2007, 268 f.
172 Vgl. Widmann/Mayer/*Widmann* UmwStG § 20 Rn. R 669, R 667.
173 Vgl. BFH BFH/NV 2013, 884 zur Ausgliederung; BFH BFH/NV 2013, 840 zum Betriebserwerb.
174 Vgl. BFH BFH/NV 2013, 840, unter B.III.4; vgl. auch *Oser* BB 2013, 946; *Trossen* GmbH-StB 2013, 137.
175 Vgl. Dötsch/Pung/Möhlenbrock/*Patt* UmwStG § 20 Rn. 194.
176 Diese Pflicht ergibt sich weder aus § 20 Abs. 2 S. 1, 2 UmwStG noch aus § 1 Abs. 5 Nr. 4 UmwStG, vgl. Dötsch/Pung/Möhlenbrock/*Patt* UmwStG § 20 Rn. 196; Rödder/Herlinghaus/van Lishaut/*Herlinghaus* UmwStG § 20 Rn. 361; Widmann/Mayer/*Widmann* UmwStG § 20 Rn. 1193; vgl. BFH BStBl. II 2012, 725 zu § 16 EStG.
177 Vgl. Dötsch/Pung/Möhlenbrock/*Patt* UmwStG § 20 Rn. 194 iVm 203.

Wird im Zuge des Einbringungsvorgangs das deutsche Besteuerungsrecht an einem 137
Wirtschaftsgut erstmals begründet, kommt es insoweit zum Ansatz des gemeinen Werts,
auch wenn im Übrigen die Voraussetzungen für den Buchwertansatz vorliegen.[178] Geht
das Besteuerungsrecht im Zuge der Einbringung an einzelnen Wirtschaftsgütern verloren und ist insoweit nach § 20 Abs. 2 S. 2 Nr. 3 der gemeine Wert anzusetzen, kann
überwiegend der Buchwert fortgeführt werden. Ein Zwischenwertansatz liegt nicht
vor.[179]

Der Buchwert beim Mitunternehmeranteil umfasst die Wertansätze in der Gesamt- 138
bilanz der Mitunternehmerschaft, dh einschließlich Ergänzungsbilanz und Sonderbilanz.[180]

bb) Obergrenze: Gemeiner Wert

Gemäß § 20 Abs. 2 S. 2 darf auf Antrag höchstens jedoch der Wert im Sinne des S. 1 139
angesetzt werden. Dies bedeutet, dass der gemeine Wert der eingebrachten Wirtschaftsgüter (§ 20 Abs. 2 S. 1 Hs. 1) bzw. der Wert nach § 6a EStG für Pensionsrückstellungen
(§ 20 Abs. 1 S. 1 Hs. 2) nicht überschritten werden darf.[181]

cc) Zwischenwert

Nach § 20 Abs. 2 S. 2 darf abweichend vom Ansatz des gemeinen Werts der Buchwert 140
oder ein höherer Wert angesetzt werden. Hieraus folgt, dass auf Antrag auch der Ansatz
eines Zwischenwertes zulässig ist. Zwischenwert ist somit der Wert, der **über dem
Buchwert, aber unter dem gemeinen Wert** liegt.[182] Ist der gemeine Wert allerdings
niedriger als der Buchwert, scheidet ein Zwischenwertansatz aus.[183] Durch den Ansatz
eines Zwischenwerts werden die stillen Reserven im eingebrachten Betriebsvermögen
teilweise aufgestockt. Bei der Bestimmung des Zwischenwertes und damit der Frage,
in welchem Umfang die stillen Reserven aufgedeckt werden, ist die übernehmende
Gesellschaft grundsätzlich frei. Die stillen Reserven sind allerdings gleichmäßig aufzudecken; eine selektive Aufstockung nur für bestimmte Wirtschaftsgüter ist unzulässig.[184]
Nach Ansicht der Finanzverwaltung gilt dies auch für einen originär geschaffenen
Firmenwert.[185]

b) Verhältnis zur handelsbilanziellen Bewertung

Das steuerliche Bewertungswahlrecht des § 20 Abs. 2 S. 2 kann unabhängig vom Wertan- 141
satz in der Handelsbilanz ausgeübt werden.[186]

---

178 Vgl. Dötsch/Pung/Möhlenbrock/*Patt* UmwStG § 20 Rn. 197; Schmitt/Hörtnagl/Stratz/*Schmitt* UmwStG § 20 Rn. 297; aA Rödder/Herlinghaus/van Lishaut/*Herlinghaus* UmwStG § 20 Rn. 309.
179 Vgl. Dötsch/Pung/Möhlenbrock/*Patt* UmwStG § 20 Rn. 197; Schmitt/Hörtnagl/Stratz/*Schmitt* UmwStG § 20 Rn. 297.
180 Vgl. Dötsch/Pung/Möhlenbrock/*Patt* UmwStG § 20 Rn. 195.
181 Vgl. Rödder/Herlinghaus/van Lishaut/*Herlinghaus* UmwStG § 20 Rn. 368.
182 Vgl. BMF v. 11.11.2011, BStBl. I 2011, 1314 Rn. 20.18 iVm 03.25.
183 Vgl. Dötsch/Pung/Möhlenbrock/*Patt* UmwStG § 20 Rn. 205.
184 Vgl. § 20 Abs. 2 S. 2: „einheitlich"; herrschende Ansicht Dötsch/Pung/Möhlenbrock/*Patt* UmwStG § 20 Rn. 205; Schmitt/Hörtnagl/Stratz/*Schmitt* UmwStG § 20 Rn. 300; Haritz/Menner/Bilitewski/*Menner* UmwStG § 20 Rn. 406; BFH BStBl. II 2002, 784; aA: Widmann/Mayer/*Widmann* UmwStG § 20 Rn. R634, R639.
185 Vgl. BMF v. 11.11.2011, BStBl. I 2011, 1314 Rn. 20.18 iVm 03.25. Zustimmung *Frotscher*, UmwSt-Erlass 2011, zu Rn. 23.17. Kritisch IDW-Stellungnahme Ubg 2011, 549 (557); *Kutt/Carstens* in: FGS, UmwSt-Erlass 2011, S. 154 (für modifizierte Stufentheorie).
186 Ganz hA, vgl. BMF v. 11.11.2011, BStBl. I 2011, 1314, Rn. 20.20; BT-Drs. 16/2710, 69 (Einzelbegründung zu § 20 Abs. 2); Dötsch/Pung/Möhlenbrock/*Patt* UmwStG § 20 Rn. 210 mwN.

c) Antrag

142 Der Buchwert oder ein Zwischenwert ist nur anzusetzen, wenn ein entsprechender Antrag gestellt wird. Für die Vermeidung einer nicht gewünschten Aufdeckung von stillen Reserven ist dieser Antrag deshalb von zentraler Bedeutung.

aa) Antragsteller

143 In § 20 Abs. 2 ist nicht ausdrücklich geregelt, wer den Antrag auf die Bewertung des übernommenen Betriebsvermögens zum Buchwert oder Zwischenwert zu stellen hat. Nach hM ist der Antrag von der **Übernehmerin des Betriebsvermögens**, dh von der aufnehmenden Kapitalgesellschaft oder Genossenschaft zu stellen.[187]

144 Nach Ansicht der Finanzverwaltung und einem Teil der Literatur soll dies auch gelten, wenn Gegenstand der Einbringung ein Mitunternehmeranteil ist.[188] Nach aA soll der Antrag gem. § 20 Abs. 2 S. 2 von der Mitunternehmerschaft (ggf. im Namen der übernehmenden Gesellschafter als neue Mitunternehmerin) zu stellen sein.[189]

145 Der Einbringende hat danach, obwohl ihn die steuerlichen Konsequenzen einer Aufdeckung von stillen Reserven treffen würden, kein Antragsrecht. Hier empfehlen sich **Regelungen im Einbringungsvertrag** einschließlich von Schadensersatzpflichten für den Fall, dass sich die übernehmende Gesellschaft nicht entsprechend verhält. Der Ansatz des übernommenen Betriebsvermögens richtet sich gleichwohl nach dem von der übernommenen Gesellschaft tatsächlich gestellten oder nicht gestellten Antrag, auch wenn sie insoweit von der Zusicherung gegenüber dem Einbringenden abgewichen ist.[190]

bb) Antragsinhalt und -form

146 § 20 Abs. 2 verlangt für den Antrag keine bestimmte Form. Nachdem der Antrag allerdings Voraussetzung für eine Bewertung zum Buchwert oder Zwischenwert ist, sollte der Steuerpflichtige im eigenen Interesse darauf achten, dass der Antrag klar bestimmt ist. Dies betrifft insbes. bei einem Zwischenwertansatz den Anteil der aufzudeckenden stillen Reserven. Aus diesem Grund ist auch Schriftform anzuraten.

147 Nach Ansicht der Finanzverwaltung ist der Antrag bedingungsfeindlich.[191] Der Antrag auf Minderbewertung kann auch konkludent durch Abgabe der Steuererklärung (einschließlich der Steuerbilanz) gestellt werden.[192] Vorsorglich sollte der Antragsteller seinen Wertansatz allerdings aus Gründen der Klarheit erläutern; dies gilt insbes. bei einem Zwischenwertansatz.

---

[187] Vgl. BMF v. 11.11.2011, BStBl. I 2011, 1314, Rn. 20.21; Schmitt/Hörtnagl/Stratz/*Schmitt* UmwStG § 20 Rn. 262, 264; Widmann/Mayer/*Widmann* UmwStG § 20 Rn. R 417; Haritz/Menner/Bilitewski/*Menner* UmwStG § 20 Rn. 366; Dötsch/Pung/Möhlenbrock/*Patt* UmwStG § 20 Rn. 209.
[188] Vgl. BMF v. 11.11.2011, BStBl. I 2011, 1314 Rn. 20.22; Schmitt/Hörtnagl/Stratz/*Schmitt* UmwStG § 20 Rn. 290; Widmann/Mayer/*Widmann* UmwStG § 20 Rn. R 452.
[189] Vgl. zB Dötsch/Pung/Möhlenbrock/*Patt* UmwStG § 20 Rn. 209c mwN.
[190] Vgl. Dötsch/Pung/Möhlenbrock/*Patt* UmwStG § 20 Rn. 209.
[191] BMF v. 11.11.2011, BStBl. I 2011, 1314 Rn. 20.21 iVm 03.29.
[192] Vgl. Dötsch/Pung/Möhlenbrock/*Patt* UmwStG § 20 Rn. 211; Widmann/Mayer/*Widmann* UmwStG § 20 Rn. R 442; Haritz/Menner/Bilitewski/*Menner* UmwStG § 20 Rn. 368; bei Buchwertansatz BMF v. 11.11.2011, BStBl. I 2011, 1314, Rn. 21.21 iVm 03.29; Schmitt/Hörtnagl/Stratz/*Schmitt* UmwStG § 20 Rn. 316.

cc) Antragszeitpunkt und -adressat

Gemäß § 20 Abs. 2 S. 3 ist der Antrag spätestens bis zur erstmaligen Abgabe der steuerlichen Schlussbilanz bei dem für die Besteuerung der übernehmenden Gesellschaft zuständigen Finanzamt zu stellen. Mit der steuerlichen Schlussbilanz ist die Steuerbilanz der übernehmenden Gesellschaft zum Ende des Wirtschaftsjahres gemeint in das der steuerliche Übertragungsstichtag fällt.[193]

148

Der Antrag kann damit grundsätzlich vor Abgabe der steuerlichen Schlussbilanz gestellt werden. Eine zeitgleiche Stellung des Antrags mit Einreichung der maßgeblichen Bilanz reicht jedoch aus.[194] Nach diesem Zeitpunkt gestellte Anträge sind unbeachtlich.[195]

149

dd) Änderung des Antrags

Nach Ansicht der Finanzverwaltung ist eine Änderung oder der Widerruf eines einmal gestellten Antrags nicht möglich.[196] Von einer Änderung oder Rücknahme des Antrags ist allerdings der Fall zu unterscheiden, dass sich **nachträglich andere Wertansätze** für das eingebrachte Betriebsvermögen ergeben (zB aufgrund einer Betriebsprüfung). Hat die übernehmende Gesellschaft zum Ausdruck gebracht, dass sie die Buchwerte ansetzen will, ist die Bilanz der Übernehmerin entsprechend zu berichtigen (Bilanzberichtigung, § 4 Abs. 2 S. 1 EStG).[197] Dies gilt auch im Fall des Ansatzes zum gemeinen Wert.[198] Nach Ansicht der Finanzverwaltung soll bei einem Zwischenwertansatz der gewählte Wert beibehalten werden, wenn dieser nach wie vor oberhalb des Buchwerts und unterhalb des gemeinen Werts liegt.[199]

150

d) Weitere Voraussetzungen

aa) Besteuerung bei der Übernehmerin mit Körperschaftsteuer (Abs. 2 S. 2 Nr. 1)

Voraussetzung für den Ansatz des Buchwerts oder eines Zwischenwerts ist nach § 20 Abs. 2 S. 2 Nr. 1, dass das übernommene Betriebsvermögen später bei der übernehmenden Körperschaft der Besteuerung mit **Körperschaftsteuer** unterliegt. Der Gesetzeswortlaut verlangt nur eine Besteuerung mit Körperschaftsteuer, nicht aber mit Gewerbesteuer. Eine Beschränkung des Besteuerungsrechts bei der Gewerbesteuer ist deshalb unbeachtlich.[200] Ausweislich der Gesetzesbegründung soll dadurch klarstellend geregelt werden, dass in den Fällen der Einbringung in eine steuerbefreite Gesellschaft ein Buchwert- oder Zwischenwertansatz nicht zulässig ist.[201] Die Regelung zielt insbes. auf die Einbringung in Körperschaften, die nach § 5 KStG steuerbefreit sind. Werden die übernommenen Wirtschaftsgüter allerdings einem wirtschaftlichen Geschäftsbetrieb zugeordnet bzw. wird durch die Einbringung ein solcher begründet,[202] wird das Wahl-

151

---

193 Vgl. Widmann/Mayer/*Widmann* UmwStG § 20 Rn. R 423; LfSt Bayern, Vfg. v. 11.11.2014, DStR 2015, 429.
194 Vgl. Widmann/Mayer/*Widmann* UmwStG § 20 Rn. R 434; Haritz/Menner/Biletewski/*Menner* UmwStG Rn. 381.
195 BMF v. 11.11.2011, BStBl. I 2011, 1314 Rn. 20.21.
196 BMF v. 11.11.2011, BStBl. I 2011, 1314 Rn. 20.24; vgl. Dötsch/Pung/Möhlenbrock/*Patt* UmwStG § 20 Rn. 213; Schmitt/Hörtnagl/Stratz/*Schmitt* UmwStG § 20 Rn. 318.
197 Vgl. Dötsch/Pung/Möhlenbrock/*Patt* UmwStG § 20 Rn. 214.
198 Vgl. BMF v. 11.11.2011, BStBl. I 2011, 1314 Rn. 20.24.
199 Vgl. BMF v. 11.11.2011, BStBl. I 2011, 1314 Rn. 20.24. Differenzierend Dötsch/Pung/Möhlenbrock/*Patt* UmwStG § 20 Rn. 214: Bilanzberichtigung, wenn im Antrag die aufzudeckenden stillen Reserven prozentual bestimmt wurden und sich die stillen Reserven nunmehr anders ermitteln.
200 Vgl. BMF v. 11.11.2011, BStBl. I2011, 1314, Rn. 20.19 iVm 03.17.
201 BT-Drs. 16/3369, 25.
202 Das dürfte durch die Definition der Sacheinlagegegenstände in § 20 Abs. 1 wohl regelmäßig der Fall sein, vgl. Dötsch/Pung/Möhlenbrock/*Patt* UmwStG § 20 Rn. 225.

recht für die Bewertung zum Buchwert oder Zwischenwert nicht eingeschränkt.[203] Das Vorliegen der Voraussetzung von § 20 Abs. 2 S. 2 Nr. 1 ist auf den Ablauf des steuerlichen Übertragungsstichtags zu prüfen.[204] Führt die Einbringung bei der Übernehmerin zu einem **Strukturwandel** (zB Wegfall des wirtschaftlichen Geschäftsbetriebs; im Zeitpunkt der Einbringung steuerpflichtige Körperschaft wird steuerbefreit), sind die Regelungen für den Strukturwandel auch für die eingebrachten Wirtschaftsgüter anzuwenden, die Einbringung an sich bleibt unberührt.[205]

152 Die Voraussetzung des § 20 Abs. 2 S. 2 Nr. 1 ist auch erfüllt, wenn das übernommene Betriebsvermögen einer Besteuerung mit einer vergleichbaren **ausländischen Körperschaftsteuer** unterliegt.[206]

153 Für die Anwendung des § 20 Abs. 2 S. 2 Nr. 1 kommt es lediglich darauf an, dass die übernehmende Gesellschaft grundsätzlich **körperschaftsteuerpflichtig** ist. Der Buch- oder Zwischenwertansatz scheitert daher nicht daran, dass im Falle der Veräußerungen Steuerbefreiungen wie § 8b Abs. 2 KStG einschlägig sind, ein Freibetrag nach § 25 KStG zur Anwendung kommt oder ob infolge einer Verlustnutzung kein steuerbarer Gewinn entsteht.[207] Handelt es sich bei der übernehmenden Gesellschaft um eine Organgesellschaft iSd §§ 14, 17 KStG, ist nach Auffassung der Finanzverwaltung die Besteuerung mit Körperschaftsteuer nur sichergestellt, soweit das dem Organträger zugerechnete Einkommen der Besteuerung mit Körperschaftsteuer unterliegt. Soweit das zugerechnete Einkommen der Besteuerung mit Einkommensteuer unterliegt, lässt die Finanzverwaltung es gleichwohl zu, dass die übergehenden Wirtschaftsgüter einheitlich mit dem Buch- oder Zwischenwert angesetzt werden, wenn sich alle an der Einbringung Beteiligten übereinstimmend schriftlich damit einverstanden erklären, dass auf die aus der Einbringung resultierenden Mehrabführungen § 14 Abs. 3 S. 1 KStG anzuwenden ist.[208]

bb) Kein negatives steuerliches Eigenkapital (Abs. 2 S. 2 Nr. 2)

154 Nach § 20 Abs. 2 S. 2 Nr. 2 ist der Ansatz des Buchwerts oder Zwischenwerts nur möglich, soweit die Passivposten des eingebrachten Betriebsvermögens die Aktivposten nicht übersteigen; dabei ist das Eigenkapital nicht zu berücksichtigen. Aufgrund dieser Regelung muss im Ergebnis die übernehmende Gesellschaft im übernommenen Betriebsvermögen vorhandene stille Reserven zumindest so weit aufdecken, dass sich **Aktiv- und Passivposten ausgleichen**, mithin das übernommene Betriebsvermögen

---

203 Zur Einbringung in ein steuerbefreites REIT vgl. Schmitt/Hörtnagl/Stratz/*Schmitt* UmwStG § 20 Rn. 328.
204 Vgl. Schmitt/Hörtnagl/Stratz/*Schmitt* UmwStG § 20 Rn. 327; Rödder/Herlinghaus/van Lishaut/*Herlinghaus* UmwStG § 20 Rn. 286; aA Dötsch/Pung/Möhlenbrock/*Patt* UmwStG § 20 Rn. 225; Haritz/Menner/Bilitewski/*Menner* UmwStG § 20 Rn. 322.
205 Zum Strukturwandel auch Haritz/Menner/Bilitewski/*Menner* UmwStG § 20 Rn. 322.
206 BMF v. 11.11.2011, BStBl. I 2011, 1314, Rn. 20.19 iVm 03.17; vgl. Dötsch/Pung/Möhlenbrock/*Patt* UmwStG § 20 Rn. 225; aA Widmann/Mayer/*Widmann* UmwStG § 20 Rn. R 540; Frotscher/Drüen/*Mutscher* UmwStG § 20 Rn. 202.
207 Vgl. Haritz/Menner/Bilitewski/*Menner* UmwStG § 20 Rn. 321 mwN.
208 Vgl. BMF v. 11.11.2011, BStBl. I 2011, 1314, Rn. 20.19 mit Verweis auf Rn. Org.33 und Org.34. Gem. BMF v. 11.11.2011, BStBl. I 2011, 1314, Rn. S. 06 gilt eine Übergangsregelung: Wurde die Umwandlung bis zum 31.12.2011 beschlossen, gilt abweichend davon die Besteuerung mit Körperschaftsteuer bei der Umwandlung auf eine unbeschränkt steuerpflichtige, nicht nach § 5 KStG steuerbefreite Organgesellschaft als sichergestellt, unabhängig davon, ob das dem Organträger zugerechnete Organeinkommen der Einkommensteuer oder Körperschaftsteuer unterliegt.

mit Null anzusetzen ist.²⁰⁹ Das Bewertungswahlrecht wird insoweit auf einen Zwischenwertansatz reduziert.

Abzustellen ist auf die **Werte in der Steuerbilanz**.²¹⁰ Der Zwischenwertansatz kann vermieden werden, wenn vor der Einbringung das negative Kapital entweder durch Einlage ausgeglichen wird oder betriebliche Schulden (die keine wesentlichen Betriebsgrundlagen bzw. einem Teilbetrieb nach wirtschaftlichen Grundsätzen zuordenbar sind) zurückbehalten werden.²¹¹ Wirtschaftsgüter, die im Zuge der Einbringung steuerverstrickt werden, sind bei der Berechnung des negativen Kapitals mit ihrem gemeinen Wert gem. § 8 Abs. 1 KStG, § 4 Abs. 1 S. 7 und § 6 Abs. 1 Nr. 5a EStG zu berücksichtigen.²¹² 155

Erfolgen mehrere Sacheinlagen in einem einheitlichen Zusammenhang, muss für jede Sacheinlage gesondert geprüft werden, ob die Passivposten die Aktivposten übersteigen. 156

cc) Keine Beschränkung oder Ausschluss des deutschen Besteuerungsrechts an dem eingebrachten Betriebsvermögen (Abs. 2 S. 2 Nr. 3)

Ein Wertansatz des eingebrachten Vermögens unterhalb des gemeinen Werts ist ferner nicht zulässig, soweit das **Recht der Bundesrepublik Deutschland** hinsichtlich der Besteuerung des Gewinns aus der Veräußerung des eingebrachten Betriebsvermögens bei der übernehmenden Gesellschaft **ausgeschlossen oder beschränkt** wird (§ 20 Abs. 2 S. 2 Nr. 3). Voraussetzung hierbei ist, dass vor der Einbringung ein deutsches Besteuerungsrecht bestanden hat.²¹³ Entscheidend ist das Besteuerungsrecht hinsichtlich des Veräußerungsgewinns der übergehenden Wirtschaftsgüter nach den Verhältnissen beim übernehmenden Rechtsträger zum Einbringungsstichtag. Unerheblich ist dagegen insbes., wem das Besteuerungsrecht von Erträgen aus der Nutzung der Wirtschaftsgüter oder hinsichtlich der erhaltenen Anteile zusteht.²¹⁴ Alleine der Ausschluss oder die Beschränkung des Besteuerungsrechts für Zwecke der Gewerbesteuer stellt keine Beschränkung iSd § 20 Abs. 2 S. Nr. 3 dar.²¹⁵ 157

Zu einer Beschränkung oder einem Verlust des deutschen Besteuerungsrechts kann es bei **grenzüberschreitenden Einbringungsvorgängen von In- und Auslandsvermögen** kommen. Das deutsche Besteuerungsrecht ist ausgeschlossen, wenn nach der Einbringung überhaupt kein deutsches Besteuerungsrecht bezogen auf das eingebrachte Betriebsvermögen mehr besteht. Das kann der Fall sein, wenn vor der Einbringung ein volles Besteuerungsrecht oder ein Besteuerungsrecht mit Anrechnungsverpflichtung bestand, welches durch die Einbringung nach nationalem deutschem Steuerrecht oder aufgrund von Doppelbesteuerungsabkommen mit deutscher Freistellungsverpflichtung insgesamt entfällt.²¹⁶ Dies betrifft insbes. Einbringungsvorgänge von inländischem Betriebsvermögen in ausländische Kapitalgesellschaften, bei denen nach Einbringung ent- 158

---

209 Vgl. Dötsch/Pung/Möhlenbrock/*Patt* UmwStG § 20 Rn. 216; Rödder/Herlinghaus/van Lishaut/*Herlinghaus* UmwStG § 20 Rn. 289.
210 Vgl. Dötsch/Pung/Möhlenbrock/*Patt* UmwStG § 20 Rn. 216.
211 Vgl. Dötsch/Pung/Möhlenbrock/*Patt* UmwStG § 20 Rn. 216.
212 Vgl. Haritz/Menner/Bilitewski/*Menner* UmwStG § 20 Rn. 332 mwN; Dötsch/Pung/Möhlenbrock/*Patt* UmwStG § 20 Rn. 216, 228.

213 Vgl. Schmitt/Hörtnagl/Stratz/*Schmitt* UmwStG § 20 Rn. 342; Frotscher/Drüen/*Mutscher* UmwStG § 20 Rn. 235.
214 Vgl. Schmitt/Hörtnagl/Stratz/*Schmitt* UmwStG § 20 Rn. 341.
215 BMF v. 11.11.2011, BStBl. I 2011, 1314, Rn. 20.19 iVm 03.18.
216 Vgl. Rödder/Herlinghaus/van Lishaut/*Herlinghaus* UmwStG § 20 Rn. 306; Dötsch/Pung/Möhlenbrock/*Patt* UmwStG § 20 Rn. 226, 226b; Schmitt/Hörtnagl/Stratz/*Schmitt* UmwStG § 20 Rn. 344.

weder keine Betriebsstätte im Inland verbleibt oder die eingebrachten Wirtschaftsgüter nicht einer inländischen Betriebsstätte zuzuordnen sind.[217]

159 Eine Beschränkung des deutschen Besteuerungsrechts hinsichtlich des eingebrachten Vermögens bei der übernehmenden Gesellschaft liegt hingegen vor, wenn es nach der Einbringung zu einer **teilweisen materiellen Einschränkung** des Besteuerungsrechts der Bundesrepublik Deutschland kommt.[218] Dies betrifft Einbringungsvorgänge, bei denen das Besteuerungsrecht der Bundesrepublik Deutschland nach der Einbringung weiterbesteht, jedoch beispielsweise eine ausländische Steuer auf die deutsche Steuer anzurechnen ist.[219] Ferner kann eine Beschränkung des deutschen Besteuerungsrechts vorliegen, wenn die inländische Besteuerung nach Einbringung nur noch über die Hinzurechnungsbesteuerung nach dem Außensteuergesetz möglich ist.[220] Keine Beschränkung des deutschen Besteuerungsrechts liegt jedoch vor, wenn im Falle der Freistellungsmethode die Möglichkeit der Anwendung des Progressionsvorbehalts entfällt oder bei Einbringung von Betriebsvermögen durch eine natürliche Person Anteile an Kapitalgesellschaften mit eingebracht werden, deren Verkauf später nicht nach § 3 Nr. 40 EStG begünstigt, sondern nach § 8b Abs. 2 KStG steuerfrei ist.[221]

160 Nach dem Gesetzeswortlaut („soweit") gilt die Einschränkung des § 20 Abs. 2 S. 2 Nr. 3 nur für den Teil des eingebrachten Betriebsvermögens, für den ein Ausschluss oder eine Beschränkung des Besteuerungsrechts vorliegt.[222]

dd) Keine übermäßige Gewährung von sonstigen Gegenleistungen (Abs. 2 S. 2 Nr. 4)

161 Voraussetzung für eine Bewertung des übernommenen Betriebsvermögens unter dem gemeinen Wert ist weiterhin, dass der gemeine Wert von sonstigen Gegenleistungen, die neben den neuen Gesellschaftsanteilen gewährt werden, nicht mehr beträgt als 25 % des Buchwerts des eingebrachten Betriebsvermögens oder 500.000 EUR, höchstens jedoch den Buchwert des eingebrachten Betriebsvermögens. Für einen Ansatz unter dem gemeinen Wert ist ausreichend, dass die gewährte sonstige Gegenleistung entweder die relative Grenze oder die absolute Grenze erfüllt.[223]

§ 20 Abs. 2 S. 4 enthält zudem eine weitere Untergrenze für den Wertansatz bei der Gewährung sonstiger Gegenleistungen. Erhält der Einbringende neben den neuen Gesellschaftsanteilen auch sonstige Gegenleistungen, ist das eingebrachte Betriebsvermögen abweichend von § 20 Abs. 2 S. 2 mindestens mit dem gemeinen Wert der sonstigen Gegenleistung anzusetzen, wenn dieser den sich nach § 20 Abs. 2 S. 2 ergebenden Wert übersteigt.

Mit dem Steueränderungsgesetz vom 6.11.2015 wurde § 20 Abs. 2 S. 2 Nr. 4 neu eingefügt und § 20 Abs. 2 S. 4 neu gefasst. Diese Regelungen sind rückwirkend erstmals auf Einbringungen anzuwenden, wenn in den Fällen der Gesamtrechtsnachfolge der Umwandlungsbeschluss nach dem 31.12.2014 erfolgt ist oder in anderen Fällen der Einbringungsvertrag nach dem 31.12.2014 geschlossen worden ist.[224]

---

217 Vgl. Dötsch/Pung/Möhlenbrock/*Patt* UmwStG § 20 Rn. 226.
218 Vgl. Rödder/Herlinghaus/van Lishaut/*Herlinghaus* UmwStG § 20 Rn. 307.
219 Vgl. Schmitt/Hörtnagl/Stratz/*Schmitt* UmwStG § 20 Rn. 344; BT-Drs. 16/2710, 43.
220 Vgl. Schmitt/Hörtnagl/Stratz/*Schmitt* UmwStG § 20 Rn. 352.
221 Vgl. Schmitt/Hörtnagl/Stratz/*Schmitt* UmwStG § 20 Rn. 342.
222 Vgl. Frotscher/Drüen/*Mutscher* UmwStG § 20 Rn. 234.
223 Vgl. Dötsch/Pung/Möhlenbrock/*Patt* UmwStG § 20 Rn. 224p.
224 § 27 Abs. 14; zur rückwirkenden Anwendung vgl. *Rödder*, UBG 2015; *Ritzer/Stangl* DStR 2015, 849.

Solche sonstigen **Gegenleistungen** sind beispielsweise Barabfindungen, Sachwerte, (ggf. erst im Zuge der Einbringung gebildete) Darlehensforderungen oder eigene Anteile der Übernehmerin, nicht jedoch die Übernahme von betrieblichen Verbindlichkeiten, die zur eingebrachten Sachgesamtheit gehören, oder die Bildung einer Kapitalrücklage (§ 272 Abs. 2 Nr. 4 HGB).[225] Der Gesetzeswortlaut differenziert nicht danach, wer die sonstige Gegenleistung gewährt hat. Voraussetzung ist aber, dass es sich um eine neben die neuen Anteile tretende zusätzliche Gegenleistung handelt und damit ein innerer Sachzusammenhang zur Sacheinlage besteht.[226] Die sonstige Gegenleistung muss für die Sacheinlage gewährt werden. 162

Wird weder die relative Grenze noch die absolute Grenze des § 20 Abs. 2 S. 2 Nr. 4 nicht erfüllt, ist insoweit – dh in Höhe des überschießenden Betrages der sonstigen Gegenleistung – ein Ansatz unter dem gemeinen Wert nicht möglich. Die stillen Reserven sind in dem Verhältnis der überschießenden sonstigen Gegenleistung zum Gesamtwert der Sacheinlage aufzudecken. Die Grenzen des § 20 Abs. 2 S. 2 Nr. 4 haben daher den Charakter eines Freibetrages für die sonstigen Gegenleistungen.[227] Als absolute Untergrenze gem. § 20 Abs. 2 S. 4 ist das eingebrachte Betriebsvermögen mindestens mit dem gemeinen Wert der sonstigen Gegenleistung anzusetzen. Durch diese Regelung werden negative Anschaffungskosten für die Anteile an der Übernehmerin vermieden, die im Einzelfall aufgrund der Freibetragsbetrachtung bei der Anwendung der Grenzen des § 20 Abs. 2 S. 2 Nr. 4 auftreten könnten. Es gelten dann die Grundsätze zum Zwischenwertansatz.[228] Übersteigt der gemeine Wert der Zusatzleistung den gemeinen Wert der Sacheinlage, liegt insoweit eine verdeckte Gewinnausschüttung vor.[229] 163

Die Wirkungsweise der Neuregelungen soll anhand des folgenden Beispiels veranschaulicht werden (in Anlehnung an die Gesetzesbegründung, BT-Drs. 18/4902, 49 f.):

A bringt sein Einzelunternehmen (Buchwert: 2 Mio. EUR; gemeiner Wert: 5 Mio. EUR) in die A-GmbH ein. Er erhält neue Anteile mit einem gemeinen Wert von 4 Mio. EUR sowie eine bare Zuzahlung in Höhe von 1 Mio. EUR. Die übrigen Voraussetzungen des § 20 Abs. 2 S. 2 liegen vor. Einbringungskosten liegen annahmegemäß nicht vor.

In einem **ersten Schritt** ist die Grenze des Abs. 2 S. 2 Nr. 4 zu prüfen und zu ermitteln, inwieweit diese durch die Gewährung der sonstigen Gegenleistung ggf. überschritten wird („schädliche Gegenleistung"). Vorliegend kann eine sonstige Gegenleistung in Höhe von EUR 500.000[230] gewährt werden, ohne dass es zu einer Aufdeckung von stillen Reserven kommt. Die schädliche Gegenleistung beläuft sich folglich auf EUR 500.000.

In einem **zweiten Schritt** ist zu ermitteln, für welchen Anteil des Betriebsvermögens ein Buchwertansatz möglich ist. Dazu ist der um die schädliche Gegenleistung geminderte gemeine Wert des eingebrachten Betriebsvermögens (5 Mio. EUR – 500.000 EUR) ins Verhältnis zum gemeinen Wert des eingebrachten Betriebsvermögens (5 Mio. EUR)

---

225 Vgl. Dötsch/Pung/Möhlenbrock/*Patt* UmwStG § 20 Rn. 224 f. iVm 187b-187e; Widmann/Mayer/*Widmann* UmwStG § 20 Rn. R 580–R 585; Rn. 845 ff.
226 Bei Leistungen von Dritten wird teilweise eine Leistung „für Rechnung" der übernehmenden Gesellschaft verlangt (so Schmitt/Hörtnagl/Stratz/*Schmitt* UmwStG § 20 Rn. 361; Rödder/Herlinghaus/van Lishaut/*Herlinghaus* UmwStG § 20 Rn. 323; aA Dötsch/Pung/Möhlenbrock/*Patt* UmwStG § 20 Rn. 221).
227 Vgl. Dötsch/Pung/Möhlenbrock/*Patt* § 20 Rn. 224r.
228 HM vgl. zB Widmann/Mayer/*Widmann* UmwStG § 20 Rn. R 591.2; Schmitt/Hörtnagl/Stratz/*Schmitt* UmwStG § 20 Rn. 366a; Dötsch/Pung/Möhlenbrock/*Patt* UmwStG § 20 Rn. 219 mwN.
229 Vgl. Dötsch/Pung/Möhlenbrock/*Patt* UmwStG § 20 Rn. 219.
230 Bei einem Buchwert des eingebrachten Betriebsvermögens von 2 Mio. EUR beläuft sich die „unschädliche" Gegenleistung sowohl nach § 20 Abs. 2 S. 1 Nr. 4 Buchst. a als auch nach Buchst. b auf 500.000 EUR.

zu setzen. Vorliegend ist also für 90 % des eingebrachten Betriebsvermögens ein Ansatz zum Buchwert möglich.

In einem **dritten Schritt** wird durch Addition der fortgeführten Buchwerte iHv 1,8 Mio. EUR (90 % von 2 Mio. EUR) und der schädlichen Gegenleistung (500.000 EUR) der Wertansatz des übernommenen Vermögens bei der A-GmbH (2,3 Mio. EUR) ermittelt.

In einem **vierten Schritt** ist die absolute Untergrenze des § 20 Abs. 2 S. 4 zu prüfen. Der Wert des eingebrachten Betriebsvermögens (2,3 Mio. EUR) übersteigt den Wert der sonstigen Gegenleistung (1 Mio. EUR). Die Voraussetzung des § 20 Abs. 2 S. 4 ist damit erfüllt.

In einem **fünften Schritt** ist der Übertragungsgewinn des A als Differenz zwischen dem Wertansatz bei der A-GmbH (2,3 Mio. EUR) und dem Buchwert des eingebrachten Vermögens (2 Mio. EUR) zur ermitteln. Der Einbringungsgewinn beträgt folglich 300.000 EUR.

In einem **sechsten Schritt** werden die Anschaffungskosten der erhaltenen Anteile des A durch Subtraktion der (gesamten) sonstigen Gegenleistung (1 Mio. EUR) vom Wertansatz des übernommenen Vermögens bei der A-GmbH bestimmt. Die Anschaffungskosten des A betragen demnach 1,3 Mio. EUR.

164 Im Ergebnis können durch diese Regelung innerhalb der gesetzlichen Grenzen dem Einbringenden sonstige Gegenleistungen bzw. Liquidität gewährt werden, ohne dass es zu einer steuerlichen Belastung kommt. Die Regelung kann auch dazu genutzt werden, einen wertmäßigen Ausgleich unter mehreren Einbringenden zu ermöglichen, wenn zB nur ein Gesellschafter Sonderbetriebsvermögen einbringt.[231] Aufgrund der ausdrücklichen Regelung durch den Gesetzgeber ist eine Sacheinlage unter Gewährung von sonstigen Gegenleistungen nicht rechtsmissbräuchlich.[232]

e) Einschränkung der Bewertungsregelungen des § 20 Abs. 2 S. 2 durch § 50i Abs. 2 EStG

165 Umfasst die eingebrachte Sachgesamtheit auch Wirtschaftsgüter iSd § 50i Abs. 1 EStG,[233] ist die Vorschrift des § 50i Abs. 2 EStG idF des BEPS-Umsetzungsgesetzes[234] zu beachten. Die Regelung zielt auf Gestaltungen zur Umgehung der „speziellen Entstrickungsbesteuerung[235]" des § 50i Abs. 1 EStG ab und ordnet für mit eingebrachte Wirtschaftsgüter iSd des § 50i Abs. 1 EStG – abweichend von § 20 Abs. 2 S. 2 – stets den Ansatz mit dem gemeinen Wert an, soweit das deutsche Besteuerungsrecht hinsichtlich des Gewinns aus der Veräußerung der erhaltenen Anteile oder „mitverstrickter" Anteile iSd § 22 Abs. 7 ausgeschlossen oder beschränkt wird.

Durch § 50i Abs. 2 EStG wird die Möglichkeit zur Einbringung unterhalb des gemeinen Wertes nunmehr – im Einklang mit dem Zweck der Norm – lediglich dann und

---

231 Vgl. Dötsch/Pung/Möhlenbrock/*Patt* UmwStG § 20 Rn. 219.
232 Vgl. Dötsch/Pung/Möhlenbrock/*Patt* UmwStG § 20 Rn. 219a.
233 Vgl. zur „§ 50i-Problematik" grundlegend *Liekenbrock* IStR 2013, 690 ff.
234 Mit dem BEPS-Umsetzungsgesetz wurde § 50i Abs. 2 EStG rückwirkend ab der erstmaligen Anwendung (siehe dazu § 52 Abs. 48 S. 4 EStG) neu gefasst. Damit hat der Gesetzgeber auf die teilweise heftige Kritik im Schrifttum an der überschießenden Wirkung der Norm in ihrer ursprünglichen Fassung reagiert; vgl. dazu *Rödder* DB 2015, 1422 ff.
235 So Dötsch/Pung/Möhlenbrock/*Patt* UmwStG § 20 Rn. 227a.

insoweit eingeschränkt, als es durch die Einbringung zu einer Umgehung des § 50i Abs. 1 EStG kommt.[236]

III. Veräußerungspreis für das eingebrachte Betriebsvermögen und Anschaffungskosten für die erhaltenen Anteile (Abs. 3)

1. Grundsatz: Verknüpfung mit dem Wertansatz der aufnehmenden Gesellschaft

Nach § 20 Abs. 3 S. 1 gilt für den Einbringenden als Veräußerungspreis für das eingebrachte Betriebsvermögen und als Anschaffungskosten der erhaltenen Anteile der Wert, mit dem die übernehmende Gesellschaft das eingebrachte Betriebsvermögen ansetzt. Setzt die übernehmende Gesellschaft daher Buchwerte oder Zwischenwerte an, kommt es zu einer Verdoppelung der stillen Reserven, da diese dann sowohl im übergegangenen Betriebsvermögen als auch in den erhaltenen Anteilen enthalten sind.[237] 166

Diese **Wertverknüpfung** an den tatsächlich bei der übernehmenden Gesellschaft angesetzten Wert ist für den Einbringenden **bindend**; abweichende Vereinbarungen, zB über die Ausübung des Wahlrechts im Einbringungsvertrag, sind unbeachtlich.[238] Sie eröffnen ggf. (lediglich) einen zivilrechtlichen Schadensersatzanspruch.

Die Wertansätze der übernehmenden Gesellschaft können im Besteuerungsverfahren des Einbringenden grundsätzlich nicht auf ihre Richtigkeit überprüft werden.[239] Dies gilt sowohl hinsichtlich des gewählten Wertansatzes dem Grunde nach, als auch hinsichtlich der konkret ermittelten Werte.[240] Bereits durchgeführte Veranlagungen des Einbringenden können ggf. nach § 175 Abs. 1 S. 1 Nr. 2 AO geändert werden.[241] Aufgrund dieser Bindungswirkung steht dem Einbringenden ein **Anfechtungsrecht** gegen den gegenüber der übernehmenden Gesellschaft ergangenen Körperschaftsteuerbescheid zu.[242] 167

Die Wertverknüpfung setzt allerdings voraus, dass der Grundtatbestand des § 20, nämlich die **Sacheinlage** im Sinne des § 20 Abs. 1, gegeben ist. Denn § 20 Abs. 3 ist die Rechtsfolge der Tatbestandsmäßigkeit des § 20 Abs. 1.[243] Nach in der Literatur vertretener Ansicht ist der von der übernehmenden Gesellschaft angesetzte Wert nur insoweit maßgeblich, als er sich überhaupt innerhalb der gesetzlichen Bewertungsgrenzen bewegt.[244] Patt will – wohl weitergehend – die Werteverknüpfung nicht anwenden, wenn beispielsweise bei der Gesellschaft Buchwerte angesetzt sind und ein wirksamer Antrag auf Minderbewertung nicht vorliegt bzw. aufgrund von § 20 Abs. 2 Nr. 1–3 eingeschränkt ist.[245] Diese Ansicht läuft uE auf eine weitgehende Überprüfbarkeit der Wertansätze der übernehmenden Gesellschaft im Besteuerungsverfahren des Einbringenden hinaus, die der Ansicht des BFH entgegensteht, der eine Überprüfung auf Ebene des Einbringenden überhaupt nur für den Ausnahmefall einer offenkundigen und willkürlichen Bewertung über dem Teilwert diskutiert. 168

---

236 Dötsch/Pung/Möhlenbrock/*Patt* UmwStG § 20 Rn. 227f.
237 Vgl. Rödder/Herlinghaus/van Lishaut/*Herlinghaus* UmwStG § 20 Rn. 380.
238 Vgl. zB Widmann/Mayer/*Widmann* Rn. R 404 mwN.
239 Vgl. BFH BStBl. II 2008, 536.
240 Vgl. FinMin Mecklenburg-Vorpommern, Erlass vom 1.11.2012, DStR 2013, 973 unter I.
241 Vgl. BMF v. 11.11.2011, BStBl. I 2011, 1314, Rn. 20.23.
242 Vgl. BFH BStBl. II 2012, 421. Zur Anwendung dieses Urteils in Abhängigkeit vom Verfahrensstand beim Einbringenden und der übernehmenden Gesellschaft,

vgl. FinMin Mecklenburg-Vorpommern. Erlass vom 1.11.2012, DStR 2013, 973.
243 Vgl. Dötsch/Pung/Möhlenbrock/*Patt* UmwStG § 20 Rn. 250a.
244 Vgl. Dötsch/Pung/Möhlenbrock/*Patt* UmwStG § 20 Rn. 250; Schmitt/Hörtnagl/Stratz/*Schmitt* UmwStG § 20 Rn. 372; Rödder/Herlinghaus/van Lishaut/*Herlinghaus* UmwStG § 20 Rn. 382. Offengelassen in BFH BStBl. II 2008, 536 unter II.3.b.cc. und in BFH BStBl. II 2011, 815 unter II. 2.d.cc.
245 Vgl. Dötsch/Pung/Möhlenbrock/*Patt* UmwStG § 20 Rn. 250.

169 Bei der Einbringung durch eine **Mitunternehmerschaft** oder bei Einbringung von Mitunternehmeranteilen sind die Ansätze in Ergänzungs- oder Sonderbilanzen erhöhend oder vermindernd zu berücksichtigen.[246]

170 Im Einzelfall sind die **Anschaffungskosten** für die erhaltenen Anteile zu modifizieren. Werden beispielsweise andere Gegenleistungen neben den Anteilen gewährt, ist der gemeine Wert der anderen Wirtschaftsgüter bei der Ermittlung der Anschaffungskosten abzusetzen (vgl. § 20 Abs. 3 S. 3, → Rn. 173–174). Anschaffungskostenerhöhend wirken sich geleistete Aufgelder oder Ausgleichszahlungen aus sowie Kosten, die eigentlich die übernehmende Gesellschaft zu tragen hätte, soweit sie vom Einbringenden übernommen wurden.[247] Die Anschaffungskosten sind auch zu modifizieren, soweit nach Maßgabe des § 20 Abs. 5 S. 3 der Einbringende im Rückbeziehungszeitraum Einlagen oder Entnahmen tätigt.[248]

2. Anschaffungskosten bei Betriebsvermögen ohne deutsches Besteuerungsrecht

171 § 20 Abs. 3 S. 2 regelt die Ermittlung der Anschaffungskosten für solche Wirtschaftsgüter, für die vor der Einbringung **kein deutsches Besteuerungsrecht** bestand, und für die ein solches auch durch die Einbringung nicht begründet wird. Für solches Vermögen gilt insoweit der gemeine Wert des Betriebsvermögens im Zeitpunkt der Einbringung als Anschaffungskosten der Anteile. Der Ansatz auf Ebene der Übernehmerin ist nicht betroffen. Durch diese Regelung soll verhindert werden, dass die in den eingebrachten Wirtschaftsgütern ruhenden stillen Reserven, die ausschließlich im Ausland zu besteuern sind, auf die im Inland ggf. steuerpflichtige Beteiligung überspringen.[249]

172 Ein Anwendungsfall ist insbes. das Vermögen einer ausländischen Betriebsstätte, auf das nach dem einschlägigen DBA die **Freistellungsmethode** Anwendung findet. Diese Regelung macht Sinn, wenn man davon ausgeht, dass wegen der Einheitlichkeit der Wahlrechtsausübung bei einem Einbringungsgegenstand, der sowohl steuerfreies als auch steuerpflichtig verhaftetes Vermögen umfasst, für das steuerfreie Vermögen der gemeine Wert nicht angesetzt werden kann.[250]

3. Anschaffungskosten bei Gewährung einer sonstigen Gegenleistung

173 Werden neben den Gesellschaftsanteilen auch andere Wirtschaftsgüter gewährt, ist deren gemeiner Wert bei den Anschaffungskosten der Gesellschaftsanteile abzusetzen (§ 20 Abs. 3 S. 3).

174 Diese Bestimmung steht in Zusammenhang mit § 20 Abs. 2 S. 2 Nr. 4 und § 20 Abs. 2 S. 4. Danach ist die Sacheinlage bei Gewährung zusätzlicher Leistungen mindestens mit dem gemeinen Wert dieser zusätzlichen Leistung anzusetzen. Durch diese Regelung wird sichergestellt, dass sich die stillen Reserven im eingebrachten Betriebsvermögen wirtschaftlich in den erhaltenen Anteilen fortsetzen.[251]

---

246 Vgl. Schmitt/Hörtnagl/Stratz/*Schmitt* UmwStG § 20 Rn. 373.
247 Vgl. Dötsch/Pung/Möhlenbrock/*Patt* UmwStG § 20 Rn. 298.
248 Vgl. Dötsch/Pung/Möhlenbrock/*Patt* UmwStG § 20 Rn. 299.
249 Vgl. Rödder/Herlinghaus/van Lishaut/*Herlinghaus* UmwStG § 20 Rn. 391.
250 Vgl. Rödder/Herlinghaus/van Lishaut/*Herlinghaus* UmwStG § 20 Rn. 391.
251 Vgl. Haritz/Menner/Bilitewski/*Menner* UmwStG § 20 Rn. 558 mit Beispiel; → Rn. 161–164.

4. Einbringungsgeborene Anteile

Umfasst das eingebrachte Betriebsvermögen auch einbringungsgeborene Anteile im Sinne von § 21 Abs. 1 aF, gelten die erhaltenen Anteile insoweit auch als einbringungsgeboren in diesem Sinne (§ 20 Abs. 3 S. 4). Durch § 20 Abs. 3 S. 4 soll sichergestellt werden, dass bei einer späteren Veräußerung der als Gegenleistung für die Übertragung von Anteilen im Sinne von § 21 aF erhaltenen Anteile insoweit auch § 8b Abs. 4 KStG aF bzw. § 3 Nr. 40 S. 3 und S. 4 EStG aF zur Anwendung kommen und die dort geregelten Sperrfristen nicht unterlaufen werden können.[252] Werden die einbringungsgeborenen Anteile zum gemeinen Wert eingebracht, werden deshalb auch die erhaltenen Anteile nicht nach § 20 Abs. 3 S. 4 verstrickt.[253] Sind einbringungsgeborene Anteile Teil einer einheitlichen Sacheinlage, gelten die erhaltenen Anteile nur insoweit als einbringungsgeborene Anteile alten Rechts im Sinne des § 21 aF Die Aufteilung der erhaltenen Anteile in einbringungsgeborene Anteile alten Rechts und übrige erhaltene Anteile erfolgt im Verhältnis der stillen Reserven in den einbringungsgeborenen Anteilen sowie den stillen Reserven im Übrigen eingebrachten Vermögen.[254]

175

IV. Einbringungsergebnis und Anwendung von §§ 16 Abs. 4, 34 Abs. 1, 3 EStG (Abs. 4)

1. Ermittlung des Einbringungsergebnisses

Eine Sacheinlage nach § 20 ist aus steuerlicher Sicht ein **tauschähnlicher** und damit ein **Veräußerungsvorgang**.[255] Für die Ermittlung des Einbringungsgewinns und dessen Besteuerung gelten somit die allgemeinen Grundsätze, soweit § 20 nichts Abweichendes bestimmt.[256] Diese Besonderheiten finden sich in

176

- § 20 Abs. 3 S. 1: Verknüpfung des Veräußerungspreises mit dem Wert, den die übernehmende Gesellschaft für das eingebrachte Betriebsvermögen ansetzt (→ Rn. 166).
- § 20 Abs. 4: Anwendung der Regelungen zum Freibetrag (§ 16 Abs. 4 EStG) und zur Tarifermäßigung (§ 34 Abs. 1, 3 EStG).
- § 20 Abs. 5 und 6: Zeitpunkt für das Entstehen des Einbringungsergebnisses (steuerlicher Übertragungsstichtag), → Rn. 188.

Das Einbringungsergebnis ermittelt sich damit wie folgt:

177

	Veräußerungspreis gem. § 20 Abs. 3 S. 1
./.	(vom Einbringenden getragene) Einbringungskosten
./.	Buchwert der eingebrachten Wirtschaftsgüter
./.	Freibetrag nach § 16 Abs. 4 EStG
=	Einbringungsergebnis

Als **Veräußerungspreis** gilt – abweichend von der allgemeinen Regelung des § 16 EStG – gem. § 20 Abs. 3 S. 1 zwingend der Wert, den die übernehmende Gesellschaft für das

178

---

252 Vgl. Schmitt/Hörtnagl/Stratz/*Schmitt* UmwStG § 20 Rn. 397; Dötsch/Pung/Möhlenbrock/*Patt* UmwStG § 20 Rn. 146.
253 Vgl. Schmitt/Hörtnagl/Stratz/*Schmitt* UmwStG § 20 Rn. 397.
254 Dötsch/Pung/Möhlenbrock/*Patt* UmwStG § 20 Rn. 147.
255 Vgl. BFH BStBl. II 2004, 686; BMF v. 11.11.2011, BStBl. I 2011, 1314, Rn. 20.01.
256 Vgl. Dötsch/Pung/Möhlenbrock/*Patt* UmwStG § 20 Rn. 245; Rödder/Herlinghaus/van Lishaut/*Herlinghaus* UmwStG § 20 Rn. 414.

eingebrachte Betriebsvermögen ansetzt. Auf die Ausführungen zu § 20 Abs. 3 S. 1 wird verwiesen (→ Rn. 166).

179 **Einbringungskosten** des Einbringenden sind solche Aufwendungen, die durch die Einbringung ursächlich entstehen und nach dem objektiven Veranlassungsprinzip dem Einbringenden zugeordnet werden können.[257] Diese Einbringungskosten mindern gem. § 16 Abs. 2 EStG den Einbringungsgewinn. Beispiele hierfür sind Kosten der Rechts- und Steuerberatung für den Einbringenden, die Kosten der Bilanz- und Vertragserstellung, Kosten, die mit den zu fassenden Beschlüssen und ihren Eintragungen zusammenhängen und die durch den Einbringungsvorgang ausgelöste Gewerbesteuer (für Zeiträume, auf die das Betriebsausgabenabzugsverbot des § 4 Abs. 5b EStG keine Anwendung findet).[258]

180 Weiterhin ist das **Einbringungsergebnis** um den steuerlichen Buchwert des eingebrachten Betriebsvermögens am steuerlichen Übertragungsstichtag zu mindern. Dabei ist das Einbringungsergebnis vom laufenden Ergebnis des Einbringenden abzugrenzen.[259] Sind zum steuerlichen Übertragungsstichtag die Bewertungsansätze der Wirtschaftsgüter zu verändern, weil beispielsweise Teilwertabschreibungen oder Wertaufholungen vorzunehmen sind, erhöht oder vermindert sich der laufende Gewinn des Einbringenden; Auswirkungen auf einen Einbringungsgewinn oder -verlust ergeben sich dadurch nicht.[260] Wertansätze in einer Ergänzungs- oder Sonderbilanz für das eingebrachte Betriebsvermögen einer Mitunternehmerschaft bzw. eines Mitunternehmeranteils sind zu berücksichtigen.[261] Hat der Einbringende seinen Gewinn nach § 4 Abs. 3 EStG ermittelt, muss die Gewinnermittlung zum steuerlichen Übertragungsstichtag auf den Betriebsvermögensvergleich umgestellt werden.[262] Der Übergangsgewinn ist laufender Gewinn des Einbringenden. Eine Verteilung des Übergangsgewinns aus Billigkeitsgründen auf das Jahr des Übergangs und die beiden folgenden Jahre ist nicht möglich, weil die Sacheinlage dem Grunde nach eine Betriebsveräußerung nach § 16 EStG darstellt.[263]

181 Nicht zum Einbringungsergebnis gehört ein sogenannter **Konfusionsgewinn** aus der Vereinigung von gegenseitigen Forderungen und Verbindlichkeiten des Einbringenden und der übernehmenden Kapitalgesellschaft; dieser entsteht erst bei der übernehmenden Kapitalgesellschaft.[264]

2. Besteuerung des Einbringungsergebnisses

182 Für die Frage, in welchem Umfang das Einbringungsergebnis steuerpflichtig ist, gelten insoweit die allgemeinen Vorschriften. Sind beispielsweise im eingebrachten Betrieb, Teilbetrieb oder Mitunternehmeranteil Anteile an einer **Kapitalgesellschaft** enthalten, kommen die Regelungen des § 3 Nr. 40 EStG (bei einer natürlichen Person als Einbringenden) bzw. des § 8b KStG (bei einer Körperschaft als Einbringenden) zur Anwendung.

---

[257] Vgl. Dötsch/Pung/Möhlenbrock/*Patt* UmwStG § 20 Rn. 252.
[258] Vgl. Dötsch/Pung/Möhlenbrock/*Patt* UmwStG § 20 Rn. 253; Rödder/Herlinghaus/van Lishaut/*Herlinghaus* UmwStG § 20 Rn. 417.
[259] Vgl. Schmitt/Hörtnagl/Stratz/*Schmitt* UmwStG § 20 Rn. 403.
[260] Vgl. Schmitt/Hörtnagl/Stratz/*Schmitt* UmwStG § 20 Rn. 413.
[261] Vgl. Schmitt/Hörtnagl/Stratz/*Schmitt* UmwStG § 20 Rn. 406.
[262] Vgl. BFH BStBl. II 2002, 287 (zur Einbringung in eine Personengesellschaft), Dötsch/Pung/Möhlenbrock/*Patt* UmwStG § 20 Rn. 241.
[263] Vgl. Dötsch/Pung/Möhlenbrock/*Patt* UmwStG § 20 Rn. 241; R 4.6 Abs. 1 S. 3 EStR.
[264] Vgl. Schmitt/Hörtnagl/Stratz/*Schmitt* UmwStG § 20 Rn. 402.

Ist Gegenstand der Einbringung Betriebsvermögen eines im Inland betriebenen **Gewerbebetriebs**, ist eine Gewerbesteuerpflicht des Einbringungsgewinns nach den allgemeinen gewerbesteuerlichen Grundsätzen zu Veräußerungs- und Aufgabegewinnen zu beurteilen.[265] Hierbei ist nach dem einbringenden Rechtsträger und dem Einbringungsgegenstand zu differenzieren: 183

- Ist Einbringender eine natürliche Person unterliegt die Einbringung eines Betriebs, Teilbetriebs oder ganzen Mitunternehmeranteils aufgrund des Objektcharakters der Gewerbesteuer, nachdem lediglich laufende Gewinne besteuert werden, grundsätzlich nicht der Gewerbesteuer.[266] Bei Einbringung eines Teils eines Mitunternehmeranteils (s. R 7.1 Abs. 3 S. 6 GewStR) sowie in weiteren Einzelfällen (zB Einbringung eines verschmelzungsgeborenen (Teil-)Betriebs oder Mitunternehmeranteils gem. § 18 Abs. 3 zu einem über dem Buchwert liegenden Wert; Einbringung von doppelstöckigen Personengesellschaften bzgl. der stillen Reserven der Unter-Personengesellschaft) unterliegt der Einbringungsgewinn als laufender Gewinn jedoch der Gewerbesteuer.[267]
- Ist Einbringender eine Körperschaft iSd § 2 Abs. 2 S. 1 GewStG unterliegt der Gewinn aus der Einbringung eines Betriebs, Teilbetriebs oder Mitunternehmeranteils der Gewerbesteuer.[268]
- Ist Einbringender eine Mitunternehmerschaft resultiert eine Gewerbesteuerpflicht des Gewinns aus der Einbringung eines (Teil-)Betriebs, soweit er nicht auf eine natürliche Person als unmittelbar beteiligter Mitunternehmer entfällt (§ 7 S. 2 GewStG). Der Einbringungsgewinn aus der Einbringung eines Mitunternehmer(teil-)anteils unterliegt unabhängig von den Mitunternehmern der Ober-Personengesellschaft der Gewerbesteuer.[269] Ist der Einbringungsgewinn gem. § 3 Nr. 40 EStG oder § 8b KStG (teilweise) steuerfrei, ist diese Steuerbefreiung über § 7 S. 4 GewStG auch für Zwecke der Gewerbesteuer anwendbar.[270]

3. Anwendung von § 16 Abs. 4 EStG

Auf einen bei einer Sacheinlage entstehenden **Veräußerungsgewinn** ist § 16 Abs. 4 EStG nur anzuwenden, wenn der Einbringende eine natürliche Person ist, es sich nicht um die Einbringung von Teilen eines Mitunternehmeranteils handelt und die übernehmende Gesellschaft das eingebrachte Betriebsvermögen mit dem gemeinen Wert ansetzt (§ 16 Abs. 4 S. 1 EStG). Der **Freibetrag** ist auch auf den steuerpflichtigen Teil der Gewinne anzuwenden, soweit diese dem Teileinkünfteverfahren unterliegen.[271] Gehören zur eingebrachten Sacheinlage auch Anteile an einer Körperschaft, kann der Freibetrag gem. § 16 Abs. 4 EStG vorrangig dem steuerpflichtigen Gewinn aus der Einbringung 184

---

265 Vgl. H 7.1 Abs. 1 „Einbringungsgewinn" GewStR.
266 Vgl. Dötsch/Pung/Möhlenbrock/*Patt* UmwStG § 20 Rn. 284; Widmann/Mayer/*Widmann* UmwStG § 20 Rn. R1078; Schmitt/Hörtnagl/Stratz/*Schmitt* UmwStG § 20 Rn. 433; Haritz/Menner/Bilitewski/*Menner* UmwStG § 20 Rn. 542.
267 Vgl. Widmann/Mayer/*Widmann* UmwStG § 20 Rn. R1085; Haritz/Menner/Bilitewski/*Menner* UmwStG § 20 Rn. 542; Brandis/Heuermann/*Nitzschke* UmwStG § 20 Rn. 105; Dötsch/Pung/Möhlenbrock/*Patt* UmwStG § 20 Rn. 285.
268 Vgl. Dötsch/Pung/Möhlenbrock/*Patt* UmwStG § 20 Rn. 286; Widmann/Mayer/*Widmann* UmwStG § 20 Rn. R1085; Schmitt/Hörtnagl/Stratz/*Schmitt* UmwStG § 20 Rn. 435; Haritz/Menner/Bilitewski/*Menner* UmwStG § 20 Rn. 544.
269 Vgl. Dötsch/Pung/Möhlenbrock/*Patt* UmwStG § 20 Rn. 291; Schmitt/Hörtnagl/Stratz/*Schmitt* UmwStG § 20 Rn. 437.
270 Vgl. Schmitt/Hörtnagl/Stratz/*Schmitt* UmwStG § 20 Rn. 437, 438; Widmann/Mayer/*Widmann* UmwStG § 20 Rn. R1095 f.
271 Vgl. R 16 Abs. 13 S. 10 EStR.

der Anteile zugeordnet werden, eine Aufteilung muss nicht erfolgen.[272] Dies ist für den Einbringenden vorteilhaft, weil für den Gewinn aus der Einbringung der Anteile an der Körperschaft die Tarifermäßigung nicht in Anspruch genommen werden kann.

185 Voraussetzung für die Gewährung des Freibetrags gem. § 16 Abs. 4 EStG ist ua, dass der Steuerpflichtige das **55. Lebensjahr** vollendet hat. Für eine rückbezogene Einbringung ist zu beachten, dass die Altersvoraussetzung wohl bereits zum Zeitpunkt des steuerlichen Übertragungsstichtags erfüllt sein müsste.[273]

4. Anwendung von § 34 Abs. 1, 3 EStG

186 Gemäß § 20 Abs. 4 S. 2 iVm Abs. 4 S. 1 ist die Tarifermäßigung nach § 34 Abs. 1 und 3 EStG nur dann anzuwenden, wenn der Einbringende eine natürliche Person ist, es sich nicht um die Einbringung von Teilen eines Mitunternehmeranteils handelt, die übernehmende Gesellschaft das eingebrachte Betriebsvermögen mit dem gemeinen Wert ansetzt und der Veräußerungsgewinn nicht nach § 3 Nr. 40 S. 1 EStG iVm § 3c Abs. 2 EStG teilweise steuerbefreit ist.

187 Die Anwendung der Tarifermäßigung kommt auch nicht in Betracht, wenn für einen Teil des Einbringungsgewinns eine steuerfreie § 6b EStG Rücklage gebildet worden ist.[274]

V. Zeitpunkt der Sacheinlage und steuerliche Rückwirkung (Abs. 5, 6)

188 Für Sacheinlagen iSd § 20 beinhalten § 20 Abs. 5 und 6 die gesetzlichen Regelungen zum steuerlichen Übertragungsstichtag (Einbringungszeitpunkt) und zur steuerlichen Rückwirkung. Diese Regelungen gehen § 2 als die spezielleren Normen vor.[275]

189 Mit Ablauf des steuerlichen Übertragungsstichtages endet die steuerliche Zurechnung des eingebrachten Vermögens zum Einbringenden und beginnt die Zurechnung zur übernehmenden Gesellschaft.[276]

1. Grundsatz: Übergang des eingebrachten Vermögens im Zeitpunkt des Übergangs des wirtschaftlichen Eigentums

190 Der **Einbringungszeitpunkt** ist grundsätzlich der Zeitpunkt, an dem das wirtschaftliche Eigentum an dem eingebrachten Vermögen auf die übernehmende Gesellschaft übergeht.[277]

191 Im Falle der **Einzelrechtsnachfolge** ist dies regelmäßig der im Einbringungsvertrag bestimmte Zeitpunkt des Übergangs von Besitz, Nutzen und Lasten an den Wirtschaftsgütern der betrieblichen Sachgesamtheit. Ein Einbringungsvorgang nach § 20 hat nur einen einzigen Einbringungszeitpunkt.[278] Daran ändert nichts, dass die (dingliche) Übertragung der Wirtschaftsgüter möglicherweise zu unterschiedlichen Zeitpunkten

---

272 Vgl. BFH BStBl. II 2010, 1011. Anders noch BMF vom 20.12.2005, BStBl. I 2006, 7.
273 So zumindest Dötsch/Pung/Möhlenbrock/*Patt* UmwStG § 20 Rn. 282. Zum Veräußerungszeitpunkt und Maßgeblichkeit des Entstehens des Veräußerungsgewinns für die Altersvoraussetzung vgl. BFH BStBl. II 2008, 193.
274 Vgl. Dötsch/Pung/Möhlenbrock/*Patt* UmwStG § 20 Rn. 262.
275 Vgl. Widmann/Mayer/*Widmann* UmwStG § 20 Rn. R 238.
276 Vgl. Dötsch/Pung/Möhlenbrock/*Patt* UmwStG § 20 Rn. 301.
277 Vgl. BMF v. 11.11.2011, BStBl. I 2011, 1314 Rn. 20.13.
278 Vgl. Dötsch/Pung/Möhlenbrock/*Patt* UmwStG § 20 Rn. 301.

stattfindet[279] (zB Abtretung des Personengesellschaftsanteils und Übertragung von Sonderbetriebsvermögens bei der Einbringung eines Mitunternehmeranteils, Übertragung der einzelnen Wirtschaftsgüter bei der Einbringung eines Teilbetriebs). Um in den Anwendungsbereich des § 20 zu gelangen, ist ein sachlicher und zeitlicher Zusammenhang zwischen den Übertragungsvorgängen erforderlich, so dass in einem solchen Fall nur ein Einbringungszeitpunkt gegeben ist.

In Fällen der **Gesamtrechtsnachfolge** geht das wirtschaftliche Eigentum spätestens im Zeitpunkt der Eintragung in das Register über.[280]

2. Rückbeziehung des Einbringungsvorgangs

a) Antrag

Gemäß § 20 Abs. 5 S. 1 darf auf Antrag der steuerliche Übertragungsstichtag um bis zu acht Monate zurückbezogen werden.

Der Antrag ist von der **übernehmenden Gesellschaft** zu stellen.[281] Zuständig ist das für die Veranlagung des übernehmenden Rechtsträgers zuständige Finanzamt.[282]

Der Antrag ist an keine Form gebunden. Es genügt auch **konkludentes Handeln**, zB durch Abbildung in der Bilanz und den Steuererklärungen.[283] Die Finanzverwaltung verlangt, dass sich bereits aus der Bilanz oder der Steuererklärung für das Jahr, in dem die Einbringung durchgeführt wurde, eindeutig ergibt, welchen Einbringungszeitpunkt die übernehmende Gesellschaft gewählt hat.[284] Das Gesetz enthält allerdings keine (Ausschluss-)Frist für den Antrag auf Rückbeziehung des steuerlichen Übertragungsstichtages. Daher erscheint es geboten, die Antragstellung bis zur Beendigung der letzten Tatsacheninstanz zuzulassen.[285]

b) Steuerlicher Übertragungsstichtag und Rückbezugszeitraum

Nach § 20 Abs. 6 S. 1 darf bei einer Verschmelzung im Sinne des § 2 UmwG als steuerlicher Übertragungsstichtag der Stichtag angesehen werden, für den die Schlussbilanz der übertragenen Unternehmen aufgestellt ist; dieser Stichtag darf höchstens acht Monate vor der Anmeldung der Verschmelzung zur Eintragung in das Handelsregister liegen. Entsprechendes gilt, wenn Vermögen im Wege der Sacheinlage durch Aufspaltung, Abspaltung oder Ausgliederung nach § 123 UmwG auf die übernehmende Gesellschaft übergeht (§ 20 Abs. 6 S. 2). In sonstigen Fällen, dh insbes. in Fällen der Einzelrechtsnachfolge, darf die Einbringung auf einen Tag zurückbezogen werden, der höchstens acht Monate vor dem Tag des Abschlusses des Einbringungsvertrags liegt und höchstens acht Monate vor dem Zeitpunkt liegt, an dem das eingebrachte Vermögen auf die übernehmende Gesellschaft übergeht (§ 20 Abs. 6 S. 3). § 20 Abs. 6 S. 3 ist auch auf Einbringungsvorgänge, die sich nach ausländischen Vorschriften vollziehen, anzuwen-

---

279 Vgl. dazu auch Schmitt/Hörtnagl/Stratz/*Schmitt* UmwStG § 20 Rn. 235.
280 Vgl. BMF v. 11.11.2011, BStBl. I 2011, 1314, Rn. 20.13. Zur Frage, ob möglicherweise ein früherer Übergang des wirtschaftlichen Eigentums in solchen Fällen möglich ist, Haritz/Menner/Bilitewski/*Menner* UmwStG § 20 Rn. 576.
281 Vgl. BMF v. 11.11.2011, BStBl. I 2011, 1314, Rn. 20.14; Dötsch/Pung/Möhlenbrock/*Patt* UmwStG § 20 Rn. 307; Rödder/Herlinghaus/van Lishaut/*Herlinghaus* UmwStG § 20 Rn. 456.
282 Vgl. Widmann/Mayer/*Widmann* UmwStG § 20 R 277; Haritz/Menner/Bilitewski/*Menner* UmwStG § 20 Rn. 599.
283 Vgl. Schmitt/Hörtnagl/Stratz/*Schmitt* UmwStG § 20 Rn. 260 mwN.
284 Vgl. BMF v. 11.11.2011, BStBl. I 2011, 1314 Rn. 20.14.
285 Vgl. Haritz/Menner/Bilitewski/*Menner* UmwStG § 20 Rn. 600 mwN.

den.²⁸⁶ Dies gilt auch für Verschmelzungen und Spaltungen nach ausländischem Recht, da § 20 Abs. 6 S. 1 und 2 nur Verschmelzungen und Spaltungen im Sinne des UmwG erfassen.²⁸⁷

Zur Abmilderung der Folgen der COVID-19-Pandemie wurde die Achtmonatsfrist des § 20 Abs. 6 S. 1 Hs. 2 temporär auf zwölf Monate ausgeweitet, soweit die Anmeldung zur Eintragung der Verschmelzung in den Kalenderjahren 2020 und 2021 erfolgte (§ 27 Abs. 15 S. 2 iVm Verordnung zu § 27 Abs. 15 vom 18.12.2020, BGBl. I 3042).²⁸⁸

c) Einkünfteermittlung im Rückbezugszeitraum

197 Liegen die Voraussetzungen für die **Rückbeziehung** des Einbringungsvorgangs vor, sind das Einkommen und das Vermögen des Einbringenden und der übernehmenden Gesellschaft so zu ermitteln, als ob das eingebrachte Betriebsvermögen mit Ablauf des steuerlichen Übertragungsstichtages auf die Übernehmerin übergegangen wäre (§ 20 Abs. 5 S. 1). Mit dieser Regelung fingiert das Gesetz einen Vermögensübergang zum Ablauf des steuerlichen Übertragungsstichtages.²⁸⁹

198 Die steuerliche Rückbeziehung gem. § 20 Abs. 5 und 6 gilt für die ESt, KSt und GewSt, nicht jedoch für die GrESt, ErbSt und USt sowie die Investitionszulage.²⁹⁰

199 Als Folge der Rückbeziehung wird der durch den Einbringenden tatsächlich verwirklichte Sachverhalt im Rückbezugszeitraum der übernehmenden Gesellschaft zugerechnet. Weitergehende Folgen, insbes. eine Rückbeziehung von Geschäftsvorfällen auf den steuerlichen Übertragungsstichtag, hat § 20 Abs. 5 S. 1 dagegen nicht.²⁹¹

200 Bei der Einbringung eines Betriebs und eines Anteils an einer **Personengesellschaft** werden deshalb bestehende Vertragsbeziehungen zwischen dem Einbringenden und der Gesellschaft nach **körperschaftsteuerlichen Grundsätzen** beurteilt, dh Aufwendungen sind bei der Kapitalgesellschaft bei Erfüllung der entsprechenden Anforderungen Betriebsausgabe. Beim Gesellschafter liegen nunmehr keine Sonderbetriebseinnahmen vor, sondern die Einnahmen werden unter die jeweilige Einkunftsart subsumiert. Wird ein Vertrag zwischen Gesellschafter und Gesellschaft erst im steuerlichen Rückbezugszeitraum geschlossen, gelten diese Grundsätze ab dem steuerlich wirksamen tatsächlichen Vertragsabschluss.

201 Wird ein **Einzelbetrieb** rückwirkend in eine Kapitalgesellschaft eingebracht, können zivilrechtlich wirksame Verträge im Rückbezugszeitraum nur mit der Vorgesellschaft

---

286 Vgl. Widmann/Mayer/*Widmann* UmwStG § 20 Rn. R 253.
287 Vgl. Haritz/Menner/Bilitewski/*Menner* UmwStG § 20 Rn. 596; ausführlich dazu Widmann/Mayer/*Widmann* UmwStG § 20 Rn. R 253.
288 Vgl. ausführlich: Dötsch/Pung/Möhlenbrock/Patt UmwStG § 20 Rn. 316.
289 Vgl. zB Haritz/Menner/Bilitewski/*Menner* UmwStG § 20 Rn. 625. Wird beispielsweise als Einbringungszeitpunkt der 31.12.2001, 24:00 Uhr, gewählt, geht das Vermögen mit Ablauf des 31.12.2001 auf die übernehmende Gesellschaft über. Die Folgen der Einbringung sind damit im VZ 2001 zu ziehen: Eine „Aufnahmebilanz" der übernehmenden Gesellschaft für die eingebrachten Wirtschaftsgüter ist auf den 31.12.2001 zu erstellen. Ein etwaiger Einbringungsgewinn entstünde beim Einbringenden damit noch im VZ 2001 genauso wie ein etwaiger Einbringungsfolgegewinn bei der Übernehmerin. Die Ergebnisse der „laufenden" Geschäftstätigkeit mit dem eingebrachten Vermögen sind der übernehmenden Kapitalgesellschaft für die Zeit nach Ablauf des steuerlichen Übertragungsstichtags zuzurechnen, also ab dem 1.1.2002.
290 Vgl. ausführlich Dötsch/Pung/Möhlenbrock/*Patt* UmwStG § 20 Rn. 322 mwN. Auch die bewertungsrechtliche Zurechnung (relevant für die GrSt) der in der Sachanlage enthaltenen Grundstücke ist nach dem rückbezogenen steuerlichen Übertragungsstichtag zu bestimmen, vgl. FG Nürnberg vom 12.2.1998 – IV 218/96, EFG 1998, 922, rkr.; Verfügung OFD Magdeburg vom 25.11.1998, StEK § 22 BewG Nr. 41.
291 Vgl. Dötsch/Pung/Möhlenbrock/*Patt* UmwStG § 20 Rn. 313.

der Übernehmerin abgeschlossen werden (dh frühestens ab der notariellen Beurkundung der Kapitalerhöhung oder der Sachgründung).[292]

Die Rückbeziehung umfasst nicht **Entnahmen** und **Einlagen**, die nach dem steuerlichen Übertragungsstichtag erfolgen (§ 20 Abs. 5 S. 2). Insbes. sollen Entnahmen nicht als verdeckte Gewinnausschüttungen aus der steuerlich bereits existenten Kapitalgesellschaft an den Einbringenden beurteilt werden.[293] Entnahmen mindern die Anschaffungskosten der Anteile; im Falle einer Einlage erhöhen sich die Anschaffungskosten um den Wert nach § 6 Abs. 1 Nr. 5 EStG der Einlage (§ 20 Abs. 5 S. 3). Leistungen der Gesellschaft, die über ein angemessenes Entgelt hinausgehen, sind Entnahmen, für die § 20 Abs. 5 S. 3 gilt. 202

Die steuerliche Rückwirkungsfiktion gilt nicht für einen Mitunternehmer, der im Rückwirkungszeitraum aus einer Personengesellschaft ausscheidet. Er erhält keine Anteile an der übernehmenden Gesellschaft und ist somit nicht als Einbringender im Sinne des § 20 anzusehen.[294] Der **ausscheidende Mitunternehmer** hat bei einer entgeltlichen Übertragung neben seinem Gewinnanteil bis zum Zeitpunkt der tatsächlichen Übertragung seines Mitunternehmeranteils einen Gewinn aus der Veräußerung seines Mitunternehmeranteils im Sinne von § 16 EStG zu versteuern. Eine Einbringung im Sinne des § 20 ist für den Erwerber des Mitunternehmeranteils vollumfänglich möglich und kann auch auf einen Zeitpunkt vor dem Anteilserwerb zurückbezogen werden.[295] Bei der Einkünfteermittlung der übernehmenden Gesellschaft ist zu beachten, dass Gewinne und Verluste bis zum Erwerbszeitpunkt, soweit sie vom ausscheidenden Mitunternehmer bereits versteuert wurden, zu kürzen sind.[296] Scheidet ein Mitunternehmer unentgeltlich gem. § 6 Abs. 3 EStG aus der Mitunternehmerschaft aus, sind die Buchwerte fortzuführen. Für die Einbringung gem. § 20 durch den Erwerber des Anteils gilt das Vorstehende. 203

Wird Betriebsvermögen mit steuerlicher Rückwirkung in eine Kapitalgesellschaft eingebracht, kann zwischen dem Einbringenden und dem übernehmenden Rechtsträger mit Wirkung ab dem steuerlichen Übertragungsstichtag ein **Organschaftsverhältnis** begründet werden.[297] Voraussetzung ist neben allgemeinen Eingliederungsvoraussetzungen des § 14 KStG, dass das eingebrachte Vermögen dem übertragenden Rechtsträger zum Einbringungszeitpunkt auch steuerlich zuzurechnen war und der Gewinnabführungsvertrag bis zum Ende des betreffenden Wirtschaftsjahres der Organgesellschaft wirksam wird.[298] Ferner müssen die Betriebs- oder Teilbetriebsvoraussetzungen nach Ansicht der Finanzverwaltung bereits am steuerlichen Übertragungsstichtag vorgelegen haben.[299] Die im Zuge einer Einbringung erhaltenen Anteile am übernehmenden Rechtsträger sind dem Einbringenden steuerlich mit Ablauf des steuerlichen Übertragungsstichtags zuzurechnen.[300] 204

---

292 Vgl. Dötsch/Pung/Möhlenbrock/*Patt* UmwStG § 20 Rn. 330.
293 Vgl. Schmitt/Hörtnagl/Stratz/*Schmitt* UmwStG § 20 Rn. 246.
294 Vgl. BMF v. 11.11.2011, BStBl. I 2011, 1314, Rn. 20.16.
295 HM, vgl. Dötsch/Pung/Möhlenbrock/*Patt* UmwStG § 20 Rn. 351.
296 Vgl. Haritz/Menner/Bilitewski/*Menner* UmwStG § 20 Rn. 672.
297 Vgl. BFH BStBl. II 2011, 528; BFH BFH/NV 2011, 67; BMF v. 11.11.2011, BStBl. I 2011, 1314, Rn. Org.13 S. 2;

Dötsch/Pung/Möhlenbrock/*Patt* UmwStG § 20 Rn. 359; Dötsch/Pung/Möhlenbrock/*Dötsch* UmwStG Anh. 1 Rn. 33.
298 Vgl. BMF v. 11.11.2011, BStBl. I 2011, 1314 Rn. Org.13 S. 3 f.; Brandis/Heuermann/*Nitzschke* UmwStG § 20 Rn. 116.
299 Vgl. BMF v. 11.11.2011, BStBl. I 2011, 1314 Rn. 20.14.
300 Vgl. BMF v. 11.11.2011, BStBl. I 2011, 1314, Rn. 20.14, Rn. Org. 13 S. 1; Dötsch/Pung/Möhlenbrock/*Dötsch* UmwStG Anh. 1 Rn. 33.

d) Einschränkung der Rückbeziehung

205 Gemäß § 20 Abs. 6 S. 4 gelten § 2 Abs. **3–5** entsprechend.

206 Nach § 20 Abs. 6 S. 4 iVm § 2 Abs. 3 ist die steuerliche Rückbeziehung bei **grenzüberschreitenden Sacheinlagen** ausnahmsweise ausgeschlossen, soweit durch die Rückbeziehung sogenannte „weiße Einkünfte" entstehen würden. Hierdurch soll verhindert werden, dass bei Einbringung mit Auslandsbezug durch ggf. abweichende Rückbezugsregelungen anderer Staaten sich nicht besteuerte Einkünfte ergeben könnten.[301] Anders als im originären Anwendungsbereich des § 2 greift die Rückbeziehung des § 20 Abs. 5 und 6 nur auf Antrag. Wird der Antrag nicht gestellt, greift die Einschränkung des § 2 Abs. 3 nicht, auch wenn nicht besteuerte Einkünfte entstehen sollten.[302]

207 Nach § 20 Abs. 6 S. 4 iVm § 2 Abs. 4 S. 1 und 2 soll die steuerliche Verwertung von Verlustvorträgen oder Zins- und EBITDA-Vorträgen durch eine rückwirkende Einbringung gesperrt werden, wenn ohne den zeitlichen Rückbezug die Verlustnutzung nicht zulässig gewesen wäre.[303] Die Rückbeziehung nach § 20 Abs. 5 und 6 setzt einen Antrag voraus. Ohne Stellung dieses Antrages gelten ausschließlich die allgemeinen Grundsätze.

208 Über § 20 Abs. 6 S. 4 gelten auch die Regelungen des § 2 Abs. 4 S. 3–6 für Einbringungen entsprechend. Danach dürfen im Rückbezugszeitraum **positive Einkünfte** des übertragenden Rechtsträgers nicht mit **Verlusten** des übernehmenden Rechtsträgers **verrechnet** werden. Dies gilt grundsätzlich auch, wenn übernehmender Rechtsträger eine Organgesellschaft ist. Die Beschränkung gilt nicht, wenn der übertragende und der übernehmende Rechtsträger vor Ablauf des steuerlichen Übertragungsstichtags verbundene Unternehmen im Sinne von § 271 Abs. 2 HGB sind.

209 Durch das AbzStEntModG wurde der Verweis des § 20 Abs. 6 S. 4 auf den in diesem Zuge eingefügten § 2 Abs. 5 ausgeweitet, wodurch diese weitere Ausnahme von der Verlustverwertung auch in Einbringungsfällen gilt. Im Anwendungsbereich des § 20 sollen durch § 2 Abs. 5 im Rückwirkungszeitraum erzielte Verluste, die aus der Bewertung oder Veräußerung von im Rahmen der Einbringung erworbenen Finanzinstrumenten oder Anteilen an Kapitalgesellschaften resultieren, nicht mit Gewinnen der Übernehmerin ausgeglichen oder verrechnet werden können. Die Anwendung der Verlustbeschränkung kann jedoch verhindert werden, indem der Steuerpflichtige nachweist, dass die Verrechnung negativer Einkünfte iSd § 2 Abs. 5 S. 1 und 2 kein Haupt- oder Nebenzweck der Umwandlung bzw. Einbringung war (§ 2 Abs. 5 S. 6). Eine überschießende Wirkung soll hierdurch verhindert werden.

VI. Einbringung einer in einem anderen EU/EWR-Staat gelegenen Betriebsstätte (Abs. 7 iVm § 3 Abs. 3)

210 Gemäß § 20 Abs. 7 ist § 3 Abs. 3 entsprechend anzuwenden. § 3 Abs. 3 regelt die Anrechnung einer **fiktiven ausländischen Steuer** bei Verschmelzung einer inländischen Körperschaft mit EU-Anrechnungsbetriebsstätte auf eine Personengesellschaft.

---

[301] Vgl. Dötsch/Pung/Möhlenbrock/*Patt* UmwStG § 20 Rn. 361; *Schaflitzl/Widmayer* BB 2006, Special 8/06, 36, 38.

[302] Vgl. *Ettinger/Königer* GmbHR 2009, 590 (595).

[303] Vgl. Dötsch/Pung/Möhlenbrock/*Patt* UmwStG § 20 Rn. 362 f.

Hintergrund von § 20 Abs. 7 ist die Regelung in § 20 Abs. 2 S. 2 Nr. 3. Danach ist zwingend der **gemeine Wert** anzusetzen, soweit durch die Einbringung einer ausländischen Betriebstätte das Recht der Bundesrepublik Deutschland hinsichtlich der Besteuerung des Gewinns aus der Veräußerung der Wirtschaftsgüter dieser Betriebstätte ausgeschlossen oder beschränkt wird. Durch die Anrechnung der fiktiven ausländischen Steuer sollen die Erfordernisse des Art. 10 Fusions-RL im deutschen Recht erfüllt werden. Im Ergebnis ist eine Doppelbesteuerung der stillen Reserven in der Betriebstätte im Ansässigkeitsstaat des Stammhauses infolge der Beschränkung des Besteuerungsrechtes einerseits und im Betriebsstättenstaat andererseits zu vermeiden, wenn im Zeitpunkt der Beschränkung des Besteuerungsrechts eine Realisation der stillen Reserven im Betriebstättenstaat (und damit eine tatsächliche Anrechenbarkeit der ausländischen Steuer) unterbleibt. Die **Nichtbesteuerung** kann darauf beruhen, dass der Staat den Einbringungsvorgang generell als erfolgsneutral betrachtet, oder darauf, dass eine erfolgsneutrale Einbringung ermöglicht und von dieser Möglichkeit Gebrauch gemacht wird.[304]

211

Die Anrechnung der fiktiven Steuer kommt nur in Betracht, soweit die übertragenen Wirtschaftsgüter einer Betriebstätte in einem EU-Mitgliedstaat zuzurechnen sind und Deutschland die Doppelbesteuerung nicht durch Freistellungsmethode vermeidet (vgl. § 20 Abs. 7 iVm § 3 Abs. 3 S. 2). Die Vorschrift findet also insbes. Anwendung, wenn nach dem einschlägigen Doppelbesteuerungsabkommen die **Anrechnungsmethode** zur Anwendung kommt oder für die **Freistellungsmethode** das DBA eine Aktivitätsklausel enthält und aus der eingebrachten Betriebstätte passive Einkünfte erzielt werden.[305]

212

Fraglich im Anwendungsbereich des § 20 Abs. 7 ist, ob durch den Verweis auf § 3 Abs. 3 und Art. 10 Fusions-RL lediglich auf die in Art. 10 Fusions-RL geschilderte besondere Sachverhaltskonstellation abgestellt wird oder ob auch die übrigen persönlichen und sachlichen Anwendungsvoraussetzungen der Fusions-RL erfüllt sein müssen. Hieraus ergeben sich folgende Anwendungsfragen:

213

- Einheitlich wird in der Literatur beurteilt, dass die fiktive Steueranrechnung nicht im Verhältnis zu **EWR-Staaten** anzuwenden ist, die nicht zugleich Mitglieder der EU sind (also Island, Liechtenstein und Norwegen).[306] Nach Ansicht von *Mutscher* verstößt diese Einschränkung gegen die Grundfreiheiten des EWR-Abkommens.[307]
- Für Einbringungen durch **natürliche Personen** oder Personengesellschaften sieht *Mutscher* unter Beachtung der Fusions-RL und dem Verweis in § 3 Abs. 3 nur auf § 26 KStG keinen Anwendungsbereich für eine fiktive Steueranrechnung nach § 20 Abs. 7.[308] Die hM geht hingegen davon aus, dass § 3 Abs. 3 entsprechende Anwendung findet und somit im Falle der Einbringung durch natürliche Personen eine Anrechnung nach den §§ 34c, 34d EStG erfolgen kann.[309]

---

304 Vgl. Widmann/Mayer/*Widmann* UmwStG § 20 Rn. R 758.
305 Vgl. Widmann/Mayer/*Widmann* UmwStG § 20 Rn. R 758, BMF v. 11.11.2011, BStBl. I 2011, 1314, Rn. 20.36 mit Beispiel; zu einer Übersicht der Staaten, in denen diese steuerliche Situation aufgrund der abgeschlossenen DBA möglich ist; vgl. Haritz/Menner/Bilitewski/*Menner* UmwStG § 20 Rn. 697.
306 Vgl. Widmann/Mayer/*Widmann* UmwStG § 20 Rn. R 757; Haritz/Menner/Bilitewski/*Menner* UmwStG § 20 Rn. 692; Frotscher/Drüen/*Mutscher* UmwStG § 20 Rn. 364.
307 Vgl. Frotscher/Drüen/*Mutscher* UmwStG § 20 Rn. 365.
308 Vgl. Frotscher/Drüen/*Mutscher* UmwStG § 20 Rn. 364.
309 Vgl. Schmitt/Hörtnagl/Stratz/*Schmitt* UmwStG § 20 Rn. 440; Brandis/Heuermann/*Nitzschke* UmwStG § 20 Rn. 118; Haritz/Menner/Bilitewski/*Menner* UmwStG § 20 Rn. 698; Rödder/Herlinghaus/van Lishaut/*Herlinghaus* UmwStG § 20 Rn. 492.

- Auch die Einbringung eines **Mitunternehmeranteils** sieht *Mutscher* als nicht von § 20 Abs. 7 begünstigt.[310]

214 Rechtsfolge des § 20 Abs. 7 ist die Anrechnung der nach ausländischem Recht ermittelten **fiktiven Steuer**. Zur Ermittlung der anzurechnenden ausländischen Steuer ist der gemeine Wert der Betriebstätte dem (Buch-)Wert der Betriebstätte gegenüberzustellen, wie er sich nach den steuerlichen Vorschriften des Belegenheitsstaates zum Einbringungszeitpunkt ergibt. Dieser Einbringungsgewinn ist einer nach dem ausländischen Steuerrecht durchzuführenden Schattenveranlagung zu unterwerfen, um die fiktive ausländische Steuer zu ermitteln.[311] Die Anrechnung ist begrenzt auf die auf den Einbringungsgewinn anfallende deutsche Steuer.[312] Steuerliche Mehrbelastungen einer etwaigen Progressionswirkung werden nicht abgemildert.[313]

VII. Einbringung einer in einem anderen EU-/EWR-Staat ansässigen transparenten ausländischen Gesellschaft (Abs. 8)

215 § 20 Abs. 8 setzt die Vorgaben von Art. 10a Fusions-RL 1990 (nunmehr Art. 11 Fusions-RL) um und erfasst den Sonderfall der **Einbringung einer Betriebstätte** durch eine in einem anderen EU-Mitgliedstaat ansässige Gesellschaft, die in Deutschland für steuerliche Zwecke als **transparent** behandelt wird. Wird die Doppelbesteuerung auf Ebene des deutschen Mitunternehmers nach DBA durch Anrechnung der ausländischen Steuer vermieden, würde das Besteuerungsrecht der Bundesrepublik Deutschland an dem ausländischen Betriebsstättenvermögen verloren gehen, wenn die ausländische hybride Gesellschaft die Betriebsstätte in eine Kapitalgesellschaft einbringt. Daher ist für diesen Fall gem. § 20 Abs. 2 S. 2 Nr. 3 insoweit zwingend der gemeine Wert anzusetzen mit der Folge der steuerlichen Erfassung eines Einbringungsgewinns. Der Einbringungsgewinn wird nach den Grundsätzen des deutschen Steuerrechts durch Gegenüberstellung des gemeinen Werts der Betriebstätte und dem Buchwert der Betriebstätte ermittelt.[314]

216 Um auch für den Fall, dass der ausländische Staat den Einbringungsvorgang als **steuerneutral** behandelt, eine Doppelbesteuerung der stillen Reserven im Betriebsvermögen der ausländischen Betriebsstätte zu vermeiden, sieht § 20 Abs. 8 eine Anrechnung der im EU-Betriebsstättenstaat fiktiv zu erhebenden Steuer vor. Die fiktive ausländische Steuer ist im Wege einer Schattenveranlagung nach dem maßgebenden ausländischen Steuerrecht zu ermitteln.[315]

217 Darüber hinaus erfasst § 20 Abs. 8 die Einbringung der Beteiligung an der transparenten Gesellschaft durch den inländischen Anteilseigner in eine ausländische Kapitalgesellschaft. Aus deutscher Sicht liegt insofern eine **Einbringung eines Mitunternehmeranteils** vor, der bei einer Beschränkung des Besteuerungsrechts zur Besteuerung der stillen Reserven führt. Auch in diesem Fall kommt es zur Anrechnung einer fiktiven Steuer.[316]

---

310 Vgl. Frotscher/Drüen/*Mutscher* UmwStG § 20 Rn. 364.
311 Vgl. Haritz/Menner/Bilitewski/*Menner* UmwStG § 20 Rn. 696; Widmann/Mayer/*Widmann* UmwStG § 20 Rn. R 758.
312 Vgl. Schmitt/Hörtnagl/Stratz/*Schmitt* UmwStG § 20 Rn. 439.
313 Vgl. Frotscher/Drüen/*Mutscher* UmwStG § 20 Rn. 373.
314 Vgl. Haritz/Menner/Bilitewski/*Menner* UmwStG § 20 Rn. 708.
315 Vgl. Widmann/Mayer/*Widmann* UmwStG § 20 Rn. R 769.
316 Vgl. Schmitt/Hörtnagl/Stratz/*Schmitt* UmwStG § 20 Rn. 443; Brandis/Heuermann/*Nitzschke* UmwStG § 20 Rn. 119; Frotscher/Drüen/*Mutscher* UmwStG § 20 Rn. 390 ff.; Dötsch/Pung/Möhlenbrock/*Patt* UmwStG § 20 Rn. 372.

In Bezug auf den Anwendungsbereich der Vorschrift, werden Einbringungsvorgänge 218
unter Beteiligung von nicht zur EU gehörenden Gesellschaften des EWR-Bereichs nicht
von § 20 Abs. 8 erfasst.[317] Die praktische Bedeutung der Regelung dürfte jedoch auch
im Bereich der EU begrenzt sein, da nach dem gegenwärtigen Stand der DBA mit
EU-Staaten lediglich portugiesische und slowakische Gesellschaften als Einbringende
unter die Vorschrift fallen dürften.[318]

Auch wenn der Zweck der Vorschrift dem des § 20 Abs. 7 ähnlich ist, so ergibt sich 219
zumindest aus der Verweistechnik und dem Wortlaut des Art. 10a Fusions-RL 1990 (nunmehr Art. 11 Fusions-RL) keine Einschränkung des persönlichen Anwendungsbereichs
für natürliche Personen.[319] Gemäß § 20 Abs. 8 ist die ausländische Steuer vielmehr auf
die auf den Einbringungsgewinn entfallende Körperschaftsteuer oder Einkommensteuer anzurechnen.[320]

VIII. Kein Übergang eines Zins- oder EBITDA-Vortrags (Abs. 9)

§ 20 Abs. 9 regelt, dass ein Zinsvortrag nach § 4h Abs. 1 S. 5 EStG und ein EBITDA-Vortrag 220
nach § 4h Abs. 1 S. 3 EStG des eingebrachten Betriebs nicht auf die übernehmende
Gesellschaft übergehen.

Nach § 4h EStG sind Zinsaufwendungen eines Betriebs ab dem VZ 2008 nur noch in 221
dem dort bestimmten Umfang als Betriebsausgaben abzugsfähig.[321] Nach dieser Regelung werden **nicht abzugsfähige Zinsaufwendungen** auf folgende Jahre vorgetragen
(Zinsvortrag; § 4h Abs. 1 S. 5 EStG). Unterschreitet der tatsächlich angefallene Zinsaufwand den Betrag, der unter Berücksichtigung der Zinsschranke maximal abzugsfähig
wäre, ist der nicht ausgeschöpfte Abzugsbetrag als **EBITDA-Vortrag** vortragsfähig (§ 4h
Abs. 1 S. 3 EStG). Eine betriebs- und personengebundene Betrachtungsweise dieser Vorträge zeigt sich in der Regelung des § 4h Abs. 5 EStG: Bei Aufgabe oder Übertragung
eines Betriebs geht ein nicht verbrauchter Zins- und EBITDA-Vortrag vollständig und
bei Ausscheiden eines Mitunternehmers aus einer Gesellschaft quotal unter.

Die Regelung des § 20 Abs. 9 betrifft die **steuerliche Sphäre der übernehmenden** 222
Gesellschaft und hätte daher systemgerecht bei § 23 erfolgen müssen.[322] Die Rechtsfolge, dass ein Zins- und EBITDA-Vortrag nicht auf den Übernehmer übergeht, tritt
insbes. unabhängig davon ein, ob bei der Einbringung der Buchwert, gemeine Wert
oder ein Zwischenwert angesetzt wird. Offen lässt die Regelung, wie mit dem Zinsund EBITDA-Vortrag auf Ebene des Einbringenden zu verfahren ist. Für den Fall der
Einbringung eines Betriebs im Ganzen soll der Zinsvortrag auch nicht beim Einbringenden verbleiben, sondern unter Rückgriff auf die Regelung des § 4h Abs. 5 EStG
untergehen.[323]

Nach dem Wortlaut des § 20 Abs. 9 gehen ein Zinsvortrag und ein EBITDA-Vortrag des 223
„eingebrachten Betriebs" nicht auf die übernehmende Gesellschaft über. Nicht geklärt

---

317 Vgl. Dötsch/Pung/Möhlenbrock/*Patt* UmwStG § 20 Rn. 373; Frotscher/Drüen/*Mutscher* UmwStG § 20 Rn. 392; Haritz/Menner/Bilitewski/*Menner* UmwStG § 20 Rn. 704.
318 Vgl. Haritz/Menner/Bilitewski/*Menner* UmwStG § 20 Rn. 705.
319 Vgl. Frotscher/Drüen/*Mutscher* UmwStG § 20 Rn. 377.
320 So auch BMF v. 11.11.2011, BStBl. I 2011, 1314, Rn. 20.37.

321 Zur Frage der Verfassungsmäßigkeit vgl. Schmidt/*Loschelder* EStG § 4h Rn. 4.
322 Vgl. Dötsch/Pung/Möhlenbrock/*Patt* UmwStG § 20 Rn. 375; Widmann/Mayer/*Widmann* § 20 UmwStG Rn. 588.1.
323 Vgl. Schmitt/Hörtnagl/Stratz/*Schmitt* UmwStG § 20 Rn. 444; Dötsch/Pung/Möhlenbrock/*Patt* UmwStG § 20 Rn. 375; Widmann/Mayer/*Widmann* UmwStG § 20 Rn. R 1259.1 iVm UmwStG § 23 Rn. 588.1.

ist, ob § 20 Abs. 9 auch bei der Einbringung eines Teilbetriebs oder Mitunternehmeranteils anzuwenden ist. Dazu gilt Folgendes:

- Bei Einbringung eines **Mitunternehmeranteils** geht nach Ansicht von *Patt* ein Zins- und EBITDA-Vortrag der Mitunternehmerschaft insoweit unter. Dies ergebe sich aus dem betriebsbezogenen Regelungsbereich der Zinsschrankenregelung. Bei der Einbringung eines Mitunternehmeranteils sei der Vorgang des Ausscheidens des Einbringenden aus der Mitunternehmerschaft erfüllt, so dass der Zins- und EBITDA-Vortrag gem. § 4h Abs. 5 S. 2 EStG anteilig untergeht.[324] In Folge kann der Zins- und EBITDA-Vortrag nicht auf die übernehmende Gesellschaft übergehen, eine Regelung im UmwStG wäre obsolet. Hiervon abweichend vertritt *Menner* die Auffassung, dass § 4h Abs. 5 S. 2 EStG im Rahmen des UmwStG keine Anwendung als lex specialis finde und daher nach den allgemeinen Rechtsnachfolgeregelungen in §§ 23, 12 Abs. 3 Hs. 1 der Zinsvortrag anteilig auf die übernehmende Gesellschaft übergeht.[325]

- Nach Patt sind bei Einbringung eines **Teils eines Mitunternehmeranteils** die Grundsätze des anteiligen Untergangs des Zins- und EBITDA-Vortrags gem. § 4h Abs. 5 S. 2 EStG ebenso anzuwenden.[326] *Weber-Grellet* sieht für diese damit einhergehende Änderung der Beteiligungsquote hingegen grundsätzlich keinen Anwendungsbereich des § 4h Abs. 5 S. 2 EStG; allerdings stelle sich die Frage, ob man bei einem späteren Ausscheiden nicht auf die ursprüngliche Beteiligungsquote zurückgreifen müsse.[327] Zumindest für den Fall, dass der Mitunternehmer nach Einbringung eines Teils seines Mitunternehmeranteils nicht als Mitunternehmer aus der Gesellschaft ausscheidet, dürften die Voraussetzungen des § 4h Abs. 5 S. 2 EStG und damit ein quotaler Untergang des Zins- und EBITDA-Vortrags uE nicht erfüllt sein. Sofern man wie die Finanzverwaltung auch die Aufgabe oder Übertragung eines Teilbetriebs als steuerschädlich ansieht (siehe unten), müsste jedoch wohl auch die nur teilweise Aufgabe oder Übertragung eines Mitunternehmeranteils einbezogen werden (so dass ein allmähliches Abschmelzen einer Beteiligung keinen Vorteil brächte).[328]

- Bei der Einbringung eines **Teilbetriebs** geht der Zins- und EBITDA-Vortrag nicht unter, dies gilt auch dann, wenn der Zinsvortrag mit dem eingebrachten Teilbetrieb zusammenhängt.[329] Nach überwiegender Auffassung soll der Zinsvortrag unverändert dem einbringenden Rechtsträger zustehen.[330] Es wird aber auch vertreten, dass der Zinsvortrag anteilig auf die übernehmende Gesellschaft übergeht.[331] Anderer Auffassung ist offensichtlich die Finanzverwaltung, die die Aufgabe oder Übertragung eines Teilbetriebes als anteiligen Untergang des Zinsvortrages qualifiziert.[332]

---

324 Vgl. Dötsch/Pung/Möhlenbrock/*Patt* UmwStG § 20 Rn. 376; ebenso *Stangl/Hageböke* in Schaumburg/Rödder, Unternehmensteuerreform 2008, 2007, S. 513; Herrmann/Heuer/Raupach/*Hick* EStG § 4h Rn. 120.
325 Vgl. Haritz/Menner/Bilitewski/*Menner* UmwStG § 20 Rn. 715.
326 Vgl. Dötsch/Pung/Möhlenbrock/*Patt* UmwStG § 20 Rn. 376; ebenso Herrmann/Heuer/Raupach/*Hick* EStG § 4h Rn. 115 zu einer teilweisen Übertragung eines Mitunternehmeranteils.
327 Vgl. Schmidt/*Loschelder* EStG § 4h Rn. 32.
328 Vgl. Kirchhof/Seer/*Seiler* EStG § 4h Rn. 24.
329 Vgl. Widmann/Mayer/*Widmann* UmwStG § 20 Rn. 1259.1 iVm UmwStG § 23 Rn. 588.1; Schmitt/Hörtnagl/Stratz/ *Schmitt* UmwStG § 20 Rn. 444; Haritz/Menner/Bilitewski/*Menner* UmwStG § 20 Rn. 716; Dötsch/Pung/Möhlenbrock/*Patt* UmwStG § 20 Rn. 377; Schmidt/*Loschelder* EStG § 4h Rn. 32; Herrmann/Heuer/Raupach/*Hick* EStG § 4h Rn. 120.
330 Vgl. Widmann/Mayer/*Widmann* UmwStG § 23 Rn. 588.1; Dötsch/Pung/Möhlenbrock/*Patt* UmwStG § 20 Rn. 377.
331 Vgl. *Stangl/Hageböke* in Schaumburg/Rödder, Unternehmensteuerreform 2008, 2007, S. 513.
332 Vgl. BMF v. 4.7.2008, BStBl. I 2008, 718 Rn. 47.

§ 21 Bewertung der Anteile beim Anteilstausch

(1) ¹Werden Anteile an einer Kapitalgesellschaft oder einer Genossenschaft (erworbene Gesellschaft) in eine Kapitalgesellschaft oder Genossenschaft (übernehmende Gesellschaft) gegen Gewährung neuer Anteile an der übernehmenden Gesellschaft eingebracht (Anteilstausch), hat die übernehmende Gesellschaft die eingebrachten Anteile mit dem gemeinen Wert anzusetzen. ²Abweichend von Satz 1 können die eingebrachten Anteile auf Antrag mit dem Buchwert oder einem höheren Wert, höchstens jedoch mit dem gemeinen Wert, angesetzt werden, wenn

1. die übernehmende Gesellschaft nach der Einbringung auf Grund ihrer Beteiligung einschließlich der eingebrachten Anteile nachweisbar unmittelbar die Mehrheit der Stimmrechte an der erworbenen Gesellschaft hat (qualifizierter Anteilstausch) und soweit
2. der gemeine Wert von sonstigen Gegenleistungen, die neben den neuen Anteilen gewährt werden, nicht mehr beträgt als
   a) 25 Prozent des Buchwerts der eingebrachten Anteile oder
   b) 500 000 Euro, höchstens jedoch den Buchwert der eingebrachten Anteile.

³§ 20 Absatz 2 Satz 3 gilt entsprechend. ⁴Erhält der Einbringende neben den neuen Gesellschaftsanteilen auch sonstige Gegenleistungen, sind die eingebrachten Anteile abweichend von Satz 2 mindestens mit dem gemeinen Wert der sonstigen Gegenleistungen anzusetzen, wenn dieser den sich nach Satz 2 ergebenden Wert übersteigt.

(2) ¹Der Wert, mit dem die übernehmende Gesellschaft die eingebrachten Anteile ansetzt, gilt für den Einbringenden als Veräußerungspreis der eingebrachten Anteile und als Anschaffungskosten der erhaltenen Anteile. ²Abweichend von Satz 1 gilt für den Einbringenden der gemeine Wert der eingebrachten Anteile als Veräußerungspreis und als Anschaffungskosten der erhaltenen Anteile, wenn für die eingebrachten Anteile nach der Einbringung das Recht der Bundesrepublik Deutschland hinsichtlich der Besteuerung des Gewinns aus der Veräußerung dieser Anteile ausgeschlossen oder beschränkt ist; dies gilt auch, wenn das Recht der Bundesrepublik Deutschland hinsichtlich der Besteuerung des Gewinns aus der Veräußerung der erhaltenen Anteile ausgeschlossen oder beschränkt ist. ³Auf Antrag gilt in den Fällen des Satzes 2 unter den Voraussetzungen des Absatzes 1 Satz 2 der Buchwert oder ein höherer Wert, höchstens der gemeine Wert, als Veräußerungspreis der eingebrachten Anteile und als Anschaffungskosten der erhaltenen Anteile, wenn

1. das Recht der Bundesrepublik Deutschland hinsichtlich der Besteuerung des Gewinns aus der Veräußerung der erhaltenen Anteile nicht ausgeschlossen oder beschränkt ist oder
2. der Gewinn aus dem Anteilstausch auf Grund Artikel 8 der Richtlinie 2009/133/EG nicht besteuert werden darf; in diesem Fall ist der Gewinn aus einer späteren Veräußerung der erhaltenen Anteile ungeachtet der Bestimmungen eines Abkommens zur Vermeidung der Doppelbesteuerung in der gleichen Art und Weise zu besteuern, wie die Veräußerung der Anteile an der erworbenen Gesellschaft zu besteuern gewesen wäre; § 15 Abs. 1a Satz 2 des Einkommensteuergesetzes ist entsprechend anzuwenden.

⁴Der Antrag ist spätestens bis zur erstmaligen Abgabe der Steuererklärung bei dem für die Besteuerung des Einbringenden zuständigen Finanzamt zu stellen. ⁵Haben die eingebrachten Anteile beim Einbringenden nicht zu einem Betriebsvermögen gehört, treten an die Stelle des Buchwerts die Anschaffungskosten. ⁶§ 20 Abs. 3 Satz 3 und 4 gilt entsprechend.

(3) ¹Auf den beim Anteilstausch entstehenden Veräußerungsgewinn ist § 17 Abs. 3 des Einkommensteuergesetzes nur anzuwenden, wenn der Einbringende eine natürliche Person ist und die übernehmende Gesellschaft die eingebrachten Anteile nach Absatz 1 Satz 1 oder in den Fällen des Absatzes 2 Satz 2 der Einbringende mit dem gemeinen Wert ansetzt; dies gilt für die Anwendung von § 16 Abs. 4 des Einkommensteuergesetzes unter der Voraussetzung, dass eine im Betriebsvermögen gehaltene Beteiligung an einer Kapitalgesellschaft eingebracht wird, die das gesamte Nennkapital der Kapitalgesellschaft umfasst. ²§ 34 Abs. 1 des Einkommensteuergesetzes findet keine Anwendung.

Literatur:

Becker-Pennrich, Die Sofortversteuerung nach § 21 Abs. 2 Satz 2 UmwStG beim grenzüberschreitenden Anteilstausch, IStR 2007, 684, 686; *Benz/Rosenberg*, Einbringungsvorgänge nach dem Regierungsentwurf des SEStEG, BB-Special 2006/8; *Hageböke*, Zum Zeitpunkt des Anteilstausches nach § 21 UmwStG aus Sicht des Einbringenden, Ubg 2010, 41; Jacobsen, Soll-Zustände und Gestaltungen bei steuerlichen Rückbezugswahlrechten, DB 2009, 1674; *Kaeser*, Einbringungstatbestände (§§ 20 ff. UmwStG), DStR 2012, Beihefter 2, 14, 15; *Koch*, Steuerbilanzielle Antragswahlrechte nach UmwStG – Fallstricke und Praxistipps, BB 2011, 1067; *Roderburg/Schmitz/Pesch*, Aktuelle Probleme im Bereich der Einbringung und des Anteilstauschs nach dem Umwandlungssteuererlass 2011, SteuK 2012, 131; *Neumann*, Praxisrelevante Fragen zum Anteilstausch nach dem SEStEG, GmbH-StB 2007, 377; *Ott*, Der Anteilstausch gem. § 21 UmwStG nach den Änderungen durch das SEStEG, INF 2007, 387; *Stelzer*, Änderungen des Umwandlungssteuergesetzes durch das SEStEG in der notariellen Praxis, MittBayNot 2009, 16, 18.

A. Normzweck	1
I. Regelungsinhalt	1
II. Persönlicher Anwendungsbereich	2
III. Sachlicher Anwendungsbereich	9
IV. Zeitlicher Anwendungsbereich	10
1. Erstmalige Anwendung des § 21	10
2. Steuerliche Rückbeziehung	11
V. Verhältnis zu anderen Vorschriften	13
B. Inhalt	18
I. Anteilstausch und Wertansatz bei dem übernehmenden Rechtsträger (Abs. 1)	18
1. (Einfacher) Anteilstausch	18
a) Definition des einfachen Anteilstauschs	18
b) Anteil im Sinne des § 21	19
c) Gewährung neuer Anteile	22
2. Qualifizierter Anteilstausch	25
a) Überblick	25
b) Mehrheit der Stimmrechte an der erworbenen Gesellschaft	27
aa) Stimmrechtsmehrheit	27
bb) Nachweisbarkeit und Unmittelbarkeit der Stimmrechtsmehrheit	30
cc) Stimmrechtsmehrheit aufgrund der Beteiligung	34
c) Zeitliche Anforderungen eines qualifizierten Anteilstauschs	37
3. Begrenzung sonstiger Gegenleistungen (S. 2 Nr. 2)	40a
4. Wertansatz bei der übernehmenden Gesellschaft	41
a) Grundsatz – Ansatz des gemeinen Wertes	41
b) Ansatz beim qualifizierten Anteilstausch	42
aa) Ansatz des Buch- oder Zwischenwertes	42
bb) Ausnahme – Gewährung sonstiger Gegenleistungen	45
c) Antragserfordernis	49
aa) Formale Voraussetzungen	49
bb) Einheitlichkeit des Antrags	60
cc) Folgen fehlerhafter oder verspäteter Anträge	61
II. Wertansatz der erhaltenen Anteile bei dem übertragenden Rechtsträger (Abs. 2)	64
1. Anwendungsbereich	64
a) Wertverknüpfung/Veräußerungspreis	65
b) Anschaffungskosten der erhaltenen Anteile	68
2. Ausnahme: Beschränkung des deutschen Besteuerungsrechts	70
a) Überblick	70
b) Geltungsbereich	71

c)	Beschränkung des Besteuerungsrechts	72	(2)	Ansatz des Buch- oder Zwischenwertes	90
3. Rückausnahme Antrag des Einbringenden (Abs. 2 S. 3)		78	(3)	Fortsetzung der Steuerpflicht am Surrogat	92
a)	Grundvoraussetzungen	78	c)	Antragserfordernis	96
b)	Ausnahmetatbestände bei grenzüberschreitenden Einbringungen	80	d)	Ansatz mit dem Buch oder Zwischenwert	102
			III. Veräußerungsgewinn		103
aa)	Keine Beschränkung des Besteuerungsrechts hinsichtlich der erhaltenen Anteile	80	1. Ermittlung des Veräußerungsgewinns/ Einbringungsgewinns		103
bb)	Fälle des Art. 8 der Richtlinie 2009/133/EG	81	2. Besteuerung des Veräußerungsgewinnes		110
(1)	Tatbestand	81	a)	Allgemeines	110
(a)	Richtlinienverweis und Inhalt der Fusions-RL	81	b)	Körperschaften	112
			c)	Natürliche Personen	115
(b)	Abweichungen der Fusions-RL zum nationalen Recht	84	d)	Gewerbesteuer	120
			e)	Kapitalertragsteuer	123

A. Normzweck

I. Regelungsinhalt

§ 21 normiert die steuerliche Behandlung des Anteilstauschs, wobei Abs. 1 den Anteilstausch definiert und den Wertansatz bei der übernehmenden Gesellschaft festlegt, Abs. 2 den Wert des Veräußerungsgewinns für den Einbringenden bestimmt und Abs. 3 Einzelheiten der Besteuerung dieses Veräußerungsgewinns regelt. 1

Abs. 1 S. 2–4 wurden durch das StÄndG 2015 v. 2.11.2015 (BGBl. I 2015, 1834) geändert. Maßgebliche Änderung ist für Einbringungen, bei denen der Umwandlungsbeschluss bzw. Abschluss des Einbringungsvertrages nach dem 31.12.2014 liegt, dass zur Wahrung der Steuerneutralität der Einbringung die sonstigen Gegenleistungen nun die in der Vorschrift festgeschriebenen Grenzbeträge nicht übersteigen dürfen.

II. Persönlicher Anwendungsbereich

In persönlicher Hinsicht unterscheidet § 21 zwischen dem „Einbringenden", der „erworbenen Gesellschaft" sowie der „übernehmenden Gesellschaft". 2

Einbringender ist derjenige, der (ihm steuerlich zugeordnete)[1] Anteile gegen Gewährung neuer Anteile eintauscht. Dies kann jede Person sein (Umkehrschluss aus § 1 Abs. 4 S. 1 Nr. 2, der nicht für den Anteilstausch gilt),[2] ohne dass es auf eine beschränkte oder unbeschränkte Steuerpflicht ankommt.[3] Erfasst sind damit ua Kapitalgesellschaften, originär gewerblich tätige Personengesellschaften, gewerblich geprägte oder infizierte Personengesellschaften und natürliche Personen.[4] Ob der Einbringende im Inland, EU/EWR-Ausland oder Drittland ansässig ist, ist für die Eigenschaft als Einbringender ohne Bedeutung.[5] 3

---

[1] BMF 11.11.2011, BStBl. I 2011, 1314, Rn. 21.06; Dötsch/Pung/Möhlenbrock/*Patt* UmwStG § 21 Rn. 30.

[2] Dötsch/Pung/Möhlenbrock/*Patt* UmwStG § 21 Rn. 8; Roderburg/Schmitz/Pesch SteuK 2012, 131 (133); *Kaeser* DStR Beihefter 2/2012, 14, 16.

[3] BMF 11.11.2011, BStBl. I 2011, 1314, Rn. 21.03; Roderburg/Schmitz/Pesch SteuK 2012, 131 (133); *Kaeser* DStR 2012, Beihefter 2, 14, 16.

[4] AllgM vgl. nur Dötsch/Pung/Möhlenbrock/*Patt* UmwStG § 21 Rn. 8 mwN.

[5] BMF 11.11.2011, BStBl. I 2011, 1314, Rn. 21.03; Haritz/Menner/Bilitewski/*Behrens* UmwStG § 21 Rn. 87, 122; Schmitt/Hörtnagl/*Schmitt* UmwStG § 21 Rn. 2; Rödder/Herlinghaus/van Lishaut/*Rabback* UmwStG § 21 Rn. 50; *Ott* INF 2007, 387 (388); *Neumann* GmbH-StB 2007, 377 (378).

4 Werden Anteile durch eine **Personengesellschaft** eingebracht, ist zu differenzieren:[6] Eine mitunternehmerische Personengesellschaft, gleich ob originär gewerblich tätig, gewerblich geprägt oder gewerblich infiziert, ist selbst Einbringender.[7] Bei Einbringungen durch eine vermögensverwaltende Personengesellschaft sind die einzelnen Gesellschafter Einbringende.[8] Teilweise wird darüber hinaus noch der Fortbestand der mitunternehmerischen Personengesellschaft nach Einbringung als Voraussetzung für die Eigenschaft als Einbringender gefordert.[9] Dem ist nicht zu folgen. Die Frage, wer Einbringender ist, bezieht sich auf den Zeitpunkt der Einbringung und nicht etwa auf einen späteren Zeitpunkt.[10]

5 **Übernehmende Gesellschaft** ist die Gesellschaft, die die Anteile an der erworbenen Gesellschaft erhält und dem Einbringenden im Gegenzug neue Anteile gewährt. Übernehmende Gesellschaft kann nur eine Kapitalgesellschaft oder Genossenschaft sein, die gleichzeitig Gesellschaft im Sinne des § 1 Abs. 2 S.1 Nr. 1 ist (→ § 1 Rn. 51 ff.).[11] Andere Personen oder Vermögensmassen können hingegen nicht „übernehmende Gesellschaft" sein.[12] Ob es sich um eine Kapitalgesellschaft oder Genossenschaft handelt, richtet sich nach einem Rechtstypenvergleich[13] und nicht nach der rechtlichen Qualifikation nach den Bestimmungen des anderen Staates.[14] Ort *und* Geschäftsleitung der Gesellschaft müssen innerhalb eines Mitgliedstaats der EU/des EWR liegen (doppeltes Ansässigkeitserfordernis),[15] nicht jedoch notwendigerweise in ein und demselben. Ebenso ist eine Identität von Gründungs- und Sitzstaat nicht erforderlich.[16] Möglich ist auch, dass die Anteile in die Betriebsstätte einer EU/EWR-Gesellschaft überführt werden, die sich in einem Drittstaat befindet.[17] Voraussetzung hierfür ist aber, dass die Anteile der Betriebsstätte nach den allgemeinen Grundsätzen zugeordnet werden können.

6 Die persönlichen Voraussetzungen müssen spätestens am steuerlichen Übertragungsstichtag erfüllt sein.[18] Unschädlich ist es daher, wenn die Voraussetzungen erst kurz zuvor geschaffen wurden. Unschädlich ist es für die Anwendung des § 21 auch, wenn die persönlichen Voraussetzungen nach dem Anteilstausch wieder verloren gehen.

7 **Erworbene Gesellschaft** ist die Gesellschaft, deren Anteile von dem Einbringenden gegen die Gewährung neuer Anteile an der übernehmenden Gesellschaft eingetauscht werden.[19] Die erworbene Gesellschaft kann eine inländische, europäische oder eine

---

6 Umstr. zum Streitstand mwN Haritz/Menner/Bilitewski/*Behrens* UmwStG § 21 Rn. 88.
7 Schmitt/Hörtnagl/*Schmitt* UmwStG § 21 Rn. 44; Haritz/Menner/Bilitewski/*Behrens* UmwStG § 21 Rn. 88; Rödder/Herlinghaus/van Lishaut/*Rabback* UmwStG § 21 Rn. 51 mwN.
8 Schmitt/Hörtnagl/*Schmitt* UmwStG § 21 Rn. 44; Rödder/Herlinghaus/van Lishaut/*Rabback* UmwStG § 21 Rn. 51 mwN.
9 Rödder/Herlinghaus/van Lishaut/*Rabback* UmwStG § 21 Rn. 51 mwN.
10 Vgl. Ferner Haritz/Menner/Bilitewski/*Behrens* UmwStG § 21 Rn. 88.
11 BMF 11.11.2011, BStBl I, 1314, Rn. 01.54.
12 Schmitt/Hörtnagl/*Schmitt* UmwStG § 21 Rn. 15.
13 BMF 11.11.2011, BStBl I, 1314, Rn. 01.27; zum Rechtstypenvergleich vgl. BMF 19.3.2004, BStBl. I 2004, 411 und BMF 24.12.1999, BStBl. I 1999, 1076; Tabelle 1, Tabelle 2; Schmitt/Hörtnagl/*Schmitt* UmwStG § 21 Rn. 19; Haritz/Menner/Bilitewski/*Behrens* UmwStG § 21 Rn. 85, 118, 125; Rödder/Herlinghaus/van Lishaut/*Rabback* UmwStG § 21 Rn. 19, 46; Dötsch/Pung/Möhlenbrock/*Patt* UmwStG § 21 Rn. 6.
14 Rödder/Herlinghaus/van Lishaut/*Rabback* UmwStG § 21 Rn. 53; aA *Benz/Rosenberg* BB-Special 2006/8, 51/59.
15 Haritz/Menner/Bilitewski/*Behrens* UmwStG § 21 Rn. 82.
16 Haritz/Menner/Bilitewski/*Behrens* UmwStG § 21 Rn. 83; Schmitt/Hörtnagl/*Schmitt* UmwStG § 21 Rn. 16; Dötsch/Pung/Möhlenbrock/*Patt* UmwStG § 21 Rn. 6.
17 Haritz/Menner/Bilitewski/*Behrens* UmwStG § 21 Rn. 84; aA wohl *Ott* StuB 2007, 10 (11).
18 BMF 11.11.2011, BStBl. I 2011, 1314, Rn. 01.55.
19 BMF 11.11.2011, BStBl. I 2011, 1314, Rn. 21.05.

Gesellschaft eines Drittstaates sein, wenn sie nach einem Rechtstypenvergleich als Kapitalgesellschaft oder Genossenschaft anzusehen ist.[20]

Beispiele: Neben rein nationalen Sachverhalten ist § 21 auch dann anzuwenden, wenn Anteile an einer spanischen Kapitalgesellschaft von einer deutschen Kapitalgesellschaft in eine französische Kapitalgesellschaft gegen Gewährung neuer Anteile eingebracht werden.

Werden Anteile an einer deutschen Kapitalgesellschaft von einer französischen Kapitalgesellschaft in eine italienische Kapitalgesellschaft gegen Gewährung neuer Anteile eingebracht, ist § 21 ebenfalls anwendbar. Ob die Einbringung in Deutschland effektiv steuerliche Folgen auslöst, richtet sich im vorliegenden Fall danach, ob die einbringende Kapitalgesellschaft in Deutschland beschränkt körperschaftsteuerpflichtig iSd § 49 Abs. 1 EStG iVm § 2 KStG ist.

III. Sachlicher Anwendungsbereich

Sachlich findet § 21 auf den Tausch von Anteilen an einer Kapitalgesellschaft oder einer Genossenschaft Anwendung. Erfasst ist sowohl der Anteilstausch im Wege der Einzel- und Sonder- als auch im Wege der Gesamtrechtsnachfolge.[21] § 1 Abs. 3 Nr. 5 bestimmt allgemein, dass der sechste bis achte Teil des UmwStG für den „Austausch von Anteilen" gilt. Einschränkungen auf bestimmte Arten von Rechtsvorgängen finden sich weder in § 1 Abs. 3 Nr. 5 noch in § 21. Hieraus folgt eine umfassende Anwendung des § 21 auf alle Rechtsvorgänge, bei denen das wirtschaftliche Eigentum an Anteilen gegen Gewährung neuer Anteile auf den übernehmenden Rechtsträger übergeht.[22] Auf die zivilrechtliche Übertragung des Eigentums kommt es nicht zwingend an.[23]

IV. Zeitlicher Anwendungsbereich

1. Erstmalige Anwendung des § 21

§ 21 ist erstmals für den Anteilstausch anwendbar, bei dem das wirtschaftliche Eigentum an den eingebrachten Anteilen nach dem 12.12.2006 übergegangen ist (§ 27 Abs. 1 S. 2). Ist für die Wirksamkeit eine Eintragung in ein öffentliches Register erforderlich, ist § 21 anwendbar, wenn die Anmeldung zur Eintragung nach dem 12.12.2006 erfolgt ist (§ 27 Abs. 1 S. 1).

2. Steuerliche Rückbeziehung

Für den Anteilstausch nach § 21 gilt keine steuerliche Rückbeziehung,[24] wie diese nach wie vor in § 20 Abs. 5 S. 1, Abs. 6 vorgesehen ist und auch für den Anteilstausch bis 2006 nach altem Recht grundsätzlich möglich war. Eine Rückwirkung kann auch nicht

---

20 BMF 11.11.2011, BStBl. I 2011, 1314, Rn. 21.05; Widmann/Mayer/*Widmann* UmwStG § 21 Rn. 16; Haritz/Menner/Bilitewski/*Behrens* UmwStG § 21 Rn. 49, 91; *Ott* INF 2007, 387 (388); Rödder/Herlinghaus/van Lishaut/*Rabback* UmwStG § 21 Rn. 46; tw. aA mit dem Hinweis, dass Anteile an ausländischen Genossenschaften nicht von UmwStG § 21 Abs. 1 S. 1 erfasst seien Widmann/Mayer/*Widmann* UmwStG § 21 Rn. 18f UmwStG § 21.
21 Schmitt/Hörtnagl/*Schmitt* UmwStG § 21 Rn. 26; *Kaeser* DStR 2012, Beihefter 2, 14, 15.
22 Dötsch/Pung/Möhlenbrock/*Patt* UmwStG § 21 Rn. 2; Haritz/Menner/Bilitewski/*Behrens* UmwStG § 21 Rn. 133.
23 Dötsch/Pung/Möhlenbrock/*Patt* UmwStG § 21 Rn. 4; Haritz/Menner/Bilitewski/*Behrens* UmwStG § 21 Rn. 133.
24 BMF 11.11.2011, BStBl. I 2011, 1314 Rn. 21. 7; Rödder/Herlinghaus/van Lishaut/*Rabback* UmwStG § 21 Rn. 66; Haritz/Menner/Bilitewski/*Behrens* UmwStG § 21 Rn. 61, 134; *Hageböke* Ubg 2010, 41 (43); *Jacobsen* DB 2009, 1674 (1676); *Ott* INF 2007, 387 (388); *Neumann* GmbH-StB 2007, 377 (378); *Roderburg/Schmitz/Pesch* SteuK 2012, 131 (133); aA *Stengel* DB 2008, 2329 (2332).

aus § 2 abgeleitet werden.[25] Teilweise wird unter Rückgriff auf ältere Rechtsprechung[26] eine Rückbeziehung von sechs Wochen aus (technischen) Vereinfachungsgründen für zulässig erachtet.[27] Ob diese Rechtsprechung ohne Weiteres auf § 21 übertragbar ist, ist unseres Erachtens eher zweifelhaft.[28] Eine Rückbeziehung ist jedoch denkbar, wenn der Anteilstausch in Gestalt eines Formwechsels einer Personengesellschaft in eine Kapitalgesellschaft oder Genossenschaft erfolgt (→ § 25 Rn. 49 ff.).[29]

12 Steuerlich relevanter Zeitpunkt ist grundsätzlich der Übergang des wirtschaftlichen Eigentums an den eingebrachten Anteilen.[30]

V. Verhältnis zu anderen Vorschriften

13 **Verhältnis zu § 20:** § 20 geht dem § 21 als lex specialis vor.[31] Wird ein Betrieb, Teilbetrieb oder Mitunternehmeranteil gegen Gewährung von neuen Anteilen an der übernehmenden Gesellschaft eingebracht und gehören zu dem Betrieb, Teilbetrieb oder Mitunternehmeranteil (auch) Anteile an einer Kapitalgesellschaft oder Genossenschaft, findet insgesamt § 20 Anwendung.[32] Eine separierte Betrachtung der Anteile an Kapitalgesellschaften und Genossenschaften findet nicht statt.[33] § 21 ist allenfalls dann einschlägig, wenn zwischen dem Betrieb, Teilbetrieb oder Mitunternehmeranteil und den eingebrachten Anteilen keine sachliche bzw. wirtschaftliche Verbindung besteht.[34] Die alleinige Übertragung einer 100 %-Beteiligung gilt allerdings anders als nach § 20 aF nicht als Übertragung eines Teilbetriebs.[35]

14 **Verhältnis zu § 24:** § 21 und § 24 schließen sich gegenseitig aus.[36] § 24 erfasst *nur* Einbringungen in eine Personengesellschaft; § 21 hingegen *nur* Einbringungen in eine Kapitalgesellschaft oder eine Genossenschaft. Zu einem Konkurrenzverhältnis kann es daher nicht kommen.

15 **Verhältnis zu § 20 Abs. 4a EStG:** § 20 Abs. 4a EStG schließt die Rechtsfolgen des § 21 aus und geht diesem insoweit als speziellere Vorschrift vor.[37] § 20 Abs. 4a EStG gilt grundsätzlich nur für Anteile, die im Privatvermögen gehalten werden und nicht unter § 17 EStG fallen. Obgleich § 21 unmittelbar keine Einschränkungen auf bestimmte Anteile enthält, ergibt sich der Anwendungsbereich in Abgrenzung zu § 20 Abs. 4a EStG. § 21 bleibt somit für Anteile im Betriebsvermögen, Anteile im Privatvermögen, die § 17 EStG unterfallen, und einbringungsgeborene Anteile iSd § 21 aF anwendbar.[38]

16 **Verhältnis zu § 12 Abs. 2 KStG:** § 12 Abs. 2 KStG und § 21 schließen sich gegenseitig aus. Die Anwendung des § 12 Abs. 2 KStG fordert, dass übernehmender und übertragender Rechtsträger nicht die Voraussetzungen des § 1 Abs. 2 S. 1–2 erfüllen, die für die Anwen-

---

25 Dötsch/Pung/Möhlenbrock/*Patt* UmwStG § 21 Rn. 43.
26 Vgl. BFH 18.9.1984 – VIII R 119/81, BStBl. II 1985, 55.
27 *Ott* INF 2007, 387 (388); *Ott* DStZ 2009, 90 (92); in diese Richtung auch Dötsch/Pung/Möhlenbrock/*Patt* UmwStG § 21 Rn. 43.
28 Wohl ebenfalls zweifelnd Rödder/Herlinghaus/van Lishaut/*Rabback* UmwStG § 21 Rn. 69.
29 Dötsch/Pung/Möhlenbrock/*Patt* UmwStG § 21 Rn. 43a mwN.
30 BMF 11.11.2011, BStBl. I 2011, 1314 Rn. 21.17; *Hageböke* Ubg 2010, 41 (43); *Ott* INF 2007, 387 (388).
31 BMF 11.11.2011, BStBl. I 2011, 1314, Rn. 21.01; Rödder/Herlinghaus/van Lishaut/*Rabback* UmwStG § 21 Rn. 13, 259; Roderburg/Schmitz/Pesch SteuK 2012, 131 (133).
32 Rödder/Herlinghaus/van Lishaut/*Rabback* UmwStG § 21 Rn. 13 mwN.
33 Einschränkend Haritz/Menner/Bilitewski/*Behrens* UmwStG § 21 Rn. 9 f.
34 Dötsch/Pung/Möhlenbrock/*Patt* UmwStG § 21 Rn. 11.
35 Haritz/Menner/Bilitewski/*Behrens* UmwStG § 21 Rn. 6; Schmitt/Hörtnagl/*Schmitt* UmwStG § 21 Rn. 8.
36 Rödder/Herlinghaus/van Lishaut/*Rabback* UmwStG § 21 Rn. 13.
37 BMF 11.11.2011, BStBl. I 2011, 1314, Rn. 21.02; Dötsch/Pung/Möhlenbrock/*Patt* UmwStG § 21 Rn. 15.
38 BMF 11.11.2011, BStBl. I 2011, 1314, Rn. 21.02; Schmitt/Hörtnagl/*Schmitt* UmwStG § 21 Rn. 10; Rödder/Herlinghaus/van Lishaut/*Rabback* UmwStG § 21 Rn. 16.

dung des § 21 aber gerade vorliegen müssen. Zu einem Konkurrenzverhältnis kann es daher nicht kommen.

Verhältnis zu § 6 Abs. 6 S. 1 EStG: § 21 geht dem § 6 Abs. 6 S. 1 EStG als lex specialis vor.[39] 17

B. Inhalt
I. Anteilstausch und Wertansatz bei dem übernehmenden Rechtsträger (Abs. 1)
1. (Einfacher) Anteilstausch
a) Definition des einfachen Anteilstauschs

Der einfache Anteilstausch liegt nach der Legaldefinition des § 21 Abs. 1 S. 1 vor, wenn Anteile an einer Kapitalgesellschaft oder einer Genossenschaft in eine Kapitalgesellschaft oder Genossenschaft gegen Gewährung neuer Anteile an der übernehmenden Gesellschaft eingebracht werden. 18

b) Anteil im Sinne des § 21

Anteile an einer Kapitalgesellschaft iSd § 21 meint jede Rechtsposition, die eine Beteiligung am gezeichneten Kapital repräsentiert.[40] Keine Anteile idS sind Genussscheine, typische oder atypische stille Beteiligungen, kapitalersetzende Gesellschafterdarlehen oder Forderungen.[41] Dass Stimmrechte vermittelt werden, ist für die Qualifikation als Anteil nicht erforderlich, so dass auch stimmrechtslose Vorzugsaktien tatbestandliche Anteile sein können.[42] 19

Anwartschaftsrechte unterfallen nach überwiegender Auffassung dem Anteilsbegriff[43] obgleich sie tatsächlich gerade (noch) keinen Anteil am Gesellschaftskapital repräsentieren, den Art. 2 Buchst. e Fusions-RL grundsätzlich fordert (→ Rn. 88). Da die Fusions-RL nur einen Mindeststandard vorgibt,[44] ist diese Auslegung aber europarechtlich unbedenklich. Argumentativ stützt sich die Auslegung vornehmlich auf § 17 Abs. 1 EStG, wonach Anwartschaften auch zu den „Anteilen an Kapitalgesellschaften" gehören. 20

Anteile im Betriebs- oder Privatvermögen sind gleichermaßen von § 21 erfasst.[45] Im Privatvermögen gehaltene Anteile unterhalb der Beteiligungsschwelle des § 17 EStG unterfallen aber vorrangig dem § 20 Abs. 4a EStG. 21

c) Gewährung neuer Anteile

Der Anteilstausch erfordert die Gewährung **neuer Anteile** an der übernehmenden Gesellschaft, was insbes. solche Anteile umfasst, die durch eine Sachkapitalerhöhung neu geschaffen werden.[46] Nicht erfasst ist die Hingabe bereits bestehender (eigener) An- 22

---

39 Brandis/Heuermann/*Nitzschke* UmwStG § 21 Rn. 17.
40 Haritz/Menner/Bilitewski/*Behrens* UmwStG § 21 Rn. 116; Schmitt/Hörtnagl/*Schmitt* UmwStG § 21 Rn. 22; Rödder/Herlinghaus/van Lishaut/*Rabback* UmwStG § 21 Rn. 43.
41 Widmann/Mayer/*Widmann* UmwStG § 21 Rn. 50; Haritz/Menner/Bilitewski/*Behrens* UmwStG § 21 Rn. 116; Schmitt/Hörtnagl/*Schmitt* UmwStG § 21 Rn. 23.
42 Haritz/Menner/Bilitewski/*Behrens* UmwStG § 21 Rn. 159.
43 Widmann/Mayer/*Widmann* UmwStG § 21 Rn. 17; Haritz/Menner/Bilitewski/*Behrens* UmwStG § 21 Rn. 116; Rödder/Herlinghaus/van Lishaut/*Rabback* UmwStG § 21 Rn. 44 mwN; Dötsch/Pung/Möhlenbrock/*Patt* UmwStG § 21 Rn. 26.
44 Dötsch/Pung/Möhlenbrock/*Patt* UmwStG § 21 Rn. 51.
45 Haritz/Menner/Bilitewski/*Behrens* UmwStG § 21 Rn. 120.
46 Haritz/Menner/Bilitewski/*Behrens* UmwStG § 21 Rn. 127; Rödder/Herlinghaus/van Lishaut/*Rabback* UmwStG § 21 Rn. 59.

teile,[47] deren Gewährung aber eine sonstige Gegenleistung iSd § 21 Abs. 1 S. 4 darstellen kann.[48]

Aus § 21 Abs. 1 S. 2 Nr. 2, S. 4, folgt, dass neben den neuen Anteilen auch andere Gegenleistungen gewährt werden können, was sowohl Bar- als auch Sachleistungen umfasst.[49]

23 Die Anteile an der erworbenen Gesellschaft und die Anteile an der übernehmenden Gesellschaft müssen sich weder in Anzahl, Nenn- oder Verkehrswert entsprechen.[50] Es besteht keine Quantitäts- und keine Qualitätskorrespondenz, so dass grundsätzlich die Gewährung von einem neuen Geschäftsanteil oder einer neuen Aktie aus Sicht des § 21 ausreichend ist. Die Gewährung und der Erhalt der Anteile müssen aber synallagmatisch verknüpft sein.[51]

24 **Für grenzüberschreitende Einbringungen beschränkt** Art. 2 Buchst. e RL 2009/133/EG die weiteren Leistungen der Art nach auf bare Zuzahlungen und der Höhe nach auf 10 % des Nennwerts oder – bei Fehlen eines Nennwerts – des rechnerischen Werts der im Zuge des Austauschs ausgegebenen Anteile. **Werden hierüber hinausgehende bare oder sonstige Gegenleistungen gewährt, fällt die Einbringung nicht in den Anwendungsbereich der Fusions-RL, so dass die Fortführung zu Buchwerten aufgrund des Abs. 2 S. 3 Nr. 2 verwehrt bleibt.**[52] Die Fusions-RL verlangt im Übrigen für einen Anteilstausch nicht die Gewährung neuer Anteile. Teilweise wird diese Anforderung des § 21 daher bei Beteiligung von EU-Gesellschaften an dem Anteilstausch als gemeinschaftsrechtswidrig angesehen.[53]

2. Qualifizierter Anteilstausch

a) Überblick

25 Ein qualifizierter Anteilstausch liegt grundsätzlich vor, wenn die übernehmende Gesellschaft nach der Einbringung aufgrund ihrer Beteiligung einschließlich der eingebrachten Anteile nachweisbar unmittelbar die Mehrheit der Stimmrechte an der erworbenen Gesellschaft hält.[54]

26 Im Gegensatz zum einfachen Anteilstausch ist bei einem qualifizierten Anteilstausch der Wertansatz grundsätzlich nicht auf den gemeinen Wert festgelegt. Vielmehr kann die übernehmende Gesellschaft die Buchwerte, die der Einbringende für die erworbene Gesellschaft bilanziert, auf Antrag fortführen oder einen Wert zwischen Buchwert und gemeinem Wert wählen.[55]

b) Mehrheit der Stimmrechte an der erworbenen Gesellschaft

aa) Stimmrechtsmehrheit

27 Die übernehmende Gesellschaft muss für einen qualifizierten Anteilstausch nach der Einbringung die Mehrheit der Stimmrechte an der erworbenen Gesellschaft halten.

---

[47] Haritz/Menner/Bilitewski/*Behrens* UmwStG § 21 Rn. 129; Schmitt/Hörtnagl/*Schmitt* UmwStG § 21 Rn. 32.
[48] Haritz/Menner/Bilitewski/*Behrens* UmwStG § 21 Rn. 129.
[49] BMF 11.11.2011, BStBl. I 2011, 1314, Rn. 20.10; Schmitt/Hörtnagl/*Schmitt* UmwStG § 21 Rn. 34; Widmann/Mayer/*Widman* UmwStG § 21 Rn. 65 ff.
[50] Haritz/Menner/Bilitewski/*Behrens* UmwStG § 21 Rn. 128; Rödder/Herlinghaus/van Lishaut/*Rabback* UmwStG § 21 Rn. 58.
[51] Rödder/Herlinghaus/van Lishaut/*Rabback* UmwStG § 21 Rn. 58.
[52] Brandis/Heuermann/*Nitzschke* UmwStG § 21 Rn. 52.
[53] Schmitt/Hörtnagl/*Schmitt* UmwStG § 21 Rn. 30; Widmann/Mayer/*Widmann* UmwStG § 21 Rn. 49; Dötsch/Pung/Möhlenbrock/*Patt* UmwStG § 21 Rn. 41b.
[54] BMF 11.11.2011, BStBl. I 2011, 1314, Rn. 21.09.
[55] BMF 11.11.2011, BStBl. I 2011, 1314, Rn. 21.09.

Abzustellen ist auf die rechnerische Stimmrechtsmehrheit (> 50 %),[56] auf die tatsächliche Durchsetzung der Stimmrechte kommt es nicht an, auch wenn diese vom Gesetzeszweck eigentlich entscheidend sein müsste.[57]

Gesellschaftsvertraglich erforderliche Mehrheiten sind für § 21 nicht von Bedeutung. Wenn nach den Gesellschaftsstatuten für jede einzelne Abstimmung eine qualifizierte Mehrheit erforderlich sein sollte, genügt dennoch die rechnerische Mehrheit für Zwecke des § 21.[58] In demselben Sinne sind auch Erleichterungen über **Stimmrechtsvereinbarungen** für die Ermittlung der Stimmrechtsmehrheit ohne Bedeutung.[59] 28

Nicht erforderlich ist, dass der Stimmrechtsanteil der Beteiligungsquote am Kapital der Gesellschaft entspricht.[60] Wenn eine beispielsweise eine Beteiligung iHv 30 % am Kapital gleichzeitig > 50 % der Stimmrechte repräsentiert, ist dies für Zwecke des § 21 ausreichend. 29

bb) Nachweisbarkeit und Unmittelbarkeit der Stimmrechtsmehrheit

Die Stimmrechtsmehrheit muss nachweisbar und unmittelbar von der übernehmenden Gesellschaft gehalten werden. 30

Unmittelbarkeit meint, dass die übernehmende Gesellschaft selbst die Stimmenmehrheit hält. Durch andere Gesellschaften vermittelte Stimmrechte bleiben unberücksichtigt.[61] Vermittelte Stimmrechte bleiben auch dann unberücksichtigt, wenn die zwischengeschaltete Gesellschaft vollständig beherrscht wird oder die zwischengeschaltete Gesellschaft die Stimmrechte ausschließlich nach dem Willen der Obergesellschaft nutzbar machen kann. Eine Gruppenbetrachtung oder eine Betrachtung des Konzerns als Einheit findet nicht statt.[62] 31

Im Fall einer **Treuhandschaft** folgt aus dem dem Treugeber gegenüber dem Treuhänder zustehenden Weisungsrecht, dass bei Übertragung des wirtschaftlichen Eigentums auf die übernehmende Gesellschaft die entsprechenden Stimmrechte mit übergehen, auch wenn das zivilrechtliche Eigentum und mit ihm formal das Stimmrecht bei dem Treuhänder verbleibt.[63] 32

Nachweisbar müssen sowohl die Unmittelbarkeit als auch die Stimmrechtsmehrheit sein. Gemeint ist nicht die theoretische Nachweisbarkeit, sondern der tatsächlich erbrachte Nachweis. § 21 Abs. 1 S. 2 enthält insoweit eine Beweislastregel.[64] 33

cc) Stimmrechtsmehrheit aufgrund der Beteiligung

Die Mehrheit der Stimmrechte an der erworbenen Gesellschaft muss sich aufgrund der Beteiligung selbst ergeben (§ 21 Abs. 1 S. 2). 34

---

56 Dötsch/Pung/Möhlenbrock/*Patt* UmwStG § 21 Rn. 34.
57 Rödder/Herlinghaus/van Lishaut/*Rabback* UmwStG § 21 Rn. 79.
58 Rödder/Herlinghaus/van Lishaut/*Rabback* UmwStG § 21 Rn. 81; Dötsch/Pung/Möhlenbrock/*Patt* UmwStG § 21 Rn. 34.
59 Dötsch/Pung/Möhlenbrock/*Patt* UmwStG § 21 Rn. 34.
60 Schmitt/Hörtnagl/*Schmitt* UmwStG § 21 Rn. 43; Rödder/Herlinghaus/van Lishaut/*Rabback* UmwStG § 21 Rn. 80.
61 Schmitt/Hörtnagl/*Schmitt* UmwStG § 21 Rn. 53; Dötsch/Pung/Möhlenbrock/*Patt* UmwStG § 21 Rn. 37.
62 Vgl. zur berechtigten Kritik an dem Unmittelbarkeitskriterium Haritz/Menner/Bilitewski/*Behrens* UmwStG § 21 Rn. 158 mwN.
63 Dötsch/Pung/Möhlenbrock/*Patt* UmwStG § 21 Rn. 37.
64 Dötsch/Pung/Möhlenbrock/*Patt* UmwStG § 21 Rn. 38.

35 **Stimmrechtsvereinbarungen** fließen nicht in die rechnerische Ermittlung der Stimmrechtsmehrheit ein.[65] Diese Stimmrechte bestehen nicht aufgrund der Beteiligung, sondern aufgrund der hiervon zu unterscheidenden schuldrechtlichen Vereinbarung.

36 **Ruhende Stimmrechte** führen nicht dazu, dass die Stimmrechtsmehrheit erworben wird. Hält die erworbene Gesellschaft eigene Anteile, ruht das diesbezügliche Stimmrecht und diese Anteile bleiben bei der Berechnung der Stimmenmehrheit außer Betracht.[66] Grund der rechnerischen Stimmrechtsmehrheit ist in diesen Fällen nicht die erworbene Beteiligung, sondern das Ruhen der Stimmrechte.

c) Zeitliche Anforderungen eines qualifizierten Anteilstauschs

37 Ein **qualifizierter Anteilstausch** liegt nur vor, wenn die übernehmende Gesellschaft nach der Einbringung die Stimmrechtsmehrheit hält. Das ist einerseits der Fall, wenn die übernehmende Gesellschaft durch die Einbringung eine mehrheitsvermittelnden Beteiligung originär erhält, andererseits aber auch, wenn schon vor dem Anteilstausch eine unmittelbare Mehrheitsbeteiligung der übernehmenden Gesellschaft an der erworbenen Gesellschaft bestand und diese Beteiligung durch die Einbringung lediglich aufgestockt wird.[67] Bestand die Stimmrechtsmehrheit schon vor der Einbringung, kommt es nicht darauf an, dass die nunmehr eingebrachten Anteile selbst die Stimmrechtsmehrheit verstärken.[68]

38 Für den qualifizierten Anteilstausch ist es ausreichend, dass die **Mehrheitsbeteiligung von mehreren Einbringenden** übertragen wird, wenn die Einbringungen auf einem einheitlichen Vorgang beruhen.[69] Unseres Erachtens ist für einen solchen einheitlichen Vorgang nicht zu fordern, dass sämtliche Anteilsübertragungen in einem einheitlichen Vertrag vorgenommen werden. Ausreichend sollte vielmehr grundsätzlich die Übertragung in mehreren Rechtsakten im zeitlichen Zusammenhang sein.[70] Unter denselben Voraussetzungen sind unserer Auffassung nach auch mehrere Übertragungsakte von demselben (einzelnen) Einbringenden zusammenzufassen. Fehlt aber dieser zeitliche Zusammenhang, liegen mehrere Einzelakte vor. Diese Einzelakte können jeweils für sich betrachtet einen qualifizierten Anteilstausch begründen, wenn sie die erforderliche Stimmrechtsmehrheit vermitteln (bzw. diese bereits im Vorfeld der Übertragung bestand).

Hinweis: Hält die übernehmende Gesellschaft bereits vor dem Anteilstausch die Mehrheit der Stimmrechte, können nachfolgende Tauschvorgänge auch zeitlich getrennt in mehreren Einzelakten vorgenommen werden, ohne dass dies negative Auswirkungen auf die Möglichkeit der Buchwertfortführung hat. Für jeden weiteren Einzelakt kann die übernehmende Gesellschaft den Buch- oder einen Zwischenwert ansetzen.

---

[65] Schmitt/Hörtnagl/*Schmitt* UmwStG § 21 Rn. 54; Rödder/Herlinghaus/van Lishaut/*Rabback* UmwStG § 21 Rn. 82; Dötsch/Pung/Möhlenbrock/*Patt* UmwStG § 21 Rn. 34; Haritz/Menner/Bilitewski/*Behrens* UmwStG § 21 Rn. 153.

[66] Henssler/Strohn/*Fleischer* GmbHG § 33 Rn. 22 mwN.

[67] BMF 11.11.2011, BStBl. I 2011, 1314, Rn. 21.09; Haritz/Menner/Bilitewski/*Behrens* UmwStG § 21 Rn. 155; Rödder/Herlinghaus/van Lishaut/*Rabback* UmwStG § 21 Rn. 83.

[68] Haritz/Menner/Bilitewski/*Behrens* UmwStG § 21 Rn. 159; Schmitt/Hörtnagl/*Schmitt* UmwStG § 21 Rn. 43; Rödder/Herlinghaus/van Lishaut/*Rabback* UmwStG § 21 Rn. 83; *Neumann* GmbH-StB 2007, 377 (377).

[69] BMF 11.11.2011, BStBl. I 2011, 1314, Rn. 21.09; Haritz/Menner/Bilitewski/*Behrens* UmwStG § 21 Rn. 156; Schmitt/Hörtnagl/*Schmitt* UmwStG § 21 Rn. 43, UmwStG § 21; Rödder/Herlinghaus/van Lishaut/*Rabback* UmwStG § 21 Rn. 83; Dötsch/Pung/Möhlenbrock/*Patt* UmwStG § 21 Rn. 33.

[70] Ebenso Widmann/Mayer/*Widmann* UmwStG § 21 Rn. 123; Schmitt/Hörtnagl/*Schmitt* UmwStG § 21 Rn. 43.

Beispiel: Die übernehmende Gesellschaft erhält erstmalig Anteile mit Stimmrechtsanteilen 39

in VZ 01	iHv 40 %
in VZ 02	iHv 10 %
in VZ 03	iHv 10 %
in VZ 04	iHv 10 %

Für den Anteilstausch im VZ 01 muss die übernehmende Gesellschaft für die erhaltenen Anteile zwingend den gemeinen Wert ansetzen. Es liegt kein qualifizierter Anteilstausch vor, da nach der Einbringung nicht die Mehrheit der Stimmrechte gehalten wird.

Für den Anteilstausch im VZ 02 muss die übernehmende Gesellschaft ebenfalls zwingend den gemeinen Wert ansetzen, denn nach der Einbringung verfügt sie nur über 50 % der Stimmrechte, nicht aber die Mehrheit der Stimmrechte, wofür 50 % + x erforderlich wären.

Für den Anteilstausch im VZ 03 kann die übernehmende Gesellschaft auf Antrag den Buchwert oder einen Zwischenwert ansetzen, da ein qualifizierter Anteilstausch vorliegt. Die übernehmende Gesellschaft hält nach der Einbringung mehr als 50 % der Stimmrechte, nämlich 60 % (40+10+10). Die übernehmende Gesellschaft kann auch den gemeinen Wert ansetzen, wofür jedoch kein Antrag erforderlich ist.

Für den Anteilstausch im VZ 04 kann die übernehmende Gesellschaft auf Antrag ebenfalls den Buch- oder einen Zwischenwert ansetzen. (Auch) nach der Einbringung hält die übernehmende Gesellschaft die Mehrheit der Stimmrechte. Dass ihr die Stimmrechtsmehrheit bereits vor der Einbringung zustand, ist ohne Belang und steht dem qualifizierten Anteilstausch nicht entgegen. Die übernehmende Gesellschaft ist nicht die angesetzten Werte des VZ 03 gebunden, sondern in dem Ansatz frei. Hat die übernehmende Gesellschaft in VZ 03 den Buchwert gewählt, kann sie dies in VZ 04 auch einen Zwischenwert wählen.

Kein Gestaltungsmissbrauch iSd § 42 AO liegt vor, wenn die Stimmrechtsmehrheit 40 kurz nach der Einbringung wieder aufgegeben wird.[71] Teilweise wird ein solcher Missbrauch bejaht, wenn die Anteile nur für Zwecke der Erlangung der Stimmrechtsmehrheit und in Ansehung der Steuervorteile erworben werden.[72] Dem ist nicht zuzustimmen. Eine Mindesthaltefrist ist in § 21 nicht vorgesehen.[73] Genauso wenig wie die zeitgenaue Ausnutzung gesetzlicher Haltefristen einen Gestaltungsmissbrauch begründen kann, kann auch eine nicht existente Haltefrist für einen Gestaltungsmissbrauch ins Feld geführt werden. Derjenige, der sich die entsprechenden Stimmrechte für Zwecke des § 21 Abs. 1 S. 2 beschafft, nutzt keine unangemessene Gestaltung für einen nicht vorgesehenen Vorteil. Überdies greift § 22 Abs. 2 diese Fälle auf und ordnet unter den dort aufgeführten tatbestandlichen Voraussetzungen die Besteuerung an (→ § 22 Rn. 56 ff.).[74]

---

[71] Haritz/Menner/Bilitewski/*Behrens* UmwStG § 21 Rn. 162; Schmitt/Hörtnagl/*Schmitt* UmwStG § 21 Rn. 45; Rödder/Herlinghaus/van Lishaut/*Rabback* UmwStG § 21 Rn. 87; Dötsch/Pung/Möhlenbrock/*Patt* UmwStG § 21 Rn. 40.

[72] Haritz/Menner/Bilitewski/*Behrens* UmwStG § 21 Rn. 162.

[73] Rödder/Herlinghaus/van Lishaut/*Rabback* UmwStG § 21 Rn. 87.

[74] Rödder/Herlinghaus/van Lishaut/*Rabback* UmwStG § 21 Rn. 88.

3. Begrenzung sonstiger Gegenleistungen (S. 2 Nr. 2)[75]

40a
- Der durch das Steueränderungsgesetz 2015 vom 2.11.2015 eingefügte S. 2 Nr. 2 schränkt nunmehr die Höhe einer sonstigen Gegenleistung ein, die für eine steuerneutrale Buchwertfortführung unschädlich ist. Mit der Neuregelung wollte der Gesetzgeber systemwidrigen Gestaltungen vorbeugen und die Besteuerung von Gewinnrealisierungen sicherstellen.[76] Erstmals anzuwenden ist die Neuregelung auf Einbringungen, wenn in Fällen der Gesamtrechtsnachfolge der Umwandlungsbeschluss nach dem 31.12.2014 erfolgt oder, in den anderen Fällen, der Einbringungsvertrag nach 31.12.2014 geschlossen worden ist.[77]
- Mit der Einführung relativer und absoluter Grenzen für die Gewährung steuerunschädlicher sonstiger Gegenleistungen (entsprechend der Regelungen in § 20 Abs. 1 S. 2 Nr. 4, § 24 Abs. 2 S. 2 Nr. 2 (→ § 20 Rn. 161 ff.)) wird die bisherige Möglichkeit, zusätzliche Gegenleistungen bis zur Höhe des Buchwerts der Sacheinlage zu erbringen, ohne die Ertragsteuerneutralität der Einbringung zu gefährden, deutlich eingeschränkt.[78]
- **Bis zur** Einführung der Neuregelung konnten sonstige, neben den Anteilen gewährte Wirtschaftsgüter (insbesondere Barzahlungen), bis zur Höhe des Buchwertes der eingebrachten Anteile gewährt werden, ohne als Folge dessen stille Reserven in den eingebrachten Anteilen aufdecken zu müssen. Nur soweit der gemeine Wert der anderen Wirtschaftsgüter den Buchwert der eingebrachten Anteile überstieg, waren die eingebrachten Anteile zwingend mit einem über dem Buchwert liegenden Wert anzusetzen mit der Folge der Realisierung stiller Reserven auf Ebene des Einbringenden.
- Nach der Neuregelung in § 21 Abs. 1 S. 2 Nr. 2 sind „sonstige Gegenleistungen" nunmehr auf 25 % des Buchwerts der eingebrachten Anteile oder auf 500.000 EUR, höchstens jedoch die Höhe des Buchwertes bzw. der Anschaffungskosten der eingebrachten Anteile, begrenzt. Maßgeblich ist stets der höhere von beiden Werten. Der Betrag von 500.000 EUR stellt keinen absoluten Höchstbetrag dar, wenn 25 % des bilanziellen Eigenkapitals tatsächlich höher sind.[79]
- Die „schädliche Gegenleistung" muss nach dem Wortlaut des § 21 Abs. 1 S. 2 Nr. 2 neben den neuen Anteilen gewährt werden. Daraus ergibt sich, dass die Gegenleistung in einem kausalen Zusammenhang mit der Einbringung gewährt werden muss.[80]
- Soweit die vorgenannte relative oder absolute Grenze überschritten ist, kommt es zum Ansatz der gemeinen Werte nach § 21 Abs. 1 S. 4.[81]
- Bei Vorliegen einer schädlichen Gegenleistung gelten alle durch den konkreten Einbringungsvorgang eingebrachten Anteile als zum Zwischenwert eingebracht. Überschreitet der Wert der sonstigen Gegenleistung die Grenzen des Abs. 1 S. 2 Nr. 2, kommt es daher zu einer Aufstockung des eingebrachten Anteils. Die Differenz zwischen diesem höheren Wert und dem ursprünglichen Buchwert (sog. Aufstockungs-

---

75 Beispiel in Schmitt/Hörtnagel/*Schmitt* UmwStG § 21 Rn. 60.
76 BT-Drs. 18/6094, 75.
77 Brandis/Heuermann/*Nitzschke* UmwStG § 21 Rn. 39a.
78 *Koch* BB 2015, 2603 (2605 f.).
79 BR-Drs. 121/15 v. 27.3.2015, 55 ff.; *Koch* BB 2015, 2603 (2606).
80 Rödder/Herlinghaus/van Lishaut/*Rabback* UmwStG § 21 Rn. 104.
81 *Richter* DStR 2016, 840 (844).

betrag) ist auf die eingebrachten Anteile gleichmäßig und verhältnismäßig zu verteilen.[82]

- Bei einheitlichen Vorgängen ist eine Aufteilung der Einbringung in eine teilweise Einbringung zu Buchwerten und eine teilweise Einbringung zum gemeinen Wert grundsätzlich nicht möglich.[83] Folglich unterliegen alle Anteile quotal den Regelungen des S. 2 Nr. 2. Eine Aufteilung in eine (teilweise) Übertragung von Anteilen zum gemeinen Wert und eine (teilweise) Einbringung zum Buchwert kann ggf. erreicht werden, indem man eine Transaktion zivilrechtlich in einen Kaufvertrag gegen Zahlung eines baren Kaufpreises und einen Einbringungsvertrag gegen (ausschließliche) Gewährung von neuen Anteilen trennt. Nach unserer Auffassung ist eine solche Gestaltung auch steuerlich zulässig und stellt im Regelfall keinen Fall eines steuerlichen Gestaltungsmissbrauchs dar.

4. Wertansatz bei der übernehmenden Gesellschaft

a) Grundsatz – Ansatz des gemeinen Wertes

Im Rahmen des einfachen Anteilstausch als Grundfall des § 21 hat die übernehmende Gesellschaft die eingebrachten Anteile zwingend mit dem gemeinen Wert (§§ 9, 11 BewG) anzusetzen.[84] Maßgeblich ist der gemeine Wert im Zeitpunkt der Einbringung (Übergang des wirtschaftlichen Eigentums).[85] Nach § 11 Abs. 1 BewG ist als gemeiner Wert vorrangig der Börsenwert im Zeitpunkt der Einbringung entscheidend.[86] 41

b) Ansatz beim qualifizierten Anteilstausch

aa) Ansatz des Buch- oder Zwischenwertes

Im Rahmen des qualifizierten Anteilstauschs kann die übernehmende Gesellschaft die eingebrachten Anteile auf Antrag mit dem Buchwert oder einem Wert zwischen Buchwert und gemeinem Wert (Zwischenwert) ansetzen. Ist der gemeine Wert niedriger als der Buchwert, darf nur der gemeine Wert angesetzt werden.[87] Sind die Anteile dem Privatvermögen des Einbringenden zuzuordnen, treten die Anschaffungskosten an die Stelle des Buchwertes.[88] 42

Der Wertansatz in der Steuerbilanz ist unabhängig von dem in der Handelsbilanz, es existiert kein Maßgeblichkeitsgrundsatz.[89] 43

Hinweis: Wird von der übernehmenden Gesellschaft ein Zwischenwert gewählt, kommt es regelmäßig zu einer Gewinnrealisierung auf Ebene des Einbringenden, die 44

---

82 Schmitt/Hörtnagl/Schmitt UmwStG § 21 Rn. 60; vgl. auch das Beispiel zu § 20 (→ § 20 Rn. 163 f.) in der Gesetzesbegründung (BT-Drs. 18/4902 v. 13.5.2015). Die Ermittlung erfolgt für den Einbringenden und den Übernehmenden in insgesamt fünf Schritten. (1) Ermittlung der schädlichen Zuzahlung; (2) Prozentuale Ermittlung der schädlichen Zuzahlung zum Gesamtwert der eingebrachten Anteile; (3) Ermittlung des Wertansatzes der eingebrachten Anteile (Summe aus Buchwert multipliziert mit dem in Schritt 2 errechneten Prozentsatz und dem Betrag der schädlichen sonstigen Gegenleistung); (4) Ermittlung des Veräußerungsgewinns aus der Differenz zwischen Ergebnis aus Schritt 3 und dem Buchwert der eingebrachten Anteile; (5) Ermittlung der Anschaffungskosten der erhaltenen Anteile (Differenz zwischen Ergebnis aus Schritt 3 und dem gemeinen Wert der sonstigen Gegenleistung).
83 Brandis/Heuermann/Nitzschke § 21 Rn. 38d.
84 BMF 11.11.2011, BStBl. I 2011, 1314, Rn. 21.07; Haritz/Menner/Bilitewski/Behrens UmwStG § 21 Rn. 181; Schmitt/Hörtnagl/Schmitt UmwStG § 21 Rn. 39; Lödder/Herlinghaus/van Lishaut/Rabback UmwStG § 21 Rn. 73.
85 BMF 11.11.2011, BStBl. I 2011, 1314, Rn. 21.08.
86 Kaeser DStR 2012, Beihefter 2, 14, 15.
87 BMF 11.11.2011, BStBl. I 2011, 1314, Rn. 21.09; Schmitt/Hörtnagl/Schmitt UmwStG § 21 Rn. 41.
88 § 21 Abs. 2. S. 5.
89 Mittlerweile unstrittig, vgl. BMF 11.11.2011, BStBl. I 2011, 1314, Rn. 21.11; Dötsch/Pung/Möhlenbrock/Patt UmwStG § 21 Rn. 46.

uU genutzt werden kann, um bestehende Verlustvorträge (unter Beachtung der Mindestbesteuerung des § 10d EStG) aufzubrauchen.[90]

bb) Ausnahme – Gewährung sonstiger Gegenleistungen

45 Die übernehmende Gesellschaft muss den Wert der erworbenen Gesellschaft mindestens mit dem gemeinen Wert der zusätzlich erhaltenen sonstigen Gegenleistungen ansetzen, wenn dieser den Buchwert der Anteile an der erworbenen Gesellschaft übersteigt.[91] Das Wahlrecht beschränkt sich in diesen Fällen auf einen Wert zwischen dem über dem Buchwert liegenden gemeinen Wert der sonstigen Gegenleistung und dem gemeinen Wert der erworbenen Anteile.

46 **Sonstige Gegenleistungen** können ua zusätzlich gewährte Barabfindungen, typisch oder atypisch stille Beteiligungen[92] oder Anteile, die keinen „neuen Anteile" sind, sein.

47 **Obergrenze** ist auch in den Fällen des § 21 Abs. 1 S. 4 der gemeine Wert der eingebrachten Anteile. Ist der gemeine Wert der zusätzlich gewährten Gegenleistung höher als der gemeine Wert der eingebrachten Anteile, ist dennoch der gemeine Wert der eingebrachten Anteile in Ansatz zu bringen.[93] Ist der gemeine Wert der zusätzlich gewährten Wirtschaftsgüter aber höher als der gemeine Wert der eingebrachten Anteile, wird hinsichtlich der Wertdifferenz regelmäßig der Tatbestand der vGA an den Einbringenden erfüllt sein.[94]

48 **Beispiel:** Die A-GmbH bringt Anteile an der B-GmbH in die C-GmbH gegen Gewährung neuer Anteile an der C-GmbH ein. Der Buchwert der Anteile an der B-GmbH beträgt 10 der gemeine Wert 100. Die C-GmbH gewährt neben Anteilen auch eine sonstige Gegenleistung mit einem gemeinen Wert iHv

a) 20
b) 110
c) 5

Im **Fall a)** liegt der gemeine Wert der zusätzlich gewährten sonstigen Gegenleistung über dem Buchwert der eingebrachten Anteile. Die übernehmende Gesellschaft hat die eingebrachten Anteile mindestens mit dem Wert 20 anzusetzen. Die übernehmende Gesellschaft, kann aber auch einen Zwischenwert wählen. Auch in diesem Fall bildet der gemeine Wert der sonstigen Gegenleistung die Untergrenze und der gemeine Wert der eigebrachten Anteile die Obergrenze.

Im **Fall b)** hat die übernehmende Gesellschaft die eingebrachten Anteile zwingend mit 100 anzusetzen. Der gemeine Wert der eingebrachten Anteile bildet die Obergrenze des Wertansatzes. IHv 10 (110–100) kann eine verdeckte Gewinnausschüttung vorliegen.

Im **Fall c)** liegt der gemeine Wert der zusätzlich erhaltenen Anteile unter dem Buchwert der eingebrachten Anteile. Es bestehen keine besonderen Beschränkungen bei der Wahl des Wertansatzes, so dass ein Wert zwischen 10 und 100 gewählt werden kann. Der gemeine Wert der zusätzlich gewährten sonstigen Gegenleistung wird von den

---

90 So auch für Fälle des § 20 *Roderburg/Schmitz/Pesch* SteuK 2012, 131 (131).
91 BMF 11.11.2011, BStBl. I 2011, 1314, Rn. 21.10.
92 /*Schmitt/Hörtnagl/Schmitt* UmwStG § 21 Rn. 63.
93 *Schmitt/Hörtnagl/Schmitt* UmwStG § 21 Rn. 75; *Rödder/Herlinghaus/van Lishaut/Rabback* UmwStG § 21 Rn. 129.
94 *Schmitt/Hörtnagl/Schmitt* UmwStG § 21 Rn. 63; *Dötsch/Pung/Möhlenbrock/Patt* UmwStG § 21 Rn. 51.

Anschaffungskosten der erhaltenen neuen Anteile abgezogen (§ 20 Abs. 3 S. 3 iVm § 21 Abs. 2 S. 6).

c) Antragserfordernis
aa) Formale Voraussetzungen

Der Ansatz des Buchwertes oder eines Zwischenwertes erfolgt ausschließlich auf fristgerechten Antrag. Liegen die tatbestandlichen Voraussetzungen der Antragstellung vor, wurde aber kein (gültiger) oder fristgerechter Antrag gestellt, bleibt es bei dem Ansatz des gemeinen Wertes. 49

Antragsteller ist ausschließlich die übernehmende Gesellschaft.[95] Ein Antrag des Einbringenden entfaltet keine Wirkung. 50

Schuldrechtliche Verpflichtungen mit dem Einbringenden, einen bestimmten Wert in Ansatz zu bringen, sind für das Steuerrecht ohne Bedeutung.[96] Ein Verstoß gegen die schuldrechtliche Abrede kann aber uU einen zivilrechtlichen Schadenersatzanspruch des Einbringenden gegenüber der übernehmenden Gesellschaft begründen.[97] 51

Zeitpunkt: Die Antragstellung muss spätestens bis zur erstmaligen Abgabe der steuerlichen Schlussbilanz erfolgen. Dies umfasst über den Wortlaut hinaus auch eine Antragsstellung *mit* Abgabe der steuerlichen Schlussbilanz.[98] Entscheidend für den Fristablauf ist die tatsächliche Abgabe und nicht der Ablauf gesetzlicher oder behördlicher Abgabefristen. Insbesondere kommt es nicht darauf an, ob die eingereichte Bilanz den Grundsätzen ordnungsgemäßer Buchführung oder steuerbilanziellen Sonderregelungen entspricht.[99] 52

Antragsempfänger ist das für die Besteuerung der übernehmenden Gesellschaft zuständige Finanzamt (§§ 20 Abs. 2 S. 3, 21 Abs. 1 S. 2 Hs. 2). Liegen Sitz und Ort der Geschäftsleitung der übernehmenden Gesellschaft nicht im Inland, ist das Finanzamt zuständig, das für das eingebrachte Vermögen zuständig ist.[100] 53

Der **Inhalt des Antrags** ist nicht explizit bestimmt. Erforderlich ist aber, dass erkennbar ist, dass überhaupt ein Antrag gestellt wird und welcher Wertansatz gewählt wurde. Nach Auffassung der Finanzverwaltung ist, in Fällen in denen ein Zwischenwert in Ansatz gebracht werden soll, die Angabe der Höhe oder die Angabe, zu welchem Prozentsatz die stillen Reserven aufzudecken sind, erforderlich.[101] Diese inhaltlichen Verschärfungen sind unserer Auffassung nach zwar nicht zwingender Inhalt des Antrags, so dass der Antrag auch ohne Angabe einer bestimmten Höhe oder dem Prozentsatz der aufzudeckenden stillen Reserven wirksam sein kann, aus Praktikabilitätsgründen sollten die Angaben aber dennoch gemacht werden. 54

---

95 HM Haritz/Menner/Bilitewski/*Behrens* UmwStG § 21 Rn. 192; Schmitt/Hörtnagl/*Schmitt* UmwStG § 21 Rn. 66; Rödder/Herlinghaus/van Lishaut/*Rabback* UmwStG § 21 Rn. 93.
96 Schmitt/Hörtnagl/*Schmitt* UmwStG § 21 Rn. 66; *Stelzer* MittBayNot 2009, 16 (18).
97 Rödder/Herlinghaus/van Lishaut/*Rabback* UmwStG § 21 Rn. 93; *Stelzer* MittBayNot 2009, 16 (18).
98 Rödder/Herlinghaus/van Lishaut/*Rabback* UmwStG § 21 Rn. 95; Schmitt/Hörtnagl/*Schmitt* UmwStG § 21 Rn. 67; explizit auch für den Fall, dass kein ausdrücklicher Antrag gestellt wurde, BMF 11.11.2011, BStBl. I 2011, 1314, Rn. 21.12 iVm 20.21, 03.29; BFH 15.6.2016 - I R 69/15, NZG 2016, 1360 (1360).
99 BFH 15.6.2016 – I R 69/15, NZG 2016, 1360 (1360).
100 Schmitt/Hörtnagl/*Schmitt* UmwStG § 21 Rn. 69.
101 BMF 11.11.2011, BStBl. I 2011, 1314, Rn. 21.12 iVm 20.21, 03.29.

55 Eine bestimmte **Form** für den Antrag ist nicht vorgesehen.[102] Der Antrag kann auch konkludent gestellt werden.[103] Erforderlich bleibt aber, dass sich aus dem Antrag ergibt, welcher Wertansatz gewählt wurde. Nach Auffassung der Finanzverwaltung ist in dem Fall, dass ein Zwischenwertansatz gewählt wird, ein ausdrücklicher Antrag erforderlich.[104]

56 Als rechtsgestaltende Willenserklärung ist der Antrag **bedingungsfeindlich** und muss unbedingt gestellt werden.[105] Ein Antrag der unter eine Bedingung gestellt wird, ist als nicht gestellt anzusehen[106] und kann (nur) innerhalb der Antragsfrist nachgeholt werden.

57 **Berichtigung und Widerruf** eines wirksamen Antrags sind nicht möglich.[107] Der Antrag bleibt aber nach zivilrechtlichen Grundsätzen auslegungsfähig.[108] Soweit vertreten wird, dass eine Änderung bis zur erstmaligen Abgabe der steuerlichen Schlussbilanz möglich sein sollte,[109] erscheint dies problematisch. Die Antragstellung ist Tatbestandsmerkmal. Wird der Antrag vor Fristablauf gestellt, ist der Tatbestand erfüllt. Es liegt eine Ausschlussfrist und keine Überlegungs- und Berichtigungsfrist vor.

58 **Faktische Berichtigungsmöglichkeit in besonderen Fällen:** Rechtlich inkonsequent steht die Finanzverwaltung auf dem Standpunkt, dass trotz der fehlenden Berichtigungsmöglichkeit[110] ein konkludenter Antrag, jedenfalls in bestimmten Fällen,[111] durch einen ausdrücklichen Antrag ersetzt werden kann,[112] was nichts anderes als die partielle Zulassung der Berichtigungsmöglichkeit darstellt. So sei, „wenn die ausdrückliche Erklärung abgegeben wird, dass die Steuerbilanz iSd § 4 Abs. 1, § 5 Abs. 1 EStG gleichzeitig die steuerliche Schlussbilanz sein soll, […] in dieser Erklärung gleichzeitig ein konkludenter Antrag auf Ansatz der Buchwerte zu sehen, sofern kein ausdrücklicher gesonderter anderweitiger Antrag gestellt wurde". Der Sichtweise steht bereits der Umstand entgegen, dass auch ein konkludenter Antrag ein „echter" Antrag ist. Weshalb dieser berichtigungsfähig sein sollte, der ausdrücklich gestellte aber nicht, ist nicht nachvollziehbar.

59 Die **Irrtumsanfechtung** des Antrags ist entgegen der herrschenden Meinung[113] möglich. Die Ausübung des Wahlrechts ist eine (steuerliche) Willenserklärung des Steuerpflichtigen[114] und kann als solche angefochten werden. Zivilrechtlich kommt als Anfechtungsgrund grundsätzlich nur der Erklärungsirrtum der insbes. Schreib- und Rechenfehler umfasst in Betracht. Motivirrtümer berechtigen hingegen nicht zur Anfechtung. Die Anfechtung beeinflusst nicht die Antragsfrist.[115] Wird nach Fristablauf der Antrag erfolgreich angefochten, gilt der Antrag (rückwirkend) als nicht gestellt

---

102 BMF 11.11.2011, BStBl. I 2011, 1314, Rn. 21.12 iVm 20.21, 03.29; Rödder/Herlinghaus/van Lishaut/*Rabback* UmwStG § 21 Rn. 94.
103 BMF 11.11.2011, BStBl. I 2011, 1314, Rn. 21.12 iVm 20.21, 03.29; Rödder/Herlinghaus/van Lishaut/*Rabback* UmwStG § 21 Rn. 94; *Koch* BB 2011, 1067 (1068); Schmitt/Hörtnagl/*Schmitt* UmwStG § 21 Rn. 68.
104 BMF 11.11.2011, BStBl. 2011 I, 1314, Rn. 21.12 iVm 20.21, 03.29; Schmitt/Hörtnagl/*Schmitt* UmwStG § 21 Rn. 68.
105 BMF 11.11.2011, BStBl. I 2011, 1314, Rn. 21.12 iVm 20.21, 03.29; Schmitt/Hörtnagl/*Schmitt* UmwStG § 21 Rn. 68.
106 Schmitt/Hörtnagl/Stratz UmwStG § 21 Rn. 68.
107 BMF 11.11.2011, BStBl. I 2011, 1314, Rn. 20.24; Schmitt/Hörtnagl/*Schmitt* UmwStG § 21 Rn. 70; Rödder/Herlinghaus/van Lishaut/*Rabback* UmwStG § 21 Rn. 96.
108 BMF 11.11.2011, BStBl. I 2011, 1314, Rn. 21.12 iVm 20.21, 03.29; Koch BB 2011, 1067 (1068); Schmitt/Hörtnagl/*Schmitt* UmwStG § 21 Rn. 68; Haritz/Menner/Biletewski/*Behrens* UmwStG § 21 Rn. 194.
109 *Koch* BB 2011, 1067 (1068); *Stelzer* MittBayNot 2009, 16 (18) (Fn. 13).
110 Ausdrücklich BMF 11.11.2011, BStBl. I 2011, 1314, Rn. 20.24.
111 Vgl. BMF 11.11.2011, BStBl. I 2011, 1314, Rn. 21.12 iVm 20.21, 03.29 aE.
112 BMF 11.11.2011, BStBl. I 2011, 1314, Rn. 21.12 iVm 20.21, 03.29.
113 Schmitt/Hörtnagl/*Schmitt* UmwStG § 21 Rn. 70 mwN; Dötsch/Pung/Möhlenbrock/*Patt* UmwStG § 21 Rn. 49.
114 FG Berlin-Brandenburg EFG 2009, 1695; *Weber-Grellet* DStR 1992, 1417 (1418).
115 Schmitt/Hörtnagl/*Schmitt* UmwStG § 21 Rn. 70.

und kann daher auch nicht nachgeholt werden, da die Antragsfrist bereits abgelaufen ist. Diese Auffassung steht auch nicht im Widerspruch zu der Ablehnung der Berichtigungsmöglichkeit. Derjenige, der einem Irrtum iSd § 119 BGB unterlegen ist, erklärt etwas, was er nicht erklären will. Derjenige der berichtigen will, unterlag zuvor keinem beachtlichen Irrtum über das Erklärte, sondern allenfalls über die Rechtsfolgen des irrtumsfrei erklärten Inhalts. Da die Beweislast für das Vorliegen eines Irrtums beim Steuerpflichtigen liegt, ist die Gefahr einer Umgehung des Berichtigungsverbots auch hinnehmbar gering.

bb) Einheitlichkeit des Antrags

Die übernehmende Gesellschaft kann grundsätzlich nur einheitlich zur Buchwertfortführung optieren.[116] Für den Fall, dass die Anteile von mehreren Einbringenden erworben werden oder aber in mehreren einzelnen Akten erworben werden, kann insoweit jeweils selbstständig das Optionsrecht ausgeübt werden.[117] Dasselbe gilt für die Einbringung durch eine vermögensverwaltende Personengesellschaft, denn hier sind die jeweiligen Anteilseigner als Einbringende anzusehen.[118] Hält die übernehmende Gesellschaft bereits vor dem Anteilstausch die Mehrheit der Stimmrechte, kann die differenzierte Ausübung der Option auch durch Aufteilung der Übertragung in mehrere Einzelakte herbeigeführt werden.[119]

60

cc) Folgen fehlerhafter oder verspäteter Anträge

Erfolgt die erstmalige Stellung eines wirksamen Antrags verspätet, findet die Privilegierung des § 21 Abs. 1 S. 2 grundsätzlich keine Anwendung.[120] Es bleibt bei dem Ansatz des gemeinen Wertes.[121]

61

Wird ein insgesamt **unwirksamer Antrag** gestellt, kann dieser innerhalb der Antragsfrist wirksam nachgeholt werden. Der unwirksame Antrag entfaltet keine materiellen Wirkungen. Kann aber bis zur gesetzlichen Ausschlussfrist des § 20 Abs. 2 S. 3 noch rechtzeitig ein wirksamer Antrag gestellt werden, ist es unerheblich, dass zuvor materiell unwirksame Versuche der Antragstellung unternommen wurden. Formaljuristisch liegt dann ein erstmaliger Antrag vor.

62

Schlicht **fehlerhafte Anträge** können nur im Rahmen einer Irrtumsanfechtung (umstr.) beseitigt und innerhalb der Antragsfrist wirksam (neu) gestellt werden.

63

II. Wertansatz der erhaltenen Anteile bei dem übertragenden Rechtsträger (Abs. 2)

1. Anwendungsbereich

§ 21 Abs. 2 S. 1 gilt für den einfachen und den qualifizierten Anteilstausch iSd § 21 Abs. 1.[122]

64

---

116 So bereits BT-Drs. 16/2710, 43; Schmitt/Hörtnagl/*Schmitt* UmwStG § 21 Rn. 43.
117 Schmitt/Hörtnagl/*Schmitt* UmwStG § 21 Rn. 43; *Ruf* GmbHR 2008, 243; 245; umstr. vgl. zum Streitstand mwN *Ruf* GmbHR 2008, 243.
118 Schmitt/Hörtnagl/*Schmitt* UmwStG § 21 Rn. 44.
119 GlA: Rödder/Herlinghaus/van Lishaut/*Rabback* UmwStG § 21 Rn. 90.
120 Dötsch/Pung/Möhlenbrock/*Patt* UmwStG § 21 Rn. 49.
121 *Koch* BB 2011, 1067 (1067).
122 Rödder/Herlinghaus/van Lishaut/*Rabback* UmwStG § 21 Rn. 153.

a) Wertverknüpfung/Veräußerungspreis

65 Grundsätzlich entspricht der Veräußerungspreis des Einbringenden dem von der übernehmenden Gesellschaft angesetzten Wert der Anteile (§ 21 Abs. 2 S. 1). Dieser Wert stellt grundsätzlich (zu den Ausnahmen → Rn. 70 ff.) auch die Anschaffungskosten der im Gegenzug erhaltenen Anteile dar.[123] Die Wertverknüpfung zwischen dem Ansatz der Anteile an der übertragenden Gesellschaft, dem Veräußerungspreis für den Einbringenden und den Anschaffungskosten der erhaltenen Anteile ist zwingend (zu den Ausnahmen → Rn. 78 ff.). Jeder zulässigerweise auf Ebene der übernehmenden Gesellschaft in Ansatz gebrachte Wert ist auch für die übertragende Gesellschaft verbindlich.[124] Vereinbarungen zwischen den Parteien sind steuerlich unbeachtlich.[125] Wird der Wertansatz korrigiert, ist die Korrektur grundsätzlich auch auf Ebene des Einbringenden nachzuvollziehen.[126]

66 Unklar ist, wie zu verfahren ist, wenn die übernehmende Gesellschaft einen rechtlich **unzulässigen Wert** für die Anteile an der erworbenen Gesellschaft in Ansatz gebracht hat. Dies kann im Rahmen des einfachen Anteilstauschs ein Wert unterhalb oder oberhalb des gemeinen Wertes oder im Rahmen des qualifizierten Anteilstauschs ein Wert oberhalb des gemeinen Wertes, ein Wert unterhalb des Buchwertes (wenn dieser nicht dem gemeinen Wert entspricht) oder ein Wert unterhalb des Wertes des gemeinen Wertes anderer gewährter Wirtschaftsgüter sein. Vertreten wird, dass in diesen Fällen der rechtlich erlaubte Wertansatz relevant ist.[127] Die Ermittlung des rechtlich erlaubten Wertes ist allerdings nur im Rahmen des einfachen Anteilstauschs eindeutig möglich und auf den (tatsächlichen) gemeinen Wert beschränkt. Liegt für die übertragende Gesellschaft hingegen ein qualifizierter Anteilstausch vor und hat sie einen formal wirksamen Antrag gestellt, steht ihr eine Bandbreite rechtlich zulässiger Wertansätze zur Verfügung. Einen einzigen rechtlich zulässigen Wertansatz gibt es in diesen Fällen nicht. Unserer Auffassung nach ist in diesen Fällen durch Auslegung zu ermitteln, welcher zulässige Wert tatsächlich gewählt worden ist, wenn jedenfalls aus dem Antrag eindeutig hervorgeht, dass und welcher von dem gemeinen Wert abweichende Wert angesetzt werden soll. Führt die Auslegung zu keinem eindeutigen Ergebnis, liegt kein materiell wirksamer Antrag vor und es verbleibt bei dem Ansatz des gemeinen Wertes.

67 **Beispiel:** Die A-GmbH bringt 100 % der Anteile an der B-GmbH gegen Gewährung neuer Anteile in die C-GmbH ein. Die C stellt hinsichtlich der eingebrachten Anteile an der B (Buchwert 10) einen fristgerechten Antrag auf den „Zwischenwert" 50, da sie davon ausgeht, dass der gemeine Wert 100 beträgt. Dem Antrag fügt sie eine dezidierte und materiell richtige Berechnung der aufzudeckenden stillen Reserven iHv 50 vH bei. Es stellt sich heraus, dass im Zeitpunkt der Einbringung der gemeine Wert nicht 100 sondern lediglich 40 betrug.

Obwohl die Berechnung des Anteils der aufzudeckenden stillen Reserven grundsätzlich nicht zu dem Antrag gehört, dürfte sie zur Ermittlung des eigentlich gewollten Wertansatzes heranzuziehen sein. Ergibt sich hieraus aber, dass 50 vH der stillen Reserven aufzudecken sind, lässt sich ein eindeutiger zulässiger Zwischenwert ermitteln, nämlich

---

[123] BMF 11.11.2011, BStBl. I 2011, 1314, Rn. 21.13.
[124] Rödder/Herlinghaus/van Lishaut/*Rabback* UmwStG § 21 Rn. 154; *Ott* DStZ 2009, 90 (92).
[125] Rödder/Herlinghaus/van Lishaut/*Rabback* UmwStG § 21 Rn. 154; *Ott* DStZ 2009, 90 (92).
[126] Rödder/Herlinghaus/van Lishaut/*Rabback/Herlinghaus* UmwStG § 21 Rn. 154 iVm § 20 Rn. 382; *Ott* DStZ 2009, 90 (92).
[127] Rödder/Herlinghaus/van Lishaut/*Rabback* UmwStG § 21 Rn. 154; vgl. zum Meinungsstand auch Schmitt/Hörtnagl/*Schmitt* UmwStG § 21 Rn. 87 mwN.

25 (stille Reserven x 50 % zuzüglich Buchwert; [40–10] x 0,5 + 10). Dieser ist grundsätzlich sowohl für die übernehmende Gesellschaft als auch für den Einbringenden maßgeblich.

Eine Anfechtung des Antrags scheidet bereits nach den zivilrechtlichen Maßstäben aus. C irrt nicht etwa über den Erklärungsinhalt oder die gewählten Erklärungszeichen, sondern irrt über außerhalb seiner Erklärung liegende Umstände, nämlich den gemeinen Wert der eingebrachten Anteile.

Hinweis: Soll ein Zwischenwert angesetzt werden, ist es ratsam, die Ermittlung des Wertes dem Antrag unmittelbar beizufügen. Die Wertermittlung sollte auch einen Prozentsatz der aufzudeckenden stillen Reserven enthalten, um ggf. eine Auslegung des tatsächlich gewollten Wertansatzes zu ermöglichen. Die alleinige Angabe des Betrages der stillen Reserven, die aufzudecken sind, hilft nicht in Fällen, in denen der gemeine Wert weniger stille Reserven beinhaltet, als aufgedeckt werden sollen.

b) Anschaffungskosten der erhaltenen Anteile

Die Anschaffungskosten für die erhaltenen (neuen) Anteile an der übernehmenden Gesellschaft bemessen sich im Grundsatz an dem Veräußerungspreis für die hingegebenen Anteile. Werden dem Einbringenden neben den Anteilen auch weitere Wirtschaftsgüter gewährt, ist deren gemeiner Wert bei der Ermittlung der Anschaffungskosten gem. § 21 Abs. 2 S. 6 iVm § 20 Abs. 3 S. 3 abzuziehen.[128]

68

Hinweis: Da vorbehaltlich der seit 2015 geltenden Beschränkungen des § 21 Abs. 1 S. 2 Nr. 2 (→ Rn. 40a) die Gewährung von baren Zuzahlungen bis zur Höhe des Buchwertes der eingebrachten Anteile zulässig ist, ohne dass dies die Buchwertfortführung einschränkt, kann der Einbringende im Rahmen eines Anteilstauschs grundsätzlich bis zu dieser Höhe einen zunächst nicht der Besteuerung unterliegenden Erlös erzielen. Die Besteuerung ist insoweit aber nur aufgeschoben, weil sich die Anschaffungskosten des Einbringenden für die erhaltenen Anteile entsprechend reduzieren und daher im Fall einer späteren Veräußerung, einen unveränderten gemeinen Wert vorausgesetzt, versteuert werden müssen.

Beispiel: Die A-GmbH bringt 100 % der Anteile an der B-GmbH (Buchwert 10; gemeiner Wert 20) gegen Gewährung neuer Anteile in die C-GmbH ein. Die C-GmbH gewährt neben den neuen Anteilen eine bare Zuzahlung iHv 9 und stellt einen wirksamen und fristgerechten Antrag auf Buchwertfortführung.

69

Da der gemeine Wert der anderen Wirtschaftsgüter den Buchwert der eingebrachten Anteile nicht übersteigt, bleibt es bei dem Buchwert der eingebrachten Anteile als Untergrenze des Wertansatzes. Die C-GmbH hat die erhaltenen Anteile mit 10 anzusetzen. Dieser Wert gilt für die A-GmbH als Veräußerungspreis der eingebrachten Anteile so dass kein Einbringungsgewinn entsteht. Als Anschaffungskosten der neuen Anteile gilt der Veräußerungspreis abzüglich der zusätzlich gewährten anderen Wirtschaftsgüter (§ 20 Abs. 3 S. 3 iVm § 21 Abs. 2 S. 6). Anschaffungskosten für die neuen Anteile ergeben sich daher iHv 1 (10–9).

---

128 Rödder/Herlinghaus/van Lishaut/*Rabback* UmwStG § 21 Rn. 156; Haritz/Menner/Bilitewski/*Behrens* UmwStG § 21 Rn. 244.

2. Ausnahme: Beschränkung des deutschen Besteuerungsrechts

a) Überblick

70 Der gemeine Wert ist für den Einbringenden grundsätzlich als Veräußerungspreis anzusetzen, wenn das Recht Deutschlands zur Besteuerung von Veräußerungsgewinnen der eingebrachten Anteile ausgeschlossen oder beschränkt ist (§ 21 Abs. 2 S. 2 Hs. 1) oder wenn das Besteuerungsrecht hinsichtlich der von dem Einbringenden erhaltenen Anteile (§ 21 Abs. 2 S. 2 Hs. 2) ausgeschlossen oder beschränkt ist.[129] Der Ansatz des gemeinen Wertes als Veräußerungspreis erfolgt in diesen Fällen unabhängig von dem Wertansatz der übernehmenden Gesellschaft. Die Wertverknüpfung wird durchbrochen.[130]

b) Geltungsbereich

71 Die Beschränkung des Abs. 2 S. 2 gilt wie § 21 Abs. 2 insgesamt sowohl für den einfachen als auch für den qualifizierten Anteilstausch. Relevant wird die Einschränkung des Abs. 2 S. 2 aber nur für den qualifizierten Anteilstausch, denn im Rahmen des einfachen Anteilstauschs iSd § 21 Abs. 1 S. 1 wird ohnehin auf Ebene der übernehmenden Gesellschaft der gemeine Wert in Ansatz gebracht. Die Regelung läuft für den einfachen Anteilstausch insoweit ins Leere.[131]

c) Beschränkung des Besteuerungsrechts

72 **Gegenstand der Beschränkung/des Ausschlusses des Besteuerungsrechts**[132] ist das konkrete Recht Deutschlands, den Gewinn aus der Veräußerung der vom Einbringenden eingebrachten Anteile (§ 21 Abs. 2 S. 2 Hs. 1) und/oder der erhaltenen Anteile (§ 21 Abs. 2 S. 2 Hs. 2) zu besteuern. Dies richtet sich nach den geltenden steuerlichen Vorschriften. Nicht entscheidend ist, dass (auch) das theoretische Besteuerungsrecht ausgeschlossen oder beschränkt ist.[133] Terminologisch mag zwar keine echte Beschränkung oder kein Ausschluss des Rechts der Besteuerung vorliegen, wenn Deutschland über ein DBA freiwillig auf die Besteuerung verzichtet,[134] auf diese Willensrichtung des Gesetzgebers kommt es aber nicht an. Entscheidend ist nicht, dass die Beschränkung deutscher Besteuerungsrechte unter keinen Umständen hätte verhindern werden können. Andernfalls wäre stets zu prüfen, ob es dem Gesetzgeber unter Beachtung unionsrechtlicher und verfassungsrechtlicher Vorgaben bei weitestgehender Entscheidungsfreiheit (theoretisch) möglich gewesen wäre, den zu beurteilenden Sachverhalt zulässiger Weise auch steuerlich zu erfassen. Eine derartige Prüfung ordnet § 21 Abs. 2 S. 2 aber nicht an.

73 Ist der Veräußerungsgewinn der Anteile nach rein deutschem Recht auf Ebene der übernehmenden Gesellschaft steuerbefreit (zB nach § 8b Abs. 2 KStG), ist dies keine tatbestandliche Beschränkung oder kein Ausschluss des Besteuerungsrechts Deutschlands.[135] Das Recht Deutschlands zur Besteuerung ist in diesen Fällen nicht eingeschränkt, sondern wurde vielmehr mit der positiven Entscheidung der Steuerfreiheit ausgeübt. Anders als Doppelbesteuerungsabkommen, die das Besteuerungsrecht dem anderen Vertragsstaat zuordnen können, bleibt in diesen Fällen das Besteuerungsrecht gerade bestehen.

---

[129] BMF 11.11.2011, BStBl. I 2011, 1314, Rn. 21.14.
[130] Rödder/Herlinghaus/van Lishaut/*Rabback* UmwStG § 21 Rn. 158; *Ott* INF 2007, 387 (389).
[131] Rödder/Herlinghaus/van Lishaut/*Rabback* UmwStG § 21 Rn. 153.
[132] Ausf. hierzu *Becker-Pennrich* IStR 2007, 684.
[133] Haritz/Menner/Bilitewski/*Behrens* UmwStG § 21 Rn. 263; Schmitt/Hörtnagl/*Schmitt* UmwStG § 21 Rn. 93; so aber wohl *Becker-Pennrich* IStR 2007, 684.
[134] So *Becker-Pennrich* IStR 2007, 684 (687).
[135] Dötsch/Pung/Möhlenbrock/*Patt* UmwStG § 21 Rn. 60a mwN.

Eine tatbestandliche **Unterscheidung zwischen der Beschränkung und dem Ausschluss** des Besteuerungsrechts ist nicht erforderlich[136] und überdies kaum möglich.[137] Der Ausschluss lässt sich als vollständige Beschränkung und die Beschränkung als partieller Ausschluss des Besteuerungsrechts darstellen. 74

Beispiele für die Beschränkung oder den Ausschluss des Besteuerungsrechts liegen ua vor, wenn Anteile in eine Gesellschaft im Ausland eingebracht werden und nach dem einschlägigen DBA das Besteuerungsrecht an diesen eingebrachten Anteilen nicht (mehr) Deutschland zusteht. Dass die erhaltenen Anteile in Deutschland steuerverstrickt sind, ist unbeachtlich, eröffnet aber gegebenenfalls die Möglichkeit einer abweichenden Wertfestsetzung auf Antrag. Tatbestandlich kann es aber auch sein, wenn Deutschland die Veräußerung der einzubringenden Anteile vor der Einbringung vollständig besteuern konnte, nach der Einbringung bei der Besteuerung der Gewinne aus der Veräußerung aber ausländische Steuern anrechnen muss.[138] Ob eine tatsächliche Anrechnung erfolgt, ist dabei unerheblich und kann die Anwendung des § 21 Abs. 2 S. 2 nicht verhindern.[139] 75

In **zeitlicher Hinsicht** sieht § 21 Abs. 2 S. 2 vor, dass die Beschränkung oder der Ausschluss des Besteuerungsrechts hinsichtlich der Veräußerung der Anteile *nach* der Einbringung vorliegen muss. Obwohl § 21 Abs. 2 S. 2 bei strenger Wortlautbetrachtung ausschließlich auf den Ist-Zustand nach der Einbringung abstellt, wird zu Recht gefordert, dass bereits vor der Einbringung ein Besteuerungsrecht bestanden haben muss.[140] Wird durch die Einbringung erstmals das Besteuerungsrecht Deutschlands begründet, sind die eingebrachten Anteile mit dem gemeinen Wert zu bewerten.[141] Auf die zeitliche Dauer des (ursprünglichen) Bestehens des Besteuerungsrechts kommt es dabei nicht an. Auch wenn im Zuge der Strukturierung der Einbringung für eine juristische Sekunde vor der Einbringung das Besteuerungsrechts Deutschlands begründet wurde, kann ein tatbestandlicher Ausschluss oder eine Beschränkung dieses Rechts vorliegen. 76

Kausalität zwischen Beschränkung bzw. Ausschluss des Besteuerungsrechts und der Einbringung ist erforderlich.[142] Die Einbringung muss die Ursache für die nach Einbringung bestehende Beschränkung oder den Ausschluss des Besteuerungsrechts sein. Nicht tatbestandlich ist es daher, wenn das Besteuerungsrecht beschränkt wird, weil der Einbringende bei Gelegenheit der Einbringung seinen Wohnsitz verlegt hat. In diesen Fällen können dann aber andere Steuertatbestände (zB § 6 AStG) erfüllt sein. 77

3. Rückausnahme Antrag des Einbringenden (Abs. 2 S. 3)

a) Grundvoraussetzungen

Eine Rückausnahme zu § 21 Abs. 2 S. 2 ist in § 21 Abs. 2 S. 3 vorgesehen. In diesen Fällen wird dem Einbringenden ein Wahlrecht eingeräumt, statt des gemeinen Werts auf Antrag den Buch- oder einen Zwischenwert anzusetzen.[143] In diesen Fällen wird die Buchwertverknüpfung regelmäßig durchbrochen.[144] Das heißt, der Wert der als Veräußerungspreis für die eingebrachten Anteile und als Anschaffungskosten für die er- 78

---

136 Dötsch/Pung/Möhlenbrock/*Patt* UmwStG § 21 Rn. 60a.
137 *Becker-Pennrich* IStR 2007, 684 (689).
138 *Becker-Pennrich* IStR 2007, 684 (686).
139 Ausdr. aA *Becker-Pennrich* IStR 2007, 684 (691).
140 Rödder/Herlinghaus/van Lishaut/*Rabback* UmwStG § 21 Rn. 159; *Becker-Pennrich* IStR 2007, 684 (688 f.).
141 Schmitt/Hörtnagl/*Schmitt* UmwStG § 21 Rn. 80 mwN.
142 Schmitt/Hörtnagl/*Schmitt* UmwStG § 21 Rn. 95.
143 BMF 11.11.2011, BStBl. I 2011, 1314, Rn. 21.5.
144 *Kaeser* DStR 2012, Beihefter 2, 14, 16; Haritz/Menner/Bilitewski/*Behrens* UmwStG § 21 Rn. 292.

haltenen neuen Anteile anzusetzen ist, muss nicht mehr zwingend mit dem Wertansatz der übernehmenden Gesellschaft für die eingebrachten Anteile übereinstimmen.

79 Grundvoraussetzungen der Anwendung der Rückausnahme ist, dass ein Fall des Abs. 2 S. 2 vorliegt, also grundsätzlich der gemeine Wert in Ansatz zu bringen wäre, und ein qualifizierter Anteilstausch iSd § 21 Abs. 1 S. 2 gegeben ist. Die Rückausnahme findet auf den einfachen Anteilstausch keine Anwendung.

b) Ausnahmetatbestände bei grenzüberschreitenden Einbringungen
aa) Keine Beschränkung des Besteuerungsrechts hinsichtlich der erhaltenen Anteile

80 Tatbestandlicher Anknüpfungspunkt für die Rückausnahme ist nach Abs. 2 S. 3 Nr. 1, dass an den erhaltenen Anteilen ein Besteuerungsrecht Deutschlands besteht und nicht eingeschränkt ist. Abs. 2 S. 3 Nr. 1 bildet damit lediglich eine Rückausnahme für die Fälle des Abs. 2 S. 2 Hs. 1. Erfasst sind hiervon insbes. die Fälle, in denen ein unbeschränkt Steuerpflichtiger Anteile an einer inländischen Kapitalgesellschaft in eine ausländische Kapitalgesellschaft einlegt und das einschlägige Doppelbesteuerungsabkommen (wie im Fall der meisten Abkommen Deutschlands) hinsichtlich der im Gegenzug für die Einbringung gewährten Anteile das Besteuerungsrecht Deutschland zuweist.

Beispiel: Die A-GmbH bringt ihre Anteile an der B-GmbH in die französische C-SARL ein. Durch die Einbringung wird das Besteuerungsrecht Frankreichs in Bezug auf die Anteile an der B-GmbH begründet. Folge hieraus wäre grundsätzlich der Ansatz des gemeinen Wertes bei der A-GmbH. Aufgrund der Rückausnahme des Abs. 2 S. 3 Nr. 1 kann die A-GmbH jedoch den Anteilstausch unter Fortführung der steuerlichen Buchwerte vollziehen, weil Deutschland nach dem maßgeblichen DBA mit Frankreich das Besteuerungsrecht für Gewinne aus der Veräußerung der Anteile an der C-SARL zusteht.

Besonderheiten sind in immer mehr DBAs zu beachten, wenn das Vermögen der ausländischen Gesellschaft überwiegend (bzw. zu mehr als der Hälfte) aus unbeweglichem Vermögen besteht, das im anderen Vertragsstaat belegen ist. In diesen Fällen sehen diese DBAs vielfach eine Ausnahme vom Besteuerungsrecht des Ansässigkeitsstaates (Deutschland) zugunsten des Belegenheitsstaates des unbeweglichen Vermögens vor.

bb) Fälle des Art. 8 der Richtlinie 2009/133/EG
(1) Tatbestand
(a) Richtlinienverweis und Inhalt der Fusions-RL

81 **Richtlinienverweis:** Durch die Aufhebung der Richtlinie 90/434/EWG verweist Abs. 2 S. 3 Nr. 2 nunmehr auf Art. 8 der Richtlinie 2009/133/EG.[145] Nach Art. 17 der Richtlinie 2009/133/EG gelten Bezugnahmen auf die Richtlinie 90/434/EWG nach Maßgabe der sog. Entsprechungstabelle als solche Verweise auf Art. 8 der Richtlinie 2009/133/EG. Inhaltlich haben sich keine Änderungen ergeben.

82 Nach Art. 8 Abs. 1 RL 2009/133/EG darf für sich allein der „Austausch von Anteilen" **keine Besteuerung des Veräußerungsgewinns** auslösen. „Austausch von Anteilen" definiert Art. 2 Buchst. e RL 2009/133/EG als „Vorgang, durch den eine Gesellschaft am Gesellschaftskapital einer anderen Gesellschaft eine Beteiligung, die ihr die Mehrheit

---
145 BMF 11.11.2011, BStBl. I 2011, 1314, Rn. 21.15; *Frotscher*, Umwandlungssteuererlass 2011, 443.

der Stimmrechte verleiht, oder – sofern sie die Mehrheit der Stimmrechte bereits hält – eine weitere Beteiligung dadurch erwirbt, dass die Gesellschafter der anderen Gesellschaft im Austausch für ihre Anteile Anteile am Gesellschaftskapital der erwerbenden Gesellschaft und gegebenenfalls eine bare Zuzahlung erhalten; Letztere darf 10 % des Nennwerts oder – bei Fehlen eines Nennwerts – des rechnerischen Werts der im Zuge des Austauschs ausgegebenen Anteile nicht überschreiten".

Durch den umfassenden Verweis auf Art. 8 RL 2009/133/EG gelten auch die **Ausnahmetatbestände der Fusions-RL**. So gilt das Verbot der Besteuerung des Veräußerungsgewinns nur dann, wenn „der Gesellschafter den erworbenen Anteilen keinen höheren steuerlichen Wert beimisst, als den in Tausch gegebenen Anteilen unmittelbar vor der Fusion, der Spaltung oder dem Austausch der Anteile beigemessen war".[146] Mit anderen Worten gilt das Besteuerungsverbot nicht, wenn die übernehmende Gesellschaft den Anteilen einen höheren Wert als den Buchwert beimisst. Insoweit kann es zu Konflikten mit § 21 Abs. 1 S. 3 kommen, wenn die (auch nach der Fusions-RL zulässige) Gewährung anderer Wirtschaftsgüter zu einem Ansatz oberhalb des Buchwertes zwingt, da deren gemeiner Wert oberhalb des Buchwertes der erhaltenen Anteile liegt. Unserer Auffassung nach scheidet in diesen Fällen das Antragsrecht nach § 21 Abs. 2 S. 3 Nr. 2 aus. 83

(b) Abweichungen der Fusions-RL zum nationalen Recht

Abweichungen zu der nationalen Definition des Anteilstauschs bestehen bezüglich der Art und bezüglich des Wertes der zusätzlich zu den Anteilen gewährten anderen Wirtschaftsgütern, hinsichtlich der Stimmrechte in der übertragenden Gesellschaft und im Hinblick auf den Umfang des Anteils. 84

Die Definition des Anteilstauschs der Fusions-RL erfordert jedenfalls einen nach nationalem Verständnis **qualifizierten Anteilstausch**, da die vermittelte oder bestehende Stimmrechtsmehrheit wesentliches Tatbestandsmerkmal des Art. 2 Buchst. e RL 2009/133/EG ist. Der einfache Anteilstausch iSd § 21 Abs. 1 S. 1 ist von der Fusions-RL nicht erfasst. Diese Unterschiede sind für die Anwendung des § 21 Abs. 2 S. 3 Nr. 2 nicht von Bedeutung, da § 21 Abs. 2 S. 3 bereits einen qualifizierten Anteilstausch nach deutschem Verständnis erfordert, der jedenfalls das Stimmrechtserfordernis nach Verständnis der Fusions-RL erfüllt. 85

Abweichungen bezogen auf **Art und Wert der zusätzlich gewährten Wirtschaftsgüter** ergeben sich insoweit, als dass die Richtlinie für die „anderen Wirtschaftsgüter", besondere Voraussetzungen aufstellt. Nach der deutschen Definition des Anteilstauschs sind zusätzlich zu den Anteilen gewährte „andere Wirtschaftsgüter" allgemein zulässig. Auf eine bestimmte Art der Wirtschaftsgüter kommt es nach den nationalen Vorschriften nicht an. Auch ein bestimmter Wert der zusätzlich gewährten anderen Wirtschaftsgüter ist für den Anteilstausch als solchen unschädlich, aber ggf. für den Wertansatz relevant (→ Rn. 45 ff.). Demgegenüber sind nach der **Fusions-RL ausschließlich bare Zuzahlungen** zulässig. Andere Wirtschaftsgüter scheiden als zusätzlich gewährtes Wirtschaftsgut nach der Fusions-RL aus. Bare Zuzahlungen umfassen neben Bargeld auch Buchgeld. Unschädlich ist nach der Fusions-RL aber nur eine solche Zuzahlung, die 10 % des Nennwerts oder – bei Fehlen eines Nennwerts – des rechnerischen Werts 86

---

146 Art. 8 Abs. 4 RL 2009/133/EG.

der im Zuge des Austauschs ausgegebenen Anteile nicht überschreitet. Wird eine andere sonstige Gegenleistung oder eine höhere bare Zuzahlung geleistet, fällt der Anteilstausch bereits aus dem Anwendungsbereich der Richtlinie[147] und damit auch aus dem Anwendungsbereich des § 21 Abs. 2 S. 3 Nr. 2.

87 **Beispiel: Ausgangsfall:** Die in Spanien ansässige A-SRL (GmbH nach deutschem Verständnis) bringt 100 % der Anteile an der deutschen B-GmbH, deren Aktivvermögen fast vollständig aus unbeweglichem Vermögen besteht, gegen Gewährung neuer Anteile in die aktiv tätige französische C-SARL (GmbH nach deutschem Verständnis) ein.

Abwandlung: Die C-SARL gewährt der A-SRL neben den neuen Anteilen auch Anteile an einer ihrer Tochtergesellschaften/Drittgesellschaft.

Im **Ausgangsfall** unterliegt der Anteilstausch der Fusions-RL. Es liegt ein qualifizierter Anteilstausch vor. An dem Anteilstausch sind mindestens zwei Gesellschaften aus Mitgliedstaaten beteiligt. Die übrigen Voraussetzungen der Fusions-RL sind erfüllt. Auf Antrag nach § 21 Abs. 2 S. 3 Nr. 2 kann die A-SRL die historischen Buchwerte oder einen Zwischenwert fortführen. Die erhaltenen neuen Anteile an der C-SARL sind dann aber in Deutschland steuerverstrickt (obwohl § 49 EStG ansonsten nicht einschlägig ist).

In der **Abwandlung** war die A-SRL bis zur Einbringung in Deutschland beschränkt steuerpflichtig, § 49 Abs. 1 Nr. 2 lit. e EStG iVm § 2 KStG. Das Besteuerungsrecht stand nach dem DBA Deutschland zu, da Anteile an einer Gesellschaft betroffen sind, deren Vermögen ganz oder überwiegend aus in Deutschland gelegenen unbeweglichen Vermögens besteht, Art. 13 Abs. 2 DBA Spanien. Der durch die A-SRL ggf. zukünftig erzielte Veräußerungsgewinn aus der Veräußerung der erhaltenen Anteile an der französischen C-SARL, ist in Deutschland nicht steuerbar. Es liegt ein Fall des § 21 Abs. 2 S. 2 Hs. 2 vor. Grundsätzlich ist der gemeine Wert der eingebrachten Anteile als Veräußerungspreis und als Anschaffungskosten der erhaltenen Anteile anzusetzen. Ein Antrag nach § 21 Abs. 2 S. 3 scheidet aus, da die Voraussetzungen der Nr. 1 oder der Nr. 2 nicht erfüllt sind. Die erhaltenen neuen Anteile unterliegen in Deutschland keiner Besteuerung. Ein Fall der Fusions-RL liegt nicht vor, da keine bare Zuzahlung geleistet wurde. Die zusätzlich gewährten Anteile an der Tochtergesellschaft/Drittgesellschaft bilden eine nach der Fusions-RL unzulässige zusätzliche Leistung.

88 Nach der Definition des Anteilstauschs der Fusions-RL unterfallen **Anwartschaften** nicht dem Anteilstausch. Die Fusions-RL erfordert im Gegensatz zu der nationalen Definition keinen Anteil an der Kapitalgesellschaft, sondern einen „Anteil am Gesellschaftskapital". Anwartschaften stellen aber keinen Anteil am Kapital der Gesellschaft dar.[148]

89 Abweichungen im **persönlichen Anwendungsbereich** ergeben sich insoweit, als dass die Fusions-RL gem. Art. 1 Buchst. e iVm Art. 3 RL 2009/133/EG den Austausch von Anteilen nur dann erfasst, wenn daran Gesellschaften aus zwei oder mehr Mitgliedstaaten beteiligt sind, nicht aber EWR-Gesellschaften.[149] Diese Gesellschaften müssen insbes. eine in Anhang I Teil A zur Fusions-RL aufgeführten Rechtsform aufweisen und im Übrigen die weiteren Voraussetzungen des Art. 3 RL 2009/133/EG erfüllen.

---

[147] Brandis/Heuermann/*Nitzschke* UmwStG § 21 Rn. 52.
[148] BFH 19.2.2013 – IX R 35/12, DStR 2013, 1322 (1323).
[149] *Frotscher* UmwStE 2011, 443; aA wohl BMF 11.11.2011, BStBl. I 2011, 1314, Rn. 21.15.

(2) Ansatz des Buch- oder Zwischenwertes

In der Rechtsfolge kann der Einbringende als Veräußerungspreis für die eingebrachten Anteile und als Anschaffungskosten für die erhaltenen neuen Anteile den **Buchwert oder einen Zwischenwert**, höchstens jedoch den gemeinen Wert der eingebrachten Anteile ansetzen. Dieser Wertansatz ist – anders als im Rahmen des § 21 Abs. 1 – losgelöst von dem Wertansatz der übernehmenden Gesellschaft. Haben die eingebrachten Anteile nicht zu einem Betriebsvermögen gehört, treten an die Stelle des Buchwertes die historischen Anschaffungskosten, § 21 Abs. 2 S. 5.

Werden zusätzlich **andere Wirtschaftsgüter** gewährt, reduzieren diese die Anschaffungskosten der erhaltenen neuen Anteile, § 21 Abs. 2 S. 6 iVm § 20 Abs. 3 S. 3.

(3) Fortsetzung der Steuerpflicht am Surrogat

Wird der Ausnahmetatbestand des § 21 Abs. 3 S. 2 Nr. 2 in Anspruch genommen, ist der Gewinn aus der (späteren) Veräußerung der erhaltenen Anteile in der gleichen Weise zu besteuern, wie die Anteile an der erworbenen Gesellschaft zu besteuern gewesen wären (§ 21 Abs. 3 S. 2 Nr. 2 Hs. 2). Entgegenstehende Bestimmungen von Doppelbesteuerungsabkommen werden ausdrücklich ausgeklammert und finden keine Anwendung (treaty-override).

§ 21 Abs. 2 S. 3 Nr. 2 ordnet damit eine Erweiterung der (unbeschränkten bzw. beschränkten) Steuerpflicht an den erhaltenen neuen Anteilen an. Die inländische Steuerpflicht setzt sich insoweit unverändert an den erhaltenen Anteilen fort. Man kann auch von der Steuerpflicht am Surrogat sprechen. Erfasst ist nach dem Wortlaut nur der Gewinn aus der Veräußerung. Dividenden und sonstige Ausschüttungen werden von der Regelung nicht erfasst, so dass sich die Frage nach der Besteuerung dieser Zahlungen nach den allgemeinen Regeln richtet. Unserer Auffassung nach ist nicht der Gewinn im technischen Sinne gemeint, sondern auch ein etwaiger Verlust aus der späteren Veräußerung (soweit nach deutschem Recht im Einzelfall steuerwirksam). Es wäre inkonsequent, wenn sich Deutschland nur das Recht vorbehalten würde, Gewinne zu besteuern, Verluste aber unberücksichtigt ließe.

Die Fortsetzung der Steuerpflicht ist unabhängig davon, dass die erhaltenen Anteile keine direkte Steuerverstrickung im Inland aufweisen. Der Grund hierfür ist unerheblich. Erfasst sind Fälle, in denen das einschlägige Doppelbesteuerungsabkommen das Besteuerungsrecht nicht Deutschland zuordnet. Erfasst sind aber auch Fälle, in denen das Besteuerungsrechts Deutschlands ausscheidet, weil ein ausländischer Einbringender Anteile an einer inländischen Gesellschaft gegen Gewährung neuer Anteile in eine EU-Gesellschaft eingebracht hat und diese erhaltenen Anteile später veräußert.

Die angeordnete Besteuerung erfasst unserer Auffassung nach nur eine Besteuerung dem Grunde nach, nicht aber eine vollständig hypothetische Besteuerung für den (vergangenen) Zeitpunkt der Einbringung. Die Besteuerung in „der gleichen Weise" führt also nicht dazu, dass bei einer Veränderung der im Zeitpunkt der späteren Veräußerung geltenden Steuersätze, die historischen Steuersätze im Zeitpunkt der Einbringung Anwendung fänden. Dies ergibt sich insbes. aus einem Vergleich zu § 21 Abs. 2 S. 3 Nr. 1, der über die weitere Steuerverstrickung im Inland ebenfalls Veränderungen der (alternativen) Sofortbesteuerung hinnimmt. Erfasst von der hypothetischen Betrachtung ist die abstrakte Gewinnbesteuerung, die ggf. durch ein anwendbares Doppelbesteuerungsabkommen ausgeschlossen oder beschränkt ist.

c) Antragserfordernis

96 **Antragsteller** für den Antrag nach § 21 Abs. 2 S. 3 ist der Einbringende.[150]

97 **Antragsempfänger** ist das für die Besteuerung des Einbringenden zuständige Finanzamt (§ 21 Abs. 2 S. 4).

98 Als **Antragsfrist** gilt, dass der Antrag spätestens bis zur erstmaligen Abgabe der Steuererklärung zu stellen ist (§ 21 Abs. 2 S. 4). Über den Wortlaut hinaus ist auch die Antragstellung mit erstmaliger Abgabe der Steuererklärung ausreichend. Entscheidend ist die tatsächliche, erstmalige Abgabe. Gesetzliche oder behördliche Erklärungsfristen sind nicht entscheidend.

99 Konkrete **inhaltliche Anforderungen** für den Antrag enthält § 21 nicht. Aus der Rechtsfolge des Antrags folgt aber, dass sich jedenfalls aus den Umständen ergeben muss, dass es sich überhaupt um einen Antrag nach § 21 Abs. 2 S. 3 handelt, welche Anteile betroffen sind und ob der Buchwert oder ein höherer Wert anzusetzen ist.[151]

100 Eine bestimmte **Form** des Antrags ist gesetzlich nicht geregelt. Der Antrag kann ausdrücklich oder konkludent gestellt werden. Wenn vertreten wird, dass auch die Nichterklärung von eigentlich steuerpflichtigen Gewinnen aus der Anteilsveräußerung als Antrag zur Fortführung der Buchwerte/Anschaffungskosten zu werten sei,[152] kann dem nicht einschränkungslos zugestimmt werden. Für den Empfänger des Antrags muss auch erkennbar sein, dass überhaupt ein Antrag gestellt wird. Die schlichte Nichtdeklaration ist als solche mehrdeutig.

101 Der **Antrag ist widerruflich** bis zur Bestandskraft der Steuerfestsetzung und in den gesetzlichen Grenzen des Wertansatzes änderbar.[153] Das Wahlrecht berührt nur den Einbringenden und zeigt keine Auswirkungen auf die übernehmende Gesellschaft.[154]

d) Ansatz mit dem Buch oder Zwischenwert

102 Liegen die materiellen und formellen Voraussetzungen der Rückausnahme vor, kann der Einbringende sowohl Veräußerungspreis als auch Anschaffungskosten mit dem Buchwert oder einem höheren Wert, höchstens jedoch mit dem gemeinen Wert ansetzen. Haben die eingebrachten Anteile nicht zu einem Betriebsvermögen gehört, treten an die Stelle des Buchwertes die Anschaffungskosten (Abs. 2 S. 5).

III. Veräußerungsgewinn

1. Ermittlung des Veräußerungsgewinns/Einbringungsgewinns

103 Der beim Anteilstausch entstehende **Veräußerungsgewinn** ermittelt sich aus der Differenz zwischen dem um die Kosten der Einbringung geminderten Veräußerungspreis und dem Buchwert bzw. den Anschaffungskosten der eingebrachten Anteile abzüglich eines etwaigen Freibetrages nach § 17 Abs. 3 EStG oder § 16 Abs. 4 EStG.[155]

---

150 BMF 11.11.2011, BStBl. I 2011, 1314, Rn. 21.15; Rödder/Herlinghaus/van Lishaut/*Rabback* UmwStG § 21 Rn. 176.
151 Ähnlich Rödder/Herlinghaus/van Lishaut/*Rabback* UmwStG § 21 Rn. 177.
152 So Rödder/Herlinghaus/van Lishaut/*Rabback* UmwStG § 21 Rn. 177.
153 Rödder/Herlinghaus/van Lishaut/*Rabback* UmwStG § 21 Rn. 179; *Neumann* GmbH-StB 2007, 377 (378); aA Schmitt/Hörtnagl/*Schmitt* UmwStG § 21 Rn. 110.
154 Rödder/Herlinghaus/van Lishaut/*Rabback* UmwStG § 21 Rn. 179.
155 Brandis/Heuermann/*Nitzschke* UmwStG § 21 Rn. 59.

Der für den Einbringenden maßgebliche **Veräußerungspreis** ergibt sich aus § 21 Abs. 2 und entspricht entweder dem gemeinen Wert, dem Wertansatz der übernehmenden Gesellschaft oder auf Antrag einem Zwischenwert.[156]

104

Die im Zusammenhang mit der Einbringung entstandenen Kosten sind bei Ermittlung des Veräußerungsgewinns in Abzug zu bringen. Die Zurechnung der Kosten bestimmt sich nach dem **objektiven Veranlassungszusammenhang**.[157]

105

Vereinbarungen über die Zuordnung der Kosten sind grundsätzlich steuerlich irrelevant. Im Vorfeld getroffene zivilrechtlich wirksame Kostenzuordnungsabreden sind nur für den Fall beachtlich, dass die Kosten nicht objektiv der Sphäre des Einbringenden oder des Übernehmenden zugeordnet werden können.[158]

106

Einbringungskosten der übernehmenden Gesellschaft sind grundsätzlich sofort abzugsfähige **Betriebsausgaben**, es sei denn, es handelt sich um Kosten, die einzelnen Wirtschaftsgütern unmittelbar zugeordnet werden können.[159]

107

Einbringungskosten sind beispielsweise Rechts- und Beratungskosten, Kosten für die Ausgabe neuer Anteile und Kosten im Zusammenhang mit der Wahlrechtsausübung.[160] Für die Qualifikation als Einbringungskosten ist es unerheblich, ob die Kosten im Jahr der Einbringung selbst angefallen sind.[161]

108

Übersteigen die Kosten den Veräußerungspreis der eingebrachten Anteile, kommt es zu einem **Veräußerungsverlust**. Ein Veräußerungsverlust tritt außerdem regelmäßig ein, wenn der gemeine Wert der Anteile niedriger als deren Buchwert ist, da bei der Bewertung der gemeine Wert stets die Obergrenze darstellt.[162] Ein Antrag auf Fortführung der Buchwerte verhindert somit nicht den Ansatz eines niedrigeren gemeinen Wertes.

109

2. Besteuerung des Veräußerungsgewinnes

a) Allgemeines

Die Besteuerung eines Veräußerungsgewinnes richtet sich sowohl für Körperschaften als auch für natürliche Personen grundsätzlich nach den allgemeinen Regeln.[163] Der Einbringende hat die Möglichkeit zur Bildung einer Rücklage nach § 6b Abs. 10 EStG.[164]

110

Für beschränkt Steuerpflichtige ist ein Veräußerungsgewinn nur unter den Voraussetzungen des § 49 EStG im Inland steuerpflichtig. Ebenso ist zu beachten, dass Veräußerungsgewinne unter Umständen nach einem DBA von der Besteuerung in Deutschland ausgenommen sind, wenn – wie in den meisten DBAs Deutschlands der Fall – das Besteuerungsrecht dem Wohnsitzstaat zugewiesen ist und der Einbringende Sitz bzw. Wohnsitz nicht in Deutschland hat.

111

---

156 Haritz/Menner/Bilitewski/*Behrens* UmwStG § 21 Rn. 343.
157 Haritz/Menner/Bilitewski/*Behrens* UmwStG § 21 Rn. 344; Dötsch/Pung/Möhlenbrock/*Patt* UmwStG § 21 Rn. 72.
158 Dötsch/Pung/Möhlenbrock/*Patt* UmwStG § 21 Rn. 72; Schmitt/Hörtnagl/*Schmitt* UmwStG § 21 Rn. 122.
159 Dötsch/Pung/Möhlenbrock/*Patt* UmwStG § 21 Rn. 73.
160 Dötsch/Pung/Möhlenbrock/*Patt* UmwStG § 21 Rn. 72.
161 Haritz/Menner/Bilitewski/*Behrens* UmwStG § 21 Rn. 344.
162 Schmitt/Hörtnagl/*Schmitt* UmwStG § 21 Rn. 130; → Rn. 47.
163 Haritz/Menner/Bilitewski/*Behrens* UmwStG § 21 Rn. 346.
164 Schmitt/Hörtnagl/*Schmitt* UmwStG § 21 Rn. 126; *Orth* DStR 2011, 1541.

b) Körperschaften

112 Veräußerungsgewinne von Körperschaften (einschließlich Gewinne, die eine Körperschaft als Mitunternehmerin einer Personengesellschaft erzielt) bleiben regelmäßig nach § 8b Abs. 2 KStG steuerfrei, da der Anteilstausch eine Veräußerung im Sinne dieser Vorschrift darstellt.[165]

113 Eine Steuerfreiheit ist vor dem Hintergrund der Geltung der allgemeinen Vorschriften nicht zu gewähren, wenn die Voraussetzungen der § 8b Abs. 4, 7 oder 8 KStG vorliegen. Ebenso ist die Steuerfreiheit eines Veräußerungsgewinnes ausgeschlossen, soweit es sich bei den eingebrachten Anteilen um einbringungsgeborene Anteile im Sinne von § 21 aF handelt.

114 Nach § 8b Abs. 3 KStG gelten 5 % des Veräußerungsgewinns als pauschal nicht abzugsfähige Betriebsausgaben und unterliegen somit der Besteuerung. Veräußerungsverluste sind nach § 8b Abs. 3 S. 3 KStG bei der Ermittlung des Einkommens grundsätzlich nicht zu berücksichtigen, sie sind also steuerlich nicht, auch nicht im Umfang von 5 %, steuerlich abzugsfähig (ausnahmsweise steuerliche Abzugsfähigkeit unter den Voraussetzungen des § 8b Abs. 7 und 8 KStG).[166]

c) Natürliche Personen

115 Für natürliche Personen, die unter den Beteiligungsvoraussetzungen des § 17 EStG die eingebrachten Anteile im Privatvermögen halten, unterliegt ein Veräußerungsgewinn nach Maßgabe des § 17 EStG der Besteuerung mit dem Teileinkünfteverfahren (§§ 3 Nr. 40 S. 1 Buchst. c, 3c Abs. 2 EStG).

116 Unserer Auffassung nach ist die Rechtsprechung des BVerfG[167] bezüglich der verfassungswidrigen Herabsetzung der maßgeblichen Beteiligungsquoten mit rückwirkender Kraft auch im Rahmen des § 21 zu beachten.[168]

117 Der Freibetrag nach § 17 Abs. 3 EStG wird hinsichtlich des Veräußerungsgewinns nur angewendet, wenn der Einbringende eine natürliche Person ist und die übernehmende Gesellschaft die Anteile mit dem gemeinen Wert angesetzt hat. Liegt ein Fall des Abs. 2 S. 2 vor, ist die Anwendung der Regelung an den Ansatz des gemeinen Wertes durch den Steuerpflichtigen gekoppelt. Die Vergünstigung wird somit nicht gewährt, wenn Zwischenwerte angesetzt werden.[169]

118 Für Anteile im Betriebsvermögen findet ebenfalls das Teileinkünfteverfahren Anwendung. Der Freibetrag nach § 16 Abs. 4 EStG wird hier ebenfalls nur unter der Voraussetzung gewährt, dass die eingebrachte Beteiligung mit ihrem gemeinen Wert angesetzt wird.[170] Außerdem ist erforderlich, dass sie 100 % des Nennkapitals der Kapitalgesellschaft, deren Anteile eingebracht werden, ausmacht (§ 21 Abs. 3 S. 1 Hs. 2). Werden Anteile, die zwar 100 % des Nennkapitals repräsentieren, eingebracht, wurde aber nur ein Teil der Anteile im Betriebsvermögen und ein anderer Teil im Privatvermögen gehalten, findet § 16 Abs. 4 EStG insgesamt keine Anwendung. Auf die Höhe der Anteile, die im Privatvermögen gehalten werden, kommt es dabei nicht an. Auf die im Privatvermögen

---

165 Haritz/Menner/Bilitewski/*Behrens* UmwStG § 21 Rn. 347.
166 Haritz/Menner/Bilitewski/*Behrens* UmwStG § 21 Rn. 347.
167 BVerfG 7.7.2010 – 2 BvR 748/05, DStR 2010, 1733.
168 UmwStG § 21 vgl. allgemein hierzu jeweils mwN Schmidt/*Levedag* EStG § 17 Rn. 52; Brandis/Heuermann/*Vogt* EStG § 17 Rn. 30 ff.
169 Brandis/Heuermann/*Nitzschke* UmwStG § 21 Rn. 65.
170 Umstr. vgl. zum Streitstand Haritz/Menner/Bilitewski/*Behrens* UmwStG § 21 Rn. 364 mwN.

gehaltenen Anteile kann aber in diesen Fällen weiterhin § 17 Abs. 3 EStG Anwendung finden.

Die Tarifermäßigung nach § 34 Abs. 1 EStG („Fünftelregelung") findet keine Anwendung (§ 21 Abs. 3 S. 2). Unter Umständen kann jedoch die Vergünstigung nach § 34 Abs. 3 EStG zu gewähren sein, wenn das Teileinkünfteverfahren im konkreten Fall, etwa wegen der Qualifikation als einbringungsgeborene Anteile nicht anwendbar ist.[171]

d) Gewerbesteuer

Der Veräußerungsgewinn bzw. der Veräußerungsverlust unterliegt nach den allgemeinen Regeln der Gewerbesteuer und erfordert, dass die eingebrachten Anteile zum Betriebsvermögen eines Gewerbebetriebs iSd § 2 Abs. 1 GewStG gehören.[172] Eine im Privatvermögen gehaltene Beteiligung unterliegt nicht der Gewerbesteuer.[173]

Bei natürlichen Personen ist der Einbringungsgewinn gewerbesteuerlich ein laufender Gewinn.[174] Auch die Einbringung einer 100 % Beteiligung gehört grundsätzlich zum Gewerbeertrag.[175]

Bei einbringenden Kapitalgesellschaften ist der erzielte Einbringungsgewinn unter den Voraussetzungen des § 8b Abs. 2 KStG auch gewerbesteuerfrei.[176] Die Fiktion des § 8b Abs. 3 KStG gilt auch für die Gewerbesteuer, womit 5 % des Einbringungsgewinns als nicht abzugsfähige Betriebsausgaben gelten und der Gewerbesteuer unterliegen.[177]

e) Kapitalertragsteuer

Unter bestimmten Voraussetzungen besteht in Bezug auf einen Einbringungsgewinn die Verpflichtung zum Einbehalt von Kapitalertragsteuer. Dies betrifft seit Streichung des § 43 Abs. 1a EStG insbes. Beteiligungen nach § 17 EStG, die im Privatvermögen gehalten werden. Weiterhin keinem Kapitalertragsteuerabzug unterliegen hingegen Gewinne einer unbeschränkt steuerpflichtigen Kapitalgesellschaft (§ 43 Abs. 2 S. 3 Nr. 1 EStG) sowie Anteile, die Betriebsvermögen eines inländischen gewerblichen, freiberuflichen oder land- oder forstwirtschaftlichen Betriebs waren (§ 43 Abs. 2 S. 3 Nr. 2 EStG).

§ 22 Besteuerung des Anteilseigners[1]

(1) ¹Soweit in den Fällen einer Sacheinlage unter dem gemeinen Wert (§ 20 Abs. 2 Satz 2) der Einbringende die erhaltenen Anteile innerhalb eines Zeitraums von sieben Jahren nach dem Einbringungszeitpunkt veräußert, ist der Gewinn aus der Einbringung rückwirkend im Wirtschaftsjahr der Einbringung als Gewinn des Einbringenden im Sinne von § 16 des Einkommensteuergesetzes zu versteuern (Einbringungsgewinn I); § 16 Abs. 4 und § 34 des Einkommensteuergesetzes sind nicht anzuwenden. ²Die Veräußerung der erhaltenen Anteile gilt insoweit als rückwirkendes Ereignis im Sinne von § 175 Abs. 1 Satz 1 Nr. 2 der Abgabenordnung. ³Einbringungsgewinn I ist der Betrag, um den der gemeine Wert des eingebrach-

---

171 BMF 16.12.2003, BStBl. I 2003, 786, Rn. 21.
172 Dötsch/Pung/Möhlenbrock/*Patt* UmwStG § 21 Rn. 87; Schmitt/Hörtnagl/*Schmitt* UmwStG § 21 Rn. 140; Brandis/Heuermann/*Nitzschke* UmwStG § 21 Rn. 69.
173 Brandis/Heuermann/*Nitzschke* UmwStG § 21 Rn. 69.
174 Dötsch/Pung/Möhlenbrock/*Patt* UmwStG § 21 Rn. 87; Schmitt/Hörtnagl/*Schmitt* UmwStG § 21 Rn. 140 f.
175 Dötsch/Pung/Möhlenbrock/*Patt* UmwStG § 21 Rn. 87.
176 Schmitt/Hörtnagl/*Schmitt* UmwStG § 21 Rn. 142.
177 Dötsch/Pung/Möhlenbrock/*Patt* UmwStG § 21 Rn. 87.
1 Zur Nichtanwendung siehe § 27 Abs. 4.

ten Betriebsvermögens im Einbringungszeitpunkt nach Abzug der Kosten für den Vermögensübergang den Wert, mit dem die übernehmende Gesellschaft dieses eingebrachte Betriebsvermögen angesetzt hat, übersteigt, vermindert um jeweils ein Siebtel für jedes seit dem Einbringungszeitpunkt abgelaufene Zeitjahr. ⁴Der Einbringungsgewinn I gilt als nachträgliche Anschaffungskosten der erhaltenen Anteile. ⁵Umfasst das eingebrachte Betriebsvermögen auch Anteile an Kapitalgesellschaften oder Genossenschaften, ist insoweit § 22 Abs. 2 anzuwenden; ist in diesen Fällen das Recht der Bundesrepublik Deutschland hinsichtlich der Besteuerung des Gewinns aus der Veräußerung der erhaltenen Anteile ausgeschlossen oder beschränkt, sind daneben auch die Sätze 1 bis 4 anzuwenden. ⁶Die Sätze 1 bis 5 gelten entsprechend, wenn

1. der Einbringende die erhaltenen Anteile unmittelbar oder mittelbar unentgeltlich auf eine Kapitalgesellschaft oder eine Genossenschaft überträgt,
2. der Einbringende die erhaltenen Anteile entgeltlich überträgt, es sei denn, er weist nach, dass die Übertragung durch einen Vorgang im Sinne des § 20 Absatz 1 oder § 21 Absatz 1 oder auf Grund vergleichbarer ausländischer Vorgänge zu Buchwerten erfolgte und keine sonstigen Gegenleistungen erbracht wurden, die die Grenze des § 20 Absatz 2 Satz 2 Nummer 4 oder die Grenze des § 21 Absatz 1 Satz 2 Nummer 2 übersteigen,
3. die Kapitalgesellschaft, an der die Anteile bestehen, aufgelöst und abgewickelt wird oder das Kapital dieser Gesellschaft herabgesetzt und an die Anteilseigner zurückgezahlt wird oder Beträge aus dem steuerlichen Einlagekonto im Sinne des § 27 des Körperschaftsteuergesetzes ausgeschüttet oder zurückgezahlt werden,
4. der Einbringende die erhaltenen Anteile durch einen Vorgang im Sinne des § 21 Absatz 1 oder einen Vorgang im Sinne des § 20 Absatz 1 oder auf Grund vergleichbarer ausländischer Vorgänge zum Buchwert in eine Kapitalgesellschaft oder eine Genossenschaft eingebracht hat und diese Anteile anschließend unmittelbar oder mittelbar veräußert oder durch einen Vorgang im Sinne der Nummern 1 oder 2 unmittelbar oder mittelbar übertragen werden, es sei denn, er weist nach, dass diese Anteile zu Buchwerten übertragen wurden und keine sonstigen Gegenleistungen erbracht wurden, die die Grenze des § 20 Absatz 2 Satz 2 Nummer 4 oder die Grenze des § 21 Absatz 1 Satz 2 Nummer 2 übersteigen (Ketteneinbringung),
5. der Einbringende die erhaltenen Anteile in eine Kapitalgesellschaft oder eine Genossenschaft durch einen Vorgang im Sinne des § 20 Absatz 1 oder einen Vorgang im Sinne des § 21 Absatz 1 oder auf Grund vergleichbarer ausländischer Vorgänge zu Buchwerten einbringt und die aus dieser Einbringung erhaltenen Anteile anschließend unmittelbar oder mittelbar veräußert oder durch einen Vorgang im Sinne der Nummern 1 oder 2 unmittelbar oder mittelbar übertragen werden, es sei denn, er weist nach, dass die Einbringung zu Buchwerten erfolgte und keine sonstigen Gegenleistungen erbracht wurden, die die Grenze des § 20 Absatz 2 Satz 2 Nummer 4 oder die Grenze des § 21 Absatz 1 Satz 2 Nummer 2 übersteigen, oder
6. für den Einbringenden oder die übernehmende Gesellschaft im Sinne der Nummer 4 die Voraussetzungen im Sinne von § 1 Abs. 4 nicht mehr erfüllt sind.

⁷Satz 4 gilt in den Fällen des Satzes 6 Nr. 4 und 5 auch hinsichtlich der Anschaffungskosten der auf einer Weitereinbringung dieser Anteile (§ 20 Abs. 1 und § 21 Abs. 1 Satz 2) zum Buchwert beruhenden Anteile.

(2) ¹Soweit im Rahmen einer Sacheinlage (§ 20 Abs. 1) oder eines Anteilstausches (§ 21 Abs. 1) unter dem gemeinen Wert eingebrachte Anteile innerhalb eines Zeitraums von sieben Jahren nach dem Einbringungszeitpunkt durch die übernehmende Gesellschaft unmittelbar oder mittelbar veräußert werden und soweit beim Einbringenden der Gewinn aus der Veräußerung dieser Anteile im Einbringungszeitpunkt nicht nach § 8b Abs. 2 des Körperschaftsteuergesetzes steuerfrei gewesen wäre, ist der Gewinn aus der Einbringung im Wirtschaftsjahr der Einbringung rückwirkend als Gewinn des Einbringenden aus der Veräußerung von Anteilen zu versteuern (Einbringungsgewinn II); § 16 Abs. 4 und § 34 des Einkommensteuergesetzes sind nicht anzuwenden. ²Absatz 1 Satz 2 gilt entsprechend. ³Einbringungsgewinn II ist der Betrag, um den der gemeine Wert der eingebrachten Anteile im Einbringungszeitpunkt nach Abzug der Kosten für den Vermögensübergang den Wert, mit dem der Einbringende die erhaltenen Anteile angesetzt hat, übersteigt, vermindert um jeweils ein Siebtel für jedes seit dem Einbringungszeitpunkt abgelaufene Zeitjahr. ⁴Der Einbringungsgewinn II gilt als nachträgliche Anschaffungskosten der erhaltenen Anteile. ⁵Sätze 1 bis 4 sind nicht anzuwenden, soweit der Einbringende die erhaltenen Anteile veräußert hat; dies gilt auch in den Fällen von § 6 des Außensteuergesetzes vom 8. September 1972 (BGBl. I S. 1713), das zuletzt durch Artikel 7 des Gesetzes vom 7. Dezember 2006 (BGBl. I S. 2782) geändert worden ist, in der jeweils geltenden Fassung, wenn und soweit die Steuer nicht gestundet wird. ⁶Sätze 1 bis 5 gelten entsprechend, wenn die übernehmende Gesellschaft die eingebrachten Anteile ihrerseits durch einen Vorgang nach Absatz 1 Satz 6 Nr. 1 bis 5 weiter überträgt oder für diese die Voraussetzungen nach § 1 Abs. 4 nicht mehr erfüllt sind. ⁷Absatz 1 Satz 7 ist entsprechend anzuwenden.

(3) ¹Der Einbringende hat in den dem Einbringungszeitpunkt folgenden sieben Jahren jährlich spätestens bis zum 31. Mai den Nachweis darüber zu erbringen, wem mit Ablauf des Tages, der dem maßgebenden Einbringungszeitpunkt entspricht,

1. in den Fällen des Absatzes 1 die erhaltenen Anteile und die auf diesen Anteilen beruhenden Anteile und
2. in den Fällen des Absatzes 2 die eingebrachten Anteile und die auf diesen Anteilen beruhenden Anteile

zuzurechnen sind. ²Erbringt er den Nachweis nicht, gelten die Anteile im Sinne des Absatzes 1 oder des Absatzes 2 an dem Tag, der dem Einbringungszeitpunkt folgt oder der in den Folgejahren diesem Kalendertag entspricht, als veräußert.

(4) Ist der Veräußerer von Anteilen nach Absatz 1

1. eine juristische Person des öffentlichen Rechts, gilt in den Fällen des Absatzes 1 der Gewinn aus der Veräußerung der erhaltenen Anteile als in einem Betrieb gewerblicher Art dieser Körperschaft entstanden,
2. von der Körperschaftsteuer befreit, gilt in den Fällen des Absatzes 1 der Gewinn aus der Veräußerung der erhaltenen Anteile als in einem wirtschaftlichen Geschäftsbetrieb dieser Körperschaft entstanden.

(5) Das für den Einbringenden zuständige Finanzamt bescheinigt der übernehmenden Gesellschaft auf deren Antrag die Höhe des zu versteuernden Einbringungsgewinns, die darauf entfallende festgesetzte Steuer und den darauf entrichteten Betrag; nachträgliche Minderungen des versteuerten Einbringungsgewinns sowie die darauf entfallende festgesetzte Steuer und der darauf entrichtete Betrag sind dem für die übernehmende Gesellschaft zuständigen Finanzamt von Amts wegen mitzuteilen.

(6) In den Fällen der unentgeltlichen Rechtsnachfolge gilt der Rechtsnachfolger des Einbringenden als Einbringender im Sinne der Absätze 1 bis 5 und der Rechtsnachfolger der übernehmenden Gesellschaft als übernehmende Gesellschaft im Sinne des Absatzes 2.

(7) Werden in den Fällen einer Sacheinlage (§ 20 Abs. 1) oder eines Anteilstauschs (§ 21 Abs. 1) unter dem gemeinen Wert stille Reserven auf Grund einer Gesellschaftsgründung oder Kapitalerhöhung von den erhaltenen oder eingebrachten Anteilen oder von auf diesen Anteilen beruhenden Anteilen auf andere Anteile verlagert, gelten diese Anteile insoweit auch als erhaltene oder eingebrachte Anteile oder als auf diesen Anteilen beruhende Anteile im Sinne des Absatzes 1 oder 2 (Mitverstrickung von Anteilen).

(8) ¹Absatz 1 Satz 6 Nummer 6 und Absatz 2 Satz 6 sind mit der Maßgabe anzuwenden, dass allein der Austritt des Vereinigten Königreichs Großbritannien und Nordirland aus der Europäischen Union nicht dazu führt, dass die Voraussetzungen des § 1 Absatz 4 nicht mehr erfüllt sind. ²Satz 1 gilt nur für Einbringungen, bei denen in den Fällen der Gesamtrechtsnachfolge der Umwandlungsbeschluss vor dem Zeitpunkt, ab dem das Vereinigte Königreich Großbritannien und Nordirland nicht mehr Mitgliedstaat der Europäischen Union ist und auch nicht wie ein solcher zu behandeln ist, erfolgt oder in den anderen Fällen, in denen die Einbringung nicht im Wege der Gesamtrechtsnachfolge erfolgt, der Einbringungsvertrag vor diesem Zeitpunkt geschlossen worden ist.

Literatur:
Benecke/Schnittker, Umwandlung von Personengesellschaften als Veräußerungstatbestand? – Ein Diskussionsbeitrag, FR 2010, 555; *Benz/Rosenberg*, Ausgewählte Problemfragen im Zusammenhang mit Einbringungen nach § 20 ff. UmwStG, DB 2011, 1354; *Benz/Rosenberg*, Einbringungen von Unternehmensteilen in eine Kapitalgesellschaft und Anteilstausch (§§ 20–23 UmwStG), DB 2012, Heft 2, Beilage 1, 38; *Benz/Rosenberg*, Einbringungsvorgänge nach dem Regierungsentwurf des SEStEG, BB Special 2006, Nr. 8, 45; *Dörfler/Rautenstrauch/Adrian*, Einbringung in eine Kapitalgesellschaft nach dem SEStEG – Entwurf, BB 2006, 1711; *Dorn*, Besonderheiten der vorweggenommenen Erbfolge steuerverhafteter Anteile i. S. des § 22 UmwStG, DStR 2014, 248; *Drüen*, Billigkeitslösung und Einverständniserklärung der Beteiligten im UmwSt-E, Beihefter zu DStR 2012, Heft 2; *Förster/Wendland*, Einbringung von Unternehmensteilen in KapG, BB 2007, 631; *Jung/Dern/Wartenberg*, Die schädliche Einlagenrückgewähr nach § 22 Abs. 1 S. 6 Nr. 3 bei formwechselnder Umwandlung einer PersG in eine KapG – ein Damoklesschwert des Umwandlungssteuerrechts, BB-Special 2010, Nr. 1, 26; *Kessler*, Analyse der Ersatzrealisationstatbestände i.S.d. § 22 Abs. 1 S. 6 UmwStG, Ubg 2011, 34; *Kortendick/Peters*, Steuerfreie Veräußerung von sperrfristbehafteten Anteilen vor Beginn der siebenjährigen Sperrfrist?, DStR 2014, 1578; *Kotyrba/Scheunemann*, Ausgewählte Praxisschwerpunkte im Umwandlungssteuererlass 2011, BB, 2012, 223; *Krüger/Gebhardt*, Neues zur Sperrfristverletzung nach § 22 Abs. 1 und 2 UmwStG durch Umwandlungen, GmbHR 2021, 1200; *Orth*, Einbringung eines wirtschaftlichen Geschäftsbetriebs oder eines Betriebs gewerblicher Art in eine Kapitalgesellschaft nach dem UmwStG i.d.F. des SEStEG, DB 2007, 419; *Orth*, Anwendbarkeit des § 6b EStG auf einen Einbringungsgewinn I, DStR 2011, 1541; *Ott*, Sonstige Gegenleistungen bei Einbringungen nach den §§ 20, 21 und 24 UmwStG, StuB 2015, 909; *Ott*, Der Begriff der sonstigen Gegenleistung bei Einbringungen nach UmwStG, StuB 2016, 812; *Ritzer/Rogall/Stangl*, Die Einbringung in eine Kapitalgesellschaft nach dem SEStEG, WPg 2006, 1210; *Rödder/Stangl*, Einbringungsgewinn I: „Automa-

tische" schädliche Einlagenrückgewähr bei Organschaft? Ubg 2008, 39; *Ruhlmann*, Steueränderungsgesetz 2015: Ertragsteuerliche Änderungen im Konzernsteuerrecht, NWB 2015, 3450; *Schaflitzl/Götz*, Einbringung eines Betriebs, Teilbetriebs oder Mitunternehmeranteils in eine Personengesellschaft (§ 24 UmwStG), DB 2012, Heft 2, Beilage 1, 56; *Schumacher/Neumann*, Ausgewählte Zweifelsfragen zur Auf- und Abspaltung von Kapitalgesellschaften und Einbringung von Unternehmensteilen in Kapitalgesellschaften, DStR 2008, 325; *Schwedhelm/Wollweber*, Typische Beratungsfehler in Umwandlungsfällen und ihre Vermeidung, BB 2008, 2208; *Stadler/Elser/Bindl*, Vermögensübergang bei Verschmelzungen auf eine Personengesellschaft oder auf eine natürliche Person und Formwechsel einer Kapitalgesellschaft in eine Personengesellschaft, DB 2012, Heft 2, Beilage 1, 14; *Stangl/Binder*, Besteuerung des Einbringungsgewinns II durch Aufwärtsverschmelzung, DStR 2018, 1793; *Weber/Hahne*, Einbringungen in Kapitalgesellschaften, Ubg 2011, 420.

I. Normzweck	1
II. Inhalt	2
1. Allgemeines	2
a) Überblick über die Vorschrift	2
b) Bedeutung der Vorschrift	5
2. Veräußerung von Anteilen aus einer Sacheinlage (§ 22 Abs. 1)	6
a) Veräußerung des Einbringenden	6
b) Anteilsveräußerung	10
aa) Vorliegen des Veräußerungstatbestands	10
bb) Ausgewählte Veräußerungstatbestände	13
(1) Veräußerung eines Bezugsrechts	13
(2) Anwachsung	15
(3) „Entstrickung" erhaltener Anteile	17
(4) Einlagen oder verdeckte Gewinnausschüttung von sperrfristbehafteten Anteilen	19
(5) Verlagerung stiller Reserven durch Kapitalerhöhung	20
(6) Umwandlungen und Billigkeitsregelung	21
(a) Seitwärtsverschmelzung des Einbringenden	25
(b) Seitwärtsverschmelzung der übernehmenden Gesellschaft	26
(c) Verschmelzung der Übernehmerin auf eine Personengesellschaft	28
(d) „Rückumwandlung"	29
c) Siebenjahresfrist	30
d) Ersatzrealisationstatbestände, Abs. 1 S. 6, 7	31
aa) Unmittelbare oder mittelbare unentgeltliche Übertragung, Abs. 1 S 6 Nr. 1	32
bb) Entgeltliche Übertragung, Abs. 1 S. 6 Nr. 2	33
cc) Auflösung, Kapitalherabsetzung, Verwendung des Einlagenkontos Abs. 1 S. 5 Nr. 3	34
dd) Veräußerungssperre nach Abs. 1 S. 6 Nr. 4 bis 6	39
ee) Nachträgliche Anschaffungskosten; Abs. 1 S. 7	44
e) Rechtsfolgen	45
aa) Allgemeines	45
bb) Einbringungsgewinn I	48a
cc) Gewerbesteuerliche Behandlung des Einbringungsgewinns I	51
dd) Nachträgliche Anschaffungskosten	52
ee) „Gemischte" Einbringung iSd Abs. 1 S. 5	53
3. Veräußerung von Anteilen aus einer Anteilseinbringung (§ 22 Abs. 2)	56
a) Inhalt der Vorschrift	56
b) Ermittlung und Besteuerung des Einbringungsgewinn II	60
c) Ersatzrealisationstatbestände nach Abs. 2 S. 6	63
d) Verhältnis von § 22 Abs. 1 und Abs. 2	64
4. Nachweis über Zurechnung der Anteile (§ 22 Abs. 3)	65
5. Juristische Personen des öffentlichen Rechts oder steuerbefreite Körperschaft als Veräußerer (§ 22 Abs. 4)	69
6. Bescheinigung des zu versteuernden Einbringungsgewinns (§ 22 Abs. 5)	71
7. Unentgeltliche Rechtsnachfolge (§ 22 Abs. 6)	73
8. Verlagerung stiller Reserven auf andere Anteile (§ 22 Abs. 7, Mitverstrickung)	77
9. EU-Austritt des Vereinigten Königreichs Großbritanniens und Nordirlands (§ 22 Abs. 8)	80

I. Normzweck

§ 22 Abs. 1 regelt die **Besteuerung beim Anteilseigner**, soweit erhaltene Anteile, welche als Gegenleistung für eine Einbringung zu Buchwerten iSd § 20 Abs. 2 S. 2 gewährt werden, innerhalb eines Zeitraums von sieben Jahren nach Einbringung veräußert werden. In diesem Falle ist der Gewinn aus der Einbringung rückwirkend im Wirtschaftsjahr der Einbringung als Gewinn des Einbringenden zu versteuern (Einbringungsgewinn I). Der zu versteuernde Gewinn wird hierbei über sieben Jahre linear auf null abgeschmolzen. Diese Regelung ist erforderlich, da ansonsten faktisch Betriebe, Teilbetriebe und Mitunternehmeranteile steuerfrei veräußert werden könnten, indem eine Einbringung zu Buchwerten nach § 20 vorgenommen würde und anschließend die hieraus erhaltenen Anteile unter Nutzung von § 3 Nr. 40 EStG oder § 8b KStG steuerfrei veräußert werden könnten. Die Vorschrift ist als **Missbrauchsvermeidungsvorschrift** konzipiert. Die Norm zielt darauf ab, eine missbräuchliche Inanspruchnahme von § 3 Nr. 40 EStG, § 8b KStG oder eines DBA-Schachtelprivilegs zu vermeiden.[2] Das Missbrauchsverständnis der Vorschrift ist typisierend und unwiderlegbar.[3] Nach Ablauf von sieben Jahren können die durch die Einbringung zu Buchwerten von Betrieben, Teilbetrieben und Mitunternehmeranteilen als Gegenleistung erworbenen Anteile steuerfrei unter Anwendung von zB § 8b KStG veräußert werden. In Abs. 2 findet sich eine entsprechende Regelung für die **Besteuerung beim Anteilseigner** für den Fall, dass im Rahmen einer Sacheinlage nach § 20 Abs. 1 oder eines Anteilstausches gemäß § 21 Abs. 1 eingebrachte Anteile durch die übernehmende Gesellschaft innerhalb desselben Zeitraums veräußert werden. Auch hier ist der Einbringungsgewinn entsprechend rückwirkend zu versteuern (Einbringungsgewinn II). Dies jedoch nur, wenn beim Einbringenden im Einbringungszeitpunkt ein Gewinn aus der Veräußerung der eingebrachten Anteile nicht gem. § 8b KStG steuerfrei gewesen wäre. Hierdurch sollen Statusverbesserungen in der Besteuerung verhindert werden.

II. Inhalt

1. Allgemeines

a) Überblick über die Vorschrift

§ 22 ergänzt die Regelungen zur Besteuerung auf Ebene des Anteilseigners bei **Einbringungen** und beim **Anteilstausch**. Das Einbringen von Vermögen zum Buchwert ist unter den Voraussetzungen von § 20 steuerlich begünstigt. Es sollen Umstrukturierungen von Unternehmen steuerlich begünstigt werden, soweit sichergestellt ist, dass ein vor der Einbringung bestehendes Besteuerungsrecht der Bundesrepublik Deutschland an den bis dahin im einzubringenden Betriebsvermögen entstandenen stillen Reserven gewahrt bleibt.[4] Zivilrechtlich erbringt der übertragende Rechtsträger hierbei eine Sacheinlage auf das Stammkapital der übernehmenden Gesellschaft nach §§ 3 und 5 GmbHG. Als Gegenleistung erhält er eine Beteiligung am Stammkapital der übernehmenden Gesellschaft. Der übertragende Rechtsträger gibt Sachwerte hin und erhält im Gegenzug hierfür Anteile an der übernehmenden Gesellschaft. Der dem Einbringungsvorgang zugrunde liegende Vertrag ist zivilrechtlich ein gesellschaftsrechtlicher Vertrag eigener Art.[5]

Steuerrechtlich wird der Vorgang als **tauschähnliches Geschäft** und damit als Veräußerungsvorgang behandelt.[6] Soweit §§ 20 ff. nicht zur Anwendung kommen, unterliegt ein im Rahmen des Tausches nach allgemeinen Bilanzierungsregelungen entstehender Gewinn der allgemeinen Besteuerung nach § 16 EStG.[7] § 22 kommt in diesem Falle nicht zur Anwendung. Unter den Voraussetzungen der §§ 20 ff. besteht die steuerliche

---

2 Vgl. BT-Drs. 16/2710, 46; *Schaumburg* FS Herzig, 711 (716).
3 Vgl. Dötsch/Pung/Möhlenbrock/*Patt* UmwStG § 22 Rn. 1.
4 Vgl. BT-Drs. 16/2710, 42.
5 Vgl. Noack/Servatius/Haas/*Servatius* GmbHG § 2 Rn. 5.
6 Vgl. BFH 17.9.2003 – I R 97/02, BStBl. II 2004, 686; Schmidt/*Weber-Grellet* EStG § 5 Rn. 636; Brandis/Heuermann/*Ehmcke/Krumm* EStG § 6 Rn. 131.
7 Vgl. Haritz/Menner/Bilitewski/*Bilitewski* UmwStG § 22 Rn. 1, 4.

Begünstigung darin, dass die in dem eingebrachten Vermögen ruhenden **stillen Reserven** nicht aufgedeckt und versteuert werden müssen. Die das Vermögen übernehmende Gesellschaft führt die Buchwerte fort, so dass die in dem übertragenen Vermögen enthaltenen stillen Reserven weiterhin dort potenziell versteuert werden können. § 22 schafft in diesem Zusammenhang keinen eigenen Besteuerungstatbestand. Es werden lediglich die Rechtsfolgen der seinerzeitigen Einbringung (keine Versteuerung stiller Reserven) nachträglich geändert (Versteuerung stiller Reserven).

Die Vorschrift gliedert sich in acht Absätze. 4

- Abs. 1 regelt die Besteuerung des sog. Einbringungsgewinns I. Dieser entsteht, wenn Anteile, welche aus einer Sacheinlage (§ 20) unter dem gemeinen Wert stammen, innerhalb von sieben Jahren nach der Einbringung durch den Einbringenden veräußert werden. Hierbei wird auf die stillen Reserven im Einbringungszeitpunkt abgestellt. In S. 6 sind verschiedene gesellschaftsrechtliche Umstrukturierungen beschrieben, welche als Ersatztatbestände dieselbe Rechtsfolge wie eine Veräußerung auslösen.
- Abs. 2 regelt für die Fälle des Anteilstauschs die Besteuerung des sog. Einbringungsgewinns II. Dieser wird ausgelöst, wenn unter dem gemeinen Wert eingebrachte Anteile (§ 21 Abs. 1) innerhalb von sieben Jahren durch den Übernehmer veräußert werden. Diese Vorschrift kommt auch zur Anwendung, wenn Anteile im Rahmen einer Sacheinlage nach § 20 (also Anteile, die zu einem Betrieb oder Teilbetrieb gehören) eingebracht werden. In beiden Fällen muss aber hinzukommen, dass eine Veräußerung der eingebrachten Anteile nicht nach § 8b KStG steuerfrei gewesen wäre.
- Abs. 3–7 enthalten Regelungen, welche dazu dienen, die Erfüllung der in den Abs. 1 und 2 beschriebenen Tatbestände kontrollieren und deren Rechtsfolgen umsetzen zu können. Hinzuweisen ist hier insbes. auf die Nachweispflicht nach Abs. 3 in Bezug auf das Halten von eingebrachten und erhaltenen Anteilen, welche bei Nichterfüllung die Versteuerung eingebrachter stiller Reserven nach sich ziehen kann. In der Praxis ist auf diese Pflichten ein besonderes Augenmerk zu legen.
- Abs. 8 enthält eine Regelung, um sicherzustellen, dass der Brexit – ohne weiteres Zutun des Steuerpflichtigen – keine rückwirkende Besteuerung eines Einbringungsgewinns nach den vorstehend beschriebenen Vorschriften zur Folge hat, da durch den Austritt des Vereinigten Königreichs Großbritannien und Nordirlands aus der Europäischen Union die Anwendungsvoraussetzungen des UmwStG (§ 1 Abs. 4) nicht mehr vorliegen.

b) Bedeutung der Vorschrift

Die Vorschrift hat für die Praxis ganz erhebliche Bedeutung. Bei Erfüllung der Tatbestände entweder des Abs. 1 nach einer Sacheinlage oder des Abs. 2 nach einer Anteilsübertragung tritt als Rechtsfolge die **nachträgliche Versteuerung** der bei der Einbringung übertragenen stillen Reserven ein. Dies kann vor allem dann erhebliche Auswirkungen haben, wenn diese Rechtsfolge etwa im Rahmen nachfolgender komplexer gesellschaftsrechtlicher Umstrukturierungen eintritt oder auch durch Handlungen fremder Dritter, welche sperrfristbehaftete Anteile erworben haben und nachfolgende Umstrukturierungen vornehmen, ausgelöst wird. Das dem § 22 immanente System der rückwirkenden Besteuerung erfordert deshalb, dass die Folgen des § 22 bereits zum Zeitpunkt der Einbringung bedacht sein müssen, zumal bei der rückwirkenden Be- 5 steuerung auch auf die zu diesem Zeitpunkt **vorhandenen stillen Reserven** abgestellt wird. Auf diesen Zeitpunkt müssen vorsorglich die Verkehrswerte und damit die stillen Reserven des übertragenen Vermögens inklusive potenzieller Geschäftswerte oder sonstiger nicht bilanzierter **immaterieller** Vermögensgegenstände ermittelt werden.

Hinweis: Die Wirkung von § 22 muss auch in Vertrags- bzw. Kaufverhandlungen berücksichtigt werden, da nach Verkäufen oder gesellschaftsrechtlichen Umstrukturierungen der die Steuer tragende Einbringende und der die Steuer auslösende Übernehmer vielfach nicht mehr identisch sind.[8]

2. Veräußerung von Anteilen aus einer Sacheinlage (§ 22 Abs. 1)

a) Veräußerung des Einbringenden

6 Die Rechtsfolgen des Abs. 1 treffen grundsätzlich den Einbringenden, der die erhaltenen Anteile veräußert. In den Fällen der unentgeltlichen Rechtsnachfolge gilt der Rechtsnachfolger als Einbringender (vgl. § 22 Abs. 6). Einbringender kann eine natürliche Person, eine Personengesellschaft oder jeder andere Rechtsträger sein, auf den § 20 Abs. 1 Anwendung findet. Einbringender Rechtsträger ist derjenige, dem die Gegenleistung aus der Einbringung, dies sind idR Gesellschaftsrechte, zusteht.[9] Hierzu gehören auch Steuerausländer im EU/EWR-Bereich sowie auch aus einem Drittland, soweit Deutschland das Besteuerungsrecht hinsichtlich des Gewinns aus der Veräußerung der Anteile zusteht.[10]

7 Ist Einbringender eine **Personengesellschaft**, so unterfällt nach dezidierter Auffassung der Finanzverwaltung sowohl eine Veräußerung der erhaltenen Anteile durch die Personengesellschaft selbst wie auch eine Veräußerung des Mitunternehmeranteils durch den Gesellschafter der Personengesellschaft, zu dessen Betriebsvermögen die sperrfristbehafteten Anteile gehören, dem § 22 Abs. 1.[11] Dies gilt infolge des Transparenzprinzips auch bei **mehrstöckigen** Personengesellschaften. Diese Ansicht der Finanzverwaltung ist in der Literatur höchst umstritten.[12] Bei Abstellen auf den „Einbringenden" macht es einen Unterschied, ob die Personengesellschaft selbst etwa einen Teilbetrieb oder aber die Gesellschafter ihre Mitunternehmeranteile einbringen. Während im ersteren Fall Einbringender die Personengesellschaft ist, sind im zweiten Fall die Gesellschafter bzw. Mitunternehmer die Einbringenden.[13]

8 Die Problematik der **Sichtweise der Finanzverwaltung** in diesem Fall wird deutlich, wenn man das Ergebnis des Zusammenspiels der Rn. 01.47 und 22.02 des Umwandlungssteuererlasses betrachtet. Nach der Rn. 01.47 bringen bei Eintritt eines weiteren Gesellschafters in eine bestehende Personengesellschaft die bisherigen Mitunternehmer ihren bisherigen Anteil per steuerliche Fiktion in eine neue – veränderte – Personengesellschaft nach § 24 ein. Diese auch im UmwStG 1995 geltende Auffassung der Finanzverwaltung ist für sich gesehen sehr positiv zu werten, da sie es ermöglicht, dass bei Einlagen eines anderen hinzutretenden Gesellschafters der bereits vorhandene

---

8 Vgl. Rödder/Herlinghaus/van Lishaut/*Stangl* UmwStG § 22 Rn. 11; *Dörfler/Rautenstrauch/Adrian* BB 2006, 1711 (1715); *Ritzer/Rogall/Stangl* WPg 2006, 1210 (1217).
9 Vgl. BMF 11.11.2011, BStBl. I 2011, 1314, Rn. 20.02.
10 Vgl. Schmitt/Hörtnagl/*Schmitt* UmwStG § 22 Rn. 20; Dötsch/Pung/Möhlenbrock/*Patt* UmwStG § 22 Rn. 20; UmwStG § 22*Benz/Rosenberg* DB 2011, 1354 (1358).
11 Vgl. BMF 11.11.2011, BStBl. I 2011, 1314, Rn. 22.02.
12 Vgl. Dötsch/Pung/Möhlenbrock/*Patt* UmwStG § 22 Rn. 30 mwN.
13 11.11.2011, Schmitt/Hörtnagl/*Schmitt* UmwStG § 22 Rn. 21; Haritz/Menner/Bilitewski/*Bilitewski* UmwStG § 22 Rn. 75; *Benz/Rosenberg* DB 2012, Heft 2, Beilage 1, 38, 48.

Gesellschafter es durch Aufstellung einer Ergänzungsbilanz vermeiden kann, dass er einen Veräußerungsgewinn, der ihm aus dem „anteiligen Verkauf" der stillen Reserven erwächst, versteuern muss. Im Zusammenspiel mit der Rn. 22.02 jedoch zieht die Finanzverwaltung hieraus die Rechtsfolge, dass durch diese fiktive Veräußerung des Mitunternehmeranteils zugleich eine fiktive Veräußerung der sperrfristbehafteten Anteile durch die Personengesellschaft erfolgt, sofern die Personengesellschaft innerhalb der letzten sieben Jahre etwa einen Teilbetrieb als Sacheinlage zu Buchwerten in eine Kapitalgesellschaft eingebracht hat. Das bedeutet, dass in diesen Fällen ein Einbringungsgewinn I ausgelöst werden kann, obwohl der Einbringende die sperrfristbehafteten Anteile weder mittelbar noch unmittelbar „bewegt".

Es wird in der Literatur zu Recht stark bezweifelt, ob das von der Finanzverwaltung zur Rechtfertigung dieser Sichtweise angeführte **Transparenzprinzip** genügend Tragfähigkeit für diese Auslegung der Vorschrift hat. Angesichts dessen, dass das Transparenzprinzip vom BFH auch schon bei Anwendung des § 8 Abs. 4 KStG aF abgelehnt und stattdessen auf die tatsächlichen zivilrechtlichen Eigentümer abgestellt wurde,[14] kann diese Auslegung der Finanzverwaltung im Falle des § 22 ebenso wenig überzeugen. Da der Gesetzgeber in § 22 sehr wohl zwischen mittelbaren und unmittelbaren Veräußerungen differenziert, wäre es Sache des Gesetzgebers gewesen, eine entsprechende Durchgriffsregelung durch Änderung des § 22 herbeizuführen. Alleine auf dem Erlasswege scheint eine derartige Regelung unzulässig zu sein. Beispielsweise wird bei einer Veräußerung von erhaltenen Anteilen, welche aus einer Weitereinbringung von erhaltenen Anteilen resultiert, auch die mittelbare Veräußerung erfasst (vgl. S. 6 Nr. 4). In Abs. 2 wurden durch das JStG 2009 die Worte „unmittelbar und mittelbar" sogar nachträglich eingefügt, ohne dass dies etwa auch bei Abs. 1 erfolgt ist.[15]

Hinweis: In der Praxis wird man diese Fallkonstellation streng „im Auge behalten" müssen, damit es nicht – sozusagen aus Versehen – auf Basis der Rechtsansicht, wie sie im UmwSt-Erlass zum Ausdruck kommt, zu unbeabsichtigt hohen Steuerbelastungen kommt.

b) Anteilsveräußerung

aa) Vorliegen des Veräußerungstatbestands

§ 22 Abs. 1 knüpft an den objektiven Tatbestand einer Veräußerung an. Es ist unerheblich, ob etwa besondere Umstände für eine Veräußerung gegeben sind oder ein Gewinn oder Verlust aus der Veräußerung entsteht. Es ist allein auf die Tatsache einer Veräußerung abzustellen. An diese Veräußerung werden Rechtsfolgen für einen zurückliegenden Sachverhalt, nämlich die Einbringung, geknüpft.[16] Eine Veräußerung liegt vor, wenn das **wirtschaftliche Eigentum** an Anteilen von einer Rechtsperson auf eine andere Rechtsperson entgeltlich oder teilentgeltlich **übertragen** wird.[17] In der Regel werden das wirtschaftliche Eigentum und das zivilrechtliche Eigentum zum gleichen Zeitpunkt übergehen. Für den Zeitpunkt des steuerlich maßgebenden Übergangs des

---

14 Vgl. BFH 20.8.2003 – I R 81/02, BStBl. II 2004, 614; BFH 27.8.2008 – I R 78/01, BFH/NV 2009, 497.
15 Vgl. Widmann/Mayer/*Widmann* UmwStG § 22 Rn. 29; *Stangl/Kaeser* in FGS/BDI, UmwSt-Erlass 2011, 389; Schneider/Ruoff/Sistermann/*Schneider/Roderburg*, H 22.11.
16 Vgl. *Möhlenbrock* FS Herzig, 775 (784).
17 Vgl. Dötsch/Pung/Möhlenbrock/*Patt* § UmwStG 22 Rn. 27; Rödder/Herlinghaus/van Lishaut/*Stangl* UmwStG § 22 Rn. 62.

wirtschaftlichen Eigentums ist auf das Erfüllungsgeschäft und nicht bereits auf das Verpflichtungsgeschäft abzustellen.[18]

11 In manchen Fällen kann das steuerlich maßgebende wirtschaftliche Eigentum bereits früher als das zivilrechtliche Eigentum übergehen, wenn etwa aufgrund eines zivilrechtlichen Rechtsgeschäfts der potenzielle Käufer schon eine rechtlich geschützte Position erworben hat, die ihm gegen seinen Willen nicht mehr entzogen werden kann und auch die mit den Anteilen verbundenen wesentlichen Rechte sowie das Risiko einer Wertminderung und die Chance einer Wertsteigerung bereits auf ihn übergegangen sind.[19]

12 Bei einer teilentgeltlichen Veräußerung ist der Vorgang in einen voll entgeltlichen und voll unentgeltlichen Vorgang aufzuteilen (**Trennungstheorie**).[20] Soweit der Vorgang als unentgeltlich zu bewerten ist, kann ein relevanter Ersatztatbestand iSd § 22 Abs. 1 S. 6 vorliegen, dessen steuerliche Wirkung unterschiedlich zu dem Teil der entgeltlichen Veräußerung sein kann. Ein teilentgeltliches Veräußerungsgeschäft kann zB bei einer Schenkung unter Auflage vorliegen. Bei Veräußerung unter fremden Dritten wird man idR von einem voll entgeltlichen Geschäft ausgehen können, wenn Leistung und Gegenleistung nicht in einem offensichtlichen Missverhältnis zueinanderstehen. Dies kann auch bei einer nachträglichen Kaufpreiskorrektur der Fall sein.[21]

bb) Ausgewählte Veräußerungstatbestände
(1) Veräußerung eines Bezugsrechts

13 Auch bei entgeltlicher Veräußerung eines **Bezugsrechts** der erhaltenen Anteile liegt nach Auffassung der Finanzverwaltung eine Veräußerung idS vor.[22] Bezugsrechte ermöglichen es einem Gesellschafter, bei einer Kapitalerhöhung seine bisherige Beteiligungs- und Stimmrechtsquote aufrechtzuerhalten. Unter anderem wird dadurch bei einer Kapitalerhöhung die Verwässerung der Altanteile verhindert, indem der Altaktionär bei einer Kapitalerhöhung das Recht erhält, eine bestimmte Anzahl von jungen Aktien in Abhängigkeit von seiner bisherigen Beteiligungsquote zu zeichnen. Aus steuerlicher Sicht liegt hier eine Teilveräußerung der dem Bezugsrecht zugrunde liegenden Anteile vor.[23] Fraglich könnte allerdings sein, ob diese Auffassung der Finanzverwaltung nach dem BFH-Urteil vom 23.1.2008 noch vertreten werden kann. In diesem Urteil hat der BFH entschieden, dass die Veräußerung von Bezugsrechten nicht der Steuerbefreiung des § 8b Abs. 2 KStG unterliegt, da keine Anteile idS vorlägen.[24] Bei Auslegung der Vorschrift des § 8b KStG hinsichtlich der Frage, ob ein Veräußerungsgewinn der Steuerbefreiung des § 8b KStG unterliegt, wendet die Finanzverwaltung dieses Urteil an und **verneint die Steuerbefreiung** des Gewinns, da keine Anteilsveräußerung iSd § 8b KStG vorliegt.[25] Eine teilweise vertretene Literaturmeinung ist der Auffassung, dass dieses Urteil der Einbeziehung von Bezugsrechtsveräußerungen bei § 22 Abs. 1 als

---

18 Vgl. BFH 22.9.1992 – VIII R 7/90, BStBl. II 1993, 228.
19 Vgl. BFH 10.3.1988 – IV R 226/85, BStBl. II 1988, 832; BFH 11.7.2006 – VIII R 32/04, BStBl. II 2007, 296; Rödder/Herlinghaus/van Lishaut/*Stangl* UmwStG § 22 Rn. 65; Haase/Hofacker/*Wulff-Dohmen* UmwStG § 22 Rn. 51.
20 Zu den Auswirkungen des BFH-Urteils 18.9.2013 – X R 42/10, DStR 2013, 2380 zu § 24 UmwStG in Bezug auf die Anwendung der „Einheitstheorie" bei Mischentgelt, vgl. *Dorn* DStR 2014, 248.
21 Vgl. Dötsch/Pung/Möhlenbrock/*Patt* UmwStG § 22 Rn. 28c.
22 Vgl. BMF 11.11.2011, BStBl. I 2011, 1314, Rn. 22.45.
23 Vgl. BFH 21.1.1999 – 8.4.1992 – I R 128/88, BStBl. II 761; BFH 13.10.1992 – VIII R 3/89, BStBl. II 1993, 477; BFH 21.1.1999 – IV R 27/97, BStBl. II 1999, 638.
24 Vgl. BFH 23.1.2008 – I R 101/06, BStBl. II 2008, 719.
25 BMF 28.4.2003, BStBl. I 2003, 292, Rn. 24.

Veräußerung eines Anteils, der die Rechtsfolgen des § 22 auslöst, nicht entgegensteht, da es auf die Besonderheiten von § 8b Abs. 2 KStG abhebt.[26]

Aus Sicht der Autoren spricht der Wortlaut des Gesetzes für eine einheitliche Auslegung der Begriffe „Anteile". Danach ist bei Veräußerung eines Bezugsrechts nach Interpretation durch den BFH mangels Anteilseigenschaft keine Steuerbefreiung nach § 8b KStG gegeben. Bei wörtlicher Auslegung liegt demzufolge auch keine Veräußerung sperrfristbehafteter Anteile iSd § 22 vor, da diese Vorschrift gerade auf die Steuerbefreiung von § 8b KStG abhebt. Da der Verkauf des Bezugsrechts nicht der Steuerfreiheit nach § 8b KStG unterliegt, kann die Vorschrift des § 22 weder nach deren Wortlaut noch unter normspezifischer Auslegung zur Anwendung kommen.[27] Es sei allerdings nochmals ausdrücklich auf die andere Sichtweise der Finanzverwaltung in ihrem Erlass hingewiesen. Danach unterfallen die Veräußerung von Bezugsrechten dem § 22 Abs. 1 S. 1 und Abs. 2 S. 1.[28]

Hinweis: Aus Sicht des Praktikers ist darauf hinzuweisen, dass es hier empfehlenswert sein kann, statt der Veräußerung des Bezugsrechts das Bezugsrecht auszuüben und dann die Anteile – anstatt des Bezugsrechts – zu veräußern. In diesem Falle ist zumindest fraglich, ob die Ausübung des Bezugsrechts eine schädliche Veräußerung iSd § 22 darstellt.[29] Dadurch wird jedenfalls sichergestellt, dass die Veräußerung der Anteile aus der Ausübung des Bezugsrechts – anders als der Gewinn aus der Veräußerung des Bezugsrechts – der Steuerbefreiung nach § 8b KStG unterliegt.

(2) Anwachsung

Eine Anwachsung stellt aus steuerlicher Sicht eine **Veräußerung** dar, wenn der übernehmende Gesellschafter nicht an der aufgelösten Personengesellschaft beteiligt ist und er an die ausscheidenden Gesellschafter eine Abfindung zahlt. Bei Anwachsung auf den 100 % Gesellschafter zB nach Ausscheiden der Kompl. GmbH hingegen findet keine Veräußerung statt, da steuerlich das Vermögen bisher bereits dem Gesellschafter in voller Höhe zuzurechnen war (Transparenzprinzip).[30]

Zu unterscheiden hiervon ist die sog. **erweiterte Anwachsung**. Diese liegt vor, wenn etwa der Kommanditist, der zu 100 % an einer Kommanditgesellschaft beteiligt ist, seine Anteile an dieser im Rahmen einer gesellschaftsrechtlichen Sacheinlage auf die Komplementär GmbH überträgt und hierfür neue Gesellschaftsrechte an dieser erhält. Der hierbei im Prinzip vorliegende Tausch- bzw. Veräußerungsvorgang kann nach § 20 wahlweise ohne Auflösung stiller Reserven zu Buchwerten vorgenommen werden. In diesem Falle wäre der Tatbestand des S. 6 Nr. 2 Hs. 2 erfüllt, so dass die Rechtsfolge des S. 1, die Auslösung eines Einbringungsgewinns I, nicht eintritt.

(3) „Entstrickung" erhaltener Anteile

Ebenso ist eine „**Entstrickung**" erhaltener Anteile nach den Regelungen des § 4 Abs. 1 S. 3 EStG, § 6 AStG keine entgeltliche Übertragung der erhaltenen Anteile auf einen an-

---

26 Vgl. Dötsch/Pung/Möhlenbrock/*Patt* UmwStG § 22 Rn. 29.
27 Zustimmend Rödder/Herlinghaus/van Lishaut/*Stangl* UmwStG § 22 Rn. 75; Haase/Hofacker/*Wulff-Dohmen* UmwStG § 22 Rn. 54; Schmitt/Hörtnagl/*Schmitt* UmwStG § 22 Rn. 29; Haritz/Menner/Bilitewski/*Bilitewski* UmwStG § 22 Rn. 31.
28 Vgl. BMF 11.11.2011, BStBl. I 2011, 1314, Rn 22.45.
29 Vgl. Rödder/Herlinghaus/van Lishaut/*Stangl* UmwStG § 22 Rn. 76.
30 Vgl. OFD Berlin DStR 2002, 1811; *Schumacher/Neumann* DStR 2008, 325.

deren Rechtsträger und damit keine Veräußerung. Wird das Besteuerungsrecht Deutschlands an erhaltenen Anteilen im Rahmen einer Sitzverlegung einer Körperschaft beschränkt, fingiert § 12 Abs. 1 KStG eine Veräußerung dieser Anteile. Tatsächlich aber werden keine Anteile veräußert oder übertragen. Unterstützt wird diese Ansicht im Umkehrschluss aus Abs. 1 S. 6 Nr. 6. Danach wird für § 22 die Anwendung von Abs. 1 angeordnet, wenn – als Hauptanwendungsfall – der Einbringende oder die aufnehmende Gesellschaft in ein Drittland verzieht. Die Anwendung von Abs. 1 ist auf die durch Abs. 1 S. 6 Nr. 6 vorgegebenen Fälle begrenzt. Eine weitergehende Anwendung von Abs. 1 – durch einen Verweis auf § 12 KStG – ist vom Gesetz nicht vorgesehen.[31] Der UmwStE enthält hierzu keine Aussage.

18 Dezidiert anderer Auffassung ist hier *Patt*, der meint, dass die Fiktion der Veräußerung des § 12 Abs. 1 KStG wegen des dem § 22 Abs. 1 zugrunde liegenden Gedankens der Verhinderung von Missbrauch als Veräußerung idS zu betrachten wäre. Diese Sichtweise basiert auf der nicht von der Hand zuweisenden Erwägung, dass die **Veräußerungsfiktion** des § 12 Abs. 1 KStG dazu führt, dass, soweit von der Fiktion Anteile an Kapitalgesellschaften betroffen sind, der fingierte Veräußerungsgewinn nach § 8b Abs. 2 KStG auch entsprechend wie bei einer „echten" Veräußerung freigestellt wird und damit eine Statusverbesserung eintritt. Dies sei aber gerade der Fall, den der Gesetzgeber mit § 22 treffen wollte, nämlich die dadurch eintretende Statusverbesserung zu verhindern.[32]

(4) Einlagen oder verdeckte Gewinnausschüttung von sperrfristbehafteten Anteilen

19 Eine Veräußerung iSd § 22 liegt nicht vor in den Fällen von (schlichten) **Einlagen** und **Entnahmen**, da jeweils keine Gegenleistung gewährt wird bzw. diese unentgeltlich sind. Dies gilt auch für eine Einlage in eine Kapitalgesellschaft. Allerdings stellt eine Einlage in eine Kapitalgesellschaft ein die rückwirkende Einbringungsgewinnbesteuerung auslösendes Ereignis iSd § 22 Abs. 1 S. 6 Nr. 1 dar. Nach Ansicht der Finanzverwaltung führt grundsätzlich jede unentgeltliche, mittelbare und unmittelbare Übertragung sperrfristbehafteter Anteile auf eine Kapitalgesellschaft zB im Wege einer verdeckten Einlage, einer verdeckten Gewinnausschüttung oder auch einer unentgeltlichen Übertragung im Rahmen der § 6 Abs. 3 und 5 EStG zur Auslösung eines rückwirkenden Einbringungsgewinns I nach § 22 Abs. 1 S. 6 Nr. 1.[33] Diese weitgehende Interpretation der Finanzverwaltung lässt aber einige Fragen unbeantwortet. Beispielsweise dürfte eine unentgeltliche mittelbare Übertragung der Anteile nicht anzunehmen sein, wenn die Anteile an einer Kapitalgesellschaft übertragen werden, die selbst Einbringende war und sperrfristbehaftete Anteile hält. Ebenso ist die Reichweite des Verweises auf § 6 Abs. 5 EStG fraglich. Einerseits dürften damit wohl nur die unentgeltlichen Übertragungen darunter zu verstehen sein. Zum anderen wäre eine Übertragung iRd § 6 Abs. 5 EStG gegen Gewährung oder Minderung von Gesellschaftsrechten bereits unter Abs. 1 S. 1 der Vorschrift zu subsumieren und damit nicht unter Abs. 1 S. 6 Nr. 1 zu erfassen.[34]

---

[31] Vgl. Schmitt/Hörtnagl/*Schmitt* UmwStG § 22 Rn. 48; Widmann/Mayer/*Widmann* UmwStG § 22 Rn. 35; Röder/Herlinghaus/van Lishaut/*Stangl* UmwStG § 22 Rn. 81; *Stangl/Kaeser* in FGS/BDI, UmwSt-Erlass 2011, 396; UmwStG § 22*Benecke/Schnittker* FR 2010, 555 (561); Haase/Hofacker/*Wulff-Dohmen* UmwStG § 22 Rn. 68.

[32] Vgl. Dötsch/Pung/Möhlenbrock/*Patt* UmwStG § 22 Rn. 28b.

[33] BMF 11.11.2011, BStBl. I 2011, 1314, Rn. 22.20.

[34] Vgl. Haase/Hofacker/*Wulff-Dohmen* UmwStG § 22 Rn. 65; *Stangl/Kaeser* in FGS/BDI, UmwSt-Erlass 2011, 410.

(5) Verlagerung stiller Reserven durch Kapitalerhöhung

Auch eine Verlagerung stiller Reserven durch Kapitalerhöhung führt nicht zu einer Veräußerung. Dieser Vorgang unterfällt allerdings möglicherweise § 22 Abs. 7 und führt entsprechend zur Mitverstrickung dieser Anteile (→ Rn. 77 ff.).

(6) Umwandlungen und Billigkeitsregelung

Die Übertragung von **sperrfristbehafteten Anteilen** im Rahmen von Umwandlungen stellen nach Auffassung der Finanzverwaltung[35] und mittlerweile auch der Rechtsprechung[36] prinzipiell – auch wenn die Übertragung zu Buchwerten erfolgt – schädliche Veräußerungen iSd § 22 dar, obwohl kein steuerfreier Veräußerungsgewinn entsteht. Diese Auslegung der Vorschrift hat einen erheblich überschießenden Charakter und ruft dementsprechend in der Literatur noch immer heftige Diskussionen hervor.[37] Die Finanzverwaltung und Teile der Literatur begründen ihr Verständnis des Gesetzes im Wesentlichen damit, dass der Wortlaut des Gesetzes in § 22 Abs. 1 S. 1 und Abs. 1 S. 6 Nr. 2, wonach „Veräußerungen" bzw. „entgeltliche Übertragungen" eine Einbringungsgewinnbesteuerung auslösen, eindeutig sei, so dass eine Auslegung, nach welcher Übertragungen zu Buchwerten von § 22 generell nicht zu erfassen seien, nicht zulässig sei, auch wenn dies dem Gesetzeszweck eher entsprechen würde. Der BFH teilt diese Ansicht. Als Ausgangspunkt dient dem Gericht dabei die Erwägung, dass Umwandlungen als tauschähnliche Vorgänge die Voraussetzungen einer Veräußerung regelmäßig erfüllen.[38] Hinsichtlich einer Übertragung zu Buchwerten ergebe sich weiterhin aus der Regelung des § 22 Abs. 1 S. 6 Nr. 2 nicht, dass entgeltliche Übertragungen vom Veräußerungsbegriff ausgenommen seien – mit der dann zwingenden Folge, dass nur entgeltliche, nicht zum Buchwert erfolgte Übertragungen erfasst würden. Denn die Norm stelle trotz ihrer systematischen Stellung als Ersatztatbestand eine Ausnahme vom Veräußerungsbegriff für zum Buchwert vollzogene Einbringungsvorgänge dar.[39] Diese Auslegung des BFH wird auch von der Gesetzesbegründung gestützt, der entnommen werden kann, dass auch Umwandlungen wie zB **Abspaltungen** als Veräußerungen betrachtet werden.[40] Dieser Hinweis in der Gesetzesbegründung differenziert nicht danach, ob eine Abspaltung zu Buchwerten, Zwischenwerten oder gemeinem Werten gemeint ist. Hieraus kann man folgern, dass der Gesetzgeber auch eine Abspaltung zu Buchwerten oder Zwischenwerten als schädliche Übertragung bzw. Veräußerung zum gemeinen Wert betrachtet wissen will.[41]

§ 22 Abs. 1 S. 6 Nr. 2, 4 und 5 sieht gesetzliche **Ausnahmen** vor, bei welchen die Rechtsfolgen des Abs. 1 S. 1 nicht ausgelöst werden. Nach Ansicht der Finanzverwaltung sieht das Gesetz nur bei diesen Tatbeständen von einer Besteuerung des Einbringungsgewinns ab. Da diese Sichtweise auch nach Verwaltungsauffassung zu weitgehend ist – auch nach diesseitiger Ansicht bedürfen Umwandlungen iSd UmwStG zum Buchwert einer Missbrauchsvorschrift mangels Missbrauchs idR nicht, bietet die Verwaltung im

---

35 Vgl. BMF v. 11.11.2011, BStBl. I 2011, 1314, Rn. 22.07 und Rn. 22.23.
36 Vgl. BFH 24.1.2018 – I R 48/15, BStBl. II 2019, 45; BFH 18.11.2020 – I R 25/18, BStBl. II 2021, 732.
37 Vgl. Widmann/Mayer/*Widmann* § 22 Rn. 142 ff.; Rödder/Herlinghaus/van Lishaut/*Stangl* UmwStG § 22 Rn. 131 ff.; Haase/Hofacker UmwStG /*Wulff-Dohmen* UmwStG § 22 Rn. 328; Benz/Rosenberg BB Special 2006 Nr. 8, Heft 45, 51, 63 rechte Sp.
38 Zuletzt etwa BFH 25.11.2014 – I R 78/12, BFH N/V 2015, 523; BFH 24.1.2018 – I R 48/15, BStBl. II 2019, 45; BFH 18.11.2020 – I R 25/18, BStBl. II 2021, 732.
39 BFH 24.1.2018 – I R 48/15, BStBl. II 2019, 45.
40 BT-Drs. 16/2710, 46.
41 Vgl. Haase/Hofacker/*Wulff-Dohmen* UmwStG § 22 Rn. 329.

Erlasswege eine Billigkeitsregelung an, die auf Antrag unter bestimmten Voraussetzungen zur Anwendung kommen kann.[42] Teile der Literatur kommen zu dem Ergebnis, dass es keiner **Billigkeitsregelung** bedarf, wenn die Vorschrift des § 22 normspezifisch dahin gehend ausgelegt wird, dass Umwandlungen und Einbringungen grundsätzlich nur dann Abs. 1 S. 1 unterfallen sollen, wenn durch den Umwandlungsvorgang etc eine Statusverbesserung eintritt.[43] In allen anderen Fällen setzt sich die Sperrfristverhaftung fort. Der steuerliche Zugriff bliebe für die Finanzverwaltung gewahrt. Der BFH hat sich gegenüber dem Ansatz einer solchen einschränkenden Anwendung zuletzt – wenn auch nur hinsichtlich eng umgrenzter Fallkonstellationen – in einem zu § 22 Abs. 2 ergangenen Urteil offen gezeigt. Nachdem das Gericht es zuvor abgelehnt hatte, zu der Thematik Stellung zu nehmen,[44] entschied es nunmehr, dass dem Umstand einer ausbleibenden Statusverbesserung durch Ablehnung eines Veräußerungsvorgangs Rechnung getragen werden könne, wenn zusätzlich ein interpersoneller Transfer stiller Reserven ausgeschlossen sei.[45] Dies soll nach den Ausführungen in der in Bezug genommenen Entscheidung etwa bei Einpersonengesellschaften denkbar sein.[46] Die Ausführungen dürften derweil auf § 22 Abs. 1 übertragen werden können.[47]

Die Billigkeitsregelung kann nur auf **Antrag** gewährt werden und setzt zumindest voraus, dass (a) keine steuerliche Statusverbesserung eintritt, also keine Besteuerung eines Einbringungsgewinns verhindert wird, (b) keine stillen Reserven von den sperrfristbehafteten Anteilen auf Anteile eines Dritten verlagert werden, (c) keine deutschen Besteuerungsrechte ausgeschlossen oder eingeschränkt werden und (d) die Antragsteller sich damit einverstanden erklären, dass auf alle unmittelbaren oder mittelbaren Anteile an einer an der Umwandlung beteiligten Gesellschaft § 22 Abs. 1 und 2 entsprechend anzuwenden ist.[48] Drüen kritisiert hier zu Recht, dass die Finanzverwaltung einerseits den Begriff der Veräußerung extensiv auslegt, um dann zu versuchen, diesen uferlos gewordenen Veräußerungsbegriff mit einer Billigkeitsregelung wieder „einzufangen", wofür sich im Gesetz allenfalls bruchstückhaft Anhaltspunkte finden lassen.[49]

23 Die Anwendung der Billigkeitsregelung durch die Finanzverwaltung führt zu weiteren insbes. verfahrensrechtlich ungeklärten Fragen. Auf welcher Rechtsgrundlage basiert etwa die Billigkeitsregelung? Verlieren die Anteile nach Anwendung der Billigkeitsregelung die Sperrfristverhaftung? Besteht ein Anspruch auf Anwendung der Billigkeitsregelung? Auf derartige Fragen geht der UmwSt-Erlass nicht ein. Insoweit bleiben bei Anwendung der Billigkeitsregelung eine Fülle von **Rechtsunsicherheiten zulasten des Steuerpflichtigen** bestehen, was bei einem Rechtsgebiet wie dem Steuerrecht als Eingriffsrecht ein untragbarer Zustand ist. Nach § 85 Abs. 1 AO hat die Finanzverwaltung die Steuern nach Maßgabe der Gesetze festzusetzen. Ein Verzicht ist nur auf der Grund-

---

42 BMF 11.11.2011, BStBl. I 2011, 1314, Rn. 22.23; zur Anwendung der Billigkeitsregelung bei Spaltungen vgl. OFD Niedersachsen 22.8.2014 – S 1978c – 136 – St 243.
43 Vgl. Rödder/Herlinghaus/van Lishaut/*Stangl* UmwStG § 22 Rn. 137 und 140; *Stangl/Kaeser* in FGS/BDI, UmwSt-Erlass 2011, 412; Dötsch/Pung/Möhlenbrock/*Patt* UmwStG § 22 Rn. 33.
44 BFH 24.1.2018 – I R 48/15, BStBl. II 2019, 45; kritisch dazu *Stangl/Binder* DStR 2018, 1799.
45 BFH 18.11.2020 – I R 25/18, BStBl. II 2021, 732, Rn. 24.
46 *Krüger/Gebhardt* GmbHR 2021, 1200 (1205) stellen dar, dass diese Anforderungen auch bei Personengesellschaften, an denen mehrere Personen beteiligt sind, erfüllt sein können.
47 Rödder/Herlinghaus/van Lishaut/*Stangl* UmwStG § 22 Rn. 133 (Fn. 253) geht etwa mit Verweis auf die in BFH 18.11.2020 – I R 25/18 in Bezug genommenen Entscheidung BFH 24.1.2018 – I R 48/15 von einem insoweit einheitlichen Veräußerungsbegriff aus; ebenso FG Münster 19.5.2020 – 13 K 571/16 G,F, dort Rn. 100 nach juris.
48 Vgl. BMF 11.11.2011, BStBl. I 2011, 1314, Rn. 22.23; BMF v. 16.12.2003, BStBl. I 2003, 786, Rn. 22.
49 *Drüen* Beihefter zu DStR 2012, Heft 2, 22.

lage eines Gesetzes möglich.⁵⁰ Nach § 163 S. 1 AO können steuererhöhende Sachverhalte wie etwa hier die iSd § 22 steuerschädliche Umwandlung zu Buchwerten aus sachlichen Gründen zwar unberücksichtigt bleiben. Dies würde allerdings nach § 47 AO zum Erlöschen des Steueranspruchs führen. Dh nach Anwendung der Billigkeitsregelung wäre § 22 nicht mehr anwendbar.⁵¹ Dieses Problem versucht der Erlass zu lösen, indem für die Anwendung der Billigkeitsregelung eine **Einverständniserklärung des Antragstellers** gefordert wird, dass auf alle unmittelbaren und mittelbaren Anteile an einer an der Umwandlung beteiligten Gesellschaft § 22 Abs. 1 und Abs. 2 entsprechend anzuwenden ist. Die Steuerverhaftung der stillen Reserven bleibt damit auf Basis einer „vertraglichen Regelung" mit dem Fiskus erhalten. Die Rechtsgrundlage hierfür ist unklar. Ebenso ist unklar, wie weit das Ermessen der jeweils zuständigen Finanzämter geht oder ob das Ermessen auf null reduziert ist, wenn die Voraussetzungen, wie sie der Erlass beschreibt, vorliegen. Da diese Beschreibung aber wiederum vielerlei unbestimmte Rechtsbegriffe enthält, wird sich in der Praxis ein Gespräch mit der Finanzverwaltung, wenn nicht sogar eine verbindliche Auskunft vielfach nicht vermeiden lassen.⁵²

Ein weiteres Problem besteht bei Anwendung der Billigkeitsregelung darin, dass die Finanzverwaltung die Billigkeitsregelung nur bei **Ansatz des Buchwerts** zulässt. Hieraus ergeben sich verschiedene materiellrechtlich ungeklärte Fragen insbes. bei Umwandlungen zum Zwischenwert, zu denen sich weder der Erlass und noch weite Teile der Literatur äußern. Mangels Buchwertübertragung kann hier wohl kein Antrag auf Billigkeit gestellt werden. Somit stellt sich hier die – von der Finanzverwaltung unbeantwortete – Frage, in welcher Höhe ein Einbringungsgewinn I zu versteuern ist. Es erscheint überschießend, wenn in diesem Falle der volle Einbringungsgewinn I zu versteuern wäre, obwohl beispielsweise nur ein geringer Zwischenwert angesetzt wird und damit auch nur insoweit eine Statusverbesserung eingetreten sein kann. Das Wort „soweit" in § 22 Abs. 1 S. 1, wonach der Einbringungsgewinn I nur insoweit zu versteuern ist, als sperrfristbehaftete Anteile veräußert werden, hilft nicht weiter, da sich dieses Wort nur auf die Veräußerung von Teilen von Anteilen bezieht, nicht jedoch auf die Höhe des Wertansatzes. Es muss davon ausgegangen werden, dass die Finanzverwaltung wie bei einer Buchwertübertragung zu dem Ergebnis kommt, dass eine schädliche Veräußerung vorliegt und demzufolge den vollen Einbringungsgewinn I versteuert, wenngleich eine normspezifische Auslegung dazu führen müsste, dass nur in Höhe des Gewinns, der bei Ansatz des Zwischenwerts realisiert worden ist, ein Einbringungsgewinn I zu versteuern wäre.

(a) Seitwärtsverschmelzung des Einbringenden
Der Erlass erläutert verschiedene Beispiele, bei welchen die Billigkeitsregelung auf Antrag Anwendung finden kann. Ein Beispiel erwähnt die **Seitwärtsverschmelzung** des Einbringenden zu Buchwert.⁵³ In diesem Falle werden die erhaltenen Anteile im Rahmen der Verschmelzung auf eine andere Gesellschaft zu Buchwerten übertragen. Hier würde die Finanzverwaltung auf die Anwendung von § 22 im Wege der Billigkeitsregelung verzichten, wenn die einzelnen Voraussetzungen dieser Regelung eingehalten werden. Bei einer Umwandlung der einbringenden Kapitalgesellschaft zum Zwischen-

---

50 Vgl. Klein/*Rüsken* AO § 163 Rn. 3.
51 Vgl. Haase/Hofacker/*Wulff-Dohmen* UmwStG § 22 Rn. 335.
52 Vgl. Stangl/Kaeser in FGS/BDI, UmwSt-Erlass 2011, 426; Schneider/Ruoff/Sistermann/*Schneider/Roderburg*, H 22.49.
53 Vgl. BMF 11.11.2011, BStBl. I 2011, 1314, Rn. 22.23.

wert oder dem gemeinen Wert werden die stillen Reserven in den übertragenen Anteilen aufgelöst und idR durch die Vorschrift des § 8b KStG steuerfrei gestellt. Hier ist zu Recht davon auszugehen, dass ein schädliches Ereignis iSd Vorschrift des Abs. 1 vorliegt, obwohl der Übernehmende in die Rechtsstellung des Übertragenden eintritt (vgl. § 23 Abs. 3 bei Zwischenwertansatz und Abs. 4 für den Ansatz des gemeinen Werts bei Gesamtrechtsnachfolge), da der Einbringende letztlich die eintretende Statusverbesserung ganz oder teilweise nutzt. Hier ist in der Tat auch eine normspezifische Auslegung sachgerecht, welche zu einer Veräußerung nach Abs. 1 führt.[54]

(b) Seitwärtsverschmelzung der übernehmenden Gesellschaft

26 Als anderes Beispiel wird die **Verschmelzung der übernehmenden Gesellschaft** erwähnt. In diesem Falle gehen die erhaltenen Anteile unter und finden ihre Fortsetzung in den Anteilen der übernehmenden Gesellschaft dieser Verschmelzung. Auch hier sieht die Finanzverwaltung prinzipiell von der Anwendung von § 22 im Rahmen eines Billigkeitsantrags ab. Eine Umwandlung der Gesellschaft, an der die Anteile bestehen, also die Seitwärtsverschmelzung der übernehmenden Gesellschaft wäre zumindest bei normspezifischer Auslegung differenziert zu betrachten. Während die Finanzverwaltung in ihrem Erlass wie erwähnt generell jede **Übertragung** im Rahmen einer Umwandlung **als Veräußerung** betrachtet, ist bei differenzierter Betrachtung darauf hinzuweisen, dass die Umwandlung dieser Gesellschaft – zumindest bei Ansatz des gemeinen Werts – dazu führt, dass die stillen Reserven der seinerseits übertragenen Vermögensgegenstände, wenn auch zu einem späteren Zeitpunkt, so doch aufgelöst und versteuert werden. Im Ergebnis kann damit die mit der Einbringung eingetretene mögliche Statusverbesserung nicht mehr genutzt werden. Eine Anwendung von § 22 auf die nachfolgende Umwandlung ist deshalb überschießend und normspezifisch nur schwer zu rechtfertigen. Insbes. wenn mangels Buchwertübertragung kein Antrag auf Anwendung der Billigkeitsregelung gestellt werden kann, zeigt sich der beschriebene überschießende Charakter dieser Auslegung der Finanzverwaltung.[55]

27 Im Zusammenhang mit der Verschmelzung einer übernehmenden Gesellschaft stellt sich auch die Frage, inwieweit die **Veräußerungsfiktion** des § 13 Abs. 1 die Rechtsfolgen des § 22 auslöst. Nach § 13 Abs. 1 gelten die Anteile an der übertragenden Körperschaft, also hier die aus der seinerzeitigen Sacheinlage entstandenen Anteile (sperrfristverhaftete Anteile) als zum gemeinen Wert veräußert. Ob diese Veräußerungsfiktion auf § 22 durchschlägt, ist fraglich, da tatsächlich keine Veräußerung der Anteile stattfindet, da sie nicht auf Dritte übertragen werden. Wenn begrifflich keine Veräußerung iSd § 22 vorliegt, dann könnte § 22 nur dann zur Anwendung kommen, wenn in § 22 auf § 13 Abs. 1 verwiesen würde, was jedoch nicht der Fall ist. Ansonsten geht die spezielle Regelung in § 22 zur Veräußerung von Anteilen der Regelung in § 13 vor, so dass eine Veräußerung iSd § 13 einer Veräußerung iSd § 22 nicht gleichsteht.[56] Die Ausübung des **Wahlrechts** nach § 13 Abs. 2, also die Fortführung der Anteilsbuchwerte, ist schon deshalb keine Veräußerung, weil die erhaltenen Anteile steuerlich an die Stelle der untergehenden Anteile treten und eben nicht als veräußert gelten.[57]

---

[54] AA Rödder/Herlinghaus/van Lishaut/*Stangl* UmwStG § 22 Rn. 231.
[55] Vgl. Rödder/Herlinghaus/van Lishaut/*Stangl* UmwStG § 22 Rn. 234.
[56] Vgl. Schmitt/Hörtnagl/*Schmitt* UmwStG § 22 Rn. 42; Widmann/Mayer/*Widmann* UmwStG § 22 Rn. 142; *Benz/Rosenberg* BB Special 2006 Nr. 8, 45, 51, 63.
[57] Vgl. Rödder/Herlinghaus/van Lishaut/*Stangl* UmwStG § 22 Rn. 234.

(c) Verschmelzung der Übernehmerin auf eine Personengesellschaft

Die Finanzverwaltung wendet die Billigkeitsregelung nicht an, wenn die **übernehmende Gesellschaft auf eine Personengesellschaft verschmolzen** wird. Dies erfordert nach Ansicht der Verwaltung die Tatsache, dass dieser Fall mit keinem der Fälle, wie sie in den Ersatztatbeständen in Abs. 1 S. 6 genannt sind, vergleichbar ist. Es spielt auch keine Rolle, ob die Übertragung zu Buchwerten, Zwischenwerten oder gemeinem Werten erfolgt. Insbes. seien die Fälle von Umwandlungen unter Anwendung der Vorschrift des § 24 nicht in § 22 erwähnt und könnten von der Billigkeitsregelung entsprechend nicht erfasst werden.[58] Tatsächlich gibt es gerade bei einer Verschmelzung der übernehmenden Kapitalgesellschaft auf eine Personengesellschaft keinen Anlass zur Vermutung eines Missbrauchs, da gerade beim Übertrag auf eine Personengesellschaft die stillen Reserven der übertragenen Gegenstände „wieder" steuerverhaftet werden und nicht etwa im Rahmen einer Anteilsveräußerung steuerfrei veräußert werden könnten. Insofern ist mit Blick auf den Zweck der Vorschrift die Nichtanwendung der Billigkeitsregelung überschießend und führt zu nicht gerechtfertigten Ergebnissen. Eine unentgeltliche Übertragung von sperrfristbehafteten Anteilen auf eine Personengesellschaft hingegen unterliegt nicht § 22, da wegen der Unentgeltlichkeit keine Veräußerung iSd Vorschrift vorliegt.[59]

28

(d) „Rückumwandlung"

Als **Rückumwandlung** bezeichnet die Finanzverwaltung in ihrem Erlass den Vorgang, dass die GmbH 1 ihren Betrieb zu Buchwerten in eine GmbH 2 einbringt und innerhalb von sieben Jahren eine Verschmelzung der GmbH 2 auf die GmbH 1 erfolgt. Auf diesen Vorgang wendet die Finanzverwaltung den Billigkeitserlass nicht an, da die sperrfristbehafteten Anteile an der GmbH 2 untergehen und damit kein mit einer Weiterübertragung vergleichbarer Vorgang vorliegt. Im Übrigen widerspräche es der Wertungsentscheidung des Gesetzgebers, diesen Vorgang nicht als Veräußerung zu erfassen, wenn er in § 22 Abs. 1 S. 6 Nr. 3 die **Auflösung und Abwicklung** einer Gesellschaft prinzipiell der **Einbringungsgewinnbesteuerung** unterwirft.[60] Diese Sichtweise der Finanzverwaltung, die sich letztlich aus dem Festhalten der Auslegung am reinen Wortlaut der Norm ergibt, führt in weiten Teilen der Literatur zu begründeten Widersprüchen.[61] Danach könne eine Rückumwandlung nicht als schädliche Veräußerung betrachtet werden, da das Ziel der Vorschrift, nämlich zu vermeiden, dass stille Reserven in eine Kapitalgesellschaft „gepackt" werden und anschließend die Anteile an der Gesellschaft in Anwendung von § 8b KStG steuerfrei verkauft werden, nach der „Rückumwandlung" erst gar nicht mehr erreicht werden kann, da letztlich wieder der Zustand vor der Sacheinlage hergestellt wird. Der Verweis der Finanzverwaltung auf einen vermeintlichen **Wertungswiderspruch** zur Vorschrift des § 22 Abs. 1 S. 6 Nr. 3 geht auch fehl. Einerseits ist eine Rückumwandlung zu Buchwerten mit einer Liquidation, bei welcher stille Reserven aufgelöst und ausgekehrt werden, nicht vergleichbar. Außerdem ist es widersprüchlich, wenn die Finanzverwaltung einerseits den Wortlaut des § 22 Abs. 1 S. 6 Nr. 3 über eine tatsächliche Liquidation hinaus und damit sehr weit

29

---

58 Vgl. BMF 11.11.2011, BStBl. I 2011, 1314, Rn. 22.23, Bsp 2, Alt. 2.
59 Vgl. BMF 11.11.2011, BStBl. I 2011, 1314, Rn. 22.23, Bsp 1 und 2; Schneider/Ruoff/Sistermann/*Schneider/Roderburg*, H 22.63 und H 22.41 UmwStG § 22.
60 Vgl. BMF 11.11.2011, BStBl. I 2011, 1314, Rn. 22.23, Bsp. 3.
61 Vgl. exemplarisch Haase/Hofacker/*Wulff-Dohmen* UmwStG § 22 Rn. 401; *Böhmer/Wegener*, UmwStG-eKommentar UmwStG § 22 Rn. 62; *Stangl/Binder* DStR 2018, 1793 (1799).

auslegt, andererseits aber in allen anderen Auslegungsfragen sich sehr eng an dem Wortlaut der Vorschrift orientiert.[62]

Auch vor dem Hintergrund der Entscheidung des BFH vom 18.11.2020 liegt die Annahme der Möglichkeit einer teleologischen Reduktion nah. Denn ein interpersoneller Übergang von stillen Reserven kann hier genauso wenig wie eine steuerliche Statusverbesserung ausgemacht werden[63] (→ Rn. 22).

Im Rahmen der Entscheidung vom 24.1.2018 hatte der BFH entschieden, dass die Verschmelzung einer Tochtergesellschaft auf eine Muttergesellschaft eine Veräußerung im Sinne des § 22 Abs. 2 S. 1 darstellt.[64] In diesem Zusammenhang stellt sich die Frage, ob in dem speziellen Fall, in dem eine Aufwärtsverschmelzung unter Anwendung von § 2 rückwirkend zu einem Zeitpunkt vor dem Einbringungszeitpunkt erfolgt, dazu führen kann, dass der Tatbestand des § 22 Abs. 1 schon gar nicht vorliegt, weil bei Abstellen auf den zurückbezogenen Verschmelzungszeitpunkt eben keine Veräußerung innerhalb einer Sperrfrist von sieben Jahren nach dem Einbringungszeitpunkt vorliegt, sondern eine Veräußerung (= Verschmelzung) vor diesem Zeitraum.

Dies mündet in die Fragestellung, ob über den Wortlaut der Vorschrift hinaus nach dem Sinn und Zweck der Regelung des § 22 diese zur Anwendung kommen kann. Hierfür würde sprechen, dass denklogisch zivilrechtlich die Einbringung vor der Verschmelzung erfolgt sein muss, damit überhaupt eine Verschmelzung stattfinden kann. Dagegen spricht allerdings, dass eine solche zivilrechtlich orientierte Sichtweise, wie sie etwa im GrEStG und im ErbStG Anwendung findet, dem UmwStG fremd ist. Das UmwStG wird regelmäßig nach wirtschaftlichen Gesichtspunkten ausgelegt. Zusätzlich unter Berücksichtigung des Grundsatzes der Tatbestandsmäßigkeit der Besteuerung, ist es in der Regel nicht zulässig, dass eine den Gesetzeswortlaut übersteigende Auslegung erfolgt, wenn dies – wie in diesem Fall – zulasten des Steuerpflichtigen geschieht (→ Rn. 30). Gestalterisch hätte sich diese Problematik von vornherein vermeiden lassen, wenn vorher anstatt einer Einbringung eine Seitwärtsverschmelzung stattgefunden hätte. In diesem Falle wäre § 22 erst gar nicht tangiert worden.[65] Nicht zu verwechseln ist diese Seitverschmelzung jedoch mit der Seitwärtsverschmelzung einer Gesellschaft, die ihrerseits durch Ausgliederung bzw. Einbringung zu Buchwerten entstanden ist. In diesem Falle würde die Finanzverwaltung nach derzeitigem Rechtsstand ebenfalls § 22 zur Anwendung bringen.

c) Siebenjahresfrist

30 Ein Einbringungsgewinn I ist nur zu versteuern, wenn eine relevante Veräußerung innerhalb eines Zeitraums von sieben Jahren nach dem Einbringungszeitpunkt vorliegt. Die zeitlichen Eckpunkte sind einerseits die Veräußerung der Anteile sowie andererseits der Einbringungszeitpunkt. Veräußerungen außerhalb dieses Zeitraums führen, auch wenn sie nur kurz außerhalb liegen, nicht zur Versteuerung (**Ausschlussfrist**). Hinsichtlich des Zeitpunkts der Veräußerung ist auf den Übergang des wirtschaftlichen Eigentums der Anteile abzustellen. Die Frist beginnt mit dem Einbringungszeitpunkt zu laufen. Dieser ist in § 20 Abs. 6 S. 1 definiert. Das heißt bei Rückbeziehung des

---

[62] Vgl. *Stangl/Kaeser* in FGS/BDI, UmwSt-Erlass 2011, 441; *Benz/Rosenberg* DB 2011, 1354 (1360); *Weber/Hahne* Ubg 2011, 420 (429); Schneider/Ruoff/Sistermann/*Schneider/Roderburg*, H 22.71; *Kessler* Ubg 2011, 34 (36).
[63] BFH 18.11.2020 – I R 25/18, BStBl. II 2021, 732.
[64] BFH 24.1.2018 – I R 48/15, BStBl II 2019, 45.
[65] *Kortendick/Peters* DStR 2014, 1578 (1578 ff.).

Einbringungszeitpunkts dürfte für die Fristberechnung der zurückbezogene Zeitpunkt maßgebend sein.[66] Für die Fristberechnung ist strittig, ob § 108 Abs. 3 AO zu beachten ist. Insbes. ist strittig, ob sich entsprechend der Regelung in § 108 Abs. 3 AO der Fristablauf auf den nächsten Werktag verschiebt, wenn das Ende der Frist beispielsweise auf einen Sonntag fällt.[67] Da diese „kleine" Unsicherheit eine sehr große steuerliche Auswirkung haben kann, sollte zu dieser Frage ggf. vor Veräußerung eine verbindliche Auskunft eingeholt werden oder die Veräußerung entsprechend hinausgezögert werden.

d) Ersatzrealisationstatbestände, Abs. 1 S. 6, 7

Die Rechtsfolgen, wie sie unten beschrieben werden, treten nicht nur bei Veräußerungen iSd Abs. 1 S. 1 ein. Die S. 1–5 gelten auch bei den in Abs. 1 S. 6 Nr. 1–6 aufgezählten Tatbeständen. Sie stellen abschließend geregelte Sachverhalte einer Veräußerung nach Abs. 1 S. 1 gleich (**Ersatzrealisationstatbestände**).[68] Es ist daneben keine freiwillige Auflösung des Einbringungsgewinns I vorgesehen. Die in Abs. 1 S. 6 aufgezählten Tatbestände führen damit rückwirkend zur Besteuerung eines Einbringungsgewinns I, soweit die Tatbestände innerhalb der siebenjährigen Sperrfrist erfüllt werden. Wird nur hinsichtlich eines Teils der aus der Sacheinlage stammenden Anteile ein Ersatzrealisierungstatbestand erfüllt, entsteht nur ein anteiliger Einbringungsgewinn I.[69] Werden die Ersatzrealisationstatbestände nach Ablauf der Sperrfrist erfüllt, kommt es nicht zur Besteuerung eines Einbringungsgewinns I.

31

aa) Unmittelbare oder mittelbare unentgeltliche Übertragung, Abs. 1 S 6 Nr. 1

Die **rückwirkende Besteuerung** des Einbringungsgewinns I wird ausgelöst, wenn der Einbringende oder dessen „unentgeltlicher" Rechtsnachfolger[70] die erhaltenen Anteile unmittelbar oder mittelbar unentgeltlich auf eine Kapitalgesellschaft oder eine Genossenschaft überträgt. Insbes. werden hierunter Übertragungen im Wege der verdeckten Einlage, der verdeckten Gewinnausschüttung, der Realteilung oder die unentgeltliche Übertragung nach § 6 Abs. 3 und 5 EStG auf eine Kapitalgesellschaft oder Genossenschaft – auch im Rahmen von Spenden – verstanden.[71] Mittelbare Übertragungen sind vorstellbar, wenn etwa der Einbringende die sperrfristbehafteten Anteile gegen Gewährung von Gesellschaftsrechten auf eine weitere Kapitalgesellschaft überträgt und dann die Anteile an dieser weiteren Kapitalgesellschaft ebenfalls unentgeltlich überträgt. Nicht darunter dürfte die Übertragung der Anteile am Einbringenden selbst und die damit verbundene mittelbare Übertragung der sperrfristbehafteten Anteile fallen, da diese Übertragung nicht durch den Einbringenden, wie es das Gesetz fordert, sondern durch den Gesellschafter des Einbringenden erfolgen würde.[72] Die Finanzverwaltung erwähnt diesen Fall in ihrem Erlass nicht.[73]

32

Hinweis: Im Zweifelsfalle wäre hier wohl eine verbindliche Auskunft erforderlich, um Rechtssicherheit zu erlangen.

---

66 Vgl. Rödder/Herlinghaus/van Lishaut/*Stangl* § UmwStG 22 Rn. 277; Schmitt/Hörtnagl/*Schmitt* UmwStG § 22 Rn. 49; Dötsch/Pung/Möhlenbrock/*Patt* UmwStG § 22 Rn. 19.
67 Vgl. Widmann/Mayer/*Widmann* UmwStG § 22 Rn. 19.
68 Vgl. Rödder/Herlinghaus/van Lishaut/*Stangl* UmwStG § 22 Rn. 336; Dötsch/Patt/Pung/Möhlenbrock/*Patt* UmwStG § 22 Rn. 39; *Kotyrba/Scheunemann* BB 2012, 223 (227).
69 Vgl. Widmann/Mayer/*Widmann* UmwStG § 22 Rn. 137.
70 Vgl. BMF 11.11.2011, BStBl. I 2011, 1314, Rn. 22.18; *Stangl/Kaeser* in FGS/BDI, UmwSt-Erlass 2011, 409.
71 Vgl. BMF 11.11.2011, BStBl. I 2011, 1314, Rn. 22.20; Lademann/*Jäschke* UmwStG § 22 Rn. 15.
72 Vgl. Rödder/Herlinghaus/van Lishaut/*Stangl* UmwStG § 22 Rn. 343.
73 Vgl. BMF 11.11.2011, BStBl. I 2011, 1314, Rn. 22.20.

bb) Entgeltliche Übertragung, Abs. 1 S. 6 Nr. 2

33 Die **rückwirkende Besteuerung** des Einbringungsgewinns I wird ausgelöst, wenn der Einbringende die als Gegenleistung für die Einbringung erhaltenen Anteile **entgeltlich weiter überträgt**. Dies ist nach der Vorschrift nicht der Fall, wenn er nachweist, dass die Übertragung zu Buchwerten erfolgte und keine sonstigen Gegenleistungen erbracht wurden, die die Grenzen des § 20 Abs. 2 S. 2 Nr. 4 oder des § 21 Abs. 1 S. 2 Nr. 2 überstiegen haben. Zum Begriff der „sonstigen Gegenleistung" vgl. die Kommentierung zu § 20. Zu Gestaltungsmöglichkeiten in diesem Zusammenhang erfolgt Hinweis auf *Ott*.[74] Bei der Übertragung iSd § 22 Abs. 1 S. 6 Nr. 2 muss es sich um einen Vorgang iSd § 20 Abs. 1 oder § 21 Abs. 1 oder einen vergleichbaren ausländischen Vorgang handeln. Der 1. Hs. dieser Vorschrift setzt als Tatbestand zusätzlich eine entgeltliche Übertragung, also eine **Veräußerung oder einen Tausch** iSd Abs. 1 S. 1 voraus. Da eine Einbringung gegen Gewährung von Gesellschaftsrechten ein Tausch und damit ebenfalls eine entgeltliche Übertragung ist, wird eigentlich bereits nach Abs. 1 S. 1 die rückwirkende Besteuerung des Einbringungsgewinns I bei der Weiterveräußerung ausgelöst. Die Auslegung von § 22 Abs. 1 S. 6 Nr. 2 ist deshalb problematisch. Der Sinn und Zweck der Vorschrift ergibt sich unter Einbeziehung des Hs. 2.[75] Der Hs. 1 ist insofern ohne eigenständige Bedeutung. Nach der Vorschrift wird von einer Besteuerung trotz entgeltlicher Übertragung abgesehen, wenn eine weitere Übertragung zu Buchwerten erfolgt.[76] Hierzu ist erforderlich, dass die Vorschriften der §§ 20, 21 oder entsprechende ausländische Vorschriften zur Anwendung kommen. In der Auslegung dieser Vorschrift zeigt sich – im Vergleich zur herrschenden Ansicht in der Literatur – wiederum die grundsätzlich andere und „an dem Wortlaut klebende" Auslegung der Finanzverwaltung. Die **Finanzverwaltung** vertritt die Auffassung, dass Umwandlungen und Einbringungen generell als tauschähnliche Vorgänge eine **Veräußerung** iSd § 22 Abs. 1 S. 1 darstellen und damit generell einen **Einbringungsgewinn I** auslösen.[77] Nur für die Fälle des § 22 Abs. 1 S. 6 Nr. 2, 4 und 5, also für Einbringungen zu Buchwerten iSd §§ 20, 21 gelte dies nicht.[78] Nach Auffassung von *Patt* können selbst diese in diesen Vorschriften explizit genannten Buchwertübertragungen nur im Billigkeitswege Anwendung finden, da sie aufgrund ihrer Formulierungen immer Abs. 1 S. 1 zur Anwendung bringen müssten, der die Ausnahme der Buchwertübertragung gerade nicht vorsieht.[79] Nach hA hingegen ist der Veräußerungsbegriff des § 22 Abs. 1 S. 1 sowie der Begriff der entgeltlichen Übertragung iSd § 22 Abs. 1 S. 6 Nr. 2 normspezifisch auszulegen. Danach sind Umwandlungen **grundsätzlich nicht als Veräußerungen** iSd Abs. 1 S. 1 einzustufen.[80]

cc) Auflösung, Kapitalherabsetzung, Verwendung des Einlagenkontos Abs. 1 S. 6 Nr. 3

34 Die Vorschrift stellt auf die Kapitalgesellschaft ab, an der die erhaltenen Anteile bestehen. Dass im Gesetz nur von „Anteilen" und nicht von **„erhaltenen Anteilen"** die Rede ist, dürfte ein Redaktionsversehen sein.[81] Nach dieser Vorschrift erfolgt die

---

74 *Ott* StuB 2015, 909 und StuB 2016, 812; *Ruhlmann* NWB 2015, 3450.
75 Vgl. Rödder/Herlinghaus/van Lishaut/*Stangl* UmwStG § 22 Rn. 345; Widmann/Mayer/*Widmann* UmwStG § 22 Rn. 49; aA Dötsch/Pung/Möhlenbrock/*Patt* UmwStG § 22 Rn. 41.
76 Vgl. Schmitt/Hörtnagl/*Schmitt* UmwStG § 22 Rn. 81.
77 Vgl. BMF 11.11.2011, BStBl. I 2011, 1314, Rn. 22.23.
78 Vgl. *Stangl/Kaeser* in: FGS/BDI, UmwSt-Erlass 2011, 413, 419; in Rödder/Herlinghaus/van Lishaut/*Stangl* UmwStG § 22 Rn. 133.
79 Vgl. Dötsch/Pung/Möhlenbrock/*Patt* UmwStG § 22 Rn. 33 und 41.
80 Zur Problematik der Qualifikation von Umwandlungen als Veräußerungen vgl. ausführlich Rödder/Herlinghaus/van Lishaut/*Stangl* UmwStG § 22 Rn. 109 ff.
81 Vgl. Rödder/Herlinghaus/van Lishaut/*Stangl* UmwStG § 22 Rn. 353.

Besteuerung des Einbringungsgewinns I entsprechend Abs. 1 S. 1–5 auch dann, wenn die Kapitalgesellschaft, an der die erhaltenen Anteile bestehen, aufgelöst und abgewickelt wird oder das Kapital dieser Gesellschaft herabgesetzt und an die Anteilseigner zurückbezahlt wird oder Beträge aus dem steuerlichen Einlagekonto iSv § 27 KStG ausgeschüttet oder zurückgezahlt werden.[82] Nach Abs. 1 S. 6 Nr. 3 Alt. 1 kommt es zu einem **nachträglichen Einbringungsgewinn I**, wenn die Gesellschaft **aufgelöst und abwickelt** wird. An die Auflösung schließt sich idR die Abwicklung (Liquidation) an. Die Abwicklung endet mit der Verteilung des Vermögens an die Gesellschafter (§ 271 AktG; § 72 GmbHG). Zu einem Einbringungsgewinn I kommt es in diesen Fällen nur, wenn die Abwicklung bzw. Liquidation innerhalb der siebenjährigen Sperrfrist erfolgt. Dies ist dann der Fall, wenn innerhalb dieses Zeitraums gesellschaftsrechtlich der Anspruch auf Auszahlung eines Abwicklungsguthabens entsteht.[83] Eine Auflösung einer Kapitalgesellschaft liegt auch bei einer **Verschmelzung** einer Kapitalgesellschaft auf eine andere Gesellschaft bzw. eine natürliche Person sowie bei **Aufspaltung** einer Kapitalgesellschaft vor. Da aber bei einer Verschmelzung bzw. einer Aufspaltung einer Gesellschaft keine Abwicklung erfolgt, greift Abs. 1 S. 6 Nr. 3 insoweit nicht.[84]

Ein Einbringungsgewinn I entsteht auch, wenn das Kapital der Gesellschaft herabgesetzt und zurückgezahlt wird. Hierzu ist eine wirksame **Kapitalherabsetzung** nach §§ 222–239 AktG oder nach §§ 58 ff. GmbHG und eine sich daran anschließende Kapitalrückzahlung erforderlich. Die bloße Absicht der Rückzahlung genügt nicht. Entscheidend ist vielmehr die tatsächliche Rückzahlung (Auskehrung) an die Anteilseigner.[85] Die bloße Herabsetzung des Kapitals zum Ausgleich von Verlusten führt die Besteuerungsfolgen nicht herbei.[86]

Ein Einbringungsgewinn I entsteht auch, wenn **Beträge aus dem steuerlichen Einlagekonto** iSd § 27 KStG ausgeschüttet oder zurückgezahlt werden. Dies bestimmt sich nach der Verwendungsreihenfolge des § 27 KStG. Die Vorschrift differenziert weder bei einer **Kapitalrückzahlung** noch bei einer **Einlagenrückgewähr** nach der Höhe des zurückgezahlten Einlagenkontos und danach, ob das zurückgezahlte Kapital aus einer „schädlichen" Einlage stammt. Eine sachgerechte Auslegung der Vorschrift müsste einerseits unterscheiden, wie hoch die Rückzahlung ist und andererseits, ob diese Rückzahlung aus einer Sacheinlage iSd § 20 stammt. Dies ergibt sich aus Abs. 1 S. 1 der Vorschrift, als dort nur „soweit" die nachträgliche Besteuerung eines Einbringungsgewinns herbeigeführt wird, eine Veräußerung vorliegt. Nach herrschender Ansicht in der Literatur hingegen muss anhand des Verhältnisses der Kapitalrückzahlung zum gemeinen Wert der erhaltenen Anteile errechnet werden, welcher Anteil der **Einlagenrückgewähr** idS **schädlich** ist. Soweit die Einlage nicht aus einem Einbringungsvorgang iSd § 20 UmwStG stammt, dürfte keine Erfassung eines Einbringungsgewinns iSd § 22 Abs. 1 erfolgen.[87] Selbst wenn das Einlagekonto aus einer Einbringung nach § 20 stammt, können die Einlagen einerseits aus „steuerunschädlichen" Einlagen, also aus Einlagen, welche nicht die Rechtsfolgen des § 22 auslösen können, herrühren aber auch

---

82 Vgl. Schmitt/Hörtnagl/*Schmitt* UmwStG § 22 Rn. 84.
83 Vgl. Schmidt/*Levedag* EStG § 17 Rn. 223.
84 Vgl. Widmann/Mayer/*Widmann* UmwStG § 22 Rn. 59; Rödder/Herlinghaus/van Lishaut/*Stangl* UmwStG § 22 Rn. 354.
85 Vgl. BFH 27.11.2001 – VIII R 36/00, BStBl. 2002 II, 731.
86 Vgl. Dötsch/Pung/Möhlenbrock/*Patt* UmwStG § 22 Rn. 46.
87 Vgl. Rödder/Herlinghaus/van Lishaut/*Stangl* UmwStG § 22 Rn. 371; Dötsch/Patt/Pung/Möhlenbrock/*Patt* UmwStG § 22 Rn. 48; Förster/Wendland BB 2007, 631 (637); Schumacher/Neumann DStR 2008, 325.

aus Einlagen, welche aus Sacheinlagen iSd § 20 oder 21 stammen. Bei Rückzahlung solcher „nicht angemalter" Einlagen muss eine **Verwendungsreihenfolge** gefunden werden, auf deren Basis die Rückzahlung betrachtet wird. Mangels einer gesetzlichen expliziten Regelung wäre es grundsätzlich sinnvoll gewesen, hierbei auf das Verhältnis der jeweiligen Beträge bei Auskehrung abzustellen und entsprechend aufzuteilen.[88]

37 Außerdem stellt sich die Frage, ob bei einer „schädlichen" Rückzahlung diese in voller Höhe zu einem Einbringungsgewinn führt oder nur, soweit diese den **Buchwert** bzw. die **Anschaffungskosten** der Anteile **übersteigt**. Hierbei steht der Rechtsgedanke des § 20 Abs. 2 S. 4 Pate. Danach kann sich der Einbringende bei Einbringung neben Gesellschaftsrechten steuerunschädlich auch eine andere Gegenleistung gewähren lassen, solange diese den Buchwert des eingebrachten Vermögens nicht übersteigt.[89] Bei Auslegung von § 22 Abs. 1 S. 6 Nr. 3 sollte diese Vorschrift Berücksichtigung finden, weshalb ein Einbringungsgewinn I nur erfasst werden sollte, soweit eine Kapitalrückzahlung oder eine Einlagenrückgewähr, soweit sie im Rahmen des § 22 Abs. 1 S. 1 als veräußerungsgleich zu verstehen ist, den Buchwert bzw. die Anschaffungskosten der Anteile übersteigt.[90] In Rn. 22.24 des UmwSt-Erlasses hat sich die Finanzverwaltung den in der Literatur aufgeworfenen Fragen und angebotenen Lösungen weitgehend angeschlossen. Es kommt nur insoweit zu einer rückwirkenden Einbringungsgewinnbesteuerung, als der aus dem Einlagenkonto ausgekehrte Betrag den Buchwert im Zeitpunkt der Einlagenrückgewähr übersteigt.[91]

38 **Organschaftliche Mehrabführungen**, die ihre Ursache in organschaftlicher Zeit haben, also Gewinnabführungen, welche höher sind, als das iSd § 14 KStG zuzurechnende steuerliche Einkommen, mindern nach § 27 Abs. 6 KStG das steuerliche Einlagenkonto. Es stellt sich deshalb hier wiederum die Frage, ob dadurch die Rechtsfolgen des § 22 Abs. 1 S. 6 Nr. 3 ausgelöst werden können. Nach mehrheitlicher Literaturauffassung fallen organschaftlich verursachte Mehrabführungen nicht unter den Wortlaut des § 22 Abs. 1 S 6 Nr. 3, da sie keine Einlagenrückzahlung im eigentlichen Sinne sind, sondern eine Gewinnverwendung eigener Art darstellen.[92] Hier vertritt die Finanzverwaltung in ihrem UmwSt-Erlass allerdings eine andere Auffassung. Hiernach unterfallen Mehrabführungen iSd § 14 Abs. 3 oder 4 KStG, soweit dafür das steuerliche Einlagekonto iSv § 27 KStG als verwendet gilt, generell dieser Vorschrift, wobei zu beachten ist, dass bei der Frage, ob der Buchwert der Anteile überschritten wird, dieser um aktive und passive Ausgleichsposten zu korrigieren ist.[93]

dd) Veräußerungssperre nach Abs. 1 S. 6 Nr. 4 bis 6

39 Nr. 4 der Vorschrift erfasst als veräußerungsgleichen Vorgang auch die **Übertragung** der ursprünglich vom Einbringenden erhaltenen Anteile, die dieser im Rahmen einer weiteren Einbringung zu Buchwerten auf eine Kapitalgesellschaft übertragen hat und durch diese weiter übertragen werden, sofern der Einbringende nicht nachweist, dass

---

88 Vgl. *Förster/Wendland* BB 2007, 631; Dötsch/Patt/Pung/Möhlenbrock/*Patt* UmwStG § 22 (SEStEG) Rn. 48.
89 Vgl. *Schumacher/Neumann* DStR 2008, 325.
90 Vgl. Rödder/Herlinghaus/van Lishaut/*Stangl* UmwStG § 22 Rn. 371; aA Widmann/Mayer/*Widmann* UmwStG § 22 Rn. 64; *Schumacher/Neumann* DStR 2008, 325.
91 Vgl. BMF 11.11.2011, BStBl. I 2011, 1314, Rn. 22.24.

92 Vgl. *Rödder/Stangl* Ubg 2008, 39; Rödder/Herlinghaus/van Lishaut/*Stangl* UmwStG § 22 Rn. 365; *Schumacher/Neumann* DStR 2008, 325; Schmitt/Hörtnagl/*Schmitt* UmwStG § 22 Rn. 96; aA Widmann/Mayer/*Widmann* UmwStG § 22 Rn. 66; *Kessler* Ubg 2011, 34 (37); Lademann/*Jäschke* UmwStG § 22 Rn. 18b; *Jung/Dern/Wartenberg* BB-Special 2010, Nr. 1, 26.
93 Vgl. BMF 11.11.2011, BStBl. I 2011, 1314, Rn. 22.24.

diese durch den anderen Rechtsträger vorgenommene Übertragung zum Buchwert erfolgt ist. Der Fokus dieser Vorschrift liegt auf der „Bewegung" der ursprünglich erhaltenen Anteile und deren Übertragung durch weitere Übernehmer. Diese spätere Übertragung der ursprünglich erhaltenen Anteile durch andere Rechtsträger wird bei dem ursprünglich Einbringenden sanktioniert, indem dort der Einbringungsgewinn I zu erfassen ist.[94]

Nr. 5 der Vorschrift erfasst ebenso als veräußerungsgleichen Vorgang die Übertragung der Anteile, die durch die **Weitereinbringung** der ursprünglich erhaltenen Anteile erlangt wurden. Der Fokus dieser Vorschrift liegt also auf der „Bewegung" der durch die Weitereinbringung erlangten Anteile. In Abgrenzung zu den sperrfristverhafteten Anteilen hat sich hierfür der Begriff der **sperrfristinfizierten Anteile** eingebürgert.[95]

Beide Vorschriften erfassen sowohl **unmittelbare** wie auch **mittelbare Übertragungen** der ursprünglich erhaltenen Anteile. Hierbei kann eine mittelbare Übertragung sowohl durch den Einbringenden selbst wie auch durch Gesellschafter des Einbringenden oder wiederum durch deren Gesellschafter erfolgen. Der Gesetzeswortlaut differenziert nicht danach, durch wen eine mittelbare Veräußerung vorgenommen wird. Nach allgemeiner Literaturauffassung haben die Nr. 4 und 5 der Vorschrift einen überschießenden Wortlaut.[96]

Beispiel: M-GmbH hat einen Teilbetrieb in die E-GmbH eingebracht. Anschließend bringt M GmbH die Anteile an der E-GmbH in die T-GmbH ein. Die Einbringungen erfolgen jeweils zu Buchwerten nach den Vorschriften der §§ 20 und 21 UmwStG. Anschließend werden die Anteile an der M-GmbH veräußert.

Dem Wortlaut der Vorschrift nach liegen sowohl die Voraussetzungen der Nr. 4 sowie der Nr. 5 vor. Durch die Veräußerung von M-GmbH werden mittelbar die ursprünglich erhaltenen Anteile an der E-GmbH (Nr. 4) sowie auch die aus der Einbringung der E-GmbH erhaltenen Anteile an der T-GmbH veräußert.

Nach einhelliger Literaturauffassung war die Erfassung solcher Vorgänge vom Gesetzgeber nicht beabsichtigt.[97] Der UmwSt-Erlass spricht diesen Fall nicht konkret an. Allerdings hatte eine ähnliche Regelung in § 26 Abs. 2 S. 1 UmwStG 1995 einen vergleichbaren überschießenden Wortlaut. Für diesen Fall hatte die Finanzverwaltung im Wege einer teleologischen Reduktion die Regelung nicht angewandt.[98] Da im UmwSt-Erlass unter Rn. 22.23 im Zusammenhang mit der Anwendung der Billigkeitsregelung auf Rn. 22 des BMF-Schreibens vom 16.12.2003 verwiesen wird, wird man davon ausgehen müssen, dass die Finanzverwaltung dieses Schreiben auch im Falle des § 22 Abs. 1 S. 6 Nr. 4 und 5 anwendet. Das heißt, dass Übertragungen bzw. Veräußerungen wohl nur schädlich sind, wenn der Einbringende selbst oder nachgeordnete Gesellschaften diese vornehmen, nicht jedoch, wenn ein Übertrag durch den unmittelbaren oder mittelbaren Gesellschafter des Einbringenden erfolgt.[99]

---

94 Vgl. Lademann/*Jäschke* UmwStG § 22 Rn. 19; Haase/Hofacker/*Wulff-Dohmen* UmwStG § 22 Rn. 167, Beispiel.
95 Vgl. Lademann/*Jäschke* UmwStG § 22 Rn. 19; Haase/Hofacker/*Wulff-Dohmen* UmwStG § 22 Rn. 188.
96 Vgl. Schmitt/Hörtnagl/*Schmitt* UmwStG § 22 Rn. 96, 100 mwN.
97 Vgl. Lademann/*Jäschke* UmwStG § 22 Rn. 19c.
98 Vgl. BMF v. 16.12.2003, BStBl. I 2003, 786, Rn. 22.
99 Vgl. Rödder/Herlinghaus/van Lishaut/*Stangl* UmwStG § 22 Rn. 393; Haase/Hofacker/*Wulff-Dohmen* UmwStG § 22 Rn. 176; Lademann/*Jäschke* UmwStG § 22 Rn. 19c; Schmitt/Hörtnagl/*Schmitt* UmwStG § 22 Rn. 97 ff.

42 Die **Besteuerung** des Einbringungsgewinns I **scheidet aus**, wenn der Einbringende oder dessen Rechtsnachfolger nachweist, dass die jeweilige Weiterübertragung durch den dann jeweils Einbringenden zum Buchwert entsprechend den Vorschriften der §§ 20, 21 oder vergleichbarer ausländischer Vorgänge erfolgt ist. Rn. 22.25 des UmwSt-Erlasses verweist hinsichtlich der Frage, wann eine Übertragung zum Buchwert vorliegt, auf Rn. 22.22 S. 3 des UmwSt-Erlasses. Eine Übertragung zum Buchwert liegt danach vor, wenn beim Einbringenden stille Reserven nicht aufzudecken sind. Bei einer **Sacheinlage durch eine Mitunternehmerschaft** ist unter Beachtung von Rn. 20.03 UmwSt-Erlass zu entscheiden, wer Einbringender ist. Besteht die einbringende Personengesellschaft fort, ist diese Einbringende; geht sie unter, sind die unmittelbaren Mitunternehmer Einbringende.[100]

Hinweis Was den Nachweis der nachfolgenden Buchwerteinbringungen anbelangt, so ist aus praktischer Sicht wichtig, dass der Einbringende einerseits nicht unmittelbar Zugriff auf Unterlagen hat, die es ihm ermöglichen würden, bei seinem Finanzamt den erforderlichen Nachweis zu führen und vor allem hat er, sofern keine entsprechenden vertraglichen Regelungen bestehen, auch keinen Einfluss darauf, ob außerhalb seiner Einflusssphäre eine idS schädliche Übertragung erfolgt, deren Steuerfolgen er zu tragen hat. In diesen Fällen ist besonders darauf zu achten, dass entsprechende vertragliche Regelungen bestehen, die einerseits erforderliche Nachweise ermöglichen und vor allem ggf. Einfluss auf für den Einbringenden steuerschädliche Handlungsalternativen erlauben und ggf. Schadensersatz vorsehen.[101]

43 Der Einbringungsgewinn I ist nach Nr. 6 der Vorschrift auch dann **nachträglich zu versteuern**, wenn für den Einbringenden oder eine übernehmende Gesellschaft im Sinne der Nr. 4 die **Voraussetzungen** im Sinne von § 1 Abs. 4 **nicht mehr erfüllt** sind. Die Voraussetzungen sind nach Rn. 22.27 UmwSt-Erlass insbes. aufgrund Wegzugs, Sitzverlegung oder Änderung eines DBA innerhalb des Siebenjahreszeitraums nicht mehr erfüllt. Nach § 1 Abs. 4 S. 1 Nr. 2 Buchst b können bei einem Einbringenden unabhängig von der steuerlichen Ansässigkeit die entsprechenden Voraussetzungen dadurch erfüllt sein, dass das Recht der BRD hinsichtlich der Besteuerung des Gewinns aus der Veräußerung der erhaltenen Anteile nicht ausgeschlossen oder beschränkt ist.[102] Ist Einbringender eine **Mitunternehmerschaft**, ist ungeachtet dessen auf die persönlichen Voraussetzungen der hinter der Mitunternehmerschaft stehenden EU-Kapitalgesellschaften oder natürlichen Personen abzustellen. Verzieht ein Mitunternehmer beispielsweise ins Ausland, so liegen die Voraussetzungen des § 1 Abs. 4 nicht mehr vor. Es kommt zu einer **anteiligen Ersatzrealisation**.[103]

Hinweis: Wer gesellschaftsrechtlich diese durch einen Mitunternehmer ausgelöste Steuerbelastung zu tragen hat, ist anhand der gesellschaftsvertraglichen Gewinnverteilungsabrede zu prüfen. Für entsprechende gesellschaftsvertragliche Regelungen sollte Vorsorge getroffen werden.

---

[100] Vgl. Lademann/*Jäschke* UmwStG § 20 Rn. 19.
[101] Vgl. Haase/Hofacker/*Wulff-Dohmen* UmwStG § 22 Rn. 186.
[102] Vgl. Rödder/Herlinghaus/van Lishaut/*Stangl* UmwStG § 22 Rn. 414; Widmann/Mayer/*Widmann* UmwStG § 22 Rn. 139.
[103] Vgl. Rödder/Herlinghaus/van Lishaut/*Stangl* UmwStG § 22 Rn. 415.

Bei unentgeltlicher Rechtsnachfolge tritt der Rechtsnachfolger in die siebenjährige Sperrfrist ein und muss in seiner Person die Voraussetzungen des § 1 Abs. 4 erfüllen.[104]

ee) Nachträgliche Anschaffungskosten; Abs. 1 S. 7.

Kommt es zu einer Besteuerung von einem Einbringungsgewinn I, so gilt dieser nach Abs. 1 S. 4 als **nachträgliche Anschaffungskosten** der erhaltenen Anteile. Dies gilt nach Abs. 1 S. 7 auch hinsichtlich der Anschaffungskosten der auf einer Weitereinbringung dieser Anteile zum Buchwert beruhenden Anteile. Damit kommt es zu einer sachgerechten „Durchstockung", die auch gegeben wäre, wenn die Einbringungen von vorneherein zum gemeinen Wert vorgenommen worden wären. Auffallend ist, dass das Gesetz insoweit keinen Bezug zu vergleichbaren ausländischen Vorgängen nimmt. Dies dürfte darin begründet sein, dass eine eventuelle Aufstockung im Ausland für die deutsche Besteuerung ohne Bedeutung ist.[105]

e) Rechtsfolgen

aa) Allgemeines

Liegt eine Veräußerung iSd Abs. 1 S. 1 oder ein dieser Veräußerung gleichgestellter Vorgang iSd Abs. 1 S. 6 vor und erfolgt eine Veräußerung idS innerhalb der siebenjährigen Sperrfrist, so ist der Gewinn aus der Einbringung **rückwirkend** im Wirtschaftsjahr der Einbringung als Gewinn des Einbringenden iSv § 16 EStG zu versteuern (Einbringungsgewinn I). Verfahrensrechtlich ist höchstrichterlich noch nicht entschieden, ob ein Einbringungsgewinn iSd § 22 Abs. 1 S. 1, welchen ein Einbringender durch die Veräußerung von Anteilen an einer Kapitalgesellschaft innerhalb eines Zeitraums von sieben Jahren nach der Einbringung einer Kommanditbeteiligung in diese Kapitalgesellschaft erzielt, im Rahmen der einheitlich und gesonderten Gewinnfeststellung oder unmittelbar bei der Einkommensteuerveranlagung zu erfassen ist. Entsprechend einer Entscheidung des FG Münster vom 21.10.2015 ist der Einbringungsgewinn iSd § 22 Abs. 1 S. 1, der nach der Einbringung einer Kommanditbeteiligung erzielt wird, im Rahmen der einheitlichen und gesonderten Feststellung der KG zu erfassen und nicht unmittelbar bei der Einkommensteuerveranlagung des Einbringenden.[106] Die Vergünstigungen der §§ 16, 34 EStG sind nach Abs. 1 S. 1 Hs. 2 ausgeschlossen. Dies gilt nach dem eindeutigen Gesetzeswortlaut auch, wenn die Veräußerung bereits im Wirtschaftsjahr der Einbringung erfolgt, obwohl in diesem Fall der volle Einbringungsgewinn und nicht nur ein zeitlich anteiliger Einbringungsgewinn zu versteuern ist.[107] Die Veräußerung der Anteile im genannten Sinne gilt insoweit als **rückwirkendes Ereignis** iSd § 175 Abs. 1 S. 1 Nr. 2 AO. Nach dieser Vorschrift ist ein Steuerbescheid zu erlassen, aufzuheben oder zu ändern, soweit ein Ereignis eintritt, das steuerliche Wirkung für die Vergangenheit hat (rückwirkendes Ereignis). In diesen Fällen beginnt nach § 175 Abs. 1 S. 2 die Festsetzungsfrist mit Ablauf des Kalenderjahrs, in dem das Ereignis eintritt. Eine zusätzliche Zinsbelastung ist mit dieser Rückwirkung nicht verbunden, da der Zinslauf bei einem rückwirkenden Ereignis nach § 233a Abs. 2a AO erst 15 Monate nach Ablauf des Kalenderjahres beginnt,

---

104 Vgl. Schmitt/Hörtnagl/*Schmitt* UmwStG § 22 Rn. 416.
105 Vgl. Rödder/Herlinghaus/van Lishaut/*Stangl* UmwStG § 22 Rn. 420; Schmitt/Hörtnagl/*Schmitt* UmwStG § 22 Rn. 105.

106 Vgl. FG Münster 21.10.2015 – 11 K 3555/13 E, EFG 2016, 252 Nr. 3; zustimmend Dötsch/Pung/Möhlenbrock/*Patt* UmwStG § 22 Rn. 63.
107 Vgl. Lademann/*Jäschke* UmwStG § 22 Rn. 8; kritisch hierzu Rödder/Herlinghaus/van Lishaut/*Stangl* UmwStG § 22 Rn. 284.

in dem das rückwirkende Ereignis eingetreten ist.[108] Der Gewinn aus der Einbringung wird als **Einbringungsgewinn I** bezeichnet und in Abs. 1 S. 3 näher definiert. Aus S. 4 der Vorschrift ergibt sich, dass der Einbringungsgewinn I als nachträgliche Anschaffungskosten der Anteile gilt.

46 Es stellt sich die Frage, ob ein Einbringungsgewinn auch ein **Einbringungsverlust** sein kann. Soweit ersichtlich, wird zu dieser Frage im UmwSt-Erlass keine Stellung genommen. Nach hier vertretener Auffassung kann aus dem Wort „Einbringungsgewinn" nicht unmittelbar geschlossen werden, dass damit nicht auch ein Einbringungsverlust gemeint sein kann, da in vielerlei Vorschriften das Wort Gewinn als Synonym für Ergebnis gebraucht wird und damit auch Verluste einschließt. Der Wortlaut des § 22 Abs. 1 S. 1 des Gesetzes „... in den Fällen einer Sacheinlage unter dem gemeinen Wert ..." sowie die Auslegung dieses Begriffs in Rn. 03.12 des UmwSt-Erlasses ergibt, dass ein Ansatz zum Buchwert wohl ausgeschlossen ist, wenn der gemeine Wert unter dem Buchwert liegt. Aus diesem Grund ist ein nachträglicher Einbringungsverlust iSd § 22 Abs. 1 S. 1 theoretisch nicht denkbar, da bereits zum Zeitpunkt der Einbringung der unter dem Buchwert liegende gemeine Wert zwingend anzusetzen gewesen und damit ein Einbringungsverlust realisiert worden wäre. Da jedoch die Frage der Ausübung des Wahlrechts zum Ansatz des Buchwerts auch in den Fällen, in denen der gemeine Wert **unter dem Buchwert** liegt, nicht zwangsläufig so ausgelegt werden muss, wie dies die Finanzverwaltung in ihrem Erlass vorsieht,[109] wird die Frage nach einem Ansatz eines Einbringungsverlustes spätestens dann virulent, wenn ein Gericht in dieser Frage entgegen der Ansicht der Finanzverwaltung entscheiden sollte und eine Einbringung zu Buchwerten zulässt, wenn der gemeine Wert unter dem Buchwert liegen sollte. Aber selbst in diesem Falle, in dem dann bei einer Einbringung zum Buchwert zwar eine **Sacheinlage** vorläge, stellt sich weiterhin die Frage, ob § 22 zur Anwendung kommen kann, da der Wortlaut „... in den Fällen einer Sacheinlage unter dem gemeinen Wert ..." trotzdem nicht erfüllt wäre, da in diesem Falle eine Sacheinlage über dem gemeinen Wert vorliegen würde, außer man verstünde die Worte „... Sacheinlage unter dem gemeinen Wert ..." in einem reziproken Sinne, wonach der Fall, dass der Buchwert über dem gemeinen Wert liegt, auch unter die Vorschrift zu subsumieren wäre.

47 Nach Auffassung der Finanzverwaltung findet auf den Einbringungsgewinn I die Vorschrift des § 6b EStG keine Anwendung.[110] Diese Sichtweise ist nicht verständlich. Nach § 22 Abs. 1 Hs. 1 ist der Gewinn aus der Einbringung rückwirkend als Gewinn des Einbringenden iSd § 16 EStG zu versteuern. Dh die Voraussetzungen des § 6b EStG sind gegeben. Es liegt eine Veräußerung iSd § 16 EStG vor, da die relevanten Wirtschaftsgüter gegen Gesellschaftsrechte, also **entgeltlich übertragen** worden sind. Hätte originär eine Einbringung nach § 20 zum gemeinen Wert oder auch zum Zwischenwert stattgefunden, dann wäre § 6b EStG anzuwenden gewesen. Es ist nicht ersichtlich, warum dies bei einem nach § 22 ausgelösten rückwirkenden Ansatz des gemeinen Werts bei einer ebenso tatsächlich durchgeführten Einbringung nicht anzuwenden sein soll.[111]

Soweit das eingebrachte Vermögen auch Anteile an Kapitalgesellschaften umfasst, ist insoweit Abs. 2 der Vorschrift anzuwenden (→ Rn. 56 ff.). Der Einbringungsgewinn I unterliegt nur insoweit der Besteuerung, als etwa nach DBA dem deutschen Staat die Besteuerung zum Einbringungszeitpunkt zugestanden hätte.[112]

bb) Einbringungsgewinn I

Der Einbringungsgewinn I wird wie folgt ermittelt:

Gemeiner Wert des eingebrachten BV im Einbringungszeitpunkt
- gemeiner Wert der durch Abs. 1 S. 5 erfassten Anteile an der Kapitalgesellschaft
- Kosten der Vermögensübertragung
- Wertansatz der übernehmenden Ges ohne die durch Abs. 1 S 5 erfassten Anteile an Kapitalgesellschaften

= Zwischensumme
- 1/7 der Zwischensumme für jedes abgelaufene Zeitjahr seit dem Einbringungszeitpunkt

= Einbringungsgewinn I

Wird nur ein Teil der Anteile veräußert, so wird nur ein anteiliger Einbringungsgewinn I ermittelt.

Der gemeine Wert bestimmt sich nach § 9 Abs. 2 BewG. Hierbei sind **Pensionsrückstellungen** mit dem Wert nach § 6a EStG zu berücksichtigen. Dies ergibt sich aus dem Verweis in Abs. 1 S. 1 auf § 20 Abs. 2 S. 2, der seinerseits auf § 20 Abs. 2 S. 1 und damit auf die relevante Vorschrift für die Bewertung der Pensionsrückstellung bei Ansatz des gemeinen Werts verweist.[113] **Kosten der Vermögensübertragung** sind die Kosten der Einbringung, die vom Einbringenden zu tragen waren. Soweit diese Kosten bei Einbringung bereits als laufender Aufwand behandelt wurden, ist dies zu korrigieren. Hieraus ergibt sich, dass anders, als wenn die Einbringung von vorneherein zum gemeinen Wert erfolgt wäre, diese Kosten sowohl den Aufstockungsbetrag des eingebrachten Vermögens als auch die Anschaffungskosten der Anteile mindern. Damit wirken sich die Einbringungskosten nur insoweit steuermindernd aus, als der Einbringungsgewinn I selbst steuerpflichtig ist und nicht etwa auf Anteile entfällt, auf deren Veräußerungsergebnis § 8b KStG anzuwenden ist.[114]

Die **Siebenjahresfrist** beginnt nach Abs. 1 S. 1 iVm Abs. 3 S. 1 mit dem steuerlichen **Übertragungsstichtag** zu laufen und wird in **Zeitjahren** bemessen. Die Frist ist als Ausschlussfrist ausgestaltet. Erfolgt die Veräußerung der Anteile eine logische Sekunde nach Ablauf der Frist, findet Abs. 1 S. 1 keine Anwendung mehr. Maßgebend hierfür ist der Zeitpunkt des Übergangs des wirtschaftlichen Eigentums.[115]

---

112 Vgl. Widmann/Mayer/*Widmann* UmwStG § 22 Rn. 169.
113 Vgl. Widmann/Mayer/*Widmann* UmwStG § 22 Rn. 154; Dötsch/Pung/Möhlenbrock/*Patt* UmwStG § 22 Rn. 55; Lademann/*Jäschke* UmwStG § 22 Rn. 10.
114 Vgl. Widmann/Mayer/*Widmann* UmwStG § 22 Rn. 155; Schmitt/Hörtnagl/*Schmitt* UmwStG § 22 Rn. 55.
115 Vgl. Lademann/*Jäschke* UmwStG § 22 Rr. 7.

cc) Gewerbesteuerliche Behandlung des Einbringungsgewinns I

51 Hinsichtlich der Zugehörigkeit des Einbringungsgewinns I zur **Gewerbesteuer** gelten die allgemeinen Grundsätze des § 7 S. 2 GewStG. Nach herrschender Meinung im Schrifttum bedeutet dies, dass der Einbringungsgewinn I nur dann der Gewerbesteuer unterliegt, wenn auch der originäre Einbringungsgewinn iSd § 20 der Gewerbesteuer unterlegen hätte.[116] Beispielsweise unterläge bei dieser Interpretation der Einbringungsgewinn I aus dem Verkauf von Anteilen, welche aus der Einbringung eines Mitunternehmeranteils durch eine natürliche Person stammen, nicht der Gewerbesteuer, da eben der Verkauf oder die Einbringung eines Mitunternehmeranteils zum gemeinen Wert durch eine natürliche Person nicht der Gewerbesteuer unterlegen hätte. Der UmwSt-Erlass nennt hier keine Beispiele. Werden nicht alle erhaltenen Anteile in einem Vorgang veräußert, so ist nach Auffassung der Finanzverwaltung für Zwecke des § 7 S. 2 GewStG nicht mehr von einer Veräußerung eines Betriebs, Teilbetriebs etc auszugehen. Der insoweit ausgelöste Einbringungsgewinn I unterliegt nach dieser Auffassung der GewSt.[117] Dies impliziert, dass die Veräußerung von Teilen der erhaltenen Anteile wie die Veräußerung von lediglich einem Teil der eingebrachten Wirtschaftsgüter zu interpretieren ist. Diese Sichtweise geht nach zutreffender Auffassung in der Literatur fehl. Eher wäre damit eine Übertragung aller Vermögensgegenstände zum Zwischenwert vergleichbar, so dass eine Veräußerung eines Betriebs etc vorläge. Nach dieser Sichtweise dürfte somit ein anteiliger Einbringungsgewinn I nicht der GewSt unterliegen.[118]

dd) Nachträgliche Anschaffungskosten

52 Der Einbringungsgewinn I gilt als **nachträgliche Anschaffungskosten** der erhaltenen Anteile. Diese Regelung ist sachgerecht. Dadurch wird eine **unsystematische Doppel-** bzw. – bei „Durchstockung" in den Fällen von S. 6 Nr. 4 und 5 – eine **Mehrfachbesteuerung** vermieden, auch wenn die Veräußerung der Anteile nur im Rahmen der Vorschriften von § 3 Nr. 40 KStG bzw. § 8b KStG teilweise steuerfrei ist.[119] Da der Einbringungsgewinn I im Einbringungszeitpunkt als angefallen gilt, sind die entsprechenden Anschaffungskosten auch zu diesem Zeitpunkt anzusetzen. Auswirkung hat dies zB dann, wenn in der Zeit zwischen dem Einbringungszeitpunkt und der Veräußerung der erhaltenen Anteile ein Tatbestand verwirklicht wird, bei dem es auf die Anschaffungskosten der Anteile ankommt, was zB bei der Wegzugsbesteuerung der Fall wäre.[120] Die **Anschaffungskosten** der erhaltenen Anteile **erhöhen sich** unabhängig von einem Antrag und unabhängig davon, dass die Steuer auf den Einbringungsgewinn I entrichtet worden ist. Dies ergibt sich im Umkehrschluss zu § 23 Abs. 2, der in Bezug auf die Aufstockung der übertragenen Vermögensgegenstände – anders als hier – bei der übernehmenden Gesellschaft fordert, dass die entsprechenden Steuern entrichtet worden sind.[121]

Hinweis: Aus praktischer Sicht ist es deshalb aus Sicht der Übernehmerin besser, wenn eine tatsächliche Einbringung zum gemeinen Wert erfolgt und als unmittelbare Folge hieraus die Anschaffungskosten aufgestockt werden, als wenn die Regelung des § 23

---

116 Vgl. Haase/Hofacker/*Wulff-Dohmen* UmwStG § 22 Rn. 87.
117 Vgl. BMF 11.11.2011, BStBl. I 2011, 1314, Rn. 22.07.
118 Vgl. *Stangl/Kaeser* in FGS/BDI, UmwSt-Erlass 2011, 395.
119 Vgl. Rödder/Herlinghaus/van Lishaut/*Stangl* UmwStG § 22 Rn. 299; Schmitt/Hörtnagl/*Schmitt* UmwStG § 22 Rn. 58; Lademann/*Jäschke* UmwStG § 22 Rn. 12.
120 Vgl. Widmann/Mayer/*Widmann* UmwStG § 22 Rn. 186; Schmitt/Hörtnagl/*Schmitt* UmwStG § 22 Rn. 58.
121 Vgl. Lademann/*Jäschke* UmwStG § 22 Rn. 12; Rödder/Herlinghaus/van Lishaut/*Stangl* UmwStG § 22 Rn. 301.

Abs. 2 in Anspruch genommen werden muss. Dies gilt vor allem dann, wenn von vorneherein ein Verkauf der erhaltenen Anteile noch im Jahr der Einbringung geplant ist, da in diesem Falle die Aufstockung der Übernehmerin und damit das steuerwirksame Abschreibungsvolumen bei der Übernehmerin nicht von der Steuerzahlposition des Einbringenden (ggf. Verlustverrechnung und damit keine Entrichtung der Steuer) und einer etwaigen Bescheinigung nach § 22 Abs. 5 abhängt (→ Rn. 71 ff. sowie → § 23 Rn. 34 ff.).

Wird nur ein **Teil der erhaltenen Anteile veräußert**, so kommt es auch nur insoweit zu einer Aufstockung. Das heißt nur die Anschaffungskosten der veräußerten Anteile werden aufgestockt. Die behaltenen Anteile werden nicht aufgestockt. Dies ergibt sich aus der Bezugnahme in Abs. 1 S. 1 auf die veräußerten Anteile durch das Wort „soweit". Die Anteile, die nicht veräußert werden, sind von § 22 nicht betroffen. So auch die Finanzverwaltung im Beispiel zu Rn. 22.04 in ihrem Umwandlungssteuer-Erlass.[122] Im Ergebnis führt dies zu einer Verminderung des nach § 8b KStG steuerfreien Veräußerungsgewinns bezüglich der veräußerten Anteile und damit zu einer Verminderung der ursprünglich anzusetzenden nichtabziehbaren Betriebsausgaben nach § 8b Abs. 3 KStG.

ee) „Gemischte" Einbringung iSd Abs. 1 S. 5

Umfasst das eingebrachte Betriebsvermögen auch **Anteile an Kapitalgesellschaften** oder **Genossenschaften**, ist nach S. 5 der Vorschrift insoweit § 22 Abs. 2 anzuwenden. Die Regelung betrifft die Fälle, bei welchen die eingebrachten Anteile an Kapitalgesellschaften wesentliche Betriebsgrundlagen eines Teilbetriebs oder Betriebs iSd § 20 sind und deshalb eine Einbringung nach § 20 und nicht nach § 21 vorliegt. Da § 22 Abs. 2 sowohl die Fälle der Sacheinlage nach § 20 Abs. 1 sowie auch die Fälle des Anteilstauschs nach § 21 Abs. 1 regelt, wird in § 22 Abs. 1 S. 5 das dadurch bestehende Konkurrenzverhältnis dahin gehend geregelt, dass in Bezug auf die eingebrachten Anteile nicht § 22 Abs. 1 sondern Abs. 2 dieser Vorschrift zur Anwendung kommt. Dadurch wird verhindert, dass eine vom Gesetz nicht gewollte Statusverschlechterung eintritt. Bezogen auf diese Anteile entsteht kein Einbringungsgewinn I, da der Einbringende bei getrennter Veräußerung der Anteile diese seinerzeit schon steuerfrei veräußern hätte können. Zu prüfen ist, ob Abs. 2 zum Ansatz eines Einbringungsgewinns II führt. Soweit ein Verkauf der Anteile durch den Einbringenden der Steuerbefreiung des § 8b KStG unterlegen hätte, entsteht hierbei kein Einbringungsgewinn II.[123]

Diese Regelung führt zu der Notwendigkeit, die erhaltenen Anteile als **Gegenleistung** für das gesamte eingebrachte Vermögen in einen Teil, der als Gegenleistung für die übertragenen Anteile und in einen Teil, der als Gegenleistung für die restlichen eingebrachten Vermögensgegenstände gewährt worden ist, aufzuteilen. Dies setzt allerdings auch voraus, dass die unterschiedlichen Anteile sowohl hinsichtlich ihrer Identifizierbarkeit sowie auch hinsichtlich ihrer Bewertung getrennt behandelt werden können. Einzelheiten hierzu regelt der Gesetzgeber nicht. In Anlehnung an den zur Regelung des § 8b Abs. 4 KStG aF ergangenen BMF-Erlass,[124] der in Bezug auf die einbringungs-

---

[122] Vgl. Widmann/Mayer/*Widmann* UmwStG § 22 Rn. 186; Dötsch/Pung/Möhlenbrock/*Patt* UmwStG § 22 Rn. 61; Rödder/Herlinghaus/van Lishaut/*Stangl* UmwStG § 22 Rn. 302; BMF 11.11.2011, BStBl. I 2011, 1314, Bsp in Rn. 22.04.

[123] Vgl. Haase/Hofacker/*Wulff-Dohmen* UmwStG § 22 Rn. 106.

[124] Vgl. BMF 5.1.2004, BStBl. I 2004, 44.

geborenen Anteile eine ähnliche Problematik enthielt, ist eine Aufteilung anhand der Verkehrswerte sachgerecht. Können die Anteile – zB aufgrund der jeweils gesonderten Vereinbarung im Einbringungsvertrag – identifiziert werden, könnte in Anlehnung an dieses BMF-Schreiben eine gezielte Veräußerung der Anteile möglich sein, welche für die Übertragung der Anteile an einer Kapitalgesellschaft gewährt worden sind. Andernfalls käme wohl nur eine quotale Behandlung der veräußerten Anteile nach § 22 Abs. 1 und Abs. 2 in Betracht.[125] Teilweise wird im Schrifttum auch die Meinung vertreten, dass zunächst die Anteile als veräußert gelten, welche auf die eingebrachten Anteile an Kapitalgesellschaften zurückzuführen sind, da mangels einer gesetzlich vorgegebenen Reihenfolge die für den Stpfl. günstigste Reihenfolge zu wählen ist.[126] Ggf. wäre hierzu eine verbindliche Auskunft einzuholen. Soweit das **Besteuerungsrecht** hinsichtlich des Gewinns aus der Veräußerung der erhaltenen Anteile **ausgeschlossen** oder **beschränkt** wird, umfasst der Einbringungsgewinn I – in Abkehr von der Regelung in Hs. 1 – auch die stillen Reserven der im Rahmen der Sacheinlage miteingebrachten Anteile (§ 22 Abs. 1 S. 5 Hs. 2).

Beispiel: Der Franzose X bringt in 01 eine inländische Betriebsstätte, zu der auch Anteile an der Y-GmbH gehören, in die Z-GmbH ein. Im Jahr 02 veräußert er die Anteile an der Z-GmbH.

Lösung:
Die Veräußerung der sperrfristbehafteten Anteile an der Z-GmbH unterfällt § 22 Abs. 1 S. 1. Der Einbringungsgewinn I enthält allerdings wg. S. 5 Hs. 1 grundsätzlich nicht die stillen Reserven der Y-GmbH. Da jedoch wg. DBA Frankreich die stillen Reserven der Y-GmbH nunmehr von der deutschen Besteuerung ausgenommen sind, greift S. 5 Hs. 2, so dass im Einbringungsgewinn I auch die stillen Reserven der Y-GmbH zu erfassen sind.[127] In so einem Fall kommt es neben § 22 Abs. 2, wenn der Übernehmer die eingebrachten Anteile veräußert, auch zur Anwendung von § 22 Abs. 1, wenn der Überträger die erhaltenen Anteile veräußert.[128]

55 Werden im Rahmen der Sacheinlage auch einbringungsgeborene Anteile iSd § 21 UmwStG 1995 mit eingebracht, so gelten nach Auffassung der Finanzverwaltung die erhaltenen Anteile insoweit ebenfalls als **einbringungsgeborene Anteile** iSd § 21 UmwStG 1995. Bei einer Veräußerung der so infizierten Anteile innerhalb der Siebenjahresfrist ist die Steuerfreistellung nach § 8b Abs. 4 KStG aF oder § 3 Nr. 40 S. 3 und 4 EStG aF insoweit ausgeschlossen. Eine neue Siebenjahresfrist iSv § 8b Abs. 4 KStG aF der einbringungsgeborenen Anteile wird allerdings durch ein „Bewegen" nicht ausgelöst.[129]

3. Veräußerung von Anteilen aus einer Anteilseinbringung (§ 22 Abs. 2)
a) Inhalt der Vorschrift

56 Abs. 2 erfasst nicht wie Abs. 1 die Veräußerung der erhaltenen Anteile, sondern die **Veräußerung der eingebrachten Anteile.** Zur Anwendung kommt die Vorschrift

---

[125] Vgl. Rödder/Herlinghaus/van Lishaut/*Stangl* UmwStG § 22 Rn. 307 ff.; Schmitt/Hörtnagl/*Schmitt* UmwStG § 22 Rn. 67.
[126] Vgl. Widmann/Mayer/*Widmann* UmwStG § 22 Rn. 177.
[127] Vgl. BMF 11.11.2011, BStBl. I 2011, 1314, Bsp in Rn. 22.11.
[128] Vgl. Schmitt/Hörtnagl/*Schmitt* UmwStG § 22 Rn. 71.
[129] Vgl. BMF 11.11.2011, BStBl. I 2011, 1314, Rn. 20.39; UmwStG § 22aA Schmitt/Hörtnagl/*Schmitt* UmwStG § 22 Rn. 72.

dann, wenn die Anteile im Rahmen einer Sacheinlage nach §§ 20 oder 21 übertragen werden, die Übertragung unter dem gemeinen Wert und durch eine nicht durch § 8b Abs. 2 KStG begünstigte Person erfolgt.[130] Ziel der Vorschrift ist es zu verhindern, dass Personen, die bei einer Veräußerung von Anteilen nicht die Vergünstigung des § 8b KStG genießen würden, diese Vergünstigung dadurch erlangen, dass sie Anteile unter dem gemeinen Wert in eine Kapitalgesellschaft einbringen und anschließend eine – steuerfreie – Veräußerung der eingebrachten Anteile durch die Kapitalgesellschaft erfolgt. Die Vorschrift sieht vor, dass ein sog. **Einbringungsgewinn II** zu ermitteln ist, wenn die Kapitalgesellschaft die in sie eingebrachten Anteile innerhalb von sieben Jahren veräußert. Es wird also nicht die Anwendung von § 8b KStG bei Veräußerung der Anteile suspendiert. Vielmehr wird ein Einbringungsgewinn II ermittelt, der rückwirkend durch den Einbringenden im Wirtschaftsjahr der Einbringung unter den für die einbringende Person geltenden Vorschriften – also ohne Anwendung von § 8b KStG – zu versteuern ist. Die Vergünstigungen der §§ 16, 34 EStG finden keine Anwendung. Die Veräußerung der Anteile ist ein rückwirkendes Ereignis nach § 175 AO. Voraussetzung für die Anwendung der Vorschrift ist, dass die Übertragung der Anteile im Rahmen einer **Einbringung nach den §§ 20 oder 21 UmwStG** idF des SEStEG erfolgt ist. Eine Einbringung nach den Vorschriften des UmwStG 1995 unterfällt nach 27 Abs. 4 nicht dieser Regelung. In diesem Falle ist ggf. das Sperrfristregime des § 8b Abs. 4 KStG aF noch anzuwenden.[131] Die Regelung des § 22 Abs. 2, 3 und 5–7 findet nach § 24 Abs. 5 auch Anwendung, wenn Anteile an einer Kapitalgesellschaft unter dem gemeinen Wert in eine Personengesellschaft eingebracht werden, der Einbringende keine durch § 8b KStG begünstigte Person war und die Personengesellschaft die Anteile innerhalb von sieben Jahren nach der Einbringung veräußert, soweit der Gewinn aus der Veräußerung auf einen nach § 8b KStG begünstigten Mitunternehmer entfällt. Dies gilt auch in den Fällen der Realisierung der Ersatztatbestände des § 22 Abs. 1 S. 6. Aufgrund des Verweises der Finanzverwaltung im UmwSt-Erlass auf ihre Ausführungen zu § 22 sollte die dort angesprochene Billigkeitsregelung auch in diesem Falle Anwendung finden.[132]

Die Rechtsfolgen des Abs. 2 treffen den Einbringenden unabhängig davon, ob er Einfluss auf die Veräußerung der Anteile durch die übernehmende Kapitalgesellschaft hat oder nicht. Ebenso spielt es keine Rolle, ob die Anteile vor der Einbringung zum PV oder BV gehörten, oder ob die Einbringung der Anteile etwa grenzüberschreitend erfolgte.[133] Unerheblich ist auch, ob die Veräußerung der eingebrachten Anteile etwa aufgrund § 8b Abs. 7 oder 8 KStG nicht die Begünstigung des § 8b KStG genießt. Zwar ergibt sich hier bezogen auf die eingebrachten Anteile keine Statusverbesserung, so dass es für diesen Fall der Regelung gar nicht bedurft hätte. Allerdings sieht das Gesetz diesen Ausnahmefall nicht vor. Der Tatbestand des gedachten steuerfreien Veräußerungsgewinns gilt **nur für den Einbringenden** und **nicht für die übernehmende Gesellschaft**.[134] Die Regelung dürfte insoweit überschießend sein, da in so einem Falle durch die Einbringung **keine Statusverbesserung** eintritt. Veräußert die übernehmende Gesellschaft die Anteile, so entsteht **rückwirkend ein Einbringungsgewinn II**

57

---

130 Vgl. *Wochinger* FS Herzig, 749 (754).
131 Vgl. Rödder/Herlinghaus/van Lishaut/*Stangl* UmwStG § 22 Rn. 428.
132 Vgl. *Schaflitzl/Götz* DB 2012, Heft 2, Beilage 1, 56, 57; BMF 11.11.2011, 1314, Rn. 24.26.
133 Vgl. Schmitt/Hörtnagl/*Schmitt* UmwStG § 22 Rn. 107, 108; Rödder/Herlinghaus/van Lishaut/*Stangl* UmwStG § 22 Rn. 428.
134 Vgl. Dötsch/Pung/Möhlenbrock/*Patt* UmwStG § 22 Rn. 74; aA Rödder/Herlinghaus/van Lishaut/*Stangl* UmwStG § 22 Rn. 430.

bei dem Einbringenden.¹³⁵ Damit wird die zeitlich später erfolgte Veräußerung fiktiv vorgezogen, obwohl eine Besteuerung zum Zeitpunkt der tatsächlichen Veräußerung vollzogen wurde. Aufgrund der Regelung in § 22 Abs. 2 S. 4 kommt es jedoch zu **keiner Doppelbesteuerung**, da der Einbringungsgewinn II als nachträgliche Anschaffungskosten der erhaltenen Anteile gilt.

58 Nach Rn. 22.12 des UmwSt-Erlasses stellt die Finanzverwaltung bei der Frage, ob die Veräußerung der eingebrachten Anteile nach § 8b KStG steuerfrei gewesen wäre, darauf ab, ob dies konkret bei der einbringenden Person der Fall gewesen wäre. Hierfür spricht die lt. Gesetzesbegründung des JStG 2009 lediglich klarstellende Änderung des S. 1 der Vorschrift.¹³⁶ Entsprechend dieser aktuellen Gesetzesfassung ist Voraussetzung für die Anwendung von § 22 Abs. 2, dass der **Veräußerungsgewinn** bei dem Einbringenden „**nicht nach § 8b KStG steuerfrei**" gewesen wäre. Das heißt, hierunter fallen zB nicht nur natürliche Personen, auf welche § 8b KStG generell keine Anwendung findet, sondern auch Kapitalgesellschaften, auf welche im Zeitpunkt der Einbringung auf die fiktive Veräußerung der eingebrachten Anteile § 8b Abs. 7 oder 8 KStG oder § 8b KStG aF anzuwenden gewesen und dementsprechend keine Steuerbefreiung gewährt worden wäre.

59 Zu **Organgesellschaften**, bei denen § 8b KStG nach § 15 Nr. 2 KStG ebenfalls nicht unmittelbar zur Anwendung kommt, äußert sich die Finanzverwaltung nicht. Dem Sinngehalt der Vorschrift entsprechend ist hierbei darauf abzustellen, ob im Organkreis eine Freistellung erfolgt. Ist dies der Fall, weil zB der Organträger eine Kapitalgesellschaft ist, so ist die Anwendung von § 22 Abs. 2 ausgeschlossen.¹³⁷

Hinsichtlich der Veräußerung von Anteilen wird auf die Ausführungen zu Abs. 1 verwiesen.

Hinweis: Wenn der Einbringende nach Einbringung keinen Einfluss mehr auf die Handlungen der übernehmenden Gesellschaft hat, so ist zu berücksichtigen, dass der Übernehmer durch eine Veräußerung der eingebrachten Anteile eine Steuer bei dem Einbringenden auslösen kann. Hier sollten vertragliche Regelungen geschaffen werden, die sicherstellen, dass eine steuerschädliche Veräußerung entweder unterbleibt oder zumindest adäquate Schadensersatzansprüche hervorruft.¹³⁸

Durch das JStG 2009 wurde die Vorschrift auch insoweit verändert, als nunmehr auch **mittelbare Veräußerungen eingebrachter Anteile** durch die übernehmende Gesellschaft die Rechtsfolgen des Abs. 2 auslösen.¹³⁹ Hierdurch sollen die Fälle erfasst werden, in denen im Rahmen von Sacheinlagen unter dem gemeinen Wert nach § 20 Abs. 2 S. 2 Mitunternehmeranteile eingebracht werden, zu deren Gesamthandsvermögen Anteile an einer Kapitalgesellschaft gehören. Nach der Gesetzesbegründung ist diese Änderung klarstellend.¹⁴⁰ Die Meinungen in der Literatur gehen hinsichtlich der Frage, ob diese

---

135 Vgl. Rödder/Herlinghaus/van Lishaut/*Stangl* UmwStG § 22 Rn. 459.
136 Vgl. Stellungnahme des Bundesrates, BT-Drs. 16/10494 und Bericht des Finanzausschusses des Deutschen Bundestags zum Entwurf des Jahressteuergesetzes 2009, BT-Drs. 16/11108, 33.
137 Vgl. Rödder/Herlinghaus/van Lishaut/*Stangl* UmwStG § 22 Rn. 440; Lademann/*Jäschke* UmwStG § 22 Rn. 23b;

Haase/Hofacker/*Wulff-Dohmen* UmwStG § 22 Rn. 231; Dötsch/Pung/Möhlenbrock/*Patt* UmwStG § 22 Rn. 73.
138 Vgl. Haase/Hofacker/*Wulff-Dohmen* UmwStG § 22 Rn. 235; Rödder/Herlinghaus/van Lishaut/*Stangl* UmwStG § 22 Rn. 459.
139 Vgl. Jahressteuergesetz 2009, BGBl. 2008 I 2794.
140 Vgl. Haase/Hofacker/*Wulff-Dohmen* UmwStG § 22 Rn. 236; Stellungnahme des Bundesrates, BT-Drs. 10924, 23.

Änderungen klarstellenden Charakter haben, auseinander. Nach der einen Auffassung ist dem Gesetzgeber zuzustimmen, dass es sich in der Tat um eine klarstellende Regelung handelt. Begründet wird dies damit, dass auch ohne diese Änderung bei einer Veräußerung von Anteilen durch eine Mitunternehmerschaft die Frage der Anwendung von § 8b KStG davon abhängig ist, wer Gesellschafter dieser Mitunternehmerschaft zum Zeitpunkt der Einbringung war.[141] Nach anderer Auffassung ist eine Änderung der Rechtslage eingetreten, da nach bisheriger Vorschrift eine mittelbare Veräußerung vom Wortlaut der Vorschrift nicht erfasst gewesen wäre.[142]

b) Ermittlung und Besteuerung des Einbringungsgewinn II

Der Einbringungsgewinn II ist nach § 22 Abs. 2 S. 3 nach folgendem Schema zu ermitteln:[143]

60

	Gemeiner Wert der eingebrachten Anteile zum Einbringungszeitpunkt
./.	Kosten des Vermögensübergangs
./.	Wert, mit dem der Einbringende die erhaltenen (nicht: eingebrachten) Anteile angesetzt hat (ggf. Erhöhung um den gemeinen Wert der sonstigen Gegenleistung iSv § 20 Abs. 3 S. 3 iVm § 21 Abs. 2 S. 6)
=	vorläufiger Einbringungsgewinn II
./.	1/7 des vorläufigen Einbringungsgewinns II für jedes seit dem Einbringungszeitpunkt abgelaufene Zeitjahr
=	Einbringungsgewinn II

Zwischen dem Einbringungszeitpunkt und dem Veräußerungszeitpunkt können bis zu sieben Jahre liegen. Zwar trifft die Finanzverwaltung die Beweislast, wenn sie abweichend von der steuerlichen Bewertung des Stpfl. einen höheren gemeinen Wert ansetzen möchte.

Hinweis: Aus praktischer Sicht ist für Zwecke der Beweisvorsorge dringend zu empfehlen, bereits zum Zeitpunkt der Einbringung die Grundlagen zur Berechnung des gemeinen Werts zu dokumentieren.[144]

Dem gemeinen Wert der eingebrachten Anteile zum Einbringungszeitpunkt wird – anders als bei Abs. 1 – der **Wert gegenübergestellt**, den der Einbringende für die hierfür **erhaltenen Anteile** angesetzt hat. Dies ist dem Umstand geschuldet, dass hier der Einbringende beim Ansatz der erhaltenen Anteile nicht an den Wertansatz des Übernehmenden gebunden ist (vgl. zB Buchwertfortführung bei dem Einbringenden trotz anderem Ansatz bei der übernehmenden Gesellschaft auf Antrag nach § 21 Abs. 2 S. 3).[145] Die **Besteuerung des Einbringungsgewinn II** ergibt sich aus den §§ 13, 14, 15, 16 und 18 bzw. aus den §§ 17, 20 oder 23 aF EStG, je nachdem, ob die Anteile zum

---

[141] Vgl. Dötsch/Pung/Möhlenbrock/*Patt* UmwStG § 22 Rn. 70b; Lademann/*Jäschke* UmwStG § 22 Rn. 22b.
[142] Vgl. Haase-Hofacker/*Wulff-Dohmen* UmwStG § 22 Rn. 236; *Stangl/Kaeser* in FGS/BDI, UmwSt-Erlass 2011, 404.
[143] Vgl. BMF 11.11.2011, BStBl. I 2011, 1314, Rn. 22.14 und 22.15.
[144] Vgl. Rödder/Herlinghaus/van Lishaut/*Stangl* UmwStG § 22 Rn. 474; Haase/Hofacker/*Wulff-Dohmen* UmwStG § 22 Rn. 244.
[145] Vgl. Dötsch/Pung/Möhlenbrock/*Patt* UmwStG § 22 Rn. 78a.

Zeitpunkt der Einbringung zu einem Betriebsvermögen oder zu einem Privatvermögen gehörten. § 3 Nr. 40 EStG kommt ggf. zur Anwendung.

61 Gehörten die eingebrachten Anteile zu einem **Betriebsvermögen**, so gehört der Einbringungsgewinn II nach Auffassung der Finanzverwaltung zum **Gewerbeertrag**.[146] Der Erlass unterscheidet nicht danach, ob die Einbringung der Anteile tatsächlich der Gewerbesteuer unterlegen hätte. In der Regel dürfte bei einer Anteilseinbringung durch eine natürliche Person § 3 Nr. 40 EStG zur Anwendung kommen. Dh ein Veräußerungsgewinn unterliegt mit einem Anteil von 60 % sowohl der Einkommen- wie auch der Gewerbesteuer. Fraglich ist, wie ein Fall zu behandeln ist, bei welchem bei einer Einbringung keine Gewerbesteuer entstanden wäre. Dies ist beispielsweise der Fall, wenn eine natürliche Person ihren gesamten Anteil an einer Mitunternehmerschaft einbringt bzw. veräußert, die ihrerseits Anteile an einer Kapitalgesellschaft hält (vgl. GewStR R 7.1 (3) S. 6). So wie auch bei der Erfassung des Einbringungsgewinns I bei dem Gewerbeertrag darauf abgestellt wird, ob der Gewinn auch bei einer „echten" Veräußerung erfasst worden wäre (vgl. GewSt Hinweise 7.1. (1) Stichwort „Einbringungsgewinn"), so ist auch im Falle des Abs. 2 zu verfahren. Eine weitergehende Gesetzesauslegung wäre entsprechend dem Sinn und Zweck der Vorschrift überschießend. Entsprechende Hinweise der Finanzverwaltung hierzu fehlen allerdings. Ggf. wäre im Zweifelsfalle eine verbindliche Auskunft einzuholen.[147] Nach Abs. 2 S. 4 der Vorschrift gilt der Einbringungsgewinn II als **nachträgliche Anschaffungskosten der erhaltenen Anteile**. Diese Regelung ist sachgerecht. Dadurch wird der Zustand hergestellt, der auch bei einer „echten" Veräußerung bzw. Einbringung der Anteile entstanden wäre. Bei einer anteiligen Veräußerung wird lediglich der dadurch ausgelöste Einbringungsgewinn II als Anschaffungskosten auf die erhaltenen Anteile aktiviert.[148] Nach Abs. 2 S. 5 findet Abs. 2 S. 1–4 keine Anwendung, soweit die erhaltenen Anteile durch den Einbringenden veräußert worden sind. Auch diese Regel ist systematisch richtig und sachgerecht. Dieser Regelung liegt der Gedanke zugrunde, dass bei einer Veräußerung durch den Einbringenden, auch wenn die erhaltenen und nicht die eingebrachten Anteile veräußert werden, eine **Statusverbesserung ausgeschlossen** ist, da durch die Werteverknüpfung bei dem Einbringenden ein Gewinn in derselben Höhe steuerpflichtig wird, wie wenn die eingebrachten Anteile veräußert worden wären.

62 Da diese Regelung nur bei einer Veräußerung anzuwenden ist, findet sie keine Anwendung etwa in den Fällen einer **verdeckten Einlage**. Mangels einer Gegenleistung liegt bei einer verdeckten Einlage keine Veräußerung iSd § 22 Abs. 1 S. 1 und Abs. 2 S. 1 vor, auch wenn ggf. eine Besteuerung über die Ersatztatbestände erfolgt. Dies bedeutet, dass bei einer verdeckten Einlage von erhaltenen Anteilen, auch wenn hierbei stille Reserven aufzulösen und zu versteuern sind, die spätere Besteuerung eines Einbringungsgewinns II bei Veräußerung der eingebrachten Anteile nicht gehindert ist. Eine unmittelbare Korrektur dieser stillen Reserven ergibt sich aber gleichzeitig aufgrund einer Erhöhung der Anschaffungskosten der erhaltenen Anteile, so dass es letztlich nicht zu einer zusätz-

---

[146] Vgl. BMF 11.11.2011, BStBl. I 2011,1314, Rn. 22.13.
[147] Vgl. Haase/Hofacker/*Wulff-Dohmen* UmwStG § 22 Rn. 240; Rödder/Herlinghaus/van Lishaut/*Stangl* UmwStG § 22 Rn. 462; *Stangl/Kaeser* in FGS/BDI,UmwSt-Erlass 2011, 405.
[148] Vgl. Haase/Hofacker/*Wulff-Dohmen* UmwStG § 22 Rn. 249, 250; Rödder/Herlinghaus/van Lishaut/*Stangl* UmwStG § 22 Rn. 479.

lichen Versteuerung der stillen Reserven im Rahmen der verdeckten Einlage, sondern nur einmalig zu einer Versteuerung anlässlich des Einbringungsgewinns II kommt.[149]

c) Ersatzrealisationstatbestände nach Abs. 2 S. 6

Die S. 1–5 gelten nach S. 6 der Vorschrift entsprechend, wenn die übernehmende Gesellschaft die eingebrachten Anteile ihrerseits durch einen Vorgang nach Abs. 1 S. 6 Nr. 1–5 weiterüberträgt oder für diese die Voraussetzungen nach § 1 Abs. 4 nicht mehr erfüllt sind. Mit diesem Verweis in Abs. 2 S. 6 werden die **Ersatzrealisationstatbestände** des Abs. 1 S. 6 umfassend eingebunden. Der wesentliche Unterschied zu Abs. 1 besteht in Bezug auf die Ersatzrealisationstatbestände darin, dass bei Abs. 2 die Übertragung der eingebrachten Anteile durch den Übernehmer angesprochen ist, während in Abs. 1 S. 6 die Veräußerung der erhaltenen Anteile und deren Übertragung durch den Einbringenden angesprochen ist.[150] Hauptanwendungsfall der **Übertragung** dürfte die verdeckte Einlage der **eingebrachten Anteile** durch den Übernehmer in eine weitere Kapitalgesellschaft sein. Weitere Fälle dürften die Übertragung der eingebrachten Anteile im Rahmen einer Sachdividende oder einer verdeckten Gewinnausschüttung sein. **Mittelbare Übertragungen** der eingebrachten Anteile durch den Übernehmer sind nur denkbar, wenn der Übernehmer erhaltene Anteile an einer Gesellschaft zunächst unentgeltlich weiter überträgt und anschließend der ursprüngliche Übernehmer die hierbei erhaltenen Anteile auf einen weiteren Übernehmer überträgt. Unentgeltliche Übertragungen der Anteile an dem Übernehmer durch dessen unmittelbaren oder mittelbaren Anteilseigner fallen nicht unter die Regelung, da das Gesetz ausdrücklich nur die unmittelbare oder mittelbare Veräußerung durch die übernehmende Gesellschaft anspricht.[151] Nach Abs. 2 S. 6 iVm Abs. 1 S. 6 Nr. 2 führt eine **entgeltliche Übertragung** der eingebrachten Anteile durch den übernehmenden Rechtsträger zu der Entstehung eines Einbringungsgewinns II, es sei denn, der ursprünglich Einbringende weist nach, dass die Übertragung durch einen Vorgang iSd §§ 20 Abs. 1, 21 Abs. 1 oder aufgrund vergleichbarer ausländischer Vorgänge zu Buchwerten erfolgte. Die Beweislast dafür, dass die **Folgeeinbringung** zu Buchwerten erfolgte, trägt der ursprünglich Einbringende, der den Einbringungsgewinn II zu versteuern hat.[152] Auch bei **Veräußerungen** iSd § 22 Abs. 2 geht die Finanzverwaltung davon aus, dass grundsätzlich jede der Einbringung in eine Kapitalgesellschaft nachfolgende Umwandlung eine Einbringungsgewinnbesteuerung auslöst. Ausnahmen sind auch hier nur im Billigkeitswege möglich (→ Rn. 13 ff.).[153] Die höchstrichterliche Rechtsprechung hat dies nunmehr bestätigt.[154] Lediglich bei Ausbleiben einer Statusverbesserung und gleichzeitigem Ausschluss eines interpersonellen Übergangs stiller Reserven hält das Gericht eine teleologische Reduktion des Veräußerungsbegriffs für möglich.[155] Insofern kann auf die entsprechenden Ausführungen zu § 22 Abs. 1 verwiesen werden (→ Rn. 22).

63

---

149 Vgl. Rödder/Herlinghaus/van Lishaut/*Stangl* UmwStG § 22 Rn. 482; Dötsch/Pung/Möhlenbrock/*Patt* UmwStG § 22 Rn. 76.
150 Vgl. Rödder/Herlinghaus/van Lishaut/*Stangl* UmwStG § 22 Rn. 486; Haase/Hofacker/*Wulff-Dohmen* UmwStG § 22 Rn. 257.
151 Vgl. Rödder/Herlinghaus/van Lishaut/*Stangl* UmwStG § 22 Rn. 487; Haase/Hofacker/*Wulff-Dohmen* UmwStG § 22 Rn. 263.
152 Vgl. Rödder/Herlinghaus/van Lishaut/*Stangl* UmwStG § 22 Rn. 491; Schmitt/Hörtnagl/*Schmitt* UmwStG § 22 Rn. 142.
153 Vgl. BMF 11.11.2011, BStBl. I 2011, 1314, Rn. 22.23.
154 BFH 24.1.2018 – I R 48/15, BStBl. II 2019, 45; BFH 18.11.2020 – I R 25/18, BStBl. II 2021, 732.
155 BFH 18.11.2020 – I R 25/18, BStBl. II 2021, 732, Rn.24.

d) Verhältnis von § 22 Abs. 1 und Abs. 2

64 Durch **Folgeeinbringungen** können sowohl die Tatbestände von Abs. 1 wie auch von Abs. 2 ausgelöst werden. Die Rechtsfolgen sind dann nach der zeitlichen Reihenfolge der ihnen zugrundeliegenden Einbringungen zu ziehen.

Beispiel: E bringt sein Einzelunternehmen in die E-GmbH zu Buchwerten ein. Anschließend bringt E die Anteile an der E-GmbH in die M-GmbH zu Buchwerten ein. Wiederum anschließend veräußert die M-GmbH die Anteile an der E-GmbH. Die Vorgänge sollen immer zeitversetzt um ein Jahr erfolgen. Der Buchwert beträgt 1 Mio. EUR. Die stillen Reserven betragen zum Zeitpunkt der ersten Einbringung 4 Mio. EUR, zum Zeitpunkt der zweiten Einbringung 5 Mio. EUR und bei Veräußerung der Anteile dann 6 Mio. EUR.

Bei Veräußerung der Anteile an der E-GmbH wird hinsichtlich der ersten Einbringung, also hinsichtlich der Übertragung des Einzelunternehmens der Tatbestand des § 22 Abs. 1 S. 6 Nr. 4 ausgelöst. Dies führt zur Versteuerung des Einbringungsgewinns I bei dem Einbringenden unter Berücksichtigung der entsprechenden Siebtel-Regelung, sowie zur jeweiligen Erhöhung der Buchwerte der Folgeeinbringungen.

Hinsichtlich der zweiten Einbringung löst derselbe Veräußerungsvorgang die Rechtsfolgen des § 22 Abs. 2 S. 1 bei dem Einbringenden aus, da die M-GmbH als Übernehmerin der Anteile an der E-GmbH diese veräußert hat. Hieraus ergibt sich bei dem Einbringenden die Versteuerung des Einbringungsgewinns II. Da diese Einbringung zeitlich der ersten Einbringung nachgelagert war, erfolgt die Ermittlung des Einbringungsgewinns II unter Berücksichtigung der Rechtsfolgen aus dem vorangegangenen Ansatz des Einbringungsgewinns I. Das heißt der Einbringende versteuert zunächst den Einbringungsgewinn I in voller Höhe. Nach entsprechender Erhöhung des Buchwerts der M-GmbH sowie dort der E-GmbH erfolgt die Besteuerung des Einbringungsgewinns II innerhalb des Teileinkünfteverfahrens sowie die Besteuerung des Veräußerungsgewinns aus dem Verkauf der Anteile an der E-GmbH unter Berücksichtigung von § 8b KStG.[156]

4. Nachweis über Zurechnung der Anteile (§ 22 Abs. 3)

65 Der Einbringende muss in den Fällen des Abs. 1 nachweisen, wem die erhaltenen und die auf diesen Anteilen beruhenden Anteile zuzurechnen sind. Für die Fälle des Abs. 2 bezieht sich der durch den Einbringenden zu führende **Nachweis** auf die eingebrachten und den auf diesen beruhenden Anteilen. Mit den auf den erhaltenen oder eingebrachten Anteilen beruhenden Anteilen sind Anteile gemeint, welche aufgrund Folgeeinbringungen entstehen. Der Nachweis muss unabhängig davon erbracht werden, ob es sich um reine **Inlandsfälle** oder um **grenzüberschreitende Einbringungsfälle** handelt. Die **Nachweispflicht besteht nicht**, wenn die Sacheinlage zum gemeinen Wert iSd § 20 Abs. 2 S. 1 erfolgte, da Abs. 3 Nr. 1 auf Abs. 1 verweist.[157] Durch die Nachweispflicht soll die **Besteuerung des Einbringungsgewinns I und II** sichergestellt werden. Wird der entsprechende Nachweis nicht erbracht, kommt es zur Besteuerung des entsprechenden Gewinns. Vor diesem Hintergrund endet die Nachweispflicht, soweit ein steuerpflichtiger Einbringungsgewinn nicht mehr entstehen kann, zB weil in den

---

156 Vgl. Lademann/*Jäschke* UmwStG § 22 Rn. 24.

157 Vgl. Rödder/Herlinghaus/van Lishaut/*Stangl* UmwStG § 22 Rn. 517; Haase/Hofacker/*Wulf-Dohmen* UmwStG § 22 Rn. 410.

Fällen des § 20 der Einbringende die erhaltenen Anteile vollständig veräußert hat und entsprechend die Rechtsfolgen des § 22 Abs. 1 eingetreten sind.[158] Erfolgt eine Einbringung iSd § 20 zusammen mit Anteilen an einer Kapitalgesellschaft zum Buchwert oder zum Zwischenwert, hat der Einbringende sowohl die Nachweispflicht nach Abs. 3 S. 1 Nr. 1 als auch die nach Nr. 2 zu erfüllen.

Nachweispflichtig ist der **Einbringende**. 66

Hinweis: Es kann eine schuldhafte Pflichtverletzung des Beraters vorliegen, wenn er den Mandanten nicht darauf hinweist, dass ein Verstoß gegen die Nachweispflicht zur Steuerpflicht des Einbringungsgewinns führt.[159]

Einbringender ist im Falle des Abs. 2 S. 1 Nr. 1 die Person, die den **Einbringungsgegenstand übertragen** und damit die Anteile iSd Abs. 1 S. 1 erhalten hat. Erfolgt eine Einbringung durch eine Personengesellschaft so werden nach Auffassung der Finanzverwaltung auch die Mitunternehmeranteile vom Nachweis erfasst.[160] Die Nachweispflicht des Einbringenden bezieht sich nicht nur auf die erhaltenen bzw. eingebrachten Anteile, sondern auch auf die auf diesen **Anteilen beruhenden Anteile**.

Der Nachweis ist jährlich spätestens bis zum 31. Mai zu erbringen. Es handelt sich 67 hierbei nicht um eine Ausschlussfrist. Zwar kann die **Frist** nicht verlängert werden. Die Finanzverwaltung geht jedoch davon aus, dass der Nachweis noch berücksichtigt werden kann, solange die betroffen Bescheide verfahrensrechtlich offen sind. Das bedeutet, dass der Nachweis längstens bis zum Abschluss eines Klageverfahrens geführt werden kann.[161]

Hinweis: Aus praktischer Sicht ist hierbei zu bedenken, dass diese vermeintlich kulante Regelung der Finanzverwaltung tatsächlich auch nur für die Fälle gilt, in denen die Bescheide offengehalten sind. Wird hingegen ein Bescheid – wie dies in den meisten Fällen der Fall sein dürfte – üblicherweise innerhalb von 4 Wochen rechtskräftig, kann dies bei einem fehlenden Nachweis nachteilige Folgen haben. Im Falle einer Fristversäumnis ist der Einbringende nach Rn. 22.32 des UmwSt-Erlasses aufzufordern, Angaben zum gemeinen Wert des eingebrachten Betriebsvermögens oder der eingebrachten Anteile zum Einbringungszeitpunkt und den Einbringungskosten zu machen. Von einer erneuten Antragsfrist oder einer Nachholungsaufforderung ist im Erlass entgegen des in der Literatur vielfach geäußerten Wunsches,[162] keine Rede.

Bestritten wird nach fast einhelliger Auffassung im Schrifttum außerdem, dass bei fehlendem Nachweis nicht nur ein Einbringungsgewinn I sondern, wie es die Finanzverwaltung in Rn. 22.28 ihres Erlasses zum Ausdruck bringt, auch eine Veräußerung der Anteile fingiert werden kann. Die **Veräußerungsfiktion** des § 22 Abs. 3 gilt nur für Zwecke des § 22 und erfüllt nicht zugleich einen der regulären Veräußerungstatbestände iSd §§ 4, 5, 17 EStG etc, da das Gesetz lediglich die Rechtsfolgen ziehen wollte, die bei einer tatsächlichen Veräußerung in Bezug auf den Einbringungsgewinn zu ziehen gewesen wären. Die Fiktion einer tatsächlichen Veräußerung der Anteile ist nicht vorge-

---

158 Vgl. BMF 11.11.2011, BStBl. I 2011, 1314, Rn. 22.28.
159 Vgl. *Schwedhelm/Wollweber* BB 2008, 2208 (2210), Verweis auf OLG Köln 10.4.2003 – 8 U 75/02, GI 2004, 20.
160 Vgl. BMF 11.11.2011, BStBl. I 2011, 1314, Rn. 22.28.
161 Vgl. BT-Drs. 16/2710, 49; Rödder/Herlinghaus/van Lishaut/*Stangl* UmwStG § 22 Rn. 520; BMF 11.11.2011, BStBl. I 2011, 1314, Rn. 22.28.
162 Vgl. Rödder/Herlinghaus/van Lishaut/*Stangl* UmwStG § 22 Rn. 520 mwN.

sehen. Eine Ermittlung eines fiktiven Veräußerungspreises zum Veräußerungszeitpunkt ist im Gesetz ebenfalls nicht vorgesehen. Zusätzlich ergeben sich ungeklärte Folgefragen im Hinblick auf Sperrfristen etwa bei § 8b Abs. 4 KStG aF oder bei § 8c KStG, § 6b EStG.[163] **Zuständiges Finanzamt** für die Erbringung des Nachweises ist das für die Besteuerung des Einbringenden zuständige Finanzamt.[164] Zur Frage, welches Finanzamt in den Fällen einer gesonderten (und einheitlichen) Feststellung sowie in Fällen der unentgeltlichen Rechtsnachfolge zuständig ist, äußert sich eine Verfügung der OFD Frankfurt v. 22.7.2014.[165]

68   Die **Art des Nachweises** ist gesetzlich nicht vorgeschrieben. In den Fällen der Sacheinlage hat der Einbringende eine schriftliche Erklärung darüber abzugeben, wem seit der Einbringung die erhaltenen Anteile als wirtschaftlichem Eigentümer zuzurechnen sind. Sind die Anteile zum maßgebenden Zeitpunkt dem Einbringenden zuzurechnen, hat er darüber hinaus eine Bestätigung der übernehmenden Gesellschaft über seine Gesellschafterstellung vorzulegen. In allen anderen Fällen hat er nachzuweisen, an wen und auf welche Weise die Anteile übertragen worden sind. In den Fällen des **Anteilstausches** ist eine entsprechende Bestätigung der übernehmenden Gesellschaft über das wirtschaftliche Eigentum an den eingebrachten Anteilen sowie zur Gesellschafterstellung ausreichend. Die Gesellschafterstellung kann auch durch Vorlage der Steuerbilanz der übernehmenden Gesellschaft nachgewiesen werden. Der **Nachweis der Gesellschafterstellung** kann auch anderweitig, zB durch Vorlage eines Auszugs aus dem Aktienregister (§ 67 AktG), einer Gesellschafterliste (§ 40 GmbHG) oder einer Mitgliederliste (§ 15 Abs. 2 GenG), zum jeweiligen Stichtag erbracht werden. Der Einbringende hat den Nachweis in den dem Einbringungszeitpunkt folgenden sieben Jahren **jährlich** zu erbringen. Dabei ist nachzuweisen, wem mit Ablauf des Tages, der dem maßgebenden Einbringungszeitpunkt entspricht, die betroffenen Anteile zuzurechnen sind.[166] Der erstmalige Nachweis ist bis zum 31.5. zu erbringen, welcher ein Jahr nach dem Einbringungsstichtag liegt.[167] Endet das „erste Überwachungsjahr" nach dem 31.5. des Folgejahres, so ist der Nachweis erstmals am darauf folgenden 31.5. zu führen.

Beispiel: Erfolgt die Einbringung zum 1.8.2008, dann beginnt der Überwachungszeitraum am 2.8.2008 und endet am 1.8.2009. Der erste Nachweis darüber ist am 31.5.2010 zu führen.[168]

Wird der Nachweis nicht erbracht, gelten die Anteile an dem Tag als veräußert, der dem Einbringungszeitpunkt folgt oder der in den Folgejahren diesem Kalendertag entspricht. Das heißt für die Vorjahre, für die ein Nachweis erbracht wurde, erfolgt eine jeweilige Siebtel-Verminderung des Einbringungsgewinns.[169] Soweit ersichtlich, verlangt bei **geänderter Zurechnung der erhaltenen Anteile** weder das Gesetz noch der Erlass der Finanzverwaltung eine Angabe darüber, zu welchem Wert Anteile über-

---

163 Vgl. Rödder/Herlinghaus/van Lishaut/*Stangl* UmwStG § 22 Rn. 536; Dötsch/Pung/Möhlenbrock/*Patt* UmwStG § 22 Rn. 93; Widmann/Mayer/*Widmann* UmwStG Rn. 373; *Stangl/Kaeser* in: FGS/BDI, UmwSt-Erlass 2011, 466; Lademann/*Jäschke* UmwStG § 22 Rn. 27.
164 Vgl. BMF 11.11.2011, BStBl. I 2011, 1314, Rn. 22.29; Rödder/Herlinghaus/van Lishaut/*Stangl* UmwStG § 22 Rn. 532; Widmann/Mayer/*Widmann* UmwStG § 22 Rn. 378.
165 Vgl. OFD Frankfurt v. 22.7.2014 – S 1978c A-51-St 510.
166 Vgl. BMF 11.11.2011, BStBl. I 2011, 1314, Rn. 22.28; Rödder/Herlinghaus/van Lishaut/*Stangl* UmwStG § 22 Rn. 522.
167 Vgl. BMF 11.11.2011, BStBl. I 2011, 1314, Rn. 22.31; Dötsch/Pung/Möhlenbrock/*Patt* UmwStG § 22 Rn. 91; Rödder/Herlinghaus/van Lishaut/*Stangl* UmwStG § 22 Rn. 525; aA *Förster/Wendland* BB 2007, 631.
168 Vgl. OFD Frankfurt DStR 2008, 408; Rödder/Herlinghaus/van Lishaut/*Stangl* UmwStG § 22 Rn. 525.
169 Vgl. Schmitt/Hörtnagl/*Schmitt* UmwStG § 22 Rn. 165; Rödder/Herlinghaus/van Lishaut/*Stangl* UmwStG § 22 Rn. 533.

tragen worden sind. Dies könnte damit zusammenhängen, dass die Finanzverwaltung prinzipiell – also auch bei Buchwertübertragung – von einer schädlichen Veräußerung ausgeht.[170] Dies bedeutet, dass trotz rechtzeitigem Nachweis aber bei gleichzeitig fehlendem Antrag auf Anwendung der Billigkeitsregelung bei Buchwertübertragung – und nur bei dieser ist ein Antrag überhaupt möglich – davon ausgegangen werden muss, dass die Finanzverwaltung eine Besteuerung des Einbringungsgewinns I vornimmt.

Beispiel: A ist an einer GmbH u. Co. KG in 01 beteiligt. In 02 wird die KG zu Buchwerten in eine GmbH formgewechselt. Aus steuerlicher Sicht handelt es sich hierbei um die Einbringung eines Mitunternehmeranteils in eine GmbH iSd § 20. Da die Einbringung zu Buchwerten erfolgte, sind die Anteile an der GmbH sperrfristbehaftet. Der Nachweis über den Verbleib der Anteile wurde jährlich rechtzeitig erbracht. In 06 erfolgt die Verschmelzung der GmbH zum Buchwert auf ihre Muttergesellschaft. Der darauffolgende Nachweis der geänderten Zurechnung der Anteile durch eine Verschmelzung wurde ebenfalls rechtzeitig und korrekt erbracht. Trotzdem kann es in diesem Falle zur Besteuerung eines Einbringungsgewinns I kommen, wenn es verfahrensrechtlich nicht gelingt, noch einen Antrag auf Anwendung der Billigkeitsregelung zu stellen. Gerade aber verfahrensrechtlich ist die Anwendung der Billigkeitsregelung umstritten. Für die Praxis empfiehlt sich in diesem Falle, schon vor der Entstehung eines Steueranspruches die Finanzverwaltung zu kontaktieren. Nach herrschender Ansicht kann die Finanzverwaltung auch bereits vor Entstehung eines Steueranspruchs über eine Billigkeitsmaßnahme entscheiden, wenn daran ein Interesse besteht.[171]

5. Juristische Personen des öffentlichen Rechts oder steuerbefreite Körperschaft als Veräußerer (§ 22 Abs. 4)

Die Vorschrift des § 22 Abs. 4 regelt die **Besteuerung eines Veräußerungsgewinns aus Anteilen**, welche aus einer **Sacheinlage** iSd § 20 Abs. 1 hervorgegangen sind. Sie fingiert, dass diese Veräußerungsgewinne in einem **Betrieb gewerblicher Art** oder in einem **wirtschaftlichen Geschäftsbetrieb** und damit in einem „steuerverhafteten Bereich" entstanden sind. Die Vorschrift regelt nicht die Besteuerung eines Einbringungsgewinns I. Die Besteuerung des Einbringungsgewinns I ergibt sich nach den allgemeinen Vorschriften des § 22 Abs. 1, wird jedoch durch diese Veräußerung, wie sie in Abs. 4 angesprochen ist, ausgelöst. Als Rechtsfolgen ergeben sich zunächst der Ansatz des Einbringungsgewinns I als Gewinn iSd § 16 EStG beim einbringenden Betrieb gewerblicher Art. Umstritten ist, ob dieser Einbringungsgewinn der **Kapitalertragsteuer** unterliegt, da § 20 Abs. 1 Nr. 10 b S. 1 EStG diesen Fall nicht ausdrücklich umfasst. Der UmwSt-Erlass geht hierbei wohl von einer Kapitalertragsteuerpflicht aus.[172] Der Veräußerungsgewinn aus der Veräußerung der Anteile gilt als in der steuerpflichtigen Sphäre entstanden. Er ist zwar nach § 8b KStG von der Steuer befreit. Er unterliegt jedoch unter den Voraussetzungen des § 20 Abs. 1 Nr. 10 b EStG dem **Kapitalertragsteuerabzug**.[173]

69

---

170 Vgl. BMF 11.11.2011, BStBl. I 2011, 1314, Rn. 22.23.
171 Vgl. *Stangl/Kaeser* in FGS/BDI, UmwSt-Erlass 2011, 421.
172 Vgl. BMF 11.11.2011, BStBl. I 2011, 1314, Rn. 22.35; Lademann/*Jäschke* UmwStG § 22 Rn. 28.
173 Vgl. BMF 11.11.2011, BStBl. I 2011, 1314, Rn. 22.37; Schmitt/Hörtnagl/*Schmitt* UmwStG § 22 Rn. 171; Rödder/Herlinghaus/van Lishaut/*Stangl* UmwStG § 22 Rn. 550; Dötsch/Pung/Möhlenbrock/*Patt* UmwStG § 22 Rn. 97; aA Lademann/*Jäschke* UmwStG § 22 Rn. 29.

70 Umstritten ist, ob der Anteilsveräußerungsgewinn der **Gewerbesteuer** unterliegt. In der Literatur wird die Auffassung vertreten, dass der Gewinn aus der Veräußerung der Anteile nicht der Gewerbesteuer unterliegt. Entscheidend für die Beurteilung dieser Frage ist die Reichweite der Regelung in § 22 Abs. 4. Da das Gesetz einen Betrieb gewerblicher Art nur fingiert, mithin also kein laufender Gewerbebetrieb vorliegt, der an sich der Gewerbesteuer unterliegen könnte, muss davon ausgegangen werden, dass mit der Fiktion in § 22 Abs. 4 keine Gewerbesteuerpflicht des Veräußerungsgewinns begründet wird. Die Finanzverwaltung äußert sich in ihrem Erlass hierzu nicht explizit.[174]

6. Bescheinigung des zu versteuernden Einbringungsgewinns (§ 22 Abs. 5)

71 Die Regelung in § 22 Abs. 5 über die Erteilung einer **Bescheinigung** auf Antrag des Übernehmers bei dem für den Einbringenden zuständigen Finanzamt über die Höhe des zu versteuernden Einbringungsgewinns, der darauf festgesetzten Steuer sowie des darauf entrichteten Betrages ist der Regelung in § 23 Abs. 2 geschuldet. Dort ist geregelt, dass der Übernehmer den versteuerten Einbringungsgewinn des Einbringenden als **Erhöhungsbetrag** (**step up**) des übernommenen Vermögens ansetzen kann, ohne dass sich eine entsprechende Gewinnwirkung ergibt. Den **Antrag zur Ausstellung der Bescheinigung** muss der **Übernehmer** stellen. Problematisch daran ist, dass auf diese Weise der Übernehmer Kenntnisse über persönliche Verhältnisse des Einbringenden erlangt und der Einbringende die Übersendung der Bescheinigung nicht verhindern kann.[175] Die Finanzverwaltung hat begrüßenswerter Weise in ihrem UmStE verfügt, dass aus Gründen der Vereinfachung auch der **Einbringende** einen entsprechenden Antrag stellen kann.[176] Verfahrensrechtlich stellt sich die Frage, in welchem **Veranlagungszeitraum** der step up zu berücksichtigen ist und welche **Berichtigungsvorschiften** der AO ggf. Anwendung finden. Insbes. stellt sich hierbei die Frage, ob diese Bescheinigung ein **Grundlagenbescheid** ist, der eine Berichtigung auch nach § 175 AO zulässt oder ob der Steuerpflichtige auf die normalen Berichtigungsvorschriften, insbes. § 173 AO, angewiesen ist. Nach § 171 Abs. 10 AO sind Verwaltungsakte, die für eine Steuerfestsetzung bindend sind, Grundlagenbescheide idS Das Finanzamt der Übernehmerin ist an die in der Bescheinigung enthaltenen Feststellungen gebunden. Die Voraussetzungen für einen Grundlagenbescheid dürften deshalb vorliegen.[177] Der step up ist nach § 23 Abs. 2 S. 1 im **Wirtschaftsjahr der Veräußerung** anzusetzen. Gemeint ist hier das Wirtschaftsjahr der übernehmenden Gesellschaft.[178] Anders als der Einbringungsgewinn wird der Erhöhungsbetrag nicht rückwirkend angesetzt. Die zu bescheinigenden entrichteten **Steuern** gelten auch als **entrichtet**, wenn zB eine Verrechnung mit Verlusten erfolgt ist. Die Finanzverwaltung hat dies in ihrem UmwSt-Erlass explizit aufgenommen.[179]

72 Nach § 22 Abs. 5 Hs. 2 sind nachträglich eintretende **Minderungen des Einbringungsgewinns** (zB aufgrund einer Bp) sowie darauf entfallende **Steuern** und entrichtete **Beträge** dem **Finanzamt des Übernehmers** von Amts wegen mitzuteilen. Diese rein **amtsinterne Mitteilung** ist kein Verwaltungsakt iSd AO, da sie nicht nach außen gerichtet ist (§ 118 AO). Die Berücksichtigung der für den Übernehmer nachteiligen

---

174 Vgl. Haritz/Menner/*Bilitewski* UmwStG § 22 Rn. 305; *Orth* DB 2007, 419 (426); Dötsch/Pung/Möhlenbrock/*Patt* UmwStG § 22 Rn. 95.
175 Vgl. Rödder/Herlinghaus/van Lishaut/*Stangl* UmwStG § 22 Rn. 554.
176 BMF 11.11.2011, BStBl. I 2011, 1314, Rn. 22.39; *Stangl/Kaeser* in FGS/BDI, UmwSt-Erlass 2011, 471.
177 Vgl. Haritz/Menner/*Bilitewski* UmwStG § 22 Rn. 315; aA Dötsch/Pung/Möhlenbrock/*Patt* UmwStG § 23 Rn. 141.
178 Vgl. Rödder/Herlinghaus/van Lishaut/*Stangl* UmwStG § 23 Rn. 105.
179 Vgl. BMF 11.11.2011, BStBl. 2011, 1314, Rn. 23.12.

Minderung des Einbringungsgewinns ist deshalb nur im Rahmen der für die Finanzverwaltung anwendbaren „normalen" Berichtigungsvorschriften zB über neue Tatsachen möglich. Ein Grundlagenbescheid liegt mangels Außenwirkung nicht vor. Bei einer **nachträglichen Erhöhung** des Einbringungsgewinns I ist eine Mitteilung an das für den Übernehmer zuständige Finanzamt schon gesetzlich nicht vorgesehen. Dies bedeutet, dass die Wirkungen des Einbringungsgewinns I für das Auf- bzw. Abstockungsvolumen des Erwerbers im Rahmen dieser Vorschrift für den Erwerber nicht sichergestellt ist. Insbes. ist der Erwerber gehalten, bei dem für den Einbringenden zuständigen Finanzamt entsprechende Anträge zu stellen, was wiederum voraussetzt, dass er von einer Veränderung, insbes. von einer Erhöhung des Einbringungsgewinns überhaupt etwas erfährt. In diesen Fällen sind vertragliche Regelungen, die etwaige Informationsdefizite verhindern, hilfreich.[180]

Hinweis: Aus praktischer Sicht empfiehlt es sich in jedem Fall, dass in Fällen, in denen in zeitlicher Nähe zur Einbringung eine Veräußerung der Anteile geplant ist, die Einbringung sogleich zum gemeinen Wert vorgenommen wird. In diesem Falle hat der Übernehmer den step up, ohne dass über Anträge und Bescheinigungen materiellrechtlich die Voraussetzungen für einen step up erst hergestellt werden müssen.

7. Unentgeltliche Rechtsnachfolge (§ 22 Abs. 6)

Bei **unentgeltlicher Rechtsnachfolge** gilt jeweils der Rechtsnachfolger des Einbringenden oder des Übernehmers als Einbringender oder Übernehmer. Der UmwSt-Erlass erwähnt beispielhaft die Schenkung, den Erbfall, die unentgeltliche Erbfolge, die verdeckte Gewinnausschüttung, die unentgeltliche Übertragung nach § 6 Abs. 3 EStG oder nach § 6 Abs. 5 EStG sowie die Realteilung.[181] Von dieser Regelung werden die Fälle des § 22 Abs. 1 S. 6 Nr. 1, also die unentgeltliche Übertragung von sperrfristbehafteten Anteilen auf eine Kapitalgesellschaft nicht erfasst, da es ohnehin bereits zur Versteuerung des Einbringungsgewinns I kommt und deshalb ein etwaiger Eintritt in eine Rechtsstellung nicht mehr erforderlich ist.[182] Vom Erlass nicht erwähnt werden **Umwandlungen** sowie **Spenden an Stiftungen**. Umwandlungen sind nach Auffassung des Erlasses nicht unentgeltlich, weshalb sie nicht unter diese Regelung fallen können. Spenden an Stiftungen dagegen dürften nach mehrheitlicher Literaturmeinung zu Recht darunterfallen. 73

Bei einer **verdeckten Gewinnausschüttung** ist zu unterscheiden zwischen einer verdeckten Gewinnausschüttung an eine Kapitalgesellschaft oder eine verdeckte Gewinnausschüttung an eine natürliche Person. Das Beispiel im UmwSt-Erlass der Finanzverwaltung unter Rn. 22.41 geht von einer verdeckten Gewinnausschüttung von sperrfristbehafteten Anteilen an eine natürliche Person aus. In diesem Falle werden bei unentgeltlicher Übertragung der Anteile im Rahmen der verdeckten Gewinnausschüttung zwar die stillen Reserven in den Anteilen im Rahmen des § 8b KStG bei der ausschüttenden Gesellschaft erfasst; jedoch führt dies nach § 22 Abs. 1 S. 6 Nr. 1 – anders als eine verdeckte Gewinnausschüttung und damit unentgeltliche Übertragung auf eine Kapitalgesellschaft – nicht zur Auslösung des Einbringungsgewinns I. Insoweit ist die 74

---

180 Vgl. Dötsch/Pung/Möhlenbrock/*Patt* UmwStG § 22 Rn. 105; Rödder/Herlinghaus/van Lishaut/*Stangl* UmwStG § 22/*Ritzer* UmwStG § 22 Rn. 557 iVm § 23 UmwStG Rn. 136.

181 Vgl. BMF 11.11.2011, BStBl. I 2011, 1314, Rn. 22.41; Stangl/Kaeser in FGS/BDI, UmwSt-Erlass 2011, 473.

182 Vgl. Haase/Hofacker/*Wulf-Dohmen* UmwStG § 22 Rn. 470.

Ansicht der Finanzverwaltung verständlich, dass diese verdeckte Gewinnausschüttung, soweit sie nicht an eine Kapitalgesellschaft oder Genossenschaft erfolgt, die Rechtsfolgen des § 22 Abs. 6 auslöst. Der **Rechtsnachfolger** tritt in die Rechtsstellung ein. Es wird keine neue Sperrfrist ausgelöst.[183]

75 Die Rechtsfolgen in Bezug auf den Einbringungsgewinn I bestehen darin, dass der **Rechtsnachfolger als Einbringender** iSd Abs. 1–5 des § 22 gilt. Ebenso hat er als Rechtsnachfolger die Nachweisverpflichtungen des § 22 Abs. 3 zu erfüllen. Außerdem erfolgt ein Eintritt in die siebenjährige Sperrfrist. Die Versteuerung des Einbringungsgewinns I tritt allerdings bei dem ursprünglich Einbringenden ein. Diese Auffassung der Finanzverwaltung ist nicht unumstritten. Die Mehrheit der Literatur teilt diese Auffassung nach hier vertretener Ansicht zu Recht, da in Abs. 1 nicht nur auf die Person des Einbringenden abgestellt wird, sondern auch auf den Vorgang der Einbringung selbst, welcher nur bei dem ursprünglich Einbringenden stattgefunden haben kann und nicht bei einem der Rechtsnachfolger.

Hinweis: Dies bedeutet, dass etwa eine Schenkung dazu führen kann, dass eine spätere steuerschädliche Verfügung über die Anteile innerhalb der laufenden Sperrfrist durch den Beschenkten noch dem Schenker zugerechnet wird und somit die „gute Tat" auch noch durch eine Besteuerung des Einbringungsgewinns I „bestraft" wird. Hier sollten ggf. entsprechende vertragliche Vorkehrungen getroffen werden.[184]

76 Die Rechtsfolge in Bezug auf den Einbringungsgewinn II besteht darin, dass der **Rechtsnachfolger der übernehmenden Gesellschaft** als übernehmende Gesellschaft iSd § 22 Abs. 2 gilt. Eine Rechtsnachfolge in die Absätze 3 bis 5 ist hierbei nicht vorgesehen. Dies ist bezogen auf Abs. 3 und 4 verständlich, da die Nachweispflicht nach Abs. 3 vom Einbringenden zu erfüllen ist und Abs. 4 nur in den Fällen des Abs. 1 Anwendung findet. Der fehlende Verweis auf Abs. 5 allerdings wird in der Literatur zu Recht kritisiert, da eine entsprechende Steuerbescheinigung materiellrechtliche Voraussetzung dafür ist, dass ein step up iSd § 23 Abs. 2 S. 3 erfolgen kann. Es dürfte sich um eine Regelungslücke aufgrund eines Redaktionsversehens handeln.[185]

8. Verlagerung stiller Reserven auf andere Anteile (§ 22 Abs. 7, Mitverstrickung)

77 Bei Kapitalerhöhungen und Gesellschaftsgründungen kommt es bei nicht wertkongruenten Zuteilungen von Gesellschaftsrechten zur **Verlagerung von stillen Reserven auf andere Anteile.**

Beispiel: Vater V bringt einen Betrieb, Teilbetrieb, Mitunternehmeranteil oder Beteiligung im Wert von 1 Mio. EUR zum Buchwert 100.000 EUR in eine GmbH ein. Gleichzeitig legt sein Sohn S 100.000 EUR in bar in die Gesellschaft ein und erhält 50 % der Anteile. Nach Kapitalerhöhung hält der Sohn 50 % der Anteile, welche aufgrund der enthaltenen stillen Reserven allerdings 500.000 EUR wert sind. Er hat also 400.000 EUR stille Reserven „zugewendet" erhalten. Ein Fremder hätte Vermögenswerte von ebenfalls 1 Mio. EUR einlegen müssen, damit er mit 50 % daran beteiligt worden

---

[183] Vgl. Haritz/Menner/Bilitewski/*Bilitewski* UmwStG § 22 Rn. 325; Lademann/*Jäschke* UmwStG § 22 Rn. 31; Rödder/Herlinghaus/van Lishaut/*Stangl* UmwStG § 22 Rn. 561.

[184] Vgl. *Stangl/Kaeser* in FGS/BDI, UmwSt-Erlass 2011, 474; Schneider/Ruoff/Sistermann/*Schneider/Roderburg*, H 22.110 und H 22.111; Rödder/Herlinghaus/van Lishaut/*Stangl* UmwStG § 22 Rn. 561.

[185] Vgl. Rödder/Herlinghaus/van Lishaut/*Stangl* UmwStG § 22 Rn. 562; Lademann/*Jäschke* UmwStG § 22 Rn. 31; Dötsch/Pung/Möhlenbrock/*Patt* UmwStG § 22 Rn. 107.

wäre. Der 50 %-Anteil des Fremden wäre dann 1 Mio. EUR wert, was dem Wert seiner Einlage entsprochen hätte. Alternativ hätte der Fremde für 500.000 EUR dem V die Anteile abkaufen können. In diesem Falle hätte er ihm stille Reserven von 400.000 EUR abgekauft.

Dieses Beispiel vorangestellt zeigt, dass es idR nur bei nahestehenden Personen zu einer Verlagerung von stillen Reserven kommen wird, da sich fremde Dritte idR nichts „schenken".

Die Rechtsfolge aus der Verlagerung der stillen Reserven, welche in Abs. 7 vorgesehen ist, besteht nicht etwa darin, dass diese stillen Reserven bei V oder S zu versteuern wären, sondern sie besteht darin, dass die Anteile des S insoweit als erhaltene oder eingebrachte Anteile oder als auf diesen Anteilen beruhende Anteile im Sinne des Abs. 1 oder Abs. 2 (**Mitverstrickung**) gelten. Dies hat zur Folge, dass eine Einbringungsgewinnbesteuerung bei dem Einbringenden auch dann eintritt, wenn die Tatbestände des § 22 durch diese neu qualifizierten Anteile des S zB bei einer Veräußerung dieser Anteile ausgelöst werden.

Hinweis: Auf eine mögliche Schenkungsteuerpflicht nach § 7 Abs. 8 ErbStG wird hingewiesen.

In diesem Zusammenhang wird von der Finanzverwaltung noch mal ausdrücklich darauf hingewiesen, dass die **entgeltliche Veräußerung von Bezugsrechten** zu einer Anwendung von § 22 Abs. 1 S. 1 und Abs. 2 S. 1 führt und demzufolge Abs. 7 keine Anwendung findet. Fraglich ist die Anwendung von Abs. 7 in den Fällen einer **verdeckten Einlage** oder **verdeckten Gewinnausschüttung**. Soweit in diesen Fällen die Besteuerung des Einbringungsgewinns bereits hervorgerufen wurde, kommt eine Anwendung des Abs. 7 entsprechend dem Sinn und Zweck dieser Vorschrift nicht mehr in Betracht.[186]

Nachträgliche Anschaffungskosten iSd § 22 Abs. 1 S. 4 und 7 sind auch bei Anwendung des Abs. 7 zu berücksichtigen. Soweit stille Reserven auf andere Anteile überspringen, folgt dem auch ein Überspringen der anteiligen Anschaffungskosten nach Versteuerung des Einbringungsgewinns. Dies ergibt sich aus dem Beispiel zu Rn. 22.43 des UmwSt-Erlasses. Dies entspricht auch der bisherigen BFH-Rechtsprechung zum Anschaffungskostenübergang anlässlich einer Kapitalerhöhung zum alten Umwandlungssteuerrecht.[187] Die von Abs. 7 angeordnete Rechtsfolge besteht darin, dass die „angereicherten" Anteile als Anteile iSd Abs. 1 oder Abs. 2 gelten. Die Rechtsfolge aus der **Mitverstrickung von Anteilen** ist daher – insbes. bei dem Übergang stiller Reserven auf dritte Personen – auch personenbezogen zu verstehen. Das heißt die dritten Personen werden zu „fiktiven Einbringenden" ohne dass sie in irgendeine Art von Rechtsnachfolge etwa nach Abs. 6 eingetreten wären.

Die Veräußerung der Anteile durch die Inhaber der „angereicherten" Anteile führt zur Besteuerung des Einbringungsgewinns I nach Abs. 1 der Vorschrift und damit bei dem Einbringenden und nicht etwa bei dem Veräußerer.

---

186 Vgl. BMF 11.11.2011, BStBl. I 2011, 1314, Rn. 22.45; Dötsch/Pung/Möhlenbrock/*Patt* UmwStG § 22 Rn. 110; Widmann/Mayer/*Widmann* UmwStG § 22 Rn. 486 f.; Lademann/*Jäschke* UmwStG § 22 Rn. 35; *Stangl/Kaeser* in FGS/BDI, UmwSt-Erlass 2011, 479.
187 Vgl. Lademann/*Jäschke* UmwStG § 22 Rn. 35; *Stangl/Kaeser* in FGS/BDI, UmwSt-Erlass 2011, 478.

Hinweis: Ähnlich wie bei Abs. 6 wird eine Steuerfolge bei dem Einbringenden durch ein Verhalten des Inhabers der „angereicherten" Anteile ausgelöst. Vertragliche Regelungen etwa in Bezug auf Veräußerungsverbote oder Schadensersatzansprüche sollten in solchen Fällen einen möglichen Steuerschaden des Einbringenden verhindern.[188]

9. EU-Austritt des Vereinigten Königreichs Großbritanniens und Nordirlands (§ 22 Abs. 8)

80 § 22 Abs. 1 S. 6 Nr. 6 sowie § 22 Abs. 2 S. 6 bestimmen eine rückwirkende Besteuerung des Einbringungsgewinns, wenn die einbringende oder übernehmende Gesellschaft die Voraussetzungen des § 1 Abs. 4 – also die Ansässigkeit innerhalb des EU-Raums – nicht mehr erfüllen. Die Voraussetzung der Ansässigkeit innerhalb des EU-Raums muss innerhalb des gesamten Zeitraums der siebenjährigen Sperrfrist erfüllt sein. Demzufolge hätte der **EU-Austritt des Vereinigten Königreichs Großbritanniens und Nordirlands** zur Folge gehabt, dass die Rechtsfolgen einer Einbringungsgewinnbesteuerung ausgelöst worden wären. Dem Gesetzgeber erschien es unbillig, die Rechtsfolgen der § 22 Abs. 1 S. 6 Nr. 6 und des § 22 Abs. 2 S. 6 allein durch den Brexit als schädliches Ereignis ausgelöst zu wissen.[189]

81 Durch § 22 Abs. 8 S.1 wird daher festgelegt, dass allein der Austritt des Vereinigten Königreichs Großbritanniens und Nordirlands nicht dazu führt, dass die Voraussetzungen des § 1 Abs. 2 nicht mehr erfüllt sind.

82 Klarstellend ordnet Abs. 8 S. 2 an, dass S. 1 nur anzuwenden ist, wenn der Umwandlungsbeschluss zur Einbringung im Wege der Gesamtrechtsnachfolge vor Ablauf der Übergangsfrist (31.12.2020 – vgl. § 1 BrexitÜG v. 27.3.2019, BGBl. I 2019, 402 mit Verweis auf das Austrittsabkommen – ABl. 2019 C 384 I, 1) zum Austritt getroffen worden ist. Bei Fällen der Einzelrechtsnachfolge ist das Datum des rechtswirksamen Abschlusses des Einbringungsvertrags maßgeblich.

§ 23 Auswirkungen bei der übernehmenden Gesellschaft[1]

(1) Setzt die übernehmende Gesellschaft das eingebrachte Betriebsvermögen mit einem unter dem gemeinen Wert liegenden Wert (§ 20 Abs. 2 Satz 2, § 21 Abs. 1 Satz 2) an, gelten § 4 Abs. 2 Satz 3 und § 12 Abs. 3 erster Halbsatz entsprechend.

(2) [1]In den Fällen des § 22 Abs. 1 kann die übernehmende Gesellschaft auf Antrag den versteuerten Einbringungsgewinn im Wirtschaftsjahr der Veräußerung der Anteile oder eines gleichgestellten Ereignisses (§ 22 Abs. 1 Satz 1 und Satz 6 Nr. 1 bis 6) als Erhöhungsbetrag ansetzen, soweit der Einbringende die auf den Einbringungsgewinn entfallende Steuer entrichtet hat und dies durch Vorlage einer Bescheinigung des zuständigen Finanzamts im Sinne von § 22 Abs. 5 nachgewiesen wurde; der Ansatz des Erhöhungsbetrags bleibt ohne Auswirkung auf den Gewinn. [2]Satz 1 ist nur anzuwenden, soweit das eingebrachte Betriebsvermögen in den Fällen des § 22 Abs. 1 noch zum Betriebsvermögen der übernehmenden Gesellschaft gehört, es sei denn, dieses wurde zum gemeinen Wert übertragen. [3]Wurden die veräußerten Anteile auf Grund einer Einbringung von Anteilen nach § 20

---

[188] Vgl. Dötsch/Pung/Möhlenbrock/*Patt* UmwStG § 22 Rn. 111; Haase/Hofacker/*Wulff-Dohmen* UmwStG § 22 Rn. 497 f.; Rödder/Herlinghaus/van Lishaut/*Stangl* UmwStG § 22 Rn. 578.

[189] BT-Drs. 19/7377, 22.

[1] Zur Nichtanwendung siehe § 27 Abs. 4.

Abs. 1 oder § 21 Abs. 1 (§ 22 Abs. 2) erworben, erhöhen sich die Anschaffungskosten der eingebrachten Anteile in Höhe des versteuerten Einbringungsgewinns, soweit der Einbringende die auf den Einbringungsgewinn entfallende Steuer entrichtet hat; Satz 1 und § 22 Abs. 1 Satz 7 gelten entsprechend.

(3) ¹Setzt die übernehmende Gesellschaft das eingebrachte Betriebsvermögen mit einem über dem Buchwert, aber unter dem gemeinen Wert liegenden Wert an, gilt § 12 Abs. 3 erster Halbsatz entsprechend mit der folgenden Maßgabe:
1. Die Absetzungen für Abnutzung oder Substanzverringerung nach § 7 Abs. 1, 4, 5 und 6 des Einkommensteuergesetzes sind vom Zeitpunkt der Einbringung an nach den Anschaffungs- oder Herstellungskosten des Einbringenden, vermehrt um den Unterschiedsbetrag zwischen dem Buchwert der einzelnen Wirtschaftsgüter und dem Wert, mit dem die Kapitalgesellschaft die Wirtschaftsgüter ansetzt, zu bemessen.
2. Bei den Absetzungen für Abnutzung nach § 7 Abs. 2 des Einkommensteuergesetzes tritt im Zeitpunkt der Einbringung an die Stelle des Buchwerts der einzelnen Wirtschaftsgüter der Wert, mit dem die Kapitalgesellschaft die Wirtschaftsgüter ansetzt.

²Bei einer Erhöhung der Anschaffungskosten oder Herstellungskosten auf Grund rückwirkender Besteuerung des Einbringungsgewinns (Absatz 2) gilt dies mit der Maßgabe, dass an die Stelle des Zeitpunkts der Einbringung der Beginn des Wirtschaftsjahrs tritt, in welches das die Besteuerung des Einbringungsgewinns auslösende Ereignis fällt.

(4) Setzt die übernehmende Gesellschaft das eingebrachte Betriebsvermögen mit dem gemeinen Wert an, gelten die eingebrachten Wirtschaftsgüter als im Zeitpunkt der Einbringung von der Kapitalgesellschaft angeschafft, wenn die Einbringung des Betriebsvermögens im Wege der Einzelrechtsnachfolge erfolgt; erfolgt die Einbringung des Betriebsvermögens im Wege der Gesamtrechtsnachfolge nach den Vorschriften des Umwandlungsgesetzes, gilt Absatz 3 entsprechend.

(5) Der maßgebende Gewerbeertrag der übernehmenden Gesellschaft kann nicht um die vortragsfähigen Fehlbeträge des Einbringenden im Sinne des § 10a des Gewerbesteuergesetzes gekürzt werden.

(6) § 6 Abs. 1 und 3 gilt entsprechend.

Literatur:
G. Förster/Wendland, Einbringung von Unternehmensteilen in Kapitalgesellschaften, BB 2007, 631; *U. Förster*, Die steuerneutrale Übertragung von Gewinnen aus der Veräußerung von Anteilen an Kapitalgesellschaften durch Personenunternehmen, DStR 2001, 1913; *Hierstetter/Schwarz*, Übertragung einer verlustbehafteten KG-Beteiligung zwischen Kapitalgesellschaften durch Verschmelzung oder Spaltung, DB 2002, 1963; *Krohn/Greulich*, Ausgewählte Einzelprobleme des Umwandlungssteuerrechts aus der Praxis, DStR 2008, 646; *Ley*, Einbringungen nach §§ 20, 24 UmwStG idF des SEStG, FR 2007, 109; *Ott*, Erhöhungsbetrag nach § 23 Abs. 2 UmwStG bei Veräußerung sperrfristverhafteter Anteile, StuB 2022, 853.

A. Allgemeines, Normzweck und Anwendungsbereich 1	II. Auswirkungen bei der übernehmenden Gesellschaft 12
B. Vermögensübernahme unter dem gemeinen Wert (Abs. 1, 3) 8	1. Rechtsnachfolge bei Buchwerteinbringungen 12
I. Sachlicher Anwendungsbereich 8	a) Abschreibungen 15
	b) Pensionsrückstellungen 16

c) Rücklagen und sonstige Ausgleichs- und Abgrenzungsposten	17	
d) Verluste	18	
e) Zinsvortrag	19	
f) Steuerfreie Rücklagen – Allgemeines	20	
g) Reinvestitionsrücklage nach § 6b Abs. 3 EStG	21	
h) Besitzzeiten und Verbleibenszeiten	26	
2. Besonderheiten bei Ansatz mit einem Zwischenwert	27	
a) Steuerfreie Rücklagen	28	
b) Wertaufholung	29	
c) Voll abgeschriebene Wirtschaftsgüter	30	
d) Abschreibung	31	
e) Firmenwert/Geschäftswert	32	
f) Besitzzeitanrechnung	33	
C. Aufstockung der Wertansätze bei einer nachträglichen Einbringungsgewinnbesteuerung (Abs. 2)	34	
I. Überblick, Sinn und Zweck der Regelung	34	
II. Durchführung der Wertaufstockung in Fällen des Einbringungsgewinns	37	
1. Antragstellung	38	
2. Veräußerung der Anteile oder eines gleichgestellten Ereignisses	39	
3. Beschränkung auf entrichtete Steuern	40	
4. Vorlage einer Bescheinigung gem. § 22 Abs. 5	41	
III. Art und Auswirkungen der Wertaufstockung	42	
1. Bilanzsteuerliche Behandlung des Erhöhungsbetrags	43	

2. Besonderheiten nach Anteilstausch	47	
D. Vermögensübernahme zum gemeinen Wert (Abs. 4)	50	
I. Grundlagen	50	
II. Einbringung durch Einzelrechtsnachfolge (Abs. 4 Hs. 1)	52	
1. Fallgruppen	52	
2. Rechtsfolgen	53	
3. Abschreibungen	54	
4. Wertaufholungen	55	
5. Besitzzeiten	56	
6. Pensionsrückstellungen	57	
III. Einbringung durch Gesamtrechtsnachfolge (Abs. 4 Hs. 2)	58	
1. Verschmelzung	59	
2. Spaltung (Aufspaltung, Abspaltung, Ausgliederung)	60	
3. Formwechsel	61	
4. Vorgänge nach ausländischer Rechtsordnung	62	
E. Gewerbesteuer	63	
I. Allgemeines	63	
II. Auswirkungen eines gewerbesteuerlichen Verlustvortrags (Abs. 5)	64	
1. Übernehmende Gesellschaft	64	
2. Einbringender	66	
F. Einbringungsfolgegewinn (Abs. 6)	70	
I. Rücklage für einen Einbringungsfolgegewinn	70	
II. Missbrauchsregelung	72	

A. Allgemeines, Normzweck und Anwendungsbereich

1 Die Vorschrift des § 23 gehört zum sechsten Teil des UmwStG und regelt die steuerlichen Auswirkungen wie zB Besitzzeitanrechnung, Eintritt in die Rechtsstellung des Einbringenden, Abschreibungsmodalitäten einer Einbringung von Unternehmensteilen in eine Kapitalgesellschaft oder Genossenschaft und einen Anteilstausch auf Ebene der übernehmenden Gesellschaft. Dabei erstreckt sich der sachliche Anwendungsbereich von § 23 auf das im Rahmen einer Sacheinlage iSv § 20 einschließlich des Anteilstauschs iSv § 21 zum Sacheinlagegegenstand gehörende Vermögen.[2] Sind hingegen nicht sämtliche der für eine Sacheinlage erforderlichen Tatbestandsvoraussetzungen erfüllt, kommt eine unmittelbare oder auch eine analoge Anwendung des § 23 nicht in Betracht.[3]

2 Die Regelungen des § 23 gelten grundsätzlich sowohl für **inländische** als auch für **ausländische übernehmende Gesellschaften**, welche die Voraussetzungen des § 1 Abs. 4 Nr. 1 erfüllen (EU-/EWR-Gesellschaften). Erfasst werden jedoch nur solche im Zuge der Sacheinlage erworbenen Wirtschaftsgüter, welche bei der übernehmenden Gesellschaft

---

[2] Vgl. Rödder/Herlinghaus/van Lishaut/*Ritzer* UmwStG § 23 Rn. 11; Dötsch/Pung/Möhlenbrock/*Patt* UmwStG § 23 Rn. 6.

[3] Vgl. Dötsch/Pung/Möhlenbrock/*Patt* UmwStG § 23 Rn. 6.

der deutschen Besteuerung unterliegen, dh einer inländischen Betriebsstätte zuzurechnen sind.[4]

In persönlicher Hinsicht erstreckt sich der Anwendungsbereich des § 23 auf alle übernehmenden Gesellschaften einer Einbringung nach § 20 oder eines Anteilstauschs nach § 21.[5] Darüber hinaus sind die Regelungen des § 23 – wegen des in § 24 Abs. 4 Hs. 1 enthaltenen Verweises – partiell (nämlich Abs. 1, 3, 4 und 6) entsprechend anwendbar, wenn ein Betrieb, Teilbetrieb oder ein Mitunternehmeranteil unter den Voraussetzungen des § 24 Abs. 1 in eine Personengesellschaft (**Mitunternehmerschaft**) eingebracht wird.[6] Vom Aufbau des § 23 wird danach unterschieden, mit welchen Werten das Vermögen eingebracht worden ist, zu Buchwerten, zu Zwischenwerten oder zum gemeinen Wert.

Nach § 23 Abs. 1 wird durch die Verweise auf § 4 Abs. 2 S. 3 und § 12 Abs. 3 Hs. 1 die **Besitzzeitanrechnung** und der **Eintritt** der übernehmenden Gesellschaft in die Rechtsstellung des Einbringenden geregelt. Anwendung findet diese Vorschrift sowohl für den Fall der Buchwerteinbringung als auch für eine Einbringung zum Zwischenwert.

Aus der in § 23 Abs. 2 normierten Regelung wird der konzeptionelle Wechsel gegenüber dem UmwStG 1995 offensichtlich. Während früher das Konzept der Steuerverstrickung sog. einbringungsgeborener Anteile iSd § 21 UmwStG aF galt und zu einer Verdoppelung der stillen Reserven führte, wurde mit dem UmwStG 2006 für den Einbringenden eine **nachträgliche Besteuerung** des Einbringungsgewinns innerhalb einer siebenjährigen Sperrfrist eingeführt (§ 22 Abs. 1, 2).[7] Diese nachträgliche Besteuerung bei Einbringenden wird auf Ebene der übernehmenden Gesellschaft dahin gehend übernommen, als nach dem Grundsatz der in § 20 Abs. 3 S. 1 geregelten Wertverknüpfung konsequenterweise die bislang bei der übernehmenden Gesellschaft angesetzten Werte entsprechend des nachträglichen Einbringungsgewinns zu erhöhen sind. Durch diese Aufstockung der Werte wird verhindert, dass es zu einer doppelten Besteuerung stiller Reserven kommt.

§ 23 Abs. 3 betrifft die **Einbringung zum Zwischenwert**. Nach S. 1 der Vorschrift wird der in § 23 Abs. 1 normierte Eintritt in die Rechtsstellung des Einbringenden relativiert, indem die Regelungen der Abschreibungsbemessungsgrundlagen angepasst werden. Die Regelung des S. 2 betrifft die Konsequenzen der nachträglichen Besteuerung eines Einbringungsgewinns iSd § 22, indem modifizierte Abschreibungsbemessungsgrundlagen nach der Aufstockung zum Tragen kommen. § 23 Abs. 4 betrifft den Fall der **Einbringung zum gemeinen Wert**. Im Falle der Einbringung im Wege der Einzelrechtsnachfolge gelten die Wirtschaftsgüter als angeschafft. Erfolgt die Einbringung durch Gesamtrechtsnachfolge, wird auf die Regelung des Abs. 3 verwiesen. § 23 Abs. 5 regelt die **gewerbesteuerlichen Folgen** der Einbringung. Der maßgebende Gewerbeertrag der übernehmenden Gesellschaft darf nicht um vortragsfähige Fehlbeträge des Einbringenden iSd § 10a GewStG gekürzt werden. Dies bedeutet, dass der Übergang eines gewerbesteuerlichen Verlustvortrags versagt wird. Schließlich verweist § 23 Abs. 6 auf

---

[4] Vgl. Rödder/Herlinghaus/van Lishaut/*Ritzer* UmwStG § 23 Rn. 11; Dötsch/Pung/Möhlenbrock/*Patt* UmwStG § 23 Rn. 7 mit dem Hinweis, dass Wirtschaftsgüter, die durch die Einbringung erstmals in das inländische Besteuerungsrecht überführt werden, nicht unter die Regelung des § 23, sondern grundsätzlich unter die allgemeinen Vorschriften der Verstrickung fallen (§ 6 Abs. 1 Nr. 5a EStG).

[5] Vgl. Rödder/Herlinghaus/van Lishaut/*Ritzer* UmwStG § 23 Rn. 15.

[6] Vgl. Dötsch/Pung/Möhlenbrock/*Patt* UmwStG § 23 Rn. 8.

[7] Vgl. Dötsch/Pung/Möhlenbrock/*Patt* UmwStG § 23 Rn. 2.

die Anwendung der Regelung des § 6 Abs. 1 und 3. Damit sind die Regelungen der Behandlung eines sog. **Konfusionsgewinns** sowie die **rückwirkende Auflösung** der im Zusammenhang mit dem Konfusionsgewinn zulässigen Rücklage anzuwenden.

7 Nach § 27 Abs. 1 ist das UmwStG in der Fassung des SEStEG[8] und damit § 23 erstmalig auf Einbringungen anzuwenden, bei denen die Anmeldung zur Eintragung in das maßgebliche öffentliche Register nach dem 12.12.2006 erfolgt bzw., falls für die Wirksamkeit der Einbringung keine Registereintragung erforderlich ist, das wirtschaftliche Eigentum an den eingebrachten Wirtschaftsgütern nach dem 12.12.2006 übergegangen ist. Im Zusammenhang mit dem Systemwechsel ordnet § 27 Abs. 4 eine Ausnahme zur zeitlichen Anwendung des § 23 betreffend die sog. einbringungsgeborenen Anteile iSd § 21 aF an. Danach ist die Regelung des § 23 nicht anzuwenden, soweit hinsichtlich des Gewinns aus der Veräußerung der Anteile oder einem der Veräußerung gleichgestellten Ereignis iSd § 22 Abs. 1 die Steuerbefreiung nach § 8b Abs. 4 KStG aF oder nach § 3 Nr. 40 S. 3, 4 EStG aF ausgeschlossen ist.[9]

B. Vermögensübernahme unter dem gemeinen Wert (Abs. 1, 3)

I. Sachlicher Anwendungsbereich

8 § 23 Abs. 1 bezieht sich auf die Einbringungsvorgänge, bei welchen die übernehmende Gesellschaft in ihrer Steuerbilanz das eingebrachte Betriebsvermögen mit einem unter dem gemeinen Wert liegenden Wert ansetzt. Betroffen sind somit die Buchwerteinbringung und die Einbringung zum Zwischenwertansatz. Durch Verweis in § 23 Abs. 1 gelten die Regelungen des § 4 Abs. 2 S. 3 und § 12 Abs. 3 Hs. 1 entsprechend. Der Ansatz zum **Buchwert** liegt vor, wenn die aufnehmende Kapitalgesellschaft oder Genossenschaft die übernommenen Wirtschaftsgüter mit dem Wert ansetzt, welcher sich beim Einbringenden nach den steuerlichen Vorschriften über die Gewinnermittlung in einer auf den steuerlichen Übertragungsstichtag aufzustellenden Steuerbilanz ergibt oder ergäbe (§ 1 Abs. 5 Nr. 4). Auch in den nachfolgend aufgeführten Fällen liegt ein Buchwertansatz vor: Die Kapitalgesellschaft hat zunächst die steuerlichen Buchwerte aus der Schluss- bzw.- Einbringungsbilanz des Einbringenden übernommen. Nachfolgend ändern sich diese Werte zB durch Feststellungen der Betriebsprüfung oder durch die Anwendung des § 6 Abs. 5 S. 6 EStG. Erfolgt eine Buchwerteinbringung und kommt es später zu einer Buchwertaufstockung gem. § 23 Abs. 2 (→ Rn. 34 ff.) hat dieser Vorgang keine Konsequenzen auf die Buchwerteinbringung, denn § 23 Abs. 1 bezieht sich ausschließlich auf den Zeitpunkt der Einbringung iSd § 20 Abs. 2 S. 2, so dass spätere Werterhöhungen innerhalb der Siebenjahresfrist nach der Einbringung ohne Folgen für die Buchwerteinbringung bleiben.[10] Eine Buchwerteinbringung des Einbringenden ist auch dann anzunehmen, wenn die übernehmende Gesellschaft den Buchwertansatz wählt, mit der Einlage aber auch Wirtschaftsgüter erhält, welche bislang im Inland nicht steuerverstrickt waren. Hinsichtlich dieser Wirtschaftsgüter ist zwingend der gemeine Wert nach den allgemeinen Grundsätzen anzusetzen (→ § 20 Rn. 171). Zumindest für die übrigen Wirtschaftsgüter, die bereits im Inland steuerverstrickt waren, ist § 23 Abs. 1

---

8 Gesetz über steuerliche Begleitmaßnahmen zur Einführung der Europäischen Gesellschaft und zur Änderung weiterer steuerrechtlicher Vorschriften (SEStEG) vom 7.12.2006, BGBl. I 2782.

9 Vgl. Schmitt/Hörtnagl/*Schmitt* UmwStG § 23 Rn. 1.

10 Vgl. Dötsch/Pung/Möhlenbrock/*Patt* UmwStG § 23 Rn. 40; Rödder/Herlinghaus/van Lishaut/*Ritzer* UmwStG § 23 Rn. 39; Schmitt/Hörtnagl/*Schmitt* UmwStG § 23 Rn. 13.

anwendbar. Unklar ist, ob auch bzgl. der erstmals im Inland steuerverstrickten und mit dem gemeinen Wert angesetzten Wirtschaftsgüter einheitlich § 23 Abs. 1 anwendbar ist oder ob für diese Wirtschaftsgüter § 23 Abs. 4 oder die generellen Grundsätze des Anschaffungsprinzips greifen.[11]

Ein **Zwischenwertansatz** ist gegeben, wenn der Wert der übernommenen Wirtschaftsgüter über dem Buchwert liegt, jedoch die Wertobergrenze des gemeinen Werts nicht erreicht. Aus dem Wortlaut des § 23 Abs. 1 ergibt sich, dass nicht auf den Wertansatz der jeweils einzelnen eingebrachten Wirtschaftsgüter abzustellen ist, sondern auf das eingebrachte Betriebsvermögen im Ganzen, da vom eingebrachten Betriebsvermögen die Rede ist.[12] Werden Anteile an Kapitalgesellschaften aus dem Privatvermögen eingebracht, treten anstelle der Buchwerte die Anschaffungskosten der Anteile.[13] Für die Anwendung des § 23 Abs. 1 ist es unerheblich, ob eine Sacheinlage zivilrechtlich durch Einzelübertragung auf die übernehmende Gesellschaft, durch Verschmelzung, Spaltung oder Formwechsel vollzogen worden ist.[14] Aus dem in § 23 Abs. 1 verankerten Verweis auf § 20 Abs. 2 S. 2 geht hervor, dass es allein auf die steuerbilanziellen Wertansätze bei der übernehmenden Gesellschaft ankommt. Ein von den steuerlichen Wertansätzen abweichender handelsbilanzieller Ansatz ist unschädlich, da eine Maßgeblichkeit zwischen der Handelsbilanz für die Steuerbilanz nicht besteht.

Die Folgen des § 23 Abs. 1 treten auch bei einem (qualifizierten) **Anteilstausch** ein, sofern die Beteiligung zu einem unter dem gemeinen Wert liegenden Wert eingebracht worden ist. Dies ergibt sich aus dem in § 23 Abs. 1 vorhandenen Klammerverweis auf § 21 Abs. 1 S. 2.

Die Regelung des § 23 Abs. 1 steht in Konkurrenz zu § 23 Abs. 3. Beide Vorschriften stimmen insoweit überein, als sie Einbringungsvorgänge von Betriebsvermögen erfassen, bei welchen die übernehmende Gesellschaft die Wirtschaftsgüter zu Zwischenwerten ansetzt. § 23 Abs. 1 spricht von eingebrachtem Betriebsvermögen mit einem unter dem gemeinen Wert liegenden Wert, während § 23 Abs. 3 S. 1 die Fälle aufführt, wonach eine Einbringung „über dem Buchwert, aber unter dem gemeinen Wert liegenden Wert" erfolgt. Diese für den Fall der Einbringung zum Zwischenwert bestehende Regelungskonkurrenz wird – nach den Regeln der juristischen Methodenlehre – dahin gehend aufgelöst, dass § 23 Abs. 3 als speziellere Norm der Vorschrift des § 23 Abs. 1, der neben Einbringungen zum Zwischenwert auch Einbringungen zum Buchwert erfasst, im Hinblick auf die Anwendung des § 12 Abs. 3 Hs. 1 vorgeht.[15] Was die entsprechende Anwendung der Besitzzeitanrechnung (§ 4 Abs. 2 S. 3) angeht, gilt nach zutreffender Auffassung § 23 Abs. 1 sowohl für den Buchwertansatz als auch für den Ansatz zum Zwischenwert.[16] Die insoweit speziellere Regelung des § 23 Abs. 3 trifft zur Frage der Besitzzeitanrechnung keine Aussage, so dass die Rechtsfolge des § 23 Abs. 1 nicht verdrängt wird.

---

11 Einheitlich § 23 Abs. 1: Haritz/Menner/Bilitewski/*Bilitewski* UmwStG § 23 Rn. 7 und Rödder/Herlinghaus/van Lishaut/*Ritzer* UmwStG § 23 Rn. 40 mit dem Argument, dass die Verstrickung in der logischen Sekunde vor der Einbringung erfolgt; Anwendung von § 23 Abs. 4: Schmitt/Hörtnagl/*Schmitt* UmwStG § 23 Rn. 14; Anschaffungsprinzip: Dötsch/Pung/Möhlenbrock/*Patt* UmwStG § 23 Rn. 40 mit dem Argument, dass keine modifizierte steuerliche Rechtsnachfolge eintreten könne, da das WG beim Einbringenden nicht dem inländischen Bewertungsregime unterlag.

12 Vgl. Rödder/Herlinghaus/van Lishaut/*Ritzer* UmwStG § 23 Rn. 36.

13 Vgl. UmwSt-Erlass v. 11.11.2011, BStBl. I 2011, 1314, Rn. 23.05.

14 Dötsch/Pung/Möhlenbrock/*Patt* UmwStG § 23 Rn. 49.

15 Vgl. Dötsch/Pung/Möhlenbrock/*Patt* UmwStG § 23 Rn. 41.

16 Vgl. statt vieler Dötsch/Pung/Möhlenbrock/*Patt* UmwStG § 23 Rn. 42; Rödder/Herlinghaus/van Lishaut/*Ritzer* UmwStG § 23 Rn. 197.

11 Grundsätzlich führen die von der übernehmenden Gesellschaft zu tragenden **Einbringungskosten** zu sofort abzugsfähigen Betriebsausgaben. Soweit es sich hingegen um objektbezogene Kosten handelt, wie zB der GrESt im Fall der Einbringung von Grundbesitz, stellen diese Einbringungskosten aktivierungspflichtige Anschaffungskosten der übernehmenden Gesellschaft dar. Die Nachaktivierung der GrESt führt zu einer Erhöhung der Buchwertansätze, nicht jedoch zu einem Zwischenwertansatz. Denn mit dem Anfall der GrESt bei der übernehmenden Gesellschaft werden anlässlich der Einbringung keine stillen Reserven aufgedeckt.[17]

II. Auswirkungen bei der übernehmenden Gesellschaft

1. Rechtsnachfolge bei Buchwerteinbringungen

12 Als Rechtsfolge bestimmt § 23 Abs. 1, dass die Regelung der § 4 Abs. 2 S. 3 und § 12 Abs. 3 Hs. 1 entsprechend gelten. Damit tritt die übernehmende Gesellschaft als steuerliche Rechtsnachfolgerin im Falle der **Buchwerteinbringung** umfassend in die Rechtsposition des Einbringenden ein (sog. Fußstapfentheorie).[18] Für den Fall des Zwischenwertansatzes enthält § 23 Abs. 3 allerdings modifizierte Regelungen, so dass die uneingeschränkte Übernahme der Rechtsposition lediglich für die Buchwertübernahme gilt.[19]

13 Nach Auffassung der Finanzverwaltung ist die Einbringung – selbst bei Buchwertfortführung – ein entgeltlicher Vorgang[20] mit der Folge, dass es hiernach zu Veräußerungen und Anschaffungen kommen würde. Durch die in § 23 Abs. 1 angeordnete steuerliche Rechtsnachfolge wird jedoch der Grundsatz, wonach es sich bei der Einbringung um einen entgeltlichen Vorgang handelt, zumindest für Zwecke des Steuerbilanzrechts verdrängt.[21]

14 Die **steuerliche Rechtsnachfolge** iSv § 23 Abs. 1 kommt, anders als nach § 23 Abs. 4, unabhängig davon zur Geltung, ob zivilrechtlich ein Fall der Einzel- oder Gesamtrechtsnachfolge der Einbringung zugrunde liegt.[22] Von § 23 Abs. 1 erfasst werden demnach die Einbringung im Wege der **Einzelrechtsnachfolge**, der **Gesamtrechtsnachfolge** nach dem UmwStG, durch Formwechsel gem. § 190 UmwG oder durch vergleichbare ausländische Vorgänge.[23] Die steuerliche Rechtsnachfolge bewirkt zum einen, dass die übernehmende Gesellschaft in die **Eigentümerposition** der jeweils eingebrachten Wirtschaftsgüter zum Zeitpunkt des steuerlichen Einbringungsstichtags eintritt. Zum anderen übernimmt die übernehmende Gesellschaft aber auch sämtliche für die Besteuerung wesentlichen **steuerrechtlichen Merkmale**, die auf der Seite des Einbringenden für diese übernommenen Wirtschaftsgüter gegolten haben.[24] So hat die übernehmende Gesellschaft Abschreibungen, Bewertungswahlrechte und Rückstellungen entsprechend fortzuführen. Zugleich erfolgt eine Zurechnung der steuerlichen Position des Einbringenden an die übernehmende Gesellschaft in Bezug auf die Herstellereigenschaft, den Anschaffungs- bzw. Herstellungszeitpunkt und die Einbringungsgebo-

---

[17] Vgl. Dötsch/Pung/Möhlenbrock/*Patt* UmwStG § 23 Rn. 50; Schmitt/Hörtnagl/*Schmitt* UmwStG § 23 Rn. 15.
[18] Vgl. Dötsch/Pung/Möhlenbrock/*Patt* UmwStG § 23 Rn. 51.
[19] Vgl. Rödder/Herlinghaus/van Lishaut/*Ritzer* UmwStG § 23 Rn. 51.
[20] Vgl. UmwSt-Erlass v. 11.11.2011, BStBl. I 2011, 1314, Rn. 00.02.
[21] Vgl. Dötsch/Pung/Möhlenbrock/*Patt* UmwStG § 23 Rn. 55.
[22] Vgl. statt vieler Rödder/Herlinghaus/van Lishaut/*Ritzer* UmwStG § 23 Rn. 44.
[23] Vgl. Dötsch/Pung/Möhlenbrock/*Patt* UmwStG § 23 Rn. 51.
[24] Vgl. Rödder/Herlinghaus/van Lishaut/*Ritzer* UmwStG § 23 Rn. 52.

renheit von übernommenen Anteilen.[25] Ebenso gehen nach den Regeln der steuerlichen Rechtsnachfolge auch die gesetzlichen Verpflichtungen und Wahlrechte aus der steuerlichen Gewinnermittlung des Einbringenden auf die übernehmende Gesellschaft über.[26]

a) Abschreibungen

Die übernehmende Gesellschaft hat die Abschreibungsmethode, den Abschreibungssatz sowie die ursprünglich ermittelte Nutzungsdauer vom Einbringenden der eingebrachten abschreibungsfähigen Wirtschaftsgüter zu übernehmen.[27] Sonderabschreibungen und erhöhte Absetzungen der einbringenden Gesellschaft sind ebenfalls weiterzuführen. Auch bezüglich der Vornahme von Teilwertabschreibungen ist die steuerliche Rechtsnachfolge durch die übernehmende Gesellschaft von Bedeutung. So ist sie als steuerliche Rechtsnachfolgerin verpflichtet, nach den Vorschriften des § 6 Abs. 1 Nr. 1 S. 4 und Nr. 2 S. 3 EStG eine Wertaufholung vorzunehmen, wenn und soweit der Einbringende eine entsprechende Teilwertabschreibung vorgenommen hatte. Die Wertobergrenze bilden dabei die Anschaffungs- oder Herstellungskosten oder der Einlagewert des Einbringenden. Nach der BFH-Entscheidung vom 19.8.2009[28] sind Wertaufholungen von Anteilen an Kapitalgesellschaften, bei denen in früheren Jahren sowohl steuerwirksame als auch steuerunwirksame Abschreibungen auf den niedrigeren Teilwert vorgenommen worden sind, nach Maßgabe von § 8b Abs. 2 KStG zunächst mit den nicht steuerwirksamen und erst danach mit den steuerwirksamen **Teilwertabschreibung** zu verrechnen. Dieser Auffassung hat sich auch die Finanzverwaltung angeschlossen.[29] Nach den Grundsätzen der steuerlichen Rechtsnachfolge werden die vom Einbringenden vorgenommenen steuerwirksamen bzw. steuerunwirksamen Teilwertabschreibungen der übernehmenden Gesellschaft zugerechnet. Das gleiche Prinzip wie bei den Teilwertabschreibungen/Wertaufholungen gilt auch für die **Ab- und Zuschreibung** des § 7 Abs. 1 S. 7 EStG. Wenn der Einbringende eine Abschreibung für außergewöhnliche technische oder wirtschaftliche Abschreibung vorgenommen hat, muss die übernehmende Gesellschaft eine Zuschreibung vornehmen, wenn der Grund für die außergewöhnliche technische oder wirtschaftliche Abschreibung entfallen ist.[30]

b) Pensionsrückstellungen

Geht im Zuge der Einbringung eine Pensionsrückstellung auf die übernehmende Gesellschaft über, so tritt diese auch insoweit in die steuerliche Rechtsstellung der einbringenden Gesellschaft ein. Dies führt ua dazu, dass bei der Berechnung und Fortführung der Pensionsrückstellung die Dienstzeiten der Pensionsberechtigten beim Einbringenden zu berücksichtigen sind.[31] Eine Nachholung von beim Einbringenden unterlassener Zuführung zur Pensionsrückstellung ist nicht zulässig.[32] Das Nachholverbot gilt auch für die übernehmende Gesellschaft in ihrer Eigenschaft als Rechtsnachfolgerin.[33] Nach

---

25 Vgl. Rödder/Herlinghaus/van Lishaut/*Ritzer* UmwStG § 23 Rn. 52.
26 Vgl. Dötsch/Pung/Möhlenbrock/*Patt* UmwStG § 23 Rn. 51.
27 Vgl. Dötsch/Pung/Möhlenbrock/*Patt* UmwStG § 23 Rn. 53.
28 Vgl. BFH 19.8.2009 – I R 2/09, BStBl. II 2010, 760.
29 Vgl. zB OFD Frankfurt a. M. v. 25.8.2010, DStR 2011, 7.
30 Vgl. Rödder/Herlinghaus/van Lishaut/*Ritzer* UmwStG § 23 Rn. 59.
31 Vgl. Schmitt/Hörtnagl/*Schmitt* § 23 Rn. 27 UmwStG.
32 Vgl. Rödder/Herlinghaus/van Lishaut/*Ritzer* UmwStG § 23 Rn. 61.
33 Vgl. UmwSt-Erlass v. 11.11.2011, BStBl. I 2011, 1314, Rn. 23.06.

hM gilt diese Beschränkung auch für den Fall, dass eine von einer Personengesellschaft gebildete Rückstellung aus einer Zusage an einen Mitunternehmer eingebracht wird.[34]

c) Rücklagen und sonstige Ausgleichs- und Abgrenzungsposten

17 Steuerfreie Rücklagen und bestimmte Ausgleichsposten zB für Entstrickungsgewinne gem. § 4g EStG, welche der Einbringende zulässigerweise gebildet hat, sind bei der übernehmenden Gesellschaft aufgrund der steuerlichen Rechtsnachfolge weiterzuführen (→ Rn. 20 ff.).[35]

d) Verluste

18 Ein verbleibender Verlustabzug gem. § 10d EStG geht mit der Einbringung nicht auf die übernehmende Gesellschaft über,[36] unabhängig davon, ob die Einbringung mittels Einzel- oder Gesamtrechtsnachfolge erfolgt. Das Gleiche gilt auch für einen laufenden Verlust des Jahres der Einbringung, welcher beim Einbringenden entsteht.[37] Der einkommensteuerliche oder körperschaftsteuerliche Verlustvortrag verbleibt beim Einbringenden. Ob und inwieweit durch die Einbringung der bislang vorhandene Verlustvortrag verloren geht, bestimmt sich hierbei nach den allgemeinen steuerlichen Vorschriften wie zB § 10d EStG, § 8 Abs. 1 KStG iVm § 10d EStG, und § 8c KStG.[38] Handelt es sich beim Einbringungsgegenstand um einen Kommanditanteil und besteht die Kommanditgesellschaft nach der Einbringung fort, geht ein nach § 15a EStG nur beschränkt verrechenbarer Verlustanteil des Einbringenden nicht auf die übernehmende Gesellschaft über.[39]

e) Zinsvortrag

19 Die Einbringung hat zur Folge, dass auch ein Zinsvortrag iSd § 4h Abs. 1 S. 2 EStG nicht auf die übernehmende Gesellschaft übergeht. Das Gleiche gilt gem. § 20 Abs. 9 entsprechend für den EBITDA-Vortrag (→ § 20 Rn. 8).[40]

f) Steuerfreie Rücklagen – Allgemeines

20 Der Eintritt der übernehmenden Gesellschaft in die Rechtsstellung des Einbringenden bewirkt, dass steuerfreie Rücklagen in die Steuerbilanz der übernehmenden Gesellschaft übernommen werden. Unter die **steuerfreien Rücklagen** fallen ua die Reinvestitionsrücklage (§ 6b Abs. 3 EStG), die Zuschuss-Rücklage (R 6.5 Abs. 4 EStR 2012), die Rücklage für Ersatzbeschaffung (R 6.6 Abs. 4 EStR 2012) sowie die Rücklage wegen der gewinnerhöhenden Auflösung übernommener Verpflichtungen (§ 5 Abs. 7 S. 5 EStG).[41] Die Rechtsnachfolge erstreckt sich nicht nur darauf, dass die übernehmende Gesellschaft die übernommene Rücklage fortzuführen hat. Vielmehr hat die übernehmende Gesellschaft eine **Aufstockung der Rücklage** vorzunehmen, wie dies auch

---

34 Vgl. Dötsch/Pung/Möhlenbrock/*Patt* UmwStG § 23 Rn. 60; Rödder/Herlinghaus/van Lishaut/*Ritzer* UmwStG § 23 Rn. 61; Eisgruber/*Altenburg* UmwStG § 23 Rn. 36.
35 Vgl. Dötsch/Pung/Möhlenbrock/*Patt* UmwStG § 23 Rn. 61.
36 Vgl. UmwSt-Erlass v. 11.11.2011, 1314, Rn. 23.02.
37 Vgl. Rödder/Herlinghaus/van Lishaut/*Ritzer* UmwStG § 23 Rn. 62.
38 Vgl. Dötsch/Pung/Möhlenbrock/*Patt* UmwStG § 23 Rn. 62.
39 Vgl. Rödder/Herlinghaus/van Lishaut/*Ritzer* UmwStG § 23 Rn. 63; Dötsch/Pung/Möhlenbrock/*Patt* UmwStG § 23 Rn. 65 mit zahlreichen weiteren Nachweisen. AA *Hierstetter/Schwarz* DB 2002, 1963.
40 Vgl. Rödder/Herlinghaus/van Lishaut/*Ritzer* UmwStG § 23 Rn. 67 f.
41 Vgl. Dötsch/Pung/Möhlenbrock/*Patt* UmwStG § 23 Rn. 68.

beim Einbringenden der Fall gewesen wäre.[42] Das Gleiche gilt für eine **Auflösung der Rücklage**, sei es bei Eintritt der mit der jeweiligen Vorschrift vorgesehenen Auflösungsgründe, sei es bei einer Auflösung durch Zeitablauf. Hierbei ist eine Anrechnung der Zeitdauer der Rücklagenbildung beim Einbringenden zu berücksichtigen. Erfolgt eine **Verzinsung der Rücklage** (Gewinnzuschlag nach § 6b Abs. 7 EStG), erfolgt ein Einbezug des beim Rechtsvorgänger aufgelaufenen Zeitraums.[43]

g) Reinvestitionsrücklage nach § 6b Abs. 3 EStG

Die übernehmende Gesellschaft kann bei einer Veräußerung eines eingebrachten Wirtschaftsguts, sofern dieses unter den in § 6b Abs. 1 EStG aufgeführten Katalog fällt, eine **Rücklage** nach § 6b EStG unter Anrechnung der Dauer der Zugehörigkeit des Wirtschaftsguts zum Betriebsvermögen beim Einbringenden bilden.[44] Hat bereits der Einbringende eine Rücklage nach § 6b EStG passiviert, so kann die übernehmende Gesellschaft infolge des Eintritts in die Rechtsstellung des Einbringenden die § 6b-Rücklage fortführen.[45] Im Anschluss kann auch eine Übertragung der Rücklage auf Reinvestitionsgüter erfolgen. Bei einer solchen Übertragung ist zu beachten, dass die übernehmende Gesellschaft die Art des Wirtschaftsguts zu berücksichtigen hat, bei welchem die Veräußerung und die Bildung der § 6b-Rücklage beim Einbringenden stattgefunden hatte.[46] Zur Verdeutlichung ist an dieser Stelle noch einmal darauf hinzuweisen, dass der Einbringungsvorgang als solcher keinen Tatbestand darstellt, welcher der Anwendung der § 6b-Rücklage unterliegt. Zwar handelt es sich mit der Einbringung insoweit um einen Veräußerungs- bzw. Anschaffungsvorgang, auch wenn die Einbringung zu Buchwerten erfolgt.[47] Für die eingebrachten Wirtschaftsgüter gilt – den allgemeinen Grundsätzen vorgehend – aufgrund der in § 23 Abs. 1 erfolgten Verweisung auf die Regelung des § 12 Abs. 3 Hs. 1, dass der Erwerb dem steuerrechtlichen Rechtsnachfolgeprinzip unterliegt und deshalb gerade nicht zu einer für die Anwendung der Übertragung einer § 6b-Rücklage notwendigen Anschaffung führt.

Nach § 6b Abs. 10 EStG können natürliche Personen oder Personengesellschaften, soweit an ihnen natürliche Personen beteiligt sind, eine **Rücklage für Gewinne aus der Veräußerung von Anteilen an Kapitalgesellschaften** bis zu einem Betrag von 500.000 EUR bilden. Die Bildung einer solchen Rücklage ist hingegen nicht möglich, wenn es sich um Anteilseigner in der Rechtsform einer Kapitalgesellschaft handelt. Gleichwohl hat die übernehmende Gesellschaft eine von der einbringenden natürlichen Person gebildete Rücklage gem. § 6b Abs. 10 S. 5 EStG fortführen, sofern sie zum eingebrachten Betriebsvermögen gehört.[48] Die Tatsache, dass die übernehmende Gesellschaft eine derartige § 6b-Rücklage nicht hätte bilden dürfen, ist nach hM in der Lit. unbeachtlich. Denn auch für diesen Sachverhalt bewirkt die Regelung der steuerrechtlichen Rechtsnachfolge gem. § 23 Abs. 1 iVm § 12 Abs. 3 Hs. 1, dass der vom Rechtsvorgänger verwirklichte steuerliche Tatbestand dem Rechtsnachfolger zugerechnet wird. Zudem lässt sich aus § 6b Abs. 10 EStG nicht entnehmen, dass die persönlichen Voraus-

---

42 Vgl. Rödder/Herlinghaus/van Lishaut/*Ritzer* UmwStG § 23 Rn. 70.
43 Vgl. Dötsch/Pung/Möhlenbrock/*Patt* UmwStG § 23 Rn. 68.
44 Vgl. Dötsch/Pung/Möhlenbrock/*Patt* UmwStG § 23 Rn. 69.
45 Vgl. Rödder/Herlinghaus/van Lishaut/*Ritzer* UmwStG § 23 Rn. 71.
46 Vgl. Dötsch/Pung/Möhlenbrock/*Patt* UmwStG § 23 Rn. 70.
47 Vgl. UmwSt-Erlass v. 11.11.2011, BStBl. I 2011, 1314, Rn. 00.02.
48 HM, vgl. zB Dötsch/Pung/Möhlenbrock/*Patt* UmwStG § 23 Rn. 72; Rödder/Herlinghaus/van Lishaut/*Ritzer* UmwStG § 23 Rn. 72; *Förster* DStR 2001, 1913 (1916). AA *Kanzler* FR 2002, 117 (124).

setzungen in sämtlichen Wirtschaftsjahren, in welchen die Rücklage besteht, erfüllt sein müssen. Im Entwurf eines UmwSt-Erlasses vom 11.10.2023 (Rn. 23.06) wird jedoch für die Fortführung steuerfreier Rücklagen von der übernehmenden Gesellschaft beim Buchwertansatz vorausgesetzt, dass diese Rücklagen auch von einer Kapitalgesellschaft oder Genossenschaft gebildet werden können.

23 Fraglich ist, ob die übernommene § 6b-Rücklage auf eigene **Reinvestitionen** der übernehmenden Gesellschaft übertragen werden kann. Es dürfte davon auszugehen sein, dass einer solchen Übertragung eine Berechtigung fehlt, denn Kapitalgesellschaften sind von der Anwendung des § 6b Abs. 10 EStG ausgeschlossen. Die Eigenschaft als Rechtsnachfolgerin geht diesbezüglich ins Leere, denn aufgrund der Tatsache, dass die übernehmende Gesellschaft selbst den Tatbestand der Reinvestition verwirklicht, kann ihr auch nichts vom Rechtvorgänger zugerechnet werden.[49]

24 Hat die übernehmende Gesellschaft eine § 6b-Rücklage vom Einbringenden übernommen und findet innerhalb der vorgegebenen Frist keine Übertragung auf ein Reinvestitionsgut statt, ist die Rücklage unter Berücksichtigung eines **Gewinnzuschlags** ergebniswirksam aufzulösen. Für die Ermittlung der Höhe des Gewinnzuschlags ist dem steuerrechtlichen Rechtsnachfolgeprinzip folgend die Zeitdauer der Rücklagenbildung beim Einbringenden zuzurechnen, was dann zu einer Erhöhung des Gewinnzuschlags führt.[50] Auf der anderen Seite partizipiert die übernehmende Gesellschaft aber auch von dem Steuerstundungseffekt insoweit, als sie die § 6b-Rücklage vom Einbringenden übernehmen, fortführen und ggf. auf eigene Reinvestitionsgüter übertragen kann.

25 Fraglich ist, welche Konsequenzen aus der **Auflösung der Rücklage** nach § 6b Abs. 10 S. 1 EStG (gebildet aus Gewinnen aus der Veräußerung von Anteilen an Kapitalgesellschaften) im Hinblick auf die Besteuerung bei der übernehmenden Gesellschaft zu ziehen sind.[51]

Denkbar wäre eine volle Besteuerung, eine 95%ige Steuerbefreiung nach den Grundsätzen des § 8b KStG oder eine 40%ige Steuerbefreiung, wie sie dem Einbringenden nach § 3 Nr. 40 EStG gewährt worden wäre. Am sachgerechtesten erscheint die letzte Alternative.[52] Da jedoch das Risiko einer vollen Besteuerung besteht, raten Bilitewski und ihm folgend Ritzer generell von der Übertragung einer Rücklage nach § 6b Abs. 10 EStG ab.

h) Besitzzeiten und Verbleibenszeiten

26 Ist es für die Anwendung steuerlicher Vorschriften bedeutsam, für welchen Zeitraum ein Wirtschaftsgut einem Betriebsvermögen angehört hat, so ist der Zeitraum der Zugehörigkeit zum Betriebsvermögen der übertragenden Gesellschaft der übernehmenden Gesellschaft anzurechnen, sog. **Besitzzeitanrechnung**.[53] Diese Besitzzeitanrechnung ergibt sich aus § 23 Abs. 1, welcher auf die entsprechende Geltung des § 4 Abs. 2 S. 3 verweist. Unerheblich hierbei ist, ob die Einbringung durch Einzel- oder Gesamtrechts-

---

49 So auch Dötsch/Pung/Möhlenbrock/*Patt* UmwStG § 23 Rn. 73; aA Widmann/Mayer/*Widmann* UmwStG § 23 Rn. 33.
50 Vgl. Rödder/Herlinghaus/van Lishaut/*Ritzer* UmwStG § 23 Rn. 70.
51 Vgl. zum Diskussionsstand: Rödder/Herlinghaus/van Lishaut/*Ritzer* UmwStG § 23 Rn. 72.
52 Vgl. Haritz/Menner/Bilitewski/*Bilitewski* UmwStG § 23 Rn. 44; Dötsch/Pung/Möhlenbrock/*Patt* UmwStG § 23 Rn. 73; Rödder/Herlinghaus/van Lishaut/*Ritzer* UmwStG § 23 Rn. 72.
53 Vgl. Rödder/Herlinghaus/van Lishaut/*Ritzer* UmwStG § 23 Rn. 82.

nachfolge erfolgt.⁵⁴ In Übrigen spielt es für die Geltung der Besitzzeitanrechnung auch keine Rolle, ob die Einbringung zu Buchwerten oder zu Zwischenwerten vorgenommen wird.⁵⁵

Die Besitzzeitanrechnung ist lt. BFH dem Wortlaut nach nicht einschlägig, wenn es um einen Zeitpunkt und nicht um einen Zeitraum geht.⁵⁶ Deshalb hat es der BFH für Zwecke des inländischen gewerbesteuerlichen Schachtelprivilegs nach § 9 Nr. 2a GewStG abgelehnt, eine zu Beginn des Erhebungszeitraums (Zeitpunkt) beim Einbringenden bestehende Beteiligung der übernehmenden Gesellschaft zuzurechnen. Das Urteil wurde im BStBl. veröffentlicht. Insoweit ist Rn. 4.15 UmwStE überholt,⁵⁷ der noch von einer Anwendbarkeit der Besitzzeitanrechnung für Zwecke des § 9 Nr. 2a GewStG ausging.

Seit der Änderung des § 9 Nr. 7 GewStG durch das Jahressteuergesetz 2019 gilt für Erhebungszeiträume ab 2020 auch für Auslandsbeteiligungen eine Stichtagsregelung („zu Beginn des Erhebungszeitraums"), so dass auch diesbezüglich keine Zurechnung bei der übernehmenden Gesellschaft erfolgt. Dahingegen stellen DBA-Schachtelprivilegien (zumindest bei einer Art. 10 OECD Musterabkommen entsprechenden Regelung) auf einen Zeitraum ab. Bedeutung hat die Besitzzeitanrechnung zB auch für die für Zwecke des § 6b EStG gem. § 6b Abs. 4 Nr. 2 EStG erforderliche sechsjährige Zugehörigkeit eines veräußerten Wirtschaftsguts zum Anlagevermögen einer inländischen Betriebsstätte.

Auch Behaltefristen, zB nach dem InvZulG, werden nach Auffassung der Finanzverwaltung von der Besitzzeitzurechnung erfasst.⁵⁸

Eine Voraussetzung für eine ertragsteuerliche Organschaft ist die finanzielle Eingliederung der Organgesellschaft in den Organträger seit dem Beginn des Wirtschaftsjahres der Organgesellschaft. Nach Auffassung der Finanzverwaltung ist bei Einbringung einer Beteiligung (nach § 20), zB als Teil eines Teilbetriebs, eine gegenüber dem Einbringenden bestehende finanzielle Eingliederung ab dem (rückwirkenden) Einbringungsstichtag der übernehmenden Gesellschaft zuzurechnen.⁵⁹ Eine weitere Zurechnung der Besitzzeit oder Eintritt in die steuerliche Rechtsstellung des Einbringenden im Sinne einer Zurechnung einer im Verhältnis zum Einbringenden bereits vor dem Einbringungsstichtag bestehenden finanziellen Eingliederung erfolgt hingegen nach Auffassung der Finanzverwaltung nicht. Ohne rückwirkenden Einbringungsstichtag, wie es bei einem Anteilstausch nach § 21 mangels Rückwirkungsmöglichkeit immer der Fall ist, kommt es demnach überhaupt nicht zu einer Zurechnung einer finanziellen Eingliederung.⁶⁰

---

54 Vgl. Rödder/Herlinghaus/van Lishaut/*Ritzer* UmwStG § 23 Rn. 82.
55 Vgl. Dötsch/Pung/Möhlenbrock/*Patt* UmwStG § 23 Rn. 34, 42.
56 BFH 16.4.2014 – I R 44/13, BStBl. II 2015, 303.
57 Siehe auch OFD Frankfurt v. 31.3.2017, S 1978 A – 43 – St 51 mit Zusatz zum UmwStE.
58 Vgl. UmwSt-Erlass v. 11.11.2011, BStBl. I 2011, 1314, Rn. 23.06 iVm Rn. 04.15; Dötsch/Pung/Möhlenbrock/*Patt* UmwStG § 23 Rn. 35 mit Nachweisen zur zustimmenden hM. Lt Auffassung von *Patt* lässt sich diese Rechtsfolge nicht aus dem Verweis auf § 4 Abs. 2 S. 3 ableiten, jedoch kommt er unter dem Prinzip der steuerlichen Rechtsnachfolge zu dem grundsätzlich gleichen Ergebnis.
59 Vgl. UmwSt-Erlass v. 11.11.2011, BStBl. I 2011, 1314, Rn. Org.08 u. Org.14.
60 Vgl. UmwSt-Erlass v. 11.11.2011, BStBl. I 2011, 1314, Rn. Org.15.

Nach der hM in der Literatur kommt es dagegen für die Zurechnung der finanziellen Eingliederung nicht auf den (rückwirkenden) Einbringungsstichtag an.[61] Die finanzielle Eingliederung ist vielmehr für den Zeitraum zuzurechnen, in dem sie beim Einbringenden bestanden hat. Wenn bei dem Einbringenden die finanzielle Eingliederung der eingebrachten Beteiligung seit Beginn des Wirtschaftsjahres der Beteiligung bestanden hat, ist die finanzielle Eingliederung der übernehmenden Gesellschaft zuzurechnen, so dass diese bereits für das am Einbringungsstichtag laufende Geschäftsjahr eine Organschaft mit der eingebrachten Beteiligung begründen kann.

Eine Zusammenrechnung einer Beteiligung des Einbringenden und einer Beteiligung der übernehmenden Gesellschaft erfolgt im Rückwirkungszeitraum nach Auffassung der Finanzverwaltung nicht.[62] Haben beide eine Minderheitsbeteiligung gehalten, die erst in Summe eine Mehrheit der Stimmrechte vermittelt, liegt demnach im Rückwirkungszeitraum keine finanzielle Eingliederung vor.

2. Besonderheiten bei Ansatz mit einem Zwischenwert

27 Wenn die übernehmende Gesellschaft das eingebrachte Vermögen mit einem **Zwischenwert** ansetzt, dh mit einem über dem Buchwert und unter dem gemeinen Wert liegenden Wert, gelten hinsichtlich der steuerlichen Rechtsnachfolge die speziellen Regelungen des § 23 Abs. 3 S. 1.[63] Bei einem solchen Zwischenwertansatz sind die in den Wirtschaftsgütern, Schulden und steuerfreien Rücklagen ruhenden stillen Reserven einheitlich und gleichmäßig, dh mit einem einheitlichen Prozentsatz der jeweils vorhandenen stillen Reserven, aufzudecken.[64] Der Prozentsatz ist dabei so zu wählen, dass die Buchwerte zuzüglich der aufgedeckten stillen Reserven den gewählten Zwischenwert ergeben. Objektbezogene Einbringungskosten, die bei den jeweiligen Wirtschaftsgütern (insbes. zu aktivierende Grunderwerbsteuer bei der Einbringung von Immobilien) angefallen sind, sind zusätzlich zum Zwischenwert zu aktivieren.[65] Der Unterschied zur Buchwerteinbringung besteht bei der Einbringung zum Zwischenwert darin, dass wegen der anteiligen Aufdeckung der stillen Reserven in § 23 Abs. 3 S. 1 eine steuerliche Regelung für die Behandlung des Aufstockungsbetrags zur Anwendung kommt. Dies führt gemäß den Regelungen in § 23 Abs. 3 S. 1 Nr. 1 und Nr. 2 zu einer Modifizierung der steuerlichen Rechtsnachfolge bei der übernehmenden Gesellschaft in Bezug auf die Abschreibungen.[66]

a) Steuerfreie Rücklagen

28 Steuerfreie Rücklagen (zB § 6b Abs. 3 EStG) sind anteilsmäßig aufzulösen. Für den nicht aufgelösten Teil tritt die übernehmende Gesellschaft in die steuerliche Rechtsnachfolge des Einbringenden ein. Dies hat ua zur Folge,

---

61 Vgl. Brandis/Heuermann/*Nitzschke* UmwStG § 23 Rn. 49; Haritz/Menner/Bilitewski/*Bilitewski* UmwStG § 23 Rn. 27; Rödder/Herlinghaus/van Lishaut/*Ritzer* UmwStG Anh. 4 Rn. 39; Frotscher/Drüen/*Mutscher* UmwStG § 23 Rn. 81b.
62 Vgl. UmwSt-Erlass v. 11.11.2011, BStBl. I 2011, 1314, Rn. Org.03.
63 Vgl. Dötsch/Pung/Möhlenbrock/*Patt* UmwStG § 23 Rn. 82.
64 Vgl. UmwSt-Erlass v. 11.11.2011, BStBl. I 2011, 1314, Rn. 23.14; Schmitt/Hörtnagl/*Schmitt* § 23 Rn. 69 UmwStG; Dötsch/Pung/Möhlenbrock/*Patt* UmwStG § 23 Rn. 82; Rödder/Herlinghaus/van Lishaut/*Ritzer* UmwStG § 23 Rn. 191.
65 Vgl. UmwSt-Erlass v. 11.11.2011, BStBl. I 2011, 1314, Rn. 23.01.
66 Vgl. Dötsch/Pung/Möhlenbrock/*Patt* UmwStG § 23 Rn. 83.

- dass nach hM in der Lit. auch dann eine (partielle) Fortführung der steuerfreien Rücklage erfolgt, wenn die übernehmende Gesellschaft die Rücklage nicht hätte selbst bilden können,
- dass durch die Einbringung kein Grund für die Auflösung der steuerfreien Rücklage besteht,
- dass eine Auflösung der steuerfreien Rücklage bei der übernehmenden Gesellschaft unter Anrechnung der Vorbesitzzeit so vorzunehmen ist, wie sie beim Einbringenden hätte erfolgen müssen.[67]

b) Wertaufholung

Die übernehmende Gesellschaft hat die Wertaufholungsgebote des § 6 Abs. 1 Nr. 1 S. 4 und Nr. 2 S. 3 EStG zu beachten. Dabei stellen der angesetzte Zwischenwert die Wertuntergrenze und die der Übernehmerin zuzurechnenden (fortgeführten) Anschaffungs- oder Herstellungskosten des Einbringenden die Wertobergrenze dar. Eine Wertaufholung kommt nur dann in Betracht, wenn die Erhöhung des Teilwerts bei der übernehmenden Gesellschaft eintritt. Eine bereits am Einbringungsstichtag eingetretene Werterhöhung führt noch beim Einbringenden zu einem laufenden Gewinn.[68]

c) Voll abgeschriebene Wirtschaftsgüter

Auch bei Wirtschaftsgütern, die bereits vollständig abgeschrieben waren, sind die anteiligen stillen Reserven auszuweisen.

Beträgt dabei der Aufstockungsbetrag je abnutzbarem beweglichen Wirtschaftsgut nicht mehr als 800 EUR, kommt die Regelung der Sofortabschreibung für geringwertige Wirtschaftsgüter (§ 6 Abs. 2 EStG) nicht in Betracht. Dies deshalb, weil die übernehmende Gesellschaft in die steuerliche Rechtsstellung des Einbringenden eintritt, dh die vormalige Anschaffung bzw. Herstellung beim Einbringenden der übernehmenden Gesellschaft zuzurechnen ist.[69]

d) Abschreibung

Da die übernehmende Gesellschaft in die steuerliche Rechtsnachfolge des Einbringenden eintritt (§ 23 Abs. 3 S. 1 iVm § 12 Abs. 3 Hs. 1), ist die Abschreibung ebenso fortzuführen wie im Falle der Buchwerteinbringung.[70] Dies hat zur Folge, dass die vom Einbringenden angewendete **Abschreibungsmethode** und die zugrunde gelegte **Nutzungsdauer** grundsätzlich zu übernehmen sind. Eine Änderung der Abschreibungsmethode ist nur dann zulässig, wenn dies dem Einbringenden auch möglich gewesen wäre.[71] Sonderabschreibungen sind fortzuführen.[72] Erhöhte Abschreibungen und Sonderabschreibungen können in dem gleichen Umfang nachgeholt werden, wie dies auch beim Einbringenden möglich gewesen wäre. Zuschreibungen sind vorzunehmen, wie dies beim Einbringenden aufgrund der gesetzlichen Regelung (§ 7 Abs. 1 S. 7 EStG) hätte erfolgen müssen.[73] Während dem Grunde nach die Fortführung der Abschreibungen durch die übernehmende Gesellschaft zu erfolgen hat, ergeben sich aufgrund der Übernahme des Vermögens zum Zwischenwert einige Anpassungen der Höhe nach (eingeschränkte bzw. modifizierte Rechtsnachfolge). So ordnet § 23 Abs. 3 S. 1 Nr. 1 für die Absetzungen für **Abnutzung** oder **Substanzverringerung** nach § 7 Abs. 1, 4, 5 und 6 EStG vom Zeitpunkt der Einbringung eine Modifikation der Bemessungsgrundlage an. Das Erfordernis der Anpassung ergibt sich aus dem Umstand, dass sich die Anschaffungs- bzw. Herstellungskosten als Bemessungsgrundlage für die Abschreibung um den Aufstockungsbetrag erhöht haben.[74] Betroffen von dieser Regelung sind: lineare Abschreibung beweglicher Wirtschaftsgüter, immaterieller Wirtschaftsgüter sowie unbeweglicher Wirtschaftsgüter, die keine Gebäude sind (§ 7 Abs. 1 S. 1 und 2 EStG), Absetzungen nach der Leistung (§ 7 Abs. 1 S. 6 EStG) oder für außergewöhnliche technische oder wirtschaftliche Abnutzung (§ 7 Abs. 1 S. 7 EStG), lineare Gebäude-AfA gem. § 7 Abs. 4, 5a EStG, lineare Gebäude-AfA gem. §§ 7a Abs. 9 iVm 7 Abs. 4, 5a EStG bei Inanspruchnahme von Sonderabschreibungen nach Ablauf des Begünstigungszeitraums, degressive Gebäude-AfA gem. § 7 Abs. 5, 5a EStG und Absetzung für Substanzverringerung § 7 Abs. 6 EStG.[75] Folgendes Beispiel aus dem UmwSt-Erlass vom 11.11.2011 Rn. 23.15 unter a) verdeutlicht die Vornahme der Abschreibung:

Beispiel: Für eine Maschine mit Anschaffungskosten von 100.000 EUR und einer Nutzungsdauer von 10 Jahren wird AfA nach § 7 Abs. 1 EStG von jährlich 10.000 EUR vorgenommen. Bei Einbringung nach drei Jahren beträgt der Restbuchwert 70.000 EUR, die Restnutzungsdauer sieben Jahre. Die übernehmende Gesellschaft setzt die Maschine mit 90.000 EUR an.

Lösung:

Ab dem Zeitpunkt der Einbringung ist für die Maschine jährlich eine AfA von 10 % von (100.000 EUR + 20.000 EUR =) 120.000 EUR = 12.000 EUR vorzunehmen (7 x 12.000 EUR = 84.000 EUR). Im letzten Jahr der Nutzungsdauer ist zusätzlich zu der linearen AfA iHv 12.000 EUR auch der Restwert iHv 6.000 EUR (= 90.000 EUR ./. 84.000 EUR) abzuziehen. In den Fällen, in denen das AfA-Volumen vor dem Ablauf der Nutzungsdauer verbraucht ist, kann in dem verbleibenden Nutzungszeitraum keine AfA mehr abgezogen werden.

Aus dem Beispiel ist zu entnehmen, dass nach Auffassung der Finanzverwaltung im letzten Wirtschaftsjahr der ursprünglichen Nutzungsdauer auch der noch verbliebene Restwert abgeschrieben werden kann, so dass sich die Abschreibungsdauer durch den Zwischenwertansatz nicht verlängert.[76] Lediglich wenn in den Fällen des § 7 Abs. 4 S. 1 EStG auf diese Weise die volle Absetzung innerhalb der tatsächlichen Nutzungsdauer nicht erreicht wird, kann nach Auffassung der Finanzverwaltung mit Verweis auf das

---

73 Vgl. Rödder/Herlinghaus/van Lishaut/*Ritzer* UmwStG § 23 Rn. 199.
74 Vgl. UmwSt-Erlass v. 11.11.2011, BStBl. I 2011, 1314, Rn. 23.15; Rödder/Herlinghaus/van Lishaut/*Ritzer* UmwStG § 23 Rn. 200.
75 Vgl. Dötsch/Pung/Möhlenbrock/*Patt* UmwStG § 23 Rn. 92; Rödder/Herlinghaus/van Lishaut/*Ritzer* UmwStG § 23 Rn. 203.
76 Kritisch Dötsch/Pung/Möhlenbrock/*Patt* UmwStG § 23 Rn. 93, der sich dafür ausspricht, die Restnutzungsdauer neu zu schätzen und daran den Abschreibungssatz entsprechend zu bestimmen. Nach Rödder/Herlinghaus/van Lishaut/*Ritzer* UmwStG § 23 Rn. 207 wäre es sachgerecht, den aufgestockten Wert über die im Einbringungszeitpunkt verbleibende Restnutzungsdauer zu verteilen, so dass sich in dem Beispielsfall für die Jahre 4 bis 10 ein Abschreibungsbetrag von 12.857 EUR ergeben würde.

BFH-Urt. v. 7.6.1977 die AfA nach der Restnutzungsdauer des Gebäudes bemessen werden.[77]

Für die **degressive Abschreibung** nach § 7 Abs. 2 EStG sieht § 23 Abs. 3 S 1 Nr. 2 eine entsprechende Modifikation der AfA-Bemessungsgrundlage vor.[78] An die Stelle des Buchwerts des Wirtschaftsguts tritt der Wert, zu welchem die übernehmende Gesellschaft das Wirtschaftsgut ansetzt, also unter Berücksichtigung des Aufstockungsbetrags. Nach Auffassung der Finanzverwaltung ist im Fall der degressiven Abschreibung – entgegen der Fälle des § 23 Abs. 3 S. 1 Nr. 1- die Restnutzungsdauer im Zeitpunkt der Einbringung neu zu schätzen.[79] Das Beispiel aus dem UmwSt-Erlass vom 11.11.2011 Rn. 23.15 unter b):

Beispiel: Für eine Maschine mit einer Nutzungsdauer von 12 Jahren wird AfA nach § 7 Abs. 2 EStG von jährlich 20,83 % vorgenommen. Der Restbuchwert bei Einbringung beträgt 70.000 EUR. Die übernehmende Gesellschaft setzt die Maschine mit 90.000 EUR an und schätzt die Restnutzungsdauer auf acht Jahre.

Lösung:
Ab dem Zeitpunkt der Einbringung ist für die Maschine jährlich AfA von 25 % vom jeweiligen Buchwert vorzunehmen.

e) Firmenwert/Geschäftswert

Im Falle der Einbringung eines Betriebs oder Teilbetriebs (§ 20 Abs. 1) geht ein vom Einbringenden selbstgeschaffener **Firmen- oder Geschäftswert** auf die übernehmende Gesellschaft über.[80] Da es sich bei der Sacheinlage um ein tauschähnliches Geschäft handelt, führt dieser Vorgang aus Sicht der übernehmenden Gesellschaft zu einem entgeltlichen Anschaffungsvorgang, infolgedessen das Aktivierungsverbot des § 5 Abs. 2 EStG nicht einschlägig ist. Mangels Aktivierung des Firmen- oder Geschäftswerts beim Einbringenden kann die übernehmende Gesellschaft seine Rechtsposition nicht fortführen. Daraus folgt, dass bei der übernehmenden Gesellschaft der Firmen- oder Geschäftswert einer Abschreibungsdauer von 15 Jahren unterliegt (§ 7 Abs. 1 S. 3 EStG).[81] Wird ein Firmen- oder Geschäftswert eingebracht, der bereits vom Einbringenden erworben wurde und zum Zeitpunkt der Einbringung noch nicht vollständig abgeschrieben worden ist, wird die **Abschreibung** des Einbringenden nach dem Grundsatz der steuerlichen Rechtsnachfolge von der übernehmenden Gesellschaft **fortgesetzt**.[82]

f) Besitzzeitanrechnung

Eine Anrechnung von Besitzzeiten und Verbleibenszeiten ergibt sich aus der Regelung des § 23 Abs. 1 iVm § 4 Abs. 2 S. 3, die auch im Fall des Zwischenwertansatzes anwendbar ist. Demnach wird zB die Zugehörigkeit zum Betriebsvermögen gem. § 6b Abs. 4 Nr. 2

---

77 Vgl. UmwSt-Erlass v. 11.11.2011, BStBl. I 2011, 1314, Rn. 23.15.
78 Vgl. Rödder/Herlinghaus/van Lishaut/*Ritzer* UmwStG § 23 Rn. 208.
79 Vgl. hierzu die Stellungnahme Rödder/Herlinghaus/van Lishaut/*Ritzer* UmwStG § 23 Rn. 214, nach welchem der Wortlaut des Gesetzes nicht zwingend die Auffassung der Finanzverwaltung bestätigt.
80 Vgl. Dötsch/Pung/Möhlenbrock/*Patt* UmwStG § 23 Rn. 102.
81 Vgl. Dötsch/Pung/Möhlenbrock/*Patt* UmwStG § 23 Rn. 102.
82 Vgl. Dötsch/Pung/Möhlenbrock/*Patt* UmwStG § 23 Rn. 103.

EStG aus der Besitzdauer beim Einbringenden zuzüglich der Besitzdauer im Betriebsvermögen des Sacheinlagegegenstands bei der übernehmenden Gesellschaft ermittelt.[83]

C. Aufstockung der Wertansätze bei einer nachträglichen Einbringungsgewinnbesteuerung (Abs. 2)

I. Überblick, Sinn und Zweck der Regelung

34 In der Regelung des § 23 Abs. 2 spiegelt sich der mit dem SEStEG vollzogene Systemwechsel wider. Während vor Einführung des SEStEG das Konzept der einbringungsgeborenen Anteile nach § 21 aF zu einer Verdoppelung der stillen Reserven führte, ist mit dem SEStEG das Konzept der einlagequalifizierten Anteile nach § 22 und der nachträglichen Besteuerung des Einbringungsgewinns eingeführt worden. Kommt es zu einer Besteuerung eines Einbringungsgewinns I (→ § 22 Rn. 1) oder eines Einbringungsgewinns II (→ § 22 Rn. 56 ff.), kann die übernehmende Gesellschaft auf Antrag eine entsprechende erfolgsneutrale **Aufstockung** der angesetzten Werte für das eingebrachte Betriebsvermögen in der Steuerbilanz vornehmen.[84] Auf diese Weise wird unter bestimmten Voraussetzungen eine doppelte Besteuerung der stillen Reserven vermieden.

35 Die **Wertaufstockung**, welche nicht in dem Wirtschaftsjahr der Entstehung des Einbringungsgewinns vorzunehmen ist, sondern in dem Wirtschaftsjahr, in das das schädliche Ereignis fällt,[85] erfolgt bei der übernehmenden Gesellschaft durch einen steuerlich erfolgsneutralen Vorgang;[86] sie wird bei jedem einzelnen Wirtschaftsgut separat vorgenommen.[87] Gehört ein Wirtschaftsgut im maßgebenden Zeitpunkt der Wertaufstockung nicht mehr dem Betriebsvermögen der übernehmenden Gesellschaft an, weil es bspw. zwischenzeitlich veräußert wurde, so findet im Grundsatz keine Aufstockung für dieses Wirtschaftsgut statt (§ 23 Abs. 2 S. 2 Hs. 1). Es gibt jedoch eine Rückausnahme, welche in § 23 Abs. 2 S. 2 Hs. 2 geregelt ist und den Fall betrifft, dass die betroffenen Wirtschaftsgüter zum gemeinen Wert übertragen worden sind. Bei **abnutzbaren Wirtschaftsgütern** werden durch die Aufstockung die Abschreibungsbeträge erhöht. Handelt es sich um **nichtabnutzbare Wirtschaftsgüter** hat die Erhöhung der Buchwertansätze zur Folge, dass sich ein späterer Veräußerungsgewinn verringert.[88] Die Aufstockung der Wertansätze, welche für die übernehmende Gesellschaft in aller Regel zu einer Verminderung der Steuerbelastung führt, ist – wie oben bereits erwähnt – untrennbar verbunden mit einer Besteuerung des Einbringungsgewinns I und/oder II, welche vom Einbringenden zu tragen ist. Aufgrund dieser Wechselwirkung, Steuerbelastung des Einbringenden, Steuerentlastung der übernehmenden Gesellschaft, sollte je nach Sachverhaltskonstellation ggf. die Vereinbarung einer **Ausgleichsverpflichtung** der übernehmenden Gesellschaft gegenüber dem Einbringenden erwogen werden.[89]

36 Sind an der übernehmenden Gesellschaft nicht nur der Einbringende, sondern noch andere Anteilseigner beteiligt, so partizipieren Letztere ebenfalls von dem steuerlichen

---

[83] Vgl. Dötsch/Pung/Möhlenbrock/*Patt* UmwStG § 23 Rn. 104.
[84] Vgl. Rödder/Herlinghaus/van Lishaut/*Ritzer* UmwStG § 23 Rn. 3.
[85] Vgl. Rödder/Herlinghaus/van Lishaut/*Ritzer* UmwStG § 23 Rn. 105; Dötsch/Pung/Möhlenbrock/*Patt* UmwStG § 23 Rn. 182.
[86] Vgl. Dötsch/Pung/Möhlenbrock/*Patt* UmwStG § 23 Rn. 183.
[87] Vgl. Schmitt/Hörtnagl/*Schmitt* UmwStG § 23 Rn. 47; UmwSt-Erlass v. 11.11.2011, BStBl. I 2011, 1314 Rn. 23.08.
[88] Vgl. Dötsch/Pung/Möhlenbrock/*Patt* UmwStG § 23 Rn. 183.
[89] Vgl. Dötsch/Pung/Möhlenbrock/*Patt* UmwStG § 23 Rn. 183.

Vorteil der Wertaufstockungen. Hier wird angeraten, durch vertragliche Regelungen sicherzustellen, dass der steuerliche Vorteil demjenigen Anteilseigner zugutekommt, der auch die Last der Besteuerung des Einbringungsgewinns zu tragen hat.[90]

Fraglich könnte sein, ob eine im Einbringungsvertrag vereinbarte Ausgleichsverpflichtung der übernehmenden Gesellschaft als sonstige Gegenleistung iSd § 20 Abs. 2 S. 2 Nr. 4 und S. 4 oder § 21 Abs. 1 S. 2 Nr. 2 und S. 4 qualifiziert und damit eine Einbringung zum Buchwert gefährdet. Dagegen spricht jedoch, dass die Verpflichtung nur und erst dann entsteht, wenn es zu einer Sperrfristverletzung kommt.[91]

Die übernehmende Gesellschaft benötigt, um eine Wertaufstockung vornehmen zu können, eine Information darüber, dass es bei dem Einbringenden zu der Versteuerung eines Einbringungsgewinns gekommen ist und welches Finanzamt für den Einbringenden zuständig ist.[92] Nur dann kann die übernehmende Gesellschaft die erforderliche Bescheinigung nach § 22 Abs. 5 bei dem für den Einbringenden zuständigen Finanzamt beantragen. Deshalb ist die Vereinbarung entsprechender Informationspflichten sinnvoll.

II. Durchführung der Wertaufstockung in Fällen des Einbringungsgewinns

In den Fällen des § 22 Abs. 1 kann die übernehmende Gesellschaft – auf Antrag – den versteuerten **Einbringungsgewinn** im Wirtschaftsjahr der Veräußerung oder eines gleichgestellten Ergebnisses iSd § 22 Abs. 1 S. 6 Nr. 1–6 als **Erhöhungsbetrag** ansetzen. Voraussetzung für die Berücksichtigung des Erhöhungsbetrags ist, dass der Einbringende die auf den Einbringungsgewinn entfallende Steuer entrichtet hat. Dies ist durch die Vorlage einer Bescheinigung des zuständigen Finanzamts (§ 22 Abs. 5) nachzuweisen (§ 23 Abs. 2 S. 1 Hs. 1).[93] Durch die in § 23 Abs. 2 S. 1 normierte Verweisung „in den Fällen des § 22 Abs. 1" ist klar geregelt, dass die Anwendung des § 23 Abs. 2 S. 1 unter der Bedingung steht, dass ein Einbringungsgewinn I entstanden sein muss. Handelt es sich hingegen um einen Anteilstausch einschließlich der Fälle iSd § 22 Abs. 1 S. 5 entsteht ein Einbringungsgewinn II. Hier kommt § 23 Abs. 2 S. 3 zur Anwendung, welcher als Spezialvorschrift die Grundregel des § 23 Abs. 2 S. 1 spezifiziert.[94]

1. Antragstellung

Die Werterhöhung kann nur dann erfolgen, wenn die übernehmende Gesellschaft einen entsprechenden **Antrag** gestellt hat. Der Antrag ist von ihr, nicht hingegen vom Einbringenden zu stellen.[95] Aus dem Inhalt des Antrags muss sich unzweifelhaft ergeben, die Werterhöhung nach § 23 Abs. 2 in Anspruch nehmen zu wollen. Wird kein Antrag gestellt, erfolgt automatisch eine Nichtinanspruchnahme der Werterhöhung (es gibt keinen „negativen" Antrag).[96] Der Antrag ist bedingungsfeindlich und kann nur in Gänze gestellt werden. Das Antragsrecht ermöglicht nur die Entscheidung, die

---

90 Vgl. Dötsch/Pung/Möhlenbrock/*Patt* UmwStG § 23 Rn. 183.
91 Vgl. Dötsch/Pung/Möhlenbrock/*Patt* UmwStG § 23 Rn. 183; Eisgruber/*Altenburg* UmwStG § 23 Rn. 94 (lehnt sonstige Gegenleistung klar ab); aA (sonstige Gegenleistung bejahend): Haritz/Menner/Bilitewski/*Bilitewski* UmwStG § 23 Rn. 78.
92 Vgl. Rödder/Herlinghaus/van Lishaut/*Ritzer* UmwStG § 23 Rn. 134.
93 Vgl. Rödder/Herlinghaus/van Lishaut/*Ritzer* UmwStG § 23 Rn. 95.
94 Vgl. Rödder/Herlinghaus/van Lishaut/*Ritzer* UmwStG § 23 Rn. 97.
95 Vgl. Dötsch/Pung/Möhlenbrock/*Patt* UmwStG § 23 Rn. 185.
96 Vgl. Dötsch/Pung/Möhlenbrock/*Patt* UmwStG § 23 Rn. 186.

Werterhöhung vorzunehmen oder darauf zu verzichten. Daraus folgt, dass es weder möglich ist, die Aufstockung auf ausgewählte Wirtschaftsgüter zu beschränken noch eine lediglich partielle Aufstockung um einen Teil des Werterhöhungsbetrags vorzunehmen.[97] Nach Auffassung der Finanzverwaltung müssen sich aus dem Antrag die Höhe und die Zuordnung des Aufstockungsbetrags eindeutig entnehmen lassen.[98] Zu Recht wird darauf hingewiesen, dass sich dieses Erfordernis nicht aus dem Gesetzeswortlaut ergibt.[99] Der Adressat ist das für die übernehmende Gesellschaft zuständige Finanzamt. Der Antrag ist weder fristgebunden noch sieht das Gesetz eine bestimmte Antragsform vor.[100]

Die für den Antrag erforderliche Bescheinigung nach § 22 Abs. 5 (über die Höhe des Einbringungsgewinns und die darauf entfallenden und entrichteten Steuern) stellt nach Auffassung der Finanzverwaltung[101] und der wohl hM in der Literatur[102] einen Grundlagenbescheid iSd § 175 Abs. 1 S. AO dar. Damit greift die zweijährige Ablaufhemmung des § 171 Abs. 10 AO. Nach Bekanntgabe der Bescheinigung hat die übernehmende Gesellschaft demnach zumindest noch zwei Jahre Zeit, den Antrag zu stellen.

2. Veräußerung der Anteile oder eines gleichgestellten Ereignisses

39 Aus dem Klammerzusatz in § 23 Abs. 2 S. 1 Hs. 1 lässt sich entnehmen, dass der Aufstockungsbetrag in dem **Wirtschaftsjahr** anzusetzen ist, in welchem die Veräußerung der Anteile oder eines nach § 22 Abs. 1 S. 6 Nr. 1–6 gleichgestellten Ereignisses stattgefunden hat. Daraus ergibt sich, dass der Wertansatz nicht rückwirkend auf den Einbringungsstichtag zu korrigieren ist.[103] Der fehlende Rückbezug ist auch aus systematischer Sicht vertretbar, weil der Einbringungsgewinn der Siebtelregelung unterfällt und somit entsprechend abschmilzt.[104]

3. Beschränkung auf entrichtete Steuern

40 Die übernehmende Gesellschaft kann den Aufstockungsbetrag nur dann ansetzen, wenn und soweit der Einbringende die auf den Einbringungsgewinn entfallende Steuer[105] entrichtet hat (§ 23 Abs. 2 S. 1 Hs. 1). Aus der „Soweit"-Formulierung geht hervor, dass im Falle einer teilweisen **Entrichtung der maßgeblichen Steuer** auch lediglich eine teilweise Berücksichtigung des Aufstockungsbetrags erfolgen kann.[106] Der Sinn und Zweck dieser Formulierung liegt in der Verhinderung einer ungerechtfertigten Vorteilnahme begründet. Wäre eine vollständige Aufstockung und dadurch eine erhöh-

---

97 Vgl. Rödder/Herlinghaus/van Lishaut/*Ritzer* UmwStG § 23 Rn. 98.
98 Vgl. UmwSt-Erlass v. 11.11.2011, BStBl. I 2011, 1314 Rn. 23.07.
99 Vgl. *Engers/Kröner/Kaeser* in FGS/BDI, UmwSt-Erlass 2011, 484.
100 Nach Auffassung von Rödder/Herlinghaus/van Lishaut/*Ritzer* UmwStG § 23 Rn. 102 ist auch eine konkludente Antragstellung in der Weise möglich, dass entsprechend geänderte Bilanzen an das Finanzamt eingereicht werden.
101 Vgl. UmwSt-Erlass v. 11.11.2011, BStBl. I 2011, 1314 Rn. 23.10; ausdrücklich zustimmend Eisgruber/*Altenburg* UmwStG § 23 Rn. 94b.
102 Vgl. Nachweise bei Rödder/Herlinghaus/van Lishaut/*Ritzer* UmwStG § 23 Rn. 104, auch mit Hinweisen auf abweichende Meinungen.
103 Vgl. Rödder/Herlinghaus/van Lishaut/*Ritzer* UmwStG § 23 Rn. 105.
104 Vgl. Rödder/Herlinghaus/van Lishaut/*Ritzer* UmwStG § 23 Rn. 105.
105 Nach zutreffender hM, vgl. hierzu Rödder/Herlinghaus/van Lishaut/*Ritzer* UmwStG § 23 Rn. 121; Dötsch/Pung/Möhlenbrock/*Patt* UmwStG § 23 Rn. 193, Schmitt/Hörtnagl/*Schmitt* UmwStG § 23 Rn. 39, bezieht sich der in § 23 Abs. 2 S. 1 Hs. 1 verwendete Begriff der „Steuer" lediglich auf die Einkommensteuer oder Körperschaftsteuer des Einbringenden, siehe auch UmwSt-Erlass v. 11.11.2011, BStBl. I 2011, 1314 Rn. 22.38. Gewerbesteuer, Zuschlagsteuern, Ergänzungsabgaben sowie Zinsen bleiben hingegen unberücksichtigt. AA in Bezug auf GewSt: Widmann/Mayer/*Widmann* UmwStG § 22 Rn. 415.
106 Vgl. Rödder/Herlinghaus/van Lishaut/*Ritzer* UmwStG § 23 Rn. 122.

te Abschreibung möglich, würde die übernehmende Gesellschaft in den Genuss eines Steuervorteils kommen, während der Einbringende die Steuer auf die damit korrespondierende Einbringung noch nicht beglichen hat.[107] Entrichtet ist eine Steuer dann, wenn die Steuerschuld erloschen ist. Im Regelfall geschieht dies mit Zahlung nach §§ 224, 224a AO. Entrichtet iSd § 23 Abs. 2 S. 1 ist aber auch dann die Steuer, wenn eine **wirksame und vollständige Aufrechnung** erfolgt oder die **Steuer erlassen** wird (§§ 163, 227 AO).[108] Nach wohl überwiegender Auffassung in der Literatur ist auch dann von einer entrichteten Steuer auszugehen, wenn Zahlungsverjährung eingetreten ist.[109] Nicht entrichtet ist die Steuer, wenn sie gestundet wird. Das Gleiche gilt für den Fall der Aussetzung der Vollziehung. Als schwierig erweist sich eine Antwort auf die Frage, ob und inwieweit von der Entrichtung der Steuern auszugehen ist, wenn neben dem Einbringungsgewinn noch andere positive Einkünfte im relevanten Veranlagungszeitraum erzielt werden und die daraus resultierende Steuerschuld nicht in vollem Umfang beglichen wird. Hierzu stehen sich in der Literatur im Wesentlichen zwei Meinungen gegenüber. Die Vertreter der sog. proportionalen Sichtweise[110] und die Vertreter der sog. Grenzbetrachtung.[111] Nach der sog. proportionalen Sichtweise, der die Finanzverwaltung,[112] zumindest bislang, folgt, entfällt die Tilgung anteilig auf den Einbringungsgewinn. Nach der sog. Grenzwertbetrachtung kann der Einbringende bestimmen, dass der entrichtete Betrag vorrangig zur Tilgung der auf den Einbringungsgewinn entfallenden Steuern dient. Eine solche Zahlungsweise soll nicht rechtsmissbräuchlich sein.[113] Ergibt sich im Wirtschaftsjahr der Einbringung für den Einbringenden nach Einbeziehung des Einbringungsgewinns ein Verlust, so gilt die Steuer mit Bekanntgabe des **Verlustfeststellungsbescheids** als entrichtet.[114] Die Steuer gilt ebenfalls mit Bekanntgabe eines (geänderten) Verlustfeststellungsbescheids als entrichtet, wenn sich aufgrund eines Verlustvortrags oder Verlustrücktrags trotz positiven Einkommens in den für die Einbringung maßgebenden Veranlagungszeitraums keine Steuer ergibt. Ist der Einbringende eine Organgesellschaft kommt es für die Frage der Entrichtung auf die Steuer des Organträgers an.[115]

4. Vorlage einer Bescheinigung gem. § 22 Abs. 5

Die Entrichtung der Steuer muss gem. § 23 Abs. 2 S. 1 durch Vorlage einer **Bescheinigung** des zuständigen Finanzamts iSv § 22 Abs. 5 nachgewiesen werden. Sie ist somit tatbestandliche Voraussetzung für den Ansatz der Aufstockungsbeträge und kann nicht durch anderweitige Nachweise, dass die Steuer entrichtet wurde, ersetzt werden.[116] Der Antrag auf Ausstellung einer entsprechenden Bescheinigung ist gem. § 22 Abs. 5 von der übernehmenden Gesellschaft zu stellen, wobei die Finanzverwaltung aus Vereinfa-

41

---

107 Vgl. Rödder/Herlinghaus/van Lishaut/*Ritzer* UmwStG § 23 Rn. 122.
108 Vgl. Rödder/Herlinghaus/van Lishaut/*Ritzer* UmwStG § 23 Rn. 123 f.
109 So Eisgruber/*Altenburg* UmwStG § 23 Rn. 121; Rödder/Herlinghaus/van Lishaut/*Ritzer* UmwStG § 23 Rn. 124; Dötsch/Pung/Möhlenbrock/*Patt* UmwStG § 23 Rn. 193; Frotscher/Drüen/*Mutscher* UmwStG § 23 Rn. 163; aA Widmann/Mayer/*Widmann* UmwStG § 22 Rn. 423.
110 Vgl. Rödder/Herlinghaus/van Lishaut/*Ritzer* UmwStG § 23 Rn. 128.
111 Vgl. Dötsch/Pung/Möhlenbrock/*Patt* UmwStG § 23 Rn. 197; zustimmend Haritz/Menner/Bilitewski/*Bilitewski* UmwStG § 23 Rn. 90.
112 UmwSt-Erlass v. 11.11.2011, BStBl. I 2011, 314, Rn. 23.12. Im Entwurf eines neuen UmwSt-Erlasses v. 11.10.2023 wurde die Aussage bzgl. einer teilweisen Tilgung der Steuerschuld jedoch ersatzlos gestrichen.
113 Vgl. Dötsch/Pung/Möhlenbrock/*Patt* UmwStG § 23 Rn. 197 mit Hinweis auf § 225 Abs. 1 AO.
114 Vgl. UmwSt-Erlass v. 11.11.2011, BStBl. I 2011, 1314, Rn. 23.12.
115 Vgl. UmwSt-Erlass v. 11.11.2011, BStBl. I 2011, 1314, Rn. 23.13.
116 Vgl. Dötsch/Pung/Möhlenbrock/*Patt* UmwStG § 23 Rn. 199.

chungsgründen auch eine Antragstellung durch den Einbringenden zulässt.[117] Kommt es zu einer **nachträglichen Erhöhung** des Einbringungsgewinns und entrichtet der Einbringende die darauf entfallende Steuer, muss der Antrag erneut gestellt werden. Das Gleiche gilt, wenn der Einbringende die Steuer auf den Einbringungsgewinn bislang nur teilweise entrichtet hat und nunmehr den Restbetrag tilgt.[118]

III. Art und Auswirkungen der Wertaufstockung

42 Bei Betriebseinbringungen wird der Erhöhungsbetrag in der regulären Steuerbilanz des Wirtschaftsjahrs erfasst, in welches das auslösende Ereignis für den Einbringungsgewinn fällt. Die Buchwertaufstockung erfolgt zu Beginn des Wirtschaftsjahres.[119] Dabei werden diejenigen **Buchwerte der Wirtschafsgüter** – anteilsmäßig – **aufgestockt**, welche Gegenstand der Betriebseinbringung waren und im Wirtschaftsjahr der Aufstockung noch vorhanden sind. Der maximale Betrag der Werterhöhung entspricht dem Einbringungsgewinn I.[120] Die Aktivierung erfolgt nicht gewinnwirksam, sondern **erfolgsneutral**. Der Zugang an Aktivvermögen ist grundsätzlich dem steuerlichen Einlagekonto gutzuschreiben.[121] Handelt es sich um eine **Anteilseinbringung** bzw. um einen **Anteilstausch** führt der Erhöhungsbetrag aus dem nachträglichen Einbringungsgewinn II, der durch eine Veräußerung der eingebrachten Anteile durch die übernehmende Gesellschaft ausgelöst wird, zu einer Erhöhung der Anschaffungskosten der eingebrachten Anteile (§ 23 Abs. 2 S. 3), soweit der Einbringende die auf den Einbringungsgewinn entfallende Steuer entrichtet hat.[122] Wie bei der Betriebseinbringung ist die Aktivierung der nachträglichen Anschaffungskosten erfolgsneutral und erfolgt mit Wirkung zu Beginn des Wirtschaftsjahres; der Zugang ist auf dem Beteiligungskonto und dem steuerlichen Einlagekonto zuzuschreiben. Der erhöhte Buchwert der Anteile führt bei der übernehmenden Gesellschaft zur Verringerung des Veräußerungsergebnisses. Sofern die Versteuerung des Einbringungsgewinns II iSd § 22 Abs. 2 nur anteilsmäßig erfolgt – weil zB ein Teil der eingebrachten Anteile veräußert worden ist, – sind die sich nachträglich ergebenden Anschaffungskosten (§ 23 Abs. 2 S. 3) nicht der eingebrachten Gesamtbeteiligung, sondern nur den tatsächlichen veräußerten Anteilen zuzuordnen.[123]

1. Bilanzsteuerliche Behandlung des Erhöhungsbetrags

43 Nach § 23 Abs. 2 S. 1 Hs. 2 bleibt der Ansatz des **Erhöhungsbetrags** ohne Auswirkung auf den Gewinn. Nach Auffassung der Finanzverwaltung erfolgt zwar eine Erhöhung des Steuerbilanzgewinns (nach Verrechnung des Aufstockungsbetrags mit einem Ausgleichsposten iSd Rn. 20.20 des UmwSt-Erlasses 2011), jedoch wird dieser Gewinn durch eine Kürzung außerhalb der Bilanz neutralisiert.[124] Der Wert der Buchwertaufstockung gem. § 23 Abs. 2 S. 1 führt nur insoweit zu einem Zugang zum steuerlichen Einlagekonto, als er den Korrekturbetrag zum Nennkapital der übernehmenden Kapitalgesellschaft übersteigt. Vgl. hierzu auch das Zahlenbeispiel im UmwSt-Erlass 2011, Rn. 23.07.

---

117 Vgl. UmwSt-Erlass v. 11.11.2011, BStBl. I 2011, 1314, Rn. 22.39.
118 Vgl. Dötsch/Pung/Möhlenbrock/*Patt* UmwStG § 23 Rn. 200.
119 Vgl. UmwSt-Erlass v. 11.11.2011, Rn. 23.16; Dötsch/Pung/Möhlenbrock/*Patt* UmwStG § 23 Rn. 227.
120 Vgl. Dötsch/Pung/Möhlenbrock/*Patt* UmwStG § 23 Rn. 203.
121 Vgl. Dötsch/Pung/Möhlenbrock/*Patt* UmwStG § 23 Rn. 209.
122 Vgl. Rödder/Herlinghaus/van Lishaut/*Ritzer* UmwStG § 23 Rn. 172.
123 Vgl. Dötsch/Pung/Möhlenbrock/*Patt* UmwStG § 23 Rn. 207.
124 Vgl. UmwSt-Erlass v. 11.11.2011, BStBl. I 2011, 1314, Rn. 23.07.

Die Werterhöhung hat **wirtschaftsgutbezogen** zu erfolgen (§ 23 Abs. 2 S. 1) und ist einheitlich nach dem Verhältnis der stillen Reserven und stillen Lasten im Einbringungszeitpunkt bei den einzelnen Wirtschaftsgütern vorzunehmen.[125] Dabei bezieht sich die Werterhöhung nur auf die durch die Sacheinlage erworbenen Wirtschaftsgüter, welche gem. § 20 Abs. 2 S. 2 unterhalb des gemeinen Werts bewertet worden sind. Begünstigt von der Aufstockung sind nach § 23 Abs. 2 S. 2 nur Wirtschaftsgüter, die noch im Betriebsvermögen des übernehmenden Rechtsträgers vorhanden (§ 23 Abs. 2 S. 2 Hs. 1; zur Frage des relevanten Zeitpunktes → Rn. 46) sind, oder die zwar nicht mehr vorhanden sind, aber zum gemeinen Wert übertragen wurden oder untergegangen sind (§ 23 Abs. 2 S. 2 Hs. 2).[126] In letzterem Fall ist der anteilige Aufstockungsbetrag als Betriebsausgabe sofort abzugsfähig.[127] Sind Wirtschaftsgüter in anderer Weise aus dem Betriebsvermögen ausgeschieden, so geht der anteilige Aufstockungsbetrag unter.[128] Nach der erfolgten Aufstockung gem. § 23 Abs. 2 kommen wieder die allgemeinen steuerlichen Bewertungsgrundsätze (§ 6 EStG) zur Anwendung. Dies kann zur Folge haben, dass nach der Aufstockung am Bilanzstichtag eine **Teilwertabschreibung** vorgenommen werden kann, wenn bei einem Wirtschaftsgut sein Wert seit der Einbringung gesunken ist.[129] Aus § 23 Abs. 2 S. 1 geht hervor, dass die Wertaufstockung in den Fällen des § 22 Abs. 1 ausschließlich der **übernehmenden Gesellschaft** zusteht. Ist Gegenstand der Einbringung iSd § 20 Abs. 1 ein Mitunternehmeranteil einer weiterhin bestehenden Personengesellschaft sind die eingebrachten Wirtschaftsgüter steuerlich in der Steuerbilanz der Personengesellschaft, deren Anteil eingebracht wurde, anzusetzen. Die Aufstockung erfolgt dann in einer positiven Ergänzungsbilanz der Personengesellschaft.[130]

44

Strittig ist, ob in den Fällen, in denen das eingebrachte Betriebsvermögen durch einen Umwandlungsvorgang unter dem gemeinen Wert übertragen wurde, die Berechtigung für die Wertaufstockung auf den neuen Erwerber übergeht, oder der auf die übergegangenen Wirtschaftsgüter entfallende Erhöhungsbetrag untergeht. Nach Auffassung der Finanzverwaltung scheidet im Fall der Weitereinbringung der Wirtschaftsgüter zum Buch- oder Zwischenwert eine Buchwertaufstockung aus.[131] Die Gesetzesbegründung geht ebenfalls davon aus, dass im Fall einer zwischenzeitlichen Weiterübertragung des eingebrachten Betriebsvermögens zu einem unter dem Buchwert liegenden Wert (zB durch Einbringung zum Buchwert) weder eine Buchwertaufstockung noch der Abzug als Aufwand zulässig sei.[132] Dieser Auffassung folgt auch ein Teil der Literatur.[133] Begründet wird diese Auffassung damit, dass die Berechtigung zur Wertaufstockung nicht

45

---

125 Vgl. UmwSt-Erlass v. 11.11.2011, BStBl. I 2011, 1314, Rn. 23.08.
126 Vgl. UmwSt-Erlass v. 11.11.2011, BStBl. I 2011, 1314, Rn. 23.09; Dötsch/Pung/Möhlenbrock/*Patt* UmwStG § 23 Rn. 213.
127 Vgl. UmwSt-Erlass v. 11.11.2011, BStBl. I 2011, 1314, Rn. 23.09; vgl. auch ausführlich Dötsch/Pung/Möhlenbrock/*Patt* UmwStG § 23 Rn. 215 ff. zu den Fällen, welche einer Übertragung zum gemeinen Wert gleichgesetzt sind, wie zB Veräußerung des Wirtschaftsguts zum Verkehrswert oder verdeckte Einlage in eine Körperschaft oder Personengesellschaft, wenn der anzusetzende steuerliche Teilwert mindestens dem gemeinen Wert entspricht.
128 Vgl. UmwSt-Erlass v. 11.11.2011, BStBl. I 2011, 1314, Rn. 23.09, Dötsch/Pung/Möhlenbrock/*Patt* UmwStG § 23 Rn. 222 mit Beispielsfällen wie zB Übertragung von Wirtschaftsgütern zum Buchwert in ein Betriebsvermögen einer Personengesellschaft gem. § 6 Abs. 5 S. 3 EStG oder Sacheinlage zum Buch- oder Zwischenwert in eine Kapitalgesellschaft oder Personengesellschaft gem. § 20 Abs. 1 bzw. § 24 Abs. 1.
129 Vgl. Dötsch/Pung/Möhlenbrock/*Patt* UmwStG § 23 Rn. 223.
130 Vgl. zB Rödder/Herlinghaus/van Lishaut/*Ritzer* UmwStG § 23 Rn. 167.
131 Vgl. UmwSt-Erlass v. 11.11.2011, BStBl. I 2011, 1314, Rn. 23.09.
132 Vgl. BT-Drs. 16/2710, 50.
133 Vgl. Haritz/Menner/Bilitewski/*Bilitewski* UmwStG § 23 Rn. 114; Dötsch/Pung/Möhlenbrock/*Patt* UmwStG § 23 Rn. 226 (zur Einbringung gem. §§ 20, 24); Widmann/Mayer/*Widmann* UmwStG § 23 Rn. 618 (zur Verschmelzung und Auf- und Abspaltung) u. Rn. 619 (zur Einbringung gem. §§ 20, 24).

den übergehenden Wirtschaftsgütern anhaftet und somit nicht im Rahmen der Rechtsnachfolge übergeht. Als Bestätigung wird angeführt, dass für den Fall der Anteilseinbringung § 23 Abs. 2 S. 3 Hs. 2 einen Verweis auf § 22 Abs. 1 S. 7 enthält, wohingegen § 23 Abs. 2 S. 1 keinen entsprechenden Verweis enthält. Ergäbe sich eine Aufstockung bei weiter eingebrachten Anteilen bereits aus der steuerlichen Rechtsnachfolge, wäre der Verweis überflüssig.[134]

Nach anderer Auffassung führt der Eintritt der übernehmenden Gesellschaft in die steuerliche Rechtsstellung der übertragenden Gesellschaft jedoch dazu, dass die übernehmende Gesellschaft einen Erhöhungsbetrag ansetzen kann.[135] Dem Argument der persönlichen Rechtsposition hält Ritzer uE zu Recht entgegen, dass kein abstrakter Ansatz eines Ausgleichspostens erfolgt, sondern dass konkret die einzelnen Wirtschaftsgüter aufgestockt werden.

Möglicherweise ist auch zwischen einer Weitereinbringung nach § 20 oder § 24 und einer Weiterübertragung im Wege der Gesamtrechtsnachfolge durch Verschmelzung oder Spaltung der übernehmenden Gesellschaft zu unterscheiden. Der UmwSt-Erlass spricht nur von Weitereinbringung. Die Gesetzesbegründung spricht zwar allgemein von einer Weiterübertragung des Wirtschaftsguts unter Buchwert, nennt als Beispiel aber ebenfalls nur die Einbringung. In beiden Fallgruppen droht ohne Aufstockung eine doppelte Besteuerung der stillen Reserven, so dass insofern eine Aufstockung sachgerecht wäre. Geht man davon aus, dass mit der Regelung aus Vereinfachungsgründen Änderungsbedarf in weiteren Bilanzen als in der Bilanz der Übernehmerin vermieden werden soll,[136] spricht das zwar gegen eine Aufstockung in Einbringungsfällen, aber in Verschmelzungs- oder Auf- und Abspaltungsfällen käme es lediglich zu einer Aufstockung in der Bilanz der (partiellen) Rechtsnachfolgerin der übernehmenden Gesellschaft aus dem Einbringungsvorgang. Unseres Erachtens ist im Fall der Verschmelzung, Ab- und Aufspaltung bzgl. der Voraussetzung der Zugehörigkeit zum Betriebsvermögen der übernehmenden Gesellschaft auf die übernehmende Gesellschaft des Umwandlungsvorgangs abzustellen und bei Erfüllung der übrigen Voraussetzungen bei dieser eine Aufstockung vorzunehmen.

Aufgrund der klaren Aussagen im UmwSt-Erlass und der Gesetzesbegründung sowie des angenommen Zwecks der Regelung ist uE im Einbringungsfall jedoch davon auszugehen, dass eine Aufstockung nicht möglich ist, obwohl sie wegen der sonst drohenden doppelten Besteuerung der stillen Reserven sachlich gerechtfertigt wäre.

Mitunternehmeranteile an Personengesellschaften qualifizieren handelsrechtlich zwar als Vermögensgegenstände, anders als Anteile an Kapitalgesellschaften stellen sie steuerlich jedoch kein Wirtschaftsgut dar. Das Betriebsvermögen der Mitunternehmerschaft wird den Mitunternehmern unmittelbar anteilig zugerechnet.[137] Demzufolge ändert sich im Fall der Einbringung eines Mitunternehmeranteils durch eine Anwachsung der Mitunternehmerschaft auf die übernehmende Gesellschaft nichts an der Zugehörigkeit des eingebrachten Betriebsvermögens zum Betriebsvermögen der übernehmenden

---

134 Vgl. Dötsch/Pung/Möhlenbrock/*Patt* UmwStG § 23 Rn. 226.
135 Vgl. Eisgruber/*Altenburg* UmwStG § 23 Rn. 138; Schmitt/Hörtnagl/*Schmitt* UmwStG § 23 Rn. 45–54; Rödder/Herlinghaus/van Lishaut/*Ritzer* UmwStG § 23 Rn. 144; Förster/*Wendland* BB 2007, 631 (636).
136 Vgl. Rödder/Herlinghaus/van Lishaut/*Ritzer* UmwStG § 23 Rn. 142.
137 Vgl. Brandis/Heuermann/*Bode* EStG § 15 Rn. 236; BFH 6.7.1995 – IV R 30/93, BStBl. II 1995, 831.

Gesellschaft. Da der übernehmenden Gesellschaft die entsprechenden Wirtschaftsgüter steuerlich bereits vor der Anwachsung zuzurechnen waren, kann durch die Anwachsung keine Übertragung mehr erfolgen. Dies entspricht der Auffassung der Finanzverwaltung und der wohl hM in der Literatur.[138] Es kommt somit insoweit zu keiner Einschränkung des Aufstockungswahlrechts.

Es stellt sich die Frage, auf welchen **Zeitpunkt** es für die Zugehörigkeit der Wirtschaftsgüter zum Betriebsvermögen der übernehmenden Gesellschaft ankommt.[139] § 23 Abs. 2 S. 1 verlangt, dass „das eingebrachte Betriebsvermögen in den Fällen des § 22 Abs. 1 noch zum Betriebsvermögen der übernehmenden Gesellschaft gehört", ohne den Zeitpunkt weiter zu spezifizieren. 46

Der UmwSt-Erlass stellt darauf ab, dass das jeweilige Wirtschaftsgut im Zeitpunkt des schädlichen Ereignisses noch zum Betriebsvermögen der übernehmenden Gesellschaft gehört.[140] Ebenso stellt die Gesetzesbegründung auf den Zeitpunkt der Anteilsveräußerung oder eines gleichgestellten Ereignisses ab.[141] Ein Teil der Literatur folgt uE zu Recht diesem Zeitpunkt, da er am ehesten dem Wortlaut und der Systematik der Norm entspricht.[142]

Ein anderer Teil der Literatur möchte hingegen auf den Beginn des Wirtschaftsjahres des schädlichen Ereignisses abstellen, da auch eine evtl. Aufstockung zu Beginn des Wirtschaftsjahres erfolgen würde und § 23 Abs. 3 S. 2 ebenfalls auf diesen Zeitpunkt verweist.[143]

Als weiterer denkbarer Zeitpunkt käme der Zeitpunkt der Antragstellung nach § 23 Abs. 2 S. 1 infrage, der zwar in der Literatur diskutiert, aber soweit ersichtlich nicht befürwortet wird. Unseres Erachtens ist Altenburg zuzustimmen, dass es für diesen Zeitpunkt keine Anhaltspunkte im Gesetz gibt und außerdem eine Aufstockung von (zufälligen) Verzögerungen bei der Antragstellung abhängen würde.[144] Ist die Festsetzung mit **Körperschaftsteuer des Übernehmers** bereits ergangen, kann der Erhöhungsbetrag nur dann berücksichtigt werden, wenn eine Änderungsmöglichkeit auf Grundlage einer Regelung in der AO besteht. Da nach Auffassung der Finanzverwaltung die Bescheinigung nach § 22 Abs. 5 einen Grundlagenbescheid iSd § 175 Abs. 1 S. 1 Nr. 1 AO darstellt,[145] ist die Veranlagung des Übernehmers entsprechend zu ändern (→ Rn. 38).

2. Besonderheiten nach Anteilstausch

§ 23 Abs. 2 S. 3 enthält eine spezielle Regelung für den **Anteilstausch** und für die Fälle, in welchen eine Einbringung von Anteilen an Kapitalgesellschaften im Rahmen einer **Sacheinlage** erfolgt. Mit ihr soll die in § 23 Abs. 2 S. 1 und 2 für die Einbringung von Betrieben und Teilbetrieben geltende Regelung auch für den Anteilstausch umge- 47

---

138 Vgl. OFD Berlin, Verfügung vom 19.7.2002, DStR 2002, 1811; Schmitt/Hörtnagl/*Schmitt* § 22 UmwStG Rn. 79; Korn/Strahl EStG § 6 Rn. 474.3; *Freiherr v. Proff* DStR 2016, 2227 (2231); nach aA in der Literatur handelt es sich um eine unentgeltliche Übertragung iSv § 6 Abs. 3 EStG: vgl. Schmidt/*Kulosa* EStG § 6 Rn. 716; Herrmann/Heuer/Raupach/*Uhl-Lüdäscher* EStG § 6 Rn. 1247.
139 Vgl. für eine Diskussion der denkbaren Zeitpunkte Rödder/Herlinghaus/van Lishaut/*Ritzer* UmwStG § 23 Rn. 147–151.
140 Vgl. UmwSt-Erlass v. 11.11.2011, BStBl. I 2011, 1314, Rn. 23.09.
141 Vgl. BT-Drs. 16/2710, 50.
142 Vgl. *Engers/Kröner/Kaeser* in FGS/BDI, UmwSt-Erlass 2011, 486; Widmann/Mayer/*Widmann* UmwStG § 23 Rn. 612; Rödder/Herlinghaus/van Lishaut/*Ritzer* UmwStG § 23 Rn. 142.
143 Vgl. Schmitt/Hörtnagl/*Schmitt* UmwStG § 23 Rn. 50.
144 Vgl. Eisgruber/*Altenburg* UmwStG § 23 Rn. 146.
145 Vgl. UmwSt-Erlass v. 11.11.2011, BStBl. I 2011, 1314, Rn. 23.10.

setzt werden.¹⁴⁶ Kommt es in den Fällen einer Einbringung nach § 20 Abs. 1 oder § 21 Abs. 1 zu einer rückwirkenden Besteuerung des Einbringungsgewinns II (§ 22 Abs. 2), erhöhen sich auf Antrag der übernehmenden Gesellschaft die Anschaffungskosten der eingebrachten Anteile in Höhe des versteuerten Einbringungsgewinns, sofern der Einbringende die auf den Einbringungsgewinn entfallende Steuer entrichtet hat.¹⁴⁷ Aus der Erhöhung der Anschaffungskosten verringert sich bei der übernehmenden Gesellschaft der Gewinn aus der Veräußerung der eingebrachten Anteile entsprechend. Dabei handelt es sich um die bereits veräußerten Anteile, deren Veräußerung das schädliche Ereignis ausgelöst hatte. Dieser Gewinn wird in aller Regel der Steuerfreiheit des § 8b Abs. 2 KStG unterliegen, so dass sich die Aufstockung nur in Höhe von 5 vH in der steuerlichen Bemessungsgrundlage auswirkt.¹⁴⁸

48 Werden die eingebrachten Anteile nicht sämtlich, sondern nur **teilweise** veräußert, wird der Einbringungsgewinn II ebenfalls nur partiell ausgelöst. Mithin stellt sich die Frage, welchen Anteilen der **Erhöhungsbetrag zuzuschreiben** ist. Mit Ritzer¹⁴⁹ wird es als sachgerecht erachtet, diesen nicht allen Anteilen zuzuordnen, sondern ausschließlich jenen, welche veräußert wurden. Gem. § 23 Abs. 2 S. 3 Hs. 2 gilt § 23 Abs. 2 S. 1 entsprechend. Dies hat zur Folge, dass die Berücksichtigung des Erhöhungsbetrags nur dann erfolgen kann, wenn ein entsprechender Antrag gestellt worden ist. Da der Einbringungsgewinn II durch die Veräußerung der eingebrachten Anteile ausgelöst wird und die Aufstockung auch im Fall des Anteilstauschs auf den Beginn des Wirtschaftsjahrs vorzunehmen ist, in welches das die Besteuerung des Einbringungsgewinns II auslösende Ereignis fällt, ist offensichtlich, dass die Erhöhung der Anschaffungskosten zeitlich vor der Veräußerung erfolgt. Dadurch ist es ausgeschlossen, dass ein Einbringungsgewinn II ausgelöst wird und die Anteile bereits vorher veräußert wurden. Somit erübrigt sich für die Fälle des Anteilstauschs auch ein Verweis auf § 23 Abs. 2 S. 2.¹⁵⁰

49 Über den Verweis in § 23 Abs. 2 S. 3 Hs. 1 gilt auch für die Fälle des Anteilstausches, dass der Ansatz des Erhöhungsbetrags ohne Auswirkung auf den Gewinn bleibt. Die **erfolgsneutrale Aufstockung** hat gleichzeitig zur Folge, dass das steuerliche Einlagekonto gem. § 27 KStG entsprechend zu erhöhen ist.¹⁵¹ § 23 Abs. 2 S. 3 Hs. 2 ordnet auch die entsprechende Geltung von § 22 Abs. 1 S. 7 an. Die Erhöhung der Anschaffungskosten der eingebrachten Anteile gilt demnach in den Fällen der **Weitereinbringung** der eingebrachten Anteile zum Buchwert (**Ketteneinbringung**) auch im Hinblick auf die auf der Weitereinbringung beruhenden Anteile.¹⁵² Vgl. auch hierzu das Beispiel einer Ketteneinbringung im UmwSt-Erlass vom 11.11.2011 Rn. 23.11.

---

146 Vgl. Rödder/Herlinghaus/van Lishaut/*Ritzer* UmwStG § 23 Rn. 169.
147 Vgl. UmwSt-Erlass v. 11.11.2011, BStBl. I 2011, 1314, Rn. 23.11.
148 Vgl. auch Rödder/Herlinghaus/van Lishaut/*Ritzer* UmwStG § 23 Rn. 174.
149 Rödder/Herlinghaus/van Lishaut/*Ritzer* UmwStG § 23 Rn. 176; Dötsch/Pung/Möhlenbrock/*Patt* UmwStG § 23 Rn. 207.
150 Vgl. Rödder/Herlinghaus/van Lishaut/*Ritzer* UmwStG § 23 Rn. 178.
151 Vgl. Dötsch/Pung/Möhlenbrock/*Patt* UmwStG § 23 Rn. 206.
152 Vgl. UmwSt-Erlass v. 11.11.2011, BStBl. I 2011, 1314, Rn. 23.11; Dötsch/Pung/Möhlenbrock/*Patt* UmwStG § 23 Rn. 206.

D. Vermögensübernahme zum gemeinen Wert (Abs. 4)

I. Grundlagen

Die Regelung des § 23 Abs. 4 kommt zur Anwendung, wenn die übernehmende Gesellschaft das eingebrachte Betriebsvermögen mit dem gemeinen Wert ansetzt. Der **gemeine Wert** des Betriebsvermögens bestimmt sich dabei aus dem Saldo der gemeinen Werte der aktiven und passiven Wirtschaftsgüter.[153] Beim Ansatz des gemeinen Werts sind sämtliche **stille Reserven aufzulösen**; eine nur selektive Auflösung bei einzelnen Wirtschaftsgütern ist nicht zulässig.[154] Insbesondere sind auch steuerfreie Rücklagen aufzulösen und selbst geschaffene immaterielle Wirtschaftsgüter einschließlich eines Firmen- oder Geschäftswerts anzusetzen.[155] Der Wertansatz zum gemeinen Wert hat auch zur Folge, dass **stille Lasten aufzulösen** sind.[156] Für die Bewertung von Pensionsrückstellung gelten jedoch auch bei Ansatz der gemeinen Werte die Bewertungsregelungen des § 6a EStG (§ 20 Abs. 2 S. 1 Hs. 2).[157] Bei der Folgebilanzierung ist zu beachten, dass nach Auffassung der Finanzverwaltung sowie der hM in der Literatur § 5 Abs. 7 EStG auch in Umwandlungsfällen grundsätzlich Anwendung findet, so dass die übernehmende Gesellschaft am ersten auf die Übernahme folgenden Bilanzstichtag die beim Einbringenden geltenden Passivierungsbeschränkungen zu beachten hat.[158] Ein Ansatz zum gemeinen Wert liegt bei Einbringungen im Falle des § 20 Abs. 2 S. 1 vor, wenn kein (wirksamer) Antrag auf Ansatz des Buchwerts oder Zwischenwerts nach § 20 Abs. 2 S. 2 gestellt wird. Die Regelung des § 23 Abs. 4 ist hingegen nicht anzuwenden, wenn bei der Sacheinlage zunächst auf Antrag der Buchwert oder der Zwischenwert angesetzt wird und später wegen der Aufstockung der Werte bei der übernehmenden Gesellschaft auf Antrag gem. § 23 Abs. 2 die Buchwertansätze bis zum gemeinen Wert erhöht werden.[159] Nach Auffassung der Finanzverwaltung ist § 23 Abs. 4 auch einschlägig, wenn der gemeine Wert niedriger als der Buchwert ist;[160] in einem solchen Fall kommt die sog. **Obergrenzenregelung** des § 20 Abs. 2 S. 1 und 2 zur Anwendung, nach der das eingebrachte Vermögen höchsten mit dem gemeinen Wert angesetzt werden darf.[161] Fraglich ist, ob § 23 Abs. 4 einschlägig ist, wenn der gemeine Wert und der Buchwert der Sacheinlage identisch sind. Mit Patt[162] ist davon auszugehen, dass in einem solchen Fall nicht § 23 Abs. 1, sondern ebenfalls Abs. 4 der Vorschrift greift. Eigene **Anschaffungsnebenkosten**, wie zB Grunderwerbsteuer, welche bei der Einbringung von Grundbesitz anfallen kann, sind grundsätzlich zum Ansatz des gemeinen Werts des

---

153 Vgl. UmwSt-Erlass v. 11.11.2011, BStBl. I 2011, 1314, Rn. 23.17. Streng genommen fehlen bei dieser Begriffsumschreibung des gemeinen Werts des Betriebsvermögens die aktiven und passiven Rechnungsabgrenzungsposten.
154 Statt vieler Rödder/Herlinghaus/van Lishaut/*Ritzer* UmwStG § 23 Rn. 226.
155 Vgl. UmwSt-Erlass v. 11.11.2011, BStBl. I 2011, 1314, Rn. 23.17.
156 Vgl. Schmitt/Hörtnagl/*Schmitt* UmwStG § 23 Rn. 93.
157 Wegen der Bewertung von Pensionsrückstellungen mit dem Teilwert iSd § 6a EStG mindert ein tatsächlich höherer gemeiner Wert der Versorgungsverpflichtung steuerlich nicht den gemeinen Wert des eingebrachten Betriebsvermögens (vgl. auch UmwSt-Erlass v. 11.11.2011, BStBl. I 2011, 1314, Rn. 03.08 mit einem Beispiel).
158 Vgl. BMF-Schreiben v. 30.11.2017, BStBl. I 2017, 1619; Herrmann/Heuer/Raupach/*Tiedchen* EStG § 5 Rn. 2411; Rödder/Herlinghaus/van Lishaut/*Ritzer* UmwStG § 23 Rn. 233 mit Nachweisen zur hM und weiteren Ausführungen.
159 Vgl. Dötsch/Pung/Möhlenbrock/*Patt* UmwStG § 23 Rn. 110.
160 Vgl. UmwSt-Erlass v. 11.11.2011, BStBl. I 2011, 1314, Rn. 23.17 mit Verweis auf Rn. 03.07 f. sowie Rn. 03.12.
161 Vgl. Dötsch/Pung/Möhlenbrock/*Patt* UmwStG § 23 Rn. 110.
162 Dötsch/Pung/Möhlenbrock/*Patt* UmwStG § 23 Rn. 110, der zutreffend darauf hinweist, dass die Anwendung des § 23 Abs. 1 UmwStG voraussetzt, dass ein „unter dem gemeinen Wert liegender Wert" vorliegen muss, was bei Identität zwischen Buchwert und gemeinem Wert gerade nicht der Fall ist; aA Widmann/Mayer/*Widmann* UmwStG § 23 Rn. 20.1, unter der Voraussetzung der Stellung eines Buchwertantrags.

Betriebsvermögens zusätzlich zu aktivieren.[163] Wird bei einer **Einbringung** (§§ 20, 21, 25) der gemeine Wert angesetzt, wird in § 23 Abs. 4 – im Unterschied zur Einbringung zum Buch- oder Zwischenwert – im Hinblick auf die Rechtsfolgen danach differenziert, ob die Sacheinlage im Wege der Einzelrechtsnachfolge (§ 23 Abs. 4 Hs. 1) oder im Wege der Gesamtrechtsnachfolge (§ 23 Abs. 4 Hs. 2) erfolgt.[164]

51 Wird eine Einbringung sowohl im Wege der **Gesamtrechtsnachfolge** als auch im Wege der **Einzelrechtsnachfolge** durchgeführt (zB bei Verschmelzung einer KG auf eine GmbH mit gleichzeitigem Übergang des Sonderbetriebsvermögens im Wege der Einzelrechtsnachfolge), so soll nach Auffassung der Finanzverwaltung[165] und der hM im Schrifttum[166] der Vorgang für Zwecke des § 23 Abs. 4 einheitlich als Gesamtrechtsnachfolge zu beurteilen sein.

II. Einbringung durch Einzelrechtsnachfolge (Abs. 4 Hs. 1)
1. Fallgruppen

52 Eine Einbringung durch **Einzelrechtsnachfolge** liegt vor, wenn im Rahmen einer Sachgründung oder einer Sachkapitalerhöhung die Wirtschaftsgüter einzeln nach den jeweils abhängig von der Beschaffenheit der Sachen, Rechte und Verbindlichkeiten geltenden gesetzlichen Vorschriften auf die übernehmende Gesellschaft übertragen werden (→ § 20 Rn. 40 ff.).[167] Einzelrechtsnachfolge ist auch gegeben, wenn die Wirtschaftsgüter als Agio bei einer Begründung oder Kapitalerhöhung übertragen werden;[168] das Gleiche gilt, wenn durch eine Abtretung eines Anteils an einer weiterhin bestehenden Personengesellschaft die Sacheinlage erbracht wird.[169]

Fraglich ist die Einordnung der **erweiterten Anwachsung**. Im alten UmwSt-Erlass hat die Finanzverwaltung die Anwachsung als Fall der Einzelrechtsnachfolge qualifiziert.[170] Der aktuelle UmwSt-Erlass enthält zu § 23 keine diesbezügliche Aussage. Die wohl hM in der Literatur stellt darauf ab, wie die Übertragung des Mitunternehmeranteils, als deren Folge es zur Anwachsung kommt, erfolgt.[171] Die eigentliche Anwachsung wird als steuerliches Nullum gesehen.[172] Erfolgt die Einbringung des Mitunternehmeranteils im Wege der Einzelrechtsnachfolge (wobei es sich um den Normalfall handeln dürfte), ist der gesamte Vorgang als Einbringung im Wege der Einzelrechtsnachfolge zu qualifizieren. Erfolgt hingegen die Einbringung des Mitunternehmeranteils im Wege der

Gesamtrechtsnachfolge, handelt es sich insgesamt um eine Einbringung im Wege der Gesamtrechtsnachfolge.

2. Rechtsfolgen

Liegt eine Einbringung durch Einzelrechtsnachfolge vor, ordnet § 23 Abs 4 Hs. 1 an, dass es sich um eine Anschaffung der entsprechenden Wirtschaftsgüter zum gemeinen Wert handelt.[173] Die steuerliche Behandlung des Sacheinlagegegenstands ist die gleiche, als wenn die Wirtschaftsgüter in einem voll entgeltlichen Vorgang erworben worden wären (**Anschaffungsfiktion**). Daraus folgt, dass die vom Einbringenden vorgenommenen Bewertungen oder Abschreibungen keine Folgewirkung auf die Einkommensermittlung bei der übernehmenden Gesellschaft haben. Bei der Bewertung des eingebrachten Vermögens, der Abschreibung, der Wertaufholung, der Bildung von Rücklagen und Rückstellungen, der Übertragung von § 6b-Rücklagen und allen sonstigen Grundsätzen der Gewinnermittlung ist ab dem steuerlichen Übertragungsstichtag das Anschaffungsprinzip zu beachten.[174] Die Anschaffungskosten entsprechen dem Wert, mit dem die übernehmende Gesellschaft die entsprechenden aktiven und passiven Wirtschaftsgüter bei der erstmaligen Bilanzierung ansetzt. Als Stichtag der Anschaffung ist der steuerliche Übertragungsstichtag maßgebend.[175]

53

3. Abschreibungen

Bei abnutzbaren Wirtschaftsgütern kann die übernehmende Gesellschaft die **Abschreibungsmethode** im Rahmen der gesetzlichen Vorschriften frei wählen; eine Bindung an den Einbringenden besteht nicht. Die Nutzungsdauer ist neu zu bestimmen. Da es sich bei der Einbringung durch Einzelrechtsnachfolge um eine (fiktive) Anschaffung handelt, kann die übernehmende Gesellschaft keine Regelung in Anspruch nehmen, bei welcher die Herstellereigenschaft vorausgesetzt wird. So kann zB bei einem eingebrachten **Gebäude** die Abschreibung nicht nach der **degressiven** Methode gem. § 7 Abs. 5 EStG vorgenommen werden, wenn der steuerliche Übertragungsstichtag nach dem Jahr der Gebäudeherstellung liegt.[176] Aufgrund der Anschaffungsfiktion kann die übernehmende Gesellschaft die Bewertungsfreiheit des § 6 Abs. 2 EStG für bewegliche Wirtschaftsgüter des abnutzbaren Anlagevermögens (sog. **geringwertige Wirtschaftsgüter**) in Anspruch nehmen, wenn die entsprechenden Voraussetzungen der Vorschrift erfüllt sind.[177] § 6 Abs. 2 EStG verlangt nicht, dass es sich bei den angeschafften Wirtschaftsgütern um neue handeln muss.[178] Auch auf das Wahlrecht der Bildung eines **Sammelpostens** iSd § 6 Abs. 2a EStG kann die übernehmende Gesellschaft bei Vorliegen der entsprechenden Voraussetzungen zurückgreifen, zumindest wenn das gesamte Betriebsvermögen des Einbringenden iRd Sacheinlage übertragen wird.[179] Handelt es sich hingegen um eine Teilbetriebseinbringung, bleibt ein evtl. beim Einbringenden gebildeter Sammelposten nach Auffassung der Finanzverwaltung beim Einbringenden

54

---

173 Vgl. UmwSt-Erlass v. 11.11.2011, BStBl. I 2011, 1314, Rn. 23.21.
174 Statt vieler Dötsch/Pung/Möhlenbrock/*Patt* UmwStG § 23 Rn. 120.
175 Vgl. Rödder/Herlinghaus/van Lishaut/*Ritzer* UmwStG § 23 Rn. 242.
176 Vgl. Dötsch/Pung/Möhlenbrock/*Patt* UmwStG § 23 Rn. 124.
177 Vgl. Dötsch/Pung/Möhlenbrock/*Patt* UmwStG § 23 Rn. 125.
178 Vgl. Herrmann/Heuer/Raupach/*Dreixler* EStG § 6 Rn. 1006.
179 Vgl. ausführlich Dötsch/Pung/Möhlenbrock/*Patt* UmwStG § 23 Rn. 126.

zurück.[180] Ob in diesem Fall die übernehmende Gesellschaft dennoch einen Sammelposten bilden kann, ist strittig.[181]

4. Wertaufholungen

55 Der Anschaffungsfiktion ist es auch geschuldet, dass eine vormals beim Einbringenden gegebene **Wertaufholungsverpflichtung** bei zuvor erfolgten Teilwertabschreibungen nicht auf die übernehmende Gesellschaft übergeht, auch wenn der Wert des entsprechenden Wirtschaftsguts am steuerlichen Bilanzstichtag noch nicht wieder angestiegen ist. Als Anschaffungskosten gilt der von der übernehmenden Gesellschaft zum steuerlichen Übertragungsstichtag angesetzte Wert des jeweiligen Wirtschaftsguts (§ 23 Abs. 4 Hs. 1). Infolgedessen bildet dieser Wert die Obergrenze für eine Wertaufholung.[182]

5. Besitzzeiten

56 Fordert eine steuerliche Regelung eine **Mindestbesitzdauer** (zB § 6b Abs. 4 Nr. 2, Abs. 10 S. 4 EStG: sechsjährige ununterbrochene Zugehörigkeit zu einem inländischen Betriebsvermögen), beginnt die Laufzeit zur Ermittlung der Besitzdauer ab dem Anschaffungszeitpunkt, demnach mit dem ggf. rückbezogenen steuerlichen Übertragungsstichtag. Ist im Rückwirkungszeitraum ein Wirtschaftsgut eingelegt worden, bestimmt sich wegen der Ausnahme der Rückbeziehung von Einlagen (§ 20 Abs. 5 S. 2) der Beginn der Besitzzeit mit Vornahme der tatsächlichen Einlagehandlung.[183]

6. Pensionsrückstellungen

57 Als Wert einer **Pensionsverpflichtung** gilt gem. § 20 Abs. 2 S. 1 der Wert nach § 6a EStG, auch wenn die übrigen aktiven und passiven Wirtschaftsgüter mit dem gemeinen Wert (oder einem Zwischenwert) angesetzt wurden. Im UmwSt-Erlass vom 11.11.2011 ist unter der Rn. 23.18 geregelt, dass die folgenden Werte anzusetzen sind:

(a) Bei Pensionsanwartschaften vor Beendigung des Dienstverhältnisses der Pensionsberechtigten der nach § 6a Abs. 3 S. 2 Nr. 1 EStG zu berechnende Wert, wobei als Beginn des Dienstverhältnisses des Pensionsberechtigten der Eintritt in den Betrieb des Einbringenden maßgeblich ist.

(b) Bei aufrechterhaltenen Pensionsanwartschaften nach Beendigung des Dienstverhältnisses des Pensionsberechtigten oder bei bereits laufenden Pensionszahlungen der Barwert der künftigen Pensionsleistungen nach § 6a Abs. 3 S. 2 Nr. 2 EStG.

III. Einbringung durch Gesamtrechtsnachfolge (Abs. 4 Hs. 2)

58 Erfolgt die Einbringung des Betriebsvermögens im Wege der **Gesamtrechtsnachfolge** nach den Vorschriften des UmwG, gilt § 23 Abs. 3 entsprechend (§ 23 Abs. 4 Hs. 2). Wie beim Zwischenwertansatz kommt es somit zu einer modifizierten steuerlichen Rechtsnachfolge.[184] Danach kommt es wegen des Verweises in § 23 Abs. 3 auf § 12 Abs. 3 Hs. 1 grundsätzlich zum Eintritt der übernehmenden Gesellschaft in die steuerliche

---

180 Vgl. BMF-Schreiben v. 30.9.2010, BStBl. I 2010, 755, Rn. 22; R 6.13 Abs. 6 EStR; aA Schmidt/*Kulosa* EStG § 6 Rn. 676.
181 Vgl. Dötsch/Pung/Möhlenbrock/*Patt* UmwStG § 23 Rn. 126.
182 Vgl. Rödder/Herlinghaus/van Lishaut/*Ritzer* UmwStG § 23 Rn. 246.
183 Vgl. Dötsch/Pung/Möhlenbrock/*Patt* UmwStG § 23 Rn. 128.
184 Vgl. zur modifizierten steuerlichen Rechtsnachfolge: Dötsch/Pung/Möhlenbrock/*Patt* UmwStG § 23 Rn. 132.

Rechtsstellung des Einbringenden. Wegen der Aufstockung stiller Reserven erfolgt jedoch eine Neuberechnung von Abschreibungen. Eine Anrechnung von Besitzzeiten des Einbringenden findet wie bei Einbringungen zum gemeinen Wert durch Einzelrechtsnachfolge wegen des fehlenden Verweises auf § 4 Abs. 2 S. 3 nicht statt.[185]

Folgende Fälle des UmwG sind von der Regelung des § 23 Abs. 4 Hs. 2 als Fälle der Gesamtrechtsnachfolge erfasst:

1. Verschmelzung

Bei einer **Verschmelzung** geht das gesamte Vermögen des übertragenden Rechtsträgers gem. § 20 Abs. 1 Nr. 1 uno actu und somit im Wege der Gesamtrechtsnachfolge auf den übernehmenden Rechtsträger über.[186]

2. Spaltung (Aufspaltung, Abspaltung, Ausgliederung)

Bei einer Einbringung, die sich im Wege einer **Spaltung** vollzieht, erfolgt zwar eine Vermögensübertragung kraft Eintragung der Spaltung in einem Akt; einer Einzelübertragung der Vermögensgegenstände bedarf es hierbei nicht. Gleichwohl entspricht der Vorgang insoweit nicht einer Gesamtrechtsnachfolge im zivilrechtlichen Sinne, da – im Gegensatz zur Verschmelzung – im Fall der **Abspaltung** oder **Ausgliederung** der übertragende Rechtsträger nicht untergeht.[187] Darüber hinaus besteht auch der Unterschied, dass nicht das gesamte Vermögen übergeht, sondern nur der im Spaltungs- und Übernahmevertrag aufgeführte Teil vom Vermögensübergang betroffen ist.[188] Aus diesem Umstand folgert ein Teil des zivilrechtlichen Schrifttums, dass es sich hierbei um eine teilweise oder beschränkte Gesamtrechtsnachfolge handelt.[189] Diese Besonderheit der Gesamtrechtsnachfolge ändert jedoch nichts daran, dass sich die hM sowie die Finanzverwaltung dafür aussprechen, auch die Fälle der Einbringung im Wege der Spaltung als Gesamtrechtsnachfolge iSd UmwG zu qualifizieren mit der Folge, dass die Vorschrift des § 23 Abs. 4 Hs. 2 zur Anwendung kommt.[190]

3. Formwechsel

Die Fälle des **Formwechsels** sind zwar nicht direkt erfasst, weil es sich nicht um eine Gesamtrechtsnachfolge iSd UmwG handelt. Ein Vermögensübergang im zivilrechtlichen Sinne liegt nicht vor. Der Formwechsel ist jedoch für Zwecke des § 23 dennoch wie eine Übertragung im Wege der Gesamtrechtsnachfolge zu behandeln. Die Vorschrift des § 23 Abs. 4 Hs. 2 ist über den entsprechenden Verweis in § 25 anzuwenden.[191]

4. Vorgänge nach ausländischer Rechtsordnung

Es stellt sich die Frage, wie Vorgänge nach **ausländischer Rechtsordnung** zu qualifizieren sind, welche einer Verschmelzung, Spaltung oder einem Formwechsel nach dem

---

185 Vgl. Dötsch/Pung/Möhlenbrock/*Patt* UmwStG § 23 Rn. 133.
186 Vgl. Dötsch/Pung/Möhlenbrock/*Patt* UmwStG § 23 Rn. 115.
187 Vgl. zB Rödder/Herlinghaus/van Lishaut/*Ritzer* UmwStG § 23 Rn. 252.
188 Vgl. Dötsch/Pung/Möhlenbrock/*Patt* UmwStG § 23 Rn. 116.
189 Vgl. im Einzelnen Rödder/Herlinghaus/van Lishaut/*Ritzer* UmwStG § 23 Rn. 252 und Dötsch/Pung/Möhlenbrock/*Patt* UmwStG § 23 Rn. 116.
190 Vgl. UmwSt-Erlass v. 11.11.2011, BStBl. I 2011, 1314, Rn. 01.44 Buchst. aa; Rödder/Herlinghaus/van Lishaut/*Ritzer* UmwStG § 23 Rn. 252; Dötsch/Pung/Möhlenbrock/*Patt* UmwStG § 23 Rn. 116 mit weiteren Nachweisen.
191 Vgl. Rödder/Herlinghaus/van Lishaut/*Ritzer* UmwStG § 23 Rn. 252; Schmitt/Hörtnagel/Stratz/*Schmitt* § 23 Rn. 100.

Umwandlungsgesetz vergleichbar sind. Zu Recht spricht sich Patt[192] unter Rückgriff auf die Anwendungsregelung für den sechsten bis achten Teil des UmwStG (§ 1 Abs. 3 Nr. 1–3), nach der diese auch für vergleichbare ausländische Umwandlungen gelten, dafür aus, dass auch solche ausländischen Vorgänge unter die Gesamtrechtsnachfolgeregelung des § 23 Abs. 4 Hs. 2 zu fassen sind. Die Prüfung der Gesamtrechtsnachfolge ist Teil der Vergleichbarkeitsprüfung.

E. Gewerbesteuer

I. Allgemeines

63 Da die Ermittlung des **Gewerbeertrags** gem. § 7 S. 1 GewStG an den einkommen- und körperschaftsteuerlichen Gewinnermittlungsvorschriften anknüpft, gelten die besonderen Vorschriften des § 23 zur allgemeinen steuerlichen Rechtsnachfolge, der Besitzzeitenanrechnung sowie der Ermittlung der Abschreibung auch für gewerbesteuerliche Zwecke. Nur § 23 Abs. 5 enthält eigene gewerbesteuerliche Regelungen für die Auswirkungen bei der übernehmenden Gesellschaft (in Bezug auf gewerbesteuerliche Verlustvorträge). Aufgrund der steuerlichen Rechtsnachfolge werden auch die gewerbesteuerlich relevanten Tatbestände des Einbringenden der übernehmenden Gesellschaft zugerechnet.[193] Entsteht infolge des Vermögensübergangs durch das Erlöschen von Forderung und Verbindlichkeit ein **Konfusionsgewinn** (**Einbringungsfolgegewinn**), gehört er zum Gewerbeertrag der übernehmenden Gesellschaft. Die Vergünstigung des § 6 Abs. 1, wonach die Bildung einer gewinnmindernden Rücklage gestattet ist, gilt auch für die Gewinnermittlung bei der Gewerbesteuer.[194]

II. Auswirkungen eines gewerbesteuerlichen Verlustvortrags (Abs. 5)

1. Übernehmende Gesellschaft

64 Nach § 23 Abs. 5 kann der maßgebende Gewerbeertrag der übernehmenden Gesellschaft nicht um die vortragsfähigen Fehlbeträge des Einbringenden iSd § 10a GewStG gekürzt werden. Es handelt sich hierbei lediglich um eine klarstellende Regelung, denn diese Rechtsfolge ergibt sich bereits aus den allgemeinen Grundsätzen des Gewerbesteuerrechts.[195] So hat der BFH in ständiger Rechtsprechung aus dem Objektcharakter der Gewerbesteuer und aus der Regelung des § 10a S. 7 GewStG abgeleitet, dass es für einen Verlustabzug gem. § 10a GewStG dem Erfordernis der Unternehmens- und Unternehmeridentität bedarf.[196] Bei der Einbringung eines Betriebs oder eines Teilbetriebs in eine Kapitalgesellschaft ist diese Voraussetzung gerade nicht erfüllt. Die fehlende Nutzungsmöglichkeit des **Verlustvortrags** tritt unabhängig davon ein, ob die Übertragung des Betriebs bzw. Teilbetriebs entgeltlich oder unentgeltlich vorgenommen wird, im Zuge einer Einzel- oder Gesamtrechtsnachfolge erfolgt oder auf welchen Wertansätzen (Buchwert, Zwischenwert, Teilwert) die Einbringung beruht.[197]

---

192 Dötsch/Pung/Möhlenbrock/*Patt* UmwStG § 23 Rn. 118 mwN.
193 Vgl. Dötsch/Pung/Möhlenbrock/*Patt* UmwStG § 23 Rn. 134.
194 Vgl. Dötsch/Pung/Möhlenbrock/*Patt* UmwStG § 23 Rn. 144.
195 Vgl. Rödder/Herlinghaus/van Lishaut/*Ritzer* UmwStG § 23 Rn. 261; Dötsch/Pung/Möhlenbrock/*Patt* UmwStG § 23 Rn. 233.
196 Vgl. zB BFH 6.9.2000 – IV R 69/99, BStBl. II 2001, 731 (732).
197 Vgl. Rödder/Herlinghaus/van Lishaut/*Ritzer* UmwStG § 23 Rn. 262; Dötsch/Pung/Möhlenbrock/*Patt* UmwStG § 23 Rn. 233.

Der Klarstellung halber sei erwähnt, dass § 23 Abs. 5 nicht den eigenen Verlustvortrag der übernehmenden Gesellschaft betrifft. Dieser Verlustvortrag kann grundsätzlich unverändert fortgeführt werden, wobei sowohl eine Verrechnung mit Gewinnen aus dem übernommenen Betrieb bzw. Teilbetrieb als auch mit den im eigenen Betrieb erzielten Gewinnen vorgenommen werden kann.[198]

2. Einbringender

Aus der Regelung des § 23 Abs. 5 kann nicht geschlossen werden, dass der gewerbesteuerliche Verlustvortrag im Zuge der Einbringung nach § 20 beim Einbringenden untergeht.[199] Für die weitere **Verlustverwertung** auf der Seite des Einbringenden gelten die allgemeinen Regelungen des § 10a GewStG, so dass für Personengesellschaften zur Nutzung der Verluste die Unternehmens- und Unternehmeridentität erforderlich ist. Handelt es sich beim Einbringenden um eine Kapitalgesellschaft sind die Vorschriften des § 8c KStG bzw. des § 8 Abs. 4 KStG aF zu beachten. Klar sind die Fälle, in welchen das **Einzelunternehmen** einer natürlichen Person oder der Betrieb einer **Personengesellschaft** oder alle Anteile an einer Personengesellschaft eingebracht werden. Hier geht der vortragsfähige Fehlbetrag verloren.[200] Problematischer zu beurteilen sind hingegen die Fälle, in welchen ein Teilbetrieb eines Einzelunternehmens oder ein Teilbetrieb einer weiterhin bestehenden Personengesellschaft eingebracht werden. Hier steht die schwierig zu beantwortende Frage im Raum, ob und inwieweit diesem Teilbetrieb der Verlust zuzurechnen ist. Dies ist deshalb der Fall, weil für die für die Fortführung des Verlustabzugs gem. § 10a GewStG notwendige Unternehmensidentität auf den Teilbetrieb abzustellen ist,[201] infolgedessen auf den eingebrachten Teilbetrieb entfallende Fehlbeträge untergehen.

In der Praxis ergeben sich häufig Probleme, auf welche Art und Weise eine Aufteilung des gesamten Fehlbetrags auf die jeweiligen **Teilbetriebe** vorzunehmen ist. Vielfach dürfte eine Zuordnung des Verlustvortrags nur mittels einer sachgerechten Schätzung möglich sein.[202] Zu keiner Einschränkung des Verlustvortrags kommt es dann, wenn der eingebrachte Teilbetrieb im Zeitpunkt der Verlustentstehung noch nicht existierte[203] oder erst kurz vor der Einbringung angeschafft wurde.[204] Wird ein **Mitunternehmeranteil** an einer Personengesellschaft mit Verlustvorträgen eingebracht, geht aufgrund des gewerbesteuerlichen Unternehmerwechsels der Verlustvortrag insoweit verloren, als dieser nach dem allgemeinen Gewinnverteilungsschlüssel auf den ausgeschiedenen Gesellschafter entfällt.[205]

Handelt es sich beim Einbringenden um eine **Körperschaft**, verbleibt ein im eingebrachten Betrieb oder Teilbetrieb entstandener vortragsfähiger Verlustvortrag iSd § 10a GewStG beim Einbringenden. Im Gegensatz zum gewerblichen Einzelunternehmen und gewerblichen Personengesellschaften setzt der Abzug des Gewerbeverlustes nach

---

198 Vgl. Rödder/Herlinghaus/van Lishaut/*Ritzer* UmwStG § 23 Rn. 264.
199 Vgl. statt vieler Rödder/Herlinghaus/van Lishaut/*Ritzer* UmwStG § 23 Rn. 257, vgl. auch R 10a 3 Abs. 4 S. 6 GewStR.
200 Vgl. zB Dötsch/Pung/Möhlenbrock/*Patt* UmwStG § 23 Rn. 239.
201 Vgl. auch BFH 7.8.2008 – IV R 86/05, BStBl. II 2012, 145.
202 Vgl. Dötsch/Pung/Möhlenbrock/*Patt* UmwStG § 23 Rn. 240.
203 Vgl. Rödder/Herlinghaus/van Lishaut/*Ritzer* UmwStG § 23 Rn. 258.
204 Vgl. Dötsch/Pung/Möhlenbrock/*Patt* UmwStG § 23 Rn. 240.
205 Vgl. Rödder/Herlinghaus/van Lishaut/*Ritzer* UmwStG § 23 Rn. 260.

§ 10a GewStG nicht voraus, dass die Unternehmensgleichheit gewahrt ist.[206] Zu beachten sind jedoch die Regelungen des § 10a S. 10 GewStG, nach der § 8c KStG auf gewerbesteuerliche Fehlbeträge entsprechend anwendbar ist.

69 Bringt eine Körperschaft ihren gesamten **Mitunternehmeranteil** an einer Personengesellschaft mit Verlustvorträgen ein, geht ein Verlustvortrag verloren, wenn und soweit er der einbringenden Kapitalgesellschaft zuzurechnen ist.[207] Wird hingegen nur ein Teil der Mitunternehmerbeteiligung eingebracht, kommt es nicht zu einem anteiligen auf den eingebrachten Teil des Mitunternehmeranteils entfallenden Untergang des Verlustvortrags, weil bei einem solchen Einbringungsgegenstand die Unternehmeridentität bestehen bleibt.[208]

F. Einbringungsfolgegewinn (Abs. 6)
I. Rücklage für einen Einbringungsfolgegewinn

70 Nach § 23 Abs. 6 gilt die Regelung des § 6 Abs. 1 entsprechend. § 6 Abs. 1 gewährt der übernehmenden Gesellschaft ein Wahlrecht, im Falle des Entstehens eines **Konfusionsgewinns** (**Einbringungsfolgegewinns**) eine den steuerlichen Gewinn mindernde Rücklage bilden zu können, welche über drei Wirtschaftsjahre gewinnerhöhend aufzulösen ist (→ § 6 Rn. 32 f.). Ein Konfusionsgewinn entsteht, wenn es durch die Einbringung zu einer **Vereinigung einer Forderung und einer Verbindlichkeit** zwischen dem Einbringenden und der übernehmenden Gesellschaft kommt und die beiden Bilanzpositionen unterschiedlich bewertet sind.[209] Gleichfalls kommt es zu einem Konfusionsgewinn, wenn infolge der Einbringung die **Notwendigkeit einer Rückstellung** entfällt.[210] Der Konfusionsgewinn entsteht als laufender Gewinn bei der übernehmenden Gesellschaft unabhängig davon, zu welchem Wert (Buchwert, Zwischenwert, gemeiner Wert) die Einbringung erfolgt und unabhängig davon, welcher zivilrechtliche Durchführungsweg der Einbringung zugrunde lag.[211] Durch den in § 23 Abs. 6 normierten Verweis auf eine entsprechende Anwendung von § 6 Abs. 1 wird der übernehmenden Gesellschaft ein **Wahlrecht** eingeräumt, den Konfusionsgewinn durch die Bildung einer den Gewinn mindernden Rücklage zu kompensieren. Da in § 6 Abs. 1 S. 1 der Begriff „insoweit" verwendet wird, geht hieraus hervor, dass die Rücklage den Konfusionsgewinn nicht übersteigen darf. Nach der hier vertretenen Auffassung gilt das Wahlrecht zur Bildung der Rücklage sowohl dem Grunde als auch der Höhe nach. Infolgedessen muss es der übernehmenden Gesellschaft erlaubt sein, nur einen Teil des Konfusionsgewinns in die Rücklage einzustellen.[212] Nach § 6 Abs. 1 S. 2 ist die **Rücklage** in der auf ihre Bildung folgenden drei Wirtschaftsjahren mit mindestens einem Drittel **aufzulösen**. Demnach ist es der übernehmenden Gesellschaft unbenommen, in den ersten beiden Wirtschaftsjahren nach der Bildung der Rücklage mehr als ein Drittel der Rücklage aufzulösen.[213] Die Auflösung der Rücklage unterliegt als laufender Gewinn der vollen **Steuerpflicht**. Dies soll nach Auffassung der Finanzverwaltung auch dann

---

206 Vgl. Dötsch/Pung/Möhlenbrock/*Patt* UmwStG § 23 Rn. 236.
207 Vgl. Dötsch/Pung/Möhlenbrock/*Patt* UmwStG § 23 Rn. 238.
208 Vgl. Dötsch/Pung/Möhlenbrock/*Patt* UmwStG § 23 Rn. 238.
209 Vgl. Dötsch/Pung/Möhlenbrock/*Patt* UmwStG § 23 Rn. 242.
210 Vgl. Rödder/Herlinghaus/van Lishaut/*Ritzer* UmwStG § 23 Rn. 269.
211 Vgl. Dötsch/Pung/Möhlenbrock/*Patt* UmwStG § 23 Rn. 242.
212 So auch Rödder/Herlinghaus/van Lishaut/*Birkemeier* UmwStG § 6 Rn. 84.
213 Vgl. Rödder/Herlinghaus/van Lishaut/*Ritzer* UmwStG § 23 Rn. 271.

gelten, wenn sich eine Teilwertabschreibung auf eine Forderung wegen der Regelung des § 8b Abs. 3 S. 3 KStG steuerlich nicht ausgewirkt hat.[214] Eine solche Besteuerung wird von Teilen der Literatur als nicht sachgerecht beurteilt.[215] Vereinzelt wird hierzu die Auffassung vertreten, dass die Regelung des § 8b Abs. 3 S. 9 KStG, wonach Gewinne aus Wertaufholungen auf teilwertberichtigte Darlehensforderungen bei der Ermittlung des Einkommens außer Ansatz bleiben, analog anzuwenden ist.[216]

Seit der Geltung des **BilMoG** wird sich der Nachteil der – als unsystematisch angesehenen – Besteuerung von Konfusionsgewinnen auf teilwertberichtigte Forderungen, welche unter die Regelung des § 8b Abs. 3 S. 3 KStG fallen, üblicherweise nur noch auf Altfälle beschränken. Im Zuge der Einführung des BilMoG und dem gleichzeitigen Wegfall der umgekehrten Maßgeblichkeit entspricht es der hM, dass die Teilwertabschreibung ein autonom auszuübendes steuerliches Wahlrecht iSd § 5 Abs. 1 S. 2 Hs. 2 EStG ist.[217] Die Besteuerung eines Konfusionsgewinns aufgrund gesunkener Teilwerte von Forderungen aus Gesellschafterdarlehen lässt sich nunmehr sinnvollerweise dadurch verhindern, dass auf die Vornahme einer Teilwertabschreibung der Forderung verzichtet wird. 71

II. Missbrauchsregelung

Die Regelung des § 23 Abs. 6 schließt die entsprechende Anwendung der **Missbrauchsvorschrift** des § 6 Abs. 3 mit ein. Danach entfällt die Möglichkeit der Bildung einer gewinnmindernden Rücklage rückwirkend, wenn die übernehmende Gesellschaft den auf sie übergegangenen Betrieb innerhalb von fünf Jahren nach dem steuerlichen Übertragungsstichtag in eine Kapitalgesellschaft einbringt oder ohne triftigen Grund (zur Frage, wann ein triftiger Grund vorliegt → § 6 Rn. 35) veräußert oder aufgibt.[218] Die gleichen Folgen ergeben sich, wenn es sich anstelle eines Betriebs um einen Teilbetrieb handelt.[219] Kommt die Missbrauchsregelung zur Anwendung sind gem. § 6 Abs. 3 S. 2 bereits erteilte Steuerbescheide, Steuermessbescheide, Freistellungsbescheide oder Feststellungsbescheide zu ändern, soweit sie auf der Anwendung von § 6 Abs. 1 beruhen. 72

Siebter Teil
Einbringung eines Betriebs, Teilbetriebs oder Mitunternehmeranteils in eine Personengesellschaft

§ 24 Einbringung von Betriebsvermögen in eine Personengesellschaft

(1) Wird ein Betrieb oder Teilbetrieb oder ein Mitunternehmeranteil in eine Personengesellschaft eingebracht und wird der Einbringende Mitunternehmer der Gesellschaft, gelten für die Bewertung des eingebrachten Betriebsvermögens die Absätze 2 bis 4.

---

214 Vgl. UmwSt-Erlass v. 11.11.2011, BStBl. I 2011, 1314, Rn. 06.02.
215 Vgl. zB Rödder/Herlinghaus/van Lishaut/*Ritzer* UmwStG § 23 Rn. 271; Haase/Hofacker/*Biesold*, UmwStG § 23 Rn. 130; Krohn/Greulich DStR 2008, 646 (649).
216 Vgl. Rödder/Herlinghaus/van Lishaut/*Ritzer* UmwStG § 23 Rn. 271; Krohn/Greulich DStR 2008, 646 (649).
217 Vgl. zB Schmidt/*Weber-Grellet* EStG § 5 Rn. 64; BMF-Schreiben v. 12.3.2010, BStBl. I 2010, 239, Rn. 15.
218 Vgl. auch UmwSt-Erlass v. 11.11.2011, BStBl. I 2011, 1314, Rn. 23.04, in welchem explizit auf die fünfjährige Sperrfrist hingewiesen wird.
219 Vgl. Dötsch/Pung/Möhlenbrock/*Patt* UmwStG § 23 Rn. 243.

(2) ¹Die Personengesellschaft hat das eingebrachte Betriebsvermögen in ihrer Bilanz einschließlich der Ergänzungsbilanzen für ihre Gesellschafter mit dem gemeinen Wert anzusetzen; für die Bewertung von Pensionsrückstellungen gilt § 6a des Einkommensteuergesetzes. ²Abweichend von Satz 1 kann das übernommene Betriebsvermögen auf Antrag mit dem Buchwert oder einem höheren Wert, höchstens jedoch mit dem Wert im Sinne des Satzes 1, angesetzt werden, soweit

1. das Recht der Bundesrepublik Deutschland hinsichtlich der Besteuerung des eingebrachten Betriebsvermögens nicht ausgeschlossen oder beschränkt wird und
2. der gemeine Wert von sonstigen Gegenleistungen, die neben den neuen Gesellschaftsanteilen gewährt werden, nicht mehr beträgt als
   a) 25 Prozent des Buchwerts des eingebrachten Betriebsvermögens oder
   b) 500 000 Euro, höchstens jedoch den Buchwert des eingebrachten Betriebsvermögens.

³§ 20 Abs. 2 Satz 3 gilt entsprechend. ⁴Erhält der Einbringende neben den neuen Gesellschaftsanteilen auch sonstige Gegenleistungen, ist das eingebrachte Betriebsvermögen abweichend von Satz 2 mindestens mit dem gemeinen Wert der sonstigen Gegenleistungen anzusetzen, wenn dieser den sich nach Satz 2 ergebenden Wert übersteigt.

(3) ¹Der Wert, mit dem das eingebrachte Betriebsvermögen in der Bilanz der Personengesellschaft einschließlich der Ergänzungsbilanzen für ihre Gesellschafter angesetzt wird, gilt für den Einbringenden als Veräußerungspreis. ²§ 16 Abs. 4 des Einkommensteuergesetzes ist nur anzuwenden, wenn das eingebrachte Betriebsvermögen mit dem gemeinen Wert angesetzt wird und es sich nicht um die Einbringung von Teilen eines Mitunternehmeranteils handelt; in diesen Fällen ist § 34 Abs. 1 und 3 des Einkommensteuergesetzes anzuwenden, soweit der Veräußerungsgewinn nicht nach § 3 Nr. 40 Satz 1 Buchstabe b in Verbindung mit § 3c Abs. 2 des Einkommensteuergesetzes teilweise steuerbefreit ist. ³In den Fällen des Satzes 2 gilt § 16 Abs. 2 Satz 3 des Einkommensteuergesetzes entsprechend.

(4) § 23 Abs. 1, 3, 4 und 6 gilt entsprechend; in den Fällen der Einbringung in eine Personengesellschaft im Wege der Gesamtrechtsnachfolge gilt auch § 20 Abs. 5 und 6 entsprechend.

(5) Soweit im Rahmen einer Einbringung nach Absatz 1 unter dem gemeinen Wert eingebrachte Anteile an einer Körperschaft, Personenvereinigung oder Vermögensmasse innerhalb eines Zeitraums von sieben Jahren nach dem Einbringungszeitpunkt durch die übernehmende Personengesellschaft veräußert oder durch einen Vorgang nach § 22 Absatz 1 Satz 6 Nummer 1 bis 5 weiter übertragen werden und soweit beim Einbringenden der Gewinn aus der Veräußerung dieser Anteile im Einbringungszeitpunkt nicht nach § 8b Absatz 2 des Körperschaftsteuergesetzes steuerfrei gewesen wäre, ist § 22 Absatz 2, 3 und 5 bis 7 insoweit entsprechend anzuwenden, als der Gewinn aus der Veräußerung der eingebrachten Anteile auf einen Mitunternehmer entfällt, für den insoweit § 8b Absatz 2 des Körperschaftsteuergesetzes Anwendung findet.

(6) § 20 Abs. 9 gilt entsprechend.

Einbringung von Betriebsvermögen in eine Personengesellschaft § 24 UmwStG

I. Vorbemerkung 1	III. Ansatz des eingebrachten Betriebsvermögens 46
II. Von § 24 erfasste Einbringungen 2	1. Grundsatz: gemeiner Wert 49
1. Besonderheiten bei Option zur Körperschaftsteuer durch die Personengesellschaft 6	2. Ausnahme: Buchwert oder Zwischenwert 53
2. Gegenstand der Einbringung 7	IV. Folgewirkungen beim Einbringenden 58
a) Betrieb 8	1. Gewerbesteuer 58
aa) Begriff des Betriebes 8	2. Eintritt in Halte- und Behaltensfristen .. 60
bb) Maßgeblicher Zeitpunkt 13	3. Ermittlung der AfA 61
b) Teilbetrieb 14	4. Einbringungsfolgegewinn 63
c) Mitunternehmeranteil 19	V. Einbringungsgewinn bei Einbringung von Anteilen an einer Kapitalgesellschaft 64
3. Einbringender 24	VI. Verlustvortrag und Zinsvortrag 67
4. Gewährung einer Mitunternehmerstellung 27	1. Unternehmensidentität 70
a) Mitunternehmerstellung 27	2. Unternehmeridentität 71
b) Höhe der Beteiligung 30	3. Verluste bei Beteiligung von Kapitalgesellschaften an der Einbringung 75
c) Weitere Gegenleistungen 34	4. Zins- und EBITDA-Vortrag nach § 4h EStG 77
d) Verhältnis zwischen Einbringung und vGA 38	VII. Steuerliche Rückwirkung 79
5. Arten der Einbringung 40	

I. Vorbemerkung

Nach § 24 sind, in Abweichung von den allgemeinen Ansatz- und Bewertungsvorschriften für Tausch und Einlage nach § 6 Abs. 1 Nr. 5 und Abs. 6 EStG, anstelle des Teilwertes, Buch- oder Zwischenwerte für die von § 24 erfassten Einbringungsvorgänge anzusetzen. Der Buchwertansatz ermöglicht es, eine Einbringung ohne Aufdeckung stiller Reserven und damit in der Regel steuerneutral zu vollziehen.   **1**

II. Von § 24 erfasste Einbringungen

§ 24 begünstigt nur **bestimmte Arten von Einbringungen bei bestimmten Personengesellschaften**. Im Wesentlichen sind dies Personenhandelsgesellschaften, also KG und OHG, daneben sind die Vorschriften aber auch für die Partnerschaftsgesellschaft einschlägig. Sowohl bezüglich des Gegenstandes der Einbringung als auch bezüglich der Gewährung einer Gegenleistung gibt es Beschränkungen. Sind die Voraussetzungen jeweils nicht erfüllt, wird die Einbringung nicht von § 24 erfasst. Es greifen stattdessen die allgemeinen Vorschriften. Im Einzelnen erfasst § 24 folgende Einbringungen: **2**

- Einbringungen im Wege der **Einzelrechtsnachfolge**,
- die Aufnahme eines Gesellschafters in ein Einzelunternehmen oder
- eine Personengesellschaft gegen Einbringung von Geld oder Sacheinlagen.

Geschieht die Aufnahme bei einem Einzelunternehmen, so bringt der bisherige Unternehmer seinen Betrieb ein. Wird ein zusätzlicher Gesellschafter in eine bestehende Gesellschaft aufgenommen, bringen die bisherigen Gesellschafter ihre Mitunternehmeranteile steuerlich in eine neue Gesellschaft ein, der nunmehr auch der zusätzliche Gesellschafter angehört. Hingegen fällt die **Übertragung der Mitunternehmerstellung** an einer bestehenden Personengesellschaft nicht unter § 24.[1] Sie erfolgt also unter Aufdeckung stiller Reserven. Steuerneutral kann dagegen die **Aufstockung bestehender Beteiligungen** an den von § 24 erfassten Personengesellschaften erfolgen. Auch hier wird steuerlich durch alle Gesellschafter die bisherige Beteiligung an der Mitunternehmerschaft in eine neue Mitunternehmerschaft eingebracht, an der andere

---

[1] UmwStE Rn. 01.47.

Beteiligungsverhältnisse bestehen.[2] Entsprechend ist die Einbringung aller Anteile an einer Personenhandelsgesellschaft in eine weitere Personenhandelsgesellschaft, in deren Folge die erste Gesellschaft auf die zweite anwächst, ebenfalls eine nach § 24 begünstigte Einbringung.

3 Neben diesen Fällen erfasst § 24 auch Umwandlungen nach dem UmwG im Wege der **Gesamtrechtsnachfolge** im Bereich von Personengesellschaften. Im Einzelnen sind dies Verschmelzungen von den nach § 24 begünstigten Personengesellschaften, Auf- oder Abspaltungen von diesen Gesellschaften auf entsprechende Personengesellschaften und Ausgliederungen auf von § 24 begünstigte Personengesellschaften. Die Ausgliederung kann hierbei, anders als die übrigen Umwandlungsvorgänge, auch aus einer Körperschaft oder einem Einzelunternehmen erfolgen, solange aufnehmender Rechtsträger eine von § 24 erfasste Personengesellschaft ist.

4 Dagegen fallen **Einbringungen**, an denen eine für die vorgenannten Einbringungen typische Veräußerung bzw. Übertragung der Wirtschaftsgüter fehlt, regelmäßig nicht unter § 24. Dies ist etwa dann der Fall, wenn die eingebrachten Wirtschaftsgüter allesamt nur in das Sonderbetriebsvermögen einer Personengesellschaft eingebracht werden. In diesem Fall fehlt ein zivilrechtlicher Übertragungsvorgang, an den man die Vorschriften für die Einbringung anknüpfen könnte.[3] Eine Einbringung im Sinne des § 24 ist in **Ermangelung der Veräußerung** auch dann nicht gegeben, wenn der Einbringende keinen Mitunternehmeranteil erhält, weil er Wirtschaftsgüter etwa verdeckt einlegt oder auf eine Gegenleistung insgesamt verzichtet. Es bedarf folglich der Gewährung bzw. Erhöhung des Kapitalkontos des Gesellschafters, wobei regelmäßig wohl (auch) das Kapitalkonto, nach welchem Gesellschafterrechte bemessen werden, erhöht werden muss. Zudem will die Finanzverwaltung auch die **unentgeltliche Aufnahme einer natürlichen Person** in ein Einzelunternehmen nicht unter § 24 fassen, da hier die Sonderregelung des § 6 Abs. 3 S. 1 Hs. 2 vorgehe.[4] Die bloße **Umwandlung** einer Personengesellschaft in eine andere Personengesellschaft ist steuerlich unbeachtlich und stellt daher keinen Rechtsvorgang im Sinne des § 24 dar.[5]

5 Soweit Rechtsvorgänge im **Ausland** erfolgen, die denen des § 24 vergleichbar sind, können auch diese begünstigte Einbringungen iSd § 24 darstellen.[6]

1. Besonderheiten bei Option zur Körperschaftsteuer durch die Personengesellschaft

6 Durch die Neuregelungen des Gesetzes zur Modernisierung des Körperschaftsteuerrechts ist es Personengesellschaften für Wirtschaftsjahre, die nach dem 31.12.2021 beginnen, möglich, nach § 1a KStG zur Körperschaft zu optieren. Sofern eine Personengesellschaft wirksam zur Körperschaftsteuer optiert hat, unterliegt sie für Steuerzwecke nicht den steuerlichen Regeln für Personengesellschaften, sondern denjenigen für Körperschaften. Entsprechend ist auf Einbringungen in solche Personengesellschaften auch nicht § 24 anwendbar, sondern – in Abhängigkeit vom Einbringungsgegenstand – § 20 oder § 21.[7] Auf die Kommentierung der entsprechenden Normen wird insoweit verwiesen.

---

[2] UmwStE Rn. 01.47.
[3] Vgl. UmwStE Rn. 24.05.
[4] UmwStE Rn. 01.47; BMF v. 20.11.2019, IV C 6 – S 2241/15/10003, BStBl I 2019, 1291, Rn. 36.
[5] UmwStE Rn. 01.47.
[6] UmwStE Rn. 01.48.
[7] Vgl. BMF-Schreiben vom 10.11.2021 – IV C 2 – S 2707/21/10001 :004 Rn. 100.

2. Gegenstand der Einbringung

Nach § 24 Abs. 1 sind Einbringungen von Betrieben, Teilbetrieben und Mitunternehmeranteilen begünstigt. Im Gegensatz zu Einbringungen nach § 20 ist bei Einbringungen nach § 24 auch die Einbringung von per saldo negativem Betriebsvermögen denkbar. Eine der Bestimmung des § 20 Abs. 2 S. 2 Nr. 2 entsprechende Regelung enthält § 24 nicht.

a) Betrieb
aa) Begriff des Betriebes

Betrieb ist nach § 15 Abs. 2 EStG das Unternehmen einer selbstständigen nachhaltigen Betätigung mit Gewinnerzielungsabsicht unter Teilnahme am allgemeinen wirtschaftlichen Verkehr. Neben dem Gewerbebetrieb nach § 15 EStG sind auch land- und forstwirtschaftliche Betriebe iSd § 13 EStG und freiberufliche Betriebe iSd § 18 EStG vom Betriebsbegriff des § 24 erfasst.[8] Die Einbringung des Betriebs erfordert regelmäßig die **Übertragung aller wesentlichen Grundlagen** des Betriebes. Hierbei ist unerheblich, wer Einbringender im Sinne der Vorschrift ist, es kommt lediglich auf den Betrieb im Ganzen an. Entsprechend ist bei Betrieben von gewerblich tätigen und gewerblich geprägten Personengesellschaften regelmäßig auch das Sonderbetriebsvermögen einzubringen, soweit es wesentliche Betriebsgrundlagen enthält.[9] Ob ein Wirtschaftsgut wesentliche Betriebsgrundlage ist, muss nach der funktionalen Betrachtungsweise beurteilt werden, eine Zuordnung lediglich anhand quantitativer Merkmale scheidet dagegen aus.[10] Ob ein Wirtschaftsgut dem Unternehmen zuzuordnen ist, richtet sich nach der **wirtschaftlichen Betrachtungsweise**. Das zivilrechtliche Eigentum an dem betreffenden Wirtschaftsgut ist daher von untergeordneter Bedeutung. Dies spielt insbes. bei Leasinggegenständen und Wirtschaftsgütern, welche als Kreditsicherheiten fungieren, eine wesentliche Rolle. Wenn diese zivilrechtlich im Eigentum eines Dritten stehen, muss die Rechtsposition aus dem Leasingvertrag bzw. dem Kreditvertrag übertragen werden, sofern diese Wirtschaftsgüter wesentliche Betriebsgrundlagen darstellen.

Nicht alle Wirtschaftsgüter müssen im Rahmen der Einbringung in das Gesamthandsvermögen übertragen werden. Es ist ausreichend, wenn Teile der Wirtschaftsgüter, nicht jedoch alle Wirtschaftsgüter, in das **Sonderbetriebsvermögen** des Einbringenden bei der Gesellschaft, in welche eingebracht wird, überführt werden.[11]

Bei **Zurückhalten wesentlicher Wirtschaftsgüter**, unabhängig davon, ob diese im Gesamthandsvermögen oder im Sonderbetriebsvermögen gehalten werden, kommt eine begünstigte Einbringung eines Betriebes nicht in Betracht. Ausnahmsweise kann noch eine begünstigte Einbringung eines Teilbetriebs vorliegen, wenn das eingebrachte Betriebsvermögen die Voraussetzungen hierfür erfüllt. Hierzu muss in der Praxis sichergestellt sein, dass bereits im Zeitpunkt der steuerlichen Wirksamkeit der Einbringung die übertragenen Wirtschaftsgüter insgesamt einen Teilbetrieb im steuerlichen Sinne bilden (→ Rn. 18). Ähnlich dem Zurückhalten wesentlicher Wirtschaftsgüter bewirkt auch die **Übertragung wesentlicher Betriebsgrundlagen** an einen Dritten im zeitlichen und wirtschaftlichen Zusammenhang mit der Einbringung oder Umwandlung

---

8 Vgl. Dötsch/Patt/Pung/Möhlenbrock/*Patt* § 24 Rn. 89.
9 UmwStE Rn. 24.03 iVm Rn. 20.06.
10 UmwStE Rn. 24.03 iVm Rn. 20.06.
11 UmwStE Rn. 24.05; BFH 17.4.2019 – IV R 2/16 Rn. 52.

nach § 24 die Nichtanwendbarkeit des § 24.[12] Auch dann wird im Ergebnis nicht der gesamte Betrieb eingebracht, es gelten die allgemeinen Vorschriften, stille Reserven sind aufzudecken. Ausnahmsweise ist die Übertragung wesentlicher Betriebsgrundlagen vor der Einbringung jedoch statthaft, wenn sie endgültig erfolgt. Dann löst die Übertragung die Bindung zum Betrieb, der eingebrachte Betrieb ist auch ohne die vormals wesentliche Betriebsgrundlage noch vollständig.

11 Ob auch ein **Betrieb im Aufbau** Gegenstand der Einbringung sein kann, ist umstritten. Die Finanzverwaltung lehnt dies offenbar ab.[13] Die bereits etablierte Teilnahme am allgemeinen Geschäftsverkehr lässt sich dem Betriebsbegriff indessen nicht entnehmen. Auch § 24 erfordert zwar das Vorhandensein wesentlicher Betriebsgrundlagen, nicht jedoch einen bereits werbenden Betrieb. Insofern dürfte mit Fuhrmann[14] davon auszugehen sein, dass ein Betrieb im Aufbau ebenfalls nach § 24 eingebracht werden kann, wenn die wesentlichen Betriebsgrundlagen bereits vorhanden sind und bei Verfolgung des Unternehmensplans ein lebensfähiger Organismus zu erwarten ist.[15] In der Praxis dürfte es indessen lohnen, den Zeitpunkt abzuwarten, an dem eine **Teilnahme am allgemeinen Geschäftsverkehr** vorliegt und erst anschließend eine begünstigte Einbringung durchzuführen, sofern im Betrieb im Aufbau bereits erhebliche stille Reserven liegen. Bei vielen Betrieben im Aufbau fehlt es hingegen, gerade in der Frühphase, an solchen stillen Reserven. Gerade in diesen Fällen ist zu erwägen, ob die Steuerneutralität der Einbringung wirklich notwendig ist oder ob ggf. auch eine Einbringung unter Aufdeckung stiller Reserven möglich sein mag, weil sie im Einzelfall nicht mit hohen Kosten behaftet ist.

12 Weitgehend anerkannt ist zudem, dass ein **auslaufender Geschäftsbetrieb** noch Gegenstand einer begünstigten Einbringung sein kann,[16] sofern die wesentlichen Betriebsgrundlagen noch vorhanden sind. Gleiches gilt für ruhende oder verpachtete Betriebe. Im Übrigen ist der Begriff Betrieb im Sinne des § 24 mit dem in § 20 identisch. Insofern sei zur Erläuterung auf die Kommentierung zu § 20 verwiesen (→ § 20 Rn. 56 ff.).

bb) Maßgeblicher Zeitpunkt

13 Der von der Umwandlung betroffene Betrieb muss, anders als von der Finanzverwaltung angenommen, entsprechend dem Normzweck des § 24 im **Zeitpunkt** der Umwandlung bzw. Einbringung vorliegen. Die Frage, ob ein Wirtschaftsgut wesentlich ist, muss daher in diesem Zeitpunkt bestimmt werden. Erst dann wird der Einbringungsgegenstand festgelegt und muss daher den gesetzlichen Anforderungen genügen. Demgegenüber vertritt die Finanzverwaltung die Auffassung, dass der Betrieb bereits im steuerlichen Übertragungszeitpunkt vorhanden sein müsse.[17] Entsprechend will sie die Beurteilung, ob ein Wirtschaftsgut wesentliche Betriebsgrundlage ist oder nicht, bereits im steuerlichen Rückwirkungszeitpunkt treffen. Dies widerspricht dem Normzweck der Tatbestände zur steuerlichen Rückwirkung. Diese regeln eine Rückwirkung jeweils nur für die Folgen der Umwandlung, nicht für die Tatbestandsmäßigkeit derselben. In der Praxis sollte jedoch zur Vermeidung von Auseinandersetzungen sichergestellt sein, dass die **Betriebseigenschaft** bereits im Zeitpunkt der steuerlichen Rückwirkung

---

12 UmwStE Rn. 24.03 iVm Rn. 20.07.
13 UmwStE Rn. 24.03 iVm Rn. 20.06, 15.03.
14 Widmann/Mayer/*Fuhrmann* § 24 Rn. 242.
15 Ebenso Dötsch/Patt/Pung/Möhlenbrock/*Patt* § 24 Rn. 89; Schmitt/Hörtnagl/Schmitt § 24 Rn. 58.
16 Vgl. Widmann/Mayer/*Fuhrmann* § 24 Rn. 242.
17 UmwStE Rn. 24.03 iVm Rn. 20.06, 15.03.

vorlag. Da die Rückwirkung, außer im Falle der Umwandlungen nach dem UmwG, nur auf Antrag eintritt, besteht hier bei Einbringungen ein Gestaltungsspielraum, sofern man die Einzelrechtsnachfolgeeinbringungen wählt. Hier kann bei einer erst nach dem letzten Bilanzstichtag begründeten Betriebseigenschaft auf die Rückwirkung verzichtet werden.

b) Teilbetrieb

Der **Teilbetriebsbegriff** in § 24 ist mit dem in den §§ 15, 20 identisch. Bei Umwandlungen nach der Fusionsrichtlinie ist der Teilbetrieb im Sinne der Richtlinie zu werten. Darüber hinaus besteht Streit darüber, ob der Teilbetriebsbegriff der Fusionsrichtlinie mit dem des UmwStG übereinstimmt.[18] Da das UmwStG in der Fassung durch das SEStEG erklärtermaßen die Fusionsrichtlinie in nationales Recht umsetzen sollte, ist das Gesetz mE so auszulegen, dass der Teilbetriebsbegriff des UmwStG dem der Fusionsrichtlinie entspricht.[19]

Begünstigt ist demnach die Einbringung eines in seiner Gliederung weitgehend verselbstständigten Unternehmensteils. Hierbei bilden nach Auffassung der Finanzverwaltung nach **funktionaler Betrachtungsweise** die jedem Teilbetrieb zuzuordnenden Wirtschaftsgüter in ihrer Gesamtheit den jeweiligen Teilbetrieb.[20] Die Zuordnung jedes einzelnen Wirtschaftsguts zu einzelnen Teilbetrieben, unabhängig davon, ob es funktional von Bedeutung ist oder nicht, führt jedoch zu einer wenig praktikablen granulären Aufteilung des Betriebs. Diese ist weder in der Fusionsrichtlinie, noch im Wortlaut des Gesetzes angelegt. Das Gesetz enthält keine nähere Definition des Teilbetriebes, die Fusionsrichtlinie definiert den Betrieb zwar als Gesamtheit der Wirtschaftsgüter, fordert dann aber eine Zuteilung nur nach funktionalen Gesichtspunkten.[21] Daher sollte es genügen, wenn alle funktional wesentlichen Wirtschaftsgüter übertragen werden. Die Frage, ob Wirtschaftsgüter wirtschaftlich einem **Teilbetrieb** zuzuordnen sind, ist aus der Perspektive des Einbringenden zu beurteilen. In der Praxis wird die **Abgrenzung zwischen verschiedenen Teilbetrieben** oft schwerfallen. Hier empfiehlt sich die Einholung einer verbindlichen Auskunft zu der Frage, ob der avisierte Teilbetrieb tatsächlich nach § 24 begünstigt eingebracht werden kann oder nicht. Diese Auskunft ist allerdings mit Gebühren verbunden, die im Höchstfall bis zu 120.721 EUR betragen können.

Im Gegensatz zur Spaltung bei Körperschaften erfordert die Einbringung nach § 24 nicht, dass beim Einbringenden ein Teilbetrieb zurückbleibt.[22] Werden Wirtschaftsgüter im abzuspaltenden Teilbetrieb und im verbleibenden Betrieb genutzt, kommt es wegen des fehlenden doppelten Teilbetriebserfordernisses bei Einbringungen nach § 24 nicht zu einem Spaltungshindernis. Es besteht vielmehr die Möglichkeit, die **gemeinsam genutzten Wirtschaftsgüter** im Rahmen der Spaltung dem zu übertragenden Betrieb zuzuordnen und so die Aufdeckung stiller Reserven zu vermeiden.

Als Teilbetrieb gilt nach der gesetzlichen Fiktion des § 15 auch die **Beteiligung an einer Kapitalgesellschaft**, wenn sie das gesamte Nennkapital der Gesellschaft umfasst.

---

18 Identität der Begriffe: UmwStE Rn. 24.03 iVm Rn. 20.06, 15.02; eigener nationaler Teilbetriebsbegriff: Haritz/Menner/Bilitewski/Bär/Merkle § 24 Rn. 29; Dötsch/Patt/Pung/Möhlenbrock/*Patt* § 24 Rn. 93; Widmann/Mayer/*Fuhrmann* § 24 Rn. 266.
19 So auch BFH BStBl. II 2011, 467 Rn. 30 und BFH/NV 2014, 676 Rn. 22.
20 UmwStE Rn. 24.03 iVm Rn. 20.06, 15.07 – 15.10.
21 Vgl. Schmitt/Hörtnagl/Schmitt § 24 Rn. 63.
22 Dötsch/Patt/Pung/Möhlenbrock/*Patt* § 24 Rn. 91.

Die Finanzverwaltung will dies jedoch nur dann akzeptieren, sofern die Beteiligung nicht einem anderen Teilbetrieb funktional zuzuordnen ist.[23] Das Gesetz bietet jedoch keine Grundlage für eine solche Auslegung, da die in § 15 getroffene gesetzliche Fiktion unabhängig von der Zuordnung einer Beteiligung zu einzelnen Teilbetrieben ausgestaltet ist. Insofern stellt auch eine das gesamte Nennkapital umfassende Beteiligung an einer Kapitalgesellschaft einen Teilbetrieb iSd § 24 dar. Zur Vermeidung von Auseinandersetzungen empfiehlt es sich jedoch auch in diesen Fällen, die **Beteiligung** möglichst weit vom Geschäft des übrigen Betriebes zu **isolieren**, um so eine Steuerfreiheit zu gewährleisten. Soweit an der Personengesellschaft ihrerseits Kapitalgesellschaften beteiligt sind, ist der Mehrwert der steuerneutralen Einbringung zudem begrenzt, da diese Gesellschafter mit dem Gewinn aus der Aufdeckung stiller Reserven regelmäßig nach § 8b KStG effektiv zu 95 % steuerbefreit sind.

18 Wie bei der Einbringung eines Betriebes geht die Finanzverwaltung auch beim Teilbetriebserfordernis davon aus, dass dieses im **steuerlichen Rückwirkungszeitpunkt** (soweit eine steuerliche Rückwirkung vorgenommen wird) vorliegen muss.[24] Dies vermag aus den oben genannten Gründen nicht zu überzeugen. Der Teilbetrieb muss daher richtigerweise erst dann bestehen, wenn die Einbringung oder Umwandlung durchgeführt wird (→ Rn. 13). Auch beim Teilbetrieb sollte in der Praxis zur Vermeidung von Auseinandersetzungen geprüft werden, ob eine rückwirkende Übertragung erforderlich bzw. gewünscht ist. Gegebenenfalls bietet sich durch eine Übertragung im Wege der **Einzelrechtsnachfolge** die Möglichkeit, eine längere steuerliche Rückwirkung zu vermeiden und so sicherzustellen, dass die Teilbetriebseigenschaft bereits in dem Zeitpunkt bestand, in welchem die Übertragung des Teilbetriebs steuerlich wirksam wurde.

c) Mitunternehmeranteil

19 Neben Betrieben und Teilbetrieben können auch **Mitunternehmeranteile** und Teile von Mitunternehmeranteilen nach § 24 eingebracht werden. Eine gesetzliche Definition des Begriffes Mitunternehmeranteil findet sich weder im UmwStG noch im EStG. Im Laufe der Jahre hat sich jedoch herausgebildet, dass derjenige Mitunternehmer ist, welcher mit Mitunternehmerinitiative und Mitunternehmerrisiko an einem Unternehmen beteiligt ist. Wesentliche Fälle von Mitunternehmeranteilen sind, neben der Beteiligung an einer gewerblich tätigen oder geprägten Personenhandelsgesellschaft, Beteiligungen als atypisch stiller Gesellschafter und Beteiligungen an land- und forstwirtschaftlich oder freiberuflich tätigen Gesellschaften. Auch die **Beteiligung an einer ausländischen Personengesellschaft** kann im Einzelfall von § 24 erfasst sein, sofern diese Personengesellschaft bei einem Typenvergleich im Wesentlichen mit nationalen Personenhandelsgesellschaften oder Partnerschaftsgesellschaften vergleichbar ist. Dem Typenvergleich immanent ist, dass nicht die Einordnung als transparent oder intransparent im Sitzstaat maßgeblich ist, sondern eine vergleichende Betrachtung der wesentlichen Charakteristika der Gesellschaft. Ist eine Gesellschaft daher selbstorganschaftlich organisiert, hat sie zudem eine an die Mitgliedschaft der Gesellschafter gebundene Lebensdauer, sind Gewinne ohne gesonderten Beschluss zu entnehmen und bestehen keine wesentlichen Kapitalschutz- bzw. Aufbringungsvorschriften, so spricht vieles für eine Behandlung als Personengesellschaft, auch wenn sie im Sitzstaat intransparent

---

23 UmwStE 24.02.
24 UmwStE Rn. 24.03 iVm 20.06, 15.03.

ist. Bei ausländischen Gesellschaften ist die Anwendung des deutschen Umwandlungssteuerrechts jedoch nur von Bedeutung, sofern ein Besteuerungsrecht an dem Umwandlungsgewinn Deutschland zusteht. Soweit dies abkommensrechtlich dem Sitzstaat zugewiesen ist, beschränkt sich der Vorteil der Anwendung des § 24 gegebenenfalls auf die Verhinderung von Einkünften unter Progressionsvorbehalt.

Kein Mitunternehmeranteil ist dagegen die **Beteiligung an einer bloß vermögensverwaltenden Personenhandelsgesellschaft**, sofern diese nicht gewerblich geprägt ist. Dies gilt auch dann, wenn die Beteiligung beim Gesellschafter im Betriebsvermögen gehalten wird (sog. Zebra-Gesellschaft). Ebenso ist die **typisch stille Beteiligung** kein Mitunternehmeranteil. Für diese Beteiligungsformen ist § 24 daher nicht einschlägig, soweit die betroffenen stillen Beteiligungen oder Anteile an vermögensverwaltenden Personengesellschaften nicht ihrerseits Teil eines nach § 24 begünstigten Betriebes oder Teilbetriebes sind. Zudem ist zu beachten, dass steuerlich der **Mitunternehmeranteil** nicht mit dem Gesellschaftsanteil an der Personengesellschaft gleichzusetzen ist. Der Mitunternehmer einer Personengesellschaft hält regelmäßig Wirtschaftsgüter in seinem **Sonderbetriebsvermögen**. Dieses Sonderbetriebsvermögen ist Teil des Mitunternehmeranteils, obwohl es zivilrechtlich gerade nicht dem Gesellschaftsanteil zuzuordnen ist. Auch kann jeder Gesellschafter einer Personenhandelsgesellschaft an dieser Gesellschaft nur jeweils einen Anteil haben. Das Innehaben mehrerer Anteile durch eine Person ist hingegen nicht möglich. Jede hinzuerworbene gesellschaftsrechtliche Beteiligung an der Personenhandelsgesellschaft verschmilzt automatisch mit der bereits vorhandenen Beteiligung des Anteilsinhabers.

20

In der Praxis ist umstritten, ob bei Einbringung eines Mitunternehmeranteils zusammen mit einem Betrieb ein gesonderter Einbringungsvorgang vorliegt.[25] Letztlich sollte unabhängig von der Zahl der Einbringungsvorgänge klarstehen, dass die Gewährung eines Anteils als Gegenleistung ausreichend ist, da bei einem einheitlichen Einbringungsvorgang keine zwei Anteile gewährt werden können. Auch die Einbringung der Obergesellschaft einer doppelstöckigen Personengesellschaft ist nur ein Einbringungsvorgang, die damit einhergehende Übertragung des Mitunternehmeranteils an der Untergesellschaft ist bloße Reflexwirkung und kein eigenständiger Einbringungsvorgang. Umgekehrt ist die Einbringung von Anteilen an mehreren Personengesellschaften nicht zu einer Einbringung zusammenzufassen. Jede stellt für sich genommen eine Einbringung dar, für die jeweils gesondert ausgewählt werden kann, ob sie zum Buchwert, zum Zwischenwert oder zum gemeinen Wert erfolgt (→ Rn. 46 ff.).

21

Der Mitunternehmeranteil muss nicht im Ganzen eingebracht werden. § 24 begünstigt auch die **Einbringung eines Teils eines Mitunternehmeranteils**. Dies folgt daraus, dass auch der Teil eines Mitunternehmeranteils seinerseits im Zeitpunkt der Einbringung einen vollständigen Mitunternehmeranteil darstellt. Dieser entsteht allerdings erst im Zeitpunkt der Einbringung selbst, weil zuvor der Gesellschafter nur einen Mitunternehmeranteil halten kann. Bei Einbringung eines Teils eines Mitunternehmeranteils ordnet § 24 Abs. 3 S. 2 an, dass die Vergünstigung nach den §§ 16, 34 EStG nicht zu gewähren ist. Umgekehrt bedeutet dies auch, dass die Einbringung von Teilen eines Mitunternehmeranteils nach § 24 grundsätzlich begünstigungsfähig ist. Auch bei

22

---

25 Ablehnend: Widmann/Mayer/*Widmann* § 20 Rn. 10, zustimmend: UmwStE Rn. 24.03 iVm Rn. 20.12; Dötsch/ Patt/Pung/Möhlenbrock/*Patt* § 20 Rn. 123, Schmitt/Hörtnagl/Schmitt § 24 Rn. 67.

Einbringung eines Teils eines Mitunternehmeranteils ist erforderlich, dass der Teil des Mitunternehmeranteils in seiner **Gesamtheit** eingebracht wird. Insofern ist neben der Übertragung der (Teil-)Mitunternehmerstellung auch die Übertragung des zu diesem Teil gehörenden Sonderbetriebsvermögens erforderlich.[26] Regelmäßig wird dies erfordern, das entsprechende Wirtschaftsgut anteilig zu übertragen. Wird ein zu geringer Anteil am Sonderbetriebsvermögen übertragen, führt dies zur anteiligen Versagung der Vergünstigung nach § 24. Wird dagegen ein zu hoher Anteil am Sonderbetriebsvermögen übertragen, so ist die Einbringung einschließlich des Sonderbetriebsvermögens quotal in der Höhe begünstigt, die dem eingebrachten Mitunternehmeranteil entspricht. Für den übersteigenden Anteil des eingebrachten Sonderbetriebsvermögens kann der Steuerpflichtige daneben die Begünstigung nach § 6 Abs. 5 S. 3 EStG beanspruchen und so auch für diese die Steuerneutralität sicherstellen.[27] Im Zweifel ist daher eine höhere Einbringung gegenüber einer zu geringen Einbringung vorzugswürdig. Bei Inanspruchnahme der Begünstigung nach § 6 Abs. 5 S. 3 EStG ist zudem die Haltefrist des § 6 Abs. 5 S. 4 EStG zu beachten. Wird das eingebrachte Sonderbetriebsvermögen innerhalb von drei Jahren nach Abgabe der Steuererklärung für den Einbringungszeitraum entnommen oder veräußert, ist rückwirkend der Teilwert anzusetzen und die stillen Reserven werden aufgedeckt.

23 Ob das anteilige Sonderbetriebsvermögen in das Gesamthandsvermögen oder in das Sonderbetriebsvermögen eingebracht wird, ist im Ergebnis ohne Belang. Allerdings ist zu beachten, dass die **Einbringung in das Sonderbetriebsvermögen** bei der neuen Personengesellschaft problematisch ist. Bei Einbringung von Mitunternehmeranteilen in eine Personengesellschaft entsteht eine sog. doppelstöckige Personengesellschaft. In beiden Gesellschaften wird auch der Gesellschafter der Obergesellschaft als Mitunternehmer angesehen.[28] Bringt der Gesellschafter nun seine Beteiligung in die Obergesellschaft ein, so bleibt sein Sonderbetriebsvermögen ggf. notwendiges Sonderbetriebsvermögen bei der Untergesellschaft, wenn es bei dieser weiterhin genutzt wird. In diesem Falle ist umstritten, ob eine nach § 24 begünstigte Einbringung erfolgt oder ob der Verbleib des Sonderbetriebsvermögens bei der eingebrachten Untergesellschaft ausreicht, um die Voraussetzung einer Einbringung in die Obergesellschaft zu erfüllen.[29] Bisweilen wird in solchen Fällen für die Gewährung der Begünstigung nach § 24 verlangt, dass das betroffene Wirtschaftsgut in das Gesamthandsvermögen der Obergesellschaft eingebracht wird.[30] Im Ergebnis ist durch die Einbringung des Mitunternehmeranteils, zu dem das Sonderbetriebsvermögen gehört, auch dieses **Teil des Eingebrachten** und sollte daher die Voraussetzungen des § 24 erfüllen. In solchen Fällen ist in der Praxis die Einbringung in das Gesamthandsvermögen dennoch vorzugswürdig, sofern ihr keine anderweitigen Bedenken entgegenstehen, weil sie jedweder Diskussion über die Zulässigkeit der Einbringung den Boden entzieht. Bei solchen Einbringungen ist jedoch zu beachten, dass gegebenenfalls (anteilig) Grunderwerbsteuer anfällt, wenn der Gesellschafter nicht vermögensmäßig zu 100 % an der Gesellschaft beteiligt ist und ein Grundstück des Sonderbetriebsvermögens in das Gesamthandsvermögen eingebracht wird. In solchen Fällen lohnt ggf. die Absicherung über eine verbindliche Auskunft,

---

26 Dötsch/Patt/Pung/Möhlenbrock/*Patt* § 24 Rn. 94; Schmitt/Hörtnagl/*Schmitt* § 24 Rn. 71.
27 Widmann/Mayer/*Fuhrmann* § 24 Rn. 279.
28 Schmidt/*Wacker* EStG § 15 Rn. 253.
29 So Widmann/Mayer/*Fuhrmann* § 24 Rn. 280; iE auch Schmitt/Hörtnagl/*Schmitt* § 24 Rn. 74.
30 Dötsch/Patt/Pung/Möhlenbrock/*Patt* § 24 Rn. 94.

3. Einbringender

Wer Einbringender ist, wird in § 24 nicht ausdrücklich erläutert. Einbringender ist, wer Betriebsvermögen besitzt und im Rahmen einer Einbringung einlegt. Dementsprechend können natürliche Personen und Körperschaften Einbringende sein. Dies gilt unabhängig von der Ansässigkeit der Einbringenden und damit unabhängig davon, ob die Einbringenden jeweils unbeschränkt oder beschränkt steuerpflichtig sind. 24

Wer **Einbringender bei Einbringungen durch eine Personengesellschaft** ist, ist hingegen offen. Fest steht, dass bei Einbringungen von Mitunternehmeranteilen der jeweilige Mitunternehmer Einbringender ist. Schwieriger ist die Frage, wenn ein Betrieb, ein Teilbetrieb oder ein Mitunternehmeranteil eingebracht wird, der zuvor – jedenfalls teilweise – Teil des Gesamthandseigentums einer Mitunternehmerschaft war. In diesen Fällen kann entweder die Personengesellschaft als solche oder der Kreis ihrer Mitunternehmer als Einbringender anzusehen sein. In früheren Jahren vertrat die Finanzverwaltung die Auffassung, dass Einbringende in einem solchen Fall die Gesellschafter der einbringenden Personengesellschaft seien.[31] Dies war allerdings davon getragen, dass die eigene Stellung als Mitunternehmerin der einbringenden Personengesellschaft damals umstritten war. Nachdem heute weitgehend Einigkeit darüber besteht, dass bei doppelstöckigen Personengesellschaften Mitunternehmer sowohl die Mitunternehmerschaft als auch deren Mitunternehmer sind,[32] vertritt auch die Finanzverwaltung inzwischen die Ansicht, dass Einbringender in einem solchen Fall die einbringende Personengesellschaft sein kann.[33] Die **Personengesellschaft** kommt allerdings nur dann **als Einbringender** in Frage, wenn sie nach der Einbringung fortbesteht und für sie eine Mitunternehmerstellung an der aufnehmenden Mitunternehmerschaft begründet oder verstärkt wird. Erfolgt die Gewährung der Mitunternehmerstellung stattdessen an die Gesellschafter der Mitunternehmerschaft (etwa bei der Spaltung) oder geht die Mitunternehmerschaft unter (etwa bei der Verschmelzung), so ist der Kreis der Mitunternehmer der Personengesellschaft wiederum als Gruppe der Einbringenden anzusehen.[34] Insofern ist die Personengesellschaft in der Regel bei Übertragungen im Wege der Einzelrechtsnachfolge, bei Übertragungen im Wege der Gesamtrechtsnachfolge und bei Ausgliederungen als Einbringender anzusehen. Bei Ausgliederungen ist zu beachten, dass die Begünstigung nach § 24 die Übertragung wesentlicher Betriebsgrundlagen in das Gesamthandsvermögen der aufnehmenden Tochterpersonengesellschaft erfordert. 25

Aus der Festlegung auf die Personengesellschaft als Einbringendem folgt allerdings nicht, dass der Einbringungsgegenstand auf die Wirtschaftsgüter im Eigentum der Personengesellschaft begrenzt ist bzw. begrenzt werden darf. Vielmehr ist unverändert für die begünstigte Einbringung auch die Einbringung des Sonderbetriebsvermögens der Gesellschafter der einbringenden Personengesellschaft bei dieser erforderlich, andernfalls ist die Einbringung nicht nach § 24 begünstigt.[35] Umgekehrt ist Gegenstand der Einbringung etwa bei einer Verschmelzung nicht der Mitunternehmeranteil der einbringenden Gesellschafter der untergehenden Personengesellschaft, sondern der Be- 26

---

31 BMF vom 25.3.1998 Rn. 24.04, 20.05.
32 Vgl. Schmidt/*Wacker* EStG § 15 Rn. 253.
33 UmwStE Rn. 24.03 iVm Rn. 20.03.
34 UmwStE Rn. 24.03 iVm Rn. 20.03.
35 UmwStE Rn. 24.03 iVm Rn. 20.03, 20.05.

trieb der Gesellschaft, auch wenn die Gesellschafter als Einbringende anzusehen sind. Insofern ist die Frage des **Einbringungsgegenstandes von der Person des Einbringenden losgelöst** zu betrachten.[36] Eine Einbringung durch die Personengesellschaft in ihrer Stellung als Mitunternehmerin kann nur dann steuerneutral erfolgen, wenn keine wesentlichen Betriebsgrundlagen des Sonderbetriebsvermögens zurückgehalten werden. Zudem kann die Privilegierung nach § 24 nur **einheitlich für alle Mitunternehmer** der einbringenden Mitunternehmerschaft beansprucht werden.[37] Es bedarf also einer einheitlichen Festlegung, ob Buchwerte oder eine bestimmte Höhe von Zwischenwerten angesetzt werden sollen, um die für alle Mitunternehmer sonst eintretende Verpflichtung zum Ansatz mit dem gemeinen Wert und damit zur Aufdeckung der stillen Reserven zu verhindern. Aus dem Einheitlichkeitserfordernis folgt umgekehrt, dass bei Einbringungen durch eine Mitunternehmerschaft die Zurückhaltung von Sonderbetriebsvermögen nur eines Mitunternehmers der einbringenden Mitunternehmerschaft allen Mitunternehmern derselben gegenüber zur Versagung der Steuerneutralität nach § 24 führt.

4. Gewährung einer Mitunternehmerstellung
a) Mitunternehmerstellung

27 Wesentliche Voraussetzung für die Anwendung des § 24 ist, dass der Einbringende als **Gegenleistung** für die Einbringung Gesellschaftsrechte erwirbt. Der Einbringende muss also als Folge der Einbringung die Rechtsstellung eines Mitunternehmers erlangen. Eine Mitunternehmerschaft liegt vor, wenn mehrere Personen gemeinschaftlich unternehmerisch tätig sind und diese Personen an den Chancen und Risiken des Geschäftsbetriebes beteiligt sind.[38] Die Beteiligung an einer solchen Mitunternehmerschaft vermittelt allerdings nur denjenigen wiederum eine Mitunternehmerstellung, welche sowohl an dem Risiko des gemeinschaftlichen Unternehmens beteiligt sind, also ein Mitunternehmerrisiko tragen, als auch an der unmittelbaren Betätigung des Unternehmens beteiligt sind, also eine Mitunternehmerinitiative innehaben. Das gemeinschaftliche Unternehmen stellt in aller Regel eine Personengesellschaft dar, wobei dies nicht notwendigerweise eine Personenhandelsgesellschaft sein muss.

28 Die Beteiligung des jeweiligen Mitunternehmers setzt in der Regel eine **zivil- bzw. gesellschaftsrechtliche Beteiligung** an der Personengesellschaft voraus, wobei entsprechend § 39 AO auch derjenige Mitunternehmer ist, der nicht zivilrechtlich die Beteiligung an der Personengesellschaft innehat, der jedoch wirtschaftlicher Eigentümer der Beteiligung ist.[39] Im Umkehrschluss ist die Einräumung der zivilrechtlichen Rechtsposition der Gesellschafterstellung nicht ausreichend für die Begünstigung nach § 24, wenn der Einbringende nicht auch wirtschaftlicher Eigentümer der Beteiligung ist. Sofern der Einbringende etwa **treuhänderisch für einen Dritten** die Rechtsposition des Gesellschafters erlangt, wird er nicht Mitunternehmer der Mitunternehmerschaft, mit der Folge, dass § 24 für ihn nicht einschlägig ist. In diesem Fall erhält jedoch auch der Treugeber nur dann eine für § 24 ausreichende Mitunternehmerstellung, wenn er aufgrund der Treuhandvereinbarung tatsächlich sowohl das Mitunternehmerrisiko, also Gewinne und Verluste aus der Beteiligung, als auch die Mitunternehmerinitiative, also

---

36 UmwStE Rn. 24.03 iVm Rn. 20.03, 20.05; Schmitt/Hörtnagl/Schmitt § 24 Rn. 105 f.
37 Widmann/Mayer/*Fuhrmann* § 24 Rn. 371.
38 Brandis/Heuermann/Bode EStG § 15 Rn. 222.
39 Widmann/Mayer/*Fuhrmann* § 24 Rn. 377.

die Ausübung der Gesellschafterrechte, innehat. Fehlt es etwa an dem hierfür erforderlichen Weisungsrecht des Treugebers, scheidet die Gewährung einer die Voraussetzungen des § 24 erfüllenden Mitunternehmerstellung aus. Im Rahmen von treuhänderisch gehaltenen Beteiligungen ist daher bei Einbringungen nach § 24 besonderes Augenmerk auch auf die Treuhandvereinbarung zu richten, damit feststeht, dass auch der neu gewährte Mitunternehmeranteil tatsächlich dem Risiko und der Kontrolle des Treugebers unterliegt. Auch ist zwingend erforderlich, die betreffende Treuhandvereinbarung im Voraus abzuschließen, da andernfalls der Treugeber im Zeitpunkt der Einbringung keine Gegenleistung in Form eines Mitunternehmeranteils enthält und die Begünstigung nach § 24 verliert.

Zur Sicherung der Einräumung einer für § 24 genügenden Mitunternehmerstellung ist sowohl die Einräumung der Mitunternehmerinitiative als auch die des Mitunternehmerrisikos erforderlich. Die Rechtsprechung hat ein Mitunternehmerrisiko etwa in einem Fall des bloßen **Durchgangserwerbs** verneint, da der Durchgangserwerber kein wirtschaftliches Risiko im Zusammenhang mit seiner Beteiligung getragen habe.[40] Dies mag auch bei Einbringungen nach § 24 dann ein Problem darstellen, wenn der Einbringende seinen Mitunternehmeranteil bereits im Vorfeld zu einem feststehenden Preis weiterüberträgt und insofern nie wirklich Chancen und Risiken aus der Beteiligung innehat. Sofern er jedoch auch im Rahmen des vorübergehenden Erwerbs Chancen und Risiken einer Wertminderung hat, liegt ein Mitunternehmerrisiko vor.

b) Höhe der Beteiligung

Wie hoch die neu gewährte Beteiligung an der Mitunternehmerschaft ist, die dem Einbringenden gewährt wird, ist grundsätzlich ohne Bedeutung, **eine Mindestbeteiligungshöhe hierfür gibt es nicht**.[41] Insofern stellt sich die Frage, ob eine **vermögensmäßige Beteiligung** an der Mitunternehmerschaft überhaupt erforderlich ist. Ohne diese Beteiligung ist allerdings schon fraglich, ob der Betroffene tatsächlich Mitunternehmer ist, sofern die Ergebnisse der Gesellschaft den vermögensmäßig an der Gesellschaft beteiligten Personen zustehen. Bei der in der Praxis häufig vorzufindenden GmbH & Co. KG, bei der die GmbH nicht vermögensmäßig an der Gesellschaft beteiligt ist und am Gewinn der Gesellschaft nicht partizipiert, ist die persönlich haftende GmbH regelmäßig kein Mitunternehmer der Mitunternehmerschaft. Für die übrigen Gesellschafter wird die Ausgabe eines Kommanditanteils im Rahmen einer Einbringung schon zur Sicherung der Haftungsbegrenzung erforderlich, sofern sie nicht bereits beteiligt sind. Insofern kommt es hier für die Mitunternehmer regelmäßig zur Ausgabe einer vermögensmäßigen Beteiligung an der Gesellschaft. Auch wird bisweilen unter Verweis auf die letztlich einen Tausch darstellende Einbringung (→ Rn. 31) nach § 24 oftmals die Gewährung einer vermögensmäßigen Beteiligung zur Erlangung der Begünstigung nach § 24 gefordert.[42] In der Praxis empfiehlt sich daher eine solche vermögensmäßige Beteiligung auch in den Fällen, in denen sie nicht ohnehin zur Erlangung einer Haftungsbeschränkung erforderlich ist. Hierbei kann der ausgegebene Anteil einen geringen Wert, beispielsweise von 50 EUR, haben.

---

40 FG München EFG 2009, 184.
41 Vgl. Widmann/Mayer/*Fuhrmann* § 24 Rn. 390; Haritz/Menner/Bilitewski/Bär/Merkle § 24 Rn. 75.
42 BFH/NV 2008, 296; Schmitt/Hörtnagl/Schmitt § 24 Rn. 122.

31 Die Regelung des § 24 ist eine Sondervorschrift für Bewertungen im Falle bestimmter **Tauschgeschäfte**, die sämtlich unter dem Begriff Einbringung subsummiert werden können. Der Tausch von Betrieb, Teilbetrieb oder Mitunternehmeranteil einerseits und der Mitunternehmerstellung andererseits ist Kern des § 24 und somit Voraussetzung für die Erlangung der Begünstigung nach § 24.[43] Deshalb muss die mit dem Tausch bezweckte Gegenleistung, die Einräumung der Mitunternehmerstellung, durch die Einbringung erlangt werden. Die bloße Erlangung bei Gelegenheit der Einbringung reicht dagegen nicht. Entsprechend ist Voraussetzung für die Anwendung des § 24 auch, dass der aufnehmenden Personengesellschaft einlagefähige Wirtschaftsgüter übertragen werden. Andernfalls erhält sie keine ausreichende Gegenleistung für die Gewährung der Gesellschaftsrechte und § 24 ist nicht einschlägig.

32 § 24 fordert, dass der Einbringende Mitunternehmer „wird". Dennoch kann auch derjenige nach § 24 begünstigt sein, der schon vorher Mitunternehmer an der Personengesellschaft war, wenn er seine **bisherige Mitunternehmerstellung erweitert**.[44]

33 Hierbei ist erforderlich, dass dem Gesellschafter als Gegenleistung für die Einbringung (entweder) ein **Kapitalkonto** eingeräumt oder erhöht wird oder ihm weitere **Gesellschaftsrechte** eingeräumt werden. Dies gilt auch dann, wenn der Gesellschafter schon vor der Einbringung zu 100 % an der Personengesellschaft beteiligt war. Bei einer nachfolgenden Einbringung ist § 24 nur dann anwendbar, wenn das Kapitalkonto des Gesellschafters erhöht wird. Allerdings muss nicht der gesamte Betrag der Einlage etwa dem Sperrkonto zugewiesen werden. Die Finanzverwaltung erkennt auch die teilweise Buchung auf einem Kapitalkonto bei Buchung des Restbetrages auf einem gesamthänderisch gebundenen Rücklagenkonto an, ebenso wie die Buchung ausschließlich auf einem variablen Kapitalkonto des Gesellschafters (welches in der Regel als Kapitalkonto II bezeichnet wird).[45] Umgekehrt ist es nicht ausreichend, wenn lediglich ein Darlehenskonto des Gesellschafters erhöht wird. In diesem Fall fehlt es an der Einräumung einer zusätzlichen Gesellschafterstellung, zudem ist die Gewährung eines Darlehenskontobetrages eine zusätzliche Gegenleistung (→ Rn. 34 ff.),[46] die wiederum eine Veräußerung und keine Einbringung darstellt. Die Bezeichnung des Kontos als Kapital- oder Darlehenskonto ist dabei ohne Belang. Maßgeblich ist, ob das Konto für die Gesellschaft eine Verbindlichkeit oder Kapital darstellt.[47] Auch ist die Einbringung ausschließlich auf ein gesamthänderisch gebundenes Rücklagenkonto nicht ausreichend, weil in diesem Falle dem Einbringenden kein Mitunternehmeranteil gewährt wird. In einem solchen Fall ist er entweder an der Gesellschaft nicht beteiligt oder seine bereits bestehende Beteiligung an der Gesellschaft wird nicht verstärkt.[48]

c) Weitere Gegenleistungen

34 Anders als bei § 20 führte bis zum 31.12.2014 bei § 24 jede Gewährung von Gegenleistungen, die nicht in einer Mitunternehmerstellung lagen, zur Nichtanwendbarkeit des § 24, soweit diese weiteren Gegenleistungen reichten.[49] Man teilte hierbei das Geschäft in ein Veräußerungsgeschäft gegen **sonstige Gegenleistungen** und eine nach § 24 begünstigte

---

43 Vgl. UmwStE Rn. 24.07.
44 UmwStE Rn. 24.07.
45 UmwStE Rn. 24.07; aA wohl BFH/NV 2016, 453.
46 Siehe auch BFH BStBl. II 2016, 639.
47 Zu Einzelheiten der Abgrenzung zwischen Darlehenskonten und Kapitalkonten siehe BMF-Schreiben vom 30.5.1997, BStBl. I 1997, 627.
48 Widmann/Mayer/*Fuhrmann* § 24 Rn. 388.
49 UmwStE Rn. 24.07.

Umwandlung, so dass im Ergebnis die sonstige Gegenleistung nur anteilig schädlich war. Da der BFH dieser Logik jedoch nicht uneingeschränkt folgte,[50] fügte der Gesetzgeber in § 24 Abs. 2 S. 2 eine zusätzliche Beschränkung der Möglichkeit zur Buchwertfortführung ein. Nunmehr ist eine Buchwertfortführung nur insoweit möglich, als der Einbringende Gesellschafterrechte erhält und der gemeine Wert der sonstigen Gegenleistungen, die neben den Gesellschafterrechten eingeräumt werden, insgesamt nicht mehr als 25 % des Buchwerts des eingebrachten Betriebsvermögens oder nicht mehr als 500.000 EUR, höchstens jedoch den Buchwert des eingebrachten Betriebsvermögens, beträgt. Damit ist es grundsätzlich möglich, auch andere Gegenleistungen zu gewähren, ohne hierdurch die steuerneutrale Buchwerteinbringung zu gefährden, solange man sich innerhalb der gesetzlichen Grenzen bewegt. Bei einem Nettobuchwert des eingebrachten Vermögens von bis zu 2 Mio. EUR ist daher eine sonstige Gegenleistung unschädlich, wenn sie den Wert von 500.000 EUR bzw. den Nettobuchwert des eingebrachten Vermögens nicht überschreitet. Bei größeren Einbringungen, bei denen das eingebrachte Vermögen einen Nettobuchwert von mehr als 2 Mio. EUR hat, greift eine relative Wertgrenze, nach der die sonstige Gegenleistung nicht mehr als ein Viertel des Nettobuchwertes des eingebrachten Vermögens betragen darf.

Werden die Wertgrenzen des § 24 Abs. 2 S. 2 Nr. 2 überschritten, ist dagegen im Interesse einer möglichst weitgehenden Steuerneutralität eine Aufteilung in eine steuerneutrale Einbringung und eine nicht steuerneutrale Einbringung zum gemeinen Wert erforderlich. Die Einbringung zum gemeinen Wert ist dann im Verhältnis des nicht privilegierten Anteils der sonstigen Gegenleistung zur gesamten Gegenleistung erforderlich, im Übrigen kann eine Buchwerteinbringung erfolgen.

Das folgende **Beispiel** mag zur Erläuterung dienen:

Wird Betriebsvermögen mit einem Buchwert von 3 Mio. EUR und einem gemeinen Wert von 5 Mio. EUR eingebracht, erhält der Einbringende dafür aber nur Gesellschaftsanteile im Wert von 4 Mio. EUR und in Höhe des Restbetrages von 1 Mio. EUR eine sonstige Gegenleistung, so ergeben sich folgende Konsequenzen:

1. Ermittlung des schädlichen Gegenleistungsbetrages:

Gemeiner Wert der sonstigen Gegenleistung:	1.000.000 EUR
Abzüglich 25 % des Buchwertes des eingebrachten Vermögens:	750.000 EUR
Übersteigender Betrag:	250.000 EUR

2. Verhältnis der schädlichen Einbringung zur Gesamteinbringung

Gesamte Gegenleistung:	5.000.000 EUR
Übersteigender Betrag:	250.000 EUR
Anteil des übersteigenden Betrags an der gesamten Gegenleistung:	5 %
Buchwertfortführung möglich bis zu maximal:	95 %

---

[50] BFH BStBl II 2016, 639.

3. Wertansatz beim übernehmenden Rechtsträger

Buchwert des eingebrachten Betriebsvermögens:	3.000.000 EUR
Anteil der möglichen Buchwertfortführung: 95 % ≙	2.850.000 EUR
Zzgl. übersteigender Betrag anzusetzen mit gemeinem Wert:	250.000 EUR
Mindestansatz des eingebrachten Betriebsvermögens:	3.100.000 EUR

4. Folgen für den Einbringenden:

Der Wert, mit dem der übernehmende Rechtsträger das eingebrachte Betriebsvermögen ansetzt, gilt für den Einbringenden nach § 24 Abs. 3 S. 1 als Veräußerungspreis des eingebrachten Betriebsvermögens. Folglich ergibt sich in Höhe der Differenz zwischen dem Buchwert des eingebrachten Betriebsvermögens und dem Wertansatz hierfür beim übernehmenden Rechtsträger ein steuerpflichtiger Einbringungsgewinn für den Einbringenden.

Veräußerungspreis:	3.100.000 EUR
Abzgl. Buchwert des eingebrachten Betriebsvermögens:	3.000.000 EUR
Einbringungsgewinn:	100.000 EUR

Der Veräußerungspreis nach § 24 Abs. 3 S. 1 abzgl. des gemeinen Wertes der sonstigen Gegenleistung stellt für den Einbringenden dann die Anschaffungskosten der Anteile dar, welche er im Rahmen der Einbringung erhält.

Veräußerungspreis nach § 24 Abs. 3 S. 1	3.100.000 EUR
Abzgl. sonstige Gegenleistung:	1.000.000 EUR
Anschaffungskosten der erhaltenen Anteile	2.100.000 EUR

Auf diese Weise wird sichergestellt, dass die zuvor im eingebrachten Betriebsvermögen enthaltenen stillen Reserven weiterhin der Besteuerung unterliegen. In Höhe der aufgedeckten stillen Reserven ist eine Besteuerung im Rahmen der Einbringung erfolgt, der verbleibende Betrag bleibt über die nach der Einbringung bestehenden stillen Reserven in den erhaltenen Anteilen steuerverstrickt.

Nach § 24 Abs. 2 S. 4 darf das eingebrachte Betriebsvermögen nicht mit einem Wert angesetzt werden, der unter dem gemeinen Wert der sonstigen Gegenleistung liegt, sofern die Grenzen des § 24 Abs. 2 S. 2 überschritten werden. Hierdurch wird verhindert, dass sich beim Erwerber andernfalls denkbare negative Anschaffungskosten der Beteiligung ergeben.

36 Trotz des Vorgesagten sind auch **nicht verhältniswahrende Umwandlungen** von § 24 erfasst. Hier kommt es wirtschaftlich zwar zu einer Verschiebung von Beteiligungsverhältnissen, es erfolgt jedoch keine Zuzahlung und kein einer Zuzahlung vergleichbares Geschäft. Wird also ein Teilbetrieb aus einer Personengesellschaft in eine neue Personengesellschaft eingebracht und erhalten nicht alle Gesellschafter der einbringenden Personengesellschaft hierfür Anteile an der neuen Gesellschaft, ist dies steuerlich unschädlich. Auf diese Weise bildet sich in der Praxis eine Möglichkeit, **Gesellschafter**

zu trennen, indem die Gesellschafter der neuen Gesellschaft zugleich ihre Beteiligung an der abgebenden Gesellschaft aufgeben. Voraussetzung hierfür ist allerdings das Vorliegen von qualifizierenden Teilbetrieben.

Auch bei Einbringung eines Einzelunternehmens oder Aufnahme eines neuen Gesellschafters in eine bestehende Personengesellschaft zum gemeinen Wert, und damit steuerlich unter Aufdeckung stiller Reserven, kann ggf. neben der Gewährung einer Mitunternehmerstellung eine **Zuzahlung** erfolgen. In diesen Fällen wird dem einbringenden Betriebsinhaber regelmäßig die Begünstigung nach den §§ 16, 34 EStG zugestanden, unabhängig davon, ob die Zuzahlung in das Betriebsvermögen oder in das Privatvermögen der Gesellschafter bzw. des Betriebsinhabers erfolgt.[51] Allerdings sind auch hier die Beschränkungen des § 24 Abs. 3 S. 3 zu beachten.

d) Verhältnis zwischen Einbringung und vGA

Nicht immer kommt es im Rahmen einer Einbringung nach § 24 zur Einräumung einer dem Wert des eingebrachten (Teil-)Betriebs oder Mitunternehmeranteils entsprechenden Gegenleistung in Form der gewährten Mitunternehmerstellung. Wie oben (→ Rn. 30) dargestellt, erfordert § 24 auch nicht die Einräumung einer bestimmten Mindestbeteiligung, solange überhaupt eine vermögensmäßige Beteiligung an der Mitunternehmerschaft gewährt wird. Es besteht jedoch, wenn an der Einbringung eine Kapitalgesellschaft beteiligt ist, an der weitere Gesellschafter der aufnehmenden Personengesellschaft beteiligt sind, in solchen Fällen ein **Konkurrenzverhältnis** zwischen § 8 Abs. 3 KStG einerseits und § 24 andererseits. Erhält nämlich die einbringende Kapitalgesellschaft zwar einen Mitunternehmeranteil, entspricht dieser aber nicht dem Wert ihrer Beteiligung, so ist in der Regel davon auszugehen, dass sie dies aufgrund des Näheverhältnisses zu ihren Gesellschaftern duldet. Die Einbringung gegen zu geringe Gegenleistung erfüllt dann auch den Tatbestand einer verdeckten Gewinnausschüttung nach § 8 Abs. 3 KStG.

Ob in diesem Falle die Vorschriften des § 24 die Bestimmungen des § 8 Abs. 3 KStG verdrängen, ist fraglich. Für den vergleichbaren Fall der **Verschmelzung von Kapitalgesellschaften** wird überwiegend vertreten, dass die verdeckte Gewinnausschüttung in Form der Wertverlagerung unter den beteiligten, nahestehenden Anteilseignern die begünstigte Verschmelzung verdrängt.[52] Soweit Anteile im Rahmen der Verschmelzung ohne angemessene Gegenleistung überlassen werden, liegt hierin wirtschaftlich die Übertragung der Anteile an die nahestehenden Anteilseigner, die dann wirtschaftlich selbst mit diesen Anteilen quasi an der Verschmelzung teilnehmen. Insofern kommt es erst zu einer nicht begünstigten Übertragung (verdeckte Gewinnausschüttung) und erst danach zur Verschmelzung, bei der dann nur für den wertmäßig ordnungsgemäß abgefundenen Anteil am übertragenen Vermögen die Begünstigung einer Buchwertverschmelzung beansprucht werden kann. Überträgt man diese Folgerung auf die **Einbringung durch eine Kapitalgesellschaft**, stellt die nicht angemessen vergütete Übertragung der Mitberechtigung am eingebrachten Vermögen im Rahmen der Einbringung durch eine Kapitalgesellschaft zunächst eine verdeckte Gewinnausschüttung dar, in deren weiterer Folge erst danach eine nach § 24 begünstigungsfähige Einbringung stattfinden kann. Dass diese Einbringung, jedenfalls soweit sie wirtschaftlich für die

---

51 UmwStE Rn. 24.12.
52 BFH BStBl. II 2011, 799; UmwStE Rn. 13.03; Widmann/Mayer/*Schießl* § 13 Rn. 306.

Anteilseigner der beteiligten Kapitalgesellschaft erfolgt, weil diesen über die verdeckte Gewinnausschüttung die anteiligen Wirtschaftsgüter zugewandt wurden, mangels Gewährung eines Mitunternehmeranteils nicht nach § 24 begünstigt ist, dürfte ohne Bedeutung sein. Durch die im Rahmen der verdeckten Gewinnausschüttung erfolgende Aufdeckung stiller Reserven bestehen bei der unmittelbar zeitgleich folgenden Einbringung insoweit keine Unterschiede zwischen Buchwert und gemeinem Wert.

5. Arten der Einbringung

40 Von der Vorschrift sind sowohl Einbringungen im Wege der Einzelrechtsnachfolge als auch Einbringungen im Wege der Gesamtrechtsnachfolge erfasst. Der Grundfall der Einbringung ist dabei die Einlage von Wirtschaftsgütern im Wege der Einzelrechtsnachfolge nach allgemeinen zivilrechtlichen Grundsätzen. Soweit Wirtschaftsgüter dem Betrieb zivilrechtlich nicht gehören, kann zivilrechtliches Eigentum nicht übertragen werden. In diesem Falle genügt es, die Rechtsposition, welche der eingebrachte (Teil-)Betrieb an diesen Wirtschaftsgütern innehatte, im Rahmen der Einbringung zu übertragen. Allerdings wird die Übertragung wenigstens eines betriebswesentlichen Wirtschaftsguts in das Gesamthandsvermögen der aufnehmenden Personengesellschaft erforderlich sein, will man die Anwendung des § 24 sicherstellen. Sonst fehlt es an einer Einlage, welche die Gewährung eines Gesellschaftsanteils rechtfertigt, der wiederum zwingende Voraussetzung für die Einbringung nach § 24 ist. Bei Übertragungen im Wege der **Einzelrechtsnachfolge** wird gefordert, dass die betroffenen Vermögensgegenstände in einem **einheitlichen Vorgang** übertragen werden.[53] Zutreffenderweise kann hiermit nur das Verpflichtungsgeschäft gemeint sein, da die ausführenden Verfügungsgeschäfte nur in den seltensten Fällen einheitlich erfolgen können. Insbes. die Übertragung von Verbindlichkeiten, welche zu einem Betrieb gehören können, bedarf der Zustimmung des Gläubigers für ihre Wirksamkeit. Diese kann jedoch für verschiedene Gläubiger nicht einheitlich koordiniert werden und mag im Einzelfall nicht zu erreichen sein. In diesen Fällen hat sich in der Praxis etabliert, den aufnehmenden Rechtsträger im Innenverhältnis so zu stellen, als sei die entsprechende Rechtsposition übergegangen. Dies sollte jedenfalls genügen, ihm die wirtschaftliche Berechtigung bzw. Belastung bezüglich der entsprechenden Position zu übermitteln.

41 Daneben besteht die Möglichkeit der Übertragung des (Teil-)Betriebs oder Mitunternehmeranteils im Wege der **Gesamtrechtsnachfolge**. Hierbei sind im Wesentlichen Verschmelzungen von Personengesellschaften, Aufspaltung und Abspaltung oder Ausgliederungen denkbar. Neben den vom UmwG geregelten Fällen begünstigt § 24 auch Vorgänge ausländischen Rechts, sofern diese mit den vorgenannten Umwandlungen deutschen Rechts vergleichbar sind.[54] **Aufspaltung** ist die Übertragung des gesamten Vermögens einer Personengesellschaft unter Auflösung derselben auf zwei oder mehr aufnehmende Personengesellschaften; bei der **Abspaltung** besteht die abgebende Personengesellschaft fort (vgl. zu Einzelheiten der Auf- und Abspaltung die Kommentierung zu § 123 UmwG). § 1 Abs. 3 Nr. 1 stellt klar, dass Auf- und Abspaltungen von Personengesellschaften unter § 24 fallen. Die Regelung des § 24 geht somit auch bei Spaltungen der Vorschrift über die Realteilung nach § 16 Abs. 3 S. 2 EStG vor.[55] Sofern also die übrigen Voraussetzungen des § 24 erfüllt sind, kann eine **Aufspaltung** einer

---

53 Dötsch/Patt/Pung/Möhlenbrock/*Patt* § 24 Rn. 103.
54 UmwStE Rn. 01.48.
55 BFHE 257, 324.

Personengesellschaft nach § 24 **zu Buchwerten** durchgeführt werden. Zudem besteht die Möglichkeit, eine steuerliche Rückwirkung von bis zu acht Monaten nach § 24 Abs. 4 zu erlangen (im Einzelnen → Rn. 81). Fehlt es hingegen an der Erfüllung einer der Voraussetzungen des § 24, so schließt dies die Begünstigung der entsprechenden Einbringung nach den Vorschriften über die Realteilung oder über die Einbringung von Einzelwirtschaftsgütern der §§ 6 Abs. 5, 16 Abs. 3 S. 2 EStG nicht aus.

Neben Übertragungen ausschließlich im Wege der Einzelrechtsnachfolge und ausschließlich im Wege der Gesamtrechtsnachfolge kann es im Rahmen des § 24 auch zu Übertragungen kommen, die teils im Wege der Einzelrechtsnachfolge, teils im Wege der Gesamtrechtsnachfolge stattfinden. Dies ist insbes. im Zusammenhang mit Umwandlungen von Personengesellschaften regelmäßig der Fall, da die Gesamtrechtsnachfolge nach dem UmwG nur diejenigen Wirtschaftsgüter erfasst, die sich im Gesamthandsvermögen der Personengesellschaft befinden. Da die begünstigte Einbringung nach § 24 aber auch die Übertragung der Wirtschaftsgüter des Sonderbetriebsvermögens fordert, auf welches sich die Gesamtrechtsnachfolge nicht erstreckt, müssen diese Wirtschaftsgüter im Wege der Einzelrechtsnachfolge separat übertragen werden. Diese **Kombination von Einzel- und Gesamtrechtsnachfolge** ist auch nach Auffassung der Finanzverwaltung zulässig.[56] Bei einer solchen gemischten Übertragung tritt eine steuerliche Rückwirkung einheitlich sowohl für die im Einzelrechtsnachfolgewege als auch für die im Gesamtrechtsnachfolgewege erfolgten Übertragungen ein.[57] 42

Eine Sonderform der Übertragung von Wirtschaftsgütern einer Personengesellschaft ist die sog. **Anwachsung**. Man unterscheidet zwischen der gesellschaftsvertraglich abdingbaren einfachen Anwachsung nach § 712 Abs. 1 S. 1 BGB n.F. nach welcher der Geschäftsanteil eines ausscheidenden Gesellschafters einer Personengesellschaft den verbliebenen Gesellschaftern anwächst und der sog. erweiterten Anwachsung, bei der alle Gesellschafter einer Personengesellschaft ihre Anteile an dieser in eine einzige neue Personengesellschaft einbringen. Im letzten Fall ist die neue Personengesellschaft sodann einziger Gesellschafter der anderen Personengesellschaft, so dass diese erlischt und ihr Vermögen ihrem einzigen Gesellschafter anwächst. Die einfache Anwachsung wird von § 24 nicht erfasst. Bei ihr kommt es nicht zu einem Tauschvorgang, da das Vermögen der Personengesellschaft selbst nicht übertragen wird und der Gesellschaftsanteil als solcher untergeht. Lediglich die Mitberechtigung des ausscheidenden Gesellschafters fällt den verbliebenen Gesellschaftern zu. Bei der erweiterten Anwachsung liegt dagegen ein tauschartiges Geschäft vor, da die Mitunternehmer ihre Beteiligung jeweils gegen Gewährung von Gesellschaftsrechten in die aufnehmende Personengesellschaft einbringen. Die anschließende Anwachsung ist nur Folge des eigentlichen Tausches. Entsprechend führt die erweiterte Anwachsung zu einer nach § 24 begünstigungsfähigen Einbringung, sofern alle wesentlichen Betriebsgrundlagen übertragen werden.[58] Auch bei der erweiterten Anwachsung ist die Übertragung von Sonderbetriebsvermögen erforderlich, welche sich in der Praxis jedoch in aller Regel von selbst vollzieht, da wesentliche Betriebsgrundlagen im Sonderbetriebsvermögen regelmäßig notwendiges Sonderbetriebsvermögen sind und somit durch die Anwachsung automatisch zu notwendigem Sonderbetriebsvermögen bei der verbleibenden Personengesellschaft 43

---

56 UmwStE Rn. 24.06.
57 UmwStE Rn. 24.06.
58 UmwStE Rn. 01.44.

werden. Die erweiterte Anwachsung führt insoweit zur **zwingenden Buchwertfortführung**, als die übernehmende Personengesellschaft schon vorher an der Personengesellschaft beteiligt war, die auf sie anwächst. Die entsprechenden Wirtschaftsgüter verlieren ihre steuerliche Zuordnung zu dieser Personengesellschaft in keinem Zeitpunkt, so dass eine Neubewertung nicht möglich ist.[59]

44 Ob die Einbringung einer **das gesamte Nennkapital einer Kapitalgesellschaft umfassenden Beteiligung** in eine Personengesellschaft unter § 24 fällt, ist umstritten. Nach überwiegender Meinung soll die Fiktion des § 16 Abs. 1 S. 1 Nr. 1 S. 2 EStG, nach dem solche Beteiligungen einen Teilbetrieb darstellen, auch für Zwecke des § 24 gelten.[60] Der BFH hat dagegen in einer Entscheidung die Übertragung der Teilbetriebsfiktion des § 16 EStG auf Umwandlungen nach § 24 abgelehnt.[61] Er sah für eine solche Analogie keinen Raum, da die betreffende Regelungslücke, sofern eine solche überhaupt vorliege, jedenfalls nicht planwidrig sei. Dies zeige sich insbes. daran, dass im Rahmen des § 24 eine dem § 15 entsprechende Übernahme der Teilbetriebsfiktion nicht erfolgt sei. Die amtliche Begründung zur Neufassung des UmwStG durch das SEStEG, nach der § 24 auch Einbringungen von einhundert prozentigen Beteiligungen erfasse, sei irrelevant, da mit diesem Gesetz § 24 Abs. 1 nicht geändert worden sei und der historische Gesetzgeber offenbar die mögliche Regelungslücke bewusst herbeigeführt habe. Dies vermag nicht zu überzeugen. Zum einen ist, anders als vom BFH angenommen, auch eine das gesamte Nennkapital umfassende Beteiligung eine **organisatorische Einheit** als Teil des Betriebes, die üblicherweise in seiner Gliederung soweit verselbstständigt ist, dass er regelmäßig bereits an sich einen Teilbetrieb darstellt. Die Beteiligung kann auch ohne weitere betriebliche Anknüpfungspunkte eine organisatorische Einheit sein und ist dies auch regelmäßig, zumal sie unmittelbar den Betrieb des Beteiligungsunternehmens verkörpert. Daneben besteht über die enge Verzahnung zwischen § 23 Abs. 3 und § 16 EStG das Erfordernis eines Gleichlaufs der in beiden Vorschriften gewählten Teilbetriebsdefinitionen. Da der Gesetzgeber jedenfalls im Jahr 2006 die Anwendbarkeit des § 24 auf die Übertragung von das gesamte Nennkapital umfassenden Beteiligungen an Kapitalgesellschaften als gegeben erachtete, wäre allerdings eine Klarstellung durch den Gesetzgeber hilfreich. In der Praxis ist daher bei Einbringung von Beteiligungen, die das **gesamte Nennkapital** einer Kapitalgesellschaft umfassen, in eine Personengesellschaft Vorsicht geboten. Auch eine verbindliche Auskunft, welche die Anwendbarkeit in einem solchen Fall bescheinigt, schützt den Steuerpflichtigen nur eingeschränkt, da er in Anbetracht der entgegenstehenden BFH-Rechtsprechung mit deren Widerruf rechnen muss und ggf. nur eingeschränkten Vertrauensschutz genießt.

45 Von § 24 nicht erfasst sind **Formwechsel** von einer Personengesellschaft in eine andere Personengesellschaft. Hierbei findet bereits keine Vermögensübertragung statt, so dass der Formwechsel auch steuerlich unbeachtlich ist.[62]

III. Ansatz des eingebrachten Betriebsvermögens

46 Die Einbringung nach § 24 ist als tauschartiges Geschäft ein Verkehrsgeschäft. Der eingebrachte Betrieb oder Teilbetrieb oder Mitunternehmeranteil wird gegen einen

---

59 Schmidt/*Wacker* EStG § 16 Rn. 525; Widmann/Mayer/*Fuhrmann* § 24 Rn. 314.
60 UmwStE Rn. 24.02; Dötsch/Patt/Pung/Möhlenbrock/*Patt* § 24 Rn. 95; Brandis/Heuermann/Nitzschke § 24 Rn. 39; Schmitt/Hörtnagl/Schmitt § 24 Rn. 75.
61 BFH BStBl. II 2009, 464.
62 UmwStE Rn. 01.47.

Mitunternehmeranteil an der aufnehmenden Personengesellschaft getauscht. Steuerbilanziell ist der Mitunternehmeranteil selbst kein bilanzierungsfähiges Wirtschaftsgut. Bilanziert wird darin vielmehr der mitunternehmerische Mitberechtigungsanteil an den Wirtschaftsgütern der Mitunternehmerschaft. Im Ergebnis gelangt man jedoch auch bei dieser Betrachtung dazu, dass neue Wirtschaftsgüter im Tausch gegen andere Wirtschaftsgüter angeschafft wurden. Insofern bedarf es einer **Bewertung der angeschafften Wirtschaftsgüter.** Hierfür enthält § 24 Sonderregeln, welche von den allgemeinen Bestimmungen des Handelsbilanz- und Steuerrechts abweichen.

Der Wert, mit dem das eingebrachte Betriebsvermögen beim Übernehmer angesetzt wird, gilt nach § 24 Abs. 3 S. 1 für den Einbringenden als **Veräußerungspreis** desselben. Insofern hängt die steuerliche Folge einer Einbringung nach § 24 davon ab, mit welchem Wert das eingebrachte Betriebsvermögen beim Übernehmer angesetzt wird. Nach nunmehr veröffentlichter Auffassung der Finanzverwaltung gilt dies ohne das Erfordernis einer separaten Gewinnermittlung auch, wenn Einbringender und aufnehmende Personengesellschaft ihren Gewinn nach § 4 Abs. 3 EStG ermitteln.[63]

47

Maßgeblich für die Bestimmung des Veräußerungspreises nach § 24 Abs. 3 S. 1 ist nicht allein die Bilanzierung in der Gesamthandsbilanz, sondern der kumulierte Wert aus Gesamthands- und Ergänzungsbilanz bzw. bei Sonderbetriebsvermögen der Buchwert aus der entsprechenden Sonderbilanz. Hierbei ist sowohl die Bildung positiver Ergänzungsbilanzen als auch die Bildung negativer Ergänzungsbilanzen zulässig.[64] **Negative Ergänzungsbilanzen** bildet man dann, wenn in der Gesamthandsbilanz die stillen Reserven offengelegt werden. Dies erfolgt etwa, um die Kapitalkonten in der Gesamthandsbilanz im richtigen Verhältnis darzustellen, man bezeichnet dieses Vorgehen als sog. Bruttomethode.[65] **Positive Ergänzungsbilanzen** sind dagegen erforderlich, wenn einzelne Gesellschafter höhere Einlagen leisten, als es dem ihnen in der Gesamthandsbilanz zugewiesenen Kapitalkonto entspricht. Die Mehreinlagen werden dann nicht in der Gesamthandsbilanz dargestellt, man spricht von der sog. **Nettomethode**.[66] Letztere findet sich insbes. dann, wenn einzelne Mitunternehmeranteile übertragen werden, ohne dass es zu einer Auflösung der Gesellschaft kommt. Die dann vom Übernehmer des Mitunternehmeranteils mitvergüteten stillen Reserven werden regelmäßig in einer Ergänzungsbilanz ausgewiesen. **Positive und negative Ergänzungsbilanzen** können bei derselben Mitunternehmerschaft gleichzeitig bestehen, etwa wenn Teile eines Mitunternehmeranteils übertragen werden. Die gebildeten Ergänzungsbilanzen werden im Rahmen der folgenden Gewinnermittlungen jeweils fortentwickelt, bis alle Wirtschaftsgüter der Ergänzungsbilanz voll abgeschrieben oder aus dem Betriebsvermögen der Personengesellschaft ausgeschieden sind.

48

1. Grundsatz: gemeiner Wert

Nach § 24 Abs. 2 S. 1 ist das eingebrachte Betriebsvermögen regelmäßig mit dem gemeinen Wert zu bewerten. Stille Reserven sind insoweit, sofern keine Buchwerteinbringung erfolgen kann, aufzudecken. Für Pensionsverbindlichkeiten gilt nach § 24 Abs. 2 S. 1 Hs. 2 abweichend hiervon § 6a EStG, sie können folglich nur mit dem niedrigeren Steuerbilanzwert nach § 6a EStG berücksichtigt werden. Insofern ermöglicht die Um-

49

---

[63] OFD Nds. 3.3.2017 in ESt-Kartei NDS UmwStG Nr. 1.8, dazu auch: *Patt* GmbH-StB 2016, 163 (165, 167), aA noch UmwStE Rn. 24.03.
[64] UmwStE Rn. 24.14.
[65] UmwStE Rn. 24.14.
[66] UmwStE Rn. 24.14.

wandlung nicht die Aufdeckung stiller Lasten aus Pensionsverpflichtungen, welche inzwischen auch bei schuldrechtlicher Übertragung regelmäßig nach § 5 Abs. 7 EStG nicht mehr aufgedeckt werden können.

50 Der **Gewinn aus der Einbringung** des Betriebs, Teilbetriebs bzw. Mitunternehmeranteils ist gem. § 24 Abs. 3 S. 2 nur dann nach den §§ 16, 34 EStG begünstigt, wenn das eingebrachte Betriebsvermögen mit dem gemeinen Wert angesetzt wird. Die Einbringung von Teilen eines Mitunternehmeranteils ist grundsätzlich nicht begünstigungsfähig. Hierbei ist darauf zu achten, auch diejenigen Wirtschaftsgüter mit dem gemeinen Wert anzusetzen, die aufgrund eines handelsrechtlichen Ansatzverbots regelmäßig nicht bilanziert werden. Dies sind insbes. **Geschäfts- und Firmenwert**. Unterbleibt der Ansatz dieser Posten, so entfällt die Begünstigung nach den §§ 16, 34 EStG. Eine lediglich fehlerhafte Bewertung der betreffenden Posten kann jedoch mE nicht zum Wegfall der Begünstigung führen, da hierdurch in der Praxis der Begünstigung im Einbringungsfall jeder Anwendungsgrund entzogen würde. Denn eine praktisch unanfechtbare Bewertung kann niemand vorweisen.

51 Eine weitere Beschränkung erfährt die Begünstigung nach den §§ 16, 34 EStG insoweit, als der Einbringende wirtschaftlich betrachtet an sich selbst veräußert. Da er einen Mitunternehmeranteil an der erwerbenden Gesellschaft besitzen bzw. erhalten muss, ist dies stets teilweise der Fall. Soweit eine **Veräußerung „an sich selbst"** vorliegt, verwehrt die Finanzverwaltung die Begünstigung aufgrund der in § 24 Abs. 3 S. 3 enthaltenen Verweisung auf die Vorschrift des § 16 Abs. 2 S. 3 EStG.[67] Sofern mehrere Gesellschafter einbringen, liegt hierin eine einheitliche Einbringung der Gesellschafter in ihrer gesamthänderischen Verbundenheit, so dass der Anteil der selbst erworbenen Anteile für die Summe der einbringenden Gesellschafter zu bilden ist und insoweit die Vergünstigung nach den §§ 16, 34 EStG ausscheidet.

52 Mit dem Wegfall der Begünstigung geht die Gewerbesteuerpflicht des Einbringungsgewinns einher. Da es sich in diesen Fällen um laufende Gewinne handelt, ist keine Befreiung für Veräußerungsgewinne möglich.[68]

2. Ausnahme: Buchwert oder Zwischenwert

53 Bei nach § 24 begünstigten Einbringungen ist statt des Ansatzes zum gemeinen Wert auch der Ansatz mit dem Buchwert oder einem Zwischenwert zulässig. Da der Wert, mit dem das eingebrachte Betriebsvermögen beim Übernehmer angesetzt wird, nach § 24 Abs. 3 S. 1 für den Einbringenden als Veräußerungspreis desselben gilt, verhindert der Buchwertansatz die Entstehung eines steuerlichen Gewinns aus der Einbringung oder Umwandlung. Die Buchwerte des Einbringenden gelten bei Buchwertansatz als dessen Veräußerungspreis, stille Reserven werden nicht besteuert.

54 Dem Buchwertansatz steht nicht entgegen, dass das eingebrachte Betriebsvermögen einen negativen Wert hat.[69] § 24 enthält keine Beschränkung, wie sie in § 20 Abs. 2 S. 2 Nr. 2 enthalten ist. Allerdings ist auch für dieses **negative Betriebsvermögen** erforderlich, dem Einbringenden einen Mitunternehmeranteil einzuräumen. Dies führt bei der Beteiligung als Kommanditist zu einem Problem, sofern nicht nur der Buchwert, sondern auch der reale Wert des eingebrachten Vermögens negativ ist. Im Zweifel

---

[67] UmwStE Rn. 24.16.
[68] UmwStE Rn. 24.17.
[69] UmwStE Rn. 24.04.

empfiehlt sich, Verbindlichkeiten nur insoweit zu übertragen, dass ein ausreichender Wert zur Deckung der Kommanditeinlage übertragen wird.

Der **Zwischenwertansatz** führt zu einer partiellen Gewinnrealisierung, sofern die Wirtschaftsgüter stille Reserven enthalten. Beim Zwischenwertansatz sind die Mehrwerte zu den Buchwerten grundsätzlich gleichmäßig auf die einzelnen Wirtschaftsgüter zu verteilen, wobei keines der Wirtschaftsgüter mit einem seinen Verkehrswert übersteigenden Wert angesetzt werden darf. Auf den Zwischenwertansatz sind nach § 24 Abs. 4 die Vorschriften der §§ 23 Abs. 3, 12 Abs. 3 S. 1 entsprechend anzuwenden (→ § 23 Rn. 27 ff.). Ein Zwischenwertansatz bietet sich insbes. zur Nutzung von **Verlusten und Verlustvorträgen** an, welche bei der Umwandlung nicht übergehen (→ Rn. 67). Auch beim Zwischenwertansatz ist das Aufdecken stiller Lasten insbes. aus Pensionsverpflichtungen nicht möglich, da die Bewertung nach § 6a EStG auch hierfür nach § 24 Abs. 2 S. 1 Hs. 2 eine Obergrenze bildet. 55

Der Ansatz des Buch- oder Zwischenwertes muss nicht in der Gesamthandsbilanz erfolgen. Erfolgt dort ein Ansatz zu einem anderen Wert, kann der gewünschte Buch- oder Zwischenwert über die Ergänzungsbilanzen der Gesellschafter zum Ansatz gebracht werden (→ Rn. 48). 56

Die Bewertung zum Buchwert oder Zwischenwert setzt einen **Antrag** voraus.[70] Das Wahlrecht bzw. die Antragsbefugnis liegt ausschließlich bei der aufnehmenden Personengesellschaft. Sie bindet allerdings auch den Einbringenden. Der Antrag ist bis zur erstmaligen Abgabe der steuerlichen Schlussbilanz zu stellen. In der Praxis erfolgt die Antragsausübung regelmäßig durch entsprechende Bilanzierung in der Steuerbilanz der übernehmenden Personengesellschaft. Sofern Zweifel bezüglich der genauen Werte bestehen, empfiehlt sich einen gesonderten Antrag im Vorfeld der Einreichung der Steuerbilanz zu stellen. Sind die Werte in der Steuerbilanz dann nicht mit den Buchwerten identisch, dürfte wegen des eindeutigen und ausdrücklichen Antrags dennoch die Buchwertfortführung möglich sein.[71] Die Ansätze in der Handelsbilanz sind für die Ausübung des Wahlrechts unerheblich, maßgeblich ist allein der Ansatz in der Steuerbilanz. Die Bindung an die Bilanzierung der aufnehmenden Gesellschaft kann nur so weit reichen, wie die dort getroffenen **Bilanzansätze** zulässig sind. Die Beschränkungen zu Bilanzansätzen im Steuerrecht greifen jedoch regelmäßig auch für der Erwerber, so dass ein unzutreffender Bilanzansatz seinerseits regelmäßig ohnehin abzuändern ist. Jede **Änderung des Bilanzansatzes** bei der aufnehmenden Gesellschaft, etwa infolge von Betriebsprüfungen, schlägt auf die Bilanzierung und damit die Ermittlung des Gewinns aus der Einbringung beim Einbringenden durch. Dies gilt jedoch nur für den Ansatz auf den Zeitpunkt der Einbringung, spätere Fluktuationen in der Bewertung werden nicht beim Einbringenden erfasst. Auch für **Einbringungen** im Rahmen des § 24 besteht die Möglichkeit, die Begünstigung des § 6b EStG zu beanspruchen, wenn die weiteren Voraussetzungen hierfür erfüllt sind. Insofern kann ein Gewinn aus der Einbringung durch eine Rücklage nach § 6b EStG ggf. neutralisiert werden. Die Rücklage kann bei Einbringung zum gemeinen Wert durch Einzelrechtsnachfolge auf die 57

---

[70] Dötsch/Patt/Pung/Möhlenbrock/*Patt* § 24 Rn. 115; Schmitt/Hörtnagl/*Schmitt* § 24 Rn. 241.

[71] So Schmitt/Hörtnagl/*Schmitt* § 24 Rn. 241; eine Auslegung erfordert diesenfalls Dötsch/Patt/Pung/Möhlenbrock/*Patt* § 24 Rn. 118.

eingebrachten Wirtschaftsgüter bei der aufnehmenden Gesellschaft übertragen werden, soweit der Gesellschafter an der Gesellschaft beteiligt ist.[72]

IV. Folgewirkungen beim Einbringenden

1. Gewerbesteuer

58 Der Gewinn aus der Einbringung ist nicht Teil des Gewerbeertrags, sofern Einbringender eine natürliche Person ist.[73] Hiervon gibt es jedoch Ausnahmen. So ist der Gewinn insoweit, als er bei einer im gewerblichen Grundstückshandel tätigen Personengesellschaft entsteht, steuerpflichtig, soweit er auf Grundstücke des Umlaufvermögens entfällt.[74] Auch der Gewinn aus der Einbringung von Anteilen an einer Kapitalgesellschaft ist gewerbesteuerpflichtig.[75] Sofern die Anteile zusammen mit dem Betrieb, dem sie zugehören, eingebracht werden, soll dies die Gewerbesteuerpflicht nach Auffassung der Finanzverwaltung allerdings entfallen lassen.

59 Bei Einbringung durch eine Körperschaft unterliegt der Gewinn aus der Einbringung insgesamt der Gewerbesteuer. Allerdings ist wegen § 8b Abs. 2 KStG der Gewinn aus der Einbringung von Beteiligungen an Kapitalgesellschaften ggf. steuerbefreit.

2. Eintritt in Halte- und Behaltensfristen

60 Soweit für die Besteuerung Halte- und Behaltensfristen von Bedeutung sind, tritt bei der Einbringung der übernehmende Rechtsträger nach § 24 Abs. 4 iVm § 23, 12 Abs. 3, 4 Abs. 2 bezüglich derselben in die Rechtstellung des übertragenden Rechtsträgers ein. Die Vorbesitzzeiten des übertragenden Rechtsträgers werden also auf die Besitzzeiten beim übernehmenden Rechtsträger angerechnet. Hierbei ist es ohne Belang, ob die Einbringung zum Buchwert, zum gemeinen Wert oder zum Zwischenwert erfolgte.

3. Ermittlung der AfA

61 Die **Bestimmung der AfA** hängt in der Folge der Einbringung maßgeblich davon ab, ob von dem Wahlrecht nach § 24 Abs. 2 Gebrauch gemacht wurde. Wurde ein Wertansatz zum Buchwert oder Zwischenwert gewählt, so ist nach § 24 Abs. 4 iVm § 23 grundsätzlich die bisherige AfA fortzuführen. Beim Zwischenwertansatz sind entsprechende Mehrwerte über die verbleibende Restnutzungsdauer abzusetzen. Teilweise wird jedoch in einer Ergänzungsbilanz die Bestimmung einer neuen **Restnutzungsdauer** befürwortet.[76] Die sich hieraus ergebende Abweichung zwischen Restnutzungsdauer in der Gesamthandsbilanz und der Ergänzungsbilanz ist jedoch mit der Systematik der Ergänzungsbilanz, welche lediglich die Mehr- oder Minderwerte der Wirtschaftsgüter in der Gesamthandsbilanz enthält, nicht vereinbar, da die Ergänzungsbilanz kein eigenständiger Bilanzierungskreis ist, so dass keine eigenständigen Restnutzungsdauern für die Ergänzungsbilanz festgelegt werden können.[77]

62 Beim Ansatz mit dem gemeinen Wert liegt uneingeschränkt ein Tauschvorgang und damit eine neuerliche Anschaffung vor, sofern eine Einbringung im Wege der Einzelrechtsnachfolge erfolgt. Bei Fällen der Gesamtrechtsnachfolge nach dem UmwG

---

72 Dötsch/Patt/Pung/Möhlenbrock/*Patt* § 24 Rn. 138.
73 Haritz/Menner/Bilitewski/Bär/Merkle § 24 Rn. 183; Dötsch/Patt/Pung/Möhlenbrock/*Patt* § 24 Rn. 152.
74 BFH BStBl. II 2010, 171.
75 Vgl. UmwStE Rn. 24.17; R 7.1 Abs. 3 GewStRL 2009; Abschn. 39 Abs. 1 Nr. 1 S. 13 GewStRL 1998.
76 Schmitt/Hörtnagl/Schmitt § 24 Rn. 268.
77 Vgl. Schmidt/*Wacker* EStG § 15 Rn. 465.

erstreckt sich die Gesamtrechtsnachfolge auch auf die Anschaffungszeitpunkte und Nutzungsdauern der Wirtschaftsgüter.[78]

4. Einbringungsfolgegewinn

Sofern durch die Einbringung Forderungen und Verbindlichkeiten zusammenfallen und durch Konfusion untergehen oder Rückstellungen entfallen, kann es zur Entstehung eines sog. **Einbringungsfolgegewinns** kommen. Dies ist insbes. dann der Fall, wenn der Gläubiger seine Forderung bereits wertberichtigt hat, der Schuldner sie jedoch noch zum Nennbetrag ausweist. In diesen Fällen gestattet § 24 Abs. 4 iVm § 23 Abs. 6, § 6 Abs. 1, 3 die Bildung einer den steuerlichen Gewinn mindernden Rücklage. Die so gebildete Rücklage ist in den Wirtschaftsjahren nach Bildung derselben jeweils mit mindestens einem Drittel aufzulösen. Auf diese Weise wird der Ertrag aus dem Einbringungsfolgegewinn über mehrere Jahre erstreckt. In der Praxis bietet die Rücklage eine Möglichkeit der Ergebnissteuerung, weil die Auflösung zwar mindestens ein Drittel betragen muss, eine höhere Auflösung jedoch ebenfalls gestattet ist. So mag es lohnen, in einem Verlustjahr die Rücklage insgesamt aufzulösen, um so die Entstehung von Verlustvorträgen, die nur in der Mindestbesteuerung genutzt werden können, zu verhindern.

63

V. Einbringungsgewinn bei Einbringung von Anteilen an einer Kapitalgesellschaft

Für Einbringungen von Anteilen an Kapitalgesellschaften nach § 24 sieht Abs. 5 die nachträgliche Besteuerung des Einbringungsgewinns entsprechend der Regelungen des § 22 Abs. 2 vor, soweit eingebrachte Anteile innerhalb von sieben Jahren nach der Einbringung veräußert werden oder einer der Ersatztatbestände des § 22 Abs. 2 erfüllt wird. Die **schädliche Veräußerung** ist ein rückwirkendes Ereignis iSd § 175 Abs. 1 S. 1 Nr. 2 AO.[79] Werden die Anteile nicht vollständig, sondern nur anteilig veräußert, erfolgt auch nur eine anteilige Nachversteuerung. Wird der Betrieb der übernehmenden Personengesellschaft aufgegeben, so steht dies nach Auffassung der Finanzverwaltung der vollständigen Veräußerung der sperrfristbehafteten Anteile gleich.[80] Wie bei Einbringungen nach § 20 bzw. dem Anteilstausch nach § 21 schmilzt der nachzuversteuernde Gewinn auch bei § 24 für jedes Jahr zwischen Einbringung und schädlicher Veräußerung jeweils um ein Siebtel ab.

64

Voraussetzung für die Besteuerung eines solchen Einbringungsgewinns ist jedoch, dass der Einbringende mit dem Gewinn aus der Veräußerung der Anteile nicht nach § 8b Abs. 2 KStG von der Körperschaftsteuer befreit gewesen wäre und dass bei der Veräußerung der Anteile durch die aufnehmende Personengesellschaft der Gewinn nach § 8b Abs. 2 KStG steuerbefreit ist.[81] Es müssen **stille Reserven** aus den Anteilen auf einen nach § 8b Abs. 2 KStG begünstigten Steuerpflichtigen überspringen, damit es zur Besteuerung eines Einbringungsgewinns kommt. Folglich kann die Besteuerung eines Einbringungsgewinns bei § 24 durch Zuordnung der stillen Reserven zum Einbringenden in einer entsprechenden Ergänzungsbilanz verhindert werden.[82]

65

---

78 Vgl. Schmitt/Hörtnagl/Schmitt § 24 Rn. 272.
79 UmwStE Rn. 24.19.
80 UmwStE Rn. 24.25.
81 UmwStE Rn. 24.21.
82 Nach Dötsch/Patt/Pung/Möhlenbrock/*Patt* § 24 Rn. 224 verbleibt deshalb wohl kein Anwendungsbereich für § 24 Abs. 5, da bei Einbringung ohne entsprechende Berücksichtigung in den Ergänzungsbilanzen nach den Regeln über stille Einlagen die stillen Reserven aufzudecken seien.

66 Umstritten ist, ob im Rahmen der Einbringung nach § 24 der Steuerpflichtige den **Nachweis** nach § 22 Abs. 3 führen muss.[83] Richtigerweise verweist § 24 nur bezüglich der Rechtsfolgen auf § 22 Abs. 3, nicht jedoch bezüglich der Tatbestandsvoraussetzungen. Daher ist der Nachweis nach § 22 Abs. 3 entbehrlich. Zur Vermeidung von Auseinandersetzungen sollte der Nachweis dennoch jeweils fristgerecht erbracht werden. Den Nachweis kann die Personengesellschaft selbst führen.[84] Im Übrigen sei zur Mitverstrickung neu ausgegebener Anteile, den einer Veräußerung gleichgestellten Vorgängen, der gesonderten Feststellung des zu versteuernden Einbringungsgewinns und den Folgen von Ketteneinbringungen auf die Kommentierung zu § 22 verwiesen.

VI. Verlustvortrag und Zinsvortrag

67 Anders als Kapitalgesellschaften sind Personengesellschaften selbst nicht Träger der einkommensteuerlichen Verluste. Insofern kommt es bei Übertragung von (Teil-)Betrieben aus und von Anteilen an Personengesellschaften nicht zu einem unmittelbaren Eingriff in die steuerliche Situation des Rechtsträgers, welchem die einkommensteuerlichen Verluste zuzurechnen sind. Folglich ergibt sich aus einer Einbringung nach § 24 in der Regel auch kein schädlicher Vorgang im Sinne des § 8c KStG in Bezug auf körperschaftsteuerliche Verluste, soweit der Rechtsträger eine Körperschaft ist. Ausnahmen ergeben sich nur dort, wo im Rahmen der Einbringung nach § 24 auch in die Rechtsgestalt der verlusttragenden Körperschaft eingegriffen wird, wenn etwa die Einbringung im Ergebnis über eine Anwachsung geschieht. Hier ist jedoch nicht § 24 für die **Verlustnutzung** bei der betroffenen Körperschaft maßgeblich, sondern die allgemeinen Vorschriften für den Rechtsakt, der schlussendlich die Anwachsung herbeiführt.

68 Die **Gewerbesteuer** ist keine Personensteuer, sondern eine Objektsteuer. Insofern gelten im Rahmen der Gewerbesteuer andere Regeln. Hier gibt es nicht nur den Steuerpflichtigen, sondern auch das Steuerobjekt in Form des Gewerbebetriebes. Dieser Gewerbebetrieb kann, ganz oder teilweise, Gegenstand der Einbringung nach § 24 sein, so dass sich aus einer solchen Einbringung unmittelbare Auswirkungen auf die Nutzung gewerbesteuerlicher Verlustvorträge ergeben.

69 **Gewerbesteuerliche Verlustvorträge** eines eingebrachten Betriebs oder Teilbetriebs sowie des Gewerbebetriebs einer eingebrachten Mitunternehmerschaft gehen bei Umwandlungen regelmäßig nicht nach § 24 auf den aufnehmenden Rechtsträger über. Ausnahmsweise kann ein gewerbesteuerlicher Verlustvortrag nach § 10a GewStG beim übernehmenden Rechtsträger genutzt werden, sofern die allgemeinen Anforderungen des Gewerbesteuerrechts erfüllt sind. Voraussetzung für eine Verlustnutzung ist nach § 10a GewStG Unternehmensidentität und Unternehmeridentität.[85]

1. Unternehmensidentität

70 Unternehmensidentität liegt vor, wenn das **Unternehmen, in welchem der Verlust verrechnet** werden soll, **mit demjenigen identisch** ist, in welchem der **Verlust entstanden** ist. Bei Übergang eines Betriebes im Ganzen sollte dies regelmäßig der Fall sein; die Verrechnung mit Gewinnen des eingebrachten Betriebes in seinem neuen

---

[83] Dies fordert UmwStE Rn. 24.29; dagegen Rödder/Herlinghaus/van Lishaut/*Rasche* § 24 Rn. 133; Dötsch/Patt/Pung/Möhlenbrock/*Patt* § 24 Rn. 233.
[84] UmwStE Rn. 24.29.
[85] Vgl. dazu FG Baden-Württemberg EFG 2017, 1604, nrkr, Rev. anhängig unter Az. I R 35/17; vgl. dazu BFH, DStR 2019, 1302.

Kleid scheitert in diesem Falle nicht an der Unternehmensidentität. Bei Übertragung eines Teilbetriebes ist zu beachten, dass der auf den übertragenen Teilbetrieb entfallende Verlust beim Einbringenden nicht mehr zur Verrechnung zur Verfügung steht.[86] Bei Übertragung eines Teilbetriebes wird allerdings der übertragene Teilbetrieb dann regelmäßig unternehmensidentisch sein, so dass, sofern Unternehmeridentität besteht, eine Verlustnutzung beim übertragenen Teilbetrieb möglich sein sollte. In der Praxis ist hierbei allerdings darauf zu achten, dass die Vermischung mit einem anderen Betrieb beim Aufnehmenden gegebenenfalls zu einer derart weitreichenden Veränderung des übertragenen Teilbetriebs führen kann, dass es im Ergebnis an der Unternehmensidentität fehlt. Insofern ist bei Übertragung verlusttragender Teilbetriebe zu erwägen, wie schnell und wie intensiv diese beim aufnehmenden Rechtsträger integriert werden. Gegebenenfalls lohnt die zunächst selbstständige Fortführung mit erst späterer Vollintegration, sofern weitgehende Unternehmeridentität vorliegt und in der Folge Gewinne erwartet werden und damit die weiteren Voraussetzungen für die Verlustnutzung gegeben sind.

2. Unternehmeridentität

Die Nutzung gewerbesteuerlicher Verlustvorträge setzt neben der Unternehmensidentität auch Unternehmeridentität voraus. Diese liegt insoweit vor, wie **derjenige Unternehmer**, der die **Verrechnung der Verluste begehrt**, mit dem **Unternehmer identisch ist, der die Verluste erlitten** hat. In dem Erfordernis der Unternehmeridentität manifestiert sich der Doppelcharakter der Gewerbesteuer als eine personenbezogene Objektsteuer. Sie stellt nicht nur auf das Steuerobjekt Gewerbebetrieb, sondern auch auf die Person des Steuerpflichtigen ab. Übertragen auf Einbringungen nach § 24 ergibt sich daraus Folgendes: Bringt ein Unternehmer seinen Betrieb gegen Gewährung von Gesellschafterrechten in eine Mitunternehmerschaft ein, so kann er anteilig den Verlust in der Höhe abziehen, in der er an der übernehmenden Personengesellschaft beteiligt ist. Maßgeblich für die Ermittlung der „Beteiligung" in diesem Sinne ist der Anteil des Einbringenden am Gewinn der aufnehmenden Personengesellschaft. Der maßgebliche Gewinn bemisst sich nach dem **allgemeinen Gewinnverteilungsschlüssel**, der Gewinn aus Ergänzungs- und Sonderbilanzen ist insoweit nicht von Bedeutung.[87]

71

Kommt es bezüglich des Gewinnanteils, etwa durch **weitere Einbringungen von Mitgesellschaftern**, zu Veränderungen, so bemisst sich der Anteil des abziehbaren Verlustes jeweils nach dem Gewinnanteil im Erhebungszeitraum, in dem die Verrechnung erfolgen soll. Der nutzbare Verlust kann sich insofern weiter verringern. Da der nicht nutzbare Verlustvortrag wegen fehlender Unternehmeridentität untergeht, lebt bei anschließender Erhöhung der Gewinnbeteiligung des Einbringenden der einmal untergegangene Verlust nicht wieder auf, er ist verloren. Bei **Beitritt eines neuen Gesellschafters** gegen Einlage nach § 24 und Gewährung einer Mitunternehmerstellung gilt dies entsprechend. Auch hier ist auf den allgemeinen Gewinnverteilungsschlüssel der Personengesellschaft abzustellen. Ein Altverlust auf Ebene der Personengesellschaft ist nur in Höhe des Gewinnanteils der Altgesellschafter abzuziehen. Die absolute Höhe des nutzbaren Verlustes soll sich hierbei jedoch nicht verändern.[88] Sofern im Rahmen der Einbringung ein **Teilbetrieb** auf die Personengesellschaft übertragen wurde und

72

---
86 BFH DStR 2008, 2014.
87 R 10a.3 Abs. 3 S. 4 GewStR.
88 Dötsch/Patt/Pung/Möhlenbrock/*Patt* § 24 Rn. 209.

der Teilbetrieb in der Vergangenheit Verluste erwirtschaftet hat, ist der Verlust nur in Höhe des auf den Einbringenden entfallenden Gewinnanteils nutzbar, soweit überhaupt eine Unternehmensidentität besteht. Bei **Einbringung von Mitunternehmeranteilen an verlusttragenden Personengesellschaften** geht der Verlustvortrag anteilig unter, da die aufnehmende Personengesellschaft jeweils neuer Unternehmer wird und insoweit keine Unternehmeridentität vorliegt. Anders ist es jedoch, wenn Gegenstand der Einbringung nicht der Mitunternehmeranteil, sondern der Betrieb der Personengesellschaft ist. In diesem Fall ist, ebenso wie bei Einbringung eines Teilbetriebes, eine weitere Verlustnutzung möglich. Maßgeblich ist für die Verlustnutzung, in welchem Umfang die einbringende Personengesellschaft an der aufnehmenden Personengesellschaft beteiligt ist. Bei der entstehenden doppelstöckigen Personengesellschaft ist sodann ein mittelbarer Gesellschafterwechsel, also der Austausch eines Anteilseigners an der Obergesellschaft, für die weitergehende Verlustnutzung unschädlich.[89]

73 Die **doppelstöckige Personengesellschaft** ermöglicht daher die Nutzung von Verlusten auch bei anschließendem Wechsel des wirtschaftlich Berechtigten. In der Praxis kann so die Übertragung auf Dritte bewirkt werden, sofern die hierfür gewählte Struktur nicht als missbräuchlich anzusehen ist.

74 Unternehmeridentität ist gegeben, soweit die Gesellschafter der übertragenden Gesellschafter der übertragenden und der übernehmenden Gesellschaften identisch sind. Wird der Betrieb einer Personengesellschaft in eine beteiligungsidentische Personengesellschaft eingebracht oder der Betrieb einer Kapitalgesellschaft in eine Personengesellschaft eingebracht, an der vermögensmäßig nur die einbringende Kapitalgesellschaft beteiligt ist, kommt es also nicht zum Untergang des Verlustvortrages.[90] Auch bei Verschmelzungen von Personengesellschaften ist auf die anschließende Beteiligungsquote der verschmolzenen Personengesellschaft an der aufnehmenden Personengesellschaft abzustellen.

3. Verluste bei Beteiligung von Kapitalgesellschaften an der Einbringung

75 Anders als bei natürlichen Personen und Personengesellschaften gilt bei Kapitalgesellschaften nach der gesetzlichen Fiktion des § 2 Abs. 2 S. 1 GewStG deren gesamte Tätigkeit als **einheitlicher Gewerbebetrieb**. Bringt nun die Kapitalgesellschaft ihren Betrieb in eine Personengesellschaft gegen Gewährung einer Mitunternehmerstellung ein, so ist fraglich, ob der Verlust mit dem Betrieb übergeht, oder ob wegen der Fiktion des § 2 Abs. 2 S. 1 GewStG der Verlust bei der Kapitalgesellschaft verbleibt, da diese ja weiterhin den fiktiven einheitlichen Gewerbebetrieb unterhält. Die Finanzverwaltung vertritt die Auffassung, dass der Verlust mit dem fiktiven Gewerbebetrieb bei der einbringenden Körperschaft verbleibe.[91] Dies betont allerdings die Fiktion des § 2 Abs. 2 S. 1 GewStG im Verhältnis zum Vorgang der Einbringung zu stark.[92] Richtigerweise muss der Verlustvortrag am Betrieb haften. Aus Sicht der Körperschaft dürfte die von der Finanzverwaltung praktizierte Regelung dann vorteilhaft sein, wenn sie neben dem eingebrachten Betrieb über weitere Gewerbesteuererträge verfügen. Dies kann entweder durch gewerbesteuerliche Organschaften oder durch neue Betätigungen erfolgen.

---

[89] FG Sachsen EFG 2008, 1403.
[90] FG Münster 5.11.2021 – 14 K 2364/21 G, Rev. eingelegt, Az. BFH: IV R 25/21; Parallelverfahren beim BFH IV R 26/21.
[91] Schreiben des Finanzministeriums NRW vom 27.1.2012, FR 2012, 238.
[92] Vgl. Widmann/Mayer/*Fuhrmann* § 24 Rn. 2185; Dötsch/Patt/Pung/Möhlenbrock/*Patt* § 24 Rn. 212 ff.

Auch bei Teilbetriebs- und Mitunternehmeranteilseinbringungen besteht regelmäßig die Möglichkeit der anderweitigen Nutzung der gewerbesteuerlichen Verlustvorträge. Eine weitere Verrechnung mit den Erträgen des eigentlichen verlustverursachenden Betriebes scheidet dagegen aus, da die gewerbesteuerliche Gewinnermittlung die Verlustvorträge auf Ebene der Gesellschafter nicht berücksichtigt. Dies erscheint, insbes. auch vor den oben dargestellten Überlegungen zur Unternehmensidentität bei Verlustnutzung durch natürliche Personen wenig überzeugend.

Im Rahmen von **Zebra-Gesellschaften**, an denen natürliche und juristische Personen beteiligt sind, führt die unterschiedliche Behandlung der Einbringung nach § 24 für Gewerbesteuerzwecke gegebenenfalls zu erheblich unterschiedlichen Steuerfolgen. Der Verlustvortrag, der natürlichen Personen zugerechnet wird, kann, wenn überhaupt, auf Ebene der Personengesellschaft genutzt werden und dient dort allen Gesellschaftern zur Minderung ihrer Steuerbelastung. Der Verlustvortrag, der auf eine Körperschaft entfällt, verbleibt bei dieser und kann von ihr nicht im Zusammenhang mit dem eingebrachten Betrieb, dafür aber in Verbindung mit anderen Einkünften genutzt werden. In der Praxis sollte dies durch entsprechende Gewerbesteuerausgleichsklauseln im Gesellschaftsvertrag der Personengesellschaft ausgeglichen werden. Gegebenenfalls ist auch die Sonderauswirkung der Einbringung im Rahmen des Einbringungsvertrages regelungsbedürftig.

4. Zins- und EBITDA-Vortrag nach § 4h EStG

Ein Zinsvortrag und ein Vortrag steuerlichen EBITDAs nach § 4h EStG geht gem. § 24 Abs. 6 iVm § 20 Abs. 9 nicht auf den übernehmenden Rechtsträger über. Eine Nutzung beim zurückbleibenden Rechtsträger scheitert regelmäßig an § 4h Abs. 5 EStG, da der EBITDA-Vortrag und der Zinsvortrag bei einem Betriebsübergang und bei der Aufgabe eines Mitunternehmeranteils untergeht. Es wird jedoch vertreten, dass dies nicht für die **Einbringung eines Mitunternehmeranteils und eines Teilbetriebes** gelte.[93] Grund hierfür ist, dass der Zinsvortrag betriebsbezogen ist und insofern nur an den Fortbestand bzw. die Übertragung eines Betriebes anknüpft und die Vorschrift des § 4h Abs. 5 EStG diese Fälle nicht regelt. Teilbetriebe sind, ebenso wie Mitunternehmeranteile, nicht Gegenstand einer Sonderbehandlung im Rahmen der Zinsschranke, für sie wird keine separate Freigrenze gewährt. Insofern kann eine Teilbetriebsübertragung auch die bestehenden Zinsvorträge bzw. EBITDA-Vorträge nicht berühren. Da die Einbringung eines Mitunternehmeranteils auch nicht mit der Aufgabe desselben vergleichbar ist, greift § 4h Abs. 5 EStG auch in diesem Falle nicht, so dass der Zinsvortrag und der EBITDA-Vortrag grundsätzlich weitergenutzt werden können.

Soweit es im Rahmen der Einbringung nach § 24 zu einem nach § 8c KStG schädlichen Vorgang kommt, geht allerdings der Zinsvortrag auch dann unter, wenn der Vorgang mit einer Einbringung eines Mitunternehmeranteils bzw. einer Teilbetriebsübertragung zusammenhängt. Die hierfür bestehende Anordnung in § 8a KStG geht der allgemeineren Regel des § 4h EStG vor.

VII. Steuerliche Rückwirkung

Der **Zeitpunkt**, in dem ein Gegenstand als eingebracht gilt, hängt wesentlich von der gewählten Form der Einbringung ab. Einbringungen von Wirtschaftsgütern im Wege

---

93 Widmann/Mayer/*Fuhrmann* § 24 Rn. 1611.

80 Die **Aufnahme eines Gesellschafters** in eine bestehende Gesellschaft wird regelmäßig mit Vereinbarung derselben wirksam, wobei in der Praxis die Aufnahme oftmals aufschiebend bedingt ist, so dass sie dann erst mit Bedingungseintritt wirksam wird. Ist die Aufnahme mit der Einbringung von Wirtschaftsgütern verbunden, so wird diese erst durch die zivilrechtliche Übereignung der Wirtschaftsgüter vollzogen. Auch hier wird steuerlich eine Rückbeziehung regelmäßig ausscheiden.

81 In den Fällen der **umwandlungsrechtlichen Gesamtrechtsnachfolge**, also bei Verschmelzung, Spaltung, Ausgliederung und Formwechsel, erfolgt der zivilrechtliche Eigentumsübergang erst mit Eintragung im Handelsregister. In diesen Fällen ist jedoch nach § 2 steuerlich eine Rückwirkung von bis zu acht Monaten möglich.[94] Auch bei einer steuerlichen Rückwirkung nach § 2 kommt es nach Auffassung des BFH nicht zu einer Verrechnung von Verlusten einer der an der Verschmelzung beteiligten Gesellschaften mit der anderen Gesellschaft.[95] Unseres Erachtens dürfte aber die steuerliche Rückwirkung sich auch auf die Verrechnung von Ergebnissen beziehen. Eine künstliche Trennung der über § 2 wirtschaftlich in der aufnehmenden Gesellschaft erzielten Ergebnisse in zwei separate Veranlagungen sollte mE der Verrechnung des Verlusts nicht entgegenstehen.

82 Die **Anwachsung** des Vermögens einer Personengesellschaft auf den letzten verbliebenen Gesellschafter wird regelmäßig in dem Zeitpunkt wirksam, in welchem der vorletzte Gesellschafter ausgetreten ist. Dies schließt eine steuerliche Rückbeziehung in der Regel aus. Etwas anderes gilt jedoch, wenn die Anwachsung ihrerseits Folge einer Maßnahme ist, welche steuerlich rückbezogen ist. Dies ist immer dann der Fall, wenn eine Anwachsung als Folge der Verschmelzung von Gesellschaftern aufeinander eintritt. Hier erstreckt sich die steuerliche Rückbeziehung der Verschmelzung nach § 2 auf die unmittelbar hieraus resultierende Anwachsung.

Achter Teil
Formwechsel einer Personengesellschaft in eine Kapitalgesellschaft oder Genossenschaft

§ 25 Entsprechende Anwendung des Sechsten Teils

¹In den Fällen des Formwechsels einer Personengesellschaft in eine Kapitalgesellschaft oder Genossenschaft im Sinne des § 190 des Umwandlungsgesetzes vom 28. Oktober 1994 (BGBl. I S. 3210, 1995 I S. 428), das zuletzt durch Artikel 10 des Gesetzes vom 9. Dezember 2004 (BGBl. I S. 3214) geändert worden ist, in der jeweils geltenden Fassung oder auf Grund vergleichbarer ausländischer Vorgänge gelten §§ 20 bis 23 entsprechend. ²§ 9 Satz 2 und 3 ist entsprechend anzuwenden.

---

[94] Vgl. UmwStE Rn. 24.06.
[95] Siehe BFH, DStRE 2022, 973.

A. Normzweck	1	2. Einbringungsgegenstand und Einbringende	17
B. Inhalt	4	3. Gewährung neuer Anteile und zusätzlicher Gegenleistungen	29
I. Formwechsel einer Personengesellschaft in eine Kapitalgesellschaft oder Genossenschaft	4	4. Wertansatz und weitere Folgen bei der übernehmenden Kapitalgesellschaft oder Genossenschaft	33
1. Übersicht	4	5. Veräußerungspreis und Anschaffungskosten des Einbringenden	39
2. Sachlicher Anwendungsbereich	5	6. Besteuerung eines Einbringungsgewinns I, II	40
a) Formwechsel im Sinne des § 190 UmwG	5	III. Entsprechende Anwendung des § 9 S. 2, 3	45
b) Formwechsel aufgrund vergleichbarer ausländischer Vorgänge	8	1. Pflicht zur Erstellung einer Übertragungs-/Eröffnungsbilanz	46
c) Option zur Körperschaftsbesteuerung gem. § 1a KStG	13	2. Steuerliche Rückwirkung	49
3. Persönlicher Anwendungsbereich: Beteiligte Rechtsträger	14	3. Grunderwerbsteuerliche Aspekte	53
II. Entsprechende Anwendung der §§ 20–23	16		
1. Rechtsnatur des Gesetzesverweises	16		

A. Normzweck

Der Formwechsel einer Personengesellschaft in eine Kapitalgesellschaft stellt steuerlich den Übergang von einem transparenten Besteuerungsregime zu einer intransparenten sog. „Zweiebenenbesteuerung" dar. **1**

Trotz der zivilrechtlich gegebenen Identität der am Formwechsel beteiligten Rechtsträger kommt es aus ertragsteuerlicher Sicht hierbei zu einem **Übertragungsvorgang**. § 25 eröffnet dem Steuerpflichtigen, dh den Gesellschaftern der Personengesellschaft für Zwecke der Einkommen-/Körperschaftsteuer und der Personengesellschaft für Zwecke der Gewerbesteuer die Möglichkeit, den Formwechsel unter den Voraussetzungen der §§ 20, 21 im Hinblick auf das der Personengesellschaft zuzuordnende (Betriebs-)Vermögen steuerneutral, dh zu Buchwerten zu vollziehen. **2**

Dies schließt gem. § 25 S. 2 auch die Option zur steuerlichen Rückbeziehung des Umwandlungsvorgangs ein. **3**

B. Inhalt

I. Formwechsel einer Personengesellschaft in eine Kapitalgesellschaft oder Genossenschaft

1. Übersicht

§ 25 regelt die ertragsteuerliche Behandlung des Formwechsels einer Personengesellschaft in eine Kapitalgesellschaft oder Genossenschaft. Der Anwendungsbereich ist eröffnet, wenn es sich um einen Formwechsel gem. §§ 190 ff. UmwG bzw. um einen vergleichbaren ausländischen Vorgang handelt, oder bei der Option einer Personenhandels- bzw. Partnerschaftsgesellschaft zur Körperschaftsbesteuerung gem. § 1a KStG. **4**

2. Sachlicher Anwendungsbereich

a) Formwechsel im Sinne des § 190 UmwG

Der Formwechsel ist im fünften Buch des UmwG in den §§ 190–304 UmwG geregelt. Zivilrechtlich gilt, dass ein Rechtsträger durch den vom UmwG geregelten Formwechsel lediglich seine Rechtsform, nicht aber seine wirtschaftliche Identität ändert. Folglich findet zivilrechtlich keine Vermögensübertragung von der Personengesellschaft auf die Kapitalgesellschaft oder Genossenschaft statt. Der Formwechsel wird mit der Eintragung im Handelsregister rechtswirksam. **5**

6 Die **Rechtsträger**, die an einem Formwechsel teilnehmen können, sind in § 191 Abs. 1 Nr. 1–6 UmwG abschließend aufgezählt. Hierzu gehören ua Personenhandelsgesellschaften (OHG und KG) und Partnerschaftsgesellschaften (§ 191 Abs. 1 Nr. 1 UmwG). Nach dem Formwechsel können diese ua die Rechtsform einer Kapitalgesellschaft (Aktiengesellschaft, Gesellschaft mit beschränkter Haftung und Kommanditgesellschaft auf Aktien) sowie einer eingetragenen Genossenschaft einnehmen. Allerdings ist nicht jede denkbare Kombination eines Formwechsels zwischen den in § 191 UmwG aufgezählten Rechtsträgern möglich. Die zivilrechtliche Zulässigkeit des Formwechsels einer Personenhandelsgesellschaft oder Partnerschaftsgesellschaft in eine Kapitalgesellschaft oder Genossenschaft ergibt sich aus den besonderen Vorschriften des § 214 Abs. 1 UmwG und des § 225a UmwG.

7 Die Gesellschaft bürgerlichen Rechts kommt erstmals seit Inkrafttreten des Gesetzes zur Modernisierung des Personengesellschaftsrechts (Personengesellschaftsrechtsmodernisierungsgesetz – MoPeG) am 1.1.2024 nach dem UmwG als formzuwechselnder Rechtsträger in Betracht, wenn sie in das Gesellschaftsregister eingetragen ist (eGbR). Stille Gesellschaften, Unterbeteiligungen oder Erbengemeinschaften können, da ihnen die Eigenschaft als Personenhandelsgesellschaft fehlt, nicht an einem Formwechsel gem. § 190 ff. UmwG beteiligt sein.[1]

b) Formwechsel aufgrund vergleichbarer ausländischer Vorgänge

8 Neben dem im Umwandlungsgesetz geregelten Formwechsel einer Personengesellschaft in eine Kapitalgesellschaft bzw. Genossenschaft werden von § 25 auch sog. „vergleichbare ausländische Vorgänge" erfasst.

9 Hierbei ist eine **Vergleichbarkeitsprüfung** anzustellen, die sich auf den konkreten Formwechsel bezieht. Voraussetzung der Vergleichbarkeit ist, dass der ausländische Vorgang lediglich einen Wechsel der Rechtsform ohne Übertragung von Vermögen zur Folge hat. Wird der formzuwandelnde Rechtsträger nach dem ausländischen Recht ohne Abwicklung aufgelöst, fehlt es an dieser rechtlichen Kontinuität. In der Folge liegt keine Vergleichbarkeit des ausländischen Vorgangs mit einem dem deutschen Umwandlungsrecht unterliegenden Formwechsel iSv §§ 190 ff. UmwG vor. In diesen Fällen ist eine Vergleichbarkeit mit einer Verschmelzung zu prüfen.[2]

10 Der Formwechsel muss überdies nach dem **ausländischen Gesellschaftsrecht** zulässig und wirksam sein. Dies bestimmt sich regelmäßig – nach Auffassung der Finanzverwaltung jedoch nicht bei „gravierenden Mängeln der Umwandlung – nach der Entscheidung der ausländischen Registerbehörden (→ § 1 Rn. 49 ff.).

11 Damit § 25 in diesen Fällen Anwendung findet, sind neben den grundsätzlichen Anforderungen an den ausländischen Formwechsel auch die beteiligten Rechtsträger hinsichtlich der Vergleichbarkeit der von § 25 vorgeschriebenen Rechtsform zu analysieren. Dies bedeutet, dass der formwechselnde Rechtsträger einer Personengesellschaft und der hieraus resultierende einer Kapitalgesellschaft bzw. Genossenschaft entsprechen muss.[3]

---

[1] Vgl. Schmitt/Hörtnagl/*Schmitt* UmwStG § 25 Rn. 11; Rödder/Herlinghaus/van Lishaut/*Rabback* UmwStG § 25 Rn. 22.

[2] BMF v. 11.11.2011, BStBl. I 2011, 1314, Rn. 01.39.

[3] Vgl. Schmitt/Hörtnagl/*Schmitt* UmwStG § 25 Rn. 14, 17.

Diese **Prüfung** ist zunächst auf Basis des abstrakten „gesetzlichen Leitbilds" der ausländischen Rechtsform zu führen.[4] Sofern ein solches aufgrund vielfältiger Wahlmöglichkeiten der tatsächlichen rechtlichen Ausgestaltung – wie zB im Fall einer US-amerikanischen LLC – nicht besteht, ist der Rechtstypenvergleich hinsichtlich der konkreten Merkmale des ausländischen Rechtsträgers durchzuführen.

c) Option zur Körperschaftsbesteuerung gem. § 1a KStG

Gem. § 1a KStG kann eine Personenhandels- bzw. Partnerschaftsgesellschaft seit dem Veranlagungszeitraum 2021 auf unwiderruflichen Antrag zur Körperschaftsbesteuerung optieren. Diese **Option zur Körperschaftsbesteuerung** gilt gem. § 1a Abs. 2 S. 1 KStG als Formwechsel im Sinne des § 1 Abs. 3 Nr. 3. Die §§ 1 und 25 sind gem. § 1a Abs. 2 S. 2 KStG entsprechend anzuwenden.

3. Persönlicher Anwendungsbereich: Beteiligte Rechtsträger

§ 25 ist ausweislich seines Wortlauts auf den Formwechsel von Personengesellschaften anzuwenden. Da aber darüber hinaus auf Formwechsel iSd § 190 UmwG verwiesen wird, fallen hierunter im Ergebnis als formzuwechselnde Rechtsträger nur **Personenhandelsgesellschaften** (OHG, KG, EWIV), die eingetragene GbR und **Partnerschaftsgesellschaften**.[5] Gleiches gilt bei der Option zur Körperschaftsbesteuerung gem. § 1a KStG, die zu einer entsprechenden Anwendung des § 25 führt.

Über die auch für § 25 verbindliche Anwendungsregelung des § 1 Abs. 3, 4 ist weiterhin zu beachten, dass die Gesellschafter des formzuwechselnden Rechtsträgers grundsätzlich nach den Rechtsvorschriften eines EU- bzw. EWR-Mitgliedstaates gegründet und auch innerhalb der **EU** bzw. des **EWR** ansässig sein müssen. Eine Ausnahme hiervon besteht gem. § 1 Abs. 4 S. 1 Nr. 2 Buchst. b für den Fall, dass ein deutsches Besteuerungsrecht an den als Folge des Formwechsels erhaltenen Anteilen an dem formgewechselten Rechtsträger nicht ausgeschlossen oder beschränkt ist. Diese Ausnahme gilt nicht für den formgewechselten Rechtsträger. Hierbei muss es sich zwingend um eine Kapitalgesellschaft oder Genossenschaft handeln, die nach den Rechtsvorschriften eines Mitgliedstaates der EU bzw. des EWR gegründet wurde und ihren statutarischen Sitz sowie den Ort ihrer Geschäftsleitung innerhalb der EU bzw. des EWR hat.

II. Entsprechende Anwendung der §§ 20–23

1. Rechtsnatur des Gesetzesverweises

Bei der Verweisung des § 25 S. 1 auf die §§ 20–23 handelt es sich nicht um eine Rechtsfolgenverweisung, sondern um einen **Rechtsgrundverweis**. Dies hat zB zur Folge, dass ein ertragsteuerneutraler Formwechsel zum Buchwert nur möglich ist, wenn die entsprechenden Voraussetzungen des § 20 bzw. § 21 (zB hinsichtlich des Einbringungsgegenstands) erfüllt sind. Hierbei kommt es nach der Rechtsprechung jedenfalls auf den Zeitpunkt des Umwandlungsbeschlusses an.[6]

---

4 In diesem Zusammenhang soll nach Auffassung der Finanzverwaltung wohl auf die Anlage vergleichbarer ausländischer Rechtsformen zum sog. „Betriebsstättenerlass" zurückgegriffen werden. Vgl. BMF v. 11.11.2011, BStBl. I 2011, 1314, Rn. 01.27.

5 Vgl. Rödder/Herlinghaus/van Lishaut/*Rebback* UmwStG § 25 Rn. 22.

6 BFH BFH/NV 2022, 1157, der hierbei die Frage offenlässt, ob die Voraussetzungen – wie von der Finanzverwaltung vertreten – auch bereits im Rückwirkungszeitpunkt vorliegen müssen.

Ist dies nicht der Fall, finden die Rechtsfolgen der §§ 20–23 keine Anwendung. In diesem Fall kommt es zur Realisierung stiller Reserven im Vermögen des formzuwechselnden Rechtsträgers.[7]

2. Einbringungsgegenstand und Einbringende

17 Der Einbringungsgegenstand bei einem Formwechsel einer Personenhandelsgesellschaft in eine Kapitalgesellschaft bzw. Genossenschaft hängt davon ab, ob es sich steuerlich bei der Personenhandelsgesellschaft um eine Mitunternehmerschaft oder um eine vermögensverwaltende Gesellschaft handelt.

18 Liegt eine **Mitunternehmerschaft** vor, dh hat die Personenhandelsgesellschaft mindestens einen land- und forstwirtschaftlichen Betrieb, einen Gewerbebetrieb oder wird in der Personengesellschaft eine freiberufliche Tätigkeit iSv § 18 EStG ausgeübt, bringen die Mitunternehmer im Rahmen des Formwechsels steuerlich ihre Mitunternehmeranteile in die „aufnehmende" Kapitalgesellschaft bzw. Genossenschaft ein. Einbringungsgegenstand sind in diesem Fall die Mitunternehmeranteile.

19 Die steuerlichen Voraussetzungen und Rechtsfolgen dieses Formwechsels ergeben sich aus § 20. **Jede Einbringung** eines Mitunternehmeranteils ist vor diesem Hintergrund **selbstständig** zu würdigen, dh im Ergebnis liegen so viele Einbringungen vor, wie Mitunternehmer an der formwechselnden Gesellschaft bestehen.[8]

20 Die Einbringung eines Mitunternehmeranteils gem. § 25 iVm § 20 erfordert, dass alle **wesentlichen Betriebsgrundlagen** des Mitunternehmeranteils auf die Übernehmerin übertragen werden. Wesentliche Betriebsgrundlagen sind alle Wirtschaftsgüter, die zur Erreichung des Betriebszwecks erforderlich sind und denen ein besonderes wirtschaftliches Gewicht für die Betriebsführung zukommt.[9] Der Begriff der wesentlichen Betriebsgrundlage ist normspezifisch auszulegen, so dass für Zwecke einer Einbringung nach den Vorschriften des UmwStG auf die funktional wesentlichen Betriebsgrundlagen und nicht auf die funktional-quantitative Sichtweise der §§ 16, 34 EStG abzustellen ist.

21 Hierbei ist insbes. zu beachten, dass der Mitunternehmeranteil neben dem anteiligen Gesamthandsvermögen der Mitunternehmerschaft auch das **Sonderbetriebsvermögen** des jeweiligen Gesellschafters umfasst. Zum Sonderbetriebsvermögen I gehören die Wirtschaftsgüter, die im Eigentum des Mitunternehmers stehen und unmittelbar dem Betrieb der Mitunternehmerschaft, zB in Form einer Nutzungsüberlassung, dienen (positives SBV I), sowie das zur Anschaffung dieser Wirtschaftsgüter vom Mitunternehmer aufgenommene Fremdkapital (negatives SBV I).[10] Dies gilt auch, sofern das jeweilige Wirtschaftsgut zivilrechtlich zu einem eigenen Betriebsvermögen des Mitunternehmers gehört. Auch in diesen Fällen handelt es sich bei dem in Frage stehenden Wirtschaftsgut um Sonderbetriebsvermögen, das für steuerliche Zwecke dem Betriebsvermögen der Mitunternehmerschaft und nicht dem Betriebsvermögen des Mitunternehmers zuzuordnen ist.[11] Neben Sonderbetriebsvermögen I sind auch die Wirtschaftsgüter des Sonderbetriebsvermögens II aus steuerlicher Sicht Teil des Betriebsvermögens der Mitunternehmerschaft. Hierbei handelt es sich um Wirtschaftsgüter, welche die Stellung

---

7 Vgl. Rödder/Herlinghaus/van Lishaut/*Rabback* UmwStG § 25 Rn. 2.
8 Vgl. Rödder/Herlinghaus/van Lishaut/*Rabback* UmwStG § 25 Rn. 44 ff.
9 Vgl. BFH BStBl. II 1998, 388.
10 Vgl. Schmidt/*Wacker* EStG § 15 Rn. 521 ff.
11 Vgl. BFH BStBl. II 2005, 830.

des Mitunternehmers begründen oder stärken.¹² Von erheblicher praktischer Bedeutung ist in diesem Zusammenhang regelmäßig die Fremdfinanzierung für den Erwerb des Mitunternehmeranteils sowie die Anteile des Kommanditisten einer GmbH & Co KG an der Komplementär-GmbH.

Dies bedeutet, dass neben dem Anteil an der Gesellschaft auch alle wesentlichen Betriebsgrundlagen des Mitunternehmeranteils, die sich im Sonderbetriebsvermögen des Gesellschafters befinden, **mit zu übertragen** sind. Diese Übertragung hat in zeitlichem und sachlichem Zusammenhang mit dem Formwechsel zu erfolgen. Eine praktische Schwierigkeit besteht regelmäßig darin, dass bestimmte Wirtschaftsgüter zwar als Sonderbetriebsvermögen qualifizieren, jedoch als solches nicht erkannt werden und deshalb im Rahmen des Formwechsels nicht mitübertragen werden (→ § 20 Rn. 117).

Wurden einzelne Wirtschaftsgüter im Vorfeld des Formwechsels gem. § 6 Abs. 5 S. 3 EStG steuerneutral zwischen **Sonder- und Gesamthandsvermögen überführt**, ist zu beachten, dass der Formwechsel innerhalb der siebenjährigen Sperrfrist des § 6 Abs. 5 S. 6 EStG zu einer sog. **schädlichen Begründung** des Anteils einer Körperschaft an dem betreffenden Wirtschaftsgut führt.¹³ Als Folge davon wäre die Überführung rückwirkend mit dem Teilwert anzusetzen. Gleiches gilt für den Fall, dass ein Mitunternehmer in Form einer Personengesellschaft innerhalb der siebenjährigen Sperrfrist des § 6 Abs. 5 S. 6 EStG in eine Körperschaft formgewechselt wird.¹⁴

Die Übertragung der wesentlichen Betriebsgrundlagen erfordert nicht notwendigerweise einen zivilrechtlichen Eigentumsübergang. Ausreichend ist, dass die formgewechselte Kapitalgesellschaft bzw. Genossenschaft das **wirtschaftliche Eigentum** erlangt.¹⁵ Eine bloße Nutzungsüberlassung, ohne dass es hierbei zum Übergang des wirtschaftlichen Eigentums kommt, dürfte nicht ausreichend sein.

Werden hingegen nicht alle wesentlichen Betriebsgrundlagen der Personengesellschaft auf die Kapitalgesellschaft oder Genossenschaft übertragen, findet § 20 keine Anwendung. Dies gilt jedoch nur für den Mitunternehmer, zu dessen Sonderbetriebsvermögen die nicht übertragenen wesentlichen Betriebsgrundlagen gehörten. Für diesen Mitunternehmer kommt es nach den Regelungen über die **Aufgabe eines Mitunternehmeranteils** zur vollständigen Aufdeckung der in seinem Mitunternehmeranteil befindlichen stillen Reserven, soweit hierbei das zurückbleibende Sonderbetriebsvermögen nicht ertragsteuerneutral in das eigenen Betriebsvermögen des Mitunternehmers überführt wird (§ 16 Abs. 3 iVm Abs. 1 S. 1 Nr. 2 EStG).¹⁶ Auf die Einbringungen der anderen Mitunternehmer hat dies keine Auswirkung. Insoweit besteht grundsätzlich die Möglichkeit, unter den weiteren Voraussetzungen des § 20 den Formwechsel zum steuerlichen Buchwert vorzunehmen.

Stellt die formzuwechselnde Personengesellschaft aus steuerlicher Sicht keine Mitunternehmerschaft dar, sondern handelt es sich hierbei um eine **vermögensverwaltende Personengesellschaft**, kommt die Anwendung des § 20 Abs. 1 auf den Formwechsel nicht in Betracht. Gleiches gilt auch für eine sog. **Zebragesellschaft**, die nicht über

---

12 Vgl. BFH/NV 2012, 723.
13 Vgl. BMF v. 8.12.2011, BStBl. I 2011, 1279 Rn. 34.
14 Vgl. Schmidt/*Kulosa* EStG § 6 Rn. 841.

15 Haritz/Menner/Bilitewski/*Bilitewski* UmwStG § 25 Rn. 32 ff., 35 mit weitergehenden Ausführungen zur Eigentumsübertragung.
16 Rödder/Herlinghaus/van Lishaut/*Rabback* UmwStG § 25 Rn. 51.

einen Betrieb iSv §§ 13, 15 oder 18 EStG verfügt, deren Anteile (zum Teil) im Betriebsvermögen ihrer Gesellschafter gehalten werden.[17]

27 Verfügt die vermögensverwaltende Personengesellschaft über Beteiligungen an Kapitalgesellschaften bzw. Genossenschaften, kann auf den Formwechsel insoweit die Regelung zum **Anteilstausch** gem. § 21 Anwendung finden. Unter den Voraussetzungen des § 21 (insbes. Vorliegen einer sog. mehrheitsvermittelnden Beteiligung) kann von der Realisierung stiller Reserven im Rahmen des Formwechsels abgesehen werden. Die mehrheitsvermittelnde Beteiligung muss sich nicht zwingenderweise bereits im Vermögen der formzuwechselnden Personengesellschaft befinden. Nach dem Formwechsel erfolgende Übertragungen weiterer Anteile durch die Gesellschafter auf den formgewechselten Rechtsträger sind zu berücksichtigen, wenn sie in einem zeitlichen und sachlichen Zusammenhang mit dem Formwechsel erfolgen.[18]

28 **Einbringende** iSv § 25 sind die Gesellschafter der Personengesellschaft. Handelt es sich um den Formwechsel einer Mitunternehmerschaft und werden deshalb für Zwecke des § 25 iVm § 20 Mitunternehmeranteile eingebracht, ist erforderlich, dass es sich beim Gesellschafter der formzuwechselnden Personengesellschaft um einen sog. **Mitunternehmer** handelt (→ § 20 Rn. 106 ff.). Andernfalls findet auf diesen Gesellschafter § 20 keine Anwendung[19] und der Tausch der vormaligen Beteiligung an der Personengesellschaft in Anteile an der formgewechselten Kapitalgesellschaft bzw. Genossenschaft kann nicht zum steuerlichen Buchwert erfolgen.

3. Gewährung neuer Anteile und zusätzlicher Gegenleistungen

29 Voraussetzung einer **Sacheinlage** iSv § 20 Abs. 1 bzw. eines **Anteilstauschs** gem. § 21 und damit auch für einen **Formwechsel** iSv § 25 ist die Gewährung neuer Anteile an der übernehmenden Kapitalgesellschaft bzw. Genossenschaft. Diese **Anteilsgewährung** erfolgt bei einem Formwechsel nach den Vorschriften des UmwG grundsätzlich qua Gesetz (§ 202 Abs. 1 Nr. 2 S. 1 UmwG).[20]

30 Neben den neuen Anteilen können den Gesellschaftern der umzuwandelnden Personengesellschaft auch **zusätzliche Gegenleistungen** gewährt werden. Eine zusätzliche Gegenleistung kann insbes. in der Einräumung von Forderungen der Neugesellschafter gegen die Kapitalgesellschaft/Genossenschaft oder in Form der Gewährung von Geld oder Sachwerten bestehen. Eine solche zusätzliche Gegenleistung kommt beispielsweise in Form einer baren Zuzahlung in Frage, wenn die einem Anteilseigner der Kapitalgesellschaft oder Genossenschaft eingeräumten Rechte nicht mit denen gleichwertig sind, die er als Gesellschafter der formgewandelten Personengesellschaft innehatte. Die bare Zuzahlung stellt dann einen Ausgleich für den Wegfall dieser Rechte dar.

31 Sind zivilrechtliche Verbindlichkeiten der Personengesellschaft gegenüber ihren Gesellschaftern steuerlich als **Eigenkapital** zu behandeln[21] und wird dieses nach dem Formwechsel bei der Kapitalgesellschaft oder Genossenschaft als Schuld ausgewiesen, liegt ebenfalls eine zusätzliche Gegenleistung in diesem Sinne vor.[22] Auch eine von der Kapitalgesellschaft oder Genossenschaft übernommene **Pensionszusage** gegenüber

---

[17] Vgl. Schmitt/Hörtnagl/*Schmitt* UmwStG § 25 Rn. 21.
[18] Vgl. Schmitt/Hörtnagl/*Schmitt* UmwStG § 25 Rn. 23.
[19] Vgl. Schmitt/Hörtnagl/*Schmitt* UmwStG § 25 Rn. 19.
[20] Semler/Stengel/Leonard/*Leonard* UmwStG § 202 Rn. 21.
[21] BMF v. 30.5.1997, BStBl. I 1997, 627.
[22] Rödder/Herlinghaus/van Lishaut/*Rabback* UmwStG § 25 Rn. 59.

einem vormaligen Mitunternehmer stellt nach Auffassung der Finanzverwaltung eine zusätzliche Gegenleistung dar.[23]

Der gemeine Wert zusätzlicher Gegenleistungen mindert die steuerlichen Anschaffungskosten der neuen Kapitalgesellschafts- oder Genossenschaftsanteile (§ 20 Abs. 3 S. 3) des Einbringenden.

4. Wertansatz und weitere Folgen bei der übernehmenden Kapitalgesellschaft oder Genossenschaft

Über den Rechtsgrundverweis des § 25 auf die §§ 20, 21 ist der Formwechsel einer Personengesellschaft in eine Kapitalgesellschaft oder Genossenschaft unter den dort geregelten Voraussetzungen **ertragsteuerneutral**, dh unter **Beibehaltung des steuerlichen Buchwertansatzes** möglich.

Grundsätzlich ist das übergehende Vermögen bei dem übernehmenden Rechtsträger in dessen Eröffnungsbilanz gem. § 20 Abs. 2 S. 1, § 21 Abs. 1 S. 1 mit dem **gemeinen Wert** anzusetzen. Abweichend hiervon kann auf Antrag der Buchwert der übergehenden Wirtschaftsgüter fortgeführt oder ein Zwischenwert angesetzt werden, höchstens jedoch der gemeine Wert, wenn die Voraussetzungen des § 20 Abs. 2 S. 2 erfüllt sind (→ § 20 Rn. 151).

Dieses **Wahlrecht** kann für jeden Mitunternehmeranteil einzeln, somit auch voneinander abweichend, ausgeübt werden.[24] Hierbei ist zu beachten, dass der Antrag von der Übernehmerin und nicht von dem jeweils einbringenden Mitunternehmer ausgeübt wird. Aus Sicht des jeweiligen Mitunternehmers ist daher vertraglich sicherzustellen, dass ein entsprechend vereinbarter Wertansatz unter dem gemeinen Wert und der entsprechende Antrag von der Übernehmerin tatsächlich ausgeführt werden.

Übersteigt der gemeine Wert **zusätzlicher Gegenleistungen** den Buchwert des eingebrachten Betriebsvermögens, muss die Kapitalgesellschaft oder Genossenschaft das übernommene Betriebsvermögen mindestens mit dem gemeinen Wert der zusätzlichen Gegenleistung ansetzen, § 25 S. 1 iVm § 20 Abs. 2 S. 4.

Bei einem **Anteilstausch** iSd § 21 ist ein Ansatz der Buchwerte oder eines Zwischenwerts auf Antrag nur möglich, wenn es sich um einen sog. qualifizierten Anteilstausch handelt. Ein solcher liegt gem. § 21 Abs. 1 S. 2 vor, wenn die übernehmende Gesellschaft, dh die durch den Formwechsel entstehende Kapitalgesellschaft oder Genossenschaft, nach der Einbringung unmittelbar die Mehrheit der Stimmrechte an der Kapitalgesellschaft, deren Anteile zuvor von der vermögensverwaltenden Personengesellschaft gehalten wurden, hält. Ansonsten sind auch beim Anteilstausch die übergehenden Wirtschaftsgüter mit ihren gemeinen Werten anzusetzen. Sind an der vermögensverwaltenden Personengesellschaft mehrere Gesellschafter beteiligt, kann das Wahlrecht zum Ansatz des Buch- oder Zwischenwerts von diesen auch uneinheitlich ausgeübt werden.[25]

In der **Handelsbilanz** besteht, im Gegensatz zur Steuerbilanz, **kein Wahlrecht** für den Ansatz eines bestimmten Wertes. Durch die Kapitalgesellschaft oder Genossenschaft

---
23 BMF v. 11.11.2011, BStBl. I 2011, 1314, Rn. 20.46.
24 Schmitt/Hörtnagl/*Schmitt* UmwStG § 25 Rn. 31.
25 Schmitt/Hörtnagl/*Schmitt* UmwStG § 25 Rn. 34.

sind zwingend die Buchwerte der Personengesellschaft fortzuführen. Dies wird mit der Identität des Rechtsträgers der alten und der neuen Rechtsform begründet.[26]

5. Veräußerungspreis und Anschaffungskosten des Einbringenden

39 Der Wert, mit dem die Kapitalgesellschaft oder Genossenschaft das eingebrachte Betriebsvermögen angesetzt hat, gilt für die einbringenden Mitunternehmer als **Veräußerungspreis** ihrer Mitunternehmeranteile und als **Anschaffungskosten** der neuen Kapitalgesellschafts- oder Genossenschaftsanteile, § 20 Abs. 3 S. 1, § 21 Abs. 2 S. 1 (sogenannte **Wertverknüpfung**).

6. Besteuerung eines Einbringungsgewinns I, II

40 Wurde das eingebrachte Betriebsvermögen durch die Kapitalgesellschaft oder Genossenschaft mit dem Buchwert oder einem Zwischenwert angesetzt, kommt bei bestimmten Ereignissen innerhalb der Behaltensfrist die rückwirkende Besteuerung eines **Einbringungsgewinns** in Betracht.

41 Hat sich der Formwechsel steuerlich als Sacheinlage iSd § 20 unter dem Teilwert vollzogen und veräußert der Anteilseigner die ihm durch den Formwechsel gewährten Kapitalgesellschafts- oder Genossenschaftsanteile innerhalb eines Zeitraums von sieben Jahren (Behaltefrist) nach dem Formwechsel, ist durch ihn ein **Einbringungsgewinn I** zu versteuern. Dies gilt auch, wenn er einen der Veräußerung gleichgestellten Ersatzrealisationstatbestand iSd § 22 Abs. 1 S. 6 Nr. 1–6 verwirklicht (→ § 22 Rn. 31 ff.).

42 Durch die von § 25 angeordnete entsprechende Anwendung des § 22 Abs. 3 hat der Einbringende, also der ehemalige Gesellschafter der formgewechselten Personengesellschaft, innerhalb der siebenjährigen Behaltefrist **Nachweispflichten** zu erbringen. Diese beziehen sich darauf, wem die jeweiligen neuen Anteile an der formgewechselten Gesellschaft während der siebenjährigen Behaltefrist zuzurechnen sind.

43 Erfolgte ein Formwechsel einer vermögensverwaltenden Personengesellschaft mit Beteiligungsbesitz, der steuerlich nach den Regelungen über den Anteilstausch behandelt wird, ist bei einer Veräußerung der Kapitalgesellschaftsanteile durch die formgewechselte Kapitalgesellschaft oder Genossenschaft oder bei einem gesetzlich gleichgestellten Ereignis innerhalb von sieben Jahren nach dem Formwechsel die rückwirkende Besteuerung eines **Veräußerungsgewinns II** gem. § 22 Abs. 2 vorzunehmen.

44 Die rückwirkende Besteuerung des Einbringungsgewinns erfolgt auf Ebene des Gesellschafters. Um unerwünschte Besteuerungsfolgen für Minderheitsgesellschafter zu vermeiden, die dadurch entstehen, dass aufgrund von Vorgängen auf Ebene der formgewechselten Gesellschaft ein **Ersatzrealisationstatbestand** ausgelöst wird, empfiehlt sich eine vertragliche Regelung zwischen den jeweiligen Gesellschaftern der formgewechselten Gesellschaft.[27]

III. Entsprechende Anwendung des § 9 S. 2, 3

45 § 25 S. 2 ordnet die entsprechende Anwendung von § 9 S. 2, 3 an. Dies betrifft die Pflicht zur Aufstellung einer Übertragungs- bzw. Eröffnungsbilanz sowie die sich hieraus ergebende Möglichkeit der steuerlichen Rückwirkung des Umwandlungsvorgangs. Die

---

[26] IDW RS HFA 41 Rn. 27.
[27] Brandis/Heuermann/*Nitzschke* UmwStG 2006 § 22 Rn. 74.

Möglichkeit zum Rückbezug gilt nicht, sofern zur Körperschaftsbesteuerung gem. § 1a KStG optiert wird. In diesen Fällen ist der Antrag spätestens einen Monat vor dem Beginn des neuen Wirtschaftsjahres zu stellen, zu dem das Körperschaftsteuerregime erstmals gelten soll. Das Ende des Wirtschaftsjahres, in dem noch die Personengesellschaftsbesteuerung gilt, stellt in diesen Fällen den Einbringungszeitpunkt dar.

1. Pflicht zur Erstellung einer Übertragungs-/Eröffnungsbilanz

Die formwechselnde Personengesellschaft muss auf den steuerlichen Übertragungsstichtag eine **Übertragungsbilanz** (Schlussbilanz) aufstellen. Eine solche Pflicht ergibt sich aus dem Verweis des § 25 S. 2 auf § 9 S. 2. Diese Übertragungsbilanz stellt eine Steuerbilanz dar, auf die die allgemeinen Gewinnermittlungsvorschriften anzuwenden sind. Handelt es sich bei der formwechselnden Personengesellschaft steuerlich um eine Mitunternehmerschaft, umfasst die Übertragungsbilanz neben der Gesamthandsbilanz auch etwaige Sonder- und Ergänzungsbilanzen der Mitunternehmer.[28] Der Pflicht zur Aufstellung einer Übertragungsbilanz steht nicht entgegen, dass die Personengesellschaft ihren Gewinn bisher nicht durch Betriebsvermögensvergleich, sondern durch Überschussrechnung ermittelt hat. Hierbei entstehende Zu- bzw. Abrechnungen (zB Aktivierung von Forderungen und Passivierung von Rückstellungen) beeinflussen den laufenden Gewinn des Einbringenden.[29] Der Freibetrag gem. § 16 Abs. 4 EStG bzw. der ermäßigte Steuersatz gem. § 34 EStG kommt hierauf nicht zur Anwendung.

46

Die übernehmende Kapitalgesellschaft bzw. Genossenschaft hat eine **Eröffnungsbilanz** zu erstellen. In dieser wird das Wahlrecht betreffend den Ansatz der übergehenden Wirtschaftsgüter zum Buchwert, Zwischenwert oder gemeinen Wert ausgeübt. Dieser Wertansatz determiniert den Veräußerungsgewinn des Einbringenden sowie dessen Anschaffungskosten der neuen Anteile, vorbehaltlich der Gewährung sonstiger Gegenleistungen (→ § 20 Rn. 135 ff.). Der steuerliche Bilanzansatz ist unabhängig von den handelsbilanziellen Wertansätzen.[30]

47

Handelsrechtlich hat die formgewechselte Gesellschaft – mangels eines Übertragungsvorgangs – die Buchwerte der Vermögensgegenstände aus der Handelsbilanz der Personengesellschaft fortzuführen.[31] Aus unterschiedlichen Wertansätzen in Handels- und Steuerbilanz, insbes. aufgrund der Aufdeckung von stillen Reserven, kann sich gem. § 274 HGB die Notwendigkeit der Bildung von **latenten Steuern** in der Handelsbilanz ergeben.

48

2. Steuerliche Rückwirkung

Der Formwechsel wird zivilrechtlich in dem Zeitpunkt wirksam, in dem er in das Handelsregister eingetragen wird (§ 202 Abs. 1 UmwG). Steuerlich wird der Zeitpunkt des Vermögensübergangs des Formwechsels durch die Wahl des Stichtags der Übertragungs- bzw. Eröffnungsbilanz bestimmt. Diese können gem. § 25 S. 2 iVm § 9 S. 3 auf einen Stichtag aufgestellt werden, der bis zu acht Monate vor Anmeldung des Formwechsels zum jeweiligen öffentlichen Register liegt. Nicht abschließend geklärt ist, ob dies ebenfalls gilt, wenn bei einem Einbringenden die Voraussetzungen des § 20

49

---

28 Rödder/Herlinghaus/van Lishaut/*Rabback* UmwStG § 25 Rn. 81.
29 Widmann/Mayer/*Schließl* UmwStG § 25 Rn. 15.
30 Vgl. Rödder/Herlinghaus/van Lishaut/*Rabback* UmwStG § 25 Rn. 62.
31 IDW RS HFA 41 Rn. 27.

nicht vorliegen, da zB nicht alle wesentlichen Betriebsgrundlagen des Sonderbetriebsvermögens eingebracht werden.[32] Ausgenommen hiervon sind die Fälle einer Option zur Körperschaftsbesteuerung gem. § 1a KStG. Im Gegensatz zum Bewertungswahlrecht kann der **Bilanzstichtag** und damit die steuerliche Rückbeziehung nur einheitlich für alle Gesellschafter gewählt werden.[33]

50 § 25 S. 2 stellt eine **Spezialregelung** gegenüber § 25 S. 1 dar. § 25 S. 1 verweist zwar auf die §§ 20–23. Die in § 20 Abs. 5 S. 1 enthaltene Rückwirkungsregelung wird aufgrund des spezialgesetzlichen Verweises in § 25 S. 2 davon jedoch nicht erfasst.[34]

51 Dies gilt auch in den Fällen, in denen eine vermögensverwaltende **Holdingpersonengesellschaft mit Beteiligungsbesitz** formgewechselt wird. Zwar findet hier für den Anteilstausch die Vorschrift des § 21 über den Verweis in § 25 S. 1 entsprechend Anwendung, wonach eine steuerliche Rückwirkung des Anteilstausches nicht vorgesehen ist.[35] Über den Gesetzesverweis des § 25 S. 2 ergibt sich aufgrund § 9 S. 3 als lex specialis im Ergebnis dennoch eine bis zu achtmonatige steuerliche Rückbeziehungsmöglichkeit des Vermögensübergangs.

52 Auf **Einlagen** und **Entnahmen** im Rückwirkungszeitraum ist § 20 Abs. 5 S. 2, 3 entsprechend anwendbar,[36] dh diese nehmen nicht an der Rückwirkungsfiktion teil.

3. Grunderwerbsteuerliche Aspekte

53 Der heterogene Formwechsel einer Personengesellschaft in eine Kapitalgesellschaft stellt zwar ertragsteuerlich eine Vermögensübertragung dar. Zivilrechtlich kommt es hierbei jedoch nicht zu einem Rechtsträgerwechsel. Ein grunderwerbsteuerpflichtiger Erwerbsvorgang iSv § 1 GrEStG wird daher nicht ausgelöst.[37] Dies gilt auch, wenn im Rahmen des Formwechsels der vormals nicht an der Personengesellschaft beteiligte Komplementär aus der Gesellschaft ausscheidet. Eine grunderwerbsteuerpflichtige Anteilsvereinigung auf Ebene des verbleibenden Gesellschafters der formgewechselten Kapitalgesellschaft erfolgt nicht.[38] Allerdings kann der Formwechsel grunderwerbsteuerlich insoweit von Bedeutung sein, wenn dabei die 10-jährige Nachbehaltensfrist des § 5 Abs. 3 GrEStG bzw. § 6 Abs. 3 GrEStG verletzt wird.

Neunter Teil
Verhinderung von Missbräuchen

§ 26 (weggefallen)

---

32 Schmitt/Hörtnagl/*Schmitt* UmwStG § 25 Rn. 41.
33 Haritz/Menner/*Bilitewski* UmwStG § 25 Rn. 51 und Rödder/Herlinghaus/van Lishaut/*Rabback* UmwStG § 25 Rn. 87 ff.
34 Dötsch/Pung/Möhlenbrock/*Patt* UmwStG § 25 Rn. 40.
35 Rödder/Herlinghaus/van Lishaut/*Rabback* UmwStG § 25 Rn. 85 und Haritz/Menner/Bilitewski/*Bilitewski* UmwStG § 25 Rn. 50.
36 Rödder/Herlinghaus/van Lishaut/*Rabback* UmwStG § 25 Rn. 90; Schmitt/Hörtnagl/*Schmitt* UmwStG § 25 Rn. 44.
37 Vgl. BFH/NV 2007, 235.
38 Vgl. *Hofmann* GrEStG § 1 Rn. 172; aA FG Münster 16.2.2006 – 8 K 1785/03, EFG 2006, 1034.

Zehnter Teil
Anwendungsvorschriften und Ermächtigung

§ 27 Anwendungsvorschriften

(1) ¹Diese Fassung des Gesetzes ist erstmals auf Umwandlungen und Einbringungen anzuwenden, bei denen die Anmeldung zur Eintragung in das für die Wirksamkeit des jeweiligen Vorgangs maßgebende öffentliche Register nach dem 12. Dezember 2006 erfolgt ist. ²Für Einbringungen, deren Wirksamkeit keine Eintragung in ein öffentliches Register voraussetzt, ist diese Fassung des Gesetzes erstmals anzuwenden, wenn das wirtschaftliche Eigentum an den eingebrachten Wirtschaftsgütern nach dem 12. Dezember 2006 übergegangen ist.

(2) ¹Das Umwandlungssteuergesetz in der Fassung der Bekanntmachung vom 15. Oktober 2002 (BGBl. I S. 4133, 2003 I S. 738), geändert durch Artikel 3 des Gesetzes vom 16. Mai 2003 (BGBl. I S. 660), ist letztmals auf Umwandlungen und Einbringungen anzuwenden, bei denen die Anmeldung zur Eintragung in das für die Wirksamkeit des jeweiligen Vorgangs maßgebende öffentliche Register bis zum 12. Dezember 2006 erfolgt ist. ²Für Einbringungen, deren Wirksamkeit keine Eintragung in ein öffentliches Register voraussetzt, ist diese Fassung letztmals anzuwenden, wenn das wirtschaftliche Eigentum an den eingebrachten Wirtschaftsgütern bis zum 12. Dezember 2006 übergegangen ist.

(3) Abweichend von Absatz 2 ist

1. § 5 Abs. 4 für einbringungsgeborene Anteile im Sinne von § 21 Abs. 1 mit der Maßgabe weiterhin anzuwenden, dass die Anteile zu dem Wert im Sinne von § 5 Abs. 2 oder Abs. 3 in der Fassung des Absatzes 1 als zum steuerlichen Übertragungsstichtag in das Betriebsvermögen des übernehmenden Rechtsträgers überführt gelten,

2. § 20 Abs. 6 in der am 21. Mai 2003 geltenden Fassung für die Fälle des Ausschlusses des Besteuerungsrechts (§ 20 Abs. 3) weiterhin anwendbar, wenn auf die Einbringung Absatz 2 anzuwenden war,

3. § 21 in der am 21. Mai 2003 geltenden Fassung für einbringungsgeborene Anteile im Sinne von § 21 Absatz 1, die auf einem Einbringungsvorgang beruhen, auf den Absatz 2 anwendbar war, weiterhin anzuwenden. ²Für § 21 Absatz 2 Satz 1 Nummer 2 in der am 21. Mai 2003 geltenden Fassung gilt dies mit der Maßgabe, dass
   a) eine Stundung der Steuer gemäß § 6 Absatz 5 des Außensteuergesetzes in der Fassung des Gesetzes vom 7. Dezember 2006 (BGBl. I S. 2782) erfolgt, wenn die Einkommensteuer noch nicht bestandskräftig festgesetzt ist und das die Besteuerung auslösende Ereignis vor dem 1. Januar 2022 eingetreten ist; § 6 Absatz 6 und 7 des Außensteuergesetzes in der am 30. Juni 2021 geltenden Fassung ist entsprechend anzuwenden;
   b) eine Stundung oder ein Entfallen der Steuer gemäß § 6 Absatz 3 und 4 des Außensteuergesetzes in der ab dem 1. Juli 2021 geltenden Fassung auf Antrag des Steuerpflichtigen erfolgt, wenn das die Besteuerung auslösende Ereignis nach dem 31. Dezember 2021 eintritt; § 6 Absatz 5 des Außensteuergesetzes ist entsprechend anzuwenden.

(4) Abweichend von Absatz 1 sind §§ 22, 23 und 24 Abs. 5 nicht anzuwenden, soweit hinsichtlich des Gewinns aus der Veräußerung der Anteile oder einem gleichgestellten Ereignis im Sinne von § 22 Abs. 1 die Steuerfreistellung nach § 8b Abs. 4 des Körperschaftsteuergesetzes in der am 12. Dezember 2006 geltenden Fassung oder nach § 3 Nr. 40 Satz 3 und 4 des Einkommensteuergesetzes in der am 12. Dezember 2006 geltenden Fassung ausgeschlossen ist.

(5) [1]§ 4 Abs. 2 Satz 2, § 15 Abs. 3, § 20 Abs. 9 und § 24 Abs. 6 in der Fassung des Artikels 5 des Gesetzes vom 14. August 2007 (BGBl. I S. 1912) sind erstmals auf Umwandlungen und Einbringungen anzuwenden, bei denen die Anmeldung zur Eintragung in das für die Wirksamkeit des jeweiligen Vorgangs maßgebende öffentliche Register nach dem 31. Dezember 2007 erfolgt ist. [2]Für Einbringungen, deren Wirksamkeit keine Eintragung in ein öffentliches Register voraussetzt, ist diese Fassung des Gesetzes erstmals anzuwenden, wenn das wirtschaftliche Eigentum an den eingebrachten Wirtschaftsgütern nach dem 31. Dezember 2007 übergegangen ist.

(6) [1]§ 10 ist letztmals auf Umwandlungen anzuwenden, bei denen der steuerliche Übertragungsstichtag vor dem 1. Januar 2007 liegt. [2]§ 10 ist abweichend von Satz 1 weiter anzuwenden in den Fällen, in denen ein Antrag nach § 34 Abs. 16 des Körperschaftsteuergesetzes in der Fassung des Artikels 3 des Gesetzes vom 20. Dezember 2007 (BGBl. I S. 3150) gestellt wurde.

(7) § 18 Abs. 3 Satz 1 in der Fassung des Artikels 4 des Gesetzes vom 20. Dezember 2007 (BGBl. I S. 3150) ist erstmals auf Umwandlungen anzuwenden, bei denen die Anmeldung zur Eintragung in das für die Wirksamkeit der Umwandlung maßgebende öffentliche Register nach dem 31. Dezember 2007 erfolgt ist.

(8) § 4 Abs. 6 Satz 4 bis 6 sowie § 4 Abs. 7 Satz 2 in der Fassung des Artikels 6 des Gesetzes vom 19. Dezember 2008 (BGBl. I S. 2794) sind erstmals auf Umwandlungen anzuwenden, bei denen § 3 Nr. 40 des Einkommensteuergesetzes in der durch Artikel 1 Nr. 3 des Gesetzes vom 14. August 2007 (BGBl. I S. 1912) geänderten Fassung für die Bezüge im Sinne des § 7 anzuwenden ist.

(9) [1]§ 2 Abs. 4 und § 20 Abs. 6 Satz 4 in der Fassung des Artikels 6 des Gesetzes vom 19. Dezember 2008 (BGBl. I S. 2794) sind erstmals auf Umwandlungen und Einbringungen anzuwenden, bei denen der schädliche Beteiligungserwerb oder ein anderes die Verlustnutzung ausschließendes Ereignis nach dem 28. November 2008 eintritt. [2]§ 2 Abs. 4 und § 20 Abs. 6 Satz 4 in der Fassung des Artikels 6 des Gesetzes vom 19. Dezember 2008 (BGBl. I S. 2794) gelten nicht, wenn sich der Veräußerer und der Erwerber am 28. November 2008 über den später vollzogenen schädlichen Beteiligungserwerb oder ein anderes die Verlustnutzung ausschließendes Ereignis einig sind, der übernehmende Rechtsträger dies anhand schriftlicher Unterlagen nachweist und die Anmeldung zur Eintragung in das für die Wirksamkeit des Vorgangs maßgebende öffentliche Register bzw. bei Einbringungen der Übergang des wirtschaftlichen Eigentums bis zum 31. Dezember 2009 erfolgt.

(10) § 2 Absatz 4 Satz 1, § 4 Absatz 2 Satz 2, § 9 Satz 3, § 15 Absatz 3 und § 20 Absatz 9 in der Fassung des Artikels 4 des Gesetzes vom 22. Dezember 2009 (BGBl. I S. 3950) sind erstmals auf Umwandlungen und Einbringungen anzuwenden, deren steuerlicher Übertragungsstichtag in einem Wirtschaftsjahr liegt, für das § 4h Absatz 1, 4

Satz 1 und Absatz 5 Satz 1 und 2 des Einkommensteuergesetzes in der Fassung des Artikels 1 des Gesetzes vom 22. Dezember 2009 (BGBl. I S. 3950) erstmals anzuwenden ist.

(11) Für Bezüge im Sinne des § 8b Absatz 1 des Körperschaftsteuergesetzes aufgrund einer Umwandlung ist § 8b Absatz 4 des Körperschaftsteuergesetzes in der Fassung des Artikels 1 des Gesetzes vom 21. März 2013 (BGBl. I S. 561) abweichend von § 34 Absatz 7a Satz 2 des Körperschaftsteuergesetzes bereits erstmals vor dem 1. März 2013 anzuwenden, wenn die Anmeldung zur Eintragung in das für die Wirksamkeit des jeweiligen Vorgangs maßgebende öffentliche Register nach dem 28. Februar 2013 erfolgt.

(12) ¹§ 2 Absatz 4 Satz 3 bis 6 in der Fassung des Artikels 9 des Gesetzes vom 26. Juni 2013 (BGBl. I S. 1809) ist erstmals auf Umwandlungen und Einbringungen anzuwenden, bei denen die Anmeldung zur Eintragung in das für die Wirksamkeit des jeweiligen Vorgangs maßgebende öffentliche Register nach dem 6. Juni 2013 erfolgt. ²Für Einbringungen, deren Wirksamkeit keine Eintragung in ein öffentliches Register voraussetzt, ist § 2 in der Fassung des Artikels 9 des Gesetzes vom 26. Juni 2013 (BGBl. I S. 1809) erstmals anzuwenden, wenn das wirtschaftliche Eigentum an den eingebrachten Wirtschaftsgütern nach dem 6. Juni 2013 übergegangen ist.

(13) § 20 Absatz 8 in der am 31. Juli 2014 geltenden Fassung ist erstmals bei steuerlichen Übertragungsstichtagen nach dem 31. Dezember 2013 anzuwenden.

(14) § 20 Absatz 2, § 21 Absatz 1, § 22 Absatz 1 Satz 6 Nummer 2, 4 und 5 sowie § 24 Absatz 2 in der am 6. November 2015 geltenden Fassung sind erstmals auf Einbringungen anzuwenden, wenn in den Fällen der Gesamtrechtsnachfolge der Umwandlungsbeschluss nach dem 31. Dezember 2014 erfolgt ist oder in den anderen Fällen der Einbringungsvertrag nach dem 31. Dezember 2014 geschlossen worden ist.

(15) ¹§ 9 Satz 3 sowie § 20 Absatz 6 Satz 1 und 3 sind mit der Maßgabe anzuwenden, dass an die Stelle des Zeitraums von acht Monaten ein Zeitraum von zwölf Monaten tritt, wenn die Anmeldung zur Eintragung oder der Abschluss des Einbringungsvertrags im Jahr 2020 erfolgt. ²Erlässt das Bundesministerium der Justiz und für Verbraucherschutz eine Rechtsverordnung auf Grundlage des § 8 in Verbindung mit § 4 des Gesetzes über Maßnahmen im Gesellschafts-, Genossenschafts-, Vereins-, Stiftungs- und Wohnungseigentumsrecht zur Bekämpfung der Auswirkungen der COVID-19-Pandemie vom 27. März 2020 (BGBl. I S. 569, 570), wird das Bundesministerium der Finanzen ermächtigt, durch Rechtsverordnung mit Zustimmung des Bundesrates die Geltung des Satzes 1 für Anmeldungen zur Eintragung und Einbringungsvertragsabschlüsse zu verlängern, die bis zu dem Tag erfolgen, der in der Rechtsverordnung des Bundesministeriums der Justiz und für Verbraucherschutz festgelegt wurde.

(16) ¹§ 2 Absatz 5, § 9 Satz 3 zweiter Halbsatz und § 20 Absatz 6 Satz 4 in der Fassung des Artikels 4 des Gesetzes vom 2. Juni 2021 (BGBl. I S. 1259) sind erstmals auf Umwandlungen und Einbringungen anzuwenden, bei denen die Anmeldung zur Eintragung in das für die Wirksamkeit des Vorgangs maßgebende öffentliche Register beziehungsweise bei Einbringungen der Übergang des wirtschaftlichen Eigentums

nach dem 20. November 2020 erfolgt. ²Abweichend von Satz 1 sind § 2 Absatz 5, § 9 Satz 3 zweiter Halbsatz und § 20 Absatz 6 Satz 4 in der Fassung des Artikels 4 des Gesetzes vom 2. Juni 2021 (BGBl. I S. 1259) auch in anderen offenen Fällen anzuwenden, in denen die äußeren Umstände darauf schließen lassen, dass die Verrechnung übergehender stiller Lasten wesentlicher Zweck der Umwandlung oder Einbringung war und der Steuerpflichtige dies nicht widerlegen kann.

(17) § 4 Absatz 5 Satz 1 in der am 8. Juni 2021 geltenden Fassung ist weiterhin anzuwenden, soweit die Anteile an der übertragenden Körperschaft am steuerlichen Übertragungsstichtag zum Betriebsvermögen des übernehmenden Rechtsträgers gehören und mit einem Sperrbetrag im Sinne des § 50c des Einkommensteuergesetzes in der Fassung des Gesetzes vom 24. März 1999 (BGBl. I S. 402) behaftet sind.

(18) § 1 in der Fassung des Artikels 3 des Gesetzes vom 25. Juni 2021 (BGBl. I S. 2050) ist erstmals auf Umwandlungen und Einbringungen anzuwenden, deren steuerlicher Übertragungsstichtag nach dem 31. Dezember 2021 liegt.

Literatur:
Schaflitz/Widmayer, Die Besteuerung von Umwandlungen nach dem Regierungsentwurf des SEStEG, BB-Spezial 8/2006, 36; *Voß*, SEStEG: Die vorgesehenen Änderungen im Einkommensteuergesetz, im Körperschaftsteuergesetz und im 1. bis 7. Teil des Umwandlungsgesetzes, BB 2006, 411; *Benecke/Schnitger*, Letzte Änderung der Neuregelungen des UmwStG und der Entstrickungsnormen durch das SEStEG, IStR 2007, 22; *Frotscher*, Internationalisierung des Ertragsteuerrechts, 2007; *Haritz*, Die Langlebigkeit einbringungsgeborener Anteile, GmbHR 2007, 169; *PricewaterhouseCoopers AG* (Hrsg.), Reform des Umwandlungssteuerrechts, 2007; *IDW*, IDW-Stellungnahme zum Entwurf des Umwandlungssteuererlasses (UmwStE-E), Ubg 2011, 549; *Olkus/Stegmaier*, SEStEG – fehlende Regelung oder planwidrige Regelungslücke?, DB 2011, 2290; *Pinkernell*, Anmerkung zum Entwurf des UmwSt-Erlasses vom 2.5.2011: Dreifache Verstrickung nach Anteilstausch mit alt-einbringungsgeborenen Anteilen?, FR 2011, 568; *BMF* v. 11.11.2011 – IV C 2 – S 1978-b/08/10001, BStBl. I 2011, 1314; *Prinz*, Erweiterte Rückwirkungsmöglichkeiten bei Umwandlungen wegen Corona-Pandemie, StuB 2020, 445.

A. Erstmalige Anwendung des UmwStG in der Fassung des SEStEG (UmwStG nF)

1 In § 27 Abs. 1 ist geregelt, ab wann das Gesetz in seiner Neufassung durch das SEStEG vom 7.12.2006 anzuwenden ist. Dabei wird unterschieden nach Umwandlungs- oder Einbringungsvorgängen, die in ein öffentliches Register einzutragen sind und Einbringungen, für die eine Eintragung in ein öffentliches Register nicht erforderlich ist.

2 In § 27 Abs. 1 S. 1 ist festgelegt, dass das Gesetz erstmalig auf Umwandlungen und Einbringungen anzuwenden ist, bei denen die Anmeldung zur Eintragung in das maßgebende öffentliche Register nach dem 12.12.2006 erfolgt ist. Der 12.12.2006 ist der Tag, an dem die Neufassung des UmwStG im Bundesgesetzblatt veröffentlicht wurde; hierdurch ist sichergestellt, dass die Neuregelungen nur für die Zukunft gelten und Rückwirkungsprobleme nicht auftreten.[1] Bei nationalen Sachverhalten ist das relevante öffentliche Register regelmäßig das Handels- oder Genossenschaftsregister. Der maßgebliche Zeitpunkt ist dabei der Eingang bei der zuständigen Stelle des Registergerichts und nicht die Unterzeichnung eines notariell beurkundeten Vertrages oder einer notariell beglaubigten Anmeldung. Es ist nicht erforderlich, dass dem eingegangenen Antrag schon alle für die Eintragung notwendigen Unterlagen beigefügt sind oder sämtliche Voraussetzungen bereits im Anmeldezeitpunkt erfüllt sind.

---

[1] Vgl. Rödder/Herlinghaus/van Lishaut/*Rabback* UmwStG § 27 Rn. 6.

Die folgenden Sachverhalte bedürfen für Ihre Wirksamkeit der Eintragung in ein öffentliches Register, wobei es sich sowohl um zivilrechtliche Vorgänge mit Gesamtrechtsnachfolge als auch solche mit Einzelrechtsnachfolge handelt:

- Verschmelzungen
- Spaltungen (in ihrer Ausprägung als Auf- oder Abspaltung bzw. als Ausgliederung)
- Formwechsel
- Sachgründungen
- Sachkapitalerhöhungen.

Die Anmeldung zum öffentlichen Register muss bei Verschmelzungen für den übernehmenden Rechtsträger (vgl. §§ 19, 20 und 36 Abs. 1 UmwG) bei Spaltungen zum Register des übertragenden Rechtsträgers (vgl. §§ 130, 131 und 135 Abs. 1 UmwG) und beim Formwechsel zum Register des formwechselnden (für steuerliche Zwecke: übertragenden) Rechtsträgers erfolgen; sollte bei einem Formwechsel der ursprüngliche Rechtsträger nicht in einem öffentlichen Register eingetragen sein, ist die Anmeldung zur Eintragung in das öffentliche Register des neuen (für steuerliche Zwecke: übernehmenden) Rechtsträgers entscheidend (vgl. §§ 198, 202 UmwG). Dass weitere Anmeldungen zu den Registern der übrigen beteiligten Rechtsträger erforderlich sind, spielt für die erstmalige Anwendung keine Rolle.[2]

Lediglich Verschmelzungen zwischen Kapitalgesellschaften sind auch grenzüberschreitend im Wege der Gesamtrechtsnachfolge zulässig; auch in diesen Fällen ist die Anmeldung zur Eintragung in das öffentliche Register der übernehmenden Gesellschaft maßgebend. Hier ist dann unter Würdigung des ausländischen Rechts zu entscheiden, welches das maßgebliche öffentliche Register ist.[3]

Eine davon abweichende Anwendungsregel trifft § 27 Abs. 1 S. 2 für alle Einbringungsvorgänge, die zu ihrer zivilrechtlichen Wirksamkeit nicht der Anmeldung und Eintragung in ein öffentliches Register bedürfen. Dies gilt nicht für Umwandlungen und gilt somit nur für Sachverhalte, die nicht bereits unter § 27 Abs. 1 S. 1 fallen; hierzu gehören zB Einbringungen in Personengesellschaften im Wege der Einzelrechtsnachfolge.[4] Bei derartigen Sachverhalten ist ausschließlich der Übergang des wirtschaftlichen Eigentums an den eingebrachten Wirtschaftsgütern relevant. Das neue Recht ist anzuwenden, wenn das wirtschaftliche Eigentum nach dem 12.12.2006 übergegangen ist.

B. Letztmalige Anwendung des UmwStG in der alten Fassung (UmwStG aF)

In § 27 Abs. 2 ist geregelt, für welche Umwandlungs- und Anmeldungsvorgänge das Gesetz in der Fassung vor Gültigkeit des SEStEG anzuwenden ist.

Auch bei der Anwendbarkeit des UmwStG aF wird danach unterschieden, ob für die Wirksamkeit des jeweiligen Vorgangs eine Anmeldung zu einem öffentlichen Register erforderlich ist oder nicht. Auf den Zeitpunkt der Eintragung in das öffentliche Register kommt es nicht an. Nach § 27 Abs. 2 S. 1 ist das UmwStG aF weiterhin für Umwandlungen und Einbringungen anzuwenden, bei denen die Anmeldung zu dem relevanten öffentlichen Register bis zum 12.12.2006 erfolgt ist. Über den eigentlichen

---

2 Vgl. Dötsch/Pung/Möhlenbrock/*Pung* UmwStG § 27 Rn. 2.
3 Vgl. Rödder/Herlinghaus/van Lishaut/*Rabback* UmwStG § 27 Rn. 5; Dötsch/Pung/Möhlenbrock/*Pung*/ *Gläßer* UmwStG § 27 Rn. 3.

4 Vgl. Rödder/Herlinghaus/van Lishaut/*Rabback* UmwStG § 27 Rn. 9; Dötsch/Pung/Möhlenbrock/*Pung*/ *Gläßer* UmwStG § 27 Rn. 7.

Umwandlungszeitpunkt hinaus hat dies auch Bedeutung für die weitere Anwendung von Fristen oder Besteuerungssystemen (einbringungsgeborene Anteile), die nur unter dem alten Recht existent waren.

8 Für Einbringungen, die zu ihrer zivilrechtlichen Wirksamkeit nicht der Eintragung in ein öffentliches Register bedürfen, regelt § 27 Abs. 2 S. 2, dass das UmwStG aF auf alle Sachverhalte anzuwenden ist, bei denen der Übergang des wirtschaftlichen Eigentums an den eingebrachten Wirtschaftsgütern bis zum 12.12.2006 bewirkt wurde.[5]

C. Sonderregelungen (Abs. 3–18)

9 Abweichend von der in § 27 Abs. 2 formulierten Grundregel zur letztmaligen Anwendung des UmwStG aF, regelt § 27 **Abs. 3** für bestimmte Sachverhalte die Fortgeltung des alten Rechts.[6]

10 Für einbringungsgeborene Anteile iSv § 21 Abs. 1 aF ist nach **§ 27 Abs. 3 Nr. 1** abweichend von § 27 Abs. 2 weiterhin § 5 Abs. 4 anzuwenden. Wegen § 20 Abs. 3 S. 4 und § 21 Abs. 2 S. 6 können auch im Regelungsbereich des neuen Rechts einbringungsgeborene Anteile entstehen, für die § 5 Abs. 4 aF ebenfalls anzuwenden ist. Allerdings wird die Vorschrift insoweit modifiziert, dass die Anteile zum steuerlichen Übertragungsstichtag als mit dem Wert iSv § 5 Abs. 2 oder Abs. 3 in das Betriebsvermögen des übernehmenden Rechtsträgers überführt gelten.[7]

11 Für derartige einbringungsgeborene Anteile, die im **Privatvermögen** des Anteilseigners gehalten werden, bestimmt § 5 Abs. 2, dass diese bei der (fiktiven) Einlage in das Betriebsvermögen des übernehmenden Rechtsträgers mit den Anschaffungskosten (ggf. zuzüglich nachträglicher Anschaffungskosten) des Anteilseigners anzusetzen sind.

12 Bei einbringungsgeborenen Anteilen, die in einem **Betriebsvermögen** des Anteilseigners gehalten werden, bestimmt § 5 Abs. 3, dass die (fiktive) Überführung der Anteile zum Übertragungsstichtag zu ihrem Buchwert zu erfolgen hat. Dieser Buchwert ist ggfs. um Abzüge nach § 6b EStG und in früheren Jahren steuerwirksam vorgenommenen Teilwertabschreibungen zu erhöhen. Allerdings ist der Einlagewert höchstens auf den gemeinen Wert begrenzt.[8]

13 In **§ 27 Abs. 3 Nr. 2** ist geregelt, dass über § 20 Abs. 6 aF auch die fünfjährigen Stundungsregeln nach § 21 Abs. 2 S. 3–6 aF fortgelten. Dies betrifft Sachverhalte, in denen nach § 20 Abs. 3 aF für das eingebrachte Betriebsvermögen zwingend der Teilwert anzusetzen war, wenn das Besteuerungsrecht der Bundesrepublik Deutschland an den gewährten Gesellschaftsanteilen im Zeitpunkt der Sacheinlage ausgeschlossen war. Diese Regelungen gelten aber bereits über § 27 Abs. 2 und damit den allgemeinen Regelungen unverändert fort.[9]

---

[5] Vgl. Rödder/Herlinghaus/van Lishaut/*Rabback* UmwStG § 27 Rn. 12; Dötsch/Pung/Möhlenbrock/*Pung/Gläßer* UmwStG § 27 Rn. 10.

[6] Vgl. Rödder/Herlinghaus/van Lishaut/*Rabback* UmwStG § 27 Rn. 14; Dötsch/Pung/Möhlenbrock/*Pung/Gläßer* UmwStG § 27 Rn. 11.

[7] Vgl. Rödder/Herlinghaus/van Lishaut/*Rabback* UmwStG § 27 Rn. 18.

[8] Vgl. Rödder/Herlinghaus/van Lishaut/*Rabback* UmwStG § 27 Rn. 19; Dötsch/Pung/Möhlenbrock/*Pung/Gläßer* UmwStG § 27 Rn. 12.

[9] Vgl. Rödder/Herlinghaus/van Lishaut/*Rabback* UmwStG § 27 Rn. 22; Dötsch/Pung/Möhlenbrock/*Pung/Gläßer* UmwStG § 27 Rn. 13.

Für einbringungsgeborene Anteile iSv § 21 Abs. 1 aF regelt **§ 27 Abs. 3 Nr. 3 S. 1**, dass § 21 aF weiterhin anwendbar ist. Ebenfalls ist § 21 aF auf Anteile anzuwenden, die aufgrund von Einbringungen nach § 20 Abs. 3 S. 4 bzw. § 21 Abs. 2 S. 6 entstehen. Dies dürfte aber bereits nach § 27 Abs. 2 gelten.[10]   14

Ergänzend regelt **§ 27 Abs. 3 Nr. 3 S. 2** bei Sachverhalten nach § 21 Abs. 2 S. 1 Nr. 2 aF nunmehr eine Stundungsmöglichkeit nach § 6 Abs. 5 AStG; dies betrifft Fälle, in denen das deutsche Besteuerungsrecht an den einbringungsgeborenen Anteilen verloren geht und deshalb eine fiktive Veräußerung unterstellt wird. Ebenfalls sind dann § 6 Abs. 6 und 7 AStG entsprechend anzuwenden. Diese Stundungsmöglichkeit gilt aber nur für die Einkommensteuer und damit natürliche Personen (Privat- und Betriebsvermögen), nicht jedoch für Körperschaften.[11]   15

Die Regelungen in **§ 27 Abs. 4** dienen der Vermeidung einer möglichen Doppelbesteuerung durch das Nebeneinander von altem und neuem Besteuerungskonzept. Dies betrifft Tatbestände von § 8b Abs. 4 KStG aF Danach wird die Steuerfreistellung nach § 8b Abs. 2 KStG nicht gewährt, soweit es sich um einbringungsgeborene Anteile nach § 21 aF oder um Anteile handelt, die von einem nicht nach § 8b Abs. 2 KStG Begünstigten unter dem Teilwert erworben wurden, und diese innerhalb von sieben Jahren nach der Einbringung durch den übernehmenden Rechtsträger veräußert werden. In diesen Fällen sind §§ 22, 23 und 24 Abs. 5 nicht anzuwenden; vielmehr gilt vorrangig das alte Besteuerungskonzept für einbringungsgeborene Anteile nach § 8b Abs. 4 KStG aF und § 3 Nr. 40 S. 3 und 4 EStG aF unverändert fort.[12] Zur Anwendung gelangt die Vorschrift, wenn ein Gewinn aus der Veräußerung der Anteile oder einem gleichgestellten Ereignis iSv § 22 Abs. 1 realisiert wird. Diese Gewinne sind dann unverändert nach § 8b Abs. 4 KStG aF oder § 3 Nr. 40 S. 3 und 4 EStG aF voll steuerpflichtig. Das neue Einbringungskonzept mit einem über sieben Jahre abschmelzenden Gewinn, der rückwirkend auf den Zeitpunkt der Einbringung ermittelt wird, kommt noch nicht zur Anwendung.   16

§ 27 Abs. 4 findet damit nur noch Anwendung für einbringungsgeborene Anteile, die während der siebenjährigen Sperrfrist im Rahmen eines Anteilstauschs nach neuem Recht steuerneutral in eine weitere Kapitalgesellschaft gegen Gewährung neuer Anteile eingebracht werden. Wenn diese (alt-)einbringungsgeborenen Anteile mit Gewinn veräußert oder durch ein gleichgestelltes Ereignis nach § 22 Abs. 1 realisiert werden, wird § 8b Abs. 4 KStG aF realisiert und die übernehmende Kapitalgesellschaft müsste den Gewinn entgegen § 8b Abs. 2 KStG in vollem Umfang versteuern. Zusätzlich wird aber auch nach neuem Recht ein Tatbestand nach § 22 Abs. 2 realisiert und die natürliche Person, die durch die ursprüngliche Sacheinlage einbringungsgeborene Anteile erhalten hat, müsste einen Einbringungsgewinn II versteuern. Diesen Konflikt löst § 27 Abs. 4 zugunsten der Versteuerung nach dem alten Recht.   17

Durch die Einlage der (alt-)einbringungsgeborenen Anteile im Wege des Anteilstauschs unter Geltung des neuen Rechts wird eine weitere siebenjährige Frist ausgelöst, innerhalb derer bei Realisierung der jeweiligen Tatbestände eine Nachversteuerung ausgelöst   18

---

10 Vgl. Rödder/Herlinghaus/van Lishaut/*Rabback* UmwStG § 27 Rn. 31; Dötsch/Pung/Möhlenbrock/*Pung/Gläßer* UmwStG § 27 Rn. 14.

11 Vgl. Rödder/Herlinghaus/van Lishaut/*Rabback* UmwStG § 27 Rn. 32;

Dötsch/Pung/Möhlenbrock/*Pung/Gläßer* UmwStG § 27 Rn. 16.

12 Vgl. Rödder/Herlinghaus/van Lishaut/*Rabback* UmwStG § 27 Rn. 252; Dötsch/Pung/Möhlenbrock/*Pung/Gläßer* UmwStG § 27 Rn. 20.

wird. Im Ergebnis kann es hierdurch fast zu einer Verdoppelung der ursprünglich nur siebenjährigen Sperrfrist kommen. Diese Ansicht der Finanzverwaltung ist mE nicht sachgerecht und lässt sich dem Gesetzeswortlaut auch nicht entnehmen.[13] Wenn als Folge des Anteilstauschs neues Recht anwendbar sein soll, muss dieses auch konsequent angewandt und sowohl das Teileinkünfteverfahren als auch die Siebtel-Regelung berücksichtigt werden. Ebenfalls muss mE während der siebenjährigen Sperrfrist nach altem Recht noch kein Nachweis über die Zuordnung der Anteile nach § 22 Abs. 3 geführt werden; das neue Recht wird für diesen Zeitraum durch § 27 Abs. 4 faktisch suspendiert.

19 § **27 Abs. 5** regelt die erstmalige Anwendung der durch das Unternehmenssteuerreformgesetz 2008 geänderten bzw. neu eingefügten Vorschriften. Dies betrifft die §§ 4 Abs. 2 S. 2, 15 Abs. 3, 20 Abs. 9 und 24 Abs. 6, die die neu eingeführten Restriktionen beim Betriebsausgabenabzug von Zinsaufwendungen (Zinsschranke) nach § 4h EStG bzw. § 8a KStG nF auch für Umwandlungs- und Einbringungsvorgänge sicherstellen.

20 Bei Umwandungen und Einbringungen, für deren Wirksamkeit die Eintragung in ein öffentliches Register erforderlich ist, sind die Vorschriften erstmals anzuwenden, wenn die Anmeldung nach dem 31.12.2007 erfolgt ist. Bei Einbringungen, für deren Wirksamkeit keine Eintragung in ein öffentliches Register erforderlich ist, sind die neuen Vorschriften erstmalig anzuwenden, wenn das wirtschaftliche Eigentum an den eingebrachten Wirtschaftsgütern nach dem 31.12.2007 übergegangen ist.

21 Sollte ein Vorgang nach dem 31.12.2007 zu einem öffentlichen Register angemeldet werden, der steuerliche Übertragungsstichtag aber vor dem 1.1.2008 liegen, findet die Vorschrift keine Anwendung, da auch kein Regelungsbedarf besteht; die Neuregelungen des § 4h EStG bzw. § 8a KStG nF entfalten ihre Gültigkeit erst ab dem Veranlagungszeitraum 2008 und haben damit vor dem 1.1.2008 keine Bedeutung.[14]

22 Mit Jahressteuergesetz 2008 vom 20.12.2007 wurde eine neue Vorschrift als Absatz 5 eingefügt, die mit Jahressteuergesetz 2009 vom 19.12.2008 zu § **27 Abs. 6** wurde. Die Vorschrift regelt die letztmalige Anwendung von § 10, der bei Übertragungen von Kapital- auf Personengesellschaften relevant war. Beim Übergang vom Anrechnungsverfahren auf das Halbeinkünfteverfahren wurde in § 38 KStG eine ausschüttungsabhängige Körperschaftsteuererhöhung geregelt. Mit deren Wegfall und Einführung einer ratierlichen Rückzahlung des Körperschaftsteuererhöhungsbetrages ist auch § 10 überflüssig geworden. Nach § 27 Abs. 6 S. 1 ist § 10 letztmalig auf Umwandlungen anzuwenden, bei denen der steuerliche Übertragungsstichtag vor dem 1.1.2007 liegt. Auf die Anmeldung zu einem öffentlichen Register oder den Übergang des wirtschaftlichen Eigentums an den übertragenden Wirtschaftsgütern kommt es dabei nicht an.[15]

23 Soweit allerdings ein Antrag nach § 34 Abs. 16 KStG in der Fassung vom 20.12.2007 gestellt wurde, regelt § 27 Abs. 6 S. 2, dass § 10 unverändert anzuwenden ist; dies betrifft

---

[13] Vgl. Rödder/Herlinghaus/van Lishaut/*Rabback* UmwStG § 27 Rn. 257; vgl. Dötsch/Pung/Möhlenbrock/*Pung/Gläßer* UmwStG § 27 Rn. 20; vgl. *Stangl/Grundke* in FGS/BDI UmwSt-Erlass 2011, S. 545 zu Rn. 27.12.

[14] Vgl. Rödder/Herlinghaus/van Lishaut/*Rabback* UmwStG § 27 Rn. 260; vgl. Dötsch/Pung/Möhlenbrock/*Pung/Gläßer* UmwStG § 27 Rn. 21.

[15] Vgl. Rödder/Herlinghaus/van Lishaut/*Rabback* UmwStG § 27 Rn. 262; Dötsch/Pung/Möhlenbrock/*Pung/Gläßer* UmwStG § 27 Rn. 22.

insbes. ehemals gemeinnützige Wohnungsunternehmen und bestimmte steuerbefreite Körperschaften.[16]

Mit Jahressteuergesetz 2009 vom 19.12.2008 ist § 27 **Abs. 7** gebildet worden, der erstmalig mit Jahressteuergesetz 2008 vom 20.12.2007 als Abs. 6 in das Gesetz aufgenommen wurde. Die Vorschrift regelt die erstmalige Anwendung von § 18 Abs. 3 S. 1, wonach ein Aufgabe- oder Veräußerungsgewinn innerhalb von fünf Jahren nach der Umwandlung insoweit der Gewerbesteuer unterliegt, als er auf Vermögen entfällt, das dem übernehmenden Rechtsträger bereits vor der Umwandlung gehört hat. Gültigkeit erlangt die Vorschrift für alle Umwandlungen, bei denen die Anmeldung zur Eintragung in das relevante öffentliche Register nach dem 31.12.2007 erfolgt ist.[17]

§ 27 **Abs. 8** wurde mit dem Jahressteuergesetz 2009 vom 19.12.2008 eingefügt und regelt die Anwendung der geänderten §§ 4 Abs. 6 S. 4–6 und Abs. 7 S. 2; dies betrifft Anpassungen an das Teileinkünfteverfahren sowie die Beseitigung von Regelungslücken. Nach § 27 Abs. 8 sind diese Änderungen erstmalig auf Umwandlungen anzuwenden, bei denen § 3 Nr. 40 EStG in der durch Art. 1 Nr. 3 des Gesetzes vom 14.8.2007 geänderten Fassung für die Bezüge iSd § 7 anzuwenden ist. Das Teileinkünfteverfahren ist nach § 52a Abs. 3 EStG erstmalig für den Veranlagungszeitraum 2009 anzuwenden. Danach sind alle Umwandlungen erfasst, bei denen der steuerliche Übertragungsstichtag nach dem 31.12.2008 liegt.[18]

Mit Jahressteuergesetz 2009 vom 19.12.2008 wurden ebenfalls § 2 Abs. 4 und § 20 Abs. 6 S. 4 geändert. Deren erstmalige Anwendung ist in § 27 **Abs. 9** geregelt. Durch diese Änderungen sollten sämtliche Gestaltungen zur Verlustnutzung, die durch die rückwirkende Strukturierung einer Umwandlung möglich sein könnten, unterbunden werden.

Die erstmalige Anwendung ist dabei abhängig davon, ob ein schädlicher Beteiligungserwerb (iSd § 8c KStG) oder ein anderes die Verlustnutzung ausschließendes Ereignis nach dem 28.11.2008 eintritt. Das regelt § 27 Abs. 9 S. 1.[19]

Abweichend davon regelt § 27 Abs. 9 S. 2, dass diese Vorschriften für eine Übergangszeit nicht gelten, wenn folgende Bedingungen kumulativ erfüllt sind:

- Veräußerer und Erwerber waren sich am 28.11.2008 über den später vollzogenen schädlichen Beteiligungserwerb oder ein anderes die Verlustnutzung ausschließendes Ereignis einig;
- der übernehmende Rechtsträger kann dies anhand schriftlicher Unterlagen nachweisen;
- die Anmeldung zur Eintragung in das relevante öffentliche Register bzw. der Übergang des wirtschaftlichen Eigentums erfolgen bis zum 31.12.2009.

Im Ergebnis können die Neuregelungen damit erst ab 2009 gelten. Als Nachweis dienen alle Arten von schriftlichen Unterlagen; ein schriftlicher oder notarieller Vertrag ist dafür nicht erforderlich. Am 28.11.2008 wurde der Beschluss im Bundestag gefasst,

---

16 Vgl. Rödder/Herlinghaus/van Lishaut/*Rabback* UmwStG § 27 Rn. 263; Dötsch/Pung/Möhlenbrock/*Pung/Gläßer* UmwStG § 27 Rn. 23.

17 Vgl. Rödder/Herlinghaus/van Lishaut/*Rabback* UmwStG § 27 Rn. 264; Dötsch/Pung/Möhlenbrock/*Pung/Gläßer* UmwStG § 27 Rn. 24.

18 Vgl. Rödder/Herlinghaus/van Lishaut/*Rabback* UmwStG § 27 Rn. 265; Dötsch/Pung/Möhlenbrock/*Pung/Gläßer* UmwStG § 27 Rn. 25.

19 Vgl. Rödder/Herlinghaus/van Lishaut/*Rabback* UmwStG § 27 Rn. 266; Dötsch/Pung/Möhlenbrock/*Pung/Gläßer* UmwStG § 27 Rn. 26.

so dass zur Vermeidung von möglichen Missbräuchen auf diesen Tag und nicht auf die Veröffentlichung des Gesetzes abgestellt wurde.[20]

30 **§ 27 Abs. 10** regelt die erstmalige Anwendung von § 2 Abs. 4 S. 1, § 4 Abs. 2 S. 2, § 9 S. 3, § 15 Abs. 2 und § 20 Abs. 9, die durch das Wachstumsbeschleunigungsgesetz geändert wurden. Inhaltlich handelt es sich um Anpassungen an die Änderungen bei der Zinsschranke, insbes. um die Erweiterung der Regelungen zu Verlustnutzung und -übergang und um den EBITDA-Vortrag.

31 Für die erstmalige Anwendung wird auf steuerliche Übertragungsstichtage abgestellt, die in einem Wirtschaftsjahr liegen, in dem die Vorschriften der Zinsschranke (§ 4h Abs. 1, Abs. 4 S. 1 und Abs. 5 S. 1 und 2 EStG) in der Fassung des Wachstumsbeschleunigungsgesetzes erstmalig anzuwenden sind.[21] Dies wiederum ist in § 52 Abs. 12d S. 4 EStG geregelt. Grundsätzlich sind diese geänderten Vorschriften danach erstmalig für Wirtschaftsjahre anzuwenden, die nach dem 31.12.2009 enden. Bei kalenderjahrgleichem Wirtschaftsjahr gelten die Neuregelungen somit erstmalig für das Wirtschaftsjahr 2010 und bei abweichenden Wirtschaftsjahren erstmalig für das Wirtschaftsjahr 2009/2010. Wenn der steuerliche Übertragungsstichtag in einem dieser Wirtschaftsjahre liegt, sind die geänderten Vorschriften erstmalig anzuwenden; auf die Anmeldung zu einem öffentlichen Register oder den Übergang des wirtschaftlichen Eigentums an den übertragenden Wirtschaftsgütern kommt es insoweit nicht an.

32 Durch das sogenannte Streubesitzdividendengesetz vom 21.3.2013 ist **§ 27 Abs. 11** eingefügt worden. Das Gesetz geht zurück auf ein EuGH-Urteil vom 20.10.2011 (Rs. C-284/09), wonach die Anrechnung der einbehaltenen Kapitalertragsteuer auf Dividenden inländischer Kapitalgesellschaften gegen EU-Recht verstößt. Dividendenerträge, die an inländische Körperschaften fließen, sind – unabhängig von einer Beteiligungsquote – nach § 8b Abs. 1 KStG steuerfrei; die bei der Dividendenzahlung einbehaltene Kapitalertragsteuer kann aber trotzdem in vollem Umfang auf die Körperschaftsteuerschuld des Anteilseigners angerechnet werden, womit es im Ergebnis zu einer vollständigen Erstattung kommt. Bei Anteilseignern mit Sitz im EU-Ausland gelingt die vollständige Erstattung der Kapitalertragsteuer auf deutsche Dividendenerträge nach der Mutter-Tochter-Richtlinie jedoch nur, wenn die vorgesehene Mindestbeteiligung von derzeit 10 Prozent erreicht wird; für Anteilseigner mit Sitz im EU-Ausland, die diese Beteiligungsquote nicht erreichen, wird die deutsche Kapitalertragsteuer dagegen definitiv. Zur Beseitigung dieser Ungleichbehandlung hat der Gesetzgeber deshalb durch die Einfügung von § 8b Abs. 4 KStG auch für inländische Anteilseigner mit Wirkung vom 1.3.2013 (Tag der Zustimmung des Bundesrates zu dem Gesetzesentwurf) geregelt, dass eine steuerfreie Vereinnahmung von Dividendenerträgen erst ab einer Beteiligungsquote von 10 Prozent möglich ist; die Anrechnung der Kapitalertragsteuer führt dann nicht zu einer Erstattung sondern lediglich zu einer Vorauszahlung auf die tarifliche Körperschaftsteuer.[22]

33 Wenn im Rahmen von Umwandlungen Bezüge iSv § 8b Abs. 1 KStG entstehen, ist § 8b Abs. 4 KStG abweichend von § 34 Abs. 7a S. 2 KStG schon erstmals vor dem 1.3.2013 anzuwenden, wenn die Anmeldung zur Eintragung in das relevante öffentliche

---

20 Vgl. Rödder/Herlinghaus/van Lishaut/*Rabback*UmwStG § 27 Rn. 267; Dötsch/Pung/Möhlenbrock/*Pung/Gläßer* UmwStG § 27 Rn. 27.

21 Vgl. Rödder/Herlinghaus/van Lishaut/*Rabback*UmwStG § 27 Rn. 269; Dötsch/Pung/Möhlenbrock/*Pung/Gläßer* UmwStG § 27 Rn. 28.

22 Vgl. Rödder/Herlinghaus/van Lishaut/*Rabback* UmwStG § 27 Rn. 272.

Register nach dem 28.2.2013 erfolgt. Durch diese Anwendungsregelung soll möglichen Missbrauchsfällen vorgebeugt werden, wenn durch die Rückwirkung der Umwandlung auch noch Dividendenerträge mit Beteiligungsquoten unter 10 Prozent steuerfrei realisiert werden könnten.[23]

Durch das Amtshilferichtlinie-Umsetzungsgesetz ist § 27 Abs. 12 eingefügt worden. Danach ist der neu eingefügte § 2 Abs. 4 S. 3– 6 erstmalig auf Umwandlungen und Einbringungen anzuwenden, bei denen die Anmeldung zur Eintragung in das relevante öffentliche Register nach dem 6.6.2013 erfolgt. Soweit für die Wirksamkeit von Einbringungen keine Eintragung in ein öffentliches Register erforderlich ist, ist § 20 erstmalig anzuwenden, wenn das wirtschaftliche Eigentum an den eingebrachten Wirtschaftsgütern nach dem 6.6.2013 übergegangen ist. Die Vorschrift soll Gestaltungen entgegenwirken, die auf die Nutzung von verrechenbaren Verlusten, verbleibenden Verlustvorträgen, nicht ausgeglichenen negativen Einkünften und einen Zinsvortrag nach § 4h Abs. 1 S. 5 EStG im Rückwirkungszeitraum abzielen. Dies gilt allerdings nicht bei konzerninternen Umstrukturierungen.[24]

§ 27 Abs. 13 regelt redaktionelle Änderungen in § 20 Abs. 8, die durch das Gesetz zur Anpassung des nationalen Steuerrechts an den Beitritt Kroatiens zur EU und zur Änderung weiterer steuerlicher Vorschriften (KroatienAnpG) vom 25.7.2014 vorgenommen wurden; die Bezeichnung von EU-Richtlinien wurde aktualisiert. Die Änderung ist erstmalig auf steuerliche Übertragungsstichtage nach dem 31.12.2013 anzuwenden.[25] Auf das Datum des Umwandlungsbeschlusses oder des Einbringungsvertrages kommt es insoweit nicht an.[26]

Mit dem Steueränderungsgesetz 2015 vom 2.11.2015 wurde § 27 Abs. 14 eingefügt. Dieser regelt die erstmalige Anwendung von Änderungen bei Einbringungsvorgängen in Kapital- oder Personengesellschaften nach § 20 Abs. 2 bzw. § 24 Abs. 2 sowie beim qualifizierten Anteilstausch nach § 21 Abs. 1. Die neuen Regelungen greifen in Fällen der Gesamtrechtsnachfolge, wenn der Umwandlungsbeschluss nach dem 31.12.2014 erfolgt ist und in Fällen der Einzelrechtsnachfolge, wenn der Einbringungsvertrag nach dem 31.12.2014 geschlossen wurde. Dies führt faktisch zu einer rückwirkenden Anwendung der geänderten Regelungen, die verfassungsrechtlichen Bedenken begegnet.[27]

Inhaltlich wird durch die Änderungen die Gewährung von sonstigen Gegenleistungen, die der Einbringende neben den neuen Gesellschaftsanteilen erhält, betragsmäßig beschränkt. Eine Fortführung der übernommenen Buchwerte ist danach nur noch möglich, wenn die sonstigen Gegenleistungen 25 % des eingebrachten Buchwertes oder 500.000 EUR nicht übersteigen. Die Änderungen sollen der Schließung von behaupteten Lücken im UmwStG dienen.[28]

§ 27 Abs. 15 ist durch das Gesetz zur Umsetzung steuerlicher Hilfsmaßnahmen zur Bewältigung der Corona-Krise (Corona-Steuerhilfegesetz) vom 19.6.2020 eingefügt worden. Inhaltlich wird die achtmonatige Frist zur Nutzung von steuerlichen Schlussbilanzen bei Umwandlungsvorgängen für Sachverhalte des Jahres 2020 auf zwölf Monate

---

23 Vgl. Rödder/Herlinghaus/van Lishaut/*Rabback* UmwStG § 27 Rn. 273.
24 Vgl. Rödder/Herlinghaus/van Lishaut/*Rabback* UmwStG § 27 Rn. 274.
25 Vgl. Eisgruber/*Altenburg* UmwStG § 27 Rn. 129.
26 Vgl. Dötsch/Pung/Möhlenbrock/*Pung/Gräßer* UmwStG § 27 Rn. 33.
27 Vgl. Eisgruber/*Altenburg* UmwStG § 27 Rn. 135; aA vgl. Dötsch/Pung/Möhlenbrock/*Pung/Gläßer* UmwStG § 27 Rn. 35.
28 Vgl. *Ritzer/Stangl* DStR 2015, 849 (851).

verlängert, soweit dies nicht bereits durch Verweise auf das Umwandlungsgesetz gewährleistet wurde.[29]

38 In S. 2 der Vorschrift ist darüber hinaus eine Ermächtigung vorgesehen, aufgrund derer die Frist erneut verlängert werden kann. Von dieser Ermächtigung wurde mit Verordnung vom 18.12.2020[30] Gebrauch gemacht, so dass auch für Umwandlungen, die bis zum 31.12.2021 angemeldet wurden, die Frist zur Verwendung von steuerlichen Schlussbilanzen auf zwölf Monate verlängert wurde.[31]

39 **§ 27 Abs. 16** ist durch das Abzugsteuerentlastungsmodernisierungsgesetz (AbzStEntModG) vom 2.6.2021 angefügt worden und regelt die erstmalige Anwendung der geänderten § 2 Abs. 5, § 9 S. 3 und § 20 Abs. 6 S. 4. Inhaltlich soll die missbräuchliche Nutzung von bestimmten Verlusten im Rückwirkungszeitraum verhindert werden. Die Regelung gilt erstmalig für Sachverhalte, die nach dem 20.11.2020 (Tag des Referentenentwurfs) angemeldet werden bzw. bei denen der wirtschaftliche Übergang nach diesem Datum stattfindet.[32]

40 Über S. 2 der Vorschrift wird die Anwendbarkeit auf weitere offene Fälle erstreckt, wobei die Vermutung Steuerpflichtigen widerlegt werden kann. Eine Prüfung der Angemessenheit soll in Anlehnung an § 42 AO erfolgen können. Die Vorschriften begegnet Bedenken, weil sie Elemente einer echten Rückwirkung enthält und nicht klar genug bestimmt ist.[33]

41 Auch **§ 27 Abs. 17** ist durch das AbzStEntModG vom 2.6.2021 angefügt worden. Auf Altfälle soll § 4 Abs. 5 S. 1 trotz seiner Aufhebung unverändert angewandt werden. Die Regelung scheint entbehrlich, weil die relevanten Übergangsfristen für Altfälle bereits seit einigen Jahren ausgelaufen sind.[34]

42 Mit dem Körperschaftsteuermodernisierungsgesetz (KöMoG) ist **§ 27 Abs. 18** aufgenommen worden. Durch Änderungen in § 1 Abs. 4 soll eine weitergehende Internationalisierung bei der Umwandlung von Körperschaften erreicht werden. Dies gilt erstmals für Sachverhalte deren steuerlicher Übertragungsstichtag nach dem 31.12.2021 liegt.[35]

§ 28 Bekanntmachungserlaubnis

Das Bundesministerium der Finanzen wird ermächtigt, den Wortlaut dieses Gesetzes und der zu diesem Gesetz erlassenen Rechtsverordnungen in der jeweils geltenden Fassung satzweise nummeriert mit neuem Datum und in neuer Paragraphenfolge bekannt zu machen und dabei Unstimmigkeiten im Wortlaut zu beseitigen.

---

29 Vgl. Dötsch/Pung/Möhlenbrock/*Pung/Gläßer* UmwStG § 27 Rn. 37; vgl. Eisgruber/*Altenburg* UmwStG § 27 Rn. 136.
30 BGBl. 2020 I 3042.
31 Vgl. Dötsch/Pung/Möhlenbrock/*Pung/Gläßer* UmwStG § 27 Rn. 38; vgl. Eisgruber/*Altenburg* UmwStG § 27 Rn. 137.
32 Vgl. Dötsch/Pung/Möhlenbrock/*Pung/Gläßer* UmwStG § 27 Rn. 39; zweifelnd zum Anwendungszeitpunkt vgl. Eisgruber/*Altenburg* UmwStG § 27 Rn. 139.
33 Vgl. Dötsch/Pung/Möhlenbrock/*Pung/Gläßer* UmwStG § 27 Rn. 39; vgl. Eisgruber/*Altenburg* UmwStG § 27 Rn. 140f.
34 Vgl. Dötsch/Pung/Möhlenbrock/*Pung/Gläßer* UmwStG § 27 Rn. 40; vgl. Eisgruber/*Altenburg* UmwStG § 27 Rn. 142.
35 Vgl. Dötsch/Pung/Möhlenbrock/*Pung/Gläßer* UmwStG § 27 Rn. 41; vgl. Eisgruber/*Altenburg* UmwStG § 27 Rn. 144.

Durch diese Vorschrift erhält das Bundesministerium der Finanzen die Ermächtigung, den Wortlaut des Gesetzes und dazu ergangener Rechtsverordnungen in der jeweils geltenden Fassung bekanntzumachen. Ebenfalls ist das Ministerium ermächtigt, das Gesetz bei dieser Gelegenheit satzweise zu nummerieren, Unstimmigkeiten im Wortlaut zu beseitigen und dabei mit neuem Datum und neuer Paragrafenfolge bekanntzumachen. Sollte das Gesetz aufgrund einer Vielzahl von Änderungen unübersichtlich geworden sein, besteht aufgrund dieser Vorschrift auch die Möglichkeit, eine neue und übersichtliche Fassung bekanntzumachen.[1]

---

1 Vgl. Rödder/Herlinghaus/van Lishaut/*Ritzer* UmwStG § 28 Rn. 3; Eisgruber/*Altenburg* UmwStG § 28 Rn. 1.

Gesetz über das gesellschaftsrechtliche Spruchverfahren (Spruchverfahrensgesetz – SpruchG)[1]

Vom 12. Juni 2003 (BGBl. I S. 838)
(FNA 315-23)
zuletzt geändert durch Art. 3 G zur Umsetzung der UmwandlungsRL und zur Änd. weiterer Gesetze vom 22. Februar 2023 (BGBl. 2023 I Nr. 51)

§ 1 Anwendungsbereich

Dieses Gesetz ist anzuwenden auf das gerichtliche Verfahren für die Bestimmung
1. des Ausgleichs für außenstehende Aktionäre und der Abfindung solcher Aktionäre bei Beherrschungs- und Gewinnabführungsverträgen (§§ 304 und 305 des Aktiengesetzes);
2. der Abfindung von ausgeschiedenen Aktionären bei der Eingliederung von Aktiengesellschaften (§ 320b des Aktiengesetzes);
3. der Barabfindung von Minderheitsaktionären, deren Aktien durch Beschluss der Hauptversammlung auf den Hauptaktionär übertragen worden sind (§§ 327a bis 327f des Aktiengesetzes);
4. der Zuzahlung oder der zusätzlich zu gewährenden Aktien an Anteilsinhaber oder der Barabfindung von Anteilsinhabern (§§ 15, 34, 72a, 125 Absatz 1 Satz 1, §§ 176 bis 181, 184, 186, 196, 212, 305 Absatz 2, §§ 313, 320 Absatz 2, §§ 327 und 340 des Umwandlungsgesetzes);
5. der Zuzahlung oder der zusätzlich zu gewährenden Aktien an Anteilsinhaber oder der Barabfindung von Anteilsinhabern bei der Gründung oder Sitzverlegung einer SE (§§ 6, 7, 9, 11 und 12 des SE-Ausführungsgesetzes);
6. der Zuzahlung an Mitglieder bei der Gründung einer Europäischen Genossenschaft (§ 7 des SCE-Ausführungsgesetzes).

Literatur:

Büchel, Neuordnung des Spruchverfahrens, NZG 2003, 793; *Bungert/Mennicke*, Das Spruchverfahrensneuordnungsgesetz, BB 2003, 2021; *DAV-Handelsrechtsausschuss*, Stellung-nahme zur Evaluierung des Spruchverfahrens, NZG 2014, 1144; *Decher*, Wege zu einem praktikablen und rechtssicheren Spruchverfahren, FS Maier-Reimer, 2010, 57; *Gotthardt/Krengel*, Reformbedürftigkeit des Spruchverfahrens, AG 2018, 875; *Lorenz*, Das Spruchverfahren – dickes Ende oder nur viel Lärm um nichts?, AG 2012, 284; *M. Noack*, Nationaler Rechtsrahmen für grenzüberschreitende Umwandlungen, MDR 2023, 465; *Puszkajler/Sekera-Terplan*, Reform des Spruchverfahrens, NZG 2015, 1055; *Wasmann*, Zur Evaluation des Spruchverfahrens: Kein Abschaffungs- und überschaubarer Änderungsbedarf – Die Richter können es richten, AG 2021, 179.

I. Normzweck 1	3. Nr. 3 (Barabfindung von Minderheitsaktionären bei Squeeze-out) 7
II. Gesetzliche Anwendung des Spruchverfahrens 2	4. Nr. 4 (Umwandlung von Rechtsträgern nach UmwG) 8
1. Nr. 1 (Ausgleich und Abfindung bei Beherrschungs- und Gewinnabführungsverträgen) 2	5. Nr. 5 (Gründung und Sitzverlegung einer Societas Europaea, SE) 10
2. Nr. 2 (Abfindung bei Eingliederung von Aktiengesellschaften) 6	6. Nr. 6 (Gründung einer Europäischen Genossenschaft, SCE) 13

---

[1] Verkündet als Art. 1 SpruchverfahrensneuordnungsG v. 12.6.2003 (BGBl. I S. 838); Inkrafttreten gem. Art. 7 S. 2 dieses G am 1.9.2003 mit Ausnahme der §§ 2 Abs. 4 und 12 Abs. 3, die gem. Art. 7 S. 1 am 18.5.2003 in Kraft getreten sind.

7.	§ 5 EGAktG (Entzug von Mehrstimmrechten)	14	2. Vermögensübertragende Auflösung	19
III.	Gesetzlich nicht geregelte Anwendungsfälle	15	3. Kapitalerhöhung mit Bezugsrechtsausschluss	20
	1. Reguläres Delisting	15	4. Übernahme- und Pflichtangebote nach WpÜG	21
	2. Beherrschungs- und Gewinnabführungsvertrag mit einer abhängigen GmbH	16	5. Faktischer Beherrschungs- und Gewinnabführungsvertrag	22
IV.	Keine analoge Anwendung des SpruchG	17		
	1. Delisting	17		

I. Normzweck

1 Die Vorschrift hat die wesentlichen **Anwendungsfälle des Spruchverfahrens** zum Gegenstand. Trotz der enumerativen Aufzählung besitzt § 1 lediglich klarstellende Funktion. Die Anwendbarkeit des SpruchG ergibt sich bereits aus den in Nr. 1 bis 6 aufgeführten Bestimmungen des AktG, UmwG, SEAG sowie SCEAG.[1] Über die gesetzlich geregelten Anwendungsfälle hinaus lässt die Rechtsprechung auch für weitere Fallgruppen eine analoge Anwendung des SpruchG zu.[2] Die Anwendbarkeit des SpruchG kann weder durch Gesellschaftsvertrag noch durch Gesellschafterbeschluss ausgeschlossen werden und ist insoweit zwingend.[3]

II. Gesetzliche Anwendung des Spruchverfahrens

1. Nr. 1 (Ausgleich und Abfindung bei Beherrschungs- und Gewinnabführungsverträgen)

2 Wird ein **Beherrschungs- und Gewinnabführungsvertrag** abgeschlossen, findet das Spruchverfahren nach § 1 Nr. 1 Alt. 1 bei der Bestimmung des Ausgleichs für außenstehende Aktionäre gem. § 304 AktG Anwendung. Voraussetzung hierfür ist, dass der Gewinnabführungsvertrag tatsächlich auch eine Ausgleichsregelung enthält, andernfalls ist er gem. § 304 Abs. 3 S. 1 AktG nichtig.[4] Die Festlegung eines Ausgleichs von „Null" (sog. „**Nullausgleich**") stellt gleichwohl eine taugliche Ausgleichsregelung dar, die im Spruchverfahren überprüft werden kann.[5] Steht nicht die Frage nach der Bestimmung der Ausgleichshöhe im Raum, sondern wird eine **Ausgleichszahlung** überhaupt nicht geleistet, ist das Spruchverfahren demgegenüber nicht eröffnet. Der Zahlungsanspruch kann in diesem Fall ausschließlich mittels Leistungsklage im ordentlichen Klageverfahren geltend gemacht werden.[6]

3 Die Bestimmung der **Abfindung** außenstehender Aktionäre bei **Beherrschungs- und Gewinnabführungsverträgen** gem. § 305 AktG fällt nach § 1 Nr. 1 Alt. 2 ebenfalls in den Anwendungsbereich des SpruchG. Grundsätzlich bedarf es hinsichtlich der Höhe der Abfindung einer vertraglichen Vereinbarung. Anders als im Falle des Fehlens einer Regelung über den Ausgleich führt das Nichtvorliegen einer Vereinbarung über die Abfindung, wie sich aus § 305 Abs. 5 S. 2 AktG ergibt, nicht zur Nichtigkeit des jeweiligen Beherrschungs- bzw. Gewinnabführungsvertrages.[7] Wird die Abfindung nicht geleistet, steht dem außenstehenden Aktionär wiederum der Weg über die Leistungsklage offen.[8]

---

1 Begr. RegE, BT-Drs. 15/371, 12.
2 Grundlegend hierzu BVerfG NZG 2000, 1117 („MotoMeter"); BGH NZG 2003, 280 („Macroton I"); LG Nürnberg-Fürth NZG 2023, 230 Rn. 10.
3 *Koch* SpruchG § 1 Rn. 1.
4 MüKoAktG/*Kubis* SpruchG § 1 Rn. 3; Kölner Komm AktG/*Wasmann* SpruchG § 1 Rn. 3.
5 BGH AG 2006, 331.
6 MüKoAktG/*Kubis* SpruchG § 1 Rn. 3.
7 K. Schmidt/Lutter/*Klöcker/Wittgens* SpruchG § 1 Rn. 5; MüKoAktG/*Kubis* SpruchG § 1 Rn. 4.
8 MüKoAktG/*Kubis* SpruchG § 1 Rn. 4.

Auch grundsätzlich zulässige, nachträgliche **Vertragsänderungen** können das Spruchverfahren eröffnen. Voraussetzung hierfür ist zum einen, dass die Änderungen in die ursprüngliche materielle Rechtsstellung der außenstehenden Aktionäre hinsichtlich des Ausgleichs bzw. der Abfindung eingreifen. Zum anderen darf die Anfechtung des Änderungs-Zustimmungsbeschlusses gem. § 295 Abs. 2 AktG nicht nach §§ 304 Abs. 3 S. 2, 305 Abs. 5 S. 2 AktG ausgeschlossen sein.[9]

Teilgewinnabführungsverträge im Sinne des § 292 Abs. 1 Nr. 2 AktG können demgegenüber nicht im Wege des Spruchverfahrens auf die Angemessenheit der festgelegten Kompensationen hin überprüft werden. Die Behandlung der Unangemessenheit folgt den allgemeinen Grundsätzen: Sie führt entweder zur Anfechtbarkeit des Zustimmungsbeschlusses oder gar zur Nichtigkeit des Vertrags gem. § 134 BGB.[10]

2. Nr. 2 (Abfindung bei Eingliederung von Aktiengesellschaften)

Nach § 1 Nr. 2 iVm § 320b Abs. 2 S. 2 AktG findet bei einer **Eingliederung** von Aktiengesellschaften das Spruchverfahren Anwendung, sofern Streit über die Angemessenheit der den Aktionären der eingegliederten Gesellschaft angebotenen **Abfindung** besteht. Gleiches gilt gem. § 320b Abs. 2 S. 3 AktG für den Fall, dass eine Abfindung nicht oder nicht ordnungsgemäß angeboten und eine hierauf gestützte Anfechtungsklage innerhalb der Anfechtungsfrist nicht erhoben oder zurückgenommen oder rechtskräftig abgewiesen worden ist.[11] Die Überprüfung der Art einer angebotenen Abfindung kann auf diesem Wege indes nicht erreicht werden.[12]

3. Nr. 3 (Barabfindung von Minderheitsaktionären bei Squeeze-out)

Werden Minderheitsaktionäre im Wege des **aktienrechtlichen Squeeze-out** nach §§ 327a-327f AktG aus der eingegliederten Gesellschaft ausgeschlossen, entsteht für diese ein Anspruch auf **Abfindung**. Für diesen Fall erklärt § 1 Nr. 3 das SpruchG für anwendbar, so dass die Angemessenheit der angebotenen Barabfindung nach § 327f S. 2 AktG einer gerichtlichen Überprüfung zugänglich ist. Ähnlich wie bei der Eingliederung ist das Spruchverfahren nach § 327f S. 3 AktG auch in Fällen statthaft, in denen das (ordnungsgemäße) Angebot einer **Barabfindung** durch den Hauptaktionär unterblieben und eine hierauf gestützte Anfechtungsklage innerhalb der Anfechtungsfrist nicht erhoben oder zurückgenommen oder rechtskräftig abgewiesen worden ist.[13]

Die Regelungen des **übernahmerechtlichen Squeeze-out** nach §§ 39a ff. WpÜG enthalten keinen Verweis auf das SpruchG. Infolge mangelnder Vergleichbarkeit des übernahmerechtlichen Squeeze-out mit dem aktienrechtlichen, ist ein Spruchverfahren im Hinblick auf eine etwaige, gerichtlich festgesetzte Abfindung auch nicht in analoger Anwendung der Regelungen des SpruchG statthaft.[14]

---

9 BayObLG NZG 2003, 36 (38); MüKoAktG/*Kubis* SpruchG § 1 Rn. 5 mwN.
10 K. Schmidt/Lutter/*Klöcker/Wittgens* SpruchG § 1 Rn. 7.
11 K. Schmidt/Lutter/*Klöcker/Wittgens* SpruchG § 1 Rn. 8; Lutter/*Mennicke* SpruchG § 1 Rn. 3.
12 OLG Hamm AG 1994, 376 (378): Angebot des Umtauschs lediglich in Stammaktien anstatt Aktien gleicher Gattung; MüKoAktG/*Kubis* SpruchG § 1 Rn. 6.
13 K. Schmidt/Lutter/*Klöcker/Wittgens* SpruchG § 1 Rn. 9; Kölner Komm AktG/*Wasmann* SpruchG § 1 Rn. 5; Widmann/Mayer/*Wälzholz* SpruchG § 1 Rn. 35.
14 OLG Celle ZIP 2010, 830 f.; OLG Stuttgart ZIP 2009, 1059 (1060); Kölner Komm AktG/*Wasmann* SpruchG § 1 Rn. 5 mwN.

4. Nr. 4 (Umwandlung von Rechtsträgern nach UmwG)

8 § 1 Nr. 4 Var. 1 eröffnet das Spruchverfahren zur gerichtlichen Überprüfung der Angemessenheit der Zuzahlung bzw. der Gewährung zusätzlicher Aktien (§ 72a UmwG) an Anteilseigner für bestimmte Fälle der **Umwandlung** von Rechtsträgern nach dem UmwG. Im Einzelnen kommt dies bei der **Verschmelzung** (§§ 15, 34, 72a UmwG), der **Vermögensübertragung** (§§ 176–181, 184, 186 UmwG), dem **Formwechsel** (§ 196 UmwG), der **grenzüberschreitenden Verschmelzung** (§ 305 UmwG), der grenzüberschreitenden Spaltung (§ 320 Abs. 2) und dem grenzüberschreitenden Formwechsel (§ 340) in Betracht. Obgleich nicht in der Aufzählung enthalten, gilt dies, wie sich aus § 125 S. 1 UmwG ergibt, auch für **Auf- und Abspaltungen**, nicht jedoch für **Ausgliederungen** für die Anteilsinhaber des übertragenden Rechtsträgers. Ein Anspruch auf bare Zuzahlung bzw. der Gewährung zusätzlicher Aktien setzt dabei stets voraus, dass der Anteilseigner des übertragenden Rechtsträgers für den Verlust seines Anteils am oder seiner Mitgliedschaft bei dem übertragenden Rechtsträger nicht hinreichend entschädigt wird;[15] ein klagender Anteilsinhaber des übernehmenden Rechtsträgers muss darlegen, dass er durch das festgesetzte Umtauschverhältnis benachteiligt wird. Durch die Eröffnung des Spruchverfahrens wird kompensiert, dass den Anteilseignern der beteiligten Rechtsträger gegen den Formwechsel- (§ 195 Abs. 2 UmwG) bzw. Verschmelzungsbeschluss (§ 14 Abs. 2 UmwG) die **Unwirksamkeitsklagen** (sowohl Anfechtungs- als auch Nichtigkeits- sowie allgemeine Feststellungsklage) abgeschnitten sind, sofern hiermit gegen ein nachteiliges Umtauschverhältnis gestritten werden soll (→ § 14 Rn. 11 ff.).

9 § 1 Nr. 4 Var. 2 erklärt die **Barabfindung** von Anteilseignern zum Gegenstand des Spruchverfahrens. Vorgesehen ist dies für Fälle der Verschmelzung, Vermögensübertragung, des Formwechsels und über § 125 Abs. 1 UmwG für die Auf- und Abspaltung.[16] Auch hier bietet das Spruchverfahren einen Ausgleich dafür, dass mittels der Unwirksamkeitsklage aufgrund §§ 14 Abs. 2, 32, 210 UmwG nicht gegen eine etwaige Unangemessenheit des Abfindungsangebots vorgegangen werden kann.[17]

5. Nr. 5 (Gründung und Sitzverlegung einer Societas Europaea, SE)

10 Die Vorschrift geht zurück auf die unionsrechtliche Vorgabe durch die Verordnung (EG) Nr. 2157/2001 des Rates vom 8.10.2001 über das Statut über die Europäische Gesellschaft (SE),[18] welche durch das Gesetz zur Einführung der Europäischen Gesellschaft (SEEG) vom 22.12.2004 in nationales Recht transformiert wurde.[19] Die Überprüfung der **Zuzahlung** bzw. der **zusätzlich zu gewährenden Aktien** (§ 6 Abs. 5 SEAG, § 72a UmwG) an Anteilsinhaber (§ 1 Nr. 5 Alt. 1) und der **Barabfindung** von Anteilsinhabern (§ 1 Nr. 5 Alt. 2) kann auch bei der **Gründung** oder **Sitzverlegung einer SE** im Spruchverfahren erreicht werden. In Betracht kommen hierfür die folgenden Konstellationen:

- Gründung der SE durch Verschmelzung (§§ 6, 7 SEAG),
- Gründung einer Holding-SE (§§ 9, 11 SEAG) sowie
- Sitzverlegung der SE (§ 12 SEAG).[20]

---

15 Schmitt/Hörtnagl/*Hörtnagl* SpruchG § 1 Rn. 2; Lutter/ *Mennicke* SpruchG § 1 Rn. 5.
16 K. Schmidt/Lutter/*Klöcker/Wittgens* SpruchG § 1 Rn. 10.
17 Schmitt/Hörtnagl/*Hörtnagl* SpruchG § 1 Rn. 5.
18 ABl. L 2001 294, 1 v. 10.11.2001.
19 BGBl. 2004 I 3675.
20 MüKoAktG/*Kubis* SpruchG § 1 Rn. 12 ff.

Dieses Recht steht, wie sich aus den entsprechenden Verweisungsnormen eindeutig ergibt, nunmehr den Anteilseignern der übertragenen und der aufnehmenden Gesellschaft zu. Das gilt nach § 6 Abs. 4 SEAG sowohl für Gesellschaften mit Sitz in der Bundesrepublik Deutschland als auch mit Sitz in einem Mitgliedstaat der Europäischen Union oder einem EWR-Vertragsstaat, sofern nach dem Recht dieses Staates ein Verfahren zur Kontrolle und Änderung des Umtauschverhältnisses der Aktien vorgesehen ist und deutsche Gerichte für die Durchführung eines Verfahrens international zuständig sind. Aufgrund Art. 25 Abs. 3 S. 1 SE-VO ist ggf. die Zustimmung der Aktionäre der ausländischen Gesellschaft zur Anwendbarkeit des Spruchverfahrens erforderlich.[21]

Wie auch im Rahmen der Umwandlung von Rechtsträgern nach dem UmwG sind bei der SE die **Unwirksamkeitsklagen** (sowohl Anfechtungs- als auch Nichtigkeits- sowie allgemeine Feststellungsklage) gegen den Verschmelzungsbeschluss aufgrund § 6 Abs. 1 SEAG ausgeschlossen, soweit vorgetragen wird, dass das Umtauschverhältnis der Anteile unangemessen sei. Nach § 7 Abs. 5 SEAG ist die Unwirksamkeitsklage für den Fall der Gründung einer SE, die ihren Sitz im Ausland haben soll, durch Verschmelzung ebenfalls nicht statthaft, sofern sie gegen die Bemessung oder die Ordnungsgemäßheit des Abfindungsangebots im Verschmelzungsplan gerichtet wäre.[22]

6. Nr. 6 (Gründung einer Europäischen Genossenschaft, SCE)

Die Vorschrift folgt der unionsrechtlichen Vorgabe durch die Verordnung (EG) Nr. 1435/2003 des Rates vom 22.7.2003 über das Statut der Europäischen Genossenschaft (SCE).[23] Durch Art. 7 des SCE-Einführungsgesetzes[24] wurde die Vorgabe in nationales Recht umgesetzt. Wird eine SCE durch Verschmelzung gegründet, besteht für die Mitglieder der übertragenden Genossenschaft nach § 7 Abs. 4 SCEAG die Möglichkeit, die Angemessenheit einer etwaigen Zuzahlung im Spruchverfahren überprüfen zu lassen.[25] Ein Anspruch auf Zuzahlung besteht für ein Mitglied der übertragenden Genossenschaft gem. § 7 Abs. 2, 4 S. 1 SCEAG, sofern sein Geschäftsguthaben in der **Europäischen Genossenschaft** niedriger ist als es in der übertragenden Gesellschaft war. Wie auch im Rahmen der Europäischen Gesellschaft ist nach Art. 29 Abs. 3 S. 1 SCE-VO ggf. die Zustimmung der Aktionäre der ausländischen Gesellschaft zur Anwendbarkeit des Spruchverfahrens erforderlich.[26]

7. § 5 EGAktG (Entzug von Mehrstimmrechten)

Die Durchführung des Spruchverfahrens ist für Aktionäre in § 5 EGAktG auch für den Fall gesetzlich geregelt, dass der **Wegfall von Mehrstimmrechten** infolge Zeitablaufs zum 1.6.2003 oder Hauptversammlungsbeschluss mittels Barausgleich kompensiert wird. Praktische Bedeutung kommt der Vorschrift aufgrund Fristablaufs heute nahezu nicht mehr zu.[27]

---

21 Lutter/*Mennicke* SpruchG § 1 Rn. 8; Kölner Komm AktG/*Wasmann* SpruchG § 1 Rn. 10.
22 Schmitt/Hörtnagl/*Hörtnagl* SpruchG § 1 Rn. 6 f.
23 ABl. 2003 L 207, 1 v. 18.8.2003.
24 Gesetz zur Einführung der Europäischen Genossenschaft und Veränderung des Genossenschaftsrechts vom 14.8.2006, BGBl. I 1911.
25 K. Schmidt/Lutter/*Klöcker/Wittgens* SpruchG § 1 Rn. 12.
26 Lutter/*Mennicke* SpruchG § 1 Rn. 12.
27 MüKoAktG/*Kubis* SpruchG § 1 Rn. 16.

III. Gesetzlich nicht geregelte Anwendungsfälle

1. Reguläres Delisting

15 Seit der **Macrotron I**-Entscheidung des BGH aus dem Jahr 2002 hatte die Rechtsprechung für den Rückzug von der Börse im Rahmen des **regulären Delisting** einen Hauptversammlungsbeschluss und ein Pflichtangebot der AG oder des Großaktionärs über den Kauf der Aktien der Minderheitsaktionäre verlangt und diesbezüglich die Überprüfbarkeit im Wege des Spruchverfahrens bejaht.[28] An dieser Rechtsauffassung hält der BGH jedoch auf Grundlage der Entscheidung des BVerfG aus dem Jahr 2012[29] nicht mehr fest, so dass das SpruchG mangels Abfindungsanspruchs der Minderheitsaktionäre keine Anwendung mehr findet.[30] Der Rechtsschutz der Minderheitsaktionäre soll stattdessen einzig durch § 39 BörsG gewährleistet werden.[31]

2. Beherrschungs- und Gewinnabführungsvertrag mit einer abhängigen GmbH

16 Im Gegensatz zu §§ 304, 305 AktG, die Ausgleich und Abfindung außenstehender Aktionäre für den Fall anordnen, dass sich die AG einem **Beherrschungs- oder Gewinnabführungsvertrag** unterwirft, enthält das GmbHG keine entsprechenden Regelungen. Da jedoch auch die GmbH entsprechende Verträge eingehen kann, stellt sich die Frage, ob ggf. auch den GmbH-Gesellschaftern in entsprechender Anwendung des § 1 Nr. 1 SpruchG iVm §§ 304 Abs. 3 S. 2, 305 Abs. 5 S. 2 AktG der Weg ins Spruchverfahren offensteht. Dieses Problem taucht bereits von vornherein nur für den Fall auf, dass man für die Wirksamkeit des geschlossenen Beherrschungs- bzw. Gewinnabführungsvertrags seitens der unterworfenen GmbH bereits einen Mehrheitsbeschluss genügen lässt und nicht die Zustimmung aller Gesellschafter fordert;[32] Einigkeit besteht zumindest dahin gehend, dass zumindest eine 3/4-Mehrheit erforderlich ist.[33] Da hinsichtlich des Minderheitenschutzes innerhalb einer GmbH grundsätzlich die gleichen Überlegungen gelten wie zur AG, sollte für diesen Fall auch das Spruchverfahren Anwendung finden.[34]

IV. Keine analoge Anwendung des SpruchG

1. Delisting

17 Beantragt eine AG nach § 39 Abs. 2 BörsG den vollständigen Rückzug der AG vom regulierten Markt (**Delisting**), bedarf es nach höchstrichterlicher Rechtsprechung weder eines Hauptversammlungsbeschlusses noch eines Pflichtangebots der AG oder des Großaktionärs über den Kauf der Aktien der Minderheitsaktionäre.[35] Das SpruchG findet daher bereits mangels eines Abfindungsanspruchs der Minderheitsaktionäre weder direkte noch analoge Anwendung. Der bloße Rückzug von einzelnen Börsenplätzen oder der Wechsel innerhalb des regulierten Markts von einem Marktsegment in ein

---

[28] BGH NZG 2003, 280 („Macrotron I").
[29] BVerfG ZIP 2012, 1402.
[30] BGH NZG 2013, 1342 („Macrotron II" / „Frosta"); zustimmend *Koch/Widder* NZG 2014, 127 (128 f.); hierzu ausführlich MüKoAktG/*Kubis* SpruchG § 1 Rn. 20 ff. sowie Widmann/Mayer/*Wälzholz* SpruchG § 1 Rn. 75; jeweils mwN.
[31] BGH NZG 2013, 1342.
[32] MüKoAktG/*Kubis* SpruchG § 1 Rn. 18. Zum Streitstand innerhalb der Literatur bzgl. dieser Frage vgl. Lutter/Hommelhoff/*Hommelhoff*, 21. Aufl. 2023, GmbHG Anh. § 13 Rn. 75 ff., 88 f.
[33] BGHZ 105, 324 („Supermarkt"); BGH GmbHR 1992, 253 („Siemens"); Noack/Servatius/Haas/*Beurskens* GmbHG Anh. KonzernR Rn. 106 mwN; Lutter/Hommelhoff/*Hommelhoff*, 21. Aufl. 2023, GmbHG Anh. § 13 Rn. 75 ff., 88 f.
[34] LG Dortmund GmbHR 1998, 941; LG Essen GmbHR 1998, 942; MüKoAktG/*Kubis* SpruchG § 1 Rn. 18; Heidel/*Weingärtner* SpruchG § 1 Rn. 19; aA Kölner Komm AktG/*Wasmann* SpruchG § 1 Rn. 37.
[35] BVerfG ZIP 2012, 1402; BGH NZG 2013, 1342 („Macrotron II").

anderes stellen nunmehr erst recht kein Delisting dar, welches das Spruchverfahren eröffnen würde.³⁶

Auch ohne Antrag des Emittenten ist ein sog. **kaltes Delisting** denkbar, nämlich wenn den Aktionären durch eine Strukturveränderung der Gesellschaft die Möglichkeit genommen wird, ihre Aktien jederzeit an der Börse zu veräußern. Gesetzlich vorgesehen ist ein Ausscheiden der Gesellschafter gegen Abfindung in §§ 125, 34, 29 Abs. 1 S. 1 UmwG für den Fall der Aufspaltung einer börsennotierten AG in nicht börsennotierte Aktiengesellschaften³⁷ sowie in §§ 34, 29 Abs. 1 S. 1 UmwG für die Verschmelzung einer Gesellschaft auf eine nicht börsennotierte AG.³⁸ In den Fällen des sog. kalten Delistings kann von der AG oder dem Hauptaktionär jedoch auf Grundlage der neueren höchstrichterlichen Rechtsprechung³⁹ erst recht kein im Rahmen eines Spruchverfahrens überprüfbares Abfindungsangebot gefordert werden.

2. Vermögensübertragende Auflösung

Ob im Rahmen der **vermögensübertragenden Auflösung** einer Gesellschaft das Spruchverfahren eröffnet ist, ist im Schrifttum umstritten.⁴⁰ Dabei handelt es sich um Fälle, in denen eine Übertragung sämtlicher Einzelwirtschaftsgüter auf einen Mehrheitsaktionär in der Absicht stattfindet, die AG unmittelbar danach aufzulösen. Das BVerfG leitet aus Art. 14 Abs. 1 GG ab, dass Minderheitsaktionäre, die gegen ihren Willen aus einer Gesellschaft gedrängt werden, für diesen Verlust wirtschaftlich voll zu entschädigen sind und die Angemessenheit der Entschädigung einer gerichtlichen Überprüfung zugänglich sein muss. Dieser Schutz kann nach Auffassung des BVerfG sowohl im Wege einer Analogie im Spruchverfahren als auch über das Instrument der Anfechtungsklage gewährleistet werden.⁴¹ Befürworter einer Gleichbehandlung mit den oben genannten Fallkonstellationen sahen das Spruchverfahren vor „**Macroton II**" als eröffnet an.⁴² In Anbetracht des Vorhandenseins einer ausreichenden Rechtsschutzmöglichkeit in Gestalt der Anfechtungsklage besteht für das Spruchverfahren mangels Regelungslücke indes kein Raum.⁴³ Auch die obergerichtliche Rechtsprechung lehnt den Weg über das Spruchverfahren bisher ab.⁴⁴ Im Hinblick auf die Rechtsentwicklung nach „Macroton II"⁴⁵ sollte daher auch hier die Anwendbarkeit des Spruchverfahrens abgelehnt werden.

3. Kapitalerhöhung mit Bezugsrechtsausschluss

§ 255 Abs. 2 AktG erklärt für den Fall, dass im Rahmen einer **Kapitalerhöhung unter Bezugsrechtsausschluss** die Angemessenheit des Ausgabe- bzw. Mindestbetrags überprüft werden soll, die Anfechtungsklage für statthaft. Unter Hinweis auf die Systematik des AktG hinsichtlich der gerichtlichen Überprüfung der Angemessenheit

---

36 So bereits zur Rechtslage vor der Entscheidung des BGH aus dem Jahr 2012 MüKoAktG/*Kubis* SpruchG § 1 Rn. 21; K. Schmidt/Lutter/*Klöcker/Wittgens* SpruchG § 1 Rn. 18 f.
37 Vgl. hierzu bereits nach alter Rechtslage OLG Düsseldorf NZG 2005, 317.
38 K. Schmidt/Lutter/*Klöcker/Wittgens* SpruchG § 1 Rn. 17.
39 BVerfG ZIP 2012, 1402; BGH NZG 2013, 1342 („Macrotron II").
40 Dafür vgl. K. Schmidt/Lutter/*Klöcker/Wittgens* SpruchG § 1 Rn. 20; Heidel/*Weingärtner* SpruchG § 1 Rn. 10; dagegen MüKoAktG/*Kubis* SpruchG § 1 Rn. 29; *Adolff/Tieves* BB 2003, 797 (805).
41 BVerfG DNotZ 2000, 868 (873 f.).
42 In diesem Sinne Heidel/*Weingärtner* SpruchG § 1 Rn. 10.
43 OLG Düsseldorf 13.7.2005 – 19 W 4/04, BeckRS 2005, 10909; MüKoAktG/*Kubis* SpruchG § 1 Rn. 29; *Adolff/Tieves* BB 2003, 797 (805).
44 OLG Düsseldorf 13.7.2005 – 19 W 4/04, BeckRS 2005, 10909.
45 BGH NZG 2013, 1342.

von Ausgleichszahlungen wird seitens der Literatur nicht selten die Statthaftigkeit des Spruchverfahrens anstelle der Anfechtungsklage gefordert.[46]

4. Übernahme- und Pflichtangebote nach WpÜG

21 Im Falle der Unangemessenheit des **Übernahme- und Pflichtangebots** nach § 35 Abs. 2 WpÜG steht den Aktionären gem. § 66 Abs. 1 WpÜG unabhängig des Streitwerts der Rechtsweg zu den Landgerichten offen. Die Möglichkeit der gesonderten Überprüfung der Angemessenheit im Spruchverfahren ist gesetzlich nicht vorgesehen. Eine Geltendmachung der Unangemessenheit kommt daher nur im Rahmen von originären Schadensersatzklagen in Betracht. Gleichwohl wird in der Literatur die Eröffnung des Spruchverfahrens (zumindest de lege ferenda) überwiegend für sinnvoll gehalten.[47]

5. Faktischer Beherrschungs- und Gewinnabführungsvertrag

22 Auch ohne dass die formalen Voraussetzungen der §§ 291 ff. AktG vorliegen, kann eine AG aufgrund einer getroffenen Vereinbarung mit einer anderen Gesellschaft dieser faktisch derart untergeordnet sein, dass unter wirtschaftlicher Betrachtung von einer Beherrschung gesprochen werden kann.[48] Entsprechendes gilt auch für die GmbH.[49] Die Rechtsprechung und die hM im Schrifttum lehnen Abfindungsansprüche analog § 305 AktG in diesen Fällen eines **faktischen BGAV** jedoch zu Recht unter Hinweis auf das Fehlen einer planwidrigen Regelungslücke und den Schutz der außenstehenden Aktionäre gemäß §§ 311 ff., 317 AktG ab.[50] Daher ist das SpruchG nicht einschlägig.

§ 2 Zuständigkeit

(1) Zuständig ist das Landgericht, in dessen Bezirk der Rechtsträger, dessen Anteilsinhaber antragsberechtigt sind, seinen Sitz hat oder hatte.

(2) ¹Sind nach Absatz 1 mehrere Gerichte zuständig oder sind bei verschiedenen Landgerichten Spruchverfahren anhängig, die in einem sachlichen Zusammenhang stehen, so ist das Gericht zuständig, das zuerst mit der Angelegenheit befasst ist. ²Besteht Streit oder Ungewissheit über das zuständige Gericht nach Satz 1, so ist § 5 des Gesetzes über das Verfahren in Familiensachen und in den Angelegenheiten der freiwilligen Gerichtsbarkeit entsprechend anzuwenden.

(3) Ist bei dem Landgericht eine Kammer für Handelssachen gebildet, so entscheidet diese anstelle der Zivilkammer.

(4) Die Länder können vereinbaren, dass Entscheidungen in Verfahren nach diesem Gesetz für mehrere Länder den Landgerichten eines Landes zugewiesen werden.

---

46 Heidel/*Weingärtner* SpruchG § 1 Rn. 16 mwN.
47 Heidel/*Weingärtner* SpruchG § 1 Rn. 14; *Seibt* ZIP 2003, 1865 (1874); *Verse* ZIP 2004, 199 (207); Widmann/Mayer/*Wälzholz* SpruchG § 1 Rn. 81 f.; aA Kölner Komm AktG/*Wasmann* SpruchG § 1 Rn. 41.
48 *Balthasar* NZG 2008, 858 f.
49 MüKoAktG/*Kubis* SpruchG § 1 Rn. 19.

50 OLG München NZG 2008, 753; diese Rechtsauffassung zumindest nicht ablehnend OLG Schleswig NZG 2008, 868; LG München BB 2007, 2588 (2589 f.); LG Flensburg Der Konzern 2006, 303; Lutter/*Mennicke* SpruchG § 1 Rn. 2; Heidel/*Weingärtner* SpruchG § 1 Rn. 3; Widmann/Mayer/*Wälzholz* SpruchG § 1 Rn. 83; aA *Hirte/Schall* Der Konzern 2006, 243 (246 ff.).

(5) ¹Der Vorsitzende einer Kammer für Handelssachen entscheidet
1. über die Abgabe von Verfahren;
2. im Zusammenhang mit öffentlichen Bekanntmachungen;
3. über Fragen, welche die Zulässigkeit des Antrags betreffen;
4. über alle vorbereitenden Maßnahmen für die Beweisaufnahme und in den Fällen des § 7;
5. in den Fällen des § 6;
6. über Geschäftswert, Kosten, Gebühren und Auslagen;
7. über die einstweilige Einstellung der Zwangsvollstreckung;
8. über die Verbindung von Verfahren.
²Im Einverständnis der Beteiligten kann der Vorsitzende auch im Übrigen an Stelle der Kammer entscheiden.

Literatur:
Bork, Zuständigkeitsprobleme im Spruchverfahren, ZIP 1998, 550; *Bungert*, Behebung der doppelten gerichtlichen Zuständigkeit bei Spruchverfahren wegen Doppelverschmelzungen, DB 2000, 2051; *Fuhrmann/Linnerz*, Zweifelsfragen des neuen Spruchverfahrens, Der Konzern 2004, 265; *Habrich*, Die Verbesserung des Umtauschverhältnisses mit Zusatzaktien, AG 2022, 567; *Kiefner/Kersjes*, Spruchverfahren und die Fortgeltung der ausschließlichen funktionellen Zuständigkeit der KfH unter dem FGG-Reformgesetz, NZG 2012, 244; *Meilicke/Lochner*, Zuständigkeit der Spruchgerichte nach EuGVVO, AG 2010, 23, *Mock*, Spruchverfahren im europäischen Zivilrecht, IPrax 2009, 271; *Neye*, Konkurrierende gerichtliche Zuständigkeit für Spruchverfahren bei „überregionalen" Umwandlungsvorgängen, in: FS Siegfried Widmann, 2000, 87; *Nießen*, Die internationale Zuständigkeit im Spruchverfahren, NZG 2006, 441; *Simons*, Ungeklärte Zuständigkeitsfragen bei gesellschaftsrechtlichen Auseinandersetzungen, NZG 2012, 609.

A. Überblick 1	III. Internationale Zuständigkeit 9
B. Zuständigkeit des Landgerichts 4	C. Funktionelle Zuständigkeit 10
I. Sachliche und örtliche Zuständigkeit 4	D. Kompetenzen des Vorsitzenden der Kammer für Handelssachen 11
II. Zuständigkeit mehrerer Landgerichte 6	

A. Überblick

§ 2 regelt in Abs. 1 die gerichtliche **Eingangszuständigkeit** sowohl in sachlicher als auch in örtlicher Hinsicht. Diese war bis zum Inkrafttreten des SpruchG in § 306 AktG aF, § 306 UmwG aF normiert. Abs. 5 weist dem Vorsitzenden der KfH bestimmte Entscheidungskompetenzen zu. Nachdem dies seit dem Inkrafttreten des FamFG am 1.9.2009 nicht mehr vorgesehen war, ist in Abs. 3 seit Inkrafttreten des UmRuG nun wieder ausdrücklich eine ausschließliche Zuständigkeit der Kammer für Handelssachen statuiert (→ Rn. 10).

§ 2 wurde durch das UmRuG erheblich geändert. Insbes. wurden die durch das FGG-Reformgesetz¹ gestrichenen Abs. 2 und Abs. 4 aF wieder ergänzt. Außerdem wurde der frühere Abs. 1 neu gegliedert und sein Regelungsgehalt auf Abs. 1 und einen neuen Abs. 2 aufgeteilt.

In den letzten Jahren wurde wiederholt vorgeschlagen, die erstinstanzliche Zuständigkeit für Spruchverfahren auf die Oberlandesgerichte zu übertragen bzw. die Verfahren

---

1 Gesetz v. 17.12.2008, BGBl. I 2586.

B. Zuständigkeit des Landgerichts
I. Sachliche und örtliche Zuständigkeit

Abs. 1 bestimmt, dass – vorbehaltlich einer landesgesetzlich geregelten Verfahrenskonzentration (→ Rn. 5) – das Landgericht am Sitz des Rechtsträgers zuständig ist, dessen Anteilsinhaber anteilsberechtigt sind. Der maßgebliche Rechtsträger ist im Fall des § 1 Nr. 1 die abhängige Gesellschaft, des § 1 Nr. 2 die eingegliederte Gesellschaft und des § 1 Nr. 3 die Gesellschaft, aus der die Minderheitsaktionäre ausgeschlossen worden sind. Bei Umwandlungsvorgängen nach § 1 Nr. 5 und 6 ist der übertragende bzw. formwechselnde Rechtsträger relevant,[4] in den Fällen des § 1 Nr. 4 können sowohl der übertragende als auch der übernehmende Rechtsträger maßgeblich sein (vgl. §§ 15 Abs. 1, 72a UmwG). Sitz iSd Abs. 1 ist allein der **Satzungssitz**, nicht ein davon evtl. abweichender tatsächlicher Verwaltungssitz.[5] Zeitlich kommt es auf den Sitz zum Zeitpunkt des ersten eingegangenen Antrags an; eine später wirksam gewordene Sitzverlegung ist unbeachtlich.[6] Die mit dem UmRuG vorgenommene Ergänzung, dass auch der ehemalige Sitz eines Rechtsträgers maßgeblich sein kann, dient der Klarstellung in solchen Konstellationen, in denen sich der Sitz des Ausgangsrechtsträgers bzw. der Ausgangsrechtsform von demjenigen des Zielrechtsträgers bzw. der Zielrechtsform unterscheidet.[7] Die Zuständigkeit nach Abs. 1 ist **ausschließlich**. Gerichtsstandsvereinbarungen sind folglich ausgeschlossen.[8]

Die Landesregierungen bzw. Landesjustizverwaltungen können gem. § 71 Abs. 2 Nr. 4 lit. e, Abs. 4 GVG einzelnen Landgerichten die Zuständigkeit für mehrere Landgerichtsbezirke übertragen. Eine solche **Konzentrationsverordnung** haben bisher Baden-Württemberg, Bayern, Hessen, Mecklenburg-Vorpommern, Niedersachsen, Nordrhein-Westfalen, Rheinland-Pfalz und Sachsen erlassen.[9] Ergänzend sieht Abs. 4 vor, dass die Länder vereinbaren können, dass Verfahren nach dem SpruchG für mehrere Länder einem Landgericht zugewiesen werden können. Dadurch soll insbesondere bevölkerungsärmeren Bundesländern die Möglichkeit zur Konzentration gerichtlicher Expertise ermöglicht werden.[10]

Hinweis: Vor Einreichung eines Antrags auf Einleitung eines Spruchverfahrens sollte jeweils geprüft werden, ob im betreffenden Bundesland eine sog. Konzentrationsverordnung gilt, um einer bei nicht fristgerechter Verweisung drohenden Verfristung des Antrags zu entgehen.

---

2 BT-Drs. 16/9020 (Gesetzentwurf des Bundesrates „Entwurf eines Gesetzes zur Einführung erstinstanzlicher Zuständigkeiten des Oberlandesgerichts in aktienrechtlichen Streitigkeiten"); Änderungsvorschläge von Rechtspolitikern der Bundesregierung v. 30.11.2012, abrufbar unter www. https://dserver.bundestag.de/btd/16/0 90/1609020.pdf; krit. dazu *Dreier/Riedel* BB 2013, 326.
3 Zur Kritik daran *Koch* SpruchG § 2 Rn. 2.
4 Emmerich/Habersack/*Emmerich* SpruchG § 2 Rn. 5; Kölner Komm AktG/*Wasmann* SpruchG § 2 Rn. 3.
5 Emmerich/Habersack/*Emmerich* SpruchG § 2 Rn. 4; K. Schmidt/Lutter/*Klöcker/Wittgens* SpruchG § 2 Rn. 2; Heidel/*Weingärtner* SpruchG § 2 Rn. 1.
6 BeckOGK/*Drescher* SpruchG § 2 Rn. 3; wohl auch MüKoAktG/*Kubis* SpruchG § 2 Rn. 3.
7 *Koch* SpruchG § 2 Rn. 3.
8 Emmerich/Habersack/*Emmerich* SpruchG § 2 Rn. 4; K. Schmidt/Lutter/*Klöcker/Wittgens* SpruchG § 2 Rn. 1; Kölner Komm AktG/*Wasmann* SpruchG § 2 Rn. 4.
9 Emmerich/Habersack/*Emmerich* SpruchG § 2 Rn. 14, auch zur Frage der Fortgeltung der Verordnungen bei unterlassener Anpassung an das SpruchG. Fundstellen der Verordnungen bei K. Schmidt/Lutter/*Klöcker/Wittgens* SpruchG § 2 Rn. 18.
10 Begr. RegE UmRuG, BT-Drs. 20/3822, 124.

II. Zuständigkeit mehrerer Landgerichte

Wären nach Abs. 1 ausnahmsweise mehrere Gerichte für ein Spruchverfahren zuständig, ist gem. Abs. 2 S. 1 dasjenige Landgericht zuständig, das zuerst mit der Angelegenheit befasst war. Dies ist im Falle eines Doppelsitzes des maßgeblichen Rechtsträgers von Bedeutung,[11] kann aber auch bei einer während der Antragsfrist wirksam werdenden Sitzverlegung relevant werden.[12] Aufgrund der mit dem UmRuG eingeführten Geltung des SpruchG im Falle einer Verschmelzung auch für die Anteilsinhaber eines übernehmenden Rechtsträgers (§ 14 UmwG) dürfte der Hauptanwendungsfall künftig jedoch vermutlich darin liegen, die von Anteilsinhabern des übernehmenden und des übertragenden Rechtsträgers eingeleiteten Spruchverfahren bei einem Gericht zu konzentrieren.[13] Sinn dieser Regelung ist, Doppelarbeit und widersprüchliche Entscheidungen zu vermeiden.[14] Um dies zu erreichen, ist außerdem eine Verbindung der Verfahren nach § 17 Abs. 1 iVm § 20 FamFG geboten. Bei Streit oder Ungewissheit über das zuständige Gericht wird dieses gem. § 5 FamFG durch das nächsthöhere gemeinsame Gericht bestimmt. Die Bestimmung des nächsthöheren Gerichts kann wiederum problematisch sein, wenn die Landgerichte ihren Sitz in verschiedenen OLG-Bezirken haben. § 5 Abs. 2 FamFG sieht vor, dass dann dasjenige OLG zuständig ist, zu dessen Bezirk das zuerst mit der Angelegenheit befasste LG gehört. Allerdings kann gerade fraglich sein, welches LG zuerst befasst war. Sinnvoll ist, in diesem Fall dasjenige OLG für zuständig zu erklären, das zuerst mit der Zuständigkeitsbestimmung befasst wurde.[15]

Gleiches gilt nach Abs. 2, wenn bei verschiedenen Landgerichten Spruchverfahren anhängig sind, die in einem sachlichen Zusammenhang stehen. Ein solcher **sachlicher Zusammenhang** ist vor dem Hintergrund des Regelungszwecks (→ Rn. 6) zu bejahen, wenn die Bewertung desselben Rechtsträgers erforderlich ist.[16]

Für eine Befassung iSd Abs. 2 genügt bereits der Eingang der Anträge.[17] Die zeitlich später befassten Gerichte sind gem. § 3 Abs. 1 FamFG zur Verweisung an das zuständige Landgericht verpflichtet.[18] Dies kann durch formlose Bekanntmachung an den Antragsgegner erfolgen.[19] Sind einander widersprechende Verweisungsbeschlüsse in der Welt, ist das Landgericht für zuständig zu befinden, das als erstes durch einen bindenden Verweisungsbeschluss zuständig geworden ist.[20]

III. Internationale Zuständigkeit

Die **internationale Zuständigkeit** bestimmt sich nach § 2, § 105 FamFG.[21] Zwar genießen die unionsrechtlichen Regelungen der EuGVVO[22] gem. § 97 FamFG Vorrang, doch lässt sich die Zuständigkeit deutscher Gerichte auf Art. 24 Nr. 2 Brüssel Ia-VO stützen.

---

11 Emmerich/Habersack/*Emmerich* SpruchG § 2 Rn. 7; K. Schmidt/Lutter/*Klöcker/Wittgens* SpruchG § 2 Rn. 4; Kölner Komm AktG/*Wasmann* SpruchG § 2 Rn. 7.
12 OLG Hamburg ZIP 2018, 200.
13 Begr. RegE UmRuG, BT-Drs. 20/3822, 124.
14 Begr. RegE BT-Drs. 15/371, 12.
15 So BayObLG AG 2002, 395 (396).
16 Emmerich/Habersack/*Emmerich* SpruchG § 2 Rn. 8; BeckOGK/*Drescher* SpruchG § 2 Rn. 10.
17 K. Schmidt/Lutter/*Klöcker/Wittgens* SpruchG § 2 Rn. 7 unter Hinweis auf Begr. RegE BT-Drs. 16/6308, 175; enger, weil grundsätzlich auf die Veranlassung der Zustellung abstellend, Emmerich/Habersack/*Emmerich* SpruchG § 2 Rn. 9.
18 Emmerich/Habersack/*Emmerich* SpruchG § 2 Rn. 9; K. Schmidt/Lutter/*Klöcker/Wittgens* SpruchG § 2 Rn. 8.
19 OLG Karlsruhe AG 2005, 300 (301).
20 OLG Hamburg ZIP 2018, 200.
21 LG München I NZG 2009, 143; BeckOGK/*Drescher* SpruchG § 2 Rn. 7; K. Schmidt/Lutter/*Klöcker/Wittgens* SpruchG § 2 Rn. 3.
22 Verordnung (EU) Nr. 1215/2012 v. 12.12.2012 über die gerichtliche Zuständigkeit und die Anerkennung und Vollstreckung von Entscheidungen in Zivil- und Handelssachen, ABl. 2012 L 351, 1 v. 20.12.2012 (auch als „Brüssel Ia-VO" bezeichnet).

Dieser sieht ua für Klagen gegen die Gültigkeit der Beschlüsse der Organe einer Gesellschaft die Zuständigkeit der Gerichte des Sitzstaates vor. Zwar ist das Spruchverfahren nicht auf die Prüfung der Gültigkeit eines Beschlusses gerichtet. Es tritt in seinem Anwendungsbereich aber an die Stelle der Anfechtungsklage, so dass eine entsprechende Anwendung von Art. 24 Nr. 2 Brüssel Ia-VO geboten ist.[23] Bei divergierenden internationalen Zuständigkeiten versagt die Lösung des Abs. 2 und es bleibt lediglich die Möglichkeit der Zusammenarbeit inländischer Gerichte mit den zuständigen Stellen im Ausland nach § 6c Abs. 2.[24]

C. Funktionelle Zuständigkeit

10 Abs. 3 begründet in Abweichung von der vor Inkrafttreten des UmRuG geltenden Rechtslage nun wieder eine ausschließliche funktionelle Zuständigkeit der Kammer für Handelssachen, sofern eine solche gebildet wurde. Diese neuerliche Anordnung (→ Rn. 2) hat zur Folge, dass ein Spruchverfahren nicht mehr nur auf Antrag mindestens eines Beteiligten, sondern generell vor der Kammer für Handelssachen verhandelt wird.[25] Wird ein Verfahren dennoch vor eine Zivilkammer gebracht, ist es von dieser von Amts wegen abzugeben. § 98 Abs. 3 GVG gilt nicht.[26]

D. Kompetenzen des Vorsitzenden der Kammer für Handelssachen

11 Nach Abs. 5 sind, ähnlich wie in § 349 Abs. 2 ZPO, dem Vorsitzenden der Kammer für Handelssachen bestimmte Angelegenheiten zur alleinigen Entscheidung zugewiesen. Die Zuweisung ist **zwingend**, dh der Vorsitzende darf die Entscheidung nicht der Kammer überlassen.[27] Entscheidet dennoch die gesamte Kammer, hat dies auf die Wirksamkeit der Entscheidung aber keinen Einfluss.[28] Die Befugnisse nach Abs. 5 stehen nur dem Vorsitzenden der Kammer für Handelssachen zu, nicht aber dem Vorsitzenden einer in Altfällen ggf. zur Entscheidung berufenen Zivilkammer (→ Rn. 10).[29] Bestimmte Aufgaben können diesem – wie auch anderen Mitgliedern der jeweiligen Kammer – aber nach allg. Regeln (zB § 361 ZPO) als beauftragtem Richter übertragen werden.[30]

12 Sofern alle Beteiligten einverstanden sind, kann der Vorsitzende der Kammer für Handelssachen gem. Abs. 5 S. 2 auch im Übrigen, dh in der Sache, an Stelle der Kammer entscheiden. Erforderlich ist das Einverständnis der Antragsteller, des Antragsgegners sowie des gemeinsamen Vertreters.[31] Liegt dieses vor, entscheidet der Vorsitzende nach freiem Ermessen, ob er eine Entscheidung dennoch der Kammer überlässt oder ob er selbst entscheidet.[32]

---

[23] Vgl. EuGH BeckRS 2018, 2500 (zur Vorgängernorm); OGH Wien BeckRS 2010, 09128; OLH Wien AG 2010, 49; BeckOGK/*Drescher* SpruchG § 2 Rn. 7; Emmerich/Habersack/*Emmerich* SpruchG § 2 Rn. 19; *Koch* SpruchG § 2 Rn. 3; Kölner Komm AktG/*Wasmann* SpruchG § 2 Rn. 15; *Meilicke/Lochner* AG 2010, 23; aA *Weber/Kersjes*, Hauptversammlungsbeschlüsse vor Gericht, 2010, § 5 Rn. 74; *Wittgens* Das Spruchverfahrensgesetz, 2006, S. 62 ff.; *Mock* IPrax 2009, 271; *Nießen* NZG 2006, 441.
[24] Begr. RegE UmRuG, BT-Drs. 20/3822, 127.
[25] Zur alten Rechtslage LG München I NZG 2010, 392; *Simons* NZG 2012, 609 (611).
[26] *Koch* SpruchG § 2 Rn. 5.
[27] K. Schmidt/Lutter/*Klöcker/Wittgens* SpruchG § 2 Rn. 15; Kölner Komm AktG/*Wasmann* SpruchG § 2 Rn. 12.
[28] OLG Stuttgart ZIP 2010, 1907 (1910); Emmerich/Habersack/*Emmerich* SpruchG § 2 Rn. 12; Kölner Komm AktG/*Wasmann* SpruchG § 2 Rn. 12.
[29] *Koch* SpruchG § 2 Rn. 6; Kölner Komm AktG/*Wasmann* SpruchG § 2 Rn. 11.
[30] K. Schmidt/Lutter/*Klöcker/Wittgens* SpruchG § 2 Rn. 17.
[31] Emmerich/Habersack/*Emmerich* SpruchG § 2 Rn. 12; K. Schmidt/Lutter/*Klöcker/Wittgens* SpruchG § 2 Rn. 16; Kölner Komm AktG/*Wasmann* SpruchG § 2 Rn. 13.
[32] Emmerich/Habersack/*Emmerich* SpruchG § 2 Rn. 12; K. Schmidt/Lutter/*Klöcker/Wittgens* SpruchG § 2 Rn. 16.

§ 3 Antragsberechtigung

¹Antragsberechtigt für Verfahren nach § 1 ist in den Fällen
1. der Nummer 1 jeder außenstehende Aktionär;
2. der Nummern 2 und 3 jeder ausgeschiedene Aktionär;
3. der Nummer 4 jeder in den dort angeführten Vorschriften des Umwandlungsgesetzes bezeichnete Anteilsinhaber;
4. der Nummer 5 jeder in den dort angeführten Vorschriften des SE-Ausführungsgesetzes bezeichnete Anteilsinhaber;
5. der Nummer 6 jedes in der dort angeführten Vorschrift des SCE-Ausführungsgesetzes bezeichnete Mitglied.

²In den Fällen der Nummern 1, 3, 4 und 5 ist die Antragsberechtigung nur gegeben, wenn der Antragsteller zum Zeitpunkt der Antragstellung Anteilsinhaber ist; dies gilt nicht für die Bestimmung der Barabfindung bei grenzüberschreitenden Umwandlungen (§§ 313, 327 und 340 des Umwandlungsgesetzes) gemäß § 1 Nummer 4. ³Die Stellung als Aktionär ist dem Gericht ausschließlich durch Urkunden nachzuweisen.

A. Überblick 1	3. Umwandlungsvorgänge (S. 1 Nr. 3) 5
B. Antragsberechtigung 3	4. Gründung und Sitzverlegung einer SE sowie Gründung einer SCE
I. Anteilsinhaberschaft und sonstige Voraussetzungen 3	(S. 1 Nr. 4, 5) 6
1. Beherrschungs- und Gewinnabführungsvertrag (S. 1 Nr. 1) 3	5. Sonstige Fälle 7
	II. Zeitpunkt der Anteilsinhaberschaft 8
2. Eingliederung und Squeeze Out (S. 1 Nr. 2) 4	III. Nachweis der Anteilsinhaberschaft 10

A. Überblick

§ 3 regelt mit der Antragsbefugnis eine der Zulässigkeitsvoraussetzungen des Spruchverfahrens.[1] Während S. 1 dem Rechtsstand vor Inkrafttreten des SpruchG entspricht, entscheidet S. 2 die vormals umstrittene Frage, auf welchen Zeitpunkt es für die Antragsberechtigung ankommt. S. 3 schließlich bestimmt, dass und wie die Antragsberechtigung dem Gericht gegenüber nachzuweisen ist. 1

S. 2 und 3 gehen auf eine Anregung des Handelsrechtsausschusses des DAV zurück.[2] § 3 wurde seit Inkrafttreten dreimal geändert. Konkret wurden zunächst S. 1 Nr. 4 durch das SEEG[3] und S. 1 Nr. 5 durch das SCEEG[4] ergänzt und dabei jeweils S. 2 angepasst. Im Rahmen des UmRuG wurde in S. 2 eine Ausnahme für die Bestimmung der Barabfindung bei grenzüberschreitenden Umwandlungen ergänzt. 2

---

1 Vgl. OLG Stuttgart AG 2005, 301 (304); K. Schmidt/Lutter/*Klöcker/Wittgens* SpruchG § 3 Rn. 1; Kölner Komm AktG/*Wasmann* SpruchG § 3 Rn. 2 mwN auch zur Gegenansicht, nach der die Darlegung der Antragsberechtigung eine Frage der Begründetheit ist.
2 Stellungnahme des DAV zum Referentenentwurf des SpruchG, NZG 2002, 119.
3 Gesetz zur Einführung der europäischen Aktiengesellschaft v. 22.12.2004, BGBl. I 3675.
4 Gesetz zur Einführung der europäischen Genossenschaft und zur Änderung des Genossenschaftsrechts v. 14.8.2006, BGBl. I 1911.

B. Antragsberechtigung

I. Anteilsinhaberschaft und sonstige Voraussetzungen

1. Beherrschungs- und Gewinnabführungsvertrag (S. 1 Nr. 1)

3 **Außenstehende Aktionäre** iSd S. 1 Nr. 1 und damit antragsberechtigt sind bei einem Beherrschungs- oder Gewinnabführungsvertrag unabhängig von der Höhe des Anteilsbesitzes sämtliche Aktionäre mit Ausnahme des anderen Vertragsteils sowie solcher Aktionäre, die mit dem anderen Vertragsteil in rechtlich fundierter Form wirtschaftlich verknüpft sind.[5] Dies sind solche Aktionäre, die am anderen Vertragsteil direkt oder indirekt zu 100 % beteiligt sind bzw. bei denen der andere Vertragsteil direkt oder indirekt alleiniger Anteilsinhaber ist oder die mit dem anderen Vertragsteil direkt oder indirekt durch einen Beherrschungs- oder Gewinnabführungsvertrag verbunden sind.[6] Eine Zustimmung zum Unternehmensvertrag beeinträchtigt die Antragsberechtigung ebenso wenig wie die Nichteinlegung eines Widerspruchs gegen den Zustimmungsbeschluss nach § 245 Nr. 1 AktG.[7]

2. Eingliederung und Squeeze Out (S. 1 Nr. 2)

4 In den Fällen der Mehrheitseingliederung (§ 320b AktG) und des Squeeze-out (§§ 327a ff. AktG) ist nach S. 1 Nr. 2 unabhängig von der Höhe des Anteilsbesitzes jeder **ausgeschiedene Aktionär** antragsberechtigt. Da Eingliederung und Squeeze-out erst mit Eintragung des betreffenden Hauptversammlungsbeschlusses in das Handelsregister wirksam werden, ist ein vor dieser Eintragung gestellter Antrag auf Einleitung eines Spruchverfahrens unzulässig.[8] Wie bei S. 1 Nr. 1 verliert ein Aktionär seine Antragsberechtigung weder, wenn er dem entsprechenden Beschluss zugestimmt hat, noch, wenn er gegen den Beschluss keinen Widerspruch nach § 245 Nr. 1 AktG eingelegt hat.[9] Die von Eingliederung bzw. Squeeze-out betroffene Gesellschaft, die eigene Aktien hielt, ist nicht antragsberechtigt.[10] Gleiches gilt beim Squeeze-out, nicht aber bei der Eingliederung, für mit dem Hauptaktionär verbundene Unternehmen, deren Anteile bereits nach § 16 Abs. 4 AktG zugerechnet werden.[11]

3. Umwandlungsvorgänge (S. 1 Nr. 3)

5 Bei Umwandlungsfällen sind zwei Gegenstände eines möglichen Spruchverfahrens zu unterscheiden. Zum einen kann geprüft werden, ob das Umtauschverhältnis angemessen war oder, wenn dies nicht der Fall war, eine bare Zuzahlung zu leisten ist (vgl. § 15 UmwG). Zum anderen kann Gegenstand des Spruchverfahrens die Frage sein, ob einem ausscheidungswilligen Anteilsinhaber ein angemessenes Abfindungsangebot unterbreitet wurde. Lediglich im letztgenannten Fall muss für die Antragsberechtigung zur bloßen Anteilsinhaberschaft noch hinzutreten, dass der betreffende Anteilsinhaber gegen den Umwandlungsbeschluss **Widerspruch zur Niederschrift** erklärt hat (§§ 29 Abs. 1 S. 1, 207 Abs. 1 S. 1 UmwG) oder im Vorfeld der Beschlussfassung bestimmte Verfahrensfehler begangen worden sind (vgl. §§ 29 Abs. 2, 207 Abs. 2 UmwG). Im Einzelfall

---

[5] BGHZ 167, 299 (302 f.).
[6] Emmerich/Habersack/*Emmerich* AktG § 304 Rn. 17 ff. mwN.
[7] AllgM, statt aller Emmerich/Habersack/*Emmerich* SpruchG § 3 Rn. 5; Kölner Komm AktG/*Wasmann* SpruchG § 3 Rn. 3.
[8] LG Berlin NZG 2003, 930; K. Schmidt/Lutter/*Klöcker/Wittgens* SpruchG § 3 Rn. 9.
[9] Kölner Komm AktG/*Wasmann* SpruchG § 3 Rn. 8.
[10] BeckOGK/*Drescher* SpruchG § 3 Rn. 9; Kölner Komm AktG/*Wasmann* SpruchG § 3 Rn. 9.
[11] Simon SpruchG/*Leuering* § 3 Rn. 30; Kölner Komm AktG/*Wasmann* SpruchG § 3 Rn. 9.

kann ein erklärter Widerspruch unbeachtlich sein, wenn sich der Aktionär damit in Widerspruch zu seinem Abstimmungsverhalten beim Umwandlungsbeschluss setzt.[12]

4. Gründung und Sitzverlegung einer SE sowie Gründung einer SCE (S. 1 Nr. 4, 5)

Die Antragsberechtigung bei Gründung oder Sitzverlegung einer SE folgt aus §§ 6, 7, 9, 11 und 12 SEAG, bei der Gründung einer SCE aus § 7 SCEAG. Soweit ein Barabfindungsangebot vorgesehen war oder hätte vorgesehen werden müssen, ist wie im Fall von S. 1 Nr. 3 ein **Widerspruch** gegen die Beschlussfassung Voraussetzung für die Antragsberechtigung (→ Rn. 5).

5. Sonstige Fälle

Bei der **Beseitigung von Mehrstimmrechten** ist nach § 5 Abs. 4 S. 2 EGAktG jeder ehemalige Inhaber von Mehrstimmrechten antragsberechtigt, sofern dieser gegen den Beschluss Widerspruch zur Niederschrift erklärt hat.

II. Zeitpunkt der Anteilsinhaberschaft

Gem. S. 2 ist in den Fällen von S. 1 Nrn. 1, 3, 4 und 5 die Antragsberechtigung nur gegeben, wenn der Antragsteller zum **Zeitpunkt der Antragstellung** Anteilsinhaber ist. Weder erforderlich noch ausreichend ist also zB, dass ein Antragsteller zum Zeitpunkt der Beschlussfassung Anteilsinhaber war oder nach Antragstellung erstmalig Aktien erwirbt.[13] Die Annahme eines Barabfindungsangebots vor Antragstellung schließt in den von S. 2 erfassten Fällen die Antragsberechtigung aus;[14] eine Ausnahme gilt aber für Fälle der grenzüberschreitenden Umwandlung, da bei diesen das Barabfindungsangebot vor Wirksamwerden der Umwandlungsmaßnahme aus der Gesellschaft angenommen werden muss (§ 332 S. 1 Nr. 1 UmwG, §§ 327, 313 Abs. 2, Abs. 3 S. 3 UmwG). Ferner entfällt im Fall des S. 1 Nr. 1 die Antragsberechtigung im Hinblick auf die Festsetzung des Ausgleichs und im Fall des S. 1 Nr. 3 und 4 im Hinblick auf die Festsetzung einer baren Zuzahlung, wenn ein Aktionär das jeweilige Abfindungsangebot annimmt.[15] Die Veräußerung der Anteile nach Antragstellung lässt die Antragsberechtigung unberührt. In diesem Fall führt der Veräußerer das Verfahren analog § 265 Abs. 2 S. 1 ZPO in Prozessstandschaft für den Erwerber fort.[16]

Im Fall von S. 1 Nr. 2 kommt es für die Anteilsinhaberschaft nicht auf den Zeitpunkt der Antragstellung an, da in diesem Zeitpunkt die Aktien der Minderheitsaktionäre bereits auf die Hauptgesellschaft bzw. den Hauptaktionär übergegangen sind. Maßgeblich ist daher der Zeitpunkt der Eintragung des betreffenden Beschlusses in das Handelsregister.[17] Spätere Veräußerungen der (gem. § 320a S. 2 AktG bzw. § 327e Abs. 3 S. 2

---

12 AA Lutter/*Decher* UmwG § 207 Rn. 8; BeckOGK/*Drescher* SpruchG § 3 Rn. 10; K. Schmidt/Lutter/*Klöcker/Wittgens* SpruchG § 3 Rn. 15; Kölner Komm AktG/*Wasmann* SpruchG § 3 Rn. 14, die Stimmverhalten generell für unbeachtlich halten; zu weitgehend Bürgers/Körber/*Ederle/Theusinger* SpruchG § 3 Rn. 7; *Koch* SpruchG § 3 Rn. 4; MüKoAktG/*Kubis* SpruchG § 3 Rn. 6; Simon SpruchG/*Leuering* § 3 Rn. 32, die das Widerspruchsrecht stets nur demjenigen zugestehen, der gegen den Beschluss gestimmt hat. So aber auch OLG München ZIP 2010, 326 (327).
13 Emmerich/Habersack/*Emmerich* SpruchG § 3 Rn. 7; K. Schmidt/Lutter/*Klöcker/Wittgens* SpruchG § 3 Rn. 7; Kölner Komm AktG/*Wasmann* SpruchG § 3 Rn. 4.
14 Kölner Komm AktG/*Wasmann* SpruchG § 3 Rn. 4.
15 K. Schmidt/Lutter/*Klöcker/Wittgens* SpruchG § 3 Rn. 6, 16.
16 OLG Stuttgart NZG 2008, 670; Emmerich/Habersack/*Emmerich* SpruchG § 3 Rn. 9; K. Schmidt/Lutter/*Klöcker/Wittgens* SpruchG § 3 Rn. 25; Simon SpruchG/*Leuering* § 3 Rn. 19 ff.; Kölner Komm AktG/*Wasmann* SpruchG § 3 Rn. 11.
17 Emmerich/Habersack/*Emmerich* SpruchG § 3 Rn. 13; K. Schmidt/Lutter/*Klöcker/Wittgens* SpruchG § 3 Rn. 10; Kölner Komm AktG/*Wasmann* SpruchG § 3 Rn. 11.

AktG nur noch den Barabfindungsanspruch verbriefenden) Aktien lassen auch hier die Antragsberechtigung nicht entfallen (→ Rn. 8). Der Erwerber ist in diesem Fall hingegen nicht antragsberechtigt, da er nicht ausgeschiedener Aktionär iSd S. 1 Nr. 2 ist.[18]

III. Nachweis der Anteilsinhaberschaft

10 Die in S. 3 enthaltene Verpflichtung der Antragsteller, ihre Antragsberechtigung ausschließlich durch Urkunden nachzuweisen, dient der Vermeidung langwieriger Beweisaufnahmen zu dieser Frage.[19] Der Nachweis ist vom Gericht **von Amts wegen** zu verlangen und entgegen der Ansicht insbes. des BGH unabhängig davon erforderlich, ob der Antragsgegner die Antragsberechtigung bestreitet oder nicht.[20] Da innerhalb der Antragsfrist des § 4 Abs. 1 nach § 4 Abs. 2 S. 2 Nr. 2 nur die Darlegung, nicht aber der Beweis der Antragsberechtigung erforderlich ist, kann der Nachweis bis zum **Schluss der mündlichen Verhandlung** oder – unter Beachtung von § 10 – noch in der zweiten Instanz erbracht werden.[21]

11 Der Nachweis kann bei Aktiengesellschaften insbes. durch Vorlage der effektiven Aktienurkunden, eines Depotauszugs oder einer Depotbescheinigung geführt werden, nicht aber durch Vorlage einer bloßen Ausbuchungsbestätigung.[22] Bei Namensaktien ist allein ein Auszug aus dem Aktienregister geeignet, den Nachweis der Anteilsinhaberschaft zu erbringen.[23] Dies folgt aus § 67 Abs. 2 AktG, der zwar seinem Wortlaut nach nur im Verhältnis zwischen Gesellschaft und Aktionär gilt, nach Sinn und Zweck aber alle mitgliedschaftlichen Rechte erfassen soll. Bei Gesellschaften anderer Rechtsform ist S. 3 entsprechend anzuwenden, aber jede Form des Nachweises des Anteilsbesitzes ausreichend.[24]

§ 4 Antragsfrist und Antragsbegründung

(1) ¹Der Antrag auf gerichtliche Entscheidung in einem Verfahren nach § 1 kann nur binnen drei Monaten seit dem Tag gestellt werden, an dem in den Fällen
1. der Nummer 1 der Unternehmensvertrag oder seine Änderung;
2. der Nummer 2 die Eingliederung;
3. der Nummer 3 der Übergang aller Aktien der Minderheitsaktionäre auf den Hauptaktionär;

---

18 OLG Hamburg AG 2004, 622 (623); Emmerich/Habersack/*Emmerich* SpruchG § 3 Rn. 14; K. Schmidt/Lutter/*Klöcker/Wittgens* SpruchG § 3 Rn. 10; Kölner Komm AktG/*Wasmann* SpruchG § 3 Rn. 12; aA *Wittgens*, Das Spruchverfahrensgesetz, 2006, S. 74 f.; wohl auch LG Dortmund DB 2004, 2685.
19 Begr. RegE BT-Drs. 15/371, 13.
20 K. Schmidt/Lutter/*Klöcker/Wittgens* SpruchG § 3 Rn. 35; MüKoAktG/*Kubis* SpruchG § 3 Rn. 22; Kölner Komm AktG/*Wasmann* SpruchG § 3 Rn. 26; aA BGH NZG 2008, 658; BeckOGK/*Drescher* SpruchG § 3 Rn. 20; Bürgers/Körber/*Ederle/Theusinger* SpruchG § 3 Rn. 17; Emmerich/Habersack/*Emmerich* SpruchG § 3 Rn. 18; Hölters/Weber/*Simons* SpruchG § 3 Rn. 23; Heidel/*Weingärtner* SpruchG § 3 Rn. 10.

21 BGH NZG 2008, 658; Emmerich/Habersack/*Emmerich* SpruchG § 3 Rn. 21; krit. Kölner Komm AktG/*Wasmann* SpruchG § 3 Rn. 26.
22 BT-Drs. 15/371, 13; OLG Frankfurt a. M. NZG 2006, 151 (153); LG Düsseldorf NZG 2005, 895 f.; Emmerich/Habersack/*Emmerich* SpruchG § 3 Rn. 20; K. Schmidt/Lutter/*Klöcker/Wittgens* SpruchG § 3 Rn. 30; Kölner Komm AktG/*Wasmann* SpruchG § 3 Rn. 24.
23 OLG Frankfurt a. M. ZIP 2008, 1036; BeckOGK/*Drescher* SpruchG § 3 Rn. 20; K. Schmidt/Lutter/*Klöcker/Wittgens* SpruchG § 3 Rn. 34; Simon SpruchG/*Leuering* § 3 Rn. 63; Kölner Komm AktG/*Wasmann* SpruchG § 3 Rn. 27; aA MüKoAktG/*Kubis* SpruchG § 3 Rn. 3; *Dißars* BB 2004, 1293 (1294 f.).
24 Emmerich/Habersack/*Emmerich* SpruchG § 3 Rn. 19; Hölters/Weber/*Simons* SpruchG § 3 Rn. 22; *Wittgens*, Das Spruchverfahrensgesetz, 2006, S. 83.

4. der Nummer 4 die Umwandlung;
5. der Nummer 5 die Gründung oder Sitzverlegung der SE oder
6. der Nummer 6 die Gründung der Europäischen Genossenschaft

wirksam geworden ist. ²Die Frist wird in den Fällen des § 2 Absatz 2 durch Einreichung bei jedem zunächst zuständigen Gericht gewahrt. ³Die Frist wird auch dann gewahrt, wenn der Antrag bei einem sachlich oder örtlich unzuständigen Gericht eingereicht wird.

(2) ¹Der Antragsteller muss den Antrag innerhalb der Frist nach Absatz 1 begründen. ²Die Antragsbegründung hat zu enthalten:

1. die Bezeichnung des Antragsgegners;
2. die Darlegung der Antragsberechtigung nach § 3;
3. Angaben zur Art der Strukturmaßnahme und der vom Gericht zu bestimmenden Kompensation nach § 1;
4. konkrete Einwendungen gegen die Angemessenheit der Kompensation nach § 1 oder gegebenenfalls gegen den als Grundlage für die Kompensation ermittelten Unternehmenswert, soweit hierzu Angaben in den in § 7 Abs. 3 genannten Unterlagen enthalten sind. Macht der Antragsteller glaubhaft, dass er im Zeitpunkt der Antragstellung aus Gründen, die er nicht zu vertreten hat, über diese Unterlagen nicht verfügt, so kann auf Antrag die Frist zur Begründung angemessen verlängert werden, wenn er gleichzeitig Abschrifterteilung gemäß § 7 Abs. 3 verlangt.

³Aus der Antragsbegründung soll sich außerdem die Zahl der von dem Antragsteller gehaltenen Anteile ergeben.

Literatur:
Kollrus, Analoge Anwendung von § 281 ZPO auf die Antragstellung beim sachlich oder örtlich unzuständigen Gericht im Squeeze-Out-Verfahren, MDR 2009, 607; *Preuß*, Auswirkungen der FGG-Reform auf das Spruchverfahren, NZG 2009, 961; *Wasmann*, Anforderungen an die Zulässigkeit eines Antrags nach dem Spruchverfahrensgesetz und Auswirkungen der (Un-)Zulässigkeit, WM 2004, 819; *Wittgens*, Begründung des Antrags auf Einleitung eines Spruchverfahrens, NZG 2007, 843.

A. Überblick 1	2. Fristwahrung 5
B. Antrag und Antragsfrist 3	C. Antragsbegründung 7
I. Antrag 3	I. Mindestinhalt nach Abs. 2 S. 2 Nr. 1–3 7
II. Antragsfrist 4	II. Anforderungen an Bewertungsrügen
1. Berechnung 4	(Abs. 2 Nr. 4) 10

A. Überblick

§ 4 regelt die Antragsfrist sowie die Anforderungen an den Antragsinhalt, insbes. die Antragsbegründung. Während die Antragsfrist nach altem Recht (§ 306 AktG aF, § 307 UmwG aF) zwei Monate betrug, dabei aber die Möglichkeit vorsah, innerhalb von zwei Monaten nach Bekanntmachung etwaiger Anträge Anschlussanträge zu stellen, beträgt die Antragsfrist nun grundsätzlich drei Monate ohne die Möglichkeit, noch zu einem späteren Zeitpunkt Anträge zu stellen. Eine Pflicht zur Antragsbegründung wurde mit dem SpruchG erstmals normiert. Sowohl die Einhaltung der Antragsfrist als auch der Voraussetzungen an die Antragsbegründung sind (jedenfalls auch) **Zulässigkeitsvoraussetzungen**.[1]

2 § 4 wurde in Abs. 1 durch das SEEG[2] bzw. das SCEEG[3] um die Nrn. 6 und 7 ergänzt. Abs. 2 S. 2 Nr. 4 wurde durch das SEEG klarstellend geändert.[4] Durch das UmRuG wurde der Fristbeginn nach Abs. 1 neu geregelt.

B. Antrag und Antragsfrist

I. Antrag

3 Ein Spruchverfahren wird nur auf Antrag eingeleitet. Der Antrag kann gemäß § 25 FamFG **schriftlich oder zu Protokoll der Geschäftsstelle** erfolgen, wobei bei Erklärung zu Protokoll der Geschäftsstelle eines Amtsgerichts dieses innerhalb der Frist dem zuständigen Landgericht zugehen muss (§ 25 Abs. 3 FamFG).[5] Bestand nach früherer Rechtslage kein Anwaltszwang,[6] bestimmt nun § 5a, dass sich die Verfahrensbeteiligten, mit Ausnahme des gemeinsamen Vertreters in erster und zweiter Instanz, durch einen Rechtsanwalt vertreten lassen müssen. Ein bestimmter Antrag ist nicht erforderlich, dh es muss nicht die Erhöhung der Kompensation um einen bestimmten Betrag beantragt werden.[7]

II. Antragsfrist

1. Berechnung

4 Für die Berechnung der Antragsfrist gelten über § 17 Abs. 1, § 16 Abs. 2 FamFG, § 222 ZPO die Vorschriften der §§ 186 ff. BGB. Maßgeblicher Fristbeginn war bis zum Inkrafttreten des UmRuG jeweils der Tag der Bekanntmachung des in Abs. 1 Nr. 1–7 bestimmten Ereignisses nach § 10 HGB, wobei es bei Umwandlungsvorgängen auf die Bekanntmachung der für den jeweiligen Vorgang konstitutiven Eintragung ankam.[8] Jetzt bestimmt Abs. 1 S. 1, dass es auf den Zeitpunkt ankommt, an dem die jeweilige **Maßnahme wirksam geworden** ist. Inhaltliche Änderungen ergeben sich daraus regelmäßig nicht, da nach § 10 HGB idF des DiRuG Handelsregistereintragungen ab dem Zeitpunkt ihrer erstmaligen Abrufbarkeit als bekannt gemacht gelten.[9] Die Kenntnis von der Wirksamkeit der betreffenden Maßnahme ist für den Fristbeginn unerheblich. Durch die Änderung konnte für sämtliche Maßnahmen ein einheitlicher Anknüpfungszeitpunkt gewählt werden. Dies wäre sonst bei grenzüberschreitenden Maßnahmen, bei denen möglicherweise ausländisches Recht maßgeblich ist und dieses eine Bekanntmachung nach dt. Muster nicht kennt, nicht möglich gewesen.[10] Die Antragsfrist ist grundsätzlich auch für die Antragsbegründung einzuhalten (§ 4 Abs. 2 S. 1). Eine Ausnahme kann nach § 4 Abs. 2 S. 2 Nr. 4 gelten (→ Rn. 12).

---

1 Emmerich/Habersack/*Emmerich* SpruchG § 4 Rn. 5, 14; K. Schmidt/Lutter/*Klöcker/Wittgens* SpruchG § 4 Rn. 2, 14; Kölner Komm AktG/*Wasmann* SpruchG § 4 Rn. 3, 10.
2 Gesetz zur Einführung der europäischen Aktiengesellschaft v. 22.12.2004, BGBl. I 3675.
3 Gesetz zur Einführung der europäischen Genossenschaft und zur Änderung des Genossenschaftsrechts v. 14.8.2006, BGBl. I 1911.
4 Vgl. dazu ausführlich Kölner Komm AktG/*Wasmann* SpruchG § 4 Rn. 16.
5 *Koch* SpruchG § 4 Rn. 5.
6 OLG Düsseldorf AG 1995, 85 (87); K. Schmidt/Lutter/ *Klöcker/Wittgens* SpruchG § 4 Rn. 12.
7 Emmerich/Habersack/*Emmerich* SpruchG § 4 Rn. 17; Heidel/*Weingärtner* SpruchG § 4 Rn. 1.
8 K. Schmidt/Lutter/*Klöcker/Wittgens* SpruchG § 4 Rn. 4.
9 Begr. RegE UmRuG, BT-Drs. 20/3822, 152.
10 Begr. RegE UmRuG, BT-Drs. 20/3822, 152.

2. Fristwahrung

Sind nach § 2 Abs. 2 mehrere Gerichte zuständig, so genügt nach Abs. 1 S. 2 die Einreichung des Antrags bei einem dieser Gerichte. Abweichend von der bisherigen Rechtslage[11] genügt nach Abs. 1 S. 3 ausdrücklich auch die Stellung eines Antrags bei einem unzuständigen Gericht zur Fristwahrung, und zwar unabhängig davon, ob der Antrag innerhalb der Antragsfrist an das zuständige Gericht abgegeben wird.

Die Antragsfrist nach § 4 Abs. 1 ist (auch) eine **materielle Ausschlussfrist**.[12] Es kommt daher weder eine Fristverlängerung noch eine Wiedereinsetzung in den vorigen Stand in Betracht.[13]

C. Antragsbegründung
I. Mindestinhalt nach Abs. 2 S. 2 Nr. 1–3

Nach Abs. 2 S. 2 Nr. 1 muss die Antragsbegründung den **Antragsgegner** bezeichnen. Andernfalls ist der Antrag unzulässig.[14] Die Bezeichnung muss so genau sein, dass eine eindeutige Identifizierung möglich ist,[15] was idR die Angabe von Firma und Sitz des Antragsgegners erfordert.[16] Gesetzliche oder organschaftliche Vertreter müssen nicht zwingend benannt werden.[17] Die richtige Bezeichnung des Antragsgegners ist ggf. im Wege der Auslegung zu ermitteln.[18]

Nach Abs. 2 S. 2 Nr. 2 muss der Antragsteller seine **Antragsberechtigung** darlegen. Erforderlich ist folglich die Darlegung, im nach § 3 relevanten Zeitpunkt Anteilsinhaber (gewesen) zu sein. Nicht erforderlich ist indes der Nachweis der Antragsberechtigung innerhalb der Antragsfrist.[19] Vielmehr kann dieser ggf. auch erst im Beschwerdeverfahren nachgeholt werden (→ § 3 Rn. 10).[20] Die Antragsbegründung soll außerdem nach § 4 Abs. 2 S. 3 die **Zahl der vom Antragsteller gehaltenen Anteile** enthalten. Ein Verstoß gegen diese Soll-Vorschrift führt nicht zur Unzulässigkeit des Antrags,[21] kann sich aber, sofern die Angabe nicht später nachgeholt wird, auf die Höhe der erstattungsfähigen Anwaltsgebühren auswirken (§ 31 Abs. 1 S. 3 RVG).

Abs. 2 S. 2 Nr. 3 verlangt Angaben zur **Art der Strukturmaßnahme** und der vom Gericht zu bestimmenden **Kompensation** nach § 1. Insoweit muss erkennbar sein, auf welche konkrete Strukturmaßnahme sich der Antrag bezieht und was für eine Form

---

11 OLG Düsseldorf NZG 2005, 719; OLG Frankfurt a. M. NZG 2009, 1225; OLG München WM 2010, 1181; Bürgers/Körber/*Ederle/Theusinger* SpruchG § 4 Rn. 5; K. Schmidt/Lutter/*Klöcker/Wittgens* SpruchG § 4 Rn. 8; Simon SpruchG/*Leuering* § 4 Rn. 32; Kölner Komm AktG/*Wasmann* SpruchG § 4 Rn. 6; aA BeckOGK/*Drescher* SpruchG § 4 Rn. 9; *Kollrus* MDR 2009, 607 (609 f.).
12 Emmerich/Habersack/*Emmerich* SpruchG § 4 Rn. 5; K. Schmidt/Lutter/*Klöcker/Wittgens* SpruchG § 4 Rn. 2; zumindest zweifelnd Kölner Komm AktG/*Wasmann* SpruchG § 4 Rn. 3.
13 OLG Düsseldorf NZG 2005, 719; OLG Frankfurt a. M. NZG 2009, 1225; Emmerich/Habersack/*Emmerich* SpruchG § 4 Rn. 3; K. Schmidt/Lutter/*Klöcker/Wittgens* SpruchG § 4 Rn. 11; MüKoAktG/*Kubis* SpruchG § 4 Rn. 6; Simon SpruchG/*Leuering* § 4 Rn. 20; Kölner Komm AktG/*Wasmann* SpruchG § 4 Rn. 4.
14 LG München I AG 2017, 501; Emmerich/Habersack/*Emmerich* SpruchG § 4 Rn. 15; Kölner Komm AktG/*Wasmann* SpruchG § 4 Rn. 2; aA MüKoAktG/*Kubis* SpruchG § 4 Rn. 13; Kölner Komm AktG/*Puszkajler* SpruchG § 11 Rn. 11.
15 Emmerich/Habersack/*Emmerich* SpruchG § 4 Rn. 14.
16 Emmerich/Habersack/*Emmerich* SpruchG § 4 Rn. 14.
17 Simon SpruchG/*Leuering* § 4 Rn. 38; Hölters/Weber/*Simons* SpruchG § 4 Rn. 13; Kölner Komm AktG/*Wasmann* SpruchG § 4 Rn. 11; aA BeckOGK/*Drescher* SpruchG § 4 Rn. 18; MüKoAktG/*Kubis* SpruchG § 4 Rn. 13.
18 LG München I AG 2017, 501.
19 BGH NZG 2008, 658; BeckOGK/*Drescher* SpruchG § 4 Rn. 18; Emmerich/Habersack/*Emmerich* SpruchG § 4 Rn. 16.
20 OLG Frankfurt a. M. NZG 2008, 435; K. Schmidt/Lutter/*Klöcker/Wittgens* SpruchG § 4 Rn. 19.
21 K. Schmidt/Lutter/*Klöcker/Wittgens* SpruchG § 4 Rn. 31; Kölner Komm AktG/*Wasmann* SpruchG § 4 Rn. 20.

der Kompensation begehrt wird.[22] Die Angabe einer bestimmten Höhe der in Rede stehenden Kompensation ist nicht erforderlich (→ Rn. 3).

II. Anforderungen an Bewertungsrügen (Abs. 2 Nr. 4)

10 Abs. 2 S. 2 Nr. 4 verlangt **konkrete Einwendungen** gegen die Kompensation oder ggf. gegen den als Grundlage für die Kompensation ermittelten Unternehmenswert. Erforderlich ist daher, dass der Antragsteller sich mit der Bewertung im Einzelnen auseinandersetzt und gegen diese substantiierte Einwendungen erhebt, die erkennen lassen, aus welchen Gründen die Kompensation nicht als angemessen angesehen wird.[23] Bloß pauschale Behauptungen oder formelhafte Wendungen genügen ebenso wenig[24] wie der bloße Verweis auf die Ausführungen anderer Antragsteller.[25] An die Begründung sind strenge Anforderungen zu stellen.[26] Zumindest müssen Antragsteller sich mit der konkret in Rede stehenden Bewertung im Einzelnen auseinandersetzen und gegen diese substantiierte Einwendungen dergestalt vorbringen, dass deutlich wird, welcher Teil der Bewertung bzw. eines kritisierten Gutachtens aus welchen Gründen beanstandet wird.[27] Str. ist, ob Abs. 2 S. 2 Nr. 4 Begrenzungsfunktion dergestalt hat, dass der Verfahrensgegenstand auf die innerhalb der Antragsbegründungsfrist vorgebrachten Rügen beschränkt ist.[28] Wie § 7 Abs. 4 zeigt, kann der Begründungsfrist keine strenge Präklusionswirkung beikommen. Allerdings ist das Gericht gehalten, die Angemessenheit der in Rede stehenden Kompensation nur im Hinblick auf die vorgebrachten Rügen zu untersuchen.

11 Konkrete Einwendungen sind von den Antragstellern nur zu verlangen, soweit diesen die in § 7 Abs. 3 genannten **Unterlagen** zur Verfügung stehen und diese eine Qualität haben, dass eine konkrete Rüge formuliert werden kann.[29] Entgegen einer weit verbreiteten Meinung ist dies angesichts des heute üblichen Qualitätsniveaus dieser Unterlagen regelmäßig der Fall.[30] Nicht erforderlich ist es, dass Antragsteller sich die für die Formulierung von Bewertungsrügen benötigen Informationen anderweitig verschaffen, zB durch Fragen in der Hauptversammlung.[31]

Hinweis: Die Anforderungen an die Begründung von Bewertungsrügen hängen von der Begründungstiefe der im Zusammenhang mit der Strukturmaßnahme vorgelegten Berichte ab. Je detaillierter diese Berichte sind, desto konkreter und ausführlicher müssen die vorgebrachten Bewertungsrügen begründet werden.

---

22 Emmerich/Habersack/*Emmerich* SpruchG § 4 Rn. 17; K. Schmidt/Lutter/*Klöcker/Wittgens* SpruchG § 4 Rn. 20 f.
23 Emmerich/Habersack/*Emmerich* § 4 SpruchG Rn19 8; K. Schmidt/Lutter/*Klöcker/Wittgens* SpruchG § 4 Rn. 26; Kölner Komm AktG/*Wasmann* SpruchG § 4 Rn. 17.
24 BGH NZG 2012, 191; OLG München NZG 2009, 191; KG NZG 2012, 1427; Emmerich/Habersack/*Emmerich* SpruchG § 4 Rn. 20; K. Schmidt/Lutter/*Klöcker/Wittgens* SpruchG § 4 Rn. 26.
25 KG AG 2008, 451; K. Schmidt/Lutter/*Klöcker/Wittgens* SpruchG § 4 Rn. 26; großzügiger für den Fall konkreter Verweise BeckOGK/*Drescher* SpruchG § 4 Rn. 23.
26 *Büchel* NZG 2003, 793 (796); *Wasmann* WM 2004, 819 (823 f.); aA BGH AG 2012, 173 (176) („keine besonders strengen Anforderungen"); Emmerich/Habersack/*Emmerich* SpruchG § 4 Rn. 10.
27 K. Schmidt/Lutter/*Klöcker/Wittgens* SpruchG § 4 Rn. 26 f. mwN.

28 Dafür *Koch* SpruchG § 4 Rn. 6; Lutter/Krieger/*Mennicke* SpruchG § 4 Rn. 16; K. Schmidt/Lutter/*Klöcker/Wittgens* SpruchG § 4 Rn. 23; dagegen BeckOGK/*Drescher* SpruchG § 4 Rn. 23; Kölner Komm AktG/*Puszkajler* SpruchG § 7 Rn. 30; Kölner Komm AktG/*Wasmann* SpruchG § 4 Rn. 19; Simon SpruchG/*Winter* § 7 Rn. 30 ff.; *Büchel* NZG 2003, 793 (796); für eine vermittelnde Lösung Heidel/*Tewes* SpruchG § 7 Rn. 15.
29 KG BB 2012, 2190; Emmerich/Habersack/*Emmerich* SpruchG § 4 Rn. 24; K. Schmidt/Lutter/*Klöcker/Wittgens* SpruchG § 4 Rn. 23 f.; Kölner Komm AktG/*Wasmann* SpruchG § 4 Rn. 18.
30 AA zB Emmerich/Habersack/*Emmerich* SpruchG § 4 Rn. 25.
31 LG Düsseldorf NZG 2004, 1168 f.; Kölner Komm AktG/*Wasmann* SpruchG § 4 Rn. 18.

Macht ein Antragsteller glaubhaft, dass er im Zeitpunkt der Antragstellung aus von ihm nicht zu vertretenden Gründen nicht über die in § 7 Abs. 3 genannten Unterlagen verfügt hat und verlangt er gleichzeitig die Erteilung von Abschriften dieser Unterlagen, so kann das **Gericht auf Antrag die Frist zur Antragsbegründung angemessen verlängern.** Die Verlängerung bezieht sich dabei nur auf § 4 Abs. 2 S. 2 Nr. 4, dh die übrigen Informationen sind zwingend innerhalb der ursprünglichen Antragsfrist einzureichen.[32] Fehlen andere Unterlagen, kommt eine Fristverlängerung nicht in Betracht.[33] In der Praxis dürfte vor allem der Fall relevant sein, dass ein Antragsteller erst nach der über die betreffende Strukturmaßnahme beschließenden Hauptversammlung Anteilsinhaber wird. Auch dann muss er aber die Gesellschaft um Übersendung der Unterlagen bitten, um einer schuldhaften Fristversäumung vorzubeugen.[34]

§ 5 Antragsgegner

¹Der Antrag auf gerichtliche Entscheidung in einem Verfahren nach § 1 ist in den Fällen
1. der Nummer 1 gegen den anderen Vertragsteil des Unternehmensvertrags;
2. der Nummer 2 gegen die Hauptgesellschaft;
3. der Nummer 3 gegen den Hauptaktionär;
4. der Nummer 4 gegen die übernehmenden oder neuen Rechtsträger oder gegen den Rechtsträger neuer Rechtsform;
5. der Nummer 5 gegen die SE, aber im Fall des § 9 des SE-Ausführungsgesetzes gegen die die Gründung anstrebende Gesellschaft;
6. der Nummer 6 gegen die Europäische Genossenschaft

zu richten. ²In den Fällen des Satzes 1 Nummer 4 kann bei einer Abspaltung ein Antrag auf Bestimmung der Barabfindung wahlweise auch gegen den übertragenden Rechtsträger gerichtet werden.

A. Überblick

§ 5 regelt, gegen wen der Antrag auf gerichtliche Entscheidung im Spruchverfahren zu richten ist. Für Umwandlungsfälle war dies vor Inkrafttreten des SpruchG in § 307 Abs. 2 UmwG aF geregelt. Im AktG fehlte eine entsprechende Regelung. § 5 wurde seit Inkrafttreten durch das SEEG[1] bzw. das SCEEG[2] um S. 1 Nr. 5 und 6 und durch das UmRuG um S. 2 ergänzt. Die Bezeichnung des richtigen Antragsgegners ist, wie § 4 Abs. 2 S. 2 Nr. 1 zeigt, **Zulässigkeitsvoraussetzung.**[3]

---

32 Kölner Komm AktG/*Wasmann* SpruchG § 4 Rn. 22.
33 Kölner Komm AktG/*Wasmann* SpruchG § 4 Rn. 22.
34 OLG München NZG 2009, 191; K. Schmidt/Lutter/*Klöcker/Wittgens* SpruchG § 4 Rn. 30; dies für zu streng haltend Emmerich/Habersack/*Emmerich* SpruchG § 4 Rn. 27.
1 Gesetz zur Einführung der europäischen Aktiengesellschaft v. 22.12.2004, BGBl. I 3675.
2 Gesetz zur Einführung der europäischen Genossenschaft und zur Änderung des Genossenschaftsrechts v. 14.8.2006, BGBl. I 1911.

3 OLG Düsseldorf ZIP 2012, 1713 (1714); LG München I ZIP 2010, 1995 (1996); Emmerich/Habersack/*Emmerich* SpruchG § 5 Rn. 1; K. Schmidt/Lutter/*Klöcker* SpruchG § 3 Rn. 1; Kölner Komm AktG/*Wasmann* SpruchG § 5 Rn. 1; **aA** (Frage der Begründetheit) OLG Stuttgart Der Konzern 2010, 428 (433); Spindler/Stilz/*Drescher* SpruchG § 5 Rn. 18; MüKoAktG/*Kubis* SpruchG § 5 Rn. 1; Simon SpruchG/*Leuering* § 4 Rn. 37.

B. Antragsgegner

2 Antragsgegner ist jeweils der **Schuldner der Kompensation**.[4] Sind bei einer Spaltung mehrere übernehmende Rechtsträger beteiligt, ist der Antrag nach Nr. 4 gegen alle übernehmenden Rechtsträger zu richten.[5] Für die Abspaltung regelt S. 2 als Folgeänderung zu § 125 Abs. 1 S. 3 UmwG und der darin angeordneten Geltung des § 133 UmwG für Barabfindungen nach § 29 UmwG,[6] dass der Antrag wahlweise auch gegen den übertragenden Rechtsträger gerichtet werden kann.

3 Bei der **Beseitigung von Mehrstimmrechten** ist die Gesellschaft als Schuldner des Ausgleichsanspruchs (§ 5 Abs. 3 S. 1 EGAktG) Antragsgegner.[7]

§ 5a Vertretung durch einen Rechtsanwalt

¹Vor den Landgerichten, den Oberlandesgerichten und einem Obersten Landesgericht müssen sich die Beteiligten durch einen Rechtsanwalt vertreten lassen. ²Vor dem Bundesgerichtshof müssen sich die Beteiligten durch einen bei dem Bundesgerichtshof zugelassenen Rechtsanwalt vertreten lassen. ³Satz 1 ist auf den gemeinsamen Vertreter nicht anzuwenden.

Literatur:
Drescher, Die Änderung des Spruchverfahrensgesetzes 2023, AG 2023, 337.

A. Überblick

1 § 5a statuiert für sämtliche Instanzen einen **Anwaltszwang**. Mit dieser durch das UmRuG erstmals für die erste Instanz und die Beschwerdeinstanz vollumfänglich eingeführten Pflicht will der Gesetzgeber die Qualität der Verfahrensführung steigern und die Verfahren beschleunigen.[1] Ferner soll damit Problemen bei der Zustellung von Schriftsätzen und Verzögerungen aufgrund nicht abgegebener Verfahrenserklärungen entgegengewirkt werden.[2] Der Anwaltszwang betrifft gem. § 17 Abs. 3 alle Verfahren, in denen ein (richtigerweise: der erste) Antrag auf gerichtliche Entscheidung ab dem 31.1.2023 gestellt wurde, so dass die Regelung in jedem Fall für alle künftigen Verfahren beachtlich ist. Vor dem BGH bestand bereits nach alter Rechtslage die Pflicht, sich von einem dort gem. §§ 164 ff. BRAO zugelassenen Rechtsanwalt vertreten zu lassen (§ 17 Abs. 1 iVm § 10 Abs. 4 FamFG). Im Beschwerdeverfahren musste nach alter Rechtslage lediglich die Beschwerdeschrift durch einen Rechtsanwalt unterzeichnet sein (§ 12 Abs. 1 S. 2 aF).

B. Personeller und sachlicher Anwendungsbereich

2 Dem Anwaltszwang unterliegen nach S. 1 **alle Beteiligten**. Dies sind sowohl die Antragsteller als auch der jeweilige Antragsgegner.[3] Auch der gemeinsame Vertreter ist Betei-

---

[4] Emmerich/Habersack/*Emmerich* SpruchG § 5 Rn. 2; Kölner Komm AktG/*Wasmann* SpruchG § 5 Rn. 1.
[5] Emmerich/Habersack/*Emmerich* SpruchG § 5 Rn. 3; K. Schmidt/Lutter/*Klöcker* SpruchG § 3 Rn. 6; Kölner Komm AktG/*Wasmann* SpruchG § 5 Rn. 4.
[6] *Koch* SpruchG § 5 Rn. 3.
[7] Emmerich/Habersack/*Emmerich* SpruchG § 5 Rn. 4; K. Schmidt/Lutter/*Klöcker* SpruchG § 3 Rn. 9; Kölner Komm AktG/*Wasmann* SpruchG § 5 Rn. 6.
[1] Begr. RegE UmRuG, BT-Drs. 20/3822, 126.
[2] Begr. RegE UmRuG, BT-Drs. 20/3822, 126.
[3] BeckOGK/*Drescher* SpruchG § 5a Rn. 3.

ligter im verfahrensrechtlichen Sinne. Da er selbst jedoch als Rechtsanwalt zugelassen sein muss (vgl. § 6 Abs. 1 S. 1, § 6a S. 1, § 6b S. 1 und § 6c Abs. 1 S. 1), muss er sich, wie S. 3 ausdrücklich bestimmt, vor dem LG, dem OLG oder einem Obersten LG (vgl. § 12 Abs. 2) nicht durch einen (anderen) Rechtsanwalt vertreten lassen, wohl aber vor dem BGH.[4] Antragsteller, die selbst als Rechtsanwälte zugelassen sind, dürfen sich selbst vertreten, auch wenn eine § 78 Abs. 4 ZPO entsprechende Regelung oder ein genereller Verweis auf diese Norm im FamFG fehlen.[5]

Vom Anwaltszwang umfasst sind **alle Verfahrenshandlungen**, die **vor oder gegenüber dem Gericht** vorzunehmen sind, namentlich die Antragsschrift und ihre Begründung (§ 4), die Antragserwiderung (§ 7), der Abschluss eines Vergleichs bzw. die Zustimmung zu einem Vergleichsvorschlag (§ 11 Abs. 4) sowie die Beschwerdeschrift und -begründung (§ 12).[6] Auch das Vertreten und Verhandeln in der mündlichen Verhandlung werden von § 5a erfasst, nicht aber die mögliche persönliche Anhörung eines Beteiligten.[7] Auch die Ausübung des Fragerechts kann, wie bisher in der Praxis durchaus üblich, weiterhin den Beteiligten bzw. von diesen hierzu ermächtigten Dritten, die selbst keine Rechtsanwälte sind, übertragen werden.[8] Aus dem Anwaltszwang folgt zugleich, dass Anträge und schriftlich einzureichende Erklärungen nur noch elektronisch übermittelt werden dürfen (§ 14b Abs. 1 FamFG).[9]

3

Rechtsanwalt iSd § 5a ist jeder die Voraussetzungen des § 4 S. 1 BRAO erfüllende und nach § 12 BRAO zugelassene Rechtsanwalt.[10] In Ermangelung einer § 138 Abs. 1 StPO, § 392 Abs. 1 AO, § 67 Abs. 2 S. 1 VwGO oder § 73 Abs. 2 S. 1 SGG vergleichbaren Vorschrift sind deutsche Hochschullehrer hingegen nicht vertretungsbefugt.[11] Gleiches gilt für nur in Drittstaaten nach dortigem Recht zugelassene Rechtsanwälte.[12]

4

§ 6 Gemeinsamer Vertreter

(1) ¹Das Gericht hat den Antragsberechtigten, die nicht selbst Antragsteller sind, zur Wahrung ihrer Rechte frühzeitig einen Rechtsanwalt als gemeinsamen Vertreter zu bestellen; dieser hat die Stellung eines gesetzlichen Vertreters. ²Werden die Festsetzung des angemessenen Ausgleichs und die Festsetzung der angemessenen Abfindung beantragt, so hat es für jeden Antrag einen gemeinsamen Vertreter zu bestellen, wenn aufgrund der konkreten Umstände davon auszugehen ist, dass die Wahrung der Rechte aller betroffenen Antragsberechtigten durch einen einzigen gemeinsamen Vertreter nicht sichergestellt ist. ³Die Bestellung eines gemeinsamen Vertreters kann vollständig unterbleiben, wenn die Wahrung der Rechte der Antragsberechtigten auf andere Weise sichergestellt ist. ⁴Das Gericht hat die Bestellung des gemeinsamen Vertreters im Bundesanzeiger bekannt zu machen. ⁵Wenn in den Fällen des § 1 Nr. 1 bis 3 die Satzung der Gesellschaft, deren außenstehende oder ausgeschiedene Aktionäre antragsberechtigt sind, oder in den Fällen des § 1 Nr. 4 der Gesellschaftsvertrag, der Partnerschaftsvertrag, die Satzung oder das

---

4 MüKoAktG/*Krenek* SpruchG § 5a Rn. 9; *Drescher* AG 2023, 337 (340).
5 BeckOGK/*Drescher* SpruchG § 5a Rn. 5.
6 BeckOGK/*Drescher* SpruchG § 5a Rn. 6.
7 BeckOGK/*Drescher* SpruchG § 5a Rn. 6; MüKoAktG/*Krenek* SpruchG § 5a Rn. 7.
8 MüKoAktG/*Krenek* SpruchG § 5a G Rn. 7.
9 *Drescher* AG 2023, 337 (340).
10 BeckOGK/*Drescher* SpruchG § 5a Rn. 9; MüKoAktG/*Krenek* SpruchG § 5a Rn. 2.
11 MüKoAktG/*Krenek* SpruchG § 5a Rn. 4
12 BeckOGK/*Drescher* SpruchG § 5a Rn. 9; MüKoAktG/*Krenek* SpruchG § 5a Rn. 4.

Statut des übertragenden, übernehmenden oder formwechselnden Rechtsträgers noch andere Blätter oder elektronische Informationsmedien für die öffentlichen Bekanntmachungen bestimmt hatte, so hat es die Bestellung auch dort bekannt zu machen.

(2) ¹Der gemeinsame Vertreter kann von dem Antragsgegner in entsprechender Anwendung des Rechtsanwaltsvergütungsgesetzes den Ersatz seiner Auslagen und eine Vergütung für seine Tätigkeit verlangen; mehrere Antragsgegner haften als Gesamtschuldner. ²Die Auslagen und die Vergütung setzt das Gericht fest. ³Gegenstandswert ist der für die Gerichtsgebühren maßgebliche Geschäftswert. ⁴Das Gericht kann den Zahlungsverpflichteten auf Verlangen des Vertreters die Leistung von Vorschüssen aufgeben. ⁵Aus der Festsetzung findet die Zwangsvollstreckung nach der Zivilprozessordnung statt.

(3) ¹Der gemeinsame Vertreter kann das Verfahren auch nach Rücknahme eines Antrags fortführen. ²Er steht in diesem Falle einem Antragsteller gleich.

Literatur:
Bayer/Hoffmann, Der gemeinsame Vertreter im Spruchverfahren, AG 2013, R79; *Büchel*, Neuordnung des Spruchverfahrens, NZG 2003, 793; *Deiß*, Die Vergütung der Verfahrensbevollmächtigten und des gemeinsamen Vertreters im Spruchverfahren, NZG 2013, 248; *Günal/Kemmerer*, Die Vergütung des gemeinsamen Vertreters der Minderheitsaktionäre, NZG 2013, 16; *Müller*, Internationalisierung des deutschen Umwandlungsrechts: Die Regelung der grenzüberschreitenden Verschmelzung, ZIP 2007, 1081; *Puszkajler*, Verfahrensgegenstand und Rechte des gemeinsamen Vertreters im neuen Spruchverfahren, Der Konzern 2006, 256; *Wasmann*, Zur Evaluation des Spruchverfahrens: Kein Abschaffungs- und überschaubarer Änderungsbedarf – Die Richter können es richten, AG 2021, 179; *Wasmann/Mielke*, Der gemeinsame Vertreter nach § 6 SpruchG – Eine einzigartige Rechtsfigur gibt noch immer Rätsel auf, WM 2005, 822; *Weber/Kersjes*, Hauptversammlungsbeschlüsse vor Gericht, 2010; *Weingärtner*, Eingeschränkte Rechte des gemeinsamen Vertreters der außenstehenden Aktionäre im Spruchverfahren, DK 2005, 694.

I. Normzweck ... 1	f) Bekanntmachung ... 13
II. Inhalt ... 3	3. Rechtsstellung ... 15
1. Person ... 3	4. Abberufung ... 19
2. Bestellung ... 7	5. Haftung ... 20
a) Zuständigkeit ... 7	III. Kosten ... 21
b) Voraussetzungen ... 8	1. Vergütung ... 22
c) Besonderheiten bei Unternehmensverträgen ... 9	2. Auslagen ... 24
d) Ausnahmsweise Entbehrlichkeit ... 11	3. Kostenschuldner ... 25
e) Zeitpunkt ... 12	4. Justiziabilität der Kostenentscheidung ... 26

I. Normzweck

1 § 6 widmet sich dem gemeinsamen Vertreter, der im Laufe der Geschichte einen erheblichen Bedeutungswandel erfahren hat. Historisch Instrument als Ausgleich für den Umstand, dass Abfindungsentscheidungen im Spruchstellenverfahren zwar für und gegen alle kompensationsberechtigten Anteilseigner wirkten, diese aber selbst nicht Beteiligte des Verfahrens waren,[1] dient das Institut des gemeinsamen Vertreters heute vor allem dazu, zu verhindern, dass sich Antragsteller und Antragsgegner zulasten der Anteilseigner, die sich (freiwillig) nicht am Verfahren beteiligen, vergleichen;[2] gleichzei-

---

[1] Zur historischen Entwicklung des Spruch(stellen)verfahrens und der Rolle des gemeinsamen Vertreters etwa Kölner Komm AktG/*Wasmann* SpruchG § 6 Rn. 3 ff.; *Wasmann/Mielke* WM 2005, 822 (822 f.); *Wasmann* AG 2021, 179 (185).
[2] *Büchel* NZG 2003, 793 (796 f.); Dreier/Fritzsche/Verfürth/*Dreier* SpruchG § 6 Rn. 5.

tig wird es als Instrument zur Sicherung der allgemeinen Verfahrensgrundsätze des rechtlichen Gehörs (Art. 103 GG) und der Gleichbehandlung verstanden.[3] Zu seiner Legitimation wird man ergänzend auf Erkenntnisse der Rechtsökonomik zurückgreifen können. Entscheidungen in Spruchverfahren wirken inter omnes (vgl. § 13 S. 1). Gleichzeitig kann von idealtypischen Aktionären, die nach den Verhaltensbefehlen der Portfolio-Theorie an einer Publikumsgesellschaft nur atomistisch beteiligt sein sollten, im Regelfall nicht erwartet werden, dass sie bei überschaubarem Ertrag die Kosten und Mühen der Beteiligung an einem Spruchverfahren auf sich nehmen; sie verharren vielmehr in rationaler Apathie. Um zu verhindern, dass diese ökonomisch rationale Abstinenz dazu führt, dass die Vermögenspositionen der Anteilseigner durch eine unangemessen niedrige Vergütung ihres Anteilsbesitzes ausgenutzt werden, wird den Anteilseignern ein Sachwalter an die Seite gestellt.

Die praktische Bedeutung des Instituts ist nicht frei von Zweifeln: die Empirie zeigt, dass gemeinsame Vertreter regelmäßig wenig – wenn überhaupt – ergänzenden Sachvortrag liefern;[4] nicht zu unterschätzen ist andererseits, dass der durch das Gericht ausgesuchte gemeinsame Vertreter häufig ein ausgleichendes Element ist und deshalb durchaus eine wichtige Funktion im Rahmen von Vergleichsverhandlungen übernehmen kann.[5] Im Übrigen lässt sich dem unbefriedigenden empirischen Befund die Aufforderung an die gemeinsamen Vertreter entnehmen, eine aktivere Rolle im Spruchverfahren zu spielen.[6]

II. Inhalt

1. Person

An die Person des gemeinsamen Vertreters formulierte das Gesetz bisher keine besonderen Anforderungen, durch das Gesetz zur Umsetzung der Umwandlungsrichtlinie (UmRUG) ist nunmehr – parallel zum gleichfalls neu eingeführten Anwaltszwang nach § 5a – zwingend ein **Rechtsanwalt** als gemeinsamer Vertreter zu bestellen. Der Gesetzgeber erhofft sich durch die zwingende anwaltliche Vertretung eine Steigerung der Qualität der Prozessführung und einen zügigeren Prozessverlauf.[7] Die Bestellung eines Rechtsanwalts stellte bereits bisher den Regelfall dar,[8] war allerdings nicht zwingend. Als ausreichend wurde vielmehr erachtet, dass die als gemeinsamer Vertreter in Aussicht genommene Person über die zur ordnungsgemäßen Interessenwahrnehmung der nicht antragstellenden Aktionäre notwendigen **Fähigkeiten** und **Kenntnisse** verfügte,[9] was nicht nur für einen – auch und vor allem mit Fragen der Unternehmensbewertung vertrauten – Rechtsanwalt zutrifft, sondern selbstverständlich auch für einen Wirtschaftsprüfer, Steuerberater oder Corporate-Finance-Berater.[10] Dass diesen Personen nunmehr die Wahrnehmung der Rolle als gemeinsamer Vertreter verwehrt wird, begründet der Gesetzgeber mit der Erwägung, dass anderenfalls auch der gemeinsame Vertreter seiner-

---

3 *Klöcker/Frowein* SpruchG § 6 Rn. 4; K. Schmidt/Lutter/*Klöcker/Wittgens* SpruchG § 6 Rn. 5; Widmann/Mayer/*Wälzholz* SpruchG § 6 Rn. 1; *Weber/Kersjes* Hauptversammlungsbeschlüsse § 5 Rn. 225.
4 *Büchel* NZG 2003, 793 (796 f.); *Max* NZG 2014, 92.
5 Positive Wertung auch bei Widmann/Mayer/*Wälzholz* SpruchG § 6 Rn. 2.1.
6 Hölters/Weber/*Simons* SpruchG § 6 Rn. 3.
7 RegE Entwurf eines Gesetzes zur Umsetzung der Umwandlungsrichtlinie, BT-Drs. 20/3822, 126; vgl. auch *J.*

Schmidt NZG 2022, 635 (642). Ausdrücklich begrüßend *Goette* DStR 2023, 157 (164).
8 Besonders häufig werden Anwälte bestellt, die zugleich Funktionen bei Anlegerschutzorganisationen wahrnehmen, vgl. *Bayer/Hoffmann* AG 2013, R79 (R80).
9 Lutter/*Mennicke* SpruchG § 6 Rn. 4; K. Schmidt/Lutter/*Klöcker/Wittgens* SpruchG § 6 Rn. 4; Dreier/Fritzsche/Verfürth/*Dreier* SpruchG § 6 Rn. 48
10 Lutter/*Mennicke* SpruchG § 6 Rn. 4; *Bayer/Hoffmann* AG 2013, R79; *Deiß* NZG 2013, 248 (250).

3   seits nach § 5a einen Anwalt einzuschalten gezwungen wäre, womit ein vermeidbarer zusätzlicher Aufwand entstehe, der sich vermeiden lasse.[11] Zwingend erscheint dies nicht, da es durchaus denkbar gewesen wäre, bei einem hinreichend sachkundigen nicht-anwaltlichen gemeinsamen Vertreter auf die Beiordnung eines Anwalts zu verzichten.

4   Im Übrigen wird man richtigerweise auch nach der Novellierung des § 6 am Erfordernis **hinreichender Sachkunde** festzuhalten haben, was nunmehr verlangt, dass als gemeinsamer Vertreter ein Rechtsanwalt zu bestellen ist, der mit den Besonderheiten eines Spruchverfahrens, insbesondere der im Zentrum stehenden Unternehmensbewertung hinreichend vertraut ist.

5   Nach bisher hM soll zudem nur eine **natürliche Person** in Betracht kommen;[12] überzeugend finden muss man dies nicht. So kann etwa gemeinsamer Vertreter der Gläubiger einer Anleihe (§ 7 SchvG) unproblematisch auch eine sachkundige juristische Person sein,[13] und im verwandten Gesellschaftsrecht verwundert seit jeher die unterschiedliche Behandlung, die eine juristische Person als (faktisches) Organ (§ 76 Abs. 3 S. 1 AktG) und als Abwickler (§ 265 Abs. 2 S. 3 AktG) erfährt. Insgesamt wird man festhalten müssen, dass es Gesetzgeber und Rechtsprechung bisher nicht gelungen ist, eine überzeugende Systematik zu entwickeln, unter welchen Voraussetzungen eine juristische Person in die Stellung eines nach gesetzlichen Vorgaben besonders qualifizierten Sachverständigen einrücken darf, vielmehr erscheint die (Un-)Gleichbehandlung juristischer und natürlicher Personen in entsprechenden Konstellationen einigermaßen willkürlich und in sich hinreichend inkonsistent. Für das Spruchverfahren sind nach hier vertretener Ansicht keine Gesichtspunkte ersichtlich, weshalb nicht auch eine **juristische Person oder rechtsfähige Personengesellschaft** (GbR, OHG, KG, PartG) als gemeinsamer Vertreter bestellt werden sollte, soweit sichergestellt ist, dass deren im konkreten Spruchverfahren auftretende Repräsentanten die notwendigen Sachkundevoraussetzungen (→ Rn. 3a) erfüllen.[14] Richtigerweise steht auch das neue Erfordernis, dass gemeinsamer Vertreter ein Rechtsanwalt sein muss, der Annahme, dass auch juristische Personen bzw. rechtsfähige Personengesellschaften gemeinsamer Vertreter sein können, nicht entgegen. Dieses wird man vielmehr dahin zu lesen haben, dass die für die juristische Person bzw. Personengesellschaft im Verfahren konkret Handelnden Rechtsanwälte sein müssen.

6   Da der gemeinsame Vertreter nunmehr zwingend selbst Rechtsanwalt sein muss, gilt für ihn der **Anwaltszwang** nach § 5a nach ausdrücklicher Anordnung in § 5a S. 3 nicht, womit klargestellt werden soll, dass der gemeinsame Vertreter nicht seinerseits einen anwaltlichen Vertreter zu bestellen hat.[15]

---

11 RegE Entwurf eines Gesetzes zur Umsetzung der Umwandlungsrichtlinie, BT-Drs. 20/3822, 126.
12 Lutter/Mennicke SpruchG § 6 Rn. 4; Semler/Stengel/Volhard, 3. Aufl. 2012, SpruchG § 6 Rn. 8; Dreier/Fritzsche/Verfürth/Dreier SpruchG § 6 Rn. 47; K. Schmidt/Lutter/Klöcker/Wittgens SpruchG § 6 Rn. 4; Widmann/Mayer/Wälzholz SpruchG § 6 Rn. 14.1.
13 Wobei als „juristische Personen" auch Personengesellschaften in Betracht kommen, vgl. Rubner/Leuering NJW-Spezial 2014, 15.
14 Ähnlich MüKoAktG/Kubis SpruchG § 6 Rn. 5; sympathisierend auch Hölters/Weber/Simons SpruchG § 6 Rn. 10 Fn. 36.
15 RegE Entwurf eines Gesetzes zur Umsetzung der Umwandlungsrichtlinie, BT-Drs. 20/3822, 126.

2. Bestellung

a) Zuständigkeit

Die Bestellung des gemeinsamen Vertreters erfolgt von Amts wegen,[16] bei Zuständigkeit der Kammer für Handelssachen durch den Vorsitzenden (§ 2 Abs. 5 S. 1 Nr. 5).[17] Die Bestellung erfolgt durch Beschluss, der keiner Begründung bedarf.[18]

b) Voraussetzungen

Die Bestellung eines gemeinsamen Vertreters erfolgt immer dann, wenn Aktionäre vorhanden sind, die nicht Antragsteller (und auch nicht Antragsgegner) sind,[19] was das Gericht von Amts wegen (§ 26 FamFG) prüft.[20] Die Bestellung setzt nach zutreffender herrschender Ansicht zumindest einen **zulässigen Antrag** voraus, da andernfalls die Bestellung durch den gemeinsamen Vertreter unnötige Kosten verursachen würde.[21] Ein gemeinsamer Vertreter ist deshalb etwa dann nicht zu bestellen, wenn ein verfrühter Antrag zurückgenommen worden ist.[22] Haben umgekehrt alle Antragsberechtigten Anträge gestellt, ist gleichfalls kein Platz für die Bestellung eines gemeinsamen Vertreters, da in diesem Fall sämtliche Aktionäre ihre Rechte aktiv wahrnehmen[23] und der gemeinsame Vertreter, der kein Instrument paternalistischer Bevormundung ist, nicht gebraucht wird.[24]

c) Besonderheiten bei Unternehmensverträgen

Nach früherer Rechtslage war für Ausgleich und Abfindung bei Abschluss eines **Beherrschungs- und/oder Gewinnabführungsvertrages** (§§ 304, 305 AktG) jeweils ein gemeinsamer Vertreter zu bestellen, da man fürchtete, ausscheidende und in der Gesellschaft verbleibende Aktionäre wiesen gegenläufige Interessen auf. Das Spruchverfahrensneuordnungsgesetz hat diese Dichotomie richtigerweise aufgehoben mit der Erwägung, dass letztlich alle Aktionäre Leistungen von der betroffenen Gesellschaft verlangen.[25] In der Tat wird der hypothetische Interessenantagonismus, der sich daraus ergibt, dass ausscheidende in Abgrenzung zu den in der Gesellschaft verbleibenden Anteilseignern kein Interesse an einer möglichst umfänglichen Kapitalausstattung der herrschenden Gesellschaft haben, vollständig überlagert durch den Umstand, dass beide Kompensationen primär durch die Höhe des Unternehmenswertes bestimmt werden und entsprechend beide Gruppen ein Interesse an der gerichtlichen Feststellung eines möglichst hohen Wertes haben.[26] **Mehrere gemeinsame Vertreter** für Ausgleich und

---

16 Dreier/Fritzsche/Verfürth/*Dreier* SpruchG § 6 Rn. 35; K. Schmidt/Lutter/*Klöcker/Wittgens* SpruchG § 6 Rn. 2; *Weber/Kersjes* Hauptversammlungsbeschlüsse § 5 Rn. 225.
17 MüKoAktG/*Kubis* SpruchG § 6 Rn. 5; *Bayer/Hoffmann* AG 2013, R79.
18 Kölner Komm AktG/*Wasmann* SpruchG § 6 Rn. 22. Die Frage aufwerfend, ob an der bisherigen Praxis, den Beschluss nicht zu begründen, vor dem Hintergrund des § 38 Abs. 3 S. 1, Abs. 4 FamFG festgehalten werden kann, Hölters/Weber/*Simons* SpruchG § 6 Rn. 4; in gleiche Richtung auch Widmann/Mayer/*Wälzholz* SpruchG § 6 Rn. 14.2.
19 Semler/Stengel/*Volhard*, 3. Aufl. 2012, SpruchG § 6 Rn. 7.
20 *Koch* SpruchG § 6 Rn. 2; Kölner Komm AktG/*Wasmann* SpruchG § 6 Rn. 23; MüKoAktG/*Kubis* SpruchG § 6 Rn. 3.

21 So bereits DAV-Stellungnahme zum Spruchverfahrensneuordnungsgesetz ZIP 2003, 552 (553); OLG Stuttgart AG 2011, 599 (600); K. Schmidt/Lutter/*Klöcker/Wittgens* SpruchG § 6 Rn. 7; MüKoAktG/*Kubis* SpruchG § 6 Rn. 3; Hölters/Weber/*Simons* SpruchG § 6 Rn. 8; Widmann/Mayer/*Wälzholz* SpruchG § 6 Rn. 5; *Wasmann/Mielke* WM 2005, 822 (824 f.).
22 OLG Stuttgart NZG 2004, 97.
23 Kölner Komm AktG/*Wasmann* SpruchG § 6 Rn. 22; *Wasmann/Mielke* WM 2005, 822 (824); MüKoAktG/*Kubis* SpruchG § 6 Rn. 3.
24 AA insoweit aus verfahrensrechtlichen Gründen etwa Widmann/Mayer/*Wälzholz* SpruchG § 6 Rn. 5.2.
25 RegE SpruchverfahrensneuordnungsG, Begr. zu § 6, abgedruckt in ZIP 2002, 2097 (2101).
26 *Büchel* NZG 2003, 793 (797); *Wasmann/Mielke* WM 2005, 822 (825).

Abfindung sind nunmehr nur noch dann zu bestellen, wenn aufgrund der konkreten Umstände davon auszugehen ist, dass die Wahrung aller betroffenen Antragsberechtigten durch einen einzigen gemeinsamen Vertreter nicht sichergestellt ist (§ 6 Abs. 1 S. 3). Dies wird allenfalls in Ausnahmefällen anzunehmen sein.[27]

10 Wie bereits nach früherem Recht kommt die Bestellung mehrerer gemeinsamer Vertreter bei Vorhandensein **verschiedener Aktiengattungen** gleichfalls nicht in Betracht,[28] da auch insoweit gilt, dass die Geltendmachung eines hohen Unternehmenswertes dominierender Handlungsimpetus ist und die Bestimmung des Partizipationsverhältnisses der unterschiedlichen Aktiengattungen an diesem Unternehmenswert grundsätzlich ein mathematisches Problem bzw. ein Rechtsproblem ist, dessen Lösung die Bestellung eines Sachwalters für die jeweiligen Gruppen nicht erforderlich macht, sondern in der Verantwortung des Gerichts verbleiben kann.

d) Ausnahmsweise Entbehrlichkeit

11 Ausnahmsweise entfällt die Notwendigkeit zur Bestellung eines gemeinsamen Vertreters zur Gänze.[29] Voraussetzung ist, dass die Wahrung der Rechte der Antragsberechtigten auf andere Weise sichergestellt ist (§ 6 Abs. 1 S. 3). Als derartige (theoretisch) denkbare Ausnahmefälle hat die Literatur den Verzicht aller nicht antragstellenden Anteilseigner[30] bzw. deren ausnahmslose Vertretung durch einen Bevollmächtigten[31] sowie einen außergerichtlichen Vergleich identifiziert.[32] Entgegen einer zum früheren Recht ergangenen Entscheidung des BayObLG[33] wird es demgegenüber von der heute hM zu Recht nicht als ausreichend erachtet, dass sich eine Schutzvereinigung am Verfahren beteiligt.[34] Zwar treten Schutzvereinigungen regelmäßig mit dem ordnungspolitischen Anspruch an, die Interessen sämtlicher (Klein-)Anleger zu vertreten, im Spruchverfahren besteht aber doch die Tendenz, vor allem die eigenen Interessen und die der vertretenen Aktionäre zu wahren.[35] Ebenso wenig rechtfertigt zu Tage tretendes mangelndes Interesse der nicht beteiligten Antragsberechtigten am Verfahren den Verzicht auf die Bestellung eines gemeinsamen Vertreters;[36] das Gesetz nimmt die rationale Apathie der Aktionäre nicht nur hin, sondern versucht im Gegenteil einen verfahrensmäßigen Ausgleich für diese zu schaffen.

---

27 *Bayer/Hoffmann* AG 2013, R79 (R80) berichten für den Zeitraum 2009–2012 von nur einem Fall, in dem es zur Bestellung zweier gemeinsamer Vertreter für Ausgleich und Abfindung gekommen ist; vgl. auch Widmann/Mayer/*Wälzholz* SpruchG § 6 Rn. 7: absolute Ausnahme.
28 *Klöcker/Frowein* § 6 Rn. 12; K. Schmidt/Lutter/*Klöcker/Wittgens* SpruchG § 6 Rn. 10.
29 Aus der Rechtsprechung etwa OLG Düsseldorf NJW 1971, 1569 (noch zu § 306 AktG aF).
30 K. Schmidt/Lutter/*Klöcker/Wittgens* SpruchG § 6 Rn. 12; MüKoAktG/*Kubis* SpruchG § 6 Rn. 9; Widmann/Mayer/*Wälzholz* SpruchG § 6 Rn. 8.1. Entgegen Dreier/Fritzsche/Verfürth/*Dreier* SpruchG § 6 Rn. 43 wird damit nicht die hinter dem Institut des gemeinsamen Vertreters stehende Intuition des Gesetzgebers überspielt. Der gemeinsame Vertreter ist Korrekturfaktor mangelnder Beteiligung, nicht aber juristischer Betreuer einer nicht hinreichend sachkundigen Person. Im Übrigen gilt auch im Spruchverfahren der Kardinalsatz einer liberalen und marktwirtschaftlich verfassten Wirtschaftsordnung: volenti non fit iniuria.
31 Widmann/Mayer/*Wälzholz* SpruchG § 6 Rn. 8.1.
32 K. Schmidt/Lutter/*Klöcker/Wittgens* SpruchG § 6 Rn. 12.
33 BayObLG AG 1992, 59 (59 f.).
34 So aus der früheren Rechtsprechung auch OLG Hamburg AG 2002, 406 (407); Kölner Komm AktG/*Wasmann* SpruchG § 6 Rn. 23; Semler/Stengel/*Volhard*, 3. Aufl. 2012, SpruchG § 6 Rn. 12; Widmann/Mayer/*Wälzholz* SpruchG § 6 Rn. 8.
35 Ähnliche Wertung bei Widmann/Mayer/*Wälzholz* SpruchG § 6 Rn. 8.
36 KG OLGZ 1972, 146 (149 f.); Widmann/Mayer/*Wälzholz* SpruchG § 6 Rn. 9.

e) Zeitpunkt

Das Gericht hat den gemeinsamen Vertreter „frühzeitig" zu bestellen, worin sich wiederum die Verpflichtung des SpruchG auf den Beschleunigungsgrundsatz spiegelt.[37] Richtigerweise sollte die Bestellung **unmittelbar nach Eingang des ersten zulässigen Antrags** erfolgen, damit der gemeinsame Vertreter auf die Antragserwiderung seinerseits zeitnah reagieren kann.[38] Spätester möglicher Zeitpunkt für die Bestellung ist der Beginn der mündlichen Verhandlung (§ 8) bzw. der der Beweisaufnahme.[39]

f) Bekanntmachung

Das Gericht hat die Bestellung des gemeinsamen Vertreters im Bundesanzeiger bekanntzumachen. Bestimmen Satzung, Gesellschafts- bzw. Partnerschaftvertrag oder Statut des betroffenen Rechtsträgers weitere Publikationsorgane als Gesellschaftsblätter, muss die Veröffentlichung auch in diesen erfolgen, wobei es auch insoweit bei der Zuständigkeit des Gerichts bleibt. Die Regelung, eine Veröffentlichung in sämtlichen Gesellschaftsblättern veranlassen zu müssen, ist unter Hinweis auf den Beschleunigungsgrundsatz zu Recht Gegenstand rechtspolitischer Kritik;[40] de lege ferenda sollte es bei einer Bekanntmachung im Bundesanzeiger sein Bewenden haben. Für die Aktiengesellschaft – und damit auch für KGaA und SE (Art. 10 SE-VO) – ist der Gesetzgeber mit der Aktienrechtsnovelle den dahin gehenden Empfehlungen gefolgt (§ 25 AktG); eine Entscheidung, die für das Spruchverfahren nachgezeichnet werden sollte. Im Übrigen wird man zumindest im Regelfall Gesellschaften allerdings ohnehin zu empfehlen haben, auf die Schaffung weiterer Gesellschaftsblätter zu verzichten, die in der Praxis in zahlreichen Konstellationen mehr Schaden denn Nutz und Frommen stiften.

Durch das Gesetz offengelassen und ersichtlich auch noch nicht durch die Rechtsprechung zu entscheiden war, welche Rechtsfolgen ein **Verstoß gegen die Veröffentlichungs- und Bekanntmachungspflichten** nach sich zieht. Prima facie wird man diesbezüglich davon auszugehen haben, dass ein entsprechender Verstoß sanktionslos bleibt, insbesondere also nicht die Bestellung des gemeinsamen Vertreters oder die Wirksamkeit seiner Handlungen berührt.[41] Es erschiene schwer vertretbar, den durch den gemeinsamen Vertreter vertretenen Personen, die sich nicht am Verfahren beteiligt haben, den Verstoß des Gerichts gegen die Bekanntmachungspflicht zuzurechnen.

3. Rechtsstellung

Der gemeinsame Vertreter hat die Stellung eines **gesetzlichen Vertreters** (§ 51 Abs. 2 ZPO), macht also die Rechte der nicht am Verfahren beteiligten Anspruchsberechtigten in deren Namen und nicht etwa im eigenen Namen geltend.[42] Nicht anders als die eigentlichen Antragsteller ist auch der gemeinsame Vertreter Verfahrensbeteiligter.[43] In dieser Rolle ist er befugt, Anträge zu stellen und am Abschluss des Verfahrens durch

---

37 Dreier/Fritzsche/Verfürth/*Dreier* SpruchG § 6 Rn. 40 weist zudem darauf hin, dass durch die frühzeitige Bestellung auch eine effektive Wahrnehmung der Interessen der nicht am Verfahren beteiligten Antragsberechtigten gefördert wird.
38 *Büchel* NZG 2003, 793 (797); *Klöcker/Frowein* § 6 Rn. 6; Semler/Stengel/*Volhard*, 3. Aufl. 2012, SpruchG § 6 Rn. 7.
39 Hölters/Weber/*Simons* SpruchG § 6 Rn. 6.
40 Vgl. *Büchel* NZG 2003, 793 (797).
41 Widmann/Mayer/*Wälzholz* SpruchG § 6 Rn. 18.2.
42 BGH NZG 2019, 470 (474); K. Schmidt/Lutter/*Klöcker/Wittgens* SpruchG § 6 Rn. 19; Hölters/Weber/*Simons* SpruchG § 6 Rn. 26; Widmann/Mayer/*Wälzholz* SpruchG § 6 Rn. 31.
43 Kölner Komm AktG/*Wasmann* SpruchG § 6 Rn. 15; K. Schmidt/Lutter/*Klöcker/Wittgens* SpruchG § 6 Rn. 19.

gerichtlichen oder außergerichtlichen Vergleich mitzuwirken.[44] Entgegen vereinzelt vertretener Ansicht wird man ihm auch das Recht zugestehen müssen, eigene Einwendungen gegen die durch die Antragsgegnerin vorgelegte Unternehmensbewertung vorzutragen, er ist erkennbar Sachwalter der außenstehenden Aktionäre, die nicht durch möglicherweise unvollständigen Vortrag der Antragsteller präjudiziert werden sollen.[45] In diesem Zusammenhang kann der gemeinsame Vertreter theoretisch auch ein Privatgutachten zur Unternehmensbewertung in Auftrag geben, aufgrund der Geltung des Amtsermittlungsgrundsatzes versagt ihm die jüngere Rechtsprechung allerdings die Erstattungsfähigkeit der damit verbundenen Kosten,[46] so dass es sich – zumindest bis auf Weiteres – um eine rein theoretische Möglichkeit handelt.[47] Wohl nur aufgrund der Besonderheiten des Sachverhalts zu überzeugen vermag eine Entscheidung des OLG Frankfurt a. M., wonach die nicht ordnungsgemäße Ladung des gemeinsamen Vertreters keine Verletzung dessen Rechts auf rechtliches Gehör darstellen soll.[48] Im zu verhandelnden Fall hatte der gemeinsame Vertreter sowohl im Ausgangs- als auch im Beschwerdeverfahren Gelegenheit, seine Einwendungen vorzubringen.[49] Dies berücksichtigend erscheint die Entscheidung gut vertretbar, im Übrigen wird man demgegenüber eine Verletzung rechtlichen Gehörs für möglich halten müssen. Umstritten ist, ob der gemeinsame Vertreter gegen die instanzbeendende Entscheidung des Landgerichts Beschwerde nach § 12 einlegen kann. Zumindest für den Fall, dass ein gemeinsamer Vertreter nicht von seinem Fortführungsrecht Gebrauch gemacht hat, verneint dies der BGH mittlerweile ausdrücklich (→ § 12 Rn. 13 f.).

16 Nach hM zum früheren Recht (AktG 1965) hatte der besondere Vertreter **nach Rücknahme des Antrags** lediglich die Stellung eines Nebenintervenienten mit der Folge, dass bei Rücknahme aller Anträge das Verfahren endete, ohne dass es insoweit auf die Haltung des gemeinsamen Vertreters angekommen wäre.[50] § 6 Abs. 3 sieht demgegenüber nunmehr ausdrücklich ein Recht zur Verfahrensfortführung vor. Zweck der Regelung ist zu verhindern, dass Antragssteller und Antragsgegner außergerichtlich einen Vergleich schließen, dessen Verhandlungsmasse vor allem die zu erwartende Abfindung der nicht vertretenen Aktionäre ist, um sodann das Spruchverfahren durch Antragsrücknahme zu beenden, ohne dass die Interessen der außenstehenden Aktionäre berücksichtigt worden wären. Es geht also um die Vermeidung von Auskauffällen.[51] Eine generelle Pflicht zur Verfahrensfortführung besteht demgegenüber nicht; der gemeinsame Vertreter hat vielmehr unter Orientierung am Interesse der nicht am Verfahren beteiligten Anteilseigner eine Entscheidung nach pflichtgemäßem Ermessen zu treffen.[52]

---

44 Dreier/Fritzsche/Verfürth/*Dreier* SpruchG § 6 Rn. 12; K. Schmidt/Lutter/*Klöcker*/*Wittgens* SpruchG § 6 Rn. 19, 21.
45 Wie hier auch OLG Celle AG 2007, 865; Hölters/Weber/ *Simons* SpruchG § 6 Rn. 26; *Büchel* NZG 2003, 793 (798); *Puszkajler* Der Konzern 2006, 256; *Winter/Nießen* NZG 2007, 13 (16). AA MüKoAktG/*Kubis* SpruchG § 6 Rn. 14; *Weingärtner* DK 2005, 694 (694 f.).
46 OLG Düsseldorf ZIP 2011, 1935 (1936) (zu § 308 Abs. 2 UmwG aF). AA etwa noch Semler/Stengel/*Volhard*, 3. Aufl. 2012, SpruchG § 6 Rn. 21.
47 Eine Kostenbelastung der nicht beteiligten Anteilseigner mit den Kosten eines Gutachtens scheidet bereits deshalb aus, weil dem gemeinsamen Vertreter insoweit keine Vertretungsmacht zukommt. Vgl. K. Schmidt/Lutter/*Klöcker*/*Wittgens* SpruchG § 6 Rn. 22.
48 OLG Frankfurt a. M. 20.12.2013 – 21 W 40/11, juris Rn. 87.
49 OLG Frankfurt a. M. 20.12.2013 – 21 W 40/11, juris Rn. 87.
50 Kölner Komm AktG/*Wasmann* SpruchG § 6 Rn. 8; *Wasmann*/*Mielke* WM 2005, 822 (824).
51 RegE Spruchverfahrensneuordnungs G, Begr. zu § 6, abgedruckt in ZIP 2002, 2097 (2102); BGH AG 2014, 46 (48); Fritzsche/Dreier/*Verfürth*, 1. Aufl. 2004, SpruchG § 6 Rn. 31; *Büchel* NZG 2003, 793 (796 f.); *Wasmann*/*Mielke* WM 2005, 822 (824 f.).
52 Fritzsche/Dreier/*Verfürth*, 1. Aufl. 2004, SpruchG § 6 Rn. 32.

Im **Beschwerdeverfahren** bleibt der gemeinsame Vertreter ohne erneuten Bestellungsakt im Amt.[53] Eine eigene Beschwerdebefugnis steht ihm demgegenüber nach umstrittener jüngerer Rechtsprechung des BGH nicht zu.[54] Gleichsinnig ist er im **Verfassungsbeschwerdeverfahren** grundsätzlich nicht befugt, Grundrechtsverletzungen der außenstehenden Aktionäre geltend zu machen.[55] Eine Rechtsschutzverkürzung zulasten der außenstehenden Aktionäre ist hiermit nicht verbunden, weil es ihnen unbenommen ist, sich selbst am Spruchverfahren zu beteiligen und ihre Rechtspositionen durchzusetzen.[56] Denkbar bleibt allerdings, dass der gemeinsame Vertreter geltend macht, im Rahmen des Spruchverfahrens in seinen prozessualen Grundrechten verletzt zu sein.[57]

17

Der gemeinsame Vertreter ist **unabhängig**, dh insbesondere, dass er nicht (theoretischen) Weisungen der nicht beteiligten Antragsteller unterworfen und diesen gegenüber auch nicht rechenschaftspflichtig ist.[58]

18

4. Abberufung

Nicht geregelt, aber allgemein als zulässig angesehen wird die Abberufung eines gemeinsamen Vertreters aus **wichtigem Grund**.[59] Ein wichtiger Grund in diesem Sinne ist anzunehmen, wenn die ordnungsgemäße Wahrnehmung der Interessen der nicht beteiligten Anteilseigner nicht gewährleistet, oder aber der Anlass für die Bestellung eines gemeinsamen Vertreters entfallen ist.[60] Die Abberufungsentscheidung obliegt dem Gericht,[61] das hierüber von Amts wegen durch Beschluss entscheidet.[62] Als actus contrarius ist auch die Abberufung im Bundesanzeiger und gegebenenfalls weiteren Gesellschaftsblättern bekanntzumachen;[63] auch diesbezüglich sollte de lege ferenda nach dem Vorbild des Aktienrechts die Bekanntmachung allein im Bundesanzeiger ausreichen. Aus gleichem Grund – actus contrarius der Bestellung – kann sie als Zwischenentscheidung nicht mit der Beschwerde angegriffen werden (§ 58 FamFG).[64] Spiegelbildlich steht dem gemeinsamen Vertreter das Recht zu, sein Amt grundsätzlich jederzeit – auch ohne Vorliegen eines wichtigen Grundes – niederzulegen.[65]

19

5. Haftung

Nach verbreiteter Ansicht kommt grundsätzlich eine Haftung des gemeinsamen Vertreters wegen unsorgfältiger Aufgabenwahrnehmung in Betracht,[66] wobei Unsicherheit

20

---

53 BGH NZG 2016, 139 (141 f.); OLG Hamburg AG 2002, 406 (407); BayObLG AG 1992, 59 (59 f.) (zum alten Recht); Kölner Komm AktG/*Wasmann* SpruchG § 6 Rn. 26; MüKoAktG/*Kubis* SpruchG § 6 Rn. 7.
54 BGH NZG 2016, 139 (141 f.). AA etwa Widmann/Mayer/*Wälzholz* SpruchG § 6 Rn. 25.2.
55 BVerfG NJW 2007, 3266 (3266 f.) (Wüstenrot/Württemberg); K. Schmidt/Lutter/*Klöcker/Wittgens* SpruchG § 6 Rn. 19.
56 BVerfG NJW 2007, 3266 (3267) (Wüstenrot/Württemberg).
57 BVerfG NJW 2007, 3266 (3267) (Wüstenrot/Württemberg).
58 OLG München WM 2010, 1605 (1608); MüKoAktG/*Kubis* SpruchG § 6 Rn. 15.
59 BayObLG AG 1992, 59 (60) (zum alten Recht); *Koch* SpruchG § 6 Rn. 15; K. Schmidt/Lutter/*Klöcker/Wittgens* SpruchG § 6 Rn. 20; *Wasmann/Mielke* WM 2005, 822 (825).
60 BayObLG AG 1992, 59 (60) (zum alten Recht); *Fritzsche/Dreier/Verfürth*, 1. Aufl. 2004, SpruchG § 6 Rn. 17; K. Schmidt/Lutter/*Klöcker/Wittgens* SpruchG § 6 Rn. 15; MüKoAktG/*Kubis* SpruchG § 6 Rn. 10.
61 K. Schmidt/Lutter/*Klöcker/Wittgens* SpruchG § 6 Rn. 15.
62 *Klöcker/Frowein* SpruchG § 6 Rn. 19; K. Schmidt/Lutter/*Klöcker/Wittgens* SpruchG § 6 Rn. 16; MüKoAktG/*Kubis* SpruchG § 6 Rn. 10.
63 *Fritzsche/Dreier/Verfürth*, 1. Aufl. 2004, SpruchG § 6 Rn. 18; K. Schmidt/Lutter/*Klöcker/Wittgens* SpruchG § 6 Rn. 16; Widmann/Mayer/*Wälzholz* SpruchG § 6 Rn. 21.
64 K. Schmidt/Lutter/*Klöcker/Wittgens* SpruchG § 6 Rn. 17. AA etwa Widmann/Mayer/*Wälzholz* SpruchG § 6 Rn. 22 mit dem Hinweis, dass der gemeinsame Vertreter anderenfalls rechtlos gestellt sei.
65 Hölters/Weber/*Simons* SpruchG § 6 Rn. 18; Widmann/Mayer/*Wälzholz* SpruchG § 6 Rn. 25.1.
66 MüKoAktG/*Kubis* SpruchG § 6 Rn. 15; Widmann/Mayer/*Wälzholz* SpruchG § 6 Rn. 33. Offengelassen, aber eine Haftung grundsätzlich für möglich haltend BGH AG 2014, 46 (48).

über die dogmatische Verortung dieser Haftung besteht, insbesondere ob die Übernahme der Funktion als gemeinsamer Vertreter ein gesetzliches Schuldverhältnis begründet, dessen Verletzung nach § 280 Abs. 1 BGB Schadensersatzpflichten nach sich zieht.[67] Verneint man dies mangels tatsächlicher Beziehungen zu den nicht am Verfahren beteiligten Anteilseignern, kommen allein deliktische Ansprüche in Betracht, bei reinen Vermögensschäden im Regelfall nur unter den engen Voraussetzungen des § 826 BGB.[68] Da dem gemeinsamen Vertreter allerdings bei seiner Aufgabenwahrnehmung einerseits ein breites Ermessen eingeräumt wird[69] und andererseits für den Regelfall nicht ernsthaft damit zu rechnen ist, dass nicht vertretene Anteilseigner nur deshalb aus ihrer rationalen Apathie erwachen, um den gemeinsamen Vertreter wegen unsorgfältiger Interessenwahrnehmung in Anspruch zu nehmen, handelt es sich wohl um einen eher theoretischen Fall.[70] In einem der wenigen bekannt gewordenen Ausnahmefälle hat es das OLG München nicht beanstandet, dass der gemeinsame Vertreter zeitnah einem Vergleich mit dem Insolvenzverwalter der konkursreifen Antragsgegnerin zugestimmt hat in der Absicht, Masseverbindlichkeiten für die nicht selbst am Verfahren beteiligten Aktionäre zu begründen und einen Rückfall auf die Quote zu verhindern.[71]

III. Kosten

21 Der gemeinsame Vertreter hat Anspruch sowohl auf Vergütung als auch auf Ersatz seiner Auslagen (vgl. § 6 Abs. 2).[72]

1. Vergütung

22 Aufgrund Vergleichbarkeit der Tätigkeit und des Umstands, dass der gemeinsame Vertreter bereits vor Einführung des Anwaltszwangs durch das UmRUG im Regelfall Rechtsanwalt war,[73] bestimmte sich seine Vergütung sowie die Erstattungsfähigkeit seiner Auslagen bereits bisher nach dem RVG.[74] Dies galt auch dann, wenn der gemeinsame Vertreter (ausnahmsweise) kein Rechtsanwalt war/ist.[75] Nachdem der gemeinsame Vertreter nunmehr zwingend Rechtsanwalt ist, ergibt sich bereits hieraus ohne Weiteres die Maßgeblichkeit des RVG für Neuverfahren.

23 Im Regelfall kann der gemeinsame Vertreter eine Verfahrens- und eine Terminsgebühr (Nr. 3100, 3200 VV RVG) beanspruchen, bei gütlicher Einigung zudem eine Einigungsgebühr (Nr. 1000 VV RVG);[76] eine Geschäftsgebühr fällt demgegenüber nicht an.[77] Aufgrund seiner Rolle als typischer Verfahrensbevollmächtigter kommt die Gewährung einer Gebühr für sonstige Einzeltätigkeit (Nr. 3403 VV RVG) nicht in Betracht.[78] Richtigerweise verweigert der BGH dem gemeinsamen Vertreter zudem eine Gebührenerhöhung nach Nr. 1008 RVG: Zwar ist der gemeinsame Vertreter im Regelfall gesetzlicher Vertreter mehrerer bzw. zahlreicher Anteilseigner; allerdings verändert die Zahl vertretener Anteilseigner weder Gepräge noch Umfang oder Komplexität der Aufgaben des

---

67 Offengelassen durch OLG München WM 2010, 1605 (1608).
68 Hölters/Weber/*Simons* SpruchG § 6 Rn. 26.
69 BGH AG 2014, 46 (48).
70 Ähnliche Einschätzung auch in BGH AG 2014, 46 (48). Eine Ausnahmekonstellation hat OLG München WM 2010, 1605 ff. zum Gegenstand (Insolvenzszenario).
71 OLG München WM 2010, 1605 (1608 f.).
72 MüKoAktG/*Kubis* SpruchG § 6 Rn. 16.
73 RegE SpruchverfahrensneuordnungsG, Begr. zu § 6, abgedruckt in ZIP 2002, 2097 (2101); *Büchel* NZG 2003, 793 (803); vgl. auch BGH NZG 2022, 361 (362).
74 BGH AG 2014, 46 (47).
75 Hölters/Weber/*Simons* SpruchG § 6 Rn. 29, 31; *Deiß* NZG 2013, 248 (250).
76 Schmitt/Hörtnagl/*Hörtnagl* SpruchG § 6 Rn. 24; MüKoAktG/*Kubis* SpruchG § 6 Rn. 19.
77 Kölner Komm AktG/*Wasmann* SpruchG § 6 Rn. 34.
78 BGH AG 2014, 46 (48).

gemeinsamen Vertreters, eine Gebührenerhöhung ist folglich nicht zu rechtfertigen.[79] **Gegenstandswert** ist der für die Gerichtsgebühren maßgebliche Geschäftswert, der nach § 74 S. 1 GNotKG (§ 15 Abs. 1 S. 2 aF) mindestens 200.000 EUR und höchstens 7,5 Mio. EUR beträgt.[80] Nach dem insoweit eindeutigen Wortlaut anzusetzen ist der volle gerichtliche Geschäftswert, keine Addition von Teilgeschäftswerten nach § 31 Abs. 2 RVG.[81] Der für die Auslagen und die Vergütung des gemeinsamen Vertreters nach § 6 Abs. 2 S. 2 festgesetzte Betrag ist analog § 104 Abs. 1 S. 2 ZPO zu verzinsen.[82]

2. Auslagen

Als Auslagen erstattungsfähig sind typische Positionen wie allfällige **Reise-, Porto- und Telefonkosten und Schreibauslagen** des gemeinsamen Vertreters.[83] Ist der gemeinsame Vertreter in Altverfahren kein Rechtsanwalt, kann er nach wohl noch herrschender, aber zunehmend angezweifelter Meinung einen Rechtsanwalt zu seiner Unterstützung beauftragen.[84] Die Frage wird aufgrund des nunmehr geltenden Anwaltszwangs in Neuverfahren obsolet. Umstritten ist demgegenüber, ob der gemeinsame Vertreter Ersatz der Kosten eines **Privatgutachtens** verlangen kann. Während eine verbreitete Ansicht im Schrifttum deren Erstattungsfähigkeit bejaht,[85] hat das OLG Düsseldorf in einer jüngeren Entscheidung einen dahin gehenden Anspruch des gemeinsamen Vertreters verneint mit der Erwägung, dass im Spruchverfahren der Amtsermittlungsgrundsatz gelte, folglich kein echtes Bedürfnis für die Inauftraggabe von Privatgutachten bestehe und im Übrigen die Rolle des gemeinsamen Vertreters vor allem darin bestehe, die in das Verfahren eingeführten Unterlagen kritisch zu würdigen und offene Punkte durch Befragung des gerichtlich bestellten Sachverständigen zu klären.[86] Dem wird man sich für den Regelfall anzuschließen haben, weil die Beurteilung der Notwendigkeit eines weiteren Gutachtens im Interesse der Verfahrenseffizienz in den Händen des Gerichts liegen sollte, das diesbezüglich durch § 26 FamFG zu der notwendigen Sorgfalt angehalten wird. Parallel zu den Kosten eines gemeinsamen Vertreters sind seine Auslagen ab Festsetzung gemäß § 6 Abs. 2 S. 2 zu verzinsen.[87]

3. Kostenschuldner

Schuldner des Vergütungs- und Auslagenersatzanspruchs sind ausschließlich der oder die Antragsgegner, ein (subsidiärer) Anspruch gegen die Staatskasse oder die nicht am Verfahren beteiligten Anteilseigner besteht nicht.[88]

---

[79] BGH AG 2014, 46 (48); MüKoAktG/*Kubis* SpruchG § 6 Rn. 19.
[80] BGH AG 2014, 46 (48); Schmitt/Hörtnagl/*Hörtnagl* SpruchG § 6 Rn. 24; K. Schmidt/Lutter/*Klöcker/Wittgens* SpruchG § 6 Rn. 29.
[81] BGH AG 2014, 46 (48); *Deiß* NZG 2013, 248 (250).
[82] BGH NZG 2022, 361 (361 f.). AA noch OLG Frankfurt a. M. BeckRS 2021, 45447.
[83] *Klöcker/Frowein* § 6 Rn. 32.
[84] Schmitt/Hörtnagl/*Hörtnagl* SpruchG § 6 Rn. 23; Hölters/Weber/*Simons* SpruchG § 6 Rn. 30: aufgrund der damit verbundenen Verdopplung der Kosten allerdings nur ausnahmsweise denkbar.
[85] Semler/Stengel/*Volhard*, 3. Aufl. 2012, SpruchG § 6 Rn. 21.
[86] OLG Düsseldorf ZIP 2011, 1935 (1936) (zu § 308 Abs. 2 UmwG aF), das gleichzeitig offenlässt, ob in begründeten Einzelfällen etwas anderes gelten kann. Grundsätzlich gegen Erstattungsfähigkeit auch MüKoAktG/*Kubis* SpruchG § 6 Rn. 17; Hölters/Weber/*Simons* SpruchG § 6 Rn. 30.
[87] BGH NZG 2022, 361 (361 f.). AA noch OLG Frankfurt a. M. BeckRS 2021, 45447.
[88] *Klöcker/Frowein* § 6 Rn. 31.

4. Justiziabilität der Kostenentscheidung

26 Die Kostenentscheidung des Landgerichts kann mit der sofortigen Beschwerde (§§ 567 ff. ZPO) gemäß §§ 85 FamFG, 104 Abs. 3 ZPO angegriffen werden.[89] Beschwerdeberechtigt sind grundsätzlich der gemeinsame Vertreter und der Antragsgegner.[90] Gegen die Beschwerdeentscheidung ihrerseits findet die Rechtsbeschwerde statt, soweit das Beschwerdegericht sie nach § 574 Abs. 1 S. 1 Nr. 2 ZPO zulässt.[91]

§ 6a Gemeinsamer Vertreter bei Gründung einer SE

¹Wird bei der Gründung einer SE durch Verschmelzung oder bei der Gründung einer Holding-SE nach dem Verfahren der Verordnung (EG) Nr. 2157/2001 des Rates vom 8. Oktober 2001 über das Statut der Europäischen Gesellschaft (SE) (ABl. EG Nr. L 294 S. 1) gemäß den Vorschriften des SE-Ausführungsgesetzes ein Antrag auf Bestimmung einer Zuzahlung, zusätzlichen Gewährung von Aktien oder Barabfindung gestellt, bestellt das Gericht auf Antrag eines oder mehrerer Anteilsinhaber einer sich verschmelzenden oder die Gründung einer SE anstrebenden Gesellschaft, die selbst nicht antragsberechtigt sind, zur Wahrung ihrer Interessen einen Rechtsanwalt als gemeinsamen Vertreter, der am Spruchverfahren beteiligt ist. ²§ 6 Abs. 1 Satz 4 und Abs. 2 gilt entsprechend.

I. Normzweck 1	2. Person 11
II. Inhalt 6	3. Bekanntmachung 12
1. Voraussetzungen 6	4. Justiziabilität 13
a) Verschmelzung oder Gründung einer Holding-SE 6	5. Rechtsstellung des besonderen gemeinsamen Vertreters 14
b) Zustimmung 7	III. Vergütung 15
c) Antrag mindestens eines nicht antragsberechtigten Anteilseigners . 8	

I. Normzweck

1 Gemäß Art. 24 Abs. 2, 35 SE-VO können die Mitgliedstaaten Vorschriften erlassen, um einen angemessenen Schutz der Minderheitsaktionäre, die sich gegen die Verschmelzung oder die Gründung einer Holding-SE ausgesprochen haben,[1] zu gewährleisten. Von dieser Ermächtigung hat der deutsche Gesetzgeber im Rahmen des SEEG Gebrauch gemacht: Nach §§ 6, 9 SEAG können Anteilseigner der deutschen Gründungsgesellschaft ein unangemessenes Umtauschverhältnis bei Verschmelzungs- bzw. Holdinggründung rügen und auf eine bare Zuzahlung drängen; gleichzeitig wird die Rüge der Unangemessenheit und das hieraus folgende Fordern einer erhöhten Barabfindung in das Spruchverfahren verwiesen (§§ 6 Abs. 4 S. 1; 11 Abs. 2 SEAG). Zusätzlich muss eine deutsche Gründungsgesellschaft ihren Aktionären, die die Verschmelzung bzw. Etablierung einer Holding zur Gründung einer SE nicht mittragen wollen, im Verschmelzungs- bzw. Gründungsplan einen Exit durch Barabfindungsangebot (§§ 7, 9 SEAG) offerieren.

---

[89] BGH AG 2014, 46 (47); Kölner Komm AktG/*Wasmann* SpruchG § 6 Rn. 38; K. Schmidt/Lutter/*Klöcker/Wittgens* SpruchG § 6 Rn. 31.
[90] Hölters/Weber/*Simons* SpruchG § 6 Rn. 35.
[91] BGH AG 2014, 46 (47); BGH NZG 2022, 361, Hölters/Weber/*Simons* SpruchG § 6 Rn. 35.

[1] Zur Diskussion um die Qualität des Widerspruchs, den ein Minderheitsaktionär artikulieren muss etwa Lutter/Hommelhoff/Teichmann/*Bayer* SE-VO Art. 24 Rn. 25 ff.

Der europäische Gesetzgeber hat aber auch nicht übersehen, dass die in Art. 25, 34 Alt. 1 SE-VO zugunsten der Mitgliedstaaten eingeräumte Option, zusätzliche Rechtsschutzmöglichkeiten zugunsten der Anteilseigner einzelner Gründungsgesellschaften zu schaffen, sich spiegelbildlich zulasten der Anteilseigner der weiteren Gründungsgesellschaften auswirken kann; jede Veränderung des Umtauschverhältnisses zugunsten der deutschen Anteilseigner verschlechtert dasselbe zulasten der ausländischen Gründungsaktionäre der zukünftigen SE, gleichzeitig belastet jede ausgezahlte Barabfindung der SE deren Liquidität und Ausschüttungsfähigkeit. Zwischen diesen mindestens partiell antagonistischen Interessen versucht Art. 25 Abs. 3 SE-VO dadurch zu vermitteln, dass er ein Spruchverfahren nur dann zulässt, wenn entweder das ausländische Recht in gleicher Weise ein Spruchverfahren kennt – also der grenzüberschreitende Charakter der Unternehmenszusammenführung keine Verschlechterung zur Rechtslage nach nationalem Recht für die ausländischen Anteilseigner darstellt – oder aber die Aktionäre der ausländischen Rechtsträger der Durchführung eines Spruchverfahrens zugunsten der Aktionäre eines deutschen übertragenden Rechtsträgers zustimmen (volenti non fit iniuria). Das heißt gleichzeitig, dass sofern diese beiden Voraussetzungen nicht gegeben sind, ein Spruchverfahren ausscheidet; die deutschen Aktionäre sind in diesem Fall darauf verwiesen, die Bewertungsrüge mittels Anfechtungsklage geltend zu machen,[2] was zwar gegebenenfalls die beabsichtigte Transaktion (Verschmelzung zur Gründung einer SE, Gründung einer Holding-SE) zum Scheitern verurteilt, aber durch den Gesetzgeber in Kauf genommen wird.

Da in den meisten europäischen Mitgliedstaaten ein Spruchverfahren bisher nicht eröffnet war, kam zumindest bisher der Zustimmung der Aktionäre der ausländischen Gründungsgesellschaft entscheidende Bedeutung zu. Da allerdings die Entscheidung im (deutschen) Spruchverfahren allenfalls zu ihren Ungunsten wirkt,[3] ist grundsätzlich nicht mit einer dahin gehenden Zustimmung zu rechnen. Um dem entgegenzuwirken, sieht das deutsche Recht deshalb vor, dass ein (weiterer) gemeinsamer Vertreter zu bestellen ist, der die Interessen der Anteilsinhaber der beteiligten ausländischen Gründungsgesellschaften repräsentiert.[4] Seine Aufgabe besteht also in der **Verteidigung des Umtauschverhältnisses gegen Nachbesserungswünsche der deutschen Aktionäre**,[5] wirtschaftlich steht er also im Lager der Antragsgegner. Da allerdings das grundsätzliche Problem, dass ein Spruchverfahren auf Grundlage des deutschen Rechts für die Anteilseigner ausländischer Rechtsträger bestenfalls den status quo ante sichern kann, nicht adressiert wird, schafft auch das Institut des besonderen gemeinsamen Vertreters keinen echten Anreiz, die Zustimmung zur Durchführung eines Spruchverfahrens zugunsten der deutschen Anteilseigner zu erteilen. Entsprechend gering ist die forensische Bedeutung des Instruments zumindest bisher.

Abzuwarten bleibt, ob **Art. 126a GesR-RL** in der Fassung der Umwandlungs-RL[6] diesen Befund in Zukunft eventuell ändern wird. Nach Art. 126a Abs. 4 GesR-RL haben

---

[2] Lutter/Hommelhoff/Teichmann/*Bayer* SE-VO Art. 24 Rn. 34.
[3] Ursächlich ist das Verbot der reformatio in peius im Spruchverfahren.
[4] K. Schmidt/Lutter/*Klöcker/Wittgens* SpruchG § 6a Rn. 3; Simon SpruchG/*Leuering* §§ 6a–c Rn. 5.
[5] Semler/Stengel/*Volhard*, 3. Aufl. 2012, SpruchG § 6a Rn. 2; Schmitt/Hörtnagl/*Hörtnagl* SpruchG § 6a Rn. 2;
Hölters/Weber/*Simons* SpruchG § 6 Rn. 1; Kölner Komm AktG/*Wasmann* SpruchG § 6a Rn. 1.
[6] Richtlinie (EU) 2019/2121 des Europäischen Parlaments und des Rates vom 27.11.2019 zur Änderung der Richtlinie (EU) 2017/1132 in Bezug auf grenzüberschreitende Umwandlungen, Verschmelzungen und Spaltungen, ABl. 2019 L 321, 1.

die Mitgliedstaaten sicherzustellen, dass Gesellschafter, die ihre Entscheidung erklärt haben, ihr Recht auf Veräußerung ihrer Anteile auszuüben, aber der Auffassung sind, dass die von der betreffenden sich verschmelzenden Gesellschaft angebotene Barabfindung nicht angemessen ist, berechtigt sind, bei der nach nationalem Recht beauftragten zuständigen Behörde oder Stelle eine zusätzliche Barabfindung zu beantragen. Vergleichbar formuliert § 126a Abs. 6 GesR-RL für in der Gesellschaft verbleibende Anteilseigner, dass die Mitgliedstaaten auch insoweit sicherzustellen haben, dass Gesellschafter der sich verschmelzenden Gesellschaften, die über kein Recht zur Veräußerung ihrer Anteile verfügten oder dieses nicht ausgeübt haben, aber der Auffassung sind, dass das im gemeinsamen Plan für die grenzüberschreitende Verschmelzung festgelegte Umtauschverhältnis der Gesellschaftsanteile nicht angemessen ist, berechtigt sind, dieses Umtauschverhältnis anzufechten und eine bare Zuzahlung[7] zu verlangen. Entsprechend sollten zukünftig EU-/EWR-weit spruchverfahrensähnliche Instrumente für die Bewertungsrüge zur Verfügung stehen. Dass der Impuls zur Einrichtung derselben der Umwandlungs-Richtlinie und nicht der SE-VO entstammt, steht einer Ausweitung der Verfahren auf die Gründung einer SE durch Verschmelzung bzw. Gründung einer Holding-SE und ihrer Berücksichtigungsfähigkeit für die Zwecke des Art. 25 Abs. 3 SE-VO nicht entgegen; nur ein Zwang zur Einrichtung ergibt sich aus dem europäischen Recht insoweit nicht. In diesem Fall würde die unwahrscheinliche Zustimmung der Anteilseigner der ausländischen Rechtsträger ihre entscheidende Bedeutung verlieren.

5 Im Übrigen ist das **UmRUG** nur mit marginalen Änderungen des § 6a verbunden, was sich daraus erklären dürfte, dass die aufgrund ihrer mitbestimmungsrechtlichen Dimension politisch sensible SE-VO praktisch reformfest ist, also bei Novellierungen möglichst ausgespart wird und deshalb mittlerweile hinreichend überaltert daherkommt. Die Neufassung des § 6a bildet insoweit allein ab, dass die Differenz zwischen festgesetztem und angemessenem Umtauschverhältnis nunmehr auch in Aktien (§§ 72a f. UmwG) bestehen kann, und auch für den besonderen gemeinsamen Vertreter nach § 6a der Übergang zum Anwaltszwang (vgl. § 5a) nachvollzogen wird, sprich auch der gemeinsame Vertreter nach § 6a nunmehr zwingend Rechtsanwalt sein muss.

II. Inhalt

1. Voraussetzungen

a) Verschmelzung oder Gründung einer Holding-SE

6 Die Bestellung eines (weiteren) gemeinsamen Vertreters kommt nur bei Gründung einer Europäischen Aktiengesellschaft im Wege der Verschmelzung (Art. 17 ff. SE-VO) oder durch Gründung einer Holding-SE (Art. 32 ff. SE-VO) in Betracht. Im Rahmen der Gründung einer Tochter-SE besteht auf Ebene der deutschen Gründungsgesellschaft kein Bewertungsanlass, während nach zutreffender und ersichtlich nicht bestrittener Ansicht auch im Rahmen einer „Umwandlung" (Art. 37 SE-VO), also dem europäischen Zwilling des deutschen Formwechsels, ein Spruchverfahren nicht eröffnet ist, da deutsche AG und „deutsche" SE aufgrund der Verweisungstechnik der SE-VO (Art. 9 SE-VO) hinreichend strukturverwandt sind und deshalb ein Abfindungsangebot nach § 207

---

[7] Art. 126a Abs. 7 GesR-RL enthält ein Mitgliedstaatenwahlrecht, das die Substitution der Barabfindung durch eine Abfindung in Anteilen erlaubt und das somit die europarechtliche Grundlage der §§ 72a f. UmwG darstellt.

UmwG (analog) nicht auszulegen ist; im Übrigen existieren hier ex definitione keine ausländischen Gründungsgesellschaften, deren Aktionäre des Schutzes nach § 6a bedürften. Auch anlässlich einer gleichfalls ein Abfindungsangebot auslösenden Sitzverlegung einer SE findet § 6a keine Anwendung, da hier eine homogene Aktionärsstruktur mit weitgehend gleichen Interessen existiert und im Übrigen auch keine Anteilseigner von den durch das deutsche Recht angebotenen Rechtsbehelfen ausgeschlossen sind.[8]

b) Zustimmung

Kennen die betroffenen ausländischen Rechtsordnungen – wie bisher regelmäßig – kein Spruchverfahren, setzt die Bestellung eines gemeinsamen Vertreters nach § 6a voraus, dass die Aktionäre der ausländischen Gründungsgesellschaften der Durchführung eines Spruchverfahrens ausdrücklich zustimmen.[9] In der Praxis wird die Durchführung eines Spruchverfahrens bereits an dieser Voraussetzung scheitern. Bedeutung hat die Vorschrift wohl vor allem dann, wenn aufnehmender ausländischer Rechtsträger eine anlässlich der Transaktion gegründete Gesellschaft („NewCo") ist, die treuhänderisch gehalten wird; gerade in diesem Fall bedarf es allerdings keines besonderen gemeinsamen Vertreters nach § 6a. Abzuwarten bleiben die Effekte auf § 6c, die sich mittelbar aus der europaweiten Einführung von Spruchverfahren in Umsetzung der Umwandlungs-RL ergeben. 7

c) Antrag mindestens eines nicht antragsberechtigten Anteilseigners

Anders als im Anwendungsbereich von § 6 erfolgt die Bestellung des gemeinsamen Vertreters nach § 6a nicht von Amts wegen, sondern setzt den (zulässigen) **Antrag** mindestens eines Anteilsinhabers des ausländischen Rechtsträgers voraus.[10] In Abgrenzung zu den nicht antragstellenden Aktionären deutscher Rechtsträger werden die Interessen der Anteilseigner der ausländischen Gründungsrechtsträger nicht automatisch durch einen gesetzlichen Vertreter wahrgenommen. Hier findet Niederschlag, dass der gemeinsame Vertreter nach § 6a kein Instrument zum Schutz rational apathischer Aktionäre ist, sondern zugunsten von wirtschaftlich Betroffenen, die keine Verfahrensbeteiligten sein können. Mit Blick auf seine Legitimationsgrundlage weist der besondere gemeinsame Vertreter nach § 6a damit mehr Parallelen zum historischen gemeinsamen Vertreter als zum gemeinsamen Vertreter nach der lex lata auf. **Form- oder Fristerfordernisse** für den entsprechenden Antrag sind gesetzlich nicht vorgesehen; er ist mithin schriftlich oder zu Protokoll der Geschäftsstelle zu stellen (§ 25 FamFG).[11] 8

Ob nach der Novellierung des SpruchG durch das UmRUG auch für diesen Antrag der allgemeine **Anwaltszwang** nach § 5a besteht, erscheint zweifelhaft. Prima facie spricht hierfür der Befund, dass es sich auch hierbei um eine Maßnahme im Spruchverfahren handelt und diese nunmehr ausnahmslos einem Anwaltszwang unterworfen werden. Dennoch erscheint es überzeugender, § 5a insoweit nicht zur Anwendung zu bringen. Der Anteilsinhaber eines ausländischen Rechtsträgers wird nicht zum echten Verfahrensbeteiligten, vielmehr erschöpft sich seine Rolle im Spruchverfahren darin, den Antrag zur Bestellung eines besonderen gemeinsamen Vertreters nach § 6a zu stellen. 9

---

8 Hölters/Weber/*Simons* SpruchG § 6a Rn. 3.
9 Semler/Stengel/*Volhard*, 3. Aufl. 2012, SpruchG § 6a Rn. 2.
10 K. Schmidt/Lutter/*Klöcker/Wittgens* SpruchG § 6a Rn. 4; MüKoAktG/*Kubis* SpruchG § 6a Rn. 2.
11 Kölner Komm AktG/*Wasmann* SpruchG § 6a Rn. 5; vgl. auch K. Schmidt/Lutter/*Klöcker/Wittgens* SpruchG § 6a Rn. 4.

Für diesen singulär bleibenden Beitrag zum Spruchverfahren die Beauftragung eines Rechtsanwalts zu verlangen, erscheint nach hier vertretener Ansicht überzogen.

10 Fraglich ist demgegenüber, ob die Bestellung eines besonderen gemeinsamen Vertreters wie § 6 zusätzlich verlangt, dass mindestens ein **zulässiger Antrag durch die Antragsberechtigten** gestellt worden ist.[12] Dafür könnte sprechen, dass auch die Bestellung eines gemeinsamen Vertreters nach § 6a bei Unzulässigkeit sämtlicher Anträge mit unnötigen Kosten verbunden wäre, umgekehrt darf aber auch nicht übersehen werden, dass die besonderen gemeinsamen Vertreter anders als der typische gemeinsame Vertreter nach § 6 ein genuines Interesse daran haben, auch selbst Zulässigkeitsrügen zu formulieren. Will man dieses zusätzliche Verteidigungsinstrument eröffnen, wäre es geboten, sie unmittelbar nach dem ersten Antrag zu bestellen, damit auch sie Zulässigkeitsrügen vor Ablauf der Erwiderungsfrist erheben können.[13]

2. Person

11 Für den besonderen Vertreter nach § 6a gelten die gleichen Anforderungen wie für einen typischen gemeinsamen Vertreter.[14] Auch er muss über die erforderliche **Sachkunde** verfügen, um den Verfahrensgegenstand des Spruchverfahrens kritisch zu begleiten; die Verteidigung des Umtauschverhältnisses bzw. der Höhe der Barabfindung verlangt die gleichen Fähigkeiten und Kenntnisse wie deren Rüge. Seit Inkrafttreten des UmRUG muss – parallel zu § 5a und § 6 – auch der besondere gemeinsame Vertreter nach § 6a zwingend **Rechtsanwalt** sein.

3. Bekanntmachung

12 Die Bestellung eines gemeinsamen Vertreters nach § 6a ist bekanntzumachen, und zwar bereits nach bisheriger Rechtslage allein im Bundesanzeiger.[15]

4. Justiziabilität

13 Als Zwischenentscheidung ist auch die Bestellung des gemeinsamen Vertreters nach § 6a nicht anfechtbar (§ 58 Abs. 1 FamFG).[16]

5. Rechtsstellung des besonderen gemeinsamen Vertreters

14 Der besondere gemeinsame Vertreter nach § 6a ist Komplement, nicht Substitut des klassischen gemeinsamen Vertreters nach § 6. Das heißt, ist ein typischer gemeinsamer Vertreter (§ 6) bestellt, tritt der besondere Vertreter nach § 6a als weiterer Verfahrensbeteiligter neben den eigentlichen gemeinsamen Vertreter. Auch wenn die Aufgabe des besonderen Vertreters nach § 6a eine andere ist als die des gemeinsamen Vertreters nach § 6, entspricht seine Rechtsposition in weiten Teilen der des typischen gemeinsamen Vertreters nach § 6.[17] Auch der gemeinsame Vertreter gemäß § 6a hat prinzipiell sämtliche Verfahrensrechte, um die Interessen der außenstehenden ausländischen Aktionäre vorzubringen. Anders als dem gemeinsamen Vertreter nach § 6 steht dem gemeinsamen Vertreter nach § 6a allerdings nicht das Recht zu, das Verfahren nach Rücknahme sämtlicher Anträge weiter zu betreiben. Dies erscheint auf einen ersten Blick konsequent.

---

12 So etwa MüKoAktG/*Kubis* SpruchG § 6a Rn. 2.
13 Ähnlich Simon SpruchG/*Leuering* §§ 6a–c Rn. 10.
14 K. Schmidt/Lutter/*Klöcker/Wittgens* SpruchG § 6a Rn. 6.
15 Schmitt/Hörtnagl/*Hörtnagl* SpruchG § 6a Rn. 4.
16 Kölner Komm AktG/*Wasmann* SpruchG § 6a Rn. 7; K. Schmidt/Lutter/*Klöcker/Wittgens* SpruchG § 6a Rn. 7.
17 Kölner Komm AktG/*Wasmann* SpruchG § 6a Rn. 3; K. Schmidt/Lutter/*Klöcker/Wittgens* SpruchG § 6a Rn. 9.

Da im Spruchverfahren das Umtauschverhältnis bzw. die Kompensation nur zugunsten der deutschen Anteilseigner, nicht aber der Anteilseigner der ausländischen Gründungsgesellschaften verändert werden kann, scheint das maximal erreichbare Rechtsschutzziel erreicht, wenn das auf Besserstellung der deutschen Anteilseigner gerichtete Spruchverfahren durch Antragsrücknahme beendet wird.[18] Dies ist allerdings insofern unzutreffend, als es durchaus denkbar erscheint, dass sich die Geschäftsleitung des Antragsgegners mit den deutschen Antragstellern zur Beendigung des Verfahrens auf Kosten der Anteilseigner der ausländischen Gründungsgesellschaft vergleicht; wollte man dies verhindern, müsste auch der besondere gemeinsame Vertreter ein Verfahrensfortführungsrecht besitzen. Auch aus diesem Grunde wird man den Anteilseignern ausländischer Gründungsrechtsträger kaum raten können, ihre Zustimmung zum deutschen Spruchverfahren zu erteilen. Besonderheiten werden schließlich diskutiert mit Blick auf die Beschwerdebefugnis des besonderen gemeinsamen Vertreters nach § 6a (→ § 12 Rn. 15).

III. Vergütung

Für die Vergütung des gemeinsamen Vertreters verweist § 6a S. 2 umfänglich auf § 6 Abs. 2, so dass die dort dargestellten Grundsätze uneingeschränkt zur Anwendung gelangen.[19]   15

§ 6b Gemeinsamer Vertreter bei Gründung einer Europäischen Genossenschaft

¹Wird bei der Gründung einer Europäischen Genossenschaft durch Verschmelzung nach dem Verfahren der Verordnung (EG) Nr. 1435/2003 des Rates vom 22. Juli 2003 über das Statut der Europäischen Genossenschaft (SCE) (ABl. EU Nr. L 207 S. 1) nach den Vorschriften des SCE-Ausführungsgesetzes ein Antrag auf Bestimmung einer baren Zuzahlung gestellt, bestellt das Gericht auf Antrag eines oder mehrerer Mitglieder einer sich verschmelzenden Genossenschaft, die selbst nicht antragsberechtigt sind, zur Wahrung ihrer Interessen einen Rechtsanwalt als gemeinsamen Vertreter, der am Spruchverfahren beteiligt ist. ²§ 6 Abs. 1 Satz 4 und Abs. 2 gilt entsprechend.

§ 6b übernimmt Grundgedanken und Regelungstechnik des § 6a für die Gründung einer Europäischen Genossenschaft. Einzige Besonderheit im Vergleich zur Regelung des § 6a ist, dass die Gründung einer SE durch Gründung einer Holding mehrerer Genossenschaften nach Art. 2 SCE-VO nicht vorgesehen ist, so dass einziger Bewertungsanlass, bei der es zu einer Überprüfung der Angemessenheit im Spruchverfahren und damit eventuell zur Bestellung eines besonderen gemeinsamen Vertreters nach § 6b kommen kann, die Gründung einer Europäischen Genossenschaft durch **Verschmelzung** ist. Im Übrigen kann umfänglich auf die Ausführungen zu § 6a verwiesen werden, wobei auch für den gemeinsamen Vertreter nach § 6b nunmehr gilt, dass dieser zwingend Rechtsanwalt zu sein hat.   1

---

18 So Semler/Stengel/*Volhard*, 3. Aufl. 2012, SpruchG § 6a Rn. 3; Kölner Komm AktG/*Wasmann* SpruchG § 6a Rn. 3; K. Schmidt/Lutter/*Klöcker/Wittgens* SpruchG § 6a Rn. 10; Simon SpruchG/*Leuering* §§ 6a–c Rn. 16.
19 K. Schmidt/Lutter/*Klöcker/Wittgens* SpruchG § 6a Rn. 12.

§ 6c Grenzüberschreitende Umwandlungen

(1) ¹Wird bei einer grenzüberschreitenden Umwandlung (§§ 305, 320 und 333 des Umwandlungsgesetzes) ein Antrag auf Bestimmung einer Zuzahlung, zusätzlich zu gewährender Aktien oder einer Barabfindung gestellt, so bestellt das Gericht auf Antrag eines oder mehrerer Anteilsinhaber einer beteiligten Gesellschaft, die selbst nicht antragsberechtigt sind, zur Wahrung ihrer Interessen einen Rechtsanwalt als gemeinsamen Vertreter, der am Spruchverfahren beteiligt ist. ²§ 6 Absatz 1 Satz 4 und Absatz 2 gilt entsprechend.

(2) ¹Wird bei einer grenzüberschreitenden Umwandlung ein Antrag auf Bestimmung einer Zuzahlung oder zusätzlich zu gewährender Aktien gestellt, so soll das Gericht mit jeder Stelle, die nach dem Recht eines anderen Mitgliedstaats der Europäischen Union oder eines anderen Vertragsstaats des Abkommens über den Europäischen Wirtschaftsraum, dem eine andere an der grenzüberschreitenden Umwandlung beteiligte Gesellschaft unterliegt, und die für einen Antrag auf Bestimmung einer Zuzahlung oder zusätzlich zu gewährender Anteile zuständig ist, zusammenarbeiten. ²Ist anlässlich der grenzüberschreitenden Umwandlung vor der zuständigen ausländischen Behörde oder Stelle ein Verfahren nach Satz 1 eingeleitet worden, so kann das Gericht insbesondere

1. Informationen austauschen und
2. nach Maßgabe des § 404 der Zivilprozessordnung dieselbe Person als Sachverständigen bestimmen.

Literatur:
Habrich, Die Verbesserung des Umtauschverhältnisses mit Zusatzaktien – Eine kritische Würdigung des Regierungsentwurfs zur (überschießenden) Umsetzung der Umwandlungsrichtlinie, AG 2022, 567; *Herzog/Gebhard*, Grenzüberschreitende Verschmelzungen von Aktiengesellschaften nach dem UmRUG, AG 2023, 310; *Müller*, Internationalisierung des deutschen Umwandlungsrechts – Die Regelung der grenzüberschreitenden Verschmelzung, ZIP 2007, 1081; *Vetter*, Die Regelung der grenzüberschreitenden Verschmelzung im UmwG, AG 2006, 613.

I. Normzweck 1	2. Rechtsstellung 13
II. Inhalt 7	III. Grenzüberschreitende Justizkooperation
1. Voraussetzungen 7	(Abs. 2) 14
a) Grenzüberschreitende Umwandlung gemäß §§ 305, 320, 333 UmwG 7	IV. Kosten 19
b) Antrag nicht antragsberechtigter Anteilsinhaber eines beteiligten Rechtsträgers 9	

I. Normzweck

1 Die bisher auf die grenzüberschreitende Verschmelzung nach § 122a ff. UmwG aF beschränkte und nunmehr auch die durch das Gesetz zur Umsetzung der Umwandlungsrichtlinie (UmRUG)[1] erweiterten Möglichkeiten grenzüberschreitender Mobilität widerspiegelnde Vorschrift des § 6c entspricht in Regelungsanliegen und Rechtstechnik § 6a und § 6b. Anteilseigner eines deutschen Rechtsträgers einer grenzüberschreitenden Verschmelzung (§ 305 UmwG) oder einer grenzüberschreitenden Spaltung (§ 320 UmwG) können die **Angemessenheit der Verschmelzungs- bzw. Spaltungswertrela-**

---

[1] Gesetz zur Umsetzung der Umwandlungsrichtlinie und zur Änderung weiterer Gesetze BGBl. 2023 I Nr. 51 vom 28.2.2023.

tion gerichtlich überprüfen lassen und für den Fall der Unangemessenheit des Umtauschverhältnisses auf eine Kompensation in bar bzw. nunmehr eventuell auch in Anteilen am aufnehmenden Rechtsträger (§§ 72a f. UmwG) drängen. Gleichzeitig ist den Anteilseignern deutscher Gesellschaften dann, wenn der Sitz der aus der grenzüberschreitenden Umwandlungsmaßnahme – einschließlich Formwechsel – hervorgehenden Gesellschaft nicht in Deutschland belegen und die Umwandlungsmaßnahme insofern aus Sicht der Anteilseigner eines deutschen beteiligten Rechtsträgers mit einem Statutenwechsel verbunden ist, ein **Barabfindungsangebot** für ihre Anteile im Umwandlungsplan zu unterbreiten (§§ 313 (§ 122i aF), 327, 340 UmwG). Die Angemessenheit beider Kompensationsvarianten können die Anteilseigner eines deutschen Rechtsträgers im Spruchverfahren prüfen lassen.

Die genannten Rechtspositionen betreffen nicht allein die Vermögensinteressen der deutschen Anteilseigner, sondern gehen gegebenenfalls mit einer Verschlechterung der Vermögensposition der **Anteilseigner ausländischer beteiligter Rechtsträger** einher. Um diesen am deutschen Spruchverfahren nicht beteiligten Anteilseignern Gehör zu verschaffen, gibt § 6c ihnen über das Instrument eines besonderen gemeinsamen Vertreters eine Stimme.[2] § 6c setzt allerdings – nicht ohne Weiteres erkennbar – voraus, dass ein Spruchverfahren nach deutschem Recht überhaupt zulässig ist.[3] Aufgrund der asymmetrischen Effekte einer Nachbesserung des Umtauschverhältnisses ordnete Art. 127 Abs. 3 GesR-RL[4] bzw. Art. 10 Abs. 3 Verschmelzungs-RL[5] bisher an, dass, sofern das für den jeweils betroffenen ausländischen verschmelzenden Rechtsträger anwendbare Recht ein dem Spruchverfahren vergleichbares Verfahren nicht kennt, das deutsche Spruchverfahren nur dann zur Anwendung gelangen sollte, wenn die Anteilseigner der betroffenen ausländischen Rechtsträger sich damit im Verschmelzungsbeschluss einverstanden erklären.[6] Um die naturgemäß geringe Bereitschaft, diese einseitig zugunsten der deutschen Anteilseigner wirkende Rechtsschutzmöglichkeit zu erlauben, zu fördern, hat der historische Gesetzgeber ihnen deshalb einen weiteren besonderen gemeinsamen Vertreter an die Seite gestellt, der Umtauschverhältnis und Abfindungshöhe zu ihren Gunsten verteidigt.[7] Da allerdings auch hier – nicht anders als im Rahmen der SE-Gründung – gilt, dass der Einsatz des besonderen gemeinsamen Vertreters nach § 6c bestenfalls den Status quo sichern kann, war und ist mit einer Zustimmung für die Praxis nicht ernsthaft zu rechnen.[8]

Mit der Umwandlungs-RL sind demgegenüber nunmehr alle EU-/EWR-Mitglied- bzw. Vertragsstaaten verpflichtet, ein Spruchverfahren bzw. ein funktionales Äquivalent zu diesem einzuführen, so dass es nicht mehr auf die Zustimmung nicht am Verfahren beteiligter Anteilseigner eines ausländischen Rechtsträgers ankommt. In der Literatur ist angesichts dessen vermutet worden, dass der besondere gemeinsame Vertreter nach § 6c aufgrund Funktionslosigkeit abgeschafft werde.[9] Der deutsche Gesetzgeber hat diese Konsequenz nicht gezogen, ohne allerdings die Gründe hierfür näher zu erläutern. Immerhin gilt auch unter Berücksichtigung der Neuerungen, dass die Anteilsinhaber

---

2 Vgl. etwa Widmann/Mayer/*Wälzholz* SpruchG § 6c Rn. 1.
3 Widmann/Mayer/*Wälzholz* SpruchG § 6c Rn. 2.
4 Richtlinie (EU) 2017/1132 des Europäischen Parlaments und des Rates vom 14.6.2017 über bestimmte Aspekte des Gesellschaftsrechts, ABl. 2017 L 169, 46.
5 Richtlinie 2005/56/EG des Europäischen Parlaments und des Rates vom 26.10.2005 über die Verschmelzung von Kapitalgesellschaften aus verschiedenen Mitgliedstaaten, ABl. 2005 L 310, 1.
6 *Vetter* AG 2006, 613 (621); *Müller* ZIP 2007, 1081 (1086).
7 Semler/Stengel/*Volhard*, 3. Aufl. 2012, SpruchG § 6a Rn. 2.
8 So auch *Vetter* AG 2006, 613 (622).
9 Widmann/Mayer/*Wälzholz* § SpruchG 6c Rn. 7.

3 eines ausländischen Rechtsträgers nach wie vor ein Interesse daran haben, dass ein deutsches zuständiges Gericht kein aus ihrer Sicht falsches bzw. ungünstiges Urteil fällt, das möglicherweise in ihrem Herkunftsstaat so nicht entschieden worden wäre bzw. ist.

4 Nicht recht einsichtig ist demgegenüber, weshalb das Gesetz die Beiordnung eines besonderen gemeinsamen Vertreters auch für den Fall eines **grenzüberschreitenden Formwechsels** vorsieht. Mangels Beteiligung mehrerer Rechtsträger aus verschiedenen Rechtsordnungen geht das Instrument hier ersichtlich ins Leere. Auch die Begründung des RegE UmRUG erhellt Notwendigkeit und Funktion des besonderen gemeinsamen Vertreters nach § 6c im Falle eines grenzüberschreitenden Formwechsels nicht, sondern beschränkt sich auf die allgemeine Feststellung, dass „die Bestimmungen über den gemeinsamen Vertreter [.] gemäß Absatz 1 auf alle Arten grenzüberschreitender Umwandlung Anwendung finden [sollen]."[10]

5 Auch die Novellierung der Gesellschaftsrechts-RL durch die Umwandlungs-RL und deren Umsetzung in nationales Recht durch das UmRUG beseitigen allerdings nicht das grundsätzliche Problem, dass bei einer grenzüberschreitenden Verschmelzung Anteilseigner in mehreren Jurisdiktionen betroffen sind, und eventuelle Urteile/Entscheidungen in den einzelnen betroffenen Staaten unterschiedlich ausfallen können.[11] Ursächlich ist ua Art. 126a Abs. 6 GesR-RL, der klarstellt, dass für den Antrag auf Bestimmung barer Zuzahlung oder der zusätzlich zu gewährenden Aktien jeweils das Gericht des Mitgliedstaates zuständig ist, dessen Recht die jeweilige übertragende oder übernehmende Gesellschaft unterliegt. Es kommt also nicht zu einer grenzüberschreitenden Konzentrationswirkung durch Verfahrensverbindung nach dem Muster des neuen § 2 Abs. 2 S. 1, vielmehr bleiben die Gerichte der Mitgliedstaaten, in denen die beteiligten Rechtsträger ihren Satzungssitz haben, vollumfänglich zuständig mit der Folge, dass divergierende Entscheidungen der Gerichte der an der grenzüberschreitenden Verschmelzung beteiligten Rechtsträger weiterhin möglich sind,[12] etwa, dass ein deutsches Gericht das Umwandlungsverhältnis für zu niedrig erklärt, ein französisches Gericht hingegen für angemessen und nicht korrekturbedürftig.

6 Um das Risiko solcher divergierenden Entscheidungen möglichst gering zu halten, erlegt § 6c Abs. 2 sozusagen als „second best"-Lösung dem zur Entscheidung berufenen inländischen Gericht zumindest die Verpflichtung auf, **mit den zuständigen ausländischen Gerichten zu kooperieren**, um im Idealfall zu identischen Entscheidungen in allen betroffenen Rechtsordnungen zu kommen. Besonders hervorgehoben werden durch § 6c Abs. 2 S. 2 der gemeinsame grenzüberschreitende Informationsaustausch zwischen den für die Überprüfung der Abfindung jeweils zuständigen Stellen und die Beweismittelkonzentration hinsichtlich des Sachverständigen in Anlehnung an § 404 ZPO.[13] Die praktische Relevanz dieser Instrumente und ihres erfolgreichen Einsatzes wird man allerdings wohl mit einem Fragezeichen versehen dürfen.

---

10 Begr. RegE UmRUG, BT-Drs. 20/3822, 127.
11 *Haubrich* AG 2022, 567 (569).
12 *Haubrich* AG 2022, 567 (569); *Herzog/Gebhard* AG 2023, 310 (314).
13 Begr. RegE UmRUG, BT-Drs. 20/3822, 127.

II. Inhalt

1. Voraussetzungen

a) Grenzüberschreitende Umwandlung gemäß §§ 305, 320, 333 UmwG

§ 6c setzt zunächst eine grenzüberschreitenden Umwandlung gemäß §§ 305, 320, 333 UmwG voraus, also eine grenzüberschreitende Verschmelzung, eine grenzüberschreitende Spaltung oder einen grenzüberschreitenden Formwechsel iSd UmwG. Damit ist insbesondere erforderlich, dass es sich bei den beteiligten Rechtsträgern grundsätzlich um **Kapitalgesellschaften** aus verschiedenen Mitgliedstaaten handelt, die nach dem Recht eines EU- bzw. EWR-Mitgliedstaats gegründet worden sind und ihren satzungsmäßigen Sitz, ihre Hauptverwaltung oder ihre Hauptniederlassung in einem EU- oder EWR-Staat haben (§ 122b Abs. 1 UmwG aF, § 306 Abs. 1 Nr. 1 UmwG, §§ 321, 334 UmwG).[14]

7

Für **Personengesellschaften** ist demgegenüber weiterhin keine positivrechtliche grenzüberschreitende Mobilität eröffnet; die die Regel bestätigende Ausnahme bildet § 306 Abs. 1 Nr. 2 UmwG, wonach als übernehmende oder neue Gesellschaften ausnahmsweise auch Personenhandelsgesellschaften im Sinne des § 3 Abs. 1 Nr. 1 UmwG mit in der Regel nicht mehr als 500 Arbeitnehmern in Betracht kommen. Auf sonstige grenzüberschreitende Umwandlungen unter Beteiligung von Nicht-Kapitalgesellschaften, die nach zutreffender hM auf Basis der Rechtsprechung des EuGH zur Niederlassungsfreiheit zulässig sind, ist § 6c somit zumindest nicht direkt anzuwenden; ob eine analoge Anwendung in Betracht kommt, wird ersichtlich bisher nicht diskutiert.

8

b) Antrag nicht antragsberechtigter Anteilsinhaber eines beteiligten Rechtsträgers

Anders als der gemeinsame Vertreter nach § 6 und parallel zu §§ 6a, b wird der besondere gemeinsame Vertreter nach § 6c nur auf Antrag eines oder mehrerer Anteilsinhaber einer beteiligten Gesellschaft, die selbst nicht antragsberechtigt sind, durch das Gericht bestellt. Es bedarf damit des **Antrags eines Anteilsinhabers eines ausländischen Rechtsträgers**, der im auf den deutschen Rechtsträger beschränkten deutschen Spruchverfahren nicht antragsberechtigt ist.

9

Nachdem nunmehr sämtliche Mitgliedstaaten verpflichtet sind, Spruchverfahren bzw. vergleichbare Verfahren zur Überprüfung der Angemessenheit von Umtauschrelation und Barabfindung einzurichten, weicht § 6c von der Parallelsituation bei § 6a (Art. 25 Abs. 3 SE-VO) ab. Vorausgesetzt wird von § 6c ersichtlich nur noch, dass die Antragsteller an dem in Deutschland stattfindenden Spruchverfahren nicht beteiligt sind; dass sie in dem Sitzstaat des Rechtsträgers, dessen Anteilsinhaber sie sind, nunmehr ein Spruch- oder funktional vergleichbares Verfahren einleiten können, ist somit unerheblich, weil durch die Vorgaben der Umwandlungsrichtlinie EU-/EWR-weit gewährleistet.

10

Bei einem **grenzüberschreitenden Formwechsel** ist diese Voraussetzung grundsätzlich nicht erfüllt, da hier definitionsgemäß nur ein Rechtsträger an der grenzüberschreitenden Umwandlung beteiligt ist, es also keine Rechtsträger einer anderen betroffenen Rechtsordnung geben kann. Wann dieser besondere gemeinsame Vertreter bei grenzüberschreitendem Formwechsel zu bestellen ist, erscheint offen. Soweit es sich um ein Redaktionsversehen handeln sollte, wäre dies zumindest unschädlich, da, sofern

11

---

14 Noch zur Rechtslage vor dem UmRUG etwa *Müller* ZIP 2007, 1081 (1082).

es keine Anteilinhaber geben sollte, die die Voraussetzungen des § 6c beim grenzüberschreitendem Formwechsel erfüllen, es in der Praxis nie zu einem entsprechenden Antrag kommen wird. Ein besonderer „gemeinsamer Vertreter ohne Geschäftsbereich" bleibt damit voraussichtlich Theorie.

12 Für die Fomalia des Antrags nach § 6c gelten die gleichen Grundsätze wie im Rahmen von §§ 6a, 6b. Richtigerweise wird man auch hier nicht verlangen müssen, dass zu dem alleinigen Zwecke der Antragstellung ein Rechtsanwalt hinzuziehen ist, sondern diese auch durch den Anteilinhaber des ausländischen Rechtsträgers selbst oder einen Bevollmächtigten erfolgen kann.

2. Rechtsstellung

13 Für die Rechtsstellung des besonderen gemeinsamen Vertreters nach § 6c gelten keine Besonderheiten. Wie auch den besonderen Vertretern nach §§ 6a, 6b obliegt ihm die Aufgabe, das Umtauschverhältnis zugunsten der ausländischen Anteilseigner zu verteidigen. Hierzu stehen ihm dieselben Rechte zu wie einem gemeinsamen Vertreter nach § 6a (→ § 6a Rn. 14).

III. Grenzüberschreitende Justizkooperation (Abs. 2)

14 Durch das Gesetz zur Umsetzung zur Umsetzung der Umwandlungsrichtlinie (UmRUG) neu eingefügt worden ist § 6c Abs. 2. Nachdem nunmehr in sämtlichen EU-/EWR-Mitgliedstaaten Spruchverfahren oder diesem funktional entsprechende Instrumente vorzusehen sind, es gleichzeitig aber keine grenzüberschreitende Konzentrationswirkung gibt, ist es bei grenzüberschreitender Verschmelzung und Spaltung insbesondere nicht ausgeschlossen, dass auf Antrag das Gericht eines betroffenen EU-/EWR-Mitglied- bzw. Vertragsstaats das Umtauschverhältnis nach oben korrigiert, das Gericht einer anderen betroffenen EU-/EWR-Jurisdiktion hingegen spiegelbildlich nach unten. Solche **divergierenden Entscheidungen** über denselben Streitgegenstand erscheinen rechtspolitisch unbefriedigend und sind auch kaum den betroffenen Anteilsinhabern und abfindungsverpflichteten Gesellschaften zu vermitteln.[15] Ob eventuell privatautonome Gerichtsstandvereinbarungen Abhilfe schaffen könnten, ist offen.[16]

15 § 6c Abs. 2 statuiert vor diesem Hintergrund als second best-Lösung **Konsultations- und Kooperationspflichten** der deutschen Gerichte, die mit Verfahren befasst sind, in denen die Gefahr divergierender Entscheidungen besteht. Konkret soll ein im Rahmen einer grenzüberschreitenden Umwandlung mit einem Antrag auf Bestimmung einer Zuzahlung oder zusätzlich zu gewährender Aktien befasstes deutsches Gericht mit jeder Stelle, die nach dem Recht eines anderen EU-Mitgliedstaats bzw. EWR-Vertragsstaats, dem eine andere an der grenzüberschreitenden Umwandlung beteiligte Gesellschaft unterliegt, und die für einen Antrag auf Bestimmung einer Zuzahlung oder zusätzlich zu gewährender Anteile zuständig ist, zusammenarbeiten.

16 Da der deutsche Gesetzgeber nicht über die Kompetenz verfügt, auch den ausländischen Gerichten Vorgaben zu machen, belässt es § 6c Abs. 2 allerdings bei einer generischen Pflicht zur Zusammenarbeit der deutschen Spruchkörper, die für den Fall,

---

[15] Den Verzicht auf eine eindeutige Kompetenzzuweisung bedauernd auch *Herzog/Gebhard* AG 2023, 310 (314).

[16] Hierzu etwa *Habrich* AG 2022, 567 (569); *Herzog/Gebhard* AG 2023, 310 (314).

dass in anderen EU-/EWR-Staaten bereits ein Spruchverfahren bzw. dessen funktionelles Äquivalent eingeleitet worden ist, durch zwei Beispiele konkretisiert wird (→ Rn. 6). Bezüglich dessen, was man unter „Zusammenarbeit" iSv § 6c Abs. 2 im Übrigen zu verstehen haben wird, führen die Materialien aus, dass „[...] das zuständige inländische Gericht zumindest mit zuständigen ausländischen Gerichten zusammenarbeiten und Informationen austauschen dürfen [soll]. Absatz 2 stellt klar, dass die inländischen Gerichte ermächtigt und angehalten sind, die Gefahr sich widersprechender Entscheidungen soweit möglich durch enge Zusammenarbeit mit den zuständigen ausländischen Stellen zu verhindern oder zumindest zu begrenzen."[17] Letztlich wird man den Spruchkörpern damit kaum mehr abverlangen können, als dass sie ihre ausländischen Pendants informieren und sich soweit möglich mit diesen über die streitentscheidenden Aspekte austauschen mit dem Idealziel einer inhaltlich identischen Entscheidung im In- und Ausland. Inwieweit dieses Fernziel zumindest ansatzweise erreicht werden kann, wird sich erst in der Praxis erweisen. Durchaus auch in der Regierungsbegründung unterschwellig anklingende Skepsis erscheint allerdings angebracht, da die Bewertungstraditionen in den einzelnen EU-/EWR-Staaten durchaus voneinander abweichen und deshalb selbst bei gutem Willen auf beiden Seiten nicht notwendig identische Ergebnisse gesichert sind.[18]

Für den Fall, dass anlässlich der grenzüberschreitenden Umwandlung vor der zuständigen ausländischen Behörde oder Stelle ein Verfahren nach § 6c Abs. 2 S. 1 eingeleitet worden ist, präzisiert § 6c Abs. 2 S. 2 die Kooperationspflichten dahin gehend, dass das Gericht insbesondere Informationen austauschen (§ 6c Abs. 2 S. 2 Nr. 1) und nach Maßgabe des § 404 ZPO dieselbe Person als Sachverständigen bestimmen kann (§ 6c Abs. 2 S. 2 Nr. 2). In § 6c Abs. 1 S. 2 Nr. 1 wird man in erster Linie eine Ermächtigung an das zuständige deutsche Gericht sehen dürfen. Klargestellt wird, dass eventuell bestehende gerichtliche Geheimhaltungspflichten grundsätzlich dem Austausch von Informationen mit einem anderen EU-/EWR-Gericht, das denselben Sachverhalt zu entscheiden hat, nicht entgegenstehen. Inhaltlich geht die Bestimmung nicht über das allgemeine Kooperationsgebot nach § 6c Abs. 1 S. 1 hinaus. 17

§ 6c Abs. 2 S. 2 Nr. 2 enthält gleichsinnig die Ermächtigung zum Einsatz des Instruments der zivilprozessualen **Sachverständigenauswahl gemäß § 404 ZPO** („Beweismittelkonzentration") und gleichzeitig einen dahin gehenden Hinweis an das befasste Gericht. Zu berücksichtigen ist allerdings, dass § 404 ZPO primär im Interesse der Verfahrenseffizienz eine Verständigung der Parteien des deutschen Verfahrens über die Person des Sachverständigen erlaubt. Übertragen auf das Spruchverfahren würde dies bedeuten, dass sich Antragsteller, Antragsgegnerin und der gemeinsame Vertreter nach § 6 über den Sachverständigen einigen. Ersichtlich zielt § 6c Abs. 2 S. 2 Nr. 2 demgegenüber darauf, dass für die Unternehmensbewertung im deutschen und im ausländischen Verfahren derselbe Sachverständige gewählt wird, was ceteris paribus die Wahrscheinlichkeit identischer Tenorierung spürbar erhöht. Dass sich nicht nur die Verfahrensbeteiligten im Inland, sondern zusätzlich auch die Verfahrensbeteiligten in einem Parallelverfahren im Ausland auf einen Sachverständigen einigen können, erscheint angesichts unterschiedlicher Rechts- und Bewertungstraditionen, Sprachbarrieren etc nahezu ausgeschlossen, so dass zumindest eine Beweismittelkonzentration 18

---

17 Begr. RegE UmRUG, BT-Drs. 20/3822, 127.
18 Zurückhaltend diesbezüglich auch *Herzog/Gebhard* AG 2023, 310 (314).

entsprechend § 404 Abs. 4, 5 ZPO wohl ausgeschlossen sein dürfte – und zudem noch unter dem Vorbehalt der Zulässigkeit nach dem jeweils betroffenen ausländischen Recht steht. Es verbleibt somit § 404 Abs. 1 ZPO, dem sich allerdings für das Spruchverfahren nicht mehr entnehmen lässt, als dass die deutschen Spruchkörper in Abstimmungen mit den betroffenen ausländischen Gerichten ausloten, ob es möglich ist, in beiden Verfahren denselben Sachverständigen einzusetzen bzw. dass das deutsche Gericht grundsätzlich auch einen eventuell bereits im Ausland bestellten Sachverständigen zum Sachverständigen für das deutsche Verfahren bestimmen kann.

IV. Kosten

19 Der besondere gemeinsame Vertreter nach § 6c hat Anspruch auf Vergütung und Auslagenersatz nach den Grundsätzen des § 6.[19]

§ 7 Vorbereitung der mündlichen Verhandlung

(1) Das Gericht stellt dem Antragsgegner und dem gemeinsamen Vertreter die Anträge der Antragsteller unverzüglich zu.

(2) [1]Das Gericht fordert den Antragsgegner zugleich zu einer schriftlichen Erwiderung auf. [2]Darin hat der Antragsgegner insbesondere zur Höhe des Ausgleichs, der Zuzahlung oder der Barabfindung oder sonstigen Abfindung Stellung zu nehmen. [3]Für die Stellungnahme setzt das Gericht eine Frist, die mindestens einen Monat beträgt und drei Monate nicht überschreiten soll.

(3) [1]Außerdem hat der Antragsgegner den Bericht über den Unternehmensvertrag, den Eingliederungsbericht, den Bericht über die Übertragung der Aktien auf den Hauptaktionär oder den Umwandlungsbericht nach Zustellung der Anträge bei Gericht einzureichen. [2]In den Fällen, in denen der Beherrschungs- oder Gewinnabführungsvertrag, die Eingliederung, die Übertragung der Aktien auf den Hauptaktionär oder die Umwandlung durch sachverständige Prüfer geprüft worden ist, ist auch der jeweilige Prüfungsbericht einzureichen. [3]Auf Verlangen des Antragstellers oder des gemeinsamen Vertreters gibt das Gericht dem Antragsgegner auf, dem Antragsteller oder dem gemeinsamen Vertreter unverzüglich und kostenlos eine Abschrift der genannten Unterlagen zu erteilen.

(4) [1]Die Stellungnahme nach Absatz 2 wird dem Antragsteller und dem gemeinsamen Vertreter zugeleitet. [2]Sie haben Einwendungen gegen die Erwiderung und die in Absatz 3 genannten Unterlagen binnen einer vom Gericht gesetzten Frist, die mindestens einen Monat beträgt und drei Monate nicht überschreiten soll, schriftlich vorzubringen.

(5) [1]Das Gericht kann weitere vorbereitende Maßnahmen erlassen. [2]Es kann den Beteiligten die Ergänzung oder Erläuterung ihres schriftlichen Vorbringens sowie die Vorlage von Aufzeichnungen aufgeben, insbesondere eine Frist zur Erklärung über bestimmte klärungsbedürftige Punkte setzen. [3]In jeder Lage des Verfahrens ist darauf hinzuwirken, dass sich die Beteiligten rechtzeitig und vollständig erklären. [4]Die Beteiligten sind von jeder Anordnung zu benachrichtigen.

---

19 Semler/Stengel/*Volhard*, 3. Aufl. 2012, SpruchG § 6a Rn. 3.

(6) Das Gericht kann bereits vor dem ersten Termin eine Beweisaufnahme durch Sachverständige zur Klärung von Vorfragen, insbesondere zu Art und Umfang einer folgenden Beweisaufnahme, für die Vorbereitung der mündlichen Verhandlung anordnen oder dazu eine schriftliche Stellungnahme des sachverständigen Prüfers einholen.

(7) ¹Sonstige Unterlagen, die für die Entscheidung des Gerichts erheblich sind, hat der Antragsgegner auf Verlangen des Antragstellers oder des Vorsitzenden dem Gericht und gegebenenfalls einem vom Gericht bestellten Sachverständigen unverzüglich vorzulegen. ²Der Vorsitzende kann auf Antrag des Antragsgegners anordnen, dass solche Unterlagen den Antragstellern nicht zugänglich gemacht werden dürfen, wenn die Geheimhaltung aus wichtigen Gründen, insbesondere zur Wahrung von Fabrikations-, Betriebs- oder Geschäftsgeheimnissen, nach Abwägung mit den Interessen der Antragsteller, sich zu den Unterlagen äußern zu können, geboten ist. ³Gegen die Entscheidung des Vorsitzenden kann das Gericht angerufen werden; dessen Entscheidung ist nicht anfechtbar.

(8) Für die Durchsetzung der Verpflichtung des Antragsgegners nach Absatz 3 und 7 ist § 35 des Gesetzes über das Verfahren in Familiensachen und in den Angelegenheiten der freiwilligen Gerichtsbarkeit entsprechend anzuwenden.

Literatur:
Tissen, Die Informationsvorlagepflicht der Aktiengesellschaft im Spruchverfahren, NZG 2016, 848; *Wasmann/Rosskopf*, Die Herausgabe von Unterlagen und der Geheimnisschutz im Spruchverfahren, ZIP 2003, 1776; *Winter/Nießen*, Amtsermittlung und Beibringung im Spruchverfahren, NZG 2007, 13.

A. Überblick	1	I. Vorbereitende Maßnahmen	9
B. Zustellung und Antragserwiderung	3	II. Beweisaufnahme zu Vorfragen	11
I. Zustellung	3	E. Vorlage sonstiger Unterlagen	13
II. Antragserwiderung	5	I. Vorlage der Unterlagen	13
III. Einreichung von Unterlagen	7	II. Geheimhaltung	15
C. Replik	8	III. Durchsetzung der Vorlage	17
D. Verhandlungsvorbereitung	9		

A. Überblick

§ 7 regelt in Anlehnung an das schriftliche Vorverfahren nach der ZPO[1] den Ablauf des Spruchverfahrens bis zur mündlichen Verhandlung. Nach Ansicht des Gesetzgebers stellt § 7 einen „Kernpunkt der Neuregelung" des Spruchverfahrens dar[2] und dient der nachhaltigen Beschleunigung des Verfahrens.[3] Durch die Norm wird der üblicherweise in Verfahren nach dem FamFG geltende Amtsermittlungsgrundsatz erheblich eingeschränkt.[4]

Mit Ausnahme von Abs. 8, der im Rahmen des FGG-Reformgesetzes[5] an das FamFG angepasst wurde, ist die Norm seit ihrem Inkrafttreten unverändert.

---

[1] *Büchel* NZG 2003, 793 (797).
[2] Begr. RegE BT-Drs. 15/371, 14.
[3] Emmerich/Habersack/*Emmerich* SpruchG § 7 Rn. 1; Kölner Komm AktG/*Puszkajler* SpruchG § 7 Rn. 1.
[4] K. Schmidt/Lutter/*Klöcker/Wittgens* SpruchG § 7 Rn. 1; Kölner Komm AktG/*Puszkajler* SpruchG § 7 Rn. 1; Heidel/*Tewes* SpruchG § 7 Rn. 1.
[5] Ges v. 17.12.2008, BGBl. I 2586.

B. Zustellung und Antragserwiderung

I. Zustellung

3 Die **Zustellung** der Anträge richtet sich über § 17 Abs. 1, § 15 Abs. 1, 2 FamFG nach §§ 166 ff. ZPO, im Ausland gemäß § 183 Abs. 1 ZPO vorrangig nach der EuZVO.[6] Sofern mehrere Antragsgegner oder gemeinsame Vertreter vorhanden sind, hat die Zustellung an alle zu erfolgen.[7] Wird die Antragsbegründung nicht zusammen mit dem Antrag eingereicht oder wird der besondere Vertreter erst zu einem späteren Zeitpunkt bestellt, so löst dies jeweils erneut die Pflicht zur Zustellung aus.[8] Eine Zustellung von Anträgen an die übrigen Antragsteller hat nicht zu erfolgen. Diesen sind die Anträge aber formlos zu übermitteln.[9] Die Zustellung kann nach § 13 S. 1 GNotKG nicht von der Leistung eines Kostenvorschusses abhängig gemacht werden, da gemäß § 23 Nr. 14 GNotKG grds. allein der Antragsgegner Kostenschuldner ist.

4 Aus dem Gebot der **Unverzüglichkeit** wird man nicht zwingend folgern müssen, dass jeder einzelne Antrag unverzüglich nach seinem Eingang zugestellt werden muss.[10] Da es an einer § 262 ZPO vergleichbaren Norm fehlt und es für die Verfahrensbeschleunigung genügt, wenn der Antragsgegner einmal über die Einleitung eines Spruchverfahrens informiert wird, ist es vielmehr unter Praktikabilitätsgesichtspunkten als zulässig anzusehen, wenn das Gericht nur den zuerst eingegangenen Antrag umgehend zustellt, danach aber den Ablauf der Antragsfrist abwartet und anschließend, nach Verbindung der einzelnen Verfahren, die Zustellung der übrigen Anträge bewirkt.[11]

II. Antragserwiderung

5 Nach Abs. 2 ist der Antragsgegner vom Gericht (bei Existenz einer Kammer für Handelssachen von ihrem Vorsitzenden, § 2 Abs. 5 S. 1 Nr. 4) zeitgleich mit der Zustellung zur Erwiderung aufzufordern und ihm dafür eine Frist zu setzen. Die Frist beträgt mindestens einen Monat und soll drei Monate nicht übersteigen (Abs. 2 S. 3). Nach der hier vertretenen Ansicht (→ Rn. 4) wäre es nicht sinnvoll, wenn das Gericht diese Frist bereits mit der Zustellung des ersten Antrags setzen würde. Zweckmäßig ist einzig, wenn das Gericht die **Antragserwiderungsfrist** erst mit der Zustellung der letzten Anträge nach Ablauf der Antragsfrist setzt, weil nur so eine zusammenfassende inhaltliche Erwiderung ermöglicht wird.[12]

6 Die Antragserwiderungsfrist kann gemäß § 17 Abs. 1, § 16 Abs. 2 FamFG, §§ 224 Abs. 2, 225 ZPO verlängert werden, wenn erhebliche Gründe glaubhaft gemacht sind. Sofern das Verlängerungsgesuch rechtzeitig eingeht, kann die Verlängerung auch noch nach Fristablauf erfolgen.[13] Bei Nichteinhaltung der gesetzten Frist gelten die **Präklusionsvorschriften** der § 9 Abs. 3, § 10 Abs. 1.

---

6 Kölner Komm AktG/*Puszkajler* SpruchG § 7 Rn. 4.
7 K. Schmidt/Lutter/*Klöcker/Wittgens* SpruchG § 7 Rn. 2.
8 Hölters/Weber/*Simons* SpruchG § 7 Rn. 9.
9 Emmerich/Habersack/*Emmerich* SpruchG § 7 Rn. 4; MüKoAktG/*Kubis* SpruchG § 7 Rn. 6; Kölner Komm AktG/*Puszkajler* SpruchG § 7 Rn. 9; nach aA ist dies nicht zwingend, sondern bloß zweckmäßig, BeckOGK/*Drescher* SpruchG § 7 Rn. 3; Heidel/*Tewes* SpruchG § 7 Rn. 10; Simon SpruchG/*Winter* § 7 Rn. 10.
10 BeckOGK/*Drescher* SpruchG § 7 Rn. 3; Hölters/Weber/*Simons* SpruchG § 7 Rn. 9.
11 *Koch* SpruchG § 7 Rn. 3; Heidel/*Tewes* SpruchG § 7 Rn. 8; Kölner Komm AktG/*Puszkajler* SpruchG § 7 Rn. 10; Emmerich/Habersack/*Emmerich* SpruchG § 7 Rn. 4; *Büchel* NZG 2003, 793 (796 f.).
12 K. Schmidt/Lutter/*Klöcker/Wittgens* SpruchG § 7 Rn. 6; Kölner Komm AktG/*Puszkajler* SpruchG § 7 Rn. 13; *Büchel* NZG 2003, 793 (797); aA BeckOGK/*Drescher* SpruchG § 7 Rn. 4.
13 K. Schmidt/Lutter/*Klöcker/Wittgens* SpruchG § 7 Rn. 5.

III. Einreichung von Unterlagen

Nach Abs. 3 S. 1 hat der Antragsgegner nach Zustellung der Anträge die genannten Unterlagen einzureichen. Grundsätzlich besteht diese Pflicht kraft Gesetzes, so dass es keiner Fristsetzung bedarf und insbes. die Frist des Abs. 2 S. 3 insoweit nicht gilt. Das Gericht kann – und sollte – aber eine gesonderte Frist für die Einreichung setzen.[14] Abs. 3 S. 2 sieht vor, dass das Gericht auf ein entsprechendes Verlangen von Antragstellern oder dem gemeinsamen Vertreter hin dem Antragsgegner aufzugeben hat, diesen unverzüglich und kostenlos Abschriften der in Abs. 3 S. 1 genannten Unterlagen zu erteilen. Zulässig ist es jedoch auch, wenn das Gericht auch ohne ein entsprechendes Verlangen Abschriften für den gemeinsamen Vertreter anfordert, da dieser vor seiner Bestellung mit der Angelegenheit nicht befasst war und daher davon auszugehen ist, dass er nicht über die Unterlagen verfügt.[15]

C. Replik

Auch wenn Abs. 4 S. 1 lediglich von einer Zuleitung der Antragserwiderung spricht, ist diese den Antragstellern sowie dem gemeinsamen Vertreter nach § 17 Abs. 1, § 16 Abs. 1 FamFG entweder zuzustellen (§§ 166 ff. ZPO) oder durch Aufgabe zur Post (§ 15 Abs. 2 FamFG) bekannt zu geben.[16] Antragsteller und gemeinsamer Vertreter können in ihrer Replik bzw. ihrer erstmaligen Erwiderung sowohl zur Antragserwiderung Stellung nehmen und Einwendungen gegen die vom Antragsgegner eingereichten Unterlagen vorbringen als auch, in den Grenzen des § 9 Abs. 1, neue Einwendungen vortragen.[17] Hinsichtlich der Frist und der Möglichkeiten zu ihrer Verlängerung sowie einer etwaigen Präklusionswirkung gelten die Ausführungen unter → Rn. 6 entsprechend.

D. Verhandlungsvorbereitung

I. Vorbereitende Maßnahmen

Gemäß Abs. 5 S. 1 kann das Gericht weitere **vorbereitende Maßnahmen** erlassen. Nach Abs. 5 S. 2 kann es den Beteiligten die Ergänzung oder Erläuterung ihres schriftlichen Vorbringens sowie die Vorlage von Aufzeichnungen aufgeben und insbes. eine Frist zur Erklärung über bestimmte klärungsbedürftige Punkte setzen. Weitere vorbereitende Maßnahmen sind zB die Einholung amtlicher Auskünfte, die Erstellung von zusammenfassenden Übersichten oder Tabellen oder von ergänzenden Berechnungen sowie die Anordnung der Vorlage des Urkundsnachweises nach § 3 S. 3.[18] Das Gericht hat in jeder Lage des Verfahrens darauf hinzuwirken, dass die Beteiligten, also Antragsteller, Antragsgegner und gemeinsamer Vertreter, sich rechtzeitig und vollständig erklären (Abs. 5 S. 3).

Soweit nach Abs. 5 S. 2 die Vorlage von Aufzeichnungen verlangt werden kann, dürfte die Norm angesichts der Regelung in Abs. 7 (→ Rn. 13 f.) weitgehend gegenstandslos

---

14 Kölner Komm AktG/*Puszkajler* SpruchG § 7 Rn. 22.
15 *Koch* SpruchG § 7 Rn. 5; K. Schmidt/Lutter/*Klöcker/Wittgens* SpruchG § 7 Rn. 9; Kölner Komm AktG/*Puszkajler* SpruchG § 7 Rn. 23.
16 K. Schmidt/Lutter/*Klöcker/Wittgens* SpruchG § 7 Rn. 10; Kölner Komm AktG/*Puszkajler* SpruchG § 7 Rn. 26.
17 Emmerich/Habersack/*Emmerich* SpruchG § 7 Rn. 10; K. Schmidt/Lutter/*Klöcker/Wittgens* SpruchG § 7 Rn. 10;

Kölner Komm AktG/*Puszkajler* SpruchG § 7 Rn. 30; Hölters/Weber/*Simons* SpruchG § 7 Rn. 17; aA Lutter/Krieger/Mennicke SpruchG § 7 Rn. 16; MüKoAktG/*Kubis* SpruchG § 7 Rn. 11; Simon SpruchG/*Winter* § 7 Rn. 30.
18 Emmerich/Habersack/*Emmerich* SpruchG § 7 Rn. 14 f.; Kölner Komm AktG/*Puszkajler* SpruchG § 7 Rn. 37.

sein.[19] Zwar erfasst Abs. 5 S. 2 anders als Abs. 7 auch die Antragsteller und den gemeinsamen Vertreter, doch ist nicht ersichtlich, welche Unterlagen diese – mit Ausnahme von Anteilsbesitznachweisen der Antragsteller (§ 3 S. 3, → § 3 Rn. 9) – vorlegen sollten. Sofern das Gericht im Einzelfall nach Abs. 5 S. 2 und nicht nach Abs. 7 vorgeht, sind die Regelungen zur **Geheimhaltung** in Abs. 7 S. 2, 3 entsprechend heranzuziehen.[20]

II. Beweisaufnahme zu Vorfragen

11   Abs. 6 sieht vor, dass das Gericht bereits vor dem ersten Termin eine **Beweisaufnahme** durch Sachverständige zur Klärung von Vorfragen, insbes. zu Art und Umfang der folgenden Beweisaufnahme, anordnen und dazu eine schriftliche Stellungnahme des sachverständigen Prüfers einholen kann. Ziel von Abs. 6 ist es, Vorfragen sachverständig aufarbeiten zu lassen, um die Zeit für die Abfassung eines Beweisbeschlusses nach der mündlichen Verhandlung zu verkürzen und Beweisfragen hinreichend konkret formulieren zu können.[21] Vorbild für diese Regelung ist § 358a ZPO. Zwar bleibt Abs. 6 seinem Wortlaut nach hinter diesem zurück, da nicht auch Hauptfragen erfasst sind.[22] Allerdings ist es bisher nicht gelungen, eine klare Grenze zwischen Vorfragen iSd Abs. 6 und Hauptfragen zu ziehen. Daher und im Interesse der gesetzgeberisch gewünschten Verfahrensverkürzung ist nichts dagegen einzuwenden, wenn im Einzelfall auch über einzelne konkrete Bewertungsrügen vorab Beweis erhoben wird.[23] So kann das Verfahren im weiteren Verlauf auf die tatsächlich entscheidungserheblichen Aspekte beschränkt werden.

12   Zwar nennt Abs. 6 die Einholung einer **schriftlichen Stellungnahme des sachverständigen Prüfers** erst an zweiter Stelle, doch ist eine solche Stellungnahme in diesem frühen Verfahrensstadium das vorrangige Mittel der Wahl. Die sofortige Bestellung eines Sachverständigen ist hingegen regelmäßig unverhältnismäßig.[24]

E. Vorlage sonstiger Unterlagen
I. Vorlage der Unterlagen

13   Nach Abs. 7 hat der Antragsgegner auf Verlangen eines Antragstellers oder des Vorsitzenden sonstige entscheidungserhebliche Unterlagen dem Gericht und ggf. einem vom Gericht bestellten Sachverständigen vorzulegen. Die fehlende Nennung des **gemeinsamen Vertreters** dürfte ein Redaktionsversehen sein, so dass auch dieser ein entsprechendes Verlangen stellen kann.[25] Analog § 425 ZPO ist die Vorlage durch das Gericht anzuordnen.[26] Dies ist auch für Abs. 8 erforderlich.[27] Die Entscheidungserheblichkeit der Unterlagen ist von dem ihre Vorlage Verlangenden substantiiert darzulegen.[28] Konkret ist entweder die Entscheidungserheblichkeit der in Rede stehenden Unterlagen darzulegen oder aber zumindest, dass eine konkrete Bewertungsrüge nur mithilfe der-

---

19 Emmerich/Habersack/*Emmerich* SpruchG § 7 Rn. 14; MüKoAktG/*Kubis* SpruchG § 7 Rn. 13; Kölner Komm AktG/*Puszkajler* SpruchG § 7 Rn. 42.
20 Emmerich/Habersack/*Emmerich* SpruchG § 7 Rn. 14; Kölner Komm AktG/*Puszkajler* SpruchG § 7 Rn. 42.
21 Begr. RegE BT-Drs. 15/371, 15.
22 Emmerich/Habersack/*Emmerich* SpruchG § 7 Rn. 17; K. Schmidt/Lutter/*Klöcker/Wittgens* SpruchG § 7 Rn. 12.
23 Kölner Komm AktG/*Puszkajler* SpruchG § 7 Rn. 47 f.; Simon SpruchG/*Winter* § 7 Rn. 51 f.
24 MüKoAktG/*Kubis* SpruchG § 7 Rn. 16; Kölner Komm AktG/*Puszkajler* SpruchG § 7 Rn. 50; Simon SpruchG/*Winter* § 7 Rn. 53.
25 Emmerich/Habersack/*Emmerich* SpruchG § 7 Rn. 20; Kölner Komm AktG/*Puszkajler* SpruchG § 7 Rn. 56; Simon SpruchG/*Winter* § 7 Rn. 60.
26 Emmerich/Habersack/*Emmerich* SpruchG § 7 Rn. 23; Kölner Komm AktG/*Puszkajler* SpruchG § 7 Rn. 64.
27 *Preuß* NZG 2009, 961 (963 f.).
28 OLG Karlsruhe AG 2006, 463 f.; K. Schmidt/Lutter/*Klöcker/Wittgens* SpruchG § 7 Rn. 13.

jenigen Unterlagen möglich ist, deren Vorlage begehrt wird.[29] Die vorgelegten Unterlagen werden grds. auch allen Antragstellern zugänglich gemacht, da diese das Recht haben, sich zu vorgelegten Unterlagen zu äußern.[30]

Vorlagepflichtig sind nur solche Unterlagen, über die der Antragsteller verfügen kann und darf.[31] Daraus folgt, dass insbes. **Arbeitspapiere** der mit der Bewertung beauftragten Wirtschaftsprüfer nicht vorgelegt werden müssen, da diese nicht zu den an den Mandanten herauszugebenden Handakten gehören (vgl. § 51b Abs. 4 Hs. 2 WPO).[32] Vorlagepflichtig können hingegen Bewertungsgutachten, Bilanzen, Geschäftsberichte oder Planungsrechnungen sein.[33] Bücher und Schriften iSd § 320 Abs. 2 HGB sind grds. nicht vorlagepflichtig.[34]

II. Geheimhaltung

Der Vorsitzende kann auf Antrag des Antragsgegners anordnen, dass nach Abs. 7 S. 1 vorzulegende Unterlagen den Antragstellern nicht zugänglich gemacht werden dürfen, wenn die Geheimhaltung aus wichtigen Gründen, insbes. zur Wahrung von Fabrikations-, Betriebs- oder Geschäftsgeheimnissen (vgl. § 70 Abs. 2 S. 2, 4 GWB), nach Abwägung mit den Interessen der Antragsteller, sich zu den Unterlagen äußern zu können, geboten ist (Abs. 7 S. 2). Bei der Abwägung sind alle Umstände des Einzelfalls zu berücksichtigen.[35] Für die Annahme eines wichtigen Grundes nicht erforderlich ist, dass die Offenlegung dem Antragsgegner einen erheblichen Nachteil zufügen könnte.[36] Allerdings muss das Gericht prüfen, ob es mildere Mittel als die vollständige Geheimhaltung gibt. Zu denken ist zB daran, die Einsichtnahme von der Abgabe einer strafbewehrten Geheimhaltungserklärung abhängig zu machen oder die Unterlagen nur im Gericht zur Einsicht zur Verfügung zu stellen.[37] Ordnet der Vorsitzende die Vorlage an, kann gegen seine Entscheidung die Kammer angerufen werden, die dann durch unanfechtbaren Beschluss entscheidet (Abs. 7 S. 3).

Sofern die Geheimhaltung angeordnet wurde, sind die betreffenden Unterlagen in einer Sonderakte zu führen, in die weder die Antragsteller noch der gemeinsame Vertreter Einsicht nehmen dürfen.[38] Angesichts der st. Rspr. des BVerfG zu Art. 103 Abs. 1 GG dürfen geheim gehaltene Unterlagen vom Gericht in seiner Entscheidung nicht verwertet werden.[39] Abs. 7 S. 2 kommt in der Praxis daher keine Bedeutung zu. Dies gilt umso mehr, als idR die Angaben in den vom Antragsgegner vorzulegenden Berichten für eine sachgerechte Verfahrensführung bereits ausreichen.

---

29 LG München I AG 2017, 501; K. Schmidt/Lutter/*Klöcker/Wittgens* SpruchG § 7 Rn. 13; Kölner Komm AktG/*Puszkajler* SpruchG § 7 Rn. 57.
30 K. Schmidt/Lutter/*Klöcker/Wittgens* SpruchG § 7 Rn. 14; Kölner Komm AktG/*Puszkajler* SpruchG § 7 Rn. 63.
31 Emmerich/Habersack/*Emmerich* SpruchG § 7 Rn. 22; K. Schmidt/Lutter/*Klöcker/Wittgens* SpruchG § 7 Rn. 13; MüKoAktG/*Kubis* SpruchG § 7 Rn. 19; Kölner Komm AktG/*Puszkajler* SpruchG § 7 Rn. 60 f.
32 LG München I AG 2017, 501; OLG Zweibrücken AG 2021, 29 (31); Emmerich/Habersack/*Emmerich* SpruchG § 7 Rn. 22; Kölner Komm AktG/*Puszkajler* SpruchG § 7 Rn. 69; Simon SpruchG/*Winter* § 7 Rn. 58; Bungert/Mennicke BB 2003, 2021 (2029); Tissen NZG 2016, 848 (850); *Wasmann/Rosskopf* ZIP 2003, 1776 (1780); krit. BeckOGK/*Drescher* SpruchG § 7 Rn. 9.
33 Emmerich/Habersack/*Emmerich* SpruchG § 7 Rn. 22; MüKoAktG/*Kubis* SpruchG § 7 Rn. 19; Hölters/Weber/*Simons* SpruchG § 7 Rn. 24.

34 *Tissen* NZG 2016, 848 (850).
35 Emmerich/Habersack/*Emmerich* SpruchG § 7 Rn. 26.
36 Kölner Komm AktG/*Puszkajler* SpruchG § 7 Rn. 66.
37 K. Schmidt/Lutter/*Klöcker/Wittgens* SpruchG § 7 Rn. 14; Bungert/Mennicke BB 2003, 2021 (2029).
38 Emmerich/Habersack/*Emmerich* SpruchG § 7 Rn. 27; K. Schmidt/Lutter/*Klöcker/Wittgens* SpruchG § 7 Rn. 15; Kölner Komm AktG/*Puszkajler* SpruchG § 7 Rn. 68 (allerdings zweifelnd hinsichtlich des gemeinsamen Vertreters, Rn. 69).
39 LG München I AG 2017, 501; Emmerich/Habersack/*Emmerich* SpruchG § 7 Rn. 29; K. Schmidt/Lutter/*Klöcker/Wittgens* SpruchG § 7 Rn. 15; MüKoAktG/*Kubis* SpruchG § 7 Rn. 20; aA Lutter/Krieger/*Mennicke* SpruchG § 7 Rn. 20; BeckOGKG/*Drescher* SpruchG § 7 Rn. 13.

III. Durchsetzung der Vorlage

17 Die Vorlage von Unterlagen nach Abs. 3 und Abs. 7 kann vom Gericht gemäß Abs. 8, § 35 FamFG mit Zwangsmitteln durchgesetzt werden. Der entsprechende Beschluss ist nach § 35 Abs. 5 FamFG, §§ 567 ff. ZPO mit der sofortigen Beschwerde anfechtbar, ein ablehnender Beschluss hingegen mit der Beschwerde nach §§ 58 ff. FamFG.[40] Eine wiederholte Zwangsgeldfestsetzung ist zulässig.[41]

§ 8 Mündliche Verhandlung

(1) ¹Das Gericht soll aufgrund mündlicher Verhandlung entscheiden. ²Sie soll so früh wie möglich stattfinden.

(2) ¹In den Fällen des § 7 Abs. 3 Satz 2 soll das Gericht das persönliche Erscheinen der sachverständigen Prüfer anordnen, wenn nicht nach seiner freien Überzeugung deren Anhörung als sachverständige Zeugen zur Aufklärung des Sachverhalts entbehrlich erscheint. ²Den sachverständigen Prüfern sind mit der Ladung die Anträge der Antragsteller, die Erwiderung des Antragsgegners sowie das weitere schriftliche Vorbringen der Beteiligten mitzuteilen. ³In geeigneten Fällen kann das Gericht die mündliche oder schriftliche Beantwortung von einzelnen Fragen durch den sachverständigen Prüfer anordnen.

(3) Die §§ 138 und 139 sowie für die Durchführung der mündlichen Verhandlung § 279 Abs. 2 und 3 und § 283 der Zivilprozessordnung gelten entsprechend.

Literatur:
Engel/Puszkajler, Bewährung des SpruchG in der Praxis?, BB 2012, 1687; *Halfmeier*/Jacoby, Zur Notwendigkeit eines Sachverständigenbeweises im Spruchverfahren, ZIP 2020, 203; Winter/*Nießen*, Amtsermittlung und Beibringung im Spruchverfahren, NZG 2007, 13; *Wittgens*, Der gerichtliche Sachverständige im Spruchverfahren, AG 2007, 106.

A. Überblick

1 § 8 befasst sich mit der mündlichen Verhandlung im Spruchverfahren. In Abweichung von § 32 Abs. 1 S. 1 FamFG ist die mündliche Verhandlung zum Regelfall bestimmt. Dies soll nach der Vorstellung des Gesetzgebers der Verfahrensbeschleunigung dienen.[1] Diesem Ziel dient auch die Stärkung der Rolle des sachverständigen Prüfers in Abs. 2. § 8 ist seit seinem Inkrafttreten unverändert geblieben.

B. Mündliche Verhandlung

2 Von der mündlichen Verhandlung kann nur ausnahmsweise abgesehen werden. Dies kommt in Betracht, wenn kein Erörterungsbedarf besteht, was zB bei offensichtlicher Unzulässigkeit aller Anträge der Fall ist.[2] Wird auf die mündliche Verhandlung ohne hinreichende Begründung verzichtet, stellt dies einen Beschwerdegrund dar.[3]

---

[40] Kölner Komm AktG/*Puszkajler* SpruchG § 7 Rn. 81.
[41] Emmerich/Habersack/*Emmerich* SpruchG § 7 Rn. 24; MüKoAktG/*Kubis* SpruchG § 7 Rn. 25; Hölters/Weber/*Simons* SpruchG § 7 Rn. 27.
[1] Begr. RegE BT-Drs. 15/371, 15.
[2] Emmerich/Habersack/*Emmerich* SpruchG § 8 Rn. 3; Kölner Komm AktG/*Puszkajler* SpruchG § 8 Rn. 4; Simon SpruchG/*Winter* § 8 Rn. 4.
[3] MüKoAktG/*Kubis* SpruchG § 8 Rn. 1; Kölner Komm AktG/*Puszkajler* SpruchG § 8 Rn. 4.

Die mündliche Verhandlung soll so früh wie möglich stattfinden (Abs. 1 S. 2). Sinnvollerweise kann dieser Termin aber erst nach Ablauf der Antragsfrist (§ 4 Abs. 1) sowie der Fristen für die Antragserwiderung und Replik (§ 7 Abs. 2, 4) liegen.[4] Regelmäßig wird die mündliche Verhandlung daher erst ca. sechs Monate nach Ablauf der Antragsfrist stattfinden können.[5]

C. Rolle des sachverständigen Prüfers

Abs. 2 S. 1 bestimmt, dass in den Fällen des § 7 Abs. 3 S. 2 grundsätzlich das persönliche Erscheinen des sachverständigen Prüfers angeordnet werden soll. Diesem sind ggf. mit seiner Ladung die Anträge der Antragsteller, die Erwiderung des Antragsgegners sowie das weitere schriftliche Vorbringen der Beteiligten mitzuteilen (Abs. 2 S. 2). Die Regelung dient der Verfahrensbeschleunigung und soll zur Vermeidung einer vollständigen Neubewertung durch einen zuvor nicht mit der Sache befassten Sachverständigen beitragen.[6]

Abs. 2 S. 1 geht davon aus, dass der sachverständige Prüfer im Spruchverfahren als sachverständiger Zeuge gehört wird. Diese Verfahrensrolle ist indes für den sachverständigen Prüfer wenig passend. Ein sachverständiger Zeuge gibt gemäß § 414 ZPO Auskunft über vergangene Tatsachen und Zustände, die er gerade aufgrund seiner besonderen Qualifikation und Sachkunde wahrgenommen hat. Der sachverständige Prüfer soll aber idR zumindest auch allg. Erfahrungssätze vermitteln oder zu bestimmten – keine Tatsachen darstellenden – Bewertungsfragen aufgrund seiner Fachkenntnisse Antworten liefern.[7] Der sachverständige Prüfer dürfte daher eher als Hilfsperson des Gerichts zu qualifizieren sein, der dem Gericht im jeweiligen Einzelfall im Wege des Freibeweises die erforderliche Sachkunde vermitteln soll.[8]

Von einer Anhörung des sachverständigen Prüfers soll nur abgesehen werden, wenn dies nach freier Überzeugung des Gerichts zur Aufklärung des Sachverhalts entbehrlich erscheint. Dies kann der Fall sein, wenn ausnahmsweise keine Bewertungsfragen zu erörtern sind oder der sachverständige Prüfer im Vorfeld zu Fragen des Gerichts schriftlich Stellung genommen hat (vgl. Abs. 2 S. 3).[9] Wegen eigener Sachkunde darf das Gericht nicht auf die Anhörung verzichten, da der sachverständige Prüfer auch über seine Wahrnehmungen zum konkreten Bewertungsvorgang berichten soll.[10] Die von wenigen Gerichten geübte Praxis, auf eine Anhörung des sachverständigen Prüfers grds. zu verzichten und stattdessen direkt einen weiteren Sachverständigen mit einer erneuten Unternehmensbewertung zu beauftragen, ist mit Abs. 2 S. 1 und der vom Gesetzgeber intendierten Verfahrensbeschleunigung ebenfalls nicht vereinbar. Vielmehr ist umgekehrt ein weiteres Sachverständigengutachten allenfalls dann einzuholen, wenn nach der gebotenen Anhörung des sachverständigen Prüfers noch Aufklärungsbedarf besteht und insoweit Klärung durch ein Sachverständigengutachten zu erwarten ist.[11]

---

4 K. Schmidt/Lutter/*Klöcker/Wittgens* SpruchG § 8 Rn. 2; Kölner Komm AktG/*Puszkajler* SpruchG § 8 Rn. 6.
5 Kölner Komm AktG/*Puszkajler* SpruchG § 8 Rn. 6.
6 K. Schmidt/Lutter/*Klöcker/Wittgens* SpruchG § 8 Rn. 4; krit. Emmerich/Habersack/*Emmerich* SpruchG § 8 Rn. 14 ff.
7 K. Schmidt/Lutter/*Klöcker/Wittgens* SpruchG § 8 Rn. 4; Kölner Komm AktG/*Puszkajler* SpruchG § 8 Rn. 15 f.; *Büchel* NZG 2003, 793 (802).
8 Emmerich/Habersack/*Emmerich* SpruchG § 8 Rn. 11; *Koch* SpruchG § 8 Rn. 4; MüKoAktG/*Kubis* SpruchG § 8 Rn. 2; aA BeckOGK/*Drescher* SpruchG § 8 Rn. 9 mwN (Sachverständiger).
9 BeckOGK/*Drescher* SpruchG § 8 Rn. 9.
10 Kölner Komm AktG/*Puszkajler* SpruchG § 8 Rn. 28.
11 OLG Düsseldorf NZG 2023, 160 (163).

Eine Ablehnung des sachverständigen Prüfers und damit eine Verhinderung seiner Anhörung wegen der Besorgnis der Befangenheit kommt nicht in Betracht.[12]

7 Eine Bestellung des sachverständigen Prüfers zum Sachverständigen im Spruchverfahren ist zwar nicht vollständig ausgeschlossen. Sie wird aber im Regelfall jedenfalls dann wegen Besorgnis der Befangenheit iSd §§ 42 Abs. 2, 406 Abs. 1 ZPO ausscheiden, wenn der sachverständige Prüfer letztlich eine Aussage zum eigenen früheren Prüfungsurteil treffen müsste.[13] In der Praxis werden sachverständige Prüfer allenfalls in Ausnahmefällen zum Sachverständigen bestellt.[14] Regelmäßig wird die Bestellung eines (neuen) Sachverständigen aber ohnehin unterbleiben können. Ein (weiteres) Sachverständigengutachten ist nämlich nur erforderlich, wenn das Gericht nach Studium der ihm vorgelegten Unterlagen (Bewertungsgutachten und Prüfungsbericht) sowie ggf. ergänzender Anhörung des sachverständigen Prüfers noch weiteren Aufklärungsbedarf sieht.[15]

D. Entsprechende Geltung von Vorschriften der ZPO

8 Abs. 3 ordnet die entsprechende Anwendbarkeit einiger Regelungen der ZPO an. Von Bedeutung ist dabei insbes. die entsprechende Geltung von § 138 ZPO. Dadurch wird der Beibringungsgrundsatz zur Verfahrensmaxime im Spruchverfahren. Bedeutsam können insoweit vor allem die Geständnisfiktion des § 138 Abs. 3 ZPO sowie das grundsätzliche Erfordernis qualifizierten Bestreitens (§ 138 Abs. 4 ZPO) sein. Allerdings gilt § 138 ZPO nur für Tatsachen, nicht für Erfahrungssätze, mittels derer auf der Basis einer Tatsachengrundlage der Unternehmenswert ermittelt wird.[16]

§ 9 Verfahrensförderungspflicht

(1) Jeder Beteiligte hat in der mündlichen Verhandlung und bei deren schriftlicher Vorbereitung seine Anträge sowie sein weiteres Vorbringen so zeitig vorzubringen, wie es nach der Verfahrenslage einer sorgfältigen und auf Förderung des Verfahrens bedachten Verfahrensführung entspricht.

(2) Vorbringen, auf das andere Beteiligte oder in den Fällen des § 8 Abs. 2 die in der mündlichen Verhandlung anwesenden sachverständigen Prüfer voraussichtlich ohne vorhergehende Erkundigung keine Erklärungen abgeben können, ist vor der mündlichen Verhandlung durch vorbereitenden Schriftsatz so zeitig mitzuteilen, dass die Genannten die erforderliche Erkundigung noch einziehen können.

(3) Rügen, welche die Zulässigkeit der Anträge betreffen, hat der Antragsgegner innerhalb der ihm nach § 7 Abs. 2 gesetzten Frist geltend zu machen.

Literatur:
Winter/Nießen, Amtsermittlung und Beibringung im Spruchverfahren, NZG 2007, 13.

---

[12] OLG Düsseldorf AG 2020, 673 (674); *Halfmeier/Jacoby* ZIP 2020, 203 (206).
[13] BeckOGK/*Drescher* SpruchG § 8 Rn. 8; Emmerich/Habersack/*Emmerich* SpruchG § 8 Rn. 15; Kölner Komm AktG/*Puszkajler* SpruchG § 8 Rn. 20 ff.; *Land/Hennings* AG 2005, 380 (385); *Wittgens* AG 2007, 106 (108 f.); vgl.
auch Begr. RegE BT-Drs. 15/371, 15; großzügiger OLG Düsseldorf WM 2006, 3136.
[14] *Engel/Puszkajler* BB 2012, 1687 (1690).
[15] OLG Düsseldorf NZG 2016, 622.
[16] Kölner Komm AktG/*Puszkajler* SpruchG § 8 Rn. 46.

I. Normzweck	1	b) Gegenstand	3
II. Inhalt	2	c) Rechtzeitigkeit	6
1. Allgemeine Verfahrensförderungspflicht (Abs. 1)	2	2. Schriftliche Vorbereitung (Abs. 2)	7
a) Adressaten	2	3. Zulässigkeitsrügen (Abs. 3)	9

I. Normzweck

Wie die §§ 7 f. ist die zusammen mit § 10 zu lesende Vorschrift des § 9 dem Ziel der **Verfahrensbeschleunigung** verpflichtet.[1] Unabhängig von der Setzung einer gerichtlichen Frist, haben auch sämtliche Verfahrensbeteiligte das Verfahren jeweils mit der gebotenen Zügigkeit zu betreiben.[2] Genügt ein Beteiligter seinen insbesondere in den §§ 7–9 niedergelegten Verfahrensförderungspflichten nicht, droht Präklusion nach § 10.[3] Die Regelung übernimmt damit die Grundgedanken des Zivilprozesses nach §§ 282, 296 ZPO und schränkt auch insoweit den im FG-Verfahren geltenden Amtsermittlungsgrundsatz ein (vgl. § 10 Abs. 3).[4] Gleichfalls nach dem Vorbild von § 282 ZPO untergliedert § 9 die Verfahrensförderungspflicht in drei Kategorien, auf die § 10 mit einem abgestuften Sanktionsregime reagiert: eine allgemeine Verfahrensförderungspflicht, die Pflicht zur ordnungsgemäßen Vorbereitung des mündlichen Termins sowie die Verpflichtung zur rechtzeitigen Geltendmachung von Zulässigkeitsrügen.[5]

1

II. Inhalt

1. Allgemeine Verfahrensförderungspflicht (Abs. 1)

a) Adressaten

Sämtliche Beteiligte sind Adressaten der Verfahrensförderungspflicht, dh sowohl jeder Antragsteller als auch die Antragsgegnerin und der gemeinsame Vertreter;[6] im theoretischen Fall, dass ein gemeinsamer Vertreter nach §§ 6a-6c am Verfahren beteiligt ist, hat auch dieser das seinige zu einem effektiven Verfahrensfortgang beizutragen.

2

b) Gegenstand

Jeder Beteiligte hat in der mündlichen Verhandlung und bei deren schriftlicher Vorbereitung seine Anträge sowie sein weiteres Vorbringen so zeitig vorzubringen, wie es nach der Verfahrenslage einer sorgfältigen und auf Förderung des Verfahrens bedachten Verfahrensführung entspricht.[7] Gegenstand sind sämtliche Maßnahmen, die der Gesetzgeber zur Beschleunigung des Verfahrens vorsieht; umfasst sind damit in Abgrenzung zum – umstrittenen – Anwendungsbereich des § 282 ZPO ausdrücklich auch vorbereitende Schriftsätze.[8] Richtigerweise wird man – sozusagen, wenn man diese wenig überzeugende Argumentationsfigur bemühen will, praeter legem – die Förderungspflicht

3

---

1 OLG Frankfurt a. M. AG 2008, 550 (551); BeckOGK/*Drescher* SpruchG § 9 Rn. 1; Widmann/Mayer/Wälzholz SpruchG § 9 Rn. 1; *Koch* SpruchG § 9 Rn. 1.
2 RegE Gesetz zur Neuordnung des gesellschaftsrechtlichen Spruchverfahrens (Spruchverfahrensneuordnungsgesetz), BT-Drs. 15/371, 16; Kölner Komm AktG/*Dorn* SpruchG § 9 Rn. 1; MüKoAktG/*Kubis* SpruchG § 9 Rn. 1; Simon SpruchG/*Winter* § 9 Rn. 2; *Koch* SpruchG § Rn. 21.
3 Kölner Komm AktG/*Dorn* SpruchG § 9 Rn. 1.
4 RegE Gesetz zur Neuordnung des gesellschaftsrechtlichen Spruchverfahrens (Spruchverfahrensneuordnungsgesetz), BT-Drs. 15/371, 16; Schmitt/Hörtnagl/*Hörtnagl* SpruchG § 10 Rn. 1; Winter/Nießen NZG 2007, 13 (15).
5 Büchel NZG 2003, 793 (799).
6 Kölner Komm AktG/*Dorn* SpruchG § 9 Rn. 4; Schmitt/Hörtnagl/*Hörtnagl* SpruchG § 9 Rn. 3; BeckOGK/*Drescher* SpruchG § 9 Rn. 3; *Koch* SpruchG § 9 Rn. 2. Missverständlich insoweit K. Schmidt/Lutter/*Klöcker/Wittgens* SpruchG § 9 Rn. 1, die zwar von den Beteiligten, dann aber nur von Antragstellern und Antragsgegnern sprechen.
7 OLG Frankfurt a. M. AG 2008, 550 (552).
8 Lutter/Mennicke SpruchG § 9 Rn. 2.

weiter auch auf den Zeitraum nach einer eventuell stattfindenden mündlichen Verhandlung erstrecken.[9] § 9 ist erkennbar von dem Geist beseelt, die Verfahrensbeteiligten zu jedem Zeitpunkt zu einer akribischen Verfahrensführung anzuhalten. Im Übrigen wäre anderenfalls die zeitliche Dimension der Verfahrensförderungspflicht von dem als Wegscheide wenig überzeugenden Differenzierungskriterium abhängig, ob bereits eine mündliche Verhandlung stattgefunden hat bzw. ob mit einer (weiteren) mündlichen Verhandlung zu rechnen ist.

4 Mit der Begrifflichkeit des „**Antrags**" werden vor dem Hintergrund des Ziels einer umfassenden Verfahrensbeschleunigung nicht nur Sach-, sondern auch Verfahrensanträge erfasst,[10] wie etwa die Beantragung eines Bewertungsgutachtens[11] oder sonstige Beweisanträge,[12] deren zögerliche Einbringung das Verfahren in gleicher Weise wie verzögert gestellte Sachanträge belastet. Nicht Gegenstand der allgemeinen Verfahrensförderungspflicht sind hingegen solche Anträge, denen der Gesetzgeber eine ausdrückliche Sonderbehandlung hat zukommen lassen,[13] also insbesondere Antrag und Antragsbegründung (§ 4), Erwiderung des Antragsgegners (§ 7 Abs. 2 S. 3), Replik der Antragsteller und des gemeinsamen Vertreters (§ 7 Abs. 4 S. 2) und Zulässigkeitsrügen (§ 9 Abs. 3 iVm § 7 Abs. 2); die in den genannten Vorschriften gesetzten Fristen dürfen die Adressaten jeweils ausnutzen, ohne dass der Vorwurf eines Verstoßes gegen die Verfahrensförderungspflicht drohen würde.[14]

5 Das „**weitere Vorbringen**" erfasst sämtliches schriftsätzliche und mündliche Vorbringen – Behaupten und Bestreiten – zum Verfahrensgegenstand.[15] Nach überzeugender Ansicht gilt § 9 Abs. 1 aufgrund des iura-novit-curia-Grundsatzes nur für Tatsachen; Rechtsauffassungen können somit zu jedem Zeitpunkt noch vorgebracht werden.[16]

c) Rechtzeitigkeit

6 Zur Ausfüllung des unbestimmten Rechtsbegriffs der Rechtzeitigkeit kann auf die zu § 282 ZPO entwickelten Grundsätze zurückgegriffen werden.[17] Rechtzeitig sind Angriffs- und Verteidigungsmittel damit dann, wenn nach Maßgabe eines objektiven und subjektiven Tatbestands ein früheres Vorbringen nicht zuzumuten war.[18] § 9 Abs. 1 ist nicht der Eventualmaxime verpflichtet.[19] Das heißt, nur möglicherweise relevante Tatsachen müssen nicht zwingend sofort vorgetragen werden,[20] nicht hinreichend substanti-

---

9 Dreier/Fritzsche/Verfürth/*Verfürth*/*Schulenburg* SpruchG § 9 Rn. 4; in diese Richtung auch Kölner Komm AktG/*Dorn* SpruchG § 9 Rn. 5. AA Emmerich/Habersack/*Emmerich* SpruchG § 9 Rn. 4, der das Gesetz beim Wort nimmt.
10 Schmitt/Hörtnagl/*Hörtnagl* SpruchG § 9 Rn. 2; Widmann/Mayer/*Wälzholz* SpruchG § 9 Rn. 2.1; MüKoAktG/*Kubis* SpruchG § 9 Rn. 3.
11 *Koch* SpruchG § 9 Rn. 3. Vgl. auch Widmann/Mayer/*Wälzholz* SpruchG § 9 Rn. 2.2.
12 Kölner Komm AktG/*Dorn* SpruchG § 9 Rn. 6; Emmerich/Habersack/*Emmerich* SpruchG § 9 Rn. 5.
13 Emmerich/Habersack/*Emmerich* SpruchG § 9 Rn. 2. Teilweise anders Dreier/Fritzsche/Verfürth/*Verfürth*/*Schulenburg* SpruchG § 9 Rn. 5.
14 Emmerich/Habersack/*Emmerich* SpruchG § 9 Rn. 2; MüKoAktG/*Kubis* SpruchG § 9 Rn. 2; Simon SpruchG/*Winter* § 9 Rn. 4.
15 Emmerich/Habersack/*Emmerich* SpruchG § 9 Rn. 6; MüKoAktG/*Kubis* SpruchG § 9 Rn. 2. Insoweit geht § 9 über die zivilprozessuale Verfahrensförderungspflicht nach § 282 ZPO hinaus.
16 Kölner Komm AktG/*Dorn* SpruchG § 9 Rn. 6; Schmitt/Hörtnagl/*Hörtnagl* SpruchG § 9 Rn. 2; *Koch* SpruchG § 9 Rn. 3; Lutter/*Mennicke* SpruchG § 9 Rn. 2; Dreier/Fritzsche/Verfürth/*Verfürth*/*Schulenburg* SpruchG § 9 Rn. 6; Hölters/Weber/*Simons* SpruchG § 6 Rn. 3. AA Semler/Stengel/*Volhard*, 3. Aufl. 2012, SpruchG § 9 Rn. 4; Simon SpruchG/*Winter* § 9 Rn. 7 ff.; Widmann/Mayer/*Wälzholz* SpruchG § 9 Rn. 2.1; unter Hinweis auf die mit Blick auf den Verfahrensgegenstand des Spruchverfahrens durchaus anspruchsvolle Abgrenzung zwischen Rechtsausführungen und Sachvortrag tendenziell auch MüKoAktG/*Kubis* SpruchG § 9 Rn. 3.
17 Schmitt/Hörtnagl/*Hörtnagl* SpruchG § 9 Rn. 3.
18 Klöcker/Frowein § 9 Rn. 4; K. Schmidt/Lutter/*Klöcker*/*Wittgens* SpruchG § 9 Rn. 3.
19 Schmitt/Hörtnagl/*Hörtnagl* SpruchG § 9 Rn. 3; K. Schmidt/Lutter/*Klöcker*/*Wittgens* SpruchG § 9 Rn. 3; *Koch* SpruchG § 9 Rn. 3.
20 Lutter/*Mennicke* SpruchG § 9 Rn. 4.

ierte Rügen müssen nicht zwingend umfangreich beantwortet werden.[21] Entscheidend ist insoweit jeweils die konkrete Verfahrenslage.[22] Ohne Einfluss auf den Inhalt der Verfahrensförderungspflicht ist, ob das Gericht eventuell einen nach § 8 Abs. 3 iVm § 139 ZPO erforderlichen Hinweis unterlassen hat;[23] der fehlende Hinweis kann vielmehr im Einzelfall bei der Frage der Entschuldigung nach § 10 Abs. 2 Berücksichtigung finden.

2. Schriftliche Vorbereitung (Abs. 2)

Um eine angemessene Vorbereitung der weiteren Beteiligten, einschließlich eines als sachverständiger Zeuge geladenen Abfindungsprüfers (§ 8 Abs. 2),[24] und einen effektiven Termin zu gewährleisten,[25] verpflichtet Abs. 2 einerseits zur schriftlichen Vorbereitung der mündlichen Verhandlung sowie andererseits zum rechtzeitigen Vorbringen sämtlicher Schriftsätze. Die Vorschrift dient einer ordnungsgemäßen Vorbereitung der mündlichen Verhandlung, so dass sich der Zeitraum dieser Verfahrensförderungspflicht auf den Zeitraum bis zu deren Abhaltung beschränkt.[26] Auch § 9 Abs. 2 wendet sich an sämtliche Verfahrensbeteiligten, einschließlich des gemeinsamen Vertreters. Gegenstand ist wiederum allein tatsächliches Vorbringen, reine Rechtsausführungen bleiben möglich.[27]

Das Vorbringen muss so zeitig mitgeteilt werden, dass die weiteren Beteiligten bzw. eventuell ein sachverständiger Prüfer die erforderliche Erkundigung noch einziehen können. Zur Beurteilung der Rechtzeitigkeit wird in der Literatur teilweise eine Orientierung an § 132 ZPO erwogen.[28] Richtigerweise wird man hierin jedoch bestenfalls eine erste Groborientierung sehen können.[29] Maßgeblich sind die voraussichtlich zu erwartenden Schwierigkeiten der Sachverhaltsermittlung.[30] Zugunsten der Partei, die durch Vortrag in der mündlichen Verhandlung überrascht wird, kann das Gericht Schriftsatznachlass entsprechend § 283 ZPO gewähren, soweit der erst in der mündlichen Verhandlung präsentierte Vortrag nicht ohnehin gemäß § 10 Abs. 2 präkludiert ist.[31]

3. Zulässigkeitsrügen (Abs. 3)

Abs. 3 formuliert die – deshalb eigentlich redundante – Selbstverständlichkeit, dass der Antragsgegner Zulässigkeitsrügen innerhalb der dafür durch das Gericht gesetzten Frist nach § 7 Abs. 2 geltend zu machen hat. Adressat ist grundsätzlich ausschließlich die Antragsgegnerin iSd § 5.[32] Aufgrund des vergleichbaren Rechtsschutzziels – möglichst vollständige Zurückweisung des Begehrens der Antragsteller – wird man die Vorschrift aber auch auf die bisher praktisch bedeutungslos gebliebenen besonderen gemeinsamen

---

21 Lutter/Mennicke SpruchG § 9 Rn. 4.
22 K. Schmidt/Lutter/Klöcker/Wittgens SpruchG § 9 Rn. 3; Simon SpruchG/Winter § 9 Rn. 12. Weiterführend Kölner Komm AktG/Dorn SpruchG § 9 Rn. 7.
23 So zu Recht Schmitt/Hörtnagl/Hörtnagl SpruchG § 9 Rn. 3.
24 Schmitt/Hörtnagl/Hörtnagl SpruchG § 9 Rn. 4.
25 Kölner Komm AktG/Dorn SpruchG § 9 Rn. 11.
26 Dreier/Fritzsche/Verfürth/Verfürth/Schulenburg SpruchG § 9 Rn. 15.
27 Koch SpruchG § 9 Rn. 4.
28 Koch SpruchG § 9 Rn. 4; Dreier/Fritzsche/Verfürth/Verfürth/Schulenburg SpruchG § 9 Rn. 22; Lutter/Mennicke SpruchG § 9 Rn. 5 („gewisse Orientierung"); Schmitt/Hörtnagl/Hörtnagl SpruchG § 9 Rn. 3 („Anhaltspunkt").
29 Gegen eine Orientierung an den §§ 132 bzw. 274 ZPO auch Emmerich/Habersack/Emmerich SpruchG § 9 Rn. 7; Hölters/Weber/Simons SpruchG § 9 Rn. 5; Simon SpruchG/Winter § 9 Rn. 14; Widmann/Mayer/Wälzholz SpruchG § 9 Rn. 3.
30 Emmerich/Habersack/Emmerich SpruchG § 9 Rn. 7.
31 Kölner Komm AktG/Dorn SpruchG § 9 Rn. 16; Lutter/Mennicke SpruchG § 9 Rn. 5; Simon SpruchG/Winter § 9 Rn. 15; Emmerich/Habersack/Emmerich SpruchG § 9 Rn. 9.
32 Koch SpruchG § 9 Rn. 6; Schmitt/Hörtnagl/Hörtnagl SpruchG § 9 Rn. 5; Widmann/Mayer/Wälzholz SpruchG § 9 Rn. 4.

Vertreter nach §§ 6a-6c zur Anwendung zu bringen haben, soweit man davon ausgeht, dass diese bereits vor Stellung des ersten zulässigen Antrags zu bestellen sind, um ihnen eine möglichst weitgehende Möglichkeit zur Abwehr der Nachbesserungswünsche der deutschen Anteilseigner einzuräumen.[33]

10 Zulässigkeitsrügen hat der Antragsgegner innerhalb der durch das Gericht nach § 7 Abs. 2 gesetzten Frist geltend zu machen, wobei nach allgemeinen Grundsätzen die vollständige Ausnutzung der Frist keine Verletzung dieser speziellen Verfahrensförderungspflicht darstellt.[34] Betroffen sind sämtliche Verfahrensvoraussetzungen und Verfahrenshindernisse,[35] im Einzelnen: Statthaftigkeit des Spruchverfahrens (§ 1),[36] (Un-)Zuständigkeit des Gerichts (§ 2 Abs. 1),[37] (Nachweis der) Antragsberechtigung,[38] Einhaltung von Antrags- und Antragsbegründungsfrist, Ordnungsgemäßheit von Antrag und Antragsbegründung[39] sowie allgemeines Rechtsschutzbedürfnis.[40] Abweichend von § 282 Abs. 3 ZPO, der ausdrücklich verlangt, dass sämtliche Zulässigkeitsrügen „gleichzeitig" vorgebracht werden müssen, können mehrere Zulässigkeitsrügen auch zu unterschiedlichen Zeitpunkten und in verschiedenen Schriftsätzen erhoben werden, solange die nach § 7 Abs. 2 gesetzte Frist beachtet wird.[41] Rechtliche Konsequenzen für den Fortgang des Spruchverfahrens zeitigt ein Verstoß gegen § 9 Abs. 3 allerdings nur dann, wenn es sich (ausnahmsweise) um eine der Disposition der Verfahrensbeteiligten unterliegende Zulässigkeitsrüge handelt. Soweit demgegenüber Zulässigkeitsrügen von Amts wegen zu beachten sind, bleibt der Verstoß gegen § 9 Abs. 3 folgenlos.[42] Als denkbares Beispiel einer beachtlichen Rüge kommt die (unterbliebene) Rüge fehlender Vollmacht bei Vertretung eines Antragstellers durch einen Rechtsanwalt in Betracht (§ 11 FamFG, § 88 ZPO).[43]

§ 10 Verletzung der Verfahrensförderungspflicht

(1) Stellungnahmen oder Einwendungen, die erst nach Ablauf einer hierfür gesetzten Frist (§ 7 Abs. 2 Satz 3, Abs. 4) vorgebracht werden, sind nur zuzulassen, wenn nach der freien Überzeugung des Gerichts ihre Zulassung die Erledigung des Rechtsstreits nicht verzögern würde oder wenn der Beteiligte die Verspätung entschuldigt.

(2) Vorbringen, das entgegen § 9 Abs. 1 oder 2 nicht rechtzeitig erfolgt, kann zurückgewiesen werden, wenn die Zulassung nach der freien Überzeugung des

---

33 Zu Recht auf die in diesem Zusammenhang maßgebliche andere Funktion des besonderen gemeinsamen Vertreters hinweisend Widmann/Mayer/*Wälzholz* SpruchG § 9 Rn. 4.
34 *Koch* SpruchG § 9 Rn. 6; Emmerich/Habersack/*Emmerich* SpruchG § 9 Rn. 10.
35 Schmitt/Hörtnagl/*Hörtnagl* SpruchG § 9 Rn. 5.
36 Dreier/Fritzsche/Verfürth/*Verfürth*/Schulenburg SpruchG § 9 Rn. 29; Schmitt/Hörtnagl/*Hörtnagl* SpruchG § 9 Rn. 5.
37 Aus der Rechtsprechung etwa OLG Karlsruhe AG 2005, 300 (301) (fehlende Zuständigkeit wegen einer aufgrund unterbliebener oder unrichtiger Zustellung des Verweisungsbeschlusses unwirksamen Verweisung); Dreier/Fritzsche/Verfürth/*Verfürth*/Schulenburg SpruchG § 9 Rn. 29; Schmitt/Hörtnagl/*Hörtnagl* SpruchG § 9 Rn. 5.
38 Dreier/Fritzsche/Verfürth/*Verfürth*/Schulenburg SpruchG § 9 Rn. 29; Schmitt/Hörtnagl/*Hörtnagl* SpruchG § 9 Rn. 5.
39 Lutter/Mennicke SpruchG § 9 Rn. 6; Schmitt/Hörtnagl/*Hörtnagl* SpruchG § 9 Rn. 3.
40 Zur Qualifikation des allgemeinen Rechtsschutzbedürfnisses als Zulässigkeitsvoraussetzung des Spruchverfahrens aus der Rechtsprechung OLG Stuttgart AG 2011, 601 (601 f.).
41 Schmitt/Hörtnagl/*Hörtnagl* SpruchG § 9 Rn. 5; *Koch* SpruchG § 9 Rn. 6; MüKoAktG/*Kubis* SpruchG § 9 Rn. 6.
42 *Koch* SpruchG § 9 Rn. 6; Simon SpruchG/*Winter* § 9 Rn. 18; Widmann/Mayer/*Wälzholz* SpruchG § 9 Rn. 7.
43 Emmerich/Habersack/*Emmerich* SpruchG § 9 Rn. 11; Hölters/Weber/*Simons* SpruchG § 9 Rn. 9.

Gerichts die Erledigung des Verfahrens verzögern würde und die Verspätung nicht entschuldigt wird.

(3) § 26 des Gesetzes über das Verfahren in Familiensachen und in den Angelegenheiten der freiwilligen Gerichtsbarkeit ist insoweit nicht anzuwenden.

(4) Verspätete Rügen, die die Zulässigkeit der Anträge betreffen und nicht von Amts wegen zu berücksichtigen sind, sind nur zuzulassen, wenn der Beteiligte die Verspätung genügend entschuldigt.

Literatur:

Büchel, Neuordnung des Spruchverfahrens, NZG 2003, 793; *Gärtner/Handke/Strauch*, BB-Rechtsprechungsreport Spruchverfahren 2013–2015, BB 2015, 2307; *Halfmeier/Jacoby*, Zur Notwendigkeit eines Sachverständigenbeweises im Spruchverfahren, ZIP 2020, 203, *Kubis*, Verfahrensgegenstand und Amtsermittlung im Spruchverfahren, FS Hüffer, 2010, 567; *Lenz*, Die verfassungsrechtliche Perspektive der Präklusionsvorschriften, NJW 2013, 2551; *Tomson/Hammerschmitt*, Aus alt macht neu? Betrachtungen zum Spruchverfahrensneuordnungsgesetz, NJW 2003, 2572; *Wasmann*, Zur Evaluation des Spruchverfahrens: Kein Abschaffungs- und überschaubarer Änderungsbedarf – Die Richter können es richten, AG 2021, 179.

I. Normzweck 1	a) Verstoß gegen die allgemeine Förderungspflicht 9
II. Inhalt 3	b) Verzögerung 10
1. Fristversäumnis (Abs. 1) 3	c) Verschulden 11
a) Versäumung 3	d) Rechtsfolgen 13
b) Verzögerung 4	3. Einschränkung des Amtsermittlungsgrundsatzes (Abs. 3) 14
c) Entschuldigung 6	4. Verspätete Zulässigkeitsrügen Abs. 4) .. 15
d) Rechtsfolgen 8	III. Verfahren 16
2. Verletzung der allgemeinen Prozessförderungspflicht (Abs. 2) 9	

I. Normzweck

§ 10 enthält das Sanktionsregime für Verstöße der Verfahrensbeteiligten gegen ihre Verfahrensförderungspflichten gemäß den §§ 7, 9. Wie § 296 ZPO antwortet § 10 auf entsprechende Verstöße mit dem Instrument der Zurückweisung verspäteten Vorbringens; Abs. 3 enthält deshalb die deklaratorische Klarstellung,[1] dass im Anwendungsbereich der Präklusionsvorschriften der Amtsermittlungsgrundsatz der freiwilligen Gerichtsbarkeit (§ 26 FamFG) keine Geltung beanspruchen kann. Ohne echten materiellen Mehrwert lässt sich § 10 rein deskriptiv ein gestuftes Sanktionsregime entnehmen:[2] Während verspätete Zulässigkeitsrügen bei mangelnder Entschuldigung ohne Weiteres zurückzuweisen sind (Abs. 4), ist unter Verstoß gegen gerichtlich gesetzte Fristen in das Verfahren eingeführtes Vorbringen bereits dann zuzulassen, wenn der Beteiligte die Verzögerung entschuldigt oder aber das Gericht nach freier Überzeugung zu dem Ergebnis gelangt, dass seine Zulassung den Rechtsstreit nicht verzögert (Abs. 1), während Verstöße gegen die generisch formulierten Verfahrensförderungspflichten nach § 9 Abs. 1 und Abs. 2 schließlich durch das Gericht zurückgewiesen werden können, aber nicht müssen, wenn nach freier Würdigung des Gerichts die Zulassung das Verfahren verzögern würde und die Verspätung nicht entschuldigt wird.[3] Im Hintergrund dieser Sanktionenhierarchie dürfte die Überlegung stehen, dass mit zunehmendem Abstraktionsgrad die Verfahrensförderungspflichten weniger fassbar und damit auch für die Verfahrensbeteiligten weniger leicht zu erfüllen sind.

---
1 Heidel/*Krenek* SpruchG § 10 Rn. 1.
2 Vgl. auch Hölters/Weber/*Simons* SpruchG § 10 Rn. 3.
3 Emmerich/Habersack/*Emmerich* SpruchG § 10 Rn. 2.

2 Die praktische Bedeutung der Norm ist bisher gering,[4] weil nach wie vor Gerichte häufig eine (umfassende) Beauftragung eines Gutachters anordnen, so dass nur in Ausnahmefällen eine Verzögerung denkbar ist; zu beobachten ist allerdings auch, dass die Gerichte zunehmend (ausschließlich) auf das Instrument der ergänzenden Stellungnahme des gerichtlich bestellten Abfindungsprüfers nach § 7 Abs. 6 zurückgreifen[5] bzw. eine etwaige Anhörung desselben nach § 8 Abs. 2 als ausreichend erachten.[6] Ceteris paribus ist zudem zu erwarten, dass nach Einführung des Anwaltszwangs (§ 5a) die durch die Gerichte formulierten Anforderungen an eine sorgfältige Prozessführung steigen dürften.

II. Inhalt

1. Fristversäumnis (Abs. 1)

a) Versäumung

3 Abs. 1 verpflichtet das Gericht, Vorbringen, das nach Ablauf einer von ihm gesetzten Frist in das Verfahren eingebracht wird, grundsätzlich zurückzuweisen. Vom Anwendungsbereich umfasst sind die Erwiderungsfrist des Antragsgegners nach § 7 Abs. 2 S. 3 und die Replikfrist nach § 7 Abs. 4, innerhalb derer die Antragsteller und der gemeinsame Vertreter auf die Erwiderung der Antragsgegnerin antworten müssen.[7] Vorausgesetzt wird dabei implizit, dass die betreffende Frist wirksam gesetzt wurde.[8] Wie auch sonst stellt die nachträgliche Einführung von Rechtsansichten in keinem Fall einen Anwendungsfall von § 10 Abs. 1 dar: Wo keine Frist gesetzt werden kann, droht auch keine Versäumung derselben.[9] Verstöße gegen sonstige eventuell durch das Gericht gesetzte Fristen führen nicht zur Anwendung von § 10 Abs. 1; als Ausnahme von dem ansonsten das Spruchverfahren regierenden Amtsermittlungsgrundsatz ist § 10 Abs. 1 eng auszulegen und insbesondere nicht analogiefähig.[10]

b) Verzögerung

4 Trotz Fristversäumung sind Stellungnahmen und Einwendungen ausnahmsweise zu berücksichtigen, wenn ihre Zulassung nach freier Überzeugung des Gerichts nicht mit einer Verzögerung des Verfahrens verbunden ist. Nach hM, insbesondere auch der Rechtsprechung von BGH und BVerfG, bestimmt sich das Vorliegen einer Verzögerung

---

[4] Kölner Komm AktG/*Dorn* SpruchG § 10 Rn. 1; Heidel/*Krenek* SpruchG § 10 Rn. 1; Hölters/Weber/*Simons* SpruchG § 10 Rn. 2.

[5] *Büchel* NZG 2003, 793 (799); BeckOGK/*Drescher* SpruchG § 10 Rn. 4; Dreier/Fritzsche/Verfürth/*Verfürth/Schulenburg* SpruchG § 10 Rn. 40. Zu aktuellen Tendenzen der Instanzrechtsprechung bzgl. der Einholung eines weiteren Gutachtens vgl. etwa *Gärtner/Handke/Strauch* BB 2015, 2307 (2308 f.).

[6] Vgl. etwa OLG Düsseldorf NZG 2023, 160: „Ein gerichtliches Sachverständigengutachten ist – auch im Hinblick auf den in § 17 Abs. 1 iVm § 26 FamFG normierten Amtsermittlungsgrundsatz – nur dann einzuholen, wenn auch nach einer etwaigen Anhörung des sachverständigen Prüfers (§ 8 Abs. 2 SpruchG) noch weiterer Aufklärungsbedarf besteht und weitere Klärung durch das Sachverständigengutachten zu erwarten ist." Vgl. auch *Wasmann* AG 2021, 179 (181). Demgegenüber aus der Literatur für eine Bestellung eines Sachverständigen durch das Gericht immer dann, wenn Elemente der Unternehmensbewertung substantiiert bestritten werden und es dem Gericht an eigener Sachkunde mangelt, *Halfmeier/Jacoby* ZIP 2020, 203 (203 ff.).

[7] BeckOGK/*Drescher* SpruchG § 10 Rn. 4.

[8] Kölner Komm AktG/*Dorn* SpruchG § 10 Rn. 10; Lutter/Mennicke SpruchG § 10 Rn. 3; Klöcker/Frowein SpruchG § 10 Rn. 2; Dreier/Fritzsche/Verfürth/*Verfürth/Schulenburg* SpruchG § 10 Rn. 8; Schmitt/Hörtnagl/*Hörtnagl* SpruchG § 10 Rn. 2; Widmann/Mayer/*Wälzholz* SpruchG § 10 Rn. 2.3.

[9] BeckOGK/*Drescher* SpruchG § 10 Rn. 4; Dreier/Fritzsche/Verfürth/*Verfürth/Schulenburg* SpruchG § 10 Rn. 14; Kölner Komm AktG/*Dorn* SpruchG § 10 Rn. 4. AA MüKoAktG/*Kubis* SpruchG § 10 Rn. 2; Simon SpruchG/*Winter* § 10 Rn. 4, 13.

[10] Dreier/Fritzsche/Verfürth/*Verfürth/Schulenburg* SpruchG § 10 Rn. 12; Kölner Komm AktG/*Dorn* SpruchG § 10 Rn. 9; Widmann/Mayer/*Wälzholz* SpruchG § 10 Rn. 1.4. AA Heidel/*Krenek* SpruchG § 10 Rn. 3, der mit Blick auf eine gerichtlich gesetzte Frist für eine Duplik von einer planwidrigen Regelungslücke ausgeht.

anhand des sog. **„absoluten Verzögerungsbegriffs"**.[11] Gerade im Spruchverfahren, wo dem Gesichtspunkt der Beschleunigung besondere Bedeutung zukommt, kann insoweit nichts anderes gelten als im Zivilprozess, so dass dem relativen Verzögerungsbegriff eine Absage zu erteilen ist.[12]

Eine Verzögerung liegt ausgehend vom absoluten Verzögerungsbegriff bereits dann vor, wenn das Verfahren bei Zulassung des verspäteten Vorbringens länger dauern würde als bei dessen Zurückweisung.[13] Der absolute Verzögerungsbegriff ist grundsätzlich mit Art. 103 Abs. 1 GG vereinbar.[14] Allerdings verlangt das BVerfG, dass sich das zuständige Gericht vergewissert, ob das verspätete Vorbringen tatsächlich zu einer Verzögerung führen würde.[15] Voraussetzung dafür ist, dass die Verzögerung **kausal** auf das verspätete Vorbringen zurückzuführen ist.[16]

Zudem sollen die Spruchkörper verpflichtet sein, einer Verzögerung entweder durch § 7 oder durch Hinweis nach § 139 ZPO (iVm § 8 Abs. 3) entgegenzuwirken.[17] Verstößt das Gericht gegen seine Hinweispflicht ist entweder das Vorliegen einer Verzögerung zu verneinen[18] oder aber zumindest eine Entschuldigung des betroffenen Verfahrensbeteiligten anzunehmen. Richtigerweise wird man trotz Geltung des absoluten Verzögerungsbegriffs eine Zurückweisung dann als unverhältnismäßige Sanktion anzusehen haben, wenn es sich um eine ganz unerhebliche Verzögerung handelt.[19]

Dass trotz des strengen absoluten Verzögerungsbegriffs in der Praxis das Normenpaar §§ 9, 10 zumindest bisher keine praktische Wirkmächtigkeit zu erlangen vermocht hat, war bzw. ist maßgeblich darauf zurückzuführen, dass Gerichte insbesondere in der Vergangenheit regelmäßig einen Sachverständigen zur vollständigen Überprüfung des Wertgutachtens bestellt haben und während der – häufig langen – Dauer der Erstellung, verspätetes Vorbringen der Antragsteller und des gemeinsamen Vertreters nicht kausal für die Verzögerung werden konnte.[20] Nachdem mittlerweile verschiedene Gerichte die Tendenz aufweisen, auf ein vollständiges Zweitgutachten zu verzichten bzw. teilweise die Plausibilisierung anhand des Börsenkurses genügen lassen, bleibt abzuwarten, ob zukünftig § 10 größeres Gewicht in der Spruchverfahrenspraxis erlangen wird.

c) Entschuldigung

Verspätetes Vorbringen zeitigt auch dann **keine Präklusionswirkung**, wenn der betroffene Verfahrensbeteiligte die Verspätung ausreichend entschuldigt. Das Verschulden wird vermutet[21] und die Entschuldungsmöglichkeit auch im Übrigen streng gehand-

---

11 Klöcker/Frowein § 10 Rn. 3; Kölner Komm AktG/Dorn SpruchG § 10 Rn. 14; Schmitt/Hörtnagl/Hörtnagl SpruchG § 10 Rn. 3; Widmann/Mayer/Wälzholz SpruchG § 10 Rn. 2.2.
12 Dreier/Fritzsche/Verfürth/Verfürth/Schulenburg SpruchG § 10 Rn. 22.
13 Etwa BGH NJW 2012, 2808 (2809); Schmitt/Hörtnagl/Hörtnagl SpruchG § 10 Rn. 3; Widmann/Mayer/Wälzholz SpruchG § 10 Rn. 2.2.
14 BVerfG NJW 1989, 705.
15 BVerfG NJW 1989, 705. Kritisch zu diesen Aufweichungen der Präklusionsvorschriften Lenz NJW 2013, 2551.
16 RegE Gesetz zur Neuordnung des gesellschaftsrechtlichen Spruchverfahrens (Spruchverfahrensneuordnungsgesetz), BT-Drs. 15/371, 16; Widmann/Mayer/Wälzholz SpruchG § 10 Rn. 2.2.
17 So Büchel NZG 2003, 793 (799); Widmann/Mayer/Wälzholz SpruchG § 10 Rn. 2.1; jetzt auch Kölner Komm AktG/Dorn SpruchG § 10 Rn. 12. Vgl. hierzu auch Dreier/Fritzsche/Verfürth/Verfürth/Schulenburg SpruchG § 10 Rn. 21.
18 Lenz NJW 2013, 2551 (2553).
19 Schmitt/Hörtnagl/Hörtnagl SpruchG § 10 Rn. 3.
20 Widmann/Mayer/Wälzholz SpruchG § 10 Rn. 2.2.
21 Schmitt/Hörtnagl/Hörtnagl SpruchG § 10 Rn. 4; Dreier/Fritzsche/Verfürth/Verfürth/Schulenburg SpruchG § 10 Rn. 27; Kölner Komm AktG/Dorn SpruchG § 10 Rn. 16.

habt.²² Dies wird man trotz der verfassungsrechtlichen Dimension (Art. 103 Abs. 1 GG)²³ noch als sachgerecht bezeichnen können, ist doch das Spruchverfahren einerseits durch eine kaum zu rechtfertigende strukturelle Überlänge gekennzeichnet, und gilt hier andererseits, dass die Verfahrensförderungs- und Beschleunigungspflichten für Beteiligte und Gerichte bisher wenig Wirkung gezeitigt haben. Zudem ist zu berücksichtigen, dass die Einhaltung einer durch das Gericht gesetzten Frist für die Verfahrensbeteiligten im Regelfall eine Selbstverständlichkeit darstellt.

7 Entschuldigung ist anzunehmen, wenn der Verfahrensbeteiligte die ihm **obwaltende und zuzumutende Sorgfalt** beim Betreiben des Verfahrens hat walten lassen und die Verzögerung dennoch eingetreten ist. Wohl unstreitig ausreichend entschuldigt ist ein Verfahrensbeteiligter dann, wenn er die notwendigen Informationen erst nach Fristablauf zur Verfügung gestellt bekommt.²⁴ Als weitere denkbare Anwendungsfälle werden in der Literatur erwogen: eine unangemessen kurze Fristsetzung²⁵ oder aber außergewöhnliche Schwierigkeiten bei der Informationsermittlung.²⁶ Zu erwägen ist in dieser Situation aber jeweils, ob nicht gleichzeitig ein Verstoß gegen die allgemeine Verfahrensförderungspflicht vorliegt, etwa weil der Beteiligte das Gericht nicht über die Informationsermittlungsschwierigkeiten in Kenntnis gesetzt hat. Im Übrigen wird eine Entschuldigung vor allem auch dann in Betracht kommen, wenn Fehler oder Unzulänglichkeiten des Gerichts die Verspätung mitverursacht haben.²⁷

d) Rechtsfolgen

8 Das verspätete und nicht entschuldigte Vorbringen **ist zurückzuweisen.** Ein Ermessen steht dem Gericht insoweit nicht zu.²⁸ Ebenso wenig kann auf die Zurückweisung dann verzichtet werden, wenn alle Verfahrensbeteiligten zustimmen; die zivilprozessuale Dispositionsmaxime findet insoweit keine Anwendung.²⁹ Die Zurückweisung erfolgt im Rahmen der verfahrensbeendenden Sachentscheidung, nicht durch separaten Beschluss.³⁰ Entsprechend kann sie nicht selbstständig, sondern nur im Rahmen einer Beschwerde (§ 12) gegen die das Verfahren abschließende Sachentscheidung angegriffen werden.³¹

2. Verletzung der allgemeinen Prozessförderungspflicht (Abs. 2)

a) Verstoß gegen die allgemeine Förderungspflicht

9 Abs. 2 hat Verzögerungen zum Gegenstand, die nicht Folge einer Fristversäumung – dann Abs. 1 bzw. die insoweit einschlägigen Spezialregelungen – sondern eines Verstoßes gegen die allgemeine Verfahrensförderungspflicht sind. Entgegen der allgemeinen Verfahrensförderungspflicht und ihrer speziellen Ausprägung nach § 9 Abs. 2 eingeführtes Vorbringen ist im Prinzip zuzulassen, es sei denn das Gericht kommt

---

22 Lutter/*Mennicke* SpruchG § 10 Rn. 5; Schmitt/Hörtnagl/*Hörtnagl* SpruchG § 10 Rn. 4.
23 Vgl. hierzu Kölner Komm AktG/*Dorn* SpruchG § 10 Rn. 4.
24 Widmann/Mayer/*Wälzholz* SpruchG § 10 Rn. 2.5.
25 Lutter/*Mennicke* SpruchG § 10 Rn. 5; *Klöcker/Frowein* § 10 Rn. 4; Dreier/Fritzsche/Verfürth/*Verfürth*/Schulenburg SpruchG § 10 Rn. 29.
26 Lutter/*Mennicke* SpruchG § 10 Rn. 5; *Klöcker/Frowein* § 10 Rn. 4; BeckOGK/*Drescher*, 1.1.2023, SpruchG § 10 Rn. 3.
27 *Klöcker/Frowein* § 10 Rn. 4; Semler/Stengel/*Volhard*, 3. Aufl. 2012, SpruchG § 10 Rn. 7.
28 BeckOGK/*Drescher* SpruchG § 10 Rn. 4; Dreier/Fritzsche/Verfürth/*Verfürth*/Schulenburg SpruchG § 10 Rn. 34; Hölters/Weber/*Simons* SpruchG § 10 Rn. 8.
29 *Klöcker/Frowein* § 10 Rn. 2; K. Schmidt/Lutter/*Klöcker/Wittgens* SpruchG § 10 Rn. 2; Semler/Stengel/*Volhard*, 3. Aufl. 2012, SpruchG § 10 Rn. 2.
30 Semler/Stengel/*Volhard*, 3. Aufl. 2012, SpruchG § 10 Rn. 2; Kölner Komm AktG/*Dorn* SpruchG § 10 Rn. 31; Widmann/Mayer/*Wälzholz* SpruchG § 10 Rn. 2.6.
31 Widmann/Mayer/*Wälzholz* SpruchG § 10 Rn. 2.6.

nach freier Überzeugung zu dem Ergebnis, dass die Zulassung die Erledigung des Verfahrens verzögern, und – kumulativ – die Verspätung nicht genügend entschuldigt wird. Einen bisher seltenen Verstoß gegen die allgemeine Prozessförderungspflicht hat das OLG München in einer jüngeren Entscheidung darin gesehen, dass die durch das Ausgangsgericht unter Berufung auf das Stichtagsprinzip und hinreichend angekündigte Nichtberücksichtigung von zwei Unternehmenskäufen durch den Antragsgegner im Beschwerdeverfahren erstmals gerügt wurde.[32]

b) Verzögerung

Das Vorliegen einer Verzögerung ist auch im Rahmen von Abs. 2 anhand des **absoluten Verzögerungsbegriffs** zu bestimmen. Es gelten insoweit keine Besonderheiten,[33] so dass auf die Ausführungen zu Abs. 1 zu verweisen ist. Keine Verzögerung hat das OLG Frankfurt a. M. in einem Fall angenommen, in dem der Antragsteller seine Antragsberechtigung erst im Beschwerdeverfahren nachgewiesen hatte, da es sich um ein noch am Anfang stehendes Großverfahren handelte und sich der Vortrag des betroffenen Antragstellers auf Standardrügen beschränkt habe, deren Präklusion (ohnehin) keinen Einfluss auf die Dauer des Verfahrens gehabt hätte.[34]

c) Verschulden

Auch Verzögerungen gegen die allgemeine Prozessförderungspflicht führen nur dann zu einer Präklusion, wenn sie nicht genügend entschuldigt werden. Abweichend von der im Übrigen inhaltsgleichen Parallelvorschrift des § 296 Abs. 2 ZPO ist Verschulden nicht erst bei „grober Nachlässigkeit", sondern bereits bei **einfacher Fahrlässigkeit** anzunehmen;[35] auch dies ein Versuch, vor dem Hintergrund schlechter Erfahrungen dem Beschleunigungsgrundsatz im Spruchverfahren mehr praktische Wirkmächtigkeit zu verleihen.[36] Anders als im Zivilprozess kann eine drohende Präklusion nicht durch eine Flucht in die Säumnis verhindert werden.[37]

Aufgrund dieser in der Gesamtschau deutlich verschärften Anforderungen im Vergleich zur ZPO wird zu Recht ein **richterlicher Hinweis** (§ 139 ZPO) auf die weitreichenden Konsequenzen selbst einfach fahrlässiger Prozessführung verlangt bzw. gefordert, dass das Gericht sonstige Maßnahmen unternimmt, um eine Verzögerung möglichst zu verhindern.[38] Nur eine dahin gehende unterstützende Prozessführung durch das Gericht wird im Übrigen dem Umstand gerecht, dass gerade die Prozessförderungspflichten nach § 9 Abs. 1 und Abs. 2 besonders abstrakt gehalten sind und deren konkrete Ausprägung im Einzelfall sich nicht sämtlichen Verfahrensbeteiligten ohne Weiteres aufdrän-

---

32 OLG München NZG 2022, 362 (365 f.).
33 BeckOGK/*Drescher* SpruchG § 10 Rn. 4; MüKoAktG/*Kubis* SpruchG § 10 Rn. 6; Schmitt/Hörtnagl/*Hörtnagl* SpruchG § 10 Rn. 5; Widmann/Mayer/*Wälzholz* SpruchG § 10 Rn. 3.
34 OLG Frankfurt a. M. AG 2008, 550 (552); bestätigt durch OLG Frankfurt a. M. NJOZ 2010, 1098 (1099).
35 RegE Gesetz zur Neuordnung des gesellschaftsrechtlichen Spruchverfahrens (Spruchverfahrensneuordnungsgesetz), BT-Drs. 15/371, 16; K. Schmidt/Lutter/*Klöcker/Wittgens* SpruchG § 10 Rn. 5; Schmitt/Hörtnagl/*Hörtnagl* SpruchG § 10 Rn. 5; Widmann/Mayer/*Wälzholz* SpruchG § 10 Rn. 3.
36 Lutter/*Mennicke* SpruchG § 10 Rn. 7; *Klöcker/Frowein* SpruchG § 10 Rn. 5. Vgl. RegE Gesetz zur Neuordnung des gesellschaftsrechtlichen Spruchverfahrens (Spruchverfahrensneuordnungsgesetz), BT-Drs. 15/371, 16: „Zur Erreichung der angestrebten Beschleunigung erscheint es aufgrund der Erfahrungen mit erheblichen Verfahrensverzögerungen dringend geboten, an das Verhalten der Beteiligten anders als im Zivilprozess hier erhöhte Anforderungen zu stellen."
37 Kölner Komm AktG/*Dorn* SpruchG § 10 Rn. 5; *Klöcker/Frowein* SpruchG § 10 Rn. 5; Dreier/Fritzsche/Verfürth/*Verfürth/Schulenburg* SpruchG § 10 Rn. 54.
38 K. Schmidt/Lutter/*Klöcker/Wittgens* SpruchG § 10 Rn. 5; Widmann/Mayer/*Wälzholz* SpruchG § 10 Rn. 3. Unter verfassungsrechtlichen Auspizien kritisch *Tomson/Hammerschmitt* NJW 2003, 2572 (2575).

gen muss. Auch insoweit ist allerdings davon auszugehen, dass aufgrund des nunmehr bestehenden Anwaltszwangs (§ 5a) die Gerichte tendenziell höhere Anforderungen an die sorgfältige Verfahrensführung formulieren werden.

d) Rechtsfolgen

13 Anders als bei Versäumung einer Frist **kann** das Vorbringen **zurückgewiesen** werden, eine dahin gehende Verpflichtung des Gerichts besteht nicht.[39] Die Ursache dieser Ungleichbehandlung wird wiederum darin zu sehen sein, dass die Verstöße gegen die allgemeine Verfahrensförderungspflicht typischerweise weniger schwer wiegen und vor allem auch weniger eindeutig sind.

3. Einschränkung des Amtsermittlungsgrundsatzes (Abs. 3)

14 Vor dem Hintergrund der § 10 immanenten Einschränkung des Amtsermittlungsgrundsatzes stellt Abs. 3 noch einmal ausdrücklich klar,[40] dass eine Anwendung des ansonsten im Spruchverfahren geltenden Amtsermittlungsgrundsatzes nicht in Betracht kommt. Die Einschränkung von § 26 FamFG reicht nur so weit, wie § 10 den Amtsermittlungsgrundsatz ausdrücklich ausschließt.[41] Auch außerhalb des Anwendungsbereichs von § 10 Abs. 3 formuliert § 27 Abs. 1 FamFG nunmehr allerdings auch ausdrücklich vorsichtige Mitwirkungspflichten für die Verfahrensbeteiligten.[42]

4. Verspätete Zulässigkeitsrügen (Abs. 4)

15 Abs. 4 ordnet an, dass verspätete Zulässigkeitsrügen, die nicht von Amts wegen zu berücksichtigen sind, gleichfalls nur bei genügender Entschuldigung zu berücksichtigen sind. Bzgl. Verzögerung und Entschuldigung gelten gleiche Grundsätze wie im Rahmen von Abs. 2. Zu beachten ist, dass eine Präklusion nur dann in Betracht kommt, soweit die betroffene Zulässigkeitsvoraussetzung nicht ohnehin von Amts wegen zu beachten ist.[43] Da praktisch sämtliche Zulässigkeitsvoraussetzungen von Amts wegen zu prüfen sind, ist Abs. 4 im Spruchverfahren (weitestgehend) funktionslos, da die denkbaren prozessualen Einreden im Spruchverfahren nicht in Betracht kommen.[44]

III. Verfahren

16 Die Entscheidung über die Nichtberücksichtigung von Vortrag obliegt der Kammer, nicht dem Vorsitzenden.[45] Sie erfolgt in der Endentscheidung, nicht durch gesonderten Beschluss,[46] so dass als Rechtsmittel die Endentscheidung mittels der Beschwerde nach § 12 angegriffen werden muss.[47] Die Entscheidung ist dennoch zu begründen, um dem Beschwerdegericht eine Inzidentprüfung zu erlauben.[48]

---

39 OLG München NZG 2022, 362 (366); Lutter/Mennicke SpruchG § 10 Rn. 6; Klöcker/Frowein SpruchG § 10 Rn. 4.
40 Pointiert Schmitt/Hörtnagl/*Hörtnagl* SpruchG § 10 Rn. 6: „Abs. 3 stellt klar, was aus Abs. 1 und 2 folgt."
41 Dreier/Fritzsche/Verfürth/*Verfürth*/Schulenburg SpruchG § 10 Rn. 47; so im Ausgangspunkt auch MüKoAktG/*Kubis* SpruchG § 10 Rn. 7, wenn auch mit anderer Akzentuierung in Kubis FS Hüffer, 2010, 567 (572).
42 Widmann/Mayer/*Wälzholz* SpruchG § 10 Rn. 4. Zur Reichweite von § 27 Abs. 1 FamFG vgl. etwa Sternal/*Sternal* FamFG § 27 Rn. 3 f.
43 Klöcker/Frowein § 10 Rn. 8.
44 BeckOGK/*Drescher* SpruchG § 10 Rn. 6; Klöcker/Frowein § 10 Rn. 8. Einen weiteren Anwendungsbereich für § 10 Abs. 4 versucht MüKoAktG/*Kubis* SpruchG § 10 Rn. 9 zu erschließen.
45 Lutter/Mennicke SpruchG § 10 Rn. 10.
46 Lutter/Mennicke SpruchG § 10 Rn. 11.
47 K. Schmidt/Lutter/Klöcker/*Wittgens* SpruchG § 10 Rn. 9: wenn überhaupt, nur zusammen mit Endentscheidung anfechtbar.
48 Schmitt/Hörtnagl/*Hörtnagl* SpruchG § 10 Rn.8.

§ 10a Gewährung zusätzlicher Aktien

(1) Soweit gemäß § 72a des Umwandlungsgesetzes zusätzliche Aktien zu gewähren sind, bestimmt das Gericht

1. in den Fällen des § 72a Absatz 1 und 2 Satz 1 unter Zugrundelegung des angemessenen Umtauschverhältnisses
   a) den zusätzlich zu gewährenden Nennbetrag oder bei Stückaktien die Zahl der zusätzlich zu gewährenden Aktien und
   b) den dem Zinsanspruch gemäß § 72a Absatz 6 Satz 1 Nummer 1 zugrunde zu legenden Ausgleichsbetrag,
2. im Fall des § 72a Absatz 2 Satz 2 die Höhe des nachträglich einzuräumenden Bezugsrechts,
3. in den Fällen des § 72a Absatz 3 die Höhe der baren Zuzahlung und
4. in den Fällen des § 72a Absatz 4 und 5 die Höhe der Entschädigung in Geld.

(2) ¹In den Fällen des § 72a Absatz 1 Satz 2 des Umwandlungsgesetzes hat das Gericht den zusätzlich zu gewährenden Nennbetrag oder bei Stückaktien die Zahl der zusätzlich zu gewährenden Aktien unter Zugrundelegung des Umtauschverhältnisses des nachfolgenden Umwandlungsvorgangs zu bestimmen. ²Antragsgegner ist die Gesellschaft, auf die die Pflicht zur Gewährung zusätzlicher Aktien übergegangen ist.

(3) Die Absätze 1 und 2 gelten für die Gewährung zusätzlicher Aktien gemäß § 248a des Umwandlungsgesetzes entsprechend.

Literatur:

Drescher, Die Änderung des Spruchverfahrensgesetzes 2023, AG 2023, 337; *Habrich*, Die Verbesserung des Umtauschverhältnisses mit Zusatzaktien. Eine kritische Würdigung des Regierungsentwurfs zur (überschießenden) Umsetzung der Umwandlungsrichtlinie, AG 2022, 567; *Lieder/Hilser*, Die Ersetzungsbefugnis bei umwandlungsrechtlichen Nachbesserungsansprüchen nach dem UmRUG, ZIP 2023, 1.

I. Normzweck ... 1	2. Prozessuale Folgen nachgelagerter Umwandlungsvorgänge (Abs. 2) ... 15
II. Inhalt ... 4	3. Formwechsel in Aktiengesellschaft, KGaA oder SE (Abs. 3) ... 18
1. Inhalt der gerichtlichen Entscheidung nach § 72a (Abs. 1) ... 4	

I. Normzweck

Der neu geschaffene § 10a stellt eine Folgeänderung zur Grundsatzentscheidung des UmRUG-Gesetzgebers dar, zuzulassen, dass eine eventuell erforderliche Nachbesserung des Umtauschverhältnisses nicht mehr zwingend durch Barzahlung zu erfolgen hat, vielmehr auch ausschließlich in Anteilen des übernehmenden Rechtsträgers erfolgen kann (§§ 72a f., 125 UmwG).[1] Das UmRUG hat damit einen bereits 2012 durch FDP- und CDU/CSU-Fraktion eingebrachten Vorschlag wiederaufgegriffen,[2] von dem man seinerzeit angesichts nicht unerheblicher rechtspolitischer Kritik Abstand genommen hatte. Aufgrund einer zweifelhaften Wertung des UmRUG-Gesetzgebers wird die Möglichkeit des Ausgleichs in Anteilen allerdings ausschließlich AG, KGaA und SE eröffnet,   1

---

[1] *Koch* SpruchG § 10a Rn. 1; zur Ersetzungsbefugnis auch *Lieder/Hilser* ZIP 2023, 1 ff.; zur Neuregelung teilweise kritisch *Habrich* AG 2022, 567.

[2] Zum seinerzeitigen Entwurf, der allerdings ua auch noch die Streichung der Beschwerde als Rechtsmittelinstanz vorsah, sehr kritisch *Dreier/Riedel* BB 2013, 326.

obwohl gerade bei diesen nach der Legaltypik als Publikumsgesellschaften ausgestalteten Gesellschaften das Interesse an der Perpetuierung der Mitgliedschaft ceteris paribus am geringsten ausgeprägt sein sollte. Als eindeutige Entscheidung des Gesetzgebers ist diese Limitierung des Anwendungsbereichs des Ausgleichs durch Anteilsgewährung aber hinzunehmen.[3]

2 § 10a kommt in diesem Zusammenhang die Aufgabe zu, die prozessuale Dimension der Ansprüche auf Ausgleich durch Anteile nach § 72a UmwG gesondert abzubilden.[4] Leitbild ist dabei der Grundsatz, dass ein Antragsteller im Erfolgsfall so zu stellen ist, wie er unter Zugrundelegung eines von Beginn an angemessenen Umtauschverhältnisses gestanden hätte.[5] Um dieses Leitbild mit Leben zu füllen, bedarf es einer einigermaßen unübersichtlichen Regelung, die auf die zahlreichen Varianten der Abfindung in Aktien gemäß § 72a UmwG Rücksicht nehmen muss.[6] Ursache dieser Komplexität ist insbesondere auch, dass im Zeitraum zwischen der Strukturmaßnahme, die Gegenstand des Spruchverfahrens ist, und der Entscheidung im Spruchverfahren weitere wertrelevante Strukturmaßnahmen erfolgen können, die bei Bestimmung eines in Anteilen zu bemessenden Ausgleichs nicht ausgeblendet werden können, will das Gesetz dem Anspruch gerecht werden, eine volle wirtschaftliche Kompensation der betroffenen Anteilsinhaber zu realisieren.

3 Unter Inbezugnahme der zahlreichen Fallvarianten des fein gegliederten Systems des § 72a UmwG bestimmt § 10a Gegenstand und Tenor der jeweiligen gerichtlichen Entscheidung. § 10a Abs. 1 stellt dabei den Grundtatbestand dar, der durch § 10a Abs. 2 für die Fälle des § 72a Abs. 1 S. 2 UmwG ergänzt wird, in denen aufgrund eines nachgelagerten Umwandlungsvorgangs die Gewährung zusätzlich zu gewährender Aktien an der übernehmenden Aktiengesellschaft nicht mehr möglich oder nicht ausreichend ist; Abs. 2 bestimmt gleichzeitig den Antragsgegner für diesen Fall.[7] Abs. 3 schließlich verlängert die in § 248a UmwG angeordnete entsprechende Anwendung der §§ 72a f. UmwG für den Fall der Umwandlung in eine AG, KGaA oder SE in das Spruchverfahrensrecht.

II. Inhalt

1. Inhalt der gerichtlichen Entscheidung nach § 72a (Abs. 1)

4 § 10a Abs. 1 bestimmt den Gegenstand der gerichtlichen Entscheidung, wenn eine Gesellschaft von der Möglichkeit Gebrauch gemacht hat, eine Differenz zwischen ursprünglich angebotener und angemessener Gegenleistung durch Gewährung zusätzlicher Anteile zu erfüllen. Die Komplexität der §§ 72a, b UmwG spiegelt sich in § 10a. Im Einzelnen unterscheidet § 10 Abs. 1 zwischen vier bzw. fünf verschiedenen Aussprüchen des Gerichts.

5 Nach **§ 10a Abs. 1 Nr. 1** bestimmt das Gericht in den Fällen, in denen im Umwandlungsvertrag für einen Ausgleich in Aktien optiert wurde (§ 72a Abs. 1, 2 S. 1 UmwG), unter Zugrundelegung des angemessenen Umtauschverhältnisses a) den zusätzlich zu

---

[3] Begr. RegE UmRUG, BT-Drs. 20/3822, 74: „Für andere Gesellschaftsformen einschließlich der überwiegend personalistisch geprägten Gesellschaft mit beschränkter Haftung (GmbH) besteht kein vergleichbarer praktischer Bedarf an der Gewährung zusätzlicher Anteile."
[4] Begr. RegE UmRUG, BT-Drs. 20/3822, 127; *Koch* SpruchG § 10a Rn. 1; *Drescher* AG 2023, 337 (343).
[5] *Drescher* AG 2023, 337 (343); *Lieder/Hilser* ZIP 2023, 1 (10).
[6] Vgl. etwa *Lieder/Hilser* ZIP 2023, 1 (4): „[…] löst [.] beträchtlichen Anpassungsbedarf im UmwG aus."
[7] Begr. RegE UmRUG, BT-Drs. 20/3822, 128.

gewährenden Nennbetrag oder bei Stückaktien die Zahl der zusätzlich zu gewährenden Aktien und zusätzlich b) den dem Zinsanspruch gemäß § 72a Abs. 6 S. 1 Nr. 1 UmwG zugrunde zu legenden Ausgleichsbetrag. Mit § 72a Abs. 1 UmwG nimmt § 10a Abs. 1 Nr. 1 den Grundfall des Ausgleichs durch Anteile in Bezug, wonach die beteiligten Rechtsträger im Verschmelzungsvertrag erklären können, dass anstelle einer baren Zuzahlung (§ 15 UmwG) zusätzliche Aktien der übernehmenden Gesellschaft gewährt werden.

Die konkrete Ausgestaltung des Ausgleichs und damit auch der durch § 10a Abs. 1 Nr. 1 vorgegebene Gegenstand der gerichtlichen Entscheidung richten sich zunächst danach, ob die abfindungsverpflichtete Gesellschaft **Nennbetrags- oder Stückaktien** ausgegeben hat. Bei Nennbetragsaktien (§ 8 Abs. 1 Alt. 1 AktG) erfolgt die Nachbesserung des Umtauschverhältnisses durch eine Erhöhung des Nennbetrags der betroffenen Aktien, es kommt also nicht zu einer Zuteilung weiterer Stücke (§ 10a Abs. 1 Nr. 1 lit. a Alt. 1). Bei Stückaktien (§ 8 Abs. 1 Alt. 2 AktG), für die eine solche Hochschreibung des Nennbetrags auf den angemessenen Wert bzw. Nennbetrag ex definitione nicht in Betracht kommt, bestimmt das Gericht demgegenüber die Zahl der zusätzlich zu gewährenden Aktien (§ 10a Abs. 1 Nr. 1 lit. a Alt. 2).

Bei Bemessung der angemessenen Abfindung in Aktien wird es zusätzlich erforderlich, die **Effekte nachfolgender Strukturmaßnahmen** auf das angemessene Umtauschverhältnis zu berücksichtigen. Veränderungen durch nachträgliche Umwandlungsmaßnahmen (§ 72a Abs. 1 S. 2 UmwG) sowie Kapitalerhöhungen aus Gesellschaftsmitteln und Kapitalherabsetzungen (§ 72a Abs. 2 S. 1 UmwG) sind bei Festsetzung des angemessenen Ausgleichs abzubilden.[8]

Sowohl bei der Hochschreibung von Nennbetragsaktien wie auch bei der Gewährung neuer Stückaktien hat das Gericht zudem den **Ausgleichsbetrag zu beziffern**, da dieser Grundlage für die Berechnung des Zinsanspruchs nach § 72a Abs. 6 S. 1 Nr. 1 UmwG ist, dessen Zinssatz sich nach § 72a Abs. 6 UmwG bestimmt.[9] Die Entscheidung kann sich entsprechend nicht darauf beschränken, den Umfang der Erhöhung des Nennbetrags bzw. die Anzahl zusätzlich zu gewährender Aktien zu bezeichnen.

Haben Antragsteller aufgrund eines unangemessenen Umtauschverhältnisses einer Verschmelzung oder Spaltung im Rahmen einer dieser **nachfolgenden Kapitalerhöhung** weniger Bezugsrechte erhalten als ihnen bei angemessenen Umtauschverhältnis eigentlich zugestanden hätten (§ 72a Abs. 2 S. 2 UmwG), ist Gegenstand der gerichtlichen Entscheidung nach § 10a Abs. 1 Nr. 2 die **Höhe des nachträglich einzuräumenden Bezugsrechts**. Die Notwendigkeit einer eigenständigen Regelung liegt hier darin begründet, dass sich der verbandsrechtliche Anspruch solcher Aktionäre vor Zeichnung (§ 185 AktG) und Eintragung der Kapitalerhöhung (§ 189 AktG) im Bezugsrecht erschöpft und insoweit noch kein Anspruch auf weitere Aktien besteht. Nicht Gegenstand der gerichtlichen Entscheidung nach § 10a Abs. 1 Nr. 2 ist das weitere Schicksal der Bezugsrechte. Dieses haben die Aktionäre binnen eines Monats nach Eintritt der Rechtskraft der Entscheidung des Gerichts gegenüber der Gesellschaft auszuüben (§ 72a Abs. 2 S. 3 UmwG),[10] anderenfalls verfällt es ersatzlos.

Auch wenn von der Option, anstelle eines Barausgleiches Kompensation durch Gewährung zusätzlicher Aktien zu leisten, Gebrauch gemacht wird, bleiben Konstellationen

---

8 Begr. RegE UmRUG, BT-Drs. 20/3822, 127.
9 *Drescher* AG 2023, 337 (343 f.) Die Ansprüche der Aktionäre sind mit fünf Prozentpunkten über dem Basiszinssatz nach § 247 BGB zu verzinsen.
10 *Drescher* AG 2023, 337 (342).

denkbar, in denen ein Ausgleich in Anteilen ganz oder teilweise ausscheidet und deshalb im Ergebnis doch (auch) ein Barausgleich zu leisten ist. § 72a Abs. 3 UmwG ordnet einen solchen ausnahmsweisen **Ausgleich durch eine bare Zuzahlung** (§ 15 Abs. 1 S. 1 UmwG) an, (1) soweit das angemessene Umtauschverhältnis trotz Gewährung zusätzlicher Aktien nicht hergestellt werden kann (§ 72a Abs. 3 Nr. 1 UmwG) oder (2) wenn die Gewährung zusätzlicher Aktien unmöglich geworden ist (§ 72a Abs. 3 Nr. 2 UmwG).

11 § 72a Abs. 3 Nr. 1 UmwG erfasst dabei die Fälle, in denen sich bei Anwendung des angemessenen Umtauschverhältnisses Ansprüche auf Bruchteile von Aktien ergeben, die nach deutschem Aktienrecht grundsätzlich nicht anerkannt werden (§ 8 Abs. 5 AktG)[11] und die deshalb durch einen **Spitzenausgleich** in bar abgegolten werden müssen.[12]

12 Ein Barausgleich erfolgt daneben nach § 72a Abs. 3 Nr. 2 UmwG auch bei **Unmöglichkeit der Gewährung zusätzlicher Anteile**. Unmöglichkeit ist dabei ausweislich der Regierungsbegründung der allgemeinen zivilrechtlichen Begrifflichkeit in § 275 BGB entsprechend zu verstehen, wobei allerdings aufgrund des Ausnahmecharakters des § 72a Abs. 3 UmwG ein strenger Maßstab anzulegen sein soll.[13] Keine Unmöglichkeit in diesem Sinne liegt insbesondere in den Fällen des § 72a Abs. 1 S. 2 UmwG vor, also dann, wenn durch nachgelagerte Verschmelzung, Spaltung oder Formwechsel wiederum eine AG oder KGaA entsteht, an der Aktien als Ausgleich gewährt werden können;[14] die Verpflichtung zum Ausgleich durch Anteile geht hier im Wege der Gesamtrechtsnachfolge bzw. aufgrund des Identitätsprinzips auf den Zielrechtsträger über. Als denkbare Anwendungsfälle des § 72a Abs. 3 Nr. 2 UmwG benennt die Regierungsbegründung den (1) zwischenzeitlichen Formwechsel in eine Rechtsform, in der die Beteiligung nicht in Aktien oder Kommanditaktien besteht – also beispielsweise beim Formwechsel in eine GmbH, (2) eine Mischverschmelzung oder -spaltung auf eine übernehmende GmbH sowie (3) grenzüberschreitende Umwandlungen, sofern das Recht des (ausländischen) Zielrechtsträgers die Gewährung zusätzlicher Aktien nicht zulässt.[15] Im Rahmen einer Auf- oder Abspaltung ist auch eine Teilunmöglichkeit denkbar, wenn einzelne der übernehmenden oder neuen Rechtsträger nach ihrer Rechtsform keine zusätzlichen Aktien gewähren können, also etwa bei der Aufspaltung in eine AG und eine GmbH.[16] In beiden Fällen – Unmöglichkeit der Herstellung des angemessenen Umtauschverhältnisses und Unmöglichkeit der Abfindungsleistung in Aktien – ist Gegenstand der gerichtlichen Entscheidung die **Höhe der baren Zuzahlung** (§ 10a Abs. 1 Nr. 3).[17] Bei Teilunmöglichkeit ist zu beachten, dass hier (1) soweit möglich ein Ausgleich in Aktien zu tenorieren ist, und (2) im Übrigen – im Umfang der Teilunmöglichkeit – ein Ausgleich durch Barabfindung.

13 § 10a Abs. 1 Nr. 4 widmet sich zwei zu unterscheidenden Fällen (§ 72a Abs. 4 und 5 UmwG), die von § 10a Abs. 1 Nr. 3 dadurch abzugrenzen sind, dass zwar gleichfalls ein Barbetrag ausgeurteilt wird, dieser aber nicht funktional an die Stelle des eigentlich geschuldeten Ausgleichs in Anteilen tritt. Entsprechend spricht das Gesetz in § 72 Abs. 4 und Abs. 5 UmwG abweichend zu § 72a Abs. 3 UmwG nicht von einem „Ausgleich durch bare Zuzahlung", sondern von einer „Entschädigung in Geld" . Eine solche

---

11 Vgl. etwa *Koch* AktG § 8 Rn. 26.
12 Vgl. Begr. RegE UmRUG, BT-Drs. 20/3822, 76; *Drescher* AG 2023, 337 (344).
13 Begr. RegE UmRUG, BT-Drs. 20/3822, 76.
14 Begr. RegE UmRUG, BT-Drs. 20/3822, 76.
15 Begr. RegE UmRUG, BT-Drs. 20/3822, 76.
16 Begr. RegE UmRUG, BT-Drs. 20/3822, 76.
17 Begr. RegE UmRUG, BT-Drs. 20/3822, 127.

Entschädigung in Geld ist erforderlich, wenn (1) Aktionäre anlässlich einer nach Eintragung der streitgegenständlichen Verschmelzung oder Spaltung erfolgten (weiteren) strukturverändernden Maßnahme aus der Gesellschaft ausgeschieden sind (§ 72a Abs. 4 UmwG), sowie (2) dann, wenn nach Wirksamwerden der Verschmelzung oder Spaltung **Gewinnausschüttungen oder die Zahlung eines angemessenen Ausgleichs gemäß § 304 AktG** erfolgt sind und ein Antragsteller bei Zugrundelegung des angemessenen Umtauschverhältnisses eine höhere Ausschüttung bzw. Ausgleichzahlung realisiert hätte (**§ 72a Abs. 5 UmwG**).

Gegenstand der gerichtlichen Entscheidung des Gerichts nach § 10a Abs. 1 Nr. 4 Alt. 1 (iVm § 72a Abs. 4 UmwG) ist die **Höhe der Entschädigung in Geld**, die deshalb zu leisten ist, weil Antragsteller, die anlässlich einer nach Wirksamwerden der Umwandlung erfolgten Strukturmaßnahme **aus der Gesellschaft ausgeschieden** sind, aufgrund eines unangemessenen Umtauschverhältnisses eine zu niedrige Abfindung im Rahmen ihres Ausscheidens realisiert haben (§ 72a Abs. 4 UmwG).[18] Die „Entschädigung in Geld" bemisst sich in diesem Fall als Differenz zwischen der beim Ausscheiden im Rahmen der zweiten Strukturmaßnahme tatsächlich gewährten Abfindung und der Höhe, die diese Abfindung unter Berücksichtigung eines angemessenen Umtauschverhältnis erreicht hätte.[19]

Im Falle des § 72a Abs. 5 UmwG bestimmt sich die auszurteilende Entschädigung in Geld hingegen als Differenz zwischen bei angemessenem Umtauschverhältnis geschuldeter Dividende bzw. Ausgleichszahlung und tatsächlich ausgeschütteter Dividende bzw. Ausgleichszahlung.[20] Zumindest hinsichtlich § 72a Abs. 5 UmwG handelt es sich in der Sache um einen Nebenanspruch, der wie der Zinsanspruch selbstständig neben den Anspruch auf Ausgleich durch Aktien tritt.

2. Prozessuale Folgen nachgelagerter Umwandlungsvorgänge (Abs. 2)

Abs. 2 enthält Sondervorschriften für die prozessuale Behandlung von Fällen des § 72a Abs. 1 S. 2 UmwG, in denen Strukturveränderungen aufgrund eines nachgelagerten Umwandlungsvorgangs dazu führen, dass die Gewährung zusätzlicher Aktien an der übernehmenden Aktiengesellschaft nicht mehr möglich oder ausreichend ist,[21] und bestimmt gleichzeitig den richtigen Antragsgegner in diesen Fällen.[22]

Abfindungsanlässe, bei denen die beteiligten Rechtsträger von der Möglichkeit des § 72a Abs. 1 S. 1 UmwG, ein möglicherweise unangemessenes Umtauschverhältnis durch Gewährung zusätzlicher Aktien auszugleichen, Gebrauch machen, stehen nachfolgenden Strukturmaßnahmen vor Beendigung eventueller gerichtlicher Auseinandersetzungen über die Angemessenheit des Umtauschverhältnisses nicht entgegen. Gleichzeitig gilt, dass beispielsweise eine nachfolgende Verschmelzung oder Spaltung weder dazu führen kann, dass der Anspruch auf Gewährung zusätzlicher Anteile untergeht, noch dass er – ohne Berücksichtigung der mit nachgelagerten Strukturmaßnahmen verbundenen Veränderung der Wertverhältnisse – unverändert fortbesteht. Entsprechend bestimmt § 72a Abs. 1 S. 2 UmwG, dass der Anspruch auf Gewährung zusätzlicher Aktien nicht dadurch ausgeschlossen wird, dass die übernehmende Gesellschaft nach Eintragung der Verschmelzung, über deren Verschmelzungswertrelation gerichtlich gestritten

---

18 Begr. RegE UmRUG, BT-Drs. 20/3822, 127.
19 *Drescher* AG 2023, 337 (344).
20 *Drescher* AG 2023, 337 (344).
21 Begr. RegE UmRUG, BT-Drs. 20/3822, 123.
22 *Drescher* AG 2023, 337 (344).

wird, (1) ihr Vermögen oder Teile hiervon im Wege der Verschmelzung oder Spaltung ganz oder teilweise auf eine Aktiengesellschaft oder auf eine KGaA übertragen hat oder (2) im Wege eines Formwechsels die Rechtsform einer KGaA erhalten hat; Zielrechtsträger ist hier jeweils eine Rechtsform, die Aktien als Ausgleich zu gewähren vermag. § 10a Abs. 2 übernimmt die Funktion, die unhandliche Regelung in das Spruchverfahrensrecht umzusetzen. In den Fällen des § 72a Abs. 2 S. 1 UmwG hat das Gericht den zusätzlich zu gewährenden Nennbetrag oder bei Stückaktien die Zahl der zusätzlich zu gewährenden Aktien **unter Zugrundelegung des Umtauschverhältnisses des nachfolgenden Umwandlungsvorgangs** zu bestimmen. Der Ausgleichsanspruch ist also unter Berücksichtigung der Wertrelationen der nachfolgenden Umwandlung fortzuschreiben. Hat beispielsweise ein Antragsteller ursprünglich Anspruch auf 10 Aktien, aber nur 8 Aktien erhalten, hat er ohne nachfolgende Strukturmaßnahmen Anspruch auf die Zuteilung der Differenz zwischen tatsächlichem und angemessenem Umtauschverhältnis, also 2 Aktien. Hat die Gesellschaft sich in der Zwischenzeit an einer weiteren Verschmelzung mit einem Umtauschverhältnis von 1:1 beteiligt, ist der Anspruch entsprechend unter Berücksichtigung des Umtauschverhältnisses zu kürzen. Der Antragsteller erhält also an dem neu fusionierten Verband 0,5 x 2 Aktien = 1 Aktie.

17 § 10a Abs. 2 S. 2 stellt klar, dass bei nachgelagerten Strukturmaßnahmen, bei denen der bisher nach § 72a UmwG verpflichtete Rechtsträger ohne Abwicklung untergeht, Antragsgegner die Gesellschaft beziehungsweise die Gesellschaften sind, **auf die die Pflicht zur Gewährung zusätzlicher Aktien im Wege der Gesamtrechtsnachfolge übergegangen** ist, im Regelfall bei Umwandlungsmaßnahmen also die aufnehmende Gesellschaft bzw. bei Spaltung unter Umständen die jeweils aufnehmenden Gesellschaften.[23] Bei einer nachgelagerten Abspaltung ist nicht nur die übertragende Gesellschaft, die als solche bestehen bleibt, sondern auch die übernehmende Gesellschaft zur Gewährung von Aktien verpflichtet.[24] Die Ausgleichspflicht trifft übertragende und übernehmende Gesellschaft hier laut Materialien „anteilig",[25] was man so zu verstehen haben wird, dass sich der Anteil an der Pflicht zur Gewährung von Aktien an der Spaltungswertrelation bemisst. Prozessual zu berücksichtigen ist hier, dass zwei Antragsgegner existieren, für die jeweils unterschiedliche Aussprüche erforderlich werden. Im Falle eines Formwechsels bleibt demgegenüber aufgrund der Geltung des Kontinuitätsprinzips die Verbindlichkeit der Gesellschaft neuer Rechtsform zugeordnet.[26]

3. Formwechsel in Aktiengesellschaft, KGaA oder SE (Abs. 3)

18 Nach § 248a UmwG gelten die §§ 72a f. UmwG für einen **Formwechsel in eine Aktiengesellschaft oder eine Kommanditgesellschaft auf Aktien** entsprechend. § 11 Abs. 3 spiegelt diesen Anwendungsbefehl in das Spruchverfahrensrecht. Auch § 10a Abs. 1 und 2 finden hiernach Anwendung, wenn die §§ 72a f. UmwG über § 248a UmwG zur Anwendung berufen sind.[27]

§ 11 Gerichtliche Entscheidung; Gütliche Einigung

(1) Das Gericht entscheidet durch einen mit Gründen versehenen Beschluss.

---

23 Begr. RegE UmRUG, BT-Drs. 20/3822, 128.
24 Begr. RegE UmRUG, BT-Drs. 20/3822, 128.
25 Begr. RegE UmRUG, BT-Drs. 20/3822, 128.
26 Begr. RegE UmRUG, BT-Drs. 20/3822, 128.
27 *Drescher* AG 2023, 337 (344). Vgl. Begr. RegE UmRUG, BT-Drs. 20/3822, 128.

(2) ¹Das Gericht soll in jeder Lage des Verfahrens auf eine gütliche Einigung bedacht sein. ²Kommt eine solche Einigung aller Beteiligten zustande, so ist hierüber eine Niederschrift aufzunehmen; die Vorschriften, die für die Niederschrift über einen Vergleich in bürgerlichen Rechtsstreitigkeiten gelten, sind entsprechend anzuwenden. ³Die Vollstreckung richtet sich nach den Vorschriften der Zivilprozessordnung.

(3) Das Gericht hat seine Entscheidung oder die Niederschrift über einen Vergleich den Beteiligten zuzustellen.

(4) ¹Ein gerichtlicher Vergleich kann auch dadurch geschlossen werden, dass die Beteiligten
1. dem Gericht einen schriftlichen Vergleichsvorschlag unterbreiten oder
2. einen schriftlichen oder zu Protokoll der mündlichen Verhandlung erklärten Vergleichsvorschlag des Gerichts durch Schriftsatz oder durch Erklärung zu Protokoll der mündlichen Verhandlung gegenüber dem Gericht annehmen.

²Das Gericht stellt das Zustandekommen und den Inhalt eines nach Satz 1 geschlossenen Vergleichs durch Beschluss fest. ³§ 164 der Zivilprozessordnung gilt entsprechend. ⁴Der Beschluss ist den Beteiligten zuzustellen.

Literatur:
DAV-Handelsrechtsausschuss, Stellungnahme zur Evaluierung des Spruchverfahrens, NZG 2014, 1144; *Deiß*, Die Festsetzung der angemessenen Kompensation im Wege einer „mehrheitskonsensualen Schätzung" im Spruchverfahren, NZG 2013, 1382; *Drescher*, Die Änderung des Spruchverfahrensgesetzes 2023, AG 2023, 337; *Haspl*, Aktionärsrechtsschutz im Spruchverfahren und „Zwangsvergleich", NZG 2014, 487; *Jänig/Leißring*, FamFG: Neues Verfahrensrecht für Streitigkeiten in AG und GmbH, ZIP 2010, 110; *Noack*, Missbrauchsbekämpfung im Spruchverfahren durch Einführung eines qualifizierten Mehrheitsvergleichs, NZG 2014, 92; *Puszkajler/Sekera-Terplan*, Reform des Spruchverfahrens, NZG 2015, 1055; *J. Schmidt*, Der UmRUG-Referentenentwurf: grenzüberschreitende Umwandlungen 2.0 – und vieles mehr, NZG 2022, 635; *Weber/Kersjes*, Hauptversammlungsbeschlüsse vor Gericht, 2010; *Wollin*, Zur Reform des Vergleichs im Spruchverfahren, AG 2022, 474; *Zimmer/Meese*, Vergleiche im Spruchverfahren und bei Anfechtungsklagen, NZG 2004, 201.

I. Normzweck ... 1	(2) Vergleichsvorschlag der Parteien/des Gerichts (Abs. 4) ... 16
II. Inhalt ... 2	b) Außergerichtlicher Vergleich ... 20
1. Streitige Entscheidung ... 2	c) Vollstreckungstitel ... 21
a) Entscheidung durch Beschluss ... 2	d) Publizität ... 22
b) Beschlussinhalt ... 3	3. Anderweitige Verfahrensbeendigung ... 23
c) Wirksamwerden ... 7	a) (Allseitige) Antragsrücknahme ... 24
d) Zustellung ... 8	b) (Übereinstimmende) Erledigungserklärungen ... 25
e) (Keine) Titelfunktion ... 9	c) „Erledigung von Amts wegen" ... 26
2. Gütliche Einigung/Vergleich ... 10	d) Verzicht und Anerkenntnis ... 27
a) Gerichtlicher Vergleich ... 11	e) Auswirkung der Eröffnung eines Insolvenzverfahrens ... 28
aa) Voraussetzungen ... 11	
bb) Verfahren ... 15	
(1) Vergleich durch schriftliche Niederschrift ... 15	

I. Normzweck

§ 11 befasst sich mit der Beendigung des Spruchverfahrens und ordnet in diesem Zusammenhang an, dass die Entscheidung grundsätzlich durch mit Gründen versehenen Beschluss ergeht. Weiter stellt § 11 klar, dass entgegen der früher herrschenden Ansicht im Schrifttum ein Spruchverfahren auch durch Vergleich zulässigerweise beendet werden kann, und hat damit die bereits bestehende Praxis der Spruchkörper legalisiert.[1] Aufgrund der besonderen Bedeutung, die ein Vergleich unter dem Gesichtspunkt der Verfahrensbeschleunigung gerade für Spruchverfahren besitzt, übernimmt § 11 gleichzeitig die dahin gehende Förderungspflicht des Zivilprozesses (§ 278 Abs. 1 ZPO).[2] Rechtspolitisch umstritten und bisher vom Gesetzgeber nicht aufgegriffen war die Forderung, einen Mehrheitsvergleich einzuführen.[3] Im Rahmen der Überarbeitung des Spruchverfahrens anlässlich der Umsetzung der Umwandlungs-RL hat der Gesetzgeber nunmehr die dahin gehenden Forderungen partiell aufgegriffen. Während ein echter Mehrheitsvergleich nach wie vor ausgeschlossen ist, wird mit dem neuen § 11a die sog. mehrheitskonsensuale Schätzung als eine Art Vorstufe zum echten Mehrheitsvergleich, die sich besser mit der grundgesetzlich geschützten Privatautonomie wie auch den Prinzipien des Zivilprozesses im Allgemeinen und des Spruchverfahrens im Besonderen vereinbaren lässt, mit gesetzlichen Weihen versehen (zu Details → § 11a Rn. 1 ff.).

II. Inhalt
1. Streitige Entscheidung
a) Entscheidung durch Beschluss

Da eine mündliche Verhandlung zwar legaltypischer Regelfall, im Spruchverfahren aber dennoch nicht zwingend erforderlich ist (§ 8 Abs. 1 S. 1), entscheidet das Gericht durch mit Gründen versehenen Beschluss.[4]

b) Beschlussinhalt

Der Inhalt des Beschlusses ergibt sich aus § 17 SpruchG iVm § 28 FamFG. Für die **Tenorierung** gelten keine Besonderheiten. Sind die Anträge unzulässig, werden sie verworfen, bei Unbegründetheit zurückgewiesen.[5] Ist zumindest ein Antrag zulässig und begründet, ergeht eine **Sachentscheidung**.[6] Das Gericht bestimmt in diesem Fall die angemessene Kompensation, ohne zugleich den Zahlungsanspruch auszusprechen; hierzu müssen Anteilseigner die gesonderte Leistungsklage nach § 16 erheben.[7] Nach weitgehend unbestrittener Ansicht kommt eine Verschlechterung der Kompensation im Rahmen eines Spruchverfahrens nicht in Betracht (**Verbot der reformatio in peius**).[8] Diese Grundentscheidung ist zumindest in den Fällen kritisch zu hinterfragen, in denen die Besserstellung der Antragsteller gleichzeitig eine (unmittelbare) Schlechterstellung anderer Anteilseigner bedeutet, also vor allem im Falle der Verschmelzung/Spaltung und der in §§ 6a-6c erwähnten besonderen Spruchverfahren bei grenzüberschreitenden Sachverhalten.

---

[1] *Büchel* NZG 2003, 793 (799). Zur Technik eines „Vergleichs" nach altem Recht vgl. etwa OLG München WM 2010, 1605 (1605 ff.).
[2] *Dreier/Fritzsche/Verfürth/Dreier* SpruchG § 11 Rn. 2.
[3] Befürwortend: *Engel/Puszkajler* BB 2012, 1687 (1691); *Puszkajler/Sekera-Terplan* NZG 2015, 1055 (1063); *Max* NZG 2014, 92 (93 f.), der bereits für die frühere lex lata von der unproblematischen Zulässigkeit von Mehrheitsvergleichen ausgeht.
[4] Simon SpruchG/*Simon* § 11 Rn. 2; Kölner Komm AktG/*Dorn* SpruchG § 11 Rn. 5; *Koch* SpruchG § 11 Rn. 2. Vgl. auch § 128 Abs. 4 ZPO.
[5] Semler/Stengel/*Volhard*, 3. Aufl. 2012, SpruchG § 11 Rn. 2; MüKoAktG/*Kubis* SpruchG § 11 Rn. 2; *Weber/Kersjes* Hauptversammlungsbeschlüsse § 5 Rn. 248.
[6] Simon SpruchG/*Simon* § 11 Rn. 3. Einzelheiten für die unterschiedlichen Bewertungsanlässe etwa bei MüKoAktG/*Kubis* SpruchG § 11 Rn. 3.
[7] BeckOGK/*Drescher* SpruchG § 11 Rn. 5; MüKoAktG/*Kubis* SpruchG § 11 Rn. 3.
[8] Lutter/*Mennicke* SpruchG § 11 Rn. 2; MüKoAktG/*Kubis* SpruchG § 11 Rn. 6; *Koch* SpruchG § 11 Rn. 2; K. Schmidt/Lutter/*Klöcker/Wittgens* SpruchG § 10 Rn. 2; *Wollin* AG 2022, 474 (475). Kritisch *Weber/Kersjes* Hauptversammlungsbeschlüsse § 5 Rn. 250.

Nachdem das UmRUG das Spruchverfahren auch für die Anteilseigner eines übernehmenden Rechtsträgers öffnet, lässt sich das Verbot der reformatio in peius nicht mehr konsequent durchhalten. Wird die Verschmelzungs- oder Spaltungswertrelation von Anteilseignern des übertragenden wie des übernehmenden Rechtsträgers angegriffen, und in Konsequenz durch gerichtliche Entscheidung ein Ausgleich gewährt, kommt es notwendig zu einer Verschiebung von Vermögenswerten zwischen den Anteilseignern des übertragenden und denen des übernehmenden Rechtsträgers. Diese Konsequenz ist als wohl bewusste Entscheidung des Gesetzgebers hinzunehmen. Im Übrigen bleibt das Verbot der reformatio in peius zumindest insofern formal gewahrt, als dem erfolgreichen Antragsteller ein aus dem Vermögen der Gesellschaft zu leistender Ausgleich gewährt wird, während die Anträge des anderen beteiligten Rechtsträgers zurückgewiesen werden.[9]

Der Beschluss ist zu begründen. Die **Begründung** umfasst sowohl eine geraffte Zusammenfassung des Sachverhalts als auch die der Entscheidung zugrunde liegenden maßgeblichen Erwägungen des Gerichts.[10]

Der Beschluss hat schließlich eine **Rechtsbehelfsbelehrung** zu enthalten.[11] Die Rechtsbehelfsbelehrung enthält den Hinweis auf die Möglichkeit der Beschwerde nach § 12, bezeichnet das Gericht, bei dem Beschwerde einzulegen ist, und benennt zu beachtende Formen und Fristen (§ 39 FamFG).[12] Unterbleibt die Rechtsbehelfsbelehrung oder ist sie fehlerhaft, wird der Beschluss dennoch formell rechtskräftig (§ 45 FamFG), ein Beteiligter kann jedoch Wiedereinsetzung in den vorigen Stand verlangen, wobei sein fehlendes Verschulden vermutet wird (§ 17 Abs. 1, 2 FamFG).[13]

c) Wirksamwerden

Abweichend von den allgemeinen Bestimmungen des FamFG wird der Beschluss nicht bereits mit Bekanntgabe (§ 40 Abs. 1 FamFG), sondern erst mit formeller Rechtskraft wirksam (§ 13 S. 1).[14]

d) Zustellung

Der Beschluss ist gemäß §§ 166 ff. ZPO (iVm § 15 Abs. 2 FamFG) von Amts wegen sämtlichen Beteiligten (Antragsteller, Antragsgegner, gemeinsame(r) Vertreter) zuzustellen; Bedeutung kommt der Zustellung dadurch zu, dass sie die Beschwerdefrist nach § 12 iVm § 63 FamFG in Gang setzt.[15]

e) (Keine) Titelfunktion

Gegenstand des Spruchverfahrens ist allein die Überprüfung der Angemessenheit der angebotenen Abfindung; entsprechend stellt ein stattgebender Beschluss allein die Hö-

---

9 Vgl. zum Ausspruch etwa *Drescher* AG 2023, 337 (343).
10 Heidel/*Krenek* SpruchG § 11 Rn. 4; Schmitt/Hörtnagl/*Hörtnagl* SpruchG § 11 Rn. 2.
11 Formulierungsvorschlag bei Heidel/*Krenek* SpruchG § 11 Rn. 8; vgl. auch Hölters/Weber/*Simons* SpruchG § 11 Rn. 10.
12 *Weber/Kersjes* Hauptversammlungsbeschlüsse § 5 Rn. 252.
13 Kölner Komm AktG/*Dorn* SpruchG § 11 Rn. 22: Wiedereinsetzungsgrund in Ausnahmefällen; *Preuß* NZG 2009, 961 (964).
14 *Preuß* NZG 2009, 961 (964).
15 Schmitt/Hörtnagl/*Hörtnagl* SpruchG § 11 Rn. 10; Lutter/*Mennicke* SpruchG § 11 Rn. 4.

he der angemessenen Kompensation fest.[16] Der Beschluss selbst stellt deshalb keinen vollstreckungsfähigen Titel dar.[17] Vielmehr ist Leistungsklage nach § 16 zu erheben.[18]

2. Gütliche Einigung/Vergleich

10 § 11 akzeptiert nunmehr ausdrücklich die Zulässigkeit eines Vergleichs, des früher gebräuchlichen Umwegs über einen außergerichtlichen Vergleich, der über eine allseitige Antragsrücknahme in das Verfahren eingeführt wird, bedarf es damit nicht mehr.[19] § 11 belässt es nicht bei der Anordnung der Zulässigkeit, sondern übernimmt die aus dem Zivilprozess bekannte Verpflichtung des Gerichts, in jedem Verfahrensstadium auf eine gütliche Einigung bedacht zu sein.[20] Gerade im Spruchverfahren kommt dem Vergleich besondere Bedeutung zu, da er forensisch praktisch das einzige Instrument darstellt, mit dem sich die nach wie vor zu konstatierende strukturelle Überlänge des Spruchverfahrens zumindest ansatzweise in den Griff bekommen lässt. Dass das SpruchG keine besondere Güteverhandlung, wie sie für den Zivilprozess in § 278 Abs. 2–5 ZPO verankert worden ist, kennt, steht zu dieser Betonung des Beschleunigungsgrundsatzes gerade für das Spruchverfahren nicht in Widerspruch.[21] Im Hintergrund dürfte vielmehr die zutreffende Überlegung stehen, dass aufgrund der Besonderheiten des Spruchverfahrens ein Gütetermin die Erfolgsaussichten eines Vergleichs kaum erhöht, gleichzeitig aber mit einer spürbaren Verfahrensverzögerung verbunden sein kann. Den gleichen Geist atmet letztlich auch die im Rahmen des UmRUG erfolgte Abschaffung des obligatorischen Abhilfeverfahrens (§ 12 Abs. 1 S. 2 Hs. 2), dem im Regelfall keine Bedeutung zukam, da einerseits im Regelfall das Ausgangsgericht nicht abgeholfen hat, und andererseits nach Abhilfe Antragsteller und/oder Antragsgegnerin dennoch den Weg der Beschwerde gegangen wären.

a) Gerichtlicher Vergleich

aa) Voraussetzungen

11 Voraussetzung eines wirksamen Vergleichs ist nach hM die **Zustimmung sämtlicher Verfahrensbeteiligter**, also aller Antragsteller, der Antragsgegnerin und des gemeinsamen Vertreters.[22] Im bisher wohl eher theoretischen Fall einer Beteiligung eines weiteren gemeinsamen Vertreters nach §§ 6a-6c muss auch dieser dem Vergleich zustimmen,[23] da insbesondere dem Antragsgegner keine Dispositionsbefugnis über die Vermögensposition dieser Anteilseigner zukommt, was nicht zuletzt deshalb evident ist, da diese Aktionäre nicht aufgrund (rationaler) Apathie nicht am Verfahren beteiligt sind, sondern weil ihnen das Spruchverfahren keine persönliche Beteiligungsmöglichkeit einräumt.

---

16 BGH NZG 2019, 470 (472); Semler/Stengel/*Volhard*, 3. Aufl. 2012, SpruchG § 11 Rn. 4.
17 OLG Düsseldorf NZG 2012, 1181 (1184).
18 BGH NZG 2019, 470 (472); OLG Düsseldorf NZG 2012, 1181 (1184); Schmitt/Hörtnagl/*Hörtnagl* SpruchG § 11 Rn. 9; Kölner Komm AktG/*Dorn* SpruchG § 11 Rn. 15.
19 MüKoAktG/*Kubis* SpruchG § 11 Rn. 11; *Deiß* NZG 2013, 1382.
20 *Weber/Kersjes* Hauptversammlungsbeschlüsse § 5 Rn. 257. Feinsinnige Unterscheidungen zwischen „Hinwirken" (ZPO) und „bedacht sein" (SpruchG) erscheinen allzu artifiziell und begriffsjuristisch, so auch Hölters/Weber/*Simons* SpruchG § 11 Rn. 12; aA offensichtlich MüKo AktG/*Kubis* SpruchG § 11 Rn. 11.
21 Lutter/*Mennicke* SpruchG § 11 Rn. 6; *Klöcker/Frowein* SpruchG § 11 Rn. 10; Heidel/*Krenek* SpruchG § 11 Rn. 11.
22 Lutter/*Mennicke* SpruchG § 11 Rn. 7; *Klöcker/Frowein* SpruchG § 11 Rn. 11; Hölters/Weber/*Simons* SpruchG § 11 Rn. 14; *Büchel* NZG 2003, 793 (799); *Haspl* NZG 2014, 487; *Wollin* AG 2022, 474 (476). AA Simon SpruchG/*Simon* § 11 Rn. 17.
23 So auch Schmitt/Hörtnagl/*Hörtnagl* SpruchG § 11 Rn. 12.

Ein **qualifizierter Mehrheitsvergleich**, der seit mittlerweile geraumer Zeit von einzelnen Stimmen eingefordert worden ist, ist dem SpruchG auch weiterhin fremd.[24] Es bleibt insoweit bei dem Grundsatz, dass auch in dem durch rechtstatsächliche Besonderheiten geprägten Spruchverfahren (Opportunismus, professionelle Antragsteller etc) ein Vertrag zulasten Dritter nicht in Betracht kommt. Soweit außergerichtlich mit einzelnen Antragstellern eine einvernehmliche Lösung gefunden wird, scheiden diese im Nachgang durch Antragsrücknahme aus und das Verfahren ist mit den Antragstellern, die sich dem Vergleich nicht angeschlossen haben, fortzuführen.[25]

Das SpruchG in der Fassung des UmRUG erkennt allerdings einem **Teilvergleich** insoweit prozessuale Wirkung zu, als das Gericht die in ihm gefundene Höhe der Abfindung als – sprachlich wenig gelungen – „**mehrheitskonsensuale Schätzung**" nach § 287 ZPO seiner Sachentscheidung zugrunde legen darf, um insbesondere die Einholung eines (weiteren) zeit- und kostenintensiven Gutachtens zu verhindern. Der Gesetzgeber hat damit eine bereits nach altem Recht verbreitete Ansicht, die eine solche mehrheitskonsensuale Schätzung auch auf Basis der früheren lex lata für zulässig hielt, aufgegriffen[26] und ausdrücklich legalisiert; wohl nicht zuletzt, weil ua das OLG Düsseldorf sich dem Ansinnen verschlossen hatte, eine vergleichsweise Erhöhung der Kompensationsleistung als Indiz für die Angemessenheit der erhöhten Kompensationsleistungen heranzuziehen.[27] Für Einzelheiten ist insoweit auf § 11a zu verweisen.

§ 13 erkennt nur der streitigen Entscheidung durch Beschluss, nicht aber auch dem Vergleich inter-omnes-Wirkung zu.[28] Dementsprechend hat der gemeinsame Vertreter sicherzustellen, dass der Vergleich als echter Vertrag zugunsten Dritter, konkret der nicht beteiligten antragsberechtigten Anteilsinhaber ausgestaltet wird,[29] um sicherzustellen, dass deren Interessen hinreichend gewahrt werden.[30] Stimmt der gemeinsame Vertreter nicht zu, belastet dies die Wirksamkeit des Vergleichs nicht; allerdings steht in diesem Fall (theoretisch) eine Haftung gegenüber den nicht selbst am Verfahren beteiligten Aktionären im Raum.

bb) Verfahren

(1) Vergleich durch schriftliche Niederschrift

Wird der Vergleich in der mündlichen Verhandlung geschlossen, ist eine schriftliche Niederschrift aufzunehmen, für die die Vorschriften der §§ 159 ff. ZPO entsprechend anzuwenden sind. Die Niederschrift ist sämtlichen Beteiligten gemäß §§ 166 ff. ZPO von Amts wegen zuzustellen.[31]

---

24 OLG Düsseldorf NZG 2013, 1393 (1395); wohl auch Schmitt/Hörtnagl/*Hörtnagl* SpruchG § 11 Rn. 12; Heidel/*Krenek* SpruchG § 11 Rn. 12; Hölters/Weber/*Simons* SpruchG § 11 Rn. 14; Haspl NZG 2014, 487 (488 f.); vgl. auch *J. Schmidt* NZG 2022, 635 (643); Wollin AG 2022, 474 (477). AA *Max* NZG 2014, 92 (93), der allerdings gleichwohl de lege ferenda die explizite Aufnahme eines solchen Mehrheitsvergleichs in das SpruchG befürwortet. Für Einführung de lege ferenda auch *DAV-Handelsrechtsausschuss* NZG 2014, 1144 (1147 f.).
25 *Deiß* NZG 2013, 1382.
26 So etwa *Deiß* NZG 2013, 1382 (1384); Heidel/*Tewes*, 3. Aufl. 2011, SpruchG § 11 Rn. 11, der dies allerdings nur bei Existenz eines einzigen Opponenten mit niedrigem Anteilsbesitz für zulässig erachtete. Ausdrücklich aA zumindest zum alten Recht zu Recht Heidel/*Krenek* SpruchG § 11 Rn. 12.
27 OLG Düsseldorf NZG 2013, 1393.
28 AA Simon SpruchG/*Simon* § 11 Rn. 20 unter Hinweis darauf, dass der gerichtliche Vergleich an Stelle der streitigen Entscheidung des Gerichts tritt.
29 AA *Wollin* AG 2022, 474 (476), der einen Vertrag zugunsten Dritter aufgrund der Stellung des gemeinsamen Vertreters für obsolet erachtet.
30 Lutter/*Mennicke* SpruchG § 11 Rn. 7; teilweise anders *Deiß* NZG 2012, 1832 (1383), der hierin nur eine Klarstellung sieht; sowie Dreier/Fritzsche/Verfürth/*Dreier* SpruchG § 11 Rn. 46.
31 Lutter/*Mennicke* SpruchG § 11 Rn. 8.

(2) Vergleichsvorschlag der Parteien/des Gerichts (Abs. 4)

16 Wie § 278 Abs. 6 ZPO für den Zivilprozess erlaubt auch das Spruchverfahrensrecht mit § 11 Abs. 4 eine Ausnahme von dem Grundsatz, dass ein Vergleich grundsätzlich in der mündlichen Verhandlung zu schließen und zu protokollieren ist.[32] Die Regelung des schriftlichen Vergleichsvorschlags in § 11 Abs. 4 ist durch das UmRUG neu gefasst und inhaltlich an die Parallelvorschrift des § 278 Abs. 6 ZPO angepasst worden, wobei es sich nach zutreffender Auffassung des Gesetzgebers lediglich um eine Klarstellung der schon bisher geltenden Rechtslage handelt.[33] Im Hintergrund steht, dass § 11 Abs. 4 § 278 Abs. 6 ZPO zunächst wortgleich abbildete, dessen Neufassung im Rahmen des Gesetzes zur Neuregelung der Wertgrenze für die Nichtzulassungsbeschwerde in Zivilsachen[34] allerdings im Spruchverfahrensgesetz nicht nachgezogen wurde; ein beredtes Schweigen des Gesetzgebers war richtigerweise insoweit nicht anzunehmen, vielmehr ist angesichts des mittlerweile erreichten Umfangs der Gesetzgebungsaktivitäten mit Flüchtigkeitsfehlern immer zu rechnen.

17 Abweichend von § 11 Abs. 4 aF, dessen Wortlaut allein die Annahme eines schriftlichen Vergleichsvorschlags des Gerichts durch Schriftsatz gegenüber dem Gericht kannte, differenziert nunmehr auch § 11 Abs. 4 ausdrücklich zwischen Vergleichsvorschlägen **seitens der Beteiligten** und Vergleichsvorschlägen **von Seiten des Gerichts**.[35] § 11 Abs. 4 S. 1 Nr. 1 behandelt zunächst die Fallkonstellation, dass der Vergleichsvorschlag von den Beteiligten unterbreitet wird. Hiernach kann ein gerichtlicher Vergleich auf schriftlichen Vergleichsvorschlag der Beteiligten erfolgen. Erforderlich ist, dass die Beteiligten sich schriftlich gegenüber dem Gericht äußern, wobei zwischen zwei verschiedenen und gleichermaßen zulässigen Verfahrensweisen zu unterscheiden ist: (1) die Beteiligten können übereinstimmende Vergleichsvorschläge einreichen oder aber (2) ein Beteiligter kann den Vergleichsvorschlag schriftlich unterbreiten, der sodann durch die weiteren Beteiligten gleichfalls in Schriftform angenommen wird.[36] Die einzelnen Erklärungen der Beteiligten unterliegen dem Anwaltszwang nach § 5a.[37] Den auf die Beteiligten zurückgehenden Vergleich überprüft das Gericht nur daraufhin, ob eine wirksame Einigung über die wesentlichen Vergleichsbestandteile vorliegt und der Vergleich auch im Übrigen ordnungsgemäß zustande gekommen ist.[38]

18 Alternativ kann ein schriftlicher Vergleich auch auf **Vorschlag des Gerichts** geschlossen werden. Auch in diesem Fall ist entscheidende Voraussetzung das Vorliegen übereinstimmender Erklärungen der Beteiligten.[39] Sämtliche Beteiligten müssen den Vorschlag des Gerichts durch Schriftsatz gegenüber dem Gericht oder durch Erklärung zu Protokoll der mündlichen Verhandlung annehmen.[40] Eine Annahme (ausschließlich) gegenüber den weiteren Beteiligten und nicht auch dem Gericht ist dagegen nicht ausreichend.[41] Erforderlich sind schließlich separate, aber identische Schriftsätze.[42]

---

32 Vgl. etwa OLG Karlsruhe NJW-RR 2011, 7 (8); BeckOK ZPO/*Bacher* § 278 Rn. 35.
33 RegE UmRUG, BT-Drs. 20/3822, 128; *J. Schmidt* NZG 2022, 635 (642); *Drescher* AG 2023, 337 (344); § 17 Abs. 1 SpruchG, § 36 Abs. 3 FamFG, § 278 Abs. 6 ZPO.
34 Gesetz zur Regelung der Wertgrenze für die Nichtzulassungsbeschwerde in Zivilsachen, zum Ausbau der Spezialisierung bei den Gerichten sowie zur Änderung weiterer prozessrechtlicher Vorschriften vom 12.12.2019, BGBl. I 2633.
35 Zu § 278 ZPO OLG Karlsruhe NJW-RR 2011, 7 (8); MüKoZPO/*Prütting* § 278 Rn. 44.
36 BeckOK ZPO/*Bacher* § 278 Rn. 36.
37 Zur Parallelfrage im Zivilprozess BeckOK ZPO/*Bacher* § 278 Rn. 36.
38 Zu § 278 Abs. 6 ZPO OLG Karlsruhe NJW-RR 2011, 7 (8); BeckOK ZPO/*Bacher* § 278 Rn. 37.
39 Zu § 278 Abs. 6 ZPO BeckOK ZPO/*Bacher* § 278 Rn. 36.
40 Zu § 278 Abs. 6 ZPO BeckOK ZPO/*Bacher* § 278 Rn. 36.
41 Zu § 278 Abs. 6 ZPO OLG Jena 27.4.2006 – 1 UF 529/05, BeckRS 2006, 5658; BeckOK ZPO/*Bacher* § 278 Rn. 36.
42 OLG Karlsruhe NJW-RR 2011, 7 (9).

Für beide Typen eines Vergleichs nach § 11 Abs. 4 gilt, dass sie zur Wirksamkeit einer **Feststellung durch das Gericht** bedürfen,[43] die durch **Beschluss** erfolgt;[44] die Anberaumung eines weiteren mündlichen Termins zu dem ausschließlichen Zweck einer Protokollierung des Vergleichs ist demgegenüber nicht erforderlich.[45] Gegen den feststellenden Beschluss ist mangels beschwerdefähigen Inhalts kein Rechtsmittel gegeben, möglich ist seine Korrektur im Wege der Berichtigung nach § 11 Abs. 4 S 3 iVm § 164 ZPO.[46]

b) Außergerichtlicher Vergleich

§ 11 entfaltet keine Sperrwirkung dahin gehend, dass der nicht erwähnte außergerichtliche Vergleich unzulässig wäre.[47] Ein außergerichtlicher Vergleich beendet allerdings nicht automatisch das Verfahren. Vielmehr bedarf es zusätzlich einer Antragsrücknahme vor Eintritt der Rechtskraft; wobei sich auch der gemeinsame Vertreter an einem solchen Vergleich beteiligen kann und zur Herbeiführung einer Verfahrensbeendigung auch muss.[48]

c) Vollstreckungstitel

Der Vergleich kann, muss aber nicht Vollstreckungstitel sein.[49] Titelfunktion kommt einem Vergleich dann zu, wenn er die Voraussetzungen des § 794 ZPO erfüllt, dh einen vollstreckungsfähigen Inhalt hat.[50] Dies ist anzunehmen, wenn der Vergleich zumindest hinsichtlich der Kosten vollstreckbar ausgestaltet wird.[51] Bzgl. der Kompensation bleibt es dabei, dass die Begünstigten separate Leistungsklage nach § 16 zu erheben haben.[52]

d) Publizität

Das SpruchG sieht weder für gerichtliche noch außergerichtliche Vergleiche eine Veröffentlichungspflicht vor. Richtigerweise sollte sich der Gesetzgeber den Stimmen anschließen, die sich für eine Publizität von Vergleichen einschließlich aller Nebenabreden nach dem Vorbild des § 149 AktG einsetzen.[53]

3. Anderweitige Verfahrensbeendigung

§ 11 enthält keine abschließende Regelung der Beendigung des Spruchverfahrens.[54]

a) (Allseitige) Antragsrücknahme

Das Verfahren kann durch Rücknahme sämtlicher Anträge beendet werden.[55] Dass § 15 Abs. 1 S. 6 aF die Antragsrücknahme – anders als § 306 Abs. 7 S. 4 AktG aF – nicht mehr ausdrücklich erwähnt, steht nicht entgegen.[56] Implizit ergibt sich die Zulässigkeit der Antragsrücknahme zudem aus § 6 Abs. 3 S. 1.[57] Nach § 22 Abs. 1 FamFG kann

---

43 *Büchel* NZG 2003, 793 (799).
44 K. Schmidt/Lutter/*Klöcker/Wittgens* SpruchG § 11 Rn. 17.
45 Dreier/Fritzsche/Verfürth/*Dreier* SpruchG § 11 Rn. 64.
46 K. Schmidt/Lutter/*Klöcker/Wittgens* SpruchG § 11 Rn. 18.
47 Schmitt/Hörtnagl/*Hörtnagl* SpruchG § 11 Rn. 17.
48 Lutter/*Mennicke* SpruchG § 11 Rn. 16; Hölters/Weber/*Simons* SpruchG § 11 Rn. 22; Zimmer/Meese NZG 2004, 201 (202 f.).
49 K. Schmidt/Lutter/*Klöcker/Wittgens* SpruchG § 11 Rn. 13.
50 K. Schmidt/Lutter/*Klöcker/Wittgens* SpruchG § 11 Rn. 13.
51 Simon SpruchG/*Simon* § 11 Rn. 33; Dreier/Fritzsche/Verfürth/*Dreier* SpruchG § 11 Rn. 55 f.
52 Simon SpruchG/*Simon* § 11 Rn. 33; K. Schmidt/Lutter/*Klöcker/Wittgens* SpruchG § 11 Rn. 13.
53 DAV-Handelsrechtsausschuss NZG 2014, 1144 (1147).
54 BeckOGK/*Drescher* SpruchG § 11 Rn. 1.
55 Schmitt/Hörtnagl/*Hörtnagl* SpruchG § 11 Rn. 18; *Klöcker/Frowein* § 11 Rn. 26; *Koch* SpruchG § 11 Rn. 3. Aus der Rechtsprechung zum früheren Recht etwa OLG Düsseldorf AG 1993, 40 (41).
56 OLG Stuttgart NZG 2004, 97.
57 Lutter/*Mennicke* SpruchG § 11 Rn. 15; *Koch* SpruchG § 11 Rn. 3.

ein Antrag bis zum Eintritt der formellen Rechtskraft der Entscheidung zurückgenommen werden,[58] wobei abweichend von § 269 ZPO bis zum Erlass der Entscheidung eine Zustimmung des Antragsgegners obsolet ist; bereits die Antragsfrist schützt den Antragsgegner davor, dass er auf unabsehbare Zeit mit erneuten Angriffen auf die festgesetzte Kompensationsleistung rechnen muss.[59] Verfahrensbeendigende Wirkung zeitigt eine Antragsrücknahme nur dann, wenn sämtliche Anträge zurückgenommen werden und gleichzeitig der gemeinsame Vertreter keinen Gebrauch von seinem Recht zur Verfahrensfortführung gemäß § 6 Abs. 3 S. 1 macht.[60] Werden nur einzelne Anträge zurückgenommen, scheiden die jeweiligen Antragsteller aus dem Verfahren aus, ohne dass dies auf dessen weiteren Fortgang Auswirkungen hätte.

b) (Übereinstimmende) Erledigungserklärungen

25 § 22 Abs. 3 FamFG sieht die Verfahrensbeendigung durch übereinstimmende Erledigungserklärungen sämtlicher Beteiligter vor.[61] Die Erledigung muss von allen Verfahrensbeteiligten, insbesondere einschließlich des gemeinsamen Vertreters, erklärt werden,[62] anderenfalls wird das Verfahren mit dem gemeinsamen Vertreter fortgeführt.[63] Das Gericht ist an die Erledigungserklärungen gebunden und entscheidet in diesem Fall nur noch über die Kosten.[64] Demgegenüber scheidet eine einseitige Erledigungserklärung nach hM aus.[65]

c) „Erledigung von Amts wegen"

26 Nach hM kann ein Spruchverfahren auch dadurch beendet werden, dass das Gericht das Verfahren – auch ohne entsprechenden Antrag – für erledigt erklärt und nur noch über die Kosten entscheidet.[66] In Betracht kommt eine amtsseitige Erledigungserklärung dann, wenn der Bewertungsanlass des Spruchverfahrens bzw. dessen Verfahrensgegenstand nach Verfahrenseröffnung durch ein Ereignis, das eine Veränderung der Sach- und Rechtslage bewirkt, entfällt.[67] Entsprechend ist eine Erledigung von Amts wegen bejaht worden im Falle, dass ein Beherrschungs- und Gewinnabführungsvertrag durch erfolgreiche Anfechtung des Zustimmungsbeschlusses für nichtig erklärt worden ist,[68] sowie im – nach früherer Rechtslage abfindungsrelevanten – Fall eines Delisting, wenn die eigentlich zu delistende Gesellschaft ihre Zulassung wieder aufnimmt und somit der Abfindungsanlass entfällt.[69] Keine Erledigung von Amts wegen tritt demgegenüber

---

58 *Jänig/Leißring* ZIP 2010, 110 (114).
59 OLG Stuttgart NZG 2004, 97; Semler/Stengel/*Volhard*, 3. Aufl. 2012, SpruchG § 11 Rn. 12; K. Schmidt/Lutter/ *Klöcker/Wittgens* SpruchG § 11 Rn. 20; *Koch* SpruchG § 11 Rn. 3; *Jänig/Leißring* ZIP 2010, 110 (114).
60 Spindler/Stilz/*Drescher* SpruchG § 11 Rn. 13; Lutter/*Mennicke* SpruchG § 11 Rn. 15; *Koch* SpruchG § 11 Rn. 3.
61 Hölters/Weber/*Simons* SpruchG § 11 Rn. 24; *Jänig/Leißring* ZIP 2010, 110 (115); Dreier/Fritzsche/Verfürth/ *Dreier* SpruchG § 11 Rn. 71. Aus der Rechtsprechung etwa – jeweils noch zum früheren Recht – BayObLG AG 1997, 182; OLG Düsseldorf AG 1993, 40 (41); OLG Stuttgart AG 2001, 314.
62 BeckOGK/*Drescher* SpruchG § 11 Rn. 19; *Klöcker/Frowein* § 11 Rn. 29; *Weber/Kersjes* Hauptversammlungsbeschlüsse § 5 Rn. 262.
63 Semler/Stengel/*Volhard*, 3. Aufl. 2012, SpruchG § 11 Rn. 16; K. Schmidt/Lutter/*Klöcker/Wittgens* SpruchG § 11 Rn. 22.

64 BayObLG AG 1997, 182; OLG Düsseldorf AG 1993, 40 (41); OLG Stuttgart AG 2001, 314 (jeweils zu § 306 AktG aF); *Klöcker/Frowein* § 11 Rn. 29; K. Schmidt/Lutter/*Klöcker/Wittgens* SpruchG § 11 Rn. 22; Semler/Stengel/*Volhard*, 3. Aufl. 2012, SpruchG § 11 Rn. 16.
65 BeckOGK/*Drescher* SpruchG § 11 Rn. 13; Hölters/Weber/ *Simons* SpruchG § 11 Rn. 24. AA *Klöcker/Frowein* § 11 Rn. 30.
66 OLG Zweibrücken AG 2005, 256, Semler/Stengel/ *Volhard*, 3. Aufl. 2012, SpruchG § 11 Rn. 17; K. Schmidt/ Lutter/*Klöcker/Wittgens* SpruchG § 11 Rn. 23 f.
67 BayObLG AG 2005, 241; OLG Zweibrücken AG 2005, 256 f.
68 OLG Zweibrücken AG 2005, 256. Vgl. auch Semler/Stengel/*Volhard*, 3. Aufl. 2012, SpruchG § 11 Rn. 17.
69 BayObLG AG 2005, 241 f. Vgl. auch Semler/Stengel/ *Volhard*, 3. Aufl. 2012, SpruchG § 11 Rn. 17; Simon SpruchG/*Simon* § 11 Rn. 43.

nach der Rechtsprechung des BGH ein, wenn während des Spruchverfahrens ein Beherrschungs- und/oder Gewinnabführungsvertrag beendet wird.[70]

d) Verzicht und Anerkenntnis

Ein Anerkenntnis des Antragsgegners kommt im Spruchverfahren nicht in Betracht.[71] Dies ist Ausfluss des Umstandes, dass nach hM die Höhe der angemessenen Kompensation als Verfahrensgegenstand des Spruchverfahrens nicht durch die gestellten Anträge begrenzt wird (kein ne ultra petita) und somit keine Bezugsgröße für ein Anerkenntnis besteht.[72] Verfahrensrechtlich ist ein „solches" Anerkenntnis dennoch nicht bedeutungslos. Das Gericht behandelt den Gegenstand des „Anerkenntnisses" als zugestandenes Vorbringen, so dass insoweit eine Amtsermittlung nicht mehr erforderlich ist.[73]

e) Auswirkung der Eröffnung eines Insolvenzverfahrens

Die Eröffnung des Insolvenzverfahrens über das Vermögen der Antragsgegnerin soll nach hM nicht zur Unterbrechung des Spruchverfahrens führen, § 240 ZPO insoweit also keine Anwendung finden.[74] Für das frühere Recht wurde dies insbesondere damit begründet, dass Entscheidungen im Spruchverfahren keine unmittelbaren Leistungspflichten für die Antragsgegnerin begründen, sondern auf eine nachträgliche Änderung der in Rede stehenden Strukturmaßnahme mit Wirkung inter-omnes gerichtet und insoweit in weiterem Umfang der Parteidisposition entzogen sind als sonstige Gegenstände echter Streitverfahren im Rahmen der freiwilligen Gerichtsbarkeit.[75]

Anhang § 11 SpruchG: Unternehmensbewertung

Literatur:

Adolff, Unternehmensbewertung im Recht der börsennotierten Aktiengesellschaft, 2007; *Aha*, Aktuelle Aspekte der Unternehmensbewertung im Spruchstellenverfahren, AG 1997, 26; *Arens*, Abfindung nach Stuttgarter Verfahren im Gesellschaftsvertrag, GWR 2017, 193; *Behringer*, Unsicherheit und Unternehmensbewertung, DStR 1999, 731; *Bilda*, Zur Dauer des Spruchstellenverfahrens, NZG 2000, 296; *Brandenstein/Höfing*, Sind Freiverkehrskurse eine taugliche Untergrenze der Barabfindung in Spruchverfahren?, NZG 2021, 18; *Brandi/Wilhelm*, Gesellschaftsrechtliche Strukturmaßnahmen und Börsenkursrechtsprechung – Aktuelle Tendenzen in der Rechtsprechung, NZG 2009, 1408; *Brealey/Myers/Allen/Edmans*, Principles of Corporate Finance, 14. Aufl. 2023; *Brennan*, Taxes, Market Valuation and Corporate Financial Policy, NTJ, Vol. 23 (1970), 417; *Bücker*, Die Berücksichtigung des Börsenkurses bei Strukturmaßnahmen – BGH revidiert DAT/Altana, NZG 2010, 967; *Bungert*, DAT/Altana: Der BGH gibt der Praxis Rätsel auf, BB 2001, 1163; *Bungert/Leyendecker-Langner*, Börsenkursrechtsprechung beim vorgeschalteten Delisting, BB 2014, 521; *Bungert/Reidt*, Erweiterte Möglichkeiten grenzüberschreitender Umwandlungen – nach Abschluss des Gesetzgebungsverfahrens zum UmRUG, DB 2023, 54; *Bungert/Wettich*, Neues zur Ermittlung des Börsenkurses bei Strukturmaßnahmen, ZIP 2012, 449; *Bungert/Wettich*, Die zunehmende Bedeutung des Börsenkurses bei Strukturmaßnahmen im Wandel der Rechtsprechung, FS Hoffmann-Becking, 2013, 157; *Busse von Colbe*, Der Vernunft eine Gasse: Abfindung von Minderheitsaktionären nicht unter dem Börsenkurs ihrer Aktien, FS Lutter 2000, 1053; *Creutzmann*, Besonderheiten beim Net Asset Value, BewP 3/2017, 74; *Creutzmann/Spies*, Angaben zur Peer Group, Planungsrechnung

---

70 BGH NJW 1997, 2242 (2243); OLG Hamburg AG 2002, 406 (407).
71 Schmitt/Hörtnagl/*Hörtnagl* SpruchG § 11 Rn. 19; Dreier/Fritzsche/Verfürth/*Dreier* SpruchG § 11 Rn. 74; Hölters/Weber/*Simons* SpruchG § 11 Rn. 25. AA Semler/Stengel/*Volhard*, 3. Aufl. 2012, SpruchG § 11 Rn. 15: Anerkenntnis entsprechend § 307 ZPO.
72 Dreier/Fritzsche/Verfürth/*Dreier* SpruchG § 11 Rn. 74.
73 Vgl. auch Schmitt/Hörtnagl/*Hörtnagl* SpruchG § 11 Rn. 19; Hölters/Weber/*Simons* SpruchG § 11 Rn. 25; so dann auch Semler/Stengel/*Volhard*, 3. Aufl. 2012, SpruchG § 11 Rn. 15.
74 OLG Frankfurt a. M. AG 2006, 206 ausdrücklich aber nur zum früheren Recht; so auch OLG Schleswig AG 2008, 828 (829); OLG Hamburg AG 2002, 406 (407); Klöcker/Frowein § 11 Rn. 31; wohl auch Simon SpruchG/*Winter* § 11 Rn. 19.
75 OLG Frankfurt a. M. AG 2006, 206 f.; OLG Schleswig AG 2008, 828 (829).

und zum Betafaktor bei Unternehmensbewertungen im Rahmen aktienrechtlicher Strukturmaßnahmen, BewP 3/2014, 98; *Decher*, Die Ermittlung des Börsenkurses für Zwecke der Barabfindung beim Squeeze-out, ZIP 2010, 1673; *Decher*, Die Bedeutung des Börsenkurses für die Unternehmensbewertung bei Strukturmaßnahmen, AG 2023, 106; *Döding*, Aktivistische Aktionäre bei öffentlichen Übernahmen, ZGR 2021, 956; *Eichner*, Zur Variabilität des Price/Book-Multiplikators bei der Bewertung von Banken, CF 2018, 340; *Emmerich*, Anmerkungen zur Bewertung von Unternehmen im Aktienrecht, FS U.H. Schneider, 2011, 323; *Erhardt/Nowak*, Zur (Ir)Relevanz der Risikoprämie für die Unternehmensbewertung bei Squeeze Outs, AG-Sonderheft 2005: Fair Valuations, 3; *Fachausschuss für Unternehmensbewertung und Betriebswirtschaft des IDW (FAUB)*, Zur Bedeutung des Börsenkurses für die Abfindungsbemessung aus Sicht der wirtschaftswissenschaftlichen Theorie und Praxis, AG 2021, 588; *Fachausschuss für Unternehmensbewertung und Betriebswirtschaft des IDW (FAUB)*, Der Basiszins bei der Ermittlung der Kapitalkosten im Rahmen des Capital Asset Pricing Model, WPg 2023, 134; *Fisher*, The Purchasing Power of Money, its Determination and Relation to Credit, Interest and Crises, 1911; *Fleischer*, Das neue Recht des Squeeze-out, ZGR 2002, 757; *Fleischer*, Unternehmensbewertung bei aktienrechtlichen Abfindungsansprüchen: Bestandsaufnahme und Reformperspektiven im Lichte der Rechtsvergleichung, AG 2014, 97; *Fleischer/Bong*, Unternehmensbewertung bei konzernfreien Verschmelzungen zwischen Geschäftsleiterermessen und Gerichtskontrolle, NZG 2013, 881; *Fleischer/Hüttemann*, Rechtshandbuch Unternehmensbewertung, 2. Aufl. 2019 (zit.: Fleischer/Hüttemann Unternehmensbewertung-HdB/Bearbeiter); *Fleischer/Schneider*, Der Liquidationswert als Untergrenze der Unternehmensbewertung bei gesellschaftsrechtlichen Abfindungsansprüchen, DStR 2013, 1736; *Franken/Schulte*, Beurteilung der Eignung von Betafaktoren mittels R2 und t-Test: Ein Irrweg? Auch eine Replik zu Knoll, WPg 2010, S. 1106–1109, WPg 2010, 1110; *French/Poterba*, Japanese and U.S. Cross Border Common Stock Investments, Journal of Japanese and International Economics 4 (1990), 476; *Gärtner/Handke*, Unternehmenswertermittlung im Spruchverfahren – Schrittweiser Abschied vom Meistbegünstigungsprinzip des BGH (DAT/Altana), NZG 2012, 247; *Gärtner/Handke/Strauch*, BB-Rechtsprechungsreport Spruchverfahren 2013–2015, BB 2015, 2307; *Großfeld*, Börsenkurs und Unternehmenswert, BB 2000, 261; *Großfeld*, Betafaktor: Herleitung und Eignung, NZG 2009, 1204; *Großfeld/Egger/Tönnes*, Recht der Unternehmensbewertung, 9. Aufl. 2020; *Großfeld/Merkelbach*, Wirtschaftsdaten für Juristen: Grundlagen einer disziplinierten Unternehmensbewertung, NZG 2008, 241; *Großfeld/Stöver*, Ermittlung des Betafaktors in der Unternehmensbewertung: Anleitung zum „do it yourself", BB 2004, 2799; *Habersack/Lüssow*, Vorbelastungshaftung, Vorbelastungsbilanz und Unternehmensbewertung – Plädoyer für ein zweistufiges Vorbelastungskonzept, NZG 1999, 629; *Hommel*, Bewertung der „New Economy" auf Realoptionsbasis, WM 2000, 1535; *Hopt*, Ökonomische Theorie und Insiderrecht, AG 1995, 353; *Hüttemann*, Börsenkurs und Unternehmensbewertung, ZGR 2001, 454; *Hüttemann*, Die angemessene Barabfindung im Aktienrecht, FS Hoffmann-Becking 2013, S. 603; *Klöhn/Verse*, Ist das Verhandlungsmodell zur Bestimmung der Verschmelzungswertrelation verfassungswidrig?, AG 2013, 1; *Knoll*, Unternehmensverträge und der BGH: Volle Entschädigung der außenstehenden Aktionäre?, ZIP 2003, 2329; *Knoll*, Äquivalenz zwischen signifikanten Werten des Beta-Faktors und des Bestimmtheitsmaßes, Anmerkungen zu Dörschell/Franken/Schult/Brütting, WpG 2010, 1152, WpG 2010, 1106; *Knoll/Kruschwitz/Löffler*, Basiszins: Vielfalt statt Einheit!, ZBB 2019, 262; *Kocher/Widder*, Delisting ohne Hauptversammlungsbeschluss und Abfindungsangebot, NJW 2014, 127; *Krenek*, Die aktuelle Rechtsprechung zu ausgewählten Streitfragen in Spruchverfahren, CF 2016, 461; *Kruschwitz/Löffler*, Warum Total Beta totaler Unsinn ist, CF 6/2014, 263; *Kuhner*, Unternehmensbewertung – Tatsachenfrage oder Rechtsfrage?, WpG 2007, 825; *Leyendecker*, Irrelevanz der anteiligen Unternehmenswerts zur Ermittlung der Squeeze-out-Abfindung bei Bestehen eines fortdauernden Beherrschungs- und Gewinnabführungsvertrags, NZG 2010, 927; *Lochner*, Anmerkung zu OLG Düsseldorf, Beschl. v. 28.8.2014 – I-26 9/12 (AktE), EWiR 2015, 9; *Löffler*, Was kann die Wirtschaftswissenschaft für die Unternehmensbewertung (nicht) leisten?, WpG 2007, 808; *Luttermann*, Zum Börsenkurs als gesellschaftsrechtliche Bewertungsgrundlage – Die Maßgeblichkeit des Marktpreises im Zivil- und Steuerrecht, ZIP 1999, 45; *Manne*, Insider Trading, Edited and with an Introduction by Stephen M. Bainbridge, 2009 (The Collected Works of Henry G. Manne, Volume 2); *Marshall*, Principles of Economics, 8. Aufl. 1920 (Nachdruck 1997); *Mock*, Die rückwirkende Anwendung von Bewertungsstandards, WM 2016, 1261; *Modigliani/Miller*, The Cost of Capital, Corporation Finance and the Theory of Investment, Am. Econ. Rev. 48 (1958), 261; *Modigliani/Miller*, Corporate income taxes and the cost of capital: a correction, Am. Econ. Rev. 53 (1963), 433; *Myers*, Finance Theory and Financial Strategy, Interfaces 14 (1984), 126, *Myers*, Determinants of Corporate Borrowing, J. Fin. Econ. 5 (1977), 147; *Nelson/Siegel*, Parsimonious modeling of yield curves, Journal of Business, 60(4), 1987, 473; *Neumann/Ogorek*, Alles eine Frage der Zeit: BGH ändert Rechtsprechung von Abfindungen auf Basis des Börsenkurses, DB 2010, 1869; *Paschos*, Die Maßgeblichkeit des Börsenkurses bei Verschmelzungen, ZIP 2003, 1017; *Paschos/Klaaßen*, Delisting ohne Hauptversammlung und Kaufangebot – der Rückzug von der Börse nach der Frosta-Entscheidung des BGH, AG 2014, 33; *Perridon/Steiner/Rathgeber*, Finanzwirtschaft der Unternehmung, 17. Aufl. 2017; *Piltz*, Unternehmensbewertung und Börsenkurs im aktienrechtlichen Spruchverfahren, ZGR 2001, 185; *Olbrich/Rapp*, Bewertungstheoretische Missverständnisse bei der Abfindungsbemessung im aktienrechtlichen Squeeze-out, AG 2020, R53; *Popp*, Zur

Relevanz der kapitalisierten Ausgleichszahlung, DK 207, 224; *Rabel*, Die Neufassung des österreichischen Fachgutachtens KFS/BW1, BewP 3/2014, 84; *Riehmer*, Squeeze-out: Lösungen zu aktuellen Problemen aus Sicht der Praxis, DK 2009, 273; *Rodewald*, Die Angemessenheit des Ausgabebetrages für neue Aktien bei börsennotierten Gesellschaften, BB 2004, 613; *Ruiz de Vargas*, Börsenwert: Alleinige Maßgeblichkeit oder nur Wertuntergrenze? – Teil I: Zur Frage der angemessenen Abfindung bei aktienrechtlichen Konzernierungsmaßnahmen, NZG 2021, 1001; *Ruiz de Vargas/Theusinger/Zollner*, Ansatz des Liquidationswerts in aktienrechtlichen Abfindungsfällen, AG 2014, 428; *Ruthardt/Hachmeister*, Börsenkurs und/oder Ertragswert in Squeeze-out Fällen – Der Fall Hoechst-AG, NZG 2014, 455; *Ruthardt/Hachmeister*, Börsenkurs, Ertragswert, Liquidationswert und fester Ausgleich – Zur methodenbezogenen Meistbegünstigung bei der Ermittlung der angemessenen Barabfindung im Gesellschaftsrecht, WM 2014, 725; *Rosenbaum/Pearl*, Investment Banking. Valuation, Leveraged Buyouts, and Mergers & Acquisitions, 2009; *Schilling/Witte*, Die Bestimmung des Börsenwerts einer Aktie im Lichte der aktuellen BGH-Rechtsprechung – eine Erörterung praktischer Bewertungsfragen, DK 2010, 477; *J. Schmidt*, Das Abstellen auf den Börsenkurs bei der Ermittlung von Abfindung und Ausgleich, NZG 2020, 1361; *J. Schmidt*, Der UmRUG-Referentenentwurf: grenzüberschreitende Umwandlungen 2.0 – und vieles mehr – Teil 2, NZG 2022, 635; *Schwetzler*, Die angemessene Abfindung im aktienrechtlichen Squeeze-out – Börsenkurs vs. „Grenzpreis", AG 2020, R297; *Shleifer*, Inefficient Markets. An Introduction to Behavioral Finance, 2000; *Steinhauer*, Der Börsenpreis als Bewertungsgrundlage für den Abfindungsanspruch von Aktionären, AG 1999, 299; *Stilz*, Börsenkurs und Verkehrswert – Besprechung der Entscheidung BGH, ZIP 2001, 734 – DAT/Altana, ZGR 2001, 875; *Stöber*, Die Zukunft der Macrotron-Regeln zum Delisting nach den jüngsten Entscheidungen des BVerfG und des BGH, BB 2014, 9; *Sunstein*, Behavioral Law & Economics, 2000; *Svensson*, Estimating and Interpreting Foreward Interest Rates: Sweden 1992–1994, Papers 579 – Institute for International Economic Studies 1994; *Tesar/Werner*, Home Bias and High Turnover, Journal of International Money and Finance 14 (1995), 467; *Thomale/Walter*, Delisting als Regulierungsaufgabe, ZGR 2016, 679; *Thurow*, Zur Problematik der Ermittlung einer „risikofreien" Rendite für das CAPM im aktuellen Marktumfeld, IRZ 2012, 11; *Verse/Brellochs*, Der Verzicht auf die Mindestannahmebedingung im Übernahmerecht, ZHR 2022, 339; *Wagner/Saur/Willershausen*, Zur Anwendung der Neuerung der Unternehmensbewertungsgrundsätze des IDW S1 i.d.F. 2008 in der Praxis, WPg 2008, 731; *Wasmann*, Endlich Neuigkeiten zum Börsenkurs, ZGR 2011, 83; *Wasmann*, Zur Evaluation des Spruchverfahrens: Kein Abschaffungs- und überschaubarer Änderungsbedarf – Die Richter können es richten, AG 2021, 179; *Wasmann/Glock*, Die FRoSTA-Entscheidung des BGH – Das Ende der Macrotron-Grundsätze zum Delisting, DB 2014, 105; *Weber*, Börsenkursbestimmung aus ökonomischer Perspektive, ZGR 2004, 280; *Weber/Kersjes*, Hauptversammlungsbeschlüsse vor Gericht, 2010; *Weiler/Meyer*, Berücksichtigung des Börsenkurses bei der Ermittlung der Verschmelzungswertrelation, NZG 2003, 669; *Welfonder/Bensch*, Status Quo der Unternehmensbewertungsverfahren in der Praxis, CF 2017, 175; *Wieneke*, Aktien- und kapitalmarktrechtlicher Schutz beim Delisting nach dem FRoSTA-Beschluss des BGH, NZG 2014, 22; *Wilm*, Abfindung zum Börsenkurs – Konsequenzen der Entscheidung des BVerfG, NZG 2000, 234; *Wilm*, Nochmals: Abfindung zum Börsenkurs – Kommentar zu OLG Düsseldorf, NZG 2000, 1075; *Wilsing/Kruse*, Maßgeblichkeit der Börsenkurse bei umwandlungsrechtlicher Verschmelzung, DStR 2001, 991; *Wilsing/Ogorek*, Die Angemessenheitsvermutung beim übernahmerechtlichen Squeeze-out, GWR 2009, 211; *Wöhe/Döring/Brösel*, Einführung in die Allgemeine Betriebswirtschaftslehre, 27. Aufl. 2020; *Wollny*, Der objektivierte Unternehmenswert, 2008; *Wollny*, „Führt der objektivierte Unternehmenswert zum Verkehrswert?" – Eine Begriffsbestimmung, Bewertungs-Praktiker, 3/2010, 10; *Wollny*, Abgesang auf die Abgeltungssteuer – Einfluss auf den Unternehmenswert?, DStR 2016, 2721; *Wollny*, Der Bewertungsstichtag für Unternehmenswerte bei aktienrechtlichen Abfindungen, M&A-Transaktionen und Schadensersatz, DStR 2017, 949; *Zetsche*, Going Dark Under German Law – Towards an Efficient Regime for Regular Delisting, Center for Business and Corporate Law Working Paper 53/2013.

A. Grundlagen		1
I. Gesetzliche Bewertungsanlässe		1
II. Der wahre Wert		5
III. Methodenpluralismus		7
1.	Kein gesetzlich zwingend vorgegebenes Verfahren	7
2.	Kein methodisches Meistbegünstigungsprinzip	8
3.	Praktische Dominanz des Ertragswertverfahrens	9
4.	Maßgeblicher Zeitpunkt: Stichtagsprinzip	12
5.	Prüfungsmaßstab	15
B. Bewertungssystematik		17
C. Bewertungsverfahren		18
I. Ertragswertverfahren		18
1.	Grundlagen	18
2.	Ertragsbegriff	20
3.	Ermittlung des Ertrags	25
	a) Planrechnungen	26
	b) Pauschalmethode	27
	c) Phasenmodell/Analytische Methode	28
	d) Fehlende Planrechnungen	34
	e) Substitution von Planrechnungen	35
	f) Korrektur von Planrechnungen	36
	g) Maßgeblicher Zeitpunkt	37
4.	Kapitalisierungszinssatz	39

a)	Basiszinssatz	41
b)	Risikozuschlag/Marktrisikoprämie	48
	aa) Grundlagen	48
	bb) Traditionelle Pauschalzuschlagsmethode	51
	cc) Capital Asset Pricing Model (CAPM)	53
	(1) Marktrisikoprämie	59
	(2) Betafaktor	61
	dd) Tax-CAPM	67
	ee) Dividend Discount Model als Alternative	75
c)	Wachstumsabschlag	76
5.	Nicht betriebsnotwendiges Vermögen	80

II. Alternativverfahren ... 81
1. Discounted-Cash-Flow-Verfahren ... 81
2. Dividend Discount-Modell ... 87
3. Einzelbewertungsverfahren: Substanz- und Liquidationswert ... 89
   a) Liquidationswert ... 90
   b) Substanzwertverfahren ... 92
   c) Net Asset Value ... 94
4. Mischverfahren, insbesondere Stuttgarter Verfahren ... 97
5. Multiplikatorverfahren ... 98
6. Realoptions-Modelle ... 103

III. Besonderheiten bei einzelnen Bewertungsanlässen ... 106
1. Beherrschungs- und Gewinnabführungsverträge ... 107
   a) Angemessener Ausgleich (§ 304 AktG) ... 108
   b) Abfindung (§ 305 AktG) ... 110
      aa) Abfindung in Aktien (§ 305 Abs. 2 Nr. 1, 2 AktG) ... 110
      bb) Barabfindung (§ 305 Abs. 2 Nr. 3 AktG) ... 111
2. Eingliederung ... 112
3. Squeeze-out ... 116
4. Verschmelzung ... 118
   a) Verbesserung des Umtauschverhältnisses ... 119
      aa) Reguläre Unternehmensbewertung ... 119
      bb) Ausnahmsweise Entbehrlichkeit („Stuttgarter Verfahren")? ... 122
   b) Barabfindung (§ 29 UmwG) ... 128
5. Spaltung ... 131
   a) Nachbesserung des Umtauschverhältnisses ... 132
   b) Barabfindung (§§ 125, 30 Abs. 2 UmwG) ... 133
6. Abfindungsangebot bei Formwechsel (§ 207 UmwG) ... 134

IV. Sonderfragen ... 135
1. Ansatz von Synergieeffekten ... 135
2. Aktualisierung des „maßgeblichen" IDW-Standards ... 140

3. Stamm- und Vorzugsaktien ... 145

D. Bedeutung des Börsenkurses ... 146

I. Einführung ... 146

II. Ökonomische Grundlagen ... 148
1. Theorie des informationseffizienten Kapitalmarktes ... 148
2. DAT/Altana-Entscheidung des BVerfG ... 154
3. Börsenkurs als ausschließlicher Wertmesser ... 155

III. Börsenkurs ... 164
1. Was ist ein Börsenkurs? ... 164
2. Maßgeblicher Börsenkurs ... 171
   a) Zeitmoment ... 171
   b) Notierung an mehreren Börsenplätzen ... 187
   c) Notwendigkeit einer Notierung in der EU/im EWR ... 188
   d) Gewichteter Börsenkurs ... 189

IV. Unbeachtlichkeit des Börsenkurses ... 190
1. Kein Handel ... 191
2. Marktenge ... 192
3. Manipulation ... 196
4. Weitere Fälle der Unbeachtlichkeit des Börsenkurses ... 198
5. Beweislast ... 199

V. Relevanz des Bewertungsanlasses ... 201
1. Verschmelzung ... 202
   a) Rüge der Unangemessenheit des Umtauschverhältnisses ... 202
      aa) Verschmelzung jeweils börsennotierter Unternehmen ... 203
      bb) Verschmelzung einer börsennotierten Gesellschaft auf nicht börsennotierte Gesellschaft ... 209
      cc) Verschmelzung nicht börsennotierter Gesellschaft auf börsennotierte Gesellschaft ... 210
   b) Barabfindungsangebot nach § 29 UmwG ... 211
2. Spaltung ... 212
   a) Rüge der Umtauschverhältnisses ... 212
   b) Barabfindung ... 213
3. Barabfindung bei Formwechsel (§ 207 UmwG) ... 214
4. Ausgleich und Abfindung im Rahmen eines Unternehmensvertrags ... 215
   a) Angemessener Ausgleich ... 215
   b) Abfindung ... 217
      aa) Barabfindung ... 217
      bb) Abfindung in Aktien der Obergesellschaft ... 219
5. Eingliederung ... 222
6. Squeeze-out (§ 327b AktG) ... 226

VI. Stamm- und Vorzugsaktien ... 228

E. Berücksichtigung von Vorerwerbspreisen ... 230

A. Grundlagen

I. Gesetzliche Bewertungsanlässe

Gesetzlich vorgeschriebene Unternehmensbewertungen, in denen eine Überprüfung des Unternehmenswerts im Spruchverfahren veranlasst ist, begegnen in einer Vielzahl von Konstellationen.[1] Im Einzelnen existieren die folgenden gesetzlichen Bewertungsanlässe, die einer Überprüfung im Spruchverfahren offenstehen: angemessener Ausgleich bzw. Abfindung gemäß §§ 304, 305 AktG bei Abschluss von Beherrschungs- und Gewinnabführungsverträgen, Abfindung in Aktien oder Barabfindung bei Eingliederung (§ 320b AktG), Barabfindung beim Ausschluss von Minderheitsaktionären im Rahmen eines aktien- (§ 327a AktG) oder umwandlungsrechtlichen Squeeze-out (§ 62 Abs. 5 UmwG), die über § 14 Abs. 4 FMStBG auch beim Squeeze-out durch den Soffin im Rahmen der Finanzmarktstabilisierung Geltung beanspruchen,[2] Bestimmung des angemessenen Umtauschverhältnisses und Höhe einer eventuellen baren Zuzahlung bei Verschmelzung oder Spaltung zugunsten der Anteilseigner des übertragenden und nunmehr auch des übernehmenden Rechtsträgers (§ 15 UmwG),[3] Abfindung widersprechender Anteilseigner des übertragenden Rechtsträgers bei Verschmelzung oder Spaltung auf einen Rechtsträger anderer Rechtsform oder der Verschmelzung einer börsennotierten auf eine nicht börsennotierte Aktiengesellschaft (§ 29 UmwG) sowie Angemessenheit des Abfindungsangebots im Rahmen eines Formwechsels (§ 207 UmwG). Seit der Öffnung der nationalen Gesellschaftsrechte durch das Europarecht treten zu diesen rein nationalen weitere gesetzliche Bewertungsanlässe anlässlich grenzüberschreitender Unternehmensreorganisationen, im Einzelnen: bare Zuzahlung zur Verbesserung des Umtauschverhältnisses und Barabfindung für widersprechende Anteilseigner einer grenzüberschreitenden Verschmelzung bzw. Spaltung, Exit-Recht gegen Barabfindung beim grenzüberschreitenden Formwechsel, sowie Zuzahlung oder Barabfindung im Zusammenhang mit der Gründung einer Europäischen (Aktien)Gesellschaft (SE) oder einer Europäischen Genossenschaft (SCE).

Weitere, einer Überprüfung im Spruchverfahren zugängliche Bewertungsanlässe waren nach früherer Rechtsprechung des BGH auch Fälle eines (regulären) **Delisting**, also des Widerrufs der Börsenzulassung auf Antrag des Emittenten (§ 39 Abs. 2 BörsG). Nachdem das BVerfG die „Macrotron"-Rechtsprechung als verfassungsrechtlich nicht geboten, sondern lediglich legitimes Ergebnis richterlicher Rechtsfortbildung qualifiziert hat,[4] hat der BGH mit Beschluss vom 8.10.2013 die Macrotron-Rechtsprechung inhaltlich vollständig aufgegeben.[5] Ein Delisting erforderte damit vorübergehend weder einen Beschluss der Hauptversammlung noch ein Abfindungsangebot seitens der Gesellschaft oder ihres Großaktionärs, es blieb bei dem börsenrechtlich angeordneten Schutz der Minderheitsaktionäre (§ 39 Abs. 2 S. 2 BörsG), der durch die jeweils einschlägige BörsO konkretisiert wurde und sich im Regelfall in der zeitlich beschränkten Aufrechterhaltung des Handels in Aktien des betreffenden Emittenten erschöpfte, um den außenstehenden Aktionären eine (letzte) reelle Desinvestitionsmöglichkeit zu eröffnen.

---

1 Zu betriebswirtschaftlichen Bewertungsanlässen etwa *Wöhe/Döring/Brösel*, Einführung in die Allgemeine Betriebswirtschaftslehre, S. 509.
2 LG München I ZIP 2013, 1664 (1665) – HRE. Besonderheiten gelten für einen Squeeze-out auf Grundlage des Energiesicherungsgesetzes (vgl. § 29 Abs. 2 EnSiG).
3 Vgl. etwa *J. Schmidt* NZG 2022, 635 (642).
4 BVerfG NZG 2012, 826 – Delisting.
5 BGH NZG 2013, 1342 (1342 ff.) – Frosta; dem BGH folgend etwa *Wieneke* NZG 2014, 22; kritisch etwa *Zetsche*, Going Dark Under German Law: für Beschlussfassung der majority of the minority, allerdings auch gegen ein Barabfindungsangebot.

Allerdings hat der Gesetzgeber in der Folge die Aufgabe der Macrotron-Rechtsprechung als nicht sachgerecht angesehen und den Minderheitsaktionären für den Fall eines Delisting zusätzlichen Schutz durch Neufassung des § 39 Abs. 2 BörsG angedeihen lassen.[6] Hiernach darf die Börsengeschäftsführung die Zulassung auf Antrag des Emittenten nur dann widerrufen, soweit dies nicht dem Schutz der Anleger widerspricht. Im Falle eines Delisting von Wertpapieren iSd § 2 Abs. 2 WpÜG ist ein Widerruf nach diesen Grundsätzen nur zulässig, wenn bei Antragstellung unter Hinweis auf den Antrag eine Unterlage über ein Angebot zum Erwerb aller Wertpapiere, die Gegenstand des Antrags sind, nach den Vorschriften des Wertpapiererwerbs- und Übernahmegesetzes veröffentlicht wurde, mit dem den Minderheitsaktionären für den Fall des Delisting ein Angebot unter Beachtung der Mindestpreisregeln des § 31 WpÜG gemacht wird, wobei die Gegenleistung in einer Geldleistung in Euro bestehen und mindestens dem gewichteten durchschnittlichen inländischen Börsenkurs der Wertpapiere während der letzten sechs Monate vor der Veröffentlichung nach § 10 Abs. 1 S. 1 WpÜG oder § 35 Abs. 1 S. 1 WpÜG entsprechen muss. Da die Neuregelung durch den Gesetzgeber den Marktwert im Vorfeld als angemessene Abfindung bzw. Ausgleich für das Delisting fingiert, findet allerdings auch insoweit kein Spruchverfahren statt.

3 Nach umstrittener, aber zutreffender Ansicht ist zudem davon auszugehen, dass auch die Angemessenheit der im Rahmen eines **übernahmerechtlichen Squeeze-out** angebotenen Barabfindung nicht im Spruchverfahren überprüft werden kann:[7] die §§ 39a, b WpÜG sind ersichtlich an besondere Kautelen geknüpft, bei deren Beachtung der Gesetzgeber bereit ist, das Marktergebnis als angemessen zu akzeptieren. Insbesondere zu beachten ist, dass die Angemessenheitsvermutung des übernahmerechtlichen Squeeze-out daran geknüpft ist, dass das vorgeschaltete Angebot eine Annahmequote von 90 % des betroffenen Grundkapitals erreicht, und zudem § 39a WpÜG nur im Anschluss an ein Übernahme- oder Pflichtangebot, nicht aber auch infolge eines freiwilligen, nicht kontrollrelevanten Erwerbsangebots („Aufstockungsangebot") in Betracht kommt, so dass die Mindestpreisvorschriften des § 31 WpÜG iVm §§ 4 ff. WpÜG-AngebotsVO zusätzlichen Schutz zugunsten der ausscheidenden Minderheitsaktionäre bieten.[8]

4 Kein Spruchverfahren ist bisher schließlich in Fällen einer **(Sach-)Kapitalerhöhung unter Bezugsrechtsausschluss** gemäß § 255 Abs. 2 AktG (analog) eröffnet. Auch wenn man diese Regelung wenig überzeugend finden muss und die Anfechtungsmöglichkeit nach § 255 AktG zu Recht Gegenstand von erheblicher rechtspolitischer Kritik in Rechtsprechung und Schrifttum ist,[9] ist sie de lege lata hinzunehmen. Bewertungsrügen sind damit vorläufig mittels Anfechtungsklage nach § 243 Abs. 1 AktG geltend zu machen. Der Referentenentwurf eines Gesetzes zur Finanzierung von zukunftssichernden Investitionen (Zukunftsfinanzierungsgesetz – ZuFinG)[10] greift nunmehr allerdings die Forderungen aus Praxis und Wissenschaft auf und beabsichtigt insoweit, systematisch konsistent die Bewertungsrüge nach § 255 AktG auf das Spruchverfahren zu verweisen.

---

[6] Kritisch sowohl bzgl. empirischer Schutzbedürftigkeit der Minderheitsaktionäre und Regelungstechnik (bundesweit einheitliches Abfindungsangebot anstatt Öffnungsklausel zugunsten der einzelnen Börsen) etwa *Thomale/Walter* ZGR 2016, 679.

[7] *Wieneke* NZG 2014, 22 (25).

[8] So auch OLG Frankfurt a. M. AG 2012, 635 (638 f.); OLG Celle ZIP 2010, 830 (830 f.); *Wilsing/Ogorek* GWR 2009, 211 (213 f.); wohl auch *Riehmer* DK 2009, 273 (276 f.); offengelassen von LG Frankfurt a. M. AG 2013, 433 (434 f.).

[9] OLG Jena AG 2007, 31 (36); gleichsinniges Petitum anlässlich des UmRUG *Bungert/Reidt* DB 2023, 54 (55). AA insoweit *Heidel/Heidel* AktG § 255 Rn. 3.

[10] Der RefE ist abrufbar unter: https://www.bundesfinanzministerium.de/Content/DE/Gesetzestexte/Gesetze_Gesetzesvorhaben/Abteilungen/Abteilung_VII/20_Legislaturperiode/2023-04-12-ZuFinG/0-Gesetz.html.

Nach § 1 Nr. 1 SpruchG-E ZuFinG ist das Spruchverfahren auch eröffnet, soweit Streitgegenstand die Ausgleichszahlung für Aktionäre ist, deren Bezugsrecht ganz oder zum Teil ausgeschlossen worden ist (§ 186 Abs. 3–5 AktG; § 255 Abs. 2–6 AktG), während § 255 AktG-E ZuFinG eine Bewertungsrüge im Wege der Anfechtungsklage ausdrücklich ausschließt.

II. Der wahre Wert

In den vorgenannten Fällen verlangt das Gesetz jeweils eine „angemessene" Kompensation.[11] Das wiederholt zur Entscheidung aufgerufene BVerfG versteht hierunter eine wirtschaftlich „volle Entschädigung" des ausscheidenden Anteilseigners,[12] bzw. eine Abfindung zum **„richtigen" bzw. „wahren" Wert**[13] der Unternehmensbeteiligung an dem arbeitenden Unternehmen unter Einschluss der stillen Reserven und des inneren Geschäftswerts.[14] Gleichzeitig herrscht weitgehend Einigkeit, dass es einen wahren Wert eines Unternehmens als solchen nicht gibt,[15] die Terminologie insoweit also zumindest teilweise irreführend ist.

Richtigerweise sollte man die Begrifflichkeit des wahren Werts dahin verstehen, dass es sich um den (hypothetischen) Marktwert handelt, der frei von subjektiven Faktoren ist.[16] Eine Bereinigung um subjektive Faktoren erscheint zunächst wenig intuitiv.[17] Grundsätzlich entspricht der Wert einer Unternehmung dem diskontierten Wert ihrer Einzahlungsüberschüsse, also dem Geldwert, den die Zusammenfassung von Produktionsfaktoren zu generieren vermag. Dieser im Stellvertreter Geld ausgedrückte Wert ist für alle Bewertungsadressaten eigentlich identisch, so dass für subjektive Momente scheinbar kein Raum ist. Im Einzelfall können sich die subjektiven Reservationspreise dennoch vom Marktpreis entfernen: Zunächst können das Ob und der Umfang (erwarteter) Synergieeffekte mit der Person des potenziellen Unternehmenserwerbers variieren.[18] Weiter sind unterschiedliche Managementqualifikationen, also in der Terminologie Gutenbergs der dispositive Faktor, zu berücksichtigen.[19] Schließlich können unterschiedliche Risikopräferenzen potenzieller Erwerber Einfluss auf die Bewertung haben. Wenn es also auch nicht den richtigen Unternehmenswert gibt, sollte man den objektivierten Unternehmenswert als den von den individuellen Präferenzen befreiten

---

11 Kölner Komm AktG/*Gayk* SpruchG An. § 11 Rn. 3; Simon SpruchG/*Simon/Leverkus* Anh. § 11 Rn. 5.
12 So bereits BVerfG NJW 1962, 1667 (1668 f.) – Feldmühle zur früheren Mehrheitsumwandlung nach § 15 UmwG aF, seitdem ständige Rechtsprechung, vgl. BVerfG NJW 2012, 3020 (3021) – Daimler/Chrysler; BVerfG NZG 2012, 907 (908 f.) – Deutsche Hypothekenbank; BVerfG NJW 2011, 2497 (2498) – Telekom/T-Online; BVerfG NJW 2001, 279 (280) – Moto-Meter; vgl. aus der Instanzenrechtsprechung etwa OLG Brandenburg NZG 2023, 223 (225).
13 BVerfG NZG 2011, 235 (236) – Kuka AG; BVerfG NJW 2012, 3020 (3021) – Daimler/Chrysler; BVerfG NZG 2012, 907 (908 f.) – Deutsche Hypothekenbank; BVerfG NJW 2011, 2497 (2498) – Telekom/T-Online; BVerfG NJW 2007, 3266 (3267) – Wüstenrot/Württembergische; BGH NZG 2016, 139 (140); BGH NZG 2020, 1386 (1387) – Wella III; *Descher* AG 2023, 106.
14 BVerfG NJW 1999, 3679 (3771); Kölner Komm AktG/ *Gayk* SpruchG Anh. § 11 Rn. 3; kritisch gegenüber dieser Formulierung *Stilz* ZGR 2001, 875 (881 f.); Busse von Colbe FS Lutter, 2000, 1053 (1055 ff.).
15 Busse von Colbe FS Lutter, 2000, 1053 (1056): „Es gibt ihn nicht." Aus der Rechtsprechung so auch LG München I ZIP 2013, 1664 (1668) – HRE; vgl. auch *Emmerich* FS U.H. Schneider, 2011, 323 (323 f.). Kritisch gegenüber dieser Terminologie *Piltz* ZGR 2001, 185 (193 f.); *Luttermann* ZIP 1999, 45 (47). Vgl. auch BGH NZG 2020, 1386 (1387 f.) – Wella III: „Da jede Wertermittlung mit zahlreichen Prognosen, Schätzungen und methodischen Einzelentscheidungen verbunden ist, die jeweils nicht auf Richtigkeit, sondern nur auf Vertretbarkeit gerichtlich überprüfbar sind, kann keine Bewertungsmethode den Wert der Unternehmensbeteiligung exakt berechnen." Vgl. auch OLG München AG 2018, 753 (758).
16 Kölner Komm AktG/*Gayk* SpruchG Anh. § 11 Rn. 3.
17 Anders etwa Simon SpruchG/*Simon/Leverkus* Anh. § 11 Rn. 19 ff., denen zu Folge die Subjektivität des Unternehmenswertes handgreiflich ist.
18 IDW S1 idF 2008 Tz. 13.
19 *Wöhe/Döring/Brösel*, Einführung in die Allgemeine Betriebswirtschaftslehre, S. 514. So auch IDW S1 idF 2008 Tz. 13.

Wert der Unternehmung begreifen; abzustellen ist also auf den (hypothetischen) Markt- bzw. Gleichgewichtspreis und nicht auf individuelle Reservationspreise,[20] die letztlich vom individuell verschiedenen Grenznutzen bestimmt werden.

III. Methodenpluralismus

1. Kein gesetzlich zwingend vorgegebenes Verfahren

7 Jenseits des Gebots, subjektive Aspekte bei der Bewertung auszublenden, enthält sich das Gesetz weiterer Vorgaben zum maßgeblichen Bewertungsverfahren. Weder AktG und UmwG[21] noch Art. 14 GG präjudizieren die Verwendung eines bestimmten Verfahrens.[22] Da es nicht das richtige Bewertungsmodell gibt,[23] ist die gestalterische Enthaltsamkeit des Gesetzgebers zu begrüßen. Erforderlich, aber auch ausreichend ist die Verwendung eines (weitgehend) allgemein anerkannten Bewertungsverfahrens,[24] das dem wissenschaftlichen und praktischen state of the art entspricht und dem konkreten Bewertungsanlass angemessen ist.[25]

2. Kein methodisches Meistbegünstigungsprinzip

8 Zu kompensierende Anteilseigner haben keinen Anspruch darauf, dass sämtliche zur Verfügung stehenden und anerkannten Bewertungsverfahren durchgeführt werden und ihre Abfindung sich nach dem aus ihrer Sicht günstigsten Ergebnis bemisst.[26] Ein solches Meistbegünstigungsprinzip ist weder verfassungsrechtlich noch einfachgesetzlich vorgeschrieben und wäre im Übrigen auch kaum mit der zutreffenden Beobachtung zu vereinbaren, dass es nicht das richtige Verfahren gibt. Ein Meistbegünstigungsprinzip im vorgenannten Sinne würde letztlich auf die Zuweisung von ungerechtfertigten Zufallsgewinnen (windfall profits) an die ausscheidenden Anteilseigner hinauslaufen, wobei auch in Rechnung zu stellen ist, dass damit gleichzeitig aus Sicht der – gleichfalls grundrechtlich geschützten – Gesellschaft das denkbar ungünstigste Bewertungsverfahren zur Anwendung gelangen würde (zu den bei einzelnen Bewertungsanlässen geltenden Besonderheiten mit Blick auf den Börsenkurs → Rn. 146, 201 ff.).

3. Praktische Dominanz des Ertragswertverfahrens

9 In der deutschen Bewertungspraxis hat sich das Ertragswertverfahren als ganz vorherrschend durchgesetzt.[27] Ursächlich ist vor allem die Adelung, die dasselbe durch den IDW S1 des Instituts der Deutschen Wirtschaftsprüfer erfahren hat. Zwar kommt den IDW S1 keine Rechtsnormqualität im Wortsinne zu.[28] Da allerdings Wirtschaftsprüfer,

---

20 Zum Verhältnis von individueller Zahlungsbereitschaft (Reservationspreis) und markträumendem Gleichgewichtspreis grundlegend nach wie vor *Marshall*, Principles of Economics, S. 147 ff.
21 OLG Celle NZG 1998, 987.
22 BVerfG NJW 2007, 3266 (3268) – Wüstenrot/Württembergische; BVerfG NJW 1999, 3679 (3771); BGH NZG 2020, 1386 (1387) – Wella III; OLG Stuttgart AG 2014, 208 (209); Simon SpruchG/*Simon/Leverkus* Anh. § 11 Rn. 9; Kölner Komm AktG/*Gayk* SpruchG Anh. § 11 Rn. 4; *Fleischer* AG 2014, 97 (98); *Habersack/Lüssow* NZG 1999, 629 (633).
23 OLG Stuttgart NZG 2013, 897 (897 f.).
24 OLG Brandenburg NZG 2023, 223 (226); OLG Frankfurt a. M. AG 2013, 647; OLG Stuttgart NZG 2013, 897.
25 BVerfG NZG 2012, 907 (909) – Deutsche Hypothekenbank; BGH NZG 2020, 1386 (1387) – Wella III; OLG Stuttgart AG 2014, 208 (209). Vgl. auch OLG Brandenburg NZG 2023, 223 (225).
26 BVerfG NZG 2012, 907 (908) – Deutsche Hypothekenbank; OLG Düsseldorf AG 2017, 672 (673); LG Frankfurt a. M. NZG 2015, 635 (638); vgl. auch *Wüstemann* BB 2013, 1643.
27 Aus der Rechtsprechung etwa OLG Brandenburg NZG 2023, 223 (226); OLG Frankfurt a. M. AG 2013, 647 (648); OLG Celle NZG 1998, 987; BayObLG NJW-RR 1996, 1125 (1126); vgl. auch *Gärtner/Handke/Strauch* BB 2015, 2307 (2310): fast ausnahmslose Verwendung, sowie *Decher* AG 2023, 106 (107).
28 OLG Stuttgart AG 2014, 208 (209 f.).

die von der Vorgabe eines IDW-Standards abweichen, sich dem Vorwurf einer Berufshaftung ausgesetzt sehen, wird man ihnen faktisch normgleiche Wirkung zusprechen müssen.[29] Entsprechend dominiert in der Praxis die Ertragswertberechnung in der Ausprägung des **IDW S1** in der Fassung von 2008.[30] Auch das BVerfG hat die Verwendung des Ertragswertverfahrens als verfassungsrechtlich nicht geboten, gleichzeitig aber unbedenklich qualifiziert.[31] In Konsequenz akzeptiert es die Instanzenrechtsprechung praktisch ausnahmslos als prinzipiell geeignetes Verfahren.[32] Auch für einzelne Branchen, die durch tatsächliche oder vermeintliche Besonderheiten gekennzeichnet sind (etwa die Immobilienbranche), gelten insoweit grundsätzlich keine Besonderheiten,[33] allerdings kann hier ausnahmsweise ein alternatives Bewertungsverfahren verwendet werden, soweit es in der Wissenschaft anerkannt und in der Praxis gebräuchlich ist (so etwa das Net Asset Value-Verfahren für Vermögensverwaltungs- bzw. Immobiliengesellschaften, → Rn. 94 ff.).

Kritik am Ertragswertverfahren bzw. seiner Ausprägung durch den IDW S1 ist noch recht leise, wird allerdings doch spürbar lauter.[34] Zugutehalten können wird man dem Ertragswertverfahren trotz aller durchaus nicht unberechtigten Kritik vor allem seine theoretische Fundierung und den Umstand, dass es durch seine Gebräuchlichkeit und Standardisierung eine gewisse Rechtssicherheit für Antragsteller, Antragsgegner, gemeinsame Vertreter und Spruchkörper gewährleistet, da die typischen streitanfälligen Bewertungsparameter bekannt sind und in den meisten Fällen bereits Gegenstand einer hinreichenden gerichtlichen Feuertaufe waren. Echte Überraschungen – zumindest in methodischer Hinsicht – müssen die Beteiligten eines Spruchverfahrens deshalb bei einer Bewertung anhand des Ertragswertverfahrens nicht befürchten.

10

Echte Konkurrenz ist dem Ertragswertverfahren in jüngerer Zeit daraus erwachsen, dass mittlerweile eine signifikante Zahl von Gerichten eine **Bewertung ausschließlich anhand des Börsenkurses** des zu bewertenden Unternehmens genügen lässt und keine zusätzliche Fundamentalanalyse wie das Ertragswertverfahren verlangt (hierzu ausführlich → Rn. 155 ff.). Der Rückgriff auf Marktpreise wie den Börsenkurs ist insbesondere aus Sicht der Gesellschaft eine reizvolle Option, da die finanziellen und personellen Belastungen, die mit einer Fundamentalanalyse verbunden sind, vermieden werden können und zudem die Parameter zur Beurteilung des Marktwertes – typischerweise der volumengewichtete Durchschnittskurs während eines Referenzzeitraums – deutlich weniger streitanfällig sind, als die im Rahmen eines analytischen Verfahrens zugrunde gelegten Prognosewerte.

11

4. Maßgeblicher Zeitpunkt: Stichtagsprinzip

Der Unternehmenswert bzw. der Wert der aus diesem zu entwickelnden und im Spruchverfahren zu bestimmenden Kompensation ist grundsätzlich nach dem Stich-

12

---

[29] *Fleischer* AG 2014, 97 (100): „quasi-verbindlicher Charakter". Zu weitgehend Simon SpruchG/*Simon/Leverkus* Anh. § 11 Rn. 36, die versuchen, den auch normativen Wert der IDW PS herzuleiten.

[30] OLG Stuttgart NZG 2013, 897 (898); vgl. zu dieser Dominanz in *Decher* AG 2023, 106 (107); *Fleischer* AG 2014, 97 (99 f.). Kritisch *Emmerich* FS U.H. Schneider, 2011, 323 ff.

[31] BVerfG NJW 2007, 3266 (3268) – Wüstenrot/Württembergische.

[32] OLG München AG 2018, 753 (754); OLG Stuttgart AG 2011, 205 (207). Besonders weitgehend LG Dortmund NZG 2004, 723 (724): „Als derzeit bekannter bester und plausibelster Weg zur Ermittlung des objektivierten Unternehmenswertes gilt die sogenannte Ertragswertmethode."

[33] OLG Frankfurt a. M. AG 2013, 647 (648).

[34] *Emmerich* FS U.H. Schneider, 2011, 323 ff

tagsprinzip zu ermitteln.³⁵ Der damit maßgebliche Stichtag fällt bei praktisch sämtlichen gesetzlich veranlassten Bewertungen auf den Zeitpunkt der Entscheidung der Anteilseigner über die Strukturmaßnahme.³⁶ Für die Ermittlung der gleichfalls einer Überprüfung im Spruchverfahren zugänglichen Verschmelzungswertrelation fehlt die explizite Anordnung des maßgeblichen Zeitpunkts; hier wird verbreitet auf den Tag der zustimmenden Versammlung auf Ebene des übertragenden Rechtsträgers abgestellt.³⁷

13 Aus dem Stichtagsprinzip folgt die sog. **Wurzeltheorie**.³⁸ Bei Bewertung des Unternehmens sind nur solche Umstände zu berücksichtigen, die am Bewertungsstichtag bereits in der Wurzel angelegt waren.³⁹ Das heißt Erkenntnisse, die erst nach dem Bewertungsstichtag gewonnen werden, rechtfertigen keine Korrektur einer Prognose.⁴⁰

14 Nach weitgehend unbestrittener Ansicht in Rechtsprechung und Schrifttum gebietet das Stichtagsprinzip nicht, dass der Unternehmenswert zwingend unter ausschließlichem Rückgriff auf die wertbestimmenden Faktoren am eigentlichen Stichtag zu ermitteln ist; vielmehr ist es nach hM in Rechtsprechung und Lehre ebenso zulässig, auf einen **Durchschnitt** im Umfeld des Bewertungsstichtages zurückzugreifen.⁴¹ Maßgeblicher Erwägungsgrund für diese Zufluchtnahme bei ökonomisch zunächst einmal alles andere als einfach zu begründenden historischen Durchschnittswerten ist vor allem die Sorge, dass anderenfalls damit zu rechnen sei, dass erheblicher Aufwand betrieben werde, um die Wertverhältnisse am Stichtag in die eine oder andere Richtung künstlich zu verändern.⁴² Praktisch relevant wird dies insbesondere dann, wenn die angemessene Abfindung (auch) unter Berücksichtigung des Börsenkurses bestimmt wird (→ Rn. 171 ff.).

5. Prüfungsmaßstab

15 Die Ermittlung der angemessenen Abfindung ist nicht nur, aber auch eine **Rechtsfrage**; sie kann folglich nach mittlerweile gefestigter hM nicht alleine dem Sachverständigen überlassen bleiben.⁴³ Entsprechend beschränken sich die Gerichte nicht auf eine bloße Plausibilitätskontrolle.⁴⁴ Soweit der BGH dem jüngst erneut entgegengetreten ist mit dem Argument, dass zumindest die Frage nach der geeigneten Bewertungsmethode keine Rechtsfrage sei, sondern Teil der Tatsachenfeststellung, weshalb sie sich nach der wirtschaftswissenschaftlichen oder betriebswirtschaftlichen Bewertungstheorie und -praxis richte,⁴⁵ steht dies hierzu nur scheinbar in Widerspruch bzw. wirkt sich in der Praxis kaum aus. Denn trotz dieser Ablehnung kommt der BGH im konkreten Fall doch zu einer rechtlichen Überprüfung der durch den Tatrichter gewählten Bewer-

---

35 BGH NZG 2016, 139 (143); OLG München NZG 2022, 362 (366); LG Dortmund NZG 2004, 723 (724 f.); *Klöcker/Frowein* Anh. § 1 Rn. 2; Simon SpruchG/*Simon/Leverkus* Anh. § 11 Rn. 30; Fleischer/Hüttemann Unternehmensbewertung-HdB/*Hüttemann/Meyer* § 14 Rn. 1.
36 OLG Frankfurt a. M. AG 2013, 647 (648); Fleischer/Hüttemann Unternehmensbewertung-HdB/*Hüttemann/Meyer* § 14 Rn. 30.
37 BayObLG NZG 2003, 483 (484); *Klöcker/Frowein* Anh. § 1 Rn. 2; Fleischer/Hüttemann Unternehmensbewertung-HdB/*Hüttemann/Meyer* § 14 Rn. 34.
38 OLG Karlsruhe 12.7.2013 – 12 W 57/10, BeckRS 2013, 13603; LG Dortmund NZG 2004, 723 (724 f.).
39 BGH NZG 2016, 139 (143); OLG Karlsruhe 12.7.2013 – 12 W 57/10, BeckRS 2013, 13603.
40 Kölner Komm AktG/*Gayk* SpruchG Anh. § 11 Rn. 9; *Aha* AG 1997, 26 (28 f.).
41 BGH NJW 2001, 2080 (2082) – DAT/Altana; BGH NJW 2010, 2657 (2658) – Stollwerck.
42 BGH NJW 2010, 2657 (2658) – Stollwerck.
43 BGH NZG 2020, 1386 – Wella III; OLG Stuttgart AG 2014, 208 (209); *Hüttemann* FS Hoffmann-Becking, 2013, 603; Kölner Komm AktG/*Gayk* SpruchG Anh. § 11 Rn. 1; *Fleischer* AG 2014, 97 (98). Kritisch gegenüber der zurückhaltenden Rolle der Gerichte etwa *Luttermann* ZIP 1999, 45 (46): „sinnwidrige Selbstverstümmelung." AA noch BGH NJW 1978, 1316 (1319) – Kali & Salz; OLG Frankfurt a. M. NZG 1999, 119 (121): „Angemessene Bewertung ist keine Rechtsfrage, sondern eine betriebswirtschaftlich zu beurteilende Frage."
44 BayObLG NJW-RR 1996, 1125 (1126).
45 BGH ZIP 2023, 795 (796); NZG 2016, 139 (140); nachvollzogen etwa von OLG München NZG 2022, 362 (364 f.).

tungsmethode, und zwar über den Umweg, dass er nicht die Bewertungsmethode an sich, wohl aber die Frage, ob diese den gesetzlichen Bewertungszielen widerspreche, prüft.[46]

Gleichzeitig verschließt sich die Spruchpraxis umgekehrt zu Recht nicht der unbestrittenen Erkenntnis, dass es a) den wahren Unternehmenswert im Sinne einer Einwertigkeit nicht gibt und b) Juristen nur bedingt geeignet sind, als „Richter" in vor allem betriebswirtschaftlichen Fragen zu entscheiden. Die Rechtsprechung zieht daraus die Konsequenz, dass der Verkehrswert im Wege der Schätzung nach § 287 Abs. 2 ZPO zu ermitteln ist.[47] Da Abweichungen immanent sind, wird gleichzeitig zu Recht nicht beanstandet, wenn die festgesetzte Kompensationsleistung von der durch das Gericht bzw. den Sachverständigen ermittelten „richtigen" Abfindung in einem vertretbaren Maße abweicht, eine Abweichung von weniger als 10 % ist insofern nicht beanstandet worden, insbesondere dann, wenn der Börsenkurs gleichfalls unter dem als angemessen erkannten Wert lag.[48]

B. Bewertungssystematik

Für die lex lata der deutschen Bewertungspraxis ist grundsätzlich im Rahmen einer dreistufigen Selbstvergewisserung zu beurteilen, anhand welcher Maßstäbe der Unternehmenswert im Einzelfall zu ermitteln bzw. zu überprüfen ist: (1) Erste wesentliche Kennziffer zur Bestimmung des Unternehmenswerts im Rahmen eines gesetzlichen Bewertungsanlasses ist der Ertragswert bzw. Kapitalwert, der mittels eines vergleichbaren fundamentalanalytischen Verfahrens ermittelt wird und der gemäß nach wie vor zahlreicher, mittlerweile allerdings zunehmend bestrittener Stimmen die eigentliche bzw. ausschließliche Größe zur Ermittlung des Unternehmenswertes darstellen sollte (→ Rn. 18 ff.), (2) ist bei (untechnisch) börsennotierten Bewertungsobjekten zu fragen, ob der Marktkapitalisierung – also dem Produkt aus Anzahl der ausgegebenen Aktien und Börsenkurs – Beachtung bei der Bestimmung des gesetzlich maßgeblichen Unternehmenswertes einzuräumen ist (→ Rn. 146 ff.) und (3) ob die Preise eventueller, in zeitlichem und sachlichem Zusammenhang mit der kompensationsrelevanten Maßnahme erfolgenden Erwerbsgeschäfte („Vorerwerbe") Einfluss auf die Höhe der Abfindung/Kompensation haben (→ Rn. 230 ff.).

C. Bewertungsverfahren

I. Ertragswertverfahren

1. Grundlagen

Nicht zuletzt aufgrund seiner Adelung durch die Prüfungsstandards des IDW (→ Rn. 9) dominiert das Ertragswertverfahren die deutsche Bewertungspraxis, soweit die gesetzlich veranlasste Bewertung von Unternehmen bzw. der unternehmenstragenden Gesellschaft in Rede steht.[49]

---

46 BGH NZG 2016, 139 (140); bestätigt in BGH NZG 2020, 1386 – Wella III und BGH ZIP 2023, 795 (796). Dem BGH insoweit in Ergebnis und Begründung folgend etwa *Mock* WM 2016, 1261 (1262 f.).

47 BGH ZIP 2023, 795 (796); NZG 2020, 1386 (1387) – Wella III; OLG Brandenburg NZG 2023, 223 (225); OLG München NZG 2022, 362 (364); AG 2018, 753 (754); OLG Stuttgart NZG 2013, 897 (898).

48 OLG Stuttgart ZIP 2011, 382 (382 f.); *Fleischer/Bong* NZG 2013, 881 (882).

49 Den IDW S1 ausdrücklich als hinreichend gebräuchlich und anerkannt qualifizierend OLG Stuttgart AG 2014, 208 (209).

19 Aus Sicht ihrer Anteilseigner, die im Rahmen der gesetzlichen Bewertungsanlässe im Mittelpunkt des Interesses stehen, ist eine Unternehmung ein Instrument, um durch eine Investition heute zukünftige Einzahlungsüberschüsse bzw. Erträge zu generieren. Diesen zutreffenden Grundgedanken übernimmt die Ertragswertmethode. Der Ertragswert als maßgebliche Zielgröße bestimmt sich grundsätzlich als Summe der erwarteten Erträge des betriebsnotwendigen Vermögens über die – regelmäßig als unendlich zu unterstellende – Gesamtlebensdauer der Unternehmung, die diskontiert wird auf ihren Bar- bzw. Gegenwartswert und ergänzt um den Wert eventuell vorhandenen nicht betriebsnotwendigen Vermögens.[50] Ermittelt wird der sogenannte **Zukunftserfolgswert**.[51] Der Wert des einzelnen Anteils des abfindungsberechtigten Anteilseigners wird durch proportionale Umlegung dieses Unternehmenswerts für die Eigenkapitalgeber auf die einzelne Aktie oder den Geschäftsanteil ermittelt („**indirekte Methode**").[52]

2. Ertragsbegriff

20 Der Begriff der Unternehmenserträge bezieht sich grundsätzlich auf die den Unternehmenseignern in der Zukunft durch die Fortführung des Unternehmens entstehenden Vorteile. Entsprechend definiert der die Praxis dominierende IDW S1 idF 2008 den bewertungsrelevanten Unternehmensertrag als die **Nettoeinnahmen der Unternehmenseigner**.[53] Diese an die Anteilseigner fließenden Nettoeinnahmen berechnen sich als Summe der Ansprüche auf Ausschüttungen der erwirtschafteten Überschüsse gemindert um die erbrachten Einlagen und unter Berücksichtigung der mit dem am Eigentum der Unternehmung verbundenen Cash-Flows, insbesondere der Besteuerung der Unternehmenseigner.

21 Erste Konsequenz dieser Nettobetrachtung, also der Betonung der Werte, die den Anteilseigner letztlich erreichen, ist, dass das IDW im Rahmen der „Verabschiedung" des IDW S1 von der zuvor geltenden Annahme einer Vollausschüttung sämtlicher Überschüsse abgegangen ist. Bewertungsprämisse ist nunmehr, dass die zu bewertende Unternehmung bis zu einem gewissen Grad **Gewinne thesauriert**.[54]

22 Zweite Konsequenz der Maßgeblichkeit des Nettoertrags ist, dass auf die letztlich an die Anteilseigner fließenden Zahlungen abgestellt wird[55] und deshalb insbesondere nicht nur auf Unternehmensebene, sondern auch auf Anteilseignerebene anfallende **Steuern** berücksichtigt werden.[56] Nach Einführung des Halbeinkünfteverfahrens bzw. der Abgeltungssteuer versucht der IDW S1 dem Nettoprinzip unter steuerrechtlichen Vorzeichen dadurch Rechnung zu tragen, dass die Vollausschüttungshypothese nicht bloß um die zu erwartenden Thesaurierungen modifiziert wird, sondern die Nettozuflüsse nach Unternehmens- und Ertragssteuern bestimmt werden.[57]

---

[50] OLG Karlsruhe 12.7.2013 – 12 W 57/10, BeckRS 2013, 13603; OLG München AG 2018, 753 (754); LG Dortmund NZG 2004, 723 (724 f.); Kölner Komm AktG/*Gayk* SpruchG Anh. § 11 Rn. 10; Simon SpruchG/*Simon/Leverkus* Anh. § 11 Rn. 57 ff.

[51] *Habersack/Lüssow* NZG 1999, 629 (632).

[52] IDW S1 idF 2008 Tz. 12. Vgl. etwa Simon SpruchG/*Simon/Leverkus* Anh. § 11 Rn. 12 ff.

[53] IDW S1 idF 2008 Tz. 24; LG Frankenthal 13.8.2013 – 2 HK O 120/10 AktG, BeckRS 2013, 18221; Fleischer/Hüttemann Unternehmensbewertung-HdB/*Jonas/Wieland-Blöse* § 17 Rn. 1; *Habersack/Lüssow* NZG 1999, 629 (632).

[54] Simon SpruchG/*Simon/Leverkus* Anh. § 11 Rn. 89 ff.

[55] IDW S1 idF 2008 Tz. 25 spricht insoweit vom „Zuflussprinzip".

[56] IDW S1 idF 2008 Tz. 28; Simon SpruchG/*Simon/Leverkus* Anh. § 11 Rn. 138; Fleischer/Hüttemann Unternehmensbewertung-HdB/*Jonas/Wieland-Blöse* § 17 Rn. 8 ff. Die Nachsteuerbetrachtung als undenklich qualifizierend etwa OLG Stuttgart AG 2014, 208 (211); OLG Karlsruhe 12.7.2013 – 12 W 57/10, BeckRS 2013, 13603.

[57] Kölner Komm AktG/*Gayk* SpruchG Anh. § 11 Rn. 24 f. Zu eventuellen Auswirkungen der politisch diskutierten Abkehr von der Abgeltungssteuer vgl. etwa *Wollny* DStR 2016, 2721.

Soweit die Steuerbelastung auf Anteilseignerebene betroffen ist, ist in diesem Zusammenhang zu berücksichtigen, dass diese – da maßgeblich von den persönlichen Verhältnissen des jeweiligen Anteilseigners abhängig – nicht konkret ermittelt werden kann. IDW S1 und die ihm folgenden Teile des Schrifttums greifen deshalb auf **Typisierungen** zurück, dh es wird die Steuerbelastung eines durchschnittlichen Anlegers ermittelt und dessen Steuerbelastung zur Bestimmung der Nettozuflüsse verallgemeinert.[58] Als repräsentativen Durchschnittsanleger im Rahmen einer objektivierten Unternehmensbewertung identifiziert das IDW dabei – durch die Rechtsprechung nicht beanstandet[59] – eine inländische unbeschränkt steuerpflichtige natürliche Person,[60] die die unwesentlichen Anteile, die keine Beteiligung iSv § 17 Abs. 1 S. 1 EStG darstellen, im Privatvermögen hält.[61] Ausgehend von diesen Annahmen gelangt das IDW für Bewertungsstichtage unter Geltung des **Halbeinkünfteverfahrens** zu einem typisierten hälftigen Einkommensteuersatz von 17,5 %.[62] Für Bewertungsstichtage nach Inkrafttreten der **Abgeltungssteuer** ist demgegenüber zu differenzieren:[63] Für auszuschüttende Dividenden ergibt sich ohne Weiteres eine Steuerbelastung von 25 % zzgl. Solidaritätszuschlag, insgesamt also eine effektive Steuerbelastung von 26,375 % bzw. 26,38 %,[64] für Kursgewinne hingegen wird eine typisierte effektive Belastung von 13,1875 % unterstellt, die sich maßgeblich aus Stundungseffekten einer längeren Haltedauer erklären lässt.[65]

23

Um Konsistenz zwischen Zähler (nominale erwartete zukünftige Einzahlungsüberschüsse nach Steuern) und Nenner (Kapitalisierungszinssatz zur Ermittlung des Nettogegenwartswerts der zukünftigen Einzahlungsüberschüsse) zu gewährleisten, lässt der IDW S1 die so ermittelten Nachsteuereinzahlungsüberschüsse abzinsen gegen die Nachsteuerrendite.[66] Die häufig in Spruchverfahren vorgebrachte Pauschalrüge, Steuern würden einseitig (nur) im Rahmen der Planrechnungen zulasten der Anteilseigner berücksichtigt, verfängt somit nicht.[67]

24

3. Ermittlung des Ertrags

Der Ertrag ist zukünftige und damit immanent unsichere Größe. Seine ordnungsgemäße Bestimmung gehört in Konsequenz sicherlich zu den herausforderndsten Aspekten der praktischen Unternehmensbewertung. Zumindest bezüglich der dabei zu beachtenden Methodik besteht allerdings im Ausgangspunkt vergleichsweise weitgehende Einigkeit.

25

a) Planrechnungen

Ausgangspunkt der Ermittlung der erwarteten Erträge bilden die Planungsrechnungen der zu bewertenden Unternehmung.[68] Kernstück der Ertragsermittlung bildet die auf Grundlage der Vergangenheitsanalyse erfolgende Schätzung des zukünftigen Unternehmenserfolges. Zur (approximativen) Bestimmung der zukünftigen Erträge konkurrieren

26

---

58 IDW S1 idF 2008 Tz. 30; Fleischer/Hüttemann Unternehmensbewertung-HdB/*Jonas/Wieland-Blöse* § 17 Rn. 15 ff.
59 OLG Stuttgart AG 2014, 208 (211).
60 IDW S1 idF 2008 Tz. 31; OLG Frankfurt a. M. AG 2011, 832 (835); Kölner Komm AktG/*Gayk* SpruchG Anh. § 11 Rn. 20.
61 Fleischer/Hüttemann Unternehmensbewertung-HdB/ *Jonas/Wieland-Blöse* § 17 Rn. 16.
62 Zustimmend aus der Rechtsprechung etwa OLG Frankfurt a. M. AG 2011, 832 (835).
63 Vgl. aus der Rechtsprechung etwa OLG Brandenburg NZG 2023, 223 (225) für einen Sonderfall.
64 Kölner Komm AktG/*Gayk* SpruchG Anh. § 11 Rn. 25; Fleischer/Hüttemann Unternehmensbewertung-HdB/*Jonas/Wieland-Blöse* § 17 Rn. 42.
65 Kölner Komm AktG/*Gayk* SpruchG Anh. § 11 Rn. 20.
66 Vgl. auch OLG Stuttgart AG 2014, 208 (211); Fleischer/Hüttemann Unternehmensbewertung-HdB/*Jonas/Wieland-Blöse* § 17 Rn. 50 f.
67 Vgl. hierzu IDW S1 idF 2008 Tz. 44.
68 OLG Stuttgart AG 2014, 208 (210).

methodisch die sog. Pauschalmethode sowie das sog. analytische oder Phasen-Modell. In beiden Fällen ist die Geschäftsleitung allerdings aufgerufen, höchste Sorgfalt auf die Erstellung der Planrechnungen zu verwenden. Während die weiteren Faktoren der Unternehmensbewertung – etwa Marktrisikoprämie, Basiszinssatz etc – Gegenstand eines nicht nur im Einzelfall jeweils interessengeleiteten Glaubenskrieges sind, bildet die Plausibilität der Planrechnungen den materiellen Kern zahlreicher Spruchverfahren. Geschäftsleitungen der Unternehmen, deren Wert Objekt des Spruchverfahrens ist, sind dabei vor allem aufgerufen sicherzustellen, dass sich die Werte der Unternehmensplanung auch im Übrigen mit den von der Unternehmung kommunizierten einschlägigen Zahlen decken. Andernfalls droht schnell der Vorwurf, es handele sich nicht um die „wirklichen" Planzahlen der Unternehmung, sondern um Zahlen, die anlässlich des Bewertungsanlasses bewusst hässlich gerechnet worden seien (sog. Anlassplanung).

b) Pauschalmethode

27 Im Rahmen der Pauschalmethode werden die in einem Referenzzeitraum von typischerweise drei bis fünf Jahren ermittelten **historischen Erträge** in einem ersten Schritt um Sonderfaktoren bereinigt und gegebenenfalls gewichtet, sodann wird in einem zweiten Schritt dieses bereinigte Ergebnis in die Zukunft fortgeschrieben.[69] Es erfolgt also eine Extrapolation der bereinigten historischen Ergebnisse in die Zukunft.

c) Phasenmodell/Analytische Methode

28 In der Praxis erfolgt die Schätzung der zukünftigen Unternehmenserfolge heute ganz überwiegend mittels des sogenannten **analytischen oder Phasen-Modells**.[70] In Abgrenzung zur Pauschalmethode werden bei der analytischen Methode – zumindest in der Theorie – nicht die historischen Ergebnisse bereinigt und extrapoliert, vielmehr werden die erwarteten zukünftigen Erträge mittels einer Planrechnung entwickelt.[71] Im Hintergrund steht die zutreffende Erkenntnis, dass die bisherigen Ergebnisse einer Unternehmung allenfalls ein bedingt geeigneter Schätzer für ihren Zukunftserfolg sind.[72]

29 Auch am Anfang des analytischen Vorgehens steht eine **Vergangenheitsanalyse**.[73] Anders als bei der Pauschalmethode dient die Vergangenheitsanalyse hier allerdings nicht der Bestimmung der Ausgangsgröße zur Ermittlung der künftigen Erträge, sondern als **bloße Kontrollgröße**, an der sich die Planrechnungen messen lassen müssen.[74] Der Rückgriff auf die Vergangenheit mag methodisch inkonsistent sein, andererseits bieten die historischen Zahlen belastbare Informationen darüber, was – rebus sic stantibus – von der Ertragsfähigkeit der Unternehmung zu erwarten ist.[75] In Abwesenheit wesentlicher Änderungen im ergebnisrelevanten Umfeld der zu bewertenden Unternehmung besteht eine gewisse Vermutung dafür, dass die nachhaltig zu erzielenden Erträge (trendbereinigt) eine erhebliche Kovarianz mit den historischen Ergebnissen aufweisen.

---

[69] Dreier/Fritzsche/Verfürth/*Dreiher* SpruchG Annex zu § 11 Rn. 22; Kölner Komm AktG/*Gayk* SpruchG Anh. § 11 Rn. 17; Simon SpruchG/*Simon/Leverkus* Anh. § 11 Rn. 68; *Aha* AG 1997, 26 (29).

[70] IDW S1 idF 2008 Tz. 75 ff; Kölner Komm AktG/*Gayk* SpruchG Anh. § 11 Rn. 12. Vgl. aus der Rechtsprechung etwa LG Dortmund NZG 2004, 723 (725): „methodisch richtig."

[71] Simon SpruchG/*Simon/Leverkus* Anh. § 11 Rn. 69.

[72] Simon SpruchG/*Simon/Leverkus* Anh. § 11 Rn. 60.

[73] Aus der Rechtsprechung etwa OLG München AG 2018, 753 (754): „Grundlage für die Ermittlung der künftigen Erträge ist die Planung der Gesellschaft, die auf der Basis einer Vergangenheitsanalyse vorzunehmen ist."

[74] IDW S1 idF 2008 Tz. 72; OLG Karlsruhe 12.7.2013 – 12 W 57/10, BeckRS 2013, 13603; Kölner Komm AktG/*Gayk* SpruchG Anh. § 11 Rn. 16. Siehe schon *Aha* AG 1997, 26 (30).

[75] Simon SpruchG/*Simon/Leverkus* Anh. § 11 Rn. 63.

Umgekehrt gilt, dass erhebliche Abweichungen der prognostizierten von den historischen Ergebnissen einer besonderen Begründung und Analyse bedürfen. Schließlich bildet die historische Ertragslage auch dann, wenn die Planrechnungen wesentliche Änderungen abbilden oder voraussetzen, einen guten Ausgangspunkt, um die Bedeutung dieser Effekte mathematisch zu erfassen. Soweit die Ergebnisse einzelner abgelaufener Geschäftsjahre durch Sondereinflüsse verzerrt sind, beanstandet es die Rechtsprechung nicht, wenn diese „Ausreißer" bei der Vergangenheitsanalyse ausgeklammert werden.[76]

Die eigentliche Planung der zukünftigen Erträge wird sodann in **zwei Phasen** unterteilt: die Detailplanungsphase und die Phase der sogenannten ewigen Rente. Mit dieser Unterteilung will die analytische Methode abbilden, dass mit zunehmendem Planungshorizont die Verlässlichkeit der Prognosen ab- bzw. spekulativen Charakter annimmt.[77]

Die **Detailplanungsphase** umfasst regelmäßig einen Zeitraum von drei, teilweise bis zu fünf Jahren.[78] Für diesen vergleichsweise überschaubaren und daher besser prognostizierbaren Zeitraum ist die – soweit vorhanden – detaillierte Planung der Geschäftsleitung zugrunde zu legen,[79] soweit sie einer internen Plausibilitätskontrolle standhält.[80] Existieren entsprechende, ausführliche Planungsrechnungen im Unternehmen nicht – etwa, weil nur für das laufende und folgende Geschäftsjahr geplant wird – spricht nach hier vertretener Ansicht zunächst einmal nichts dagegen, dass die Geschäftsleitung die Planungsrechnungen auf den maßgeblichen Zeitraum ausdehnt. Bei entsprechendem Vorgehen ist allerdings zu besonderer Sorgfalt zu mahnen, da hier schnell der Vorwurf droht, es handele sich um eine anlassbezogene Rechnung. Es ist deshalb insbesondere darauf zu achten, dass die ausführlichere Planung konsistent mit den bisher im Unternehmen verwendeten Budgetierungen etc ist. Bei Besonderheiten des Bewertungsanlasses kann die Detailplanungsphase – im pathologischen Einzelfall erheblich – von dem 3–5-jährigen Regelzeitraum nach oben oder unten abweichen.[81]

Aus den Planungen für die Detailplanungsphase wird sodann ein bereinigter Ertrag ermittelt, die **ewige Rente**, als das nachhaltig zu erwartende Ergebnis, das regelmäßig unter Berücksichtigung eines Wachstumsfaktors in die Zukunft fortgeschrieben wird.[82]

Theoretisch denkbar ist die Erweiterung des Phasenmodells um eine **dritte Phase**, wie es noch der Vorgänger des IDW S1, die Stellungnahme HFA 2/1983, ausdrücklich empfohlen hatte. In der deutschen Praxis hat sich dieses Vorgehen nicht durchzusetzen vermocht.[83] Demgegenüber hat sich die österreichische Bewertungspraxis im Rahmen der Neufassung des Fachgutachtens KFS/BW1 für das Dreiphasen-Modell (Detailplanungsphase, Grobplanungsphase und Rentenphase) entschieden.[84]

---

76 LG Dortmund NZG 2004, 723 (725).
77 IDW S1 idF 2008, Tz. 76; Simon SpruchG/*Simon/Leverkus* Anh. § 11 Rn. 69.
78 Entsprechend der Empfehlung des IDW S1 idF 2008, Tz. 77; Kölner Komm AktG/*Gayk* SpruchG Anh. § 11 Rn. 16; Simon SpruchG/*Simon/Leverkus* Anh. § 11 Rn. 69.
79 *Fritzsche/Dreier/Verfürth*, 1. Aufl. 2004, SpruchG § 1 Rn. 197; Kölner Komm AktG/*Gayk* SpruchG Anh. § 11 Rn. 16; Simon SpruchG/*Simon/Leverkus* Anh. § 11 Rn. 69.
80 Anzusetzen sind dabei Erwartungswerte und nicht einfache Zielwerte, vgl. *Ruiz de Vargas* NZG 2021, 1001 (1003).
81 *Gärtner/Handke/Strauch* BB 2015, 2307 (2312).
82 OLG Karlsruhe 12.7.2013 – 12 W 57/10, BeckRS 2013, 13603; *Fritzsche/Dreier/Verfürth*, 1. Aufl. 2004, SpruchG § 1 Rn. 197; Simon SpruchG/*Simon/Leverkus* Anh. § 11 Rn. 70 ff.
83 *Aha* AG 1997, 26 (30). Allerdings hat etwa das LG Mannheim in einer unveröffentlichten Entscheidung Detailplanungsphase und ewige Rente um eine fünfjährige Grobplanungsphase ergänzt, da nach seiner Ansicht im konkreten Einzelfall am Ende der Detailplanungsphase noch nicht der für die ewige Rente erforderliche Gleichgewichtszustand eingetreten sei, vgl. hierzu *Gärtner/Handke/Strauch* BB 2015, 2307 (2311 f.).
84 *Rabel* BewP 3/2014, 84 (85 f.).

d) Fehlende Planrechnungen

34 Erweist sich die Planungsrechnung als unplausibel oder liegen keine oder nur unzureichende Planungsrechnungen im Unternehmen vor, so obliegt es dem Sachverständigen, Prognosen zu erstellen.[85] Hierbei ist primär auf die **Prognose der Umsatzerlöse** als ausschlaggebende Größe der Unternehmensbewertung abzustellen. In der Sache wird der Bewerter hier kaum daran vorbeikommen, die Planungen maßgeblich auf Grundlage der historischen Geschäftsergebnisse zu entwickeln.[86]

e) Substitution von Planrechnungen

35 Planrechnungen bzgl. Erträge und Aufwendungen unterliegen einer nur eingeschränkten richterlichen Kontrolle, weil es sich um naturgemäß unsichere Prognosen handelt und sie gleichzeitig Ausdruck der unternehmerischen Entscheidungsfreiheit sind, die nur eingeschränkter gerichtlicher Kontrolle unterliegt.[87] Anschaulich wird insoweit auch von einer **Planungsprärogative der Gesellschaft** gesprochen.[88] Ist die Planrechnung plausibel und widerspruchsfrei, ist es dem Gericht verwehrt, die plausible durch eine andere – gleichfalls (nur) plausible – Rechnung zu ersetzen.[89]

f) Korrektur von Planrechnungen

36 Auf Hinweis des Bewertungsgutachters kann der Vorstand seine Prognose nachträglich korrigieren; in diesem Fall ist Untersuchungsgegenstand nicht die Richtigkeit bzw. Plausibilität der ursprünglichen Prognose, sondern die Vertretbarkeit der neuen korrigierten Planrechnungen.[90] Eine Überprüfung erfolgt lediglich im Hinblick auf die Richtigkeit der Tatsachengrundlage, sowie Plausibilität und Widerspruchsfreiheit der Planungsannahmen.[91] Auch für den Teilbereich der Planrechnungen existiert kein Günstigkeitsprinzip.[92]

g) Maßgeblicher Zeitpunkt

37 Aufgrund der Geltung des sog. **Stichtagsprinzips** ist der Unternehmenswert am Bewertungsstichtag zu ermitteln,[93] der regelmäßig auf den Tag der Haupt- bzw. Gesellschafterversammlung fällt, die über die in Rede stehende abfindungsrelevante Strukturmaßnahme entscheidet.[94] Nachträgliche Entwicklungen sind grundsätzlich nicht zu berücksichtigen, soweit sie nicht am Bewertungsstichtag bereits in der Wurzel angelegt waren („**Wurzeltheorie**").[95] Um den Vorwurf eines second guessing zu vermeiden, können deshalb nachträgliche Entwicklungen grundsätzlich keine Beachtung bei Beurteilung

---

85 Simon SpruchG/*Simon/Leverkus* Anh. § 11 Rn. 82. So mittlerweile auch das österreichische Fachgutachten KFS/BW1, vgl. hierzu *Rabel* BewP 3/2014, 84 (87).
86 Kölner Komm AktG/*Gayk* SpruchG Anh. § 11 Rn. 16; *Aha* AG 1997, 26 (31).
87 OLG Frankfurt a. M. AG 2013, 647 (649); AG 2011, 832 (833); OLG Stuttgart AG 2014, 208 (210).
88 OLG München AG 2018, 753 (754).
89 OLG Frankfurt a. M. AG 2013, 647 (649); OLG München NZG 2022, 362 (367 f.); OLG München AG 2018, 753 (754); OLG Stuttgart AG 2014, 208 (210); Kölner Komm AktG/*Gayk* SpruchG Anh. § 11 Rn. 19; *Ruiz de Vargas/Theusinger/Zollner* AG 2014, 428 (430).
90 OLG Stuttgart NZG 2013, 897 (898).
91 OLG Frankfurt a. M. AG 2011, 832 (833).
92 OLG Stuttgart NZG 2013, 897 (898 f.).
93 IDW S1 idF 2008 Tz. 22; *Wollny* DStR 2017, 949 (950 ff.) mit Kritik am Stichtagsprinzip und der Wurzeltheorie des IDW S1 nur für die Ermittlung des subjektiven Unternehmenswertes.
94 *Großfeld/Egger/Tönnes* Unternehmensbewertung Rn. 260.
95 *Großfeld/Egger/Tönnes* Unternehmensbewertung Rn. 267 ff.

der Güte der Prognose erlangen; allenfalls in Ausnahmefällen und vorsichtig wird man spätere Entwicklungen zur Plausibilisierung heranziehen können.[96]

Das Stichtagsprinzip verlangt im Grundsatz, dass der Ertragswert am Tag der Strukturmaßnahme selbst ermittelt wird. Berücksichtigt man den erheblichen zeitlichen und personellen Aufwand, den gerade eine Unternehmensbewertung nach IDW S1 oder einem vergleichbaren fundamentalanalytischen Verfahren mit sich bringt, ist evident, dass das Stichtagsprinzip nicht vollumfänglich verwirklicht werden kann; zudem könnten bei wirklicher Maßgeblichkeit des Tages der Anteilseignerversammlung die zu dessen Vorbereitung obligatorischen Informationsinstrumente für Aktionäre bzw. Gesellschafter noch keine (abschließende) Aussage über die Höhe der angebotenen Kompensation treffen, was ersichtlich mit den Zielen der Informationsordnung von Kapitalgesellschaften nicht vereinbar ist. Die Praxis stellt deshalb regelmäßig auf den **technischen Bewertungsstichtag** ab, also den Tag, an dem die Prüfungs- und Wertermittlungsmaßnahmen beendet sind, und zinst diesen Ertragswert bzw. Unternehmenswert des Eigenkapitals auf den eigentlichen Stichtag auf.[97]

4. Kapitalisierungszinssatz

Die mittels Prognoserechnung bestimmten zukünftigen (erwarteten) Erträge sind **Nominalwerte**.[98] Damit wird zunächst ignoriert, dass a) Geld morgen – aufgrund Geldentwertung (Inflation) – weniger wert ist als Geld heute, und b) die Einzahlungsüberschüsse bzw. Erträge aus unternehmerischer Tätigkeit unsicher und aus diesem Grund gegebenenfalls weniger wertvoll aus Sicht der kompensationsberechtigten Anteilseigner sind, für die richtigerweise anzunehmen ist, dass sie risikoavers sind,[99] also eine sichere Einzahlung in einer bestimmten Höhe einer Lotterie mit selbem Erwartungswert vorziehen. Um diesen Aspekten Rechnung zu tragen, sind die erwarteten Zukunftserträge mittels eines Kapitalisierungszinssatzes zu diskontieren, um ihren **Bar- bzw. Kapitalwert**, dh den Wert, den die Zukunftserträge im Abfindungszeitpunkt besitzen, zu generieren.[100] Der die Bewertungspraxis durchziehende IDW S1 hat sich in diesem Zusammenhang dafür entschieden, die Unsicherheit der zukünftigen Einzahlungsüberschüsse ausschließlich im Kapitalisierungszinssatz zu berücksichtigen und nicht auch als Abschlag auf die erwarteten Einzahlungsüberschüsse der Planrechnungen.[101]

Der Kapitalisierungszinssatz lässt sich in drei Bestandteile untergliedern: der **Basiszinssatz** für risikolose Alternativanlagen, den **Risikozuschlag** zur Abbildung der Unsicherheit der zukünftigen Einzahlungsüberschüsse und den **Wachstumsabschlag**, mit dem das Phänomen der Inflation berücksichtigt wird.[102]

---

96 Diesbezüglich zurückhaltend Kölner Komm AktG/*Gayk* SpruchG Anh. § 11 Rn. 19. Vgl. aus der Rechtsprechung zu dieser „retrospektiven Plausibilitätskontrolle" etwa LG Dortmund NZG 2004, 723 (725).
97 Fleischer/Hüttemann Unternehmensbewertung-HdB/*Hüttemann/Meyer* § 14 Rn. 20 f.; *Weber/Kersjes* Hauptversammlungsbeschlüsse § 5 Rn. 159.
98 *Großfeld/Egger/Tönnes* Unternehmensbewertung Rn. 590.
99 IDW S1 idF 2008 Tz. 89 u. 113.
100 OLG Stuttgart AG 2011, 205 (208); AG 2014, 208 (211); OLG Brandenburg NZG 2023, 223 (229); IDW S1 idF 2008, Tz. 85; Kölner Komm AktG/*Gayk* SpruchG Anh. § 11 Rn. 27.
101 OLG Frankfurt a. M. AG 2022, 83 (86); IDW S1 idF 2008 Tz. 89; vgl. auch *Habersack/Lüssow* NZG 1999, 629 (632).
102 OLG Frankfurt a. M. AG 2011, 832 (836); OLG Stuttgart AG 2011, 205 (208); *Klöcker/Frowein* Anh. § 1 Rn. 14; Simon SpruchG/*Simon/Leverkus* Anh. § 11 Rn. 116; Kölner Komm AktG/*Gayk* SpruchG Anh. § 11 Rn. 28.

a) Basiszinssatz

41 Der Basiszinssatz als Ausgangspunkt der Ermittlung des Kalkulationszinssatzes bildet die **Rendite einer risikolosen Alternativanlage** ab, sozusagen den Minimalzinssatz, den ein Investment am Kapitalmarkt mindestens zu generieren vermag.[103] Zur Bestimmung dieses risikolosen Zinssatzes wird auf die Verzinsung der „risikofreien" Anlage in Staatsanleihen mit hoher Liquidität und Bonität zum Bewertungsstichtag zurückgegriffen.[104] Zwar belegt nicht zuletzt die jüngere Vergangenheit (Finanzkrise, Staatsschuldenkrise), dass selbstverständlich auch kapitalmarktfähige Schuldverschreibungen von Staaten nicht risikolos sind und im begründeten Einzelfall die Rückzahlungswahrscheinlichkeit von Austeritätsgrundsätzen nicht verpflichteten Staaten die von Unternehmensanleihen durchaus unterschreiten kann. Zumindest für die Bundesrepublik Deutschland wird man aber konstatieren dürfen, dass die Anlage in Bundesanleihen beste(r) Approximation bzw. Schätzer einer Anlage in risikofreie Titel ist.[105] Um den jüngst genährten Bedenken an der Existenz risikoloser Anlagen terminologisch Rechnung zu tragen, mag man zudem auf die Begriffskategorie der quasi-risikolosen oder quasi-sicheren Anlage ausweichen.[106] Eine Korrektur des nach der Nelson-Siegel-Svensson-Methode ermittelten Zinssatzes (→ Rn. 44) ist demgegenüber nach Auffassung der bisherigen Rechtsprechung trotz Existenz von Credit Default Swaps auch für Anleihen der Bundesrepublik nicht zu machen, da es auf ein theoretisches Restausfallrisiko nicht ankomme und völlig sichere Anlagen ohnehin nicht verfügbar seien.[107]

42 Da es um die Ermittlung der Rendite einer Alternativanlage geht, ist theoretisch der Basiszinssatz für die Gesamtlaufzeit der Unternehmung zu bestimmen (**Laufzeitäquivalenz**).[108] Da die von Gesellschaften getragenen Unternehmungen praktisch ausnahmslos auf unbestimmte Zeit betrieben werden, muss damit im Prinzip der Zinssatz für eine unendliche Anleihe als Ausgangsfaktor des Kapitalisierungszinses genommen werden. Zutreffend formuliert die jüngere Rechtsprechung in diesem Zusammenhang, dass der Basiszinssatz nicht die am Stichtag realisierbare Rendite, sondern die aus Sicht des Stichtages auf Dauer – also über die Gesamtlebenszeit des Unternehmens – erzielbare Rendite abbilden muss.[109] Als Sicherheitsäquivalent kommen damit eigentlich nur öffentliche Anleihen mit unendlicher Laufzeit in Betracht, die allerdings am Kapitalmarkt – zumindest für Staatsanleihen – nicht verfügbar sind.[110] In Ermangelung entsprechender Anlagemöglichkeiten ist deshalb, um dem Prinzip der Laufzeitäquivalenz Genüge zu tun, von der **Prämisse der Wiederanlage** auszugehen, dh davon, dass ein Anleger über den für die Unternehmensbewertung maßgeblichen Zeitraum wiederholt Anlageentscheidungen trifft, also wiederholt Staatsanleihen mit jeweils begrenzter Laufzeit zeichnet.[111]

---

103 OLG Stuttgart AG 2014, 208 (211); Peemöller Unternehmensbewertung-HdB/*Peemöller/Kunowski* S. 321; *Großfeld/Merkelbach* NZG 2008, 241 (243).
104 IDW S1 idF 2008, Tz. 116; LG Dortmund NZG 2004, 723 (726); *Großfeld/Merkelbach* NZG 2008, 241 (243).
105 *Klöcker/Frowein* Anh. § 1 Rn. 15 sprechen deshalb vorsichtiger von der Alternativrendite einer „risikoarmen" Anlage.
106 *Großfeld/Egger/Tönnes* Unternehmensbewertung Rn. 584.
107 LG München I 6.11.2013 – 5 HK O 2665/12, BeckRS 2013, 21493.
108 Simon SpruchG/*Simon/Leverkus* Anh. § 11 Rn. 117.
109 OLG Düsseldorf WM 2009, 2220 (2225); OLG Düsseldorf 20.9.2006 – 26 W 8/06, BeckRS 2007, 06686; BayObLG FGPrax 2001, 215 (217); LG Dortmund NZG 2004, 723 (725); LG Frankfurt a. M. NZG 2002, 395; LG Frankfurt a. M. AG 2005, 930 (932); vgl. auch MüKoAktG/*van Rossum* § 305 Rn. 1133.
110 Peemöller Unternehmensbewertung-HdB/*Peemöller/Kunowski* S. 321; *Großfeld/Merkelbach* NZG 2008, 241 (243); *Behringer* DStR 1999, 731.
111 Peemöller Unternehmensbewertung-HdB/*Peemöller/Kunowski* S. 321 f.

Bis in die jüngere Vergangenheit hat man die Verwirklichung des Prinzips der Laufzeitäquivalenz respektive die Ermittlung des nachhaltigen Basiszinssatzes dadurch zu realisieren gesucht, dass man auf die Verzinsung der als hinreichend liquide angesehenen zehnjährigen Bundesanleihen unter gleichzeitiger Bemühung historischer Kurse derselben zurückgegriffen hat. Entsprechend der dargestellten Wiederanlageprämisse wurde dabei unterstellt, dass ein Anleger nach Fälligkeit der Bundesanleihe – also jeweils nach zehn Jahren – erneut in eine zehnjährige Bundesanleihe investierte. Dem dabei auftretenden Problem, dass die Zinssätze der Anleihe zu den jeweils in der Zukunft liegenden Wiederanlagezeitpunkten nicht bekannt sind, versuchte man dadurch beizukommen, dass man aus historischen Zinssätzen ein allgemein – also auch für die Zukunft – geltendes Durchschnittszinsniveau ermittelte.[112]   43

Aufgrund der methodischen Angreifbarkeit dieses Vorgehens – Ermittlung des zukünftigen Basiszinssatzes als Durchschnitt historischer Zinssätze –, wird zunehmend, mittlerweile wohl bereits ganz überwiegend auf die **Zinsstrukturkurve** zurückgegriffen, die eine Summe von Anleihen mit unterschiedlicher Laufzeit abbildet;[113] technisch entsteht eine Zinsstrukturkurve idS durch Abtragen der Anleiherendite (vertikale Achse) gegen die Restlaufzeit (horizontale Achse). Der Basiszinsfuß bzw. die Strukturkurve der Basiszinsen wird aus synthetischen Nullkuponanleihen ermittelt, also aus Anleihen, die keinen Zins tragen und deshalb ein Disagio aufweisen.[114] Hierbei werden die Kupons der jeweiligen laufzeitadäquaten Staatsanleihen entsprechend der Nelson-Siegel-Svensson-Methode[115] herausgerechnet. Quelle der für die Ermittlung notwendigen Parameter ist regelmäßig die Deutsche Bundesbank, die die entsprechenden Daten entwickelt und zur Verfügung stellt.[116]   44

Mittels Zinsstrukturkurve werden grundsätzlich für jeden zukünftigen Zeitpunkt Zerobonds ermittelt (periodenabhängige Spot Rates), die jeweils zur Diskontierung des Ertrags für jede einzelne Periode verwendet werden. Bewertungen auf Grundlage des IDW S1 arbeiten allerdings nicht mit diesen changierenden Einzelzinssätzen bzw. Perioden-Spot Rates, sondern legen einen barwertäquivalenten einheitlichen Basiszinssatz zugrunde, die Zinsstruktur wird also zu einem Einheitszins verdichtet, was in der Bewertungswissenschaft nicht unumstritten ist.[117]   45

Uneinheitlich beantwortet wird, ob die Zinsstrukturkurve am **(technischen Bewertungs-)Stichtag** oder aber ihr **Durchschnittswert** in einem Referenzzeitraum zu Rate zu ziehen ist, um möglichen kurzfristigen Marktschwankungen entgegenzuwirken.[118]   46

---

112 *Klöcker/Frowein* Anh. § 1 Rn. 15; Simon SpruchG/*Simon/Leverkus* Anh. § 11 Rn. 119. Tendenziell noch LG Frankenthal 13.8.2013 – 2 HK O 120/10 AktG, BeckRS 2013, 18221: langjähriger, durchschnittlich zu erwirtschaftender Zinssatz, der sich aus den Ergebnissen der Vergangenheit ermittelt.
113 OLG Düsseldorf 15.12.2016 – I-26 W 25/12, BeckRS 2016, 12835; OLG Stuttgart AG 2014, 208 (211). Auch der österreichische KFS/BW1 empfiehlt mittlerweile ausschließlich die Orientierung an der Zinsstrukturkurve, vgl. *Rabel* BwP 3/2014, 84 (88).
114 *Großfeld/Egger/Tönnes* Unternehmensbewertung Rn. 598.
115 *Nelson/Siegel* Journal of Business, 60 (4), 1987, 473 (473 ff.); erweitert durch *Svensson*, Estimating and Interpreting Forward Interest Rates. Anders als in der Rechtswissenschaft, wo häufig vom Svensson-Modell gesprochen wird, ist im ökonomischen Schrifttum die Bezeichnung Nelson-Siegel-Svensson (NSS)-Modell gebräuchlicher, da das Svensson-Modell lediglich eine Weiterung des Nelson-Siegel-Funktion darstellt, des praktisch am weitesten verbreiteten Verfahrens zur Berechnung synthetischer Nullkuponanleihen.
116 Kölner Komm AktG/*Gayk* SpruchG Anh. § 11 Rn. 30. Abrufbar unter: https://www.bundesbank.de/de/statistiken/geld-und-kapitalmaerkte/zinssaetze-und-renditen/taegliche-zinsstruktur-fuer-boersennotierte-bundeswertpapiere-650724.
117 Vgl. *FAUB IDW* WPg 2023, 134 (134 ff.); Kritik etwa bei *Knoll/Kruschwitz/Löffler* ZBB 2019, 262 (262 ff.).
118 Für Zulässigkeit einer Rundung Kölner Komm AktG/*Gayk* SpruchG Anh. § 11 Rn. 32. Der österreichische KFS/BW1 enthält sich demgegenüber Aussagen zu einer möglichen Rundung, vgl. *Rabel* BwP 3/2014, 84 (88).

Soweit diesem Vorgehen Sympathie entgegengebracht wird, wird ein dreimonatiger Referenzzeitraum vor dem Stichtag verwendet. Die Rechtsprechung steht der Verwendung von Durchschnittskursen zur Glättung kurzfristiger Marktschwankungen offen gegenüber.[119] Nach hier vertretener Ansicht ist Durchschnittskursbildungen zumindest mit Vorsicht zu begegnen. Auf (leidlich) informationseffizienten Kapitalmärkten reagieren Notierungen von Anleihen und Aktien vor allem auf preissensitive neue Erkenntnisse. Das heißt gleichzeitig, dass durch Abstellen auf einen Durchschnittskurs der Anleihekurs nicht zwingend allein um zufällige Ausschläge bereinigt wird, sondern gegebenenfalls im gleichen Atemzug ein historischer, also durch die wirtschaftliche Entwicklung überholter Kurs für den Basiszinssatz bewertungsrechtlich aufgewertet wird. Dies ist gerade im Bereich der Bestimmung des Basiszinssatzes nicht unproblematisch, weil anders als im Kontext der parallelen Frage, inwieweit Börsenkurse eines kompensationsverpflichteten Emittenten über die Zeitachse zu glätten sind, auf dem Anleihemarkt nicht ernsthaft damit gerechnet werden kann, dass Minderheitsaktionäre oder Gesellschaft zur Manipulation der Abfindungshöhe den Kurs für Staatsanleihen in die gewünschte Richtung bewegen. Eine genauere Auseinandersetzung mit der Frage, ob die Vorteile der Durchschnittskursbildung nicht durch die damit verbundenen Nachteile überlagert werden, wird man deshalb als Desiderat bezeichnen können. Aus bewertungstheoretischer Sicht wird man in diesem Zusammenhang aber festhalten können, dass ein Referenzzeitraum nicht länger sein sollte als erforderlich, um kurzfristige, nicht fundamental begründbare Volatilitäten zu eliminieren.

47 Umstritten ist schließlich, ob der mittels Zinsstrukturkurve ermittelte – synthetische laufzeitäquivalente – Basiszinssatz großzügig zu runden ist, wie es das IDW mit einer Rundung auf Viertelprozentpunkte vorschlägt; eine Empfehlung, die in der Rechtsprechung nicht durchgehend nachvollzogen wird. Zur Rechtfertigung der Rundung wird von Seiten der Gesellschaften allgemein auf die Notwendigkeit, die Unternehmensbewertung praktikabel zu halten, verwiesen.[120] Man mag sich allerdings fragen, ob es hierzu tatsächlich einer Rundung bedarf.[121] Eine kaufmännische Rundung auf die zweite Nachkommastelle ist in anderen Zusammenhängen absolut üblich und überfordert weder Bewerter noch Adressaten des Bewertungsgutachtens. Soweit im Hintergrund der Rundung die weitergehende Überlegung steht, dass es wenig zielführend ist, dass Spruchverfahren sich mit der Frage auseinandersetzen, ob die zweite Nachkommastelle der Schätzung des Zinsfußes einer synthetisch entwickelten ewigen Anleihen „richtig" ist, ist dem in der Tat zuzugestehen, dass dies ein wenig erfreuliches Szenario darstellen würde. Die zunächst einmal wenig filigrane Rundung dient dann also der Vermeidung des Eindrucks, dass sich die erwartete Rendite einer ewigen Rente exakt auf beispielsweise 2,89 % oÄ belaufe und dieses Ergebnis frei von Zweifeln sei – in der Tat eine hinreichend artifizielle Vorstellung. Diesem Problem kann allerdings auch das Gericht durch Ausübung seines Schätzermessens (§ 287 ZPO) einen Riegel vorschieben, das die Spruchpraxis auch im Übrigen aktiviert, um geringfügigen Abweichungen die spruchverfahrensrechtliche Relevanz abzusprechen. Dennoch akzeptieren erste Instanz-

---

[119] OLG Brandenburg NZG 2023, 223 (228 f.); LG München I 21.6.2013 – 5 HK O 19183/09, BeckRS 2013, 12292. Vgl. auch OLG Düsseldorf 15.12.2016 – I-26 W 25/12, BeckRS 2016, 12835, das offenlässt, ob eine Durchschnittskursbildung erforderlich ist, gleichzeitig dies aber als vertretbares Vorgehen anerkennt.

[120] Kölner Komm AktG/*Gayk* SpruchG Anh. § 11 Rn. 22.

[121] Der KFS/BW1 für Österreich etwa enthält keine Vorgaben zu eventuellen Rundungen, vgl. *Rabel* BwP 3/2014 84 (88).

gerichte die durch das IDW vorgeschlagene Rundung mit der Überlegung, dass die Übernahme des exakten Wertes eine scheinbare, in Wahrheit aber nicht vorhandene Genauigkeit vortäuschen würde.[122] Ein allgemeiner Grundsatz, wonach eine zulasten der Antragsteller gehende Aufrundung im Bereich des Basiszinssatzes nicht möglich sei, existiere nicht.[123] Andere Gerichte sehen demgegenüber keine Notwendigkeit, auf einen Viertelprozentpunkt aufzurunden, da damit weder eine Vereinfachung noch ein Erkenntnisgewinn verbunden sei.[124] Nach hier vertretener Ansicht sollte man diesen zurückhaltenden Stimmen in der Rechtsprechung folgen. Ohne Not macht sich der von Minderheitsaktionären ohnehin skeptisch beäugte IDW S1 durch die sachlich nicht gerechtfertigte großzügige Rundung methodisch angreifbar. Inhaltlich ist nicht erkennbar, weshalb eine Rundung geboten wäre. Zu bejahen ist deshalb eine kaufmännische Rundung auf die zweite Nachkommastelle.

b) Risikozuschlag/Marktrisikoprämie
aa) Grundlagen

Erträge aus unternehmerischer Tätigkeit sind unsicher.[125] Unter der praxisnahen Annahme von **Risikoaversion** natürlicher Personen ist deshalb diesem Unsicherheitselement durch Berücksichtigung einer Prämie auf den Referenzzins einer risikofreien Anlage Rechnung zu tragen, der Anleger muss also durch einen Renditezuschlag davon überzeugt werden, dass sich das Investment in riskante Titel lohnt.[126]

Im Prinzip existieren zwei Möglichkeiten, dieses besondere Unsicherheitselement der Erträge aus unternehmerischer Tätigkeit abzubilden. Einerseits kann (zumindest teilweise) ein Abschlag auf die Planzahlen (Zähler) vorgenommen werden, womit verdeutlicht wird, dass die erwarteten Einzahlungsüberschüsse als Erwartungswerte von den im Mittelpunkt des Bewertungsinteresses stehenden Anteilseignern aufgrund ihrer Unsicherheit mit einem wertmäßigen Abschlag belegt werden. Andererseits kann dieser Risikoabneigung des Durchschnittsanlegers auch dadurch Rechnung getragen werden, dass man diese Risikoaversion methodisch ausschließlich im Nenner abbildet; hinter diesem Vorgehen steht die Intuition, dass der Anleger keinen Abschlag von den erwarteten Einzahlungsüberschüssen direkt vornimmt, aber im Wissen um deren Unsicherheit ein Extra an Überrendite im Vergleich zur Verzinsung einer risikolosen Anleihe einfordert.

Für die Praxis ist in diesem Zusammenhang unbedingt zu beachten, dass die Unsicherheit zukünftiger Einzahlungsüberschüsse bzw. Erträge in Bewertungsgutachten auf Grundlage des IDW S1 ausschließlich im Kapitalisierungszinssatz/in der Risikoprämie abgebildet wird. Anders war nach dessen Vorgänger zu verfahren: Nach HFA 2/1983 wurden unternehmensindividuelle Risiken bereits in den Planrechnungen erfasst, exogene, also nicht aus dem Verantwortungsbereich des Unternehmens stammende Risiken hingegen im Risikozuschlag. Entsprechend fällt der mittels IDW-Bewertungsgut-

---

122 So etwa OLG Saarbrücken DStR 2014, 1727 (1731); OLG Karlsruhe 1.4.2015 – 12a W 7/15, BeckRS 2015, 09001.
123 OLG Karlsruhe 1.4.2015 – 12a W 7/15, BeckRS 2015, 09001.
124 OLG Düsseldorf 15.12.2016 – I-26 W 25/12, BeckRS 2016, 12835.
125 Kölner Komm AktG/*Gayk* SpruchG Anh. § 11 Rn. 35.
126 OLG Brandenburg NZG 2023, 223 (229); OLG Stuttgart AG 2014, 208 (211); LG Dortmund NZG 2004, 723 (725). Vgl. auch OLG Frankfurt a. M. AG 2022, 83 (86).

achten bestimmte Risikozuschlag unter „Geltung" des IDW S1 durchweg höher aus als unter HFA 2/1983.[127]

bb) Traditionelle Pauschalzuschlagsmethode

51 In der früheren Rechtsprechung wurde das mit einem Investment in Aktien oder vergleichbare Beteiligungstitel verbundene Risiko verbreitet dadurch berücksichtigt, dass man den Basiszinssatz um einen Pauschalbetrag von regelmäßig 0,5 % bis 2 % erhöhte, mit dem das allgemeine Unternehmens- und Insolvenzrisiko erfasst werden sollte.[128] Zu Recht wurde und wird diesem Pauschalzuschlagsverfahren, das zunehmend an Relevanz verliert, vorgeworfen, mit zahlreichen Unwägbarkeiten verbunden zu sein und letztlich auf spekulativen Annahmen aufzubauen.[129] Es krankt insbesondere daran, dass keine sinnvollen und intersubjektiv nachvollziehbaren Kriterien bestehen, anhand derer die Höhe des pauschalen Risikozuschlags zu bemessen wäre; es handelt sich um eine Daumenregel im schlechtesten Sinne des Wortes. Auch wenn die Unternehmensbewertung in Spruchverfahren Rechtsfrage ist, sollten doch keine diskretionären Entscheidungsspielräume für die befassten Spruchkörper geschaffen werden.

52 Die vergleichsweise niedrige Höhe des Risikozuschlags (0,5–2 %), die sich nach der Pauschalmethode ergibt (→ Rn. 60), dürfte nicht zuletzt dem Umstand geschuldet sein, dass die „Ermittlung" dieser Höhe des Risikozuschlags aus Zeiten datiert, in denen Bewertungsgutachten auf Grundlage des HFA 2/1983 erstellt wurden und deshalb wesentliche Teile des unternehmerischen Risikos bereits in den Ertragsplanungen abgebildet wurden. Die Frage gehört zu den typischen Streitpunkten praktisch jedes Spruchverfahrens.

cc) Capital Asset Pricing Model (CAPM)

53 Aufgrund der offensichtlichen Schwächen der Pauschalzuschlagsmethode hat sich im Laufe der jüngeren Vergangenheit das Capital Asset Pricing Model (CAPM) als dominierendes Verfahren zur Bestimmung des Risikozuschlags in Bewertungspraxis und Rechtsprechung durchgesetzt,[130] auch der IDW S1 idF greift auf das CAPM zurück.[131] Das CAPM berechnet die Renditeerwartungen eines Eigenkapitalgebers als Risikoaufschlag auf die risikolose Anlage r_t^f, also der nach Nelson/Siegel/Svensson ermittelten Zinsstrukturkurve. Der Risikoaufschlag wird als Multiplikation des unternehmensspezifischen Risikos β mit der Marktrisikoprämie verstanden, wobei sich die Marktrisikoprämie als Überrendite der Anlage in den gesamten Wertpapiermarkt r_t^m über den risikofreien Zins $r_t^f(r_t^m - r_t^f)$ ermittelt:

$$k_t^{EK} = r_t^f + \beta(r_t^m - r_t^f)$$

---

[127] Kölner Komm AktG/*Gayk* SpruchG Anh. § 11 Rn. 6.
[128] *Aha* AG 1997, 26 (36).
[129] Vgl., wenn auch vorsichtig, MüKoAktG/*van Rossum* § 305 Rn. 140 ff.; *Weber/Kersjes* Hauptversammlungsbeschlüsse § 5 Rn. 191; dies ausdrücklich anerkennend auch LG Frankfurt a. M. AG 2007, 42 (46); BayObLG NZG 2006, 156 (157 f.).

[130] Zur generellen Bedeutung des CAPM etwa *Adolff* Unternehmensbewertung S. 25 f.; Kölner Komm AktG/*Gayk* SpruchG Anh. § 11 Rn. 37; *Löffler* WpG 2007, 808 (809 f.); *Kuhner* WPg 2007, 825 (825 ff.). Vgl. noch den völlig anderslautenden Befund für die 90er-Jahre des letzten Jahrtausends bei *Aha* AG 1997, 26 (31 f.).
[131] IDW S 1 idF 2008, Tz. 91.

Der unternehmensspezifische Faktor β gibt an, wie sich das unternehmensspezifische Risiko im Vergleich zum Gesamtmarkt verhält. Ein β von Eins bedeutet einen völligen Gleichlauf der Renditeerwartung des Unternehmens mit dem Marktportfolio, also der Entwicklung des Gesamtmarktes.[132] Ein Wert größer als Eins spricht für eine höhere Renditeerwartung als das Marktportfolio und damit ein höheres unternehmerisches Risiko, während Werte unter Eins das Gegenteil implizieren.[133] Bei der Diskussion des Risikos ist zu beachten, dass hierbei nur das Marktrisiko (systematisches Risiko) des Unternehmens abgebildet wird. Das unsystematische Risiko wird in der Annahme des CAPM durch den Markt nicht vergütet und kann durch Portfoliodiversifikation reduziert werden.[134] Die Ermittlung des Risikozuschlags mittels CAPM lässt sich damit wie folgt zusammenfassen: In einem ersten Schritt wird ermittelt, um wie viel die erwartete Rendite eines Investments in risikobehaftete Aktien allgemein über der (erwarteten)[135] Rendite eines Engagements in risikolosen Bonds liegt, und in einem zweiten Schritt mittels des ß-Faktors überprüft, ob das Risiko des zu bewertenden Einzeltitels über oder unter dem allgemein mit einem Aktienengagement verbundenen Risiko liegt und deshalb ein Renditeaufschlag respektive -abschlag im Vergleich zum Marktportfolio gerechtfertigt ist. 54

Wenn auch – wie wohl jedes Modell – CAPM und seine praktische Eignung nicht unumstritten sind,[136] weist es doch eine Reihe von Vorteilen gegenüber der klassischen Pauschalmethode auf. Während die Pauschalzuschlagsmethode eine echte Daumenregel ohne jegliches theoretische oder empirische Fundament ist, kann das CAPM zumindest für sich in Anspruch nehmen, einerseits auf einem schlüssigen und in sich konsistenten Modell zu beruhen und andererseits nicht auf Schätzungen des Gerichts, sondern auf empirisch beobachtbaren Daten des Kapitalmarkts zu basieren, die rationaler Nachprüfung und Diskussion zugänglich sind.[137] Es gewährleistet – gemessen am Alternativverfahren Pauschalzuschlag – eine höhere Vergleichbarkeit der Unternehmensbewertung und damit eine erhöhte Transparenz im Hinblick auf die Ableitung des Risikozuschlags.[138] Mit dem CAPM bzw. Tax CAPM finden bei der Feststellung des Unternehmenswertes intersubjektiv nachvollziehbare Grundsätze Anwendung, die zudem auf einer der Überprüfung und Plausibilisierung fähigen Grundlage – Kapitalmarktdaten – stehen.[139] Der Umstand, dass diese Kapitalmarktdaten ua vorübergehende Aktienkursschwankungen abbilden, die für einen Investor, der nicht kurz- oder mittelfristig in den betreffenden Beteiligungstitel investieren möchte, sondern diesen langfristig hält, irrelevant sind, belastet die Eignung des CAPM entgegen einzelner 55

---

132 Vgl. etwa *Brealey/Myers/Allen/Edmans*, Principles of Corporate Finance, S. 222. Man beachte, dass für β=1 gilt: k^{EK}t=rmt.
133 OLG Brandenburg NZG 2023, 223 (229); OLG Karlsruhe 12.7.2013 – 12 W 57/10, BeckRS 2013, 13603; *Großfeld* NZG 2009, 1204 (1206 f.); *Brealey/Myers/Allen/Edmans*, Principles of Corporate Finance, S. 222.
134 *Brealey/Myers/Allen/Edmans*, Principles of Corporate Finance, S. 228 f. Bei der Bewertung von KMU wird von einzelnen Bewertungspraktikern die Annahme der Diversifikation des unsystematischen Risikos für praxisfern gehalten und deshalb das Alternativkonzept des sog. „Total Beta" propagiert, vgl. hierzu – kritisch – etwa *Kruschwitz/Löffler* CF 6/2014, 263. Im Rahmen der gesetzlichen Bewertungsanlässe sind demgegenüber typischerweise börsennotierte Publikumsgesellschaften Bewertungsgegenstand, so dass sich diese Frage regelmäßig nicht stellen wird.
135 Da es sich annahmegemäß um eine sichere Anlage (Sicherheitsäquivalent) handelt, gibt es letztlich keinen Erwartungswert im Sinne der Entscheidungstheorie.
136 Kritik etwa bei *Gleißner* WPg 2015, 72 (73): empirisch unbefriedigend, zu restriktive Modellannahmen.
137 OLG Karlsruhe 16.7.2008 – 12 W 16/02, BeckRS 2008, 18939; *Weber/Kersjes* Hauptversammlungsbeschlüsse § 5 Rn. 182.
138 So OLG Düsseldorf WM 2009, 2220 (2225).
139 OLG Düsseldorf WM 2009, 2220 (2226); *Löffler* WPg 2007, 808 (810).

jüngerer Stimmen gleichfalls nicht.[140] Der objektivierte Unternehmenswert setzt eine Typisierung des durchschnittlichen Anlegers voraus, die nie ein vollständiges Abbild der Realität sein kann. Entsprechend ist es sicherlich nicht fernliegend zu unterstellen, dass ein durchschnittlicher Anleger seine Aktien regelmäßig nicht allein mit Blick auf Gewinnerwartungen und Dividendenrendite halten wird, sondern gegebenenfalls zumindest mittelfristig einen Exit unter Realisierung von Kursgewinnen oder -verlusten für möglich hält. Eine rein investitionstheoretische Betrachtung, die kurzfristige Kursvolatilitäten gänzlich ausblendet, würde die Existenz dieses Anlegertypus negieren.

56 Aufgrund dieser methodischen Vorteile des CAPM greift auch die Mehrzahl der Spruchkörper zur Bestimmung des Risikozuschlags (mittlerweile) auf das Capital Asset Pricing Model zurück.[141] Selbst das in der Vergangenheit in diesem Punkt überaus skeptische OLG München lehnt das CAPM nicht mehr rundweg ab, sondern anerkannt seit 2009 seine grundsätzliche Eignung zur Bestimmung des Risikozuschlags im Rahmen der Unternehmensbewertung: So hat der erkennende Senat mit Beschluss v. 14.7.2009 zwar weiterhin an der Auffassung festgehalten, dass das CAPM einer pauschalen Bestimmung des Risikozuschlags nicht zwingend überlegen sei, lässt es gleichzeitig aber zu, dass im Rahmen einer empirischen Schätzung des Risikozuschlags „[...] auch – bei der gebotenen kritischen Überprüfung – die unter Anwendung des CAPM gewonnenen Daten als eines der Elemente für die Schätzung des Risikozuschlags herangezogen werden".[142]

57 Für die Bewertungspraxis im Spruchverfahren fasst das OLG Düsseldorf im Ergebnis zutreffend zusammen, dass „trotz der teilweise nicht unberechtigten Einwände kein Weg an der Tatsache vorbei[führt], dass das CAPM in der internationalen Bewertungspraxis die Standardmethode zur Bestimmung der Marktrisikoprämie ist."[143]

58 Technisch erfolgt die Ermittlung der Risikoprämie auf Grundlage des CAPM in einem **zweistufigen Verfahren**: Zunächst ist die Marktrendite zu bestimmen, also die Überrendite, die eine Investition in risikobehaftete Unternehmenstitel gegenüber einer Anlage in risikolose Bonds generiert, in einem zweiten Schritt sodann der Beta-Faktor, der Auskunft über das Ausmaß der Korrelation von unternehmensspezifischem und allgemeinem Marktrisiko gibt.[144]

(1) Marktrisikoprämie

59 Die Marktrisikoprämie gibt die Überrendite an, die ein Investment in risikobehaftete Aktien gegenüber der als risikofrei unterstellten Anlage in Anleihen abwirft. Zur Ermittlung der Marktrisikoprämie wird im Ausgangspunkt auf einen Vergleich der historischen Überrenditen von Aktien gegenüber Anleihen rekurriert, der regelmäßig Referenzindices wie den DAX und den REX als Bezugsgrößen nimmt.[145] In einem zweiten Schritt korrigieren IDW S1 und Teile des Schrifttums diese historischen Überrenditen

---

140 AA *Gleißner* WpG 2015, 72 (73 f.), der allein den „fundamentalen, risikogerechten Ertragswert" unter Ausklammerung von Kapitalmarktrisiken für beachtlich erklären will.
141 OLG Frankfurt a. M. AG 2022, 83 (86); OLG Düsseldorf 15.12.2016 – I-26 W 25/12, BeckRS 2016, 12835; OLG Düsseldorf NJW-RR 2006, 541 (543); WM 2009, 2220 (2226); OLG Stuttgart NZG 2007, 112; AG 2014, 208 (211); OLG Celle ZIP 2007, 2025 (2027); OLG Karlsruhe 16.7.2008 – 12 W 16/02, BeckRS 2008, 18939.
142 OLG München WM 2009, 1848 (1851); vgl. auch OLG München 14.12.2021 – 31 Wx 190/20, juris Rn. 82.
143 OLG Düsseldorf WM 2009, 2220 (2226).
144 OLG Frankfurt a. M. AG 2011, 832 (836).
145 OLG Stuttgart AG 2014, 208 (211); Kölner Komm AktG/*Gayk* SpruchG Anh. § 11 Rn. 38; Simon SpruchG/*Simon/Leverkus* Anh. § 11 Rn. 128.

von Aktien durch Typisierungen und weitere Erwägungen, um – methodisch korrekt – aufzufangen, dass maßgeblich für die Bestimmung des Barwerts der zukünftigen Einzahlungsüberschüsse nicht die historische Überrendite ist, sondern die Überrendite, die während der Gesamtlebensdauer des zu bewertenden Unternehmens zu erwarten ist.[146] In der jüngeren Vergangenheit haben allerdings auch synthetische Verfahren, die den Rekurs auf historische Renditedaten vermeiden, Zulauf erhalten.[147]

Zur **Höhe der Marktrisikoprämie** existieren zahlreiche Studien, die aufgrund konkurrierender Annahmen bzgl. Methodik wie auch bzgl. der heranzuziehenden Datenbasis zu durchaus divergierenden Ergebnissen kommen.[148] Die Bewertungspraxis orientiert sich auch insoweit vor allem an den Empfehlungen des IDW, dessen FAUB für Bewertungsstichtage nach dem 1.1.2009 grundsätzlich den Ansatz einer Marktrisikoprämie vor persönlichen Steuern in Höhe von 4,5–5,5 % empfiehlt.[149] Für Bewertungsstichtage nach dem 19.9.2012 werden demgegenüber 5,65–7 % vor Steuern bzw. 5–6 % nach Steuern empfohlen; die Gerichte akzeptieren auf dieser Grundlage verbreitet den Ansatz des Mittelwerts der Nachsteuermarktrisikoprämie in Höhe von 5,5 % für den Zeitraum ab September 2012.[150] Soweit nicht der Pauschalzuschlagsmethode gefolgt wird, die zu deutlich niedrigeren Werten führt, vollzieht die Spruchpraxis diese Empfehlung größtenteils – im Einzelfall mehr oder weniger umfassend – nach.

(2) Betafaktor

Mit dem Betafaktor wird der allgemeine Risikozuschlag, dh die Marktrisikoprämie an das konkrete Risiko des zu bewertenden Unternehmens angepasst.[151] Der Betafaktor kennzeichnet also die besondere Empfindlichkeit der Aktie in Bezug auf die allgemeine Bewegung des Marktes.[152] Technisch formuliert spiegelt der Betafaktor die relative Kursschwankung (Volatilität) einer spezifischen Aktie im Vergleich zur Gesamtheit aller Aktien (Marktportfolio) oder zu den Aktien eines Marktsegments wider.[153] Da sich der unternehmensspezifische Betafaktor einerseits als Kovarianz zwischen den Aktienrenditen des zu bewertenden Unternehmens oder vergleichbarer Unternehmen und der Rendite eines Aktienindexes/des Marktportfolios dividiert durch die Varianz der Renditen des Aktienindexes/Marktportfolios berechnet, andererseits die Renditen des Unternehmens nicht nur Dividenden, sondern auch Kursgewinne umfassen, setzt die Ermittlung des Betafaktors grundsätzlich voraus, dass die Gesellschaft börsennotiert ist, ein aktiver Handel für die Aktie existiert und die Preisbildung nicht durch exogene Faktoren verzerrt ist.[154]

Methodisch ist das Beta für den Bewertungszeitraum, also die Gesamtlebensdauer des Unternehmens zu bestimmen; die Rechtsprechung formuliert insoweit zutreffend, dass der Betafaktor im Grundsatz kein empirisch feststellbarer Vergangenheitswert ist, son-

---

146 IDW S1 idF 2008, Tz. 91.
147 Kölner Komm AktG/*Gayk* SpruchG Anh. § 11 Rn. 38.
148 OLG Stuttgart AG 2014, 208 (212); Überblick über die Vorsteuerüberrenditen, die verschiedene Studien ermitteln etwa bei OLG Karlsruhe 12.7.2013 – 12 W 57/10, BeckRS 2013, 13603.
149 Vgl. *FAUB* WPg 2012, 169.
150 OLG Frankfurt a. M. AG 2022, 83 (86).
151 OLG Brandenburg NZG 2023, 223 (229); OLG Karlsruhe 12.7.2013 – 12 W 57/10, BeckRS 2013, 13603; zum Betafaktor allgemein etwa *Großfeld* NZG 2006, 1204 (1204 ff.).
152 MüKoAktG/*van Rossum* § 305 Rn. 155; vgl. auch OLG Stuttgart AG 2014, 208 (212).
153 *Großfeld* NZG 2009, 1204 (1209); Simon SpruchG/*Simon/Leverkus* Anh. § 11 Rn. 129.
154 OLG Düsseldorf 20.9.2006 – 26 W 8/06, BeckRS 2007, 06686; *Großfeld* NZG 2009, 1204 (1207); *Großfeld/Merkelbach* NZG 2008, 241 (245); *Weber/Kersjes* Hauptversammlungsbeschlüsse § 5 Rn. 188.

dern ein **durch Schätzung zu ermittelnder Zukunftswert (sog. „Adjusted Beta")**.[155] In der Praxis wird dieses zukünftige Beta dennoch unter maßgeblichem Rückgriff auf seine historischen Werte entwickelt (sog. „Raw Beta").[156] Hauptstreitpunkte sind dabei, für welchen Zeitraum das historische Beta zu ermitteln ist, in welchen Abständen die maßgeblichen Daten zu erheben sind (Tages-, Wochen- oder Monatsbetrachtung), auf welchen Referenzindex abzustellen ist, welches statistische Gütemaß anzuwenden ist und auch und vor allem, ob eventuell der historische Datensatz um einzelne Werte zu bereinigen ist;[157] Letzteres wird vor allem dann diskutiert, wenn der Wert eines zu bewertenden Unternehmens aufgrund eines ausstehenden Übernahmeangebots oÄ vorübergehend auf einem bestimmten Niveau „eingefroren" ist und deshalb für diesen Zeitraum die ansonsten zu beobachtende Volatilität gegenüber dem Marktportfolio erheblich reduziert ist.

63 Ist das zu bewertende Unternehmen selbst **nicht börsennotiert** (zum Begriff der Börsennotierung → Rn. 164 ff.) oder ist sein historisches Beta nicht hinreichend belastbar,[158] scheidet eine Ermittlung der Marktrisikoprämie anhand des CAPM nicht zwingend aus. Lässt sich der Betafaktor nicht durch Rückgriff auf historische Daten ermitteln, kann er nach herrschender Ansicht in Rechtsprechung und Schrifttum durch Bildung einer sogenannten **Peer Group** bestimmt werden.[159] Gerade CAPM bzw. Tax CAPM eröffnen die Möglichkeit eines Unternehmensvergleichs, wenn im Gutachten für das Gericht nachvollziehbar dargelegt wird, warum die Peer Group sich so – wie angenommen – zusammensetzt.[160] Durch einen Peer Group-Vergleich wird synthetisch nachgebildet, welchen Betafaktor das zu bewertende Unternehmen im Falle seiner Börsennotierung aufweisen würde. Die Peer Group-Bildung dient also nicht etwa der Ermittlung von Betafaktoren anderer Unternehmen, sondern ist ein Instrument, um mittels komparativer Analyse Rückschlüsse auf den Wert des Betafaktors der zu bewertenden Gesellschaft zum Stichtag zu ermöglichen.

64 Entgegen vereinzelter Ansicht im Schrifttum führt der Rückgriff auf eine Peer Group zur Bestimmung des Betafaktors des zu bewertenden Unternehmens nicht zu einer systematisch zu niedrigen Bemessung von Barabfindungsangeboten. Die im Hintergrund stehende These, dass die Existenz eines Mehrheitsaktionärs bei Strukturmaßnahmen die Geschäfte der Gesellschaft in einer Weise beeinflusse, dass sich die Risikolage weitgehend von den Marktrisiken, also den Risiken, denen sich die Vergleichsunternehmen ausgesetzt sehen, entkoppele und Betafaktoren nahe Null nach sich ziehe,[161] vermag nicht zu überzeugen. Würde diese zutreffen, hieße dies, dass sich praktisch sämtliche

---

[155] OLG Stuttgart AG 2014, 208 (212).
[156] Vgl. etwa OLG Düsseldorf AG 2023, 129 (132); OLG Stuttgart AG 2014, 208 (212) und OLG Frankfurt a. M. AG 2022, 83 (85). Kritisch wegen dieser Vergangenheitsorientierung *Gleißner* WPg 2015, 72 (75).
[157] Vgl. etwa *Creutzmann/Spies* Bewertungspraktiker 3/2014, 98 (100).
[158] Zu den Anforderungen an den Bestimmtheitsmaßstab für den eigenen Betafaktor etwa OLG Frankfurt a. M. AG 2011, 832 (837); *Franken/Schulte* WPg 2010, 1110 (1110 ff.); *Großfeld* NZG 2009, 1204 (1207); *Knoll* WPg 2010, 1106 ff. Aus der Rechtsprechung etwa OLG Karlsruhe 12.7.2013 – 12 W 57/10, BeckRS 2013, 13603; OLG Düsseldorf 15.12.2016 – I-26 W 25/12, BeckRS 2016, 12835: Veräußerung des bisher den Beta-Faktor maßgeblich bestimmenden Unternehmensbereichs.
[159] OLG Brandenburg NZG 2023, 223 (229) OLG Düsseldorf AG 2023, 129 (132); OLG Düsseldorf 20.9.2006 – 26 W 8/06, BeckRS 2007, 06686; OLG Düsseldorf WM 2009, 2220 (2226); OLG Frankfurt a. M. AG 2011, 832 (836); OLG Karlsruhe 12.7.2013 – 12 W 57/10, BeckRS 2013, 13603; OLG München WM 2009, 1848 (1850); OLG Stuttgart AG 2014, 208 (212); Simon SpruchG/*Simon/Leverkus* Anh. § 11 Rn. 129. AA LG Dortmund NZG 2004, 723 (726): mangels Börsennotierung und damit fehlendem Betafaktor müsse Bewertung anhand des CAPM ausscheiden.
[160] OLG Düsseldorf WM 2009, 2220 (2226).
[161] Vgl. *Erhardt/Nowak* AG 2005, Sonderheft Fair Valuations, S. 5 f.

typischen Risiken einer Branche (Wechsel der Kundenpräferenzen, Konjunktur, Zins- und Währungsrisiken, Arbeitskosten aufgrund Personalintensität, das Auftreten zusätzlicher Wettbewerber etc) allein auf die Unternehmen auswirken würden, die keinen Großaktionär oder keine Obergesellschaft besitzen, während konzernabhängige Gesellschaften offensichtlich aufgrund der schützenden Hand der Konzernmutter gegen diese unternehmerischen Risiken immun sein sollen. Diese erscheint kaum plausibel.[162]

Die **Auswahl der zur Peer-Group zu zählenden Unternehmen** ist in der Praxis von herausragender Bedeutung und entsprechend häufig Gegenstand von Kontroversen zwischen Antragstellern, Antragsgegnern und sachverständigen Prüfern bzw. gerichtlich bestellten Sachverständigen. Die Rechtsprechung verlangt allgemein, dass der Bewerter eine Einschätzung vornimmt, welche Unternehmen vergleichbar sind,[163] betont aber gleichzeitig auch zu Recht, dass die Anforderungen an die Plausibilisierung nicht überspannt werden dürfen.[164] Bei der Bildung der Peer Group kann es nicht darum gehen, in jeder Hinsicht („absolut") vergleichbare Unternehmen heranzuziehen, denn eine solche absolute Vergleichbarkeit kann bei der Bildung einer Vergleichsgruppe gerade nicht hergestellt werden, da jedes Unternehmen eine einzigartige Kombination von spezifischen Produktionsfaktoren darstellt. Ziel ist es vielmehr, eine bestmögliche Peer Group zusammenzustellen.[165] Bewertungsziel ist also eine auf gegebener Datenbasis erfolgende möglichst gute Approximation. Über die Aufnahme in die Peer Group entscheidet ein hinreichend vergleichbares Risiko-, Rendite- und Wachstumsprofil des Peer Group-Kandidaten mit dem zu bewertenden Unternehmen.[166] 65

Der Betafaktor der Unternehmen der Peer Group misst das Eigenkapitalrisiko dieser Gesellschaften bei gegebenem **Verschuldungsgrad**. Um zu berücksichtigen, dass die Finanzierung der zu bewertenden Gesellschaft regelmäßig nicht identisch mit der Finanzierungsstruktur der Mitglieder der Peer Group ist („Kapitalstrukturrisiko"), ist deshalb das unbereinigte Beta (sog. „levered beta") der Mitglieder der Vergleichsgruppe um das Fremdkapital zu bereinigen.[167] Es ergibt sich der Betafaktor des unverschuldeten börsennotierten Unternehmens („unlevered beta"), mit dem eine taugliche Vergleichsgröße gewonnen ist,[168] und der das operative, von der Finanzierungsstruktur unabhängige Geschäftsrisiko („operating beta") abbildet.[169] Letzter Schritt ist die Anpassung des unlevered beta an die Finanzierungsstruktur bzw. den Verschuldungsgrad des zu bewertenden Unternehmens („relevered beta"), wobei sich der Verschuldungsgrad als Verhältnis von Marktwert des Eigenkapitals und Marktwert des Fremdkapitals bestimmt.[170] 66

dd) Tax-CAPM

Wie durch den IDW S1 empfohlen, verwendet die Bewertungspraxis praktisch nicht das CAPM, sondern das um die **Berücksichtigung von Steuern** ergänzte Tax-CAPM,[171] 67

---

162 Ablehnend auch OLG Karlsruhe 12.7.2013 – 12 W 57/10, BeckRS 2013, 13603; Simon SpruchG/*Simon/Leverkus* Anh. § 11 Rn. 130.
163 OLG München WM 2009, 1848 (1850).
164 OLG Düsseldorf 20.9.2006 – 26 W 8/06, BeckRS 2007, 06686.
165 OLG Karlsruhe 16.7.2008 – 12 W 16/02, BeckRS 2008, 18939.
166 *Creutzmann/Spies* Bewertungspraktiker 3/2014, 98.
167 OLG Düsseldorf 4.7.2012 – 26 W 8/10 (AktE), BeckRS 2012, 20476; Simon SpruchG/*Simon/Leverkus* Anh. § 11 Rn. 131; Kölner Komm AktG/*Gayk* SpruchG Anh. § 11 Rn. 49.
168 OLG Karlsruhe 12.7.2013 – 12 W 57/10, BeckRS 2013, 13603; *Großfeld/Stöver* BB 2004, 2799 (2807).
169 OLG Düsseldorf 4.7.2012 – 26 W 8/10 (AktE), BeckRS 2012, 20476.
170 OLG Düsseldorf 4.7.2012 – 26 W 8/10 (AktE), BeckRS 2012, 20476.
171 *Brennan* NTJ 1970, 417.

auch die Rechtsprechung akzeptiert in weiten Teilen die Verwendung des Tax-CAPM.[172] Das Tax-CAPM versucht abzubilden, dass Anteilseignern wirtschaftlich nicht die Erträge der Unternehmung zufließen, sondern die um persönliche Ertragssteuern geminderten Erträge.[173] Da sich der IDW PS 1 idF 2008 der Netto- bzw. Nachsteuerbetrachtung verpflichtet fühlt, ist die Existenz von Steuern aus Konsistenzgründen nicht nur im Rahmen der Planungsrechnungen und bei Ermittlung der Rendite der Alternativanlage zu berücksichtigen, sondern auch bei der Marktrisikoprämie. Der Ansatz von Vorsteuerwerten würde eine überproportionale Ertragssteuerbelastung der Anteilseigner unterstellen, was nicht sachgerecht ist. Bei sachgerechter Berücksichtigung persönlicher Einkommensteuern ergeben sich im Vergleich zu Vorsteuerwerten für die Marktrisikoprämie leicht erhöhte Werte.[174] Da es aufgrund unterschiedlicher Steuerbelastung nicht möglich ist, die tatsächliche Ertragssteuerbelastung für die Gesamtheit der Anteilseigner darzustellen, geht das Tax-CAPM dabei von einer typisierten Steuerbelastung aus, um den möglichen Unterschieden hinsichtlich Umfang und Zeitpunkt der Steuerzahlung gegenüber der Alternativanlage Rechnung zu tragen.[175] Der Durchschnittsanleger, den das Tax-CAPM zugrunde legt, ist dabei eine inländische, unbeschränkt steuerpflichtige natürliche Person.[176]

68 Seit Einführung der **Abgeltungssteuer** 2008, die nach wohl hM das Tax-CAPM nicht obsolet hat werden lassen,[177] empfiehlt der Fachausschuss für Unternehmensbewertung und Betriebswirtschaft des IDW (FAUB), zur Steuerbereinigung des CAPM für Bewertungsstichtage ab dem 1.1.2009 eine typisierte Marktrisikoprämie nach Steuern von 4,5 % bzw. 4 %-5 %. Zwar unterliegen seit 1.1.2009 sowohl Zinseinkünfte als auch sämtliche Erträge aus einer Aktienanlage (Dividenden und realisierte Kursgewinne) einer einheitlichen und von den individuellen Verhältnissen des einzelnen Anteilseigners unabhängigen nominellen Steuerbelastung in Höhe von 25 % zuzüglich Solidaritätszuschlag. Dennoch resultieren infolge des unterschiedlichen Zufluss- bzw. Realisierungszeitpunkts unterschiedliche effektive Steuerbelastungen von Zinseinkünften und Einkünften aus Eigenkapitalanlagen.[178] Während die effektive Steuerlast für Zinsen und Dividenden regelmäßig der nominellen Steuerlast entspricht, hängt die effektive Steuerbelastung auf zu Wertsteigerungen führende Thesaurierungen dagegen vom Zeitpunkt der Realisierung der Wertsteigerung, also der Haltedauer der Aktien bzw. dem Zeitpunkt der Ausschüttung dieser thesaurierten Erträge, ab.[179] Zur Wahrung des Prinzips der **Steueräquivalenz** sind diese Effekte der Abgeltungssteuer bei der Bestimmung der Marktrisikoprämie in Ansatz zu bringen.[180] Unter der Annahme einer vergleichsweise langen Haltedauer gelangt der FAUB des IDW in diesem Zusammenhang zu einem effektiven typisierten Veräußerungsgewinnsteuersatz in Höhe der hälftigen Abgeltungssteuer von (12,5 % zzgl. Solidaritätszuschlag) 13,2 %. Der steuerlich bedingte rechnerische Renditeabstand im Marktportfolio bei einer Ausschüttungsquote von 50 %

---

172 OLG Düsseldorf 15.12.2016 – I-26 W 25/12, BeckRS 2016, 12835; OLG Frankfurt a. M. AG 2022, 83 (86); OLG Frankfurt a. M. 26.1.2017 – 21 W 75/15, BeckRS 2017, 111151; OLG Frankfurt a. M. AG 2011, 832 (836); OLG Karlsruhe 12.7.2013 – 12 W 57/10, BeckRS 2013, 13603; OLG Stuttgart AG 2014, 208 (212).
173 Kölner Komm AktG/*Gayk* SpruchG Anh. § 11 Rn. 39.
174 OLG Stuttgart AG 2010, 513 (513): 5,5 % (nach Steuern).
175 *Wagner/Saur/Willershausen* WPg 2008, 731 (733); *Weber/Kersjes* Hauptversammlungsbeschlüsse § 5 Rn. 167.
176 Zu diesem Maßstab IDW S1 idF 2008, Tz. 31; *Wagner/Sauer/Willershausen* WPg 2008, 731 (733); *Weber/Kersjes* Hauptversammlungsbeschlüsse § 5 Rn. 140.
177 OLG Frankfurt a. M. AG 2011, 832 (836); OLG Stuttgart AG 2014, 208 (212).
178 OLG Stuttgart AG 2014, 208 (212).
179 OLG Frankfurt a. M. AG 2011, 832 (836); OLG Stuttgart AG 2014, 208 (212).
180 OLG Karlsruhe 12.7.2013 – 12 W 57/10, BeckRS 2013, 13603.

beträgt dann 19,8 % (50 % x 26,4 % + 50 % x 13,2 %). Weiter nimmt das IDW an, dass ein typisierter Anteilseigner, also ein nach deutschem Recht steuerpflichtiger Inländer, diese höhere Steuerlast durch eine erhöhte Renditeforderung vor Einkommensteuer zu kompensieren suchen wird. Unterstellt man weiter eine vollständige Kompensation der steuerlichen Nachteile würde sich die Marktrisikoprämie vor Steuern auf 5,85 % erhöhen. Der FAUB geht allerdings weiter davon aus, dass ein typisierter Anleger die höhere Renditeforderung nicht in voller Höhe am Kapitalmarkt wird durchsetzen können. Aufgrund dieser Annahmen gelangt der FAUB zu dem Ergebnis, dass die Marktrisikoprämie nach Einkommensteuer mit Wirksamwerden der Veräußerungsgewinnbesteuerung leicht nachgeben wird und weiterhin niedriger als die Marktrisikoprämie vor Steuern sein wird.[181]

Im Einzelnen empfiehlt der FAUB unter Berücksichtigung der Abgeltungssteuer für Bewertungsstichtage nach dem 1.1.2009 eine Marktrisikoprämie vor persönlichen Steuern in Höhe von 4,5–5,5 % und 4,0–5,0 % nach persönlichen Ertragssteuern.[182] Die Rechtsprechung trägt diese Werte weitestgehend mit. Für Bewertungsstichtage nach Inkrafttreten der Abgeltungssteuer ist entsprechend eine Nachsteuermarktrisikoprämie von 4,5 %[183] nicht beanstandet worden. Für Bewertungsstichtage nach dem 19.9.2012 werden demgegenüber 5,65–7 % vor Steuern bzw. 5–6 % nach Steuern empfohlen; die Gerichte akzeptieren auf dieser Grundlage verbreitet den Ansatz des Mittelwerts der Nachsteuermarktrisikoprämie in Höhe von 5,5 % für den Zeitraum ab September 2012.[184] 69

Hinzuweisen ist darauf, dass es sich bei dieser Nachsteuermarktrisikoprämie, die das IDW empfiehlt, nicht um einen aus historischen Datenreihen entwickelten, empirisch-induktiv abgeleiteten Faktor handelt, sondern um eine Typisierung. Belastbare empirische Daten für die Auswirkungen der Abgeltungssteuer auf die Preisbildung liegen zum gegenwärtigen Zeitpunkt aufgrund mangelnder Datenbasis nicht vor, so dass die Typisierung die einzige Möglichkeit ist, die voraussichtlichen Folgen der Abgeltungssteuer auf das Verhältnis von Vor- und Nachsteuerrendite zu berücksichtigen.[185] 70

Infolge der Turbulenzen der **Finanzmarktkrise** ist der entsprechende Wert durch den FAUB zumindest vorläufig auf 5,5 %–7 % vor persönlichen Steuern und 5 %–6 % nach persönlichen Steuern nach oben korrigiert worden.[186] Zur Begründung weist der FAUB auf eine infolge der Finanzkrise deutlich veränderte Risikotoleranz hin, die eine im Vergleich zu den Vorjahren derzeit höhere Marktrisikoprämie rechtfertige.[187] In der Rechtsprechung zeichnet sich bezüglich der Notwendigkeit einer solchen Anpassung noch kein einheitliches Bild ab. Während etwa das OLG Frankfurt a. M. sich einerseits einer expliziten Stellungnahme enthalten, andererseits aber auch die Zugrundelegung des durch den FAUB modifizierten Wert für den Regelfall als angemessen akzeptiert hat,[188] hat das LG München I demgegenüber eine Marktrisikoprämie in Höhe von 5,5 % nach persönlichen Steuern ausdrücklich zurückgewiesen mit der Erwägung, dass konjunkturelle Zyklen bereits in der empirischen Ermittlung der auf Vergangenheitszahlen basierenden – bisher „geltenden" – Marktrisikoprämie von 5 % nach persönlichen 71

---

181 Wagner/Sauer/Willershausen WPg 2008, 731 (741).
182 Vgl. FAUB WPg 2012, 169.
183 OLG Frankfurt a. M. AG 2011, 832 (836); OLG Stuttgart AG 2014, 208 (212).
184 OLG Frankfurt a. M. AG 2022, 83 (86).
185 Wagner/Saur/Willershausen WPg 2008, 731 (737).
186 Kölner Komm AktG/Gayk SpruchG Anh. § 11 Rn. 42.
187 FAUB WPg 2012, 1125 f.
188 OLG Frankfurt a. M. 26.1.2017 – 21 W 75/15, BeckRS 2017, 111151 Rn. 61.

Steuern hinreichend berücksichtigt seien und es deshalb eines Ansatzes einer mit den Besonderheiten der Auswirkungen der Finanzmarkt- und Staatsschuldenkrise begründeten höheren Marktrisikoprämie nicht bedürfe.[189] Wie ausgeführt wird mittlerweile von zahlreichen Gerichten allerdings eine Nachsteuerrisikoprämie von 5,5 % akzeptiert.

72 Demgegenüber wird sich für Bewertungsstichtage, die in der jüngsten Vergangenheit liegen, die umgekehrte Frage stellen, inwieweit die **erneute Zinswende der Europäischen Zentralbank** zu berücksichtigen ist, mit der diese nach über mehr als 10 Jahren extrem expansiver Geldpolitik auf die Rückkehr der Inflation nicht nur bei bestimmten Vermögenswerten (Asset inflation), sondern praktisch über sämtliche Preise hinweg reagiert. Da es sich entgegen bisweilen anderslautender Kommunikation nicht allein um die geldpolitischen Konsequenzen exogener Schocks wie der Störung der globalen Lieferketten durch die COVID-19-Pandemie und des russischen Angriffs auf die Ukraine handelt, sondern auch die Kerninflationsrate sich auf sehr hohem Niveau eingependelt hat, wird man von einem zumindest mittelfristig beobachtbaren Phänomen auszugehen haben, dessen Implikationen sachverständige Prüfer und Spruchkörper voraussichtlich beschäftigen werden. Nicht ausgeschlossen ist, dass sich die Gerichte, die wie das LG München I sich einer Berücksichtigung der Niedrigzinsphase im Nachgang der Finanz- und Staatsschuldenkrise versagt haben, durch das stark oszillierende Zinsniveau darin bestätigt fühlen, in einem begrenzten Zeitraum zu beobachtende Zinseffekte im Rahmen der Marktrisikoprämie grundsätzlich nicht zu berücksichtigen.[190]

73 Das Tax-CAPM trifft auf ein durchaus geteiltes Echo. **Kritik** entzündet sich sowohl an der grundsätzlichen Entscheidung, individuelle Faktoren wie die Steuerbelastung durch Typisierung zu erfassen, als auch an den konkret zugrunde gelegten Kennzeichen des typischen Durchschnittsanlegers. Generell wird die durch die Nachsteuerbetrachtung bedingte Typisierung als ungeeignet kritisiert und eine Rückkehr zur Vollausschüttungshypothese gefordert. Mittels der zugrunde gelegten Typisierung werde die unterschiedliche steuerliche Belastung der einzelnen Aktionäre überspielt.[191] Die wohl überwiegende Ansicht sieht demgegenüber in der Typisierung ein methodisch und auch praktisch angemessenes Vorgehen.[192]

74 Ein häufig artikulierter Detailkritikpunkt ist dabei, dass die Typisierungen des Nachsteuer-CAPM nicht zuletzt den Umstand ignorierten, dass die Mehrheit der börsennotierten Aktien deutscher Emittenten sich heute nicht mehr in der Hand von Inländern, sondern von **ausländischen Investoren** befinde. Diese Kritik erscheint unberechtigt. Wählt man eine Nachsteuerbetrachtung und ist deshalb zu Typisierungen gezwungen, ist trotz der wachsenden Zahl ausländischer Investoren auf einen deutschen Anteilseigner abzustellen.[193] Trotz zunehmender Integration der globalen Kapitalmärkte ist empirisch belegt, dass Anleger vorwiegend im Herkunftsland investieren (sogenannter home bias).[194] Der Befund zunehmenden Anteilsbesitzes ausländischer Investoren, die bereits die Mehrheit der Referenztitel halten, steht zu diesem Ergebnis in nur scheinbarem Widerspruch. Zu berücksichtigen ist, dass bei der im Rahmen der Nachsteuerbetrachtung notwendigen Typisierung nicht die Differenzierung zwischen In- und Ausländern ent-

---

[189] LG München I ZIP 2015, 2124 (2130 f.); vgl. hierzu auch *Krenek* CF 2016, 461 (463).
[190] Zu den dahinterstehenden Erwägungen *Krenek* CF 2016, 461 (463 ff.).
[191] *Emmerich* FS U.H. Schneider, 2011, 323 (328).
[192] OLG Frankfurt a. M. AG 2011, 832 (835).
[193] So im Ergebnis auch LG Frankfurt a. M. NZG 2006, 868 (873).
[194] Grundlegend *French/Poterba* Journal of Japanese and International Economics 4 (1990), 476 ff.; *Tesar/Werner* Journal of International Money and Finance 14 (1995), 467 ff.

scheidend ist, sondern die Frage, aus welchem Staat die meisten Anteilseigner stammen, da nur insoweit gleiche Steuerbedingungen existieren und steuerbezogene Typisierungen möglich sind. Das heißt, solange deutsche Investoren die größte nationale Gruppe unter den Investoren stellen, ist es methodisch nicht zu beanstanden, sie als Basis der Typisierung zu verwenden. Anders wäre gegebenenfalls dann zu entscheiden, wenn in Zukunft zu konstatieren wäre, dass – beispielsweise US-amerikanische Investoren – deutsche Investoren als bedeutendste nationale Gruppe generell verdrängt hätten.

ee) Dividend Discount Model als Alternative

In einer „Ausreißer"-Entscheidung hat das LG Frankfurt a. M. den Risikozuschlag weder anhand des traditionellen Pauschalzuschlagsmodells noch anhand des (Tax) CAPM bestimmen wollen, sondern durch Rückgriff auf die Überrendite durch Dividendenzahlung eines breit diversifizierten Aktienportfolios gegenüber der zu erlangenden Verzinsung der Alternativanlage eines festverzinslichen Wertpapiers.[195] Der damit verbundene Erkenntnisgewinn ist beschränkt. Auch das Dividend Discount Model, das sich aus dem Gordon-Modell ableitet, ist nicht anders als das CAPM auf den Rückgriff auf Kapitalmarktprämien angewiesen, so dass es weder in der theoretischen Fundierung noch in der praktischen Verwertbarkeit dem CAPM bzw. Tax CAPM überlegen erscheint. Auch das LG Frankfurt a. M. anerkennt, dass die Verwendung des Discounted Dividend Model unter gleichzeitiger Ablehnung des CAPM bzw. Tax CAPM mindestens den „Anschein eines Zirkelschlusses erweckt."[196]

c) Wachstumsabschlag

Eine Reduzierung – wirtschaftlich zugunsten der Abfindungsberechtigten – erfährt der Diskontierungsfaktor durch den sog. Wachstumsabschlag. Der im Kapitalisierungszinssatz enthaltene Basiszins beinhaltet ua implizit eine Geldentwertungsprämie, die abbildet, dass die Erträge aus einer Anleihe über die Laufzeit konstant bleiben und deshalb durch Inflation ein Kaufkraftverlust droht.[197] Demgegenüber sind Unternehmen dem Phänomen der Inflation nicht schutzlos ausgeliefert, vielmehr können sie die sie treffende unternehmensspezifische bzw. interne Inflation in Form gestiegener Faktorpreise (gestiegene Beschaffungs- und Lohnkosten) über den Preis an ihre Kunden weitergeben.[198] Nach ganz hM ist deshalb der aus dem Basiszinssatz und dem Risikozuschlag ermittelte Kapitalisierungszinssatz mittels eines **Geldentwertungsabschlags** (Inflationsabschlags) zu korrigieren,[199] um abzubilden, dass sich die Geldentwertung bei festverzinslichen Anleihen stärker auswirkt als bei Unternehmensbeteiligungen.[200]

Die **Höhe des anzusetzenden Wachstumsabschlags** gehört zu den Klassikern der im Spruchverfahren vorgebrachten Bewertungsrügen; wohl nicht zuletzt aufgrund des

---

195 LG Frankfurt a. M. NZG 2006, 868 (873).
196 LG Frankfurt a. M. WM 2009, 1607 (1614); vgl. zur Kritik am modifizierten dividend discount model des LG Frankfurt WP-Handbuch 2008, Bd. II, S. 171 f.
197 *Klöcker/Frowein* Anh. § 1 Rn. 17. Vgl. BayObLG FGPrax 2001, 215 (217); IDW S1 idF 2008, Tz. 94; *Großfeld/Merkelbach* NZG 2008, 241 (245).
198 OLG Stuttgart AG 2014, 208 (213).
199 OLG Stuttgart AG 2010, 510 (512); OLG Frankfurt a. M. AG 2011, 832 (837); MüKoAktG/*van Rossum* § 305 Rn. 166; *Großfeld/Merkelbach* NZG 2008, 241 (245); *Weber/Kersjes* Hauptversammlungsbeschlüsse § 5 Rn. 194.
200 OLG Düsseldorf WM 2009, 2220 (2227 ; OLG Stuttgart AG 2014, 208 (213); *Großfeld/Merkelbach* NZG 2008, 241 (245); *Seetzen* WM 1994, 45 (48); *Weber/Kersjes* Hauptversammlungsbeschlüsse § 5 Rn. 194. Sehr kritisch *Aha* AG 1997, 26 (32), der allerdings gerade mor richtig meint, dass bereits im Basiszinssatz eine Inflationsprämie enthalten ist; der Wachstumsabschlag dient aber gerade der Herausrechnung dieser Komponente, es erfolgt also keine Doppelberücksichtigung.

Umstandes, dass es sich um den einzigen Standardfaktor der Ertragswertermittlung handelt, der durch die Wissenschaft weder theoretisch noch empirisch breitflächiger aufgearbeitet worden ist. Noch unbestritten ist, dass Ausgangspunkt die erwartete Geldentwertungsrate ist.[201] Würde man der strengen Quantitätstheorie folgen, der zu Folge Inflation allein ein monetäres Phänomen ist,[202] wäre anzunehmen, dass das Preisgefüge der Volkswirtschaft unbeeinflusst bleibt und Preissteigerungen auf der Input-Seite des zu bewertenden Unternehmens vollständig auf die Kunden überwälzt würden. Folge wäre, dass die (erwartete) Inflationsrate vollständig als wertmindernder Faktor herauszurechnen wäre. Bewertungswissenschaft und -praxis gehen demgegenüber zum Großteil davon aus, dass – in Abhängigkeit von den Umständen des Einzelfalls (Branche, Marktstruktur etc) – Unternehmen nicht in der Lage sind, die sie treffenden Preissteigerungen zur Gänze auf ihre Kunden zu überwälzen.[203] Eine empirische Stütze findet dieses Ergebnis in einer älteren Studie, der zu Folge die Jahresüberschüsse deutscher Unternehmen im Zeitraum von 1971–2001 mit Raten von durchschnittlich 1,4 % wuchsen, die jährliche Inflationsrate hingegen im Mittel 3,1 % p. a. betrug. Der Anstieg der Unternehmensgewinne betrug damit im Betrachtungszeitraum nur 45 % des Anstiegs des Preisniveaus.[204]

78 Entscheidend für die **konkrete Höhe** des Wachstumsabschlags ist, ob und in welcher Weise das im Einzelfall zu bewertende Unternehmen aufgrund der Unternehmensplanung und der Erwartungen an die Marktentwicklungen und die Inflationsentwicklung in der Lage sein wird, nachhaltige Wachstumserwartungen zu erfüllen.[205] Bestehen keine Anhaltspunkte dafür, dass zukünftige Kostensteigerungen in vollem Umfang auf Abnehmer überwälzt oder durch Produktivitätsfortschritte aufgefangen werden können, kann deshalb der Inflationsabschlag nicht in voller Höhe der durchschnittlichen Inflationserwartung angesetzt werden.[206] In Anwendung dieser Grundsätze kommt die Rechtsprechung regelmäßig zu Wachstumsabschlägen in Höhe von 0,5 %,[207] 1 %,[208] 1,5 %,[209] bzw. 2 %.[210] Je nach Marktlage bzw. aufgrund sonstiger Besonderheiten der Lage des zu bewertenden Unternehmens kann auch das völlige Absehen von einem Wachstumsabschlag geboten sein.[211] Einen solchen vollständigen Verzicht auf Ansatz eines Wachstumsabschlages hat das OLG Düsseldorf etwa in einem Sachverhalt angenommen, in dem aufgrund angespannter Konkurrenzsituation jede Preiserhöhung zu

---

201 OLG Stuttgart AG 2010, 510 (512); LG Frankfurt a. M. AG 2007, 42 (46); LG Frankenthal 13.8.2013 – 2 HK O 120/10 AktG, BeckRS 2013, 1822 (konventioneller Energieversorger); vgl. auch MüKoAktG/*Paulsen* § 305 Rn. 166 ff.

202 Hiernach gilt: M x V = P x Y mit M als Geldmenge, P als Preisniveau, Y als Handelsvolumen und V (Velocity) Umlaufgeschwindigkeit des Geldes. Grundlegend *Fisher*, The Purchasing Power of Money, its Determination and Relation to Credit, Interest and Crises.

203 IDW S1 idF 2008, Tz. 96; *Weber/Kersjes* Hauptversammlungsbeschlüsse § 5 Rn. 198.

204 *Widmann/Schieszl/Jeromin* FB 2003, 800 (809); *Weber/Kersjes* Hauptversammlungsbeschlüsse § 5 Rn. 198.

205 OLG Stuttgart AG 2010, 510 (512); OLG Düsseldorf WM 2009, 2220 (2227); MüKoAktG/*van Rossum* § 305 Rn. 168; *Wüstemann* BB 2010, 1715 (1719).

206 BayObLG FGPrax 2001, 215 (217); NZG 2001, 1137 (1139); OLG Stuttgart AG 2010, 510 (512); NJOZ 2010, 1105 (1107); LG Frankfurt a. M. AG 2007, 42 (46); LG Nürnberg-Fürth AG 2000, 89 (90) -Philips; MüKoAktG/*van Rossum* § 305 Rn. 168.

207 OLG Frankfurt a. M. AG 2011, 832 (837); OLG Stuttgart AG 2010, 510 (512); OLG Düsseldorf AG 2002, 398 (401) – Kaufhof/Metro; LG Frankfurt a. M. AG 2007, 42 (46); OLG Hamburg AG 2001, 479 (480 f.); LG Köln 22.9.2004 – 82 O 72/03, BeckRS 2007, 15625: jeweils 0,5 %.

208 BGH NJW 2003, 3272 (3273); OLG Stuttgart NJOZ 2010, 1105 (1107); OLG München WM 2009, 1848 (1850): 1,0 %; BayObLG NZG 2001, 1137 (1139); OLG Frankfurt a. M. 9.2.2010 – 5 W 38/09, BeckRS 2010, 04682: jeweils 1,0 %.

209 OLG Stuttgart AG 2014, 208 (212).

210 OLG Düsseldorf AG 2003, 329 (333) – Siemens/SNI; OLG Düsseldorf WM 2009, 2220 (2227): (bei besonders starken Wachstumsaussichten); LG Nürnberg-Fürth AG 2000, 89 (90) – Philips: jeweils 2 %.

211 OLG Hamburg AG 2003, 583 (585) – Texaco/RWE-DEA AG; OLG Düsseldorf AG 2004, 324 (329) – EVA; *Wüstemann* BB 2010, 1745 (1719). Vgl. auch LG Frankenthal 13.8.2013 – 2 HK O 120/10 AktG, BeckRS 2013, 18221: 0,25 %.

Wettbewerbsnachteilen führte. Kann unter solchen Bedingungen ein inflationsbedingter Preisanstieg nicht (mehr) an die Kunden weitergegeben werden, bietet die Anlage in einem Unternehmen – bzgl. Inflationseffekten – keinen Unterschied mehr zu einer Alternativanlage in festverzinsliche Wertpapiere.[212] Zusammenfassend ist also festzuhalten, dass grundsätzlich, dh solange sich die Inflationsrate nicht von der (implizit im Wege der Geldmengensteuerung vorgegebenen) Zielinflationsrate der Europäischen Zentralbank entfernt, bei einer überdurchschnittlich starken Marktposition mit einem erheblichen Wachstumspotenzial – etwa aufgrund einer unique selling proposition – Wachstumsabschläge von bis etwa 2,0 % in Betracht kommen, während auf durch starke Konkurrenz gekennzeichneten Märkten grundsätzlich Wachstumsabschläge von 0,5 %, im Einzelfall auch von 0 angemessen sind.

Erfolgt die Unternehmensbewertung – dem state of the art entsprechend – anhand des **analytischen bzw. Phasen-Modells**, wird ein Wachstumsabschlag allein für die **ewige Rente (Phase II)** vorgenommen.[213] Ursächlich ist, dass für die Geschäftsjahre der Detailplanungsphase sämtliche bewertungsrelevanten Faktoren, einschließlich der für die Jahre der Detailplanungsphase erwarteten Inflationsraten periodengenau erfasst werden, während die ewige Rente ex definitione keine Rücksicht auf zeitabhängige Faktoren nimmt.[214] Bei sachgerechter Bewertung geht also die scheinbar berechtigte Rüge, durch Fehlen eines Wachstumsabschlags in der Detailplanungsphase werde der Unternehmenswert zulasten der abfindungsberechtigten Anteilseigner negativ verzerrt, ins Leere, weil es – aufgrund ausdrücklicher Berücksichtigung der expliziten und jahresspezifischen Inflationserwartungen – keines zusätzlichen Wachstumsabschlags bedarf. Bei korrekter Prognoserechnung würde also der Ansatz eines Wachstumsabschlags auch für die Detailplanungsphase zu einem strukturell zu hohen Wertansatz führen und damit zu einem windfall profit der Anteilseigner.

5. Nicht betriebsnotwendiges Vermögen

Eine Sonderbehandlung im Rahmen der Ertragswertberechnung erfährt das nicht betriebsnotwendige Vermögen; dessen Bestimmung im Regelfall funktional erfolgt.[215] Als nicht betriebsnotwendig ist das Vermögen anzusetzen, das frei veräußert werden kann, ohne dass die Wahrnehmung der eigentlichen Unternehmensaufgabe hiervon beeinträchtigt würde.[216] Zum nicht betriebsnotwendigen Vermögen zählen etwa vermietete und Reservegrundstücke, stillgelegte Anlagen, nicht benötigte Finanzmittel, stille Reserven oder reine Finanzbeteiligungen.[217] In Gruppen- und Konzernstrukturen ist zur Beurteilung der Betriebsnotwendigkeit nicht (ausschließlich) auf die Ebene der Einzelgesellschaft, sondern auch auf die Gruppe bzw. den Konzern abzustellen, da betriebswirtschaftliche und juristische Organisation nicht deckungsgleich sind.[218] Soweit im Einzelfall berechtigt, setzt sich hier also die Idee des Konzerns als wirtschaftlicher Einheit gegen die anderen Zwecken dienende verbandsrechtliche Organisation

---

212 OLG Düsseldorf AG 2004, 324 (329) – EVA.
213 IDW S1 idF Tz. 97 f.; OLG Karlsruhe 12.7.2013 – 12 W 57/10, BeckRS 2013, 13603; OLG Stuttgart AG 2014, 208 (213); Simon SpruchG/*Simon/Leverkus* Anh. § 11 Rn. 133 f.; Kölner Komm AktG/*Gayk* SpruchG Anh. § 11 Rn. 52; *Weber/Kersjes* Hauptversammlungsbeschlüsse § 5 Rn. 193.
214 OLG Stuttgart AG 2014, 208 (213); Simon SpruchG/*Simon/Leverkus* Anh. § 11 Rn. 133 f.
215 OLG Brandenburg NZG 2023, 223 (230)
216 OLG Brandenburg NZG 2023, 223 (230) IDW S1 idF 2008 Tz. 59; *Fritzsche/Dreier/Verfürth*, 1. Aufl. 2004, SpruchG § 1 Rn. 194; Simon SpruchG/*Simon/Leverkus* Anh. § 11 Rn. 174.
217 *Weber/Kersjes* Hauptversammlungsbeschlüsse § 5 Rn. 204; Simon SpruchG/*Simon/Leverkus* Anh. § 11 Rn. 174; *Seetzen* WM 1994, 45 (50).
218 Simon SpruchG/*Simon/Leverkus* Anh. § 11 Rn. 177.

einer Gruppe durch. Nicht betriebsnotwendiges Vermögen ist nicht etwa mit seinen eventuellen Beiträgen zum Periodenerfolg abzubilden, vielmehr wird grundsätzlich der zeitnahe Abverkauf unterstellt, das nicht betriebsnotwendige Vermögen mit seinem **Liquidationswert** angesetzt und dieser dem ermittelten Ertragswert des betriebsnotwendigen Vermögens hinzugerechnet.[219] In diesem Fall ist unbedingt Sorge zu tragen dafür, dass eventuelle Ergebnisbeiträge des nicht betriebsnotwendigen Vermögens (Bsp.: Mieteinnahmen aus Vermietung nicht betriebsnotwendiger Grundstücke) aus den Planrechnungen für die Erträge des betriebsnotwendigen Vermögens eliminiert werden.

II. Alternativverfahren

1. Discounted-Cash-Flow-Verfahren

81 In Abgrenzung zur etwas angestaubt daherkommenden Ertragswertmethode nehmen die im angelsächsischen Sprachraum und außer bei gesetzlichen Bewertungsanlässen mittlerweile auch in der Bundesrepublik dominierenden[220] Discounted-Cash-Flow (DCF)-Verfahren nicht die Erträge der Unternehmung, sondern die eigentlich ökonomisch und auch in der betriebswirtschaftlichen Praxis relevante Kennziffer, die **Zahlungsströme** (Cash-Flows), in den Blick,[221] durch deren Diskontierung der Unternehmenswert bestimmt wird.

82 Da es sich gleichfalls um ein Kapitalwertverfahren handelt, gelangen Ertragswert- und DCF-Verfahren theoretisch – dh bei im Übrigen gleichen Annahmen bzgl. Besteuerung etc – zu gleichen Unternehmenswerten.[222] Damit gilt gleichzeitig auch, dass das DCF-Verfahren an der verfassungsrechtlichen Unbedenklichkeitsbescheinigung, die das BVerfG dem Ertragswertverfahren ausgestellt hat, teilhat; beide Verfahren haben den gemeinsamen Ausgangspunkt, die zukünftige Fähigkeit der zu bewertenden Wirtschaftseinheit, Überschüsse zu generieren, bestimmen zu wollen.[223]

83 Kern ist die unterschiedliche Betrachtungsweise: Während Ertragswertverfahren und deutsche Tradition der Idee des Gewinns verhaftet sind, hat das DCF-Verfahren erkannt, dass Gewinne manipulierbar sind und nimmt deshalb mit den **Einzahlungsüberschüssen** die eigentliche betriebswirtschaftliche Leistungskennziffer in den Blick.[224] Aufgrund der deutschen Vorprägung auf den Gewinn sowie aufgrund des Umstands, dass das IDW als nur bedingt heimlicher Standardsetzer die deutsche Tradition pflegt und dem DCF-Verfahren im IDW S1 eine eher stiefmütterliche Behandlung zukommen lässt, hat das DCF-Verfahren zumindest bei den gesetzlich veranlassten Unternehmensbewertungen keine große Bedeutung erlangt.[225]

---

219 OLG München AG 2018, 753 (754); WM 2009, 1848 (1849); BayObLG FGPrax 2001, 215 (216); OLG Düsseldorf AG 2002, 398 (400) – Kaufhof/Metro; OLG Düsseldorf AG 2003, 329 (332) -Siemens/SNI; OLG Düsseldorf AG 2004, 212 (213) – Krupp/Hoesch; IDW S1 idF 2008 Tz. 60; Simon SpruchG/*Simon/Leverkus* Anh. § 1 Rn. 174; *Aha* AG 1997, 26 (28).
220 Vgl. etwa *Fleischer* AG 2014, 97 (103); vgl. auch *Brealey/Myers/Allen/Edmans*, Principles of Corporate Finance, 105 ff. Zur Bedeutung in der Bundesrepublik Deutschland vgl. etwa die Ergebnisse der Umfrage von *Welfonder/Bensch* CF 2017, 175.
221 Deutlich etwa „General Rule 1" bei *Brealey/Myers/Allen/Edmans*, Principles of Corporate Finance, 150: „Discount cash flows, not profits"; *Klöcker/Frowein* Anh. § 1 Rn. 19; Simon SpruchG/*Simon/Leverkus* Anh. § 11 Rn. 158. Skeptisch gegenüber dem DCF-Verfahren *Aha* AG 1997, 26 (31).
222 IDW S1 idF 2008, Tz. 101; *Rabel* BewP 3/2014, 84 (85). Vorsichtiger ohne Begründung *Klöcker/Frowein* § 1 Rn. 4: sollten zu ähnlichen Unternehmenswerten führen.
223 Zutreffend *Hüttemann* ZGR 2001, 454 (457 f.).
224 Zu den Schwächen einer Gewinnbetrachtung etwa *Fritzsche/Dreier/Verfürth*, 1. Aufl. 2004, SpruchG § 1 Rn. 199.
225 *Klöcker/Frowein* Anh. § 1 Rn. 19; *Habersack/Lüssow* NZG 1999, 629 (633).

Im einem ersten Grobschnitt lassen sich DCF-Verfahren in zwei Grundtypen unterteilen: Netto- (**Equity-Ansatz**) und Bruttokapitalisierungsverfahren (**Entity-Ansatz**).[226] Im Rahmen der Nettoverfahren werden auf einer ersten Stufe die Cash-Flows ermittelt, die an die Anteilseigner („Equity") fließen, es wird also unmittelbar der Wert des Eigenkapitals ermittelt.[227] Bewertungsziel der Planrechnungen sind damit die Zahlungsüberschüsse nach Zinsen und Steuern oder – bei additivem Verständnis – die Summe aus Dividenden, Entnahmen, Kapitalrückzahlungen und Körperschaftsteuergutschriften.[228] Wesentliches Merkmal des Equity-Ansatzes ist damit, dass – vergleichbar dem Ertragswertverfahren – Zinszahlungen, die an die Fremdkapital- und damit nicht an die Eigenkapitalgeber fließen, bereits aus den abzuzinsenden Zahlungsströmen herausgerechnet werden.[229] Die sich ergebenden Net Cash Flows werden sodann unter Zuhilfenahme des Capital Asset Pricing Model (CAPM) mittels der theoretischen Eigenkapitalrendite auf ihren Barwert diskontiert.[230]

Bruttoverfahren (**Entity-Ansatz**) unterscheiden sich von den Nettoverfahren dadurch, dass der Wert des Eigenkapitals nur über einen Umweg bestimmt wird.[231] In einem ersten Schritt wird der Gesamtunternehmenswert ermittelt und dieser sodann auf Eigen- und Fremdkapitalgeber umgelegt bzw. vom Gesamtunternehmenswert der Wert des Fremdkapitals abgezogen.[232] Umgesetzt wird dieser Ansatz dadurch, dass nicht allein das Eigenkapital („Equity"), sondern die Einzahlungsüberschüsse (Cash Flows) an Eigen- wie auch Fremdkapitalgeber ermittelt und abgezinst werden.[233] Da Gegenstand der Betrachtung sämtliche Cash-Flows sind, also eine Betrachtung vor Zinsen vorgenommen wird, muss dem im Rahmen des Diskontierungsfaktors Rechnung getragen werden. Auf CAPM und Abwandlungen kann in diesem Zusammenhang nicht zurückgegriffen werden, weil es den Barwert aus Sicht eines Eigenkapitalgebers und nicht eines Fremdkapitalgebers bzw. Gläubigers ermittelt. Verbreitet werden stattdessen die gewichteten Kapitalkosten (**weighted average costs of capital** (**WACC**)) herangezogen.[234]

Als gleichwertig behandelt der IDW S1 das – soweit ersichtlich – weniger gebräuchliche Verfahren des **angepassten Barwerts** (**Adjusted Present Value** (**APV**)),[235] das sich gleichfalls eines Umwegs zur Ermittlung des Werts des Eigenkapitals bedient. Hier wird in einem Schritt zunächst der Unternehmenswert bei unterstellter vollständiger Eigenkapitalfinanzierung ermittelt und mittels der Eigenkapitalrendite auf seinen Gegenwartswert diskontiert, sodann der Wertbeitrag der Verschuldung bestimmt und dem Marktwert des Eigenkapitals hinzuaddiert, wodurch sich der Unternehmensgesamtwert des verschuldeten Unternehmens ergibt.[236] Der Wert des Eigenkapitals ergibt sich schließlich als Differenz aus Unternehmensgesamtwert und Marktwert des Fremdkapitals, zu welchem Zweck der Unternehmensgesamtwert um die Ansprüche der Fremdkapitalgeber gekürzt wird.[237]

---

226 Weber/Kersjes Hauptversammlungsbeschlüsse § 5 Rn. 141.
227 Habersack/Lüssow NZG 1999, 629 (632); Weber/Kersjes Hauptversammlungsbeschlüsse § 5 Rn. 143.
228 Habersack/Lüssow NZG 1999, 629 (632).
229 IDW S1 idF 2008, Tz. 138; Simon SpruchG/Simon/Leverkus Anh. § 11 Rn. 162.
230 Simon SpruchG/Simon/Leverkus Anh. § 11 Rn. 165.
231 Habersack/Lüssow NZG 1999, 629 (632 f.).
232 Habersack/Lüssow NZG 1999, 629 (632 f.).
233 Dreier/Fritzsche/Verfürth/Dreier SpruchG Annex zu § 11 Rn. 34; Aha AG 1997, 26 (31).
234 Dreier/Fritzsche/Verfürth/Dreier SpruchG Annex zu § 11 Rn. 34; Simon SpruchG/Simon/Leverkus Anh. § 11 Rn. 167; Habersack/Lüssow NZG 1999, 629 (633).
235 IDW S1 idF 2008, Tz. 136 f.
236 IDW S1 idF 2008, Tz. 136.
237 IDW S1 idF 2008, Tz. 136; Habersack/Lüssow NZG 1999, 629 (633).

2. Dividend Discount-Modell

87 Das Dividend Discount Model kommt nicht allein als denkbare Alternative zur Ermittlung der Marktrisikoprämie in Betracht, sondern auch als weiteres Verfahren zur Ermittlung des Unternehmenswertes an sich.[238] Als vergleichsweise einfaches finanzwirtschaftliches Modell fußt das Dividend Discount Model auf den restriktiven Annahmen einer mit dem Wachstumsfaktor g konstant wachsenden Dividende D pro Aktie bzw. Eigenkapitalanteil, sowie konstantem Verschuldungsgrad und Risiko der Unternehmung. Der Unternehmenswert bzw. Wert des Eigenkapitals ergibt sich auf Grundlage dieser restriktiven Annahmen als: $UW = D/(r-g)$, wobei r die (konstanten) Eigenkapitalkosten der Unternehmung bezeichnet. Das Modell setzt voraus, dass ein kontinuierliches Wachstum des Unternehmens stattfindet, welches unter den Eigenkapitalkosten liegt ($g<r$).[239]

88 Die Anwendung auf Unternehmen, die keine Dividenden ausschütten, ist unter Modifikationen möglich. Hierbei beruft man sich, im einfachsten Fall, auf die Irrelevanz der Ausschüttungspolitik-Hypothese (Modigliani-Miller-Hypothese)[240] und verwendet die Erträge pro Eigenkapitalanteil statt der Dividende. Damit ähnelt das Modell dann der ewigen Rente im Ertragswertverfahren, erweitert um den konstanten Wachstumsfaktor. In der ökonomischen Literatur wird das Dividend-Discount Model zum Teil genutzt, um, bei bekanntem Unternehmenswert, die Eigenkapitalkosten r zu ermitteln. Eine einfache Umstellung der obigen Formel liefert dann $r = D/UW + g$. Hierbei ist zu beachten, dass der Unternehmenswert in diesen Fällen aus dem Börsenkurs des Unternehmens gewonnen wird. Die resultierenden Eigenkapitalkosten gelten jedoch nur unter den oben genannten Annahmen, insbesondere dem ewigen konstanten Wachstum.

3. Einzelbewertungsverfahren: Substanz- und Liquidationswert

89 Während die Gesamtbewertungsverfahren Ertragswert- und DCF-Verfahren den Unternehmenswert aus den zukünftigen Erträgen bzw. Einzahlungsüberschüssen herzuleiten suchen, findet bei den Einzelbewertungsverfahren eine isolierte Bewertung aller Vermögensgegenstände und Schulden statt, durch deren jeweilige Aufsummierung sich gleichfalls der Unternehmenswert als Summe der Vermögenswerte abzüglich der Summe der Schulden ergibt. Die Bewertung der einzelnen Positionen kann einerseits dem Wertmaßstab der Wiederbeschaffung folgen (Substanzwertverfahren) oder als Prämisse die Liquidation der Unternehmung (Liquidationswertverfahren) zugrunde legen.

a) Liquidationswert

90 Das Liquidationswertverfahren als Einzelbewertungsverfahren bewertet die in der Unternehmung vorhandenen Vermögensgegenstände unter der Prämisse der Liquidation. Konkret berechnet sich der Liquidationswert als Differenz des Liquidationswerts des gesamten Betriebsvermögens und der bei Unternehmensauflösung zu deckenden Schulden,[241] also letztlich als Betrag, der zur Schlussverteilung an die Anteilseigner zur

---

[238] Nach dem Entwickler Myron Gordon (1959) auch als Gordon Growth Modell bezeichnet. Für ein jüngeres Beispiel vgl. etwa *Eichner* CF 2018, 340 ff.

[239] Für g>r würde der Nenner und damit der Unternehmenswert negativ.

[240] Vgl. hierzu grundlegend *Modigliani/Miller* Am. Econ. Rev. 48 (1958), 261; *Modigliani/Miller* Am. Econ. Rev. 53 (1963), 433.

[241] Simon SpruchG/*Simon/Leverkus* Anh. § 11 Rn. 52; *Ruiz de Vargas/Theusinger/Zollner* AG 2014, 428 (430).

Verfügung steht. In der Praxis wird mit dem Liquidationswert üblicherweise der Zerschlagungswert bezeichnet (break-up-value).²⁴²

Der Liquidationswert spielt grundsätzlich für die Beurteilung der Angemessenheit im Rahmen gesetzlicher Bewertungsanlässe keine Rolle (zu Besonderheiten hinsichtlich des nicht betriebsnotwendigen Vermögens → Rn. 80). Etwas anderes kann dann gelten, wenn der Liquidationswert den Fortführungs- bzw. Ertragswert überschreitet; hier stellt der Liquidationswert als Wert der – zulässigen – Handlungsalternative „sofortige Liquidation" die **Untergrenze der Abfindungsleistung** dar.²⁴³ Fraglich ist in letzterem Fall allein, ob der höhere Liquidationswert unter diesen Voraussetzungen auch dann anzusetzen ist, wenn keine Liquidation notwendig oder beabsichtigt ist, vielmehr das Unternehmen – wirtschaftlich vertretbar – fortgeführt wird.²⁴⁴ Für die ausschließliche Berücksichtigungsfähigkeit des Ertragswerts auch in dieser Fallkonstellation lässt sich insbesondere anführen, dass die Entscheidung über die Unternehmensfortführung – jenseits von Zahlungsunfähigkeit (§ 17 InsO) und Überschuldung (§ 19 InsO) – grundsätzlich dem- oder denjenigen vorbehalten ist, der über die Mehrheit der maßgeblichen Verwaltungsrechte verfügt. Andererseits ist aber auch nicht zu verkennen, dass diese subjektivierende Ansicht erhebliche Spielräume für rechtsmissbräuchliche Gestaltungen lässt: Insbesondere ist denkbar, dass ein Mehrheitseigner im Wissen um einen weitaus höheren Liquidationswert das Unternehmen scheinbar fortführt, ausscheidende Gesellschafter zum niedrigeren Ertragswert abgefunden werden und der Mehrheitseigner nach Ablauf einer Anstandsfrist dann doch den deutlich höheren Liquidationswert durch Abwicklung realisiert.²⁴⁵

b) Substanzwertverfahren

Wie dem Liquidationswertverfahren liegt auch dem Substanzwertverfahren ein „naturalistisches" Unternehmenswertverständnis zugrunde. Wieder geht es um die Bewertung der zum Bewertungsstichtag in einem Unternehmen vorhandenen Vermögensgegenstände – und nicht darum, welche leistungswirtschaftlichen Ergebnisse diese Faktorkombination zu generieren vermag. In Abgrenzung zum Liquidationswertverfahren wird als Bewertungsprämisse nicht die Beendigung des Unternehmens und der daraus resultierende Abverkauf sämtlicher Vermögensgegenstände, sondern die **Fortführung des Unternehmens** unterstellt. Die gedankliche Klippe, wie aus den Einzelpreisen für eine Summe von Vermögensgegenständen ein Unternehmenswert, dh der Wert, der durch die Kombination dieser Vermögensgegenstände erzielt werden kann, bestimmt werden können soll, versucht die Substanzwertlehre durch die Idee des sogenannten Reproduktionswerts des betriebsnotwendigen Vermögens zu umschiffen. Der **Reproduktionswert** beschreibt die Summe, die aufgewendet werden muss, um das Unterneh-

---

242 *Fleischer/Schneider* DStR 2013, 1736 (1737).
243 IDW S1 idF 2008 Tz. 5 u. 140; Simon SpruchG/*Simon/Leverkus* Anh. § 11 Rn. 196; *Aha* AG 1997, 26 (28); *Ruthardt/Hachmeister* WM 2014, 725 (726).
244 Offengelassen von OLG Stuttgart AG 2011, 205 (207). Ablehnend Simon SpruchG/*Simon/Leverkus* Anh. § 11 Rn. 173 mit der Überlegung, dass die Fortführungsprämisse irrationales Verhalten unterstellt; so auch *Fleischer/Schneider* DStR 2013, 1736 (1742 f.); im Grundsatz auch Kölner Komm AktG/*Gayk* SpruchG Anh. § 11 Rn. 104 mit Ausnahme für den Fall, dass ein tatsächlicher oder rechtlicher Zwang zur Unternehmensfortführung besteht; so auch *Ruthardt/Hachmeister* WM 2014, 725 (726) und der österreichische OGH 27.2.2013 – 6 Ob – 25/12p sub 1.2. Tendenziell für Unmaßgeblichkeit des Liquidationswerts in diesem Fall etwa OLG Frankfurt a. M. NZG 2010, 664 (665); aus dem Schrifttum für grundsätzliche Nichtberücksichtigung des Liquidationswertes *Ruiz de Vargas/Theusinger/Zollner* AG 2014, 428 (428 ff.) (sehr weitgehend).
245 Zutreffend *Fleischer/Schneider* DStR 2013, 1736 (1742). Dieses Risiko – wenig überzeugend – als gering einschätzend *Vargas/Theusinger/Zollner* AG 2014, 428 (438): Missbrauchskontrolle im Einzelfall ausreichend.

men in seiner gegenwärtigen Form zu reproduzieren.²⁴⁶ Der Substanzwert als Summe der auf die Eigenkapitalgeber entfallenden Wertbeiträge des Unternehmens ergibt sich sodann, indem dem Reproduktionswert der Liquidationswert des nicht betriebsnotwendigen Vermögens hinzugerechnet und die Schulden bei Fortführung des Unternehmens abgezogen werden.

93 Die Logik ist auf einen ersten Blick einleuchtend, besitzt aber auch evidente **Schwächen**. Theoretisch besitzt der Reproduktionswert in diesem Sinne eine gewisse Nähe zu einem Marktwert, weil der Reproduktionswert den Wert darstellt, zu dem das identische Unternehmen installiert werden könnte.²⁴⁷ Leider ist diese Nähe reine Fiktion, ausgeblendet bleibt regelmäßig der Einfluss von Lern- und Skaleneffekte der Unternehmung, die Bedeutung des dispositiven Faktors und des Goodwill, der die vorgenannten und weitere physisch nicht ohne Weiteres fassbare Positionen umfasst,²⁴⁸ umgekehrt wird nicht berücksichtigt, dass einzelne Bestandteile der Faktorkombination sich im Rahmen des betriebswirtschaftlichen Leistungsprozesses als nicht werthaltig erweisen – Fehlinvestitionen, Schrottwerte etc – und deshalb der Reproduktionswert gegebenenfalls über dem Wert des leistungswirtschaftlichen Substrats liegt. Entsprechend ist nach heute wohl unstreitiger Ansicht der Substanzwert keine geeignete Grundlage zur Ermittlung der angemessenen Kompensation,²⁴⁹ da er keinen Bezug zu den zukünftig erzielbaren Einzahlungsüberschüssen besitzt;²⁵⁰ allenfalls in Ausnahmefällen kann seine Berücksichtigung einmal Sinn machen.

c) Net Asset Value

94 Soweit es um die Bewertung von **vermögensverwaltenden** bzw. **Immobiliengesellschaften** geht, hat mittlerweile eine erhebliche Zahl von Instanzengerichten auch eine Bewertung anhand des Net Asset Value für zulässig erachtet.²⁵¹ Der Unternehmenswert der Vermögensverwaltungs- bzw. Immobiliengesellschaft wird hierbei bestimmt aus der Differenz der Marktwerte ihres Vermögens und der Marktwerte ihrer Verbindlichkeiten.²⁵² Wie Liquidations- und Substanzwert gehört der Net Asset Value damit zu den Einzelbewertungsverfahren,²⁵³ ist allerdings abweichend zum Liquidationswert ein Fortführungswert.²⁵⁴ Wenn auch im Allgemeinen erhebliche Bedenken gegen die Verwendung von Einzelbewertungsverfahren bei der Bewertung von Unternehmen bestehen, wird man der Rechtsprechung in dieser Sonderkonstellation folgen können. Beim Net Asset Value handelt es sich um eine in der Betriebswirtschaftslehre anerkannte und in der Praxis gebräuchliche Methode.²⁵⁵ So ist der Net Asset Value nicht nur in der nicht reglementierten Bewertungspraxis seit geraumer Zeit das Standardverfahren zur

---

246 *Fritzsche/Dreier/Verfürth*, 1. Aufl. 2004, SpruchG § 1 Rn. 191.
247 *Großfeld/Egger/Tönnes* Unternehmensbewertung Rn. 318.
248 *Fritzsche/Dreier/Verfürth*, 1. Aufl. 2004, SpruchG § 1 Rn. 191 f.
249 LG München I ZIP 2013, 1664 (1671) – HRE; IDW S1 idF 2008, Tz. 6; Simon SpruchG/*Simon/Leverkus* Anh. § 11 Rn. 52.
250 LG München I ZIP 2013, 1664 (1671) – HRE; *Fritzsche/Dreier/Verfürth*, 1. Aufl. 2004, SpruchG § 1 Rn. 191 f.
251 BayObLG 18.5.2022 – 101 ZBR 97/20; OLG Frankfurt a. M. AG 2021, 559 (565); NZG 2017, 622; OLG Karlsruhe AG 2020, 755 (756); LG Frankfurt a. M. NZG 2015, 635, vgl. auch *Gärtner/Handke/Strauch* BB 2015, 2307 (2310). Zum Net Asset Value-Approach auch *Creutzmann* BewertungsPraktiker 3/2017, 74.
252 OLG Frankfurt a. M. NZG 2017, 622 (623).
253 *Creutzmann* BewertungsPraktiker 3/2017, 74 (75).
254 LG Frankfurt a. M. AG 2022, 548 (551); *Creutzmann* BewertungsPraktiker 3/2017, 74 (75).
255 OLG Frankfurt a. M. NZG 2017, 622 (623).

Bewertung von Immobiliengesellschaften,[256] sondern hat auch durch den Gesetzgeber eine Adelung erfahren, insoweit als er durch § 168 KAGB (§ 36 InvG aF) zum Referenzverfahren zur Bewertung offener Immobilienfonds erhoben worden ist.[257] Aufgrund der Besonderheiten der typischen Asset- und Ertragsstruktur von Vermögensverwaltungs- bzw. Immobiliengesellschaften stehen dem Rückgriff auf den NAV als Einzelbewertungsverfahren auch nicht die allgemeinen methodischen und inhaltlichen Bedenken in gleicher Weise entgegen. Vermögensverwaltungs- und Immobiliengesellschaften sind typischerweise gekennzeichnet durch regelmäßig wiederkehrende Erträge, insbesondere Zins-, Dividenden-, und/oder Mieterträge, andererseits aber auch einmalige Erträge in relevanter Größenordnung (Gewinne und Verluste aus Veräußerungen).[258] Zu den typischen von einer Vermögensverwaltungsgesellschaft gehaltenen Asset-Klassen gehören unbebaute und bebaute Grundstücke, Wertpapiere (Aktien, Anleihen), Beteiligungen sowie derivative Finanzinstrumente.[259] Im Regelfall tragen diese Assets nicht arbeitsteilig und gemeinschaftlich zu einer gemeinsamen Wertschöpfung bei, sondern stehen letztlich „unverbunden" nebeneinander in der Bilanz. Übererträge aus Faktorkombination oder Synergien sind somit weitestgehend ausgeschlossen, auch die Schaffung immaterieller Vermögenswerte kommt praktisch nicht in Betracht.[260] Der Wert der Gesellschaft bestimmt sich unter diesen Voraussetzungen tatsächlich weitgehend als Summe der Marktwerte der Assets abzüglich der Marktwerte der Verbindlichkeiten,[261] wobei der Marktwert der Assets wiederum maßgeblich von deren jeweiligen voraussichtlichen Erträgen bestimmt wird und somit eine methodische Nähe zu den klassischen Gesamtbewertungsverfahren besteht.[262]

Ausgangspunkt der konkreten Berechnung des Net Asset Value ist dessen Definition als Differenz der Marktwerte des Vermögens und der Verbindlichkeiten. Nach in Spruchverfahren bisweilen gerügter, aber zutreffender Ansicht ist von dem sich ergebenden Saldo zusätzlich der Barwert der Verwaltungskosten abzuziehen.[263]

In der jüngeren Rechtsprechung wird allerdings zu Recht betont, dass der Einsatz des NVA-Verfahrens nur dann in Betracht kommt, wenn tatsächlich die Kosten und Erträge der einzelnen Assets weitgehend unabhängig voneinander sind.[264] Diese Voraussetzung hat das LG Frankfurt in einer jüngeren Entscheidung als nicht mehr gegeben angesehen, da die zu bewertende Gesellschaft nicht nur Beteiligungen an Immobilien hielt und deshalb nicht ausgeschlossen werden konnte, dass wechselseitige Einflüsse zwischen den gehaltenen Vermögenspositionen bestanden, also der Ertragswert des

---

256 *Creutzmann* BewertungsPraktiker 3/2017, 74; vgl. auch OLG Frankfurt a. M. NZG 2017, 622 (623): hat sich auf europäischer Investment- und Analyseebene durchgesetzt. Die praktische Bedeutung lässt sich auch im Rahmen der häufiger gewordenen öffentlichen Umtauschangebote auf Grundlage des WpÜG im Immobiliensektor erkennen. So wurde etwa die Angemessenheit der angebotenen Gegenleistung in den Angeboten der Vonovia SE für die Deutsche Wohnen AG, der DEMIRE Deutsche Mittelstand Real Estate AG für die Fair Value REIT AG sowie der ADLER Real Estate Aktiengesellschaft für die WESTGRUND Aktiengesellschaft jeweils unter Zuhilfenahme des NAV entsprechend den Empfehlungen der European Public Real Estate Association (EPRA) bzw. im Angebot der alstria office REIT-AG für die DO Deutsche Office AG mittels NAV IFRS abzusichern gesucht.

257 OLG Frankfurt a. M. NZG 2017, 622 (623); LG Frankfurt a. M. NZG 2015, 635 (639); OLG Karlsruhe AG 2020, 755 (756).
258 *Creutzmann* BewertungsPraktiker 3/2017, 74 (75). Den Net Asset Value insbesondere bei bloß bestandsverwaltenden Gesellschaften für geeignet haltend LG Frankfurt a. M. NZG 2015, 635 (639).
259 *Creutzmann* BewertungsPraktiker 3/2017, 74 (75).
260 OLG Frankfurt a. M. NZG 2017, 622 (623); LG Frankfurt a. M. NZG 2015, 635 (639).
261 OLG Frankfurt a. M. NZG 2017, 622 (623).
262 LG Frankfurt a. M. NZG 2015, 635 (635).
263 LG Frankfurt a. M. NZG 2015, 635 (639 f.); OLG Karlsruhe AG 2020, 755 (756); M *Creutzmann* BewertungsPraktiker 3/2017, 74 (78).
264 LG Frankfurt a. M. AG 2022, 548 (551).

4. Mischverfahren, insbesondere Stuttgarter Verfahren

97 Mischverfahren kombinieren Elemente von Gesamt- und Einzelbewertungsverfahren.[266] Bei den Mittelwertverfahren werden hier arithmetische oder gewichtete Mittel aus Substanz- und Ertragswerten zur Bestimmung des Unternehmenswertes vorgeschlagen. Insoweit atmen sie eine gleichzeitige Skepsis sowohl gegenüber gegenständlicher als auch Ertragswertbetrachtung. In der Bundesrepublik Deutschland hat vor allem das sog. Stuttgarter Verfahren eine gewisse Bedeutung zu erlangen vermocht, während etwa in den USA bis in die jüngere Vergangenheit die Delaware Block Method zur Anwendung kam.[267] Da allerdings unentschiedenes Schwanken zwischen Einzel- und Gesamtbewertung keine erhöhte Richtigkeitsgewähr begründet, haben Daumenregeln wie das Stuttgarter Verfahren zu Recht praktisch keinen nachhaltigen Einfluss auf die ernsthafte Unternehmensbewertung zu nehmen vermocht.[268]

5. Multiplikatorverfahren

98 Dass „Bewerten Vergleichen heißt" ist mittlerweile geflügeltes Wort.[269] Vor diesem Hintergrund ermitteln Vergleichs- bzw. Multiplikatorverfahren den Unternehmenswert nicht durch Rückgriff auf die erwarteten Erträge (income approach), sondern anhand von Preisen, die für vergleichbare Güter (Unternehmen) entrichtet worden sind.[270] Hierzu wird in einem ersten Schritt der Unternehmenswert für eine Gruppe von Referenzunternehmen als Vielfaches einer bestimmten Kennzahl des betriebs- bzw. finanzwirtschaftlichen Rechnungswesen ermittelt, und dieses Vielfache (multiple, **Multiplikator**) sodann auf die entsprechende Kennziffer des zu bewertenden Unternehmens angelegt. Typische Vergleichsgrößen sind – das allerdings mit Vorsicht zu genießende – EBIT (Earnings before interest and taxes) sowie Varianten (EBITDA/Earnings before interest, taxes, depreciation and amortization), Zahlungsströme, Umsätze (Sales-Multiple) etc.

99 Dieser als **Comparative Company Approach** (CCA) im weiteren Sinne bezeichnete Ansatz entwickelt sich anhand von drei Methoden: (1) Im Rahmen der Similar Public Company Method (SPCM) wird der maßgebliche Multiplikator (trading multiple) aus der relevanten Kennziffer börsennotierter Vergleichsunternehmen gewonnen. (2) Insbesondere, wenn die Vergleichsunternehmen nicht börsennotiert sind, kann – alternativ oder kumulativ – auf die Preise zurückgegriffen werden, die für vergleichbare Unternehmen im Rahmen von Transaktionen bezahlt worden sind, Recent Acquisitions Method (RAM): der Marktwert des Eigenkapitals wird hier durch den bei einem Unternehmenskauf bezahlten Kaufpreis geschätzt.[271] (3) Eine Spielart des comparable

---

[265] LG Frankfurt a. M. AG 2022, 548 (551).
[266] Simon SpruchG/*Simon/Leverkus* Anh. § 11 Rn. 53; Fleischer/Hüttemann Unternehmensbewertung-HdB/*Franken/Schulte* § 11 Rn. 80.
[267] Hierzu *Fleischer* AG 2014, 97 (102 f.).
[268] Verwendung findet das Stuttgarter Verfahren allerdings im Einzelfall in Gesellschaftsverträgen zur Bestimmung einer Abfindung eines ausscheidenden Gesellschafters. Vgl. *Wollny* Objektivierter Unternehmenswert S. 20; zu den teilweise erheblichen Abweichungen vom eigentlichen Ertragswert vgl. etwa das Fallbeispiel bei *Arens* GWR 2017, 193.
[269] Vgl. nur *Emmerich* FS U.H. Schneider, 2011, 323 (326); Fleischer/Hüttemann Unternehmensbewertung-HdB/*Franken/Schulte* § 11 Rn. 9; *Fleischer* AG 2014, 97 (101) mit allerdings pointiert doppelter Stoßrichtung (auch hinsichtlich Rechtsvergleichung).
[270] Fleischer/Hüttemann Unternehmensbewertung-HdB/*Franken/Schulte* § 11 Rn. 7.
[271] *Schüler* WPg 2014, 1146.

company approach stellt schließlich der Initial Public Offerings (IPO) Approach dar, bei dem Emissionspreise vergleichbarer Unternehmen zur Bewertung herangezogen werden.[272]

Ihren eigentlichen Anwendungsbereich haben Multiplikator-Verfahren bisher im Bereich des Investmentbanking, wo verbreitet auf die gängigen und eigene Multiplikatoren zurückgegriffen wird.[273] Soweit hingegen gesetzliche Bewertungsanlässe betroffen sind, wollen die IDW S1 idF 2008 und weite Teile des Schrifttums Multiplikatorverfahren allenfalls die Funktion einer **Referenzgröße zur Plausibilitätskontrolle** der umfassenderen Unternehmensbewertung einräumen.[274] Nicht zu übersehen ist aber auch, dass in jüngerer Vergangenheit die Stimmen, die dem Ertragswertverfahren nicht völlig zu Unrecht eine gewisse Scheingenauigkeit attestieren und deshalb dem Börsenkurs als Marktwert mehr Gewicht verschaffen wollen, durchaus Sympathien für Vergleichsbewertungen anhand von Marktdaten artikulieren.[275] Unter rechtsvergleichenden Gesichtspunkten bemerkenswert ist zudem die Entscheidung des österreichischen Zwillings des IDW S1, des Fachgutachtens KFS/BW 1, bei Bestimmung des objektivierten Unternehmenswertes mittels Gesamtbewertungsverfahren nunmehr zwingend eine Plausibilisierung durch marktpreisgestützte Verfahren zu verlangen.[276]

Umgekehrt ist aber auch zu berücksichtigen, dass selbstverständlich auch Multiplikatoren nur ceteris paribus gelten. Ist Multiplikatoren mehr zugewiesen als die Aufgabe als Daumenregeln, muss einerseits die Vergleichbarkeit der Referenzgröße sichergestellt werden und andererseits dafür Sorge getragen werden, dass die Mitglieder der Vergleichsgruppe – ähnlich dem Vorgehen bei Bestimmung der Peer Group – hinreichend vergleichbar mit dem eigentlichen Bewertungsobjekt sind.[277]

Am Anfang der Multiplikator-Bewertung steht die Ermittlung der relevanten Vergleichsgruppe. Für die Bestimmung der Peer Group sind sämtliche wertrelevanten Charakteristika des Bewertungsobjekts, insbesondere die Parameter Branche bzw. Geschäftsmodell, geografische Abdeckung, Profitabilität und Wachstum in den Blick zu nehmen.[278] In einem zweiten Schritt müssen die Marktpreise für die Mitglieder der Vergleichsgruppe bestimmt werden: Der Preis des Fremdkapitals wird üblicherweise aus der externen Rechnungslegung, dh als Buchwert des Fremdkapitals bestimmt, während zur Ermittlung des Marktpreises des Eigenkapitals alternativ Similar Public Company, Recent Acquistion und Initial Public Offering Method zur Verfügung stehen.[279] Die für die Peer Group ermittelten Werte müssen sodann zu einem einwertigen Mittelwert verdichtet werden.[280] Zusätzlich muss sowohl für die Entwicklung des multiple als auch für die Referenzgröße des zu bewertenden Unternehmens sichergestellt sein, dass es sich tatsächlich um die dauerhaft erzielte Referenzgröße handelt, also Sondereffekte bereinigt werden.[281]

---

272 Fleischer/Hüttemann Unternehmensbewertung-HdB/*Franken/Schulte* § 11 Rn. 16.
273 Vgl. etwa den Umfang, den die Ausführungen zu CCA und CTA im Praktikerhandbuch von *Rosenbaum/Pearl*, Investment Banking, einnehmen.
274 IDW S1 idF 2008, Tz. 143, 144, 167; Simon SpruchG/*Simon/Leverkus* Anh. § 11 Rn. 54; kritisch im Rahmen objektivierter Verfahren auch *Schüler* WPg 2014, 1146 (1147).
275 Vgl. etwa *Emmerich* FS U.H. Schneider, 2011, 323 (329 f.).
276 Vgl. hierzu etwa *Rabel* BewP 3/2014, 84.
277 Fleischer/Hüttemann Unternehmensbewertung-HdB/*Franken/Schulte* § 11 Rn. 22.
278 So etwa die Empfehlung des KFS/BW 1 vgl. *Rabel* BewP 3/2014, 84 (88).
279 Fleischer/Hüttemann Unternehmensbewertung-HdB/*Franken/Schulte* § 11 Rn. 16.
280 *Schüler* WPg 2014, 1146.
281 *Rabel* BewertungsPraktiker 3/2014, 84 (88).

6. Realoptions-Modelle

103 Bei Realoptionsmodellen handelt es sich methodisch um Erweiterungen von Bewertungsmodellen für Finanzoptionen, die versuchen, die mit einer Unternehmung verbundenen Möglichkeiten/**Handlungsalternativen** zu bewerten.[282] In der Unternehmensbewertung werden diese Ansätze insbesondere dann diskutiert, wenn die Natur der Unternehmung Ertragswert- oder DCF-Verfahren als unzureichend erscheinen lässt und deshalb einer Weiterung bzw. Ergänzung bedürfen.[283] Ein Beispiel von praktischer Relevanz ist etwa die Bewertung junger (Start-up-)Unternehmen, wo der nach Ertragswert oder DCF ermittelte Unternehmenswert häufig deutlich niedriger ist als die Marktbewertung bzw. hinreichend belastbare Cash-Flow- bzw. Ertragsplanungen noch gänzlich fehlen,[284] sich ein Investment in diese Unternehmen also als bloße Option auf eventuelle Zahlungs- oder Ertragsströme darstellt, wobei die Auszahlungsstruktur – nicht anders als bei Finanzoptionen – asymmetrisch ist.[285]

104 Realoptionen idS bezeichnen vorhandene (reale) Investitions- bzw. Desinvestitionsmöglichkeiten.[286] Letztlich läuft das Realoptionsmodell darauf hinaus, sämtliche der zu bewertenden Unternehmung zur Verfügung stehenden (Des-)Investitionsmöglichkeiten bzw. Handlungsalternativen zu identifizieren und zu bewerten; der Unternehmenswert ergibt sich also als Summe der Barwerte sämtlicher Handlungsalternativen. Mit Ertragswert- und DCF-Verfahren gemein ist den Realoptionsmodellen, dass auch sie – und zwar in noch weitaus stärkerem Maße – den Zukunftserfolgswert der Unternehmung zu bestimmen suchen. Wesentlicher Unterschied ist dabei allerdings, dass sie diesen Zukunftserfolgswert nicht auf Basis eines bereits formulierten Konzepts, nämlich der Unternehmensplanung, zu ermitteln suchen, sondern sämtliche Handlungsalternativen, die der Unternehmung – im Zeitablauf jeweils – zur Verfügung stehen, betrachten und ihre Wertbeiträge zu ermitteln suchen. Dieser breitere Ansatz soll insbesondere abbilden, dass das Management bei Umweltänderungen gegebenenfalls mit einer Anpassung der Strategie und damit der Unternehmensplanung reagiert.[287] Denkt man sich die Unternehmung entscheidungstheoretisch also als Entscheidungsbaum sämtlicher Handlungsalternativen, wird der Unternehmenswert nicht ausschließlich anhand des durch die Geschäftsleitung innerhalb dieses Entscheidungsbaums gewählten Weges bestimmt, sondern sämtliche Entscheidungsalternativen werden bewertet und aufaddiert. Im Einzelnen identifiziert der Realoptionsansatz die der konkreten Unternehmung zur Verfügung stehenden Handlungsalternativen, bewertet diese und addiert den ermittelten Optionswert (**additive Realoptionen**) zum DCF-Wert.

105 Praktische Probleme sind mit dem Realoptionsansatz vor allem aufgrund der Notwendigkeit der Schätzung all dieser Eingabeparameter verbunden, die – mindestens bis zu einem gewissen Grad – ins Blaue hinein erfolgen muss. Eine empirische Stütze findet dahin gehende Skepsis in der Beobachtung, dass Realoptionsmodelle insbesondere in der Phase der Technologieblase an NASDAQ und NEMAX herangezogen worden sind, um die teilweise abenteuerlichen Bewertungen von Technologie- und Mediaunter-

---

[282] Grundlegend *Myers*, Finance Theory and Financial Strategy, Interfaces 14 (1984), 126 (126 ff.); *Wollny* Objektivierter Unternehmenswert S. 21.
[283] Es handelt sich somit um Komplemente, nicht Substitute der Zukunftserfolgswertverfahren, vgl. *Wollny* Objektivierter Unternehmenswert S. 21.
[284] *Hommel* WM 2000, 1535.
[285] *Hommel* WM 2000, 1535.
[286] *Löhr/Rams* BB 2000, 1983. Die Interpretation von Investitionsmöglichkeiten als Optionen findet sich erstmals beim Vater des Realoptionsansatzes Stewart C. Myers in *Myers* J. Fin. Econ. 5 (1977), 147 ff.
[287] *Löhr/Rams* BB 2000, 1983 (1984).

nehmen zu rechtfertigen („Wer Gewinn erwirtschaftet, investiert zu wenig"), die sich nachträglich praktisch durch die Bank als völlig überzogen erwiesen.[288] Berücksichtigt man, dass bereits das Ertragswertverfahren in dem Verdacht steht, Gutachtern bzw. Sachverständigen allzu große Spielräume bei der Ermittlung des Unternehmenswertes einzuräumen, wird man deshalb ein Ausweichen auf den Realoptionsansatz zumindest für gesetzliche Bewertungsanlässe bis auf Weiteres kaum empfehlen können.

III. Besonderheiten bei einzelnen Bewertungsanlässen

Wenn auch bei sämtlichen gesetzlichen und im Spruchverfahren überprüfbaren Bewertungsanlässen Ziel die Ermittlung einer respektive der angemessenen Kompensation ist, sind die einzelnen Bewertungsanlässe dennoch – im Einzelfall mehr oder weniger stark – durch Besonderheiten gekennzeichnet, über die im Folgenden ein kursorischer, nicht abschließender Überblick gegeben werden soll. 106

1. Beherrschungs- und Gewinnabführungsverträge

Bei Abschluss eines Beherrschungs- oder Gewinnabführungsvertrags ist zwischen zwei einer Überprüfung im Spruchverfahren offenstehenden Bewertungsanlässen zu unterscheiden. Verbleiben die Aktionäre trotz der einschneidenden Konzernierungsmaßnahmen in der Gesellschaft, ist ihnen als Ausgleich für den entfallenden Dividendenanspruch bzw. die Begründung eines Weisungsrechts der Obergesellschaft (§ 308 AktG) ein angemessener Ausgleich anzubieten (→ Rn. 108 f.). Aktionären, für die aufgrund der Konzernierung ein Verbleib in der Gesellschaft nicht in Betracht kommt, bietet § 305 AktG demgegenüber einen Exit ohne Wertverlust. Den Aktionären ist ein Abfindungsangebot zu unterbreiten, wobei das Gesetz sowohl eine Barabfindung als auch eine Abfindung in Aktien der Obergesellschaft erlaubt (→ Rn. 110 f.). 107

a) Angemessener Ausgleich (§ 304 AktG)

Als **fester Ausgleich** nach § 304 Abs. 2 S. 1 AktG ist die jährliche Zahlung anzusetzen, die auf Grundlage der bisherigen Ertragslage der abhängigen Gesellschaft sowie der zukünftigen Ertragsaussichten auf die einzelne Aktie entfallen würde.[289] Zur Berechnung der Ausgleichszahlung wird im Prinzip der im Ertragswertverfahren ermittelte Ertragswert mittels Rentenformel in Annuitäten umgelegt.[290] Folgende Besonderheiten gegenüber dem Standardmodell zur Bestimmung des Werts eines Anteils sind zu beachten: Bei der Bestimmung der Erträge bzw. der daraus abzuleitenden Ausgleichszahlungen sind angemessene Abschreibungen und Gewinnberichtigungen, nicht aber die Bildung anderer Gewinnrücklagen iSv § 272 Abs. 3 S. 2 HGB in Abzug zu bringen, so dass die Ausgleichszahlung nach § 304 Abs. 2 S. 1 AktG im Regelfall nicht der Dividende entsprechen wird.[291] Nicht betriebsnotwendiges Vermögen ist nach wohl hM für die Berechnung des Ausgleichs nicht anzusetzen;[292] eine Ausnahme ist nur dann zu machen, wenn 108

---

288 Vgl. etwa *Löhr/Rams* BB 2000, 1983 (1983 ff.) und *Hommel* WM 2000, 1535 (1535 f.), die jeweils den Realoptionsansatz insbesondere als Instrument zur Bewertung von Unternehmen der „New Economy" vorstellen.
289 Emmerich/Habersack/*Emmerich* AktG § 304 Rn. 55; K. Schmidt/Lutter/*Stephan* AktG § 304 Rn. 70; aus der Rechtsprechung etwa OLG Stuttgart NJOZ 2010, 1105 (1110).
290 K. Schmidt/Lutter/*Stephan* AktG § 304 Rn. 85; Emmerich/Habersack/*Emmerich* AktG § 304 Rn. 56; Simon SpruchG/*Simon/Leverkus* Anh. § 11 Rn. 251.
291 Emmerich/Habersack/*Emmerich* AktG § 304 Rn. 55.
292 OLG Frankfurt a. M. AG 2011, 832 (837). Offengelassen von OLG Düsseldorf AG 2009, 907 (909). Skeptisch Simon SpruchG/*Simon/Leverkus* Anh. § 11 Rn. 247.

auch das betriebsnotwendige Vermögen Erträge über den Planungszeitraum abwirft.[293] Zudem sind nach hM Modifikationen hinsichtlich des maßgeblichen Risikozinssatzes geboten, um dem Umstand Rechnung zu tragen, dass die Ausgleichszahlung – anders als die Dividende – eine (grundsätzlich) sichere Zahlung ist.[294] Die Rechtsprechung versucht diesem unterschiedlichen Risikoprofil dadurch beizukommen, dass nicht der volle für die Berechnung der Barabfindung zu verwendende Kapitalisierungszinssatz, sondern ein darunter liegender Mischzinssatz angesetzt wird. Verbreitet wird dieser Mischzinssatz als arithmetisches Mittel des eigentlichen Kapitalisierungszinssatzes der Aktie und des Basiszinssatzes gebildet.[295] Konsequenterweise und wohl zutreffend hat sich die Rechtsprechung gleichzeitig in die andere Richtung weisenden Forderungen einzelner Antragsteller, den Risikozinssatz aufgrund der während der Vertragslaufzeit bestehenden Gefahr einer „Ausplünderung" durch das herrschende Unternehmen, zu erhöhen,[296] verschlossen.[297]

109 Unter weiteren Voraussetzungen lässt das Gesetz auch einen **variablen Ausgleich** zu (§ 304 Abs. 2 S. 2 AktG), der sich im Prinzip anhand der Dividende der Obergesellschaft bestimmt.[298] Das Gesetz verlangt insoweit, dass vertraglich die Zahlung des Betrags zuzusichern ist, der unter Herstellung eines angemessenen Umrechnungsverhältnisses auf Aktien der Obergesellschaft jeweils als Gewinnanteil entfällt. Nach hM ist dabei die durch die Obergesellschaft tatsächlich gezahlte Dividende und nicht der Jahresüberschuss der Obergesellschaft maßgeblich.[299] Dass dabei aus Sicht der Aktionäre der Untergesellschaft die Gefahr besteht, durch Rücklagenbildung auf Ebene der Obergesellschaft ausgehungert zu werden, wird von der hM bis zu einer entsprechend § 162 Abs. 1 BGB zu entwickelnden Missbrauchsgrenze, die auch das BVerfG als maßgeblich bezeichnet, hingenommen.[300] Da die Werte von Unter- und Obergesellschaft und ihr Beitrag zum leistungswirtschaftlichen Erfolg der Gruppe durchaus unterschiedlich ausfallen können und im Regelfall auch werden, verlangt das Gesetz die Herstellung eines **angemessenen Umrechnungsverhältnisses**, mit dem dieser unterschiedlichen Bedeutung von Unter- und Obergesellschaft innerhalb der durch die Konzernierungsmaßnahme herbeigeführten wirtschaftlichen Einheit Rechnung getragen wird. Für dessen Bestimmung greift § 304 Abs. 2 S. 3 AktG auf die **Verschmelzungswertrelation**, also das Verhältnis der Unternehmenswerte von Ober- und Untergesellschaft, zurück.[301] Erforderlich ist damit die Ermittlung des Unternehmenswertes sowohl der Ober- als auch der Untergesellschaft, wobei – soweit nicht eine oder beide Gesellschaften börsennotiert ist/sind – in der Praxis jeweils auf das Ertragswertverfahren in seiner Ausformung durch den IDW S1 idF 2008 zurückgegriffen wird. Maßstab ist jeweils der

---

293 K. Schmidt/Lutter/*Stephan* AktG § 304 Rn. 82: Ausgleichsanspruch garantiert keine fiktive Mindestverzinsung des eingesetzten Kapitals; *Weber/Kersjes* Hauptversammlungsbeschlüsse § 5 Rn. 207.
294 OLG Frankfurt a. M. AG 2011, 832 (837). Die Ausgleichszahlung wird allein durch eine Insolvenz der verpflichteten Obergesellschaft bedroht. Offenlassend OLG Stuttgart NJOZ 2010, 1105 (1110).
295 So etwa OLG Frankfurt a. M. AG 2011, 832 (837 f.).
296 So etwa *Knoll* ZIP 2003, 2329 (2325).
297 OLG Stuttgart NJOZ 2010, 1105 (1110).
298 *Koch* AktG § 304 Rn. 15.
299 OLG Düsseldorf NJW 1978, 827 unter Hinweis auf die Gesetzgebungsgeschichte bei *Kropff*, AktG, 1965, S. 395; *Koch* AktG § 304 Rn. 15. AA Emmerich/Habersack/*Emmerich* AktG § 304 Rn. 74: Orientierung des Gewinnanteils am anteiligem Jahresüberschuss der herrschenden Gesellschaft iSd § 275 Abs. 2 Nr. 17 HGB und Abs. 3 Nr. 16 HGB; so auch Grigoleit/*Servatius* AktG § 304 Rn. 22; BeckOGK/*Veil/Preisser*, 1.1.2023, AktG § 304 Rn. 74.
300 BVerfG AG 2000, 40 (41) (Anpassung eventuell nach dem Rechtsgedanken von § 162 Abs. 1 BGB). So etwa auch *Koch* AktG § 304 Rn. 15, der die Norm allerdings rechtspolitisch als schwerlich glücklich qualifiziert.
301 Emmerich/Habersack/*Emmerich* AktG § 304 Rn. 76; *Koch* AktG § 304 Rn. 16.

wahre bzw. innere Wert, also der objektivierte Unternehmenswert.[302] Sind die Aktien der abhängigen Gesellschaft börsennotiert, stellt unter Berücksichtigung der DAT/Altana-Rechtsprechung von BVerfG und BGH der maßgebliche Börsenkurs der abhängigen Gesellschaft bei Ermittlung der Verschmelzungswertrelation die Untergrenze für den Ansatz des Unternehmenswerts der abhängigen Gesellschaft dar.[303] Die mittlerweile wohl herrschende Auffassung hält es weitergehend für zulässig, den Börsenkurs der abhängigen Gesellschaft bei der Ermittlung ihres Unternehmenswertes ausschließlich zu berücksichtigen, was dann auch für die Bestimmung der Verschmelzungswertrelation im Rahmen des § 304 AktG Geltung beanspruchen muss.[304] Dem hat sich nunmehr auch der BGH ausdrücklich angeschlossen.[305] (→ Rn. 217).

b) Abfindung (§ 305 AktG)

aa) Abfindung in Aktien (§ 305 Abs. 2 Nr. 1, 2 AktG)

Bewertungstechnisch anspruchsvoller ist die Abfindung in Aktien. Das Gesetz verlangt hier – ähnlich der Regelung für den variablen Ausgleich – ausdrücklich die Berücksichtigung der Verschmelzungswertrelation, also des Wertverhältnisses von Ober- und Untergesellschaft.[306] Damit sind Unternehmensbewertungen sowohl für die Unter- als auch die Obergesellschaft durchzuführen, wobei insoweit bei fundamentalanalytischer Bewertung ganz überwiegend auf die jeweiligen Ertragswerte abgestellt wird. Maßgeblicher Bewertungsstichtag ist der Tag der Hauptversammlung der abhängigen Gesellschaft, die über die Zustimmung zum Beherrschungs- und/oder Gewinnabführungsvertrag beschließt.[307] Setzt man die auf Grundlage der getrennten Unternehmensbewertungen sich ergebenden Ertragswerte ins Verhältnis, erhält man die Verschmelzungswertrelation, die das Umtauschverhältnis und die Höhe eventuell barer Zuzahlungen bestimmt.[308] Zur Berücksichtigung des Börsenkurses → Rn. 219 ff.

110

bb) Barabfindung (§ 305 Abs. 2 Nr. 3 AktG)

Zur Bestimmung der Barabfindung, die den Anteilseignern, die anlässlich der Konzernierungsmaßnahme aus der Gesellschaft ausscheiden wollen, anzubieten ist, bedarf es demgegenüber grundsätzlich (nur) einer Bewertung der abhängigen Gesellschaft. Es ist also keine Verschmelzungswertrelation zu ermitteln, sondern der abhängige Rechtsträger auf stand-alone-Basis zu bewerten.[309] Hintergrund ist, dass den Aktionären, die den faktischen Unternehmenszusammenschluss – Weisungsrecht (§ 308 AktG) bzw. Gewinnabführung und Verlustausgleich (§§ 291 Abs. 1 S. 1, 302 AktG) – nicht mittragen wollen, nur der Wert anzubieten ist, den ihre Anteile an „ihrer" Gesellschaft besessen haben. Dieser wird – zumindest dann, wenn die Untergesellschaft nicht börsennotiert ist – praktisch ausnahmslos mittels Ertragswertverfahren bestimmt. Zur Ermittlung der Abfindung wird der Gesamtertragswert auf den einzelnen Anteil umgelegt; die Höhe der dem einzelnen Anteilseigner anzubietenden Abfindung bestimmt sich in der Folge als Produkt aus Ertragswert pro Anteil und Summe der gehaltenen Anteile.

111

---

302 Emmerich/Habersack/*Emmerich* AktG § 304 Rn. 76 f.
303 *Koch* AktG § 304 Rn. 16.
304 So etwa *Koch* AktG § 304 Rn. 16.
305 BGH ZIP 2023, 795 (795 ff.).
306 Emmerich/Habersack/*Emmerich* AktG § 305 Rn. 48; *Koch* AktG § 305 Rn. 21; *Brandi/Wilhelm* NZG 2009, 1408 (1409).
307 *Koch* AktG § 305 Rn. 21 iVm Rn. 34.
308 Emmerich/Habersack/*Emmerich* AktG § 305 Rn. 48.
309 OLG Düsseldorf NZG 2012, 1260 (1261) *Koch* AktG § 305 Rn. 51.

2. Eingliederung

112 Für die Eingliederung gelten ähnliche Grundsätze wie für Beherrschungs- und Gewinnabführungsverträge. Den (bisherigen) Aktionären der eingegliederten Gesellschaft ist eine angemessene Abfindung anzubieten (§ 320b Abs. 1 S. 1 AktG), die entweder in Aktien der eingliedernden Haupt- bzw. Obergesellschaft (§ 320b Abs. 1 S. 2 AktG) oder unter weiteren Voraussetzungen als Barabfindung erfolgt.[310]

113 Soweit die **Abfindung in Aktien** der Hauptgesellschaft besteht, ist wiederum auf die Verschmelzungswertrelation abzustellen.[311] Den außenstehenden Aktionären sind so viele Aktien anzubieten, wie sie im Rahmen einer Verschmelzung der eingegliederten Gesellschaft mit der eingliedernden Gesellschaft erhalten würden,[312] so dass die Ausführungen unter → Rn. 110 entsprechend gelten. Es sind die Ertragswerte beider Unternehmen zu ermitteln[313] und ins Verhältnis zu setzen, um die Verschmelzungswertrelation zu bestimmen.[314] Kann kein glattes Tauschverhältnis hergestellt werden, ist Spitzen durch bare Zuzahlungen Rechnung zu tragen.[315]

114 Wird hingegen eine **Barabfindung** angeboten, bedarf es einer Ermittlung der Verschmelzungswertrelation nicht, ausreichend ist die Bestimmung des Ertragswerts der abhängigen Gesellschaft, der auf den einzelnen Anteil umzulegen ist.

115 Maßgeblicher **Bewertungsstichtag** ist insoweit der Zeitpunkt des Eingliederungsbeschlusses der einzugliedernden Gesellschaft.[316] Zur Relevanz des Börsenkurses bei Eingliederung → Rn. 222 ff.

3. Squeeze-out

116 Die von § 327b AktG verlangte angemessene Barabfindung, also der „volle Wert des Unternehmens,"[317] ist im Grundsatz nach dem Ertragswertverfahren (oder einem vergleichbaren anerkannten fundamentalanalytischen Verfahren) zu bestimmen.[318] Ist die Gesellschaft, aus der die Minderheitsaktionäre herausgedrängt werden sollen, börsennotiert, markiert der Börsenkurs nach bisher hM die Untergrenze, mittlerweile wird allerdings zunehmend für die ausschließliche Maßgeblichkeit des Börsenkurses plädiert, wobei aufgrund der Sondersituation eines Squeeze-out allerdings jeweils zu prüfen ist, ob der Börsenkurs der Gesellschaft hinreichend aussagekräftig ist (→ Rn. 226 f.).[319]

117 Umstritten ist die Ermittlung der angemessenen Barabfindung aufgrund eines Squeeze-out in Fällen, in denen zum Bewertungsstichtag ein **Beherrschungs- und Gewinnabführungsvertrag** besteht. Fraglich ist, ob hier der angemessene Ausgleich als Barwert der zukünftigen Ausgleichszahlungen berechnet werden darf oder gegebenenfalls muss.[320] Dahinter steht die Überlegung, dass bei unterstellter unendlicher Lebensdau-

---

310 Zum Regel- Ausnahmeverhältnis zwischen Abfindung in Aktien und Barabfindung vgl. etwa LG Dortmund NZG 2004, 723 (724); Emmerich/Habersack/*Habersack* AktG § 320b Rn. 5; *Koch* AktG § 320b 3 ff.; K. Schmidt/Lutter/*Ziemons* AktG § 320b Rn. 5, 11.
311 OLG Düsseldorf AG 2004, 212 (213); LG Dortmund NZG 2004, 723 (724); K. Schmidt/Lutter/*Ziemons* AktG § 320b Rn. 13.
312 OLG Düsseldorf AG 2004, 212 (213); LG Dortmund NZG 2004, 723 (724).
313 OLG Düsseldorf AG 2004, 212 (213); LG Dortmund NZG 2004, 723 (724).
314 Die Verwendung der Ertragswertmethode bezeichnet OLG Düsseldorf AG 2004, 212 (213) als „zutreffend",

andere fundamentalanalytische Verfahren wie das DCF-Verfahren sind aber nicht per se ausgeschlossen, sondern nur praktisch unüblich.
315 Emmerich/Habersack/*Habersack* AktG § 320b Rn. 12.
316 Emmerich/Habersack/*Habersack* AktG § 320b Rn. 12.
317 *Koch* AktG § 327b Rn. 5.
318 OLG Karlsruhe 12.7.2013 – 12 W 57/10, BeckRS 2013, 13603; *Koch* AktG § 327b Rn. 5; *Ruthard* DK 2013, 615.
319 *Koch* AktG § 327b Rn. 6.
320 So etwa OLG Frankfurt a. M. NZG 2010, 664 (664 ff.); *Leyendecker* NZG 2010, 927 (927 ff.); wohl auch *Ruthardt/Hachmeister* WM 2014, 725 (726 f.).

er des Beherrschungs- und/oder Gewinnabführungsvertrages die Minderheitsaktionäre durch Halten der Aktie allein den **Barwert der Summe der Ausgleichszahlungen** realisieren können.[321] Die hM einschließlich der Rechtsprechung des BGH lehnt zumindest die ausschließliche Bemessung der angemessenen Abfindung mittels des Barwerts der Ausgleichszahlung ab.[322] Dabei wird neben dem Wortlaut vor allem ins Feld geführt, dass der Abfindungsanspruch kein verrenteter Ausgleichsanspruch ist und deshalb der Wert des Unternehmens und nicht der der Aktie zu ersetzen sei,[323] und im Übrigen durch ein Abstellen auf die Ausgleichszahlung nach § 304 AktG alleine die vermögensrechtliche Komponente der Mitgliedschaft, nicht aber auch die Verwaltungsrechte abgefunden würde.[324] Durch den BGH zunächst offengelassen und in der Instanzenrechtsprechung umstritten war, ob die Maßgeblichkeit des Ertragswerts auch dann gilt, wenn der Barwert des Ausgleichs höher als der Ertragswert ist. Während ua das OLG Düsseldorf dies mit beachtlichen Argumenten bejaht hat,[325] hat sich der BGH in der Wella III-Entscheidung der Gegenansicht angeschlossen und festgehalten, dass der Barwert zu berücksichtigen ist, wenn er über dem anteiligen, auf die einzelne Aktie entfallenden Ertragswert liegt.[326] Das Ergebnis erscheint hier vertretener Ansicht nach nicht zwingend, da es gerade kein Meistbegünstigungsprinzip gibt, das ein Abweichen von der als sachgerecht erkannten Bewertungsmethode rechtfertigen würde. Die ausführlich begründete Entscheidung des BGH wird man dennoch bis auf Weiteres als Datum hinzunehmen haben.

4. Verschmelzung

Wie bei Abschluss eines Beherrschungs- und/oder Gewinnabführungsvertrages ist bei der Verschmelzung zwischen zwei verschiedenen Bewertungsanlässen zu unterscheiden in Abhängigkeit davon, ob die Anteilseigner des übertragenden Rechtsträgers im (fusionierten) Verband verbleiben, oder aber anlässlich der Verschmelzung aus diesem ausscheiden. Verbleiben Anteilseigner des übertragenden Rechtsträgers innerhalb der fusionierten Gesellschaft, können sie gemäß § 15 UmwG im Spruchverfahren prüfen lassen, ob das Umtauschverhältnis der Anteile zu niedrig bemessen bzw. die Mitgliedschaft bei dem übernehmendem Rechtsträger kein ausreichender Ausgleich für die am übertragenden Rechtsträger gehaltenen Anteile bzw. Mitgliedschaft ist (§ 15 Abs. 1 UmwG); mit dem UmRUG wird nunmehr auch den Gesellschaftern eines aufnehmenden Rechtsträgers dieses Rügerecht eingeräumt. Bei Verschmelzung eines Rechtsträgers im Wege der Aufnahme durch einen Rechtsträger anderer Rechtsform sowie bei Verschmelzung einer börsennotierten Aktiengesellschaft auf eine nicht börsennotierte Aktiengesellschaft, hat der übernehmende Rechtsträger den Anteilseignern des übertragenden Rechtsträgers, die der Verschmelzung widersprechen, zudem im Verschmelzungsvertrag einen Exit durch Barabfindung zu ermöglichen. Aus ökonomischer Per-

118

---

321 So *Leyendecker* NZG 2010, 927 ff.; OLG Frankfurt a. M. NZG 2010, 664 (665).
322 BGH NZG 2020, 1386 (1387) – Wella III; BGH NZG 2016, 461 (463): „jedenfalls dann maßgeblich, wenn dieser höher ist als der Barwert der aufgrund des (Beherrschungs- und) Gewinnabführungsvertrages dem Minderheitsaktionär zustehenden Ausgleichszahlungen"; OLG Düsseldorf AG 2017, 672 (673); OLG Düsseldorf NZG 2012, 1181 (1183); *Koch* AktG § 327b Rn. 10; Kölner Komm AktG/*Gayk* SpruchG Anh. § 11 Rn. 98. Vgl. ausführlich zu dieser Frage auch *Popp* DK 2017, 224 (224 ff.).
323 OLG Düsseldorf NZG 2012, 1181 (1183); *Koch* AktG § 327b Rn. 5; so jetzt auch BGH NZG 2016, 461 (463): Liquidationsanspruch wird eventuell nicht abgebildet.
324 BGH NZG 2016, 461 (464 f.), trotz Hinweises des BGH auf die starke Beschränkung der Verwaltungsrechte während der Vertragslaufzeit OLG Düsseldorf NZG 2012, 1181 (1183).
325 OLG Düsseldorf AG 2017, 672 (673). Bereits generell an der Eignung der kapitalisierten Ausgleichszahlung als angemessener Bewertungsmethode zweifelnd *Popp* DK 2018, 224 (228 f.).
326 So auch *Krenek* CF 2016, 461 (462).

spektive möglicherweise überraschend knüpft das UmwG das Exit-Recht der Anteilseigner des übertragenden Rechtsträgers also nicht daran an, dass diese das wirtschaftliche Kalkül der Verschmelzung nicht mittragen wollen, sondern an den formaljuristischen Umstand, dass die Mitgliedschaftsrechte durch einen anlässlich der Verschmelzung vollzogenen (impliziten) Formwechsel eine Änderung erfahren bzw. daran, dass durch Verschmelzung auf einen nicht börsennotierten Rechtsträger die Fungibilität der Anteile beeinträchtigt wird.

a) Verbesserung des Umtauschverhältnisses
aa) Reguläre Unternehmensbewertung

119 Bewertungstechnischer archimedischer Punkt der Zusammenführung von Unternehmen bzw. Gesellschaften im Wege der Verschmelzung ist die **Verschmelzungswertrelation**, die auf Grundlage der Werte beider beteiligten Unternehmen das angemessene Umtauschverhältnis festlegt.[327] § 15 Abs. 1 UmwG gibt in diesem Zusammenhang den Anteilseignern des übertragenden und nunmehr auch des übernehmenden Rechtsträgers einer Verschmelzung das Recht, ein aus ihrer Sicht unangemessenes Umtauschverhältnis zu rügen und für die damit verbundene Vermögenseinbuße von dem übernehmenden Rechtsträger eine bare Zuzahlung zu verlangen. § 15 UmwG sichert damit die verfassungsrechtlich verbürgten Eigentumspositionen der Anteilseigner, die trotz Verschmelzung und des damit verbundenen Aufgehens „ihrer" Gesellschaft im aufnehmenden Rechtsträger in dem zusammengeführten Unternehmensverbund verbleiben wollen, dagegen, durch die Verschmelzung vermögensrechtlich beeinträchtigt bzw. verwässert zu werden.[328]

120 Zur Ermittlung der Verschmelzungswertrelation ist erforderlich, die Unternehmenswerte der sich verschmelzenden Rechtsträger zu ermitteln und ins Verhältnis zu setzen.[329] Eine besondere Bewertungsmethode ist dabei nicht vorgesehen.[330] In der Praxis wird – zumindest bei kapitalmarktfernen – Gesellschaften jeweils der Ertragswert ermittelt und ins Verhältnis gesetzt.[331] Keine Bedenken bestehen, alternativ das international gebräuchlichere kapitalwertgleiche Discounted Cash Flow-Verfahren zu verwenden.[332] Nach bisher hM waren dabei sämtliche verschmelzenden Rechtsträger nach derselben Bewertungsmethode zu bewerten („Grundsatz der Methodengleichheit").[333] Zur Relevanz des Börsenkurses bei Verschmelzung unter Beteiligung von börsennotierten Gesellschaften → Rn. 202 ff.

121 Nach wohl vorherrschender Ansicht im Schrifttum bestimmt sich das letztlich zugrunde zu legende Umtauschverhältnis (§ 5 Abs. 1 Nr. 3 UmwG) nicht ausschließlich anhand des durch Fundamentalanalyse ermittelten Verhältnisses der Unternehmenswerte, vielmehr wird den Verwaltungen der beteiligten Rechtsträger ein Ermessen bzw. Verhandlungsspielraum für eventuelle Abweichungen von der synthetisch ermittelten Verschmelzungswertrelation eingeräumt.[334] Dies erscheint im Grundanliegen sachgerecht:

---

[327] Vgl. etwa *Gude* Strukturänderungen S. 32 f.
[328] Vgl. etwa *Wilsing/Kruse* DStR 2001, 991 (992).
[329] OLG München AG 2012, 749 (750); BayObLG NZG 2003, 483 (484).
[330] Fleischer/Hüttemann Unternehmensbewertung-HdB/ *Bungert* § 22 Rn. 16 ff.
[331] So auch die Beobachtung von OLG München AG 2012, 749 (750); Fleischer/Hüttemann Unternehmensbewertung-HdB *Bungert* § 22 Rn. 16; *Wilsing/Kruse* DStR 2001, 991 (992).
[332] Fleischer/Hüttemann Unternehmensbewertung-HdB *Bungert* § 22 Rn. 16.
[333] OLG München AG 2012, 749 (750); BayObLG NZG 2003, 483 (484); vgl. auch *Wilsing/Kruse* DStR 2001, 991 (992).
[334] So etwa *Wilsing/Kruse* DStR 2001, 991 (992).

Zum einen ist zu berücksichtigen, dass die Einwertigkeit der Verschmelzungswertrelation natürlich irreführend ist, insofern als sie den Eindruck erweckt, als wäre nur genau eine Verschmelzungswertrelation richtig, während tatsächlich aufgrund der zahlreichen Annahmen und Prognosen der Ertragswertberechnung sich die angemessene Verschmelzungswertrelation bestenfalls für bestimmte Intervalle verneinen oder bejahen lässt. Weiter ist in Rechnung zu stellen, dass die Verschmelzung häufig lediglich ein möglicher Weg zur Zusammenführung von Unternehmen ist. Alternativ kann insbesondere eine Zusammenführung auch im Wege der Einbringung im Rahmen einer Sachkapitalerhöhung oder aber mittels einfachen Erwerbs erfolgen, wobei jeweils – auch trotz § 255 Abs. 2 AktG – Aufschläge auf den „inneren Wert" als zulässig erachtet werden. Naturgemäß schwierig und bisher nur unzureichend durchdrungen ist, wo die Grenzen dieser Gestaltungsfreiheit verlaufen.

bb) Ausnahmsweise Entbehrlichkeit („Stuttgarter Verfahren")?

Anders als bei Squeeze-Out, Eingliederung, Abschluss eines Beherrschungs- und Gewinnabführungsvertrags oder konzerninterner Verschmelzung stehen sich bei **Verschmelzung unverbundener Unternehmen** zwei Parteien gegenüber, die grundsätzlich antagonistische Interessen besitzen und ceteris paribus jeweils an einer für ihre Gesellschaft besonders günstigen Verschmelzungswertrelation interessiert sein sollten. Bei unverbundenen Unternehmen gibt das Verhandlungsverfahren sowie die notwendige Zustimmung einer qualifizierten Mehrheit der Anteilseigner (§ 13 UmwG), die nicht durch Sonderinteressen eines auf beiden Seiten der Transaktion stehenden Mehrheitsgesellschafters beeinflusst wird, eine erhöhte Gewähr für die Angemessenheit der Verschmelzungswertrelation;[335] nicht anders als im Vertragsrecht besteht eine Richtigkeitsgewähr- oder doch zumindest Vermutung[336] dafür, dass beide Parteien die Interessen ihrer eigenen Gesellschaft bzw. ihres Aktionariats nach Kräften zu wahren gesucht haben.

122

Ausgehend von dieser grundsätzlichen Überlegung vertreten Teile von Instanzenrechtsprechung und Literatur, dass bei **Verschmelzung unabhängiger Gesellschaften** das ausgehandelte Verschmelzungsverhältnis grundsätzlich zu akzeptieren sei,[337] wobei das Meinungsbild im Detail differenziert ausfällt: Nach teilweise vertretener Ansicht scheidet eine Überprüfung generell aus, nach anderer Ansicht, insbesondere des mit dem „Verhandlungsmodell" aufs Engste verknüpften OLG Stuttgart entfällt eine Prüfung nicht zur Gänze, es kommt allerdings ein eingeschränkter Kontrollmaßstab zum Einsatz. Hiernach bilden lediglich Rechtsfragen und Tatsachengrundlage Gegenstand der gerichtlichen Überprüfung, während Planrechnungen und Prognosen, die die Organe der beteiligten Rechtsträger der Bestimmung des Umtauschverhältnisses zugrunde gelegt haben, grundsätzlich zu akzeptieren seien.[338]

123

Mit seiner Entscheidung in Sachen **Daimler-Chrysler** ist das **BVerfG** dem Verhandlungsmodell in seiner reinen Form entgegengetreten. Die Beschränkung der gerichtlichen Angemessenheitskontrolle einer baren Zuzahlung im Spruchverfahren auf die

124

---

335 LG Frankfurt a. M. AG 2009, 749 (751) (T-Online).
336 Hierzu *Fleischer/Bong* NZG 2013, 881 (920).
337 LG Frankfurt a. M. AG 2009, 749 (751) (T-Online); *Decher* ZIP 2010, 1673 (1675); *Brandi/Wilhelm* NZG 2009, 1408 (1412). Offensichtlich deutlich weitergehend *Wilsing/Kruse* DStR 2001, 991 (994), die die Richtigkeitsvermutung der Verschmelzungswertrelation (sub 8.1) ersichtlich nicht auf nicht dominierte Bewertungssituationen (sub 8.2) beschränken wollen. *A Weiler/Meyer* NZG 2003, 669 f.
338 *Fleischer/Bong* NZG 2013, 881 (888 ff.).

Prüfung eines ordnungsgemäßen Verhandlungsprozesses werde der durch Art. 14 GG bestimmten Aktionärsstellung nicht gerecht.[339] Art. 14 GG enthalte zunächst auch eine verfahrensrechtliche Absicherung des Eigentumsschutzes des Inhalts, dass eine Abfindungs- und Ausgleichsregelung gerichtlich überprüfbar sein müsse.[340] Hiermit ist es nach Ansicht des Verfassungsgerichts unvereinbar, den durch § 15 UmwG geregelten Eigentumsschutz von einer Ergebnis- auf eine reine Verfahrenskontrolle zu reduzieren.[341] Dies gelte insbesondere vor dem Hintergrund, dass die Verhandlungen der Vertretungsorgane nicht allein durch die Festlegung des Umtauschverhältnisses bestimmt würden, sondern „von vielfältigen weiteren unternehmerischen Erwägungen getragen sein können."[342]

125 Das Verfassungsgericht lässt allerdings offen, welche konkreten **abweichenden unternehmerischen Erwägungen** der beteiligten Geschäftsleitungen die Richtigkeitsvermutung zu erschüttern vermögen.[343] Denkbar ist einerseits die Gefahr eines empire building,[344] die allerdings vor allem im Zeitalter der Diversifikationsstrategien zu beobachten (gewesen) ist. *Fleischer/Bong* weisen zudem darauf hin, dass die Organpflichten auf das Unternehmensinteresse bezogen sind, das sich nach herrschender, wenn auch nicht überzeugender Ansicht nicht in einer Erhöhung des Unternehmenswertes erschöpfen soll.[345] Nach hier vertretener Ansicht drohen bei Maßgeblichkeit des Verhandlungsmodells Gefahren für die Angemessenheit der Verschmelzungswertrelation wohl am ehesten aus dem Umstand, dass für die Verwaltungen der beteiligten Rechtsträger die Anteilseignerebene in Abwesenheit einflussreicher Aktionäre weniger Relevanz besitzt als die Unternehmensebene. Das heißt, für die Geschäftsleitungen steht die wirtschaftliche Sinnhaftigkeit der Fusion im Vordergrund, während die Frage, in welchem Verhältnis die Anteilseigner der Gründungsgesellschaften an den Früchten des verschmolzenen Unternehmens partizipieren, zunächst einmal zweitrangig ist. Es ist damit nicht ausgeschlossen, dass im Einzelfall die Geschäftsleitung eines beteiligten Rechtsträgers (unangemessene) Zugeständnisse bei der Festlegung der Verschmelzungswertrelation macht, um die Transaktion an sich nicht zu gefährden. Aus Sicht der Geschäftsleitung besteht also mitnichten ein Zwang, ein besonders günstiges Umtauschverhältnis zu realisieren.[346] Ob man diese Gefahren als hinreichend umfänglich ansieht, um dem Verhandlungsergebnis seine Bedeutung abzusprechen, erscheint insbesondere vor dem Hintergrund der kumulativ erforderlichen Absegnung der Verschmelzungswertrelation durch die Anteilseignerversammlungen der beteiligten Rechtsträger als eine Frage des Standpunkts.

126 Gleichzeitig ist festzuhalten, dass das Verfassungsgericht allein einer **ausschließlichen** Orientierung am Verhandlungsergebnis die Gefolgschaft verweigert. Dem vermittelnden Stuttgarter Modell, nach dem bei Verschmelzung unabhängiger Gesellschaften

---

[339] BVerfG NJW 2012, 3020 ff. – Daimler/Chrysler. Kritisch etwa *Koch* AktG § 305 Rn. 22: nicht unbedenkliche Entscheidung; Fleischer/Hüttemann Unternehmensbewertung-HdB/*Adolff/Häller* § 18 Rn. 64: nicht überzeugend, aber für die Praxis hinzunehmen.
[340] BVerfG NJW 2012, 3020 (3021) – Daimler/Chrysler.
[341] BVerfG NJW 2012, 3020 (3021) – Daimler/Chrysler.
[342] BVerfG NJW 2012, 3020 (3022) – Daimler/Chrysler.
[343] *Klöhn/Verse* AG 2013, 1 (5 f.) unter Hinweis auf die Haltung des BVerfG in Moto-Meter.
[344] *Fleischer/Bong* NZG 2013, 881 (887).
[345] *Fleischer/Bong* NZG 2013, 881 (887).
[346] AA *Wilsing/Kruse* DStR 2001, 991 (995), die davon ausgehen, dass die beteiligten Vorstände vor allem ein für die Aktionäre ihrer Gesellschaft günstiges Umtauschverhältnis als Handlungsmaxime besitzen.

allein Rechtsfragen, die Tatsachengrundlage und die Vertretbarkeit der Prognose zu überprüfen sind, ist damit nach wohl zutreffender Lesart nicht der Boden entzogen.[347]

Auch im Fall seiner unterstellten Zulässigkeit ist das Verhandlungsmodell auf **weitere Bewertungsanlässe** wie Beherrschungs- und Gewinnabführungsverträge und konzerninterne Verschmelzungen aufgrund der jeweils fehlenden Vertragsparität wohl kaum zu übertragen.[348] In einem Erst-Recht-Schluss wird man dies entsprechend auch für den Squeeze-out zu entscheiden haben, wo es noch nicht einmal eine formale Vertragsgrundlage gibt, vielmehr der Hauptaktionär die Barabfindung einseitig festsetzt.[349]

b) Barabfindung (§ 29 UmwG)

Mit der Barabfindungspflicht ermöglicht das UmwG dem Anteilseigner eines übertragenden Rechtsträgers einen vermögensneutralen Exit aus der im Rahmen der Verschmelzung untergehenden Gesellschaft. Widerspricht ein Anteilseigner der Verschmelzung zur Niederschrift, ist ihm ein Ausscheiden gegen angemessene Barabfindung zu ermöglichen (§ 29 UmwG).[350] Verpflichtet zur Abgabe des Barabfindungsangebots war bisher der übernehmende Rechtsträger, im Rahmen des UmRUG ist diese Pflicht nunmehr aus Gründen systematischer Konsistenz auf den **übertragenden Rechtsträger** übertragen worden; die wirtschaftlichen Auswirkungen dieser primär dogmatischen Korrektur sind überschaubar, da die Abfindungspflicht mit Wirksamwerden der Verschmelzung qua Gesetzes auf den übernehmenden bzw. neuen Rechtsträger übergeht.[351] Allerdings gewährt das Gesetz dieses besondere Exit-Recht nur dann, wenn es sich um eine Verschmelzung auf einen Rechtsträger anderer Rechtsform oder im Falle der Verschmelzung einer börsennotierten auf eine nicht börsennotierte Gesellschaft handelt. Bei Letzterem handelte es sich vorübergehend um einen Kaiser ohne Kleider, nachdem der BGH das Delisting unter Aufgabe seiner Macrotron-Rechtsprechung abfindungsfrei gestellt hatte und es damit einer verschmelzungswilligen börsennotierten AG freistand, zunächst ein reguläres Delisting (§ 39 BörsG) und erst nach dessen Wirksamwerden die Verschmelzung auf die nicht börsennotierte Zielgesellschaft durchzuführen. Der Gesetzgeber allerdings hat diese Gestaltungsmöglichkeit anders als der BGH als nicht sachgerecht eingestuft und nunmehr das Delisting an das Erfordernis eines dem WpÜG nachempfundenen Abfindungsangebots an die Aktionäre geknüpft, dessen Angemessenheit nicht im Spruchverfahren zu überprüfen ist.

Vielleicht aus wirtschaftlicher Perspektive überraschend befindet das deutsche Recht damit nicht etwa die betriebswirtschaftliche Relevanz einer Verschmelzung als abfindungswürdig, sondern ermöglicht einen Exit nur dann, wenn juristische Einflussrechte anlässlich der Verschmelzung geändert werden. Technisch verwirklicht sich das Austrittsrecht des dissentierenden Anteilseigners dadurch, dass die übernehmende Gesellschaft im (Entwurf des) Verschmelzungsvertrag(s.) ein Barabfindungsangebot auszulegen hat, das der Anteilseigner einer Überprüfung im Spruchverfahren zuführen kann.

Mit der Barabfindung ist dem Anteilseigner des übertragenden und im Rahmen der Verschmelzung untergehenden Rechtsträgers der **Wert seiner bisherigen Beteiligung** zu vergüten, wobei auch insoweit der Grundsatz der vollen Entschädigung Anwendung

---

[347] BVerfG NJW 2012, 3020 (3022) – Daimler/Chrysler. Hierzu *Klöhn/Verse* AG 2013, 1 (1ff.).
[348] *Koch* AktG § 305 Rn. 22.
[349] *Koch* AktG § 305 Rn. 22; vgl. auch OLG Frankfurt a. M. AG 2007, 449 (450 f.).
[350] Semler/Stengel/Leonard/*Zeidler* UmwG § 30 Rn. 1ff.
[351] Vgl. hierzu *J. Schmidt* NZG 2022, 635 (641).

findet.³⁵² Entsprechend bedarf es keiner Bewertung sämtlicher sich verschmelzender Rechtsträger, es genügt die Bewertung des übertragenden Rechtsträgers. Zumindest dann, wenn diese Gesellschaft nicht börsennotiert ist, entspricht es dem deutschen state-of-the-art, hierzu auf Ertragswertverfahren zurückzugreifen; alternativ ist der Rückgriff auf das kapitalwertgleiche DCF-Verfahren unproblematisch (zur Bedeutung des Börsenkurses → Rn. 211).³⁵³ Bei Immobilienverwaltungsgesellschaften kann dann, wenn sich der Gesamtunternehmenswert tatsächlich als Summe der Barwerte der einzelnen Portfoliobestandteile abzüglich der Verwaltungsgemeinkosten darstellt, auf das Net Asset Value (NAV)-Verfahren zurückgegriffen werden.³⁵⁴ Maßgeblich sind die Verhältnisse des übertragenden Rechtsträgers im Zeitpunkt der Beschlussfassung über die Verschmelzung.

5. Spaltung

131 Die Spaltung, die in den Unterformen der Auf- und Abspaltung begegnet, ist wirtschaftliches Spiegelbild der Verschmelzung. Entsprechend ist auch hier zwischen zwei zu trennenden Bewertungsanlässen zu differenzieren. Einerseits können die Anteilseigner eines übertragenden Rechtsträgers überprüfen lassen, ob das Umtauschverhältnis sie unangemessen beeinträchtigt. Andererseits gewährt das UmwG im Falle, dass eine Spaltung mit einem Wechsel der Rechtsform einhergeht oder aber Anteile eines börsennotierten Unternehmens auf eine nicht börsennotierte Aktiengesellschaft abgeschmolzen werden, ein Exit-Recht gegen angemessene Barabfindung.

a) Nachbesserung des Umtauschverhältnisses

132 Das Umtauschverhältnis bei Auf- und Abspaltung bestimmt sich grundsätzlich nach dem Verhältnis des tatsächlichen Werts des übertragenen Vermögens und dem des übernehmenden Rechtsträgers.³⁵⁵ Zu beachten ist, dass es nur bei der Aufspaltung, nicht aber auch bei Abspaltung zu einem Anteilstausch im Wortsinne kommt.³⁵⁶

b) Barabfindung (§§ 125, 30 Abs. 2 UmwG)

133 Für die Barabfindung gelten auch bei der Spaltung keine Besonderheiten. Erforderlich ist ausschließlich eine Bewertung des Ausgangsrechtsträgers, die in der Praxis grundsätzlich mittels Ertragswertverfahren erfolgt. Zur Bedeutung des Börsenkurses → Rn. 213.

6. Abfindungsangebot bei Formwechsel (§ 207 UmwG)

134 Trotz Geltung des Identitätsprinzips offeriert das Umwandlungsrecht auch beim bloßen Formwechsel ein Exit-Recht. Nach § 207 UmwG hat der formwechselnde Rechtsträger jedem Anteilsinhaber, der gegen den Formwechselbeschluss Widerspruch zu Niederschrift erklärt, den Erwerb seiner umgewandelten Anteile oder Mitgliedschaften gegen eine **angemessene Barabfindung** anzubieten, womit auch insoweit eine Abfindung zum „vollen" oder „wahren" Wert verlangt wird.³⁵⁷ Wie auch im Rahmen der weiteren Barabfindungsangebote erfordert die Beurteilung der Angemessenheit nach § 207

---

352 Semler/Stengel/Leonard/*Zeidler* UmwG § 30 Rn. 6.
353 Semler/Stengel/Leonard/*Zeidler* UmwG § 30 Rn. 7; Fleischer/Hüttemann Unternehmensbewertung-HdB/*Bungert* § 22 Rn. 58.
354 Fleischer/Hüttemann Unternehmensbewertung-HdB/ *Bungert* § 22 Rn. 58.

355 Vgl. etwa Schmitt/Hörtnagl/*Hörtnagl* UmwG § 126 Rn. 19.
356 Schmitt/Hörtnagl/*Hörtnagl* UmwG § 126 Rn. 20.
357 Semler/Stengel/Leonard/*Zeidler* UmwG § 208 Rn. 4.

UmwG lediglich eine Unternehmensbewertung des formwechselnden Rechtsträgers, wobei auch insoweit in der Praxis vor allem auf das Ertragswertverfahren zurückgegriffen wird. Bei der Bemessung der Barabfindung sind die Verhältnisse des formwechselnden Rechtsträgers im Zeitpunkt der Beschlussfassung maßgeblich.[358] Zur Notwendigkeit der Berücksichtigung des eventuellen Börsenkurses der Anteile des formwechselnden Rechtsträgers → Rn. 214.

IV. Sonderfragen

1. Ansatz von Synergieeffekten

Zu den umstrittensten Detailproblemen der Ertragswertberechnung zählt, inwieweit im Rahmen der angemessenen Abfindung auch Verbundeffekte zugunsten des ausscheidenden Anteilseigners zu berücksichtigen sind, wobei die allgemeine Kategorie der Synergieeffekte in die Unterkategorien der sog. unechten und der echten Verbundvorteile aufgefächert werden muss.[359] 135

Generell lassen sich Synergieeffekte mit einer anschaulichen Definition des IDW beschreiben als „die Veränderung der finanziellen Überschüsse, die durch den wirtschaftlichen Verbund zweier oder mehrerer Unternehmen entstehen und von der Summe der isoliert entstehenden Überschüsse abweichen."[360] Ökonomisch kennzeichnen Synergieeffekte also die (vermeintlichen) werterhöhenden Effekte der durch den wirtschaftlichen Zusammenschluss veränderten Faktorkombination. 136

Soweit Bewertungsziel der objektivierte Unternehmenswert des Bewertungsobjektes ist, differenziert die ganz hM zwischen unechten und echten Synergien/Verbundvorteilen. Unter **unechten Verbundvorteilen** werden dabei solche zusammenschlussbedingten Effizienzsteigerungen verstanden, die das zu bewertende Unternehmen mit jeder anderen Gesellschaft realisieren könnte.[361] Solche unechten Verbundvorteile sind nach wohl ganz hM beim Ertragswert einer abhängigen AG zu berücksichtigen;[362] dahinterstehende Intuition ist, dass sie – da unabhängig vom konkreten Zusammenschlusspartner – objektiv als Effizienzsteigerungspotenzial zur Verfügung stehen. Bestätigt wird dieses Ergebnis durch die Kontrollüberlegung, dass auf informationseffizienten Kapitalmärkten dieses generelle Wertsteigerungspotenzial der Unternehmung im Börsenkurs der Gesellschaft abgebildet würde. 137

Überaus umstritten ist demgegenüber, inwieweit auch **echte Verbundvorteile** im Rahmen der Abfindung Berücksichtigung finden können. Bei echten Verbundvorteilen handelt es sich um solche Synergien, die das beherrschte Unternehmen nicht allein, sondern nur durch Hinzutritt des herrschenden Unternehmens, also mithilfe des kon- 138

---

358 Semler/Stengel/Leonard/*Zeidler* UmwG § 208 Rn. 3.
359 Emmerich/Habersack/*Emmerich* AktG § 305 Rn. 111; Fleischer/Hüttemann Unternehmensbewertung-HdB/*Winner* § 16 Rn. 3.
360 IDW S1 idF 2008 Tz. 33.
361 Simon SpruchG/*Simon/Leverkus* Anh. § 11 Rn. 26; Emmerich/Habersack/*Emmerich* AktG § 305 Rn. 111. Tendenziell etwas weiter OLG München AG 2018, 753 (755): berücksichtigungsfähig (nur solche) Synergien, die auch ohne die geplante Strukturmaßnahme durch Geschäfte (sic!) mit anderen Unternehmen hätten realisiert werden können.

362 BGH NJW 2001, 2080 (2082) – DAT/Altana; im Prinzip auch IDW S1 idF 2008, der allerdings verlangt, dass die Hebung der unechten Synergien bereits in der Wurzel angelegt ist; aus dem Schrifttum etwa Simon SpruchG/*Simon/Leverkus* Anh. § 11 Rn. 27; Emmerich/Habersack/*Emmerich* AktG § 305 Rn. 111 unter der Voraussetzung ihrer Quantifizier- und Zuordenbarkeit; enger wohl Semler/Stengel/Leonard/*Zeidler* UmwG § 30 Rn. 17, der verlangt, dass die unechten Synergien bereits in der Vergangenheit realisiert worden sind; dies erscheint zu weitgehend, weil bereits gehobene Synergien sich bereits in den Planzahlen widerspiegeln.

kreten Partners, erzielen kann.[363] Während der BGH in seiner DAT/Altana-Entscheidung die Frage der Berücksichtigungsfähigkeit echter Synergieeffekte (noch) offengelassen hat,[364] stehen sowohl der IDW S1 idF 2008 als auch die herrschende Lehre und mittlerweile wohl auch der BGH[365] auf dem Standpunkt, dass echte Synergien nicht anzusetzen sind.[366] Hauptargument ist, dass der typisierte Anleger echte Synergien nicht hätte realisieren können.[367] Darüber hinaus wird ihre Berücksichtigung als mit Stichtagsprinzip und Wurzeltheorie unvereinbar angesehen, da die Synergieeffekte erst durch Umsetzung der Strukturmaßnahme und damit nach dem maßgeblichen Zeitpunkt der Beschlussfassung realisiert würden.[368]

139 Nach jüngerer Lesart ist zudem zwischen realisierten und nicht realisierten Synergieeffekten – auch als Synergiepotentiale bezeichnet – zu unterscheiden. **Realisierte Synergieeffekte** sind bereits zum Bewertungsstichtag eingeleitet oder zumindest im Unternehmenskonzept angelegt.[369] Anders als bei der Differenzierung zwischen echten und unechten Verbundvorteilen steht bei dieser Betrachtung nicht die Transaktionsspezifität der Synergieeffekte im Vordergrund, sondern die Frage, inwieweit vermeintliche Synergien sich bereits durch konkrete Umsetzungsmaßnahmen materialisiert haben. Man wird hierin ein Korrektiv dafür sehen können, dass Synergien zunächst einmal ein reiner Hoffnungswert sind und ihre tatsächliche Größenordnung in der Praxis nicht selten hinter den ursprünglichen Erwartungen zurückbleibt. Entsprechend will eine verbreitete Ansicht bei Bestimmung des objektivierten Unternehmenswertes allein realisierte Synergien in Ansatz bringen.[370]

2. Aktualisierung des „maßgeblichen" IDW-Standards

140 Die überragende Relevanz, die die Bewertungsstandards des Instituts der deutschen Wirtschaftsprüfer zu erlangen vermocht haben, belegt mit hinreichender Deutlichkeit die Debatte, die sich sowohl in Rechtsprechung als auch Schrifttum an der Frage entzündet hat, ob Aktualisierungen des IDW S1, die **nach dem eigentlichen Bewertungsstichtag** erfolgen, im Rahmen der Überprüfung der Angemessenheit anzuwenden sind oder aber auch die nachträgliche Überprüfung der Bewertung anhand des zum Stichtag geltenden Standards zu erfolgen hat.[371] Während nach Ansicht verschiedener Instanzengerichte die im Bewertungszeitpunkt maßgeblichen Standards auch für später erfolgende Überprüfungen maßgeblich sein sollen,[372] kann nach der Gegenansicht ein aktualisierter Standard auch auf Bewertungssachverhalte angewendet werden, die vor seinem Inkrafttreten liegen, soweit die steuerlichen Rahmenbedingungen vergleichbar sind, da das Bewertungsverfahren kein wertbildender Faktor sei, auf den die Wurzeltheorie anzuwenden wäre, vielmehr Abbildung wissenschaftlichen Erkenntnisfortschritts.[373] Auch die Gegenansicht, die grundsätzlich auf den im Entscheidungszeitpunkt geltenden

---

363 BGH NJW 2001, 2080 (2082) – DAT/Altana.
364 BGH NJW 2001, 2080 (2082) – DAT/Altana.
365 So ist wohl BGH NJW 2010, 2657 (2659) (= Tz. 23) zu verstehen.
366 IDW PS 1 idF 2008 Tz. 34; *Wollny* DStR 2017, 949 (950). AA Emmerich/Habersack/*Emmerich* AktG § 305 Rn. 112, der sich für eine hälftige Aufteilung von Verbundvorteilen auf die beteiligten Rechtsträger ausspricht.
367 *Wilm* NZG 2000, 1070 (1071); *Wollny* BewertungsPraktiker 3/2010, 10 (13); im Ergebnis auch Semler/Stengel/*Leonard*/*Zeidler* UmwG § 30 Rn. 16.
368 *Wollny* DStR 2017, 949 (950); im Ergebnis auch Semler/Stengel/*Leonard*/*Zeidler* UmwG § 30 Rn. 16.
369 Fleischer/Hüttemann Unternehmensbewertung-HdB/*Winner* § 16 Rn. 7.
370 Vgl. *Rabel* BewertungsPraktiker 3/2014, 84 (87).
371 Ausführlich Fleischer/Hüttemann Unternehmensbewertung-HdB/*Fleischer* § 15 Rn. 1ff.
372 OLG Düsseldorf NZG 2012, 1181 (1184); *Lochner* EWiR 1/2015, 9 (10).
373 OLG Stuttgart ZIP 2011, 383; OLG Celle ZIP 2007, 2025 (2027).

Standard abstellen will, lässt es aber gegebenenfalls zu, dass „neuere und gefestigte bessere Erkenntnisse und Schätzungen nach dem Bewertungsstichtag", beispielsweise die Ermittlung des Basiszinssatzes vermittels der Zinsstrukturkurve, Berücksichtigung finden.[374]

Im Grundsätzlichen mag man sich bereits daran stoßen, dass mit dieser Debatte die faktische Normqualität der IDW-Standards noch einmal eine erhebliche Aufwertung erfährt.[375] Abseits dieser rechtspolitischen Grundsatzfrage erscheint eine auch in der gerichtlichen Praxis sich wiederfindende **differenzierte Betrachtung** geboten. Richtigerweise ist zur Vermeidung eines judging in hindsight die Einführung tatsächlicher Änderungen des Streitgegenstandes nicht zuzulassen, andererseits muss aber auch gelten, dass Erkenntnisfortschritte, die dem Ziel des Spruchverfahrens, die Angemessenheit der Kompensation zu ermitteln, förderlich sind, nicht ausgeklammert bleiben dürfen. Auf dieser Linie liegt auch die Entscheidung des BGH, mit der die Frage für die Praxis im Grundsatz geklärt ist. Nach Überzeugung des BGH können der Schätzung der angemessenen Gegenleistung im Spruchverfahren auch fachliche Berechnungsweisen zugrunde gelegt werden, die erst nach der Strukturmaßnahme, die den Anlass für die Bewertung gibt, und dem dafür bestimmten Bewertungsstichtag entwickelt wurden.[376] Das im Spruchverfahren geltende Stichtagsprinzip werde von der Schätzung aufgrund einer neuen Berechnungsweise nicht verletzt, solange die neue Berechnungsweise nicht eine Reaktion auf nach dem Stichtag eingetretene und zuvor nicht angelegte wirtschaftliche oder rechtliche Veränderungen sei, insbesondere in steuerlicher Hinsicht.[377] Zutreffend hebt der BGH hervor, dass das Bewertungsziel einer dem wahren Wert möglichst nahekommenden Schätzung für die Anwendung einer neuen Berechnungsmethode spricht, wenn sie besser geeignet ist, also eine größere Annäherung an den „wahren" Unternehmenswert verspricht, oder sie Fehler oder Unzulänglichkeiten einer alten Berechnungsweise behebt.[378]

In einem Grobschnitt sollte entsprechend danach zu differenzieren sein, ob Aspekte des Bewertungsstandards in Rede stehen, die zeitpunktabhängig sind (Annahmen über Basiszinssatz, Marktrisikoprämie, Besteuerung), oder solche Bestandteile, die zeitpunktunabhängig allgemein eine passgenauere Unternehmensbewertung ermöglichen. Während Erstere allenfalls dann zuzulassen sind, wenn sie erkennbar auch für den in Rede stehenden Bewertungsanlass bzw. -zeitpunkt Geltung beanspruchen können, ist gegen die Berücksichtigung allgemeinen methodischen Erkenntnisfortschritts nichts zu erinnern. Nichts anderes ergibt sich aufgrund der auf einen ersten Blick nicht fernliegenden Bedenken, die die Anwendung neuer – konkret zulasten der Minderheitsaktionäre wirkender – Bewertungsstandards als mit den Grundsätzen des Vertrauensschutzes und des im Spruchverfahren geltenden Verbots der reformatio in peius unvereinbar ansehen.[379] Dabei wird übersehen, dass die Verwendung eines Bewertungsstandards durch den gerichtlich bestellten Abfindungsprüfer weder einen Vertrauenstatbestand

---

374 OLG Düsseldorf NZG 2012, 1181 (1184).
375 Das hebt zu Recht auch der BGH in NZG 2016, 139 (140) noch einmal hervor: „Den zur Anwendung einer Bewertungsmethode entwickelten fachlichen Berechnungsgrundsätzen kommt erst recht keine Normqualität zu." So etwa auch Fleischer/Hüttemann Unternehmensbewertung-HdB/*Fleischer* § 15 Rn. 28; *Mock* WM 2016, 1261 (1262).
376 BGH NZG 2016, 139 (142).
377 BGH NZG 2016, 139 (142).
378 BGH NZG 2016, 139 (143 f.). Deutlich auch Fleischer/Hüttemann Unternehmensbewertung-HdB/*Fleischer* § 15 Rn. 46: Überlegenheitsvermutung des neuen Expertenstandards.
379 So etwa in jüngerer Zeit *Mock* WM 2016, 1261 (1264 ff.).

noch einen wie auch immer gearteten Besitzstand zu begründen vermöchte, der durch das Spruchverfahren verschlechtert werden könnte. Nach unbestrittener Ansicht existiert nicht das rechtlich gebotene Bewertungsverfahren, auf dessen Durchführung spiegelbildlich den Minderheitsaktionären ein Anspruch einzuräumen wäre. Vielmehr obliegt es dem Tatrichter, das angemessene Bewertungsverfahren zu bestimmen. Damit ist nicht ausgeschlossen, dass die Rechtsfindung im Spruchverfahren anhand eines anderen als dem durch den Abfindungsprüfer gewählten Bewertungsverfahren erfolgt. Das Verbot der reformatio in peius wird allerdings insoweit zu berücksichtigen sein, dass nicht infolge der Anwendung eines abweichenden Bewertungsstandards sich ein Rückzahlungsanspruch gegen die Aktionäre ergibt. Auch für den Sonderfall einer Aktualisierung der IDW-Standards ist schließlich kein Meistbegünstigungsprinzip anzuerkennen.[380]

143 Trotz der deutlichen Stoßrichtung des BGH, dem verbesserten Bewertungsverfahren zum Durchbruch zu verhelfen, ist zu beobachten, dass sich einzelne Instanzgerichte – mit im Einzelnen unterschiedlichen Argumentationsmustern – durch das Grundsatzurteil des II. Senats nicht gezwungen sehen, in jedem Fall den aktuellsten verfügbaren Bewertungsstandard anzuwenden;[381] ob dieses Vorgehen mit den Einlassungen des BGH tatsächlich zu vereinbaren ist, kann zumindest mit guten Gründen bezweifelt werden.

144 Festzuhalten ist aber auch, dass entgegen dem Grundtenor der Debatte, der IDW S1 (weiterhin) keinerlei Rechtsnormqualität hat und somit mitnichten zwingend durch die Gerichte zu beachten ist. Antragsteller, Antragsgegnerin und Spruchkörper bleiben also berechtigt und sind auch durchaus berufen, die Annahmen des IDW S1 im begründeten Einzelfall kritisch zu hinterfragen.

3. Stamm- und Vorzugsaktien

145 Aufgrund der durchaus preisrelevanten unterschiedlichen Ausstattungsmerkmale wird es allgemein als sachgerecht angesehen, den mittels Fundamentalanalyse ermittelten (Gesamt-)Unternehmenswert auf Stamm- und Vorzugsaktien aufzuteilen.[382] In diesem Zusammenhang ist allerdings für Theorie und Praxis zu konstatieren, dass es bisher nicht gelungen ist, eine überzeugende Formel zu entwickeln, wie diese Aufteilung vorzunehmen ist, und die gleichzeitig empirischen Ergebnissen standhalten würde; insbesondere unter Zugrundelegung des Ertragswertprinzips sind kaum sinnvolle Ergebnisse realisierbar.[383] Aufgrund dieser Ermittlungsprobleme zieht die Rechtsprechung in Fällen, in denen Stamm- als auch Vorzugsaktien börsennotiert sind, das Verhältnis der Börsenkurse beider Gattungen richtigerweise als wichtiges, oftmals einzig plausibles Indiz heran (→ Rn. 228 f.).[384]

---

380 OLG Karlsruhe 12.7.2013 – 12 W 57/10, BeckRS 2013, 13603.
381 Nachweise etwa bei *Wüstemann/Brauchle* BB 2017, 1579.
382 OLG Düsseldorf AG 2009, 907 (911).
383 OLG Düsseldorf AG 2009, 907 (911); zur Problematik auch Simon SpruchG/*Simon/Leverkus* Anh. § 11 Rn. 268 ff.
384 OLG Düsseldorf AG 2009, 907 (912).

D. Bedeutung des Börsenkurses

I. Einführung

Börsenkurse haben über Jahrzehnte bei der rechtlich veranlassten Unternehmensbewertung keine Rolle gespielt bzw. bestenfalls ein **Schattendasein** gefristet.[385] Während aus den Reihen der Wirtschaftswissenschaften wiederholt auf die zentrale Bedeutung des Börsenkurses als Marktpreis hingewiesen wurde,[386] hat sich vor allem die Rechtsprechung – allerdings in seltener Einigkeit mit den ansonsten pointiert ökonomisch denkenden US-Gerichten[387] – dahin gehenden Anregungen verschlossen;[388] zum Teil mit ökonomisch hoch angreifbaren Argumentationen, die eine wörtliche Zitierung verdienen. Traurige Berühmtheit erlangt hat insoweit die Feldmühle-Entscheidung des BGH, in der die Irrelevanz von Börsenkursen damit begründet wird, dass „der Börsenkurs sich mit dem wahren Wert der Aktien decken [könne], er […] aber auch niedriger oder höher sein [könne]. Er ergibt sich aus dem im Augenblick der Kursbildung vorhandenen Verhältnis von Angebot und Nachfrage, das von der Größe oder Enge des Marktes, von zufallsbedingten Einflüssen und sonstigen nicht wertbezogenen Faktoren wie politischen Ereignissen, Gerüchten, Informationen, psychologischen Momenten oder einer allgemeinen Tendenz abhängt. Außerdem unterliegt der Börsenkurs unberechenbaren Schwankungen und Entwicklungen, wie die Aktienkurse der letzten Jahre besonders deutlich gemacht haben. Das schließt es aus, der Berechnung der angemessenen Abfindung den Börsenkurs zugrunde zu legen."[389] Einem Preis seine Relevanz abzusprechen unter Hinweis darauf, dass er das Ergebnis von Angebot und Nachfrage ist, kann man kaum weniger als abenteuerlich bezeichnen.[390]

146

Die Zeitenwende wurde im Jahre 1999 durch die **DAT/Altana-Entscheidung des BVerfG** eingeläutet, die es (zunächst nur) für Ausgleich und Abfindung der außenstehenden Aktionäre bei Abschluss eines Beherrschungs- oder Gewinnabführungsvertrages bzw. Eingliederung für mit Art. 14 GG unvereinbar erklärt hat, den Börsenkurs zur Gänze außer Betracht zu lassen. Auch wenn in der jüngeren Rechtsprechung des BVerfG zwischenzeitlich eine Tendenz zu erkennen war, die zentrale Bedeutung, die der Börsenkurs erlangt hat, in Teilen zu relativieren („Delisting"), bleibt es dabei, dass bei sämtlichen gesetzlichen Bewertungsanlässen zu überprüfen ist, ob und inwieweit dem Börsenkurs Bedeutung für die Bestimmung des Unternehmenswerts im Sinne des Gesetzes zuzumessen ist, wobei gegenwärtig das Pendel wieder zu einer stärkeren Berücksichtigung ausschwingt. Gleichsinnig urteilt auch der praktisch bedeutsame IDW S1, der zwar grundsätzlich – wenig überraschend – Börsenkurse nur zu Plausibilisie-

147

---

385 Vgl. etwa den Befund des BVerfG NJW 1999, 3679 (3771). Aus der früheren Rechtsprechung etwa BGH NJW 1967, 1464; OLG Celle NZG 1998, 987. Überblick bei Fleischer/Hüttemann Unternehmensbewertung-HdB/*Adolff/Häller* § 18 Rn. 21 ff.; *J. Schmidt* NZG 2020, 1361 ff.
386 Aus dem juristischen Schrifttum auch *Luttermann* ZIP 1999, 45 (45 ff.); Emmerich/Habersack/*Emmerich* AktG § 305 Rn. 59.
387 Vgl. *Fleischer* AG 2014, 97 (103).
388 Vgl. nur *Busse von Colbe* FS Lutter, 2000, 1053 (1058): „[…] verschlägt dem Ökonomen schon den Atem."

389 BGH NJW 1967, 1464. Noch heute der Feldmühle-Entscheidung folgend etwa Heidel/*Heidel* § 255 Rn. 12 ff.; in die Richtung der BGH-Rechtsprechung – unter anderen Auspizien – auch Simon SpruchG/*Simon/Leverkus* Anh. § 11 Rn. 16: „Der Börsenkurs der Aktie ist mit dem anteiligen Wert am Unternehmen, den sie regelmäßig verkörpert, nicht identisch"; und besonders entschieden Wilsing/Kruse DStR 2001, 991 (994): [Ertragswerte bieten …] ohne Zweifel [.] eine höhere Richtigkeitsgewähr als die strenge Kopplung an teils spekulative Börsenkurse."
390 Zu Recht scharfe Kritik etwa bei *Luttermann* ZIP 1999, 45 (46); *Steinhauer* AG 1999, 299 (302).

rungszwecken heranziehen will, gleichzeitig aber zähneknirschend eventuelle Vorgaben des BVerfG durch dynamischen Verweis in sein Prüfprogramm einbezieht.[391]

II. Ökonomische Grundlagen

1. Theorie des informationseffizienten Kapitalmarktes

148 Ökonomisch stützt sich die Berücksichtigung des Börsenkurses maßgeblich auf das Konzept der Informationseffizienz. Entgegen vor allem in der früheren Rechtswissenschaft verbreitet anzutreffender Fehlvorstellung sind Börsenpreise nicht Ergebnis unverantwortlicher Spekulation, sondern das Ergebnis von Angebot und Nachfrage nach Beteiligungstiteln eines bestimmten Unternehmens. Marktteilnehmer bilden sich Erwartungen über die künftige Ertragskraft und legen diese ihren Kauf- und Verkaufsentscheidungen zugrunde; aus der Gesamtheit dieser subjektiven Wertvorstellungen resultiert der Marktpreis als aggregierte und objektivierte Einschätzung des Wertes des Unternehmens.[392]

149 Auf einem informationseffizienten Kapitalmarkt, dh einem Markt, der sämtliche verfügbaren Informationen unmittelbar und korrekt im Preis abbildet, entspricht der Marktpreis dem „wahren" Wert des Unternehmens.[393] Im Einzelnen werden drei Grade an Informationseffizienz unterschieden: **Schwache Informationseffizienz** (weak-form efficiency) liegt vor, wenn im Börsenkurs sämtliche historischen Kursinformationen abgebildet sind, dh durch technische Analyse kann keine Überrendite erzielt werden.[394] **Halbstrenge Informationseffizienz** (semistrong-form efficiency) ist dadurch gekennzeichnet, dass sämtliche öffentlichen Informationen sowie die historischen Kursdaten im Börsenkurs widergespiegelt sind, dh auch durch Einsatz von Fundamentalanalyse sind keine Überrenditen erzielbar.[395] **Strenge Informationseffizienz** (strong-form efficiency) liegt schließlich dann vor, wenn sämtliche öffentlichen und privaten Informationen in den Kursen widergespiegelt sind,[396] unter dieser Voraussetzung kann auch durch Einsatz von Insiderwissen keine Überrendite erzielt werden. Auf einem informationseffizienten Kapitalmarkt entspricht der Börsenpreis in der Sache damit dem anteiligen Unternehmenswert, den das Ertragswertverfahren durch synthetische Betrachtung zu ermitteln versucht; er entspricht damit dem Wert, den die Rechtsprechung unschön als „wahren Wert" apostrophiert.[397]

150 Während die frühe Rechtsprechung, die den Börsenkurs nicht als einen hinreichend verlässlichen Indikator des Unternehmenswerts ansah, da er von einer Vielzahl von Faktoren beeinflusst werde,[398] implizit die **Informationseffizienzhypothese** verworfen hat und auch das BVerfG die Berücksichtigung des Börsenkurses nicht etwa auf seine Indikatorfunktion für den „wahren Wert" gestützt hat (→ Rn. 154), hat der BGH in seiner Rezeption der DAT/Altana-Entscheidung des BVerfG ausdrücklich auf die Indi-

---

[391] IDW S1 idF 2008 Tz. 15 f.
[392] Zum Börsenkurs als Marktpreis *Luttermann* ZIP 1999, 45 (45 ff.).
[393] *Weber* ZGR 2004, 280 (281); *Steinhauer* AG 1999, 299 (304); Simon SpruchG/*Simon/Leverkus* Anh. § 11 Rn. 187.
[394] Vgl. etwa *Brealey/Myers/Allen/Edmans*, Principles of Corporate Finance, S. 331 f.; *Perridon/Steiner/Rathgeber* Finanzwirtschaft S. 231; *Steinhauer* AG 1999, 299 (304); Simon SpruchG/*Simon/Leverkus* Anh. § 11 Rn. 187 ff.
[395] *Brealey/Myers/Allen/Edmans*, Principles of Corporate Finance, S. 333; *Perridon/Steiner/Rathgeber* Finanzwirtschaft S. 231; *Steinhauer* AG 1999, 299 (304 f.).
[396] *Brealey/Myers/Allen/Edmans*, Principles of Corporate Finance, S. 333; *Perridon/Steiner/Rathgeber* Finanzwirtschaft S. 231; *Steinhauer* AG 1999, 299 (304).
[397] *Weber* ZGR 2004, 280 (281). Aus der Rechtsprechung etwa OLG Frankfurt a. M. NZG 2014, 464 (465).
[398] BayObLG NJW-RR 1996, 1125 (1126); OLG Celle NZG 1998, 987 f.; so jetzt auch wieder *Ruthardt/Hachmeister* WM 2014, 725 f. zumindest für „faktisch beherrschte Gesellschaften."

katorfunktion und Richtigkeitsvermutung von Börsenkursen als beobachtbaren Marktpreisen abgestellt, und die Notwendigkeit einer Berücksichtigung des Börsenkurses gerade damit begründet, „dass die Börse auf der Grundlage der ihr zur Verfügung gestellten Informationen und Informationsmöglichkeiten die Ertragskraft des Gesellschaftsunternehmens, um dessen Aktien es geht, zutreffend bewertet, der Erwerber von Aktien sich an dieser Einschätzung durch den Markt orientiert und sich daher Angebot und Nachfrage nach Aktien so regulieren, dass sich die Marktbewertung in dem Börsenkurs der Aktien niederschlägt".399 Dieser durch den BGH vorgezeichnete Weg ist sowohl in Rechtsprechung als auch im Schrifttum teilweise aufgegriffen worden: Hier wird mittlerweile gerade auch aufgrund seiner Indikatorfunktion der Börsenkurs bzw. Marktwert zumindest als ein Element zur Überprüfung des Unternehmenswertes bzw. als Grundlage einer gerichtlichen Schätzung (§ 287 ZPO) herangezogen.400

Wirtschaftswissenschaftlich steht und fällt die Notwendigkeit, (gegebenenfalls nur) den Börsenkurs bei der Ermittlung des Unternehmenswertes zu beachten, damit mit der Antwort auf die Frage, ob und wenn ja in welchem Grade moderne Kapitalmärkte im Allgemeinen und der **deutsche Kapitalmarkt** im Besonderen **informationseffizient** sind.401 Trotz ihrer zentralen Bedeutung für die Kapitalmarkttheorie und zahlreichen theoretischen wie empirischen Untersuchungen, handelt es sich nach wie vor um eine Glaubensfrage.402 Einerseits belegen ua medienträchtige Insiderhandelsprozesse, dass strenge Informationseffizienz sicherlich nicht verwirklicht ist.403 Andererseits findet die in der früheren Rechtsprechung verbreitete Ansicht, Börsenkurse seien bloße Zufallsprodukte und nicht Ergebnis eines Marktprozesses mehr oder weniger rationaler Akteure, zu Recht kaum noch dezidierte Anhänger.404 Zu berücksichtigen ist zunächst, dass sich in den vergangenen zwei Jahrzehnten **die ordnungspolitischen Rahmenbedingungen** für die Preisbildung auf den Märkten für Beteiligungstitel erheblich gewandelt haben. Insbesondere der europäische Gesetzgeber, der sich dem Informationsmodell verpflichtet fühlt, hat in der jüngeren Vergangenheit zahlreiche Maßnahmen ergriffen, um Aussagekraft und Verlässlichkeit von Kapitalmarktpreisen zu erhöhen.405 An erster Stelle zu nennen sind hier einerseits das allerdings gerade mit Blick auf die Informationseffizienz nicht unumstrittene Insiderhandelsverbot (Art. 14 MAR/§ 14 WpHG aF)406 sowie auch und vor allem die Verpflichtung zur Ad-hoc-Publizität bzw. nunmehr zur Veröffentlichung von Insiderinformationen (Art. 17 MAR/§ 15 WpHG aF), die gerade darauf gerichtet ist, die Informationseffizienz des Kapitalmarktes und der

---

399 BGH NJW 2001, 2080 (2081) – DAT/Altana; zurückhaltend OLG Düsseldorf AG 2009, 907 (909): ggf. Indizfunktion für den Unternehmenswert.
400 Deutlich in diese Richtung etwa OLG Frankfurt a. M. NZG 2014, 464 (465); LG Köln AG 2009, 835 (837); LG Frankenthal 13.8.2013 – 2 HK O 120/10 AktG, BeckRS 2013, 18221; *Weiler/Meyer* NZG 2003, 669 (670).
401 *Weber* ZGR 2004, 280 (281); *Ruiz de Vargas* NZG 2021, 1001 (1007); aus der Rechtsprechung etwa LG Frankenthal 13.8.2013 – 2 HK O 120/10 AktG, BeckRS 2013, 18221: „Die Börsenkurse bilden den angemessenen Wert des Unternehmens nur bei ausreichender Kapitalmarkteffizienz ab".
402 *Steinhauer* AG 1999, 299 (305). Aus dem angelsächsischen Schrifttum etwa *Shleifer*, Inefficient Markets. Skeptisch aus dem juristischen Schrifttum etwa *Wilsing/Kruse* DStR 2001, 991 (992).

403 *Steinhauer* AG 1999, 299 (304); *Decher* AG 2023, 106 (111). Dezidiert mit weitreichenden Schlussfolgerungen auch *IDW FAUB* AG 2021, 588 (589).
404 Sehr skeptisch gegenüber der Orientierung am Börsenkurs aus jüngster Zeit etwa noch *Gleißner* WPg 2015, 72 (73).
405 *Bungert/Wettich* FS Hoffmann-Becking, 2013, 157 (166); hierauf abstellend auch schon *Aha* AG 1997, 26 (28). Zurückhaltend bzgl. der damit erreichten Verbesserungen *Großfeld* BB 2000, 261 (264).
406 Insbesondere *Manne* hat nachdrücklich die These vertreten, die Zulassung von Insiderhandel erhöhe die Informationseffizienz des Kapitalmarkts, weil Insider als Arbitrageure an einer möglichst zeitnahen Ausnutzung ihres Wissensvorsprungs interessiert seien. Hierzu *Manne*, Insider Trading, vgl. auch *Hopt* AG 1995, 353 (353 ff.); *Großfeld* BB 2000, 261 (264).

an ihm gestellten Kurse zu erhöhen, andererseits das Verbot der Marktmanipulation (Art. 15 MAR/§ 20a WpHG aF), das seinerseits mit einer erhöhten Gewähr dafür verbunden ist, dass Börsenkurse nicht verzerrt sind. Umgekehrt betont die jüngere Forschungsrichtung der **Behavorial Finance** die Bedeutung psychologischer Phänomene, die geeignet seien, die Axiome der Efficient Capital Market Hypothesis und damit auch die materielle Belastbarkeit von Börsenkursen zu erschüttern.[407] Auch empirische Studien zeichnen kein eindeutiges Bild. Gegenwärtig wird man festhalten können, dass sicherlich weiterhin berechtigte Zweifel bestehen, ob der Börsenkurs tatsächlich den wahren Wert immer und fehlerfrei wiedergibt; andererseits wird man ihn richtigerweise kaum ignorieren können, insbesondere wird man entgegen der Auffassung des Fachausschusses Unternehmensbewertung des IDW die Berücksichtigungsfähigkeit des Börsenkurses als Approximation an den Kapitalwert des Unternehmens nicht nur dann zulassen können, wenn der Kapitalmarkt streng informations- und allokationseffizient ist.[408] Im vorliegenden Kontext ist im Übrigen allzu grobschlächtiger Kritik, die die Fehlerhaftigkeit der Marktpreisbildung unter Hinweis auf immer wieder zu beobachtende Spekulationsblasen herleiten will, zudem entgegenzuhalten, dass systematische Fehlperzeptionen der Marktteilnehmer, die spekulativen Blasen häufig zugrunde liegen, sich auch in den Annahmen einer fundamentalanalytischen Analyse realisieren (vgl. nur den Zusammenhang zwischen Realoptionstheorie und „New Economy", → Rn. 105). Gerade mit Blick auf die Schwächen, die auch die Fundamentalanalyse kennzeichnen, muss dem Börsenkurs grundsätzlich ein hoher Stellenwert für die Bestimmung des Wertes eines Emittenten eingeräumt werden.[409]

152 Als Fazit wird man festhalten können, dass Börsenkurse den evidenten Vorteil haben, nicht Substrat mathematisch ansprechender, aber bestenfalls leidlich nachprüfbarer Arbeiten aus dem Elfenbeinturm der Wirtschaftsprüfung zu sein, sondern Ergebnis von (vermögenswirksamen) Handlungen einer Vielzahl von (professionellen) Marktakteuren,[410] während der – mit Blick auf die sicherlich auch nicht perfekte Preisfindung an Kapitalmärkten – evidente Vorteil von fundamentalanalytischen Verfahren darin besteht, dass sie einer Überprüfung in der Sache offenstehen, dh anders als der Börsenkurs, der abseits von Ausnahmefällen ohne Weiteres hinzunehmen ist, birgt eine Fundamentalbewertung sowohl für Antragsteller als auch Antragsgegner die Möglichkeit, einzelne Wertansätze zu hinterfragen. In der Literatur wird zudem teilweise angenommen, dass das grundsätzlich zwischen Markt und Geschäftsleitung bestehende Informationsgefälle eine Vermutung für die höhere Aussagekraft synthetischer Planungen der Geschäftsleitung begründe;[411] ausgemacht ist die Maßgeblichkeit dieser asymmetrischen Informationsverteilung allerdings nicht. Auch wenn sicherlich die Geschäftsleitung über die beste Datenbasis verfügt, ist nicht sicher, ob auf dieser Grundlage auch die besseren Bewertungsergebnisse generiert werden: Zumindest bei im regulierten Markt gelisteten sowie auf eigenen Antrag in den Freiverkehr einbezogenen Unternehmen ist einerseits zu beachten, dass ohnehin jede kursrelevante Information im Wege der Ad-

---

[407] Im vorliegenden Zusammenhang etwa *Shleifer*, Inefficient Markets; Überblick über den Ansatz der Behavorial Finance etwa bei *Sunstein*, Behavioral Law & Economics.
[408] AA *IDW FAUB* AG 2021, 588 (589), der zumindest die ausschließliche Berücksichtigung des Börsenkurses nur unter diesen – letztlich theoretischen – Voraussetzungen für legitimierbar hält.
[409] So zutreffend auch *Steinhauer* AG 1999, 299 (306).
[410] *Weiler/Meyer* NZG 2003, 669 (670).
[411] *IDW FAUB* AG 2021, 588 (589); *Ruthardt/Hachmeister* NZG 2014, 455 (456); *Ruthardt/Hachmeister* WM 2014, 725 (726); *Wilsing/Kruse* DStR 2001, 991 (994).

hoc-Mitteilung bekanntzumachen ist,[412] so dass die Dimension des Informationsgefälles erheblich eingeebnet wird, zum anderen ist in Rechnung zu stellen, dass die Geschäftsleitung durchaus erhebliche Eigenanreize hat, aus dieser Datenbasis situationsbezogen passende Schlussfolgerungen zu ziehen: Wie die Systemforschung hinreichend belegt, besteht in hierarchischen Beziehungen anders als in Marktbeziehungen grundsätzlich ein Anreiz, die zu treffenden Milestones zurückhaltend zu formulieren, um ein ansprechendes Zielerreichungsniveau präsentieren zu können, während wiederum anderes gelten kann, wenn eine neue Fremdgeschäftsführung mit dem Anspruch angetreten ist, die Ergebnisse des abgelösten Management erheblich übertreffen zu können. Beiläufig ist zu erwähnen, dass im Übrigen bei der Geschäftsleitung wenig Neigung bestehen wird, die Handlungsfähigkeit ihres Unternehmens durch eine hohe Abfindung zugunsten ausscheidender Anteilseigner zu beschränken.

In der Gesamtschau wird man damit zumindest auch für die nähere Zukunft festhalten 153 müssen, dass Lehre, Praxis und Spruchkörper aufgerufen bleiben, sowohl Börsenkurse als auch Ertragsbewertungen jeweils kritisch zu hinterfragen, um möglicherweise das generell oder eventuell im Einzelfall besser geeignete Verfahren zu ermitteln.

2. DAT/Altana-Entscheidung des BVerfG

Das BVerfG hat die Maßgeblichkeit der Berücksichtigung des Börsenkurses bzw. Markt- 154 wertes allerdings nicht etwa aus seiner Indikatorfunktion für den wahren Wert des Unternehmens hergeleitet.[413] Vielmehr wird die Relevanz des Börsenkurses mit der Erwägung begründet, dass es der verfassungsrechtliche Eigentumsschutz gebiete, den ausscheidenden Anteilseigner voll zu entschädigen, was grundsätzlich eine **Abfindung zum Verkehrswert** erfordere, der im Regelfall nicht ohne Rücksicht auf den Börsenkurs festgesetzt werden könne.[414] Ausscheidende Anteilseigner dürfen hiernach nicht weniger erhalten, als sie im Rahmen einer **freiwilligen Desinvestitionsentscheidung** zum Zeitpunkt der unternehmensrechtlichen Maßnahme realisiert hätten.[415] Regelmäßig können Aktionäre im Rahmen dieser freiwilligen Desinvestitionsentscheidung – dem Anteilsverkauf – zumindest den aktuellen Börsenkurs realisieren, so dass der Börsenkurs grundsätzlich die Untergrenze der angemessenen Abfindung markiert.[416] Vereinfacht gesprochen muss nach Vorgabe des Verfassungsgerichts Aktionären mindestens das als Abfindung für ihre Aktien angeboten werden, was sie für diese am Markt hätten erlösen können. Materielle Abweichung dieser Argumentation im Vergleich zu den Stimmen, die die Maßgeblichkeit des Börsenkurses aus der Annahme (weitgehend) informationseffizienter Kapitalmärkte ableiten, ist, (1) dass ein ausscheidender Aktionär zulasten der abfindungsverpflichteten Gesellschaft gegebenenfalls einen höheren Wert als den anteiligen Kapitalwert der zukünftigen Einzahlungsüberschüsse („wahren

---

412 Kursrelevante Informationsasymmetrien akzeptiert das Gesetz nur für den vorübergehenden Zeitraum einer Selbstbefreiung, die im Übrigen voraussetzt, dass keine Irreführung der Öffentlichkeit zu befürchten ist (§ 15 Abs. 3 S. 1 WpHG aF/Art. 17 Abs. 4 Market Abuse Regulation (MAR)).
413 Zutreffend *Hüttemann* ZGR 2001, 454 (460), der darauf hinweist, dass das BVerfG den Börsenkurs gerade nicht als Bewertungsmodell versteht. Anders allerdings die Interpretation der DAT/Altana-Entscheidung des BVerfG durch den BGH, der davon ausgeht, dass das BVerfG zumindest implizit die Indikatorfunktion des Börsenkurses als Grundlage genommen habe. Vgl. BGH NJW 2001, 2080 (2081) – DAT/Altana; ähnlich auch *Bungert/Leyendecker-Langner* BB 2014, 521 (523 f.); die Verkehrswertlogik des BVerfG als „Rosinentheorie" verkennend auch *Wilsing/Kruse* DStR 2001, 991 (994).
414 BVerfG NJW 1999, 3679 (3771); BGH NJW 2001, 2080 (2081) – DAT/Altana.
415 BVerfG NZG 2011, 235 (236) (KUKA AG); aus der jüngeren Rechtsprechung etwa OLG Brandenburg NZG 2023, 223 (225); OLG München NZG 2022, 362 (364).
416 *Piltz* ZGR 2001, 185 (195).

Wert") realisieren kann – nämlich dann, wenn die Aktie überbewertet ist,[417] und (2) dass nach Auffassung des BVerfG der Börsenkurs auch im Übrigen nicht zwingend mit dem Unternehmenswert übereinstimmen muss, weshalb gegebenenfalls eine zusätzliche Ertragswertrechnung erforderlich sein kann, die eine höhere Abfindung zugunsten der ausscheidenden Anteilseigner nach sich ziehen kann (zu Letzterem → Rn. 155 ff.).

3. Börsenkurs als ausschließlicher Wertmesser

155 Durch das **BVerfG** als verfassungsrechtlich nicht vorgeprägt offengelassen worden ist,[418] ob der Börsenkurs im Falle seiner Beachtlichkeit ausschließlicher Wertmesser ist oder aber ein mittels Fundamentalanalyse – praktisch also mittels Ertragswertverfahren auf mehr oder weniger ausdrücklicher Grundlage des IDW S1 – ermittelter Unternehmenswert substitutiv oder kumulativ zu berücksichtigen ist. Aufgrund der Argumentationslinie des BVerfG ist diese Enthaltsamkeit konsequent, legt es doch in seiner Entscheidung nicht die Prämisse zugrunde, dass Börsenkurse und daraus resultierende Marktkapitalisierung zwingend den wahren oder wirklichen Wert repräsentieren, sondern geht vielmehr pragmatisch davon aus, dass eine Aktie zumindest so viel wert sein muss, wie ihr Verkauf am Sekundärmarkt einspielen würde.

156 Überraschender hingegen die Antwort des **BGH** auf die gleiche Frage.[419] Berücksichtigt man, dass der BGH die Maßgeblichkeit des Börsenkurses in seiner DAT/Altana-Entscheidung explizit auf die Informationseffizienz des Kapitalmarktes und damit auf dessen Preisbildungskontrollfunktion gestützt hat (→ Rn. 150), wäre zu erwarten gewesen, dass er dem Ergebnis dieses Preisbildungsprozesses besonderes Gewicht zumisst. Dennoch wollte zumindest die frühere Rechtsprechung des BGH den Börsenkurs nicht als ausschließlichen Bestimmungsfaktor ansehen, vielmehr war nach seiner Auffassung ein eventuell höher liegender **Ertragswert abfindungserhöhend** zu berücksichtigen.[420] Als ursächlich für diese unerwartete Inkonsequenz wird man eine fortbestehende Skepsis der Rechtsprechung bezüglich der generellen Zuverlässigkeit der Preisbildung an den Kapitalmärkten ausmachen dürfen. Für die Notwendigkeit einer kumulativen Berücksichtigung auch des Ertragswerts wird entsprechend häufig darauf verwiesen, dass Börsenkurse auf vielfältige Weise und durch zahlreiche Sondereffekte beeinflusst sein könnten,[421] und deshalb nicht unter allen Umständen als tauglicher Schätzer des Unternehmenswerts in Betracht kommen sollen.[422] Nicht nur das BVerfG, sondern auch der Gesetzgeber teilt diese der DAT/Altana-Entscheidung des BGH zu entnehmende Skepsis und der ihr folgenden Stimmen ersichtlich nicht oder zumindest nicht in Gänze.[423] Die Angemessenheit der Exit-Möglichkeit im Rahmen eines öffentlichen Angebots (§ 31

---

417 Ähnlich *Hüttemann* ZGR 2001, 454 (459); *Wollny* BewertungsPraktiker 3/2010, 10 (13 f.).
418 Zu Recht darauf hinweisend, dass das Verfassungsgericht nicht die Aufgabe hat, jede Norm des einfachen Rechts verfassungsrechtlich aufzuwerten, *Hüttemann* ZGR 2001, 454 (458). Allzu schnell wird demgegenüber im rechtswissenschaftlichen Diskurs und auch aus der Praxis – meist in Ermangelung sonstiger valider Argumente – die Figur der Verfassungswidrigkeit bemüht. Eine ausschließliche Orientierung am Börsenkurs mit der DAT/Altana-Entscheidung offensichtlich grundsätzlich für nicht vereinbar haltend *Bilda* NZG 2000, 296 (298); so jetzt auch *Ruthardt/Hachmeister* WM 2014, 725 (725 ff.), die allerdings übersehen, dass das BVerfG lediglich eine Berücksichtigung des Börsenkurses, nicht zwingend aber auch eine kumulative Berücksichtigung des Ertragswerts verlangt.
419 Gleichsinnig Fleischer/Hüttemann Unternehmensbewertung-HdB/*Adolff* § 18 Rn. 61: „Mit diesem gedanklichen Ausgangspunkt nur eingeschränkt vereinbar [...]."
420 BGH NJW 2001, 2080 (2082). So auch OLG Düsseldorf AG 2009, 907 (909); AG 2004, 212 (214); *Ruthardt/Hachmeister* WM 2014, 725 (726). Ablehnend etwa Fleischer/Hüttemann Unternehmensbewertung-HdB/*Adolff* § 18 Rn. 73 ff.; *Gärtner/Handke* NZG 2012, 247 (247 ff.).
421 OLG Düsseldorf AG 2009, 907 (909).
422 *Ruthardt/Hachmeister* WM 2014, 725 (726).
423 Vgl. auch *J. Schmidt* NZG 2020, 1361 (1362).

WpÜG) oder eines Delisting (§ 39 BörsG) etwa orientiert sich im Prinzip ausschließlich am Börsenkurs[424] und zumindest im Rahmen der marktpreisnahen Kapitalerhöhung unter Bezugsrechtsrechtsausschluss (§ 186 Abs. 3 S. 4 AktG) ist nach verbreiteter Meinung dem Willen des Gesetzgebers gerade dadurch zum Durchbruch zu verhelfen, dass die marktpreisnahe, also börsenkursorientierte Aktienausgabe unter Bezugsrechtsausschluss nicht der Angemessenheitskontrolle am inneren Wert nach § 255 Abs. 2 AktG zu unterwerfen ist – soweit man nicht mit mittlerweile zahlreichen Stimmen im Schrifttum davon ausgeht, dass bei börsennotierten Aktiengesellschaften Bezugspunkt der Angemessenheitskontrolle nach § 255 Abs. 2 AktG ohnehin der Börsenkurs ist; eine Ansicht, die auch der Referentenentwurf eines Zukunftsfinanzierungsgesetzes (ZuFinG) in § 255 Abs. 4 AktG-E ZuFinG nunmehr aufgreift.

Dennoch war für die Praxis zumindest bisher festzuhalten, dass auf Grundlage der DAT/Altana-Rechtsprechung des BVerfG in ihrer Ausformung durch den BGH eine zusätzliche fundamentalanalytische Unternehmensbewertung zulässig und eventuell auch erforderlich war.[425] Stimmen, die sich für eine ausschließliche Berücksichtigung des Börsenkurses eingesetzt haben und weiter einsetzen, konnten sich zunächst zumindest nicht vollständigen durchsetzen.[426] Bereits seit geraumer Zeit zu beobachten ist allerdings auch, dass die Stimmen, die darauf hinweisen, dass selbstverständlich auch die mathematisch ansprechenden Ertragswertberechnungen durch zahlreiche Sondereffekte beeinflusst und nicht minder manipulationsanfällig sind, lauter wurden und werden.[427] 157

Nächste Station in der ereignisreichen Geschichte der Bedeutung des Börsenkurses bzw. Marktwertes für die Unternehmensbewertung waren die **Lindner- und Frosta-Entscheidungen** von BVerfG und BGH, die beim Wort genommen die Börsenkursrechtsprechung des DAT/Altana-Urteils – nach der Neufassung des Delisting in § 39 BörsG nur noch argumentativ – faktisch entkernen würden. Der Börsenkurs ist und bleibt hiernach zwar Untergrenze der Abfindung eines Aktionärs, gleichzeitig sollte es aber börsennotierten Gesellschaften ohne Weiteres – insbesondere auch ohne Placet der betroffenen Anteilseigner – freistehen, die abfindungsrelevante Untergrenze „Börsenkurs" durch einfaches Delisting zu beseitigen, um im Anschluss eine Kompensationsleistung unter ausschließlicher Orientierung am fundamentalanalytisch ermittelten Ertragswert zu bestimmen.[428] Sollte beiden Gerichten die Tragweite ihrer Entscheidungen bewusst gewesen sein, mag man sich vor diesem Hintergrund fragen, weshalb die Verwaltung einer börsennotierten Gesellschaft überhaupt noch auf den Umweg über ein umständliches und kostspieliges Delisting verwiesen wurde, um dem Verkehrswert jegliche Abfindungsrelevanz zu nehmen. Unabhängig von der rechtspolitischen Beurteilung beider Entscheidungen hätte man sich daher zumindest eine eingehende Auseinandersetzung 158

---

424 *Gärtner/Handke* NZG 2012, 247 (249).
425 So etwa *Großfeld/Egger/Tönnes* Unternehmensbewertung Rn. 1214 ff.; *IDW FAUB* AG 2021, 588 (588 ff.).
426 Für ausschließliche Berücksichtigung etwa schon *Luttermann* ZIP 1999, 45 (52); so auch *Gärtner/Handke* NZG 2012, 247 (249); ähnlich – bei hinreichender Liquidität in den entsprechenden Aktien – auch *Aha* AG 1997, 26 (27).
427 *Emmerich* FS U.H. Schneider, 2011, 323 (330 ff.); *Gärtner/Handke* NZG 2012, 247 (249); *Weiler/Meyer* NZG 2003, 669 (670); schon früher *Aha* AG 1997, 26 (27); *Steinhauer* AG 1999, 299 (301). Vgl. auch die differenzierten

Anmerkungen bei *Fleischer* AG 2014, 97 (111 f.). Aus der Rechtsprechung etwa LG Köln AG 2009, 835 (837): „Ein Marktpreis ist jeder Schätzung des Marktwertes durch Sachverständige überlegen. Es handelt sich um einen realisierten Wert, in den alle maßgeblichen Marktaspekte einfließen, und nicht um einen theoretischen Laborwert, der sich einseitig auf höchst unsichere Ertragswertaussichten stützt und zudem Marktaspekte völlig ausblendet."
428 Vgl. zu dieser Gestaltungsmöglichkeit *Bungert/Leyendecker-Langner* BB 2014, 521 (521 f.).

mit dieser wirtschaftlich zentralen Frage durch BVerfG und/oder BGH gewünscht. Das gilt vor allem mit Blick auf die eher dürftigen Ausführungen der Lindner-Entscheidung des BVerfG. Bestenfalls implizit kann man den Ausführungen des BVerfG entnehmen, dass (vielleicht?) die vermögensrechtliche Seite der Mitgliedschaft nur schutzwürdig ist, wo (zumindest und kumulativ) auch die mitgliedschaftliche Komponente betroffen ist.[429] Nicht nachvollziehbarer verlässt das BVerfG in der weiteren Begründung diesen selbst vorgegebenen Weg einer konzernrechtlichen Verankerung und Begründung seiner (früheren) Börsenkursrechtsprechung, die man nicht zwingend finden muss, die sich aber durchaus auf zahlreiche Stimmen im Schrifttum und in der Instanzenrechtsprechung stützen kann, um – ob ergänzend oder substitutiv bleibt unklar – die verfassungsrechtlich neue Kategorie der rechtlichen Fungibilität zu bemühen.[430] Unabhängig von jeder konzernrechtlichen Betrachtung führt das BVerfG aus, dass Art. 14 GG allein die von der Tatsache der Börsennotierung unabhängige „rechtliche Fungibilität" der Aktie, nicht auch deren wirtschaftliche Seite schütze. Entgegen der Selbsteinschätzung der urteilenden BVerfG-Mitglieder, die sich mit ihrer Aussage in der Tradition ihrer Vorgänger wähnen, stellt diese Entscheidung einen hinreichend deutlichen Bruch mit den DAT/Altana-Kriterien dar. Während das BVerfG in DAT/Altana noch darauf abgestellt hatte, dass ein Aktionär zumindest das erlösen können soll, was er bei freier Desinvestitionsentscheidung erhalten hätte (Verkehrswert) – wirtschaftliche Betrachtung –, wird nunmehr eine gänzlich anders gelagerte und bisher unbekannte Kategorie – rechtliche Verkehrsfähigkeit der Aktie – bemüht, vom Börsenkurs als Verkehrswert oder Ergebnis einer freiwilligen Desinvestitionsentscheidung ist in der Lindner-Entscheidung keine Rede mehr. Der BGH, der sich darauf gestützt haben mag, dass er die verfassungsrechtlichen Vorgaben umzusetzen, aber nicht zu kommentieren habe, hat seinerseits die Kategorie der „rechtlichen Verkehrsfähigkeit" unbesehen übernommen und im Weiteren gleichfalls nicht die Frage gestellt, wie sich die Aussagen der Lindner-Entscheidung mit DAT/Altana vereinbaren lassen. Mittlerweile wird man allerdings konstatieren dürfen, dass beide Entscheidungen stark auf den Einzelfall bezogen und insofern „Ausreißer" waren. Die Argumentationslinien, insbesondere die fragwürdige Kategorie der rechtlichen Fungibilität der Aktie, wird praktisch nicht verwendet und hat auch im Schrifttum wenig Aufmerksamkeit erfahren.

159 Im Gegenteil ist insbesondere in der Instanzenrechtsprechung seit mittlerweile geraumer Zeit die Tendenz zu beobachten, einer **ausschließlich marktorientierten Betrachtung** mehr Raum zu verschaffen, was vor allem im juristischen Schrifttum auf ein überwiegend positives Echo gestoßen ist,[431] allerdings gleichzeitig vom Fachausschuss Unternehmensbewertung des IDW quasi stellvertretend für die betriebswirtschaftliche Bewertungspraxis und -wissenschaft scharfe Kritik erfahren hat.[432] So verweigern mehrere Oberlandesgerichte dem Meistbegünstigungsprinzip der DAT/Altana-Entscheidung des BGH offen die Gefolgschaft und zwar nicht allein in den durch Besonderheiten gekennzeichneten Fällen, in denen es der Ermittlung einer Verschmelzungswertrelation bedarf, sondern auch bei reinen Barabfindungsanlässen. So hat das OLG Frankfurt

---

429 BVerfG NZG 2012, 826 (828) – Delisting.
430 BVerfG NZG 2012, 826 (828) – Delisting.
431 Für Börsenkurs als ausschließlichen Wertmesser einschließlich gesetzlicher Regelung etwa *J. Schmidt* NZG 2020, 1361 (1364 f.); *Wasmann* AG 2021, 179 (188 ff.). Positiv gegenüber einem stärkeren Rückgriff auf Börsenkurse auch *Schwetzler* AG 2020, R297 ff. AA insbesondere mit dem Argument, maßgeblich müsse der Grenzpreis sein etwa *Olbrich/Rapp* AG 2020, R297 ff.
432 *IDW FAUB*, AG 2021, 588 ff.

a. M. mit seiner **Hoechst-Entscheidung** vom 5.12.2013 es für zulässig erachtet, auch bei einer reinen Barabfindung im Rahmen eines Squeeze-out (§ 327b AktG) die Angemessenheit derselben ausschließlich unter Berücksichtigung des Börsenkurses zu ermitteln.[433] Gleichsinnig hat das OLG Stuttgart entschieden, dass es ein verfassungsrechtliches Gebot der Meistbegünstigung der Minderheitsaktionäre schon nicht in Bezug auf das Verhältnis von fundamentalanalytischer Wertermittlung (sic!), etwa im Ertragswertverfahren, zu marktorientierter Wertermittlung, etwa anhand von Börsenwerten, gebe.[434] Die Feststellung des OLG Stuttgart ist einerseits zutreffend, weil das Meistbegünstigungsprinzip keine Schöpfung des BVerfG, sondern des BGH ist, und auch der BGH dieses ersichtlich nicht als durch das Grundgesetz geboten betrachtet. Bemerkenswert ist vielmehr, dass das OLG das partielle Meistbegünstigungsprinzip der DAT/Altana-Entscheidung des BGH nicht anwendet und auch nicht umfassend diskutiert.

Parallel zu dieser Emanzipation der Instanzenrechtsprechung von den Vorgaben der DAT/Altana-Entscheidung des BGH legen verschiedene Entscheidungen des **BGH** nahe, dass auch dieser geneigt zu sein scheint, das wie dargestellt methodisch durchaus angreifbare (→ Rn. 156) partielle Meistbegünstigungsprinzip aufzugeben oder doch zumindest weniger streng als bisher zu handhaben.[435] Am Ausgangspunkt dieser neuen Rechtsprechungslinie des BGH steht die **Stinnes-Entscheidung**, in der der Senat ausführt, dass die Ertragswertmethode eine grundsätzlich geeignete Methode zur Schätzung des Wertes des werbenden Unternehmens sei, dies aber nicht ausschließe, nach den konkreten Umständen des einzelnen Falls eine andere Methode zur Schätzung des Unternehmenswertes anzuwenden, beispielsweise ihn durch eine marktorientierte Methode nach dem Börsenwert des Unternehmens zu bestimmen.[436] Beim Wort genommen stehen danach Bewertung mittels Ertragswert und Börsenkurs im Verhältnis der Alternativität zueinander und müssen nicht entsprechend den DAT/Altana-Grundsätzen parallel angewandt werden.[437] In gleiche Richtung weist die nachfolgende **Nestlé-Entscheidung**, die ausführt, dass mangels verfassungsrechtlicher Vorgaben der „wahre Wert" der Anteile grundsätzlich als quotaler Anteil an dem durch eine geeignete Methode der Unternehmensbewertung ermittelten Wert des Unternehmens (mittelbar) berechnet oder auf andere Weise (unmittelbar) festgestellt werden könne, insbesondere unter Rückgriff auf den Börsenwert der Anteile.[438] Die eine oder andere Methode scheide nur dann aus, wenn sie aufgrund der Umstände des konkreten Falls den „wahren" Wert nicht zutreffend abbilde. Auch bei der zum Schutz der Minderheitsaktionäre gebotenen Berücksichtigung des Börsenwerts werde der Wert eines Anteils im Übrigen nicht unabhängig vom Wert des Unternehmens ermittelt, da die Berücksichtigung des Börsenwerts auf der Annahme beruhe, dass die Marktteilnehmer auf der Grundlage der ihnen zur Verfügung gestellten Informationen und Informationsmöglichkeiten die Ertragskraft des Unternehmens, um dessen Aktien es geht, zutreffend bewerten und sich die Marktbewertung im Börsenkurs der Aktien widerspiegele.[439] Auch hier erscheinen Fundamentalanalyse und Rekurs auf den Börsenkurs als im Ausgangspunkt gleichwertige Alternativen zur Bestimmung der vollen Entschädigung bzw. des „wahren"

---

433 OLG Frankfurt a. M. NZG 2014, 464 (464 ff.) – Hoechst.
434 OLG Stuttgart 17.10.2011 – 20 W 7/11, BeckRS 2011, 24586.
435 Vgl. zu dieser Entwicklung etwa *Decher* AG 2023, 106 ff.; *Wasmann* AG 2021, 179 (189).
436 BGH NZG 2016, 139 (142) – Stinnes.
437 *J. Schmidt* NZG 2020, 1361 (1363 f.).
438 BGH NZG 2016, 461 (464 f.) – Nestlé.
439 BGH NZG 2016, 461 (464 f.) – Nestlé.

Werts, womit der BGH letztlich die eigentlich schon in der DAT/Altana-Entscheidung angelegte Konsequenz zu ziehen scheint, dass, wenn man den Börsenkurs aufgrund hinreichender Informationseffizienz des Kapitalmarktes für einen validen Schätzer des Unternehmenswertes hält, es widersprüchlich wäre, einen davon abweichenden und im Wege der Fundamentalbewertung gewonnenen Ertragswert zur Korrekturposition zu erklären. Dafür, dass es sich nach der jüngeren Auffassung des BGH bei Börsenkurs und im Ertragswertverfahren ermitteltem Unternehmenswert ersichtlich zumindest im Einzelfall um Substitute und nicht Komplemente handelt, spricht auch, wenn der Senat fortfährt, dass, sofern im konkreten Fall von der Möglichkeit einer solchen effektiven Informationsbewertung nicht ausgegangen werden könne, so dass der Börsenkurs keine verlässliche Aussage über den (mindestens zu gewährenden) Verkehrswert der Unternehmensbeteiligung erlaubt, [.] der Anteilswert aufgrund einer Unternehmensbewertung zu ermitteln [ist].[440] Hiernach scheint die Bewertung grundsätzlich auch durch ausschließlichen Rekurs auf den Börsenkurs erfolgen zu können, eine zusätzliche Ertragsbewertung ist demgegenüber nur dann geboten, wenn aufgrund fehlender Aussagekraft der Börsenkurse im Einzelfall diese den wahren Wert nicht hinreichend belastbar wiedergeben.

161 Jüngste Entscheidung in dieser Serie ist ein **Beschluss des II. Senats vom 21.3.2023**, in dem ausdrücklich festgehalten wird, dass „die Angemessenheit der Abfindung der außenstehenden Aktionäre iSd § 305 AktG […] anhand des Börsenwerts der Gesellschaft bestimmt werden [kann]. Im Fall der Abfindung in Aktien nach § 305 Abs. 3 Satz 1 AktG kann dazu die Wertrelation zwischen den beteiligten Gesellschaften anhand ihrer Börsenkurse ermittelt werden."[441] Zur Begründung rekurriert der Senat nach hier vertretener Ansicht überzeugend auf seine bereits in der DAT/Altana-Entscheidung 2001 niedergelegten informationsökonomischen Erwägungen. Die marktorientierte Methode der Heranziehung des Börsenwerts einer Gesellschaft sei grundsätzlich als Grundlage für die Schätzung des Werts einer Beteiligung an dieser Gesellschaft geeignet, denn auch bei der Ermittlung des Unternehmenswerts anhand des Börsenwerts werde der Wert eines Anteils nicht unabhängig vom Wert des Unternehmens bestimmt. Die Berücksichtigung des Börsenwerts beruhe auf der Annahme, dass die Marktteilnehmer auf der Grundlage der ihnen zur Verfügung gestellten Informationen und Informationsmöglichkeiten die Ertragskraft des Unternehmens, um dessen Aktien es geht, zutreffend bewerten und sich die Marktbewertung im Börsenkurs der Aktien niederschlägt.[442] Richtigerweise knüpft der Senat die Maßgeblichkeit des Börsenkurses nicht daran, dass die – nur theoretischen – Voraussetzungen strenger Informationseffizienz vorliegen, sondern hält umgekehrt die Nichtberücksichtigung des Börsenkurses nur dann für geboten, wenn im konkreten Fall von der Möglichkeit einer effektiven Informationsbewertung durch die Marktteilnehmer nicht ausgegangen werden kann, so dass der Börsenkurs keine verlässliche Aussage über den Verkehrswert der Unternehmensbeteiligung erlaube.[443] Das überzeugt in Begründung und Ergebnis. Sowohl die Bewertung anhand von Börsenkursen wie auch die Fundamentalanalyse sind Schätzverfahren, die jeweils denselben Beschränkungen in der Praxis ausgesetzt sind. Unvollständige Information und Trends (overconfidence etc) spiegeln sich letztlich sowohl in Marktpreisen

---

440 BGH NZG 2016, 461 (464 f.) – Nestlé.
441 BGH ZIP 2023, 795 (796).
442 BGH ZIP 2023, 795 (796 f.).
443 BGH ZIP 2023, 795 (797).

als auch in Prognoserechnungen der Unternehmen. Zu berücksichtigen ist dabei auch, dass an einem modernen Kapitalmarkt die Preisbildung wesentlich durch informierte professionelle Anleger gesteuert wird, existieren doch zahlreiche Arbitrageure – insbes. Hedgefonds im engeren Sinne des Wortes –, deren Geschäftsmodell darin besteht, vermeintliche Divergenzen zwischen Markt- und inneren Werten auszunutzen. Allgemein bekräftigt der Senat noch einmal ausdrücklich, dass dem Gesetz ein strenges Meistbegünstigungsprinzip, wonach jeweils die für die Antragsteller günstige Bewertungsmethode zur Anwendung gelangen müsse, fremd sei. Speziell bezogen auf das vor dem Hintergrund der DAT/Altana-Entscheidung besonders relevante Verhältnis zur Ertragswertmethode wird zumindest festgehalten, dass eine Unternehmensbewertung, die wie die Ertragswertmethode vornehmlich auf die künftig ausschüttbaren Ertragsüberschüsse abstelle und daher mit naturgemäß unsicheren Prognosen arbeiten müsse, keine richtigeren Ergebnisse als der Börsenkurs zeitige.[444]

Auch wenn die **DAT/Altana-Grundsätze** eines partiellen Meistbegünstigungsprinzips durch abfindungserhöhende Berücksichtigung des fundamentalanalytisch ermittelten Ertragswerts durch den BGH bisher **nicht explizit aufgegeben** worden sind, wird man als aktuellen Stand konstatieren können, dass der BGH bereit zu sein scheint, zumindest im Einzelfall auf eine parallele Ertragswertberechnung zu verzichten. Wenn der BGH die ausschließliche Bestimmung des Unternehmenswertes anhand des Börsenkurses zulässt, ohne gleichzeitig eine Ertragsbewertung zu verlangen, kann sich im Regelfall die Berücksichtigung einer Werterhöhung durch Ansatz eines höheren fundamentalanalytisch ermittelten Ertragswerts erst gar nicht stellen. Befremdlich und einigermaßen unbefriedigend ist allerdings, dass der BGH sich in sämtlichen Entscheidungen nicht ausdrücklich zu der eigentlich zentralen Frage, ob an seinem partiellen Meistbegünstigungsprinzip festzuhalten ist, positioniert. Für die Praxis ist dies mit erheblicher Rechtsunsicherheit verbunden, da letztlich nicht ausgeschlossen werden kann, dass im Einzelfall doch ein Ertragswert abfindungserhöhend zu berücksichtigen ist. Dass sich der II. Senat damit Spielräume offenhält, um eventuell im Einzelfall abweichend zu entscheiden, wird letztlich erkauft durch erhebliche Unsicherheiten für die Gesellschaften, die letztlich nicht darauf vertrauen können, dass die Abfindungshöhe sich ausschließlich am Börsenkurs orientiert.[445] Insofern verbleibt der Praxis bis auf Weiteres nur, die Rechtsprechung des BGH aufmerksam zu verfolgen, um nicht durch eine sich als unzutreffend herausstellende Lesart der zitierten Rechtsprechungslinie überrascht zu werden. 162

Nach hier vertretener Auffassung ohne Relevanz für diese Auseinandersetzung sollte allerdings die jüngst aufgekommene Diskussion um den **Grenzpreis** bleiben, die man wohl richtigerweise auf eine bisweilen unscharfe Verwendung dieses Begriffs zurückführen dürfen wird. Zutreffend ist darauf hingewiesen worden, dass unter Berücksichtigung der Erkenntnisse ua der österreichischen Grenznutzenschule bzw. der Marginalanalyse der Grenzpreis und damit letztlich jeder Wert subjektiv ist, da sich der individuelle Nutzen nach den in jeder individuellen Nutzungsfunktion niedergelegten subjektiven Präferenzen richtet.[446] Nach hier vertretener Ansicht kann es aber bei der Ermittlung des „wahren Werts" bzw. des objektivierten Unternehmenswerts gerade 163

---

444 BGH ZIP 2023, 795 (799).
445 Unter diesem Gesichtspunkt zu Recht kritisch *Ruiz de Vargas* NZG 2021, 1001 (1002).

446 So etwa *Olbrich/Rapp* AG 2020, R297 ff., gleichfalls auf Grenzpreise abstellend, aber mit anderen Schlussfolgerungen *Schwetzler* AG 2020, R297 ff.

nicht auf diesen Grenzpreis des einzelnen Anteilsinhabers ankommen, weil dieser letztlich individuell bestimmt werden müsste. Vielmehr geht es darum, den Marktpreis zu ermitteln, zu dem das entsprechende Gut (hier Unternehmensanteile und damit Anteile an Zahlungsströmen) am Markt erworben und veräußert werden kann. Bewertungsziel ist damit letztlich bei gesetzlichen Bewertungsanlässen der Gleichgewichtspreis – also der Schnittpunkt von Angebot und Nachfrage – und nicht der Reservationspreis, der letztlich dem Grenzpreis entspricht.

III. Börsenkurs

1. Was ist ein Börsenkurs?

164 Überraschend wenig Aufmerksamkeit hat zunächst die Frage erfahren, was als Börsenkurs im Sinne der Rechtsprechung des BVerfG und des BGH zu qualifizieren ist.[447] Berücksichtigt man die Vielzahl unterschiedlicher Marktplätze, auf denen Aktien gehandelt werden – öffentlich-rechtlich verfasste Börse, privatrechtlicher (gegebenenfalls qualifizierter) Freiverkehr, Over the Counter (OTC)-Handel und Nebenwerteplattformen – erschließt sich die Relevanz der Antwort auf diese bisher eher stiefmütterlich behandelte Frage.

165 Unstreitig um Börsenkurse handelt es sich, wenn die Beteiligungstitel zum Handel an einem **organisierten Markt** iSv § 2 Abs. 11 WpHG zugelassen sind.[448] Einerseits besteht hier eine widerlegliche Vermutung für ausreichende Markttiefe, die den durch das BVerfG vorausgesetzten Abverkauf der Aktien überhaupt erst ermöglicht. Zum anderen wird die Informationseffizienz bzw. Aussagekraft der gestellten Kurse durch zahlreiche kapitalmarkt- bzw. börsenrechtliche Regularien, insbesondere das Verbot der Marktmanipulation (Art. 15 MAR/§ 20a WpHG aF) unterstützt und gefördert.

166 Demgegenüber wurde für den **Freiverkehr** die Aussagekraft der dort gestellten Kurse – teilweise ohne Weiteres und ohne Differenzierung – zunächst verneint.[449] Richtigerweise sollte man die Beachtlichkeit von Freiverkehrskursen nicht rundweg verneinen, vielmehr umgekehrt vom Grundsatz ihrer Relevanz ausgehen.[450] Auch das Gesetz selbst legt dieses Ergebnis nahe, sind doch auch Freiverkehrskurse Börsenpreise im Sinne des Börsengesetzes (§ 24 BörsG).[451]

167 Nach der Erweiterung des Anwendungsbereichs der Ad-hoc-Publizität durch die MAR sprechen zunächst gute Argumente dafür, **Kurse auf einem multilateralen oder organisierten Handelssystem** als Börsenkurse iSd DAT/Altana-Rechtsprechung zu behandeln, soweit die Einbeziehung der Aktien in den Handel auf Antrag des Emittenten erfolgte. Für einen solchen Emittenten gelten nunmehr nicht allein Insiderhandelsverbot und Verbot der Marktmanipulation, sondern auch die Pflicht zur grundsätzlich

---

[447] Dies zu Recht bereits für die grundlegende DAT/Altana-Entscheidung des BGH monierend *Bungert* BB 2001, 1163 (1166). Im Nachgang der „Frosta"-Entscheidung auch *Bungert/Leyendecker-Langner* BB 2014, 521 (522 f.). Aus jüngerer Zeit nunmehr zu dieser Frage auch *Brandenstein/Höfling* NZG 2021, 18.
[448] *Wasmann/Glock* DB 2014, 105 (109).
[449] *Wasmann/Glock* DB 2014, 105 (109). Offengelassen von OLG München NZG 2014, 1230, wenn auch mit deutlichen Sympathien für die Berücksichtigungsfähigkeit von Freiverkehrskursen; mittlerweile nicht mehr grundsätzlich verneinend, sondern differenzierend BeckOGK/*Veil* AktG § 305 Rn. 60.
[450] So jetzt auch OLG Hamburg NZG 2021, 29 ff.; *Wasmann* AG 2021, 179 (191); ähnlich auch *J. Schmidt* NZG 2020, 1361 (1366); schon früher auch Emmerich/Habersack/*Emmerich* AktG § 305 Rn. 64; K. Schmidt/Lutter/*Schnorbus* AktG § 327f Rn. 3a. Skeptisch, aber eine Berücksichtigungsfähigkeit ausnahmsweise für möglich haltend *Bungert/Leyendecker-Langner* BB 2014, 521 (524): „[…] dürfte […] regelmäßig ausgeschlossen sein" sowie Fleischer/Hüttemann Unternehmensbewertung HdB/*Bungert* § 22 Rn. 23.
[451] *Wasmann* AG 2021, 179 (191).

unverzüglichen Veröffentlichung von Insiderinformationen (Art. 17 Abs. 1 MAR). Insoweit, als damit die Trias der Instrumente, mit denen das europäische Kapitalmarktrecht Informationsasymmetrien und -unvollständigkeiten verhindern will, zur Anwendung gelangt, sollte eine Gleichstellung mit am regulierten Markt gehandelter Aktien vorgenommen werden. In einem Erst-Recht-Schluss sollte aufgrund der ergänzenden – privatrechtlich fundierten – Zulassungsfolgepflichten auch für den **qualifizierten Freiverkehr** (Scale der FWB, m:access der Börse München) die Beachtlichkeit der dort gestellten Kurse im Ausgangspunkt bejaht werden.[452]

Aber auch soweit die Aktien eines **sonstigen Freiverkehrsemittenten** nicht auf seine Initiative in den Freiverkehr einbezogen sind, sollte man ihnen nicht per se unterschiedslos die Qualität als Börsenkurse iSd DAT/Altana-Rechtsprechung absprechen. Zunächst attestiert das Gesetz ihnen durchaus eine gewisse Verlässlichkeit, wenn es sie zu Börsenpreisen iSd § 24 BörsG erhebt.[453] Zu berücksichtigen ist weiter, dass das zentrale Verbot der Marktmanipulation auch im Freiverkehr zu beachten ist. Auch die fehlende Anwendbarkeit der Bestimmungen über die Ad-hoc-Publizität belastet dieses Ergebnis nicht zwingend. **168**

Durch die Forensik genährte Bedenken an der unbeeinflussten Marktpreisbildung zumindest im einfachen Freiverkehr, die etwa in der Schließung des second quotation board der FWB eine Bestätigung erfahren haben, stehen dem nicht zwingend entgegen, sollten allerdings zu einer gewissen Zurückhaltung mahnen.[454] Als sinnvoller Kompromiss erscheint, abweichend von den Grundsätzen im regulierten Markt, demjenigen, der sich auf die Aussagekraft eines Freiverkehrskurses beruft, die Darlegungs- und Beweislast dafür aufzuerlegen, dass der Handel hinreichende Markttiefe besitzt und eventuelle Kursausschläge nicht manipulationsgetrieben sind.[455] Hierzu wird vorzutragen sein, dass hinreichender Handel in den betreffenden Aktien existiert und dass nicht zufällig erscheinende Ausschläge vernünftige Zweifel an der Belastbarkeit der Freiverkehrskurse nähren. Denkbar erscheint es zudem, auch insoweit Orientierung bei § 5 Abs. 4 WpÜG-AngebotsVO zu suchen.[456] **169**

Hingegen wird man Kursen auf **Nebenwerteplattformen** nicht – wie in Spruchverfahren im Einzelfall durchaus vorgetragen – die Eigenschaft als Börsenkurs iSd DAT/Altana-Rechtsprechung zuerkennen können.[457] Hier fehlt es bereits an der notwendigen Markttiefe und einer ausreichenden Zahl professioneller Marktteilnehmer, aufgrund derer man den gestellten Kursen eine hinreichende Richtigkeitsvermutung zuerkennen könnte. **170**

---

452 So im Grundsatz auch *Bungert/Leyendecker-Langner* BB 2014, 521 (524); *Fleischer/Hüttemann* Unternehmensbewertung-HdB/*Bungert* § 22 Rn. 23; *J. Schmidt* NZG 2020, 1361 (1366); jetzt auch BeckOGK/*Veil/Preisser*, 1.1.2023, AktG § 305 Rn. 60.
453 Zu Recht hierauf hinweisend *Bungert/Leyendecker-Langner* BB 2014, 521 (523).
454 Ähnlich OLG München NZG 2014, 1230.
455 Ähnlich im Ansatz Kölner Komm AktG/*Gayk* SpruchG Anh. § 11 Rn. 90, der Freiverkehrskursen die Eigenschaft als „Börsenkurs" iSd DAT/Altana-Rechtsprechung nicht rundweg absprechen will, aber besondere Vorsicht bzgl. der Voraussetzung eines liquiden Börsenhandels anmahnt.
456 *Bungert/Leyendecker-Langner* BB 2014, 521 (525).
457 So auch *Bungert/Leyendecker-Langner* BB 2014, 521 (524); auch diesbezüglich wohl großzügiger Emmerich/Habersack/*Emmerich* AktG § 305 Rn. 64.

2. Maßgeblicher Börsenkurs
a) Zeitmoment

171 Aufgrund der Geltung des Stichtagsprinzips ist im Prinzip auf den Börsenkurs am eigentlichen Bewertungsstichtag, also regelmäßig dem Tag der Entscheidung über die abfindungsrelevante Strukturmaßnahme abzustellen. Allerdings halten es sowohl BVerfG und BGH als auch Instanzenrechtsprechung und Schrifttum für mit dem Stichtagsprinzip vereinbar, den Stichtagskurs durch einen **Durchschnittskurs** mit Bezug zu diesem eigentlichen Stichtag zu ermitteln.[458]

172 Auch wenn diese Betrachtung in der Praxis dominiert,[459] und zumindest im rechtswissenschaftlichen Schrifttum nie ernsthaft in Frage gestellt worden ist,[460] erscheint ein Caveat geboten. Dem juristischen (Irr-)Glauben an die (höhere) Aussagekraft von Durchschnittskursen liegt nicht selten implizit die ökonomisch naive Vorstellung zugrunde, dass es einen weitgehend gleichbleibenden wahren Wert des Unternehmens gebe, um den der Börsenkurs im Zeitablauf oszilliert, Kursbewegungen technisch also nur weißes Rauschen sind.[461] Entsprechend rechtfertigen Rechtsprechung und Schrifttum die Maßgeblichkeit eines Durchschnittskurses vor allem mit der Überlegung, dass anderenfalls ein zufälliger oder gestalteter Kurs die Folge sei.[462] Die Vorstellung eines vermeintlich im Zeitablauf gleichbleibenden objektivierten Unternehmenswerts ist allerdings schlicht falsch. Blendet man eventuelle Verzerrungen aus, ist bester Schätzer für einen Stichtagskurs genau dieser Stichtagskurs, da nur er alle preisrelevanten Informationen enthält. Ereignen sich demgegenüber innerhalb einer Referenzperiode positive/negative kursrelevante Ereignisse, ist ein Durchschnittskurs als Schätzer des (neuen) richtigen Marktwertes zum Stichtag negativ bzw. positiv verzerrt und kann damit für die eine oder andere Seite erhebliche negative Auswirkungen zeitigen.[463] Diese Schlechterstellung im Vergleich zur objektiven Sachlage ist dabei nicht etwa methodisch zwingend, sondern allein der abstrakten Angst vor Abfindungsspekulationen der jeweils anderen Seite geschuldet.[464]

173 Durchschnittskurse innerhalb einer Referenzperiode sind also mit einem gerüttelten Maß an Vorsicht zu genießen. Berechtigung haben sie nur unter der Annahme, dass strukturell die Auswirkungen von Abfindungsspekulationen und „Manipulationen" des Stichtagskurses größer sind als die Effekte von exogenen und unternehmensbezogenen kursrelevanten Ereignissen innerhalb des Referenzzeitraums. Die Antwort hierauf ist aktuell eher Glaubensfrage. Zumindest für die Vergangenheit wird man allerdings ein Fragezeichen hinter die These einer hohen Gefahr von Abfindungsarbitrage setzen dürfen. Zu berücksichtigen ist, dass das Geschäftsmodell zahlreicher professioneller

---

[458] BVerfG NJW 2007, 828 (829) – Siemens/Nixdorf; KG NZG 2007, 71; BGH NJW 2010, 2657 (2658); OLG Hamburg AG 2002, 406 (407 f.); *Koch* AktG § 305 Rn. 42.

[459] Besonders deutlich IDW PS 1 idF 2008 Tz 16: „Stets ist beim Heranziehen des Börsenkurses auf einen geeigneten Durchschnittskurs abzustellen." Ähnlich apodiktisch *Wilm* NZG 2000, 234 (239); aus jüngerer Zeit auch *J. Schmidt* NZ 2020, 1361 (1366): „überzeugend".

[460] Vgl. etwa die Feststellung von Simon SpruchG/*Simon/Leverkus* Anh. § 11 Rn. 234: „nahezu einhellig akzeptiert." AA aber mit beachtlichen Argumenten, die allerdings im rechtswissenschaftlichen Diskurs ohne den verdienten Widerhall geblieben sind, *Hüttemann* ZGR 2001, 454 (461 f.); die Problematik anreißend auch *Großfeld* BB 2000, 261 (264); aus der Rechtsprechung für Stichtagsbetrachtung etwa noch OLG Düsseldorf NZG 2000, 1075 (1076) – DAT/Altana III.

[461] Berechtigte Kritik am Durchschnittsdenken der Rechtswissenschaft bei *Piltz* ZGR 2001, 185.

[462] BVerfG NJW 2007, 828 (829) – Siemens/Nixdorf; KG NZG 2007, 71; OLG Hamburg AG 2002, 406 (407 f.); *Wilm* NZG 2000, 234 (239).

[463] *Hüttemann* ZGR 2001, 454 (462).

[464] *Hüttemann* ZGR 2001, 454 (463). Anders – allerdings vom Verkehrswertkonzept des BVerfG ausgehend – Fleischer/Hüttemann Unternehmensbewertung-HdB/*Adolff/Häller* § 18 Rn. 48.

Aktionäre, den sog. „Berufsklägern" oÄ, von deren Seite man faktisch das Gros der Manipulationsversuche des Stichtagskurses befürchtet, häufig weniger darauf angelegt ist, durch eine Nachbesserung der Kompensationsleistung einen Profit zu erwirtschaften, sondern über Umwege wie eine großzügige Reisekostenpauschale etc. Berufskläger sind im Regelfall gerade keine Arbitrageure, die Preisspielräume ausnutzen und hierzu große Positionen in den Wertpapieren der kompensationsverpflichteten Gesellschaft aufbauen. Etwas gewandelt hat sich das Bild durch das Aufkommen aktivistischer („event driven") Hedgefonds, die zumindest häufiger als professionelle Aktionäre ein echtes Exposure in Aktien der abfindungsverpflichteten Gesellschaften eingehen. Ersichtlich lautet die Arbitrage-Strategie dieser noch jungen Kapitalmarktakteure allerdings bisher, Aktien von Gesellschaften mit einem niedrigeren Börsenkurs einzusammeln, um im Rahmen eines Spruchverfahrens eine erwartete Differenz aufgrund höherer IDW S1-Bewertung zu realisieren oder aber einen festen Ausgleich nach § 304 AktG zu kapitalisieren (back-end speculation/appraisal arbitrage).[465] Berücksichtigt man, dass einerseits das Abstellen auf historische Durchschnittskurse alles andere als zwingend ist, andererseits sowohl der Umfang der nicht zu leugnenden Manipulationsgefahren wie auch die Frage, inwieweit historische Durchschnittskurse den tatsächlichen Marktwert zum (eigentlich) maßgeblichen Stichtag verzerren, unklar ist, wären empirische Arbeiten, die sich den Größenordnungen der beiden zuletzt genannten Effekte widmen würden, sicherlich aufschlussreich. Entsprechende empirische Untersuchungen mit hinreichender Aussagekraft erscheinen spätestens seit der Stollwerck-Entscheidung des BGH (→ Rn. 177) möglich, da der Referenzkurs in dieser Entscheidung bewusst auf den Zeitpunkt vor Bekanntgabe der Strukturmaßnahme verlegt worden ist, so dass sich innerhalb des Referenzzeitraums ereignende Kursbewegungen nicht als (vermeintliche) Manipulationshandlungen von Abfindungsarbitrageuren im Wissen um die anstehende Strukturmaßnahme qualifizieren lassen.

Während die fragwürdige These, bester Schätzer des aktuellen Marktwertes sei der Durchschnitt der entsprechenden historischen Marktwerte, schnell Freunde gefunden hat, ist die sich anschließende Frage, welcher Durchschnittskurs zur Ermittlung des maßgeblichen Börsenkurses heranzuziehen ist, über lange Zeit äußerst kontrovers diskutiert worden. Während das BVerfG sich zu Recht dem Ansinnen verweigert hat, dieses Detailproblem mit verfassungsrechtlichen Weihen zu versehen,[466] hat der BGH in seiner DAT/Altana-Entscheidung in diesem Zusammenhang zunächst auf den **gewichteten Durchschnittskurs innerhalb der drei Monate vor dem eigentlichen Bewertungsstichtag**, also dem Tag des Hauptversammlungsbeschlusses über die abfindungsrelevante Strukturmaßnahme, abgestellt.[467] Allfällige daraus resultierende Manipulationsgefahren erkennt auch die DAT/Altana-Entscheidung des BGH, die aber davon ausgeht, dass ihnen mit einer Bereinigung des Durchschnittskurses um außergewöhnliche Tagesausschläge und Kurssprünge beizukommen sei, soweit sich diese nicht im Kurs verfestigten.[468] Zudem seien Preissteigerungen, die sich nach Bekanntgabe noch im Dreimonatskurs niederschlügen, nicht notwendigerweise Abfindungsspekulationen, sondern auch Ausdruck der Erwartungshaltung der Marktteilnehmer über eventuelle

---

[465] Hierzu etwa *Decher* AG 2023, 106 (110); *Verse/Brellochs* ZHR 2022, 339 (343 ff.); ausführlich *Döding* ZGR 2021, 956 ff.

[466] BVerfG NJW 2007, 828 (829) – Siemens/Nixdorf. So auch Fleischer/Hüttemann Unternehmensbewertung HdB/*Adolff/Häller* § 18 Rn. 51.

[467] BGH NJW 2001, 2080 (2082) – DAT/Altana.

[468] BGH NJW 2001, 2080 (2082) – DAT/Altana.

Synergien der Unternehmensverbindung;⁴⁶⁹ wobei der BGH es mit letzterer Erwägung implizit zunächst nicht beanstandet hat, echte Verbundvorteile bei Ermittlung eines objektivierten Unternehmenswertes zu berücksichtigen.

175 Soweit die **Länge des Referenzzeitraums** betroffen ist, hat der BGH in der Folge wenig Widerstand erfahren.⁴⁷⁰ Der Dreimonatszeitraum wird zwar nicht völlig unkritisch gesehen, aber doch weitgehend hingenommen. Vom hier vertretenen Standpunkt, wonach historische Kurse ohnehin nur notfalls zur Bestimmung des Unternehmenswerts herangezogen werden sollten, ist die Beschränkung der Rechtsprechung auf den doch vergleichsweise überschaubaren Dreimonatskurs zu begrüßen. In Zeiten verschärften nationalen und internationalen Wettbewerbs und der Idiosynkrasie zahlreicher Geschäftsmodelle gegenüber Innovationen (Telekommunikation, Unterhaltungselektronik, Presse/Medien, Technologien etc) kann man kaum die – allgemeingültige – Vermutung aufstellen, dass der Wert eines Unternehmens im Zeitablauf – eventuell über ein Jahr – konstant bliebe. Zugleich lässt sich die Dreimonatsbetrachtung mit Gepflogenheiten des Kapitalmarkts synchronisieren, wo zumindest von großen börsennotierten Gesellschaften gleichfalls erwartet wird, dass sie mindestens quartalsweise die Lage des Unternehmens überprüfen und der Bereichsöffentlichkeit präsentieren.

176 Anderes gilt hingegen mit Blick auf das **auslösende Moment der Dreimonatsfrist**. In der Rechtsprechung der Oberlandesgerichte⁴⁷¹ wie auch im Schrifttum⁴⁷² hat sich im Nachgang der DAT/Altana-Entscheidung erheblicher Widerstand gegen das Abstellen auf den Zeitpunkt der Entscheidung über die Strukturmaßnahme formiert. Moniert wurde zunächst, dass die Rechtsprechung des BGH Bewertern und Unternehmen Unmögliches abverlange und der durch den BGH gewählte Referenzzeitraum mit den Informationspflichten im Vorfeld einer Strukturmaßnahme (Vorlage des Squeeze-out-Berichts, HV-Einladung etc) nicht in Einklang zu bringen sei, da die wirtschaftlich entscheidende Größe – der Börsenkurs im Dreimonatszeitraum vor Abhaltung der Hauptversammlung – im Zeitpunkt der Veröffentlichung der abfindungsrelevanten Dokumente noch gar nicht bekannt sei und auch nicht bekannt sein könne.⁴⁷³ Abseits dieses technischen Einwands wurde als Hauptargument der Gegner der DAT/Altana-Rechtsprechung formuliert, dass die Aussagekraft des Börsenkurses aufgrund von Abfindungsspekulation nach Bekanntgabe der geplanten Strukturmaßnahme erheblich beeinträchtigt werde⁴⁷⁴ und im Einzelfall die Gefahr bewusster Manipulationen zu gewärtigen sei.⁴⁷⁵ Bewertungsmethodisch wird dabei insbesondere eingewandt, dass das Abstellen auf einen Börsenkurs nach Veröffentlichung dazu führe, dass Synergieeffekte zugunsten der abfindungsberechtigten Anteilseigner anzusetzen wären, was dem Angemessenheitskonzept in seiner durch Gesetz und Rechtsprechung geprägten Ausformung widerspreche.⁴⁷⁶

---

469 BGH NJW 2001, 2080 (2083) – DAT/Altana. Kritisch *Bungert* BB 2001, 1163 (1165).
470 Vgl. etwa *Wasmann* ZGR 2011, 83 (92); *Brandi/Wilhelm* NZG 2009, 1408 (1409); *J. Schmidt* NZG 2020, 1361 (1366). AA etwa noch *Hüffer*, 10. Aufl. 2012, § 305 Rn. 24 f: sechs Monate.
471 KG NZG 2007, 71; OLG Frankfurt a. M. NZG 2010, 664.
472 *Riehmer* DK 2009, 273 (274 f.).
473 *Simon* SpruchG/*Simon/Leverkus* Anh. § 11 Rn. 235; *Decher* ZIP 2010, 1673; *Wilm* NZG 2000, 1070 (1072 f.); *Neumann/Ogorek* DB 2010, 1869 (1870); *Wasmann* ZGR 2011, 83 (85).
474 *Bücker* NZG 2010, 967; *Decher* ZIP 2010, 1673 (1674); *Neumann/Ogorek* DB 2010, 1869 (1870); *Wasmann* ZGR 2011, 83 (85).
475 *Neumann/Ogorek* DB 2010, 1869 (1870 f.); *Riehmer* DK 2009, 273 (275).
476 So etwa *Wilm* NZG 2000, 1070 (1071).

In der Stollwerck-Entscheidung hat der BGH diese Kritik aufgegriffen und sich zu eigen gemacht. Zur Bestimmung des einer angemessenen Abfindung zugrunde zu legenden Börsenkurses ist danach grundsätzlich auf den nach Umsätzen gewichteten Durchschnittskurs innerhalb der **dreimonatigen Referenzperiode vor der Bekanntmachung** einer Strukturmaßnahme abzustellen.[477] Zur Begründung seines Gesinnungswandels rekurriert der BGH in weiten Teilen auf die Kritik der hM in Schrifttum und Instanzenrechtsprechung. Mit Bekanntwerden der Absicht zur Durchführung einer abfindungsrelevanten Strukturmaßnahme träten an die Stelle der Markterwartungen hinsichtlich des Unternehmenswertes die Erwartungshaltungen bzgl. der Abfindungshöhe.[478] Nicht zuletzt befürchtet auch der BGH dabei insbesondere Manipulationsgefahren in beide Richtungen nach Bekanntgabe der abfindungsrelevanten Strukturmaßnahme.[479]   177

Während die Stollwerck-Entscheidung einerseits in einem der in der jüngeren Vergangenheit zentralen Streitpunkte Rechtssicherheit bringt, hat sie gleichzeitig auch neue Fragen aufgeworfen.[480] So ist zunächst nicht vollständig klar, was als **Bekanntmachung** der einschlägigen Strukturmaßnahme zu gelten hat. In jedem Fall genügend ist die Bekanntmachung einer Strukturmaßnahme im Wege der Ad-hoc-Mitteilung;[481] allerdings mit der Einschränkung, dass nicht jede Ad-hoc-Mitteilung, deren Inhalt eventuell (implizite) Rückschlüsse auf eine spätere kompensationspflichtige Strukturmaßnahme zulässt, als Bekanntmachung in diesem Sinne qualifiziert.[482] Maßgeblich ist die tatsächliche Bekanntmachung, nicht wann die Bekanntmachung hätte erfolgen müssen.[483] Löst die in Rede stehende Strukturmaßnahme aufgrund fehlender Kursrelevanz keine Ad-hoc-Pflicht aus, ist auf ihre Ankündigung mittels Pressemitteilung oÄ abzustellen.[484] Fraglich ist inwieweit die – meist abstrakt gehaltene – Ankündigung von Strukturmaßnahmen in einer Angebotsunterlage nach § 11 WpÜG (Absichten des Bieters hinsichtlich der Zielgesellschaft) als Bekanntmachung iSd der BGH-Rechtsprechung in Betracht kommt.[485] Richtigerweise wird man diesbezüglich zu differenzieren haben, da heute praktisch jede Angebotsunterlage (soweit es sich nicht ausnahmsweise um ein (zulässiges) Teilangebot handelt) standardmäßig sämtliche strukturellen Maßnahmen zur Post-Merger-Integration in einem Textbaustein als denkbare Optionen einer erfolgreichen Übernahme darstellt. Vor diesem Hintergrund erscheint es überzeugend, die Veröffentlichung der Angebotsunterlage nur dann zum Zeitpunkt der Bekanntmachung iSd Stollwerck-Rechtsprechung zu erheben, wenn es sich nicht um lediglich abstrakte Darstellungen denkbarer Post-Merger-Integrationsmaßnahmen handelt, sondern die Strukturmaßnahme deutlich als wahrscheinliche Folge einer erfolgreichen Übernahme präsentiert wird.[486]   178

---

477 BGH NJW 2010, 2657 – Stollwerck; bestätigt etwa in BGH ZIP 2023, 795 (796); aus der Instanzenrechtsprechung OLG Frankfurt a. M. AG 2011, 832 (832 f.); OLG München AG 2012, 749 (751); OLG Saarbrücken ZIP 2014, 1784 (1785); OLG Stuttgart AG 2011, 205 (207); LG München I ZIP 2013, 1664 (1666) – HRE. Zustimmend etwa K. Schmidt/Lutter/*Schnorbus* AktG § 327b Rn. 5; *Bücker* NZG 2010, 967 (967 ff.); *Neumann/Ogorek* DB 2010, 1869 (1870 f.); dafür auch *Brandi/Wilhelm* NZG 2009, 1408 (1409).

478 BGH NJW 2010, 2657 (2658) – Stollwerck.

479 BGH NJW 2010, 2657 (2658) – Stollwerck.

480 So schon der Titel von *Decher* ZIP 2010 1673; *Bücker* NZG 2010, 967 (968 ff.).

481 *Bungert/Wettich* ZIP 2012, 449 (450); Emmerich/Habersack/*Emmerich* AktG § 305 Rn. 61; *Wasmann* ZGR 2011, 83 (88).

482 LG München I ZIP 2013, 1664 (1666 f.) – HRE; Fleischer/Hüttemann Unternehmensbewertung HdB/*Adolff/Häller* § 18 Rn. 81.

483 OLG Stuttgart 24.7.2013 – 20 W 2/12.

484 *Bücker* NZG 2010, 967 (969).

485 *Neumann/Ogorek* DB 2010, 1869 (1871).

486 So auch *Bücker* NZG 2010, 967 (969); *Bungert/Wettich* ZIP 2012, 449 (451); *Wasmann* ZGR 2011 83 (90).

179 Nach Ansicht des BGH soll der Durchschnittskurs im Referenzzeitraum ab Ankündigung der kompensationspflichtigen Strukturmaßnahme (ausnahmsweise) dann nicht maßgeblich sein, wenn zwischen Bekanntgabe der Strukturmaßnahme und Termin der Hauptversammlung **ein längerer Zeitraum liegt und die Entwicklung der Börsenkurse eine Anpassung geboten erscheinen lässt.**[487] In diesem Fall soll der ermittelte Börsenkurs unter Umständen entsprechend der allgemeinen oder branchentypischen Wertentwicklung unter Berücksichtigung der seitherigen Kursentwicklung hochgerechnet werden.[488]

180 Bereits diese Grundsatzentscheidung, unter zu präzisierenden Voraussetzungen dem Durchschnittskurs im neu definierten Referenzzeitraum die Relevanz abzusprechen, ist auf zum Teil deutliche **Kritik** insbesondere aus der Praxis gestoßen. Sicherlich ist es aus Sicht der Praxis bisweilen unbefriedigend, dass keine allgemeinverbindliche Faustformel bzw. Daumenregel zur Verfügung steht, die für die kompensationsverpflichteten Unternehmen mit einem spürbaren Gewinn an Rechtssicherheit verbunden wäre. Berücksichtigt man umgekehrt, dass der Durchschnittskurs innerhalb des Referenzzeitraums ein bestenfalls mäßig geeigneter Schätzer des Wertes einer Aktie am Ende dieses Referenzzeitraumes ist, erscheint eine Anpassung allerdings durchaus als zumindest im begründeten Einzelfall geboten.[489] Es wäre ökonomisch kaum zu vermitteln, weshalb – nachdem Börsenkurs und/oder Unternehmenswert durch exogene oder endogene Ereignisse eine erhebliche Korrektur im Vorfeld des formalen Stichtags erfahren – ein erkennbar veralteter und damit nicht mehr zutreffender Wert zur Grundlage der Abfindung gemacht werden sollte. Gleichzeitig ist allerdings auch zuzugestehen, dass der BGH der (Spruch-)Praxis mit der Verpflichtung zur Hochrechnung eine durchaus anspruchsvolle Aufgabe auferlegt.[490]

181 Unklar ist in diesem Zusammenhang zunächst, wann das Vorliegen eines eine Hochrechnung rechtfertigenden **längeren Zeitraums** anzunehmen ist. Bejaht hat der BGH das Vorliegen eines längeren Zeitraums in der Stollwerck-Entscheidung selbst, wo zwischen Ankündigung der Strukturmaßnahme und dem Tag der Hauptversammlung ein Zeitraum von siebeneinhalb Monaten lag,[491] gleichzeitig hat er in ersten Folgeentscheidungen Zeiträume von zwei bis dreieinhalb Monaten nicht als längeren Zeitraum angesehen.[492] Hierüber noch hinausgehend ist in der Instanzenrechtsprechung auch ein Zeitraum von 6,5[493] bzw. 4,5 Monaten[494] nicht als hochrechnungsrelevanter längerer Zeitraum qualifiziert worden. In der Literatur findet sich verbreitet – und in offensichtlicher Anlehnung an den Sachverhalt der Stollwerck-Entscheidung – eine Zeitgrenze von 7 bzw. 7,5 Monaten,[495] teilweise wird etwas vorsichtiger ein Zeitraum von maximal sechs Monaten als safe harbor genannt.[496] Vor- und Nachteile der Auslegung des längeren Zeitraums liegen auf der Hand. Die Annahme eines besonders langen Zeitfensters vereinfacht die praktische Handhabung der Stollwerck-Rechtsprechung erheblich. Evi-

---

[487] BGH NJW 2010, 2657 – Stollwerck; BGH AG 2011, 590.
[488] BGH NJW 2010, 2657 – Stollwerck; *Neumann/Ogorek* DB 2010, 1869 (1871).
[489] Ähnlich schon *Wilm* NZG 2000, 1070 (1071), der Kursbewegungen dann berücksichtigen will, wenn sie erkennbar nicht Folge der (Ankündigung der) Strukturmaßnahme sind.
[490] *Wasmann* ZGR 2011, 83 (86).
[491] BGH NJW 2010, 2657 (2659) – Stollwerck; vgl. etwa *Bungert/Wettich* ZIP 2012, 449.
[492] *Bungert/Wettich* ZIP 2012, 449 (450).
[493] OLG Saarbrücken ZIP 2014, 1784 (1785 f.).
[494] OLG Frankfurt a. M. AG 2011, 832 (833).
[495] *Decher* ZIP 2010, 1673 (1675 f.); *Bücker* NZG 2010, 967 (970): 7,5 Monate als „safe harbor". Ähnlich aus der Rechtsprechung auch OLG Saarbrücken ZIP 2014, 1784 (1785 f.).
[496] Kölner Komm AktG/*Gayk* SpruchG Anh. § 11 Rn. 80; Fleischer/Hüttemann Unternehmensbewertung-HdB/*Adolff/Häller* § 18 Rn. 81; *Wasmann* ZGR 2011, 83 (93).

denter Nachteil ist, dass sich mit zunehmender Länge des zulässigen hochrechnungsfreien Zeitfensters das Delta zwischen Marktwert und mittels Referenzkurs ermitteltem Abfindungsbetrag erheblich erhöhen kann. Zumindest bei preisrelevanten Ereignissen führt die Abfindung der Anteilseigner zu historischen und damit überholten Kursen dazu, dass entweder Anteilseigner nicht den wahren (Verkehrs-)Wert ihrer Aktien erhalten oder aber die Gesellschaft genötigt ist, einen nicht gerechtfertigten Aufpreis auf den eigentlichen Börsenwert der Gesellschaft zu leisten.

Ferner muss die Entwicklung der Börsenkurse eine **Anpassung geboten** erscheinen lassen,[497] wobei die Formulierung des BGH nahelegt, dass die Gebotenheit kumulativ zum Vorliegen eines längeren Zeitraums hinzutreten muss.[498] Zur Beurteilung, ob eine Hochrechnung erforderlich bzw. geboten ist, kann ersichtlich nur eine ex post-Betrachtung zugrunde gelegt werden.[499] Hierbei handelt es sich nicht etwa um unzulässiges judging in hindsight. Zweck der Hochrechnung ist es, preisrelevante Ereignisse und Informationen, die im Zeitraum ab Bekanntmachung und vor dem theoretisch maßgeblichen Bewertungsstichtag eingetreten sind, teilweise bei der Abfindung zu berücksichtigen, um die Abfindung zu historisch (und damit überholten) Kursen nicht unfair werden zu lassen. Im Übrigen ist eine ex-ante Hochrechnung auf einem halbwegs informationseffizienten Markt nicht ernsthaft durchführbar. Sämtliche ex ante relevanten Informationen sollten bereits im Kurs eskomptiert sein, so dass als Gegenstand der Hochrechnung lediglich die Schätzungen von Auguren wie Charttechnikern oder Fundamentalanalytikern in Betracht kämen. Das kann kaum richtig sein. Schwierig und einer Klärung zuzuführen ist allerdings, auf welchen Endpunkt diese ex-post-Betrachtung bezogen werden sollte (→ Rn. 184). 182

Die Hochrechnung soll unter Ermittlung der **allgemeinen bzw. branchenspezifischen Kursentwicklung** erfolgen, wobei unklar ist, ob beide kumulativ zu berücksichtigen sein sollen.[500] Die allgemeine Kursentwicklung kann etwa unter Rückgriff auf einen breit zusammengesetzten Index wie den CDAX oder EURO STOXX bestimmt werden.[501] Branchenentwicklungen lassen sich entweder durch spezielle Branchenindizes[502] oder aber durch die Bildung von repräsentativen nationalen oder internationalen Peer Groups identifizieren.[503] Richtigerweise kann es bei der Hochrechnung nicht sein Bewenden dabei haben, dass man die allgemeine oder branchenspezifische Kursentwicklung 1 zu 1 auf das zu bewertende Unternehmen umlegt, da selbstverständlich die Referenzindices Durchschnittswerte sind, die den Gesamtmarkt abbilden und somit nicht Auskunft geben, wie sich der abfindungsrelevante Wert, also der Kurs des zu bewertenden Unternehmen, im maßgeblichen Zeitraum entwickelt hätte. Zutreffend erscheint deshalb, das historische Beta des bewertungsrelevanten Beteiligungstitels im Vergleich zu dem im Einzelfall gewählten Referenzindex (Markt- bzw. Branchenindex) zu ermitteln und dieses Beta gegen die nachfolgende Marktentwicklung im für die Hochrechnung relevanten Zeitraum laufen zu lassen. 183

---

[497] BGH NJW 2010, 2657 (2660) – Stollwerck.
[498] *Bungert/Witte* ZIP 2012, 449 (452).
[499] Offengelassen bei *Decher* ZIP 2010, 1673 (1676).
[500] Für grundsätzliche Beachtlichkeit einer Branchenbetrachtung *Decher* ZIP 2010, 1673 (1675); die Branchenperspektive bevorzugend auch *Wasmann* ZGR 2011, 83 (98).
[501] *Schilling/Witte* DK 2010, 477 (481 f.).
[502] *Bücker* NZG 2010, 967 (970); *Decher* ZIP 2010, 1673 (1675).
[503] *Schilling/Witte* DK 2010, 477 (482); *Bücker* NZG 2010, 967 (970); *Decher* ZIP 2010, 1673 (1675); *Wasmann* ZGR 2011, 83 (99), der allerdings auf den mit der Ermittlung der Peer Group verbundenen Aufwand an Zeit und Kosten hinweist.

184 Hochzurechnen ist auf den **eigentlichen Stichtag**, also den Tag der Beschlussfassung über die Strukturmaßnahme. Im Schrifttum wird kritisiert, dass mit dieser Entscheidung Teile der Problematik der DAT/Altana-Rechtsprechung für das neue Recht perpetuiert werden, da in Fällen, in denen eine Hochrechnung erforderlich ist, der Tag der Beschlussfassung über die Strukturmaßnahme (doch) wieder maßgeblich wäre.[504] Vorgeschlagen wird deshalb, auf den Zeitpunkt des Abschlusses der Bewertungsarbeiten hochzurechnen.[505]

185 Nimmt man den BGH beim Wort, rechtfertigen nur allgemeine oder branchenspezifische, nicht aber **unternehmensspezifische** Entwicklungen eine Hochrechnung.[506] Für eine dahin gehende Sichtweise könnte man – reichlich rabulistisch – darauf rekurrieren, dass mit der Stollwerck-Rechtsprechung der Börsenkurs der Gesellschaft explizit nur unter Rückgriff auf die historischen Verhältnisse der zu bewertenden Gesellschaft im Dreimonatszeitraum nach Bekanntgabe der Strukturmaßnahme zu bestimmen sei, nachlaufende unternehmensindividuelle und bewertungsrelevante Ereignisse somit keine Beachtung verdienten. Vergegenwärtigt man sich allerdings den Zweck der Hochrechnung, den historischen Durchschnittskurs dann, wenn er nicht nur besonders veraltet, sondern gleichzeitig auch nachweisbar durch die ökonomische Wirklichkeit des Gesamtmarktes, der Branche oder der Gesellschaft selbst überholt ist, im Interesse einer wertgerechten Unternehmensbewertung zu korrigieren, erscheint die Ausklammerung kaum zu rechtfertigen.[507] Abseits von Fundamentalereignissen wie der Finanzkrise stammen die meisten und wichtigsten kursrelevanten Ereignisse gerade aus dem Bereich der Gesellschaft selbst, sind also Folge und Ausfluss der individuellen Faktorkombination, durch die das zu bewertende Unternehmen geprägt wird. Die Preisrelevanz der entsprechenden Informationen erkennt im Übrigen gerade auch das Gesetz (Ad-hoc-Publizität) an.[508] Dementsprechend kommt die Nichtberücksichtigung dieser wesentlichen Ereignisse im Rahmen der Hochrechnung nicht in Betracht. Den Anteilseignern/der Gesellschaft kann kaum ernsthaft zugemutet werden, eine Kompensation zu einem historisch längst überholten Kurs zu akzeptieren, wenn etwa ein erheblicher nachhaltiger Gewinnsprung oder Gewinneinbruch den Stollwerck-Kurs als hoffnungslos überholt entlarvt.[509] Zuzugeben ist aber auch, dass die Hochrechnung unternehmensspezifischer Ereignisse praktische Herausforderungen der besonderen Art formuliert. Ein erster Ansatzpunkt, diese Probleme in den Griff zu bekommen, mag darin bestehen, (a) einerseits aus Praktikabilitätsgründen als eine Art Bagatellschwelle nur solche unternehmensspezifischen Ereignisse in der Hochrechnung abzubilden, die eine Ad-hoc-Pflicht auslösen, und (b) das Ausmaß der Anpassung daran zu orientieren, inwieweit die fortbestehende Notierung der zu bewertenden Gesellschaft auf diese Ad-hoc-Nachricht reagiert.[510]

---

504 *Bücker* NZG 2010, 967 (970); kritisch auch *Decher* ZIP 2010, 1673 (1675).
505 Emmerich/Habersack/*Emmerich* AktG § 305 Rn. 62; *Bücker* NZG 2010, 967 (970).
506 *Schilling/Witte* DK 2010, 477 (481); *Wasmann* ZGR 2011, 83 (99).
507 Im Grundsatz auch *Wasmann* ZGR 2011, 83 (100 f.), der die Berücksichtigung unternehmensindividueller Ereignisse im Ergebnis aber ablehnt, da er von einer asymmetrischen Berücksichtigung kursrelevanter Ereignisse ausgeht (→ Rn. 165).
508 Stellend *Neumann/Ogorek* DB 2010, 1869 (1871).
509 Ähnlich bereits im Nachgang von DAT/Altana *Wilm* NZG 2000, 1070 (1072 f.).
510 Abzuwarten bleibt in diesem Szenario, ob die verbreitete gefürchtete Abfindungsspekulation die hier vorgeschlagene Daumenregel zum Anlass nehmen würde, den Kurs ex-Ad-Hoc-Mitteilung zu „manipulieren", sprich durch Kaufordes zu beflügeln oder aber anderenfalls notwendige Verkaufsorder zu unterlassen, um die Abfindungshöhe nicht zu beeinträchtigen.

Schließlich könnte dem Wortlaut der Stollwerck-Entscheidung entnommen werden, dass lediglich eine Hochrechnung zugunsten der Minderheitsaktionäre, nicht aber auch eine **Korrektur nach unten bei negativem Kursverlauf erfolgen** muss.[511] Richtigerweise muss eine Anpassung in beide Richtungen möglich sein.[512] Verfassungsrechtlich geboten ist die Abfindung der ausscheidenden Anteilseigner zum „wahren Wert", windfall profits sollen ihnen hingegen nicht eingeräumt werden.[513] Abgesichert ist dieses Ergebnis bisher nicht: im Schrifttum wird teilweise die Zulässigkeit einer Anpassung nach unten verneint mit der Erwägung, dass anderenfalls mit strategischem Verhalten der Gesellschaft zu rechnen sei.[514]

b) Notierung an mehreren Börsenplätzen

Ist die betreffende Aktie an mehreren Börsen notiert, so will der BGH zur Berechnung des maßgeblichen Börsenkurses auf den Durchschnittskurs aus den Kursfestsetzungen sämtlicher Börsen zurückgreifen.[515] Zwingend erscheint dies nicht, denkbar wäre auch, auf die liquideste Börse abzustellen, deren Markttiefe die höchste Richtigkeitsgewähr bietet. Die mit der Antwort verbundenen wirtschaftlichen Konsequenzen sollten dennoch überschaubar bleiben, da Arbitrage professioneller Marktteilnehmer und moderne Handelstechnologie nennenswerte Preisunterschiede weitestgehend nivellieren.

c) Notwendigkeit einer Notierung in der EU/im EWR

Die Antwort auf die Rechtsfrage, ob nur im geographischen Anwendungsbereich des § 2 Abs. 11 WpHG notierte Gesellschaften Gegenstand der Börsenkursrechtsprechung sind, aktualisiert sich bei Abfindungsfällen praktisch kaum. Dennoch verbleiben Ausnahmekonstellationen, in denen sich die Frage nach der Gleichwertigkeit eines ausländischen bzw. nicht EU-/EWR-Börsenkurses stellt. Zu denken ist zunächst an die Fälle, in denen die Aktien einer deutschen Gesellschaft, die eine Strukturmaßnahme durchführt, ausschließlich an einer ausländischen Börse notieren. Zum anderen kann sich bei grenzüberschreitenden Verschmelzungen jeweils börsennotierter Gesellschaften die Frage stellen, ob nur der Börsenkurs der deutschen Gesellschaft oder aber auch der des ausländischen beteiligten Rechtsträgers Berücksichtigung finden kann. Richtigerweise sollte man die unglückliche Differenzierung zwischen EU-/EWR-Notierungen und Notierungen in sonstigen Drittstaaten, die aus dem WpÜG bekannt ist (vgl. § 31 Abs. 2 S. 1 iVm § 2 Abs. 7 WpÜG), nicht in das Unternehmensbewertungsrecht des SpruchG transponieren. Richtigerweise wird man auch Auslandsnotierungen genügen lassen müssen, wenn sie aufgrund allgemeiner Kriterien eine hinreichende Richtungsvermutung für sich beanspruchen können. Kriterium sollte sein, ob der betroffene Markt eine hinreichende Ähnlichkeit mit deutschen/europäischen Börsenplätzen aufweist, wobei maßgeblich auf die Sicherstellung der ordnungsgemäßen Preisbildung durch institutionelle Gewährleistungen sowie auf die Liquidität des Handels anzustellen ist.

---

511 So etwa die Interpretation von *Wasmann* ZGR 2011, 83 (99).
512 *Bücker* NZG 2010, 967 (970).
513 So wohl auch *Schilling/Witte* DK 2010, 477 (484).
514 Emmerich/Habersack/*Emmerich* AktG § 305 Rn. 47.
515 BGH NJW 2001, 2080 (2083) – DAT/Altana; dem folgend *Bungert* BB 2001, 1163 (1165).

d) Gewichteter Börsenkurs

189 Nach zutreffender hM ist nicht einfach das arithmetische Mittel der Kursnotierungen innerhalb der Referenzperiode maßgeblich, sondern vielmehr ein geometrisches Mittel. Die einzelnen relevanten rates sind entsprechend des Umsatzvolumens an den betroffenen Handelstagen zu gewichten.[516]

IV. Unbeachtlichkeit des Börsenkurses

190 Die Berücksichtigung des Börsenkurses ist unter verfassungsrechtlichen Auspizien dann nicht geboten, wenn er den Verkehrswert nicht widerspiegelt, also eine Desinvestition zum Börsenkurs nach Lage der Dinge ausscheidet.[517] Hängt man demgegenüber der Efficient Capital Markets-Hypothese an, wird man zu formulieren haben, dass die Relevanz des Börsenkurses dann entfällt, wenn er aufgrund Informationsasymmetrien und Transaktionskosten im Einzelfall kein hinreichend genauer Schätzer des „wahren Werts" ist.[518] Rechtsprechung und Schrifttum haben bisher drei anerkannte Fallgruppen identifiziert, in denen die (weitgehende) Identität von Börsenkurs und Verkehrswert erschüttert ist: Fehlender Handel in den Anteilen des betreffenden Unternehmens bzw. Marktenge sowie Manipulation des Börsenkurses.[519]

1. Kein Handel

191 Die Berücksichtigung des Börsenkurses scheidet nach der Rechtsprechung zunächst dann aus, wenn über einen längeren Zeitraum praktisch kein Handel in Aktien der Gesellschaft stattgefunden hat.[520] Im Hintergrund steht die zutreffende Erkenntnis, dass der Wert eines Unternehmens und damit auch seiner Anteile keine im Zeitablauf statische Größe ist, sondern eine Funktion unternehmensendogener wie auch exogener Ereignisse. Damit besteht eine hinreichende Wahrscheinlichkeit, dass sich bei mangelndem Handel eventuelle Korrekturen nicht im Kurs niedergeschlagen haben, sich der Börsenkurs also – zulasten der abfindungsverpflichteten Gesellschaft oder zulasten der abfindungsberechtigten Aktionäre – von seinem „wahren" Wert, also dem Wert bei hinreichend liquidem Börsenhandel, entfernt hat. Gleichzeitig besteht bei fehlender Markttiefe keinerlei Vermutung dafür, dass ein kompensationsberechtigter Aktionär seine Anteile zum gestellten, aber nicht durch effektive Markttransaktionen bestätigten Kurs veräußern könnte, die Verkehrswertargumentation ist also erschüttert;[521] dies muss insbesondere dann gelten, wenn vornehmlich Briefkurse zu beobachten sind.

2. Marktenge

192 Keine Bedeutung für die Bestimmung der angemessenen Barabfindung hat der Börsenkurs weiter dann, wenn eine Marktenge in den betreffenden Beteiligungstiteln vorliegt,[522] Aktionäre also ihre Aktien nicht zu dem für den Bewertungsstichtag maßgeblichen Börsenkurs veräußern können. Bei Vorliegen einer Marktenge idS entspricht

---

516 OLG München AG 2012, 749 (751); OLG Stuttgart AG 2011, 205 (207); *Großfeld/Egger/Tönnes* Unternehmensbewertung Rn. 1165 ff.; *Decher* ZIP 2010, 1673 (1675); *Koch* AktG § 305 Rn. 42; *Wasmann* ZGR 2011, 83 (92). Wohl auch Simon SpruchG/*Simon/Leverkus* Anh. § 11 Rn. 240.
517 BGH NJW 2001, 2080 (2082) – DAT/Altana; OLG München NZG 2014, 1230; *Klöcker/Frowein* Anh. § 1 Rn. 22.
518 In diese Richtung etwa OLG München NZG 2014, 1230.
519 Simon SpruchG/*Simon/Leverkus* UmwG, Anh. § 11 Rn. 197.
520 BGH ZIP 2023, 795 (801); OLG Hamburg AG 2002, 406 (408); OLG München AG 2012, 749 (751); Simon SpruchG/*Simon/Leverkus* Anh. § 11 Rn. 200.
521 Gleichsinnig *Hüttemann* ZGR 2001, 454 (460).
522 BGH ZIP 2023, 795 (801); NJW 2010, 2657 (2658) – Stollwerck; OLG München NZG 2014, 1230; OLG München AG 2012, 749 (751).

der Börsenkurs zunächst nicht dem durch das BVerfG ins Zentrum gerückten Verkehrswert,[523] weil die Aktionäre aufgrund mangelnder Markttiefe ihre Aktien nicht zu der aktuellen Notierung, sondern bestenfalls unter Inkaufnahme erheblicher Abschläge veräußern könnten. Gleichzeitig erschüttert eine Marktenge auch die informationstheoretische Aussagekraft des Börsenkurses, da dessen objektive Richtigkeitsvermutung nicht zuletzt daran anknüpft, dass sich im Kurs die Einschätzungen einer Vielzahl von Anteilseignern niederschlägt.[524]

Feste Grundsätze, wann eine Marktenge in diesem Sinne vorliegt, existieren erwartungsgemäß nicht.[525] In der Rechtsprechung finden sich verschiedene Anhaltspunkte, die man allerdings nicht ohne Weiteres über den Einzelfall verallgemeinern sollte. Keine Gefolgschaft in der Rechtsprechung hat zu Recht die Auffassung gefunden, dass eine Marktenge bereits vorliegen soll, wenn (fast) 95 % der Aktien sich in einer Hand befinden.[526] Auch ein im Streubesitz verbliebenes Restvolumen von 5 % kann im Einzelfall durchaus einen liquiden Handel ermöglichen.[527] Im Übrigen finden sich in der Rechtsprechung allenfalls Anhaltspunkte. So hat der BGH in seiner DAT/Altana-Entscheidung das Vorliegen einer Marktenge ua damit verneint, dass innerhalb von vier Monaten zwischen 8–15 Tagen Handel stattgefunden hat, und das für den Handel verfügbare Volume mehr als 5 % der Marktkapitalisierung betrug.[528] In der Instanzenrechtsprechung wurde demgegenüber das Vorliegen eine Marktenge ua dann bejaht, wenn innerhalb des dreimonatigen Referenzzeitraumes Aktien der AG lediglich an acht Tagen gehandelt wurden und zwar in einem Umfang von 138 Aktien bei einer Gesamtaktienzahl von 540.000.[529]

193

Im Schrifttum hat man sich verschiedentlich bemüht, generelle Kriterien zur Ermittlung einer Marktenge zu erarbeiten: Ausgehend von der logisch zutreffenden Erkenntnis, dass der aktuelle Börsenkurs nur dann als Abfindungsuntergrenze taugen kann, wenn der Markt hinreichend liquide ist, um zum Börsenkurs sämtliche, von den abfindungsberechtigten Aktionären gehaltene Aktien aufzunehmen,[530] wird teilweise das Vorliegen einer Marktenge verneint, wenn an **mindestens der Hälfte der Tage** im Referenzzeitraum Handel stattfindet und das Mindesthandelsvolumen **3 % bzw. 3–5 %** beträgt.[531] Verbreiteter findet sich eine Orientierung an den Kriterien des **§ 5 WpÜG-AngebotsVO bzw. § 39 Abs. 3 S. 4 BörsG**, die mittlerweile auch von der Instanzenrechtsprechung aufgegriffen wird:[532] Danach scheidet eine Berücksichtigung des Börsenkurses dann aus, wenn innerhalb der letzten drei Monate vor Bekanntgabe der kompensationspflichtigen Strukturmaßnahme nur an einem Drittel der Handelstage gehandelt wurde und mehrere sukzessive gestellte Notierungen um mehr als 5 % voneinander abweichen.[533]

194

---

523 BGH NJW 2001, 2080 (2081 ff.) – DAT/Altana; *Großfeld/Merkelbach* NZG 2008, 241 (246).
524 Ähnlich *Steinhauer* AG 1999, 299 (306 f.). Unter diesem Aspekt eine Marktenge würdigend auch OLG Karlsruhe 12.7.2013 – 12 W 57/10, BeckRS 2013, 13603: „Infolge [...] Marktenge kann deshalb der Börsenkurs keine verlässliche Grundlage für den wahren Wert der Aktie abgeben."
525 Gleiche Einschätzung bei *Wilm* NZG 2000, 234 (238).
526 Dagegen etwa KG NZG 2007, 71.
527 So im Ergebnis auch *Wilm* NZG 2000, 234 (238).
528 BGH NJW 2001, 2080 (2083) – DAT/Altana.
529 LG Frankenthal 13.8.2013 – 2 HK O 120/10 AktG, BeckRS 2013, 18221.
530 *Wilm* NZG 2000, 1070 (1072).
531 *Bungert* BB 2001, 1163 (1164) (3 %); *Wilm* NZG 2000, 234 (238) (3–5 %).
532 LG Frankenthal 13.8.2013 – 2 HK O 120/10 AktG, BeckRS 2013, 18221.
533 So etwa MüKoAktG/*Grunewald* § 327b Rn. 10; Kölner Komm AktG/*Gayk* SpruchG Anh. § 11 Rn. 89, der allerdings zudem eine Unbeachtlichkeit bei hoher Volatilität annimmt; K. Schmidt/Lutter/*Schnorbus* AktG § 327b Rn. 3a (für Abfindung beim Squeeze Out); *Fleischer* ZGR 2002, 757 (781); *J. Schmidt* NZG 2020, 1361 (1366) *Steinhauer* AG 1999, 299 (307).

195 Gegenwärtig wird man dennoch festhalten müssen, dass keine allgemein akzeptierten Kriterien zur Feststellung einer Marktenge vorliegen und diese somit Frage des Einzelfalls bleibt. Nach hier vertretener Ansicht sollte dabei insbesondere auch Berücksichtigung finden, ob Brief- oder Geld-Schlusskurse zu beobachten sind, da dies gerade mit Blick auf die Verkehrswertargumentation des BVerfG Rückschlüsse darauf erlaubt, ob zu den gestellten Kursen ein Abverkauf der Papiere durch die Anteilseigner möglich wäre.

3. Manipulation

196 Unbeachtlich ist der Börsenkurs schließlich auch dann, wenn er manipuliert ist.[534] Diesbezüglich skeptische Stimmen, die darauf abstellen, dass das zur Kompensation verpflichtete herrschende Unternehmen bzw. der zur Kompensation verpflichtete Aktionär warten könnten, bis der Börsenkurs sich wieder auf ein vernünftiges Maß eingependelt habe,[535] haben sich wohl zu Recht nicht durchgesetzt. In Abhängigkeit von den Umständen des Einzelfalls kann das ausgleichspflichtige Unternehmen durchaus ein legitimes wirtschaftliches Interesse an der zeitnahen Durchführung der geplanten kompensationsrelevanten Strukturmaßnahme haben. In solchen Fällen erscheint es nur schlecht vertretbar, ihm ein – betriebswirtschaftlich schädliches – Zuwarten zuzumuten, und zwar allein aus dem Grunde, dass Dritte den Börsenkurs und damit den Marktwert der Gesellschaft manipulieren.

197 Nicht abschließend geklärt ist, welche Handlungen im Markt als Manipulation in diesem Sinne zu klassifizieren sind. Unproblematisch erfasst sind Fälle des **Art. 15 MAR (§ 20a WpHG aF)**, also grob gesprochen Konstellationen, in denen einzelne Marktteilnehmer den Marktwert bewusst fehlerhaft darzustellen suchen (vgl. auch § 39 Abs. 3 S. 3 BörsG).[536] Problematischer ist es hingegen, wenn auch die Existenz von **Insiderhandel** als Marktmanipulation in diesem Sinne eingestuft wird.[537] Insiderhandel beeinflusst nicht die Aussagekraft des Börsenkurses; im Gegenteil wird preissensitive Information zeitnah eskomptiert, so dass die Informationseffizienz steigt.[538] Dass dies auf Kosten der schlechter informierten Partei geschieht, also die marktordnungspolitisch gebotene Einpreisung im bilateralen Verhältnis mit einem Nachteil für die Vertragsgegenseite des Insiders verbunden ist, mag man – wie das deutsche bzw. europäische Recht (Art. 14 MAR/§ 14 WpHG aF) – als Fairnessverstoß qualifizieren, einen notwendigen Rückschluss auf die Unbeachtlichkeit des Marktwertes begründet es hingegen gerade nicht. Auch **Abfindungsspekulationen**, also Kursbewegungen, die sich infolge der Bekanntmachung der beabsichtigten Strukturmaßnahme ergeben, sind richtigerweise nicht als Manipulation in diesem Sinne zu qualifizieren.[539] Hierbei handelt es sich im Regelfall um Arbitragetransaktionen einzelner oder einer Vielzahl von Marktteilnehmern, in denen sich deren Erwartungen über den wahren Wert des Unternehmens, den zumindest Teile der Rechtsprechung – nicht zuletzt der BGH – (auch) anhand des Ertragswerts bestimmen wollen, widerspiegeln. Insbesondere bei Beteiligungstiteln, die keiner Coverage durch Analysten unterliegen, ist es möglich, dass sich diese Erwar-

---

534 OLG München AG 2012, 749 (751); Simon SpruchG/*Simon/Leverkus* SpruchG, Anh. § 11 Rn. 212 f.
535 *Busse von Colbe* FS Lutter, 2000, 1053 (1065 f.).
536 Simon SpruchG/*Simon/Leverkus* Anh. § 11 Rn. 213; *J. Schmidt* NZG 2020, 1361 (1366).
537 So wohl Simon SpruchG/*Simon/Leverkus* Anh. § 11 Rn. 213.
538 Grundlegend und monographisch *Manne*, Insider Trading.
539 K. Schmidt/Lutter/*Schnorbus* AktG § 327b Rn. 3.

tungen über einen eventuell höheren Ertragswert noch nicht im Börsenkurs niedergeschlagen haben. Zudem ist zu berücksichtigen, dass ein über dem Börsenkurs liegender Ertragswert – abseits von einer Überprüfung im Spruchverfahren offenstehender Bewertungsanlässe – zunächst zumindest aus Sicht eines Investors lediglich einen (plausibilisierten) Hoffnungswert darstellt, der eine Anlage in diese unterbewerteten Titel nur dann als sinnvoll erscheinen lässt, wenn damit zu rechnen ist, dass dieser höhere Ertragswert sich auch im zukünftigen Börsenkurs niederschlagen wird.[540]

4. Weitere Fälle der Unbeachtlichkeit des Börsenkurses

In der Instanzenrechtsprechung werden weitere Fälle diskutiert, in denen Börsenkursen ihre Aussagekraft abzusprechen ist und sie deshalb nicht zur Bestimmung des Unternehmenswertes in Betracht kommen sollen. Angenommen worden ist dies bisher ua für ein signifikantes Informationsdefizit des Marktes aufgrund Verstoßes gegen Ad-hoc-Publizitätspflichten, wofür mittlerweile auch § 39 Abs. 3 S. 3 BörsG ins Feld geführt wird.[541] Gleiches soll für bindende öffentliche Kauf- und Umtauschangebote auf Grundlage des WpÜG gelten, da hier der Börsenkurs auf dem Niveau des Angebotspreises verharren wird.[542] Indizien für die mangelnde Aussagekraft des Börsenkurses können sich auch daraus ergeben, dass ersichtlich preisrelevante Informationen – etwa die Anzeige eines hälftigen Verlusts des Grundkapitals (§ 92 AktG), eine Kapitalherabsetzung oder die Ausgabe junger Aktien – ohne Auswirkungen auf den Börsenkurs bleiben.[543]

198

5. Beweislast

Die Darlegungs- und Beweislast dafür, dass der Börsenkurs (ausnahmsweise) nicht dem Verkehrswert entspricht, weist das BVerfG der abfindungsverpflichteten Gesellschaft bzw. dem Mehrheitseigner zu.[544] Wird auf dieser Grundlage festgestellt, dass dem Börsenkurs keinerlei Bedeutung zuzuerkennen ist, bleibt es dabei, dass die Kompensation unter (ausschließlichem) Rückgriff auf anerkannte betriebswirtschaftliche Methoden im Wege der Schätzung (§ 287 Abs. 2 ZPO, § 738 Abs. 2 BGB aF) zu bestimmen ist.[545] Bereits aufgrund dieser Darlegungs- und Beweislastverteilung fällt dem Börsenkurs im Regelfall die Rolle als Abfindungsuntergrenze zu.[546]

199

Anders sind Darlegungs- und Beweislast nach hier vertretener Ansicht zu verteilen, wenn es sich um Börsenkurse im (qualifizierten) Freiverkehr handelt. Hier sind Antragsteller, die sich auf einen über dem ermittelten Ertragswert liegenden Börsenkurs berufen, aufgefordert, den Nachweis zu führen, dass der Handel in den bewertungsrelevanten Beteiligungstiteln hinreichend aussagekräftig ist.

200

---

540 Dies gilt zumindest für den typischen budgetbeschränkten Investor. Anderes gilt erst dann, wenn der Person, die eine relevante Unterbewertung identifiziert, Wege offenstehen, diesen Ertragswert – insbesondere im Nachgang eines Kontrollerwerbs – zu kapitalisieren. Historisches Beispiel sind insoweit die Corporate Raids der 80er-Jahre, die allerdings nach zahlreichen Novellierungen der Regulierung öffentlicher Übernahme sowohl in den USA als auch in Europa in ihrer reinen Form praktisch nicht mehr zu beobachten sind.
541 OLG München AG 2012, 749 (751 f.); so auch *J. Schmidt* NZG 2020, 1361 (1366).
542 OLG München AG 2012, 749 (751 f.).
543 So in OLG München NZG 2014, 1230 (1231).
544 BVerfG NJW 1999, 3679 (3772); Simon SpruchG/*Simon/Leverkus* Anh. § 11 Rn. 197.
545 Kölner Komm AktG/*Gayk* SpruchG Anh. § 11 Rn. 77.
546 *Riehmer* DK 2009, 273 (275).

V. Relevanz des Bewertungsanlasses

201 Erhebliche Unsicherheiten bestehen weiterhin bzgl. der Frage, ob und in welcher Form die durch BVerfG und BGH in ihren DAT/Altana-Entscheidungen vorgezeichneten Kriterien bei den einzelnen Bewertungsanlässen zu aktivieren sind.

1. Verschmelzung

a) Rüge der Unangemessenheit des Umtauschverhältnisses

202 Die wohl größten Unklarheiten, ob und auf welche Weise der Börsenkurs zu berücksichtigen ist, existieren im Bereich der grundsätzlich baren[547] Zuzahlung wegen Unangemessenheit der Verschmelzungswertrelation. Hier besteht erhebliche Unsicherheit, ob zur Ermittlung der Verschmelzungswertrelation die DAT/Altana-Grundsätze (modifiziert) heranzuziehen sind oder aber gegebenenfalls ausschließlich auf den Börsenkurs rekurriert werden kann,[548] auch wenn eine gewisse Klärung mit der Telekom/T-Online-Entscheidung des BVerfG herbeigeführt worden ist, in der das BVerfG die heftig umstrittene Frage, ob die DAT/Altana-Grundsätze überhaupt Anwendung finden können, für die Verschmelzung zur Aufnahme bejaht hat.[549] Im Einzelnen ist aus systematischen Erwägungen und Gründen der Übersichtlichkeit zwischen den nachfolgenden Konstellationen zu differenzieren.

aa) Verschmelzung jeweils börsennotierter Unternehmen

203 Handelt es sich um die Verschmelzung jeweils börsennotierter Gesellschaften, liegt es nicht fern, die Verschmelzungswertrelation ausschließlich anhand des Verhältnisses der Börsenkurse zu bestimmen. Geht man mit dem Grundgedanken der DAT/Altana-Rechtsprechung des BVerfG davon aus, dass die Aktionäre börsennotierter Rechtsträger jeweils Anspruch darauf haben, für ihre Aktien zumindest den durch den Börsenkurs verkörperten Verkehrswert zu erhalten,[550] würde sich in diesem Fall eine eindeutige bzw. einwertige Verschmelzungswertrelation ergeben – Verhältnis von Marktkapitalisierung/Börsenkurs des übertragenden Rechtsträgers als Untergrenze zu Marktkapitalisierung/Börsenkurs des aufnehmenden Rechtsträgers als weitere zu beachtende Untergrenze. Für das Meistbegünstigungsprinzip der DAT/Altana-Entscheidung des BGH ist in diesem Szenario aufgrund verfassungsrechtlicher Vorgaben kein Platz, will man nicht die Aktionäre eines der verschmelzenden Rechtsträger in der Weise diskriminieren, dass sie – aus welchen Gründen auch immer – keinen Anspruch auf eine Verschmelzungswertrelation haben, die ihnen den Verbleib im fusionierten Rechtsträger unter Erhalt des Verkehrswertes ihrer Anteile ermöglicht.[551] Sobald eine Strukturmaßnahme die Rechte von Anteilseignern jeweils börsennotierter Rechtsträger betrifft, stößt das Meistbegünstigungsmodell der DAT/Altana-Entscheidung des BGH an logische Grenzen.

204 Zusätzlich mag man zur Begründung dieses Ergebnisses – ausschließliche Maßgeblichkeit der Börsenkursrelation – auf den allerdings fraglichen **Grundsatz der Methoden-**

---

[547] Mit dem UmRUG besteht nunmehr auch die Möglichkeit, den Ausgleich in Form von Anteilen zu gewähren (§§ 72a, b UmwG).
[548] Hierzu etwa *Brandi/Wilhelm* NZG 2009, 1408 (1408 ff.).
[549] BVerfG NJW 2011, 2497. AA aus dem Schrifttum etwa *Wilm* NZG 2000, 234 (235 f.).
[550] Hinweis auf die gleichermaßen grundrechtlich geschützten Positionen der Anteilseigner des überneh-

menden Rechtsträgers auch bei BayObLG NZG 2003, 483 (486); *Paschos* ZIP 2003, 1017 (1020 f.); *Wilm* NZG 2000, 234 (235); *Wilsing/Kruse* DStR 2001, 991 (991), 993 f.
[551] Auf diese Problematik des Meistbegünstigungsprinzips zu Recht hinweisend *Gärtner/Handke* NZG 2012, 247 (249).

gleichheit rekurrieren.⁵⁵² Bewertungstheoretisch weiterführender ist die Überlegung, dass bei Verschmelzung zweier börsennotierter Unternehmungen regelmäßig eventuelle Bewertungsfehler des Marktes (Baisse, Hausse etc) sich bei beiden zu bewertenden Rechtsträgern niederschlagen, die Aussagekraft des Börsenkurses hier ceteris paribus also noch einmal bedeutend höher sein sollte.⁵⁵³

Trotz dieser durchaus starken Argumente für die Ermittlung der Verschmelzungswertrelation anhand des Verhältnisses der Börsenkurse findet sich ein hinreichend **differenziertes Meinungsspektrum**. Während teilweise die Beachtlichkeit des Börsenkurses für die Bestimmung der Verschmelzungswertrelation rundweg abgelehnt wird,⁵⁵⁴ wollen andere Stimmen, denen sich etwa das OLG München angeschlossen hat, danach differenzieren, ob zwischen den sich verschmelzenden Rechtsträgern ein Abhängigkeitsverhältnis besteht: Während im Falle der Verschmelzung im Abhängigkeitsverhältnis eine Berücksichtigung des Börsenkurses der Tochter (als Untergrenze) verlangt wird, soll demgegenüber bei Verschmelzung unabhängiger Unternehmen auf den Ertragswert abzustellen sein.⁵⁵⁵ Im Hintergrund steht die Überlegung, dass die Rechtsprechung des BVerfG in Sachen DAT/Altana sich allein auf Folgen des „Konzernkonflikts" beziehe.⁵⁵⁶ Das erscheint – trotz der kryptischen Andeutungen in der Lindner-Entscheidung des BVerfG – nicht zwingend: Gesteht man dem Verkehrswert zu, eine grundsätzlich schutzwürdige Ausprägung des Aktieneigentums zu sein, erscheint es wenig überzeugend, diese Komponente nur in Konzernkonstellationen rechtlich abzusichern.⁵⁵⁷

Höchstrichterliche Rechtsprechung zu dieser bedeutenden Fragestellung fehlte zunächst. In seinem **T-Online/Telekom-Beschluss** hat das **BVerfG** zumindest klargestellt, dass gegen eine Bestimmung der Verschmelzungswertrelation anhand des Verhältnisses der Börsenkurse verfassungsrechtlich nichts zu erinnern ist⁵⁵⁸ und darüber hinausgehend entschieden, dass auch auf die Verschmelzung zur Aufnahme grundsätzlich die DAT/Altana-Kriterien anzuwenden sind.⁵⁵⁹ Gleichzeitig hat das Verfassungsgericht umgekehrt nicht verlangt, dass die Börsenkurse zwingend zur Bestimmung der Verschmelzungswertrelation heranzuziehen seien. Für die Verschmelzung jeweils börsennotierter Rechtsträger besteht damit im Ausgangspunkt ein Wahlrecht, ob die Verschmelzungswertrelation anhand der Börsenkurse oder aber vermittels des Ertragswertverfahrens zu bestimmen ist,⁵⁶⁰ wobei allerdings der Börsenkurs einer übertragenden Gesellschaft

---

552 So etwa OLG München AG 2012, 749 (752); *Piltz* ZGR 2001, 185 (203 f.); *Stilz* ZGR 2001, 875 (894 f.).
553 Selbstverständlich gilt auch dies nicht uneingeschränkt. Branchenblasen wie die dot.com-Blase wirken sich nur auf Teile des Marktes aus, so dass nicht sämtliche denkbaren Verzerrungen von Börsenkursen durch die Verschmelzungswertrelation eliminiert werden.
554 So wohl *Bungert* BB 2001, 1163 (1166).
555 OLG München AG 2012, 749 (751); so auch schon BayObLG NZG 2003, 483 (484 f.); Simon SpruchG/ *Simon/Leverkus* Anh. 11 Rn. 227 f.; *Klöhn/Verse* AG 2013, 1 (9); *Paschos* ZIP 2003, 1017 (1017 ff.); wohl auch *Brandi/Wilhelm* NZG 2009, 1408 (1412). Diese Differenzierung ausdrücklich ablehnend *Wilm* NZG 2000, 234 (236): Mehrheitsaktionär sitzt mit Minderheitsaktionären im gleichen Boot.
556 Vgl. etwa *Brandi/Wilhelm* NZG 2009, 1408 (1412).
557 So auch *Weiler/Meyer* NZG 2003, 669 (670). AA etwa *Wilsing/Kruse* DStR 2001, 991 (995), die davon ausgehen, dass es nicht zu beanstanden ist, dass Aktionären der Verkehrswert ihrer Anteile entzogen wird, soweit der Entzug dieser verfassungsrechtlich garantierten Position außerhalb einer Konzernkonstellation erfolgt.
558 BVerfG NJW 2011, 2497 (2498) – Telekom/T-Online; so auch *Hüttemann* ZGR 2001, 454 (464 f. mit Hinweis darauf, dass sich DAT/Altana alleine der Ermittlung der Abfindungsuntergrenzen, nicht aber der Verschmelzungswertrelation an sich widme; eine Bewertung in Abhängigkeit von den Umständen des Einzelfalls für zulässig erachtend auch OLG München AG 2012, 749 (751). Ähnlich auch schon *Wilm* NZG 2000, 234 (237): Börsenkursrelation als eine zulässige Variante zur Bestimmung der Verschmelzungswertrelation. Vgl. zur Entscheidung und ihrer Rezeption auch *Decher* AG 2023, 106 (108 ff.).
559 BVerfG NJW 2011, 2497; aA etwa *Hüttemann* ZGR 2011, 454 (466).
560 So implizit BVerfG NJW 2011, 2497 (2498) – Telekom/T-Online.

grundsätzlich die Untergrenze ihres Unternehmenswertes im Rahmen der Bestimmung der Verschmelzungswertrelation bildet.

207 Nach hier vertretener Ansicht sollte bei Verschmelzung jeweils börsennotierter Gesellschaften demgegenüber im Grundsatz ausschließlich auf das Verhältnis der Börsenkurse abgestellt werden, soweit nicht im Einzelfall eine Unbeachtlichkeit des Börsenkurses nach den unter → Rn. 190 ff. dargestellten Grundsätzen anzunehmen ist.[561] Dies sollte unabhängig davon gelten, ob zwischen den Gesellschaften ein Konzernverhältnis oder eine in der Sache vergleichbare Abhängigkeit vorliegt.[562] Die DAT/Altana-Rechtsprechung des BVerfG geht von dem pragmatischen Ansatz aus, dass die Kompensationsleistung nicht unter dem Wert liegen darf, den der betroffene Anteilseigner durch Abverkauf am Sekundärmarkt anderweitig hätte realisieren können. Dieses Argumentationsmuster besitzt zunächst einmal keinerlei Konzernbezug.[563]

208 Soweit dieser Versuch einer Konzernverortung der DAT/Altana-Rechtsprechung des BVerfG dem Umstand geschuldet sein sollte, sicherzustellen, dass es in Verschmelzungsfällen möglich bleiben soll, dem Verschmelzungspartner – aus den unterschiedlichsten Gründen – Zugeständnisse bei der Verschmelzungswertrelation – Prämie auf den Börsenkurs zB – zu machen, um die Fusion für den voraussichtlich schwächeren Partner schmackhaft zu machen, kann dem auch dadurch Rechnung getragen werden, dass die Einräumung einer eventuell durch den Börsenkurs nicht gerechtfertigten Prämie anderweitig in der Verschmelzungsdokumentation dargelegt und plausibilisiert wird.[564] Entsprechend wird bei Tauschangeboten nach dem WpÜG vorgegangen, in denen die Prämie auf die Mindestgegenleistung nach § 31 WpÜG in der Angebotsunterlage dargestellt und erläutert wird. Anders als die verbreitete Ansicht, die lediglich bei Konzernkonstellationen auf die Börsenkurse zurückgreifen will, erscheint es nach hier vertretener Ansicht besser mit den DAT/Altana-Vorgaben des BVerfG vereinbar, im Ausgangspunkt die Verschmelzungswertrelation ausschließlich anhand des Börsenkurses zu bestimmen und den Besonderheiten eines merger of equals dadurch Rechnung zu tragen, dass man – durch die wirtschaftlichen Effekte der Verschmelzung gerechtfertigte – bestimmte Abweichungen von dieser einwertigen Verschmelzungswertrelation in die eine oder andere Richtung akzeptiert.[565]

bb) Verschmelzung einer börsennotierten Gesellschaft auf nicht börsennotierte Gesellschaft

209 Anders als bei der Verschmelzung zweier börsennotierter Gesellschaften, bei denen das Meistbegünstigungsprinzip bereits rein logisch an seine Grenzen stößt, ist es im Rahmen einer Verschmelzung einer börsennotierten Gesellschaft auf eine nicht börsennotierte schwieriger zu beurteilen, auf welcher Grundlage die angemessene Verschmelzungswertrelation zu bestimmen ist. Legt man die Maßstäbe der DAT/Altana-Rechtsprechung an, wie es die T-Online/Telekom-Entscheidung des BVerfG wohl mittlerweile erforderlich macht, liegt es nahe, den Unternehmenswert der übertragenden Gesellschaft nicht ohne Berücksichtigung des Börsenkurses zu bestimmen, nur so wird gesichert, dass auch diesen Aktionären der Verkehrswert, den sie anderenfalls durch Verkauf

---

561 *Gärtner/Handke* NZG 2012, 247 (249).
562 *Weiler/Meyer* NZG 2003, 669 (670).
563 *Weiler/Meyer* NZG 2003, 669 (670).

564 Skeptisch bzgl. der Prämien der großen Verschmelzungen unter Gleichen (Merger of Equals) der späten 90er *Großfeld* BB 2000, 261 (262 ff.).
565 Damit wäre auch den Bedenken, die etwa das BayObLG NZG 2003, 483 (486) formuliert, Rechnung getragen.

hätten realisieren können, erhalten bleibt.[566] Entsprechend will das OLG München zumindest bei Konzernverschmelzungen den Börsenkurs der Tochtergesellschaft als Untergrenze heranziehen.[567] Im Schrifttum wird demgegenüber unter Rekurs auf den letztlich inhaltsleeren Topos der Methodengleichheit die Berücksichtigungsfähigkeit des Börsenkurses verneint mit dem Ergebnis, dass für beide Unternehmen der Ertragswert oder ein vergleichbares fundamentalanalytisch ermitteltes Substitut anzusetzen ist.[568] Dieser Ansicht dürfte mit der Telekom/T-Online-Entscheidung des BVerfG der Boden entzogen sein.[569] Geht man davon aus, dass die Verschmelzungswertrelation nicht ohne Berücksichtigung des Börsenkurses ermittelt werden kann, ist insoweit der Dreimonatszeitraum vor Bekanntmachung der Verschmelzung maßgeblich.[570] Für die nicht börsennotierte Obergesellschaft verbleibt es dabei, dass ihr im Rahmen der Verschmelzungswertrelation anzusetzender Wert mittels Ertragswertverfahren oder mittels eines vergleichbaren anerkannten Verfahrens ermittelt werden muss.

cc) Verschmelzung nicht börsennotierter Gesellschaft auf börsennotierte Gesellschaft

Wieder anders stellt sich die Situation bei Verschmelzung einer nicht börsennotierten Gesellschaft auf eine börsennotierte Gesellschaft dar. Zumindest zugunsten der Anteilseigner des übertragenden Rechtsträgers, dessen Anteile nicht börsennotiert sind, ist keine Berücksichtigung des Börsenkurses erforderlich, um sicherzustellen, dass ihnen im Zuge der Verschmelzung nicht der Verkehrswert ihrer Anteile verloren geht. Anderes gilt hingegen für die Anteilseigner des börsennotierten aufnehmenden Rechtsträgers. Auch für sie gilt letztlich, dass eine Verschmelzungswertrelation, die ohne Berücksichtigung des Börsenkurses „ihrer" aufnehmenden Gesellschaft erfolgt, die Gefahr begründet, dass die Verschmelzungswertrelation nicht den Verkehrswert ihrer Anteile widerspiegelt.[571] Es handelt sich insoweit um die Spiegelung des durch das BVerfG im T-Online/Telekom-Beschluss entschiedenen Falles. Richtigerweise sollte man deshalb auch hier die Rechtsprechung von BVerfG und BGH aktivieren.

210

b) Barabfindungsangebot nach § 29 UmwG

Nach § 29 Abs. 1 UmwG hat im Falle der Verschmelzung auf einen Rechtsträger anderer Rechtsform sowie im Falle der Verschmelzung eines börsennotierten Rechtsträgers auf einen nicht börsennotierten Rechtsträger der übertragende Rechtsträger im Verschmelzungsvertrag dissentierenden Anteilsinhabern des übertragenden Rechtsträgers eine angemessene Barabfindung anzubieten.[572] Nach verbreiteter Ansicht sind hierauf die Grundsätze der DAT/Altana-Rechtsprechung von BVerfG und BGH zu übertragen.[573] Das heißt, die angemessene Barabfindung kann nicht ausschließlich anhand des Börsenkurses der Aktien der Aktionäre des übertragenden Rechtsträgers bestimmt werden, sondern ist gegebenenfalls aufgrund eines fundamentalanalytisch ermittelten höheren

211

---

566 Weiler/Meyer NZG 2003, 669 (671).
567 OLG München AG 2012, 749 (751 f.), wenn auch das OLG im Weiteren ausführt, dass grundsätzlich die sich verschmelzenden Gesellschaften nach derselben Methode zu bewerten sind.
568 Simon SpruchG/Simon/Leverkus Anh. 11 Rn. 229; Wilsing/Kruse DStR 2001, 991 (994).
569 So auch Kölner Komm AktG/Gayk SpruchG Anh. § 11 Rn. 94.
570 Bungert/Wettich ZIP 2012, 449 (454).

571 Weiler/Meyer NZG 2003, 669 (671).
572 Vgl. etwa Semler/Stengel/Leonard/Zeidler UmwG § 30 Rn. 4 ff.
573 Semler/Stengel/Leonard/Zeidler UmwG § 30 Rn. 8 ff.; Bungert BB 2001, 1163 (1166); Rodewald DB 2004, 613 (615); Wilm NZG 2000, 234 (237 f.). Teilweise abweichend Fleischer/Hüttemann Unternehmensbewertung-HdB/Bungert § 22 Rn. 59, der ersichtlich allein die DAT/Altana-Vorgaben des BVerfG, nicht aber die des BGH entsprechend anwenden will.

Ertragswerts nach oben zu korrigieren. Wenn demgegenüber im jüngeren Schrifttum artikuliert wird, dass im Rahmen der Verschmelzung allein die DAT/Altana-Vorgaben des BVerfG, nicht aber die des BGH entsprechend anzuwenden seien,[574] erscheint dies aufgrund der dargestellten inkonsistenten Argumentationslinie des BGH (→ Rn. 156, 160 ff.) sicherlich diskutabel. Für die Praxis wird man dennoch zu beachten haben, dass der BGH eine ausdrückliche Abkehr vom Prinzip der partiellen Meistbegünstigung bisher ersichtlich bewusst vermieden hat. Aus Rechtssicherheitserwägungen sollte deshalb zumindest bei Planung der entsprechenden Maßnahme als Sicherheitspuffer eingepreist werden, dass eventuell doch der Ertragswert bzw. Nettogegenwartswert des übertragenden Rechtsträgers bei Bestimmung der angemessenen Abfindung herangezogen wird, und deshalb – soweit dieser über dem volumengewichteten Durchschnittskurs liegen sollte – zusätzliche finanzielle Mittel erforderlich werden können.

2. Spaltung

a) Rüge der Umtauschverhältnisses

212 Die für die Verschmelzung entwickelten Grundsätze sind auf die Spaltung als deren actus contrarius sinngemäß zu übertragen.[575] Insoweit kann auf die Ausführungen zur Verschmelzung verwiesen werden.

b) Barabfindung

213 Gemäß §§ 29, 125 UmwG ist Anteilseignern des übertragenden Rechtsträgers einer Spaltung, die gegen den Spaltungsbeschluss Widerspruch zur Niederschrift einlegen, im Spaltungsvertrag der Austritt gegen angemessene Abfindung anzubieten. Auch bzgl. der auszulegenden Barabfindung gelten die Ausführungen zur Verschmelzung entsprechend. Das heißt, der Börsenkurs bildet grundsätzlich die Untergrenze der im Rahmen der Spaltung anzubietenden Barabfindung,[576] eine ausschließliche Maßgeblichkeit wurde auch hier von der bisher hM verneint, nach der es damit kumulativ einer Ertragswertberechnung bedurfte, um die Anforderungen der DAT/Altana-Entscheidung des BGH abzubilden. Mit der jüngeren Rechtsprechung des BGH könnte es allerdings auch hier möglicherweise zukünftig zulässig sein, den angemessenen Ausgleich unter ausschließlicher Verwendung des Börsenkurses des übertragenden Rechtsträgers einer Spaltung zu bestimmen.

3. Barabfindung bei Formwechsel (§ 207 UmwG)

214 Auch im Rahmen eines Formwechsels haben die Anteilseigner des formwechselnden Rechtsträgers, die gegen den Formwechsel Widerspruch zur Niederschrift erklären, ein Exit-Recht gegen angemessene Barabfindung. Die Angemessenheit dieses im Formwechselbeschluss auszulegenden Abfindungsangebots (vgl. § 194 Abs. 1 Nr. 6 UmwG) beurteilt sich nach gleichen Grundsätzen wie im Rahmen der obligatorischen Abfindungsangebote im Falle der Verschmelzung oder Spaltung. Nach hM markiert der Börsenkurs die Untergrenze der Abfindung;[577] eine ausschließliche Berücksichtigung des Börsenkurses kommt demgegenüber auf Grundlage der DAT/Altana-Rechtsprechung

---

[574] So Fleischer/Hüttemann Unternehmensbewertung-HdB/*Bungert* § 22 Rn. 59.
[575] Allgemein auch *Wilm* NZG 2000, 234 (237).
[576] *Wilm* NZG 2000, 234 (237 f.).
[577] Semler/Stengel/Leonard/*Zeidler* UmwG § 208 Rn. 6; *Wilm* NZG 2000, 234 (237 f.).

des BGH – nicht in Betracht, nach der ein eventuell über dem Börsenkurs liegender Ertragswert zugunsten der betroffenen ausscheidenden Aktionäre abfindungserhöhend zu berücksichtigen ist. Die Abfindung ist in diesem Fall wiederum anhand des quotal auf die Anteile des abfindungsberechtigten Anteilseigners entfallenden Unternehmenswertes zu bestimmen.[578] Auch hier bleibt abzuwarten, ob sich die neue Tendenz der Instanzenrechtsprechung und der BGH-Rechtsprechung seit Stinnes, den Börsenkurs als ausschließlichen Wertmesser zu akzeptieren, verfestigt und letztlich konsequent auf sämtliche funktional vergleichbaren Abfindungskonstellationen übertragen wird.

4. Ausgleich und Abfindung im Rahmen eines Unternehmensvertrags

a) Angemessener Ausgleich

Nach § 304 Abs. 1 S. 1 AktG muss ein Gewinnabführungsvertrag einen angemessenen Ausgleich für die außenstehenden Aktionäre durch eine auf die Anteile am Grundkapital bezogene wiederkehrende Geldleistung (Ausgleichszahlung) vorsehen, mittels derer die Anteilseigner der abhängigen Gesellschaft für die infolge des Unternehmensvertrags wegfallenden Dividendenansprüche zu kompensieren sind.[579] Umstritten ist, ob für die Bestimmung dieses **festen Ausgleichs** auch auf den Börsenkurs der abhängigen Gesellschaft zurückgegriffen werden kann und muss.[580] Verbreitet wird die Berücksichtigung des Börsenkurses unter Hinweis auf den Wortlaut von § 304 AktG und den Umstand, dass der feste Ausgleich eine Partizipation an den zukünftigen Erträgen garantieren soll, abgelehnt.[581] Die wohl bisher ganz hM hält dieses Ergebnis für mit den Vorgaben der DAT/Altana-Entscheidungen von BVerfG und BGH vereinbar. Zwar wird dort der Börsenkurs allgemein als Untergrenze für Ausgleich und Abfindung bezeichnet.[582] Rechtsprechung und weite Teile des Schrifttums gingen allerdings bisher davon aus, dass sich die Aussage ausschließlich auf den variablen Ausgleich beziehe und deshalb dem Börsenkurs für die Bestimmung des festen Ausgleichs keine Bedeutung beigemessen werden könne.[583] Dem ist der BGH jüngst entgegengetreten und hat festgehalten, dass der Börsenwert einer Gesellschaft geeignet sein kann, sowohl deren bisherige Ertragslage als auch deren künftige Ertragsaussichten im Einzelfall hinreichend abzubilden, und daher Grundlage für den gemäß § 304 Abs. 2 S. 1 AktG zu bestimmenden angemessenen festen Ausgleich sein kann.[584] Der Wortlaut steht nach Auffassung des BGH dem Rückgriff auf den Marktwert nicht entgegen, da nicht vorgeschrieben werde, auf welcher Grundlage die künftigen Ertragsaussichten und der Betrag, der voraussichtlich auf die einzelne Aktie verteilt werden könnte, prognostiziert werden müssen.[585] Unter Berücksichtigung der informationsökonomischen Legitimation der Zugrundelegung des Börsenkurses spiegele dieser die Erwartungen der Marktteilnehmer hinsichtlich der Ertragskraft des zu bewertenden Unternehmens wider.[586]

---

578 Semler/Stengel/Leonard/*Zeidler* UmwG § 208 Rn. 6.
579 OLG Hamburg AG 2002, 406 (408).
580 Für Berücksichtigungsfähigkeit etwa Emmerich/Habersack/*Emmerich* AktG § 304 Rn. 57.
581 K. Schmidt/Lutter/*Stephan* AktG § 304 Rn. 77; Simon SpruchG/*Simon/Leverkus* Anh. II Rn. 250; im Grundsatz auch Fleischer/Hüttemann Unternehmensbewertung-HdB/*Adolff* § 21 Rn. 19 mit Ausnahme für den Fall, dass der Aktienmarkt aufgrund seiner hohen Allokationseffizienz als bester zur Verfügung stehender Indikator für die Ertragsaussichten und damit den Fundamentalwert einzustufen ist.
582 BGH NJW 2001, 2080 (2081) – DAT/Altana; BVerfG NZG 2011, 235 (KUKA AG); vgl. auch Kölner Komm AktG/*Gayk* SpruchG Anh. § 11 Rn. 77.
583 BGH AG 2006, 331 332; K. Schmidt/Lutter/*Stephan* AktG § 304 Rn. 77.
584 BGH ZIP 2023, 795 (800).
585 BGH ZIP 2023, 795 (800).
586 BGH ZIP 2023, 795 (800 f.).

Auf Grundlage der Auffassung des BGH, wonach die Ermittlung des angemessenen Ausgleichs unter Rückgriff auf Marktwerte zumindest eine zulässige Möglichkeit ist, stellen sich in der Folge erhebliche technische Probleme, insbesondere wie aus dem Börsenkurs, der den auf die einzelne Aktie entfallenden Anteil am Gesamtunternehmenswert widerspiegelt, die Höhe der Ausgleichszahlung, die nicht den Gesamtunternehmenswert als Zielgröße hat, sondern die auf die Aktie entfallende Dividende zzgl. „anderer Gewinnrücklagen" gemäß § 304 Abs. 2 AktG, zu entwickeln ist.[587] Bei Vorliegen eines Bewertungsgutachtens will das OLG Hamburg etwa den Börsenkurs bei Festlegung des angemessenen Ausgleichs dadurch berücksichtigen, dass die durch den Gutachter bestimmte Ausgleichsleistung um denselben Faktor erhöht wird wie die Barabfindung.[588]

216 Für den **variablen Ausgleich** sind wiederum die der Notwendigkeit der Bestimmung der Verschmelzungswertrelation geschuldeten Besonderheiten zu beachten. Für die Bestimmung des Wertes der abhängigen Gesellschaft ist hier der Börsenkurs nach den verfassungsgerichtlichen Vorgaben (mindestens) als Untergrenze zu behandeln,[589] richtigerweise wird man bei einer börsennotierten Obergesellschaft gleichfalls auf den Börsenkurs abzustellen haben,[590] was teilweise wiederum mit dem Grundsatz der Methodengleichheit begründet wird.[591] Auch der BGH hält mittlerweile die Ermittlung der Verschmelzungswertrelation unter ausschließlichem Rekurs auf die Börsenkurse für zulässig und hat ausdrücklich festgestellt, dass, soweit sich seiner früheren Rechtsprechung etwas anderes entnehmen lasse, an dieser nicht festgehalten werde.[592]

b) Abfindung

aa) Barabfindung

217 Nach § 305 Abs. 1 AktG müssen Beherrschungs- und Gewinnabführungsverträge neben der Verpflichtung zum Ausgleich die Verpflichtung des herrschenden Unternehmens enthalten, auf Verlangen eines ausstehenden Aktionärs dessen Aktien gegen eine angemessene Barabfindung zu erwerben. Im Rahmen der Barabfindung findet ausschließlich eine Bewertung der zu konzernierenden Untergesellschaft statt.[593] Die Abfindung muss dem vollen Wert der Beteiligung entsprechen.[594] Der Börsenkurs bildet dabei nach den verfassungsrechtlichen Vorgaben des BVerfG die Untergrenze, wenn er oberhalb des geschätzten Anteilswertes liegt,[595] wobei seit der Stollwerck-Entscheidung des BGH maßgeblicher Börsenkurs grundsätzlich der gewichtete Börsenkurs in dem Dreimonatszeitraum, der der Bekanntgabe der unternehmerischen Maßnahme vorausgeht, ist.[596] Hierbei hat es nach zumindest früherer Auffassung des BGH aber nicht sein Bewenden. Liegt der Betrag des quotal auf die Aktie bezogenen geschätzten Unternehmenswerts höher als der Börsenkurs, so war nach der DAT/Altana-Entscheidung des

---

587 OLG Hamburg AG 2002, 406 (408).
588 OLG Hamburg AG 2002, 406 (408).
589 BGH AG 2006, 331 (332); OLG Düsseldorf NZG 2000, 1075 – DAT/Altana III; Emmerich/Habersack/*Emmerich* AktG § 304 Rn. 57; *Koch* AktG § 304 Rn. 16; K. Schmidt/Lutter/*Stephan* AktG § 304 Rn. 103.
590 Als zumindest zulässige Bewertungsmethode behandelnd etwa *Koch* AktG § 304 Rn. 16.
591 So etwa Emmerich/Habersack/*Emmerich* AktG § 304 Rn. 77.
592 BGH ZIP 2023, 795 (801).
593 *Brandi/Wilhelm* NZG 2009, 1408 (1410).
594 *Brandi/Wilhelm* NZG 2009, 1408 (1410).
595 BGH NJW 2001, 2080 (2081) – DAT/Altana; OLG Frankfurt a. M. AG 2013, 647 (648); AG 2011, 832 (833); OLG Hamburg AG 2002, 406 (407); OLG München AG 2012, 749 (751); OLG Karlsruhe 12.7.2013 – 12 W 57/10, BeckRS 2013, 13603; *Brandi/Wilhelm* NZG 2009, 1408 (1410).
596 OLG Frankfurt a. M. AG 2013, 647 (648); AG 2011, 832 (832 f.); OLG Karlsruhe 12.7.2013 – 12 W 57/10, BeckRS 2013, 13603; *Decher* ZIP 2010, 1673 (1677).

BGH dem Aktionär weitergehend dieser höhere Ertragswert zuzubilligen.[597] Dieses Ergebnis überraschte schon bisher, insbesondere vor dem Hintergrund der Herleitung der Maßgeblichkeit des Börsenkurses durch den BGH, stellt doch die DAT/Altana-Entscheidung des BGH – anders als das BVerfG – ausdrücklich auf die Informationseffizienz des Kapitalmarktes ab. Hiervon ausgehend wäre eigentlich zu erwarten gewesen, dass der Börsenkurs nicht nur zur Untergrenze, sondern zur allein maßgeblichen Bestimmungsgröße erhoben wird.[598] Entsprechend hat diese verfassungsrechtlich nicht vorgegebene[599] Weichenstellung des BGH insbesondere unter den Verfechtern der Börsenkursbetrachtung erheblichen Widerspruch erfahren; nicht zuletzt unter Hinweis darauf, dass damit Minderheitsaktionäre mehr erlösen könnten als im Rahmen einer freien Desinvestitionsentscheidung.[600] Zur Rechtfertigung des Standpunkts des BGH ist demgegenüber vorgetragen worden, dass sich ein schwaches Börsenumfeld nicht zulasten der abfindungsberechtigten Anteilseigner auswirken solle. Alternativ kann man die Rechtsprechung dahin verstehen, dass der vermeintlich höhere Ertragswert durch Halten der Aktie realisiert werden könne. Nicht zu übersehen ist allerdings, dass der BGH damit ein partielles Meistbegünstigungsprinzip etabliert,[601] das er im Grundsätzlichen mit guten Gründen ablehnt. Im Rahmen der Ermittlung der Barabfindung ist ausschließlich die abhängige Gesellschaft zu bewerten. Ohne ausdrücklich seine bisherige DAT/Altana-Rechtsprechung aufzugeben, hat der BGH es nunmehr für zulässig gehalten, angemessenen Ausgleich und Abfindung unter ausschließlicher Berücksichtigung des Marktwertes (Börsenkurs) zu bestimmen,[602] was in der Sache auf die Aufgabe des partiellen Meistbegünstigungsprinzips hinauszulaufen scheint, da der Ertragswert nicht mehr zwingend zusätzlich zu ermitteln ist und insofern eigentlich auch keine Wertuntergrenze mehr darstellen kann. Mangels ausdrücklicher Positionierung bleibt allerdings bis auf Weiteres abzuwarten, ob die dahin gehende Lesart die jüngste Rechtsprechung des BGH nicht überinterpretiert oder eventuell Besonderheiten des Einzelfalls den Verzicht auf die Anwendung des partiellen Meistbegünstigungsprinzips nach DAT/Altana erklären. Verbindliche Aussagen verbieten sich nach hier vertretener Auffassung auf Grundlage des bisherigen Erkenntnisstands.

Da es der Ermittlung der Verschmelzungswertrelation mangels Anteilstausches nicht bedarf, sind Ertragswert und Börsenkurs der Obergesellschaft in diesem Bewertungsszenario ohne Bedeutung.[603]

bb) Abfindung in Aktien der Obergesellschaft

Komplexer gestaltet sich die Frage der Berücksichtigung des Börsenkurses, soweit die angebotene Abfindung in Aktien der Obergesellschaft besteht. Da zur Ermittlung der insoweit maßgeblichen Verschmelzungswertrelation nicht allein auf die Verhältnisse der Untergesellschaft abgestellt werden kann, sondern auch die Obergesellschaft, in deren Aktien abgefunden wird, zu bewerten ist, stellt sich die Frage, wie beide Gesellschaften jeweils zu bewerten und ob und in welchem Umfang jeweils Börsenkurse zu

---

597 BGH NJW 2001, 2080 – DAT/Altana; OLG Frankfurt a. M. AG 2011, 832 (833). Kritisch unter Hinweis auf die Unvereinbarkeit mit der Verkehrswertargumentation Stilz ZGR 2001, 875 (891 ff.). Aus dem Schrifttum für kumulative Berücksichtigung eines höheren Ertragswerts etwa noch *Hüffer*, 10. Aufl. 2012, § 305 Rn. 24c.
598 Zutreffend BeckOGK/*Veil* AktG § 305 Rn. 56 f.
599 *Bungert/Wettich* FS Hoffmann-Becking, 2013, 157 (164).
600 So insbesondere *Piltz* ZGR 2001, 185 (195 ff.). Kritisch auch *Busse von Colbe* FS Lutter, 2000, 1053 (1064 f.).
601 *Fleischer* AG 2014, 97 (100 f.).
602 BGH ZIP 2023, 795 ff.
603 *Koch* AktG § 305 Rn. 51. Zur ausschließlichen Bewertung der Untergesellschaft aus der Rechtsprechung etwa OLG Düsseldorf AG 1992, 200 (203 f.).

berücksichtigen sind. Aus Gründen der Übersichtlichkeit empfiehlt es sich, in diesem Zusammenhang weiter danach zu differenzieren, ob die Gesellschaft, mit deren Aktien die ausscheidenden Aktionäre abgefunden werden sollen, ihrerseits börsennotiert ist oder nicht.

220 Ist die **Obergesellschaft börsennotiert**, lässt sich die Verschmelzungswertrelation prinzipiell durch das Verhältnis der Börsenkurse abschließend bestimmen. Für ein solches Vorgehen mag man den Formalgrundsatz der Methodengleichheit bemühen, vor allem aber den Umstand, dass zahlreiche eventuelle Verzerrungen des Börsenkurses sich im Destillat der Verschmelzungswertrelation wechselseitig eliminieren. Eine dahin gehende Verpflichtung hat die Rechtsprechung allerdings nicht aufgestellt. Vielmehr hat BVerfG in seiner DAT/Altana-Entscheidung lediglich festgestellt, dass es verfassungsrechtlich nicht geboten ist, den Börsenkurs der Obergesellschaft als Obergrenze der Bewertung dieser Gesellschaft heranzuziehen, da kein Anspruch der Aktionäre bestehe, Aktien der Obergesellschaft höchstens zum Börsenwert zu erhalten.[604] Auf Grundlage der bisherigen BVerfG- und BGH-Rechtsprechung ist für die Ermittlung der Verschmelzungswertrelation in diesem Fall festzuhalten, dass a) für die Bewertung der Untergesellschaft der Börsenkurs die Untergrenze bildet, b) ein eventuell darüber liegender Ertragswert werterhöhend zugunsten der abfindungsberechtigten Anteilseigner anzusetzen ist, c) zur Berechnung des Unternehmenswerts der Obergesellschaft der Börsenkurs nicht als Obergrenze heranzuziehen ist und d) ein über dem Börsenkurs der Obergesellschaft liegender Ertragswert der Obergesellschaft werterhöhend zugunsten der abfindungsverpflichteten Obergesellschaft angesetzt werden kann. Auch diesbezüglich ist allerdings mittlerweile das caveat angebracht, dass der BGH möglicherweise nicht an seiner früheren Rechtsprechung festhalten wird, dass ein über dem Börsenkurs liegender Ertragswert in jedem Fall abfindungserhöhend zu berücksichtigen ist.

221 Ist nur die **Untergesellschaft, nicht aber auch die Obergesellschaft börsennotiert**, kann die Verschmelzungswertrelation, die angibt, wie viele Aktien die ausscheidenden Anteilseigner für ihre Aktien erhalten, nur unter Rückgriff auf den fundamentalanalytisch ermittelten inneren Wert der Obergesellschaft bestimmt werden. Allein fraglich kann in diesem Fall sein, ob aufgrund des Grundsatzes der Methodengleichheit auch bei der Untergesellschaft allein der Ertragswert zu berücksichtigen ist.[605] Dies war nach hier bereits vertretener Ansicht abzulehnen. Zunächst ist der Grundsatz der Methodengleichheit mitnichten ein bewertungsrechtliches Naturgesetz, insbesondere genügen sowohl Ertrags- wie auch DCF-Verfahren als auch die mittelbare Ermittlung des Unternehmenswertes über den Rückgriff auf Marktpreise (Börsenkurs) dem Gebot, dass sie den Nettogegenwartswert abzubilden versuchen und entsprechend kapitalwertgleich sind. Dass die Behandlung des Grundsatzes des Methodengleichheit kein ungeschriebenes Rechtsprinzip ist, wird nunmehr ausdrücklich auch durch § 12 Abs. 2 S. 2 Nr. 3 UmwG anerkannt. Neben diesen grundsätzlichen Bedenken würde die Nichtberücksichtigung des Börsenkurses der Untergesellschaft in diesem Fall dazu führen, dass dem Aktionär der Untergesellschaft gegebenenfalls der Verkehrswert seiner Aktie nicht gewährt wird, er also weniger erhält, als er bei freier Desinvestitionsentscheidung

---

[604] BVerfG NZG 2011, 235 (237) – Kuka AG; Simon SpruchG/*Simon/Leverkus* Anh. § 11 Rn. 226. AA *Busse von Colbe* FS Lutter, 2000, 1053 (1066); aA wohl auch *Brandi/Wilhelm* NZG 2009, 1408 (1410 f.).
[605] So *Koch*, AktG, § 305 Rn. 47.

erhalten hätte, was auf Grundlage der DAT/Altana-Rechtsprechung des BVerfG gerade nicht geschehen darf.[606]

5. Eingliederung

Auch im Falle der Mehrheitseingliederung ist zwischen Barabfindung und der vom Gesetz als Regelfall vorgesehenen Abfindung in Aktien zu entscheiden.

Bei **Abfindung in bar** sind ausschließlich die Verhältnisse der einzugliedernden Gesellschaft zu bewerten. Hier gilt, dass der Börsenkurs der einzugliedernden Gesellschaft entsprechend den DAT/Altana-Grundsätzen die Untergrenze einer angemessenen Abfindung markiert.[607] Nach der nicht zwingenden, aber für die Praxis zu beachtenden Rechtsprechung des BGH war ein darüber liegender Ertragswert zugunsten der Minderheitsaktionäre werterhöhend zu berücksichtigen; ob der BGH parallel zu weiteren Bewertungsanlässen möglicherweise zukünftig bereit ist, ausschließlich eine Bewertung anhand des Börsenkurses zu akzeptieren, bleibt vorläufig abzuwarten.

Bei **Abfindung in Aktien** ist auch im Rahmen der Eingliederung die Verschmelzungswertrelation als Verhältnis der Unternehmenswerte von abfindender und abzufindender Gesellschaft zu ermitteln.[608] Zu unterscheiden ist wiederum danach, ob nur die Untergesellschaft oder auch die Obergesellschaft börsennotiert ist. Sind beide Gesellschaften börsennotiert, gilt nach den DAT/Altana-Grundsätzen, dass einerseits der Börsenkurs der Untergesellschaft die Untergrenze für ihren im Rahmen der Verschmelzungswertrelation anzusetzenden Unternehmenswert markiert, gleichzeitig aber auch der Börsenkurs der Obergesellschaft nicht zwingend die Obergrenze des für die Obergesellschaft anzusetzenden Unternehmenswerts ist.[609] Das OLG Düsseldorf interpretiert diese Grundsätze etwas eigenwillig unter Rekurs auf den Grundsatz der Methodengleichheit dahin gehend, dass sich die für die Abfindung maßgebliche Verschmelzungswertrelation auch bei Börsennotierung beider Gesellschaften dann anhand des Verhältnisses der Börsenkurse orientiert, wenn der Börsen- bzw. Marktwert der einzugliedernden Gesellschaft über ihrem Ertragswert liegt. Liegt hingegen der Ertragswert der einzugliedernden Gesellschaft über ihrem Börsenwert, soll es ausschließlich auf das Verhältnis der Ertragswerte angekommen, auch wenn die sich danach ergebende Verschmelzungswertrelation ungünstiger ausfällt als bei Ansatz der Börsenwerte beider Unternehmen.[610] Der vermeintlich aus Sicht der außenstehenden Aktionäre günstige Ansatz des höheren Ertragswerts führt hier dazu, dass der im Ergebnis günstigere Börsenkurs keine Rolle spielt. Das Ergebnis erscheint nicht frei von Zweifeln und fügt sich auch nur schlecht in die Rechtsprechung sowohl von BVerfG als auch BGH ein.

Ist nur die **Untergesellschaft börsennotiert**, wäre denkbar, unter Rekurs auf den Grundsatz der Methodengleichheit die Beachtung des Börsenkurses bzw. der Marktkapitalisierung für den Unternehmenswert der Untergesellschaft zu verweigern.[611] Dies erscheint mit den verfassungsrechtlichen Vorgaben nur schwer zu vereinbaren, da durch diese – nicht zwingende – methodische Schleife der Börsenwert im Ergebnis wiederum nicht maßgeblich wäre und die außenstehenden Aktionäre der einzugliedernden

---

606 So auch OLG München AG 2012, 749 (751); *Brandi/Wilhelm* NZG 2009, 1408 (1410 f.).
607 OLG München AG 2012, 749 (751); so auch noch Hüffer/Koch, 12. Aufl. 2016, AktG § 320b Rn. 2.
608 *Brandi/Wilhelm* NZG 2009, 1408 (1411).
609 OLG München AG 2012, 749 (751); Kölner Komm AktG/*Gayk* SpruchG Anh. § 11 Rn. 95.
610 OLG Düsseldorf AG 2004, 212 (214).
611 So müsste wohl das OLG Düsseldorf AG 2004, 212 (214) entscheiden.

Gesellschaft im Ergebnis möglicherweise in Aktien der eingliedernden Gesellschaft weniger erhalten als sie durch freie Desinvestitionsentscheidung – Abverkauf zum Börsenkurs – hätten realisieren können. Auch hier ist die Diskussion noch nicht abgeschlossen.

6. Squeeze-out (§ 327b AktG)

226 Unproblematisch anwendbar sind die Grundsätze der DAT/Altana-Rechtsprechung auf die im Rahmen eines aktienrechtlichen Squeeze-out (§§ 327a ff. AktG) anzubietende angemessene Abfindung.[612] Für die Abfindung der ausscheidenden Minderheitsaktionäre gelten gleiche Grundsätze wie für die Abfindung im Rahmen des Abschlusses eines Beherrschungs- oder Gewinnabführungsvertrages.[613] Zu bewerten ist ausschließlich die Gesellschaft, aus der Minderheitsaktionäre herausgedrängt werden. Der Börsenkurs ist dabei grundsätzlich als Untergrenze zu berücksichtigen.[614] Liegt der Börsenkurs über dem Ertragswert, ist die Abfindung nach dem Börsenkurs zu bestimmen,[615] anderenfalls ist nach der nicht zwingenden Meistbegünstigungsrechtsprechung der DAT/Altana-Entscheidung des BGH auf den Ertragswert abzustellen. Maßgeblich ist der gewichtete Börsenkurs im Dreimonatszeitraum vor Bekanntmachung der Squeeze-out-Absicht.[616] Ob die neue Rechtsprechungslinie von BGH und Instanzenrechtsprechung, wonach der Börsenkurs auch als ausschließlicher Wertmesser in Betracht kommt, zu Änderungen dieser überkommenen Rechtsprechungstradition führt, erscheint gerade für den Squeeze-out fraglich und lässt sich bisher noch nicht rechtssicher prognostizieren.[617]

227 Aufgrund der **strukturell eingeschränkten Streubesitzquote** – 90 % bzw. 95 % der Anteile müssen sich zumindest formal in den Händen des den Squeeze-out beantragenden Hauptaktionärs befinden – kann im Einzelfall gerade beim Squeeze-out das Vorliegen einer Marktenge zu bejahen sein;[618] wobei dies nach allgemeinen Regeln durch den Hauptaktionär darzulegen und zu beweisen ist.[619] Im Erfolgsfall des entsprechenden Vortrags ist ausschließlich der Ertragswert maßgeblich,[620] auch wenn dieser unter dem Börsenkurs liegen sollte.

VI. Stamm- und Vorzugsaktien

228 Besondere bewertungsrechtliche Herausforderungen stellen sich schließlich dann, wenn die zu bewertende Gesellschaft sowohl Stamm- als auch Vorzugsaktien ausgegeben hat.[621] Zwei Fragestellungen sind hier zu unterscheiden. Zunächst stellt sich die Frage, wie im Falle, dass die Gesellschaft sowohl Stamm- als auch Vorzugsaktien begeben hat, aber nur eine Gattung börsennotiert ist, den Vorgaben von BVerfG und BGH zur Berücksichtigung des Börsenkurses/Marktwertes Rechnung zu tragen ist. Während

---

612 OLG Frankfurt a. M. NZG 2010, 664; Simon SpruchG/ Simon/Leverkus Anh. § 11 Rn. 224.
613 Simon SpruchG/Simon/Leverkus Anh. § 11 Rn. 224.
614 OLG Stuttgart AG 2011, 205 (207); OLG München NZG 2014, 1230; MüKoAktG/Grunewald § 327b Rn. 10; K. Schmidt/Lutter/Schnorbus AktG § 327b Rn. 3; Brandi/Wilhelm NZG 2009, 1408 (1411).
615 BGH NJW 2010, 2657 (2658) – Stollwerck.
616 BGH NJW 2010, 2657 (2658) – Stollwerck; OLG Düsseldorf NZG 2012, 1181 (1184); OLG Stuttgart AG 2011, 205 (207). So auch schon OLG Frankfurt a. M. NZG 2010, 664.
617 Vgl. hierzu Decher AG 2023, 106 (109) mit ersten instanzgerichtlichen Stellungnahmen.
618 MüKoAktG/Grunewald § 327b Rn. 10; Koch AktG § 327b Rn. 6; Fleischer ZGR 2002, 757 (781).
619 Koch AktG § 327b Rn. 8.
620 Fleischer ZGR 2002, 757 (781).
621 Hierzu ausführlich Fleischer/Hüttemann Unternehmensbewertung-HdB/Fleischer § 20 Rn. 40 ff.

das OLG Düsseldorf die Frage bejaht, scheidet nach Ansicht von Teilen des Schrifttums eine Berücksichtigung des Börsenwertes in dieser Konstellation aus.[622]

Zum anderen stellt sich die generelle Frage, wie der Gesamtunternehmenswert auf Stamm- und Vorzugsaktien zu verteilen ist.[623] Wie dargestellt, existiert kein griffiger und allgemeingültiger Schlüssel, anhand dessen die Partizipationsverhältnisse von Stamm- bzw. Vorzugsaktien am Gesamtunternehmenswert zu bestimmen wären. Sind beide Aktiengattungen börsennotiert, wird man mit Teilen der Rechtsprechung wohl zutreffend grundsätzlich eine Orientierung am Wertverhältnis von Stamm- und Vorzugsaktien vornehmen müssen. Richtigerweise sind der bzw. die Börsenkurse hier mindestens „besonders gutes Indiz",[624] einerseits aufgrund der Erkenntnis, dass zumindest bisher keine belastbaren Verfahren zur Ermittlung des „wahren Wertverhältnisses" von Stamm- und Vorzugsaktien existieren, andererseits aufgrund des Umstandes, dass eventuelle Ineffizienzen des Kapitalmarktes sich hier im Aggregat nivellieren werden.

E. Berücksichtigung von Vorerwerbspreisen

Gegenstand einer langen Kontroverse bildet die Frage, ob Vorerwerbspreise im Rahmen der Bemessung der angemessenen Kompensation nach dem Vorbild der § 31 WpÜG, § 4 WpÜG-AngebotsVO – werterhöhend – zu berücksichtigen sind. Nach der DAT/Altana-Entscheidung des BVerfG ist die Berücksichtigung von Vorerwerbspreisen zumindest verfassungsrechtlich nicht erforderlich, da der Preis, den ein Mehrheitsaktionär für Aktien der gemeinsamen Gesellschaft zu zahlen bereit sei, in keiner Beziehung zum wahren Wert stehe.[625] Vorerwerbspreise würden vom individuell unterschiedlich ausfallenden Grenznutzen beeinflusst; dieser Reservationspreis eines individuellen Bieters und der wahre Wert seien nicht identisch.[626] In der Praxis schlägt sich dies vor allem in **Paketzuschlägen** nieder, die ua deshalb entrichtet werden, da ein umfängliches Aktienpaket mit einem intensiveren Einfluss auf die Gesellschaft verbunden ist bis hin zur Möglichkeit der Begründung eines Weisungsrechts (§ 308 AktG) und dem Abschluss eines Gewinnabführungsvertrages (§ 291 AktG).[627]

Der BGH und weite Teile des Schrifttums haben sich der durch das BVerfG vorgezeichneten Wertung angeschlossen und versagen der Berücksichtigung von Vorerwerbspreisen auch eine einfachgesetzliche Grundlage.[628] Im Vordergrund steht die Überlegung, dass Paketzuschläge etc durch den typischen kompensationsberechtigten Minderheitsaktionär, der gerade kein kontrollrelevantes Paket anzubieten vermag, nicht realisiert werden können.[629] Der Paketpreis orientiere sich am individuellen Grenznutzen des Erwerbers und entspreche damit nicht notwendig dem objektiven Unternehmenswert.[630] Bestätigt wird dieses Ergebnis nach Ansicht des BGH durch die Kontrollüberlegung,

---

622 Kölner Komm AktG/*Gayk* SpruchG Anh. § 11 Rn. 92.
623 *Koch* AktG § 305 Rn. 35.
624 OLG Düsseldorf AG 2009, 907 (912); erwägend auch Kölner Komm AktG/*Gayk* SpruchG Anh. § 11 Rn. 92.
625 BVerfG NJW 1999, 3679 (3771); BGH NJW 2010, 2657 (2660) – Stollwerck; Simon SpruchG/*Simon/Leverkus* Anh. § 11 Rn. 242; *Wollny* BewertungsPraktiker 3/2010, 10 (14).
626 So auch Kölner Komm AktG/*Gayk* SpruchG Anh. § 11 Rn. 8. Im Ausgangspunkt auch OLG Frankfurt a. M. AG 2022, 83 (84).
627 BVerfG NJW 1999, 3679 (3771); LG München I ZIP 2013, 1664 (1671) – HRE.
628 BGH NJW 2010, 2657 (2660) – Stollwerck; auch OLG Frankfurt a. M. AG 2022, 83 (84): aus dem Schrifttum etwa *Klöcker/Frowein* Anh. § 1 Rn. 3; *Koch* AktG § 305 Rn. 31; Simon SpruchG/*Simon/Leverkus* Anh. § 11 Rn. 242; Fleischer/Hüttemann Unternehmensbewertung-HdB/*Bungert* § 22 Rn. 21; *Brandi/Wilhelm* NZG 2009, 1408 (1409).
629 *Piltz* ZGR 2001, 185 (199); *Brandi/Wilhelm* NZG 2009, 1408 (1409 f.).
630 Fleischer/Hüttemann Unternehmensbewertung-HdB/*Bungert* § 22 Rn. 21.

dass auch ein Paketabschlag, den der Inhaber eines größeren Aktienpakets in Kauf nehmen muss, ohne Einfluss auf die Abfindungshöhe des Anteilseigners bleibt.[631] Zusätzlich lässt sich für die Nichtberücksichtigung von Vorerwerben anführen, dass durch die Berücksichtigung von Vorerwerben wiederum historische Daten eine nur schwer zu rechtfertigende Aufwertung erfahren würden: dass (subjektiver wie objektivierter) Wert eines Unternehmens über den Vorerwerbszeitraum konstant bleiben, ist zunächst einmal pure Prämisse. Berücksichtigung finden können sie allenfalls im Rahmen der Plausibilisierung eines auf anderer Grundlage gewonnenen Ergebnisses.[632] Auch der IDW S1 2008 will tatsächlich gezahlte Preise lediglich zu Plausibilisierungszwecken heranziehen; eine Substitution der Unternehmensbewertung wird hingegen abgelehnt.[633]

232 Im Schrifttum und vereinzelt auch in der früheren Instanzenrechtsprechung[634] ist diese Sichtweise zum Teil auf Skepsis gestoßen: zunächst wird darauf hingewiesen, dass tatsächliche Anschaffungskosten steuer- und handelsrechtlich zu aktivieren sind, also Vorerwerbspreise in voller Höhe handelsbilanzielle Berücksichtigung erfahren.[635] Zudem seien die Minderheitsaktionäre an den Synergieeffekten[636] bzw. an einer Kontrollprämie zu beteiligen. Dennoch konnte bisher gelten, dass im Regelfall Vorerwerbspreise keine Bedeutung für die Höhe der Abfindung hatten. Aus der Phalanx der ablehnenden Stimmen ist allerdings jüngst das OLG Frankfurt a. M. ausgeschert, nach dessen Auffassung die dargestellten Charakteristika einer Berücksichtigung von Vorerwerbspreisen als Marktpreisen im Rahmen der Schätzung gemäß § 278 ZPO im Einzelfall nicht entgegenstehen; insbesondere soweit ein erhöhter Preis nicht festgestellt werden könne, also der Vorerwerbspreis keinen Paketzuschlag enthält.[637] Dies setzt allerdings voraus, dass es grundsätzlich möglich ist, den Vorerwerbspreis in die beiden Komponenten einfacher Verkehrswert/Unternehmenswert und Paketzuschlag aufzuteilen und diese Aufteilung im Einzelfall nachzuvollziehen. Das OLG Frankfurt a. M. konnte hierzu im konkreten Fall auf die Ergebnisse eines Ertragswertgutachtens zurückgreifen, dessen Ergebnisse praktisch deckungsgleich mit dem Vorerwerbspreis waren.[638] In der Sache rechtfertigt der Senat den Rückgriff auf den Vorerwerbspreis nicht zuletzt auch mit den langen und kostenintensiven Ermittlungen des Ertragswerts durch Fundamentalanalyse.[639] Zum anderen stellt das OLG auch darauf ab, dass ein Marktpreis zumindest dann, wenn er frei verhandelt ist, ein wichtiger Wertindikator sei.[640] Unter Bezugnahme auf Leverkus formuliert der Senat die folgenden Voraussetzungen, unter denen ein Vorerwerbspreis ausnahmsweise hinreichend aussagekräftig sein kann: (1) die Transaktion erfolgt im gewöhnlichen Geschäftsverkehr, (2) der Kaufpreis stellt sich aus Ausgleich der widerstreitenden Interessen von Käufer und Verkäufer dar, (3) für den Bewertungsstichtag ist von unveränderten Verhältnissen auszugehen, und (4) muss der für einen Anteil am Unternehmen gezahlte Preis auf alle Anteile des Unternehmens hochgerechnet werden können.[641]

233 Nach gleichen Grundsätzen sind umgekehrt nach bisher ganz herrschender Ansicht eventuelle **Minderheiten- bzw. Paketabschläge** gleichfalls nicht in Ansatz zu brin-

---

631 *Piltz* ZGR 2001, 185 (199).
632 Kölner Komm AktG/*Gayk* SpruchG Anh. § 11 Rn. 7.
633 IDW S1 idF 2008 Tz. 13.
634 LG Köln AG 2009, 835 (838 ff.).
635 *Busse von Colbe* FS Lutter, 2000, 1053 (1061).
636 *Busse von Colbe* FS Lutter, 2000, 1053 (1061 f.).
637 OLG Frankfurt a. M. AG 2022, 83 (84 f.).
638 OLG Frankfurt a. M. AG 2022, 83 (85).
639 OLG Frankfurt a. M. AG 2022, 83 (85).
640 OLG Frankfurt a. M. AG 2022, 83 (85).
641 OLG Frankfurt a. M. AG 2022, 83 (85).

gen.⁶⁴² Auch insoweit gilt, dass solche Preiseffekte nicht bei einem Abverkauf durch einen typischen Aktionär zu beobachten sind. Festzuhalten ist aber auch, dass sich auch insoweit die Stimmen mehren, die die unterschiedslose Nichtberücksichtigung von Vorerwerben als Marktpreisen in Frage stellen.⁶⁴³ Auch hier bleibt abzuwarten, ob sich möglicherweise im Anschluss an die Entscheidung des OLG Frankfurt a. M. und in Übereinstimmung mit dem allgemeinen Trend, Marktwerten größeres Gewicht bei der gesetzlich veranlassten Unternehmensbewertung beizumessen, weitere Gerichte veranlasst sehen, realisierten Transaktionspreisen nicht jede Bedeutung für die Bestimmung des vollen bzw. wahren Werts abzusprechen.

§ 11a Ermittlung der Kompensation durch das Gericht

Einigen sich der Antragsgegner, die gemeinsamen Vertreter und eine Mehrheit von Antragstellern, die mindestens 90 Prozent des von sämtlichen Antragstellern gehaltenen Grund- oder Stammkapitals umfasst, auf eine bestimmte Kompensation, so kann das Gericht deren Höhe im Rahmen seiner Schätzung berücksichtigen.

Literatur:
DAV-Handelsrechtsausschuss, Stellungnahme zur Evaluierung des Spruchverfahrens, NZG 2014, 1144; *Deiß*, Die Festsetzung der angemessenen Kompensation im Wege einer „mehrheitskonsensualen Schätzung" im Spruchverfahren, NZG 2013, 1382; *Drescher*, Die Änderung des Spruchverfahrensgesetzes 2023, AG 2023, 337; *Goette*, Das Gesetz zur Umsetzung der Umwandlungsrichtlinie – Ein Überblick, DStR 2023, 157; *Haspl*, Aktionärsrechtsschutz im Spruchverfahren und „Zwangsvergleich", NZG 2014, 487; *Jänig/Leißring*, FamFG: Neues Verfahrensrecht für Streitigkeiten in AG und GmbH, ZIP 2010, 110; *Noack*, Missbrauchsbekämpfung im Spruchverfahren durch Einführung eines qualifizierten Mehrheitsvergleichs, NZG 2014, 92; *Noack*, Nationaler Rechtsrahmen für grenzüberschreitende Umwandlungen. Eine tour d'horizon durch das Gesetz zur Umsetzung der Umwandlungsrichtlinie (UmRuG), MDR 2023, 465; *Puszkajler/Sekera-Terplan*, Reform des Spruchverfahrens, NZG 2015, 1055; *Wasmann*, Zur Evaluation des Spruchverfahrens: Kein Abschaffungs- und überschaubarer Änderungsbedarf – Die Richter können es richten, AG 2021, 179; *Weber/Kersjes*, Hauptversammlungsbeschlüsse vor Gericht, 2010; *Wollin*, Zur Reform des Vergleichs im Spruchverfahren, AG 2022, 474; *Wollin*, Der Referentenentwurf eines Gesetzes zur Umsetzung der Umwandlungsrichtlinie (UmRUG-E), ZIP 2022, 989; *Zimmer/Meese*, Vergleiche im Spruchverfahren und bei Anfechtungsklagen, NZG 2004, 201.

I. Normzweck	1	2. Rechtsfolgen: Berücksichtigung der Kompensation eines Mehrheitskonsenses	11
II. Inhalt	5	III. Verfahren	14
1. Einigung zwischen Antragstellern, gemeinsamen Vertretern und Antragsgegner	5		

I. Normzweck

Mit § 11a bezieht das Gesetz in der rechtspolitisch sensiblen Debatte um die Zulässigkeit eines **Mehrheitsvergleichs** als Vertrag zulasten Dritter[1] jetzt ausdrücklich Position. Während ein echter Mehrheitsvergleich auch weiterhin unzulässig ist, erlaubt § 11a nunmehr die sog. **mehrheitskonsensuale Schätzung** als Vorstufe zum echten allgemeinverbindlichen Teilvergleich. Der Gesetzgeber hat damit eine bereits nach altem Recht

---

642 Koch AktG § 305 Rn. 32.
643 Vgl. etwa: Fleischer/Hüttemann Unternehmensbewertung-HdB/*Leverkus* § 19 Rn. 134 ff. („Thesen zur Relevanz von Vorerwerbspreisen").

1 Einen echten Mehrheitsvergleich befürwortend *Engel/Puszkajler* BB 2012, 1687 (1691); *Puszkajler/Sekera-Terplan* NZG 2015, 1055 (1063); *Wasmann* AG 2021, 179 (187); *Max* NZG 2014, 92 (93 f.), der bereits nach der früheren lex lata von der unproblematischen Zulässigkeit von Mehrheitsvergleichen ausgeht.

insbesondere im Schrifttum verbreitete Ansicht, nach der eine solche mehrheitskonsensuale Schätzung schon bisher zulässig sein sollte, aufgegriffen[2] und dieses Vorgehen ausdrücklich legalisiert; wohl nicht zuletzt, weil ua das OLG Düsseldorf sich dem Ansinnen verschlossen hatte, eine vergleichsweise Erhöhung der Kompensationsleistung als Indiz für die Angemessenheit der vereinbarten erhöhten Kompensationsleistungen heranzuziehen,[3] und damit einer mehrheitskonsensualen Schätzung auf Grundlage der früheren lex lata eine Absage erteilt hatte.

2 Nach dem neuen § 11a kann das Gericht nunmehr, soweit sich die Antragsgegnerin, die gemeinsamen Vertreter und ein Quorum von mindestens 90 % des von sämtlichen Antragstellern gehaltenen Grund- oder Stammkapitals einigen, die im Rahmen dieser Einigung vereinbarte Gegenleistung bei Beurteilung der Angemessenheit im Rahmen seines Schätzermessens nach § 287 Abs. 1 ZPO berücksichtigen. Zumindest dem Wortlaut nach beschränkt sich § 11a auf die bloße Ermächtigung des zuständigen Spruchkörpers. Dass und wie die mehrheitskonsensuale Schätzung zu berücksichtigen ist, wird demgegenüber nicht vorgegeben. Zweck der Zulassung der mehrheitskonsensualen Schätzung ist insbesondere die Einholung eines (weiteren) zeit- und kostenintensiven Gutachtens zu verhindern bzw. das Blockadepotenzial einzelner Antragsteller zu begrenzen,[4] also Aspekte der Prozessökonomie und Verfahrensbeschleunigung.[5]

3 Im Zusammenhang mit § 11a zu lesen ist der einen Teilvergleich gleichfalls aufwertende § 13 S. 3, wonach ein Vergleich von einer späteren Entscheidung unberührt bleibt, auch wenn er vom gemeinsamen Vertreter geschlossen wurde.[6]

4 Zugunsten der Zulassung einer „mehrheitskonsensualen Schätzung" lässt sich anführen, dass im Falle, dass sich eine Mehrheit mit der im Teilvergleich vereinbarten Kompensation einverstanden erklärt, eine gewisse Richtigkeitsvermutung dafür besteht, dass es sich um eine vertretbare Abfindungshöhe handelt. Umgekehrt wurde für die bisherige Rechtslage zu Recht gefordert, dennoch eine gewisse Vorsicht beim Einsatz dieses Instruments walten zu lassen.[7] Diese Vorsicht erscheint auch nach der Aufwertung durch den Gesetzgeber geboten. Die Berücksichtigung eines Teilvergleichs durch mehrheitskonsensuale Schätzung stellt letztlich ein Instrument dar, um die rechtsmissbräuchliche Ausnutzung der Stellung als Antragsteller zu sanktionieren, wobei gleichzeitig eine Art Vermutung aufgestellt wird, dass bei einem Mehrheitsvergleich die Verweigerung der Minderheit aus strategischen bzw. opportunistischen Gründen erfolgt und letztlich Ziele verfolgt, die das Spruchverfahrensrecht als nicht legitim anerkennt. Diese Vermutung mag häufig, muss aber nicht in jedem Fall begründet sein. Zu Recht bindet das Gesetz deshalb auch künftig den zur Entscheidung berufenen Spruchkörper nicht in jedem Fall an die Ergebnisse eines Teilvergleichs, sondern enthält vielmehr nur den Hinweis und Appell an das Gericht, dass ein von einer qualifizierten Mehrheit getragener Teilvergleich ein eventuell wichtiges Indiz für die Angemessenheit der darin vereinbarten Gegenleistung ist und diese damit möglicherweise der angemessenen Abfindung, die auszuurteilen ist, entspricht oder zumindest nahekommt.

---

[2] So etwa *Deiß* NZG 2013, 1382 (1384); Heidel/*Tewes*, 3. Aufl. 2011, SpruchG § 11 Rn. 11, der dies allerdings nur bei Existenz eines einzigen Opponenten mit niedrigem Anteilsbesitz für zulässig erachtet. Ausdrücklich aA zumindest zum alten Recht zu Recht Heidel/*Krenek* SpruchG § 11 Rn. 12.
[3] OLG Düsseldorf NZG 2013, 1393.
[4] Zum im Spruchverfahren häufigen strategischen Opportunismus vgl. etwa *Wollin* AG 2022, 474 f.
[5] Widmann/Mayer/*Heckschen* Anh. 14: Europäische Gesellschaft Rn. 398.1; *Drescher* AG 2023, 337 (344).
[6] *Noack* MDR 2023, 465 (470).
[7] Im Grundsatz zu Recht ablehnend *Haspl* NZG 2014, 487 (488).

II. Inhalt

1. Einigung zwischen Antragstellern, gemeinsamen Vertretern und Antragsgegner

Auf Tatbestandsebene verlangt § 11a die Einigung zwischen der Antragsgegnerin, den gemeinsamen Vertretern und einer **Mehrheit von Antragstellern**, die mindestens **90 % des von sämtlichen Antragstellern gehaltenen Grund- oder Stammkapitals** umfasst. Partei der Einigung muss damit neben der Antragsgegnerin zunächst eine Mehrheit von Antragstellern sein, die mindestens 90 % des von sämtlichen Antragstellern gehaltenen Grund- oder Stammkapitals umfasst. Nicht eindeutig ist, ob mit der Formulierung kumulativ eine Mehrheit nach Köpfen („Mehrheit von Antragstellern") und eine Kapitalmehrheit (90 % des Grund-/Stammkapitals) verlangt oder ob durch den angebundenen Relativsatz die qualifizierte Mehrheit inhaltlich mit Leben gefüllt wird.[8] Während die Materialien eher dafür sprechen, dass auch die Anzahl der Antragsteller Bedeutung haben soll,[9] erscheint mit Blick auf den Zweck der Bestimmung – Ausgleich vermögensrechtlicher Positionen der Mitgliedschaft – wohl zielführender, auf die entsprechende Kapitalmehrheit abzustellen. Auf die Stimmberechtigung der Anteile kommt es demgegenüber ersichtlich nicht an, so dass Vorzugs- und Stammaktien – wie auch die im Referentenentwurf eines Zukunftsfinanzierungsgesetzes vorgesehenen Mehrstimmrechtsaktien (§ 134 Abs. 2 AktG-E ZuFinG)[10] – für die Zwecke der Berechnung des Quorums gleich zu behandeln sind; nichts anderes gilt, sofern eine GmbH unterschiedliche Gattungen von Geschäftsanteilen ausgegeben hat.

Bezugsgröße zur Ermittlung des Quorums von 90 % des Grund- bzw. Stammkapitals ist nicht etwa das gesamte satzungsmäßige Grund- oder Stammkapital, sondern die Summe der von den Antragstellern gehaltenen Anteile. Nach dem Wortlaut scheint es allein auf von Antragstellern gehaltene Anteile anzukommen, so dass die durch den gemeinsamen Vertreter repräsentierten Anteile nicht zu berücksichtigen wären. Überzeugender erscheint allerdings, auch die durch den gemeinsamen Vertreter vertretenen Anteile zu berücksichtigen. Gerade der gemeinsame Vertreter ist ein gewisses ausgleichendes Element, dessen Positionierung man als wichtiges Indiz für die Angemessenheit des Teilvergleichs nicht ausblenden sollte.

In der Praxis erfordert die Ermittlung des 90 %-Quorums im Regelfall die Feststellung der Beteiligungshöhe derjenigen Antragsteller, die sich nicht an dem Vergleich beteiligen. Kommt die Minderheit der Antragsteller einer Aufforderung zum Nachweis ihres Anteilsbesitzes nicht nach, darf das Gericht nach richtiger Ansicht das Erreichen des Quorums unterstellen, da anderenfalls doch wieder ein Einfallstor für opportunistisches Verhalten bestünde.[11]

Während sich dem Gesetz nicht mit letzter Gewissheit entnehmen lässt, ob die durch besondere Vertreter repräsentierten Anteile bei Berechnung des Quorums zu berücksichtigen sind (→ Rn. 6), verlangt § 11a ausdrücklich, dass die besonderen Vertreter Partei der Einigung sein müssen; durch Verwendung des Plurals stellt das Gesetz klar,

---

[8] Nicht eindeutig auch *Wollin* ZIP 2022, 989 (993): „[…] weit überwiegende Mehrheit der Verfahrensbeteiligten (90 %) eine bestimmte Erhöhung der Kompensation für angemessen hält […]".

[9] Begr. RegE UmRUG, BT-Drs. 20/3822, 128: „[…] sowie eine weit überwiegende Mehrheit der Antragsteller […]".

[10] RefE Gesetz zur Finanzierung von zukunftssichernden Investitionen (Zukunftsfinanzierungsgesetz – ZuFinG) v. 12.4.2023, abrufbar unter: https://www.bmj.de/SharedDocs/Gesetzgebungsverfahren/DE/Zukunftsfinanzierungsgesetz.html.

[11] So im Ergebnis zu Recht *Drescher* AG 2023, 337 (345).

dass sich nicht nur der gemeinsame Vertreter nach § 6, sondern auch die besonderen gemeinsamen Vertreter nach §§ 6a-6c – soweit sie bestellt worden sind – an dem Teilvergleich zu beteiligen haben.[12]

9 **Gegenstand der Einigung** muss eine bestimmte Kompensation, also der Ausgleich, der den Gegenstand des Spruchverfahrens bildet, sein. Maßgeblich sollte dabei allein die im Teilvergleich vereinbarte Kompensation an sich sein. Dass Verhandlungsmasse eines Vergleichs bisweilen nicht nur die eigentliche Erhöhung der Ausgleichszahlung, sondern auch und vor allem eine großzügige Kostenregelung ist, spricht nur prima facie gegen dieses Ergebnis. Die der Prozessökonomie und Verfahrensbeschleunigung verpflichtete Bestimmung des § 11a würde in ihr Gegenteil verkehrt oder doch zumindest erheblich entwertet, wenn es dem Gericht obliegen würde, im Detail nachzuvollziehen, ob eventuell in der Kostenerstattungsregelung des Vergleichs „versteckte" Vergütungskomponenten enthalten sind, die als Bestandteile der Kompensation iSd § 11a zu behandeln wären.

10 Eine bestimmte Form der Einigung, etwa Protokollierung durch das Gericht, verlangt das Gesetz nicht.[13] Aus Reihen der Rechtsprechung wird allerdings empfohlen den Weg eines protokollierten Vergleichs nach § 11 Abs. 2 und 4 zu gehen, um dem zur Entscheidung berufenen Spruchkörper eine eindeutige und nachvollziehbare Entscheidungsgrundlage zur Verfügung zu stellen.[14]

2. Rechtsfolgen: Berücksichtigung der Kompensation eines Mehrheitskonsenses

11 Liegen die Voraussetzungen einer mehrheitskonsensualen Schätzung vor, **kann** das Gericht deren Höhe im **Rahmen seiner Schätzung berücksichtigen.** Die Entscheidung der Berücksichtigung des Teilvergleichs wird damit dem Ermessen des Gerichts überantwortet.[15] Damit stellt das Gesetz zunächst klar, dass das Gericht entgegen dahin gehenden Vorschlägen von Teilen der Praxis nicht gezwungen ist, das Ergebnis einer mehrheitskonsensualen Schätzung bei seiner Entscheidung zu berücksichtigen bzw. noch weitergehend in diesem Fall die Angemessenheit unwiderleglich zu vermuten hätte.[16] Dies erscheint konsequent, da zumindest eine unwiderlegliche Vermutung die mehrheitskonsensuale Schätzung letztlich doch faktisch zu einem Vergleich zulasten Dritter mit irreführenden Bezeichnung aufwerten würde. Die Entscheidung über die Berücksichtigung des Mehrheitsvergleichs liegt vielmehr im pflichtgemäßen Ermessen des Gerichts. Die Materialien führen diesbezüglich aus, dass das Gericht im Rahmen einer Schätzung der angemessenen Kompensation als **Indiz** auch den Umstand berücksichtigen darf, dass der Antragsgegner, der gemeinsame Vertreter sowie eine weit überwiegende Mehrheit der Antragsteller eine Kompensation in einer bestimmten Höhe akzeptieren.[17] Die Vorschrift solle das befasste Gericht in die Lage versetzen, das Verfahren mit vertretbarem Aufwand abzuschließen, wenn ein das Verfahren beendender Vergleich an der Zustimmung einzelner Antragsteller scheitert.[18] Gleichzeitig hält die

---

12 So auch *Drescher* AG 2023, 337 (345) mit dem Hinweis, dass aufgrund der gegenläufigen Interessen des typischen gemeinsamen Vertreters und der besonderen gemeinsamen Vertreter in der Praxis kaum damit zu rechnen ist, dass sich beide an ein und demselben Vergleich beteiligen werden.
13 *Drescher* AG 2023, 337 (344).
14 *Drescher* AG 2023, 337 (345).
15 *Drescher* AG 2023, 337 (345).
16 Vgl. *Koch* § 11a Rn. 1. So etwa jüngst *Goette* DStR 2023, 157 (164): mehr Rechtsklarheit durch unwiderlegliche Vermutung; vermittelnd *Noack* MDR 2023, 465 (470): „[...] ist mit Rücksicht auf die hiergegen erhobenen verfassungsrechtlichen Bedenken zumindest nachvollziehbar."
17 Begr. RegE UmRUG, BT-Drs. 20/3822, 128.
18 Begr. RegE UmRUG, BT-Drs. 20/3822, 128.

Regierungsbegründung aber auch fest, dass trotz der Einführung des Instituts der mehrheitskonsensualen Schätzung die für jede gerichtliche Schätzung geltenden Grundsätze unberührt bleiben.[19] In der Gesamtschau wird man festhalten können, dass durch § 11a betont wird, dass ein weitgehender Konsens unter den Verfahrensbeteiligten ein grundsätzlich besonders wichtiges Indiz für die Höhe der angemessenen Abfindung sein kann, aber nicht muss. Hierin wird man nicht zuletzt auch eine Aufforderung an die Spruchkörper sehen können, sich mit Tatsache und Inhalt eines Teilvergleichs intensiv auseinanderzusetzen. Dies nicht zuletzt deshalb, weil das Gericht in seiner Entscheidung die Ausübung seines Ermessens nach § 11a und deren Ergebnis zu begründen hat.[20]

Abzuwarten bleibt, inwieweit die Gerichte von dem Instrument Gebrauch machen werden. Auch mit Blick auf die Neuregelung hat das OLG Düsseldorf seine grundsätzlichen Bedenken wiederholt.[21] Auf weniger Widerstand dürfte die weitere Schlussfolgerung des OLG stoßen, in der mehrheitskonsensualen Schätzung zu Recht keine (weitere) Untergrenze der Abfindung bzw. des Ausgleichs zu sehen.[22]

Praktische Hauptanwendungsfälle einer konsensualen Mehrheitsschätzung dürften die Fälle sein, in denen ein oder einzelne Antragsteller sich offensichtlich aus rein strategischen Gründen der Einigung verweigern, um erkennbar ihren Lästigkeitswert in Gestalt der Notwendigkeit der Verfahrensfortführung zu kapitalisieren suchen. Daneben sollte die Berücksichtigung eines Teilvergleichs vor allem auch dann in Betracht kommen, wenn allein solche Parameter der Ertragsermittlung (noch) umstritten sind, zu deren Klärung ein (weiteres) Sachverständigengutachten keinen echten Beitrag liefern kann (Basiszinssatz, Marktrisikoprämie etc); hier ist es regelmäßig vom Zufall bzw. der Auswahl des Gutachters abhängig, ob die Ansätze des gerichtlich bestellten Abfindungsprüfers Bestand haben. Ein echter Erkenntnisgewinn ist hier durch eine Verfahrensfortführung nicht zu erwarten.

III. Verfahren

Da die mehrheitskonsensuale Schätzung gerade kein echter Vergleich ist, bleibt sie mit der Beschwerde angreifbar.[23] Dabei hat das Beschwerdegericht die Ermessensausübung des Ausgangsgerichts auf Ermessensfehler zu überprüfen, kann aber nicht sein Ermessen an Stelle desjenigen des Ausgangsgerichts setzen.[24]

§ 12 Beschwerde

(1) ¹Gegen die Entscheidungen nach § 11 findet die Beschwerde statt. ²Sie ist durch Einreichung einer Beschwerdeschrift bei dem Beschwerdegericht einzulegen; § 68 Absatz 1 des Gesetzes über das Verfahren in Familiensachen und in den Angelegenheiten der freiwilligen Gerichtsbarkeit ist nicht anzuwenden. ³Die Beschwerde ist zu begründen.

(2) ¹Die Landesregierung kann die Entscheidung über die Beschwerde durch Rechtsverordnung für die Bezirke mehrerer Oberlandesgerichte einem der Ober-

---

19 Begr. RegE UmRUG, BT-Drs. 20/3822, 128; vgl. auch Drescher AG 2023, 337 (345).
20 Drescher AG 2023, 337 (345).
21 OLG Düsseldorf AG 2023, 284 (286).
22 So vorgetragen von den Antragstellern in OLG Düsseldorf AG 2023, 284 (286).
23 Drescher AG 2023, 337 (345).
24 Drescher AG 2023, 337 (345).

landesgerichte oder dem Obersten Landesgericht übertragen, wenn dies zur Sicherung einer einheitlichen Rechtsprechung dient. ²Die Landesregierung kann die Ermächtigung auf die Landesjustizverwaltung übertragen.

Literatur:
Deiß, Die Vergütung des Verfahrensbevollmächtigten und des gemeinsamen Vertreters im Spruchverfahren, NZG 2013, 248; *Dreier/Riedel*, Vorschläge zur Änderung des SpruchG und UmwG, BB 2013, 326; *Drescher*, Aktuelle Rechtsprechung des II. Zivilsenats des BGH zum Kapitalmarktrecht, WM 2020, 577, *Goette*, Das Gesetz zur Umsetzung der Umwandlungsrichtlinie – Ein Überblick, DStR 2023, 157; *Gude*, Zweifelsfragen bei der Beschwerde nach dem Spruchverfahrensgesetz, AG 2005, 233; *Halfmeier/Jacoby*, Zur Notwendigkeit eines Sachverständigenbeweises im Spruchverfahren, ZIP 2020, 203, *Jänig/Leißring*, FamFG: Neues Verfahrensrecht für Streitigkeiten in AG und GmbH, ZIP 2010, 110; *Lochner/Schödel*, Aktienrechtsnovelle 2012/2013: Verkürzung des Spruchverfahrens auf eine Instanz, AG 2013, R59; *Lorenz*, Das Spruchverfahren – dickes Ende oder nur viel Lärm um nichts? AG 2012, 284; *Tomson/Hammerschmitt*, Aus alt mach neu? Betrachtungen zum Spruchverfahrensneuordnungsgesetz, NJW 2003, 2572; *Wasmann*, Zur Evaluation des Spruchverfahrens: Kein Abschaffungs- und überschaubarer Änderungsbedarf – Die Richter können es richten, AG 2021, 179; *Wasmann/Mielke*, Der gemeinsame Vertreter nach § 6 SpruchG – Eine einzigartige Rechtsfigur gibt noch immer Rätsel auf, WM 2005, 822; *Weber/Kersjes*, Hauptversammlungsbeschlüsse vor Gericht, 2010.

I. Normzweck 1	f) Form 17
II. Inhalt 4	g) Rechtsmissbrauch 18
1. Beschwerde (Abs. 1) 4	h) Wert des Beschwerdegegenstandes .. 19
a) Statthaftigkeit 4	i) Unselbständige Anschlussbeschwerde 20
b) Beschwerdeinhalt 9	
c) Zuständigkeit 10	j) Kein Abhilfeverfahren 22
d) Beschwerdebefugnis 11	2. Zuständigkeitskonzentration (Abs. 2) ... 23
e) Beschwerdefrist 16	III. Beschwerdeverfahren 24

I. Normzweck

1 Mit der Beschwerde nach § 12 wird die Möglichkeit zur Überprüfung der Entscheidung des Landgerichts in rechtlicher und tatsächlicher Hinsicht (§ 65 Abs. 3 FamFG) eröffnet.[1] Die Vorschrift gehört zu den rechtspolitisch umstrittensten des SpruchG. Mit Verweis auf die auch nach dem Spruchverfahrensneuordnungsgesetz teilweise zu konstatierende Überlänge von Spruchverfahren[2] ist wiederholt und unter unterschiedlichen Auspizien die Beseitigung des durch § 12 eröffneten Instanzenzugs gefordert worden.[3] Während sich der Abschlussbericht der Corporate Governance-Kommission in diesem Zusammenhang noch für die Ausgestaltung als reine Rechtsbeschwerde aussprach,[4] wird in jüngerer Zeit verbreitet die vollständige Beseitigung des Instanzenzugs durch Begründung einer Eingangszuständigkeit der OLG gefordert. Im Rahmen der Aktienrechtsnovelle 2012 war in diesem Sinne zwischenzeitlich seitens des BMJ erwogen worden, in § 11 die Eingangszuständigkeit auf die OLG zu übertragen und gleichzeitig die Anfechtbarkeit der Entscheidung zur Gänze auszuschließen – technisch verwirklicht

---

1 Schmitt/Hörtnagl/*Hörtnagl* SpruchG § 12 Rn. 1; *Klöcker/Frowein* § 12 Rn. 11; Hölters/Weber/*Simons* SpruchG § 12 Rn. 4.

2 In jüngerer Zeit werden Stimmen laut, die vertreten, es handele sich nicht um strukturelle Überlänge, sondern um Einzelfälle, so etwa *Lochner/Schödel* AG 2013, R59 (R60); vgl. auch die Ergebnisse von *Lorenz* AG 2012, 284 (286): im Schnitt siebenjährige Verfahrensdauer; differenzierend *DAV-Handelsrechtsausschuss* NZG 2014, 1144. Umfassende Bestandsaufnahme aus jüngerer Zeit bei *Wasmann* AG 2021, 179 (179 ff.).

3 Die Möglichkeit zur Beschwerde befürwortend etwa *Büchel* NZG 2003, 793 (799).

4 *Baums* (Hrsg.), Bericht der Regierungskommission Corporate Governance, 2001, Rn. 174: Tragende Erwägung war die Überlegung, dass aufgrund der gerichtlichen Bestellung eines sachverständigen Prüfers im Regelfall (nur) dessen Gutachten umfassend gewürdigt werden müsse. Vgl. hierzu auch mit anderer Akzentuierung Dreier/Fritzsche/Verfürth/*Fritzsche* SpruchG § 12 Rn. 3.

durch ersatzlose Streichung der Beschwerdemöglichkeit nach § 12.[5] Im Zuge einer öffentlichen Debatte ist dieses Vorhaben vorläufig von der Agenda verschwunden und wurde auch im Rahmen der Überarbeitung des SpruchG durch das Gesetz zur Umsetzung der Umwandlungsrichtlinie (UmRUG) nicht erneut aufgegriffen.[6] Bis auf Weiteres eröffnet die Beschwerde damit auch weiterhin eine echte zweite Tatsacheninstanz (vgl. § 65 Abs. 3 FamFG)[7] und übernimmt insoweit die im Zivilprozess der Berufung zugewiesene Funktion.[8]

Die teilweise Neuordnung bzw. Modernisierung des SpruchG durch das **Gesetz zur Umsetzung der Umwandlungsrichtlinie und zur Änderung weiterer Gesetze (UmRUG)** vom 22.2.2023[9] ist für die Beschwerde im Wesentlichen in folgenden Punkten von Relevanz: (1) Entfallen ist zunächst das ausdrückliche Erfordernis der Einlegung der Beschwerde durch einen Rechtsanwalt. § 5a ordnet nunmehr verfahrensübergreifend und damit auch für die Beschwerde Anwaltszwang an, so dass sich die bisherige Regelung in § 12 aF erledigt hat.[10] (2) Die Beschwerde ist abweichend zur bisherigen Rechtslage („soll", § 65 Abs. 1 FamFG) zwingend zu begründen. (3) Schließlich wird das der Befassung durch das Beschwerdegericht (iudex ad quem) vorgeschaltete Abhilfeverfahren abgeschafft und als Folgeänderung das Beschwerdegericht unmittelbar zum Adressaten der Beschwerde erklärt, der „Umweg" über das Ausgangsgericht ist mithin entfallen.

Das Beschwerderecht ist bereits zuvor mit der grundlegenden Neufundierung des Rechts der freiwilligen Gerichtsbarkeit durch das FamFG neu geordnet worden; § 12 ist umfassend anzuwenden auf Verfahren, die durch erstinstanzliche Anträge,[11] die nach dem 1.9.2009 gestellt worden sind, eingeleitet werden.[12] Die mit dem UmRUG verbundenen weiteren Änderungen beanspruchen demgegenüber gemäß Art. 25 Abs. 1 UmRUG ab dem 1.3.2023 Geltung.

II. Inhalt

1. Beschwerde (Abs. 1)

a) Statthaftigkeit

Die Beschwerde findet statt gegen Entscheidungen nach § 11. Beschwerdefähig sind damit nur den **Rechtszug abschließende Entscheidungen**,[13] also Entscheidungen, durch die der Verfahrensgegenstand ganz oder teilweise erledigt wird (§ 38 Abs. 1 FamFG).[14] Demgegenüber ist die Feststellung eines Vergleiches nach § 11 nicht beschwerdefähig,

---

5 Vgl. Rundschreiben des BMJ an die am Gesellschaftsrecht interessierten Verbände, Änderungen im Umwandlungsrecht und Folgeänderungen anlässlich der Aktienrechtsnovelle 2012 v. 30.11.2012; kritisch zu den Vorschlägen *Dreier/Riedel* BB 2013, 326 (326 ff.); *Lochner/Schödel* AG 2013, R59 ff. Für Eingangszuständigkeit der OLG demgegenüber *DAV-Handelsrechtsausschuss* NZG 2014, 1144 (1144 f.).
6 *J. Schmidt* NZG 2022, 635 (643).
7 *Gude* AG 2005, 233; *Weber/Kersjes* Hauptversammlungsbeschlüsse § 5 Rn. 292.
8 *Jänig/Leißring* ZIP 2010, 110 (117).
9 BGBl. 2023 I Nr. 51 vom 28.2.2023.
10 *Koch* SpruchG § 12 Rn. 5.

11 OLG Düsseldorf ZIP 2022, 2543 (2544); *Lutter/Mennicke* SpruchG § 12 Rn. 3.
12 OLG Düsseldorf ZIP 2022, 2543 (2544). Für Altverfahren vgl. etwa Kölner Komm AktG/*Wilske/Quinke* SpruchG § 12 Rn. 4 ff.
13 OLG München ZIP 2009, 1088; OLG Düsseldorf ZIP 2013, 950 (951); *Semler/Stengel/Volherd*, 3. Aufl. 2012, SpruchG § 12 Rn. 10; *Bürgers/Körber/Lieder* AktG/*Göz/Theusinger* SpruchG § 12 Rn. 1; *Koch* SpruchG § 12 Rn. 1; *Gude* AG 2005, 233.
14 Vgl. etwa OLG Düsseldorf NZG 2019, 65 (67); OLG Frankfurt a. M. ZIP 2011, 1637 (1638); Emmerich/Habersack/*Emmerich* SpruchG § 12 Rn. 2.

der entsprechende Beschluss kann somit nicht angegriffen, sondern lediglich nach § 164 ZPO berichtigt werden.[15]

5 Unter Geltung des FamFG (§ 58 Abs. 1 FamFG), also in Spruchverfahren, die ab dem 1.9.2009 eingeleitet worden sind, gleichfalls grundsätzlich nicht (mehr) beschwerdefähig sind bloße **Zwischenentscheidungen**.[16] Nach §§ 567 ff. ZPO bzw. § 58 Abs. 1 FamFG sind Zwischenentscheidungen nur noch dann selbstständig angreifbar, soweit dies im Gesetz ausdrücklich bestimmt ist, was für die meisten spruchverfahrensrelevanten Zwischenentscheidungen gerade nicht der Fall ist.[17] Ein selbstständiger Angriff mittels Beschwerde auf eine Zwischenentscheidung kommt damit unter Geltung des FamFG nur noch dann in Betracht, soweit das FamFG selbst – sozusagen als allgemeiner Teil des Spruchverfahrensrechts – dies anordnet.[18] Nach diesen Grundsätzen weiterhin selbstständig beschwerdefähig sind damit: die Entscheidung über die Aussetzung des Verfahrens (§ 21 Abs. 2 FamFG), die Verhängung von Ordnungsgeld bei unentschuldigtem Ausbleiben eines Beteiligten oder Zeugen trotz ordnungsgemäßer Anordnung des persönlichen Erscheinens (§ 33 Abs. 3 S. 5 FamFG, § 30 FamFG iVm § 380 ZPO), die Anordnung von Zwangsmitteln (§ 35 Abs. 5 FamFG), die Zurückweisung eines Ablehnungsgesuches gegen einen Richter (§ 6 Abs. 2 FamFG) oder einen Sachverständigen (§ 30 Abs. 1 FamFG iVm § 406 Abs. 5 ZPO) die isolierte Kostenfestsetzung (§ 85 FamFG iVm § 104 Abs. 3 S. 1 ZPO) sowie Zwischenentscheidungen über Verfahrensvoraussetzungen analog § 280 ZPO iVm § 58 Abs. 1 FamFG (→ Rn. 7 f.).[19] Rechtsmittel ist insoweit allerdings jeweils nicht die fristgebundene Beschwerde nach § 12, sondern kraft ausdrücklicher Verweisung die sofortige Beschwerde gemäß §§ 567 ff. ZPO.[20]

6 In Neuverfahren nicht mehr beschwerdefähig sind damit insbesondere **verfahrensleitende Maßnahmen** wie die Bestellung eines gemeinsamen Vertreters nach § 6[21] sowie als actus contrarius die Abberufung eines gemeinsamen Vertreters aus wichtigem Grund, ein (Hinweis- und) Beweisbeschluss,[22] die Verbindung von Verfahren,[23] die Ablehnung eines Beweisantrags[24] oder die Anordnung eines durch den Antragsgegner zu leistenden Auslagenvorschusses.[25] Einer Überprüfung können diese Zwischenentscheidungen damit grundsätzlich nur im Rahmen einer Beschwerde gegen die die Instanz abschließende Entscheidung zugeführt werden.[26]

7 Inwieweit außerhalb der ausdrücklich geregelten Fälle eine **selbstständige Beschwerde gegen Zwischenentscheidungen** in Betracht kommt, wird demgegenüber seit Inkrafttreten des FamFG kontrovers diskutiert. Im Schrifttum verbreitet bejaht wird die

---

[15] BeckOGK/*Drescher*, 1.1.2023, SpruchG § 12 Rn. 3.
[16] OLG Düsseldorf NZG 2019, 65 (66); OLG Düsseldorf ZIP 2013, 950 (951); K. Schmidt/Lutter/*Klöcker/Wittgens* SpruchG § 12 Rn. 3; Bürgers/Körber/Lieder AktG/*Göz/Theusinger* SpruchG § 12 Rn. 1; *Gude* AG 2005, 233.
[17] OLG Düsseldorf NZG 2019, 65 (67); OLG Düsseldorf ZIP 2013, 950 (951); Widmann/Mayer/*Wälzholz* SpruchG § 12 Rn. 3.2; Kölner Komm AktG/*Wilske/Quinke* SpruchG § 12 Rn. 13.
[18] OLG Düsseldorf NZG 2019, 65 (67); BeckOGK/*Drescher*, 1.1.2023, SpruchG § 12 Rn. 26; Lutter/*Mennicke* SpruchG § 12 Rn. 5.
[19] BeckOGK/*Drescher*, 1.1.2023, SpruchG § 12 Rn. 26; Lutter/*Mennicke* SpruchG § 12 Rn. 5; Widmann/Mayer/*Wälzholz* SpruchG § 12 Rn. 3.2.
[20] OLG Düsseldorf NZG 2019, 65 (67); BeckOGK/*Drescher*, 1.1.2023, SpruchG § 12 Rn. 26; Lutter/*Mennicke* SpruchG § 12 Rn. 5; Bürgers/Körber/Lieder AktG/*Göz/Theusinger* SpruchG § 12 Rn. 1; Widmann/Mayer/*Wälzholz* SpruchG § 12 Rn. 3.2; *Preuß* NZG 2009, 961 (965).
[21] OLG Frankfurt a. M. ZIP 2011, 1637; *Koch* SpruchG § 6 Rn. 5; anders noch unter Geltung des FGG, vgl. etwa Fritzsche/Dreier/*Verfürth*, 1. Aufl. 2004, SpruchG § 6 Rn. 15.
[22] OLG München ZIP 2009, 1088; OLG Düsseldorf ZIP 2013, 950 (951); BeckOGK/*Drescher*, 1.1.2023, SpruchG § 12 Rn. 26.
[23] BeckOGK/*Drescher*, 1.1.2023, SpruchG § 12 Rn. 26.
[24] OLG München ZIP 2009, 1088.
[25] OLG Düsseldorf ZIP 2013, 950 (951).
[26] OLG Düsseldorf ZIP 2013, 950 (951); K. Schmidt/Lutter/*Klöcker/Wittgens* SpruchG § 12 Rn. 3; Widmann/Mayer/*Wälzholz* SpruchG § 12 Rn. 3.2; Kölner Komm AktG/*Wilske/Quinke* SpruchG § 12 Rn. 13.

isolierte Anfechtbarkeit von Zwischenentscheidungen über Verfahrensvoraussetzungen, wobei zur Begründung auf eine Analogie zu § 58 Abs. 1 FamFG iVm 280 ZPO rekurriert wird.[27] Zu den damit erfassten nicht instanzbeendenden Zwischenentscheidungen gehören insbesondere solche über die Antragsberechtigung, Antragsfrist sowie über die generelle Zulässigkeit des Spruchverfahrens.[28] Dieser Ansicht wird man sich gerne anschließen, da in der Tat in diesen Fällen die Prozessökonomie dafür streitet, die Klärung der Rechtmäßigkeit nicht bis zur Verkündung der Endentscheidung zu verschieben.[29]

Weitaus umstrittener ist, ob daneben weitere Ausnahmen vom Ausschluss der Beschwerde gegen Zwischenentscheidungen zu machen sind. Die Spruchpraxis hat die isolierte Anfechtung von Zwischenentscheidungen ausnahmsweise auch dann zugelassen, wenn durch die Zwischenentscheidung unmittelbar und in erheblichem Maß in die Rechte eines Beteiligten eingegriffen wird[30] und die Beschwerde deshalb unbedingt geboten erscheint.[31] Dies wird angenommen, wenn die Rechtsbeeinträchtigung irreversibel ist, also in einem späteren Beschwerdeverfahren nicht mehr geheilt werden kann.[32] Unter Hinweis auf die abweichende Grundentscheidung des FamFG wollen demgegenüber Teile des Schrifttums und der Rechtsprechung[33] auch unter diesen Voraussetzungen an der mangelnden Beschwerdemöglichkeit festhalten bzw. allenfalls dann eine Ausnahme zulassen, wenn durch die Zwischenentscheidung unmittelbar in die Rechte eines nicht am Verfahren beteiligten Dritten eingegriffen wird (Bsp.: Bestellung eines gemeinsamen Vertreters gegen seinen Willen).[34] Nach allgemeinen Grundsätzen zumindest denkbar ist zudem die außerordentliche Beschwerde wegen greifbarer Gesetzwidrigkeit, an deren Zulässigkeit allerdings nach Einführung von § 321a ZPO Zweifel artikuliert werden.[35] Anerkennt man das Institut weiterhin, ist Voraussetzung das Vorliegen einer Entscheidung, die jeder gesetzlichen Grundlage entbehrt und dem Gesetz fremd ist;[36] erkennbar handelt es sich also um einen Residualrechtsbehelf, der nur in echten Ausnahmekonstellationen zum Einsatz gelangen könnte.

b) Beschwerdeinhalt

Beschwerden in Verfahren der freiwilligen Gerichtsbarkeit **sollen** nach der allgemeinen Regel des § 65 Abs. 1 FamFG begründet werden. Das Beschwerdegericht oder der Vorsitzende kann dem Beschwerdeführer zwar eine Frist zur Beschwerdebegründung setzen (§ 65 Abs. 2 FamFG),[37] die unterbliebene Begründung zeitigt aber keine rechtlichen Folgen.[38] Die Notwendigkeit konkreter Bewertungsrügen und damit einer Begründung sah das SpruchG in Übereinstimmung mit diesen allgemeinen Grundsätzen bisher allein

---

27 Lutter/*Mennicke* SpruchG § 12 Rn. 5; *Koch* SpruchG § 12 Rn. 1; Widmann/Mayer/*Wälzholz* SpruchG § 12 Rn. 3.2; *Preuß* NZG 2009, 961 (965).
28 *Preuß* NZG 2009, 961 (965).
29 *Preuß* NZG 2009, 961 (965).
30 OLG Düsseldorf ZIP 2013, 950 (951); OLG München ZIP 2009, 1088; vgl. auch Widmann/Mayer/*Wälzholz* SpruchG § 12 Rn. 3.2.
31 OLG München ZIP 2009, 1088. Im Ausgangspunkt auch Hölters/Weber/*Simons* SpruchG § 12 Rn. 6a, allerdings unter der weiteren Voraussetzung, dass eine sofortige, isolierte Überprüfung der Zwischenentscheidung dringlich ist, dh eine Kontrolle erst im Rahmen der Beschwerde über die Endentscheidung eine für den Beschwerdeführer unzumutbare Härte darstellt. Vgl. auch Bürgers/Körber/Lieder AktG/*Göz/Theusinger* SpruchG § 12 Rn. 1.
32 OLG Düsseldorf ZIP 2013, 950 (951).
33 OLG Düsseldorf NZG 2019, 65 (66).
34 Lutter/*Mennicke* SpruchG § 12 Rn. 5. So aus Reihen der Rechtsprechung auch BeckOGK/*Drescher*, 1.1.2023, SpruchG § 12 Rn. 26.
35 OLG Düsseldorf ZIP 2013, 950 (951). Die Möglichkeit einer außerordentlichen Beschwerde zum BGH hat BGH NJW 2002, 1577 aufgrund der Einführung der Gehörsrüge nach § 321a ZPO ausdrücklich verneint.
36 OLG Düsseldorf ZIP 2013, 950 (951).
37 *Preuß* NZG 2009, 961 (964).
38 OLG Karlsruhe 1.4.2015 – 12a W 7/15, BeckRS 2015, 09001; BeckOGK/*Drescher*, 1.1.2023, SpruchG § 12 Rn. 6.

für die Antragsschrift, nicht aber auch für die Beschwerdeschrift vor.[39] Demgegenüber ordnet § 12 Abs. 1 S. 3 idF des Umwandlungsrichtlinie-Umsetzungsgesetzes nunmehr die **Pflicht zur Begründung** auch der Beschwerde an, worin der Gesetzgeber ein Instrument der Qualitätssicherung sieht.[40] Zu Recht weist die Regierungsbegründung auf die bisher bestehende Inkonsistenz hin, dass zwar der Antrag in der Eingangsinstanz (§ 4 Abs. 2 S. 1) zu begründen ist, nicht aber das Rechtsmittel der Beschwerde.[41] Technisch wird die „Soll"-Bestimmung des § 65 Abs. 1 FamFG durch die Begründungspflicht nach § 12 Abs. 1 S. 3 als lex specialis verdrängt.[42] Hinsichtlich der Anforderungen an die Begründung kann auf die zu § 4 Abs. 2 S. 2 entwickelten Maßstäbe zurückgegriffen werden.[43] Im Regelfall wird zu verlangen sein, dass die Beschwerdeschrift erkennen lässt, weshalb die Bewertungsannahmen der Entscheidung des Ausgangsgerichts auch unter Berücksichtigung des Schätzermessens desselben und der Besonderheiten jeder Unternehmensbewertung unzutreffend sein sollen.[44]

c) Zuständigkeit

10 Die Beschwerde war bisher ausschließlich beim iudex a quo einzulegen, also beim zuständigen LG zu erheben;[45] die nach früherem Recht bestehende Möglichkeit, die Beschwerde auch beim iudex ad quem zu erheben, war im Rahmen der Ersetzung des FGG durch das FamFG mit Wirkung ab dem 1.9.2009 entfallen.[46] In Abkehr von dieser Rechtslage ordnet § 12 Abs. 1 S. 2 nunmehr an, dass die Beschwerde ausschließlich beim Beschwerdegericht einzulegen ist. Ursächlich für diese Kehrtwende ist, dass das der Befassung des Beschwerdegerichts vorgeschaltete Abhilfeverfahren beim Ausgangsgericht aufgrund mangelnder Bedeutung entfällt und es damit des „Umweges" über das Ausgangsgericht nicht mehr bedarf (→ Rn. 22).

Sachlich zuständiges Beschwerdegericht – iudex ad quem – ist ausschließlich das örtlich zuständige Oberlandesgericht (§ 119 Abs. 1 Nr. 2 GVG),[47] wobei die auf Grundlage von § 12 Abs. 2 erlassenen Konzentrationsverordnungen der Länder zu berücksichtigen sind (→ Rn. 23).

d) Beschwerdebefugnis

11 Beschwerdebefugt ist, wer durch den Beschluss in seinen Rechten beeinträchtigt ist (§ 59 Abs. 1 FamFG). Beschwerdebefugt sind damit zunächst im Grundsatz sämtliche **Antragsteller** und zwar auch dann, wenn das Gericht erster Instanz die Barabfindung auf einen Betrag festsetzt, der dem beantragten entspricht oder diesen sogar überschreitet; ursächlich ist insoweit, dass das Spruchverfahren als Verfahren der freiwilligen Gerichtsbarkeit nicht dem zivilprozessualen Prinzip des ne ultra petita (§ 308 Abs. 1

---

39 *Gude* AG 2005, 233 (236). Tendenziell aA K. Schmidt/Lutter/*Klöcker/Wittgens* SpruchG § 12 Rn. 17.
40 RegE UmRUG, BT-Drs. 20/3822, 129; vgl. auch *J. Schmidt* NZG 2022, 635 (643).
41 RegE UmRUG, BT-Drs. 20/3822, 129; „Da der verfahrenseinleitende Antrag gemäß § 4 Absatz 2 SpruchG zu begründen ist, ist auch ein Erfordernis der Begründung der Beschwerdefrist konsequent."
42 RegE UmRUG, BT-Drs. 20/3822, 129.
43 *Koch* SpruchG § 12 Rn. 5.
44 *Koch* SpruchG § 12 Rn. 5.
45 BeckOGK/*Drescher*, 1.1.2023, SpruchG § 12 Rn. 5; *Preuß* NZG 2009, 961 (964).
46 Hierzu etwa Lutter/*Mennicke* SpruchG § 12 Rn. 12; *Jänig/Leißring* ZIP 2010, 110 (117). Die ausschließliche Zuständigkeit ist der seinerzeitigen Einrichtung eines Abhilfeverfahrens geschuldet, vgl. etwa noch Semler/Stengel/*Volhard*, 3. Aufl. 2012, SpruchG § 12 Rn. 10d. Abschaffung des Abhilfeverfahrens und Beschwerdeeinlegung beim Beschwerdegericht seinerzeit noch de lege ferenda fordernd etwa *Wasmann* AG 2021, 179 (183).
47 K. Schmidt/Lutter/*Klöcker/Wittgens* SpruchG § 12 Rn. 8; Bürgers/Körber/Lieder AktG/*Göz/Theusinger* SpruchG § 12 Rn. 3; *Jänig/Leißring* ZIP 2010, 110 (117).

ZPO) folgt.[48] Kontrovers diskutiert wird in diesem Zusammenhang allein, ob die Beschwerdebefugnis eines Antragstellers voraussetzt, dass er im Zeitpunkt der Einlegung der Beschwerde noch Aktionär ist. Unbestritten ist, dass es zumindest beim Squeeze-out hierauf nicht ankommen kann, wie auch § 3 noch einmal ausdrücklich klarstellt.[49] Uneinheitlich wird hingegen beantwortet, was zu gelten hat, soweit der bisherige Aktionär seine Aktien nicht auf Grundlage eines Übertragungsbeschlusses verliert, sondern im Rahmen seiner Privatautonomie über sie verfügt. Im Ausgangsverfahren würde dem Antragsteller in diesem Fall die Antragsbefugnis gemäß § 3 S. 2 fehlen. Daraus leiten Stimmen im Schrifttum ab, dass fortgesetzter Anteilsbesitz auch im Beschwerdeverfahren Voraussetzung der Beschwerdebefugnis ist.[50] Die Gegenansicht geht hingegen von der Anwendbarkeit des § 265 ZPO und damit von einer Fortdauer der Beschwerdeberechtigung aus.[51]

Die **Antragsgegnerin** ist beschwerdebefugt, soweit nicht sämtliche Anträge zurückgewiesen oder verworfen worden sind und es deshalb an einer Beschwer fehlt, der mittels des Beschwerdeverfahrens abgeholfen werden könnte.[52] 12

In Rechtsprechung und Schrifttum umstritten war und ist die Frage, ob und unter welchen Voraussetzungen auch der **gemeinsame Vertreter** beschwerdebefugt ist. Nach früher verbreiteter Ansicht ist auch der gemeinsame Vertreter in seiner Funktion als Sachwalter der nicht am Verfahren beteiligten Anteilseigner ohne Weiteres und umfassend beschwerdebefugt.[53] Nach anderer Ansicht, der sich nunmehr auch der BGH für den Regelfall angeschlossen hat, ist der gemeinsame Vertreter demgegenüber nicht beschwerdebefugt, bzw. nur dann, wenn er von seinem Recht zur Verfahrungsfortführung nach Rücknahme sämtlicher Anträge gemäß § 6 Abs. 3 Gebrauch macht.[54] Zugunsten der weiten Ansicht spricht, dass bei engem Verständnis eine fehlerhafte Behandlung der Anträge als unzulässig durch das LG den Verlust des Beschwerderechts des gemeinsamen Vertreters nach sich ziehen würde.[55] Der BGH begründet die Ablehnung der Beschwerdebefugnis demgegenüber zunächst mit der formalen Erwägung, dass der gemeinsame Vertreter, der im Spruchverfahren keine eigenen Rechte geltend macht, durch die erstinstanzliche Entscheidung nicht in eigenen Rechten beeinträchtigt wird und somit die Voraussetzungen der Beschwerdebefugnis zu verneinen sind.[56] Auch funktionelle Erwägungen rechtfertigen nach Auffassung des BGH kein anderes Ergebnis: Aufgabe des gemeinsamen Vertreters sei nicht, im Interesse der nicht am Verfahren beteiligten Aktionäre eine höhere bzw. möglichst hohe Abfindung zu erstreiten, sondern deren Interessen in einem Verfahren zu vertreten, an dem sie nicht beteiligt sind.[57] 13

---

48 Dreier/Fritzsche/Verfürth/*Fritzsche* SpruchG § 12 Rn. 18; K. Schmidt/Lutter/*Klöcker/Wittgens* SpruchG § 12 Rn. 9; Heidel/*Krenek* SpruchG § 12 Rn. 8; Widmann/Mayer/*Wälzholz* SpruchG § 12 Rn. 8.
49 *Gude* AG 2005, 233 (234).
50 So etwa *Büchel* NZG 2003, 793 (800).
51 *Gude* AG 2005, 233 (234); *Tomson/Hammerschmitt* NJW 2003, 2572 (2573 f.). Ähnlich Dreier/Fritzsche/Verfürth/*Fritzsche* SpruchG § 12 Rn. 19 f.: Antragsberechtigung als Zulässigkeitsvoraussetzung wird im Beschwerdeverfahren nicht noch einmal geprüft. Aus der Rechtsprechung zum alten Recht etwa OLG Hamburg AG 2002, 406 (407).
52 Lutter/Mennicke SpruchG § 12 Rn. 8; *Klöcker/Frowein* § 12 Rn. 6; K. Schmidt/Lutter/*Klöcker/Wittgens* SpruchG § 12 Rn. 11; Dreier/Fritzsche/Verfürth/*Fritzsche* SpruchG § 12 Rn. 18.

53 *Weber/Kersjes* Hauptversammlungsbeschlüsse § 5 Rn. 299 f. Weiterhin für Beschwerdebefugnis des gemeinsamen Vertreters etwa Widmann/Mayer/*Wälzholz* SpruchG § 12 Rn. 9.
54 OLG Düsseldorf AG 2009, 907 (908); BeckOGK/*Drescher*, 1.1.2023, SpruchG § 12 Rn. 12; Hölters/Weber/*Simons* SpruchG § 12 Rn. 14; Heidel/*Tewes*, 3. Aufl. 2011- SpruchG § 12 Rn. 9; Bürgers/Körber/Leder AktG/*Göz/Theusinger* SpruchG § 12 Rn. 1; zweifelnd *Koch* SpruchG § 12 Rn. 3.
55 *Gude* AG 2005, 233 (234 f.).
56 BGH NZG 2016, 139 (141).
57 BGH NZG 2016, 139 (141). Skeptisch *Koch* SpruchG § 12 Rn. 3: zweifelhaft, da Rechte der Drittbeteiligten auch im Beschwerdeverfahren zu wahren sind.

Nach dieser Logik ist es folgerichtig, dem gemeinsamen Vertreter grundsätzlich keine Beschwerdebefugnis zuzugestehen. Der gemeinsame Vertreter soll lediglich im Rahmen eines laufenden Verfahrens die Interessen der nicht beteiligten Aktionäre wahren, nicht aber generell ex officio als ein Sachwalter der Vermögensinteressen rational apathischer Aktionäre wirken.

14 Nicht ausdrücklich entschieden hat der BGH, ob und wenn ja in welchen Fällen ausnahmsweise auch der gemeinsame Vertreter beschwerdefugt sein kann. Allerdings lassen die Ausführungen des zweiten Senats erkennen, dass er eine solche **ausnahmsweise Beschwerdeberechtigung** dann für möglich hält, wenn der gemeinsame Vertreter von seinem Verfahrensfortführungsrecht nach § 6 Abs. 3 S. 1 Gebrauch gemacht hat. Nach Antragsrücknahme ist der gemeinsame Vertreter einem Antragsteller gleichgestellt,[58] so dass es konsequent erscheint, ab diesem Zeitpunkt eine Beschwerdebefugnis anzuerkennen.[59] Im Schrifttum wird mit guten Gründen zudem erwogen, den gemeinsamen Vertreter zusätzlich auch insoweit für beschwerdebefugt zu halten, soweit sein eigener Status betroffen ist.[60]

15 Anders ist wiederum für die **besonderen gemeinsamen Vertreter nach §§ 6a-6c** zu entscheiden. Da ihr Rechtsschutzziel jeweils parallel dem der Antragsgegnerin verläuft, ist ihre Beschwerdeberechtigung dann zu bejahen, wenn die Anträge durch das Landgericht nicht zurückgewiesen oder verworfen worden sind.[61] Es ist auch nicht ersichtlich, dass die Verfahrensfortführung durch den gemeinsamen Vertreter nach § 6a-6c akzessorisch wäre, so dass eine Beteiligung in der Beschwerdeinstanz nur dann in Betracht kommen würde, wenn die Antragsgegnerin Beschwerde einlegt. Das muss sich schon daraus ergeben, dass die Gesellschaft als Antragsgegnerin die Höhe der Abfindung unter dem Gesichtspunkt der Schonung der Gesellschaftsressourcen zu verteidigen sucht, während der besondere gemeinsame Vertreter einen Verteilungskonflikt auf Ebene der Gesellschafter adressiert, was sich insbesondere bzgl. der Korrektur eines behauptet unangemessenen Umtauschverhältnisses auswirken kann.

e) Beschwerdefrist

16 Die Beschwerdefrist beträgt grundsätzlich einen Monat (§ 63 Abs. 1 FamFG), da das SpruchG insoweit keine andere Regelung trifft.[62] Die Frist beginnt mit der Bekanntgabe, also der ordnungsgemäßen Zustellung des Beschlusses nach § 11 an den jeweiligen Beschwerdeführer;[63] in Abhängigkeit vom Zeitpunkt der Zustellung kann damit die Beschwerdefrist für die einzelnen Zustellungsadressaten zu unterschiedlichen Daten enden.[64] Scheidet eine Bekanntgabe aus tatsächlichen Gründen aus, gilt eine an § 517 ZPO angelehnte Auffangfrist von fünf Monaten ab Erlass des Beschlusses (§ 63 Abs. 3 S. 2 FamFG).[65] Die Beschwerdefrist wird allein durch Eingang beim zuständigen Gericht ge-

---

58 BGH NZG 2016, 139 (141).
59 So auch Heidel/*Krenek* SpruchG § 12 Rn. 9.
60 Heidel/*Krenek* SpruchG § 12 Rn. 9; vgl. auch Widmann/Mayer/*Wälzholz* SpruchG § 12 Rn. 3.2.
61 So auch Widmann/Mayer/*Wälzholz* SpruchG § 6a Rn. 3. AA Kölner Komm AktG/*Wasmann* SpruchG § 6a Rn. 3.
62 BeckOGK/*Drescher*, 1.1.2023, SpruchG § 12 Rn. 4; Semler/Stengel/*Vollhard*, UmwG, 3. Aufl. 2012, SpruchG § 12 Rn. 10e.
63 Semler/Stengel/*Vollhard*, 3. Aufl. 2012, SpruchG § 12 Rn. 10e; K. Schmidt/Lutter/*Klöcker/Wittgens* SpruchG § 12 Rn. 15.
64 Weber/Kersjes Hauptversammlungsbeschlüsse § 5 Rn. 294; Widmann/Mayer/*Wälzholz* SpruchG § 12 Rn. 6.1.
65 Widmann/Mayer/*Wälzholz* SpruchG § 12 Rn. 6.2; *Jänig/Leißring* ZIP 2010, 110 (117): Zu beachten ist, dass sich die Fünfmonatsfrist ab Erlass (§ 38 Abs. 3 S. 3 FamFG) und nicht ab Verkündung berechnet.

wahrt, allerdings ist eine Wiedereinsetzung in den vorigen Stand nach den allgemeinen Vorgaben der §§ 17 ff. FamFG möglich.[66]

f) Form

Schon nach bisheriger Rechtslage konnte die Beschwerde nur durch einen **Rechtsanwalt** eingelegt werden bzw. musste zumindest durch einen solchen unterschrieben sein (§ 12 Abs. 1 S. 2 aF); im Übrigen allerdings konnte ein Antragsteller auch ohne anwaltliche Vertretung das Beschwerdeverfahren betreiben.[67] Mit der Einführung des verfahrensübergreifenden Anwaltszwangs nach § 5a ist diese Möglichkeit entfallen. Nach § 5a S. 1 müssen sich die Beteiligten ausdrücklich auch vor den Oberlandesgerichten bzw. einem Oberstem Landgericht durch einen Rechtsanwalt vertreten lassen. Bereits die nunmehr erforderliche Einreichung der begründeten Beschwerdeschrift hat durch den Rechtsanwalt des Beschwerdeführers zu erfolgen (§ 12 Abs. 1 S. 2, 3). Die Beschwerde ist **schriftlich** einzulegen, eine Einlegung zur Niederlegung der Geschäftsstelle scheidet aus.[68]

g) Rechtsmissbrauch

Für die Praxis von nicht zu unterschätzender Bedeutung ist die Frage, wann einer Beschwerde der Einwand des Rechtsmissbrauchs entgegengehalten werden kann. Ursächlich ist, dass Spruchverfahren im Regelfall vorrangig von professionellen Akteuren betrieben werden, die nur wenige Anteile halten, wohl nicht zuletzt ein Kostenerstattungsinteresse verfolgen und nicht selten mit – im Einzelfall mit mehr oder weniger Sorgfalt vorbereiteten – Standardrügen arbeiten. Die Rechtsprechung handhabt trotz dieser bekannten Praxis den Einwand des Rechtsmissbrauchs parallel zum allgemeinen Zivilprozess eher eng. Unter Orientierung an § 8 Abs. 4 S. 1 UWG und § 2b UKlaG ist nach der Rechtsprechung ein Rechtsmissbrauch dann anzunehmen, wenn der Anspruchsberechtigte mit der Geltendmachung des Anspruchs **überwiegend sachfremde, für sich nicht schutzwürdige Interessen und Ziele** verfolgt und diese als die **eigentliche Triebfeder und das beherrschende Motiv** der Verfahrenseinleitung erscheinen.[69] Zusätzlich kann sich die Ausübung von Befugnissen, die nicht den gesetzlich vorgesehenen, sondern anderen und rechtlich zu missbilligenden Zwecken dient, auch gemäß § 242 BGB als missbräuchlich darstellen.[70] Für die Annahme eines Rechtsmissbrauchs genügt nicht, dass ein Antragsteller nur wenige Aktien hält,[71] woraus letztlich die Konsequenz gezogen wird, dass die Einleitung eines Spruchverfahrens – zumindest bisher – gerade nicht an ein Quorum gebunden ist. Gleiches gilt nach Auffassung des OLG Brandenburg für den Fall, dass ein und derselbe Antragsteller in verschiedenen Verfahren bei verschiedenen Aktiengesellschaften, also quasi professionell auftritt.[72]

h) Wert des Beschwerdegegenstandes

Seit Neuordnung der freiwilligen Gerichtsbarkeit durch das FamFG ist die Beschwerde nach zutreffender Ansicht zusätzlich daran geknüpft, dass der Wert des Beschwerdege-

---

66 Bürgers/Körber/Lieder AktG/*Göz/Theusinger* SpruchG § 12 Rn. 1; Widmann/Mayer/*Wälzholz* SpruchG § 12 Rn. 3.2.
67 *Deiß* NZG 2013, 248 f.; Dreier/Fritzsche/Verfürth/*Fritzsche* SpruchG § 12 Rn. 40 f.; aA *Günal/Kemmerer* NZG 2013, 16 (17), die bereits für das landgerichtliche Verfahren von Anwaltszwang ausgehen.
68 Widmann/Mayer/*Wälzholz* SpruchG § 12 Rn. 12.
69 OLG Brandenburg NZG 2023, 223 (225).
70 OLG Brandenburg NZG 2023, 223 (225).
71 OLG Brandenburg NZG 2023, 223 (225).
72 OLG Brandenburg NZG 2023, 223 (225).

genstands 600 EUR übersteigt (§ 61 Abs. 1 FamFG).[73] Grundlage ist die umfassende Verweisung auf die Bestimmungen des FamFG in § 17 Abs. 1.[74] Der Beschwerdewert bestimmt sich nach dem vermögensmäßigen Interesse des jeweiligen Beschwerdeführers an einer Änderung der angefochtenen Entscheidung.[75] Dieses berechnet sich als Unterschiedsbetrag zwischen tatsächlich festgesetzter und als angemessen behaupteter Abfindung multipliziert mit der Anzahl der gehaltenen Aktien.[76] Konkret hat der Beschwerdeführer darzulegen,[77] aber nicht zu beweisen, dass die Kompensation in einem Umfang zu erhöhen ist, dass unter Berücksichtigung der durch den Beschwerdeführer gehaltenen Aktienzahl eine Erhöhung um mindestens 600 EUR wahrscheinlich ist.[78] Der Beschwerdewert stellt dennoch in Spruchverfahren im Regelfall keine ernsthafte Hürde dar,[79] weil nach der Rechtsprechung des BGH die Beschwerdewerte mehrerer Beschwerdeführer zu addieren sind, da sie sich gegen dieselbe Entscheidung richten und dasselbe Rechtsschutzziel verfolgen.[80] Um ihrer Darlegungslast hinsichtlich des Erreichens des Beschwerdewerts zu genügen, haben die Antragsteller die Zahl der von ihnen gehaltenen Anteile anzugeben, anderenfalls wird zu ihren Lasten davon ausgegangen, dass sie nur einen Anteil/eine Aktie halten.[81] Gelingt es einem Beschwerdeführer nicht, dem Beschwerdegericht die Feststellung des Erreichens des Beschwerdewerts zu ermöglichen, geht dies nach zutreffender Auffassung des BGH zu seinen Lasten.[82]

i) Unselbständige Anschlussbeschwerde

20 Eine unselbständige Anschlussbeschwerde ist auf Grundlage von § 66 FamFG möglich.[83] Eine unselbständige Anschlussbeschwerde kann auch nach Ablauf der Beschwerdefrist eingelegt werden, sie teilt aber das Schicksal der eigentlichen Beschwerde, insbesondere die Folgen einer eventuellen Rücknahme (§ 66 Abs. 2 FamFG).[84] Aufgrund ihres akzessorischen Charakters ist die Anschlussbeschwerde nicht daran gebunden, dass der Anschlussbeschwerdeführer den Beschwerdewert von 600 EUR erreicht.[85]

21 Legt die **Antragsgegnerin Anschlussbeschwerde** ein und wird daraufhin die **Abfindungshöhe zu Ungunsten der Antragsteller ohne mündliche Verhandlung geändert**, stellt dies nach einer jüngeren Entscheidung des OLG Düsseldorf weder eine Überraschungsentscheidung zulasten der Antragsteller noch einen Verstoß gegen die gerichtlichen Hinweispflichten gemäß § 8 Abs. 3 dar mit der Folge, dass einer darauf gestützten Gehörsrüge nach § 44 FamFG (§ 29a FGG aF) der Erfolg zu versagen ist.[86] Zu Recht stellt der entscheidende Senat darauf ab, dass bei beiderseitigen Rechtsmit-

---

73 BGH NZG 2018, 1394 (1395); OLG Brandenburg NZG 2023, 223 (224); OLG Düsseldorf NZG 2023, 160 (162); OLG München NZG 2022, 362 (364); OLG Stuttgart 27.7.2015 – 20 W 5/14 Rn. 57; Hölters/Weber/*Simons* SpruchG § 12 Rn. 6; Widmann/Mayer/*Wälzholz* SpruchG § 12 Rn. 3.4; *Drescher* WM 2020, 577 (583 f.).
74 *Drescher* WM 2020, 577 (583).
75 OLG Stuttgart 27.7.2015 – 20 W 5/14 Rn. 57.
76 *Drescher* WM 2020, 577 (583); Widmann/Mayer/*Wälzholz* SpruchG § 12 Rn. 3.4.
77 OLG Brandenburg NZG 2023, 223 (224).
78 OLG Stuttgart 27.7.2015 – 20 W 5/14 Rn. 57.
79 Schmitt/Hörtnagl/*Hörtnagl* SpruchG § 12 Rn. 2; *Jänig/Leißring* ZIP 2010, 110 (117).
80 BGH NZG 2018, 1394 (1397); OLG Brandenburg NZG 2023, 223 (224); OLG München NZG 2022, 362 (364); *Drescher* WM 2020, 577 (583 f.); so auch Widmann/Mayer/*Wälzholz* SpruchG § 12 Rn. 3.4 f.; im Ausgangspunkt auch Hölters/Weber/*Simons* SpruchG § 12 Rn. 6 mit weiterer Differenzierung. Tendenziell ablehnend und mit Petitum, de lege ferenda das individuelle Erreichen des Beschwerdewertes anzuordnen, *Wasmann* AG 2021, 179 (184 f.).
81 OLG Brandenburg NZG 2023, 223 (224).
82 BGH NZG 2018, 1394.
83 Heidel/*Krenek* SpruchG § 12 Rn. 4; Widmann/Mayer/*Wälzholz* SpruchG § 12 Rn. 14; Dreier/Fritzsche/Verfürth/*Fritzsche* SpruchG § 12 Rn. 45. Aus der Rechtsprechung zum alten Recht etwa OLG Hamburg AG 2002, 406 (407).
84 Dreier/Fritzsche/Verfürth/*Fritzsche* SpruchG § 12 Rn. 48; K. Schmidt/Lutter/*Klöcker/Wittgens* SpruchG § 12 Rn. 15.
85 OLG München NZG 2022, 362 (364); Widmann/Mayer/*Wälzholz* SpruchG § 12 Rn. 14.
86 OLG Düsseldorf ZIP 2022, 2543 (2544).

teln die Abfindungshöhe noch einmal vollständig zu überprüfen ist und somit auch jeder Antragsteller des Ausgangsverfahrens damit rechnen muss, dass eine durch das Landgericht ausgeurteilte Abfindungshöhe herabgesetzt wird.[87] Eine grundsätzlich im Spruchverfahren unzulässige reformatio in peius ist hierin nicht zu sehen: Zwar kommt es aus Sicht der Antragsteller zu einer Verschlechterung gegenüber der Entscheidung des Ausgangsgerichts, allerdings stehen die Antragsteller nicht schlechter als sie ohne Spruchverfahren stünden.[88]

j) Kein Abhilfeverfahren

Das FamFG eröffnet mit dem Abhilfeverfahren nach § 68 FamFG eine Möglichkeit zur Selbstkorrektur.[89] Das Landgericht als iudex a quo kann einer eingelegten Beschwerde abhelfen. Ergeht kein Abhilfebescheid, hat es die Beschwerde unverzüglich an das OLG als Beschwerdegericht weiterzuleiten.[90] Bisher beanspruchte das Abhilfeverfahren auch im Spruchverfahren Geltung. Obwohl die damit verbundene weitere Verfahrensverzögerung teilweise von Stimmen aus der Gerichtspraxis als gering eingestuft wurde,[91] hat der Gesetzgeber das UmRUG zum Anlass genommen, die Anwendung des § 68 FamFG für das Spruchverfahren auszuschließen. Nach Einschätzung des Gesetzgebers wie auch Beobachtungen aus der Praxis[92] hat sich das Abhilfeverfahren für die Spruchverfahrenspraxis nicht bewährt.[93] Aufgrund intensiver Sachverhaltsaufklärung des Landgerichts erschienen Fälle, in denen das Gericht aus Anlass der eingelegten Beschwerde seine eigene Entscheidung aufhebt, nur schwer vorstellbar. Folglich führe das Abhilfeverfahren entgegen seiner eigentlichen Stoßrichtung (Beschleunigung) zu zusätzlichen Verfahrensverzögerungen, die durch die unmittelbare Befassung des Beschwerdegerichts vermieden würden.[94] Als Konsequenz der Abschaffung des Abhilfeverfahrens ist die Beschwerde nunmehr unmittelbar beim Beschwerdegericht und nicht mehr beim Ausgangsgericht einzulegen (→ Rn. 10).

2. Zuständigkeitskonzentration (Abs. 2)

Das Beschwerdegericht ist grundsätzlich nach § 119 Abs. 1 Nr. 1 lit. b GVG zu bestimmen. Im Interesse der Spezialisierung erlaubt Abs. 2 die Konzentration auf ausgewählte Gerichtssprengel. Auf Grundlage der Konzentrationsermächtigung ist in Bayern das OLG München,[95] in NRW das OLG Düsseldorf für die Bezirke der Oberlandesgerichte Düsseldorf, Hamm und Köln[96] und in Rheinland-Pfalz das OLG Zweibrücken[97] zentral zuständig. Die Ermächtigung in Abs. 2 und damit auch die auf dieser Grundlage erlassenen Konzentrationsverordnungen gelten sowohl in Fällen, in denen das SpruchG direkt

---

87 OLG Düsseldorf ZIP 2022, 2543 (2544); Widmann/Mayer/*Wälzholz* SpruchG § 12 Rn. 14.
88 Widmann/Mayer/*Wälzholz* SpruchG § 12 Rn. 14.
89 Hölters/Weber/*Simons* SpruchG § 12 Rn. 16.
90 *Jänig/Leißring* ZIP 2010, 110 (117); Hölters/Weber/*Simons* SpruchG § 12 Rn. 16.
91 *Engel/Puszkajler* BB 2012, 1687 (1691). Vgl. auch *J. Schmidt* NZG 2022, 635 (642).
92 Hölters/Weber/*Simons* SpruchG § 12 Rn. 16; keine Abhilfe in der Praxis nahezu ausnahmsloser Regelfall; deutlich auch *Wasmann* AG 2021,179, 183: „[…] bedeutet eine teils enorme zeitliche Verzögerung und ist schlicht überflüssig"; ähnlich im Ergebnis auch *Goette* DStR 2023, 157 (163).
93 RegE UmRUG, BT-Drs. 20/3822, 156.
94 RegE UmRUG, BT-Drs. 20/3822, 156.
95 § 26 Abs. 2 GZVJu (Verordnung über gerichtliche Zuständigkeiten im Bereich des Staatsministeriums der Justiz v. 6.4.2020, GVBl. 2020, 205).
96 § 2 KonzVOGesR (Verordnung über die gerichtliche Zuständigkeit zur Entscheidung in gesellschaftsrechtlichen Angelegenheiten und in Angelegenheiten der Versicherungsvereine auf Gegenseitigkeit v. 8.6.2010, GV NW 2010, 350).
97 § 10 Abs. 2 ZFGGZuVO (Verordnung über die gerichtliche Zuständigkeit in Zivilsachen v. 22.11.1985, GVBl. 1985, 267).

III. Beschwerdeverfahren

24 Über die Beschwerde zu Verfahren, die (erstinstanzlich) ab dem 1.9.2009 eingeleitet worden sind, **entscheidet** das OLG durch **Beschluss**. Unzulässige Beschwerden werden verworfen, unbegründete Beschwerden zurückgewiesen. Anderenfalls ergeht eine Sachentscheidung. Die Beschwerdeentscheidung ist zu begründen und mit einer Rechtsbehelfsbelehrung zu versehen (§§ 69 Abs. 2 und 3, 39 S. 1 FamFG).[99]

25 Mit dem Beschwerdeverfahren eröffnet das Spruchverfahrensgesetz grundsätzlich eine **zweite Tatsacheninstanz** (vgl. § 17 Abs. 1 iVm § 65 Abs. 1 FamFG),[100] woraus sich nicht zuletzt die häufigen Forderungen nach seiner Abschaffung oder zumindest einer Beschränkung der Beschwerde auf eine reine Rechtsbeschwerde erklären. Das ist allerdings richtigerweise nicht damit gleichzusetzen, dass sämtliche – im Regelfall durchgängig streitig gestellten – Parameter der Unternehmensbewertung im Beschwerdeverfahren noch einmal en detail ermittelt oder zumindest überprüft werden müssten. Während dies bei einer Unternehmensbewertung unter Rückgriff auf den Börsenkurs und die dazu ermittelten Leitlinien der Rechtsprechung noch denkbar erscheint, ist insbesondere bei den datenschwangeren Fundamentalwertverfahren, wie insbesondere dem die deutsche Bewertungspraxis prägenden Ertragswertverfahren und dem kapitalwertgleichen international dominierenden Discounted Cash Flow-Verfahren (DCF), eine wiederholte vollständige Prüfung der Datengrundlage und ihrer wissenschaftlich vertretbaren Verwendung im Rahmen der Ermittlung des Unternehmenswertes kaum gangbar und auch wenig sinnvoll. Zu Recht verweigert sich die Rechtsprechung insoweit dem Ansinnen, im Beschwerdeverfahren jedes Detail der streitigen Ertragswertermittlung von Amts wegen erneut zu überprüfen.[101] Zur Begründung wird darauf verwiesen, dass der grundsätzlich in Verfahren der freiwilligen Gerichtsverfahren zu beachtende Amtsermittlungsgrundsatz (§ 26 FamFG) im Spruchverfahren ohnehin durch die Einführung zahlreicher beibringungsrechtlicher Elemente der ZPO durchbrochen sei (§§ 8 Abs. 3, 9, 10), und aus diesem Grund bereits das erstinstanzlich zuständige Gericht sich grundsätzlich nur mit konkret erhobenen Bewertungsrügen auseinandersetzen und nicht ohne Vortrag bei unstreitigem Sachverhalt von Amts wegen weitergehende Ermittlungen durchführen müsse.[102] Anders gewendet kann der Prüfungsmaßstab der Beschwerde nicht weiter reichen als der des erstinstanzlichen Verfahrens.[103] Auch in der Beschwerdeinstanz kann sich das Beschwerdegericht in Konsequenz auf die von den Beschwerdeführern erhobenen Einwendungen beschränken.[104] Dies soll nach zutreffender Ansicht jedenfalls dann gelten, solange sich das erstinstanzliche Gericht umfassend mit den Details des Bewertungsverfahrens und den in erster Instanz erhobenen Rügen auseinandergesetzt und seine Entscheidung ausführlich und nachvollziehbar begründet

hat.[105] Nach §§ 9, 10 präkludierte Tatsachen können in der Beschwerde nicht neu vorgetragen werden.[106]

Die Entscheidung des Beschwerdegerichts kann ihrerseits – anders als in Altverfahren, die nach der Verfahrungsordnung des FGG geführt werden – mit der **Rechtsbeschwerde zum BGH** angegriffen werden, soweit das OLG als Beschwerdeinstanz die Rechtsbeschwerde zugelassen hat (§ 70 Abs. 1 FamFG).[107] Die Nichtzulassung ist nicht anfechtbar.[108] Die Rechtsbeschwerde eröffnet keine weitere Tatsacheninstanz, sondern dient allein der Klärung der Frage, ob die Entscheidung des Beschwerdegerichts auf einer Verletzung des Gesetzes beruht (§ 72 Abs. 1 S. 1 FamFG).[109] Zusätzlich eröffnet § 75 FamFG die Möglichkeit, bereits die erstinstanzliche Entscheidung allein in rechtlicher Sicht durch sog. **Sprungrechtsbeschwerde** überprüfen zu lassen.[110] Die Rechtsbeschwerde ist zuzulassen, wenn die Sache entweder grundsätzliche Bedeutung hat oder aber die Fortbildung des Rechts oder die Sicherung einer einheitlichen Rechtsprechung eine Entscheidung des Rechtsbeschwerdegerichts erfordern (§ 70 Abs. 1 S. 1 FamFG).[111]

§ 13 Wirkung der Entscheidung

¹Die Entscheidung wird erst mit der Rechtskraft wirksam. ²Sie wirkt für und gegen alle, einschließlich derjenigen Anteilsinhaber, die bereits gegen die ursprünglich angebotene Barabfindung oder sonstige Abfindung aus dem betroffenen Rechtsträger ausgeschieden sind. ³Ein Vergleich bleibt unberührt, auch wenn er vom gemeinsamen Vertreter geschlossen wurde.

Literatur:

Krafka, Registerrechtliche Neuerungen durch das FamFG, NZG 2009, 650; *Preuß*, Auswirkungen der FGG-Reform auf das Spruchverfahren, NZG 2009, 961; *Rezori*, Abwicklung von durchgeführten Spruchverfahren über Unternehmensverträge: Gläubiger des Ausgleichsergänzungsanspruchs bei zwischenzeitlichem Wechsel des Aktionärskreises, NZG 2008, 812; *Wasmann*, Zur Evaluation des Spruchverfahrens, AG 2021, 179; *Wollin*, Zur Reform des Vergleichs im Spruchverfahren, AG 2022, 474.

A. Überblick

§ 13 regelt, ab welchem Zeitpunkt und für bzw. gegen wen **Entscheidungswirkungen** eintreten. Die Norm übernimmt die vor Inkrafttreten des SpruchG unter § 306 Abs. 2 iVm § 99 Abs. 5 S. 1 AktG aF sowie § 311 UmwG aF geltende Rechtslage. § 13 kodifiziert dabei die vor Inkrafttreten des SpruchG von der hM vertretene Ansicht, dass die Entscheidung auch zugunsten solcher Anteilsinhaber wirkt, die das ursprüngliche Kompensationsangebot bereits angenommen haben.[1] Durch das UmRuG wurde S. 3 ergänzt.

---

105 OLG München NZG 2022, 362 (365); ähnlich Emmerich/Habersack/Emmerich SpruchG § 12 Rn. 15: Amtsermittlungspflicht verlangt nur dann weitgehende Überprüfung der Ausgangsentscheidung ohne entsprechende Rüge, wo diese offenkundige Lücken oder Widersprüche aufweist.
106 Widmann/Mayer/*Wälzholz* SpruchG § 12 Rn. 13.2.
107 Widmann/Mayer/*Wälzholz* SpruchG § 12 Rn. 35; *Halfmeier/Jacoby* ZIP 2020, 203 (204 f.).
108 Widmann/Mayer/*Wälzholz* SpruchG § 12 Rn. 35.
109 Hölters/Weber/*Simons* SpruchG § 12 Rn. 4.
110 Hölters/Weber/*Simons* SpruchG § 12 Rn. 2.
111 Hölters/Weber/*Simons* SpruchG § 12 Rn. 28.
1 Begr. RegE BT-Drs. 15/371, 17; Kölner Komm AktG/*Wilske* SpruchG § 13 Rn. 1.

2 Ein **Vergleich** gem. § 11 Abs. 2 oder Abs. 4 wird von § 13 nicht erfasst, da er, vorbehaltlich einer (in der Praxis die Regel bildenden) abweichenden Bestimmung im Vergleichstext nur zwischen den Verfahrensbeteiligten Wirkung entfaltet.[2]

B. Zeitpunkt des Wirksamwerdens der Entscheidung

3 Abweichend von § 40 Abs. 1 FamFG wird die gerichtliche Entscheidung im Spruchverfahren nach S. 1 erst mit **formeller Rechtskraft** wirksam. Formelle Rechtskraft tritt gem. § 45 S. 1 FamFG ein, sobald die Frist für die Einlegung des zulässigen Rechtsmittels abgelaufen ist und kein Rechtsmittel eingelegt wurde. Konkret bedeutet dies, dass Entscheidungen der Landgerichte im Spruchverfahren grundsätzlich mit Ablauf der Beschwerdefrist ohne Einlegung einer Beschwerde formell rechtskräftig werden. Entscheidungen der Oberlandesgerichte werden mit ihrem Erlass formell rechtskräftig, sofern das Oberlandesgericht nicht die Rechtsbeschwerde nach § 70 FamFG zugelassen hat.[3] Eine Entscheidung des BGH über eine Rechtsbeschwerde wird mit ihrem Erlass formell rechtskräftig.[4]

C. Entscheidungswirkungen

4 Die Entscheidung wirkt nach S. 2 **für und gegen alle**, einschließlich aller Behörden und Gerichte[5] sowie solcher (früheren) Anteilsinhaber, die die ursprüngliche Kompensation bereits angenommen haben. Ausgenommen sind lediglich solche Anteilsinhaber, die durch Erlassvertrag oder Vergleich auf ihren Abfindungsergänzungsanspruch verzichtet haben.[6] Einer eine Erhöhung aussprechenden Entscheidung kommt hinsichtlich ihres Streitgegenstands Gestaltungswirkung mit der Folge zu, dass die zunächst (vertraglich) vorgesehene Kompensation rückwirkend durch die vom Gericht festgesetzte Kompensation ersetzt wird.[7] Sofern ein Antrag rechtskräftig als unzulässig verworfen wurde, erwächst nur die Entscheidung über das betreffende Zulässigkeitshindernis in Rechtskraft.[8]

5 S. 3 stellt klar, dass die in S. 2 angeordnete Entscheidungswirkung „für und gegen alle" einen zuvor geschlossenen **Vergleich** unberührt lässt.[9] Dies gilt insbesondere auch dann, wenn ein solcher Vergleich unter Beteiligung des gemeinsamen Vertreters geschlossen wird. Nach der Vorstellung des Gesetzgebers soll die Vorschrift die gütliche Beilegung von Spruchverfahren fördern und dem Antragsgegner den Abschluss von Teilvergleichen erleichtern, durch welche er sein Verfahrensrisiko steuern kann.[10] Ob diese Intention sich in der Praxis verwirklichen wird, hängt davon ab, inwieweit gemeinsame Vertreter zum Abschluss von Teilvergleichen bereit sind bzw. sein werden. Bisher ist zu beobachten, dass sonstige Antragsgegner nicht selten zum Abschluss eines

---

2 K. Schmidt/Lutter/*Klöcker/Wittgens* SpruchG § 13 Rn. 7; Lutter/*Krieger/Mennicke* SpruchG § 13 Rn. 3; Kölner Komm AktG/*Wilske* SpruchG § 13 Rn. 2; **aA** Simon SpruchG/*Simon* § 13 Rn. 9.
3 Emmerich/Habersack/*Emmerich* SpruchG § 13 Rn. 3; K. Schmidt/Lutter/*Klöcker/Wittgens* SpruchG § 13 Rn. 2; Kölner Komm AktG/*Wilske* SpruchG § 13 Rn. 4 ff.
4 Kölner Komm AktG /*Wilske* SpruchG § 13 Rn. 8.
5 Emmerich/Habersack/*Emmerich* SpruchG § 13 Rn. 8; K. Schmidt/Lutter/*Klöcker/Wittgens* SpruchG § 13 Rn. 3 f.; Heidel/*Tewes* SpruchG § 13 Rn. 6; Kölner Komm AktG/*Wilske* SpruchG § 13 Rn. 15 f.
6 MüKoAktG/*Kubis* SpruchG § 13 Rn. 3; Kölner Komm AktG/*Wilske* SpruchG § 13 Rn. 12.
7 LG Hamburg DB 2001, 638; OLG Karlsruhe AG 2008, 716 f.; Emmerich/Habersack/*Emmerich* SpruchG § 13 Rn. 7; K. Schmidt/Lutter/*Klöcker/Wittgens* SpruchG § 13 Rn. 3; Kölner Komm AktG/*Wilske* SpruchG § 13 Rn. 13 f.
8 Emmerich/Habersack/*Emmerich* SpruchG § 13 Rn. 9; Kölner Komm AktG/*Wilske* SpruchG § 13 Rn. 16.
9 Nach bisheriger Rechtslage war dies str., vgl. *Wasmann* AG 2021, 179 (187).
10 Begr. RegE UmRuG, BT-Drs. 20/3822, 157; befürwortend *Wollin* AG 2022, 474 (479 f.).

Teilvergleichs nur dann bereit sind, wenn diese eine „Meistbegünstigungsklausel" beinhalten, nach denen die am Vergleich beteiligten Antragsteller von einer später – in der gerichtlichen Entscheidung oder einem weiteren Vergleich – vorgesehenen höheren Kompensation ebenfalls profitieren.

Wird ein **Beherrschungs- oder Gewinnabführungsvertrag** während oder nach Ablauf eines Spruchverfahrens geändert, so stehen die Rechtshängigkeit bzw. der rechtskräftige Abschluss des den ursprünglichen Vertrag betreffenden Spruchverfahrens einem neuen Spruchverfahren nur dann nicht entgegen, wenn gerade die Regelungen zu Ausgleich und Abfindung geändert worden sind.[11]

Entscheidungen im Spruchverfahren haben lediglich **feststellende Wirkung**, sind aber keine Vollstreckungstitel.[12] (Frühere) Anteilsinhaber müssen daher ggf. Leistungsklage gegen den Antragsgegner erheben (vgl. § 16). In diesem Prozess ist das Gericht nach § 13 an die Entscheidung im Spruchverfahren gebunden.

§ 14 Bekanntmachung der Entscheidung

Die rechtskräftige Entscheidung in einem Verfahren nach § 1 ist ohne Gründe nach Maßgabe des § 6 Abs. 1 Satz 4 und 5 in den Fällen
1. der Nummer 1 durch den Vorstand der Gesellschaft, deren außenstehende Aktionäre antragsberechtigt waren;
2. der Nummer 2 durch den Vorstand der Hauptgesellschaft;
3. der Nummer 3 durch den Hauptaktionär der Gesellschaft;
4. der Nummer 4 durch die gesetzlichen Vertreter jedes übernehmenden oder neuen Rechtsträgers oder des Rechtsträgers neuer Rechtsform;
5. der Nummer 5 durch die gesetzlichen Vertreter der SE, aber im Fall des § 9 des SE-Ausführungsgesetzes durch die gesetzlichen Vertreter der die Gründung anstrebenden Gesellschaft, und
6. der Nummer 6 durch die gesetzlichen Vertreter der Europäischen Genossenschaft

bekannt zu machen.

Literatur:
Riegger/Rieg, Änderungen bei den Veröffentlichungspflichten nach Abschluss eines Spruchverfahrens durch das TUG, ZIP 2007, 1148.

A. Überblick	1	II. Bekanntmachungsverpflichteter	5
B. Bekanntmachung nach § 14	3	III. Art und Weise der Bekanntmachung	7
I. Bekanntmachungsgegenstand	3	C. Sonstige Bekanntmachungspflichten	9

A. Überblick

§ 14 regelt die Bekanntmachung rechtskräftiger Entscheidungen im Spruchverfahren. Zweck der Bekanntmachung ist die Information der nicht am Verfahren beteiligten (früheren) Anteilsinhaber. Diese ist erforderlich, weil die Entscheidung gem. § 13 S. 1

---

11 K. Schmidt/Lutter/*Klöcker/Wittgens* SpruchG § 13 Rn. 3.
12 OLG Karlsruhe AG 2008, 716 f.; OLG Frankfurt a. M. NZG 2006, 151 f.; Emmerich/Habersack/*Emmerich* SpruchG § 13 Rn. 15; K. Schmidt/Lutter/*Klöcker/Wittgens* SpruchG § 13 Rn. 6; Kölner Komm AktG/*Wilske* SpruchG § 13 Rn. 19.

auch für und gegen diese wirkt.¹ Aus dem Zweck der Norm folgt, dass eine Bekanntmachung entbehrlich ist, wenn ausnahmsweise alle kompensationsberechtigten (ehemaligen) Anteilsinhaber als Antragsteller am Verfahren beteiligt waren.² Von Bedeutung ist die Bekanntmachung insbes. im Falle eines Beherrschungs- oder Gewinnabführungsvertrags (vgl. § 305 Abs. 4 S. 3 AktG).

2 Nr. 5 wurde durch das SEEG,³ Nr. 6 durch das SCEEG⁴ eingefügt. Im Übrigen ist die Norm seit ihrem Inkrafttreten unverändert.

B. Bekanntmachung nach § 14
I. Bekanntmachungsgegenstand

3 Bekanntmachungsgegenstand ist allein eine **rechtskräftige Entscheidung** iSd § 13. Auf Vergleiche ist § 14 mangels inter-omnes-Wirkung ebenso wenig entsprechend anzuwenden wie auf andere Arten der Verfahrensbeendigung.⁵

4 Allerdings enthalten Vergleiche regelmäßig eine Verpflichtung des Antragsgegners, diesen entsprechend § 14 bekannt zu machen (idR ohne eine etwaige Kostenregelung).

II. Bekanntmachungsverpflichteter

5 Bekanntmachungsverpflichtet ist grundsätzlich der jeweilige Antragsgegner. Eine Ausnahme bestimmt Nr. 1 für **Beherrschungs- und Gewinnabführungsverträge**, bei denen die Bekanntmachungspflicht beim **Vorstand der abhängigen Gesellschaft** liegt. Dieser muss, da die abhängige Gesellschaft am Spruchverfahren nicht beteiligt ist, vom herrschenden Unternehmen über den Verfahrensausgang informiert werden.⁶

6 Auch wenn die Bekanntmachungspflicht in Nr. 1 und Nr. 2 explizit dem jeweiligen Vorstand zugewiesen ist, folgt daraus nicht, dass die Bekanntmachung in diesen oder gar in allen Fällen des § 14 durch alle Vorstandsmitglieder erfolgen bzw. veranlasst werden muss. Vielmehr genügt ein **Handeln in vertretungsberechtigter Zahl**.⁷ Sind mehrere Antragsgegner zu einer Bekanntmachung verpflichtet, so genügt eine gemeinsame Bekanntmachung, sofern das Bekanntmachungsmedium für alle Antragsgegner identisch ist.⁸

III. Art und Weise der Bekanntmachung

7 Die rechtskräftige Entscheidung kann ohne Gründe, dh nur mit Rubrum und Tenor, bekannt gemacht werden.⁹ Allerdings steht es dem Bekanntmachungsverpflichteten

---

[1] Emmerich/Habersack/*Emmerich* SpruchG § 14 Rn. 1; Kölner Komm AktG/*Wilske* SpruchG § 14 Rn. 4.
[2] Emmerich/Habersack/*Emmerich* SpruchG § 14 Rn. 1; MüKoAktG/*Kubis* SpruchG § 14 Rn. 6; ausführlich Kölner Komm AktG/*Wilske* SpruchG § 14 Rn. 22 ff.
[3] Gesetz zur Einführung der europäischen Aktiengesellschaft v. 22.12.2004, BGBl. I 3675.
[4] Gesetz zur Einführung der europäischen Genossenschaft und zur Änderung des Genossenschaftsrechts v. 14.8.2006, BGBl. I 1911.
[5] BeckOGK/*Drescher* SpruchG § 14 Rn. 2; K. Schmidt/Lutter/*Klöcker/Wittgens* SpruchG § 14 Rn. 1; MüKoAktG/*Kubis* SpruchG § 14 Rn. 1; Simon SpruchG/*Leuering* § 14 Rn. 10; Kölner Komm AktG/*Wilske* SpruchG § 14 Rn. 2; **aA** für gerichtliche Vergleiche Emmerich/Habersack/*Emmerich* SpruchG § 14 Rn. 7.
[6] BeckOGK/*Drescher* SpruchG § 14 Rn. 3; Emmerich/Habersack/*Emmerich* SpruchG § 14 Rn. 6.
[7] Emmerich/Habersack/*Emmerich* SpruchG § 14 Rn. 6; MüKoAktG/*Kubis* SpruchG § 14 Rn. 3; Simon SpruchG/*Leuering* § 14 Rn. 16; Hölters/Weber/*Simons* SpruchG § 14 Rn. 5; **aA** K. Schmidt/Lutter/*Klöcker/Wittgens* SpruchG § 14 Rn. 3; Kölner Komm AktG/*Wilske* SpruchG § 14 Rn. 18.
[8] K. Schmidt/Lutter/*Klöcker/Wittgens* SpruchG § 14 Rn. 6; MüKoAktG/*Kubis* SpruchG § 14 Rn. 3; Kölner Komm AktG/*Wilske* SpruchG § 14 Rn. 18.
[9] Emmerich/Habersack/*Emmerich* SpruchG § 14 Rn. 5; K. Schmidt/Lutter/*Klöcker/Wittgens* SpruchG § 14 Rn. 2; Kölner Komm AktG/*Wilske* SpruchG § 14 Rn. 6.

frei, auch die Entscheidungsgründe bekannt zu machen.[10] Ein Anspruch auf Anonymisierung des Rubrums besteht nicht.[11] Die Veröffentlichung hat unverzüglich (§ 271 BGB) zu erfolgen.[12]

Nach § 14 iVm § 6 Abs. 1 S. 4 und 5 ist die Entscheidung im Bundesanzeiger und darüber hinaus in etwaigen weiteren, gesellschaftsvertraglich bestimmten Blättern oder elektronischen Informationsmedien bekannt zu machen. Einer früher in § 306 Abs. 2 iVm § 99 Abs. 5 S. 3 AktG aF vorgesehenen Einreichung der Entscheidung zum Handelsregister bedarf es heute nicht mehr. Die Bekanntmachung kann weder durch Zwangsgeld noch von Antragstellern oder dem gemeinsamen Vertreter im Klagewege erzwungen werden.[13] 8

C. Sonstige Bekanntmachungspflichten

Im Einzelfall können den Bekanntmachungsverpflichteten bzw. den Antragsgegner weitere Bekanntmachungspflichten treffen. So ist bei börsennotierten Gesellschaften an eine Pflicht zur Veröffentlichung einer Ad-hoc-Mitteilung gem. Art. 17 MAR oder einer Mitteilung nach § 50 Abs. 1 Nr. 1 WpHG zu denken.[14] 9

§ 15 Kosten

(1) **Die Gerichtskosten können ganz oder zum Teil den Antragstellern auferlegt werden, wenn dies der Billigkeit entspricht.**

(2) **Das Gericht ordnet an, dass die Kosten der Antragsteller, die zur zweckentsprechenden Erledigung der Angelegenheit notwendig waren, ganz oder zum Teil vom Antragsgegner zu erstatten sind, wenn dies unter Berücksichtigung des Ausgangs des Verfahrens der Billigkeit entspricht.**

Literatur:
Meilicke/Heidel, Das neue Spruchverfahren in der gerichtlichen Praxis, DB 2003, 2267; *Noack*, Erstattung außergerichtlicher Kosten des Antragsgegners im Spruchverfahren, NZG 2017, 653; *Preuß*, Auswirkungen der FGG-Reform auf das Spruchverfahren, NZG 2009, 961; *Schmittmann*, Vorschusspflicht im Spruchverfahren und registerrechtliche Behandlung unbekannter Aktionäre, AG 1998, 514; *Wittgens*, Der gerichtliche Sachverständige im Spruchverfahren, AG 2007, 106.

A. Überblick 1	I. Außergerichtliche Kosten der Antragsteller 10
B. Gerichtskosten 3	II. Außergerichtliche Kosten des Antragsgegners 13
I. Geschäftswert und Gebühren 3	
II. Auslagen und Auslagenvorschuss 6	
III. Kostenschuldner 9	III. Kostenentscheidung und -festsetzung 14
C. Außergerichtliche Kosten 10	

---

10 Emmerich/Habersack/*Emmerich* SpruchG § 14 Rn. 5; Kölner Komm AktG/*Wilske* SpruchG § 14 Rn. 6.
11 Kölner Komm AktG/*Wilske* SpruchG § 14 Rn. 6.
12 Simon SpruchG/*Leuering* § 14 Rn. 14; Kölner Komm AktG/*Wilske* SpruchG § 14 Rn. 21.
13 BeckOGK/*Drescher* SpruchG § 14 Rn. 4; Bürgers/Körber/*Ederle/Theusinger* SpruchG § 14 Rn. 3; Emmerich/Habersack/*Emmerich* SpruchG § 14 Rn. 10; teilweise aA MüKoAktG/*Kubis* SpruchG § 14 Rn. 4; Kölner Komm AktG/ *Wilske* SpruchG § 14 Rn. 32 ff., die einen Anspruch der Antragsteller auf Bekanntmachung annehmen oder jedenfalls nicht für ausgeschlossen halten.
14 Emmerich/Habersack/*Emmerich* SpruchG § 14 Rn. 5; K. Schmidt/Lutter/*Klöcker/Wittgens* SpruchG § 14 Rn. 7; Simon SpruchG/*Leuering* § 14 Rn. 23 ff.; Kölner Komm AktG/*Wilske* SpruchG § 14 Rn. 27 ff., *Riegger/Rieg* ZIP 2007, 1148.

A. Überblick

1 § 15 regelt – nicht abschließend – die Verteilung der Gerichtskosten sowie der außergerichtlichen Kosten der Antragsteller. Ergänzend sind die Normen des GNotKG (für die Gerichtskosten), des RVG (für die außergerichtlichen Kosten) sowie des JVEG (für die Vergütung von Sachverständigen) heranzuziehen.

2 Bis zum Inkrafttreten des SpruchG enthielten § 306 Abs. 7 AktG aF und § 312 UmwG aF Regelungen für die Gerichtskosten. Die außergerichtlichen Kosten waren hingegen nicht geregelt. Der Kostenschuldner bestimmte sich nach hM analog § 13a FGG aF.[1] § 15 wurde iRd Novellierung des Kostenrechts durch das 2. Kostenrechtsmodernisierungsgesetz[2] erheblich umgestaltet. Regelte § 15 bis dato auch die Berechnung des Geschäftswerts, die Höhe der Gerichtsgebühren, den grundsätzlichen Gerichtskostenschuldner und die Verpflichtung zur Zahlung eines Kostenvorschusses, so sind die entsprechenden Regelungen nun im GNotKG zu finden. § 15 SpruchG aF gilt aber gem. § 136 Abs. 5 S. 1 Nr. 2 iVm Abs. 1 Nr. 1 und 2 GNotKG für solche Verfahren fort, die vor dem 23.7.2013 anhängig gemacht oder eingeleitet worden sind oder bei denen ein Rechtsmittel vor dem genannten Stichtag eingelegt worden ist. Auf nach diesem Stichtag eingelegte Beschwerden und Rechtsbeschwerden findet dagegen das aktuelle Recht Anwendung.

B. Gerichtskosten

I. Geschäftswert und Gebühren

3 Der Geschäftswert im Spruchverfahren ist der Betrag, der von allen Antragsberechtigten nach der Entscheidung des Gerichts zusätzlich zu dem ursprünglich angebotenen Betrag insgesamt gefordert werden kann (§ 74 S. 1 Hs. 1 GNotKG). Er beträgt mindestens 200.000 EUR und höchstens 7,5 Mio. EUR (§ 74 S. 1 Hs. 2 GNotKG). Werden im Fall des § 1 Nr. 1 gleichzeitig eine Erhöhung von Ausgleich und Abfindung beantragt, so ist vom jeweils höheren Betrag auszugehen; die Geschäftswerte für beide Kompensationen sind nicht zu addieren.[3] Maßgeblicher Zeitpunkt für die Bestimmung der Gesamtzahl der antragsberechtigten Anteile ist nach § 74 S. 2 GNotKG der Tag nach Ablauf der Antragsfrist. Bei Eingliederung und Squeeze-out kommt es hingegen auf den Tag der Eintragung der Maßnahme in das Handelsregister an.[4] Zinsen sind als Nebenforderung bei der Berechnung des Geschäftswerts stets außer Betracht zu lassen.[5] Mangels anderslautender Bestimmungen gilt § 74 GNotKG auch für die Berechnung des Geschäftswerts in etwaigen Folgeinstanzen.[6]

4 Die **Höhe der Gerichtsgebühren** richtet sich nach § 3 Abs. 2 GNotKG iVm KV GNotKG (dort Nr. 13.500 ff. KV GNotKG). Danach wird im ersten Rechtszug grundsätzlich eine doppelte Gebühr erhoben. Soweit lediglich ein Beschluss nach § 11 Abs. 4 S. 2 ergeht, ist nur eine einfache Gebühr fällig. Wird das Verfahren ohne Endentscheidung beendet, beträgt die Gebühr lediglich 0,5. Für die Beschwerdeinstanzen gelten Nr. 13610 ff. KV GNotKG, sofern nicht nach § 136 Abs. 1 Nr. 2 GNotKG die Vorschriften der KostO fortgelten. Dort wird grds. eine dreifache Gebühr fällig.

---

1 Vgl. Kölner Komm AktG/*Rosskopf* SpruchG § 15 Rn. 52.
2 2. Gesetz zur Modernisierung des Kostenrechts v. 23.7.2013, BGBl. I 2586.
3 Emmerich/Habersack/*Emmerich* SpruchG § 15 Rn. 8.
4 BeckOGK/*Drescher* SpruchG § 15 Rn. 8; Kölner Komm AktG/*Rosskopf* SpruchG § 15 Rn. 20.
5 Emmerich/Habersack/*Emmerich* SpruchG § 15 Rn. 5; K. Schmidt/Lutter/*Klöcker/Wittgens* SpruchG § 15 Rn. 3; Kölner Komm AktG/*Rosskopf* SpruchG § 15 Rn. 10.
6 OLG Stuttgart Der Konzern 2006, 447 (459); OLG Düsseldorf Der Konzern 2010, 519 (524); Kölner Komm AktG/*Rosskopf* SpruchG § 15 Rn. 21; *Büchel* NZG 2003, 793 (803), jeweils zu § 15 SpruchG aF.

Über die **Höhe des Geschäftswerts** entscheidet das Gericht durch Beschluss (§ 79 GNotKG). Gegen diesen Beschluss kann gemäß § 83 Abs. 1 GNotKG Beschwerde eingelegt werden. Beschwerdeberechtigt ist jeder, der durch die Festsetzung des Geschäftswerts belastet sein kann, dh der Antragsgegner, die Rechtsanwälte der Antragsteller, der gemeinsamer Vertreter sowie, sofern sie ausnahmsweise nach § 15 Abs. 1 Kostenschuldner sind, die Antragsteller.[7] Im Beschwerdeverfahren gilt nicht das Verbot der reformatio in peius, so dass der Geschäftswert auch zulasten des Beschwerdeführers geändert werden kann.[8] Von der Festsetzung des Geschäftswerts ist der konkrete Kostenansatz durch den Kostenbeamten nach § 18 GNotKG zu unterscheiden. Gegen diesen ist die Erinnerung nach § 81 GNotKG statthafter Rechtsbehelf.

II. Auslagen und Auslagenvorschuss

Die Erhebung von Auslagen richtet sich nach Teil 3 KV GNotKG (früher § 137 KostO aF). Zu den Auslagen im Spruchverfahren zählen vor allem die Kosten eines vom Gericht bestellten Sachverständigen oder des sachverständigen Prüfers, der nach § 8 Abs. 2 grundsätzlich gehört werden soll (vgl. Nr. 31005 KV GNotKG). Die **Vergütung von Sachverständigen** im Bereich der Unternehmensbewertung beträgt nach § 9 Abs. 1 JVEG iVm Anlage 1 JVEG 135 EUR pro Stunde. Eine – in der Regel zur Gewinnung qualifizierter Sachverständiger erforderliche – höhere Vergütung ist nach § 13 Abs. 1 S. 1 JVEG mit Einverständnis aller Beteiligten und Zahlung eines ausreichenden Betrags an die Staatskasse zulässig. Die Erklärung nur eines Beteiligten kann unter den Voraussetzungen des § 13 Abs. 2 S. 1 JVEG genügen, wenn das Gericht zustimmt. Diese Zustimmung soll gemäß § 13 Abs. 2 S. 2 JVEG nur erteilt werden, wenn das Doppelte des in § 9 JVEG vorgesehenen Honorars nicht überschritten wird. Die von einigen Gerichten praktizierte Ersetzung der Zustimmung des Antragsgegners zu einer die Grenze des doppelten Stundensatzes übersteigenden Vergütung durch die eigene Zustimmung[9] ist trotz der Formulierung von § 13 Abs. 2 S. 2 JVEG als Soll-Vorschrift angesichts des klaren gesetzgeberischen Willens[10] abzulehnen.[11] Verfährt das Gericht dennoch so, ist die betreffende Entscheidung aber nicht mit einer isolierten Beschwerde anfechtbar (§ 13 Abs. 2 S. 4 JVEG).[12]

Während § 15 Abs. 3 S. 1 aF explizit eine Pflicht des Antragsgegners zur Zahlung des Auslagenvorschusses vorsah, heißt es in § 14 Abs. 1 S. 1 GNotKG, dass derjenige, der eine Handlung beantragt hat, einen zur Deckung der Auslagen ausreichenden **Vorschuss** zu zahlen hat.

Da die Auslagen aber zu den Kosten iSd GNotKG gehören und Kostenschuldner gemäß § 23 Nr. 14 im Spruchverfahren zunächst nur der Antragsgegner ist, verbleibt es bei der bislang geltenden Regel, dass die Antragsteller in keinem Fall vorschusspflichtig sind.[13]

---

7 Emmerich/Habersack/*Emmerich* SpruchG § 15 Rn. 18; Kölner Komm AktG/*Rosskopf* SpruchG § 15 Rn. 23.
8 BayObLG NZG 2002, 880; Emmerich/Habersack/*Emmerich* SpruchG § 15 Rn. 18; K. Schmidt/Lutter/*Klöcker/Wittgens* SpruchG § 15 Rn. 5.
9 OLG Düsseldorf AG 2004, 390; OLG Frankfurt a. M. AG 2009, 551; LG Dortmund AG 2005, 664; zustimmend Simon SpruchG/*Winter* § 15 Rn. 54 f.
10 Vgl. Begr. RegE zu § 13 JVEG aF, BT-Drs. 15/1971, 184.
11 BeckOGK/*Drescher* SpruchG § 8 Rn. 15; K. Schmidt/Lutter/*Klöcker/Wittgens* SpruchG § 15 Rn. 8; MüKoAktG/*Kubis* SpruchG § 15 Rn. 19; Kölner Komm AktG/*Rosskopf* SpruchG § 15 Rn. 33.
12 OLG Frankfurt a. M. NZG 2009, 428.
13 Vgl. zur früheren Rechtslage Emmerich/Habersack/*Emmerich* SpruchG § 15 Rn. 21; K. Schmidt/Lutter/*Klöcker/Wittgens* SpruchG § 15 Rn. 12.

III. Kostenschuldner

9   Kostenschuldner der Gerichtskosten ist gemäß § 23 Nr. 14 GNotKG grundsätzlich nur der Antragsgegner, wobei nach § 32 Abs. 1 GNotKG mehrere Antragsgegner ggf. als Gesamtschuldner haften. Gemäß § 15 Abs. 1 kann das Gericht den Antragstellern die Gerichtskosten ganz oder teilweise auferlegen, wenn dies der Billigkeit entspricht. Dafür genügt es nicht, dass ein Antrag oder ein Rechtsmittel erfolglos ist.[14] Etwas anderes kann aber bei offensichtlich unzulässigen oder unbegründeten Anträgen gelten,[15] ferner bei Rechtsmissbrauch oder einer groben Verletzung der Verfahrensförderungspflicht.[16] Die Haftung des Antragsgegners bleibt von einer etwaigen Billigkeitsentscheidung des Gerichts unberührt (vgl. § 23 Nr. 14 GNotKG). Dem gemeinsamen Vertreter oder den von ihm vertretenen, nicht selbst am Verfahren beteiligten (ehemaligen) Anteilsinhabern können die Gerichtskosten auf keinen Fall auferlegt werden.[17]

C. Außergerichtliche Kosten

I. Außergerichtliche Kosten der Antragsteller

10 Nach der gesetzlichen Konzeption haben die Antragsteller ihre außergerichtlichen Kosten grundsätzlich selbst zu tragen. Das Gericht kann aber gemäß § 15 Abs. 2 anordnen, dass die Kosten der Antragsteller, die zur zweckentsprechenden Erledigung der Angelegenheit notwendig waren, ganz oder teilweise vom **Antragsgegner** zu erstatten sind, wenn dies unter Berücksichtigung des **Ausgangs des Verfahrens** der Billigkeit entspricht. Dafür genügt es nicht, dass den Anträgen nicht von vornherein jegliche Grundlage gefehlt hat.[18] Die Literatur bejaht eine Kostentragungspflicht des Antragsgegners zum Teil stets, wenn es zu einer Erhöhung der Kompensation kommt, gleichgültig in welchem Umfang.[19] Begründet wird dies ua damit, dass vor dem Hintergrund des Anfechtungsausschlusses bei Informationsmängeln nach § 243 Abs. 4 S. 2 AktG eine Kostenbelastung der Antragsteller in aller Regel nicht angemessen sei. Diese Ansicht ignoriert aber die ausdrückliche Absicht des Gesetzgebers[20] und ist daher abzulehnen.[21] Zu folgen ist vielmehr der vom Gesetzgeber und Teilen der Literatur geäußerten Einschätzung, dass grundsätzlich nur bei einer erheblichen Erhöhung der Barabfindung (ca. 15–20 %)[22] eine Pflicht des Antragsgegners zur vollständigen Kostenerstattung in Betracht kommt und bei geringfügigen Erhöhungen eine Kostenteilung angemessen ist.[23] Bei der Kostenverteilung können außerdem das Verfahrensverhalten der Parteien sowie eine mögliche Vergleichsbereitschaft berücksichtigt werden.[24] Soweit die für eine Zwischenentscheidung anfallenden außergerichtlichen Kosten in Rede stehen, ist mit dem OLG Düsseldorf neben dem Verfahrensausgang ergänzend § 81 Abs. 2 FamFG heranzuziehen.[25]

---

14 Emmerich/Habersack/*Emmerich* SpruchG § 15 Rn. 21; K. Schmidt/Lutter/*Klöcker/Wittgens* SpruchG § 15 Rn. 10; Kölner Komm AktG/*Rosskopf* SpruchG § 15 Rn. 43.
15 BGH NZG 2012, 191 zum Fall einer § 4 Abs. 2 S. 2 Nr. 4 nicht genügenden Antragsbegründung.
16 OLG Hamburg AG 2005, 854; Emmerich/Habersack/*Emmerich* SpruchG § 15 Rn. 21; Kölner Komm AktG/*Rosskopf* SpruchG § 15 Rn. 43.
17 Emmerich/Habersack/*Emmerich* SpruchG § 15 Rn. 22; K. Schmidt/Lutter/*Klöcker/Wittgens* SpruchG § 15 Rn. 10.
18 OLG München NZG 2022, 362 (369); **aA** LG München I BeckRS 2013, 12292.
19 Emmerich/Habersack/*Emmerich* SpruchG § 15 Rn. 34; so auch *Meilicke/Heidel* DB 2003, 2267 (2274).
20 Vgl. Begr. RegE BT-Drs. 15/371, 17 f.
21 BeckOGK/*Drescher* SpruchG § 15 Rn. 20; K. Schmidt/Lutter/*Klöcker/Wittgens* SpruchG § 15 Rn. 16; Kölner Komm AktG/*Rosskopf* SpruchG § 15 Rn. 54.
22 Vgl. Begr. RefE, NZG 2002, 23 (31).
23 BeckOGK/*Drescher* SpruchG § 15 Rn. 20; K. Schmidt/Lutter/*Klöcker/Wittgens* SpruchG § 15 Rn. 16; Kölner Komm AktG/*Rosskopf* SpruchG § 15 Rn. 54.
24 OLG München NZG 2022, 362 (369); OLG Düsseldorf AG 2017, 708 f.
25 OLG Düsseldorf AG 2017, 708 f.

Erstattungsfähig sind grundsätzlich die gesetzlichen Anwaltskosten und sonstige notwendigen Aufwendungen (Reisekosten etc).[26] Dies gilt aber nicht, wenn ein Antragsteller selbst Rechtsanwalt ist, da es für Verfahren nach dem FamFG an einer § 91 Abs. 2 S. 3 ZPO entsprechenden Norm fehlt.[27] Hinsichtlich der Ermittlung der Anwaltsgebühren ist § 31 RVG zu beachten. Kosten für Privatgutachten können nur ausnahmsweise unter dem Gesichtspunkt der Waffengleichheit erstattungsfähig sein.[28]

Hinweis: Bei der Berechnung der Anwaltsgebühren ist § 31 RVG zu beachten, der in der Praxis häufig übersehen wird. Es kommt somit entscheidend auf den Anteilsbesitz des vertretenen Antragstellers an. Bei Mehrfachvertretung sind die auf die einzelnen Antragsteller entfallenden Werte zusammenzurechnen; Nr. 1008 VV RVG ist nicht anzuwenden (§ 31 Abs. 2 RVG).

Wie der BGH mittlerweile höchstrichterlich bestätigt hat, gilt § 15 Abs. 2 auch in der Rechtsmittelinstanz.[29] Entsprechend § 84 FamFG kommt die Praxis hier häufig zu einer Pflicht der Antragsteller zur Tragung ihrer außergerichtlichen Kosten, wenn das Rechtsmittel erfolglos bleibt.[30]

II. Außergerichtliche Kosten des Antragsgegners

§ 15 Abs. 2 verhält sich nicht zu der Frage, ob die außergerichtlichen Kosten des Antragsgegners im Einzelfall den Antragstellern auferlegt werden können. Der BGH hat in einem noch unter § 13a FGG aF fallenden Verfahren entschieden, dass § 15 Abs. 2 abschließenden Charakter hat und die außergerichtlichen Kosten des Antragsgegners somit **nicht den Antragstellern auferlegt** werden können.[31] Nach wohl hM[32] gilt dies unter dem FamFG uneingeschränkt und damit auch für die Beschwerdeinstanz fort. Während man dem angesichts von § 81 Abs. 5 FamFG für die erste Instanz zustimmen muss, ist im **Rechtsmittelverfahren** sehr wohl Raum für eine **andere Kostenverteilung**.[33] Zum einen sperrt § 81 Abs. 5 FamFG nicht die Anwendung von § 84 FamFG, der allgemein bestimmt, dass in FamFG-Verfahren die Kosten eines erfolglosen Rechtsmittels dem Beschwerdeführer auferlegt werden sollen. Zum anderen erfordern Sinn und Zweck der Kostenregel in § 15 nicht, Antragsteller unter allen Umständen vom Risiko freizuhalten, die außergerichtlichen Kosten des Antragsgegners tragen zu müssen (→ § 17 Rn. 2).[34]

III. Kostenentscheidung und -festsetzung

Das Gericht trifft von Amts wegen eine Kostenentscheidung durch Beschluss mit der Entscheidung in der Hauptsache (§ 82 FamFG). Anders als unter dem FGG, welches nach § 111 FGG-Reformgesetz für Verfahren, die vor dem 1.9.2009 eingeleitet wurden,

---

26 K. Schmidt/Lutter/*Klöcker/Wittgens* SpruchG § 15 Rn. 20; Kölner Komm AktG/*Rosskopf* SpruchG § 15 Rn. 57.
27 BGH ZIP 2014, 491; OLG München AG 2007, 411 (415 f.); BeckOGK/*Drescher* SpruchG § 15 Rn. 20; Kölner Komm AktG/*Rosskopf* SpruchG § 15 Rn. 57; Simon SpruchG/*Winter* § 15 Rn. 109. Unklar ist, ob dies auch gilt, wenn ein Antragsteller Organ einer Rechtsanwalts-GmbH ist, vgl. OLG München NJW-RR 2020, 760.
28 Kölner Komm AktG/*Rosskopf* SpruchG § 15 Rn. 57; großzügiger Emmerich/Habersack/*Emmerich* SpruchG § 15 Rn. 36.
29 BGH NZG 2012, 191.
30 Dafür auch MüKoAktG/*Kubis* SpruchG § 15 Rn. 19.
31 BGH NZG 2012, 191.
32 Emmerich/Habersack/*Emmerich* SpruchG § 15 Rn. 21b; K. Schmidt/Lutter/*Klöcker/Wittgens* SpruchG § 15 Rn. 21; Koch, SpruchG § 15 Rn. 6; MüKoAktG/*Kubis* SpruchG § 15 Rn. 22.
33 OLG München NZG 2017, 467.
34 OLG München NZG 2017, 467; zustimmend BeckOGK/*Drescher* SpruchG § 15 Rn. 25; *Noack* NZG 2017, 653 (654).

fortgilt, kann die Kostenentscheidung nach dem FamFG und damit auch im Spruchverfahren isoliert von der Hauptsache angefochten werden.[35]

15 Die Kostenentscheidung ist auch im Spruchverfahren kein Vollstreckungstitel, sondern lediglich Grundlage für die Kostenfestsetzung. Diese richtet sich gemäß § 85 FamFG nach den allg. Regeln der §§ 103 ff. ZPO.

§ 16 Zuständigkeit bei Leistungsklage

Für Klagen auf Leistung des Ausgleichs, der Zuzahlung, zusätzlich zu gewährenden Aktien oder der Abfindung, die im Spruchverfahren bestimmt worden sind, ist das Gericht des ersten Rechtszuges und der gleiche Spruchkörper ausschließlich zuständig, der gemäß § 2 mit dem Verfahren zuletzt inhaltlich befasst war.

I. Regelungsgegenstand

1 Die Vorschrift regelt die **sachliche, örtliche und funktionelle erstinstanzliche Zuständigkeit** des Gerichts, das über eine sich an das Spruchverfahren anschließende **Leistungsklage** zu entscheiden hat. Die ausschließliche Zuständigkeit des gleichen **Spruchkörpers** bei dem Gericht, welches bereits mit dem Spruchverfahren betraut war, dient zum einen dem prozessökonomischen Zweck, die im Spruchverfahren gewonnene Sachkenntnis im **Anschlussprozess** nutzbar zu machen.[1] Zum anderen wird die Gefahr vermieden, dass ein neues Gericht im Rahmen der Leistungsklage zu einer von der des im Spruchverfahren zuständigen Gerichts abweichenden Sichtweise gelangt. Dies kann insbesondere dann Bedeutung erlangen, wenn im **Spruchverfahren**, beispielsweise infolge dessen Beendigung durch Vergleich, keine Sachentscheidung getroffen wurde.[2] Allerdings ist für die Leistungsklage die Kammer auch dann zuständig, wenn der Vorsitzende das Spruchverfahren gemäß § 2 Abs. 3 S. 2 allein entschieden hat.[3] Ein entgegenstehender Geschäftsverteilungsplan des Gerichts ist unbeachtlich.[4]

2 Über den Regelungsgehalt der Vorschrift hinaus verbleibt es bei den allgemeinen Regeln der ZPO und kommt es zu keiner weiteren **Zuständigkeitskonzentration**. Dies gilt namentlich für das Leistungsklageverfahren und die Zuständigkeit des Gerichts des zweiten Rechtszugs sowie des Gerichts, welches über die Beschwerde nach § 12 SpruchG zu entscheiden hat.[5]

Die Ergänzung in Bezug auf die Gewährung zusätzlicher Aktien stellt eine reine Folgeänderung aufgrund der Erweiterung des Anwendungsbereichs des SpruchG gemäß § 1 Abs. 4 und 5 dar.[6]

II. Spruchverfahren und Leistungsklage

3 Die Erhebung der **Leistungsklage** ist erforderlich, sofern der Schuldner und Antragsgegner des Spruchverfahrens trotz der ergangenen rechtsgestaltenden Entscheidung

---

35 K. Schmidt/Lutter/*Klöcker/Wittgens* SpruchG § 15 Rn. 26; Kölner Komm AktG/*Rosskopf* SpruchG § 15 Rn. 68; es ist str., ob bei isolierten Kostenentscheidungen die sofortige Beschwerde (§ 85 FamFG) einschlägig ist (vgl. Kölner Komm AktG/*Rosskopf* SpruchG § 15 Rn. 68 mN zu beiden Ansichten).
1 RegE, BT-Drs. 15/371, 18.
2 *Dreier/Fritzsche/Verfürth* SpruchG § 16 Rn. 12 ff.
3 *Lutter/Mennicke* SpruchG § 16 Rn. 3; K. Schmidt/Lutter/*Klöcker/Wittgens* SpruchG § 16 Rn. 7.
4 Widmann/Mayer/*Walzholz* SpruchG § 16 Rn. 24.
5 Heidel/*Weingärtner* SpruchG § 16 Rn. 4.
6 Gesetzesbegründung, BT-Drs. 20/3822, 129.

nicht leistet.[7] Diese Entscheidung hat nämlich ausschließlich **feststellende Wirkung**. Erst mit dem Urteil aus dem Leistungsprozess erhält der Antragsteller einen vollstreckbaren Titel.[8] Die Aufspaltung in zwei getrennte Verfahren trägt dem mit dem Spruchgesetz verfolgten **Beschleunigungseffekt** Rechnung. Würde die Entscheidung über individuelle Ansprüche in das Spruchverfahren integriert oder mit diesem als Adhäsions- bzw. Nachverfahren verbunden, würde dies regelmäßig zu einer spürbaren Verzögerung – bis zur Klärung aller Ansprüche und Einwendungen – führen.[9]

Die im Spruchverfahren getroffene Entscheidung wirkt gem. § 13 S. 2 SpruchG für und gegen alle Anteilseigner (**inter omnes**). Dies bedeutet auch, dass das Gericht des Leistungsprozesses an die rechtskräftige Entscheidung des Gerichts im Spruchverfahren gebunden ist.[10] Antragsberechtigt zur Erhebung der Leistungsklage sind sämtliche **Anteilseigner**, unabhängig von ihrer Beteiligung am Spruchverfahren. Etwas anderes gilt für den Fall, dass das Spruchverfahren nicht durch Gerichtsentscheidung, sondern durch **Vergleich** beendet wird.[11] Als schuldrechtlicher, im Regelfall gegenseitiger Vertrag gilt der Vergleich nämlich grundsätzlich nur zwischen den Parteien, die ihn geschlossen haben.[12] Ob der Vergleich gerichtlich nach § 11 Abs. 2 bzw. 4 SpruchG oder außergerichtlich erfolgt, spielt hierbei keine Rolle.[13]

§ 17 Allgemeine Bestimmungen; Übergangsvorschrift

(1) **Sofern in diesem Gesetz nichts anderes bestimmt ist, finden auf das Verfahren die Vorschriften des Gesetzes über das Verfahren in Familiensachen und in den Angelegenheiten der freiwilligen Gerichtsbarkeit Anwendung.**

(2) [1]**Für Verfahren, in denen ein Antrag auf gerichtliche Entscheidung vor dem 1. September 2003 gestellt worden ist, sind weiter die entsprechenden bis zu diesem Tag geltenden Vorschriften des Aktiengesetzes und des Umwandlungsgesetzes anzuwenden.** [2]**Auf Beschwerdeverfahren, in denen die Beschwerde nach dem 1. September 2003 eingelegt wird, sind die Vorschriften dieses Gesetzes anzuwenden.**

(3) **Die Änderungen der §§ 1 bis 6c, 10a bis 13, 16 und 17 durch das Gesetz zur Umsetzung der Umwandlungsrichtlinie und zur Änderung weiterer Gesetze vom 22. Februar 2023 (BGBl. 2023 I Nr. 51) sind erstmals auf Spruchverfahren anzuwenden, in denen ein Antrag auf gerichtliche Entscheidung ab dem 31. Januar 2023 gestellt wurde.**

I. Regelungsgegenstand

§ 17 Abs. 1 verweist generell auf die Vorschriften des FamFG, soweit das SpruchG keine abweichenden Regelungen enthält.[1] Das FamFG gilt daher für sämtliche Verfahren

---

7 RegE, BT-Drs. 15/371, 18.
8 K. Schmidt/Lutter/*Klöcker/Wittgens* SpruchG § 16 Rn. 2.
9 *Dreier/Fritzsche/Verfürth* SpruchG § 16 Rn. 12 ff.
10 Kölner Komm AktG/*Rosskopf* SpruchG § 16 Rn. 22.
11 K. Schmidt/Lutter/*Klöcker/Wittgens* SpruchG § 16 Rn. 4.
12 Eine Ausnahme besteht nur, wenn der Vergleich bewusst als echter Vertrag zugunsten Dritter im Sinne des § 328 BGB ausgestaltet ist und auch die übrigen Anteilseigner miteinschließt. Vgl. Grüneberg/*Sprau* BGB § 779 Rn. 2, 11a.
13 K. Schmidt/Lutter/*Klöcker/Wittgens* SpruchG § 16 Rn. 4.
1 Dies gilt gem. Art. 111 S. 1 FGG-ReformG für ab dem 1.9.2009 eingeleitete oder beantrage Spruchverfahren. Für Verfahren vor dem Stichtag gelten weiterhin die Vorschriften des FGG.

nach dem SpruchG und für alle Instanzen.² Daneben existieren noch eine Reihe konkreter Verweise auf bestimmte Normen des FamFG. Das **Spruchverfahren** ist damit als **echtes Streitverfahren** der freiwilligen Gerichtsbarkeit ausgestaltet. Keine Anwendung findet § 1 FamFG, da sich die Anwendbarkeit des FamFG auf das Spruchverfahren aus § 17 Abs. 1 ergibt.³ Gleiches gilt für die Regelungen zu den Mitwirkungspflichten der Beteiligten nach § 27 FamFG sowie der Pflicht des Gerichts zur Verfahrensleitung nach § 28 FamFG, die von § 7 im Rahmen dessen Anwendungsbereichs verdrängt werden.⁴ In Abweichung zu § 40 Abs. 1 FamFG wird die in Beschlussform ergehende Entscheidung des Gerichts im Spruchverfahren nach § 11 aufgrund § 13 S. 1 erst mit Eintritt der Rechtskraft wirksam.⁵ Soweit die Beschwerde nicht vom Gericht des ersten Rechtszugs zugelassen wird, setzt eine zulässige Beschwerde gem. § 12 Abs. 1 UmwG iVm § 61 Abs. 1 FamFG voraus, dass der Wert des Beschwerdegegenstands 600 EUR übersteigt.⁶ Eine Abänderung der Entscheidung, wie sie § 40 Abs. 1 FamFG vorsieht, ist im Spruchverfahren nicht möglich, da es sich bei dem gefällten **Beschluss** nicht um eine rechtskräftige Endentscheidung mit Dauerwirkung handelt.⁷ Letztlich sind auch §§ 108 ff. FamFG nicht auf das Spruchverfahren übertragbar.⁸

2 Neben den im Übrigen im Wesentlichen anwendbaren Regelungen des FamFG findet über § 2 EGGVG auch das GVG unmittelbare Anwendung auf das Spruchverfahren.⁹

3 Das OLG München ist der Auffassung, dass dem Beschwerdeführer gem. § 84 FamFG – entgegen der Kostenregelung des § 15 SpruchG – bei Einlegung eines Rechtsmittels, welches von Anfang an keine Aussicht auf Erfolg hatte, ausnahmsweise aus Billigkeitsgründen auch die außergerichtlichen Kosten des Antragsgegners auferlegt werden können.¹⁰ Es begründet diese Auffassung stringent damit, dass durch Einführung des FamFG der § 13a Abs. 1 FGG nicht mehr greift und daher die Sperre der gegnerischen Kostenauferlegung nicht mehr anwendbar ist, sondern vielmehr auf § 84 FamFG zurückgegriffen werden kann.¹¹ Für den offensichtlichen Fall der Erfolglosigkeit ist den Ausführungen des OLG München zuzustimmen, da die Kostentragung des Antragstellers bei dessen mutwilligem Verhalten der Billigkeit entspricht.

II. Eingeschränkter Amtsermittlungsgrundsatz

4 Infolge der Anwendbarkeit des FamFG gilt auch im Spruchverfahren gem. § 26 FamFG der **Amtsermittlungsgrundsatz**, wodurch das zuständige Gericht verpflichtet ist, den Sachverhalt von Amts wegen zu untersuchen und auch ohne vorliegende Beweisanträge den Sachverhalt zu ermitteln. Das SpruchG beinhaltet jedoch einige Regelungen, wodurch der grundsätzlich geltende Amtsermittlungsgrundsatz teilweise erheblich eingeschränkt und dadurch relativiert wird:

---

2 Widmann/Mayer/*Wälzholz* SpruchG § 17 Rn. 1.2.
3 Kölner Komm AktG/*Rosskopf* SpruchG § 17 Rn. 9.
4 *Weber* NZG 2009, 961; Kölner Komm AktG/*Rosskopf* SpruchG § 17 Rn. 9.
5 *Weber* NZG 2009, 961 (964); Kölner Komm AktG/*Rosskopf* SpruchG § 17 Rn. 9.
6 BGH NZG 2018, 1394 Rn. 9 mwN; OLG Frankfurt a. M. ZIP 2021, 408 Rn. 15.
7 *Weber* NZG 2009, 961 (964); Kölner Komm AktG/*Rosskopf* SpruchG § 17 Rn. 9.
8 Kölner Komm AktG/*Rosskopf* SpruchG § 17 Rn. 9.
9 Kölner Komm AktG/*Rosskopf* SpruchG § 17 Rn. 7.
10 OLG München AG 2017, 203 f. unter Verweis auf die Ausführungen des BGH zur abgeschwächten Besonderheit des Informationsungleichgewichts der Parteien im Beschwerdeverfahren (im Gegensatz zur 1. Instanz) in NZG 2012, 191 Rn. 21.
11 Dies ist im Schrifttum streitig, zustimmend: Lutter/*Mennicke* SpruchG § 15 Rn. 18; BeckOGK/*Drescher* SpruchG § 15 Rn. 26; so auch (entgegen 1. Aufl.) → SpruchG § 15 Rn. 13; ablehnend: Widmann/Meyer/*Wälzholz* SpruchG § 15 Rn. 1.6; MüKoAktG/*Kubis*, 4. Aufl. 2015, SpruchG § 15 Rn. 20, 22, ebenfalls unter Verweis auf BGH NZG 2012, 191 Rn. 21 (zur alten Fassung des § 15 SpruchG).

§ 10 Abs. 3 erlaubt dem Gericht unter Ausschluss des § 26 FamFG, **verspätetes Vorbringen** der Parteien im Sinne des § 10 Abs. 1 und 2 zurückzuweisen, sofern andernfalls der Rechtsstreit verzögert würde und die vorbringende Partei die Verspätung nicht entschuldigen kann. Darüber hinaus sind die Parteien aufgrund § 4 Abs. 2 Nr. 4 verpflichtet, konkrete Einwendungen gegen die Kompensation vorzubringen. Mangelt es an diesem Maß von Konkretisierung, ist das Gericht nicht verpflichtet, diesen Einwendungen nachzugehen.[12] Schließlich ordnet § 8 Abs. 3 durch Verweis auf § 138 ZPO für die mündliche Verhandlung ganz ausdrücklich den in § 138 Abs. 1 ZPO verankerten **Beibringungsgrundsatz** an.[13]

III. Übergangsvorschriften

Aus Gründen der Rechtssicherheit ist in § 17 Abs. 2 geregelt, dass auf Verfahren, die bereits bei Inkrafttreten des Gesetzes anhängig waren, die bis dahin geltenden Vorschriften des AktG und UmwG Anwendung finden.[14]

Erstinstanzlich gilt altes Recht, sofern der Antrag auf gerichtliche Entscheidung vor dem 1.9.2003, also bis einschließlich 31.8.2003 gestellt wurde. Im **Beschwerdeverfahren** bleibt altes Recht auf alle Anträge anwendbar, die bis zum 1.9.2003 gestellt wurden. Neues Recht gilt damit für Beschwerden ab einschließlich 2.9.2003. Jedoch hat das **Beschwerdegericht** das erstinstanzliche Verfahren weiterhin anhand des zu diesem Zeitpunkt geltenden, alten Rechts zu beurteilen.[15]

Entscheidend ist jeweils der fristgerechte Eingang des Antrags bei Gericht. Dieser muss im Übrigen nach richtiger Auffassung zumindest zulässig sein, um die Anwendbarkeit alten Rechts zu begründen.[16]

Die Übergangsvorschriften für die Änderungen des SpruchG durch das FGG-RG zum 1.9.2009 sind in Art. 111 Abs. 1 FamFG-RG enthalten. Für Verfahrensanträge ab dem 1.9.2009 gelten gemäß Art. 111 Abs. 1 FGG-RG die neuen Vorschriften des SpruchG und des FamFG; für Verfahren, die bis zum 31.8.2009 eingeleitet wurden, gelten bis zu deren rechtskräftigem Abschluss die Vorschriften des SpruchG idF des Gesetzes vom 12.6.2003.[17]

Die durch das Gesetz zur Umsetzung der Umwandlungsrichtlinie und zur Änderung weiterer Gesetze vom 22.2.2023 (BGBl. I Nr. 51) eingeführten Änderungen des SpruchG sind erstmals auf Spruchverfahren anzuwenden, in denen der Antrag auf gerichtliche Entscheidung ab dem 31.1.2023 beim zuständigen Gericht eingegangen ist.[18] Entscheidend ist jeweils der fristgerechte Eingang des Antrags bei Gericht, während es auf dessen Zulässigkeit nicht ankommt.[19]

---

12 KG AG 2009, 790; K. Schmidt/Lutter/*Klöcker/Wittgens* SpruchG § 4 Rn. 22 f.
13 K. Schmidt/Lutter/*Klöcker/Wittgens* SpruchG § 8 Rn. 8.
14 RegE, BT-Drs. 15/371, 18.
15 OLG Hamburg AG 2004, 622; K. Schmidt/Lutter/*Klöcker/Wittgens* SpruchG § 17 Rn. 15.
16 So auch Lutter/*Mennicke* SpruchG § 17 Rn. 4 mwN zum Streitstand; aA OLG Düsseldorf AG 2007, 205 (206 f.).
17 BGH NZG 2020, 1386 Rn. 10; BGH NZG 2010, 347 Rn. 6 ff.
18 BGBl. 2023 I Nr. 51 S. 27.
19 S. die Gesetzesbegründung, BT-Drs. 20/3822, 129.

Stichwortverzeichnis

Die **fetten** Zahlen verweisen auf den Paragrafen, die mageren auf die Randnummer.

4/5-Regelung *UmwG* **332** 7
Abdingbarkeit
– Rechtswirkungen der Verschmelzung *UmwG* **20** 1
Abfindung
– Delisting *SpruchG* **1** 15
– gem. 320b AktG *SpruchG* **1** 6
– gem. 327b AktG *SpruchG* **1** 7
– gem. § 305 AktG *SpruchG* **1** 3
– gem. UmwG *SpruchG* **1** 9
– gerichtliche Nachprüfung *UmwG* **34** 1 ff.
Abfindungsangebot
– Annahme, Frist *UmwG* **31** 5 ff.
– Annahme, teilweise *UmwG* **31** 4
– Austrittserklärung *UmwG* **31** 13 ff.
– Ausübung *UmwG* **31** 1 ff.
– Entbehrlichkeit *UmwG* **29** 34
– Formwechsel des rechtsfähigen Vereins *UmwG* **282** 1 ff.
– Fristende *UmwG* **31** 7
– Inhalt *UmwG* **29** 30 ff.
– Kosten *UmwG* **29** 35, **31** 17
– Verschmelzungsvertrag *UmwG* **29** 1 ff.
– Verzicht *UmwG* **29** 33
Abfindungsanspruch *UmwG* **29** 2 ff., **227** 1
– analoge Anwendbarkeit *UmwG* **29** 7 ff.
– Übertragbarkeit *UmwG* **29** 2
Abfindungskosten *UmwG* **132** 20
Abgeltungssteuer
– Vollausschüttung *UmwStG* **7** 15 ff.
Abschlussprüfer
– als Verschmelzungsprüfer *UmwG* **11** 7
– Gewährung besonderer Vorteile *UmwG* **5** 68
– SE *UmwG* **Anh. 1** 151
Abschreibung *UmwStG* **23** 15
– degressive *UmwStG* **23** 31 ff., 54
– Gebäude-AfA *UmwStG* **23** 31 ff.
– geringwertige Wirtschaftsgüter *UmwStG* **23** 54

– Sammelposten *UmwStG* **23** 54
Abschrift
– Kosten *UmwG* **82** 8
– Unterlagen *UmwG* **82** 8 ff.
Absichtserklärung
– Annahme Barabfindungsangebot *UmwG* **340** 15
Abspaltung *SpruchG* **1** 8; *UmwG* **123** 17 ff.; *UmwStG* **1** 14 ff., **15** 10
– Anmeldung *UmwG* **140** 1 ff., **146** 1 ff.
– Ausgliederung, Kombination *UmwG* **1** 50
– Besteuerung *UmwStG* **22** 21 ff.
– Genossenschaft *UmwStG* **1** 27 ff.
– Gewerbesteuer *UmwStG* **19** 1, 17
– Grundkapitalherabsetzung *UmwG* **145** 1 ff.
– Kapitalgesellschaft *UmwStG* **1** 27 ff.
– Kosten (Beispiel) *UmwG* **Anh. 2** 114
– Partnerschaftsgesellschaft *UmwStG* **1** 27 ff.
– Personengesellschaft *UmwStG* **1** 27 ff., **16** 1 ff.
– Personenhandelsgesellschaft *UmwStG* **1** 27 ff.
– Solidititätserklärung *UmwG* **146** 6
– übernehmende Rechtsträger *UmwStG* **1** 29 ff.
– übertragende Rechtsträger *UmwStG* **1** 29 ff.
– verschmelzende Auf- und Abspaltung *UmwG* **13** 25
– zur Aufnahme *UmwStG* **1** 16
– zur Neugründung *UmwStG* **1** 16
Abspaltung einer GmbH auf eine GmbH zur Neugründung
– Kosten *UmwG* **Anh. 2** 103 ff.
Abwärtsverschmelzung *UmwStG* **11** 158 ff., **13** 6 ff.
Abwicklung
– Ausschluss *UmwG* **1** 29, **2** 19
– Besteuerung *UmwStG* **22** 34 ff.

Abzüge nach § 6b EStG
- Einlagefiktion   *UmwStG* 5 17 f.
Ad-hoc-Mitteilung
- SE   *UmwG* **Anh. 1** 162 ff.
Adjusted Present Value Ansatz
   UmwG 12 5
Aktie   *UmwG* 15 9
Aktiengesellschaft
- Abschlusskompetenz   *UmwG* 4 12
- Anfechtung des Zustimmungsbeschlusses   *UmwG* 8 51, 53
- Anfechtungsklage, Frist   *UmwG* 14 2 ff.
- Anteilsgewährung   *UmwG* 5 16 ff.
- bare Zuzahlung   *UmwG* 5 29, 37, 15 1, 4, 16
- Eingliederung   *UmwG* **Vor 1** 29, 1 35, 2 23
- Feststellungsklage, Frist   *UmwG* 14 3, 6
- Fortsetzung nach Auflösung   *UmwG* 3 18 ff.
- Kapitalerhöhung   *UmwG* 5 42, 13 22
- Mischverschmelzung   *UmwG* 3 22 ff.
- Nichtigkeitsklage, Frist   *UmwG* 14 3, 6
- Options- und Wandelanleihen   *UmwG* 23 9
- Sonderbeschluss   *UmwG* **Vor 1** 13, 5 16
- Treuhänder   *UmwG* 5 42
- Übertragung, Einzelheiten   *UmwG* 5 41 ff.
- Umtauschverhältnis   *UmwG* 5 45 ff., 8 18 ff.
- Verschmelzungsbericht, Verzicht   *UmwG* 2 29, 8 41 ff.
- Verschmelzungsbeschluss   *UmwG* 13 4 ff.
- Verschmelzungsfähigkeit   *UmwG* 3 7
- Zustimmung der Aktionäre   *UmwG* 4 10, 17, 5 20
Aktiengesellschaft & Co. KG
- Verschmelzungsfähigkeit   *UmwG* 3 3
Aktienregister
- Besteuerung   *UmwStG* 22 68 ff.
Aktienurkunde
- Kraftloserklärung   *UmwG* 248 27
Aktionär
- Alleinaktionär   *UmwG* 120 1 ff.
- Zustimmung zum Verschmelzungsvertrag   *UmwG* 13 4, 10
Aktivvermögen   *UmwG* 307 29
- Berechnung   *UmwG* 220 9
Alleinaktionär
- Verschmelzung mit Vermögen des   *UmwG* 120 1 ff.
Alleingesellschafter
- Konfusion   *UmwStG* 6 26 ff.
- Registeranmeldung   *UmwG* 122 11 f.
- Übernahmefolgegewinn   *UmwStG* 6 26 ff.
- Verschmelzung auf   *UmwStG* 8 3 ff.
- Verschmelzung mit Vermögen des   *UmwG* 120 1 ff.
Alte juristische Person   *UmwG* 351 1 ff.
Altersversorgungsverpflichtungen
   UmwG 35a 49
Amtsermittlung   *SpruchG* 17 4 f.
Amtslöschung
- Verschmelzungsfähigkeit   *UmwG* 3 18 ff.
Analogieverbot   *UmwG* 190 38, 191 11
Anderweitige Veräußerung v. Anteilen   *UmwG* 33 1 ff.
- Frist   *UmwG* 33 7
- Verfügungsbeschränkungen   *UmwG* 33 6
Anfechtung
- Verschmelzungsbeschluss   *UmwG* 13 54
- Verschmelzungsvertrag   *UmwG* 4 7, 30, 5 100, 108, 7 14
- Willensmängel   *UmwG* 4 30
Anfechtungsklage   *UmwG* 2 16, 14 1 ff., 327 7
- Klagefrist   *UmwG* 14 2 ff.
- Verschmelzungsbeschluss   *UmwG* 8 50, 9 9 f., 15, 13 29, 54 ff., 14 1
Anhörungsrechte   *UmwG* 337 49
Anmeldeberechtigung   *UmwG* 16 10
Anmeldeformation   *UmwG* 16 12
- Vertretungsberechtigung   *UmwG* 16 11
Anmeldepflicht
- Verschmelzungsvorgang   *UmwG* 16 2
Anmeldeverfahren   *UmwG* 318 1
- Vollmacht   *UmwG* 318 2

Anmeldezeitpunkt *UmwG* **16** 3
Anmeldung *UmwG* **315** 5, **316** 6
- Ausgliederung *UmwG* **148** 2 ff.
- Folgen *UmwG* **16** 8
- Form *UmwG* **16** 6
- Kosten *UmwG* **16** 52
- Spaltung *UmwG* **148** 2 ff.
- Verschmelzung *UmwG* **86** 2 ff.
- Vollzug der Anmeldung *UmwG* **16** 55
Anmeldungsreihenfolge *UmwG* **16** 5
Annahmefrist *UmwG* **313** 20
Anrechnung ausländischer Steuern *UmwStG* **3** 60 ff.
Ansässigkeit
- Beurteilungszeitpunkt *UmwStG* **1** 57
Ansatzvorschriften, übernehmender Rechtsträger
- Ausübung des Wahlrechtes *UmwG* **24** 3, 5, **25** 24 ff.
- Bewertungsvorschriften *UmwG* **24** 5, 24, 29, 41, 48, 51 ff.
- Bewertungswahlrecht *UmwG* **24** 3, 5, 24 ff.
- Bilanzierungshilfen *UmwG* **24** 3, 26, 32, 37, 42
- Buchungsstichtag *UmwG* **24** 7, 9, 14 f., 20 ff.
- Buchwert höher als Ausgabebetrag *UmwG* **24** 33
- Buchwertverknüpfung *UmwG* **24** 42
- eigene Anteile *UmwG* **24** 39, 42, 52
- Fortführung stiller Reserven *UmwG* **24** 24
- Grenzen des Wahlrechtes *UmwG* **24** 24 ff.
- grenzüberschreitende Verschmelzung *UmwG* **24** 67
- internationale Rechnungslegungsstandards *UmwG* **24** 18
- Kosten der Verschmelzung *UmwG* **24** 44
- nachträgliche Zuzahlungen *UmwG* **24** 49
- Pensionsverpflichtungen *UmwG* **24** 38
- Sonderposten mit Rücklageanteil *UmwG* **24** 42

- steuerliche Abgrenzungsposten *UmwG* **24** 42
- Steuerrecht *UmwG* **24** 71
- Verschmelzung mit Buchwertverknüpfung *UmwG* **24** 42
- Verschmelzung ohne Buchwertverknüpfung *UmwG* **24** 42
- Verschmelzungsgewinn *UmwG* **24** 24, 46, 50, 54 ff., 62
- Verschmelzungsverlust *UmwG* **24** 3, 24, 26, 28, 32 f., 43, 55, 57, 61
- Wahlrecht, einheitliche Ausübung *UmwG* **24** 25
Anschaffungsfiktion *UmwStG* **13** 7
Anschaffungskosten *UmwG* **24** 25, 37, 46 ff.
- Besteuerung *UmwStG* **22** 37 ff.
- Besteuerung nachträglicher *UmwStG* **22** 61 ff.
Anschaffungskostenprinzip *UmwG* **24** 25, 37, 46
Anschlussverbot *UmwG* **132** 45
Anspruch auf Gewährung zusätzlicher Aktien *UmwG* **142a** 1 ff.
- Verstoß *UmwG* **142a** 3
Anstalt des öffentlichen Rechts
- Verschmelzungsfähigkeit *UmwG* **3** 2
Anstaltslast *UmwG* **304** 6
Anteil
- anderweitige Veräußerung *UmwG* **33** 1 ff.
- Besteuerung auf Anteil beruhenden *UmwStG* **22** 65 ff.
- ohne Stimmrecht *UmwG* **5** 63, **23** 7
Anteilsbuchwert
- Besteuerung *UmwStG* **22** 27 ff.
Anteilseigner
- ausländischer *UmwStG* **5** 23 ff.
- Vollausschüttung *UmwStG* **7** 8 ff.
Anteilseigner der übertragenden Körperschaft
- Gewerbesteuer *UmwStG* **19** 14 f.
Anteilseignerwechsel
- Gewerbesteuer bei schädlichem *UmwStG* **19** 19 f.

Anteilsgewährung *UmwG* 1 10, 2 9 ff.,
  5 16 ff., 20 36 ff.
– auf eigene Anteile *UmwG* 5 18
– Kapitalaufbringung *UmwG* 5 23
– Umtauschverhältnis *UmwG* 5 45 ff.,
  8 18 ff., 9 2, 16 ff., 12 4 ff., 16
– Verzicht *UmwG* 5 17, 24, 53
– vorhandene Anteile *UmwG* 5 24
Anteilsinhaber
– Barabfindung *UmwG* 5 21, 37 f.
– Begriff *UmwG* 2 6
– Beschlussfassung *UmwG* 13 4 ff.
– Differenzhaftung *UmwG* 55 15 f.
– Einsichts- und Auskunftsrechte
  UmwG 12 10
– Gegenleistung bei Verschmelzung
  UmwG 1 10, 2 9 ff., 20, 4 7, 5 16, 41 ff.
– Gleichbehandlungsgrundsatz
  UmwG 5 21
– Identität bei Umwandlung
  UmwG 1 11
– Klagemöglichkeiten *UmwG* 8 50, 11 6
– Komplementär-GmbH *UmwG* 5 17
– Prüfungsbericht *UmwG* 12 10
– Rechtsschutz *UmwG* 313 22
– Schadensersatz *UmwG* 14 10, 23 20
– Schutz *UmwG* 8 2, 9 2, 13 2, 25,
  40, 50 ff.
– Sonderrechte *UmwG* 5 63 ff., 46 25
– Spruchverfahren *UmwG* 5 28, 8 54
– Stellvertretung *UmwG* 13 16
– Stimmrecht *UmwG* 13 8 f.
– Treuepflicht *UmwG* 13 31, 54
– Veräußerungssperre *UmwG* 5 26
– Verschmelzungswertrelation
  UmwG 8 18
– Vetorecht *UmwG* 312 15
– vinkulierte Anteile *UmwG* 5 20, 13 36
– Wahl der Gegenleistung *UmwG* 5 21
– Widerspruch zu Protokoll
  UmwG 13 19
– Zustimmung zur Verschmelzung
  UmwG 4 14, 17, 28, 13 31 ff.
Anteilsinhaberschutz *UmwG* 339 2
Anteilsinhaberspezifischer Abschnitt
– Formwechselbericht *UmwG* 337 19 ff.
Anteilskaufvertrag *UmwG* 340 13

Anteilskontinuität *UmwG* 1 11
Anteilsscheine
– Kraftloserklärung *UmwG* 248 13
Anteilstausch *UmwG* 14 11, 15 6;
  UmwStG 21 1 ff.
– Anschaffungskosten *UmwStG* 21 68
– Antrag *UmwStG* 21 49 ff., 96 ff.
– Anwartschaftsrechte *UmwStG* 21 20
– Ausschlagung *UmwG* 90 4
– Beschränkung des deutschen Besteuerungsrechts *UmwStG* 21 70 ff.
– Besteuerung *UmwStG* 22 2 ff.
– Buchwert *UmwStG* 21 42, 102
– einbringender *UmwStG* 21 2
– einbringender Rechtsträger
  UmwStG 1 45
– Einbringungsgewinn *UmwStG* 21 103
– einfacher *UmwStG* 1 43
– Gegenleistung *UmwStG* 21 45 ff.
– Gewährung neuer Anteile
  UmwStG 21 22 ff.
– Gewerbesteuer *UmwStG* 21 120
– grenzüberschreitende Einbringungen
  UmwStG 21 80 ff.
– Kapitalertragsteuer *UmwStG* 21 123
– Maßgeblichkeitsgrundsatz
  UmwStG 21 43
– Mitgliedschaftserwerb *UmwG* 87 3 ff.
– neue Anteile *UmwStG* 1 43 ff.
– persönlicher Anwendungsbereich
  UmwStG 21 2
– qualifizierter *UmwStG* 1 43 ff.,
  21 25 ff.
– sachlicher Anwendungsbereich
  UmwStG 21 9
– sonstige Gegenleistung
  UmwStG 21 22, 40a ff.
– steuerliche Rückbeziehung
  UmwStG 21 11
– übernehmende Gesellschaft
  UmwStG 21 2, 23 1 ff.
– übernehmender Rechtsträger
  UmwStG 1 45
– Veräußerungsgewinn
  UmwStG 21 103 ff.
– Veräußerungsverlust *UmwStG* 21 109
– Wertansatz *UmwStG* 21 41, 64 ff.

– Wertverknüpfung *UmwStG* **21** 65
– zeitlicher Anwendungsbereich
  UmwStG **21** 10
– Zwischenwert *UmwStG* **21** 42, 102
Anteilsveräußerung
– Besteuerung *UmwStG* **22** 10
– Besteuerung bei mittelbarer
  UmwStG **22** 59 ff.
– Besteuerung bei unmittelbarer
  UmwStG **22** 59 ff.
– Besteuerung entgeltlicher
  UmwStG **22** 12 ff.
– Besteuerung unentgeltlicher
  UmwStG **22** 12 ff.
Antragsbegründung Spruchverfahren
– Bewertungsrügen *SpruchG* **4** 10 ff.
– Mindestinhalt *SpruchG* **4** 7 ff.
Antragsberechtigung Spruchverfahren
– Nachweis der Anteilsinhaberschaft
  SpruchG **3** 10 f.
– Zeitpunkt der Anteilsinhaberschaft
  SpruchG **3** 8 f.
Antragsfrist
– Spruchverfahren *SpruchG* **4** 4 f.
Antragsgegner
– Spruchverfahren *SpruchG* **5** 2 f.
Antragstellung
– Aufstockung *UmwStG* **23** 38
Anwachsung *UmwG* **1** 34, 36, **2** 22,
  24 70; *UmwStG* **1** 37 ff.
– Besteuerung bei erweiterter
  UmwStG **22** 16 ff.
– Besteuerung bei schlichter
  UmwStG **22** 15 ff.
– Einzelrechtsnachfolge *UmwStG* **1** 40
– erweiterte *UmwStG* **1** 37 ff.
Anwachsungsmodell
  UmwG **Vor 305 ff.** 3
Anwaltszwang *SpruchG* **5a** 1 ff.
Anwendungsverbot *UmwG* **250** 1
A-Priori-Schutz *UmwG* **322** 6
Arbeitnehmer *UmwG* **312** 15
– Auswirkungen *UmwG* **307** 18 f.
– Beweislast *UmwG* **35a** 31, **132** 12
Arbeitnehmer, Folgen für
– Angaben im Verschmelzungsvertrag
  UmwG **2** 27, **5** 72 ff.

– Betriebsänderung *UmwG* **5** 91
– Betriebsübergang *UmwG* **Vor 1** 37
– Individualrechte *UmwG* **5** 73
– Interessenausgleich *UmwG* **5** 84, 91
– Negativerklärung *UmwG* **5** 92 f.
– Sozialplan *UmwG* **5** 84, 91
– Tarifbindung *UmwG* **5** 73
– Trennungstheorie *UmwG* **5** 73
– Unrichtigkeit der Angaben
  UmwG **5** 95, 100
– Unvollständigkeit der Angaben
  UmwG **5** 95, 100
Arbeitnehmerbeteiligung
– SE *UmwG* **Anh. 1** 23 ff., 75
– SE-Gründung *UmwG* **Anh. 1** 137 f.
Arbeitnehmermitbestimmung
  UmwG **115** 4, **322** 30 ff., **329** 12 ff.,
  Vor 333 ff. 7 ff., 34, **335** 44, **339** 14,
  342 15 ff.
Arbeitnehmerspezifischer Abschnitt
– Formwechselbericht *UmwG* **337** 32 ff.
Arbeitnehmer-Stellungnahme
  UmwG **324** 55
Arbeitnehmervertretung
– Änderung des Vertrages nach Zuleitung *UmwG* **5** 121
– Angaben im Verschmelzungsvertrag
  UmwG **5** 78, 87, 91
– Beteiligungsrechte *UmwG* **5** 72
– Einbindung *UmwG* **5** 96, 99
– Monatsfrist *UmwG* **5** 117
– Negativerklärung *UmwG* **5** 92 f.
– Strukturänderungen *UmwG* **5** 72
– Unrichtigkeit der Angaben
  UmwG **5** 87, 91, 95, 100
– Unvollständigkeit der Angaben
  UmwG **5** 87, 91, 95, 100
– Zuleitung bei Fehlen eines Betriebsrates *UmwG* **5** 122
– Zuleitung des Verschmelzungsvertrags
  UmwG **5** 115 f., 119
– Zuständigkeit *UmwG* **5** 116
Arbeitsgericht
– Frist *UmwG* **35a** 32
– Prüfungsumfang *UmwG* **35a** 29
Arbeitspapiere
– Prüfungsbericht *UmwG* **12** 8

Arbeitsrechtliche Auswirkungen
  UmwG **20** 31
Arbeitsverhältnis *UmwG* **109** 57, **132** 25
– Gesamtrechtsnachfolge *UmwG* **20** 32
– Unberührtheit bei Betriebsübergang
  UmwG **35a** 50
ARUG 2009
– Freigabeverfahren *UmwG* **16** 29
Auffanglösung *UmwG* **342** 16
Aufgabe- oder Veräußerungsverlust
– Gewerbesteuer *UmwStG* **18** 30
Aufgelöster Rechtsträger
– Fortsetzungsbeschluss *UmwG* **3** 18 ff., **214** 19
– Verschmelzungsfähigkeit
  UmwG **3** 18 ff.
Aufhebung
– Beschluss *UmwG* **4** 28
– Form *UmwG* **4** 28
– Verschmelzungsvertrag
  UmwG **4** 27 f., **5** 13
Aufhebungsbeschluss *UmwG* **4** 28
– Mehrheitserfordernis *UmwG* **4** 28
Auflösung
– Besteuerung *UmwStG* **22** 34 ff.
– Verschmelzung unter *UmwG* **1** 25 f., **2** 19 ff.
Aufsichtsorgan
– SE *UmwG* **Anh. 1** 148 ff.
Aufsichtsrat
– Abberufung *UmwG* **203** 5
– Kontinuität *UmwG* **203** 1
– SE *UmwG* **Anh. 1** 98
Aufsichtsratsmitglieder
– Abfindung *UmwG* **5** 68
Aufspaltung *SpruchG* **1** 8;
  UmwG **123** 17 ff.; *UmwStG* **1** 14 ff., **15** 9
– Genossenschaft *UmwStG* **1** 27 ff.
– Kapitalgesellschaft *UmwStG* **1** 27 ff.
– Partnerschaftsgesellschaft
  UmwStG **1** 27 ff.
– Personengesellschaft *UmwStG* **1** 27 ff., **16** 1 ff.
– Personenhandelsgesellschaft
  UmwStG **1** 27 ff.
– übernehmende Rechtsträger
  UmwStG **1** 29 ff.

– übertragende Rechtsträger
  UmwStG **1** 29 ff.
– verschmelzende Abspaltung
  UmwG **3** 25
– verschmelzende Aufspaltung
  UmwG **3** 25
– zur Aufnahme *UmwStG* **1** 15
– zur Neugründung *UmwStG* **1** 15
Aufspaltung einer GmbH auf zwei GmbH & Co. KG zur Aufnahme
– Kosten *UmwG* **Anh. 2** 107
Aufstockung *UmwStG* **23** 5, 34 ff.
– Besteuerung *UmwStG* **22** 52 ff.
– entrichtete Steuern *UmwStG* **23** 40
– Erhöhungsbetrag *UmwStG* **23** 43
– Vorgehen *UmwStG* **23** 42
– Zugehörigkeit zum Betriebsvermögen
  UmwStG **23** 44 ff.
Aufwärtsverschmelzung
  UmwStG **13** 6 ff.
– Gewerbesteuer *UmwStG* **19** 9
Auseinandersetzung
– Anspruch, Entstehung *UmwG* **94** 3
– Auszahlung, Guthaben *UmwG* **94** 2
– Geschäftsguthaben *UmwG* **93** 2 ff.
– Grundlage *UmwG* **93** 2 ff.
– Schlussbilanz *UmwG* **93** 2
– Verjährung *UmwG* **93** 6
Ausfallhaftung *UmwG* **328** 20
Ausgeschiedener Anteilseigner
– Vollausschüttung *UmwStG* **7** 10
Ausgliederung *SpruchG* **1** 8;
  UmwG **123** 17 ff.; *UmwStG* **1** 30 ff.
– Abspaltung, Kombination
  UmwG **1** 50
– Anmeldung *UmwG* **140** 1 ff., **146** 1 ff., **148** 2 ff.
– Genossenschaft *UmwG* **147** 1
– grenzüberschreitende *UmwStG* **1** 31
– Grundkapitalherabsetzung
  UmwG **145** 1 ff.
– SE *UmwG* **Anh. 1** 171 f.
– Solidätserklärung *UmwG* **146** 6
– übernehmender Rechtsträger
  UmwStG **1** 32
– übertragender Rechtsträger
  UmwStG **1** 32

Ausgliederung eines Teilbetriebs vom Einzelunternehmen auf GmbH (Neugründung)
- Kosten *UmwG* **Anh. 2** 109 ff.
Ausgliederung zur Neugründung
- Bilanz *UmwG* **17** 26
Auskehrung
- Besteuerung *UmwStG* **22** 35 ff.
Auskunftspflicht *UmwG* **8** 35, **159** 10
- Vollständigkeitserklärung *UmwG* **9** 12, **159** 11
Auskunftsrechte
- Gesellschafter *UmwG* **232** 14
Ausländische Aufsichtsbehörde *UmwG* **109** 38
Ausländischer Anteilseigner *UmwStG* **5** 23 ff.
Ausländische Steuern
- Anrechnung *UmwStG* **3** 60 ff.
- fiktive Anrechnung *UmwStG* **3** 60 ff.
Ausländische Umwandlung *UmwStG* **1** 1 ff.
Auslandsbeurkundung *UmwG* **307** 38, **311** 11
- Form *UmwG* **6** 14 ff., **13** 45
Auslandsvermögen
- Gesamtrechtsnachfolge *UmwG* **20** 7
Ausscheidende Gesellschafter *UmwStG* **5** 10 f.
Ausschlagung
- Form und Frist *UmwG* **91** 2 ff.
- Minderheitenschutz *UmwG* **90** 1
- Mitgliederliste *UmwG* **92** 1
- Voraussetzungen *UmwG* **90** 6
- Wirksamkeit *UmwG* **92** 4
- Wirkung *UmwG* **90** 3 f.
Ausschlussfrist
- Bilanz *UmwG* **17** 16
- Klage gegen Verschmelzungsbeschluss *UmwG* **14** 2, 8
Ausschlussgründe
- Verschmelzungsprüfer *UmwG* **11** 8
Austrittsrecht *UmwG* **327** 3, **340** 3
- Börsennotierung *UmwG* **29** 25
- Kapitalerhaltung *UmwG* **29** 36 ff.
- Mischverschmelzung *UmwG* **29** 15 ff.
- Verfügungsbeschränkungen *UmwG* **29** 18 ff.
- Widerspruch zur Niederschrift *UmwG* **29** 26
Bankenabwicklungsrichtlinie *UmwG* **321** 18
Barabfindung *UmwG* **1** 12, 40, **2** 21, **5** 21, 102, **8** 11, 30, 53, **9** 9, 16, **12** 4, **13** 29, **30** 1 ff., **307** 31
- Absichtserklärung *UmwG* **313** 23
- Angebot bei Formwechsel *UmwG* **207** 1
- Angemessenheit *UmwG* **340** 6 ff.
- Angemessenheitsprüfung *UmwG* **30** 19 ff., **208** 4
- Annahme *UmwG* **313** 25
- Anrechnung *UmwG* **30** 16 ff.
- Anspruchsgegner *UmwG* **313** 26
- Anspruchshöhe *UmwG* **30** 3 ff.
- aufschiebende Bedingung *UmwG* **313** 26
- Bewertungsmethode *UmwG* **30** 6 ff.
- Bewertungsstichtag *UmwG* **30** 12 ff.
- Ermittlung der Angemessenheit *UmwG* **208** 1
- Fälligkeit *UmwG* **313** 31
- Form der Absichtserklärung *UmwG* **313** 24
- Form der Annahmeerklärung *UmwG* **313** 28
- Formwechsel der Personengesellschaft *UmwG* **225** 1 ff.
- Kosten *UmwG* **30** 22
- Plausibilitätskontrolle *UmwG* **337** 25
- Schaden, weitergehender *UmwG* **30** 18
- Sicherheitsleistung *UmwG* **313** 32
- Untergrenze *UmwG* **30** 5
- Verbundeffekte *UmwG* **30** 8 ff.
- Verzinsung *UmwG* **30** 14 ff., **208** 3
- Voraussetzungen *UmwG* **340** 10 ff.
Barabfindungsangebot *UmwG* **207** 1, **313** 5, **322** 35 ff., **327** 3 ff., **329** 37 ff., **335** 37, **340** 1 ff.
- Angemessenheit *UmwG* **313** 16, **327** 5 ff.
- Annahme *UmwG* **327** 12 ff., **340** 14 ff.
- Annahme, Rechtsfolge *UmwG* **313** 12

- Annahmefrist *UmwG* **209** 1, **313** 20
- Ausgliederung *UmwG* **327** 22
- Entbehrlichkeit *UmwG* **207** 3
- fehlendes, Folgen *UmwG* **210** 4
- Mängel, Folgen *UmwG* **210** 5
- Verzicht *UmwG* **327** 4
- Voraussetzungen *UmwG* **207** 4

Barausgleich *UmwG* **15** 17

Barauszahlung
- bei Kleistbeteiligung *UmwG* **5** 21

Bare Zahlung
- GmbH-Verschmelzung *UmwG* **46** 20 ff., **54** 40 ff.

Bare Zuzahlung
- GmbH-Verschmelzung *UmwG* **46** 20 ff., **54** 40 ff.

Basiszinssatz *SpruchG* **11 Anh.** 41 ff.
- Laufzeitäquivalenz *SpruchG* **11 Anh.** 42

Baukastensystem *UmwG* **Vor 333 ff.** 33, **333** 5
- Spaltung *UmwG* **320** 8

Bedingtes Kapital *UmwG* **243** 23

Beendigung Steuerpflicht *UmwStG* **2** 23

Behaltefristen *UmwStG* **4** 12

Beherrschungs- und Gewinnabführungsvertrag *SpruchG* **1** 2 ff.
- Abgrenzung zur Verschmelzung *UmwG* **Vor 1** 29, **2** 24

Beibringungsgrundsatz *SpruchG* **17** 5

Beihilfen *UmwG* **335** 36

Beirat *UmwG* **335** 35

Bekanntmachung
- Auslagen des Gerichts *UmwG* **19** 25
- Wirkung *UmwG* **308** 23

Bekanntmachung der Entscheidung
- Art und Weise der Bekanntmachung *SpruchG* **14** 7 f.
- Gegenstand *SpruchG* **14** 3 f.
- Verpflichteter *SpruchG* **14** 5 f.

Berichterstattung
- SE *UmwG* **Anh. 1** 99

Berichtspflicht
- Ausnahmen *UmwG* **309** 15
- eingeschränkte *UmwG* **309** 14
- gruppeninterne Verschmelzungen *UmwG* **309** 15
- Verzicht *UmwG* **309** 16

Berichtspflicht, Verletzung *UmwG* **347** 1
- Bereicherungsabsicht *UmwG* **347** 16
- betroffene Personen *UmwG* **347** 3 ff.
- Handlung gegen Entgelt *UmwG* **347** 15
- Prüfer *UmwG* **347** 4
- Prüfungsgehilfe *UmwG* **347** 5
- Schädigungsabsicht *UmwG* **347** 17
- Täter *UmwG* **347** 3 ff.
- Tathandlung *UmwG* **347** 8 ff.
- Unterlassen *UmwG* **347** 13
- Versuch *UmwG* **347** 12
- Vollendung *UmwG* **347** 12
- Vorsatz *UmwG* **347** 14

Bescheinigung § 22 Abs. 5 UmwStG *UmwStG* **23** 41

Beschlussanfechtung
- Notar *UmwG* **16** 45

Beschlussfassung *UmwG* **312** 13

Beschränkung inländisches Besteuerungsrecht *UmwStG* **1** 68

Beschwerde *SpruchG* **12** 1 ff.
- Abhilfeverfahren *SpruchG* **12** 2, 10, 22
- Anwaltszwang *SpruchG* **12** 2, 17
- Befugnis *SpruchG* **12** 11 ff.
- Begründung *SpruchG* **12** 9
- Begründungspflicht *SpruchG* **12** 9
- Beschwerdegericht *SpruchG* **12** 2
- Beschwerdewert *SpruchG* **12** 19
- Form *SpruchG* **12** 17
- Frist *SpruchG* **12** 16
- Inhalt *SpruchG* **12** 9
- intertemporales Recht *SpruchG* **12** 3
- Statthaftigkeit *SpruchG* **12** 4 ff.
- UmRUG *SpruchG* **12** 2
- unselbständige Anschlussbeschwerde *SpruchG* **12** 20 f.
- Verfahren *SpruchG* **12** 24 ff.
- verfahrensleitende Maßnahmen *SpruchG* **12** 6
- Zuständigkeit *SpruchG* **12** 10
- Zuständigkeitskonzentration *SpruchG* **12** 23

Beschwerdebefugnis
- Antragsgegnerin *SpruchG* **12** 12

- Antragsteller *SpruchG* 12 11
- besondere gemeinsame Vertreter *SpruchG* 12 15
- gemeinsamer Vertreter *SpruchG* 12 13 f.

Besitz
- Rechtsnachfolge *UmwG* 20 17

Besitzzeitanrechnung *UmwStG* 23 33
Besitzzeiten *UmwStG* 23 56
- Anrechnung *UmwStG* 23 26

Besonderer Vertreter *UmwG* 26 4 ff., 206 2
- Auswahl *UmwG* 26 17
- Bestellung *UmwG* 26 9 ff.
- Partei kraft Amtes *UmwG* 26 7
- Sperrwirkung *UmwG* 26 5
- Vergütung *UmwG* 26 26

Besonderes Verhandlungsgremium *UmwG* 329 13, 342 16, 344 6
- Bildung *UmwG* **Anh. 1** 32

Bestandsschutz *UmwG* 132 22, 25 ff., 41
- Firmenrecht *UmwG* 18 16

Bestandsübertragung *UmwG* 109 49 ff., 174 10
- angemessene Barabfindung *UmwG* 109 50
- Informationspflicht nach Wirksamwerden *UmwG* 109 54
- Vertrag sui generis *UmwG* 109 49

Besteuerung
- Abspaltung *UmwStG* 22 21 ff.
- Abwicklung *UmwStG* 22 34 ff.
- Aktienregister *UmwStG* 22 68 ff.
- Anschaffungskosten *UmwStG* 22 37 ff.
- Anteilsbuchwert *UmwStG* 22 27 ff.
- Anteilstausch *UmwStG* 22 2 ff.
- auf Anteil beruhender Anteil *UmwStG* 22 65 ff.
- Auflösung *UmwStG* 22 34 ff.
- Aufstockung *UmwStG* 22 52 ff.
- Auskehrung *UmwStG* 22 35 ff.
- Besteuerungsrecht *UmwStG* 22 6 ff.
- Betrieb *UmwStG* 22 1 ff.
- Betrieb gewerblicher Art *UmwStG* 22 69 ff.
- Bezugsrecht *UmwStG* 22 13 ff.
- Billigkeitsregelung *UmwStG* 22 21 ff.
- Drittland *UmwStG* 22 6 ff.
- Durchstockung *UmwStG* 22 52 ff.
- Einbringender *UmwStG* 22 63 ff.
- Einbringung *UmwStG* 22 2 ff.
- einbringungsgeborener Anteil *UmwStG* 22 55 ff.
- Einbringungsgegenstand *UmwStG* 22 66 ff.
- Einbringungsgewinnbesteuerung *UmwStG* 22 29 ff.
- Einbringungsgewinn I *UmwStG* 22 1 ff.
- Einbringungsgewinn II *UmwStG* 22 4 ff., 53 ff.
- Einbringungsverlust *UmwStG* 22 46 ff.
- Einbringungszeitpunkt *UmwStG* 22 30 ff.
- Einlagenkonto *UmwStG* 22 34 ff.
- Eintritt der Rechtsstellung *UmwStG* 22 73 ff.
- entgeltliche Übertragung *UmwStG* 22 32 ff.
- entgeltliche Veräußerung *UmwStG* 22 12 ff.
- Entstrickung *UmwStG* 22 17 ff.
- Erbfall *UmwStG* 22 73 ff.
- Ergänzungsbilanz *UmwStG* 22 8 ff.
- Ersatztatbestand *UmwStG* 22 4 ff.
- erweiterte Anwachsung *UmwStG* 22 16 ff.
- Folgeeinbringung *UmwStG* 22 63 ff.
- fremder Dritter *UmwStG* 22 5 ff.
- gemeiner Wert *UmwStG* 22 49 ff.
- Gesellschafterliste *UmwStG* 22 68 ff.
- Gesellschafterstellung *UmwStG* 22 68 ff.
- Gewährung des Gesellschaftsrechts *UmwStG* 22 19 ff.
- Gewerbesteuer *UmwStG* 22 51 ff.
- grenzüberschreitende Einbringung *UmwStG* 22 65 ff.
- Grundlagenbescheid *UmwStG* 22 71 ff.
- immaterieller Vermögensgegenstand *UmwStG* 22 5 ff.

- Kapitalertragsteuer *UmwStG* **22** 69 ff.
- Kapitalherabsetzung *UmwStG* **22** 34 ff.
- Liquidation *UmwStG* **22** 29
- mehrstöckige Personengesellschaft *UmwStG* **22** 7 ff.
- Minderung des Gesellschaftsrechts *UmwStG* **22** 19 ff.
- Mitgliederliste *UmwStG* **22** 68 ff.
- mittelbare Veräußerung *UmwStG* **22** 59 ff.
- Mitunternehmeranteil *UmwStG* **22** 1 ff.
- Mitunternehmerschaft *UmwStG* **22** 42 ff.
- Mitverstrickung *UmwStG* **22** 77 ff.
- nachträgliche Anschaffungskosten *UmwStG* **22** 61 ff.
- Nachweis *UmwStG* **22** 65 ff.
- Nachweispflicht *UmwStG* **22** 4 ff.
- ordentliche Gewinnausschüttung *UmwStG* **22** 19 ff.
- Organgesellschaft *UmwStG* **22** 59 ff.
- organschaftliche Mehrabführung *UmwStG* **22** 38 ff.
- Organträger *UmwStG* **22** 59 ff.
- Personengesellschaft *UmwStG* **22** 6 ff.
- Realteilung *UmwStG* **22** 32 ff.
- Rechtsnachfolge *UmwStG* **22** 6 ff., 32 ff.
- Rückumwandlung *UmwStG* **22** 29 ff.
- rückwirkendes Ereignis *UmwStG* **22** 45 ff.
- Sachdividende *UmwStG* **22** 63 ff.
- Sacheinlage *UmwStG* **22** 2 ff.
- Schenkung *UmwStG* **22** 12 ff., 73 ff.
- Schenkungsteuer *UmwStG* **22** 77 ff.
- schlichte Anwachsung *UmwStG* **22** 15 ff.
- schlichte Einlage *UmwStG* **22** 19 ff.
- Seitwärtsverschmelzung *UmwStG* **22** 25 ff.
- Siebenjahresfrist *UmwStG* **22** 30 ff.
- Sitzverlegung *UmwStG* **22** 43 ff.
- Spende *UmwStG* **22** 73 ff.
- sperrfristbehafteter Anteil *UmwStG* **22** 5 ff., 20 ff.
- sperrfristinfizierter Anteil *UmwStG* **22** 40 ff.
- Sperrfristverhaftung *UmwStG* **22** 23 ff.
- Step up *UmwStG* **22** 71 ff.
- Steuerverhaftung *UmwStG* **22** 23 ff.
- stille Reserve *UmwStG* **22** 3 ff., 20 ff.
- tauschähnliches Geschäft *UmwStG* **22** 3 ff.
- Teilbetrieb *UmwStG* **22** 1 ff.
- Transparenzprinzip *UmwStG* **22** 7 ff.
- Trennungstheorie *UmwStG* **22** 12 ff.
- Übernehmer *UmwStG* **22** 63 ff.
- Umstrukturierung *UmwStG* **22** 2 ff.
- Umwandlung *UmwStG* **22** 20 ff.
- unentgeltliche Rechtsnachfolge *UmwStG* **22** 73 ff.
- unentgeltliche Übertragung *UmwStG* **22** 32 ff.
- unentgeltliche Veräußerung *UmwStG* **22** 12 ff.
- unmittelbare Veräußerung *UmwStG* **22** 59 ff.
- Veräußerung *UmwStG* **22** 10
- Veräußerungsfiktion *UmwStG* **22** 27 ff.
- Veräußerungssperre *UmwStG* **22** 39 ff.
- Verbesserung des Status *UmwStG* **22** 18 ff.
- verdeckte Einlage *UmwStG* **22** 19 ff.
- verdeckte Gewinnausschüttung *UmwStG* **22** 19 ff.
- Verschlechterung des Status *UmwStG* **22** 18 ff.
- Verwaltungsakt *UmwStG* **22** 71 ff.
- Verwendungsreihenfolge *UmwStG* **22** 36 ff.
- Verzinsung *UmwStG* **22** 57 ff.
- Wegzug *UmwStG* **22** 43 ff.
- Wegzug des Mitunternehmers *UmwStG* **22** 43 ff.
- wirtschaftlicher Geschäftsbetrieb *UmwStG* **22** 69 ff.
- wirtschaftliches Eigentum *UmwStG* **22** 10 ff.
- Zwischenwert *UmwStG* **22** 24 ff.

Besteuerungsrecht
- Anrechnungsmethode *UmwStG* **3** 48
- ausländisches Betriebsstättenvermögen *UmwStG* **3** 47
- Ausschluss oder Beschränkung *UmwStG* **3** 38 ff.
- beschränkte Steuerpflicht *UmwStG* **3** 48
- Beschränkung *UmwStG* **3** 42 ff.
- Besteuerung *UmwStG* **22** 6 ff.
- Drittstaat *UmwStG* **3** 50 ff.
- Entstrickung *UmwStG* **3** 38 ff.
- Freistellungsmethode *UmwStG* **3** 47
- gesellschafterbezogen *UmwStG* **3** 39
- Hinausverschmelzung *UmwStG* **3** 50 ff.
- inländisches Betriebsstättenvermögen *UmwStG* **3** 46
- Personengesellschaft *UmwStG* **3** 49
- Wegfall *UmwStG* **3** 42 ff.
Besteuerung stiller Reserven *UmwStG* **3** 37
- ausländische Steuer *UmwStG* **3** 37
- gesellschafterbezogen *UmwStG* **3** 37
Betafaktor
- Peer Group *SpruchG* **11 Anh.** 63 ff.
Beteiligte
- Anwaltszwang *SpruchG* **5a** 2
Beteiligungskorrekturgewinn *UmwStG* **2** 25, **4** 32 ff., **11** 158 ff.
- Abzüge nach § 6b EStG *UmwStG* **4** 33 f.
- Buchwert *UmwStG* **4** 35
- Einlagefiktion *UmwStG* **5** 17 f.
- laufender Gewinn *UmwStG* **4** 38
- Reihenfolge *UmwStG* **4** 36
- steuerwirksam vorgenommene Abschreibungen *UmwStG* **4** 33 f.
- Wertaufholung *UmwStG* **4** 35 f.
Beteiligungsquote *UmwG* **8** 31
Betrieb
- Begriff *UmwG* **35a** 35, **132** 7
- Besteuerung *UmwStG* **22** 1 ff.
- gemeinsamer *UmwG* **132** 3 ff.
Betriebliche Mitbestimmung
- Betriebsvereinbarung *UmwG* **132a** 37
- Entfallen der Voraussetzungen *UmwG* **132a** 30
- Erhaltung *UmwG* **132a** 40
- Kollektivvereinbarungen *UmwG* **132a** 33 ff.
- Tarifvertrag, Erstreikbarkeit *UmwG* **132a** 36
- Übergangsmandat *UmwG* **132a** 39
Betriebsänderung *UmwG* **132** 4 f.
Betriebsaufgabe
- Gewerbesteuer *UmwStG* **18** 21 f., 27
Betriebsaufspaltung *UmwG* **134** 4 ff.
Betriebsbegriff *UmwG* **132** 7
Betriebseinbringung
- Gewerbesteuer *UmwStG* **18** 18
Betriebsrat *UmwG* **307** 39
- Information *UmwG* **309** 19
- Interessenausgleich *UmwG* **35a** 21 f.
Betriebsratsbeteiligung *UmwG* **17** 6
Betriebsrente *UmwG* **322** 41, **335** 47
Betriebsrenten, -anwartschaften *UmwG* **307** 34
Betriebsrentenanwartschaft *UmwG* **322** 41, **335** 47
Betriebsspaltung *UmwG* **132** 4 f.
Betriebsübergang *UmwG* **Vor 1** 37, **35a** 12
- Ablösungsmöglichkeit *UmwG* **35a** 64
- Arbeitsverhältnis, Unberührtheit *UmwG* **35a** 50
- Aufhebungsvertrag *UmwG* **35a** 49
- Betrieb, Begriff *UmwG* **35a** 34 f.
- Betriebsführungsvertrag *UmwG* **35a** 45
- Betriebsteil *UmwG* **35a** 34
- Betriebsvereinbarungen *UmwG* **35a** 57 f., 68
- Bezugnahmeklauseln *UmwG* **35a** 72 f.
- Bezugnahmeklauseln, Wirkung *UmwG* **35a** 75
- Funktionsnachfolge, Abgrenzung *UmwG* **35a** 41
- Funktionsnachfolge, Begriff *UmwG* **35a** 40
- Gesamtabwägung *UmwG* **35a** 38 f.
- Gesamtbetriebsvereinbarungen *UmwG* **35a** 59 f.
- Geschäftsführer *UmwG* **35a** 49
- Gleichstellungsabreden *UmwG* **35a** 76

- Grundsatz der Privatautonomie *UmwG* **35a** 36
- Günstigkeitsprinzip *UmwG* **35a** 71, 74
- Haftung *UmwG* **35a** 98
- Identitätswahrung *UmwG* **35a** 36
- Kettenumwandlungen *UmwG* **35a** 47, 69
- Kollektivregelungen *UmwG* **35a** 52
- Konzernbetriebsvereinbarungen *UmwG* **35a** 60
- Kündigungsschutz *UmwG* **35a** 50
- Kündigungsverbot *UmwG* **35a** 79
- nachträgliche Ablösung *UmwG* **35a** 70
- nachträglicher Betriebsführungsvertrag *UmwG* **35a** 45
- Organmitglieder *UmwG* **35a** 49
- Outsourcing *UmwG* **35a** 46
- Rechtsfolgen *UmwG* **35a** 49 ff.
- Rechtsgeschäft, Begriff *UmwG* **35a** 43 ff.
- Regelungszweck im UmwG *UmwG* **35a** 14
- Tarifgebundenheit *UmwG* **35a** 67
- Tarifvertrag *UmwG* **35a** 52
- Tarifvertrag, Rechtswirkung *UmwG* **35a** 54
- Überkreuzablösung *UmwG* **35a** 66 ff.
- Unterrichtungspflicht *UmwG* **35a** 80
- Unterrichtungspflicht, Form *UmwG* **35a** 84
- Unterrichtungspflicht, Frist *UmwG* **35a** 81
- Unterrichtungspflicht, Haftung *UmwG* **35a** 83
- Unterrichtungspflicht, Inhalt *UmwG* **35a** 86
- Unterrichtungspflicht, Zeitpunkt *UmwG* **35a** 85
- Veränderungssperre *UmwG* **35a** 65
- Voraussetzungen *UmwG* **35a** 33
- vorzeitiger *UmwG* **35a** 45
- Wahlrecht *UmwG* **35a** 27 f.
- Widerspruch, Form *UmwG* **35a** 93
- Widerspruch, Rechtsfolge *UmwG* **35a** 97
- Widerspruch, Rechtsmissbrauch *UmwG* **35a** 96
- Widerspruch, Verwirkung *UmwG* **35a** 95
- Widerspruch, Verzicht *UmwG* **35a** 94
- Widerspruchsrecht der Arbeitnehmer *UmwG* **35a** 92
- Zeitpunkt *UmwG* **35a** 44 f.
- Zuordnung der Vermögensgegenstände *UmwG* **35a** 35

Betriebsübertragung *UmwG* **134** 22
- Arbeitnehmer *UmwG* **134** 25 ff.

Betriebsveräußerung
- Gewerbesteuer *UmwStG* **18** 15 f., 28

Betriebsvereinbarung *UmwG* **5** 91, 98, **35a** 68, **132a** 37
- Betriebsübergang *UmwG* **35a** 57

Betriebsverpachtung
- Übertragung ins Privatvermögen *UmwStG* **8** 14

Beurkundung
- Änderung des Verschmelzungsvertrags *UmwG* **6** 9
- Aufhebung des Verschmelzungsvertrags *UmwG* **6** 13
- Ausgliederungsplan *UmwG* **158** 4
- im Ausland *UmwG* **6** 14 ff., **13** 45
- Kosten *UmwG* **2** 14, 29 f., **4** 31, **6** 19 ff., **13** 58 ff.
- Mängel *UmwG* **6** 18, **13** 49 ff., **20** 39
- Nebenabreden *UmwG* **6** 6
- Sukzessivbeurkundungen *UmwG* **6** 12
- Verschmelzungsbeschluss *UmwG* **13** 43 ff.
- Verschmelzungsvertrag *UmwG* **4** 4, 24 f., 28, **5** 4, **6** 1 ff.
- Verzicht auf Verschmelzungsbericht *UmwG* **8** 45
- Verzichtserklärungen *UmwG* **311** 10
- Vorvertrag *UmwG* **6** 8
- Zustimmungserklärung zum Verschmelzungsbeschluss *UmwG* **13** 30 ff., 61

Beurkundungsform
- Aktiengesellschaften *UmwG* **17** 8

Beurkundungskosten *UmwG* **307** 40
- Verschmelzungsbeschluss *UmwG* **312** 22
- Zustimmungserklärungen *UmwG* **312** 22

Beurkundungsmängel *UmwG* **6** 18, **13** 49 ff., **20** 39
Beweislast *UmwG* **132** 12
Bewertungsmethoden *UmwG* **24** 1 ff.
- Buchwertfortführung *UmwG* **24** 3 ff., 11, 18, 25, 43, 60
Bezugsrecht
- Besteuerung *UmwStG* **22** 13 ff.
Bilanz *UmwG* **4** 16, 19, **5** 53, 56 ff., **7** 9, **13** 14, **15** 8, 11 ff., **24** 1 ff.
- Spaltungsvorgänge *UmwG* **17** 25
- übertragender Rechtsträger *UmwG* **17** 17 ff.
Bilanzansätze *UmwG* **307** 29
Bilanzfrist *UmwG* **16** 4
- Achtmonatsfrist *UmwG* **17** 14 ff.
Bilanzprüfer *UmwG* **17** 23
Bilanzprüfung *UmwG* **17** 22 ff.
Bilanzstichtag *UmwG* **17** 13, **307** 30, **322** 34
- Fristberechnung *UmwG* **17** 15 ff.
Billigkeitsregelung
- Besteuerung *UmwStG* **22** 21 ff.
BilMoG *UmwStG* **23** 71
Börsenkurs *UmwG* **8** 21, **9** 17
Börsenzulassung *SpruchG* **1** 15 ff.
Brexit *UmwG* **Vor 305 ff.** 13, **319** 1, **Vor 333 ff.** 2
BRIS *UmwG* **329** 40, **330** 8, **331** 19
Buchwert *UmwStG* **1** 70 f., **3** 15 ff., 31, **23** 8
- Antrag auf Ansatz *UmwStG* **13** 13 ff.
- ausländische Wirtschaftsgüter *UmwStG* **1** 71
- Wertobergrenze *UmwStG* **3** 31
Buchwertansatz *UmwStG* **3** 27 ff.
- Antragstellung *UmwStG* **3** 28 ff.
- Beschränkung des deutschen Besteuerungsrechts *UmwStG* **13** 18
- Fusionsrichtlinie *UmwStG* **13** 27 ff.
- schriftliche Antragstellung *UmwStG* **3** 28 ff.
- Voraussetzungen *UmwStG* **13** 13 ff., 17 ff.
- Wahlrecht *UmwStG* **3** 28 ff.
Buchwertantrag *UmwStG* **3** 28 ff.
- Anteilseigner *UmwStG* **13** 16

- bedingungsfeindlich *UmwStG* **13** 16
- Besteuerung stiller Reserven *UmwStG* **3** 37
- Betriebsvermögen *UmwStG* **3** 35
- deutsches Besteuerungsrecht *UmwStG* **3** 38 ff.
- Frist *UmwStG* **3** 29
- Gegenleistung *UmwStG* **3** 53 ff.
- konkludent *UmwStG* **13** 16
- Privatvermögen *UmwStG* **3** 36
- unwiderruflich *UmwStG* **13** 16
- Voraussetzungen *UmwStG* **3** 34 ff.
Buchwerteinbringung
- steuerliche Rechtsnachfolge *UmwStG* **23** 12 ff.
Buchwertfortführung *UmwG* **Vor 305 ff.** 3, **307** 29
Buchwertverknüpfung *UmwG* **24** 3, 5 f., 11, 18, 25, 43, 60
- Gewerbesteuer *UmwStG* **19** 5, 16
Bundesanstalt für Finanzdienstleistungsaufsicht, BaFin *UmwG* **109** 1, 35, **151** 18, 23, **175** 14
Business Combination Agreement *UmwG* **307** 35

Capital Asset Pricing Model (CAPM) *SpruchG* **11 Anh.** 53 ff.
- Betafaktor *SpruchG* **11 Anh.** 54, 61 ff.
- Peer Group *SpruchG* **11 Anh.** 63 ff.
CAPM
- Tax-CAPM *SpruchG* **11 Anh.** 67
Cartesio-Entscheidung *UmwG* **1** 24 ff., **190** 20, **Vor 305 ff.** 6 f.
Centros-Entscheidung *UmwG* **190** 18
Change of Control *UmwG* **Vor 333 ff.** 5
Comparative Company Approach (CCA)
- Initial Public Offerings (IPO) Approach *SpruchG* **11 Anh.** 99
- Recent Acquisitions Method (RAM) *SpruchG* **11 Anh.** 99
- Similar Public Company Method (SPCM) *SpruchG* **11 Anh.** 99

Daily Mail-Entscheidung *UmwG* **190** 17
DCF-Verfahren *UmwG* **8** 20, **12** 5
Deckelungsbetrag *UmwG* **16** 54
Delisting *SpruchG* **1** 15, 17 ff.; *UmwG* **Vor 1** 35

Dept-Equity-Swap *UmwG* **Vor 333 ff.** 6
Differenzhaftung *UmwG* **138** 12 ff., **219** 5
Dingliche Wirkung *UmwStG* **2** 2 f.
Direktion
– Bestellung *UmwG* **Anh. 1** 154
– SE *UmwG* **Anh. 1** 98
DiRUG *UmwG* **323** 7 f., **336** 7 f.
Discounted-Cash-Flow-Verfahren
– Entity-Ansatz *SpruchG* **11 Anh.** 84
– Equity-Ansatz *SpruchG* **11 Anh.** 84
Doppelansässigkeit *UmwStG* **1** 56, 61
Doppelmitgliedschaft
– Genossenschaft *UmwG* **87** 8
Downstream-Merger *UmwG* **2** 10, **305** 3; *UmwStG* **13** 6 ff.
– Bewertungsvorschriften *UmwG* **24** 56 ff.
– Verschmelzungsvertrag *UmwG* **5** 112 ff.
Drittstaaten *UmwG* **305** 11, **306** 10; *UmwStG* **1** 60
– Besteuerung *UmwStG* **22** 6 ff.
Drittstaatengesellschaft
– Vollausschüttung *UmwStG* **7** 7
Drittstaatenspaltung *UmwStG* **15** 16
Drittstaatenumwandlung *UmwStG* **1** 1 ff.
Durchstockung
– Besteuerung *UmwStG* **22** 52 ff.

EBITDA-Vortrag *UmwStG* **2** 33 ff., **4** 13, **15** 113
eG, Formwechsel in eine
– Abfindung *UmwG* **270** 1 ff.
– Abholung der Aktien *UmwG* **268** 1 ff.
– Anmeldung *UmwG* **254** 1 ff., **265** 1 ff.
– Ausscheiden des phG einer KGaA mit Formwechsel *UmwG* **255** 5
– Berechnung des Geschäftsguthabens *UmwG* **256** 1 f.
– Beschluss *UmwG* **252** 1 ff., **253** 1 ff.
– Formwechselbericht *UmwG* **251** 4 ff.
– Formwechselbeschluss *UmwG* **262** 1 ff., **263** 1 ff.
– Fortbestand Rechter Dritter *UmwG* **255** 2
– Forthaftung der phG *UmwG* **257** 1

– Generalversammlung *UmwG* **260** 1 ff., **261** 1 ff., **262** 1 ff.
– Hauptversammlungsbeschluss *UmwG* **269** 1 f.
– Kapitalschutz *UmwG* **264** 1 ff.
– KGaA *UmwG* **262** 10 f., **263** 5
– Mindestanzahl von Mitgliedern *UmwG* **255** 3 f.
– Nachschusspflicht *UmwG* **252** 1 ff., **271** 1 ff.
– Prüfungsgutachten *UmwG* **261** 9 ff.
– Rechtsfolgen *UmwG* **255** 1 ff.
– Satzung *UmwG* **253** 1
– Umwandlungsprüfung *UmwG* **259** 1 ff.
– Unterrichtung der Mitglieder *UmwG* **256** 3, **260** 10 f., **267** 1 f.
– Verteilung Geschäftsguthaben *UmwG* **256** 1 f.
– Vorbereitung *UmwG* **251** 3
– Wirkung des Formwechsels *UmwG* **266** 1 ff.
EGVP (elektronisches Gerichts- u. Verwaltungspostfach) *UmwG* **17** 4
Eigene Anteile *UmwG* **327** 11
– Anteilsgewährung *UmwG* **2** 9, **4** 21, **5** 18, 42, 110
Eigentum
– Besteuerung wirtschaftlichen *UmwStG* **22** 10 ff.
– wirtschaftliches *UmwG* **24** 14 f.
Einbringender *UmwStG* **1** 42
– Besteuerung *UmwStG* **22** 63 ff.
Einbringung *UmwG* **1** 32, 36; *UmwStG* **1** 34 ff., 41 ff.
– Besteuerung *UmwStG* **22** 2 ff.
– Besteuerung grenzüberschreitender *UmwStG* **22** 65 ff.
– Betrieb *UmwStG* **1** 41
– Betriebsvermögen *UmwStG* **1** 34 ff.
– Buchwertansatz *UmwStG* **23** 8
– Einbringungskosten *UmwStG* **23** 11
– Einzelrechtsnachfolge *UmwStG* **1** 34, **23** 52 ff.
– gemeiner Wert *UmwStG* **23** 50 ff.
– Gesamtrechtsnachfolge *UmwStG* **1** 34, **23** 58 ff.

- mehrheitsvermittelnde Beteiligung *UmwStG* **1** 41
- Mitunternehmeranteil *UmwStG* **1** 41
- Privatvermögen *UmwStG* **1** 41
- rechtliches Eigentum *UmwStG* **1** 36
- steuerliche Rechtsnachfolge *UmwStG* **23** 12 ff.
- Teilbetrieb *UmwStG* **1** 41
- übernehmende Gesellschaft *UmwStG* **23** 1 ff.
- wirtschaftliches Eigentum *UmwStG* **1** 36
- Wirtschaftsgut *UmwStG* **1** 41
- Zwischenwertansatz *UmwStG* **23** 9

Einbringungsbegriff *UmwStG* **1** 35
Einbringungsfolgegewinn
- Konfusion *UmwStG* **23** 70 ff.

Einbringungsgeborener Anteil *UmwStG* **5** 3, 19
- Besteuerung *UmwStG* **22** 55 ff.

Einbringungsgegenstand
- Besteuerung *UmwStG* **22** 66 ff.

Einbringungsgewinn
- Aufstockung *UmwStG* **23** 34 ff.
- Besteuerung *UmwStG* **22** 29 ff.
- Erhöhungsbetrag *UmwStG* **23** 34 ff.

Einbringungsgewinn I
- Aufstockung *UmwStG* **23** 37 ff.
- Besteuerung *UmwStG* **22** 1 ff.

Einbringungsgewinn II
- Besteuerung *UmwStG* **22** 4 ff., 53 ff.
- Erhöhungsbetrag *UmwStG* **23** 47 ff.

Einbringungskosten *UmwStG* **23** 11
Einbringungsverlust
- Besteuerung *UmwStG* **22** 46 ff.

Einbringungszeitpunkt
- Besteuerung *UmwStG* **22** 30 ff.

Einfacher Anteilstausch *UmwStG* **1** 43
„Einfriereffekt"
- Reichweite *UmwG* **Anh. 1** 10

Eingliederung *SpruchG* **1** 6
- Abgrenzung zur Verschmelzung *UmwG* **1** 35, **2** 21

Einlage
- nicht in voller Höhe bewirkte *UmwG* **51** 1 ff.

Einlagefiktion *UmwStG* **5** 13 f.
- juristische Person des öffentlichen Rechts *UmwStG* **5** 16

Einlagekonto
- Besteuerung *UmwStG* **22** 34 ff.

Einlageversicherung *UmwG* **246** 12
Einnahmenüberschussrechnung
- Übernahmefolgegewinn *UmwStG* **6** 18

Einpersonengesellschaft *UmwG* **337** 39 f.
Ein-Personen-Kapitalgesellschaft *UmwG* **228** 8 f.

Einschreibebrief
- Widerspruch gegen Umwandlung *UmwG* **282** 2

Eintragungsantrag *UmwG* **16** 9
Eintragungshindernis *UmwG* **241** 27
Eintragungswirkungen *UmwG* **20** 1 ff.
Eintritt in steuerliche Rechtsstellung *UmwStG* **4** 12 ff.
- Abschreibungen *UmwStG* **4** 15 f.
- Aufstockung *UmwStG* **4** 16

Einzelbetriebsvereinbarungen *UmwG* **35a** 58
Einzelkaufmann, Ausgliederung *UmwG* **152** 1 ff., 7
- Anmeldung *UmwG* **154** 10, **160** 1 ff.
- Ausgliederungsbericht *UmwG* **153** 1 ff.
- Ausgliederungsgegenstand *UmwG* **152** 24 ff.
- ausländischer Bezug *UmwG* **152** 10, 23
- Bekanntmachung *UmwG* **154** 12
- Betrieb *UmwG* **152** 12
- Eintragung *UmwG* **152** 6, 18, **154** 1 ff., 11
- Erbengemeinschaft *UmwG* **152** 8
- Firma *UmwG* **152** 18
- Gründungsbericht *UmwG* **159** 3 f.
- Gründungsprüfung *UmwG* **159** 5 f.
- Haftung *UmwG* **156** 1 ff., 8 ff.
- Prüfung durch Registergericht *UmwG* **154** 2 ff.
- Überschuldung *UmwG* **152** 28 ff.
- übertragene Verbindlichkeiten *UmwG* **156** 3 ff., 8 ff.

- Wirkungen der Ausgliederung *UmwG* **152** 35, **155** 1 ff.
- zeitliche Haftungsbegrenzung *UmwG* **157** 1 ff.
- zur Aufnahme *UmwG* **152** 20
- zur Neugründung *UmwG* **152** 21 ff., **158** 1 ff., **159** 1 ff.

Einzelrechtsnachfolge *UmwG* **1** 8, **32** ff., 47, **152** 2, 14
- Anwachsung *UmwStG* **1** 40
- Einbringung *UmwStG* **23** 14, 52 ff.

Einzeltheorie *UmwG* **305** 9

Enthaftung
- Altverbindlichkeiten *UmwG* **353** 1 ff.
- Dauerschuldverhältnisse *UmwG* **353** 9
- Gläubigerschutz *UmwG* **134** 34 ff.

Entscheidungen im Spruchverfahren
- formelle Rechtskraft *SpruchG* **13** 3
- Wirkungen *SpruchG* **13** 4

Entscheidungswirkungen
- Zeitpunkt *SpruchG* **13** 3

Entschmelzungsverbot *UmwG* **20** 42 ff.

Entspaltung *UmwG* **330** 7

Entstrickung *UmwStG* **3** 38
- Besteuerung *UmwStG* **22** 17 ff.
- Europarechtswidrigkeit *UmwStG* **3** 40 f.

Erbengemeinschaft
- Verschmelzungsfähigkeit *UmwG* **3** 2

Erbfall
- Besteuerung *UmwStG* **22** 73 ff.

Ereignis
- Besteuerung bei rückwirkendem *UmwStG* **22** 45 ff.

Ergänzungsbilanz
- Besteuerung *UmwStG* **22** 8 ff.

Ermächtigungsgrundlage *UmwG* **301** 19

Eröffnungsbilanz
- Formwechsel *UmwStG* **9** 13 f.
- Verschmelzungsstichtag *UmwG* **5** 28, **24** 22

Ersatztatbestand
- Besteuerung *UmwStG* **22** 4 ff.

Ertragswert *SpruchG* **11 Anh.** 18 ff.

Ertragswertmethode *UmwG* **8** 19 f., **12** 4 f.

Ertragswertverfahren
- anerkanntes *UmwStG* **3** 21 ff.
- Anlassplanung *SpruchG* **11 Anh.** 26
- Basiszinssatz *SpruchG* **11 Anh.** 40 ff.
- Detailplanungsphase *SpruchG* **11 Anh.** 31 f.
- Dreiphasen-Modell *SpruchG* **11 Anh.** 33
- Marktrisikoprämie *SpruchG* **11 Anh.** 48 ff.
- Nachsteuerbetrachtung *SpruchG* **11 Anh.** 22 ff.
- Nettoertrag *SpruchG* **11 Anh.** 22 ff.
- nicht betriebsnotwendiges Vermögen *SpruchG* **11 Anh.** 80
- Peer Group *SpruchG* **11 Anh.** 63 ff.
- Planrechnungen *SpruchG* **11 Anh.** 25 ff.
- Risikoprämie *SpruchG* **11 Anh.** 48 ff.
- Risikozuschlag *SpruchG* **11 Anh.** 40 ff.
- Tax-CAPM *SpruchG* **11 Anh.** 67
- technischer Bewertungsstandard *SpruchG* **11 Anh.** 38
- Thesaurierungsannahme *SpruchG* **11 Anh.** 21
- vereinfachtes *UmwStG* **3** 21 ff.
- Wachstumsabschlag *SpruchG* **11 Anh.** 40 ff.

Erweiterte Anwachsung *UmwStG* **1** 37 ff.

Erwerber *UmwStG* **5** 12

EU-/EWR-Umwandlung *UmwStG* **1** 1 ff.

EuGH
- Vorlagepflicht *UmwG* **Vor 1** 40

Europäische Aktiengesellschaft *UmwG* **321** 4, 8, **Vor 333** ff. 24, **333** 17, **334** 10

Europäische Gegenseitigkeitsgesellschaft *UmwG* **109** 7 f., 26 f.

Europäische Genossenschaft *SpruchG* **1** 13
- Verschmelzungsfähigkeit *UmwG* **3** 12

Europäische Gesellschaft
- Umtauschverhältnis *UmwG* **5** 45 ff., **8** 18 ff.
- Verschmelzungsfähigkeit *UmwG* **3** 9

Europäischer Verein
  UmwG **Vor 333 ff.** 19, **333** 17
Euroumstellung *UmwG* **352** 4 ff.
– mit Strukturänderung *UmwG* **352** 7
– ohne Strukturänderung
  UmwG **352** 5 f.
EWIV
– Verschmelzungsfähigkeit *UmwG* **3** 6
Ex ante-Gläubigerschutz *UmwG* **341** 5

Faktischer Konzern *SpruchG* **1** 22
Falsche Angaben
– Bestätigung Sicherheitsleistung
  UmwG **348** 2
– Strafbarkeit *UmwG* **348** 1 ff.
Feststellungsklage *UmwG* **13** 56, **14** 3, 6
Fiktive Dividende
– Gewerbesteuer *UmwStG* **18** 14
Firma *UmwG* **345** 18
– Firmenbildung bei Verschmelzung
  UmwG **18** 1 ff.
– übernehmender Rechtsträger
  UmwG **18** 1 ff.
Firmenbildung
– Täuschung im Rechtsverkehr
  UmwG **18** 6 ff.
– übernehmender Rechtsträger
  UmwG **18** 3 ff.
– Verhältnis zu HGB-Vorschriften
  UmwG **18** 7 ff.
Firmenfortführung
– Einwilligungserfordernisse
  UmwG **18** 10 ff.
– Grenzen *UmwG* **18** 9
Firmenfortführungshaftung
  UmwG **133** 42 f.
Firmentarifvertrag *UmwG* **35a** 55
Firmenwert *UmwStG* **23** 32
– originärer *UmwStG* **3** 20
Flächentarifvertrag *UmwG* **35a** 54
Flohtheorie *UmwStG* **13** 31
Folgeeinbringung
– Besteuerung *UmwStG* **22** 63 ff.
Forderungsgefährdung *UmwG* **341** 10 ff.
Förderzweck
– Prüfungsgutachten *UmwG* **81** 4 f., 8

Form
– Änderung des Verschmelzungsvertrages *UmwG* **6** 9
– Aufhebung des Verschmelzungsvertrages *UmwG* **6** 13
– Auslandsbeurkundung
  UmwG **6** 14 ff., **13** 45
– Entwurf des Verschmelzungsvertrages
  UmwG **4** 4
– Verschmelzungsbeschluss
  UmwG **13** 43 ff.
– Verschmelzungsvertrag *UmwG* **4** 4,
  24 f., 28, **5** 4, **6** 1 ff.
– Zustimmung der Anteilsinhaber
  UmwG **13** 30 ff., 61
Formelle Unterbilanz *UmwG* **220** 14
Formfehler *UmwG* **309** 20
Formwechsel *SpruchG* **1** 8; *UmwG* **35a** 8,
  190 1, 23; *UmwStG* **3** 2, **23** 61
– AG *UmwStG* **1** 20 ff.
– Ämterkontinuität *UmwG* **203** 1
– Analogieverbot *UmwG* **190** 38, **191** 11
– Anmeldegegenstand *UmwG* **198** 6
– Anmeldung *UmwG* **198** 1
– Anmeldung, Anlagen *UmwG* **199** 1
– Anmeldung, Checkliste
  UmwG **198** 10
– Anmeldung, Checkliste Anlagen
  UmwG **199** 10
– Anmeldung, Form *UmwG* **198** 13
– Anmeldung, Gerichtskosten
  UmwG **198** 15
– Anmeldung, Notarkosten
  UmwG **198** 18
– Anmeldung, Personengesellschaft
  UmwG **222** 2 ff.
– Anspruch auf bare Zuzahlung
  UmwG **196** 2
– Anspruch auf Sicherheitsleistung
  UmwG **204** 2
– Anstalt des öffentlichen Rechts
  UmwG **191** 10
– Anteilsinhaber, Veräußerungsbeschränkungen *UmwG* **211** 5
– Anteilsinhaber, Veräußerungsrecht
  UmwG **211** 1
– Aufsichtsrat *UmwG* **203** 1

- Aufsichtsrat, Abberufung *UmwG* **203** 5
- Aufsichtsrat, Bildung *UmwG* **197** 12
- aufzustellende Bilanzen *UmwStG* **9** 13 f.
- ausländische Rechtsträger *UmwStG* **1** 65
- außerhalb des UmwG *UmwG* **190** 39
- Barabfindung, Ermittlung der Angemessenheit *UmwG* **208** 1
- Barabfindung, Prüfung der Angemessenheit *UmwG* **208** 4
- Barabfindung, Verzinsung *UmwG* **208** 3
- Barabfindungsangebot *UmwG* **207** 1
- Barabfindungsangebot, Annahmefrist *UmwG* **209** 1
- Barabfindungsangebot, Entbehrlichkeit *UmwG* **207** 3
- Barabfindungsangebot, fehlendes, Folgen *UmwG* **210** 4
- Barabfindungsangebot, Mängel *UmwG* **210** 5
- Barabfindungsangebot, Voraussetzungen *UmwG* **207** 4
- Bekanntmachung *UmwG* **201** 1
- Beschlussfassung, allgemein *UmwG* **190** 34
- besonderer Vertreter *UmwG* **206** 2
- besonderer Vertreter, Bestellung *UmwG* **206** 4
- Bilanzstichtage *UmwStG* **9** 14
- Definition *UmwG* **190** 26; *UmwStG* **9** 2
- Drittstaaten *UmwStG* **1** 65
- Ebene der Gesellschafter *UmwStG* **9** 19
- Ebene der Personengesellschaft *UmwStG* **9** 19
- eG *UmwG* **191** 7
- eingetragene GbR *UmwG* **191** 2
- eingetragene Gesellschaft bürgerlichen Rechts *UmwG* **191** 2
- Eintragung, Wirkung *UmwG* **202** 1
- EWIV *UmwStG* **1** 20 ff.
- Formmängel, Heilung *UmwG* **202** 18
- Formwechselbericht, Berichtspflichtige *UmwG* **192** 3
- Formwechselbericht, Checkliste *UmwG* **192** 6
- Formwechselbericht, Inhalt *UmwG* **192** 4
- Formwechselbericht, Verzicht *UmwG* **192** 13
- Formwechselbeschluss *UmwG* **193** 1 ff.
- Formwechselbeschluss, Ablauf des Beschlussverfahrens *UmwG* **193** 2
- Formwechselbeschluss, allgemeine Feststellungsklage *UmwG* **195** 3
- Formwechselbeschluss, Beschlussmängel *UmwG* **193** 13
- Formwechselbeschluss, Beurkundungskosten *UmwG* **193** 21
- Formwechselbeschluss, Durchführung der Versammlung *UmwG* **193** 8
- Formwechselbeschluss, Entwurf *UmwG* **192** 12
- Formwechselbeschluss, fehlende Angaben *UmwG* **194** 19
- Formwechselbeschluss, Form *UmwG* **193** 19 f.
- Formwechselbeschluss, Inhalt *UmwG* **194** 1
- Formwechselbeschluss, Klageausschluss *UmwG* **195** 2
- Formwechselbeschluss, Mehrheitserfordernisse *UmwG* **193** 9
- Formwechselbeschluss, Stellvertretung *UmwG* **193** 12
- Formwechselbeschluss, Willkürverbot *UmwG* **195** 11
- Formwechselbeschluss, Zuleitung an den Betriebsrat *UmwG* **194** 17
- Formwechselbeschluss, Zustimmung *UmwG* **193** 14
- formwechselnder Rechtsträger *UmwStG* **1** 33
- formwechselnde Umwandlung *UmwG* **190** 4 f.
- Fortführung der Firma *UmwG* **200** 5
- GbR *UmwG* **191** 11; *UmwStG* **1** 20 ff.
- Gerichtskosten *UmwG* **190** 47
- Gesetzesaufbau *UmwG* **190** 9
- Gewerbesteuer *UmwStG* **9** 27

- GmbH *UmwStG* **1** 20 ff.
- GmbHG 1992 *UmwG* **190** 2
- grenzüberschreitender *UmwG* **190** 16; *UmwStG* **9** 4 ff.
- grenzüberschreitender, anwendbare Vorschriften *UmwG* **190** 25
- grenzüberschreitender, Voraussetzungen *UmwG* **190** 24
- Grunderwerbsteuer *UmwStG* **9** 27
- Grundsatz der Identitätswahrung *UmwG* **202** 4
- Gründungsvorschriften *UmwG* **197** 1
- Identitätswahrung *UmwG* **190** 26
- in KGaA *UmwG* **221** 1 ff.
- Kapitalgesellschaft *UmwG* **191** 4
- KG *UmwStG* **1** 20 ff.
- KGaA *UmwStG* **1** 20 ff.
- Klageausschluss, Monatsfrist *UmwG* **195** 6
- Kontinuität der Mitgliedschaft *UmwG* **202** 10
- Kontinuität der Rechte Dritter *UmwG* **202** 17
- Körperschaft des öffentlichen Rechts *UmwG* **191** 10
- Kosten *UmwG* **190** 46, **Anh. 2** 118 ff.
- Kosten sonstiger Notartätigkeit *UmwG* **Anh. 2** 123 ff.
- kreuzender *UmwStG* **1** 20 ff.
- mögliche Ausgangsgesellschaft *UmwStG* **9** 10 f.
- mögliche Zielgesellschaft *UmwStG* **9** 12
- Motive *UmwG* **190** 10
- Negativerklärung *UmwG* **198** 11
- nichtverhältniswahrender *UmwG* **202** 12
- Notarkosten *UmwG* **190** 48
- numerus clausus *UmwG* **190** 36 f., **191** 13
- öffentlich-rechtliche Vorschriften *UmwG* **302** 1 ff.
- OHG *UmwStG* **1** 20 ff.
- Organhaftung *UmwG* **205** 1, 3
- Partnerschaftsgesellschaft *UmwG* **191** 2; *UmwStG* **1** 20 ff.
- Personengesellschaft in Kapitalgesellschaft *UmwStG* **1** 33
- Personenhandelsgesellschaft *UmwG* **191** 2
- Prüfungskosten *UmwG* **190** 50
- Prüfungsverband *UmwG* **108** 5
- qualitative Benachteiligung *UmwG* **196** 7
- quantitative Benachteiligung *UmwG* **196** 6
- rechtliche Identität *UmwG* **190** 28
- rechtsfähiger Verein *UmwG* **191** 8
- Rechtsträger neuer Rechtsform *UmwG* **191** 14
- Rechtsträger ohne Betriebsvermögen *UmwStG* **9** 22 ff.
- Registerzuständigkeit *UmwG* **198** 1
- Sachgründung *UmwG* **197** 1
- Schadensersatz *UmwG* **206** 1
- SE *UmwG* **191** 5, 16, **Anh. 1** 119 ff., 173 ff.; *UmwStG* **1** 20 ff.
- Sonderrechte, Schutz der Inhaber *UmwG* **204** 3
- Spruchverfahren, Durchführung *UmwG* **196** 8
- steuerliche Folgen Kapitalgesellschaft *UmwStG* **9** 16 ff.
- übertragende Umwandlung *UmwG* **190** 4 f.
- UG *UmwStG* **1** 20 ff.
- Umwandlungsbericht *UmwG* **192** 1
- Umwandlungsgesetz 1934 *UmwG* **190** 3
- unbekannte Aktionäre *UmwG* **213** 1
- Unterrichtung der Gesellschafter *UmwG* **216** 3 ff.
- verbundene Unternehmen *UmwG* **192** 10
- Verfahren *UmwG* **190** 29
- Verluste *UmwStG* **9** 19
- Vollzug, allgemein *UmwG* **190** 35
- Vorbereitung, allgemein *UmwG* **190** 30
- Vorgesellschaft *UmwG* **191** 6
- VVaG *UmwG* **191** 9
- wirtschaftliche Identität *UmwG* **190** 27
- Zielrechtsform *UmwStG* **1** 33

Formwechselbericht *UmwG* **337** 1 ff.
- Adressat *UmwG* **337** 6
- anteilsinhaberspezifischer Abschnitt *UmwG* **337** 19
- arbeitnehmerspezifischer Abschnitt *UmwG* **337** 32 ff.
- Entbehrlichkeit *UmwG* **337** 37 ff.
- Fehler *UmwG* **337** 57 ff.
- Funktion *UmwG* **337** 4
- gesonderte Berichterstattung *UmwG* **337** 17, 36
- Inhalt *UmwG* **337** 11 ff.
- Verzicht *UmwG* **192** 13, **337** 41, 44
- Verzicht, Kosten *UmwG* **192** 14
- Zugänglichmachung *UmwG* **337** 46 ff.

Formwechselbescheinigung *UmwG* **343** 29 ff., **345** 12

Formwechselbeschluss *UmwG* **339** 3 ff.
- Entwurf *UmwG* **192** 12
- Formwechsel *UmwG* **193** 1 ff.
- Formwechsel des rechtsfähigen Vereins *UmwG* **276** 1 ff.
- Inhalt *UmwG* **194** 1, **218** 2, **234** 1, **243** 1, **285** 1, **302** 6, **339** 3
- Kosten *UmwG* **Anh. 2** 118 ff.
- Mehrheiten *UmwG* **339** 4 f.
- Mehrheitsanforderungen *UmwG* **240** 1
- Sonderbeschluss der Aktionäre *UmwG* **240** 11
- Unwirksamkeit *UmwG* **241** 25
- Widerspruch per Einschreiben *UmwG* **282** 2

Formwechsel der Kapitalgesellschaft
- Abfindungsangebot, Form *UmwG* **231** 9
- Abfindungsangebot, Mitteilung *UmwG* **231** 5
- Ankündigung *UmwG* **230** 6
- Anmeldepflichtige *UmwG* **246** 1
- Anmeldung *UmwG* **235** 3
- Anmeldung, Gegenstand *UmwG* **246** 6
- Anmeldung, zuständiges Registergericht *UmwG* **246** 4
- Anteilsinhaberversammlung, Vorbereitung *UmwG* **238** 1

- Anwendungsverbot *UmwG* **250** 1
- aufgelöste Gesellschaft *UmwG* **226** 12
- Ausgangsrechtsträger *UmwG* **226** 5
- Ausgangsrechtsträger, SE *UmwG* **226** 6
- Barabfindungsangebot, Übersendung *UmwG* **230** 8
- bedingtes Kapital *UmwG* **243** 23
- Einlagenversicherung *UmwG* **246** 12
- Ein-Personen-Kapitalgesellschaft *UmwG* **228** 8 f.
- Formwechsel außerhalb des UmwG *UmwG* **226** 13
- Formwechselbericht, Übersendung *UmwG* **230** 7
- Formwechselbericht, Zugänglichmachung *UmwG* **232** 1
- Formwechselbeschluss *UmwG* **233** 3
- Formwechselbeschluss, Inhalt *UmwG* **234** 1, **243** 1
- Formwechselbeschluss, stimmrechtslose Aktionäre *UmwG* **240** 12
- Formwechselbeschluss, Unwirksamkeit *UmwG* **241** 25
- Gewährung zusätzlicher Aktien *UmwG* **248a** 1
- Gläubigerschutz *UmwG* **249** 1
- Gründe *UmwG* **226** 3
- Grundkapital, Änderung *UmwG* **243** 22
- Gründungsbericht *UmwG* **245** 18
- Gründungsprüfung *UmwG* **245** 22
- Haftung für Altverbindlichkeiten *UmwG* **228** 15
- Hilfsformwechsel *UmwG* **228** 16
- Inhaber von Minderheitsrechten *UmwG* **241** 14
- Inhaber von Sonderrechten *UmwG* **241** 15
- Kapitalschutz *UmwG* **245** 2
- KGaA, Abfindungsanspruch *UmwG* **227** 1 f.
- KGaA, Nachhaftung *UmwG* **227** 4
- Kraftloserklärung *UmwG* **248** 13, 27
- Nachgründung *UmwG* **245** 27
- Negativerklärung *UmwG* **246** 9
- Reinvermögensdeckung *UmwG* **245** 15 f.

- Sachgründungsbericht, Entbehrlichkeit   *UmwG* **245** 14
- Sonderbeschluss   *UmwG* **240** 25 f.
- Statutenänderung   *UmwG* **243** 10
- Stückaktien   *UmwG* **241** 8 f.
- Treuepflicht   *UmwG* **245** 5
- Umtausch der Geschäftsanteile   *UmwG* **248** 1
- Umwandlungsbericht, Entbehrlichkeit   *UmwG* **238** 8
- Umwandlungsbeschluss, Anfechtbarkeit   *UmwG* **230** 23
- Umwandlungsbeschluss, Niederschrift   *UmwG* **244** 1
- Unternehmensgegenstand   *UmwG* **228** 3
- Vorzugsgeschäftsanteile   *UmwG* **240** 25
- Wirkungen   *UmwG* **247** 1
- Zielrechtsträger   *UmwG* **226** 1, 8
- Zielrechtsträger, EWIV   *UmwG* **226** 11
- Zielrechtsträger, GbR   *UmwG* **228** 10
- Zielrechtsträger, Kapitalgesellschaft & Co. KG   *UmwG* **228** 17
- Zusammenlegungsverfahren   *UmwG* **248** 11, 24
- Zustimmungserfordernis   *UmwG* **241** 5, **242** 6
- Zustimmungserklärung   *UmwG* **240** 16
- Zustimmungserklärung, Form   *UmwG* **241** 23
- Zustimmungserklärung, Rechtsnatur   *UmwG* **241** 22
- Zustimmungspflicht   *UmwG* **233** 11

Formwechsel der öffR Körperschaften und Anstalten
- Amtskontinuität, Aufsichtsratsmitglieder   *UmwG* **303** 3
- Anspruch auf Sicherheitsleistung   *UmwG* **304** 5
- Anstaltslast   *UmwG* **304** 6
- Ausgangsrechtsträger   *UmwG* **301** 11 f.
- außerhalb des UmwG   *UmwG* **301** 7
- Ermächtigungsgrundlage   *UmwG* **301** 19
- Formwechselbeschluss, Inhalt   *UmwG* **302** 6
- Gewährträgerhaftung   *UmwG* **304** 6
- Gründungsprüfung   *UmwG* **303** 7
- Kapitalschutz   *UmwG* **303** 1 ff.
- Motive   *UmwG* **301** 5
- Nachhaftung   *UmwG* **304** 6
- Negativerklärung   *UmwG* **304** 4
- Zielrechtsträger   *UmwG* **301** 3 ff., 14

Formwechsel der Partnerschaftsgesellschaft
- anzuwendende Vorschriften   *UmwG* **225c** 1
- aufgelöste PartG   *UmwG* **225a** 6, **225c** 3
- Ausgangsrechtsträger   *UmwG* **225a** 3
- Formwechsel außerhalb des UmwG   *UmwG* **225a** 5
- Formwechselbericht, Erforderlichkeit   *UmwG* **225b** 2, 4
- Formwechselbericht, Verzicht   *UmwG* **225b** 6
- Haftung der Gesellschafter   *UmwG* **225c** 6

Formwechsel der Personengesellschaft   *UmwG* **214** 1 ff.
- Aktivvermögen, Berechnung   *UmwG* **220** 9
- Anmeldung   *UmwG* **222** 2 ff.
- Anmeldung, Anlagen   *UmwG* **223** 1 ff.
- aufgelöste Gesellschaft   *UmwG* **214** 16
- Barabfindung, Prüfung   *UmwG* **225** 1 ff.
- Differenzhaftung   *UmwG* **219** 5
- formelle Unterbilanz   *UmwG* **220** 14
- Formwechselbericht, Entbehrlichkeit   *UmwG* **215** 2
- Formwechselbericht, Verzicht   *UmwG* **215** 16
- Formwechselbeschluss   *UmwG* **217** 2
- Formwechselbeschluss, Beschlussmängel   *UmwG* **217** 25
- Formwechselbeschluss, Beteiligung Minderjähriger   *UmwG* **217** 22
- Formwechselbeschluss, materielle Überprüfung   *UmwG* **217** 19
- Formwechselbeschluss, Mehrheitsanforderungen   *UmwG* **217** 6
- Formwechselbeschluss, Mehrheitsentscheidung   *UmwG* **219** 9

- Formwechselbeschluss, Stimmrechtsausschluss   *UmwG* **217** 11
- Formwechselbeschluss, Treuepflicht   *UmwG* **217** 13
- Formwechselbeschluss, Zustimmung Dritter   *UmwG* **217** 21
- Fortsetzungsbeschluss   *UmwG* **214** 19
- Geschäftsführungsbefugnis sämtlicher Gesellschafter   *UmwG* **215** 5
- Gründer, Rechtsstellung   *UmwG* **219** 1 ff.
- Gründungsprüfung   *UmwG* **220** 4
- Haftung, Haftungslimitierung   *UmwG* **224** 9
- Haftung der Gesellschafter   *UmwG* **224** 1 ff.
- Haftung des Kommanditisten   *UmwG* **219** 6
- in KGaA   *UmwG* **219** 10, **221** 1 ff.
- Kapitalschutz   *UmwG* **220** 2 ff.
- materielle Unterbilanz   *UmwG* **220** 13
- Sachgründungsbericht   *UmwG* **220** 3
- Sitzverlegung   *UmwG* **222** 17
- Vorbelastungshaftung   *UmwG* **219** 7

Formwechsel der Personenhandelsgesellschaft
- Ausgangsrechtsträger   *UmwG* **214** 4
- Formwechselbeschluss, Inhalt   *UmwG* **218** 2
- Zielrechtsträger   *UmwG* **214** 10

Formwechsel des rechtsfähigen Vereins
- Abfindungsangebot   *UmwG* **274** 5, **282** 1 ff.
- Aktien, Abholung   *UmwG* **281** 3
- Anmeldepflichtige   *UmwG* **278** 4, **286** 2
- Anmeldung   *UmwG* **278** 1 ff.
- Formwechselbeschluss, Bewertungsmaßstäbe   *UmwG* **276** 8
- Formwechselbeschluss, Inhalt   *UmwG* **276** 1 ff., **285** 1
- Geschäftsguthaben   *UmwG* **289** 1
- Gründungsprüfung   *UmwG* **277** 3
- Kapitalschutz   *UmwG* **277** 1
- Kopfprinzip   *UmwG* **285** 3
- Mitgliederversammlung   *UmwG* **274** 1 ff.
- Mitgliederversammlung, Mehrheitsverhältnisse   *UmwG* **275** 1
- Mitgliederversammlung, Verfahrensverstöße   *UmwG* **274** 12
- nicht rechtsfähiger Verein   *UmwG* **272** 3 f.
- Sachgründungsbericht   *UmwG* **277** 2
- Teilrechte   *UmwG* **280** 2
- vereinsrechtlicher Rechtsformwechsel   *UmwG* **272** 5
- Zielrechtsträger   *UmwG* **272** 1 ff.

Formwechsel in AG
- Anteilserwerb   *UmwG* **207** 11
- Gründungsvorschriften, Checkliste   *UmwG* **197** 5

Formwechsel in eG
- Gründungsvorschriften   *UmwG* **197** 9

Formwechsel in GmbH
- Anteilserwerb   *UmwG* **207** 15
- Gründungsvorschriften, Checkliste   *UmwG* **197** 6

Formwechsel in KGaA
- Anteilserwerb   *UmwG* **207** 11
- Gründungsvorschriften   *UmwG* **197** 7

Formwechsel in Personengesellschaft
- Gründungsvorschriften   *UmwG* **197** 8

Formwechselnder Rechtsträger   *UmwStG* **1** 33

Formwechselnde Umwandlung   *UmwG* **190** 4 ff.

Formwechselplan   *UmwG* **335** 1 ff.
- Bekanntmachung   *UmwG* **336** 1 ff.
- Einreichung   *UmwG* **336** 4
- Form   *UmwG* **335** 49 f.
- Funktion   *UmwG* **335** 5 ff.
- Inhalt   *UmwG* **335** 12 ff.
- Prüfung   *UmwG* **338** 3 ff.
- Sprache   *UmwG* **335** 48

Formwechselprüfung   *UmwG* **338** 1 ff.

Forschungszulage   *UmwStG* **12** 83

Freiberufler
- Partnerschaftsgesellschaft   *UmwG* **45a** 1 ff.

Freigabeanspruch   *UmwG* **341** 18

Freigabebeschluss   *UmwG* **16** 33, 42, **329** 6
- Tenorierung   *UmwG* **16** 41

Freigabeentscheidung *UmwG* **16** 51
Freigabeverfahren *UmwG* **16** 27 ff., **329** 6, **331** 10, **342** 6
- aktienrechtliches *UmwG* **16** 28
- besonders schwerer Rechtsverstoß *UmwG* **16** 40
- Bindung an Entscheidung *UmwG* **16** 44
- Erfolg *UmwG* **16** 32
- Mindestquorum *UmwG* **16** 36
- Neuregelungen durch ARUG 2009 *UmwG* **16** 31
- prozessuale Voraussetzungen *UmwG* **16** 30, 34
- Quorum *UmwG* **16** 35
- Rechtsmittel *UmwG* **16** 50
- Zulässigkeitsvoraussetzungen *UmwG* **16** 37
Fremder Dritter
- Besteuerung *UmwStG* **22** 5 ff.
Fremdwährungsgeschäfte
- Übernahmefolgegewinn *UmwStG* **6** 5
Fristbeginn *UmwG* **313** 20
Fristüberschreitung
- Bilanz *UmwG* **17** 21 ff.
- Schlussbilanz *UmwG* **17** 19 ff.
Führungsvereinbarung *UmwG* **132** 11
Fußstapfentheorie *UmwStG* **4** 12 ff., **13** 31 f.

GbR *UmwG* **Vor 333 ff.** 19
- Verschmelzungsfähigkeit *UmwG* **3** 4
Gebietskörperschaften
- Ausgliederungsbericht *UmwG* **169** 1 ff.
- Ausgliederungsbeschluss *UmwG* **169** 1 ff.
- Ausgliederungsmöglichkeiten *UmwG* **168** 1 ff.
- Gründungsbericht *UmwG* **170** 1 ff.
- Haftung *UmwG* **172** 1 ff.
- Haftung, zeitliche Begrenzung *UmwG* **173** 1 ff.
- Sachgründungsbericht *UmwG* **170** 1 ff.
- Wirksamwerden der Ausgliederung *UmwG* **171** 1 ff.

Gegenleistung *UmwG* **2** 21, **5** 16 ff., 28 f., 34, **24** 53, **152** 2; *UmwStG* **15** 24 f.
- Barabfindung *UmwStG* **3** 56
- bare Zuzahlung *UmwStG* **3** 55
- gerichtliche Kontrolle *UmwG* **14** 11
- in Gesellschaftsrechten *UmwStG* **3** 53 ff.
- quotale Aufstockung *UmwStG* **3** 56
Geheimhaltungspflichtverletzung *UmwG* **349** 1 ff.
- Geheimnis *UmwG* **349** 5
- Handlung gegen Entgelt *UmwG* **349** 13
- Offenbarung von Geheimnissen *UmwG* **349** 5 f.
- Schädigungsabsicht *UmwG* **349** 13
- Strafantrag *UmwG* **349** 13
- Subsidiarität *UmwG* **349** 3
- Täter *UmwG* **349** 4
- Tathandlung *UmwG* **349** 7
- Unterlassen *UmwG* **349** 11
- Versuch *UmwG* **349** 10, 16
- Verwertung von Geheimnissen *UmwG* **349** 14
- Vollendung *UmwG* **349** 10, 16
- Vorsatz *UmwG* **349** 12, 17
Geltungsbereich *UmwStG* **1** 8
Gemeiner Wert *UmwStG* **3** 18
- Besteuerung *UmwStG* **22** 49 ff.
- Einbringung *UmwStG* **23** 50 ff.
- Pensionsrückstellung *UmwStG* **3** 23
- Sachgesamtheit *UmwStG* **3** 19
- Vergleichswertmethode *UmwStG* **3** 21
Gemeinsamer Betrieb *UmwG* **132** 3 ff.
Gemeinsamer Verschmelzungsprüfer *UmwG* **311** 6
Gemeinsamer Vertreter
- Abberufung *SpruchG* **6** 19
- Anwaltszwang *SpruchG* **6** 3
- Bekanntmachung *SpruchG* **6** 13
- Beschwerde *SpruchG* **12** 6
- Beschwerdeverfahren *SpruchG* **6** 17
- Bestellung *SpruchG* **6** 7 ff.
- Bestellungszeitpunkt *SpruchG* **6** 12
- Entbehrlichkeit der Bestellung *SpruchG* **6** 11
- grenzüberschreitende Verschmelzung *SpruchG* **6c** 1 ff.

- Grundlagen *SpruchG* **6** 1 f.
- Haftung *SpruchG* **6** 20
- juristische Person *SpruchG* **6** 5
- mehrere Aktiengattungen *SpruchG* **6** 10
- Notwendigkeit der Bestellung *SpruchG* **6** 8 ff.
- Person *SpruchG* **6** 3
- Rechtsstellung *SpruchG* **6** 15
- Sachkunde *SpruchG* **6** 3 f.
- SCE-Gründung *SpruchG* **6b** 1
- SE-Gründung *SpruchG* **6a** 1 ff.
- UmRUG *SpruchG* **6** 3
- Unternehmensvertrag *SpruchG* **6** 9
- Verfahrensfortführungsrecht *SpruchG* **6** 16
- Verfassungsbeschwerde *SpruchG* **6** 17
- Vergütung und Auslagen *SpruchG* **6** 21 ff.
- Weisungsunabhängigkeit *SpruchG* **6** 18

Gemeinsamer Vertreter gem. § 6a SpruchG
- Rechtsstellung *SpruchG* **6a** 14

Gemeinschaftsbetrieb *UmwG* **132** 3 ff.
- Darlegungs- und Beweislast *UmwG* **132** 12

Genehmigungsvorbehalt *UmwG* **312** 16

Generalversammlung
- Durchführung *UmwG* **83** 1 ff.
- Prüfungsgutachten *UmwG* **83** 8
- Unterlagen *UmwG* **82** 3 ff., **83** 2
- Verschmelzungsbeschluss *UmwG* **84** 2 ff.
- Verschmelzungsvertrag *UmwG* **82** 1 ff., **83** 3 ff.

Generalverweisung *UmwG* **305** 4

Genossenschaft
- Mischverschmelzung *UmwG* **3** 22 ff.
- Umtauschverhältnis *UmwG* **5** 45 ff., **8** 18 ff.
- Verschmelzungsfähigkeit *UmwG* **3** 11

Genussrechte
- Schutz bei Verschmelzung *UmwG* **5** 65, **23** 3, 12

Gericht
- Zuständigkeit *UmwG* **16** 7

Gerichtliche Nachprüfung
- Abfindung *UmwG* **34** 1 ff.
- Antragsberechtigung *UmwG* **34** 2
- Antragsfrist *UmwG* **34** 4

Gerichtskosten
- Auslagen *SpruchG* **15** 6 ff.
- Gebührenhöhe *SpruchG* **15** 4 f.
- Geschäftswert *SpruchG* **15** 3
- Kostenschuldner *SpruchG* **15** 9

Gesamtbetriebsvereinbarungen *UmwG* **35a** 59

Gesamtrechtsnachfolge
  UmwG **Vor 1** 19, 32, **1** 4, 6, 8, 38 ff., **2** 18, **5** 14, 36, **14** 11, **15** 16, **20** 8 ff., **24** 60, **35a** 13, **152** 2, 14, 35; *UmwStG* **1** 9 ff., 17, 34
- Anwachsung *UmwStG* **1** 37 ff.
- Beteiligung an anderen Gesellschaften *UmwG* **20** 4 ff.
- Dauerschuldverhältnisse *UmwG* **20** 10
- Einbringung *UmwStG* **23** 14, 58 ff.
- Gewerbesteuer *UmwStG* **19** 11

Gesamtschuldnerische Haftung *UmwG* **327** 20, **328** 20 f.

Geschäftsanteile
- abweichend ausgestattete *UmwG* **46** 25 ff.
- erleichterte Teilung *UmwG* **54** 37 f.
- Verschmelzung, Zuordnung *UmwG* **46** 6 ff., 12 ff.
- Verzicht auf Gewährung *UmwG* **54** 25 ff.
- vorhandene *UmwG* **46** 32 f.

Geschäftsbetrieb
- Besteuerung *UmwStG* **22** 69 ff.

Geschäftsführer
- Abfindung *UmwG* **5** 68
- Abschlusskompetenz *UmwG* **4** 12
- Auskunftsverweigerungsrecht *UmwG* **49** 26 f.
- Bestellung bei Verschmelzung durch Neugründung *UmwG* **59** 9 f.

Geschäftsführergehälter
- ausscheidende Gesellschafter *UmwStG* **5** 10

Geschäftsführungsbefugnis sämtlicher Gesellschafter *UmwG* **215** 5

Geschäftsgrundlage
- Störung bei Verschmelzungen *UmwG* **21** 1
- Verschmelzungen *UmwG* **21** 2
- Wegfall *UmwG* **5** 38

Geschäftsguthaben *UmwG* **289** 1
- Auseinandersetzung *UmwG* **93** 2 ff.
- Auszahlung *UmwG* **88** 2, **94** 2
- Schlussbilanz *UmwG* **88** 2

Geschäfts- oder Firmenwert *UmwStG* **3** 18
- Übertragung ins Privatvermögen *UmwStG* **8** 16

Geschäftswert *UmwStG* **23** 32

Gesellschaft bürgerlichen Rechts
- Auflösung *UmwG* **39** 6
- Berechtigung zur Geschäftsführung *UmwG* **39a** 4
- Verschmelzung *UmwG* **39** 2

Gesellschafter
- Ausfallhaftung *UmwG* **51** 9
- Auskunftsrechte *UmwG* **232** 14
- Geschäftsführungsbefugnis sämtlicher *UmwG* **215** 5
- Haftung bei Formwechsel *UmwG* **224** 1 ff.
- Unterrichtung *UmwG* **216** 3 ff.

Gesellschafterliste *UmwG* **331** 8, **345** 9
- Besteuerung *UmwStG* **22** 68 ff.
- mittelbare Notarmitwirkung *UmwG* **20** 16

Gesellschafterstamm *UmwStG* **15** 106
- Trennung von Gesellschafterstämmen *UmwStG* **15** 108

Gesellschafterstellung
- Besteuerung *UmwStG* **22** 68 ff.

Gesellschafterversammlung
- Verschmelzungsbeschluss *UmwG* **39c** 1 ff., **39d** 1 ff., **41** 1 ff., **50** 1 ff.

Gesellschaftsrecht
- Besteuerung bei Gewährung *UmwStG* **22** 19 ff.
- Besteuerung bei Minderung *UmwStG* **22** 19 ff.

Gesellschaftsrechtsrichtlinie *UmwG* **308** 1

Gesellschaftsstatut *UmwG* **320** 17, **333** 11, 20

Gesellschaftsvertrag
- GmbH-Verschmelzung, Zustimmung bei Neugründung *UmwG* **59** 1 ff.
- GmbH-Verschmelzung, zu übernehmende Festsetzungen *UmwG* **57** 1 ff.

Gesonderte Berichterstattung *UmwG* **337** 52
- Formwechselbericht *UmwG* **337** 17, 36

Gewährträgerhaftung *UmwG* **304** 6

Gewährung zusätzlicher Aktien *SpruchG* **10a** 1 ff.; *UmwG* **248a** 1

Gewerbesteuer *UmwStG* **23** 63
- Abspaltung *UmwStG* **19** 1, 17
- Anteilseigner der übertragenden Körperschaft *UmwStG* **19** 14 f.
- Aufgabe des Betriebs *UmwStG* **18** 21 f., 27
- Aufgabe- oder Veräußerungsverlust *UmwStG* **18** 30
- Auf- oder Abspaltung vor einer Körperschaft *UmwStG* **18** 1
- Aufwärtsverschmelzung *UmwStG* **19** 9
- Besteuerung *UmwStG* **22** 51 ff.
- Buchwertverknüpfung *UmwStG* **19** 5, 16
- Einbringung des Betriebs *UmwStG* **18** 18
- fiktive Dividende *UmwStG* **18** 14
- Formwechsel *UmwStG* **9** 27
- Formwechsel einer Körperschaft *UmwStG* **18** 1
- Gesamtrechtsnachfolge *UmwStG* **19** 11
- kein eigener, neuer gewerbesteuerlicher Tatbestand *UmwStG* **19** 3
- Körperschaft auf eine andere Körperschaft *UmwStG* **19** 1
- Missbrauchsvorschrift *UmwStG* **18** 5, 15
- Realteilung *UmwStG* **18** 23
- schädlicher Anteilseignerwechsel *UmwStG* **19** 19 f.
- Steuerschuldner *UmwStG* **18** 31
- stille Reserven im Zeitpunkt der Veräußerung *UmwStG* **18** 23

2683

- Teilbetrieb *UmwStG* **18** 1, 24, 29
- teilentgeltliche Veräußerung *UmwStG* **18** 20
- Übernahmefolgegewinn *UmwStG* **18** 7, **19** 12
- Übernahmegewinn *UmwStG* **18** 1, 6, 13, **19** 10
- Übernahmeverlust *UmwStG* **18** 1, 6, 13, **19** 10
- übernehmende Körperschaft *UmwStG* **19** 5, 8, 11, 17
- Übertragungsgewinn *UmwStG* **18** 4, 11, **19** 5, 7
- Unternehmeridentität *UmwStG* **19** 19
- Veräußerung des Betriebs *UmwStG* **18** 15 f., 28
- Veräußerung oder Aufgabe eines Anteils an der übernehmenden Personengesellschaft *UmwStG* **18** 25
- Veräußerungs- oder Aufgabegewinn *UmwStG* **18** 26
- Verlustnutzung *UmwStG* **18** 12, **19** 17
- Verlustvortrag *UmwStG* **18** 11, **19** 7
- Verschmelzung einer Körperschaft *UmwStG* **18** 1

Gewerblicher Betrieb
- Besteuerung *UmwStG* **22** 69 ff.

Gewerkschaft *UmwG* **329** 48, **344** 8 f.

Gewinnabführungsvertrag *SpruchG* **1** 2 ff.

Gewinnanspruch *UmwG* **322** 22

Gewinnausschüttung
- Besteuerung bei ordentlicher *UmwStG* **22** 19 ff.
- Besteuerung bei verdeckter *UmwStG* **22** 19 ff.

Gewinnberechtigung *UmwG* **5** 45 ff., 60, **13** 22, **322** 22

Gewinnbeteiligung *UmwG* **307** 20

Gewinnschuldverschreibung
- Schutz bei Verschmelzung *UmwG* **23** 3, 5, 9 f.

Glaubhaftmachung *UmwG* **314** 8

Gläubiger
- Begriff *UmwG* **328** 7 f., **341** 7

Gläubigerschutz *UmwG* **133** 1 ff., **249** 1, **314** 1, **322** 39 f.
- Anlagegesellschaft *UmwG* **134** 1 ff.
- Arbeitnehmer *UmwG* **134** 25 ff.
- Betriebsaufspaltung *UmwG* **134** 4 ff.
- Betriebsgesellschaft *UmwG* **134** 1 ff.
- Betriebsübertragung *UmwG* **134** 22
- Bonitätserklärung *UmwG* **314** 2
- Enthaftung *UmwG* **133** 56 ff., **134** 34 ff.
- Firmenfortführungshaftung *UmwG* **133** 42 f.
- Kommanditistenhaftung *UmwG* **133** 44
- SE *UmwG* **Anh. 1** 100
- Sicherheitsleistung *UmwG* **133** 45 ff., **314** 2
- Solvenzerklärung *UmwG* **314** 2
- Sonderrechte *UmwG* **133** 50 ff.
- Spaltungsarten *UmwG* **134** 7
- Unionsrechtliche Vorgaben *UmwG* **133** 5

Gläubigerschutzsystem *UmwG* **133** 6 ff.

Gläubigersicherheiten *UmwG* **335** 32

Gleichbehandlungsgrundsatz *UmwG* **5** 21, 37, 67, **13** 54

Gleichstellungsabreden *UmwG* **35a** 76

Gleichwertigkeit *UmwG* **307** 38

GmbH
- Abschlusskompetenz *UmwG* **4** 12
- Anteilsgewährung *UmwG* **5** 16 ff.
- Fortsetzung nach Auflösung *UmwG* **3** 18 ff.
- Kapitalerhöhung *UmwG* **5** 42, **13** 22
- Mischverschmelzung *UmwG* **3** 22 ff.
- Nichtigkeitsklage *UmwG* **5** 42, **13** 22
- Umtauschverhältnis *UmwG* **5** 45 ff., **8** 18 ff.
- Verschmelzungsfähigkeit *UmwG* **5** 45 ff., **8** 18 ff.
- Verschmelzungsprüfung *UmwG* **3** 8
- Zustimmung zum Verschmelzungsvertrag *UmwG* **4** 17, **5** 20, **13** 4, 10

GmbH & Co. KG
- Verschmelzungsfähigkeit *UmwG* **3** 3

Going private *UmwG* **190** 13

Going public *UmwG* **190** 11

Grenzüberschreitende Ausgliederung *UmwG* **322** 54

Grenzüberschreitende Einbringung *UmwStG* **1** 42

Grenzüberschreitender Formwechsel
  UmwG 24 69, 190 8, 22, **Vor 333 ff.** 1 ff.;
  UmwStG 1 33, **9** 4 ff.
– Anmeldung *UmwG* 342 1 ff.
– anwendbare Vorschriften
  UmwG 190 25
– Barabfindung *UmwG* 340 1 ff.
– Begriff *UmwG* 333 1 ff., 7 ff.
– Beschlussfassung *UmwG* 339 1 ff.
– Eintragung *UmwG* 345 1 ff.
– Formwechselbescheinigung
  UmwG 343 1 ff.
– formwechselfähige Gesellschaften
  UmwG 334 1 ff.
– gemeinsamer Vertreter
  SpruchG **6c** 1 ff.
– Gläubigerschutz *UmwG* 341 1 ff.
– Heraus-Formwechsel *UmwG* 190 16
– Herein-Formwechsel *UmwG* 190 16
– Informationen des Registergerichts
  UmwG 344 1 ff.
– Missbrauchskontrolle *UmwG* 343 6 ff.
– Motive *UmwG* **Vor 333 ff.** 1 ff.
– Personengesellschaften *UmwG* 190 24
– UmRUG *UmwG* 190 23
– Voraussetzungen *UmwG* 190 24
Grenzüberschreitender Hinaus-Formwechsel
– Kosten (Beispiel
  UmwG **Anh. 2** 149 ff.
Grenzüberschreitende Sachverhalte
– Kosten *UmwG* **Anh. 2** 139 ff.
Grenzüberschreitende Spaltung
  UmwG 320 1 ff., **Vor 333 ff.** 27;
  UmwStG 1 19
– Anmeldung *UmwG* 329 1 ff.
– Anteilsinhaberschutz *UmwG* 326 2
– Barabfindung *UmwG* 327 1 ff.
– Begriff *UmwG* 320 4, 11
– Eintragung *UmwG* 329 34 ff.,
  330 3 ff., **331** 1 ff.
– gemeinsamer Vertreter
  SpruchG **6c** 1 ff.
– Gläubigerschutz *UmwG* 328 1 ff.
– Herausspaltung *UmwG* 24 68
– Hereinspaltung *UmwG* 24 68
– Spaltungsbericht *UmwG* 324 1 ff.

– spaltungsfähige Gesellschaften
  UmwG 321 1 ff.
– Spaltungsprüfung *UmwG* 325 1 ff.
– Spaltung zur Aufnahme
  UmwG 320 13, 22 f.
Grenzüberschreitende Umwandlung
  UmwG **Vor 333 ff.** 32; *UmwStG* 1 1 ff.
– gemeinsamer Vertreter
  SpruchG **6c** 1 ff.
– Personengesellschaft *UmwStG* 1 28
Grenzüberschreitende Umwandlungsvorgänge *UmwStG* **15** 15
– Strukturmerkmale *UmwStG* **15** 15
– Typenvergleich *UmwStG* **15** 15
Grenzüberschreitende Verschmelzung
  UmwG 307 13, **Vor 333 ff.** 26;
  UmwStG 1 13
– Anmeldeverfahren *UmwG* 318 1
– Anmeldeverfahren, Anmeldeadressat
  UmwG 318 3
– Anmeldeverfahren, Anmeldeberechtigter *UmwG* 318 2
– Anmeldeverfahren, Anmeldegegenstand *UmwG* 318 4
– Anmeldeverfahren, Beteiligung der Arbeitnehmer *UmwG* 318 10
– Anmeldeverfahren, Inhalt
  UmwG 318 4
– Anmeldeverfahren, Kosten
  UmwG 318 13
– Anteilsinhaber, Rechtsschutz
  UmwG 313 22
– Anwachsung *UmwG* **Vor 305 ff.** 3
– Anwachsung bei Kapitalgesellschaften
  UmwG **Vor 305 ff.** 4
– anwendbares Sachrecht
  UmwG 305 7, 9
– Arbeitnehmer *UmwG* 307 18 f.
– Arbeitnehmer, Beteiligung
  UmwG 307 27 f.
– Arbeitnehmer, Mitbestimmung
  UmwG 312 15
– ausländische Sonderrechte
  UmwG 307 24
– Auslandsbeurkundung
  UmwG 307 38, 311 11
– Auslandsbeurkundung, Gleichwertigkeit *UmwG* 307 38

- Austritt *UmwG* 313 1
- Auswirkungen *UmwG* 309 1
- Barabfindung *UmwG* 307 31, 313 1
- Barabfindungsangebot *UmwG* 313 5
- Barabfindungsangebot, Angemessenheit *UmwG* 313 16
- Barabfindungsangebot, Annahmefrist *UmwG* 313 20
- Barabfindungsangebot, Fristbeginn *UmwG* 313 20
- Barabfindungsangebot, Kapitalerhaltungsvorschriften *UmwG* 313 15
- Bekanntmachung, Frist *UmwG* 308 7 f.
- Bekanntmachung, Verzicht *UmwG* 308 11
- Bekanntmachung, Wirkung *UmwG* 308 23
- Beschlussfassung *UmwG* 312 13
- Beschlussverfahren *UmwG* 312 6
- Betriebsrat *UmwG* 307 39
- Betriebsrenten, -anwartschaften *UmwG* 307 34
- Beurkundung, Verzichtserklärungen *UmwG* 311 10
- Beurkundungskosten *UmwG* 307 40
- Beurkundungskosten, Verschmelzungsbeschluss *UmwG* 312 22
- Beurkundungskosten, Zustimmungserklärungen *UmwG* 312 22
- Bilanzansätze *UmwG* 307 29
- Bilanzstichtag *UmwG* 307 30
- Brexit *UmwG* 319 1
- Business Combination Agreement *UmwG* 307 35
- Definition *UmwG* 305 5
- downstream merger *UmwG* 305 3
- Drittstaat *UmwG* 305 11, 306 10
- Eintragung *UmwG* 318 11
- Einzeltheorie *UmwG* 305 9
- EWR-Gesellschaft *UmwG* 305 5, 306 9
- Fortführung der Buchwerte *UmwG* 307 29
- Freigabe der Sicherheitsleistung *UmwG* 314 15
- gemeinsamer Verschmelzungsprüfer *UmwG* 311 6
- gemeinsamer Vertreter *SpruchG* 6c 1 ff.
- Genehmigungsvorbehalt *UmwG* 312 16
- Generalverweisung *UmwG* 305 4, 13
- Genossenschaft, Beteiligung *UmwG* 306 12
- Gesetzessystematik *UmwG* **Vor 305 ff.** 18
- Gewährung von Vorteilen *UmwG* 307 25
- Gewinnbeteiligung *UmwG* 307 20
- Glaubhaftmachung *UmwG* 314 8
- Gläubigerschutz *UmwG* 314 1
- Gründungstheorie *UmwG* 305 7
- Hauptniederlassung, Begriff *UmwG* 306 11
- Hauptversammlung, Vorbereitung *UmwG* 312 9
- Hauptverwaltung, Begriff *UmwG* 306 11
- Heraus-Verschmelzung *UmwG* **Vor 305 ff.** 6, 313 11, 314 6, 315 1, 316 1
- Herein-Verschmelzung *UmwG* 24 67, 313 11, 315 1, 316 1, 318 1
- Hinaus-Verschmelzung *UmwG* 24 67
- Kapitalgesellschaft *UmwG* 306 3 f.
- Kaufpreis *UmwG* 307 15
- Minderheitsgesellschafter, Schutz *UmwG* 313 1
- Missbrauchskontrolle *UmwG* 315 19, 316 20
- Negativerklärung *UmwG* 315 8
- Offenlegungspflicht, Umfang *UmwG* 312 11
- OGAW, Beteiligung *UmwG* 306 13
- opt-out-Recht *UmwG* 306 12
- Personengesellschaft *UmwStG* 1 28
- Personenhandelsgesellschaft *UmwG* 306 7, 307 33
- persönlicher Anwendungsbereich *UmwG* 305 1, 306 1
- Prüfungsbericht *UmwG* 311 7
- Prüfungsschema *UmwG* **Vor 305 ff.** 19
- Rechtmäßigkeitsprüfung *UmwG* 315 1, 316 1

- Rechtsprechung EuGH
  UmwG **Vor 305 ff.** 5
- Rechtsträger *UmwG* **306** 1
- Rechtsträger, Ausnahmen
  UmwG **306** 2
- Rechtswahl *UmwG* **311** 6
- rechtswechselnde Verschmelzung
  UmwG **313** 8
- Registeranmeldung *UmwG* **315** 5, **316** 6
- Registeranmeldung, Anlagen
  UmwG **315** 10, 21
- Registeranmeldung, Negativerklärung
  UmwG **315** 8
- Registeranmeldung, Unterlagen
  UmwG **315** 21
- Registeranmeldung, Versicherung
  UmwG **315** 13
- Registergericht, Anmeldung
  UmwG **315** 5, **316** 6
- Registergericht, Prüfungsumfang
  UmwG **316** 13, **318** 8
- Registergericht, Zuständigkeit
  UmwG **315** 6, **316** 9
- Sachkapitalerhöhung
  UmwG **Vor 305 ff.** 4
- sachlicher Anwendungsbereich
  UmwG **305** 1, 5
- Sachverständiger *UmwG* **317** 9
- Satzung *UmwG* **307** 26
- Satzungssitz, Begriff *UmwG* **306** 11
- Scheitern *UmwG* **314** 15
- SE *UmwG* **306** 5
- SE, Sperrfrist *UmwG* **306** 6
- SE, Verschmelzungsplan
  UmwG **307** 9
- SE, Vertretungsorgan *UmwG* **309** 7
- Sicherheiten *UmwG* **307** 32
- Sicherheitsleistung *UmwG* **314** 1
- side-step merger *UmwG* **307** 36
- Sitztheorie *UmwG* **305** 7
- Sonderrechte *UmwG* **307** 22 f.
- Treuhänder *UmwG* **307** 17
- upstream merger *UmwG* **307** 4, 36
- US-Gesellschaften *UmwG* **305** 12
- Vereinigungstheorie *UmwG* **305** 9 f.
- Verschmelzung durch Aufnahme
  UmwG **305** 6

- Verschmelzung durch Neugründung
  UmwG **305** 6, **318** 5
- Verschmelzungsbericht, Berichtspflicht *UmwG* **309** 6
- Verschmelzungsbericht, Fehlerhaftigkeit *UmwG* **309** 20
- Verschmelzungsbericht, gemeinsamer
  UmwG **309** 8
- Verschmelzungsbericht, Inhalt
  UmwG **309** 9
- Verschmelzungsbericht, Normadressaten *UmwG* **309** 6
- Verschmelzungsbericht, Schutzzweck
  UmwG **309** 1
- Verschmelzungsbericht, Sprache
  UmwG **309** 3
- Verschmelzungsbescheinigung
  UmwG **314** 9, **316** 2, **318** 9
- Verschmelzungsbeschluss
  UmwG **312** 6
- Verschmelzungsbeschluss, Mehrheitserfordernisse *UmwG* **312** 14
- Verschmelzungsfähigkeit
  UmwG **306** 8
- Verschmelzungsplan *UmwG* **318** 9
- Verschmelzungsplan, Aufstellungskompetenz *UmwG* **307** 10
- Verschmelzungsplan, Bekanntmachung *UmwG* **308** 1
- Verschmelzungsplan, Beurkundung
  UmwG **307** 5, 37
- Verschmelzungsplan, Hintergrund
  UmwG **307** 1
- Verschmelzungsplan, Mindestinhalt
  UmwG **307** 12
- Verschmelzungsplan, Rechtsnatur
  UmwG **307** 6
- Verschmelzungsplan, Rechtswirkung
  UmwG **307** 7
- Verschmelzungsplan, Sprache
  UmwG **307** 11
- Verschmelzungsplan, Vertretungsorgan
  UmwG **307** 8
- Verschmelzungsprüfung
  UmwG **311** 1, 4
- Verschmelzungsprüfung, Prüfungsgegenstand *UmwG* **311** 3

- Verschmelzungsprüfung, Prüfungspflicht *UmwG* **311** 2
- Verschmelzungsprüfung, upstream merger *UmwG* **311** 12
- Verschmelzungsprüfungsbericht, Verzicht *UmwG* **311** 9
- Verschmelzungsrichtlinie *UmwG* **Vor 305 ff.** 9
- Verschmelzungsstichtag *UmwG* **307** 21
- Verschmelzungsvarianten *UmwG* **305** 2
- Wirksamwerden *UmwG* **316** 20, 24 f.
- Zustimmungserfordernis *UmwG* **312** 1
- Zustimmungsvorbehalt *UmwG* **312** 3

Grobe Fehlerhaftigkeit
- Prüfungsmaßstab *UmwG* **35a** 10

Grundbuchkosten *UmwG* **2** 33
Grundbuchunrichtigkeit *UmwG* **20** 13
Gründer
- Rechtsstellung *UmwG* **219** 1 ff.

Grunderwerbsteuer *UmwG* **Vor 333 ff.** 5
- Formwechsel *UmwStG* **9** 27

Grundkapitalherabsetzung
- Abspaltung *UmwG* **145** 1 ff.
- Ausgliederung *UmwG* **145** 1 ff.
- Unterbilanz *UmwG* **145** 2

Grundlagenbescheid
- Besteuerung *UmwStG* **22** 71 ff.

Grundprüfungsbericht
- SE *UmwG* **Anh. 1** 155

Grundsatzvereinbarungen *UmwG* **5** 4
Gründungsbericht *UmwG* **144** 1 ff., 245 18
- Mängel *UmwG* **144** 5

Gründungsprüfer
- Bestellung *UmwG* **144** 7

Gründungsprüfung *UmwG* **144** 1 ff., 245 22, 277 3, 303 7
- Formwechsel der Personengesellschaft *UmwG* **220** 4
- SE *UmwG* **Anh. 1** 99
- Umfang *UmwG* **144** 8
- und Verschmelzungsprüfung *UmwG* **9** 10, 159 5 ff.

Gründungsprüfungsbericht
- Adressat *UmwG* **144** 9

Gründungstheorie *UmwG* **305** 7
Gründungsvorschriften *UmwG* **197** 1, 331 16 f.
Günstigkeitsprinzip *UmwG* **35a** 71, 74
Haftung
- Betriebsübergang *UmwG* **35a** 98

Haftungsbegrenzung *UmwG* **39f** 1 ff.
- erfasste Verbindlichkeiten *UmwG* **39f** 9 ff.

Haftungslimitierung *UmwG* **224** 9
Haftungsrisiko *UmwG* **233** 5
Haftungssystem *UmwG* **133** 6 ff.
Handelsrechtlicher Umwandlungsstichtag *UmwStG* **2** 14 ff.
Handelsrechtliche Schlussbilanz *UmwStG* **2** 18
Handelsregister *UmwG* **109** 39, **111** 2 ff., **117** 1 ff.
- dingliche Wirkung *UmwG* **4** 2
- Kaufmannseigenschaft *UmwG* **152** 6
- Kosten der Eintragung *UmwG* **2** 31 f.

Handelsregisteranmeldung
- Anlagen *UmwG* **17** 2 ff.
- Kosten (bei Formwechsel) *UmwG* **Anh. 2** 132
- Kosten (bei Spaltung) *UmwG* **Anh. 2** 88 ff.
- Kosten (bei Verschmelzung) *UmwG* **Anh. 2** 47 ff.
- Unterbindung der Anmeldung *UmwG* **16** 43

Hauptniederlassung *UmwG* **321** 14, 334 15
Hauptsacheklage
- offensichtliche Unbegründetheit *UmwG* **16** 38

Hauptversammlung
- Anfechtung *UmwG* **65** 19 ff.
- Auskunftsrecht *UmwG* **64** 9 ff.
- Beschlussfassung *UmwG* **65** 1 ff.
- Durchführung *UmwG* **64** 1 ff.
- Fehler und Sanktionen *UmwG* **63** 23 ff.
- online-Veröffentlichung *UmwG* **63** 22

– Sonderausschüsse *UmwG* **65** 13 ff.
– Verstoß gegen Informationspflichten und Auskunftspflichten *UmwG* **64** 12 ff.
– Zustimmungserfordernisse *UmwG* **65** 16 ff.
Hauptversammlungsbeschluss
– SE-Gründung *UmwG* **Anh. 1** 83 ff.
Haustarifvertrag *UmwG* **35a** 55
Heilung
– Beurkundungsmängel *UmwG* **20** 41
Heilungswirkung
– Beschlussmängelklage *UmwG* **20** 44
– Verschmelzungsmängel *UmwG* **20** 40
Heraus-Formwechsel *UmwG* **190** 20, **Vor 305 ff.** 6 f., **333** 25
– Anmeldepflicht *UmwG* **342** 3
– Anmeldeverfahren *UmwG* **342** 10
– Eintragung *UmwG* **343** 23 ff.
– Zuständigkeit *UmwG* **342** 4
Herausspaltung *UmwG* **320** 19, 22, **330** 1 ff.
Heraus-Verschmelzung *UmwG* **Vor 305 ff.** 6 f., **313** 11, **314** 6, **315** 1, **316** 1
Herein-Formwechsel *UmwG* **190** 19, **333** 26, **345** 1 ff.
– Anmeldung *UmwG* **345** 3 ff.
– Eintragungsvoraussetzungen *UmwG* **345** 13 ff.
Hereinspaltung *UmwG* **320** 19, 22, **331** 2 ff.
Herein-Verschmelzung *UmwG* **Vor 305 ff.** 5 f., **313** 11, **315** 1, **316** 1, **318** 1
Hilfsformwechsel *UmwG* **228** 16
Hinausverschmelzung *UmwStG* **3** 50 ff.
– Anrechnung ausländischer Steuern *UmwStG* **3** 60 ff.
– Zentralfunktion des Stammhauses *UmwStG* **3** 52
Hinweisbekanntmachung *UmwG* **323** 6, **336** 6
Höchstpersönliche Rechte *UmwG* **20** 12
Identitätsprinzip *UmwG* **224** 3
Identitätswahrung *UmwG* **190** 26

Indikativer Zeitplan *UmwG* **322** 42 ff., **335** 22
Individueller Gläubigerschutz *UmwG* **328** 2, **341** 2
Infizierungstheorie *UmwStG* **13** 31 f.
Informationsmängel *UmwG* **324** 58
Informationspflicht
– SE *UmwG* **Anh. 1** 75 f.
Informationsübermittlung *UmwG* **344** 10
Informationsverlangen *UmwG* **344** 4 ff.
Inländisches Besteuerungsrecht
– Ausschluss *UmwStG* **1** 68
– Beschränkung *UmwStG* **1** 68
Insiderinformation
– SE *UmwG* **Anh. 1** 162 ff.
Insolvenzeröffnung *UmwG* **329** 15 f., **342** 19
Insolvenzplanverfahren *UmwG* **321** 6, **334** 6
Insolvenzreife
– Mitteilungspflicht *UmwG* **348** 3
Insolvenzverfahren *UmwG* **321** 6, **334** 6, **342** 20
Inspire Art-Entscheidung *UmwG* **190** 18
Interessenabwägungsklausel *UmwG* **16** 39
Interessenausgleich
– Betriebsänderung *UmwG* **35a** 21 f.
– Namensliste *UmwG* **35a** 18
Interessengemeinschaft *UmwG* **7** 2
Inter-Omnes-Wirkung *SpruchG* **16** 4
Irreversibilität
– Verschmelzungsvorgänge *UmwG* **20** 50
Isolierte Satzungssitzverlegung *UmwG* **Vor 333 ff.** 16, 20 f., **333** 16
Jahresabschluss *UmwG* **312** 12
– Auslage, GmbH *UmwG* **49** 9 ff.
Juristische Person des öffentlichen Rechts *UmwStG* **5** 16

Kapitaldeckungsprinzip
– Formwechsel der Personengesellschaft *UmwG* **220** 2
Kapitalerhaltungsvorschriften *UmwG* **313** 15

Kapitalerhöhung *UmwG* **2** 9 ff., 21, **3** 8,
  18, **5** 23 ff., 41 f., 113 f., **24** 48, 54 ff.,
  152 20; *UmwStG* **1** 10
– Anmeldung *UmwG* **53** 1 ff.
– Kosten *UmwG* **Anh. 2** 42 ff.
Kapitalerhöhung der Aktiengesellschaft
– Anmeldung zum Handelsregister
  UmwG **69** 20 ff.
– anwendbare Vorschriften
  UmwG **69** 1 ff.
– bedingtes Kapital *UmwG* **69** 17 f.
– Beschlussfassung *UmwG* **69** 19
– genehmigtes Kapital *UmwG* **69** 16
– Prüfung der Sondereinlage
  UmwG **69** 10 ff.
– Sacheinlagenprüfer *UmwG* **69** 15
Kapitalerhöhungsbeschluss
– SE *UmwG* **Anh. 1** 147
Kapitalerhöhungsprüfung
– und Verschmelzungsprüfung
  UmwG **9** 10
Kapitalersetzende Darlehen
– Übernahmefolgegewinn
  UmwStG **6** 15
Kapitalertragsteuer *UmwStG* **22** 69 ff.
– Fälligkeit *UmwStG* **7** 21
– Schuldner *UmwStG* **7** 24
– Vermeidung *UmwStG* **7** 23
– Vollausschüttung
  UmwStG **7** 3 ff., 18 ff.
Kapitalgesellschaft *UmwG* **109** 27, **306** 3
– Bewertungsvorschriften *UmwG* **9** 17,
  24 5, **45** ff.
– Umtauschverhältnis *UmwG* **5** 45 ff.,
  8 18
– Verschmelzungsfähigkeit
  UmwG **3** 7 ff.
Kapitalherabsetzung *UmwG* **139** 1 ff.
– Besteuerung *UmwStG* **22** 34 ff.
– Durchführung *UmwG* **145** 6
– Eintragungsreihenfolge
  UmwG **139** 23 f.
– Erforderlichkeit *UmwG* **145** 7
– Rückwirkung *UmwG* **145** 9
– Voraussetzungen *UmwG* **139** 5 ff.
Kapitalisierungszinssatz
  SpruchG **11 Anh.** 39 ff.; *UmwG* **8** 27

Kapitalmarktrecht
– SE-Gründung *UmwG* **Anh. 1** 116
Kapitalnachweisrechnung
  UmwG **220** 12
Kapitalschutz *UmwG* **245** 2, **277** 1
– Formwechsel der öffentlich-rechtlichen Körperschaften und Anstalten
  UmwG **303** 1 ff.
– Formwechsel der Personengesellschaft
  UmwG **220** 2 ff.
Kapitalverkehrsfreiheit *UmwStG* **1** 1
Kettenumwandlungen
  UmwG **35a** 47, 69
Kettenverschmelzung *UmwG* **16** 25,
  17 18
– Verschmelzungsbeschluss
  UmwG **13** 13
– Wertansätze in Schlussbilanz
  UmwStG **11** 178 ff.
Kettenverschmelzungen zweier GmbHs
– Kosten *UmwG* **Anh. 2** 75
Klageerhebung
– Fristwahrung *UmwG* **13** 57, **14** 2, 8 ff.
Klagefrist *UmwG* **13** 57, **14** 2, 8 ff.
Kleinerer Verein *UmwG* **109** 10 ff.,
  118 1 ff., **175** 24 ff.
– Antrag an die zuständige Aufsichtsbehörde *UmwG* **118** 5
– Einfluss auf den Versicherungsmarkt
  UmwG **109** 11
– Handelsregister *UmwG* **109** 13
– Spaltung *UmwG* **151** 30
– Vereinsrecht *UmwG* **109** 12
Kleinstverein *UmwG* **109** 14 ff.
– Freistellung von der Aufsichtspflicht
  UmwG **109** 15
– Kleinstunternehmen *UmwG* **109** 14
– Spaltung *UmwG* **151** 30
– Verschmelzung *UmwG* **109** 16
Kollektivarbeitsrecht *UmwG* **322** 20,
  335 42
Kollektivregelungen *UmwG* **35a** 52
Kombinationslehre *UmwG* **333** 24
Kommanditgesellschaft
– Abschlusskompetenz *UmwG* **4** 12
– Anteilsgewährung *UmwG* **5** 16 ff.
– Fortsetzung nach Auflösung
  UmwG **3** 18 ff.

- Mischverschmelzung *UmwG* **3** 22 ff.
- Umtauschverhältnis *UmwG* **5** 45 ff., **8** 18 ff.
- Verschmelzung auf GmbH *UmwG* **3** 3
- Verschmelzungsfähigkeit *UmwG* **3** 3

Kommanditgesellschaft auf Aktien
- Abschlusskompetenz *UmwG* **4** 12
- Anteilsgewährung *UmwG* **5** 16 ff.
- Mischverschmelzung *UmwG* **3** 22 ff.
- Treuhänder *UmwG* **5** 42
- Übertragung *UmwG* **5** 41 ff.
- Verschmelzungsfähigkeit *UmwG* **3** 7

Kommanditistenhaftung *UmwG* **133** 44
Komplementär *UmwG* **1** 12, **5** 17
Konfusion *UmwStG* **6** 1 ff.
- Alleingesellschafter *UmwStG* **6** 26 ff.
- buchhalterische Erfassung *UmwStG* **6** 17 f.
- Mitunternehmer *UmwStG* **6** 19 ff.
- Wertaufholung *UmwStG* **6** 13
- Zeitpunkt *UmwStG* **6** 3

Konfusionsgewinn *UmwStG* **2** 25
Konstitutivwirkung
- Handelsregistereintragung *UmwG* **20** 2

Kontinuität der Mitgliedschaft *UmwG* **202** 10
Konzernbetriebsvereinbarungen *UmwG* **35a** 60
Konzernverschmelzung *UmwG* **5** 109 ff.
Konzernverschmelzung der Aktiengesellschaft
- Anwendungsbereich *UmwG* **62** 6 ff.
- Historie *UmwG* **62** 1 ff.
- Normzweck *UmwG* **62** 4 f.

Kopfprinzip *UmwG* **285** 3
Körperschaft
- des öffentlichen Rechts *UmwStG* **10** 2
- Gewerbesteuer bei Auf- oder Abspaltung *UmwStG* **18** 1
- Gewerbesteuer bei Formwechsel *UmwStG* **18** 1
- Gewerbesteuer bei Verschmelzung *UmwStG* **18** 1
- steuerbefreite *UmwStG* **10** 2

Kosten *UmwG* **307** 40, **318** 13
- Abspaltung einer GmbH auf eine GmbH zur Neugründung *UmwG* **Anh. 2** 103 ff.
- Aufspaltung einer GmbH auf zwei GmbH & Co. KG zur Aufnahme *UmwG* **Anh. 2** 107
- Ausgliederung eines Teilbetriebs vom Einzelunternehmen auf GmbH (Neugründung) *UmwG* **Anh. 2** 109 ff.
- Auslagen *SpruchG* **15** 6 ff.
- außergerichtliche der Antragsteller *SpruchG* **15** 10 ff.
- außergerichtliche des Antragsgegners *SpruchG* **15** 12
- Berechnung bei Wertgebühren *UmwG* **Anh. 2** 27
- Formwechsel *UmwG* **Anh. 2** 118 ff.
- Formwechselbeschluss *UmwG* **Anh. 2** 118 ff.
- Gerichtskosten *SpruchG* **15** 3 ff.
- grenzüberschreitender Hinaus-Formwechsel (Beispiel) *UmwG* **Anh. 2** 149 ff.
- grenzüberschreitende Sachverhalte *UmwG* **Anh. 2** 139 ff.
- Handelsregisteranmeldung (bei Formwechsel) *UmwG* **Anh. 2** 132
- Handelsregisteranmeldung (bei Spaltung) *UmwG* **Anh. 2** 88 ff.
- Handelsregisteranmeldung (bei Verschmelzung) *UmwG* **Anh. 2** 47 ff.
- Kapitalerhöhung *UmwG* **Anh. 2** 42 ff.
- Kettenverschmelzungen zweier GmbHs *UmwG* **Anh. 2** 75
- Kostenentscheidung *SpruchG* **15** 14 f.
- sonstige Notartätigkeit (bei Formwechsel) *UmwG* **Anh. 2** 123 ff.
- sonstige Notartätigkeit (bei Verschmelzung) *UmwG* **Anh. 2** 51 ff.
- sonstige Notartätigkeit (Spaltung) *UmwG* **Anh. 2** 94 ff.
- Spaltung *UmwG* **Anh. 2** 83 ff.
- Spaltungsvertrag/Spaltungsplan *UmwG* **Anh. 2** 83
- Verschmelzung *UmwG* **Anh. 2** 31 ff.

- Verschmelzung GmbH & Co. KG auf bestehende GmbH *UmwG* **Anh. 2** 69
- Verschmelzung GmbH & Co. KG auf bestehende GmbH & Co. KG *UmwG* **Anh. 2** 73
- Verschmelzung GmbH auf bestehende GmbH & Co. KG *UmwG* **Anh. 2** 68
- Verschmelzung Mutter-GmbH auf Tochter *UmwG* **Anh. 2** 60
- Verschmelzungsvertrag *UmwG* **Anh. 2** 31 ff.
- Verschmelzung Tochter-GmbH auf Mutter *UmwG* **Anh. 2** 57 ff.
- Verschmelzung zweier AGs auf AG durch Neugründung *UmwG* **Anh. 2** 65
- Verschmelzung zweier Schwester-GmbHs *UmwG* **Anh. 2** 62
- Verzichtserklärung (bei Spaltung) *UmwG* **Anh. 2** 86
- Verzichtserklärung (bei Verschmelzung) *UmwG* **Anh. 2** 46
- von Umwandlungen *UmwG* **Anh. 2** 1 ff.
- Zustimmungsbeschluss (bei Spaltung) *UmwG* **Anh. 2** 85
- Zustimmungsbeschluss (bei Verschmelzung) *UmwG* **Anh. 2** 40

Kosten der Verschmelzung *UmwStG* **4** 39 ff.

Kostenerhebung
- durch Notar *UmwG* **Anh. 2** 3 ff.

Kostenschuldner
- Notarkosten *UmwG* **Anh. 2** 18 ff.

Kreditgenossenschaften
- Ausgliederung *UmwG* **147** 1
- Haftsumme *UmwG* **95** 2 ff.
- Prüfungsgutachten *UmwG* **81** 8
- Verschmelzung *UmwG* **79** 3
- Vorstandsdienstverträge *UmwG* **87** 8

Kreuzender Formwechsel *UmwStG* **1** 20 ff.

Kündigungsausschluss *UmwG* **132** 40

Kündigungsrechtliche Stellung *UmwG* **132** 28 f.

Kündigungsschutz *UmwG* **132** 1
- Anschlussverbot *UmwG* **132** 45
- Arbeitsverhältnis *UmwG* **132** 25
- Beendigung des Arbeitsverhältnisses *UmwG* **132** 27
- Bestandsschutz *UmwG* **132** 22
- Betriebsratsmitglieder *UmwG* **132** 37
- Betriebsübergang *UmwG* **35a** 50
- einvernehmliche Verschlechterung *UmwG* **132** 35
- Kausalität *UmwG* **132** 32
- Kündigungsausschluss *UmwG* **132** 40
- Kündigungsfristen *UmwG* **132** 41
- kündigungsrechtliche Stellung *UmwG* **132** 28 f.
- Kündigungsverbot *UmwG* **132** 43
- Massenentlassungen *UmwG* **132** 42
- Sozialauswahl *UmwG* **132** 38
- Spaltung *UmwG* **132** 21
- Teilübertragung *UmwG* **132** 21

Kündigungsschutzgesetz
- Abfindungskosten *UmwG* **132** 20
- Betriebsabteilung *UmwG* **132** 19
- betriebsbedingte Kündigung *UmwG* **132** 16
- Geltungsbereich *UmwG* **132** 15
- Massenentlassungen *UmwG* **132** 20
- rechtliche Folgen der Umwandlung *UmwG* **132** 14
- Sozialauswahl *UmwG* **132** 18
- Weiterbeschäftigungsmöglichkeit *UmwG* **132** 17 ff.

Kündigungsverbot *UmwG* **132** 43
- Betriebsübergang *UmwG* **35a** 79

Lageberichte *UmwG* **312** 12
Landesbanken *UmwG* **304** 7
Landeswohlfahrtsverbände
- Ausgliederung *UmwG* **168** 5
Leistungsklage *SpruchG* **16** 1 ff.; *UmwG* **341** 16
- Schadensersatz *UmwG* **16** 47
Liquidation *UmwStG* **7** 2 ff.
- Besteuerung *UmwStG* **22** 29
Liquidationswert *UmwStG* **3** 18
Lizenzen
- Rechtsnachfolge *UmwG* **20** 11

Maßgeblichkeit *UmwStG* **3** 14, 28

Materielle Unterbilanz
- Formwechsel der Personengesellschaft *UmwG* **220** 13

Mehrheitsanforderungen *UmwG* **240** 1

Mehrheitserfordernis
- Aufhebungsbeschluss *UmwG* **4** 28
- Verschmelzungsbeschluss *UmwG* **13** 10 f.

MgFSG *UmwG* **320** 6, **322** 31, **Vor 333 ff.** 7, 29, 34, **342** 15 ff.

Mieten
- ausscheidende Gesellschafter *UmwStG* **5** 10

Minderheitenschutz *UmwG* **327** 2, **340** 2

Minderheitsgesellschafter *UmwG* **313** 1
- Schutz *UmwG* **Vor 1** 13, **3** 18, **24** 58

Minderjähriger
- Vertretung bei Verschmelzungsbeschluss *UmwG* **13** 9

Mindestanteilsbesitz
- Übergangsvorschrift *UmwG* **354** 3

Mindestbesteuerung *UmwStG* **2** 36

Mischspaltung *UmwG* **124** 10

Mischverschmelzung *UmwG* **3** 22 ff., **9** 8
- Aufnahme durch *UmwG* **79** 4 ff.
- Neubildung durch *UmwG* **79** 4 ff.
- Übernahme durch *UmwG* **79** 4 ff.
- Umtauschverhältnis *UmwG* **80** 10

Missbrauchskontrolle *UmwG* **329** 25 ff., **343** 6 ff.
- missbräuchliche Maßnahmen *UmwG* **343** 9 ff.

Missbrauchsprüfung *UmwG* **329** 29 ff.

Missbrauchsregelung *UmwStG* **23** 72
- Übernahmefolgegewinn *UmwStG* **6** 34 ff.

Missbrauchstatbestände *UmwStG* **15** 64 ff.
- 20 %-Grenze *UmwStG* **15** 100
- außenstehende Person *UmwStG* **15** 86
- Kapitalerhöhung *UmwStG* **15** 81
- Nachbehaltensfrist *UmwStG* **15** 93
- Sperrfrist *UmwStG* **15** 76
- unentgeltliche Übertragung *UmwStG* **15** 81
- Veräußerung *UmwStG* **15** 80
- Veräußerung durch Spaltung *UmwStG* **15** 87
- Veräußerungsabsicht *UmwStG* **15** 90
- Veräußerungsvoraussetzungen *UmwStG* **15** 89
- Vorbesitzzeit *UmwStG* **15** 110

Mitbestimmung
- betriebliche Mitbestimmung *UmwG* **132a** 5 f., 25 ff.
- SE *UmwG* **Anh. 1** 23 ff.
- Teilkonzernregelung *UmwG* **Anh. 1** 14
- unternehmerische Mitbestimmung *UmwG* **132a** 1 ff.
- Verschmelzung *UmwG* **Vor 1** 15, **2** 27, **5** 73, 90 f., 99

Mitbestimmungsrecht
- SE *UmwG* **Anh. 1** 6 ff.

Mitbestimmungsstatut *UmwG* **132a** 12

Mitbestimmungsvereinbarung *UmwG* **331** 6

Mitbestimmungsverfahren *UmwG* **329** 12 ff.

Mitglieder
- Auseinandersetzung mit *UmwG* **93** 1 ff.
- Auskunftsrecht *UmwG* **83** 6 ff.
- Mitgliederliste *UmwG* **89** 2 ff.
- Nachschusspflicht *UmwG* **95** 2 ff.
- Wertausgleich *UmwG* **85** 2 f.

Mitgliederliste
- Ausschlagung *UmwG* **92** 1
- Benachrichtigung *UmwG* **89** 2 ff.
- Besteuerung *UmwStG* **22** 68 ff.
- Inhalt *UmwG* **89** 2

Mitgliedschaft
- Auseinandersetzung *UmwG* **93** 2 ff.
- Ausgleich *UmwG* **87** 5
- Ausschlagung *UmwG* **87** 6, **90** 4, **91** 2 ff.
- Doppelmitgliedschaft *UmwG* **87** 8
- Eintrittsgeld *UmwG* **87** 9
- Erwerb *UmwG* **87** 3 ff.
- Kontinuität *UmwG* **202** 10
- Verlust *UmwG* **87** 3 ff.

Mitgliedschaftsperpetuierung *UmwG* **2** 20

Mitgliedschaftsrechte
- bei Verschmelzung *UmwG* **1** 7, 37, **5** 16, **8** 10, 31, **9** 17, **13** 8, **15** 16

Mitunternehmer
- Besteuerung bei Wegzug *UmwStG* **22** 43 ff.
- Pensionsrückstellung *UmwStG* **6** 23 ff.
- Übernahmefolgegewinn *UmwStG* **6** 19 ff.

Mitunternehmeranteil
- Besteuerung *UmwStG* **22** 1 ff.
- Verlustvortrag *UmwStG* **23** 69

Mitunternehmerforderung
- Konfusion *UmwStG* **6** 19 ff.

Mitunternehmerschaft
- Besteuerung *UmwStG* **22** 42 ff.

Mitunternehmerverbindlichkeit
- Konfusion *UmwStG* **6** 19 ff.

Mitverstrickung
- Besteuerung *UmwStG* **22** 77 ff.

Mobilitätsrichtlinie *UmwG* **320** 3, **Vor 333 ff.** 13

Modifizierte Neugründung *UmwG* **197** 2

Monetarisierung
- Verluste *UmwStG* **2** 37

Multiplikatorverfahren
- Comparative Company Approach (CCA) *SpruchG* **11 Anh.** 99

Mündliche Verhandlung
- Geltung der ZPO *SpruchG* **8** 8
- Spruchverfahren *SpruchG* **8** 2 f.

Mutter-Tochter-Richtlinie
- Vollausschüttung *UmwStG* **7** 22

Nachgründung *UmwG* **245** 27, **333** 32 ff.

Nachgründungsbericht
- SE *UmwG* **Anh. 1** 81 f.

Nachgründungsprüfung
- Aktiengesellschaft *UmwG* **4** 15

Nachhaftung *UmwG* **227** 4, **304** 6, **328** 20

Nachschusspflicht
- Genossenschaften *UmwG* **95** 2 ff.
- Haftsumme *UmwG* **95** 4
- Insolvenzverfahren *UmwG* **95** 2

Nachweispflicht
- Besteuerung *UmwStG* **22** 4 ff.

Natürliche Person
- Verschmelzungsfähigkeit *UmwG* **3** 17

Negative Einkünfte *UmwStG* **2** 33 ff.

Negativerklärung *UmwG* **5** 5, **16** 14, **198** 11, **246** 9, **304** 4, **315** 8, **329** 6, **331** 10, **342** 6
- Abgabeverpflichtete *UmwG* **16** 16
- anhängige Klage *UmwG* **16** 19
- Anmeldung der Verschmelzung *UmwG* **14** 3, 10
- Arbeitnehmer *UmwG* **5** 92 f.
- Entbehrlichkeit *UmwG* **16** 21
- Hindernisse *UmwG* **16** 18
- Höchstpersönlichkeit der Erklärung *UmwG* **16** 24
- Inhalt *UmwG* **16** 15
- vorfristige *UmwG* **16** 22
- Wiederholung *UmwG* **16** 25

Nennbetrag *UmwG* **242** 4

Nettoaktivvermögen *UmwG* **328** 20

Neugründung
- Grunderwerbsteuer *UmwG* **96** 2
- Verschmelzung *UmwG* **96** 1 ff.

Nichtigkeitsklage *UmwG* **12** 17, **14** 3, 6

Nichtverhältniswahrender Formwechsel *UmwG* **240** 17

Nicht-verhältniswahrende Spaltung *UmwG* **322** 52, **326** 16

Niederlassungsfreiheit *UmwG* **1** 18 ff., **320** 2, **332** 2, **Vor 333 ff.** 12, 15; *UmwStG* **1** 1

Notargebühren *UmwG* **2** 14, **4** 31, **6** 19 ff., **13** 58 ff.
- Verschmelzungsvorgang *UmwG* **16** 53

Notarkosten
- Kostenerhebung *UmwG* **Anh. 2** 3 ff.
- Kostenschuldner *UmwG* **Anh. 2** 18 ff.

Numerus clausus *UmwG* **190** 36 f., **191** 13

Öffentlich-rechtliche Körperschaften und Anstalten
- Formwechsel *UmwG* **301** 1 ff.

Öffentlich-rechtliche Rechtsverhältnisse und Datenschutzrecht
- Rechtsnachfolge *UmwG* **20** 19 ff.

Öffentlich-rechtliche Versicherungsunternehmen *UmwG* **109** 2, **174** 2, **175** 8 ff.
- Aufsicht *UmwG* **175** 14
- Bundesversicherungsamt *UmwG* **175** 18
- Historie *UmwG* **175** 10
- Körperschaft oder Anstalt *UmwG* **175** 10
- öffentlich-rechtliche Versicherungsgruppen *UmwG* **175** 11, 13
- öffentlich-rechtliche Versorgungseinrichtungen *UmwG* **175** 16
- Regelwerk der SGB *UmwG* **175** 19
- Sozialversicherungsträger *UmwG* **175** 9 f., 17 ff.
- Versicherungswettbewerb *UmwG* **175** 11
- Wahrnehmung öffentlicher Aufgaben *UmwG* **175** 12

OGAW *UmwG* **306** 13, **321** 16, **334** 17

OHG
- Abschlusskompetenz *UmwG* **4** 12
- Anteilsgewährung *UmwG* **5** 16 ff.
- Fortsetzung nach Auflösung *UmwG* **3** 18 ff.
- Umtauschverhältnis *UmwG* **5** 45 ff., **8** 18 ff.
- Verschmelzungsfähigkeit *UmwG* **3** 3

Optionsanleihe *UmwG* **23** 9
Optionsrechte *UmwG* **23** 13
opt-out-Recht *UmwG* **306** 12

Organe
- übertragender Rechtsträger *UmwG* **20** 35

Organgesellschaft
- Besteuerung *UmwStG* **22** 59 ff.

Organhaftung *UmwG* **16** 48, **205** 3
- Formwechsel *UmwG* **205** 1

Organschaft
- Besitzzeitanrechnung *UmwStG* **23** 26

Organschaftliche Mehrabführung
- Besteuerung *UmwStG* **22** 38 ff.

Organträger
- Besteuerung *UmwStG* **22** 59 ff.

Outsourcing *UmwG* **35a** 46
Partiarisches Darlehen *UmwG* **23** 4

Partnerschaft
- aufnehmender Rechtsträger *UmwG* **Vor 45a ff.** 4
- übertragender Rechtsträger *UmwG* **Vor 45a ff.** 4
- Umwandlungsfähigkeit *UmwG* **Vor 45a ff.** 4

Partnerschaftsgesellschaft *UmwStG* **8** 6
- Firmenbildung bei Verschmelzung *UmwG* **18** 13 ff.
- freie Berufe *UmwG* **45a** 1 ff.
- übernehmender Rechtsträger *UmwG* **18** 2
- Verschmelzung *UmwG* **Vor 45a ff.** 1 ff.
- Verschmelzungsbericht *UmwG* **45c** 1 ff.
- Verschmelzungsbeschluss *UmwG* **45d** 1 ff.
- Verschmelzungsfähigkeit *UmwG* **3** 5

Passivvermögen *UmwG* **307** 29

Pensionsrückstellung *UmwStG* **3** 16, **23** 16, 57
- Mitunternehmer *UmwStG* **6** 23 ff.
- Teilwert *UmwStG* **3** 23

Pensions-Sicherungs-Verein *UmwG* **109** 18

Pensionsverpflichtungen
- Passivierung beim übernehmenden Rechtsträger *UmwG* **24** 38

Personalabbau
- Angaben im Verschmelzungsvertrag *UmwG* **5** 78 ff., 86

Personengesellschaft
- Aufnahme eines Gesellschafters *UmwStG* **24** 80 f.
- Besteuerung *UmwStG* **22** 6 ff.
- Besteuerung mehrstöckiger *UmwStG* **22** 7 ff.
- doppelstöckig *UmwStG* **24** 73 f.
- Formwechsel *UmwG* **214** 1 ff., **217** 2 ff.
- Übernahmefolgegewinn *UmwStG* **6** 19 ff.
- vermögensverwaltende *UmwStG* **8** 1 ff.

Personengesellschaft, Anwachsung
- Rückwirkung   *UmwStG* **24** 82 f.
Personengesellschaft, Einbringung von Betriebsvermögen   *UmwStG* **24** 1 ff.
- Ansatz   *UmwStG* **24** 46 ff.
- Anteile an Kapitalgesellschaft   *UmwStG* **24** 64 ff.
- Arten   *UmwStG* **24** 40 ff.
- Beteiligungshöhe   *UmwStG* **24** 30 ff.
- Betriebsbegriff   *UmwStG* **24** 8 ff.
- Buch- oder Zwischenwert   *UmwStG* **24** 53 ff.
- Einbringender   *UmwStG* **24** 24 ff.
- Einbringungsfolgegewinn   *UmwStG* **24** 63 ff.
- Gegenstand   *UmwStG* **24** 7 ff.
- gemeiner Wert   *UmwStG* **24** 49 ff.
- Gewerbesteuer   *UmwStG* **24** 58 ff.
- Mitunternehmeranteil   *UmwStG* **24** 19 ff.
- Mitunternehmerstellung, Gewährung   *UmwStG* **24** 27 ff.
- Rückwirkung   *UmwStG* **24** 79 ff.
- Teilbetrieb   *UmwStG* **24** 14 ff.
- Unternehmensidentität   *UmwStG* **24** 70 ff.
- Unternehmeridentität   *UmwStG* **24** 71 ff.
- Verlustvortrag   *UmwStG* **24** 67 ff.
- Zins- und EBITDA-Vortrag   *UmwStG* **24** 77 ff.
- Zinsvortrag   *UmwStG* **24** 67 ff.
Personengesellschaft, Option zur Körperschaftsteuer   *UmwStG* **24** 6 f.
Personengesellschaft, Verlust
- Eignerwechsel   *UmwStG* **24** 78
- Gewerbesteuer, Unternehmeridentität   *UmwStG* **24** 74 f.
- Kapitalgesellschaft als Einbringende   *UmwStG* **24** 75 f.
- Zebra-Gesellschaft   *UmwStG* **24** 76 f.
Personengesellschaft, Verschmelzung
- Rückwirkung Verluste   *UmwStG* **24** 81 f.
Personenhandelsgesellschaft   *UmwG* **307** 33
- Anteilsgewährung   *UmwG* **5** 16 ff.

- bare Zuzahlung   *UmwG* **5** 29, 37, **15** 1, 4, 16
- grenzüberschreitende Verschmelzung   *UmwG* **306** 7
- Umtauschverhältnis   *UmwG* **5** 45 ff., **8** 18 ff.
- Verschmelzungsbericht   *UmwG* **2** 29, **8** 41 ff.
- Verschmelzungsbeschluss   *UmwG* **13** 4 ff.
- Verschmelzungsfähigkeit   *UmwG* **3** 3
Plausibilitätskontrolle
- Barabfindung   *UmwG* **337** 25
Polbud-Entscheidung   *UmwG* **Vor 333 ff.** 12, 20
Primärrechtskonforme Auslegung   *UmwG* **Vor 333 ff.** 15
Primat des öffentlichen Rechts   *UmwG* **301** 4
Privatisierung, Unternehmen der öffentlichen Hand   *UmwG* **168** 1 ff.
Prokurist
- Abschlusskompetenz, Verschmelzungsvertrag   *UmwG* **4** 12
Prüfungsbericht   *UmwG* **12** 1 ff., **338** 6 f.
- Aufbau/Gliederung   *UmwG* **12** 3
- bare Zuzahlung   *UmwG* **12** 4
- besondere Schwierigkeiten   *UmwG* **12** 6
- Bewertungsmethoden   *UmwG* **12** 4 ff.
- Einsichtnahme   *UmwG* **142** 9
- Entbehrlichkeit   *UmwG* **338** 9 ff.
- Ergebnisbericht   *UmwG* **12** 2
- fehlerhafter   *UmwG* **12** 16, **347** 8
- Form   *UmwG* **12** 2 ff., **311** 7
- Frist   *UmwG* **311** 8
- Inhalt   *UmwG* **12** 2 ff., 7 f.
- Prüfungsergebnisse Dritter   *UmwG* **347** 8
- Testat   *UmwG* **12** 9
- Umfang   *UmwG* **12** 2, 7
- Umtauschverhältnis   *UmwG* **12** 4 ff., 16, **14** 4, 11 ff.
- Verletzung der Berichtspflicht   *UmwG* **347** 1 ff.
- Verletzung der Geheimhaltungspflicht   *UmwG* **349** 1 ff.

– Verzicht *UmwG* **12** 14
– Zugänglichmachung *UmwG* **311** 8, **338** 8
Prüfungsgutachten
– Anspruch, einklagbarer *UmwG* **81** 11
– Aufsichtsrat *UmwG* **81** 10 ff.
– Auslage *UmwG* **82** 3 ff.
– Beschluss *UmwG* **83** 1 ff.
– Einreichung *UmwG* **86** 2 ff.
– Erstattung, gemeinsame *UmwG* **81** 13
– Förderzweck *UmwG* **81** 4 ff.
– Genossenschaften *UmwG* **81** 1 ff.
– Inhalt *UmwG* **81** 4 ff.
– Kreditgenossenschaften *UmwG* **81** 8
– persönliche Verhältnisse *UmwG* **81** 7
– Prüfungsverband *UmwG* **81** 1 ff.
– schriftliches *UmwG* **81** 4
– Schutzzweck *UmwG* **81** 2
– Verfahren *UmwG* **81** 10 ff.
– Verlesung *UmwG* **83** 8
– Verzicht *UmwG* **81** 3
– Vorstand *UmwG* **81** 11
Prüfungspflicht *UmwG* **311** 2
Prüfungsschema *UmwG* **Vor 305 ff.** 19
Prüfungsverband
– Austritt *UmwG* **108** 13
– Austrittsrecht *UmwG* **150** 4 f.
– Beratungsfunktion *UmwG* **81** 9
– Formwechsel *UmwG* **108** 5
– gemeinsames Gutachten *UmwG* **81** 13
– genossenschaftlicher *UmwG* **80** 1 ff.
– Pflichtmitgliedschaft *UmwG* **81** 3, 13
– Prüfungsgutachten *UmwG* **80** 1 ff.
– Spaltung *UmwG* **150** 2 ff.
– Staatsaufsicht *UmwG* **108** 11 f.
– Teilnahmerecht *UmwG* **83** 9 ff.
– Verschmelzung *UmwG* **108** 1 ff.
– Verschmelzungsbeschluss *UmwG* **108** 6 ff.
– Vorstand *UmwG* **108** 9 f.
– Zuständigkeit *UmwG* **80** 1 ff.
Prüfungsverbände, genossenschaftliche
– Mischverschmelzung *UmwG* **3** 22 ff.
– Verschmelzungsfähigkeit *UmwG* **3** 14
Publikums-KG
– Verschmelzungsfähigkeit *UmwG* **3** 3

Qualifizierter Anteilstausch *UmwStG* **1** 43
Realteilung *UmwG* **1** 9, 36
– Besteuerung *UmwStG* **22** 32 ff.
– Gewerbesteuer *UmwStG* **18** 23
Rechtmäßigkeitskontrolle *UmwG* **320** 18, **330** 2, **331** 2, **333** 22
Rechtmäßigkeitsprüfung *UmwG* **315** 1, **316** 1
Rechtsanwalt *SpruchG* **5a** 4
Rechtsarbitrage *UmwG* **Vor 333 ff.** 2
Rechtsbehelfsbelehrung
– in notarieller Kostenberechnung *UmwG* **Anh. 2** 6
Rechtsformwahl *UmwG* **Vor 333 ff.** 2
Rechtsformzwang *UmwG* **109** 1
Rechtsmissbrauch
– Umwandlung *UmwG* **14** 10
Rechtsnachfolge
– Besteuerung *UmwStG* **22** 6 ff., 32 ff.
– Besteuerung bei unentgeltlicher *UmwStG* **22** 73 ff.
– Einbringung *UmwStG* **23** 14
– Gesamtrechtsnachfolge *UmwStG* **1** 17
– Sonderrechtsnachfolge *UmwStG* **1** 17
– Zugehörigkeit zum Betriebsvermögen *UmwStG* **23** 45
Rechtsschutz
– Übergangsvorschrift *UmwG* **355** 6 ff.
Rechtsstellung
– Besteuerung bei Eintritt *UmwStG* **22** 73 ff.
– Gründer bei Formwechsel *UmwG* **219** 1 ff.
Rechtsträgeridentität *UmwG* **333** 9, **345** 26
Rechtstypenvergleich *UmwStG* **1** 28, 48
Rechtsübergang
– Verbindlichkeiten *UmwG* **20** 14
Rechtswahlfreiheit *UmwG* **Vor 333 ff.** 12
Registereintragung
– Wirksamkeitsvoraussetzung *UmwStG* **27** 1 ff.
Registergericht
– Prüfungsmaßstab *UmwG* **19** 14

2697

- Prüfungsumfang *UmwG* **316** 13
Registerportal *UmwG* **323** 8
Registersperre *UmwG* **329** 6, 36, **342** 6, **343** 25
Registerverfahren
- SE *UmwG* **Anh. 1** 156 ff.
Registerzuständigkeit *UmwG* **198** 1
Reinvermögensdeckung *UmwG* **245** 15 f., **345** 9
Reinvermögensprüfung
- SE-Gründung *UmwG* **Anh. 1** 139 ff.
Reinvestitionsrücklage
- Auflösung *UmwStG* **23** 21 ff.
Restrukturierungsverfahren *UmwG* **321** 6 f., **334** 6 f.
Rücklage *UmwStG* **23** 17
- nachträglicher Wegfall *UmwStG* **6** 43
- steuerfreie *UmwStG* **23** 20, 28
- Übernahmefolgegewinn *UmwStG* **6** 32 f.
Rückumwandlung
- Besteuerung *UmwStG* **22** 29 ff.
Rückversicherungsverein *UmwG* **109** 17
- Praxisrelevanz *UmwG* **109** 17
- Versicherung des Erstversicherers *UmwG* **109** 17
Rückwirkendes Ereignis
- Übernahmefolgegewinn *UmwStG* **6** 43
Rückwirkung *UmwStG* **2** 20
- Ausnahme *UmwStG* **2** 13
- Einschränkung der Verlustverrechnung *UmwStG* **2** 33 ff.
- Eintreten und Austreten von Gesellschaftern *UmwStG* **2** 26
- Entzug des Besteuerungsrechts *UmwStG* **2** 31 f.
- persönliche Anwendung *UmwStG* **2** 8 ff.
- sachliche Anwendung *UmwStG* **2** 11 ff.
- unversteuerte Einkünfte *UmwStG* **2** 31 f.
Rückwirkung des Erwerbs *UmwStG* **5** 4 ff.
- unentgeltlicher Erwerb *UmwStG* **5** 6
Rückwirkungszeitraum
- Anteilseignerwechsel *UmwStG* **2** 26

- In-sich-Geschäfte *UmwStG* **2** 27
- laufende Geschäfte *UmwStG* **2** 29 f.
- Sonderbetriebsvermögen *UmwStG* **2** 30
- Sondervergütungen *UmwStG* **2** 30
- Verluste des übernehmenden Rechtsträgers *UmwStG* **2** 39 ff.
- Verrechnungsverbot stiller Lasten *UmwStG* **2** 43 ff.
Rumpfwirtschaftsjahr *UmwStG* **2** 24 f.
Sachdividende
- Besteuerung *UmwStG* **22** 63 ff.
Sacheinlage
- Besteuerung *UmwStG* **22** 2 ff.
Sachgesamtheit *UmwStG* **3** 19
Sachgründung *UmwG* **197** 1, **333** 31
Sachgründungsbericht *UmwG* **138** 1 ff., **277** 2, **345** 20
- Differenzhaftung *UmwG* **138** 12 ff.
- Entbehrlichkeit *UmwG* **333** 35
- Formwechsel der Personengesellschaft *UmwG* **220** 3
- GmbH-Verschmelzung *UmwG* **58** 1 ff.
Sachliche Rechtfertigung
- GmbH-Verschmelzung *UmwG* **50** 15
Sachverständiger
- Unabhängigkeit *UmwG* **317** 10
- Vergütung *UmwG* **317** 11
Sachverständiger Prüfer
- Spruchverfahren *SpruchG* **8** 4 ff.
Sanierungsmigration *UmwG* **Vor 333 ff.** 6, **334** 7
Satzung
- Genossenschaft *UmwG* **97** 1 ff.
- Spaltung *UmwG* **147** 4
- Verschmelzungsbeschluss *UmwG* **98** 1
Satzungssitzverlegung *UmwG* **333** 13, 15 f.
SCE
- grenzüberschreitende Verschmelzung *UmwG* **Vor 305 ff.** 24
SCE-Gründung
- gemeinsamer Vertreter *SpruchG* **6b** 1
Schadenersatz
- Besondere Vertreter der Aktionäre *UmwG* **70** 1 ff.

Schadensersatzpflicht der Verwaltungsträger der übertragenden Rechtsträger
- Anspruch *UmwG* **25** 5 ff.
- Anspruchsgegner *UmwG* **25** 15 ff.
- Anspruchsinhaber *UmwG* **25** 20 ff.
- Anspruchsinhalt *UmwG* **25** 9 ff.
- Aufsichtsorgan *UmwG* **25** 17
- Außenhaftung *UmwG* **25** 1 ff.
- besonderer Vertreter *UmwG* **26** 4 ff.
- Beweispflicht *UmwG* **25** 12
- Exkulpation *UmwG* **25** 13
- Fiktion des Fortbestands *UmwG* **25** 26
- Fortbestand *UmwG* **25** 3
- Frist *UmwG* **26** 18 ff.
- Geltendmachung *UmwG* **26** 1 ff.
- Gläubiger *UmwG* **25** 25
- Haftung, gesamtschuldnerische *UmwG* **25** 18
- Haftungsausschluss *UmwG* **25** 14
- kausaler Schaden *UmwG* **25** 10
- Rechtsfolge *UmwG* **25** 33 f.
- Sorgfaltspflichtverletzung *UmwG* **25** 5 ff.
- Verjährung *UmwG* **25** 35
- Verschulden *UmwG* **25** 11 ff.
Schadensersatzpflicht der Verwaltungsträger des übernehmenden Rechtsträgers
- Verjährung *UmwG* **27** 1 ff.
Schenkung
- Besteuerung *UmwStG* **22** 12 ff., 73 ff.
Schenkungsteuer *UmwG* **272** 11; *UmwStG* **22** 77 ff.
Schlichte Einlage
- Besteuerung *UmwStG* **22** 19 ff.
Schlussbilanz
- Anforderungen *UmwG* **17** 9 ff.
- Auseinandersetzung *UmwG* **93** 2
- elektronische Abgabe *UmwStG* **3** 13
- gemeiner Wert *UmwStG* **3** 14
- Geschäftsguthaben *UmwG* **88** 2
- Maßgeblichkeit *UmwStG* **3** 14
- Registeranmeldung *UmwG* **5** 56, **7** 9
- steuerliche *UmwStG* **3** 8 ff.
- Überschreitung der Vorlagefrist *UmwG* **17** 24
- übertragender Rechtsträger *UmwG* **17** 7 ff.
- Verschmelzungsstichtag *UmwG* **5** 56
- Verzicht *UmwStG* **3** 12
- Werte *UmwG* **5** 53, **6** 20, **13** 59, **24** 3 ff.
Schlussbilanzstichtag *UmwG* **5** 56, 59
Schutzrechte *UmwG* **20** 11 ff.
Schwebende Verschmelzung *UmwG* **24** 13
Schwestergesellschaften
- Verschmelzung *UmwG* **5** 29, 114, **8** 42, **9** 27
SE *SpruchG* **1** 10 ff.; *UmwG* **109** 1, **151** 3, **Anh. 1** 1 ff.
- Abschlussprüfer *UmwG* **Anh. 1** 151
- ad-hoc-Mitteilung *UmwG* **Anh. 1** 162 ff.
- Arbeitnehmerbeteiligung *UmwG* **Anh. 1** 23 ff., 68
- Arbeitnehmerbeteiligungsverfahren *UmwG* **Anh. 1** 29 ff.
- Auffanglösung *UmwG* **Anh. 1** 6 ff.
- Aufsichtsorgan *UmwG* **Anh. 1** 148 ff.
- Aufsichtsrat *UmwG* **Anh. 1** 98
- Ausgliederung *UmwG* **Anh. 1** 171 f.
- Barabfindung *UmwG* **Anh. 1** 69
- Bekanntmachung der Umwandlung *UmwG* **Anh. 1** 161
- Berichterstattung *UmwG* **Anh. 1** 99
- besonderes Verhandlungsmodell *UmwG* **Anh. 1** 24
- Bestellung der Direktion *UmwG* **Anh. 1** 154
- Bestellung des Vorstands *UmwG* **Anh. 1** 154
- Beteiligung deutscher *UmwG* **Anh. 1** 181
- Corporate Governance *UmwG* **Anh. 1** 4 ff.
- Direktion *UmwG* **Anh. 1** 98
- Einfrieren der Mitbestimmung *UmwG* **Anh. 1** 6 ff.
- europäische Unternehmenskultur *UmwG* **Anh. 1** 17
- Formwechsel *UmwG* **Anh. 1** 173 ff.
- Gläubigerschutz *UmwG* **Anh. 1** 100
- grenzüberschreitende Sitzverlegung *UmwG* **Anh. 1** 180

- grenzüberschreitende Verschmelzung
  UmwG 109 6, **Vor 305 ff.** 22, **Anh. 1** 179
- Grundprüfungsbericht
  UmwG **Anh. 1** 155
- Gründung   *UmwG* **Anh. 1** 20
- Gründung durch Verschmelzung
  UmwG **Vor 305 ff.** 21, **Anh. 1** 48 ff.
- Gründungsprüfung   *UmwG* **Anh. 1** 99
- Insiderinformation
  UmwG **Anh. 1** 162 ff.
- intraeuropäische Mobilität
  UmwG **Anh. 1** 16
- Kapitalerhöhungsbeschluss
  UmwG **Anh. 1** 147
- Mitbestimmung
  UmwG **Anh. 1** 6 ff., 23 ff.
- Nachgründungsbericht
  UmwG **Anh. 1** 81 f.
- Offenlegung der Umwandlung
  UmwG **Anh. 1** 161
- Offenlegung der Verschmelzung
  UmwG **Anh. 1** 115
- Registerverfahren
  UmwG **Anh. 1** 156 ff.
- Satzung   *UmwG* **Anh. 1** 67
- Spaltung   *UmwG* **Anh. 1** 171 f.
- Supranationalität   *UmwG* **Anh. 1** 1 ff.
- Umwandlung   *UmwG* **Anh. 1** 21 ff.
- Umwandlungskosten
  UmwG **Anh. 1** 166
- Umwandlungsrecht
  UmwG **Anh. 1** 20 ff.
- Umwandlungsrecht bestehender
  UmwG **Anh. 1** 167 ff.
- Verhandlungslösung
  UmwG **Anh. 1** 6 ff., 24
- Vermögensübertragung
  UmwG **Anh. 1** 178
- vermögenswerte Rechte
  UmwG 109 20
- Verschmelzung   *UmwG* **Anh. 1** 170
- Verschmelzungsbericht
  UmwG **Anh. 1** 72
- Verschmelzungskosten
  UmwG **Anh. 1** 118
- Verschmelzungsplan   *UmwG* **307** 9
- Vertretungsorgan   *UmwG* **309** 7
- Verwaltungsorgan
  UmwG **Anh. 1** 148 ff.
- Verwaltungsrat   *UmwG* **Anh. 1** 98
- Verwaltungsrechte   *UmwG* 109 20
- Vorstand   *UmwG* **Anh. 1** 98
- zweispuriges Gründungsverfahren
  UmwG **Anh. 1** 22

SE-Gründung
- Arbeitnehmerbeteiligung
  UmwG **Anh. 1** 75, 137 f.
- Formwechsel   *UmwG* **Anh. 1** 119 ff.
- gemeinsamer Vertreter
  SpruchG **6a** 1 ff.
- Informationspflicht
  UmwG **Anh. 1** 75 f.
- Kapitalmarktrecht   *UmwG* **Anh. 1** 116
- Umwandlung   *UmwG* **Anh. 1** 119 ff.
- Umwandlungsbericht
  UmwG **Anh. 1** 133 ff.
- Unterrichtungspflicht
  UmwG **Anh. 1** 75 f.
- Verschmelzungsprüfung
  UmwG **Anh. 1** 77 ff.

SE-Gründung durch Umwandlung
- Ablauf   *UmwG* **Anh. 1** 122 ff.
- Mehrstaatlichkeitserfordernis
  UmwG **Anh. 1** 121
- Offenlegung des Umwandlungsplans
  UmwG **Anh. 1** 136
- Reinvermögensprüfung
  UmwG **Anh. 1** 139 ff.
- Umwandlungsbeschluss der Hauptversammlung   *UmwG* **Anh. 1** 142 ff.
- Umwandlungsplan
  UmwG **Anh. 1** 126 ff.
- Umwandlungsprüfung
  UmwG **Anh. 1** 139 ff.
- Verfahren   *UmwG* **Anh. 1** 122 ff.
- Voraussetzungen   *UmwG* **Anh. 1** 121
- Zuleitung an den Betriebsrat
  UmwG **Anh. 1** 137

SE-Gründung durch Verschmelzung
- Ablauf   *UmwG* **Anh. 1** 53 ff.
- Ad-Hoc-Publizität   *UmwG* **Anh. 1** 116
- Anmeldung   *UmwG* **Anh. 1** 101 ff.
- Eintragung   *UmwG* **Anh. 1** 101 ff.
- Eintragung der Verschmelzung
  UmwG **Anh. 1** 114

- Hauptversammlungsbeschluss
  UmwG **Anh. 1** 83 ff.
- Verschmelzungsplan
  UmwG **Anh. 1** 57 ff.
- Verschmelzungsplaninhalte
  UmwG **Anh. 1** 57 ff.
- Verschmelzungsverfahren
  UmwG **Anh. 1** 53 ff.
- Zuleitung an den Betriebsrat
  UmwG **Anh. 1** 76
- zweistufiges Registerverfahren
  UmwG **Anh. 1** 101 ff.

Seitwärtsverschmelzung
  UmwStG **13** 6 ff.
- Besteuerung *UmwStG* **22** 25 ff.

Sekundäranspruch *UmwG* **16** 49
- Schadensersatz *UmwG* **16** 46

SEStEG *UmwStG* **27** 1 ff.

SEVIC-Entscheidung *UmwG* **1** 18 ff., **109** 29, **190** 19, **Vor 305 ff.** 5, **320** 2

Share deal *UmwG* **35a** 37

Sicherheiten *UmwG* **307** 32

Sicherheitsleistung *UmwG* **314** 1, **322** 40, **328** 3 ff., **341** 3 ff.
- Angemessenheit *UmwG* **328** 3
- Anspruch *UmwG* **204** 2, **328** 3 ff.
- Freigabe *UmwG* **328** 17 ff.
- Geltendmachung *UmwG* **328** 16
- Gerichtszuständigkeit
  UmwG **341** 20 ff.
- Glaubhaftmachung *UmwG* **328** 13 ff.

Sicherungsabrede *UmwG* **341** 4

Side-step merger *UmwG* **307** 36

Sidestream-Merger *UmwStG* **13** 6 ff.

Siebenjahresfrist
- Besteuerung *UmwStG* **22** 30 ff.

Sitz
- Satzungssitz *UmwG* **1** 17
- Verwaltungssitz *UmwG* **1** 17, **10** 5

Sitztheorie *UmwG* **305** 7

Sitzverlegung *UmwG* **222** 17
- Besteuerung *UmwStG* **22** 43 ff.
- grenzüberschreitende
  UmwG **Anh. 1** 180

Societas Europaea (SE)
- Spaltung *UmwG* **124** 2 ff.

Societé anonyme, S.A. *UmwG* **109** 29

Soliditätserklärung
- Bevollmächtigung *UmwG* **146** 10
- Erklärungsverpflichteter
  UmwG **146** 9
- Form *UmwG* **146** 11
- Nettobuchvermögen *UmwG* **146** 8
- Zeitpunkt *UmwG* **146** 12

Solvabilität *UmwG* **109** 9, 37

Solvenzerklärung *UmwG* **334** 6

Sonderbeschluss *UmwG* **240** 11, 25 f.

Sonderbeschluss, AG
- Zustimmung der Aktionäre zum Verschmelzungsbeschluss
  UmwG **Vor 1** 13

Sonderbetriebsvermögen
  UmwStG **2** 30, **5** 7 f.

Sonderrechte *UmwG* **5** 33, 63 ff., **9** 19, **13** 2, 30 ff., **23** 1 ff., **322** 25, **335** 30
- Ausgleich *UmwG* **23** 16 ff.
- Dispositivität *UmwG* **23** 23
- Genussrechte *UmwG* **23** 12
- gerichtliche Durchsetzung
  UmwG **23** 20
- Gewinnbezugsrechte *UmwG* **23** 12
- Gewinnschuldverschreibung
  UmwG **23** 9 ff.
- gleichwertige Rechte *UmwG* **23** 13 ff.
- Inhaberschuldverschreibung
  UmwG **23** 10
- Inhaberschutz *UmwG* **23** 1 ff.
- ohne Stimmrechte *UmwG* **23** 7 f.
- Optionsanleihe *UmwG* **23** 9
- Optionsrecht *UmwG* **23** 10
- Phantom Stocks *UmwG* **23** 13
- Schutz der Inhaber *UmwG* **204** 3
- Verschmelzungsvertrag
  UmwG **5** 33, 63 ff.
- Wandelanleihe *UmwG* **23** 9
- Wandelschuldverschreibung
  UmwG **23** 9 ff.

Sonderrechtsnachfolge *UmwStG* **1** 17

Sondervergütungen *UmwStG* **2** 30

Sondervorteile
- Verschmelzungsvertrag
  UmwG **5** 68 ff.

Sonstige Gegenleistung
- Ausgleichsverpflichtung
  UmwStG **23** 36

Sozialauswahl *UmwG* **132** 18, 38
Sozialplan
- Angaben im Verschmelzungsvertrag *UmwG* **5** 84, 91
Spaltung *UmwG* **35a** 6
- Abspaltung *UmwG* **123** 17 ff.; *UmwStG* **1** 14 ff., **3** 2, **23** 60
- Anmeldung *UmwG* **137** 1 ff., **148** 2 ff.
- Anteilseigner *UmwStG* **13** 1 ff.
- Anteilserwerb *UmwG* **131** 56 ff.
- Arten *UmwG* **123** 1 ff.
- Aufspaltung *UmwG* **123** 17 ff.; *UmwStG* **1** 14 ff., **3** 2, **23** 60
- Ausgliederung *UmwG* **123** 17 ff.; *UmwStG* **23** 60
- Ausschluss *UmwG* **141** 1 ff.
- Bestandsübertragung als Alternative *UmwG* **151** 25 ff.
- Besteuerung Anteilseigner *UmwStG* **13** 1 ff., 34
- Beteiligtenfähigkeit *UmwG* **124** 2
- Beurkundungsmängel *UmwG* **131** 64
- Buchwertfortführung *UmwStG* **15** 17 ff., 64 ff.
- Eintragung, Wirkung *UmwG* **131** 1 ff.
- Eintragungsreihenfolge *UmwG* **137** 16 ff.
- Erlöschen des aufgespaltenen Rechtsträgers *UmwG* **131** 54 ff.
- Genehmigung der BaFin *UmwG* **151** 18
- Gesellschaft bürgerlichen Rechts (GbR), Beteiligtenfähigkeit *UmwG* **124** 6
- grenzüberschreitende *UmwG* **151** 6, **320** 1 ff.; *UmwStG* **3** 3
- grenzüberschreitende Auf- und Abspaltungen *UmwStG* **1** 19
- Grundprinzipien *UmwG* **123** 8 ff.
- Kosten *UmwG* **Anh. 2** 83 ff.
- Kosten sonstiger Notartätigkeit *UmwG* **Anh. 2** 94 ff.
- Kündigungsschutz *UmwG* **132** 21
- Mischspaltung *UmwG* **124** 10
- natürliche Person *UmwStG* **16** 6
- nichtverhältniswahrende *UmwStG* **15** 9 ff., 105
- OHG, KG *UmwStG* **16** 7
- Personengesellschaft *UmwStG* **16** 1 ff.
- Prüfungsverbände *UmwG* **150** 2 ff.
- Sachgründungsbericht *UmwG* **138** 1 ff.
- Satzung *UmwG* **147** 4
- SE *UmwG* **Anh. 1** 171 f.
- Societas Europaea (SE) *UmwG* **124** 2 ff.
- Spaltungsbericht *UmwG* **151** 14
- Spaltungsbeschluss *UmwG* **151** 14
- Spaltungsfähigkeit *UmwG* **124** 1 ff.
- Spaltungsprüfung *UmwG* **151** 14
- Spaltungs- und Übernahmevertrag *UmwG* **151** 14
- Spaltungsverbot *UmwG* **141** 1
- Spaltung zu Null *UmwStG* **15** 9
- Stammkapital, Herabsetzung *UmwG* **139** 1 ff.
- Übernahmeergebnis *UmwStG* **15** 29
- übernehmender Rechtsträger *UmwStG* **1** 18
- übertragende Körperschaft *UmwStG* **1** 18
- Unternehmensbewertung *SpruchG* **11 Anh.** 131 ff.
- Unternehmergesellschaft (UG), Beteiligtenfähigkeit *UmwG* **124** 3 ff.
- verschmelzende *UmwG* **3** 25
- Widerspruchsfrist *UmwG* **151** 23
- zur Aufnahme *UmwStG* **1** 14 ff.
- zur Neugründung *UmwStG* **1** 14 ff.
- Zustimmung aller Mitglieder *UmwG* **151** 15
Spaltung in Sonderfällen *UmwG* **128** 1 ff.
Spaltung mit Kapitalerhöhung
- Gründungsprüfer *UmwG* **142** 5
- Prüfungsbericht *UmwG* **142** 7
- Prüfungspflicht *UmwG* **142** 4
- Sacheinlagenprüfung *UmwG* **142** 1
- Spaltungsbericht *UmwG* **142** 1 ff.
Spaltungsarten *UmwG* **320** 2
- grenzüberschreitende Spaltung *UmwG* **320** 12 f.
Spaltungsbericht *UmwG* **127** 1 ff.
- Adressat *UmwG* **324** 7

– Anfechtbarkeit *UmwG* **324** 57 ff.
– anteilsinhaberspezifischer Abschnitt *UmwG* **324** 18
– arbeitnehmerspezifischer Abschnitt *UmwG* **324** 32
– Ausgliederung zur Neugründung *UmwG* **324** 42
– Entbehrlichkeit *UmwG* **324** 37 ff.
– Fehlerhaftigkeit *UmwG* **324** 57
– Form *UmwG* **324** 8
– Funktion *UmwG* **324** 4
– Inhalt *UmwG* **127** 9 ff.
– Mindestinhalt *UmwG* **324** 11 f.
– Neugründung *UmwG* **135** 21
– Spaltung mit Kapitalerhöhung *UmwG* **142** 1 ff.
– Verweis auf Vorschriften zum Verschmelzungsbericht *UmwG* **127** 25 ff.
– Verzicht *UmwG* **324** 41, 45
– Zugänglichmachung *UmwG* **324** 47 ff.
Spaltungsbescheinigung *UmwG* **320** 19, **329** 40 ff., **331** 11
Spaltungseintragung
– Gesamtrechtsnachfolge *UmwG* **131** 3 ff.
– Vermögensübergang *UmwG* **131** 2
Spaltungsfähige Gesellschaften *UmwG* **321** 3 ff.
Spaltungshindernisse *UmwStG* **15** 42
Spaltungsplan *UmwG* **136** 1 ff., **322** 1 ff.
– Bekanntmachung *UmwG* **323** 1 ff.
– Beurkundung *UmwG* **322** 55
– Funktion *UmwG* **322** 5 f.
– Inhalt *UmwG* **322** 10 ff.
– Mindestangaben *UmwG* **322** 9
– Spaltung zur Aufnahme *UmwG* **322** 8
Spaltungsprüfbericht *UmwG* **325** 6
– Entbehrlichkeit *UmwG* **325** 9 f.
– Zugänglichmachung *UmwG* **325** 8
Spaltungsprüfung
– Inhalt *UmwG* **325** 4
Spaltungsstichtag *UmwG* **126** 21, **322** 23
Spaltungs- und Übernahmevertrag
– Beteiligung am Bilanzgewinn *UmwG* **126** 20
– Betriebsrat *UmwG* **126** 75

– Bewertungsgrundlage, Absicherung *UmwG* **126** 66
– fakultative Bestandteile *UmwG* **126** 65
– Genehmigungserfordernis *UmwG* **126** 71
– Haftungsfreistellungen *UmwG* **126** 67
– Inhalt *UmwG* **126** 1 ff.
– Kostentragungspflichten *UmwG* **126** 74
– notwendige Inhalte *UmwG* **126** 10
– Organbestellung beim übernehmenden Rechtsträger *UmwG* **126** 69
– Satzungsänderung bzw. -anpassung *UmwG* **126** 68
– Sonderrechte und -vorteile *UmwG* **126** 22 ff.
– Spaltungsstichtag *UmwG* **126** 21
– Spaltungs- und Übernahmevertrags *UmwG* **126** 8 f.
– stille Reserven, Vermeidung der Aufdeckung *UmwG* **126** 70
– Umtauschverhältnis *UmwG* **126** 15 ff.
– Vermögensteile, Bezeichnung *UmwG* **126** 27 ff.
– Vermögensübergang *UmwG* **126** 12 ff.
Spaltungsverbot
– Frist *UmwG* **141** 5
– Fristberechnung *UmwG* **141** 6
– Fristende *UmwG* **141** 7 ff.
– Vorratsgesellschaft *UmwG* **141** 2 f.
Spaltungsvertrag/Spaltungsplan
– Kosten *UmwG* **Anh. 2** 83
Spaltung zur Aufnahme *UmwG* **332** 1 ff.
Spaltung zur Neugründung *UmwG* **135** 1 ff., **320** 12
– Elemente *UmwG* **135** 10 ff.
– Erleichterungen *UmwG* **143** 2
– Gründereigenschaft *UmwG* **135** 15 ff.
– Gründungsvorschriften *UmwG* **135** 14
– Spaltungsbericht *UmwG* **135** 21
– Spaltungsplan *UmwG* **136** 1 ff.
– verhältniswahrende *UmwG* **143** 1 ff.
Sparkassen *UmwG* **304** 7
– Verschmelzung *UmwG* **79** 3
Sparkassenverbände
– Ausgliederung *UmwG* **168** 5

Spende
- Besteuerung *UmwStG* **22** 73 ff.

Sperrbetrag nach § 50c EStG
 UmwStG **4** 43 f.

Sperrfristbehafteter Anteil
- Besteuerung *UmwStG* **22** 5 ff., 20 ff.

Sperrfristinfizierter Anteil
- Besteuerung *UmwStG* **22** 40 ff.

Sperrfristverhaftung
- Besteuerung *UmwStG* **22** 23 ff.

SpruchG
- analoge Anwendung *SpruchG* **1** 17 ff.

Spruchverfahren *UmwG* **5** 28, **327** 8, **340** 9
- allseitige Antragsrücknahme *SpruchG* **11** 24
- Anerkenntnis *SpruchG* **11** 27
- Anlass *SpruchG* **1** 2 ff.
- außergerichtlicher Vergleich *SpruchG* **11** 20
- Bekanntmachung der Entscheidung *SpruchG* **14** 1 ff.
- Beschwerde *SpruchG* **12** 1 ff.
- Delisting *SpruchG* **11 Anh.** 2
- funktionelle Zuständigkeit *SpruchG* **2** 10
- gerichtliche Entscheidung *SpruchG* **10a** 4 ff., 15 ff., **11** 2 ff.
- internationale Zuständigkeit *SpruchG* **2** 9
- Kompetenzen des KfH-Vorsitzenden *SpruchG* **2** 11 f.
- Kosten *SpruchG* **15** 1 ff.
- mehrheitskonsensuale Schätzung *SpruchG* **11a** 1 ff.
- Mehrheitsvergleich *SpruchG* **11a** 1 ff.
- mündliche Verhandlung, Vorbereitung *SpruchG* **7** 1 ff.
- örtliche Zuständigkeit *SpruchG* **2** 4 f.
- Sachkapitalerhöhung *SpruchG* **11 Anh.** 4
- sachliche Zuständigkeit *SpruchG* **2** 4 f.
- Teilvergleich *SpruchG* **11a** 1 ff.
- übereinstimmende Erledigterklärung *SpruchG* **11** 26
- Verzicht *SpruchG* **11** 27
- Zuständigkeit mehrerer Landgerichte *SpruchG* **2** 6 ff.

Spruchverfahren Antragsberechtigung
- Antragsberechtigung *SpruchG* **3** 3 ff.

Squeeze-Out *SpruchG* **1** 7; *UmwG* **1** 35, **9** 12

Stammhaus
- Zentralfunktion *UmwStG* **3** 52 ff.

Statthaftigkeit
- Endentscheidungen *SpruchG* **12** 4
- Vergleich *SpruchG* **12** 4
- Zwischenentscheidungen *SpruchG* **12** 5 ff.

Statusverbesserung
- Besteuerung *UmwStG* **22** 18 ff.

Statusverschlechterung
- Besteuerung *UmwStG* **22** 18 ff.

Statutenänderung *UmwG* **243** 10

Stellvertretung *UmwG* **4** 13

Step up
- Besteuerung *UmwStG* **22** 71 ff.

Steuerarten
- Einkommen- und Gewerbesteuer *UmwStG* **1** 5
- Erbschaftsteuer *UmwStG* **1** 5
- Körperschaftsteuer *UmwStG* **1** 5
- Umsatzsteuer *UmwStG* **1** 5

Steuerbefreite Körperschaften *UmwStG* **10** 2

Steuerbilanz *UmwStG* **1** 70

Steuerlicher Übertragungsstichtag *UmwG* **5** 59; *UmwStG* **2** 18 f., 22
- Übernahmegewinn *UmwStG* **2** 25
- Umwandlungsgewinn *UmwStG* **2** 25

Steuerliche Rückwirkung *UmwStG* **2** 20
- Erbschaftsteuer *UmwStG* **2** 6 f.
- erfasste Steuerarten *UmwStG* **2** 4 f.
- Verkehrssteuern *UmwStG* **2** 5

Steuerliche Schlussbilanz *UmwStG* **3** 8 ff.
- Wertansätze *UmwStG* **11** 1 ff.

Steuerliche Schlussbilanz, Wertansätze
- Anwendungsbereich § 11 UmwStG *UmwStG* **11** 28 ff., 45 ff., 54 ff.
- ausländische Steuern *UmwStG* **11** 193 ff.

– Auslandsberührung
  UmwStG **11** 197 ff.
– Besteuerung der übertragenden Körperschaft   *UmwStG* **11** 58 ff.
– Beteiligungskorrekturgewinn
  UmwStG **11** 158 ff.
– Buchwert- oder Zwischenwertansatz
  UmwStG **11** 103 ff.
– Kettenverschmelzung
  UmwStG **11** 178 ff.
– negatives Vermögen, Übergang
  UmwStG **11** 189 ff.
– Organschaftsfragen   *UmwStG* **11** 219 ff.
– Übertragung zum gemeinen Wert
  UmwStG **11** 87 ff.
– Verlustnutzung   *UmwStG* **11** 171 ff.
Steuerschulden   *UmwG* **20** 21
Steuerverhaftung
– Besteuerung   *UmwStG* **22** 23 ff.
Stichtagsprinzip   *UmwG* **132a** 17
– Wurzeltheorie   *SpruchG* **11 Anh.** 13
Stiftung
– Ausgliederungsbericht
  UmwG **162** 1 ff.
– Ausgliederungsbeschluss
  UmwG **163** 1 ff.
– Ausgliederungsmöglichkeiten
  UmwG **161** 1 ff.
– Genehmigungspflicht der Ausgliederung   *UmwG* **164** 1 ff.
– Gründungsbericht   *UmwG* **165** 1 ff.
– Haftung   *UmwG* **166** 1
– Haftung, zeitliche Begrenzung
  UmwG **167** 1 ff.
– Sachgründungsbericht
  UmwG **165** 1 ff.
– Verschmelzungsfähigkeit   *UmwG* **3** 2
Stille Gesellschaft
– Verschmelzungsfähigkeit   *UmwG* **3** 2
Stille Lasten   *UmwStG* **2** 43 ff.
Stille Reserve
– Besteuerung   *UmwStG* **22** 3 ff., 20 ff.
Stimmbindungsvertrag   *UmwG* **217** 15
Stimmrechtsausschluss   *UmwG* **217** 11
Stimmrechtslose Anteilsinhaber
  UmwG **233** 10
Strukturmerkmale
– Abspaltung   *UmwStG* **1** 49 ff.

– Aufspaltung   *UmwStG* **1** 49 ff.
– Formwechsel   *UmwStG* **1** 49 ff.
– Verschmelzung   *UmwStG* **1** 49 ff.
Stückaktien   *UmwG* **241** 8 f.
Stufentheorie
– modifizierte   *UmwStG* **3** 32
– zweistufige   *UmwStG* **3** 32
Stundung   *UmwStG* **3** 44
Stuttgarter Verfahren   *UmwG* **8** 20
Substanzwert   *UmwStG* **3** 20
Substanzwertverfahren   *UmwG* **8** 20
Supermarkt-Entscheidung
  UmwG **6** 2, 16
Suspensiveffekt   *UmwG* **328** 5, **341** 5
Synergieeffekte   *UmwG* **2** 1, **8** 15
System der Registervernetzung
  UmwG **330** 8, **331** 19, **343** 29

Tarifvertrag   *UmwG* **35a** 52, 62
Tausch   *UmwStG* **13** 2 ff., 7
Tauschähnliches Geschäft
– Besteuerung   *UmwStG* **22** 3 ff.
Tax-CAPM
– Abgeltungssteuer   *SpruchG* **11 Anh.** 68
Teilbetrieb   *UmwStG* **15** 35
– Besteuerung   *UmwStG* **22** 1 ff.
– europäischer Teilbetriebsbegriff
  UmwStG **15** 37
– fiktiver   *UmwStG* **15** 51
– Fusionsrichtlinie   *UmwStG* **15** 37
– Gewerbesteuer   *UmwStG* **18** 1, 24, 29
– im Aufbau   *UmwStG* **15** 47
– Kapitalgesellschaftsbeteiligung
  UmwStG **15** 57
– Mitunternehmeranteil   *UmwStG* **15** 52
– nationaler Teilbetriebsbegriff
  UmwStG **15** 36
– Sonderbetriebsvermögen
  UmwStG **15** 54
– Verlustvortrag   *UmwStG* **23** 67
– wesentliche Betriebsgrundlagen
  UmwStG **15** 38
– wirtschaftliches Eigentum
  UmwStG **15** 41
– Zuordnung von Verbindlichkeiten
  UmwStG **15** 44

Teilbetriebserfordernis
- doppeltes *UmwStG* **15** 50
Teileinkünfteverfahren
- Vollausschüttung
  UmwStG **7** 3 ff., 15 ff.
Teilentgeltliche Veräußerung
- Gewerbesteuer *UmwStG* **18** 20
Teilgewinnabführungsvertrag
  SpruchG **1** 5
Teilrechte *UmwG* **280** 2
Teilübertragung *UmwG* **35a** 7;
  UmwStG **15** 13
- Kündigungsschutz *UmwG* **132** 21
- Vermögen bei Verschmelzung
  UmwG **155** 7, **157** 2
- Versicherungsunternehmen
  UmwG **179** 1 ff.
Teilwert *UmwStG* **3** 15 ff.
Teilwertabschreibung
- Einlagefiktion *UmwStG* **5** 17 f.
- Übernahmefolgegewinn *UmwStG* **6** 5
Temporärer Gerichtsstand
  UmwG **341** 22
Tochtergesellschaft *UmwG* **324** 12
Transparenzprinzip
- Besteuerung *UmwStG* **22** 7 ff.
Treaty Override *UmwStG* **13** 29
Trennungstheorie *UmwG* **132** 4 f.
- Besteuerung *UmwStG* **22** 12 ff.
Treuepflicht *UmwG* **233** 11, **245** 5
Treuhänder *UmwG* **307** 17
Typenvergleich *UmwStG* **1** 63

Überführungsfiktion *UmwStG* **5** 6, 15 ff.
Übergangsvorschriften *SpruchG* **17** 6 ff.
Überkreuzablösung *UmwG* **35a** 66
Übernahmebilanz
- Wertverknüpfung *UmwStG* **4** 2 ff.
Übernahmeergebnis
  UmwStG **4** 2 ff., 17 ff.
- Abgeltungssteuer *UmwStG* **4** 57
- Anschaffungskostenpotential
  UmwStG **4** 48
- ausländisches Vermögen
  UmwStG **4** 29 ff.
- ausscheidende Gesellschafter
  UmwStG **5** 11
- Berechnungsschema *UmwStG* **4** 27 ff.

- Beteiligungskorrekturgewinn
  UmwStG **4** 32 ff.
- Doppelbesteuerungsabkommen
  UmwStG **4** 24 f.
- Einkünfte aus Kapitalvermögen
  UmwStG **4** 17
- Ergänzungsbilanz *UmwStG* **4** 22 f.
- gesonderte und einheitliche Gewinn-
  feststellung *UmwStG* **4** 21 ff.
- Gewerbesteuer *UmwStG* **4** 17, 56
- gewerbliche Einkünfte *UmwStG* **4** 17
- Gewinnrücklagen *UmwStG* **4** 17
- Kosten der Verschmelzung
  UmwStG **4** 39 ff.
- neutrales Vermögen *UmwStG* **4** 29 ff.
- offene Rücklagen *UmwStG* **4** 45
- Personenbezogenheit
  UmwStG **4** 20 ff.
- Sonderbetriebsvermögen
  UmwStG **4** 21
- Sperrbetrag nach § 50c EStG
  UmwStG **4** 43 f.
- stille Reserven *UmwStG* **4** 18 ff.
- Übernahmegewinn
  UmwStG **4** 18 ff., 53 ff.
- Übernahmeverlust
  UmwStG **4** 18 ff., 46 ff.
- Übertragung ins Privatvermögen
  UmwStG **8** 19 ff.
- Wertansatz übergegangener Wirt-
  schaftsgüter *UmwStG* **4** 28
- Zeitpunkt *UmwStG* **4** 19
Übernahmefolgegewinn
  UmwStG **6** 1 ff.
- Alleingesellschafter *UmwStG* **6** 26 ff.
- Darlehen *UmwStG* **6** 15
- Einnahmenüberschussrechnung
  UmwStG **6** 18
- Entstehungszeitpunkt *UmwStG* **6** 30
- Fremdwährungsgeschäfte
  UmwStG **6** 5
- Gewerbesteuer *UmwStG* **18** 7, **19** 12
- Missbrauchsregelung
  UmwStG **6** 34 ff.
- nachträglicher Wegfall *UmwStG* **6** 43
- Personengesellschaft *UmwStG* **6** 19 ff.
- Rücklagenbildung *UmwStG* **6** 32 f.

- Sperrfrist *UmwStG* **6** 34 ff.
- Steuerfreiheit *UmwStG* **6** 16
- Teilwertabschreibung *UmwStG* **6** 5
- ungewisse Verbindlichkeiten *UmwStG* **6** 5
- Vermeidung *UmwStG* **6** 7
- Wertaufholung *UmwStG* **6** 13
- wertlose Forderung *UmwStG* **6** 14

Übernahmegewinn *UmwStG* **4** 18 ff., 53 ff.
- Besteuerung *UmwStG* **4** 53 ff.
- Gewerbesteuer *UmwStG* **18** 1, 6, 13, **19** 10

Übernahmeverlust *UmwStG* **4** 18 ff., 46 ff.
- Erwerb innerhalb von fünf Jahren *UmwStG* **4** 52
- Gewerbesteuer *UmwStG* **18** 1, 6, 13, **19** 10
- keine Anteile iSd § 17 EStG *UmwStG* **4** 51
- Körperschaften *UmwStG* **4** 49
- natürliche Personen *UmwStG* **4** 50
- unentgeltlicher Erwerb *UmwStG* **4** 51

Übernehmende Körperschaft
- Gewerbesteuer *UmwStG* **19** 5, 8, 11, 17

Übernehmende Personengesellschaft
- Gewerbesteuer bei Veräußerung oder Aufgabe eines Anteils *UmwStG* **18** 25

Übernehmender Rechtsträger
- EU-/EWR-Bezug *UmwStG* **1** 63
- Europäische Genossenschaft (SCE) *UmwStG* **1** 12
- Europäische Gesellschaft (SE) *UmwStG* **1** 12
- Europäische Interessenvereinigung (EWIV) *UmwStG* **1** 12

Übernehmer
- Besteuerung *UmwStG* **22** 63 ff.

Überseering-Entscheidung *UmwG* **190** 18

Übertragender Rechtsträger
- Erlöschen *UmwG* **20** 34
- Schadenersatzpflicht des Verwaltungsträgers *UmwStG* **25** 1 ff.

Übertragende Umwandlung *UmwG* **190** 4 f.

Übertragung
- Besteuerung bei entgeltlicher *UmwStG* **22** 32 ff.
- Besteuerung bei unentgeltlicher *UmwStG* **22** 32 ff.

Übertragung ins Privatvermögen
- Besteuerung der Anteilseigner *UmwStG* **8** 17 ff.
- Besteuerung des Übernahmeergebnisses *UmwStG* **8** 19 ff.
- Folgen der Besteuerung *UmwStG* **8** 15
- Übertragungsgewinn *UmwStG* **8** 16
- Verlustverrechnung *UmwStG* **8** 18
- Zebragesellschaft *UmwStG* **8** 24

Übertragungsbilanz
- Formwechsel *UmwStG* **9** 13 f.

Übertragungsgewinn *UmwStG* **2** 23, **3** 57
- Gewerbesteuer *UmwStG* **18** 4, 11, **19** 5, 7
- Organgesellschaft *UmwStG* **3** 58 f.
- Organträger *UmwStG* **3** 58 f.
- Übertragung ins Privatvermögen *UmwStG* **8** 16

Übertragung zum gemeinen Wert *UmwStG* **11** 87 ff.

UG (haftungsbeschränkt) *UmwG* **321** 4, 8, **334** 5

UMAG 2005 *UmwG* **16** 29

UmRUG *UmwG* **320** 5 f., **Vor 333** ff. 28

Umsatzsteuer
- Notargebühren *UmwG* **Anh. 2** 12 ff.
- Rückwirkung *UmwStG* **1** 5

Umstrukturierung
- Besteuerung *UmwStG* **22** 2 ff.

Umtauschverhältnis *UmwG* **307** 14 f., **322** 15
- Angemessenheit (Kriterien) *UmwG* **5** 35, 45 ff., **8** 18 ff., **14** 4, 11 ff.
- Ausgliederung *UmwG* **322** 17
- bare Zuzahlung *UmwG* **2** 21, **4** 21, **5** 28 ff., **15** 1 ff.
- Genossenschaften *UmwG* **80** 3 ff.
- gerichtliche Kontrolle *UmwG* **8** 53, **14** 4, 11 ff.
- Geschäftsanteile *UmwG* **80** 4 ff.
- Gestaltungsmöglichkeiten *UmwG* **80** 8 ff.

- innerer Geschäftswert *UmwG* 80 9
- Mischverschmelzung *UmwG* 80 10
- Prüfungsbericht *UmwG* 12 4 ff., 16, 14 4, 11 ff.
- Prüfungsgutachten *UmwG* 81 5 f.
- Spruchverfahren *UmwG* 14 11, 15 1
- Testat *UmwG* 12 9
- Unrichtigkeit aufgrund Verzögerung *UmwG* 7 1, 9, 15
- Unternehmensbewertung *UmwG* 8 19 ff.
- Verbesserung *UmwG* 15 1 ff., 85 2 f.
- Verschmelzungsbericht *UmwG* 8 12, 18 ff.

Umwandlung
- Abwicklung *UmwG* 1 29, 2 19
- Anteilsinhaber *UmwG* 1 11, 2 6
- Anteilskontinuität *UmwG* 1 11
- ausländische *UmwStG* 1 1 ff.
- Begriff *UmwG* 1 11, 2 6
- Besteuerung *UmwStG* 22 20 ff.
- bundes- oder landesgesetzliche Regelung *UmwStG* 1 23
- Drittstaaten *UmwStG* 1 1 ff.
- Eingliederung *UmwG* 1 35, 2 21
- grenzüberschreitende *UmwStG* 1 1 ff.
- Herausverschmelzung *UmwG* 1 24 ff.
- inländische *UmwStG* 1 1 ff.
- Kosten *UmwG* Anh. 2 1 ff.
- rechtsformwahrende *UmwG* 1 24 ff., 34
- Rechtsmissbrauch *UmwG* 14 10
- Satzungssitz *UmwG* 1 17
- SE *UmwG* Anh. 1 119 ff.
- Strukturänderung außerhalb des UmwG *UmwG* 1 32 ff., 46
- Unternehmensverträge *UmwG* Vor 1 29, 2 24
- vergleichbare inländische *UmwStG* 1 23
- Vermögensübertragung *UmwG* Vor 1 16 ff., 1 7
- Verwaltungssitz *UmwG* 1 17
- zwingendes Recht *UmwG* 1 37, 51 ff.

Umwandlungsarten
- Analogieverbot *UmwG* 1 44 ff., 2 7
- Definition *UmwG* Vor 1 17, 1 2 ff.
- Kombinationen *UmwG* 1 48 ff.
- numerus clausus *UmwG* 1 31 ff.

Umwandlungsbericht *UmwG* 192 1
- SE-Gründung *UmwG* Anh. 1 133 ff.

Umwandlungsbeschluss
- Niederschrift *UmwG* 244 1
- SE-Gründung *UmwG* Anh. 1 142 ff.

Umwandlungsbilanz *UmwG* 238 3

Umwandlungskosten
- SE *UmwG* Anh. 1 166

Umwandlungsprüfung
- SE-Gründung *UmwG* Anh. 1 139 ff.

Umwandlungsrecht
- bestehende SE *UmwG* Anh. 1 167 ff.
- SE *UmwG* Anh. 1 20 ff.

Umwandlungsvorgänge
- grenzüberschreitende *UmwStG* 15 15
- vergleichbare ausländische Vorgänge *UmwStG* 1 46 ff.

Unbedenklichkeitsverfahren *UmwG* 329 6

Unbekannte Aktionäre
- Berichtigung *UmwG* 35 15 f.
- betroffene Rechtsträger *UmwG* 35 4 ff.
- Bezeichnung *UmwG* 35 1 ff.
- Handelsregisteranmeldungen *UmwG* 35 19 f.
- Ladungserfordernis, Suspendierung *UmwG* 35 18
- Nachforschungspflicht *UmwG* 35 12 ff.
- Ruhen des Stimmrechts *UmwG* 35 1 ff.
- Sammelvermerk *UmwG* 35 2
- Stimmrechtsausübung, Ausschluss *UmwG* 35 16 f.

Ungewisse Verbindlichkeiten
- Übernahmefolgegewinn *UmwStG* 6 5

Unrichtige Darstellung *UmwG* 346 1 ff.
- falsche Erklärung *UmwG* 346 19 ff.
- gegenüber Prüfern *UmwG* 346 14 ff.
- Irrtum *UmwG* 346 25
- Mittäterschaft *UmwG* 346 5
- Strafrahmen *UmwG* 346 26
- Subsidiarität *UmwG* 346 13
- Täter *UmwG* 346 4 f.

- Tathandlung   *UmwG* **346** 6 ff., 15 ff., 21
- Teilnahme   *UmwG* **346** 5
- unrichtige Wiedergabe der Verhältnisse   *UmwG* **346** 4 ff., 14 ff.
- Unterlassen   *UmwG* **346** 12
- Verjährung   *UmwG* **346** 27
- Versuch   *UmwG* **346** 11, 18, 23
- Vollendung   *UmwG* **346** 11, 18, 23
- Vorsatz   *UmwG* **346** 24 f.

Unterbilanz
- Rücklagen, freie   *UmwG* **145** 3
- Rücklagen, gebundene   *UmwG* **145** 4

Unterlagen
- Abschrift   *UmwG* **82** 8 ff.
- Auslagepflicht   *UmwG* **83** 2
- Auslegungsfrist   *UmwG* **82** 5
- Auslegungsort   *UmwG* **82** 6
- Auslegungszeit   *UmwG* **82** 7
- Einsichtnahme   *UmwG* **82** 3 ff.
- Generalversammlung   *UmwG* **82** 1 ff.
- Spaltung   *UmwG* **147** 5
- Zwischenbilanz   *UmwG* **82** 4

Unternehmensbewertung
SpruchG **11 Anh.** 1 ff.; *UmwG* **335** 38
- Abfindung   *SpruchG* **11 Anh.** 110 f., 128 ff., 133 ff., 211 ff.
- Adjusted Present Value   *SpruchG* **11 Anh.** 86
- analytische Methode   *SpruchG* **11 Anh.** 28 ff.
- angemessene Abfindung   *SpruchG* **11 Anh.** 5 ff.
- Ausgleich   *SpruchG* **11 Anh.** 108 f., 215 ff.
- Basiszinssatz   *SpruchG* **11 Anh.** 41 ff.
- Beherrschungsverträge   *SpruchG* **11 Anh.** 107 ff.
- besondere Bewertungsschwierigkeiten   *UmwG* **8** 31 ff.
- Betafaktor   *SpruchG* **11 Anh.** 61 ff.
- Bewertungsanlässe   *SpruchG* **11 Anh.** 1 ff.
- Bewertungssystematik   *SpruchG* **11 Anh.** 17 ff.
- Börsenkurs   *SpruchG* **11 Anh.** 146 ff., 164 ff.; *UmwG* **8** 21 f., **9** 17
- Buchwert   *UmwG* **8** 20
- Capital Asset Pricing Model (CAPM)   *SpruchG* **11 Anh.** 53 ff., 81
- DCF-Verfahren   *UmwG* **8** 20, **12** 5
- Discountet Cash Flow Model   *SpruchG* **11 Anh.** 81 ff.
- Dividend Discount Model   *SpruchG* **11 Anh.** 75, 87
- Eingliederung   *SpruchG* **11 Anh.** 112 ff.
- Einzelbewertungsverfahren   *SpruchG* **11 Anh.** 89 ff.
- Ertragsbegriff   *SpruchG* **11 Anh.** 20 ff.
- Ertragswertverfahren   *SpruchG* **11 Anh.** 9 ff., 18 ff.; *UmwG* **8** 19 f.
- ewige Rente   *SpruchG* **11 Anh.** 32
- Gewinnabführungsverträge   *SpruchG* **11 Anh.** 107 ff.
- Gutachten   *UmwG* **8** 23
- IDW S1   *SpruchG* **11 Anh.** 9
- indirekte Methode   *SpruchG* **11 Anh.** 19
- Kapitalisierungsprinzip   *SpruchG* **11 Anh.** 39 ff.
- Kapitalisierungszinssatz   *UmwG* **8** 27
- Liquidationswert   *UmwG* **8** 19 f., **152** 32
- Liquidationswertverfahren   *SpruchG* **11 Anh.** 90 f.
- Marktrisikoprämie   *SpruchG* **11 Anh.** 48 ff., 59 f.
- Meistbegünstigung   *SpruchG* **11 Anh.** 8, 156, 201 ff.
- Methodenpluralismus   *SpruchG* **11 Anh.** 7 ff.
- Mischwertverfahren   *SpruchG* **11 Anh.** 97
- Multiplikatorverfahren   *SpruchG* **11 Anh.** 98 ff.
- nicht betriebsnotwendiges Vermögen   *SpruchG* **11 Anh.** 80; *UmwG* **8** 19, 26, 28
- Pauschalmethode   *SpruchG* **11 Anh.** 27
- Phasenmodell   *SpruchG* **11 Anh.** 28 ff.
- Planrechnungen   *SpruchG* **11 Anh.** 26 ff.
- Planrechnungen, fehlende   *SpruchG* **11 Anh.** 34

- Prüfungsmaßstab
  SpruchG **11 Anh.** 15 f.
- Realoptionsmodelle
  SpruchG **11 Anh.** 103 ff.
- Rechtsfrage *SpruchG* **11 Anh.** 15
- Risikoprämie
  SpruchG **11 Anh.** 48 ff., 59 f.
- Schätzung *SpruchG* **11 Anh.** 16
- Spaltung *SpruchG* **11 Anh.** 131 ff.
- Squeeze-out *SpruchG* **11 Anh.** 116 f.
- Stichtag *UmwG* **5** 35, 61, **8** 19, **9** 15, **15** 4
- Stichtagprinzip
  SpruchG **11 Anh.** 12, 37 f.
- Stuttgarter Verfahren
  SpruchG **11 Anh.** 97; *UmwG* **8** 20
- Substanzwertverfahren
  SpruchG **11 Anh.** 92 f.; *UmwG* **8** 20
- Synergieeffekte *UmwG* **2** 1, **8** 15
- Umtauschverhältnis *UmwG* **5** 45 ff., **8** 18 ff., **9** 2, 16 ff.
- Unternehmenswerte der beteiligten Rechtsträger *UmwG* **5** 61, **8** 19 ff.
- verfassungsrechtliche Vorgaben
  SpruchG **11 Anh.** 5 ff.
- Verhandlungsmodell
  SpruchG **11 Anh.** 122 ff.
- Verschmelzung
  SpruchG **11 Anh.** 118 ff., 202 ff.
- Verschmelzungsprüfung
  UmwG **5** 45 ff., **8** 18 ff., **9** 2, 14, 16 ff., **12** 4 ff., 16
- Vorerwerbspreise
  SpruchG **11 Anh.** 230 ff.
- Wachstumsabschlag
  SpruchG **11 Anh.** 76 ff.
- wahrer Wert *SpruchG* **11 Anh.** 5 ff.
- Wurzeltheorie *SpruchG* **11 Anh.** 13, 37
- Zukunftserfolgswert
  SpruchG **11 Anh.** 19

Unternehmensgegenstand *UmwG* **228** 3

Unternehmensmitbestimmung
  UmwG **132a** 1 ff.
- Abweichende Vereinbarungen
  UmwG **132a** 24
- Betriebsratsfähigkeit der Betriebsteile
  UmwG **132a** 29
- betroffene Rechtsträger
  UmwG **132a** 6 ff.
- Entfallen der Voraussetzungen
  UmwG **132a** 10
- Kausalität der Umwandlung
  UmwG **132a** 15
- Mindestzahl der Arbeitnehmer
  UmwG **132a** 18
- Mitbestimmungs-Ergänzungsgesetz
  UmwG **132a** 23
- Mitbestimmungsstatut
  UmwG **132a** 12
- Montan-Mitbestimmungsgesetz
  UmwG **132a** 23
- Rechtsfolgen *UmwG* **132a** 21
- Schwellenwerte, Berechnung
  UmwG **132a** 13
- Stichtagprinzip *UmwG* **132a** 17
- Tarifvertrag, Abschluss
  UmwG **132a** 35
- Tendenzschutz *UmwG* **132a** 11
- Wiederaufleben *UmwG* **132a** 20

Unternehmensvertrag *SpruchG* **1** 2 ff.; *UmwG* **Vor 1** 29, **2** 24
- gemeinsamer Vertreter *SpruchG* **6** 9

Unternehmensvertrag und Umwandlung
- Rechtsübergang bei Unternehmensverträgen *UmwG* **20** 22 ff.

Unternehmen von öffentlichem Interesse *UmwG* **11** 11

Unternehmergesellschaft (haftungsbeschränkt)
- Verschmelzungsfähigkeit *UmwG* **3** 8

Unternehmeridentität
- Gewerbesteuer *UmwStG* **19** 19

Unterpari-Emission
- GmbH-Verschmelzung
  UmwG **54** 47 ff.

Unterrichtungspflicht *UmwG* **35a** 80
- SE *UmwG* **Anh. 1** 75 f.
- Vermögensübertragung
  UmwG **182** 1 ff.

Unterrichtungsrechte *UmwG* **337** 49

Unwirksamkeitsklagen *SpruchG* **1** 8

Upstream-Merger *UmwG* **2** 10, **305** 2, **307** 4, 36; *UmwStG* **13** 6 ff.
- Kosten (Beispiel) *UmwG* **Anh. 2** 76

- Verschmelzungsvertrag *UmwG* **5** 109 ff.
US-Gesellschaften *UmwG* **305** 12
VALE-Entscheidung *UmwG* **190** 21, **Vor 305 ff.** 8, **Vor 333 ff.** 12
Variable Stichtagsregelung
- Gewinnberechtigung *UmwG* **5** 51
- Verschmelzungsstichtag *UmwG* **5** 54 ff.
Veräußerungsfiktion *UmwStG* **13** 7
- Besteuerung *UmwStG* **22** 27 ff.
Veräußerungs- oder Aufgabegewinn
- Gewerbesteuer *UmwStG* **18** 26
Veräußerungssperre
- Besteuerung *UmwStG* **22** 39 ff.
Verbandstarifvertrag *UmwG* **35a** 54
Verbindlichkeiten *UmwG* **2** 18, **152** 31, **156** 3 ff., **159** 1 ff., **353** 1
Verbleibenszeiten
- Anrechnung *UmwStG* **23** 26
Verbundene Unternehmen *UmwG* **192** 10; *UmwStG* **2** 42
- Verschmelzungsbericht *UmwG* **8** 24
Verdeckte Einlage *UmwStG* **22** 19 ff.
Verein *UmwG* **2** 6
- Barabfindungsausschluss bei Verschmelzung *UmwG* **104a** 1 ff.
- Bewertungsvorschriften *UmwG* **24** 8, 10, 50
- eingetragener *UmwG* **3** 13
- Formwechsel des rechtsfähigen *UmwG* **272** 1 ff.
- Mitgliederversammlung *UmwG* **102** 1 ff.
- Mitgliederversammlung, Beschluss *UmwG* **103** 1
- Prüfung der Verschmelzung *UmwG* **100** 1 ff.
- Umtauschverhältnis *UmwG* **5** 45 ff., **8** 18 ff.
- Verschmelzungsbekanntmachung *UmwG* **104** 1 ff.
- Verschmelzungsbericht *UmwG* **8** 18
- Verschmelzungsbeschluss *UmwG* **13** 6 ff., 56
- Verschmelzungsfähigkeit *UmwG* **3** 13

- Verschmelzungsmöglichkeit *UmwG* **99** 1 ff.
- Verschmelzungsprüfung *UmwG* **9** 4 ff., **11** 3 f.
- Verschmelzungsvertrag *UmwG* **5** 33, 40, 43
- Verschmelzungsvoraussetzungen *UmwG* **99** 9 ff.
- Verschmelzung zur Neugründung *UmwG* **99** 38 ff.
- wirtschaftlicher *UmwG* **3** 16
Vereine, rechtsfähige
- Spaltung *UmwG* **149** 1 ff.
Vereinigungstheorie *UmwG* **305** 9 f., **333** 24
Vereinsrechtlicher Rechtsformwechsel *UmwG* **272** 5
Verfahren
- Übergangsvorschrift *UmwG* **355** 2 ff.
Verfahrensfehler
- Handelsregisterverfahren *UmwG* **20** 46 ff.
Verfahrensförderungspflicht *SpruchG* **9** 1 ff.
- Allgemeine *SpruchG* **9** 2 ff.
- Terminsvorbereitung *SpruchG* **9** 7 f.
- Verletzung *SpruchG* **10** 1 ff.
- Verzögerung *SpruchG* **10** 4 f.
- Zulässigkeitsrügen *SpruchG* **9** 9 f.
Vergessene Gegenstände *UmwG* **322** 48
Vergleich *SpruchG* **11** 10 ff.
- mehrheitskonsensuale Schätzung *SpruchG* **11a** 4 ff.
- Mehrheitsvergleich *SpruchG* **11** 12
- Spruchverfahren *SpruchG* **13** 5
- Titelfunktion *SpruchG* **11** 21
- Voraussetzungen *SpruchG* **11** 11 ff.
- Wirkung *SpruchG* **11** 14
Vergleichbare ausländische Vorgänge *UmwStG* **1** 46 ff.
Vergleichswertmethode *UmwStG* **3** 21
Verhältniswahrende Spaltung *UmwG* **320** 24
Verhandlungsverfahren *UmwG* **329** 28 ff.

Verhandlungsvorbereitung
  SpruchG **7** 9 f.
– Beweisaufnahme   *SpruchG* **7** 11 f.
Verjährung
– Notarkosten   *UmwG* **Anh. 2** 8
Verjährungshemmung
– Übernahmefolgegewinn
  UmwStG **6** 43
Verkehrswert
– Schätzung   *SpruchG* **11 Anh.** 16
Verlust   *UmwStG* **23** 18
– Formwechsel   *UmwStG* **9** 19
– Monetarisierung   *UmwStG* **2** 37
Verlustnutzung
– Gewerbesteuer   *UmwStG* **18** 12, **19** 17
Verlustuntergang   *UmwStG* **2** 35, **4** 13
Verlustverrechnung   *UmwStG* **2** 39 ff.
Verlustvortrag   *UmwStG* **2** 33 ff., **4** 13,
  15 113
– Gewerbesteuer   *UmwStG* **18** 11, **19** 7
– gewerbesteuerlich   *UmwStG* **23** 64 ff.
Vermögensaufstellung   *UmwG* **238** 7
Vermögensbewertung   *UmwG* **322** 50
Vermögensgegenstand
– Besteuerung immateriellen
  UmwStG **22** 5 ff.
– Verbuchung beim übernehmenden
  Rechtsträger   *UmwG* **24** 14, 42, 46
Vermögensübergang
– Gewerbesteuer   *UmwStG* **19** 1
Vermögensübertragung   *SpruchG* **1** 8;
  UmwG **Vor 1** 16 ff., **1** 3, 7
– abschließende Aufzählung der Rechts-
  träger   *UmwG* **175** 1
– abspaltende Teilübertragung
  UmwG **174** 15
– Aktivvermögen   *UmwG* **2** 18
– Angemessenheit der Gegenleistung
  UmwG **174** 19 f.
– Anspruch auf die Gegenleistung
  UmwG **174** 22
– Auffangrechtsinstitut   *UmwG* **174** 5
– aufgelöster Rechtsträger   *UmwG* **174** 6
– aufspaltende Teilübertragung
  UmwG **174** 15
– ausgliedernde Teilübertragung
  UmwG **174** 15

– bestehende Rechtsträger
  UmwG **174** 11, 14
– beteiligungsfähige Rechtsträger
  UmwG **174** 11, 14
– Downstream-Merger   *UmwStG* **13** 6 ff.
– Einberufung der Anteilseignerver-
  sammlung   *UmwG* **176** 11
– Energieversorgungsunternehmen
  UmwG **177** 1
– Flohtheorie   *UmwStG* **13** 31
– Fußstapfentheorie   *UmwStG* **13** 31 f.
– Gegenleistung anderer Art
  UmwG **174** 3, 11
– Genehmigung der Aufsichtsbehörde
  UmwG **176** 13
– Gesamtrechtsnachfolge
  UmwG **Vor 1** 19, 32, **1** 4, 6, 8, 38 ff., **2** 18,
  5 14, 63, **14** 11, **15** 16, **24** 60, **152** 2, 14, 35
– Grundbesitz   *UmwG* **6** 12
– Infizierungstheorie   *UmwStG* **13** 31 f.
– Konzernumstrukturierung
  UmwG **174** 20
– Mängel   *UmwG* **176** 15
– Mindestinhalt   *UmwG* **176** 6, **177** 6
– Neugründung   *UmwG* **174** 8
– Rechtsträger unterschiedlicher Rechts-
  form   *UmwG* **174** 11, 14
– SE   *UmwG* **Anh. 1** 178
– Sidestream-Merger   *UmwStG* **13** 6 ff.
– Spaltung   *UmwStG* **13** 34
– Spartentrennung   *UmwG* **174** 4
– Teilübertragung   *UmwG* **177** 1 ff.;
  UmwStG **1** 24 f.
– Totalausgliederung   *UmwG* **174** 17
– Überschuldung   *UmwG* **152** 33
– Upstraem-Merger   *UmwStG* **13** 6 ff.
– Verbindlichkeiten   *UmwG* **2** 18
– Versammlung der Anteilseigner
  UmwG **176** 11
– verschachtelte Verweisungstechnik
  UmwG **174** 9
– Verschmelzung   *UmwStG* **13** 21 ff.
– Versicherungsunternehmen
  UmwG **174** 4
– Verzicht auf die Gegenleistung
  UmwG **174** 23
– Vollübertragung   *UmwG* **176** 1 ff.;
  UmwStG **1** 24 f., **12** 12

- Vorbereitung des Beschlusses *UmwG* **176** 11
- Wertaufholung *UmwStG* **13** 32

Vermögensverwaltende Personengesellschaft
- Verschmelzung auf *UmwStG* **8** 2 ff.

Vermögenszuweisung *UmwG* **322** 46 ff.

Vermutungsregel *UmwG* **132** 13

Verpächterwahlrecht
- Übertragung ins Privatvermögen *UmwStG* **8** 14

Verrechenbarer Verlust *UmwStG* **2** 33 ff., **4** 13

Verrechnungsverbot stiller Lasten *UmwStG* **2** 43 ff.
- Escape Klausel *UmwStG* **2** 47
- Voraussetzungen *UmwStG* **2** 44
- Zeitraum *UmwStG* **2** 45
- Zwangsrealisation *UmwStG* **2** 46
- Zwischenschaltung von Personengesellschaften *UmwStG* **2** 48

Verschlechterungsverbot *UmwG* **132** 30 ff.

Verschmelzende Auf- und Abspaltung *UmwG* **3** 25

Verschmelzung *SpruchG* **1** 8; *UmwG* **19** 1 ff., **35a** 4; *UmwStG* **3** 2, **13** 21 ff., **23** 59
- Abgrenzung zu BGAV und anderen Strukturänderungen *UmwG* **Vor 1** 29, **2** 24
- Absetzungen für Abnutzung *UmwStG* **12** 77
- Abwendungsbefugnis *UmwG* **39d** 11
- Alleingesellschafter *UmwG* **120** 1 ff.
- Alternativen *UmwG* **109** 33 f.
- Anmeldung *UmwG* **4** 20, **38** 1 ff., **86** 2 ff.
- Anmeldung des Alleingesellschafters *UmwG* **122** 11 f.
- Anpassung gegenseitiger Verträge *UmwG* **21** 10
- Ansatzverbote *UmwStG* **12** 90
- Anschaffungsfiktion Anteile *UmwStG* **13** 7
- Ansprüche aus Delikthaftung *UmwG* **22** 23 ff.
- Anspruchsgegner der Sicherheitsleistung *UmwG* **22** 18 ff.
- Anteilseigner *UmwStG* **13** 1 ff.
- Anteilserwerb im Rückwirkungszeitraum *UmwStG* **12** 74
- Anteilsinhaber *UmwG* **2** 6, **13** 31 f.
- Anwendbarkeit des § 21 UmwG *UmwG* **21** 13
- Arten *UmwG* **Vor 1** 16 ff., **1** 2 ff.
- atypisch stille Beteiligung *UmwStG* **1** 11
- auf Alleingesellschafter *UmwG* **19** 11
- aufgelöster Rechtsträger *UmwG* **3** 18 ff.
- Auflösung *UmwG* **1** 25 f., **2** 19 ff.
- Ausgleichsposten Organschaft *UmwStG* **13** 14
- Auskunft *UmwG* **112** 8
- Auslandsberührung *UmwStG* **11** 197 ff.
- Ausschluss *UmwG* **39** 1 ff.
- Ausschluss der Abwicklung *UmwG* **2** 19, **5** 15
- BaFin *UmwG* **79** 3
- Barabfindung *UmwG* **1** 12, 40, **2** 21, **5** 21, 102, **8** 11, 30, 53, **9** 9, 16, **12** 4, **13** 29
- Bekanntmachung *UmwG* **19** 3, 16, 20
- Bekanntmachung, Wirkungen *UmwG* **19** 19
- Bekanntmachungsinhalt *UmwG* **19** 17
- Bericht *UmwG* **39a** 1 ff.
- Beschluss *UmwG* **84** 1 ff.
- Besitzzeiten und Behaltefristen *UmwStG* **12** 77
- Besonderheiten *UmwG* **109** 40 ff.
- Besteuerung Anteilseigner *UmwStG* **13** 1 ff.
- Besteuerung bei Seitwärtsverschmelzung *UmwStG* **22** 25 ff.
- Beteiligungskorrekturgewinn *UmwStG* **12** 36 ff.
- bezirksübergreifend *UmwG* **19** 12 ff.
- Buchwertansatz (Anteilseignerebene) *UmwStG* **13** 13 ff.
- durch Aufnahme *UmwG* **305** 6
- durch Neugründung *UmwG* **36** 1 ff., **305** 6, **318** 5

2713

Stichwortverzeichnis

- EBITDA Vortrag *UmwStG* **12** 77
- einbringungsgeborene Anteile *UmwStG* **12** 65
- eingetragener Verein *UmwStG* **1** 11
- Eintragung *UmwG* **1** 43, 58, **2** 18, **3** 3, **4** 2, 7, 9, 17, 30, **5** 62, 94 ff., **24** 13, **152** 35, **154** 1 ff., 11, **155** 4, **160** 10
- Eintragungskosten *UmwG* **19** 23
- Eintragungsmitteilung *UmwG* **19** 21
- Eintragungsreihenfolge *UmwG* **19** 4, 10
- Erläuterungs- und Informationspflicht *UmwG* **112** 7
- Erlöschen übertragender Rechtsträger *UmwG* **19** 24
- EuGH-Rechtsprechung *UmwG* **109** 29
- Fälligkeit der Sicherheitsleistung *UmwG* **22** 11 ff.
- Folgebilanzierung *UmwStG* **12** 29
- Frist für Sicherheitsleistung *UmwG* **22** 15
- Fusionsrichtlinie *UmwStG* **13** 27 ff.
- Gegenleistung *UmwG* **2** 21, **5** 16 ff., 28 f., 34, **14** 11, **24** 53, **152** 2
- Geltendmachung der Sicherheitsleistung *UmwG* **22** 13 ff.
- Geltendmachung von Ansprüchen *UmwG* **22** 7
- Generalversammlung *UmwG* **82** 1 ff., **83** 1 ff.
- Genossenschaft *UmwG* **79** 1 ff.; *UmwStG* **1** 11, 27 ff.
- Gesamtrechtsnachfolge *UmwG* **Vor 1** 19, 32, **1** 4, 6, 8, 38 ff., **2** 18, **5** 14, 63, **14** 11, **15** 16, **24** 60, **152** 2, 14, 35
- Gesamtrechtsnachfolge, Fußstapfentheorie *UmwStG* **12** 9, 76 ff.
- Geschäftsgrundlage *UmwG* **21** 6 ff.
- geschützter Gläubigerkreis *UmwG* **22** 2 ff.
- Gesellschafterstellung *UmwG* **40** 5 ff.
- Gesellschaftsgläubiger *UmwG* **22** 9 ff.
- Gewinnansprüche der Gesellschafter *UmwG* **22** 6
- gewinnmindernde Rücklagen *UmwStG* **12** 77, 104

- Gläubigeraufruf *UmwG* **19** 18, **22** 16 ff.
- Gläubigeraufruf, Frist *UmwG* **22** 17 ff.
- Gläubigerschutz *UmwG* **22** 1 ff.
- grenzüberschreitend *UmwG* **79** 3, **109** 6 f., 29 f., **Anh. 1** 179; *UmwStG* **1** 13, **3** 3
- Gründungsvorschriften *UmwG* **36** 6 ff.
- Haftung Mitglieder des Vorstands und Aufsichtsrats *UmwG* **109** 46 ff.
- Hereinverschmelzung *UmwStG* **12** 12, 32, 63
- Hinausverschmelzung *UmwStG* **12** 12, 32, 63
- Höhe der Sicherheitsleistung *UmwG* **22** 19 ff.
- Informationsaustausch der Registergerichte *UmwG* **19** 2
- Kapitalerhöhung *UmwG* **19** 5 ff.
- Kapitalgesellschaft *UmwStG* **1** 11, 27 ff.
- KG *UmwStG* **1** 11
- konzernintern *UmwG* **17** 12
- Körperschaftsteuerguthaben *UmwStG* **12** 101
- Kosten *UmwG* **2** 28 ff., **24** 44, **Anh. 2** 31 ff.
- Kosten für den Vermögensübergang *UmwStG* **12** 58 ff.
- Kosten sonstiger Notartätigkeit *UmwG* **Anh. 2** 51 ff.
- Kreditinstitute, Finanzdienstleister *UmwStG* **12** 66
- Lebens- und Krankenversicherer *UmwStG* **12** 66
- Mischverschmelzung *UmwG* **79** 4 ff., **109** 3
- Mitunternehmerschaft *UmwStG* **12** 91
- Möglichkeiten *UmwG* **79** 1 ff.
- natürliche Person *UmwG* **120** 1 ff.
- negativer Geschäftswert *UmwStG* **12** 23, 90
- Neugründung *UmwG* **96** 1 ff.; *UmwG* **1** 9 ff.
- Notargebühren *UmwG* **2** 14, **6** 19 ff., **13** 58 ff.
- notarielle Beurkundung *UmwG* **115** 6

- OHG *UmwStG* **1** 11
- Organbestellung *UmwG* **97** 1 ff.
- Organschaft *UmwStG* **12** 93 ff.
- Partnerschaft mbB
UmwG **Vor 45a ff.** 2
- Partnerschaftsgesellschaft
UmwG **Vor 45a ff.** 1 ff.; *UmwStG* **1** 27 ff.
- Personengesellschaft *UmwStG* **1** 27 ff.
- Personenhandelsgesellschaft
UmwG **3** 3, **13** 4 ff.; *UmwStG* **1** 27 ff.
- Prüfung *UmwG* **39e** 1 ff.
- Prüfungsgutachten *UmwG* **80** 1 ff.
- Prüfungsverband *UmwG* **81** 1 ff., **108** 1 ff.
- Realisationszeitpunkt Anteilseigner *UmwStG* **13** 8
- Rechtsbehelfe gegen Eintragung *UmwG* **19** 22
- Rechtsträger unterschiedlicher Rechtsform *UmwG* **3** 22 ff., **9** 8
- rechtswechselnde *UmwG* **313** 8
- Registerverfahren *UmwG* **22** 24
- Satzung *UmwG* **97** 1 ff.
- Satzungssitzverlegung *UmwG* **19** 10
- Schlussbilanz *UmwG* **80** 11
- schwebende *UmwG* **24** 13
- schwere Unbilligkeiten *UmwG* **21** 8 ff.
- SE *UmwG* **Anh. 1** 170
- SEVIC-Entscheidung *UmwG* **109** 29
- SEVIC Systems AG *UmwG* **109** 29 f.
- Sicherheitsleistung *UmwG* **22** 10 ff.
- Sicherheitsleistung, Ausschluss *UmwG* **22** 22 ff.
- Sicherheitsleistung, Einzelfragen *UmwG* **22** 21 ff.
- Sparkassen *UmwG* **79** 3
- Spendenvortrag *UmwStG* **12** 102
- steuerliche Rechtsnachfolge Anteile *UmwStG* **13** 31 f.
- Störungen der Geschäftsgrundlage *UmwG* **21** 4
- taggleiche Eintragung *UmwG* **19** 13
- Tausch Anteile *UmwStG* **13** 2 ff., 7
- Übernahmeergebnis *UmwStG* **12** 49 ff., 56 ff.
- Übernahmefolgegewinn *UmwStG* **12** 10, 24, 103
- übernehmender Rechtsträger *UmwStG* **1** 11, 29 ff.
- übertragende Körperschaft *UmwStG* **1** 11
- übertragende Rechtsträger *UmwStG* **1** 29 ff.
- Umtauschverhältnis *UmwG* **80** 3 ff.
- Unbilligkeiten bei gegenseitigen Verträgen *UmwG* **21** 9 ff.
- Unternehmensbewertung *SpruchG* **11 Anh.** 118 ff.
- Unternehmergesellschaft (UG) (haftungsbeschränkt) *UmwStG* **1** 11
- Unterstützungskasse *UmwStG* **12** 77
- unzulässige Verschmelzungssachverhalte *UmwG* **109** 31 ff.
- Vale Epitesi *UmwG* **109** 29
- Veräußerungsfiktion Anteile *UmwStG* **13** 7
- Verhältnis § 12 Abs. 1 u. § 13 *UmwStG* **13** 6
- Verlagerung steuerlicher Merkmale *UmwStG* **13** 32
- Verluste *UmwStG* **12** 84 ff.
- Vermögensübergang steuerbefreiter Bereich *UmwStG* **12** 11, 111 ff.
- verschmelzungsfähige Rechtsträger iSd § 306 UmwG *UmwG* **109** 28
- Verschmelzungsfähigkeit *UmwG* **3** 3 ff.
- Verschmelzungsvertrag *UmwG* **80** 1 ff.
- Verstrickung *UmwStG* **12** 33
- Vertragsanpassung, gegenseitige Verträge *UmwG* **21** 11
- Verzögerung *UmwG* **5** 54
- Volks- und Raiffeisenbanken *UmwG* **79** 3
- VVaG mit Körperschaften oder Anstalten des öffentlichen Rechts *UmwG* **109** 5
- Wertaufholung, erweiterte *UmwStG* **12** 24, 36
- Wertaufholung, phasenverschobene *UmwStG* **12** 27
- Wertaufholungsverpflichtung *UmwStG* **13** 32

- Wertverknüpfung
  UmwStG **12** 26 ff., 77
- Wiedereinsetzung, Sicherheitsleistung
  UmwG **22** 14 ff.
- Wirkungen der Eintragung
  UmwStG **20** 1 ff.
- wirtschaftlicher Nachteil
  UmwG **21** 7 ff.
- zeitliche Haftungsbegrenzung
  UmwG **39f** 1 ff.
- Zinsvortrag *UmwStG* **12** 77
- zur Aufnahme *UmwStG* **1** 9 ff.

Verschmelzung, Prüfung
- Abfindungsangebot *UmwG* **9** 8
- Angemessenheit des Umtauschverhältnisses *UmwG* **12** 4 ff., 16
- Entbehrlichkeit *UmwG* **Vor 1** 13, 24, **8** 44, **9** 23 ff., **12** 15
- freiwillige *UmwG* **347** 3
- Normzweck *UmwG* **9** 1 f.
- Prüfer *UmwG* **9** 11, **10** 1 ff., **11** 1 ff.
- Prüfungsbericht *UmwG* **12** 1 ff.
- Prüfungsgegenstand *UmwG* **9** 12 ff.
- Prüfungsumfang *UmwG* **9** 16
- Richtigkeit des Verschmelzungsvertrages *UmwG* **9** 12, 16
- Umtauschverhältnis *UmwG* **5** 45 ff., **8** 18 ff., **9** 2, 16
- Verschmelzungsbericht
  UmwG **9** 20 ff.
- Vertragsänderung nach Prüfung
  UmwG **9** 13
- Verzicht *UmwG* **Vor 1** 13, 24, **8** 44, **9** 23 ff., **12** 15
- Vollständigkeit des Verschmelzungsvertrages *UmwG* **9** 12, 16

Verschmelzung, Wirkungen der Eintragung *UmwStG* **20** 1 ff.
- Auslandsberührung
  UmwStG **20** 210 ff.
- EBITDA-Vortrag *UmwStG* **20** 220 ff.
- Einbringungsergebnis
  UmwStG **20** 176 ff.
- Sacheinlage *UmwStG* **20** 9 ff.
- steuerliche Rückwirkung
  UmwStG **20** 188 ff.
- Wertansatz *UmwStG* **20** 129 ff.
- Zinsvortrag *UmwStG* **20** 220 ff.

Verschmelzung der Aktiengesellschaft
- bare Zuzahlung *UmwG* **68** 18 ff.
- Bestellung eines Treuhänders
  UmwG **71** 1 ff.
- Eintragung Kapitalerhöhung
  UmwG **66** 1 ff.
- Kapitalerhöhung bei Drittbesitz
  UmwG **68** 16 f.
- Mängel und Sanktionen *UmwG* **68** 22
- ohne Kapitalerhöhung *UmwG* **68** 1 f.
- optionale Kapitalerhöhung
  UmwG **68** 10 ff.
- Umtausch von Aktien *UmwG* **72** 1 ff.
- Verbot der Kapitalerhöhung
  UmwG **68** 3 ff.

Verschmelzung einer Partnerschaft
- Kosten *UmwG* **45b** 6
- MoPeG *UmwG* **Vor 45a** ff. 9
- Nachhaftung *UmwG* **45e** 4 ff.
- Registerverfahren
  UmwG **Vor 45a** ff. 14 ff.
- Verfahren *UmwG* **Vor 45a** ff. 9 ff.
- Verschmelzungsbericht
  UmwG **Vor 45a** ff. 11
- Verschmelzungsprüfung
  UmwG **Vor 45a** ff. 12
- Verschmelzungsprüfungsbericht
  UmwG **Vor 45a** ff. 12
- Verschmelzungsvertrag
  UmwG **Vor 45a** ff. 10, **45b** 1 ff.
- Voraussetzungen *UmwG* **45a** 1
- Vorbehalt des Berufsrechts
  UmwG **45a** 7 ff.
- Zustimmungsbeschluss
  UmwG **Vor 45a** ff. 13

Verschmelzung-GmbH
- Angelegenheiten beteiligter Rechtsträger, Auskunft *UmwG* **49** 20 ff.
- Anmeldung *UmwG* **52** 1 ff.
- Auskunftsverweigerungsrecht, Geschäftsführer *UmwG* **49** 26 f.
- Auslage Jahresabschluss
  UmwG **49** 9 ff.
- bare Zahlung *UmwG* **46** 20 ff., **54** 40 ff.
- bare Zuzahlung *UmwG* **46** 20 ff., **54** 40 ff.

- Eintragung Verschmelzung bei Kapitalerhöhung *UmwG* **53** 1 ff.
- Erklärungspflichten Zustimmungserfordernis *UmwG* **52** 6 ff.
- Existenzvernichtungshaftung *UmwG* **55** 17
- Geschäftsanteile, abweichende Ausstattung *UmwG* **46** 25 ff.
- Geschäftsanteile, vorhandene *UmwG* **46** 32 f.
- Geschäftsanteile, Zuordnung *UmwG* **46** 6 ff., 12 ff.
- Gesellschafterversammlung, Beschlussgegenstand, Ankündigung *UmwG* **49** 5 ff.
- Gesellschafterversammlung, Verschmelzungsbeschluss *UmwG* **50** 1 ff.
- Gesellschafterversammlung, Vorbereitung *UmwG* **49** 1 ff.
- Gesellschaftsvertrag, Inhalt *UmwG* **57** 1 ff.
- Gesellschaftsvertrag, zu übernehmende Festsetzungen *UmwG* **57** 1 ff.
- Kapitalerhöhung, Anfechtungsausschluss *UmwG* **55** 32 ff.
- Kapitalerhöhung, Anmeldung *UmwG* **55** 21 ff.
- Kapitalerhöhung, anwendbare Vorschriften *UmwG* **55** 6 ff., 18 ff.
- Kapitalerhöhung, Beschlussfassung *UmwG* **55** 7 ff.
- Kapitalerhöhung, Differenzhaftung *UmwG* **55** 15 f.
- Kapitalerhöhung, Eintragung *UmwG* **53** 1 ff., **55** 26 ff.
- Kapitalerhöhung, Kapitaldeckung *UmwG* **55** 10 ff.
- Kapitalerhöhung, Mängel *UmwG* **55** 30 f.
- Kapitalerhöhung, Wirksamkeit *UmwG* **55** 29
- Kapitalerhöhungsverbote *UmwG* **54** 8 ff., 34 ff.
- Kapitalerhöhungsverbote, Verstöße *UmwG* **54** 16
- Kapitalerhöhungswahlrechte *UmwG* **54** 17 ff., 34 ff.
- Neugründung, Ablauf *UmwG* **56** 5
- Neugründung, anwendbare Vorschriften *UmwG* **56** 1 ff., 6 ff.
- Prüfung *UmwG* **48** 1 ff.
- Sachgründungsbericht *UmwG* **58** 1 ff.
- Unterrichtung Gesellschafter *UmwG* **47** 1 ff.
- Unterrichtung Gesellschafter, Verstöße *UmwG* **47** 17
- Verschmelzung mit Kapitalerhöhung *UmwG* **55** 1 ff.
- Verschmelzung ohne Kapitalerhöhung *UmwG* **54** 1 ff.
- Verschmelzungsbeschluss, Anfechtbarkeit *UmwG* **49** 28, **50** 14
- Verschmelzungsbeschluss, Beteiligungsverlust *UmwG* **51** 21 ff.
- Verschmelzungsbeschluss, Mehrheitserfordernis *UmwG* **50** 8 ff.
- Verschmelzungsbeschluss, Neugründung *UmwG* **59** 1 ff.
- Verschmelzungsbeschluss, nicht vollständig geleistete Einlage *UmwG* **51** 1 ff.
- Verschmelzungsbeschluss, weitergehende Satzungserfordernisse *UmwG* **50** 11 ff.
- Verschmelzungsbeschluss, Zustimmungserfordernis *UmwG* **50** 16 ff., **51** 8 ff., 21 ff., 26 f.
- Verschmelzungsprüfung, Kosten *UmwG* **48** 13 f.
- Verschmelzungsprüfung, Prüfungsverlangen *UmwG* **48** 5 ff.
- Verschmelzungsprüfung, Übersendung Prüfungsbericht *UmwG* **47** 6, **48** 12
- Verschmelzungsprüfung, Verstöße *UmwG* **48** 15
- Verschmelzungsvertrag, Inhalt *UmwG* **46** 1 ff.

Verschmelzung GmbH & Co. KG auf bestehende GmbH
- Kosten *UmwG* **Anh. 2** 69

Verschmelzung GmbH & Co. KG auf bestehende GmbH & Co. KG
- Kosten *UmwG* **Anh. 2** 73

Verschmelzung GmbH auf bestehende GmbH & Co. KG
- Kosten   *UmwG* **Anh. 2** 68

Verschmelzung mit dem Vermögen des Alleingesellschafters
- Alleingesellschafter   *UmwG* **120** 9 ff.
- Auflösung   *UmwG* **120** 6
- Beschlusserfordernis   *UmwG* **121** 6
- eigene Anteile   *UmwG* **120** 9
- Handelsregisteranmeldung   *UmwG* **122** 1 ff.
- Handelsregistereintragung   *UmwG* **122** 1 ff.
- In-Sich-Geschäft   *UmwG* **121** 3
- Stimmverbote   *UmwG* **121** 6
- übernehmender Rechtsträger   *UmwG* **120** 8 ff.
- Überschuldung   *UmwG* **120** 6 f., 11
- übertragender Rechtsträger   *UmwG* **120** 5
- Unmöglichkeit anderweitiger Verschmelzung   *UmwG* **120** 4
- Verfahren   *UmwG* **121** 1 ff.
- Verschmelzungsbericht   *UmwG* **121** 5
- Verschmelzungsbeschluss   *UmwG* **121** 6 f.
- Verschmelzungsprüfung   *UmwG* **121** 5
- Verschmelzungsvertrag   *UmwG* **121** 3 f.

Verschmelzung Mutter-GmbH auf Tochter
- Kosten   *UmwG* **Anh. 2** 60

Verschmelzungsbericht   *UmwG* **17** 5, **312** 11
- allgemeiner Abschnitt   *UmwG* **309** 4
- anteilsinhaberspezifischer Abschnitt   *UmwG* **309** 4
- arbeitnehmerspezifischer Abschnitt   *UmwG* **309** 4
- Auskunftspflichten   *UmwG* **8** 35 ff.
- Barabfindung   *UmwG* **8** 30
- Berichtspflicht   *UmwG* **309** 6
- Erläuterung der Verschmelzung   *UmwG* **8** 1, 10 ff.
- Erläuterung des Verschmelzungsvertrags   *UmwG* **8** 17
- Fehlerhaftigkeit   *UmwG* **309** 20
- Folgen für die Beteiligung   *UmwG* **8** 32 ff.
- Form der Zugänglichmachung   *UmwG* **310** 4
- Frist   *UmwG* **310** 2
- gemeinsamer   *UmwG* **8** 7, 14, **309** 8
- Gesellschaft bürgerlichen Rechts   *UmwG* **39a** 1 ff.
- Inhalt   *UmwG* **309** 9
- Mängel   *UmwG* **8** 46 ff.
- Mindestinhalt   *UmwG* **8** 10 ff.
- Normadressaten   *UmwG* **309** 6
- Offenlegung   *UmwG* **8** 8
- Personengesellschaften   *UmwG* **8** 34
- Schriftform   *UmwG* **8** 6
- Schuldner   *UmwG* **8** 3 ff.
- Schutzzweck   *UmwG* **309** 1
- Sprache   *UmwG* **309** 3
- Stellungnahme   *UmwG* **310** 9
- steuerliche Folgen der Verschmelzung   *UmwG* **8** 34
- Strukturdarstellungen   *UmwG* **8** 15, 37
- Synergieeffekte   *UmwG* **8** 15
- Übersendung   *UmwG* **8** 8, **39b** 2 ff.
- Umtauschverhältnis   *UmwG* **5** 45 ff., **8** 18 ff.
- Unternehmensbewertung   *UmwG* **8** 19 ff.
- Unterrichtung der Gesellschafter   *UmwG* **39b** 2 ff.
- Verbundeffekte   *UmwG* **8** 15
- verbundene Unternehmen   *UmwG* **8** 24
- Verein   *UmwG* **8** 18
- Verzicht   *UmwG* **8** 41 ff.
- Verzicht auf Beurkundung   *UmwG* **8** 45
- Zeitpunkt der Zugänglichmachung   *UmwG* **310** 6
- Zugänglichmachung   *UmwG* **310** 2

Verschmelzungsbescheinigung   *UmwG* **314** 9, **316** 2

Verschmelzungsbeschluss   *UmwG* **312** 6
- Abschrift für Anteilsinhaber   *UmwG* **13** 48
- Änderung des Verschmelzungsvertrages   *UmwG* **13** 12, 20, 24 f.

- Anfechtung *UmwG* **13** 49 ff., **83** 12
- Aufhebung *UmwG* **4** 28
- Bedingung *UmwG* **13** 19
- Befristung *UmwG* **13** 19
- Beurkundung *UmwG* **13** 43 ff.
- Beurkundung der Zustimmungserklärung *UmwG* **13** 30 ff., 61
- Einstimmigkeit *UmwG* **39c** 6
- Eintragung *UmwG* **32** 6
- Form *UmwG* **13** 42 ff.
- Gegenstand *UmwG* **13** 2 ff.
- Gesellschaft bürgerlichen Rechts *UmwG* **39c** 1 ff.
- Gesellschafterversammlung *UmwG* **39c** 1 ff., **39d** 1 ff.
- Informationspflicht *UmwG* **312** 8
- Kettenverschmelzung *UmwG* **13** 13
- Klageausschluss *UmwG* **32** 1 ff.
- Klagen *UmwG* **13** 49 ff.
- Konzern *UmwG* **13** 39
- Kosten *UmwG* **13** 58 ff., **39c** 16 f.
- Mangelhaftigkeit *UmwG* **13** 49 ff.
- Mehrheitserfordernis *UmwG* **13** 10 f., **39c** 12 ff., **84** 2 ff., **312** 14
- Minderjähriger *UmwG* **13** 9
- nachträgliche Zustimmung *UmwG* **13** 18
- Partnerschaftsgesellschaft *UmwG* **45d** 1 ff.
- Partnerschaftsgesellschaft, Kosten *UmwG* **45d** 7 ff.
- Reihenfolge *UmwG* **13** 12
- Rügenausschluss *UmwG* **32** 3 ff.
- sachliche Rechtfertigung *UmwG* **13** 23
- Satzung *UmwG* **98** 1
- Stellvertretung *UmwG* **13** 16 f.
- Stimmabgabe *UmwG* **39c** 7
- Stimmrecht *UmwG* **13** 8
- Umtauschverhältnis *UmwG* **13** 40, **14** 4, 11
- Unwirksamkeitsgründe *UmwG* **13** 49 ff.
- Verein *UmwG* **13** 6 ff., 56
- Versammlungszwang *UmwG* **13** 15 ff.
- Verschmelzung-GmbH *UmwG* **50** 1 ff.
- Vertragsentwurf *UmwG* **13** 12, 20, 28
- vinkulierte Anteile *UmwG* **13** 33, 36
- Vorbereitung *UmwG* **312** 7
- Widerspruch *UmwG* **39d** 1 ff., **313** 9
- Widerspruchsrecht *UmwG* **41** 1 ff.
- Widerspruch zu Protokoll *UmwG* **13** 19
- Widerspruch zur Niederschrift *UmwG* **9** 9, **13** 29, **15** 17
- Wirkung *UmwG* **13** 26 ff.
- Zeitpunkt *UmwG* **13** 12
- Zustimmung *UmwG* **13** 30 ff., 40 ff.
- Zustimmungserfordernisse *UmwG* **13** 30 ff.
- Zweck *UmwG* **13** 2

Verschmelzungsbeschluss, Anfechtbarkeit
- Kapitalgesellschaften *UmwG* **5** 66, 70, **8** 51, 53, **12** 16, **13** 55, **14** 6
- Mängel des Verschmelzungsberichtes *UmwG* **8** 51, 53
- Mehrheitsmissbrauch *UmwG* **12** 17, **24** 58
- Personengesellschaften *UmwG* **14** 6
- Umtauschverhältnis *UmwG* **12** 4 ff.
- unrichtige Angaben *UmwG* **5** 100, 108, **14** 4

Verschmelzungsbeschluss, Klage gegen
- Anfechtungsklage *UmwG* **2** 16, **14** 1 ff.
- Feststellungsklage *UmwG* **13** 56, **14** 3, 6
- Klageausschluss *UmwG* **14** 13
- Klagefrist *UmwG* **13** 57, **14** 2, 8 ff.
- Nichtigkeitsklage *UmwG* **12** 17, **14** 3, 6
- Rechtsmissbrauch *UmwG* **14** 10

Verschmelzungsbeschluss, Nichtigkeit
- Kapitalgesellschaften *UmwG* **13** 55, **14** 6
- Personengesellschaften *UmwG* **12** 16, **13** 56, **14** 6
- Umtauschverhältnis *UmwG* **5** 45 ff., **8** 18 ff., **12** 16
- unrichtige Angaben (Arbeitnehmer) *UmwG* **5** 100

Verschmelzungsbeschluss, Zustimmung
- Ehegatte *UmwG* **13** 32
- Erben *UmwG* **13** 32
- erhöhte Leistungspflichten *UmwG* **13** 40

- Form *UmwG* **13** 31, 42, 46
- konkludente *UmwG* **13** 31
- Konzern *UmwG* **13** 39
- Kosten *UmwG* **6** 21, **13** 59
- Sonderrecht *UmwG* **13** 30, 41
- Testamentsvollstrecker *UmwG* **13** 32
- vinkulierte Anteile *UmwG* **13** 33
- Zustimmungspflicht *UmwG* **13** 31

Verschmelzungsbeschluss der Aktiengesellschaft
- Entbehrlichkeit *UmwG* **62** 10 ff.
- Informationspflichten bei Entfall *UmwG* **62** 15 ff.
- Minderheitsverlangen *UmwG* **62** 27 ff.
- Rechtsfolge bei Verfahrensverstößen *UmwG* **62** 65 ff.
- Squeeze-out *UmwG* **62** 38 ff.
- übertragender Rechtsträger *UmwG* **62** 33 ff.

Verschmelzungsbeschluss des übertragenden Rechtsträgers; Unwirksamkeit
- Klagegegner *UmwG* **28** 1 ff.

Verschmelzungsfähige Rechtsträger
- AG *UmwG* **3** 7
- Anstalt des öffentlichen Rechts *UmwG* **3** 2
- aufgelöster Rechtsträger *UmwG* **3** 18, 21
- ausländischer Rechtsträger *UmwG* **1** 20, **3** 17
- bei Einstellung des Geschäftsbetriebs *UmwG* **3** 18
- eingeschränkte Verschmelzungsfähigkeit *UmwG* **3** 16 ff.
- Erbengemeinschaft *UmwG* **3** 2
- Europäische Genossenschaft *UmwG* **3** 12
- Europäische Gesellschaft *UmwG* **3** 9
- EWIV *UmwG* **3** 6
- GbR *UmwG* **3** 2 ff.
- Genossenschaft *UmwG* **3** 11
- GmbH *UmwG* **3** 7
- inländischer Rechtsträger *UmwG* **3** 7
- Insolvenz *UmwG* **3** 19
- juristische Person *UmwG* **3** 7
- Kapitalgesellschaft *UmwG* **3** 7 ff.
- KG *UmwG* **3** 3 f.
- KGaA *UmwG* **3** 7
- Körperschaften des öffentlichen Rechts *UmwG* **3** 2
- Mischverschmelzung *UmwG* **3** 22 ff.
- natürliche Person *UmwG* **3** 17
- OHG *UmwG* **3** 3 f.
- Partnerschaftsgesellschaft *UmwG* **3** 5
- Personenhandelsgesellschaft *UmwG* **3** 3 f.
- Prüfungsverband *UmwG* **3** 14
- Stiftung *UmwG* **3** 2
- stille Gesellschaft *UmwG* **3** 2
- überschuldeter Rechtsträger *UmwG* **3** 19
- uneingeschränkte Verschmelzungsfähigkeit *UmwG* **3** 3 ff.
- Unternehmergesellschaft (haftungsbeschränkt) *UmwG* **3** 8
- Verein *UmwG* **3** 13, 16
- Vor-Gesellschaft *UmwG* **3** 7
- VVaG *UmwG* **3** 15
- Wohnungseigentümergemeinschaft *UmwG* **3** 2

Verschmelzungsgewinn
- Ausweis in GuV *UmwG* **24** 54 ff.

Verschmelzungsgrundlagen *UmwG* **16** 3
Verschmelzungskosten *UmwStG* **4** 39 ff.
- nicht objektbezogen *UmwStG* **4** 39 ff.
- objektbezogen *UmwStG* **4** 39 ff.
- SE *UmwG* **Anh. 1** 118

Verschmelzungsmängel *UmwG* **20** 39 ff.
Verschmelzungsplan
- Aufstellungskompetenz *UmwG* **307** 10
- Beurkundung *UmwG* **307** 5
- Hintergrund *UmwG* **307** 1
- Mindestinhalt *UmwG* **307** 12
- Rechtsnatur *UmwG* **307** 6
- Rechtswirkung *UmwG* **307** 7
- Sprache *UmwG* **307** 11
- Umtauschverhältnis *UmwG* **307** 14 f.
- Vertretungsorgan *UmwG* **307** 8

Verschmelzungsprüfer *UmwG* **11** 1 ff.
- Annahme des Prüfungsauftrags *UmwG* **10** 1, 14
- Auskunftsrecht *UmwG* **11** 12 ff.

- Ausschlussgründe *UmwG* **11** 6
- Auswahl und Bestellung durch Gericht *UmwG* **10** 4
- Bestellungsverfahren *UmwG* **10** 9
- fehlerhafte Bestellung *UmwG* **10** 15
- gemeinsamer *UmwG* **10** 4 f., **12** 2, **311** 6
- Haftung *UmwG* **11** 15
- Parallelprüfung *UmwG* **10** 16
- Prüfungsauftrag *UmwG* **12** 3, 9
- Prüfungsvertrag *UmwG* **10** 14
- Qualifikation *UmwG* **11** 2 ff.
- Rechtsmittel *UmwG* **10** 17 f.
- sachverständiger Prüfer *UmwG* **9** 11
- Übergangsvorschrift *UmwG* **354** 7
- Verantwortlichkeit *UmwG* **11** 15 ff.
- Vergütung *UmwG* **10** 18
- Verletzung der Berichtspflicht *UmwG* **11** 18, **347** 1 ff.
- Verschwiegenheitpflicht *UmwG* **11** 15
- Vollständigkeitserklärung *UmwG* **12** 3
- Zuständigkeit *UmwG* **10** 5 ff.

Verschmelzungsprüfung *UmwG* **39e** 1 ff., **112** 6, **311** 1, 4
- Gesellschaft bürgerlichen Rechts *UmwG* **39e** 1 ff.
- getrennte Prüfung *UmwG* **311** 5
- Prüfungsbericht *UmwG* **312** 11
- Prüfungsgegenstand *UmwG* **311** 3
- Prüfungsverlangen *UmwG* **39e** 5 ff.
- SE-Gründung *UmwG* **Anh. 1** 77 ff.
- upstream merger *UmwG* **311** 12

Verschmelzungsrichtlinie *UmwG* **Vor 1** 6, 8, **1** 18, **109** 27 f., **Vor 305 ff.** 9

Verschmelzungsstichtag *UmwG* **5** 52 ff., **307** 21
- Bedeutung *UmwG* **5** 52 ff.
- beweglicher Stichtag *UmwG* **5** 54
- Gewinnberechtigung *UmwG* **5** 49, 60
- Schlussbilanz *UmwG* **5** 53 ff., **24** 7
- steuerlicher Übertragungsstichtag *UmwG* **5** 29
- Übergang der Rechnungslegung *UmwG* **24** 15 ff.
- Wirkung der Verschmelzung *UmwG* **5** 52

Verschmelzungsunterlagen *UmwG* **39b** 2 ff.
- Adressaten *UmwG* **39b** 8
- Form *UmwG* **39b** 10
- Frist *UmwG* **39b** 11
- Verzicht *UmwG* **39b** 14 f.
- Zustellung *UmwG* **39e** 9

Verschmelzungsverlust
- Ausweis in GuV *UmwG* **24** 54 ff.

Verschmelzungsvertrag
- Abfindung *UmwG* **5** 21, 102
- Abfindungsangebot *UmwG* **29** 1 ff.
- Abschlusskompetenz *UmwG* **4** 12
- Abschlussvollmacht *UmwG* **4** 13
- Abschrift *UmwG* **82** 8 ff.
- Änderung *UmwG* **4** 11, 27 ff., **13** 14 f., 20, 24 f.
- Anfechtung *UmwG* **4** 7, 30, **5** 100, 108, **7** 14
- Anteilsgewährung *UmwG* **5** 16 ff.
- Arbeitnehmer *UmwG* **5** 78, 87, 91
- Arbeitnehmervertretungen *UmwG* **5** 78, 87, 91
- Aufhebung *UmwG* **4** 27 f., **5** 13
- Auslage *UmwG* **82** 1 ff., **83** 2
- Auslegung *UmwG* **Vor 1** 38 f.
- Austrittsrecht *UmwG* **29** 15 ff.
- Barabfindungsangebot *UmwG* **5** 21, 102
- bare Zuzahlung *UmwG* **5** 37 f.
- Bedingung *UmwG* **4** 16, **5** 35, 104, **7** 3 ff.
- Befristung *UmwG* **4** 16, **5** 35, 104
- Beurkundung *UmwG* **4** 4, 24 f., 28, **5** 4, **6** 1 ff.
- Break-Up-Fee *UmwG* **6** 7
- Entwurf *UmwG* **4** 24 ff.
- Erläuterung *UmwG* **83** 3 ff.
- Erläuterung im Verschmelzungsbericht *UmwG* **8** 17
- Form *UmwG* **4** 4, 24 f., 28, **5** 4, **6** 1 ff.
- gegenseitiger Vertrag *UmwG* **4** 7
- Generalversammlung *UmwG* **81** 1 ff.
- Geschäftsanteile *UmwG* **80** 4 ff.
- Gewährung besonderer Vorteile *UmwG* **5** 68 ff.
- Gewinnberechtigung *UmwG* **5** 60

2721

- Grundsatzvereinbarung *UmwG* 5 4
- Heilung *UmwG* 6 18
- Inhalt *UmwG* 5 5 ff., **37** 1 ff., **40** 1 ff.
- innerer Geschäftswert *UmwG* **80** 9
- Kapitalerhöhung *UmwG* 5 27, 34, 41 ff.
- Konzernverschmelzung *UmwG* 5 109 ff.
- Kosten *UmwG* 4 31, 6 19 ff., **Anh. 2** 31 ff.
- Kündigung *UmwG* 7 1 ff.
- Mängel *UmwG* 4 30
- Mindestinhalt *UmwG* **80** 1 ff.
- Mitgliedschaftsbewertung *UmwG* **80** 2
- Notargebühren *UmwG* 4 31, 6 19 ff.
- Präambel *UmwG* 5 103
- Rechtsnatur *UmwG* 4 7
- Rücktritt *UmwG* **Vor 1** 29, 4 23, 7 15 f., **13** 19
- Satzung *UmwG* 97 1
- Schadensersatz *UmwG* 6 7, 7 14
- Schlussbilanz *UmwG* **80** 11
- schuldrechtliche Bindung *UmwG* 4 2, 7
- Sonderrechte *UmwG* 5 63 ff.
- sonstige Bestimmungen *UmwG* 5 103 ff.
- Stellvertretung *UmwG* 4 13
- Strafversprechen *UmwG* 6 7
- Übersendung *UmwG* **39b** 2 ff.
- Übertragung künftigen Vermögens *UmwG* 5 14
- Umtauschverhältnis *UmwG* 5 45 ff., **8** 18 ff., **80** 3 ff.
- Unmöglichkeit *UmwG* 4 7
- Unrichtigkeit *UmwG* 5 95, 100
- Unterrichtung der Gesellschafter *UmwG* **39b** 2 ff.
- Verein *UmwG* 5 33, 40, 43
- Vermögensübertragung *UmwG* 5 14, 63
- Verschmelzungsstichtag *UmwG* 5 52 ff.
- Vertrag zugunsten Dritter *UmwG* 4 21
- Verzug *UmwG* **15** 20
- Vorvertrag *UmwG* 4 26, 5 4, 8
- Wegfall der Geschäftsgrundlage *UmwG* 5 46
- Zuleitung *UmwG* **16** 23
- Zuleitung an den Betriebsrat *UmwG* 5 115 ff.

Verschmelzungsvertrag, Kündigung *UmwG* 7 1 ff.
- Abdingbarkeit *UmwG* 7 7
- auflösende Bedingung *UmwG* 7 3
- aufschiebende Bedingung *UmwG* 7 3
- aufschiebende Befristung *UmwG* 7 3
- Erklärung *UmwG* 7 12
- Fünfjahresfrist *UmwG* 7 1, 11
- Rücktrittsrecht *UmwG* 7 10
- unechte Bedingung *UmwG* 7 6
- Zustimmung der Anteilsinhaber *UmwG* 7 13

Verschmelzungsvertrag, Nichtigkeit *UmwG* 5 108, 6 18

Verschmelzungsvertrag der Aktiengesellschaft
- Abschriften *UmwG* 63 17 ff.
- Anmeldung bei Nachgründung *UmwG* 67 14 ff.
- Bekanntmachung *UmwG* 61 1 f., 8
- Einreichung *UmwG* 61 5 f.
- Einreichungspflicht *UmwG* 61 3
- fehlende Einreichung *UmwG* 61 9
- Form *UmwG* 61 7
- Gewährung zusätzlicher Aktien *UmwG* **72a** 1 ff.
- Hauptversammlung *UmwG* 63 1 ff.
- Kapitalerhöhung zusätzliche Aktien *UmwG* **72b** 1 ff.
- Nachgründungsbericht *UmwG* 67 9 ff.
- Nachgründungsprüfung *UmwG* 67 12 f.
- Nachgründungsvorschriften *UmwG* 67 1 ff.
- verspätete Einreichung *UmwG* 61 10 f.
- zuständiges Gericht *UmwG* 61 4
- Zwischenbilanz *UmwG* 63 14 ff.

Verschmelzungsvorgang
- Anmeldepflicht *UmwG* **16** 2

Verschmelzungswertrelation *UmwG* 8 18

Verschmelzung Tochter-GmbH auf Mutter
– Kosten   *UmwG* **Anh. 2** 57 ff.
Verschmelzung von Aktiengesellschaften
– Anwendbarkeit auf die KGaA
  UmwG **78** 1 ff.
– Normzweck   *UmwG* **60** 2
– Prüfer   *UmwG* **60** 4 f.
– Prüfung   *UmwG* **60** 1
Verschmelzung zur Aufnahme
– Begriff   *UmwG* **2** 8 ff.
– Gegenleistung   *UmwG* **2** 9 f., 20
– Kombination mit Verschmelzung zur Neugründung   *UmwG* **1** 48 ff.
– Kosten   *UmwG* **2** 28 ff.
– Kosten (Beispiel)   *UmwG* **Anh. 2** 79
– mehrere Rechtsträger   *UmwG* **1** 48 ff., **2** 8 ff.
Verschmelzung zur Gründung einer SE
– Ablauf   *UmwG* **Anh. 1** 54
– Zuleitung an den Betriebsrat
  UmwG **Anh. 1** 76
Verschmelzung zur Neugründung
– Begriff   *UmwG* **2** 13 ff.
– Gegenleistung   *UmwG* **2** 20 f.
– Kombination mit Verschmelzung zur Aufnahme   *UmwG* **1** 48 ff.
– Kosten   *UmwG* **2** 28 ff.
– mehrere übertragende Rechtsträger
  UmwG **1** 48 ff., **2** 8 ff.
– Verein   *UmwG* **99** 38 ff.
Verschmelzung zur Neugründung der Aktiengesellschaft
– anwendbare Vorschriften
  UmwG **73** 1 ff.
– ausgeschlossene Vorschriften
  UmwG **73** 13 ff.
– Gründungsbericht und Gründungsprüfung   *UmwG* **75** 1 ff.
– Satzung der Aktiengesellschaft
  UmwG **74** 1 ff.
– Zustimmungsbeschlüsse
  UmwG **76** 1 ff.
Verschmelzung zweier AGs auf AG durch Neugründung
– Kosten   *UmwG* **Anh. 2** 65

Verschmelzung zweier Schwester-GmbHs
– Kosten   *UmwG* **Anh. 2** 62
Versicherter
– Belange   *UmwG* **109** 36, **113** 4
Versicherungs-AG   *UmwG* **109** 2 f., 19 f.
– grenzüberschreitende Verschmelzung
  UmwG **109** 6, 25
– Interessengruppen   *UmwG* **109** 19
– Mischverschmelzung   *UmwG* **109** 3
– Neugründung   *UmwG* **114** 4
– Teilübertragung   *UmwG* **179** 1 ff.
– Vollübertragung   *UmwG* **178** 4 ff.
Versicherungs-SE
– Teilübertragung   *UmwG* **179** 1 ff.
– Vollübertragung   *UmwG* **178** 4 ff.
Versicherungsunternehmen
– Teilübertragung   *UmwG* **Vor 178 ff.** 3, **179** 1 ff., **189** 1 ff.
– Teilübertragung, Genehmigung
  UmwG **179** 12
– Übertragungsbericht   *UmwG* **178** 15, **179** 9
– Übertragungsbeschluss   *UmwG* **178** 17, **179** 11
– Übertragungsprüfung   *UmwG* **178** 16, **179** 10
– Übertragungsvertrag   *UmwG* **178** 10, **179** 7
– Verschmelzungsvorschriften
  UmwG **188** 1 ff.
– Vollübertragung   *UmwG* **Vor 178 ff.** 2, **178** 4 ff., **188** 1 ff.
– Vollübertragung, Genehmigung
  UmwG **178** 18
Versicherungsverein auf Gegenseitigkeit
  UmwG **109** 2 ff., 8 ff., **178** 5
– Abfindung bei Übertragung
  UmwG **181** 1 ff., **184** 4 ff.
– Anwendbarkeit des HGB
  UmwG **109** 9
– Ausgliederung   *UmwG* **151** 5
– Bekanntmachung der Übertragung
  UmwG **187** 1 ff.
– Demutualisierung   *UmwG* **109** 3
– Entschädigungsleistung   *UmwG* **151** 2
– Erlaubniserteilung   *UmwG* **109** 9

- Gegenseitigkeitsprinzip *UmwG* **109** 9
- Gleichbehandlungsgrundsatz *UmwG* **109** 9
- grenzüberschreitende Spaltung *UmwG* **151** 6
- grenzüberschreitende Verschmelzung *UmwG* **109** 6
- Gründungsstock *UmwG* **109** 9
- Kooptation *UmwG* **109** 9
- Mindestinhalt des Übertragungsvertrags *UmwG* **176** 6
- Mischverschmelzung *UmwG* **3** 22 ff., **109** 3
- Mitgliedschaftsprinzip *UmwG* **109** 4, 9, **151** 1
- Mitgliedsschafts- und Sonderrechte *UmwG* **109** 1 f., 6
- Neugründung des anderen *UmwG* **114** 3
- oberste Vertretung *UmwG* **109** 9, **112** 3 ff., **116** 4
- Rechtsträger sui generis *UmwG* **109** 9
- Sicherheitsleistung *UmwG* **176** 14
- Solvabilität *UmwG* **109** 9
- Spaltung auf Körperschaften oder Anstalten des öffentlichen Rechts *UmwG* **151** 3
- Spaltungs- und Übernahmevertrag *UmwG* **151** 14
- Spaltung zur Neugründung *UmwG* **151** 9
- Teilübertragung *UmwG* **179** 1 ff., **184** 1 ff., **189** 1 ff.
- Treuhänderbestellung *UmwG* **183** 1 ff.
- Übertragungsbericht *UmwG* **180** 6
- Übertragungsbeschluss *UmwG* **180** 8
- Übertragungsprüfung *UmwG* **180** 7
- Übertragungsvertrag *UmwG* **180** 5
- Unterrichtungspflicht bei Übertragung *UmwG* **182** 1 ff.
- vermögenswerte Rechte *UmwG* **109** 9
- Verschmelzung durch Aufnahme *UmwG* **180** 1 ff.
- Verschmelzung mit Körperschaften oder Anstalten des öffentlichen Rechts *UmwG* **109** 5
- Verschmelzungsfähigkeit *UmwG* **3** 15
- Verschmelzungsvorschriften *UmwG* **188** 1 ff.
- Verwaltungsrecht *UmwG* **109** 9
- Vollübertragung *UmwG* **178** 5 ff., **180** 1 ff., **186** 1 ff., **188** 1 ff.
- Vollübertragung, Genehmigung *UmwG* **180** 11

Versorgungskassen
- Ausgliederung *UmwG* **168** 5

Vertragssitz *UmwG* **Vor 333 ff.** 19

Vertragsübergang
- Verträge mit Organmitgliedern *UmwG* **20** 33

Vertretung
- höchstpersönliche Erklärung *UmwG* **160** 3
- Vollmacht *UmwG* **160** 3

Vertretungsorgan
- Auskunftspflicht *UmwG* **8** 35
- Berichterstattung *UmwG* **8** 3 ff.
- Verletzung der Geheimhaltungspflicht *UmwG* **349** 1 ff.

Verwaltungsakt
- Besteuerung *UmwStG* **22** 71 ff.

Verwaltungsorgan
- SE *UmwG* **Anh. 1** 148 ff.

Verwaltungsrat
- SE *UmwG* **Anh. 1** 98

Verwaltungssitz *UmwG* **321** 14

Verwaltungsträger des übertragenden Rechtsträgers
- Schadenersatzpflicht *UmwStG* **25** 1 ff.

Verwendungsreihenfolge
- Besteuerung *UmwStG* **22** 36 ff.

Verzichtserklärung *UmwG* **16** 20
- Bekanntmachung *UmwG* **308** 11
- Kosten (bei Spaltung) *UmwG* **Anh. 2** 86
- Kosten (bei Verschmelzung) *UmwG* **Anh. 2** 46
- Verschmelzungsprüfungsbericht *UmwG* **311** 9

Verzinsung
- Besteuerung *UmwStG* **22** 57 ff.

Verzug
- Erfüllung des Verschmelzungsvertrages *UmwG* **15** 20

Vetorecht *UmwG* **312** 15
Vinkulierte Aktien
– Zustimmung zum Verschmelzungsbeschluss *UmwG* **13** 33, 36
Virtuelle Versammlung *UmwG* **326** 11, **339** 11
Vollausschüttung *UmwStG* **7** 2 ff.
– Anteilseigner *UmwStG* **7** 8 ff.
– ausländische Anteilseigner *UmwStG* **7** 19 ff.
– Besteuerung beim Anteilseigner *UmwStG* **7** 15 ff.
– Drittstaatengesellschaft *UmwStG* **7** 7
– Einkünfteermittlung *UmwStG* **7** 11 ff.
– Kapitalertragsteuer *UmwStG* **7** 3 ff., 18 ff.
– Mutter-Tochter-Richtlinie *UmwStG* **7** 22
– Steuerbefreiung § 8b KStG *UmwStG* **7** 3 ff.
– Teileinkünfteverfahren *UmwStG* **7** 3 ff.
Vollmacht
– Abschluss des Verschmelzungsvertrages *UmwG* **4** 13
– Beschlussfassung *UmwG* **13** 16 f.
– vollmachtlose Vertretung *UmwG* **4** 13, **7** 11
Vollstreckung
– Notarkosten *UmwG* **Anh. 2** 10
Vollübertragung *UmwG* **35a** 5
– Versicherungsunternehmen *UmwG* **178** 3 ff.
Vorbelastungshaftung *UmwG* **219** 7
Vorbesitzzeiten *UmwStG* **4** 12
Vorgesellschaft *UmwG* **191** 6
– Handelsregister *UmwG* **3** 7, **158** 7
– Verschmelzungsfähigkeit *UmwG* **3** 7
Vorher-Nachher-Prinzip *UmwG* **329** 12, **342** 15
Vorlage von Unterlagen *SpruchG* **7** 13 f.
– Durchsetzung *SpruchG* **7** 17
– Geheimhaltung *SpruchG* **7** 15 f.
Vorstand
– Abfindung *UmwG* **5** 68
– Abschlusskompetenz *UmwG* **4** 12
– Bestellung *UmwG* **Anh. 1** 154

– SE *UmwG* **Anh. 1** 98
– Sondervorteil *UmwG* **5** 68
Vorteile, besondere
– Gewährung *UmwG* **5** 68 ff.
Vorteilsgewährung *UmwG* **335** 34
Vorvertrag
– Beurkundung *UmwG* **6** 8
– Grundsatzvereinbarung *UmwG* **5** 4
– Verschmelzungsvertrag *UmwG* **4** 26, **5** 4, 8
Vorzugsgeschäftsanteile *UmwG* **240** 25

Wandelschuldverschreibung
– Ausgleich bei Verschmelzung *UmwG* **23** 17
– Bezugsrechte *UmwG* **23** 9
– Inhaberschutz *UmwG* **23** 3, 9
Wegzug
– Besteuerung *UmwStG* **22** 43 ff.
Weiterbeschäftigungsmöglichkeit *UmwG* **132** 17
Wertaufholung *UmwStG* **4** 6 ff., **13** 32, **23** 29, 55
– Abkopplung der Steuerbilanz von der Handelsbilanz *UmwStG* **4** 6 ff.
– Drohverlustrückstellung *UmwStG* **4** 9, 11 ff.
– Geschäfts- oder Firmenwert *UmwStG* **4** 10 ff.
Wertaufstockung *UmwStG* **23** 34 ff.
– Vorgehen *UmwStG* **23** 42
Werterhöhung
– Antrag *UmwStG* **23** 38
Wertgeminderte Darlehen
– Übernahmefolgegewinn *UmwStG* **6** 15
Wertlose Forderung
– Übernahmefolgegewinn *UmwStG* **6** 14
Wertsteigerungen nach Anschaffung *UmwStG* **5** 9
Wertverknüpfung *UmwStG* **4** 4
– Ergänzungsbilanz *UmwStG* **4** 5
– steuerliche Wahlrechte *UmwStG* **4** 5
– Verstrickung *UmwStG* **4** 4
Widerspruchsrecht
– Rechtsfolge *UmwG* **41** 9

– Zeitpunkt *UmwG* **41** 8
Widerspruch zur Niederschrift
 UmwG **327** 9, **340** 10
– Verschmelzungsbeschluss *UmwG* **9** 9, **13** 29, **15** 17
Widerstreitende Entscheidungen *SpruchG* **16** 2
Willkürverbot *UmwG* **195** 11
Wirksamkeit der Umwandlung *UmwStG* **2** 2 f.
Wirksamwerden *UmwG* **316** 24 f.
– grenzüberschreitende Verschmelzung *UmwG* **316** 20
Wohnungseigentümergemeinschaft
– Verschmelzungsfähigkeit *UmwG* **3** 2
Wohnungsunternehmen *UmwStG* **10** 2
Zebragesellschaft
– Übertragung ins Privatvermögen *UmwStG* **8** 24
Zeitliche Beschränkung
– Beurkundung *UmwG* **319** 6
– Handelsregisteranmeldung *UmwG* **319** 6
Zinsen
– ausscheidende Gesellschafter *UmwStG* **5** 10
Zinssatz
– Übergangsvorschrift *UmwG* **354** 2
Zinsvortrag *UmwStG* **2** 33 ff., **4** 13, **15** 113, **23** 19
Zivilprozesse
– Rechtsnachfolge *UmwG* **20** 18
Zivilrechtliche Wirksamkeit
– Umwandlung *UmwStG* **2** 15
Zuordnungs-Interessenausgleich *UmwG* **35a** 10
Zuordnung von Arbeitsverhältnissen *UmwG* **35a** 2
Zusammenlegungsverfahren *UmwG* **248** 11, 24
Zuständigkeit *SpruchG* **16** 1 f.
Zuständigkeitskonzentration *SpruchG* **16** 2
Zustimmungsbeschluss
– Kosten (bei Spaltung) *UmwG* **Anh. 2** 85

– Kosten (bei Verschmelzung) *UmwG* **Anh. 2** 40
Zustimmungserfordernis *UmwG* **241** 5, **242** 6, **312** 1
Zustimmungserklärung *UmwG* **240** 16
– Geschäftswert *UmwG* **40** 30
Zustimmungspflicht *UmwG* **233** 11
Zustimmungsvorbehalt *UmwG* **312** 3, **326** 14
Zuzahlung, bare *UmwG* **2** 21, **5** 28
– an Anteilsinhaber bei Verschmelzung *UmwG* **5** 37 f.
– Anspruchsberechtigte *UmwG* **5** 37, **15** 4
– Anspruchsvoraussetzungen *UmwG* **5** 37, **15** 4
– Ausschluss des Klagerechts *UmwG* **14** 11
– Bilanzierung *UmwG* **15** 11 ff.
– Geldleistung *UmwG* **5** 28, 37
– inter-omnes-Wirkung *UmwG* **15** 3
– Mitgliedschaftsperpetuierung *UmwG* **2** 21
– Prüfung *UmwG* **9** 16
– Schuldner *UmwG* **5** 37
– Spruchverfahren *UmwG* **14** 11, **15** 1, 14 ff.
– Verschmelzungsvertrag *UmwG* **5** 28, 37
– Verzinsung *UmwG* **15** 18 ff.
– Widerspruch gegen Verschmelzungsbeschluss *UmwG* **15** 17
Zwangsgeld
– Beschwerde *UmwG* **350** 11
– bewehrte Pflichten *UmwG* **350** 3 ff.
– Einspruch *UmwG* **350** 11
– Handlungspflichten *UmwG* **350** 3
– Höhe *UmwG* **350** 12
– Kosten *UmwG* **350** 10
– Normadressaten *UmwG* **350** 4 ff.
– Rechtswidrigkeit *UmwG* **350** 7
– Verfahren *UmwG* **350** 9 ff.
– Verschulden *UmwG* **350** 8
Zweifacher EU-/EWR-Bezug *UmwStG* **1** 56
Zweistufige Rechtmäßigkeitskontrolle *UmwG* **343** 3, **345** 2

Zwischenbilanz
– Generalversammlung *UmwG* **82** 4
Zwischenwert *UmwStG* **3** 15 ff., 32 f., **23** 9, 27
– Besteuerung *UmwStG* **22** 24 ff.
– Pensionsrückstellung *UmwStG* **3** 33